WHO IS WHO IN DER BUNDESREPUBLIK DEUTSCHLAND
AUSGABE 2002

Copyright
Publishers for VIP Encyclopedias Corp., USA

European Head Office:
Who is Who, Verlag für Personenenzyklopädien AG
CH-6304 Zug, Alpenstrasse 16

Nachdruck, auch auszugsweise, insbesondere die Benutzung von Ausschnitten zur Anzeigenwerbung sowie das gewerbsmässige Ausschreiben von Adressen für den Weiterverkauf, wird wegen Verstosses gegen das Wettbewerbsgesetz bzw. Verletzung des Urheberrechtes strafrechtlich verfolgt. Der Herausgeber übernimmt keine Haftung für die Richtigkeit der im Buch enthaltenen Angaben und kann für eventuelle Irrtümer, die durch falsche Angaben entstehen, nicht haftbar gemacht werden.
Für Fehler irgendwelcher Art, insbesondere Druck- oder Satzfehler, Auslassungen, usw., übernimmt der Verlag keine Verantwortung.

Copyright in Europa:
Who is Who, Verlag für Personenenenzyklopädien AG, Zug
ISBN 3-7290-0036-5

WHO IS WHO IN DER BUNDESREPUBLIK DEUTSCHLAND

Begründet von Ralph Hübner

Supplementwerk

9. Ausgabe 2002

Eine Personenenzyklopädie
mit rund 11.650 Neueintragungen,
18.650 Änderungen und rund 45.400 Namensnennungen,
teilweise mit Foto von Persönlichkeiten
in Deutschland.

Hübners blaues Who is Who
Who is Who, Verlag für Personenenzyklopädien AG
Alpenstrasse 16, CH-6304 Zug
Schweiz

Vorwort

Die neue Ausgabe des *Who is Who in der Bundesrepublik Deutschland* bietet wieder einen hochinteressanten und ausführlichen Einblick in die Biographien zahlreicher Who is Who-Persönlichkeiten. Aus dem gesamten Spektrum des beruflichen und privaten Lebens stellen wir Ihnen in der Buchform ca. 30.000 (davon rund 11.650 neu und 18.650 ergänzt) und auf der beiliegenden CD-ROM rund 80.000 Biographien und die dahinter stehenden Menschen vor. Durch den jährlichen Korrekturbogenversand geben wir jeder Who is Who-Persönlichkeit die Möglichkeit, ihre Biographie zu aktualisieren bzw. zu ergänzen. Nicht alle nutzen diese Gelegenheit, somit bleibt die Biographie unverändert. Aus Platzgründen werden diese Biographien nur auf der CD-ROM bzw. auf unserer website im ganzen Umfang veröffentlicht.

Vorbei die Zeiten, in denen *Who is Who* einzig der Auflistung des Hochadels galt. Heute will das renommierte Nachschlagewerk einen Nutzen bringen: Informationen über Personen des täglichen Lebens, über Meinungsbildner und Entscheidungsträger. Dazu gehören Unternehmer, Ärzte, Politiker, Künstler oder Medienleute. Die Presse steht dieser Verwandlung vom old-fashioned High-Society-Werk in ein modernes Informationsmedium manchmal skeptisch gegenüber - zu wenig Glamour und blaues Blut im Who is Who lautet ihr Urteil. Zeitgemäss und innovativ sagen hingegen wir - die Who is Who-Macher.
Wie misst man menschliche Leistung? Wer ist prominent in einer Zeit, die auf Container-Stars und Retorten-Pop setzt? Was hat der Adel in der modernen Gesellschaft für eine Aufgabe? Wer also verdient es aufgenommen zu werden in ein Buch, das "wichtige Persönlichkeiten" auflisten muss? Schwierige Frage, aber heute kauft niemand mehr etwas, ohne einen Nutzen davon zu haben. Die wenigsten von uns werden täglich mit Staatsleuten und Königen dinieren, aber einen Unternehmer trifft man schon mal auf dem Golfplatz. Welche Information ist Ihnen wichtiger, die über eine Prinzessin oder die über einen Mann, mit dem Sie hoffen, ins Geschäft zu kommen? Ganz klar doch sicher Letzteres. Aus diesem Grund mutierte Who is Who schon vor Jahren von der Prominentenenzyklopädie zur Personenenzyklopädie mit dem Schwerpunkt Unternehmer und Firmenverantwortliche.

So vielfältig wie die Lebensläufe unserer Who is Who-Persönlichkeiten auch sind, es eint sie der gemeinsame Wille nach Erfolg und Anerkennung der bisherigen Anstrengungen.
Um die bunte Vielfalt der Who is Who-Persönlichkeiten einmal auf einen gemeinsamen Nenner zu bringen, haben wir einige statistische Auswertungen vorgenommen, um das deutsche Parade-Who is Who-Mitglied zu ermitteln.
So heisst die typisch deutsche Who is Who Dame mit Vornamen Monika, mit Nachnamen Müller und trägt einen Doktortitel. Dr. Monika Müller lebt in Berlin, ist verheiratet und hat am 18. Juni 1956 Geburtstag. Unsere "wirkliche" Monika Müller gibt es im *Who is Who in der Bundesrepublik Deutschland* gleich dreimal: Eine Physiotherapeutin aus Berlin, eine Ärztin aus Düsseldorf und eine Unternehmerin aus Gera dürfen sich mit dem häufigsten Vor- und Nachnamen der weiblichen Who is Who-Persönlichkeiten aus Deutschland schmücken.
Und auch bei den Herren haben wir die Parade- Who is Who Persönlichkeit ermittelt: Dr. Wolfgang Müller, ebenfalls wohnhaft in Berlin. Er hat am 25.2.1940 Geburtstag und ist verheiratet.
Wolfgang Müller scheint wirklich einer der häufigsten Namen in ganz Deutschland zu sein, denn allein im Who is Who fanden sich 20 Namensvettern. Die Wolfgang Müllers des Who is Who sind eine vielfältige Gruppe, denn darunter finden sich Geschäftsführer, Unternehmer, Architekten, sogar ein Tanzlehrer, ein Schreinermeister oder ein Bildhauer. Einige kommen sogar aus Berlin und kommen somit in Realität dem typischen, männlichen, aber fiktiven, Who is Who-Mitglied ziemlich nahe.
Wir hoffen, Sie finden auch 2002 Gefallen an unserem *Who is Who in der Bundesrepublik Deutschland* und können es für sich praktisch nutzen. Auf jeden Fall haben wir uns bemüht, Ihren Ansprüchen gerecht zu werden, dieses umfassende Personennachschlagewerk Deutschlands zu verbessern und zu ergänzen.

Zug, im März 2002

Ralph Hübner
(Gründer und Geschäftsführer)

Wir bitten Sie um Verständnis, dass Veränderungen (z.B. Regierungsumbildungen nach Wahlen etc.), die nach dem 3. März 2002 bekanntgegeben wurden, nicht mehr berücksichtigt werden konnten.

Bekanntmachung betreffend das Bundeswappen und den Bundesadler

Vom 20. Januar 1950 (BGBl. S. 26)

1. Auf Grund eines Beschlusses der Bundesregierung gebe ich hiermit bekannt, daß das Bundeswappen auf goldgelbem Grund den einköpfigen schwarzen Adler zeigt, den Kopf nach rechts gewendet, die Flügel offen, aber mit geschlossenem Gefieder, Schnabel, Zunge und Fänge von roter Farbe.

2. Wird der Bundesadler ohne Umrahmung dargestellt, so sind das gleiche Bild und die gleichen Farben wie beim Adler im Bundeswappen zu verwenden, doch sind die Spitzen des Gefieders nach außen gerichtet.

3. Die im Bundesministerium des Innern verwahrten Muster sind für die heraldische Gestaltung des Bundeswappens maßgebend. Die künstlerische Ausgestaltung bleibt für jeden besonderen Zweck vorbehalten.

Der Bundespräsident
Der Bundeskanzler
Der Bundesminister des Innern

BUNDESREPUBLIK DEUTSCHLAND

Demokratisch-parlamentarischer Bundesstaat
Bundesgebiet: 357 020,79 km²
Einwohner (Stand 2001): 82,2 Mio.
davon weiblich 42,1 Mio.
männlich 40,1 Mio.
Ausländer 7,3 Mio.

BUNDESPRÄSIDENT

Dr. h.c. Johannes Rau

BUNDESREGIERUNG

Bundeskanzler

Gerhard Schröder, SPD

Bundesminister des Auswärtigen Amtes und Stellvertreter des Bundeskanzlers

Joseph Fischer, B 90/Die Grünen

Bundesminister des Innern

Otto Schily, SPD

Bundesministerin der Justiz

Prof. Dr. Herta Däubler-Gmelin, SPD

Bundesminister der Finanzen

Hans Eichel, SPD

Bundesminister für Wirtschaft und Technologie

Dr. Werner Müller, parteilos

Bundesministerin für Verbraucherschutz, Ernährung und Landwirtschaft

Renate Künast, B90/Die Grünen

Bundesminister für Arbeit und Sozialordnung

Walter Riester, SPD

Bundesminister der Verteidigung

Rudolf Scharping, SPD

Bundesministerin für Familie, Senioren, Frauen und Jugend

Dr. Christine Bergmann, SPD

Bundesministerin für Gesundheit

Ulla Schmidt, SPD

Bundesminister für Verkehr, Bau- und Wohnungswesen

Kurt Bodewig, SPD

Bundesminister für Umwelt, Naturschutz und Reaktorsicherheit

Jürgen Trittin, B 90/Die Grünen

Bundesministerin für Bildung und Forschung

Edelgard Bulmahn, SPD

Bundesministerin für wirtschaftliche Zusammenarbeit und Entwicklung

Heidemarie Wieczorek-Zeul, SPD

DEUTSCHER BUNDESTAG

Wahlen zum Deutschen Bundestag: Sept./Okt. 2002

Sitzverteilung im 14. Deutschen Bundestag
(Wahl vom 27. September 1998)

Partei	Mandate
SPD	294
B 90/Grüne	47
CDU/CSU	245
FDP	43
PDS	37

Präsident des Deutschen Bundestages

Wolfgang Thierse, SPD

Vizepräsidenten

Anke Fuchs (SPD)
Rudolf Seiters (CDU/CSU)
Dr. Antje Vollmer (B 90/Grüne)
Dr. Hermann Otto Solms (FDP)
Petra Bläss (PDS)

Der Direktor beim Deutschen Bundestag

Dr. Peter Eickenboom

Abteilung Wissenschaftliche Dienste

Friedhelm Maier

**Abteilung
Parlamentarische Dienste**

MD Prof. Dr. Wolfgang Zeh

Pressezentrum

Wolfgang Wiemer

Parlamentsarchiv

MR Dr. Günther Weller

**Der Wehrbeauftragter des
Deutschen Bundestages**

Dr. Wilfried Penner

Mitglieder des 14. Deutschen Bundestages
Adam Ulrich, Mathematiker, (CDU/CSU)
Adler Brigitte, Realschullehrerin, (SPD)
Aigner Ilse, Elektrotechnikerin, (CDU/CSU)
Albowitz Ina, Werbekauffrau, (FDP)
Altmaier Peter, Jurist, (CDU/CSU)
Altmann Gila, Lehrerin, (B 90/Grüne)
Andres Gerd, Maschinenschlosser, GewSekr., (SPD)
Arndt-Brauer Ingrid, Dipl.-Kauffrau, (SPD)
Arnold Rainer, Volkshochschulang., (SPD)
Austermann Dietrich, RA, StDir. a.D., (CDU/CSU)
Bachmaier Hermann, RA, (SPD)
Bahr Ernst, Lehrer, (SPD)
Balt Monika, Kinderkrankenschwester, (PDS)
Barnett Doris, Juristin, (SPD)
Bartels Hans-Peter Dr., Ang., (SPD)
Barthel Eckhardt, wiss. Mitarbeiter, (SPD)
Barthel Klaus M.A., Politikwiss., (SPD)
Barthle Norbert, Ministerialrat a.D., (CDU/CSU)
Bartsch Dietmar Dr., Wirtschaftswissenschaftler, (PDS)
Bauer Wolf Dr., Apotheker, (CDU/CSU)
Baumann Günter, Diploming., (CDU/CSU)
Baumeister Brigitte, Dipl.-Mathematikerin, (CDU/CSU)
Beck Marieluise, Lehrerin, (B 90/Grüne)
Beck Volker, Wiss. Mitarbeiter, (B 90/Grüne)
Becker-Inglau Ingrid, Rektorin a.D., (SPD)
Beer Angelika, Rechtsanwalts- u. Notargehilfin, (B 90/Grüne)
Behrendt Wolfgang, Dipl.-Politologe, (SPD)
Belle Meinrad, Bgm.a.D., (CDU/CSU)
Berg Axel Dr., RA, (SPD)
Bergmann-Pohl Sabine Dr., Ärztin, (CDU/CSU)
Bernhardt Otto, Unternehmensberater, (CDU/CSU)
Berninger Matthias, Student, (B 90/Grüne)
Bertl Hans-Werner, Berufsberater, (SPD)
Bettin Grietje, Studentin, (B 90/Grüne)
Beucher Friedhelm Julius, Lehrer, (SPD)
Bierling Hans-Dirk, Dipl.-Ing., (CDU/CSU)
Bierwirth Petra, Dipl.-Ing., (SPD)
Bindig Rudolf, Dipl.-Kfm., (SPD)
Binding Lothar, Starkstromelektriker u. Mathematiker, (SPD)
Bläss Petra, Dipl.-Lehrerin, (PDS)
Blank Joseph-Theodor Dr., RA, (CDU/CSU)
Blank Renate, Einzelhändlerin, (CDU/CSU)
Blens Heribert Dr., Richter a.D., (CDU/CSU)
Bleser Peter, Landwirtschaftsmeister, (CDU/CSU)
Blüm Norbert Dr., BMin. f. Arbeit u. Sozialordnung a.D., (CDU/CSU)
Blumenthal Antje, Beamtin, (CDU/CSU)
Bodewig Kurt, BMin. f. Verkehr, Bau- u. Wohnungswesen, (SPD)

Böhmer Maria Dr., Priv.-Doz.,Landesfrauenbeauft., (CDU/CSU)
Börnsen Wolfgang, Realschullehrer a.D., (CDU/CSU)
Bötsch Wolfgang Dr. ORR a.D., BMin. f. Post u. Telekommunikation a.D., (CDU/CSU)
Böttcher Maritta, Lehrerin, Geschäftsführerin, (PDS)
Bohl Friedrich, RA u. Notar, BMin. a.D., (CDU/CSU)
Bonitz Sylvia, Diplom-Verwaltungswirtin, (CDU/CSU)
Bosbach Wolfgang, Rechtsanwalt, (CDU/CSU)
Borchert Jochen, Landwirt, BMin. f. Ernährung, Landwirtschaft u. Forsten a.D., (CDU/CSU)
Brähmig Klaus, Elektrohandwerksmstr., (CDU/CSU)
Brandner Klaus, Gschf., (SPD)
Brandt-Elsweier Anni, Richterin am Landesg. a.D.,(SPD)
Brase Willi, Großhandelskfm., (SPD)
Brauksiepe Ralf Dr., Wiss. Ass., (CDU/CSU)
Braun Hildebrecht, Rechtsanwalt, (FDP)
Breuer Paul, Pädagoge, Lehrer, (CDU/CSU)
Brinkmann Rainer, Gschf., (SPD)
Brinkmann Bernhard, Bezirksdir., (SPD)
Bruckmann Hans-Günter, Vertriebsing., (SPD)
Brudlewsky Monika, Krankenschwester, (CDU/CSU)
Brüderle Rainer, Min. a.D., (FDP)
Brunnhuber Georg, Dipl.-Ing., (CDU/CSU)
Bühler Klaus, Realschullehrer a. D., (CDU/CSU)
Bürsch Michael Dr., Jurist, (SPD)
Büttner Hans, Redakteur, (SPD)
Büttner Hartmut, Fleischermeister, (CDU/CSU)
Bulling-Schröter Eva-Maria, Schlosserin, (PDS)
Bulmahn Edelgard, BMin. f. Bildung u. Forschung, Studienrätin a.D., (SPD)
Buntenbach Annelie, Setzerin, (B 90/Grüne)
Burchardt Ursula, Dipl.-Päd., (SPD)
Burgbacher Ernst, Oberstudienrat, (FDP)
Bury Hans Martin, Vorstandsassistent, (SPD)
Buwitt Dankward, Kaufmann, Parl. StaSekr., (CDU/CSU)
Caesar Cajus, Forstbeamter, (CDU/CSU)
Carstens Manfred, Sparkassenbetriebswirt, (CDU/CSU)
Carstensen Peter Harry, Dipl.-Agraring., OLR a. D., (CDU/CSU)
Caspers-Merk Marion, Kommunalwiss. u. Lehrbeauftr., (SPD)
Catenhusen Wolf-Michael, Studienrat a.D., (SPD)
Claus Roland, Diplomingenieurökonom, (PDS)
Däubler-Gmelin Herta Dr., RA, BMin. f. Justiz, (SPD)
Danckert Peter Wilhelm Dr., RA u. Notar, (SPD)
Dautzenberg Leo, Diplombetriebswirt, (CDU/CSU)
Dehnel Wolfgang, Ing., Werkzeugmacher, (CDU/CSU)
Deichmann Christel, Dipl.-Ing. (FH), (SPD)
Deittert Hubert, Landwirt, (CDU/CSU)
Deligöz Ekin, Diplom-Verwaltungswiss., (B 90/Grüne)
Deß Albert, Landwirt, (CDU/CSU)
Diemers Renate, Referentin, (CDU/CSU)
Diller Karl, Lehrer, (SPD)
Dörflinger Thomas, Redakteur, (CDU/CSU)
Doss Hansjürgen, Architekt BDA, (CDU/CSU)
Dött Marie-Luise, Kauffrau, (CDU/CSU)
Dreßen Peter, Betriebswirt, GewKrVors., (SPD)
Dückert Thea Dr., Wiss. Ang., (B 90/Grüne)
Dzembritzki Detlef, Bezirksbgm. a.D., (SPD)
Dzewas Dieter, Verwaltungsang., (SPD)
Eckardt Peter Dr., Diplompolitologe, (SPD)
Edathy Sebastian, Ang., (SPD)
Ehlert Heidemarie, Diplomökonomin, (PDS)
Eich Ludwig, Datenverarb.-Kaufm., (SPD)
Eichhorn Maria, Studienrätin a. D., (CDU/CSU)
Eichstädt-Bohlig Franziska, Stadtplanerin, (B 90/Grüne)
Eid Uschi Dr., Dipl.-Haushaltswissenschaftlerin, (B 90/Grüne)
Elser Marga, Betriebswirtin, (SPD)
Enders Peter, Lehrer, stv. Schulleiter, (SPD)
Eppelmann Rainer, Maurer, Pfarrer, Min. a. D., (CDU/CSU)
Erler Gernot, Verlagsleiter, (SPD)
Ernstberger Petra, Lehrerin, Wiss. Mitarbeiterin, (PDS)
van Essen Jörg, Oberstaatsanw. a.D., (FDP)
Eymer Anke, Rektorin a.D., (CDU/CSU)

Falk Ilse, Hausfrau, (CDU/CSU)
Faße Annette, Erzieherin, (SPD)
Faust Hans-Georg Dr., Arzt, (CDU/CSU)
Feibel Albrecht, Reiseverkehrskfm., (CDU/CSU)
Fell Hans-Josef, Gymnasiallehrer, (B 90/Grüne)
Fink Heinrich Dr., Univ.-Prof., (PDS)
Fink Ulf, Dipl.-Volkswirt, Senator a.D., (CDU/CSU)
Fischbach Ingrid, Lehrerin, (CDU/CSU)
Fischer Andrea, Bundesmin. f. Gesundheit a.D., Volkswirtin, (B 90/Grüne)
Fischer Axel E., Wiss. Ang., (CDU/CSU)
Fischer Dirk Erik, RA, (CDU/CSU)
Fischer Joseph, Bundesmin. d. Auswärtigen, (B 90/Grüne)
Fischer Lothar, Dipl.-Mathematiker, (SPD)
Flach Ulrike, Diplomübersetzerin, (FDP)
Fograscher Gabriele, Erzieherin, (SPD)
Follak Iris Ruth, Zahntechnikerin, (SPD)
Formanski Norbert, Starkstromelektr., (SPD)
Fornahl Rainer, Diplomgeophysiker, (SPD)
Forster Hans, Fernmeldebeamter a.D., (SPD)
Francke Klaus, Kfm. Ang., (CDU/CSU)
Frankenhauser Herbert, Ind.-Kfm., (CDU/CSU)
Freitag Dagmar Gabriele, Lehrerin, (SPD)
Frick Gisela, Prof. f. Verfassungs- u. Steuerrecht, (FDP)
Friedhoff Paul K., Physiking., (FDP)
Friedrich Hans-Peter Dr., Ministerialrat, (CDU/CSU)
Friedrich Gerhard Dr., RA, (CDU/CSU)
Friedrich Horst, Betriebswirt, (FDP)
Friedrich Lilo, Hausfrau, (SPD)
Friedrich Peter, RA, (SPD)
Friese Harald, Bgm. a.D., (SPD)
Fritz Erich G., Volksschullehrer, (CDU/CSU)
Fromme Jochen-Konrad, Kreisdir., (CDU/CSU)
Fuchs Anke, Juristin, BMin. a.D., (SPD)
Fuchs Ruth Dr., Dipl.-Sportlehrerin, (PDS)
Fuchtel Hans-Joachim, RA, (CDU/CSU)
Fuhrmann Arne, Stadtaltenpfleger, (SPD)
Funke Rainer, RA, Parl. StaSekr., (FDP)
Ganseforth Monika, Dipl.-Ing., Prof., (SPD)
Gehb Jürgen Dr., RA, Bgm. a.D., (CDU/CSU)
Gehrcke Wolfgang, Journalist, (PDS)
Geis Norbert, RA, (CDU/CSU)
Geißler Heiner Dr., BMin, a.D., (CDU/CSU)
Gerhardt Wolfgang Dr., Erziehungswissenschaftler, (FDP)
Gilges Konrad, Fliesenleger, (SPD)
Girisch Georg, Bundeswahlkreisgschf., (CDU/CSU)
Gleicke Iris, Bauing., (SPD)
Glos Michael, Müllermstr. u. Lw., (CDU/CSU)
Gloser Günter, Verwaltungsjurist, (SPD)
Göhner Reinhard Dr., RA, (CDU/CSU)
Göllner Uwe, Bezirksschornsteinfegermeister, (SPD)
Göring-Eckardt Katrin Dagmar, Ang., (B 90/Grüne)
Götz Peter, Bürgermeister a.D., (CDU/CSU)
Götzer Wolfgang Dr., RA, (CDU/CSU)
Goldmann Hans-Michael, Tierarzt, (FDP)
Gradistanac Renate, Familienfrau, (SPD)
Graf Angelika, Programmiererin, (SPD)
Graf Günter, PolHptkoms. a.D., Dipl.-VerW., (SPD)
Grasedieck Dieter, Dipl.-Ing., Schulleiter, (SPD)
Grehn Klaus Dr., Soziologe, (PDS)
Griefahn Monika, Min. a.D., Diplomsoz., (SPD)
Griese Kerstin, Historikerin, (SPD)
Grießhaber Rita, Dipl.-Pädagogin, (B 90/Grüne)
Grill Kurt-Dieter, Ingenieur (grad.), (CDU/CSU)
Gröhe Gottfried Hermann, Rechtsanwalt, (CDU/CSU)
Großmann Achim, Dipl.-Psych., (SPD)
Grotthaus Wolfgang, Techn. Ang., (SPD)
Grund Manfred, Dipl.-Ing. Elektrotechnik, (CDU/CSU)
Günther Horst, Ang., (CDU/CSU)
Günther Joachim, Konstrukteur, (FDP)
Guttmacher Karlheinz Dr., Dipl.-Chem., (FDP)
Haack Hermann Karl, Apotheker, (SPD)

Hacker Hans-Joachim, Diplomjurist, RA, (SPD)
Häfner Gerald, Waldorflehrer, (B 90/Grüne)
Hagemann Klaus, Grund- u. Hauptschullehrer, Bgm. a.D., (SPD)
von Hammerstein Carl-Detlev Frhr., Land- u. Forstwirt, (CDU/CSU)
Hampel Manfred, Dipl.-Ing.-Ökonom., (SPD)
Hartenbach Alfred, Jurist, Dir. am AmtsGer., (SPD)
Hartnagel Anke, Sparkassenbetriebswirtin, (SPD)
Haschke Gottfried, Landwirtschaftsmeister, Parl. StaSekr. a. D., (CDU/CSU)
Hasenfratz Klaus, Dreher, (SPD)
Hasselfeldt Gerda, BMin. a.D., Dipl.-Volksw., (CDU/CSU)
Hauer Nina, Gymnasiallehrerin, (SPD)
Haupt Klaus, Gschf., (FDP)
Hauser Norbert, RA, (CDU/CSU)
Hauser Hansgeorg, Dipl.-Kfm., Steuerberater, (CDU/CSU)
Haussmann Helmut Dr., selbst. Dipl.-Kfm., (FDP)
Hedrich Klaus-Jürgen, StuR a.D., (CDU/CSU)
Heiderich Helmut, Diplomvolkswirt, (CDU/CSU)
Heil Hubertus, Ang., (SPD)
Heinen Ursula, Ang., (CDU/CSU)
Heinrich Ulrich, LwschMstr., (FDP)
Heise Manfred, Kfz.-Ing., (CDU/CSU)
Helias Siegfried, Friseurmeister, (CDU/CSU)
Hemker Reinhold, Pastor, (SPD)
Hempel Frank, Bauing., (SPD)
Hempelmann Rolf, Lehrer, (SPD)
Hendricks Barbara Dr., Gymnasiallehrerin, MR, (SPD)
Henke Hans Jochen, Staatssekr. a.D., RA, (CDU/CSU)
Hermann Winfried, Fachbereichsleiter, (B 90/Grüne)
Hermenau Antje, Lehrerin, (B 90/Grüne)
Herzog Gustav, Chemielaborant, (SPD)
Heubaum Monika, Arzthelferin, (SPD)
Heyne Kristin, Lehrerin, (B 90/Grüne)
Hiksch Uwe, Industriekaufmann, (PDS)
Hiller Reinhold, Dipl.-HLehrer, (SPD)
Hilsberg Stephan, Programmierer, (SPD)
Hinsken Ernst, Bäckermstr., Konditor u. Lebensmitteleinzelhändler, (CDU/CSU)
Hintze Peter, Ev. Theologe, Parl. StaSekr. a. D., (CDU/CSU)
Hirche Walter, Ass. d. Lehramts, LdsMin. a. D., (FDP)
Hofbauer Klaus, Gschf., (CDU/CSU)
Höfer Gerd, Lehrer, (SPD)
Hoffmann Iris, Diplombetriebswirtin, (SPD)
Hoffmann Walter, Vors. DGB-Kreis Starkenburg, (SPD)
Hoffmann Jelena, Dipl.-Ing., (SPD)
Höfken Ulrike, Dipl.-Landwirt, (B 90/Grüne)
Hofmann Frank, Dipl.-Volkswirt, (SPD)
Hohmann Martin, Bgm., (CDU/CSU)
Holetschek Klaus, RA, (CDU/CSU)
Höll Barbara Dr., Philosophin, (PDS)
Hollerith Josef, Gschf., (CDU/CSU)
Holzhüter Ingrid, Einzelhandelskauffrau, (SPD)
Hörster Joachim, Bgm. a.D., RA, (CDU/CSU)
Homburger Birgit, Dipl.-Verwaltungswiss., (FDP)
Hornhues Karl-Heinz Dr., Prof., Dipl.-Vw., (CDU/CSU)
Hornung Siegfried, Landwirtschaftsmeister, (CDU/CSU)
Hovermann Eike Anna, Lehrerin, (SPD)
Hoyer Werner Dr., Dipl.-Vw., (FDP)
Hübner Carsten, Ang., (PDS)
Humme Christel, Lehrerin, (SPD)
Hüppe Hubert, Stadtoberins. a.D. (CDU/CSU)
Hustedt Michaele, Lehrerin, (B 90/Grüne)
Ibrügger Lothar, Dipl.-Ing., Stadt- u. Regionalplaner, (SPD)
Imhof Barbara, Dipl.-Sozialpädagogin, GF, (SPD)
Irber Brunhilde, Fremdsprachenkorrespondentin, VerwAng., (SPD)
Irmer Ulrich, RA, (FDP)
Iwersen Gabriele, Dipl.-Ing., Arch., (SPD)
Jäger Renate, Dipl.-Lehrerin, (SPD)
Jaffke Susanne, Tierärztin, (CDU/CSU)
Janovsky Georg, Dipl.-Ing., (CDU/CSU)

Janssen Jann-Peter, Schiffbauer, BetrRVors., (SPD)
Janz Ilse, Reno-Gehilfin, (SPD)
Jelpke Ulla, Studentin, Angestellte, (PDS)
Jens Uwe Dr., Dipl.-Vw., (SPD)
Jork Rainer Dr.-Ing., Feinmechaniker, (CDU/CSU)
Jung Volker, GewSekr., (SPD)
Jünger Sabine, Studentin, (PDS)
Jüttemann Gerhard, Zerspannungsfacharbeiter, (PDS)
Kahl Harald Dr., Dipl.-Chem., (CDU/CSU)
Kahrs Johannes, Ang., (SPD)
Kalb Bartholomäus, Ind-Kfm., Ldw., (CDU/CSU)
Kampeter Steffen, Dipl.-Volksw., (CDU/CSU)
Kansy Dietmar Dr.-Ing., Bauing., BauDir. a.D., (CDU/CSU)
Karwatzki Irmgard, Sozialarbeiterin (grad.), Parl.StaSekr. a.D., (CDU/CSU)
Kasparick Ulrich Traugott, Diplomtheologe, (SPD)
Kaspereit Sabine, Zahnärztin, (SPD)
Kastner Susanne, Religionspädagogin, (SPD)
Kauder Volker, Jurist, (CDU/CSU)
Kelber Ulrich, Diplom-Informatiker, (SPD)
Kemper Hans-Peter, Kriminalbeamter a. D., (SPD)
Kenzler Evelyn Dr., RA, (PDS)
Kinkel Klaus Dr., Jurist, BMin. d. Auswärtigen a.D., (FDP)
Kirschner Klaus, Werkzeugmacher, Mechanikermstr., (SPD)
von Klaeden Eckart, Jurist, (CDU/CSU)
Klappert Marianne, Industriekauffrau, (SPD)
Klemmer Siegrun, Dipl.-Bibliothekarin, (SPD)
Klinkert Ulrich, Dipl.-Ing., (CDU/CSU)
Klose Hans-Ulrich, Jurist, (SPD)
Knoche Monika, Verwaltungsangestellte, ((B 90/Grüne)
Kohl Helmut Dr., Bundeskanzler a.D., (CDU/CSU)
Kolb Heinrich Leonhard Dr., Unternehmer, (FDP)
Kolbow Walter, Verw.Jur., (SPD)
Königshofen Norbert, Dipl.-Handelslehrer, (CDU/CSU)
Kopp Gudrun, Exportkauffrau, (FDP)
Koppelin Jürgen, Rundfunk-Redakteur, (FDP)
Körper Fritz Rudolf, Theologe, (SPD)
Kors Eva-Maria, Redakteurin, (CDU/CSU)
Kortmann Karin, Dipl.-Sozialpädagogin, (SPD)
Koschyk Hartmut, Ltd. Ang., (CDU/CSU)
Kossendey Thomas, Jurist, (CDU/CSU)
Köster-Loßack Angelika Dr., Soziologin, Lehrbeauftragte, (B 90/Grüne)
Kramme Anette, RA, (SPD)
Kraus Rudolf, BankKfm., Prokurist, (CDU/CSU)
Kressl Nicolette, Berufsschullehrerin, (SPD)
Krogmann Martina Dr., Journalistin, (CDU/CSU)
Kröning Volker, Rechtsanwalt, Sen a. D., (SPD)
Krüger-Leißner Angelika, Dezernentin, (SPD)
Kubatschka Horst, Chemie-Ing., (SPD)
Küchler Ernst, VHS-Leiter, (SPD)
Kues Hermann Dr., Dipl.-Volkswirt, (CDU/CSU)
Kuhn Werner, Schiffstechniker, (CDU/CSU)
Kühn-Mengel Helga, Diplompsychologin, (SPD)
Kumpf Ute, Gewerkschaftssekretärin, (SPD)
Kunick Konrad, Betriebswirt, Sen.a.D., (SPD)
Küster Uwe Dr., Hochschuldoz., (SPD)
Kutzmutz Rolf, Dipl.-Wirtschaftler, (PDS)
Labsch Werner, Bauingenieur, (SPD)
Lambrecht Christine, RA, (SPD)
Lamers Karl, Angestellter, (CDU/CSU)
Lamers Karl A. Dr., Jurist, MR a. D., (CDU/CSU)
Lammert Norbert Dr., Dipl.-Sozialwiss., (CDU/CSU)
Lamp Helmut, Bauer, (CDU/CSU)
Lange Brigitte, Hausfrau, SPD)
Lange Christian, Oberregierungsrat a.D., (SPD)
von Larcher Detlev, Dipl.-Sozialwirt, (SPD)
Laufs Paul Dr., Dipl.-Ing., (CDU/CSU)
Laumann Karl-Josef, Maschinenschlosser, (CDU/CSU)
Lehder Christine, Dipl.-Ing., (SPD)
Lehn Waltraud, Sozialwiss., Beig. (SPD)
Leidinger Robert, OberstLt. a.D., (SPD)

Lemke Steffi, Dipl.-Ing. agrar. (B 90/Grüne)
Lengsfeld Vera, Dipl.-Philosophin, (CDU/CSU)
Lenke Ina, Steuerfachang., (FDP)
Lennartz Klaus, Versicherungskfm., (SPD)
Lensing Werner, Oberstudiendirektor, (CDU/CSU)
Leonhard Elke Dr., Publizistin, (SPD)
Letzgus Peter Karl, Lehrer, (CDU/CSU)
Leutheusser-Schnarrenberger Sabine, Juristin, Ltd. RegDir. a.D., BMin. a.D., (FDP)
Lewering Eckhart, Gschf., (SPD)
Lietz Ursula, MTA, (CDU/CSU)
Link Walter, Diakon, Sportlehrer, (CDU/CSU)
Lintner Eduard, RA, (CDU/CSU)
Lippelt Helmut Dr., Lehrer, (B 90/Grüne)
Lippmann Heidi, Auslandskorrespondentin, (PDS)
Lippold Klaus Dr., GF, (CDU/CSU)
Lischewski Manfred Dr., Chemiker, (CDU/CSU)
Lohmann Götz-Peter, Diplompsychologe, (SPD)
Lohmann Wolfgang, Dipl.-Kfm., (CDU/CSU)
Lörcher Christa, Unterrichtsschwester, (fraktionslos)
Lösekrug-Möller Gabriele, Diplom-Sozialpädagogin (SPD)
Loske Reinhard Dr., Diplomvolkswirt, (B 90/Grüne)
Lotz Erika, Einzelhandelskauffrau, (SPD)
Lötzer Ursula, Abteilungsltr., (PDS)
Louven Julius, Konditormstr., (CDU/CSU)
Lucyga Christine Dr., Lehrerin, Literaturwiss., (SPD)
Lüth Heidemarie, Diplomlehrerin, (PDS)
Luft Christa Dr., Prof. f. Außenwirtschaft, Dipl.-Wirtschaftslehrerin, Stv. Gruppenvors. (PDS)
Luther Michael Dr., Dipl.-Ing., (CDU/CSU)
Maaß Dieter, Schlosser, (SPD)
Maaß Erich, Dipl.-Kfm., (CDU/CSU)
Maier Pia, Politikwiss., (PDS)
Mante Winfried, Dipl.-Ing. (FH), (SPD)
Manzewski Dirk, Richter a.D., (SPD)
Marhold Tobias, Ang., (SPD)
Mark Lothar, Bgm., (SPD)
Marquardt Angela, Studentin, (PDS)
Marschewski Erwin, Städt. ORechtsR a.D., (CDU/CSU)
Mascher Ulrike, Versicherungsang., (SPD)
Matschie Christoph, Mechaniker, Theologe, (SPD)
Mattischeck Heide, Industriekauffrau, (SPD)
Mayer Martin Dr., Dipl.-Agraring., (CDU/CSU)
Meckel Markus, Pfarrer, Außenmin. d. DDR a.D., (SPD)
Meckelburg Wolfgang, Lehrer, OStudR., (CDU/CSU)
Mehl Ulrike, Dipl.-Ing., (SPD)
Meister Michael Dr., Dipl.-Mathematiker, (CDU/CSU)
Merkel Angela Dr., Dipl.-Physikerin, CDU-Vors., BMin. f. Umwelt, Naturschutz u. Reaktorensicherheit a.D., (CDU/CSU)
Merten Ulrike, Kauffrau, (SPD)
Mertens Angelika, Verwaltungsangestellte, (SPD)
Merz Friedrich, Rechtsanwalt, (CDU/CSU)
Metzger Oswald, Jurist, (B 90/Grüne)
Meyer Jürgen Dr., Univ.-Prof. u. RA, (SPD)
Michelbach Hans, Betriebswirt, Bgm. (CDU/CSU)
Michels Meinolf, Landwirt, (CDU/CSU)
Mierscheid Jakob-Maria, (SPD)
Mogg Ursula, Angestellte, (SPD)
Moosbauer Christoph, Politikwissenschaftler, (SPD)
Mosdorf Siegmar, Landesgeschäftsführer, (SPD)
Müller Bernward, Diplomlehrer, (CDU)
Müller Christian, Dipl.-Ing., Doz. f. Automatisierungstechnik, (SPD)
Müller Elmar, Landesgeschäftsführer, (CDU/CSU)
Müller Gerd Dr., Dipl.-Wirtschaftspädagoge, (CDU/CSU)
Müller Jutta, Sparkassenfachwirtin, (SPD)
Müller Kerstin, Juristin, FraktVors., (B 90/Grüne)
Müller Manfred, Programmierer, LdsVors. Gew. HBV, Parl. GF Gruppe (PDS)
Müller Michael, Dipl.-Betriebsw., (SPD)
Müntefering Franz, Komm. Bundesgschf., (SPD)
Nachtwei Winfried, Lehrer, (B 90/Grüne)

Nahles Andrea, Literaturwiss., (SPD)
Naumann Kersten, Agraring., (PDS)
Neuhäuser Rosel, Uhrmacherin, Ingenieurin, (PDS)
Neumann Bernd, Pädagoge, (CDU/CSU)
Neumann Gerhard, Logopäde, (SPD)
Neumann Volker, RA und Notar, (SPD)
Nickels Christa, Krankenschwester, (B 90/Grüne)
Niebel Dirk, Arbeitsvermittler, (FDP)
Niehuis Edith Dr., Dipl.-Pädagogin, (SPD)
Niese Rolf Dr., wiss. Angest., (SPD)
Nietan Dietmar, Wahlkreismitarbeiter, (SPD)
Nolte Claudia, Dipl.-Ing., BMin. a.D., (CDU/CSU)
Nolting Günther Friedrich, Lehrer, (FDP)
Nooke Günter, Diplomphysiker, (CDU/CSU))
Obermeier Franz, Gschf., (CDU/CSU)
Oesinghaus Günter, HSchullehrer a.D., (SPD)
Ohl Eckhard, Werkzeugmacher, (SPD)
Onur Leyla, Berufsschullehrerin, (SPD)
Opel Manfred, Dipl.-Ing., (SPD)
Ortel Holger, Ang., (SPD)
Ost Friedhelm, Journalist, Staatssekr. a.D., Dipl.-Volksw., (CDU/CSU)
Ostertag Adolf, Werkzeugmacher, Gewsekr., (SPD)
Oswald Eduard, Dipl.-Betriebswirt, (FH), (CDU/CSU)
Ostrowski Christine, Lehrerin, (PDS)
Otto Hans-Joachim, RA, (FDP)
Otto Norbert, Bauing., (CDU/CSU)
Özdemir Cem, Dipl.-Sozialpäd., (B 90/Grüne)
Palis Kurt, Versicherungsang., (SPD)
Papenroth Albrecht, Dipl.-Ing.-Ökonom, (SPD)
Parr Detlef, Realschuldir., (FDP)
Pau Petra, Lehrerin, (PDS)
Paziorek Peter Dr., Stadtdir.a.D., (CDU/CSU)
Pfaff Martin Dr., Univ-Prof., (SPD)
Pfannenstein Georg, Elektromeister, (SPD)
Pfeifer Anton, ORR a.D., (CDU/CSU)
Pflug Johannes Andreas, Diploming., (SPD)
Pflüger Friedbert Dr., Geschäftsführer, (CDU/CSU)
Philipp Beatrix, Lehrerin, Schulleiterin, (CDU/CSU)
Pick Eckhart Dr., UnivProf. a.D., (SPD)
Pieper Cornelia, Diplomsprachmittlerin, (FDP)
Pofalla Ronald, Dipl.-Sozialpäd., Rechtsreferendar, (CDU/CSU)
Polenz Ruprecht, Jurist, GF, (CDU/CSU)
Poß Joachim, VerwLeiter, (SPD)
Pretzlaff Marlies, Lehrerin, (CDU/CSU)
Probst Simone, Dipl.-Physikerin, (B 90/Grüne)
Protzner Bernd Dr., Studienrat a.D., (CDU/CSU)
Rachel Thomas, M.A., Politikwiss., (CDU/CSU)
Raidel Hans, Dipl.-Verwaltungsw., Bgm. a. D., (CDU/CSU)
Ramsauer Peter Dr., Dipl.-Kfm., (CDU/CSU)
Rauber Helmut, Dipl.-Kfm, Hauptmann a. D., (CDU/CSU)
Rauen Peter Harald, Dipl.-Ing. (FH), Bauunternehmer, (CDU/CSU)
Rehbock-Zureich Karin, Lehrerin, (SPD)
Reichard Christa, Dipl.-Ing., (CDU/CSU)
Reiche Katharina, Chemikerin, (CDU/CSU)
Reimann Carola Dr., Biotechnologin, (SPD)
Reinhardt Erika, Hausfrau, CDU/CSU)
von Renesse Margot, Familienrichterin a.D., (SPD)
Rennebach Renate, Kfm. Angestellte, Betriebsratvors., (SPD)
Repnik Hans-Peter, Jurist, Parl. StaSekr., (CDU/CSU)
Reuter Bernd, Bauing.(grad.), 1. StR a.D., (SPD)
Rexrodt Günter Dr., Dipl.-Kfm., BMin. a.D., (FDP)
Richter Edelbert Dr., Theologe, (SPD)
Riegert Klaus, Dipl.-Verww. Polizei (FH), Kriminaloberkoms. a.D. (CDU/CSU)
Riemann-Hanewinckel Christel, Buchhändlerin, Pfarrerin, (SPD)
Riesenhuber Heinz Dr., Dipl.-Chem., BMin. a. D., (CDU/CSU)
Robbe Reinhold, Verlagskaufmann, GF, (SPD)
Romer Franz, Mechaniker, Betriebsratsvors., (CDU/CSU)
Rönsch Hannelore, BMin. a.D., Stellv. Vors. CDU/CSU-Fraktion, (CDU/CSU)

Ronsöhr Heinrich-Wilhelm, Landwirt, (CDU/CSU)
Roos Gudrun, Sekretärin, (SPD)
Rose Klaus Dr., StuR a.D., (CDU/CSU)
Röspel René, Biologe, (SPD)
Rössel Uwe-Jens Dr., Dipl.-Wirtschaftler, (PDS)
Rossmanith Kurt J., Dipl.-Verwaltungsw., Ind.-Kfm., (CDU/CSU)
Rossmann Ernst Dieter Dr., Diplompsychologe, (SPD)
Roth Adolf, Dipl.-Volksw., Kfm., (CDU/CSU)
Roth Birgit, Doz., (SPD)
Roth Michael, Diplom-Politologe, (SPD)
Röttgen Norbert, Rechtsanwalt, (CDU/CSU)
Ruck Christian Dr., Dipl.-Ökonom, (CDU/CSU)
Rübenkönig Gerhard Otto, Betriebsing., Teamleiter, (SPD)
Rühe Volker, OStuR a.D., BMin. a.D., (CDU/CSU)
Rupprecht Marlene, Lehrerin, (SPD)
Sauer Thomas, Dipl.-Vw., (SPD)
Schäfer Anita, Ang., (CDU)
Schäfer Hansjörg Dr., Frauenarzt, (SPD)
Schäuble Wolfgang Dr., RA, BMin. a. D., (CDU/CSU)
Schaich-Walch Gudrun, Physikalisch-Techn. Ass., (SPD)
Scharping Rudolf, M. A., Politologe, MinPräs. a.D., BMin. f. Verteidigung, (SPD)
Schauerte Hartmut, Rechtsanwalt, Notar, (CDU/CSU)
Scheel Christine, M. A., Soziologin, (B 90/Grüne)
Scheelen Bernd, Pharmabereichsleiter, (SPD)
Scheer Hermann Dr. rer. pol., Wirtschafts- u. Sozialwiss., (SPD)
Scheffler Siegfried, Dipl.-Ing. f. Straßenbau, (SPD)
Schemken Heinz, Kunst-u. Bauschlossermeister, (CDU/CSU)
Schenk Christina, Physikerin, (B 90/Grüne)
Scherhag Karl-Heinz, Kfz-Machaniker-Meister, (CDU/CSU)
Scheu Gerhard, Verw.Jurist, (CDU/CSU)
Schewe-Gerigk Irmingard, Regierungsangestellte, (B 90/Grüne)
Schild Horst, Lehrer, Akad. Rat, (SPD)
Schily Otto, RA, BMin. d. Inneren, (SPD)
Schindler Norbert, Landwirt u. Winzer, (CDU/CSU)
Schlauch Rezzo Ernst, Rechtsanwalt, (B 90/Grüne)
Schlee Dietmar, Jurist, Min. a.D., (CDU/CSU)
Schloten Dieter, Ltd. Gesamtschullehrer a. D., (SPD)
Schmidbauer Bernd, StuDir. a.D., StaMin. a.D., (CDU/CSU)
Schmidbauer Horst, Industriekaufmann, (SPD)
Schmidt Albert, Lehrer, (B 90/Grüne)
Schmidt Andreas, RA, (CDU/CSU)
Schmidt Christian, RA, (CDU/CSU)
Schmidt Dagmar, Realschullehrerin, (SPD)
Schmidt Frank, Referent, (SPD)
Schmidt Joachim Dr.-Ing., Dipl.-Ing., (CDU/CSU)
Schmidt Silvia, Heimleiterin, (SPD)
Schmidt Ulla, Bundesmin. f. Gesundheit, Lehrerin, (SPD)
Schmidt Wilhelm, KommBeamter a.D., (SPD)
Schmidt-Jortzig Edzard Dr., Prof. f. Öffentl. Recht, BMin. a.D., (FDP)
Schmidt-Zadel Regina, Sozialarbeiterin (grad.), (SPD)
Schmitt Heinz, Wirtschaftsingenieur, (SPD)
Schmitz Hans-Peter, Landwirt, (CDU/CSU)
von Schmude Michael, Kaufmann, (CDU/CSU)
Schneider Carsten, Bankkfm., (SPD)
Schnell Emil Dr., Dipl.-Physiker, (SPD)
Schockenhoff Andreas Dr., Studienrat a.D., (CDU/CSU)
Scholz Rupert Dr., Hochschullehrer, BMin. a. D., (CDU/CSU)
Schöler Walter, StVerwR. a. D., (SPD)
Schönfeld Karsten, Diplom-Agraring., (SPD)
Schösser Fritz, Industriekfm., (SPD)
Frhr. v. Schorlemer Reinhard, Land-u. Forstwirt, (CDU/CSU)
Schreiner Ottmar, Jurist, (SPD)
Schröder Gerhard, Bundeskanzler, (SPD)
Schröter Gisela, Sonderschullehrerin, (SPD)
Schubert Mathias Dr., Dipl.-Theologe, (SPD)
Schuchardt Erika Dr., Dipl.-Päd., Prof. f. Erziehungswiss., (CDU/CSU)

Schuhmann Richard, Dipl.-Jurist, (SPD)
Schulhoff Wolfgang, Dipl.-Volksw., (CDU/CSU)
Schulte Brigitte, Lehrerin a.D., (SPD)
Schultz Reinhard, M. A., Politikwiss., (SPD)
Schultz Volkmar, Historiker, Journalist, (SPD)
Schulz Werner, Dipl.-Ing., Parl. GF (B 90/Grüne)
Schulz Gerhard, Maschinenbauermstr., (CDU/CSU)
Schur Gustav-Adolf, Diplomsportlehrer, (PDS)
Schurer Ewald, Betriebswirt, (SPD)
Schüßler Gerhard, Großhandelskfm., (FDP)
Schütze Diethard, Rechtsanwalt u. Notar, (CDU/CSU)
Schwaetzer Irmgard Dr., Apothekerin, BMin. a. D., (FDP)
Schwalbe Clemens, Dipl.-Ing. f. Verfahrenstechnik, (CDU/CSU)
Schwall-Düren Angelika Dr., Lehrerin, (SPD)
Schwanitz Rolf, Dipl.-Ing.-Ökonom, (SPD)
Schwarz-Schilling Christian Dr., Sinologe, BMin. a. D., (CDU/CSU)
Sebastian Wilhelm, Großhandelskaufmann, GF, (CDU/CSU)
Seehofer Horst, Dipl.-VerwW.(FH), BMin. a.D., (CDU/CSU)
Sehn Marita, Industriekauffrau, (FDP)
Seidenthal Bodo, Ing. (grad.), (SPD)
Seifert Ilja Dr., Diplomgermanist, (PDS)
Seiffert Heinz, Dipl.-Verww., Bgm., (CDU/CSU)
Seiters Rudolf, Jurist, BMin. a. D., (CDU/CSU)
Siebert Bernd, Selbst. Kaufmann, (CDU/CSU)
Siemann Werner, RA u. Notar, (CDU/CSU)
Simm Erika, Richterin, Stadträtin, (SPD)
Simmert Christian, Werbeass., (B 90/Grüne)
Singhammer Johannes, Jurist, MR, (CDU/CSU)
Skarpelis-Sperk Sigrid Dr., Dipl.-Vw., (SPD)
Solms Hermann Otto Dr., Unternehmer, GF, (FDP)
Sonntag-Wolgast Cornelie Dr., Journalistin, (SPD)
Sorge Wieland, Dipl.-Lehrer, (SPD)
Sothmann Bärbel, Betriebswirtin SGD, (CDU/CSU)
Späte Margarete, Dipl.-Bildhauerin, (CDU/CSU)
Spanier Wolfgang, Lehrer, Schulleiter, (SPD)
Spielmann Margit Dr., Bgm., (SPD)
Spiller Jörg-Otto, Dipl.-Politologe, BezBgm. a. D., (SPD)
Spranger Carl-Dieter, RA, LdGerR a.D., BMin. a.D., (CDU/CSU)
Stadler Max Dr., Richter am OLG, (FDP)
Staffelt Ditmar Dr., Gschf., (SPD)
Steen Antje-Marie, Apothekenhelferin, Drogistin, (SPD)
Steiger Wolfgang, Bankkfm., (CDU/CSU)
Steinbach Erika, Dipl.-Verwaltungswirtin, Informatikerin, (CDU/CSU)
Sterzing Christian, Rechtsanwalt, (B 90/Grüne)
von Stetten Wolfgang Frhr., Prof., (CDU/CSU)
Stiegler Ludwig, RA, (SPD)
Stöckel Rolf, Diplomsozialarbeiter, (SPD)
Störr-Ritter Dorothea, RA, (CDU/CSU)
Storm Andreas, Dipl.-Volkswirt, (CDU/CSU)
Straubinger Max, LwMstr., Vers.-Fachmann, (CDU/CSU)
Streb-Hesse Rita, Konrektorin a. D., (SPD)
Strebl Matthäus, Bankkaufmann, (CDU/CSU)
Strobl Reinhold, Industriekfm., (SPD)
Strobl Thomas, RA, (CDU/CSU)
Ströbele Hans-Christian, RA, (B 90/Grüne)
Struck Peter Dr., RA, (SPD)
Stübgen Michael, Pfarrer, (CDU/CSU)
Stünker Joachim, Richter a.D., (SPD)
Süssmuth Rita Dr., UnivProf., BMin.a.D., (CDU/CSU)
Tappe Joachim, Pädag. Leiter, (SPD)
Tauss Jörg, Vers.-Kaufmann, Pressesprecher, (SPD)
Teuchner Jella, GewSekr., (SPD)
Thalheim Gerald Dr., Agrotechniker, (SPD)
Thiele Carl-Ludwig, RA, (FDP)
Thierse Wolfgang, Kulturwiss., Germanist, Präsident des Dt. Bundestages, (SPD)
Thomae Dieter Dr., Dipl.-Kfm., OStudR. a. D., (FDP)

Thönnes Franz, Industriekaufmann, GewSekr., (SPD)
Tiemann Susanne Dr., Rechtsanwältin, (CDU/CSU)
Titze-Stecher Uta, Sonderschulpäd., (SPD)
Töpfer Edeltraut, Richterin, (CDU/CSU)
Trittin Jürgen, Diplomsozialwirt, BMin. f. Umwelt, Naturschutz u. Reaktorsicherheit (B 90/Grüne)
Tröscher Adelheid, Lehrerin, KrBeig.a. D., (SPD)
Türk Jürgen, Dipl.-Ing. f. Bauwesen, (FDP)
Uhl Hans-Peter Dr., RA, (CDU/CSU)
Urbaniak Hans-Eberhard, GewSekr., (SPD)
Vaatz Arnold, Staatsmin. a.D., (CDU/CSU)
Veit Rüdiger, RA, (SPD)
Violka Simone, Finanzbuchhalterin, (SPD)
Vogt Ute, Juristin, (SPD)
Vollmer Antje Dr., Theologin, Vizepräs. d. Dt. Bundestages, (B 90/Grüne)
Volmer Ludger, Dipl.-Sozialwiss., (SPD)
Volquartz Angelika, Realschulrektorin a.D., (CDU/CSU)
Voß Sylvia, Ärztin, (B 90/Grüne)
Voßhoff Andrea Astrid, Juristin, (CDU/CSU)
Wagner Hans Georg, Arch., Dipl.-Ing., (SPD)
Waigel Theodor Dr., Jurist, BMin. a.D., (CDU/CSU)
Wegener Heidi, Beamtin, (SPD)
Wegner Konstanze Dr., Historikerin, (SPD)
Weiermann Wolfgang, Maschinenschlosser, (SPD)
Weis Reinhard, Dipl.-Ing., (SPD)
Weisheit Matthias, Realschullehrer a. D., (SPD)
Weiß Gerald, Staatssekr. a.D., (CDU/CSU)
Weiß Peter, Gschf., (CDU/CSU)
Weissgerber Gunter, Ing., (SPD)
Weisskirchen Gert, Fachhochschulprof., (SPD)
Weizsäcker Ernst Ulrich von Dr., Institutsleiter, (SPD)
Welt Jochen, Abteilungsleiter, (SPD)
Wend Rainer Dr., RA, (SPD)
Wester Hildegard, Päd.i.d. Erwachsenenbildung, (SPD)
Westerwelle Guido Dr., Gen.-Sekr., (FDP)
Westrich Lydia, Finanzbeamtin a. D., (SPD)
Wettig-Danielmeier Inge, Auslandskorrespondentin u. Dolmetscherin, Dipl.-Sozialwiss., (SPD)
Wetzel Margrit Dr., Diplomvolkswirtin, (SPD)
Widmann-Mauz Annette, Ass., (CDU/CSU)
Wieczorek Helmut, GF, (SPD)
Wieczorek Jürgen, Nachrichtentechniker, (SPD)
Wieczorek Norbert Dr., BkAngest., (SPD)
Wieczorek-Zeul Heidemarie, BMin. f. wirtschaftliche Zusammenarbeit u. Entwicklung, Lehrerin, (SPD)
Wiefelspütz Dieter, Richter a.D., (SPD)
Wiese Heino, Gschf., (SPD)
Wiese Heinz, Lehrer, (CDU/CSU)
Wiesehügel Klaus, Betonbauer, (SPD)
Wilhelm Hans-Otto, Verwaltungsangestellter, (CDU/CSU)
Wilhelm Helmut, Richter, (B 90/Grüne)
Willsch Klaus-Peter, Diplomvolkswirt, (CDU/CSU)
Wilz Bernd, RA, Parlamentar. Staatssekr. Bundesmin. f. Verteidigung a.D., (CDU/CSU)
Wimmer Brigitte, Schriftsetzerin, (SPD)
Wimmer Willy, RA, (CDU/CSU)
Wissmann Matthias, RA, BMin.a.D., (CDU/CSU)
Wistuba Engelbert Clemens, Dipl.-Ing., (SPD)
Wittig Barbara, Ang., (SPD)
Wittlich Werner, Betriebswirt, (CDU/CSU)
Wodarg Wolfgang Dr., Internist, (SPD)
Wöhrl Dagmar, Rechtsanwältin, (CDU/CSU)
Wohlleben Verena, Bürokauffrau, (SPD)
Wolf Aribert, RA, (CDU/CSU)
Wolf Hanna, Selbst. Kauffrau, (SPD)
Wolf Margareta, VorstRef., Lds GF a.D., (B90/Grüne)
Wolf Winfried Dr., Journalist, (PDS)
Wolff Waltraud, Schulleiterin, (SPD)
Wright Heidemarie, Rechtsanwaltsgehilfin, (SPD)
Wülfing Elke, Hausfrau, (CDU/CSU)
Würzbach Peter Kurt, OberstLt. a.D., Dipl.-Päd., (CDU/CSU)

Zapf Uta, Hausfrau, (SPD)
Zeitlmann Wolfgang, RA, (CDU/CSU)
Zierer Benno, Dipl.-VerwWirt (FH), (CDU/CSU)
Zöller Wolfgang, Dipl.-Ing., (CDU/CSU)
Zöpel Christoph Dr., Dipl.-Ökonom, Min. a. D., (SPD)
Zumkley Peter, Oberst a. D., Senator a. D., (SPD)

Deutsche Abgeordnete im Europäischen Parlament

Mitglieder EVP/ED
Rolf Berend, Lehrer
Reimer Böge, Politiker, Dipl.-Ing.
Christian Ulrik von Boetticher, Rechtsref.
Elmar Brok, Journalist
Markus Ferber, Umwelttechniker
Karl-Heinz Florenz, Kfm.
Dr. Ingo Friedrich, Diplomvolkswirt
Michael Gahler, Jurist
Anne-Karin Glase, Sozialarbeiterin
Dr. Lutz Goepel, Ingenieur
Dr. Alfred Gomolka, Dipl.-Geograph
Ruth Hieronymi, Historikerin
Dr. Georg Jarzembowski, Jurist
Elisabeth Jeggle, Hauswirtschafterin
Hedwig Keppelhoff-Wiechert, Meisterinländl. Hauswirtschaft
Ewa Klamt, Lehrerin
Christa Barbara Klass, ländl. Hauswirtin
Karsten Knolle, Tierarzt
Dr. Dieter-Lebrecht Koch, Architekt
Dr. Christoph Konrad, Gschf.
Dr. Werner Josef Langen, Staatsmin. a.D.
Brigitte Langenhagen, Ang.
Armin Laschet, Journalist
Kurt Lechner, Notar
Klaus-Heiner Lehne, RA
Dr. Hans-Peter Liese, Arzt
Thomas Mann, Kreativ-Dir.
Franz-Xaver Mayer, Unternehmer
Dr. Dr. Hans-Peter Mayer, RA
Winfried Josef Menrad, Ang.
Dr. Peter-Michael Mombaur, RA
Emilia Müller, Chemikerin
Hartmut Nassauer, Ang.
Dr. Angelika Niebler, RA
Doris Pack, Rektorin
Dr. Hans-Gert Poettering, Jurist
Bernd Posselt, Journalist
Dr. Godelieve Quisthoudt-Rowohl, Chemikerin
Alexander Radwan, RA
Ursula Schleicher, Harfenistin
Ingo Schmitt, Jurist
Dr. Horst Schnellhardt, Tierarzt
Jürgen Schröder, Dipl.-Dolmetscher
Dr. Konrad Karl Schwaiger, Jurist
Dr. Renate Thekla Walburga Maria Sommer, wiss. Ang.
Dr. Gabriele Stauner, Juristin
Diemut Theato, Dipl.-Übersetzerin
Alma Brigitte Wenzel-Perillo, Tierärztin
Rainer Wieland, RA
Dr. Karl von Wogau, RA
Dr. Joachim Wuermeling, Jurist
Prof. Dr. Jürgen Zimmerling, RA
Sabine Zissener, Arzthelferin

Mitglieder SPE
Dr. Hans Udo Bullmann, Dozent
Ozan Ceyhun, Erzieher
Garrelt Duin, RA
Evelyne Gebhardt, Übersetzerin
Norbert Glante, Automatisierungsing.
Willi Görlach, StudR.

Lissy Gröner, Telekom-Mitarbeiter
Dr. Klaus Hänsch, Redakteur
Jutta Haug, Ang.
Magdalene Hoff, Bauing.
Karin Jöns, Journalistin
Karin Junker, Journalistin
Margot Keßler, Indologin
Dr. Heinz Kindermann, Amtstierarzt
Constance Krehl, Dipl.-Informatikerin
Wolfgang Kreissl-Dörfler, Landwirt
Wilfried Kuckelkorn, Installateur
Helmut Kuhne, wiss. Mitarb.
Bernd Lange, StudR.
Josef Leinen, RA
Rolf Linkohr, Dipl.-Psych.
Erika Mann, Unternehmensberaterin
Rosemarie Karoline Müller, Bankkauffrau
Wilhelm Piecyk, Studienleiter
Christa Randzio-Plath, Juristin
Bernhard Rapkay, Ang.
Dagmar Roth-Behrendt, Juristin
Mechtild Rothe, Lehrerin
Willi Rothley, RA
Jannis Sakellariou, Dipl.-Ing.
Dr. Gerhard Schmid, Dipl.-Chem.
Martin Schulz, Buchhändler
Ulrich Stockmann, Dipl-Ing.
Ralf Walter, Dipl.-Sozialarb.
Barbara Weiler, kfm. Ang.

Mitglieder Grüne/EFA
Friedrich-Wilhelm Graefe zu Baringdorf, Bauer
Hiltrud Breyer, Dipl.-Politologin
Heidemarie-Rose Rühle, Ang.
Ilka Schröder, Studentin
Elisabeth Schroedter, Umweltberaterin

Mitglieder KVEL/NGL
Dr. Andreas Brie, Ang.
Christel Sabine Fiebiger, Agrarökonomin
Dr. Sylvia-Yvonne Kaufmann, wiss. Ang.
Dr. Helmuth Markov, Techniker
Dr. Hans-Georg Modrow, Wissenschaftler
Feleknas Uca, Ang.

BUNDESRAT

Präsidium des Bundesrates

Präsident
Klaus Wowereit
Regierender Bürgermeister von Berlin

1. Vizepräsident
Kurt Beck
Ministerpräsident des Landes Rheinland-Pfalz

2. Vizepräsident
Dr. Henning Scherf
Präsident des Senats und Bürgermeister
der Freien Hansestadt Bremen

3. Vizepräsident
Peter Müller
Ministerpräsident des Saarlandes

Mitglieder des Bundesrates

Baden-Württemberg

Erwin Teufel, Ministerpräsident, (CDU)
Dr. Walter Döring, stellv. Min.Präs., Wirtschaftsminister, (FDP)
Dr. Thomas Schäuble, Innenminister, (CDU)
Prof. Dr. Ulrich Goll, Justizminister, (CDU)
Rudolf Köberle, Minister u. Bevollmächtigter d. Landes Baden-Württemberg b. Bund, (CDU)
Dr. Annette Schavan, Ministerin f. Kultus, Jugend u. Sport, (CDU)

Bayern

Dr. Edmund Stoiber, Ministerpräsident, (CSU)
Reinhold Bocklet, Staatsminister f. Bundes- u. Europaangelegenheiten, (CSU)
Erwin Huber, Staatsminister, Leiter d. Staatskanzlei, (CSU)
Dr. Otto Wiesheu, Staatsminister f. Wirtschaft, Verkehr u. Technologie, (CSU)
Prof. Dr. Kurt Faltlhauser, Staatsminister f. Finanzen, (CSU)
Christa Stewens, Staatsministerin f. Arbeit u. Sozialordnung, Familie u. Frauen, (CSU)

Berlin

Klaus Wowereit, Regierender Bürgermeister, (SPD)
Karin Schubert, Bürgermeisterin u. Senatorin f. Justiz, (SPD)
Dr. Gregor Gysi, Senator f. Wirtschaft, Arbeit u. Frauen, (PDS)
Dr. Thilo Sarrazin, Senator f. Finanzen, (SPD)

Brandenburg

Dr. Manfred Stolpe, Ministerpräsident, (SPD)
Prof. Dr. Kurt Schelter, Minister d. Justiz u. f. Europaangelegenheiten, (CSU)
Jörg Schönbohm, Stellv. Min.Präs. u. Minister d. Innern, (CDU)
Alwin Ziel, Minister f. Arbeit, Soziales, Gesundheit u. Frauen, (SPD)

Bremen

Dr. Henning Scherf, Präses d. Senats, Bürgermeister, Senator f. kirchl. Angelegenheiten, Justiz u. Verfassung, (SPD)
Hartmut Perschau, Bürgermeister, Senator f. Finanzen, (CDU)
Dr. Kerstin Kießler, Staatsrat, Bevollmächtigter d. Freien Hansestadt Bremen beim Bund, f. Europa u. Entwicklungszusammenarbeit (SPD)

Hamburg

Ole von Beust, Präsident d. Senats u. Erster Bürgermeister, (CDU)
Ronald B. Schill, Zweiter Bürgermeister u. Stellv. d. Präsidenten d. Senats, (Schill-Partei)
Rudolf Lange, Senator f. Schule, Jugend u. Berufsbildung, (FDP)

Hessen

Roland Koch, Ministerpräsident, (CDU)
Jochen Riebel, Minister f. Bundes- u. Europaangelegenheiten u. Chef d. Staatskanzlei, (CDU)
Volker Bouffier, Minister d. Innern u. f. Sport, (CDU)
Ruth Wagner, stellv. Min.Präs. u. Ministerin f. Wissenschaft u. Kunst, (FDP)
Dr. Christean Wagner, Minister d. Justiz, (CDU)

Mecklenburg-Vorpommern

Dr. Harald Ringstorff, Ministerpräsident u. Justizminister, (SPD)
Helmut Holter, Minister f. Arbeit u. Bau, (PDS)
Dr. Gottfried Timm, Innenminister, (SPD)

Niedersachsen

Sigmar Gabriel, Ministerpräsident, (SPD)
Wolfgang Jüttner, Umweltminister, (SPD)
Heinrich Aller, Finanzminister, (SPD)
Renate Jürgens-Pieper, Kultusministerin, stellv. Min.Präs., (SPD)
Heiner Bartling, Innenminister, (SPD)
Wolfgang Senff, Minister f. Bundes- u. Europaangelegenheiten, (SPD)

Nordrhein-Westfalen

Wolfgang Clement, Ministerpräsident, (SPD)
Dr. Fritz Behrens, Innenminister, (SPD)
Peer Steinbrück, Minister f. Finanzen, (SPD)
Dr. Michael Vesper, stellv. Min.Präs., Minister f. Bauen u. Wohnen, (B 90/Grüne)
Ernst Schwanhold, Minister f. Wirtschaft u. Mittelstand, Technologie u. Verkehr, (SPD)
Hannelore Kraft, Ministerin f. Bundes- u. Europaangelegenheiten u. Bevollmächtigter d. Landes Nordrhein-Westfalen b. Bund, (SPD)

Rheinland-Pfalz

Kurt Beck, Ministerpräsident, (SPD)
Gernot Mittler, Minister d. Finanzen, (SPD)
Hans-Arthur Bauckhage, stellv. Min.Präs., Minister f. Wirtschaft, Verkehr, Landwirtschaft u. Weinbau, (FDP)

Saarland

Peter Müller, Ministerpräsident, (CDU)
Peter Jacoby, stellv. Min.Präs. u. Minister f. Finanzen u. Bundesangelegenheiten, (CDU)
Annegret Kramp-Karrenbauer, Ministerin f. Inneres u. Sport, (CDU)

Sachsen

Prof. Dr. Georg Milbradt, Ministerpräsident, (CDU)
Dr. Thomas de Maizière, Staatsminister d. Justiz, (CDU)
Prof. Dr. Karl Mannsfeld, stellv. Ministerpräsident u. Staatsminister f. Kultus, (CDU)
Stanislaw Tillich, Staatsminister u. Chef d. Staatskanzlei, (CDU)

Sachsen-Anhalt

Prof. Dr. Wolfgang Böhmer, Ministerpräsident, (CDU)
Prof. Dr. Karl-Heinz Paqué, Minister d. Finanzen, (FDP)

Curt Becker, Minister d. Justiz, (CDU)
Rainer Robra, Staatsminister u. Chef d. Staatskanzlei, (CDU)

Schleswig-Holstein

Heide Simonis, Ministerpräsidentin, (SPD)
Annemarie Lütkes, stellv. Min.Präs., Ministerin f. Justiz, Frauen, Jugend u. Familie, (B90/Die Grünen)
Klaus Buß, Innenminister, (SPD)
Claus Möller, Minister f. Finanzen u. Energie, (SPD)

Thüringen

Dr. Bernhard Vogel, Ministerpräsident, (CDU)
Andreas Trautvetter, stellv. Min.Präs. u. Minister f. Finanzen, (CDU)
Jürgen Gnauck, Minister f. Bundes- und Europaangelegenheiten, (CDU)

LANDESREGIERUNGEN

Baden-Württemberg

Ministerpräsident
Erwin Teufel

Minister für Ernährung und den Ländlichen Raum
Willi Stächele

Justizminister
Prof. Dr. Ulrich Goll

Innenminister
Dr. Thomas Schäuble

Minister für Wissenschaft, Forschung und Kunst
Prof. Dr. Peter Frankenberg

Ministerin für Kultus, Jugend und Sport
Dr. Annette Schavan

Finanzminister
Gerhard Stratthaus

Wirtschaftsminister, stellv. Min. Präs.
Dr. Walter Döring

Sozialminister
Dr. Friedhelm Repnik

Minister für Umwelt und Verkehr
Ulrich Müller

Minister des Staatsministeriums und für europäische Angelegenheiten
Dr. Christoph-E. Palmer

Minister und Bevollmächtigter des Landes Baden-Württemberg beim Bund
Rudolf Köberle

Bayern

Ministerpräsident
Dr. Edmund Stoiber

Staatsminister des Inneren, stellv. Min.Präs.
Dr. Günther Beckstein

Staatsminister für Bundes- und Europaangelegenheiten
Reinhold Bocklet

Staatsminister für Wirtschaft, Verkehr und Technologie
Dr. Otto Wiesheu

Staatsminister der Justiz
Dr. Manfred Weiß

Staatsminister für Finanzen
Prof. Dr. Kurt Faltlhauser

Staatsministerin für Unterricht u. Kultus
Monika Hohlmeier

Staatsminister für Landwirtschaft und Forsten
Josef Miller

Staatsministerin für Arbeit u. Sozialordnung, Familie und Frauen
Christa Stewens

Staatsminister für Landesentwicklung und Umweltfragen
Dr. Werner Schnappauf

Staatsminister f. Wissenschaft, Forschung u. Kunst
Hans Zehetmair

Staatsminister und Leiter der Staatskanzlei
Erwin Huber

Staatsminister für Gesundheit, Ernährung und Verbraucherschutz
Eberhard Sinner

Berlin

Regierender Bürgermeister
Klaus Wowereit

Bürgermeister und Senator für Wirtschaft, Arbeit und Frauen
Dr. Gregor Gysi

Senator für Inneres
Dr. Ehrhart Körting

Senator für Finanzen
Dr. Thilo Sarrazin

Senator für Bildung, Jugend und Sport
Klaus Böger

Senator für Wissenschaft, Forschung und Kultur
Dr. Thomas Flierl

Senator für Stadtentwicklung
Peter Strieder

Bürgermeisterin und Senatorin für Justiz
Karin Schubert

Senatorin für Gesundheit, Soziales und Verbraucherschutz
Dr. Heidi Knake-Werner

Brandenburg

Ministerpräsident
Dr. Manfred Stolpe

Minister des Innern
Jörg Schönbohm

**Minister der Justiz und
für Europaangelegenheiten**
Prof. Dr. Kurt Schelter

Minister für Wirtschaft
Dr. Wolfgang Fürniß

**Minister für Umweltschutz, Landwirtschaft
und Raumordnung**
Wolfgang Birthler

Ministerin der Finanzen
Dagmar Ziegler

**Minister für Arbeit, Soziales,
Gesundheit und Frauen**
Alwin Ziel

Minister für Bildung, Jugend und Sport
Steffen Reiche

**Ministerin für Wissenschaft,
Forschung und Kultur**
Prof. Dr. Johanna Wanka

**Minister für Stadtentwicklung,
Wohnen und Verkehr**
Hartmut Meyer

Bremen

**Präsident des Senats
Senator für kirchliche Angelegenheiten
Senator für Justiz und Verfassung**
Bürgermeister Dr. Henning Scherf

Senator für Finanzen
Bürgermeister Hartmut Perschau

Senator für Wirtschaft und Häfen
Josef Hattig

Senator für Inneres, Kultur und Sport
Dr. Bernt Schulte

Senator für Bildung und Wissenschaft
Willi Lemke

**Senatorin für Arbeit, Frauen, Gesundheit,
Jugend und Soziales**
Hilde Adolf

Senatorin für Bau und Umwelt
Christine Wischer

Hamburg

Präsident des Senats, Erster Bürgermeister
Ole von Beust

**Zweiter Bürgermeister und
Präses der Innenbehörde**
Ronald B. Schill

Präses der Finanzbehörde
Senator Dr. Wolfgang Peiner

**Präses der Behörde für Schule,
Jugend und Berufsbildung**
Senator Rudolf Lange

Präses der Behörde für Wirtschaft und Arbeit
Senator Gunnar Uldall

Präses der Kulturbehörde
Senatorin Dana Horáková

Präses der Behörde für Soziales und Familie
Senatorin Birgit Schnieber-Jastram

Präses der Behörde für Umwelt und Gesundheit
Senator Peter Rehaag

Präses der Behörde für Bau und Verkehr
Senator Mario Mettbach

Präses der Behörde für Wissenschaft und Forschung
Senator Jörg Dräger, Ph.D.

Präses der Justizbehörde
Senator Dr. Roger Kusch

Hessen

Ministerpräsident
Roland Koch

Minister des Innern und für Sport
Volker Bouffier

Minister der Finanzen
Karlheinz Weimar

Minister der Justiz
Dr. Christean Wagner

Kultusministerin
Karin Wolff

**Ministerin für Wissenschaft
und Kunst, stellv. Min.-Präs.**
Ruth Wagner

**Minister für Wirtschaft,
Verkehr und Landesentwicklung**
Dieter Posch

Ministerin für Soziales
Silke Lautenschläger

Minister für Umwelt, Landwirtschaft und Forsten
Wilhelm Dietzel

Minister für Bundes- und Europaangelegenheiten und Leiter der Staatskanzlei
Jochen Riebel

Mecklenburg-Vorpommern
Landtagswahlen Herbst 2002

Ministerpräsident
Dr. Harald Ringstorff

Minister für Arbeit und Bau, stellv. Min.Präs.
Helmut Holter

Minister des Innern
Dr. Gottfried Timm

Ministerin für Finanzen
Sigrid Keler

Minister für Wirtschaft
Dr. Otto Ebnet

Minister für Bildung, Wissenschaft und Kultur
Prof. Dr. Peter Kauffold

Minister für Umwelt
Prof. Dr. Wolfgang Methling

Minister für Ernährung, Landwirtschaft, Forsten und Fischerei
Till Backhaus

Ministerin für Soziales
Dr. Martina Bunge

Minister für Justiz
Erwin Sellering

Niedersachsen

Ministerpräsident
Sigmar Gabriel

Innenminister
Heiner Bartling

Minister für Justiz und Europaangelegenheiten
Prof. Dr. Christian Pfeiffer

Ministerin für Wirtschaft, Technologie und Verkehr
Dr. Susanne Knorre

Umweltminister
Wolfgang Jüttner

Ministerin für Soziales und Frauen und Arbeit
Dr. Gitta Trauernicht

Minister für Ernährung, Landwirtschaft und Forsten
Uwe Bartels

Minister für Wissenschaft und Kultur
Thomas Oppermann

Finanzminister
Heinrich Aller

Kultusministerin, stellv. Min.Präs.
Renate Jürgens-Pieper

Nordrhein-Westfalen

Ministerpräsident
Wolfgang Clement

Innenminister
Dr. Fritz Behrens

Minister für Wirtschaft, Mittelstand, Energie und Verkehr
Ernst Schwanhold

Ministerin für Umwelt und Naturschutz, Landwirtschaft und Verbraucherschutz
Bärbel Höhn

Finanzminister
Peer Steinbrück

Justizminister
Jochen Dieckmann

Ministerin für Schule, Wissenschaft und Forschung
Gabriele Behler

Minister für Arbeit und Soziales, Qualifikation und Technologie
Harald Schartau

Minister für Städtebau und Wohnen, Kultur und Sport, stellv. Min. Präs.
Dr. Michael Vesper

Ministerin für Frauen, Jugend, Familie und Gesundheit
Birgit Fischer

Minister für Bundes- u. Europaangelegenheiten im Geschäftsbereich d. Ministerpräs.
Hannelore Kraft

Rheinland-Pfalz

Ministerpräsident
Kurt Beck

Minister des Inneren und für Sport
Walter Zuber

Minister für Justiz
Herbert Mertin

Minister der Finanzen
Gernot Mittler

Ministerin für Bildung, Frauen und Jugend
Doris Ahnen

**Minister für Wirtschaft, Verkehr,
Landwirtschaft und Weinbau und stellv. Min.Präs.**
Hans-Artur Bauckhage

**Ministerin für Umwelt
und Forsten**
Margit Conrad

**Minister für Arbeit,
Soziales und Gesundheit**
Florian Gerster

**Minister für, Wissenschaft, Weiterbildung,
Forschung und Kultur**
Prof. Dr. Jürgen Zöllner

Saarland

Ministerpräsident
Peter Müller

Ministerin für Inneres und Sport
Annegret Kramp-Karrenbauer

Ministerin der Justiz
Inge Spoerhase-Eisel

**Ministerin für Frauen, Arbeit,
Gesundheit und Soziales**
Dr. Regina Görner

**Minister für Finanzen und Bundesangelegenheiten
und stellv. Min.Präs.**
Peter Jacoby

**Minister für Bildung, Kultur
und Wissenschaft**
Jürgen Schreier

Minister für Umwelt
Stefan Mörsdorf

Minister für Wirtschaft
Dr. Hanspeter Georgi

Sachsen

Ministerpräsident
Georg Milbradt

Minister des Innern
Dipl.-Ing. Horst Rasch

Minister der Finanzen
Horst Metz

**Minister für Soziales, Gesundheit, Jugend und
Familie, stellv. Min. Präs.**
Christine Weber

Minister der Justiz
Dr. Thomas de Maizière

Minister für Kultus
Prof. Dr. Karl Mannsfeld

Minister für Wissenschaft und Kunst
Dr. Matthias Rößler

Minister für Wirtschaft und Arbeit
Dr. Martin Gillo

Minister für Umwelt und Landwirtschaft
Steffen Flath

Minister und Chef der Staatskanzlei
Stanislaw Tillich

Sachsen-Anhalt

Ministerpräsident
Prof. Dr. Wolfgang Böhmer

Ministerin für Landwirtschaft und Umwelt
Petra Wernicke

Justizminister
Curt Becker

Finanzminister
Prof. Dr. Karl-Heinz Paqué

Innenminister
Klaus-Jürgen Jeziorsky

**Minister für Wirtschaft, Arbeit
und Technologie**
Dr. Horst Rehberger

Minister für Gesundheit und Soziales
Gerry Kley

Kultusminister
Prof. Dr. Jan-Hendrik Olbertz

**Minister für Wohnungswesen,
Städtebau und Verkehr**
Dr. Karl-Heinz Daehre

Minister und Chef der Staatskanzlei
Rainer Robra

Schleswig-Holstein

Ministerpräsidentin
Heide Simonis

Minister für Finanzen und Energie
Claus Möller

Innenminister
Klaus Buß

**Minister für Wirtschaft,
Technologie und Verkehr**
Dr. Bernd Rohwer

**Ministerin für Arbeit, Gesundheit,
Soziales und Verbraucherschutz**
Heide Moser

**Ministerin für ländliche Räume, Landplanung,
Landwirtschaft und Tourismus**
Ingrid Franzen

**Ministerin für Bildung, Wissenschaft,
Forschung und Kultur**
Ute Erdsiek-Rave

Minister für Umwelt, Natur und Forsten
Klaus Müller

**Ministerin Justiz, Frauen, Jugend und Familie,
stellv. Min.Präs.**
Anne Lütkes

Thüringen

Ministerpräsident
Dr. Bernhard Vogel

**Minister für Bundes- und
Europaangelegenheiten
und Chef der Staatskanzlei**
Jürgen Gnauck

Ministerin für Wissenschaft, Forschung und Kultur
Prof. Dr. Dagmar Schipanski

Innenminister
Christian Köckert

Minister für Justiz
Dr. Andreas Birkmann

**Minister für Soziales, Familie
und Gesundheit**
Dr. Frank-Michael Pietzsch

Kultusminister
Dr. Michael Krapp

**Minister für Wirtschaft, Arbeit
und Infrastruktur**
Franz Schuster

**Minister für Landwirtschaft,
Naturschutz und Umwelt**
Dr. Volker Sklenar

**Finanzminister,
stellv. Min.Präs**
Andreas Trautvetter

BIOGRAPHIEN
Teil 1: Aa - Heidrich

von der Aa Bernd Heinrich *)
Aabye Liliana *)
Aagaard Heidemarie

B.: Galeristin. FN.: Kleine Galerie-Werkstatt. DA.: 13467 Berlin, Alt-Hermsdorf 11. kleine.galerie-werkstatt.de. G.: Berlin, 11. Mai 1943. Ki.: Ramona, Thorsten. El.: Nils-Martin (Erbauer d. Aagaard Tunnels 1963 v. Glienicke / Nordbahn nach Berlin-Hermsdorf, er brachte 13 Menschen in d. Freiheit) u. Ingeborg Aagaard, geb. Barthel. BV.: Nils-Martin Aagaard, bedeutender dän. Stuckateur u. Deckenmaler, Ende d. 18. Jhdt. S.: bereits als Kind lebhaftes Interesse f. d. bild. Kunst, Autodidaktin in d. Malerei u. Bildhauerei. K.: 1959 erste Ausstellung in Berlin, arb. v. 1962-72 am Ammersee, in dieser Zeit entstanden eine Reihe keramischer Arb., 1976 örtl. Neuorientierung nach Berlin-Hermsdorf u. Eröff. einer Keramikstube u. Galerie, Ausstellungen eigener u. fremder Werke, im Laufe d. Zeit Ausbau d. Galerie zu einem Künstlerhof, heute als Künstlerin u. Galeristin tätig. BL.: seit über 25 J. intern. u. multikulturelle Nachwuchsförd. P.: mehr als 120 Ausstellungen sowie eine Vielzahl v. Katalogen.

van Aaken Erwin Dipl.-Ing. *)
van Aaken Johannes

B.: Rechtsanwalt u. zertifizierter SAP-Berater. FN.: Rae von Moers, Gläsker & Nielhoff. DA.: 50354 Hürth, Kölnstr. 117. PA.: 50672 Köln, Brüsseler Str. 94. aaken@ kanzlei-online.com. G.: Düsseldorf, 15. Feb. 1964. V.: Brigitte Krause, Dipl. Sozialpädagogin. El.: Reinhold u. Vera, geb. Magis. BV.: Reinhold Münzenberg - Fußballnationalspieler, Ernst van Aaken - Sportarzt, Paul Maria van Aaken - Bgm. S.: 1985 Abitur, 1986-88 Einzelhandelskaufmann, 1988-94 Stud. BWL u. Jura. K.: 1994-96 Rae Siebeke, Dr. Lange & Dr. Villbert, Rae u. Stb Meyersrenken & Rheingantz, Rae u. Stb Dahlmann & Partner, 1996-97 Referent ORB (ARD), seit 1997 IT - u. Rechtsberatung u.a. SAP Systems Integration AG, Framfab Deutschland AG, Weisser & Böhle. P.: e-projektmanagement. H.: Laufen, Musik, Philosophie.

van Aaken Stephan Dipl.-Ing. *)

van Aaken Ulrich

B.: Instrumentenbauer. DA.: 97225 Zellingen, Dr. Josef Müller-Str. 15. G.: Schwalmtal, 5. Jan. 1951. V.: Renate, geb. Schnieders. Ki.: Claas (1975), Gerrit (1979). El.: Dr. med. Ernst u. Adelgundis, geb. Koenen. BV.: Ahnenlinie zurückgehend auf Hyronimus Bosch sowie bekannte Architektenfamilie. S.: 1969 Abitur Mönchengladbach, 1970-72 Bundeswehr, 1972-76 Schulmusikstud., 1977-79 Lehre im Klavier- u. Cembalobau, Wanderj. b. versch. Klavierbaufirmen. K.: ab 1984 Lehrtätigkeit in Klavierstimmerausbild. am Berufsförd.-Werk (BfW) Veitshöchheim, gleichzeitig Bau histor. Tasteninstrumente, ab 1990 Konzertdienst b. versch. Inst., Doz. b. Stimmseminaren, überregionale Betreuung v. blinden Klavierstimmern, langj. Chefredakteur d. Blindenzeitschrift "Der blinde Klavierstimmer". P.: zahlr. Veröff. in d. europ. Klavierbau-Fachzeitschrift "Europiano". M.: seit 1985 SPD. H.: klass. Musik (Chopin).

Abadschieff Alexander E. Laird of Glencairn

B.: RA. DA.: 74889 Sinsheim, Bahnhofstr. 21. ra-abadschieff @freenet.de. G.: München, 14. Sep. 1965. V.: Sabine, geb. Skrobanek. El.: Dipl.-Eduard u. Irene, geb. Plaschke. BV.: Vater - Entwicklungschef d. KVG Neckarbischofsheim u. Inhaber v. 20 Patenten u.a. f. flanschloses Verschweissen v. Quarzgehäusen. S.: 1984 Abitur, 1984-86 Zivildienst, 1986 Stud. Jura Heidelberg, 1991 1. Staatsexamen, Referendariat, 1996 2. Staatsexamen. K.: 1996-2000 freier Mitarb. einer Kzl. in Sinsheim, seit 2001 selbst. in Allg.-Kzl.; Funktion: Ref. u. Rechtsberater f. d. BDÜ, seit 1983 Musiker in versch. Bands, seit 2000 Gitarrist d. Rockband "Flaming Moe" m. regionalen Auftritten. P.: "Rechtl. Aspekte d. freiberufl. Tätigkeit f. Übersetzer u. Dolmetscher", zahlr. regionale Presseberichte. M.: SPD, 1994-99 StadtR. in Neckarbischofsheim, versch. Aussch., Vertreter im Gem.-Verw.-Verb., 2001 Kreisdelegierte d. SPD, Anw.-Ver., Singver. 1844 Neckarbischofsheim, seit 1990 Ensemble d. Heidelberger Schloßfestspiele "The Student Prince" als Laienschauspieler u. Sänger. H.: Gitarre spielen, Songs schreiben.

Abandowitz Helmut *)
Abb Friedrich Wilhelm Dr. rer. pol. Prof. *)
Abb Wilfried *)
Abbado Claudio

B.: künstler. Ltr. FN.: Berliner Philharmonisches Orchester. DA.: 10785 Berlin, Herbert-von-Karajan-Straße 1. presseinfo@ philharmonic. sireco.de. G.: Mailand, 26. Juni 1933. S.: Stud. am Konservatorium i. Mailand, Dirigierunterricht b. Antonio Votto, Klavierstunden b. Friedrich Gulda, 1955-58 Dirigentenklasse v. Hans Swarowsky in Wien. K.: 1960 Debüt am Teatro alla Scala Mailand, 1961 intern. Durchbruch bei den Wiener Festspielen, 1965 Salzburger Festspiele, 1968-86 MusikdirektorTeatro alla Scala Mailand, 1971 neben Karl Böhm Hauptdirigent d. Wr. Philharmoniker, 1978 Grdg. Jugendorchester d. EG, Gründer u. Musikdir. d. Gustav-Mahler-Jugendorchesters u. künstler. Berater d. Chamber Orchestra of Europe, 1979-87 Chefdirigent des London Symphonie Orchestra, 1986-91 Musikdir. Wr. Staatsoper, seit 1987 Gen.-Musikdir. d. Stadt Wien, 1988 Festival "Wien modern", seit 1989 ständiger Dirigent u. künstlerischer Ltr. d. Berliner Philharmonischen Orchester, 1992 Initiierung "Berliner Be-

*) Biographie www.whoiswho-verlag.ch oder beigefügte CD-ROM

Abbado

gegnungen", 1994 künstler. Ltg. d. Osterfestspiele Salzburg. P.: Schallplatteneinspielungen, Gesamtaufnahmen d. symphonischen Werkes v. Beethoven, Mahler, Mendelssohn, Schubert, Ravel u. Tschaikowsky, dzt. Aufnahme d. Symphonien v. Anton Bruckner u. Orchesterwerke d. Wr. Schule m. d. Wr. Philharmonikern, Brahms-Zyklus-Symphonien, Zyklus v. Mozart-Symphonien. E.: 1958 Kussewitzki Preis, 1963 Mitropoulos Preis, Gran Croce d. Rep. Italien, Gr. VK d. BRD, Ehrenring d. Stadt Wien, Gr. Gold. EZ d. Rep. Österr., Kreuz d. Legion d'Honneur, Dr. h.c. Univ. von Aberdeen, Ferrara u. Cambridge, Goldmed. d. Intern. Gustav-Mahler-Ges., Ernstvon.-Siemens-Musikpreis. (Foto: C. Groth)

Abbes Bernhard *)

Abbing Gerd Dipl.-Psych. *)

Abdallah Mahmoud O.D. *)

Abdenur Roberto
B.: Botschafter. FN.: Brasilianische Botschaft. DA.: 10179 Berlin, Wallstr. 57. brasil@brasemberlin.de. G.: 5. Mai 1942, Rio de Janeiro. S.: Stud. d. Rechtswiss. a. d. "Pontifica Universiade Católica" i. Rio, Stud. d. Wirtschaftwiss. a. d. "London School of Economics", Vorbereitungsk. f. d. dipl. Dienst a. "Instituto Rio Branco". K.: 1969-73 Konsul i. London, 1973-75 Erster Botsch.- Sekretär i. Washington, 1975-79 Pers. Referent d. Staatssekretärs i. Außenmin., verantw. f. d. Ber. Wirtsch. u. Handel, i. d. Funktion Teiln. a. zahlr. intern. Konferenzen u. bilateralen Treffen i. Lateinamerika, USA, Europa, Asien u. Afrika, 1985-88 Botsch. i. Quito, 1989-93 Botsch. i. Peking, 1993-95 Generalsekr. i. Außenmin./Stellv. Außenmin., s. Okt. 1995 Botsch. i. Bonn, seit Sept. 2000 in Berlin, ab März 2002 Botschafter in Wien.

Abdin-Bey Muhammad Siegfried Farouk Dipl.-Ing. Allg. beeid. Dolm. & Übersetzer

B.: Dolmetscher, Übersetzer, Diploming. d. Nachrichtentechnik. FN.: Assalaam Arrangements. DA.: 30159 Hannover, Otto-Brenner-Straße 14. abdin-bey@t-online.de. www. assalaam.de. G.: Berlin, 18. Sep. 1939. V.: Hanaan, geb. Al-Hinnaoui. Ki.: Jauhara Eleonore Nesrin (1980), Susan Katja Dalya (1981). El.: Dr. med. dent. Mahmoud Massoun u. Elisabeth Helen, geb. Budasik. BV.: Großvater war Gouverneur im Großraum Damaskus/Syrien. S.: 1959 Sekundarschulabschluss, Prak-

tikum b. d. Firma Quante Fernmeldeanlagen Wuppertal, Studienkolleg Hannover, weiterführendes Stud. d. Nachrichtentechnik an d. TU Hannover, unterbrochen durch versch. Tätigkeiten f. Firmen aus d. Studienbereich, Sozialarbeit, d. Kath. Studentengemeinde u. Auslandsreisen, Vordipl., Hauptdipl. 1973. K.: Tätigkeit f. DeTeWe Hamburg, 1976 Umzug nach Saudi-Arabien, Tätigkeit im Ministry of Transport u. später beim Ministry for P.T.T., zuständig f. Hauptvermittlungsstelle Taif, 1985 Ausbild. als Dolmetscher, 1987 Zusammenarb. m. Sherif bin Fatn u. Dolmetscherprüf., zu Beginn d. Golfkrieges m. d. Familie zurück nach Deutschland, selbst. als Dolmetscher/Übersetzer f. Gerichte, Staatsanw., Polizei, Rechtsanw. u. Notare, heute auch f. KH, Sozial-, Jugend- u. Ordnungsämter, Übersetzungen Arabisch-Deutsch-Arabisch, in Zusammenarb. m. anderen Übersetzern - Vermittlung v. Auftragsarb. auch in Hebräisch, Hindi, Kurdisch,

Persisch, Türkisch u. Urdu, Übersetzungen f. Länder m. d. Amtssprache Deutsch u. Arabisch. M.: D.V.R.K.G. H.: Reisen, Schachspiel, klass. Musik, Marsch-Musik, abend- u. morgenländische religiöse Musik, z.B. Tanzmelodien d. Derwische.

Abdul-Rahman Nadim Dr. med. *)

Abdulgawad Lydia *)

Abé Karlheinz Dipl.-Ing. *)

Abée Christoph

B.: Dipl.-Designer, Inh. FN.: Designbüro Christoph Abée. GT.: Doz. an d. Sächs. Ak. f. Werbung. DA.: 04103 Leipzig, Sternwartenstr. 6. abée @bromologie.de. www.bromologie.de. G.: Osnabrück, 4. Juni 1961. El.: Ernst Georg u. Hannelore, geb. Vollert. S.: 1980 Abitur Hannover, Zivildienst, 1982-87 Stud. Grafikdesign Fachfotografie, Film, Zeichnung Hannover, Dipl., Stud. Freie Kunst Hannover u. Kommunikationswiss. in Leipzig. K.: 1991-93 Grafikdesigner b. Wolf Winkler in Leipzig, 1993-94 Grafikdesigner b. Dörland in Leipzig, seit 1994 Grdg. d. Firma Bromologie, seit 1996 Inh. u. Gründer d. o.g. Firma f. Kommunikation (Grafikdesign, Konzept, Text) u. Musik (Produzent, Musiker). M.: KiK e.V., Mtgl. d. Band "Nono". H.: Segeln, Tauchen, LP-Sammler.

Abée Ernst-Georg
B.: Assessor, HGschf. i. R. Handelsvertreter- u. Handelsmaklerverb. Niedersachsen/Bremen CDH e.V. PA.: 30519 Hannover, Wiener Str. 6. G.: Wetzlar/Lahn, 9. Sept. 1923. V.: Hannelore, geb. Vollert. Ki.: Ernst-Wolf (1959), Christoph (1961), Jeannette (1965). El.: Dr. Carl u. Margarethe. BV.: Conrad Abée, kurfürstl. hess. Min.-Präs., Vetter v. Prof. Ernst Abbe Jena, Friedr. Scheffer kurfürstl. hess. Staatsmin., Paul Sievert Glasfabrikant u. Erfinder, eine Arzt-, Theologen- u. Juristenfamilie, nachweisbar b. 1550, m. hugenottischer Seitenlinie. S.: Abitur 1940, 1941-45 Dt. Kriegsmarine, 1945-47 dt. Minenräumdienst unter brit. Kontrolle, Stud. Rechts- u. Staatswiss. Marburg, 1. u. 2. jur. Staatsexamen 1951/55. K.: Anw.Assessor in Hamburg, 1956 Dir.Ass. Klöckner AG Duisburg, anschl. Gschf. versch. Tochterges. d. Klöckner Werke u. d. Handelsmaklers Klöckner & Co, zuletzt Vors. d. Sprecher-Aussch., ltd. Ang. Klöckner & Co, 1980-81 Gschf. Stiftung Dt. Sporthilfe Frankfurt, seit 1981 in jetziger Position. BL.: Mitwirk. am Aufbau Christl. Jugendoberfrankt Deutschl. P.: Veröff. in Handelsvertreter-Fachpresse. E.: EK, Minensucherabz., Frontsprange. M.: ehrenamtliche Beratung v. Existenzgründern (Wirtschaftssenioren Hannover e.V.). H.: Schreiben u. Reden. (L.v.W.)

Abegg Frauke
B.: Gesprächspsychotherapeutin, Ärztin, Gschf. FN.: Arbeitskreis Leben Karlsruhe e.V. GT.: seit 1995 Gschf. d. AKL u. therapeutische Arbeit m. Suizidgefährdeten, Angehörigen u. Hinterbliebenen. DA.: 76137 Karlsruhe, Hirschstr. 87. PA.: 76133 Karlsruhe, Kriegsstr. 79. G.: Meusewitz, 20. Juni 1943. Ki.: Simon (1973), Volker (1975) und Lorenz (1977). S.: 1963 Abitur Schwäbisch-Gmünd, 1963 1 Semester Englisch, Deutsch u. Geschichte Univ. Hamburg, 1964-71 Stipendium d. Ev. Studienwerks Villigst, 1 Werksemester als Straßenbahnschaffnerin, einige Semester Biologie, dann Stud. Med.

---

*) Biographie www.whoiswho-verlag.ch oder beigefügte CD-ROM

Univ. Freiburg/Breisgau, 1971 Med. Staatsexamen u. Approb., 1993 1 J. Ausbildung in Altenpflege, 1993-2000 Ausbildung z. Gesprächspsychotherapeutin. K.: langjähriges Engagement im Bereich Kirche, Frieden u. Umwelt u.a. 12 J. Prädikantin d. Ev. Landeskirche, 1982/83 Teilnahme an Mutlangen-Blockaden gegen Pershing-Stationierung, seit 1997 Bereitschaftsdienst Psychosom Klinik Bad Herrenalp, seit 2000 freiberuflich tätig als Gesprächspsychotherapeutin. P.: Presse- u. TV-Berichte. M.: seit 1984 IPPNW, Intern. Versöhnungsbund. H.: Theologie, Spazierengehen, Wandern, Natur, m. Freunden plaudern, Romane lesen am Kamin.

Abel Andreas

B.: Gschf. Ges. FN.: Albersmeyer Touristik GmbH. DA.: 66386 St. Ingbert, Schlackenbergstr. 41 B. PA.: 66386 St. Ingbert, Am Fuhrweg 47. info @ski-surf.com. G.: St. Ingbert, 30. Jan. 1965. V.: Lebenspartnerin: Tanja Schlee. El.: Hans Georg und Wilhelmine, geb. Kraus. S.: 1981 Mittlere Reife in St. Ingbert, 1983 Fachabitur in Saarbrücken, 1983-84 Bundeswehr, 1984-87 Ausbildung z. Versicherungskaufmann b. Gerling-Konzern in Saarbrücken u. Köln, 1987 Innerbetriebliche Weiterbildung z. Geschäftsstellenleiter. K.: 1991-93 Übernahme d. Geschäftsstelle d. Gerling-Konzerns in Saarlouis, 1993 Eintritt in d. Albersmeyer Touristik GmbH als Gschf. Ges., Spezialisierung auf Trendsportarten, heute als Ski & Surf Company bekannt (geschützte Marke), 2. geschützte Marke U-travel, seit 1997 intern. Ausrichtung d. Unternehmens mit Filiale in Luxemburg, sowie eigenständige Ski & Surf GmbH in d. Niederlanden u. Belgien. BL.: Halbjährliche Erstellung neuer Kataloge im eigenen Haus, sportliche Incentives b. namhaften Firmen, meherer Hotels in Frankreich u. d. Schweiz, Gruppenreisen, ABI-Tours, Klassenfahrten, besondere Angebote Peru-Wellenreiten u. Kultur im Inka-Reich. E.: Preis d. Dt. Genossenschaftsbanken z. Thema Innovativer Mittelstand im Europäischen Markt (2001). M.: Aktionsgemeinschaft St. Ingbert. H.: Sport, Wintersport, Motorrad, Oldtimer, Frankreich.

Abel Christian *)

Abel Ernst Heinrich

B.: Gschf. FN.: STADEUM Kultur- u. Tagungszentrum u. STADE Tourismus-GmbH. DA.: 21682 Stade, Schiffertorsstr. 6. G.: 27. Okt. 1937. V.: Helga, geb. Netzel. Ki.: Cornelia (1966), Henrik (1969). El.: Ernst u. Sophie. S.: 1954 Mittlere Reife Stade, 1959-63 FH Verw. Hannover, 1963 Abschlußprüf. f. Diplom Verwaltungswirt, 1979-80 Ausbild. f. d. höheren Verw. Dienst. K.: 1963-90 Verw.Ltr. im KH Stade, seit 1990 Gschf. im STADEUM, seit 1996 Gschf. STADE Tourismus-GmbH, seit 1990 Städt. Dir. d. Stadt Stade, Stabsbereich/Stadtmarketing. M.: seit 1993 Vors. d. Jägerschaft d. Landkreises Stade. H.: Jagd, Natur.

Abel Erwin

B.: Gastronom, Inhaber. FN.: Bümmersteder Krug Speckmann. DA.: 26133 Oldenburg, Sandkruger Str. 180. G.: Oldenburg, 5. Feb. 1949. V.: Hildburg, geb. van Geuns. Ki.: Sascha (1973) und Christian (1976). El.: Johann u. Hanna, geb. Speckmann. S.: 1967 Abitur in Oldenburg, 1967-69 Ausbild. z. Restaurantfachmann Parkhotel Bremen, 1972-74 Hotelfachschule Heidelberg, Abschluß staatl. geprüfter Betriebswirt. K.: 1974/75 Dir.-Ass. Hotel Godesberg Bonn Bad Godesberg, 1975 Eintritt als Gschf. in d. Familienbetrieb Bümmersteder Krug in Familienbesitz seit 1889 in Oldenburg, 1986 Übernahme als Inh. u. Besitzer in 4. Generation Restaurant u. Gesellschaftshaus. M.: Vorst.-Mtgl. DEHOGA Oldenburg, Vollversammlung d. IHK Oldenburg. H.: Modelleisenbahn, Radfahren.

Abel Friedel Dipl.-Ing.

B.: Vorst.-Mtgl. FN.: HOCHTIEF Aktiengesellschaft. DA.: 45128 Essen, Opernplatz 2. G.: 1945. S.: Bauing.-Stud. in Braunschweig. K.: s. 1972 bei HOCHTIEF, zunächst techn. Abt. Tiefbau, Dir.-Assist. d. Hauptndlg. Rhein-Ruhr, Baultr. bei mehreren Großprojekten, Ltr. d. Ndlg. Düsseldorf, Ltr. d. Baubereiches Rhein, Ltr. d. Hauptndlg. Rhein-Ruhr, Gen.-Bevollmächtigter, s. 1995 Vorst.-Mtgl. HOCHTIEF (Arbeitsdir. zust. f. den Bereich Building u. Personalwesen).

Abel Günter Dr. Prof.

B.: 3. VPräs., Prof. f. Phil. FN.: Inst. f. Phil. d. TU Berlin. DA.: 10623 Berlin, Straße des 17. Juni 135. G.: Homberg, 7. Nov. 1947. V.: Dr. Angelika, geb. Spill. S.: 1967 Abitur Homberg, 1967-68 Bundeswehr, 1968-76 Stud. Phil., Geschichte, Romanistik u. Politikwiss. Marburg, Lausanne, FU Berlin, 1971-74 Studien- u. Forsch.-Aufenthalte in Paris, 1974 Staatsexamen, 1976 Prom., 1981 Habil., 1977-82 wiss. Ass. am Lehrstuhl f. Phil. Prof. Dr. W. Müller-Lauter Kirchl.-HS Berlin, 1983-84 Lehrstuhlvertretung, 1984-85 Lehrstuhlvertretung Phil. Univ. Hannover. K.: 1982-89 Doz. am Inter-Univ. College of Postgraduate Studies Dubrovnik, 1987 o.Prof. f. Phil. an d. TU Berlin, 1990 Visiting Fellow am Phil.-Department d. Harvard-Univ. Cambridge USA, 1994-97 Dekan d. Geisteswiss./Phil. Fak., 1995-99 Grdg.-Dir. d. TU Berlin f. d. Aufbau d. "Frankreich-Zentrums", 1999-2001 VPräs. d. TU Berlin Bereich Forsch., 2000 Gastprof. Univ. Lausanne. BL.: Organ. d. Forsch. an d. TU; Entwicklung einer "Interpretationsphil."; Ltr. zahlr. intern. Forsch.-Gruppen, Zusammenarb. mit vielen intern. Wissenschaftlern. P.: "Stoizismus u. Frühe Neuzeit" (1978), "Nietzsche. Die Dynamik d. Willen u. Macht u. d. ewige Wiederkehr", "Interpretationswelten", "Sprache, Zeichen, Interpretation", seit 1996 Hrsg. "Nietzsche-Studien" u. "Monographien u. Texte z. Nietzsche-Forsch.", sowie weitere Werke zu Metaphysik, Pluralismus, Übersetzung, zahlr. Aufsätze zu Sprachphil., Phil. d. Geistes, Erkenntnistheorie, zahlr. Vorträge an ausländ. Univ. E.: b. z. Prom. Stipendiat d. Studienstiftung d. dt. Volkes, Prom. "summa cum laude", 1997/98 Nominierung f. "G.W. Leibniz-Förderpreis" d. DFG, 1982-87 Heisenberg-Stipendiat d. DFG. M.: 1997-2000 1. Vors. "Société de Phil. de Langue Francaise en Allemange", seit 1997 Vertrauensdoz. d. Studienstiftung d. dt. Volkes, seit 1999 Vorst.-Mtgl. d. Allg. Ges. f. Phil. in Deutschland AGPD, American Philosophical Assoc. APA, Ges. f. Analyt. Phil. GAP, Académie du Midi. H.: Musik, Museen, Wandern.

---

*) Biographie www.whoiswho-verlag.ch oder beigefügte CD-ROM

Abel Hans-Wilhelm Emil

B.: Gschf. FN.: Hans Wilhelm Abel & Co GmbH. DA.: 37520 Osterode, An der Bahn 135. G.: Oserode, 1. Okt. 1931. V.: Irene, geb. Hartung. Ki.: Sabine (1962) und Petra (1965). El.: Wilhelm u. Annaluise, geb. Roddewig. S.: 1946 Lehre als Kfz-Schlosser Firma Zubehör Osterode, 1950-52 Lehre Großhdl.-Kfm. Firma Wehmeyer + Kastrup Bielefeld, 1953-56 Ausbild. Championzüchter Celle, Erlangen u. England. K.: 1957 Einstieg in d. elterl. Championzucht-Betrieb, 1960 teilweise Übernahme d. Betriebes u. 1962 Übernahme, 1968-73 Übernahme d. Firma Ludwig Lüers in Burgwedel. P.: Aufsätze in Fachzeitschriften. E.: 1974, 75 u. 76 Bronze- u. Silbermed. d. Landesmeisterschaften im Wurftaubenschießen, 1960-96 Med. u. Ausz. d. DLG f. hervorragende Qualität. M.: 1965-96 Vorst. u. BeiR. d. BDC, Vorst. d. Vertreterversammlung d. AOK-Versicherten, 1978-87 1. Vors. d. Schießsportclub Osterode e.V. H.: Jagd, Golf, Skifahren.

Abel Heinz *)

Abel Heinz Josef Oskar Dipl.-Ing. *)

Abel Hubert Dr. Prof. *)

Abel Karl-Werner *)

Abel Karsten

B.: Schlossermeister, Inh. FN.: Karsten Abel Metallbau. DA.: 22149 Hamburg, Pogwischrund 8c. G.: Hamburg, 11. Jän. 1967. S.: 1983 Mittlere Reife, 1983-86 Lehre Schlosser, 1990 Meisterprüf. K.: 1990 Grdg. d. Firma Karsten Abel Metallbau m. Hdl., Montage m. Tür- u. Toranlagen, Prod. v. Gartenzäunen, Pforten u. Geländern, Design u. Anfertigung individueller Möbel u. Leuchtkörper; Funktionen: seit 1999 Sachverständiger f. elektrisch betriebene Türen, Tore u. Fenster. M.: Metallinnung Hamburg. H.: Wassersport, Fotografieren, Möbeldesign.

Abel Konrad F. Dipl.-Ing. Prof.

B.: Prof. FN.: FH Mannheim HS f. Technik u. Gestaltung. DA.: 68163 Mannheim, Windeckstr. 110. PA.: 68775 Ketsch, Hohe Wiese 4. G.: Mannheim, 25. Juni 1937. V.: Gisela, geb. Volk. Ki.: Stefanie (1964) und Gritta (1969). S.: 1957 Abitur Schwetzingen, 1958-63 Stud. Nachrichtentechnik Univ. Karlsruhe, 1963-71 Firma Eltro Heidelberg, 1968 Abt.-Ltr. Entwicklung, 1971 Fachhochschule Mannheim-Hochschule f. Technik u. Gestaltung. K.: 1973 Prof., 1986-93 Ltr. d. Transferzentrums Mikroelektronik-Sensorik d. Steinbeis-Stiftung, 1993 Prorektor Forschung u. Entwicklung, Zusammenarb. auf d. Gebiet d. Med. Technik m. d. Klinikum Mannheim d. Univ. Heidelberg, wiss. Ltr. d. Karl Völker-Stiftung an d. Fachhochschule. P.: Forsch.-Projekte u. Forsch.-Berichte in Fachzeitschriften u. Büchern. M.: Arbeitsgruppe Med. Technik d. Univ. Heidelberg- Klinikum Mannheim, Arbeitskreis Forsch. u. Entwicklung im Rhein-Neckar-Dreieck, Forum Rhein-Neckar Kreis, Arbeitsgruppe kundiger Bürger Stadt Mannheim. H.: Tennis, Lesen, Wandern, Radfahren, Natur.

Abel Kurt *)

Abel Mariéle

B.: RA. FN.: RA-Kzl. Abel. DA.: 44787 Bochum, Husemannpl. 5a. G.: Bochum, 17. Aug. 1948. V.: Werner Abel. El.: Rudolf u. Elsa Abel. S.: 1968 Abitur Bochum, 1968-71 Jurastud. Univ. Bochum, 1971 -73 im Bereich PR-Management für BAT, 1973-76 Jurastud. Bochum, 1976 1. Staatsexamen, 1977-78 Referendariat am LG Bochum, 1979 2. Staatsexamen. K.: Zulassung als RA, 1979-80 freie RA in d. Kzl. d. Vaters Rudolf Abel, 1980 Grdg. d. eigenen Anw.-Kzl. als Sozietät Abel & Wiedemeier & Abel-Wiedemeier m. Vater u. Ehemann, 1986 2. Ehe m. Werner Abel, 1997 Trennung aus alter Kzl. u. Grdg. d. neuen Kzl. M.: Arge Baurecht - Arge Bau- u. Architektenrecht, Advounion. H.: Beruf, Sport, schnelle Autos.

Abel Olaf

B.: Installateurmeister, Inh. FN.: Olaf Abel Sanitär- u. Heizungsbau. DA.: 12099 Berlin, Wenckebachstr. 1. PA.: 12351 Berlin, Maurerweg 90. G.: Berlin, 11. Apr. 1959. V.: Lebenspartnerin Pia Schwemmer. Ki.: Nicole (1979), Michèle (1990). El.: Alfred u. Ingrid, geb. Rüdiger. S.: 1975-78 Ausbild. Gas-Wasser-Installateur Betrieb d. Großvaters, 1993 Meisterprüf. K.: 1978-92 tätig im väterl. Betrieb, 1994 Kauf d. eigenen Betriebes. P.: Bericht über erfolgr. Übernahme eines "verrentnerten" Handwerksbetriebes, versch. Berichte, 2 TV-Beiträge. H.: Familie, Sport.

Abel Ralf B. Prof.

B.: Hochschullehrer. G.: Wuppertal, 29. Juni 1948. S.: 1967 Abitur, 1967-69 Wehrdienst, 1969-74 Stud. Rechtswiss. Tübingen u. Göttingen, 1975-77 Referendariat Hamburg. K.: 1977-84 ndlg. RA in Hamburg, 1981 Prom., ab 1983 Prof., 1984-85 RA b. Schleswigholsteiner OLG in Schleswig, 1987-95 Notar, 1993 Berufung nach Schmalkalden, Gründungsbeauftragter u. Gründungsdekan d. Neuartigen Fachbereichs Wirtschaftsrecht. P.: zahlr. Veröff. zu d. Themen Datenschutz u. Informationsrecht, "Die moderne Anwaltskanzlei", Mitherausgeber d. RDV. M.: Vorst.-Mtgl. d. GDD Bonn 1983-99), Rotary Club Schmalkalden, GRUR, GDD, Hamburgischer Anwaltsverein, DGRI.

Abel Roland

B.: Interior Designer. FN.: Planungsbüro Object Conzept Interior Design. DA.: 41066 Mönchengladbach, Gatherskamp 72. G.: Wuppertal, 15. Nov. 1950. V.: Susanne, geb. Eussem. Ki.: Nicolai (1989), Julian (1996). K.: Auslandsaufenthalte: 1974 England, 1982 USA, seit 1986 selbst. Bg. Dipl. Interior Design Feng Shui u. Nine-Key Astr. by Simon Brown Course U.K. H.: Segeln.

Abel Sibylle Monika

B.: Ing.-Oec., Bgm. d. Stadtverw. Sonneberg. DA.: 96515 Sonneberg, Bahnhofpl. 1. PA.: 96515 Sonneberg, An der Müß 28. G.: Sonneberg, 18. Apr. 1956. V.: Burkhard Abel. Ki.: Sandra (1975). S.: 1972 Mittlere Reife, 1972-74 Lehre als Wirtschaftskfm., 1975-80 Stud. Fachschule f. Ökonomie Plauen, Außenstelle Sonneberg, Abschluß Ing.-Oec., 1993 Abschluß Verwaltungsfachwirt. K.: 1980-90 Kombinat Spielwaren Sonneberg als Arbeitsökonom, 1990-94 Bgm. in Höhbach, seit 1994 Bgm. v. Sonneberg. M.: FDP, Bürgerver., Feuerwehrverein, Fremdenverkehrsverein, AufsR.-Vors. Likra Sonneberg, AufsR.-Vors. Wohnungsbau GmbH. H.: Garten, Lesen.

---

*) Biographie www.whoiswho-verlag.ch oder beigefügte CD-ROM

Abel Steffen Dr.

Literatur.

B.: Zahnarzt. DA.: 66119 Saarbrücken, Saargemünder Str. 127. G.: Neunkirchen, 17. Feb. 1966. El.: Rolf u. Doris, geb. Steinbach. S.: 1986 Abitur, 1987 Wehrdienst in Bexbach, 1987 Stud. Zahnmed. an d. Johannes-Guthenberg-Univ., 1992 Examen. K.: 1992-94 Ass.-Arzt, 1994-95 Ass.-Arzt an d. Winterbergklinik Abteilung Mund-, Kiefer- u. Gesichtschir., 1995 Gründung d. Gemeinschaftspraxis Abel u. 1998 Doktorarbeit. M.: Dt. Ges. f. Akupunktur u. Homöopathie. H.: Sport, Kochen,

Abele Albrecht H. Dr. *)

Abele Günter F. Ing.

B.: selbst. Ing. DA.: 70192 Stuttgart, Otto-Reiniger-Str. 50. G.: Stuttgart, 3. März 1929. S.: b. 1945 Oberschule, 1945-48 Berufsausbild. K.: 1950 Eröff. eines selbst. Gewerbebetriebes f. d. Arbeitsbereiche "Aufstellung, Überwachung u. Instandsetzung v. Elektro-Spezial- u. elektromed. Geräten" (Diathermie, Ultraschall, Elektrokardiographie u. Encephalographie), 1953-89 freier Mitarb. d. Körting-Werke als berat. Ing. in d. Anwendungstechnik v. HF-Industrie-Generatoren, ab 1970

vereid. Sachverst. f. d. Hochfrequenzschweißen v. Kunststoffen, Gastdoz. i. d. Techn. Akad. Esslingen. P.: Fachlit.: 1965 "HF-Schweißtechnik" (ergänzte Zweitaufl. 1972) - das Standardwerk der dielektrischen Hochfrequenz-Erwärmung, 1977 Fachbuch "Kunststoff-Fügeverfahren", Arbeitsmappe "System 70", Fachbeiträge in Büchern ("Die Verarb. v. Kunststoffen in Gegenwart u. Zukunft" u.a.) sowie in Fachzeitschriften, Vorträge im In- u. Ausland, Seminare b. VDI-Bildungswerk. E.: 1996 Förderpreis Funkgeschichte, 1999 Preis f. Verd. um d. Dokumentation histor. Funktechnik, 2000 VK am Bande d. BRD, 2001 Ehrenmtgl. in d. Ges. d. Freunde d. Geschichte des Funkwesens e.V.. H.: Sammeln v. frühen Funkgeräten u. Radioapparaten, Rekonstruktion u. Dokumentierung d. dt. Firmen- u. Radiogeschichte, 1990 prämierter Film "Faszination Radio", Veröff. z. Thema: 1993 Bildband "Radio-Nostalgie", 1996-99 "Historische Radios", Chronik in 5 Bänden.

Abele Hartwig *)

Abele Jochen *)

Abele Thomas *)

Abelein Werner Dipl.-Ing. *)

Abeler Rainer Dipl.-Kfm. *)

Abeler Ulrich Johannes Heinrich *)

Abeling Bernd Friedrich Dipl.-Ing.

B.: Gschf. FN.: Martens & Abeling Ing.-GmbH. DA.: 25813 Husum, Großstr. 12-14. G.: Husum, 2. Jan. 1955. V.: Kirsten, geb. Krüger. Ki.: Peter, Nils, Britta. S.: 1973 Abitur, 1973-74 Bundeswehr, 1974-82 Stud. Bauing.-Wesen an der Univ. Hannover m. Dipl.-Abschluß. K.. 1982-95 ang. Sachbearb. im Ing.-Büro Reimann in Husum, seit 1996 selbst. m. Grdg. d. Firma Martens & Abeling Ing.-GmbH, 1997 Eintragung in d. Liste d. Entwurfsverfasser f. Bauing.-Wesen in d. Ing.-Kam. Nie-

dersachsen, seit 1997 Prüfing. f. Baustatik f. Massivbau, Metall- u. Holzbau in Husum. M.: VPI, Bund f. Wasserbau u. Kultur, Kirchenvorst. d. Kirchengem. Schobüll.

Abelmann Ina-Marita *)

Abelmann-Brockmann Konrad *)

Abeln Hermann Wenzel Wilhelm Dr. med. *)

Abels Dorothee

B.: Gschf. Ges. FN.: Abels & Partner GmbH. DA.: 50668 Köln, Theodor-Heuss-Ring 23. G.: Köln, 13. Juli 1953. V.: Dierk Bresgen. El.: Wilhelm u. Elfriede, geb. Kieven. S.: 1975 Abitur, 1975-80 Stud. Jura, Germanistik u. Geschichte, 1. Staatsexamen f. Lehramt. K.: 1980-84 Tätigkeit b. Konzertagentur, 1984 Grdg. Abels & Partner Büroservice, Business-Center. M.: Verb. Mittelständ. Wirtschaft, World-wide Business Centres Network. H.: Kochen.

Abels Fritz-Folkmar Georg Dr.-Ing. Prof. *)

Abels Günter Dipl.-Kfm.

B.: Steuerberater u. vereidigter Buchprüfer. DA.: 52351 Düren, Friedrichplatz 1. G.: Elsdorf, 8. Feb. 1950. V.: Margret, geb. Daniels. Ki.: Rebecca. S.: 1969 Abitur in Köln, 1969-74 Stud. Betriebswirtschaft an der Univ. Köln m. Abschluß Dipl.-Kfm. K.: 1974-85 Angestellter einer Wirtschaftsprüfungsges. in Köln, zuletzt als Prokurist u. Leiter d. Steuerabteilung, 1979 Bestellung z. Steuerberater, 1987 Prüf. z. vereid. Buchprüfer, 1985 Partner d. Steuerberatersozietät Dipl.-Kfm. Ernst

Moll, Dipl.-Kfm. Günter Abels in Düren u. seit 1992 Inh. d. Kzl. (Einzelpraxis) m. Schwerpunkt zukunftsorientierte Steuergestaltungsberatung f. Unternehmen aller Rechtsformen. H.: Tennis, Fotografieren.

*) Biographie www.whoiswho-verlag.ch oder beigefügte CD-ROM

Abels Hannelore Dr. sc. iur. *)

Abels Herbert Dr.
B.: Prof. f. Mathematik. FN.: Universität Bielefeld, Abteilung Mathematik. DA.: 33501 Bielefeld, Postfach 100131. G.: Aachen, 4. Mai 1941. V.: Elisabeth, geb. Szukop. Ki.: Edith (1968), Klaus (1971), Monika (1976). S.: Stud. Math., Physik u. Astronomie in Würzburg, 1965 Dr. rer. nat. K.: 1966-72 Ass., Doz. Univ. Bochum, 1966-67 Research Fellow Univ. of California Berkeley, 1971 Habil., seit 1972 Prof. f. Math. Univ. Bielefeld, 1987/88 Visiting Prof. Cornell Univ. Ithaca, N.Y. P.: ca. 40 Fachaufsätze in Fachzeitschriften, Buch: Finite presentability of S-arithmetic groups. Compact presentability of solvable groups.

Abels Peter Dr. iur.

B.: jur. Repetitor, RA, Gschf. Ges., Member of Board. FN.: Dt. Ak. f. Steuern, Recht & Wirtschaft; Abels Decker Kuhfuss; Abels u. Langels jur. Repetitorium. DA.: 50865 Köln, Postfach 41 05 80. G.: Köln, 25. März 1950. V.: Gisela, geb. Frese. Ki.: Jonas, David. S.: 1971 Abitur Neuss, 1971-76 Stud. Rechtswiss. an d. Univ. Köln, 1976 1. Staatsexamen, 1976-79 Referendariat, 1979 2. Staatsexamen, 1989 Diss., 1991-95 Studium Psych. an d. Univ. Köln, 1995 Dipl.-Psych. K.: seit 1980 jur. Repetitor, heutiger Name Abels & Langels, seit 1979/80 Anw.-, WP, Stb. Praxis in Dormagen, Düsseldorf, Dresden, München, Anw. b. OLG, seit 1987/88 b. d. Dt. Ak., Marktführer in Vorbereitung auf d. WP-Examen, seit 1990 Gschf. Ges., seit 1989 Grdg.-Mtgl. u. Member of the Board MacIntyre-Sträter Intern. MSI Ltd. (London), daneben Lehrauftrag an European Business School. P.: WP-Lehrgang, Klausurstrategie d. Strafrechts, Testfragen im Strafrecht Heymanns-Velag, Diss. im Elwert-Verlag Marburg. M.: Rotary Dormagen. H.: Joggen, Skifahren, Golf.

Abelt Oliver *)

Abeltshauser Thomas

B.: Elektromeister, Inh. FN.: Elektro-Anlagen Thomas Abeltshauser. DA.: 81373 München, Hansastr. 138. G.: München, 5. Sep. 1956. V.: Barbara, geb. Thaller. El.: Johann u. Luise Katharina Marianne, geb. Müller. S.: Lehre Elektriker, Meisterprüf. K.: selbst. m. Schwerpunkt Installation, Reparatur im priv. u. Firmenbereich. M.: Münchner Musketiere, Zeppelin Förderver. e.V. H.: Skifahren.

Abend Thomas *)

Abendroth Günther Dipl.-Ing. *)

Abendroth Maria Elisabeth *)

Abendroth Matthias Dipl.-Ing. *)

Abendroth-Schulz Ilka *)

von Abercron Michael Dr. Dipl.-Ing. *)

Aberger Heidi *)

Aberger Helmut *)

Aberle Matthias *)

Aberle Peter *)

Abernethy Manfred *)

Abersfelder Hans-Jürgen *)

Abetz Peter Dr. *)

Abicht Carin *)

Abicht Walter Dr.-Ing. Prof. *)

Abitzsch Peter Herbert Dipl.-Ing. *)

Abke Jochen Dr.-Ing.
B.: beratender Ing. f. Softwareentwicklung, selbständig. DA.: 23562 Lübeck, Adalbert-Stifter-Str. 43. abke@jabis.de. www.jabis.de. G.: Osnabrück, 20. Nov. 1964. V.: Dr. Bettina Sommer. Ki.: Jakob (1994), David (1997). S.: 1984 Abitur Osnabrück, 1984-86 Zivildienst, 1986-93 Stud. Elektrotechnik an d. THW Aachen. K.: 1994-97 wiss. Mitarbeiter am Inst. f. Medizintechnik d. Univ. Lübeck, seit 1997 selbständig m. eigenem Ingenieurbüro, 1998 Prom., Schwerpunkte: Medizin- u. Messtechnik, Datenbankanwendungen, auch im betriebswirtschaftlichen Bereich. M.: VDI. H.: Sport allg., Fußball aktiv, Squash, Lesen.

Ablaß Wolfgang *)

Abler Gerhard
B.: Einzelhdls.-Kfm., Techniker, Gschf. FN.: Trigger GmbH. DA.: 90402 Nürnberg, Hefnerspl. 10. gerhard.abler@t-online.de. G.: Nürnberg, 24. Feb. 1965. S.: b. 1983 staatl. Fachoberschule Nürnberg, b. 1986 Lehre als Einzelhdls.-Kfm. in Nürnberg. K.: 1987-90 Außendiensttätigkeit über Computerprogrammierung v. Kalkulationen u. Leistungsverzeichnissen, 1991-94 Außendiensttätigkeit im Lichttechn. Bereich, Beratung, Verkauf, Entwicklung, 1995 berufs. Arbeitspädagogische Prüfung absolviert, 1994 Grdg. d. Aspect GbR, 1997 Umwandlung z. Aspect e.K., 2000 Grdg. d. Aspect GmBH, 2000 Trigger Lichtsysteme GmbH. BL.: versch. Patentanmeldungen im Bereich d. Lichttechnik m. Leuchtdioden (LED). P.: Über die lange Haltbarkeit der Lichttechnik m. Leuchtdioden. H.: Squash, Gleitschirm fliegen, Tauchen, Jeep fahren, Marathon.

Abo Basha Omar Dr. med. *)

Abolins Gunther Dr. Ing.
B.: Gschf. f. Prod. FN.: ATLAS Weyhausen GmbH Maschinenfbk. DA.: 27751 Delmenhorst, Stedinger Str. PA.: 87700 Memmingen, Mahdstr. 2. G.: Viersen, 1. Nov. 1950. S.: 1967 Mittlere Reife, 1971 Lehre Techn. Zeichner Viersen, 1971-74 Stud. Maschinenbau FH Niederrhein, 1974-80 Stud. Maschinenbau RWTH Aachen. K.: 1980-85 wiss. Mitarb. am Laboratorium für Werkzeugmaschinen u. Betriebslehre d. RWTH Aachen, Lehrstuhl f. Prod.-Systematik, 1985-92 tätig in versch. Funktionen im MAN-Konzern, Ass. d. techn. Vorst.

*) Biographie www.whoiswho-verlag.ch oder beigefügte CD-ROM

d. MAN AG, Gschf. Dir., später Gschf. d. RENK TACKE GmbH, seit 1992 in d. ATLAS Weyhausen GmbH als Mtgl. d. Geschäftsltg. u. zuständig f. Prod., Materialwirtschaft u. Qualitätssicherung. M.: Lions-Club, Tennisver. H.: Tennis, Fliegerei.

Abou Tara Rima Marie Dr. med. dent. *)

Abou-Zeid Habib

B.: Sicherheitsberater, Übersetzer Arab., Dt., Engl., Franz. GT.: 1995 IHK-Schulung im Sicherheitsbereich u. Bewachungsgewerbe, 1994 Grdg. Security + Investigation Agency. PA.: 69256 Mauer, Silberbergstr. 39/1. he.zeid@t-online.de. G.: Salhié/Süd-Libanon, 15. März 1938. V.: Ellen, geb. Collberg. Ki.: B.A. Nada (1964), Constantin (1965), Victor (1967). El.: Konstantin Abou-Zeid u. Mary Dandan. BV.: Familie aus altem arab. Adel. S.: 1957 Abitur Damaskus, 1958 Lehrer b. d. Frères Maristes, 1959 Goethe-Schule Damaskus b. Dr. Wecker, Kulturattaché Nahost u. Goethe-Schule Bad Reichenhall, 1959-62 Med.-Stud. Heidelberg. K.: während d. Stud. tätig als Übersetzer f. d. Kriminalpolizei Heidelberg, seit 1962 Sicherheits- u. Wirtschaftsberater, Begleiter u. Dolmetscher/Übersetzer f. dt. u. österr. Firmen, 1976 dt. u. liban. Staatsangehörigkeit, 1982-86 Mitarb. Übersetzungsbüro Abou-Zeid + Team Kollegen Mannheim, seit 1986 in eigenem Übersetzungsbüro Fachgebiet Politik, Justiz, Wirtschaft, Med., zusätzl. Farbdruck, Werbung u. Unterricht in Arabisch. BL.: intimer Kenner u. Vermittler d. arab. Mentalität u. Kultur. H.: Entwicklung eines Lehrgangs u. Dienstanweisung f. Warenhausdetektive. M.: Vors. d. dt.-libanes. Initiative f. Umwelt u. Ldw. H.: Beruf, Reisen.

Aboutara Zafer Dr. med. *)

Abraham Hans-Jürgen Dr. rer. nat.
B.: Ltr. d. Luftgütemessnetzes, Messnetzltr. FN.: Senatsverw. f. Stadtentwicklung Berlin, Abt. VIII, Referat A, Luftgüte. DA.: 10173 Berlin, Brückenstr. 6. G.: Forst, 11. Okt. 1943. Ki.: Nadine (1976), Falco (1978). El.: Walter u. Hildegard, geb. Raffauf. S.: 1959 Mittlere Reife Berlin, 1959-61 Lehre Chemielaborant b. Schering, 1963-66 Chemieing.-Stud. TFH Berlin - Chemieing. K.: 1966-79 Ass. an d. TFH f. Organ. Chemie - Lehraufträge an d. PH, Techniker-AS u.a., seit 1972 parallel Chemiestud. an d. TU Berlin - Abschluß, 1979 Prom. z. Dr. rer. nat., 1979-81 wiss. Ang. b. Bundesgesundheitsamt in Berlin (Luftuntersuchungen), seit 1981 Messnetzltr. b. d. Senatsverw. v. Berlin - Durchführung v. Ringversuchen m. Schadstoffen in Stäuben, Immissionsmessungen in Berlin; Mitarbeit in Gremien d. VDI/DIN u. d. LAI, Dozent beim Verb. d. Sportfischer - Sportfischerprüf. P.: ca. 50 Veröff. Diss. über heterozyklische Naturstoffe, andere Veröff. in Fachzeitschriften zu Luftverunreinigungen in Innenräumen u. Ballungsräumen. M.: Verb. d. Sportfischer, Arbeitsgruppen d. VDI/DIN, Tennisver. OSC. H.: Tennis, Landleben in Brandenburg.

Abraham Klaus *)

Abraham Roland Armin Horst *)

Abrahams Jochen H. *)

Abraldes Rois Emilio

B.: Gastronom. FN.: Restaurant Le Caveau im Ratskeller Reinickendorf. GT.: Mtgl. Regionalrat d. Chaines des Rotisseurs Berlin-Brandenburg. DA.: 13437 Berlin, Eichborndamm 215. G.: Lugo/Galicia, 20. Mai 1950. V.: Christine, geborene Giese. Ki.: Vincent (1975) u. Linda Marie (1989). S.: 1965 m. 16 Jahren nach Bremen, anfangs Tätigkeit b. Nordmende, 1 J. Park-Hotel Bremen, 1 J. Hotelfachschule Escuela Social de Hotelleria in Santiago de Compostela/ Spanien. K.: m. 18 J. 9 Monate als Commis de Rang ins Hotel Ambassador Berlin, im Grillroom; dann 3/4 J. in Genf/Schweiz im Hotel du Rhone als Commis de Rang, dann 1 Wintersaison als Demi-Chef im Hotel Mont d'Arbois in Megeve/Mont Blanc, dann Demi-Chef 1 Sommersaison im Sheraton Korsica, dann m. 21 J. f. 1 1/2 J. Chef de Rang im Hotel Berlin, dann 1 1/2 J. Chef de Rang im Hotel Arosa in Berlin, dann 3 J. Gschf. Hotel Börse in Restaurant am Kurfürstendamm, dann 2 J. Gschf. Relais d'Alsace am Kurfürstendamm, dann 6 Monate Gschf. japanisches Restaurant Kazei am Kurfürstendamm, dann wieder 5 J. Hotel Berlin im Bankettbereich, dann Pavillon du Lac f. 2 J. als Barmann u. 10 Jahre als 1. Oberkellner, seit 1993 selbständig m. Le Caveau, dabei große Erfolge b. Boule u.a. Aufstellung eines Weltrekordes durch einen Spanier. P.: mehrmals SFB-Fernsehen im Wochenmarkt, in "Der Spiegel", in Berliner Morgenpost "Menu du Chef im Ratskeller", Der Nordberliner v. 31. März 1994 über d. Eröffnung u. am 4. Juli 1995 "Gute Freunde wieder im Hause" über d. ehemaligen Generäle der Besuch, viele Veröff. über Boule. E.: v. 3 Jahren Aufnahme in d. Chaines des Rotisseurs, v. 2 Jahren Berufung in d. Regionalrat Berlin-Brandenburg d. Chaines des Rotisseurs, dort verantwortl. f. d. Commis-Wettbewerb, 2001 in d. Endausscheidung unter d. letzten 3 Teilnehmern f. d. "Beste Französische Küche in Berlin". M.: Chaines des Rotisseurs, Initiative Reinickendorf, Le Caveau-Team in Boule Landesliga. H.: Boule-Spielen u.a. 3. b. d. Berliner Meisterschaft, Fußball, Langstreckenlauf u.a. 9x Teilnahme "25 Kilometer von Berlin" und 4x Teilnahme "Marathon von Berlin", auch Triathlon.

Abram Siegfried

B.: Gschf. FN.: Siegfried Abram Sanitärtechnik GmbH. GT.: Maurerfirma Peters in Hamburg. DA.: 22607 Hamburg, Flottbeker Drift 4. G.: Eichenbrück/Posen, 15. März 1944. V.: Angelika, geb. Polke. S.: 1958-62 Ausbildung z. Klempnerinstallateur in Elmshorn, Gesellenbrief. K.: 1962-67 Klempnerinstallateur bei d. Firma Wucherpfennig in Hamburg, Aufstieg z. Baultr., 1976 Gründung d. Siegfried Abram Sanitärtechnik GmbH in Hamburg, 1993 Eröffnung d. 2. eigenständigen Firma in Schwerin.

Abramczuk Andreas Dr. med. *)

---
*) Biographie www.whoiswho-verlag.ch oder beigefügte CD-ROM

Abrell-Kastner Iris

B.: Fleischereifachverkäuferin, Inhaberin. FN.: Abrell-Kastner Festorgan. m. Miet- u. Partyservice. DA.: 70734 Fellbach, Stettener Str. 6. G.: Stuttgart, 23. Nov. 1963. V.: Jürgen Grunwald. Ki.: Jens (1985), Alexander (1988), Robin (1989) und Kevin (1993). El.: Karl u. Ingrid Abrell. S.: Mittlere Reife, Lehre z. Fleischereifachverkäuferin im elterl. Betrieb u. in e. Fremdbetrieb, div. Lehrgänge im Bereich Partyservice. K.: 1992 Beginn d. Geschäftes m. Geschirrvermietung, 1997 Grdg. d. Fa.

Abri Margret *)

Abs Christoph Franz Hubert Dr. rer. nat. *)

Abs Thomas Dipl.-Ing. *)

Absenger Gerd *)

Abshagen Jan

B.: Astrologe, EDV-Ltr. FN.: Astrolog. Praxis. DA.: 20146 Hamburg, Bornstr. 26. G.: Darmstadt, 24. Dez. 1963. S.: 1983 Abitur Sinstorf, 1983-84 Bundeswehr, 1985-87 Ausbild. z. Sped.-Kfm. b. Schenker, Seehafenspediteur. K.: 1987-90 Mitarb. b. Schenker, zuständig f. Großkundenprojekte, 1990-92 Ass. in d. Ndlg. einer Reederei, 1992-96 selbst. EDV-Berater im Sped.- u. Schifffahrtsbereich, 1996 Managerfinance & Administration in d. Reedereivertretung einer globaltätigen Container-Reederei, seit 1999 IT-Manager in einem Unternehmen d. Papierlogistik, 1988 Einstieg in d. Astrologie z. Selbsterkenntnis u. Persönlichkeitsweiterentwicklung, Ausbild. b. versch. intern. namhaften Astrologen, seit 1992 nebenberufl. Betreiben einer astrolog. Praxis, dzt. zunehmende Beschäftigung m. Astro-Coaching f. Manager, Unternehmer u. andere Personen, d. wachsen wollen. M.: DAV.

Abshagen Ronald Dipl.-Ing. *)

Abshagen Ulrich W. P. Dr. med. Prof. *)

Abshoff Jürgen Dipl.-Vw.

B.: Gschf. FH.: Krankenhausgesellschaft e.V. DA.: 20537 Hamburg, Grevenweg 89. G.: Wien, 1. Okt. 1944. V.: Monika. S.: 1966 Bankkfm., 2. Bild.-Weg, 1970 Abitur, Stud. Vw. u. Polit. Wiss. Köln, 1976 Dipl.-Vw. K.: 1976-77 Landesarbeitsamt NRW, 1977-79 Planungsreferent KGNW, 1980 Vorst.-Sekr. Volksfürsorge Hamburg, 1980-84 Gschf. DKG, seit 1984 Gschf. HKG. BL.: bereits 1982 Vorschläge in Richtung d. heutigen Gesundheitsreform. M.: Mtgl. in Gremien DKG, HGS, HSC. H.: Törns auf Elbe u. Ostsee, Pfeife, gepflegte Küche u. ital. Weine.

Abt Gudrun *)

Abt Johann *)

Abt Klaus Dr. Prof.

B.: em. Prof. Abt. Biomath., Fachbereich Humanmed. FN.: Univ. Frankfurt. PA.: 61243 Uringen, Postfach 1306. G.: Hamburg, 3. Nov. 1927. V.: Ursula, geb. Riedel. Ki.: Michael, Sabine. S.: 1955 Dipl. Angew. Math. TH Karlsruhe, 1959 Dr. Math. Statistik Univ. Genf. K.: 1959-67 Ltr. Math. Statistics USNWL Dahlgren/Virginia/USA, 1967-73 Ltr. Abt. Biostatistik, Firma Sandoz AG, Basel, Schweiz, ab 1973 Prof. f. Biomath., Univ. Frankfurt. P.: div. Publ. zur mathematisch-statistischen Methodik. M.: Int. Biometrische Ges., Am. Statist. Ass.

Abtmeyer Hans Hermann

B.: RA. FN.: Abtmeyer & Fricke. DA.: 01309 Dresden, Loschwitzer Str. 38. G.: Stuttgart, 27. Sep. 1958. V.: Heidrun. El.: Konsul Hermann u. Erika. S.: 1978 Matura, 1978-82 Stud. Jura Albert-Ludwig-Univ. Freiburg, 1983-86 Referendariat am LG Stuttgart. K.: 1986-88 RA in Kzl. Dres. Kraut pp. Stuttgart, 1988/89 Chambre Franco-Allemande de Commerce et de l'Industrie Paris, 1989-90 RA in Kzl. Köning & Dr. Lauritzen Nürnberg u. Halle/Saale, 1991 Kzl.-Grdg. in Dresden, seither Gschf. Partner Anw.-Kzl. Abtmeyer & Fricke Dresden, Tätigkeitsschwerpunkt: Wirtschafts- u. Strafrecht. M.: 1992-98 Vors. d. Vorst. Gebr. Friese Textilwerke AG, 1996-99 Mtgl. d. ersten Satzungsversammlung d. Bundes-RA-Kam., seit 1998 Vors. d. Dresdner Anw.-Ver. H.: Jagd, Reiten, Hunde, klass. Musik.

Abu-Naaj Fayez Dr. med.

B.: FA f. Chir., Chirotherapie, Tropenmed. DA.: 51149 Köln, Gilgaustr. 18. G.: Maan/Jordanien, 20. Aug. 1933. V.: Irmgard, geb. Marquardt. Ki.: Faris (1967) und Tariq. S.: 1951 Abitur, b. 1959 Lehre in Kuwait, 1959 Päd. Dipl. in Kuwait, Med.-Stud. Köln, 1960 Vorphysikum, Stipendium f. d. Med.-Stud., Staatsexamen, Ass.-Zeit, 1966 Prom. K.: Med.-Ass. Innere Medizin u. Chir. Hagen-Haspe, danach Anästhesie Leverkusen, 1967-73 Chir. KH Köln-Porz, ab 1971 Tropenmed, ab 1972 FA f. Chir., ab 1981 Chirotherapie, seit 1973 ndlg., 1975/76 Akupunktur, ab 1997 Privatpraxis, Schwerpunkt: Akupunktur, Chirotherapie. P.: "Über Stoffwechsel b. Herzoperationen". M.: Österr. Ges. f. Akupunktur. H.: Fotografie.

Abuagela Ramadan Dr. med.

B.: FA f. Innere Med., Dipl.-Tropenmediziner. DA.: 38440 Wolfsburg, Schillerstr. 38. G.: Tripolis/Libyen, 8. Juli 1950. V.: Burnia, geb. Esuddani. Ki.: Rawad (1982), Nauras (1985), Raid (1990), Sarah (1993). S.: 1968 Abitur Tripolis, 1969-76 Stud. Med. Univ. Bonn, 1976-84 FA-Ausbild. Innere Med., 1986 Ausbild. Tropeninst. Hamburg m. Dipl.-Abschluß. K.: 1982-92 OA, zuletzt am Stadt-KH Wolfsburg, seit 1993 ndlg. Internist in Wolfsburg. H.: Lesen, Reisen, Sport.

*) Biographie www.whoiswho-verlag.ch oder beigefügte CD-ROM

Acartürk Musa Dipl.-Ing. *)

Ach Johann

B.: Bankkfm. FN.: HypoVereinsbank. DA.: 85221 Dachau, Münchner Str. 12. G.: Etzgersrieth, 5. Juni 1943. Ki.: Birgit (1968). El.: Johann u. Amalia, geb. Eckl. BV.: stammen aus Ach in Österreich. S.: 1957-60 Handelsschule in Regensburg, 1960-63 Lehre als Bankkfm. bei d. Hypobank München, 1963-64 Bundeswehr. K.: 1964-78 versch. Abt. in d. Hypobank, 1978-84 Filialltr. Hypobank Oberföhring, 1984-87 Kreditbearbeitung in d. Zentrale d. Hypobank, 1987-90 Firmenkundenberater Filiale Mosach, 1990-92 Mitarb. d. Treuhandanst. in Berlin, 1992 Filialltr. Hypobank Dachau. BL.: hat als Schatzmeister gemeinsam m. Herrn F.X. Landinger - Präs. im Bund Bayer. Motorsportler München - in d. Olympiahalle München v. 1983-91 m. sehr gr. Erfolg Speedway u. Motorcrossrennen als Mitorganisator durchgeführt. E.: GK Managmentclub Hypobank. H.: Beruf, Radfahren, Bergwandern, Fitness, gut Essen.

Achatz Alfred *)

Achatz Eva *)

Achatzi Hans-Peter Dipl.-Ing. *)

Achauer Eckart

B.: Dipl.-Betriebswirt, Master of Business Administration, Gschf., Vorstand Management-Consultant. FN.: ACHAUER & KOLLEGEN, Management Consultants (München), AWUS Management for Professionals (Köln). GT.: Vorst. d. IAW, Inst. f. Angwandtes Wissenmanagement e.V. (München). DA.: 80992 München, Amsler Str. 11 A. iaw.institut@web.de. eckart.achauer@web.de. G.: Herrsching, 15. Dez. 1959. V.: Christine, geb. Braun. El.: Dr. Heinz u. Dr. Manuela, geb. Aquayo-Munoz. S.: aufgewachsen in Deutschland, Italien u. Spanien, Abitur, Stud. Rechtswiss. Univ. München u. Hannover, Stud. BWL in Darmstadt, Stud. MBA Univ. Schweiz, Ausbildung z. EOQ Quality Systems Manager u. TQM Assossor gem. Richtlinien d. E.F.Q.M. in Frankfurt/Main. K.: 1987-89 Ass. Geschäftsleitung b. Unternehmensberatung, 1989-91 Abteilungsltr. b. Versicherung, 1991-96 Gschf. b. Assistance, 1996-98 Vorst. b. Hotel- u. Baugenossenschaft, 1998-2000 Gschf. u. Vorst. b. Betreiber f. Seniorenresidenzen, seit 1995 begleitend u. ab 2001 ausschließlich als Management-Consultant tätig. P.: "Qualitätsmanagementsystem und Zertifizierung eines Versicherungsassistenzers" (1997), "Qualitätsmanagement als Überlebensstrategie" (1998). H.: Reisen, Fotografieren.

Achelis Thomas *)

Achenbach Christoph Dr.

B.: Vorst.-Vors. FN.: Quelle AG. DA.: 90762 Fürth, Nürnberger Str. 91-95. www.quelle.de. G.: Münster, 1958. S.: Stud. BWL Univ. Münster u. Köln. K.: Ass. Univ. zu Köln, Prom. z. Dr. rer. pol., 1989 Strateg. Planung b. Quelle Schickedanz AG & Co, 1991 Gschf. Optik- u. Fotofachhdls.-Kette Optofot Jena, 1993 Ltg. d. Bereiches Planung u. Controlling Spezialversand/Versand Ausland b. d. Quelle Schickedanz AG & Co, 1994-97 Ltr. d. Zentralbereiche Vorst.-Sekr./ Versand u. Unternehmensstrategie Schickedanz Holding Stiftung & Co KG, seit 1997 verantwortl. f. d. Kommunikation d. Schickedanz-Gruppe, seit 1997 o.Vorst. Spezialversand d. Quelle Schickedanz AG & Co Fürth, s. 2000 Vorst.-Vors. (Re)

Achenbach Rolf

B.: Reiseverkehrskfm., inh. FN.: Inter-Tours Reisebüro. DA.: 46286 Dorsten, Lembecker Str. 107. reisebuero-inter-tours@t-online.de. G.: Dorsten, 11. Juni 1953. V.: Annamma, geb. Thomas. Ki.: Dalia (1974), Melanie (1977). BV.: Min. Achenbach, Maler Achenbach. S.: 1972 Lehrabschluss Starkstromelektriker. K.: 1972 div. Anstellungen als Elektriker bzw. Vertrieb v. Flugtickets, 1994 selbst. Reisebüro in Dorsten-Rhade, 1998-2000 Reisebüro in Raesfeld. BL.: Initiator Studienreise nach Libyen "Auf d. Spuren Erwin Rommels" m. Teilnehmern am damaligen Kriegsgeschehen u.a. Rittermeister a.D. Hans Günther Stark, Vors. Dt. Afrikakorps e.V., 2001 m. Treffen d. Altaib Alsafi u. d. Sohn v. Omar Muktar. M.: IHK. H.: Motorradfahren.

Achenbach Werner DDr. h.c. Prof. *)

Acher Anton *)

Acher Julius

B.: Musiker u, Komponist. FN.: J.A. Spezial Barbara Acher Musikverlag. DA.: 82362 Weilheim, Kohlwinkelstr. 18A. G.: Peißenberg, 7. Mai 1938. V.: Barbara. Ki.: Markus (1968), Michael (1971). S.: Ausbildung als Elektrotechniker,1968 Meisterschule. K.: 25 J. ang. Entwicklungsing. b. Siemens AG, nebenher schon in d. Jugendzeit musiziert, 1988 Grdg. d. New Orleans Dixie Stompers, m. d. beiden Söhnen u. einigen Freunden, 1993 Grdg. eines eigenen Verlages u. Hrsg. d. 1. CD, mehrere Fernsehauftritte u. Rundfunksendungen, Teilnahme an zahlr. div. namhaften Jazzfestivals u. vielen anderen Galas. M.: UDJ, GEMA. H.: Literatur, klass. Musik, Malerei.

Achermann Agata

B.: freie Architektin. DA.: 14059 Berlin, Fredericiastr. 31. G.: Breslau/Wroclaw (Polen), 9. Nov. 1961. V.: Prof. Jo Achermann. Ki.: Jan Antoni (1997). El.: Wojciech u. Mieczyslawa Pekacz. S.: 1980 -86 an d. TU Breslau/ Politechnikum Wroclaw (Polen), Dipl. in Bauen u. Erhalten. K.: 1988-90 Mitarb. im Staatl. Büro f. Denkmalpflege in Wroclaw (Polen), 1990-92 Mitarb. im Büro Brzozowski in Stuttgart, 1992-94 Mitarb. b. Hentrich-Petschnigg & Partner Architekten in Düsseldorf, 1994-97 Mitarbeiterin b. Hentrich-Petschnigg & Partner Architekten in Berlin, seit 1997 freie Architektin in Berlin. E.: Wettbewerbsteilnahmen. M.: Arch.-Kammer Berlin, SARP - Bund d. Architekten in Polen. H.: Kunst, Kinderbücher.

*) Biographie www.whoiswho-verlag.ch oder beigefügte CD-ROM

Achermann Jo Prof.

B.: Professor f. Bildhauerei. FN.: BTU Cottbus - Arch., Bauing.-Wesen u. Stadtplanung. DA.: 03013 Cottbus, Postfach. 101344. G.: Stans, 27. Mai 1954. V.: Agata, geb. Pekacz. Ki.: Jan Antoni (1997). El.: Josef u. Marie Theres. S.: 1969-76 Käserlehre in Gerzensee mit Abschluss in Thun u. Praxis im Beruf, 1976-80 Schule f. Gestaltung in Luzern, 1980-88 Stud. an d. Kunstak. in Düsseldorf, 1983 Stipendium nach New York, 1984 Bernhard-Hoetger Preis - Aufenthalt in New York, 1986 Meisterschüler b. Prof. Uecker. K.: 1990-93 Lehrauftrag f. Bildhauerei an d. Kunstak. Düsseldorf, seit 1994 Prof. f. Bildhauerei, Lehrstuhl Plast. Gestalten an d. BTU Cottbus. BL.: Einzelausstellungen u.a. 1986 Saarbrücken: Stadt Galerie Saarbrücken, 1991 Zug: Kunsthaus, 1995 Sarnen: Galerie Hofmatt, 1999 Basel: Galerie 4, 2001 Berlin: Galerie Marianne Grob; Gruppenausstellungen: 1985 Düsseldorf: Kunstver. NRW, Heidelerg: Kunstver. Heidelberg, 1986 Kronach: Kunstver. Kronach, 1991 Luzern: Kunstzone im Hof Luzern, Wuppertal: Kunsthalle Wuppertal Barmen, Cham: Villettpark, 1994 Olten: Kunstmuseum, 1988 Galerie Chäslager: "Jo Achermann - Raumplastik", 1990 Glaubenberg: "Jo Achermann - 12 Eichen", 1992 Wroclaw (PL): WBA "Awangarda" - "Raumplastik" Jo Achermann, Kunsthaus Zug: "Im Zwischenraum" Jo Achermann, 1997 Stans. Nidwaldner Museum "Jo Achermann Salz - Magazin", 1999 Basel: Galerie 4, 2001 Berlin: Galerie Marianne Grob "Jo Achermann Zwischenraum-Raumskulptur". E.: 1986 u. 1987 Eidgenöss. Kunststipendium d. Schweiz, 1998 Wettbewerb Kunst u. Bauen f. d. Campus d. BTU Cottbus, Wettbewerb Kunst am Bau Oberstufenzentrum 1 Cottbus, 2000 Wettbewerb Kunst am Bau IBZ Potsdam. H.: Beruf.

Achilles Gerd Dipl.-Kfm. *)

Achilles Wolfgang Dr.

B.: RA, Steuerberater. FN.: Achilles Kleinheisterkamp & Partner. DA.: 47800 Krefeld, Wilhelmshofallee 115. G.: Düsseldorf, 10. März 1938. V.: Heidemarie, geb. Boer. Ki.: Anja, Ute. BV.: Dr. Heinz Reintges Wirtschaftsjurist aus Essen. S.: 1958 Abitur Düsseldorf, 1958-62 Stud. Rechtswiss. m. 1. Staatsexamen Univ. München, weitere Stationen Univ. Bonn u. Köln, 1962-63 Referendarzeit, 1964 2. Staatsexamen, Prom. K.: 1964 -66 Finanzassessor u. Sachgebietsltg. für Groß- u. Mittelbetriebe in Heilbronn, 1966-73 stellv. Ltr. d. Steuerabt. d. Verb. Dt. Gen. Bonn, 1973-79 stellv. Ltr. d. Abt. Bilanzen u. Steuer Verseidag Krefeld, 1979 selbst. m. Anw.-Kanzlei u. Steuerberatung, 1982 Grdg. d. Anw.-Sozietät m. Wirtschaftsprüfer u. Steuerberatung Achilles - Bückers - Herrnkind in Krefeld, 1999 Umwandlung d. Sozietät in eine Partnerschaft m. Schwerpunkt Bilanzpolitik, Unternehmenskäufe u. -verkäufe, Unternehmensfinanzierungen, Umwandlungen u. Verschmelzungen. P.: Lose Blattwerke "Besteuerungen d. Kreditgen.", Achilles-Holzheimer "Steuerfragen d. Kreditinst.". H.: Musik.

Achinger Gertrud Dr. rer. pol. Prof. *)

Achleitner Paul Dr.
B.: Vorst. f. Finanzen. FN.: Allianz AG. GT.: u. a. f. d. Havard Business School u. d. HS St. Gallen tätig. DA.: 80802 München, Königstr. 28. G.: Österreich S.: Stud. Bw. HS St. Gallen. K.: Karrierestart a. Manager d. intern. Beratung bei Bain&Co in Boston, 1998 Einstieg b. Wertpapierhaus Goldmann-Sachs in New York u. ab 1994 Mitges., seit 1999 Finanzvorst. d. Allianz AG. (Re)

Achler Christian Dr. med. *)

Achneck Eleonora *)

Achs-Albrecht Cordelia *)

Achtelik Christoph Dipl.-Ing. *)

Achten Hubert Dipl.-Ing. Prof. *)

Achtenhagen Frank Dr. rer. pol.
B.: o.Univ.-Prof., Dir. FN.: Seminar f. Wirtschaftspäd. d. Univ. Göttingen. DA.: 37073 Göttingen, Platz d. Göttinger Sieben 5. PA.: 37073 Göttingen, Am Goldgraben 11 G.: Berlin, 28. Mai 1939. V.: Roswitha, geb. Manski (verst. 1990), Dr. Susanne Weber. Ki.: Claudia, Leona. El.: Wilhelm u. Käthe. S.: 1958-63 Stud. Wirtschaftswiss., Span. FU Berlin, 1963 Dipl.Hdls.Lehrer. K.: Tätigkeit in Ind. u. Hdl. Berlin, Finnland, Spanien, 1963-65 Referendariat, 1965 Assessor, 1965-66 Doz. f. BWL u. Span, 1966-69 wiss. Ass., 1969 Dr. rer. pol., 1969-71 AkOR., seit 1971 o.Prof. f. Wirtschaftspäd. Univ. Göttingen, zahlr. Dr. oec h.c. (St. Gallen), Dr. phil. h.c. (Helsinki). P.: zahlr. Veröff. M.: Dt. Ges. f. Erziehungswiss., American Educational Research Assoc., European Assoc. for Research on Learning and Instruction. H.: Tennis, Skifahren.

Achterberg Arno Dr. rer. nat *)

Achterberg Marlies *)

Achtzehn Hans-Jürgen *)

Acimovic Alexander S. *)

Acker Dagmar Dipl.-Kfm. *)

Acker Dieter Prof. Dr. h.c.
B.: Komponist, Prof. FN.: Hochschule für Musik. DA.: 80333 München, Arcisstr. 12. PA.: 85521 München-Ottobrunn, Kleiststr. 12. composerAcker@aol.com. G.: Hermannstadt, 3. Nov. 1940. K.: Abitur, Komopositionsstud. Musik-HS Klausenburg. K.: 1964-69 Doz. Musik-HS Klausenburg, 1969-72 Düsseldorf Robert-Schumann-Inst., seit 1972 Prof. f. Komposition an d. HS f. Musik München. P.: über 170 Kompositionen: Symphonien, Instrumentalkonzerte, Kammermusik, Klavier- u. Orgelkompositionen, Chorwerke, Lieder. E.: intern. u. dt. Kompositionspreise. M.: Dt. Komponistenverb.

Acker Rolf *)

van Ackeren Aegidus Barend Cornelius
B.: Architekt, Mitinh. FN.: Architekturbüro. DA.: 18439 Stralsund, Heilgeiststr. 5. G.: Stralsund, 17. Mai 1967. V.: Silke, geb. Malinski. El.: Werner u. Tanja, geb. Hansbauer. K.: 1984-87 Lehre z. Bauzeichner in Kleve, 1987-88 Fachabitur in Kleve, 1988-90 Bundeswehr, 1990-95 Stud. an d. FH Kiel, Abschluss Dipl.-Ing. K.: seit 1995 eigene Ndlg. als selbständiger Architekt in Architekturbüro in Stralsund. M.: Freunde d. Museums Kleve e.V., Ver. z. Rettung d. Kapelle Bessin e.V. H.: Bauen u. alte Baumaterialien sammeln.

*) Biographie www.whoiswho-verlag.ch oder beigefügte CD-ROM

van Ackeren Robert Prof.
B.: Regisseur, Produzent. PA.: 10711 Berlin, Kurfürstendamm 132a. G.: Berlin, 22. Dez. 1946. S.: Stud. Film. K.: Selbst. als Filmemacher tätig, Lehrtätigk. an d. Kunst-HS Köln, Festivals in Cannes, Berlin, Montreal, Paris, Locarno, La Rochelle, Sorrent, Los Angeles, Barcelona; Filme: Die wahre Geschichte von Männern und Frauen (1992), Die Venusfalle (1987), Die flambierte Frau (1983), Deutschland privat (1980), Die Reinheit d. Herzens (1980), Das andere Lächeln (1978), Belcanto (1977), Der letzte Schrei (1975), Harlis (1973), Küß mich Fremder (1972), Blondie's No. 1 (1971), Für immer u. ewig (1968), Eva (1967), Nou Nou (1967), Der magische Moment (1966), Sticky Fingers (1966), 19. September (1965), Er weiß mehr (1964). E.: Deutscher Filmpreis, Ernst Lubitsch-Preis, Bundesfilmprämie, Prix Celuloide, Premio Incontri Intern., Prix L'age d'or u.a.

Ackermann Andreas *)

Ackermann Andreas *)

Ackermann Birgit *)

Ackermann Christa Marianne

B.: 1. Gschf. FN.: Ackermann Automaten GmbH. DA.: 13355 Berlin, Wattstraße 10-13. mail@ackermann-automaten.de. V.: Friedrich Ackermann. Ki.: Bernd (1967), Fank (1969). El.: Werner u. Marianne. S.: 1952-54 Berufsausbildung Fotolaborantin. K.: 1954-59 Mitarbeiterin in einem Großfotolabor (Dewag), 1959-62 nach Umzug v. Ostberlin nach München Mitarbeiterin d. Fotoabteilung d. Zeitschrift "Quick", 1962-66 nach Wohnortwechsel Berlin-West Mitarbeiterin im Fotobereich d. Ullsteinverlages, 1966-69 erstes eigenes Unternehmen: Blumengeschäft, 1969 Grdg. d. Automatenfirma, seit mehr als 10 J. ist einer d. Söhne Mitinh. d. Firma. H.: Haus, Gartenarbeit.

Ackermann Eduard Dr. *)

Ackermann Edwin Heinz Theodor *)

Ackermann Fridjof Dipl.-Vw. *)

Ackermann Gerhard Dr. Prof. *)

Ackermann Hella

B.: Gschf. FN.: Internationale Fachhochschule Bad Honnef-Bonn. DA.: 53604 Bad-Honnef, Mülheimer Str. 38. PA.: 66111 Saarbrücken, Neikestr. 7. ackermann@tz-s.de. www.tourismus.saarland.de. G.: St. Goar, 25. Apr. 1954. V.: Peter Ackermann. Ki.: Christine (1978). S.: 1972 Abitur in St. Goarshausen, 1972-75 Stud. Erziehungswiss. an der EWH Koblenz, 1975 Staatsexamen f. Lehramt an Hauptschulen m. Schwerpunkt Engl. u. Geographie. K.: 1976 Einstieg in d. Tourismusbranche, b. 1998 b. Fremdenverkehrs- u. Heilbäderverb. Rheinland-Pfalz in Koblenz als Ass. d. Gschf., Bäderreferentin u. Werbeltr., 1999 Gschf. d. Tourismus-Zentrale Saarland GmbH. M.: Verb. d. Kur- u. Tourismusfachleute (VDKF), Skal Club. H.: Tennis, Joggen, Lesen, Segeln.

Ackermann Horst *)

Ackermann Irmgard
B.: RA selbständig. FN.: Sozietät Irmgard Ackermann & Marlis Lehmann Rechtsanwälte. GT.: stellv. Vors. Eintragungsausschuss d. IK Sachsen/Anhalt. DA.: 06112 Halle/Saale, Magdeburger Str. 19. PA.: 06198 Wettin, Marktpl. 10. raeackermannpp@t-online.de. G.: Wolmirsleben, 16. Jan. 1947. V.: verh. Ki.: Barbara (1973), Katharina (1975). S.: 1965 Abitur in Egeln, Ausbildung z. Gemeindereferentin, Ausbildung z. EDV-Facharbeiterin, 1978-84 Stud. Rechtswiss. an d. Humboldt-Univ. Berlin, Abschluss Dipl. K.: Justitiar in versch. Kanzleien, 1992 Grdg. d. Sozietät Irmgard Ackermann & Marlis Lehmann Rechtsanwälte in Halle/Saale f. allgem. Vertragsrecht, Sozial- u. Rentenrecht, Arzthaftungsrecht u. Internetrecht. P.: Vortragstätigkeiten. M.: DAV, Mitteldeutscher Verband z. Förderung Dt. Unternehmer in Mittel- u. Osteuropa. H.: Literatur, Orgelspiel, Musik.

Ackermann Josef Dr.
B.: Vorst.-Mtgl. FN.: Dt. Bank AG. DA.: 60325 Frankfurt/Main, Taunusanlage 12. www.deutsche-bank.de. G.: Mels/Schweiz, 7. Feb. 1948. S.: 1973 Stud. Wirtschafts- u. Sozialwiss. HS St. Gallen, 1973-77 Ass. am Inst. f. Nationalökonomie d. HS St. Gallen, 1977 Prom. z. Dr. oec. K.: 1977-89 Lehrauftrag f. Vw. HS St. Gallen, 1977 Schweizerische Kreditanst., 1990 Mtgl. d.Gen.-Dion. Schweizerische Kreditanst., 1993 Präs. d. Gen.-Dion. Schweizerische Kreditanst., seit 1996 Mtgl. d. Vorst. d. Dt. Bank AG. (Re)

Ackermann Jürgen Dr.-Ing. Prof.
B.: Dir. FN.: Dt. Zentrum f. Luft- u. Raumfahrt e.V. (DLR-RM). DA.: 82230 Wessling-Oberpfaffenhofen. PA.: 82211 Herrsching, Madeleine-Ruoff-Str. 14c. G.: Bochum, 5. Okt. 1936. V.: Christa, geb. Witz. Ki.: Lutz, Karin, Beate, Birgit. El.: Ernst u. Ilse. S.: Dipl.-Ing., Dr.-Ing. habil. K.: wiss. Mitarb., Abt.Ltr., Inst.Dir. b. d. DLR, Gastprof. Univ. of Illinois u. Univ. of California. S. 5 Patente. P.: ca. 150 Aufsätze, Bücher: Abtastregelung (3. Aufl. 1988), Robuste Regelung (1993). E.: Johann Maria Boykow-Preis, VDE-Preis, IEEE Fellow, ord. Prof. TU München, IFAC Nichols Medal, IEEE Bode Lecture Prize. M.: IEEE, VDE, DGLR.

Ackermann Karl-Ludwig Dr. med. dent.

B.: Zahnarzt. DA.: 70794 Filderstadt, Talstraße 23. PA.: 70794 Filderstadt, Reutestr. 20. G.: Eisenberg/Pfalz, 27. Aug. 1952. El.: Otto u. Johanna, geb. Mang. S.: Abitur, 1971 Beginn d. Stud. d. Zahnheilkunde Johannes Gutenberg Univ. Mainz, 1976 Approbation als Zahnarzt, 1978 Prom. z. Dr. med. dent. K.: 3jährige Ausb. in d. zahnärztl. Chirurgie an der Poliklinik f. zahnärztl. Chirurgie d. Klinik für Zahn-, Mund- u. Kieferheilkunde, Mainz, 1983 Gebietsbezeichnung Zahnarzt-Oralchirurgie, seit 1980 Ndlg. in Gemeinschaftspraxis mit D. A. Kirsch in Filderstadt, Arbeitsgebiete: Orale Rehabilitation, Paradontologie, Implantologie, Implantatprothetik, präprothetische Chirurgie, Referententätigkeit im In- u. Ausland. P.: Veröffentlichungen in o.g. Gebieten d. Zahnheilkunde.

---
*) Biographie www.whoiswho-verlag.ch oder beigefügte CD-ROM

Ackermann Klaus M.

B.: Karosseriebaumeister, Gschf. Ges. FN.: Alpha Amouring GmbH. DA.: 27283 Verden, Siemensstr. 12. info@alpha-amouring.com. www.alpha-amouring.com. G.: Norden, 18. Dez. 1970. El.: Johann u. Anke, geb. Betten. S.: 1987-91 Ausbild. z. Karosseriebauer in Würzburg u. Bremen, 1996 Meisterprüfung z. Karosseriebaumeister. K.: 1991-97 Geselle im väterl. Betrieb Trasco Bremen, 1997 Aufbau d. eigenen Unternehmens in Verden Alpha Amouring GmbH als Gschf. Ges., Bau v. Sonderschutzfahrzeugen. H.: Autos.

Ackermann Klaus-Hellmuth

B.: Dt. Botschafter in Schweden. FN.: Botschaft Stockholm. DA.: S-11527 Stockholm, Skarpögatan 9. PA.: S-11527 Stockholm, Skarpögatan 7. info@german.embassy.se. www.german-embassy.se. G.: Osterode, 22. Aug. 1936. V. Adelheid, geb. de Saleugre Drabbe. Ki.: Sylvia (1966), Oliver (1967). El.: Dr. Hellmuth u. Dr. Ursula, geb. Thiel. S.: 1955 Abitur, 1955-59 Stud. Rechts- u. Staatswiss., 1959 1. u. 1963 2. Jur. Staatsprüf., 1967 Gr. Diplomat. u. konsular. Staatsprüf. K.: 1963-65 Referent im Bundesmin. f. Wirtschaft, 1965 Einberufung in d. Auswärtige Amt, 1965-66 VKonsul am Generalkonsulat d. BRD in Bombay, 1967-70 Konsul am Generalkonsulat d. BRD in New York, 1970-72 Mtgl. d. Delegationstabes d. BRD f. d. Erweiterung d. EG in Brüssel, 1972-75 Ltr. d. Wirtschaftsdienstes an d. Botschaft d. BRD in Algier, 1975-77 stellv. Ltr. d. Energie-Referates u. 1977-79 d. Ministerbüros d. Auswärtigen Amtes, 1979-84 ständiger Vertreter d. Botschafters u. Ltr. d. polit. Referats an d. Botschaft d. BRD in Bangkok, 1984-88 ständiger Vertreter d. Botschafters u. Ltr. d. polit. Referats an d. Botschaft d. BRD in Athen, 1988-93 Ltr. d. Referats Exportrecht u. -kontrolle d. Auswärtigen Amtes 1993-98 Ltr. d. Unterabt. f. Außenwirtschaftsfragen d. Auswärtigen Amtes, seit 1998 Botschafter d. BRD in Stockholm. E.: Komturkreuz z. Kgl. Nordstern Orden Schweden, Komturkreuz d. Ordens d. finn. Löwens, Großoffz.-Kreuz d. thailänd. Kronenordens, Großoffz.-Kreuz d. thailänd. Weißen Elefantenordens, Komturkreuz d. griech. Ehrenordens. H.: Antike Phil.

Ackermann Kurt Dr.-Ing. o.Prof. *)

Ackermann Lea

B.: Autorin, Schwester, Vors. FN.: SOLWODI e.V. DA.: 56154 Boppard, Probsteistr. 2. G.: Völklingen, 1937. S.: 1953-54 Franz. Sprachstud. in Frankreich. K.: 1954-60 Bankkauffrau in Saarbrücken u. Paris, 1960-62 Eintitt u. Noviziat b. d. Missionsschwestern d. Kardinal Lavigerie ("Weiße Schwestern"), 1962-63 Stud. Theol. in Toulouse, 1963-66 Frauenfachschule München (Staatsprüf.), 1966-67 Päd. Lehrgang in München, 1967-70 Lehrerin in d. Mittel u. Höheren Frauenfachschule (Nyanza in Rwanda, Zentralafrika), 1970-72 Dir. d. Mittel u. Höheren Frauenfachschule in Nyanza, 1972-77 Stud. Päd., Psych. u. Theol. an d. LMU München, 1977-84 Bild.-Referentin b. Missio München u. Doz. d. Kath. Univ. Eichstätt, 1985-88 Arb. m. Frauen - Initiative SOLWODI Mombasa/Kenya (Solidarity with Women in Distress/Solidarität m. Frauen in Not), 1988 Grdg. SOLWODI e.V. in Deutschland u. Einrichtung einer Kontaktstelle in Boppard, 1989 Einrichtung einer SOLWODI-Kontaktstelle in Mainz, 1993 Grdg. einer SOLWODI-Kontaktstelle in Koblenz, 1997 Eröff. einer SOLWODI-Kontaktstelle in Duisburg, 1997 Eintragung v. SOLWODI-Kenya als NGO (Non-Government-Organisation) in Kenya, 1998 Eröff. einer SOLWODI Kontaktstelle in Osnabrück, 1999 Eröff. einer SOLWODI Kontaktstelle in Braunschweig, 2001 Eröff. einer SOLWODI Kontaktstelle in Bad Kissingen, seit 1988 Vors. u. Ltr. d. Kontaktstellen. P.: "Jugend" (1991), "Die Frau nach Katalog" (1994), mehrere Art. E.: 1992 BVK am Bande, 1994 Johanna Löwenpreis, 1996 Preis Frauen fördern Frauen, 1996 BVK 1. Kl., 1997 Frau d. Jahres, 1998 Frau Europas, 1998 100 heroines of the world, Rochester, New York, U.S.A., 2001 Stadtsiegel d. Stadt Boppard, 2002 Bullenorden. H.: Schwimmen, Lesen v. Krimis.

Ackermann Lutz

B.: Red., Hörfunkmoderator, Showmaster, Red. FN.: Norddt. Rundfunk. DA.: 30169 Hannover, Rudolf-von-Benningsen-Ufer 22. G.: Brake/Weser, 29. Apr. 1945. K.: seit 1982 Red. d. Norddt. Rundfunks, seit 1993 Ltr. d. Abt. Musik/ Unterhaltung v. NDR1 - Radio Niedersachsen, Moderator v. Musiksendungen, 1988-89 ARD-Show "Euro-Paare", seit 1997 Moderator "Das Große Wunschkonzert" auf N 3.

Ackermann Paul Dr. Prof. *)

Ackermann Peter Dr. *)

Ackermann Peter Dr. phil. Dipl.-Phys. *)

Ackermann Robert Mario

B.: Übersetzer f. d. engl. Sprache. FN.: Übersetzungsbüro. DA.: 10961 Berlin, Gneisenaustr. 60. www.abc-translations.de. G.: Wallerfangen/Saarland, 30. Dez. 1960. El.: Norbert u. Yvonne, geb. Gallelli. S.: 1980 Abitur, 1980-84 Stud. Elektrotechnik u. Wirtschaftswiss. TU/FU Berlin, 1985 Auslandsaufenthalt in Australien u. China, ab 1994 Akademie f. Fremdsprachen in Berlin, Abschluß CPE, Certificate of Proficiency in English d. Univ. Cambridge. K.: 1986-94 Taxifahrer, ab 1995 Übersetzungstätigkeit f. d. engl. Sprache, Spezialgebiet Technik u. Wirtschaft z.B. f. Siemens, Transrapid, freier Mitarb. b. KERN AG, Sprachendienst, 1999-2000 Auslandsaufenthalt in Wales/GB, freiberufl. Übersetzer. H.: Motorradfahren.

Ackermann Rolf Dr. med.

B.: Urologe. FN.: Med. Fak. d. Univ. Düsseldorf. DA.: 40001 Düsseldorf, Moorenstr. 5. PA.: 40589 Düsseldorf, Am Steinebruck 83. G.: Ulm, 14. Aug. 1941. V.: Dr. Christl, geb. Schopf. S.: Stud. Med. Univ. Würzburg u. Wien. K.: 1977 Habil., 1978 Priv.Doz. d. Urologie, 1980 Prof. Univ. Würzburg, 1983 Lehrstuhl f. Urologie d. Univ. Düsseldorf. P.: zahlr. Publ. u. Buchveröff. E.: 1979 u. 1980 wiss. Preis d. Dt. Ges. f. Urologie, 1980 Heinrich Warner-Preis, 1987 C. E. Alken-Preis. M.:1995/96 Präs. d. Dt. Ges. f. Urologie, Mtgl. d. European Academy of Urology, korr. Mtgl. u. Ehrenmtgl. zahlr. urolog. Fachges.

Ackermann Ronny

B.: Sportsoldat, Nordische Kombination. FN.: Deutscher Skiverband. DA.: 82152 Planegg, Hubertusstr. 1. 106573. 2561@compuserve.com. www.ski-online.de. G.: Bad Salzungen, 16. Mai 1977. S.: Abitur. K.: m. 5 J. Skilaufen in Unteralba gelernt, m. 7 Jahren kam d. Skispringen hinzu, m. 12 J. Wechsel v. Trainingszentrum z. Oberhofer Sportgymnasium,

*) Biographie www.whoiswho-verlag.ch oder beigefügte CD-ROM

m. 13 J. Kombination u. Spezialspringen parallel betrieben, m. 14 J. endgültige Entscheidung f. d. Nordische Kombination, m. 20 J. nach d. Abitur Eintreten in d. Sportfördergruppe d. Bundeswehr; 1997/98 Olympia Nagano/12., Olympia Nagano Team/6., JWM Calgary/2., Weltrangliste/11.; 1998/99 WM Sprint Ramsau/9., WM Team Ramsau/6.; 1999/2000 Weltrangliste/5., WC Vuokatti/1., WC Nagano/3., 10x Top Ten im WC; 2000/2001 WM Lahti/3., Weltrangliste/2., Sprintweltrangliste/2., WC Salt Lake City/2., WC Kuopio/2. u. 3., WC Reit im Winkel/1. u. 3., WC Liberec/1., 2002 OS Salt Lake City/2., Team/2. H.: Golf, Fußball, Basketball, Ski Alpin, Musik, Kino. (Re)

Ackermann Rosemarie *)

Ackermann Wilfried Dipl.-Ing. *)

Ackermann-Furtwängler Katrin
B.: Schauspielerin. FN.: c/o Agentur Reuter. DA.: 80333 München, Enhuberstr. 3b. PA.: 81929 München, Musenbergstr. 12. G.: 30. Jan. 1939. Ki.: Felix, David, Maria. El.: Hans u. Elisabeth geb. Albert. S.: Gymn. Montreux Schweiz, Unterricht Falckenbergschule m. Abschluß. K.: Engagements: Residenztheater München b. 1979, Göttingen b. Hilpert, seit 1979 freiberufl. tätig, Fernsehen z.B. Tatort, Fall für 2, Der Kommissar, Serien glückliche Familie; Unterrichtstätigkeit an d. Musicalschule, Synchronisieren v. ausländ. Filmen, 1995 "Sommer am Meer", "Vater wider Willen", 1998 "Liebe und weitere Katastrophen", "Kiss me". BL.: Rolle d. amerikan. Päpstin v. Esther Vilar, eigene Show m. Musik, Tanz u. Gesang, Das kleine Ensemble eigene Theaterproduktion z.B. Schlag nach b. Shakespear & Co. E.: Rose in d. TZ u. Stern AZ. M.: Greenpeace. H.: Beruf, Tanz, Tiere, Garten. (O.v.K.)

van Ackern Klaus Dr. med. Prof. *)

Ackerschott Harald
B.: Psychologe, VPräs. FN.: Intelligenz System Transfer GmbH; Berufsverb. Dt. Psychologinnen u. Psychologen e.V. DA.: 53113 Bonn, Buschstr. 21. ha@intelligent.de. G.: Bonn, 11. Okt. 1956. S.: 1975 Abitur Bonn, 1976 Stud. Rechtswiss. Bonn, 1976 Stud. Psychol. Univ. Bonn, 1978-79 1 Jahr Südamerika, 1979 Univ. Bonn, daneben Stud. Phil. u. Altamerikanistik, 1984 Dipl.-Psych. K.: 1984-87 freie Praxis in Bonn, 1984-87 Psych. in Altenheimen, seit 1986 Grdg. wirtschaftspsycholog. Inst. Intelligenz System Transfer GmbH in Bonn gemeinsam m. Gabriele Bertram, seit 1984 Berufsverb. Dt. Psychologinnen u. Psychologen e.V., 1994 Grdg.-Vors. d. wiss. Ges. z. Förd. d. Psych. Sitz Bonn, 1994 Initiierung u. Mit-Stifter Förderpreis f. anwendungsnahe u. originelle Dipl.-Arb., seit 1995 Vorst. Sekt. freiberufl. Psychologen, 1997 BeiR. Dt. Psychologenak. Fortbild. DPAF GmbH, 1998 Initiierung 1. Dt. Forum f. Psych., seit 1998 VPräs. d. Berufsverbandes.

Ackert Helmut ORegR. *)

Acksteiner Christian *)

Acktun Gerhard *)

Adam Alina
B.: Hypnotherapeutin. DA.: 45257 Essen, Kupferdreher Markt 5. G.: Essen, 1. Juli 1974. El.: Paul u. Eva Adam. S.: Hypnoseausbild. K.: seit 1993 selbst. Praxis f. Hypnose. P.: Star Trek Fan (Trekkie). M.: William Shatner Connection, Johanniter. H.: Kampfsport (Selbstverteidigung), Schwimmen, Reiten, Video, Tiere, Reisen.

Adam Axel Dr. med. *)

Adam Axel Dr. med. dent.
B.: selbst. Zahnarzt. DA.: 38640 Goslar, Rosentorstr. 2. G.: Einbeck, 12. Juli 1959. V.: Rudolf u. Margarete, geb. Meinecke. S.: 1979 Abitur Einbeck, b. 1981 Zeitsoldat b. d. Bundeswehr, Stud. Biologie u. Chemie f. d. Gymn.-Lehramt, 1983-88 Stud. Zahnmed. an d. Univ. Göttingen, 1988 Prom., b. 1992 Ass.-Arzt in Goslar. K.: ab 1993 ndlg. in eigener Praxis in Goslar. P.: Diss. "Die Veränderungen d. Myelinscheidendicke u. d. Faserzahl b. N. ischiadicus d. Frosches während d. Wachstum". H.: Motorradfahren, Cabriofahren, Gartenarb, Reisen, Meerwasseraquaristik.

Adam Bernd G. *)

Adam Carola

B.: Sängerin. DA.: 10829 Berlin, Leuthener Str. 1. info@caroband.de. www.carolina.de. G.: Berlin, 13. Jan. 1966. El.: Wolfgang u. Doris, geb. Fleschner. 1982-85 Ausbild. z. fremdsprachl. Sekr. K.: ab 1980 ständiger Gast einer Country-Band, 1982-84 eigene Band "Railroad", 1984 Leadsängerin einer Country-Band, 1986-93 Tanzmusik, 1986 Studioaufnahme b. Tom Cunningham, 1987-93 Mitarb. d. US-Airbase Tempelhof, ab 1990 Komposition u. Text englischsprachiger Songs, ab 1991 erster Auftritt als "CAROLINA", kpl. Management f. d. Gruppe, ab 1993 hauptberufl. Musikerin, Mitte 90er Studio-Zusammenarb. m. Western Union, ab 1994 Oldie-Trio, 1997 eigene CD m. eigenen Titeln, ab 1998 Country-Folk-Duo, Unterricht in Gesang an einer priv. Musikschule f. priv. Klientel m. d. Titel She's the one you Love, Platz 11 d. US-Independent Single-Charts, CD m. Cover-Songs d. Country-Folk-Duos. H.: Lesen, Ballsportarten, Laufen.

Adam Christian

B.: Maler, Graphiker. DA.: 69239 Neckarsteinach, Werftweg 15. PA.: 69151 Neckargemünd, Hirschg. 22. G.: Oppeln, 3. Dez. 1941. Ki.: Dr. iur. Dirk (1975). El.: Dipl.-Ing. Rudolf u. Charlotte, geb. Piontek. BV.: Mütterliche Linie: 1787-1866 Maria Anna von Schimonski, geb. von Goertz, 1818-1873 Emma von Goertz, geb. von Zawatzky, 1828-1896 Wilhelm Adam, Patenkind von König Friedrich Wilhelm III. Mitbegründer von Kattowitz. S.: Lehre als Pos.Retuscheur u. Graph. Zeichner, Fachhochschulreife, 1962-68 Stud. in Köln bei Prof. Marx, in Frankfurt/M. bei Prof. Hergenhahn, in München bei d. Prof. Kaspar u. Meistermann, danach Arbeitsaufenthalt in Berlin. K.: tätig in versch. Graph. Kunstanst., seit 1971 Graphiker u. freischaffender Künstler in Heidelberg/ Neckarsteinbach, Malerei, Objekte, Satire, Kunst am Bau, Brunnen, seit 1978 MBO-Zyklus, Dialektik zwischen Chaos u. Ordnung, Rationalem u. Irrationalem, Kunst u. Leben. Gruppenausstellungen u.a. Kunstverein: Mannheim (BBK), Kassel, Kirchheim/Teck, Kulturver. Wachenheim "Meditation", Beteiligung am Karl-Hofer-Preis Berlin, Gestaltungsbeteiligung: KZ-Gedenkstätte Witten-Annen, Klinikum LU, Kunstpreis 92 Kreissparkasse

*) Biographie www.whoiswho-verlag.ch oder beigefügte CD-ROM

Esslingen-Nürtingen, Biennale d. Humors u. Satire, Bulgarien, Bydgoszcz/Polen (BBK), 1000 J. Neckargemünd, Aktion "Kunst b. an d. Grenzen - Egomaschine", DAI Heidelberg, "ENIGMA-Umlaut" - Inst. f. Dt. Sprache, Dt. Ges. f. Zellbiologie, zahlr. Galerien, zahlr. Arb. im öff. Raum u.a. Kopfklinik Heidelberg, Stadt Heidelberg, Landratsamt Heidelberg, Reg.-Präs. KA, Kunstsammlung Rhein-Neckar-Kreis, Land Baden-Württemberg. P.: Satirische Texte, zahlr. Presseberichte, UFA-Auftrag Filmszene ZDF. E.: Kunst am Bau-Preisträger 1. Baustufe d. Kopfklinik Univ. Heidelberg m. Ausführung. M.: BBK, Künstlergruppe 79. H.: Ich lebe in wilder Ehe mit der Welt!

Adam Detlef *)

Adam Dieter *)

Adam Dieter
Dr. med. Dr. rer. nat. Dr. h.c. mult. Prof.
B.: Vorst. d. Abt. f. antimikrobielle Therapie u. Infektionsimmunologie i. R. FN.: Kinderklinik d. Univ. München. PA.: 82065 Baierbrunn, Am Wiedenbauernfeld 19. D.Adam@kki.med.uni-muenchen.de. G.: München, 25. Okt. 1935 V.: Dr. Adelheid, geb. Piringer. Ki.: Christoph, Barbara. El.: Dr. August u. Gertrud. S.: Hum. Gymn., Stud. Med. und Stud. Pharm. Apotheker, Arzt, Dipl. f. Med. Mikrobiologie. K.: Habil., seit 1978 Prof. f. Kinderheilkunde in München, Arzt f. Kinderheilkunde, Arzt f. Med. Mikrobiologie u. Infektionsimmunologie, Arzt f. Klin. Pharmakologie. P.: ca. 1000 Veröff. in wiss. Zeitschriften d. In- u. Auslandes über Infektionskrankheiten, Med. Mikrobiologie u. Wirkung v. Antibiotika u. Chemotherapeutika, zahlr. Buchbeiträge z. gleichen Thematik, Hrsg. d. Fortschritte d. Antimikrobiellen u. Antineoplast. Chemotherapie u. d. Zeitschrift f. antimikrobielle u. antineoplast. Chemotherapie. E.: BVK am Bande. M.: ehem. Präs. d. Paul Ehrlich-Ges. f. Chemotherapie, Mtgl. in zahlr. wiss. Ges. d. In- u. Auslandes, ehem. Pro-Rektor d. Ludwig-Maximilians-Universität München, Mtgl. d. Arzneimittelkommission d. Bundesärztekammer u. Vors. d. Ethikkommission d. Bayer. Landesärztekammer. H.: Theater.

Adam Dirk-Wolfgang
B.: Vorst. FN.: Wirelessnet AG. DA.: 31275 Lehrte, Zum Roden 13. G.: Braunschweig, 7. März 1961. V.: Petra, geb. Dollmann. Ki.: Christian (1988), Liane (1992). S.: 1980 Abitur Elze, 1980-85 Stud. Maschinenbau TU Braunschweig, parallel Stud. Arch. TU Braunschweig u. 1983-84 Besuch der HS f. Bild. Künste in Braunschweig. K.: 1984 selbst. m. d. Energieplanungsbüro, 1999 Gründung d. Firma Wirelessnet AG, Schwerpunkt: Backbone Provider. H.: Tennis, Tanzen.

Adam Gabriele

B.: Verlegerin, Inh. FN.: Antiquariat & Verlag Marsilius. DA.: 67346 Speyer, Maximilianstr. 99. antiquariat@marsilius.de. www.marsilius.de. G.: Neulußheim, 18. Mai 1947. V.: Wendelin Thomas Adam. Ki.: Dirk (1967) und Markus (1974). El.: Ernst u. Ella Hager. S.: 1962-65 Lehre Ind.-Kauffrau. K.: 1967-71 tätig bei LENZ Planen Mainz, 1969 Sekr.-Dipl. in Mainz, 1971-83 versch. Firmen als Sekretärin u. Sachbearbeiterin tätig, 1983 Grdg. Antiquariat + Verlag Marsilius, Speyer, Kutschergasse 22, seit 1994 verstärkt tätig als Verlegerin v. Kunst-, Literatur- u. Sachbüchern, 2000 u.a. erschienen: Fin de Siècle - die letzten 1000 Tage, ein Kunsttagebuch mit Klaus Fresenius & Arno Reinfrank. M.: Börsenver. u. Landesverb. d. Verleger, Goetheges. Weimar. H.: bei Kollegen stöbern, Lesen, Schwimmen, Badminton.

Adam Gottfried Wilhelm Johannes
Dr. theol. Dr. h.c.
B.: o.Univ.-Prof. f. Religionspäd. DA.: 1090 Wien, Rooseveltplatz 10. PA.: 97218 Gerbrunn, Nokolaushöhe 17. gottfried.adam@univie.ac.at. G.: Treysa (Hessen), 1. Dez. 1939. V.: Dr. Heidemarie, geb. Mahler. Ki.: Christoph (1968), Martin (1970), Matthias (1971). El.: Johannes u. Anna. S.: 1958 Abitur, 1965 1. Theol. Examen Univ. Bonn, 1968 Prom., 1969 2. Theol. Examen, 1975 Habil. Univ. Marburg. K.: 1966 Wiss. Ass. Univ. Bonn, 1968 Wiss. Ass. Univ. Marburg, 1976 Doz. f. Prakt. Theol., 1978-79 Lehrstuhlvertretung Univ. Göttingen, 1980 Prof. f. Prakt. Theol. Univ. Marburg, 1981 Lehrstuhl f. Ev. Theol. m. Schwerpunkt Religionspäd. u. Didaktik d. Religionsunterrichts Univ. Würzburg, Mitvorst. d. Inst. f. Ev. Thol. u. Religionspäd., 1981-90 stellv. Dir. d. R.-A.-Schröder-Hauses Würzburg, 1992 Lehrstuhl f. Religionspäd. Univ. Wien, Vorst. d. Inst. f. Religionspäd. 1992-99, 1999 Dekan. P.: Der Unterricht der Kirche (1980, 3. Aufl. 1984), Glaube u. Bildung (1992, 2. Aufl. 1994), Religiöse Bildung u. Lebensgeschichte (1994, 2. Aufl. 1999), Mithrsg. Religionspäd. Kompendium (1984, 5. Aufl.1997), Ethisch erziehen in d. Schule (1996), Methodisches Kompendium f. d. Religionsunterricht (1993, 4. Aufl. 2002), Schul- u. Kinderbibeln (1999), Bildungsverantwortung wahrnehmen (1999), 60 Beiträge in Festschriften, Lexika, Kompendien, 290 Aufsätze in theol. u. religionspäd. Zeitschriften. E.: Dr. theol h.c. Hermannstadt 1996, Dr. theol. h.c. Budapest 2000. M.: Wiss. Ges. f. Theol., Arb.Kreis f. Religionspäd., Religious Education Assoc. (USA/Canada). H.: Lesen, Reisen.

Adam Günter *)

Adam Günter

B.: Maßschneider. DA.: 10719 Berlin, Meinekestr. 6. G.: Berlin, 13. Mai 1935. V.: Beate, geb. Gülle. Ki.: Sarah. El.: Fritz u. Friedel, geb. Seip. S.: 1950-53 Lehre Herrenschneider Berlin, 1959 Meisterprüf. K.: seit 1965 selbst. in Berlin; Kunden u.a.: Wolfgang Völz, Nina Ruge, Klaus Löwitsch u. Klaus Maria Brandauer. P.: "Erfolg ist kein Zufall, Jahrbuch 1995 d. Berliner Morgenpost, "Ham's schon gehört". M.: British Chamber of Commerce, Chaine de Rotisseurs. H.: Reisen, Sammeln alter Weingläser, Biergläser u. Briefmarken.

Adam Hans-Wolf Dipl.-Ing. *)

Adam Heidi Prof.
B.: Prof. f. Darstellendes Spiel u. Didaktik. FN.: HS f. Musik u. Theater. DA.: 18055 Rostock, Beim St. Katharinenstift 8. G.: 23. Feb. 1944. V.: Detlef Adam. Ki.: Ingo (1976). S.: b. 1971 Stud. Schauspiel Schauspielschule Rostock. K.: 1978 Mitarb. f. Kultur in d. Stadthalle Rostock, 1982 künstl. u. päd. Mitararb. im Schülerfreizeitzentrum Rostock, freie Tätigkeit bei versch. Projekten z. darstellenden Spiel, Fortbild.-Kurse f. Pädagogen. u. Inetressierte, Jurorin im bundesweiten Kabarett-, Schul- u. Jugendtreffen, 1990 künstl. Ltr. d. Bereichs Theater u. Kabarett an d. Jugendkunstschule Arthus in Rostock, 1993 Lehrauftrage an d. Univ. Rostock u. d. Univ. HGW, an d.

*) Biographie www.whoiswho-verlag.ch oder beigefügte CD-ROM

Höheren pädag. Lehranstalt Zofingen/Schweiz und des Lehrerfortbildungsinstitutes in Hamburg, 1994 Lehrauftrag an d. Hochschule f. Musik u. Theater in Rostock, 1997 Prof. für darstellendes Spiel u. seine Didaktik an d. HS f. Musik u. Theater in Rostock als erste Professorin an d. Schule. M.: Ver. d. Jugend-KS Arthus, Bundes- u. Landes-AG f. Darstellendes Spiel, Ständige Konferenz d. Kunst-Hochschule für Theatertreffen in Berlin. H.: Segeln, Fotografie.

Adam Helmut Dipl.-Ing. *)

Adam Helmut *)

Adam Helmut-Oswald *)

Adam Hermann Dr. rer. pol. Prof.

B.: Hon.-Prof. FN.: Bundesgeschäftsstelle Landesbausparkassen; Heinrich-Heine-Univ. Düsseldorf, Freie Univ. Berlin. DA.: 10117 Berlin, Behrenstr. 31. PA.: 10719 Berlin, Emser Str. 10. G.: Salzberg, 19. Jan. 1948. S.: 1966 Abitur Düsseldorf, 1966-71 Stud. Vw., polit. Wiss., Soz., 1971 Dipl.-Vw., 1978 Prom. z. Dr. rer. pol. K.: 1970-77 Referent d. Wirtschafts- u. Sozialwiss. Inst. d. DGB in Düsseldorf, 1978-84 Abt.-Ltr. im BUND-Verlag d. DGB in Köln, seit 1980 Lehrtätigkeit in Politikwiss. Heinrich-Heine-Univ. Düsseldorf, seit 1992 Hon.-Prof., seit 2001 Lehrtätigkeit in Politikwiss. FU Berlin, seit 1984 Bundesgeschäftsstelle Landesbausparkassen im Dt. Sparkassen- u. Giroverb., 1984-93 Presse- u. Öff.-Arb., seit 1993 Referatsltr. Wohnungs- u. Vermögenspolitik. P.: 11 Bücher u.a. "Bausteine d. VWL" (2000), "Wirtschaftspolitik u. Reg.-System d. BRD" (1995). E.: 1982 1. Preis Journalisten-Wettbewerb Energoplan, Hermann Lindrath-Preis f. Verd. um Ausgleich zwischen Kapital u. Arb. 1983. M.: verdi, SPD. H.: Schriftstellerei.

Adam Karl-Heinz Alfred Dr. med. *)

Adam Lutz
B.: Rechtsanwalt, Autor und Rundfunkmoderator. DA.: 14195 Berlin, Hüttenweg 22. G.: Dresden, 17. Jan. 1929. V.: Angelika, geb. Jascheck, Rechtsanwalts- u. Notargehilfin, Studiotechnikerin. Ki.: Mike (1958). El.: Ella u. Richard, Schausteller. S.: 1948 Abitur in Dresden, 1948 Mitbegründer der Freien Univ. Berlin, 1948-53 Jurastudium an d. Freien Univ. Berlin, 1. Staatsexamen, 1953-57 Referendariat, 2. Staatsexamen, E.: 1958 Zulassung als Rechtsanwalt mit Spezialgebiet Entschädigungsrecht, Ansprüche politisch u. rassisch Verfolgter, seit d. Gymnasialzeit ernsthafte Beschäftigung mit Jazzmusik, Beginn des Aufbaus einer umfangreichen Plattensammlung, 1946 Grdg. einer Schülerband, Instrument Gitarre, 1983 Beginn d. professionellen Arbeit als Autor u. Moderator v. Jazzsendungen beim Sender Freies Berlin - SFB, 1986 Start d. Sendereihe "Swingstadt Berlin" im

RIAS Berlin, 1989 "Wonderful World of Swing" - läuft seit 11 Jahren, zunächst in RIAS Berlin u. anschließend im Deutschland Radio Berlin, seit 1992 Autor der Sendereihe "Swing und Balladen" beim WDR 4, Köln. BL.: einer der wenigen aktiven Protagonisten des Jazz-Segments Swing, insbesondere durch seine Rundfunkmoderationen unterstützt durch sein vielbeachtetes, umfangreiches Archiv aus Tonträgern u. Musikliteratur. H.: Musik. Sprachen: Englisch.

Adam Marcel

B.: Landschaftsarchitekt, Gschf. FN.: Adam & Partner. DA.: 14469 Potsdam, Weinbergstr. 24. G.: Hannover, 1. Jan. 1964. V.: Veronica Freifrau v. Mauchenheim genannt Bechtolsheim. Ki.: Jan Linus Mavico (1998). El.: Hans-Joachim u. Heidi. S.: 1983 Abitur Hannover, 1983-85 Berufsausbild. z. Gärtner, 1985-87 Wehrdienst, 1987-91 Stud. Landschaftsarch. in München-Weihenstephan, Dipl.-Ing. f. Landschaftsarch. K.: 1991-92 Mitarb. in Büro in Hamburg, seit 1993 selbständig. m. Landschaftsarch.-Büro in Potsdam. P.: Referenzen: Residenz d. amerikan. Botschafters in Berlin, Außenanlage d. LVA in Halle/Saale, Expo 2000, BUGA 2001 in Potsdam u. div. Veröff. in Fachzeitschriften. E.: Preise b. Wettbewerben. M.: freiwilliger Berufsverb., Arch.-Kam. H.: Hochseesegeln, Garten.

Adam Rainer Dr. medic. stom. *)

Adam Renate Dipl.-Ing.

B.: Gschf. Ges. FN.: CSS Computersystem u. Software Haus Hoyersburg GmbH. DA.: 29410 Salzwedel/ Hoyerburg, Landstr. 30. info@css-salzwedel.de. www.css-salzwedel.de. G.: Ilmenau, 2. Sep. 1949. V.: Klaus Adam. Ki.: Jens (1974), Kathrin (1976). S.: 1968 Abitur Ilmenau, b. 1972 Stud. Automatisierungstechnik an d. Ing.-HS in Leipzig. K.: 1972-75 Systemanalytiker im Funkwerk Erfurt, ab 1975 bei d. VEB Erdgasförd. Salzwedel zuerst als MSR-Ing., dann als Forsch.- u. Entwicklungsing., ab 1986 Programmierer, 1992 selbst. in Salzwedel, seit 1994 verfügt d. Unternehmen über Novell-Zertivizierte Mitarb. M.: Werbegemeinschaft. H.: Reisen.

Adam Richard Dipl.-Kfm. Dipl.-Bw.
B.: Gschf. FN.: Bayern Tourismus Marketing GmbH. DA.: 80804 München, Leopoldstr. 146. adam@bayern.info. www. Bayern.by. G.: Kötzting, 17. Juni 1961. V.: Harumi, geb.

*) Biographie www.whoiswho-verlag.ch oder beigefügte CD-ROM

Adam

Wahl. Ki.: 4 Kinder. S.: 1977-80 Ausbildung Hotelkaufmann, 1980-83 Aufenthalte Hotellerie Schweiz, Frankreich u. Australien, 1983-85 Hotelfachschule Fritz Gabler Heidelberg mit Abschluß Hotelbetriebswirt, 1985-87 tätig in d. Hotellerie in Australien, 1987-90 Stud. Tourismuswirtschaft in Heilbronn m. Abschluß Dipl.-Bw., 1989-92 Stud. Wirtschaftswiss. m. Abschluß Dipl.-Kfm. K.: 1992-94 Unternehmensberater in Atlanta u. Frankfurt, 1994-99 Bereichsleiter f. Marketing u. Entwicklung d. Firma Arabella Consult GmbH, seit 1999 Gschf. d. Bayern Tourismus Marketing GmbH. P.: "Keine Aussicht ohne Einsicht" (1980), "Wer kauft was warum (nicht)?" (1992), "Management wird sichtbarer", "Umweltaudits als Führungsinstrument". E.: Marketingpreis d. HSMA Deutschland e.V. H.: Forschungsbeirat d. DWIF. H.: Familie, Laufen, Reisen.

Adam Rudolf Dipl.-Ing. *)

Adam Rudolf Franz

B.: Obering., Schriftsetzer i. R. PA.: 10249 Berlin, Löwestraße 13. G.. Neuehrenberg/Böhmen/Österr.-Ung.-Monarchie, nach 1919 Tschechoslowakei, 3. Dez. 1914. V.: Else, geb. Marischko. Ki.: Ursula (1943), Gabriele (1954). El.: Karl u. Maria-Theresia, geb. Richter. S.: 1921-29 5 Kl. Volks- u. 3 Kl. Bürgerschule Alt-Ehrenberg, 1922 Operation d. linken Hüftgelenkes wegen Knochentuberkulose, dadurch Verkürzung d. linken Beines um 5 cm, diese Operation bestimmte das ganze spätere Leben, 1929-33 Lehre z. Hand- u. Maschinensetzer, 1953-58 Fernstud. z. Ing. f. Polygrafie. K.: 1933-39 Schriftsetzer in versch. Betrieben, 1939 Weiterbild. innerhalb d. Berufes, 1941-43 u. 1943-44 Einberufung z. Wehrdienst trotz d. Körperbehinderung, 1943 Reichsausleselager mit Auszeichnung z. Studium, 1943-45 Stud. in Leipzig z. Betriebsltr., wegen Kriegsende Abschluss verhinderter Meisterprüf. als Schriftsetzer, Juni 1946 Zwangsaussiedlung aus Tschechoslowakei nach Neu-Zittau bei Berlin, Grdg. einer Kapelle unter seiner Ltg. m. 6 Musikern, 1947 Auftrag eine Druckerei als Treuhänder zu führen, 1949-52 Kalkulator u. Produzent in d. Druckerei "Vorwärts" Berlin, 1952 Planungsltr. in d. Druckerei "Neues Deutschland" Berlin, 1953 Ltr. Kalkulation u. ab 1954 Produktionsltr. im gleichen Unternehmen, 1957 Ltr. d. Betriebsluftschutzes u. 1959 Berufung z. Techn. Dir. u. 1968 Berufung z. Dir. Generalauftragnehmer f. d. Neubau d. Druckerei "Neues Deutschland" Verlag u. Redaktion, 1975 Übergabe d. Neubaues, 1975 Überwachung durch die Staatssicherheit wegen Kooperation zum Westen, 1975 Entlassung nach Stasi Überwachung, 1975-79 Techn. Dir. d. Druckkombinates Berlin. BL.: im Rahmen d. Meisterprüf. wiss. Abhandlungen z. Farbenlehre u. Geschichte d. Schriftentwicklung in Zusammenhang m. d. Baustilen seiner Zeit. E.: 5-facher Aktivist, Verdienter Aktivist, Verd.-Med. d. DDR, Verdienter Werktätiger, Ehrennadel d. Nationalen Front, Palbo-Neruda-Med. f. Solidaritätsleistungen, "Goldene Rose" f. Nachbarschaftshilfe. M.: 1952-91 SED/PDS, 1962-71 Stadtbez.-Verordneter u. Vors. d. Ständigen Komm. Bauwesen, Kam. d. Technik, 1980-88 Vors. d. Wohnbez.-Aussch. 7 im Bez. Berlin-Friedrichshain, 1979-89 Stellv. d. Seniorengruppe "Neues Deutschland", 1989 Vors. d. Seniorengruppe G+J Berliner Zeitungsdruck GmbH, 1990-95 Vors. d. Vertriebenenverb. Ostberlin, 1990 als Direktor durch Rentenstrafrecht f. "Staatsnah" erklärt und verlor d. Hälfte d. Rente, Verfassungsbeschwerde wurde v. Verfassungsgericht durch Herzog abgelehnt, 1991-94 Vors. d. Ortsverb. d. Ges. f. Bürgerrecht u. Menschenwürde (GBM) Berlin-Friedrichshain, 25. März 1999 "Diamantene Hochzeit", alle diese Aktivitäten vollzogen sich in 5 Staaten: 1914-19 Östr.-Ung.-Monarchie, 1919-38 Tschechoslowakei, 1938-45 Deutsches Reich, 1949-89 Deutsche-Demokratische Republik u. 1989 bis jetzt Bundesrepublik Deutschland.

Adam Stefan *)

Adam Theo Prof.

B.: freischaffender Kammersänger. PA.: 01326 Dresden, Schillerstr. 14. G.: Dresden, 1. Aug. 1926. V.: Eleonore, geb. Matthes. Ki.: Regine, Mathias. El.: Johannes u. Liesbeth, geb. Denstorf. S.: 1944 Abitur. K.: 1944/45 Wehrmacht, paralell im Dt. Kreuzchor. 1945-49 Neulehrer in Dresden, parallel Gesangsunterricht, seit 1949 Engagement an d. Staatsoper Dresden, seit 1953 Engagement an d. Staatsoper Berlin, Gastspiele in d. ganzen Welt, seit 1985 Kuratoriums-Präs. d. Staatsoper Dresden, seit 1986 Prof. HS f. Musik Dresden, 28 J. Sänger b. d. Bayreuther Festspielen, über 100 Schallplatten, div. Fernsehsendungen. P.: "Seht hier ist Tinte, Feder u. Papier ...", "Ich mache einen neuen Adam", "Lyrik unterwegs", div. Vorträge u. Interviews, Meisterkurse f. Gesang Dresden, Stuttgart u. Berlin. E.: Schallplattenpreise, 1969 Nationalpreisträger. M.: Ehrenmtgl. d. Dt. MusikR., Kurator Stiftung Sachsen, Kuratorium HS f. Musik Dresden, Präs. d. Freunde d. Musikfestspiele Dresden, Bayer. Staatsoper. H.: Beruf, Schwimmen, Langlaufen. (B.K.)

Adam Thomas Dr. med. *)

Adam Ulrich

B.: MdB, Gschf. FN.: Deutscher Bundestag. DA.: 11011 Berlin, Platz d. Republik 1; 17489 Greifswald, Am Markt 1. G.: Teterow, 9. Juni 1950. V.: Dr. Christiane, geb. Werner. Ki.: Markus (1976), Christine (1980). El.: Helmuth u. Hildegard. S.: 1969 Abitur, Stud. Univ. Rostock. K.: Techn. Ltr. Möbelwerk, ab 1989 2. Gschf. Greifswalder Möbel GmbH, seit 1990 CDU, ab 1990 MdB. M.: seit 1980 Kleingärtnerverb., ab 1990 stellv. Vors. d. Bundesfachaussch. d. CDU f. Sicherheitspolitik, Parlamentar. Gruppe Luft- u. Raumfahrt, Vors. d. Landesgruppe M/V. H.: Kleingärtner, Briefmarken. (Re)

Adam Uwe *)

Adam Waldemar Dr.

B.: Prof. f. Organ. Chem. FN.: Univ. Würzburg. DA.: 97074 Würzburg, Am Hubland. PA.: 97074 Würzburg, Lerchenhain 4. G.: Alexanderdorf (Ukraine), 26. Juli 1937. V.: Sonia, geb. Tirado. Ki.: Karin, Heidi, Adam, Tamara. El.: Traugott u. Ella. S.: Stud. Univ. Illinois, Urbana/USA, B. Sc. Grad 1958 ebd., Ph. D. Grad 1961 Massachusetts Inst. of Techn., Cambridge/ USA. K.: 1961-80 Prof. f. Chemie, Univ. Puerto Rico, Rio Piedras, 1980 Prof. f. Org. Chemie, Würzburg. P.: ca. 800 wiss. Veröff. E.: 1977 Chemiker-Preis Puerto Rico, 1979 L. Igaravidez Preis, Brasil, Akad. d. Wiss., 1990 A. v. Humboldt - J. C. Mutis-Preis, 1993 Dr. honoris causa, (Univ. Sao Paulo, Brasilien), 1994 ISPS, A. v. Humboldt-Forschungspreis, Japan, 1996 Theodor-Förster-Gedächtnis Preis. H.: Tischtennis, Reisen. Sprachen: Englisch u. Spanisch.

---

*) Biographie www.whoiswho-verlag.ch oder beigefügte CD-ROM

Adam Wolfgang *)
Adam Wolfram-Alexander

B.: vereid. Sachv. DA.: 35037 Marburg, Stadtwaldstr. 66. sb. adams@web.de. G.: Hannover, 31. März 1952. V.: Ewa. Ki.: Katharina (1985), Jakob (1990), Roman (1996). El.: Hermann-Heinz u. Gisela. S.: 1970 Abitur Heidenheim, 1970-71 Studium Geschichtswiss., Romanistik u. Sport an d. Ruhr-Univ. Bochum, 1971-72 Bundeswehr in Großengstigen, 1972-81 Stud. Geschichte u. Romanistik Marburg. K.: 1980-82 nebenberufl. Mitarb. im Büro eines öff. bestellten u. vereid. Sachv. f. Grundstücksu. Mietpreisfragen, 1980-82 ehrenamtl. Gschf. d. Bundesarbeitskreises Mittlere Technologie, 1981-82 Ass. d. Geschäftsführung d. Stadtsiedlung Heilbronn AG, 1982 Vorst. d. Siedlungs- u. Baugen. Meschede eG, 1982-87 kfm. Gschf. d. Nibelungen-Wohnbau-GmbH Braunschweig, 1987-95 Gschf. d. gemeinn. Wohnungsbau GmbH Marburg-Lahn, 1990-95 nebenamtl. Doz., 1990-97 Mtgl. d. AufsR. d. Allg. Wohnungsbaugen. "Eisenach" e.G., seit 1992 öff. bestellter u. vereid. Sachv. f. Mietpreise u. Bewertung v. bebauten u. unbebauten Grundstücken, 1993-95 nebenamtl. kfm. Gschf. d. Stadtentwicklungsges. Marburg mbH, 1993-98 Mtgl. d. Gutachterausch. b. d. Stadt Marburg, seit 1995 selbst. als öff. bestellter u. vereid. Sachv. u. Privatisierungsbeauftragter d. AWG Eisenach eG, seit 1998 Mtgl. im Gutachterausch. f. Grundstückswerte f. Stadt Eisenach u. Wartburgkreis, seit 1998 ehrenamtl. Vorst.-Vors. d. Wohnungsgen. Sonnenschein eG in Eisenach. m.: AufsR.-Vors. Wohnungsges., Gutachterausch. H.: Lyrik, Musik.

Adam-Jacob Monika
B.: Gschf. FN.: Eisewaren Adam GmbH. DA.: 67655 Kaiserslautern, Pirmasenser Str. 100. eisen-adam@t-online.de. G.: Kaiserslautern, 24. März 1948. V.: Karlheinz Jacob. Ki.: Petra (1965), Frank (1969), Aline (1972). El.: Walter u. Elisabeth Adam, geb. Westrich. S.: 1962-65 Ausbild. Groß- u. Außenhdl.-Kfm. elterl. Betrieb. K.: 1965-81 Ang. im elterl. Betrieb u. 1981 Übernahme u. Grdg. d. GmbH. M.: Kassenwart d. TSG Abt. Sportkegeln. H.: Sportkegeln, Lesen, Enkelkind.

Adamaschek Hans-Jörg *)
Adamaszek Kristin Dipl.-Psych.
B.: Hebamme. FN.: dreiklang Kristin Adamaszek. DA.: 28209 Bremen, Parkstr. 116 a. G.: Bremen, 23. Juni 1954. Ki.: Wera (1978), Mirko (1981), Rachma Ilena (1983). El.: Dr. Waldemar u. Anneliese Adamaszek. S.: 1973 Abitur, 1975-77 Ausbild. Hebamme Univ.-Frauenklinik Tübingen, Staatsexamen, 1986-88 Stud. Psych., Soz. u. Päd. Fernuniv. Hagen, 1991-97 Stud. Psych., Training u. Beratung in Organ. Univ. Bremen m. Dipl.-Abschluß, 1993-96 Weiterbild. systemische Familienberatung u. -therapie Inst. f. systemische Therapie u. Beratung, ab 1989 Fortbild. Tanz- u. Körpertherapie. K.: 1977-79 Kreissaalhebamme im St.-Josef-Stift in Bremen, 1980-82 freiberufl. Hebamme in Thüringen, 1982-84 Hebamme f. d. DED in Primary Health Care Center Menacha im Jemen, 1985 Hebamme an d. Univ.-Frauenklinik in Tübingen, 1985-88 ltd. Hebamme f. d. GTZ Eschborn im King-Khaled Hospital in Hail/Saudi-Arabien, 1989-91 ltd. Hebamme am Zentral-KH Links d. Weser in Bremen, seit 1992 freie Praxis, 1997 Grdg. d. Praxis f. Hebammenarb., psych. therapeut. Beratung u.

Hebammenfortbild., seit 1998 in Gemeinschaftspraxis dreiklang-teamentwicklung als Organ.-Beraterin f. KH u. Schulen zu Personalthemen, Fortbild. im Bereich Gesundheitswesen. P.: div. Publ. u. Aufsätze in Fachzeitschr. H.: Tanzen, Musik.

Adamaszek Monika *)
Adamczak Dieter Werner Gerhard Dr. iur.

B.: Rechtsanwalt, Notar. DA.: 10711 Berlin, Kurfürstendamm 103-104. PA.: Berlin-Wilmersdorf. G.: Berlin, 31. Jan. 1950. S.: 1969 Abitur Askanisches Gymn. in Berlin, 1969-78 Stud. Rechtswiss., spez. Wirtschaftsrecht an Freie Univ. Berlin, daneben Mitarbeit Trabrennbahn Mariendorf Totalisator u. auf d. Bowling-Bahn, 1978 erstes Staatsexamen, 1978-80 Referendariat beim Kammergericht, Wahlstation IHK u. Bundeskartellamt, 1980 2. Staatsexamen, 1983 Prom. bei Prof. Nordemann über unlauteren Wettbewerb. K.: seit 1981 RA, bis 1989 in Sozietät, ab 1989 Aufbau d. eigenen Kanzlei, 1989-94 daneben in Kanzlei Prof. Paul Burchardt, seit 1993 Notar. P.: Diss.: Subjektive Tendenzen beim Unlauteren Wettbewerb, M.: Anwaltsverein. H.: Gartengestaltung, Laufen, Schwimmen. Sprachen: Englisch, Französisch, Spanisch.

Adamczak Jörg *)
Adamek Romuald Joachim Dr. med. Priv.-Doz.
B.: Chefarzt. FN.: Med. Klinik am St. Vinzenz-KH. DA.: 40477 Düsseldorf, Schloßstr. 85. PA.: 45257 Essen, Dixbäume 7 c. r.adamek@vinzenz.com. G.: Ruda/Oberschlesien, 20. Jan. 1962. V.: Cornelia, geb. Falk. Ki.: Catharina, Carolin. El.: Ing. Joachim u. Adelheid, geb. Goletzko. BV.: Land- u. Gutsbesitzer aus Böhmen. S.: 1981 Abitur Gleiwitz, 1981-83 Stipendiat m. Abitur d. Otto-Bennecke-Stiftung Aachen, 1983-89 Stud. Med. Univ. Bochum, 1990 Prom. K.: 1989-91 Ass.-Arzt am Elisabeth-KH in Essen, später am Josef-Hospital in Uniklinikum Bochum u. ab 1996 OA u. 1998 stellv. Klinikdir., 1996 Habil. f. Innere Med., seit 2000 Chefarzt d. Med. Klinik in Düsseldorf. BL.: FA f. Innere Med., Gastroenterologie, Hämatologie u. internist. Onkologie, Gutachter f. amerikan. med. Magazine u. Journale, Abitur m. Ausz. P.: "Medium-term results of oral and intravenous omeprazole/amoxicillin Helicobactor pylori eradication therapy" (1994), "Long-term manometry in healthy subjects-Evaluation of normal values, role of age" (1994), "Primary and acquired Helicobacter pylori resistance to clarithromycin, metronidazole and amoxicilin-influence on treatment outcome" (1998), "Esophageal motility patterns and arterial blood pressure in patients with chest pain and normal coronary angiogram" (1998), Co-Autor v. "Comparison of biopsie-test and histologic examination for detection of Campylobacter pylori in duodenal, antral and fundic biopsies" (1987). E.: 1. Preis d. Schweizer, Dt. u. Österr. Ges. f. Ultraschall in d. Med., 1997 u. 99 1. Preis d. Rhein.-Westfälischen Ges. f. Innere Med. M.: Rhein.-Westfäl. Ges. f. Innere Med., Dt. Ges. f. Verdauungsu. Stoffwechselkrankheiten, Dt. Ges. f. Innere Med., Dt. Ges. f. Gastroenterologie NRW, Dt. Krebs Ges. H.: Skifahren, Tennis, Tanzen.

Adami Asghar
B.: Dipl.-Designer, Inh. FN.: Adami-Kostüme; Adami-Mode. DA.: 52062 Aachen, Markt 2-12; 52062 Aachen, Bendelstr. 14. info@adami-kostueme.de. www.adami-kostueme.de. G.:

*) Biographie www.whoiswho-verlag.ch oder beigefügte CD-ROM

Adami

Mesched/Iran, 6. Sep. 1952. V.: Eva-Maria. Ki.: Ansgar Daniel (1981), Anusch Daniel (1981). S.: 1970 Abitur Mesched, 1970-73 Volontariat b. versch. Zeitungen, 1973-79 Sprachkurse sowie Praktikum u. Stud. Betriebswirtschaft Hannover, 1980-85 Kunstak. Maastricht, Abschluss: Dipl.-Designer. K.: 1981 Grdg. 2 eigener Untenehmen in Aachen u. Düsseldorf: Adami Modehaus und Adami-Kostüme, Schwerpunkte Kostüme, Konzeption u. Produktion f. Theater, TV, Werbung, Videoclips u. Events, Entwurf u. Erstellung v. Theater-Kostümen f. Theater-Ausführungen, Events, Abendkollektionen in New York/USA sowie d. Benelux-Staaten. P.: Veröff. zu Fachthemen in nat. u. intern. Fachzeitschriften. H.: Familie, Tennis, Reisen, Kunst.

Adamietz Matthias *)

Adamietz Peter Dr. rer. nat. *)

Adams August-Philipp

B.: Gschf. Ges. FN.: Druckerei August Adams GmbH. DA.: 33605 Bielefeld, Elpke 61. G.: Bielefeld, 19. Jan. 1962. V.: Stefanie Wächter. Ki.: Jan-Philipp (1990), Jenny (1993). El.: Karl Engelbert u. Gisela. BV.: Urgroßvater war Gründer d. Familienunternehmens. S.: 1978-81 Ausbild. u. Abschluß z. Drucker, 1982-83 Bundeswehr, 1984-85 Ausbild u. Abschluß z. Drucktechniker. K.: 1986 Tätigkeit im Beruf, 1987 Eintritt in d. elterl. Betrieb, 1992 Übernahme d. Betriebes als Gschf. Ges. H.: Beruf, Familie.

Adams Claudia

B.: Gschf. FN.: CP Concept + Promotion GmbH. DA.: 46236 Bottrop, Rheinstahlstr. 36. G.: Bottrop, 27. Mai 1965. Ki.: Tom (1995). El.: Horst u. Margret Adams, geb. Blendowski. S.: 1982-84 Ausbild. PTA staatl. Lehranst. Essen. K.: 1981-91 PTA in Bottrop, 1987-90 Inh. d. Dance + Fun Tanzschule in Duisburg, 1991 Grdg. d. PR-Agentur CP in Bottrop m. Schwerpunkt PR im Hdl., Verkaufsförderungsaktionen; Projekte: Musikmarketing f. Karstadt AG, Polygram, Sony, Reebock, Media Markt, EMI HMV, Hama, Hewlett Packard, Stella Musical AG, 1991-99 Ltg. d. CP GmbH, 1997 Grdg. d. Firma ML-Merchandising Logistics: Lizenz Berliner Philharmoniker, in Bottrop f. Vermarktung v. Lizenzen u. Rechten, Beteiligung an d. Firma Music & Marketing Wolfgang Schleiter GmbH, Inh. d. Firma SAM in Hamburg, Sports u. Music GmbH in Hamburg. P.: "Reitermusik" m. Isabell Werth-Weltmeisterin im Dressurreiten, Titelsong f. d. Handball-EM. H.: Lesen, Sohn, Tanzen.

Adams Dieter *)

Adams Ernst Dr.-Ing. *)

Adams Hans-Herbert

B.: Marketingberater, Inh. FN.: Adams/Hess Brand Consultants DA.: 50374 Erftstadt, Burg Konradsheim. G.: Köln, 1. Juli 1949. V.: Renate, geb. Krüger. S.: 1966-69 Ausbildg. z. Ind.-Kfm., 1969-71 Stud. Westdt. Ak. f. Kommunikation. K.: 1971-80 Marketingmanager in Köln, seit 1980 selbst. Marketingberater. BL.: Entwicklung v. Markenkonzeptionen u. Firmenerscheinungsbildern für namhafte Wirtschaftsunternehmen.

Adams Helmut Josef *)

Adams Helmuth *)

Adams Joachim Dr.-Ing.

B.: Vorst.-Vors. FN.: VEW ENERGIE AG. DA.: 44047 Dortmund, Rheinlanddamm 24. www.vew.de. G.: 1936. S.: 1967 Prom. an d. TU Berlin. K.: seit 1992 Vorst.-Mtgl. d. VEW Energie AG f. d. Ressort Kraftwerke/Erzeugung, seit 1999 Vorst.-Vors. VEW Energie AG.

Adams Johannes Dipl.-Ing.

B.: Architekt, Inh. FN.: the new yorker Hotel. DA.: 51063 Köln, Deutz-Mülheimer-Str. 204. G.: Mayen, 10. Aug. 1962. El.: Rainer u. Irmgard. S.: 1980 Abitur Bonn, 1980-82 Banklehre, 1982-83 Stud. Arch., 1991-95 Stud. Arch. Köln, Dipl.-Ing. K.: 1984-86 Finanzmanagement intern., 1986-90 Artist Management intern., Veranstaltung Tournee zu einjähr. Wiedervereinigung Deutschlands u.a. Semper Oper, Gewandhaus-Leipzig, Schauspielhaus Berlin unter Begleitung d. Schirmherrn Prince Edward, 1994 Projektmanagement Firma Bauart Immo Management, 1996-98 Projektmanagement in New York, 1998-99 Planung Hotel the new yorker, 1999 Eröff. Hotel new yorker in Köln. M.: Golden Tulip, Worldwide, Architektenkammer NRW. H.: klass. Musik, Lesen, Reisen.

Adams Magdalena

B.: Pianistin, Musiklehrerin. G.: Ratingen, 12. Apr. 1911. El.: Heinrich u. Bertha, geb. Schlitt. S.: 1928 Musik-HS Köln, Ausbild. b. Margarethe Damm als Pianistin, 1929 Ausbild. in Kompositionen b. Prof. Jarnach u. Prof. W. Maler, 1936 Musiklehrerexamen staatl. Prüf. Köln. K.: 1936 Klavierlehrerin in Ratingen, Solistin u. Kammermusikkonzerte über 60 J. in Düsseldorf, Wuppertal u. Velbert, 1963-65 Klavierabende in versch. Hotels auf Mallorca, 1972 Konzert m. Kollegium Musicum Ratingen in Maubeuge/Frankreich, 1997 letztes Konzert f. Klavier in Bad Griesbach.

Adams Richard Dipl.-Kfm. *)

Adams Ursula Prof.

B.: Prof. i. R. PA.: 48155 Münster, Bussardweg 1. G.: Essen, 25. Juli 1930. El.: Werner u. Dr. Margret Adams, geb. Plassmann. S.: 1951 Abitur Bonn, 1951-58 Stud. Rechtswiss. Münster, München u. Freiburg, 1. Staatsexamen, 1958-63 Referendariat, 2. Staatsexamen. K.: 1963 Sozialpraktikum in Brasilien, 1963 Gschf. d. Sozialdienstes d. Kath. Frauen in Essen, 1964-67 wiss. Mitarb. im Sozialdienst Kath. Männer, 1967-69 Doz. d. Höhere Fachschule f. Sozialarbeit, 1969-71 Forsch.-Auftrag gegen Armut in Amerika, 1971-96 Prof. f. Jugend- u. Familienrecht sowie Praxisarb. m. Randgruppen an d. Kath. FH Münster, seit 1975 Initiative Projekte f. Wohnungslose in Münster u. Grdg. d. Gruppe Helfergemeinschaft f.

*) Biographie www.whoiswho-verlag.ch oder beigefügte CD-ROM

Nichtseßhafte, s. 1990 Initiative u. Ltg. d. Wochenseminars "Option f. Arme", s. 1996 i. Ruhestand. BL.: Initiatorin d. wiss. Betrachtung sozialer Brennpunkte in Deutschland. P.: "Der Anspruch auf menschenwürdige Unterkunft" (1963), "Nachhut d. Ges.-Untersuchung einer Obdachlosensiedlung in einer westdt. Großstadt" (1965), "Die Kunst d. Helfens" (1968), "Gem. f. Andere" (1971), "Die Not d. Gegenwart und d. Dienst d. Kirche" (1974), zahlr. Veröff. zu Armut u. Randgruppenproblematik. E.: 1984 BVK. M.: Dt. Ver. f. öff. u. priv. Fürsorge, 1969-75 Sachkmsn. Soz. Dienste in d. Synode d. Bistümer Deutschl. H.: Geschichtsreisen, Osteuropa, Brasilien, Lesen, div. Engagements für/mit Wohnungen.

Adams-Zacher Ulrike *)

Adamski Jürgen *)

Adamy Jürgen *)

Adamzik Andreas

B.: Zahnarzt. FN.: Gemeinschaftspraxis Andreas Adamzik Dr. Janina Rosenthal. DA.: 46282 Dorsten, Marler Str. 5. G.: Gelsenkirchen, 12. März 1967. V.: Bettina, geb. Dogerloh. Ki.: Katharina (1995), Florian (1996) und Patricia (1999). El.: Wilhelm u. Elisabeth. S.: 1986 Abitur, Bundeswehr, 1987 Stud. Zahnmed. Univ. Münster, Staatsexamen. K.: bis 1994 Stabszahnarzt d. Bundeswehr, b. 1966 Ass.-Arzt bei Dr. Cichon in Borken, 1996 Eröff. d. Praxis m. Schwerpunkt Behinderten-Zahnheilkunde z. Laserzahnheilkunde. M.: Rotary Club, Zahnärzteteam. Westfalen-Lippe, Konrad-Morgenroth-Förderges. H.: Musik, Singen, Sport, Autos, Fotografie.

Ade Karl-Heinz Dipl.-Kfm. *)

Ade-Sellin Carola *)

Adelmann Gerd *)

Adelmann Günther *)

Graf Adelmann von Adelmannsfelden Albrecht

B.: Gschf. FN.: Malteser Trägergesellschaft in Sachsen. DA.: 01917 Kamenz, Nebelschütter Str. 40. PA.: 01157 Dresden, Freiheit 73a. G.: Stuttgart-Bad Cannstatt, 2. Dez. 1953. V.: Donata, geb. v. Arnim. Ki.: Johanna (1984), Franziska (1987), Christina (1989). El.: Georg-Siegmund u. Marie-Gabriele. S.: 1971-74 Lehre als Bankkaufmann. K.: 1974-92 Bankkaufmann b. d. Dt. Bank, 1981-86 Arbeit b. einer europäischen Bank in Brüssel, 1990-92 Filialleiter b. d. Dt. Bank in Kamenz u. Pirna, ab 1992 Gschf. d. Malteser Trägerges. in Sachsen, seit 1999 ehrenamtl. Diözesanleiter d. Malteser Hilfsdienstes f. d. Diözese Dresden-Meißen. M.: Malteserorden, Rotary Club Dresden. H.: Kochen, Wein, Italien, Garten.

Adelsberger Michael

B.: selbst. Vers.-Kfm. FN.: Generalagentur Alte Leipziger. DA.: 31228 Peine, Uhlandstr. 38. info@michael-adelsberger.de. www.michael-adelsberger.de. G.: Peine, 14. Mai 1963. Ki.: Adrian (1988). S.: b. 1982 Lehre z. Bäcker in Peine. K.: b. 1988 ang. Bäckergeselle, 1988-90 Umschulung als Vers.-Kaufmann, 1988-91 Vermögensberater b. d. DVAG, 1991 Beginn d. Tätigkeit b. d. Alten Leipziger als Generalagent, seit 1995 zusätzl. als Immobilienvermittler tätig. H.: Angeln, Sohn.

Adelt Bruno
B.: Vorst.-Mtgl. FN.: Volkswagen AG. DA.: 38436 Wolfsburg. G.: Rozyszcze/Ukraine, 27. Juli 1939. Ki.: 1 Kind. S.: Schulausbild. in Frankreich u. Deutschland, 1956 Ind.-Kfm.-Lehre b. Volkswagen. K.: versch. Einsätze im Finanzbereich d. Volkswagen AG, 1970 Abt.-Ltr. d. Investitionsplanung u. Kontrolle in Wolfsburg, 1979 Abt.-Ltr. d. Finanziellen Gesamtplanung, 1988 Hauptabt.-Ltr. Controller Investitionsplanung u. -analyse, 1988 zusätzl. Position d. Financial Analysis Controller b. d. Autolatina in Brasilien, 1990 Bereichsltr. Gewinnanalyse d. Volkswagen AG Wolfsburg, 1991 Bereichsltr. Konzerncontrolling, 1992 Vorst. -Mtgl., Geschäftsbereich Controlling u. Rechnungswesen.

Adelt Ursula Katharina
B.: Gschf. FN.: Verband Privater Rundfunk u. Telekommunikation VPRT. DA.: 53177 Bonn, Stargarter Str. 69. G.: Kürten, 1. Feb. 1961. El.: Peter Karl u. Christel Adelt, geb. Koch. S.: 1979 Abitur, 1979-87 Stud. Politologie, Publizistik u. Soz. Univ. Münster, 1987 Mag. Artium in Politologie. K.: 1979-86 neben d. Stud. Mitaufbau d. Firma Objektbetreuung GmbH, seit 1987 im VPRT, seit 1992 Gschf. P.: div. Publ. in "Kabel u. Satellit". E.: Mag.-Arb. m. Ausz. H.: Freeclimbing in d. Pyrenäen, Natur, Mountainbiken, Schwimmen. (Re)

Aden Menno Dr. iur. Prof. *)

Aden Walter Dr. rer. pol. Dipl.-Kfm. *)

Adenauer Georg Dr. rer. pol. Dipl.-Kfm. *)

Adenauer Karl Max Emanuel Dr. med. *)

Adenauer Konrad Paul Karl
B.: Notar. FN.: Rodert u. Adenauer. DA.: 50674 Köln, Hohenstaufenring 57. PA.: 50935 Köln-Lindenthal, Räderscheidstr. 12. G.: Honnef, 9. Jan. 1945. V.: Petra, geb. Schwank. Ki.: Konrad (1981), Leonie (1984), Konstantin (1988). El.: Dr. Konrad u. Carola, geb. Hunold. BV.: Großvater 1. Bundeskanzler Konrad Adenauer, Johann Peter Weyer (1794-1864) Stadtbaumeister in Köln u. Kunstsammler, Gen.-Staatsanw. Franz Xaver Berghaus 1783-1868, Urgroßonkel Max Wallraf OBgm. v. Köln 1907-1917 u. 1918 Staatssekr. d. Inneren b. Reichsreg. u. Preuß. Innenmin., 1924 Reichstagspräs. (1859-1941). S.: 1964 Abitur Köln, 1964-69 Stud. Rechtswiss. Univ. Köln u. Freiburg, 1969 1. u. 1973 2. Staatsexamen. K.: 1974-80 Notarassessor, seit 1980 Notar in Köln, 1967 Eintritt in CDU Köln-Lindenthal, 1975-77 Bez.-Vertretung Köln 3, 1994-99 Rat d. Stadt, Aussch.-Vors. Kunst u. Kultur, Vors. Sonderaussch. Museumsneubauten, Vors. Förderver. Schnütgenmuseum, Vors. Förderver. Stadtmuseum, Vors. Förderver. Röm.-German. Museum, Vors. Förderver.

*) Biographie www.whoiswho-verlag.ch oder beigefügte CD-ROM

Adenauer

"Freunde d. Botan. Gartens - Flora", Vorst. Deutschordens-Wohnstift Konrad Adenauer e.V., Vorst. Stiftung Bundeskanzler Adenauer Haus Rhöndorf, Vorst. Wiss. Ges. f. d. Deutschen Orden Köln, bis 1998 Präs. German-Ireland Fund. P.: "Lindenthal", "Lindenthaler Straßen u. Plätze", Kataloge f. Münz- u. Medaillenausstellungen über Konrad Adenauer u. Deutschen Orden, Beiträge über Friedhof Melaten, Kölner Musikmäzene, eigene Vorfahren. E.: Gewinn Fernsehquiz als Vertreter Kölnische Rundschau "Ente gut - Alles gut" 1972, f. 1. Lindenthal-Buch "UHU f. bestverkauftes Köln-Buch d. J.". M.: Dt. Orden, Rotary Club Köln-Römerturm, Tennis Rot-Weiß Köln, Marienburger Golfclub. H.: Golf, Geschichte, Politik, Sammeln v. Büchern über Köln/Rheinland, Kunstgeschichte, Arch., Literatur über Großvater, Literatur über Dt. Orden u. Ritterorden, Genealogie, Briefmarken, Münzen, Medaillen, Graphik, Kunst.

Adenauer Peter Dr. *)

Adeoye Stephen *)

Ader Günter *)

Ader Michael *)

Ader Uta Dr. *)

Aderhold Björn
B.: Illusionist. DA.: 50823 Köln, Vogelsanger Str. 167. info @illusionist.de. www.illusionist.de. G.: 22. Apr. 1977. S.: 1997 Abitur, 1998-2000 Ausbild. z. Bürokfm. K.: Illusionist.

Adermann Sybille *)

Adjouri Nicholas Dr.

B.: Gschf. Ges. FN.: Adjouri Agentur f. Marken u. Kommunikation GmbH. DA.: 10997 Berlin, Schlesische Str. 29-30. adjouri@adjouri.com. www.adjouri.com. G.: Helsinki, 21. Jan. 1965. V.: Christiane, geb. Gruber. Ki.: Nike (1996), Leon (1998). S.: Dt. Schule Helsinki, 1983 Abitur Berlin, 1984-89 Stud. Ges.- u. Wirtschaftskommunikation, 1989 Abschluß Dipl.-Kommunikationswirt, 1993 Prom. K.: während d. Stud. freier Journalist f. d. Dt. Welle in Köln als Redakteur f. Nahost u. Mittelost, 1990-95 Mitges. d. Firma Aesthetica Werbeagentur in Berlin, 1995 Grdg. d. Adjouri GmbH, seit 2000 Brand Ambassador Markentool, 2000 Stiftung Doktorandenstud. d. Univ. Göttingen, seit 1996 Vorst.-Vors. d. Finn.-Dt. Hdl.-Gilde Berlin, 1997-2000 Lehrauftrag an d. Univ. Göttingen. F.: seit 1998 Adjouri & Stasny Sponsoring u. Eventmarketing, seit 1998 Adjouri & Hanke Internet, Multimedia. P.: Diss.: "Die Marke als Botschaft" (1996). E.: Preis "Elite d. Zukunft". H.: Segeln.

Adler Bernhard
B.: Opernsänger (Bass-Bariton), Gesangspädagoge, Freiberufler. DA.: 81479 München, Wolfratshauser-Str. 245. G.: Ludwigshafen, 22. Mai 1956. El.: Hubert u. Helene. S.: 1975 Abitur Ludwigshafen, 1975-79 Stud. Musikpäd. Staatl. HS f. Musik Mannheim-Heidelberg m. Staatsexamen, 1979-82 Stud. am Mozarteum Salzburg Bereich Lied u. musikdramat. Darstellung, 1982 Dipl. in Liedinterpretation u. musikdramat. Darstellung. K.: 1982-87 Debut als "Leporello" Stadttheater Gießen, 1987-90 Engagement an d. Bühnen Lübeck, Gastverträge an versch. Opernbühnen u. zahlr. Konzerte um d. ganze Welt, 1990 freischaff. Opern- u. Konzertsänger u. Gesangspädagoge im In- u. Ausland, 1992 ständiger Gast am Landestheater Dessau, seit 1994 ständiger Gast an d. Staatsoperette Dresden. H.: Kochen, Reisen.

Adler Brigitte
B.: Reallehrerin, MdB. FN.: Deutscher Bundestag. DA.: 11011 Berlin, Platz d. Republik 1. PA.: 97941 Tauberbischofsheim, Brennerring 55. G.: Drangstedt, 22. Juni 1944. S.: Mittlere Reife, Banklehre, 5 J. Tätigkeit in diesem Beruf, über 2. Bild.-Weg Eignungsprüf. PH Heidelberg, Grund- u. HS-Lehrerin, Ausbild. am Reallehrerinst. Weingarten/ Tettnang, u. 2. Reallehrerprüf. K.: Reallehrerin in Radolfzell, Neckargemünd u. Heidelberg/Rohrbach u. 6 J. b. d. Stiftung Rehabilitation Heidelberg, seit 1970 Mtgl. SPD, 1981-87 Mtgl. Landesvorst. Baden-Württemberg, 1983-87 Landesvors. AsF in Baden-Württemberg, 1975-84 GemR. in Mauer, 1980-87 MdL Baden-Württemberg, Schriftführerin. M.: GEW, AWO, Naturfreunde, BUND, Dt. Vogelschutzbund, Kinderschutzbund, Ver. Frauenhelfen Frauen e.V., Poliohilfe Kenia, EU, Pro Familia e.V., Marie Schlei-Förderver. e.V. (Re)

Adler Claus-Peter Dr. med. Prof.
B.: Univ.-Prof., Arzt, Pathologe. PA.: 79104 Freiburg/Br., Albertstr. 19. G.: Danzig, 13. Dez. 1937. V.: Dr. Maria, geb. Kopf. El.: Dr. Kurt u. Elisabeth. S.: Gymn., Abitur, Med. Stud., FA-Ausbild. 1958-63 Med.Stud. in Heidelberg, Wien u. Freiburg, 1963 Med. Staatsexamen. K.: Univ.Laufbahn Freiburg, Zürich, USA, 1971 Habil., 1971-80 OA, 1976 apl. Prof., 1978 C3-Prof., 1980-83 ärztl. Dir. d. Path. Inst. d. Univ. Freiburg, seit 1974 Dir. d. Referenzzentrums f. Knochentumoren am Path. Inst. Freiburg, 1981 Ass. Prof. Mayo Clinic USA. BL.: Entdeckung d. Zellvermehrung d. Herzmuskelzellen b. Hyperfunktion d. Herzens. P.: "Knochenkrankheiten" 1983, "Histopathologie" 1978, "Lehrbuch der Allgemeinen Pathologie" 1986, "Knochenkrankheiten" (1993), Bone Diseases" 2000, Veröff. über Kardiologie u. über Knochentumoren. M.: Mtgl. d. Intern. Skeletal Society, Mtgl. d. Dt. Ges. f. Osteologie, Mtgl. d. Arge Knochentumoren, Mtgl. d. Dt. Ges. f. Path., Mtgl. d. Intern. Academy of Pathology, Mtgl. d. Freiburger Med. Ges. H.: Tennis, Klavier, Skifahren, Schriftstellerei, Literatur, Geschichte.

Adler Detlev Dr. med. Prof.

B.: Chefarzt. FN.: HNO-Klinik im Helios Klinikum Berlin. DA.: 13122 Berlin, Karower Str. 11. Detlev.Adler @t-online.de. G.: Gleiwitz, 5. Feb. 1943. V.: Helga, geb. Filsinger. Ki.: Frank (1979). El.: Dr. med. Kurt u. Irmgard. S.: 1962-67 Med.-Stud. Heidelberg u. Montpellier, 1967 Prom. z. Dr. med., 1968-69 Med.-Ass. an d. Univ. Heidelberg, 1970 Approb. K.: 1974 FA f. HNO Univ. Heidelberg HNO-Klinik, 1976 OA Univ. Heidelberg HNO-Klinik, 1981 Habil., 1982 venia legendis, 1989-94 ltd. OA Univ. Heidelberg u. Ernennung z. Prof., seit 1994 Chefarzt d. HNO-Klinik am Klinikum Berlin Buch, spezialisiert auf plast. u. rekonstruktive Chir. im Kopf-Hals-Bereich. P.: 72 wiss. Veröff. M.: Dt. HNO-Ges., Ges. f. Plast. u. Wiederherstellungschir., Ges. f. ästhetische Med., European Academy of Facial Plastic Surgery. H.: Reisen, Golf. Sprachen: Englisch, Französisch.

*) Biographie www.whoiswho-verlag.ch oder beigefügte CD-ROM

Adler Dieter *)

Adler Edgar *)

Adler Georg R. *)

Adler Hans

B.: Geschäftsführer. FN.: Reisebüro Adler GmbH. DA.: 59065 Hamm, Südstraße 22-24. G.: Hamm, 6. Nov. 1934. V.: Doris, geb. Echtermeyer. Ki.: Till, Kai. El.: Artur u. Helene, geb. Bernet. S.: 1950-53 Lehre Handformer in Gießerei. K.: 1953-60 Handformer in e. Gieserei, 1960 Verkäufer im VW-Großhdl. in Soest, später kfm. Ang., 1966 Gen.-Vertreter der Neckura Vers., 1967 Organ.-Ltr., 1973 selbt. m. Reisebüro in Hamm, 1988 Prüf. als Reise- u. Verkehrskfm., 1996 Grdg. d. Theaters Kleine Komödie in Hamm, s. 2000 in Pension; erfolgr. Theaterinh. H.: Garten, Schauspiel.

Adler Hans Peter Dr. *)

Adler Hans-Henning
B.: RA in eigener Kzl. DA.: 26123 Oldenburg, Lindenstr. 4 a. adler-ol@t-online.de. www.hhadler.de. G.: Göttingen, 12. Dez. 1949. V.: Elisabeth, geb. Immer. Ki.: Eike (1975), Helge (1980), Rike (1987). El.: Hans u. Hildegard, geb. Tuckfeld. S.: 1968 Abitur, 1968 Stud. der Rechtswiss. Univ. Göttingen u. Bonn, 1973 1. Staatsexamen, Referendariat Niedersachsen u. Bremen, 1976 2. Staatsexamen. K.: seit 1976 dlg. RA in Sozietät in Oldenburg m. Tätigkeitsschwerpunkt Ausländer- u. Asylrecht u. Strafverteidigung. P.: Marxistische Staatstheorie in Zeitschriften. M.: seit 1990 PDS u. zeiweilig Landesvors. in Niedersachsen, seit 1996 Vors. d. PDS Fraktion im Stadtrat Oldenburg. H.: Volleyball, Angeln, Tanzen.

Adler Helga *)

Adler Ingrid Dr. phil. *)

Adler Karl-Heinz Prof. *)

Adler Kurt
B.: Schauwerbegestalter, Inh. FN.: Adler Werbung. DA.: 97199 Darstadt, Fuchsstadter Weg 3a. G.: Würzburg, 4. Aug. 1962. El.: Gerhard u. Anna, geb. Mahler. BV.: väterlicherseits Vorfahre/Ahnenforsch. zurück ins 17. Jhdt.: Dt. Siedler in Russland. S.: Städt. Wirtschaftsschule, Ausbild. Schauwerbegestalter, Wehrpflicht. K.: stellv. Warenannahmeltr. Kaufhof, Dekorateur u. Substitut im Augenoptikergeschäft/ Filialbetrieb, seit 1991 selbst. als zunächst freier Mitarb. in d. Unterhaltungselektronik, 1996 Grdg. Adler Werbung. BL.: Mitorgan."Afrika Festival" Würzburg. H.: Oldtimer, Musik.

Adler Manfred *)

Adler Michael *)

Adler Nikolaus Dr. med. *)

Adler Norbert Dipl.-Physiker
B.: Patentberichterstatter, selbständig. FN.: Norbert Adler Büro f. Patent-, Marken- u. Geschmacksmusterrecherchen. DA.: 80337 München, Thalkirchner Str. 66. norbert.adler@t-

online.de. G.: München, 19. Aug. 1967. V.: Gudrun, geb. Taresch. El.: Manfred u. Walpurga, geb. Schober. S.: 1986 Abitur, 1986-88 Bundeswehr, 1988-94 Stud. Physik LMU München m. Dipl.-Abschluß. K.: 1995-98 Patentberichterstatter in einem Büro in München, sit 1998 selbständig m. Grdg. d. Büros für Patent-, Marken- u. Geschmacksmusterrecherchen sowie techn. Informationsbeschaffung f. d. Bereiche Mechanik, Elektronik, Elektrotechnik, Physik u. Maschinenbau. M.: Infonetz Bayern, Dt. physikal. Ges. H.: Volleyball, Radfahren, Jonglieren, Lesen.

Adler Peter
B.: Dipl.-Gewerbelehrer; Parlament. Gschf. d. SPD-Frakt. im Sächs. Landtag. DA.: 01067 Dresden, Holländische Str. 2; Bürgerbüro: 01454 Radeberg, Dr.-Külz-Str. 6. PA.: 01465 Liegau-Augustusbad, Kurzer Weg 1. G.: Dresden, 26. März 1940. V.: Heide, geb. Wagner. Ki.: Christoph, Christiane, Caroline. El.: Martin u. Hildegard. S.: 1958 Abitur, 1958-60 Ausb. z. Werkzeugmacher, 1960-66 Stud. Maschinenbau, 1966 Dipl. K.: 1966-90 tätig als Berufsschullehrer, Sommer 1989 Aufbau d. SPD im Dresdner Raum, 1990 Reg.-Bevollm. d. Bez.-Verw.-Behörde. M.: Arbeiterwohlfahrt, Vorst.-Mtgl. d. Epilepsiezentrums, Ver. Schloß Klippendorf Radeberg. H.: Kunstgeschichte, Gartenarbeit. (B.K.)

Adler Ralf Dr.-Ing. *)

Adler Sabine
B.: Heilpraktikerin. GT.: Referentin f. Physiognomik. DA.: 31311 Uetze OT Dedenhausen, Zur Wolfsforder Mühle 3. G.: Hannover, 5. Okt. 1958. V.: Heinrich Adler. Ki.: Patricia (1984). El.: Fritz u. Maria Witte, geb. Meier. S.: b. 1977 Berufsausbild. z. Arzthelferin in einer Internist. Praxis in Hannover. K.: b. 1994 ang. Arzthelferin in Hannover, 1998-99 Paracelus Heilpraktikerschule in Hannover, seit 2000 Zulassung als Heilpraktikerin u. selbst. tätig. M.: Freier Verb. Deutscher Heilpraktiker, Chorver. Dedenhausen. H.: Chorgesang, Tanzen.

Adler Sabine

B.: Betriebswirt, Hauptvertretung. FN.: Allianz Vers. AG. DA.: 04205 Leipzig, Garskestr. 3. sabine.adler@ allianz. de. G.: Zwenkau, 11. März 1961. Ki.: Jeanne (1979). El.: Werner u. Brunhilde, geb. Krippner. S.: Lehre z. Zootechniker, Verkehrskauffrau b. d. Deutschen Reichsbahn, Stud. z. Betriebswirt in Altenburg. K.: seit 1990 Vers.-Agentin, seit 1992 Beratungsstellenltr. in einem Lohnsteuerhilfever. e.V., seit 1996 bei der Allianz AG, seit 1997 Hauptvertretung m. umfassendem Angebot an Vers. jeder Art, Baufinanzierungen u. Geldanlagen.

Adler Thilo *)

---

*) Biographie www.whoiswho-verlag.ch oder beigefügte CD-ROM

Adler Till
B.: Gschf. FN.: Reisebüro Adler GmbH. DA.: 59065 Hamm, Südstr. 22-24. G.: Hamm, 15. März 1972. El.: Hans u. Doris, geb. Echtermeyer. S.: 1990 Mittlere Reife, 1990-93 Ausbild. Reiseverkehrskfm., 1993-94 Trainingsprogramm LTU Düsseldorf. K.: seit 1994 tätig im Reisebüro Adler in Hamm, 1997 Fachabitur, 1997-99 Stud. an d. Fachschule f. Tourismus in Düsseldorf m. Abschluß BW Reiseverkehr/Tourismus, seit 1999 Gschf. d. Reisebüro Adler GmbH in Hamm. P.: Vorträge im Bereich Tourismus, Reise, Verkehr. M.: Waldbühne Hessen. H.: Theater, Reisen.

Adler Uwe Dipl.-Ing. *)

Adler Viola
B.: Heilpraktikerin, freiberuflich in eigener Naturheilpraxis. DA.: 12209 Berlin, Luisenstr. 33. G.: Berlin, 4. Sep. 1959. V.: Vincent Adler. El.: Klaus u. Helga. S.: 1977 Mittlere Reife, 1977-79 Berufsausbildung z. Arzthelferin, 1989-91 Ausbildung als Heilpraktikerin in chinesischer Medizin u. Akupunktur. K.: 1979-89 tätig als Arzthelferin in versch. Praxen, 1992 eigene Praxiseröffnung als Heilpraktikerin, im Bedarfsfall auch m. Homöopathie, hauptsächliche Behandlungsmethoden sind Akupunktur, Ohr-Akupunktur, Tui-Na - chinesische Massagetechnik, Moxibustion u. Kinesiologie, auch m. Energieübertragung (MANIAH) u. seit 2000 MANIAH-Meisterin, seit 2001 bundes- u. auch weltweit Aufbau d. erste MANIAH-Zentrum z. Ausbildung v. Körper, Geist u. Seele. P.: Veröff. in d. Broschüre "Körper, Geist, Seele", Berichte in d. Berliner Tageszeitung. M.: seit 1989 Heilpraktiker-Verband. H.: Kajak, Tanzen, Lesen, Reisen, Skifahren.

Adler Walter *)

Adler Willy *)

Adler Witiko *)

Adler Wolfgang *)

Adlhoch Josef *)

Adlhoch Judith
B.: Moderatorin b. VOX. FN.: Tango Film u. Fernseh GmbH. DA.: 80797 München, Schwere Reiterstr. 35 Haus 2/1. OG. G.: München, 2. Mai 1967. V.: Markus Strobel. S.: Abitur, 1/2 J. Reise durch d. USA, ehem. Sowjetunion u. danach kreuz u. quer durch Europa. K.: 1988 Beginn d. Fernsehkarriere, zahlr. Aufgabengebiete v. u. hinter d. Kamera b. TV-Produktionen, öff.-rechtl. aber auch priv. Fernsehsendern, Entwicklung v. Sendekonzepten, Mitwirkung b. Produktion v. Serien u. Magazinen, Realisierung v. Musikvideos, Werbespots, Ind.- u. Imagefilme, 1992 Grdg. "Tango Film u. Fernseh GmbH" als Ges., danach als Moderatorin zu VOX. H.: Reisen.

Adlkofer Franz Dr. med. Prof.
B.: Prof. f. Innere Med., Gschf. d. Stiftung VERUM, Stiftung f. Verhalten u. Umwelt, München. PA.: 12209 Berlin, Parallelstr. 18. G.: Attenzell, 14. Dez. 1935. V.: Dr. Karin, geb. Jander. Ki.: Michael (1965), Katrin (1966), Carsten (1967), Julia (1980). S.: 1957 Abitur Ingolstadt, Bundeswehr, Olt. d. Res., Med.-Stud. LLM-Univ. München, 1967 Prom. K.: 1969 wiss. Ass. am Max Planck-Inst. f. Biochemie in München, Ausbild. z. Internisten FU Berlin, 1974 Habil. Innere Med., 1978 apl.Prof. FU Berlin, 1976-95 Ltr. d. wiss. Abt. im Verb. d. Cigarettenind., wiss. Sekr. d. Forschungsrates Rauchen u. Gesundheit, 1973-95 Ltr. eines Analyt.-Biolog.-Forsch.-Labor in München, seit 1992 Gschf. v. VERUM-Stiftung f. Verhalten u. Umwelt. BL.: wiss. Patent "Zur rauchfreien Nikotinaufnahme". P.: zahlr. wiss. Publ. fachbezogen.

Adlkofer Margrit Dr. med.

B.: Ärztin f. Innere Med., selbständig. DA.: 14197 Berlin, Schlangenbader Str. 98. G.: Berlin, 12. Juli 1940. Ki.: Prof. Michael (1965), Architekt Dr. Katrin (1966). El.: Francisco de Palacios u. Margarete v. Coler. S.: 1960 Abitur Itzehoe, 1960-62 Stud. Sprachen Dolmetscher Genf u. München, 1962-68 Studium Med. an d. MLU München, 1970-75 FA-Ausbildung u. Weiterbildung z. Gastroenterologin, FA-Anerkennung f. Innere Med. K.: 1968-70 Med. Ass. am Behring-KH Berlin, 1976-82 1. OA b. Roten Kreuz im Rittberg-KH Berlin-Lichterfelde, ab 1982 Ndlg. als Internistin u. Gastroenerologin in Berlin, 1990 Zusatzbezeichnung Tropen- u. Reisemed. M.: ab 1970 Zonta (Berlin II), Präs. (1989-93), Zusammenführung v. Zonta I u. Zonta II, VSaB. H.: Segeln (VsaB).

Adlkofer Ursula

B.: Gschf. FN.: Bauerntanz-Das Altstadtgasthaus. DA.: 86150 Augsburg, Bauerntanzgäßchen 1. G.: Welden, 22. Feb. 1945. V.: Fritz Adlkofer. Ki.: Petra, Stefanie. El.: Georg u. Hedwig Rößner, geb. Hummel. S.: Handelsschule, Lehre Friseurin, Meisterprüf. K.: 35 J. selbst. Friseurin, seit 1993 Gschf. d. Bauerntanz-Das Altstadtgasthaus. E.: Verzeichnet im AvD, Aral Schlemmeratlas u. Schlummer. M.: Bayr. Hotel- und Gaststättenverb. H.: Gasthaus.

Adlmaier Georg *)

Adolf Frank *)

Adolf Hilde
B.: Senatorin. FN.: Der Senator f. Arb., Frauen, Gesundheit, Jugend u. Soz. DA.: 28195 Bremen, Birkenstr. 34. G.: Bremerhaven, 13. Mai 1953. Ki.: 1 Kind. S.: Abitur, Jurastud. Bremen u. Göttingen, Referendariat b. Hanseat. OLG Bremen, 2. Jur. Staatsexamen. K.: RA, 1988-95 Ltr. d. Außenstelle Bremerhaven d. Brem. Zentralstelle f. d. Verwirklichung d. Gleichberechtigung d. Frau (ZGF), seit 1995 Bremische Bürgerschaft (Landtag), 1996 erneute Zulassung als RA, seit 1996 Vors. d. SPD-Unterbez. Bremerhaven, seit 1999 Senatorin f. Arb., Frauen, Gesundheit, Jugend u. Soz. (Re)

Adolff Peter Dr. iur.
B.: Manager, Vorst.-Vors. FN.: Allianz Vers. AG. DA.: 80802 München, Königinstr. 28. G.: Stuttgart, 18. Juni 1933. V.: Inge, geb. Feuerbacher. Ki.: Christine, Johannes. El.: Gen.-Dir. Martin u. Marianne, geb. Bofinger. S.: Handwerkslehre, Univ. Tübingen, 1963 Gr. Jur. Staatsprüf. K.: Gschf. d. Wacker Chemie GmbH, seit 1976 Vorst.-Vors. d. Allianz Vers. AG München, div. AufsR.- u. BeiR.-Mandate. P.: "Rechtsschutz d. Käufes d. arbeitsteil. Wirtschaft" (1961). H.: Segeln (Dt. Meister).

*) Biographie www.whoiswho-verlag.ch oder beigefügte CD-ROM

Adolph Igor *)

Adolph Matthias Dipl.-Ing. *)

Adolph Thomas Gerhard

B.: FA f. Radiolog. Diagnostik. FN.: Radiolog. Praxis Donauwörth. DA.: 86609 Donauwörth, Schusterg. 2a. PA.: 86609 Donauwörth, Albweg 4. G.: Berlin, 29. Juli 1957. V.: Wiebke, geb. Augustin. Ki.: Dörte, Lars, Malte. El.: Dr. med. Dieter u. Ilse, geb. Lüdtke. S.: 1976 Abitur Jaderberg, b. 1988 Med.-Stud. an d. Univ. Bologna u. Ancona, Würzburg, 1988 Approb. K.: 1989 tätig in d. väterl. Praxis, b. 1991 Ass.-Arzt f. Radiologie am St. Elisabeth-Hospital Herten, 1991-92 interne Zeit b. Dr. Eimiller München Schreiber Klinik, 1992 Ass.-Arzt b. Prof. Gullotta Klinikum Ingolstadt, 1995 FA-Prüf., 1995-99 in Gemeinschaftspraxis m. d. Vater. BL.: Einführung d. Computertomographie im Kreis-KH Donauwörth. M.: Dt. u. Bayer. Röntgenges. H.: Tai Chi.

Adolph Wolfgang Dipl.-Ing. *)

Adolphi Saskia Dipl.-med.
B.: Kinderärztin. FN.: Gemeinschaftspraxis Dr. C. Worch, Dipl.-med. Neumeister, Dipl.-med. Adolphi. DA.: 06124 Halle, Ernst-Hermann-Mayer-Str. 58. G.: Suhl, 8. Apr. 1955. Ki.: Paul, Jakob. S.: 1973 Abitur, Stud. Med. Univ. Halle, 1978 Dipl.-Abschluß, Approb., 1979 FA-Ausbild. Chir. Meininger-Bez.-KH, Ausbild. Pädiatrie Kinder-KH Halle-Neustadt, 1988 FA f. Pädiatrie. K.: FA am Ambulatorium Südpark, seit 1991bndlg. FA in Gemeinschaftspraxis m. Schwerpunkt Entwicklungsneurol. spez. f. Säuglinge u. Kleinkinder. M.: Kinderärzteverb., Ev. Kirche. H.: Fotografie, Musik, Lesen.

Adolphs Heinz Günter *)

Adolphs Wolfgang *)

Adolphsen Helge *)

Adolphy Hermann Dieter Dipl.-Ing. M.A. *)

Adorf Hans-Jürgen
B.: Gschf. FN.: Einkaufsbüro Dt. Eisenhändler GmbH (E/D/E). DA.: 42389 Wuppertal, Dieselstr. 33. G.: 1949. Ki.: 1 Kind. S.: Lehre als Großhdls.-Kfm. im Eisenwarenhdl., Fachschule d. Dt. Eisenwaren- u. Hausrathdls. in Wuppertal, Abschluß staatl. geprüfter Betriebswirt. K.: seit 1972 Geschäftsleitungsass. im E/D/E, berufsbegleitendes wirtschaftswiss. Stud. FU Hagen, 1986 Prok., 1991 stellv. Gschf., seit 1995 o.Gschf.

Adorf Mario
B.: Schauspieler. FN.: c/o Agentur Lentz & Reinholz. DA.: 81679 München, Holbeinstr. 4. G.: Zürich, 8. Sept. 1930. V.: verh. Ki.: Stella Maria aus erster Ehe. El.: Vater italienischer Chirurg. S.: Ab 1950 zunächst in Mainz u. dann in Zürich Theaterwissenschaften und Germanistikstudium; am Züricher Schauspielhaus Komparserie und Regie-Assistenz, von 1953 bis 1955 Otto-Falckenberg-Schule in München. K.: 1955-1962 Ensemblemitglied der Münchner Kammerspiele, Auszug aus d. Filmographie: 08/15 (I) (1954), 08/15 (II) (1955), in der Heimat (1955), Kirschen in Nachbars Garten (1956), Robin-

son soll nicht sterben (1957), Das Mädchen Rosemarie, Der Arzt von Stalingrad (1958), Das Totenschiff (1959), Schachnovelle (1960), A Cavallo della tigre (1961), Endstation 13 Sahara (1962), Winnetou I (1963), Der letzte Ritt nach Santa Cruz (1964), Io la conoscevo bene (1965), Ganovenehre, Operazione San Gennaro (1966), Le Dolci Signore (1967), Questi Fantasmi (1968), Der Bettelstudent (1969), Deadlock (1970), La corte notte delle farfalle (1971),La Mala Ordine (1972) Die Reise nach Wien (1973), Processo per dirittissima (1974), Die verlorene Ehre der Katharina Blum (1975), Bomber und Paganini (1976), Gefundenes Fressen (1977), Tod oder Freiheit (1978), Die Blechtrommel (1979), Lola (1981), L' Invitation au voyage (1982), Via Mala (1983), Coconuts (1984), Marie Ward (1985), Des Teufels Paradies (1986), Notte italiana (1987), Keine Gondel für die Leiche (1988), Jours tranquilles à Clichy (1989), Café Europa (1990), Rio Verde (1991), Der grosse Bellheim (1992), Amigomío, Missus (1993), Il piccolo lord, Bauernschach (1994), Tresko - Im Visier der Drogenmafia, Spion in Schwarz, Kommissar Klefisch - Vorbei ist vorbei, Tresko - Im Visier der Drogenmafia, Der Schattenmann (1995), Tresko - Amigo Affäre, Tresko - Der Maulwurf, Smilla's Sense of Snow, Alle für die Mafia, Rossini (1996), Furchtlosen Vier, Left Aside (1997), Comeback (My Way), Piraten der Karibik (1998), Affäre Semmerling (2000). E.: 1958 Preis der dt. Filmkritik - Bester Darsteller (Nachts, wenn der Teufel kam), 1965 Bundesfilmpreis (Io la conoscevo bene), Preis der Filmkritik(Io la conoscevo bene), 1974 Ernst-Lubitsch-Preis, 1978 Bambi, 1979 Bundesfilmpreis - Goldene Schale (Blechtrommel), 1979 Grosser Hersfeld-Preis (Blechtrommel), 1982 Bundesfilmpreis - Filmband in Silber (Lola), 1986 Deutscher Darstellerpreis - Bester Darsteller (Via Mala), 2001 Pro Meritis Scientiae et Literarum d. Freistaates Bayern. H.: Malerei, Modellieren, Musik, Sport.

Adorno Eduard *)

Adrian Annelie *)

Adrian Fritz Julius Dipl.-Ing. *)

Adrian Michael

B.: Polizeibmtr., Inh. FN.: Reifendienst Britz. DA.: 12347 Berlin, Koppelweg 4. G.: Berlin, 12. Okt. 1952. El.: Hans u. Gerda. S.: 1969 Mittlere Reife, 1969 Ausbild. Polizeibmtr. Berlin. K.: b. 1985 im Polizeidienst in Berlin, seit 1985 selbst. als Inh. d. Firma Reifendienst Britz. H.: Wasserskifahren, Skifahren, Boot, Motorrad.

Adrian Werner Dipl.-Ing. *)

*) Biographie www.whoiswho-verlag.ch oder beigefügte CD-ROM

Adriani Götz Dr. phil.
B.: Dir. FN.: Kunsthalle Tübingen. DA.: 72076 Tübingen, Philosophenweg 76. G.: Stuttgart, 21. Nov. 1940. S.: Stud. Univ. Tübingen, München u. Wien, 1964 Prom. K.: 1965-66 Staatsgalerie Stuttgart, 1966-71 Hess. Landesmuseum Darmstadt, Hrsg.: Werkdokumentationen Willi Baumeister (1971), Franz-Erhard Walther (1972), Klaus Rinke (1972), Joseph Beuys (1973), Toulouse-Lautrec, d. graph. Werk (1976), Dt. Malerei im 17. Jhdt. (1977), Paul Cézanne-Zeichnungen (1978), Paul Cézanne-Aquarelle (1981), Edgar Degs, Pastelle u. Zeichnungen (1984) Toulouse-Lautrec, Anselm Kiefer-Gemälde (1968), Paul Cézanne-Bücher 69-90 (1990), Auguste Renoir-Gemälde (1993), Gemälde (1996).

Adriànyi Gabriel Dr. theol. Prof. *)

Adrion Thomas Christoph Dr. med. dent.
B.: Zahnarzt in eigener Praxis. DA.: 61440 Oberursel, Vorstadt 25. praxis@dr-adrion.de. www.dr-adrion.de. G.: Villingen-Schwenningen, 7. Dez. 1959. V.: Andrea, geb. Krause. Ki.: 2 Söhne. El.: Heinrich u. Marianne. BV.: Vater Studiendirektor i.R. u. Autor. S.: 1979 Abitur, 1979-84 Stud. Zahmed. Univ. Frankfurt. K.: 1985-87 Ass.-Arzt d. prothet. Abt. an der Univ.-Klinik Frankfurt, 1986 Prom., 1986-87 Stabsarzt d. Bundeswehr als Ltr. d. Zahnarztgruppe in Kühlsheim, 1987-88 Ass.-Arzt in einer Praxis in Frankfurt-Eschersheim, 1988 Eröff. d. Praxis in Oberursel m. Schwerpunkt Funktionsdiagnostik, Kiefergelenkserkrankungen, ästhet. Zahnheilkunde, Zahnersatz, Laserbehandlung, Kieferchirurgie u. Amalgam-Sanierung, seit 1991 tätig in Gemeinschaft m. d. Ehefrau Zahnärztin u. Ärztin Andrea Adrion. P.: Vorträge im Rahmen v. kostenlosen Patienteninformationen, regelm. Beiträge in Fahzeitschriften z. Thema Funktionsdiagnostik, Vorträge in Senioreneinrichtungen d. Stadt Oberursel, Berichte in d. örtl. Presse über Aktivitäten d. ZAGH. M.: Grdg.-Mtgl. d. Zahnärztl. Aktionsgemeinschaft Hochtaunus-ZAGH (1999), Freier Verband Dt. Zahnärzte, TSGO. H.: Skifahren, Inlineskaten.

Aebli Daniel Dr. habil. Prof. *)

Aeby Christian *)

Aeckerle Fritz *)

Aehlig Gottfried

B.: Kfz-Meister, Inh. FN.: Motorrad Aehlig. DA.: 01445 Radebeul, Meißner Str. 438. G.: Dresden, 17. Jän. 1938. V.: Monika, geb. Popp. Ki.: Frank (1968), Jörg (1971). El.: Max u. Marie. BV.: Großvater August Aehlig war 1924 Firmengründer. S.: 1952-55 Lehre Kfz-Schlosser Weinböhla. K.: seit 1955 tätig im väterl. Motorradbetrieb, 1957-58 tätig in d. Firma Daimler-Benz in Stuttgart, 1962 Meistererpüf., 1972 Übernahme d. Betriebes., Kawasaki- u. MuZ-Vertragshändler; sportl. Karriere: 1958-68 im Leistungssport im Motorrennsport u. Motocross; Erfolge-1963 DDR-Meister in 250 ccm-Klasse. H.: Lesen, Motorradfahren, Musik.

Aengenvoort Manfred *)

Aengevelt Lutz W. Dr. rer. pol. *)

Aenstoots-Richter Helmi

B.: Apothekerin, Inh. FN.: Apotheke am Ring. DA.: 48147 Münster, Cheruskerring 73. G.: Lenzkirchen, 7. Apr. 1945. Ki.: Anne. El.: Friedrich u. Caroline Aenstoots, geb. Thoma. S.: 1965 Abitur Münster, 1965-67 Praktikum Pharmazie Münster, 1969-72 Stud. Pharmazie Bonn. K.: seit 1972 selbst. Apothekerin in Münster. M.: Golf Club, Segelclub. H.: Reisen, Garten, Jagd.

Aevermann Carsten *)

Affeld Stefan Dipl.-Kfm.

B.: Vermögensberater, Gschf. Ges. FN.: Affeld Vermögensmanagement GmbH. DA.: 10707 Berlin, Im Sächsischen Palais, Sächsische Str. 62. affeld@avmberlin.de. www. avmberlin.de. G.: Kiel, 16. März 1966. S.: 1985 Abitur Hamburg-Barmbek, 1985-88 Ausbild. Bankkfm. Landesbank Berlin, 1989-94 Stud. FU Berlin m. Schwerpunkt Bankbetriebslehre, Recht, Personalwesen, 1994 Dipl.-Kfm., 1995-96 Ausbild. als Financial Consultant m. Abschluss. K.: 1994 1/2 Jahr Auslandsaufenthalt Univ. Berkeley/USA, 1995-99 Vermögensmanager als Unternehmer im Unternehmen, b. Hypo Capital Management AG, eine Tochter d. Bayer. Hypotheken- u. Wechselbank AG, Repräsentanz Berlin, 2000 Gründung d. Affeld Vermögensmanagement GmbH. M.: Verb. d. Jungen Unternehmer. H.: Laufen, Golf, Tennis.

Affeldt Rudolf Wolfgang Ulrich *)

Afheldt Heik Dr. rer. pol. Dipl.-Kfm.
B.: Hrsg. FN.: Der Tagesspiegel Berlin. DA.: 10785 Berlin, Potsdamer Str. 77-78. G.: Insterburg, 22. Juli 1937. V.: Wulfhild v. Gleich. Ki.: Tom (1967), Susanne (1970), Julie (1974). S.: 1956-61 Stud. Wirtschafts- u. Sozialwiss. Univ. Hamburg, Dipl.-Kfm. K.: 1961 Praktikum b. d. EU-Kmsn. Brüssel, 1961-64 freier Mitarb. b. Unternehmensberatungen, 1964 Prom. z. Dr. rer. pol., ab 1964 Prognos AG Basel, ab 1970 Mtgl. d. Geschäftsführung d. Prognos AG, 1977-78 Vors. d. Geschäftsführung d. Prognos AG, ab 1989 Mtgl. d. VerwR. d. Prognos AG, 1988-89 Hrsg. u. Redaktionsdir. d. Wirtschaftswoche, 1989-91 Gschf. Verlagsgruppe Handelsblatt, 1992 Gschf. Hrsg. Handelsblatt, Hrsg. Wirtschaftswoche, ab 1993 Mtgl. d. Hrsg.-BeiR. d.Verlagsgruppe Handelsblatt, Mtgl. d. wirtschaftspublizist. BeiR. d. Verlagsgruppe Georg v. Holtzbrinck, ab 1993 Präs. d. VerwR. Bilanz Wirtschaftsmedien AG Zürich, 1994-96 Gschf. d. Veranstaltungsforum d. Verlagsgruppe Georg v. Holtzbrinck, ab 1998 Hrsg. Der Tagesspiegel Berlin. P.: zahlr. Publ. z. Wirtschaftspolitik, Zukunft u. Management u.a. Infrastrukturbedarf b. 1980, Geht uns d. Arb. aus?, Bilder einer Welt v. Morgen, Zukunftsfaktor Führung. M.: Schweiz. Ver. f. Zukunftsforsch., Dt. Ak. f. Städtebau u. Landesplanung,

*) Biographie www.whoiswho-verlag.ch oder beigefügte CD-ROM

Münchner Kreis, List-Ges. e.V., Intern. High Tech Forum Basel, CENTRE Werkstatt f. professionelles Unternehmertum Colmar, Union de la Presse Economique et Financière Européenne, Board Member Economia a.s. Prag. H.: Segeln, Skifahren, Golf.

Agater Katrin

B.: Friseurmeisterin, Inh. FN.: Agater - Mut z. Klasse. DA.: 04103 Leipzig, Rosa-Luxemburg-Str. 27. G.: Leipzig, 6. Aug. 1967. Ki.: Natalie Vanessa (1995). S.: 1988 Ausbild. z. Friseuse. K.: 1989-98 Friseuse b. versch. namhaften Leipziger Friseuren, 1998 Meisterprüf., 2000 Gründer u. Inh. der o.g. Firma f. Kreativfrisuren, Originalfrisuren, Ganzkörperbemalung. BL.: Make up f. d. Leipziger Fernsehen, Schaufrisieren in Kostümen. M.: Friseurinnung. H.: Step-Aerobic, Nähen.

Aggelidis Michael Georg
B.: Rechtsanwalt. DA.: 53111 Bonn, Kasernenstr. 8-10. G.: Dormagen, 7. Juni 1962. V.: Michaela Hasenbalg. BV.: Reichstagsabg. Robert Blum. S.: 1981-88 Stud. Rechtswiss. Berlin u. Köln, 1988 1. Staatsexamen. K.: 1988-89 freier Mitarb. b. Parteivorst. d. SPD im Dialog d. Endphase d. Kalten Krieges, Kontaktaufnahme m. offiziellen Vertretern u. Nichtregierungsvertretern (NRO) d. ehem. Ostblock-Länder, 1990-93 Referendariat b. LG Köln, seit 1993 Aufbau einer eigenen Kzl. in Bonn. M.: Dt. Anw.-Ver., Verkehrsclub Deutschland VCD, Greenpeace, Berater d. Ver. z. Förd. regenerativer Energien in NRW V.E.R.E.N.A. H.: Naturschutz, Wandern, Segeln, Jogging, Griech. Sprache u. Kultur, Theater.

Agger Klaus *)

Aghili Seyed Mohammad Dr. med. *)

Agrikola Georg *)

Agst Joachim Dipl.-Ing. Prof. *)

Aguilar Andreas *)

Agur Nurit
B.: Künstlerin u. Schmuckdesignerin. DA.: 10719 Berlin, Pariser Str. 56. G.: Tel Aviv, 7. Okt. 1950. Ki.: Omer (1980). S.: 1970-78 Art School Tel Aviv, Stud. Malerei, Fotografie, Bildhauerei u. nach Geburt d. Sohnes Stud. Bildhauerei in Tel Chai. K.: 1975-80 Design v. LP-Covers in Israel, f. CBS, b. 1984 Schmuckdesign m. eigenem Aelier in Tel Aviv, daneben Malerei, Fotografie u. Lehrerin an Kunst-HS Tel Aviv, 1991 Gruppenausstellung in Electrum Gallery in London, 1992 Ausstellung im Louvre/Paris, seit 1994 Teilnahme Messe Basel/Schweiz in Designer Halle, 1996 Einzelausstellung in Electrum Gallery in London, seit 1998 in Deutschland m. eigenem Atelier f. Schmuckdesign, nur ungewöhnliche Schmuckobjekte, Ringe, Ketten, m. Stempel Saluki Ältester Windhund d. Welt, 1999 White Wave Collection, 2000 Installation "Teil einer Einheit" in Just Art Galllery Berlin, 2001 Ausstellung im Patentamt Berlin "Raum Definition". BL.: Innovative Entwicklung von Schmuckformen. P.: "Dictionaire Intern. Bijou" (1998), Schmuck-Magazin (1999-2001), Diplomatic Society Magazine (1999), in Berlin Magazin, in Art Aurea (1996), Schmuck Selection (2000-2001). H.: Natur, Fahrradfahren, Tiere, Filmkunst.

Ahl Joachim

B.: Gschf. FN.: Inst. z. Förd. berufl. Weiterbildung. DA.: 49377 Vechta, Bremer Tor 1. G.: Erfurt, 23. Dez. 1950. V.: Ulrike, geb. Borchert. Ki.: 5 Kinder. El.: Dietrich u. Elisabeth, geb. Koch. S.: 1967-69 Ausbild. als Verw.-Ang., 1970-78 Bundeswehr Fallschirmjäger Zeitsoldat, 1977-78 FH-Reife Bundeswehrfachschule Wilhelmshaven. K.: Ang. im Management div. mittelständ. Unternehmen, seit 1999 selbst. Grdg. Weiterbild. -Inst. Inst. z. Förd. berufl. Weiterbildung in Vechta als

Gschf. u. Inh., Schwerpunkt: Weiterbild. im EDV-Bereich, Entwicklung v. erwachsenengerechten Lehrplänen. P.: 1992 Entwicklung einer Stationsdokumentationssoftware f. KH.

Ahlbäumer Klemens *)

Ahlbehrendt Norbert Dr. sc. nat. Prof. *)

Ahlberg Hartwig Dr. Prof. *)

Ahlborn Hans Dr. Prof.
B.: Gschf. Ges. FN.: HADEG Recycling GmbH. DA.: 21702 Ahlerstedt, Stader Str. 19. PA.: 21039 Hamburg, Neuengammer Hausdeich 141. G.: Kalefeld, 26. Apr. 1929. V.: Marie-Luise, geb. Hillebrecht. Ki.: Gisela (1956), Ingrid (1958), Klaus (1959), Helga (1962), Ulrike (1974). El.: August u. Anna. S.: 1948 Abitur Northeim, 1948-50 Ausbild. als Modellbauer, 1950-53 Stud. Gewerbelehramt an Berufspäd. Inst. Frankfurt/Main, 1. Staatsprüf. als Gewerbeoberlehrer, 1953-54 prakt. päd. J. an d. Berufsschule in Osterode/Harz, 1953-57 Stud. Fachrichtung "Metallkunde" an d. TU Clausthal, Abschluß: Dipl.-Hauptprüf. (Dipl.-Ing.) im Fach Metallkunde, 1961 Prom. z. Dr.-Ing., 1965 Habil. K.: 1954-68 nebenamtl. Unterricht an d. Berufsschule Osterode, 1957-59 wiss. Mitarb. am Inst. f. Metallkunde d. TU Clausthal, 1959-63 wiss. Ass. am Inst., 1963-69 OIng. am o.g. Inst., 1962-64 Lehrauftrag f. "Werkstoffkunde" sowie f. "Gießerei u. Modellbau" an Berufspäd. Inst. Frankfurt/Main, 1969 Abt.-Vorst. u. Prof. an d. TU Clausthal, 1969-70 Ltg. d. Abt. "Werkstoffprüfung" an d. TU Clausthal, 1970-73 Ltg. d. Hauptabt. Werkstoffe am Battelle Institut in Frankfurt/Main, 1970 apl.Prof. an d. TU Clausthal, 1973-93 o.Prof. f. Ing.-Wiss. an d. Univ. Hamburg, 1993 Lehrstuhl an d. TU Hamburg-Harburg, 1994 Emeritierung, b. dato Projektwissenschaftler d. Raketenprogrammes d. BRD (2001 erfolgte d. 39. Flug einer TEXUS-Rakete), 1995 Neugrdg. d. HADEG Recycling GmbH. P.: "Bergedorfer Porträts", Abschlußberichte "TEXUS".

Ahlborn Rainer
B.: Geschäftsinh., Gschf. FN.: Ahlborn - Bestattungen in d. Dritten Generation. DA.: 37073 Göttingen, Wöhlerstr. 5. G.: Göttingen, 24. Dez. 1949. V.: Katharina (1978), Jan (1983). El.: Heinrich u. Gertrud, geb. Knauf. BV.: Großvater Heinrich Ahlborn Gründer d. Unternehmens als Fuhrunternehmen, seit 1952 Bestattungsunternehmen, 1. Motorbestattungswagen in Göttingen, Überführungsaufträge v. d. Univ. zu Göttingen. S.: 1966-69 Ausbild. z. Feinmechaniker Max-Planck-Inst. Göttingen, 1984 Ausbild. z. fachgeprüften Bestatter, 1969-71 Bundeswehrdienst. K.: 1971-73 Feinmechaniker am Max-Planck-Inst. Göttingen, 1973-83 Bestattungsang. Familienunternehmen Göttingen, 1984-2000 Übernahme d. Familienunternehmens, Inh. u. Gschf., selbst. F.: Gschf. d. Ges. f.

*) Biographie www.whoiswho-verlag.ch oder beigefügte CD-ROM

Ahlborn

Bestattungsdienste mbH Göttingen. M.: Bundesverb. d. Dt. Bestatter, Veteranen d. Fahrzeug Freunde Göttingen (Oldtimer-Ver.). H.: Oldtimer-Restauration, Fotografie, Musik, Schlagzeugspielen.

Ahlbrecht Horst *)

Ahlers Anna-Luise *)

Ahlers Clarissa

B.: Redakteurin im Studio. FN.: n-tv. DA.: 10117 Berlin, Taubenstr. 1 S.: Stud. Rechtswiss. Univ. Hamburg, Auslandssem. an d. Pariser Sorbonne sowie Hospitanz b. d. Dt. Presse Agentur (DPA) in Paris. K.: Volontariat b. Norddt. Rundfunk, freie Mitarb. b. NDR, Moderatorin b. RIAS Berlin, 3sat u. SAT.1, 1996-98 Nachrichtenredakteurin im Studio, seit 1998 Wirtschafts-Redakteurin im Studio b. n-tv. H.: Tennis, Violoncello, Joggen, Schwimmen.

Ahlers Claudia Dipl.-Designerin *)

Ahlers Gerd *)

Ahlers Hannelore *)

Ahlers Hubertus

B.: Gschf. Ges. FN.: Zeitsprung. DA.: 45327 Essen, Bullmannaue 11. info@zeitsprung-agentur.de. www.zeitsprung.de. G.: Oberhausen, 25. Feb. 1965. El.: Hubert u. Margarete, geb. Reinert. S.: 1984 Abitur, 1984-86 Zivildienst Elisabeth-KH Oberhausen, 1986-87 Aufenthalt China, Rußland u. Athos, 1987-89 Stud. Archäologie, Kunstgeschichte u. Ethnologie Bochum, 1989-96 Dipl. in Biologie und Ethnologie. K.: 1996-99 Mitarb. d. IBA im Bereich Öff.-Arb. für Ind. u. Natur im Ruhrgebiet, Organ. u. Durchführung v. Kongressen u. Exkursionen im Ruhrgebiet, 1999 Grdg. d. Firma Zeitsprung m. Schwerpunkt Regional-Marketing f. d. Ruhrgebiet, Strategien f. Stadtverw., Min. u. Stiftungen. H.: Reisen, Gartenbau, Kunst, Kultur, Literatur, Religion u. Spiritualität.

Ahlers Markus *)

Ahlers Martin

B.: Bauing. FN.: Ahlers + Andere Ing.-Ges. f. Bauwesen GmbH. DA.: 10711 Berlin, Karlsruher Str. 7A/8. info@ahlersuandere.de. G.: Osterholz-Scharmbeck, 8. Mai 1953. S.: 1973 FH-Reife Bremen, 1973-77 Stud. Bauing.-Wesen TH Berlin, 1977 Bauing. K.: 1977-79 b. Prof. Niklisch, seit 1980 selbst. u. ab 1986 Neubau Gloria-Galerie Kurfürstendamm 12-15, 1994 Methfesselstr. 50, 1996 Umbau u. Teilabriß d. Kinos d. Gloria-Galerie Kurfürstendamm 12-15, 1996 Kurfürstendamm 63, 2000 Haus d. Lehres am Alexanderplatz u. Umnutzung d. Congreßhalle. M.: Baukam., Tennisver. Zehlendorfer Wespen. H.: Lesen, Belletristik, Tennis.

Ahlers Reinhard Dr.-Ing. Dipl.-Ing.

B.: Ges. FN.: BALance Technology Consulting. DA.: 28195 Bremen, Contrescarpe 45. G.: Delmenhorst, 25. Sep. 1958. El.: Günther u. Helga, geb. Wenke. S.: 1975-79 Ausbild. z. Energieanlagenelektroniker, 1980 Fachabitur in Bremen, Bundeswehr, 1981 Stud. in Bremen, 1985 Abschluß als Dipl.-Ing., Aufbaustud. Univ. Bremen Elektrotechnik, 1987 Abschluß als

Dipl.-Ing. (FH). K.: 1988-94 wiss. Mitarb. am Bremer Inst. f. Betriebstechnik u. angew. Arbeitswissenschaft in Bremen (BIBA), 1994 Prom. z. Dr.-Ing., 1994-96 Bremer Vulkan Stabsabt. Schiffbau, Informationstechnik, Projekte f. Werften d. Vulkangruppe, seit 1996 selbst. u. Gündung BALance Technology Consulting in Bremen als Ges. P.: Strategie z. Einführung unternehmensübergreifender Informationssysteme (1996), div. Aufsätze in intern. Kongreßbänden u. Zeitschriften. M.: VDI, BVL, EEMA. H.: Kanu fahren, Badminton, Squash.

Ahlers Werner *)

Ahlert Dieter Dr. rer. pol. Dipl.-Kfm. o.Prof. *)

Ahlert Herbert *)

Ahlert Ralf Georg *)

Ahlert Thorsten Dr. med.

B.: FA f. Allg.-Medizin. DA.: 69121 Heidelberg, Langgewann 63. Dr.Ahlert@t-online.de. www.arzt-auskunft.de/Dr. Ahlert. G.: Berlin, 13. Aug. 1960. V.: Manuela, geb. Koss. Ki.: Christina, Katharina, Daniel, Miriam. El.: Dr. Günter u. Ilse, geb. Morgener. BV.: Vater - Internist, ebenf. med.-wiss. Dir. d. Lilly GmbH in Bad Homburg. S.: 1979 Abitur in Oberursel, 1980 Stud. Med. Univ. Frankfurt, 1986 Staatsexamen, amerikan. Staatsexamen u. Approbation, 1988 Prom. Dt. Krebsforsch.-Zentrum. K.: 1987-88 Ass. an d. Univ.-Frauenklinik in Homburg, 1988-92 Ass.-Arzt an d. Univ.-Frauenklinik in Heidelberg, seit 1988 klin. Forsch. m. Schwerpunkt Immunologie u. Tumorimpfstoffe an d. Univ.-Frauenklinik in Heidelberg, seit 1993 ndlg. Arzt f. Allg.-Med. m. Schwerpunkt Entwicklung u. Anwendung v. Krebsimpfstoffen bzw. Zelltherapie, seit 1995 FA f. Allg.-Med., seit 1997 freie Tätigkeit m. Schwerpunkt Auftragsforsch.; Funktionen: 1993 Grdg. u. ärztl. Ltr. d. biotechnolog. Praxislabors Dr. Ahlert im Technologiepark in Heidelberg Im Neuenheimer Feld 517, 69120 Heidelberg, 1994 Erlaubnis z. Herstellung v. Arzneimitteln, 1991-94 freier med.-wiss. Berater in d. Chiron-Onkologie Dtld. GmbH in Frankfurt u. Düsseldorf, 2001 Grdg. d. Biotherapie-Systems GmbH. BL.: seit 1983 Pionier u. Spezialist f. d. Erforsch. u. d. Einsatz v. Krebs-Impfstoffen in Deutschland, Patente über Verstärkung v. virus-modifizierten Krebs-Impfstoffen m. Zytokinen, seit 2000 m. Dendrit-Zellen. P.: Ref. auf intern. Kongressen, Beiträge in wiss. Fachzeitschrifteb u.a. über Qualitätsparamter f. Tumorimpfstoff (1997), "Züchtung eines tumorspezif. Virus" (1990), "Aktive spezif. Immuntherapie an d. Univ.-Frauenklinik Heidelberg" (1995/97), Video "Krebsbehandlung m. körpereigenen Immunimpfstoffen". M.: AGIM, Dt. Krebsges. e.V., SEK d. Dt. Krebsges., Dt. Ges. f. Gynä. u. Geburtshilfe, Vorst. u. stellv. Vors. d. Förderver. aktive spezif. Immuntherapie, Vorst.-Mtgl. d. Dt. Ges. f. Onkologie, Dt. Ges. f. Immunologie. H.: Joggen, Karate, geistiger Sport, Vipassana-Meditation.

*) Biographie www.whoiswho-verlag.ch oder beigefügte CD-ROM

Ahlfänger Bernhard
B.: Gastwirt, Unternehmer. FN.: Gaststätte Ermlandhof. DA.: 88250 Weingarten, Ermlandhof 1. G.: Villingen, 30. Aug. 1956. V.: Hannelore, geb. Kunter. Ki.: 4 Kinder. S.: Lehre z. Landwirt m. anschl. Besuch d. Meisterschule in Ravensburg, 1980 Meisterprüfung. K.: tätig im elterl. Betrieb, 1985-98 Übernahme d. Milchvieh- u. Holsteiner-Zuchtbetriebes u. Weiterführung, 1998 Umbau d. Anwesens z. Gaststättenbetrieb Ermlandhof m. Festsaal u. Biergarten, regelmässige Musikevents, ebenso Tanz, Theater u. Comedy. E.: 2. Stelle d. Baden-Württembergischen Milchproduktion. H.: Schiessen.

Ahlgrimm Hildegard
B.: analyt. Kinder- u. Jugendlichen-Psychotherapeutin. DA.: 14163 Berlin, Forststr. 6. G.: Berlin, 17. Juli 1921. V.: Carl Ahlgrimm. Ki.: Jörg (1949), Klaus (1951), Franz (1954), Carl (1957). S.: 1938-40 Ausbild. Kindergärtnerin u. Hortnerin. K.: 1940-43 tätig als Kindergärtnerin, 1944-45 Weiterbild. z. Jugendltr. u. Sozialpädagogin, 1946-49 Ltr. d. Kindertagesstätte in Berlin-Schöneberg u. glz. Ausbild. z. Kinder- u. Jugend-Psychotherapeutin, 1950-84 Ltr. d. Erziehungsberatung in Berlin-Zehlendorf, 1968-90 versch. Funktionen am Inst. f. Psychotherapie, 1970-90 Kontrollanalytikerin im Unterrichtsaussch. d. AKJP, Mtgl. im erweiterten Vorst., u. d. Kmsn. f. Erzieherweiterbildung u. Familientherapie, 1984-2000 selbst. Praxis. BL.: 1950 Grdg.-Mtgl. d. AKJP in Berlin. P.: Fachbeiträge u. Thema Kinder- u. Jugendpsychotherapie. E.: seit 1992 Ehrenvors. d. Inst. f. Psychotherapie in Berlin-Dahlem. H.: Ahnenforschung, Familiengeschichte.

Ahlheim Michael Dr. rer. pol. habil. Dipl.-Vw.
B.: Prof. f. Volkswirtschaftslehre, insbesondere Umweltökonomie u. Ordnungspolitik. FN.: Baden-Württemberg, Univ. Hohenheim. DA.: 70593 Stuttgart, PA.: 70794 Filderstadt, Rudolf-Steiner-Weg 11. G.: Kaiserslautern, 13. Juli 1951. V.: Gabriele, geb. Friedrichs. Ki.: Karolin (1983), Jennifer (1986). El.: Wilhelm u. Anneliese. S.: 1970 Abitur Kaiserslautern, 1970-76 Stud. VWL u. Math. Univ. Heidelberg, Dipl.-Vw. K.: 1976-78 geprüfte wiss. Hilfskraft am Alfred Weber-Inst. d. Univ. Heidelberg, 1978-84 wiss. Mitarb. am finanzwiss. Lehrstuhl d. Univ. Heidelberg, 1984 Prom. z. Dr. rer. pol., 1984-90 HS-As. am finanzwiss. Lehrstuhl d. Univ. Heidelberg, 1985-87 Mitarb. b. Sonderforsch.-Bereich 5 d. Dt. Forsch.-Gemeinschaft in Mannheim, 1990 Habil., 1990-94 HS-Doz. an d. Wirtschaftswiss. Fak. d. Univ. Heidelberg, 1991 Lehrauftrag an d. Univ. Bamberg, 1991/92 Gastdoz. an d. Univ. Bern, 1992 Lehrauftrag an d. Univ. Bamberg, 1992/93 Lehrauftrag an d. Univ. Bern, 1994-2001 o. Prof. u. Inh. d. Lehrstuhls f. Volkswirtschaftslehre, insbesondere Umweltökonomie an d. BTU Cottbus, o.Prof. u. Inh. d. Lehrstuhls f. Umweltökonomie u. Ordnungspolitik an d. Univ. Hohenheim, seit 2001 Hon.Prof. an d. Brandenburgischen Techn. Univ. Cottbus. P.: On the economics of the Antonelli equation (1988), Nutzen-Kosten-Analyse u. Kontingente Evaluierung b. d. Bewertung v. Umweltprojekten (1995), Contingent valuation and the budget constraint (1998) u.v.a. M.: Aussch. f. Umwelt- u. Ressourcenökonomie im Ver. f. Socialpolitik, Finanzwiss. Aussch. im Ver. f. Socialpolitik. H.: Sport: Tennis, Schifahren.

Ahlhoff Hans-Jürgen Dr. Dipl.-Kfm. *)

Ahlig Horst *)

Ahlmann Christian
B.: Profi-Springreiter, Pferdewirt. FN.: c/o Dt. reiterl. Vereinigung. DA.: 48231 Warendorf, Frhr.-von-Langen-Str. 13. G.: 17. Dez. 1974. S.: Ausbildung z. Pferdewirt b. Paul Schockemöhle. K.: Tätigkeit im elterl. Betrieb; DM Junioren: 1990 Goldmed., 1988 Silbermed., 1989 4. Pl., 1992 8. Pl.; DM Junge Reiter: 1995 Goldmed., 1994 Silbermed.; DM 1999 4. Pl., 1998 5. Pl.; EM Junioren: 1990, 1991 u. 1992 Goldmed. Mannschaft, 1990 Bronzemed. Einzelwertung, 1990 Einzelwertung/4., 1992 Einzelwertung/5., 1989 Einzelwertung/12.; EM Junge Reiter: 1993 u. 1994 Goldmed. Mannschaft, 1995 Bronzemed. Mannschaft, 194 Silbermed. Einzelwertung, 1993 Einzelwertung/6.; 1991 Preis d. Besten Junioren Warendorf/1., 1992 Preis d. Besten Junioren Warendorf/2., 1994: Preis d. Nationen CSIO Warschau/1., Preis d. Besten Junge Reiter Warendorf/3.; 1995: Preis d. Nationen/2., Gr. Preis CSIO-W Bratislava/1., Preis d. Nationen SCIO Linz-Ebelsberg/7.; 1996 Preis d. Nationen CSIO Kiskunhalas/3., 1998: Gr. Preis Münster Hallenturnier/1., Hamburger Derby/9., Gr. Preis CSIO Bratislava/1.; 1999: Preis d. Nationen CSIO Gijon/2., Preis d. Nationen CSIO Falsterbo/2., Preis d. Nationen CSIO La Baule/4., Preis d. Nationen CSIO Dublin/4.

Ahlrichs Reinhart Dr. *)

Ahlschwedt Werner
B.: TV-Producer, Journalist. FN.: Ahlschwedt Medienservice. DA.: 22527 Hamburg, Wittkoppel 36. G.: Hamburg, 28. Feb. 1951. V.: Gabriele, geb. Stromeyer. Ki.: 3 Kinder. El.: Werner u. Erika. S.: 1970 Abitur Hamburg, 1970-72 Ausbild. z. Großhdls.-Kfm. m. Abschluss, 1972-74 Ausbild. z. Fotografen m. Abschluss. K.: 1974-79 stellv. Ndlg.-Ltr. b. KODAK in Hamburg, 1979-81 in d. Filmproduktion b. AVT in Hamburg, 1981-85 freiberufl. Journalist u. Fotograf, dann Verlagerung zu TV-Auftragsproduktionen u. Ind.-Filmen (PR) sowie Messestandkonzeptionen, 1982 Grdg. d. Ahlschwedt Medienservice in Hamburg, 1986 selbst. TV-Producer u. Journalist PR-Consulting, 1997 Grdg. d. ERGO Konfliktmanagement Werner Ahlschwedt in Hamburg, 1997-98 Ausbild. an d. Univ. Lüneburg. Mediator m. Abschluß. P.: ca. 170 Filme u. Beiträge f. öff. rechtl. Sender, ca. 15 Ind.-Produktionen. H.: Rennradfahren, Kochen, Opern, gutes Essen, Literatur, Kino.

Ahlsen Leopold
B.: Schriftsteller, Dramatiker, Fernseh- u. Hörspielautor. PA.: 81827 München, Waldschulstr. 58. G.: München, 12. Jan. 1927. V.: Ruth, geb. Gehwald. Ki.: Julia, Philipp. El.: Max u. Margarete. S.: Stud. Germanistik, Phil. u. Theaterwiss. Univ. München. K.: 1946-48 Schauspieler u. Reg., 1949-60 Lektor Bayer. Rundfunk. P.: 13 Theaterstücke u.a. Philemon und Baukis (1956), Sie werden sterben, Sire (1963), 23 Hörspiele u.a. Raskolnikoff (1962), Fettaugen (1969), 68 Fernsehfilme u.a. Martin Luther (1965), Tod in Astapowo; die Flucht des Grafen Tolstoj (1974), Der Selbstmord (1985), 6 Romane u.a. Casanova, der Gockel vom goldenen Sporn (1981), Die Wiesingers, 2 Bde. (1984 u. 1987), Liebe und Strychnin (1998). E.: 1955 Gerhart-Hauptmann-Preis u. Hörspielpreis der Kriegsblinden, 1957 Schiller-Förderungspreis, 1968 Gold. Bildschirm, 1973 Silb. Nymphe v. Monaco, 1992 BVK.

Ahlswede Rudolf Dr. Dr. h.c. Prof.
B.: Math. FN.: Univ. Bielefeld. PA.: 33615 Bielefeld, Stapenhorststr. 150. G.: Dielmissen, 15. Sept. 1938. Ki.: Alexander. S.: Stud., 1966 Prom. K.: 1967 Ass. Prof. Columbus Ohio State Univ., 1969 Assoc. Prof., 1971 Fullprof., 1975 Prof. Bielefeld. P.: Suchprobleme (1979). E.: Outstanding Paper Award d. Inform. Theory Soc. 1988 u. 1990, Dr. h.c. d. Russischen Akad. d. Wiss.

Ahmad Amjad *)

Ahmann Hermann-Josef
B.: Verleger. FN.: "Kurier am Sonntag" Recklinghausen; "Top-Magazin" Recklinghausen u. Dortmund. DA.: 45657 Recklinghausen, Kaiserwall 30. G.: Recklinghausen, 19. Nov. 1953. Ki.: Verena (1980), Natalie (1984). S.: 1969 Mittlere

Ahmann

Reife Recklinghausen, 1969-72 Ausbild. z. Bürokfm. Kaufhaus Becker Recklinghausen-Süd, 1972-73 Fachoberschule für Wirtschaft, Haltern, Fachabitur, 1973-75 Bundeswehr, 1975-81 Stud. Wirtschaftswiss., Politikwiss., Geschichte an d. Univ. Essen, Dipl.-Ökonom. K.: 1981-84 Ass. Lehrstuhl Politikwiss. an d. Univ. Essen, 1981-84 Ass. d. NRW-LAbg. Lothar Hegemann/ CDU, 1985 Studienleiter b. Bild.-Werk d. Essener Wirtschaft, seit 1985 selbst. Verleger, Übernahme der G+G Werbe u. Verlags GmbH Recklinghausen u. Hrsg. "Kurier am Sonntag", seit 1988 Gschf. Ges. Journal Verlags GmbH u. Hrsg. "Top Magazin" Recklinghausen u. Dortmund, 1989-90 Gen.-Bev. d. Geschäftsführung Druck- u. Verlagshaus Bitter GmbH & Co KG, 1990-95 Gründer u. Gschf. Ges. Phönix Reise, Werbe u. Verlags GmbH Gelsenkirchen, 1991-95 Gründer u. Gschf. Ges. ASS Private Bild.-Inst. GmbH Reichenbach/Vogtland, 1993-95 Gründer u. Gschf. Ges. Reaktiv Dienstleistungsges. f. Pflege, Therapie u. Personalservice GmbH Recklinghausen, 1993-97 Gründer u. Gschf. Gess. West Reisen-Reisebüros in Recklinghausen u. Herten-Westerholt, 1995 Hrsg. einer dt. Tageszeitung auf d. Kanarischen Inseln. M.: versch. lokale Ver. H.: Fernreisen, Skifahren.

Ahmann Jörg

B.: Profi-Beachvolleyballspieler. FN.: c/o Volleyballverb. e.V. DA.: 60528 Frankfurt/Main, Otto-Fleck-Schneise 12. G.: 12. Feb. 1966. K.: seit 1993 Spieler b. Dürener TV/ Eimsbütteler - Erfolge: 5 x Dt. Meister, Siege in 14 Master-Turnieren, 1994 Shootingstar d. Dt. Volleyballverb.,bester Weltranglistenpl.: 16., 2000 OS Sydney/3.

Ahmels Volker

B.: Dir. FN.: Konservatorium d. Landeshauptstadt Schwerin. DA.: 19055 Schwerin, Puschkinstr. 6. PA.: 22453 Hamburg, Köppenstr. 36. volker@ahmels.de. V.: Friederike. Ki.: Richard (1993). BV.: Großvater Richard Volquarts - Widerstandsgruppe Hamburg. S.: m. 6 J. erster Klavierunterricht Hamburg, 1971-80 Abitur Gelehrtenschule d. Joanneums, 1980-82 Zivildienst Schule f. Behinderte, 1983-87 Stud. Musikpäd. Musikschule Lübeck m. Dipl.-Abschluß. K.: intern. Debüt am Theatre du Chatelet in Paris, zahlr. Konzerte in Deutschland, Frankreich, Dänemark u. Polen, seit 1991 Dir. am Konservatorium in Schwerin, 1995 Intendant d. Schweriner Musiktage, seit 1996 versch. Musikprojekte u.a. 1997 "Musik war Hoffnung auf Leben", 1997 Konzertreisen nach Israel u. Palästina Prod. d. Kinderoper "Brundibär",1999 intern. Meisterkurs f. dt. u. israel. Studenten, Folgeprojekte in Prag u. Theresienstadt in Kooperation m. d. tschech. Pianisten Radoslav Kvapil f. tsch. u. poln. Studenten. E.: 1976 Dt. Schülermeister im Schach. M.: seit 1998 Landesrep.-Vors. Mecklenburg-Vorpommer v. Jeunesses Musicales Deutschland, H.: Schach, Tischtennis, Filmkunst.

Ahnefeld Frank *)

Ahnen Doris Mag.

B.: Ministerin f. Bildung, Frauen und Jugend. FN.: Ministerium f. Bildung, Frauen und Jugend, Zentralabteilung. DA.: 55116 Mainz, Mittlere Bleiche 61. www.rheinland-pfalz.de/020landesregierung/top2.stm. G.: Trier, 29. Aug. 1964. V.: verh. S.: 1984 Abitur, 1984-90 Stud. Politikwiss., Öffentl. Recht u. Pädagogik in Mainz, 1990 Abschluss Mag. Artium. K.: 1990-91 persönliche Referentin d. Präsidenten d. Univ. Mainz, 1991-94 Ltr. d. Ministerbüros im Minsterium f. Wiss. u. Weiterbildung, seit 1994 Ltr. d. Ministerbüros im Ministerium f. Bild.,Wiss. u. Weiterbildung, seit 1996 Staatssekretärin im Ministerium f. Bild., Wiss. u. Weiterbildung; politische Tätigkeiten: seit 1985 Mtgl. d. SPD, seit 1987 Mtgl. d. GEW, 1986-87 Asta-Vors. d. Johannes Gutenberg-Univ. Mainz, 1988-90 stellv. Juso-Bundesvorsitzende, seit 2001 Ministerin f. Bild., Frauen u. Jugend, seit 26.1.2002 Mtgl. d. SPD-Landesvorstandes, seit 15.2.2002 Mtgl. d. SPD-Landespräsidiums.

Ahner Peter Gert Dr.

B.: RA, vBP, FA Arbeitsrecht. DA.: 22767 Hamburg-Altona, Van-der-Smissen-Str. 2. Kreuzfahrt Center. hh@as-lawadvice.de. www.as-lawadvice.de. G.: Dresden, 5. Feb. 1943. V.: Gabriela, geb. Depmer. Ki.: Doortje (1976), Juliane (1984), Therese (1985), Benedikt (1989), Sven (1990). El.: Dr. Friedrich Wilhelm u. Ingeborg, geb. Busche. S.: 1964 Abitur, 1964-66 Stud. FU Berlin, 1966-72 Jurastud. u. 1. Examen Univ. Göttingen, 1972-74 Lehre als Bankkfm. b. d. Dt. Bank, parallel Prom., 1974-77 Referendarausbild. in Hamburg, 2. Jur. Examen. K.: 1977-78 Schiffsfinanz b. d. Dt. BK HH, 1978-80 Geschäftsträger Dt. Ing. Consult in Saudi Arabien, 1980 Eröff. d. Anw.-Kzl., 1983 Sozietätsgrdg. (3 Partner), 1987 vereid. Buchprüfer, 1989 Fachanw. Arbeitsrecht, 2000 überörtl. Sozietät Hamburg-Dresden. H.: Überseeclub (Kuratorium), Dt.-Amerikan. HK, Geschäftsträger d. Konsulats v. Antigua u. Barbuda f. Norddeutschland, Studentencorps Hannovera u. Lusatia. H.: Jagd.

Ahner-Siese Ingeborg *)

Ahnert Carmen Dipl.-Ing. *)

Ahnert Frank Dr. Prof. *)

Ahnert Fritz Dr. med. MR

B.: Arzt i. R. PA.: 04109 Leipzig, Mainzer Str. 9. G.: Freiburg/Schlesien, 13. Feb. 1921. V.: Inge, geb. Barthel. El.: Richard (Apotheker) u. Felicitas, geb. Faja. S.: 1938-39 Reifezeugnis, Liegnitz, 1939-40 Abitur/Reifezertifikat, 1940-44 Med.-Stud., Breslau (Trimester), mit zeitweisen Unterbrechungen (Wehrmacht) Famulator in versch. Hauptverbandsplätzen, Militärischer Dienstgrad: Feld-Unterarzt, 1945-46 Russ. u. polnische Gefangenschaft, 1947-49 Rotsetzung d. Med. Stud. in Halle/Saale, 1949 med. Staatsexamen an d. Univ. Halle. K.: 1950-51 Pflichtass. an Uni-Kinderklinik Leipzig u. chirurg. u. internistischen Stationen d. Parkkrankenhauses Leipzig-Dösen sowie im HKH Leipzig, 1951 Prom., 1951-56 Chir. Fachausbildung Leipzig, 1951-58 Allgemeinärztl. u. chirurg. Tätigkeit im KHK Leipzig, 1956-90 Ltd.-Arzt u. Betriebsarzt im Landkreis Leipzig (Eythra, Bösdorf); 1976-88 Stellv. Leitstellenarzt bei d. SMH Leipzig u. Notarzt, Med.-Vorträge im Rahmen v. URANIA (Ges. zur Verbreitung wiss. Kenntnisse), aktive Mitarbeit b. d. Kreis-Therapie-Komm., Vors. d. Kommission f. berufliche Rehabilitation d. in d. Landwirtschaft geschädigten Patienten, Vors. d. DRK f. d. Landkreis Leipzig. E.: Rot-Kreuz-Spange in Gold. H.: Camping, Schriftstellerische Betätigung.

Ahnert Wolfgang Dr.-Ing. habil. Prof.

B.: Akustiker. FN.: ADA Acoustic Design Ahnert. DA.: 13355 Berlin, Gustav-Meyer-Allee 25. PA.: 13125 Berlin, Tichauer Str. 46. G.: Buttstädt, 28. Mai 1945. V.: Dr. Lieselotte, geb. Nüchter. Ki.: Henriette (1980), Friedrich (1986). El.: Hans u. Else. S.: 1963 Abitur, 1963-64 Lehre Laborant f.Fernmeldetechnik, 1964-70 Stud. Elektrotechnik TU Dresden, 1971-72 Zusatzstudium Elektroakustik Univ. Moskau, 1975 Prom., 1992 Habil. K.: 1972-75 wiss. Ass. TU Dresden, 1975-90 Ing. f. Akustik im Inst. f. Kulturbauten in Berlin, 1990 Grdg. d. Ing.-Büros ADA, weltweiter Vertrieb in über 40 Länder v. Simulations-Software, 1996 öff. bestellter Sachv. f. Elektroakustik insbesondere Beschallungstechnik, 2000 SDA Software Design Ahnert GmbH. BL.: 12 Patente u. Patentanmeldungen auf d.Gebiet audiovisuelle Informationssysteme f. Museen, Entwicklung v. Methoden d. Großbeschallungstechnik f. Theater u. Mehrzweckbauten z.B. f. 1985 Semperoper Dresden, 1999-2000 Kongreßpalast d. Kreml in Moskau, 1996 Parlament Ankara, 2000-2001 Bundespresseamt Berlin. P.: Akustik in Kulturbauten (1980), Grundlagen d.beschallungstechnik (1981), Beschallungstechnik (1993), Sound Reinforcement Engineering (1999), ca. 50 Zeitschriftenbeiträge. E.: 1995 Fellow d. Audio Engineering Soc. der USA, 1985-92 Ltg. d. techn. Komitees für Akustik u. Beschallungstechnik. M.: 1981-90 Grdgs.-Sekr. d. akust. Ges. d. DDR, VBI, Baukam. Berlin, Stellv.-Vors. d. Fachaussch. Elektroakustik d. DEGA. H.: Sprachen.

Ahns Günter

B.: Gschf. Ges. FN.: Tecta GmbH Agentur f. Marketing + Kommunikation. DA.: 50996 Köln, Konrad-Adenauer-Str. 25. www.tecta-koeln.de. G.: Kleinhau/Hürtgenwald, 14. Mai 1961. V.: Martina, geb. Sanfleber. Ki.: Kristina, Robin. El.: Theodor u. Maria Theresia, geb. Schür. S.: 1983 Abitur Düren, 1989-91 Werbefachschule Köln, Kommunikationswirt, 1991 Werbefachwirt. K.: 199297 Ang. in d. Werbeabt. e.Pharmaunternehmens, s. 1979 Gschf. Ges. d. Tecta GmbH. H.: Motorradfahren.

Ahnsehl Hartmut *)

Aholt Hans *)

Ahr Bettina

B.: Unternehmerin, Inh. FN.: Tattoo-World Hannover. DA.: 30989 Gehrden, Robert-Bosch-Str. 12. PA.: 30974 Wennigsen, Oberer Waldweg 5a. G.: Gladbeck, 24. Juni 1966. V.: Dirk Bonfigt. S.: Lehre Werkzeugmacherin. K.: 1996 Grdg. d. Unternehmens m. Tätowierungen aller Stilrichtungen, Cover Up, Body Piercing u. Permanent Make Up. P.: div. Messeveranstaltungen.

Ahrberg Martin *)

Ahrend Norbert

B.: Dipl.-Ökonom, Gschf. Ges. FN.: AIOS Consulting GmbH Managementberatung. GT.: freier Dozent am Institut f. Wirtschaftsinformatik d. HU zu Berlin u. beim Kommunalen Bildungswerk e.V. DA.: 10119 Berlin, Schönhauser Allee 10-11. nahrend@aios.de. www.aios.de. G.: Wernigerode, 8. Feb. 1967. V.: Katja, geb. Seelitger. El.: Manfred u. Christel, geb. Siebert. S.: 1985 Abitur, 1985-86 Ausbildung z. Facharbeiter f. Chemische Produktion, 1986-90 Stud. Wirtschaftswiss. an d. Humboldt-Univ. zu Berlin. K.: 1990 Referent im Bundesministerium f. Finanzen, 1990 Gründungsmtgl. u. Vorst. "Kommunales Bildungswerk e.V.", 1990-94 Unternehmensberater u. Projektleiter im IT-Bereich d. Firma Mummert + Partner, seit 1994 Gschf. Ges. d. KBW Consult Managementberatung GmbH/AIOS Consulting GmbH Managementberatung. P.: "IT-Managment: System statt Chaos" (2001), "Wirtschaftsleitfaden f. d. Öffentliche Verwaltung", div. Beiträge in Publ. E.: Firmenauszeichnungen: Bester Dienstleister im Bereich Informations- u. Kommunikationstechnik d. Landes Baden-Württemberg (1999 u. 2000). H.: Marathonlaufen.

Ahrends Beate

B.: Supervisorin DGSv, Kommunikationstrainerin. FN.: Coelner Consulting Team Management & Prozesse. DA.: 50677 Köln, Salierring 44. beate.ahrends@ccteam.de. www. ccteam.de. G.: Köln, 23. Mai 1957. V.: Lebenspartner: Rüdiger Estdorf. El.: Friedrich u. Annemarie Ahrends. S.: 1978 Abitur, 1978-82 Stud. Lehramt Kunst- u. Textilgestaltung an d. Päd. HS Köln, 1982-84 Referendariat, 1984 2. Staatsexamen, 1992-97 Zusatzausbildung Methodisches Arbeiten in Gruppen u. Organisationen, Ausbildung z. Supervisorin DGSv. K.: 1984-91 Personalreferentin d. Allg. Nordstern Vers. in Köln, 1991 selbständig als Kommunikationstrainerin u. Supervisorin, 1994 Grdg. d. Personaltrainings- u. Personalberatungsunternehmens Ahrends & Arnheim, 2001 Zusammenschluss mit Coelner Consulting Team Management & Prozesse. P.: eigene Kunstausstellungen: Textile Reliefs, Applikationen u. Textile Accessoires. M.: Dt. Ges. d. Supervision, Schöne Aussichten e.V. H.: Theater, Reisen besonders nach Südafrika.

Ahrends Günter Dr. *)

Ahrendt Bettina Sabine Dr.

B.: ndlg. Zahnärztin. DA.: 14193 Berlin, Charlottenbrunner Str. 6. dr.ahrendt@proximedia.de. www.dr-ahrendt.de. G.: Rendsburg, 7. Nov. 1957. Ki.: Dominik (1994), Philipp (1996). El.: Karl-Joachim u. Brigitte. S.: 1977 Abitur, 1977-81 Berufsausbildung Zahntechnikerin, 1982-87 Stud. Med. u. Zahnmed. an d. FU Berlin, 1990 Prom. K.: 1981-82 Zahntechnikerin, 1988-90 Ass. an d. FU Berlin, Prothetische Abt., 1991-93 Teilzeitbeschäftigt b. d. US-Streitkräften Berlin sowie in Justizvollzugsanstalten Berlin, parallel dazu Übernahme u. Ausbau einer eigenen Praxis, 1992 Kassenzahnärztliche Zulassung, 1994 Konzentration auf d. eigene Praxis u. d. zahnärztliche Behandlung in JVAen. F.: Ges. d. Ahrendt-Aktienges. (Autohaus). M.: Zahnärztekammer, Hartmannbund, seit 1983 im Verband d. Zahnärzte Berlin-Brandenburg, seit 1985 im Verband d. Züchter d. Holsteiner Pferdes, seit 1992 in d. Kassenzahnärztlichen Vereinigung, Verband d. Zahnärzte von Berlin. H.: Reiten u. Züchten v. Pferden.

Ahrendt Dieter Dr. rer. pol. Dipl.-Ing. *)

Ahrendt Georg-Eberhard

B.: Tenor, Komponist, Filmkfm., Musikverleger. FN.: Film Import-Export Ahrendt. DA.: 12209 Berlin, Salzunger Pfad 22. PA.: 10719 Berlin, Salzunger Pfad 22. G.: Halberstadt, 18. Jan. 1930. Ki.: Sven-Martin (1974). El.: Hermann u. Else. BV.: Großmutter: Marta Fuchs, Opernsängerin. S.: 1949 Abitur, 1949-50 Bergarb. in Pas de Callais Frankreich, 1950 b. seiner Rückkehr aus Frankreich nach Dresden als "Spion" u. d. Stasi 9 Monate Haft, 1951-53 Med.Stud. Berlin, abgebrochen wegen Blutallergie, Musikstud. am Sternschen Konservatorium, dann Klavier u. Komposition an d. HdK Berlin, 1960 Abschluß d. Komposition, Gesangsstud. Karlsruhe. K.: Engagement Staatstheater Wiesbaden, durch Autounfall d. Stimme verloren, danach (1969) Grdg. d. Film Import-Export, seit 1969 Kompositionen f. Filme, Fernsehserien u. Schlagerkompositionen, auch unter d. Künstlernamen: Sven Hanson, Bert Rolinco, Bert Binger, Roberto Nirwang. M.: GEMA, Komponistenverb. H.: Sprachen, Reisen, Schreiben.

---

*) Biographie www.whoiswho-verlag.ch oder beigefügte CD-ROM

Ahrendt Wolfram *)

Ahrenhold Renate

B.: Gschf. FN.: Elisabeth Eisele Grundstücksverw. KG. DA.: 22848 Norderstedt, Schwarzer Weg 75. G.: Hamburg, 14. Dez. 1940. Ki.: Claudia (1967), Sylvia (1969). El.: Albert u. Elisabeth Eisele. S.: 1960 Ausbildung im elterl. Betrieb. K.: 1960 tätig im kfm. Bereich im elterl. Betrieb Immobilien u. Verw., seit 1992 Gschf. M.: seit 1958 VDM u. Grundstückseigentümerverb. H.: Skifahren, Fernreisen.

Ahrens Andreas *)

Ahrens August-Wilhelm *)

Ahrens Dieter Dr. phil.

B.: OStDir. a.D. DA.: 31141 Hildesheim, Haydnstr. 7. G.: Osnabrück, 15. Juni 1929. V.: Charlotte, geb. Haase. Ki.: Helga (1962), Christine u. Claus (1963). El.: Karl u. Luise, geb. Wehrkamp. BV.: Bruder Dr. Karl Ahrens, Präs. d. EuropaR. 1984-87, 2. Bruder Dr. Hans Ahrens, Arch. S.: 1948 Abitur Osnabrück, Stud. Geographie, Geschichte, Germanistik, Geologie u. Völkerkunde Göttingen, 1954 Prom., 1955 Staatsexamen. K.: Referendariat Wolfsburg u. Lüneburg, Assessor in Wolfsburg, kom. Ltg. d. Theodor-Heuss-Gymn. Wolfsburg, seit 1971 in Hildesheim, b. 1994 Schulltg. d. Gymn. Sarstedt, seither i.R. M.: Grdg.-Mtgl. d. Lions Club Wolfsburg, 1984/85 u. 1994-95 Governor District 111 NH, 1995-96 Governorratsvors. d. Lions Clubs in Deutschland, 1992-98 Vors. d. Lions-Jugend-Forums Deutschland, seit 1983 Vors eines Behindertenver., 1. Vizepräs. d. Dt. Liga f. d. Kind in Familie u. Ges. Berlin. H.: Geschichte, Geographie, Philatelie.

Ahrens Dieter Dr. phil. *)

Ahrens Elmar Kaspar Dr. med. *)

Ahrens Hannsjörg Prof. *)

Ahrens Hartwig *)

Ahrens Heinz Dr. rer. pol. Dipl.-Kfm. *)

Ahrens Helmut Ernst Erich

B.: Dipl. Soziologe, freiberufl. Gesundheitsförd. DA.: 10777 Berlin, Nollendorfpl. 8-9. haflatspin@t-online.de/guk-ev@t-online.de. V.: Renate, geb. Materla. Ki.: Jana (1978). El.: Otto u. Marie-Luise, geb. Prenzler. S.: 19793 Abitur am 2. Bild.-Weg, 1968-70 Berufsausbild. z. Ldw.-Gehilfin, 1973-79 Soz.-Stud. an d. TU Berlin, 1970-71 Zivildienst. K.: 1971-73 Hilfspfleger in einem Orthopäd. KH in Bremen, 1979-85 Streetworker in Kreuzberg/Ein Projekt d. Landes Berlin, 1985-89

Drogenreferent b. d. Dt. Aidshilfe, 1989-91 Arb. f. Yes, seit 1991 freiberufl. tätig u.a. in d. Bundesver. f. Gesundheitserziehung: Konzipieren eines Programms z. Arb. in d. Techno-Szene, 1999 Pause wegen schwerer Krankheit. BL.: Konzipieren u. "Auf d. Weg bringen" ständig neuer zeitgemäßer Präventivaktionen f. d. Drogenszene. P.: Buch in Vorbereitung, zahlr. Vorträge in allen Bdl. u. Europ. Städte, Beiträge in Printmedien sowie Teilnahme an versch. Talkshows im Fernsehen, Text u. Redaktion "Partydrogen -97" (1994), Broschüre m. mehreren Auflagen. E.: 1997 "Celia Bernecker-Welle"-Medaille v. d. DAH (Dt. Aids Hilfe), "Geehrt wird Humanität als tatkräftiges Mitgefühl mit Aidskranken und Positiven". M.: 1994 Mitbegründer u. 1. Vors. Eve & Rave b. 1999, Aufbau eines entsprechenden Netzwerkes in Deutschland u. d. Schweiz, ab 1985 Mtgl. im Bundesverb. f. akzeptierende Drogenarb. u. humane Drogenpolitik, b. 1989 Vorst.-Mtgl., ab 1999 Mtgl. im BV Gesundheit u. Prävention, 1989-91 Vorst.-Mtgl. d. Dt. Aids-Hilfe, 1991-93 BMG Präventionsstudie "Aidsprävention in d. Bundesdeutschen Technoszene", seit 1994 freiberuflich tätig u.a. in d. Bundesverb. f. Gesundheitserziehung, Konzipieren eines Peer-Präventionsprogrammes d. Arbt. i. d. Techno-Szene, 1994 Begründer v. Eve & Rave e.V. u. 1. Vors. bis 1999. H.: Konzerte, Kunst, Literatur.

Ahrens Horst *)

Ahrens Jürgen Dipl.-Hdl. *)

Ahrens Karin

B.: Inh., Gschf., Unternehmerin, Kommunalpolitikerin. DA.: 18055 Rostock, Strandstr. 93. G.: Rostock, 24. Aug. 1957. Ki.: Anita (1978). S.: 1974-76 Lehre z. Wirtschaftskauffrau. K.: Berufstätigkeit in versch. Bereichen d. Schiffselektronik, 1991 Übergang v. Schiffselektronik in eine Arbeitsförd.- u. Strukturförd.-Ges., Grdg.-Mtgl., Personalreferentin u. später Sachgebietsltr. Projektmanagement b. 1997, danach selbst.; Politik: 1994 Eintritt in d. SPD, Wahl zur Bürgerschaftsabg., 1994-99 stellv. Fraktionsvors. d. SPD Fraktion, Parteivorst., AufsR.: KABS, Seehafen Ver.-Ges. u. Parkraum GmbH, z.Zt. Hauptaussch.-Mtgl., Sprecherin Personalkmsn., stellv. Vors. Wirtschaftsaussch., Kuratoriumspräs. d. Dachverb. d. Rostocker Schüler- u. Freizeitzentrums, Ver. Frauen in d. Wirtschaft. H.: Kommunalpolitik.

Ahrens Kurt *)

Ahrens Martin Dipl.-Kfm.

B.: Kfm., Gschf. FN.: BEKO BAU GmbH. DA.: 04299 Leipzig, Gletschersteinstr. 28. G.: Kiel, 7. Apr. 1953. V.: Dipl.-Kauffrau Sybilla. Ki.: Sophie, Lena, Vincent. El.: Walther-Christoph u. Elsabe, geb. Olde. S.: 1973 Abitur Kiel, Bundeswehr, 1974 BWL-Stud. Hamburg u. Univ. Zürich, 1980 Examen. K.: 1980-81 Anwendungsprogrammierer b.

*) Biographie www.whoiswho-verlag.ch oder beigefügte CD-ROM

Siemens in München, 1981-89 zunächst als kfm. Ltr. dann als Gschf. im elterl. Berieb Chr. Ahrens Fensterbau u. Holzgroßhdl., während dieser Zeit zusätzlich: SWS Software-Systeme GmbH in Kiel (Software-Produktion u. Vertrieb), 1984-88 Gschf. d. Firma Ahrens & Dräger GmbH in Goslar, 1989-90 Controlleur u. kfm. Ltr. bei d. Firma AVE Ges. f. Medienbeteiligungen in München, tätig im Bereich elektronische Medien), 1990-93 Dir. f. Finanzen u. Beteiligungen bei d. Treuhandanst. Niederlassung Schwerin, 1993-94 Geschäftsstellenltr. d. Treuhand in Schwerin, 1994-95 Ltr. d. Vorststandsstabs d. Treuhandanstalt bzw. d. Treuhandnachfolgerin BVS, seit 1995 Gschf. d. BEKO-Bau GmbH in Leipzig (Wiesbaden u. Berlin), zuständig f. kfm. Bereich d. Bauunternehmens u. d. Projektentwicklung, ab 1997 glz. Gschf. d. Beko Projekt GmbH, ab 1999 Gschf. d. Tochterges. All Plan Bauplanungsges. mbH, Hannover (Arch.Büro). M.: Lions Cosmopolitan Leipzig. H.: Golf 1. Golfclub Leipzig.

Ahrens Martin *)

Ahrens Mathias

B.: Gschf. FN.: Ahrens + Haupt GmbH Dachrinnen-Service. DA.: 22335 Hamburg, Woermannsweg 14. G.: Hamburg, 22. Dez. 1963. BV.: Großvater Charles D. B. King Staatspräs. u. Außenmin. v. Liberia. S.: 1984 FH-Reife. K.: Grdg. d. Firma Ahrens + Haupt Hamburg, seit 1990 Umwandlung d. Firma Ahrens + Haupt in eine GmbH, Gschf. d. Firma Ahrens + Haupt GmbH Dachrinnen-Service Hamburg. M.: Hockey-Club. H.: Hockey.

Ahrens Nils Dipl.-Ing.

B.: Unternehmer, Inh. FN.: MEDIA Dynamics. DA.: 10752 Berlin, Postbox 30 211 6. nilsahrens@media-dynamics.de. www.media-dynamics.de. G.: Neustadt an d. Aisch, 22. Dez. 1963. El.: Herbert u. Ingeborg. S.: 1980 Mittlere Reife, 1980-84 Ausbild. Maschinenschlosser m. Abitur, 1984-87 Auslandsmontage Großindustrie, 1987-91 Stud. TFH-Berlin m. Abschluß Dipl.-Ing. Maschinenbau. K.: 1991-93 MItgrdg. FAB Fernsehen aus Berlin AG, 1993-97 Automobilindustrie, Management, 1997 Investmentberater TV-Gesellschaft, 1998 Offiziersassistent, 1999-2001 tätig u.a. f. Reuters, ARD, SAT 1 u. d. intern. Funkausstellung in Berlin; interaktives Kommunikations, Internet u. SMS, komplette Problemlösungen im IT-Kommunikationsbereich, seit 2001 Eventmanager. F.: Ges. d. AG "Fernsehen aus Berlin". M.: Presseclub Bremerhaven, Berliner Pressekonferenz. H.: Atlantiksegeln, Tennis, Gleitschirmfliegen.

Ahrens Nils Hinnerk

B.: RA. DA.: 14712 Rathenow, Goethestraße 23. PA.: 14712 Rathenow, Puschkinstr. 81. rechtsanwalt-nils-ahrens@t-online.de. G.: Brake/Utw., 4. Feb. 1967. S.: 1986 Abitur in Bremerhaven, b. 1988 Bundeswehr, Stud. Rechtswiss. Univ. Passau, 1993-96 Referendariat Bayern. K.: seit 1997 RA in Rathenow, 1997 Zulassung z. RA; Funktion: ehrenamtl. tätig in d. Beratung d. Verbraucherzentrale Sachsen-Anhalt, Dozent an d. VHS in Rathenow u. in Falkensee. M.: Burschenschaft Hanseatia Passau, Anw.-Kam. Brandenburg, Dt. Anw.-Ver. H.: Fußball, Sport.

Ahrens Norbert Dipl.-Kfm. *)

Ahrens Olaf *)

Ahrens Peter

B.: kfm. Dir. FN.: Ev. KH Göttingen-Weende e.V. DA.: 37075 Göttingen, An der Lutter 24. ahrens@ekweende.de. G.: Bad Harzburg, 3. Mai 1956. V.: Christiane, geb. Haupt. Ki.: Carolin-Theres (1994). El.: Peter u. Margaretha, geb. Thiemt. S.: 1977 Abitur, 1977-79 Lehre Ind.-Kfm., 1979-82 Stud. Rw. Bochum m. Dipl.-Abschluß. K.: 1982-86 Wirtschaftsprüf.-Ass. in Mülheim, 1986-92 Abt.-Ltr. d. Finanz- u. Rechnungswesen in d. Augusta-Krankenanstalt in Bochum, 1992-97 Vorst.-Vors. d. Rheuma-Kurbad AG in Bad Kreuznach, seit 1997 kfm. Dir. d. Ev. KH Göttingen-Weende e.V. u. Mtgl. d. gschf. Vorst. M.: Rotary Club. H.: Großsegler, Lesen, klass. Musik.

Ahrens Peter Adolf Paul *)

Ahrens Rüdiger W. Dr. Dr. h.c. o. Prof. Prof. h.c.

B.: Lehrstuhlinhaber. FN.: Inst. f. Anglistik u. Amerikanistik, Univ. Würzburg. DA.: 97074 Würzburg, Am Hubland. G.: Höxter, 3. Jan. 1939. V.: Uta, geb. Grages. S.: 1959 Abitur, 1959 Stud. Engl., Franz., Phil., Pädagogik Univ. Göttingen, 1959-60 Univ. de Dijon/F, 1963-66 Univ. Erlangen, 1966 Prom. K.: 1967-70 Ass. an d. Univ. Hannover, 1970-80 Prof. f. Anglistik an d. Univ. Trier, ab 1976 Ruf an Univ. Erlangen, 1980 Prof. P.: D. moral. Funktion d. Essays v. Francis Bacon (1966), Engl. Parodien-v. Shakespeare bis T. S. Eliot (1972), D. Essays v. Francis Bacon (1974), Engl. literaturtheoret. Essays (2 Bde., 1975), Amerik. Bildungswirklichkeit heute (1981), W. Shakespeare-Didakt. Handbuch (1982), Text-Culture-Reception (1991), Hrsg. d. Anglistik (seit 1990) u. d. am. Annual "Symbolism", Handbuch Englisch als Fremdsprache (HEF) (1995), Why Literature Matters (1996). E.: 1995 Academia Scientiarum et Artium European, 1999 VO d. Bundesrepublik Deutschland. M.: MLA, Dt. Anglistenverband, FMF, Dt. Shakespeare-Ges., Görres-Ges., IAUPE, DGfA, DGFF.

Ahrens Stephan Dr. med. Dr. rer. soc. Prof.

B.: Ärztl. Dir. FN.: KH Rissen Abt. Psychosomatik u. Schmerztherapie. DA.: 22559 Hamburg, Suurheid 20. PA.: 22301 Hamburg, Agnesstr. 31. prof.ahrens@khs.rissen.de. www.khs-rissen.de. G.: Hameln/Weser, 30. Mai 1945. V.:

*) Biographie www.whoiswho-verlag.ch oder beigefügte CD-ROM

Bettina, geb. Oelsner. S.: 1965 Abitur Hamburg, 1965-66 Stud. Zoologie an d. Univ. Hamburg u. Heidelberg, 1966-68 Vorklin. Stud. d. Med. an d. Univ. Kiel, 1968 Physikum, 1968-71 Klin. Stud. d. Med. an d. Univ. Hamburg, 1971 Staatsexamen u. Prom., 1971-74 Stud. d. Sozialwiss. an d. Univ. Konstanz, Abschluß mit Lizentiatenprüfg., 1974 Approb. K.: 1974-75 wiss. Ang. in d. Funktion d. Leiters d. Forschungsstelle f. Sozialmed. an d. Univ. Hamburg, 1975 Prom. im Fach Sozialswiss. an d. Univ. Konstanz, 1974-78 Ausbildg. zur Zusatzbezeichnung "Psychotherapie", 1974-77 u. 1977-78 Lehrauftrag an d. Evang. FHS f. Sozialpädagogik Hamburg, 1976-77 Stabstarzt in d. Abt. Neurologie u. Psychiatrie d. Bundeswehrkrankenhauses Hamburg-Wandsbek, 1977-79 Lehrauftrag am Soziolog. Seminar d. Univ. Hamburg, 1978-82 wiss. Ang. am Zentrum Nervenheilkunde d. Univ. Kiel, 1978-84 Ausbildg. in Psychoanalyse, 1980 Erteilung d. Zusatzbezeichnung "Psychotherapie", 1981 Erteilung d. Zusatzbezeichnung "Psychoanalyse", 1981 Facharztanerkennung f. d. Fachgebiete Neurologie u. Psychiatrie, 1982 Habil. f. d. Fachgebiet Psychosomatik u. Psychotherapie an d. Univ. Kiel, 1983-84 Akad. Oberrat u. Oberarzt an d. Abt. Psychiatrie im Zentrum Nervenheilkunde, seit 1983 Beteiligung an d. Weiterbildg. z. Zusatzbezeichnung "Psychotherapie" d. Ärztekam. Schleswig-Holstein, seit 1984 Prof. (C 2) an d. Abt. Psychosomatik u. Psychotherapie d. Univ.-KH Hamburg Eppendorf, 1988 Berufung d. Dir. (C 4) d. Klinik f. Psychosomatik u. Psychotherapie d. Gesamthochschule Essen, Ablehnung wegen mangelnder wiss. u. klin. Arbeitsmöglichkeiten, seit 1990 Ltd. Arzt d. Abt. Psychosomatik d. DRK- u. Freimaurer-KH Rissen. P.: zahlr. Veröff. in Fachzeitschriften, The empirical Study of alesithymia (1986), Psychosomatik in der Neurologie (1995), Lehrbuch der psychotherapeutischen Medizin (1997). E.: Sigmund-Freud-Medaille durch d. Univ. Jerusalem. M.: Dt. Ges. f. Psychotherapie u. Nervenheilkunde, o.Mtgl. d. Dt. Kollegiums f. Psychosomatische Med. u. d. Intern. College of Psychosomatic Medicine. H.: Tennis, Oldtimerrennen.

Ahrens Sybille Gertrud *)

Ahrens Theodor Dr. Prof.

B.: Theologieprof. f. Missionswiss. FN.: Universität Hamburg. DA.: 20146 Hamburg, Sedanstr. 19. theoahrens@ aol.com. G.: Koraput/Indien, 30. Apr. 1940. V.: Hanna, geb. Jahnke. Ki.: Johannes, Susanne, Micha, Isabel. El.: Walter Albert u. Ursula Ahrens. S.: 1961 Abitur Husum, 1961-67 Stud. Ev. Theologie in Heidelberg, Tübingen, Göttingen, Kiel u. Hamburg, 1967-69 Gemeindevikariat u. Ordination in Lübeck, 1969 Prom. z. Dr. theol. K.: 1969-71 Mtgl. d. Studienleitung d. Missionsakademie Hamburg, 1971-78 Pastorale Tätigkeit u. Feldforschung in Papua Neuguinea, Mitbegründer eines Inst. f. kontextuelle Theologie, 1978-87 Referent am Zentrum f. Weltmission u. kirchl. Weltdienst d. nordelbischen Kirche, 1987 Prof. f. Missionswiss. u. ökumenische Beziehungen d. Kirchen an d. Univ. Hamburg. BL.: Lehrtätigkeiten u. Forschungsarbeiten in Ozeanien, China, Indien, Korea, Brasilien u. Kamerun, Arbeitsgebiete: Kontextualisierungsproblematik, Theologie d. Mission, Kultur- u. Christentumsgeschichte Ozeaniens, Religion u. Gewalt. P.: Volkschristentum u. Volksreligion im Pazifik (1977), The Church and Adjustment Movements (1974), Christ in Melanesia (1977), Unterwegs nach d. verlorenen Heimat. Studien z. Identitätsproblematik in Melanesien (1987), Zwischen Religionalität u. Globalisierung.

Studien z. Mission, Ökumene u. Religion, Perspektiven d. Weltmission (1997), On Grace and Reciprocity, Missiological Studies (2002), Mission nachdenken (2002). M.: ASAO, IAMS, Vors. d. Missionsakademie in Hamburg, Mtgl. d. Vorst. d. Ev. Missionswerkes, Vors. d. Ostasien Kommission d. EMW. H.: Sport, Theater.

Ahrens Thomas Dr.

B.: RA. DA.: 44137 Dortmund, Markt 10. G.: Dortmund, 30. Jän. 1954. Ki.: Alexander (1981), Christoph (1983), Kathrin (1985). El.: Anton u. Rosemarie, geb. Groth. S.: 1972 Abitur, 1972-78 Stud. Rechtswiss. Univ. Münster, 1978 1. Staatsexamen, 1978-80 Referendariat LG Dortmund, 1980 Zulassung z. RA. K.: 1980-88 RA in einer Kzl. in Dortmund, 1984 Prom., seit 1988 selbst. in Sozietät m. 2 Partnern, 1991 Ernennung z. Notar. F.: Beteiligung dam Einrichtungshaus d. Familie. P.: Prom.: "Die Holding in d. Gem.-Wirtschaft". M.: Cartellverb. H.: Ausdauersport, Fußball, Jagd, Musik.

Ahrens Thomas

B.: Gschf. Ges. FN.: Fitness-World Freizeitanlagen GmbH. DA.: 24576 Bad Bramstedt, Am Hasselt 6 a. fitness-world-bad-bramstedt@t-online.de. www.fitness-world-bad-bramstedt.de. G.: Hamburg, 13. März 1961. V.: Agnes, geb. Heeb. Ki.: Rico, Sandro. S.: 1978-81 Ausbild. Elektroinstallateur, 1981-85 Bundeswehr. K.: 1985-96 Eröffnung u. Ltg. eines Fitness-Center in Bad Bramstedt, 1996 Eröff. d. Sportstudios Fitness-World Freizeitanlagen GmbH m. Schwerpunkt gesundheitsorientierte Trainingsprogramme. M.: Dt. Sportstudio Verb., In-line Unternehmensberatung. H.: Sport, Freizeit m. d. Familie.

Ahrens Wilhelm

B.: Präs., Hauptgschf. FN.: VFL Wolfsburg e.V. DA.: 38446 Wolfsburg, Elsterweg 5. PA.: 38557 Osloß, Alte Dorfstr. 19. wa@rfl-wolfsburg.de. G.: Osnabrück, 13. Aug. 1936. V.: Silvia, geb. Brockel. Ki.: Tanja (1970), Claudia (1971). S.: 1956 Abitur Osnabrück, b. 1959 Berufsausbild. z. Steuerfachgehilfen in Osnabrück u. Münster, 1959-63 Stud. Prakt. Betriebswirtschaft. K.: 1964-96 b. d. Volkswagen AG in Mexiko u. Wolfsburg, zuletzt als Bereichsltr. Rechnungswesen, seit 1994 Präsidiumsmtgl. d. VFL Wolfsburg, seit 1996 Hauptgschf. b. VFL Wolfsburg, seit 2000 Präsident d. VfL Wolfsburg. BL.: d. Ausgliederung d. Fußballlizenzabt. in VFL Wolfsburg-Fußball GmbH. H.: Wassersport, Fotografie, Lesen, Reisen, Sport.

Ahrens-Strassberger Andrea Dipl.-Kauffrau *)

Ahrensmeier Detlef *)

Ahrlé Ferry *

---

*) Biographie www.whoiswho-verlag.ch oder beigefügte CD-ROM

Ahrndsen Dietmar *)

B.: RA, Inh. FN.: Eckart Aich Christoph Miczek Rechtsanwälte. DA.: 45130 Essen, Zweigertstr. 15. G: München, 10. Feb. 1966. V.: Anja, geb. Schumacher. Ki.: Julia. El.: Herbert u. Christa, geb. Kettler. S.: 1985 Abitur Gelsenkirchen, 1985-91 Stud. Jura, 1991 1. Staatsexamen, Referendariat, 2. Staatsexamen Düsseldorf. K.: seit 1994 selbst. RA. M.: Tanzver. H.: Skat, Tennis.

Ahrons Barbara *)

von Ahsen E.-Detlef Dipl.-Ing. *)

Ahuja Santo Dr. med. *)

Aich Eckart

B.: RA, Inh. FN.: Eckart Aich Christoph Miczek Rechtsanwälte. DA.: 45130 Essen, Zweigertstr. 15. G: München, 10. Feb. 1966. V.: Anja, geb. Schumacher. Ki.: Julia. El.: Herbert u. Christa, geb. Kettler. S.: 1985 Abitur Gelsenkirchen, 1985-91 Stud. Jura, 1991 1. Staatsexamen, Referendariat, 2. Staatsexamen Düsseldorf. K.: seit 1994 selbst. RA. M.: Tanzver. H.: Skat, Tennis.

Aichberger Gerhard *)

Aichele Frieder *)

Aichele Joachim Dipl.-Ing.

B.: Architekt BDA. FN.: Heil u. Aichele. DA.: 80805 München, Osterwaldstr. 61A. office@heil-aichele.de. www.heil-aichele.de. G.: Reutlingen, 1960. S.: 1980 Abitur Reutlingen, 1980-87 Stud. Architektur an d. Univ. Stuttgart. K.: 1987-93 Mitarbeit Büro Riehle u. Partner, 1993-95 Mitarbeit im Büro Heil u. Partner München, seit 1995 Partnerschaft m. Werner Heil in München. E.: 1998 Architekturpreis Ziegelforum, 1999 Architekturpreis Callwey-Verlag. H.: Musik, Literatur.

Aichhorn Markus

B.: Werbekfm. FN.: Jodler-Werbung; Kuse Computergrafik. DA.: 83278 Traunstein, Tinnertinger Str. 8. kuse@jodler.de. www.kuse.de. G.: Prien/Chiemsee, 13. Juni 1971. El.: Wilfried u. Christa. S.: 1990 Abitur, 1990-91 Zivildienst, 1991-93 versch. Praktika, 1993-95 Lehre als Werbekfm. K.: ab 1995 selbst. Computergrafiker u. Fotograf. H.: Sport allg., Musik.

Aichhorn Wilfried *)

Aichinger Peter Erwin Dipl.-Ing. *)

Aichner Ernst Dr. *)

Aigner Florian *)

Aigner Friedemann Dipl.-Ing.

B.: Gschf. FN.: FA EDV-Beratung GmbH. DA.: 80689 München, Reuterstr. 101. G: Regen, 23. Okt. 1955. V.: Gabriele, geb. Heinz. Ki.: Isabell (1984), Manuel (1986). El.: Alfons u. Gertraute. S.: 1977 Abitur, 1977-78 Zivildienst, 1978-84 Stud. Elektrotechnik an d. FH München, Dipl.-Ing. f. Elektrotechnik m. Schwerpunkt Nachrichtentechnik. K.: 1984-92 Entwicklungs-, Projekt- u. Systeming. f. Raumfahrtprojekte Firma Kayser Threde München, 1992-96 FH München Abt. Rechenzentrum

Software-Entwicklung u. Netzwerktechnik, 1996-97 Software-Entwicklung Micros Fidelio München, ab 1997 selbst. Gschf. Ges. d. FA EDV-Beratung GmbH. H.: Skifahren, Radfahren, Natur, Wandern, Sammeln von Modellbahnen.

Aigner Gottfried *)

Aigner Ilse

B.: staatl. geprüfte Elektrotechnikerin, MdB. FN.: Dt. Bundestag. DA.: 11011 Berlin, Platz d. Republik 1. G.: Feldkirchen-Westerham, 7. Dez. 1964. S.: Mittlere Reife, Radio- u. Fernsehtechniker. S.: 7 J. Berufspraxis/staatl. geprüfte Elektrotechnikerin, 5 J. in d. Hubschrauberentwicklung/Elektr. System; Eintritt in d. Junge Union Bayern, Eintritt in d. CSU, Eintritt in d. Frauen-Union, seither mehrere polit. u. öff. Ämter, 1993-99 stellv. Landesvors. d. Jungen Union Bayern, seit 1995 stellv. Kreisvors. d. CSU Rosenheim-Land, seit 1995 Mtgl. d. CSU Parteivorst. u. d. Bez.-Vorst. Oberbayern, 1990-98 Mtgl. d. GemR. v. Feldkirch-Westerham, Mtgl. d. Kreistages u. d. Kreisausch. d. Landkreises Rosenheim, 1994-98 Mtgl. d. Bayer. Landtages Ausch. f. Bild., Jugend u. Sport sowie Ausch. f. Eingaben u. Beschwerden, seit 1998 MdB. M.: 1992-98 Vors. d. Rosenheimer Nachtexpress e.V., seit 1994 VPräs. d. LV Oberbayern im Bund Dt. Karneval, 1995-98 Vors. d. Kulturver. im Landkreis Rosenheim e.V., seit 1997 Mtgl. d. Bez.-Ausch. d. Oberbayer. Wasserwacht. (Re)

Aigner Manfred Dr. med.

B.: FA f. Nephrologie. DA.: 85049 Ingolstadt, Reger Str. 11. G.: Schwindeck, 9. Apr. 1951. V.: Marina. El.: Rudolf u. Gabriele, geb. Schneider. S.: 1971 Abitur Dingolfing, 1971 Stud. Physik Univ. München, 1972 zusätzl. Stud. Med., 1978 Examen, 1979 Stud. Pathologie Augsburg, 1979 Prom., Bundeswehr - Stabsarzt. K.: 1981 tätig in d. Abt. Innere Med., Gastroenterologie, Intensivmed. u. Radiologie am Klinikum Ingolstadt, 1989 FA für Innere Med., 1992 OA d. Nephrologie, 1996 FA f. Nephrologie, seit 1988 ndlg. FA m. eigenem Dialysezentrum, seit 2001 Heimdialysezentrum in Neuburg, 2001 Eröff. d.neuen Hauses m. 35 Dialyseplätzen. BL.: Patente: Katheter Desinfektionskammer, Stabilisierungspflaster. P.: "Natriumhyperchlorid", "Blutreinigungsverfahren". H.: Innenausbau, Schreinerei, Sport, Fachliteratur.

Aigner Patricia Sarah *)

Aiman Abdallah

B.: Moderator. FN.: c/o ProSieben Media AG - Redaktion Galileo. DA.: 85773 Unterföhring. www.pro-sieben.de. V.: Sabine. Ki.: 3 Kinder. S.: Stud. Informatik Berlin. K.: TV-Karriere anfangs hinter d. Kamera, danach Sportreporter, seit 1998 Moderator d. Wissensmagazins "Galileo" b. ProSieben. H.: Sport, Kino, Theater, Reisen.

Aimer Manfred

B.: Westernsattelproduzent. FN.: Union Western Saddlery. DA.: 85646 Neufahrn/Parsdorf, Münchnerstr. 1A. info@unionwesternsaddlery.de. www.unionwesternsaddlery.de. G.: München, 1. Juli 1965. S.: 1981 Ausbildung z. Konditor u. Modellbauer in USA, 1988-94 Ausbildung in d. USA in Sheradon Wyoming u. in Colorado z. Westernsattelmacher im

---

*) Biographie www.whoiswho-verlag.ch oder beigefügte CD-ROM

Aimer professionellen Stil. K.: seit 1994 einziger Westernsattelmacher in Deutschland, sowie Hersteller v. Saddletrees, Chaps-Hosenschutzbekleidung, Brest-Collar Sattelforderzeug, Saddlebags-Satteltaschen, Spur-Straps, Sporen, Reitstiefelverkauf v. Olate Boots, Filzsattelunterlagen u. allen Westernreitartikeln. P.: Western Magazine, Cavallo, SZ, Video über Sattelkunde (ab 2002), Deutsches Quarterhorse, Ausstellungen u. Messen. M: European Rodeo Cowboy Association, VFD, Reitsportverein Leuabersdorf, Pferdefreunde Eichtling. H.: Lesen, Westernreiten, Reisen nach USA/Kanada u. Kroatien.

Aiouaz Moncef *)

Aischmann Bernd *)

Aisenbrey Joachim Dipl.-Oec. *)

Aisenbrey Siegfried Dipl.-Ing. *)

Aita Rainer Ralf Dipl.-Ing. *)

Ajer Ines *)

Ajtner Tadeusz *)

Ajzensztejn Daniel
B.: Vors. FN.: Jüdische Gemeinde in Hamburg. DA.: 20357 Hamburg, Schäferkampfsallee 27. G.: 1964. S: Stud. Med. u. Rechtswiss. an d. Univ. Hamburg, Physikum, 1. Staatsexamen. K.: Ass. am Fachbereich Öffentliches Recht d. Univ. Hamburg, Univ.: Grundstücksrecht, Referendar im Hamburger Büro v. Wessing & Berenberg-Gossler, Mtgl. d. Präsidiums d. Zentralrates d. Juden in Deutschland u. im Dr. Komitee d. UNICEF, Vors. d. Jüdischen Gemeinde in Hamburg.

Akca Güler
B.: RA, Inh. FN.: RA Güler Akca. DA.: 51103 Köln, Steprathstr. 24. rag.akca@web.de. G.: Corum, 3. Feb. 1970. EI.: Amet a. Bedriye Akca, geb. Üstünüs. S.: 1989 Abitur Köln, 1989 Stud. Köln, 1995 1. Staatsexamen, Ref. Aachen, 1996 2. Staatsexamen. K.: s. 2000 ndlg. Anw. in Köln, Tätigkeitsschwerpunkt: Zivilrecht, Arbeitsrecht. P.: Radio. H.: Sport, Fitness, Lesen.

Akbarpour Djamschid Dr. med. *)

Akdere Muhammet
B.: Eurohotelbetriebswirt, Hoteldir. FN.: Tryp Hotel. DA.: 29225 Celle, Fuhrberger Str. 6. PA.: 29221 Celle, Fallada Str. 1A. www.sol-inn-celle@t-online.de. G.: Immenstadt, 22. Apr. 1972. S.: b. 1991 Ausbild. als Hotelfachmann im Kur- u. Ferienhotel Filser in Obersdorf, 1991-94 Tätigkeit in versch. Häusern u. Positionen im Hotelgewerbe im In- u. Ausland, 1994-96 Stud. z. Hotelbetriebswirt auf d. Hotelfachschule Pegnitz, 1996 Prüf. z. Eurohotelbetriebswirt an d. Hotelfachschule Heidelberg, ab 1996 stv. Hoteldir. im hotel Thiergarten Bayreuth, ab 1996 Hoteldir. im Akzent Landhotel Kaiser in Frankenberg b. Chemnitz, ab 1997 Hoteldir. d. Best Western Hanse Hotel in Warnemünde, seit 2000 Hoteldir. d. Sol Inn Hotel Celle. H.: Beruf, Antiquitäten, Lesen, Sport.

*) Biographie www.whoiswho-verlag.ch oder beigefügte CD-ROM

---

van Aken Anja *)

Akhtar-Schuster Mariam Dr. rer. nat. Dipl.-Geographin
B.: wiss. Ang. FN.: Botan. Inst. d. Univ. Hamburg. G.: Pakistan, 24. Juli 1963. V.: Dr. Kristof Schuster. S.: 1983 Abitur Hannover, 1983-84 Auslandsaufenthalt, 1984-90 Stud. Geographie, Geologie u. Botanik Univ. Hannover m. Dipl.-Abschluß. K.: 1990-91 freiberufl. Geographin, 1991-93 Mitarb. an d. Ak. d. Wiss. zu Göttingen b. Projekt Morphodynam. Prozesse u. Desertifikation - langj. Feld-Forsch. in Rep. Sudan, 1994-95 tätig im Inst. IFUS an d. TFH Berlin, 1995 Prom., 1996-98 freiberufl. tätig in versch. Bereichen, 1999-2001 tätig in d. Ing.-Ges. Dr. Ing. Veenker GmbH spez. f. Ermittlung d. Standortsicherung v. Versorgungsleitungen, seit 2001 wiss. Mitarb. am Projekt BIOTA im botan. Inst. in Namibia u. im Sudan m. Schwerpunkt Vegetation, Sozioökonomie für d. Entwicklung ökolog. angepaßter Landnutzungssysteme f. Trockengebiete; seit 2000 BetR.-Mtgl. d. German Network on Research to Combat Desertification. P.: zahlr. Veröff. in intern. Fachzeitschriften zu d. Themen Dürre, Desertifikation u. Ökologie in Trockengebieten, Organ. v. Seminaren u. Workshops; M.: Ges. f. Erdkunde zu Berlin, Arb.-Gruppe Desertifikation. H.: Literatur, Wandern, Fernreisen.

Akin Fred-Hans *)

Akina Henry Green *)

Akinay Anette Carolin
B.: Physiotherapeutin. FN.: Praxis f. physikal. Therapie. DA.: 22765 Hamburg, Bahrenfelder Str. 169. G.: Lauffen, 21. Feb. 1962. V.: Sedat Akinay. Ki.: Frieda Merwe Rvecan (1995). EI.: Walter u. Martha Bock, geb. Conz. S.: 1978 Mittlere Reife, 1978-79 Höhere Handelsschule Heilbronn, 1979-81 Vorpraktikum b. Neurologen Dr. Denzel in Heilbronn, 1981-82 Schule f. Physiotherapie in Boppart/Rhein, Staatsexamen als Masseurin u. med. Bademeisterin. K.: 1982-83 Praktikum im Roland Bad in Köln, 1983 Univ.-KH Eppendorf in Hamburg, 1983-89 ang. b. Orthopäden Dr. Benters in Hamburg, 1989 selbst., 1997 Staatsexamen als Physiotherapeutin. H.: Lesen, Sprachen lernen.

Akinlaja Gertrud Dr. med. *)

van den Akker Maren
B.: Manualtherapeutin, Krankengymnastin. DA.: 23843 Bad Oldesloe, Am Markt 3. G.: Hamburg, 3. Apr. 1966. V.: Franciskus Rudolphus van der Akker. Ki.: Mieke (1996), Robin (2000). EI.: Heinz Heinrich u. Marlene Budde, geb. Hauje. S.: 1985 Abitur, 1986-89 Ausbild. Krankengymnastin Loges-Schule Wilhelmshaven und Rheumaklinik Leukerbad in Bramsted. K.: 1990-92 tätig in d. Rheumaklinik Leukerbad in d. Schweiz u. glz. Ausbild. in Bobath-Therapie, 1992 ang. Krankengymnastin einer Praxis, seit 1993 selbst. Krankengymnastin in Bad Oldesloe, 1992-97 Ausbild. z. Manualtherapeutin. H.: Garten, Sport.

Akkermann Iris Dipl.-med. *)

Akkermann Klaas *)

Akkermann Sabine C. Dipl. oec.

B.: Unternehmensberaterin, Inh. FN.: SCA Consulting. DA.: 28359 Bremen, Wilhelm-Herbst-Str. 5. sca@sca-consulting.de. www.sca-consulting.de. G.: Bremen, 16. Dez. 1964. El.: Hermann u. Renate Akkermann, geb. Wiesejahn. BV.: Familie Akkermann Ursprung Insel Borkum. S.: 1984 Abitur Bremen, 1984-87 kfm. Ausbild. z. Ind.-Kauffrau Biolabor Bremen, 1987-89 berufsbegleitendes Stud. zur Ind.-Fachwirtin m. AEVO Wirtschafts- u. Sozialak. Bremen, 1990 Stud. Wirtschaftswiss. Univ. Bremen, 1994 Abschluss: Dipl. oec. K.: 1987-90 WEKA Textilimport Einkaufsass. u. Zollabwicklung in Wilhelmshaven, 1990-93 Ass. d. Geschäftsltg. Die Druckfabrik b. Dr.-Ing. G. Diekhöner Brmen, 1993-96 Yachtvertrieb in Bremen u. Cannes/Frankreich als Gschf., 1997-98 Vorst.-Ass. SC Akkermann Consulting als Inh., seit 1999 SCA Consulting, Schwerpunkt: Consulting Seminare, Marketing Design. M.: Gschf. Vorst. Marketing Club Bremen, Bremer kfm. Ver. Union v. 1801, bpc Bremer Presse Club, DMV Dt. Marketing-Verb. e.V., Ver. Bremen multimedial, ASU selbst. Unternehmer. H.: Lesen (Wirtschafts- u. Fachliteratur), Tennis, Skaten.

Akrutat Georg-W. *)

Al Aranji Muataz *)

Al Zarouni Ali Mohammed
B.: Botschafter d. Vereinigten Arab. Emirate. DA.: 53113 Bonn, Erste Fährg. 6. PA.: P.O.Box 923, Sharjah VAE. G.: Sharjah, 1. Okt. 1952. V.: Miriam. Ki.: Seumaia (1983), Mansur (1985), Khaled (1987). El.: Mohammed u. Maitha. S.: 1973-77 Stud. polit. Wiss. u. Wirtschaft Univ. Kuwait, 1979-80 spez. Programm f. Diplomaten Univ. of Pennsylvania Philadelphia, 1993 Vermont College of Norwich-Univ. Master Degree in Intern. Relations. K.: seit 1977 tätig im diplomat. Dienst, 1977 3. Sekr. im Außenmin. in Abu Dhabi, 1980 2. Sekr., 1981-86 Vice Council-Gen. in Karatschi/Pakistan, 1982 1. Sekr., 1986 im Außenmin. in Abu Dhabi, 1985 Sitzung d. UNO, 1987 Gesandter, 1989-98 stellv. Missionschef in Washington D.C., 1989 1. Treffen d. GCC in Abu Dhabi, seit 1989 Repräsentant d. Vereinigten Arab. Emirate bei Nahost-Friedensgesprächen zu Libanon u. Palästina u. d. Anti-Terrorismus-Treffen in Washington, 1993 Min. plenipotentiary, seit 1998 Botschafter in Deutschland u. zuständig f. Schweden, Finnland, Dänemark u. Norwegen. P.: "Political Influence of Islamic Movement in the Arab World" (1983). H.: Schwimmen, Volleyball, Schach, Malen, klass. arab. Musik.

Al Zubaidi Dawood Dr. med.
B.: FA f. Innere Med. FN.: FA-Praxis f. Innere Med. DA.: 57076 Siegen, Weidenauer Str. 163. PA.: 57074 Siegen, Unter dem Klingelschacht 41. G.: Bagdad, 6. Mai 1941. Ki.: Layla (1973), Kanan (1975). S.: 1961 Abitur Bagdad, 1962-63 Dolmetscher Inst. in Deutschland (Heidelberg), 1964-71 Stud. Med. in Heidelberg. K.: 1972-73 Med.-Ass. in Hannover u. wiss. Ass. d. Pharmakologie in Heidelberg, Prom., Ass.-Arzt in versch. KH, 1976-82 Arzt im Marien-KH in Siegen, 1981 Einbürgerung als Deutscher, seit 1982 Ndlg. als FA f. Innere Med. m. eigener Praxis in Siegen, Fachschwerpunkt: Ultra-

schall u. Röntgen. M.: Vorst.-Mtgl. d. Dt.-Arab. Ges. z. Völkerverständigung. H.: Schwimmen, Reisen, Völkerkunde, antike Geschichte.

Al-Adly Abdul *)

Al-Ani Akram Dr.

B.: Prakt. Arzt. DA.: 59755 Arnsberg, Goethestr. 24. PA.: 59759 Arnsberg, Wilhelm-Busch-Str. 5. G.: Derazor/ Syrien, 1. Apr. 1944. V.: Amal, geb. Hadide. Ki.: Michale (1981), Gebrael (1983), David (1986). El.: Jaber u. Safia. S.: 1967 Abitur Derazor/Syrien, 1967-77 Med.-Stud. in Bratislava, 1 J. Sprachkurs, 1977 Prom. K.: 1977-78 Univ.-Klinik in Martin, 1978 Umsiedlung in d. BRD, 1978-81 Ass.-Arzt in Hagen, Tätigkeit Chir., Gefäßchir., 1981 Ass.-Arzt in Iserlohn (Urologie), 1982-85 Fachausbild. f. Urologie KH Arnsberg, 1986 funktioneller OA in Erwitte, Urolog. Abt., 1986-97 mehrere Auslandsaufenthalte in Saudi Arabien, Beratungsfunktion f. gr. Gen.-Vertretung f. medikamentöse u. Apotheken, 1997 Ndlg. in Arnsberg/Prakt. Arzt m. ambulanter Operierung. BL.: einzigartige orientalische Akne-Behandlung, seit 1982 Blutentnahme, Drogen- u. Häftlingsprüf. f. d. Polizei in Arnsberg. M.: Ärztekam., 1968 Grdg.-Mtgl. ehem. syr. Studentenver. d. CSSR, 1987 2. Grdg. in BRD, jetzt: Dt.-Syr. Med. Ver. H.: Politik, Schwimmen, Reisen, Familie.

Al-Baghdadi Wafi Dr. rer. pol. *)

Al-Ghais Faisal Rashed
B.: Botschafter. FN.: Botschaft d. Staats Kuwait. DA.: 14193 Berlin-Grunewald, Griegstr. 5-7. G.: Stadt Kuwait, 21. Apr. 1945. V.: Aisha, geb. Al-Uwayyish. Ki.: Haitham (1969), Khaled (1974), Sarah (1983). El.: Rashed u. Haya. S.: 1960-64 High School in Shuwaikh, 1964-68 Stud. Polit. Wiss. u. Wirtschaftswiss. sowie Sprachen Arab., Engl., Franz. u. Deutsch American Univ. Beirut, 1968 B.A. K.: seit 1968 Diplomat. Dienst, 1968-69 Kurs im Arab. Planning Inst. in Kuwait, 1972-74 3. Sekr. u. später 2. Sekr. an Botschaft London, 1974-80 2. Sekr. u. später 1. Sekr. in Wirtschaftsabt. Außenmin., 1980-81 WirtschaftsR. in Bonn, 1981-82 Rat in d. Wirtschaftsabt. d. Außenmin. u. Ltr. d. Unterabt. Intern. Organ. UNO, 1982-84 freigestellt f. Gen.-Dir. d. Investments Bank "Kuwait & Bahrain Investments Company", 1984-85 Rückkehr in s Außenmin. im Range eines Rates als Ltr. Unterabt. Intern. Organ. u. stellv. Dir. Wirtschaftsabt., 1985-86 Gesandter im Außenmin., 1986-92 Botschafter in Brasilien u. non-resident Botschafter in Uruguay, Ecuador u. Chile, 1990-91 Kampf f. d. Freiheit Kuwaits als einziger Botschafter in Lateinamerika, 1992-99 Botschafter in Österr. u. b. d. Vereinten Nationen in Wien u. b. OPEC, non-resident Botschafter in Ungarn, Slowenien u. Slowakei, 1997-99 gewählter Doyen d. ständigen Vertreter b. d. Vereinten Nationen in Wien, 1997-99 Doyen d. arab. Diplomat. Corps in Österr., ab 2000 Botschafter in Deutschland u. nichtansässiger Botschafter in Litauen, Lettland, Estland. P.: erwähnt im Vorwort d. Buches "Kuwait" (1970). E.: 1992 Gr. Gold. Kreuz am Bande v. Brasilien, 1992 Gr. Gold. Kreuz am Bande v. Chile, Medalha de Mérito Pedro Ernesto, 2000 Gr. Gold. EZ am Bande f. Verd. um d. Rep. Österr. H.: Sport (Tennis, Wandern, Schifahren), klass. Musik. Sprachen: Arab., Engl., Französisch, Deutsch, Portugies., Span., Ital., Pers.).

*) Biographie www.whoiswho-verlag.ch oder beigefügte CD-ROM

Al-Khayat Samir
B.: Gschf. Gesellschafter. FN.: FONDEX Vermögensmanagement GmbH. DA.: 80333 München, Hartmannstr. 8. samir.khayat@fondex.de. www.fondex.de. G.: München, 11. Apr. 1973. V.: Isabell, geb. Clever. Ki.: Alexander-Julius (2000). El.: Sabah u. Valentina, geb. Mirlenchenko. S.: 1993 Abitur, 1993-95 Ausbild. z. Wertpapierhändler in New York/USA. K.: 1995 Grdg. u. Gschf. Ges. d. Firma FONDEX Vermögensmanagement GmbH München, Portfolio- u. Investmentberatung. M.: Golfclub Eichenried. H.: Golf, Joggen, Motorbootfahren, Squash.

Al-Rashed/Almanasir Ahmad Dipl.-Ing

B.: selbst. Bauing. DA.: 42103 Wuppertal, Poststr. 10. V.: Njoud, geb. Al-Abbadi. El.: Bashir u. Hana. S.: Abitur Jordanien, 1990 Abschluß Bauing. FH Aachen u. Wuppertal. K.: 1990-94 tätig in versch. Baufirmen in Wuppertal u. Düsseldorf, seit 1995 selbständig in Wuppertal m. Schwerpunkt Wohnungsbau, Ein- u. Mehrfamiliehäuser, Arztpraxen, Bau, Arch. u. Umbau. H.: Literatur, Reisen, Sport.

Al-Rayes Ziad M.D. *)

Al-Rubei Christiane Charlotte Marie *)

Al-Safandi Fadel *)

Al-Wakeel Latif Dr.

B.: Doz. DA.: 14129 Berlin, Spanische Alle 163. Dr.Al-Wakeel@t-online.de. G.: Bagdad, 1. Juli 1949. V.: Samia. Ki.: Ghade (1990). BV.: Großgrundbesitzer aus Bagdad. S.: 1 Sem. Stud. Wirtschaftswiss. Bagdad, Teilnahme am Oktoberkrieg. K.: 1973-75 tätig in Bereich Rennovierung öff. Bauten u.a. Dekoration d. Königspalastes, Reg.-Palast im El Saura Garten, Flugzeug-Umbau z. Restaurant, 1975 Einreise nach Berlin, 1977-78 Studienkolleg f. Jura, 1979-85 Stud. Vw. an d. FU Berlin u. 1 Sem. in Oxford, 1985 Dipl.-Abschluß, 1992 Diss., 1990-94 Doz. f. Wirtschaft u. EDV, 1994-98 Grdg. v. 3 Geschäftsn im UB-Bhf. Thielstraße u. 1998 Verkauf d. Geschäfte, 1998-99 Doz. im polt. Bereich in Kairo, 1999-2000 Doz. am Zentrum f. digitale Systeme d. FU Berlin, seit 2000 Doz. f. "Integration durch Arb.". BL.: tätig f. d. Kurden, Erwachsenenbildung f. Deutsche. P.: "Renteneinkommen auf d. Erdölmarkt", Publ. in u.a. kuwait. Zeitungen. M.: SPD, Ver. Erdöl u. Erdagas, Verein f. Volksw. in Kairo.

Al-Wakiel Hussain Ali Dipl.-Vw.
B.: Unternehmer. FN.: AKA Wirtschaftsdienst GmbH, Beratung, Betreuung, Vermittlung v. In- u. Auslandsgeschäften, Schulung i. Wirtschaftsbereich. GT.: Unternehmensberater-, Betreuer Vermittler i. internat. Wirtschaftsbeziehung, speziell deutsch-arabischer Geschäftspartner, Dozentin i. allen kfm. Bereichen,

Firmenschulung i. deutsch-arabischer Sprache, Versicherungsgeschäfte i. enger Zusammenarbeit m. d. Volksfürsorge AG. DA.: 10439 Berlin, Gotlandstr. 3. aka@akawirtschaftsdienst.de. www.akawirtschaftsdienst.de. G.: Bagdad/Irak, 1953. V.: Dipl.-Kauffrau Hatice Ersoy. S.: 1973 Abitur in Bagdad, 1973-77 5 J. Beamter im Gesundheitsministerium im Versicherungsbereich, f. nat. Versicherungen gegenüber ausländischen Firmen, 1977 nach Westberlin, Stud. VWL an d. FU Berlin, 1988 Dipl.-Vw., 1 1/2 J. EDV-Lehrgang DV-Kaufmann. K.: s. 1984 freiberufl. Wirtschaftsdoz., 1990-98 Wirtschaftsdoz. i. fester Anstellung b. D.U.T., Wirtschaftsfachschule, parallel 1994 Idee d. GmbH-Gründung, 1995 Grdg. D. AKA GmbH, seither Geschf., u. Wirtschaftsdoz. I. Wirtschaftsschulen u. a. InBIT GmbH, AEG Signum, SIGNUM IT, bbw, Multidact, Going Public, s. 1994 Dt. Staatsbürger. E.: Preise u. Auszeichnungen v. d. Volksfürsorge u. Wirtschaftsschulen. M.: Bundesverband d. Mittelständischen Wirtschaft. H.: Literatur.

Al-Zaher Samir Dr.

B.: Arzt f. Neurochir. DA.: 31515 Wunstorf, Am Kampe 5. G.: Damaskus, 12. Feb. 1955. V.: Maria, geb. Berger. Ki.: Maliha (1985), Nizam (1987). BV.: Vater u. Großvater, Mediziner. S.: Med.-Stud. Amerika. K.: Ass.-Arzt in Amerika, London u. Deutschland, selbst. Praxis in Wunstorf. M.: UNICEF. H.: Golf, Lesen, klassische Musik, Theater.

Aladdina

bürgerl. Name: Leptin Ellen B.: Tänzerin, Dozentin, Choreografin, Autorin f. orientalischen Tanz. FN.: Bauchtanzstudio Aladdina. GT.: regelmäßige Studienaufenthalte im Orient. DA.: 14513 Teltow, Potsdamer Str. 22. aladdina@online.de. www.aladdina.de. G.: Berlin, 25. Mai. V.: Matthias Leptin. El.: Fred u. Ingrid Abeßer. S.: Abitur, Stud. Lehramt. K.: seit d. 4. Lebensjahr Tanzausbildung, Turniertanz, Rock'n Roll, Ballett, spez. Ausbildung in oriental. Tanz, öff. Tanzauftritte, seit 1994 Lehrtätigkeit als 1. Dozentin f. oriental. Tanz im Land Brandenburg, 1995 Grdg. eines orient. Tanzensembles, 1997 Eröff. eines eigenen Studios f. oriental. Tanz mit oriental. Verkaufsbasar, Gestaltung v. oriental. Bühnenshows, seit 1999 eigene Showproduktionen namens "Revue Oriental", seit 2000 Ausbildungsleiterin f. oriental. Choreografielehre. P.: Veröff. in oriental. Fachmagazinen über oriental. Tanz u. oriental. Cho-

*) Biographie www.whoiswho-verlag.ch oder beigefügte CD-ROM

reografielehre, Entwicklung einer oriental. Tanznotation. M.: Bundesverband f. orientalischen Tanz e.V., Ltr. d. Regionalbüros Berlin-Brandenburg. H.: Tanzen, Kochen, Reisen.

Alagöz Hamza *)

Alai Iradj Dr. *)

Aland Barbara Dr. phil. Lic. Prof. *)

Alavi Kani
B.: freischaff. Maler, Grafiker. DA.: 10969 Berlin, Friedrichstr. 206. G.: Lahidjan/Persien, 29. Dez. 1955. S.: 1979 naturwiss. Abitur Persien, 1980-86 Stud. freie Malerei HS d. Künste Berlin u. Meisterschüler b. Prof. Klaus Fußmann, Stud. Visuelle Kommunikation b. Prof. Türmer. K.: freischaff. Maler u. Grafiker, Technik u. Malstil: zahlr. Werke in Pastell-, Acryl-, Öl- u. Aquarelltechnik, figurative u. histor. Motive im expressionist. Stil u. Landschafts- u. Blumenmotive im impressionist. Malstil, viele Ausstellungen in Berlin, Stuttgart, Düsseldorf, Nürnberg, Potsdam, Moskau, Riga, Tiflis u. Seoul. M.: Guernica Ges., NBK, BBK, NGBK, Karl Hofer-Ges. H.: Literatur, Studienreisen, Handwerk.

Alawi Hasan Dr. med. *)

Alb Franz Dipl.-Ing. *)

Albani Bettina Dipl.-Ing.
B.: Stadtplanerin, Mitinh., Ges. FN.: PLK Städtebau. DA. u. PA.: 15234 Frankfurt/Oder, Schäferberg 10c. G.: Merseburg, 13. März 1958. V.: Dipl.-Agraring. Erwin Albani. Ki.: Marcus (1977), Sebastian (1982). El.: Hilmar u. Irene Friedrich. S.: 1976 Abitur, 1976-81 Stud. an d. HS f. Arch. u. Bauwesen in Weimar, Abschluß Dipl.-Ing. f. Städtebau, 1981-90 Projektverantwortl. Ing. f. Planungsvorhaben im Städtebau d. damaligen Bez. Frankfurt/Oder, 1990 selbst. als freiberufl. Städteplaner. E.: 1998 1. Preis im Wettbewerb f. Städtebauplanung. M.: CDU, BVMW, SRL e.V., Ökospeicherverein.

Albani Klaus

B.: RA, Notar. DA.: 33602 Bielefeld, Niederwall 49. G.: Paderborn, 7. Okt. 1944. V.: Christina, geb. Seeliger. Ki.: Claudia (1974), Julia (1977), Elena (1979). El.: Familie stammt aus Oberitalien, seit 967 zurückzuverfolgen, Adelszusatz m. Familienwappen in Rom/Villa Albani, im 16. Jhdt. mußten 2 Söhne Italien verlassen, einer nach Deutschland (Kaiserreich) u. einer nach Spanien. S.: 1964 Abitur, Marine, b. 1966 Ausbild. z. Res.-Offz. auf d. Gorch Fock u. Deutschland in Kiel, Stud. Rechtswiss. an d. Maximilian-Univ. München, Georg-Auguste-Univ. Göttingen, Friedrich-Wilhelm-Univ. Münster u. Freiburg, 1970 1. u. 1974 2. Staatsexamen. K.: selbst. RA in Bielefelder Sozietät, 1994 Einzelpraxis in Bielefeld m. nat. u. intern. (Holland, Spanien, England), Tätigkeitsschwerpunkt: Verkehrs-, Vers.-, Erb- u. Vertragsrecht, 1983 zusätzl. Notar, ständig Fortbild.-Seminare, Zusatzqualifikation: b. 1987 Fachanw. f. Steuerrecht. M.: Dt. Anw.-Ver., Verb. Dt. Anw. Notare, Syndikus b. ADAC. H.: Motorradfahren, Segeln, Tennis, Kunst u. Museen, klass. Musik (russ. Komponisten), Reisen (Italien, Spanien).

Albani Rolf Carl Dipl.-Ing. Dipl.-Kfm. *)

Albani Stephan Dipl.-Physiker

B.: Gschf. Ges. FN.: Hörzentrum Oldenburg GmbH. DA.: 26111 Oldenburg, Carl-von-Ossietzky-Str. 9-11. G.: Göttingen, 3. Juni 1968. V.: Angela, geb. Steenbock. Ki.: Simon (1997), Lorenz (1999). El.: Prof. Dr.Michael u. Renate, geb. Schmidt. S.: 1987 Abitur Norderstedt, 1988 Stud. Physik Univ. Göttingen, 1994 Dipl.-Abschluß. K.: 1987-93 tätig im Bereich EDV u. Organ. in d. med.-techn. Ind., 1988 Grdg. d. Firma Albani u. Wittkopp GbR Oldenburg GmbH als Gschf. Ges., tätig am Inst. d. Univ. Oldenburg im bereich klin. Anwendung u. industrielle Entwicklung. P.: wiss. Art. in Fachzeitschriften z. Thema Lokalisationsfähigkeit beidohriges Hören. M.: Dt. Physikal. Ges. H.: Squash, Musik, Querflöte spielen.

Albano Vittorio *)

Albanus-Koch Edda

B.: Unternehmerin, Inh. FN.: Lizenz Agentur Albanus-Koch. DA.: 29525 Uelzen, Immenbusch 11. L.A.-Albanus-Koch@t-online.de. www.turnvater-jahn.de. G.: Wesselburen-Norderdithmarschen (G). V.: Dieter Koch. Ki.: Sibylle (1968), Kerstin (1972), Matthias (1978). El.: Dr. Ernst u. Elsa Albanus, geb. Ruß. BV.: Großvater war Dr. iur. GemR. u. kgl. Amtsgerichtsrat Hermann Albanus, "Der alte Quehl", Friedrich - Wilhelm Quehl, Magistratsassessor, Lehrer und Kantor (Freyburg/ U.), er heiratete d. Tochter v. Jahn in erster Ehe, Sieglinde Jahn, d. Turnvater Jahn ist d. Stief Ur-Urgroßvater von mir. S.: Fernstud. Marketing. K.: 1990 Beginn m. d. Absicherung d. Markenrechte, aufgrund d. bedeutenden Vorfahren, außerdem Erstellung v. Vermarktungs- u. Franchise-Konzepten, sowie Aufbau d. Bereiches werbl. Gestaltung u. Vermarktung. BL.: Eintragung folgender Warenzeichen: Turnvater Jahn, Hasenheider, Med. Fr. L. Jahn, Wappen Jahn, Dr. Geheimrat Albanus, Dübener Heide, Dt. Eiche. M.: Verb. d. Dt. Unternehmerinnen, IHK Lüneburg, Hamburger Mittelstands- u. Wirtschaftsvereinigung der CDU.

Albath Andreas Dr. iur. *)

Albath Hartmut
B. Pastoralpsychologe. FN.: Evangelische Ehe-, Familien- u. Lebensberatung. GT.: Ausbildung v. Beratern u. Pastoralpsychologische Ausbildung. DA.: 38102 Braunschweig, Parkstr. 8a. PA.: 38118 Braunschweig, Wilhelmitorwall 11. G.: Braunschweig, 28. Febr. 1936. Ki.: Maike (1966), Silke (1968), Lars (1973). S.: 1959 Abitur in Hildesheim, 1959-64 Stud. Theologie an d. Univ. in Berlin, Tübingen, Heidelberg u. Göttingen. K.: 1966-70 Pfarrer in Watenstedt Kreis Helmstedt, 1968-75 Pfarrer in Hannover u. Göttingen, seit 1971 Ltr. d. Ev. Ehe-, Familien- u. Lebensberatung in Braunschweig, Weiterbildung z. Supervisor. BL.: Aufbau d. Ev. Ehe-, Familien- u. Lebensberatung in Braunschweig in seiner jetzi-

*) Biographie www.whoiswho-verlag.ch oder beigefügte CD-ROM

gen Form. P.: Mitautor d. Bücher "Laß dich nicht unterkriegen" (1984) u. "Zusammen leben" (1983). M.: DGfP, DGSV. H.: Beruf.

Albaum Ernst Artur
B.: Chefred. FN.: Gruner + Jahr, Druck- u. Verlagshaus. DA.: 20444 Hamburg, Postfach 110011. G.: Dortmund, 5. Mai 1934. K.: 1960-79 beim "Stern", zul. als Chef v. Dienst, seit 1979 Chef v. Dienst u. Mtgl. d. Chefred. v. "Geo" bei Gruner + Jahr.

Alber Barbara *)

Alber Ewald *)

Alber Peter *)

Alber Rose
B.: Malerin. PA.: 14055 Berlin, Corbusier Haus 942. G.: Stuttgart, 7. Dez. 1931. V.: Henry Mentzel. Ki.: Thomas. S.: Staatl. Akad. d. bild. Kunst Stuttgart, Malerei b. Prof. W. Baumeister. K.: Bühnenbild- Entwurf 1952 Greenwich House Music School, New York, Wandbild Rutgers Univ. N.Y., USA, Dorr Oliver Ass., N.Y.C., 1954, Einzelausstellungen Van Diemen- Lilienfeld Galleries New York, 1953/56/58/68, Janet Nessler Gallery, N.Y.C. 1962/64, Rutgers Univ., Chicago Art Inst., Butler Museum, Santa Barbara Museum, Teiln. an Intern. Kunstmessen, Vertret. Kunsthaus Bühler Stuttgart. P.: Bildtafeln f. "In der Mitte des Gartens" (Calwer Verlag, Stuttgart 1986), Autor Markus Hartenstein, Allgemeines Künstlerlexikon I (Leipzig 1983), Das Landschaftsbild d. Schwäbischen Alb, Veröff. d. Städt. Galerie Albstadt (1987), M.: Verb. Bildender Künstler B.-Württemberg.

Alber Siegbert *)

Alberding Ursula *)

Alberino Aniello *)

Albermann Hans-Joachim Dr. med. *)

Albermann Holger

B.: Steuerberater. DA.: 42897 Remscheid, Kölner Str. 68. G.: Wuppertal, 10. Apr. 1954. V.: Barbara, geb. Krüger. S.: 1970 Mittlere Reife, 1970-72 Lehre als Steuerfachgehilfe. K.: 1973-80 Steuerfachang., 1978 Steuerbev., seit 1980 selbst. Steuerberater in Remscheid-Lennep, 1984 Steuerberater. M.: Steuerberaterkam., Steuerberaterverb., DATEV - Arbeitskreis f. d. Weiterbild. im Steuerrecht. H.: Motorradfahren.

Albers Bernd *)

Albers Bernd Dipl.-Ing.
B.: Gschf. Ges. FN.: musicom Hamburg Agentur u. Produktionsges. b. R. DA.: 22335 Hamburg, Im Ring 37. G.: Stade, 15. Sep. 1956. V.: Karin, geb. Kinas. El.: Otto u. Ilse, geb. Wichers. S.: 1976 FH-Reife Hamburg, 1977-78 Zivildienst b. Malteser Hilfswerk, 1979-84 Stud. der Elektrotechnik an d. FH Hamburg, Abschluß Dipl.-Ing. K.: 1985-87 Siemens AG

Hamburg, Fachprojekteur f. Sicherheitsmelde- u. Studiotechnik, 1988-94 Studio Hamburg MCI GmbH, Projektltr. f. Hörfunk- u. Fernsehstudios im In- u. Ausland, 1995 selbst. als freiberufl. Ton- u. Planungsing., spezialiesiert auf priv. Tonstudios, 1998 Gründung d. musicom Agentur u. Produktionsges. b. R., Vermittlung v. Künstlern aus allen Bereichen, Produktion von Musik- und Sprachaufnahmen, Förd. v. Talenten.

Albers Bernd Prof.
B.: Prof., freier Architekt. FN.: FH Potsdam u. Büro Berlin. GT.: Preisrichter b. div. Wettbewerben. DA.: 10969 Berlin, Segitzdamm 2. G.: Coesfeld, 20. Juli 1957. S.: 1977 Abitur Coesfeld, 1980-87 Stud. Arch. an d. TU Berlin, Dipl.-Ing. K.: 1987-94 OAss. ETH Zürich - Lehre u. Forsch., 1996-99 Gastprof. an d. FH Potsdam, seit 1988 freier Architekt m. Büro in Berlin u. Zürich, seit 1999 Prof. f. Entwurf u. Konstruktion an d. FH Potsdam. P.: zahlr. Veröff. in nat. u. intern. Fachzeitschriften, "Masterplan Potsdam", "Junge Architekten u. Architektinnen" (1998), "Archis" (1994), "Arch +" (1993), "Archithese" (1993). E.: 1998 Anerkennungspreis BDA Preis Berlin f. d. Gestaltung d. Häuser in Spandau, 1998 Preis d. Dt. Klinkerind., 1987 Förderpreis, 1996 1. Preis b. Wettbewerb Berlin Stuttgarter Platz, 1994 1. Preis d. Städtebaul. Wettbewerb Biesdorf/Süd, 1996 1. Preis b. Wettbewerb S-Bhf. Teltow, 1992 1. Preis b. Wettbewerb Quartier Pulvermühle Spandau. M.: Arch.-Kam., Förderver. BDA Arch.-Preis Berlin, BDA-Berlin. H.: Arch.

Albers Dirk

B.: Privatkoch. DA.: 81927 München, Johanneskirchner Str. 64. info@privat-koch.de. www.privat-koch.de. G.: Kaufbeuren/Allgäu, 4. Mai 1978. El.: Udo u. Judith, geb. Huber. BV.: Hans Albers Hamburger Sänger u. Schauspieler d. 30er Jahre. S.: 1992-95 Hotelfachausbildung u. d. Hotelfachschule Villa Blanka in Innsbruck, Abschluss als Koch u. gleichzeitig fachbezogenes Abitur, 1995-96 Weiterbildung u. Seminare an d. Bavaria Hotelfachschule in Altötting. K.: 1996-97 tätig im Servicebereich eines Münchner Hotels u. Restaurants d. gehobenen Kl., seit 1997 selbständig als Privatkoch, Grdg. d. Firma Dirk Albers München kocht für Sie, Kochen f. Staatsbankette u. Privatkunden, Botschafter, Diplomaten etc., Erstellen v. 6-14gängigen Menüs in franz. u. ital. Stilrichtung nach neuartigen Zubereitungsweisen, Verleih v. eigenem edlen Porzellan, Silberbesteck, Gläser u. Tischwäsche sowie Organ. d. Tischdekorationen u. passenedem Entertainment. BL.: Klientel in Marrakesch u. Istanbul. P.: erwähnt f. hervorragende Leistungen in Tageszeitungen u.a. Financial Times sowie div. Feinschmeckerjournalen. M.: Summit-Club Düsseldorf, Six Continents Club Bristol/England. H.: Reisen, Reiten, Work-out.

*) Biographie www.whoiswho-verlag.ch oder beigefügte CD-ROM

Albers Gerd Dr.-Ing. *)

Albers Gert Dr. med. *)

Albers Gert-Achim *)

Albers Hans Dr. rer. nat.
B.: Ind.-Manager, AR-Vors. FN.: BASF AG. DA.: 67063 Ludwigshafen, Carl-Bosch-Str. 38. PA.: 67098 Bad Dürkheim, Auf der Wacht. G.: Lingen/Ems, 4. März 1925. K.: 1953 Eintritt in d. BASF, 1983 Vorst.-Vors., jetzt AR-Vors.

Albers Herbert Dr. med. habil. Prof. *)

Albers Jens Dipl. oec. CFP
B.: Finanzplaner, Vermögensberater, Gschf. Ges. FN.: A & K Financial Service GmbH. DA.: 28359 Bremen, Wilhelm-Herbst-Str. 12. albers@ak-financial-service.de. www.ak-financial-services.de. G.: Sulingen, 13. Juli 1968. S.: 1987 Abitur in Stuhr, 1989-2001 Stud. BWL an d. Univ. Münster u. Wirtschaftswiss. an d. Univ. Bremen, 2000 Lizensierung Certified Financial Planner, 2001 Abschluss Dipl. oec. K.: 1990-97 selbständiger Finanz- u. Vermögensberater b. AWD in Delmenhorst, 1997 Grdg. d. A & K Finanzplanung GmbH als Gschf. Ges., Schwerpunkt Financial Planing u. betriebliche Altersvorsorge. M.: Dt. Verband Financial Planner DEVFP, BJU, Community e 7. H.: Reisen, Fotografie.

Albers Karl
B.: Gschf. Ges. FN.: Fleischerei u. Grillrestaurant Albers GmbH & Co KG. DA.: 49377 Vechta, Münsterstr. 35. G.: Goldenstedt, 5. Okt. 1939. Ki.: Sabine (1968), Karl-Heinz (1966). El.: Gregor u. Josefa, geb. Tombregel. S.: 1956-59 Lehre Fleischer Vechta. K.: 1959-61 Geselle in Lohne, 1962 Geselle in Damme, 1962-63 Bundeswehr, 1964 Geselle in Delmenhorst, 1964 Meisterprüf., seit 1964 selbst. als Pächter einer Fleischerei in Vechta, 1971 Eröff. d. neun Betriebes in Vechta u. d. Grillrestaurant. M.: 20 J. Innungsobermeister d. Fleischerinnung, seit 2000 Ehrenobermeister im Kreis Vechta, 8 J. Ratsmtgl. d. Stadt Vechta. H.: Fußball, Kegeln.

Albers Karsten *)

Albers Michael Dr. *)

Albers Peter *)

Albert Christian *)

Albert Clemens Maria Dipl.-Ing.
B.: Film- u. Fernsehregisseur, Verleger. DA.: 81549 München, Balanstr. 385. G.: Augsburg, 31. März 1947. Ki.: Andreas (1990). El.: Fritz u. Maria. S.: 1967 Abitur, 1967-70 HS f. Fernsehen u. Film München. K.: 1970-71 Red. b. ZDF Mainz, seit 1973 freier Reg. (Musik-, Film-, Fernsehdokumentationen), seit 1977 Hrsg. u. Verleger v. Fachbüchern, Fachzeitschriften, 1980-83 Arch.-Stud. Univ. München m. Abschluß Dipl.-Ing. P.: Buch "Freude am Falten" (1964), Fernsehfilme: Beatbabboy (1974), Sven durch 3 geteilt (1980), Kleine Klasse - große Klasse (1992), seit 1993 Dokumentarfilme, Kulturfilme, Fachbücher, Fachzeitschrift: "Umweltmagazin". E.: Münchner Fernsehpreis.

Albert Dieter W.
B.: Regionaldirektor Business-& Leisure Hotels der Accor Hotellerie Deutschland. FN.: Hotel Mercure & Residenz Frankfurt. DA.: 60486 Frankfurt/M., Voltastr. 29. H1204 -AM @accor-hotels. com. www.accorhotel.com. G.: Amsterdam,

17. Okt. 1940. V.: Christiane, geb. Mathieu. Ki.: Nathalie, Christophe. El.: Johann u. Margarethe. S.: Höhere Handelsschule, Kochlehre im Schloßhotel Kronberg, Ausbildung als Restaurantfachmann Lausanne, weitere Ausbild u. Training in Paris, Nizza, Südengland, Spanien, Italien, Amerika. K.: 5 Jahre Betreuung Officers Club, 1973 Dir. zweier Hotels in Mainz, seit 1986 Leitung Mercure Hotel in Frankfurt. P.: Mitherausgeber Mercure Express. H.: Sport, Kochen.

Albert Eckhard Dr. med.

B.: Facharzt f. Path., Mitinh. eines Labors d. Histologie u. Zytologie. DA.: 03050 Cottbus, Madlower Hauptstr. 50. G.: Bützer b. Rathenow, 1. Sep. 1951. V.: Ute, geb. Böhme. Ki.: Carola (1977), Philipp (1983). S.: 1970 Abitur, 1970-72 Wehrdienst, 1972-77 Stud. Humanmed. an d. Humboldt-Univ. Berlin. K.: 1977-78 Arzt im Praktikum in Berlin-Friedrichshain-Stadtklinik, 1978-83 FA-Ausbild. am Bez.-KH Cottbus, 1983 FA f. Path., 1983-86 Forsch.-Auftrag bearb., Prom. z. Dr. med., seit 1989 OA, 1991 selbst. m. Ndlg. u. Grdg. eines Gemeinschaftslabors f. Histologie u. Zytologie in Cottbus. P.: Mitautor d. Buches "Spreewälder Trachtenreigen" (1997). E.: 1987 "Kettler-Preis". M.: Intern. Ak. f. Path. - Dt. Abt., Heimat- u.Trachtenver. Burg/Spreewald (Vorst.-Mtgl.), AG f. zytologisch tätige Ärzte in Deutschland e.V. H.: Fotografieren, Reisen.

Albert Georg *)

Albert Gunter Dr. med. *)

Albert Hans Dr. Dipl.-Kfm. Prof. *)

Albert Hans-Georg Dipl.-Kfm.

B.: Gschf. Ges. FN.: First Target GmbH. DA.: 30159 Hannover, Lavesstr. 80. albert@firsttarget.com. www.firsttarget.com. G.: Neustadt, 1. Sep. 1953. V.: Silvia, geb. Genthe. Ki.: Lars (1979) und Jasmin (1981). El.: Georg u. Inge, geb. Hellberg. S.: 1972 Abitur, b. 1974 Bundeswehr, 1974 Stud. Betriebswirtschaft an d. FH Osnabrück, 1976 Dipl., Weiterführung d. Stud. an d. Univ. Osnabrück, 1978 Abschluss als Dipl.-Kfm. K.: b. 1979 Marketingplanung b. "Pieroth" in Mainz, Rückkehr nach Hannover, Ass. d. Verlagsltg. u. später Ltr. d. Entwicklung u. Organ. b. 1992 b. Schlüterschen Verlagsanst., b. 1993 Gschf. b. Dietz-EDV-Systme in Braunschweig, b. 1998

*) Biographie www.whoiswho-verlag.ch oder beigefügte CD-ROM

Albert

Verlagsltr. Teleinfo-Verlag in Garbsen, 1993-99 Tätigkeit in versch. Gremien d. Dt. Direktmarketingverb., in d. Entwicklung/Markterschließung Oline b. Heinz Müller Verlag in Nürnberg, seit 1999 Gschf. Ges. v. First Target GmbH in Hannover. P.: div. Fachveröff. in Fachzeitschriften. M.: Dt. Multimediaverb., Arbeitsgruppe ZAW, Tanzsportver. Neustadt e.V. (seit 1994 sehr erfolgreiche nat. Wettbewerbsteilnahme/erste Mannschaftsteilnahme, seit 2001 Einzelteilnahme), Radsportver. (im Radmarathon intern. Ausz. u. Preise). H.: Tanzen, Radsport, Klettern, Reisen.

Albert Helmut Dipl.-Ing. *)

Albert Ingeborg *)

Albert Jürgen
B.: selbst. Malermeister u. Energieberater im Malerhandwerk. DA.: 63808 Haibach, Hundsäcker 37. www.malerteam-albert.de. G.: Aschaffenburg, 7. Juli 1967. V.: Lucia, geb. Hartmann. El.: Manfred u. Wilhelmine, geb. Rückert. S.: Lehre Maler, 1997 Meisterprüf. K.: seit 1982 tätig in d. Firma Manfred Albert, seit 1998 nebenberufl. Malerbetrieb in Haibach, 2003 Übernahme d. elterl. Betriebes. M.: SV Alemannia Haibach, Heimat- u. Geschichtsver. Haibach. H.: Zeichnen, Malen, Airbrush, Computergrafik, Fußball.

Albert Karsten
B.: Profi-Rodler, Elektroinstallateur. PA.: 99894 Friedrichroda, Am Reinhardsberg 3. G.: Friedrichroda, 13. Okt. 1968. K.: 1987 EJM/5., 1990 WC Gesamt/8., 1992 DM/1., 1993 DM/4., 1994 DM/4., WC/5.,1995 DM/3., 1996 DM/4., EM/9., 1997 DM/4., 1998 EM/1., Mannschaft/1., OS/12., 1999 DM/5., WM/8., 2000 WM/4.

Albert Maria Dr. med. *)

Albert Monika
B.: Dipl.-Ballettpädagogin, selbständig. FN.: Ballettschule Monika Albert. DA.: 79189 Bad Krozingen, Schlatterstr. 18. G.: Berlin, 7. Nov. 1949. El.: Otto Snegotska u. Waltraud, geb. Kittel. S.: Ausbildung Tatjana Gsovsky, Elevin Deutsche Oper Berlin, staatl. Prüf. z. klass. Tänzerin. K.: Engagement Hamburger Staatsoper, Vertrag Deutsche Oper Berlin, Ausbildung z. Dipl.-Ballettpädagogin, Ausbildungsbefähigung bis zur Bühnenreife, registrierter Lehrer d. Royal Academy of Dancing, London. E.: b. Dt. u. Intern. Ballettwettbewerben v. 1983-2000: 2x Danhof Pokal f. Beste Ballettschule, 3x Großen Preis f. besten Gruppentanz, Sonderpreis f. hervorragende Gruppenarbeit / Kostüme, 16x 1. Preis, 19x 2. Preis. M.: Royal Academy of Dancing, Dt. Berufsverband f. Tanzpädagogik e.V., Professional Ballett Theachers Organisation. H.: Lesen.

Albert Otmar
B.: Gschf. FN.: Haus- u. Grundbesitzerverein Bamberg. DA.: 96047 Bamberg, Kleberstr. 24c. G.: Bamberg, 9. Juni 1937. V.: Margarethe. Ki.: Reiner (1963). S.: 1956 Abitur in Bamberg, Stud. BWL an d. Univ. München, 1961 Abschluss Dipl.-Kfm. K.: 1961-68 selbständiger Kfm. f. Bekleidung in Bamberg, seit 1968 Inh. d. Firma Albert Bekleidung in Bamberg, 1987 Verpachtung d. Betriebes, seit 1988 Gschf. d. Haus- u. Grundbesitzervereines Bamberg. M.: Schülerverbindung Abituria Radantia. H.: Lesen, Wandern, Fernreisen.

Albert Ralf *)

Albert Reingard
B.: Dipl. Ing. Architektin u. Ausstellungsgestalterin, Hausarchitekt d. Staatl. Kunstsammlungen Dresden. DA.: 01067 Dresden, Georg-Treu-Pl. 2. G.: Halle/Saale, 25. Aug. 1940. V.: Peter Albert (Maler u. Architekt). Ki.: Fanny (1970), Bettina (1973). S.: 1959 Abitur Halle, 1959-65 Arch. Stud. an d. TU Dresden, Abschluß Dipl. Ing. Architekt. K.: 1965-69 freie Mitarbeiterin d. Zwingerbauhütte bzw. Bauabteilung d. Denkmalpflege unter Prof. Nadler u. Prof. Glaser, 1969-71 Ass. am Lehrstuhl f. Entwerfen bei Prof. Göpfert, Fakultät Architektur d. TU Dresden, 1978-79 freie Architektin f. d. Gestaltung d. "Museums f. Frühromantik" im Kügelgenhaus in Dresden, 1980 ang. Architektin im Landeskirchenamt Sachsen, Mitarbeit am 1. Kirchenneubau d. DDR in Dresden Prohlis, seit 1980 ang. Architektin d. Staatl. Kunstsammlungen Dresden, seither Gestaltung v. mehr als 50 Dauer- u. Sonderausstellungen in Schlössern, Burgen u. Museen. H.: gemeinsam mit Peter Albert Studienreisen mit d. Zeichenstift nach Italien, Frankreich, Finnland u. Amerika, frühe Reisen wegen Bautätigkeit Peter Alberts in den Orient.

Albert Reinhold *)

Albert Richard *)

Albert Rudolf *)

Albert Ulrike Dr. med. dent.

B.: Zahnärztin. DA.: 65187 Wiesbaden, Gutenbergpl. 3. V.: Axel Albert. El.: Frieda Wittmann. S.: 1988-95 Stud. Zahnmed. an d. Univ. Tübingen, 1995 Approb. als Zahnärztin, b. 1997 Prom. K.: 1998 Ass.-Zahnärztin in verschiedenen Zahnarztpraxen, 1998 Ndlg. in eigener Praxis in Wiesbaden. BL.: seit mehreren J. Reisen in Entwicklungsländer z. Mithilfe u. Unterstützung b. d. zahnmed. u. teilweise med. Versorgung d. einheimischen Bevölkerung, z.Zt. Planung eines ständigen Hilfsprojektes in Peru.

Albert Werner *)

Albert Wolfgang *)

Albert-Hermann Karen Dipl.-Ing. *)

Alberti Karen *)

Alberti Winfried Dr.med. Prof. *)

Albertin Lothar Dr. Prof. *)

Alberts Kurt *)

Alberts Michael Dr. jur. *)

Alberty Karl Dr. med. *)

Albertz Jörg Dr.-Ing. Prof. *)

Albertz Rainer Dr. Prof.
B.: Univ.-Prof. DA.: 48143 Münster, Universitätsstr. 13-17. albert@uni-muenster.de. G.: Röstfelde, 2. Mai 1943. V.: Heike, geb. Hainig. El.: Heinrich u. Ilse. S.: Waldorfschule Hannover, Gymn. Berlin, 1962-68 Stud. Ev.Theol. in Berlin, Heidelberg, 1972 Prom. K.: 1977 Habil. f. d. Fach Altes Testament, 1972-77 wiss. Ass. an d. Univ. Heidelberg, 1977-80 Priv.Doz., 1980-83 Prof. f. Alttestamentl. Theol. einschl. Oriental. Religionsgeschichte in Heidelberg, 1983-95 Prof. f. Bibl. Exegese u. Bibl. Theol. an d. Univ. Gesamt-HS Siegen,

*) Biographie www.whoiswho-verlag.ch oder beigefügte CD-ROM

seit 1995 Prof. f. Altes Testament an d. Univ. Münster, ab 2000 Sprecher d. SFB493: "Funktionen von Religionen in antiken Gesellschaften d. Vorderen Orients". P.: Weltschöpfung und Menschenschöpfung (1974), Persönliche Frömmigkeit und offizielle Religion (1978), Der Gott des Daniel (1988), Der Mensch als Hüter seiner Welt (1990), Religionsgeschichte Israels in alttestamentlicher Zeit (1992, 2. Aufl. 1996, engl. 1994), Zorn über das Unrecht (1996), Religion u. Gesellschaft (1997), Die Exilszeit (2001), "Zieh deine Schuhe aus...! (2001), Aufsätze in Fachzeitschriften u. Lexika. H.: Amateurfunk.

Albes Achim

B.: Hotelkfm., Inh., Gschf. FN.: Gebhards Hotel Friedel Albes GmbH & Co. DA.: 37073 Göttingen, Goetheallee 22-23. G.: Göttingen, 15. Juni 1942. V.: Carola, geb. Witte. Ki.: Dr. rer. pol. Andreas (1967), Dipl.-Päd. Alexandra (1970). El.: Fritz u. Friedel. S.: 1959 Internate Lippoldsberg u. Burg Nordeck, 8 J. Ausbild. z. Restaurantfachmann, Ausbildung z. Koch, Hotelfachschule Bad Reichenhall, Volontärzeit in d. Dion.-Assistenz Hotel Österr. Hof Salzburg, Bristol Hotel Salzburg, Residenz Hotel u. Gold. Hirsch Salzburg, Astor Hotel Kiel, Hotel Rappen Freudenstadt, Ausbild. auf d. Schiff "Hanseatic". K.: Einstieg in d. Gebhards Hotel, Ltg. Bahnhofsrestaurant, Junkernschänke Cafe Panorama u. mehrere Imbisse u. Kioske, nach d. Tod d. Bruders u. d. Mutter selbst. Gschf. Ges. H.: Modellbau, Autos (Porsche), alte Dampfmaschinen.

Albeverio-Manzoni Solvejg

B.: Malerin, Schriftstellerin. DA.: 53125 Bonn, Liebfrauenweg 5B. G.: Arogno/CH, 6. Nov. 1939. V.: Sergio Albeverio. Ki.: Mielikki. El.: Manzoni Francesco u. Elia. BV.: Henri Manzoni (Graphiker), Romeo Manzoni (Pol. u. Phil.). S.: 1957-60 Textilschule (Como, Italien), 1969 Kunstgewerbeschule (Zürich), 1972-77 Statens Handverk og Kunstindustriskole (Oslo, Norw.). K.: seit 1976 mehrere Einzel- u. Gruppenausst. P.: Il fiore il frutto, triandro donna (Gedichte) mit K. Fusco u. C. Ragni, Venezia 1993, Il pensatore con il mantello come meteora (Roman), (Bellinzona 1990), Controcanto al chiuso (Bilder) m. Bianca M. Rabadan (Gedichte) (Rom 1991), Frange di solitudine (Erzählungen), (Venezia 1994), Spiagge confinanti (Gedichte) (Bologna 1996), All' ombra delle farfalle in fiore (Bilder) (Balerna 1998), La carcassa color del cielo (Roman), (Varese 2001), La ronda (Erzählung und Zeichnungen), (Biolda 2001). E.: 1987 Premio Ascona per la narrativa inedita, 1995 Pro Helvetia Förderpreis. M.: SPSAS Società Pittori, Scultori, Architetti Svizzeri, Schweiz. Schriftstellerin- u. Schriftsteller Verband, P.E.N. Club.

Albiez-Zeilhuber Christine Anna

B.: Orgelbauerin, freie Mitarb. FN.: Zeilhuber-Orgelbau. DA.: 87527 Altstädten, Sonthofer Str. 4. G.: Stuttgart, 26. Feb. 1965. V.: Alfons Zeilhuber. Ki.: Pirmin (1993), Magdalena (1997). El.: Winfried u. Anita Albiez. BV.: ein Albiez war am Aufstand d. Salpeterer maßgebl. beteiligt u. wurde in Freiburg hingerichtet, Konrad Albiez Orgelbaumeister im 19. Jhdt., Vater Winfried Albiez, verst. 1984, bekannter Orgelbauer in Süddeutschland. S.: Mittlere Reife, Berufsgrundschulj. Schreiner, Lehre z. Orgelbauerin b. Gerhard Schmid Kaufbeuren.

K.: 1 J. Tätigkeit in Kaufbeuren, b. 1993 b. Rieger in A-Schwarzach, u.a. federführende Mitarb. als Intonationsass. b. Orgelbau am Konservatoire National Superieur de Paris u. in Seoul Korea am Missionary Torche Center, seit 1997 im Betrieb d. Ehemannes tätig. H.: Musik, Gesang, Orgelmusik, Kochen, Schwimmen, Familie, Theaterspielen.

Albinus Wolfgang *)

Albinus-Kloss Martina *)

Albiro Hartwig

B.: Schauspieldir., Regisseur, Schauspieler. FN.: Schauspielhaus Chemnitz - Städt. Theater. DA.: 09111 Chemnitz, Park der Opfer des Faschismus. PA.: 09127 Chemnitz, am Gablenzer Bad 48. G.: Meuselwitz, 9. Dez. 1931. V.: Heiderose, geb. Weiß. Ki.: Angelika (1963). El.. Alfred u. Frieda. BV.: Urgroßvater Italiener Juiseppe Albiero, Josef Albiero. S.: 1946-49 Lehre Bäcker u. Konditor im elterl. Unternehmen, 1953 Prakt. u. Theroet. Ausbild. am Landestheater Altenburg, 1957 externe Prüf. in Berlin z. Schauspieler, 1961 Abschluß als Regiseeur, 1966-71 Fernstud. an d. Theater-HS Leipzig, Abschluß Dipl.-Schauspieler. K.: 1949-51 Statist am Landestheater Altenburg, 1951-53 Regieass., Statistenführer am Landestheater Altenburg, 1953-55 Inspizient m. Spielverpflichtung am Theater in Stendal, 1955-58 Regieass. Laienspielgruppe am Theater d. Jungen Generation in Dresden, 1958-61 Schauspieler u. 1. Inszenierung am Stadttheater Meißen, 1961 Schauspieler u. Regisseur am Georg-Hauptmann-Theater Görlitz, 1963 Spielltr. u. Schauspieler am G.H.T. Görlitz u. Theater Zittau, 1965-68 Oberspielltr. am G.H.T. Görlitz u. Zittau, 1968-71 Mitarb. Regie u. Dramaturgie, 1971-97 Schauspieldir. Schauspielhaus Städt. Theater Karl-Marx-Stadt/Chemnitz. E.: 1. Preise, Regiepreis b. Leistungsvergleichen, 1982 Vaterländ. VO in Bronze. M.: Grdg.-Mtgl. Ver. Kunst f. Chemnitz - Heck-art, 1991 Grdg.-Mtgl. Rotary Chemnitz, Grdg.-Mtgl. u. seit 1996 Vors. d. Ver. f. Chemnitz. H.: Heimwerken, Haus u. Garten, Lesen, naturverbundene Reisen.

Albishausen Jörg Reinhold

B.: Friseur, Einzelunternehmer. FN.: Jörg's Friseurstube. DA.: 10318 Berlin, Rheinpfalzallee 46-66. G.: Köln, 31. Mai 1951. V.: Gabriele, geb. Frinke. Ki.: Lilly (1978). El.: Curt u. Helga, geb. Schröter. S.: 1967 Mittlere Reife, 1967-69 Berufsausbildung Friseur, 1974-77 Meisterschule (Abendkurs). K.: 1972-89 Mtgl. einer Friseurgenossenschaft, v. Mitarbeiter über Salonleiter z. Ltr. d. Berufsausbildung (Lehrobermeister), 1989-92 Mitarbeiter in einer anderen Friseurgenossenschaft, ab

1992 eigener Friseursalon, seit 2001 am obigen Standort. BL.: zeitweise Fachkundelehrer an der Kommunalen Berufsschule. E.: in d. 70er Jahren erste Plätze im Wettbewerb d. A-Klasse u. danach einen 2. Platz in d. Sonderklasse. M.: 2 J. Mgld. Vorstandes seiner Genossenschaft sowie lange Zeit Mitglied der Facharbeiterprüfungskommission u. in versch. Kommissionen d. Handwerkskammer aktiv. H.: Literatur, klassische Musik, Theater.

Alboth Claus *)

---

*) Biographie www.whoiswho-verlag.ch oder beigefügte CD-ROM

Albowitz Ina Hildegard Martha
B.: MdB, Werbekauffrau. FN.: Deutscher Bundestag. DA.: 11011 Berlin, Platz d. Republik 1. ina.albowitz@bundestag.de. www.ina-albowitz.de. G.: Weimar, 26. Apr. 1943. V.: Wolf Ki.: 1 Kind. S.: Fachschule, Ausbild. z. Hauswirtschafterin, Zahnarzthelferin u. Werbekauffrau. K.: ltd. Mitarb. in mittelständ. Unternehmen, seit 1975 FDP, seit 1982 Kreisvors. d. FDP Oberberg, seit 1984 stellv. Bez.Vors. Köln, seit 1984 Mtgl. d. LVorst. d. FDP NRW, 1979-91 Mtgl. d. Rates d. Stadt Gummersbach, 1989-1991 Mtgl. d. Landschaftsversammlung Rheinland, seit 1989 Mtgl. d. Kreistages Oberbergischer Kreis, seit 1989 stellv. Landrätin d. Oberbergischen Kreises, 1990-98 u. wieder ab 2000 MdB. M.: Vors. d. Dt.-Griech. Ges. im Oberbergischen Kreis, stellv. Vors. d. Musikschule d. Stadt Gummersbach. H.: Lesen. (Re)

Albrech Stephan

B.: Vorst. FN.: Albrech & Cie. Vermögensverwaltung AG. DA.: 50672 Köln, Mittelstr. 16-18. G.: Köln, 6. Mai 1960. Kl.: Marcel, Dominic, Madeline, Anjouly. El.: Hugo u. Karin, geb. Emmerich. S.: 1978 Höhere Handelsschule Köln, 1978-81 Ausbildung Bankkaufmann, 1985-87 Stud. Bankfachwirt. K.: 1981-91 Ang. d. Kölner Bank, 1991-96 tätig i. Bankhaus Marcard, Stein & Co. in Köln, seit 1996 Vorst. d. Albrech & Cie. Vermögensverwaltung AG. M.: Kolpingwerk, Kölnische Karnevalsges. v. 1945 e.V. H.: Fußball, Musik, Tanzen, Reisen.

Albrecht Alfred Dipl.-Ing.
B.: Pensionär. PA.: 98527 Suhl, Rimbachhügel 3. G.: Suhl, 29. Okt. 1916. Kl.: Heinz (1943), Gitta (1954). BV.: Vorfahren väterlicherseits seit 1814 alle Bäcker, mütterlicherseits alle Büchsenmacher, d. bedeutendste war Karl-Wilhelm Aydt (1840-1923) Erfinder d. Aydt-Büchse. S.: 1933 Mittlere Reife, 1933-35 Lehre als Werkzeugmacher b. Simson Suhl, 1935-38 FH Hildburghausen. K.: 1938-49 Konstrukteur b. Simson Suhl, 1949-82 Ltr. d. TKO im Fahrzeug- u. Jagdwaffenwerk Suhl. BL.: Simson Suhl war einzige Rüstungsfirma in Deutschland nach 1918 (Gewehr 98, MG 13, SMG 34 u. 42) - hier ist auch d. Heeresgerätenorm entwickelt (HGN) worden, Alfred Albrecht entwickelte 1942 Raketenwerfer - eine Panzerabwehrwaffe m. Kaliber 8,8cm, auch "Püppchen" genannt, v. d. 35000 Stück hergestellt wurden, nach d. Krieg zuerst Extensionsgeräte f. sowjetische Lazarette, Motorhauben u. Haushaltsgeräte m. hergestellt, danach d. Demontage v. 4200 einheiten in Suhler Betrieben mitorganisiert, im Anschluss Verpackungskisten sowie Vorrichtungen u. Einrichtungen f. d. Herstellung v. Fahrrädern, Kinderwagen u. Jagdwaffen konstruiert, b. 1994 v. Alfred Albrecht Technologie f. Walzenstühle entwickelt, während d. SAG-Zeit 1949-1952 deshalb bereits als TKO-Leiter eingesetzt, später im IFA-Kombinat waren ihm 840 Beschäftigte unterstellt, er selbst hatte auch noch d. ASMW als obersten Dienstherren. P.: Gütedokument. E.: Ehrenmtgl. d. KDT, Ehrennadel d. KDT in Gold, Ehrennadel d. Industrieweiges Allg. Maschinen- u. Fahrzeugbau, Verdienstmedaille d. DDR. M.: seit 1940 Verein Dt. Ingenieure, zu DDR-Zeiten Mtgl. d. KDT - 20 J. Arbeitsausschuss TKO im Bez. Suhl. H.: Fliegen - in d. Jugend Segelflugschein, Flugplatz am Dolmar m. eingerichtet, als 15jähriger Fahrt m. legendärem Zeppelin L2 127 Flug-Nr. 225 am 31. Okt. 1931 v. Rohr nach Friedrichshafen, Bauen - Wohnhaus in Suhl selbst gebaut, d. dann in d. 80er Jz. d. Innenstadtsanierung z. Opfer fiel, Wochenendhäuser f. d. Kinder.

Albrecht Andreas

B: Elektromaschinenbaumeister, Alleininh. FN.: Elektro & Antriebstechnik Albrecht. DA.: 19300 Grabow, Neeser Steig 29. PA.: 19300 Grabow, Neeser Steig 29A. ea-albrecht@t-online.de. www.albrecht-antriebstechnik.de. G.: Parchim, 4. Nov. 1964. V.: Anke, geb. Nitsche. Ki.: Katharina (1987), Theresa (1990). El.: Hans-Heinrich u. Brigitte, geb. Hoppe. S.: 1981-83 Berufsausbild. z. Elektromaschinenbauer in Bresegard. K.: ang. Elektromaschinenbauer in d. väterlichen Elektrofirma in Grabow, 1990 Übernahme d. väterl. Firma, seit 1994 Elektromaschinenbaumeister. H.: Familie, Reisen.

Albrecht Angelika Dipl.-Vw.

B.: Gschf. Ges. FN.: Albrecht Ges. f. Fachausstellungen u. Kongresse mbH. DA.: 80799 München, Türkenstr. 67. albrecht@forum-vini.de. www.forum-vini.de. G.: Mittenwald, 27. Apr. 1945. El.: Josef u. Frieda. S.: 1964-66 Praktikum in d. Apotheke St. Antonius in Garmisch, 1967-72 Tätigketi b. Bayer. Rundfunk - Fernsehen in versch. Redaktionen, Betreuung d. Fernsehdiskussion, Betreuung u. Organisation d. Fernsehfilmes "Abraham - Ein Versuch", 1972-76 Stud. VWL, Abschluss: Dipl.-Vw. K.: 1976-78 Coautorin m. Prof. Dr. Manfred Holler "Das Sozialökonomische Optimum, Einführung in d. mikroökonomische Theorie", 1979-83 Ass. am Lehrstuhl f. mathematische Wirtschaftstheorie an d. LMU München, 1983-85 Referentin f. Volkswirtschaft bei div. Management Inst. in München, 1985 Grdg. d. jetzigen Firma, Schwerpunkt: Veranstaltung v. Weinmessen FORUM VINI in München, Berlin, Düsseldorf, Neuprojekt Hamburg. P.: Weinwirtschaft, Vinum, Getränkemarkt, m+a report f. Messen u. Ausstellungen, Wein + Markt. M.: Italien. HK, Center of Economic Studies CES. H.: Golf, Reisen, Oper, Musik, gutes Essen u. Trinken, Theater, Wirtschaft, Politik.

Albrecht Brigitte *)

Albrecht Carsten *)

Albrecht Christian Martin *)

Albrecht Christoph
B.: Int. FN.: Sächs. Staatsoper Dresden. DA.: 01067 Dresden, Theaterpl. 2. direktion@semperoper.de. www.semperoper.de. G.: Bad Elster, 9. Dez. 1944. V.: verw. Ki.: Maike. El.: Fritz u. Beate, geb. Rabich. S.: 1965 Abitur, 1965-72 Stud. Theaterwiss., Musikwiss. u. Germanistik FU Berlin u. Univ. München. K.: 1970-73 Regieass. b. August Everding, Götz Friedrich, Günter Rennert u. Ulrich Brecht, 1972-75 Dramaturg Hamburg. Staatsoper, 1975/76 Ltr. d. Künstler. Betriebsbüros Hamburg. Staatsoper, 1976/77 Chefdisponent Hamburg. Staatsoper, 1978-81 Künstler. Betriebsdir. Oper Köln, 1981-91 Ballettbetriebsdir. Hamburg. Staatsoper, seit 1991 Int. d. Sächs. Staatsoper Dresden. P.: Hrsg. u. Autor "10

*) Biographie www.whoiswho-verlag.ch oder beigefügte CD-ROM

J. John Neumeier u. d. Hamburger Ballett" (1983), Hrsg. d. Reihe "Solisten d. Hamburger Balletts" (1985-91). M.: Rotary Club. H.: Beruf, Kochen. (B.K.)

Albrecht Claudia *)

Albrecht Detlev *)

Albrecht Dieter *)

Albrecht Dieter

B.: Kfm., Inh. FN.: Monsieur Fromage Albrecht Käse & Wein. GT.: Affineur. DA.: 04109 Leipzig, Nikolaistr. 16. G.: Leipzig, 30. März 1940. V.: Sieglinde. Ki.: Hans-Jürgen. El.: Dr. med. Wilhelm u. Wilhelmine. S.: Stud. Maschinenbau an der TH Chemnitz. K.: Abnahmeing. f. d. Kombinat Chemieanlagenbau Leipzig-Grimma, längere Arbeitsaufenthalte in Frankreich, seit 1994 Inh. u. Gründer d. o.g. Firma z. Verkauf hochwertiger Käsesorten (Frankreich, Schweiz, Allgäu) u. franz. Weine, eigener Reifekeller, Weiterbild.-Seminare. E.: Ritter des Camembert, Franz. Käseverkoster. M.: Interessenver. dt. Käseverfeinerer, Guilde des Fromgers. H.: Käseverfeinern, Naturliebhaber.

Albrecht Dieter Edwin
B.: Kfz-Meister, Gschf. FN.: Albrecht Abschleppdienst Autovermietung Pannendienst Schlüsseldienst GmbH u. Abschlepp- u. Pannendienstzentrale Baden-Württemberg Süd GbR. DA.: 78628 Rottweil, Stadtgrabenstr. 6. adaa@gmx.de. www.adaa.de. G.: Rottweil, 21. Juni 1965. V.: Gabriele, geb. Kroll. Ki.: Benjamin Friedrich (1999), Anna Sophia (2001). El.: Friedrich u. Ingrid. S.: 1980-83 Lehre als Kfz-Mechaniker, 1984-86 Uffz. b. d. Bundeswehr, 1986-87 Meisterschule, nebenberufl. Ausbild. z. Programmierer, 1987 Meisterbrief als Kfz-Meister. K.: 1987 Eintritt in elterl. Betrieb als Filialltr., nebenberufl. Mittlere Reife, 1992 Übernahme d. Betriebes, Kandidat f. d. Amt d. Oberbürgermeisters d. großen Kreisstadt Rottweil (Wahl 2001). F.: Albrecht Abschleppdienst Autovermietung Pannendienst Schlüsseldienst GmbH u. Abschlepp- u. Pannendienstzentrale Baden-Württemberg Süd GbR Rottweil-Villingen-Schwenningen -Tuttlingen-Spaichingen. E.: Kirchengemeinderat. M.: Rottweiler Kinder- u. Jugendverein, Interessengemeinschaft d. Abschlepp- u. Pannendienstunternehmer. H.: Beruf. Sprachen: Englisch, Portugiesisch.

Albrecht Dietmar *)

Albrecht Eberhard
B.: Bäcker u. Konditor i.R. PA.: 10717 Berlin, Ginzelstr. 23. G.: Berlin, 9. Sep. 1928. V.: Ruth, geb. Mertel. K.: Eberhard (1953), Dipl.-Bw. Thomas (1958). BV.: Karl Lindöfer - Bgm. v. Feuchtwangen. S.: Luftwaffenhelfer-Dienst, 1948 Abitur, 1947-49 Lehre als Bäcker elterl. Betrieb, 1951-53 Lehre Konditor u. 1957 Meisterprüf. K.: 1945 russ. Kriegsgefangenschaft, 1949-51 Bäcker in elterl. Betrieb, 1953 Obermeister in Möhring, 1953 Bademeister in einem Kurhaus, 1953-54 tätig in d. Firma Senst u. d. Firma Nehlsen in Hamburg, 1954 Konditor d. Firma Orta u. b. 1955 in d. Konditorei Hilbich, 1961 selbst.

u. glz. Übernahme d. elterl. Betriebes, Eröff. v. Betrieben in d. Einsteinallee, Casper-Theyß-Straße, Uhlandstraße u. am Breitenbachplatz, seit 201 im Ruhestand. P.: "Berlins Speisekarte: Lokaltip f. ein Cafe" (2000), Veröff. in d. FAZ, 100 Köche einkaufen, Wochenzeitschrift, Tochterguide, Süddt. Zeitung, Magazin Mohnstreuselkuchen u. in versch. Berliner Tageszeitungen. M.: seit 1979 Ltr. d. Berliner Landesverb. d. Bäcker u. Konditoren Vereinig., Finanzbei.R. d. Rothkirch-Hauses, 1977 Hohenzollernkirche, b. 2001 GKR.

Albrecht Eckhard Dipl.-Ing.
B.: freier Architekt. DA.: 78315 Radolfzell, Bahnhofpl. 1. PA.: 78315 Radolfzell-Möggingen, Am Ried 10. G.: Augustwalde Kr. Marienburg/Westpreußen, 1941. V.: Renate, geb. Lemmer. El.: Herbert u. Martha. S.: 1961 Abitur, 1964/65 während d. Stud. Praktikum in d. USA/Canada, 1962-67 Stud. Arch. Univ. Konstanz. K.: 1967-76 ang. als Architekt, seit 1976 selbst.; Projekte: 1983 Realschule Radolfzell, Individueller Wohnungsbau u. Geschoßwohnungsbau, 1998 Hotel Art Villa a. See Radolfz. E.: 1983 Rudolf-Hering-Preis. M.: Reiterclub, BDA. H.: Fahren (Kutsche), Musik u. Kunst.

Albrecht Erhard *)

Albrecht Erika *)

Albrecht Ernst Dr.

B.: Min.-Präsident a.D. DA.: 31303 Burgdorf, Am Brink 2 B. G.: Heidelberg, 29. Juni 1930. V.: Dr. Heide-Adele, geb. Stromeyer. Ki.: Harald-Ernst (1955), Lorenz (1956), Ursula-Gertrud (1958), Benita (1960), Hans-Holger (1963), Barthold (1968), Gerhard. Donatus (1971). El.: Dr. Carl u. Dr. Adda, geb. Berg. BV.: Baron Ludwig v. Knoop im 19. Jhdt. Industrieller in Rußland; Friedrich Carl Albrecht im 20. Jhdt Baumwollimporteur; Franz Albrecht im 19. Jhdt. Gen.-Zolldir. d. Königreichs Hannover; Dr. Carl Albrecht - Arzt, Mystiker. S.: 1948 Abitur, Stud. Phil. u. Theol. Univ. Tübingen u. Cornell Univ. USA u. Basel, Stud. Wirtschaftswiss. Bonn m. Abschluß Dipl.-Vw., 1958 Prom. K.: 1954 Attaché b. MinR. d. Montanunion, 1956/57 Teilnahme an d. Verhandlungen über d. Vertrag z. Grdg. d. Europ. Wirtschaftsgemeinschaft, 1958-67 Kabinettchef bei Hans von der Groeben, 1961/62 stellv. Ltr. d. Delegation d. Europ. Kmsn. in d. Beitrittsverhandlungen m. Großbritannien, Dänemark u. Irland, 1967-70 Gen.-Dir. f. Wettbewerb d. Kmsn. d. Europ. Gemeinschaften, 1971-76 Finanzchef d. Firma Bahlsen, 1970-90 Mitgl. d. Niedersächs. Landtages, 1976-90 Min.-Präs. d. Landes Niedersachsen, 1979-90 stellv. Bundesvors. d. CDU Deutschland, dzt. freiberufl. tätig als Berater d. Premierin. v. Kirgistan; 1990-97 AufsR.-Vors., 1993-97 Mehrheitsaktionär d. Eisen- u. Hüttenwerke Thale. P.: "Der Staat-Idee u. Wirklichkeit" (1976), "Erinnerungen, Erkenntnisse, Entscheidungen" (1999). E.: Gr. VK d. BRD, Niedersächs. Landesmed., zahlr. ausländ. Ausz. M.: CDU, Ev.-Luther. Kirche. H.: Philosophie, Natur.

*) Biographie www.whoiswho-verlag.ch oder beigefügte CD-ROM

Albrecht Eugen

B.: Bäcker u. Konditor, Inh. FN.: Puppen Café Albrecht. DA.: 37269 Eschwege, Friedrich-Wilhelm-Str. 19. PA.: 37269 Eschwege, Goldbachstr. 33. G.: Eschwge, 15. Juni 1940. V.: Irmhild, geb. Graf. El.: Hermann u. Lina, geb. Nöding. S.: 1954-57 Lehre als Konditor, 1957-59 Lehre als Bäcker, 1964 Bäckermeisterprüf., 1969 Konditormeisterprüf. K.: 1982 Eröff. d. Puppen Café m. Ausstellung v. 60 Porzellanpuppen. H.: Garten, Schwimmen.

Albrecht Friedhelm Dipl.-Ing. *)

Albrecht Gerd Prof. h.c.

B.: Dirigent. PA.: 20354 Hamburg, Dammtorstr. 21 b. G.: Essen, 19. Juli 1935. V.: Ursula, geb. Schöffler. Ki.: Katharina, Judith. El.: Prof. Dr. phil. Hans u. Hildegard, geb. Kleinholz. S.: Gymn. Kiel, Stud. Musikwiss., Kunstgeschichte, Phil. u. Dirigieren Univ. Kiel, Hamburg u. MusikHS Hamburg. K.: 1958-61 Solorepetitor Staatsoper Stuttgart, 1961-63 1. Kapellmeister Staatstheater Mainz, 1963-66 GMD Hansestadt Lübeck, 1966-72 GMD Staatsoper Kassel, 1972-88 ltd. Dirigent Dt. Oper Berlin u. Tonhalle Zürich, seit 1988 GMD u. Gschf. Hamburg. Staatsoper, BMD Philharm. Staatsorchester Hamburg, seit 1998 "PrincipakConductor" d. Yomiuri Nippon Symphony Orchestra, Tokio, 2000 Übernahme d. DänischenRadio Sinfonie Orchesters, seit 1990 Mtgl. Freie Ak. d. Künste Hamburg, Gastdirigent im In- u. Ausland, div. Fernsehfilme. E.: Grand Prix du Disque, Dt. Schallplattenpreis, Edisonpreis, Konssewitzkipreis, Prix Caecilia, Intern. Record Critics Award, Quartalspreis d. dt. Schallplattenkritik f. Schatzgräber, 1909 Kestenberg-Med. Lübeck, 1990 Vierteljahrespreis d. Dt. Schallplattenkritik, 1991 Zürich ECSO-Preis u. Quartalspreis Dt. Schallplatten Kreis Ferner Klang. H.: Musik, d. dt. Romantik, zeitgenöss. Musik.

Albrecht Gerd Dr. *)

Albrecht Gisela Dr. med.

B.: Fachärztin f. Hauterkrankungen, Chefärztin d. Dermatologischen Abteilung - Allergologie - Onkologie - Phlebologie - Umweltmedizin - Ärztl. Leiterin d. Krankenhauses Spandau Berlin, Ein Haus der NET-GE Kliniken f. Berlin GmbH. DA.: 13578 Berlin, Neue Bergstr. 6. G.: Göttingen, 12. Febr. 1944. V.: Dr. med. Jochen. El.: Dr. med. Dr. phil. Fritz u. Else Bröcker. S.: 1963 Abitur, 1963-66 Krankenschwesternausbild. in Bremen, 1966-71 Stud. Med. Bayerische Julius-Maximilians-Univ., Würzburg, 1969 Univ. Wien, 1970 Ruprecht-Karl-Univ., Heidelberg, 1971-72 Ludwig-Maximilians-Univ., München, 1972 Amerikanisches Staatsexamen. K.: 1. Med.Ass.: 1972 Abt. f. Chir. u. Unfallchir. Neuburg/Donau, 1973 Abt. f. Innere Med., Rotes-Kreuz-KH München, 1973 II. Abt. f. Chir., KH Schwabing, München u. Dr. med. H. Lermer, Wildthurn, Landau/Isar, II. Ass.Zeit: 1974 Abt. f. Plast. u. Wiederherstellungschir. d. Techn. Univ., München, 1977 Hautklinik d. Poliklinik im Klinikum Steglitz d. Freien Univ. Berlin, III. Ass.Professor: 1977-81 Ass.Professor in d. Hautklinik u. Poliklinik im Klinikum Steglitz d. Freien Univ. Berlin, IV. Funktionsärztin: 1981-84 Funktionsärztin in d. Hautklinik u. Poliklinik im Klinikum Steglitz d. Freien Univ. Berlin, V. Chefärztin: seit 1984 Chefärztin d. Abt. f. Dermatologie im KH Spandau, Berlin, Zusatzbezeichnung Phlebologie u. Umweltmedizin,

1988-90 Vors. d. Berliner Dermatolog. Ges. (BDG), seit 1992 im Vorstand d. Dt. Dermatolog. Ges. (DDG), Delegierte f. Berlin im Verband d. Leitenden Chefärzte u. Mtgl. zahlr. weiteren Vereinigungen, seit 1990 Stellv. Ärztl. Leiterin d. KH Spandau, Berlin, seit 1990 stellv. ärztl. Dir. d. KH Spandau; Lehrverpflichtungen an beiden Univ.klinika u. in d. Kaiserin-Friedrich-Stiftung Berlin, seit 2001 Ärztl. Leiterin d. KH Spandau, Ein Haus der NET-GE Kliniken f. Berlin GmbH. P.: zahlr. Veröff. im Bereich Dermatologie. M.: Mtgl. d. Vorst. d. Dt. Dermatolog. Ges., Generalsekretärin d. Dt. Dermatolog. Akademie, Kuratoriumsmtgl. d. Kaiserin-Friedrich-Stiftung. H.: Musik, Einzelgesang. (E.-M.N.-H.)

Albrecht Hans Dr.

B.: Zahnarzt. FN.: Gemeinschaftspraxis Dr. Hans Albrecht u. Jochen Albrecht. DA.: 66424 Homburg, Kaiserstr. 31a. G.: Zweibrücken, 17. Okt. 1968. V.: Heike, geb. Braun. Ki.: Henrik (1998). El.: Dr. Klaus u. Ursula, geb. Scheidler. S.: 1987 Abitur, b. 1988 Bundeswehr, 1988-95 Stud. Zahnmed. an d. Univ. Freiburg, 1995 Staatsexamen, 1999 Prom. K.: 1995-97 Ass. in d. väterl. Praxis, seit 1997 Ltg. d. väterlichen Praxis zusammen m. Bruder Jochen, Schwerpunkte: Paradontologie, Prothetik u. Implantatversorgung. M.: Verb. d. Zahnärzte, aktiver Spieler im TV Homburg - Abt. Handball, aktiver Spieler im Tennisclub Bau-Weiß Homburg. H.: Familie, Sport.

Albrecht Hans *)

Albrecht Hans Fritz Dr.-Ing. habil. Prof.

B.: gschf. Vorst. FN.: Zentrum f. Sonnenenergie- u. Wasserstoff-Forsch. Baden-Württemberg. DA.: 70565 Stuttgart, Heßbrühlstr. 21C. G.: Schramberg, 24. März 1938. V.: Gerlinde, geb. Winkler. Ki.: Peter (1967), Hans (1970), Dorothea (1970). El.: Fritz u. Antonie, geb. Fritz. S.: 1956 Reifeprüf. Staßfurt, 1957-62 Stud. Elektrotechnik TU Stuttgart, K.: 1962-64 wiss. Mitarb. im Forsch.-Inst. f. Physik d. Strahlantriebe, 1964-77 wiss. Mitarb. u. Ass. im Inst. f. Gasentladungstechnik u. Photoelektronik d. Univ. Stuttgart, 1970 Diss., 1975 Habil., 1980 apl.Prof. Univ Stuttgart, 1977-91 Forsch. u. Entwicklung b. Daimler-Benz in Stuttgart-Untertürkheim, seit 1992 gschft. Vorst. im Zentrum f. Sonnenenergie- u. Wasserstoff-Forsch. Baden-Württemberg. P.: zahlr. Veröff., u.a. Buch "Optische Strahlungsquellen". M.: VDE/VDI, Ver. d. Freunde d. Univ. Stuttgart.

Albrecht Heinz Werner

B.: Bgm. d. Stadt Lauenburg/Elbe. DA.: 21481 Lauenburg/Elbe, Amtspl. 6. heinz-werner.albrecht@lauenburg-elbe.de. G.: Husum, 29. Dez. 1948. V.: Heike, geb. Ketelsen. Ki.: Torben (1978), Tina (1980). S.: 1965-68 Ausbild. 2. Verw.-Ang. in Husum, berufsbegleitend Realschulabschluss, 1970 Abitur in Abendschule. K.: 1968-70 Stadtinsp.-Anw. in Husum, 1970 Prüf. f. d. gehobenen Dienst in Kiel, 1970-96 Stadtverw. Husum, stellv. Kämmerer, Ordnungsamtsltr., bürolot. Bmtr., 1986-96 zusätzl. Doz. an d. Verw.-Schule Schleswig-Holstein in Altenholz, seit 1996 Bgm. d. Stadt Lauenburg. M.: seit 1970 SPD, 1997 Landesvorst. d. SGK, 1996 stellv. Vors. d. AWO, 1997 Vors. d. histor. Reederei e.V., AufsR. d. Wohnungsbauges. d. Kreises Herzogtum Lauenburg, Beschäftigungs- u. Qualifizierungsges. d. Kreises

*) Biographie www.whoiswho-verlag.ch oder beigefügte CD-ROM

Herzogtum Lauenburg, Stadtwerke Boizenburg GmbH, Kuratorium d. Johanniter-KH Geesthacht/Lauenburg. H.: Hochgebirgswanderungen, klass. Musik.

Albrecht Helmar

B.: Stukkateurmeister. FN.: Stuckfachgeschäft. DA.: 33330 Gütersloh, Nelkenweg 4a. G.: Ragnit, 28. Apr. 1943. V.: Gisela, geb. Gierhake. Ki.: Claudia (1963) und Christina (1966). S.: 1957-61 Ausbild. u. Abschluß z. Stukkateur. K.: 1961-65 Tätigkeit im Beruf, 1965-67 Bundeswehr, 1967 Eintritt in d. elterlichen Betrieb, 1970 Meisterschule u. Meisterprüf., 1987 Übernahme d. elterl. Betriebes in Eigenregie. H.: Literatur.

Albrecht Ingo *)

Albrecht Ingrid Dr. *)

Albrecht Jessy *)

Albrecht Joachim

B.: Kameramann, Gschf. FN.: telepublic Medienproduktion GmbH. DA.: 48155 Münster, Wolbecker Str. 138. joachim.albrecht@ telepublic.de. www.telepublic.de. G.: Frankfurt/Main, 21. Feb. 1959. V.: Cornelia, geb. Bähnk. Ki.: Max, Felix. El.: Winfried-Jürgen u. Rose-Maria, geb. Gerster. S.: 1978 Abitur in Frankfurt/Main, Praktikum als Fotograf, 1979 Gesellenprüf. als Fotograf. K.: 1979-84 Kameramann b. AFN, 1984-85 Kameramann, Regietätigkeit b. EPF in Ludwigshafen, 1985 Meisterprüf. als Fotograf, seit 1986 Teilinh. d. Firma telepublic Medienproduktion in Münster, Schwerpunkt: Kameramann, Schnitt, Regie, Mediendienstleistungen nach Maß, CD-ROM, DVD, Videofilm, Internet, Business-TV, Fortbild., Redaktion, Produktion, Präsentation. H.: Jazzmusik, digitales Fotografieren, Wandern.

Albrecht Jochen Dipl.-Vw. *)

Albrecht Jörg Dipl.-Ing.

B.: Dipl.-Ing. f. Schiffsbau u. Meerestechnik, Gschf. FN.: Techno Consult. DA.: 10435 Berlin, Choriner Str. 57. G.: Heidelberg, 12. Dez. 1961. El.: RA Dr. Henning u. Maria, geb. Carstensen. S.: 1982 Allg. HS-Reife Heidelberg, 1982-85 Stud. Physik an d. Univ. Heidelberg, 1985-92 Stud. Ing.-Wiss. Fachrichtung Schiffbau an d. Univ. Hamburg, Dipl.-Ing. f. Schiffs- u. Meerestechnik, 1987 Grundpraktikum b. d. Schiffs- u. Bootswerft Ebert & Söhne in Neckarsteinach, 1991 Fachpraktikum b. d. Berliner Licht u. Kraft AG, Erstellung v. Entwurfsgrundlage f. Solarboote, 1992-93 Arbeitspraktikum im Bsustatikbüro "Neureither Ing." in Heidelberg, Konstruktion u. Statik v. Fassaden, Glaspyramiden u. Fluß-Landungsbrücke. K.: 1987-89 studentische Hilfskraft im Inst. f. Meerestechnik in Hamburg, 1992 freier Mitarb. im Inst. f.

Forsch. u. Entwicklung v. Sportgeräten in Berlin-Grünau, Entwickler v. Doppelschrauben Elektroantrieb f. Solarboote, Patent-Anmeldung, 1993 Konstruktion einer See-Landungsbrücke f. d. Wasserbaufirma Knabe Hamburg, 1994 Urlaubsvertretung als Ltr. d. techn. Büros b. d. Firma Cornils in Bergen Bereich Stadthallenbau, 1994 b. Marientechnik GmbH (MTG) in Hamburg, 1995-96 Zeitvertrag an d. Versuchsanst. f. Wasserbau und Schiffsbau (VWS) in Berlin im Bereich Versuchsdatenverarb. f. schnelle Katamarane, 1996-97 Aquisitionsprojekte f. d. Konstruktion eines 140 Personen Solarfahrgastschiffes aus GFK, Aquisition im Bereich Schiff m. Rapsölantrieb, 1997 Zeitvertrag b. d. Metallbau u. Solarkatamaran GmbH (MSK) in Berlin, Entwurf & Konstruktion v. einem Solarhausboot u. einem 4 Sitzer-Solarboot, 1998 Grdg. Ing.-Büro Techno Consult, Entwicklung eines Hanfwerkstoffes f. d. Bootsbau u. Durchführung v. Versuchen b. d. DLR-Braunschweig, 1999 Konstruktion, Schiffslinien, Stabilitätsberechnung u. Genehmigungsplanung f. d. 20m Solarschiff Bodenseefähre RA66, Statische Berechnung f. d. Pontonbrücke Tagebau Goitzsche, Dealervertrag m. CAD-FEM f. DesignSpace, 2000 Projektltr. 2001 TEAZEE als Dampfmaschine, b. SEG Berlin, 2001 Finite-Element-Berechnung f. d. SEG-Zwickau im Bereich Brennstoffzellen, Projekt Serien-Wasserstoffboot, Bearb. eines Forsch.-Antrages. P.: Offenlegungsschrift DE 4232584 A1 (1994), Antrieb v. contrarotierenden Propellern (1997), two in one, innenschifffahrt (1997), Hanflaminate im Test (1998), Die optimale Wasserlinienlänge (1999), Solarschiffbau u. Design/Die solare Megayacht (2000). E.: ehrenamtl. Vorst. SV-Verb. Boot- u. Schiffbau. V.: 1. Vors. d. Sachverständigenvereinigung Boots- u. Schiffbau. M.: 1994 Mitbegrd. u. Mtgl. d. ASRE e.V. Hamburg, 1995-96 2. Vors. u. Gschf. d. ASRE e.V. Hamburg, 1999 Mtgl. in d. Sachv.-Ver. Boots- u. Schiffbau e.V., d. Dt. Boots- u. Schiffbauerverb., 1999 Mtgl. in d. Berliner-Brandenburg.-Schifffartsges. e.V. H.: kulturelle Veranstaltungen.

Albrecht Josef Dipl.-Kfm. *)

Albrecht Karl-Heinz *)

Albrecht Katja *)

Albrecht Klaus Dr. med.

B.: Dir. d. Klinik f. pädiatr. Intensivmed., FA f. Kinderheilkunde. FN.: Zentral-KH St.-Jürgen-Straße. DA.: Bremen, Friedrich-Karl-Straße. G.: Bremen, 11. Aug. 1941. V.: Hannelore, geb. Wiesmüller. Ki.: Dirk (1969), Sebastian (1971). El.: Fritz u. Helene, geb. Schepp. S.: 1961 Abitur, 1961-67 Stud. Med. Marburg, Bonn, Düsseldorf, Wien u. Essen, 1967 Staatsexamen. K.: 1968-69 Med.-Ass. in Essen u. Hildesheim, 1969 Prom., 1970 Approb., 1970-71 Ass.-Arzt in Neustadt/Aisch, seit 1971 an d. Prof. Hess Kinderklinik in Bremen, 1975 Anerkennung als FA f. Kinderheilkunde, 1978 OA, 1984 1. OA u. ständiger Vertreter d. Chefarztes, seit 1986 Dir. d. Klinik f. Pädiatrische Intensivmed. M.: Dt. Ges. f. Kinderheilkunde, Berufsverb. d. Kinderärzte, Dt. Ges. f. Perinatalmed., Ges. f. Neonatologie u. pädiatr. Intensivmed., Lionsclub. H.: klass. Musik, kunsthistor. Reisen.

Albrecht Lutz *)

*) Biographie www.whoiswho-verlag.ch oder beigefügte CD-ROM

Albrecht

Albrecht Lutz

B.: Gschf. Ges. FN.: Halberstädter Bäcker & Konditoren GmbH. DA.: 38820 Halberstadt, Klusstr. 28. PA.: 38820 Halberstadt, Im Landgrabenfelde 27. G.: Schönhausen, 11. Mai 1949. V.: Monika, geb. Hufmüller. Ki.: Katrin (1971). S.: 1965-67 Ausbild. Bäcker. K.: 1967-70 Bäcker im elterl. Betrieb in Schönhausen, 1971-90 tätig in d. PGH Bäcker & Konditoren in Halberstadt, 1973 Meisterprüf., 1974 TKO-Ltr. d. Qualitätskontrolle, 1974-76 Mtgl. d. Revisionskmsn., 1976-80 Vorst.-Mtgl. d. PGH, 1980-90 Vorst.-Vors., seit 1990 Gschf. Ges. d. Bäcker & Konditoren GmbH. M.: seit 1997 Obermeister d. Bäckerinnung Halberstadt, Handwerkskam., Sportver. HT 1861. H.: Sport, Reisen.

Albrecht Manfred *)

Albrecht Manfred

B.: Fotografenmeister, selbständig. FN.: Fotostudio Albrecht. DA.: 88212 Ravensburg, Obere Breite Str. 5. G.: München, 16. Okt. 1943. Ki.: Claudia (1970). S.: 1959 Mittlere Reife, Lehre z. Reprofotografen, 12 Jahre Bundeswehr u. dort Bildstellenleiter, 1976 Meisterprüfung in Hamburg u. Stud. Fotografik u. Fotodesign b. Frau Höpfner in Kressbronn. K.: 1976-80 Fachbereichsleiter eines Großlabors in St. Wendel, seit 1980 selbständig als Fotograf m. eigenem Studio in Ravensburg, Schwerpunkte: Portraits u. Familienfotos, Werbefotografie, Erotische Aufnahmen. P.: div. Fotobände m. seiner Mitwirkung, sowie Auftragsarbeiten zu Broschüren. H.: Fotografieren, Reisen.

Albrecht Manfred Hans Niklas Dr. med.

B.: FA f. Gynäkologie. DA.: 21073 Hamburg, Lüneburger Str. 44. G.: Lötzen/Ostpreußen, 29. Jan. 1941. V.: Dagmar, geb. Grusa. Ki.: Axel (1966), Karsten (1972), Henning (1974), Niklas (1985). El.: Alfred u. Hanna, geb. Niklas. S.: 1961 Abitur Münster, 1961-62 Stud. Päd. an d. Univ. Münster, 1962-67 Med.-Stud. Münster u. Bochum, 1967 Examen u. Prom. K.: 1967-69 Ass.-Arzt am AKH Kettwig, 1969-71 wiss. Tätigkeit an d. Univ. Essen im Bereich d. Kinderheilkunde, 1971-73 Wehrdienst Rendsburg, 1973-7 Gynäkologe am AKH Rendsburg u. Ablegung d. Fachprüf. u. Zulassung als FA, 1977-79 OA im Bereich Gynäkologie am AKH Itzehoe, 1979 Ndlg. in Hamburg-Harburg zunächst als Psychotherapeut, Gynäkologe u. nach weiterer Ausbild. auch im Bereich d. Chir., 1979 Übernahme einer d. Belegklinik Helmsweg GmbH f. ausschließl. krebskranke Patienten, außerdem Personalchef dieser Belegklinik. M.: Hartmannbund, Dt. Ges. f. Gynäkolog. Psychosomatik. H.: Tennis, klass. Musik.

Albrecht Marion *)

Albrecht Markus

B.: Gschf. FN.: Autohaus Wiesenstraße GmbH. DA.: 66115 Saarbrücken, Wiesenstr. 8. markus.albrechtah-wiesenstrasse@partner.renault.de. G.: Düren, 10. Mai 1963. V.: Gertrud, geb. Christoph. Ki.: Marcel (1985), Sandra (1989). El.: Erich u. Gertrud, geb. Göttert. S.: 1982 Abitur, Bundeswehr, b. 1985 Ausbild. Bankkfm. K.: 1985 Verkaufsberater d. Firma Renault Gen.-Dion. in Brühl, 1988 Erstellung v. Marktstudien f. chem. Produkte f. d. Firma Renault, 1989 Verkaufsltr. f. IXELL, 194-95 Vertriebsltr. d. SODICAM u.1996-98 Verkaufsdir., 1998 Dir. d. SODICAM, 2000 Gschf. d. Renault Rhein-Sieg GmbH in St. Augustin, seit 2001 Gschf. d. Renault Autohaus Wiesenstraße GmbH in Saarbrücken. BL.: Aufbau d. Händlerorgan. in d. Neuen Bdl., ab 1995 Aufbau d. Strukturen f. SODICAM in Deutschland, Österr. u. d. Schweiz, 1992-95 Betreuer d. Lackschiene u. Ersatzteile f. Renault Polska. H.: Joggen, Fußball, Kultur.

Albrecht Markus Dr. Ing. *)

Albrecht Matthias *)

Albrecht Michael Rudolf Dieter *)

von Albrecht Michael Dr. Prof.

B.: Univ.-Prof. Seminar f. klass. Philol. FN.: Univ. Heidelberg. DA.: 69117 Heidelberg, Marstallhof. PA.: 69207 Sandhausen, Am Forst 9. G.: Stuttgart, 22. Aug. 1933. V.: Dr. Ruth, geb. Krautter. Ki.: Christiane, Martin, Dorothea. El.: Prof. Georg (Komponist) u. Elise. S.: Gymn., 1951 Abitur, Stud. Staatl. HS f. Musik Stuttgart u. Univ. Tübingen, 1957 Staatsexamen, 1959 Dr. phil. K.: 1960-63 wiss. Ass. Univ. Tübingen, 1963-64 Doz. Univ. Tübingen, 1963 Habil., 1964 Prof. Univ. Heidelberg, zahlr. Rufe u. Gastprof. P.: Goethe und das Volkslied (1972), Meister römischer Prosa (1971), Röm. Poesie (1976), G. v. Albrecht - Gesamtausg. (1984-91), Scripta Latina (1989), Gesch. der röm. Literatur (1992), International Journal of Musicology (mit E. Antokoletz, 1992 ff.), Rom: Spiegel Europas (1998), Roman Epic (1999), Das Buch der Verwandlungen (2000), Ovid (2002), Übersetzungen (Ovid, Catull, Vergil). E.: 1991 Rußlanddt. Kulturpreis, 1998 Ehrendoktor Univ. Thessaloniki, 2000 Praemium Classicum Clavarense. M.: Mommsen-Ges., American Philological Assoc., Istituto di Studi Romani, Ges. f. Römische Studien, Athen (Ehrenmtgl.), Ges. f. Musikforsch., Academia Europaea.

Albrecht Norbert *)

Albrecht Norbert Dipl.-Ing.

B.: Ing. f. Bauwesen. DA.: 69123 Heidelberg, Im Buschgewann 25. PA.: 69214 Eppelheim, Geschwister Scholl-Str. 10. G.: Heidelberg, 10. Dez. 1950. V.: Irene, geb. Wiegand. Ki.: Katharina (1982), Eva (1984). El.: Oswald u. Martha. S.: 1970 Abitur, 1971-77 Ing.-Stud. Univ. Karlsruhe. K.: 1977-85 tätig in Ing.-Büro f. Wasserwirtschaft, 1986-88 Teilhaber d. Büros, 1989 Grdg. d. eigenen Büros f. Umweltschutz u. Wasserwirtschaft. M.: abwassertechn. Vereinig. Honnef, Bad. Herrenges. Mandarinia Heidelberg. H.: Skifahren, Rudern, Wandern, Tennis.

Albrecht Oliver Michael Dipl.-Kfm. *)

*) Biographie www.whoiswho-verlag.ch oder beigefügte CD-ROM

Albrecht Peter-Richard *)

Albrecht Rainer Harald Dr.

B.: Patentanwalt. FN.: Andrejewski, Honke & Sozien - Patentanw. DA.: 45127 Essen, Theaterpl. 3. PA.: 45239 Essen, Hildegrimstr. 12e. G.: Bad Schwalbach, 10. Sep. 1952. V.: Gabriele, geb. Krenzer. Ki.: Matthias (1982), Christoph (1987). S.: 1971 Abitur, 1972 Stud. Maschinenbau Verfahrenstechnik RWTH Aachen, 1977 Dipl.-Ing., 1983 Prom. K.: 1982-85 Betriebsingenieur b. Henkel in Düsseldorf, 1985 Patentanw., seit 1989 Sozius in d. Kzl. P.: Fachbücher - Membrantrennverfahren, Membrane Processes, 20 Publ. in Fachzeitschriften. E.: Borchers-Plakette, Springorum-Denkmünze. M.: VDST. H.: Tennis.

Albrecht Ralf *)

Albrecht Reiner *)

Albrecht Reinhard *)

Albrecht Roger *)

Albrecht Roland Dipl.-Ing.

B.: freier Architekt. DA.: 79104 Freiburg, Stadtstr. 70. G.: Zwickau, 10. Apr. 1944. V.: Gisela, geb. Schick. Ki.: Bettina (1965), Robert (1972), Katharina (1978). El.: Albrecht u. Wilfriede, geb. Richter. BV.: Großvater mütterl. seits - Richter in Leipzig; Großvater väterl. seits - Bauunternehmer in Breisach. S.: 1963 Mittlere Reife Freiburg, 1964 Stud. Arch. TH Konstanz, Staatsexamen. K.: 1968 tätig im Universitätsbauamt in Freiburg u. 1 J. in einem Arch.-Büro, 10 J. im Arch.-Büro Albrecht & Albrecht, seit 1980 selbst. m. Schwerpunkt Altbausanierung, Wohnungsbau u. Hotel- u. Gaststättensanierung; Projekt: altes Öffz.-Haus v. Steif als Modellhaus wieder aufgebaut. P.: Veröff. in regionaler Presse. M.: Waldseematrosenzunft, Elferrat Breisgauer Narrenzunft, stellv. Vors. d. Arge Stadtbild., Sachv. als Bauing. d. Stadt Freiburg. H.: Narretei, Tennis, Wandern.

Albrecht Roland

B.: Hotel- u. Gaststättenwirt, Mitinh. FN.: Restaurant "Zander". DA.: 10405 Berlin, Kollwitzstr. 50. rol.albrecht@aol.com. G.: Leißling, 11. Jan. 1953. V.: Heidrun, geb. Koch. Ki.: Sven (1972). El.: Walter u. Christa, geb. Hoffmann. S.: 1969 Mittlere Reife Apolda, 1969-71 Kellnerlehre im Hotel "Adler" in Apolda. K.: 1974-75 Kellner in Apolda, 1975-90 Tätigkeit in d. Gastronomie im "Palast d. Rep." Berlin, Oberkellner, Restaurantltr., gastronom. Ltr., 1974-78 Fernstud. an d. Hotelfachschule Leipzig, 1990-94 Gschf. im "Schmöckwitz Konferenz Center" - Führung in d. Privatisierung, 1994-2000 Tätigkeit im Weinhdl., seit 1999 Eröffnung u. Inhaber Restaurant "Zander" in Berlin. E.: Servierobermeister, Gold. Meisternadel, TOP 10 i. Marcellinos, Erwähnung in allen Hauptstadtmagazinen. M.: Verband der Serviermeister, Restaurant- u. Hotelfachkräfte, Mitbegründer im Ostteil Deutschlands - dort auch Präsidiumsmitglied u. Juror. H.: Wein, Weinkenntnisse.

Albrecht Rudolf Dietrich Ing. *)

Albrecht Siegmar *)

Albrecht Susanne

B.: Galeristin, selbständig. DA.: 80539 München, Wurzer Str. 16. gaalbrecht@aol.com. www.galerie-susanne-albrecht.de. G.: Coburg, 11. Feb. 1958. El.: Werner u. Barbara Albrecht. S.: 1978-81 Lehre Goldschmiedin, 1981-84 Stud. Phil., ital. Phil. u. Kunstgeschichte Berlin, Mailand u. München. K.: 1984-86 tätig in versch. Galerien in München u. Südtirol, seit 1986 selbstängie Galeristin in München. P.: Ausstellungen über Jonatan Borovsky (1992), Denti Samallachi-Fotografie, Martin Paar-Fotografie, Nai Zheng Zhu-Malerei. H.: Lesen, Musik, Reisen.

Albrecht Sven *)

Albrecht Theo sen.

B.: Gschf. Nord. FN.: Aldi Gruppe; Aldi Einkauf GmbH & Co OHG Nord, 45307 Essen, Eckenbergstr. 16; Aldi Einkauf GmbH & Co OHG Süd, 45476 Müllheim/Ruhr 11, Burgstr. 37. DA.: 45307 Essen, Eckenbergstr. 16. V.: Cilli. Kl.: Berthold, Theo jr. H.: Sammeln alter Schreibmaschinen. (Re)

Albrecht Thomas

B.: Gschf. Ges. FN.: Alpha REHA Wendelstein ambulantes Reha-Zentrum. DA.: 90530 Wendelstein, Johann-Höllfisch-Str. 11. alpha.reha@web.de. G.: Nürnberg, 14. Mai 1957. Ki.: Philipp (1989). El.: Otto u. Margot. S.: 1975 Abitur Tischenreuth, 1975-79 Bundesluftwaffe Landsberg/Lech - Feldwebel, 1979-80 Ausbild. Masseur Regensburg. K.: 1981-84 ang. Masseur im Kurmittelhaus in Pappenheim, 1984-88 Gschf. u. Initiator d. Lambertus-Bad in Treuchtlingen, 1989 Eröff. d. Massagepraxis in Wendelstein u. 1991 zusätzl. Krankengymnastik-Praxis, 1990-93 Ausbild. Krankengymnast, seit 1994 Gschf. Ges. d. Alpha-REHA-Zentrums. M.: Segelclub am Brombachsee. H.: Segeln, Jagd, Natur, Angeln.

Albrecht Thomas Joachim *)

---

*) Biographie www.whoiswho-verlag.ch oder beigefügte CD-ROM

Albrecht

Albrecht Torsten Dr. med. dent.
B.: Zahnarzt in eigener Praxis. DA.: 18435 Stralsund, Friedrich-Engels-Str. 14. G.: Elbingrode, 14. Aug. 1956. V.: Christina, geb. Schlamm. Ki.: Franziska (1985), Hensing (1990). El.: Dr. Klaus u. Dr. Maga, geb. Burmeister. S.: 1975 Abitur Boizenburg, 3 J.NVA, 1978-83 Stud. Univ. Rostock m. Abschluß Dipl.-Stomatologe. K.: 1978-83 tätig in versch. med. Einrichtungen, 1985 Prom. an d. Univ. Rostock, seit 1991 ndlg. Zahnarzt. M.: 2. Vors. d. KZV MV. H.: Sport.

Albrecht Ulrich Dr. phil. Dipl.-Ing. Prof.
B.: HS-Lehrer f. Polit. Wiss. FN.: FU Berlin. DA.: 14195 Berlin, Innestr. 21. PA.: 12169 Berlin, Selerweg 23. G.: Leipzig, 30. Jan. 1941. V.: Astrid, geb. Heide. Ki.: Ruth (1974), Jürgen (1976). El.: Hans-Joachim u. Elisabeth, geb. Heinecke. BV.: Samuel Heinecke Taubstummenpädagoge. S.: 1960 Abitur, 1961 Techn. Praktikant Dortmund-Hörder-Hüttenunion, 1962-67 Stud. d. Luftfahrttechnik Aachen u. Stuttgart, 1967 Dipl.-Ing. Luftfahrttechnik, ab 1962 Parallelstud. d. Polit. Wiss. K.: 1967-72 wiss. Mitarb. am Inst. f. Sozialökonomie Univ. Stuttgart/Forsch.Stelle VDW Hamburg, 1970 Prom. über Waffenhdl., 1970-71 Research Associate Intern. Inst. for Strategic Studies London, seit 1972 HS-Lehrer an d. FU Berlin, 1982-83 VPräs. d. FU, 1983-84 Consultant d. Abrüstungsabt. d. UN in New York, 1988-89 Gastprof. TH Darmstadt, 1990 Ltr. d. Planungsstabes im Min. f. Auswärtige Angelegenheiten d. DDR. P.: "Der Handel m. Waffen" (1971), "Einführung in Intern. Politik" (1983, 5. Aufl. 1999), "Wiederbewaffnung d. BRD" (1984), "Die Abwicklung der DDR (1992), (zus. mit H. Volger) Ag., "Lexikon der Internationalen Politik" 1997. H.: Luftfahrtgeschichte, Dissidentenbewegung in ehem. soz. Ländern. (K.E.)

Albrecht Urs Dr. phil. nat. Prof.
B.: wiss. Prof. FN.: Univ. Freiburg. DA.: 30625 Hannover, Feodor-Lynnen-Str. 7. G.: Mexico City, 3. Feb. 1962. V.: Dr. Andrea, geb. Küthe. El.: Theodor u. Maria Theresia, geb. Lötscher. S.: 1981 Abitur Uhrdorf/CH, 1981-83 Militär, 1983-88 Stud. Biochemie Univ. Zürich m. Dipl.-Abschluß, 1989-93 wiss. Mitarb. Univ. Bern, 1993 Prom. K.: 1993-98 wiss. Mitarb. am Baylor-Colleg of Medicine in Texas, 1998-99 tätig am Max-Planck-Inst. f. experimentelle Endokrinologie, seit 2001 Univ.-Prof. f. Biochemie and. Univ. Freiburg/CH. P.: zahlr. Veröff. in Fachzeitschriften z. Thema circadiane Rhythmen, nat. u. intern. Vorträge. E.: V.C. Joshi Memorial Award, hon. Prof. Albert Schweitzer University. M.: USGEB/USSBE, Society of Neuroscience. H.: Tauchen, Marathon, Fotografieren.

Albrecht Wolfgang
B.: Bildjournalist im Ruhestand. G.: Berlin, 10. Juli 1930. V.: Gertrud, geb. Zwingelberg. S.: 1942 ausgebombt u. Übersiedlung in d. Sudetenland, 1945 nach m. Familie zurück nach Berlin. K.: 1945-48 Anstellung als Auslieferungsmitfahrer b. einem Berliner Backwarenhersteller, später in einem Fotogeschäft, 1948-50 Volontariat als Fotograf, 1950-55 Bildberichterstatter b. einer Sportbildagentur, Einsatz b. nat. u. intern. Sportgroßveranstaltungen u.a. 1952 Olymp. Winterspiele Oslo, Olympiade Helsinki, Dt. Leichtathletikmeisterschaften, versch. Fußballländerspiele, weitere Einsätze b. polit. Großereignissen, 1956 Grdg. einer eigenen Bildagentur "berlin bild" als aktueller Bilderdienst, Tätigkeit f. alle Westberliner Tageszeitungen u. namhafte Medien d. BRD, Olymp. Sommerspiele 1960 in Rom, 1960 Winterspiele in Innsbruck, 1961 Bau d. Berliner Mauer. E.: 1. Preis d. Foto-Kina Köln f. Fotoberichterstattung über d. Ereignisse d. 17. Juni 1953, BVK (1977). M.: Dt. Journalistenverband (DJV). H.: Sport, Reisen.

Albrecht Wolfgang Dipl.-Kfm. *)

Albrecht Wolfgang Karl *)

Albrecht York

B.: Augenoptikmeister, Inh. FN.: Albrecht-Brillen-Kontaktlinsen. DA.: 10247 Berlin, Frankfurter Allee 82. PA.: 12555 Berlin, Kaulsdorfer Str. 189. G.: Berlin, 5. Juli 1938. V.: Edeltraut, geb. Topp. Ki.: Cordula (1964). El.: Walter u. Hildegard, geb. Fock. S.: 1955 Mittlere Reife Berlin, 1955-58 Lehre Augenoptiker Firma Zapletal Berlin, 1964 Meisterprüf. K.: 1964-80 ang. Meister. 1980 Übernahme d. Geschäftes Zapletal. BL.: einer d. größten Optikerbetriebe von Ost-Berlin - Reihe 4+5, fertigt Brillen noch v. Hand u.a. f. Bert Brecht u. prominente Schauspieler, Politiker u. Wissenschaftler, exclusivste Brillenauswahl in Berlin. E.: Gold. Ehrennadel d. Gesundheitswesen d. DDR. M.: seit 1990 CDU, 1990-99 Kreisschatzmeister d. CDU Köpenick, seit 1990 Ortsvors. d. CDU Köpenick, Bez.-Vorst. d. Unionhilfswerk Köpenick e.V., Ev. Kirchengem. Köpenick, 1994-2000 Kreisvors. d. Mittelstandsvereinig. d. CDU. H.: Politik, Medien, Reisen.

Albrecht-Deister Anke
B.: Kauffrau. FN.: Büroservice u. vieles mehr. DA.: 33609 Bielefeld, Postfach 100428. G.: Bielefeld, 18. Juni 1975. V.: Andreas. Ki.: Gwen (1996), Michele (1988, angeheiratet). El.: Herbert u. Christa. S.: 1991-93 Ausbild. z. RA- u. Notargehilfin m. Besuch d. Rudolf-Rempel-Schule, 1993-95 Zeitsoldatin d. Bundeswehr, Grundausbild., Tätigkeit im Sanitätsdienst, zahlr. Lehrgänge u. Weiterbild., Führerschein Kl. 2. K.: 1996-98 Kinderpause u. Tätigkeit als Außenhdls.-Kauffrau, 1998 Grdg. d. jetzigen Firma als Serviceunternehmen f. sämtl. Arb. im Geschäfts- u. auch im priv. Bereich, 1999 Grdg. einer Firma f. Garten- u. Landschaftsbau in Zusammenarb. m. Vater u. Ehemann. H.: Beruf, Bowling, Fußball.

Albrecht-Jahn Gerda *)

Albri Bernd Dr. med.

B.: Prakt. Arzt. DA.: 12247 Berlin, Kaiser-Wilhelm-Str. 89. G.: Berlin, 20. März 1951. V.: Christine, geb. Bohlmann. El.: Karl u. Rosemarie. S.: 1969 Abitur Berlin, 1970-71 Militärdienst, 1972-78 Med.-Stud. Berlin, 1979-84 Dr. med. in Wien, parallel z. Stud. Erwerbstätigkeit z. Finanzierung d. Stud. K.: 1984-85 Kardiologie u. Kardiochir. im Klinikum Westend b. Prof. Bücherl, 1985-87 Praxisvertretungen, 1987 Ndlg. als prakt. Arzt, v.a. Innere Med., Lungenfunktionsanalyse, psychotherapeut. Behandlungen, Fortbild. in Autogenem Training, Psychotherapie, Balint-Gruppen. BL.: Betreuung mehrerer Alten- u. Pflegeheime. E.: Stipendium d. Otto-Benecke-Stiftung. M.: seit 1973 Mtgl. d. Ausbild.-Kmsn., Vors. u. Pressereferent f. Berlin-Brandenburg d. Kraftfahrverb. dt. Ärzte. H.: Briefmarken, Lesen, Reisen.

---

*) Biographie www.whoiswho-verlag.ch oder beigefügte CD-ROM

Albrich Hermann Dipl.-Ing. *)

Albrich Werner Prof. *)

Albring Christian Dr. med. *)

Albs Norbert Dipl.-Betriebswirt
B.: Unternehmer, Inh. FN.: ALBS Externes Personalwesen + Media Agentur. DA.: 38126 Braunschweig, Reitlingstr. 21. n.albs@albs-personal.de. www.albs-personal.de. G.: Ludwigslust, 20. Nov. 1958. V.: Ina, geb. Täuber. Ki.: Thorben (1990), Berit (1992). S.: 1974 Mittlere Reife Dannenberg, FHSf. Wirtschaft Lüchow, 1976-78 Lehre Groß- u. Außenhdl.-Kfm., Bundeswehr Marine, 1980-84 Stud. BWL FH Kiel u. FH Lemgo. K.: b. 1987 Personalref. bei Claas in Harsewinkel, bis 1988 Personalreferent u. Ausbildungsltr. f. kfm. Berufe in d. Fa. Hanomag, b. 1995 Personalltr. in d. Fa. Schöller in Uelzen u. Potsdam, danach Personalltr. in d. Firma Miro in Braunschweig, seit 1998 selbst. Personalleiter in Braunschweig. M.: Bundesverb. Mittelständ. Wirtschaft, Braunschweiger Expertenkreis.

Albus Hagen *)

Albustin Ralf

B.: Gschf. FN.: Bergmann Schlosserei GmbH. DA.: 45475 Mülheim, Mellinghoferstr. 385. G.: Oberhausen, 27. Okt. 1963. V.: Beate. Ki.: Pierr Robin. S.: 1983 Abitur, b. 1984 Bundeswehr, 1985-87 Schlosserlehre, b. 1991 Geselle, 1991 Meisterprüf. K.: 1999 Betriebsübernahme v. Wilhelm Bergmann.

Aldag Rolf
B.: Profi-Radrennfahrer; Klassiker, Rundfahrten. FN.: c/o Team Dt. Telekom. DA.: 53115 Bonn, Königstr. 97. G.: Beckum, 25. Aug. 1968. K.: seit 1993 b. Team Dt. Telekom, größte sportl. Erfolge: 1992 Tour Du Pont/Etappensieg, 1993 Tour de Romandie/Etappensieg, 1994 Hofbräu Cup Etappe u. Gesamt/1., 1994 Tour de France/3. Etappenpl., 1995 Tour de France/3. Etappenpl., 1995 Tour de Limousin/Etappensieg, 1996 Tour de Limousin/Etappensieg, 1997 Tour de Suisse/ Etappensieg, GP "Wilhelm Tell"/Etappensieg, 1998 Sechstage-Rennen in Dortmund/1., 1999 Bayern-Rundfahrt Gesamt/ 1., Deutschland-Tour/Etappensieg, Dortmunder Sixdays/1., Qualifikation OS Sydney., 2001 Deutschland-Tour/ Etappensieg, Dortmunder Sixdays/1., Regio Tour International/5. (Re)

Aldejohann Anton Dipl.-Ing. Prof. *)

Alder Lothar *)

Aldinger Gert *)

Aldinger Henrik Christian Dr. *)

Aldinger Stephan F.J. Dr. *)

Alefeld Götz Eberhard Dr. rer. nat. Prof. *)

Aleker Klaus *)

Aleksandrowicz Dariusz Leopold Dr. Prof. *)

Aleksic Karl *)

Alenfelder Klaus Michael *)

Alev Ibrahim Dr. *)

Alewelt Andreas *)

Alex Bernd
B.: Unternehmensberater, selbständig. DA.: 81679 München, Merzstr. 3 A. PA.: 80796 München, Siegesstr. 3. bernd_alex@t-online.de. www.personalberatung-alex.de. G.: Düsseldorf, 18. Aug. 1962. El.: Erich u. Doris. S.: 1981 Abitur in Kaarst, 1981-83 Ausbildung z. Bankkaufmann Dt. Bank Düsseldorf, 1983-84 Grundwehrdienst, 1984-90 Stud. BWL m. Prädikatsexamen d. Univ. Regensburg. K.: 1991-97 Unternehmensberater b. KPMG in Düsseldorf, 1997 Unternehmensberater b. Amrop Intern. Mülder & Partner als Executive Search Consultant, 1998 Grdg. d. Bernd Alex Unternehmens- u. Personalberatung. H.: Segeln, Reisen.

Alex Dierck Dr. med. *)

Alex Evelin
B.: Restauratorin. FN.: Kupferstichkabinett d. Staatl. Museen Preuß. Kulturbesitz. DA.: 19785 Berlin, Matthäikirchpl. 4. G.: Berlin, 24. Feb. 1939. Ki.: Sophie (1967). El.: Walter u. Gerda Ruska, geb. Knackmuß. S.: 1954-57 Ausbild. Buchbinderin. K.: seit 1957 tätig als Buchbinderin u.a. in d. Ausstellungsabt. d. Hauses d. DSF Berlin, 1960-61 Kaschiergehilfin d. Berliner Volksbühne, seit 1961 Weiterbild. u. Tätigkeit als Grafik-Restauratorin in d. Nationalgalerie d. Staatl. Museen zu Berlin, 1974 Werkstattltr., 1981-92 nebenberufl. Lehrbeauftragte in d. FHS-Ausbild. v. Restauratoren, seit 1992 Ltr. d. Restaurierungs-Werkstatt f. Grafik d. Kupferstichkabinetts m. Schwerpunkt Erhaltung u. Restauration v. Zeichnungen u. Druckgrafik, Öff.-Arb., Vorbereitung v. Ausstellungen. P.: zahlr. Art. u. Aufsätze in Fachzeitschriften, Vorträge. M.: Restauratorenverb., Reitver. H.: Pferde, Chorgesang.

Alex Herbert *)

Alex Julien Dr. iur.
B.: Botschafter. FN.: Botschaft v. Luxemburg. DA.: 10785 Berlin, Klingelhöferstr. 7. G.: Luxemburg, 18. Juli 1939. V.: Dr. iur. Jeanne, geb. Colling. Ki.: Elisabeth (1970), Francoise (1973). S.: Stud. Rechtswiss. Luxemburg, Montpellier u. Aix-en-Provence, 1966 Staatsdoktorat m. Prom. über Privatrecht. K.: 1967-69 Jurist. Praktikum m. Abschluß als RA u. Notar, 1969 Attaché in Polit. Abt. im Außenmin. u. Beigeordneter ständiger Vertreter am EuropaR. in Straßburg, 1970 Delegierter an d. 25. UNO-Vollversammlung in New York, 1971 1. Sekr. Botschaft London, Beigeordneter Vertreter b. d. WEU (London), Akkreditierung in Irland u. Island, 1976 LegationsR. im Außenmin., danach Ltr. f. Intern. Wirtschaftsbeziehungen, 1978 Beigeordneter, Ltr. f. Intern. Wirtschaftsbeziehungen, 1979 Protokollchef, Ltr. d. Rechtsabt. u. d. Verw. d. Außenmin., 1982-86 VerwR.-Posten als Reg.-Vertreter Nat. Eisenbahnges., Bank u. Staatssparkasse, Nationale Kredit- u. Investierungsges., Luxair Flugges., Grdg.-Mtgl. Europ. Satellitenges. ASTRA, 1983 Gesandter, Ltr. d. Dion. f. Intern. Wirtschaftsbeziehungen u. Entwicklungshilfe, 1986 Botschafter in d. Schweiz, Botschafter u. ständiger Vertreter b. d. UNO sowie d. Intern. Organ. in Genf, 1991 Botschafter m. Residenz in Dänemark u. Akkreditierung in Norwegen u. Schweden, seit 1996 Botschafter in d. BRD. E.: Großkreuz d.

*) Biographie www.whoiswho-verlag.ch oder beigefügte CD-ROM

"Dannebrog" (Dänemark), Großkreuz d. VO v. Norwegen, Großkreuz d. VO v. Spanien, Großoffz-Kreuz Orden Leopold II (Belgien), Großoffz.-Kreuz Orden v. Oranien-Nassau (NL), Großoffz.-Kreuz VO v. Italien, Großoffz.-Kreuz Orden v. Isabella d. Katholischen (Spanien), Komturkreuz Orden d. Eichenlaubkrone (Luxemburg). M.: Rotary Horizon Luxemburg. H.: Literatur, Musik, Golf, Radfahren, Fremdsprachen.

Alexander Bernd-Rolf *)

Alexander Daniel

B.: Bestatter, selbständig. FN.: Bestattungshaus Alexander OHG. DA.: 74080 Heilbronn, Stedinger Str. 36. bestattungshaus.alexander@t-online.de. G.: Heilbronn, 29. März 1975. V.: Karin-Ute, geb. Broos. Ki.: Lukas (1996). S.: regelm. Fortbildung, 1999 Fachprüfung z. Bestatter. K.: 1993 Eintritt in d. väterl. Bestattungsinstitut mit Filialen in Bad Rappenau u. Bad Wimpfen u. 2000 Übernahme d. Betriebes gemeinsam m. d. Bruder m. Schwerpunkt klass. b. mod. Särge, ital. Design, Designerurnen, Überführungen ins Ausland u. Trauerbegleitung. M.: Friedwald Baumbestattungen, Dt. Seebestattung. H.: Beruf, Familie, Autos.

Alexander Jörg *)

Alexander Karl Friedrich Dr. rer. nat. habil.
B.: Physiker. PA.: 10409 Berlin, Greifswalder Str. 87. G.: Berlin, 1. Mai 1925. V.: Christel, geb. Buchwald. Ki.: 4 Kinder. El.: Dr. iur. Eduard u. Dr. med. Maria. S.: 1946-50 Physikstud. Berlin u. Göttingen, Dipl.-Phys., 1951-54 Aspirantur an d. Humboldt-Univ. Berlin, 1954 Prom. z. Dr. rer. nat. K.: 1952-55 Inst. Miersdorf d. Ak. d. Wiss. Berlin, 1956-66 Zentralinst. f. Kernforsch. in Rossendorf/Dresden, 1957 stellv. Ltr. u. ab 1961 Ltr. d. Bereichs Reaktortechnik u. Neutronenphysik, 1959 Habil. an d. Techn. HS Dresden, 1961 a.o.Prof. f. Kernphysik an d. Univ. Leipzig, 1966-69 Stellv. Labordir. am Vereinigten Inst. f. Kernforsch. in Dubna b. Moskau, 1969-90 Zentralinst. f. Elektronenphysik Berlin, 1970-88 Institutsdir., 1990 Emeritierung. P.: ca. 80 wiss. Publ. zu Thermodiffusion in Flüssigkeiten, Kern- u. Neutronenphysik, Plasmaphysik. E.: 1986 Nationalpreis II. Kl. d. DDR. M.: 1973 o.Mtgl. Ak. d. Wiss. d. DDR (seit 1993 Leibniz-Sozietät), 1981-90 Internat. Commission on Plasma Physics d. IUPAP (intern. Union of Pure and Applied Physics), 1984-90 Sekretär d. Comm., Dt. Physikal. Ges., Kerntechn. Ges.

Alexander Maria *)

Alexander Meta Dr. med. Univ.-Prof. *)

Alexandre Marie-Odile *)

Alexandris Ioannis J.
B.: Gemologe, Schmuckdesigner, Unternehmer, selbständig. FN.: Alexandris Jewels. DA.: 80801 München, Hohenzollernstr. 25. info@alexandris.de. www.alexandris.de. G.: Edessa/Griechenland, 15. Aug. 1969. El.: Anastasios u. Maria, geb. Chatziathanasiou. S.: 1987-90 Stud. Business u. Administration Management im North Collge Thessaloniki/Griechenland, Abschluss Bachelors, Stud. Gemologie u. Schmuckdesign am Gemological Institute of America Santa Monica/California, parallel u. Stud. Mitarbeit b. Auktionsvorbereit-

ungen im Bereich Schmuck im Auktionshaus Christie's Genf/Schweiz, Weiterbildungsseminar auf dem Gebiet Schmuckschätzung u. Herkunft. K.: seit 1995 selbständig, Eröffnung eines exklusiven Schmuckgeschäftes in München, spezialisiert auf Entwürfe u. Verkauf v. Unikaten u. antikem Schmuck in feinster Ausführung u. edelsten Materialien. BL.: zahlr. Kunstausstellungen d. eigenen Gemälde in Galerien in New York, Stuttgart, München, Athen u. Thessaloniki. P.: zahlreiche Vorträge zum Thema "Schmuck". M.: Gemological Institute of America Santa Monica/California, Gemological Institute of Great Britain London, Jewelery Historians London, Dt. Gemologische Ges. Idar-Oberstein, Bayer. Wiss. Verein. H.: Sammeln v. Antiquitäten u. bedeutenden Juwelen, Malen, Reiten, Schwimmen, Reisen.

Alexandrov Svetlomir

B.: Musiker, Managing Dir. FN.: BMS Elektronik GmbH. DA.: 30880 Hannover-Laatzen, Karlsruher Str. 34-40. G.: Pleven/Bulgarien, 26. Feb. 1960. V.: Marion Schroeder. El.: Alexander u. Milka. S.: 1977 Dipl. in 2. nat. Math. Olympiade, b. 1980 Bundeswehr, 1981 Wirtschaftsstud. an Karl-Marx-Univ., 1983 Musikstud. Konservatorium in Sophia, 1983 staatl. Prüf. z. professionellen Musiker. K.: Bass-Gitarrist in verschied. Bands, mehr als 300 Konzerte pro J., b. 1988 Konzerttätigkeit in Bulgarien "Mariedien", 1988 Wechsel nach Hannover, 1990 Hannover Export Grdg., weltweit Musik-Instrumente exportiert, 1994 BMS Grdg./Managing Dir., 1996 Patent angemeldet "Lautsprechertechnologie", unterstützt v. d. Erfindungszentrum Stadt Niedersachsen, professionelle Anwendung in Theater/Konzerte/professionelle Audiotechnik, weltweite Messen USA/Europa/Moskau/ Japan/England/Australien/ Neuseeland/Las Vegas, parallel eigenes Musik-Studio, eigene Aufnahmen, Auftritte in div. Clubs "Sir Merlin" u. unplugged. P.: weltweit Fachpresse/Veröff./ Fachmagazine. M.: NSCA, NAMM. H.: Musik.

Alexeev Valerij

B.: Doz., Chefredakteur. FN.: Anton-Tschechow-Verlag. DA.: 44789 Bochum, Universitätsstr. 125. G.: Leningrad, 5. Nov. 1939. V.: Natalia Alexeeva. Ki.: Aleksej (1969), Maxim (1978). S.: 1956-61 Stud. Päd. Univ. Moskau. K.: 1961-90 Doz. f. Sprachen - Univ. Moskau, Polen, Ungarn, Ägypten, Birma, Mosambique, 1990-91 Doz. f. russ. Sprache als Fremdsprache Ruhr-Univ. Bochum, 1994 Gründer d. Sprachschule in Bochum. BL.: Inst. f. russ. Sprache u. Kultur, Sprache als Fremdsprache d.

*) Biographie www.whoiswho-verlag.ch oder beigefügte CD-ROM

Ausländer, Verlag f. Lehr- u. Lesebücher um russ. Sprache als Fremdsprache zu erlernen, Übersetzungsdienst. P.: Prosaschriftsteller Autor v. mehr als 25 in Rußland veröff. Büchern, d. ins Dt., Span., Tschech. u. Bulgar. übersetzt wurden, Lehrwerke f. d. Unterrichten v. Russ. als Fremdsprache, d. sich durch d. lebendige Sprache u. d. landeskundl. Aktualität auszeichnet. M.: seit 1970 im Russ. Schriftstellerverb. in Moskau.

Alexeeva Natalia

B.: Doz., Schulltr. FN.: Anton-Tschechow-Sprachschule. DA.: 44789 Bochum, Universitätsstr. 125. G.: Twer, 10. Okt. 1945. V.: Valerij Alexeev. Ki.: Aleksej (1969), Maxim (1978). S.: 1962-67 Stud. Moskauer Staatsuniversität. K.: 1967-90 Dozent. an der Freundschaftsuniv. Moskau, seit 1995 Doz. f. Sprachen an d. Ruhr-Univ. Bochum.

Alexiev Christo Dr. med. *)

Alexy Hans-Jürgen Dr. med.
B.: FA f. Innere Med. u. Gastroenterologie. DA.: 30459 Hannover, Pfarrstr. 47. G.: Marburg/Lahn, 11. Nov. 1949. V.: Ulrike, geb. Vogl. Ki.: Silke (1977), Helge (1981), Thorben (1987). El.: Dr. med. dent. Johann Mathias u. Dorothea. S.: 1968 Abitur Marburg/Lahn, 1968-72 Stud. Humanmed. Georg-August-Univ. Göttingen, 1972 Wechsel an d. Philipps-Univ. Marburg, 1974 Staatsexamen. K.: 1974-75 Med.-Ass. in Marburg, Prom. z. Dr. med., 1976-77 Stabsarzt im Sanitätsbataillon Marburg u. im Kreiswehrersatzamt in Nienburg/Weser, 1977-79 Internist. FA-Ausbild. am Nordstadt-KH Hannover Abt. Innere Med., 1979-80 Röntgenabt. an d. LVA Hannover, 1980-83 Gastroenterologie Klinik d. Inneren Abt. d. Henriettenstiftes Hannover, 1983-84 Radiolog. Klinik d. Henriettenstifes, seit 1984 ndlg. in eigener Praxis in Hannover als FA f. Innere Med. u. Gastroenterologie. P.: Doktorarb.: Zur Morphologie u. Histologie d. Subfornikalorgans b. d. hydrocephalen Maus. E.: 1989 Umweltpreis d. Gem. Wennigsen. M.: BDI, NABU, Dt. HS-Gilde Göttingen u. Hannover. H.: Naturschutz, Naturwiss., Geschichte.

Aley Peter Karl Georg Dr. phil. *)

Alfermann Dorothee Dr. phil. Prof. *)

Alfers Michael
B.: Gschf. Ges. FN.: Alfers Auto- u. Rohstoffverwertungs GmbH. DA.: 49661 Cloppenburg, Zum Brook 32. G.: Cloppenburg, 28. Dez. 1967. V.: Martina, geb. Lucke. Ki.: Florian (1993), Christian (1991). El.: Hendrik u. Ursula, geb. Sprock. S.: 1984-87 Ausbild. Kfz-Mechaniker Cloppenburg, 1987-89 Bundeswehr, 1989-90 Kfz-Mechaniker im elterl. Betrieb, 1990-92 Kfz-Mechaniker in der Firma Alfers Auto- u. Rohstoffverwertungs GmbH in Cloppenburg u. seit 1992 Gschf. Ges. E.: 1993 u. 96 Dt. Vizemeister u. 1995 Dt. Meister im Spezialcross. M.: VBA. H.: Tennis, Motorsport, Spezialcross.

Alff Florian Peter Dipl.-Kfm. *)

Alff Peter *)

Alfter Dieter Dr.
B.: Kunsthistoriker, Dir. FN.: Museum im Schloß. DA.: 31812 Bad Pyrmont, Schloßstr. 13. G.: Hamburg, 13. Juli 1949. V.: Edith, geb. Sprick. Ki.: Frederike (1980), Anna-Lena (1982), Sophie-Luise (1986). S.: 1969 Abitur, Stud. Soz., Kunstgeschichte u. Literaturwiss. Hamburg, Zivildienst als Krankenpfleger, 1971 Stud. Kunstgeschichte, Klass. Archäologie u. Erziehungswiss., 1975 Beginn d. Prom. u. 1981 Abschluß d. HS-Ausbild. K.: 1986 Beginn d. Ausstellungstätigkeiten im Schloß u. 1987 offizielle Eröff. d. Museums; Lehrbeauftragter d. Univ.-GH Paderborn Abt. Höxter. P.: zahlr. Veröffentl. zu Bad Pyrmont u.a. Das Weserbergland (1997), Landschaften an d. Oberweser (1998), Zar Peter der Große, Ausstellungskatalog, Königin Luise von Preußen u. Hrsg. einer Schriftenreihe d. Mueums im Schloß Bad Pyrmont. M.: Lions-Club. H.: Fahrradfahren, Tennis, Reisen, Musik.

Algermissen Alois *)

Algermissen Heinz Josef Bischof
B.: Bischof. FN.: Bistum Fulda, Bischöfliches Generalvikariat. DA.: 36037 Fulda, Paulustor 5. presse.bgv-fulda@t-online.de. www.bistum-fulda.net. G.: Hermeskeil b. Trier, 15. Feb. 1943. S.: 1963 Abitur, Stud. Philosophie u. Theologie in Paderborn u. Freiburg. K.: 1969 Priesterweihe, 11 J. Vikar in Bielefeld u. Meschede (dort auch Studentenseelsorger), 1980 Pfarrer in Bielefeld-Schildesche, 1984 zusätzl. Dechant d. Dekanates Bielefeld u. 1991 Regionaldekan d. Seelsorgeregion Minden-Ravensburg-Lippe, Bildungs- u. Bibelwochen, 1989-96 Ltg. Ökumene-Kommission d. Erzbistums, 1994-98 Gschf. Vors. d. Priesterrates, 1996 Titularbischof v. Labicum u. Weihbischof in Paderborn, 1996 Bischofsweihe, als Bischofsvikar war er f. Ordens- u. Säkularinstitute u. Gesellschaften d. Apostolischen Lebens zuständig, seit 1997 auch Diözesanrichter am Erzbischöflichen Offizialat, 1999 Berufung ins Paderborner Metropolitankapitel, in d. Dt. Bischofskonferenz gehört er d. Liturgiekommission u. d. Kommission f. Ehe u. Familie an. (Re)

Algermissen Johannes Hermann Dr.-Ing. Prof. *)

Alhaus Hans-Gerd *)

Alich Georg Dr. phil. *)

Alig Franz Dipl.-Ing.

B.: Gschf. FN.. Lurgi Lentjes Bischoff GmbH. DA.: 45136 Essen, Bonsiepen 13. G.: Johannesberg, 27. Juli 1951. V.: Reinhilde, geb. Wüst. Ki.: Simon (1982), Stefan (1985), Annabell (1989). S.: 1973 Abitur, 1973-78 Stud. Elektrotechnik TH Darmstadt. K.: seit 1984 tätig in d. Firma Lurgi AG, tätig in den Anlagenbau, 1984 in d. Abt. f. Prozessdatenverarb., 1994 Abt.-Ltr. f. Elektrotechnik, 1995 Ltr. d. Abt. Systemtechnik, 1997 Mitgl. d. Geschäftsltg. im Bereich Gasreinigung u. Prozessind., seit 2000 Vors. d. Gschäftsltg. P.: Fachbeiträe z. Thema Automatisierung u. Elektrofilter. H.: Sport, Tennis.

Alimonta Helmut
B.: Schauspieler. PA.: 85716 Unterschleißheim, Margaretenanger 3c. G.: München, 4. Dez. 1915. K.: 1948-50 Ltr. "isarbühne" München, weitere Bühnenstationen: Kammerspiele,

*) Biographie www.whoiswho-verlag.ch oder beigefügte CD-ROM

Bayer. Staatsschauspiel u. Volkstheater in München sowie zahlr. Tourneen, Film u.a. in "Nackt wie Gott sie schuf", "Stadt ohne Mitleid", "Tod in Sbg.", im Fernsehen in "Der Kommissar", "Derrick", "Tatort", "Der ideale Lebenszweck".

Alimpic Leposava Dr.
B.: Zahnärztin. DA.: 38126 Braunschweig, Am Dahlumer Holze 21. G.: Paris, 15. Dez. 1937. V.: Dr. Dusan Alimpic (Präs. d. deutschserbischen Kulturgemeinschaft e.V., Sitz in Braunschweig, Mtgl. d. Redaktion Zeitschrift "Europabrücke". Ki.: Danko (1964), Vesna (1968). S.: 1956 Abitur Belgrad, 1956-64 Stud. d. Zahnmed. Belgrad. K.: 1964-78 Ass.-Ärztin, 1978 Grdg. d. Praxis Dr. L. Alimpic in Braunschweig. M.: Zahnärztekam., MTV BS. H.: Tennis, Schwimmen, Skifahren.

Aling Jörg

B.: päd. Ltr. FN.: Mülheimer Sportbund-Bild.-Werk Landessportbund Nordrhein-Westfalen e.V. DA.: 45470 Mülheim/Ruhr, Südstr. 25. G.: Gelsenkirchen, 18. Juni 1957. V.: Waldtraut. Ki.: Katja. S.: 1977 Abitur, 1977-79 Bundeswehr, 1980-85 Stud. Sport, Geografie, Theol. u. Päd. Univ. Bochum m. Abschluß Honorarfachkraft f. Erwachsenenbild. K.: 1986-87 Referendar am humanist Gymn. Viersen, seit 1986 tätig im Bild.-Werk Landessportbund Nordrhein-Westfalen e.V., seit 1996 Gschf. d. Mülheimer Sportbund. P.: Veröff. in versch. Gremien d. Landessportbund. M.: Trainer im Schwimmsport. H.: Laufen, Tennis, Surfen, Wandern, Radfahren.

Alisch Helga *)

Alisch Henner *)

Alisch Horst *)

Aliu Abdul-Salem Dr. med. *)

Alken Peter Dr. med. Prof.
B.: Dir. d. Urolog. Klinik. FN.: Fak. f. Klin. Med. Mannheim d. Univ. Heidelberg. DA.: 68165 Mannheim, Theodor-Kutzer-Ufer. PA.: 68259 Mannheim, Walter-Flex-Str. 4. G.: Berlin, 26. Aug. 1942. V.: Dr. Elisabeth. Ki.: 5 Kinder. S.: 1962 Abitur Berlin, 1962-68 Med.-Stud. FU Berlin u. Univ Wien, 1965-69 Stud. Chemie FU Berlin. K.: 1968-70 Med.-Ass. Klinikum Steglitz FU Berlin, 1971 Prom. z. Dr. med., 1970-76 Ausbild. z. FA f. Chir. Chir. Klinik KH Nordwest Frankfurt/Main, ab 1976 Ausbild. z. FA f. Urologie Urolog. Klinik u. Poliklinik d. Johannes Gutenberg-Univ. Mainz, 1982 Venia legendi f. d. Fach Urologie, 1983 Univ.-Prof. Rheinland-Pfalz, 1987 Dir. d. Urolog. Klinik Klinikum Mannheim, 1987 Univ.-Prof. auf Lebenszeit Baden-Württemberg, seit 1997 ärztl. Dir. P.: ca. 250 Veröff., Lehrbuch d. Urologie. M.: Dt. Ges. f. Urologie, Franz. Ges. f. Urologie, Amerikan. Ges. f. Urologie, Europ. Ges. f. Urologie, Intern. Ges. f. Urologie, Europ. Ges. f. intrarenale Chir., Urological Research Society, Advisory Board European Symp. Stone disease, AK Minimal invasive Urologie d. Dt. Ges. f. Urologie, European Board of Urology, Scientific Committee d. Europ. Ges. f. Urologie, BeiR. Dt. Ges. f. Endoskopie u. bildgebende Verfahren, Fachgutachter d. Dt. Forsch.-Gemeinschaft. H.: Segeln, Wandern, Pilze.

Allam Schafik Dr. Prof.
B.: Univ.-Prof. FN.: Univ. Tübingen. DA.: 72070 Tübingen, Schloß. PA.: 72076 Tübingen, Weißdornweg 14/85. schafik. allam@uni-tuebingen.de. G.: Ägypten, 9. Dez. 1928. S.: 1949 B.A. Cairo, 1952 M.A., 1960 Dr. phil. Göttingen. K.: 1953-54 Ass. Univ. Cairo, 1955-61 Lektor Univ. Göttingen, 1961-68 Ass. Univ. Tübingen, 1968 Habil. Tübingen. 1968-74 Doz. Univ. Tübingen, 1970-71 Maître de conférences an d. Sorbonne Paris, seit 1974 Prof. Univ. Tübingen. P.: zahlr. Aufsätze in Fachzeitschriften, Buchveröff. M.: Egypt Exploration Society London, Société française d'Egyptologie Paris, Société d'Histoire du Droit Paris.

Allardt Hans-Jürgen Dr. med. *)

Allekotte Ralf *)

van Allen Hans Günther Dr. phil. *)

Allenberger Arnulf *)

Allendörfer Rolf Peter Dipl.-Ing.
B.: Prok. FN.: Gebr. Allendörfer Betonwerke GmbH; BERO Leichtbeton-Rolladenkästen, Kunststofffenster, Rolläden, Haustüren. DA.: 35398 Gießen-Lützellinden, Rheinfelser Str. 81-85. G.: Gießen, 9. Jan. 1954. V.: Inge, geb. Mehlmann. Ki.: Julia (1982), Johanna (1987), Fabian (1990), Antonia (1996). El.: Erich u. Ingrid. S.: 1968-71 Lehre als Maurer Bauunternehmen Ernst Oswald Gießen, 1972 Fachschulreife Gießen, 1973-77 Stud. Bauing.-Wesen FH Gießen, Dipl.-Ing. Bauing. K.: 1977 Eintritt in Gebr. Allendörfer Betonwerk GmbH in Gießen-Lützellinden, Ndlg. in Hannover u. Bielefeld, Übernahme d. Geschäftszweiges Schlüsselfertiges Bauen, 1990 Übernahme d. Geschäftszweiges Fensterproduktion Ndlg.-Büro in Chemnitz u. Leipzig, 1999 Übernahme d. Geschäftszweiges Rolladenkästen. BL.: lfd. Beteiligung an Messen in München u. Essen. m. eigenem Messestand, Durchführung v. Schulungen zu techn. Neuerungen b. Baustoffhändlern bundesweit, regelmäßige Teilnahme an Schulungslehrgängen d. Geschäftspartner. P.: Beiträge über Produktion u. Produkte in d. regionalen Presse, in Fachzeitschriften u. in d. Zeitschriften d. Bausparkassen. E.: 1994 Silb. Ehrennadel d. hess. Handballverb., 1994 Silb. Ehrennadel d. Südwestdt. Handballverb. M.: Handwerkskam. Gießen, Verb. f. Betonfertigteile Hessen, Verb. Fenster u. Fassaden Frankfurt, Attinghof Golfclub Waldsolms, im Vorst. Aeroclub Lützellinden, TV Lützellinden (Handball), 1988-97 im Vorst. H.: Jagd, Fliegerei, Golf.

Aller Heinrich
B.: Staatsminister. FN.: Niedersächsisches Finanzministerium. DA.: 30159 Hannover, Schiffgraben 10. www.niedersachsen.de. G.: Seelze, 30. Sep. 1947. Ki.: 1 Tochter. S.: 1966 Abitur, 2 J. Polizei, Stud. Engl., Sport u. Polit. Wiss. Univ. Hannover. K.: freier Mitarb. f. versch. Zeitungen, 1975/76 Pressesprecher im Niedersächs. Kultusmin., StudR. an einem Gymn., 4 J. Ltg. Orientierungsstufe in Hannover, seit 1965 SPD-Mtgl., seit 1972 Ratsherr in Seelze, seit 1982 LAbg. d. Wahlkreises Wunstorf-Gehrden-Seelze, 1990 stellv. Vors. d. SPD-Landtagsfraktion, 1996 Vors. d. Fraktion, seit 1998 Niedersächs. Finanzmin., seit 1998 MdBR. (Re)

Allerkamp Christofer Dipl.-Ing. Architekt BDA
B.: Architekt, Gschf. Ges. FN.: Architekturbüro Allerkamp u. Niehaus. DA.: 45136 Essen, Wallotstr. 26. info@allerkamp-architekten.de. www.allerkamp-architekten.de. G.: Essen, 1964. V.: Claudia, geb. Heinrich. Ki.: Janina (1998). El.: Rolf Allerkamp u. Anne Peters. S.: 1983 Abitur in Essen, 1983-85 Bauzeichnerlehre, 1985-87 Stud. Architektur TU Berlin, 1987-92 Stud. TH Darmstadt z. Dipl.-Ing. K.: 1992-93 ang. Architekt b. Sir Norman Forster in London, 1993-97 Architekt

b. Prof. Jordan u. Müller FRA, ab 1998 als Gschf. Ges. im Architekturbüro Allerkamp u. Niehaus. M.: Ges. Burg Darmstadt, Architektenkammer NRW - BDA, Round-Table. H.: Sport - Radfahren, Tennis, Kunst, kulturinteressiert, umweltbewusst, Naturliebhaber.

Allers Joachim *)

Allers Johann-Eybe *)

Allerson Alexander
B.: Schauspieler. DA.: 80804 München, Rümannstr. 57. G.: Osterode, 19. Mai 1930. K.: 1954-62 Schauspieler am Düsseldorfer Schauspielhaus u. Wuppertaler Bühnen, seither freischaff., Filme u.a. "Rififi in Paris", "Zwei Himmelhunde auf d. Weg z. Hölle", "My Name is Nobody", "The Battle of Britain", R. W.: Fassbinder-Filme: "Despaire-Reise ins Licht", "Chinesisches Roulette", "Ich will doch nur, daß ihr mich liebt", Fernsehen u.a.: "Schwarzes Gold" - Serie, "Das Gold d. Inkas", Die blonde Caroline".

Allert Dietrich

B.: freiberufl. Dipl.-Germanist. DA.: 06108 Halle/Saale, Salzgrafenstr. 1. G.: Königsberg, 31. Okt. 1929. V.: Anneliese, geb. Vieweg. Ki.: Dr. Wolfgang (1953), Joachim (1955), Ulrike (1963), Bettine (1966). El.: Dr. Kurt u. Ela, geb. Piotrowski. BV.: Dr. Max Allert bekannter Arzt in Königsberg. S.: 1947 Abitur, 1949-54 Stud. Germanistik an d. Univ. Halle m. Dipl.-Abschluß. K.: 1954-62 wiss. Ass. u. wiss. Aspirant am Germanist. Inst. d. Univ. Halle, 1962 -68 Abteilungsleiter f. Fernstud. u. wiss. Oberass. m. Lehrauftrag am Inst. f. Literatur in Leipzig, seit 1969 Mitarbeit in d. SED, 1978-90 Dir. d. Bezirkskulturakademie in Halle; Funktionen: histor. Forschung u. Publ. P.: Hrsg. div. Sammelbände, Aufsätze in d. wiss. Zeitschrift d. Univ. Halle, "Georg Heinrich v. Berenhorst-Bastard d. Alten Dessauers", Beiträge z. Landesgeschichte (1996). M.: Förderkreis d. Schriftsteller Sachsen-Anhalt e.V., Verein f. Anhaltische Landeskunde. H.: Lesen, Reisen.

Allert Franz *)

Alles Heinz-Gerd *)

Alleweldt Gerhardt Erich Dr. Prof. *)

Allgaier Herbert *)

Allgäuer Michael
B.: Gschf. Ges. FN.: Reisetreff Allgäuer GmbH. DA.: 88045 Friedrichshafen, Charlottenstr. 61. G.: Reute, 2. Apr. 1961. Ki.: Lisa (1993), Michaela (1997). El.: Hubert u. Lore. S.: 1977-78 Lehre Bäcker, 1978-80 Ausbild. Reiseverkehrskfm. K.: ab 1980 tätig als Reiseverkehrskfm., 1983 Busunternehmerprüf., seit 1989 selbst. m. Busunternehmen u. Reisebüro. M.: BDS, BDM. H.: Heimatforschung, Sammeln v. Postkarten u. Urkunden d. Bodenseeraumes u.a. (Tettnang) v. 1600-1970 - größte existierende Sammlung ihrer Art, Betreuung krebskranker Kinder.

Allgayer Hansjörg Dipl.-Ing. (FH) *)

Allhoff Reinhold Dr.

B.: selbst. Steuerberater u. vereid. Buchprüfer. DA.: 48143 Münster, Flanderstr. 60. PA.: 48143 Münster, Neubrückenstr. 31. G.: Wickede, 17. Apr. 1955. El.: Josef u. Gertrud, geb. Emde. S.: 1976-80 Stud. BWL Münster, Abschluß Dipl.-Kfm. K.: 1980-88 Univ. Münster, angest. Ass. d. Geschäftsltg., Gutachter, 1988 Grdg. d. eigenen Steuerberatungsbüro in Münster, weitere Ndlg. in Nordhausen; 1981-87 Lehrbeauftragter d. FH Hildesheim u. Münster. P.: Veröff. in Fachzeitschriften im Bereich Finanzwesen u. Steuerrecht. H.: Segeln, Wandern.

Allhoff Waltraud

B.: Dipl.-Sozialpädagogin, Logopädin. FN.: Praxis f. Logopädie u. Sprechpädagogik. DA.: 93047 Regensburg, Schwanenpl. 2. waltraud@allhoff.de. www.allhoff.de. G.: Stetten am kalten Markt, 1941. V.: Dr. Dieter-W. Allhoff. S.: Lehre als Bankkauffrau, freiwilliges soz. J., Stud. u. Abschluss Dipl.-Sozialpädagogik in Heidelberg, Arbeit als Sozialpädagogin in Jugendfürsorge u. Jugendgerichtshilfe, Trainerin in d. berufl. Fort- u. Ausbildung, parallel dazu Ausbildung z. Logopädin, Sprach-, Sprech- u. Stimmstörungen. K.: seit 1985 selbständig in eigener Praxis m. Kassenzulassung, 1986 Grdg. d. Aphasiker- u. Schlaganfallgruppe, Gschf. d. Managementinstituts, IRK-Team Dr. Allhoff, Leiterin d. Verlages bvs Regensburg. P.: zahlr. Veröffentlichungen zur Sprachtherapie, Red.-Mtgl. d. Zeitschrift 'sprechen'. M.: Bundesverband f. Logopädie, Deutsche Ges. f. Sprechwiss. u. Sprecherziehung, BVS Bayern. H.: Reisen, Trekking, Golf.

Allhorn Harald Dr.
B.: Vorst. FN.: RWE Umwelt AG. DA.: 45128 Essen, Opernpl. 1. www.rweumwelt.com. G.: Ibbenbüren, 14. Sept. 1952. V.: verh. Ki.: 1 Kind. S.: 1974 Abitur, 1974-80 Stud. Wirtschaftsingenieurwesen TU Karlsruhe, Dipl.-Wirtschaftsing., Prom. Dr.-Ing. K.: 1980-85 Stipendiat u. wiss. Mitarb. d. Kernforschungsanlage Jülich, 1985 Direktionsass. d. Bezirksverwaltung Siegen Rheinisch-Westfälisches Elektrizitätswerk AG, 1986 Abt. Elektrizitätswirtschaft Essen, 1990-98 Ltr. Forschung u. Entwicklung, Ltr. Technik d. RWE Umwelt AG - bis 1998 RWE Entsorgung AG - u. verantw. Projektltr. f. Sonderaufgaben, 1999 Koordinator im Multi Utility Center Vertrieb, seit 12/1999 Vorst.-Mtgl. Vertrieb d. RWE Umwelt AG.

Allinger Kurt Dr. rer. nat.
B.: Mathematiker, Ges.-Gschf. FN.: dralliTECH gmbh. DA.: 80333 München, Barer Str. 38. Kurt.Allinger@t-online.de. G.: München, 8. Apr. 1951. V.: Aloisia, geb. Zischank. E.: Johann u. Anna, geb. Stillip. BV.: Franz Stillip Kirchenprokurator. S.: 1971-78 Stud. Math. an d. TU München, 1978 Diplom in Math. an d. TU München, 1982 Interdiszipl. Prom. Math./Chem. am Inst. f. Math. u. Informatik d. TU München, Abschluss: Dr. rer. nat. K.: 1978-82 Wiss. HK TU München,

---

*) Biographie www.whoiswho-verlag.ch oder beigefügte CD-ROM

Allinger

1982-84 Akad. Rat a.Z. TU München, 1984-85 Postdoctoral Research Fellow State Univ. of Pennsylvania, Philadelphia, 1985-86 Postdoctoral Research Fellow Northwestern Univ. Evanston/Chicago, 1986-88 Akad. Rat a.Z. TU München, 1988-95 Projektltr. u. Teamltr. in Ingenieurbüros, seit 1995 selbst. Unternehmensberater, seit 1998 Ges.-Gschf. d. dalli TECH gmbh im IT-Bereich. P.: How to Derive Force Field Parameters by Genetic Algorithms (1998), Path-Integral Approaches to the Statistical Mechanics of Quantum Systems (1989), Influence Functionals: General Metodology for Subsystem Calculations (1989), Direct Energy Transfer in the Diffusion Case (1984), Struktur d. Diimins (1974). E.: "Jugend Forscht" 1971 Fachgebiet Math.: 1. Pl. Wettbewerb Bayern, 3. Pl. Wettbewerb Deutschland. M.: Bund d. Freunde d. TU München e.V. H.: Bergwandern, Tanzen, Math., Musik, Geige, Mediterrane Küche.

Allinger Walter

B.: systemischer Berater, Dipl.-Betriebswirt, Dipl.-Soz.-Päd. FN.: Allinger & Partner. DA.: 93049 Regensburg, Hoppestr. 70. G.: Karlsfeld, 23. Sep. 1957. Ki.: Klaus (1978), Sven (1980), Antonia (2001). El.: Walter u. Karolina. S.: 1973-74 Ind.-Kfm.-Lehre, 1976-81 Stud. BWL, 1983-88 Stud. Soz.-Päd. K.: seit 1988 freiberufl. Berater f. Organisationsentwicklung, Personalentwicklung, Coaching, Initiator d. "Runden Tisches Klima u. Energie". Stadt Regensburg. P.: Geprüfter Transaktionsanalytiker im Feld Organisation (1997), Lehrtrainer u. Lehrsupervisor f. Transaktionsanalyse (in Supervision), Umweltorientierung als komplexer Lernprozeß eines Unternehmens; Organisation und Management. M.: Vorst. Vors. d. future-Büro Regensburg, Ehrenmtgl. Wirtschaftsjunioren Regensburg. H.: Jogging, Kanu- u. Radfahren.

Allkämper Jörg

B.: MinR. b. Dt. Bundestag, Ltr. d. Besucherdienstes. DA.: 11011 Berlin, Platz der Republik 1. G.: Gladbeck, 24. Juli 1945. V.: Brigitte, geb. Köhler. Ki.: Roman (1977). El.: Alfred u. Maria, geb. Hinkemann. S.: 1965 Abitur, 1965-71 Stud. Romanistik, Geschichte u. Erziehungswiss. Münster u. Orléans/Frankreich, 1971 1. u. 1972 2. Staatsexamen. K.: 1972-75 StR. Düsseldorf u. Leverkusen-Opladen, OTL d. Res., 1975 Eintritt Verw. d. Dt. Bundestages, 1983-85 persönl. Ref. u. Büroltr. v. Bundestags-VPräs. Richard Stücklen, 1985-88 Gutachter f. auswärtige Politik u. stellv. Sekr. d. Auswärtigen Aussch., 1988-89 Ltr. d. Sekr. einer Enquete-Kmsn. d. Dt. Bundestages, seit 1989 Ltr. d. Referates Besucherdienst b. Dt. Bundestag. P.: div. Aufsätze z. dt.-franz. Beziehung. E.: 1988 Chevalier De L'Ordre National Du Mérite (Ritter im nat VO). M.: Dt.-Franz. Ges. H.: Lesen, Reisen, Sprachen, Europapolitik. (P.P.)

Allkofer Anton *)

Allmaras Dieter

B.: Architekt. DA.: 70193 Stuttgart, Köllestr. 80. kontakt@allmaras.de. G.: 1. März 1944. V.: Helga, geb. Riebling. Ki.: 2 Kinder. S.: 1960-70 Stud. Design u. Arch. K.: 1970-72 freier Mitarb. b. mehreren Arch.-Büros, 1972-88 Mitarb. b. Prof. Heinle Wischer und Partner Stuttgart, seit 1988 Architekt, Mitarbeiter in mehreren Büros. H.: Malen.

Allmich Ralf

B.: Gschf. FN.: Autohaus Sternpark GmbH & Co KG. DA.: 59494 Soest, Riga-Ring 12-14. sternpark.allmich@t-online.de. G.: Lünen, 10. Aug. 1963. V.: Monika, geb. Menke. Ki.: Mark, Jonas, Luisa. El.: Karl u. Iris. S.: 1981 FOS-Reife Münster, 1982-84 Ausbild. Ind.-Kfm. Münster. K.: 1985-93 Kfm. im Vertrieb u. im Innendienst d. Brauerei, 1986-88 Ausbild. z. Ind.-Fachwirt an d. IHK Münster, 1993-94 tätig im Vertrieb d. Firma Mercesdes Benz in Münster, 1994-98 im Außendienst d. Brauerei in Mönchen-Gladbach, seit 1998 Centerltr. d. Mercedes Benz Autohaus in Soest. H.: Fußball.

Allner Günter Dipl.-Ing.

B.: Maschinenbauer, Alleininhaber. FN.: AIC International Company. DA.: 39387 Oschersleben, Peseckendorfer Weg 3. pumps@aic-allner.de. www.aic-allner.de. G.: Mücheln/Geiseltal, 24. Sep. 1950. V.: Roselies, geb. Barth. Ki.: Kerstin (1972), Michael (1975), Sandra (1985). El.: Otto u. Gertrud, geb. Biendara. S.: 1965-69 Abitur m. Berufsausbildung z. Maschinenbauer in d. VEB Pumpenfabrik Oschersleben, 1969-73 Stud. Allg. Maschinenbau mit d. Schwerpunkt Betriebsprojektierung an d. TU Dresden. K.: danach in d. Pumpenfabrik Oschersleben in d. Forschung u. Entwicklung, später in d. intern. Zusammenarbeit, 1991 Grdg. d. Firma Günter Allner Handel m. Pumpen u. Zubehör, 1995 Grdg. d. AIC Schwerpunkt: Unterwassermotorpumpen aus Edelstahl u. Bewässerungstechnik. F.: Pumpenwerk AIC Oschersleben GmbH & Co KG, AIC-Tridex Pump Factory in Abu Dhabi. P.: Veröff. in Fachzeitschriften u.a. in d. "Waterworld". H.: Segeln, Motorradfahren.

Allolio Bruno Dr. med. Prof. *)

Allstedt Günter Dipl.-Ing. *)

Allweins Michael H. Dipl.-Ing. *)

Allwelt Wolfgang Dr. sc. techn. Prof. *)

Allwermann Bernd *)

Alm Bernd *)

von Alm Dieter

B.: Steuerberater. DA.: 53721 Siegburg, Luisenstr. 97. PA.: 53797 Lohmar, Ahornweg 4. G.: Salzhausen, 19. Juni 1942. V.: Brigitte, geb. Sock. Ki.: Gerrith (1977). El.: Hermann u. Hanna, geb. Peters. S.: 1956-58 Städt. Handelsschule Lüneburg, 1958-61 Lehre Holzkfm., Großhdl., Holzimport Firma Bergford Lüneburg, 1963 6 Monate Aufbauseminar d. DAA Södderich b. Göttingen, 1964.66 DAA Hamburg Inst. f. Groß- u. Außenhdl. Großhansdorf b. Hamburg, Dipl.-Betriebswirt, 1977 Steuerberater, 1987 vereid. Buchprüfer. K.: 1961-63 Firma

*) Biographie www.whoiswho-verlag.ch oder beigefügte CD-ROM

Bergford Lüneburg, 1966-67 Firma Phillip Holzmann Frankfurt, 1967-69 Wirtschaftsprüfer Dr. Haustein Frankfurt, 1969-71 Wirtschaftsprüfer Dipl.-Ing. Heinz Streutker Hannover, Revisionsass., 1971 Steuerbev.-Prüf., 1971-72 Dr. Haustein Frankfurt, 1972-77 b. einem Steuerberater in Siegburg, seit 1978 Aufbau d. eigenen Kzl. M.: Verb. d. Steuerberater, Tennisver. TC Heide. H.: Tennis, Hochseesegeln, Schifahren, Schwimmen, Nordamerikareisen.

Almeroth Ralf *)

Almert Bodo Dr. rer. pol.
B.: Dipl.-Soz., Vors. d. Geschäftsführung. FN.: Märkische Oderzeitung - Märkisches Verlags u. Druckhaus GmbH & Co KG. DA.: 15230 Frankfurt/Oder, Kellenspring 6. G.: Herzebrock, 24. Nov. 1952. Ki.: 1 Kind. S.: 1971 Abitur, 1971 Volontär in einem Verlag, 1971-80 Stud. Soz. u. Wirtschaftswiss. Bielefeld, Dipl.-Soz., Diss., Dr. rer. pol. (Wirtschaftswiss). K.: 1980-95 Anzeigenltr. u. Verlagsltr. in Köln, 1995-97 Gschf. d. Hamburger Morgenpost, seit 1998 Gschf. b. d. Märkischen Oderzeitung in Frankfurt/Oder. M.: Verlegerverb. H.: Lesen, Reisen.

Alms Barbara *)

Alms Wilhelm Dipl.-Kfm.
B.: Vors. d. Vorst. FN.: Mummert + Partner Unternehmensberatung AG. DA.: 22085 Hamburg, Hans-Henny-Jahnn-Weg 29. G.: Bergen, 30. Sep. 1950. V.: Andrea, geb. Daniel. Ki.: Luisa (1984), Viola (1985). S.: 1971-76 BWL-Stud. Univ. Hamburg. K.: 1976-78 Ass. am betriebswirtschaftl. Lehrstuhl d. Univ. Hamburg, seit 1978 Berater b. Mummert + Partner, 1985 Gschf. Ges., seit 1994 Vors. d. Geschäftsführung d. Mummert + Partner Unternehmensberatung GmbH, seit 1996 Vors. d. Vorst. d. Mummert + Partner Unternehmensberatung AG.

van Almsick Elisabeth *)

van Almsick Franziska

B.: Profi-Schwimmerin. FN.: köster + co GmbH. DA.: 13088 Berlin, Bizetstr. 1. www.franzi.de. G.: Berlin, 5. Apr. 1978. V.: Stefan Krezschmar /Profi-Handballer (Freund). El.: Bernd u. Jutta. K.: 1992 JEM 100/200m Freistil, 100m Schmetterling, 200m Lagen, 4x100/4x200 m Freistil/1., OS 100m Freistil und 4x100m Lagen/2., 100m Freistil und 4x100m Freistil/3., Sprint-EM 50m Freistil, 4x50m Freistil/Lagen/1., 1993 EM 50/100/200m Freistil, 4x 100/4x200m Freistil, 4x 100m Lagen/1., 100 m Schmetterling/1., 1994 200m Freistil/ 1., 4x200m Freistil/2., 100m Freistil und 4x100m Freistil/3., 50m Freistil/4., 100m Schmetterling/5., 1995 EM 100/400m Freistil, 4x100/4x200m Freistil, 4x100m Lagen/1., 50m Freistil/2., Kurzbahn-WM 4x200m Freistil/2., 1996 OS 200m Freistil und 4x200m Freistil/2., 4x100m Freistil/3., 1998 WM 4x200 m Freistil/1., 4x100 m Freistil/2., Kurzbahn-EM 4x50m Lagen/1., 200m Freistil/2., 1999 EM 4x100 und 4x200m Freistil/1., 4x100m Lagen/2.,DM 100m Freistil/2., 100m Schmetterling/3., Kurzbahn-DM 100/200m Freistil/1., 2000 DM 200m Freistil/1.,100m Schmetterling/2., OS 4x200m Freistil/3., 4x100m Freistil, 4x100m Lagen/4., 200m Freistil/ Halbfinale. E.: Bambi, 1993 u. 1995 Sportlerin d. Jahres, 1995 Weltbeste Schwimmerin. H.: Tiere, Musik.

Aloé Uwe Dipl.-Ing.

B.: Gschf. FN.: AVL Aloe Verpackungslösungen Dresden. GT.: Hdl. m. Verpackungsmaterial u. Geräten. DA.: 01219 Dresden, Wiener Str. 134. PA.: 01279 Dresden, Knappestr. 4. info@aloe-verpackung.de. www.aloe-verpackung.de. G.: Dresden, 12. Dez. 1954. V.: Ilona. Ki.: Kenny (1979) und Thomas (1980). S.: 1974 Berufsausbildung m. Abitur, Zerspanungsfacharb., 1974-76 Wehrpflicht. K.: 1976-78 Geldschrankschlosser in Dresden, 1978-90 Verpackungsmaschinenbau Dresden, 1978-80 im Kundendienst, 1980-90 Verkaufsing. Inland f. Komplettanlagen, 1979-85 Fernstud. an d. Ing.-HS Köthen, Abschluss als Dipl.-Ing. f. Anlagenbau, 1990 Grdg. einer Ind.-Vertretung f. Verpackungsmaschinen.

Alohoutadé Léonce Dipl.-Med.
B.: Allg.-Med. DA.: 42275 Wuppertal, Sonntagstr. 37. G.: Porto Novo/Benin, 18. Juni 1954. V.: Kathrin, geb. Köhler. Ki.: Marvin (1983), Louis (1995). S.: 1974 Abitur Bohicor, 1974-76 sprachl. Ausbild. in Lgos City Nigeria, 1977 Med.-Stud. in Benin, 1977 Stipendium in d. DDR, sprachl. Ausbild. am Herder Inst. in Leipzig, 1978 Med.-Stud. an d. MLU Halle, 1983 Approb. K.: 1983-85 Ass.-Arzt in d. Pädiatrie u. Weiterbild. in d. Chir. in d. Poliklinik Halle, 1985 Ausweisung aus d. DDR, nach Hannover, 1985-86 Tätigkeit am Frederiken Stift in Hannover u. in einer Notarzteinrichtung in Salz-Handorf, 1986-88 Übernahme versch. Arztpraxenvertretungen, 1988-89 Ass.-Arzt in einer Landarztpraxis in Dörpen/Papenburg, seit 1990 ndlg. Arzt in einer Praxis in Wuppertal. H.: Schlagzeug spielen, Radfahren, Klavierspielen.

Alpers Ingo Dipl.-Kfm. *)

Alpers Rudolf Dr. med. Dr. rer. pol.

B.: FA f. Dermatologie. DA.: 76131 Karlsruhe, Durlacher Allee 18. G.: Karlsruhe, 1. Dez. 1927. V.: Maria, geb. Coers. Ki.: Gabriele (1965), Rudolf (1966). El.: Josef u. Elisabeth, geb. Schöning. S.: 1947 Abitur, 1947-49 Stud. Vw. Univ. Karlsruhe, 1954 Dipl. rer. pol., 1955 Stud. Pharmakologie Univ. Heidelberg, 1958 Prom. Dr. rer. pol. 1960 Prom. Dr. med. K.: 1960-62 Ass.-Arzt am Städt. Klinikum Karlruhe in d. Bereichen, HNO, Gynäk., Innere Med., Urologie, Neurol. u. Hautklinik, 1962 FA-Ausbild. b. 1966 OA u. stellv. Klinikltr., seit 1967 ndlg. FA f. Haut- u. Geschlechtskrankheiten u. Phlebologie, Spezialisierung auf Proktologie am St. Marks Hospital, London, GB u. Mayo Clinic Rochester, MN, USA sowie Proktologische Klinik Moskau, UDSSR, Behandlung m. Laser im Bereich Proktologie u. Dermatologie, Ausbild. in Naturheilverfahren u. Umweltmed., Aus- u. Weiterbildung in Hard-Laser an versch. Kliniken in d. USA, z.B. Laser Inst. of Arkanas, Marshfield Clinic, WI u. American Society for Laser Medicine and Surgery, WI. P.: weltweit Vorträge; Einführung

*) Biographie www.whoiswho-verlag.ch oder beigefügte CD-ROM

Alpers

d. Proktologie" (1985). M.: 1970 Fellowship Royal Society of Medicine, London, GB, Grdg. d. Ges. f. Proktologie, Berufsverb. d. Coloproktologen Deutschlands u. seit 1996 Ehrenmtgl., Dt. Ges. f. Phlebologie, Dt. Ges. f. Dermatologie, seit 1992 Dt. dermatolog. Laserges. H.: Fachliteratur, Sport- u. Reisemedizin, Homöopathie.

Alpert Uwe *)

Alphohziel Adrian Paul Quentin Fairfax *)

Alpina Marc
B.: Komponist, Produzent, Interpret. FN.: Rubin Records. DA.: 63840 Hausen, Postfach 1152. PA.: 63840 Hausen, Adolf-Mayer-Str. 23. G.: Erlenbach, 13. Aug. 1967. S.: seit 6. Lj. m. Musik beschäftigt, seit 10. Lj. Ausbild. in priv. Musikschule in Oberursel, FHS-Reife, 1986-88 Ausbild. z. Ind.-Kfm., 1988-90 Zivildienst. K.: seit 1989 selbst. als Musikproduzent u. Komponist, erste eigene Veröff. als Schlagersänger m. eigenen Kompositionen, seit 1991 Kompositionen f. andere Interpreten, 1992 Grdg. d. Duo Treibsand, 1994 Grdg. einer Plattenfirma. H.: Skifahren.

Alpman Vedat *)

Alptekin Erkin *)

Alscher Arnold Dr. *)

Alscher Otwin Johannes *)

Alsen Stefan *)

Alshut Herbert

B.: Malermeister, Gschf. FN.: Alshut Malermeister GmbH. DA.: 76187 Karlsruhe, Im Husarenlager 10. G.: Raunau, 17. März 1932. V.: Marianne. Ki.: Manfred, Petra, Jürgen, Thomas. S.: 1948-51 Malerlehre, 1951 Gesellenprüf., 1957 Meisterprüf. K.: 1957 Eröff. Malergeschäft. M.: Malerinnung, Handwerkskam. H.: Kegeln.

Alsleben Eberhard

B.: Elektromeister, Geschäftsltr. FN.: Hellweg Die Profibaumärkte. DA.: 06449 Aschersleben, Güstener Str. 19c. PA.: 06449 Aschersleben, Bachstelzenweg 3. G.: Neuendorf, 15. Feb. 1960. V.: Elke, geb. Mülhaus. Ki.: Matthias (1989). S.: b. 1978 Lehre z. Elektriker in Staßfurt, b. 1980 Grundwehrdienst b. d. Armee. K.: b. 1982 Montagetätigkeit als Elektriker, 1980-82 Meisterschule, seit 1982 Elektromeister, 1982-85 Fernstud. Ökonomie, 1982-85 ang. Meister in Staßfurt, 1985-90 Materialökonom in Staßfurt, 1990 verantwortl. f. d. Aufbau d. ersten Baumarktes in Staßfurt u. ang. stellv. Marktltr., ab 1994 Geschäftsltr. b. Hellweg in Staßfurt, dann Eisleben, dann in Aschersleben, 1996-98 mitverantwortl. f. d. Umbau u. d. Vergrößerung d. Hellweg Baumarktes in Magdeburg, seit 1999 wieder in d. Filiale Aschersleben, 1999 Ausbildereignungsprüf. E.: 1972 DDR-Meister im Hallenhandball. M.: CDU, Sportver. Rotation Aschersleben. H.: Fußball.

Alsleben Kurd *)

Alsmann Götz
B.: Moderator. FN.: c/o WDR-Fernsehen. DA.: 50600 Köln. G.: Münster, 12. Juli 1957. S.: 1976 Abitur, 1977-84 Stud. Musikwiss. K.: 1971 erster Bühnenauftritt, 1974 erste Schallplatte, 1985 erste Radio-Moderation, 1986-95 Moderation d. "Professor Bop-Show" auf WDR 1, 1986-90 Moderator v. "Roxy - d. Magazin f. d. jungen Erwachsenen" b. WDR Fernsehen, 1990-93 "High Life". RIAS TV Berlin, 1992-93 "Gong-Show" b. RTL, 1993-94 Lifestyle-Magazin "Avanti" b. VOX, seit 1994 Gastgeber d. "NDR Spät-Show", 1996 Filmrolle in "Alles wegen Robert De Niro", 1996 Moderator d. Wohnshow "Zimmer Frei!" gemeinsam m. Christine Westermann, 2000 Film "Der Verleger".

Alt Arno Dr. Prof.
B.: Prof. PA.: 55430 Oberwesel, Oberstr. 1. arno.alt@t-online.de. G.: 27. Aug. 1932. V.: Maria, geb. Seck. El.: Bernhard u. Änny. S.: Gymn., HS-Stud. BWL. K.: b. 1971 Gschf. d. Firma J. Alt Söhne Weinbrennerei, danach Tätigk. an d. FH Rhld.-Pf. P.: Aufsätze in Zeitschriften f. BWL (ZfB). M.: Lions-Club Rheingoldstr., The Inst. of Management Sciences, Providence, RI, USA. H.: Tennis.

Alt Detlev Dr. *)

Alt Franz Dr. phil.
B.: Journalist, Pseud. als Zauberer; Francesco Altini. PA.: 76530 Baden-Baden, Zum Keltenring 11. G.: Untergrombach, 17. Juli 1938. V.: Brigitte, geb. Mangei. Ki.: Christiane, Caren Maria. El.: Eugen u. Berta. S.: Gymn., Stud. Polit.-Wiss., Geschichte, Theol., Völkerrecht. K.: seit 1968 b. SWF, 1969 als Reporter, ab 1972 Ltr. u. Moderator d. Fernsehmagazins "Report", CDU 1926-88, seit 1993 Ltr. u. Moderator d. Zukunftsendung "Zeitsprung" im SWF, Baden-Baden, außerdem s. 1997 Leiter u. Moderator d. Magazins "Querdenker" in 3sat. P.: Das ökologische Wirtschaftswunder (1997), Frieden ist möglich (1983), Jesus- der erste neue Mann (1989), Die Sonne schickt uns keine Rechnung (1994), Der ökologische Jesus (1999), "Liebe ist möglich" (1985), "Agrarwende jetzt" (2001). E.: 1978 Bambi, 1979 Adolf-Grimme-Preis, 1980 Gold. Kamera, Karl Herm. Flach-Preis, Ludwig-Thoma-Med., J. Drexel-Preis, 1987 Siebenpfeifer-Preis, 1994 und 1997 Europäischer Solarpreis f. Publizistik, 2000 Umweltpreis d. Stadt Landau. M.: Mag. Zirkel v. Deutschland. H.: Zauberei.

Alt Helmut Dr. *)

Alt Helmut Guido Dr. rer. nat. habil. *)

Alt Jürgen
B.: Heilpraktiker, Inh. FN.: Naturheilpraxis Jürgen Alt Akupunktur. DA.: 91074 Herzogenaurach, An der Schütt 7b. j-alt@j-alt.de. G.: Nürnberg, 14. Feb. 1957. V.: Petra, geb. Renner. Ki.: Janis (1993), Lisa-Marie (1994), Nika (1998). El.: Günter u. Eva. S.: 1973 Mittlere Reife Nürnberg, 1976 Fachabitur FOS Nürnberg, 1978-86 Stud. Elektrotechnik, Verfahrenstechnik u. Chemie an d. FH Nürnberg, 1978-95 gleichzeitig Halbprofi im Handball, b. 2. Bundesliga, 1986-88 Fremdsprachenschule Nürnberg, 1988-90 Heilpraktikerausbild. Paracelsus-Schule Nürnbeg, gleichzeitig Praxisausbild.

*) Biographie www.whoiswho-verlag.ch oder beigefügte CD-ROM

b. Vera Regner in Ingolstadt. K.: seit 1991 eigene Praxis in Herzogenaurach. BL.: intern. Seminare, "Verständnis alter med., kultureller u. spiritueller Traditionen", Methoden f. Hilfe z. Selbsthilfe", "Spiritual Human Yoga". M.: OGE Erlangen, Bund dt. Heilpraktiker u. Naturheilkundiger e.V. H.: Ägypten-Kenner, Daoismus, asiat. u. arabische Kulturen, Sufismus, fernöstl. Kampfkünste, Südamerika/Peru.

Alt Otmar
B.: Künstler. DA.: 52071 Hamm-Norddinker, Obere Rothe 3. G.: Wernigerode, 17. Juli 1940. S.: 1960-66 Stud. an d. HS f. bild. Künste Berlin. K.: 1967-68 erstmals zahlr. Ausstellungen, 1971 Dokumentarfilm "Vorführling" ein Künstlerportrait, 1979 Eisenplastiken f. d. Bundesgartenschau in Bonn, 1980 Arb. f. Rigips u. Rosenthal, 1982 Film "Der Mann aus d. Rote-Grützeland", 1984 Großplastik "Wolkenschaukel" f. d. Fußgängerzone in Hamm, 1987 Stahlplastik f. d. Stadt Kamen, 1988 Ausstellung in d. Bremer Kunsthalle, 1989 Bühnenbild u. Ausstattung f. "Die kleine Hexe", 1990 Ausstellung Glasplastiken auf d. Vesta Coburg, 1994 Ausstellung im Von der Heydt-Museum Wuppertal, 1995 Ausstellung Mönchehaus-Museum Goslar, 1996 Ausstellung im Histor. Museum Krakau, 1996 Grdg. Otmar Alt-Stiftung, 1997 Ausstellung Gustav-Lübke-Museum u. Stadthausgalerie, 1998 Flughafen Frankfurt/Main Airportgalerie, Vorstellung d. neuen "Bilder aus d. Stille d. Nacht" in d. Edition Terminius München, 1998 Gestaltung eines VW Beetle im Auftrage d. VW AG, 1999 künstl. Berater f. d. Landesgartenschau Oelde 2001, 2000 Große Retropektive in d. Zitadelle - Spandau. E.: 1967 Franz-Roh-Preis, 1991 Kulturpreis Deutscher Freimaurer, 998 BVK.

Alt Peter Kurt Dipl.-Ing. *)

Altaf Lilo *)

Altdorf Peter-Josef *)

Alte Alexander

B.: RA, Fachanwalt f. Strafrecht. DA.: 49074 Osnabrück, Johannisstr. 57. G.: Duisburg, 2. Dez. 1961. El.: Dr. Wolfgang u. Eva-Maria, geb. Hill. S.: 1981 Abitur, 1981-89 Stud. Rechtswiss. u. Phil. an d. Univ. Würzburg, München u. Köln, 1. Staatsexamen, 1990-93 Referendariat in Osnabrück u. Riyadh, Saudi-Arabien, 2. Staatsexamen. K.: 1993-95 Außensozius einer RA-Kzl. in Nordhorn, 1995-98 einer RA-Kzl. in Osnabrück, seit 1998 ndlg. Einzelanwalt in Osnabrück. BL.: langj. Opern- u. Theaterkritiker f. Tages- u. Fachzeitschriften. H.: Oper, Literatur, Schach.

Altegoer Gerhard Dr. iur. *)

Altemark Joachim
B.: Immobilienmakler. FN.: S. Altemark Immobilien. DA.: 38124 Braunschweig, Annette-Kolb-Str. 10. info@altemark. de. www.altemark.de. G.: Goslar, 16. Mai 1951. V.: Sibylle, geb. Meier. Ki.: Sabrina (1980), Kim-Agneta (1983). BV.: Vater Joachim Altemark war Bachchorleiter d. Gauss-Schule Braunschweig. S.: 1970 Abitur Braunschweig, b. 1972 Bundeswehr, b. 1974 Stud. Grafikdesign an d. Staatl. HS f. Bildende Künste in Braunschweig, danach b. 1983 Lehramtsstudium an d. Päd. HS in Braunschweig, b. 1985 Weiterbildung z. EDV-Trainer. K.: b. 1988 Doz. an d. VHS Braunschweig u. Helmstedt, b. 1990 im Vertrieb u. in d. Entwicklungsabteilung in e. Softwarehaus in Braunschweig, 1990 Beginn als Immobilienmakler in d. Firma d. Frau. M.: Golfclub Schloß Wilckendorf. H.: Golf, Pferdesport, Hund.

von Alten Jobst Ing. *)

Alten Rieke Dr. med. *)

Baron Hanach von Alten Siegfried *)

Altenburger Christian o. HS-Prof.
B.: Musiker, Prof. f. Violine. FN.: HS f. Musik u. Theater Hannover. DA.: 30175 Hannover, Emmichplatz 1. PA.: 1060 Wien, Köstlerg. 3. G.: Heidelberg, 7. Sept. 1957. Prof. Alfred u. Elfriede. S.: Gymn. in Wien, gleichz. Stud. an d. Wr. MusikHS, Dipl. f. Violine 1974, anschl. Violinstud. an d. Juilliard-School of Music New York bei Dorothy Delay, Diplom 1978. K.: 1976 Debut im wr. Musikverein, seither weltweite Tätigk. als Solist, Zusammenarb. u. a. mit Prof. Karl Böhm, Zubin Metha, James Levine, C. Abbado, Sawallisch u. Orchestern wie Wr. Philahrmonikern, New Yorker Philharmonikern, Chicago Symphonie Orchestra, London Symphonie Orchestra, Orchestre National de France u.v.a.; Festspiele: Salzburger Festspiele, Luzerner Festspiele, Wr. Festwochen, Marlboro Festspiele in Vermont, etc.; aktiver Kammermusiker u. Organisator v.Kammermusikabenden, seit 1988 Prof. an d. MusikHS Hannover. P.: zahlr. Schallplatten- u. CD-Einspielungen bei RCA, Amadeo, JVC (Japan) u. a. Violinkonzerte v. Mozart, Sonaten v. Beethoven u. Schubert. E.: Mozart-Interpretationspreis d. Wr. Mozartgemeinde. H.: Theater, Kino, Lesen. (J.S.)

Altenburger Hermann *)

Altendorf Wolfgang
B.: Schriftsteller. PA.: 72250 Freudenstadt-Wittlensweiler, Panoramastr. 14. G.: Mainz, 23. März 1921. V.: Irmgard, geb. Seiwert. Ki.: Marlise, Uschi, Claus, Bärbel, Thomas. El.: Rudolf u. Martha, geb. Ose. K.: Schriftsteller, Verleger. P.: Landhausberichte (1955), "Der Transport" (1956), "Odyssee zu zweit" (1956), "Europäische Komödie" (Zyklus m. 24 Komödien), Das dunkle Wasser (1959), Katzenholz (1963), Haus am Hamg (1965), Mein Geheimauftrag (1969), Die Abenteuer meines Vetters Philipp (1987), Hör- u. Fernsehspiele: "Vom Koch d. sich selbst zubereitete" (1973), Zyklus Europäische Komöde (25 Komödien in d. europ. Ländern angesiedelt). E.: 1957 Gerhart-Hauptmann-Preis Berlin, 1973 BVK u. 1981 BVK 1. Kl., 1982 Lit. Hambach-Preis, Rubens-Med., Oscar de France Palmes d´Or, Knight Award Plaque for World Peace, Gold. Papstmed., Turmschreiber d. Stadt Deidesheim, Weinritter Stadt Oppenheim, Hörspielpreis Bau. Rolf´C u. SDR, Dr. h.c. (Philosophie) Akad. Australien, Gutenbergbüste d. Stadt Mainz, Papstmed., Friedenspreis Korea-Japan, Preis Leonardo da Vinci, Preis Don Quichotte, Caballero Commendator d. Ordens Ligusta de San Jorge y Santa Rosa de America, Mundar-Lyrikpreis Reg. Präsidium Karlsruhe.

---

*) Biographie www.whoiswho-verlag.ch oder beigefügte CD-ROM

Alteneder Anja *)

Altenfeld Franz Dipl.-Ing. Prof. *)

Altenhein-Haese Corinna Dr. rer. nat.

B.: Wissenschaftlerin, Inh. FN.: Party-SERVICE & Spezialitäten. DA.: 14197 Berlin, Laubacher Straße 11. info@party-service-berlin.de. G.: Berlin, 13. Feb. 1962. V.: Gerald Haese. El.: Dr. Friedrich Karl u. Ingeborg Altenhein, geb. Horstkotte. S.: 1981 Abitur Berlin, 1981-88 Stud. Chemie u. Mineralogie an d. FU Berlin, Dipl.-Mineralogin, 1988-91 Forsch.-Projekte am Fritz-Haber-Institut d. Max-Planck-Ges., 1992-99 wiss. Mitarbeiterin an d. FU-Berlin FG Radiochemie,1996 Prom. z. Dr. rer. nat. K.: seit 1999 Eröff. Party-SERVICE & Spezialitäten in Berlin. P.: Adsorption of Actinides on Cement Compounds (1994), Adsorption of Actinides on Cementitious Materials under the Influence of Complexing Organics at Various Temperatures (1995), Investigations into Speciation, Sorption and Corrosion of Actinides in Systems of High Ionic Strength (1995), Sorption v. Aktiniden an Zementkomponenten in praxisrelevanten Elektrolytsystemen, als Beitrag zur sicheren Endlagerung radioaktiver Abfälle (1996), Long-term Leaching Experiments of Full Scale Cemented Waste Forms; Experiments and Modelling (2000). M.: Elektronenmikroskop. Ges., Mineralog. Ges. H.: Kochen, 2 Katzen, Verreisen.

Altenhenne Klaus R. *)

Altenhenne Peter *)

Altenhof Wolfgang

B.: RA. DA.: 42551 Velbert, Schloßstr. 35. G.: Straubing, 4. Dez. 1940. V.: Brigitte, geb. zum Kolk. Ki.: Julika (1974), Robert (1977), Saskia (1981). S.: 1960 Abitur, 1960-66 Stud. Rechtswiss. u. BWL in Bonn u. Münster, 1966 1. u. 1969 2. Staatsexamen. K.: 1969-71 freier Mitarb. b. einem RA in Velbert, 1971-74 Ang. f. Steuerfragen b. d. Finanzverw. in Düsseldorf, 1974-83 Sozius d. Anw.-Kzl. in Velbert, seit 1983 selbst. Anw. in Velbert.

Altenhöner Heinrich *)

Altenhövel Peter *)

Altenkirch Dirk Dipl.-Ing.

B.: Arch.- u. Kunstfotograf. FN.: Atelier Altenkirch Arch.- u. Kunstdokumentation. DA.: 76133 Karlsruhe, Adlerstr. 28. PA.: 76133 Karlsruhe, Weberstr. 4 G.: Karlsruhe, 4. Nov. 1955. V.: Ulrike Verspohl. Ki.: Karl Roman (1991). El.: Fritz u. Ev. S.: 1974 Abitur, Arch.-Stud. Karlsruhe, fotograf. Autodidakt, 1988 Dipl. f. Arch. b. Prof. Ottokar Uhl. K.: 1980 erste Aufträge als Fotograf, 1983 Grabungsfotograf in Ägypten, seit 1984 hauptberufl. freier Fotograf, daneben Weiterstud., 1989 Mitgrdg. eines Fotofachlabors als Ergänzung z. Atelier, 1997 Ausstellung "Dirk Altenkirch, Photographie im Dienste d. Architektur" in Karlsruhe u. Weimar, 2001 "Architekturansichten" Museum am Markt, Karlsruhe; 1997-2001 Lehrauftrag an d. HfG Karlsruhe b. Prof. Höfer. BL.: fotogr. Arb. f. Denkmalpflege u. als Grundlage f. Restauratoren. F.: Fotofachlabor Centrallabor Adlerstr. 31, Karlsruhe. P.: Veröff. in Arch.- u. Kunstzeitschriften, Kunstkatalogen u. div. Architekturbüchern. M.: Werkbund.

Altenkirch Olaf

B.: Unternehmer, Inh. FN.: Antik-Pension & Café Birnbom. DA.: 18119 Warnemünde, Alexandrinenstr. 30. G.: Kirchmöser/Havel, 14. Mai 1954. V.: Astrid, geb. Zitlau. Ki.: Janine (1978) und Julia (1982). El.: Günter u. Ingrid. S.: 1972 Abitur, 1972-74 Wehrdienst, 1974-79 Stud. Meeresbiologie an der Univ. Rostock. K.: 1979-90 Biologe in Aquakultur Warnemünde, 1990-96 Arb. im Fischgroßhdl., seit 1996 selbst. m. Pension, Café, Kleinkunstbühne, Malschule. P.: mehrmals im Fernsehen, viele Veröff. in Zeitschriften u. Zeitungen, Reiseführer Marco polo als Insidertip, Geschichte um d. Birnbaumtradition. H.: Malen, Kochen, Antiquitäten, Kleinkunstbühne, Galerie, Birnensammlung.

Altenmüller Eckart Dr. med. Prof. *)

Altenschmidt Armin Gerhard

B.: Immobilienmakler, Inhaber. FN.: Altenschmid Immobilien. DA.: 21073 Hamburg, Schwarzenbergstr. 32. G.: Rößel, 8. Juni 1944. V.: Karin, geb. Bollmann. Ki.: 4 Kinder. S.: 1960 Mittlere Reife Vluyn, 1960-63 Lehre Groß- u. Außenhdl-Kfm. IHK Krefeld. K.: 1963-69 Sachbearb. d. Frankfurter Allianz Vers., danach tätig im Vers.-Außendienst, seit 1975 selbst. Immobilienmakler spz. f. Vermietung, Verkauf, Verw. v. Wohn- u. Gewerbeimmobilien. M.: Verb. d. Hamburger Hausmakler, Past Präs. d. Lions Club. H.: Waidwerk, Reise, MS Europa-Fan.

Alter Erich Dipl.-Ing. *)

Alter Evelyn *)

Alter Günther J. *)

Alter Klaus *)

Alter Sigrun

B.: Bestatterin, Unternehmerin. FN.: Bestattungsinstitut Sigrun Alter. DA.: 91126 Schwabach, Spitalweg 4. G.: Schwabach, 14. Feb. 1955. V.: Hermann Alter. S.: Bürotätigkeit im Betrieb d. Ehemannes, 1987-89 Ausbildung z. fachgeprüften Bestatter d. Handwerkskammer f. München u. Oberbayern. K.: seit 1990 selbständig als Bestattungsinstitut in Schwabach,

*) Biographie www.whoiswho-verlag.ch oder beigefügte CD-ROM

Nürnberg und Heilbronn, 1993 Anmeldung z. Europäischen Patent in 17 Ländern, Erfindung stammt v. Hermann u. Sigrun Alter - Sargmatratzen u. Innenausstattung aus biologisch abbaubarem Rohstoff, 1996 Patenterteilung. P.: Nürnberger Nachrichten, Fachzeitschrift d. Bestattungsgewerbes. E.: Bronzemedaille in Genf f. d. Patent (2000). M.: Mitglied in der Barock-Biker-Society u. Friends. H.: Motorradfahren.

Alter Wolfgang *)

Altermann Gerd *)

Altermann Ralph Andreas *)

Altfelix Rolf Dr. med.

B.: Arzt. FN.: Allg.-Praxis Dr. Rolf Altfelix. DA.: 45128 Essen, Emilienstr. 19. G.: Mannheim, 11. Apr. 1921. V.: Marlis, geb. Völker. El.: Oskar u. Maria, geb. Wöllner. S.: 1939 Abitur Mannheim, 1939-40 Arbeitsdienst, 1940-41 Stud. Dt. Univ. Prag, 1941-44 Militärdienst, 1944-45 Notexamen, 1946 Staatsexamen, 1946 Ass. Kruppsche Krankenanst., 1946 Approb., 1947 Prom. K.: 1947 -52 Aus.-Arzt, 1952 Ndlg. als Arzt f. Allg.-Med. m. Schwerpunkt Naturheilverfahren, insbes. Akupunktur u. Homöopathie. M.: DRK Dt. Ges. f. Akupunktur, Förderver. H.: klass. Musik, Fußball früher aktiv, Kunst (Malerei, Antike).

Althammer Andreas *)

Althammer Georg

B.: Produzent. FN.: Monaco Film GmbH. DA.: 82031 Geiselgasteig, Bavariafilmpl. 7. G.: Zwiesel, 29. Sept. 1939. V.: Astrid, geb. Düsseldorf. Ki.: Philipp, David. El.: Friedrich u. Anna, geb. Kapfhammer. S.: 1958-62 Stud. Theaterwiss., Germanistik, Zeitungswiss. u. Phil. Univ. München. K.: 1964-72 Dramaturg, Autor u. Produzent, Bavaria Atelier GmbH, seit 1976 gschf. Ges. u. Prod. v. FS-Spielen, FS-Serien u. Kinofilmen Monaco Film GmbH, München, seit 1998 Vorstand d. Odeon Film AG, Geiselgasteig. F.: seit 2000 AufsR. d. Odeon Film AG. P.: ca. 50 Drehbücher f. ARD u. ZDF.

Althaus Dieter

B.: CDU-Fraktionsvors., Kultusmin. a.D., Dipl.-Lehrer. FN.: Thüringer Landtag. DA.: 99096 Erfurt, Arnstädter Str. 51. PA.: 37308 Heiligenstadt, Kirschweg. G.: Heiligenstadt, 29. Juni 1958. V.: Katharina, geb. Arand. Ki.: Alexandra (1983), Andrea (1987). El.: Heinz u. Ruth, geb. Lücke. S.: 1977 Abitur, 1979-83 Stud. Physik u. Math. PH Erfurt. K.: 1983-89 Lehrer POS Geismar, 1987 stellv. Dir., s. 1985 Mgtl. d. CDU, s. 8/1990 Mtgl. d. Landesvorstandes d. CDU Thüringen u. s. 1996 stellv. Landesvors. d. CDU, s. II/2000 Vors. d. CDU Thüringen, s. 10/1990 MdL Thüringen, 1990 Dezernent f. Schule, Jugend, Kultur im Landkreis, 1990-92 Vors. d. Bild.- Aussch. Thüringer Landtag, 2/1992-10/1999 Kultusminister d. Freistaates Thüringen, s. 10/1999 Fraktionsvors. d. CDU-Fraktion im Thüringen Landtag. M.: 5/1991 - 10/2001 CDU-Kreisvors. Kreisverband Eichsfeld, Vors. d. Kreissportbundes Eichsfeld, Vors. d. Kolping-Bild.-Werkes e.V. Thüringen. H.: Fußball, Tauchen, Musik (Klavier), Bücher. (I.U.)

Althaus Hans Dr. med. Dr. med. dent.

B.: HNO-Arzt, Chirotherapie. DA.: 50968 Köln-Bayenthal, Goltsteinstr. 140. G.: Hagen, 16. Okt. 1937. V.: Dr. Elisabeth, geb. Hahn. Ki.: Hans-Helmar (1970), Wiebke (1973) und Dietmar (1975). El.: Dr. Wilhelm u. Hilde. S.: 1957 Abitur, Stud. Med. u. Zahnmed. Münster, Würzburg, München und Bonn, 1963/64 Prom. u. Staatsexamen. K.: Zahnärztl. Ass., Wehrdienst, Med.-Ass., FA-Ausbild. Hannover, 2 OA-Stellen in Wuppertal u. b. Prof. Greven in Krefeld, seit 1973 ndlg. P.: Buchherausgeber: "In der Traumstadt". M.: 1988-94 Vors. d. Kölner Yachtclubs, seit 1987 Bürgermeister d. "Traumstadt". H.: Segeln, Fotografieren, Musik, Literatur.

Althaus Hans-Jürgen *)

Althaus Peter Dr. med. Prof. *)

Althaus-Apmann Olivia *)

Altheim-Stiehl Ruth *)

Althen Wilhelm Dipl.-Kfm.

B.: AufsR.-Mtgl., ehem. Vorst.-Vors. FN.: Lufthansa Cargo AG. DA.: 60546 Frankfurt/Main, Tor 25. www.lhcargo.com. G.: Essen, 25. Feb. 1940. Ki.: 1 Sohn. S.: Stud. Johann-Wolfgang-Goethe Univ. Frankfurt/Main, Dipl.-Kfm., Senior Management-Programm Harvard Business School. K.: 1968 Eintritt Dt. Lufthansa AG Abt. Frachtverkauf Köln, 1974 Ass. d. Vorst.-Vors. Dr. Herbert Culmann, gleichzeitig Projektmanager z. Vorbereitung d. Grdg. "German Cargo Services" Frankfurt (Lufthansa-Tochter), 1977 Gschf. "German Cargo Services" Frankfurt, 1986 Streckenmanager Interkontinental, Marketing Dion. Lufthansa, Bereich Fracht u. Passage, 1989 Ltr. Dion. Fracht, 1994 Vorst.-Mtgl. Dt. Lufthansa AG, 1995-2000 Vorst.-Vors. Lufthansa Cargo AG, 2000 Wechsel in d. AufsR.

Altherr Walter Dr. med. *)

Althof Karl Heinz Dipl.-Ing. *)

Althöfer Heinz Dr. Prof.

B.: ehem. Dir. d. Restaurierungszentrums. PA.: 54579 Üxheim, Leudersdorf, Auf der Hell 100. G.: 19. Okt. 1925. S.: Stud. Kunstgesch. an d. Univ. Bonn, München, Wien u. Basel, 1956 Prom. in München b. Prof. Hans Sedlmayr, Restaurator Ausbild. am Doerner-Inst. in München u. am Istituto Centrale del Restauro in Rom. K.: 1956-59 Volontär an d. Bayr. Staatsgemäldesamml. München, 1959-60 Stip. d. Dt. Forschungsgemeinsch., 1970 Koordinator d. ICOM, 1977-92 Dir. d. Restaurierungszentrums Düsseldorf, ab 1978 Realisierung v. Forsch.-Projekten m. d. Stiftung Volkswagenwerk, Fritz Thyssen Stiftung u. Ernst Poensgen Stiftung, 1985 Habil. Univ. Düsseldorf (venia legendi f. d. neue Fach "Restaurierungskunde"), Ern. z. Prof. P.: über 70 wiss. Publ.

*) Biographie www.whoiswho-verlag.ch oder beigefügte CD-ROM

Althoff Horst
B.: Bgm. d. Stadt Neckargemünd. DA.: 69151 Neckargemünd, Rathaus, Dilsberger Str. 2. althoff@neckargemuend.de. www.neckargemuend.de. G.: Heidelberg, 9. Nov. 1962. V.: Silke Janisch-Althoff, geb. Janisch. Ki.: Helen (1996), Anne (1997). El.: Heinz u. Else, geb. Mayer. S.: 1982 Abitur, 1982-88 Jurastud., 1988 1. u. 1991 2. Staatsexamen. K.: 1991 Landesbmtr. Rems-Murr-Kreis Baden-Württemberg, Ltr. d. Umweltschutzamts Waiblingen, 1994-95 Referent Ausländerrecht, Reg.-Präsidium Karlruhe, 1996-98 Referent im Immissionsschutz, Fachaufsicht über Gewerbeaufsichtsämter, Reg.-Präs. Karlsruhe, 1998-2000 Pressesprecher d. Reg.-Präsidiums Karlsruhe, seit 2000 Bgm. d. Stadt Neckargemünd. BL.: 1996-98 Lehrbeauftragter Berufsak. Karlsruhe. M.: seit 1980 Junge Union /CDU, Förderver. f. d. Freiheitsbewegungen in d. Dt. Geschichte Rastatt, versch. regionale Ver. u. Organ. H.: Tennis, Lesen, Reisen.

Althoff Peter-Henning Dr. med. Prof. *)

Althoff Stephan *)

Althoff Udo

B.: Dir. FN.: Bergische Ganztagsschule. DA.: 42719 Solingen, Hahnenhausstr. 8. G.: Wuppertal, 14. Jän. 1949. S.: 1969 Abitur, 1969-71 Ersatzdienst, 1971-74 Stud. Erziehungswiss. Wuppertal. K.: 1977 Eröff. einer Privatschule, seit 1979 Dir. d. Berg. Ganztagsschule m. Schwerpunkt Vertiefung des Lernstoffes durch individuelle Förderung, Durch Freude am Lernen z. Erfolg.

Altig Oliver

B.: Gschf. u. Pächter. FN.: Business Hotels Bruchsal. DA.: 76646 Bruchsal, Am Mantel 1a. businessho @ aol. com. www.businesshotel. bruchsal.de. G.: Bretten, 28. Juni 1969. V.: Kerstin, geb. Peters. Ki.: Marco (1991), Kristina (2000). S.: 1989 Abitur in Bretten, 1989-90 Grundwehrdienst, 1991-93 Ausbildung z. Bankkaufmann b. d. Volksbank Pforzheim. K.: 1993-94 tätig als Bankkaufmann, Abt. Vermögensberatung b. d. Volksbank Pforzheim, 1994-97 Stud. BWL an d. FH Pforzheim, 1995 parallel z. Stud. Konzeption u. Entwicklung d. Business Hotel Bruchsal, 1996 Eröff. d. Business Hotels als Gschf. u. Pächter d. Betriebes. P.: "Die Implementierung d. Dienstleistungsgedanken in d. Hotelerie". H.: Geschäft u. Familie.

Altig Rudi
B.: Sport-Kommentator, Trainer, ehem. Radrennfahrer. PA.: 53489 Sinzig-Kaisdorf, Siebengebirgsstr. 14. G.: Mannheim, 18. März 1937. Ki.: Iris, Cindy u. Steven. K.: 1959 Amateur-Verfolgungsweltmeister, 1960 u. 1961 Verfolgungsweltmeister d. Berufsfahrer, 1966 Straßenweltmeister auf d. Nürburgring u. Sieger in 2 klass. Rennen: Flandern-Rundfahrt 1964, Mailand-San Remo 1968, 1962 Punktbester (Grünes Trikot) in d. Tour de France, 1966 dt. Sportler d. J., Weltrekorde über 1000m u. 5000m, 23 Sechstagesiege, 13x Dt. Meister auf Bahn u. Straße, n. Ende d. Profi Laufbahn: 1971-76 dt. Bundestrainer, dann Teamleiter einer Profimannschaft, sportlicher Leiter bei nationalen Rundfahrten, Coach der deutschen Profis bei der WM, hauptberuflich Repräsentant, Co-Kommentator von Eurosport u. technischer Berater einer Fahrradfabrik. E.: Silb. Lorbeerblatt, 1962 Sieger d. Spanienrundfahrt. H.: Golf.

Alting Hero
B.: Vorst.-Vors. FN.: Sunburst Merchandising AG. DA.: 33617 ielefeld, Artur-Ladebeck-Str. 51. G.: Düsseldorf, 11. März 1961. V.: Christiane. K.: 1977-81 Jobs aller Art, 1981 Grdg. Firma Lichttechnik u. Design, über 10 J. Tournee als Lichtdesigner in Deutschland u. Europa, Lichtgestaltung d. Bühne, 1994 Sunburst Merchandising AG, Vermarktung v. lizenzgeschützten Produkten, Entwicklung, Herstellung u. Vertrieb, Musik- u. Event-, TV u. Kinomerchandising. H.: Motorradfahren, Fußball.

Altinger Stephan *)

Altinova Ibrahim *)

Altkorn Benjamin *)

Altkorn Marion MD *)

Altmaier Peter
B.: Jurist; MdB. FN.: Dt. Bundestag. DA.: 11011 Berlin, Platz d. Republik 1. PA.: 66780 Rehlingen-Siersburg. G.: Ensdorf/Saar, 18. Juni 1958. S.: 1978 Abitur Saarlouis, 1979 Fernschreiber Luftwaffe, 1980 Stud. Rechtswiss. Univ. Saarbrücken, 1985 1. Staatsexamen, Referendariat in Saarbrücken, 1986 Europ. Studien, Aufbaustud. Europ. Integration, Europ. Studien, 1988 2. Staatsexamen. K.: 1988-90 wiss. Mitarb. Prof. Georg Reß - Europainst., 1990-94 Bmtr. Europ. Kmsn. Brüssel, Gen.-Dion. V, seither beurlaubt, 1994 Wahl in Dt. Bundestag, seit 1974 Schüler Union, Junge Union, RCDS, CDU, 1988-90 Junge Union Landesvors. Saar, seit 1992 Landesvorst. Saar, seit 1994 Wahl in d. Bundestag, 1998 Wiederwahl Bundestag. P.: Art. z. Europ. Sozialrecht, ca. 10 Aufsätze, Art. in "Außenpolitik im 21. Jhdt." (1996). (Re)

Altmann Ernst *)

Altmann Ernst Dr.-Ing. *)

Altmann Gila
B.: Lehrerin, Fraktionssprecherin im Auricher StadtR., MdB. FN.: Dt. Bundestag. DA.: 11011 Berlin, Platz d. Republik 1. PA.: 26605 Aurich. G.: Wilhelmshaven, 22. Mai 1949. Ki.: 3 Kinder. S.: 1969 Abitur Wilhelmshaven, b. 1973 Stud. PH Hildesheim z. Lehramt f. Grund- u. HS m. d. Fächern Bild. Kunst, Visuelle Kommunikation, Math. u. Chemie. K.: 1973-76 Lehrerin an d. Sonderschule f. Lernbehinderte u. 1976-91 Lehrerin an d. HS Moordorf, seit 1981 Mtgl. d. Grünen, 1991-94 hauptamtl. Landesvors. d. Grünen Niedersachsen, 1986-93 Fraktionssprecherin im Auricher StadtR., seit 1994 MdB, seit 1998 Parlamentar. Staatssekretärin im Ministerium f. Umwelt, Naturschutz u. Reaktorsicherheit, Mtgl. d. Vorst. d. ROSA-NA-Brücke nach Belarus e.V. (Re)

Altmann Günter Prof. *)

Altmann Hans *)

Altmann Hans Christian Dr. *)

Altmann Hans-Werner Dr. med. *)

Altmann Josef Adolf Konrad Dipl.-Ing. *)

Altmann Kurt Dipl.-Ing. *)

Altmann Maria-Elisabeth *)

Altmann Marietta *)

Altmann Nannette Dr. med. *)

Altmann Norbert Dr. Prof. *)

Altmann Otto Dipl.-Ing. *)

Altmann Paul
B.: FA f. Hand- u. Fußchir. FN.: PAN Klinik am Neumarkt. DA.: 50677 Köln, Zeppelinstr. 1. PA.: 50999 Köln, In der Aue 6 a. G.: Neuwied, 6. März 1949. Ki.: Caroline. El.: Paul u. Hilde, geb. Hoppen. S.: 1968 Abitur, 1969-71 Stud. Biologie Köln, 1971-76 Stud. Med. Köln, 1976 Staatsexamen. K.: 1976-78 med. Ass. im Bereich Gynäkologie, Innere Med. u. Chir., 1978-79 tätig an d. chir. Abt. d. städt. Kliniken in Leverkusen, 1986 FA f. Chir., 1987 FA f. Unfallchir., Weiterbildung in Chirotherapie u. manuelle Med., 1987-93 OA d. Chir. am Ev. KH Weyertal in Köln u. 1993-99 Ltr. d. Abt. Handchir., seit 1999 ndlg. FA f. Hand- u. Fußchir. u. glz. Ltr. d. Hand- u. Fußchir. an d. PAN Klinik in Köln. P.: "Spätergebnisse nach organerhaltenden u. resezierenden Eingriffen wegen chron. Pankreatitis Leber Magen Darm" (1980). M.: Dt. Ges. f. Handchir., Verb. ltd. Krankenhausärzte, Dt. Ges. f. manuelle Med., Marburger Bund. H.: Jagd, Segeln, Musik.

Altmann Rolf

B.: Gschf. Marktregion Mitte AOK Niedersachsen. DA.: 30173 Hannover, Hans-Böckler-Allee 30 G.: Plauen, 25. Feb. 1939. V.: verw. Ki.: Kirsten, (1963), Stefan (1968). S.: 1957 Mittlere Reife Hildesheim, 1957 Ausbild. AOK f. d. Kreis Marienburg Hildesheim, 1960 Prüf. mittlerer Dienst, 1963 Prüf. gehobener Dienst. K.: 1962 tätig bei AOK Hannover u. zuständig f. Kundenservice, 1974 Abt.-Ltr. d. AOK Landesverb. Niedersachsen, 1993 stellv. Gschf. d. AOK in Niedersachsen, später Bez.-Dir. f. d. Großraum Hannover. P.: Veröff. in Fachzeitschriften u. Fachbüchern. E.: Mtgl. in Prüfungsausschüssen. M.: Mtgl. in Prüfungsausschüssen, Vorst.-Vors. v. Eintracht Hildesheim. H.: Handball, Tennis.

Altmann Rüdiger Dr. *)

Altmann Siegfried Dr.-Ing. habil. Prof.
B.: Hochschullehrer. FN.: HS f. Technik, Wirtschaft u. Kultur (HTWK) Leipzig, Fachbereich Elektrotechnik u. Informationstechnik. GT.: Wiss. Direktor d. Forschungs- u. Transferzentrums (FTZ) an d. HTWK Leipzig e.V. u. Vors. d. Fördervereins d. HTWK Leipzig e.V. DA.: 04251 Leipzig, Postfach 30066, Sitz Wächterstr. 13. PA.: 04347 Leipzig, Schulzeweg 6. saltmann@htwk-leipzig.de. www.et.htwk-leipzig.de. G.: Riesa/Sachsen, 20. Juli 1936. V.: Johanna. Ki.: Petra (1958). S.: 1950-53 Berufsausbild. z. Betriebselektriker Stahl- u. Walzwerk Riesa, 1953-56 Stud. Ing.-Schule f. Elektrotechnik Mittweida mit Ing.-Abschluß, Elektromedizinische Geräte u. Röntgentechnik, 1960-67 Fernstudium Elektrische Bahnen an d. HS f. Verkehrswesen Dresden mit Abschluß Dipl.-Ing. (TH), 1970 Prom. A zum Dr.-Ing., 1977 Prom. B zum Dr. sc. techn. (Habil.), 1975 facultas docenti f. prackt. Elektrotechnik (Hochschullehrberechtigung). K.: 1960-72 wiss. Mitarb. u. später OAss. am Lehrstuhl f. Elektr. Bahnen an d. HS f. Verkehrswesen in Dresden, 1972-76 Ltr. d. Forsch.-Gruppe "Elektrosicherheit" am Zentralinst. f. Arb.-Schutz in Dresden, 1976 HS-Doz. f. Elektrotechnik an d. TH Leipzig, 1979 o.Prof. f. Elektrotechnik an d. TH Leipzig u. Inh. d. Lehrstuhls f. Grundlagen d. Elektrotechnik sowie Ltr. d. Wissen.-Bereich "Betreiben v. Elektroenergieanlagen", 1980-90 Dir. d. Sektion Elektroenergieanlagen an d. TH Leipzig, ab 1990 Ltr. d. Inst. f. Allg. Elektrotechnik an d. TH Leipzig, 1992 Ltg. d. Fachbereichs Energietechnik, seit 1992 Berufung z. Prof. f. Grundlagen d. Elektrotechnik u. Theoretische Elektrotechnik an d. HS f. Technik, Wirtschaft u. Kultur in Leipzig durch d. Sächsischen Staatsminister f. Wiss. u. Kunst u. Leitung d. Studienrichtung Allg. Elektrotechnik. BL.: Während d. Tätigkeit an d. TH Leipzig Lehraufträge u. Vorträge im Ausland a. d. TU Kiew, TH Breslau, TH Budapest u. ETH Zürich, Betreuung als Mentor v. 15 Doktoranden u. etwa 150 Diplomanden. P.: 120 Aufsätze in Fach- u. Wiss. Zeitschriften d. In- u. Auslandes, Lehru. Übungsbuch Elektrotechnik, VEM-Handbuch "Energieversorgung elektr. Bahnen." M.: seit 1990 VDE u. ab 1994 Ltr. d. Arb.-Aussch. "Sicherheits- u. Unfallforschung" in Frankfurt/Main, Mtgl. d. Red.-Beirates sowie Sprecher d. Fachzeitschrift "ELEKTRIE", 1977-96 Rat d. Fakultät f. Elektrotechnik u. Maschinenbau d. TH Leipzig, 1996 Grdg. u. Ltg. d. FTZ Leipzig e.V., seit 1995 Vors. d. Fördervereins d. HTWK Leipzig.

Altmann Sinah *)

Altmann Tino

B.: Dachdecker, Gschf. FN.: Altmann & Co Dachdecker GmbH. DA.: 02906 Niesky, Steinpl. 3a. G.: Görlitz, 26. Apr. 1966. V.: Angela, geb. Noack. Ki.: Gina (1987). El.: Peter u. Jutta. S.: 1982-84 Lehre als Dachdecker b. VEB Bau Niesky. K.: 1984-89 Dachdecker b. VEB Bau Niesky, 1989-90 Dachdecker b. LPG "Am Stausee" Niederseifersdorf, 1990-92 Dachdecker b. MBT Bedachungs GmbH, 1992-99 Dachdecker b. Riediger Bedachungen, ab 1999 Grdg. u. Gschf. d. Altmann & Co Dachdecker GmbH, 1999-2001 Meisterausbildung: Meister d. Dachdeckerhandwerks. E.: 3. Pl. b. Autocross-Rennen um d. Dt. Meisterschaften am Grumbeker Heideberg. M.: Bundesverband Mittelständiger Wirtschaft (BVMW). H.: Autocross.

Altmann Torsten *)

Altmann Walter
B.: Inhaber. FN.: Berndt + Glebe Immobilien. DA.: 34117 Kassel, Königspl. 59 A. PA.: 34130 Kassel, Knaustwiesn 20. G.: Homberg, 27. Feb. 1949. El.: Max u. Elisabeth. S.: 1967 Abitur, 1967-70 Ausb. Bankkfm. Sparda Kassel, 1980 Ausb. z. Betr.-Wirt Bankakademie. K.: 1970-75 Raiffeisenbank Söhre, 1975-80 Vorst.-Mtgl. Raiffeisenbank Breuna, 1980-92

*) Biographie www.whoiswho-verlag.ch oder beigefügte CD-ROM

Altmann 86

Prok. Sparda Bank, seit 1993 Inh. Berndt + Glebe Immobilien. E.: Federation preffessions Immob. M.: Golfclub Wilhelmshöhe in Kassel. H.: Golf. (M.G.)

Altmann-Morelli Marco *)

Altmannsberger Hans-Michael Dr. Prof. *)

Altmayer Klaus
B.: Intendant. FN.: Theaterforum Stupor Mundi e.V. DA.: 87435 Kempten, Hirschstr. 9. G.: Kempten, 30. Aug. 1965. V.: Michaela, geb. Sinz. S.: 1981-84 Ausbild. Bauzeichner Arch.-Büro Zwerch u. Girsberg Kempten, 1990-94 Stud. Arch. TU München. K.: 1987 Darsteller bei d. Werkbühne in München, 1988 Grdg., Regisseur u. Ltr. d. Theatergruppe an d. BOS in Kempten, 1993 Debüt als Bühnenautor m. d. Stück "Die Revolution in d. Anstalt", Grdg. d. Theaterformation Stupor Mundi in Kempten u. seit 1993 Regisseur, Autor u. Spielltr.; Maler spez. f. fantast. Realismus in Öl, auf Leinwand oder Holz m. ständiger Ausstellung in d. Residenz in Kempten, Bau v. Arch.-Modellen spez. f. Rekonstruktion antik-röm. Bauwerke u. Anlagen. P.: Ausstellungen: 1. Kunstausstellung in Kemptener Residenz (1995), "Kultur f. Kempten" (1996), 3. Kunstausstellung in d. Kemptener Residenz" (1997), Uraufführung v. "Der Abt u. sein Weinhändler" (1998), Prod. v. "Ludus de Antichristo" (2000), Theaterwoche im Berufsschulzentrum Kempten (2001), Tournee m. d. Theaterforum in Deutschland m. d. Programm "Parodien v. volkstüml. Theaterstücken". H.: barocke Musik, Kochen, Politik.

Altmeier David Dr. Dipl.-Kfm. *)

Altmeyer Peter *)

Altner Mark
B.: Unternehmer, Inh. FN.: Gaststätte Faun. DA.: 80469 München, Hans-Sachs-Str. 17. G.: Frankfurt/Main, 17. Aug. 1964. El.: Adolf u. Renate. S.: 1982 Abitur Olching, während der Schulzeit Moderator f. Kabelfernsehen, 1982-84 Fallschirmspringer b. d. Bundeswehr, 1986-89 BWL-Stud. München. K.: 1988 1. Lokal m. Xenofon Galanopoulus in München eröff., 1989 Bar Restaurant eröff. u. 1994 weiterverpachtet, 1990 verkauft, 1995 Eröff. d. Lokals Faun im Jugendstil, 1996 Übernahme d. Scheidegger, f. 1999 Neueröff. d. Kulturzentrums Türkenhof. H.: Fun Sport, Marathon.

Altner Renate
B.: Dipl.-Kunstwissenschaftlerin, stv. Gen. Dir. Stadtmuseum Berlin. DA.: 10178 Berlin, Poststr. 13/14. G.: Dresden, 18. März 1942. V.: Dr. Peter Altner. Ki.: Christiane. El.: Rudolf u. Käthe Caspar. S.: Kreuzschule Dresden, Abitur, Ausbild. z. Trickfilmzeichnerin, Stud. d. Kunsterziehung, Germanistik u. Kunstwissenschaft. a. d. Humboldt-Univ. Berlin. K.: Wiss. Mitarb. am Märk. Museum Berlin, seit 1990 Ltr. d. Abt. Kunst,Komm. Dir. P.: zahlr. Veröff. zu Heinrich Zille u. z. Berliner Kunsthandwerke. E.; 1997 VO d. Landes Berlin. M.: Mtgl. versch. Gremien Land u. Bund.

Altnickel Werner
B.: Rundfunk- u. Fernsehtechnikermeister, Unternehmer, selbständig. FN.: Solartechnik Altnickel. DA.: 26133 Oldenburg, Wilhelm-Kempin-Str. 55. G.: Oldenburg, 4. Okt. 1949. V.: Lebenspartnerin: Ingrid Niehaus. Ki.: 5 Kinder. El.: Franz u. Margarete, geb. Schrötter. S.: 1967-70 Ausbildung Rundfunk- u. Fernsehtechniker Oldenburg, 1973 Meisterprüf. z. Rundfunk- u. Fernsehtechnikermeister. K.: 1970-73 Geselle Radio-Fernsehgeschäft Oldenburg, seit 1974 selbständig, Eröff. Radio Fernsehen Altnickel in Oldenburg als Inh., seit 1986 aktiver Umweltschützer u.a. b. Greenpeace, 1988 Installation d. 1. Netzgekoppelten Sonnenstromanlage auf d. eigenen Geschäftshaus, 1991 auf d. eigenen Wohnhaus, In-

betriebnahme zweier Solarmobile, 1996 Installation eines Blockheizkraftwerkes m. reinem Pflanzenöl f. Wärme- u. Strombedarf während d. Heizphase, 1992 Grdg. Solartechnik Altnickel in Oldenburg, Installation v. Photovoltaikanlagen, seit 1986 Vortragstätigkeit u.a. VHS-Kurse, Schulungen d. Energieberater d. Verbraucherverbände, Pilotanlagen in Schulen u. Kirchen. E.: Dt. Solarpreis v. Euro Solar (1997), Oldenburger Umweltschutzpreis (1997, 1998). M.: Solarenergieförderverein Aachen. H.: Beruf, Solarenergie.

Altpeter Bernd Günter *)

Altreuther Helmut

B.: Gschf. FN.: Bund Naturschutz in Bayern e.V. DA.: 91522 Ansbach, Pfarrstr. 33. G.: Bechhofen, 23. Juli 1960. El.: Fritz u. Frieda. S.: 1976 Mittlere Reife Feuchtwangen, Kfm. Ausbildung in d. Werkzeugbranche. K.: Innen- u. Außendienst, seit 1988 Gschf. b. Bund Naturschutz in Bayern e.V. M.: seit 1996 im Kreistag b. d. Grünen. H.: Wandern, Radfahren, Reisen, politisch tätig.

von Altrock Gabriele
B.: Dipl.-Bibl. DA. u. PA.: 60437 Frankfurt am Main, Hochfeldstr. 15. G.: Biegnitz, Krs. Glogau, Niederschles., 17. Mai 1922. V.: Friedrich-Jürgen v. Altrock (verst. 1988). Kl.: aus 1. Ehe mit Dr. Wilhelm Braunewell: Dr. Cornelius (1952), Dr. Markus (1953), Dr. Amadeus (1956). El.: Wilhelm u. Hella, geb. Gräfin v. Pfeil u. Klein-Ellguth. BV.: Friedrich Jagwitz, Leibarzt Friedrichs d. Gr., mütterlichers.: im 12. Jhdt. Woiwoden im poln.-schles. Raum, im 13. Jhdt. 2 kath. Bischöfe Thomas I. u. II. in Breslau, nach 1306 führt ne Nachfahre d. Namen Dirsko sagittarius (unter d. Namen gibt es div. bedeut. Vorfahren). S.: 1940 Abitur, Arbeitsdienst, Ausbild. zur DRK Schwesternhelferin, Ausbild. zur Dipl.-Bibl., Germanistikstud. in Breslau, Schwesternhelferin im mot. Kriegslazarett, Ausbild. u. Examen als Buchhändlerin. K.: 1954-57 Brasilienaufenth., seit 1959 Mitarb. im Ev. Büchereiverb. Hessen-Nassau, zuletzt 2. Vors., Mitbegrd. v. "Ökumenischen Literaturkreis Frankfurt, Dominikanerkloster", 1967-72 CDU-Mandatsträgerin, 1988 Schaffung u. Leiterin d. Aktion "Humanitäre Hilfe f. Schlesien/Polen". P.: zahlr. Art., Rezensionen, Heimatforschung, Mitarb. an Anthologien. E.: Gold. Ehrennadel v. Glogauer Heimatbund, Verd.-Med. d. VO d. BRD, Ehrennadel f. sozialkulturellen Einsatz u. Jugendbetreuung in Raciborz/Ratibor, Förderpreis f. Humanitäre Hilfe in Mittel- u. Osteuropa d. R.-Bosch Stiftung aus d. Hand v. Bundespräs. Rau, 2001 Kulturpreis d. Erika-Simon-Stiftung, dotiert m. DM 20.000,— f. d. Einsatz f. eine Entkrampfung d. deutsch-polnischen Nachbarschaft, humanitäre Hilfe f. d. dt. Minderheit. M.: Ehrenmtgl. "Intern. Ges. f. Menschenrechte", Ehrenmtgl. im "Weltbund zum Schutze d. Lebens", "Herold", "Kuratorium Kulturelles

*) Biographie www.whoiswho-verlag.ch oder beigefügte CD-ROM

Frankfurt", Kulturver. "Frankfurt-Harheim" (Vorst.), "Ver. zur Pflege Schles. Kunst u. Kultur" mit Sitz in Bonn u. Lomnica/Polen. H.: Gartengestaltung, Lesen, kreatives Schreiben.

Altrock Helga
B.: Ärztin f. Neurologie u. Psychiatrie. DA.: 14129 Berlin, Salzachstr. 61. Ki.: Frederick (1984). El.: Prof. Dr. med. Adolf Syller u. Hilda Altrock. S.: 1965 Abitur NRW, 1965-71 Med.-Stud. FU Berlin, 1972 Auslandsaufenthalt USA m. Ass.-Arztzeit, 1972 Examen u. Approb., 1972-73 FA-Ausbild. incl. 6 Monate Ausbild. in Schottland, 1974 4 Monate Auslandsaufenthalt in England, 1977-82 Inst. f. Psychotherapie, Psychoanalyt. Ausbild., Examen, 1980 FA-Anerkennung f. Psychiatrie u. Neurologie, 1982 Zusatzanerkennung: Psychotherapie u. Psychoanalyse, 1993 Zusatzanerkennung: Analyt. Familientherapie. K.: 1974-77 Ass.-Ärztin f. Psychiatrie an d. Schloßparkklinik Berlin, 1977-80 Ass.-Ärztin f. Neurologie am Klinikum Westend, parallel Unterrichtstätigkeit an d. FU, ebenso an d. Ev. FH f. Sozialarb., Inst. f. Musiktherapie, Unterricht f. angehende Musiktherapeuten, 1980-82 DRK-KH f. psych. Langzeitkranke Berlin, ab 1983 Ndlg. m. eigener Praxis in Berlin-Zehlendorf f. Psychiatrie, Psychotherapie, Neurologie, Psychoanalyse, manisch-depressive, Angsterkrankungen, Schizophrenie. H.: Musik (Klassik, Konzertart, Oper).

Altrock Marlies Dr. med. *)

Altrock Olaf Dipl.-Ing.

B.: Elektrotechniker, Inh. FN.: Altrock Elektronik. DA.: 23556 Lübeck, Im Winkel 6. info@altrock-elektronik.de. www.altrock-elektronik.de. G.: Bomlitz, 23. Jan. 1958. V.: Sigrid, geb. Engbrecht. Ki.: Robert (1979), Björn (1981). El.: Kurt u. Loretta. BV.: Großvater August Finke - baute d. ersten Radios in Deutschland. S.: 1974 Praktikum Elektronik Firma Wolf AG Walsrode, 1974-76 Fachabitur FOS Walsrode, 1976-80 Stud. Elektronik FHS Hamburg, 1979-80 HS-Praktikum Firma Siemens AG. K.: 1980-84 tätig in d. Arb.-Vorbereitung d. Firma Siemens AG, 1984-86 Partner im Ing.-Büro d. Bruders, seit 1986 selbst. m. Ing.-Büro m. Schwerpunkt Microcontroller, PLD-gesteuerte Geräte, Fertigung v. Klein- u. Mittelserien. BL.: Steuerung d. gesamten Bühnenmaschinerie f. d. Musical "Cats" in Hamburg, Funkgesteuerte Abstimmungsanlage f. d. Sendung "Bitte lächeln". H.: Reisen, Radfahren, Lesen, Reiki.

Altrock Paula Dr. med. *)

Altrogge Günter B. Dr. rer. pol. *)

Altschüler Boris Dr. med. *)

Altstadt Detlev Richard Dipl.-Ing.
B.: Prüfingenieur f. Baustatik, Unternehmer. FN.: Dipl.-Ing. D. Altstadt u. Dipl.-Ing. A. Klatt Beratende Ingenieure f. Bauwesen. DA.: 22763 Hamburg, Eggersallee 3. altstadt.klatt@t-online.de. G.: Isernhagen, 15. Juli 1944. V.: Gabriele, geb. Grützmann. S.: 1964 Abitur in Hamburg, 1964-66 Bundeswehr, Leutnant d. Reserve, 1966-71 Stud. Bauingenieur an d.

TU Hannover, Fachrichtung konstruktiver Ingenieurbau. K.: 1972-74 Statiker in Hamburger Baufirma u. Ingenieurbüro, seit 1977 Schweißfachingenieur u. seit 1980 selbständig als beratender Ingenieur f. Bauwesen, seit 1988 Prüfingenieur f. Baustatik, VDI Verband Dt. Ingenieure, DVS Dt. Verband f. Schweißtechnik, VPI Bundesvereinigung d. Prüfingenieure für Bautechnik, BÜV Bau-Überwachungsverein. H.: Golf, Musik, Literatur.

Altstötter Ludwig
B.: RA. DA.: 90427 Nürnberg, Steinacher Str. 14 c. G.: Leipzig, 15. Jän. 1934. V.: Hildegard. Ki.: Gabriele-Brigitte (1957). El.: Josef (Reichsgerichtsrat, später Ministerialdir. in Berlin) u. Maria. BV.: bedeutende Richter u. Rechtsgelehrte. S.: 1955 Abitur, Stud. Jura Univ. Erlangen. K.: Referendariat am OLG Nürnberg, 1963 RA in d. Kzl. Dr. Dr. Weisgerber, Dr. Orth, Josef Altstötter, Eduard Kalb, 1975 Grdg. d. eigenen Kzl. m. Schwerpunkt Zivil-, Hdl.-, Wettbewerbs-, Ärzt-, Haftpflicht- u. Immobilienrecht. H.: Schnitzen, Malen, Töpfern, Heimwerken, Kunst sammeln.

Altug Arzu

B.: Referatsltr. FN.: Referat f. interkulturelle Angelegenheiten d. Landeshauptstadt Hannover. DA.: 30159 Hannover, Marktstr. 45. arzu. altug.10@hannover-stadt.de. G.: Karabük/Türkei, 1. März 1955. El.: Mürvet u. Ridvan. S.: Lehre z. Apothekenhelferin. K.: Gruppenltg. f. d. Ev. Ak. u. politisch engagiert, b. 1980 in versch. Apotheken als Apothekenhelferin, 1976-77 Abendschule, 1980 Sozialberaterin f. ausl. Arbeitnehmer bei d. Arbeiterwohlfahrt, parallel gesellschaftspolitisch u. gewerkschaftlich aktiv, 1981-83 Sozialarbeiterin b. Projekt Deutsche u. Ausländer im Stadtteil d. Robert-Bosch-Stiftung, Stud. Soz. an d. HS f. Wirtschaft u. Politik in Hamburg, 1986 Abschluss als Dipl.-Sozialwirtin, Stipendium d. Hans-Böckler-Stiftung, b. 1988 Ausbild. z. Polit. Sekr. b. Dt. Gewerkschaftsbund in Braunschweig, Hannover, 1988-91 Organ.-Sekr. in Kassel u. Wiesbaden f. d. DGB, 1993 Abschluss als Dipl.-Sozialökonomin, danach wieder als Organ.-Sekr. in Hessen/Schlüchtern, parallel pol. engagiert bei d. AG gegen Rassismus, b. 1998 Expertin f. d. Arge d. AusländerbeiR. in Hessen, seit 1998 Referatsltr. f. interkulturelle Angelegenheiten d. Landeshauptstadt Hannover. H.: Lesen, Fotografie, Reisen.

Altun Adnan Ali *)

Altun Ali N.
B.: Gastronom, Inh. FN.: Türk. Restaurant "Siralti". DA.: 10961 Berlin, Schleiermacherstr. 14. G.: Savsat/Türkiye, 30. Jän. 1960. V.: Satiye. Ki.: Seda (1982), Sara (1986). S.: Gymn. Savsat u. Ankara, Sprachkurse. K.: Kontakt zu türk. Jugendlichen u. Aufbau d. ehrenamtl. Arb. z. Förderung d. türk. Kultur in Berlin, 18 J. Doz. f. türk. Kultur an d. VHS

*) Biographie www.whoiswho-verlag.ch oder beigefügte CD-ROM

Neukölln u. Aufbau d. türk. Tanz- u. Musikensembles m. weltweiten Auftritten, 19 J. Doz. u. Mitarb. an d. Musikschule Schöneberg in Zusammenarbeit mit der Univ. "Hacettepe" Ankara z. Förderung d. Integration, Zeremonienmeister an d. Europaschule-Kreuzberg u. Ltr. v. Kindertanzgruppen, 1988 Initiator d. Kulturver. Tühabilim z. Förderung d. dt.-türk. Kulturaustausches, seit 1996 gemeinn. Initiativen zur Aufforstung eines abgebrannten Waldes in d.Türkei, seit 2000 Initiator f. ein Fundament d. Vereinig. aller türk. Ver., Koordinator v. "23. Nisan" - wurde z. Weltkindertag erklärt, 1997 Eröff. d. Bar, Cafe u. Restaurant "Siralti" m. türk. Flair - Wasserspielen, Ney, türkischer Keramik u. türk. Küche, das mit d. Feinschmecker im Jahr 2000 ausgezeichnet wurde. BL.: hohes Engagement im ehrenamtl. Bereich f. d. Integration d. türk. Jugend in Deutschland u. z. Völkerverständigung, Auftritte d. Folkloregruppe an d. ITB u. bei d. Berliner Philharmonikern. P.: Bilder u.a. "Tanzpaar d. Jahres" u. Plakate. E.: Ehrungen u. Ausz. anläßl. 70 J. VHS Neukölln, 50 J. Schöneberger Musikschule, Ausz. d. Stadtbez.-Ämter u. Senats in Berlin u. d. Konsulate, Erwähnung im Feinschmecker u. Empfehlung im regionalen Fernsehen. M.: Ltr. d. Kulturver. Tühabilim. H.: Malen, Tanzen, Kultur.

Altwein Jens Erik Dr. Prof. *)

Alvanidis Ilias
B.: Superstoreltr. FN.: Vobis Microcomputer AG. DA.: 33604 Bielefeld, Otto-Brenner-Str. 207. G.: Bielefeld, 26. Juni 1969. El.: Orestis u. Vaiza. S.: 1989 Abitur, 1989-91 Praktiken, 1991-98 Stud. Betriebswirtschaft u. Wirtschaftsinformatik, Abschluß Dipl.-Bw. u. Dipl.-Datenverarb.-Kfm. K.: 1994-98 Tätigkeit im EDV-Bereich, 1998 Eintritt in d. Vobis AG als Ndlg.-Ltr. H.: Beruf, Musik.

Alvares von Souza Soares Leopoldo *)

Alvargonzalez Columna

B.: Unternehmerin, Inh. FN.: Bar Celona. DA.: 10115 Berlin, Hannoversche Str. 2. G.: Jerez de la Frontera/Spanien, 27. Sep. 1958. V.: Wilmar König. S.: Wirtschaftsschule Barcelona, Studium Rechtswiss. U.N.E.D. Spanien, Abschluß als Anw. K.: 1991 erste Kontakte zu Berlin - Vorbereitung eines Konzepts z. Eröff. eines span. Restaurants u. spanische Küche, parallel Stud. Marketing in Spanien, 1994 Übersiedlung nach Berlin u. Eröff. d. span. Restaurants in Berlin-Mitte.E.: Feinschmecker 2000, Empfehlung in vielen Gastronom. Fachzeitschriften. H.: Kino, Lesen, Reisen, Golf, gemeinsam m. d. Ehemann Kirchen fotografieren.

von Alvensleben Ferdinand Dr. Ing. *)

von Alvensleben Reimar Dr. agr. *)

von Alvensleben Volker *)

Alvermann Andrea Gabriele
B.: freiberufl. Übersetzerin. DA.: 65618 Haintchen/Selters i.T., Obere Bachstr. 24. alvermann@wtal.de. http://home.wtal.de/alvermann-uebersetzungen. Ki.: Joanna Sophia Alvermann (2000). S.: 1984 Abitur Düsseldorf, 1984-86 Stud. Romanistik, Slawistik u. Geschichte Univ. Köln, 1986-91 Stud. franz. u. romanist. Kultur, Literatur- u. Sprachwiss. Univ. Montpellier, Licence Lettres Modernes, 1996 Prüf. staatl. anerkannte Übersetzerin IHK Düsseldorf, 1998 Fortbild. Bertelsmann-Stiftung Literaturübersetzer aus d. Franz. K.: 1986 Mitarb. an archäolog. Ausgrabungen in d. Arenen v. Nimes, 1989-92 freiberufl. Übersetzerin in Frankreich, 1991-92 Sekr. d. Cour d' Appel v. Montpellier u. Nimes, 1992-93 Anw.-Sekr. bei SCP Capdevila, 1994-95 freiberufl. Texterin u. Übersetzerin f. versch. Firmen, 1995-97 Vorst.-Sekr. einer Wirtschaftsprüf. AG in Düsseldorf, seit 1997 freiberufl. Übersetzerin. P.: Literaturübersetzungen, Ind.-Übersetzungen, Zeitungsart., Übersetzungen f. kulturelle Bereiche. M.: BDÜ, Schriftstellerverb. d. IG Medien.

Alvermann Hans Udo *)

Alves Jürgen Dr. rer. nat. Prof.

B.: apl. Prof. FN.: Inst. f. Biophysikal. Chemie d. Med. HS Hannover. DA.: 30625 Hannover, Carl-Neuberg Str. 1. alves@bpc.mh-hannover.de. G.: Osnabrück, 3. Juli 1955. El.: Günther u. Ella, geb. Schulze. S.: 1974 Abitur m. Ausz., 1974-75 Bundeswehr, 1975-81 Stud. Biochemie Univ. Hannover, 1981 Dipl.-Hauptprüf., 1981-84 Diss., 1981-83 Stipendiat d. Stiftung Stipendien-Fonds d. Verb. d. chem. Ind. K.: 1983 3 Mon. tätig am EMBL in Heidelberg, 1984-90 HS-Ass. in d. Abt. Biophysikal. Chemie im Zentrum Biochemie d. MHH, 1990 Habil., 1991-94 OAss. d. Abt. Biophysikal. Chemie d. MHH, 1995 apl. Prof., 1996-2000 Kommissar. Ltr. d. Abt. Biophysikal. Chemie, 1998 ak. OberR, Lehre in d. Studiengängen Biochemie, Biologie, Medizin u. Zahnmedizin zusätzl. Gastref. auf intern. wiss. Fachkongressen. P.: unzähl. Buchbeiträge, Aufsätze u. Kommentare in Fachzeitschriften u.a.: "Two Identical Subunits of the EcoRI Restriction Endonuclease Co-operate in the Binding and Cleavage of the Palindromic Substrate" (1982), "Fluorescence stopped-flow kinetics of the cleavage of synthetic oligodeoxynucleotides by the EcoRI restriction endonuclease" (1989), "Substrate assisted catalyses in the cleavage of DNA by the restriction enzymes EcoRI and EcoRV" (1993), "Sequence context influencing cleavage activity of several mutants of the restriction endonuclease EcoRI identified by a site selection assay" (1997), "Single-tube nested competitive PCR with homologous competitor for quantitation of DNA target sequences: theoretical description of heteroduplex formation, evalutation sensitivity, precision and linear range of the method" (1998). M.: seit 1987 Mtgl. d. Sektion I d. Senats d. MHH, ab 1989 Mtgl. d. Konzils d. MHH, ab 1988 Mtgl. d. Studienkommission f. Biochemie-Stud., Ges. f. Biochemie u. Molekularbiologie e.V. (GBM), ab 1995 Kontaktperson d. GBM f. Hannover, Dt. Hochschulverband, Protein Society in d. USA. H.: mod. Kunst, Literatur.

Aly Herbert Werner Dr.-Ing. *)

Ambonville

Amandi Ralf *)

Amann Gottfried Dr. Prof. h.c. *)

Amann Peter
B.: Künstler, selbständig. FN.: Pest Projekt. DA.: 42651 Solingen, Wupperstr. 97. info@pest-projekt.de. www.pest-projekt.de. G.: Solingen, 12. Mai 1951. V.: Ulrike, geb. Griebner. El.: Walter u. Irmgard. S.: 1967 Lehre Industriekaufmann. K.: 1970-72 kfm. Ang., 1972-91 div. Jobs in handwerkl. Berufen u. glz. autodidakt Herstellung v. Objekten u. Skulpturen, 1991 Grdg. d. Werkstattgemeinschaft u. Galerie Pest Projekt m. Partnern spez. f. gebrauchsfähige Möbelskulpturen u. Wohnobjekte. M.: Solinger Künstlerverein. H.: Beruf.

Amann Sandro Dr. rer. nat.

B.: Vorst.-Mtgl. FN.: CII Group. DA.: 10117 Berlin, Krausenstraße 8. PA.: 06184 Burgliebenau, Das Kirchenholz 7. sandro.amann@cii.de. G.: Würzburg, 23. Nov. 1960. V.: Jenny, geb. Jurjrat. El.: Albin u. Marina. S.: 1980 Abitur, 1981 Wehrdienst, 1981-89 Stud. Chemie Univ. Würzburg, Prom. K.: 1989-92 tätig in d. Firma McKinsey & Company in Berlin, 1992-96 Abt.-Ltr. d. Treuhandanstalt in Berlin, 1997 Eintritt in d. CII GbR. in Berlin, 2000 Grdg. d. AG u. seither Vorst.-Mtgl. u. zuständig f. chem. Ind. in Deutschland. H.: Tauchen, Geschichte.

Amartey Rita Dipl.-Bw.

B.: Lehrerin, Unternehmerin, selbständig. FN.: Gaststätte Arena. DA.: 24106 Kiel, Mühlenweg 999. arena-kiel@freenet.de. www.arena-kiel.de. G.: Capoterra/Italien, 9. November 1956. V.: Daniel Amartey. Ki.: Lois (1980), Nelsen Pablo (1985), Adrienn (1987). El.: Fariga Luigi u. Pinna Giuseppina. S.: 1977 Abitur Cagliari. K.: 1977 Grundschullehrerin in Cagliari, 1977 nach Deutschland gekommen, 1977-78 Lehrerin f. Deutsch u. Italienisch in Kiel, 1982-94 Eröff. Restaurant Cou Cou Cumber in Kiel, 1990-96 Stud. BWL an d. Wirtschaftsakademie in Kiel, dann Betriebswirtin u. Dipl.-Pädagogin, 1996-99 Fachbereichsleitung Controlling u. Personal Controlling, seit 1999 Gaststätte Arene übernommen. M.: Vors. Multikulti e.V., Dt. Hotel- u. Gaststättenverband. H.: Familie, Lesen, Musik.

Ambatiello Peter Dr.-Ing. *)

Amberg Hans-Ulrich Dr. Ing.
B.: Gschf. Ges. FN.: GfKK GmbH f.Kälte- u. Klimatechnik. DA.: 50859 Köln, Dieselstr. 7. PA.: 50859 Köln, Odemshofallee 6 A. G.: Bernburg, 6. Dez. 1937. V.: Margret, geb. Muhr. Ki.: Antje (1965), Jens (1967), Silke (1975). S.: 1957 Abitur Kassel, 1957-62 Stud. Elektrotechnik TH Darmstadt, 1960 Praktikum Elektrizitätswerk Genf, 1962 Dipl.-Ing., 1968 Diss. K.: 1962-68 Ass., 1968-71 tätig in d. Firma Siemens in Erlangen, 1971-81 techn. Ltr. u. ab 1974 techn. Gschf. in d. Firma Weiss Technik in Reiskirchen, seit 1981 tätig in d. GfKK, ab 1983 Gschf. m. Schwerpunkt Konzeptplanung, Großanlagen f. gr. Kaltwasserzentralen in Deutschland. BL.: mehrere Patente zu Eisspeichern m. 8-Pol-Package. P.: Veröff. zu Kälte, Klima u. Heizung, "Die Auswirkung d. FCKW-Problems" (1990), "Stromkostensenkung durch Eisspeicher" (1988), Vorträge in Düsseldorf u. Nürnberg. M.: VDI Fachgemeinschaft Klima, ASV Köln. H.: Skifahren, Bergwandern, Reisen.

Amberg Uta *)

Amberger Anton Dr. Prof. *)

Amberger Franz-Michael Dipl.-Ing. *)

Amberger-Steidle Barbara *)

Ambergs Eva *)

von Ambesser Gwendolyn
B.: Regisseurin, Schauspielerin, Dramaturgin. PA.: 97072 Würzburg, Schillerstr. 13. G.: München, 4. Juni 1949. El.: Regisseur Axel v. Ambesser (Schauspieler, Regisseur, Autor). K.: Dramaturgin, debütierte 1967 am Stadttheater Aachen, weitere Stationen u.a. Hamburg, München, Karlsruhe, Frankfurt/Main u. Würzburg, Journalistin f. Zeitungen u. Drehbuchautorin, zahlr. Fernsehrollen u.a. in "Percy Stuart", "Hallo - Hotel Sacher Portier", "Die seltsamen Methoden d. Franz Josef Wanninger", "Napoleon - König d. Köche", "Süchtig", "Die schnelle Gerdi", "Die zweite Heimat", Drehbuchmitarb. u.a. "Zuckerbaby", "Herschel oder d. Musik d. Sterne", derzeitige Postition: Oberspielleiterin im Theater Chambinzky, Würzburg. E.: 1983 Förd.-Preis d. Bayer. Filmförd.

Ambiel Gerhard *)

Ambonville Jacques
B.: Vorst.-Vors., Mtgl. d. Vorst. FN.: GEHE AG. GT.: Vorst. d. Vorst. d. Office Commercial Pharmaceutique (OCP) S.A., Saint Ouen/Frankreich, Vors. d. Vorst. d. OCP Repartition S.A.S. Saint Ouen/Frankreich, Mtgl. d. Vorst. d. GEHE Italia S.p.A., Bologna/Italien. DA.: 70376 Stuttgart, Neckalrstr. 155. service@gehe.de. www.gehe.de. G.: 1949. S.: 1973 Abschluss Stud. Pharmazie an d. Univ. v. Nancy/Frankreich, 1980 Abschluss Stud. Wirtschaftswiss. am Inst. de Contrôle et de Gestion (I.C.G.) m. d. M.A., 1983 M.A. in Marketing am Inst. Nat. de Marketing (I.N.M.) K.: Pharmazeut in einer Apotheke, seit 1975 tätig b. OCP in versch. firmeninternen Positionen als Gschf., Dir. Geschäftsentwicklung, Dir. Vertrieb-Einkauf u. alle Niederlassungsleiter, seit 1993 Vorst.-Vors. d. OCP, verantwortlich f. d. Bereiche Pharma-Großhandel in Frankreich, Portugal, Belgien u. Italien, seit 1995 Mtgl. d. Vorst. d. GEHE AG. M.: in Aufsichtsräten u. anderen Kontrollgremien wie: Herba Chemosan Apotheker AG Wien/Österreich, Vors. OCP France Repartition S.A., Saint Ouen/Frankreich, Vors. OCP Portugal S.A., Porto/Portugal, Centrale d'Administration de Biens Immobiliers Cabi S.A., Saint Quen/Frankreich, Depots Generaux Pharma S.A., Aulnay-sous-Bois/Frankreich, OCP Participations S.A. Saint Quen/Frankreich, Pharma Partners BVBA, Ostende/Belgien, Pharmatel S.A. Marsaille/Frankreich, Sambria S.C., Charleroi/Belgien, Tredimed S.A., Saint Ouen/Frankreich, Comptoir Pharmaceutique Mediterraneen (CPM) S.A., Monaco. (Re)

*) Biographie www.whoiswho-verlag.ch oder beigefügte CD-ROM

Ambos

Ambos Falk Dr.-Ing.

B.: Gschf. Ges. FN.: SHD System-Haus-Dresden GmbH. DA.: 01159 Dresden, Drescherhäuser 5. PA.: 01279 Dresden, Am Mitteltännicht 11. G.: Dohna, 14. Juli 1962. V.: Andrea, geb. Süßer. Ki.: Peter (1998). El.: Prof. Eberhard u. Marlene. S.: 1979-80 Lehre als Elektromonteur im VEM Magdeburg, 1981 Lehrausbilder im Betrieb, 1981 Abitur an d. VHS, 1982-87 Stud. Informationstechnik TU Dresden, Dipl.-Ing. K.: 1987-90 Tätigkeit im Forsch.-Inst., 1990 Firmengrdg., 1991 Prom. M.: WirtschaftsR. d. CDU, Unternehmerverb. Sachsen. H.: Radfahren, Hi-Fi-Technik.

Ambs Hermann *)

Amecke-Mönnighoff Fritz Dr. med.

y B.: Internist, Nephrologe. FN.: Gemeinschaftspraxis. DA.: 28211 Bremen, Straßburger Str. 19. PA.: 28355 Bremen, Eekenhöge 10 G.: Wimbern, 16. März 1949. V.: Karin, geb. Huppertz. Ki.: Stefan (1981), Nicole u. Christoph (1982). El.: Dr. Norbert u. Hedwig. S.: 1968 Abitur Dortmund, 1968-71 Med.-Stud. Köln, 1971 1 Sem. Med.-Stud. Wien, 1971-74 Physikstud. Köln, Med. Staatsexamen. K.: 1977-78 Med.-Ass. KH Köln-Holweide u. KH Köln-Merkheim, 1978 Approb. als Arzt, 1979 Ass.-Arzt Innere Abt. d. St. Anna-Hospitals Köln, 1981 Grundwehrdienst Bergisch Gladbach, 1982-83 Betriebsarzt im Arb.-Med. Zentrum d. Rheinbraun in Köln-Weiden, 1984-89 Ass.-Arzt Innere Abt./Greiatrie d. Ev. KH in Castro Rauxel, 1989-92 Augusta-Anst. in Bochum/ Nephrolog. Abt., 1989 Prüf. f. Arzt f. Innere Med., 1989 prakt. Arzt in Gemeinschatspraxis in Bremen, 1990 Prom., 1992 Prüf. f. Nephrologie, seit 1993 Internist/Nephrologie. H.: Schach, Tennis.

Amelingmeyer Friedrich

B.: Gschf. Ges. FN.: Friedrich Amelingmeyer Metallbau GmbH. DA.: 49076 Osnabrück, Leyer Str. 150. G.: Atter b. Osnabrück, 18. Jan. 1948. V.: Gabriele, geb. Niehoff. Ki.: Axel (1972), Hendrik (1973). El.: Hermann u. Anna. BV.: Firmengründer Friedrich Amelingmeyer. S.: 1963-66 Ausbild. z. Schlosser. K.: ab 1966 Tätigkeit im väterl. Betrieb, 1967 d. ersten Alufenster u. Alutüren hergestellt, 1968 Prüf. z. Schweißfachmann, 1972 Meisterschule m. anschl. Meisterprüf. in Lüneburg, 1977 eigenes Fenster- u. Türensystem entwickelt.

E.: Staatspreisträger u. Innungssieger b. Schlosserprüf. M.: ehem. Beisitzer im Arbeitsgericht, ehem. 4 J. Beisitzer b. Finanzgericht, Vorst.-Mtgl. Innungskrankenkasse, Vorst.-Vors. VerwR. Innungskrankenkasse Niedersachsen, Obermeister d. Metallinnung Landesverb. Metall, Landesfachgruppenltr. Metallbau u. Schließ- u. Sicherungstechnik, Vollversammlung d. Handwerkskam. Osnabrück-Emsland, Vorst.-Mtgl. d. Kreishandwerkerschaft Osnabrück, Vors. d. Pferdesportver. Osnabrück. H.: Zweispänner fahren.

Ameln Christian *)

Amels Peter *)

Amels Stefan

B.: Gschf. FN.: FAF Kunststofftechnik GmbH & Co KG. DA.: 41836 Hückelhoven, Wankelstr. 1. st.amels@faf-kunststofftechnik.de. www.faf-kunststofftechnik.de. G.: Lövenich, 23. März 1967. V.: Claudia, geb. Vieten. Ki.: Erik, Miriam. El.: Josef u. Erika. S.: 1983 Mittlere Reife, 1983-87 Ausbild. als Werkzeugmacher, 1987-90 Ausbild. z. staatl. geprüften Maschinenbautechniker an d. FH Geilenkirchen Fachbereich Entwicklungstechnik. K.: 1990 selbst., Grdg. FAF GbR Hückelhoven, 1997 Umwandlung in eine GmbH & Co KG, Produzent v. thermoplast. Kunststoffen im Spritzgießverfahren. BL.: Patent v. Bundespatentamt z. Verfahren z. Herstellung einer Förderschnecke. F.: EUROMONT KFT Budapest. H.: Musik.

Amelung Dirk Gunnar *)

Amelung Eberhard Dr. theol. Th. D. (Harvard) *)

Amelung Hans Jürgen Dr. iur. *)

Amelung Manfred

B.: Sped.-Kfm., Gschf. FN.: Tabaklager u. Sped. GmbH & Co KG. DA.: 28217 Bremen, Pillauer Str. 10. PA.: 28205 Bremen, Blankenburger Str. 10 G.: Westerstede, 25. Dez. 1943. V.: Rosemarie, geb. Wolff. Ki.: Julia (1975), Sabrina (1980). El.: Christian u. Marga, geb. Reins. S.: 1960 Mittlere Reife Bremen, 1960-63 Lehre z. Groß- u. Außenhdls.-Kfm. K.: b. 1974 Ang. einer Bremer Kaffeeimportfirma u. Rösterei im Innen- u. Außendienst, 1974-89 J. H. Bachmann Abt.-Ltr. d. Tabakabt., Hdls.-Bev., seit 1989 Gschf. Tabaklager u. Sped. GmbH & Co KG als Gschf. E.: Honorary Mayor-President of the City of Baton Rouge, Parish of East Baton Rouge. H.: Lesen, Gärtnern, Reisen.

Amelung Ulf Dr. *)

Amelung Winfried *)

Amen Heinz Achim *)

Amend Martin Dipl.-Ing. *)

Amend Peter F.

B.: RA u. Notar, selbständig. FN.: Rechtsanwälte & Notare Amend u. Kollegen. DA.: 35390 Giessen, Ludwigpl. 9. amend.kollegen@t-online.de. G.: Wetzlar, 14. Jan. 1944. Ki.: 1 Tochter. S.: 1965 Abitur Weilburg, 1965-67 Bundeswehr Lt. d. Res., 1967-68 School of öconomy London, 1968-69 Stud. Rechtswiss. Univ. Giessen, 1970-72 Grdg. d. Consulting Finanzdienstleistungs-Unternehmen in Giessen u. 1972 Verkauf, 1972-74 Stud. Rechtswiss. Univ. Giessen, 1974 1. Staatsexamen, 1975-77 Referendariat, 1977 2. Staatsexamen u. Zulassung z. RA. K.: 1977-78 Ass. am Lehrstuhl f. Zivilprozessrecht an d. Univ. Giessen, 1977 Grdg. d. Kzl. in Giessen m. Tätigkeitsschwerpunkt Wirtschafts-, Medien- u. Urheberrecht, seit 1991 Notar; Funktionen: Timemanagement u.

*) Biographie www.whoiswho-verlag.ch oder beigefügte CD-ROM

Realisierung v. Auftragsprojekten im Musik- u. Urheberrecht sowie Unternehmensberatung. H.: Skifahren, Katamaransegeln, Wassersport.

Amenda Edith *)

Ament Hermann Dr. phil. *)

Amian Georg *)

Amigo José

B.: Sprachlehrer, Unternehmer, selbständig. FN.: ELS European Language Services Sprachenschule J. Amigo. DA.: 90402 Nürnberg, Karolinenstr. 55. els.amigo@gmx.net. www.els.gmxhome.de. G.: Malpica/Spanien, 16. Sep. 1960. V.: Brigitte, geb. Bosing. Ki.: Shana (2000). El.: Enrique Amigo u. Gloria Pombo. S.: 1978 High School Diplome Slough Berks/ England, 1978-81 Assistant Manager Uxbridge/England, 1984 Intern. anerkanntes Fremdsprachendiplom Escuela Oficial de Idiomas, 1981-83 Militärzeit in Spanien. K.: 1983-85 Profi-Pop-Musiker in Spanien, eigene Band "entre Amigos", später CD-Veröff., 1986-88 Profi-Musiker in Deutschland, seit 1989 eigene Sprachenschule ELS in Nürnberg. M.: Gründer u. Präs. "Centro Galego de Nürnberg" (1991). H.: Menschen, Musik, Filmbuff.

Amiri-Feli Amir-Hassan Dr. med. *)

Amlacher Christine Dipl.-Stom. *)

Amler Frank

B.: Grafikdesigner, Mitinh. FN.: IMAGO Konzeption & Gestaltung. DA.: 69190 Walldorf, Hauptstr. 48. info@imago-walldorf.de. www.imago-walldorf.de. G.: Heidelberg, 23. Juli 1968. V.: Anke Heinen. El.: Johann u. Hilda, geb. Breitschopf. S.: 1986 Mittlere Reife, 1986-89 Ausbild. z. Informationselektroniker an d. Univ. Heidelberg, 1990/91 FH-Reife, 1992-93 Zivildienst Caritas Wiesloch, 1993-96 Karl-Hofer-Straße f. Grafik-Design, Schwerpunkt Computergrafik, Abschluss als staatl. geprüfter Grafik-Designer. K.: 1996 gemeinsame Entwicklung eines gr. Sponsoring-Logos, 1997 Grdg. d. intern. tätigen Full-Service Kreativ-Agentur IMAGO Konzeption & Gestaltung m. Frank Amler, seit 1998 m. Barney Zwickl, Schwerpunkt Kunst u. Illustration, Messekonzeption. H.: Leidenschaft, Musiker (Gitarre), öff. Auftritte m. d. Band Junk Food Salad.

Amler Jürgen
B.: Heilpraktiker. GT.: seit 1995 Firmengesundheitsberatung, Mental-Beratung f. Führungskräfte, Doz. an versch. Heilpraktikerschulen u. Inst., Supervision f. Kollegen, Therapeuten u. Ärzte. DA.: 69181 Leimen, Rathausstr. 15. G.: Heidelberg, 2. Dez. 1960. S.: 1976 Mittlere Reife, 1976-78 Zivildienst, 1981 FH-Reife, 1981-85 Stud. Fotodesign Adolf-Lazi-Schule Stuttgart, 1987 Erkrankung, 1989-92 Ausbild. z. Heilpraktiker an d. Berufsak. f. Heilprakiker Berlin, freie Vorlesungen an d. FU, weitere Einzelstudien b. indianischen, chin. u. europ. Med.-Lehrmeistern. K.: 1985-90 freier Fotograf, zahlr. Reisen, 1992 selbst. Heilpraktiker in einer Gemeinschaftspraxis Berlin, seit 1994 in eigener Praxis in Leimen. P.: Vorträge, Seminare u. Workshops, 1987-89 mehrere Fotoausstellungen "Menschenbilder". H.: Genießen d. Stille.

Amler Siegbert *)

Amler Toni Dipl.-Ing. *)

Amlinski Lev Prof. Dr. habil. päd. Dr. Ing.
B.: Gschf. Ges. FN.: InformA-Wiss.-techn. Informationszentrum. DA.: 10179 Berlin, Am Köllnischen Park 6/7. G.: Kiew, 3. Juni 1930. V.: Raissa, geb. Kirchner. S.: 1947-52 Stud. Elektrotechnik TFH Kiew. K.: 1953-67 ltd. Ing. in d. Wirtschaft, 1969 Prom., 1970-91 Doz. an d. HS f. Kultur in Kiew, 1989 Prom. Dr. habil. päd. u. Prof. f. Informatik in Kiew, 1991 Grdg. d. Firma InformA in Berlin. BL.: 25 Patente auf d. Gebiet Informatik, einer d. weltweit führenden Spezialisten im Bereich Bibliothekskommunikationssysteme. P.: ca. 135. wiss. Publ. E.: Reihe wiss. Ausz. d. ehem. Sowjetunion. H.: klass. Musik.

Amlinski Raissa Dipl.-Psych.
B.: Komponistin u. Chordirigentin. G.: Kiew, 10. Aug. 1929. V.: Prof. Dr. Dr. Lev Amlinski. S.: 1947-52 Stud. Psych. Univ. Kiew m. Dipl.-Abschluß. K.: 1952-89 päd. u. wiss. Arb. an Schulen u. Forsch.-Inst. in Kiew, 1964-68 glz. Stud. am Konservatorium in Kiew m. Abschluß Chorltr., ab 1971 künstler. Arb.: Orchester, Lieder Instrumentalstücke, Chorwerke u. Kinderlieder, glz. schriftstellerisch tätig. P.: Oper "Tempel", Kinderoper "Zauberwald", 26 Bücher. E.: zahlr. Ausz. d. ehem. Sowjetunion. H.: Musik.

Amm Jens Dipl.-Ing.

B.: Regionalltr. FN.: Enzyklopäd. Bibliothek. DA.: 14974 Genshagen, Seestr. 35. G.: Berlin, 6. Dez. 1953. V.: Dipl.-Ing. Christina. Ki.: Steffen, Michael. S.: 1973 Abschluß Maschinenbauer m. Abitur VEB-Kirow-Werke Leipzig, Offz.-HS Stralsund. K.: delegiert an d. kasp. höhere Seekriegsschule nach Baku, 1974 Stud. Elektrotechnik spez. f. U-Boot- u. Minenabwehr in Baku, 1979 Abschluß als Dipl.Ing., Marineoffizier, 1983 Militärakad., 1986 Stv. Brigadechef f. 20 Schiffe, 1990 Fregattenkapitän, Stützpunktkdt. Peenemünde, 1990 Einstieg bei Betelsmann, 1992 Aufbau einer Verkaufsltg., seit 1997 Regionalltr. f. Berlin, Brandenburg, Sachsen, Sachsen-Anhalt, Thüringen u. Hessen. E.: Verd.-Med. d. NVA in 2 Stufen, Waffenbruderschaftsmed., 1996, 1997, 2000 u. 2001 Ausz. d. MCI-Management Club Intern. H.: Sport, Literatur, Natur.

Amm Oliver *)

Amm Reinhard Dipl.-Ing.
B.: Architekt, Gutachter, selbständig. DA.: 31515 Neustadt, Meisenstr. 2. amm.arch@t-online.de. G.: Meiningen, 24. Jan. 1952. V.: Annette, geb. Mertens. Ki.: Saskia (1975), Philip (1981). El.: Walter u. Else, geb. Kräublich. S.: 1967-70 Lehre

*) Biographie www.whoiswho-verlag.ch oder beigefügte CD-ROM

Tischler väterl. Tischlerei u. Zimmerei, b. 1971 FOS Neustadt, Stud. Bauing.-Wesen m. Abschluß Architekt f. Hochbau u. Baubetreuung. K.: b. 1976 ang. Architekt in einem Büro in Frankfurt m. Schwerpunkt KH-Bau, ang. Architekt in Arsendorf u. Abteilungsleiter für Hochbau u. Baubetreuung f. schlüsselfertige Bauten, seit 1980 selbständiger Architekt in Langenhagen, seit 1982 Gutachter f. Wertermittlung u. Mängelgutachten, 1994 Gründung des Büros in Neustadt m. Schwerpunkt Architektur v. Entwurf, Planung b. z. Fertigstellung, Beratung, Statik, Bauleitung, Wertgutachten u. Sanierungen. E.: versch. Wettbewerbserfolge. M.: Rühmhoff-Bund Nienburg, Architektenkammer, Bund d. Dt. Ing., Golfclub Mardorf. H.: Golf, Tennis, Garten.

Amm Thomas

B.: Gschf. FN.: CEO; SCI D Beteiligungs GmbH. DA.: 37412 Herzberg am Harz, Gartenstr. 15. tamm@aol.com. G.: Kassel, 10. Feb. 1961. V.: Roswitha, geb. Krause. Ki.: Thanee (1990). S.: 1980 Abitur, b. 1983 Bundeswehr - Oblt. d. Res., b. 1984 Ausbild. Vers.-Kfm. R + V Kassel u. 1985 Praktikum. K.: 1985-97 selbst. m. Bestattungsinst. u. Bestattungsbedarfsgroßhdl. in Herzberg am Harz, 1990 zusätzl. Erwerb d. 1. eingetragenen GmbH im Bez. Halle als Gschf. Ges. d. städt. Betriebe in Sangerhausen, 1997 Eintritt in d. SCID - sci als weltweit größter Bestattungskonzern mit Sitz in Houston - USA u. mitverantwortl. f. Aquisition in Deutschland, seit 2000 Gschf. d. CEO f. Deutschland. M.: Mitgrdr. u. Vorst.-Vors. d. Landesverb. f. Bestattungsgewerbe Sachsen-Anhalt e.V. H.: Fußball, Tennis.

Ammann Alain *)

Ammann Alexander Dipl.-Wirtschaftsing.
B.: Gschf. FN.: Quintessenz Verlags GmbH. DA.: 12107 Berlin, Ifenpfad 2-4. G.: 1950. S.: Stud. Ing.- u. Wirtschaftswiss. in Stuttgart, 1975 Dipl., 1976 Aufbaustud. Kommunikationswiss. K.: 1978 Doz. f. Medientheorie u. Medientechnik an d. PH Schwäbish Gmünd, 1979 Produktionsltr. d. TC Studios f. audiovisuelle Medien, 1980 Gschf. Dt. TV (Tochter d. Quintessenz Verlags GmbH), 1981 Ltr. Neue Medien, 1992 Verlagsltr., 1998 Geschäftsltg. d. Quintessenz Verlags GmbH, EU-Projektpartner 1994-99 "Telematik in Health Cure", intern. Projektkoordinator d. 67/8 Initiative "Information Society" Sektion "Global Health Cure Application Projects "1999 Subproject 10 I0A, Gschf. Medlive-International Online Academy (IOA). P.: Hrsg. einer Reihe zu zeitgeschichtl. Themen, Hrsg. u. Co-Autor "Geburt einer Demokratie" (1990). E.: zahlr. Preise f. wiss. Film- u. Videoproduktionen.

Ammann Christiana *)

Ammann Constantin Dr. *)

Ammann Fritz Dr.
B.: Vorst.-Vors. FN.: Spar Handels AG. DA.: 22867 Schenefeld, Osterbrooksweg 35 - 45 (V). (Re)

Ammann Heinz Ludwig *)

Ammann Helmut *)

Ammann Jean-Christophe
B.: ehem. Dir. FN.: Museum f. Mod. Kunst. G.: Berlin, 14. Jan. 1939. V.: Judith. S.: 1959 Matura Fribourg, 1966 Dr. phil. K.: 1967-68 Ass. Kunsthalle Bern u. kunstkrit. Tätigkeit, 1968-77 Ltr. Kunstmuseum Luzern, 1971 Schweizer Kommissar f. d. Biennale Paris, 1972 Mitorganisator d. documenta 5 in Kassel, 1978-88 Ltr. d. Kunsthalle Basel, 1987 Dir. d. Museums f. Mod. Kunst Frankfurt, seit 1992 Lehrbeauftragter d. Univ. Frankfurt/M. u. Gießen, 1998 Ernennung z. Prof. d. Goethe-Univ. Frankfurt/Main. P.: Kulturfinanzierung (Stuttgart, 1994), Annäherung über die Notwendigkeit der Kunst (Regensburg, 1996), Das Glück zu sehen. Kunst beginnt dort, wo der Geschmack aufhört (Regensburg, 1998). M.: 1973-75 Intern. Kmsn. d. Biennale Paris, seit 1981 Emmanuel Hoffmann-Stiftung Basel. H.: Bewegung im Kopf Regensburg 1993, Louis Moilliet - Das Gesamtwerk Köln 1972.

Ammann Lukas *)

Ammenn Kai *)

Ammenwerth Hans-Richard Dr. med.
B.: FA f. Orthopädie, Chirotherapie-Rheumatologie-Sportmed. DA.: 33098 Paderborn, Marienstr. 22. G.: Dorsten, 26. Jan. 1945. V.: Maria-Elisabeth, geb. Henkel. Ki.: Imke (1971), Jörg (1957). El.: Theodor u. Mathilde. S.: 1965-71 Stud. Humanmed. in Bonn u. Würzburg, Staatsexamen. K.: b. 1971/72 Ass.-Arzt Innere Med. u. Chir., 1972-75 Arzt auf d. Chir. Abt. u. 1975-79 in d. Orthopäd. Klinik Münster, 1979-80 Betriebsarzt b. Nixdorf Computer in Paderborn, 1980 Grdg. d. eigenen Praxis, gleichzeitig Belegarzt im St. Vincent-KH in Paderborn, Lehrtätigkeit b. d. GAC in Hamm-Boppart e.V., Lehrtätigkeit am Ausbild.-Zentrum in Boppart, 1988 Mitbegrdr. d. Dt. Lauftherapiezentrums (DLZ) e.V. zunächst in Paderborn, heute m. Sitz in Bad Lippspringe. P.: "Indikationen z. Lauftherapie aus orthopäd. Sicht" (1999), "Tendomypathische Syndrome b. Marathonläufern. Behandlung m. manueller Therapie" (1998), "Wirkungen manueller Therapie auf d. sympathische Nervensystem. Analyse elektrosympathikolog. Behandlungen" (1999), "Vom Nutzen u. Schaden d. langsamen Dauerlaufs f. d. Bewegungsapparat", Sportmed. Untersuchungen an Auszubildenden u. Ausbildern b. Nixdorf Computer AG" (1979), "Führt ein im frühen Jugendalter durchgeführtes intensives Fußballtraining z. Verformung der Hüftgelenken" (1988), Vortragstätigkeit auf Kongressen f. Physikal. Therapie in Göttingen, Münster u. Österreich. M.: Obm. im Berufsverb. d. Orthopäden, Mitbegründer u. beratender Arzt b. Rheumaliga AG in Paderborn, Behindertensport-Gemeinschaft (BSG). H.: klass. Gitarre, Tennis, Fotografieren.

Ammer Christoph Dr. iur.
B.: Gschf. FN.: RA-Kzl. Dr. Chr. Ammer. DA.: 14057 Berlin, Kaiserdamm 85. G.: Augsburg, 26. März 1956. El.: Franz u. Marianne. S.: 1975 Abitur, 1975-77 Lt. d. Res., 1977-84 Stud. Rechtswiss. u. Phil. LMU München. K.: 1984-87 Ref. am OLG-Bez. München, 1988-90 Trainee d. Bayr. Landesbank Girozentrale, 1990-92 Ltr. Recht b. GBWAG Bayr. Wohnungs AG, 1992-94 Justitiar d. Firma Eurobau München 1994-98 Gschf. d. Firma Kyrein KG München, 1998-2000 Gschf. d. Noblecluer GmbH in Berlin. P.: Dr. Ammer, Projektmanagement. P.: Prom. z. Thema Bemessung d. Geschiedenenunterhalts, div. Fachpubl., Ref. zu Baurecht u. Projektmanagement. M.: DAV, Arge Baurecht im DAV. H.: Reisen, Sport, Klavier.

Ammer Dieter Dipl.-Vw.
B.: Gschf. FN.: Brauerei Beck & Co. DA.: 28199 Bremen, Am Deich 18/19. www.becks.com. G.: Bremen, 5. August 1950. V.: verh. Ki.: 3 Kinder. S.: Lehre in Namibia, Stud.

Kiel, Montpellier/Frankreich, Freiburg. K.: 1980 Steuerberater, 1982 Wirtschaftsprüfer, Ndlg.-Ltr. Hannover, später Norddeutschland, Vorst.-Vors. b. Zucker-AG Uelzen-Braunschweig u. Nordzucker KG, seit 1.3.1997 Gschf. b. Beck & Co. BL.: div. Erfindungen (Warenzeichen u. Patente). M.: stellv. AufsR.-Vors. Dr. Neuhaus Computer KGaA, BeiR.-Vors. WESTFA Vertriebs u. Verw. GmbH, Mtgl. d. Vollversammlung d. IHK Lüneburg, d. Direktoriums d. Ver. d. Zuckerind. u. d. Gesamtvorst. Wirtschaftl. Ver. Zucker. H.: Segeln, Jagd, Lesen.

Ammer Rudolf *)

Ammerer Heidi *)

Ammermann Dieter Franz Dr. Prof. *)

Ammermann Margit

B.: Gschf. FN.: VC Videocomponents GmbH. DA.: 24534 Neumünster, Brachenfelder Str. 45. G.: Eutin, 11. Dez. 1954. Ki.: 1 Sohn. El.: Karl Heisch. S.: 1970-73 Lehre z. Rechtsanwalts- u. Notargehilfin. K.: 1973-79 Sekretärin im Bundesforstamt Plön, 1981-91 Schulsekretärin in Aschberg, 1991-97 Importleitung b. Videotronic in Neumünster, Einführung neuer Produkte, 1997 Mitgründung u. Aufbau d. VC Videocomponents GmbH u. Gschf. H.: Tanzen, Gitarre spielen, Wassersport.

Ammerschläger Hermann Dr. *)

Ammon Günter Johann Friedrich *)

Ammon Maria Dr. phil. Dipl.-Psych.

B.: approb. Psychotherapeutin, Psychoanalytikerin u. Gruppenpsychotherapeutin (DAP), klin. Psychologin/ Psychotherapeutin (BDP), Präs. u. wiss. Ltr. FN.: Lehr- u. Forsch.-Inst. d. Dt. Ak. f. Psychoanalyse Berlin. DA.: 10625 Berlin, Kantstr. 120-121. G.: Altenschwand, 24. Okt. 1948. Ki.: Jörg (1974), Katharina (1976), Andreas (1979). El.: Ludwig u. Barbara Kreitner. S.: 1969 Abitur Regensburg, 1969-74 Stud. Anglistik Regensburg, Staatsexamen, 1984-89 Stud. Psych. Regensburg u. Berlin, Ausbild. an d. Dt. Ak. f. Psychoanalyse in München u. Berlin. K.: seit 1986 Executive Secretary of World Assoc. for Dynamic Psychiatry, seit 1989 Gschf. f. d. therapeut. Bereich d. Dynamisch-Psychiatr. Klinik Menterschwaige München, 1991 Lehr- u. Kontrollanalytikerin, seit 1994 Präs. d. Dt. Ak. f. Psychoanalyse, seit 1995 Ltr. d. Lehr- u. Forsch.-Inst. f. Psychoanalyse, seit 1995 Hrsg. d. Zeitschrift "Dynamische Psychiatrie". P.: zahlr. Publ. u.a. "Untersuchungen z. Schizophrenie", "Integration v. Psychoanalyse u. Psychotherapie in d. Psychiatrie", "Zum Verständnis v. Borderline u. Schizophrenieerkrankungen", "Zur humanstrukturellen Tanztherapie". E.: Honorary Fellow d. Indian Assoc. for Applied Psychology, Member of the New York Academy of Science. M.: Intern. Gruppentherapie Ges., Bund Dt. Psychologen, Dt. Gruppentherapeut. Ges., Dt. Ges. f. Dynamische Psychiatrie. H.: Reisen, Tennis, Geschichte, Archäologie, Religionswiss.

Ammon Ulrich Dr.
B.: HS-Lehrer, Prof. PA.: 47198 Duisburg, Schillerstr. 121. G.: Backnang, 3. Juli 1943. V.: Katharina, geb. Platzek. P.: Dialekt, soziale Ungleichheit und Schule (1972), Probleme der Soziolinguistik (1973), Schulschwierigkeiten von Dialektsprechern (1978), Die internat. Stellung d. deutsch. Sprache (1991), Studienmotive u. Deutschlandbild australischer Deutschstudenten u. -studentinnen (1991), Die dt. Sprache in Dtl., Österr. u. d. Schweiz, Das Problem der nationalen Varietäten (1995), Ist Deutsch noch internationale Wissenschaftssprache? (1998), weitere Bücher als Koautor und Hrsg. sowie zahlr. wiss. Aufsätze.

Amoah Michael Dr. med. *)

Amonat Wolfgang Dr. *)

Amort Gabor *)

Amort Hans

B.: Konstrukteur. FN.: Techn. Büro Amort. DA.: 85276 Pfaffenhofen, J.-Fraunhofer-Str. 12. amort@gmx.de. www.tba3.de; www.am-ort.de. G.: Obersüßbach/ Mainburg, 26. März 1956. V.: Kornelia, geb. Nagl. Ki.: Dennis (1992), Nicole (1996). El.: Hans u. Maria, geborene Wohoska. S.: 1971 Ausbildung Techn. Zeichner Maschinenbau Firma Wolf. K.: 1975 Konstrukteur Klimatechnik Firma Wolf, 1977-81 Bundeswehr, Stabsunteroffz., 1981-83 Konstruktions.-Ltr. Oberflächentechnik Firma Wolf, seit 1983 Planungsbüro/Maschinenbau, 1984 Projektleiter Reinst-Raum Siemens/München, 1989 Konstruktion f. Audi/Ingolstadt, ab 1991 Planungsbüro/Hochbau u. Entwicklung, 1995 Schlüsselfertiges Bauen, 1996 Sanierungen i. d. neuen Bundesländern, 1998 Eröff. Gasthof AmOrt. BL.: Patente: 1981 über eine Maschinenbauschraube, neue Patentanmeldungen. M.: V-Präs. PSC-Pfaffenhofen. H.: Golf, Leichtathletik, Skifahren, Wasserski, Radfahren.

Amos Michael Dr. Ing. Prof. *)

de Amparo Triana
B.: freiberufl. Flamenco-Tänzerin, Ballettmeisterin, Choreographin, Inh. FN.: Flamencostudio Amparo de Triana. DA.: 10823 Berlin, Belziger Str. 25. amparo@t-online.de. www.amparo.de. G.: Braunschweig, 14. Dez. 1951. V.: Udo Metzner (Chefinspizent d. Dt. Staatsoper Unter den Linden, Berlin. S.: 1970 Abitur, 1970-74 Stud. Tanz, Staatl. HS f. Musik u. Theater Hannover, 1974-76 Ballettmeisterin, Stud. staatl. HS f. Musik u. Theater, Hannover, Bühnentanz, Tanzpädagogik, Examen. K.: 1976-77 Ass. als Tänzerin u. Ballettmeisterin, 1977 Eröff. einer Ballettschule in Hannover, 1977-80 Med.-Stud. ab berufl. Umorientierung aus gesundheitl. Gründen, 1980 Auswanderung nach Spanien u. Vertiefung d. Flamencostudien u.a. bei Mercedes, Albano u. El Farruco u. gleichzeitig Auftritte als Flamencotänzerin auf Festivals, im Theater u. in Tablaos sowie eine Tournee durch Nordspanien, 1983-86 festes Engagement im berühmten Tablao "Los Gallos" sowie Solistin neben Mario Maya auf d.

*) Biographie www.whoiswho-verlag.ch oder beigefügte CD-ROM

Amparo

"Bienal Flamenca" in seinem Stück "Amargo", 1986 zurück in Berlin, Tanzpädagogin u. Tänzerin m. jährl. Tournee durch Deutschland m. einer eigenen Flamencogruppe, 1990 Grdg. Flamencostudio Amparo de Triana Berlin, Tanzpädagogin u. Tänzerin auf Workshops in Deutschland u. im europ. Ausland, Ausbildung v. Anfänger bis zu Profiauftritten, die wichtigsten Programme waren "Flamenco puro", "Mi Arte Personal" u. "Fantasia Flamenca", sie wirkte u.a. als Kastagnettenvirtuosin in d. CD-Produktion: Gitarrenquintette v. Luigi Boccherini mit Walter Abt u. d. Hugo-Wolf-Quartett u. als Tänzerin in d. 1999 gedrehten Videoportrait über Jose Udaéta. M.: Dt. Berufsverb. f. Tanzpädagogen, Flamenco Vivo, Intern. Ges. f. künstl. Kastagnetten. H.: Tiere, Opern, Ges. u. Kulturen anderer Städte.

Amrath Peter Dipl.-Ing.

B.: Unternehmer, Inh. FN.: Peter Amrath Textilhdls.-Vertretung; Amrath GmbH Hausverw. DA.: 41068 Mönchengladbach, Eselsweg 44. G.: Mönchengladbach, 16. Aug. 1948. V.: Irmgard, geb. Pooten. Ki.: Marcus (1975), Caroline (1981). S.: 1964-66 Kfm. Handelsschule, 1967-70 Abendrealschule m. Abschluß, 1971-74 Stud. Wirtschafts- u. Betriebstechnik FH Niederrhein in Mönchengladbach, Dipl.-Ing. für Textil- u. Bekleidungstechnik. K.: s. 1977 selbst., eigenes Verkaufslager im IMOTEX-Haus in Neuss u. im Modecenter Euromoda Neuss, 1989 Hdls.-Vertretung DOB, 1970 zusätzlich Grdg. einer Hausverwaltungs GmbH.

Amrhein Rüdiger Mag. iur. utr.

B.: Unternehmer. FN.: JURA-NET Juristische Recherchen. DA.: 97070 Würzburg, Spiegelstr. 19. jura-net@t-online.de. www.jura-net.com. G.: Aschaffenburg, 8. Juni 1962. El.: Dr. Dr. iur. Fritz u. Maria, geb. Stein. S.: 1982 Abitur Aschaffenburg, 1982-84 Bundeswehr, 1985-95 Stud. Rechtswiss. Julius-Maximilians-Univ. Würzburg, 1995 Prüf. z. Mag. iur. utr. K.: 1999 Mitarb. im Jurist. Seminar d. Univ. Würzburg, seit 1999 freiberufl. tätig, Grdg. JURA-NET Jurist. Recherchen. BL.: Archivar d. Würzburger Burschenschaft Arminia e.V. F.: 2000 Capitalinvestments Würzburg. E.: 1992 Ehrenmed. d. Bundeswehr. M.: Freiherr von Clausewitz-Ges. e.V. Hamburg, W.B. Arminia e.V., CSU. H.: Tennis, Reservistenverb. d. Bundeswehr, Computer (Hard- u. Software).

Ams Jürgen J. *)

Ams Monika *)

Amsbeck Bernhard Franz *)

von Amsberg Rüdiger Dipl.-Kfm. *)

Amsel Detlef

B.: Gschf. Ges. FN.: Protec Service u. Vertriebs GmbH. DA.: 38690 Vienenberg/Immenrode, Harlingeröder Str. 15. d.amsel @protecservice.de. www.protecservice.de. G.: Seelze, 20. Juni 1964. Ki.: Florian (1984), Franziska (1986). S.: 1972 Mittlere Reife Hannover, b. 1975 Lehre z. Energieanlagenelektroniker b. Siemens in Hannover, b. 1977 Grundwehrdienst b. d. Bundeswehr als Radarmechaniker, b. 1980 Stud. Elektrotechnik an d. FH Hannover. K.: 1980-82 b. Mareno Datensysteme Hannover als EDV-Ltr., 1982-91 EDV-Ltr. b.

Parajet Druck u. Papier GmbH in Braunschweig, 1986-91 zusätzl. Techn. Leiter bei d. Hitec Büroautomation GmbH Braunschweig, 1993 Grdg. d. Firma Rotatec Deutschland GmbH, 1993-96 Vertriebsltr. d. Rotatec S.A. Barcelona, 1996 Umbenennung d. Firma Rotatec in Protec. P.: Veröff. in Fachzeitschriften d. Druck- u. Papierind. E.: mehrmals nat. u. intern. Windhundechampionat. M.: Deutscher Windhund Zucht- u. Rennverband. H.: Modellbau, Windhunde, Pferde, Reiten.

Amsel Jörg *)

Amsoneit Wolfgang Dr.-Ing. *)

Amthor Johannes

B.: Landschaftsarchitekt. FN.: Johannes Amthor Freier Landschaftsarchitekt BDLA. DA.: 89518 Heidenheim/ Brenz, Fuchssteige 17, Niederlassung: 0358 Groß Döbben, Rehnsdorfer Weg 3. G.: Wiesbaden, 3. Okt. 1955. V.: Karin, geb. Müller. Ki.: 3 Kinder. El.: Rudolf u. Waltraud, geb. Willmann. S.: 1974-75 Sozialpraktikum, 1976-80 Stud. Landespflege, 1980-82 Praxis Hamburg. K.: 1982-85 ang. Landschaftsarchitekt, 1985-89 selbst. m. Garten- u. Landschaftsbau, seit 1989 selbst. Landschaftsarchitekt; ökolog. Energievermittlung, Vertrieb v. Pflanzenkläranlagen. M.: BDLA, Freie Waldorfschule Arbeitskreis Aussenanlagen, Verein "Die Brüder", Planung eines ökol. orientierten, integrativen Dorfes (Modellprojekt Wohnen, Arbeiten u. Freizeit). H.: Tennis, Surfen.

Amthor Michael Dr. med. Prof. *)

Amtmann Gunter *)

Amtmann Katharina *)

Amtmann Paul *)

Anacker Hermann Dr. med. Prof. *)

Anagnostopoulos-Schleep Johannes Dr. med.

B.: Chefarzt, Neurochirur, Priv.-Doz. FN.: Westpfalz-Klinikum Kaiserslautern/Kusel. DA.: 66869 Kusel, Im Flur 1. johannes.schleep@t-online.de. www.westpfalz-klinikum.de. G.: Athen/Griechenland, 29. Feb. 1952. V.: Barbara Schleep. Ki.: Alexander (1984), Elisabeth (1987). El.: Georgeos u. Elisabeth, geb. Moudreas. S.: 1970 Abitur Patras, 1970-77 Stud. Humanmed. an d. nat. u. Kapodistrianischen Univ. Athen, Staatsexamen. K.: 1977-81 Ass.-Arzt Chir. Abt. St. Elisabeth Hospital Iserlohn, 1981-83 Militärdienst Griechenland, 1983-84 Ass.-Arzt Chir. Abt. St. Elisabeth Hospital Iserlohn, 1984-91 Ass.-Arzt Neurochir. Klinik Westfäl. Wilhelms-Univ. Münster, 1991-96 Ärztl. Ltr. d. Teilklinik Frührehabilitation, Kliniken Schmieder, Neurolog. u. Rehabilitations-KH, Allensbach, 1997 Chefarzt d. Klinik f. Neuro-

chir./Neurolog. Frührehabilitation am Westpfalz-Klinikum. BL.: Mitwirkung am Konzept u. Grdg. d. Neurochir./Neurolog. Frührehabilitation, 1991 l. dt. Neurochir. m. eigenständiger Frührehabilitationsabt., Entwicklung d. endoskopischen Untersuchung d. Schluckmotorik. P.: 1980 Prom.: Die pathophysiolog. u. klin. Bedeutung u. Prostaglandine E2 u. F2a f. Patienten m. Coloncarcinomen: Korrelationsstud. mit d. carcinoembryonalen Antigen; Biochemical testing of the tumour-associated central oedema hypothesis: Increase of prostagandin F2a u. E2 in cerebral neoplasia and surrounding tissue (1989), Eicosanoide als Mediatoren d. posthämorrhagischen Vasospasmus: ihre Biosynthese im zentralen Nervensystem u. pathophysiolog. Aspekte z. Wirkungsmechanismus d. Kalziumantagonisten (1990), 1991 Habil.: Pathophysiolog. u. klin. Bedeutung d. Prostaglandine E2 u. F2a b. Neoplasien d. zentr. Nervensystems: Hypothese z. Genese d. perifokalen Ödems, Videoendoskopische Pharyngolaryngoskopie: Untersuchungstechnik u. Befundinterpretation (1999), Patientenorientierte interdisziplinäre Arbeitsorgan. in d. klin. Praxis (2000). M.: Dt. Ges. f. Neurochirurgie, Dt. Ges. f. Neurotraumatologie u. Klinische Neuropsychologie e.V., Dt. Ges. f. Neurologische Rehabilitation e.V., Arbeitsgemeinschaft f. neurologische - neurochirurgische Frührehabilitation. H.: klass. Musik, Garten.

Anagnostopulu Elena *)

Anand Helga *)

Anastasatos Demetris Sotirios *)

Anbuhl Ralph Hendrik

B.: RA f. Erbrecht u. allg. Vertragsrecht. DA.: 24103 Kiel, Knooper Weg 33. G.: Hamburg, 27. Aug. 1959 V.: Christina, geb. Göttsch. Ki.: Stephanie Mareike (1996), Patricia Henrieke (1999). El.: Ulrich. BV.: Vorfahren aus d. Schweiz kamen im 18. Jhdt. nach Deutschland. S.: 1978 Abitur Flensburg, 1978-80 Lehre als Bankkfm. Ver.- u. Westbank Hamburg, 1980-86 Stud. Rechtswiss. Univ. Erlangen/Nürnberg, Tübingen, Lausanne u. Bonn, 1986 1. Staatsexamen, Refendariat, 1989 2. Staatsexamen. K.: ab 1990 Aufbau eines Wirtschaftsunternehmens m. Angebot eines kompletten Prüf.-Programms f. d. 2. Staatsexamen, seit 1997 freier Anw. in Kiel. H.: Karate, Oldtimer, alte Autos u. Motorräder.

Ancker Frauke *)

And Canan Dr.
B.: Zahnärztin. DA.: 52351 Düren, Kölnstr. 100. G.: Istanbul. V.: Dr.-Ing. Mehmet Ali Karademir. S.: 1969 Abitur Istanbul am Deutschen Gymn., 1969-75 Stud. Zahnmed. Univ. Instanbul. K.: 1975-79 ang. Zahnärztin im Ruhrgebiet in Deutschland, 1981 Jugendzahnärztin beim Gesundheitsamt d. Rhein-Sieg-Kreises, b. 1985 ang. Zahnärztin in Siegburg, 1985-87 Diss., 1987 Prom. an d. Univ. Bonn, 1987-89 tätig in versch. Zahnarzt-Praxen, Übernahme d. Praxis Dr. Ragheb in Düren m. Schwerpunkt allg.- u. Kinderbehandlung. M.: Zahnärztekammer, Zahnärztekreis, 1991-95 Vorstandsmtgl. u. ab 1995 Vors. d. Ver. türk. Zahnärzte. H.: Garten, Blumen, Lesen, Kochen und Backen.

Anderer Alfred Friedrich Dr. Prof. *)

Anderer Ute Dr. med. *)

Anderle Hans-Jürgen *)

Anderle Reiner *)

Andermahr Wilhelm Dipl.-Ing. *)

Andermatt Martin
B.: Fußball-Bundesliga-Trainer. FN.: c/o Eintracht Frankfurt DA.: 60322 Frankfurt, Grüneburgweg 58. G.: 21. Nov. 1961. K.: aktiv b. FC Baar, SC Zug, SC Wettingen, FC Basel, Grasshopper Zürich, FC Emmenbrücke, Trainerstationen: 1986-90 nebenher Jugendtrainer Grasshoppers, 1990-92 nebenher Jugendtrainer FC Wettingen, 1992-95 Jugend- u. Spieltrainer FC Emmenbrücke, 1995-97 Sportchef FC Winterthur, 1997 FIFA-Instructor in Nigeria, 1998-99 FC Baden, 1999-5/2001 b. SSV Ulm 1846, s.5/2001 b. Eintracht Frankfurt. (Re)

Anders Alexander *)

Anders Anja
B.: Arzthelferin, Unternehmerin, selbständig. FN.: Anders Consulting. DA.: 22301 Hamburg, Dorotheenstr. 113. a.anders@gmx.de. G.: Hamburg, 23. Feb. 1966. V.: Christoph Anders. S.: 1985 Abitur, 1985-87 Ausbildung Arzthelferin Hamburg. K.: 1987-91 Marketingass. in d. Firma Bayersdorf, später tätig in d. Personalabteilung u. Abhaltung v. Seminaren, 1991-92 Connectionstraining in Hamburg, 1992-93 Personalleiterin eines Pharmaunternehmens in Hamburg, 1994 Ass. d. Gschf. d. Firma Unilever in Hamburg, 1996-97 Personalberaterin in Oststeinbek, 1995 tätig im Personalbereich in Hamburg, seit 1998 selbständig. H.: engl. Oldtimer, franz. Weine, europ. Geschichte.

Anders Annelore Dipl.-Ing.
B.: Ing. f. Maschinenbau, Unternehmerin. FN.: Agentur Signal-Iduna Versicherung. DA.: 02625 Bautzen, Otto-Nagel-Str. 27. PA.: 02625 Bautzen, Otto-Nagel-Str. 53. G.: Pirna, 29. Apr. 1950. V.: Michael Anders. Ki.: Kai-Uwe (1973). El.: Rolf u. Marianne Kühnel. S.: 1969 Abitur in Dresden, 1970-73 Stud. Maschinenbau an d. Ingenieurschule in Bautzen, Abschluss Ing. f. Maschinenbau. K.: 1973-74 Technologin b. Robotron, 1974-76 Technologin b. VEB Waggonbau Bautzen, 1976-92 Technologische Projektantin f. Plattenwerke b. VEB EBAWE Eilenburg BT Bautzen, 1992 Eröff. einer Versicherungsagentur in Bautzen, 1994 Anerkennung Dipl.-Ing., 1993 Fachabschluss BWV. M.: Sportverein. H.: Sport, Laufen, Volleyball, Skifahren, Handarbeiten.

*) Biographie www.whoiswho-verlag.ch oder beigefügte CD-ROM

Anders

Anders Christian
B.: Gschf. FN.: Phönix Intercom GmbH. DA.: 47119 Duisburg, Hafenstr. 51. G.: Dinslaken, 1. Nov. 1966. V.: Natalia. S.: 1983-86 Lehre als Schlosser im Bergwerk Lohberg. K.: 1986-93 Schlosser, 1993-95 Ausbild. z. Maschinenbautechniker, 1996-97 Ausbild. z. Umweltschutztechniker, seit 1998 Gschf. d. Phönix Intercom GmbH. F.: seit 1998 Ges. d. "Bully-Rent Autovermietungs GmbH". M.: Ring Dt. Berging. H.: Arch.

Anders Dieter R. *)

Anders Frieder
B.: Taichi Chuan-Lehrer. DA.: 60322 Frankfurt/Main, Im Trutz Frankfurt 23. G.: Bad Hersfeld, 27. Sep. 1944. V.: Gisa. El.: Dr. Alfred u. Erna. S.: Abitur Bad Wildungen, Stud. Musikwiss. u. Gesang in Frankfurt, Studienaufenthalt in New York, Taiwan u. London. K.: Begegnung m. Taichi b. Graf Dürkheim, seit 1973 Ausbild. Taichi, seit 1979 Weiterbild. u. bisher einziger Meisterschüler v. Meister K.H. Chu, 1980 Grdg. d. 1. dt. Taichi-Schule in Frankfurt. P.: "Taichi, Chinas lebendige Weisheit". M.: Intern. Taichi Chuan Assoc., 1. dt. Repräsentant BRD.

Anders Gert *)

Anders Hans-Joachim
Dipl.-Betriebswirt Dipl.-Soz.-Ökonom
B.: selbst. Steuerberater. DA.: 22399 Hamburg, Müssenredder 3B. G.: Hannover, 9. Jan. 1957. V.: Bärbel, geb. Storost. Ki.: Yvonne (1980), Tonia (1983). El.: Horst u. Margaretha. S.: 1974 mittlere Reife Hamburg, 1974-77 höhere Handelsschule Hamburg, 1977 Ausbild. Steuerfachgehilfe Hamburg, 1980 Steuerfachgehilfe Firma Buske Steuerberater Hamburg, 1985 Stud. Betriebswirtschaft HWP Hamburg, 1988-89 Stud. Soz.-Ökonomie u. Abschluß Dipl.-Betriebswirt u. Dipl.-Soz.-Ökonom. K.: 1990 Mitarb. d. Steuerberatungskzl. Graalfs in Hamburg, 1995 Steuerberaterprüf., seit 1995 selbst. Kzl. P.: Mitarb. am Buch "Stadt am Atomstrom". M.: Freunde u. Förderer d. HWP, SPD. H.: Modelleisenbahn.

Anders Hans-Peter

B.: Architekt. DA.: 44879 Bochum, Polterberg 10. G.: Wattenscheid, 16. Sep. 1962. V.: Katja, geb. Leistensichneider. Ki.: Caspar (1998), Johanna (2000). S.: 1982 Abitur Wattenscheid, 1982-83 Stud. Kunstgeschichte Univ. Bochum u. Arch.-Stud. an d. FH Bochum, 1983-90 Stud. Arch. an d. Univ. Essen, Dipl.-Ing. K.: 1990-92 Ortner Architekten Düsseldorf u. Wien, 1992 Prof. Kafka & Partner Dortmund, 1992-95 RDS & Partner Hattingen/Ruhr, seit 1996 selbst. Architekt, div. Erfolge in Arch.-Wettbewerben. BL.: ehemals Leistungssport Leichtathletik f. d. TV Wattenscheid 01, v.a. 10-Kampf u. Weitsprung, nat. Wettbewerbserfolge. H.: Tauchen, Snowboarden, Konzerte, Literatur.

Anders Hauke *)

Anders Klaus-Dieter Dr. phil. *)

Anders Lothar Werner
B.: Gschf. Ges. FN.: Exklusiv Modellbau. DA.: 42489 Wülfrath, Zur Löckerheide 80. ModellbauLotharAnders@t-online.de. G.: Mettmann, 1. Apr. 1955. V.: Angelika, geb. Klingbeil. El.: Waldemar u. Anneliese. S.: HS, Kfz-Mechanikerlehre, Tennislehrer. K.: 1993 Grdg. Firma Exklusiv Modellbau, sonstige geschäftl. Tätigkeiten: Künstler - Bilder und Skulpturen (Relief-Art), bei d. Exponaten handelt es sich vorwiegend um Objekte, aus deren Oberflächen Formen plastisch hervortreten, die somit zu räumlichen Konstruktionen werden, so dass ein Spiel mit Licht u. Schatten vermittelt wird. BL.: 1991 u. 1993 Eintragungen im Guinness Buch d. Rekorde, Erfinder. M.: VDT (Verband Dt. Tennislehrer VDT e.V.). H.: Kunst, Kultur, Tennis, Aquaristik, Reisen. (R.E.S.)

Anders Martina

B.: Physiotherapeutin u. Gymnastiklehrerin. FN.: Lebenshilfe f. geistig Behinderte e.V. DA.: 38723 Seesen, Lautenthaler Str. 70 a. PA.: 38723 Seesen, Westbickstr. 19 B. G.: Seesen, 15. Apr. 1963. V.: Frank Anders. Ki.: Katharina (1989), Max (1991). El.: Rudolf u. Dorothea Winkler, geb. Röbbel. S.: 1982 Abitur, 1982 Praktikum versch. Kliniken, 1982-83 Stud. Lehramt f. Math. u. Sport, 1983 Praktikum Albert Schweizer KH Northeim, 1983-86 Ausbild. Krankengymnastin u. Gymnastiklehrerin Medauschule Coburg, 1986-87 Anerkennungsj. Klinik Schildautal u. Ev. KH Bad Gandersheim. K.: 1987-94 Krankengymnastin in d. Praxis Beate Biniara in Seesen, 1994 Krankengymnastin in Sprachheilkindergarten d. Lebenshilfe f. geistig Behinderte in Gandersheim-Seesen e.V. u. seit 1996 Ltr. d. Praxis f. Physiotherapie, seit 1997 zusätzl. selbst. Nebentätigkeit: Kurse f. Rückenschule & Fitnessgymnastik in Seesen. E.: 1976 Bez.-Meister im Hochsprung. M.: ZVK, Medauring. H.: Fitness.

Anders Monika Dr. jur.
B.: Präs. FN.: LG Essen. DA.: 45130 Essen, Zweigertstr. 52. G.: Köln, 16. Feb. 1951. S.: 1969 Abitur, 1969-74 Stud. Rechtswiss. Köln, 1. Staatsexamen. 1979 Prom. K.: 1974-79 wiss. Mitarb. am Inst. f. Arb.-Recht, 1979 2. Staatsexamen, 1979 Richterin am LG Köln u. Mitarb. in d. Verw. d. OLG Köln u. in AG Kerpen, 1985-88 Ltr. d. Prozeßref. am Justizmin. d. Landes NRW, Ernennung z. Richterin am OLG in versch. Senaten u. in d. Verw. tätig, 1992 Vertreterin d. Präs. d. Landesjusitprüf.-Amtes in Düsseldorf, 1993 Ltd. MinR., seit 1996 Präs. am LG Essen m. d. Ziel d. LG zu einem mod. Dienstleistungsunternehmen umzubauen u.a. durch Grdg. eines Kulturver. u. entsprechender Diskussionsforen sowie Umstellung auf moderne Informationstechnik. P.: "Das Streitwertlexikon". H.: Sport, Tennis, Skifahren, Theater, Konzerte, Literatur.

Anders Norbert Dr. med. Prof.
B.: Arzt u. Prof. f. Augenheilkunde. FN.: Augenklinik am Gendarmenmarkt. DA.: 10117 Berlin, Charlottenstr. 60. G.: Weidenberg, 6. Apr. 1960. V.: Dr. med. dent. Christina-Patricia, geb. Stolze. Ki.: Sophie-Isabelle (1993), Leandra-Laetitia (1998). El.: Erwin u. Gertrud, geb. Sinner. S.: 1979 HS-Reife, 1979-85 Med.-Stud. Friedrich-Alexander-Univ. Erlangen-Nürnberg, 1985 Staatsexamen, 1985 Approb., 1985-87 Bundeswehr, 1986 Prom. K.: 1991 FA f. Augenheilkunde, 1996 Habil., 2000 Univ.-Prof. P.: Correcting Postoperative Astigmatism through Curved Lamellating Keratotomy (1997), Postoperative astigmatism and relative strength of scleral tunnel incisions (1997), Combined Phacoemulsification and Filtering Surgery with the No-stitch Technique (1997), Clinical and Electrophysiological Results after Intracameral Lidocaine Anesthesia (1999).. M.: DOG, Schriftführer d. Berlin-Brandenburg. Augenärztl. Ges., DGII, ARVO, ASCRS. H.: Tennis, Kino, Theater.

Anders Peter *)

Anders Petra *)

Anders Susanne *)

Anders Thomas
B.: Sänger v. Modern Talking. FN.: c/o BMG Berlin Musik GmbH. DA.: 10707 Berlin, Wittelsbacherstr. 18. G.: Münstermaifeld/Eifel, 1. März 1963. V.: Claudia Hess. El.: Peter u. Helga Weidung. K.: Durchbruch 1984 m. "You're My Heart, You're My Soul", größter Erfolg "Brother Louie", 1994-98 Trennung v. Modern Talking, Solokarriere in d. USA, seit 1998 wieder vereint. P.: You're My Heart, You're My Soul; Romantic Dreams; In The Garden Of Venus; In The Middle Of Nowhere; You Can Win If You Want; Back For Good; Brother Louie; You Are Not Alone, u.v.a. H.: Malteserhündin Quchiquichi, Lesen, Filmmusik, Kochen, Golf.

Anders Thomas *)

Anders Wendel *)

Andersen Adolf *)

Andersen Bente Houmann *)

Andersen David *)

Andersen Hans Jürgen

B.: Buchautor u. Verleger. FN.: H. J. Andersen Verlag. DA.: 58285 Gevelsberg, Körnerstr. 84. G.: Hamburg, 12. Juni 1922. V.: getrennt lebend: Elisabeth. Ki.: 4 Töchter. S.: 1940-45 Kriegsteilnehmer, 1947 Abitur, 1948-53 Stud. Psych. Univ. Hamburg. K.: 1954 Praktikum in d. Vereinsbank Hamburg, 1954-58 Psychologe am FORFA-Inst. Braunschweig, 1958-60 Finanzierungsfachbearb. d. Westfäl. Wohnstätten AG Dortmund, 1960-85 tätig im psych. Dienst d. Arbeitsamtes Bochum u. Ltr. eines Arb.-Kreises d. Bundesanstalt f. Arbeit zur psych. Untersuchungen v. behinderten Jugendlichen im Rahmen d. berufl. Rehabilitation, 1986 Grdg. d. Verlags f. Vorzeit- u. Zukunftsforsch. P.: "Polsprung, Prophezeiungen u. wiss. Analysen", "Am Anfang war d. Zahl", "Astrogeografie Atlas", "Die lange Nacht", "Die Sonnenzeitalter". H.: Menschheit, Erde u. Planeten d. Vorzeit, Astronomie in Felsbildern u. Kornkreisen, Visionen zeigten. Seher.

Andersen Knud Harboe *)

Andersen Marina *)

Anderson Dieter *)

Anderson Iain G. Dr. BDS *)

Anderson Manfred Ferdinand Dr. med. *)

Anderson Reid Bryce
B.: Intendant. FN.: Stuttgarter Ballett. DA.: 70173 Stuttgart, Oberer Schloßgarten 6. G.: New Westminster/Canada, 1. Apr. 1949. S.: Tanzausbild. Dolores-Kirkwood-Ak. Burnaby, Stipendium f. Stud. Royal Ballett School London. K.: lange u. erfolgreiche Karriere als Tänzer, Lehrer, Trainer, Produzent u. Ballettdir. in d. Welt d. Tanzes, tanzte in vielen klass. u. zeitgennöss. Stücken, berühmt f. seine Ausdrucksstärke u. Eleganz, begehrter u. bewunderter Partner v. Marcia Haydée, Kevin Kain u. Natalia Makarova, Gast b. Royal Swedish Ballet , London Festival Ballet, Hamburger Ballett, Nat. Ballet of Canada, La Scala, Opern Ballett Prag, 1969-85 Engagement in Stuttgart, 1987-89 Ballettdir. d. Ballet British Columbia, Vancouver, 1989-96 Ballettdir. d. Nat. Ballet of Canada, seit 1996 Intendant d. Stuttgarter Ballets. E.: BVK, 1996 John-Cranko-Preis d. John-Cranko-Ges.

Andersson Ester Ingrid Monica Dr. med.

B.: FA f. diagnost. Radiologie. FN.: MediaPark Klinik. DA.: 50685 Köln, Im MediaPark 3. G.: Västeos/Schweden, 6. Okt. 1952. V.: Dr. Karl Müller-Andersson. Ki.: Magnus. El.: Torsten u. Ingrid Andersson, geb. Sandberg. S.: 1971-78 Stud. Med. Friedrich-Wilhelm-Univ. Bonn, 1978-79 Ausbild. FA f. Radiologie am KH Waldbröl u. Robert-Janker-Univ.-Klinik Bonn, 1984 Abschluss: FA-Examen. K.: 1984-85 OA Malteser-KH Bonn, seit 1986 Kassenärztl. Ndlg. (Spezialisierung Computer- u. Kernspintomographie), ab 1997 Klinik am Ring, ab 2001 MediaPark Klinik. M.: Rotonda. H.: Lesen, Garten.

Andert Reinhold *)

Andert Sabine *)

Anding Edith
B.: Kindergärtnerin/Erzieherin i. R. PA.: 98544 Zella-Mehlis, Wiesenstr. 10. G.: Kunewalde/Sudetengau, 11. Feb. 1940. V.: Günter Anding. Ki.: Lutz (1966), Matthias (1969), Silke (1971). S.: 1954-57 Pädagogische Fachschule f. Kindergärtnerinnen Schmalkalden, 1987-89 Zusatzausbildung f. Rehabilitationspädagogik (berufsbegleitend). K.: 1957-87 Kindergärtnerin, Mentorin u. Leitungsfunktionen in versch. Einrichtungen im Bezirk Suhl, Struth-Helmershof u. Zella-Mehlis, Mtgl. d. Fachkommission im Kreis Schmalkalden u. d. Landesverbandes d. AWO Erfurt, 1987-91 Grdg. u. Leitung d. Frühförderung f. behinderte Kinder in Zella-Mehlis, 1991 Umwand-

*) Biographie www.whoiswho-verlag.ch oder beigefügte CD-ROM

Anding Günter

B.: Drechsler u. Elektromonteur i.R. PA.: 98544 Zella-Mehlis, Wiesenstr. 10. G.: Struth-Helmershof, 30. Jan. 1937. V.: Edith. Ki.: Lutz (1966), Matthias (1969), Silke (1971) S.: 1951-54 Lehre Drechsler, 1962-64 Ausbildung Haushaltsgroßgerätemechaniker. K.: 1964-89 Mechaniker im Kundendienst, 1990 Gründg. d. Firma Elektro-Anding Fachgeschäft m. Schwerpunkt Reparaturservice, 1993 zusätzl. Einbauküchen u. Elektroinstallationen, seit 2002 im Ruhestand. H.: Reisen, Skifahren, Wandern im In- u. Ausland, Kegeln.

lung u. Erweiterung d. Einrichtung zur Integrativen Kindertagesstätte mit Frühförderstelle, seit 2002 nach 41jähriger Tätigkeit Pensionärin. BL.: Verfechter d. Gedankens d. Integration behinderter Kinder, besondere Verdienste bei d. Verwirklichung d. Ersatzneubaus d. Integrativen Kindertagesstätte. E.: 2x Aktivist d. sozialistischen Arbeit, Pestalozzi-Medaille in Bronze u. Silber. H.: Reisen, Skifahren, Wandern in In- und Ausland, Kegeln.

Andler Erwin *)

Andorfer Josef
B.: Gschf. FN.: RTL 2. DA.: 82031 Grünwald, Bavariafilmpl. 7. G.: Öpping/Österr., 16. Sep. 1956. V.: Erika, geb. Enzi. Ki.: Julia (1989), Lena (1991). El.: Alois u. Maria. S.: Matura Rohrbach, BH, Stud. Theaterwiss., Germanistik u. Geschichte ohne Abschluß Univ. Wien. K.: 1980 Eintritt b. ORF, Red. f. Synchronisationen u. Lizenzserien, 1991 Wechsel zu SAT 1 Berlin als Ltr. d. Programmplanung, ab 1992 gleichzeitig Gschf. d.GBV einer Tochterges. v. SAT 1, seit 1994 Programm-Manager d. ORF in Wien, zugleich verantwortl. f. d. gesamten Film- u. Serieneinkauf, seit 1997 Gschf. v. RTL 2. H.: Skifahren, Fußball, Filme, Theater. (Re)

Andorfer Sandra *)

Andrä Andreas Konrad *)

Andrä Frank A. Dr. med. *)

Andrae Hans-Werner
B.: Gschf. FN.: Medizin & Marketing GmbH. DA.: 01445 Radebeul, Wasastr. 50. G.: Düsseldorf, 1947. S.: 1968-70 Volontariat in Druck- u. Verlagshäuser Rheinland, 1969-74 Werbefachschule in Essen, Fächer Psych., BWL, VWL, Marketing u. Rechtswiss. im Abendstud. K.: 1974 Vorst.-Ass. f. Werbung in Lebensmittelkonzern, 1975-87 Vers.-Wirtschaft Marketingkonzepte f. Vers., 1987-89 Wechsel in Verlagsbranche, Erweiterung d. Geschäftsanteile in Deutschland, Einkauf neuer Projekte, 1989 Wechsel in med. Bereich, Grdg. d. eigenen Verlages.

Andrae Manfred Dr. iur. *)

Andrae Reiner Dr. Dipl.-Chem.
B.: Gschf. FN.: Ges. f. Metallrecycling mbH. GT.: Ges. d. Andrae Metall GmbH Espenhain. DA.: 04229 Leipzig, Naumburger Str. 24. G.: Leipzig, 12. Feb. 1939. V.: Hannelore, geb. Bauer. Ki.: Axel (1965), Uwe (1967). S.: 1957 Abitur Wolfen, 1957 Prakt. J. im Familienbetrieb, 1958-60 Wehrdienst, 1960-65 Stud. Chemie Univ. Leipzig. K.: 1968-71 wiss. Ass., 1971 Prom., 1971-90 Laborltr. d. Zentrallabors d. VEB Metallaufbereitung, seit 1991 Gründer u. Gschf. P.: Veröff. in Fachzeitschriften zu Gallium Arsenid u. Sortierung v. legierten Stählen u. Cu-Legierungen. H.: Musik, Literatur.

Andrasch Daniela
B.: Event-Manager. FN.: Danyvent Veranstaltungsagentur. DA.: 90491 Nürnberg, Elbingerstr. 26. danYvent@t-online.de. www.danYvent.de. G.: Nürnberg, 23. Okt. 1964. El.: Paul u. Eva, geb. Leykauf. BV.: alteingesessene Nürnberger Kfm.-Familie Leykauf, u.a. KommR. Georg Leykauf. S.: 1980 Mittlere Reife, Ausbild. z. Erzieherin an d. Fachak. f. Sozialpäd. in Altdorf. K.: 1983-86 Erzieherin, danach Wechsel in d. TUI Service-Organ. f. Reiseltg. b. 1989, Tätigkeit in Spanien: Ibiza, Formentera sowie Rhodos u. Zypern, 1989 TUI-Verkaufsltg. "Seminarreisen", Messebetreuung u. Moderation f. TUI, Veranstaltungen v. Aktionen u. Events, 1994-95 Tätigkeit in einer Event- u. Marketing-Agentur in Wiesbaden, 1996 b. Robinson-Club Abt.-Ltr. f. d. Bereich "Familienurlaub" in d. Türkei, 1997 selbst. m. eigener Event-Agentur. P.: 1998 Veranstaltung d. Flugzeugpräsentation d. neuen TUI-Urlaubsfliegers in Nürnberg, Mitwirkung b. Weltkongreß d. Firma Würth in Phoenix /Arizona, Mitwirkung b. d. Weltpräsentation d. neuen BMW 3er Reihe auf Sardinien, 1999 Veranstaltung d. 75 J. Firmen Revue d. Firma Optima in d. Stadthalle Erlangen, Moderationen f. d. TUI u. d. ADAC auf großen Publikums Messen, Mitwirkung auf d. EXPO 2000 beim Weltpartnertag der Firma Siemens und bei der Eröffnungsveranstaltung des Planet "m" der Bertelsmann Gruppe. H.: Reisen, Gesellligkeit, Musik, Klavier, Gesang.

Andrasch Rüdiger Dr. *)

Andrasko Jozef Dipl.-Ing. *)

Andratschke Karl-Heinz Dipl.-Ing. *)

André Felix Dipl.-Chem.

B.: Unternehmer, Inh. FN.: Autohandel Felix. DA.: 10785 Berlin, Kurfürstenstr. 142. G.: Angola, 18. Sep. 1959. V.: Lambi Mariana. Ki.: Motondo Feliz (1994), Felix (1995), Chris Lukanu (1998). S.: 1984 Abitur Angola, 1984-85 Sprachenstud., 1985-90 Stud. Chemie in Merseburg. K.: 1991-94 selbst. Einzelhdl., 1994 Eröff. Autohdl. H.: Arbeit, Kinder, Musik.

Andreä Jonny
B.: Gschf. Ges. FN.: WKK Wärme- Kälte- Klimatechnik Service GmbH. DA.: 24576 Bad Bramstedt, Am Hasselt 20 b. wkk.service.gmbh@t-online.de. G.: Weddelbrook, 5. Sep. 1949. V.: Karin, geb. Krakautzki. Ki.: Mirco (1976), Heiko (1986). S.: 1965-69 Lehre Elektroinstallateur Bad Bramstedt.

*) Biographie www.whoiswho-verlag.ch oder beigefügte CD-ROM

K.: 1969-72 Geselle in Bad Bramstedt u. Berlin, 1972-73 Bundeswehr, 1973-77 Elektroinstallateur in Bad Bramstedt, 1977-80 Landwirt im Tabakanbau, 1980-93 Elektriker im Heizungsbau, 1988 Meisterprüfung f. Kälte- u. Anlagenbau, 1993 Grdg. d. Firma WKK. H.: Landwirtschaft, Resien.

Andreae Meinrat O. Dr. Prof.
B.: Dir. Max Plank-Inst. f. Chemie. DA.: 55122 Mainz., Saarstr. 23. G.: Augsburg, 19. Mai 1949. V.: Tracey, geb. Shafer. K.: 1974-78 Research Ass. Scripps Inst. of Oceanography, La Jolla, California, 1978-82 Ass. Prof. of Oceanography, Florida State Univ., Tallahassee, Florida, 1982-86 Assoc. Prof. of Oceanography, Florida State Univ., 1984 Visiting Prof., Department of Chemistry, Univ. of Antwerpen, Belgium, 1985 Visiting Scientist, National Center for Atmospheric Research, Boulder, Colorado, 1986-87 Prof. of Oceanography, Florida State Univ. , seit 1987 Dir. Max Plank-Inst. f. Chemie Mainz. P.: u.a. Changing Metal Cycles and Human Health (1984), Global change (1985), The Importance of Chemical Speciation in Environmental Processes (1986), Atmospheric measurements of pyruvic and formic acid (1987), Sources and sinks of methylgermanium in natural waters (1988), Arsenic in the Schelde Estuary and watershed (1988), Photochemical production of carbonyl sulfide in open ocean waters (1988), u.v.m. E.: Florida State Univ. Developing Scholar Award 1983-84, Gerbier-MUMM Award 1988, Chariman SCOPE Committee Project Trace Gases, Member SCOPE Research. M.: Dt. Mineralog. Ges., American Chemical Society, American Geophysical Union.

Andreas Maile

B.: selbst. Goldschmiedemeisterin. DA.: 78462 Konstanz, Hohenhausg. 11. G.: Crailsheim, 11. Feb. 1949. Ki.: Florian (1982), Stefan (1985). El.: Augustin u. Maria Herschlein. S.: 1956 Abitur, 1970-73 Goldschmiedelehre b. Rudolf Dentler in Ulm, 1973 Sommerak. in Salzburg b. Prof. Simon. K.: 1973-75 Atelier Othmar Zschaler im Rahmen eines intern. Junghandwerkeraustausches, 1975-77 Staatl. Zeichenak. in Hanau Kl. R. Lorenzen, 1977 Aufnahme in d. Bund d. Kunsthandwerker Baden-Württemberg, 1978 Anerkennung als freischaff. Künstler durch d. Verb. bild. Künstler, 1978 eigenes Atelier u. Galerie in Konstanz. F.: 1990 Mtgl. d. Gruppe Design. P.: Veröff. in mehreren Katalogen u. Büchern. E.: Beteiligungen an zahlr. Ausstellungen im In- u. Ausland. H.: Reisen, Sport, Kultur.

Andreas Reinhard Dr. phil. *)

Andreck Peter Dipl.-Ing.
B.: freiberufl. Vermessungsing. FN.: Vermessungsbüro Andreck. DA.: 15732 Eichwalde, Humboldtr. 23. G.: Eggesin, 11. März 1956. Ki.: Jana (1974), Franziska (1981), Niklas (1989). El.: Kurt u. Gertrud. S.: 1982-87 Stud. Geodäsie in Dresden. K.: 1987-90 Vermessungstechniker u. Vermessungsing. im Kombinat Kartografie u. Geodäsie, 1990 selbst. Eröff. eines eigenen Vermessungsbüros. H.: Sport, Wintersport, Schwimmen.

Andree Christian Dr. *)

Andree Ingrid
B.: Schauspielerin. FN.: c/o Management Erna Baumbauer. DA.: 81679 München, Keplerstr. 2. G.: Hamburg, 19. Jan. 1931. V.: Hanns Lothar. Ki.: Susanne. S.: Gymn., Abitur, Schauspielausbild. in Hamburg. K.: Seit vielen jahren Mtgl. Thalia-Theater Hamburg, zahlr. Bühnenrollen, Ausz. a. d. Filmographie: 1951 Primanerinnen, Liebeserwachen, 1954 Und ewig bleibt d. Liebe, 1955 Oberwachmeister Borck, 1956 Bekenntnisse d. Hochstaplers Felix Krull, Verlobung am Wolfgangsee, Der Bauer vom Brucknerhof - Mein Bruder Josua, Frei v. Variete, Roman e. Siebzigjährigen, Frühling des Lebens, Die liebe Familie, 1957 Ein Stück v. Himmel, Wie schön, daß es Dich gibt, ... und nichts als Wahrheit, 1958 Peter Voß d. Millionendieb, 1961 nichts als die wahrheit, 1959 Der Rest ist Schweigen, 1962 Nachts ging das Telefon, 1970 Der Komissar - Tod eines Klavierspielers, 1985 Derrick - Die Tänzerin, Ausz. a. d. Bühnenarbeiten: Das Schloß, Die tätowierte Rose, Caesar u. Cleopatra, Frl. Julie, KönigLlear, Civil Wars, Gespenster, Peer Gynt. M.: 1972 Mtgl. Dt. Akad. d. Darst. Künste Frankfurt.

Andree Manfred Walter *)

Andree-Bieck Anneliese *)

Andrees Dirks *)

Andres Alexander Georg
B.: Fotografenmeister, Inh. FN.: Foto Studio Wessely. DA.: 86551 Aichach, Werlberger Str. 2. G.: Aichach, 13. März 1964. V.: Romy, geb. Gutmann. Ki.: André, Maurice. El.: Helmut u. Tatjana, geb. Kraus. BV.: Rudolf Wessely - Gründer d. Unternehmens. S.: Mittlere Reife, 3 J. Fotografenausbild., 1986 Meisterprüf. K.: 1986 Übernahme d. Foto Studios in Aichach. BL.: Organ. u. Öff.-Arb. b. d. Süddeutschen Fotografentagen. P.: intern. Veröff. im Hasselblad Forum. M.: seit 1995 stellv. Obermeister d. Fotografeninnung Schwaben, Schwerpunkt: Portraitfotografie, Werbe- u. Modefotografie. H.: Musik, Klavier.

Andres Christine
B.: Rechtsanwältin. FN.: Andres-Butterich-Stockmann RA-Sozietät. DA.: 07407 Rudolstadt, Otto-Nuschke-Str. 7 u. 07743 Jena, Ludwig-Weimar-G. 6. PA.: 07806 Neustadt Orla, Arnshaugker Str. 33b. G.: Gera, 24. Sep. 1952. V.: Hans-Joachim Andres. Ki.: Hansjoachim (1993). El.: Hans u. Ingeborg. S.: Berufsausbild. m. Abitur 1972, 1973-77 Stud. Rechtswiss. Humboldt-Univ. Berlin, Dipl.-Jurist. K.: 1977-90 RAin im Kollegium d. RAe Gera, seit 1982 in Rudolstadt, ab 1990 zugelassen als RAin m. eigener Praxis, Zulassung z. OLG Jena. M.: RA-Ver. H.: Pferdesport, russische Literatur, Malerei, Kochen, Handarbeiten.

Andres Frank Dipl.-Ing.

B.: Tischler, selbständig. DA.: 39387 Oschersleben OT Hordorf, Hohe Str. 90. tischandres@compuservice.de. G.: Oschersleben, 26. Feb. 1965. V.: Katja, geb. Berkholz. Ki.: Robert (1988), Fabian (1996). El.: Kurt u. Doris, geb. Herrmann. S.: 1983 Abitur, bis 1985 Armee, 1985-90 Stud. Holz- u. Faserwerkstofftechnik TU Dresden. K.: Ang. in d. Tischlerei d. Vaters u. 1999 Übernahme. E.: Herdermed. H.: Beruf, Tischtennis.

Andres Gerd
B.: Maschinenschlosser, Gewerkschaftssekr., MdB. FN.: Dt. Bundestag. DA.: 11011 Berlin, Platz d. Republik 1. PA.: 30655 Hannover, Schäferweg 24. G.: Wirges/Westerwald, 8.

*) Biographie www.whoiswho-verlag.ch oder beigefügte CD-ROM

Andres

Apr. 1951. V.: verh., Ki.: 3 Kinder S.: VS, Facharb.-Prüf., Abendschule m. Abschluß Fachoberschulreife. K.: 1968-72 Jugendvertreter sowie Ausübung versch. gewerkschaftl. Funktion, 1972-73 Zivildienst b. d. AWO, seit 1974 Sekr. b. Hpt.-Vorst. d. IG Chemie-Papier-Keramik, 1981-87 Ltr. d. Abt. Bild., seit Mai 1968 Mtgl. SPD, versch. Funktionen, 1976-77 stellv. BVors. d. Jungsozialisten in d. SPD, ab 1983 Mtgl. Unterbez.-Vorst. d. Stadt Hannover, seit 1983 Vors. AfA in d. SPD in Hannover-Stadt u. -Land, seit 1987 MdB, seit 1988 Mtgl. Bundesvorst. M.: AWO, Falken, Naturfreunde. (Re)

Andres Günter Dr. Ing. Dipl. Ing. f. Architektur

B.: Freischaffender Architekt, Präs. d. Architektenkammer Thüringen. FN.: Architekturbüro Dr. Ing. Andres. PA.: 99094 Erfurt, Winzerstr. 58. G.: Berlin, 5. Feb. 1938. V.: Maria, geb. Pilvousek. KI.: Monika (1962), Michael (1963), Angelika (1966), Stefan (1968). EL.: Helmut u. Hildegard. S.: 1956 Abitur, 1956-62 Architekturstud. TU Dresden, Abschl. Dipl. Ing. f. Architektur. K.: 1962-63 Baultr., 1963-90 angest. Arch., 1963-69 verantwortl. Komplexarch. f. Wohngebiete in Plattenbau, 1970 Promotion HS f. Arch. u. Bauwesen Weimar, seit 1990 freisch. Arch., 1991-98 Präs., seit 1998 Ehrenmtgl. d. Architektenkammer Thüringen. BL.: leit. Arch. bei Großbaumaßnahmen in Erfurt, z. B.: Johannesplatz, Nordhäuser Str., Roter Berg u. südl. Juri-Gagarin-Ring (Baumaßnahmen f. mehr als 10000 Wohnungen). P.: versch. Publikationen über soz. Wohnungsbau, Städtebau, Berufsbild. E.: Nationalpreis. M.: BDA, RC. H.: Lesen, Zeichnen. (J.S.)

Andres Jörg *)

Andres Karl Hermann Dr. med. Prof.

B.: em.o.Prof. f. Anatomie, Wissenschaftler. FN.: Ruhr-Univ. Bochum Abt. Neuroanatomie. DA.: 44780 Bochum, Universitätsstr. 150. PA.: 44789 Bochum, Farnstr. 3. G.: Hamburg, 27. Mai 1929. V.: Dr. med. Marlis, geb. Kellersmann. Ki.: Eduard (1966), Katharina (1970). El.: Franz-Josef u. Käthe, geb. Paulsen. S.: 1949 Abitur Hamburg, 1950-55 Stud. Humanmed. Univ. Hamburg, Staatsexamen, Approb., 1955 Prom. z. Dr. med., 1963 Habil., 1964 Prom. z. MD an d. Univ. Uppsala/Schweden. K.: 1956-58 Ass.-Arzt Tropeninst. u. Hafen-KH in Hamburg, 1959-61 wiss. Ass. am Histolog. Inst. d. Univ. im Saarland, 1959-63 wiss. Mitarb. am Anatom. Inst. d. Univ. in Uppsala/Schweden, 1961-67 wiss. Ass. u. OAss. am Anatom. Inst. d. Univ. in Kiel, 1967-68 Abt.-Ltr. Anatom. Inst. d. Univ. Aarhus/Dänemark, 1968-69 WissR. u. Prof., Ltr. Elektronenmikroksop. Abt. Anatom. Inst. d. Univ. in Heidelberg, 1970-94 Gschf. Dir. Inst. f. Anatomie, Abt.-Ltr. Neuroanatomie sowie o.Prof./Lehrstuhl Anatomie II an d. Ruhr-Univ. Bochum, 1994 Emeritierung, seit 1994 Tätigkeit als Wissenschaftler, Forsch.-Schwerpunkte: Feinstruktur d. Nervensystems, Vergleichende Hirnforsch., an Vertebraten, Sinnessysteme. BL.: Aufbau Inst. f. Anatomie an d. neu gegründeten Ruhr-Univ. Bochum. P.: zahlr. intern. wiss. Veröff. aktuell z.B. "Subnuclear Organization of the Rat Habenular Complexes" (1999). E.: 1956 Dr.-Martini-Preis. M.: Dt. Anatom. Ges., Physiolog. Ges., Neurowiss. Ges., Ges. f. Naturforscher u. Ärzte, Rotary Club Herne, 1998/99 Präs. H.: Malen, Videofilmen u. Fotografie, Tauchen.

Andres Klaus

B.: Vers.-Fachmann. FN.: Generalagentur d. Gothaer Vers. DA.: 59759 Arnsberg, Bahnhofstr. 215. Klaudre@t-online.de. G.: Gelsenkirchen, 14. Sep. 1960. Ki.: Sebastian (1989). El.: Georg u. Brigitte. S.: Bäckerlehre. K.: 1983 nebenberufl. Ausbild. z. Finanzkfm., 1986-90 Zürich Vers. in Bielefeld zuletzt Bereichsltr. Leben, 1990 ang. im Außendienst d. Gothaer-Vers., Hauptgeschäftsstellenltr. in Arnsberg, seit 1991 selbst., seit 1994 Generalagent. M.: Bundesverb. Dt. Vers.-Kaufleute, Heimatbund. H.: Kartfahren, Beruf, Reisen.

Andres Otto *)

Andres Ulf Ing. *)

Andres Werner Dr.-Ing. Prof.

B.: Präs. DA.: 30459 Hannover, Ricklinger Stadtweg 118. werner.andres@nbau.fh-hannover.de. www.nbau.fh-hannover.de. G.: Münster, 25. Nov. 1946. V.: Monika, geb. Friedrich. Ki.: Sven Frederick (1975), Jan Friedrich (1977). S.: 1964 Mittlere Reife Münster, 1964-67 Praktikum im Bauwesen in Münster, 1967-70 Stud. Bauingenieurwesen an d. Staatl. Ingenieursschule in Münster u. Abschluss z. Dipl.-Ing. grad., 1970-76 Stud. Bauingenieurwesen an d. TU Hannover m. Abschluss z. Dipl.-Ing. K.: 1976-81 wiss. Mitarbeiter a. d. Gesamt-HS Bergische Univ. Wuppertal, 1981-85 Techn. Aufsichtsbeamter b. Gemeindeunfallversicherungsverband Hannover, 1983 Prom. z. Dr.-Ing., 1985-89 Mitarbeiter in d. Firma Messerschmidt-Bölkow-Blohm als Ltr. d. Schwingungsabteilung in Lemwerder/Bremen, 1989 Berufung an d. FH Hannover als C4-Prof. im Fachbereich Maschinenbau, 1993 Berufung z. C3-Prof., 1994 VPräs. d. FH Hannover, seit 2000 Präs. d. FH Hannover. M.: Rotary Club Calenberg/Pattensen, Ingenieurskammer Hannover, AIV/DAI. H.: Naturwissenschaften, Philosophie, Musik, Reisen, Literatur.

Andres-Großler Marlise Maria

B.: Dipl.-Kosmetikerin, Inh. FN.: Kosmetik-Atelier Marlise Andres-Großler. DA.: 38446 Wolfsburg, Reislinger Str. 18. G.: Lajeado b. Porto Alegre/Brasilien, 15. Mai 1959. V.: Peter Großler. El.: Fridolino u. Elsa Lucia Andres. S.: 1978 Abitur Brasilien, 1979 Umzug nach Deutschland, b. 1982 Deutschunterricht in Wolfsburg, Besuch d. Arzthelferinnenschule in Wolfsburg, K.: b. 1991 Arzthelferin in Wolfsburg, b. 1992 Besuch d. Kosmetikfachschule in Braunschweig, 1993 selbständig in Wolfsburg. M.: Sportver. Neuhaus, VFL Wolfsburg. H.: Sport, Tanzen, Engl.

Andresen Andreas H.

B.: Masseur u. med. Bademeister, Inh. FN.: Massagepraxis Andreas H. Andresen. DA.: 21357 Bardowick, Pieperstr. 8. G.: Düsseldorf, 2. Jän. 1959. El.: Johannes u. Christiane Mekel, geb. Tubbseng. S.: b. 1977 Kopernikusschule Lüneburg, 1977-79 Zivildienst, Ausbild. Heilerzieher Rothenburger Anstalten Rothenburg. K.: 1982 versch. Positionen in versch. Firmen, 1985-86 u. 1986-88 Praktikum im DRK KH Hamburg-Rissen, b. 1991 in einer Kureinrichtung in Kellinhusen, b. 1991-95 tätig in versch. Städten, 1995-98 Teilhaber u. Mitarb. einer Massagepraxis in Barendorf, 1998 Eröff. d. Praxis in Bardowick m. Schwerpunkt ganzheitl. Therapie unter Miteinbeziehung d. sozialen Umfelds, d. Arb.-Welt, d. Ernährung u. d. Freizeitverhaltens d. Patienten. M.: VPT. H.: Beruf, Garten, Segeln.

*) Biographie www.whoiswho-verlag.ch oder beigefügte CD-ROM

Andresen Bernd
B.: RA. FN.: Kanzlei Andresen. DA.: 18055 Rostock, Gerhart-Hauptmann-Str. 3, 0381/49 20 90. info@kanzlei-andresen.de. www.kanzlei-andresen.de. G.: Flensburg, 11. Nov. 1957. V.: Heike, geb. Happich. Ki.: Jan-Eike (1981), Anika-Kirstin (1984), Ron (1985). El.: Lorenz u. Ida. S.: 1978 Abitur, 1978-86 Stud. Jura, Rechtswiss. u. Politik Berlin, Hamburg u. Bonn, 1990 2. Staatsexamen. K.: seit 1990 eigene Kzl. BL.: Tourismusverb. u. Hotel-Gaststättenverb. mitaufgebaut in MV, 1991 Grdg.-Mtgl. d. Rostocker Kreis e.V. M.: 1991 stellv. Vors. d. Rostock Kreis e.V., 1979 CDU, 1999 Mtgl. d. CDU-Fraktion d. Bürgerschaft d. Hansestadt Rostock, 1994 WirtschaftsR. d. CDU, 1992 Mittelstandsver. d. CDU, 1999 Dt.-Japan. Ges., 1993 Advoselect EWIV. H.: Golf, Hunde.

Andresen Boy-Jürgen Dr. iur. *)

Andresen Broder *)

Andresen Claus Dr.-Ing. *)

Andresen Detlev
B.: Bürgervorst. DA.: 23858 Reinfeld, Ahrensbökerstr. 55. G.: Lübeck, 23. Aug. 1936. V.: Irene, geb. Breithaupt. Ki.: Hilke (1961), Teja (1966), Inka (1970), Skerza (1976). El.: Georg u. Käthe. BV.: Großvater Dr. Karl Schilling (1858-1933) Reg.-Präs. in Schlesien u. Landrat in Liegnitz. S.: Abitur, 1958-65 Stud. Germanistik, Geschichte, Musik u. Päd. in Hamburg, 1964-67 Jurastud. in Hamburg. K.: 1970-83 Lehrer, Abt.-Ltr. an einer Gesamtschule in Hamburg, 1965 Eintritt in d. SPD, 1966 Stadtverordneter in d. Stadtverordnetenversammlung d. Stadt Reinfeld, 1972-74 Vors. d. Ortsver. Reinfeld d. SPD, 1970-78 Abg. im Kreistag Stormarn, dort im Schul- u. Kulturaussch., seit 1994 Bürgervorst. d. Stadt Reinfeld. E.: 1981 Verdienter Bürger d. Stadt Reinfeld, 1986 Verleihung d. Freiherr v. Stein Gedenkmed., 1990 Ehrennadel d. Landes Schleswig-Holstein, versch. Ausz. f. langj. Mtgl. M.: seit 1958 Dirigent u. Chorltr. d. Reinfelder Kammerchores, Konzertreisen u. intern. Kontakte nach Schweden, England, Frankreich u. Polen, Pflege d. klass. Oratorienliteratur, seit 1958 Dirigent u. Chorltr. d. Männergesangsver. Arion, Kreischorltr. d. Kreises Stormarn, 1982 Gründer u. Ltr. d. Kinderchores "Rotkehlchen", 1963 Mitbegründer u. 2. Vors. d. Reinfelder Rudergemeinschaft, seit 1968 Mtgl. im Reichsbund, DRK, Bürgerver. d. Stadt Reinfeld. H.: Musik, Literatur, Haus u. Garten, Reisen, Politik.

Andresen Dietrich Dr. med. Prof. *)

Andresen Egon Christian Dr.-Ing. *)

Andresen Guenter Andreas *)

Andresen Hans-Willi *)

Andresen Hansjörg Dr.jur. *)

Andresen Heinz-Wilhelm *)

Andresen Ingrid *)

Andresen Jörn *)

Andresen Jürgen *)

Andresen Matthias *)

Andresen Uwe Dr.-Ing. *)

Andreß Willi *)

Andreßen Rüdiger H. G.
Dr. hc. Dipl.-Vw. Dipl.-Betriebswirt Prof.

B.: Prof. FN.: FHTW Berlin. DA.: 10318 Berlin, Treskowallee 8. G.: Kiel, 17. Juni 1936. V.: Dr. Cordelia, geb. Janke. Ki.: 3 Kinder. El.: Paul Andreßen u. Helene von Arnim, verw. Andreßen, geb. von Arnim. S.: 1957-58 Fachausbild. Textilfach- u. Ing.-Schule Neumünster, 1958-67 div. ltd. Stellungen versch. Betriebe d. Textilind., 1967-70 FHS Kiel z. Dipl.-Betriebswirt, 1970-75 Stud. Wirtschaftswiss. Univ. Kiel z. Dipl.-Vw. K.: 1982-88 Lehraufträge an d. Wirtschaftsak. Schleswig-Holstein, FHS Kiel u. FHS f. Wirtschaft in Berlin, 1987-92 Lehrauftrag an d. FHS f. Technik in Kiel, 1993 Berufung z. Prof. an d. FHS in Cottbus, 1994 Prof. an d. FHS f. Technik u. Wirtschaft in Berlin, 1997 Berufung z. Prof. auf Lebenszeit an d. Georg. TU in Tbilissi. BL.: Auf seiner Forsch.-Arb. basiert d. neue Abrechnungssystem im KH- u. Gesundheitswesen in d. BRD. P.: ca. 20 wiss. Publ. u.a.: "Kostenstrukturvergleich zw. ambulanter Behandlung durch ndgl. Ärzte u. ambulanter Behandlung durch beteiligte KH-Ärzte" (1979), "Leistungs- u. bedarfsorientierte Bewertung d. Personalbestandes im Klinikum d. Univ. Kiel". E.: 1998 Ehren-Dr. d. Georg. Univ. Tbilissi.

Andretta Mario Dr. rer. pol. Dipl.-Ing. *)

Andreu Sophia Dipl.-Med. *)

Andrews Johannes *)

Andrews Linda *)

Andrews Petra Maria

B.: RA. DA.: 59269 Beckum, Kirchstr. 19. G.: Sendenhorst, 6. Juli 1963. Ki.: Sean. El.: Dieter u. Maria Mieszcarek, geb. Jasperneite. S.: 1983 Abitur, Stud. Jura Münster, 1990-94 Referendariat, 2. Staatsexamen. K.: seit 1994 ndlg. RA in Beckum, seit 1997 Fachanw. f. Familienrecht u. glz. Doz. an d. VHS, seit 1998 selbst. tätig. M.: DAV, Arge f. Vers.- u. Familienrecht. H.: Sport.

Andrianne Renè Dr. Prof.
B.: Univ.-Prof. FN.: Johannes Gutenberg-Univ. Mainz. DA.: 55128 Mainz, Jakob-Welder-Weg 18. PA.: 1120 Brüssel, Rue de Beyseghem 218. G.: Gouvy, 22. Mai 1928. V.: Danielle, geb. Vervloet. Ki.: Dimitri, Nancy. El.: Ernest u. Louise. S.: Univ. Löwen. K.: 1962-67 HS-Ass. u. 1967-69 Prof. an d. Univ. Nat. du Burundi u. Kinshasa, 1969-74 Prof. Univ. Antwerpen/Belgien, 1973-74 Visiting Prof. an d. Univ. Constantine/Algerien, seit 1974 Prof. an. d. Univ. Mainz. P.: zahlr. Beiträge in fachwiss. Zeitschriften.

---

*) Biographie www.whoiswho-verlag.ch oder beigefügte CD-ROM

Andrick Helga *)

Aneser Markus *)

Anetseder Leo P. Dipl.-Ing. *)

Anfang Hermann *)

Anft Berthold *)

Anft Heinz-Wolfgang Dr. med. *)

Angel Manfred Dipl.-Ing. *)

Angel Michael

B.: Heilpraktiker. DA.: 89231 Neu-Ulm, Brückenstr. 5. heilpraxisangel@web.de. G.: Gera, 26. März 1957. V.: Cornelia. Ki.: Finn (1984), Silvia (1988), Iris (1996). BV.: Familien Nietzsche u. Wagner. S.: 1976 Abitur München, 1982-84 Fachschule f. Heilpraktiker Wunstorf, 1984 Ass. u. Ausbild. in Naturheilkunde u. Kirlianfotografie Herr Hilble, 1985 Heilpraktikererlaubnis. K.: 1985 Übernahme d. Praxis v. Herrn Hilble, 1985-88 Ausbild. in Chiropraktik, 1985-91 Ausbild. in Kirlianfotografie u. Farbtherapie, 1987-91 Ausbild. in Osteopathie, 1987-91 Ausbild. in traditioneller chines. Med. m. Dipl.-Abschluß, 1989-94 Beisitzer d. Prüf.-Kmsn. f. Heilpraktiker im staatl. Gesundheitsamt in Neu-Ulm, 1989 Einführung d. Colon-Hydro-Therapie, 1991 Entwicklung v. Power-Learning, 1992 Einführung d. Lasertherapie, 1993-94 Zusatzausbild. in chines. Kräuterheilkunde, 1993 Eröff. d. Zweitpraxis im Allgäu, 1994 Zusatzausbild. in Cranio-Sacral-Therapie, 1995-96 Osteopathie an d. Poliklinik Lindau, 1997-2001 Entwicklung v. Praxissoftware. BL.: Entwicklung eigener Behandlungstechniken u. d. Wirbelsäule. M.: Kursltr. d. Rückenschule u. f. autogenes Training f. d. DAK Wangen, Beirat Naturheilverfahren Ulm/Neu-Ulm.

Angeli Gottfried

B.: psycholog. Personalberater, Inh. FN.: Logodata-Personalberatung. DA.: 87724 Ottobeuren, Hörmannstr. 30. logodata-angeli@t-online.de. www.logodata.de. G.: Lörrach, 5. Aug. 1953. V.: Ingrid, geb. Hoppe. El.: Anton u. Anna. S.: Kfm. Fachschule, 4 J. Bundeswehr im 2. Corps. K.: selbständiger Berater in Ulm, Memmingen u. seit 1984 in Ottobeuren: Lebensberatung, Astrologie, Graphologie, Grenzwiss., Entwicklung neuer Astrologie-Methode "Reformierte Astrologie", auf d. Gebiet Grenzwiss. d. Psychologie u. d. Astrologie, Erstellen v. Dossiers v. Persönlichkeiten. P.: zahlr. Fachbücher u. 1 Sachbuch z. Thema Astrologie, Titel: "Die Sterne lügen nicht - oder doch", TV-Auftritte u. Hörfunkbeiträge z. Veröff. im J. 1980, seither ständige Auftritte in Hörfunk u. TV, zahlr. Presseberichte u. Beiträge regional u. bundesweit, Seminare u. Vorträge an VHS, Wirtschafts-Vereinigungen/Verbänden, Hotels. M.: BVMW Bundesverb. Mittelständ. Wirtschaft, Bund d. Selbständigen. H.: Studien, Hypnose, Parapsychologie, Höhlenforsch., Paragliding, Lesen.

Angelis Gregor Dipl.-Ing. *)

Angelov Mathias *)

Angenendt Arnold Dr. theol.
B.: em. Univ.-Prof. Univ. Münster. DA.: 48143 Münster, Salzstr. 41. PA.: 48149 Münster, Waldeyerstr. 41. G.: Goch, 12. August 1934. S.: 1955-62 Stud. in Münster, Freiburg, München, Bonn. K.: 1976-81 Prof. f. Kirchengeschichte an d. Univ. Bochum, seit 1981 Univ. Münster, seit 1999 Emeritierung, seit 2000 Leiter d. Projektes A4 "Liturgie im Mittelalter" d. Sonderforschungsbereiches 496 an d. WWU Münster. P.: zahlr. Veröff.

Angenendt Wolfgang Dipl.-Betriebswirt *)

Angenoorth Karin *)

Anger Günter Dr. med. habil. Prof. *)

Anger Marie-Luise Prof.
B.: Gründerin u. Ltr. d. Berliner Pantomimentheater u. d. Berliner Schule f. Mime u. Pantomime, Prof. HS d. Künste Berlin. PA.: 14052 Berlin, Meiningenallee 15. G.: Berlin, 19. Jan. 1931. El.: Dr. iur. Erich u. Dr. rer. pol. Wanda Anger. S.: nach d. Abitur Englischstud. Berlin u. Tätigkeit in d. Ausstellungsbranche, 1959-65 Ausbild. als Mime u. Pantomime in Paris u.a. b. Etienne Decroux, dessen Schule u. Stil sie vertritt, Berliner Schule f. Mime & Pantomime s. 1992 geschlossen. K.: seit 1966 Berliner Schule u. Theater, ab 1967 Aufführungen in ganz Deutschl. u. Frankr., seit 1965 Doz. im Bereich Gesang u. Musiktheater an d. HdK Berlin, Doz. am Oberlinseminar u. im Oskar Helene-Heim in Berlin, s. 1992 Leiterin v. Kursen f. Mime corporel dramatique im Mime Centrum Berlin, 10437 Berlin, Schönhauser Allee 73, seit 1994 Pantomimeunterricht u. -Aufführungen mit geistigbehinderten Erwachsenen. P.: Fachbuch: "Geometrie der Bewegung" Grundübungen d. mime corporel von A-Z. E.: George Wagnes-Preis 1989 b. Europ. Mimenwettbewerb in Paris, 2000 BVK am Bande. M.: Mtgl. v. Europ. Mime Föderation Deutschland. H.: Barock, Histor. Tänze. (D.R.)

Angerer Frank Louis
B.: Friseurmeister, Inh. FN.: Frank Frisuren in Haidhausen. DA.: 81667 München, Breisacher St. 13. G.: München, 30. Nov. 1958. Ki.: Alexandra (1991). El.: Johann u. Isolde, geb. Frauenberger. S.: 1974-78 Lehre Friseur Salon Stelzer München, 1978-80 Bundeswehr. K.: 1980-86 Friseur im Salon d. Hotel Vierjahrszeiten in München, 1985 Meisterprüf., seit 1986 selbst. m. Eröff. d. Salons f. Damen u. Herren in München; Projekt: Lobby f. Kunden u. Freunde m. wechselden Kunstausstellungen seit 1995. P.: Mitwirkung bei Kunst-, TV- u. Presse-Events. H.: Musik, Reisen, Freunde.

Angerer Hans Dr. *)

Angerer Hans-Dieter
B.: Gschf. FN.: Technologie Park Bergisch Gladbach Verw. GmbH. DA.: 51429 Bergisch Gladbach, Friedrich-Ebert-Straße. G.: Hindelang, 3. Juni 1947. V.: Christa, geb. Schmidt. Ki.: Caroline (1977). S.: 1963 Mittlere Reife Hindelang, 1963 Hotelfachwirt Ausbild. Hotel Luitpold Bad Hindelang, 1965 2 Semester Hotelfachschule Bad Reichenhall, 1966-67 Bundeswehr, 1967-68 Fachstud. Hotelbetriebswirt in Lausanne/ Schweiz. K.: 1969-74 Gschf. d. Bastei in Köln Blatzheim

*) Biographie www.whoiswho-verlag.ch oder beigefügte CD-ROM

Angerer Hanskarl *)

Angerer Martin Dr. phil.
B.: Dir. FN.: Museen d. Stadt Regensburg. DA.: 93047 Regensburg, Dachaupl. 2-4. angerer.martin@regensburg.de. www.regensburg-museen.de. G.: Oberaudorf, 1. März 1952. V.: Dr. Birgit, geb. Dreyer-Eimbcke. Ki.: Antonie, Katharina, Charlotte. El.: Gottfried u. Anastasia, geb. Hupfauf. S.: 1972 Abitur, 1974-82 Stud. Kunstgeschichte, Klass. Archäol., Bayr. Geschichte u. Volkskunde Univ. München, 1983 Prom. K.: 1983-84 Volontariat im Schleswig-Holsteinischen Landesmuseum Schloß Gottorf u. im German. Nationalmuseum Nürnberg, 1986 Konservator d. Museen d. Stadt Regensburg u. seit 1989 Dir. M.: Vorst. d. Histor. Ver. Oberpfalz, Vorst. d. Arge d. Museen Nürnberg, 1. Sportanglerver. in Regensburg. H.: Sportangeln.

Angerer Peter *)

Angerer Rupert *)

Angerer Tobias
B.: Nordischer Kombinierer. PA.: 83278 Traunstein, Hubertusstr. 4. tobi.angerer@t-online.de. www.xc-ski.de. G.: Traunstein, 12. Apr. 1977. K.: mehrfacher Junioren- u. Jugendmeister; 1999 WC Asiago Sprintstaffel/1.; WC FT Kuopio 10km/13., 60km/17., Garmisch Sprint/7., Val di fiemme Sprint/5.; 2001 Deutscher Meister; 2002 Olympische Winterspiele Salt Lake City Staffel/Bronze. H.: FC Bayern, Tennis, Fussball, Computer, Musik (Punk, Crossover, Konzerte). (Re)

Angerer Walter *)

Angerer der Jüngere Walter Andreas Mag. art. *)

Angerhausen Manfred *)

Angerhausen-Epha Renate *)

Angermaier Michael Dr. Prof. *)

Angermann Angelika *)

Angermann Arno *)

Angermann Gertrud Dr. phil. *)

Angermann Hans Dipl.-Ing. *)

Angermann Martin *)

Betriebe (Gastronomie), Dir.-Vorst.-Ass. Blatzheim AG, 1972-90 Abt.-Ltr. f. Organ. u. Verw. d. Firma Interatom in Bergisch Gladbach, 1990-94 Ltr. d. Gesamtverw. f. Dienstleistung u. Organ. d. Firma Siemens Bergisch Gladbach, 1995 Übergabe d. Standortes v. Siemens an d. Firma Lammerting, 1995 Grdg. d. TBG als Gschf. Ges., Management Bergisch Gladbach, 1995 Grdg. d. Firma TPM in Köln. P.: Referate über d. Konzept Technologie Park. H.: Tennis.

Angermeier Rainer
B.: Hotelier, Inh. FN.: Hotel Benn. DA.: 13597 Berlin, Ritterstr. 1a + 15. G.: Berlin, 18. Apr. 1947. V.: Edelgard, geb. Benn. Ki.: Beatrice, Victoria. El.: Hans u. Waltraud, geb. Lindhorst. S.: 1963 Mittlere Reife, 1963-66 Lehre Hotelkfm. Hotel Kempinski. K.: 1966-61 tätig in versch. Hotels in England, Schweiz u. Frankreich, 1971 Bankett-Manager im Interconti in Hannover, 1971-74 Ltr. d. Gastronomie d. Firma Hertie, ab 1972 Mitarb. im Familienhotel, seit 1977 Inh. d. Hotel Benn, 1996 zusätzl. Kauf d. Hotel Garni. P.: mehrfache Kulisse f. TV-Aufnahmen als einziges Fachwerkhotel in Berlin. E.: während d. Lehre Ausz. Joh. F. Kennedy bedienen zu dürfen. H.: Tennis, Golf.

Angermeir Margot *)

Angermüller Marianne *)

Angermund Ulrich

B.: Dipl.-Geologe, Gschf. FN.: SEWA Ges. f. Sediment- u. Wasseranalytik GmbH & Co KG. DA.: 45145 Essen, Kruppstr. 82. angermund@sewa.de. G.: Velbert, 1. Aug. 1955. V.: Iris, geb. Kesselmann. El.: Klaus u. Hannelore, geb. Gut. S.: 1975 Abitur, 1975-77 Stud. Ökonomie, 1977-86 Geologie. K.: seit 1986 ndlg. in Essen, selbst. in d. Firma SEWA. P.: WAZ Zeitung - WDR 3. E.: Gütesiegel D.A.R. M.: B.D.G. H.: Hunde, Natur, Kunst.

Angerpointner Thomas Dr. med. Dr. habil. *)

Angerstein Hans-H.

B.: Gschf. Ges. FN.: ORGA-Beratung Angerstein GmbH. DA.: 30900 Wedemark, Langer Acker 13. info@angerstein-orga.com. www.angerstein-orga.com. G.: Bad Münder, 10. März 1943. V.: Jutta, geb. Klingenberg. Ki.: Dipl.-Bw. Hendrik. El.: Fritz u. Margarete, geb. Böker. S.: 1960 Mittlere Reife, 1960-63 Lehre Kfz-Mechaniker Hannover. K.: 1963-66 Betriebsltr. eines Kfz-Betriebes in Hannover, 1967 Meisterprüf., 1967-72 Betriebsltr., 1972-74 Weiterbild. in Betriebswirtschaft u. tätig im Außendienst b. Europ. Bremsenhersteller, 1975-78 techn. Ref. im Kfz-Wesen u. Lehrer f. Fachpraxis in d. Handwerkskam. Hannover, 1978-79 techn. Ref. d. Kfz-Innung Hannover, 1979-85 Gschf. eines Autohauses, 1985-90 tätig in d. Kundendienstltg. im Vertrieb eines Automobilkonzerns, 1990 selbst. Unternehmensberater m. Schwerpunkt Organisation, EDV, Softwareentwicklung u. Betriebswirtschaft, ab 1996 zusätzl. traditionelles Marketing, Design u. Werbung, 2001 Grdg. d. Firma ORGA-Beratung Angerstein GmbH. M.: 1964-90 Feuerwehrwesen u. Katastrophenschutz f. d. Landkreis Hannover, IHK, AG e.V. Arb.-Geberverb. d. Unternehmen aus d. Bereich EDV u. Kommunikationstechnik. H.: Modellbau, EDV, Reisen.

---

*) Biographie www.whoiswho-verlag.ch oder beigefügte CD-ROM

Angladagis Claudia Dr. *)
Angladegies Kai
B.: Unternehmer, Inh. FN.: Tools & Gallery - Art & Design GmbH. DA.: 10178 Berlin, Rosenthaler Str. 34-35. G.: Duisburg, 14. März 1969. BV.: Stammbaum b. z. bytzanthin. Königshaus. S.: 1986 Lehre Einzelhdl.-Kfm. Kaufhof AG, 1987 USA-Aufenthalt. K.: 1988-90 Designass. f. d. Kollektion "Carlos Murphys", Dessignass. in Rom u. Aufenthalt in Paris, 1990-92 Marketing f. Indian Silk Promotion in Frankfurt/Main, Entwicklungshilfe f. Ind. Kleinseidenweber, glz. Stud. Wirtschaftsinformatik am 2. Bild.-Weg, Hdl.-Ass.-Ausbild. u. Ausbilder d. IHK, 1993-95 Aufbau einer Gerberei u. einer Nähfbk. in Pakistan, 1995 erstes Projekt m. Tool & Gallery, 1998 Premiere f. d. Duft "Jungle Pour Homme", 1999 Premiere f. d. Kollektion 2000 Givenchy v. Alexander Mc Queeen. BL.: Dt. Patent f. Entwicklung d. wasch- u. trockenbaren Leders. P.: Benefizausstellungen zu Gunsten obdachloser Kinder in Berlin, Ausstellung v. Interieur Design v. Shapur Bakhtiar. E.: Ausz. d. Dt. Textilfachverb. f. einen d. schönsten Läden in Deutschland. H.: Architektur, Literatur.

Angres Christian

B.: Heizungs- u. Sanitärmonteur, Inh. FN.: Fire V.D.S. DA.: 12683 Berlin, Bentschener Weg 37. G.: Berlin, 27. Dez. 1976. V.: Partnerin Michaela Mating. El.: Klaus-Dieter u. Jutta, geb. Fleske. S.: 195 Mittlere Reife, 1996-98 Ausbild. Heizungs- u. Sanitärmonteur, 1998-99 Zivildienst. K.: 1999 ang. Heizungs- u. Sanitärmonteur, seit 12000 selbst.; sportl. Funktionen: b. z. 11. Lebensj. Fußballer u. seit 1989 Kampfsport, Cheftrainer d. Kampfsportschule Pal Chang. e.V. in Berlin. E.: mehrmal. Europa- u. Dt. Meister u. 1 x Weltmeister im Kampfsport. M.: seit 1998 Landessportbund, seit 1999 WKB, seit 1990 WTF. H.: Kampfsport.

Angustat Winfried *)
Anhalt Ehrhard Dr. rer. nat. *)
Anhalt Hans-Jürgen
B.: Gschf. Ges., Inh. FN.: AEROTECHNIK Anhalt e. K. DA.: 40470 Düsseldorf, Lenaustr. 1. PA.: 40878 Ratingen, Cüppersweg 49. Aerotechnik.Anhalt@t-online.de. G.: Einbeck, 20. Sept. 1943. V.: Uschi, geb. Küster. Ki.: Nicola (1969). S.: 1954-60 Gymn. Ratingen, Mittlere Reife, 1960-63 kfm. Lehre Ind.Kfm. Ratingen, 1963-64 Berlitz Sprachschule. K.: 1964 Eintritt als Sachbearb. Fa. Kirchfeld KG - Aerotechnik Düsseldorf, 1968 Handlungsbev., 1969 Prokura, 1970 Ges., 1975 Gschf., 1985 Mehrheitsges., 1985 Fa.Änderung in Aerotechnik Anhalt GmbH & Co KG, 1992 alleiniger Inhaber, 2001 Änderung d. Rechtsform Aerotechnik Anhalt e. K. H.: Tennis, Radfahren, Skifahren. (R.E.S.)

Prinz von Anhalt Michael Herzog zu Sachsen
B.: Gschf. Ges. FN.: Prinz v. Anhalt & Schöttler GmbH & Co KG. DA.: 13593 Berlin, Wilhelmstr. 31-34. G.: Stuttgart, 17. Aug. 1947. BV.: Askanier Albrecht d. Bär im 11. Jhdt. Familiengründer. S.: 1966 Abitur, 1967-70 Stud. Theaterwiss. Wien, 1970-72 Stud. Vw. u. Betriebswirtschaft. K.: Verkaufsdir. Europ. Marketinggruppe München 1972/73 f. Süddeutschland u. 1973-75 f. Deutschland, seit 1975 selbst., freier Unternehmensberater in München u. Berlin, 1989 in Berlin Grdg. u. Gschf. Ges. d. Firma von Anhalt & Partner f. Projekt- u. Stadtentwicklung, 1998 AufsR.-Vors. d. Europ. AG. Berlin. P.: Fachbeiträge zu Marketing u. Direktwerbung. M.: Sponsoring f. Sport u. Kultur, Denkmalpflege in Berlin-Brandenburg. H.: Polo, Skifahren, Kunst, Theater.

Anhalt Peter *)
Anhäusser Volker Dietrich Dr. *)
Anheuser August Egon *)
Aniol Peter *)
Aniszewski Bodo *)
Anke Ulrich *)
Ankele Theo *)
Ankenbrand Axel *)
Anklam Walter *)
Anlauf Günter *)
Anlauf Richard *)
Annas Peter *)
Annecke Horst Dr. *)
Anneken Eberhard Dr. med. dent.

B.: Zahnarzt in eigener Praxis. DA.: 28832 Achim, Meislahnstr. 4. G.: Nordhausen/Thüringen, 27. Feb. 1944. V.: Heidi, geb. Rohr. Ki.: Dr. med. dent. Christina (1971) und Timm (1974). El.: Zahnarzt Anton u. Anita, geb. Mattfeldt. BV.: Dr. Günther Mattfeldt, RA u. Notar in Bremen. S.: 1965 Abitur in Bremen, 1965-66 Bundeswehr, 1965 Stud. d. Zahnmedizin Univ. Kiel, 1970 Staatsexamen, 1975 Prom. K.: 1970-75 Ass.-Arzt Univ.-Klinik Kiel prothetische Abt., 1975-76 Ass.-Arzt in Zahnarztpraxis in Bremen, seit 1976 selbständiger Zahnarzt in eigener Praxis in Achim. P.: Diss.: Biometrische Mikroskopie eines Kondylus b. definierten Unterkieferbewegungen (1975), Mitautor u. Naturfotograf f. Kosmos. E.: Jahrespreis d. Schleswig-Holsteinischen Ges. f. ZMK f. d. Diss. (1975). M.: Lionsclub Achim, seit 2000 Vors. d. Schlichtungsausschusses im Landkreis Verden, seit 1989 Gutachter d. Kassenzahnärztlichen Vereinigung f. Zahnersatz, Beratertätigkeit f. d. Verband Dt. Sportfischer. H.: Angeln, Jagd, Fotoreisen u. Golf.

Annel Ulf
B.: Kabarettist, Journalist. FN.: Kabarett "Die Arche". DA.: 99084 Erfurt, Dompl. 18. PA.: 99189 Erfurt-Tiefthal, Mittelweg 3. G.: Erfurt, 13. Aug. 1955. V.: Ingrid, geb. Tauber. Ki.: Henrike (1981), Juliane (1982), Hendrik (1989). El.: Rüdiger u. Ursula. S.: 1975 Abitur, 1975-76 Volontariat in Vorbereitung d. Stud. in Weimar u. Berlin, 1976-79 Journalistikstud. Karl-Marx-Univ. Leipzig. K.: 1979-80 Absolventenzeit b. Rundfunk "Stimme d. DDR", 1981 Mtgl. d. Kabaretts "Die Arche" in Erfurt, 1981-85 auch dessen Dir., 1985-87 Organ.-Ltr. "Die Arche", Soloprogramm, seit 1989 "Gedanken

Sprünge oder Risse im Gehirn", "In 40 Jahren ist alles vorbei", "Der Hausmeister kehrt zurück", "Kein schöner Land in Sicht"!, Fernseh- u. Radioauftritte in ZDF, ARD, WDR, SDR, mdr-kultur, mdr-Radio Thüringen. P.: Bücher "Hausmeisters Kehraus", "Das 12,50 Mark-Buch", "Die unernste Geschichte Thüringens", "Kehraus" in mehreren Anthologien m. Aphorismen u. Texten f. Kinder, Kabarett-Texte, Schulfunksendungen, Kinderhörspiele, 4 kl. musikal. Kindertheaterstücke, Kinderlieder, Ausstellungen u. Arb. f. Zeitungen, M.: Verb. Bild. Künstler Sekt. Karikatur. H.: Arbeit, Indianistik - Völkerkunde.

Annen Klaus-P. *)

Anneser Robert *)

Anniès Hans Georg *)

Annighöfer Frank Dr.
B.: President Europe. FN.: ENSR International Corp. DA.: 65307 Bad Schwalbach, Zum Wildpark 9. PA.: 65307 Bad Schwalbach, Zum Wildpark 9. Frank.Annighofer@t-online.de. G.: Lüneburg, 22. Feb. 1957. V.: Annette Lavalette. Ki.: Björn (1982), Dörthe (1984), Meike (1986). El.: Dieter u. Christa. S.: 1976 Abitur, 1976-81 Stud. Chemie an d. Univ. Marburg u. Freiburg, 1981 Dipl.-Chem., 1983-84 Stud. BWL Univ. Freiburg, 1994 Prom. z. Dr. rer. nat. K.: 1981-84 wiss. Mitarb. am Inst. f. makromolekulare Chemie an d. Univ. Freiburg, 1984-85 Stipendium d. IBM am IBM Research Laboratory als Research Scientist in San Jose USA, 1985-87 Leiter Entwicklung / Produktmanagement EMS - Chemie, Domat / Ems, Schweiz, 1987-93 Anstellung b. Arthur D. Little Intern. Wiesbaden als Europagschf., 1993 Vors. d. Vorst. d. Gerling Consulting Gruppe GmbH Köln, 2000 President Europe ENSR International Corporation Westford Massachusetts USA. BL.: Eco- Industry Initiative d. World Economic Forum Daros 1990/91. P.: Fachveröff. zu d. Themen: Kunststoffe, Klebestoffe, opt. Speichermedien, Umweltschutz, Sustainable Development, Risk Management, Dienstleistungsmanagement. E.: Certified Management Consultant, Vorges. Global Leader for Tomorrow d. World Economic Forum Davos. M.: Bund Dt. Unternehmensberater Bonn, Ges. Dt. Chemiker Frankfurt. H.: Schifahren, Bergsteigen. Sprachen: Deutsch, Englisch.

Anopuechi Albert Azubogu
B.: Gesandter v. Nigeria. DA.: 53177 Bonn, Goldbergweg 13. PA.: 14195 Berlin, Landoltweg 5; Marian Lodge, Box 13, Aguata, Anambra State, Nigeraia. G.: Aguluezechukwu in Anambra-Staat/Nigeria, 15. Nov. 1941. V.: Bernadette nneka, geb. Okonkwo. Ki.: Uchenna Francis-Xavier (1975), Chinwe Clara (1976), Chinelo Vician (1978), Olisaemeka Jude-Thadeus (1979), Adaora (1985), Onuchukwu (1989). El.: Simon Anopuechi Okafornneotu u. Mary Akuoma, geb. Okafor. BV.: Stammeskönig Egbosionu. S.: 1948-55 St. Peters School in Agulu u. St. Josefs School in Ekwulobim, 1955-56 Preliminary Training College for Teachers Igbo-Ukwu. K.: 1956-57 Grundschullehrer in St. Patrick's School in Isuofia, 1958-61 College-Erziehungen in kath. Missionarsschulen St. Anthony's College Agulu, 1961-64 Grundschullehrer St. Frances School in Enugwu-Ukwu, 1961-63 daneben Stud. Polit. Wiss. in Cartofica m. Abschlußzertifikat d. Univ. of London, 1964-67 Stud. Mass Communication u. Journalismus Univ. v. Nigeria in Usukka, Abschluß Bachelor of Arts with Honours, 1967-70 Journalist u. Redakteur v. "Voice v. Biafra", 1970-71 berufl. Reintegration Lehrer u. Rektor d. Community Secondary School in Geidam, 1971-73 Rundfunksender "East-Central State Broadcasting Service" in Enugu, 1973-75 Verw. d. Univ. v. Nigeria, 1976-78 stellv. Abt.-Ltr. Nachrichten u. Zeitgeschehen Nigerian. Fernsehen, 1978-79 Außenmin., 1979-84 BotschaftsR. in Deutschland, 1984-85 amtierender Dir. u. Sprecher d. Min. im Außenmin., 1985-85 Dir. d. Protokolls b. Präs., 1986-87 amtierender Dir. f. West- u. Nordafrika im Außenmin., 1987-90 Botshaft in Addis Abeba/Äthiopien, 1991 stellv. Gen.-Dir. f. afrikan. Angelegenheiten, 1991-49 stellv. Gen.-Dir., 1994-95 stellv. Gen.-Dir., Inspekteur d. Auswärtigen Dienstes, seit 1995 Chargé d'Affaires in Bonn. P.: Zeitungsartikel in Nigeria. E.: Chief Taimcy durch Heimatstadt Titel, f. soz. Dienste. H.: Fußball, Tennis, Athletik, Musik, Theater, Shakespeare, Literatur, Fotografie.

Ansari Parviz Dr. med.
B.: Chirurg. DA.: 40212 Düsseldorf, Königsallee 82. G.: Teheran, 8. Juni 1938. S.: 1962 Stud. Med., Staatsexamen, 1975 Prom. Hamburg, 1970 FA-Anerkennung Univ.-Klinik Düsseldorf. K.: seit 1975 Ndlg. m. Privatpraxis in Düsseldorf m. Schwerpunkt Gesichts- u. Brustchir.; Funktion: Ltr. d. Abt. f. kosmet. u. Wiederherstellungschir. d. chir.-orthopäd. Klinik in Neuss. P.: zahlr. wiss. Publ. u. Beiträge im Bereich kosmet. Chir., Veröff. v. Sl-Lift als sanfte Methode d. Hals- u. Gesichtsstraffung.

Anschütz Albert Dipl.-Ing. *)

Anschütz Dieter Alexander *)

Anschütz Helga Dr. phil. *)

Anschütz Otmar Dipl.-Ing. *)

Anschütz Rolf Ing.-Ökonom

B.: Präs. Deutsch-Japanische Ges. Thüringen e.V. FN.: Japan-Hotel "Sakura". DA.: 98559 Oberhof, Am Schloßberg 2. www.japan-restaurantanschuetz.de. G.: Hirschbach, 27. Apr. 1932. V.: Sabine, geb. Schumann. Ki.: Marion (1957), Jörg (1960), Heiko (1964). BV.: Dr. Ernst Anschütz - Dichter d. Volkslieder wie "Oh Tannenbaum" u. "Alle Jahre wieder". S.: 1945-49 Kellnerlehre "Burghof" Suhl, 1. Lehrling Thüringens nach d. 2. Weltkrieg, 1952 Stud. Landesverwaltungsschule Weimar, 1953 Abschluß Koch, 1960 Abschluß Serviermeister, 1963 Abschluß Küchenmeister, 1960-64 Fernstud. Fachschule Hotel- u. Gaststättenwesen Leipzig, Abschluß Ing.-Ökonom. K.: 1949-51 Kellner "Golfhotel" Oberhof, 1951 Ratskeller Zella-Mehlis, 1952 Übernahme doch d. Organe d. KVP, 1955-59 Oberref. Gaststätten in Geithain, 1959-62 Hotelier u. Gaststättenltr. in Neuruppin, 1962 Rückkehr nach Suhl u. Aufbau d. Japanrestaurants im Traditionsrestaurant "Waffenschmied" bis 1966, 1966-87 Leitung Japanrestaurant im "Waffenschmied", 1987-89 Leitung Gaststätte "Schützenlklause" im Schießsportzentrum, 1990 Neubegin mit Japanhotel "Sakura" in Oberhof, seit 1995 Pensionär, Übergabe d. Geschäftsführung an Ehefrau Sabine, weiterhin Mitarbeit als Koch japanische Küche. BL.: 1979 erstmals auf Einladung d. japanischen Botschafters nach Japan gereist, 1993 Thüringer Küche in Japan vorgestellt, 1995 beteiligt an Vorbereitung Olympiade auf Einladung d. japanischen Regierung, seit 1980 jährlich offizieller Gast bei Geburtstagsfeierlichkeiten d. Kaisers in d. Japanischen Botschaft in Berlin. P.: Veröff. in in- u. ausländ. Massenmedien aller Art. E.: 1998 "Orden v. Heiligen Schatz am Band, Goldene Strahlen" im Auftrag d. jap. Außenministers (einziger in Deutschl. m. dieser Auszeichnung), 1986 "Goldene Meisternadel" v. Ministerium Handel u. Versorgung d. DDR; 1993 "Goldene Meisternadel d. Japanischen

---

*) Biographie www.whoiswho-verlag.ch oder beigefügte CD-ROM

Anschütz

Küche", 2000 "Der Feinschmecker" (200 besten ausländischen Restaurants in Deutschland), 2001 "Der Feinschmecker" (1800 besten Restaurants Deutschland). M.: Deutsch-Japanische Ges. H.: Japan.

Ansel Wolfgang Dipl.Ing. Dipl.Ing.
B.: Unternehmer, Inh. FN.: WinterAnsel Schmuck. DA.: 93413 Cham, Kirchpl. 1. www.Winter Ansel.de. G.: Cham, 17. Feb. 1947. V.: Sophia, geb. Sievi. Ki.: Katharina (1989). El.: Josef u. Maria. BV.: Jakob Luckner, Vater d. Nikolaus Graf Luckner, Marschall in Frankreich, dem d. Marseillaise gewidmet wurde. S.: 1965-68 FHS Regensburg, 1970-72 FHS München. K.: Ang. im Planungsbüro Obermeyer u. BU Hochtief mit Auslandstätigkeit in Österreich, Schweiz, Libyen, ab 1980 freiberufl. tätig im eigenen Ing.Büro in Cham, Publ. f. versch. Baufachzeitschriften, ab 1987 Umsetzung v. Schmuckdesign im traditionsreichen Juweliergeschäft unter d. Motto Erlebniskauf in d. Praxis, Publ. 1992 u. 1993 jeweils 10. bzw. 9. bestes Juweliergeschäft in Deutschland durch AVIS Best of Germany; Funktion: Mitbegründer d. Kunsthauses Cordonhaus in Cham. H.: früher Skirennen u. aktiver Rallyefahrer, heute historischer Ralleysport EM mit Porsche 356.

Ansell André Dr. med.

B.: Facharzt für Innere Medizin DA.: 22115 Hamburg, Oskar-Schlemmer-Str. 15. G.: Lübeck, 30. Sep. 1958. V.: Kerstin, geb. Schulz. El.: Georg Linden-Ansell u. Waltraut Ansell. S.: 1979 Allg. HS-Reife, 1979-85 Stud. Humanmed. an d. Med. HS Hannover, 1987 Prom. K.: 1986-89 Ass.-Arzt in d. Inneren Abt. d. Kreis-KH Nordenham, 1988 Ass. in einer Allg.-Arztpraxis, 1989-90 Ass.-Arzt in d. Chir. Abt. d. Kreis-KH Nordenham, 1990-91 Innere Abt. Zentral-KH Reinkenheide, 1991 Univ.-Klinik Frankfurt, Gastroenterologie, seit 1991 Zentral-KH Reinkenheide, Innere Abt., 1993 FA f. Innere Med. u. Allg.-Med., 1993 Weiterbild. z. Gastroenterologen, 1995 Gastroenterologe, 1995 Praxis Innere/Gastroenterologie. P.: Manual and Automatic Gallstone Dissolution with Methyltert-butyl Ether. M.: Bund Dt. Internisten, Bund Dt. Gastroenterologen. H.: Segeln, Reiten, Innenarchitektur, Antiquitäten, klass. Musik.

Anselm Thomas

B.: Steuerberater. FN.: Steuerberaterbüro Thomas Anselm. GT.: Doz. Gewerbeak., Kolpingbild.-Werk, Caritas Ak., Rechenzentrum. DA.: 77966 Kappel-Grafenhausen, Schillerstraße 22. steuerbuero@anselm-stb.de. www.anselm-stb.de. V.: Sabine, geb. Deutschkämer. S.: 2 J. Telecollege Abschluss FH-Reife, Fernstud. AKAD Rendsburg, BWL-Stud., Abschluss: Dipl.-Bw. G.: Finanzamt Freiburg, 1996-98 Steuerbmtr., Doz. f. Steuerrecht, mehrere Stellen Rechnungswesen, Ltr. Rechnungswesen im Einsatz, selbst. Steuerbüro, seit 2000 selbst. P.: regionaler Bereich. M.: Steuerberaterkam. H.: Musik, White Horses Gewinner d. Dt. Rock u. Poppreises, 2000 beste Countryband, Sport, Radfahren (Rennrad), Hallensport.

Ansmann Klaus *)

Ansorg Peter Prof. Dr. med. habil. *)

Ansorge Irene Dr. rer. nat.

B.: Heilpraktikerin, Bewußtseinstrainerin, Feng Shui-Beraterin. FN.: Praxis f. Ganzheitstherapie. DA.: 53844 Troisdorf-Bergheim, Raiffeisenstr. 38. G.: Bonn, 23. Jan. 1958. S.: 1976 Abitur Hersel, 1976-83 Stud. Mineralogie, Petrologie u. Urologie an d. Univ. Bonn, 1983 Dipl.-Mineralogin, 1988 Diss. K.: 1988-90 Mineralogin am Siegerlandmuseum Siegen, Ausstellung Siegerländer Bergbau, 1992 Zulassung als Heilpraktikerin, 1992 Hospitation, seit 1992 Heilpraktikerin in Troisdorf-Bergheim, seit 1996/97 Übertragung d. Ltg. d. Praxis, seit 1999 auch Feng-Shui-Beratung u. Ausbildung; Beraterin f. Persönlichkeitsentwicklung u. Erfolgsmanagement. P.: Veröff. in naturwiss. Fachzeitschriften. M.: Union dt. Heilpraktiker. H.: Wandern, Natur, Reisen Mittelmeer, Indien, Sri Lanka, Frankreich.

Ansorge Jürgen Dipl.-Ing. *)

Anstett Christoph Daniel

B.: Freier Architekt. FN.: Arch.-Büro C. D. Anstett. DA.: 70186 Stuttgart, Traubergstr. 52. info@anstett-architekt.de. G.: 4. Jan. 1967. El.: Kunsthistoriker Prof. Dr. Peter R. A. u. Dr. Marga A.-Janßen. S.: 1987-92 Arch.-Stud. in Karlsruhe, 1992 Diplom. K.: 1989-90 Mitarb. bei Oswald Matthias Ungers Architekt Badische Landesbibl. Karlsruhe u. Domplätze Speyer, 1992 eigenes Arch.-Büro in Pforzheim, 1993-2001 FH Pforzheim, Sanierung als Projektleiter für Arch.-Büro Meyer, 1995-98 Lehrauftrag an d. FH Pforzheim Bereich Gestaltung, 1995- Restaurierungsmaßnahmen Schloßkirche Neuenbürg, 1999 Übersiedlung d. Büros nach Stuttgart, 2001 Sanierung Kunstgeb. Stuttgart Projektleiter f. B.M., 2000 Zertifizierung als Sicherheits- u. Gesundheitskoordinator, Arch.-Entwürfe u. Möbelprogramm mit Bildhauer Abraham David Christian, Konzeption f. Design- u. Kunstausstellungen im In- u. Ausland.

Anstötz Isolde
B.: Dir. FN.: Amtsgericht Gemünden. DA.: 9737 Gemünden, Friedensstr. 7. G.: Würzburg, 30. Apr. 1940. Ki.: Christine, Sabine. S.: 1959 Abitur, 1959-60 Stud. Math. u. Physik Univ. Würzburg, 1961 Stud. Jura Würzburg u. München, 1965 1. u. 1969 2. jur. Staatsexamen. K.: ab 1969 Richterin in. StA. bei versch. Amtsgerichten in Bayern, seit 1996 Dir. d. Amtsgerichts Gemünden. M.: seit 1996 StadtR. d. CSU Bad Kissingen, stellv. Vors. d. Bayr. Roten Kreuz. H.: Musik, Literatur.

Ansull Oskar
B.: Schriftsteller, Rezitator. GT.: Schwerpunkte: Lyrik, Prosa u. literar. Portraits, Mtgl. d. Initiative Zuflucht Stadt Hannover (IPW). DA.: 30167 Hannover, Grotefendstr. 3. ansull@ gmx.

*) Biographie www.whoiswho-verlag.ch oder beigefügte CD-ROM

de. G.: Celle, 29. Mai 1950. V.: Dr. phil Anke Quast. Ki.: Jasper (1989), Robert (1995). S.: 1968 Mittlere Reife Celle, 1968-69 Praktika, 1969-72 Lehre z. Buchhändler in Celle u. gleichzeitig tätig in versch. Themen u. Filmprojekten. K.: 1972-89 Lehr- u. Wanderj. in versch. Berufen u.a. als Regieass., Sekr., Imker, in den Ländern Frankreich, Österreich, Schweiz, Albanien, Norwegen, Holland, Griechenland, Italien usw., seit 1984 freier Schriftsteller, Hrsg. u. Rezitator u. seit 1989 in Hannover. P.: zahlr. Lesungen, nat. u. intern. auf Kongressen u. intern. Poesie Festivals Jugoslawien u. Luxemburg, sowie auch zahlr. Veröff. in Fachzeitschriften u. Autor u. Hrsg. mehrerer Bücher u.a. Disparates (1984), Entsicherte Zeit (1988), Hrsg. d. Gedichtanthologie Leichthin über Liebe u. Tod (1998), Mit Händen u. Füssen, Gedichte u.a. Zyklen, Nimm a. Finger fort, Mein Kind Komplexe I-III, Sieben Gedichte über Oma Möcker u. mich, Der Pojaz oder Lessings Nathan buchstabieren (CD), Versuch einer Emanzipation, Charles Baudelaire, Spleen, zweisprachige Ausgabe, Nachdichtung v Oskar Ansull. E.: mehrere Preise u. Stipendien (Literaturstipendium), Stipendiat d. Casa Baldi/Olevano, Italien 1990. H.: Lesungen, Literatur, Musik, Theater.

Ant Herbert Dr. rer. nat. Prof.
B.: em.Prof. f. Ökologie u. ihre Didaktik. DA.: 48149 Münster, Enschedeweg 32. PA.: 59063 Hamm, Dahlienstr. 38. G.: Hamm, 30. Dez. 1933. V.: Wiga, geb. Sievers. El.: Hugo u. Elfriede, geb. Haueisen. BV.: Nobelpreisträger John Steinbeck (Vetter d. Großmutter). S.: 1955 Abitur Hamm, 1955-62 Stud. Zoologie, Botanik, Geologie, Geographie, Päd. u. Med. an d. Univ. Münster, Prom., 1972 Habil. K.: 1963-70 Bundesanst. f. Vegetationskunde, Naturschutz u. Landschaftspflege, 1970-72 wiss. Ass. Univ. Dortmund, 1973-99 Prof. f. Ökologie u. ihre Didaktik Univ. Münster, seit 1999 freier Wissenschaftler u. Sammler. BL: Besitzer d. umfassendsten priv. Mollusken-Bibl. (Literatur u. Exponate) in Deutschland. P.: 1973 "Naturschutzgebiete d. BRD", 1978 "Ökolog. Modelluntersuchung", 1992 "Biolog.-ökolog. Landesforsch.", ca. 200 Fachveröff. zu Ökologie, Hydrobiologie u. Naturschutz, Mithrsg. d. Zeitschrift "Natur- u. Landschaftskunde, Beiträge z. Geschichte d. Biologie", 1999 Fotodokumentation "Kriegszerstörungen in Hamm". M.: Vorst.-Mtgl. Förderver. Museum z. Geschichte d. Naturschutzes Düsseldorf, 1975-97 Gründer u. Vors. d. Arge Biol.-ökolog. Landeserforsch., 1980-92 Oberster BeiR. Naturschutz u. Landschaftspflege. H.: Sammler histor. Dokumente, Dt. Geschichte d. 3. Reichs, Fotografieren, Filmen.

Antal Sandra *)

Antal-Südi Susanne Dr. med. *)

Antar Jean *)

Antczack Joachim *)

Ante Bernd *)

Antenbrink Horst *)

Anter Ingeborg Dr. med.
B.: Chefärztin d. Klinik f. Anästhesie u. operative Intensivmed. i. R. PA.: 31139 Hildesheim, Sohldfeld 179. G.: Breslau, 1. Dez. 1928. S.: 1948 Abitur, Med.-Stud., 1954 Staatsexamen, 1959 Prom. Dr. med. K.: 1960 FA f. Anästhesie Univ.-Klinik Mainz, ab 1962 Aufbau d. Anästhesieabt. Städt. KH Hildesheim, ab 1980 Lehrauftrag als FA-Ausbild. an d. MHH Hannover, Abnahme v. Staatsexamen, seit 1992 i.R. BL.: einer d. ersten Chefarztstellen f. Anästhesie in Niedersachsen. P.: div. Veröff. innerhalb d. Fachgebietes Anästhesie, örtl. Tageszeitungen. M.: Mtgl. u. im Prüf.-Aussch. d. Ärztekam. Hannover, Golfclub Hildesheim/Salzdethfurt. H.: Skifahren, Golf, Schwimmen.

Anterist Rudolf Fritz Philipp Dipl.-Kfm. *)

Antes Heinz Dr. rer. nat. Prof. *)

Antes Horst
B.: Maler. PA.: 76228 Karlsruhe, Hohenbergstr. 11. G.: Heppenheim, 28. Okt. 1936. V.: Dorothea, geb. Grossmann. Ki.: 2 Kinder. El.: Valentin u. Erika. S.:1957-59 Studium Akad. d. Bildenden Künste Karlsruhe. K.: 1965 künstler. Leiter, 1967-73 und 1984 Prof. an d. Staatlichen Akademie der Bildenden Künste in Karlsruhe; Verteter d. neuen figurativen Malerei, zahlr. Ausstellungen im In- u. Ausland. E.: 1957 Kunstpreis Hannover und Pankhofer-Preis anl. d. Deutschen Kunstpreises der Jugend, 1960 Stupendium d. Kulturkreises BDI , 1961 Kunspreis "Junger Westen" Recklinghausen, "Prix des artistes", Paris, 1962 Villa Romana-Preis, 1966 Villa Massimo-Stipendium, 1966 Unesco-Preis d. 33. Biennale Venedig, 1968 Premio Marzotto, 1991 Hess. Kulturpreis, 1991 Grand Price Fundacao Bienal de Sao Paulo. M.: o. Mtgl. Freien Akad. d. Künste Hamburg u. d. freien Akad. d. Künste Mannheim.

Antes Klaus *)

Anthes Hans-Peter *)

Antholz Heinz Werner Dr. phil. Univ.-Prof. *)

Antichi Sergio
B.: Gastronom, Chefkoch, selbständig. FN.: Restaurant Italfisch. DA.: 80337 München, Zenettistr. 25. restaurant-italfisch@t-online.de. www.restaurant-italfisch.de. G.: Villa Minozzo Provinz Reggio Emilia/Italien, 12. Apr. 1947. K.: Melanie, Daniel, Deborah. S.: 1962-65 Ausbildung als Radiotechniker in Italien. K.: 1965-66 tätig b. Firma Philipps in München als Radiotechniker, 1966-67 Ausbildung b. Hotel Sporting in Riccione/Italien, 1967-68 Koch u. Servicemanager im Russischen Lokal Datscha in München, 1970 Eröff. d. ersten Eiscafe in München, 1974 Eröff. d. Restaurants Portofino in Baldham b. München, sowie mehrere Lokale in München wie d. Nerone, 1974 Fischgroßhändler auf d. Areal d. heutigen Restaurants Italfisch, 1991 Eröff. d. Restaurants Italfisch in München. BL.: Fischgroßhandelspionier in München. P.: Forbes, SZ, AZ, Brigitte, Feinschmecker, Marcellino. E.: Goldplakette d. Academia Italiana de la Gastronomia (1998). M.: Brigato Mancherca e.V., Hotel- u. Gaststättenverband. H.: Tennis, Skifahren, Radfahren.

Antloga Eduard Dipl.-Kaufmann

B.: Besitzer, Inh. FN.: Hotel Ostmeier. DA.: 44791 Bochum, Westring 35. G.: Cili (Celje)/Slowenien, 5. Mai 1957. V.: Erna, geb. Speh. Ki.: Nathalie (1984). S.: Elektrotechnikerausbild. in Slowenien, 1980 Hotelfachschule in Deutschland. K.: 1982-85 Pächter d. "Hotel z. Post" in Gelsenkirchen, seit 1985 Inh. d. Hotels Ostmeier in Bochum. P.: Veröff. in d. Tageszeitung. H.: Handball.

Anton Hans Hubert Dr. phil. *)

---

*) Biographie www.whoiswho-verlag.ch oder beigefügte CD-ROM

Anton Hermann Josef Dr. phil. Prof.
B.: em. Prof. f. Zoologie. FN.: Univ. zu Köln. PA.: 50996 Köln, Lessingstr. 12. hjanton@.uni-koeln.de. www.uni-koeln.de/math-nat-fak/zoologie/reg-vertebrates/. G.: Düsseldorf, 25. Jan. 1922. V.: Ingeliese, geb. Lehmann. Ki.: Sabine Brigitte, Gabriele Marianne, Jürgen Dieter. El.: Willy u. Annamaria. S.: 1940 Abitur, Leutnant d. Reserve, 1953 Prom. K.: 1947-53 Wiss. Hilfsass. Köln, 1953-64 planm. wiss. Ass. Köln, 1963 Habil., 1964 beamteter Doz. Köln, Ltr. d. Isotopenlabors im Zoolog. Inst., 1970 Univ.-Prof. am Zoolog. Inst. d. Univ. Köln, seit 1987 i. R., Weltraumbiologie (Zusammenarbeit mit Lab of Devel.Biology. Russ. Akad. Sci. Moskau), wiss. Berater b. Biolog. Videoprod., insbes. Mikro u. Makr., ca. 50 Zool. Kurzvideoprod. (ARD / WDR). P.: ca. 90 Veröff. in versch. wiss. Fachzeitschriften, Editor: Control of Cell Proliferation and Differentiation during Regeneration 21 Monogr. devl. Biol. (Karger Basel 1988). E.: Eisernes Kreuz II. Kl., Kriegsverdienstkreuz II. Kl., Verwundeten Abzeichen. M.: Dt. Zoolog. Ges. e.V., Ges. dt. Naturforscher u. Ärzte, Dt. Ges. f. Entwicklungsbiologie, Intern. Ass. for Regeneration Research (Honorary President), Kölner Yacht Club e.V. KYC (1982-98 Präs.), Kölner Segler- u. Motoryacht Verband KSMV (1992-99 Präs.). H.: Segeln.

Anton Klaus-Dieter *)

Anton Rainer Dipl.-Phys. *)

Anton Sabine *)

Anton Uwe
B.: Autor, Übersetzer. PA.: 53859 Niederkassel, Kirchstr. 67. G. :Remscheid, 5. Sep. 1956. V.: verw. El.: Günter u. Hannelore. S.: 1975 Abitur Remscheid, 1975-80 Anglistik u. Germanistikstud. Wuppertal. K.: seit 1980 als Schriftsteller offiziell tätig, vorher schon div. Veröffentl. P.: ca. 20 Bücher, ca. 100 Kurzgeschichten, ca. 200 Buch - Übersetzungen, ca. 500 Comic - Übersetzungen, ca. 600 Essays, 1991 Tanztheater, städt. Bühne Münster "Willkommen in der Wirklichkeit", "Erdstadt" mit T. Ziegler, "Das Schiff der Rätsel", "Wer hat Angst vor Stephen King", "Eisige Zukunft", "Star Trek Enzyklopädie" mit R.M. Hahn.(C.G.)

Anton Victor Dr. med. *)

Anton-Lamprecht Ingrun Dr. rer. nat. Prof.
B.: Univ.-Prof., Direktor i. R. FN.: Inst. f. Ultrastrukturforsch. d. Haut. PA.: 69253 Heiligkreuzsteinach, Waldweg 3. G.: Dortmund, 18. Juni 1932. V.: Karl Heinz Anton. El.: Prof. Dr. Wilhelm u. Edith Lamprecht. BV.: Paul Heise Nobelpreisträger f. Literatur. S.: 1951 Abitur, 1951-59 Stud. Biologie u. Chemie Münster u. Innsbruck, 1959 Prom. z. Dr. rer. nat. K.: 1959-68 wiss. Mitarb. in d. Abt. f. Plasmavererbung Max-Planck-Inst. Köln-Vogelsang, 1968 Übernahme d. Labors f. Elektronenmikroskopie Hautklinik Univ. Heidelberg, 1974 Habil., 1976 Ernennung z. Prof. u. Dir. d. Inst. f. Ultrastrukturforsch. d. Haut, Hautklinik Univ. Heidelberg, seit 1998 im Ruhestand. BL.: Pränatale Diagnostik v. Genodermatosen. P.: 225 Originalarb./Fachart., 32 Buchbeiträge, 288 Vorträge u. Poster. E.: Hans-Nachtsheim-Preis, Gottron-Just-Preis, Gregor-Mendel-Med. Karls-Univ. Prag. M.: ESDR, SCUR, Dt. Dermatolog. Ges. H.: Musik (Barock, klass.), ostasiatische Kunst, Lyrik, Garten.

Antonelli Robert *)

Antoni Alwin Dipl.-Kfm. *)

Antonia Claudius S. *)

Antoniadou-Geiss Marina *)

Antoniazzi Carlos *)

Antoniewicz Heiko *)

Antonio del Eberhardt
B.: Schriftsteller. DA.: 01239 Dresden, Bergdorfer Str. 26. G.: Lichtenstein/Sa., 21. Apr. 1926. V.: Helga, geb. Stenzel. Ki.: Detlef, Volker, Rainer. El.: Karl u. Sophie. S.: 1940-43 Lehre Techn. Zeichner u. Metallhandw., 1943 Ing.-Stud. Dresden, 1944 Wehrdienst. K.: 1946 Kranführer Bremerhaven, b. 1959 Tätigk. als Dispatcher, Schriftrichter, Mechaniker, Sachbearbeiter, Konstruktionsarb. i. Entwicklungsbetr., seit 1959 freier Schriftsteller. P.: Bücher: u.a. Gigantum (1957), Titanus (1959), Projekt Sahara (1963), Heimkehr d. Vorfahren (1966), Okeanos (1988), Volle Kraft voraus (Kinderbuch, 1991). E.: 1973 Spez.-Preis d. Jury d. Intern. Schriftstellertreffens "Sience Fiction" Poznan. M.: b. 1992 Mtgl. d. Ges. f. Raumforschung u. Raumfahrt d. DDR, KdT. H.: Modelleisenbahn, Erzgeb. Volkskunst.

Antonitsch Josef *)

Antonow Maria Dr. med.
B.: FA f. Orthopädie, Sportmed., Chirotherapie u. Physikal. Therapie, selbständig. DA.: 50226 Frechen, Johann-Schmitz-Pl. 4. G.: Köln, 22. Nov. 1963. El.: Michail u. Maria, geb. Krstewa. S.: 1983 Abitur Köln, 1983-85 3 Sem. Stud. Biologie an d. Univ. Köln, dann Stud. Humanmed. an d. Med. Fak. d. Univ. Köln, 1991 Staatsexamen. K.: 1991-93 Ärztin im Praktikum in d. Orthopäd. Abt. d. St. Willy Brord Spitals Emmerich, 1993-94 Ass.-Ärztin Unfallchir. im Marienhospital Wesel, 1995-97 St. Willi Brord Spital Emmerich, 1997 FA-Prüfung in Orthopädie in Düsseldorf, 1998 Ärztin in einer Orthopäd. Praxis in Bornheim, 1999 Ndlg. als FA f. Orthopädie, sowie Ärztin f. Sportmed., Physikal. Therapie, A u. B Dipl. in Akupunktur. P.: Dissertationsarbeit über Knieendoprothese (1999). H.: Reisen.

Antonowitsch Vanko *)

Antons Arnold Dipl.-Ing.
B.: Dipl.-Ing. f. Maschinenbau, Inh. FN.: Ing.-Büro EDV Systeme. DA.: 40667 Meerbusch, Hohegrabenweg 16a. www.antons.de. G.: Jülich, 11. Feb. 1955. S.: 1974 Abitur, 1975 Stud. Maschinenbau an d. RWTH Aachen, 1985 Dipl.-Ing. K.: 1990-92 Systemltr. f. eine CAD Großrechenanlage b. Ing.-Büro Grüterich GmbH Düsseldorf, 1993 selbst. m. Ing.-Büro Antons mit d. Schwerpunkten Softwarevertrieb, Hardwarevertrieb, Investitionsberatung, Netzwerkplanung, CAD-Konstruktion, E-Commerce-Systeme, Programmierung v. Internetseiten, Schulungen. H.: Segeln.

Antons-Sieben Ilona Dipl.-Kauffrau
B.: Gschf. Ges. FN.: Pizza-Hut Restaurant Antons OHG. DA.: 06108 Halle/Saale, Leipziger Str. 11. G.: Aachen, 4. Juli 1974. V.: Reinhard M. Antons. El.: Günter u. Anneliese Sieben, geb. Maßen. BV.: Großvater Arnold Maaßen - Inh. einer Metzgerei u. Viehgroßhdl. in Niederembt. S.: 1993 Abitur, 1993-95 Ausbild. Bankkauffrau West LB Düsseldorf, 1995-200 Fernstud. Betriebswirtschaft m. Abschluß Dipl.-Kauffrau. K.: 1995-96 Firmenkundenbetreuerin in d. West LB Düsseldorf, 1996-97 Ausbild. z. Restaurantmanagerin als Frainchise-Partner bei Tricon-Intern., 1997 Eröff. d- Pizza-Hut Restaurant Sieben + Antons OHG in Magdeburg, 1998 Eröff. d. Pizza-Hut Restaurant Anton OHG in Halle/Saale, 1999 Ausbildereignungsprüf. E.: div. Ausz. v. Tricon-Intern. f. hervorragende Gastronomie. M.: Bund Junger Unternehmer in Weißenfels, Marketing-Coop bei Tricon-Intern., Marketing Club Halle. H.: Literatur, Sport, Reisen.

---
*) Biographie www.whoiswho-verlag.ch oder beigefügte CD-ROM

Antonsen Kari

B.: Heilpraktikerin, selbständig. FN.: Holistic Center Berlin. DA.: 10785 Berlin, Derfflingerstr. 14. praxis@holistic-center-berlin.de. www.holistic-center-berlin.de. G.: Alesund/Norwegen, 3. Nov. 1957. Ki.: Camila (1985), Christian (1986), Markus (1991). S.: 1978 naturwiss. Abitur in Norwegen, 1979-83 Stud. Naturmed. in Oslo m. Abschluss als Heilpraktiker u. Homöopath, parllel dazu 1978-81 Heilerlehre b. Bob Moore in Dänemark u. 1981-83 Ausbildung in personenzentrierter expressiver Therapie, ab 1990 Weiterbildung in Radionik. K.: 1980 Eröff. einer eigenen Naturheilpraxis in Oslo, 1983 mehrmonatiger Weiterbildungsaufenthalt in England auf d. Gebiet d. feinstofflichen Energie u. außersinnlichen Wahrnehmung, 1984-91 Übersiedlung nach Deutschland u. zusammen m. weiteren Partnern Grdg. d. naturheilpraktischen Beratungsinstituts Circadian, welches sich m. d. Entwicklung u. Aktivierung d. inneren Selbstheilungskräfte b. Menschen befaßt, 1987-91 Aufbau u. Führung eines weiteren Inst. d. holistischen Psychologie u. Lebensweise, 2000 Heilpraktikerprüfung in Deutschland u. Zulassung als Heilpraktikerin, Übernahme einer eigenen Praxis in Berlin u. Grdg. d. Holistic Center Berlin. H.: Reisen.

Antz Holger *)

Anwari Abi *)

Anweiler Gero Dipl.-Vw. *)

Anweiler Oskar Dr. phil. *)

Anzalone Antonino

B.: Gschf. FN.: Sadai Business Lounge. DA.: 04229 Leipzig, Erich-Zeigner-Allee 45. G.: Moio Alcantara, 30. Apr. 1960. Ki.: Alessandra (1996). El.: Carmelo u. Mobilia Rosa. S.: Lehre Sanitärinstallateur Firma Idotherma. K.: 1978 Maler d. Stadtwerke in Florenz, Lehre Koch im Hotel-Citta-del-Mare in Palermo, 1. Pl. im Wettbewerb d. Köche in Berlin, ang. Koch im Ristorante Anselmo in Berlin, 1984 Eröff. einer Boutique f. Sportart. in Berlin, Kellner im Ristorante Cristallo in Berlin, 1985 Küchenltr. im Ristorante II Fortuna / Berlin, 1987 Eröff. d. Ristorante Carpaccio in Berlin, 1988 Vertriebsfr. f. Kaffee, 1989 Eröff. d. Cafeteria Rocca m. Eis am Stiel, 1991 Eröff. d. Pastarella in Leipzig, 1993 Gschf. d. Taverna in Leipzig, 1994-2001 Eröff. d. Ristorante Classico, gehobene ital. Küche, 1994-95 Eröff. d. Ristorante Galeria in Leipzig, 1997-99 Eröff. d. Don Camillo & Pepone in Leipzig, 1999 Eröff. d. Ristorante San Luca in Halle, 2001 Eröff. d. Sadai Business Lounge in Leipzig. E.: Ausz. im Michelin, Gault Millaud, Schlemmer-Atlas, Feinschmecker, Savoir Vivre. M.: Vorst. d. Dt.-Ital. Ges. H.: klass. Musik, gut Essen, Autofahren.

Anzenberger Robert *)

Apel Gerda Dipl.-Ing. *)

Apel Günter *)

Apel Günter *)

Apel Hans Dr. rer. pol. Dipl.-Vw. *)

Apel Hans-Jürgen Dr. Prof. *)

Apel Horst *)

Apel Karl-Otto Dr. Dr. h.c. mult. Prof. *)

Apel Katrin

B.: Biathletin. FN.: Dt. Skiverband. DA.: 82152 Planegg, Hubertusstr. 1. PA.: 99330 Gräfenroda, Siedlung 9. G.: Erfurt, 4. Mai 1973. K.: Dt. Meisterschaften: 1995 Silber Staffel Oberwiesenthal, 1996 Gold Einzel u. Silber Sprint Friedenweiler, Weltcup: 1995/96 1x 3. Pl. Einzel, 1997/98 1x 2. Pl. u. 2x 3. Pl. Staffel, WM: 1996 Gold Team u. Gold Staffel Ruhpolding, 1997 Gold Staffel Osrblie/SVK, 1998 Bronze Sprint u. Gold Staffel Nagano/JAP, Weltcup: 1998 1. Pl. Staffel Osrblie/SVK, 1999 2. Pl. Staffel Ruhpolding, 1999 2. Pl. Staffel Antholz/ITA, WM: 1. Pl. Staffel Kontiolathi/FIN, Biathlon-Trophy: 1999 2. Pl. Staffel Ruhpolding, 1999 2. Pl. Staffel Antholz, 2000 7,5km Sprint i. Ruhpolding/2, Kontiolathi Staffel/1., WM Oslo Staffel/1., Sprint/3., 2002 OS Salt Lake City Staffel/1. (Re)

Apel-Köhler Claudia *)

Apeler Udo Dipl.-Ing.

B.: Bauing., Unternehmer. FN.: WST Wildeshauser Straßen + Tiefbau GmbH & Co KG. DA.: 27793 Wildeshausen, Düngstruper Str. 67. apeler@apeler.de. www.apeler.de. G.: Visbek, 28. Feb. 1949. V.: Ingeborg, geb. Krakat. Ki.: Wiebke (1977), Deike (1983). El.: Hubert u. Irmgard, geb. Matz. S.: Mittlere Reife, 1966-68 Praktikum im Bereich Bauwesen in Wildeshausen in versch. Firmen, 1968 Stud. FH Oldenburg u. FH Lippe Ingenieurwesen im Bereich Tiefbau, 1973 Abschluss: Dipl.-Ing. K.: 1973 Eintritt in d. väterl. Tiefbauunternehmen in Wildeshausen als Bauing., 1984 Grdg. WST Wildeshauser Straßen + Tiefbau GmbH & Co KG als Gschf. Ges., 1984 Grdg. Udo Apeler GmbH als Gschf. Ges., 1984 Grdg. Baupro Baustoffproduktion GmbH in Sandgruben, 1992 Eröff. Zweitbetrieb BR Baustoffrecycling in Neerstedt, Müllumschlag f. d. Landkreis Oldenburg. M.: Schatzmeister d. Schützengilde Wildeshausen. H.: Jagd, Schützengilde, Harley Davidson.

Apelt Eberhard Dr. med. vet.

B.: Amtsltr., Amtstierarzt i. R. FN.: Stadtverw. Cottbus. PA.: 03044 Cottbus, Körnerstr. 11. G.: Teichdorf, 1. Okt. 1936. V.: Monika, geb. Sparfeld. El.: Olaf (1963). S.: 1955 Abitur, 1955-60 Stud. Vet.-Med. Humboldt-Univ. Berlin. K.: 1961-63 Pflichtass. u. Fleischbeschautierarzt, 1963-90 Hygienearzt b. d. Lebensmittelüberwachung im Bez. Cottbus, 1963 Prom. z. Dr. med. vet., 1971 Fachtierarzt f. Lebensmittelhygiene, 1995 Fachtierarzt f. öff. Vet.-Wesen, seit 1990 Amtsltr. u. Amtstier-

---

*) Biographie www.whoswho-verlag.ch oder beigefügte CD-ROM

Apelt

arzt beim Vet. u. Lebensmittelüberwachungsamt, seit 2000 im Ruhestand. P.: seit 1965 regelmäßige Veröff. v. Fachbeiträgen z. Thema Lebensmittelüberwachung. M.: Verb. d. Tierärzte im öff. Dienst, Tierschutzver. H.: heimische Vogelwelt.

Apelt Edith

H.: Geschichte, Politik.

B.: Friseurmeisterin, Ges., Filialltr. FN.: Coiffure et Beaute GmbH. DA.: 04416 Markkleeberg-Gaschwitz, Hauptstr. 262. G.: Pegau, 14. Mai 1946. V.: Kraftwerksing. Ulrich Apelt. Ki.: Thomas (1974). S.: 1962-64 Friseurlehre. K.: 1964-71 Friseusin, 1973 Meisterin HK Leipzig, 1975-80 Filialltr. eines Salons in Groitzsch, 1980-86 Filialltr. eines Salons in Gaschwitz, Markkleeberg, seit 1996 Ges. d. o.g. Firma f. umfangreiche Dienstleistungen des Friseurhandwerks für Damen u. Herren, Kosmetik u. Fußpflege.

Apelt Erhard Dipl.-Kfm.

B.: Wirtschaftsprüfer u. Steuerberater. DA.: 92637 Weiden, Hochstraße 16. G.: Lohs/Mark Brandenburg (heute Polen), 10. Jan. 1933. V.: Waltraud, geb. Seuss. Ki.: Carsten (1968), Holger (1971). S.: 1953 Abitur Weiden, 1954-58 Stud. Bw. HS f. Wirtschaft u. Sozialwiss. Nürnberg m. Abschluß Dipl.-Kfm., 1967 Bestellung z. Steuerberater, 1972 Bestellung z. Wirtschaftsprüfer, ab 1976 laufende Fortbildung in d. Bereichen Steuerrecht, Wirtschaftsrecht u. Prüfungswesen. K.: 1958-62 Kfm. Ltr. in d. Ind. in Aalen, 1962-64 Weiterbildung im Steuerrecht, 1964-76 Revisionsassistent, Steuerberater u. Wirtschaftsprüfer in Kzl. Dr. Fischer in Nürnberg, 1976-89 Sozius in d. Kzl. Schön - Apelt, seit 1990 in eigener Kzl. M.: Steuerberaterkammer, Landesverband d. Steuer- u. wirtschaftsberatenden Berufe, Wirtschaftsprüferkammer, Inst. d. Wirtschaftsprüfer, Freundeskreis d. AK Tutzing, Förderver. d. FHS Weiden. H.: Reisen, Wandern, Natur, Theater, Oper, Sport.

Apelt Günter Dipl.-Ing.

B.: selbst. Architekt. DA.: 27472 Cuxhaven, Brahmsstr. 28. G.: Sanderbusch, 17. März 1942. V.: Ilona, geb. Hoffmann. El.: Arthur u. Liesbeth, geb. Meier. S.: 1961-63 Lehre Maurer Wilhelmshaven, 1963-66 Stud. Arch. FHS Buxtehude m. Abschluß Dipl.-Ing. K.: 1966-73 ang. Architekt im Arch.-Büro in Cuxhaven, seit 1973 selbst. m. Schwerpunkt Entwurf u. Bau v. Fereienwohnungen u. Wohnungsbau, Aufträge f. Kurverw. u.a., Kugelbakehalle Cuxhaven, Kirche d. Emmausgemeinde Cuxhaven. M.: 1. Vors. d. Ortsverschönerungsver. Lüdingworth in Cuxhaven.

Apelt Jürgen Dr.-Ing. Prof. *)

Apelt Walter Dr. Prof.

B.: em. Prof. PA.: 14471 Potsdam, Meistersingerstr. 7. G.: Breslau, 31. Juli 1925. V.: Dr. Hella. Ki.: Rolf (1964). El.: Reinhold u. Meta. S.: 1943 Abitur, 1942-43 Einsatz Heimflak u. Arb.-Dienst, 1943-45 Kriegsdienst - schwere Verwundung, 1946-51 Stud. Engl. Russ., Päd., Psych., Geschichte u. Phil. Halle, 1. Examen Lehramt, 1952 Prom., 1954 Examen Franz. Halle, 1958 Habil. K.: 1957-65 Doz. f. Methodik d. Englischunterr. an d. phil. Fakultät d. Univ. Halle u. 1958-64 Ltr. d. Abt. Unterrichtsmethodik sowie Lehrtätigkeit an d. Oberschule, 1965-69 Prof. u. Dir. d. Inst. f. Anglistik an Päd. Hochsch. Potsdam, 1965-90 tätig in d. Lehrerfortbild., 1969-90 Prof. f. Methodik d. Engl.-Unterrichts u. Forsch.Gruppenltr., 1990 emeritiert, 1991-93 tätig in d. Lehrerfortbild. Land Brandenburg. BL.: Entwicklung v. über 500 Unterrichtsmitteln f. d. Engl.Unterricht, Ausbild. v. über 2000 Engl.Lehrern, Betreuung v. 25 Diss. u. 5 Habil. P.: 235 Veröff., Habil.: "Die Päd. Charles Fouriers" (1958), "Die kulturkundliche Bewegung im Unterricht der neueren Sprachen in Deutschland 1886-1945" (1967), "Positionen u. Probleme d. Fremdsprachenpsych." (1976), "Lehren u. Lernen fremder Sprachen in histor. Sicht" (1991), "Hist. Skizze z. Engl.methodik 1945-90" (2000), "Tendenzen d. Engl.didaktik Ostdeutschl. (1945-90)" (2001). E.: Laudatio z. 65. Geb. Augsburg 1991. M.: 1963-92 Redaktionsbeirat d. Zeitschrift Fremdsprachenunterricht, 1965-90 wiss. Rat d. PH Potsdam, 1965-90 Zentrale Fachkmsn. Engl.-Franz.-Methodik, AILA, FIPLV. H.: Musik, Literatur, Wandern, Radfahren, Reisen.

Apenberg Angelika

B.: Inh., Gschf. FN.: Schönheits-Stübchen Angélique. DA.: 37073 Göttingen, Prinzenstr. 19. G.: Seesen, 8. Feb. 1953. V.: Hartmut Brechelt. El.: Edgar u. Anneliese Baumann, geb. Schleusene. S.: 1969-72 Ausbild. z. Friseurin in Bockenem, 1973-74 Ausbild. z. Kosmetikerin Fachschule Hannover. K.: 1974-78 ang. versch. Friseur- u. Kosmetikbetriebe, 1978 selbst. Grdg. d. eigenen Friseur- u. Kosmetikbetriebes, 1993 Ausbildung z. Reikimeisterin. E.: mehrere Ausz. b. Berufswettbewerben u. im Sport (Segeln). H.: Malen, Nähen, Musizieren, Segeln, Reiten, 6 Katzen, Blumen.

Apeshiotis Neophytos Dr. med.

B.: FA f. Humangenetik. DA.: 38100 Braunschweig, Georg-Eckert-Str. 12. G.: Limassol/Zypern, 27. Okt. 1958. V.: Annemarie, geb. Straubinger. Ki.: Sarah (1982). El.: Andreas u. Georgia. S.: 1976 Abitur Limassol, b. 1978 Pflichtwehrdienst in Zypern, 1979-85 Stud. Humanmed. Univ. Freiburg, 1986-89 Doktorand u. wiss. Mitarb. am Inst. f. Humangenetik an d. Univ. in Freiburg, 1991 Prom. z. Dr. med. K.: 1989-91 am Marienhospital in Osnabrück, Beteiligung am Aufbau einer humangenetischen Abt., 1991-94 OA im Bereich d. Cytogenetischen Pränataldiagnostik am Inst. f. Humangenetik d. Univ. in Göttingen, 1994-99 Ltg. eines humangenetischen Labors in Peine, seit 1999 nddlg. FA f. Humangenetik in Braunschweig, Schwerpunkte: Cytogenetische Pränataldiagnostik u. Humangenetische Beratung. P.: Beiträge im Rahmen v. Fachtagungen. M.: Ges. f. Humangenetik, Berufsverb. Med. Genetik, Verb. Dt. Humangenetiker. H.: Jogging, Schwimmen, Radfahren, Lesen, Wandern, klass. Musik, griech. Musik.

*) Biographie www.whoiswho-verlag.ch oder beigefügte CD-ROM

Apfel Georg Dr. jur. *)

Apfelbach Raimund Dr. rer. nat. *)

Apfelbeck Karl Heinz Dipl.-Ing. *)

Apfeld Hans Jörg Dr. med.

B.: FA f. Innere Med., selbständig. FN.: Praxis Dr. med. Apfeld. DA.: 44795 Bochum, Hattinger Str. 337. Apfeld@telemed.de. G.: Bochum, 2. Juni 1957. V.: Brigitte, geb. Schäfer. Ki.: Florian (1997), Alexander (2000). El.: Harro u. Irmtrud, geb. Jahn. BV.: Großvater Robert Jahn, Studienrat u. Stadtarchivar Essen. S.: 1977 Abitur, 1977-84 Stud. Med. Bochum u. Essen, 1991 FA f. Innere Med. K.: 1984-92 Ass.-Arzt am Ev. KH Hattingen, 1989 Promotion, 1992-97 Oberarzt am Marienhospital in Schwelm, 1998 Eröff. d. Praxis. P.: "Die Auswirkungen statischer Hebe- und Haltearbeit an der Schulter und dem Ellenbogen" (1988), Vorträge. E.: Stipendium d. Konrad Adenauer-Stiftung. M.: med. Qualitätsnetz Bochum, Bund Dt. Internisten, Dt. Ges. f. Ernährungsmedizin, Hartmannbund, CDU. H.: Reisen, Modelleisenbahn.

Apfelthaler Renate Ch. *)

Apian-Bennewitz Klaus *)

Apitz Bernd *)

Apitz Dirk

B.: Unternehmer, Inh. FN.: CSoft, SoundService, Beamwalk. DA.: 76135 Karlsruhe, Kriegsstr. 204. G.: Arnsberg, 20. Juli 1969. V.: Renate Prinzing. El.: Wolfgang u. Gisela, geb. Neuroth. S.: 1989 Abitur. K.: 1989-90 Ang. in Computer Creativ Center Lörrach, 1990 Entwicklung eines Steuerungscomputers f. Lichtanlagen, 1991 Informatikstud. TH Karlsruhe, selbst. m. Entwicklung u. Vertrieb v. Soft- u. Hardware, Verleih u. Verkauf v. Musik- u. Lichtanlagen, 1994 Vordipl., 1995 Entwicklung d. Programmiersprache "Pink", basierend auf einer eigenen "Virtual Machine" z. Ausführung v. Pink-Programmen, 1997 Entwicklung eines Steuerungscomputers f. Laseranlagen, Bau d. ersten volldigitalen Laseranimationsprojektors, 1998 Entwicklung eines Echtzeitbetriebssystems. BL.: Design u. Entwicklung v. technischer Software, Planung u. Durchführung v. Lasershows, Mixdown u. Konzerten, Studioarbeit, CD u. DVD-Mastering. H.: Klavier/Keyboard, Reisen, ferngesteuerte Hubschraubermodelle.

Apitz Ronald Dr. Ing. *)

Apitzsch Dieter *)

Apitzsch Helmut *)

Apitzsch Ingeborg

B.: Dipl.-Ökonomin, Pensionärin. PA.: 98527 Suhl, Windeweg 10. Ki.: Sabine (1959), Dr.med. El.: Alfred Eichhorn u. Marie, geb. Krempel. BV.: Bruder d. Mutter, Erich Krempel war 1936 Olympiazweiter m. d. Schnellfeuerpistole, 1939 Weltmeister. S.: 1953 Abitur, 1953-59 Fernstudium Fachschule Finanzwirtschaft Gotha, Abschluss Finanzwirtschafterin, 1963-69 Fernstudium HS f. Ökonomie Berlin-Karlshorst, Fachrichtung Geld u. Währung m. Abschluss Dipl.-Wirtschafterin. K.: 1953-83 Stadt- u. Kreissparkasse Suhl als 2. Revisorin, Innenrevisorin, Abteilungsleiterin Organisation u. Rationalisierung, Ltr. Abt. Kredite, Abt.-Ltr. Bezirksstelle, 1984-86 stellv. Bez.-Dir. f. Sparkassen an d. Staatsbank Bezirksdirektion Suhl, 1987-90 Dir. Stadt- u. Kreissparkasse Suhl, 1991-94 Vorst.-Vors. Stadt- u. Kreissparkasse Suhl, 1994-95 Vorst.-Mtgl. Rhön-Rennsteig-Sparkasse, seit 1995 Pensionärin. BL.: seit 1995 Mtgl. d. Projektes "Runder Tisch" der DtA u. d. IHK Südthüringen, seit 1997 ehrenamtl. Vorst.-Mtgl. d. Gemeinnützigen Wohnungsgenossenschaft Weimar e.G., 1998-2000 Präs. Zonta-Club Suhl-Area (1996-98 Stellv.), Vors. d. Prüfungskommission Bankkaufmann der IHK Südthüringen (1991-2000). M.: seit 1993 Vorst.-Mtgl. u. Schatzmeisterin Förderverein Schießsportzentrum Suhl, seit 1995 Vorst.-Mtgl. u. Schatzmeisterin im Dt. Seniorenring Landesring Thüringen, Sitz Suhl, seit 1997 Schatzmeisterin im Verein Akademie schöpferische Technik e.V., seit 1999 Vorst.-Vors. Förderverein Stiftung Rehabilitation Südthüringen.

Apitzsch Wolfram Dr.

B.: Anlagen- u. Finanzberater, Dipl.-Math. FN.: apofinanz d. APO-Bank. DA.: 04347 Leipzig, Braunstr. 16. PA.: 04849 Bad Düben, Kirchstr. 8. G.: Leipzig, 17. Juni 1960. Ki.: Tilman (1989). S.: 1979 Abitur Eilenburg, Wehrdienst, 1981-86 Stud. Math. Univ. Leipzig, Dipl. K.: 1986-91 wiss. Ass., 1991 Prom., 1992-98 Inh. eines Finanz- u. Immobilienbüros, seit 1998 Berater d. apofinanz. M.: Förderver. Kurstadt Bad Düben e.V. H.: Literatur.

Apmann Wilfried *)

Apostel Beate

B.: Gschf. FN.: APLINK Online Solutions. DA.: 46047 Oberhausen, Essener Str. 5. b.apostel@aplink.de. www.aplink.de. G.: Oberhausen, 12. Mai 1967. Ki.: 1 Kind. El.: Josef u. Erika. S.: 1983 Fachoberschulreife Oberhausen, 1983-85 Ausbild. z. Bürokauffrau RAG Niederrhein. K.: 1985-89 Sachbearb. Personalwesen RAG, 1989-91 DV-Organ. RAG Osterfeld, 1991-93 stellv. EDV-Koordinatorin d. Verbundbergwerkes Osterfeld, 1987-91 Ausbildung z. Wirtschaftsinformatikerin, 1993-98 Systemhaus Laufenburg - Entwicklung eines KH Info-Systems, ab 1998 Grdg. d. eigenen Betriebes, Beratung, Konzeption, Programmierung v. komplexen Internetpräsenta-

*) Biographie www.whoiswho-verlag.ch oder beigefügte CD-ROM

Apostel

tionen, Intranetlösungen Shop-Systemen u. Datenbankanwendungen u. Durchführung v. Seniorenschulungen incl. kompletter Seminarorgan. M.: SPD Oberhausen, Grdg.-Mtgl. d. OBone. H.: Snowboard, Gleitschirmfliegen, Fahrradfahren, Segeln, Kunst, Reisen.

Apostolov Nikolay

B.: Botschafter d. Rep. Bulgarien. DA.: 10117 Berlin, Mauerstr. 11. Apostoloff@yahoo.com. G.: Sofia, 24. Apr. 1957. V.: Natalja, geb. Vladimirova. Ki.: Kalina (1988). El.: Apostol u. Kortesa. BV.: Großvater Panajot, Diplomat im Königreich Bulgarien. S.: 1976 Abitur, 1976-78 Bautruppen, 1978-79 Stud. intern. ökonom. Beziehungen HS f. Ökonomie Sofia, 1979-84 Stud. Außenwirtschaft HS Berlin-Karlshorst. K.: 1984-89 tätig im Außenhdl.-Betrieb Bioinvest in Sofia, 1990 DDR-Ref. im Min. f. intern. ökonom. Beziehungen, seit 1990-92 Aufbau d. eigenen Familienunternehmens f. Exporte u. Importe, 1993-94 Hdl.-Dir. d. Firma Unitrade in Bulgarien, 1994 Kandidat im Parlament, 1995 Koordinator d. Wahlkampfes f. d. Union d. Demokrat. Kräfte, 1995 Abt.-Ltr. f. ausländ. Investitionen d. Stadtverw. Sofia, 1997-98 Parlamentsmtgl. u. Mtgl. im Finanz- u. Wirtschaftsaussch., seit 1998 Botschafter in Deutschland. P.: Zeitungsinterwies in Diplomatic Society. H.: Orientierungslauf, Bergwandern, mod. u. klass. Musik, Reisen. Sprachen: Deutsch, Englisch, Russisch.

Appah Edward Newton Dr.

B.: prakt. Arzt. DA.: 44509 Dortmund, Flughafenstr. 634. G.: Ghana, 8. März 1942. V.: Helen, geb. Bellot. Ki.: Edward (1974), Genevieve (1970), Kwasi (1976). El.: Edward u. Mary. S.: 1957-63 Secondary School Presec, Opoku Ware Abitur 1963, 1963-64 Lehrer f. Chemie u. Biologie an Secondary School, 1964 Stipendium f. Deutschland, 1966-71 Stud. Med. an Univ. Heidelberg, 1972-78 Ausbild. Chir. Klinik Dinslaken. K.: 1978-85 OA am Marien-Hospital in Oberhausen, 1986 Eröff. d. Praxis als prakt. Arzt. BL.: finanzielle Unterstützung f. d. Heimatdorf in Ghana u.a. z. Bau einer Bibliothek, u. Engagement im sozialen Bereich, Bau eines Altenheimes in London. P.: Dr.-Arb. z. Thema Tuberkulose. M.: Hartmannbund. H.: Tennis, Golf, Lesen v. Fachzeitschriften, Klavier spielen, Jazz, Tanzen zu Soul-Musik.

Appé Reinhard Dipl.-Ing.

B.: freiberufl. Übersetzer. FN.: Agentur "Transscript". DA.: 14478 Potsdam, Zum Kahlenberg 16. service@transscript.de. www.appe.de. G.: Dresden, 11. Sep. 1953. Ki.: Anja (1979). El.: Alexander u. Helga, geb. Gördell. S.: 1972 Lehre Funkmechaniker m. Abitur, 1972-76 Stud. Informationstechnik TU Dresden. K.: seit 1976 Fachübersetzer f. Elektrotechnik in Engl. u. Deutsch, 1976-94 Elektroprojektant in Berlin, Potsdam u. Teltow, 1990 glz. Grdg. d. Agentur "Transscript", seit 1995 selbständiger Übersetzer, seit 2001 allg. beeid. Übersetzer f. d. engl. Sprche f. Gerichte u. Notae im Land Brandenburg. P.: Übersetzungen v.: Wörterbuch Arch. Bauwesen (1994), Flora/Fauna (1996), Coautor v. "China Philately" Bd. 1 (1998) u. Bd. 2001). H.: Philatelie, Reisen.

Appel Andreas *)

Appel Claus-Dietrich Dr. med. OMedR.

B.: FA f. Gynäkologie u. Geburtshilfe. DA.: 16816 Neuruppin, Lindenallee 98b. G.: Potsdam, 20. Sep. 1939. V.: Renate, geb. Dolge. Ki.: Heike (1963), Frank (1966). El.: Gottfried u. Ilse, geb. Osterburg. BV.: Johann Christian Schubert "Ritter des Heiligen römischen Reiches von dem Kleefelde", Wegbereiter d. modernen Landwirtschaft, geb. 1734 in Zeitz. S.: 1958 Abitur Neuruppin, 1967 Abschluß d. Stud. d. Humanmed. an d. Humboldt-Univ. Berlin u. Med. Ak. Erfurt m. Dr. med. K.: 1964-65 Ass. in Spremberg, 1965-67 als Arzt NVA, 1967-89 Frauenklinik Neuruppin als Stationsarzt u. OA (1974), daneben Ausübung d. Funktion als Kreisarzt u. dann ärztl. Dir. im BKH Neuruppin, 1972 Abschluß FA f. Gynäkologie u. Geburtshilfe, seit 1990 ärztl. Dir. f. med. Betreuung im Klinikum Buch/Berlin, 1991 eigene Ndlg. BL.: seit 1969 Einführung d. Anti-D-Profilaxe in d. DDR. P.: "Über d. Vorkommen d. G-6-P-D-Defektes in d. DDR" (1967). E.: 1979 Verd.-Med. d. DDR, 1982 OMedR. M.: 1967-79 SED. H.: Symphonische Musik, Hochseesegeln.

Appel Georg *)

Appel Gerd Friedrich Wilhelm Dipl.-Ing. *)

Appel Gudrun *)

Appel Hans-Günter Dr.-Ing.

B.: Prof. f. Werkstoffkunde FH Wilhelmshaven. GT.: vereid. Gutachter f. metall. Werkstoffe u. Korrosion. DA.: 2940 Wilhelmshaven, Friedrich-Paffrath-Str. 101. PA.: 26419 Accum, Auenweg 2. G.: Braunschweig, 28. März 1934. V.: Ingeborg, geb. Ruhe. Ki.: Susanne, Volker, Martin. El.: Hermann u. Margarete. S.: Gymn., Stud. d. Eisenhüttenkunde in Clausthal-Zellerfeld, Prom. K.: Forsch.Ing. b. d. Ver. Dt. Metallwerken in Altena, Werkstoffing. u. Ltr. d. zentralen Metallografie b. d. Volkswagenwerk AG in Wolfsburg, Prof. f. Werkstoffkunde an d. FH Wilhelmshaven. P.: 10 Arb. über werkstoffkundl. Themen. M.: VDI, Ver. Dt. Eisenhüttenleute, HS-Lehrerbd. H.: Skifahren, Radfahren, Gartenarbeit.

Appel Heinz-Peter Dipl.-Ing. *)

Appel Helmut Dr. rer. nat. Prof.

B.: Univ.Lehrer, Physiker. PA.: 76021 Karlsruhe, Postfach 3640. V.: Dr. Kristin, geb. Keilhack. Ki.: 3 Kinder. S.: Stud. TU München, Univ. Erlangen, Univ. Mainz, Aufenthalte in zahlr. Forschungsstätten in Europa, Amerika u. Afrika. P.: zahlr. Veröff. über Kernreaktionen u. Kernspektroskopie u. deren Anwendung in Chemie, Festkörperphysik u. Biologie. M.: DPG, Foreign Ass. of the Royal Society of South Africa. H.: klassische Musik, Schilauf, Golf.

Appel Hermann Dr. Ing. Prof.

B.: Univ.-Prof. FN.: TU Berlin. DA.: 13335 Berlin, Gustav-Meyer-Str. 25. PA.: 14139 Berlin, Richard-Strauss-Str. 24. G.: Lüneburg, 21. Dez. 1932. V.: Dörte, geb. Küttner. Ki.: 2 Kinder. El.: Wilhelm u. Erika. S.: 1952-54 Ausbild. Maschinenschlosser, 1954-60 Stud. Maschinenbau an TU Braunschweig. K.: 1960-65 wiss. Ass. an d. TU Braunschweig, Prom., 1966-70 Abt.-Ltr. d. Firma Rheinstahl-Hanomag in Hannover, 1970-72 ltd. Forsch.-Mitarb. d. VW AG, 1972 Prof. f. Kfz an d. TU Berlin, 1998 Emeritierung. BL.: nat. u. intern. anerkannter

*) Biographie www.whoiswho-verlag.ch oder beigefügte CD-ROM

Forscher im Bereich Fahrzeugsicherheit, Mitentwicklung d. UNI-CAR. F.: Grdg. d. Unfallforsch. MH in Hannover, Grdg. d. IAV GmbH in Berlin. P.: über 250 wiss. Publ. z. Tema Fahrzeugtechnik u. -sicherheit. E.: Sicherheitspreis d. Schweizer Automobilclub, Safety Award d. US Verkehrsmin., BVK am Bande. M.: Vielzahl an Organ. u. Gremien u.a.: VDI, DVWG, DGVM, IRCOBI, SAE. H.: Lesen, Konzerte, Sport, Golf.

Appel Horst Dr. *)

Appel Horst *)

Appel Jürgen *)

Appel Manfred Dipl.-Ing. *)

Appel Rainer *)

Appel Reinhard
B.: Publizist. PA.: 53129 Bonn, Rurweg 14. G.: Königshütte, 21. Feb. 1927. V.: Marianne, geb. Bauder. Ki.: 3 Kinder. S.: Mittlere Reife Berlin-Spandau, Lehrerbild.-Anst. Berlin, 1944 Lehramtsanw. Brandenburg/Havel, Wehrmacht. K.: 1946 Beginn d. journalist. Laufbahn in Stuttgart, zunächst als Volontär, dann als polit., später diplomat. Korrespondent in Bonn u. Ltr. d. Bonner Büros, 1962-63 Vors. d. Bundespressekonferenz, 1971-73 Ltr. d. Bonner Büros. "Südt. Zeitung", 1973-76 Intendant d. "Deutschlandfunks" in Köln, 1963-92 Organisator u. Moderator d. ZDF-Sendung "Journalisten fragen - Politiker antworten" sowie zahlr. Bürgersendungen im In- u. Ausland einschließl. Fernsehbrücken m. d. Sowjetunion u. China b. 1992, 1965-87 Moderation d. "Elefantenrunden", 1976-88 Chefredakteur d. ZDF, 1993-94 Hörfunkbeauftragter d. ZDF f. DS-Kultur, m. RIAS- u. Deutschlandfunk fusioniert: DeutschlandRadio m. Sendern in Köln u. Berlin. P.: Buchautor: "Es wird nicth mehr zurückgeschossen" (1995), "Die Regierenden Bgm. Berlins seit 1945" (1996), "50 J. Bundesrep." (1999), "Einheit d. ich meine" (2000), "Preussen 1701-2001". E.: Theodor-Wolff-Preis, Grimme-Preis, Gold. Kamera, Gr. BVK, EZ d. Dt. Roten Kreuzes. M.: 10 J. Vors. Potsdam Club, Juror f. Journalistenpreise versch. Inst., Kuratorium d. Heinemann-Bürgerpreises, Kuratorium Friedrich-Ebert-Stiftung, Präsidiumsmtgl. d. "Goethe-inst." München. H.: Tennis.

Appel Reinhard *)

Appel Rolf Dr. Prof. *)

Appel Rüdiger *)

Appel Stefan

B.: Schuldirektor. FN.: Gesamtschule Hegelsberg. DA.: 34127 Kassel, Quellhofstr. 140. PA.: 34225 Baunatal, Meisenweg 7. G.: Königsberg, 3. Aug. 1942. Ki.: Timo (1969), André (1990), Marcel (1990). El.: Prof. Gerhard u. Anna Elisabeth. S.: Abitur Kassel, 1963-69 Stud. Germanistik, Geschichte, Pädagog. u. Philos. Univ. Göttingen. K.: 1969-78 Lehrer an Kasseler Schulen, 1978-83 stellv. Leiter d. Schule Struthbachweg in Kassel, seit 1983 Leiter d. Schule Hegelsberg in Kassel, 1972-78 Seminarleiter im Stud.Seminar Kassel, seit 1982 Ganztagsschulfachberater. P.: div. Veröff. zu Ganztagsschulfragen, Hrsg. "Gesamtbibliographie Ganztagsschule/Tagesheimschule" (1983), Hrsg. d. 1. Verzeichnisses schulgeeigneter Spiele (1983-84), "Handbuch Ganztagsschule-Konzeption, Einrichtung u. Organisation" (2. Aufl. 2001). E.: Urkundl. Anerkennung d. Ganztagsschulengagements u. d. Verdienste f. eine kinderfreundliche Schule durch d. Hess. Kultusministerium. M.: Ganztagsschulverb. GGT e.V. Frankfurt/Main (seit 1978), Bundesvorsitzender d. Verb. (seit 1985). H.: alte Bücher, Altbaurenovierung.

Appel Titus Dr. med. dent. *)

Appel-Merkle Inge *)

Appelbaum Wolfgang Dipl.-Ing.
B.: freiberufl. Unternehmensberater u. Therapeut. DA.: 10781 Berlin, Goltzstr. 21. G.: Hagen, 31. Okt. 1954. Ki.: Tim (1988). S.: 1973 Fachabitur, 1973-77 Ing.-Stud. in Hagen, Dipl.-Ing. K.: 1977-81 Ass. d. AV-Ltr. b. Haushert + Söhne Sprockhövel, 1981-96 Techn. Ltr. d. Villosa-Werk Hagen, 1995-99 Ausbild. z. Kontaktkunsttherapeut (Psychotherapie), seit 1997 Unternehmensberater u. Kontaktkunsttherapeut sowie Grdg. d. Videoprojektmanagement GbR. H.: Free u. modern Jazz.

Appelhof Wilhelm

B.: RA u. Notar. DA.: 44135 Dortmund, Kaiserstr. 17 a. www.Budin-Partner.de. G.: Bochum, 12. Jän. 1952. V.: Gisela, geb. Döring. Ki.: Ole (1986). S.: 1972 Abitur, 1972-77 Stud. Betriebs- u. Rechtswiss. Univ. Bochum, 1977 1. Staatsexamen, 1977-79 Referendariat LG Dortmund, 1979 2. Staatsexamen. K.: 1979-81 richterl. Dienst am Verw.-Gericht Gelsenkirchen, seit 1981 ndlg. RA, b. 1990 wiss. tätig an d. Univ. Bochum am Lehrstuhl f. Verw.- u. Steuerrecht, 1991 Bestellung z. Notar m. Schwerpunkt Immobilien-, Miet-, Bau- u. Erbrech bei Beriebsübergabe. P.: Veröff. in Zeitungen, Vorträge z. Thema Erbrechl. Gestaltung d. Betriebsübergangs. M.: 2. Vors. d. Sporthochseeschiffervereinig. Deutschland, Dt. Ges. z. Rettung Schiffbrüchiger. H.: Segeln, Radfahren, Sport.

Appelius Erhard W.
B.: MinR. a.D. PA.: 53125 Bonn, Hobsweg 54. G.: Dt.-Krone, 2. März 1929. V.: Christa, geb. Wunsch. Ki.: Utz (1965), York (1969). El.: Walter u. Gertrud. S.: Gymn., Stud. Rechts- u. Staatswiss., 1. u. 2. Jur. Staatsprüf. K.: 1959-63 Wiss. Mitarb. b. Göttinger Arbeitskreis, 1964-69 BMin. f. Vertriebene, 1969-91 BMin. d. Innern. E.: BVK I. Kl., Gold. Pommern-Ehrennadel. M.: Ehrenvors. d. Konvents Ev. Gem. aus Pommern, Alt-Pr. d. Pomm. Abg.Versammlung, Mtgl. d. Histor. Kmsn. f. Pommern, Ehrenmtgl. d. Pommerschen Landsmannschaft (Bundesverband). H.: Territorialgeschichte.

Appell Ehrhart Dr. iur. *)

Appell Hans *)

Appell Rainer G. Dr. med.
B.: Arzt f. Homöopathie u. Kinderheilkunde. DA.. 10787 Berlin, Courbièrestr. 5. G.: Eisenach, 8. Apr. 1947. V.: Editha, geb. Vespermann. Ki.: Laura, Paul. El.: Dr. Gerhard u. Gerlinde, geb. Böttcher. BV.: Urgroßvater Maximillian Böttcher -

*) Biographie www.whoiswho-verlag.ch oder beigefügte CD-ROM

Appell

Schriftsteller in Berlin; Großvater Helmuth Böttcher - Schriftsteller in Eisenach. S.: 1966 Abitur Mosbach/Baden, 1966 Stud. Med. Univ. Heidelberg u. London, 1974 Approb. K.: 1975 Ass. an d. Univ.-Kinderklinik in Heidelberg, 1978 Prom., 1984 FA f. Kinderheilkunde, 1984 tätig am Klinikum Steglitz in Berlin, FA f. Homöopathie, seit 1990 Niederlassung in Berlin m. Schwerpunkt Homöopathie u. Psychotherapie spez. psychosomat. Krankheiten; freier Mitarb. d. FAZ u. ab 1990 in d. Sachbuchredaktion d. Süddt. Zeitung. BL.: 1992 Grdg. d. jährl. Hainsteintagung (Eisenach) z. Förderung d. interdisziplinären Gesprächs v. Homöopathen, Geistes- u. Natutwissenschaftlern. P.: (Hrsg.): Homöopathie, Psychotherapie & Psychiatrie. Hahnemanns weiterwirkender Impuls (Heidelberg 1993), (Hrsg.): Homöopathie. 150 Jahre nach Hahnemann. Standpunkte und Perspektiven (Heidelberg 1994), (Hrsg.): Der verwundete Heiler. Homöopathie u. Psychoanalyse im Gespräch (Heidelberg 1995), (Hrsg.): Homöopathie zwischen Heilkunde und Heilkunst (Heidelberg 1997), (Hrsg.): Homöopathie und Philosophie & Philosophie der Homöopathie (Eisenach 1998); Schriftleiter d. Allgemeinen Homöopathischen Zeitung. H.: schriftstellerische Tätigkeit, Philosophie, Mythologie, Landwirtschaft, Tiere.

Appelmann Fritz *)

Appelmann Otfried *)

Appelt Gerold Dr. rer. nat.

B.: Handelschemiker, Unternehmer. FN.: Institut Dr. Appelt. DA.: 04317 Leipzig, Täubchenweg 28. institutdr.appelt@t-online.de. www.appelt-laboratorien.de. G.: Langenreichenbach, 14. Aug. 1948. Ki.: 3 Kinder. S.: 1967 Abitur Torgau, 1967-71 Stud. Chemie Univ. Leipzig, 1971-74 Stud. Forschung Univ. Leipzig, 1974 Prom., 1974-76 Wehrdienst. K.: 1976-82 wiss. Mitarbeiter in d. Klinischen Chemie des KH St. Georg, 1982-90 Ltr. d. Forschungslabors Gastroenterologie Univ. Leipzig Klinik f. Innere Med., 1986 Fachchemiker d. Klinische Med. Univ. Berlin, seit 1991 selbständig m. Privatlabor, seit 1996 Gründer u. Inh. d. Institut Dr. Appelt, Institut f. Warenprüfung u. Qualitätskontrolle, Lebensmittelchemie, Mikrobiologie, Umweltanalytik u. Pharmaanalytik. E.: akkreditiertes Prüflabor nach ISO/IEC 17025.

Appelt Hans Christian M.A. *)

Appelt Klaus Günter Josef *)

Appenzeller Immo Dr. Prof. *)

Aquila Werner Christian *)

Araghtchi Mostafa Dipl.-Ing. *)

Araiza Rafael

B.: Gschf., Inh. FN.: MGI Management G. f. Informationstechnik mbH. DA.: 80797 München, Schleißheimer Str. 55. G.: Mexiko City. Ki.: Alexandra, Francesca. El.: Jose u. Guadalupe Andrade. BV.: 4 Brüder u. 3 Schwestern - 1. Bruder - Arzt in einer Klinik in Mexico, 2. Bruder -Unternehmer in Mexico, 3. Bruder - Unternehmer in München, 4. Bruder - Opernsänger weltweit, 1. Schwester - Ärztin u. Ltr. eines KH in Ottawa, 2. Schwester - Psychologin einer weltweit bekannten Unternehmensberatung, 3. Schwester - Kauffrau in Mexico gemeinam m. d. Ehemann. S.: Stud. Informatik u. Nachrichtentechnik Inst. Politecnico Nat. Mexiko. K.: 1975 Start bei Siemens AG Deutschland, 1989 Grdg. d. ersten Firma in Deutschland, 1994 Einstieg im internat. Geschäft. F.: Red24 Holding AG in d. Schweiz. P.: Vertretung d. Firma Siemens in internat. Gremien. E.: OIng. d. Firma Siemens AG Deutschland. H.: Reisen, Kunst, Geschichte - spez. Ägypter u. Sumerer.

Arakeljan Arman

B.: Gastronom, selbständig. FN.: Restaurant "Armando". DA.: 03046 Cottbus, Lieberoser Str. 40. G.: Erevan, 19. Apr. 1976. El.: Albert Arakeljan u. Karina Voskanjan. S.: 1993-99 Ausbildung Gastronomie, Tätigkeit in Restaurants Dresden, Hilfsarbeiter, Ausbildung Kalte Küche, Ausbildung Barbetrieb, Ausbildung Service-Bereich. K.: 2000 Eröff. d. eigenen Restaurants "Armando" in Cottbus als Inh., 2000 Eröff. d. 2. Restaurants Cottbus. H.: Tennis.

Aram Morad *)

Araman Martin *)

Arand Bodo

B.: Betriebswirt, Landesgschf. d. WirschaftsR. d. CDU e.V. Niedersachsen. DA.: 30419 Hannover, Böttcherstr. 7. PA.: 30880 Laatzen, Lange Weihe 67. G.: Hannover, 22. Feb. 1948. V.: Annette, geb. Buczkowski. Ki.: Frauke (1970), André (1976). S.: 1965 Mittlere Reife Hannover,1965-68 Ausbild. z. Ind.-Kfm. b. Continental AG Hannover. K.: 1968-72 Ind.-Kfm. b. Continentalvers.-Dienst GmbH in Hannover, 1972-80 tätig in einem Vers.- u. Finanzierungsbüro in Hannover,1980-83 Wechsel z. WirtschaftsR. d. CDU e.V. als stellv. Landesgschf., 1983 Landesgschf. d. WirtschaftsR. d. CDU e.V. Niedersachsen. M.:

---

*) Biographie www.whoiswho-verlag.ch oder beigefügte CD-ROM

CDU, Kestnerges., Dt.-Jordan. Ges., Landespressekonferenz, Presseclub Hannover, Netzwerk d. Ideen e.V. H.: Lesen, Computer, Reisen.

Arand Wolfgang Dr.-Ing. habil. Univ.-Prof. *)

Aranowski Frank Christian Mag. artium *)

Aranowski Theresia Dipl.-Gesangspädagogin

B.: Konzertsängerin (Sopran), Dipl.-Gesangspädagogin, Dipl.-Musik- u. Tanzzieherin. DA.: 69126 Heidelberg, Bothepl. 106. G.: Bensheim, 16. Dez. 1964. V.: Frank Christian Aranowski. El.: Gottfried u. Hannelore Rupp, geb. Kukla. BV.: Großvater Victor Kukla - bekannter Sänger und Solojodler; Urgroßvater - Kunstmaler u. Konstfotograf. S.: 1969 l. Blockflötenunterricht, 1971 l. Klavierunterricht, viele Auftritte als Hausmusikensemble m. d. Familie, 1983 Abitur, 1984-87 Stud. Päd. u. Ethnologie Univ. Heidelberg. K.: während d. Stud. Schauspielerin u. Tänzerin am Theater Mobile in Zwingenberg, 1984-89 Musikltr. d. Kinderzirkus Picobello in Heidelberg, 1986-89 Musikltg. d. Karlstorgem. Heidelberg, 1987-89 Gesangsunterricht u. Studienvorbereitung an d. Musik- u. Singschule Heidelberg, 1989 Solistin am Kleinen Musiktheater Heidelberg u. Teilnahme an d. Heidelberger Festspielen im Darmstädter Konzertchor, 1989-95 Stud musikal. Früherziehung an Orff-Institut (Mozarteum) in Salzburg m. Abschluß Dipl.-Musik- u. Tanzerzieherin, 1992-97 Tätigkeit als Blockflötenlehrerin,seit 1993 Tätigkeit als Gesangslehrerin, 1993-97 Stud. Gesangspäd. am Mozarteum Salzburg, 1997 Dipl. m. Ausz., während d. Ausbild. div. kirchenmusikal. Auftritte, seit 1998 freiberufl. Sängerin im Bereich Lied u. Oratorium, seit 1999 Weiterbild. bei KMS Ruthilde Boesch in Wien. BL.: Entwicklung kreativer, individueller Lernmethoden m. Einbindung v. Tanz u. Bewegung. M.: Tonkünstlerverb. H.: Malen, Tanzen, Sport.

Araschmid Mehregan Dr. med. *)

Arbeiter Adolf

B.: RA, Fachanw. f. Arbeits- u. Sozialrecht, Miet- u. Erbrecht, Inh. FN.: Härlein & Kollegen Rechtsanwälte. DA.: 90402 Nürnberg, Marientorgraben 13. PA.: 90425 Nürnberg, Düsseldorfer Str. 108. G.: Nürnberg, 27. Feb. 1941. V.: Ursula, geb. Kelker. Ki.: Thorsten (1962), André (1966), Anja (1973), Christian (1976). S.: 1960 Abitur Nürnberg, 1960-64 Stud. Rechtswiss. Univ. Erlangen u. Tübingen, 1964 1. Jur. Staatsexamen, 1965-69 Referendarzeit in Nürnberg, 1969 2. Jur. Staatsexamen, 1969 RA-Zulassung Nürnberg. K.: seit 1969 RA in d. jetzigen Kzl. in Nürnberg. BL.: 2. Jur. Prädikatsexamen. E.: Silb. Ehrennadel CAM Nürnberg, Ehrennadel Bayer. Landessportverb. M.: 1. Vors. "Club am Marienberg", CAM Nürnberg (Hockey u. Tennis), Vors. d. Schiedsgerichtes Bayer. Landessport-Verb., BLSV Bez. Mittelfranken, Justitiar b. ASV Forth/Sportver. H.: Sport (Tennis, Fußball), Literatur, klass. Musik, Oper.

Arbia Mario *)

Arbter Manfred J.
B.: Architekt, Designer, Erfinder. FN.: Arbter "design" Essen. DA.: 45130 Essen, Krawehlstr. 25. arbter@cityweb.de. G.: Münster, 12. Sep. 1936. V.: Ruth, geb. Rotthäuser. S.: Abitur, Praktikum Phil. Holzmann AG, Arch.-Stud. Univ. Münster u. Aachen, prakt. Ausbild. b. nat. u. intern. Firmen (Marketing, Vertrieb, Verkauf). K.: 1968-78 Verkaufsdir. b. einem intern. Unternehmen, seit 1978 freiberufl. Designer u. Erfinder. BL.: patentierter Designer Taschenliegestuhl aus Buchenholz (recyclebar). P.: Berichte über Erfindungen d. Designer-Taschenliegestuhles in: WDR Fernsehen, RTL Plus, Dt. Welle, Zeitschriften, Zeitungen u. Agenturen (Capital, Welt am Sonntag, idr, dpa, scala, WAZ, 70 nat. u. intern. Magazine). H.: Musik, Kunst, Literatur, Tennis.

Arbter Peter A. *)

Arbter Waltraud *)

Arcamone Giuseppe

B.: Restaurantfachmann, Mitinh. FN.: Ristorante Arcamone d'Ischia. DA.: 12109 Berlin, Mariendorfer Damm 96-98. G.: Ischia, 31. Aug. 1952. Ki.: Tatjana (1980). El.: Salvatore u. Menella. S.: 1969 Abschluss d. Hotelfachschule in Italien - Restaurantfachmann. K.: 1970 Übersiedlung nach Berlin, 1970-72 Service u. Empfang im Hotel Ambassador in Berlin, 1972-98 Service, später Restaurantltr. im Hotel Kempinski Berlin/Fasanenstraße, seit 1999 selbst. m. eigenem Ristorante in Berlin-Tempelhof. BL.: Einrichtung eines Zitronengartens, Ausbild.-Betrieb f. Restaurantfachleute. H.: Schwimmen, Fahrradfahren.

Arch Michael Dipl.-Ing. Prof. *)

Archangeli Gerald

B.: Vers.-Betriebswirt, Inh. FN.: Victoria Generalagentur. DA.: 10625 Berlin, Schlüterstr. 5. archangeli@versicherungspartner-berlin.de. www.versicherungspartner-berlin.de. G.: Berlin, 10. Mai 1969. V.: Catherine, geb. Kellner. S.: 1987-89 Berufsausbild. Vers.-Kfm. K.: 1989 Aufnahme m d. Bundesverb. Dt. Vers.-Kaufleute, 1992 Berufung z. Mgtl. eines Prüf.-Aussch. f. d. Prüf. z. Vers.-Fachmann durch d. Berufsbild.-Werk d. Dt. Vers.-Wirtschaft (BWV), 1993 Gen.-Agent d. Victoria Vers.-Ges., 1993-2000 Übernahme d. Öff.-Arb. d. Bundesverb. Dt. Vers.-Kaufleute, Bez.-Verb. Berlin-Brandenburg, 1993 Berufung in d. Kommiss. f. Aus- u. Weiterbild. d. Bundesverb. Dt. Vers.-Kaufleute, 1996 Doz. f. d. Fach kundenorientierter Produktüberblick im Rahmen d. überbetriebl. Unterrichts f. Auszubildende, 1996 Berufung in d. Aufgabenlenkungsaussch. f. d. Prüf. z. Vers.-Fachmann (BWV), 1996-2000 Stud. z. Vers.-Betriebswirt, 1997 Mtgl. d. Arbeitskreises z. Schulung d. IHK Prüfer, 1998 Ausbau d. Victoria Generalagentur z. Ausbild.-Betrieb, 2000 Wahl z. Vors. d. BVK Bez.-Verb. Berlin-Brandenburg, 2000 Doz. f. d. Fach "priv. u. gewerbl. Geschäft", 2000 Wahl in d. IHK Vollversammlung, 2000 Berufung in d. Präsidium d. IHK, 2000 Berufung als Mtgl. eines Prüf.-Aussch. f. geprüfte Vers.-Fachwirte (IHK). P.: Veröff. Wohlstand, Wachstum, wirre Zeiten (Risiken und Chancen von Aktien, Kapitalanlagen und anderen Spekulationen). E.: Jahrespreis 2001 d. Berufsbildungswerkes d. Deutschen Versicherungswirtschaft. H.: Squash, Skifahren, Snowboard.

Archut Torsten

B.: Gschf. Ges. FN.: AVIDA post-production GmbH. DA.: 99094 Erfurt, Richard-Breslau-Straße 11 a. PA.: 99198 Sohnstedt, Ringstr. 6 b. archut @t-online.de. www.avidapostproduction.com. G.: Königs Wusterhausen, 22. Jan. 1969. S.: 1985-88 Ausbild. Nachrichtentechniker Fernsehen d. DDR, 1988-90 Armee. K.: 1990 Techniker b. Dt. Fernsehfunk in Berlin-Adlershof, Aufbauarbeit im Landesstudio Thüringen d. Dt. Fernsehfunks, 1991 beteiligt am Aufbau d. Studios in Erfurt als Cutter, Designer, 1992 Cutter b. MDR u. Aufbau d. Studios in Erfurt, 1996-99 Mitarb. bei MCS, 1999 Grdg. d. Firma AVIDA m. Schwerpunkt Prod. f. Fernsehen, Werbung u. Spielfilme. P.: "Küss mich, Frosch", "Gold. Spatz" (2001), Entwicklung d. Kinder- u. Jugendkanal im ZDF u. MDR, Initiator d. Thüringer Medienhaus C4-Erfurt Film- u. Fernsehstudiocomplex. M.: Mitteldt. Film- u. Fernsehproduzentenverb. Leipzig u. sit 2001 Vorst.-Mtgl., Dt. Journalistenverb. Erfurt. H.: Ideen bündeln u. umsetzen.

Arcones-Barquero Ana-Maria *)

Ardelt Maximilian
B.: Vors. d. Gschf. FN.: VIAG Interkom GmbH & Co OHG. GT.: AufsR.-Mtgl.: Computer 2000 AG München, Georgsmarienhütte GmbH Georgsmarienhütte, Radex-Heraklith Ind.-Beteiligungs AG Wien, Klöckner & Co AG Duisburg. DA.: 80992 München, Georg-Brauchle-Ring 23-25. www.viaginterkom.de. G.: Berlin, 13. Feb. 1940. S.: b. 1962 Res.-Offz.-Ausbild. Bundesmarine, 1962-69 Stud. Wirtschaftsing.-Wesen TU Berlin, Abschluß Dipl.-Ing. K.: 1970-84 Klöckner-Werke AG Duisburg, zuletzt Dir. Bereich Verarb. 1984-94 Vorst.-Mtgl. d. Salzgitter AG Salzgitter/Preussag AG Hannover, 1994-2000 Vorst.-Mtgl. d. VIAG AG München, seit 2000 Vors. d. Gschf. VIAG Interkom u. Vorst.-Vors. d. VIAG Telecom AG München.

Arden Jochen *)

von Ardenne Alexander Dr. rer. nat.
B.: Dipl.-Phys., Gschf. FN.: von Ardenne-Inst. f. Angew. Med. Forsch. GmbH. DA.: 01324 Dresden, Zeppelinstr. 7. med.ceo@ardenne-at.de. www.ardenne.de/med. G.: Suchumi/Abchasien, 26. Apr. 1949. V.: Cornelia, geb. Köhler. Ki.: Pia (1976), Friederike (1978). El.: Manfred u. Bettina. BV.: Prof. Dr. Manfred v. Ardenne erstmalige Realisierung d. elektron. Fernsehens, erstmalige Realisierung d. Elektronenrastermikroskops hoher Auflösung, system. Krebs-Mehrschritt-Therapie. S.: 1967 Abitur Dresden, 1972 Stud. Physik TU Desden, 1982 Prom. TH Chemnitz. K.: 1972-94 Mitarb. im Forsch.-Inst. "Manfred v. Ardenne", seit 1994 Gschf. d. v. Ardenne Inst. f. Angew. Med. Forsch. GmbH. BL.: Design v. Hochleistungs-Elektronenkanonen. P.: ca. 10 versch. Veröff.

von Ardenne Manfred Dr. h.c. mult. Prof.
B.: Gschf. FN.: Forschungsinst. Manfred v. Ardenne. G.: Hamburg, 20. Jan. 1907. S.: 1913-23 RG Berlin, 1925-26 Stud. Physik, Chemie u. Math. Univ. Berlin, weitere wiss. Ausbild. durch Spezialstud. an d. Aufg. d. Tages. K.: 1928-45 Aufbau u. Ltg. eines privaten Forsch.-Inst. f. Elektronenphysik in Berlin-Lichterfelde, 1945 ReichsforschR., 1945-55 Kernphysiker in d. UdSSR, 1955 Grdg. d. Forsch.-Inst. Manfred von Ardenne in Dresden, 1956 nebenamtl. Prof. f. elektrotechn. Sonderprobleme d. Kerntechnik an d. TU Dresden, 1957-89 Mtgl. d. ForschR. d. DDR, 1958 Dr. rer. nat. h.c. Univ. Greifswald, 1959 Mtgl. d. Intern. Astronaut. Ak. Paris, 1961 Vors. d. Ges. f. med. Elektronik bzw. biomed. Technik, 1979 Dr. med. h.c. Med. Ak. Dresden, 1982 Dr. päd. h.c. Päd. HS Dresden, 1963-89 Abg. d. Kulturbund-Fraktion d. Volkskammer. P.: mehr als 32 wiss. Bücher u.a. "Funk-Runf-Buch" (1924), "Elektronen-Übermikroskopie" (1940), "Tabellen d. Elektronenphysik" (1956), "Tabellen z. Angew. Physik" (1962 u. 1973), "Krebs-Mehrschritt-Therapie" (1967, 1971), "Sauerstoff-Mehrschritt-Therapie" (1987), über 700 weitere Publ., 600 Patente im In- u. Ausland. E.: 1941 Silb. Leibniz-Med. d. Preuß. Ak. d. Wiss., 1987 Ernst Krokowski-Preis d. Ges. f. biolog. Krebsabwehr, 1989 Ehrenbürger d. Stadt Dresden, 1993 Colani Design France Preis.

Ardizzioni Giordano *)

Arend Bettina

B.: RA. DA.: 40211 Düsseldorf, Am Wehrhahn 2. PA.: 40477 Düsseldorf, Auguststr. 18. G.: St. Ingbert, 27. Okt. 1967. El.: Fritz u. Inge Arend, geb. Schmitz. S.: 1986 Abitur, 1987-92 Stud. Rechtswiss. Univ. Saarbrücken, 1992 1. Staatsexamen, 1993-95 Referendariat, 1995 2. Staatsexamen. K.: 1995-96 Ass. an d. Univ. d. Saarlandes, 1996-99 Ltr. u. Dozentin eines jur. Repetitoriums f. alle Univ.-Städte in Nordrhein-Westfalen, 1999 Gründung d. RA-Kzl. Arend u. Seeger in Düsseldorf. E.: mehrf. Ausz. im Leistungssport, mehrf. Sarländ. Jahrgangsmeisterin im Leistungsschwimmen. M.: Dt. Forum f. Erbrecht. H.: Segeln, Schwimmen, Literatur.

Arend Claudia
B.: Dipl.-Designerin. FN.: Studio f. Design u. Illustration. DA.: 10405 Berlin, Greifswalder Str. 51. contact@claudia-arend.de. G.: Köln, 5. Aug. 1962. V.: Carsten Goosen. Ki.: Matti Leo (2001). El.: Horst Meier u. Friderun Arend. S.: 1982 Abitur, 1982-85 Stud. Islamwissenschaft / Übersetzer f. Türkisch u. Arabisch an d. Rhein. Friedr. -Wich.-Univ. Bonn, 1985 Malerei, Köln, 1986 Stud. an d. FH f. Design Bielefeld, Produktdesign, Stud.-Richtung Modedesign, 1993 Dipl., Schwerpunkt Mode-Illustration. K.: 1992 EG-Stipendium, 1/2 Jahr b. Seasons, Paris, Trendbüro, anschl. Dipl., ab 1992 Arb. als selbst. Designerin u. Illustratorin, Repräsentation BRD seit

1992: Manuela Hirsch, Hirschpool, Arb. f. Magazine (z.b. Cosmopolitan, Vogue, Fashion Today, FFF, Allegra), Verlage u. Agenturen, seit 1995 Entwurf v. Deko-Stoffen, Bettwäsche u. Geschenkpapieren, seit 1999 Entw. v. DOB-Stoffen, Tüchern (z.B. Gerry Weber). P.: Veröff. Illustr. in div. Magazinen, Büchern, im Netz (AGFA/ART), 1999 u. 2000 i.n. Select. "Top 100 - Illustration made in Germany" n. Designers's Digest. H.: Reisen, Beruf.

Arend Herbert *)

Arend Karl-Heinz *)

Arendt Gerhard Dipl.-Ing. *)

Arendt Karl-Heinz Dr. med. dent. MedR. *)

Arendt Peter Dr. rer. nat. *)

Arendt Werner Ing.
B.: selbst. Ing. f. Planung Theater- u. Veranstaltungstechnik. DA.: 10779 Berliin, Nachodstr. 19. PA.: 13465 Berlin, Gollanczstr. 28D. G.: Berlin, 3. Aug. 1937. V.: Bianka, geb. Müller. Ki.: Thomas (1962), Marco (1971), Melanie (1977), Alexander (1979). S.: 1952-55 Ausbild. Stahlbauschlosser, 1958-61 Abendschule m. Abschluß Techniker. K.: 1955-61 tätig als Stahlbauschlosser, 1961-63 Konstrukteur f. Neuentwicklung Masch., 1964-73 Chefkonstrukteur eines mittelständ. Unternehmens f. Theaterbau, 1973-94 Planer f. Versammlungsstätten im Büro Biste u. Gerling in Berlin, 1994 Übernahme v. Büro Biste u. Gerling seither Partner v. K. Gerling m. Schwerpunkt Planung v. Opernhäusern u. Theatern u.a. Opera Bastille in Paris, Opernhaus in Genua, Grand Theatre in Genf, Theater Luxemburg, ICC-Berlin, Theater Heilbronn, Prinzregententheater München, Theater Mainz Gr. u. Kl. Haus u.v.m. P.: Art. in "BTR". M.: Fachnormenaussch. u. Obm. i. FNTH1. Baukammer Berlin, Dt. Theatertechn. Ges.

Arendts Franz Joseph Dipl.-Ing. Prof. *)

Arendts Wilhelm Dr. iur. *)

Arenhövel Willmuth Dr. phil. *)

Arens Franz-Josef *)

Arens Gerd *)

Arens Monica *)

Arens Richard *)

Arens Werner Dr. theol. *)

Arens-Meyenbörg Brigitte *)

Arenstedt Rosemarie Dr. med. dent. *)

Arent Eddi
B.: Schauspieler. FN.: ARD. DA.: 20149 Hamburg, Rothenbaumchaussee 132-134. G.: Danzig, 5. Mai 1925. K.: begann nach Kriegsende i. Kabarett "Der Widerspiegel" im Schwarzwald, bekannt v.a. durch d. zahlr. Edgar-Wallace-Verfilmungen in d. 60er J., wie "Der Frosch m. d. Maske", "Der Zinker", "Der Hexer", "Der Bucklige v. Soho" u.v.a., im Fernsehen u.a. in "Der kühne Schwimmer", "Mary u. Gordy auf d. Lande", "Die Krimistunde", 1982-85 eigene Sendereihe "Es ist angerichtet".

Arentz Jochen Dr. med. dent.

B.: Zahnarzt. DA.: 22043 Hamburg, Barsbüttler Str. 6. G.: Hamburg, 10. Mai 1954. S.: 1973 Abitur Hamburg, 1973-74 Wehrdienst b. d. Bundesmarine, 1974-79 Stud. Zahnmed. in Hamburg, 1979 Examen u. Prom., 1979-80 Fortsetzung d. Wehrdienstes b. d. Bundesmarine in Emden u. als Stabsarzt d. Res. entlassen. K.: 1980-82 Ass.-Arzt in einer Zahnarztpraxis in Ahrensburg, 1982 Ndlg. m. eigener Praxis in Hamburg-Jenfeld, Schwerpunkte: Paradontologie, Implantologie, hochwertige Prothektik, seit 1994 verstärkt tätig im Bereich Kieferorthopädie. M.: Hartmannbund. H.: alte Autos (Bentley), Segeln.

Aresin Lykke Dr. med. Prof.

B.: em. Prof. f. Neurol. u. Psychiatrie. PA.: 04299 Leipzig, Gletschersteinstr. 28. G.: Bernburg, 2. März 1921. V.: Prof. Dr. Norbert Aresin. Ki.: Stefan (1958), Susanne (1961). S.: 1939 Abitur, prakt. J., 1940-45 Stud. Med. Univ. Jena und Göttingen, 1945 Staatsexamen u. Prom. K.: 1945-54 Ass.-Ärztin d. Univ. Jena, 1952 FA f. Neurol. u. Psychiatrie, 1954 OA an d. med. Ak. Erfurt, 1958 Habil., 1959 Doz., 1961-90 OA an d. Univ.-Frauenklinik Leipzig, Ltg. Ehe- u. Sexualberatung 1969 ordtl. Prof., Spezialgebiet Sexualmedizin u. Familienplanung, 1981 em.Prof., 1991-2000 Grdg. u. 1. Vors. v. Pro Familia Sachsen e.V., 1990-2000 Grdg. u. Ltg. d. Transsexuellen Beratung Pro Familia Leipzig. P.: über 200 wiss. u. populärwiss. Veröff. im Bereich Sexualmedizin, Mitherausgabe u. Mitautorin d. Buches "Lexikon d. Humansexuologie" u. "Lexikon d. Erotik". M.: langj. stellv. Vors. d. Sektion Ehe u. Familie d. DDR, langj. Vorst.-Mtgl. d. IPPF. H.: Literatur.

Freiherr von Aretin Alexander Dr. *)

von Aretin Annette *)

von Aretin Karl Otmar Dr. Dr. h.c. Prof.
B.: em. o.Prof. FN.: TH Darmstadt. PA.: 80638 München, Tizianstr. 7. G.: München, 2. Juli 1923. V.: Dr. Ruth Uta, geb. v. Tresckow. Ki.: Felicitas (1962), Caroline u. Cajetan (1967). El.: Dr. Erwein u. Marianne, geb. Gräfin Belcredi. BV.: Richard Graf Belcredi - österr. Min.Pr. 1865-67, Georg Arbogast Frhr. v. Franckenstein - VPr. d. Dt. Reichstags. S.: Stud. Univ. München, Schüler v. Franz Schnabel. K.: 1953-57 Red. Neue Dt. Biographie, 1953-58 Stipendiat d. Inst. f. Europ. Geschichte Mainz, 1958-64 Ass. am Max Planck-Inst. f. Geschichte Göttingen, 1962 Habil. in Göttingen, 1964 o.Prof. f.

---

*) Biographie www.whoiswho-verlag.ch oder beigefügte CD-ROM

Aretin

Zeitgeschichte an d. TH Darmstadt, 1968-94 Dir. d. Inst. f. Europ. Geschichte in Mainz, 1982 Dr. h.c. d. Univ. Posen, 1987-98 Hpt.Schriftltr. d. Neuen Dt. Biographie, Hrsg. v. d. Histor. Kmsn. b. d. Bayer. Ak. d. Wiss. P.: Heiliges Römisches Reich 1776-1806 (1967), Papsttum and moderne Welt (1970), Das Alte Reich, Bd. 1 Föderalistisch oder Hierachische Ordnung 1648-1684, (1993), Bd. 2 Kaisertradition u. österreichische Großmachtpolitik 1684-1745 (1997), Bd. 3 Das Reich u. d. österreichisch - preußische Dualismus 1745-1806 (1997), Bd. 4, Gesamtregister (2000). E.: 1983 BVK. M.: 1978 korresp. Mtgl. d. österr. Ak. d. Wiss. Wien, 1982 Mtgl. d. Histor. Kmsn. b. d. Bayer. Ak. d. Wiss. München, Ehrenmtgl. d. ungar. Ak. d. Wiss. Budapest, 1997 korresp. Mtgl. d. Royal Histprical Society u. 1998 d. Brit. Ak., London.

Aretz Claudia

B.: Gschf. FN.: Sirius Software. DA.: 82041 Oberhaching, Kolpingring 18. PA.: 83607 Holzkirchen, Birkrinnstr. 9. G.: Viersen-Dülken, 31. März 1962. El.: Heinz u. Hilde, geb. Bousseljot. S.: 1981 Abitur Dülken, 1981-85 Stud. Wirtschaftsinformatik in Duisburg, Dipl.-Oec. K.: 1985-89 amerikan. Unternehmen f. Datenbankmanagementsysteme in München, 1989-93 Ang. b. d. Firma Teradata Entwicklung v. Marketing zur Verw. großer Datenbestände, Mehrwertschöpfung f. Hdls.-Unternehmen, seit 1994 Grdg. v. Sirius Software GmbH gemeinsam m. Werner Neusel, ab 1997 Entwicklung u. Einführung eines eigenen Produktes f. d. Service-Management. M.: Ges. f. Informatik. H.: Bergwandern, Kultur (speziell amerikan. Kultur), Museen, Theater.

Aretz Kurt Peter *)

Aretz Ludger

B.: RA. DA.: 45468 Mülheim/Ruhr, Wallstr. 1. G.: Oberhausen, 5. Feb. 1955. S.: 1975 Abitur, 1975-85 Stud. BWL u. Rechtswiss. Univ. Bonn, 1988 2. Staatsexamen. K.: 1988-92 selbst. RA in d. Bürogemeinschaft in Essen, 1992-95 Alleinpraxis in Essen, seit 1995 Partner in d. RA-Sozietät in Mülheim/Ruhr, Tätigkeitsschwerpunkt: Arbeits- und Strafrecht. H.: Golf, Tennis, Fußball.

Arfmann Gerhard H. Dr. Dipl.-Ing. *)

Arfmann Peter

B.: Dipl.-Kulturwissenschaftler, Verleger, Autor. FN.: Peter Arfmann Verlag. GT.: GbR Trauerredner m. Ehefrau Heike Arfmann. DA.: 98508 Suhl, Postfach 17. peterarfmann@t-online.de. G.: Kölleda, 26. Okt. 1957. V.: Heike, geb. Opelt. Ki.: Kathleen (1989). S.: 1977 Abitur m. Facharbeiter Elektromechaniker, 1977-80 Grundwehrdienst, 1985-89 Fernstudium Kulturwiss. m. Spezialrichtung Literaturwiss. an d. Karl-

Marx-Univ. Leipzig m. Abschluss Dipl.-Kulturwissenschaftler, 1990-93 Lehre als Bankkaufmann m. IHK-Abschluss. K.: 1981-82 Gesenkschmiede, 1982-84 Gruppenleiter Kommunalpolitik im Fahrzeug- u. Jagdwaffenwerk Suhl, 1984-90 Bezirkskabinett f. Kulturarbeit, seit 1993 selbständig als Autor u. Verleger, b. 1997 Verlagsges., seit 1997 Peter Arfmann Verlag. BL.: durch d. Diplomarbeit, d. sich m. d. Graveurkunst an Jagdwaffen beschäftigte, besonderes Interesse f. d. Waffenproduktion entwickelt. P.: "Mein Thüringer Kräuterland" (1997), "Suhler Waffenkunst" (1998), "Suhler Luxusgewehre" (2001), "Das Rennsteiglied" (2001). M.: seit 1990 Vorst.-Mtgl. Kreisjägerschaft e.V., seit 1998 Mtgl. u. seit 2001 Vors. d. Vereins Freunde u. Förderer d. Waffenmuseums e.V. H.: Sportschießen (aktiv Wurftauben/Trap v. 1973-77, mehrere Pokale gewonnen u.a. d. 1. Waffenschmiedpokal d. Stadt Suhl 1976 v. 90 v. 100 Tauben, heute wettkampfmäßig b. d. Jägern u.a. Thüringer Meister m. d. Mannschaft).

Argauer Edgar

B.: Gschf. Ges. FN.: ISA GmbH-Ind.-Servise Argauer GmbH. DA.: 32699 Extertal, Im Langen Kamp 1. PA.: 32699 Extertal, Achstückenweg 12. G.: Hameln, 11. Aug. 1965. V.: Katja, geb. Strunk. Ki.: Edgar Engelbert (1990), Fynn. El.: Manfred u. Margret, geb. Vogt. S.: Mittlere Reife, Fachabitur Lemgo, 3 Sem. FOS f. Technik Lemgo, Ausbild. Ind.-Meister IHK Lippe-Detmold Abendschule, div. Fachkurse EDV, Betriebsführung u. Controlling, Lehre Energieanlagenmonteur Firma KEB Barntrup, Bundeswehr. K.: b. 1990 Facharb. in d. Firma KEB u. danach Serviceltr., seit 1996 selbst. m. Schwerpunkt Service u. Wartung v. elektron. Antriebstechnik weltweit, Sondersteuerungsbau, Hard- u. Softwareentwicklung u. Schaltschrankbau. M.: VIFF, LJV. H.: Jagd, Familie, Motorradfahren.

Argyrakis Tryfon Dipl.-Ing.

B.: Designer, Architekt. FN.: Argyrakis Architekten. DA.: 30175 Hannover, Ellernstr. 22. mail@argyrakis-hannover.de. G.: Volos/Griechenland, 1. Nov. 1942. V.: Frauke, geb. Poetter. Ki.: Daniel (1978), Philip (1981). El.: Dimitrios u. Maria. BV.: Vorfahren um 1800 aus Kleinasien "Konstantinopel" waren Großgrundbesitzer m. gr. Seidenraupenzucht. S.: 1963 Abitur, b. 1966 Militär, Sprachstud. Hannover u. Hamburg, 1967 Stud. Arch. an d. Werkkunstschule in Hannover, b. 1975 Stud. Hochbau an d. TU Hannover, 1975 Abschluss als Dipl.-

*) Biographie www.whoiswho-verlag.ch oder beigefügte CD-ROM

Ing. Architekt. K.: Architekt in versch. Arch.-Büros, 1990 Grdg. d. Arch.-Büros Argyrakis gemeinsam m. Ehefrau, seit 2001 selbst. Architekt. P.: versch. Veröff. in Fachmagazinen. E.: unzählige Ausz. u.a. Staatspreise f. Arch. 1996, 2000 Niedersachsen, anerkanntes Expo-Projekt u. Bund-Dt. Architektenpreise 1982/85. M.: Arch.-Kam., Ges. f. neue Musik, Golf Club Gleidingen. H.: Musik, Golf, Weltreisen.

Argyris John Prof.
B.: em. Prof., Dir. FN.: Inst. f. Computer-Anwendungen. PA.: 70839 Gerlingen, Talstr. 33. G.: Volos/Griechenland, 19. Aug. 1916. V.: Inga-Lisa, geb. Johansson. Ki.: Holger. El.: Nicolas u. Lucie. S.: TU Athen, München u. Zürich. K.: 1943-49 Royal Aeronautical Soc., Research and Technical Officer, 1949 Univ. of Londo, Imperial Coll. of Science and Techn., Dept. of Aeronautis. Senior Lecturer, 1950 Reader in Theory of Aeronautical Structures, 1955-75 Prof. of Aeronautical Structures in the Univ. of Londo, at Imperial College of Science and Technology, 1975-78 Visiting Prof., 1959-84 Dir. Inst. f. Statik u. Dynamik Stuttgart, jetzt em.Prof., seit 1984 Dir. Inst. f. Computer-Anwendungen Stuttgart, seit 1972 Principal, Editor, Journal of Computer Methods in Applied Mechanis and Engineering. P.: über 430 wiss. Veröff., u.a. Handbook of Aeronautics (1952), Recent Advances in Matrix Methods of Structural Analysis (1964), Art. u. Publ. im Ing.Archiv, Reports and Memoranda of Aeronautical Research Council, Journal of Royal Aeronautical Society and Aircraft Engineering. E.: CMAME, Großkreuz d. VO m. Stern 1990, Dr. VK BRD 1985, Goldmed. Land Baden-Württemberg 1980, 1995 Hon. D.Sc. (Eng.) d. Univ. Ioannina (Griechenl.), 1996 griech. Orden v. Hl. Erlöser. M.: GAMNI, Hon. FRaeS, FCGI, F.IC, ASME, FAIAA, FAAAS, FASCE, V.D.I., FRS. New York Acad. of Sc. F.

Argyropoulos Charis

B.: Reiseverkehrskfm., Gschf. FN.: Takis Ferienhäuser GmbH. DA.: 80331 München, Herzogspitalstr. 10. takis-munich@t-online.de. G.: Athen, 1. Jan. 1957. V.: Maria. Ki.: 2 Kinder. S.: 1986 HS-Abschluß Fachrichtung Kommunikationswiss. K.: 1986 Grdg. d. eigenen Firma im Bereich Tourismus u. EDV m. d. Ziel eine Griechenland-Datenbank zu erstellen u. m. d. Reisen nach Griechenland zu kombinieren, Grdg. d. Firma Takis Ferienhäuser GmbH m. Schwerpunkt Alternativ-Tourismus. M.: Freunde d. Gliptothek in München. H.: Geigespielen, Reisen, Tauchen.

Ariel Pete
B.: freiberufl. Regisseur u. Autor. PA.: 10629 Berlin, Roscherstr. 12. G.: Berlin, 20. Jän. 1941. V.: gesch. El.: Willi Schulz u. Dorothea Neumann, geb. Hofmeister. S.: Oberschule sprachl. Zweig, 1957-59 Schriftsetzerlehre, 1959 Gesellenprüf., 1960 Wechsel von Ost Berlin nach West Berlin. K.: 1962-65 Staatliches Lehrinst. f. Graphik, Druck u. Werbung Berlin, Abschl. als Dipl.-Werbewirt.,1965-66 freie Univ. Stud. d. Publizistik, 1965-67 freie Arb. als Kameraass., Aufnahmeltr., Tonmann u. Produktionsass., 1967-69 Regieass., ab 1969 freiberufl. P.: Autor v. Ariel Cinematographica Register; Fernsehspiele wie: "Schwarz-Rot-Gold" ; Serien wie: "Tatort", "Ein Fall für zwei", "Peter Strohm" u.s.w. H.: Sammeln von Filmfotoapparaten, Reisen, Kino, Musik. (E.M.)

Arjouni Jakob
B.: Schriftsteller. FN.: c/o Diogenes Verlag AG. DA.: CH-8032 Zürich, Sprecherstr. 8. G.: Frankfurt, 1964. S.: Abitur u. Stud. in Frankreich, 1986 Schauspielschule in Berlin (abgebrochen), Stud. an d. FU Berlin (abgebrochen). K.: 1985 "Happy Birthday, Türke", 1987 "Mehr Bier", 1988 Theaterstück "Die Garagen", 1990 Theaterstück "Nazim schiebt ab", 1991 "Ein Mann ein Mord", 1996 "Magic Hoffmann", 1996 "Edelmanns Tochter", 1999 "Ein Freund. Geschichten", 2001 "Kismet. Ein Kayankaya-Roman". E.: 1992 Dt. Krimi-Preis f. "Ein Mann ein Mord".

Arkuschin Stanislav *)

Arleff Horst

B.: Steuerberater, selbständig in eigener Kzl. DA.: 50259 Pulheim, Ehrenfriedstr. 42 - 46. info@arleff.de. www.arleff.de. G.: Rolandseck, 19. Sep. 1943. V.: Beate. Ki.: Kai, Kathrin. S.: Lehre als Steuerfachgehilfe in Köln, 1973 Absolvierung Steuerbevollmächtigen-Prüf. K.: 1979 Bestellung z. Steuerberater u. Aufnahme d. selbständ. Tätigkeit in Köln-Porz, 1986 Eröff. d. Steuerberatungskanzlei in Brauweiler. M.: Steuerberater-Verband, Freundeskreis Abtei, Karnevalsgesellschaft, Steuerberaterkammer Köln. H.: Fahrradwandern, Hochseeangeln.

Arleth Hans-Werner Dipl.-Ing. *)

Arlt Günther *)

Arlt Hermann

B.: Orthopädie-Schuh-Technikermeister, Gschf. FN.: Schuh-Orthopädie Arlt GmbH. DA.: 91126 Schwabach, Kappadozia 9. arltinsc@t-online.de. G.: Dietenhofen, 9. Aug. 1964. V.: Ingeborg, geb. Hellbrück. Ki.: Maximilian (1993), Niklas (1998). S.: b. 1983 Lehre Orthopädie-Schuhmacher. K.: 1983-89 Orthopädie-Schuhmacher in Fürth, 1990 Meisterprüfung, b. 1991 Meister b. Vorgänger d. jetzigen eigenen Orthopädischen Schuhmacher-Betriebes, 1991 Umfirmierung in Orthopädie Schuhtechnik u. Sanitätshaus-Bequemschuhhandel, Filialbetrieb in Roth, Hauptstr. 10 u. Wendelstein, Richtwiese 4, Diabetiker-Vorträge u. A.V., Selbsthilfegruppe u. weitgehende Zusammenarbeit m. Krankenhäusern u. ndlg. Ärzten f. Diabetikerschulungen, Sponsor v. TV 1848 Schwabach, Faustballabteilung. F.: Inh. d. Firma Maximed u. Gesundheitsprodukte An- u. Verkauf. M.: Jachtsportclub Franken e.V., Skiclub Dietenhofen u. im TV 09 Dietenhofen, Behinderten- u. Versehrtensport, Arbeiterwohlfahrt, VDK. H.: Segeln, Skifahren, Radfahren.

Arlt Horst *)

Arlt Klaus Dr. *)

---

*) Biographie www.whoiswho-verlag.ch oder beigefügte CD-ROM

Arlt-Diesner Gret *)
Arm Wolfgang *)
Armack Klaus Dipl.-Ing. *)
Arman Sehabettin Yekta
B.: Dipl.-Betriebswirt, Schauspieler. FN.: Theater "Tiyatrom". DA.: 10969 Berlin-Kreuzberg, Alte Jakobstr. 12. G.: Istanbul, 19. Apr. 1955. V.: Sevgi, geb. Soydemir. Ki.: Billur (1982), Umuralp (1986). El.: Ismail Seyfettin u. Emine Yüksel. S.: 1974 Abitur Istanbul, 1972-74 Schauspiel. Ausbild. am Städt. Konservatorium Istanbul, 1975 Lehrgänge d. Dt. Sprache am Goethe-Inst. Berlin, 1977-84 Stud. Betriebswirtschaft FHS f. Wirtschaft Berlin, 1985 staatl. Abschlußprüf. m. Dipl. K.: 1976 Grdg. d. Theatergruppe "Berlin Oyunculari" in d. VHS Berlin-Kreuzberg, 1980-84 Schauspieler u. Regieass. Schaubühne Berlin, 1984 Mitgründer Theatergruppe "Tiyatrom", 1977-93 Schauspieler, 1985-94 versch. Rollen in 60 TV- u. Spielfilmen, 1986 u. 1987 Autor u. Reg. f. d. SFB, 1986-90 Red. u. Sprecher d. Berliner Türk. Fernsehens (BTT), seit 1991 Red. u. Sprecher d. TRT-INT, 1980-81 Doz. "Theaterworkshop" VHS Kreuzberg, 1983-84 Ausbild. Theaterpäd. HdK, seit 1985 Doz. "Theaterworkshop" VHS Wedding, 1988-92 Ausbild. d. türk. Theater AG an d. Moses-Mendelsohn-Oberschule, 1989 Grdg. u. Ltg. d. multikulturellen Theater AG Ferdinand-Freiligrath-Oberschule Berlin-Kreuzberg, 1990 Grdg. einer multikulturellen Theatergruppe an d. VHS Tiergarten, seti 1991 Ltr. d. Theaters "Tiyatrom". P.: div. Veröff., Übersetzungen. M.: Fördermtgl. Odak e.V. H.: Beruf, Theater im allg., Theaterbesuche.

Armann Rüdiger Dr.
B.: Bereichsltr. Schulung. FN.: arxes Academy. DA.: 30163 Hannover, Lister Str. 7. armann@isl.de. www.academy.arxes.de. G.: Leuna, 7. Jan. 1953. V.: Katrin, geb. Böneker. Ki.: Kristina (1977), Michael (1980). El.: Otto u. Hannelore, geb. Grieger. S.: 1971 Abitur, b. 1973 Math.-Stud. an d. MLU Halle/Saale, b. 1975 Stud. an d. TH Carl-Schorlemmer in Meersburg. K.: b. 1992 wiss. Ass. an d. TH Meerseburg, b.1980 Prom. z. Dr. rer. nat., Aufbau u. Entwicklung d. Schulungssystems u. Bereichsltr. b. ISL in Hannover, Erwachsenenbild./Computertechnik, 1994 zusätzl. Eröff. d. Standorte Braunschweig u. Hildesheim, 1995 Eröff. d. Standortes Kassel, b. 2000 Aachen, Bochum, Chemnitz, Frankfurt, Hamburg, Köln, München u. Stuttgart, 2000 Einbringung d. ISL in arxes Information Design AG. P.: ständig wiss. Veröff. u. Fachaufsätze/Fachbeiträge in Seminarkalendern. M.: Fallschirmsportver. Hannover. H.: Fallschirmspringen, Radfahren, Wandern.

Armasow Martin Dr. *)

Armbrecht Axel Dr. med.
B.: ltd. Arzt, Gschf. FN.: Inst. f. Bewegungstherapie u. Rehabilitation GmbH Eutin. DA.: 23701 Eutin, Jahnhöhe 3. Mensch-in-Bewegung@t-online.de. www.mensch-in-bewegung.de. G.: Wunstorf b. Hannover, 17. März 1958. V.: Annette, geb. Thele. Ki.: Arne (1983), Kathrin (1985), Martina (1989). El.: Ernst u. Inge. BV.: Großvater Heinrich Scheibe hatte in Berlin wie Betrieb. S.: 1976 Abitur Wunstorf, 1977-80 Bundesmarine, parallel 1979-85 Med.-Stud. in Hannover, 1986 Prom. K.: 1986-91 Ostholsteinklinik Eutin, FA f. Chir., 1991-94 Unfallchir. d. Univ.-Klinik Kiel, 1994 Eröff. d. Reha-Klinik in Eutin, ltd. Arzt u. Gschf., Schwerpunkte: Motivation zum Spaß an d. Bewegung, tägl. umsetzbare individuelle Präventivprogramme, alltagsorientiertes Kurztraining, Selbstverant-wortung f. d. eigenen Körper. M.: Dt. Ges. f. manuelle Med., Dt. Ges. f. physikal. Med. H.: Segeln, Sport allg., Joggen.

Armbrecht Uwe Dr. med. *)

Armbröster Dietmar *)
Armbrust Thomas *)
Armbruster Andrea

B.: Dipl.-Designerin. FN.: Juweliergeschäft A. Armbruster. DA.: 87435 Kempten, Freudenberg-Passage. PA.: 87439 Kempten, Westendstr. 52. G.: Pforzheim, 6. Aug. 1961. V.: Günter Kolbabek. El.: Günter u. Ingeborg Armbruster, geb. Danielisz. S.: 1981 Abitur, 1981-82 Kunstschule Stuttgart, 1983 Lehre Juwelengoldschmiedin, 1985-90 FHS f. Gestaltung m. Abschluß Dipl.-Designerin. K.: 1993 selbst. Juweliergeschäft, versch. Ausstellungen u. Wettbewerbe. E.: Ehrenmed. für hervorragende Leistungen im Handwerk.

Armbruster Horst *)
Armbruster Issy *)
Armbrüster Maria Dominic
B.: Sekr., Inh. FN.: Dominic Dessous u. Dominic Gala. DA.: 90402 Nürnberg, Dr.-Kurt-Schumacher-Str. 19. PA.: 90765 Fürth, Herboldshofer Str. 26. G.: Monte Girdano, 22. Sep. 1958. Ki.: Natascha (1980). El.: Giuseppe u. Teresa. S.: 3 J: Handelsschule, 3 J. berufsbegleitend Ausbild. Sekr. K.: tätig in einer Personal-Leasingfirma zuletzt Ndlg.-Ltr. u. Verkaufslt. f. 4 Geschäftsstellen, 1992 Grdg. d. eigenen Geschäftes. H.: Spaziergehen, Fitness, Städtereisen, Theater, fein Essen gehen, Porzellanpuppen sammeln.

Armbrüster Ottmar *)
Armbruster Rolf sen. Dipl.-Ing. *)
Armerding Hans-Erich *)
Armknecht Malte Dr. *)
Arn Sven B.A.

B.: Gschf. FN.: H,T,P, Concept GmbH Marketingforsch. u. Beratung. DA.: 10627 Berlin, Giesebrechtstr. 20. G.: Kapstadt, 6. Dez. 1968. El.: Fritz u. Lotte, geb. Ackermann. S.: 1988-91 Stud. Anglistik u. Theaterwiss. Univ. London m. Abschluß B.A. K.: seit 1992 freier Mitarb. bei H,T,P, ab 1994 Projektltr. u. seit 1997 Gschf. P.: div. Fachpubl. u. Seminare. M.: European Society of Marketing Research ESOMAR. H.: Wintersport, Schwimmen, Schnorcheln.

Arnade Rolf B. Dr. LL. M.
B.: RA. DA.: 01309 Dresden, Bertolt-Brecht-Allee 24. PA.: 01277 Dresden, Voglerstr. 35. arnade@t-online.de. G.: 11. Dez. 1960. El.: Dipl.-Vw. Klaus u. Rosemarie. BV.: Julius Arnade Kofferfabrikant. S.: 1979 Abitur in Castrop-Rauxel,

1979-81 Ausbild. z. Bankkfm. b. d. Westfalenbank AG Bochum, 1981-86 Jurastud. an d- Ruhr-Univ. Bochum, LMU München u. Westfäl. Wilhelms-Univ. Münster, 1986 1. Jur. Staatsexamen, 1987-88 Stud. Southern Methodist University, Dallas, TX, USA, 1989-92 Rechtsreferendar am LG Düsseldorf, 1990 Prom., 1990 Stud. University College, Oxford, GB, 1992 2. Jur. Staatsexamen, 1992 Bar-exam New York, USA, Altstipendiat d. Konrad-Adenauer-Stiftung. K.: 1993 Treuhandanst., Ndlg. Dresden, Vertragsmanagement, Nachverhandler, 1993-94 Ltr. d. Rechtsabt. im Range eines Abt.-Ltr. Barmag AG, 1995 Syndikus d. Kamperhoff-Gruppe AVI Kamperhoff GmbH & Co, seit 1996 selbst. RA. BL.: 1979-85 CDU u. Junge Union, 1989-91 Sprecher einer Referendarge, 1990-92 stellv. Vors. d. PersonalR. d. Referendare am LG Düsseldorf u. Mtgl. d. Bez.-PersonalR. am OLG Düsseldorf. P.: Markenfähigkeit v. Zeichen nach dt. u. amerikan. Recht, Frachtführerbegriff d. CMR als Problem d. intern. Zuständigkeit. M.: RA-Kam. Sachsen, RA-Kam. im Staat New York, Dt.-Amerikan. Juristenver., American chamber of commerce in Germany, AF & AM. H.: Musik, Reiten, Joggen, Fotografieren.

Arnade Sigrid Dr.

B.: Journalistin. FN.: Medienbüro Journalismus ohne Barrieren. DA.: 13503 Berlin, Krantorweg 1. www.job-mediendbuero.de. G.: Münster, 19. Nov. 1956. El.: Hans-Wolfgang u. Heidi. S.: 1974-80 Stud. Vet.-Med. an der Tierärztl. HS Hannover, 1982 Prom. z. Dr. med. vet. K.: 1980-85 Tierärztin, 1984-86 Ökologiestud. an d. Gesamt- HS Essen, seit 1986 z. Fortbewegung auf d. Rollstuhl angewiesen, 1986-88 Chefredakteurin der Behindertenpubl. DMSG-Aktiv, seit 1988 freie Journalistin f. TV- u. Printmedien m. Themenschwerpunkt Frauen u. Behinderung, zahlr. Beiträge zu Themen v. Behinderung, Autorin v. "Weder Küsse noch Karriere" (1992). M.: Mitbegründerin u. Vors. d. "Stiftung Lebensnerv" Stiftung z. Förd. d. psychosomat. MS-Forsch. H.: Kajakfahren, Natur.

Arndt Andreas *)

Arndt Andreas-Christian *)

Arndt Annette

B.: Drogistin. . PA.: 12203 Berlin, Hindenburgdamm 6. G.: Berlin, 14. Feb. 1965. V.: Uwe Arndt. Ki.: Dennis (1987). El.: Detlef u. Christa Krüger. S.: 1981-84 Ausbild. Drogistin. K.: 1984-87 tätig als Drogistin, 1988-96 Fotofachverkäuferin, 1996-98 Ang. d. Firma Foto Pogade, 1999-2001 selbst. m. Fotogeschäft. H.: Fotos, Sport m. d. Sohn.

Arndt Bernhard Dr. med. *)

Arndt Birgit

B.: Dipl.-Psych., Psychotherapeutin. DA.: 44809 Bochum, Hiltroper Str. 18. info@autismus-bochum.de. www.autismus-bochum.de. G.: Duisburg, 21. Jan. 1961. V.: Susana Ramos Garcia. S.: 1980 Abitur, 1980-87 Psych.-Stud. Bochum, 1985-95 Therapieausbild. K.: 1991-95 therapeut. Ltg. d. ambulanten Autismuszentrums in Bottrop, seit 1996 selbst., Aufbau d. interdisziplinärarbeitenden Praxis f. Autismustherapie, Beratung u. Psychotherapie, Supervision. BL.: Grdg. d. ersten Privat-Praxis in Deutschland, in d. Menschen m. Autismus ambulant interdisziplinär therapiert werden, Übertragung d. system. Ansatzes auf d. Arb. m. autist. Menschen u. deren Umfeld, auf d. Teamarb. M.: DPTV, IFT. H.: Kochen, Lesen, Reisen.

Arndt Claus Dr. iur. Dr. jur. h.c. Prof.

B.: Senatsdir. a.D. PA.: 21031 Hamburg, Fanny-David-Weg 61. G.: Marburg, 16. Apr. 1927. V.: Elke. Ki.: Peri (1965), Jörn-Michael (1966), Nicole (1968). El.: Prof. Dr. Adolf u. Ruth. BV.: Min.Dir. DDDr. Otto Helbing geheimrat FinR., Prof. Dr. Adolf Arndt sen. geheimer BergR. S.: Hum. Gymn., Jurastud. Bonn, München u. Hamburg, HS f. Verw.Wiss. Speyer. K.: 1959-68, 1973-74 Verw. d. Freien u. Hansestadt Hamburg, zuletzt Senatsdir. d. Justizbehörde, 1968-72, 1974-76 Mtgl. d. Dt. Bundestages, stellv. Vors. d. Rechtsaussch. u. d. Untersuchungsaussch. Guillaume, Mtgl. d. Enquetekmsn. Verfassungsreform, Richterwahlaussch. f. d. Obersten Bundesgerichte u. d. Wahlmänneraussch. f. d. Bundesverfassungsgericht G10-Kommission d. Bundes. P.: mehrere hundert Zeitschriftenaufsätze, " Der § 218 StGB u. d. Bundesverfassungsgericht" (1982), "Die Menschenrechte" (1981), "Widerstand in d. Demokratie" (1983/84), "Spuren in der Zeit" (Memoiren 1991), "Amt und Mandat" (Reden und Aufsätze Bd. 1 1989; Bd. 2 1991, 3. Bd. 1996, Bd. 4. 2000), "Die Verträge von Moskau und Warschau" (3. Aufl. 1982). M.: seit 1951 SPD, Gewerkschaft ÖTV, Dt. Juristentag e.V., Amnesty Intern., Dt. Ges. f. Parlamentsfragen, Dt. Fördererkreis d. Univ. Haifa/ Israel, Vorsitzender des Vorstandes der Stiftung "Museum Rade am Schloß Reinbek". H.: Briefmarkensammeln.

Arndt Dtelef Dipl.-Ing. *)

Arndt Dieter Dipl.-Ing. *)

Arndt Erich Dr. rer. pol. *)

Arndt Erwin Dr. phil. habil. Prof. *)

Arndt Hans-Joachim Dr. med. Prof. *)

Arndt Hans-Joachim Alfred Dipl.-Ing. Architekt.

B.: Architekt. i. R. PA.: 12247 Berlin, Holenbrunner Weg 30. G.: Wittenberg, 6. Juli 1920. V.: Helga, geb. Volkhammer. Ki.: Christiane (1955). El.: Alfred u. Erna, geb. Strube. BV.: Großvater - Schiffsbauer u. Schiffeigner; Vater - Vermessungsing. u. mehrere Vermessungsing. u. Architekten in d. Familie. S.: 1938 Abitur, 1945-50 Studium, Dipl.-Arbeit m. Auszeichnung, 1955 gr. Staatsprüfung f. Höhere Techn. Verw.-Bmte. K.: Mitarb. im Vermessungsbüro d. Vaters, 6 Mon. Arb.-Dienst, 7 J. Militär u. engl. Kriegsgefangenschaft, danach Praktikum in einer Baufirma, ab 1946 Arb.-Einsätze z. Wiederaufbau d. TU Berlin, 1951 Mitarb. im Entwurfsamt d. Senatsbauverw.,

*) Biographie www.whoiswho-verlag.ch oder beigefügte CD-ROM

Arndt

1951-85 ltd. Mitarb. d. Berliner Senatsbauverw., zuletzt Senatsrat, 1955 Reg.-Assessor, 1962-74 OberbauR. bzw. Baudir., ab 1975 ltd. Baudir. f. sämtl. Hochbauvorhaben d. Landes Berlin; Projekte: Wiederaufbau d. Schlosses Charlottenburg, Errichtung d. Scharoun-Bauten Kulturforum, Wiederaufbauten u. Umbauten: Schaubühne, Theater d. Westens, Hamburger Bahnhof, Martin-Gropius-Bau, Mitwirkung beim ICC, Leitung aller Polizei- u. Justizbauten, Museumsbauten, Jagdschloß Grunewald u. FU-Komplex. P.: "Leitgedanken z. Ausstellung farbiges Berlin" (1977), "Kulturhauptstadt Berlin" (1978), "Die Zitadelle - ein kulturhistor. Monument u. künstl. museales Zentrum" (1978), "Gutachter zum Berliner Stadtschloß" (1988), "Berlin u. seine Bauten", Band "Bauten für die Kunst". E.: 1985 BVK 1. Klasse, seit 1991 Ehrenmtgl. d. AIV zu Berlin, 1999 Schinkelmed. M.: über 20 Berliner Gremien, u.a.: Schinkelaussch. u. Vorst. d. Jury u. d. Arb.-Kreis Kunst u. Bauen, Arge Berliner Stadtschloß, Arge Museen u. Denkmalpflege, Gutachter f. etwa 30 Museen in Berlin, Vorst.-Mtgl. d. Förderver. Dt. Technikmuseum, Verw.-Aussch. d. Bauhausarchives, seit 1970 Mtgl. im Gemeindekirchenrat Alt-Lankwitz, ehrenamtlich tätig f. Kirchliche Bauten. H.: Musizierkreis "Architekten und Philharmoniker", Musizieren, Natur, Mathematik, Filmen, Fotografieren.

Arndt Hans-Jürgen
B.: Vorst.-Mtgl. FN.: EnBW Energie Baden-Württemberg AG. DA.: 76131 Karlsruhe, Durlacher Allee 93. www.enbw.com. G.: Wilhelmshaven, 3. Dez. 1939. S.. Ausbild. Verw.-Bmtr. K.: 1957-64 tätig als Verw.-Ang., 1964-68 Gschf. d. Gewerkschaft ÖTV d. Kreisverw. Lörrach-Müllheim-Säckingen-Waldshut, 1968 Abt.-Ltr., 1874 stellv. Vors. u. 1988 Vors. d. Landesbez. Baden-Württemberg, 1993-98 Mtgl. d. Vorst. d. Badenwerk AG in Karlsruhe u. ab 1998 Vorst.-Sprecher, 1997 Vorst.-Mtgl. d. EnBW EVS AG, 1995-98 Vorst.-Mtgl. d. EBW, seit 1997 Vorst.-Mtgl. d. EnBW in Karlsruhe, 1998-99 Vorst.-Mtgl. d. EnBW Kraftwerke AG.

Arndt Holger *)

Arndt Hugo Dipl.-Ing. *)

Arndt Ilona
B.: Filialltr. FN.: Wüstenrot Hannover. DA.: 30159 Hannover, Baringstr. 6. G.: Braunschweig, 15. Apr. 1953. S.: 1969-72 Banklehre in Braunschweig. K.: 1972-73 Bankkauffrau in Braunschweig, 1973 Wechsel z. Wüstenrot als Bankkauffrau b. 1995, 1988-92 parallel Stud. an d. TU Braunschweig, 1993-98 Ausbild. Biodynamische Psych. in Schleswig-Holstein, 1995 Gruppenltr. d. Filiale Braunschweig, 1999 Filialltr. d. Wüstenrotfiliale Hannover. BL.: 1. weibl. Filialltr. b. Wüstenrot. M.: Green Peace, Plan Intern. H.: Joggen, Yoga, Musik, Klavier spielen.

Arndt Ingo Ing.
B.: Ing. f. Elektroanlagenbau, Inh. FN.: Elektro Arndt. DA.: 04916 Osteroda, OT Redlin 3. G.: Wreschen, 15. Dez. 1943. V.: Waltraud, geb. Weiß. S.: 1958-61 Lehre z. Elektromonteur, 1961-64 Wehrdienst. K.: 1964-71 Elektroinstallateur, 1971 Abschluß 10. Kl., 1971-74 Stud. Berlin, Abschluß Ing. f. Elektroanlagenbau, 1974-90 Produktionsltr., 1990 Eröffnung selbst. Handwerksbetrieb, Spezialisiert auf Wärmepumpenanlagen u. Speicherheizungen. M.: Anglerver. H.: Natur, Angeln, Wandern.

Arndt Ingrid *)

Arndt Insa
B.: Gschf. Ges. FN.: I-GATE AUTO-MOBILE KOMMUNIKATION GmbH. DA.: 38446 Wolfsburg, Burgallee 5. G.: Duisburg, 10. Mai 1961. S.: 1979 Abitur, Stud. Kunstwiss., Päd. u. Psych. Univ. Osnabrück, 1984-86 Ltr. d. Typograf.

Werkstatt an d. Univ. Osnabrück, 1984 Volontariat Johannes-Gutenberg-Museum Mainz u. 1986 Buchverlag Duisbrug, 1988 Weiterbid. Interaktive Medien, Video u. PC-Technik. K.: 1989 Ang. d. Level plus Gmbh in Düsseldorf, 1992 Projektltr., Projektmanagement, Konzeption u. Kundenberatung auf freiberufl. Basis, 1998 Grdg. d. Firma I-GATE AUTO-MOBILE KOMMUNIKATION GmbH in Wolfsburg u. Köln. H.: Islandpferde, informelle Kunst, Goldschmiedearbeiten.

Arndt Joachim Dr. iur. *)

Arndt Karl Albert *)

Arndt Karl-Hans Dr. med. habil. MedR. Prof.
B.: Amtsarzt, Chir. Sportmed. u. FA f. Öff. Gesundheitswesen. DA.: 99084 Erfurt, Turnierg. 17. PA.: 99086 Erfurt, M.-Niemöller-Str. 22. kha-erfurt@t-online.de. G.: Wittenberg, 19. Dez. 1935. V.: Dr. med. Christel, geb. Loeper. Ki.: Sabine (1964). El.: Franz Karl Hans u. Agnes Elise. S.: 1956 Abitur Leipzig, 1956-62 Med.-Stud. HU Berlin, Med. Ak. Erfurt Approb. u. Prom. K.: 1962-68 Wiss. Ass. u. FA-Ausbild. Chir., 1965-69 externes Stud. Dipl.-Sportlehrer DHfK Leipzig, Habil. 1973, 1968-90 Kreissportarzt Erfurt, seit 1990 Amtsarzt am Gesundheitsamt d. Landeshauptstadt Erfurt, 1997 Honorarprof. f. Sportmed. Univ. Erfurt. P.: "Achillessehnenruptur u. Sport", "Sportmed. Betreuung b. Sportveranstaltungen", "Sportmed. gestern-heute-morgen", Lexikon Sportmed. (redakt. Bearbeitung u. Mitautor), "Sportmed. in d. ärztl. Praxis". E.: 1987 GutsMuths-Preis f. Sportmed., 1995 GutsMuths-Ehrenplakette in Gold d. LSB Thüringen. M.: 1981-90 Gen.-Sekr. d. Ges. f. Sportmed. d. DDR, Ehrenpräs. d. Triathlonverb. Thüringen, 1. Vors. d. Thüringer Sportärztebundes, wiss. BeiR. "Dt. Zeitschrift f. Sportmed." Köln. H.: Briefmarken, Fotografie, Ausdauersport.

Arndt Klaus *)

Arndt Klaus *)

Arndt Reinhold
B.: Musikpädagoge, Pianist. PA.: 23568 Lübeck, Rathenaustr. 4. G.: Northeim, 18. Feb. 1918. V.: Ilse Mechlenburg, versorben Aug. 2000. BV.: Zwillingsbruder Helmut Arndt, Restaurator u. Maler, Modautal. S.: 1937 Abitur Hirschberg, 1946-48 Stud. Lübeck Landesmusikschule, 1948 Staatl. Prüf. K.: 1946-55 Begleiter v. WigmanTänzerinnen, 1. Klavierabend Clausthal-Zellerfeld, 1951 Franz. Musik, 1952 Früh-Ital. Musik, 1953 Musik aus Südosteuropa, 1954 Span. Klavierabend, 1954-60 Meisterkl. Prof. Puchelt, 1954-92 Teilnahme an Veranstaltungen u. Kongressen d. Theosoph. Ges. Adyar Konzerte, Österr., Schweiz, England, Holland, Schweden, Frankreich, USA, 1956 Klavierabend Mozart Woche Lüb. Pianisten, 1957 Lehrkraft an d. Musikakademie, 1962 Kurs f. Klaviepräd. Genf bei Ex-Prof. E. Nagy-Pongracz, Budapest, 1963 Teilnahme an Musica Viva Konzerten m. Ur- u. Erstaufführungen, 1986 priv. Ausstellung, 1992 Moskau b. Konferenz z. Ehren v. Swjetoslaw Roerich v. internat. Ver. Frieden durch Kultur, 1994 letztes Hauskonzert. M.: 1996 Ehrenmtgl. Collegium Musica Nova Lubecensis. H.: Malerei (1925-1964), Fotografie, Entwicklung universelles System v. Übungen an d. Tastatur.

---

*) Biographie www.whoiswho-verlag.ch oder beigefügte CD-ROM

Arndt Rolf *)

Arndt Rudi *)

Arndt Sabine Dipl.-Ing.
B.: Dipl.-Bauingenieurin, Gschf. FN.: Arndt-Engler Bauplanungsgesellschaft GbR. DA.: 03046 Cottbus, Ostrower Damm 10. aib-arndt-engler@t-online.de. G.: 29. Jan. 1960. V.: Dirk Arndt. Ki.: Tobias (1985), Deborah (1988). El.: Günter u. Doris Schmidt. S.: 1976-78 Lehre im Entwurfs- u. Vermessungsbetrieb d. Dt. Reichsbahn, Facharbeiterabschluss als Technische Zeichnerin, 1979-82 Stud. an d. Ingenieurhochschule f. Bauwesen in Cottbus, Abschluss als Dipl.-Bauingeneurin. K.: 1982-90 Bauingenieurin im Bau- u. Montagekombinat Kohle u. Energie, Betrieb Forschung u. Projektierung im Bereich Entwurf Industriebau, 1990-91 nach Privatisierung d. Betriebes Fortsetzung d. Tätigkeit in d. ARCUS Bauplanungsgesellschaft mbH Cottbus, 1991-92 CAD-Lehrgang am privaten Bildungsinstitut z. EDV-Fachfrau in Cottbus, 1992 Grdg. u. Gschf. im eigenen Ingenieurbüro in Cottbus m. Erfahrungen in d. innerstädtischen Altbausanierung, Wohn- u. Geschäftshäuser. M.: Brandenburgische Ingenieurkammer. H.: Literatur, Radfahren, Sport.

Arndt Sylvia

B.: Atemtherapeutin, Sängerin, Schauspielerin. FN.: Atemzentrum Leipzig Sylvia Arndt. DA.: 04105 Leipzig, Max-Planck-Str. 7. kontakt@atemzentrum-leipzig.de. www.atemzentrum-leipzig.de. G.: Halle/Saale, 15. Juli 1948. Ki.: Peer (1971). El.: Werner u. Margarete Studte. S.: 1967 Abitur, 1968-73 Stud. Gesang HS f. Musik Weimar m. Dipl.-Abschluß u. Lehrbefähigung. K.: 1973-84 Sängerin u. Schauspielerin u. Regieassistentin am Landestheater Halle, seit 1984 Sängerin u. d. Musikal. Komödie Leipzig, seit 1999 Gastverträge an d. Musikal. Komödie Leipzig, 1998 Grdg. d. Atemzentrums Körpergerechter Umgang mit Atem, Bewegung, Stimme, Verhinderung v. Streßsymptomen u. psychosomatischen Störungen, Sprachschulung, Einheit von Stimme, Präsentation u. Persönlichkeit. M.: BVMW, AFA. H.: Katzen, Malen, Literatur, Film.

Arndt Thomas *)

Arndt Thomas Dipl.-Finw.

B.: Steuerberater, selbständig. FN.: Arndt & Filtingher Steuerberater. DA.: 12247 Berlin, Elisabethstraße 29-31. PA.: 14532 Kleinmachnow, Im Dickicht 2. G.: Berlin, 2. März 1957. V.: Gudrun, geb. Dawid. Ki.: Maximilian (1992), Pauline (1994). El.: Heinz u. Rita. S.: 1973 Fachabitur. K.: 1973-91 Beamter in d. Berliner Finanzverwaltung, zuletzt Doz. an d. Finanzschule, seit 1991 Steuerberater u. Priv.-Doz. f. Einkommensteuer. F.: AR d. Schoenau AG Solarenergie u. Klima. P.: Vorträge u. Weiterbildungsseminare f. Banken, Versicherungen u. Steuer-

beraterkammer sowie in d. Steuerberaterausbildung. M.: Mtgl. d. Steuerberaterverband Berlin, 1996-2000 Schöffe am LG Potsdam. H.: Familie, Fliegen, Rugby, Joggen.

Arndt Turid
B.: Schülerin, Profi-Handballerin, Nationalteam-Spielerin. FN.: FHC Frankfurt/Oder. DA.:15234 Frankfurt/Oder, Stendaler Str. 27. G.: Schwedt, 4. Feb. 1981. K.: 7 Länderspiele, 1999 Länderspiel-Debüt gegen Polen in Marpingene, Stationen: PCK 90 Schwedt, seit 1997 FHC Frankfurt/Oder, sportl. Erfolge: 3. Pl. Jugend-EM 1999, 1997 City-Cup Gewinner m. FHC Frankfurt/Oder., 2001 Juniorinnen-EM/3. H.: Karate. (Re)

Arndt Udo *)

Arndt Ulrich Hans Georg Dipl.-Vw.
B.: Gschf. FN.: Berliner Wohn- u. Geschäftshaus GmbH BEWOGE. DA.: 10585 Berlin, Otto-Suhr-Allee 30. G.: Schleiz, 6. Juni 1945. Ki.: 2 Kinder. El.: Dr. Hans u. Elisabeth. S.: 1965 Abitur, 1965-70 Stud. VWL u. Jura FU Berlin m. Abschluß Dipl.-Vw. K.: 1971-81 Mtgl. d. Bundeskartellamt Berlin, zuletzt ORegR. d. 4. Beschlussabt., 1981-90 Bez.-StadtR. f. Jugend u. Sport in Berlin-Zehlendorf u. Bez.-StadtR. f. Volksbild., 1990-95 Staatssekr. d. Senatsverw. f. Schule, Berufsausbild. u. Sport, 1996-99 Staatssekr. d. Senatsverw. f. Bauen, Wohnen u. Verkehr a.D.; Lehrauftrag f. Wettbewerbsrecht an d. FU u. TFH Berlin. P.: div. Veröff. zum Wettbewerbsrecht. E.: 1997 Ital. VO Cavaliere. M.: CDU, Lions Club, div. AufsR. u. Entwicklungsträger in Berlin. H.: deutsche Geschichte, klass. Musik. Reisen.

Arndt Uwe Dr. rer. nat. Prof. *)

Arndt Uwe Wolfgang *)

Arndt Volker Dr. iur.
B.: RA. FN.: Sozietät Dres. Ruge Purrucker Makowski. DA.: 24103 Kiel, Faulstr. 12-16. Dr.Arndt@dres-ruge.de. www.dres-ruge.de. G.: Bremervörde, 15. Jan. 1960. V.: Maria, geb. Kus. Ki.: Rebecca (1996). El.: Kurt u. Meta, geb. Tönjes. S.: 1978 Abitur Zeven, 1978-84 Stud. Rechtswiss. an d. Christian-Albrechts-Univ. Kiel, 1984-87 Referendariat LG Kiel, OLG Schleswig u. in wirtschaftl. Anw.-Kzl. Los Angeles/USA, 2. Staatsexamen, Prom. K.: 1988 Eintritt in jetzige Sozietät, ab 1992 Fachanw. f. Verw.-Recht, ab 1995 Fachanw. f. Steuerrecht. P.: Co-Autor Kommentar zur Landesbauordnung, Veröff. in versch. Fachzeitschriften vorwiegend über Verw.-Recht. M.: Dt. Anw.-Ver., Arge Verw.-Recht b. DAV, Dt. Juristentag. H.: Bauhaus-Architektur, Joggen, Lesen.

Arndt Volker
B.: Leiter Beteiligungssteuerung. FN.: Bankhaus Lampe KG. DA.: 40479 Düsseldorf, Jägerhofstr. 10. G.: Bielefeld, 8. Apr. 1960. V.: Ulrike Taudien-Arndt. Ki.: Britta (1988), Hendrik (1989), Imke (1991). El.: Siegfried u. Gisela. S.: 1970-79 Helmholtz-Gymn. Blfd., Abitur, 1979-81 Banklehre Bankhaus Lampe Blfd., 1981-82 Grundwehrdienst b. d. Marine, 1982-84 Grundstud. Wirtschaftswiss. b. z. Vordipl. Univ. Blfd., b. 1988 Hauptstud. Wirtschaftswiss. Univ. Gießen, Abschluß Dipl.-Ökonom. K.: 1988 Bankhaus Lampe Düsseldorf, 1jähr. Trainee-Programm, danach Kreditabt. m. Sonderaufgaben, seit 1990 Aufbau d. Geschäftsbereichs Corporate Finance, ab 1995 Gschf. d. Lampe Beteiligungsges. mbH, Düsseldorf ab 1996 Gschf. d. DEPFA Holding Verwaltungsges. mbH, Ffm. (Großaktionär d. DePfa-Bank, Wiesbaden), 1998-2001 Gschf. d. Lampe Corporate Finance GmbH & Co. KG, Düsseldorf, seit 2000 Gschf. d. Lampe Capital GmbH, seit 2001 Generalbevollmächtigter Bankhaus Lamp u. Leiter d. Abt. Beteiligungssteuerung. H.: Tennis, Schach, Handball.

---

*) Biographie www.whoiswho-verlag.ch oder beigefügte CD-ROM

Arndt Wolf *)
Arndt Hoyer Helmut *)
Arndt-Baden Karin

B.: Hörgeräte Akustiker Meisterin. FN.: Hörgeräte-Akustik Karin Arndt. DA.: 10405 Berlin, Chodowieckistr. 2. PA.: 12621 Berlin, Bausdorfstr. 7. G.: Pritzwalk, 5. Juli 1965. V.: Frank Baden. El.: Erwin u. Siegfriede Turkowski, geb. Renner. S.: 1981-84 Med. Fachschule d. Friedrich-Schiller-Univ. Jena, Fachabschluß Audiologie u. Phoniatrie Ass., 1991 Ak. f. Hörgeräteakustik in Lübeck, Meisterprüf. im Hörgeräteakustikhandwerk, Abschluß d. Ausbildung m. d. Meistertitel. K.: 1984-88 versch. kfm. Tätigkeiten, 1988-90 Audiologie u. Phoniatrie Ass. in d. HNO-Abt. d. Poliklinik Berlin, Prenzlauer Allee 90, 1991-92 Hörgeräteakustiker b. Firma Flemming & Klingbeil GmbH Berlin, 1992-99 Filialltr. b. Firma Flemming & Klingbeil GmbH Berlin, 1999 Geschäftseröff. eines eigenen Meisterbetriebes f. Hörgeräteakustik. F.: selbst. Nikken-Fachberaterin (Wellness-Produkte). H.: Lesen, Fahrradfahren.

Arndt-Brauer Ingrid Dipl.-Kauffrau
B.: Dipl.-Kauffrau, MdB. FN.: Dt. Bundestag. DA.: 11011 Berlin, Platz der Republik 1. G.: Marburg/Lahn, 20. März 1961. Ki.: 4 Kinder. S.: Abitur Marburg, 1980-85 Stud. BWL u. Soz. in Marburg, Dipl.-Kauffrau, Dipl.-Soz. K.: nach Familienphase 1998-99 Ltr. "Kommunales Marketing" b. Kreis Steinfurt, 1980 Eintritt in d. GEW, seit 1998 Mtgl. d. ÖTV, seit 1983 Mtgl. d. SPD, 1987-92 versch. Funktionen b. d. Jungsozialisten, d. Arge Sozialdemokrat. Frauen (ASF) u. im SPD-Unterbez. Würzburg, seit 1992 versch. Funktionen im Unterbez. Steinfurt, z.Zt. Organ.-Referentin im Unterbez.-Vorst., stellv. Vors. im Ortsver. Horstmar, 1985-86 Stadtverordnete in Wetter/Hessen,1994-97 Kreistagsabg. d. Kreises Steinfurt, seit 1999 MdB. (Re)

Arndts Reinhard Dr. *)

Arndtz Thomas Dipl.-Ing.

B.: Dipl.-Ing. f. Energie- u. Brennstofftechnik, Inh. FN.: PMA-Projektmanagement. DA.: 66482 Zweibrücken, Esebeckstr. 20, e-mail: pmazw@csi.com. G.: Querfurt, 5. Okt. 1951. V.: Eleonore, geb. Fischer. Ki.: Margrit (1979), Astrid (1981). El.: Martin u. Gisela. BV.: Familie seit d. 16. Jhdt. in Selbständigkeit. S.: 1971 Abitur Chemnitz, 1971-75 Stud. Energietechnik Univ. Chemnitz. K.: 1975-81 techn. Bau- und Projektltg., 1982-83 betriebswirtschaftl. Tätigkeit in Zweibrücken, 1983-85 Projektltr. f. techn. Anlagen d. Firma Kraftanlagen Heidelberg AG, 1986-93 Ges. u. Ndlg.-Ltr. in Waldmohr b. Firma Diehl, seit 1993 selbst. Ing.-Büro. m. techn. Projektltg. f. sämtl. Gewerke d. Gebäudetechnik sowie externes Krisenmanagement. F.: seit 1994 PMA-Projektmanagement in Berlin, seit 1995 PMA-Projektmanagement in Chemnitz, seit 1998 gschf. Ges. Mahlke Klimatechnik GmbH & Co. Lufttechnische Anlagen KG Berlin-Neuköln, Beteiligung 51%. M.: Reitver. Zweibrücken. H.: Reitsport, Informatik, Wassersport (Motorboot).

Arneburg Michael Ernst *)

Arnecke Hinrich Dipl.-Ing. *)

Arnegger Margot
B.: Inh., Gschf. FN.: Autohaus Arnegger GmbH. DA.: 88214 Ravensburg, Ravensburger Str. 13. G.: Ravensburg, 26. Aug. 1952. Ki.: Nathalie (1971), Sylvie (1975). El.: Anton u. Cäcilia Arnegger. S.: Höhere Handelsschule, 1971 Wirtschaftsgymn., 1991-94 BWL-Stud. an d. Verw.- u. Wirtschaftsak. K.: 1996 Übernahme d. Autohauses gemeinsam m. d. Schwester Birgit Arnegger-Schwarz, Eröff. d. Filiale in Wangen/Allgäu, seit 1999 StadtR. f. d. Freie Wählergemeinschaft in Ravensburg. H.: Skifahren, Psych.

Arnemann Angelika *)

Arnhardt Gerhard Dr. habil. Prof. *)

van Arnheim Elke Dr. LL.M. *)

Arnhold Anna Franziska *)

Arnhold Michael Hans

B.: Facility-Manager, Makler, Gschf. Ges. FN.: Arnhold's GmbH. DA.: 30457 Hannover, Ringstr. 8. arnholds-gmbh@t-online.de. www.arnholds.de. G.: Bad Lauterberg, 22. Jan. 1956. V.: Brigitte, geb. Wilhelm. Ki.: Florian (1978), Patricia (1979), Fabian (1982). BV.: Raubritter aus Scharzfeld/Harz waren Anfang d. 18. Jhdt. Vorfahren m. Familienwappen. S.: 1972 Polizeifachschule Hann.-Münden, 1973 Polizeifachschule Hannover, Tätigkeit b. d. Bereitschaftspolizei, 1975 Polizeiakademie Ülzen u. Polizeidienst in Hannover, 1985 Verwaltungslehrgang Hannover. K.: 1986 Regierungsassistent Bezirksregierung Hannover, 1987 Verw. landeseigener Dienstgebäude, 1990 Grdg. einer VS-Agentur/Württembergische, 1991 Hausmeister-Service u. Hausverwaltung GbR, 1996 Hausverwaltung u. Dienstleistungen, Facility-Management Arnhold's GmbH (Gschf. Ges.), 1997 Ausbildung z. Fachverwalter f. Miet- u. Gewerbeimmobilien, 4 Mon. Auslandsaufenthalt, Lehrgang z. Tauchlehrer, 1997 ndlg. m. Hausverwaltung. Maklerbüro in Bodenwerder, 1998 Ausbildungsbetrieb d. IHK Hannover u. Fachverw. f. Kfm. f. Bürokommunikation, 1999 Vermietung GbR m. eigenen Mehr- u. Einfamilienhäuser, Fachgeschäft f. Motorgartengeräte. H.: Familie, Tauchen, Motorrad, Cabrio fahren.

Arnholdt Robert Dr. med. *)

von Arnim Christine
B.: Ltr. d. Fellow-Dienste. FN.: Wissenschaftskolleg zu Berlin. DA.: 14193 Berlin, Wallotstr. 19. G.: Grasgrube, 11. Aug. 1946. V.: Bernd von Arnim. Ki.: Dr. Caroline von Klitzing (1971), Vanessa von Klitzing (1974), York-Philip von Klitzing (1975). El.: Joachim u. Kordula Wimmer. BV.: Phillip Jakob Spener - Probst von Berlin, 1635-1705, Georg Jacob Decker - Oberhofbuchdrucker bei Friedrich II, 1732-1799. S.:

---
*) Biographie www.whoiswho-verlag.ch oder beigefügte CD-ROM

1966 Abitur Frankfurt/Main. K.: 1966-71 Sekr. an einem Inst. d. Univ. Frankfurt/Main, Aufenthalt in Amerika und Frankreich, 1986 Rückkehr in d. BRD, seit 1990 tätig am Wiss.-Kolleg zunächst als Sekr. u. zuletzt Ltr. d. Fellow-Dienste u. verantwortl. f. Admin., Übersetzungen u. Veranstaltungen. P.: Aufsätze über Familien. M.: Förderkreis der Komischen Oper Berlin, Freundeskreis der Stiftung preuß. Schlösser u. Gärten, Meet me in Mitte. H.: Konzert, Theater, Oper, Lesen, Gäste betreuen.

von Arnim Clemens Dr. sc. pol. *)

von Arnim Hans Herbert Dr. iur. Dipl.-Vw.
B.: o.Prof. f. Öff. Recht, insbes. Kommunal- u. Haushaltsrecht, Verfassungslehre. FN.: HS f. Verw.-Wiss. Speyer. DA.: 67324 Speyer, Freiherr-vom-Stein-Str. 2. G.: 1939. S.: Stud. Rechts- u. Wirtschaftswiss., Jurist. Staatsexamen, Dipl. in VWL u. rechtswiss. Prom. in Heidelberg. K.: 1968 Ltr. d. Karl-Bräuer-Inst. d. Bundes d. Steuerzahler in Wiesbaden, 1976 Habil., 1978-81 Prof. in Marburg, seit 1981 Lehrstuhl f. Öff. Recht, insbes. Kommunalrecht u. Haushaltsrecht u. Verfassungslehre in Speyer, 1993-95 Rektor d. HS f. Verw.-Wiss. Speyer, 2001/02 Gastprofessur an d. Medizinischen Univ. Lübeck. P.: u.a. Verfallbarkeit betrieblicher Ruhegeldanwartschaften (1970), Gemeinwohl und Gruppeninteressen (1977), Staatslehre d. BRD (1984), Demokratie ohne Volk (1993), Staat ohne Diener (1993), Der Staat sind wir (1995), Fetter Bauch regiert nicht gern (1997), Diener vieler Herren (1998), Volkswirtschaftspolitik (1998), Vom schönen Schein der Demokratie (2000), Politik Macht Geld (2001), Das System (2001). M.: "Enquete-Kmsn. Wahlrecht u. Kommunalverfassung" d. Landtages Rheinland-Pfalz (1988-90), "Kmsn. unabhängiger Sachv. z. Parteienfinanzierung" (1992/93), Verfassungsgericht Brandenburg (1993-96), Kmsn. Bezahlung von Regierungsmitgliedern (1990-2000).

von Arnim Iris Monika
B.: Gschf. Ges. FN.: Iris v. Arnim GmbH. DA.: u. PA.: 20149 Hamburg, Frauenthal 4. El.: Hans Joachim u. Ursel von Arnim, geb. Fenner v. Fenneberg. BV.: Bettina v. Arnim, geb. Brentano (1785-1859). S.: Lehre z. Reisekauffrau. K.: Werbetexterin, Journalistin, 1976 Gründung u. eigene Firma f. anspruchsvolle Wirk- u. Strickwarenmode. F.: Ges. d. Kammerspiele Hamburg. H.: Theater, Literatur, Musik. (G.v.B.)

von Arnim Joachim Dedo *)

von Arnim Martin Heinrich Jürgen
B.: Einzelunternehmer. FN.: von Arnim & Partner Personalberatung. DA.: 12249 Berlin-Lankwitz, Derfflingerstr. 13. PA.: 06895 Kropstädt, Weddinger Weg 12. info@von-arnim-partner.de. www.von-arnim-partner.de. G.: Berlin, 19. Nov. 1935. V.: Leonie, geb. von Rohr. Ki.: Alexandra (1967), Friederike (1970). El.: Carlheinz u. Ruth, geb. von der Decken. S.: 1957 Abitur, 1957 Bundeswehroffz.-Anw., ab 1959 Lt. im Truppendienst, ab 1954 Hptm. u. Batteriechef, 1968 Mjr. b. einem nuklearen Artellerieregiment Buxtehude, 1974-78 stellv. Battaillonskommandeur in Nienburg/Westfalen, 1976 Oberstlt. K.: 1978-83 Lehrer u. Lehrstabsbeauftragter an d. NATO-Schule in Oberammergau, 1983-85 kommandiert z. Armeegruppe Heidelberg, 1986-90 NATO-Schule Oberammergau als Lehrer u. Lehrgruppenleiter, 1991 Antrag

auf vorzeitige Pensionierung, ab 1992 Oberstlt. d. Bundeswehr a.D., ab 1992 freiberufl. in d. Personalberatung tätig, b. 1997 b. Uwe Feller u. Partner, 1997-98 Ruf nach Berlin zu einem anderen Unternehmen d. gleichen Genres, 1998-99 in Kooperation m. einem Personalberater eigenverantwortl. als Vorstufe z. Firmengrdg. tätig, 1999 Firmierung als GbR. E.: Med.: Meriterions Service Madel United States of American. M.: langj. Mtgl. d. Johanniter Ordens, Vors. d. v. Arnimschen Familienverb. e.V., 1976-90 Rotary Clubs, Lions Club, seit 2000 VBKI, Sächs. sowie Berlin-Brandenburg. Adelsclub, seit 1999 American Chamber of Commerce and d. Schweiz.-Dt. Wirtschaftskreises, Country u. Golfclub Seddiner See. H.: Reiten, Skifahren, Golf, Joggen, Fitness, Porsche fahren.

Arning Wolfgang Dipl.-Vw.

B.: Kfm. FN.: Büromöbelhalle. DA.: 33647 Bielefeld, Artur-Ladebeck-Str. 155. G.: Bielefeld, 28. Dez. 1960. El.: Erich u. Hortense. S.: 1980 Abitur, 1980-82 Ausbild. u. Abschluß Ind.-Kfm., 1982-83 Bundeswehr, 1983-90 Stud. Vw., Dipl.-Vw. K.: 1990-94 Schüco-Intern., 2 J. Traineeprogramm, anschließend stv. Ndlg.-Ltr. in Großrohrheim, 1994 Gründg. d. eigenen Firma Hdl. m. gebrauchten Büromöbeln, 1996 Umstellung auf neue Fabrikerzeugnisse jedoch 2. Wahlmöbel aus Sonderposten v. Messen u. Überhangproduktionen. H.. Literatur, Tischtennis, Wassersport.

Arnold Bernd Dipl.-Kfm. *)

Arnold Bernd *)

Arnold Burkhard Hermann

B.: Galerist. FN.: in focus Galerie am Dom. DA.: 50667 Köln, Marzellenstr. 9. galeriefoc@aol.com. www.infocusgalerie.de. G.: Bonn, 22. März 1958. V.: Anja, geb. Stöckmann. El.: Hermann und Helene, geb. Schulze. S.: 1977 Abitur Troisdorf, 1977-78 Zivildienst, 1979 Stud. Heilpäd. Fak. Univ. Köln, 1986 1. u. 1988 2. Staatsexamen, S.: seit 1989 Sonderschullehrer Sonneck-Schule Neukirchen-Vluyn, seit 1990 Eröff. Galerie f. Fotografie, Fotokunst, seit 1995 Umbenennung in focus Galerie am Dom, zeigt z.T. erstmalig in Deutschland intern. bekannte Künstler: Günter Blum, Lucien Clergue, Bruce Davidson, Frank Horvat, Jan Saudek, Jeanloup Sieff, Willy Ronis. P.: 1995 Bücher: Claude Fauville u. 1999 Hrsg. Bruce Davidson, RTL-Interview über Jan Saudek, Beitrag in Köln-New-York-

*) Biographie www.whoiswho-verlag.ch oder beigefügte CD-ROM

Arnold

Köln (1998). M.: DGPH, Förderver. Freunde u. Förderer Kunst-HS f. Medien Köln, Vorst. u. BeiR. Intern. Fotoszene Köln. H.: Reisen: Asien, Nordamerika.

Arnold Carla *)

Arnold Christoph Dipl.-Ing. *)

Arnold Claudia-Elisabeth *)

Arnold Claus Dipl.-Vw. *)

Arnold Dieter Dr.

B.: Acting Dir. FN.: Bundesinst. f. gesundheitl. Verbraucherschutz u. Vet.-Med. DA.: 14195 Berlin, Thielallee 88-92. d.arnold@bgvv.de. www.bgvv.de. G.: Idar-Oberstein, 28. Apr. 1939. V.: Felicitas, geb. Wronski. Ki.: Caroline (1981), Clemens (1986). El.: Emil u. Anna, geb. Walz. S.: 1958 Abitur, 1958-64 Stud. Chemie u. physikal. Chemie Albert-Ludwigs-Univ., 1966 Prom. Max-Planck-Inst. f. Immunbiologie, 1976 Habil. K.: 1967-76 Ass. u. Ass.-Prof. in Lehre u. Forsch. an d. FU, ab 1977 ltd. Mitarb. im Bundesgesundheitsamt, 1988 Ltr. d. Abt. Arzneimittel, Tiernahrung u. Rückstandforsch., 1991 Ltr. d. Zentrale f. Erfassungs- u. Bewertungsstelle f. Umweltchemikalien, 1995 stellv. d. Inst.-Dir. u. kommisar. Ltr. d. bgvv; Funktionen: b. 1982 Lehrauftrag hauptsächl. an d. FU Berlin. M.: Risikoanalyse in versch. nat. u. intern. Gremien, Expertenaussch. d. WHO u. FAO, 1996-97 Sachv. d. WTO. H.: Musizieren, Geige u. Bratsche spielen.

Arnold Dieter Friedrich Ing. *)

Arnold Dietmar Dipl.-Med. MedR.
B.: Internist. DA.: 19306 Neustadt-Glewe, Neuhöfer Str. 1. G.: Rochlitz, 1. Sep. 1947. V.: Dipl.-Med. Ulrike, geb. Thieme. Ki.: Karsten (1977), Tanja (1981). S.: 1966 Abitur in Straußberg, 1966-72 Stud. Humanmed. an d. Militärmed. Sekt. d. Ernst-Moritz-Arndt-Univ. in Greifswald. K.: 1972-78 FA-Ausbild. in Bad Saarow an d. Militärmed. Ak., danach Stationsarzt an d. Militärmed. Ak. in Bad Saarow, 1982-85 Fachgebietsltr. Kardiologie an d. Militärmed. Ak. in Bad Saarow, seit 1988 MedR., danach Chefarzt d. Inneren Abt. im NVA Lazarett in Neustadt-Glewe, ab 1991 Ltr. FA Untersuchungsstelle d. Bundeswehr in Neustadt-Glewe, ab 1992 ndlg. in eigener Praxis in Neustadt-Glewe. M.: Hausärztl. Internistenverb.

Arnold Doris
B.: Doz. f. Theologie. PA.: 71563 Affalterbach, Kernerstr. 12. G.: Diedesheim/Baden, 20. Sep. 1954. S.: 1969-71 Wirtschaftsschule Moosbach, 1977-78 FOS Kiel, 1979-84 Stud. Erziehungswiss. f. Realschulen. K.: 1971-73 Arzthelferin, 1974-75 soz. J., 1975-79 tätig in versch. kirchl. Soz.-Einrichtungen, 1984-86 Referendariat in Kiel, 1986-93 Lehrerin an d. Realschule Bad Bramstedt, 1993-95 Arb. in d. techn. Berufschule in Kiel-Garden, seit 1995 Lehrkraft an d. Univ. Kiel u. dzt. Vorbereitung d. Prom. f. Erziehungswiss. H.: klass. Musik.

Arnold Edeltraud
B.: RA, selbständig in eigener Kzl. DA.: 88316 Isny, Marktpl. 3. G.: Leutkirch, 17. Nov. 1954. S.: 1973 Abitur in Isny, 1973-78 Stud. Jura in Freiburg, 1979-81 Referendariat in Ravensburg. K.: 1982 Zulassung als RA, seit 1988 selbständig m. eigener Kzl. in Isny, Tätigkeitsscherpunkte Zivilrecht u. Straßenverkehrsrecht. H.: Bücher, Reisen, fremde Kulturen, Religionen, Fotografieren, Fremdsprachen.

Arnold Ellen *)

Arnold Gabriela *)

Arnold Günter *)

Arnold Günter Dipl.-Ing. *)

Arnold Hanna *)

Arnold Hans Dr. med. Prof.
B.: Rektor FN.: Med. Univ. Lübeck. G.: Nordhausen, 12. Apr. 1938. V.: Dr. med. Heike, geb. Renken. Ki.: Rüdiger (1965), Martin (1969). El.: Dr. med. Erich u. Hildegard. S.: 1955 Abitur, 1955-60 Stud. Med. in Jena u. Erfurt,1960 Staatsexamen. K.: 1961-62 Pflichtass. u. prakt. J., 1962 Approb., 1963-67 Chir. Klinik d. Med. Ak. Erfurt, 1966 Prom., 1967 FA f. Chir., 1967-73 Neurochir. Abt. d. Med. Ak. Erfurt, 1970 FA f. Neurochir., 1973 Flucht aus d. DDR, 1973-86 Neurochir. Abt. Hamburg-Eppendorf, 1982 Habil., 1986 Übernahme d. Klinik f. Neurochir. d. Med. Univ. Lübeck, Prof. m. Lehrstuhl, 1993 Ärztl. Dir. Klinikum, 1999 Rektor Univ. Lübeck, 1998-2000 Präs. Dt. Ges. Neurochirurgie. M.: 1974 Vors. d. Dt. Ges. f. Neurochir., 1998-2000 Mtgl. im Komitee d. Europäischen Assoziation SANS, Dt. Ges. f. Wirbelsäulenchir. H.: Schach. (Re)

Arnold Hans Jürgen *)

Arnold Heinz *)

Arnold Heinz Ludwig *)

Arnold Joachim *)

Arnold Josef *)

Arnold Jürgen Dr.-Ing. *)

Arnold Jürgen *)

Arnold Karl Heinz Konsul *)

Arnold Klaus Dr. rer. nat. Prof.

B.: Dipl.-Physiker, Institutsdir. FN.: Institut f. Medizinischen Physik u. Biophysik d. Medizinische Fakultät d. Universität Leipzig. DA.: 04103 Leipzig, Liebigstr. 27. arnold@medizin.uni-leipzig.de. G.: Preusslitz, 19. Mai 1942. V.: Dr. med. Regina. Ki.: Bettina (1971). S.: 1960-65 Stud. Physik an d. Univ. Leipzig, 1969 Prom., 1976 Habil. K.: 1965-69 wiss. Ass. am Physikal. Inst. d. Univ. Leipzig, 1969-79 wiss. Oberassistent, 1979-82 Doz. f. molekulare Biophysik an d. Humboldt-Univ. zu Berlin, 1982-84 Doz. f. Experimentalphysik am Physikal. Inst. d. Univ. Leipzig, 1984-94 Prof. f. Physik/Biophysik an d. Med. Fak. d. Univ. Leipzig, seit 1994 Prof. f. Med. Physik u. Biophysik an d. Med. Fak. d. Univ. Leipzig. P.: über 251 Veröff. in namhaften intern. Zeitschriften. M.: o.Mtgl. d. Sächsischen

---

*) Biographie www.whoiswho-verlag.ch oder beigefügte CD-ROM

Akademie d. Wiss., Amerikanische biophysikalische Ges., Dt. Biophysikalische Ges., Ges. f. Med. Physik. H.: klass. Musik, Joggen.

Arnold Klaus-Peter Dr. iur. *)
Arnold Ludwig Dr. Prof. *)
Arnold Manfred Dr. med. Prof. *)
Arnold Mathias Dipl.-Pharmazeut *)
Arnold Paul Dr. phil. *)
Arnold Peter Dipl.-Verw.-Wiss.

B.: Direktor u. Leiter d. Abt. Gewerbeansiedlung. FN.: L-Bank. DA.: 76113 Karlsruhe, Schloßpl. 10. peter.arnold@l-bank.de. www.l-bank.de. G.: Aalen, 26. Aug. 1955. Ki.: Jacob (1987), Jonas (1990). El.: Otto u. Marth, geb. Zinsler. S.: 1974 Abitur Oberkochen, 1974-76 Wehrdienst, 1976-82 Stud. Verw.-Wiss. Univ. Konstanz m. Dipl.-Abschluß. K.: 1982-84 Referendariat u. versch. Positionen im höheren Dienst, Land-Württemberg, 1989-90 Absolvent d. Führungsak. des Landes Baden-Württemberg, seit 1991 Dir. d. L-Bank; Funktionen: Vors. d. AufsR. d. PT German Centre Indonesia, AufsR.-Mtgl. d. Ind. Park Gottmandingen AG u. d. Business Park Göppingen GmbH, Gschf. d. Stuttgarter Engineering Park GmbH, Büro Park Fassanhof GmbH in Stuttgart u. d. Technologie-Parks Tübingen-Reutlingen GmbH. M.: Vorst.-Mtgl. d. Ver. d. Absolventen u. Freunde d. Führungsakademie BW e.V., Ko-Net e.V. Konstanz, SPD. H.: Motorradfahren.

Arnold Peter

B.: Vers.-Fachwirt, Gen.-Agent. FN.: Mannheimer Vers. DA.: 67063 Ludwigshafen, Berthold-Schwarz-Str. 45. PA.: 68259 Mannheim, Löwenstr. 3. G.: Ludwigshafen, 7. Mai 1957. V.: Kornelia, geb. Raufelder. El.: Heinz u. Sonja. S.: 1975-80 Konservatorium Mannheim, Musiker. K.: seit 1980 Mannheimer Vers., Ang., Service-Center-Ltr., Ang. im Außendienst, 1993-95 Ver. f. wiss. Fortbild. Mannheim, Vers.-Fachwirt, 1997 selbst. Gen.-Agent d. Mannheimer Vers. P.: Komponist d. Ludwigshafener Stadthymne, Komponist v. Ludwigshafener Fastnachtsschlager. M.: Senator Karnevalsges. EULE Ludwigshafen, Senator Karnevalsges. TUSNESIA Neuhofen, Sportfreunde Ernst-Reuther-Siedlung e.V. Ludwigshafen, SPD. H.: Individualreisen (Asien), Sport (Fußball), Musik.

Arnold Rainer
B.: MdB. FN.: Dt. Bundestag. DA.: 11011 Berlin, Platz d. Republik 1; 72622 Nürtingen, Gerberstr. 4. rainer.arnold@bundestag.de. G.: Stuttgart, 21. Juni 1950. V.: Margit, geb. Maier. Ki.: Jens (1984). S.: 1966 Mittlere Reife Filderstadt, 1966-69 Lehre Fernmeldemonteur DeTeWe, 1972 FH-Reife an d. FH Esslingen, 1973 Eignungsprüf. f. Stud. an Päd. HS, 1973-77 Päd. HS Esslingen, Stud. Lehramt an d. Grund- u. HS, 1977-78 Kontaktstud. Erwachsenenbild. PH Ludwigsburg. K.: 1969-70 Fernmelderevisor b. DeTeWe, 1971 Eintritt in d. SPD, 1971 Ortsver.-Vors. Harthausen, 1978 Vors. in Filderstadt, 1980-92 Kreisvors. Kreis Esslingen, 1979-98 VHS Stuttgart, 1979-83 StadtR., 1990-94 KreisR. im Kreistag, 1994-98 Mtgl. Verb.-Versammlung Region Stuttgart, seit 1998 Mtgl. Dt. Bundestag. M.: SPD, Sport- u. Musikver. H.: Musik, Schlagzeug, Gitarre, Singen, bild. Kunst, Fahrradfahren, Schifahren, Mittelmeerländer. (Re)

Arnold Ralf Dr. med.
B.: FA f. Kieferorthopädie. DA.: 04668 Grimma, Colditzer Str. 44. G.: Grimma, 28. Dez. 1953. Ki.: Theres (1981). S.: 1972 Abitur, Wehrdienst, 1974-79 Stud. Zahnmed. Univ. Leipzig m. Abschluß Dipl.-Stomatologe. K.: 1979-87 Zahnarzt an d. Poliklinik Grimma, 1987 FA f. Kieferorthopädie, 1987-91 Kieferorthopäde an d. Poliklinik Grimma, seit 1991 ndlg. Kieferorthopäde m. Schwerpunkt Behandlung v. Kieferanomalien bei Kindern u. Jugendlichen, Prophylaxe u. Kiefergelenkserkrankungen. P.: Veröff. z. Anwendung u. med. Auswirkung v. Lebensmittelersatzstoffen. M.: Lionsclub Grimma e.V., Schützenver. Grimma e.V.

Arnold Rudolf *)
Arnold Sigrid *)
Arnold Udo Dr. phil. *)
Arnold Ulrich

B.: Ind.-Kfm., Inh. FN.: Arnold Kunststofftechnik, Bootswerft, Reisemobilzubehör. DA.: 67547 Worms, Hafenstraße 4c. G.: Worms, 17. Juli 1938. V.: Margarete, geb. Baier. Ki.: Ulrike (1975). El.: Ernst-Ludwig u. Maria. S.: 1955-58 Lehre als Ind.-Kfm., 1959-61 Fachschule f. Elektrotechnik. K.: 1961-74 Einstieg in elterl. Betrieb Brennstoffhandel u. Sped., 1968 Grdg. d. jetzigen Betriebes Modell- u. Formenbau f. Ind. und Wirtschaft, 1981-82 Ausbild. z. Internisten Bad Dürkheim, 1983 Praxiseröff., Ndlg. als Arzt f. Allg.-Med. M.: Mtgl. d. Gesamtvorst. Wassersportver. "Poseidon", Wormser Luftsportver., Motorflugreferent. H.: Wassersport, Pilotenschein, Fotografieren.

Arnold Werner Dr. Prof.
B.: Prof. f. Semistik. FN.: Seminar f. Sprachen u. Kulturen d. Vorderen Orients d. Univ. Heidelberg. DA.: 69117 Heidelberg, Schulg. 2. arnold@uni-hd.de. www.semitistik.uni-d.de/arnold/. G.: Bad Neustadt, 28. Mai 1953. V.: Anne, geb. Werner. Ki.: Melanie (1973), Rahim (1976), Nasrin (1983), Samira (1985). El.: Willibald u. Rosalie, geb. Spötta. S.: 1972 Abitur, Zivildienst, 1973-79 Stud. Sozialpäd. Univ. Regensburg, 1979-85 Stud. Islamwiss., Semistik u. angew. Linguistik Univ. Erlangen m. Abschluß Mag. Artium, 1985-87 Forsch.-Aufenthalt Aramäerdörfer in Syrien als Prom.-Stipendiat d. DAAD, 1977/78 Prom. Semistik u. Islamwiss. am Inst. f. außereurop. Sprachen u. Kulturen d. Univ. Erlangen-Nürnberg, 1988 Prom. summa cum laude über "Laut- u. Formenlehre d. Neuwestaramäischen". K.: 1988-91 wiss. Mitarb. im

---
*) Biographie www.whoiswho-verlag.ch oder beigefügte CD-ROM

Arnold

Forsch.-Projekt Neuwestaramäisch, 1991-96 wiss. Ass. am Lehstuhl f. Semistik an d. Universität Heidelberg, 1993 Forsch.-Reise in d. Oman, 1996 wiss. Ass. an der Univ. Erlangen-Nürnberg, 1997 Habil., seit 1999 Prof. f. Semistik am Seminar f. Sprachen u. Kulturen d. Vorderen Orients d. Univ. Heidelberg. BL.: weltweit einziger Spezialist f. Neuwestaramäisch. P.: zahlr. Publ. in intern. Fachzeitschriften, Mithrsg. d. "Mediterranegen Language Review" (seit 1998) u. "Zeitschrift f. arab. Linguistik" (seit 1998), Autor v. 1. Lehrbuch, 4 Textbände, 1 Grammatik d. Neuwestaramäischen (1989-91), Habil.: "Die arab. Dialekte Antiochiens" (1998). E.: 1985-87 Prom.-Stipendium d. DAAD. M.: Dt. morgenländ. Ges., Ges. f. bedrohte Sprachen in Köln, Ges. f. bedrohte Völker in Göttingen. H.: Beruf, Familie.

Arnolds Heinz

B.: Hotelier u. Gastronom. FN.: Hotel Maximilian, Essen. DA.: 45131 Essen, Manfredstr. 10. G.: Essen, 7. Juli 1932. V.: Ute, geb. Philippiak. Ki.: Birgit (1962) und Heinrich (1965). El.: Heinrich u. Gertrud. BV.: Urgroßvater Heinrich Arnolds war Gründer d. Stammhauses in Rüttenscheid im J. 1902. S.: 1946 mittlere Reife, 1948-52 Konditorlehre, 1952-53 Hotelfachschule in Heidelberg. K.: 1954-57 Koch in elterl. Betrieben, 1958-59 Koch im Hotel Eden Rock u. Hotel Carolina Miami/USA, 2. Küchenchef im Concord-Hotel in Monte Sello New York, 1959-66 selbst. Pächter d. Restaurants Heimliche Liebe in Essen, 1966 Übernahme d. Hotels Rüttenscheider-Hofs in Essen, 1973-99 zusätzl. Pächter d. Messe- u. Kongressgastronomie Essen, 1991 Übernahme d. Hotels Arnolds in Essen, heute Hotel Maximilian, 1995 Mitausrichter d. Eurogipfel-Kongresses in Essen Cateringservice an Chefred. Jens Feddersen NRZ, dabei zu Gast Bundespräs. Scheel u. Außenmin. Genscher, seit 1970 Mtgl. u. Vors. d. Prüf.-Kmsn. f. Köche d. IHK Essen. BL.: Ausrichtung v. Parteitagen, Kongressen u. Großveranstaltungen b. zu 3000 Personen, kampf gegen d. Verpackungs- Getränkesteuer gewonnen. F.: Eigentümer Rüttenscheider Hof u. Hotel Maximilian in Essen, Pächter d. Messegastronomie, Ges. d. Messe Essen. P.: zahlr. Art. u. Nennungen in Fach- u. Tagespresse. E.: 1972 Ritterschlag z. Maitr de la Table, Gold. Ehrennadel d. IHK Essen u. d. Hotel- u. Gaststättenverb. NRW, Ehrenmtgl. d. Dt. Köcheclubs, Ehrenausz. d. Dt. Jagdschutzverb., Ehrensenator d. Ritter d. Frohsinns in Essen. M.: seit 1961 Vorst. im Hotel- u. Gaststättenverb., stellv.-Vors. u. 1968-2000 1. Vors. d. Essener Orts. d. HGV NRW, seit 1966 Delegierter d. HGV, seit 1997 im Ehrenamt d. Hotel- u. Gaststättenverb. N.W., seit 2000 einstimmig z. Ehrenvors. gewählt, Confrerie d. Maitre de la Tables, Dt. Köcheclub 12 J. 2. Vors., 2 J. 1. Vors., Vors. d. Hegerings Rüttenscheid d. Dt. Jagdschutz-Verb. H.: Jagd, Beruf. Familie, Enkelkinder, Schwimmen, Reisen.

Arnoldy Georg J. Dr. med. dent.

B.: Zahnarzt. DA.: 50668 Köln, Ebertpl. 7. dr.arnoldy@gmx.net. www.dr-arnoldy.de. G.: Kyllburg, 26. Jan. 1962. V.: Mechthild, geb. Lehnen. Ki.: 1 Kind. El.: Josef u. Katharina, geb. Feltes. BV.: Wilhelm Arnoldy, Bischof v. Trier, 1842-1864. S.: 1983 Abitur, 1983-87 Stud. VWL u. Rechtswiss. Univ. Mainz, 1987-93 Stud. Zahnmed. an d. Univ. Mainz. K.: 1993-97 wiss. Mitarb. v. Prof. J. Kraft u. Prof. K. Fuhr, Zahnarzt Zahnklinik Univ. Mainz, Arbeitsschwerpunkte Implantologie, Forschung zur Biokompatibilität von Dentallegierungen, 1994-96 Zertifizierung an d. Implantatsystemen "Branemark", "Friatec", "ITI Straumann", 1996 Prom. u. Ernennung zum Oberarzt, 1997 tätig u.a. in einer Privatpraxis in Düsseldorf u. Köln,

Fortbildung Implantologie an d. UCLA Los Angeles, 1998 Lehrauftrag an d. Univ. v. San Jose in Costa Rica, Eröff. d. Praxis in Köln m. Schwerpunkten Implantologie u. ästhet. Prothetik, 1999 Eröff. d. Prophylaxe-Abt. in Zusammenarbeit mit Dr. K. D. Hellwege, 2000 Veranstaltung v. Fortbildungen im Bereich geriatrischen Prothetik u. Implantologie. H.: Reisen, Reiten, Fallschirmspringen, Kochen, Chardonnay Weine.

Arns Michael

B.: Gschf. FN.: Hans Zinnikus GmbH & Co KG. DA.: 50735 Köln, Niehler Str. 272. G.: Köln, 7. Juni 1968. V.: Stephanie, geb. Brüsen. Ki.: Julia, Lena. El.: Irmgard, geb. Dall'Omo. S.: 1987 Abitur in Köln, 1987-90 Lehre z. Groß- u. Außenhandelskaufmann. K.: 1990-94 Kfm. Ang. b. d. Firma Zinnikus GmbH & Co KG in Köln, 1994-98 Gschf. Firma Workperfect GmbH in Köln. F.: Workperfect GmbH Köln (49 %), Zinnikus GmbH & Co KG (100%).

Arnscheid Helmut

B.: Volljurist, Fachanw. f. Arbeitsrecht, Sozius. FN.: RA Arnscheid & Vöhringer. DA.: 01097 Dresden, Seitenstr. 5. G.: Köln, 19. Juni 1953. El.: Felix u. Irmgard. S.: Gymn., b. 1982 Jurastud. Köln u. Tübingen. K.: b. 1986 Referendarzeit in Köln, b. 1992 Anw. in Köln, seit 1992 Anw. in Dresden, Zulassung b. allen LG d. neuen Bdl. u. am OLG Dresden. M.: Anw.-Kam. Sachsen, Dt. Anw.-Ver. u. Ehrenmtgl. im Kölner Anw.-Ver., Freundeskreis Dresdner Brettl e.V. H.: Tennis, Fußball, Lese

Arnsperger Rolf *)

Arnst Michael

B.: Zahnarzt. DA.: 40667 Meerbusch, Dorfstraße 27a. marnst@gmx.de. G.: Düsseldorf, 24. Mai 1962. V.: M.A. Gabriele, geb. Küsters. Ki.: Hannah-Pauline. El.: Dr. Dr. Werner Arnst u. Hildegard Grauer. S.: 1981 Abitur Meerbusch, 1981-83 Bundeswehr, 1984-91 Stud. Zahnheilkunde an d. Univ. Bonn u. Staatsexamen. K.: 1991-98 Ass.-Tätigkeit, 1995-98 Ausbild. in professioneller Prophylaxe b. Dr. Laurisch Korschenbroich, 1998-2000 Ass.-Tätigkeit in d. Privatpraxis Dr. Bermann Düsseldorf, mehrmonatiger Auslandsaufenthalt in international renommierten Praxen, 2000 Praxiseröff. in Meerbusch. M.: Dt. Ges. f. ästhet. Zahnheilkunde. H.: Kochen, Wein, Lenkdrachenfliegen, Reisen, Segeln.

---

*) Biographie www.whoiswho-verlag.ch oder beigefügte CD-ROM

Arnst Peter *)

Arntjen Karl-Heinz

VDM, CDU. H.: Tennis, Reisen.

B.: Immobilienkfm., Inh. FN.: Arntjen Immobilien. DA.: 31171 Nordstemmen, Im Kreuzfeld 7. arntjen.immobilien@t-online.de. www.arntjen-immobilien.de. G.: Bad Zwischenahn, 11. Aug. 1955. S.: 1976 FH-Reife Oldenburg, b. 1980 Zeitsoldat b. d. Bundeswehr. K.: 1980-86 Landesltg. d. CDU Niedersachsen als Gschf., 1986-90 Kreisgschf. u. Ass. eines Bundestagsabg. im Landkreis Ammerland, seit 1991 in d. Immobilienbranche ang. in versch. Gschf.-Funktionen, seit 1997 selbst. M.:

Arntjen-Lührs Imke Ursula

B.: Unternehmerin, Inh. FN.: HEADhunter. DA.: 12559 Berlin, An der Krummen Lake 16. G.: Wilhelmshaven, 5. Nov. 1967. V.: Heinz Arthur Lührs. El.: Gerd Arntjen u. Annegret Popken. S.: Mittlere Reife. K.: 1987 Souffleuse am Theater - Landesbühne Wilhelmshaven, 1988 selbständige Schmuckstände in Wilhelmshaven, 1988 PR f. div. Unternehmen in Berlin, 1989-92 Klatschreporterin b. Prinz, 1992-93 Klatschreporterin f. Radie Energy u. Leonce, 1995 - 98 Klatschreporterin f. TIP, seit 1996 Casting Agentur f. Talk-, Game-Shows u. Werbung, Mitarb. f. Zeitschriften u. TV. H.: Lesen, Leute zusammenführen, Essen.

Arntz Hans-Egon Dr. *)

Arntz Thomas Dr. *)

Arntz-Pietscher Cora *)

Arntzen Friedrich Dr. phil. *)

Arntzen Helmut Dr. phil. *)

Arnulf Volkmar *)

Arnz Alexander "Sascha"

B.: Regisseur, Autor. FN.: ZDF "Wetten daß ...?" DA.: 55100 Mainz, PF 4040. PA.: 50937 Köln, Sülzgürtel 58. G.: Rheydt, 25. Aug. 1932. S.: Stud. Publizistik, Musik, Psych. Univ. Münster. K.: 1953 NWDR Hamburg, ab 1957 NWDR Köln, 1961 ABC Los Angeles, 1963 ZDF, 1965 CCC-TV, seit 1967 freier Mitarb. ZDF/ARD, SAT 1 + RTL, inszeniert u.a. "Wetten daß ..?", "Alfredissimo". P.: zahlr. Veröff. E.: Telestar, Gold. Löwe, Dt. Fernsehpreis. H.: Musik, Kochen, Afrika.

Arold Rainer Jörg Dr.

B.: Unternehmensberater, Gschf. FN.: DA-Unternehmensberatung Dr. Rainer Arold. DA.: 77652 Offenburg-Bohlsbach, Gewerbestr. 47. rainer.arold@t-online.de. G.: Dülken, 27. Sep. 1955. V.: Christine, geb. Hähner. Ki.: Raimund, Alexander, Stephen. El.: Rolf u. Gertrud, geb. Geneschen. BV.: Onkel Biochemiker Prof. Hellmut Arold Univ. Jena. S.: 1974 Abitur Mönchengladbach, 1974-76 Bundeswehr Luftwaffe Deutschland u. Niederlande, 1976-85 Stud. Chemie Köln, Dipl., Prom. K.: 1989-90 wiss. Mitarb. Offenburg Inst. f. Labormed. Dr. Salinger, 1990-96 Inst. f. Labormed. Dr. Clotten Freiburg, 1996-98 Bioscentia GmbH Ingelheim Vertriebsltr. Krankenhäuser In- u. Ausland, seit 1999 selbst. DA-Unternehmensberater, Gschf. d. Artico-Sportklinik in Villingen-Schwenningen. P.: Veröff. in Fachzeitschriften. H.: Fußball, Tennis, Skifahren, Schach.

Arp Ferdinand Dr. rer. nat. Prof. *)

Arp Klaus Prof.

B.: Prof. f. Orchesterltg., Dirigent, Komponist. DA.: Hochschule f. Musik, N7, 18, 68161 Mannheim, Villa Musica, 55131 Mainz, Auf der Bastei 3. PA.: 67071 Ludwigshafen/Oggersheim, Schillerstr. 60. G.: Soltau, 2. Apr. 1950. V.: Ingeborg, geb. Bernerth. El.: Hans-Jochen u. Elisabeth. S.: Abitur Hamburg-Bergedorf, Stud. Klavier, Dirigieren, Theorie/Komposition Musik-HS Hamburg, musikal. Ausbild. auf versch. Instrumenten. K.: 1975-81 Ass. an d. Hamburg. Staatsoper, 1977-81 Lehrauftrag an d. Hamburger Musik-HS f. Klavier u. als Interims-Ltr. d. HS-Orchesters, 1979-81 Ltg. d. Landesjugendorchesters d. Hansestadt Hamburg, 1981-87 1. Kapellmeiter in Koblenz, 1987-95 Chefdirigent d. Rundfunkorchesters d. Südwestfunks Baden-Baden/Kaiserslautern, seit 1993 Prof. f. Orchesterltg. in Mannheim, seit 1992 künstler. Ltr. u. Stellv. Vorst.-Vors. d. Stiftung Villa Musica Mainz u. Vorst.-Mtgl. d. "Zukunfts-Initiative Rheinland-Pfalz" (ZIRP), seit 1995 Kuratoriumsmtgl. d. Dt. Phono-Ak., 1. Jazzkompositionen seit d. 60er J., seit d. 70er J. Beschäftigung m. minimal-music ("Zu Zwei Händen", "Raum f. Acht", "Tomatensalat", "Für Jonas" u.a., außerdem Schauspielmusik(en) f. versch. Theater, 1988 Uraufführung "Odysseus auf Ogygia" (Oper), 1991 "Memoires", 1993 "Concerto Nostalgico", 1997 "Perraduum Mobile", 1998 "Tentett", 1999 "Man With Horn". M.: seit 1985 Rotary Club. H.: Sport, Sprachen, Literatur, Weinliebhaber, Gourmet.

Arp Wolf-Dieter Dr. med.

B.: FA f. Frauenheilkunde. DA.: 24103 Kiel, Küterstr. 7-9. G.: Reutlingen, 8. Sep. 1959. V.: Nurdan A., geb. Evirgen (selbst. Untern.). El.: Dr. med. Joachim (Allgemeinarzt) u. Brunhilde, geb. Bettzüge (Krankengymn.). BV.: Urgroßvater Hans Arp Bergründer d. Dadaismus. S.: 1979 Abitur Nordsee-Gym. St. Peter-Ording, anschl. Z2 Sanitätsdienst Marine, 1981-87 Stud. d. Humanmed. Christian-Albrechts-Univ. Kiel mit 3. St.Ex., 1988 Approb. A.: 1988-93 FA-Ausbild. in Gynäkologie Frauenklinik Univ. Kiel, Ass.-Arzt b. Prof. Dr. Dr. h.c. mult. Semm (Vater d. Endoskopie), 1989 Prom. "Das Verhalten d. Kohlehydratantigens CA-50 im Serum v. Carci-

*) Biographie www.whoiswho-verlag.ch oder beigefügte CD-ROM

nompatienten unter zystostatischer Therapie" Prof. Dr. med. H.-D. Bruhn; 1993 Ndlg. als Frauenarzt in Gemeinschaftspraxis, Schwerpunkte: Endoskopische Chir., Klass. Operationen, Implantationen, Sterilitätsdiagnostik, ca. 300 Operationen p.a., Belegarzt Privatklinik Waldwiese Kiel. BL.: Entwicklung Flowtherme-Gerätes z. Erwärmung d. CO^2-Gases b. Operationen. M.: Dt. Ges. f. Gynäkologie u. Geburtshilfe, Norddt. Ges. f. Gyn.- u. Geburtshilfe., Arge f. endoskopisches Operieren, Hartmannbund. H.: Tennis, Skifahren, Literatur, Lyrik, klass. Musik, Klavierspielen, Reiseland Türkei.

Arpaci Emin Dr.
B.: Unternehmer, Inh. FN.: Ing.-Büro Dr. Arpaci. DA.: 10829 Berlin, Naumannstr. 81. PA.: 14167 Berlin, McNair-Promenade 56. G.: Banaz/Türkei, 16. Aug. 1952. V.: Cafiye. Ki.: Emre, Enis. El.: Emin u. Ayse. S.: 1969 Abitur Türkei, 1969-70 Stud. Maschinenbau an d. Amerikan. HS "Robert College" Istanbul, 1971-7 Stud. Hüttenwesen TU Clausthal, Dipl.-Ing., 1982 Wehrdienst in d. Türkei, 1977-79 wiss. Mitarb. am Inst. f. Allg. Metallurgie d. TU Berlin, 1979-84 Ass., 1984 Diss., Prom. z. Dr.-Ing. K.: 1984-91 Beratungsing. im techn.-wiss. Beratungsdienst d. Dt. Kupfer Inst. (DKI), 1991-94 Ltr. d. Beratungsdienstes b. DKI, seit 1994 selbst. m. eigenem Ing.-Büro, 1996 4-5 Monate komm. Geschäftsführung in Al-Halberzeugnisind. P.: Kriterien b. d. Beschichtung v. Kupferwerkstoffen m. farblosen Transparentlacken (1990), Recycling v. Kupferwerkstoffen - Klass. u. neue Wiedergewinnungsverfahren (1993), Kupfer in kommunalen Abwässern u. Klärschlämmen (1995), Kupfer in Klärschlämmen u. ihre ldw. Verwertung (1995). M.: Ver. dt. Korrosionsfachleute, Freunde d. TU Clausthal.

Arps Wolfgang
B.: Schauspieler. DA.: 40489 Düsseldorf, Roßpfad 11. G.: Hamburg, 23. Feb. 1926. K.: Bühnenengagements: Theater im Zimmer u. Junge Bühne Hamburg, Lüneburger Bühne, 1948-55 Schauspielhaus Hamburg, 1955-56 Staatstheater Stuttgart, ab 1956 Schauspielhaus Düsseldorf, Gastspiele u.a. am Thalia Theater in Hamburg u. Renaissance-Theater in Berlin, div. Fernsehrollen u. Fernsehserien, Tourneen durch Westeuropa, Rußland, Israel u. die damalige DDR, besondere Liebe f. Rezitationen, Lesungen u. Sprechpartien bei Konzerten u. Opern.

Arras Peter Helmut *)

Arrenberg Dieter

B.: RA, Fachanw. f. Arbeitsrecht. FN.: Hagemann, Bielefeld & Partner Rechtsanwälte/Notare. DA.: 59065 Hamm, Ostring 10. G.: Münster, 10. März 1950. Ki.: Vera, Eva. El.: Rolf u. Elisabeth, geb. Töns. S.: 1971 Abitur Willingen, 1971-73 Bundeswehr/Offz., 1974-78 Jurastudium in Münster, 1978-80 Referendarzeit OLG Hamm. K.: seit 1980 selbst. RA, Tätigkeitsschwerpunkt: Arbeitsrecht in Hamm. P.: versch. Art. in Fachliteratur. M.: ehrenamtl. Vorst. b. Roten Kreuz, Leiter d. Roten Kreuzes in Hamm. H.: Segeln, Skifahren.

Arroyo-Masero Maria-Dolores
B.: RA, selbständig. FN.: Arroyo & Asociados Rechtsanwälte f. Spanisches Recht. DA.: 80801 München, Römerstr. 16a. arroyomasero@compuserve.com. www.arroyo-asociados.net. G.: Talavera de la Reina/Spanien, 8. Aug. 1962. V.: Marc Arroyo. Ki.: Helen (1993), Eduardo (1995). El.: Antonio u.

Maria Arroyo. S.: 1980 Span. Abitur, 1980-87 Stud. Rechtswiss. an d. Autonoma-Universidad in Madrid, 1987-88 Reisen durch Gesamteuropa, 1988-89 Referendarzeit in Spanien b. RA-Kanzlei Thomas Rason in Madrid, 1989 Zulassung als Span. RA, 1990-91 Stipendium f. d. Aufbaustudium d. Rechtswiss. an d. LMU München, 1991 Zulassung als Dt. RA. K.: 1990 Gründg. d. Anwaltkanzlei Arroyo & Asociados in Madrid, 1996 Grdg. d. dt. Anwaltskanzlei Arroyo & Asociados in München, 1999 Grdg. d. 2. Span. Anwaltskanzlei Arroyo & Asociados in Palma de Mallorca/Spanien, Tätigkeitsschwerpunkt: Zivil- u. Handelsrecht, Immobilien-Baurecht, Arbeitsrecht, Prozessrecht, Erstellung v. Gutachten u. Berichten. P.: vielfältige jurist. Fachaufsätze in span. jurist. Fachzeitschriften. M.: Anwaltskammer Madrid/Spanien, Anwaltskammer München, Vereinigung demokratischer europäischer RA, Geschäftsverejinunger Unternehmen in Madrid, Südamerikaverein, Entwicklungshilfeverein f. Südamerika in San Salvador/El Salvador. H.: Lesen, Tennis, Skifahren, Bergwandern.

von Arseniew Ludmilla Prof. *)

Arslan Imam

B.: Gschf. FN.: Arslan Reisen. GT.: Imbiss m. angeschlossenem Türk. Restaurant. DA.: 42103 Wuppertal, Briller Str. 1/D. G.: Erzincan/Türkei, 25. Mai 1945. V.: Gülbeyaz. Ki.: Riza, Ercan, Hüsniye. S.: 1961 Mittlere Reife in d. Türkei, 1961-65 versch. Anstellungen in d. Gastronomie in Antalya u. Istanbul, 1965-67 Militärdienst. K.: 1967-69 Tätigkeit in d. Gastronomie, 1969 Einreise nach Deutschland, zunächst b. 1971 ang. Bauarb. b. d. Firma Hilgenroth in Arnsberg, 1971-80 ang. b. versch. Wuppertaler Firmen, 1980 Eröff. eines Textilgeschäftes m. angeschlossenem Reisebüro, 1989 nur noch Reisebüro. H.: Schwimmen, Reisen.

Artelt Gotthard *)

Articus Stephan
B.: Hauptgschf., Gschf. Präsidialmtgl. FN.: Dt. Städtetag. DA.: 10623 Berlin, Straße des 17. Juni 112; 50968 Köln, Lindenallee 13-17. G.: Husum, 23. Aug. 1952. V.: Dietlind, geb. Meyer zu Schwabedissen. Ki.: Charlotte (1984), Susanne (1986), Elisabeth (1988). S.: 1971 Abitur, 1972-80 Stud. Soz., Ethnologie u. empirische Kulturwiss. Univ. Tübingen, Mag., 1980 Wechsel Univ. Trier Schwerpunkt Sozialpolitik u. Sozialverw., 1980-85 wiss. Mitarb., 1989 Prom. K.: 1985 Referent Sozial- u. Jugendreferat d. Stadtverw. Münster, 1987-92 Beigeordneter f. Soz., Jugend u. Sport Lüdenscheid, seit 1992 Dt. Städtetag, b. 1997 Beigeordneter f. Jugend, Soz. u. Gesundheit, daneben Präsidium Dt. KH-Ges., Mtgl. VerwR. Bundesanst. f. Arb. Nürnberg, Vorst.-Mtgl. Dt. Ver. f. Öff. u. Priv. Fürsorge Frankfurt, 1997-99 Finanzdezernent u. Stellv. d. Hauptgschf. Dt. Städtetages u. Mtgl. FinanzplanungsR. Bundesmin. d. Finanzen u. Mtgl. KonjunkturR. d. Bundesmin.

*) Biographie www.whoiswho-verlag.ch oder beigefügte CD-ROM

d. Finanzen, seit 1999 Grdg. u. Vorst.-Vors. EKK Einkaufsgemeinschaft Kommunaler KH e.V., stellv. Vorst.-Mtgl. DSGV Dt. Sparkassen u. Giroverb., seit 1999 Gschf. Präsidialmtgl./Hauptgschf. Dt. Städtetag u. Gschf. Städtetag NRW, seit 1999 Rat d. Gem. u. Regionen Europas, Gen.-Sekr. d. Dt. Sektion. P.: Bücher über Hilfeleistungen in Familie u. Nachbarschaft zus. m. Prof. Braun, Hrsg. Buch "Neue Formen d. Altenhilfe", Hrsg. Gem.-Ordnung NRW. M.: Rotary Club Köln-Hahnentor, CDU Köln-Rodenkirchen. H.: Wandern, Literatur, dt. Literatur, Sachbücher, Barockmusik, Spanienreisen.

Artinger Helmut

B.: Schreiner, Gschf. FN.: Möbelwerkstätte Bayer & Artinger GmbH. DA.: 82031 Grünwald, Laufzornerstr. 37. G.: Fürstenfeld/Österr., 14. Juli 1951. V.: Franziska Weger, geb. Dafinger. Ki.: Thomas (1977). BV.: Urgroßvonkel - Berater f. Gartenanlagen in ganz Europa - Ausfüh. Stadtpark Gleisdorf. S.: 1965-68 Schreinerlehre. K.: 1968-70 Discotheken eingerichtet u. auch als DJ ägb., in England Platten verkauft, 1970-73 Tätigkeit b. einem Filmarchitekten in Grünwald, 1974-75 Bundeswehr in Österr., 1975 betriebl. Ltr. in einem Unternehmen, 1978 Grdg. zusammen m. Herrn Bayer d. Möbelwerkstätte Bayer & Artinger, 1979 Meisterprüf. M.: Schützenver. Römerburg. H.: Garten, Tiere (Hühner), Natur, Sammeln v. Kriegspost, Postkarten, alte Bücher, Indianerkultur, Ägypten, Schießen, Grdg. einer Knoblauch-Kochrunde, Musik (Rolling Stones), Tanzen (Boogie, Standard u. Latein), Intarsienarb.

Artl Martina *)

Artmann Heinz B. Dipl.-Ing. *)

Artmann Jürgen *)

Artmann Michael Dr. med.
B.: Arzt f. Naturheilverfahren. DA.: 85049 Ingolstadt, Ludwigstr. 1. G.: 12. Jän. 1951. V.: Toni Junine. Ki.: Rita (1985), Andre u. Desma (1987). BV.: Schwester - in Indien Meisterin ind. Tänze. S.: 1972 Abitur Kloster Schäftlarn, 1972-76 Stud. Vet.-Med. Univ. München, 1976-80 Stud. Med. Univ. München, 1980 Staatsexamen u. Prom. magna cum laude, 1981 Ausbild. Ayurveda Indien, 1982-83 Stabsarzt d. Bundeswehr, 1983 Ausbild. Neuraltherapie Düsseldorf. K.: 1984 Vertretungen in Landarztpraxen, seit 1984 ndlg. Arzt f. Naturheilunde in Ingolstadt m. Schwerpunkt chron. Schmerzen, Neurodermitis, alternative Diagnostik, Dunkelfeld Mikropie u. Bioteranaanalyse, 1991 Auswanderung nach Australien u. Verkauf d. Praxis, Homöopath, Heilpraktiker u. Akupunkteur an d. Neuralklinik in Bechmont, 1994 Zulassung z. Arzt in Australien, Grdg. d. Praxis f. Schmerztherapie an d. Goldküste, 1996 Wiedererwerb d. Praxis in Ingolstadt u. seither tätig in Dutschland u. Australien. P.: Patientenhandbuch in Australien, Seminare f. Ärzte u. Heilpraktiker z. Thema Thermographie. H.: Familie, Grundstück in Australien, Skifahren, Heilkräutergarten, Beruf.

Artmann Werner Johann Georg *)

Artmann Wolfgang
B.: Vermessungsing. FN.: Vermessungstechnik Artmann. DA.: 76227 Karlsruhe, Am Burgweg 2. W.Artmann@Artmann-Consult.de. G.: Düsseldorf, 19. Mai 1953. V.: Ute. El.: Ludwig u.Irmgard. BV.: Großvater war Artmann-Boonekamp (Getränkefabrikant). S.: Abitur, Stud. Vermessungstechnik FH Karlsruhe, 1978 Dipl. K.: Ang. in Vermessungsbüros, seit 1981 selbst. Vermessungsbüro. P.: viele Veröff. in Fachorganen. H.: Reiten, Reisen, Radfahren.

Arton Wolfram *)

Arts Dieter *)

Arts Rainer

B.: Florist. FN.: A-Team Krefeld. DA.: 47809 Krefeld, Johansenaue 190. rainer.arts@a-team.krefeld.de. G.: Krefeld-Uerdingen, 13. Nov. 1960. V.: Birgit, geb. Zanders. Ki.: Nicole. S.: 1975 Mittlere Reife, 1975-78 Ausbild. als Florist, 1978-80 Bundeswehr. K.: 1980-83 Blumengroßhdl. in versch. Städten, 1984-89 Thyssen Werkschutz und Werksfeuerwehr, 1984 Freiwillige Feuerwehr in Krefeld, 1987 Rettungsass. b. Thyssen, 1994 Wachabt.-Führer der Werksfeuerwehr v. Thyssen, 1998 Grdg. d. A-Teams f. Brandschutz u. Arbeitssicherheit, Durchführung v. Seminaren f. Brandschutz, Feuerbekämpfung, Arbeitsschutz f. d. Personal v. Altenheimen, Schulen, Kindergärten u. Großfirmen. H.: Reisen.

Artz Gustav Adolph *)

Artz Marion *)

Artz Wolfang Hans *)

Arvanitidis Sabrina

B.: Friseurmeisterin, Inh. FN.: Coiffeur A. Sabrina. DA.: 44137 Dortmund, Westenhellweg 67. G.: Drama, 6. Feb. 1964. V.: Jannis. Ki.: Anastasia. El.: Stravos u. Despina, geb. Laftsidis. S.: 1980 Abitur Drama/Griechenland, 1982-84 Ausbild. als Figaro Düsseldorf, 1988 Friseurmeisterin Dortmund. K.: s. 1990 selbst. in Dortmund. P.: ELLE, Top Magazin Lehrgänge in London u. Paris. H.: Job, Tanzen, Lesen.

Arvanitopoulos Loukas *)

Arzinger Rainer Dr. jur.
B.: RA. DA.: 10179 Berlin, Littenstr. 108. G.: Leipzig, 17. Dez. 1952. V.: Eva, geb. Pivonka. Ki.: Michael (1985), Johannes (1989), Dana (1994). BV.: Vater - Präs. d. Ges. f. Völkerrecht in d. DDR. S.: 1971 Abitur Leipzig, 1972-76 Stud. Jura MLU Halle m. Dipl.-Abschluß, 1976-80 Doktorand Univ. Halle, 1983 Prom. K.: 1980-86 tätig b. Intern. Studentenbund in Prag, 1989 tätig in d. gesellschaftlichen Organ. (FDJ) d.

---

*) Biographie www.whoiswho-verlag.ch oder beigefügte CD-ROM

Arzinger

Jugend- und Außenpolitik in Berlin und Prag, seit 1990 selbst. Rechtsanwalt in Berlin m. Schwerpunkt Hdl.- u. Ges.-Recht u. Osteuropa. P.: Diss. zum Thema Weltraumrecht, "Russisches Wirtschaftsrecht" (1997), ca. 70 Publ. in Fachzeitschriften u. Vorträge. M.: VPräsident d. Verb. Deutscher Grundstücksnutzer, Vors. versch. AufsR. u.a. im AufsR. d. slowak. Zuckerges. u. einem d. größten Investmentfonds d. Slowakei, anwaltl. Arb. f. jüd. Naziverfolgte u. Zwangsarb. H.: Wandern, klass. Musik.

Arzmiller Oscar *)

Arzt Irmgard *)

Arzt Lothar Dipl.-Ing. *)

Asam Walter Dr. iur. *)

Asam Wolfgang *)

Asan Naci A. Dr.
B.: Gschf. FN.: AquaSol Reisen GmbH. DA.: 97082 Würzburg, Wilhelm-Dahl-Str. 16. G.: Istanbul, 28. Feb. 1957. V.: Dr. Esther. Ki.: Ruth (1988), Livia (1993), Leonard (1995). S.: Matura Istanbul, Stud. Sprachen u. Kulturen d. Vorderen Orient, Klass. Archäologie u. Vor- u. Frühgeschichte Würzburg. K.: 1 J. Ass. Univ. Würzburg b. Prof. Wilhelm, seit 1989 selbst. BL.: an Ausgrabungen in Italien u. in d. Türkei teilgenommen, 1990-94 Präsident d. Ges. f. Dt.-Türk. Freundschaft, 1993-96 Vorst.-Mtgl. d. Ver. türk. Reiseveranstalter. P.: Diss., Red.-Arb. b. Merian-Türkei, eigene Art. M.: FDP, LTD. H.: Reisen, Kino, Lesen, Basketball, Tennis.

Asbahr Anja *)

Asbeck-Henschel Carla *)

Asche Hans-Rüdiger Dr. *)

Asche Marion Dr. Prof.
B.: Diplomphysiker. FN.: Paul-Drude-Inst. f. Festkörperelektronik. DA.: 10117 Berlin, Hausvogteipl. 5-7. G.: 7. Jan. 1935. El.: Werner u. Lisa, geb. Humm. S.: 1953 Abitur Berlin, 1953-59 Physikstud. Humboldt-Univ. Berlin, Dipl. K.: 1955-57 Hilfsass. 1. Physikal. Inst. d. Humboldt-Univ. Berlin, seit 1959 Tätigkeit am Physikal.-Techn. Inst. d. DAW zu Berlin, ab 1971 Zentralinst. f. Elektronenphysik, 1965 Prom. z. Dr. rer. nat., 1970 Prom. z. Dr. sc. nat., Umwandl. 1993 in Habil., 1971-77 Ltr. "Heiße Elektronen", 1987 Prof. AdW, 1990 Abt.-Ltr. Transportprozesse, 1992-96 Prof. Abt.-Ltr. Ladungsträgertransport Paul-Drude-Inst. Berlin. BL.: mehrere Patente. P.: über 80 Veröff. in Fachzeitschriften, über 100 Vorträge, Mitautor an Monographien: "Heiße Elektronen in Vielfachhalbleitern" (1982), "Hot Electrons" (1984), "Delta-Doping of Semiconductors" (1995), Hot Electrons in Semiconductors (1998). E.: Preis d. Präs. d. AdW f. Spitzenleistungen, 2x Preis d. Inst. f. Physik d. Ukrain. Adw. Kiew, Dipl. d. UdSSR f. Endeckungen. M.: seit 1992 Mtgl. d. Vorst.rats Dt. Physikal. Ges., seit 1992 Vorst. Physikal. Ges. zu Berlin, 1994-96 Vors. d. Physikal. Ges. zu Berlin. H.: Belletristik, Sprechtheater, Kunstausstellungen, Reisen.

Ascheberg Carsten *)

Aschenbach Birgit Edeltraud Christa

B.: Apothekerin, Inh. FN.: Aschenbachs Apotheke. DA.: 10117 Berlin, Friedrichstr. 142. G.: Suhl, 9. März 1960. V.: Rainer Aschenbach. Ki.: Wiebke (1985), Jördis (1988). El.: Alfred u. Ingeburg Lenz. S.: 1978 Abitur, 1978-83 Stud. Pharmazie Matin-Luther-Univ. Halle/Saale. K.: 1983-84 Pharmaziepraktikant in einer KH-Apoteke, 1984-91 ang. Apothekerin, 1991-98 Inh. der Olympia-Apotheke, seit 1999 Inh. d. Aschenbachs Apotheke. M.: Fördermtgl. d. Kinderver. Ottokar e.V. H.: Kunst, Lesen, Reisen.

Aschenbach Helmut *)

Aschenbrenner Helmut *)

Aschenbroich Uwe
B.: selbst. Schriftsetzer, Inh. FN.: Aschenbroich - Ihr Partner in d. digitalen Medienvorstufe. DA.: 70176 Stuttgart, Senefelder Str. 52. Uwe@Aschenbroich.de. G.: Stuttgart, 13. Mai 1962. V.: Birgit, geb. Günther. Ki.: Sven (1991), Jens (1993). El.: Heinz u. Lieselotte. BV.: Vater 1966 Firmengründer. S.: Ausbild. Schriftsetzer, div. Weiterbild.-Seminare. K.: 1980-86 Schriftsetzer in Stuttgart, 1986 Übernahme d. elterl. Betriebes, tätig f. versch. Firmen z.B. f. Allianz, Bauknecht, Paul Lange & Co. M.: Verb. d. Druckind., RKW, IBF, 1. Vors. v. TOOL-BOX e.V.

Ascher Gerhard Dr. med. *)

Ascher Michael Dr. *)

Ascher Walter

B.: Gschf. FN.: Bayerische Ray Energietechnik GmbH & Co KG. DA.: 85748 Garching b. München, Dieselstr. 5. walter.ascher@bayray.de. www.bayray.de. G.: München, 14. Sep. 1953. V.: Gabriele, geb. Prechtl. Ki.: Daniela (1978). El.: Ernst u. Maria, geb. Müller. S.: Mittlere Reife, Wirtschaftsaufbauschule München, 3 J. Banklehre b. d. Dt. Transportbank München. K.: 7 J. Ang. b. Privatbank in München, danach b. Bayer. Ray GmbH München, 1 J. Geschäftsstellenaufbau in Augsburg, dann Einkaufssachbearb. in Garching u. danach Einkaufsltr., 1996 Ausgliederung d. Bayer. Ray Energietechnik GmbH, Eintritt als Gschf. H.: Briefmarken, Theater, Oper, Operette.

Aschl Heidi Dipl.-Ing. *)

Aschmann Antoine Dr. univ. *)

Aschmutat Wolfgang *)

*) Biographie www.whoiswho-verlag.ch oder beigefügte CD-ROM

Aschoff Dieter Dr. *)

Aschram Brahmani Ananda Maji

B.: Ayurveda-Energie-Heil-Therapeut. DA.: 55545 Bad Kreuznach, Bretzenheimer Str. 92-94. aschram@anandamaji.de. www.anandamaji.de. G.: Winzenheim, 18. Aug. 1954. S.: Abitur, Stud. Naturheilmed. Deutschland, Aufenthalt Indien, Ausbild. Naturheilphil., Ausbild. Tai-Chi u. Medidation Amerika. K.: selbst. m. Ayurveda-Naturheilpraxis m. Schwerpunkt Phil. und Meditation, Yoga, Pranajama, Anatomie, Pathologie, Psych. u. Ernährungsberatung, Massagen wie Ayurveda-Ganzkörper, Kopf-, Fuß-, Organ-, Kundalini-, Klang-, Selbstheil- u. Energiebehandlung.

von Aschwege Rolf
B.: Installateur, Zweispännerfahrer, Profi-Reitsportler. FN.: c/o Dt. reiterl. Vereinigung. DA.: 48231 Warendorf, Frhr.-von-Langen-Str. 13. G.: 13. Aug. 1944. V.: Margot. K.: startet f. d. RuFV Thüle, DM: 1997 4. Pl., 1998 5. Pl., 1999 8. Pl., 1994 10. Pl.; WM: 1999 Silbermed. Mannschaft, 1999 16. Pl. Einzelwertung, 1997 34. Pl. Einzelwertung (7. Pl. Marathon), 1997 Landesmeister Weser-Ems, Preis d. besten Gespannfahrer/1.; 198 Mannschaft/1., Einzelwertung Donau-Alpen-Pokal Saumur/FRA/2.; CAN Riesenbeck/1., CAI Wachtebeeke/2., CAI Kecskemet/HUN/7., Landesmeister Weser-Ems, 1999 CAI Mindelstetten/2., Vizelandesmeister Weser-Ems.

Aselmann Annelore *)

Aselmann Wolf-Ulrich *)

Asemann Hans Günter Georg

B.: Konditormeister, Gschf., Obermeister und Landesinnungsmeister v. Bayern. FN.: Conditorei Cafe Richter; Hotel Planegg Asemann. DA.: 82152 Planegg, Bahnhofstr. 47; 82152 Planegg, Gumstr. 13. G.: München, 24. März 1957. V.: Franziska, geb. Wörle. Ki.: Christian, Alexandra. El.: Georg u. Anna, geb. Braun. S.: Mittlere Reife, Konditorlehre in d. Konditorei Widmann München-Großhadern. K.: tätig in d. Confiserie Bachmann in Luzern, 1979 Einstieg in d. Familienunternehmen als Backstubenltr. u. Gschf., seit 1993 Inh., seit 1999 Moderation d. ARD-Frühstücksbuffetts, Inh. u. Gschf. Hotel Planegg Asemann. BL.: Erfinder d. Altbayer. Sahnetorte. P.: Co-Autor u. Vertreter Deutschlands in d. Süßspeisen-Fachbuch "Pastisseria". E.: div. Bundessieger bzw. d. 1. Konditormeister d. J. unter d. Auszubildenden. M.: seit 1989 Vorst.-Mtgl. d. Innung, seit 1996 stellv. Innungsobermeister, Meisterprüf.-Aussch., Vollversammlung d. Handwerkskam. f. München u. Obb. H.: Laufen, Joggen, Skifahren.

Asemissen Hans Jochen Dipl.-Kfm. *)

Asemissen Hermann Ulrich Dr. phil. Prof. *)

Asendorf Jens *)

Asenhuber Wolfgang *)

Asgrimsson Stefan *)

Ashley Helmuth Prof. *)

Asiedu Webster A. Dr.

B.: Arzt, Zahnarzt, Mund-, Kiefer- u. Gesichtschir. DA.: 41061 Mönchengladbach, Hermannstr. 12b. PA.: 41179 Mönchengladbach, Dorthausen 178. G.: Larteh/Ghana, 5. Dez. 1940. V.: Gudrun, geb. Grieß. Ki.: Vivian (1976), Chrystie (1979). El.: Nathan u. Christiana. S.: VS, 1955-59 Secondary School Prempeh College Kumasi/Ghana, 1961 Abschluß Higher School, 1962 Lehrer in Wesley College, 1962 Ldw.-Stud. an der Univ. Legon Accra, 1963 Stud. Zahnmed. Univ. Hamburg, Physikum d. Zahnmed., 1967 Physikum f. Med., 1967 Zahnmed. u. 1972 Med. Staatsexamen, 1972 Prom. K.: Med.-Ass. Innere u. Chir. Abt. d. St. Bernhard Hospitals Kamp-Lintfort, 1973-76 Weiterbild. z. Arzt f. Mund-, Kiefer- u. Gesichtschir. Klinik f. Kiefer- u. Gesichtschir. d. Zentral-KH St. Jürgenstraße in Bremen, FA f. Mund-, Kiefer- u. Gesichtschir., anschl. FA an d. Klinik f. Kiefer- u. Gesichtschir. in Bremen, seit 1978 FA an d. Klinik f. Kiefer- u. Gesichtschir. Abt. d. Ev. KH "Bethesda" Mönchengladbach, 1978-83 OA dieser Abt., 1983 freiberufl. tätig, 1982 Approb., s. 1984 ndlg. P.: Art. in Fachzeitschriften. M.: Bundesverb. Dt. Ärzte, Dt. Ges. f. Mund-, Kiefer- u. Gesichtschir., Arbeitsgem. f. Kieferchir., European Assoc. of Maxillo-Facial Surgeons. H.: Tennis, Golf.

Askani Thomas *)

Askerlund Friedhelm *)

Askew Eva-Maria

B.: Gschf. Ges. FN.: Art Consulting Askew GmbH Werbemittel. DA.: 80469 München, Auenstr. 4. eva-maria@askew.de. G.: Braunschweig, 1. Juni 1948. V.: Dr. Henry R. Askew. Ki.: Emily J., Claudia, Marion. S.: Sprachen u. Touristik, Visuelle Kommunikation, Kunst. K.: 12 J. Aufenthalt in Spanien als freischaff. Bildhauerin m. Ausstellungen im In- u. Ausland, Lehrtätigkeit als Kunsterzieherin an einer engl. Privatschule, erste Erfahrungen als Unternehmerin, 1987 Rückkehr nach Deutschland, 1989 Werbeass. einer Münchner Werbeagentur, 1990 Grdg. d. Firma Art Consulting Askew Agentur f. Kultursponsoring, seit 1992 Schwerpunkt individuelle Werbemittel m. Einbeziehung bild. Kunst, 1996 Grdg. d. GmbH, seit 2002 wieder als freischaffende Künstlerin (Schriftstellerin u. Malerin) tätig. E.: 1997 Ausz. d. Dachverb. d. Werbemittelbranche zu d. 10 besten Distributoren Europas. H.: Golf.

*) Biographie www.whoiswho-verlag.ch oder beigefügte CD-ROM

Aslan Mehmet Tevfik *)
Aslar Can Dipl.-Ing.

B.: Unternehmer. FN.: Ing.-Büro Can Aslar. DA.: 49084 Osnabrück, Franz-Lenz-Str. 6. can@aslar.de. www.aslar.de. G.: Eskisehir/Türkei, 20. Aug. 1969. V.: Döndü. Ki.: Deniz (1997), Kaan (2000). El.: Hasan u. Filiz. S.: 1986 Abitur Türkei, 1987-93 Stud. Bauing.-Wesen an d. Univ. in d. Türkei, Abschluss: Dipl.-Ing. K.: 1993-95 Bauleiter einer Türk. Baufirma in Düsseldorf, Dresden, Hamburg, Bielefeld u. Osnabrück, seit 1997 selbst. Eröff. eines eigenen Ing.-Büros in Osnabrück; Kalkulation, Abrechnung. H.: Tauchen, Segeln, Schach, Reisen.

Asmodi Herbert *)
Asmus Dieter *)
Asmus Walter Dr. Prof. *)
Asmussen Brigitte *)
Asmussen Lorenz Dipl.-Ing. *)

Asmussen-Kaiser Renata Margarete Elisabeth Dr.

B.: FÄ f. Innere Medizin, Psychotherapie u. Naturheilverfahren, selbständig. DA.: 24103 Kiel, Küterstr. 2. G.: Kiel, 8. Dez. 1955. V.: Wilhelm Kaiser-Lindemann. Ki.: Sophia. El.: Jens Christian Asmussen u. Ingeborg, geb. Herbst. BV.: Großvater Hans Asmussen Theologe. S.: 1974 Abitur Preetz, 1975 Studium Deutsch und Geschichte in Bonn, 1975-79 Stud. Med. in Tübingen, 1979-82 Stud. Med. in Kiel, 1982-88 FA-Ausbildung an d. Univ.-Klinik Kiel, 1984 Prom. K.: 1988-89 Betriebsärztin in Kiel, 1989-90 Praxisvertretung in Kiel, 1990-92 OA in Hamburg im Paul-Sieveking-Haus, 1992-95 Internistische OA in Rickling, 1995-98 Erziehungsurlaub, 1998 ndlg. in Preetz, 2000 Umzug nach Kiel. BL.: unterrichtet in d. VHS Autogenes Training. P.: div. Veröff. in Fachzeitschriften. M.: St. Martin Chor, im Kirchenvorstand d. Ev. Kirche. H.: Musik, Kunst.

Asmuth Bernhard Dr. phil. *)
Asmuth Michael

B.: RA in eigenem Büro. DA.: 45894 Gelsenkirchen, Ophofstr. 2. PA.: 45899 Gelsenkirchen, Kärntner Ring 34. G.: Gelsenkirchen, 6. Jan. 1971. El.: Rudolf u. Ilse. S.: 1990 Abitur, 1990-91 Bundeswehr, 1991-95 Stud. Jura. K.: 1996-98 Referendarzeit LG Essen, 1998-99 Anwaltsassessor in Gelsenkirchen, seit 1999 zugelassener RA in Gelsenkirchen, Tätigkeitsschwerpunkt Arbeitsrecht, Strafrecht u. Verkehrsrecht. M.: RA-Kammer, DAV, Tennisverein. H.: Tennis, Literatur, Theater, Musik.

von Aspern Peter *)
Asraroelhawa Asra Dr. med. *)
Assassa Bashar-Care Dr. med. syr. *)
Assauer Rudolf

B.: Gschf. FN.: Schalke 04. DA.: 45891 Gelsenkirchen, Kurt-Schumacher-Str. 284a. G.: Altenwald, 30. Apr. 1944. V.: Simone Thomalla (Freundin). Ki.: Bettina (1964), Katy (1970). El.: Franz-Engelbert u. Elisabeth. S.: 1958-61 Lehre als Bauschlosser, 1961 Geselle Firma Hese, 1962 Bundeswehr. K.: 1964-70 Profifußballer A Mannschaft BVB Dortmund, 1966 Europapokalsieger gg. FC Liverpool, 1970-76 Bundesligaspieler Werder Bremen, 1976-81 Manager Werder Bremen, 1981-86 Manager Schalke 04, 1986-89 Immobilienfirma in Bremen, 1989-93 VFB Oldenburg, 1993 Auf Schalke, 1997 UEFA Pokalsieger m. Schalke 04. E.: 1966 Gold. Lorberblatt. H.: Fußballspielen, Hund.

Asschenfeldt Friedrich Gustav Kuno *)
Asselborn Wolfgang

B.: Oberstudiendir., Schulleiter. FN.: Geschwister-Scholl-Gymnasium. DA.: 66822 Lebach, Straße der Weissen Rose. PA.: 66740 Saarlouis, Konrad-Adenauer-Allee 26. asselborn@t-online.de. G.: Saarbrücken, 22. Nov. 1947. V.: Ilona, geb. Uwer. Ki.: Nicole (1972), Sabina (1977). El.: Otto u. Barbara, geb. Meitinger. S.: 1967 Abitur Lebach, 1967-72 Stud. Chemie u. Biologie f. d. Lehramt an Gymn., 1972 1. Staatsexamen, 1972-74 Referendariat am Gymn. am Schloß sowie im Ludwigsgymn. in Saarbrücken, 1974 2. Staatsexamen. K.: 1974-77 Studienassessor am staatl. Gymn. Dillingen, ab 1977 Fachleiter am Studienseminar in Dillingen - Ausbildung f. Referendare, ab Mitte d. 80er J. Fortbildungsveranstaltungen f. Lehrer am Landesinstitut f. Päd. u. Med., seit 1993 Schulleiter am Geschwister-Scholl-Gymn. Lebach. BL.: seit 1986 im Vorst. d. Dt. Vereins z. Förderung d. math. u. naturwiss. Unterrichts - MNU, 1992-2000 1. Vors.d . MNU. P.: Herausgeber eines Chemieunterrichtswerkes "Chemie heute", "Gefahrstoffverordnung und Unterrichtspraxis", "Unterrichtspraxis m. d. Computer", "Chemieunterricht ohne Entsorgungsprobleme","Reaktionskinetik", ca. 50 Veröff. in Fachzeitschriften f. Lehrer. E.: Friedrich-Stromeyer-Preis v. d. Ges. Dt. Chemiker (1994). M.: GDCh, GDNÄ. H.: Wandern, Kochen.

van Assem Ad J.M. *)
Assenmacher Richard *)
Assenmacher Thaddeus *)

Assfalg Andreas Dipl.-Betriebswirt (VWA) *)

Aßhauer Michael *)

Aßhauer Rainer Dr. *)

Asshoff Jörg Dipl.-Phil. *)

Assian Stefan *)

Assion Peter *)

Aßländer-Rieger Iris
B.: Apothekerin, Inh. FN.: Spital Apotheke z. Hl. Geist seit 1486. DA.: 90403 Nürnberg, Spitalg. 2 spitalapotheke@t-online.de. G.: Nürnberg, 25. Feb. 1959. V.: Karl Aßländer. Ki.: Matthias (1984), Valentin (1986). El.: Güter u. Erika. BV.: traditionelle Apotheker-Dynastie in Nürnberg. S.: 1978 Abitur, 1979-83 Stud. Pharmazie Univ. Erlangen. K.: 1984-88 Apothekerin in Berlin u. Nürnberg, seit 1998 selbst. M.: Kirchenvorst. St. Lorenz in Nürnberg. H.: Literatur, Gartengestaltung, Radfahren, Skifahren.

Assmann Dieter

B.: Fernmeldetechniker, Inh. FN.: Assmann TV-Organ. DA.: 6740 Saarlouis, Saarbrücker Straße 15. dieter.assmann@t-online.de. G.: Saarlouis, 27. Feb. 1960. V.: Marita, geb. Müller. Ki.: Claudia (1983), Andrea (1985). El.: Karl-Heinz u. Mathilde, geb. Schröder. S.: 1975-78 Lehre Bergmechaniker Saarbergwerke AG, b. 1980 Fernmeldetechniker d. Bundeswehr. K.: 1980-95 Bergmechaniker d. Saarbergwerke AG, ab 1985 nebenberufl. tätig in d. Ü-Wagen-Firma DEWE in Stuttgart; Projekte: TV-Übertragungen v. Fußballmatch, Zusammenarb. m. 35 Prod.-Firmen wie Topvision u. TVN, sowie EuroTV. H.: Beruf, Angeln.

Assmann Eduard *)

Assmann Jan Dr. Dr. theol. h.c. Prof.
B.: Direktor. FN.: Ägyptolog. Inst. DA.: 69117 Heidelberg, Marstallhof 4. PA.: 69121 Heidelberg, Im Neulich 5. G.: Langelsheim, 7. Juli 1938. V.: Ida, geb. Bornkamm. Ki.: Vincent (1976), David (1978), Marlene u. Valerie (1981), Corinna (1983). El.: Hans u. Charlotte. S.: 1957 Abitur, 1957-65 Stud. Ägyptologie München, Heidelberg u. Paris, 1965 Prom. K.: 1965-66 wiss. Ass. am Archäolog. Inst. Univ. Heidelberg, 1966-67 Stipendiat am Dt. Archäolog. Inst. Berlin, 1968-71 Stipendiat d. Dt. Forsch.-Gemeinschaft, 1971 Habil., seit 1976 o.Prof. f. Ägyptologie Univ. Heidelberg, 1988 Gastprof. am College de France Paris, 1994-95 Scholar Getty Research Center St. Monica USA. P.: 30 Bücher. E.: 1996 Max-Planck-Forsch.-Preis, 1998 Deutscher Historikerpreis. M.: Heidelberger Akad. d. Wiss., Dt. Archäolog. Inst. Berlin, Egypt. Exploration Soc. London. H.: Cembalo.

Assmann Jürgen
B.: Informatiker. FN.: Bull-Computer. DA.: 12347 Berlin, Gradestr. 36. G.: Berlin, 23. Aug. 1941. V.: Karin-Ingrid, geb. Klare. Ki.: Carola (1963). El.: Kurt u. Hildegard, geb. Schulz. S.: 1957 Mittlere Reife, 1957-61 Lehre als Elektromechaniker b. Siemens & Halske, 1965-68 Stud. Meß- u. Regeltechnik an d. TH Berlin. K.: 1961-65 SEL Berlin, Labor f. Fernsprech- u. Fernschreibtechnik, gleichzeitig über 2. Bild.-Weg Vorbereitung auf Stud., 1968-70 Anker-Data (Ankerwerke) Bielefeld, interne Ausbild. in Hard- u. Software, 1970-71 Wechsel nach Berlin f. Anker-Data, ab 1971 Honeywell Berlin, später Honeywell-Bull, verkaufsbedingt mehrere Namen u. Visitenkarten, Hardware-Kundenberatung, im Verlauf d. J. fast nur techn. Aufgaben, ab 1990 fast reine Softwarearb., heute Spezialist f. Schnittstellen zu d. "neuen Welten". H.: Astronomie, Haus in Schweden, Buch vorbereiten, Reisen, S/W Fotografie.

Aßmann Kai

B.: Dachdeckermeister, Inh. FN.: Kai Aßmann Dachdeckermeister. DA.: 23843 Bad Oldesloe, Travenhöhe 26. G.: Bad Oldesloe, 16. Dez. 1960. Ki.: Sven (1984) und Marco (1987). S.: 1977-80 Ausbild. als Dachdecker. K.: 1980-85 ang. Geselle in versch. Dachdeckerbetrieben in Schleswig-Holstein u. Hamburg, 1986-97 Dachdeckerbetrieb Egon Beetz Hamburg, berufsbegleitende Ausbild. m. d. Abschluß als Dachdeckermeister, ab 1991 ang. Meister, seit 1997 selbst. m. eigenem Dachdeckermeisterbetrieb in Bad Oldesloe. M.: Innungsmtgl. Dachdeckerinnung Lauenburg/Stormarn, Löschmeister in d. FFW Bad Oldesloe.

Aßmann Martin Dipl.-Ing. *)

Aßmann Peter *)

Aßmann Peter Aloysius

B.: RA. DA.: 53113 Bonn, Bonner Talweg 8. PA.: 53639 Königswinter, Hauptstr. 317. G.: Dernbach, 26. Nov. 1953. V.: Irene, geb. Glaser. Ki.: Philipp (1988), Julia (1990), Helen (1994), Steven (1996). El.: Gregor u. Irmgard, geb. Knebel. S.: 1972-79 Stud. der Rechtswiss. Bonn, 1. Staatsamen. K.: 1979-82 Referendariat LG Köln, 1982-87 wiss. Mitarb. am Lehrstuhl Fenn f. Tarifpolitik d. Arbeitskampfes, 1984-89 Vors. Mieterver. Bonn e.V. u. BeiR. d. Mieterbundes, Vorst. d. Rhein. Mieterverb., 1987-94 Grdg. d. Sozietät Korioth & Aßmann Bonn, seit 1994 Aufbau d. eigenen Kzl. BL.: Aufklärung über Geburtsrisiken u. mögl. Schädigungsursachen, Risk-Management. P.: WDR-Fernsehinterview in "Markt im Dritten" über Gen.-Wohnungen 1996, Talkshowgast b. Hans Meiser RTL 1993, Express: Darstellung einer Arzthaftung b. erblindeten Zwillingen (1993), Vorträge über Therapien b. Geburtsschäden u. rechtl. Problematik, versch. Zeitungsberichte über geführte Prozesse. M.: Bonner Anw.-Ver. Ltr. AG Mietrecht, BeiR. Mieterverein. Bonn, Arge Anw. im Med.-Recht e.V. Sindelfingen, BeiR. Arbeitskreis Kunstfehler u. Geburtshilfe AKG, Bonner Kunstver., SPD-Königswinter, Förderver. Lemmerz-Schule Königswinter, Tennisver. Grün-Weiß Königswinter, Schutzgemeinschaft f. Wertpapierbesitz. H.: Wertpapieranlagen, Familienleben, Tennis, Schwimmen.

*) Biographie www.whoiswho-verlag.ch oder beigefügte CD-ROM

Assmann Petra *)

Assmann Raimar Richard Dr. agr. *)

Assmann Thomas
B.: Maschinenbautechniker, Gschf. Ges. FN.: Assmann Zeitarbeit GmbH. DA.: 90443 Nürnberg, Steinbühler Str. 11. office@assmann-zeitarbeit.de. www.assmann-zeitarbeit.de. G.: Nürnberg, 13. Apr. 1965. El.: Dieter u. Ingeborg. S.: 1980-84 Lehre z. Werkzeugmacher A+G. Trinklein Nürnberg, 1991-92 Mittlere Reife u. Maschinenbautechniker (FS) Rudolf-Diesel-Fachschule Nürnberg. K.: 1985-87 Werkzeugmacher Siemens AG Fürth, 1987-89 selbständig Vertrieb v. Telekommunikation in Nürnberg, 1989-1991 Werkzeugmacher b. Schulte u. Schmidt Nürnberg, 1993-1997 ang. in Zeitarbeitsfirmen in Nürnberg, seit 1997 selbständig. BL.: Sponsoring d. Rudolf-Diesel-Fachschule in Nürnberg u. d. SV-Henger-Jugendfußballvereins in Nürnberg. M.: Vorst. VSGN-Schützenverein. H.: Fotografieren, Motorsport.

Aßmus Barbara

B.: Coach, Heilpraktikerin u. Doz., selbstständig. FN.: 1. Beratung und Weiterbildung, 2. Praxis f. Heilkunst. DA.: 69151 Neckargemünd, Bergstraße 34. barbara_assmus@yahoo.de. G.: Berlin, 6. Mai 1942. Ki.: Brit (1969). El.: Günter Schröter u. Irmgard, geb. Rieck. S.: 1960 Wirtschaftsabitur, 1976 Abschluß Personalfachkauffrau, IHK Braunschweig, 1987-89 Berater- u. Moderatorenausbildung, Prozeßkompetenz in d. Ltg. von Gruppen, 1993-95 Ausbildung Heilpraktikerin, 1994-97 Ausbildung systemische Aufstellungen (Organisation, Familie, Konflikte...), seit 1999 lizensierte Avatar-Trainerin/Wizard. K.: 1960-65 tätig im Personalwesen, 1965-68 Ltr. Pressestelle Kuba-Imperial, 1975-90 im Personal- u. Weiterbildungswesen u. Firma Schering AG, seit 1987 Erwachsenenbildung u. Beratung; Funktionen: seit 1990 Seminare mit d. Schwerpunkten: Selbstmanagement, Kommunikation, Konfliktbewältigung u. Firmen wie Porsche, Allianz, Daimler-Chrysler, Konika, Schering u. eigene Ausschreibungen, seit 1990 Doz. d. ASB Management Inst. in Heidelberg, seit 1991 Doz. an d. Ak. f. Führungskräfte d. Wirtschaft in Bad Harzburg, seit 1995 verstärkt Arbeit als Coach, Prozeßbegleitung (impulsgebend + lösungsorientiert) auf organis., phys., psych. u. mentaler Ebene bei Entwicklungs- u. Veränderungs- u. Stabilisierungsprozessen im berufl. u. persönl. Bereich einschließlich Streßbewältigung u. -prophylaxe in Firmen u. f. Privatpers. Unternehmensheilung; seit 1995 zusätzlich Heilpraktikerin in eigener Praxis, seit 2000 Supervision u. Arbeit mit: "Der Clown als Heiler". H.: meine Arbeit, Lesen, Laufen, Freunde, Skifahren, Stille Stunden.

Assmuss Manfred-Gerhard *)

Aßmuth Heinz *)

Assner Andreas M.A.
B.: Betriebswirt, Vertriebsltr., Gschf. FN.: Burger Küchenmöbel GmbH. DA.: 39288 Burg, Martin-Luther-Str. 31. PA.: 32278 Kirchlengern, Hagedorner Kirchweg 41. G.: Bünde, 22. Mai 1961. V.: M.A. Susanne, geb. Bröhenhorst. Ki.: Lisa (1985), Mascha (1990), Luca (1995). El.: Dieter u. Marianne, geb. Druhmann. S.: 1980 Abitur Bünde, 1980-82 Bundeswehr, 1982-87 Stud. Geschichte u. Germanistik Univ. Bielefeld, Abschluß M.A., 1987-90 Stud. BWL an d. Fachschule in Hamburg m. Abschluß als staatl. geprüfter Betriebswirt. K.: 1990-92 kfm. Ang. b. Bauformat Küchen GmbH & Co KG in Löhne, seit 1992 Gschf. in Burger Küchenmöbel GmbH, seit 1997 gleichzeitig Vertriebsltr. f. Bauformat Küchen GmbH & Co KG Löhne u. Burger Küchenmöbel GmbH. P.: Teilnahme an Intern. Kölner Möbelmesse u. N.O.W. - Möbelordermesse Westfalica. E.: 1978 Dt. Jugendmeister in Wolfsburg. M.: TTC Menning Hüffen, 1971-92 aktiver Tischtennisspieler, 1978-82 Bundesligaspieler Hamm/Dortmund. H.: Tischtennis, Musik, Geige spielen.

Astafei Alina
B.: Profi- Leichtathletin (Hochsprung), Dipl.-Sportlehrerin. FN.: c/o MTG Mannheim. DA.: 68167 Mannheim, Im Pfeifferswörth. G.: Bukarest, 7. Juni 1969. V.: Wolfgang Kreißig (Freund). Ki.: Anna-Maria (1991). S.: Dipl.-Sportlehrerin. K.: 1988 Junioren-WM/1., Rumänische Meisterin, Olympische Spiele/5.,1989 Hallen-EM/1., EC/1., Rumänische Meisterin, 1990 Hallen-EM/3., 1992 Olympische Spiele/2., WC/2., Rumänische Meisterin, 1993 WM/4., EC/1., Hallen-WM/4., 1995 WM/2., EC/1., DM/1., Hallen-WM/1., Hallen-DM/1., 1996 Olympische Spiele/6., EC/1., Hallen-EM/1., DM/1., Hallen-EM/2., 1997 Hallen-WM/1., WM/7., 1998 EM/3., Hallen-EM/2., EC/2., WC/6., DM/1., Hallen-DM/1.

Astel Arnfrid
PS.: Hans Rasmus. B.: Schriftsteller. PA.: 66123 Saarbrücken, St. Ingberter Str. 52. www-user.uni-bremen.de/steimer. G.: München, 9. Juli 1933. S.: Stud. Biologie u. Literatur Freiburg u. Heidelberg. K.: b. 1966 Hauslehrer, dann Lektor, seit 1980 Lehrauftrag Selber schreiben u. reden Univ. Saarbrücken, seit 1967 Ltr. d. Literaturabt. b. Saarländ. Rundfunk. P.: u.a. "Notstand" (1968), "Zwischen d. Stühlen sitzt d. Liberale auf seinem Sessel" (1974), "Neues (und Altes) v. Rechtsstaat u. v. mir" (1978), "Die Faust meines Großvaters" (1979), "Die Amsel fliegt auf" (1982), "Wohin d. Hase läuft" (1992), gab 1977 m. H. Böll u. F.J. Degenhardt d. Lesebuch "Strafjustiz" heraus. E.: 1980 Kunstpreis Stadt Saarbrücken, 2000 Kunstpreis des Saarlandes. M.: 1970 P.E.N.-Zentrum BRD, 1968-85 REFU, 1969 VS.

Aster Oliver *)

Astfalck Markus Daniel

B.: RA, Sozius. FN.: Rechtsanwaltssozietät Astfalck & Dr. Radisch. GT.: Doz. am Studieninstitut MV Sitz Malchin. DA.: 17192 Waren/Müritz, Müritzstr. 17a. G.: Berlin, 12. Dez. 1963. V.: Lebensgefährtin: Manuela Tapper. El.: Fritz u. Rosemarie, geb. Pöhlmann. S.: 1982 Abitur Berlin/Spandau, 1983-89 Stud. Rechtswiss. an d. FU Berlin, 1993 2. Staatsexamen. K.: seit 1994 selbständiger RA in Waren/Müritz, seit 1996 Sozietät Astfalck & Dr. Radisch, seit 2001 Fachanwalt f. Verwaltungs-

*) Biographie www.whoiswho-verlag.ch oder beigefügte CD-ROM

recht. M.: seit 1982 CDU, CDU Wirtschaftsrat d. Landes MV, stellv. Vors. d. Warener Innenstadtverein e.V. H.: Hockey, Segeln, Reiten, Tauchen.

Astner Wolfgang

B.: Dipom-Ind.-Designer, Geschäftsführer. FN.: MI Marketing Individual GmbH. DA.: 82110 Germering, Kriegerstr. 8H; 82166 Gräfelfing, Am Haag 6. G.: München, 3. Juli 1953. V.: Pia, geb. Moschner. Ki.: Maximilian (1990). El.: Karl u. Hermine, geb. Kronthaler. S.: 1969-72 Berufsausbild. Reprofotografie, 1972-74 Fachoberschule f. Gestaltung, 1974-80 Fachoberschule f. Ind.-Design, Dipl. K.: 1980-83 Ang. als Ind.-Designer (erfand d. Keyfinder), seit 1983 selbst. Ind.-Designer, bis 1996 zielgruppenorientiertes Auftragsdesign, seit 1996 gemeinsam m. Partner Design u. Ideenfindung, Konzeption, Entwicklung, Realisierung u. Produktion v. Werbemitteln, Merchandising u. Marketingprodukten, Erarb. v. Patenten u. Erfindungen. M.: Verb. d. dt. Ind. H.: Segeltörns, Skifahren, Lesen, geselliges Beisammensein m. Freunden.

Astor Gerhard J. Dr. med. *)

Astor Willy

B.: Autor b. Antenne Bayern. FN.: Blanko Musik. DA.: 81377 München, Schongauerstr. 13. G.: München, 6. Sep. 1961. S.: 1976 Ausbild. z. Werkzeugmacher, 1982 Fischerprüf., 1983 Ausbild. z. Maschinenbautechniker, 1985 Tischlerprüf. K.: seit 1985 Hörfunkautor, Schriftsteller, Humorist, Komponist, seit 1991 Autor b. Antenne Bayern, 2000 Kabarett-Soloprogramm "Favoriten". P.: Die ersten 1825 Tage, Mamabuwerl, Lebend im Schlachthof, Astorlavista, Baby, Diebestoff, The Sound of Islands (Instrumental), Der Schatz im Silbensee, Scherz Spezial Dragees, Live CD "Es freut mich, daß es zu einer Zugabe kommen kann".

Asumang Mo

B.: Moderatorin, Barbesitzerin. FN.: PROMIKATIV. DA.: 63739 Aschaffenburg, Elisenstr. 32. G.: Kassel, 13. Juni 1963. S.: Schauspiel- u. Gesangsunterricht, kleinere Rollen am Staatstheater in Kassel, spielte mehrere J. Basketball in d. Damen-Bundesliga, Abitur, Stud. Visuelle Kommunikation. K.: 1985 nach Berlin, Stud. Klass. Gesang an d. HS d. Künste, nebenbei Job als Taxifahrerin, Model u. Barkeeperin, Sängerin in einer Band u. im Chor d. Berliner Kammeroper, Schauspielausbild. b. Isa Lo, 5 J. Synchronsprecherin u.a. "Independence Day", "Star Trek: Voyager", "Twister", "Emergency Room", 1996 Beginn b. ORB, Moderatorin "Classic Clips", seit 1997 Sendung "Logenplatz", seit Oktober 1997 Moderatorin v. "liebe sünde."

Atai Massoud Dr. med.

B.: Frauenarzt; Schriftsteller u. Musiker. DA.: 47139 Duisburg, Friedrich-Ebert-Str. 293. G.: Waramin/Persien, 4. Apr. 1943. V.: Shirin. Ki.: Melanie (1971), Jeanine (1977). S.: 1961 Abitur Teheran, 1962 Abitur Univ. Frankfurt/Main, 1962-68 Stud. Med. Frankfurt/Main u. ab 1968 Düsseldorf, 1970 Staatsexamen, 1971 Prom. K.: seit 1970 Arzt in Nordrhein-Westfalen, 1976 FA f. Gynäk., seit 1977 ndlg. Frauenarzt in Duisburg; Künstler. Werdegang: 1955 erste Gedichte, 1962 erste Geschichte, 1990 Veröff. d. Buches "Der Junge aus Waramin", 1994 Veröff. d. Gedichtbandes in pers. Sprache "Lyrische Gedanken eines Emigranten", 1995 Veröff. d. Bu-

ches "Auf d. Schwingen d. Sehnsucht"; seit 1962 Spielen d. pers. Instrumentes SANTUR, Komponist v. über 40 Liedern m. eigenen Texten. P.: über 50 Leseabende in pers. u. dt. Sprache, Bücher: "Bericht eines UNO-Beauftragten", "Liebe u. Haß in d. Wüste", "Blutsverwandte", "Ich u. meine Nachbarleiche" u.v.m. E.: 1991 1. Preis d. Düsseldorfer Literatur-Clubs u. 1993 2. Preis. M.: Pers.-PEN intern., Dt. Schriftstellerverb. H.: Schriftstellerei, Musik.

Atalay Andrea Dipl.-Psych.

B.: Psycholog. Psychotherapeutin. DA.: 38226 Salzgitter-Lebenstedt, Chemnitzer Str. 54. PA.: 38302 Wolfenbüttel. V.: Dr. med. Taylan Atalay. Ki.: Deniz Arman (1983), Julia Sirin (1986). El.: Franz u. Margarete Pszarski, geb. Tautz. S.: 1975-78 Ausbild. z. examinierten Krankenschwester im KH in Bremerhaven, b. 1980 Krankenschwester in Bremerhaven u. Buxtehude auf der Intensivstation u. in d. Psychiatrie, 1980-83 Fachgymn. Braunschweig, Allg. FH-Reife, 1986-86 Stud. Psychologie an d. T Carola-Wilhelmina in Braunschweig. K.: b. 1988 Hausfrau u. Mutter, 1989-95 Stud., Dipl., seit 1995 gerichtl. Gutachterin in Umgangsregelungen u. Sorgerechtsentscheidungen, 1995-98 freie Mitarb. bei Lesen u. Schreiben e.V. in Wolfenbüttel, 1999 Approb. u. Eröff. d. eigenen Praxis in Salzgitter-Lebenstedt. P.: Veröff. in d. FAZ, Die Welt u. in regionalen Zeitungen, im AOK-Magazin, in d. Zahnärztezeitung, sowie Rundfunkberichte im Bayer. Rundfunk u. d. Hess. Rundfunk. E.: Dipl.-Arb. "Zahnarztangst u. Praxisumfeld" wurde f. d. Georg Sieber Preis d. wiss. Ges. z. Förd. d. Psych. e.V. 1996 nominiert. M.: BKJ, Psychotherapeutenkam. Niedersachsen. H.: Lesen, Musik.

Ataman Musa

B.: Sozialarb., Vors. FN.: Intern. Menschenrechtsver. d. Kurden IMK e.V. DA.: 53137 Bonn, Postfach 200738. G.: Ucdam b. Pulumur, Tunceli - Provinz in Kurdistan, 10. Juni 1961. V.: Ayten. Ki.: Ugur (1983), Jinda (1984). El.: Jusuf u. Hanen. S.: 1974-76 Lehre Fotograf in Erzincan, 1976 in d. BRD, 1978-80 Lehre Ford-Werke Köln. K.: 1980-84 Tätigkeiten in Gastronomie u.a. "Die Bastei" Köln, "Franz Keller Restaurant" Köln, 1984-94 Vereinte Glaswerke VEGLA in Köln-Porz, 1985-94 BetriebsR., seit 1994 Jugendorgan. d. AWO in Troisdorf, seit 1977 Vertretung Kurdischer Interessen, 1977-80 Türk.-Dt. Kulturzentrum Köln-Porz, 1977-91 Ltr. anatol. Folkloretanzgruppe, 1989 Mitgründer Kurdischer Ver. Troisdorf, seit 1989 Vors., 1991 Grdg.-Mtgl., seit 1997 Vors. "Intern. Menschenrechtsver. d. Kurden" Bonn, 1985 gemeinsam m. Frau Kinkel Grdg. "Initiative gegen Ausländerfeindlichkeit". P.: viele Zeitungsinterviews, FAZ, FR, SZ, Focus, Autobahnblockaden, Fernsehen: ARD, ZDF, RTL, SAT 1 u.a., Fernsehendern in Schweiz, Frankreich u. Österreich. E.: 1994 Verleihung einer Ausz. im Außenmin. Bonn, 1997 durch Landschaftsverb. Rheinland Verleihung d. "Rheintalers". M.: Dt. Parität. Wohlfahrtsverb., AWO, Naturfreunde. H.: Lesen, Fotografie (s/w).

*) Biographie www.whoiswho-verlag.ch oder beigefügte CD-ROM

Atema

Atema Jan J. Dipl.-Oec. *)

Atermann Ernst *)

Ates Fadil *)

Ates Halis

B.: Gschf. Ges., Präs. FN.: Renco Sped. u. Hdl. GmbH; TITAB Bund d. türk. intern. Transportfirmen in Europa e.V. DA.: 81371 München, Implerstr. 64. renco@t-online.de. G.: Kars/Türkei, 1. Okt. 1955. V.: Renate, geb. Schönhöfer. Ki.: Silvia (1996), Denis (1998). K.: 1979-82 tätig in d. türk. Vertretung bei d. UNO in Genf, 1982-87 tätig bei einer türk. Transportfirma in Genf, 1987-94 selbst. Tätigkeit bei einer Transportfirma in München, 1994 Grdg. d. Firma Renco Sped. u. Logistik Hdl. GmbH in München; Funktionen: 1998 Grdg.-Mtgl. d. Ver. TITAB u. seit 1998 Präsident, 1996 Grdg. d. TIDAF Verb. f. türk.-europ. Unternehmensver. e.V., seit 2000 stellv. Vors. BL.: 1999 Organ. d. TITAB unter d. Schirmherrschaft d. Gen.-Konsulats d. Rep. Türkei d. Soforthilfeaktion f. Erdbebenopfer in d. Türkei m. unentgeltl. Transport v. 350 LKWs m. Sachspenden in d. Türkei. P.: zahlr. Veröffentlichungen in türk. Zeitschriften z. Thema Dt.-Türk. Geschäftsbeziehungen. H.: Gourmetreisen, Lesen, Gedichte, Musik, blaue Reise im Mittelmeer.

Athinäos Nikos

B.: Generalmusikdir. d. Stadt Frankfurt/Oder, Chefdirigent Staatsorchester Frankfurt/Oder. DA.: 15230 Frankfurt/Oder, Collegienstr. 8. G.: Khartum/Sudan, 19. Aug. 1946. V.: Gabriele, geb. Matul. Ki.: Philipp (1987), Helen (1991). S.: 1957-68 Stud. Klavier, Theorie u. Komposition Konservatorium Athen, 1971 Stipendiat DAD Kölner Musik-HS u. Robert Schumann-Inst. Düsseldorf, Dirigentenkurs. K.: Grdg. eines Kammerorchesters, nach Studienabschluß Engagement in Mannheim, Pforzheim, Ulm u. Darmstadt, seit 1991 Chefdirigent Frankfurt/Oder, Staatsorchester Athen u. Saloniki, 1989 Dirigent Philharmonia Orchestra London, seit 1995 Chefdirigent d. Staatsorchesters Frankfurt/Oder; Gastspielreisen auch Spanien, Rußland, Polen, Niederlande u. Frankreich. P.: Toccata f. Klavier (1976), CD-Einspielungen. E.: versch. Preise f. künstler. Interpretation, 1990 Berufung z. Generalmusikdir.

Atkins Christopher John

B.: Fotograf. FN.: Chris Atkins Schloß-Photo. DA.: 33100 Paderborn, Driburgerstr. 73. www.chris-atkins-photography.de. G.: Saloniki/Griechenland, 15. Dez. 1949. V.: Anna Margarete, geb. Brüseke. Ki.: Daniel (1978), Jennifer (1980). El.: Peter u. Anastasia. S.: 1965-68 Ausbild. b. Militär. K.: 1971 Auswanderung nach Australien, Lederdesign f. einige Boutiquen, 1973 nach Deutschland, versch. Arbeitsstellen im Raum Paderborn, Pforzheim, Ulm u. 1978-84 Übernahme einer Gaststätte "Uncel Tom's Cabin", Chefredakteur u. Fotograf b. einer engl. Zeitung in Deutschland f. d. brit. Militär, 1984 Verkauf v. Autos an brit. Soldaten u. weiterhin Schreiben v. Artikeln f. brit. Militärzeitungen, 1997 Stellung b. European Trade Center in Düsseldorf, ab 1988 Aufbau eines Kundenkreises f. Fotografie, 1990 Eröff. d. Fotogeschäftes m. Schwerpunkt Labor- u. Militärfotografie, Reportagearb., Motive aus vielschichtigen Perspektiven heraus zu fotografieren, div. Arb. f. Zeitungen u. Zeitschriften in Verbindung m. Reisen nach Zypern, Irland, Südafrika, Kosovo u. Bosnien u. schließl. Polen. P.: Art. in div. brit. u. Nato-Zeitschriften u. Zeitungen. H.: Reisen, Reportage-Fotografie, versch. Kulturen u. Menschen, gutes Essen.

Atrops Ralf Dr. med. dent.

B.: Zahnarzt. DA.: 47533 Kleve, Albersallee 115-119. dr.atrops@t-online.de. G.: Moers, 22. Sep. 1961. El.: Heinrich u. Elfriede. S.: 1982 Abitur Rheinkamp, 1982-86 Lehre z. Zahntechniker in Düsseldorf, 1986-92 Stud. Zahnheilkunde in Münster, 1992 Examen, 1994 Prom. z. Dr. med. dent. K.: 1994-95 Ass.-Zeit b. Drs. Peter Meyer in Kleve, seit 1996 ndlg. Zahnarzt in Kleve. P.: "Vasoaktive Substanzen in d. menschl. Placenta" (1993). E.: 1986 Jahrgangsbester Zahntechniker d. Innung Düsseldorf. M.: Dt. Ges. f. Laser-Anwender, Dt. Ges. f. ästhet. Zahnheilkunde, Golfpark Schloß Moyland. H.: Motorradfahren, Golf.

Atteslander Peter Max Dr. Prof.

B.: em. Prof. f. Soz. FN.: Univ. Augsburg. G.: 17. März 1926. S.: Kant. Gymn. in Zürich, 1947 Abchluß m. Latein-Matura, Stud. an d. Univ. Zürich, Hauptfach Phil. (Prof. Dr. Hans Barth), Diss.Fach Soz. (Prof. Dr. René König), Nebenfach Volkskunde (Prof. Dr. Richard Weiss), Dr. phil. I, 1952, Stud.Aufenthalte in England, Dänemark und Österr. K.: 1952-54 Fellow of the Commonwealth Fund, New York, Visiting Fellow (Mtgl. d. Fak. ohne Stimmrecht) d. New York State School of Industrial and Labor Relations, Cornell Univ., Ithaca, N.Y., Forsch. unter d. Ltg. v. Prof. Dr. William Foote Whyte, 1954-55 Forsch.Ltr. am Soziolog. Forsch.Inst. d. Univ. Köln, Ltg. Prof. Dr. René König, 1960 Habil. an d. Rechts- u. Wirtschaftswiss. Fak. d. Univ. Bern, 1963-65 Prof. regulier, Centre d'Etudes Industrielles, Univ. Genf, 1964 Sommersemester Lehrstuvertr. an d. Univ. Zürich, 1964-72 n.a.o. Prof. an d. Univ. Bern, 1967-75 Doz., Ltr. d. Abt. Ges.Wiss., nach Dipl.Kurse ORL, Eidgenöss. TH Zürich, 1972 Ordinarius f. Soz. u. Dir. bis 1994 d. Inst. f. Soziönomie an d. Univ. Augsburg. P.: zahlr. wiss. Veröff., mehrere Lehrbücher im Bereich d. empirischen Sozialforsch., Siedlungs- u. Medizinsoziolgie.

Attfield John M.Sc.

B.: Gschf. FN.: RMM Marketing Research Intern. GmbH. DA.: 22087 Hamburg, Uhlandstr. 68. G.: London, 10. Aug. 1949. V.: Norma van der Walde-Schönfeld. Ki.: Jan (1972). El.: Alfred u. Sadie. S.: 1967 Abitur London, Stud. Wirtschaftsgeschichte Univ. London School of Economics (LSE), 1973 M.Sc. K.: 1970 wis. Mitarb. Univ. of London, 1973-83 Marktforscher f. d. kubanische Außenhdls.-Büro in London, zuletzt Abt.-Ltr., 1983 Wechsel z. Firma IMRES (Intercom Marketing Research Services Limited) in London, 1989-92 Gschf., 1992 Umzug nach Deutschland u. Tätigkeit f. d. heutige Firma RMM Marketing Research Intern. GmbH, seit 1993 gemeinsamer Gschf., seit 1996 alleiniger Gschf. in Hamburg. P.: Veröff. in div. Fachzeitschriften, Buchveröff., 1987 "With light of Knowledge" - A Hundred Years of Education in the Royal Arsenal Co-operative Society 1877-1977. E.: Vorstand AEMRI (Assoc. of European Marketing Research Institutes). M.: ESOMAR, Market Research Society/GB, Inst. of Linguists/GB.

Attia Menachem

B.: Gschf., Inh. FN.: Café Bar Restaurant "La Boheme". DA.: 80799 München, Türkenstr. 79. PA.: 80801 München, Romastr. 18. G.: Haifa/Israel, 26.März 1951. Ki.: Anna-Masal (1977), Emanuel (1977), Raphael (1982). El.: Isaak u. Masal. S.: 5 J. priv. Berufschule, Ausbild. Kfz-Mechaniker, 1969-72 Militärdienst. K.: 18 Mon. versch. Tätigkeiten in d. Ölraffinerie in Haifa, 1973 Ausreise nach Deutschland, Mitarb. u. später Barkeeper in d. Diskothek Shalom Club in München, 1975 Barkeeper u. später Gschf. in Restaurant "Stop Inn" in München u. 1980 Übernahme, Neueröff. u. Umbenennung in La Boeheme m. Schwerpunkt ital. Küche u. Treffpunkt f. zahlr. Prominente aus Film u. TV, 1988-93 Inh. u. Gschf. d. Münchner Salsa- u. Merengue Diskothek Moonlight. H.: Reisen, Fußball, Basketball, Skifahren.

Atugoda Satharatilaka Banda
B.: Botschafter v. Sri Lanka. DA.: 5311 Bonn, Noeggerrathstr. 15. V.: Ramya Kumarihany. Ki.: Dr. Saman Chandima Bandara (1970), Kumudu Banda Atugoda (1972). El.: Kapuru Banda Atugoda u. Misomenike. S.: 1964 Univ.-Abschluß Geografie Sri Lanka, 1975-76 Stud. Franz. Univ. Vichy m. Dipl.-Abschluß. K.: seit 1975 im diplomat. Dienst, 1976-77 stellv. Dir. d. West-Division im Außenmin., 1977-83 1. Sekr. d. Botschaft im Libanon, 1983-85 stellv. Dir. d. Economic Desk im Außenmin. Colombo, 1986-91 Botschafter in Kuwait, 1990-91 verantwortl. f. d. gesamte Mission im Golfkrieg, 1990 Min. councellor, 1991 Dir. im Außenmin. u. spez. Ass. d. Foreign Secretary, 1991-95 stellv. Hochkommisar in Indien, 1995-98 Hochkommisar in Bangladesch, seit 1998 Botschafter in Deutschland, Polen u. Schweiz. P.: Short Stories über d. Leiden d. Menschen im Mittleren Osten. M.: Univ. of Mars Hall Alumni Ass. H.: Lesen, Schriftstellerei, klass. Musik Schwimmen, Sprachen.

Atwell Susan
B.: Moderatorin. FN.: ProSieben Media AG. DA.: 85773 Unterföhring. G.: Hamburg, 13. Nov. 1967. Ki.: Ema. S.: Stud. Germanistik u. Archäologie in Hamburg. K.: 1993 Moderatorin d. Sendungen "Airplay" u. "Showbiz" sowie Programm-Moderation (premiere), seit 1995 Moderatorin v. "SAM" b. ProSieben, 1997 Moderation v. "Cinema TV", ab 1998 Moderation v. "MAX - Das Starmagazin".

Atzert Manfred K. *)

Atzesberger Michael Dr. phil. o. Prof. *)

Atzmüller Peter Dipl.-Ing.
B.: selbst. Architekt. DA.: 60316 Frankfurt/Main, Kantstr.1. G.: Reute/Tirol, 28. Aug. 1953. S.: Abitur Österr., Stud. TH Innsbruck u. München, 1981 Abschluß Innsbruck. K.: tätig in versch. Arch.-Büros, danach selbst. Planungsbüro in München, 1 J. b. d. ISK in Frankfurt/Main tätig u. danach selbst.,

zwischendurch in Spanien tätig. H.: Skifahren, Schwimmen, Federball, Tischtennis, Radfahren, Musik, Kunst, Design f. Möbel u. Lampen.

Atzorn Robert
B.: Schauspieler. DA.: 83209 Prien am Chiemsee. G.: Bad Polzin, 2. Feb. 1945. K.: 1969/70 1. Engagement an d. Württemberg. Landesbühne Esslingen, weitere Stationen u.a. Zürich, Münster, Köln, Dortmund u. München, Filmrollen u.a. in "Aus d. Leben d. Marionetten", "Morgen in Alabama", Fernsehen u.a. in "Derrick", "Tatort", "Der Alte", "Glücklich geschieden", TV-Serien "Oh Gott, Herr Pfarrer" (1988) u. "Hotel Paradies" (1990), "Unser Lehrer Dr. Specht", Freiwild (1998), Der Kapitän (II) , (1999), Ein Mann steht auf (1999), Die Affäre Semmeling (2000). E.: 1989 Goldene Kamera.

Au Ingrid Dr. dent.
B.: Zahnärztin. FN.: Zahnarztpraxis Dr. Ingrid Rau. DA.: 61863 Mannheim, Meerwiesenstr. 14. www.dr-au.de. G.: Lörrach, 30. Mai 1956. V.: Arno Au. Ki.: Julian, Manuel. S.: 1982 Abitur Mannheim, 1983-88 Stud. Zahnmed. in Frankfurt/Main, 1988 Staatsexamen. K.: 1988-91 Ass.-Ärztin, 1991 Ndlg. als Zahnärztin m. d. Schwerpunkten Chir. u. Implantologie. H.: Lesen, Reisen, Skifahren, Fitness.

van Aubel Otto Hans Peter *)

Auch Hans Otto Friedrich *)

Auch Walter Ing. *)

Auchter Hartmut Laird of Camster *)

Audehm Annet *)

Aue Hans-Peter Dipl.-Ing. *)

Aue Heike *)

Aue Ingeborg *)

Auer Alfons Dr. theol. Dr. phil. h.c. Prof. *)

Auer Barbara *)

Auer Franz
B.: Steuersachbearb. FN.: Buchstelle d. Bayer. Bauernverb. GmbH. DA.: 83278 Traunstein, Bindestr. 8. V.: Maria. Ki.: Andrea, Franz, Florian, Anna-Maria. S.: Ldw. Lehre, Ldw. Gehilfenprüf., 1970 Ldw.-Schule Laufen. K.: 1972 BLB Arbeitskreis Buchführung auf Außendienst, BLB Kontenrahmen, nebenbei Spätlehre Steuerfachgehilfe in Rosenheim, Betreuung d. Außenstellen Traunstein, Laufen, Mühldorf, Wasserburg, Aufbau d. Betriebe (über 200 Buchführungsbetriebe betreut). BL.: seit 1970 Rallyefahrer, 1994 Südbayer. VMeister, 1995 3. Südbayer. VMeister, 1996 Oberlandrunden Gesamtsieger, 1996 Silb. ADAC Sportabz.; ab 1979 Sonderprüf. d. Rallye München/Wien/Budapest in Saaldorf ausgerichtet, alle 2-3 J. Sonderprüf. f. Fern-EM f. histor. Fahrzeuge. M.: seit 2000 Vorst. d. MSC Freilassing, Organisator d. Rallye-Sprints Freilassing seit 1995.

Auer Fritz Dipl.-Ing. Prof. *)

Auer Hans Jürgen
B.: RA. DA.: 50674 Köln, Lindenstr. 20. G.: Köln, 31. Dez. 1948. V.: Martina, geb. Jansen. El.: Heinrich u. Elisabeth Auer. S.: 1969 Abitur, 1971-83 Stud. Jura in Bonn. K.: seit 1983 Zulassung als RA in Köln.

---
*) Biographie www.whoiswho-verlag.ch oder beigefügte CD-ROM

Auer Helmut Dipl.-Kfm. *)

Auer Horst *)

Auer Hubert Andrè *)

Auer Ignaz Oskar Franz Dr. med. Dr. med. habil. Prof.
B.: Prof. f. Innere Med., Internist, Gastroenterologe, Rheumatologe, Chefarzt. FN.: Med. Klinik Juliusspital. DA.: 97070 Würzburg, Juliuspromenade 19. G.: Weiden, 9. Juni 1942. V.: Erltraud, geb. Schulze (verw. 1994). Ki.: Katja u. Patrick. El.: Dr. med. Franz u. Gertrud. K.: Post Doc. Fellow 1970-73 State Univ. of New York at Buffalo (SUNYAB), USA, Priv.-Doz. 1978, o.Prof. f. Innere Med. 1982. P.: über 200 Veröff. auf dem Gebiet d. Gastroenterologie, Klin. Immunologie u. Rheumatologie. M.: u.a. Ges. f. Gastroenterologie in Bayern (Präs. 1993), Dt. Ges. f. Verdauungs- u. Stoffwechselkrankheiten, Dt. Ges. f. Rheumatologie, American Gastroenterological Assoc.

Auer Johann *)

Auer Klaus *)

Auer Oliver *)

Auer Peer *)

Auer Thomas *)

Auer Walter R. Dipl.-Ing. *)

Auer Wilfried

B.: selbst. Repräsentant, Vermögensberater. FN.: Dt. Vermögensberatung AG. DA.: 72574 Bad Urach, Hofstaettweg 3. G.: Wittlingen, 19. März 1953. V.: Brigitte, geb. Schimpf. Ki.: 3 Kinder. S.: 1969 Mittlere Reife, 1969-71 Praktikant im Fernmeldeamt Ravensburg, 1971-75 FH d. Dt. Bundespost in Dieburg, Abschluss: Dipl.-Ing. f. Nachrichtentechnik. K.: 1975-84 Baultr. Dt. Bundespost Fernmeldeamt Reutlingen, 1979-84 parallel Finanzdienstleistungen vermittelt, ab 1984 Repräsentant d. Dt. Vermögensberatung AG.

Auer Wolfgang Dipl.-Kfm. *)

Auerbach Dieter *)

Auerbach J. Michael
B.: Fachanw. f. Arb.-Recht. FN.: Sozietät Leucht Elzer. DA.: 69117 Heidelberg, Friedrich-Ebert-Anlage 27. heidelberg@leucht-elzer.de. www.leucht-elzer.de. G.: Heidelberg, 7. Sep. 1955. V.: Dipl.-Vw. Brigitte, geb. Dengler. El.: Horst u. Margarete, geb. Thümmel. BV.: Urgroßvater Hermann Auerbach - einer d. größten Eiergroßhändler in Deutschland. S.: 1974 Abitur, 1974 Stud. Jura u. Geschichte Univ. Heidelberg 1979 1. Staatsexamen m. Prädikat, Referendariat u. Ass. am Lehrstuhl f. Strafrecht Heidelberg, 1982 2. Staatsexamen. K.: 1982 selbst. m. Kollegen in Leimen, 1996 Eintritt in d. Sozietät Leucht Elzer in Heidelberg m. Tätigkeitsschwerpunkt Arb.-Recht; Funktionen: seit 1983 Justiziar d. Engl. Inst. Heidelberg, tätig f. d. Stiftung Orthopäd. Univ.-Klinik Heidelberg u. Rotes Kreuz, 1985-95 Doz. f. Arb.-Recht b. Berufsfortbild.-Werk d. DGB in Neckargemünd, freier Ref. u. Seminarltr. f. Arb.-Recht u. Bertriebsverfassungsrecht u.a. f. d. VDP u. f. Arb.-Geber. P.: Co-Autor v. "Fremdpersonaleinsatz und Scheinselbständigkeit" (1999), "Altersteilzeit" (2000). M.: seit 1995 Vorst.-Mtgl. d. DRK Kreisverb. Rhein-Neckar, Trägerver. St. Thomas e.V., Engagement in Umsetzung neuer Ideen wie integratives Wohnen. H.: Reiten, Kochen, Geschichte.

Auerbach Jutta Dipl. -Journ.
B.: Schauspielerin, Malerin, Dichterin, Schriftstellerin. DA.: 14050 Berlin, Ulmenallee 62. G.: Leipzig, 2. Weltkrieg. S.: Stud. Dt. Theater-Institut Weimar u. Theater-HS Leipzig (1952-55), Stud. Kommunikationswiss. Univ. Hohenheim u. Tübingen m. Abschluß Dipl.-Journ. (1979-84). K.: 21 J. Schauspielerin, zuletzt Partnerin v. Peter Stein an d. Schaubühne am Halleschen Ufer Berlin u. v. Dieter Dorn am Schillertheater. Literar. u. journalist. Arb. seit 1976: 200 Gedichte, Protokolle u. Dokumentationen, u.a. "Eine Frau reist durch die Lande". Zeichnend u. malend in Tusche u. Farbe, ein Kinder-Bilder-Buchprojekt. Hohenheimer u. Tübinger Arb., Feature- u. Zeitzeugensendungen f. d. SWF u. SDR, Auftritt im Theaterhaus Stuttgart, freiberufl. Rezitationen u. literar. Programme, 2000 Autorinnenlesung "Eine Frau reist durch d. Lande" b. Charlottenburger Kultursommer 2000, 2001 "Duell - Enemy at the Gates" c/o Studio Babelsberg. P.: Mitwirkung bei Film u. TV: Vera in "Wie d. Wilden", DEFA Babelsberg (1959), Herta Grefe in "Der Fall Meinberg" (1971), Trude Halberstaedt in "Privatdetektiv Frank Kross" (1978), Marianne in "Zirkuskinder" (1985) u.a.m. Eigene Rundfunksendungen: "Emil-Adolff-Baracken" im SWF (1984), "Leben im Container" im SWF (1984), "Das Jahr Null" im SWF (1985), "Anna Aufrecht" im SDR (1986), "Die Reise nach Mailand" (1987), "Überall ist Energie" (1990), "Wer nähertritt verletzt", Gedichte und Zeichnungen (1992). Bühnenengagements: Städt. Bühnen Erfurt (1955-57), Landestheater Halle/Saale (1957-60), Stadttheater Hildesheim "Die heilige Johanna", u.a. (1960-62), Städt. Bühnen Bielefeld "Rose Bernd" u.a. (1962-63), Bühnen d. Landeshauptstadt Kiel (1963/64), Städt. Bühnen Augsburg (1965/66), Bad Hersfelder Festspiele (1965 u. 66), Oldenburg. Staatstheater (1966/67); Gastspiele 1967: Bühnen d. Stadt Köln, Theater d. Stadt Bonn, Hess. Staatstheater Wiesbaden (1968-69), Städt. Bühne Heidelberg (1971/72), Tübinger Zimmertheater (1972/73), Schaubühne am Halleschen Ufer Berlin (1973/74), Ruhrfestspiele Recklinghausen (1974), staatl. Schauspielbühnen Berlins (1974-76).

Auerbach Kurt A. Dipl.-Kfm. *)

Auerbach Peter Dr. med. *)

Auerhammer Ingrid
B.: Gschf. Ges. FN.: Phytron-Elektronik GmbH. DA.: 82194 Gröbenzell, Industriestr. 12. PA.: 82194 Gröbenzell, Chiemseestr. 15. G.: Olching, 12. Apr. 1938. V.: Siegfried A. (verst.). Ki.: Birgit, Ulrike, Roland. El.: Gabi u. Sepp Braun. S.: Mittlere Reife, kfm. Ausbild. K.: bis 1971 tätig b. Phytron Ing. S. Auerhammer, seit 1972 selbst. m. Phytron Elektronik GmbH. P.: Fachpubl. in Fachzeitschriften "Elektronik-Schrittmotoren". H.: Skifahren, Segeln. (O.K.)

Auermann Nadja
B.: Super-Model. FN.: Elite. DA.: F-75014 Paris, 18 Bis Rue Lecuirot. PA.: wohnhaft in Monte Carlo. elite@cybertron. at. G.: Berlin, 1971. V.: Wolfram Grandezka. Ki.: Cosima (1997), Nicolas Robert Victor (1999). K.: wurde 1990 in

einem Berliner Café entdeckt, übersiedelte dann nach Paris, unterschrieb zuerst den Modelvertrag bei Agentur Karin, wechselte dann 1991 zu Elite; arbeitet mit Starfotografen wie Helmut Newton, Nick Knight, Bruce Weber, Peter Lindbergh für die besten Magazine und Designer (YSL, Prada, Dolce & Gabanna, Karl Lagerfeld, Valentino etc.); wurde von Karl Lagerfeld als "Marlene Dietrich der Neunziger" bezeichnet. P.: 2000 Bildband "Nadja".

Auerswald Peter Ing. *)

Auerswald Regina Dipl. oec. *)

Auerswald Ursula Dr. med.

B.: FA f. Anästhesie, Präs. FN.: Ärztekammer Bremen; Gemeinschaftspraxis f. Anästhesie u. Spezielle Schmerztherapie. DA.: 28209 Bremen, Schwachhauser Heerstr. 30; 28329 Bremen, Sonneberger Str. 6. G.: Einbeck, 30. Apr. 1950. V.: Dr. med. Günter Auerswald. Ki.: Friederike (1980), Katharina (1982), Christine (1984). El.: Dr. med. Friedrich u. Barbara Boden, geb. Helmsch. BV.: Wilhelm Bendow, Schauspieler u. Kabarettist. S.: 1968 Abitur Osterode, Med.-Stud. Marburg u. München, 1974 Staatsexamen, 1975 Approb. u. Prom. K.: Med.-Ass. in Lübeck, Weiterbild. z. FA F. Anästhesie an d. Med. HS zu Lübeck, ab 1980 OA d. Anästhesie an d. Univ. Lübeck, 1978-85 Mtgl. d. Delegiertenversammlung d. Ärztekam. Schleswig-Holstein, seit 1988 Mtgl. d. Delegiertenversammlung d. Ärztekam. Bremen, seit 1988 Ndlg. als ambulante Anästhesisten in Bremen, Gemeinschaftspraxis f. Anästhesiologie, Vorst.-Mtgl. d. Berufsverb. d. Anästhesisten LV Bremen, seit 1990 Obfrau d. ndlg. Anästhesisten in Bremen, Vorst.-Mtgl. d. Ges. f. Ambulantes Operieren - GAO, Mtgl. d. Ausschuss. "Ärztinnen" d. Bundesärztekam. u. Vors. d.Dt. Ärztinnenbundes Gruppe Bremen, Mtgl. d. Bundesärztekam.-Ausschuss. "Med. Fachberufe", Notfall/Katastrophenmed. u. Sanitätswesen" u. "Integration" sowie Vors. d. "Konferenz f. Fachberufe im Gesundheitswesen" d. Bundesärztekam., 1992-96 VPräs. d. Ärztekam. Bremen, seit 1996 Präs. d. Ärztekam. Bremen, seit 1997 Mtgl. d. Vertreterversammlung d. Kassenärztl. Ver. Bremen, seit 1999 VPräs. d. Bundesärztekam. H.: Spazierengehen, Lesen, Musik.

Aufderstroth Thomas

B.: Zahntechnikermeister, Inh. FN.: Trivident Zahntechnik GbR. DA.: 45476 Mülheim/Ruhr, Heidestr. 93. G.: Bochum, 14. Mai 1959. V.: Ines, geb. Radtke (Zahntechnikermeisterin). Ki.: Nadja (1998). El.: Hermann Julius u. Erna Maria. S.: 1974-77 Lehre Zahntechniker, 1986 Meisterprüf. Köln, 1988 Bertriebswirt d. Handwerks. K.: seit 1995 selbst., Schwerpunkte: anspruchsvolle u. ästhet. Zahnersatz, Keramik- u. Kombinationsarb. im Bereich Teleskope u. Geschiebekonstruktionen, Inlay-, Onlay-, Veneer- u. Vollkeramik, Restaurationen im Frontzahnbereich. M.: Betriebswirte d. Handwerks. H.: Motorsport, Radsport.

Aufenanger Johannes Dr. med. Dipl.-Biol. Prof.

B.: Arzt f. Laboratoriumsmed. u. Klin. Chemiker, Chefarzt. FN.: Klinikum Ingolstadt, Inst. f. Labormedizin. DA.: 85049 Ingolstadt, Krumenauerstr. 25. G.: Bonn, 9. Juli 1954. V.: Renate, geb. Weiß. Ki.: Sandra (1988), Marcus (1989). El.: Dipl.-Ing. Fritz u. Annemarie. S.: 1973 Abitur, 1973-75 Zeitsoldat, Ausbild. z. Truppenoffz. im Sanitätsdienst, Lt. d. Res., 1975-80 Stud. Biologie Univ. Bonn, 1979 Dipl., 1980-85 Med.-Stud. Univ. Heidelberg, 1985 Staatsexamen u. Approbation, 1986 Prom. K.: 1980 wiss. Mitarb. am Max-Planck-Inst. f. Zellbiologie Ladenburg, 1985-92 Weiterbild. z. Klin. Chemiker u. Arzt f. Laboratoriumsmed. am Klinikum Mannheim d. Univ. Heidelberg, 1990 Anerkennung als Klin. Chemiker, 1992 FA-Anerkennung f. Laboratoriumsmed., 1994 Habil., 1995-96 ltd. OA am o.g. Inst., 1996 venia legendi, 1996-97 komm. Dir. d. Inst. f. Klin. Chemie am Klinikum Mannheim, seit 1997 Chefarzt d. Klinikum Ingolstadt, Inst. f. Labormed. BL.: zahlr. Patente u. Patentanmeldungen. P.: The effects of BM 15.766, an inhibitor of 7-dehydrocholesterol delta 7-reductase, on cholesterol biosynthesis in primary rat hepatocytes (1986), Improved method for enzymic determination of cholesterol in lipoproteins separated by electrophoresis on thin layer agarose gels (1989), Characteristics and Clinical Application of a Radiometric Escherischia coli-based Phospholipae A2 assay Modified for Serum Analysis (1993), Active pancreatic phospholipase A2 as prognostic marker in acute pancreatitis - early identification of risk patients (1996), Lipid- u. Lipoproteinstoffwechsel (1995), wiss. Vorträge. M.: Dt. Ges. f. Klin. Chemie e.V., Dt. Ges. f. Laboratoriumsmed. e.V., Dt. Ges. f. Atheroskleroseforsch. e.V. H.: klassische Musik, Klavier, Orgel, Familie, Garten.

Auffarth Susanne *)

Auffenberg Karl-Jürgen

B.: RA, Notar. DA.: 33098 Paderborn, Liboristr. 8. G.: Paderborn, 4. Sep. 1936. V.: Hildegard, geb. Jäger. Ki.: Elisabeth (1964), Karl (1965), Gisela (1967), Johannes (1968), Dorothea (1969), Christian (1975). El.: Carl u. Elisabeth. Lucas. BV.: Großvater ein Aktiver in d. Zentrum-Partei u. d. kath. Akademikerbewegung, Abg. im preuß. Landtag, Familie b. 16. Jhdt. zurückzuverfolgen. S.: 1958 Abitur, Stud. Rechtswiss. Freiburg u. Münster, 1962 1. u. 1967 Gr. Staatsexamen, Referendariat. K.: seit 1969 RA in Paderborn, 1971 Ernennung z. Notar, Beisitzer b. Notarsenat am OLG in Köln. M.: Vorstand in örtlichen Traditionsver. u. Gremien d. Kath. Kirche in Paderborn. H.: Studium Heimatgeschichte u. neuere Geschichte.

Auffenfeld Arno Johannes Walter *)

Auffermann Kai Dipl.-Ing. *)

Auffermann Peter Dr. iur. utr. *)

*) Biographie www.whoiswho-verlag.ch oder beigefügte CD-ROM

Aufterbeck Winfried

B.: Verlagskaufmann, Inh. FN.: Argetra - Verlag. DA.: 40878 Ratingen, Philippstr. 45. G.: Ratingen, 22. Okt. 1937. V.: Kristel, geb. Brockerhoff. Ki.: Birgit, Sigrid, Margit, Benedikt. El.: Franz u. Elisabeth, geb. Thomas. S.: 1955-58 kfm. Ausbild. K.: Militärdienst b. d. Luftwaffe (Oberstleutnant), 1960-78 Ltr. d. elterl. Kufhauses, seit 1980 selbst. F.: Portal Immobilien, Versteigerungskalender VIZ. E.: Member of the British Empire, Ausz. d. Engl. Königshauses. M.: N-TV, ZDF, MDR, Rotary Club. H.: Sportflieger.

Augath Peter-Oliver Dr.

B.: Rechtsanwalt, Geschäftsleiter. FN.: Sportteam Augath. DA.: 30159 Hannover, Otto-Brenner-Straße 8, Filiale in 3810 Braunschweig, Bäckerklint 1. info@sportteam.com. G.: Springe/Deister, 20. Apr. 1968. V.: Dr. Britta, geb. Buttkus. Ki.: Florence, Christin (1997). El.: Prof. Dr. Ing. Wolfgang u. Magdalene, geb. Othmer. S.: 1987 Abitur in Springe, 1989-90 Ausbildung z. Bankkaufmann m. Abschluss b. d. Dt. Bank in Hannover, 1990-95 Studium d. Rechts- u. Wirtschaftswiss. an d. Georgia-Augusta-Univ. zu Göttingen, 1994 Abschluss Dipl.-Kfm., 1995 1. Jur. Staatsexamen, Landesgraduiertes Stipendium f. d. Prom. in Bw., 1997 Referendariat am OLG Celle, 1999 Prom., 2000 2. Staatsexamen, zugelassener RA b. Landesgericht Hannover. K.: zusätzl. Referent an d. TU Bergakademie Freiberg u. Doz. d. IHK Hannover, seit 1986 aktiver Triathlon- u. Marathonläufer in Deutschland u. New York, 1997 Aufbau v. Sportartikel Groß- u. Einzelhandel im Bereich Laufsport, Sportteam Augath in Hannover, Marktführer im Bereich Laufsport, 2000 Eröff. d. Filiale in Braunschweig, 2001 Aufbau d. Franchise-Unternehmens m. 3 Franchise-Partnern in Itzehoe, Bruchsal, Heilbronn. M.: Wirtschaftsausschuss d. IHK Hannover, Sportverein Lang-Lauf-Gemeinschaft Springe, Junge Union, Triathlongemeinschaft. H.: Familie, Sport.

Auge Wolfgang Dr. med. *)

Augenstein Christel

B.: Oberbürgermeisterin. FN.: Stadtverwaltung Pforzheim. GT.: seit 1990 Vors. d. Trägervereins Bürgerhaus Buckenberg-Haidach e.V., seit 1990 AR d. Stadtbau GmbH, 1990-99 AR d. VHS, seit 1999 AR d. Ges. z. beruflichen Eingliederung (GBE). DA.: 75175 Pforzheim, Marktpl. 1. presse@stadt-pforzheim.de. www.christel-augenstein.de. G.: Erfurt, 15. Juli 1949. V.: Dr. Jörg Augenstein. Ki.: 3 Kinder. S.: 1967-71 Finanzschule Karlsruhe, Fachrichtung Steuerverwaltung, Laufbahnprüfung f. d. gehobenen Dienst, Abschluss Dipl.-Finanzwirtin. K.: 1971-77 Finanzbeamtin d. gehobenen Dienstes, Amtsprüferin b. Finanzamt Pforzheim, 1977-78 Verwaltungs- u. Wirtschaftsakademie Karlsruhe, seit 1978 Steuerbevollmächtigte, seit 1990 Mtgl. im Gemeinderat Pforzheim, 5 J. stellv. Fraktionsvorsitzende, seit 2001 Fraktionsvorsitzende u. Oberbürgermeisterin in Pforzheim. BL.: Entwicklungshelferin in Haiti (1974-75).

Augenthaler Klaus

B.: Profi Fußball-Trainer. FN.: c/o 1. FC Nürnberg. DA.: 90480 Nürnberg, Valznerweiherstraße 200. G.: Fürstenzell, 26. Sep. 1957. V.: Monika. Ki.: Tina, Lisa. S.: Ausbild. Bürokfm. K.: größte sportl. Erfolge: 1977 Amateur-Länderpokalsieger, 1980, 1981, 1985, 1986 1987, 1989, 1990 Dt. Meister, 1982, 1984, 1986 Dt. Pokalsieger, 1986 WM-Aufgebot (2 Einsätze), 1990 Weltmeister (7 Einsätze), 1990 Deutscher Supercup, Spielerstationen: 1967-75 FC Vilshofen, 1975-1991 Bayern München, Trainerstationen: 10/1991-1992 Bayern München (A-Jugend, 1992-97 Bayern München Co-Trainer , 1997-2000 Liebherr GAK, s. 2000 1. FC Nürnberg.

Augsburger Sady *)

Augst Helmut *)

Augstein Rudolf

B.: Journalist, Hrsg. Nachrichtenmagazin "Der Spiegel", Gschf. FN.: Spiegel-Verlag Rudolf Augstein GmbH & Co. KG. DA.: 20457 Hamburg, Brandstwiete 19. G.: Hannover, 5. Nov. 1923. V.: Anna Maria Hürtgen. Ki.: Sabine, Jakob, Franziska, Julian. El.: Friedrich u. Gertrude. S.: Kaiserin-Auguste-Viktoria Gymn. Hannover, Abitur. K.: Red.-Volontär Hannov. Anzeiger, Arbeits- u. Wehrdienst, seit 1946 Hrsg. d. Mag. "Der Spiegel"; 1972-73 FDP MdB. P.: Spiegelungen (1964), Konrad Adenauer (1964), Preußens Friedrich u. d. Deutschen (1968), Jesus Menschensohn (1972), Überlebensgroß Herr Strauß (1980). E.: 2000 Ludwig-Börne-Preis f. s. Lebenswerk. M.: 1965 P.E.N.-Zentrum BRD, 1983 Dr. of Letters h.c. Univ. Bath, 1987 Dr. phil. h.c. Berg. Univ. Wuppertal, 1988 Ehrensenator Univ. Hamburg, 1994 Ehrenbürger Stadt Hamburg, 1997 BVK.

Augthun Michael Dr. Prof.

B.: Ltr. d. zahnärztl. Klinik. FN.: RWTH Aachen Univ.-Klinik f. zahnärztl. Prothetik. DA.: 52074 Aachen, Pauwelsstr. 30. G.: Bochum, 11. Aug. 1955. El.: Rudolf u. Eugenie. S.: 1974 Abitur in Bochum, 1974/75 Zivildienst, Stud. Zahnmed. Univ. Düsseldorf, 1980 Staatsexamen, 1980-81 freier Mitarb. Path. Inst. d. Univ. Düsseldorf, 1982 Prom. K.: 1981-85 wiss. Mitarb. d. Klinik f. Kiefer- u. Gesichtschir. an d. Univ. Essen, 1984 Examen als FA f. Oralchir., 1985 wiss. Mitarb. an d. Klinik f. zahnärztl. Prothetik d. Univ.-Klinik RWTH Aachen, 1993 Habil. u. Ernennung z. Priv.-Doz., 1998 Ernennung z. apl.Prof. P.: zahlr. wiss. Bücher, Publ. u. Vorträge im In- u. Ausland. E.: Ausz. v. d. Ges. f. zahnärztl. Prothektik u. Werkstoffkunde. M.: DGZMK, DGJ, DGZPW, DPG.

Augurzki Manfred *)

August Frank-Peter Dr. med.

B.: HNO-Arzt. DA.: 14532 Stahnsdorf, Potsdamer Allee 82. G.: Potsdam, 16. Juni 1960. V.: Angela, geb. Paschke. S.: Sebastian (1982), Maximilian (1986), Clara Elisabeth (1998). El.: Eberhard u. Lieselotte, geb. Paschke. S.: 1979 Abitur m. Ausz. Eliteschule Kleinmachnow, 1979-82 Wehrdienst NVA - Sportauswahl, 1982 tätig med. Bereich, 1983-89 Stud. Med.,

*) Biographie www.whoiswho-verlag.ch oder beigefügte CD-ROM

Dipl.-Abschluß m. Ausz. K.: 1989-95 Arzt am Bez.-KH in Potsdam, FA-Ausbildung f. HNO, 1994 Prom. an d. Charité in Berlin, 1995 Eröff. d. HNO-Praxis in Stahnsdorf. BL.: Perfektionist m. d. Anspruch d. ständigen Weiterbild., ambulante OP als einziger in d. Region m. zahlr. prominenten Patienten aus Wirtschaft u. Politik, seit Eröff. d. Praxis neben konventioneller Diagnostik mod. Untersuchungsfverfahren wie Mikroskopie, Endoskopie, Tympanometrie, Audiometrie, Hirnstammaudiometrie, Computernystagmografie, ambulante OP u. OP im ambulanten OP-Zentrum in Stahnsdorf. P.: Diss.: "Maligne Melanome im Kopf-Hals-Bereich", Art. in Fachzeitschriften. E.: Lessingmed., Humboldtmed. M.: Dt. Berufsverb. f. HNO, VerwR. d. Bundes d. Steuerzahler Land BRB. H.: Familie, Design, Architektur, Hund.

Augustin Arnim Dipl.-Kfm.

B.: Steuerberater u. vereid. Buchprüfer, öff. bestellter u. vereid. Sachverst. f. betriebl. Rechnungswesen d. IHK Lüneburg-Wolfsburg. DA.: u. PA.: 21335 Lüneburg, Uelzener Str. 14. G.: Hamburg, 1. Aug. 1939. V.: Annelie. Ki.: Stefan (1963), Thorsten (1967), Florian (1989), Christin (1991), Christian (1997), Alexandra (1999). El.: Fritz u. Martha. S.:1961 Abitur, 1961-64 Stud. BWL. K.: kfm. Ang. im Rechnungswesen, 1971 Steuerbev.-Prüf., 1978 Steuerberaterprüf., d. IHK seit 1978 bestellt, seit 1973 selbst. tätig, 1981-86 Stud.-Abschluß als Dipl.-Kfm., 1989 Prüf. z. vereid. Buchprüfer. P.: Aufwendungen f. Lehr- u. Studiengänge d. Wirtschaftsrechts, des. Prüf.-Wesens u. d. BWL Ausbild.- u. Fortbild.-Kosten in DStR 1990, Hef 1, 2 u. 3. H.: Bergsteigen, Schwimmen, Basteln.

Augustin Christoph dott. architetto

B.: selbst. Architekt. DA.: 80687 München, Lansbergerstr. 350. G.: Düsseldorf, 9. Sep. 1962. S.: 1980-87 Stud. Arch. in Florenz, 1990 Abschluß u. Staatsexamen in Florenz. K.: 1990-92 Tätigkeit b. Antonie Citterio in Mailand, ab 1993 freier Mitarb. im Hotel Bayer. Hof in München, ab 1994 selbst. Architekt m. Bürobetrieb. F.: "Frau-GmbH" München. M.: Arch.-Kam. v. Florenz. H.: Segeln.

Augustin Claudia

B.: Logopädin, Psychotherapeutin, Trainerin. DA.: 22765 Hamburg, Julius-Leber-Str. 25. G.: Hamburg, 18. Juni 1959. El.: Siegfried u. Lieselotte, geb. Arf. S.: 1978 Abitur Hamburg, anschl. Sozialpraktikum u. Tätigkeit als Pflegehelferin im Werner Otto Institut (Stiftung Alsterdorf, Hamburg), 1979 Aufnahme d. Psychologie-Stud. in Hamburg, 1979-82 Ausbildg. z. Logopädin am Werner Otto Inst. K.: 1982-86 ang. Logopädin in HNO- u. interdisziplinär arbeitenden Kinderarztpraxen, 1986 ndgl. in einer Praxengemeinschaft m. 2 weiteren Kollegen am heutigen Standort; nach d. Psychologiestud. Ausbildg. z. Psychotherapeutin (Aus- u. Fortbildg. in Gesprächs-, Körper-, Gestalt-, Hypnose- u. Systemischer Therapie, NLP u. Supervision), Arbeit in den Bereichen Einzel-,

Paar- u. Familientherapie sowie Training u. Coaching in d. Wirtschaft u. im non-profit Bereich, 1990-97 Vors. d. selbst. Logopäden in Hamburg, 2000 Gründung d. Fortbild.-Inst. B.E.S.T. H.: Theater, Kino, Musik, Malerei, Literatur, Reisen, Tanzen.

Augustin Dietmar Dipl.-Ing. *)

Augustin Franz-Xaver

B.: Leiter. FN.: Goethe-Inst. Berlin. DA.: 10178 Berlin, Neue Schönhauser Str. 20. PA.: 12209 Berlin, Ferdinandstr. 10. augustin@goethe.de. www.goethe.de. G.: Münstermaifeld, 22. Apr. 1953. V.: Barbara, geb. Kupper. Ki.: Silvio, Laurie, Florian. El.: Ernst u. Gertrud, geb. Triebel. S.: 1972 Abitur am Altsprachl. Gymn. Pirmasens, 1972-80 Stud. Geschichte, Politik u. Romanistik in Freiburg, Grenoble u. Rom, parallel journalistische Tätigkeit, 1980 1. Staatsexamen, Forschungsstipendium Deutsches Historisches Inst. in Rom, Themen Zeitgeschichte, Faschismus, Nationalsozialismus, Referendariat in Freiburg (Staufen), 1984 2. Staatsexamen. K.: 1984-85 Lehrauftrag d. Univ. Chicago an d. Univ. Freiburg über Geschichte d. europ. Integration, seit 1985 beim Goethe-Inst., 1985-86 Ausbildg. in München, 1987 in Madrid, 1987-90 Doz. in Göttingen, 1990-95 stellv. Ltr. in Madras/Indien, seit 1995 Dir. Goethe-Inst. Berlin, größtes Inst. in d. BRD; Sprachkurse, Infoseminare nur f. inernat. Gäste, Tourprogramme. P.: 1999 anläßlich Umzug an d. neue Adresse Interviews in Radio u. Fernsehen. H.: Gärtnern, Theater. Sprachen: Englisch, Französisch, Italienisch, Spanisch.

Augustin Friedhelm

B.: Gschf. FN.: Wilhelm Augustin GmbH. DA.: 33729 Bielefeld, Murmelweg 11. G.: Gadderbaum, 17. Feb. 1938. V.: Erika, geb. Bergmann. Ki.: Frank (1969), Andreas (1975). El.: Wilhelm u. Luise. S.: 1954-55 Handelsschule, 1955-58 Ausbild. z. Ind.-Kfm. b. Augustin, 1958-61 Ausbild. z. Tischler, 1961-63 Technikerschule Detmold, Ausbild. z. Holztechniker. K.: 1963 Übernahme d. väterl. Betriebes, Möbelproduktion, 1970 in eine Kehleistenfbk. u. in eine GmbH umgewandelt, gleichzeitig Grdg. d. KG, Zulieferer f. gr. Möbelhersteller. H.: Betrieb.

Augustin Hans Werner

B.: Architekt. FN.: Arch.-Büro Hans Augustin. DA.: 90459 Nürnberg, Ritter-von-Schuh-Pl. 3. G.: Fürth, 28. Sep. 1952. V.: Irmgard, geb. Wagner. Ki.: Ina (1988). El.: Hans u. Marianne, geb. Neubert. BV.: Großvater Hans Augustin 1907-83 Gründer d. Arch.-Büros Augustin (1933). S.: 1971 Abitur, 1969-72 Ausbild. Schreinerei/Zimmerei, Gesellenbrief, 1972-77 Stud. Fachrichtung Hochbau. K.: 1978 Eintritt im Arch.-Büro Augustin, zunächst Ang., dann Arch.-Gemeinschaft, 1984 Eintritt Bayer. Arch.-Kam., 1989 Übernahme d. Arch.-Büros als Alleininh. M.: Bayer. Arch.-Kam., Golfclub Puschendorf. H.: Golf, Schifahren, Amateurfotografie, Fernreisen.

Augustin Hermann *)

Augustin Holger-Helmut

B.: Friseurmeister, Gschf. FN.: Friseur Augustin. DA.: 45883 Gelsenkirchen, Pothmannstr. 7. G.: Gelsenkirchen, 10. Feb. 1969. V.: Ute. Ki.: Laura (1997). El.: Helmut u. Doris. S.: 1985 Mittlere Reife Essen, 1985-88 Friseurlehre, 1988-89

*) Biographie www.whoiswho-verlag.ch oder beigefügte CD-ROM

Augustin

Bundeswehr. K.: 1990-92 Geselle b. versch. Friseurbetrieben in Essen-Bottrop u. Grömitz, 1992 Meisterschule Harder in Düsseldorf, 1992 Meisterprüf., 1993 Teilnahme am Lehrgang Betriebswirt d. Handwerks, b. 1995 Meister im elterl. Friseurbetrieb, seit 1995 selbst. Friseurmeister in d. seit 3 Generationen bestehenden Familienbetrieb zusammen m. Ehefrau Ute. M.: Vollversammlung d. HK Münster, stellv. Obermeister d. Friseur-Innung GE u. Buer seit 2001. H.: Tochter, Golf (Handicap 27).

Augustin Jan
B.: Kommunikationsltr. FN.: medialine. DA.: 34225 Baunatal, Zum Heisterhagen 60. j.augustin@media-success.com. G.: Immerath, 24. Apr. 1971. V.: Simone, geb. Henning. El.: Hans-Georg u. Evelin. S.: 1991 Abitur Kassel, 1991-92 Bundeswehr. K.: 1992-94 Volontär, 1994-98 PR-Redakteur, seit 1998 selbst. Unternehmer (Werbeagentur), 1995-97 Stud. Kommunikationswirt in d. Ak. f. Kommunikation Kassel/ Hamburg, 1998-9 Stud. z. Kommunikationsltr. an d. Ak. f. Absatzwirtschaft (AfAK) in Kassel. M.: ASB. H.: seit 1989 aktiver Musiker, Sänger u. Gitarrist, Tanzen (Rock'n Roll) b. Rocking-frogs in Fuldabrück, Standard u. Latein-Tänzer.

Augustin Lars
B.: Profi-Kajak/Kanu-Fahrer, Sportfördergruppe Bundeswehr. FN.: c/o Dt. Kanu-Verb. DA.: 47055 Duisburg, Bertallee 8. G.: 16. Apr. 1979. K.: s. 1988 b. Kanu/Kajaksport, derz. Verein KC Potsdam, Erfolge: 1997 JWM 500m Kajak-Vierer/1., 1999 JWM/1. H.: Rollerblade, Bike.

Augustin Lutz

B.: Chemiefacharb., Inhaber. FN.: Ing.-Büro Lutz Augustin. DA.: 39326 Wolmirstedt, Neubauernsiedlung 10. G.: Magdeburg, 23. Nov. 1949. V.: Christel, geb. Bahr. S.: 1956 Lehre Chemiefacharb. Firma Fahlberg-List Magdeburg, 1967-69 Bundeswehr. K.: Chemiefacharb. in d. Firma Fahlberg-List in Magdeburg, 1976-81 Fernstud. Ökonomie m. Abschluß Ing.-Ökonom, 1976-79 Lehrmeister d. Firma OMEGA in Magdeburg, b. 1990 Ltr. f. Beschaffung u. Absatz, 1987-89 Zusatzstud. z. Fachökonom f. Arb.-Sicherheit, seit 1990 selbst. m. Ing.-Büro f. Brand- u. Arb.-Schutz, seit 1998 tätig im Import u. Export v. Gebrauchtmaschinen u. Ind.-Anlagen. H.: Lesen, Theater, Musik, Völkerkunde.

Augustin Maria *)

Augustin Marianne *)

Augustin Ole Dr. rer. nat.
B.: Unternehmer, Inh. FN.: Dr. Augustin Planungsbüro f. Umweltschutz u. -technik. DA.: 20251 Hamburg, Falkenried 74A. G.: Hamburg, 22. Dez. 1960. Ki.: Max (1993). S.: 1980 Abitur, 2 J. Bundeswehr, 1982 Stud. Geo-Wiss. Univ. Hamburg, 1987 wiss. Mitarb. Univ. Hamburg, 1993 Prom. K.: 1993 selbst. im Bereich Umweltschutztechnik, Rohstoffforsch., Deponietechnik u. Lagerstättenkunde, 1994 Schwerpunkt regenerative Energiesysteme, seit 1996 auch intern. tätig. u.a. in Polen, Südafrika, USA, Türkei u. Frankreich. H.: Segeln, Tennis.

Augustin Renate *)

Augustin Ute

B.: Weberin, Inhaberin. FN.: Utes Webladen. DA.: 23552 Lübeck, Beckergrube 67. G.: Lenschow, 9. März 1936. Ki.: Stefan (1963). El.: Lieselotte Kohlhase. S.: 1954 priv. Handelsschule Lingelsheim, 1955-58 Ausbild. Weberin Firma Müller-Hellwig Lübeck. K.: 1958-80 tätig in d. Firma Müller-Helwig m. Schwerpunkt Kirchenbehänge u. Wandbehänge, seit 1981 selbst. m. e. Webladen in Lübeck m. Schwerpunkt Blumen- und Landschaftsmotive, transparente Fensterbilder u. Wandbehänge in feiner Schattierung nach eigenen Entwürfen u. individuellen Kundenwünschen. P.: Ausstellungen seit 1982 im Heiligen-Geist-Hospital, Kloster Cismar (1981), Schloß Reinbek (1990), Schloßterrassen, "Kunst trifft Handwerk". M.: Ver. Frau u. Kultur. H.: Reisen, Malen, Natur, Kunstausstellungen, Sauna.

Augustin Wolfgang

B.: Augenoptikmeister, Inh. FN.: Augenoptik Augustin. DA.: 45145 Essen, Berliner Str. 114. G.: Bad Schmiedeberg, 18. Apr. 1946. V.: Marion, geb. Besechi. Ki.: Jari (1981). El.: Friedrich u. Maria. S.: 1968 Abitur, 1958-61 Ausbild. staatl. geprüfter Augenoptiker. K.: 1961-64 ang. Optiker, 1964-67 Ausbild. z. Meister an d. FH Köln, 1967-70 Unternehmensberater im Bereich Kontaktlinseninst., 1970 Grdg. d. Augenoptikfachgeschäftes, 1985 1. Augenoptik-Computer, seit 2001 einziges hochwertiges Labor f. Gleitsichtgläser. M.: IGEA Werbegemeinschaft. H.: Lesen, Politik.

Augustiny Volkert Dipl.-Ing. *)

Aulbach Christine

B.: RA. DA.: 20357 Hamburg, Kampstr. 7. G.: Husum, 24. Dez. 1959. V.: Christian Aulbach. Ki.: Sören (1993), Eva Maria (1996). El.: Hans-Uwe Petersen u. Dr. Ellen Petersen-Johnsen. S.: 1978 Abitur, 1978-81 Stud. Rechtswiss. Marburg/Lahn, 1981-85 Hamburg, 1985 1. Staatsexamen, 1986-89 Referendarzeit in Hamburg, 1989 2. Staatsexamen. K.: 1990 Zulassung z. Anw. in Hamburg, seitdem als selbst. Anw. in eigener Kanzlei tätig, Schwerpunkt: Familienrecht, Mietrecht u. priv. Baurecht. H.: Malen, Segeln, Schifahren.

Aulbach Sigrid
B.: Steuerberater. DA.: 63739 Aschaffenburg, Kleberstr. 6 - 8. PA.: 63743 Aschaffenburg, Friedenstr. 7. G.: Obernau, später nach Aschaffenburg eingemeindet, 13. Dez. 1952. Ki.: Susann (1986). El.: Adolf u. Amanda Gerlach. S.: 1965-69 Besuch d.

*) Biographie www.whoiswho-verlag.ch oder beigefügte CD-ROM

Ausborm

Maria-Ward-Schule mit Realschulabschluß, 1969-72 Ausbildung zur Steuergehilfin in d. Kanzlei Dr. Berberich u. Dussmann, 1972 Abschluß d. Steuergehilfenprüfung, 1979 Prüfung z. Steuerbevollmächtigten, 1985 Prüfung z. Steuerberater. K.: 1985 tätig in der Kanzlei Berberich u. Dussmann, seit 1989 selbst. Steuerberater. M.: 1989 Gründungsmitglied d. Unabhängigen Bürgervertretung (UBV). H.: Walking mit Hund Ebba, Geschichte, Deutsche Literatur, Reisen.

www.aumueller-werbung.de. G.: Bremen, 27. Dez. 1965. V.: Alexandra, geb. Stralmann. Ki.: Bianca (1991), Dennis (1994). El.: Peter u. Irma, geb. Kahrs. S.: 1982 Abschluss Höhere Handelsschule, 1983-86 Ausbildung z. Schauwerbegestalter in Bremen, 1986-88 Bundeswehr. K.: seit 1989 selbständig als Schauwerbegestalter m. Industriedekorationen, Aumüller Werbung in Großenkneten, Schwerpunkt: Schilderbeschriftungen, Drucksachen, Schauwerbegestaltung u. Internetdesign. H.: Westernreiten, Kartfahren.

Aulehla Erich Dr. iur. *)

Aulehner Richard Dr. med. *)

Aulenbach Horst *)

Auler Erich
B.: Filialdir. i. R. FN.: Karlsruher Lebensvers. AG. PA.: 55499 Riesweiler, Soonwaldstr. 21. G.: Riesweiler, 30. Nov. 1932. V.: Ursula, geb. Kraemer. Ki.: Thomas (1959). El.: Jakob u. Auguste. S.: Schule in Riesweiler, Verw.-Schule b. Stadt- u. Amtsverw. Simmern. K.: 1953 Wohnungsbauges. Osnabrück Finanzierung, 1957 Vers.-Außendienst, Filialdir. Iduna, seit 1979 Filialdir. Karlsruher Lebensvers., 21 J. ehrenamtl. Bgm. in Riesweiler, Beigeordneter b. Verb.-Gem. E.: 1999 ausgezeichnet mit d. Freiherr v. Stein Medaille. H.: Natur, Pferde, Autos, Reisen, Geschichte.

Aulfes-Daeschler Gisela *)

Aulig Peter
B.: Berufskraftfahrer, Inh. FN.: Behinderten- u. Sozialtransporte. DA.: 12524 Berlin, Rübezahlallee 83. G.: Sonderhausen, 25. Feb. 1955. V.: Lieselotte, geb. Kostka. Ki.: Dirk (1985). El.: Horst u. Christa. S.: 1972 Mittlere Reife, 1972-74 Ausbild. Kraftwerksmaschinist, 1974-75 tätig als Kraftwerksmaschinist, 1975-77 Bundeswehr, 1977-80 Ausbild. z. Berufskraftfahrer, 1980-83 tätig in d. Jenaer Verkehrsbetrieben u. b. 1987 in Berlin, 1987-90 tätig in d. Ak. d. Wiss. u. b. 1991 in d. Firma Getränke Hoffmann, seit 1991 selbst. m. Behinderten- u. Sozialtransporten. M.: IHK. H.: Garten, Autos sammeln.

Aulinger Leonhard Dr. iur. *)

Aull Matthias Alfons *)

Aumer Ernst *)

Aumüller Ludwig *)

Aumüller Robert Dipl.-Kfm. *)

Aumüller Wolfgang *)

Aumüller Yörn
B.: Schauwerbegestalter, Unternehmer, selbständig. FN.: Yörn Aumüller Werbung. DA.: 26197 Großenkneten-Sage, Bei der Friedenseiche 4. info@aumueller-werbung.de.

Aundrup Bernd
B.: Vorst.-Vors. FN.: ASTA Medica AG. DA.: 80914 Frankfurt/Main, Weismüllerstr. 45. www.astamedica.de. G.: Gladbeck, 25. Nov. 1952. Ki.: 1 Tochter. S.: Stud. BWL in Bochum. K.: 1979 Eintrit tin d. Bayer AG, intern. Stationen im Pharma-Management in Argentinien, Venezuela, Kanada u. zuletzt als Gschf. Pharma in England, 1991 Rückkehr nach Deutschland, Wechsel zu ICI Pharma u. Ltg. d. Deutschlandgeschäfts, 1993 Gschf. d. ZENECA-Gruppe in Deutschland, seit 1997 Vorst.-Vors. d. ASTA Medica AG. H.: Golf, Skifahren, Reisen.

Aunkofer Konrad *)

Aupperle Martin Dipl.-Informatiker
B.: Gschf. FN.: Quasar GmbH f. Softwareentwicklung u. Systemberatung. DA.: 81541 München, St.-Bonifatius-Str. 1. G.: Göppingen, 18. Dez. 1956. V.: Gabriele, geb. Haug. Ki.: Franziska (1996), Arian (1998). S.: 1976 Abitur, 1976-88 Zeitsoldat m. Stud. Informatik Bundeswehr-Univ. Neubiberg m. Dipl.-Abschluß. K.: 1988 als Hptm. aus d. Bundeswehr ausgeschieden, Auwahl v. EDV-Anlagen f. d. Verteidigungsmin., 1988 Grdg. d. Firma m. Auftragsprogrammierung f. Kunden, Grdg. d. Firma Dentware comp. GmbH m. Software im zahnmed. Bereich f. Zahnkliniken u. Zahnarztpraxen. P.: Bücher u. Art. in Fachzeitschriften. H.: Beruf, Wassersport, Reiten, Gastfreundschaft, sozial aktiv m. Kindern u. Kindergruppen.

Auracher Hein Dr.-Ing. habil. Prof. *)

Auracher Klaus *)

Auras-Blank Hannelore Ph. D. (M.A.) *)

Aurich Charlotte-Veronika
B.: Finanzfachwirtin, Inh. FN.: Kzl. f. Wirtschaftsförd. Aurich. DA.: 04315 Leipzig, Wiebelstr. 4. G.: Ludwigslust, 22. Apr. 1960. Ki.: Martin (1989). S.: 1976 Lehre FSA f. Textiltechnik Karl-Marx-Stadt. K.: 1979 Werktätige f. versch. Positionen in Produktion zuletzt Ltr. Rohware, 1989 Postang. Karl-Marx-Stadt, 1990 Postzusteller, 1994 Lehrgang BWL, Finanzfachwirt, 1997 selbst. Finanzdienstleister ABACOM, 1997 Umzug nach Leipzig, 1997 Kzl. f. Wirtschaftsförd. M.: Marketing Club.

Aurich Heli Dr. rer. pol. Dipl.-Soz. *)

Ausborm Dieter
B.: selbst. Steuerberater. DA.: 25541 Brunsbüttel, Koogstr. 94a. PA.: 25541 Brunsbüttel, Lange Reihe 18. dieter.ausborm@t-online.de. G.: Neumünster, 24. Mai 1945. V.: Ilse,

*) Biographie www.whoiswho-verlag.ch oder beigefügte CD-ROM

Ausborm

geb. Kuhr. Ki.: Sven-Olaf (1970), Björn (1976). S.: 1962-64 Ausbild. z. Groß- u. Außenhdls.-Kfm. in Brunsbüttel, 1964-65 Bundesgrenzschutz. K.: 1965-75 Eintritt, Mitarb. u. Vorbereitung auf d. Steuerberaterprüf. im Büro d. Steuerbevollm. Agnes Stein in Brunsbüttel, 1975 Prüf. u. Bestellung z. Steuerberater v. d. OFD Nürnberg, Kauf u. Übernahme d. Steuerbüros Agnes Stein, seither Steuerberater in Brunsbüttel. M.: Steuerberaterkam. Schleswig-Holstein, Schatzmeister in d. Seglerver. Brunsbüttel e.V. H.: Segeln, Reisen.

Ausborn Peter Dr.

B.: RA. DA.: 20459 Hamburg, Schaarsteinwegsbrücke 2. PA.: 21244 Buchholz, Richard-Schmidt-Str. 5d. G.: Hamburg, 20. Juli 1934. V.: Stefania, geb. Muszynska.Ki.: Victoria (1979), Katharina (1981). El.: Heinrich u. Hildegard. S.: 1954 Abitur, 1954 Jurastud. Univ. Hamburg, 1958 1. Staatsexamen, 1963 Assessorexamen, 1964 Prom. b. Prof. Dr. Hans Möller, Hamburg, über das Thema: "Die privatrechtl. Gebäudeversicherung bei Wohnungseigentümergemeinschaften". K.: 1964 Haftpflichtbetriebsabt. Victoria-Feuer-Versicherungs-AG, Düsseldorf u. Rechtsabt. Hamburg-Mannheimer Lebensversicherung-AG, Hbg., 1970 Rechtsabt. Kleinwanzlebener Saatzucht AG, Einbeck, 1978 Kzl. in Hamburg m. Schwerpunkt Transport- u. Seerecht, 1979 Kzl. Harburg, 1981 selbst. RA in eigener Kzl., seit 1984 selbst. RA in jetziger Kzl. m. Schwerpunkt Kapitalanlagen, Bank- u. Börsenrecht. P.: Gerlach Report: Art. z. Sachthema Beteiligungssparen. H.: Schwimmen, Radfahren, Segeln, Nord- u. Ostsee.

Aust Christian *)

Aust Christian *)

Aust Markus
B.: Gschf. FN.: Televisor Mediendienstleistungen GmbH. DA.: 50678 Köln, Quentelstr. 5-7. G.: Recklinghausen, 2. Mai 1967. V.: Gillian, geb. Lampater. S.: 1986 Abitur, 1989-91 Lehre Tontechniker. K.: 1992 Grdg. d. Firma Televisor Mediendienstleistungen GmbH.

Aust Stefan
B.: Chefredakteur. FN.: Der Spiegel. DA.: 20457 Hamburg, Brandstwiete 19. stefan aust@spiegel.de. G.: Stade, 1. Juli 1946. V.: Kathrin Hinrichs. K.: Journ., Drehbuchautor, Moderator, s. 1988 Chefred. b. Spiegel TV GmbH, Filme u.a. "Krieg und Frieden" 1983, Drehbuch f. d. Spielfilm "Stammheim", seit 1998-01/99 "Talk im Turm", s. 01/99 Chefred. "Der Spiegel". P.: div. Veröff. E.: 1986 Gold. Bär b.d. Festspielen Berlin.

Austen Rudolf
B.: Maler u. Grafiker. G.: Hainspach, 17. Apr. 1931. V.: Ingrid, geb. Burghold. Ki.: Michael (1960), Johannes (1963). El.: August u. Marie. S.: 1946-49 Ausbild. z. Maler in Köthen, 1949 Bild in Berlin gemalt, 1. Preis auf Deutschlandtreffen, 1950-53 Stud. Malerei in Wismar m. Abschluß, 1953-58 Stud. angew. u. bild. Kunst Berlin, Dipl. K.: 1958 Atelier in Rostock, 1961-80 Lehrer an Kunstfachschule in Heiligendamm, seit 1980 freischaff. Maler, Landschaftsmalerei. P.: viele Ausstellungen, auch intern. M.: 1960-92 Verb. d. bild. Künster Deutschland. H.: Musik, Steine, Versteinerungen sammeln.

Austenat Elke Dr. med.

B.: Internistin, Ärztl. Ltr. FN.: diab-berlin Privates Diabetes Inst. GmbH, Diabetes-Spezialklinik. DA.: 10965 Berlin, Dudenstr. 6. G.: Halle/Saale, 23. März 1945. El.: Gerhard u. Elfriede Austenat. S.: 1966-72 Med.-Stud. Humboldt-Univ. Berlin, 1977 Prom. K.: 1972-77 FA-Ausbild. f. Innere Med. Klinik f. Diabetes u. Stoffwechselkrankheiten KH Kaulsdorf Berlin, 1977 OA, 1978-80 Ltr. eines EDTA-Zentrums Berlin, 1979 stellv. Chefarzt, 1979/80 Doz. an d. Akademie f. Ärztl. Fortbild. Berlin-Ost, 1980-82 polit. Haft in d. DDR, 1982 Übersiedlung nach Westberlin, seit 1984 Internistin in eigener Ndlg., seit 1985 Ärztl. Ltr. d. Diabetes Spezialklinik, seit 1988 Doz. an d. Ak. f. Ärztl. Fortbild. Berlin. P.: Hrsg. d. Diaboli-Zeitschrift, Austenat E., M. Reinhold. Stoffwechseleinstellungen bei Diabetes mellitus unter Nachtklinikbedingungen (Springer Berlin New York 1988), Austenat E., G. Williams, J. C. Pickup: Praxisbuch Diabetes mellitus (Berlin 1993), Physiologische Insulinzufuhr (1997), Das Insulinpumpenbuch - physiologische Insulinzufuhr - Blackwell Wissenschaft (1998). E.: 1999 Johann Gottlieb Fichte-Preis Stufe II d. Humboldt-Univ. Berlin. M.: LTTC Rot-Weiß Berlin, Dt. Diabetesges., Intern. Diabetes Federation, Golf- u. Landclub Berlin-Wannsee. H.: Beruf, Tennis, Golf.

Austenat Jürgen Dr. sc. med.

B.: Internist. DA.: 12057 Berlin, Drosselbartstr. 21. G.: Berlin, 24. Sep. 1940. V.: Dr. med. Monika, geb. Merkel. Ki.: Dipl. oec. Manan (1964), Dr. med. Ira. El.: Gerhard u. Elfriede, geb. Seyfarth. S.: 1958-60 Grundwehrdienst NVA, 1960-66 Stud. Humanmed. an d. Humboldt-Univ. Berlin, Approb. als Arzt. K.: 1966-72 Arzt in d. FA-Ausbild. f. Innere Med. am Reg.-KH Berlin, 1970 Prom., 1966-72 Arzt in d. Inneren Klinik u. Poliklinik d. Reg.-KH Berlin, ab 1976 Stationsarzt auf Stationen, Weiterbild. in Zentraler Rettungsstelle KH Friedrichshain, Klinik f. Physiotherapie Klinikum Berlin-Buch, Röntgeninst. d. Charité Berlin, Klinik f. Infektionskrankheiten Berlin-Prenzlauer Berg, Klinik f. Diabetes u. Stoffwechselkrankheiten Berlin-Kaulsdorf, 1972 Anerkennung als FA f. Innere Med., 1974 Ltr. d. Abt. kardio-pulmonale Funktionsdiagnostik u. Sportkabinett, 1976 OA d. Inneren Klinik u. Poliklinik, 1979 Anerkennung als Subspezialist d. Fachrichtung Innere Med./Kardiologie u. Angiologie, 1979 Abschluß Prom. B, 1980 Facultas docendi d. Humboldt-Univ., 1982 Hon.-Doz. f. Innere Med. an d. Ak. f. Ärztl. Fortbild. Berlin, 1982-90 Chefarzt d. Abt. Funktionsdiagnostik d. Poliklinik u. Klinik f.

*) Biographie www.whoiswho-verlag.ch oder beigefügte CD-ROM

Diplomaten Berlin, seit 1990 zunächst Praxisass., danach Übernahme d. Praxis als FA f. Innere Med. P.: über 100 wiss. Publ. H.: Segeln.

Austenat Monika Dr. med. *)

Austermann Dietrich
B.: RA, MdB, Stadtdir. a.D. FN.: Dt. Bundestag. DA.: 11011 Berlin, Platz d. Republik 1. PA.: 25524 Itzehoe, Albert-Schweitzer-Ring 37. G.: Berlin, 22. Okt. 1941. V.: Sibylle, geb. Weber. Ki.: Ulrike (1970), Philipp (1978), Viktoria (1981), Theresa (1985). El.: Bernhard u. Margaretha. S.: 1962 Abitur, Stud. Rechtswiss. FU Berlin u. Westfäl. Wilhelm-Univ. Münster, 1967 1. u. 1971 2. Jur. Staatsprüf. K.: 1971-74 wiss. Mitarb. d. CDU-Bürgerschaftsfraktion in Hamburg, 1972-74 RA u. Notar in eigener Praxis, ab 1974 Wahlbmtr., 1974-77 hpt.amtl. Bgm. d. Gem. Barsbüttel/Stormarn, 1977-81 in Brunsbüttel/Dithmarschen, ab 1981 Stadtdir. u. Kämmerer in Göttingen, ab 1982 MdB seit 1985 als RA b. LG Itzehoe, Senator d. Fraunhofer-Ges., seit 1971 Mtgl. CDU, Kreisvors. d. Steinburger CDU, Mtgl. Fraktionsvorst., Sprecher Landesgruppe Schleswig-Holstein u. Haushaltssprecher CDU/CSU-Fraktion. H.: Musik, Trompete, Boxen, Sport, Literaturwiss. (Re)

Autem Bénèdicte Dipl.-Bw.
B.: Niederlassungsleiterin. FN.: Manpower GmbH Personaldienstleistungen. DA.: 35398 Giessen, Friedrich-List-Str. 1. autembenedicte@manpower.de. www.manpower.de. G.: Valenciennes/F, 29. Dez. 1969. S.: 1987 Abitur, 1987-89 Stud. Bw. Univ. Valenciennes/F, 1989 Stud. Bw. Univ. Bielefeld, 1990-92 Stud. BWL Univ. Bielefeld m. Abschluß Dipl.-Bw., 1992 Stud. dreisprachige Verhandlungen im Außenhandel Univ. Valenciennes/F. K.: 1993-95 tätig im Vertrieb in Frankreich u. Deutschland d. Firma Otto Kessler-Handschuhherstellung, 1995-98 tätig im Vertrieb d. Firma Modevertrieb in Wetlar u. d. Firma Haka in Deutschland u. Spanien, 1998-2000 Abteilungsleiterin d. Firma Manpower GmbH in Giessen u. seit 2000 Niederlassungsleiterin. P.: Berichte in d. örtl. Presse. H.: Sport, Reisen.

Autenrieth Dieter *)

Autenrieth Norbert Hermann Josef Dr. *)

Autenrieth Thomas
B.: Dipl.-Informatiker FH, Gschf. Ges. FN.: Brain at Work GmbH. DA.: 88299 Leutkirch, Bahnhofstr. 21. G.: Isny, 22. März 1968. V.: Renate, geb. Hofer. Ki.: Felix (1995), Jonas u. Julia (1997). S.: 1987 Abitur in Isny, Zivildienst, anschl. Stud. an d. FH Furtwangen, Fachbereich Medieninformatik, 1994 Abschluss Dipl. K.: zunächst selbständig als Freelancer in d. Bereich Grafik-Design u. Konzeption f. interaktive Medien b. Agenturen u. Industrieunternehmen, währenddessen erfolgreiche Mitarb. an Projekten w. Pro-7, Spiele CD-Rom, ISDN-Katalog, Gelbe Seiten, Internet-Auftritt, 1997 Grdg. d. Brain at Work GmbH in Leutkirch, Hauptgeschäft sind Internet-Präsentationen u. Unternehmen, Kommune u. öffentl. Einrichtungen, zuständig f. Datenbank geschützte Anwendungen m. Schwerpunkt Design. H.: Kinder, Familie, Musik.

Auth Frank Dipl.-Kfm. *)

Auth Oliver C.
B.: RA u. Steuerberater, Gschf. FN.: ASK Steuerberatungs GmbH. DA.: 40549 Düsseldorf, Heerdter Landstr. 141. PA.: 40668 Meerbusch, Asternstr. 12. S.: 1983 Abitur, 1984-85 Bundeswehr, 1985-88 Lehre u. Praktikum Wirtschaftsprüf.-Kzl. H. K. Ginsterblum u. später Seniorpartner, 1993 Prädikatsexamen, 1994-96 Referendariat LG Düsseldorf, 1996 2.

Staatsexamen u. Zulassung z. RA. K.: seit 1997 Gschf. d. ASK Steuerberatungs GmbH Düsseldorf, 1998 Steuerberaterprüf., 1999 Bestellung z. Steuerberater. F.: GSW GmbH Wirtschaftsprüf.-Ges. Düsseldorf

Autzen Rainer Dr.-Ing. *)

Avcu Mustafa

B.: Gschf. FN.: Reise Center Elif. DA.: 42109 Wuppertal, Weinberg 107. avcu.m.oe@kdt.de. G.: Marktoberdorf, 24. Mai 1970. V.: Sule, geb. Demir. Ki.: Ruki (1997), Turna (1998). El.: Haydar u. Alife. S.: 1986-90 Hauptsch. Energieanlagenelektroniker Firma Siemens. K.: 1990-92 Ang. d. Firma Siemens, 1992-93 Höhere Berufsfachschule f. Hotel- u. Gaststättengewerbe in Dortmund m. Abschluß, Ausbild. Hotelfachmann in Düsseldorf, Ausbild. z. Reiseverkehrskfm. in d. Firma TUI, b. 1997 tätig im Urlaubscenter u. Weiterbild. bei Istambul-Air-Lines, seit 1997 selbst. Reiseverkehrskfm. in Wuppertal. M.: Bürgerver. Uellendahl. H.: Sport, Squash, Musik.

Avenhaus Rudolf Dr. rer. nat. Prof.
B.: Univ.-Prof. DA.: 85579 Neubiberg, Werner-Heisenberg-Weg 39. PA.: 85598 Baldham, Mozartring 17A. G.: Zwickau/Sachsen, 6. Aug. 1938. V.: Ingeborg, geb. Abb. Ki.: Wolfgang, Silke. El.: Wilhelm u. Marianne, geb. Wehnert. S.: 1958 Abitur Landshut, Stud. Ludwig-Maximilians-Univ. München, 1964 Dipl. f. theoret. Physik, 1967 Prom. K.: 1967-68 Ass. an d. TH Karlsruhe, 1J. Ass. Univ. Genf, 1967-68 Kernforschungszentrum Karlsruhe als wiss. Mitarb., später Abt.-Ltr. bis 1980, 1973-75 Intern. Inst. f. angew. Systemanalyse IIASA Laxenburg b. Wien, 1975 Habil. aus d. Fach Statistik Univ. Mannheim, seit 1979 Univ. Bw. München, dort 1989-90 Dekan d. Fak. f. Informatik, 1993-94 Vizepräs. d. Univ. Bw., 1993 amtierender Präs. d. Univ. Bw., Gastvorlesungen in Sao Paulo/Brasilien. P.: ca. 90 Publ., Bücher: Material Accountability, Safeguards System Analysis. E.: 1980 Océ van der Grinten Preis. M.: Dt. Statist. Ges., Kerntechn. Ges. H.: Musik, Bergwandern, Skifahren, Garten. (O.v.K.)

Averbeck Theodor *)

Averdank Rüttger Dr. Prof.
B.: Chefarzt. FN.: Auguste Viktoria KH. DA.: 12157 Berlin, Rubensstr. 125. G.: Repeln, 16. Jan. 1936. V.: Dr. Therisia, geb. Jungwith. Ki.: Christa (1976), Renate (1979). S.: 1957 Abitur, 1959 Physikum Würzburg, 1963 1. Staatsexamen u. Prom., 1971 Habil. Priv.-Doz. K.: 1965 wiss. Ass. am Klinikum Steglitz, 1968 wiss. OAss., 1972-73 Ass.-Prof. an d. Duke Univ. North Carolinet, 1974-78 am klin. Inst. f. Biochemie d. FU Berlin, b. 1982 OA im Klinikum Westend, 1982-86 am Klinikum Steglitz, 1986 ärztl. Ltr. d. Labors in Tabuk/Saudi Arabien, seit 1987 Chefarzt d. Auguste Viktoria KH Abt. Labormed., seit 1989 ärztl. Ltr. P.: zahlr. Veröff. u. Publ. auf d. Gebiet Blutgerinnung, Imunologie u. Labormed. M.: div. Fachges. H.: Jagd, Imkerei.

Averdung Johannes *)

Averkamp Ludwig Dr. theol. *)

*) Biographie www.whoiswho-verlag.ch oder beigefügte CD-ROM

Averkamp Werner Dipl.-oec.

B.: Gschf. FN.: RTG / Unternehmensberatung GmbH. DA.: 42103 Wuppertal, Wall 39. G.: 17. Jän. 1961. V.: Gisela, geb. Demming. Ki.: Dorothee (1992), Jutta (1994). S.: Ausbild. Groß- u. Außenhdl.-Kfm., 1982-88 Studium Wirtschaftswiss. Univ. Wuppertal, 1988 Dipl.-oec. K.: 1988 Projektltr. Einführung v. Logistk-Controlling b. der Firma Wilo GmbH & Co in Dortmund, 1992 Unternehmensberater b. der RTG/Rinke Treuhand GmbH, seit 1994 Gschf. d. RTG / Unternehmensberatung GmbH, Schwerpunkte: a) Mittelstandsberatung (Steuerung, Sanierung, Wachstum), Kommunalberatung (Gebäudemanagement, Benchmarking, Fit f. d. Wettbewerb). P.: Benchmarking in d. Abwasserwirtschaft, Externes Controlling in kleineren Unternehmen d. Mittelstandes. M.: Wirtschaftsjunioren. H.: Bergwandern, Laufen, Skifahren.

Avgerinos Stavros

B.: Zahnarzt. DA.: 46119 Oberhausen, Buschstr. 3. G.: Alexandroupolis/GR, 1. Mai 1970. V.: Emilia Avgerinou. El.: Dimitrios u. Theodora. S.: 1985-87 1. Griech. Lyceum in Thessaloniki, 1987-88 Panhellenische Univ.-Aufnahmeprüf. in d. Fächern Biologie, Chemie, Physik u. griech. Philol. in Athen, 1988-90 Stud. Biologie an d. Aristotels Univ. in Thessaloniki b. z. Vordipl., 1990-95 Stud. Zahnheilkunde an d. Univ. Würzburg, 1995 Staatsexamen, 1995 Approb. als Zahnarzt. K.: 1995-98 Ass.-Zeit als Zahnarzt, seit 1999 eigene Praxis in Oberhausen. P.: Erstellung eines dt.-griech./griech.-dt. Dentalwörterbuches. E.: 1993-95 Studentensprecher d. zahnärztl. Fak. d. Univ. Würzburg. M.: seit 1992 Freier Verb. Dt. Zahnärzte, seit 1996 Dt. Ges. f. Zahnärztl. Implantologie (DGZI), seit 1999 Deutsch-Hellenische-Wirtschaftsvereinigung DHW. H.: Olympiakos Piräus, Börse. Sprachen: Englisch, Französisch, Griechisch.

Avilés Miguel Angel

B.: ndlg. Physiotherapeut, Inh. FN.: Physiotherapie M. Avilés. DA.: 04103 Leipzig, Talstr. 34. G.: Managua/Nicaragua, 11. Dez. 1959. V.: Silvia Wege. Ki.: Marcus (1982). El.: Miguel Angel Avilés u. Consuelo Salmeron de Avilés. S.: 1977 Abitur, 1981 Trainerlehrgang BHfK Leipzig, 1984-89 Stud. Vet.-Med. Univ. Leipzig, Dipl. K.: 1992-94 Ausbild. z. Physiotherapeuten, 1994-98 ang. Physiotherapeut in Leipzig, seit 1998 Gründer u. Inh. d. o.g. Praxis f. Krankengymnastik, manuelle Therapie, Elektrotherapie, Moorpackungen usw. M.: Ges. f. Manuelle Therapie. H.: Sport, Sprachen.

Avramidis Ioanis Dr. Ing.

B.: Verfahrenstechniker. DA.: 59192 Bergkamen, Marie-Curie-Str. 5. G.: Griechenland, 17. Dez. 1960. El.: Stilianos u. Georgia, geb. Pavlidis. S.: 1978 Abitur Griechenland, 1978 Stud. Med., 1979-86 Stud. Verfahrenstechnik m. Abschluß Dipl.-Ing., 1986-92 Prom. K.: 1992-97 Entwicklungsltr. im Bereich KWK, seit 1997 selbst. im Bereich Natursteine, techn. Berater f. Energiefragen, tätig im Bereich Energiedeckung d. Werkes in Griechenland. M.: Präs. d. griech. Gem. in Dortmund, Lions Club, Tennisclub. H.: Musik, Tennis.

Awad Elke *)

Awakemian Manuel Dr. *)

Axel Michael *)

Axelrad Karen *)

Axen Iven *)

Axen Peter Dipl.-Ing. *)

Axenfeld Christian

B.: Designer, Inh. FN.: Axenfeld Produkt Design. DA.: 22926 Ahrensburg, Hinterm Vogelherd 85. mail@axenfeld.de. G.: Berlin, 16. Nov. 1962. V.: Stefanie, geb. Pollähne. Ki.: Katharina, Jessica. El.: Dieter u. Brigitte. BV.: Theodor - Botschafter a.D. in Nigeria u. Moskau. S.: 1982 Abitur, 1982-84 Stud. Maschinenbau FH Lübeck, 1985-90 Stud. Ind.-Design Muthesiusschule Kiel. K.: s. 1990 selbst. Ind.-Designer. P.: Dipl.-Arb.: "Der Sandwolf". E.: 2. Preis f. Design for Disabled People. M.: Wirtschaftsjunioren, JCI. H.: Surfen, Segeln, Skifahren, Musik.

Axford William Ian Dr. Prof.

B.: em. Dir., Physiker. FN.: Max Planck-Inst. f. Aeronomie. DA.: 37191 Katlenburg-Lindau, Max Planck-Str. 2. PA.: Napier/Neuseeland, 2 Gladstone Rd. G.: Dannevirke/Neuseeland, 2. Jan. 1933. V.: Catherine Joy, geb. Lowry. K.: Paul, Suzanne, Linda, Robert. El.: John Edgar u. May Victoria. S.: 1957 M.E. u. M.Sc., Canterbury Univ. Neuseeland, 1960 Ph.D. Manchester Univ., 1959-60 Univ. of Cambridge. K.: 1960-62 Defence Research Board Ottawa, 1963-67 Cornell Univ. Ithaca, Assoc. Prof., Prof. Astronomie, 1967-74 Prof. f. Physik u. Angew. Physik Univ. of California at San Diego La Jolla, 1974-82 Dir. Max Planck-Inst. f. Aeronomie Lindau, 1982-85 Vice-Chancellor Victoria Univ. Wellington Neuseeland, 1985-2001 Dir. MPI f. Aeronomie Lindau. P.: ca. 250 Veröff. M.: COSPAR, SCOSTEP, IAU, AGU, RAS, EGS.

Axler Ingeborg

B.: RA, Fachanwältin f. Arbeitsrecht, selbständig. DA.: 50676 Köln, Balduinstr. 7. G.: Bonn, 1. Nov. 1957. El.: Heinrich Schlitzer u. Hedwig, geb. Brandt. S.: 1976 Abitur, 1976-82 Stud. Rechtswiss., 1985 2. Staatsexamen. K.: 1985-90 Ang. d. Rechtsabteilung d. Aachener-Münchener Vers. in Aachen, 1990 Zulassung z. RA in Köln, 1993-2000 Gschf. d. Verb. Ang. Akademiker d. Chem. Ind., seit 1997 Fachanwältin f. Arbeitsrecht, 1999 Eröff. d. Kzl. u. Fachanwältin f. Arbeitsrecht in Köln. M.:

*) Biographie www.whoiswho-verlag.ch oder beigefügte CD-ROM

Dt. Anwaltsverein, Kynologische Arbeitsgemeinschaft, Ges. f. Haustierforschung. H.: Hund, Mann, Tennis, Skifahren, Garten, Kochen.

Axmann Artur *)

Axmann Hans Dr. h.c.
B.: Regierungsschuldir. i.R., Senior-Experte Sport- u. Osteur. PA.: 91522 Ansbach, Eichendorffstr. 2c. G.: Tachau, 8. Juli 1922. V.: Wilma, geb. Ego. Ki.: Karin. El.: Albert u. Steffi. S.: 1941 Abitur, Stud. Päd. K.: bis 1963 Lehrer, danach Schulaufsicht, 1966 Gastvorlesungen Univ. Mainz, 1979 Lehrgang UNESCO, 1980 Brasilien, Leichtathletiklehrer, DLV-Regelkmsn., 1968 stellv. Vors. Bayer. LV u. DLV, OK Olympiade München, 1970-95 Breitensport im DLV-Präs., DSB, Dt. Sportkonf., Komiteemtgl. IAAF, z.Z. Hon.Präs. Europ. Sen.Verb. u. Lifetime-VP World Assoc. of Vet. Athl. P.: zahlr. Veröff. E.: 1992 BVK I, 1993 DLV Ehrenring, 1993 Doktor honoris causa H.: Malen, Musik, Sport.

Axmann Heiner Dipl.-Ing. *)

Axmann Lutz Dipl.-Ing. *)

Axmann Norbert Dipl.-Ing.
B.: Gschf. Ges. u. Präs. FN.: Axmann Fördertechnik GmbH. DA.: 74889 Sinsheim, Unter Au 4. PA.: 74889 Sinsheim-Hoffenheim, Am Ring 65. norbert.axmann@axmann.com. www. axmann.com. G.: Essen, 21. Feb. 1942. V.: Ilse, geb. Simon. Ki.: Christiane (1969), Jan (1970). El.: Johann u. Maria, geb. Bolle. S.: 1956-59 Lehre Betriebsschlosser, 1960 Ausbild. staatl. geprüfter Techniker f. Maschinenbau, 1960-61 FHS-Reife 2. Bild.-Weg, 1962-65 Stud. Verfahrenstechnik FH f. Ing.-Wesen Essen. K.: 1965-67 tätig in Kanada u. d. USA, 1967 Ing. d. Firma Stöhr Förderanlagen in Offenbach, 1971-73 Konstruktionsltr. d. Firma Gebhardt GmbH in Sinsheim, seit 1973 selbst. m. eigenem Ing.-Büro gemeinsam m. d. Ehefrau m. Schwerpunkt Entwicklung u. Fabrikation fördertechn. Geräte u. Anlagen, 1981 Grdg. d. eigenen Fertigung, 1991 Grdg. d. Firma Axmann Fördersysteme GmbH in Zwenkau, 1996 Grdg. u. seither Präs. d. Axmann Conveying Systems Inc. in Indiana/USA. BL.: 40 Patente, Entwicklung u. teilw. weltweit im Einsatz u.a.: 1990 Winkelförderband, 1995 Gurtkurven, 1997 Querbandzieher. P.: "Handbuch f. Materialflußtechnik - Stückgutförderer" (1993), "Unternehmer - 60 Abenteuer unserer Zeit" (1999). M.: zahlr. lokale Ver. u. Verbände. H.: Golf, Schreiben.

Axmann Wolfdietrich E.

B.: RA. FN.: Axmann & Buri. DA.: 21035 Hamburg, Fleetpl. 7. raax@rechtsanwalt-ab.de. www.rechtsanwalt-ab.de. G.: Hamburg, 20. Juni 1967. V.: Sylvia, geb. Kappen. El.: Dr. Hans-Günter u. Elke, geb. Bolzmann. S.: 1985 Abitur, 1986-93 Stud. Rechtswiss. Univ. Hamburg, 1. Staatsexamen, 1993-98 Referendariat u.a.: Ripke & Güldner-Förstermann, 2. Staatsexamen. K.: seit 1999 Einzelanw., s. 2000 selbst. in Kzl. Axmann & Buri. M.: Ak. Ruderverbindung Alania. H.: Rudern, Computer, Reiten, Golf.

Axt-Manz D. Dr. med.
B.: Ärztin f. Chir. u. Gefäßchir. FN.: Praxiszentrum für Gefässkrankheiten. DA.: 60322 Frankfurt, Adickesallee 51-53. G.: Mainz, 2. Okt. 1959. V.: Dr. med. Peter Manz. Ki.: Bastian (1989). S.: 1977 Abitur, 1978-84 Stud. Med. 1984 Electiveperiod Kanada, 1985-96 Ausbild. Urologie, Chir. u. Gefäßchir. Univ.-Klinik Marburg u. Dortmund. K.: 1996 Eröff. d. Praxis u. Aufbau d. klin. Sektion in Frankfurt m. Schwerpunkt Noninvasive u. invasive Diagnostik, operative Therapie v. Gefäßerkrankungen wie Verschlußprozesse. M.: Dt. Ges. f. Chir. u. Gefäßchir. H.: Reiten.

Axt-Piscalar Christine Dr. Prof.

B.: Univ.-Prof. f. Systemat. Theol. an d. Univ. Göttingen, Ltr. FN.: Institutum Lutheranum Georg-August-Univ. Göttingen. DA.: 37073 Göttingen, Platz der Göttinger Sieben 2. caxt@gwdg.de. G.: Stadecken, 12. Juni 1959. Ki.: Konstantin (1990). El.: Friedrich u. Martha Axt, geb. Mengel. S.: 1977 Abitur in Mainz, 1977 Stud. Ev. Theol. f. d. Pfarramt, Philos., Latein in Mainz u. München, 1984 1. Theol. Examen. K.: 1984-94 wiss. Mitarb. am Inst. f. Fundamentaltheol. u. Ökumene in München, 1989/90 Prom., 1993 Habil., 1996 Ordination z. geistl. Amt in d. Ev.-Luth. Kirche in Bayern, 1997 Ordinaria f. Systemat. Theol. an d. Univ. in Basel, seit 2000 Univ.-Prof. f. Systemat. Theol. an d. Univ. in Göttingen. P.: Monographien: Der Grund d. Glaubens. Eine theologiegeschichtl. Untersuchung z. Verhältnis v. Trinität u. Glaube in d. Theol. I.A. Dorners (1990), Ohnmächtige Freiheit. Studien z. Verhältnis v. Subjektivität u. Sünde b. Tholuck, Julius Müller, Schleiermacher u. Kierkegaard (1996). M.: o.Mtgl. d. Académie Intern. des sciences religieuses, Kammer f. Theol. d. Ev. Kirche in Deutschland, Ökumen. Arbeitskreis ev. u. kath. Theologen (ÖAK), Wiss. Ges. f. Theol., Mithrsg. v. Kerygma u. Dogma, Mithrsg. d. ThZ. H.: Kunst, Arch.

Axtmann Heinz *)

Ay Karl-Ludwig Dr. phil.
B.: Ang. FN.: Bayer. Ak. d. Wiss. DA.: 80539 München, Marstallpl. 8. PA.: 82178 Puchheim, Lochhauser Str. 82. G.: Reichenbach, 22. Nov. 1940. V.: Margrit, geb. Heinisch. Ki.: Judith. El.: Dr. Kurt u. Käthe. S.: 1961 Abitur, Stud. in München, 1967 Dr. phil. K.: seit 1968 Mitarb. d. Bayer. Ak. d. Wiss., seit 1982 Red. d. Max-Weber-Gesamtausgabe. P.: Die Entstehung einer Revolution. Die Volksstimmung in Bayern während d. 1. Weltkrieges (1968), Altbayern bis 1180 (1977), Altbayern von 1180-1550 (1974), Land u. Fürst im alten Bayern. 16.-18.Jhdt. (1988), zahlr. Aufsätze in div. Zeitschriften u. Sammelbänden.

Ay Kristina
B.: Dir. FN.: Deutsche Bank 24 Filiale Zittau. DA.: 02763 Zittau, Bautzner Str. 20. G.: 30. Nov. 1944. V.: Wieland Ay. Ki.: Torsten (1966), Björn (1974). S.: 1963-68 Stud. an d. Fachschule f. Finanzwirtschaft in Gotha, Abschluss als Finanzökonom. K.: 1968-75 Arbeit b. Lautex in versch. kfm. Bereichen, 1975-81 kfm. Ltr. b. Lautex BT Leutersdorf, 1974-79 Fernstud. an d. TU Dresden, Abschluss als Dipl.-Ing. Ökonom, 1981-90 Filialleiterin b. d. Staatsbank d. DDR Filiale Zittau, seit 1990 Dir. d. Dt. Bank AG Filiale Zittau, 1992-96 umfangreiche Weiterbildung b. d. Dt. Bank 24 seit 2000 Dir. d. Dt. Bank 24 Filiale Zittau, seit 2001 zusätzl. Dir. d. Dt. Bank 24 Filiale Löbau. M.: 1991-2001 ehrenamtl. Vors. d. Johanniter Unfallhilfe e.V., Beiratsmtgl. b. Haus-, Wohnungs- u. Grundeigentümer e.V. in Zittau, Förderverein d. HS Zittau/Görlitz e.V., Vorst.-Mtgl. d. Förderzentrums kooperative Ingenieursausbildung e.V. Zittau.

---

*) Biographie www.whoiswho-verlag.ch oder beigefügte CD-ROM

Ayass

Ayass Walter *)

Aydin Atila *)

Aydin Ayhan
B.: Gschf. FN.: Afrodite-Hair & Beauty Center. DA.: 10713 Berlin, Hohenzollerndamm 187. PA.: 10713 Berlin, Sigmaringer Str. 18. info@afrodite-center.de. www.afrodite-center.de. G.: Berlin, 17. Mai 1972. V.: Ebru, geb. Günay. El.: Omer u. Nezahat. S.: 1986-90 Leibniz-Gymn., 1990 kfm. Lehrgang, 1990 Hotelfachmann Concept-Hotel, 1994 Hotelfachmannprüf. K.: 1994 tätig im Restaurant-Schiff Grand Hotel Esplanade, 1994 Gschf. d. Tennisclub Grunewald, 1995 Eröff. d. Afrodite Kosmetik-Inst., ab 1996 zusätzl. Friseur-Bereich. P.: regelm. Teilnahme i. türk. u. dt. Fernsehen v. Berlin TD1 (seit 1995), div. TV- u. Presseberichterstattungen. E.: Rettungsschwimmer, Zertifikat f. Kosmetik als Gesundheitsvorsorge, Certifikat of Promotion, Vertriebsltr. (Supervisor) bei Hughes & Thompson, Zertifikat d. IHK "Werbung und Marketing", Titel des "Anerkannten Beraters für Deutschen Wein", Zertifikat "Festlichkeiten und Sonderveranstaltungen", 2000 Gewinner des PR-OSKARS "Pegasus" (Promotion-Auszeichnung). M.: Vorst. d. Gewerbegemeinschaft Brunnenviertel Berlin. H.: Schwimmen, Gitarre spielen, Musik, Computer.

Aydin Aykal

B.: Gastronom. FN.: Debakel. DA.: 30451 Hannover, Limmerstraße 92. G. Amasya/Türkei, 27. Dez. 1968. V.: Kerstin Schmücker. S.: Fremdspracheninternat Bornova-Anadolu-Lisesi in Izmir/Türkei 1984-86, Rückkehr nach Deutschland, Tischlerlehre b. Firma Hartmann in Berenbostel. K.: 1989 Pizzafahrer u. -bäcker, Kellner in div. Restaurants, 1993 Kauf einer Änderungsschneiderei, 2000 Übernahme d. Debakel in Linden.

Aydin Ebru
B.: Beauty-Spezialistin, Epilation-Spezialistin, Nagelmodellistin, Visagistin, Permanent Make-up Artist. FN.: Afrodite Hair & Beauty Center. DA.: 10713 Berlin, Hohenzollerndamm 187. PA.: 10713 Berlin, Sigmaringer Str. 18. info@afrodite-center.de. www.afrodite-center.de. G.: Trabzon/Türkei, 6. Mai 1971. V.: Ayhan Aydin. El.: Mustafa u. Suna. S.: 1987 Lehre Fachkosmeikerin u. Epilation. K.: 1988-92 Fachkosmetikerin in einem Kosmetik Inst. in Istanbul, 1990-91 Berufsfachschule f. Schönheit in Istanbul, 1994-95 Fachkosmetikerin u. Epilationsspezialistin in e. Berliner Kosmetik-Insitut, seit 1996 selbst. P.: Veröff. in Publikumszeitschriften, Titelseite d. Zeitschrift "Merhaba" u. im Fernsehen. E.: 1997 3. Pl. b. Make-up-Wettbewerb Karnelval in Rio, 1998 1. Pl. d. Dt. Meisterschaft in Braut-Make-Up.

Aydogmus Hasan Celal
B.: Gschf. Ges. FN.: PLÄRRER-Reisen GmbH. DA.: 90443 Nürnberg, Gostenhofer Hauptstr. 27. hasan@urlauber.com. www.urlauber.com. G.: Malatya/Türkei, 1. Aug. 1954. V.: Tülin, geb. Erdogdu. Ki.: Cemil (1979), Safak (1986). El.: Mehmet u. Sultan. S.: 1973 Abitur Türkei, 1975-76 Stud. Vw. in Wien, 1983-86 Stud. Staatswiss., Soz. u. Politologie Univ. Erlangen. K.: 1986-88 Bauwirtschaft u. Taxifahrer, seit 1988 selbst. m. Plärrer-Reisen. 5 Ndlg. P.: Veröff. f. eine monatl.

erscheinende türk. Kulturpubl., Übersetzungen v. Reportagen aus dt. Medien ins türk. H.: Lesen, Theater, Kino, Fußball, Schwimmen, Tischtennis, Radfahren.

Ayen Hermann Dr.

B.: Gschf., Inst.-Ltr. FN.: ISW Inst. f. Sprachen u. Wirtschaft GmbH. DA.: 79098 Freiburg, Salzstr. 12-16. info@isw-freiburg.de. www.isw-freiburg.de. G.: Schwäbisch Hall, 20. Sep. 1945. V.: Katarina, geb. Klett. Ki.: Konrad, Almut, Ferdinand, Georg. El.: Hermann u. Erika, geb. Hofmann. BV.: Urvorfahren väterlicherseits stammen aus Frankreich. S.: 1967 Abitur München, Stud. Kommunikationstherapie u. Publizistik m. Abschluss München u. Salzburg, Prom., Stud. Wirtschaftswiss. St. Gallen/Schweiz m. Abschluss Lizentiat. K.: Ass. eines Bundestagsabg. d. FDP, Ass. d. Geschäftsfg. v. Heinrich Hermann GmbH Stuttgart, dann A.T. Kearny Unternehmensberatung in Düsseldorf u. USA u. europaweit, 1988 Grdg. d. ISW Freiburg. P.: Hrsg. v. eigenen Büchern über Theatermarketing, Kunstmarketing, Museumsmarketing, Kultur. M.: Vorst. d. Birklehof-Schule in Hinterzarten, Kulturpolit. Ver. in Bonn. H.: Literatur, freie Natur, Theater, Musik, Reisen.

Ayer Frederick William
B.: Künstler, Schriftsteller, Dichter. DA.: 89073 Ulm, Hafeng. 19. G.: Monterey/USA, 15. Juli 1943. S.: 1960 Stud. Politikwis. Loyola Univ. Chicago, 1961 Stud. Rechtswiss. Gray's Inn London, 1962-65 Stud. Rechtswiss. Univ. College Cambridge, 1968 Stud. Columbia Univ. 1979 Stipendium. K.: 1966-68 RA in London, 1969 US-Army, 1972 Gleichstellungsbeauftragter d. US-Army, 1976 freier Künstler, 1980 Köln, 1981 Heroldstatt, 1984 Gastdoz. Univ. Essen, 1989 Gastdoz. Univ. Hamburg, Stadtprof. Banff Centre School of Fine Arts, 1990-91 Artist-in-Residence Leopold Hoesch Museum Düren, 1991-93 Gastdoz. Univ. Ulm, seit 1991 Resident Artist Galerie im Kornhauskeller u. Pro Arte Ulmer Kunststiftung, 1992 Kunststiftung CAIXA Barcelona, 1993 Artist-in-Residence Mus. Werkstatt d. Univ. Ulm, Einzelausstellungen u.a. Live the Dream Let Freedom Ring in Ulm, Wien, Waldbronn u. Karlsruhe (1988), Peace Exhibition in Laichingen u. Heroldstatt (1989), Homage to Charlie Parker jr. (BIRD) München (1991), Evidence of Things Not Seen - Die Augenfälligkeit d. Unsichtbaren in Ulm (1992), div. intern. Einzel- u. Gruppenausstellungen. BL.: 1972 Grdg. NAACP. P.: Woman at Apocalypse (1981), Mother of Every Woman (1992). E.: Peace Award-Ulmer Gulden 1988 u. 1990, Honorable Mention Award from World of Poetry Sacramento 1989 u. 1990 u. Winner, Golden Poet Award 1989 Washington, 1990 Las Vegas. M.: Kunstver. Ulm e.V., Künstlergilde Ulm, Ulmer Museum, African-American Museum, Assoc. Washington D.C., Dt. Schriftstellerverb. Stuttgart, Member at Large d. NAACP, IAPMA. H.: Blues, Jazz. (D.S.)

Aygün Mehmet
B.: Gastronom, Inh. FN.: Restaurants HASIR. DA.: 10999 Berlin, Adalbertstr. 10. info@hasir.de. G.: Giresun/Türkei, 20. März 1956. V.: Emine. Ki.: Aytac (1987), Aybas (1998). El.: Hussein u. Hatun. S.: Wirtschaftsgymn. Giresun. K.: während d. Schulzeit selbst. tätig in d. Gastronomie, 1967-71 tätig in d. Gastronomie u. im Einzelhdl., 1974-78 tätig im Restaurant d.

---

*) Biographie www.whoiswho-verlag.ch oder beigefügte CD-ROM

Ayran Ekrem Dipl.-Ing.

Aytulun Ahmet Cumhur

Onkels in Berlin, seit 1978 selbst. m. Eröff. d. 1. türk. Restaurants in Berlin, Eröff. v. 4 weiteren Restaurants in Berlin, 1990 zusätzl. Eröff. v. 2 Tankstellen in Berlin. E.: gilt als Geheimtipp in allen Hauptstadtmagazinen, sportl. Erfolge m. türk. Fußballver. M.: stellv. Vors. d. türk.-dt. Unternehmervereinig. Berlin-Brandenburg, Präsident d. türk. Fußballver., türk. Moschee-Ver. in Giresun, Vors. d. Fußballver. Kocaelispor. H.: Urlaub, Fußball, Golf.

B.: Gschf. FN.: Ayran Konstruktionstechnik. DA.: 90411 Nürnberg, Neumeyerstr. 90. G.: Tosya/Türkei, 10. Nov. 1968. V.: Özlem, geb. Akin. El.: Ahmet u. Emine. S.: Fachabitur, 1989-93 Stud. Luft- u. Raumfahrttechnik in Aachen. K.: Praktikum während d. Studiums Firma Aero-Dienst (Flughafen) Nürnberg, Reparatur u. Wartung v. Learjets u. Bell-Helikopters, europaweite Tätigkeit, 1993-94 Dipl.-Ing. in Nürnberger Ing.-Büro, seit 1996 selbst. m. eigenem Ing.-Büro f. Konstruktionstechnik. F.: Filiale in Coburg Ayran Konstruktionstechnik. M.: Aero Club Nürnberg. H.: Fliegerei, Reisen, Musik.

B.: Gschf. FN.: SeS media & communications GmbH. DA.: 50968 Köln, Bonner Str. 211. cumhur.aytulun@sesmc.de. www.sesmc.de. G.: Gelibolu/Türkei, 29. Okt. 1953. El.: Ziya u. Betül. S.: 1972 Abitur Franz. Gymn. Istanbul, 1972-78 Amerikan. Univ. in Ankara, Stud. d. Wirtschaftswiss. mit Abschluß Dipl. oec. K.: 1984-86 versch. Tätigkeiten in deutschen Medien, 1986-88 Hrsg. d. türk. Monatszeitschrift "Göcmen" (Emigrant) Hamburg, 1989-91 Hrsg. d. deutsch/türkischen Monatszeitschrift "KIRPI" (Igel) Essen, 1991-97 Hrsg. d. türk. Monatszeitung "RUHR POSTASI", 1997 Grdg. d. SeS media & communications GmbH. M.: Gründer u. Vorst. d. Türk. Gemeinde in Essen, Grdgs.-Mtgl. d. Türk. Gemeinde in Deutschland, langj. Vorst.-Mtgl. d. Dokumentationszentrums über türk. Immigranten (DOMIT). H.: Kino, Reisen.

Azari-Pur Huschang Dipl.-Psychologe *)

Aziz Nathan *)

Aziz Omar Dr. med. Prof. *)

Azizi Ahmad

B.: Botschafter. FN.: Botschaft d. Islam. Rep. Iran. DA.: 14195 Berlin, Podbielskiallee 65-67. G.: Ghazwin, 1943. V.: verh. Ki.: 4 Kinder. S.: Hdls.- u. Verw.-HS Teheran, Abschluß: B.Sc., Mag. im Verw.-Wesen d. Gesundheitsfürsorge George Washington Univ. in Washington D.C./USA. K.: 1979 Mtgl. d. 1. FührungsR. v. Rundfunk u. Fernsehen d. Islam. Rep. Iran, 1978-80 Ltr. d. Zentralen Nachrichtenabt. u. d. Intern. Angelegenheiten v. Rundfunk u. Fernsehen d. Islam. Rep. Iran, 1981 Stellv. d. Außenmin. in wirtschaftl. u. intern. Angelegenheiten, 1981-84 1. Vize-Außenmin., 1984-92 Parlamentsabg., 1984-86 Vors. d. Auswärtigen Aussch. d. Islam. Ratsversammlung, 1984-85 Vertreter d. Legislative im FührungsR. d. Rundfunk u. Fernsehen d. Islam. Rep. Iran, 1984-92 Mtgl. d. ExekutivR. d. Parlamentar. Gruppe d. Islam. Rep. Iran, Mtgl. d. Internparlamentar. Union, 1988 Mtgl. d. Parlamentspräsidiums, Gen.-Sekr. d. Parlamentar. Gruppe, Mtg. d. Interparlamentar. Union (1988-89) u. Ltr. zahlr. Parlamentsdelegationen b. d. intern. Konferenzen d. Interparlamentar. Union, 1988 Mtgl. d. Obersten Rates d. Nachrichtenagentur d. Islam. Rep. Iran, 1992-97 Sekr. d. Auswärtigen Aussch. d. Nationalen SicherheitsR., seit 1997 Boschafter in Deutschland. P.: Aufsätze über d. Außenpolitik d. iran. Presse, Übersetzung d. Buches "In the Arena".

Aztekin Erkan *)

Azzalin Renato *)

Azzaro Ramona *)

Azzola Friedrich Karl Dr. *)

B.-Welzel Marianne Dipl.-Ing.

B.: Architektin. FN.: Linie 7 Arch. u. Gestaltung. DA.: 32051 Herford, Auf der Höhe 3B. G.: 31. Juli 1963. V.: Robert Maria Welzel. El.: Felix u. Elsbeth. S.: 1983 Abitur, 1984-89 Arch.-Stud., Dipl.-Ing. K.: 1989-94 Tätigkeit im Beruf, 1995 Grdg. eines eigenen Arch.-Büros, 1998 Verlagerung u. Vergrößerung d. Büros an jetzigen Standort. H.: Haus, Garten, Natur, Literatur.

Baack Clemens Dr. Prof. *)

Baack Werner

B.: Friseurmeister, Alleininh. FN.: Hair Corner. DA.: 30938 Burgwedel, Von-Alten-Str. 23a. G.: Landsatz, 3. März 1948. V.: Birgit Helmholt. Ki.: 2 Ki.. S.: 1963 -66 Lehre Friseur in Dannenberg, 1969-71 Bundeswehr, anschl. ang. Friseur in Berlin, 19975-76 Meisterschule Berlin, seit 1976 Friseurmeister, ab 1977 selbst. Friseurmeister in Burgwedel. M.: Friseurinnung Burgdorf, Burgwedeler Interessengemeinschaft, Jagdreitver. Wedemark (Meutever.). H.: Pferdesport, Radfahren.

---

*) Biographie www.whoiswho-verlag.ch oder beigefügte CD-ROM

Baacke Dieter Dr. Prof. *)

Baacke Jürgen Dr. Prof.
B.: Prof. f. Theor. Physik. FN.: Univ. Dortmund. PA.: 44139 Dortmund , Sonnenstr. 128. G.: Erfurt, 3. Juni 1942. S.: 1968 Prom. K.: 1973 Habil., seit 1973 Prof. Univ. Dortmund. H.: Musik.

Baade Gerhard *)

Baaden Franz Dr. jur. *)

Baader Dieter *)

Baader Rudolf Fr. Dipl.-Kfm. *)

Baader Winfried J. *)

Baak Bruno Dr. jur. *)

Baake Dieter *)

Baaken Monika Johanna
B.: Unternehmerin, Marketing-Ltg. FN.: Landschriften-Verlag. DA.: 53111 Bonn, Heerstr. 73. G.: Düsseldorf, 27. Feb. 1964. V.: Stefan Lütke Entrup. Ki.: Annkatrin (1999). El.: Hermann u. Maria, geb. Jockram. BV.: Großonkel Weihbischof Heinrich Baaken in Münster. S.: 1983 Abitur Neuss, 1983-84 Ldw. Praktikum Versuchsgut Frankenforst d. Univ. Bonn, 1984-89 Stud. Agrarwiss. Univ. Bonn, 1989 Dipl.-Agraring. K.: 1990 wiss. Mitarb. Dt. Bundestag b. MdB Bredehorn, Agrarpolit. Sprecher d. FDP, 1990-94 Ass. in d. Geschäftsführung VDL-Bundesverb., seit 1994 Dt. Bauernvrb., 1994-97 Chefredakteurin "Die neue DL", seit 1997 Allg. Öff.-Arb. d. DBV, seit 1994 Gschf. VDL NRW, seit 1996 Gschf. Bundesarge f. Urlaub auf d. Bauernhof u. Landtourismus in Deutschland, seit 1994 Übernahme d. elterl. Ldw.-Betriebes in Neuss-Uedesheim, 1997-99 Gschf. Stiftung f. Begabtenförd. d. Dt. Ldw., seit 7/1999 in obig. Pos. BL: 1980-81 4. b. dt. Jugendmeisterschaft Rudern 4er m. Steuermann, 1980 u. 1981 NRW-Meisterin, Teilnahme b. Jugend trainiert f. Olympia. M.: VDL, Verb. Dt. Agrarjournalisten, Neusser Ruderver., Junge Union, PfarrgemR. St. Martinus Neuss. H.: Geige, Klavier, Vivaldi, Beethoven, ehem. Mtgl. Sinfonieorchester d. Schul- u. Jugendmusikwerkes, Rudern, Skifahren, Wirtschaftsliteratur, Krimis, Individualreisen.

van Baal Andreas *)

Baal Karin
B.: Schauspielerin. FN.: c/o Agentur ZBF Berlin. DA.: 12099 Berlin, Ordensmeisterstr. 15. G.: Berlin, 19. Sept. 1940. V.: Cevdet Celik. Ki.: Thomas, Therese. S.: Ausbild. Modezeichnen. K.: Tanz, Gesang, Sprache, Bühnentätig., Film, Fernsehen: Die Halbstarken (1956), Das Mädchen Rosemarie (1958), Arzt ohne Gewissen (1959), 1959 erstes Theaterengagement in München, Der Hund von Blackwood Castle (1967), 1977 Tournee mit Theaterstück "Die verlorene Ehre der Katharina Blum", Drei Freundinnen (1979), Rosa Luxemburg (1986), Der Passagier (1988), Marleneken (1990), Wenn Engel Reisen ... (1992), Zu treuen Händen (1995), Schlosshotel Orth - Familienbande (1997). E.: 1961 Bambi-Preis in Silber, Preis der dt. Filmkritik als "beste Nachwuchsschauspielerin", 1966 Goldene Kamera, 1982 Iffland Taler des Clubs der Theatergänger.

Baar Franz *)

Baar Lothar Dr. rer. oec. habil. Prof. *)

Baardens Karin

B.: Krankenschwester, Inh. FN.: Parfümerie Seeberger. DA.: 67655 Kaiserslautern, Kerststr. 25. parfuemerie.seeberger@epost.de. wwwparfuemerie-seebeger.de. G.: Wildtal, 22. Apr. 1953. Ki.: Johannes (1979), Andreas (1985). El.: Hermann u. Erna Strecker, geb. Kropf. S.: 1969 Mittlere Reife, 1969-70 versch. Praktika, 1970-73 Ausbild. Krankenschwester Univ.-Klinik Heidelberg, 1973-75 Fachausbild. Anästhesie Univ.-Klinik Heidelberg. K.: 1975-78 Krankenschwester am St. Johannis KH in Landstuhl, 1980-93 Krankenschwester in d. orthpäd. Praxis Dr. Bardens in Kaiserslautern, 1998-99 tätig in d. Modebranche, 1999 Grdg. d. Parfümerie in Kaiserslautern. M.: Verb. d. Einzelhändler. H.: Powerwalking, Gymnastik, Konzerte.

Baark Klaus-D.

B.: Gschf. Vorst. FN.: BÄKO Osnabrück eG. DA.: 49084 Osnabrück, Gesmolder Str. 63. baeko.osnabrueck@aal.com. G.: Hamburg, 16. Okt. 1940. V.: Ellinor, geb. Rebiewski. Ki.: Sabine (1971). El.: Dr. med. dent. John Baark. BV.: Großvater Heinrich Baark Quartiersmann in Hamburg. S.: 1959-62 Lehre z. Groß- u. Außenhdls.-Kfm. in Hamburg. K.: 1962-64 Einkäufer f. Migros Zürich/Schweiz, 1964-87 versch. Hamburger Unternehmen im Import, seit 1987 Gschf. Vorst. Bäko Osnabrück, seit 1995 VerwR. im Bäko-Prüf.-Verb., seit 1995 Mtgl. d. Tarifkmsn. Niedersachsen, seit 1999 Prüf.-Vors. d. IHK Osnabrück/Emsland f. Lebensmittelkaufleute. H.: Tennis, Segeln, klass. Musik.

Baars Éva

B.: Heilpraktikerin. DA.: 38100 Braunschweig, Auguststr. 19. G.: Debrcen, 1. Feb. 1962. V.: Dietmar Baars. Ki.: Fabian (1992). S.: 1980 Abitur, b. 1982 Erziehungshelferin, 1982-85 Grundschullehrer-Stud. PH Debrcen. K.: b. 1987 Grundschullehrerin, 1988/89 Stud. Deutsch an d. TU Braunschweig, 1991-94 Heilpraktikerschule u. 1996 staatl. Prüf., seit 1997 ndlg. Heilpraktikerin in Braunschweig; Besuch v. Seminaren in: Akupunkturmassage nach Perzelin Heyen, Akupunktur, Kräutertherapie u. Qui Gong, dzt.. Stud. Phil. als Gasthörerin an d. TU Braunschweig; Funktion: Doz. an d. Paracels Heilpraktikerschule. M.: Verb. Dt. Heilpraktiker, Akupunktur nach Penzel e.V. H.: Teilnahme am Braunschweiger Nachtlauf, Lesen, Phil.

*) Biographie www.whoiswho-verlag.ch oder beigefügte CD-ROM

Baars Jacob W. M. Dr. *)
Baars Peter Erich *)
Baarsma Cees R. *)
Baarß Jörg Dipl.-Ing. *)
Baarth Detlef Gotthelf Otto
B.: RA. FN.: RA-Kzl. Siemer + Baarth. DA.: 39108 Magdeburg, Herderstr. 9. G.: Hannover, 15. Mai 1962. V.: Manuela, geb. Wolske. Ki.: Anna-Sophie (1998), Linda-Marie (2000). El.: Ing. Ekkehard u. Irmela, geb. von Wedel. S.: 1981 Abitur, 1981-87 Stud. Rechtswiss. u. Bw. Univ. Saarbrücken u. Passau, 1988 1. Staatsexamen, 1989-91 Referendariat OLG Celle, 1991 2. Staatsexamen. K.: 1991-93 Justiziar d. Firma Wieskirchen in Hannover, 1993-95 ang. RA in Magdeburg, 1995 Eröff. d. eigenen Kzl., 2000 Zulassung am OLG Naumburg. P.: Schulungen z. Thema Miet- u. Wohnungseigentumsrecht b. KVRS, parität. Wohlfahrtsverb. u. versch. Verb. d. Wohnungsverw., Mitautor d. Zeitschrift "Wohnungseigentum". M.: SPD, Arge Mietrecht im DAV. H.: Politik, Geschichte, Kinder.

Baas Balduin
B.: Schauspieler, Schriftsteller. PA.: 20249 Hamburg, Goernestr. 12. G.: Danzig, 9. Juni 1932. V.: Charlotte. BV.: v. Lubiltzky General in Österr., b. 1918 Elisabeth v. Glasner Erzählerin. S.: Abitur, hum. Schauspieler/Cottbusser Theater. K.: als Schüler Statist in d. Zppoter Wald-Oper, Tenor, als Tenor entdeckt, in Rostock engagiert, zu früh Stimmbruch, Kriegsfreiwilliger, Panzermed. in Platin, nach d. Krieg Kabarett-Star in Hamburg, Gründung "Die Fliegen", zahlr. Fernsehsendungen, Radio-Talk-Shows f. d. 3. Hörfunk-Programm d. NDR, zahlr. Rollen, Hauptrollen in F. Fillinis Film "Orchesterprobe" (Dirigent), m. Jeanne Moreau in "La Femme Fardee" (1990). F.: Sessellifte Schweiz. P.: zahlr. Veröff., "40" (Autobiogr.), "Der Fritz", "Hautnah", Aufsätze: in d. "Welt" - "Der Clown hat den Zirkus verlassen" u. "Deutsche Kleinkunst was ist das?", in "Vogue" - "Ich u. Fellini", 1966 Gedichtband m. Scherenschnitten "Es ist Frühling, Ilse". E.: Portugiesische Med. f. Kunst u. Wiss., Eisernes Kreuz 1. Kl., Goldpokal d. Reiterstafel Dubenhausen. M.: Schützenver. Ost-Holstein, Freimaurer-Loge, Hamburg-Uhlenhorst. H.: mexikanische Krötenzucht. (Re)

Baas Dieter Dr. jur.
B.: RA. FN.: Allen & Overy. DA.: Frankfurt, Tannustor 2. PA.: 69118 Heidelberg, Am Rosenbusch 16. G.: Großenhain, 5. Dez. 1944. V.: Petra, geb. Wiehl. El.: Karl u. Gertrud. S.: 1964 Abitur, 1966-68 OLt. d. Res., Stud. Jura Heidelberg u. München, 1970 1. u. 1975 2. Staatsexamen, 1976 Prom. K.: ab 1975 ang. RA d. Kzl. Schilling Zutt & Anschütz in Mannheim Schwerpunkt Wirtschafts- u. Ges.-Recht, gewerblicher Rechtsschutz, von 1980-31.8.2000 Partner, seit 1.9.2000 Partner von Allen & Overy, London. M.: Studienver. f. Kartell R in Wiesbaden, Ver. f. gewerbl. Rechtsschutz u. UrhR, Golfclub Heidelberg, Beirat d. MWK-Kuppenheim-Gruppe. H.: Bergsteigen, Schifahren, Golf.

Baas Hans-Hermann Dipl.-Ing.
B.: Architekt, Bürgermeister. GT.: Verbandsvorsteher v. Wasserverband Peine ab 2002. DA.: 38268 Lengede, Vallstedter Weg 1. PA.: 38268 Lengede/Woltwiesche, Leiterberg 9 a. info@lengede.de, www.lengede.de. G.: Woltwiesche, 26. Jan. 1948. V.: Gudrun, geb. Eichriedler. Ki.: Ramon (1968), Kirstin (1971). S.: 1964-67 Maurerlehre in Lengede, 1967-70 Stud. Hochbau FH Hildesheim. K.: 1970-73 freier Mitarbeiter in Architekturbüro, 1973-98 selbständiger Architekt in Lengede, s. 1972 Mtgl. im Gemeinderat v. Lengede als jüngstes Ratsmtgl., seit 1986 ehrenamtlicher Bürgermeister v. Lengede, 1976-98 Mtgl. im Kreistag v. Landkreis Peine, ab 1998 hauptberufl. Bgm. v. Lengede. E.: Mtgl. d. 11 Bundesversammlung, Mtgl. Verbandsversammlung Zweckverband Großraum Braunschweig. M.: SPD, Gewerkschaft Bauen, Agrar u. Umwelt, SV Viktoria Woltwiesche u.a. diverse örtlichen Vereinen. H.: Haus u. Garten.

Baasch Marie-Luise Dr. med. vet. *)
Baasch Wolfgang

B.: Kreisvors. d. SPD, MdL. FN.: SPD-Geschäftsstelle. DA.: 23552 Lübeck, Große Burgstr. 51. G.: Dänischhagen b. Kiel, 12. Apr. 1957. Ki.: Olaf (1981). S.: 1973 Praktikum f. d. Ausbild. Erzieher, 1974-77 Ausbild. z. Erzieher, K.: 1977-96 Lehrkraft im Ang.-Verhältnis am Fördercentrum f. geistig Behinderte in Bad Schwartau, seit 1996 Abg. im Schleswig-Holstein. Landtag, 1996 u. 2000 direkt gewählt. M.: seit 1979 SPD, GEW, AWO, Lebenshilfe e.V., ASB im
Vorst. H.: Fußball, Handball, Mannschaftssportarten, Bücher, Literatur, Irland-Fan.

Baasner Peter

B.: selbst. Steuerberater. DA.: 10717 Berlin, Bundesallee 35. PA.: 13503 Berlin, Im Erpelgrund 42 A. G.: Berlin, 2. Feb. 1948. V.: Barbara. Ki.: Christian (1970), Sylvia (1972), Silke (1976), Heike (1980). El.: Waldemar u. Hildegard. S.: ab 1958 Gymn., 1965 Mittlere Reife, 1970 Ausbild. Fachang. f. steuerberatende Berufe väterl. Betrieb, 1979 Steuerbev.-Prüfung. K.: 1980 Grdg. d. Steuerberater-Sozietät gemeinsam mit d. Vater, 1985 Steuerberaterprüf., 1988 Alleininh. d. Kzl. M.: Reit- u. Fahrver. Stolpe, VPräs. u. Schatzmeister d. Landesverb. Pferdesport Berlin u. Brandenburg. H.: Vereinstätigkeiten.

Baatz Frank Rüdiger *)
Baatz Martin Dr.
B.: Evolutionstheoretiker, Konrad Lorenz-Stipendiat u. wiss. tätig an d. Yale-Univ. USA, Musiker, Mtgl. d. Dirigentenkl. v. Sergiu Celibidache u. musikal. Ltr. u. Gründer d. Ensembles "D'accord", Wien. FN.: delphi Systemsimulation. DA.: 80331 München, Rindermarkt 7. PA.: 80799 München, Neureuther-

*) Biographie www.whoiswho-verlag.ch oder beigefügte CD-ROM

str. 28. G.: Frankfurt/Main, 16. Dez. 1963. El.: Univ.-Prof. Dr. Dietwulf u. Dorothea. S.: Abitur Bad Homburg, Stud. Biologie u. Philosophie, gleichzeitig Gesang u. Dirigieren in Darmstadt u. Wien, 1995 Prom. H.: Sport (Laufen, Fahrrad).

Bab Wolfgang Dr. med. *)

Babaian Emanuel Dr. med. *)

Babayan Dorian Salmasi Manina *)

Babayan Ruben Prof. Dr. med. *)

Babbel Markus
B.: Profi-Fußballer, Nationalteamspieler, Ind.-Mechaniker. FN.: c/o FC Liverpool. DA.: GB-Liverpool L4 OTH, Ansfield Road. www.liverpoolfc.tv. G.: München, 8. Sep. 1972. V.: Sandra. Ki.: Pia (1995), Yannick. S.: Ind.-Mechaniker. K.: 1979-81 TSV Gilching-Argelsried, 1981-92 Bayern München, 1992-94 Hamburger SV, 1994-2000 Bayern München, Länderspieldebüt: 02/1995 in Jerez de la Frontera gegen Spanien (0:0), 1996 Europameister, 1996 UEFA-Cup-Sieg m. Bayern München, 1997 Dt. Meister m. Bayern München, s. 7/2000 b. FC Liverpool. H.: Musik, Faulenzen, Fernsehen. (Re)

Babel Wolfgang Dr. Prof.
B.: Sektionsleiter. FN.: Sektion Umweltmikrobiologie d. Umweltforsch.-Zentrums. DA.: 04318 Leipzig, Permoserstr. 15. G.: Arnstadt, 16. Juli 1937. V.: Karin Inge. Ki.: Kerstin (1959), Corinna (1966). S.: Abitur, Stud. Gärungstechnol. u. Biochem. Humboldt-Univ. Berlin sowie Chemie TU Dresden, 1963 Dipl. Berlin. K.: 1964-70 wiss. Ass. am Inst. f. Mikrobiologie d. Humboldt-Univ. Berlin, 1966-70 Lehrauftrag gr. mikrobiolog. Praktikum, 1968-70 gschf. OAss., 1970 Prom. Mikrobiol. Berlin, 1970-72 wiss. Mitarb. am Inst. f. techn. Chemie d. Akad. Wiss. d. DDR in Leipzig, 1973-91 Ltr. d. Abt. Biochemie, 1977 Prom. B (Habil.) Biochem., 1981-91 Lehrauftrag f. Biochemie an d. Leipziger Univ., 1983 Ernennung z. Prof. f. Mikrob. Biochemie, 1983 u. 85 Forsch.-Aufenthalte an d. Univ. Southampton, 1990 Sprecher d. Wiss. Rates d. Inst. f. Biotechnologie Leipzig u. 1990-91 Dir. d. Inst. f. Biotechnol., seit 1990 Editor-in-Chief d. Zeitschrift "Acta Biotechnologica", seit 1992 Ltr. d. Sektion Umweltmikrobiologie d. Umweltforsch.-Zentrums Leipzig-Halle, 1993-95 Vors. d. Wiss.-Techn. Rates d. Umweltforsch.-Zentr., seit 1995 o.Prof. f. Mikrobielle Physiologie an d. Fakultät f. Biowiss., Pharmazie u. Psychol. d. Univ. Leipzig. BL.: über 45 Patentanmeldungen. P.: Mithrsg. u. -verfasser d. "Physiologie d. Mikroorganismen. Die Zelle, ihre Umwelt u. d. Mechanismen d. Adaptation", G.-Fischer V., ca. 200 Publ. in über 35 Zeitschriften u. in Periodica, z.B. "Correlation between cell composition and carbon conversion efficiency in microbial growth: a theoretical study" (1985), The auxiliary substrate concept - an approach for overcoming limits of microbial performances" (1993), Physiology, regulation and limits of the synthesis of poly (3HB)" (2000), "Microorganisms as catalysts for the decontamination of ecosystems (2000). H.: Rosen.

Babilas Wolfgang Dr. phil. o.Prof.
B.: em. Univ.-Prof. PA.: 48149 Münster, Grevener Str. 10. babilas@uni-muenster.de. G.: Ratibor/OS, 19. Sept. 1929. V.: Dr. Lydia, geb. Hiller. El.: Dr. Franz u. Else. S.: 1940-45 Gymn. Ratibor, 1946-50 Münster, 1950-53 u. 1954-56 Stud. Univ. Münster, 1953-54 Sorbonne Paris, 1956 Staatsexamen, 1957 Prom. K.: 1965 Habil., 1965 Priv.Doz., 1966 Doz., 1969 apl. Prof. u. WissR. u. Prof., 1971-94 o.Prof. Univ. Münster, 1994 Emeritierung. P.: Das Frankreichbild in P. Claudels "Personnalité de la France" (1958), Tradition und Interpretation (1961), Untersuchungen zu den Sermoni subalpini (1968), Der literarische Widerstand in Frankreich (1982-84), Etudes sur Louis Aragon (2002), Website Louis Aragon seit 1997, Hrsg.: Heinrich Lausberg zum Gedenken (1995), zahlr. Aufsätze, insbesondere über Louis Aragon. E.: 1994 Officier dans l´Ordre des Palmes Académiques.

Babilon Hermann Dr.-Ing. *)

Babilon Michael
B.: RA. FN.: RAe Michael u. Ingrid Babilon. DA.: 59821 Arnsberg, Königsstr. 8. G.: Bredelar, 18. Jän. 1954. V.: Ingrid, geb. Borgstedt. Ki.: Laura (1982), Desireé (1991). El.: Josef u. Elisabeth. S.: 1974 Abitur Wwarburg, 1974-80 Stud. Jura, Vw. u. Bw. Univ. Münster, 1. Staatsexamen, 1980-83 Referendariat Münster, 2. Staatsexamen. K.: seit 1984 selbst. RA in Arnsberg u. seit 1986 in Gemeinschaft m. d. Ehefrau m. Tätigkeitsschwerpunkt Strafrecht. P.: Beiträge in d. lokalen Presse z. Thema Zivil- u. Strafrechtsfälle. M.: RA-Kam., Anw.-Ver., div. örtl. Ver. H.: Tennis, Wandern, Reisen m. d. Wohnmobil.

Babin Wolfgang Dr.

B.: Zahnarzt. DA.: 10779 Berlin Schöneberg, Bayerischer Platz 11. G.: Berlin, 6. Okt. 1939. El.: Dr. Gerhard u. Martha, geb. Duchstein. BV.: Altphilologe u. Romanist. Zahnärztin. S.: 1958 Abitur Berlin-Hermsdorf, 1958-64 Stud. Zahnmed. FU Berlin, 1964 Approb., 1972 Prom. bei Prof. Baldur Kempfle, Freie Univ. Berlin, Thema "Veränderungen der Operationsbereitschaft durch extensive Aufklärung". K.: seit 1966 selbst. Praxis, seit 1978 Mtgl. im "Freier Verband Deutscher Zahnärzte /FVDZ" u. 2 Jahre Landesvors. f. Berlin, seit 1978 Mtgl. d. Akademie Praxis u. Wissenschaft d. Deutschen Ges. f. Zahn-Mund- u. Kieferheilkunde (DGZMK) u. seit 1998 auch d. "Deutschen Ges. f. Implantologie im Zahn- Mund- u. Kieferbereich (DGI), seit 1982 Referent f. zahnärztl. Prophylaxe f. d. FVDZ, viele Zahnärztekammern in Deutschland u. auf etlichen nationalen u. internationalen Kongressen sowie privaten Fortbildungsinstituten, seit 1999 auch Seminare f. Parotontologie in Deutschland u. Österreich. P.: zahlr. Veröff. in Fachzeitschriften. E.: zwischen 1984 u. 1988 Vorstandsmitglied d. Zahnärztekammer Berlin, KdöR. H.: Jazz, klass. Musik, Laufen, Literatur, Skifahren, Theater.

Babinsky Dierk
B.: Ltr. Rechtsabt., Abt.-Dir. FN.: Sasol Germany GmbH. DA.: 22297 Hamburg, Überseering 40. G.: Bad Wildungen, 11. Sep. 1961. V.: Silke, geb. Harders. El.: Kurt u. Hilde. S.: 1981 Abitur Bad Wildungen, 1981-82 Grundwehrdienst, 1982-88 Stud. Rechtswiss. an d. Philipps-Univ. Marburg/ Lahn, 1988 1. Jur. Staatsexamen, 1989-91 Referendariat am LG Kassel u. Aufbaustud. an d. HS f. Verw.-Wiss. in Speyer, 1991 2. Jur. Staatsexamen. K.: 1991-93 Rechtsreferent b. d. Verw.-Berufsgen. Hamburg, 1993-98 Justitiar in d. Rechtsabt. d. RWE-DEA AG f. Mineralöl u. Chemie Hamburg, 1998-2000 Hauptabt.-Ltr. Administration u. Akquisition b. d. RWE-DEA AG Hamburg, seit 2000 Abt.-Dir./Ltr. Rechtsabt. d. CONDEA Chemie GmbH Hamburg, seit 1994 Zulassung als RA, seit März 2001 Ltr. Rechtsabt. d. Sasol Germany GmbH, Hamburg. H.: Musik, Reisen, Golf.

Babiuch Berthold *)

*) Biographie www.whoiswho-verlag.ch oder beigefügte CD-ROM

Babler Lothar Dipl.-Ing.

B.: freiberufl. Architekt. FN.: Babler u. Lodde Architekten und Ingenieure. DA.: 91074 Herzogenaurach, Waldstr. 4. bablersteiner@herzomedia.net. G.: Erlangen, 25. Jan. 1957. Ki.: Annika (1988). El.: Ernst u. Gertraud. S.: Mittlere Reife, b. 1975 Fachoberschule Erlangen, Fachrichtung Technik, 1975 FH-Reife, 1976 Studium Architektur an d. FH Nürnberg, 1977-78 Zivildienst, bis 1981 Stud., Abschluss als Dipl.-Ing., 1984 Eintrag in d. Architektenliste d. Bayer. Architektenkammer. K.: b. 1994 Ang. im Architektenbüro Siebert, 1994 Büroübernahme, 1994 Büropartnerschaft, Martin Lodde. P.: Projektveröff. in d. Zeitschrift "Bauwelt" (1999). E.: 2002 Verdienstnadel in Silber mit Gold d. BLSV f. Mitarbeit 20 Jahre im Vorstand TS-H-Aurach. M.: seit 1971 Mtgl. u. 1973 Mitbegründer d. Basketballabteilung b. TS 1861 Herzogenaurach. H.: Basketball, Golf, Skifahren, Bergwandern.

Freifrau von Babo Edelgard *)

Baca Ivo Dr. med. Prof.
B.: Chefarzt. FN.: Klinik f. Allgemein- u. Unfallchirurgie ZKH Bremen-Ost. DA.: 28325 Bremen, Züricher Str. 40. baca@zkhost.bremen.de. www.krankenhaus-bremen-ost.de/chirurgie. G.: Trpanj, Peljesac/Kroatien, 30. Aug. 1947. V.: Erika, geb. Meier. Ki.: Damaris (1975), Colin Pavo (1984). El.: Pavo u. Jagoda, geb. Ivicevic. S.: 1967-73 Stud. Med. an d. Med. Fak. Rijeka d. Univ. Zagreb, 1973 Prom. K.: Medizinalassistent Städt. KH Landau/Pfalz, 1975-77 Ass.-Arzt d. Chir. St. Markus-KH Frankfurt/Main, 1977 Prom., 1977-79 wiss. Ass. Abt. f. spezielle Thoraxchirurgie Univ. Heidelberg, 1979-83 wiss. Ass. Allgemeinchir., Unfallchir. u. Poliklinik Heidelberg, 1982 Anerkennung als Arzt f. Chir., 1983 Habil., 1983 Allg. Chir. Klinik ZKH St.-Jürgen-Straße Bremen, 1984 OA d. Allg. Chir. Klinik, 1987 venia legendi, seit 1990 Prof. Univ. Göttingen, 1991 Teilgebietsbezeichnung f. Gefäßchir., 1992 Chefarzt d. Klinik f. Allg. Unfallchir. ZKH Bremen-Ost, 1995 Prof. Univ. Osjek/Zagreb, 1996 Enerkennung z. Führen d. Schwerpunktbezeichnung Visceralchir. P.: 120 nat. u. intern. Fachzeitschriften u.a. Auswertung u. Techniken d. (MIC) Minimalen Invasiven Chir. M.: Ehrenmtgl. d. Coratian Medical Association, Croatian Academy of sciences and arts (1998), nat. u. intern. Ges. H.: Golf.

Bach Albrecht Dr.
B.: Rechtsanwalt. DA.: 70180 Stuttgart, Altenbergstr. 3. www.oppenlaender.de/anwaelte/f_albrecht_bach.htm. G.: Stuttgart, 19. Juni 1959. V.: Dr. Ulrike, geb. Bross. Ki.: 4 Kinder. S.: 1978 Abitur, Stud. Rechts- u. Politikwiss. Univ. Tübingen u. Aixen-Provence. 1991 Prom. K.: 1986-90 wiss. Mitarb. Prof. Dr. Möschel Univ. Tübingen, 1991 Eintritt Sozietät m. Schwerpunkt: EG-Recht, Kartell- u. Ges.-Recht. P.: Veröff. in RIW, Betriebsberater, JZ, WUW, DWIR. M.: Studienvereinigung, Kartellrecht, IBA, SPD. H.: Musik, Querflöte. (E.K.)

Bach Alexander
B.: Installateur, Inh. FN.: Alexander Bach Gastroservice & Werbeträgermontagen. DA.: 04277 Leipzig, Am Bogen 7. bach-leipzig@web.de. www.dienstleistungen-bach.de. G.: Leipzig, 28. März 1973. V.: Silvia, geb. Naumann. Ki.: Josephin (1998). El.: Peter u. Monika, geb. Ludwig. S.: 1989 Mittlere Reife Leipzig, 1989-92 Lehre z. Gas- u. Wasserinstallateur, Zivildienst. K.: Monteur, seit 1996 Gründer u. Inh. d. o.g. Firma Werbeträgermontage, Großküchenmontage u. -demontage einschließlich Service, zusätzliche Leistungen: Werkzeugverleih, Wasseraufbereitung f. Gastronomie, Einzelhandel für Montagebedarf, Lieferservice, Auftragsvermittlung. P.: Installation v. Werbeträgern, MDR u. d. Leipziger Zoo. H.: Familie, handwerkl. Arb.

Bach Alfred Dr. Dipl.-Biologe *)

Bach Andreas
B.: Architekt, selbständig. DA.: 10785 Berlin, Potsdamer Str. 68. contact@andreasbach-architekt.de. www.andreasbach-architekt.de. G.: Hannover, 4. Okt. 1958. V.: Sigrid Grothe. Ki.: Francesco (1992). S.: 1978 Abitur Hildesheim, Wehrdienst, Stud. Architektur in Hannover u. TU Berlin, 2 J. Tätigkeit im Architekturbüro Jack Gordon Architects in New York in Manhattan, 1987 Dipl.-Ing. b. Prof. Schweger. K.: Tätigkeit b. versch. Architekturbüros in Berlin, 1991 Umbau Hotel Unter den Linden zu Abgeordnetenhaus, seit 1992 selbständig, Schwerpunkt Architektur u. Städtebau, 1995-96 4 Sterne Hotel Lakeside in Straßburg im altenglischen Stil, 2002 Rittergut Tetzitz auf Rügen, städtebaul. Umplanungen Bereich Flughafen Schönefeld. BL.: 1980 Vorbereitung z. Teilnahme Olympische Spiele Leichtathletik, 100m Lauf u. Weitsprung. P.: Interviews in Märkischer Oderzeitung, Ostseezeitung, 1985 übern im Spiegel, über Ausstellung in Hamburg "Möbel perdu". M.: American Chamber of Commerce. H.: klass. Musik, Wagner.

Bach Bettina

B.: Keramikerin, selbst. FN.: Keramikwerkstatt Quarzsprung(r). DA.: 17291 Warnitz, Lindenallee 35. quarzsprung@t-online.de. G.: Frankfurt/Main, 1955. S.: Mittlere Reife, 1973-78 Lehre u. Arbeit in versch. Keramikwerkstätten. K.: 1978-86 in Berlin, 1979 Mitbegründung d. Mailaden e.V. Berlin (Keramische Gemeinschaftswerkstatt, Organisation von Keramikkursen, Ausstellungsbeteiligungen, Doz. f. Keramik an d. VHS, 1987-96 Aufenthalt in Argentinien, dort Grdg. einer eigenen Keramikwerkstatt u. Organisation versch. Ausstellungen, Experimente m. Massen u. Glasuren, Kinder- u. Erwachsenenkurse, Teilnahme a. d. jährl. Intern. Kunsthandwerksmesse in Cordoba, 1. Preis in d. Sparte "Zeitgenössische Keramik" (1993, 1995), 1996 Rückkehr nach Berlin u. Eröff. d. Keramikwerkstatt Quarzsprung(r) in Berlin-Kreuzberg, Spezialitäten: Arbeiten m. gemischten Tonen, Kinder- u. Erwachsenenkurse, 1999 Aufbau einer Sommer- u. Landwerkstatt f. experimentelle Workshops in d. Uckermark. H.: Pflanzen u. Garten.

*) Biographie www.whoiswho-verlag.ch oder beigefügte CD-ROM

Bach Björn
B.: Profi Kanu-Rennsportler Student. FN.: c/o Dt. Kanu-Verb. DA.: 47055 Duisburg, Bertallee 8. G.: Magdeburg, 21. Juni 1976. BV.: Vater (ehem. aktiver Kanute). S.: Studium d. Sportwissenschaften a. d. Univ. Magdeburg. K.: s. 1988 Kanu-Sportler, 1997 WM Kajak-Vierer 1000m/1., Kajak-Vierer 500m /2., Kajak-Vierer 200m /3.; 1998 WM Kajak-Vierer 1000m/1., Kajak-Vierer 500m /1., 1999 WM Kajak-Vierer 500m/1., Kajak-Vierer 1000m/2., 2000 EM Kajak-Vierer 500m/1., Kajak-Vierer 1000m/1., Kajak-Vierer 200m/5. H.: vielseitig sportinteressiert (insbes. Wassersport), Kino, Lesen, Fahrrad- u. Autofahren, Partys.

Bach Dieter Dr. *)

Bach Elvira
B.: Malerin. DA.: 10997 Berlin, Oranienstr. 20. PA.: 10629 Berlin, Clausewitzstr. 3. G.: Neuenhain im Taunus, 22. Juni 1951. V.: Alioune Lo. Ki.: Lamine (1984), Maodo (1992). El.: Heinz u. Marie Bach. S.: 1967 Mittlere Reife, 1967-70 Ausbild. Glasmalerei u. Bleiverglasung an Staatl. Glasfachschule Hadamar, 1972-79 Stud. Freie Malerei b. Prof. Hann Trier an HdK Berlin. K.: seit 1979 freischaff. Malerin, m. Teilnahme an dokumenta 7 in Kassel 1982 intern. Durchbruch, seit 1978 Ausstellungen im In- u. Ausland u.a. in Cannes, Paris, Amsterdam, New York, Genf u. London, seit 1995 Wandgemälde in öff. Bauten. E.: Ehrenmtgl. u. Plakette d. Stadt Aix-en-Provence. M.: im Vorst. Haus am Lützowplatz e.V.

Bach Eric
B.: Master of Arts in Fotodesign. FN.: Eric Bach Intern. Images & Productions. GT.: AufsR.Vors. zwei Pressebildagenturen. PA.: 82024 Taufkirchen-München, Bussardstr. 2. www. superbild.de. G.: 25. Dez. 1942. S.: Fotoschule, Ak. f. Bild. Künste, Bachelor of Science in Journalism London Univ., Master of Arts in Photographie. K.: Fotodesign f. Bildagentur in London, New York u. Tokyo, 1968-69 Prod. v. 2 Kino-Spielfilmen. E.: 1980 Goldmed. d. Academia de Italia delle Arti, 1983 Accademico delle Nazione d. Gran Premio delle Nazione, 1981 Masters of Arts in Photography d. Academy of Nevada, 1984 Royal Knights of Justice v. His Royal Highness Dr. Sir Bernardo 1985 Dr. of Fine Arts, George Washington Univ., 1986 Dr. HC. of Arts, Interamerican Univ., 1983 u. 1984 European Banner of Arts Accademia Europa, 1984 Doctor of Journalism, Harvard Univ. H.: Schifahren, Segeln, Innenarchitektur.

Bach Friedrich Wilhelm *)

Bach Friedrich-Wilhelm Dr- Ing. Prof.

B.: Institutsdir. FN.: Institut f. Werkstoffkunde d. Universität Hannover. DA.: 30167 Hannover, Appelstr. 11 A. bach@iw.uni-hannover.de. G.: Bleckede/Elbe, 5. Sep. 1944. V.: Ursula, geb. Kosch. Ki.: Alexandera, Christian. El.: Wilhelm u. Helene, geb. Kuhlen. S.: 1965 Abitur, 1965-66 Bundeswehr, 1966-72 Stud. Maschinenbau an d. TU Hannover, 1972 Dipl.-Hauptprüfung. K.: 1972-74 wiss. Mitarb. am Inst. f. Werkstoffkunde (B) d. TU Hannover, 1974-75 Stipendiat d. Minna - James - Heinemann - Stiftung, 1975-83 wiss. Ass. am Inst. f. Werkstoffkunde d. TU Hannover, 1978 Prom. z. Dr.-Ing. an d. Fak. f. Maschinenwesen d. TU Hannover, 1978 Schweißfachingenieur, 1983-97 Oberingenieur am Inst. f. Werkstoffkunde d. Univ. Hannover, 1981-97 Ltr. d. Bereichs "Technologie d. Werkstoffe" im Inst. f. Werkstoffkunde d. Univ. Hannover, 1983 Habil., venia legendi f. d. Fachgebiet "Werkstofftechnologie" an d. Univ. Hannover, 1987 Ernennung z. "Außerplanmäßigen Professor" an d. Univ. Hannover, 1991-97 Gschf. d. Unterwassertechnikums Hannover (UWTH) d. Univ. Hannover, 1992-97 Ltr. d. Forschungs- u. Ausbildungsstelle "Unterwasser- u. Umwelttechnik Hansestadt Greifswald (UTEG)", Lubmin, d. Inst. f. Werkstoffkunde d. Univ. Hannover, 1997-2001 Inhaber d. Lehrstuhls f. Werkstofftechnologie d. Univ. Dortmund, seit 2001 Dir. d. Inst. f. Werkstoffkunde d. Univ. Hannover, seit 2001 Gschf. Dir. d. Materialprüfanstalt f. Werkstoffe d. Maschinenwesens u. Kunststoffe, seit 2001 Kommissarischer Leiter d. Inst. f. Kerntechnik. u. Zerstörungsfreie Prüfverfahren, seit 2001 Vors. d. Kuratoriums d. Heinz-Piest-Inst., Tätigkeiten in wiss. Einrichtungen u. Gremien: seit 1980 Dt. Experte im Intern. Inst. of Welding Commission I "Joining, Cutting and Surfacing by thermal Processes", seit 1981 Ltr. d. Arbeitsausschusses "Unterwasserschneiden" in d. AG V4 d. Forschungsvereinigung d. Dt. Verbandes f. Schweißtechnik, seit 1981 Dt. Experte im Intern. Inst. of Welding im Select Committee "Underwater Welding", seit 1990 Mtgl. d. Forschungsrates d. Dt. Verbandes f. Schweißtechnik, seit 1987 Gutachter d. Dt. Forschungs-Gemeinschaft u.a. f. Schwerpunktprogramme u. Sonderforschungsbereiche, 1990-97 Vors. d. Fachausschusses 6 "Sonderschweiß- u. Schneidverfahren" d. Forschungsvereinigung d. Dt. Verbandes f. Schweißtechnik, seit 1990 Vors. d. Arbeitskreises "Thermische Plasmen", seit 1992 Gutachter d. Europäischen Union f. Marinetechnologien, 1993-2001 Gschf. d. "Wiss. Arbeitskreises Werkstofftechnik e.V.", 1996-98 Mtgl. d. "Arbeitsgruppe Innovative Projekte mit MWK-Niedersachsen", seit 1997 Vors. d. Fachgruppe "Stillegung" d. Kerntechn. Ges., seit 1997 Mtgl. d. Gutachtergruppe GAG IV d. Arbeitsgemeinschaft industrieller Forschungsvereinigungen (AiF), seit 1998 Gutachter d. Bayerischen Materialforschungsprogramms, seit 1999 Mtgl. d. Evaluierungskommission d. Maschinenbaus / Österreich, seit 2001 Vors. d. "Wiss. Arbeitskreises Werkstofftechnik e.V." (WAW). BL.: 15 Patente. P.: ca. 300 nat. u. intern. Veröff. u.a.: Haferkamp, H.; Fr.-W.; Willems, C.: "Zur Wirkung von Nichtmetallen auf das Stabilitätsverhalten superleichter Magnesium-Lithium-Basislegierungen" (1990), Haferkamp, H.; Bach, Fr.-W.; Bohling, P.: "Herstellung höherfester Magnesium-Lithium-Superleichtlegierungen" (1991), Bach, Fr.-W., Rothardt, T.; Tulda, J.: Exotherme Reaktion zur Herstellung innovativer Schichtsysteme beim Plasmaspritzen (2002), Bach, Fr.-W.; Redeker, C.: Removal of coatings and surfaces on metallic, mineral and ceramic materials (2001), Haferkamp, H.; Bach, Fr.-W.; Bußmann, M.; Kaese, V.; Möhwald, K.; Niemeyer, M.; Schreckenberger H.; Phan-tan Tai: Magnesiumkorrosion - Prozesse, Schutz von Anode und Kathode (2000). M.: seit 1975 Dt. Ges. f. Materialkunde, seit 1976 Dt. Verband f. Schweißtechnik, seit 1976 Forschungsvereinigung Schweißen u. Schneiden, seit 1978 Verein Dt. Ingenieure, seit 1979 Verein Dt. Gießereifachleute, seit 1983 Kerntechn. Ges., 1984-97 Vertrauensdoz. d. Hochschulgruppe d. Vereins Dt. Ing. an d. Univ. Hannover, 1989 Dt. Technion Ges., seit 2000 ASM International, The Materials Information Society. H.: Hochseesegeln, Unterwassertechnik, Kunst.

Bach Gerd Dr. med. *)

Bach Gottfried
B.: RA, Ltr. FN.: Rechtsanwaltskanzlei Bach & Kollegen. DA.: 06114 Halle/Saale, Karl-Liebknecht-Str. 11. S.: Stud. Jura Univ. München. K.: 1979-91 tätig in d. Steuer- u. Rechtsabteilung der Süddeutschen Treuhand AG, Wirtschaftsprüfungsgesellschaft, 1991 Gründung einer eigenen Kanzlei in Halle/Saale m. Schwerpunkt Steuer- u. Wirtschaftsrecht. P.:

*) Biographie www.whoiswho-verlag.ch oder beigefügte CD-ROM

Publ. Übergangssteuerrecht DDR-BRD. M.: Vors. d. Schlaraffia Hala Salensis e.V. H.: klass. Musik, Jazz, Erfindungen, Antiquitäten, Renovierung histor. Bausubstanz.

Bach Hans *)

Bach Hans Jürgen *)

Bach Hans-Jürgen Ing. *)

Bach Heike Dipl.-Ing. *)

Bach Heinz Dr. phil. Prof.
B.: Prof. f. Sonderpäd. an d. Johannes Gutenberg-Univ. Mainz, Inst. f. Sonderpäd. d. Univ. Mainz. PA.: 55128 Mainz, Am Eselsweg 33. G.: Berlin, 9. Mai 1923. V.: Ruth, geb. Berghof. Ki.: Claudia, Ulrich, Beate. El.: Gustav u. Martha. S.: Askan. Gymn. Berlin, Abitur, PH Braunschweig u. Hannover, Univ. Hamburg u. Zürich, Päd., Psych., Soz., Phil., Prom. K.: VS-Lehrer, Sonderschullehrer, HS-Ass., HS-Doz., seit 1966 Prof. EWH Rheinland-Pfalz/Mainz, 1966-71 Dir. Inst. f. Sonderpäd., 1984-85 Dekan, seit 1968 Hon.Prof. Univ. Mainz, seit 1985 Prof. Univ. Mainz, 1988-89 Dekan, 1960-62 Vors. Ver. Dt. Psychagogen, 1970-74 Mtgl. Aussch. Sonderpäd. im Dt. BildungsR., 1974-83 Vors. Aussch. Sonderpäd. Dt. Forsch.Gemeinschaft, 1974-2000 Vors. Kmsn. Anw. d. Kindes Rheinland-Pfalz. BL.: Bemühungen um päd. Förderung behinderter Menschen in vielfältigen Bereichen. P.: Die Unterrichtsvorbereitung (1979), Geistigbehindertenpädagogik (1995), Sonderpäd. im Grundriß (1995), Früherziehungsprogramme (1990), Sexuelle Erziehung bei geistiger Behinderung (1989), Verhaltensauffälligkeiten in der Schule (1986), Die heimlichen Bitten des Peter M. (1985), Schulintegr. Förderung. Verhaltensauffälligk. (1987), Reform schul. Förderung beeinträchtg. Kinder (1994), Grundlagen der Sonderpäd. (1999), Päd. bei mentaler Beeinträchtigung (2001), vielfältige Lexikon-, Handbuch-, Zeitschriftenbeiträge. E.: BVK 1. Kl., Gold. Ehrenplakette d. Dt. Roten Kreuzes, Gold. Ehrennadel d. BVer. Lebenshilfe f. geistig Behinderte, VO Rhld.-Pfalz. M.: Dt. Ver. f. Rehabilitation Behinderter, Dt. Ver. f. öff. u. priv. Fürsorge, Verb. Dt. Sonderschulen, BVer. Lebenshilfe f. geistig Behinderte. H.: Malen, Fotografieren, Bergwandern.

Bach Helmut *)

Bach Ingrid (Grid)

B.: Schatzmeisterin, Vorst.-Mtgl. FN.: Arbeitsgemeinschaft Fränkische Volksmusik Bezirk Mittelfranken e.V. DA.: 90431 Nürnberg, Weikershofer Str. 22. G.: Nürnberg, 28. Apr. 1945. V.: Herbert Bach. Ki.: Stefan u. Sven (1968). S.: 1959-62 Ausbildung z. Laborantin b. Foto-Hörlein u. Foto-Kümmerl in Nürnberg. K.: 1963-68 Laborantin b. Foto-Quelle in Nürnberg, ab 1968 Hausfrau u. Mutter, seit 1977 Mtgl. d. Arbeitsgemeinschaft Fränkische Volksmusik Bez. Mittelfranken e.V., seit 1979 im Vorst./Schatzmeisterin Mittelfranken. BL.: moderiert u.vll. Volksmusik-Veranstaltungen. E.: Ehrenpreis d. Hans-Seidel-Stiftung/CSU München f. besondere Verdienste in d. Volksmusik Jugendarbeit (1999), Ehrenbrief d. Bezirkes Mittelfranken (2000), Ehrennadel in Silber f. 25 J. SG 83 Nürnberg-Fürth (2001), Ehrennadel in Silber b. 25. Jahre ARGE fränkische Volksmusik Bez. Mittelfranken e.V.

2002. M.: SG 83 Nürnberg-Fürth, Bayerischer Landesverein f. Heimatpflege München. H.: Radfahren, Wandern, Volkstanz, Literatur, d. Land "Franken".

Bach Joachim Dipl.-Ing. *)

Bach Jürgen *)

Bach Klaus *)

Bach Kurt H. G. Dr. iur. *)

Bach Max *)

Bach Otto Dr. med. Prof. *)

Bach Peter Dr. med. *)

Bach Peter Hans Georg *)

Bach Rainer Dr. med. dent. *)

Bach Rainer Dipl.-Ing. *)

Bach Siegfried *)

Bach Thomas Dr. iur. utr.
B.: Rechtsanwalt, Vizepräs. d. Intern. Olymp. Komitees (IOC), Mtgl. d. Exekutivkomit. d. IOC. PA.: 97941 Tauberbischofsheim, Frankenpassage 8. G.: Würzburg, 29. Dez. 1953. V.: Claudia, geb. Kargl. El.: Andreas u. Maria. S.: Stud. Rechts- u. Politikwiss. in Würzburg, 1979 1. u. 1982 2. Staatsexamen, 1983 Prom. K.: seit 1983 Anwaltspraxis in Tauberbischofsheim. BL.: Fechtsportler u.a. 1976 Olympiasieger Mannschaft Florett, Weltmeister M.F., 1977 Weltmeister M.F., 1978 Europa-Cup-Gewinner d. Landesm. M.F. P.: zahlr. Veröff. rechtl., polit. u. sportl. Inhalts. E.: 1976 Silb. Lorbeerblatt, 1981 BVK d. VO d. BRD, 1984 Verd.Med. d. Landes Baden-Württemberg, 1993 BVK 1. Kl. M.: seit 1991 Mtgl. d. Intern. Olympischen Komites (IOC), seit 1996 Mtgl. d. Exekutivkomit. d. IOC. H.: Sport, Reisen, Lesen.

Bach Tom-Oliver
B.: Koch, Inh. FN.: Restaurant "Die Scheune". DA.: 66459 Kirkel-Limbach, Zweibrücker Str. 53. G.: Saarbrücken, 15. Mai 1966. El.: Heinz u. Helma, geb. Leibrock. S.: 1984-87 Ausbild. als Koch, 1987 Gesellenprüf. K.: 1 1/2 J. Koch im Restaurant "La table" in Dortmund, 1989-95 Koch im Restaurant "Metzlers Gasthof" in Hackenheim b. Bad Kreuznach, 1995 Küchenchef im Restaurant "Die Scheune" Kirkel-Limbach, 1996 Übernahme d. Restaurants "Die Scheune", 2001 Inh. d. Restaurants "Die Scheune". BL.: in nur einem J. zusammen m. d. Eigentümer d. Restaurant "Metzlers Gasthof" einen Michelin-Stern erkocht. H.: Radfahren, Tips an Gäste z. Thema Kochen.

Bach Wilfried Dr. phil. Prof.
B.: o.Prof. f. Klima- u. Energieforsch. FN.: Univ. Münster. DA.: 48153 Münster, Am Berg Fidel 64. G.: Thüringen, 23. Feb. 1936. V.: Anneliese. Ki.: Alexander. S.: 1961 1. u. 1966 2. Staatsexamen. K.: o.Prof. f. Klima- u. Energieforsch. an d. Univ. Münster, Prof. Inst. f. Geographie. P.: "Atmospheric Pollution" (1972), "Renewable Energy Prospects" (1980), "Gesunder Landbau - Gesunde Ernährung" (1985), "Der Ausstieg ist möglich. Energie ohne Atomkraft" (1989), "Energy Policy in the Greenhouse" (1989), "Klimaschutz" (1991), "Energiepolitik im Treibhauszeitalter" (1992). M.: Enquete Kmsn. Vorsorge z. Schutz d. Erdatmosphäre. Dt. Bundestages, Vorstands-Mtgl. Eurosolar u. Moscow Intern. Energy Club.

*) Biographie www.whoiswho-verlag.ch oder beigefügte CD-ROM

Bach Wolfgang Dr. *)

Bach-Röhr Christiane *)

Bache Wolfgang Dr. *)

Bachem Achim Dr. Prof.
B.: o. Prof. DA. .51147 Köln, Linder Höhe. PA.: 50999 Köln, Vincent-van-Gogh-Str. 10. G.: Beuel, 17. März 1947. V.: Eva, geb. Groh. Ki.: 2 Kinder. S.: 1969-73 Univ. Bonn, Dipl. in Math., 1976 Diss. K.: 1973-80 Ass. Univ. Bonn, 1980 Habil., 1980-82 Prof. f. Angew. Math. Univ. Erlangen-Nürnberg, 1982-83 Prof. f. Operations Research Univ. Bonn, 1983 Prof. f. Angew. Math. Univ. Köln, seit 1996 Vorst.Mtgl. d. Dt. Luft- u. Raumfahrt e.V. P.: 4 Bücher, über 50 Aufsätze in wiss. Zeitschriften. M.: Dt. Math. Ver., American Math. Society, Math. Programming Society, Society for Ind. and Applied Math.

Bachem Peter Dr. iur. Dipl.-Kfm. *)

Bachem Volker Heinz *)

Bacher Claus *)

Bacher Karl-Heinz

B.: Dipl.-Ökonom, stellv. Dir. FN.: Best Western Hotel zur Post. DA.: 28195 Bremen, Bahnhofspl. 11. G.: Bad Marienberg, 9. Dez. 1970. El.: Othmar u. Hannelore, geb. Pudelko. S.: 1987-90 Lehre z. Koch Sporthotel Zugbrücke Grenzau/Westerwald, 1990 Fachoberschule Koblenz, 1991-97 Stud. Wirtschaftswiss. Univ. Wuppertal, 1997 Dipl.-Ökonom. K.: 1997-98 Warenwirtschaftsltr. Kempenski Hotel Bristol Berlin, seit 1998 stellv. Dir. Best Western Hotel zur Post Bremen. H.: Computer.

Bacher Peter *)

Bacher Walter Gerhard Dr. h.c. *)

Bachér Ingrid
B.: Schriftstellerin. PA.: 40221Düsseldorf, Kaistr. 10. G.: 24. Sept. 1930. V.: Erben Ulrich. BV.: Urenkelin v. Th. Storm. P.: seit 1958 Erzählungen, Romane u.a.: Das Paar (1980), Woldsen oder es wird keine Ruhe geben (1982), Die Tarotspieler (1986), Assisi verlassen (1993), Schliemanns Zuhörer (1995), Sarajewo 96 (2001), Hörspiele, Fernsehfilme. E: div. Ausz. M.: P.E.N.-Präsidentin 1995/96.

Bacherle Xaver Franz *)

Bachert Gerd-Walter *)

Bachhäubl Anton
B.: Bankkaufmann, Immobilienfachwirt, Gschf. FN.: THG Immobilien-Management u. Projektentwicklungs GmbH. DA.: 80538 München, Widenmayerstr. 32. PA.: 82256 Fürstenfeldbruck, Balduin-Helm-Str. 27. bachhaeubl@aimag.de. G.: Brugg/Schweiz, 30. März 1962. El.: Josef u. Marianne. S.: 1979-82 Berufsausbildung z. Bankkaufmann b. d. Bayer. Landesbank Girozentrale in München. K.: 1982-84 Kreditsachbearbeiter f. gewerbl. Immobilienfinanzierungen b. d. Bayer. Landesbank Girozentrale München, 1984-86 Weiterbildung z.

Immobilienwirt (GBS) m. Abschluss zum Fachwirt in d. Grundstücks- u. Wohnungswirtschaft, 1984-87 Investitionsreferent bei der Immobilien-Leasing-Ges. IAL GmbH München, seit 1986 Gruppenleiter m. Handlungsvollmacht, 1987 Mitwirkung b. d. Eingliederung d. IAL Industrie Anlagen Leasing GmbH in d. Dt. Anlagen-Leasing GmbH Mainz, 1987-92 Projektreferent b. d. Immobilien-Leasing-Ges. LHI Leasing f. Handel u. Ind. GmbH München im Bereich Kundenbetreuung, Vertrags- u. Angebotswesen, ab 1988 Handlungsvollmacht, ab 1990 Gruppenleiter u. ab 1991 Abteilungsleiter, 1993 Grundstücksaquisiteur u. Projektentwickler b. d. WPE Walter Projektentwicklungs GmbH Augsburg, 1993-98 Projektmanager b. d. Hypo-Real Immobilien- u. Projektentwicklungs GmbH München sowie Allein- u. Mitgschf. in d. Projektges., Ltg. d. Bestandsimmobilienbereiches d. Unternehmensgruppe über d. Tochterges. Argentaurus Immobilien Vermietungs u. Verwaltungs GmbH als deren alleinvertretungsberechtigter Gschf., seit 1999 Gschf. Ges. d. THG Immobilien-Management u. Projektentwicklungs GmbH München. F.: THG Immobilien-Management u. Projektentwicklungs GmbH; AIMAG Allg. Immobilien Management GmbH. M.: Master of Corporate Real Estate (MCR) in Deutschland (2000). H.: Motorradfahren, Schwimmen, Fahrradfahren, Karate, Italienreisen.

Bachinger Johann *)

Bachl Heidi *)

Bachl Helmut

B.: Gschf. Ges. FN.: Bachl Caravan Vertrieb GmbH. DA.: 90765 Fürth-Stadeln, Stadelner Hauptstr. 140. PA.: 90425 Nürnberg, Düsseldorfer Str. 74. www.bachl-caravan.de. G.: Passau, 20. Juli 1940. V.: Edeltraud, geb. Goller. Ki.: Helmut (1961), Gabi (1964), Stefan (1971). El.: Josef u. Maria. S.: 1954-57 Lehre z. Landwirt in Kurzholz u. Kringell, 1957-60 Ausbildung z. Agraringenieur in Schönbrunn b. Landshut. K.: 1962-69 kfm. Leiter in einem Südfrüchte-Großhandel in Neumarkt/ Oberpfalz, 1970-79 BAYWA in Greding u. Nürnberg, zuletzt Ltr. d. Abt. Caravan-Vertrieb, seit 1979 selbständig m. eigenem Unternehmen in Nürnberg, seit 1989 in Fürth-Stadeln. BL.: 1975 u. 1976 Bayer. Meister u. Dt. Meister im Caravan-Geschicklichkeitsfahren. M.: Beirat d. DIF-Bank. H.: Ausdauersport, Fußball, Lesen, Camping.

Bachl Wolfgang Ludwig Dr. rer. pol. Dipl.-Psych. *)

Bächle Erich Dr. Dipl.-Kfm. Prof. *)

Bächle Georg
B.: Studienassessor. FN.: Claude-Dornier-Schule in Friedrichshafen. DA.: 88213 Ravensburg, Galgenhalde 58. georg.baechle@kiss-rv.de. www.kiss-rv.de. G.: Bernstadt, 20. Juli 1961. V.: Carmen, geb. Hipp. El.: Michael u. Maria. S.:

*) Biographie www.whoiswho-verlag.ch oder beigefügte CD-ROM

Mittlere Reife, Ausbild. z. Maschinenschlosser, Techn. Oberschule - fachgebundene Hochschulreife, Stud. Sport u. Geografie m. Abschluss, Stud. Päd. ohne Abschluss, 1992-94 Referendariat in Weingarten. K.: Sportlehrer in d. Vollzugsanst. Ravensburg im Rahmen eines Landes-Projektes, 1996 Übernahme d. Kinder Sportschule in Ravensburg, 1998 Grdg. eines "Flitzplatzes" f. auffällige(bewegungs- u. verhaltens-) Kinder, Zusatzqualifikation z. Rückenschullehrer u. Motopädagogiker, unterrichtet Sport an versch. Schulen in Ravensburg, seit 2002 Studienassessor an d. Claude-Dornier-Schule in Friedrichshafen. M.: Arbeitskreis Psychomotorik, WWF. H.: Radfahren, Inliner, Klettern, Tenorhorn.

Bächler Wolfgang *)

Bachmaier Hermann
B.: Rechtsanwalt, MdB. FN.: Dt. Bundestag. DA.: 11011 Berlin, Platz d. Republik 1. PA.: 74564 Crailsheim, Am Wiesenbach 43. G.: Crailsheim, 5. Juli 1939. V.: verh. S.: Abitur, Stud. Geschichte, Politik u. Rechtswiss. Heidelberg u. Tübingen. K.: nach Referendarzeit u. 2. Jur. Staatsexamen Zulassung als RA, 1972 Grdg. einer RA-Kzl. in Crailsheim, 1980-91 stellv. Vors. d. Sozialdemokrat. Gemeinschaft f. Kommunalpolitik in Baden-Württemberg, Mtgl. Gewerkschaft HBV u. d. AWO, seit 1969 Mtgl. SPD, seit Apr. 1981 Mtgl. SPD-LVorst. Baden-Württemberg, 1975-89 Mtgl. GemR. Stadt Crailsheim, seit 1983 MdB, 1988-90 Vors. Atomskandal Untersuchungsausch. (Re)

Bachmaier Ottobert
B.: Küchenmeister, Inh. FN.: Gasthof "Alpenhof". DA.: 83454 Anger, Dorfpl. 15. G.: Freilassing, 5. Jan. 1968. V.: Ulrike, geb. Haack. El.: Ottobert u. Mathilde, geb. Enzinger. S.: 1974-80 Teil-HS Anger, 1980-83 HS Piding, 1983-86 Kochausbild. Hotel "Neu Meran" Bad Reichenhall m. Abschluß Jungkoch. K.: 1986 Tätigkeit im elterl. Betrieb, 1986-87 Commis Hotel Axelmannstein Bad Reichenhall, 1987-88 Chef de Partie im elterl. Betrieb, 1988-89 Bundeswehr Bad Reichenhall, 1989-90 Chef Tournant Gasthof "Zum Ochsen" Kernen-Stättingen, Waiblingen, Küchenchef im elterl. Betrieb, 1992 Geschäftsführung m. Frau Ulrike im elterl. Betrieb, ab 1993 Übernahme, 1994 Küchenmeisterprüf. BL.: Teilnahme als Koch bei d. Bayer. Meisterschaft im Hotel/ Gaststättengewerbeverb. P.: Rezepte f. d. Kochbuch d. Radiosenders "Radio Untersberg". E.: Ausz. "Chiemgau-Koch" im Magazin "Chiemgau Land u. Leute", Urkunde d. Erhalt d. "Bayer. Küche 1994-1997". M.: Prüf.-Aussch. f. Gesellen in d. Gastronomie, stell. Vors. Köchever. Berchtesgadener Land. H.: Radfahren, Bergsteigen, mod. Kunst, Kochbücher.

Bachmair Karl *)

Bachmann Angelika Dr. med

B.: Internistin. DA.: 99084 Erfurt, Puschkinstr. 25. G.: Eberswalde, 6. März 1958. V.: Andreas Bachmann. Ki.: Johanna (1989) und Elisabeth (1990). El.: Dr. Günter u. Marga Steiner, geb. Rehbein. BV.: Vater - Chefarzt f. Urologie am Kath. KH St. Nepomuk in Erfurt; Mutter - Sängerin. S.: 1976 Abitur, 1976-77 Praktikum Kinderstation Hautklinik d. med. Ak. Erfurt, 1977-83 Stud. Med. Jena, 1983 Approb., 1987 FA f. Innere Med., 1988 Prom. K.: 1988-90 tätig in d. Betriebspoliklinik Otima, 1990 tätig in d. Ambulanz am Kath. KH St. Nepomuk in Erfurt, 1991 Eröff. d. Praxis m. Schwerpunkt Herz-Kreislauf-Erkrankungen, Geriatrie u. Reisemed. P.: regelm. Beiträge in d. Tagespresse. E.: Lessing-Med. in Silber f. hervorragende schul. Leistungen. M.: Landesärztekam., Bund d. Internisten Deutschlands, Förderver. Palliativmed. am Kath. KH, Förderver. d. Edith-Stein-Schule in Erurt. H.: klass. Musik, Theater, Konzerte, Familie.

Bachmann Bernd

B.: Dipl.-Grafik Designer, Dipl.-Journalist, Inh. FN.: AWM Bernd Bachmann Messe- u. Ausstellungsbau. DA.: 10249 Berlin, Ebertystr. 48. G.: Dresden, 10. Apr. 1943. Ki.: 2 Kinder. S.: 1959 Mittlere Reife, 1959-62 Ausbild. z. Chemigraph, 1962-70 Chemigraph, 1969-73 Fernstud. an d. Fachschule f. Werbung u. Gestaltung, 1973-76 Fernstud. Karl-Marx-Univ. Leipzig, Dipl.-Journalist. K.: 1970-73 DEWAG Dresden als Fachkollektivltr., 1973-90 Ltr. d. DEWAG Dresden Außenstelle Berlin, seit 1990 selbst. m. Firma AWM. H.: Lesen.

Bachmann Claus
B.: Gschf. Ges. FN.: GERMANICA Projektges. f. Liegenschaftsentwicklung u. Immobilienanlagen GmbH. DA.: 13187 Berlin, Wolfshagener Str. 58. G.: Bremerhaven, 25. Nov. 1940. V.: Elvira, geb. Stinner. Ki.: 2 Kinder. S.: 1960 Stud. Wirtschaftsing.-Wesen Fachrichtung Maschinenbau TU Berlin. K.: seit 1975 in versch. ltd. Funktionen in d. Baubranche tätig, 1969-78 Fraktionsvors. d. FDP in d. BVV Berlin-Tiergarten, 1985 Grdg. d. GERMANICA als Projektentwicklungsges. u. deren Gschf., seit 1995 verstärktes Engagement in d. Stadtsanierung. F.: Ges. f. WAV Wirtschaftsberatungsges. Berlin. P.: zahlr. Publ. in d. Fachliteratur. H.: Theater, bild. Kunst.

Bachmann Dieter Dipl.-Kfm. *)

Bachmann Frank *)

Bachmann Franz *)

Bachmann Harald Wolfgang Dr. phil. *)

Bachmann Holger *)

Bachmann Horst Johannes *)

Bachmann Ingrid *)

Bachmann Inka Dipl.-Ökonomin *)

Bachmann Jörg
B.: Feinmechaniker, Inh. FN.: Fahrradfachgeschäft Jörg Bachmann. DA.: 04416 Markkleeberg, Bornaische Str. 61. G.: Leipzig, 17. Apr. 1963. El.: Bauing. Gerhard u. Irmgard. S.: 1979-81 Lehre z. Elektrofeinmechaniker RAW Delitzsch. K.: 1981-83 Elektriker b. d. Reichsbahn, 1983-90 Elektriker b. Texafol, 1990-95 Monteur b. Fahrradbedarf Liebmann Leipzig, seit 1995 Gründer u. Inh. d. o.g. Firma. M.: SV Brehmer e.V., Matthias Sportcenter e.V. H.: Fahrradfahren, Spinning.

Bachmann Jürgen Dipl. Ing. (FH) *)

---
*) Biographie www.whoiswho-verlag.ch oder beigefügte CD-ROM

Bachmann

Bachmann Jürgen Dr. med. dent. M.S.D. *)

Bachmann Klaus-Ditmar Dr. med. Prof. *)

Bachmann Lutz

B.: Bankkaufmann, Gschf. Ges. FN.: Bachmann Grundstücksges. mbH + Co KG. DA.: 23909 Ratzeburg, Röpersberg 11. l.bachmann@aol.com. G.: Hamburg, 22. Aug. 1965. V.: Inga, geb. Brandt. Ki.: Anna (1994), Lara (1999), Liska (2000). BV.: Urgroßvater Johannes Lass Bauunternehmer in Hamburg. S.: 1984 FH-Reife Lübeck, 1984-86 Lehre als Bankkaufmann, 1986-87 Bundeswehr. K.: 1987-88 Ang. b. Volksbank, 1989-95 Ang. b. R + V Versicherung, 1995-97 Vertriebsleiter b. Volksbank in Ratzeburg, seit 1997 Bachmann Grundstücks GmbH. M.: Ratzeburger Sportverein. H.: Fußball, Kinder.

Bachmann Martina *)

Bachmann Richard Georg Dr.-Ing. Prof. *)

Bachmann Rolf Dipl.-Ing. *)

Bachmann Siegfried Dr. phil. *)

Bachmann Thea *)

Bachmann Thomas *)

Bachmann Ursula
B.: Inh. FN.: Kosmetikfachberatung. DA.: 06108 Halle-Saale, Am Kirchtor 8a. G.: Breitenworbis, 30. Okt. 1946. Ki.: Silvia (1965), Ralf (1968). El.: Rudolf u. Erika Pries. S.: 1963 Mittlere Reife, 1968-91 Tätigkeiten im Bereich d. Energiewirtschaft, 1976 Wirtschaftskfm. K.: mehrjähriger Auslandsaufenthalt in d. Sowjetunion, 1988-91 Stud. d. Staatswiss., 1991-96 Prok. in d. Firma Heithkamp-Vorwerk Rohrleitungsbau GmbH, 1996-2000 Gschf. in d. Fa. Friedrich Vorwerk Rohrleitungsbau GmbH & Co. KG, Ausbildg. z. Cosmetic-Fachberaterin 2000, Eröff. eines Beratungsstudios 2001. M.: Freund d. Lions Club, Grdg.- u. BeiR.-Mtgl. d. Stiftung "Sportregion Halle/Saalkreis". H.: Innenarchitektur, Dekoration, Reisen, klass. Musik, Lesen.

Bachmann Werner Dr. *)

Bachmann Werner *)

Bächmann Horst Dr.
B.: Dt. Botschafter in Australien. FN.: Botschaft d. BRD. DA.: AU-Yarralumla ACT 2600, 119, Empire Circuit. G.: Danzig-Langfuhr, 29. Jan. 1937. V.: Donatella, geb. Doni. Ki.: Christian (1967), Alexander (1969), Arianna (1974). El.: Dipl.-Ing. Hans u. Katharina. S.: 1957 Abitur, 1957-61 Jurastud., 1961 u. 1965 2. Staatsexamen. K.: Dt. Botschaften in Indonesien, Rumänien u. Italien, 1990-95 ständiger Vertreter d. Ct. d. ständigen Vertretung d. BRD b. d. NATO in Brüssel, 1995-98 Botschafter d. BRD in Teheran/Iran, seit 1998 Botschafter d. BRD in Canberra/Australien. E.: Commendatore d. Rep. Italien, Gr. Silb. EZ f. Verd. um d. Rep. Österr., Kommandeurkreuz d. "Ordem do Infante D. Henrique" d. Portugies. Rep., Knight Commander of the Liberian Humane Order of African Redemption, Commandeur d. Rep. Gabun. H.: Golf.

Bachmayer Lutz-G. *)

Bachnick Burkhard

B.: Heim- u. Pflegedienstltr. FN.: Sophienhaus Bethanien gGmbH. DA.: 12163 Berlin, Paulsenstr. 5-6. G.: Berlin, 29. Aug. 1957. V.: Birgit, geb. Zellmer. Ki.: Myriam (1981), Maximiliane (1994), Maurizia (1997), Marie-Luisa (1998). El.: Manfred u. Ruth, geb. Menge. S.: 1973 Mittlere Reife Augsburg u. Berlin, 1973-75 Fachoberschule, 1975-78 Ausbild. als Krankenpfleger in Berlin, staatlich anerkannter Krankenpfleger. K.: 1978-80 tätig im Kinder-KH, 1980-97 Krankenpfleger, Stationsltr., Pflegedienstlr. im St. Hildegard-KH, 1991-95 Managementlehrgänge an d. Ak. f. Gesundheits- u. Sozialberufe, Abschluß ltd. Krankenpfleger in u. v. Einrichtungen, seit 1998 Heim- u. Pflegedienstltr. im Sophienhaus Bethanien gGmbH. P.: "Arbeitszeitmodelle in Pflegeberufen". M.: Kath. Kirche, Kleingartenver. "Samoa" e.V. H.: Garten, Tennis, Squash, Heimwerken, Malen.

Bachof Otto Dr. iur. Drs. h.c. *)

Bachofer Wolfgang Dr. phil. Prof.
B.: Univ.-Prof. f. Dt. Sprache u. ältere Dt. Literatur i. R. PA.: 21509 Glinde, Markt 5. G.: Berlin, 31. Mai 1928. V.: Käte, geb. Reppmann. Ki.: Christiane (1959), Beate (1962). El.: Bruno u. Charlotte. S.: 1947 Abitur, 1947-51 Stud. Univ. Berlin, 1952-59 Stud. Deutsch u. Geschichte Hamburg, 1952 I. Staatsexamen, 1961 Prom., 1996 Ehrenprom. Univ. Veszprém. K.: ab 1957 Doz. an d. Univ. Hamburg, 1977 Prof., 1979-81 Vizepräs. d. Univ. Hamburg. P.: Aufsätze u. Rezensionen in wiss. Zeitschriften, 1984 Rückläufiges Wörterbuch d. Mittelhochdt. Sprache, 1988 Mittelhochdt. Wörterbuch in d. Diskussion, 1993 Kleines Mittelhdt. Wörterbuch (2001 4. Aufl.), Hrsg. d. Bibliographien z. Dt. Literatur d. Mittelalters. M.: Ehrenvors. Heimatver. Glinde.

Bachofner Joachim *)

Bachor Rüdiger Dr. med. Priv.-Doz. *)

Bachorski Hans-Jürgen Dr. phil. Dr. phil. habil. Prof. *)

Bachschuster Peter Dipl.-Ing.
B.: Architekt. FN.: Bachschuster Architektur + Projektmanagement. GT.: Beratungstätigkeiten f. IT-Firmen im Baubereich, Beratungstätigkeiten f. mittelständische Unternehmen im Bereich Firmenoptimierung u. Firmenentwicklung z. wirtschaftl. u. ausglichen Wachstum in d. Zukunft, zur Sicherstellung d. Baurechts-Einsparpotentiale b. Baumaßnahmen, Verlagstätigkeit f. Architekten. Rennsport. DA.: 85049 Ingolstadt, Brodmühlweg 4. 36.info@bachschuster.de. www.bachschuster.de. G.: Ingolstadt, 20. Sep. 1964. El.: Rudolf u. Renate. BV.: Ewald Kluge einer d. bedeutendsten u. erfolgreichsten dt. Motorradrennfahrer (DKW/Audi), erster dt. Gewinner d. Tourist Trophy auf d. Isle of Man, verwandtschaftliche Verbindung m. Ralf Bachschuster - Windsurfprofi. S.: 1980-83 FH Ingolstadt, 1984-85 Stud. Bauingenieur, 1986-91 Stud. Architektur in München (Abschluss) u.

*) Biographie www.whoiswho-verlag.ch oder beigefügte CD-ROM

Coburg (Vordiplom). K.: 1979-87 Windsurf-Karriere - einer d. erfolgreichsten Windsurfer d. Region Ingolstadt in seiner Klasse, seit 1991 selbständig, 1991-93 Büro- u. Projektleiter bei versch. Architekturbüros f. Großprojekte, seit 1993 eigenes Büro in Ingolstadt, zuerst m. Partner, seit 1995 eigenes Büro m. Spezialisierung auf Ausarbeitung neuer Strukturen u. Arbeitsweisen in d. Architektur, Einführung neuer Innovationen z. Kostenoptimierung/Wirtschaftlichkeit u. Gestaltungskonzeption v. Gebäuden, Objekten u. Flächen. BL.: Erfinder d. Begriffs Strukturplanung f. Industrie-Gewerbeobjekte u. Flächen z. Gestaltung d. Unternehmenswachstums u. d. Optimierung. P.: zahlr. Fernsehauftritte z. Thema "Strukturplanung", versch. Talkrunden u. Diskussionsrunden sowie Veröffentlichungen i. versch. Medien z. Person P. B. u. d. von ihm entwickelten Thema Strukturplanung, wie auch durch das Architekturbüro ausgearbeitete Architektur. M.: Prüfungsausschuss d. IHK, Vors. d. Design-Preises "Die gute Form", Kooperationsbüro d. Bundesarchitektenkammer f. Baukosten.

Bacht Michael

B.: freier Bildhauer, Maler u. Installationskünstler. PA.: 69121 Heidelberg, Handschuhsheimer Landstr. 85. m.bacht@michael-bacht.de. www.michael-bacht.de. G.: Remscheid, 4. Juni 1947. V.: Brigitte, geb. Holzinger. Ki.: Nikolaus (1973), Kristina (1975), Anuk (1977), Matthias u. Tobias (1982). El.: Richard u. Erna, geb. Schreiber. BV.: Onkel Heinrich Bacht - bekannter Theologe u. Kirchenhistoriker, Ltr. d. Bibliothek d. Jesuiten-Hochschule St. Georgen, Frankfurt. S.: 1964-66 Zeichenunterricht Folkwangschule f. Gestaltung Essen, 1967 Abitur, 1967-69 Zivildienst, 1969-74 Stud. Philosophie, europ. u. ostasiat. Kunstgeschichte u. Archäol. Univ. Würzburg, Tübingen u. Heidelberg, 1974-79 Stud. Kunst- u. Werklehre Mainz, 1979 Staatsexamen. K.: 1973 Beginn mit d. Erarb. eines Werkverzeichnisses v. Fritz Wotruba, 1977 Beginn d. Ausstellungstätigkeit, seit 1979 freischaff. Bildhauer u. Maler in Heidelberg m. Schwerpunkt Objekte, Installationen, Bilder, Titel u.a.: Satirische Objekte "Kein Wunder", "Metamorphose", "Zufall als Prinzip", seit 1990 zusätzl. tätig im Bereich Sanierung v. Altbauten. P.: zahlr. Einzel- u. Gruppenausstellungen u.a. in: Kunstver. Heidelberg (1985), Stadtgalerie Saarbrücken (1986), Folkwang-Museum Essen (1991), Wilhelm-Hack-Museum Ludwigshafen (1992), Museum am Ostwall Dortmund (1999), Museum Ratingen (2001), Beteiligungen a. intern. Gruppenausstellungen in d. USA, Frankreich u. Osteuropa, zahlr. Arb. in öff. Sammlungen, zahlr. Aufsätze, TV-, Katalog- u. Buchbeiträge über d. Werk v. M. Bacht u.a. P. A. Riedl, "Das Chaos bannen" (1996). E.: 1978/79 Förderstipendium d. Univ. Mainz, 1990 Kunstpreis d. Rhein-Neckar-Kreises. H.: Gartenbau, japanische Gartenkunst.

Bachthaler Gisela

B.: Psychologische Therapeutin, selbständig. DA.: 81379 München, Bannwaldseestr. 9. gisela.bachthaler@t-online.de. G.: Türkheim/Bayern, 7. Feb. 1949. V.: Walter Bachthaler. Ki.: Julia (1979), Eva (1981). S.: 1968 Abitur, 1968-74 Stud. Psychologie an d. LMU München. K.: 1974-75 Aufbau d. Arbeitskreises Legastenie, sowie gleichzeitige Mitarbeit als Psychologin am Gesundheitspark in München, 1975-77 Psychologin am Max-Planck-Inst. auf d. Kinderstation u. d. Psychiatrie, Ausbildung in d. Gesprächs- u. Spieltherapie, 1978-79 Mitarbeit b. d. begleitenden Unterrichtshilfe in München, 1979-81 Praxis f. Psychologie in München, sowie Supervision f. Verhaltenstherapeuten, 1992-97 Mathematisches Inst. f. Diskalkulie, Praxistätigkeit in Kinder- u. Jugendpsychiatrischer Praxis in München b. dato, 2002 Wiedereröffnung d. eigenen Praxis in München, Pionierin in Behandlungsmethoden d. Diskalkulie, sowie d. Legastenie in München. H.: Lesen, Musik, Reisen.

Bachtrop Gerhard-Harald Dr. med. *)

Bachus Peter *)

Back Klaus-Peter

B.: Gschf. FN.: Back + Boldt GmbH Menschen u. Autos. DA.: 22761 Hamburg, Bornskampsweg 144. G.: Nordhausen/Harz, 14. Juni 1940. V.: Eva, geb. Lutz. Ki.: Rico (1954), Philipp-Oliver (1965). El.: Willi u. Irmgard, geb. Richter. S.: 1957 mittlere Reife, 1957-60 kfm. Lehre Firma VW. K.: 1960-67 kfm. Ang. einer Vers. u. Autoverkäufer, seit 1968 selbst. als Kfm. m. Autohdl. u. Reparatur, seit 1971 Mazda-Vertretung in Hamburg m. Teilhaber. M.: Kirchenvorst. d. Kirche Jesu Christi d. Hl. d. Letzten Tage. H.: Lesen, Tennis, Leichathletik, Schwimmen.

Back Ulrich.

B.: Vorstand. FN.: Garant Schuh + Mode AG. DA.: 40217 Düsseldorf, Elisabethstr. 70. S.: Studium Volkswirtschaftslehre. K.: 3 Jahre in großer Wirtschaftsprüfungs- u. Steuerberatungsges., versch. Funkionen im Finanzbereich d. RHEINMETALL-Gruppe, u.a. vier Jahre in Belgien, 1988 Kfm. Ltr. Garant Schuh + Mode AG, 1994 Vorst.-Mitgl., verantw. f. Bereiche Finanz- u. Rechnungswesen sowie Informationstechnologie. (Re)

Back Walter *)

Bäck Karin Dipl.-Kfm. *)

Backe Karin-Uta *)

Backer Alfred Gisbert *)

Backer Egon

B.: Rechtsanwalt, Notar, Inh. einer Anw.-Praxis. DA.: 26603 Aurich, Fischteichweg 2. PA.: 26603 Aurich, Tom-Brook-Str. 18. G.: Saal, 19. Mai 1943. S.: 1963 Abitur Emden, 1963-65 2 Sem. Betriebswirtschaft in Hamburg, 1964-69 Jurastud. Münster, 1969 1. Examen, Referendariat Aurich, 2. Examen. K.: 1972 Anw. in einer Auricher Praxis, 1976 Notar, 1978 Übernahme d. Anw.-Praxis. M.: Prüf.-Aussch. RA- u. Notariatskam. Oldenburg, langj. Mtgl. im Auricher Anw.- u. Notarver., StadtR. Aurich. H.: Literatur, Malerei.

---

*) Biographie www.whoiswho-verlag.ch oder beigefügte CD-ROM

Bäcker

Bäcker Alexandra Dipl.-Verw.-Wirt (FH)

B.: RA u. wiss. Mitarb. am Inst. f. Dt. u. Europ. Parteienrecht. FN.: Kzl. Steffen & Bäcker. DA.: 45527 Hattingen, Zum Ludwigstal 24. G.: Bochum, 2. März 1968. S.: 1987-90 Ausbild. Stadtinsp.- Anwärter gehobener Verw.- Dienst Stadt Hattingen, Stud. FHS f. öff. Verw. Hagen, 1990 Dipl.-Abschluß, 1990-95 Stud. Rechtswiss. Univ. Bochum, 1995 Staatsexamen, 1995-97 Referendariat LG Essen, 2. Staatsexamen. K.: 1990-94 stud. Hilfskraft am Lehrgeb. f. Deutsch u. Ausl. Staatsrecht u. Staatslehre an d. Fernuniv. Hagen, 1995-97 wiss. Hilfskraft am Inst. f. Dt. u. Europ. Parteienrecht an d. Fernuniv. Hagen, seit 1998 wiss. Mitarb. am Inst. f. Dt. u. Europ. Parteienrecht u. außerdem seit 1998 RA in d. Sozietät Steffen & Bäcker in Hattingen. P.: "Anmerkungen z. Entscheidung d. Bundesschiedsgerichts d. FDP" (1995), "Anmerkungen z. Entscheidung d. Bundesparteigerichts d. CDU" (1996), "Feindl. Übernahme d. FDP durch Studierende?" (1997), "Parteifinanzierung ohne Kontrolle" (2000). M.: DAV, RA-Kam.

Bäcker Daniela *)

Bäcker Dietmar Dipl.-Ing.

B.: Gschf. Ges. FN.: Schönebecker Stahl- u. Hallenbau GmbH. DA.: 39128 Schönebeck, Gewerbegebiet Grundweg 57. PA.: 39245 Plötzky, Albert-Schweitzer-Str. 20. G.: Schönebeck, 17. Juli 1943. Ki.: Torsten (1965), Heike (1967), Dirk (1969). El.: Erich u. Paula, geb. Stünkel. S.: 1957-60 Ausbild. Schiffbauer Schiffswerft E. André Magdeburg, 1960-62 HS-Reife ABF Halle, 1962-68 Stud. Schiffbautechn. Fakultät d. Univ. Rostock m. Abschluss Dipl.- Ing. K.: 1968-71 Entwicklungsing. in d. Schiffswerft Magdeburg, danach Projektierungsing. in versch. Betrieben in Schönebeck u. tätig im Bereich Wiss. u. Forsch., 1972-75 Forsch.-Ing. am Forsch.- Zentrum in Magdeburg, 1976-81 Bereichs- u. Investitionsltr. an d. Ak. d. Ldw.-Wiss. in Magdeburg, 1981-91 Abt.-Ltr. u. Hauptabt.-Ltr. im Heizkesselwerk in Schönebeck, 1990-91 BetriebsR.-Vors., 1990 Aufbau d. Ing.-Büros f. Stahlbau, seit 1991 freiberufl. Ing. m. Schwerpunkt Planung, Vorbereitung, Realisierung u. Hallenbau, 1995 Grdg. d. GmbH u. Vorbereitung u. Realisierung v. Hallenbau, 2000 Grdg. u. Gschf. d. Firma Nordbau Rostock GmbH. M.: b. 1993 Kam. d. Technik, seit 1993 Dt. Stahlbauverb., DSB, DFB, Ltr. d. Abt. Fußball im Schönebecker Sportclub. H.: Fußball, Reisen, histor. Bauwerke, Modellbau, Rosen, Reisebeschreibungen philosoph. Literatur.

Bäcker Michael Dipl.-Phys. *)

Bäcker Roland M. Dr.

B.: RA. FN.: Anw.-Kzl. u. Steuersozietät Bäcker. DA.: 58095 Hagen, Elberfelder Str. 27. PA.: 58097 Hagen, Goebenstr. 18. G.: Hattingen, 17. März 1956. V.: Sylvia, geb. Kubitschek.

Ki.: Carl Philippe (1997). El.: Heinz Otto u. Wiltrud, geb. Grote. S.: 1975 Abitur, 1975-81 Stud. Rechtswiss. Bochum, 1981 1. Staatsexamen, 1981-84 Referendariat OLG Bez. Hamm, 1984 2. Staatsexamen. K.: 1984-88 wiss. Mitarb. am Lehrstuhl bürgerl. Recht, Hdl.- u. Wirtschaftsrecht Prof. Dr. E. Schwark an d. Univ. Bochum, seit 1988 selbst. Kzl., b. 1993 Lehrauftrag an d. FHS Bochum, 1989 Prom., s. 1991 Lehrauftrag an d. Rechtswiss. Fakultät der Univ. Bochum, 1994 Grdg. der Sozietät m. Schwerpunkt Beratung mittelständ. Unternehmen im Ges.- Recht, Steuer- u. Vertragsrecht sowie Unternehmensnachfolge. P.: zahlr. Fachart. in Fachzeitschriften u. Fachbücher. M.: stellv. Fraktionsvors. d. CDU im Rat d. Stadt Hagen, Vors. d. Mittelstandsvereinig. Hagen, AufsR. d. gemeinn. Werkhof GmbH, AufsR.-Vors. d. Interest-Aparthotel GmbH in Oberstaufen, Gschf. d. Ernst Meyer-Maack Stiftung. H.: Basketball, Tennis, Theater, Musik, Literatur.

Bäcker Uwe Dr. *)

Backes Siegward Dipl.-Math. Prof. *)

Backes-Gellner Uschi Dr. Prof. *)

Backhaus Bruno Dipl.-Kfm. *)

Backhaus Clemens *)

Backhaus Ditmar

B.: Gschf. FN.: Winter & Both GmbH & Co KG. DA.: 38122 Braunschweig, Alte Frankfurter Str. 181. PA.: 38104 Braunschweig, Weddeler Str. 7 A. G.: Angerapp. 18. Okt. 1938. V.: Antje, geb. Schmidt. Ki.: Jens (1963), Tanja (1969). El.: Otto u. Erika, geb. Kremp. S.: 1957 Abitur Lübeck, 1957 Ausbild. Ind.-Kfm. K.: 1959 tätig in allen Bereichen d. Firma Carl Bade, 1972 Ass. d. Geschäftsltg. u. glz. Bilanzbuchhalterprüf., 1974 Gschf. d. Firma Carl Bade in Lübeck, 1981 Gschf. d. Firma Biernagel Getränkeservice in Hamburg, seit 1984 Gschf. d. Firma Winter & Both GmbH & Co KG, seit 2000 im Ruhestand. F.: seit 1992 Gschf. u. BeiR.-Vors. d. HNG in Hildesheim. M.: 1993-99 BeiR.-Mtgl. u. stellv. Vors. d. CCE in Düsseldorf, Tarifkmsn. f. Erfrischungsgetränke-Ind. Schleswig Holstein u. 1978-99 in Hamburg u. seit 1984 Niedersachsen, Kirchenvorst. d. St. Thomas Kirche in Lübeck, Vorst.-Mtgl. d. TUS Lübeck, kfm. Union Rheinländer Braunschweig, Marketingclub Braunschweig, Eintracht Braunschweig. H.: Langstreckenlauf, Theater, Lesen.

Backhaus Egon Dr. rer. nat. Prof. *)

Backhaus Jochen *)

---

*) Biographie www.whoiswho-verlag.ch oder beigefügte CD-ROM

Backhaus Johannes

B.: Landschaftsarchitekt. FN.: Backhaus u. Barnett Büro Hessen. GT.: 1991-93 Vorst.-Vors. d. Förderver. Ronneburg. DA.: 01247 Dresden, Sosaer Str. 41; 60598 Frankfurt/Main, Aussigerstr. 12. PA.: 99636 Rastenberg, Hinter den Kirschgärten 2. G.: Frankfurt/Main, 20. Feb. 1956. V.: Annette. Ki.: Julian (1991), Benjamin (1996). S.: 1975 Abitur Frankfurt/Main, 1975-76 2 Sem. Physikstud., 1976 Bundeswehr, 1976-77 Zivildienstleistender b. AWO, Gärtnerarb., 1979-83 Stud. f. Landespflege an d. FH Wiesbaden, 1983 Dipl.-Ing. f. Landespflege, neben d. Stud. als Gartenplaner u. -bauer tätig. K.: 1983 Grdg. eines eigenen Landschaftsarch.-Büros in Frankfurt/Main, 1. Grünberater f. Innenhofprojekte in Frankfurt, 1992 Grdg. einer Ndlg. in Rastenburg, 1995 Umzug nach Rastenburg, 1999 Grdg. einer Ndlg. in Dresden. H.: Bild.-Reisen, Surfen, Skifahren, Wandern, Gartenbau.

Backhaus Michael Dipl.-Ing.

B.: Gschf. FN.: ROSTA GmbH. DA.: 58332 Schwelm, Wiedenhaufe 3. G.: Kiel, 29. Okt. 1952. V.: Petra, geb. Heuchemer. Ki.: Christoph. El.: Karl-Ernst u. Elisabeth, geb. Stumpf. S.: 1973 Abitur, 1973-77 Stud. Chemieing. Burgsteinfurt. K.: 1977-99 Chemieing. in Labor Dr. Keller in Siegburg, s. 1979 Gschf. Möllenberg + Sonntag u. d. ROSTA GmbH. P.: Ing.-Arb. Stickstoffverbindung. H.: Skifahren, Tennis, Schwimmen, Musik.

Backhaus Peter

B.: Gschf. f. d. Ressort Personal u. Arbeitsdir. FN.: K+S-Gruppe. DA.: 34119 Kassel, Friedrich-Ebert-Str. 160. PA.: 45279 Essen, Peter-Burggraf-Weg 18. www.kalisalz.de. G.: 1943. Ki.: 2 Kinder. S.: Ausbild. z. Ind.-Kfm. b. d. Harpener Bergbau AG. K.: seit 1964 b. d. Stadtwerken Bochum, 1965 Personalsachbearb. Krupp Hüttenwerke AG, 1970 Ausscheiden in d. Position d. stellv. Personalltr., versch. Positionen im Personalbereich d. Steag AG Essen, Gschf. einer Tochterges., 1990 Vorst. d. Mitteldt. Kali AG, b. 1993 Ltr. Personalressort, gleichzeitig Arbeitsdir. u. Mtgl. d. Gschf. d. Kali u. Salz GmbH, heute K+S-Gruppe.

Backhaus Till

B.: Min. FN.: Min. f. Ernährung, Ldw., Forsten u. Fischerei Mecklenburg-Vorpommern. DA.: 19048 Schwerin, Paulshöher Weg 1. G.: Neuhaus/Elbe, 13. März 1959. Ki.: 2 Töchter. S.: 1976-78 HS-Reife m. Berufsabschluß (Agrotechniker/Mechanisator m. Abitur) in Schwechow, 1978-80 Wehrdienst, 1980-85 Univ. Rostock, Abschluß als Dipl.-Agraring. K.: 1980-90 ltd. tätig u.a. als Abt.-Ltr. in d. LPG (P) Lübtheen, 1990 Wahl in d. 1. Frei gewählte Volkskam. d. DDR, 1990-94 Mtgl. d. Landtages Mecklenburg-Vorpommern, ab 1992 Vors. d. Aussch. f. Ldw., 1994-98 Mtgl. d. Landtages Mecklenburg-Vorpommern, Vors. d. Aussch. f. Ldw. u. Naturschutz, 1998 Mtgl. d. Landtages Mecklenburg-Vorpommern, seit 1998 Min. f. Ernährung, Ldw., Forsten u. Fischerei, 1990 Grdg.-Mtgl. d. SDP im Amt Neuhaus, 1990 Mtgl. d. SPD. (Re)

Backhaus Wolfgang *)

Backhausen Dieter

B.: Unternehmensberater. FN.: Logo System Unternehmensberatung. DA.: 53332 Bornheim, Hennesenbergstr. 30. logosystem.backhausen@t-online.de. G.: Köln, 18. Mai 1959. V.: Gertrud. S.: 1975-77 Ausbild. z. Sped.-Kfm., 1980 Abitur Bonn, 1981 Stud. Logistik an DAV Bremen, Abschluß grad. Betriebswirt. K.: 1982 Tätigkeit b. einer Sped. in Köln, 1982-95 Ltr. Logistik b. Quaker Latz in Euskirchen, seit 1995 selbst. m. Logo System Unternehmensberatung Logistik - Organ. - Marketing. F.: 2001 Grdg. v. Logistik Team u. Log-Job. P.: Beiträge in d. Zeitschriften DVZ u. in Erfolgreich Selbständig. M.: BVMW, Regional Gruppensprecher DGFL. H.: Sport, Reisen.

Backhausen Peter

B.: Multimediamusiker, Künstler. FN.: Integrative Kunst- u. Musikschule. DA.: 48147 Münster, Am Kreuztor 10. G.: Kassel, 24. Apr. 1948. S.: 1968-71 Stud. Musik (Schlagzeug, Gitarre, Klavier) an Konservatorium in Münster. K.: 1985 Grdg. d. eigenen PEBA-Musikverlages, 1996 Art-PEBA-Records/Label, 1995 eigene integrative Kunst- u. Musikschule, seit 1968 Maler, Gastspiele als Musiker in Europa u. Südamerika. P.: LP's: Planet Show, Man Gab mir eine Insel, CD's: Picture Dreams, Art of Magic, Villa Lila, Photograph, Katzen bolancieren leise, Bilderausstellungen: Erotic Art Museum Hamburg etc., 1997 Verein: Integration Kunst u. Musikschule Multimedia Kultur e.V.

Backheuer Robert Dipl. Vw. *)

Backmeister Eva-Maria

B.: selbst. RA u. Notarin. DA.: 61348 Bad Homburg, Louisenstr. 48. G.: Frankfurt/Main, 24. Dez. 1957. El.: Walther-Heinz u. Edith. S.: 1976 Abitur, 1981 und 1985 2. Jur. Staatsexamen, 1981-82 Verw.-HS Speyer. K.: 1985 Zulassung als RA, 1996 Zulassung z. Notar. P.. Veröff. in Fachzeitschriften. M.: Arge f. Familien- und Verkehrsrecht, Golfclub Homburger Golf Club 1899 e.V., Förderver. Altstadt Bad Homburg e.V. H.: Golf, Joggen, histor. Romane, Sprachen, Italien.

Backofen Andreas Dipl.-Ing. *)

Backofen Ulrich

B.: Künstlerischer Dir. FN.: Sächsisch-Böhmisches Musik Festival e.V. DA.: 01219 Dresden, Tiergartenstr. 36. info @sbmf.de. www.sbmf.de. S.: Stud. Dirigieren an d. HS f. Musik Leipzig b. Rolf Reuter u. Kurt Masur. K.: 1982/83 aus politischen Gründen in DDR-Gefängnissen inhaftiert, dirigiert

*) Biographie www.whoiswho-verlag.ch oder beigefügte CD-ROM

Backofen

seit 1984 b. vielen namhaften in- u. ausländischen Orchestern, u.a. Gast in Frankfurt, Hamburg, München, Wien, Schweiz u. Osteuropa, zahlr. Rundfunk- u. CD-Produktionen, 1993 künstlerischer Dir. d. Sächsisch-Böhmischen Musik Festival e.V. (Re)

Backs-Kiefer Gabriele *)

Backsmann Peter Ing. *)

Bäckström Bo Dipl.-Kfm.

B.: Unternehmer, Inhaber. FN.: Albatross 78 Intern. DA.: 58095 Hagen, Körnerstr. 59. PA.: 58119 Hagen, Steinuferweg 20. G.: Göteborg, 14. März 1944. V.: Bärbel Grund-Dirk. S.: 1964 Abitur Göteborg, 1964-65 Militärdienst in Schweden. K.: 1965-66 Verkaufsass. im Holzhdl., 1966-68 Bankang. in Toronto/Kanada, 1969-72 Stud. Betriebswirtschaft m. Abschluss Dipl.-Kaufmann an der Univ. Lund/Schweden, 1972-74 Ass. Trade Commissioner in d. Schwedischen HK Chicago USA, 1974-84 Produktgruppenmanager b. Schwed. Ind.-Konzern Alfa-Laval in Stockholm, 1984-89 Gschf. b. AgriShop in Hagen, seit 1989 selbst. Unternehmer als Managementberater, speziell im Bereich Marketing. M.: Hagener Marketingclub, Ordensmtgl. im Stockholmer Orden S.H.T. H.: Segeln, früher Fallschirmspringen.

Bacman Osvaldo Dr. med.

B.: FA f. Pathologie, Ltr. FN.: Inst. f. Pathologie. DA.: 91058 Erlangen, Wetterkreuz 3. G.: La Plata/Argentinien, 19. Nov. 1941. V.: Diana, geb. Link. Ki.: Giselle (1966), Bettina (1969), David (1973). El.: David u. Elisa. S.: Abitur, 1960-68 Stud. Med. Univ. La Plata, Approb. u. Prom. K.: 1969-75 tätig in d. Abt. Gynäk. am KH Melcor Romero u. glz. ndlg. Arzt in gynäk. Praxis, 1976-77 wiss. Ass. am Inst. f. Pathologie am Städt. KH Wuppertal, Zulassung als FA f. Pathologie, 1984-89 OA am Bethanen-KH in Duisburg, 1989-91 FA f. Pathologie am Inst. f. Pathologie in Mönchengladbach, 1991 Grdg. d. Inst. f. Pathologie in Erlangen m. Schwerpunkt allg. Pathologie u. Zytopathologie. P.: Diss.: "Einfluß d. Psychopharmaka auf d. exozervikale Epithel", Einzel- u. Gruppenausstellungen m. eigener abstrakter-geometr. Malerei u.a. "Die Dritte Dimension d. Konstruktivismus". E.: 1992 MEBAC -Meziers en Brenne ART Contemprain. M.: 1970 Mitgrdg. d. Intern. Ges. f. Portiopathologie, Koloskopie u. Zytologie, Intern. Ak. of Pathology. H.: Malen, klass. Musik.

Bacmeister Claus *)

Bacmeister Georg Dr. iur.

B.: Schriftsteller. PA.: 21337 Lüneburg, Dr. Lilo-Gloedenstr. 28. G.: Hamburg, 8. Okt. 1930. V.: Karin, geb. Luetkens. El.: Dr. Georg u. Hanna. BV.: Lucas Bacmeister Prof. f. Theol. Rostock 1530-1608. S.: Hermann Billung Schule Celle, Stud. Rechtswiss. Christian-Albrecht-Univ. Kiel u. Georg-August-Univ. Göttingen. K.: 1957 gr. Staatsprüf. Anwaltsassessor, ab 1961 Handwerkskam. Lüneburg-Stade, 1976 Hpt.Gschf., seit 1993 i. R. M.: Saxonia Kiel, Brunsviga Göttingen, Lions Lüneburg. H.: Geschichte.

Baczko Michael *)

Badack Torsten Dipl.-Ing. *)

Badczong Andreas *)

Bade Carsten *)

Bade Eckhard Dipl.-Ing. *)

Bade Erika *)

Bade Gunnar *)

Bade Hans-Jürgen *)

Bade Peter K. *)

Bade Thomas *)

Badekow Juliane Dr. *)

Baden Eberhard Dr.

B.: Rechtsanwalt. FN.: RA Heinle, Felsch, Baden, Redeker & Partner GbR. DA.: 53177 Bonn, Koblenzer Str. 99-103. E.u.G.Baden@t-online.de. www.heinle-partner.de. G.: Solingen, 29. März 1951. V.: Dr. Gabriele, geb. Langenberger. Ki.: Christian (1980), Thomas (1982). El.: Heinz u. Anneliese, geb. Birkendahl. S.: 1969 Abitur Solingen, daneben Chefred. Schülerzeitung, 1969-72 Stud. Rechtswiss. Köln, 1972 1. Staatsexamen. K.: 1972-76 wiss. Mitarb. Univ. Gießen, 1976 Diss., 1976-79 Referendariat LG Bonn, 1977-83 freier Mitarb. in Sozietät Prof. Redeker & Partner Bonn, seit 1983 Partner d. Sozietät Dietrich & Partner, heute Heinle & Partner. BeiR. d. Zeitschrift f. Gesetzgebung ZG u. d. dt. Ges. f. Gesetzgebung DGG, 1987 Fachanw. f. Verw.-Recht, daneben Prüfer im LJPA Düsseldorf. BL.: Leistungen in d. Referendarausbild. u. anwaltl. Fortb., Dozent Anwalt Akademie. P.: Gesetzgebung u. Gesetzesanwendung im Kommunikationsprozeß (1977), Mitautor Handbuch d. Arch.-Rechts (1988), Mitautor Anw.-Handbuch f. Verw.-Verfahren (1990), versch. Veröff. in Zeitschrift f. Gesetzgebung, Zeitschrift f. Baurecht, Immobilien u. Baurecht IBR, Der PersonalR. M.: DAV DG Verw.-Recht, Kassenprüfer Dt. Ges. f. Gesetzgebung, Europ. Ges. f. Gesetzgebung, Dt. Ges. f. Baurecht, AG RA im Med.-Recht e.V., Vorprüf.-Aussch. Fachanw. f. Verw.-Recht. H.: Barockmusik, Oper, Flöte.

Baden Manfred

B.: Staatssekr. a.D. PA.: 53347 Alfter, Am Domplatz 34. G.: Trier, 28. Nov. 1922. V.: Marianne, geb. Busch. El.: Josef u. Margarethe. S.: Gr. jur. Staatsexamen, Volljurist. K.: 1956 Staatsanwaltschaft Köln, 1956-58 Hilfsref. im BMVg, 1958-62 pers. Ref. d. Chefs d. KA, ab 1962 Bundesmin. f. Arbeit u. Sozialordnung, Haushaltsref., Unterabt.Ltr., Arbeitslosenvers., Abt.Ltr. Arbeitsmarktpolitik, 1979-82 RA, 1982-87 Staatssekr. d. Bundesmin. f. Arbeit u. Sozialordnung. P.: Mithrsg. eines Kommentars z. Wehrdisziplinarrecht. E.: EK I, II, Sturmabz., Verwundetenabz. schwarz, Gr. BVKr. m. Stern, BwEhrKrGold, Cr. Computer de Phoenix. M.: Ges. f. auswärtige Politik, Schäffer-Club. H.: Wassersport, Musik.

Baden Mattias *)

---

*) Biographie www.whoiswho-verlag.ch oder beigefügte CD-ROM

Markgraf von Baden Max(imilian) *)

Bader Birgit Dipl.-Päd. Dipl.-Psych.
B.: freiberufl. Pädagogin u. Psychologin. FN.: Birgit Bader Seminare. DA.: 20144 Hamburg, Gustav-Falke-Str. 2. bbs@bibader.de. G.: Mülheim, 12. Mai 1952. El.: Herbert u. Hannelore Bader. S.: 1971 Abitur Hannover, 1971-77 Stud. Germanistik, Soz., Politologie u. Geografie Univ. Marburg, 1. Staatsexamen, 1980 Dipl.-Päd. K.: seit 1979 Trainerin f. versch. Inst., Seminarltr. in d. Erwachsenbild., seit 1987 Supervisorin, seit 1989 Psychotherapeutin, 1980-87 tätig in d. Erwachsenenbild. in Marburg, 1987-92 Streeworkerin d. Hamburger Basisprojekts, 1991-96 Stud. Psych. m. Dipl.-Abschluss an d. Univ. Hamburg, 1991 tätig in d. Aids-Hilfe Hamburg e.V., seit 1995 NLP-Lehrtrainerin. P.: Auftritte in div. Talkshows, "Stricher-Leben" (1991), "Berater- u. Betreuerausbild. im Aids-Bereich - ein Handbuch m. Übungen" (1995), "Das dritte Geschlecht" (1995), "Das Gesundheitsrad - Arb. m. HIV-Positiven" (1996), "Streetwork - Arb. auf d. Straßenstrich" (1991) u.a.m. M.: seit 1999 Vorst. d. DG-NPLt e.V., EA-NPLt, BDP, DVNLP e.V. H.: Literatur, Musik, Kino, PC, Börse.

Bader Detlef Ing. *)

Bader Edgar *)

Bader Elke M.A.

B.: Gschf. FN.: Mediaphon-Madacy Entertainment GmbH. DA.: 70771 Leinfelden-Echterdingen, Humboldtstr. 32. G.: Stuttgart, 29. März 1963. El.: Siegfried u. Irmgard Rümmelein. S.: 1982 Abitur, 1983-89 Stud. Romanistik u. Germanistik Univ. Stuttgart m. Abschluß Mag. M.A., glz. 2 Sem. Stud. Sorbonne-Univ. Paris. K.: 1989 Eintritt in d. Firma Mediaphon GmbH als Redakteurin u. Vertriebsltr. f. Export, ab 1994 Gschf. d. Mediaphon-Madacy Entertainment GmbH m. Schwerpunkt Vertrieb, Repertoire / Verlagswesen / Aufnahmeprojekte / Coprod., Aufbau / Erweiterung Vertriebsnetz Handel / Industrie / Expans. europ. Ausland.

Bader Erik-Michael *)

Bader Gerhard Josef *)

Bader Gerhard Karl Dr.
B.: im Ruhestand. PA.: 14165 Berlin, Leo-Beck-Str. 15. G.: Berlin, 20. Jan. 1930. Ki.: Susanne (1959), Adrian (1961), Gerald (1967). El.: Rudolf u. Erna, geb. Höhne. BV.: Urgroßvater Druckereibesitzer. S.: 1948 Abitur, 1948-54 Med.-Stud. an d. Humboldt-Univ. zu Berlin, Würzburg u. FU Berlin, Staatsexamen, 1957 Prom. z. Dr. med. K.: 1954-56 Pflichtass. in 2 Abt. d. Auguste-Viktoria-KH Berlin, 1957-66 FA f. Inneres, FA f. Radiologie in d. gleichen Gesundheitseinrichtung, seit 1962 zusätzl. Hon.-Arzt im Ev. KH Schönow/Berlin-Zehlendorf, 1966 Berufung durch d. Diakonische Werk z. Chefarzt d. Ev. KH Schönow, 1993 Beginn d. Ruhestandes aus gesundheitl. Gründen. BL.: Grdg. u. Ltg. einer staatl. anerkannten Krankenpflegerhelferschule. M.: aktives Mtgl. d. Stiftung f. Soz. Arb. in Friedenau. H.: Musik, Literatur, Gartenarb.

Bader Hanns F. Dipl.-Vw.

B.: Wirtschaftsjurist in eigener Kanzlei. DA.: 90768 Fürth, Am Himmelsweiher 12. G.: Fürth, 21. Sep. 1929. V.: Marlen, geb. Heyer. Ki.: Oliver (1962), Colin (1965), Christopher (1969). El.: Heinrich u. Käthe. S.: 1948 Abitur, 1949-56 Stud. Rechtswiss. u. Wirtschaftswiss. Univ. Erlangen, 1954 1. jur. Staatsexamen, 1956 Abschluß Dipl.-Vw., 1956-58 Stud. Academy of International Law Den Haag. K.: 1958-95 Justitiar bei d. US-Streitkräften in Fürth, Korpsstabsberater d. VII. US-Corps u. Dt. Jurist im Stab f. zivil-militär. Zusammenarbeit, seit 1995 selbständiger Unternehmensberater f. kommunale u. landespolit. Angelegenheiten. E.: Verdienstkreuz am Bande d. Verdienstordens d. Bundesrep. Deutschland, Superior Civilian Service Medal des US-Department of the Army. M.: Stadrat Fürth (1978-90), gschf. Vors. d. Fürther Ges. d. Kunstfreunde, CSU Fürth. H.: Musik, Jazz, Klassik, mod. Musik, Klavier u. Kontrabass spielen, Theater, Oper, bild. Kunst.

Bader Josef *)

Bader Martina *)

Bader Reinhard Dr. Prof.
B.: Univ.-Prof. Lehrstuhl Berufspäd. FN.: Otto-von-Guericke-Univ. Magdeburg IBBP. DA.: 39016 Magdeburg, Postfach 4120. G.: Wolfsdorf, 8. Jan. 1941. Ki.: Annette (1966), Thomas (1973), Michael (1975). El.: Josef u. Hedwig, geb. Feyder. S.: 1960 Abitur Rheinland-Pfalz, 1960-64 Stud. Lehramt an berufsbild. Schulen an TH Aachen. K.: 1964-66 Referendariat, b. 1969 wiss. Ang. an TH Aachen, 1970-72 Lehrer an berufsbild. Schulen Aachen, 1973-82 AkR. an d. Univ. Duisburg, 1976 Prom., 1983-84 Prof. Univ. Dortmund, seit 1994 Prof. Otto-von-Guericke-Univ. Magdeburg; seit 1988 Gschf. Schriftltr. d. Zeitschrift "Die berufsbild. Schule". P.: monatl. Veröff. d. Sachgebiete: Berufsbild.-System, Curriculumentwicklung f. berufsbild. Schulen, Lehrerbild. M.: Sekt. Berufsu. Wirtschaftspäd. DGfE, Berufsschullehrerverb. Sachsen-Anhalt.

Bader Roland Prof. *)

Bader Walter Johannes *)

Bader Werner *)

Bader Werner
B.: Präs. d. Internat. Assoziation dt.-sprach. Medien (IADM), Ltr. d. Dt. Programms d. Dt. Welle a.D., Bundessprecher d. Landmannschaft Berlin-Mark Brandenburg- Vors. d. Stiftung Brandenburg. PA.: 14728 Görne/Havelland, Dorfstr. 3. G.: Haidemühl/Mark Brandenburg, 4. März 1922. V.: Karin, geb. Schütte. E.: Paul u. Bertha. S.: Abitur, Stud. Gesch., Zeitungswiss. K.: In Berlin Redakt. "D. Kurier", "D. Neue Zeitung", Sender Freies Berlin, 1970 Dt. Welle, Ltr. Dt. Programm. P.: "Kampfgruppen, die Bürgerkriegstruppe d. SED", "Geborgter Glanz, Flüchtlinge i. eig. Land, Oranisationen u. ihr Selbstverständnis", "Steige hoch, du roter Adler-Weltihis aus märkischen Sand", "Pionier Klinke-Tat u. Legende", "Der Teufelsaktuar von Spremberg", "Die Abenteuer und Liebe des legendären Räuberhauptmanns Lauermann", "Brandenburgballade", Veröff. i. Anthologien, Runfunkfeature, Kommentare. E.: Großes BVK, Gold. Note für Verd. um die deut. Musik,

---

*) Biographie www.whoiswho-verlag.ch oder beigefügte CD-ROM

Bader

Silb. Med. f. Verd. um d. dt.-sprach. Chorgesang i. d. Welt. M.: Präs. d. Internat. Assoz. dt.-sprach. Medien (IDAM), Vors. d. Beirates d. Zentralstelle f. d. dt.-sprach. Chorgesang i. d. Welt. H.: Sammeln von Städtestichen der Mark Brandenburg, Ansichtspostkarten, Briefmarken.

Bader Wolfgang *)

Bader-Strzempek Martina Dipl.-Ing.

B.: Innenarchitektin, Mitinh. FN.: Bader-Strzempek Innenarch. & Consult. DA.: 89079 Ulm-Wiblingen, Dreifaltigkeitsweg 13. www.paradigmafive.de. G.: Ulm, 12. Apr. 1967. V.: Dipl.Ing. Dieter Strzempek. Ki.: Laura (1994), Natalia (1996). El.: Erich u. Lore Bader. S.: 1986 Abitur, 1 J. Lehre Schreiner Neu-Ulm, 1987-91 Stud. Innenarch. FH Rosenheim mit Dipl.-Abschluß. K.: 1989 Gründung d. 1. Büros in Rosenheim gemeinsam mit d. Ehemann, 1990 Eröff. d. Büros in Ulm gemeinsam m. d. Ehemann m. Schwerpunkt Praxen, Ladenbau, Hotel u. Gastronomie, Privatdomizile, Office, Interior Design, Produkt Design, Grafik Design; Referenzobjekte: div. Facharztpraxen Ulm, div. Wohnhäuser, Neugestaltung v. Repräsentationsbereichen wie: Hotel Lounges, Hotel Suiten u. Restaurants, Produktdesign, Erscheinungsbilder f. div. Unternehmen. M.: seit 2001 Mtgl. d. ARGE Paradigma:5. H.: Ausstellungen, Reisen, Motorsport.

Badermann Jörg-Henning *)

von Badewitz Philipp *)

Badinski Nikolai I.

B.: Komponist, Pädagoge, Violinist. DA.: u. PA.: 12161 Berlin, Fröaufstr. 3. www.badinski.8m.com.. G.: Sofia, 19. Dez. 1937. S.: Musikak. Sofia (Dipl.), Meisterschüler f. Komposition an d. Dt. Ak. d. Künste Berlin (Dipl.), Meisterklassen f. Komposition u. Kammermusik an d. Accademia Musicale Siena Italien. P.: über 130 musikal. Werke, darunter 3 Sinfonien, 4 Konzerte f. Violine u. Orchester, andere Instrumentalkonzerte, Orchestermusik, Seven Memorial Stones - In Memoriam of the Holocaust' Vict. (Requiem), Homage to Stravinsky f. Streicher, Widerspiegelungen d. Weisheit f. Sopran, Bariton, Chor u. Orchester, Die 'trunkene' Fledermaus - ein musikal. Spaß f. Orch., Ballette, die Decipio-Reihe, Begegnungen v. Unendlichkeiten f. Instrumentalensemble u. Tonband, 4 Streichquartette, 2 Bläserquintette, andere Kammermusik, Kompositionen f. Soloinstrumente, Martialphonien f. 12 Singstimmen, Cantico di S. Francesco f. Bariton u. ein imaginäres Orchester, Vokal-, elektroakust. u. Computer-Musik, mehrere Schallplatten. E.: mehrere 1. Preise b. bedeutenden Intern. Kompositionswettbewerbe, Intern. Triest-Preis f. sinfon. Musik, Rom-Preis, Paris-Preis, o. Mtgl. d. Europ. Ak. d. Künste, Wiss. u. Literatur in Paris, Einladungen v. Elektr. Studio Utrecht (Holland) 1983, 1984, Einladung nach Venedig u. Centro tedesco di Studio veneziani 1984/85, Einladung nach Paris u. Stipendiat d. franz. Rg. 1985/86, Composer-in-Residence u. Visiting Prof. USA 1987, 1997 gewählt vom "The American Biographical Institute" für "Man of the Year 1997", Filme über ihn u. seine Musik; mehrere CDs u. Lps. M.: Intern. Ges. f. Neue Musik, Dt. Komponistenverb., GEMA, Intern. Händel-Ges., Richard-Wagner-Verb. H.: Musik, Geistigpsych. Forsch., Bergwandern.

Badke Michael Dr.

B.: Vorst. Einkauf Technik u. Hartwaren. FN.: Quelle AG. DA.: 90762 Fürth, Nürnberger Str. 91 - 95. www.quelle.de. G.: Bonn, 1964. S.: Abitur, Stud. VWL. K.: 1990-95 tätig b. McKinsey & Company, 1995-98 Vertriebs- u. Marketingdirektor b. LG-Electronics, einer Tochtergesellschaft d. koreanischen Goldstar-Gruppe, seit 1998 Ltr. d. Bereiches "Senior Product Management Technik" d. Quelle AG, seit 2001 Vorst. "Einkauf Technik u. Hartwaren" der. Quelle AG in Fürth. (Re)

Badke Peter

B.: Obergerichtsvollzieher. DA.: 14712 Rathenow, Friedrich-Ebert-Ring 56a. G.: Stendal, 16. Aug. 1956. V.: Petra Friedrich. Ki.: 2 Söhne. El.: Horst u. Elfriede, geb. Schillkowski. S.: b. 1975 Lehre z. Bautischler im VEB (K) Bau Gransee. K.: ang. Bautischler im VEB Baureparaturen in Rathenow, ab 1978 Heizer u. Tischler im Kulturhaus Rathenow, ab 1984 Tischler b. d. ZBO Rathenow, ab 1985 Ltr. d. Naherholungszentrum Wolzensee in Rathenow, ab 1986 Justizsekr. b. Kreisgericht Rathenow, 1986-90 Fernstud. als Fachschuljurist-Rechtspflege, 1991-92 Gerichtsvollzieherausbild. in Monschau, ab 1992 Beauftragter Gerichtsvollzieher, 1994 Bestellung z. Obergerichtsvollzieher. P.: Veröff. in Fachzeitschriften. H.: Lesen, Musik, Filmen, Fotografieren.

Badkowski Jan Dr. *)

Badora Anna Wanda

B.: Generalintendantin, Gschf. FN.: Neue Schauspiel GmbH. DA.: 40211 Düsseldorf, Gustav-Gründgens-Pl. 1. anna.badora@duesseldorfer-schauspielhaus.de. G.: Czestochowa/Polen, 17. Nov. 1951. Ki.: Jan Kasper Hildebrand (1989). El.: Jerzy u. Halina, geb. Dyderska. S.: 1970 Abitur Czestochowa, 1970-74 Staatl. HS f. darstellende Kunst Richtung Schauspiel m. Abschluss Mag. in Krakau, 1972 Teilnahme Internationaler Straßentheater-Workshop in Amsterdam, 1976-79 HS f. Musik u. darstellende Kunst Max-Reinhardt-Seminar Wien Richtung Regie als erste Frau. K.: 1977-78 b. Giorgio Strehler imPiccolo Teatro di Milano: König Lear, Der Sturm, 1979-81 Regieass. b. Peter Zadek Berlin, 1981-82 Regieass. K.M. Grüber f. "Faust", 1982-84 eigene Inszenierung in Köln, 1984-86 in Essen, Basel u. Ulm, 1986-88 Engagement Basler Theater, 1988-90 freie Regisseurin in München, Darmstadt u. Wien, 1991-96 Oberspielleiterin d. Schauspiels Staatstheater Mainz, dann Schauspieldirektorin, 1994 Wahl z. Generalintendantin Düsseldorfer Schauspielhaus, seit 1996 Generalintendant, 2001 Vertragsverlängerung b. 2006. E.: Kulturpreis d. Landes Rheinland-Pfalz f. herausragende künstlerische Leistungen. H.: Schwimmen.

---

*) Biographie www.whoiswho-verlag.ch oder beigefügte CD-ROM

Badr El Din Mukhtar Dr. med.

B.: ndlg. FA f. Innere Med. u. Nephrologie. FN.: Dialysezentrum Merseburg. DA.: 06217 Merseburg, Bahnhofstr. 12. G.: Shandi/Sudan, 25. Juli 1953. V.: Hoiam Abuzeid. Ki.: Ghazel (2000), Tahle (2001). S.: 1972 Abitur Khartum, 1972-78 Stud. Humanmedizin. Univ. Khartum. K.: 1978-79 Ass.-Arzt am Omdurman General Hospital, 1979-92 Gründer d. El Fau District Hospital, 1983-86 Ass.-Arzt in Dessau, 19887 FA f. Innere Med., 1990 Prom. z. Dr. med., 1990 FA f. Nephrologie, 1993 OA, seit 1994 ndlg. FA, seit 1997 in Merseburg. P.: Poster u. Vorträge auf intern. u. nat. Kongressen. M.: Dt. Internist. Ges., EDTA. H.: Literatur, Musik, Theater.

Badran Eleonore
B.: Heimltr. FN.: Langwiedstift Jugendhilfe. DA.: 66119 Saarbrücken, Spicherergbergstr. 101. langwiedstift@saarnet.de. G.: Regensburg, 4. Juli 1941. Ki.: Johannes (1964), Dominike (1966). S.: 1960 Abitur Regensburg, 1960-64 Jurastud. Univ. Freiburg, 1. Staatsexamen, 1973-76 Päd.-Stud. an d. Päd. HS. K.: 1977-83 Schuldienst an d. Grund- u. Hauptschule, 1983 Heimltr. am Langwiedstift Kinder- u. Jugendhilfeverb. H.: Reisen, Lesen, Classic, Sport.

Badstübner-Gröger Sibylle Dr. phil.
B.: wiss. Mitarb., Vors. FN.: Dt. Ges. e.V. GT.: Vors. Freundeskreis "Schlösser u. Gärten d. Mark". DA.: 10557 Berlin, Hanseatenweg 10. PA.: 10178 Berlin, Rathausstr. 13. G.: Hellerau, 12. Okt. 1935. V.: Prof. Dr. Ernst Badstübner. Ki.: Camilla (1962). El.: Helmut u. Else Gröger, geb. Schnell. S.: 1954 Abitur Dresden, 1954-59 Stud. Kunstgeschichte, klass. Archäologie u. Geschichte Humboldt-Univ. zu Berlin, 1972 Prom. K.: 1960-70 wiss. Mitarb. AdW, 1970-91 wiss. Mitarb. Zentralinst. f. Literaturgeschichte d. AdW, 1980-91 Lehrtätigkeit an d. Fachschule f. Werbung u. Gestaltung Potsdam, seit 1990 Gastvorlesungen u. Seminare FU u. TU Berlin, HS f. bild. Künste Dresden, Vorträge in Utrecht, Amsterdam, Poznan, USA, Brasilien verbunden m. Ausstellungen, Organ. v. Ausstellungen u. Benefizveranstaltungen, 1992-95 FSP "Europ. Aufklärung" mbH München Berlin u. Potsdam, 1996-99 Forsch.-Zentrum "Europ. Aufklärung" e.V. Potsdam, seit 1999 Stiftung Archiv d. Akad. d. Künste Berlin. P.: "Bibliographie zur Kunstgeschichte von Berlin und Potsdam", "Das Neue Palais in Potsdam", "Martin Luther - Städte - Stätten und Stationen", Mitarb. an "Georg Dehio - Handbuch der Deutschen Kunstdenkmäler", Mitarb. an "Johann Gottfried Schadow - Kunstwerke und Kunstansichten", Hrsg. d. Publ.-Reihe "Schlösser u. Gärten d. Mark", Mitarb. am Ouvre-Katalog d. Zeichnungen v. Johann Gottfried Schadow (in Vorbereitung), zahlr. Veröff. zur Bau- u. Kunstgeschichte in Brandenburg-Preußen und zur Kunst d. Gegenwart. E.: 1995 Berufung in d. "Preuss. histor. Kmsn.". M.: Landesgeschichtl. Vereinigung d. Mark Brandenburg, Freunde d. Preuss. Schlösser u. Gärten, Winckelmann Ges., Dt. Kunsthistoriker Verb.

Bädtker Hugo *)

Badum Georg *)

Badum Josef *)

Badur Frank Prof. *)

Badura Diana *)

Badura Rolf *)

Badusch Jürgen *)

Baeberow Christa

B.: Unternehmerin, Inh. FN.: Büro für Textverarb. Christa Baeberow. DA.: 89231 Neu-Ulm, Heinz-Rühmann-Str. 10. G.: Stühlingen, 30. Okt. 1943. V.: Dr. Georg E. Baeberow. S.: 1960-62 Höhere Handelsschule, 1962-64 Volontärzeit. K.: 1964-66 Werbeabt., 1966-69 Papierfbk., 1969-72 AEG Frankfurt, seit 1972 selbst. m. Büro f. Textverarb. H.: Kunst (Malen, Töpfern), Golf, Lesen.

Baeck Sylvia
B.: Fremdsprachenkorrespondentin, Inh. FN.: Flirtschule u. Kommunikationstraining Sylvia Baeck. DA.: 10587 Berlin, Eosandersrtr. 26. G.: Köthen, 1. Nov. 1948. Ki.: Hanna (1980). S.: Mittlere Reife, Kaufm. Berufsfachschule. K.: tätig b. Dt. Bank, Schering, Flohr-Otis, 1981-91 ehrenamtl. Tätigk. u. Vorst.-Mtgl.Telefonseelsorge, 1985 Grdg. DICK & DÜNN e.V., Berlin, dort bis heute tätig u.a. in d. Geschäftsführung u. psychosozialen Beratung, Präs. EUROBESITAS (Intern. Organisation/Ess-Störungen), seit 1991 Flirtschule. P. "Eßstörungen b. Kindern u. Jugendl." (1994), Ess-Störungen, Praxishandbuch f. GruppenmoderatorInnen u. Leitfaden f. Eltern (2000), Elternratgeber (2002), zahlr. Vorträge u. Fortbildungen im In- u. Ausland z. Thema Eßstörungen. H.: Reisen, Fachliteratur, Kunst.

Baecker Carlernst Josef Dr. *)

Baecker Inge Gisela M. A.

B.: Galeristin u. Kunsthistorikerin. DA.: 50667 Köln, Zeughausstr. 13. baeckercgn@aol.com. S.: 1963 Abitur Bochum, 1963-70 Stud. Phil., Germanistik u. Kunsthistorik Univ. Bonn, Münster, Gießen u. Konstanz, 1970 Abschluß M.A. K.: 1970 Eröff. d. Galerie in Bochum, 1983 Eröff. d. Galerie in Köln m. Ausstellungen nach. Künstler wie Fluxus-Gruppe, Wolf Vostell, russ. Kunst u.a.m., 1972-79 Konzeption u. Realisierung d. 6 Bochumer Kunstwochen, 1992 Organ. d. großen Vostell-Retrospektive in 5 Museen, seit 1973 Teilnahme an internat. Kunstmessen, seit 1996 glz. Kunst in St. Gereon in Köln, seit 1997 Organ. d. Dt. Kath. Gem. Paphos in Zypern. BL.: 2 x Präs. d. Akademikerinnenbund in Bochum u. 1 x in Köln, KunstbeiR. f. d. Rat d. Stadt Köln, Vorst. d. Zentralarchiv d. Dt. u. Intern. Kunsthdl. H.: Archäologie auf Zypern, Klavier, Orgel, Golf.

Baehr Michael Dr. rer. nat. *)

---

*) Biographie www.whoiswho-verlag.ch oder beigefügte CD-ROM

Baehr Ulrich Prof.
B.: Bild. Künstler an d. FHS f. Kunst u. Design Hannover. DA.: 30419 Hannover, Herrenhäuserstr. 8. PA.: 1000 Berlin, Friedrichstr. 206. G.: Bad Kösen, 31. März 1938. Ki.: Agnes Antonia (1970), Juliane (1972). El.: Hugo u. Kätelotte. S.: Abitur, 1958-65 Stud. Bild. Kunst Staatl. HS f. Bild. Künste Berlin u. Ecole des Beaux-Arts Paris. K.: seit 1965 freischaff. als Maler, Grafiker u. Bildhauer tätig, zahlr. Ausstellungen im In- u. Ausland, 1964 Mitbegründer d. Gruppe Großgörschen 35, 1971 Mitbegründer Gruppe Aspekt Berlin, 1980 Stipendium PS 1 in New York, 1986 Gastprof. HdK Berlin, seit 1987 Prof. an o.g. FHS. E.: 1984 Otto Nagel-Preis Berlin. M.: Dt. Künstlerbund, Grdg.-Mtgl. d. Perspektive Berlin e.V. H.: Musik. (El.S.)

Baensch Norbert
B.: Chefdramaturg, Schauspieler u. Künstl. Leiter d. Dt. Theaters in Göttingen, Lehrbeauftr. an d. Univ. Göttingen, Dozent VHS Göttingen. PA.: 37075 Göttingen, Popitzweg 1. G.: Gottesberg/Schlesien, 1. Apr. 1934. V.: Liselotte, geb. Beerbom. Ki.: Jesko u. Tanja. S.: Abitur, Philol. Univ.-Stud., Schauspielerausbild. K.: Theater-Hospitanzen u. -Praktika, Uni-Theater, Regie- u. Dramaturgie-Ass. Heinz Hilperts, Dt. Theater in Göttingen 1958-60, Chefdramaturg Theater d. Stadt Trier 1960-63, Chefdramaturg u. Schauspieler Dt. Theater in Göttingen seit 1963, Künstl. Leiter d. DT 1998/99. BL.: Gründer u. Vors. d. Dt.-Poln. Ges. Göttingen e.V. 1979. P.: Chefred. d. DT-Zeitung Göttingen s. 1974, d. Programmhefte d. Theaters d. Stadt Trier 1960-63 u. d. "Blätter d. Dt. Theaters in Göttingen" 1963-99, "Almanache d. DT in Göttingen" 1963-66, "Festgabe f. Heinz Hilpert 1965", "DT in Göttingen 1950-66", "DT in Göttingen 1966-86", "Festgabe f. Günther Fleckenstein 1984", "100 Jahre Göttinger Theater am Wall, 1992", "Die DT-Intendanz Heinz Engels 1986-99" u.v.a., Mitarb. versch. Literaturzeitungen. E.: 1979 Med. Amicus Poloniae, 1986, Orden Pour les Mérites en Faveur de la Culture Polonaise, 1999 Kavalierskreuz d. VO d. Rep. Polen, 1999, Ehrenmed. d. Stadt Göttingen, Ehrennadel d. MChAT Moskau, 1999, Ehrenmtgl. d. Dt. Theaters in Göttingen. M.: Dt.-Poln. Ges. Göttingen e.V., Ges. f. Christl.-jüd. Zusammenarb. Göttingen e.V., Kuratorium d. Evangel. Erw. Bildung Göttingen. H.: Beruf, Ausstellungen im Galeriefoyer d. DT, Intern. Kontakte m. Ost- u. Westeuropa.

Baer Bärbel Dr.-Ing.
B.: Dr.-Ing. f. Vermessungswesen i. R. PA.: 04329 Leipzig, Weberknechtstr. 55. baerbel-baer@t-online.de. G.: Dresden, 2. März 1937. V.: Dipl.-Math. Günther Baer. S.: 1955 Abitur Halle, 1955-61 Stud. Ingenieurvermessung Inst. f. Geodäsie, Luftbildvermessung u. Kartographie Moskau, 1961 Dipl.-Ing. f. Vermessungswesen, 1970 Grundlehrgang Mechanisierung u. Automatisierung d. wiss.-techn. Information Moskau, 1974 Prom., 1976 Lehrgang wiss.-techn. Rechtsschutz. K.: 1961 Ass. im Vermessungswesen in Schwarze Pumpe bei Dresden, 1961-65 wiss. Mitarb. im Geodätischen Dienst in Leipzig, 1965-98 Ltr. d. wiss. Information f. d. Vermessungs- u. Kartenwesen, später im Inst. f. angew. Geodäsie, seit 1998 im Ruhestand. BL.: Beherrschung d. Russ. Sprache in Wort u. Schrift, 33 J. Ltg.-Tätigkeit, Dolmetscher f. Russ. b. Fachveranstaltungen. P.: 18 Veröff. zu Problemen d. wiss.-techn. Information im Bereich Vermessungswesen. E.: Verd.-Med. d. MdI, Verd.-Med. d. DDR. M.: KdT, DSF, Dt. Ges. f. Informationswiss. u. Informationspraxis, Dt. Ver. f. Vermessungswesen. H.: Garten, Lesen, Wandern, Natur.

Baer Ellen
B.: RA. FN.: Kanzlei Baer & Quill. DA.: 02826 Görlitz, Lutherpl. 4. PA.: 02826 Görlitz, Augustastr. 21. G.: Freiberg, 20. Jan. 1972. El.: Dr. Lotzar u. Renate Baer. S.: 1988-90 Abitur in Pirna, 1991-96 Stud. Rechtswiss. Univ. Leipzig, 1996-98 1. Staatsexamen u. Referendarzeit am Landgericht Görlitz,

1998 2. Staatsexamen. K.: 1998-99 Justitiarin b. einer Immobilienfirma, 1999 Eröff. d. eigenen Kzl. in Görlitz, Tätigkeitsschwerpunkte Mietrecht u. Arbeitsrecht, seit 2000 nebenberuflich Doz. an d. Bildungsakademie in Dresden.

Baer Günther Dipl.-Ing.

B.: Dipl.-Ing. für Hochfrequenztechnik. FN.: Spur-Verlag Dresden. DA.: 01219 Dresden, Feuerbachstr. 44. guenther.baer@sz-online.de. www.spur-aktuell.de. G.: Guscht, 16. Sept. 1931. Ki.: Ingolf (1955), Sabine (1956), Ines (1961), Heidi (1973). S.: 1946-49 Lehre Huf- u. Wagenschmied. K.: 1949-52 Elektroschweißer im Schiffbau Rostock u. im Kranbau Schmalkalden, 1952-54 Ausbildung z. Techniker f. Flugzeugelektrospezialausrüstung (Armee), 1958-61 Stud. an d. Ing.-Schule f. Flugzeugbau in Dresden m. Abschluß Ing. f. Elektrogerätebau, 1961-77 Lehrer/Doz. f. Elektrotechnik, Nachrichtentechnik u. Spezialausrüstung an d. Offiz.-Hochschule d. Luftstreitkräfte in Kamenz, 1965-72 Fernstud. Hochfrequenztechnik an d. TU Dresden m. Abschluß Dipl.-Ing., 1972-74 Fernstud. Päd. an d. TU u. Militärakad. Dresden, 1977-79 Wiss. Mitarb. an d. Univ. Rostock, 1979-94 Doz. f. Elektrotechnik u. Elektronik an d. Ing.-Schule f. Verkehrstechnik in Dresden. BL.: genießt weltweite Anerkennung d. Grundaussagen seines physikalischen Weltbildes, d. im Gegensatz zu d. Einstein'schen Prämissen f. d. "moderne physikalische Weltbild" stehen. P.: Kritische Forschungen, Vorträge u. Ausarbeitungen z. Thema "Modernes physikalisches Weltbild" (1977-90), "Spur eines Jahrhundertirrtums" (1993), "Logik eines Jahrhundertirrtums" (1993), "Die widersprüchliche und irreführende Konstanz der Lichtgeschwindigkeit" (1999), "Die Gravitation ist keine Massenanziehungskraft" (2000), Sonderdruck UFO: "Haben wir die Außerirdischen nötig?" (1998), Dez. 2000: Offener Brief an Auftraggeber (auch im Internet) mit d. Vorhersage, d. ein für 2001 vorgesehenes, auf d. Auffassungen d. "modernen physikalischen Weltbildes" beruhendes Milliardenexperiment zur Messung d. Erdrotation prinzipiell nicht funktionieren kann u. wird.

Baer Hans-Ullrich
B.: Dipl.-Ind.-Designer DDV, Inh. FN.: i. d. baer Intelligence Design. DA.: 50872 Köln, Häuschensweg 19. i-d-baer@t-online.de. G.: Berlin, 4. Jan. 1950. V.: Jeanette, geb. Bebber. Ki.: Boris Matthias (1981), Mira Dora (1983), Janina (1993). El.: Heinz Joachim u. Dorette. S.: 1970 MR, 1970-74 Stud. Ind.-Design in Köln, Dipl.-Designer, 1974 Wehrpflicht. K.: 1975-77 Designer v. Verpackungsentwicklung in d. Kartonagenfbk. Panther Gruppe, Tornesch in Hamburg-Altona, ab 1977 freiberufl. beratend in Design, 1981 in Partnerschaft Grdg. Werbeagentur f. Produkt- u. Markenentwicklung (Firma Salespoint GmbH), ab 1996 Grdg. Atelier f. Art, Design & Communication. E.: Ausz. v. d. Bundeswehr f. vorbildl. Pflichterfüllung. M.: DDV. H.: Beruf.

Baer Harry
B.: Schauspieler, Reg. FN.: regie.de - Die Adresse für Filmschaffende, wolf-art production. DA.: 80469 München, Klenzestraße 71 harry@regie.de. G.: Biberach/Riß, 27. Sep. 1947. K.: Schauspieler, Regieass. u. Prod.-Ltr. b. Rainer Werner Fassbinder, nach dessen Tod veröff. er d. Erinnerungsband "Schlafen kann ich, wenn ich tot bin - d. atemlose Leben d. Rainer Werner Fassbinder", Filme u.a. "Die Sehnsucht d. Ve-

ronika Voss" (1982), "Rambo Zambo" (1984), "Donauwalzer" (1986), 1985 6teilige TV-Jugendserie "Bas-Boris-Bode", Gschf. von mediacube Gesellschaft für Informationstechnologien mbH, Ausz. a. d. Filmographie: 1969 Katzelmacher, 1970 Rio das Mortes, Götter des Pest, Warum läuft Herr R. Amok?, Die Niklashauser Fahrt, 1971 Warnung vor der heiligen Nutte, Whity, 1972 Der Händler der vier Jahreszeiten, Die bitteren Tränen der Petra von Kant, Zahltag, Ludwig II. Requiem für einen jungfräulichen König, Wildwechsel, 1973 Im Zeichen der Kälte, 1976 Il Padrone della città - Zwei Supertypen räumen auf, 1977 Adolf und Marlene, 1979 Die Dritte Generation, 1980 Palermo oder Wolfsburg, 1981 Der Westen leuchtet, 1982 Tatort - Sterben und Sterben lassen, 1985 Im Himmel ist die Hölle los, 1987 Helsinki - Napoli, 1988 Der Passagier, 1991 Kommissar Klefisch - Dienstvergehen, 1993 Prinz in Hölleland, Ich will nur, daß ihr mich liebt, 1995 Babuschka, 1997 Frost.

Baer John V. *)
Baer Jörn

B.: Gschf. Ges., Inh. FN.: Little John Bikes Fahrrad Einzelhdl. DA.: 10119 Berlin, Rosenthaler Str. 23. PA.: 12623 Berlin, Donizettistr. 25. G.: Berlin, 26. Jän. 1972. Ki.: Lisa (1993). El.: Winfried u. Christiane, geb. Ziemann. S.: 1988-91 Lehre Werkzeugmacher Firma Vergaser- u. Filterwerk Berin, Ausbild. Facharb. Firma Hengst Filterwerk GmbH. K.: 1991-92 Mitarb. d. Prod. d. Firma Hengst Filterwerk GmbH, 1992-93 Mechaniker u. Verkäufer d. Zweirad GmbH in Berlin, 1994-99 Verkaufsstellenltr., 1999 Grdg. d. Firma Little John Bike GmbH. H.: Motorradfahren.

Baer Michael *)
Baer Regina Christine

B.: Gschf. FN.: Tresor Club; Interfisch GmbH. GT.: div. Beteiligungen an gastronom. Einrichtungen. DA.: 10997 Berlin, Schlesische Str. 29/30. regina@tresor-berlin.de. G.: Hannover, 1. Dez. 1966. V.: Stefan Dessauer. Ki.: Louis (1996). El.: Maximilian u. Thekla, geb. Dietrich. S.: 1977-85 Integrierte Gesamtschule Hannover Mühlenberg, Abschluß Allg. HS-Reife, 1985-87 Caritasverb. Hannover in d. Familienpflege, 1986-87 Praktikum in d. Kunstwerkstatt Innenholz, 1988-91 Stud. Germanistik, Publizistik u. Amerikanistik an FU Berlin, 1990-91 Stud. Geschichte d. exakten Wiss. u. d. Technik an d. TU Berlin. K.: 1991 Aufbau d. Tresor Club, Mitarb. in d. Interfisch Records GmbH, 1992 Ltg. d. Tresor Club, 1996 Geschäftsführung d. Interfisch Records GmbH. BL.: internationaler Ruf u. einmalige Konstellation v. Label u. Club. H.: Arch.

Baer Winfried Dr. *)

Baer-Henney Jörg Dr. *)
Baermann Axel Dr. rer. nat. *)
Baermann-Faber Astrid *)
Baerns Barbara Dr. phil. Univ.-Prof.
B.: Univ.-Prof. f. Publ. u. Kommunikationswiss. FN.: Ruhr-Univ. Bochum. PA.: 14195 Berlin, Hüninger Str. 25. G.: Rinteln, 8. Feb. 1939. S.: Prom. 1967 FU Berlin, 1982 Habil. Ruhr-Univ. Bochum. K.: 1967-69 Presse- u. Kulturref. Amerika-Haus Hannover, 1969-71 Polit. Redakt. Neue Hann. Presse, 1971-73 Redakt. Presse- u. Informationsabt., ab 1972 Abt.-Ltr. Coca-Cola GmbH, Essen, 1973-74 Polit. Redakt. Neue Ruhr Ztg., Essen, 1974-89 Prof. f. Publ. u. Kommunikationswiss. Ruhr-Univ. Bochum. P.: Öfftl.-arb. oder Journalismus? Z. Einfluß im Mediensystem (1985), u. a. zahlr. journ. Art. sowie wiss. Beiträge u. Vorträge.

Baerns Manfred Dr. rer. nat. Prof.
B.: Wiss. Dir., Inst. f. Angewandte Chemie Berlin-Adlershof e.V., o.Prof. f. Techn. Chemie Ruhr-Univ. Bochum. (z.Zt. beurlaubt). PA.: 14195 Berlin, Hüninger Str. 25. G.: Berlin, 23. Juli 1934. V.: Prof. Dr. Barbara, geb. Beckmann. S.: Gauss-Schule Braunschweig, TH Braunschweig u. Hannover, 1959 Dipl.Chem., 1961 Dr. rer. nat. K.: 1969 Habil., 1962-64 wiss. Mitarb. Argonne Nat'l Laboratory, Argonne III USA, 1965-69 OIng. Inst. f. Techn. Chemie TH Hannover, 1969-74 Abt.Ltr. Forsch. u. Entwicklung "Chemie", Krupp Chemieanlagenbau Essen, 1974-95 o.Prof. f. Techn. Chemie Ruhr-Univ. Bochum, Hon.Prof. an d. Humboldt-Univ. zu Berlin u. d. Techn. Univ. Berlin. P.: ca. 250 Publ. in in- u. ausländ. Fachzeitschriften auf d. Gebiet "chemische Reaktonstechnik" u. "Katalyse", Co-Autor m. H. Hofmann u. A. Renken: Lehrbuch Techn. Chemie/Chem. Reaktionstechnik. E.: berufenes Mtgl. in Fachausschss. f. "Heterogene Katalyse (Dechema) u. DECHEMA-Arbeitsaussch. "Techn. Reaktionen", Dechema-Plakette. M.: Ges. Dt. Chemiker, DECHEMA, Bunsen-Ges. f. Physikal. Chemie, American Chemical Society.

Baeske Klaus *)
Baeßler Hans-Friedrich Prof. *)
Baetge Christian Dr. sc. agr.
B.: Abt.-Ltr. Landwirtschaftliche Erzeugung u. Regionalentwicklung, stellv. Kammerdirektor. FN.: Landwirtschaftskammer Hannover. GT.: ehrenamtl. Tätigkeit: VDL, Akad. f. d. ländl. Raum, dt. Ges. f. Landeskultur, dt. Ges. f. Moor- u. Torfkunde. DA.: 30159 Hannover, Johannesstraße 10. PA.: 29553 Bienenbüttel, Kreuzkampe 3. niggermann@lawika.han.de. www.lwk-hannover.de. G.: Köslin/Pommern, 22. Nov. 1942. V.: Gabriele, geb. Hörning. Ki.: Amelie (1975), Albrecht (1979). S.: 1964 Abitur Buxtehude, 1964-65 ldw. Praktikum Gut Hardesse Krs. Gifhorn, 1965-70 Stud. Ldw. Göttingen m. Abschluß z. Dipl.-Ing. Agr. K.: 1970-74 Wiss. Angest. NlfB Hannover/Bremen, 1974 Prom., 1974-76 Verwaltungsausbild., 1976 Ldw. Assosor, seit 1977 bei LKW Hannover mit Stationen in Lüchow u. Lüneburg, ab 1989 Abt.-Ltr., ab 1992 stellv. Dir. d. LWK. P.: div. Veröff. in Zeitschrift f. Landeskultur, Geol. Jb., Hann. Wendland, Hann. Land u. Forstw. Z. E.: 2001 Thaer-Thünen Medaille, Albrecht Thaer Ges. Celle. M.: Rotary int., CDU, DJV. H.: Bücher, Geschichte, Jagd.

Baethe Hanno *)

Baethmann Alexander Joachim Dr. med. Prof.
B.: Prof. FN.: Inst. f. Chir. Forsch. d. LMU München. DA.: 81366 München, Marchioninistr. 15. G.: Gotha/Thüringen, 30. Apr. 1940. V.: Maren, geb. Wright. Ki.: Martina (1963),

*) Biographie www.whoiswho-verlag.ch oder beigefügte CD-ROM

Baethmann

Teresa (1974). El.: Hans u. Gertrud, geb. Seydel. S.: 1960 Abitur Wyk/Föhr, 1960-66 Stud. Humanmed. LMU München, 1966 Staatsexamen. K.: ab 1967 wiss. Ausbild. im Inst. f. Chir. Forsch. d. Univ. München, 1968 Prom., 1970-72 wiss. Stipendium d. US Public Health Service f. Forsch. am California Inst. of Technology Pasadena/Kalifornien, 1974 Habil. an d. LMU, München, f. Experimentelle Neurochirurgie, 1979 C2-Prof., 1983 C3-Prof. am Inst. f. Chir. Forsch. d. LMU München. P.: zahlr. Veröff. in nat. u. intern. Fachzeitschriften, Hrsg. u. Mithrsg. von bisher 8 Fachbüchern u.a. "Recent Progress in the Study u. Therapy of Brain Edema" (1984), "Mechanisms of Secondary Brain Damage" (1986). E.: 1981 Friedrich Panse-Preis d. Dt. Ges. f. Neurotraumatologie u. Klin. Neuropath., 1982 E.K. Frey-Preis d. Dt. Ges. f. Internist. Intensivmed., 1983 Felix Wankel-Forsch.-Preis f. Forsch. z. Verminderung d. Bedarfs v. Versuchstieren. M.: Mtgl. in zahlr. wiss., nat. u. intern. Ges. H.: Beruf, Klavierspielen.

Baetschmann Oskar Dr. phil. Prof. *)

Baeuerle Klaus

PS.: Claudio Contadinello. B.: Maler, Grafikdesigner. FN.: Atelier-Galerie Klaus Baeuerle. DA.: 78462 Konstanz, Gottlieber Str. 40a. G.: Freiburg/Breisgau, 16. Mai 1943. V.: Ruth Baeuerle-Engelsing, geb. Stadelhofer. BV.: Onkel war Bildhauer: Emil Baeuerle an d. Kunstak. Karlsruhe. S.: 1961 Mittlere Reife, 1961-64 Feinmechanikerlehre, 1964-65 Ing.-Stud., 1966-70 Bodenseekunstschule Konstanz, 1970 Abschluss. K.: 1970-71 Tätigkeit in amerikan. Werbeagentur in Frankfurt/Main, 1971-90 selbst. als Grafikdesigner u. Maler: Aquarelle v. Bodensee, v. Tessin, d. Toscana u. abstrakte Kompositionen, seit 1988 freischaff. Maler, zahlr. Ausstellungen im In- u. Ausland. M.: Intern. Bodenseeclub. H.: Malen, Wandern, Jazzmusik am Kontrabass.

Baganz Dieter

B.: Zahntechnikermeister. DA.: Berlin. S.: 1980 Meisterprüf. Stuttgart. K.: seit 1989 Vorst.-Mtgl. d. Innung Berlin Brandenburg, Pressesprecher d. Zahntechniker Innung, seit 1993 Vors. d. Arbeitsgruppe Öff.-Arbeit im Bundesverband u. im Medienbereich tätig. P.: div. Veröff. in Fachpublikationen u. Privatmedien.

Baganz Jens Dr.

B.: OBgm. FN.: Stadtverw. Mülheim/Ruhr. DA.: 45468 Mülheim/Ruhr, Ruhrstr. 32. www.muelheim-ruhr.de. G.: Heidelberg, 29. Mai 1961. V.: Katrin. Ki.: Diana, Dorian. S.: 1980 Abitur, Stud. Univ. Würzburg u. Bonn, 1. Jur. Staatsexamen, Wehrdienst, Rechtsreferendar am Bonner Landgericht, 2. Staatsexamen, S.: 5 J. Justitiar b. d. Stinnes AG, Abt. Konzern-Personalpolitik VEBA AG, 1999 Wahl z. OBgm. v. Mülheim/Ruhr.

Bagar Helmut *)

Bager Karl-Heinz

B.: Fachchemiker d. Med., Ltr. FN.: Zentrum f. Klin. Chemie u. Mikrobiologie. GT.: stellv. Vors. d. Berufsverb. d. Laboratoriumsmed. e.V. DA.: 04129 Leipzig, Delitzscher Str. 141. G.: Leipzig, 3. Juli 1946. V.: Lydia, geb. Kosidowski. Ki.:

Susan (1968), Jan (1974). S.: 1965 Abitur Leipzig, 1965-670 Stud. Chemie TH Leuna-Merseburg. K.: 1970-74 wiss. Ass. an d. TH, 1974 Prom., seit 1976 am Klinikum St. Georg, 1975-91 Ass. u. Abt.-Ltr., 1988 Fachchemiker d. Med., 1991-95 Ltr. d. Zentrallabors, seit 1995 Ltr. d. Zentrums f. Klin. Chemie u. Mikrobiologie. P.: Mitautor d. "Med. Wörterbuch", Veröff. in Fachzeitschriften z. Labordiagnostik u. Laborautomatisierung. H.: Tischtennis, Literatur.

Bäger Frank

B.: Gschf. FN.: Döbelner Fleischwaren GmbH. DA.: 04720 Döbeln, August-Julius-Clemen-Straße. PA.: 04720 Döbeln, Nordstr. 6. G.: 7. Juli 1956. V.: Stefanie, geb. Zieschang. Ki.: Eva (1964), Julia (1967). El.: Harry u. Anita, geb. Hessel. S.: 1976 Abitur Döbeln, 1976-78 Fleischerlehre, 1978-79 Wehrdienst. K.: Beschäftigung b. Konsum u. Privatfirma, berufsbegleitend Fernstud., ab 1986 Meister b. d. ehem. P.G.H., 1986-88 Meisterlehrgang, 1991 Umwandlung d. P.G.H. in Döbelner Fleischwaren GmbH, ab 1991 Gschf. M.: im Vorst. d. Leipziger Fleischerinnung. H.: Haus u. Garten, Reisen (Spanien).

Bagger Egon Dipl.-Ing.

B.: Gschf. FN.: Brennecke & Neumann GmbH. DA.: 06132 Halle/Saale, Poststr. 12. PA.: 06128 Halle/Saale, Grazer Str. 8 a. G.: Ziegenort, 27. März 1937. V.: Karin, geb. Latuske. Ki.: Sven (1965), Oliver (1972), Jana (1982). S.: 1955 Abitur Chemnitz, 1957-64 Stud. Maschinentechnik Dresden. K.: 1964-66 tätig im Waggonbau in Ammendorf, 1966-70 techn. Ltr. d. Kühlbetriebe in Halle, 1970-90 tätig in d. techn. Gebäudeausrüstung u. Gebäudeinstallation in Halle, seit 1990 Gschf. d. Firma Brennecke & Neumann GmbH. H.: Surfen, Computer.

Bagger Hartmut

B.: General. FN.: Bundesmin. d. Verteidigung. DA.: 53003 Bonn, Postfach 1328. G.: Braunsberg/Ostpreußen, 17. Juli 1938. K.: 1958 Eintritt Bundeswehr, Soldat d. Panzergrenadier-Truppe, 1994-96 Insp. d. Heeres, 1996-99 Gen.-Insp. d. Bundeswehr.

Bagger Martin *)

Bagios Jaques *)

Bagli Stüwe Inga

B.: Designerin, Inh. FN.: INGABAGLI. DA.: 40629 Düsseldorf, Ernst-Poensgen-Allee 5. G.: Tübingen, 11. Dez. 1945. S.: 1963 höhere Handelsschule Berlin. K.: 1965 Sender Freies Berlin Volontariat, 1966-68 Prod.-Ass. b. Shelton Filmprod. Los Angeles, 1969-72 Prod.-Ltg., Filmmakers Company Berlin, 1972-77 Model Paris Milano, 1978-89 Chefdesignerin Kollektion Tristano Onofri, 1989-90 Mäser-van Laak, 1991 Seeler-Strick-Taschenkollektion Marui Japan, 1992 Manfred Schneider basics Eigenlabel INGABALI, 1994 Designerseitenkatalog, 1996 Golfkollektion-Schuhkollektion-Taschenkollektion. H.: Reisen, Fotografie.

Bagnoli Walter

B.: RA. FN.: RA-Kzl. Bagnoli u. Gollwitzer. DA.: 95028 Hof, Kreuzsteinstr. 7. kanzlei@bagnoli-gollwitzer.de. www.bagnoli-gollwitzer.de. G.: Hof, 1. Juni 1967. V.: Ute, geb. Schödel. Ki.: Tizian (1996), Chiara (1999). El.: Michele u. Franca. S.:

*) Biographie www.whoiswho-verlag.ch oder beigefügte CD-ROM

ball, Joggen, Kinder, Familie.

Bagsik Martin *)

Bagusat Nina
B.: Schauspielerin. FN.: c/o Agentur Reuter f. Film u. Fernsehen. DA.: 22761 Hamburg, Ruhrstr. 11. G.: 12. März 1976. K.: Filmrollen in: 1994 "Hallo Onkel Doc", 1995 "Vater wider Willen", "Das Superweib", 1996 "Im Rausch d. Liebe", "Traum v. d. Liebe", "Fieber - Ärzte f. d. Leben", 1997 "Sophie - Das letzte Mal", "Der Eisbär", 1998 "Das Gesetz d. Serie", 1999 "Rosamunde Pilcher - Melodie d. Herzen", "Polizeiruf 110 - Erbsünde", "Allein unter Männern", 2000 "Am Anfang war d. Eifersucht".

Bahke Torsten Dr. Ing. *)

Bahle Oliver

B.: Diplom-Modedesigner, Stepptanzlehrer. FN.: Feet In Rhythm Dance Center Bielefeld. DA.: 33613 Bielefeld, Menzelstr. 6. bahle@feet-in-rhythm.de. www.feet-in-rhythm.de. G.: Bielefeld, 29. Dez. 1964. V.: Bianca, geb. Rumler. El.: Peter und Irene. S.: 1985 Abitur, 1985-90 Stud. Modedesign, Dipl.-Modedesigner. K.: 1992 Grdg. eines Tanzstudios f. Steptanz, 1992-97 Mitarb. in versch. Tanzstudios in NRW als Dozent f. Steptanz, 1997 Eröff. einer eigenen Tanzschule spez. auf
Stepptanz, gleichzeitig Aufbau einer eigenen Showtanzformation d. "Tap and Show Company Smoky Socks", 3x Dt. Meistertitel, 2x WM-Bronze in d. Disziplin "Steptanz-Formationen", www.smoky-socks.de, Teilnahme an nat. u. intern. Turnieren u. 1x Europameister in d. Disziplin "Steptanz-Duos", Weiterbild. durch regelmäßigen Unterricht bei Steptanzdozenten im In- u. Ausland. H.: Musik, Klavier spielen, Theater besuchen.

Bahlmann Arnold Dr.
B.: Vorst. FN.: Bertelsmann AG. DA.: 33311 Gütersloh, Carl-Bertelsmann-Str. 270. www.bertelsmann.de. G.: Köln, 28. Nov. 1952. S.: Stud., Abschluß: Dipl.-Kfm., Dr. rer. pol. K.: 1978 Ass. am Planungsseminar Univ. Köln, 1982 Strateg. Controlling Unternehmensbereich Musik, Film, Fernsehen Bertelsmann AG München, 1983 Ltr. Unternehmensentw. Unternehmensbereich Musik, Film, Fernsehen Bertelsmann AG München, 1985 Vice President Strategic Planning Unternehmensbereich Musik u. Video Bertelsmann AG München, 1988-89 Bundeswehr Weiden, 1989 Stud. Rechtswiss. Univ. Bayreuth, 1995 1. Staatsexamen, 1995 Referendarzeit in Bayreuth am OLG u. Hof am LG, 1997 2. Staatsexamen. K.: seit 1992 nebenbei als freiberufl. Doz. im Studieninst. f. Kommunale Selbstverw. in Chemnitz, Ausbild., Verw.-Ang., Prüf.-Aussch., Handwerkskam. f. Handwerksmeister in Hof, Fachang. BFZ Hof, 19998 Kzl.-Grdg. m. Herrn Gollwitzer in Hof, 1999 Steuerberater Herr Bauer in d. Bürogemeinschaft. H.: Fuß-
1986 Senior Vice President Operations BMG New York, 1987 Senior Vice President Central Europe BMG Entertainment München, 1997 Gschf. Premiere Medien GmbH Hamburg, 1998 Executive Vice President u. Chief Strategie Officer Bertelsmann AG Gütersloh, seit 2001 Mtgl. d. Vorst. Bertelsmann AG Gütersloh, Ltg. d. Bereichs Bertelsmann Capital.

Bahlmann Wolfgang Dipl.-Kfm. *)

Bahlo Dieter Dipl.-Ing. Prof. *)

Bahls Gerhard *)

Bahls Roland Dipl.-Kfm. *)

Bahlsen Hermann
B.: persönl. haft. Ges. FN.: Bahlsen KG. DA.: 30655 Hannover, Podbielskistr. 289.

Bahlsen Lorenz
B.: Gschf. Ges., Untern.-Ltg. FN.: BAHLSEN KG. DA.: 30655 Hannover, Podbielskistr. 289.

Bahlsen Werner Michael
B.: Gschf. Ges., Untern.-Ltg. FN.: H. Bahlsen Keksfabrik KG. DA.: 30655 Hannover, Podbielskistr. 289.

Bahmann Eckhard *)

Bahmann Ralf Dipl.-Ing.
B.: Sales Center Manager. FN.: Sendinet Flavors GmbH. DA.: 28239 Bremen, Beim Stuckenberge 4-8. rafl.bahmann@eu.sensient-tech.com. www.sensient-tech.com. G.: Bremerhaven, 27. Dez. 1959. V.: Sabine, geb. von Glahn. El.: Siegfried u. Erna, geb. Windtjen. S.: 1978 Abitur Bremerhaven, 1978-79 Bundeswehr, 1979 Stud. Transportwesen HS Bremerhaven, 1981 Abschluß Dipl.-Wirtschaftsing. K.: 1983 freiberufl. tätig f. d Studienges. Nahverkehr in Hamburg, 1983 Autoverkäufer in Autohaus Becker in Bremerhaven, 1984-87 Ndlg.-Ltr. d. Getränkevertrieb Schilling Getränke in Celle, 1987-88 Ass. d. Geschäftsltg. d. Firma Nordgetränke in Hamburg, 1988-92 Hauptabt.-Ltr. f. Technik u. Logistik d. Hauptstelle Coca Cola in Marienmünster, Hildesheim u. Stadthagen, 1992 Gschf. f. Vertrieb u. Marketing d. Firma Vorlo Getränke u. Stephansbrunnen Getränke in Salzgitter, 1994-99 Verkaufsltr. f. Getränkegrundstoffe u. Aromen d. Firma Harmann & Reimer in Braunschweig, seit 1999 Sales Manager d. Firma Sensient Flavors GmbH in Bremen. H.: Tennis, Motorradfahren, Golf.

Bahmer Friedrich A. Dr. med. Prof. *)

Bahne Siegfried Dr. phil.
B.: em. Prof. f. Neuere Geschichte. FN.: Ruhr-Univ. Bochum. PA.: 45657 Recklinghausen, Haarblick 19. G.: Bönen, 23. März 1928. V.: Ursula, geb. Menzel (verst. 2000). Ki.: Wolfgang, Cordula. El.: Emil u. Margarete. S.: Hittorf-Gymn. Recklinghausen, Univ. Münster, Bonn u. Heidelberg, 1959 Prom. Heidelberg. K.: 1958-60 wiss. Ass. Univ. Heidelberg, 1960-65 wiss. Mitarb. Intern. Inst. f. Sozialgeschichte Amsterdam, 1965-70 DFG, 1971 Habil., 1971 Univ.Doz., 1973 Univ.-Prof. Bochum, seit 1993 em. P.: Die KPD, in: Das Ende der Parteien 1933, 1960, Origines et debuts des partis communistes des pays latins (1919-23), 1970, Die Freiherren Ludwig und Georg Vincke im Vormärz, 1975, Die KPD und das Ende von Weimar, 1976, Les partis communistes des pays latins et l'Internationale communiste dans les années 1923-27, 1983, Les partis communistes et l'Internationale communiste dans les années 1928-32, 1988. Zahlr. Aufsätze z. Neueren Geschichte u. z. westfäl. Regionalgeschichte in Zeitschriften u. Sammelbänden., S. auch B. Becker / Lademacher (Hg.), Geist

---

*) Biographie www.whoiswho-verlag.ch oder beigefügte CD-ROM

Bahne Bahnson Claus Dr. phil. Prof.

B.: Prof. em. Psychoanalyse u. Psychosomatik. DA.: 24105 Kiel, Roonstr. 3. cbbahnson@t-online.de. G.: Kopenhagen/Dänemark, 15. Sep. 1922. S.: 1940-51 Stud. Psych. an der Univ. in Kopenhagen, 1949-53 Completed training at the "Danish Society for Research, Practice and Education in Freudian psychoanalysis", 1953-55 Studium Personality Psychology at Harvard Univ., 1940 "Studentereksamen" (B.A.) Sankt Joergens Gymn. Kopenhagen/Dänemark, 1941 Cand. Phil. with honors Univ. Kopenhagen/Dänemark, 1954-56 Completed studies in Psychology Univ. of Rochester, N.Y., 1958-60 Studies with and supervision in Psychoanalysis by Dr. Felix Deutsch Boston, 1956 Dr. phil. Univ. of Rochester, New York. K.: Prof. em. Psychiatrie u. Psychosomat. Med. u. Familienmed. an Univ. of California San Francisco, Prof. em. Dept. Of Psychiatry and Human Behavior am Jefferson Medical College, The Thomas Jefferson Univ. Philadelphia, Ltr. d. Konsultation-Liason-Service an d. Jeffersen Univ. of Psychosomatik u. Onkologie, Begründer u. Ltr. d. Psychoonkologie u. Hospizabt. am Fox Chase Cancer Center Philadelphia; seit 1968 Lehranalytiker in d. USA, seit 1963 Analyt. Praxis in Philadelphia u. Kalifornien, seit 1986 Analyt. Praxis in Flensburg u. Kiel, Mitbegründer d. John-Rittmeister-Inst., Lehranalytiker/Lehrtherapeut u. Doz. seit Eröff. d. Inst., Balint-Gruppen-Ltr. u. Supervisor f. ärztliche u. andere professionelle Gruppen. P.: über 160 Veröff., als Buch-Kapitel u. Art. in wiss. Zeitschriften, m. analyt., psycholog. u. psychosomat. Themen. E.: 1981 Ausgewählt als Woodrow Wilson Scholar v. d. Smithsonian Inst. Washington D.C. f. a.o. Leistungen in d. Psychosomat. Med., Special Ass. to the President f. d. J. d. Behinderten (1980-81), gewählt als Mtgl. auf Lebenszeit d. New York Academy of Sciences nach d. Organ. v. 2 intern. Konferenzen z. Thema "Psychologische Faktoren b. Krebserkrankungen", Ritter d. Johanniter Orden, Dänemark f. bes. Leistungen im KH-Bereich, Honorary Prof. Albert Schweizer Inst. Univ. Genéve (2000). M.: Dt. Ges. f. Psychoanalyse u. Psychosomatik, The American Academy of Psychoanalysis, Fellow Academy of the Psychosomatic Medicine, The New York Academy of Sciences, Woodrow Wilson Scholarship at the Smithsonian Inst. Washington D.C., 1. Präs. d. Baltic Sea Society f. Psychosomatik u. Psychotherapie (1995), Vors. f. intern. Forsch., Training u. Weiterbild. The Intern. College of Psychosomatic Medicine, Jerusalem (1995).

Bahnemann Detlef Werner Dr. Dipl.-Chem.

B.: Abt.-Ltr. FN.: Inst. f. Solarenergieforsch. GmbH Hameln/Emmerthal. DA.: 30165 Hannover, Sokelantstr. 5. bahnemann-huelsewig@t-online.de. www.bbahnemann.de; www.isfh.de. G.: Berlin, 20. Apr. 1953. V.: Anja Hülsewig. Ki.: Bastian (1984), Janina (1985). El.: Dietrich u. Stephanie, geb. Jaensch. S.: 1972 Abitur Berlin, 1972-77 Chemiestud. TU Berlin, 1976-77 Biochemiestud. Brunel Univ. Uxbridge England, 1977 Dipl.-Chem. K.: 1977-81 wiss. Mitarb. b. Prof. Ek.-D. Asmus am Hahn-Meitner-Inst. Berlin, 1981 Dr. rer. nat., 1981 DFG-Stipendiat am Hahn-Meitner-Inst. Berlin, 1981-88 wiss. Mitarb. u. Arbeitsgruppenltr. in d. Abt. v. Prof. A. Henglein am Hahn-Meitner-Inst. Berlin, 1982-88 Vorlesungen an d. Physikal. Chemie, Strahlenchemie u. Chemie f. Physiker an d. TU Berlin, 1985-87 Visiting Associate im Department of Environmental Engineering d. California Inst.of Technology Pasadena, USA, seit 1988 Ltr. d. Abt. f. Photochemie u. Dünnschichttechnik am Inst. f. Solarenergieforsch. in Hannover, seit 1993/94 Vorlesungen an d. Univ. Oldenburg im Fachgebiet Physikal. Chemie. P.: Autor v. mehr als 80 Publ. in referierten Journalen u. in Büchern sowie zahlr. anderer Arb., "Environmental Applications of Semiconductor Photocatalysis" (1995), "Photocatalytic Degradation of 4-Chlorophenol in Aerated Aqueous Titanium Dioxide Suspensions: A Kinetic and Mechanistic Study" (1996), "Charge Carrier Dynamics at TiO2 Particles: Reactivity of Free and Trapped Holes" (1997), "Photocatalysis in Water Environments using Artifical and Solar Light" (2000), "Photocatalytic Detoxification of Polluted Waters" (2000), Vorträge u. Lehraufträge an d. Carl-von-Ossietzky-Univ. Oldenburg. M.: ACS, ARR, EPA, GDCh, SFRR, Kolloid-Ges. H.: Reisen, Skifahren, Lesen, Kochen, Kartenspielen.

Bahner Hajo

B.: Unternehmer, Gschf. Ges. FN.: stadt_bau_kunst projektmanagementges. f. d. entwicklung u. gestaltung v. öffentl. u. priv. räumen mbh. DA.: 80336 München, Goethestr. 32. www.citymanagement.net. G.: 10. Mai 1958. V.: Christiane, geb. Colbow. Ki.: Julius (1990) und Louise (1994). El.: Josef u. Helga, geb. Tomanek. S.: 1977 Abitur Lohr/Main, 1977-79 Stud. Germanistik u. Phil. München, 1979-86 Stud. Arch. an d. TU München, Abschluss: Dipl.-Ing., Gründer Sprengwerk Studiengemeinschaft Kunst u. Arch., 1986 Dipl.-Arb., 1986-88 Aufbaustud. Kunstgeschichte/Theorie d. Arch., 1988-90 Architekt im Praktikum, Wettbewerbe im Teaching Office d. Ak. b. d. Künste. K.: 1990-98 selbst. Architekt gemeinsam m. Norbert Abels, Grdg. d. Firma abels & baner München, 1. Preis WBW, Ausz. d. Arch.-Kam. f. vorbildl. Bauen f. d. Projekt NOW Crailsheim, 1997 G34 Konzept f. d. Konversion einer ehem. Papiergroßhdlg. zu einem "Stadt Bau Haus", künstler. Beiträge z. Ausstellung "Wem gehört d. Stadt" kunstraum e.V. in G34, "Es gibt uns Ganze - Perspektiven f. d. Bahnhofsviertel", 1998 Grdg. u. Betrieb d. Galerie "gap cafe bar restaurant" München, freie Kunstprojekte im realen u. virtuellen Raum, Wahlverwandtschaften, kulturwochen, Werkraum offenes, selbstorganisiertes studio f. darstell. kunst, design garagen, lebens kunst galerien, littlebigapple, streetpary, under the influence of art, performance paulskirche münchen, 2001 Grdg. d. Firma stadt_bau_kunst f. interaktives stadt-, immobilien- u. kunstprojektmanagement GmbH München, Gschf. Ges. M.: seit 1998 Programmaussch. d. Münchner Forum, seit 1999 stellv. Vorst.-Vors. Ortsverb. München DGV Selbständige in Bayern. H.: Kulturwiss., Segeln.

Bahner Ilona Dr. med. *)

Bahnmüller Jochen Peter

B.: selbst. Steinmetz- u. Steinbildhauermeister, staatl. geprüfter Steintechniker. DA.: 85221 Dachau, Krankenhausstr. 27. www.bahnmueller.com. G.: Esslingen, 7. März 1949. V.: Hannelore, geb. Aschenbrenner. Ki.: Daniela, Markus. El.: Christian u. Margarete, geb. Bogner. S.: Lehre Steinmetz u. Steinbildhauer Firma Kahl Reichenbach, Bundeswehr. K.: USA-Aufenthalt, 1 J. tätig in d. Firma Albert in München,

*) Biographie www.whoiswho-verlag.ch oder beigefügte CD-ROM

Besuch d. Luisenschule München, 1973 Meisterprüf., 1973 Grdg. d. eigenen Unternehmens; nebenberufl. tätig als Berufsschullehrer an d. Berufschule München. P.: div. Veröff. in Fachmagazinen, Hrsg. d. Buches "Alphabete f. Stein, Holz u. Metall" (1997). E.: Silb. Ehrennadel u. Bronz. Ehrennadel d. Luftsportverb. Bayern. M.: Innung, 13 J. Gesellenprüf.-Vors. d. Innung München, Landeslehrlingswart f. Südbayern, 2. Vors. d. AERO Club Dachau. H.: Fliegen.

Bahns Michael Dr. med. dent. *)

Bahns Stefan
B.: Gschf. FN.: Karl Bahns GmbH. DA.: 42659 Solingen, Burger Landstr. 60. info@burgvogel.de. www.burgvogel.de. G.: Solingen, 4. Feb. 1971. S.: 1987-91 Lehre als Maschinenschlosser, 1991-95 grundsätzl. Allg.-Ausbild. im Familienunternehmen. K.: 1997 Prokura erhalten, seit 1998 Gschf. H.: Jagd, Musik.

Bahnsen Andreas

B.: Diplom-Werbegrafiker, selbständig. FN.: Werbegrafik Bahnsen Fullservice Werbeagentur. DA.: 24937 Flensburg, Wrangelstraße 20. info @werbegrafik-bahnsen.de. www.werbegrafik-bahnsen.de. Ki.: Sarah, Jonas, Lea, Ina. El.: Heinrich Peter Carl und Martha Johanna, geb. Hansen. S.: 1975-78 Lehre Drucker Flensburg, 1978-83 Stud. Grafikdesign Hamburg. K.: 1983 selbständiger mit Grdg. der Firma Werbegrafik Bahnsen, 1990 Gründg. d. Firma WbS-Sport Werbung GmbH. P.:
Veröff. in Fachzeitschriften. M.: Dänische Minderheit, TSB Flensburg, FC Bayern München. H.: Beruf, Tennis.

Bahnsen Uwe *)

Bahr Axel R. H. Dipl.-Bankkfm. *)

Bahr Brigitte Barbara

B.: selbst. Textildesignerin. DA.: 71229 Leonberg, Achalmstr. 12. G.: Leonberg-Gebersheim, 30. Aug. 1961. V.: Rainer. E.: Imanuel u. Maria Bolay, geb. Biehler. S.: 1973-82 Gymn. Leonberg, 1982-83 soziales J., 1983 Praktikum Haus d. Handweberei Sindelfingen. K.: 1984 tätig in d. Handweberei auf d. Schwäbischen Alb, 1984-86 Berufsfachschule f. Weberei u. Webgestaltung in Sindelfingen, 1986-91 Stud. Textildesign an d. FH Coburg m. Abschluß Dipl.-Designerin (FH), 1991-93 tätig in d. einer Teppichfabrik, seit 1993 freiberufl. Textildesignerin, seit 1997 Schwerpunkt im Teppichbereich. H.: Bergwandern, Musik, Klavier u. Orgel spielen, Lesen, Reisen, Kulturen, Kunst- u. Archäologieausstellungen.

Bahr Ernst
B.: Dipl.-Lehrer, MdB. FN.: Dt. Bundestag. DA.: 11011 Berlin, Platz d. Republik 1. PA.: 16833 Fehrbellin. G.: Klum/Kreis Böhmisch Leipa, 11. Juni 1945. Ki.: 3 Söhne. S.: 1960 EOS Rheinsberg, 1964 Abitur, 1964-68 Lehrerstud., Dipl.-Lehrer f. Math. u. Astronomie, 1978 Res.-Dienst in d. NVA. K.: 1968-89 Lehrer in Linum u. Fehrbellin, 1990-94 LandR. im Kreis Neuruppin, Vors. versch. Verw.-Gremien auf Kreisu. Regionalebene, b. 1989 Mtgl. im FDGB, Mtgl. im Vorst. d. Vertreterversammlung d. LVA Brandenburg sowie im Vorst. d. Landkreistages Brandenburg u. im Vorst. d. Dt. Sekt. d. Rates d. Gem. u. Regionen Europas, b. 1989 parteilos, seit 1989 Mtgl. SDP/SPD, Vors. Unterbez., 1992-94 stellv. Landesvors. d. SPD Brandenburg, seit 1990 Mtgl. Kreistag, seit 1993 Vors. Kreistag Ostprignitz-Ruppin, seit 1994 MdB. (Re)

Bahr Florian *)

Bahr Günter *)

Bahr Michael *)

Bahr Richard Detlef
B.: Schlossermeister, Gschf. FN.: Verw.-GmbH Bahr. DA.: 21029 Hamburg, Brookdeich 46-48. PA.: 21456 Wentorf, Hohler Weg. G.: Hamburg, 13. März 1938 V.: Uta, geb. Randau Ki.: Rebecca, Bettina. El.: Richard u. Minna, geb. Willers S.: 1957 Lehre Schlosser u. Maschinenbauer, 1966 Meisterprüf. K.: 1956 Eintritt in d. elterl. Betrieb als Schlosser u. Schweißfachmann, glz. Abendschule f. Technik, nebenbei Ausbild. v. Sonderschülern. H.: Imkerei, Enkel.

Bähr Brigitte

B.: Steuerberaterin. DA.: 47798 Krefeld, Carl-Wilhelm-Str. 33. G.: Kleve, 12. Nov. 1959. V.: Dipl.-Ing. Thomas Bähr. S.: 1975 Fachoberschulreife in Kleve, 1975-78 Ausbild. als Steuerfachang. im Steuer- u. Wirtschaftsberatenden Beruf. K.: 1978-90 Steuerfachang. b. Richter & Partner Meerbusch, 1990 Steuerberaterexamen, 1996 Bezug d. eigenen Steuerkzl. in Krefeld, Schwerpunkt: Beratung mittelständ. Wirtschaftsunternehmen. H.: Skifahren.

Bähr Erich-G. Dr. iur. LL.M. *)

Bähr Florian Dipl.-Kfm. *)

Bähr Günter *)

Bähr Hans Jörg Dipl.-Ing. *)

Bähr Helmut Dr. iur. *)

Bähr Manfred
B.: Gschf. Ges. FN.: Vollack GmbH & Co. DA.: 76133 Karlsruhe, Erbprinzenstr. 11. G.: Lahr, 13. Nov. 1940. V.: Roswitha, geb. Fleig. Ki.: Jutta (1964), Axel (1968). El.: Emil u. Sophie, geb. Kientz. S.: 1954-57 Ausbild. Ind.-Kfm. Firma Waldeisen Lahr. K.: 1957-60 tätig in d. Firma Waldeisen, 1960-64 Ausbild. Bilanzbuchhalter an d. Abendschule in Offenburg, Prüf. m. Ausz., 1960 Ass. d. Seniorchefs d. Firma Greschbach in Herbolzheim, 1964 Prok. d. Greschbach Ind. GmbH & Co in Karlsruhe, ab 1976 Gschf., ab 1981 Gschf. Ges., 1987 Gen.-Bev. in Rastatt, 1988 Übernahme d. Firma Vollack Stahlhochbau GmbH in Karlsruhe, 1993-97 stellv. AufsR.-Vors. d. Firma Kopf AG in Sulz, 1992-97 BeiR. d. Firma Seel Seewind GmbH in Walzbachtal; Funktionen: seit

*) Biographie www.whoiswho-verlag.ch oder beigefügte CD-ROM

Bähr

1996 Hdl.-Richter am LG Karlsruhe, Sponsor, AufsR. u. Ges. d. Softwarehouse Gauger, Hamm + Partner GmbH in Karlsruhe, AufsR.-Vors. d. Volksbank Karlsruhe eG., seit 1991 AufsR. d. Chancen, Kapital in Karlsruhe, Vorst. d. Stahlbauvereinig. Baden-Württemberg, Investor d. Baden-Airpark AG in Sollingen, Mitwirkung im Dt. Stahlbauverb. P.: "Kostenrechnung, Kalkulation, Kostenkontrolle" (1983). M.: Dt. Stahlbauverb. Köln, Kreis d. Entrepreneure, seit 1978 Wirtschaftsjunioren, Wirtschaftsclub Karlsruhe, Rotary Club. H.: Golf.

Bähr Peter Dr. rer. nat. *)

Bähr Peter Gottfried Dr. Prof. *)

Bähr Thomas *)

Bähr Walter *)

Bähr Wolfgang
B.: Psychologe, Soziologe M.A., Unternehmensberater. FN.: Wolfgang Bähr Managemententwicklung & Arbeitssicherheit. DA.: 30539 Hannover, Pappelteich 3a. w.baehr@t-online.de. G.: Hannover, 2. Okt. 1951. V.: Renate, geb. Möller. El.: Kurt u. Elfriede, geb. Babenihr. S.: 1966-70 Lehre z. Rundfunk- u. TV-Techniker, parallel Besuch d. Abendfachschule Technik Hannover, Abschluss Fachschulreife Technik, Besuch d. Hannover-Collegs, Abitur, Hochschulreife, Stud. d. Soziologie u. Psychologie, 1982 Magisterabschluss Univ. Hannover. K.: 1982-90 berufl. Weiterbildung z. technisch-gewerblichen VHS-Lehrer im Osten, 1990 Ltr. einer öffentl. Einrichtung d. Bildungswerkes d. VHS Niedersachsen, seit 1991 selbständiger Unternehmensberater (Beratung u. Training, Managemententwicklung u. Arbeitssicherheit; Coaching). BL.: Übungsleiter f. Ski-Alpin u. Langlauf. M.: Dt. Ges. f. Transaktionsanalyse. H.: Langlauf, Tennis, Radfahren, Gartenarbeit.

Bahr-Kessenich Astrid

B.: Heilpraktikerin, selbständig. DA.: 44807 Bochum, Tenthoffstr. 60. astridbahr@aol.com. G.: Stralsund, 5. Dez. 1947. V.: Anton Gerhard Kessenich. Ki.: Kirsten (1973). El.: Karl-Heinz Bahr u. Ilona, geb. Müller. S.: 1966 Höhere Handelsschule, 1966-69 Ausbildung z. kfm. Ang. b. d. LZB. K.: 1969-94 Gründg. Astrid Bahr Kosmetik, 1977-95 Grdg. Parfümerie u. Kosmetikinstitut, 1987-92 Grdg. Kosmetikschule, 1993 Zulassung z. Heilpraktikerin. P.: "Jede Frau ist so schön, wie sie sich schminken kann" (1981). M.: FdH, VdH. H.: Malen, Heilpraktiken.

Bahra Werner *)

Bahrdt Ingeborg *)

Bahre Gisbert-Jürgen Dr. med. *)

Bähre Fritz *)

Bahremand Mohammad Dipl.-Ing. *)

Bährenfürst Robert Max Wilhelm

B.: Maschinenbauingenieur, Mitinh. FN.: Fischereigenossenschaft e.G. "Strelasund". DA.: 18437 Stralsund, Carl-Heidemann-Ring 91. G.: Stralsund, 8. Jan. 1942. V.: Erika, geb. Bressau. Ki.: Silke (1968), Gitta (1975). El.: Walter u. Johanna, geb. Kummert. S.: 1956-83 Mtgl. d. Fischereigenossenschaft e.G. Strelasund, bis 1958 Lehre Fischwerker. K.: Mitarbeiter im Bereich Verarbeitung, daneben 1960 Abschluss 10. Kl. in d. Abendschule, daneben 1963 Abschluss z. Ing. f. Maschinenbau speziell Fischverarbeitungstechnik, 1963-82 in d. umbenannten Fisch-Produktions-Genossenschaft Strelasund, Produktionsleiter u. stell. Vors., 1982-90 Vors. d. Fisch-Produktion-Genossenschaft Strelasund, 1990 Geschäftseröffnung d. Fischereigenossenschaft e.G. "Strelasund". E.: Verdienstmedaille d. See- u. Verkehrswirtschaft d. DDR (1982). M.: b.1990 NDPD. H.: Surfen, Angeln.

Bähring Thomas *)

Bahrke Olaf *)

Bahrmann Iris Susanne
B.: Zahntechnikermeister, Inh. FN.: Dentallabor. DA.: 39106 Magdeburg, Weinbergstr. 38. G.: Stendal, 3. Dez. 1960. Ki.: Tobias (1987), Sophie-Elisabeth (1990). El.: Dietmar u. Elise Fischer, geb. Liestemann. S.: 1977-80 Lehre als Zahntechnikerin an d. Med. Ak. Magdeburg. K.: 1980-97 Zahntechnikerin im Dentallabor Schönhütte in Magdeburg, 1996-99 Meisterschule in Halle, Abschluß Zahntechnikermeisterin, seit 1998 Eröff. d. selbst. Dentallabors in Magdeburg. M.: Zahntechnikerinnung. H.: Literatur, klass. Musik.

Bahro Roland Ing. *)

Bahro Rudolf Dr. phil. habil. Prof.
B.: a.o.Prof. f. Sozialökologie. FN.: Humboldt-Univ. Berlin. DA.: 10439 Berlin, Paul-Robesan-Str. 43. G.: Bad Flinsberg, 18. Nov. 1935. Ki.: Sylvia, Andrej, Bettina, Hannah. S.: 1954-59 Stud. Phil. Univ. Berlin, 1980 Prom., 1983 Habil. K.: 1959-77 Partei-, Gewerkschafts- u. Wirtschaftsfunktionär in DDR, 1977-79 inhaftiert wegen Veröff. eines regimekrit. Buches in. BRD, 1979 Übersiedlung BRD, 1989 Bürger d. DDR, 1980 Grdg.-Mtgl. d. Grünen, 1985 Parteiaustritt, seit 1988 Lernwerkstatt Niederstadtfeld/Eifel, seit 1990 a.o.Prof. f. Sozialökologie Humboldt-Univ. Berlin. P.: Die Alternative. Zur Kritik d. realexist. Sozialismus (1977), Logik d. Rettung. Wer kann d. Apokalypse aufhalten (1987), Rückkehr. In-Weltkrise als Ursprung (1991). E.: 1979 Isaac-Dt.-Memorial-Price London, 1980 Carl-v.-Ossietzky-Med. Berlin-West. H.: Musik, Philosophie, Weltgeschichte, Religionen, Ökologie, Kommunismus.

Bahrs Christian
B.: Gschf. Ges. FN.: INDUVAL GmbH. DA.: 20149 Hamburg, Mittelweg 60. G.: Lübeck, 1. Okt. 1948. V.: Sigrid, geb. Krull. Ki.: Brigit (1973), Kirstin (1977). El.: Georg u. Elisa-

beth. S.: 1968 Abitur Lübeck, 1968-70 Lehre Ind.-Kfm. in Lübeck. K.: 1970-72 b. Bundesgrenzschutz, 1972 Ass. d. Geschäftsltg. b. Lüder Bauring Lübeck, 1973-83 Tätigkeit als techn.-kfm. Mitarb. b. Horst F.G. Angermann Hamburg, 1983 Grdg. d. IRHH m. Partner Hilbrand Busemann, Bereiche Sachv.-Gutachten, Unternehmensverkäufe, Versteigerungen. M.: Überseeclub in Hamburg, Dt. Segelverb. Hamburg. H.: Segeln, Gourmet, Kochen.

Bahruth Rolf *)

Bahsi Anke *)

Bähtz Thorsten
B.: Vers.-Fachmann BWV, Agenturinh. FN.: Barmenia Vers.-Agentur Thorsten Bähtz. DA.: 26122 Oldenburg, Bernhardstr. 20. thorsten.baehtz@barmenia.de. www.thorsten.baehtz.barmenia.de. G.: Oldenburg, 27. Sep. 1956. El.: Heiko u. Waltraud, geb. Hallerstede. BV.: Familie Hallerstede seit d. 14. Jhdt. in Oldenburg nachweisbar. S.: 19796 Abitur Oldenburg, 1976-77 Bundeswehr Wehrdienst, 1977-80 Stud. BWL an d. WWU Münster. K.: 1980-86 freier Mitarb. MAN Ndlg. Oldenburg, Einführung d. EDV, 1986 Einzelhdl. Verkauf Unterhaltungselektronik u. stellv. Marktltr., 1996 Barmenia Vers. Prüf. z. Vers.-Fachmann BWV, Eröff. Vers.-Agentur in Oldenburg seit 1999 Beauftragter d. Barmenia Mitarb.-Ausbild., Aufbau u. Betreuung einer Verkaufsorgan. Betreuung d. Bez.-Dion. Bremen im Bereich EDV, 1980-86 Jugendschöffe LG Oldenburg. E.: 1993 Silb. Ehrennadel. M.: seit 1968 OTB Oldenburg Turnerbund. H.: Squash, Fitness, Theater.

Baier Anke
B.: Profi-Eisschnelläuferin. FN.: c/o Dt. Eisschnelllauf-Gemeinschaft e.V. DA.: 80992 München, Menzinger Str. 68. G.: Eisenach, 22. Mai 1972. K.: größten Erfolge: 1992 in Albertville Olympiasiege über 1000m, 1994 in Hamar Olympiazweite über 1000m, 1996 Sprint-WM Mehrkampf/16., 1998 Olympiade Nagano, 500m/15., 1000m/16.

Baier Bernhard *)

Baier Ditmar
B.: Produktmanager, Chemielaborant. FN.: Hüttenes-Albertus Chem. Werke GmbH. DA.: 45721 Haltern, Rosenstr. 13a. dbaier@huettenes-albertus.com. G.: Duisburg, 2. Okt. 1949. V.: Ulla, geb. Mehrfeld. Ki.: Aneka-Normen. El.: Emil u. Marica, geb. Steffek. S.: Mittlere Reife Duisburg, Lehre als Chemielaborant. K.: Ang. im Labor, Laborleiter, Außendienst im Außendienst, Anwendungstechniker, Ltg. engl. Familienunternehmen, danach Firma Hüttenes-Albertus Chem. Werke GmbH. M.: Gesangsverein. H.: Sport, Gesang.

Baier Edgar R. Dipl.-Vw. Wirtschaftsprüfer *)

Baier Erdmann Dipl.-Ing. *)

Baier Georg Dr. med. *)

Baier Hans *)

Baier Hans Univ.-Prof. *)

Baier Helmut Dr. phil. *)

Baier Horst Dr. med. Univ.-Prof. *)

Baier Lüder *)

Baier Max *)

Baier Walther Dr. Dr. h.c. Prof. *)

Baierl Helmut Dr. phil.
B.: Schriftsteller. DA.: 10117 Berlin, Friedrichstr. 105C. G.: Rumburg/CS, 23. Dez. 1926. K.: b. 1967 Dramaturg d. (Ost-) "Berliner-Ensembles". P.: Werke u.a. "Die Feststellung" (1958), "Frau Flinz" (1961), "Johanna von Döbeln" (1969), "Die Köpfe oder Das noch kleinere Organon" (1974), "Der Sommerbürger" (1976), "Kirschenpflücken" (1979), "Leo u. Rosa" (1982), "Hamlet Friedrichstraße" (1991), "Leben d. Komponisten Paul Lincke" (1993), "Zähmung zweier Widerspenstiger" (1995), "Potsdamer Platz" (1998), "Vom BE zum Privatier" (1999), "Da capo" (2000), "Kriminalfall Max und Moritz" (2000), "Mr. E. A. Poe ermittelt" (2001).

Baierl Rudolf Herbert Dr. Prof.
B.: Prof. f. Math. FN.: TFH Berlin. DA.: 13353 Berlin, Lütticher Str. 38. G.: Reichenberg, 2. Okt. 1943. V.: Rawiwan, geb. Suvanapakdi. Ki.: Sabine (1965), Nida (1980). El.: Rudolf Johann u. Hildegard. BV.: Ing., Lehrer, Prof., Bgm. im Sudetengebiet seit 1727. S.: 1963 Abitur Mülheim/Ruhr, b. 1970 Stud. Math., Physik, Didaktik, ostasiat. u. indoeurop. Linguistik in Berlin, 1968 Dipl. in Math. u. Physik, 1965-70 Systemprogrammierung, 1970 Prom. z. Dr. rer. nat. K.: 1971 Prof. an d. TFH Berlin f. Math. u. Datenverarb., 1972 Grdg.-Dekan d. Fachbereiches Math.-Physik an d. TFH Berlin, 1979 Buddhist. Mönch, 1986 Gastprof. in Systemtheorie an d. Ramkhamhaeng Univ. Bangkok, 1983-2001 Linguistikdoz. an d. VHS, ab 2000 Ausstellung von Thai-Dt. Beziehungen, ehrenamtl. Wahlltr. u. Schöffenrichter. M.: Math. Forsch. u. Veröffentlichungen über Nichtlineare Funktionalanalysis, Invariante Quantitätscharakteristika, Hybride numerische Methoden, Parameterabhängige Meroedriedarstellungen, Generierung von Hyperstrukturen, Systemtheorie, Simulation von Transistoroszillatoren, Arms Race, etc, nichtmath. Forsch., Schriften u. Vorträge über Ostasien. Linguistik, Eminescu, Thailänd. Geschichte, Diplomatie, Etymologie, 1984-86 Chefredakteur d. Mathware-Verlages, 1985 Hrsg. Künstliche Intelligenz, 1988 Übersetzung aus dem rumänischen zum 100. Geburtstag d. rum. Nationaldichters - Eminescu-Gedichte, 1994 Violincapriccien d. Pietro Nardini, ab 1986 Miteigentümer d. Thai-Verlages. M.: Math. Ges. H.: Didaktik, Grafik, Tauchen, Musik, Cello, Fliegen.

Bail Esky *)

Bail Rüdiger
B.: Bauing., Gschf. FN.: BAIL Bauunternehmung GmbH. DA.: 13407 Berlin, Walderseestr. 25. G.: Biesenthal, 28. Juli 1941. V.: Uta, geb. Chylewski. Ki.: Volker (1965), Corinna (1971). El.: Bauing. Josef u. Lisbeth. S.: 1958-61 Maurerlehre, 1961-64 Ing.-Schule f. d. Bauwesen. K.: 1964-66 Ing. Richter & Schädel, 1966-67 Josef Bail, 1967-72 G. Pegel & Sohn, 1972 Eintritt in väterl. Unternehmen Josef Bail & Sohn, 1976-80 Alleinunternehmer, 1980 Umwandlung in GmbH. BL.: Bau eines eigenen Flugzeuges, seit 1988 ehrenamtl. Richter Arbeitsgericht Berlin. F.: Komplettbau Fürstenwalde GmbH, Bau Bauhof Wriezen GmbH, Bail Grundstücks, Hdls. u. Verw. GmbH, Wohnungs- u. Ind.-Verw. GmbH Fürstenwalde Nord, BHS-Bauherren-Service GmbH, MR Nutzfahrzeuge GmbH, priv. Modernisierung u. Standsübernahme v. Immobilien in Berlin u. Brandenburg. M.: Bauind.-Verb., Segelflugver. Wittstock. H.: Motor- u. Segelfliegen, Bergsteigen, Sportschütze.

Bailey Helga *)

Bairlein Franz Dr. Prof. *)

Baitinger Gunter *)

---

*) Biographie www.whoiswho-verlag.ch oder beigefügte CD-ROM

Baitsch Helmut Dr. med. Dr. rer. nat. Prof. *)

Baitz Wolfgang *)

Bajar-Bryszten Anneliese *)

Bajic Ivan *)

Bajohr Christoph Frank

B.: staatl. geprüfter Augenoptiker u. Augenoptikermeister. FN.: Bajohr Brillenmode. DA.: 37574 Einbeck, Marktstr. 42. PA.: 38574 Einbeck, Am Steinbruch 8. www. Bajohr.de, www.Lupenbrille. de. G.: Braunschweig, 3. Feb. 1955. V.: Kerstin Sturm. Ki.: Sarah-Christina (1984). El.: Frank-Christian (Apotheker) u. Christa, geb. Menneke. S.: 1974-78 Lehre z. Augenoptiker b. Firma Optiker Bode in Hamburg, 1978 Allg. HS-Reife. K.: 1978 Augenoptiker u. stellv. Filiallltr. b. Firma Optiker Bode in Hamburg, 1980 Höhere Fachschule f. Augenoptiker Köln, 1982 Abschluß: staatl. geprüfter Augenoptiker u. Augenoptikermeister, anschl. Meister in Düsseldorf, 1982 Grdg. d. Firma Bajohr Optik in d. Marktstr. 42 in Einbeck, 1987 Eröff. d. Filiale Bajohr & Micheletti Optik in d. Scheffelstr. 2-4 in Osterode, 1989 Eröff. "Die Pupille" in Einbeck, Marktpl. 22, 1991 Grdg. d. Firma Bajohr & Micheletti Optik in d. Jacobsonstr. 10 in Seesen, 1996 Eröff. Bajohr & Micheletti Optik in Hann. Münden, Kirchpl. 7, 1998 Übernahme d. Firma Optic Actuell in Einbeck, Marktpl. 27, seit 1988 Schwerpunkt Augenoptik, Anpassung v. Lupenbrillen f. Zahnmediziner, heute bundesweit Marktführer, 2000 Grdg. d. Firma Optimum, Service u. Technik f. Augenoptiker, 2001 Eröffnung von Bajohr-Optic in Bad Gandersheim. P.: div. Publ. in Fachpresse z. Thema "Bajohr-Lupenbrillen". M.: Einzelhandels.-Verb. Einbeck-Northeim, Initiative Einbeck 2000, Werbegemeinschaft Einbeck, Rotary Club Einbeck-Northeim.

Bajohr Wolfgang Alexander *)

Bakalowits Friedl KommR. Prof. *)

Bakardjieva Martina *)

Bakendorf Jens *)

Baker-Schreyer Antonio Dr. med.

B.: FA f. HNO, Allergologe, Semnolge, ndlg. Arzt in eigener Praxis. DA.: 66847 Landstuhl, Kaiserstr. 169. bakerschreyer@telemed.de. G.: Palma de Mallorca, 22. Jan. 1967. V.: Stephanie, geb. Laun. Ki.: Timothy Leonard (1995), Kristopher Robin (2001). El.: Leonard Earl u. Ana-Luisa Baker, geborene Schreyer-Müller. S.: 1985 Abitur Kaiserlautern, 1986-91 Stud. Humanmed. an d. Joh.-Gutenberg-Univ. Mainz. K.: 1991-92 Med.-Ass. am Westphal Klinikum Kaiserslautern, 1992-95 Weiterbild. im Fachbereich HNO b. Prof. Dr. Karl Hörmann Kaiserslautern u. Heidelberg, Fak. Mannheim, 1995-98 Ass. in OA Funktion im gleichen Klinikum, 1997 FA-Prüf., 1998 Ndlg. u. Eröff. d. eigenen HNO-Praxis in Landstuhl, ltd. Belegarzt am St. Johannis-KH. BL.: 2 Mon. Auslandsaufenthalt im Medical Center of Boston, New England b. Prof. Dr. Shaeshey. P.: 1995 Diss.: Die Schwingungsanalyse d. Trommelfellapparates, Trommelfell - Gehörknöchelchen - Apparat mittels Laser-Doppler - Vibrometrie z. Differentialdiagnostik v. Mittelohrerkrankungen. M.: DRK Kaiserslautern, DRK - Fußball, Dt. HNO-Ges., Tennisclub Landstuhl. H.: Tennis, Fußball, Malen.

Bakhshi Rajiv

B.: Betriebsltr. FN.: Apetito Catering im Hotel Pyramide Fürth. DA.: 907638Fürth, Europaallee 1. PA.: 90768 Fürth, Franz-Schubert-Str. 9. G.: Bangalore, 4. Juni 1955. V.: Ilona. Ki.: Gina Nandita (1997), Cedric Anup (2000). El.: S.R. Bakhshi O.O.C. (= Brigadegeneral) u. Sushita. BV.: im 17. Jhdt. war ein Vorfahre bereits General in d. Diensten eines Maharadschas u. wurde f. seine militär. Verd. geadelt, Familie seit 1547 urkundl. nachweisbar. S.: 1971 Abitur, College: BA in Bangalore, Ausbild. im Hotel Oberoi in New Delhi, Ausbild. z. Hotelfachmann im Palace Hotel Berlin, danach Hotelfachschule u. Ausbild. z. Hotelbetriebswirt in Berlin (1980). K.: 1980-83 Ass. F&B im Holiday Inn Wolfsburg, 1983-90 Tätigkeit in d. Mövenpick-Kette u.a. im Cafe Kröpcke Hannover als Chef de Service, Eröff. d. Flughafen-Hotels Stuttgart Restaurantleiter, Schulungsltr. f. Mövenpick, Deutschland, stellv. Dir. im Mövenpick Wiesbaden, 1990 Dir. im Maredo auf d. Fressgass in Frankfurt, 1991-96 Tätigkeit in d. Steigenberger-Kette, Eröff. u. Betriebsführung im normalen Geschäft d. Steigenberger Hotels in Bad Homburg als F&B Manager, seit 1996 f. d. Firma Apetito Catering Ltr. d. Gastronomie (Restaurants) u. Betriebsltr. d. gesamten Gastronomie (Verpflegung d. Patienten im gesamten Klinikbereich, incl. d. diätetischen Versorgng), eine in Deutschland bisher einzigartige Konstellation. E.: Ausz. als "Chef de Cave". M.: Food & Beverage Manager Ver. Deutschlands, TSV 1860 Fürth. H.: Reisen, Radfahren, Essen gehen.

Bakker Lothar Wolfgang Dr. phil. *)

Baklayan Alan E.

B.: Heilpraktiker. DA.: 80331 München, Unterer Anger 16. baklayan@yahoo.com. G.: Kairo, 9. Feb. 1959. El.: Edward u. Anneliese Maria. S.: 1977 Abitur Lycée Franco-Libanais Beirut, 1977 Lehrdipl. f. Shaolin Kung Fu Los Angeles. K.: seit 1977 Repräsentant d. Siu Lum P'ai Kung Fu Ass. in Europa, Eröff. d. Dt. Hauptquartiers u. Lehrer an d. Kung Fu Schule Siu Lum P'ai Fu Ass., 1980 Tai-Chi-Meister, 1982 Chi-Gong-Meister, 1984-87 Ausbild. z. Heilpraktiker an d. Josef-Anger-Schule in München, 1988 Zulassung z. Heilpraktiker, 1988 Eröff. d. Naturheilpraxis f. traditionelle Naturheilverfahren, Forsch.-Arb. im Bereich Elektro-Akupunktur u. d. Frequenzgenerator- u. Bioresonanztherapie spez. f. chron. Leiden, biolog. Krebstherapie, Studien über Einfluß v. Mykosen auf allerg. Geschehen. P.: zahlr. Verlff. u. Vorträge zu d. Themen "Parasiten u. chron. Leiden" u. "Biolog. Krebstherapie", Handbücher: "Schätze d. traditionellen Kampfkünste", "Parasiten - d. verborgene Ursache vieler Erkrankungen". M.: Fachverb. Dt. Heilpraktiker, Kong's Siu Lum P'ai Gung Fu Assoc. H.: Meditation, Musik, chines. Philosophie.

Bako-Bittner Eva *)

Bakowski Marek

B.: FA f. Chir., Durchgangsarzt u. Coloproktologe. DA.: 45879 Gelsenkirchen, Vonder-Recke-Str. 14. mabak@t-online.de. G.: Poznan/Polen, 9. Aug. 1949. V.: Regina, geb. Pierechod. Ki.: Natalie (1976). S.: 1967 Abitur, 1967-70 Stud. slaw. Philol, PH Stettin, 1970-76 Stud. Med. med. Ak. Stettin, 1976 Approb., 1076-81 FA-Ausbild. allg. Chir. K., Ass.-Arzt f. allg. Chir. an d. med. Ak. in Stettin, 1981 Einreise nach Deutschland, 1981-83 Ass.-Arzt an d. chir. Abt. im KH Burg-Steinfurth, 1984-89 Ass.-Arzt am Lehr-KH d. Univ. Essen u. am Marienhospital in Gelsenkirchen, seit 1989 ndlg. Chirurg in Gelsenkirchen m. Schwerpunkt Colonproktologie. M.: VPräs. d. PTM, Berufsverb. d. Colonproktologen Deutschland e.V., Präs. d. europ. Forums poln. Ärzte, Ratsmtgl. d. Weltorgan. d. poln. Ärzte, 1994-97 Osteuropa Beauftragter d. Club of Europe e.V., Mtgl. d. Johanniter Unfall-Hilfe e.V. H.: Internet, kreative Reisen nach Osteuropa.

Bakshi Iqbal Krishan *)

Balaban Alli Dipl.-Ing. *)

Balaban Romulus Dr. med. *)

Balaun Walter Michael Mag. Dr. phil
B.: Gschf. FN.: basc.et-Immobilien Entwicklungsgesellschaft mbH. GT.: Lehrauftrag an d. Theaterschule "Reduta" in Berlin-Kreuzberg. DA.: 10119 Berlin, Gormannstr. 24. gormannstrasse@bascet.de. G.: Radstadt/Österreich, 12. Feb. 1948. Ki.: Antonia (1990). El.: Leopold u. Irmengard. S.: 1965-75 Ausbildung u. Tätigkeit als Skilehrer, Masseur u. Reiseleiter, 1967 Abitur in Wien, Lehrbefähigung f. Volksschulen, 1973-74 Stud. Germanistik, Sportwiss. u. Unterrichtspädagogik in Wien, Abschluss Dr. phil., 1973-75 Teilnahme am Max-Reinhardt-Seminar in Wien, Ausbildung z. Schauspieler. K.: 1976-95 Regieassistent, Regisseur u. Schauspieler an versch. dt. Theatern, u.a. in München u. Hamburg, Spielleiter in Heilbronn u. Bamberg, sowie HS-Assistent an d. Musikhochschule Graz u. Lehrbeauftragter im Fach "Arbeiten v. d. Kamera" an d. Filmhochschule Wien, 1995 6 Monate b. SAT 1 in Berlin, 1995 Grdg. d. "basc-et" GmbH zwecks Sanierung u. Bau eines Hauses im Berliner Scheunenviertel. P.: Filme, Kurzprosa, Hörspiele. E.: Wiener Jugendmeister im Skilauf. H.: Theater, Literatur, körperliche Arbeit, Kochen.

Balbach Bernd
B.: Fachphysiotherapeut f. Sportmed., Gschf. FN.: Physiodrom. DA.: 13357 Berlin, Prinzenallee 84. G.: Babelsberg, 26. Feb. 1953. V.: Gabriele, geb. Schwanitz. Ki.: Jan (1983), Thomas (1986). El.: Heinz u. Marianne, geb. Stahn. S.: 1969-71 Ausbild. z. Baufacharb., 1971-74 Wehrdienst, seit 1974 Ausbild. z. Masseur, 1976 Abschluß, Ausbild. z. Physiotherapeuten, 1982 Abschluß, Ausbild. z. Fachphysiotherapeuten f. Sportmed., 1988 Abschluß. K.: b. 1989 Tätigkeit im Beruf in Poliklinik, 1989-91 ang. Mitarb. in einer Praxis f. Krankengymnastik, seit 1992 ndlg. in eigener Praxis, 1998 Eröff. d. Physiodrom. M.: ZVK, Anglerverb. H.: Fotografie, Lit. Ballett, Angeln.

Balbach Eduard Georg

B.: Kunstschmied. FN.: Kunstschmiede Eduard Bulbach. DA.: 58644 Iserlohn, Grüner Talstr. 336. G.: Moskau, 5. Aug. 1934. V.: Gertrud, geb. Menkhaus. Ki.: Christine (1961), Markus (1964), Iris (1965). El.: Georg u. Leontine. S.: 1949-50 Ausbild. z. Küfer, 1950-53 Ausbildung z. Huf- und Wagenschmied, Kunstschmied in Werdohl, Iserlohn-Letmathe. K.: 1953-63 Tätigkeit in div. Kunstschmieden, 1963-2001 selbst. in Iserlohn, zunächst in Kalthoff, dann in Grüne (Vororte v. Iserlohn). BL.: weltweite Kundenbetreuung, hohe Anerkennung in Saudi-Arabien sowie Kanada u.a. Länder. P.: zahlr. Berichte in d. lokalen Presse. M.: Intern. Fachverb. Der gestalteten Schmiede e.V. (IFGS), Jagdver., Gesangsver. H.: Jagd, Singen, Musizieren.

Balda Bernd-Rüdiger
Dr. Dr. med. habil. Prof. h.c. *)

Balda Octavio Dipl.-Ing. *)

Baldauf Gotthold Dipl.-Jur. *)

Baldauf Hans Joachim Dr. *)

Baldauf Roland *)

Balder Hartmut Dr. habil. Priv.-Doz. *)

Balderjahn Ingo Dr. Prof. *)

Baldermann Sigurd *)

Baldessarini Werner
B.: Vorst.-Vors. FN.: Hugo Boss AG. FN.: Hugo Boss AG. G.: Kufstein, 1945. V.: Cathrin. S.: Textilkfm.-Lehre b. Hirmer in München. K.: Jungverkäufer, Wechsel z. Münchener Herrenausstatter Wagenheimer, m. 26 J. Karrieresprung v. Verkäufer über Abt.-Ltr. z. Geschäftsltr., Chefeinkäufer b. Wagenheimer, 1975 zu Hugo Boss AG nach Metzingen, Kollektionserstellung, Chefdesigner, seit 1988 Mtgl. d. Vorst. u. seit 1993 stellv. Vorst.-Vors., 1998-06/2002 Vorsitzender d. Vorstandes. (Re)

Baldi Mario
B.: Koch u. Konditor, Unternehmer. FN.: Italienisches Restaurant "Piccolo Amore". DA.: 27308 Kirchlinteln, Verdener Str. 1. picolomario@hotmail.com. G.: Casablanca, 22. Okt. 1960. V.: Josefa, geb. Moreno. Ki.: Stephanie (1988), Ivan (1991). El.: Umberto u. Encarna. S.: 1976-80 Ausbildung z. Konditor in Barcelona/Spanien, 1982-85 Lehre z. Koch Autobahnraststätte Grundbergsee. K.: 1985-98 Koch u. Küchenleiter in Restaurants im Kreis Verden u. Worpswede, seit 1998 selbstständig, Eröff. d. Italienischen Restaurants "Piccolo Amore" als Inh. H.: Tennis.

Baldin Jürgen Ing.
B.: Ndlg.-Ltr. FN.: ETG J. Fröschl. DA.: 28112 Braunschweig, Robert-Bosch-Str. 1 c. G.: Hannover, 17. Jän. 1959. V.: Karin, geb. Reuse. Ki.: Stina (1989), Michael (1992). S.: 1972 Abitur, Ausbild. Elektriker Firma Siemens. K.: 1975 Maschineneinrichter in d. Firma Telefunken, 1977 Elektriker einer Elektrowerkstatt z. Herstellung v. Automatisierungsanla-

*) Biographie www.whoiswho-verlag.ch oder beigefügte CD-ROM

Baldin

gen u. 1980 tätig in d. Fertigungsentwicklung, 1986 Abendstud. Computertechnik an d. Eisenbahnerfachschule in Hannover m. Abschluß Maschinenbauing., 1990 tätig im Vertrieb d. Firma AEG, 1992 im Außendienst d. Firma Klöckner u. 1994 Ndlg.-Ltr., 1998 Außendienstmitarb. f. d. Ind. in d. Firma Otra in Hannover, 1999 Außendienstmitarb. d. Firma Fröschel u. seit 2000 Ndlg.-Ltr. in Braunschweig. M.: seit 1999 Schulelternratsvors. d. Grundschule Gleidingen, Stadtelternratsvors. d. Stadt Laatzen. H.: Kinder, Wassersport, Camping.

Balding Hans-Werner Dr. med. dent. *)

Baldinger Dirk
B.: Profi-Radrennfahrer FN.: Team Nürnberger, RSG Nürnberg e.V. DA.: 90530 Wendelheim, Heuweg 22. PA.: 79291 Merdingen, Engelstr. 12. team_nuernberger@t-online.de. www.team_nuernberger.de. G.: Freiburg, 27. Aug. 1971. K.: sportl. Erfolge: 1994 Amateur-Einzel-Meister, 1996 56. Pl. Giro d'Italia, 1997 18. Pl. Amstel Gold Race, 1997 27. Pl. Lüttich-Bastogne-Lüttich, 1998-2000 b. Team Dt. Telekom, 2000 LUK Cup Brühl/14., Tour du Limousin/14., s. 2000 Team Nürnberger, 2001 Etappenzehnter Vuelta Asturias. (Re)

Baldinger Kurt Dr. phil. Dr. mult. h.c. Prof. h.c.
B.: Univ.-Prof. PA.: 69118 Heidelberg/Ziegelhausen, Höhenstr. 24. G.: Binningen/Schweiz, 17. Nov. 1919. V.: Heidy, geb. Isler. Ki.: Doris (1949), Brigitte (1953), Verena (1957), Marianne (1961). El.: Ernst u. Hanna. S.: Realgymn. Basel, Univ. Basel u. Genf 1938-46. 1945 Prom. Basel. K.: 1952 Habil. Basel, 1948 Prof. m. Lehrauftrag Humboldt-Univ. Berlin, 1952-57 m. Lehrstuhl, seit 1957 Univ. Heidelberg, 1961-62 Dekan, 1968-69 Rektor. P.: Kollektivsuffixe und Kollektivbegriff (1950), Die Semasiologie (1957), Die Herausbildung der Sprachräume auf der Pyrenäenhalbinsel (1958), zahlr. Beiträge in romanist. Fachzeitschriften und Festschriften, Verf. d. Dict.Etymologique 1. de l'amicien Français seit 1971, 1958-88 Hrsg. d. Zeitschrift f. romanische Philologie. E.: 1969 Dr. h.c. Univ. Montpellier, 1977 Univ. Strasbourg, 1981 Univ. cat. Lima, 1983 Sorbonne, 1981 Prof. h.c. Lima Univ. S. Marcos, 1990 Univ. de Liège (Belgien), 1967 Orden Alfonso el Sabio, 1982 Officier Palmes academiques. M.: Präs. d. Société de Linguistique Romane 1971-74, seither Ehrenmtgl., seit 1979 Ehrenmtgl. d. Collegium romanicum (Schweiz), Ausw. Mtgl. des Conseil Scientif. du Centre de Philol. et de Litt. romanes, Straßb. 1980, Advisory Board of Fifteenth-Century Studies 1980, Comité d'honneur de la Revue des langues romanes 1982, Ehren-Mtgl. Assoc. intern. d'études occitanes 1983, Dt.-Katalan. Ges. (DKG) 1983, Korresp. Mtgl. Academia Chilena de la lengua 1986, Ehren-Mtgl. Linguistic Soc. of America 1987, Mtgl. Consejo prof. d. Zeitschr. Hispánica Posnaniensia 1987, Korresp. Mtgl. BritishAcademy 1988, Ehren-Mtgl. Schweizer. Sprachwiss. Ges. 1989, Ehren-Präs. d. Intern. Romanistenverb. 1989, Mtgl. Académie royale de Belgique 1990, Festschrift f. KB 2 Bände 1979 z. 60. Geb. H.: Skifahren, Tischtennis, Schach.

Baldo Dieter Dr. phil. *)

Baldow Peter Dr. med. *)

Baldt Ines Dipl.-Ing. *)

Baldus Claus Dr. Prof.
B.: Fachbereich Arch. u. Städtebau, Prof. FN.: FH Potsdam. DA.: 14469 Potsdam, Pappelallee 8/3. G.: Berlin, 22. Mai 1947. El.: Hans-Claus u. Liselotte. BV.: Vater Fabrikant, bedeutendste preuß. Briefmarkensammlung, Großvater mütterlicherseits Ernst Kluge besaß d. Uhe-Bar in Berlin, d. v. bedeutenden Künstlern d. 3. Reiches aufgesucht wurde. S.: 1968 Abitur Berlin, 1968-80 Stud. Phil., Politologie, Literaturwiss. u. Linguistik, Publizistik, Kybernetik, math. Logik an d. FU Ber-

lin u. Hamburg, Prom. K.: 1980-84 ltd. Mitwirkung an 2 Ausstellungen: Neue Nationalgalerie Berlin "Das Abenteuer d. Ideen", 1987 "750 J. Arch. u. Städtebau in Berlin", parallel Ass. v. Prof. Kleihues - Lehrstuhl f. Arch. u. Städtebau, Ltg. Abt. Bauwesen an d. Univ. Dortmund, Gastprof. an d. berühmtesten Arch.-Schule d. Welt - Copper Union New York - Manhattan, parallel Gastprofessor an d. TU Berlin, 1991 Habil., s. 1992 FH Potsdam. BL.: Ausstell., Gastvorlesungen in Mailand, Neapel, Barcelona, New York, Budapest, Belgrad u. kleineren Städten. P.: "Philosoph. Minuten" (1998). M.: Johann-Gottlieb-Fichte-Ges. H.: Mittelmeerkulturen, Kriminalromane, Science Fiction Literatur, Jazz, klass. Musik.

Baldus Robert Dr. med. *)

Baldus Wolfgang *)

Balfanz Dietrich Dr. jur. *)

Balfanz Jürgen Dr.

B.: Dipl.-Biologe, Gschf. FN.: Mikrobiologisches Labor Dr. J. Balfanz Dr. M. Lohmeyer GbR. DA.: 48157 Münster, Gildenstr. 34. info@mikrobiologisches-labor.de. www. mikrobiologisches-labor.de. G.: Soest, 22. März 1961. V.: Regine, geb. Haarmann. Ki.: Lennard, Pia. El.: Horst u. Ella, geb. Paul. S.: 1980 Abitur, 1980-81 Bundeswehr, 1981 Studium Biologie Univ. Münster, 1988 Dipl.-Abschluß, 1989 Diss. Inst. f. Mikrobiologie d. Univ. Münster, 1994 Prom. K.: 1986 Ang. d. Bergbau-Forschung GmbH, 1989-92 wiss. Mitarbeiter am Inst. f. Mikrobiologie d. Univ. Münster, 1989-94 wiss. Gutachter f. d. Fachzeitschrift "Applied Microbiology & Biotechnology" im Springer Verlag, 1993 Altlastensachbearbeiter im Umweltamt d. Stadt Dorten, 1994-95 Leiter d. Umweltbiotechnologie d. Firma Greitens Bau + Umwelttechnik GmbH in Münster, 1996 Grdg. d. Mikrobiolog. Labors Dr. J. Balfanz, 1999 Grdg. d. Mikrobiolog. Labors Dr. J. Balfanz-Dr. M. Lohmeyer GbR m. Schwerpunkt mikrobiologische Arbeitsstoffe, biolog. Zusammenarbeit m. d. Pharma-, Kosmetik-, Lack- u. Lebensmittelindustrie sowie Bundesforschungsprojekte in Zusammenarbeit m. d. GUVV-WL. P.: Fachaufsätze, Buch: Neumann, H.-D., Mathys, W., Raulf-Heimsoth, M., Becker, G., Balfanz, J. Gefährdung von Beschäftigten bei der Abfallsammlung und -abfuhr durch Keimexpositionen. Schriftenreihe der Bundesanstalt für Arbeitsschutz und Arbeitsmedizin Fb920 (2001). E.: Förderpreis d. Stiftung z. Förderung d. Innovation in Wiss. u. Forschung (1992). M.: Verein Bioanalytik Münster, DECHEMA. H.: Sport, Kunsthandwerk

Bálint-Cherdron Elisabeth *)

Balistreri Giuseppe *)

*) Biographie www.whoiswho-verlag.ch oder beigefügte CD-ROM

Balitzki-Schulze Thomas
B.: Gschf. Ges. FN.: IMAGE TRANSFER GmbH - Die WebXperten. DA.: 45128 Essen, Zindelstr. 12. G.: Gelsenkirchen, 1. Apr. 1963. S.: 1979 Fachoberschulreife Gelsenkirchen, 1979-82 Ausbild. z. Augenoptiker, 1984 Zivildienst. K.: 1984-86 Layout- u. Produktionsleitung im Fachzeitschriftenverlag, 1987-89 Werbeagentur "New Conzept" Düsseldorf, 1984-91 b. Brindfors, Düsseldorf digitales Atelier aufgebaut, seit 1991 selbst. m. Cross Media Consulting, Work Flow Management z. Optimierung d. Arbeitsprozesses im Multimediabereich. P.: Vorträge. M.: stellv. Vors. u. Grdg.-Mtgl. Gründergeist e.V. Verb. zur Förderung d. Selbständigkeit, LiG - Lernen in d. Informationsges. e.V.

Balk Andreas *)

Balk Gerhard Dipl.-Kfm. Dipl.-Ing. *)

Balke Dieter Dipl.-Ing.
B.: Architekt u. Stadtplaner. DA.: 59494 Soest, Am Wiesenkirchhof 11. G.: Münster, 10. Apr. 1948. V.: Dipl.-Ing. Hannelore, geb. Malkmus. Ki.: Lola (1983), Enzo (1989). El.: Herbert u. Hilde. S.: 1963 Tischlerlehre, Sonderbegabtenprüf. an d. Werkkunstschule Münster, 1967 Stud. Innenarch. u. Grafik-Design an d. Werkkunstschule Münster, 1970 Stud. Arch. Werkkunstschule Kassel, HS f. bild. Künste Kassel, 1973 Architekt, 1976 Dipl.-Ing. f. Stadtplanung an d. Gesamt-HS Kassel, Bundeswehr. K.: Tätigkeit in Arch.-Büro Kösters & Balke in Münster, seit 1983 selbst. Architekt in Soest. F.: Gschf. Ges. d. Balke Klinikges. GmbH Bad Sassendorf, K & B Betreutes Wohnen GmbH Soest, Habitat Seniorenwohnheime Verwaltungs GmbH Bad Sassendorf. P.: Veröff. in Bauzeitschriften über Gebäude. H.: Tennis, Maria Callas, klass. Musik.

Balke Joachim *)

Balke Walter *)

Balke Wilhelm sen. *)

Balkenhol Klaus
B.: Polizeioberkommissar a. D. G.: Velen Kr. Borken, 6. Dez. 1939. V.: Judith, geb. Pfeiffer. Ki.: Anabel (1972). S.: 1954-57 landwirts. Lehre. K.: 1957-60 tätig auf elterl. Hof; 1960-63 Polizeischule Münster, 1963-67 Polizeistation Hilden, 1967 Polizeireiterstaffel Köln, 9 Monate Grundreitlehrgang, s. 1968 Polizeireiterstaffel Düsseldorf; sportl. Werdegang: 1978 reg. Meisterschaft m. Rabauke in d. Dressur, 1979 dt. Meisterschaft, Silber im Einzel m. Rabauke, 1979 Gold in d. Mannschaft, 1980 m. Rabauke im erw. Olympiakader, 1978-81 Dressur A-Kader m. Rabauke, 1981-89 B-Kader, 1984 Goldstern in d. Reiterstaffel aufgebaut, 1989-94 A-Kader, 1991, 1992 u. 1993 Dt. Meister im Einzel u. Mannschaft. m. Goldstern, 1991 Europameisterschaft, Silber im Einzel, Gold m. d. Mannschaft, 1992 Olympische Spiele Barcelona, Bronze im Einzel, Gold m. d. Mannschaft - jeweils m. Goldstern, 1993 EM Mannschaftsgold, 1993-94 Weltcup 3 v. 4 Qualifikationen gewonnen, 2. Platz m. Goldstern, s. 1999 i. R. H.: Garten, Heimwerken, Bücher, Musik, Theater, Urlaub. (K.K.)

Balkovic Anton S.E.
B.: Botschafter. FN.: Botschaft v. Bosnien u. Herzegowina. DA.: 10439 Berlin, Ibsenstr. 14. G.: Sarajevo, 22. Nov. 1938. V.: Fehima, geb. Boskovic. Ki.: Ernest (1967), Alen (1970). El.: Nikola u. Stefanie, geb. Sucher. S.: 1955 Abitur, 1964 Dipl.-Wirtschaftler, 1974 Postdiplomstudie Mr.Sci. K.: 1964-95 versch. führende Positionen in d. Unis Holding Sarajevo - Bereich Aussenhdl. u. UNPräs. d. Unis in Chicago, 1995-97 Min.-Dirigent - Min. f. Außenangelegenheiten b. Bosnien u. Herzegowina, seit 1998 Botschafter. BL.: 1994-96 VPräs. v. Reg.-Experten-Gruppe f. wirtschaftl. Beziehungen, 1995-97 Beauftragter f. Staatsnachfolge-Verhandlungen. E.: Bismarck-Erinnerungsmed. in Gold. H.: Rudern, Flugzeugsport.

Balkow Jürgen H. Dipl.-Ing. *)

Ball Karlheinz Alfred *)

Balla Bálint Dr. iur. Prof.
B.: Prof. d. Soziologie. FN.: TU Berlin, Inst. f. Soziologie. PA.: 14193 Berlin, Winklerstr. 18a. G.: Budapest, 7. Juli 1928. V.: Dr. Waltraud, geb. Jaeger. El.: Dr. Lorant Keil u. Gabriella Faber (Kunstmalerin). S.: Abitur, Stud. Staats- u. Rechtswiss. ELTE-Univ. Budapest 1946-51, Prom., Stud. Soziologie Univ. Münster 1965-68. K.: 1951-65 Kfm. staatl. Innen- u. Außenhandel in Ungarn, 1965 Flucht n. Deutschld., 1965-68 wiss. Mitarb. Sozialforsch.-Stelle d. Univ. Münster in Dortmund, s. 1968 TU Bln., 1968-71 Oberass., Habil. Soziologie 1971 TU Berlin FB2 Ges.- u. Planungswiss. s. 1971 Prof. d. Soziol., 1989-91 Gschft. Dir. d. Inst. f. Soziol., s. 1991 Stellv. d. Gschft. Dir. P.: zahlr. Buchveröff. u. Aufsätze zur Soziologie in mehreren Sprachen, Hrsg. u. Übersetzer aus d. Französischen, die "Geschichte Ungarns", 1999 sowie 2001 eine ungarische Fassung seiner Soziologie. E.: Plakette u. Ehrenurkunde d. Komitees z. geschichtl. Wiedergutmachg., Ungarn 1991. M.: 1969 Mitbegr., Präsidiumsmtgl. u. stellv. Präs. d. Ev. Akad. d. Ungarn in Europa, Bern, Ltr. d. Lektorats s. 1969, Hrsg. v. ca. 100 in Ungarn verbotener Veröff., die 1969-89 in d. Osten geschmuggelt wurden, Mitbegr. u. Ltr. d. Sektion Ostmitteleuropa d. Dt. Ges. f. Soziologie 1990. H.: Sport, Musik. (E.S.)

Ballack Michael
B.: Fußballprofi, Nationalteam-Spieler. FN.: c/o DFB. DA.: 60528 Frankfurt/Main, Otto-Fleck-Schneise 6. info@dfb.de. G.: 26. Sept. 1976. KI.: Louis (2001). S.: Abitur. K.: Länderspielerdebut: 28. April 1976, bish. Vereine: , bis 1995 BSG Motor Karl-Marx-Stadt, 1995-97 Chemnitzer FC, 1997-99 1. FC Kaiserslautern, s. 1999 Bayer 04 Leverkusen, größte Erfolge: Deutscher Meister 1998 (m. FC Kaiserslautern). H.: Reisen, Tennis, Golf, Musik, Filme. (Re)

Ballarin Maurizio
B.: Gastronom, selbständig. FN.: Restaurant "Nabucco". DA.: 80796 München, Erich-Kästner-Str. 21. info@nabucco.de. www.nabucco.de. G.: Venedig/Italien, 9. Sep. 1957. V.: Chiara. K.: Lisa (1985). El.: Guglielmo u. Luisa. S.: 1968-73 Lehre elterl. Betrieb Venedig. K.: 1973 Comis im Elite Hotel 5 Sterne in Jesolo, 1974-92 Restaurantmanager im Scheidecker Garten in München u. b. 1994 im Restaurant "Zum Bozener", 1994-96 Restaurantmanager im Kürfürst Maximilian, 1996-97 Gschft. d. Trattotia Grissini in München, 1998 Eröff. d. Restaurant Nabucco in München. E.: Prinz, Gastro Award, SZ, Essen u. Trinken, Welt am Sonntag, Marcellino, Ausgehtip d. SZ. H.: Angeln, Musik, Kino.

Ballarin Werner Dr. phil.
B.: Dir. FN.: Neue Sächsische Galerie Städt. Kunstsammlung in freier Trägerschaft d. Neuen Chemnitzer Kunsthütte e.V.; Neue Chemnitzer Kunsthütte e.V. Kunstver. u. freier Träger d. Neuen Sächs. Galerie. DA.: 09111 Chemnitz, Strasse der Nationen 33; 09112 Chemnitz, Hohe Str. 31. PA.: 09112 Chemnitz, Kaßbergstr. 4. G.: Breslau, 26. Dez. 1935. V.: Eva, geb. Baumgart. K.: Esther (1958). S.: 1954 Abitur Roßleben, 1954-58 Stud. z. Dipl.-Kunsthistoriker Univ. Leipzig, 1959 Päd. Staatsexamen Dt. Sprache u. Literatur Päd. HS Dresden, 1976 Prom. z. Dr. phil. K.: 1958-59 wiss. Ass. d. Staatl. Kunstsammlungen Dresden, 1960-70 Erzieher, Lehrer, Fachberater Kunsterziehung, 1970-76 Lehrer im HS-Dienst, 1976 wiss. OAss. TU Dresden, 1981-82 Bez.-Sekr. f. Kunstwiss. in Verb. Bild. Künstler (VBKD) Dresden, 1982-85 Ltr. d. Städt.

*) Biographie www.whoiswho-verlag.ch oder beigefügte CD-ROM

Ballarin

Kunstsammlungen Karl-Marx-Stadt, 1985-90 wiss. Mitarb. d. Bez.-Kulturak. u. d. Bez.-Kunstzentrums Karl-Marx-Stadt, seit 1990 Gründer d. 1. Kunstver. in d. DDR, Gründer u. Dir. d. Neuen Sächsischen Galerie, seit 2002 Kurator d. Neuen Sächsischen Galerie. BL.: Darstellung zeitgenöss. sächs. Kunst, Sammlung durch Schenkungen bekannter sächs. Künstler, Kunst als Ethikfaktor. P.: Lyrik z. bildenden Kunst "Sächsische Ansichten" u.a, zahlr. Veröff. z. zeitgenöss. Kunst. E.: 1982 J.-R.-Becher-Med. in Silber, 2000 Verdienstorden d. Freistaates Sachsen. M.: Verb. Bild. Künstlerinnen u. Künstler Deutschlands (BBK), Freier Deutscher Autorenverb. (FDA), Neue Chemnitzer Kunsthütte. H.: Orientalische Religion u. Philosophie.

Ballaschk Daniel *)

Ballaschk Wilfried Dr. iur. *)

Ballauff Horst *)

Balle Theo Dr. phil. Prof. *)

Balleis Siegfried
B.: OBgm. FN.: Stadtverw. Erlangen. DA.: 91052 Erlangen, Rathausplatz 1. stadt@stadt.erlangen.de. www.erlangen.de. G.: Nürnberg, 4. Aug. 1953. S.: 1973 Hardenberg-Gymn. in Fürth, 1980 Abschluß Dipl.-Kfm. an d. WiSo Nürnberg, 1983 Prom. Dr. rer. pol. K.: 1984 Eintritt in d. Siemens AG, Erlangen, Vertriebskfm. f. Nahverkehrssysteme, 1978-88 ehrenamtl. Stadtrat in Zirndorf u. Kreisrat d. Landkreises Fürth, 1988 Wirtschaftsreferent d. Stadt Erlangen, seit 1996 OBgm. d. Stadt Erlangen.

Ballenberger Wolfgang
B.: Inh., geprüfter Graphologe VSG, Verleger. FN.: Thebal Werbung. DA. u. PA.: 70597 Stuttgart, Leonorenstr. 21. G.: Stuttgart, 9. Dez. 1925. El.: Theodor u. Friedel, geb. Fenchel. S.: 1943 Abitur, 2. Weltkrieg als Funker, Gefangenschaft, 1986-89 Psych. Inst. Dr. Kurka Bregenz, Fernstud. Fachrichtung Graphologie, Prüf. in d. Schweiz als Dipl.-Graphologe. K.: 1945 Firmengrdg. Thebal Werbung durch Vater, Mitarb. als Ang., Volontärzeit in einer Buchdruckerei/Verlag, zuständig f. Rechnungswesen in Thebal- Werb., Prüf. Bilanzbuchhalter v. IHK, Prok., 1978 Firmenübernahme, Personalwerbung f. Verlagshäuser, Vers. u. a. Invest. Güt. Werb., Produktwerb. f. ital. Produkte, b. 1990 auch Verleger M.: Südwestdt. Akad. f. Marketing u. Komm. e.V., akt. Mtgl. im Verband Schweiz. Graphologen VSG, Bern. H.: Grapholog. Arbeitskreis, Square Dance Club "Stuttgarter Rebläuse", Hausmusik (Klav., Akk.). (E.K.)

Ballenthin Horst *)

Ballentin Gerd Erwin Hans
B.: Direktor. FN.: Flughafen Erfurt GmbH. DA.: 99092 Erfurt, Binderslebener Landstr. 100. PA.: 65187 Wiesbaden, Rudolf-Vogt-Str. 16. G.: Tachau/Egerland, 18. Mai 1943. Ki.: Rainer (1967), Christian (2000). El.: Erwin Ballentin u. Marie Scherübl, verw. Ballentin. S.: 1957-61 Ausbild. als Rundfunk- u. Fernsehtechniker b. d. Firma Telefunken München, 1968 Ausbildung z. Berufsflugzeugführer, 1970 Ausbildung z. Instrumentenflugberechtigung b. d. Dt. Lufthansa, Verkehrsfliegerschule Bremen, 1971 Ausbildung z. Linienflugzeugführer an d. Fachschule f. Verkehrsluftfahrt Mühlheim/Ruhr u. fachl. Weiterbildung in Europa u. Amerika. K.: 1961-62 Luftfahrttechniker b. d. Firma Lear Electronic München, 1962-68 Luftfahrttechniker u. Flugzeugführer b. d. Firma Bölkow/Entwicklungsring Süd München, 1969-71 Luftfahrttechniker u. Flugzeugführer b. d. Ver. Flugtechn. Werken Fokker GmbH Bremen, 1972-73 Flugbetriebsltr. und Flugzeugführer b. d. Flugges.

Aerowest Dortmund, 1974-83 Flugbetriebsltr., Techn. Betriebsltr. u. Flugzeugführer b. d. Luftverkehrsges. Wirtschaftsflug Rhein Main GmbH Offenbach/Main, ab 1976 alleinvertretungsberechtigter Gschf. d. Betriebszentrale Frankfurt Flughafen, 1983-85 techn. Betriebsltr. d. Flugges. Jetair Luftverkehrs AG München, 1985-91 Gschf., Flugbetriebsltr. u. Flugzeugführer b. d. Field Aviation Köln, später WDL Aviation Köln GmbH, seit 1992 Dir. Flughafen Erfurt GmbH. BL.: Flugerfahrung im techn. Erprobungsbereich, Geschäftsreise-, Passagier- u. Frachtflugverkehr m. ca. 4.500 Flugstunden, verfügt über umfangreiche Kenntnisse u. Erfahrungen im Aufbau u. in d. Ltg. v. Flugges. u. Flughäfen. P.. Veröff. in Fachzeitschriften über Triebwerks- u. Flugüberwachungsinstrumente u. über Navigations- u. Funknavigationssysteme. M.: Berufsverb. f. Flugzeugführer, Ver. Cockpit e.V., CDU-Wirtschaftsrat, ADV-Direktorium. H.: Wassersport.

Ballentin Rainer
B.: Gschf. FN.: Ballentin Video. DA.: 65205 Wiesbaden, Senefelder Str. 11; Horchheimer Str. 8. ballentin@ballentin-video.de. www.ballentin-video.de. G.: München, 19. Dez. 1967. El.: Gerd Ballentin. S.: 1989 Lehre Radio- u. Fernsehtechniker, 1990 Abschluß Bildtechniker SAT.1. K.: 1990-93 Bildtechniker bei SAT.1 in Ludwigshafen, 1993-94 techn. Ltr. d. n-tv Studios in Frankfurt, 1994-95 freiberufl. Techniker im RTL Studio in Bonn u. b. 1996 im Sendezentrum v. SAT.1 in Mainz, 1996-97 freiberufl. Techniker b. ZDF in Mainz, seit 1990 Inh. d. Firma Ballentin Video in Wiesbaden m. Schwerpunkt Fernsehbeiträge, Ind.-Filme u. TV-Werbung. H.: Wassersport.

Graf v. Ballestrem Ferdinand Dr. rer. pol.
B.: Vorst. FN.: MAN AG. DA.: 80805 München, Ungererstr. 69. www.man.de. G.: Breslau, 26. Aug. 1943. S.: 1949-53 VS Borlinghausen, 1953-56 Gymn. Marianum Warburg, 1956-62 Gymn. Laurentianum Warendorf, Abitur, 1962-64 Ind.-Kfm. Lehre b. Westfalia Separator AG in Oelde, Abschluß Ind.-Kfm., 1964-69 Stud. BWL Univ. Münster, Bonn u. Köln, Stud. Welthdl. HS in Wien, 1969 Abschluß als Dipl.-Kfm., 1973 Prom. Dr. rer. pol. K.: versch. Praktika b. Banken, Vertriebsges. u. b. IBM Im In- u. Ausland, 1969-73 Ass. u. Gruppenltr. an d. Forsch.-Stelle f. empirische Sozialökonomik Köln, 1973-82 Ferrostaal AG Essen, Ltr. d. Abt. Rechnungswesen u. ZA, seit 1988 Vorst. d. Ferrostaal AG, seit 1996 Vorst. b. MAN AG. (Re)

Ballhaus Bernhard *)

Ballhaus Michael
B.: Fotograf, Chefkameramann. PA.: 14163 Berlin, Beerenstr. 33. V.: Helga. K.: Fotograf u. Bühnenfotograf, 1961 Chefkameramann, 1970 fotografierte er Rainer Werner Fassbinders

*) Biographie www.whoiswho-verlag.ch oder beigefügte CD-ROM

"Warnung v. einer hl. Nutte", erfand d. "360°-Spin" - eine Art Markenzeichen, 1982 nach Amerika, fotografiert gemeinsam m.Martin Scorsese, Filme wie "After Hours", "The Color of Money", "The Last Temptation of Christ", "Good Fellas", "The Age of Innocence", Zusammenarb. m. anderen Top-Regisseuren u.a. Paul Newman f. "The Glass Menagerie", Mike Nichols f. "Working Girl" u. "Postcard from the Edge" oder Francis Ford Coppola f. "Bram Stoker's Dracula", letzte Arb. Barry Levisons "Sleepers" (1996) u. Robert Redfords "Quiz Show" (1994), Bestseller-Verfilm. "Primary Colors" (1997), "Air Force One" (1997), "Gone Underground" (2000). E.: 2x Oscarnominierung f. "Nachrichtenfieber" (1987) u. "Die fabelhaften Baker Boys" (1989)., 2001 Luchy Strike Designer Award. (Re)

Ballhause Bernd Dipl. jur.
B.: RA. DA.: 06108 Halle, Juloit-Curie-Pl. 26. G.: Eisleben, 14. Juni 1948. V.: Brunhilde. Ki.: Sylvia. S.: 1967 Abitur Merseburg, 1970 Stud. Jura Humboldt-Univ. Berlin, 1974 Dipl. K.: 1974 Richterass., 1975 Richter m. Tätigkeitsschwerpunkt Zivil- u. Familienrecht, 1990 RA in d. Kzl. Albrecht & Ballhause, seit 2000 Einzelanw.; Funktion: Vertrauensanw. d. ACE.

Ballhause Jörg *)

Ballhause Robby *)

Ballhausen Michael Dipl.-Ing.
B.: Unternehmer. FN.: CADMAP Consulting Ing. GmbH. DA.: 45136 Essen, Weserstr. 101. G.: Bochum, 7. Mai 1943. V.: Marlies, geb. Kerkmann. Ki.: Christian (1968), Nicole (1971), Mark (1972). S.: 1961 Mittlere Reife, 1961-63 Straßenbauerlehre u. Ausbild. z. Bauzeichner, 1964-67 Stud. Verkehrswesen. K.: 1968-69 Öff. Dienst in Velbert, 1969-80 Öff. Dienst in Essen - Abt.-Ltr. f. automatische Datenverarb., seit 1989 selbst. BL: KANDIS - Kanalnetzdaten-Informationssystem - Das Managementsystem f. Planung, Bau, Betrieb, Unterhaltung u. Instandhaltung v. Kanalisationsnetzen.

Ballhausen Werner
B.: Bev. d. Landes Sachsen-Anhalt f. Bundes- u. Europaangelegenheiten, Staatssekr. DA.: 52113 Bonn, Dahlmannstr. 18. G.: Essen, 11. Aug. 1947. Ki.: 3 Kinder. S.: 1968 Abitur Essen, 1968 Stud. Rechtswiss. u. VWL in Tübingen u. Bonn, 1972 1. Staatsexamen, Referendariat b. OLG-Bez. Köln, daneben wiss. Hilfskraft Strafrechtl. Inst. d. Univ. Bonn, 1976 2. Staatsexamen. K.: 1976-89 Höherer Vollzugs- u. Verw.-Dienst NRW, 1978-81 u. 1984-78 Justizmin., 1984-87 Vollzugsabt., Referatsltr. Personalwesen im Strafvollzug, 1981-83 Doz. FH f. Rechtspflege in Bad Münstereifel, 1987-89 stellv. Anst.-Ltr. Justizvollzugsanst. Siegburg u. Rheinbach, 1989-92 Beurlaubt an SPD Bundestagsfraktion, 1992-94 Justitiar b. Vertretung Land Brandenburg in Bonn, seit 1994 Staatssekr. Sachsen-Anhalt u. d. Bev. f. Bundes- u. Europaangelegenheiten, seit 1999 Vertreter d. Landes im "Aussch. d. Regionen" d. EU Brüssel u. in d. Europa - Min.-Konferenzen, seit 1991 Presbyter u. Synodaler im Kirchenkreis Bonn. P.: Aufsätze in Zeitschriften f. Rechtspolitik, NJW. M.: Freundeskreis Dessau - Wörlitzer Gartenreich, Francke'sche Stiftung Halle. H.: Klarinette, klass. Musik, Radfahren, Joggen, Impressionismus (Van Gogh), Südafrika-Reisen.

Ballheim Konrad *)

Ballier Armin Gerhard
B.: Ind.-Fachwirt, Gschf. FN.: Saar-Metallwerke GmbH. DA.: 66121 Saarbrücken, Am Römerkastell 6. G.: Bildstock, 24. Dez. 1957. V.: Christel, geb. Meiser. Ki.: Michelle (1992), Frederic (1998). El.: Gerhard u. Maria-Magdalena. S.: 1972-75 Lehre Ind.-Kfm. b. Saar-Metall, im 2. Bild.-Weg 1981-83

Ind.-Fachwirt, 1983 Prüf. z. Ind.-Fachwirt b. IHK, parallel Franz. Sprache gelernt. K.: 1975 Lohnbuchhaltung f. gewerbl. Bereich b. Saar-Metall, 1979-80 Bundeswehr, 1980-88 techn. Verkäufer b. Saar-Metall, 1986 stellv. Vertriebsltr., 1988 Ass. d. Geschäftsltg., 1990 Prokura, 1992 Gschf. u. Mtgl. d. AufsR. Solocuivre GmbH, 1993 Gschf. gèrants b. Solocuivre S.à.R.L. Sarreguemines Tochterges. SM-France S.à.R.L., seit 1992 Gschf., 1997 ehrenamtl. Richter b. Arbeitsgericht Saarbrücken, seit 2001 Gschf. bei REA Rhein Emscher Armaturen GmbH. E.: Urkunde v. d. IHK f. 25 J. Treue Dienste b. Saar-Metall. M.: Sportver., Tennisver., Betriebswirtschaftsaussch., Gesamtverb. Dt. Metallgießerei (GDM), Club-d'entreprise de la Région de Sarreguemines, Vorst.-Mtgl. GDM NRW-Gruppe. H.: Familie, Tochter und Sohn, Tennis, Skifahren.

Ballies Uwe Dr. med.

B.: FA f. Laboratoriumsmed. DA.: 24149 Kiel, Schönkirchener Str. 78. PA:: 24226 Heikendorf, Konsul-Lieder-Allee 29. G.: Königsberg, 8. Jan. 1943. Ki.: Arne (1972), Arnika (1974). El.: Dr. Werner u. Marie-Luise. S.: 1963 Abitur Alzey, 1964 Res.-Offz.-Ausbild. b. Marine, 1964-69 Med.-Stud. Mainz u. Kiel, Staatsexamen. K.: 1970-76 FA -Ausbild. Kiel, 1973 Prom z. Dr. med., 1976 Grdg. der eigenen FA-Praxis f. Laboratoriumsmed. Kiel. BL.: Erfinder u.a. in med., fischtechn. u. chem. Bereichen. F.: Inh. Holstenstörfischzucht GmbH & Co KG, Gschf. Farmbetrieb in Paraguay. E.: 1990 Dieselmed. Erfindung eines neuen Blutabnahmesystems. M.: Lions Club, Dt. Aktionsgemeinschaft Bild. - Erfindung - Innovation. H.: Wassersport, Jagd, Reisen.

Ballin Roland *)

Balling Adalbert Ludwig *)

Ballistreri Heidi

B.: Friseurmeisterin, Inh. FN.: hauptsache haare. DA.: 20357 Hamburg, Neuer Kamp 30. G.: Siegen, 30. Mai 1970. V.: Francesco Ballistreri. El.: Kurt u. Marianne Fuhrmann, geb. Ochel. S.: 1986 Mittlere Reife, 1986-89 Ausbild. Friseurin, 1990 Fachabitur f. Gestaltung Dortmund. K.: 1990-94 Gesellin in Dortmund, 1994 Meisterprüf., 1995 Meisterin bei Coiffeur Avantgarde in Dortmund, 1995-96 Friseurin bei Peter Polzer in Hamburg u. b. 1998 bei New Hair in Hamburg, seit 1998 selbständig m.

*) Biographie www.whoiswho-verlag.ch oder beigefügte CD-ROM

Ballistreri

Eröff. d. Frisiersalons m. Schwerpunkt Haarschnitt u. Farbveränderungen, div. Fachausbild. M.: Bund d. Steuerzahler. H.: Laufen, Schwimmen, Reisen.

Ballmann Herbert *)

Ballmann Karl-Heinz *)

Ballmann Rolf F. Dr. *)

Ballschuh Andrea

B.: Moderatorin "Wetterfee auf SAT1". FN.: Agentur nic communication & consulting GmbH. DA.: 14059 Berlin, Danckelmannstr. 9B. G.: Dresden, 12. Juli 1972. El.: Gerhard und Gabriele Ballschuh. S.: 1991 Abitur. K.: 1983-88 Kinderansagerin b. Kinderfernsehen d. DDR u. Moderatorin d. Kindersendung "Ein Bienchen f. ...", 1991-92 Au-Pair-Mädchen in Los Angeles/USA, 1992-93 Aushilfe als Sachbearb. b. d. Treuhand, 1994-99 Moderatorin b. Berliner Privatradio "94,3 r.s.2" davon d. letzten 2 J. Co-Moderatorin d. Morgensendung, 1996-97 dt. u. engl. Wettermoderatorin b. Dt. Welle TV "Boulevard Deutschland" u. "Boulevard Germany" u. Co-Moderatorin m. Wolf-Dieter Herrmann, seit 1997 Wettermoderatorin b. SAT.1 "18:30 Nachrichten", tägl. Moderation; 1x monatl. Moderation d. Urlaubswetters aus div. Städten in Europa, vertretungsweise Moderation v. "17:30 - live aus Berlin" Ländermagazin b. SAT.1, seit 1999 Moderatorin b. "98 zwo Radio Paradiso" Moderation immer samtags 7-12 Uhr u. Vertretung d. Morgensendung. BL.: Moderation f. Veranstaltungen: 1998 Moderation v. Kenzo-Modenschau b. Toosl & Gallery in Berlin, 1999 Moderation v. Givenchy Modenschau b. Tools & Gallery in Berlin, 1999 Präsentation d. neuen Audi TT Roadster v. Autohaus Berlin, 2000 Moderation d. Berliner START UP Jurorenveranstaltung f. Landesbank Berlin, 2000 Moderatorin d. Berlin Lounge im Grand Hotel Esplanade, 2001 Moderation d. Berliner START UP Jurorenveranstaltung f. d. Landesbank Berlin, 2001 Moderation d. Geburtstagsgala "Galeries Lafayette", 2001 Moderation d. Gala z. Jahrestagung v. BITKOM. M.: VdH. H.: Golden Retriever, Radio, Lesen, Musik, Kino.

Bally Ilse *)

Balnis Peter Dipl.-Sozialwiss.
B.: Sozialarbeiter. FN.: Arbeiterwohlfahrt. DA.: 66538 Neunkirchen, Gesamtschule Haspelstraße. pbalnis@aol.com. G.: Wuppertal, 28. Juni 1952. V.: Gudrun, geb. Melchior. Ki.: Nadja (1981), Susanne (1992). El.: Anton u. Ursula, geb. Schmidt. S.: 1970 Abitur, 1970-71 Stud. Germanistik u. Anglistik Univ. Köln, 1971-77 Stud. Sozialwiss. u. Päd. Univ. Bochum, 1977 Abschluß Dipl.-Sozialwissenschaftler. K.: 1978-89 tätig in einem Jugendzentrum in Wuppertal u. in div. Kinder- u. Jugendverbänden, 1990-93 tätig in d. Erwachsenenbildung f. Langzeitarbeitslose u. Russlandaussiedler in Kaiserlautern, seit 1993 Schulsozialarbeit an d. Gesamtschule Neunkirchen als Ang. d. Arbeiterwohlfahrt, seit 1997 Lehrauftrag f. sozialpäd. Aspekte d. Lehrerausbildung an d. Univ. d. Saarlandes. P.: Aufsätze z. Thema Schulsozialarbeit. M.: Landesvorstand d. GEW, AWO. H.: Musik, Gitarre spielen, Lesen, Schwimmen.

Balogh-Keller Kristiane Dr. med. *)

Balon Doris *)

Balon Karl-Heinz *)

Balowski Dorothea *)

Bals Birgit Dipl.-Ing.

B.: selbst. Innenarchitektin. DA.: 55294 Bodenheim, Schönbornpl. 1. G.: Lippstadt/Westfalen, 23. Feb. 1967. El.: Josef u. Anna, geb. Becker. S.: 1986 Abitur, 1986-91 Stud. Innenarch. FH Lippe-Detmold. K.: 1991 Ang. b. Expotechnik Messebau in Taunusstein, 1992-96 ang. b. PGM Partnerschaftl. Gestaltungsgruppe Mainz, 1996 Eintrag Arch.-Kam. Rheinland-Pfalz, seit 1996 selbst. in d. Bereichen Bürogestaltung, Restaurants, Praxen, Privatkunden u. Messebau, außerdem freiberufl. Mitarb. E.: 3. Preis b. Wettbewerb Bürovisionen.

Bals Günter Dr. phil. Prof. *)

Balser Hans Jürgen *)

Balshüsemann Marianne *)

Balster H.-H. Dipl.-Ing.

B.: Ing. f. Baustatik u. Konstruktion. FN.: Ing.-Büro Balster. DA.: 33605 Bielefeld, Lipper Hellweg 61. PA.: 32791 Lage-Lippe, Bussardstr. 41. G.: Harselünne/Emsland, 13. März 1954. V.: Waltraud, geb. Hoffensiefken. Ki.: Andreas (1983), Christiane (1987). El.: Bernhard u. Mariane. S.: 1971-73 Ausbild. u. Abschluß zum Bauzeichner, 1974-75 Bundeswehr, 1975-79 Stud. Bauing.-Wesen, Dipl.-Ing. K.: 1979-92 Statiker in versch. Büros, 1992 Übernahme d. jetzigen Büros, Statikbüro f. Ind.-Bauten, Hallen, Geschäftsbauten, Schulen, KH u. Privatbauten, 1995 Verlagerung u. Vergrößerung d. Firma an jetzigen Standort. H.: Fußballspielen, Automobile.

Balt Monika
B.: Sozialarbeiterin, MdB. FN.: Dt. Bundestag. GT.: Vorsitzende d. Arbeitslosenverb. Dt., Landesverband Brandenburg e.V. DA.: 11011 Berlin, Platz d. Republik 1. Monika.balt@mdb.bundestag.dbp.de. G.: Großräschen-Süd, 12. März 1951. Ki.: Steffen (1970), Alexandra (1971), 1 Enkel. El.: Historiker Gerhard Bauer, Erika Bauer, geb. Jetschik. S.: 1957-67 Polytechn. Oberschule in Luckau, 1967-70 med. Fachschule in Cottbus, Ausb. als Kinderkrankenschwester, 1976-77 berufsbegl. Ausb. Fachkrankenschwester, Neurologie/Psychiatrie, Bezirksnervenklinik in Lübben, 1981-83 berufsbegl. Ausb. zur Fürsorgerin, 1994 Abschl. als Sozialarbeiterin. K.: 1970-77 Kinderkrankenschwester Bezirkskrankenhaus Cottbus, 1977-81 Fachkrankenschwester Kinderneuropsychiatri-scher Bereich Cottbus, 1981-87 Fürsorgerin Kinderneuropsy-

*) Biographie www.whoiswho-verlag.ch oder beigefügte CD-ROM

chiatrische Ambulanz in Cottbus, 1987-89 SED-Kreisleitung Cottbus, Mitarb. f. Gesundheitswesen, seit 1990 Mitbegründerin d. Arbeitslosenverbandes der DDR e.V., ab Dt. Einheit Arbeitslosenverband Deutschlands ALV, 1990-93 viermal abreitslos, insg. 3 Jahre, 10/90 Austritt aus PDS, seitdem parteilos, seit 10/90 ehrenamtl. Vors. d. Arbeitslosenverb. Brandenburg, 1994-98 ehrenamtl. Vizepräs. des Gesamtverb., 1995-98 Sprecherin d. Gruppe Frauen im ALV, seit 1998 Wahl in Dt. Bundestag, Landesliste Brandenburg, Liste 3, Spitzenkandidatin Wahlkreis Cottbus, Forst, Guben, Wahlkreis 280, ordentl. Mtgl. Ausschuß Jugend, Familie, Senioren, stellv. Mtgl. im Gesundheitsausschuß u. im Petitionsausschuß, Arb. u. Soziales, Motto: Interessenvertreterin d. Menschen ohne bez. Arb., Seniorenpolitische Sprecherin d. Fraktion. BL.: Miterschaffung v. Arbeitslosenhäusern u. -einrichtungen im Lande Brandenburg. P.: viele Interviews, Portrait in ORB-Brandenburg (1997), auch in Mona Lisa. E.: 1997 BVK f. Initiative "Arbeitsmarktpolitisches Aktionsbündnis d. Landes Brandenburg. M.: Arbeitslosenverb. H.: Lesen, Lyrik, Prosen, Biographien von Medizinern, Schwimmen, Sauna, zusammen m. Vater Schreiben d. Familienchronik (bis ins 16. Jh. Im Raum Dresden). (Re)

Balta Halil Tanju
B.: Übersetzer u. Dolmetscher. DA: 40210 Düsseldorf, Graf-Adolf-Str. 70 a. PA.: 40547 Düsseldorf, Löricker str. 6. G.: Istanbul, 19. Apr. 1953. S.: 1970 Abitur Istanbul, 1971-72 Dt. HS-Reife Bochum, 1973-83 Stud. Wirtschaftswiss. versch. Univ. m. Dipl.-Abschluß, 1983 IHK-Fremdsprachenprüf. f. Türk. Düsseldorf, 1984-86 Wehrdienst, Türkei, 1996-97 jur. Grundausbild. Heinrich-Heine-Univ. K.: seit 1986 freiberufl. Übersetzer u. Dolmetscher f. div. Gerichte u. Behörden. M.: seit 1990 AusländerbeiR. d. Landeshauptstadt Düsseldorf, Sportver., div. Wohlfahrtverb. u. karitative Ver.

Balten Ute *)

Baltes Alexander

B.: Maler u. Lackierer, Inh. FN.: Nights en voque. DA.: 66740 Saarlouis, Gaswerkstr. 1. PA.: 66663 Merzig-Hilbringen, Wendalinusstr. 55. www.nights-envoque.de. G.: Saarlouis, 11. Nov. 1965. V.: Daniela, geb. Helfen. Ki.: Nadine u. Selina u. Marvin Jew (1997). El.: Karl-Heinz u. Ursula, geb. Butz. BV.: Großvater Friedrich Butz, StR. am RG Merzig, Cousine d. Vaters Ltr. d. Anni-Krott-Stiftung Bad Säckingen, Großvater Dr. Dr. Eugen Baltes Amtssenatspräs. am Amtsgericht Merzig. S.: 1981-84 Ausbild. u. Maler u. Lackierer, Gesellenprüf. K.: 1984-87 Maler u. Lackierer, 1989-98 im elterl. Betrieb/Großu. Werkshdl. m. Matratzen u. Lattenrosten, 1998 Eröff. eines Bettenfachgeschäftes, zunächst unter d. Namen d. Ehefrau, 1999 Umfirmierung in "Nights en voque" Inh. Alexander Baltes, 2001 Eröff. einer Geschäftsfiliale in Merzig-Hilbringen-Fitten in Planung. M.: seit 1981 Zugführer im Malteser Hilfsdienst. H.: Kinder, Motorradfahren, Restaurierung eines i. J. 2000 gekauften alten Bauernhauses.

Baltes Bärbel *)

Baltes Friedrich *)

Baltes Hansjörg *)

Baltes Joachim Dr.

B.: RA u. Fachanwalt f. Familienrecht. FN.: Dr. Joachim Baltes u. Georg Rixe Rechtsanwälte. DA.: 33647 Bielefeld, Hauptstr. 60. PA.: 33647 Bielefeld-Brackwede. Am Wittenbrink 17. G.: Bad Rothenfelde, 6. Juli 1955. Ki.: Nicolas (1984). El.: Manfred u. Martha. S.: 1974 Abitur, 1974-81 Stud. Rechtswiss. Univ. Bielefeld, 1. u. 2. Staatsexamen. K.: 1981-83 Ass. an d. Univ. Bielefeld, 1983 Prom., 1983-87 Tätigkeit im Beruf, 1987 Grdg. der eigenen Kzl. Spezialisierung auf bürgerl. Recht m. Schwerpunkt Familienrecht, 1989 Erweiterung z. einer Sozietät m. RA Georg Rixe, Fachanw. f. Familienrecht. H.: Beruf, Literatur.

Baltes Matthias Dr. phil. Prof.
B.: Univ.-Prof. DA.: 48143 Münster, Dompl. 20/22. PA.: 48159 Münster, Rigaweg 17. G.: Bardenberg, 13. Apr. 1940. V.: Renate, geb. Emonts. Ki.: Jörg, Sabine. El.: Peter u. Therese. S.: Abitur, Univ.Stud., 1. Staatsexamen, Prom., Habil. K.: wiss. Ass., Priv.Doz., apl. Prof., Prof. P.: Der Platonismus in d. Antike I-VI (1987-2002), zahlr. weitere Veröff. M.: Mommsen-Ges., Intern. Plato Society, Academia Platonica Septima Monasteriensis. H.: Schwimmen.

Baltes Michael
B.: Oberstudiendir., Schulleiter. FN.: Erzbischöfliches St. Ursula Gymnasium. DA.: 40213 Düsseldorf, Ritterstr. 16. G.: Saarbrücken, 9. Dez. 1953. V.: Barbara. Ki.: Isabella (1988). S.: 1972 Abitur, 1972-77 Stud. Latein, Geschichte u. Geographie. K.: 1977-79 Referendariat, 1979-2000 Lehrer in Wuppertal u. Studienrat. an d. St. Anna Schule, seit 2000 Schulleiter u. Oberstudiendir. am St. Ursula Gymn. M.: Cartellverband d. kath. dt. Studentenverbände, Verband Dt. Geschichtslehrer, Altphilologen Verband. H.: Lesen, Reisen, Sport.

Baltes Paul B. Dr. phil. Dr. h.c. Prof. *)

Baltes Peter *)

Baltes Raphael *)

Baltes Raphael-Peter Dipl.-Ing. *)

Baltes Werner Dr. rer. nat. Prof. *)

Baltin Wolfram

B.: freier Architekt u. Stadtplaner. PA.: 76133 Karlsruhe, Gartenstr. 42. wolfram.baltin@web.de. G.: Erfurt, 9. Juni 1942. Ki.: Friedricke (1967), Anneke (1970), Julia (1973), Viola (1977), Verena (1980). S.: 1963 Abitur, 1963-65 Bundeswehr - Lt. d. Res., 6 Mon. Praktikum, 1965-72 Stud. Univ. Karlsruhe, 1972 Dipl.-Architekt u. Dipl.-Ing. f. Stadtplanung. K.: 1972 wiss. Ass. am Inst. f. Orts-, Regional- u. Landesplanung. 1976-82 Lehrauftrag am Inst., seit 1972 freiberufl. Stadtplaner, 1991

*) Biographie www.whoiswho-verlag.ch oder beigefügte CD-ROM

Baltin

Eröff. d. 2. Büros in Radeberg; Projekte: Bearb. v. Forsch.-Arb. zu versch. Themen, seit 2000 Doz. an d. Verw.-Ak. Baden. E.: 40 Wettbewerbserfolge. M.: BDA, Sprecher d. Arb.-Kreises d. freien Stadtplaner im BDA, SRL, DWB, WirtschaftsR. d. CDU e.V.

Baltruschat Gundula *)

Baltus Bernd Dr. phil. Dipl.-Psych.

B.: Psychologischer Psychotherapeut. DA.: 22589 Hamburg, Fruchtweg 24a. G.: Wietze, 12. März 1948. V.: Eleonore, geb. Pentzek. Ki.: Sara Sophie (1983), Hanna Dorothee (1990). El.: August u. Johanna, geb. Maschek. S.: 1969 Abitur, 1973 1. u. 1981 2. Staatsexamen f. d. Lehramt, 1974 Prom. im Fach Erziehungswiss., 1980 Dipl.-Hauptprüfung f. Psychologen. K.: 1975-91 Lehrbeauftragter an d. Univ. Hamburg Fachbereich Erziehungswiss., 1981-82 Lehrer, Projektbezogener Orientierungsunterricht f. Ausländer, seit 1983 in eigener Psychologischer Praxis; seit 1988 Doz. f. Gerontopsych. an d. Fachschule f. Altenpflege, 1991 Klinischer Psychologe/Psychotherapeut BDP, 1994 Klinische Hypnose (M.E.G.), 1996 NLP-Practitioner (GANLP), 1997 NLP-Master DVNLP, 1998 Ausbildung in tiefenpsychologisch fundierter Psychotherapie, 1999 Approb. als Psychologischer Psychotherapeut. P.: "Bedingungen visuellen Verhaltens in pädagogischer Kommunikation, eine experimentelle Studie", "Die Variation d. Blickverhaltens in Abhängigkeit verbaler u. nonverbaler Hinweisreize". M.: Mtgl. im Kirchenvorst. u. d. Synode d. Kirchenkreises Blankenese, BDP, M.E.G. H.: Musik, Tanzen, Kunst, Fotografieren.

Baltus Gerd

B.: Schauspieler. FN.: c/o Agentur ZBF. DA.: 22045 Hamburg, Jenfelder Allee 80. G.: Bremen, 29. März 1932. K.: Erstes Bühnenengagement an Dt. Schauspielhaus Hamburg, seit vielen J. b. Film u. Fernsehen, m. über 150 Produktionen einer d. meistbeschäftigten TV-Darsteller, Auszug a. d. Filmographie: Wälsungenblut (1964), Kommnur, mein liebstes Vöglein (1968), Der Kommisar: Ratten der Großstadt (1969), Wie ich ein Neger wurde, Der Kommisar: Die andere Seite der Straße (1971), Der Kommisar: ein Amoklauf (1972), Ein ganz perfektes Ehepaar (1973), Der Unbekannte (1978), Das Männerquartett (1978), Drei Freundinnen (1979), Ein zauberhaftes Biest (1981), Krimistunde (1984), Die Einstieger, Mord im Spiel (1985), Christian Rother - Bankier für Preussen (1986), Zwei alte Damen geben Gas (1988), Ein Fall für Zwei - Madonna - Madonna (1990), Die Erbschaft, Himmelsschlüssel (1991), Ein Bayer auf Rügen (1992), Fünf Millionen und ein paar Zerquetschte, Der Mann ohne Schatten - Eine Bagatelle (1994), Tatort - eine tödliche Freundschaft, Tatort - Mord hinterm Deich (1995), Ein Bayer auf Rügen - Das Schweigen der Zeugen, Ein Fall für Zwei – Tödliches Erbe, Beckmann und Markowski - Im Zwiespalt der Gefühle, Das Amt (1996), Großstadtrevier - Faule Eier, Der Hochstapler (1998). E.: 1964 Bundesfilmpreis f. seine Darstellung in d. Film "Wälsungenblut".

Baltzer Anke

B.: Cheflayouterin, Ausstellungsgestalterin, Art Dir. FN.: Guter Rat - Das Verbrauchermagazin. DA.: 10178 Berlin, Mollstr. 1. G.: Güstrow, 17. Sep. 1940. Ki.: 1 Sohn. S.: 1962 Schaufensterdekorateurin Konsumgen. Berlin-Pankow, 1962-

66 Stud. FH Berlin m. Abschluß als Ausstellungsgestalterin. K.: 1966-69 verantwortl. Gestalterin f. Messen u. Ausstellungen d. gesamten Ind.-Zweiges VEB Messeprojekt Leipzig, 1969-73 freiberufl. Gestaltung v. versch. Ausstellungen und einige Arb. für d. Fernsehen, 1974 Ausstellungsgestalterin f. d. Außenhdls.-Unternehmen Transportmaschinen DEWAG Leipzig, 1975-89 freiberufl., Gestaltung populärmedizin. Bücher, Buchgestaltung, Plakate und Programmhefte, Exportwerbung, 1990 freiberufl., seit 1990 freiberufl. f. d. Verlag f. d. Frau/Zeitschrift "Guter Rat" zunächst als Grafikerin/Gestalterin, dabei Mitaufbau d. Computersystems d. Zeitschrift, ab 1994 Cheflayouterin. E.: versch. Preise f. "Schönste Buchgestaltung", Plakate u.v.m. M.: Kommunikationsverb., Verb. d. Grafikdesigner, Förderver. Kulturbrauerei. H.: Lesen, Rad fahren, Wandern, Reisen, Freunde.

Baltzer Axel *)

Baltzer Dieter Dr. theol. Prof. *)

Balz Beate Ilona Gerlinde

B.: EDV-Organisatorin, Ges., Gschf. FN.: XENIA Systems GmbH. DA.: 12107 Berlin, Lankwitzer Str. 8a. G.: Berlin, 11. Sep. 1964. K.: 1988-90 Software-Ass. IT-Consulting Berlin, 1990-97 Mitarb. im EDV/Organ.-Bereich einer Bank, ab 1994 Ltr. EDV-Technik/Support, seit 1997 Gschf. XENIA Systems GmbH, IHK-zertifizierte Projektmanagerin. BL.: Microsoft Certified System Engineer. M.: Virtueller Geschäftsclub Berlin. H.: Bodybuilding, Kochen.

Balz Horst Dr. theol. Prof.

B.: Prof. f. Theol. u. Zeitgeschichte d. Neuen Testaments. FN.: Ruhr-Univ. Bochum. DA.: 55780 Bochum, Universitätsstr. 150. PA.: 58456 Witten, Am Herrenbusch 46. G.: Leipzig, 21. März 1937. V.: Anneliese, geb. König. Ki.: Christoph (1963), Martin (1965). S.: 1956 Abitur, 1956-61 Stud. Theol. Erlangen u. Heidelberg, 1966 Prom., 1969 Habil. K.: 1961-69 Vikar u. wiss. Ass. Lehrstuhl Neues Testament Erlangen u. Kiel, 1969 Univ. Doz. Kiel, 1972-74 OberlandeskirchenR. Schleswig-Holstein, seit 1974 Prof. Univ. Bochum. P.: div. Veröff., Exegetisches Wörterbuch z. NT, Mithrsg. d. Theol. Realenzyklopädie. M.: SNTS, Ges. f. Wiss. Theol. H.: Kirchenmusik, Orgel-, Klavier- u. Geigespielen, Bergsteigen.

Balz Michael Dipl.-Ing. *)

Balz Rosemarie *)

Balz-Fiedler Manfred Dipl.-Ing. *)

Balzar Edgar Alexander *)

*) Biographie www.whoiswho-verlag.ch oder beigefügte CD-ROM

Balzar Hans-Uwe Dipl.-Ing.

B.: Architekt. DA.: 40882 Ratingen, Levystr. 9. G.: Ratingen, 25. Juli 1955. Ki.: Jean-Dominic, Cedric. El.: Hans-Wilhelm u. Ursula. BV.: Der Rote Balzar v. Flamersfeld zu Napoleons Zeiten - als Theaterstück histor. Aufführung. S.: 1975 Abitur, 1975-76 Bundeswehr, 1978-82 Stud. Arch. Fachschule Darmstadt m. Abschluß Dipl.-Ing. K.: 1982-92 Ang. d. Stadt Ratingen, 1988-92 Stadtkonservator in Ratingen, 1992-93 Ang. in einem Arch.-Büro, seit 1993 selbst. m. Schwerpunkt Einfamilienhäuser, Reihenhäuser, Eigentumswohnungen, Denkmal- u. Altbausanierung. M.: Architektenkam. H.: Reisen.

Balzer Falk
B.: Profi-Leichtathlet (Hürdenlauf). PA.: 09123 Chemnitz, Walter-Ranft-Str. 48. G.: Leipzig, 14. Dez. 1973. El.: Karin Balzer (Olympiasiegerin 1964) und Karl-Heinz Balzer. K.: Disziplin: Hürdenlauf, größte Erfolge: 1994 U23-EC/1., 1995 Universiade/6., Hallen-DM/4., 1996 Hallen-EM/4., Hallen DM/1., 1997 WM-Teilnehmer, 1998 Weltcupsieger 110m H., Vizeeuropameister 110M H., Hallen DM/1., DM/1., 1999 Hallen-WM/3., WM/5., 2000 Hallen-EM/5., OS Sydney/Teilnahme, DHM/1.

Balzer Hans-Ulrich Dr. rer. nat. *)

Balzer Hartmut Dr. med. Prof. *)

Balzer Hendrik *)

Balzer Inge
B.: Unternehmerin, Inh. FN.: Kindermoden Steintaler. DA.: 34128 Kassel, Harieshäuser Str. 125. PA.: 34127 Kassel, Eichenbergstr. 7. G.: Marburg, 29. Dez. 1947. V.: Walter Böhm. Ki.: Beate (1966), Gabriele (1967), Stefanie (1970). El.: Walter u. Elisabeth Böhm. S.: Ausbild. Kinderkrankenschwester u. Fotolaborantin, Ausbild. Großhdl.-Kauffrau. K.: tätig als Sekr., seit 1994 selbst. m. Geschäft f. Kindermoden. M.: Pro Harleshausen. H.: Kinder, Enkelkinder, Garten, Reisen m. d. Wohnmobil, USA u. Kanada.

Balzer Karin
B.: Dipl.-Sportlehrerin, Trainerin, ehem. Profi-Leichtathletin. PA.: 09123 Chemnitz, Walter-Ranft-Str. 48. G.: Magdeburg, 5. Juni 1938. V.: Karl-Heinz Balzer. Ki.: Falk (1973). K.: 1964 Olympiasiegerin über 80m-Hürden, 1972 Olympiadritte über 100m-Hürden, 1969 u. 1971 Europameisterin über 100m-Hürden, 1962 u. 1966 Europameisterin über 80m-Hürden, 1970 u. 1971 Hallen-Europameisterin, Siegerin d. Hallen-Europaspiele 1967, 1968 u. 1969, 1971 4x Vizeeuropameisterin; nach Karriereende Dipl.-Sportlehrerin und Trainerin v. Falk Balzer.

Balzer Klaus *)

Balzer Marion *)

Balzer Peter Joachim Theo
B.: Hotelkaufmann, Unternehmer. FN.: Erich Witt GmbH & Co KG. DA.: 24235 Wendtorf, Strandstr. 27-31. witt.wendtorf@t-online.de. www.varioself.de. G.: Burg auf Fehmarn, 2. Okt. 1953. V.: Renate, geb. Scholz. Ki.: Tanja. El.: Hans-Georg u. Marianne, geb. Petersen. BV.: mütterlicherseits Groß-

vater war Gschf. d. Büsumer Fischereigenossenschaft. S.: 1973 FH-Reife in Meldorf, 1973-74 Lehre als Hotelkaufmann im Hotel Astor Kiel, 1974-76 Bundeswehr. K.: 1976-77 im elterl. Hotel tätig, 1977-79 Stud. Verfahrenstechnik Hamburg, 1979-1981 Lehre z. Hotelkaufmann neu aufgenommen und beendet im Hotel Reichshof Hamburg, 1981-82 Kreditorenbuchhalter b. Jeuro Container Hamburg, 1982-84 Buchhaltungsleiter b. Convoy Container Hamburg, 1984-90 Kauf d. elterl. Hotels, 1990-95 selbständig als Unternehmensberater, 1994-95 freier Mitarbeiter in d. Firma Erich Witt GmbH & Co KG, 1996 Kauf d. Betriebes. BL.: Jugendmeister im Segeln (1971), 1. Pl. b. Regatta Kiel-Eckernförde (1999). F.: Erich Witt Zimmerei GmbH, B+S Massivbau. M.: Büsumer Segelverein, Golf u. Country Club Howacht.

Balzer Sascha
B.: RA. DA.: 10709 Berlin, Kurfürstendamm 92. G.: Berlin, 7 März 1960. S.: 1980-87 Stud. Jura Freiburg. K.: 1987-90 Referendariat, 1990-93 Gschf. d. IG Eigentümer v. Grundstücken d. DDR e.V., 1990 Zulassung z. RA. BL.: maßgebl. Mitwirkung an d. Fassung d. Berliner Archivgesetzes. M.: Engagement im Opfer- u. Zeugenschutz. H.: Segeln, sammeln v. Armbanduhren.

Balzereit Bernd Dr. Dipl.-Kfm.
B.: Vorst. FN.: Berliner Kraft u. Licht (Bewag) AG. DA.: 12435 Berlin, Puschkinallee 52. www.bewag.de. G.: 2. Dez. 1946. V.: Erika, geb. Bruhn. Ki.: Christine, Sonja. S.: 1971-76 Stud. Betriebswirtschaft Mannheim, 1976 Dipl.-Kfm., 1979 Prom., 1966-76 Berufsoffz., Hptm. a.D. K.: seit 1990 BeiR.-Mtgl. Firma Ziehl Abegg GmbH & Co KG Künzelsau, seit 1993 Reg.-BeiR. Allianz AG, seit 1994 Reg.-BeiR. Dt. Bank AG, seit 1994 AufsR.-Mtgl. LandesBank Berlin, Gschf. Thüringer Mobilfunk GmbH, Vorst. Energiewerke Ostthüringen AG, Vorst. u. kfm. Gschf. Städtische Werke Nürnberg GmbH, EWAG u. VAG Nürnberg.

Balzert Gerhard *)

Bambach Georg Dr. *)

Bamberg Antje Dr. jur. *)

Bamberg Günter Dr. Prof. *)

Bamberg Margot Karin

B.: Heilpraktikerin, Kosmetikerin, psych. Beraterin, Inh. FN.: Praxis f. biolog. Ganzheitskosmetik; Praxis f. Naturheilkunde. DA.: 86825 Bad Wörishofen, Kneippstr. 18. G.: Arnau, 9. Okt. 1941. Ki.: Cornelia. El.: Dr. Franz u. Gerlinde Ullwer, geb. Hoffmann. BV.: Medizinerdynastie. S.: Sekr.-Schule Rosenheim, Ausbild. Fachkosmetikerin Aachen, Ausbild. Heilpraktikerin VDH München, 1976 Heilpraktikerprüf., Ausbild. IAPP-Inst. f. angew. Psych. u. Psychosomatik, 1986 Dipl.-Psych.

*) Biographie www.whoiswho-verlag.ch oder beigefügte CD-ROM

Bamberg

-Beraterin, 1984 Ausbild. Prof. Dr. Max Lüscher m. Abschluß Berechtigungszertifikat, div. Zusatzausbild. f. Gesprächstherapie, autogenes Training, Facelifting, Bachblüten u.a.m. K.: seit 1972 Inh. d. Kosmetikinst., seit 1976 Inh. d. Heilpraktikerpraxis. P.: Fachart. in Kurzeitungen. M.: FDH, Vereinig. f. geistiges Heilen. H.: Pferde, Hund Saskia, klass. Musik, Literatur.

Bamberger Marc M.
B.: Vorst. FN.: LSG Lufthansa Service Holding AG. GT.: Vors. d. Beirates d. Autobahn Tank&Rast Holding GmbH. DA.: 65830 Kriftel, Am Holzweg 26. G.: Saarluis, 24. Mai 1957 V.: verh. Ki.: 2 Kinder S.: Abitur, Stud. Jus. K.: 1984 First Hanover Realty Corporation i. New York, 1986 Zul. a. Rechtsanwalt, Wechsel a. Produktmanager f. neue Prod. u. Sonderfinanz. z. Manufacturers Hanover Trust Company n. Frankfurt. 1989 Ref. Leasing u. Finanzierungsvertr. b. Lufthansa Leasing GmbH (LLG), 1989 Ernennung z. Gschf. v. LLG, 1993 Wechsel i. d. AufsR., hauptamtl. Stellv. d. Ber.-Ltr. Finanzen b. d. dt. Lufthansa, 1994 Vors. d. AufsR. d. LLG u. Ber.-Ltr. Konzernfinanzen b. d. dt. Lufthansa, s. 1996 Vorst. d. LSG Lufthansa Holding AG.

Bamberger Markus *)

Bambuch Johann OStR.

B.: OStR. FN.: Auguste Pattberg Gymn. DA.: 74821 Mosbach-Neckarelz, Heidelberger Str. 39. PA.: 74821 Mosbach, Fr.-Hölderlin-Str. 3. G.: Preßburg, 19. Dez. 1940. V.: Marita, geb. Bildstein. El.: Johann u. Hilde, geb. Görlich. S.: 1962 Abitur Bad Mergentheim, 1962-68 Stud. Philol. Univ. Heidelberg, 1964 1. Jahr Aufenthalt in London für Sprachstud., 1968 1. u. 1969 2. Staatsexamen. K.: 1969-70 Referendarzeit am Hohenstaufen Gymn. in Eberbach, 1970-77 Lehrer f. Deutsch, Engl. u. Franz. am Ludwig Erhard Wirtschaftsgymn. in Mosbach, seit 1977 Lehrtätigkeit am Auguste Pattberg Gymn. in Mosbach-Neckarelz, 1971-87 zusätzl. an beiden Gymn. am Schultheater als Regisseur tätig. BL.: Fachaussch.-Ltr. f. Engl. u. Deutsch, stellv. Ltr. d. Vertreters d. Auguste Pattberg Schule im Philologenverb. P.: seit 1973 Gedichte als Beiträge z. Karpatenjahrbuch, Geschichten v. Engel Valentine f. d. Südt. Rundfunk in Stuttgart. M.: seit 1973 Prüf.-Vors. Bereich Nordbaden. H.: Lesen, Lyrik.

Bamelis Pol Dr.
B.: Mtgl. d. Vorst. FN.: Bayer AG. DA.: 51368 Leverkusen. www.bayer.com. G.: Kortrijk/Belgien, 31. Mai 1939. V.: verh. Ki.: 3 Kinder. S.: Stud. Chemie Kath. Univ. Löwen, 1963 Prom. K.: 1965 Eintritt wiss. Hauptlabor d. Bayer AG Leverkusen, 1967 b. Bayer Antwerpen N.V. zuerst Ltr. d. Anon- u. ab 1971 d. Caprolactambetriebes, 1973 Rückkehr nach Leverkusen, Ref. im Vorst., 1974 Organ. Abt. III d. Bayer Antwerpen N.V. Kallo, 1984 Ltr. Produktion Kunststoffe Dormagen, 1986 Ltr. d. Geschäftsbereichs Kautschuk d. Bayer AG Leverkusen, 1989 Übernahme d. Unternehmensplanung innerhalb d. Konzernverw., Tätigkeit f. Treuhandanst. in Berlin, seit 1. Mai 1991 Vorst. d. Bayer AG, Vorst.-Vors. Aussch. "Forschung u. Enwicklung", Mtgl. d. Vorst. Aussch. "Technik u. Umwelt".

Bammann Hans

B.: Unternehmer. FN.: Best GmbH & Co KG. DA.: 28844 Weyhe, Mittelwendung 22. info@best-deutschland.de. www.bestsport.comexori.de. G.: Morsum, 1. Dez. 1943. V.: Margarete, geb. Henrich. Ki.: 4 Kinder. El.: Heinrich u. Meta, geb. Koppe. S.: 2 Jahre Handelsschule Verden, 1960-63 Ausbildung zum Groß- und Außenhandelskaufmann Baumwolle in Bremen, 1963-65 Bundeswehr Zeitsoldat. K.: 1965 Eintritt Firma Lohmann & Co in Bremen Wollimport u. Export, Import u. Speditionsabteilung, 1968 Ltr. d. Abt., 1971-78 Ltr. d. Finanzabteilung, 1978 selbständig, Grdr. Best GmbH Bammann, Stüssel & Co in Bremen als Gschf. Ges., 1977 Umwandlung Best GmbH & Co KG in Weyhe, Marktführer Sport u. Freizeitebereich, Lieferant f. SB-Ketten, 1982 Grdg. Exori Import-Export GmbH als Gschf. Ges. f. Angelsportartikel f. d. Fachhandel, 1996 Grdg. Ferok GmbH, Herstellung u. Vertrieb v. Bleiersatzstoffen, 1998 Grdg. BSI Polska Sportartikel f. d. SB-Handel in Polen, 1999 Grdg. BSI-Hongkong, seit 1997 BSB Holding GmbH. M.: Ostasiatischer Verein (OSV). H.: PC, Lesen.

Bammann Martin Wilhelm *)

Bammel Heiner

B.: Zahnarzt. DA.: 45355 Essen, Fürstäbtissinstr. 3. G.: Bochum, 23. Juli 1961. V.: Uta, geb. Plum. Ki.: Moritz, Sophia. El.: Dr. Erich u. Helene, geb. Tübben. S.: 1981 Abitur Essen, 1981-82 Stud. Bergbau, 1988 Prom. K.: 1982-87 Zahnmed. in Mainz, 1987-90 Ausbild. als FA in Marburg, 1991 Ass.-Arzt in Gelsenkirchen, seit 1992 Ndlg. in Essen P.: Vorträge über oralchir. Erkrankungen im Kieferbereich Marburg St. Anton/Österr., Mainz. E.: Golfausz. M.: Rotary Club, DGZMK, DGP. H.: Golf, Garten, Kinder.

Bammert Ulrich Dr.-Ing. *)

Bammler Thomas *)

Banach Berndt *)

Banaschewski Edmund Dr. phil. *)

Bandelin Klaus *)

Bandelow Christiane *)

Bandelow Jürgen *)

Bandenburg Bruno R. Dipl.-Ing. *)

Bandermann Erika-Dorothea
B.: Mtgl. d. Präsidiums d. VBKI Ver. Berliner Kaufleute u. Industrieller, Dienstleister. FN.: Business Coordination GmbH. DA.: 10707 Berlin, Düsseldorfer Str. 33A; 10623 Ber-

lin, Ludwig-Erhard-Haus, Fasanenstr. 85. G.: Berlin, 26. Dez. 1952. Ki.: Stephan (1974), Ariane (1979). S.: 1972 Abitur Berlin, 1972-74 Ausbild. Hotelkauffrau in Bern/Schweiz. K.: 1979-83 Rezeption Hilton-Hotel Berlin, b. 1987 Rezeption Waldhotel Krautkrämer in Münster, 1987 Gschf. b. Philipp Holzmann AG u. Roland Ernst, 1990 nach d. Mauerfall nach Berlin, Koordinationsaufgaben im kontaminierten Bereich u. Umweltschutz, b. 1998 Koordinationsges. f. Bauprojekte GmbH, Aufbau eines Netzwerkes, daneben in 2. Legislaturperiode im Vorst. WirtschaftsR. CDU Sekt. Berlin, ab 1998 Busines Coordination, ab 2001 als GmbH, auch Lobbyarb. f. IVU AG u. ID-Media AG, 2001 Future Society of Europe 2001 in Wien als europaweite Veranstaltung, ab 2001 Innovario the Best of Berlin Innovation and Location. BL.: 1999 Initiierung Veranstaltungsreihe "Innovationsstandort Deutschland" in Adlershof m. Lifeschaltung ins Silicon Valley/USA. E.: als 1. Frau im Präsidium d. VBKI seit 8. 2002, Vorst.-Mtgl. f. d. Wirtschaftsjunioren im VBKI, Shoah-Stiftung. H.: Lesen, Spaziergehen, Kommunikation, Musik, Malen, Impressionen.

Bandick Stefan *)

Bandick-Hols Maria
B.: Rechtsanwältin u. Mediatorin. DA.: 40882 Ratingen, Baddenberg 8. www.bandick-hols.de. G.: Ratingen, 9. Mai 1968. S.: 1987 Abitur, 1987-93 Stud. Rechtswiss., 1993-95 Referendariat. K.: 1996 Zulassung z. Rechtsanwaltschaft, 1998 Grdg. d. eigenen Kzl. m. Schwerpunkt Arbeits-, Familien- u. Erbrecht, 1999-2001 Ausbildg. zur Mediatorin (Familienmediation u. Wirtschaftsmediation). M.: Vorst.-Mtgl. d. Dt. Sarkoidose - Vereinig. e.V., Mitgliedschaften: Dt. Juristentag e.V., Dt. Anwaltverein e.V., Centrale f. Mediation, Dt. Vereinig. f. Erbrecht u. Vermögensnachfolge. H.: Schach, Tanz, Musik, Psychologie.

Bandle Peter
B.: Messerschmiedemeister, Kaufmann. FN.: Peter Bandle Spezialmesser-Fabrik. DA.: 78532 Tuttlingen, Dr.-K.-Storz-Str. 16. PA.: 78532 Tuttlingen, Risibergstr. 21. G.: Tuttlingen, 17. Mai 1941. V.: Gertrud, geb. Braun. Ki.: Simone (1968), Kathrin (1970). El.: Otto u. Rosa. S.: 1955-58 Lehre Raumausstatter m. Abschluß, 1958-61 Lehre als Messerschmied, Gesellenbrief. K.: 1965-80 Mitarb. im elterl. Betrieb, 1970 Meisterbrief "Messerschmiedemeister", 1980 Übernahme d. elterl. Betriebes, 1965-80 Mitarb. in d. Fabrik d. elterl. Betriebes. H.: Literatur, klassische Musik.

Bandlow Jürgen *)

Bandorf Hugo Dipl.-Ing.

B.: Dipl.-Ing. f. Energie- u. Versorgungstechnik, Inh. FN.: Solar Future. DA.: 10117 Berlin, Tucholskystr. 41. solarfuture@t-online.de. G.: Heidenfeld, 25. Okt. 1958. Ki.: Nina (1996). El.: Josef u. Rosa. S.: 1974-77 Lehre Heizungs- u. Lüftungsbauer, 1977-79 tätig als Heizungs- u. Lüftungsbauer, 1979-81 Umschulung zum techn. Zeichner, glz. Mittlere Reife Abendschule. 1981-83 tätig als Baustellenleiter u. Techn. Zeichner. Abitur Berufsoberschule Würzburg 1983-85, 1985-90 Stud. Energie- u. Versorgungstechnik FH Berlin m. Abschluß Dipl.-Ing.. Ausbild. lateinamerikan. Trommeln, Trancetanz u. zum Lomi-Lomi-Nui-Masseur. K.: Auslandspraxis in Malaysia, Singapur u. Indonesien, 1987-93 Reisen durch Asien, Australien, Afrika u. Spanien, 1993-94 Workshopltr. Trancetanz, seit 1995 selbst. m. d. Firma Solar Future. M.: DGS, Greenpeace, SOS-Kinderdorf, BUND. H.: Trommeln m. d. Gruppe, vierhändige Massage, Heilkraft durch Hände.

Bandura Jürgen Dr. med.
B.: Zahnarzt, Arzt u. Pharmazeut. FN.: Gemeinschaftspraxis Claudia Tempelmann-Bandura u. Jürgen Bandura. DA.: 46282 Dorsten, Ostwall 35. G.: Greven, 4. Juli 1957. V.: Claudia, geb. Tempelmann. Ki.: Sandra (1991), Sascha (1993), Laura (1995). S.: 1976 Abitur, b. 1980 Stud. Pharmazie Univ. Münster, b. 1986 Stud. Med. Univ. Münster, b. 1990 Stud. Zahnheilkunde Univ. Bochum u. Hannover. K.: 1990 Ass.-Arzt, 1992 Eröff. d. Praxis m. Schwerpunkt biolog. Zahnheilkunde. P.: Ref. in Österr. u. d. Schweiz. M.: GZM, BNZ. H.: Radfahren, Tennis.

Banfai Paul Dr. Prof. *)

Bänfer Susanne *)

Banfield Volker Prof. *)

Bang Heinrich

B.: Rechtsanwalt u. Notar, selbständig. DA.: 37081 Göttingen, Maschmühlenweg 40. rechtsanwaelteh.bangbp@t-online.de. G.: Berlin, 30. Mai 1940. V.: Miroslava, geb. Machowa. Ki.: Marek (1980). El.: Dr. Rudolf u. Eva-Susanne, geb. Oschatz. S.: 1962 Abitur Wangeroog, 1962-67 Stud. Jura u. Germanistik in Göttingen, 1. Jur. Examen, 1967-73 Referendariat in Bremen, 2. Examen. K.: seit 1973 Zulassung z. RA, 1973-86 Tätigkeit in d. elterl. Kzl. Dr. Rudolf Bang u. Partner als RA, 1986-2000 RA in einer Sozietät, seit 2000 alleiniger RA, seit 1978 Notar. M.: Göttinger Anwaltsverein DAV. H.: Pferde, Reiten, Fahren.

Bang Michael cand. iur. *)

Bange Frank Dr. rer. pol. Dipl.-Kfm.
DA.: 58093 Hagen, Schiefe Hardt 12a. G.: Hagen, 30. Juni 1940. V.: Elke, geb. Göing. Ki.: Carsten (1972), Axel (1978), Antje (1980). El.: Hermann u. Helene. S.: Dipl. u. Prom. Univ. Würzburg. K.: 1974-2000 Handelsrichter. E.: 1985 BVK am Bande. M.: 1983-92 AufsR.-Mtgl. b. Genossenschaft Soennecken, seit 1995-2000 Vollversammlungs-Mtgl. Südwestfälische IHK, seit 1976 Lions-Club Hagen-Mark. H.: Golf, Skilaufen.

Bangemann Michael Dr. med.
B.: FA f. Allg.-Med., Diabetologe, Inh. FN.: Gemeinschaftspraxis Dr. med. Michael Bangemann. DA.: 90461 Nürnberg, Nibelungenstr. 19. dr.bangemann@t-online.de. www.praxis-bangemann.de. G.: Hannover, 20. Mai 1954. V.: Gisela, geb. Jakob. El.: Walter u. Marianne. S.: 1974-74 Krankenpflegehilfe im Stift Hannover, 1974-89 Sanitätsoffz. d. Bundeswehr Erlangen, 1976 1. Ärztl. Vorprüf., 1977 1. Ärztl. Prüf., 1979 2. Ärztl. Prüf., 1980 Staatsexamen, 1980 Approb. K.: 1980-81 tätig in d. Chir. Abt. im Bundeswehr-KH Amberg, 1981-82 Med. Abt. BWK Amberg, 1982 Truppenarzt in Nürnberg, 1982-88 Ltr. d. Sanitätszentrum 613 in Nürnberg, 1987-88 Ass.-Arzt Klini-

*) Biographie www.whoiswho-verlag.ch oder beigefügte CD-ROM

kum Nürnberg, 1989 Entlassung als Oberfeldarzt, seit 1990 Übernahme d. Praxis als Allg.-Med. u. Diabetologe. BL.: 1984 Zusatzbezeichnung Sportmed. durch d. Bayer. Landesärztekam. P.: Behandlung v. Sportverletzungen m. Kältepackungen (1988). H.: Tennis, Tauchen (PADI Divemaster, CMAS 3-Star).

Bangen Peter

B.: Fcharzt f. Urologie. DA.: 53604 Bad Honnef, Schülgenstr. 2a. urologie.bad-honnef@gmx.de. www.urologenpraxis.de/Dr.Peter.Bangen. G.: Gütersloh, 13. März 1944. V.: Elisabeth, geb. Wegerhoff. Ki.: Markus (1972), Ursula (1975). BV.: Großvater Wilhelm Engel aus Bochum Zentrumsabg. im Landtag, Widerstandskämpfer. S.: 1964 Abitur Bochum, 1964-65 Wehrpflicht, 1965 Med.-Stud. in Bonn, Innsbruck, Mainz u. Bonn, daneben Mitarb. Intensivstationen u. Flugmed. Inst. Bonn, 1971 Staatsexamen, Med.-Ass. Johannes Hosp. Bad Honnef, 1972 Prom., 1973 Approb. K.: 1972-74 Städt. Kinder-KH Amsterdamer Straße in Köln, Kinderchir. u. Kinderurolgie, 1974-77 Urologie. Univ.-Klinik Göttingen, 1977 FA f. Urologie, seit 1977 Aufbau eigener urolog. Praxis in Bad Honnef u. Belegabt. im Kath. KH in Siebengebirge. P.: Diss. als Forsch.-Bericht d. DFVLR. M.: KV, AHV Arminia Bonn. H.: Musik, Tennis, Alpinski, Hochseesegeln, Portugalreisen.

Bangen Rüdiger Dipl.-Psych. *)

Bangert Friedrich-Karl Dipl.-Ing. *)

Bangert Volker Dr. rer. nat. (Ph.D.) *)

Bangerth Karl Friedrich Dr. Prof. *)

Bangha-Szabo Thomas Dr.
B.: Zahnarzt, Oralchirurg. DA.: 80801 München, Franz-Josephstr. 26. G.: Budapest, 15. Mai 1941. V.: Hanna-Maria. Ki.: Attila (1978), Daniel (1979). El.: Vater Rechtsanwalt, Mutter Ärztin. S.: Hum. Gymn. in Budapest, 1963 Stud. Zahnheilkunde Univ. Budapest, 1968 Abschluß Suma Cum Laude, 1969 Fachausbild. in Kieferchirurgie Univ. Wien, anschließend b. 1974 Oralchirurgie u. Prothetik Univ.-Klinik München, ständige Fort- u. Weiterbild. in d. Bereichen Implantologie, Funktionsanalyse u. -therapie sowie Parodontologie, Prophylaxe u. Laser Zahnmed. im In- u. Ausland. K.: seit 1974 eigene Praxis in München. M.: seit 1992 Gutachter f. Implantologie, 1994 Active Membership Implantologie DGZI, 1994 Gründer d. Studiengruppe f. Implantologie in München, 1996 Zertifizierung als Spezialist f. Implantologie BdIZ, Dt. Ges. f. Paradontologie Diplomate ICO (USA). H.: Skifahren, Tennis, Golf, Klavier (Jazz u. Klassik), Theater.

Banghard Axel
B.: Gschf. Ges. FN.: AL-Ban. DA.: 10719 Berlin, Ulandstr. 175. G.: Bretten, 14. Juni 1966. V.: Tanja, geb. Sauter. El.: Egon u. Eva. S.: 1985 Abitur, 1985/86 Fallschirmjäger - Reserveoffz., 1987-92 Stud. BWL u. Psych. Univ. München. K.: seit 1987 in d. Geschäftsltg. in München tätig, 1992 Eintritt in d. Geschäftsltg. d. Unternehmensgr. Prinz zu Hohenlohe & Banghard in Berlin, seit 1993 Gschf. Ges. d. PHIDIAS Generalübernehmungsges. f. schlüsselfertiges Bauen mbH, Unterstützung zahlr. soz., sportl. u. kultureller Einrichtungen in Berlin. P.: Fachbeiträge z. Wirtschaft, z. Entw. Berlins. E.:

Ehrung f. Verd. um Alliierten Streitkräfte in Berlin. M.: Seit 1995 Präs. d. BSC Preussen e.V., AufsR.-Vors. d. Preussen Devils Eishockey GmbH., Förderver. d. Dt. Staatsoper. H.: Ehefrau, Hund, Beruf, Golf, Tennis, Tauchen, Skifahren, Fußball.

Banghard Egon
B.: Bankkfm., Inh., Gschf. FN.: Prinz zu Hohenlohe-Jagstberg & Banghard GmbH. DA.: 70192 Stuttgart, Anzenbergstr. 68. G.: Flehingen, 4. Nov. 1941. Ki.: Axel (1966), Simone (1969). S.: b. 1959 Höhere HASCH, Lehre Bankkfm. b. d. Volksbank. K.: 10 J. Bankkfm. b. d. Volksbank, seit 1969 selbst. Immobilienmakler in Stuttgart, 1970 Grdg. d. Unternehmens zusammen m. Prinz zu Hohenlohe-Jagstberg. H.: Tennis, Golf.

Banhierl Eugen *)

Banisch Liane Dipl.-Ing. *)

Banjanski Atanas

B.: Gastronom, selbständig. FN.: Hotel-Restaurant Makedo GmbH. DA.: 30952 Ronnenberg, Hagentor 5. www.hotelrestaurantmakedo.de. G.: Kavadarzi, 17. Okt. 1941. V.: Mira, geb. Kocic. Ki.: Totte (1970), Mirko (1975). El.: Lasar u. Stojanka. S.: 1969 Mittlere Reife Kavadarzi, 1960 Flucht nach Italien. K.: 1961 Auswanderung nach Deutschland u. tätig im Bergbau in Aachen, 1962-68 engl. Soldat im NATO Hauptquartier in Mönchengladbach u. in Niedersachsen, 1969-70 Dolmetscher f. jugoslaw. Gastarbeiter in Hannover, 1971-72 tätig im VW-Werk in Stöcken, 1972-74 Eröff. d. Restaurant Makedonien Grill in Hannover, 1975-81 Eröff. d. Restaurant Tikwec in Hannover, 1981-82 Eröff. d. Restaurant Warda in Hannover, 1982-88 Eröff. d. Restaurant Madedo in Bothfeld, 1985-96 Eröff. d. Restaurant Skopia in Buchholz, 1995 Eröff. d. Hotel-Restaurant Makedo in Ronnenberg m. intern. u. Balkanküche. H.: Fußball, Lesen, Geschichte, Politik.

Bank Heinz-Karl Willy *)

Bank Martin Dipl.-Ing.
B.: Gschf. FN.: Eupen Funktechnik GmbH. DA.: 59457 Werl-Westönnen, Wiesenweg 19. info@eupenfunk.de. www.eupenfunk.de. G.: Hamm, 21. Feb. 1959. Ki.: 2 Kinder. S.: 1976-79 Ausbildung Fernmeldehandwerker Fernmeldeamt Dortmund, Zusatzausbildung Elektroinstallation, 1980 FHS-Reife, 1980-89 Stud. Elektrotechnik u. Nachrichtentechnik GHS Paderborn. K.: 1990-93 Ang. d. Firma De Te Con u. Aufbau d. D1-Netz, 1993-95 Aufbau d. E-Plus-Netz, 1993-94 Mitarbeiter am GSM-Standard bei ETSI, seit 1995 Gschf. d. Firma Eupen Funktechnik GmbH. M.: Jugendgruppenleiter d. Dt. Pfadfinderschaft St. Georg (1974-82). H.: Segeln, Jagd, Motorradfahren.

Bank Rainer
B.: Ltr. Musikschule d. Alten Hansestadt Lemgo. PA.: 32657 Lemgo, Mohnweg 60. G.: Berlin, 30. Juli 1944. V.: Partnerin Heidemarie Tönsing. Ki.: Mathias (1975). El.: Hans u. Brunhilde. S.: 1963 Schulabschluß, Violinunterricht A.H. Bruinier, 1964-72 Stud. Violine Musik-HS Berlin Prof. Siegfried Borries, 1969-72 Stud. Kammermusik Prof. Fr. Michel, Musiklehrerseminar m. Abschluß Violinlehrer. K.: 1969-75 Violin-

lehrer in Berlin u. Mitwirkung in verschiedenen Berliner Orchestern, Tourneen in Europa, Afrika u. Nordamerika, 1975-83 Lehrer an d. Jugendmusikschule d. Stadt Hameln, 1978-83 stellv. Ltr., 1978 Aufbau d. Kammerorchesters Hameln, 1983-86 freischaff. Künstler in Krefeld u. Braunschweig, seit 1986 Leiter d. Musikschule Lemgo; Violine, Kammermusik, Orchester, Theorie, regelmäßige Auftritte, eigene Kompositionen, Vielzahl an Presseveröffentlichungen (Musikrezensionen, Essays), Lyrik, Romanfragment. H.: Literatur, Philosophie.

Bank Roland StR. *)

Banken Regina *)

Bankert Detlef Dr.

B.: Dir. FN.: Allg. Hypotheken-Bank AG Ndlg. Köln. DA.: 50672 Köln, Hohenzollernring 57. G.: Dresden, 10. Juni 1944. V.: Rita, geb. Piepenburg. Ki.: Sören (1975), Julia (1985). S.: 1964 Abitur Dresden, 1964-67 Arch.-Stud. Univ. Dresden, Dipl.-Ing. Architekt, danach HS-Ass. u. Prom. z. Dr.-Ing. K.: 1975-89 tätig in Forsch. u. Stadtplanung, 1989-93 Dir. d. Württemberg. Hypothekenbank, seit 1993 Dir. u. Ndlg.-Ltr. d. Allg. Hypothekenbank AG Köln. M.: WirtschaftsR. d. CDU, Lions Club. H.: Malen.

Bankert René *)

Banki Shadi

B.: Diamantenhändler, Inh. FN.: BANKI Leihhaus f. Schmuck Diamaten-Hdl. am Hauptbahnhof GmbH. DA.: 90443 Nürnberg, Frauentorgraben 3. www.banki-nuernberg.de. G.: Teheran, 28. Aug. 1965. El.: Mohammad u. Lila. BV.: Urgroßvater - 1. Bankier im Iran - daher d. Name Banki. S.: Mittlere Reife in Oberpfalz, 2 J. Colleg Dallas, Volontariat Diamantenhdl. Diamantenbörse USA. K.: seit 1986 selbst. in Nürnberg u. d. USA; Funktion: Gutachter f. Diamanten der dt. gemolog. Ges. M.: Reitver. Nürnberg-Worzeldorf. H.: Pferde, Sport, Karate, Sportschießen, Waffensammlung.

Bankovic Milan *)

Bankston Charles Anthony *)

Bannas Rita
B.: Kauffrau, Inh. FN.: body line. DA.: 28195 Bremen, Knochenhauer Str. 15. G.: Bremen, 4. Nov. 1950. El.: Gerhard u. Gertrud Bannes, geb. Esser. S.: 1966-69 Ausbild. Einzelhdl.-Kauffrau Bremen. K.: Kauffrau in Bremen u. Osfriesland, 1974-97 Filialltr., seit 1997 selbst. m. Eröff. d. Firma body line Bewegungsstudio m. Bewegungsbänke u. Rollenimpulmassage. H.: Malen.

Bannasch Peter Dr. med. Prof. *)

Bannert Hans-Ulrich Peter Dipl.-Kfm. *)

Bannert Peter

B.: Kfm., Subdir. FN.: Versicherungsfachbüro Peter R. Bannert - Vereinte Krankenversicherung AG. DA.: 95444 Bayreuth, Mittelstr. 4. peter.bannert@vereinte.de. G.: 13. Sept. 1950. V.: Edith, geb. Wunderer. Ki.: Julia (1982). El.: Herbert u. Gerda. S.: Handelsschule, Mittlere Reife, Lehre Vers.-Kfm. K.: 1972 Ausbild.-Leiter b. Vereinte Krankenvers. in Nürnberg, anschl. in München b. Vereinte Krankenvers. in d. Dir.-Schadenabteilung, 1975 selbst. Vers.-Kfm. in Bayreuth u. Direktionsbeauftragter f. Ärzte, 1982 Subdir. d. Vereinte Krankenvers. AG, 1995 Verlegung d. Büros in Bayreuth, Mittelstraße 4. P.: mehrere Art. im Nordbayer. Kurier sowie IHK. E.: versch. Ehrungen u. Ausz. M.: Bundesverb. Dt. Vers.-Kaufleute, 1. Vors. Nordbayer. Bez.-Verb., BeiR. b. d. IHK, Charter-Präs. Kiwanis-Club. H.: Skipper, Hochseesegeln Ostsee u. Griechenland.

Bannier Klaus-Dieter Ing.
B.: Kfz-Ing., Fahrlehrer, Alleininh. FN.: Fahrschule Bannier. DA.: 39576 Stendal, Saharnhorststr. 76. G.: Gardelegen, 17. Sep. 1959. V.: Ilona Lange. El.: Gerhard u. Rosemarie, geb. Henschke. S.: b. 1978 Lehre z. Kfz-Schlosser in Gardelegen im Kfz-Instandsetzungskombinat (KiK), b. 1990 Berufsoffz. b. d. Armee, 1978-83 Stud. an d. OHS in Löbau. K.: 1983 Fahrlehrerprüf., 1990-96 Ltr. d. Berufsbild.-Ak. Altmark Stendal, 1996 Eröff. d. eigenen Fahrschule in Stendal. H.: Joggen, Fahrradfahren, Billiard, Schwimmen.

Bannwart Edouard Dipl.-Ing. Prof. *)

Bannwarth Edwin Dipl.-Ing.

B.: Architekt. FN.: Planungsbüro Bannwarth & Ludwig. DA.: 97877 Wertheim, Vaitsg. 4. PA.: 97877 Wertheim, Neue Vockenroter Steige 43. G.: Baden-Baden, 22. Nov. 1931. V.: Edeltrud, geb. Seitz. Ki.: Marion (1960), Ute (1962), Christof (1965), Michael (1970). El.: Edwin u. Katharina, geb. Fröhlich. S.: 1946-49 Ausbild. Bauzeichner Arch.-Büro Kohlbecker, Gaggenau, glz. Praktikum Maurer u. Zimmerer, Gesellenprüf., 1952-56 Stud. Arch. u. Hochbau Staatstechnikum Karlsruhe. K.: 1956-59 Tätigkeit u. Weiterbild. im Arch.-Büro Kohlbecker, 1959-62

*) Biographie www.whoiswho-verlag.ch oder beigefügte CD-ROM

Bannwarth

freier Mitarb. im Büro Häußermann, Adelsheim, T., 1962 Übernahme d. Arch.-Büros Häußermann, Adelsheim u. Weiterführung d. Büros bis 1984, seit 1962 Grdg. d. Arch.-Büros in Wertheim m. Schwerpunkt Hochbau, gewerbl., sakraler, kommunaler u. priv. Bereich, Erstellung v. Bebauungsplänen; Projekte: Kloster Bronnbach, Staats- u. Kreisarchiv Konventgebäude, histor. Bauten, Jakobuskirche in Wertheim - Urphar, Barockkirchen Gerlachsheim u. Königheim u.a.m. P.: Veröff. in Dt. Bauzeitung, Der Baumeister, Bauen u. Wirtschaft, "Umgestaltung d. histor. Bausubstanz", "Bild.-Haus Tauberbischofsheim", Landespolizeischule Wertheim". E.: Ausz. d. Architektenkam. Baden-Württemberg u. Main-Tauber-Kreis, div. Wettbewerbserfolge. M.: Histor. Ver. Wertheim, Mtgl. Ruderclub Wertheim, Grdg.-Rotary Club Wertheim u. 1994-95 Präs., Ver. christl. Künstler, Mtgl. d. Prüfungsausschuss IHK Heilbronn (Hochbau). H.: Fotografieren, Detailaufahmen, Architekturaufnahmen, Briefmarkensammeln, Wandern.

Bannwarth Horst Dr. Prof. *)

Bans Balbir

B.: Mitinhaber. FN.: AMRIT Indisches Restaurant. DA.: 10999 Berlin, Oranienstr. 202; 10117 Berlin, Oranienburger Str. 45. G.: Bombay, 2. Aug. 1967. El.: Surender kaor Bans u. Gurdial singh Bans. S.: 1983-89 Stud. Betriebswirtschaft u. Hotelmanagement in New Jersey/USA. K.: 1989 Übersiedlung nach Deutschland, Mitarbeit in gastronom. Einrichtungen, 1995 Eröff. d. 1. gemeinsamen Indischen Restaurants m. Bruder Harmeet, 1999 Eröff. d. 2. Indischen Restaurants m. Bruder Harmeet. H.: gut Essen gehen, Fußball spielen.

Bans Harmeet Dipl.-Ing.

B.: Mitinhaber. FN.: AMRIT Indisches Restaurant. DA.: 10999 Berlin, Oranienstr. 202; 10117 Berlin, Oranienburger Str. 45. G.: Bombay, 9. Mai 1970. V.: Jasbir. El.: Surender kaor Bans u. Gurdial singh Bans. S.: 1986 Matrikulation in Bombay, 1986-92 Stud. Elektronik u. Telekommunikation, Dipl.-Ing. K.: 1993 Übersiedlung nach Deutschland, Mitarbeit in d. Gastronomie, 1995 Eröff. d. 1. gemeinsamen Indischen Restaurants m. Bruder Balbir, 1999 Eröff. d. 2. Indischen Restaurants m. Bruder Balbir. H.: gut Essen gehen, Fußball spielen.

Bansa Helmut Konrad Dr. phil. *)

Bänsch Axel

B.: freiberufl. Vers.-Fachmann (BWV), Inh. FN.: LVM Vers. Agentur. DA.: 39114 Magdeburg, Genthiner Str. 23. axelbaensch@aol.com. G.: Magdeburg, 4. Dez. 1970. El.: Helmut u. Erika, geb. Feniuk. BV.: Vater - Bühnentechniker am Landestheater Magdeburg. S.: 1987-89 Abschluss als Zerspanungsfacharb. Dimitroff Werk Magdeburg, 1989-90 Wehrdienst. K.: 1990-91 Zerspanungsfacharb. im Dimitroff Werk Magdeburg, seit 1991 nebenberufl. Qualifikation im Vers.-Wesen,1992 Bankang. b. Dt. Bank Magdeburg, 1992-99 Aufnahme d. selbst. Tätigkeit u. Grdg. einer Mehrfachagentur in einem Maklerunternehmen, 1997 Abschluss als Vers.-Fachmann b. Berufsbild.-Werk d. Dt. Vers.-Wirtschaft, 1999-2001 LVM - Agentur in Magdeburg, seit 2001 Generalagentur Signal-Iduna in Magdeburg. BL.: 2000 Stadtmeister. M.: seit 1997 Vereinspräs. im WSG-Cracau e.V./Abt.-Ltr. Fußball. H.: Sport, aktiver Fußballer im Sportclub.

Bänsch Harry F. F. *)

Bänsch Klaus-Peter

B.: Sachv. f. Werkzeug- u. Formenbau, selbständig. FN.: Konstruktionsbüro Bänsch GmbH. DA.: 90542 Eckental, Peter-Heinlein-Str. 25. G.: Breslau, 1940. S.: Mittlere Reife, 1955-63 Ausbildung, Werkzeugmacher, Stahlformenauer u. Modellbauer sowie Kfz-Mechaniker, 1966 Meisterprüfung als Werkzeugmacher u. Formenbauer. K.: 1964-68 techn. Ltr. f. Spielwarenfertigung, 1968 Grdg. d. Konstruktionsbüros, 1974 1. Werkzeugkonsruktionen f. d. 1. Kunststoff-Armaturentafel f. d. VW-Golf u. 1976 2-fach Stoßfänger in PP f. VW, 1979-84 Grdg. u. Unterricht in d. Ausbildung z. Werkzeugkonstrukteur f. d. Innung in Nürnberg, 1982 Werkzeugkonstruktion f. d. Seitenscheibe hinten in PC, seit 1984 Zusammenarbeit m. d. Firma Siebenwurst, seit 1986 vereid. Sachv. f. Werkzeug- u. Formenbau.

Banse Hermann F. W.

B.: Gschf. FN.: GENESIS - Software GmbH. DA.: 44795 Bochum, Hattinger Str. 367. h.banse@genesis-software.de. www.genesis-software.de. G.: Duisburg, 13. Mai 1951. V.: Rita Uttich. El.: Hermann u. Erika. S.: 1967 Mittlere Reife Duisburg, 1967-70 Ausbild. z. Einzelhdls.-Kfm. K.: 1970-72 tätig im mütterl. Lebensmittelbetrieb, 1973-79 Wechsel in d. Datenverarb., Neuorientierung Vertrieb v. Computersystemem, Ang., ausgeschieden als Vertriebsltr., parallel ständige Weiterbild. im EDV-Bereich, 1979-83 Teilhaber u. Gschf. Ges. d. programm-standard Nord GmbH, seit 1983 selbst. Tätigkeit im Bereich Unternehmensberatung u. betriebliche Weiterbildung, Seminarltr. P.: Systemadministration, Systemprogrammierer, Datenbankentwickler, Customer Support, Vertriebstraining, 1997 Grdg. d. GENESIS-Software GmbH, Entwicklung v. Datenbanksystemen. M.: Bundesverband Informationswirtschaft, Telekommunikation und neue Medien (BITKOM). H.: Hochseesegeln, fremde Kulturen, Reisen.

Banse Juliane

B.: klass. Sängerin. FN.: Künstlersekretariat am Gasteig. DA.: 81669 München, Rosenheimer Str.52. G.: Tettnang, 10. Juli 1969. V.: Christoph Poppen, Geiger. S.: 1988 Abitur, 1988-93 Musikhochschule München, Gesangsstud., u.a. bei Kammersängerin Brigitte Faßbaender u. Daphne Evangelatos; bereits mit 5 J. Geigenunterr., mit 7 J. Ballettausbildung, mit 15 J.

*) Biographie www.whoiswho-verlag.ch oder beigefügte CD-ROM

Gesangsunterr. K.: 1989 Operndebut Komische Oper Berlin als "Pamina" v. Mozart, 1990 "Ilia" v. Mozart, 1991 "Susanne" v. Mozart, 1993 "Sophie" v. R. Strauß, 1993 "Aricie" v. Rameau, 1994 "Zerlina" v. Mozart, "Despina" v. Mozart, 1996 "Zdenka" v. Strauss u. "Marzelline" v. Beethoven, Auftr. in zahlr. Opernhäusern. P.: Duett mit Brigitte Faßbaender, Weihnachtsoratorium, Joh. Passion u. H-Moll-Messe von J. S. Bach, zahlr. Liedplatten, "Paulus" mit Rilling, "Lobgesang" mit Ashkenazy (beides von Mendelssohn), "Lulu-Suite" von Berg mit Abbado. E.: 1988-90 Stip. d. Migros-Gen.-Bund, 1989 1. Preis Gesangswettb. d. Kulturforums München, 1990 Staatl. Förderungspreis d. Freistaates Bayern, 1990-93 Stud.-Stiftung. d. Dt. Volkes, 1994 Grand Prix Franz Schubert d. Intern. Schubert Inst. Wien. H.: Tanzen, Geige, Schwimmen.

Bansemer Boris *)

Bansemir Jürgen

B.: RA. DA.: 89002 Ulm, Olgastr. 80. G.: Coburg, 10. März 1949. V.: Renate, geb. Zwiebel. Ki.: 2 Kinder. S.: 1967 Abitur, 1967-68 Bundeswehr, 1968-74 Stud. Tübingen, 1. Staatsexamen, 1974-77 Referendariat LG Stuttgart. K.: seit 1977 selbst. RA m. Tätigkeitsschwerpunkt Zivil- u. Wirtschaftsrecht; Funktionen: Doz. an d. VHS. M.: Vors. d. Stadtverb. f. Leibesübungen, SFL. H.: Tennis, Badminton.

Bantel Martin Dr.-Ing. Prof. *)

Bantelmann Ulrich *)

Bantelmann Uwe Dr. *)

Banter Harald Prof. *)

Banthien Eric-Heinrich Dr. *)

Bantin Uwe

B.: Betriebsleiter. FN.: Mercedes-Benz Daimler Chrysler VG Ndlg. Magdeburg. DA.: 38855 Wernigerode, Dornbergsweg 41. uwe.bantin@mercedes-benz.de. G.: Hamburg, 28. März 1967. El.: Friedrich u. Marianne, geb. Hallmann. BV.: Vater selbständiger Unternehmer in Hamburg; Großvater Friedrich Bantin tätig in d. Autobranche in Hamburg. S.: 1982 Abitur, 1982-85 Lehre Kfz-Mechaniker Firma Mercedes-Benz Hamburg, 185-88 Ausbildung Industriekaufmann, 1988-91 Stud. Bw. Stuttgart. K.: 1991-2000 tätig im kfm. Bereich u. im Vertrieb d. Firma Mercedes-Benz in Lübeck, seit 2000 Betriebsleiter d. Autohauses Mercedes-Benz in Wernigerode. M.: Wirtschaftsjunioren Wernigerode. H.: Segeln.

Bantle Alfred *)

Bantle Cecilia Agnes *)

Bantle Karl-Heinz *)

Bantle Karlheinz
B.: Prüfer f. Luftfahrtgerät. FN.: Flugzeuge K. Bantle Flugzeugwartung. DA.: 78056 VS-Schwenningen, Spittelbronner Weg-Flugplatz. PA.: 78056 VS-Schwenningen, Stockäcker 4. G.: Griesstätt/Bayern, 28. Mai 1955. Ki.: Ines (1976). El.: Kurt u. Erika. S.: 1970-73 Lehre Automechaniker, 1974-76 Lehre Autoelektriker. K.: 1977-84 tätig u.a. im Maschinenbau, 1984 Hobbyflieger u. Ang. im luftfahrttechn. Bereich, 1992 Prüferlizenz Kl. II f. Flugwerk/Triebwerk u. Grdg. d. Firma, 1994 Prüferlizenz d. Kl. IV f. Flugmotoren u. Anbauaggregate, 1997 Prüferlizenz d. Kl. III f. Segelflug u. Motorsegler, 2001 Prüferlizenz Kl. I f. Flugwerk/Triebwerk. BL.: Europ. Zulassung JAR 145 DIN EN 9002. F.: Zweigwerk in Donaueschingen. M.: Sportfliegergruppe Schwenningen. H.: Beruf.

Bantle Manfred *)

Bantle Martin *)

Bantz Dietrich Dipl.-Ing.
B.: Betriebsleiter, öff. bestellter u. vereid. Sachv. f. Grundstücksbewertung. FN.: Bantz + Wilde Innenausbau GmbH Ing.-Büro Bantz. DA.: 39108 Magdeburg, Ebendorfer Str. 14; 39124 Magdeburg Charlottenstr. 2; 14542 Werder/Havel, Am Plessower See 161. G.: Meiningen, 26. Aug. 1940. V.: Elisabeth, geb. Vogler. Ki.: Ulrike (1971). El.: Friedrich u. Hedwig, geb. Leusche. S.: 1957 Abschluß als Rahmenglaser in Römhild, 1961 Meisterprüf., 1961-64 Ing.-Stud. Hochbau Gotha, 1971-75 Fernstud. Betriebswirtschaft f. Maschinenbau TH Magdeburg, 1978 Anerkennung als Sachv. u. 1990 als öff. bestellter u. vereid. Sachv. f. d. Bewertung bebauter u. unbebauter Grundstücke. K.: 1964-66 Baultr. Bez. Magdeburg, 1967-90 Tätigkeit in Magdeburg, b. 1972 Gschf. Jakob-Petri-KG, b. 1980 Dir. eines größeren Betriebes, b. 1989 Prod.-Bereichsltr. Bau- u. Montagekombinat, 1990 Entflechtung v. Prod.-Einheiten u. Rückgabe an Eigentümer, 1990-92 Gschf. d. zurückgebildeten Petri GmbH, Ing.-Büro u. Grundstücksbewertung in Magdeburg m. Außenstelleneröff. 1996 in Werder/Havel, außerdem Mtgl. Verb. d. Bausachv. f. d. Bewertung v. bebauten u. unbebauten Grundstücken sowie Feststellung v. Mieten u. Pachten im Land Sachsen-Anhalt Sitz Magdeburg e.V., 1993 Grdg. d. eigenen Baubetriebes m. Umwandlung (1996) in eine GmbH. P.: Vorträge, Beiträge in Fachzeitschriften. M.: Verb. d. Bausachv. Norddeutschlands, Inst. f. Sachv.-Wesen Köln, Verb. d. Grundstückssachverständigen Sachsen-Anhalt e.V. H.: Arbeit, Kam.- u. Volksmusik.

Bantz Elmer
B.: SWF-Chefsprecher i. R., Schauspieler, Dir. Hoftheater Scherzheim. PA.: 77839 Lichtenau/Scherzheim, G.: Marienburg, 25. Sept. 1908. V.: Rita, geb. Laeppché. El.: Gustav u. Helene. S.: 1927-29 Max Reinhardt-Schule Berlin. K.: 1929-31 Theater in d. Josefstadt Wien, 1931/32 Züricher Schauspielhaus, 1933-34 Tournee Ida Wüst-Hans Moser, 1934-35 Ansager Ultrakurzwellensender Witzleben/Fernsehsender Paul Nipkow, 1936 Ansager Deutschlandsender, 1939 Chefsprecher Reichssender Berlin, 1953-78 Chefsprecher Südwestfunk Baden-Baden, seit 1982 Dir. Hoftheater Scherzheim. P.: Schallplatte: Unser altes Dampfradio, Bühne: Konto X, Brotverdiener, Rivalen, Rundfunk: Sonntagmorgen ohne Sorgen, Film: Auf Wiedersehen Franziska, Sechs Tage Heimaturlaub, Immer nur Du. E.: BVK am Bande.

Bantz Helmut *)

---

*) Biographie www.whoiswho-verlag.ch oder beigefügte CD-ROM

Bantzer Christoph
B.: Schauspieler. PA.: 22605 Hamburg, Övelgönne 26. G.: Marburg/Lahn, 4. Jan. 1936. K.: Berliner Schillertheater, seit 1986 Mtgl. d. Thalia-Theaters Hamburg, Ausz. a. d. Theater-Karriere: Major Tellheim, Hamlet, Heine u. Per Gynt, Ausz. a. d. Filmographie: 1965 Ein Wintermärchen, 1970 Wir - Zwei, Der Kommissar: Drei Tote reisen nach Wien, 1972 Der Kommissar: Toter gesucht, 1977 Die Dämonen, 1982 Mozart, 1990 Tatort - Medizinmänner, 1992 Hamburger Gift - Eine Weltreise, Die Serpentintänzerin, 1993 Einer zahlt immer, 1996 Tatort - Parteifreunde.

Bantzer Paul *)

Banuls André Dr. Prof. *)

Banzet Wilfried *)

Banzhaf Anni Dipl.-Finanzwirt *)

Banzhaf Hajo *)

Bapat Purushottam Dr.-Ing. Prof. *)

Bapp Klaus-Bernd
B.: Vorst. Service. FN.: Adam Opel AG. DA.: 65423 Rüsselsheim, Bahnhofspl. 1. www.opel.com. G.: Stuttgart, 2. Feb. 1944. Ki.: 3 Kinder. S.: Fernmeldemonteurlehre, Ausbild. z. Ind.-Kfm., 1972 Dipl. K.: 1970-88 Standard Elektrik Lorenz (SEL) AG, 1983-88 Dir. d. Zentraleinkauf u. d. Verkehrswesen d. SEL, 1989 Dir. Operations f. Teile u. Zubehör General Motors Europa Rüsselsheim, 1990 Ltr. d. Teil- u. Zubehörgeschäfts d. Adam Opel AG, seit 1993 Vorst.-Mtgl. d. Adam Opel AG. M.: seit 1988 Vors. d. Bundesverb. Materialwirtschaft, Einkauf u. Logistik e.V. (BME) sowie Präs. d. Weltdachverb. d. Intern. Federation of Purchasing and Materials Management (IFPMM).

Baptiste Michael David *)

von Bar Christian Dr. iur. Prof.
B.: o.Univ.-Prof. DA.: 49069 Osnabrück, Heger-Tor-Wall 12. PA.: 49078 Osnabrück, Rolandstr. 15. G.: Hannover, 5. Mai 1952. V.: Ingard, geb. v. Prittwitz u. Gaffron. Ki.: Christian-Moritz, Ludwig, Nikolaus. El.: Otto-Ludwig u. Marie-Elisabeth. S.: Stud. in Freiburg, Kiel, Göttingen u. Cambridge, Assessor, Dr. iur. K.: Dr. iur. habil., 1979 Priv.Doz. Göttingen, 1981 o.Prof. Osnabrück, 1981 Research Fellow Cambridge, 1986 Prof. invité Aix-en-Provence, 1985 Visiting Fellow Waseda-Univ. Tokio, 1987 Dir. d. Inst. f. Intern. Privatrecht in Osnabrück, 1996 Visiting Fellow Kobe-Univ., 1997 Vorlesungen an d. Haager Akad. f. int. Recht, 1999 Senior Lecturer und Visiting Fellow Oxford. Pu.: zahlr. Buchveröff. E.: 1993 Leibniz-Preisträger; Honorary Master of the Bench, Gray´s Inn, London. M.: Ehrenritter d. Johanniterordens, Dt. Ges. f. Völkerrecht, Dt. Ges. f. Rechtsvergleichung, Dt. Rat f. IPR, Member of Churchill College Cambridge, Soc. de Législation Comparée Paris, European Commision on Contract Law; Akademia Europ., Corresp. Fellow British Academy, Study Group on a European Civil Code, wiss. Beirat Il Foro Padano, Mailand, European Review of Private Law, Utrecht, und Ansprakelijkheid en Verzekering, Tilburg, Redaktor in Staudingers Kommentar zum BGB, 1996 Vors. d. Fachausschusses Rechtswiss. d. Dt. Forschungsgemeinschaft.

Bar Erich *)

Bär Gerhard Dr. med. *)

Bär Hanns *)

Bär Knut Dr. med. *)

Bär Lothar Ing. *)

Bär Manfred Dipl.-Wirtsch.-Ing. *)

Bär Regine Christel Irmgard
B.: Reisebürokauffrau, Ltr. FN.: Atlasreisen. GT.: Prüfungskommission d. IHK. DA.: 17033 Neubrandenburg, Marktplatz 2. G.: Neubrandenburg, 3. Mai 1950. V.: Rolf Bär. Ki.: Jana (1970), Anke (1973). El.: Herbert Hemmerling u. Hildegard, geb. Linke. S.: 1966-69 Lehre z. Reisebürokauffrau. K.: 1969-90 Mitarbeiterin im BD Reisebüro d. DDR in Neubrandenburg, dazwischen 1976 Abschluss z. Finanzökonom an d. HS Gotha, seit 1990 Ltr. d. Reisebüros Atlasreisen. M.: Aktivist. H.: Reisen.

Bär Reinhard Hartmut Adolf *)

Barabas Helge

B.: Jazz-Pianist. DA.: 97080 Würzburg, Steinheilstr. 12. G.: Würzburg, 21. Juli 1958. El.: Günter u. Margarete, geb. Schäfer. S.: 1976 Abitur in Würzburg, 1976-82 Stud. Math. u. Wirtschaftswiss. K.: ab 10 J. klass. Klavierunterricht, bereits während d. Stud. in versch. Rockbands, 4 J. Gaststudent am Hermann-Zilcher-Konservatorium Würzburg, seit 1983 hauptberufl. Musiker, Unterrichtstätigkeit in d. Alter 5-50 J., insbes.: Klassik, Jazz, Rock, Pop, Verlag f. Notenhefte, Kurse f. Musiklehrer (Klavier), Solokonzerte, seit 1994 Vertonung v. Stummfilm-Klassikern u. Livebegleitung am Klavier. BL.: Solomusikauftritte im dt.-sprachigen Raum. F.: Kleine Studiobühne (Salonmusik d. 19. Jhdt.), Naturkost-Teeladen "Stövchen" Würzburg, Brückner Straße. P.: Presseberiche, Buch "Das Gesicht" (1999), Klaviernotenserie "Als d. Finger laufen lernten". M.: IG Medien, Postsportver. Würzburg, Tischtennis. H.: Tischtennis, Wandern, klass. romant. Symphonien, Tee trinken.

Barabasch Norbert *)

Baraka Samih *)

Barakat Alain *)

Baral-Wurmsee Barbara

B.: Gschf. Ges. FN.: Die Spielerei GmbH. DA.: 28203 Bremen, Vor dem Steintor 33. V.: Michael Wurmsee. Ki.: Kristina (1975). El.: Adolf u. Anne Saur. S.: 1975 Abitur Tübingen, 1975.78 Ausbild. Heimerzieherin, 1978-79 Ausbild. Vorschulzieherin. K.: 1979-82 tätig in d. Heim- u. Vorschulerziehung in Tübingen, Heilbronn u. Delmenhorst, seit 1982 selbst. m. Eröff. d. Spielerei in Bremen als Fachgeschäft f. gutes Holzspielzeug, Kinderbücher, Spiele u. Verspieltes, seit 1989 Ausbild. z. Psychotherapeutin am Boysen-Inst. in Bochum. H.: Psychologie, Psychotherapie.

*) Biographie www.whoiswho-verlag.ch oder beigefügte CD-ROM

Baran Michael *)

Barandt Peter K.-D. Dr. LL. M. *)

Barann Monika *)

Baranowski Beatrix *)

Baranowski Dietrich Dr. med.
B.: Priv.-Doz., Chefarzt Unfall-, Gelenk- u. Handchir. FN.: Ev. KH Bethesda Mönchengladbach GmbH. DA.: 41061 Mönchengladbach, Ludwig-Weber-Str. 15. G.: Kiel, 19. Mai 1949. V.: Hiltrud, geb. Jessat. Ki.: Martina (1976), Jana (1986). El.: Dr. Eberhard u. Gisela. S.: 1968 Abitur, 1968 Med.-Stud. Berlin, 1971 Stud. in Erlangen, 1974 Staatsexamen, 1974 Prom. K.: 1974-76 Ass.-Arzt, 1976-77 Wehrpflicht, Stabsarzt, 1977 FA-Ausbild. Chir. in Nürnberg, 1980-84 Univ. Erlangen, 1984 OA an d. Univ. Münster, 1989 Habil., b. 1995 dort tätig, ab 1996 Chefarzt in Mönchengladbach. P.: Die Beeinflussung relativer Fragmentverschiebungen am Bruchspalt d. Verwendung dynamisierbarer Fixateure. H.: Segeln, Golf, Lesen.

Baranowski Michael Dipl.-Ing. *)

Baranowski Wolfgang

B.: Goldschmiedemeister, Inh. FN.: Baranowski & Quast Goldschmiedeatelier. DA.: 30159 Hannover, Kanalstr. 12. G.: Ostweide, 3. Dez. 1941. V.: Karin, geb. Köbel. El.: Johann u. Elfriede, geb. Franke. S.: b. 1958 Ausbild. z. Goldschmied in Hannover. K.: Gesellentätigkeit, 1970 Meisterprüf. in Hannover, seit 1977 selbst. H.: Tennis, Tiere, Garten, Skifahren, Motorradfahren, Jagd.

Baranski Werner Dipl.-Ing.

B.: Dipl.-Ing. f. Bauwesen, Sachv. f. Gebäudeschäden. DA.: 04107 Leipzig, Karl-Liebknecht-Straße 15. werner.baranski@planet.interkom.de. G.: Leipzig, 1951. S.: 1968 Mittlere Reife, 1968-70 Lehre z. Maurer, Baufacharb., 1970-73 Wehrdienst, 1974-78 Stud. Hochbau an d. Ing.-Schule f. Bauwesen Leipzig, Dipl.-Ing., 1983-84 Postgraduales Stud. z. Faching. f. Gebäudeerhaltung. K.: s. 1990 Inh. u. Gründer d. Bauplanungsbüro Werner Baranski u. Kollegen, 1993 Begutachtung v. Bauschäden z. Planung v. Bauschäden, seit 1997 Begutachtung v. Bauschäden z. Beweissicherung. H.: Radfahren.

Barbarino Stephan
B.: Intendant. FN.: Ludwig Musical Project GmbH DA.: 81679 München, Schumannstr. 2 PA.: 80538 München, Maximilianstr. 52. G.: Burghausen, 29.Mai 1955. V.: Josephine, geb. Rensch. Ki.: David (1980). El.: Anton u. Margarete. S.: 1976 Abitur, Zivildienst, 1978-1980 Stud. Theaterwiss. u. Volkskunde München, 1980-1983 Stud. an d. HS f. Musik u. darstellende Kunst Graz, Hauptfach Regie b. Prof. Zaschke. K.: 1983 Hospitant u. Regie-Ass. Schauspielhaus Düsseldorf, 1984 Regie-Ass. Residenztheater München, 1985-1987 Regie-Ass. Staatstheater Stuttgart, 1987-88 dort Regisseur, 1988-91 freier Theater- u. Opern-Regisseur, seit 1992 Gschf. Ges. B+F GmbH u. Intendant d. Kammerspiele Hamburg.

Barbe Angelika *)

Barbek Cary H. *)

Barbera Alfonso Dr. *)

Barbier Hans D. Dr. rer. pol. Dipl.-Vw.
B.: Ressortltr. Wirtschaftspolitik. FN.: Frankfurter Allg. Zeitung. DA.: 53179 Bonn, Kriemhildstr. 10. G.: Mönchengladbach, 15. Apr. 1937. V.: Hiltrud, geb. Herges. S.: 1962 Prom. K.: 1971-86 Bonner Korrespondent f. d. Frankfurter Allg. Zeitung u. f. d. Süddt. Zeitung, seit 1986 Ressortltr. b. d. FAZ. P.: Handbuch Marktwirtschaft (1986), Moral d. Marktes (1990), So nutzt man d. Wirtschaftsteil einer Tageszeitung (1994). E.: Karl-Hermann-Flach-Preis, Bernhard-Harms-Med. d. Kieler Inst. f. Weltwirtschaft, Ludwig-Erhard-Preis f. Wirtschaftspublizistik, Alexander-Rüstow-Plakette d. Aktionsgemeinschaft Soziale Marktwirtschaft, Franz Karl Maier Preis d. Pressestiftung Tagesspiegel, Karl-Bräuer-Preis d. Bundes d. Steuerzahler.

Barbier Rainer Dr. iur. *)

Barbuceanu Irene *)

Barche Marion *)

Barchet Reinhold Dr. rer. nat. Prof. *)

Barchewitz Christoph Dr. med.

B.: Arzt f. Kinder- u. Jugendpsychiatrie, Arzt f. Psychiatrie, Psychotherapie. DA.: 23795 Bad Segeberg, Am Markt 1. barchewitz@kjpp-segeberg.de. G.: Hannover, 10. Juni 1946. V.: Angela, geb. Petersen. Ki.: Daniel, Igor, Sarah, Johanna, Simon. El.: Robert u. Cäcilie. S.: 1965-81 Abitur u. Stud. d. Humanmed. einschließl. Prom. in West-Berlin, Psychotherapeut. Grundausbild. b. d. Dt. Akadem. f. Psychoanalyse Dr. Günther Ammon. K.: Ärztl. Weiterbild. in West-Berlin, 1981-82 Neurorehabilitation Jugendwerk Gailingen, 1982-83 Sozialpsychiatrie Psychiatr. Klinik Häcklingen, 1983-96 Suchtrehabilitation, Konzipierung u. Aufbau versch. Einrichtungen d. Suchtkrankenhilfe im Lübecker Raum, Vorst.-Mtgl. im Fachverb. Sucht Bonn, 1998-99 Mtgl. d. Geschäftsführung in Dt. Ordenshospitalwerk Bereich Sucht, seit 199 Praxis f. Kinder- u. Jugendpsychiatrie u. Psychotherapie. P.: versch. Vorträge u. Veröff. u.a. Psychotrope Medikamente: Steine statt Brot. Psychotherapeut. Orientierung im Prozeß d. Medikamentenabhängigkeit (1992), Qualitätsmanagement in d. Entwöhnungsbehandlung (1994), Widersprüche verstehen (1997), Drogen in d. Jugend, Verschwinden d. Zeit (2000). M.: Berufsverb. d. Ärzte f. Kinder- u. Jugendpsychiatrie u. Psychotherapie.

Barcomi Cynthia *)

*) Biographie www.whoiswho-verlag.ch oder beigefügte CD-ROM

Barczok Dr. med.

B.: FA f. Innere Med. u. Pneumologie. DA.: 89073 Ulm, Olgastr. 83-85. mbarczok@lungenzentrum-ulm.de. G.: Bad-Aibling, 4. Dez. 1954. V.: Susanne, geb. Menrad. Ki.: Achim (1981), Ralph (1983), Maximillian (1986), Moritz (2001). S.: 1973 Aitur, 1973-79 Stud. der Med. München, 1979-85 FA-Ausbild. f. Lungen- u. Bronchialheilkunde u. Allerologie Lungenfachklinik Donaustauf. K.: s. 1985 ndlg. Pulmologe in Ulm. BL.: Einführung d. Langzeitbetreuung u. Schulung v. Patienten m. Asthma. P.: zahlr. Publ. z. Thema Asthma. M.: seit 1994 Vors. d. Pneumologen Baden-Württemberg, seit 1995 Bundesvorst. H.: Malen, Dichten, Literatur.

Barczyk Michael *)

von Bardeleben Hans-Jürgen Dipl.-Ing. *)

Bardelmeier Heinz-Ulrich *)

Bardenheier Stephan *)

Bardenhewer Charlotte Paula Julie *)

Bardenhewer Stephan Josef Felix Dr. med.
B.: FA f. HNO-Krankheiten. FN.: Praxis Dr. med. Stephan Bardenhewer. GT.: Beratungstätigkeit in tauchmed. Fragestellungen sowie in d. Hyperbarmed. in Druckkam.-Zentren f. Sauerstoffüberdruckbehandlung. DA.: 67549 Worms 1, Hochheimer Str. 49. dr.bardenhewer@t-online.de. www.der-hno-arzt.de. G.: Mainz, 3. Feb. 1951. V.: Carla, geb. Bockmeyer. S.: 1970 Abitur Worms, 1970-76 Stud. Humanmed. in Louvain-Leuven/Belgien, Mainz u. Frankfurt/Main, 1976 Staatsexamen, Stud. Zahnmed. in Mainz, 1982 FA-Anerkennung nach HNO-Fachausbild. in. Krankenhäusern u. Bundeswehr-Zentral-KH in Koblenz, 1983 Prom. K.: 1983 Praxistätigkeit in Worms m. d. Schwerpunkten neurootolog. Erkrankungen (Tinnitus, Hörsturz, Schwindel), Nasennebenhöhlenerkrankungen, Allergie, Stimm- u. Sprachstörungen u. Schnarch- u. Schlafdiagnostik im mitbetreuten Schlaflabor, Lasertherapie, ambulante Operationen. BL.: ermächtigt z. Ausbild. v. HNO-Ass.-Ärzten. M.: div. nat. u. intern. Ges. sowie Selbsthilfegruppen.

Bardens Wolfgang Dr. med. *)

Bardi Janos *)

Bardong Otto Dr. phil.
B.: Prof., Historiker. GT.: Ltr. d. Inst. f. europ. Studien, PH bis 2001. PA.: 67550 Worms, Höhenstr. 9. G.: Worms-Herrnsheim, 2. Okt. 1935. V.: Christina, geb. Balss. Ki.: Matthias (1963), Dr. jur. Andreas (1968), Johannes (1972). El.: Karl Adam u. Josepha. S.: Abitur, Stud., Prüf. f. Lehramt an Höheren Schulen (1960), Dr. phil. K.: Schuldienst, 1992 Rektor d. PH Karlsruhe, HS-Ass. f. Geschichte u. Polit. Bild., Prof. f. Geschichte an d. PH Karlsruhe, 1975-84 Mtgl. d. Landtags v. Rheinland-Pfalz, 1971-95 Kreisvors. d. CDU Worms-Stadt, 1974-94 Mtgl. d. Stadtrats v. Worms, s. 1977 Landesvors. d. Europa-Union Rheinland-Pfalz, 1984-89 Mtgl. d. Präsidiums d. Europa-Union Dtld., u.a. als Questor, 1984-89 u. 1994-99 Mtgl. d. Europ. Parlaments, Mtgl. d. Haushaltsausschuss + Haushaltskontrollausschuss. P.: zahlr. Veröff.,

Vorträge, Buchbeiträge u. Rezensionen, Diss. "Die Breslauer an d. Univ. Frankfurt/Oder - Ein Beitrag zur schlesischen Bildungsgeschichte 1648-1811" (1970), Hrsg. "Stimmen der Welt im Europ. Parlament - Reden von Staatsoberhäuptern u. Regierungschefs 1993-2000". E.: Großes BVK, Europa-Union-Med., Leibniz-Med. d. Ak. d. Wiss. u. d. Literatur Mainz, 2000 Ehrenring d. Stadt Worms. M.: Mtgl. d. Direktoriums d. Inst. f. europ. Politik, CDU, Europa-Union Deutschland, Union Europ. Föderalisten (UEF). H.: Theater, Reisen.

Bardorf Eduard *)

Bardosi Attila Dr. med. Priv.-Doz. *)

Bardowicks Rudolf *)

Barein Hubertus

B.: Rechtsanwalt, Vorst.-Mtgl. d. STEAG Walsum Immobilien AG u. Prokurist d. STEAG AG. DA.: 45128 Essen, Rüttenscheider Str. 1-3. www.steag.de. PA.: Heiligenhaus. hubertus.barein@steag.de. G.: Cloppenburg, 7. Okt. 1948. V.: Renate, geb. Klante. Ki.: Anne (1982). El.: Georg u. Marianne, geb. Peiler. S.: 1967 Abitur, 1967-68 Bundeswehr, 1968-73 Stud. Rechtswiss. Marburg u. Münster, 1973 1. Staatsexamen, 1973-75 Referendariat Osnabrück, 1975 2. Staatsexamen Hannover, 1984 Fachanw. f. Steuerrecht. K.: 1976-83 höherer Dienst Finanzverw. NRW, zuletzt Referatsleiter in d. Oberfinanzdir. Münster, 1983-86 stellv. Ltr. d. Konzern-Steuerabt. d. Karstadt AG in Essen, ab 1986 Zentralbereichsltr. Steuern STEAG AG u. ab 1999 Vorst.-Mtgl. STEAG Walsum Immobilien AG. PA.: Autor im Littmann/Bitz/Pust, Das Einkommensteuerrecht, div. Veröff. zum Lohnsteuerrecht. M.: Steuerausschüsse VDEW, Union d. ltd. Ang., Energie- u. Finanzausschuss VDF. H.: Reisen, Tennis, Wandern.

Bareis Frank *)

Bareis Werner Dipl.-Verwaltungswirt *)

Bareither Berchtold
B.: Art Dir. FN.: Agentur f. Unternehmenskommunikation GmbH. DA.: 70178 Stuttgart, Marienstr. 37. PA.: 73760 Ostfildern, Eugenstr. 43. G.: 6. Dez. 1955. K.: Mareike Carolin (1983), Marius (1987). S.: 1971-74 Lehre als Serigraph/Werbetechniker, 1974-75 Bundeswehr, Topographiebatterie Koblenz, 1975-76 Graf. Zeichner, 1976-79 Fachschule f. Farbe/Gestaltung/Werbung, 1979 Technikerprüf. Stuttgart, 4 Sem. Gastschüler b. Prof. Weidemann an d. Ak. K.: 1980 Werbeagentur u. 1/4 Lehrauftrag f. Farbe u. Gestaltung. b. 4 versch. Agenturen beschäftigt v. Art-Dir. b. z. Geschäftsltg., seit 2000 Fallstudien im Werbebereich v. d. Planung b. z. Umsetzung. M.: Dt. Ver. f. Erbrecht u. Vermögensnachfolge e.V. H.: allg. Literatur, klass. Musik u. Jazz.

Barella Norbert Dr. med. *)

Barenboim Daniel
B.: Pianist, Dirigent, künstler. Ltr. u. Gen.-Musikdir. FN.: Dt. Staatsoper Berlin. DA.: 10117 Berlin, Unter den Linden 7. contact@staatsoper-berlin.org. www.staatsoper-berlin.org. G.: 15. Nov. 1942. S.: m. 7 J. Debüt als Pianist in Buenos Aires, m. 9 J. im Sbg. Mozarteum d. Bachsche d-Moll Konzert auf

*) Biographie www.whoiswho-verlag.ch oder beigefügte CD-ROM

Mozarts Spinett, ab 1950 musikal. Ausbildung. in Europa, Aufnahme Addad. di Santa Cecilia Rom (jüngster Meisterkursschüler), 1955 Dipl., Stud. Dirigieren an d. Accad. Chigiana Siena. K.: ab 1957 Tourneen durch Europa, Nord- u. Südamerika, Japan, Australien u. d. Fernen. Osten, ab 1967 Dirigent i. London m. d. New Philharmonia Orchestra, ab 1969 auch i. Berlin, New York u. Chicago, 1975 Übern. d. Nachfolge Georg Soltis als Dirigent des Orchestre de Paris, 1973-1989 Chefdirigent d. English Chamber Orchestra, 1987-1989 künstl. Dir. d. Opéra de la Bastille in Paris, 1973 Dirigieren d. ersten Opernaufführung (Don Giovanni i. Edinburgh), 1981 Debut i. Bayreuth m. "Tristan und Isolde", 1988 Übernahme d. "Ring des Nibelungen", s. 1991 Chefdirigent d. Chicago Symphony Orchestra, 1992 zus. künstl. Ltr. u. Generalmusikdir. d. Dt. Staatsoper Berlin. E.: 1992 Gr. BVK. (Re)

Bärenz Manfred *)

Baresi Amelio *)

Barez Klaus Dipl.-Ing.

B.: freier Architekt, Dipl.-Ing. Univ. Karlsruhe. DA.: 76228 Karlsruhe, Fridtjof-Nansen-Str. 27. G.: Hamburg, 5. Apr. 1926. V.: Barbara, geb. Schultze. Ki.: Jan u. Knut (1954), Verena (1955), Anna (1967). El.: Hermann u. Margaretha, geb. Hennings. S.: 1947 Abitur, 1943-45 Marine - Kadett d. Reserve, 1947-48 Maurerpraktikum, 1948-52 Stud. Arch. an Univ. Karlsruhe. K.: 1952-62 Ass. an d. Univ. Karlsruhe, seit 1962 selbst. m. Architekturbüro, seit 1964 vereid. u. öff. bestellter Sachv. f. Hochbau u. Immobilienbewertung. P.: Hrsg. d. Fachpubl. "Der öffentlich bestellte und vereidigte Sachvrständiger" (1980-94). M.: 1972-79 Vors. d. Sachv. Baden-Württemberg, 1979-92 VPräs. d. BVS u. seit 1992 Ehrenmtgl., Architektenkam. H.: Malen, Bootfahren.

Barfrieder Klaus-Peter *)

Barfuß Michael Dipl.-Ing. *)

Barg Andreas Dr.-Ing.

B.: Vors. d. Gschf., Gschf. FN.: Borsig GmbH. DA.: 13507 Berlin, Egellsstr. 21. abarg@borsig.de. www.borsig.de. G.: Hagen, 20. Feb. 1960. V.: Sabine, geb. Spalink. S.: Sebastian (1988), Maximilian (1992). S.: 1978 Abitur in Hagen, 1978-79 Bundeswehr, 1979-85 Stud. Maschinenbau an d. RWTH Aachen, spez. Fertigungstechnik, 1985 Abschluss Dipl.-Ing., 1991 Prom. K.: 1985-91 WZL d. RWTH b. Prof. Eversheim, 1991-98 b. Bremer Vulkan Verbund AG in versch. Leitungsfunktionen, Gschf.-Funktionen u. AR-Gremien, Bereichsleitung Maschinenbau u. Großdieselmotoren, seit 1999 Vors. d. Gschf. d. Borsig GmbH, gegründet 1837, Belieferung d. chemischen u. petrochemischen Ind. m.Komponenten f. Prozeßgasanlagen z.T. Weltmarktführer, 90% Export, daneben tätig in Caracas u. Houston. M.: Vorst.-Mtgl. VDMA Landesverband Nord-Ost, Mitgliederrat VME, Beirat in BAO, Rotary-Club Berlin-Nord. H.: Tennis, Skifahren, Literatur.

Barge-Röseler Susann

B.: RA, in eigener Kzl. GT.: Vors. d. Kreisparteigerichts, stellv. Vors. d. Kreisfrauenunion, Doz. d. VHS f. Mietrecht u. Erbrecht. DA.: 29574 Ebstorf, Uelzener Str. 6. rain.barge-roeseler@t-online.de. G.: Dannenberg, 30. Juni 1965. Ki.: Franz Hendrik (1996), Finn-Ole (1999). S.: 1986 Abitur in Hamburg, 1986-92 Stud. Rechtswiss. an d. Univ. Hamburg, 1993 1. Jur. Staatsprüfung, 1993-96 Referendariat b. OLG Celle, 1996 2. Jur. Staatsprüfung. K.: 1997 zugelassen als RA u. tätig als freiberufliche RA in Bad Bevensen, seit 1997 in eigener Kzl. in Ebsdorf, Tätigkeitsschwerpunkte Familienrecht, Erbrecht, Verwaltungsrecht. M.: CDU, Frauenunion, Sor Optimist Intern., Dt. Union Club Uelzen. H.: Klavierspielen, Gesang, Ausdauersport.

Bargel Hans-Jürgen Dipl.-Ing. Prof. *)

Bargel Sven *)

von Bargen Eckehard Dr. med. *)

von Bargen Heiko

B.: Kfm., Inh., Gschf. Ges. FN.: Heiko von Bargen Immobilien. DA.: 27356 Rotenburg/Wümme, Am Neuen Markt 10. G.: Rotenburg, 25. Sep. 1946. V.: Belgin, geb. Yildiz. Ki.: Robin (1990). El.: Wilhelm u. Elisabeth, geb. Tamke. S.: 1965 Höhere Handelsschule Bremen, 1965-68 Banklehre Commerzbank in Bremen. K.: ab 1965 Bankkfm. Commerzbank Bremen, 1970 Zweigstellenltr. Westbank Hamburg, 1971-77 Prok. einer Kapitalges. in Norddeutschland, seit 1978 selbst als Immobilienmakler, Verwalter v. Immobilien, Vertretung d. Victoria-Vers. f. Rotenburg, Heiko von Bargen Immobilien, 1980 Grdg. HVB u. Hausverw. u. Betreuungs GmbH als Gschf. Ges. M.: RDM, Rotenburger Wirtschaftsforum. H.: Skifahren, Tennis, Segeln.

Barger Jürgen Dipl.-Ing. F.H. *)

Barger Rudolf Ing. *)

Barges Hermann Dipl.-Ing.

B.: Dipl.-Ing. f. Landschaftsentwicklung, freier Landschaftsarchitekt, Gschf. FN.: Büro f. Stadt Landschaft Hermann Barges. DA. u. PA.: 12049 Berlin, Weisestr. 58. G.: Lüchow/Wendland, 20. März 1950. V.: Monika, geb. Steinau. Ki.: Heron (1978), Moritz (1984), Maximilian (1988). El.: Hermann u. Lieselotte, geb. Wolgast. BL.: erste namentl. Nennung d. Gärtnerfamilie Barges 1463. S.: 1965 Mittlere Reife, 1966-68 Gärtnerlehre, 1968-69 Floristenlehre. K.: 1969-70 Ltr. d. Dekorationsabt. eines gr. Blumengeschäftes, 1970-71 Ang. in Neuplanungsabt. im Gartenamt Zehlendorf, 1971 Polier b. Firma Kurt Pohl, 1971-74 Stud. TFH Berlin, 1974-77 Stud. TU Berlin, Dipl.-Ing. f. Landschaftsentwicklung, 1977 Arb. Büro Neukom Schweiz, 1978 Arb. Büro Flechner, 1978-81 Studienreise nach Lateinamerika, 1981-85 ökolog. Berater d. intern. Bauausstellung, 1995 Grdg. d. eigenen Firma. BL.: Wirtschaftsentwicklungskonzept f. Kolumbien erarb. E.: 1969 Med. d. IGA Dortmund, 1989 b. d. Arge Stadterneuerung Goldmed. d. Bundes f. Stadterneuerung Kreuzberg, 1996 Freiraumplanerischer Wettbewerb Rummelsburg West, 1997 1. Preis Bundesbauherrnpreis "Hohe Qualität - tragbare Kosten" f. d. Wohnanlage Unionplatz, Bremer Str. 41, 42, 44/45, 46, 47 u. Unionstr. 6-7, 8. M.: IFLA. H.: Sprachen, Menschen, Archäologie, Musik (aktiv Saxophon).

Barghan Peter *)

Bargholz Karlheinz Dipl.-Ing. *)

Bargmann Frank *)

Bargmann Hans-J. G. Dr. med. *)

Bargmann Wolf-Dieter Dipl.-Phys.

B.: Gschf. FN.: agiplan AG. DA.: 45450 Mülheim/Ruhr, Zeppelinstr. 301. PA.: 45472 Mülheim/Ruhr, Gneisenaustr. 101. G.: Soltau, 12. Apr. 1949. V.: Gundel, geb. Maronna. Ki.: Svantje (1980), Wiebke (1983), Nele (1986). S.: 1969 Abitur, 1969-71 Zivildienst, 1971-76 Stud. d. Physik an der Univ. Hannover. K.: 1977-81 Forsch.-Inst. AEG, 1982-84 Sonopress Bertelsmann, 1981-83 Lasertechnik, 1985-88 Projektltr. Laser u. Halbleitertechnik b. Zenit, 1989-91Techn. Ltr. ETR Dortmund, seit 1991 Geschäftsfeldltr. Projektmanagement technologieorientierter Großprojekte u. Gschf. Umweltconsulting agiplan AG Mülheim/Ruhr. H.: Hochseesegeln.

Bargon Ernst Dr. Prof. *)

Bargon Gerlach Wilhelm Dr. med. Prof.
B.: em. o.Prof. PA.: 89081 Ulm-Jungingen, Schwarzenbergstr. 105. G.: Duisburg-Hamborn, 23. Dez. 1927. V.: Irmgard, geb. Clausen. Ki.: Uta, Volker, Frank, Almut, Rainer. El.: Dr. rer. pol. Anton Wilhelm u. Johanna Elisabeth. S.: Abitur, Stud. Med. in Graz u. Bonn, Facharzt f. inn. Med. u. Radiologie. K.: 1967 Habil. f. Radiologie Göttingen, 1971 apl. Prof. Hannover, 1973 Hon.-Prof. Ulm, 1977 o. Prof. Ulm, 1973 Ern. z. ärztl. Dir. d. Röntgendiagnost. Abtlg. d. Univ. Ulm, 1990-93 Dir. des Uni.-Klinikum Ulm, emeritiert 1994. P.: 10 Buchbeiträge, 125 Arb. in internat. u. nat. Radiolog. u. Med. Fachzeitschr., 108 Vorträge bei nat. u. internat. Fachtagungen. E.: Prof.-Hans-Meyer-Stip. d. Niedersächs. Röntgenges. 1971, 1. Vors. d. Verein. Südwestdt. Radiologen u. Nuklearmed. Geschäftsjahr 1987-88. M.: Dt. Röntgenges., Radiological Soc. of North America, Niedersächs. Röntgenges., Verein. Südwestdt. Radiologen u. Nuklearmediziner.

Bargon Joachim Dr. rer. nat. Prof. *)

Bargsten Jens
B.: Vers.-Kfm., Inh. FN.: Oscar Tiemann-Vers. DA.: 28199 Bremen, Herrlichkeit 6. G.: Bad Bevensen, 28. Juli 1942. V.: Gabriele, geb. Scherer. Ki.: Janis (1983). El.: Klaus u. Margret. BV.: Brno v. d. Hellen, Ratsherr in Bremen u. Gesandter d. Königreiches Preußen in Den Haag. S.: 1960-65 Norddt. Lloyd Bremen als Offz.-Anw., 1965-66 Ausbild. b. einer dt.-holländ. Schiffsvers.-Agentur. K.: 1968-69 Inspektor im Außendienst f. d. Frankfurter Vers., 1969-70 Seekaskoabt. d. Allianz Hamburg, 1970-72 Gschf. einer ital. Vers.-Ndlg. in Köln, 1972 Ausbild. b. einer engl. Vers., Transportvers.-Kfm., seit 1973 b. Oscar Tiemann als Ang., 1976 Prokura, 1977 Teilhaber, seit 1998 alleiniger Inh., Assekuradeur f. Ind.- u. Transportrisiken weltweit, ehrenamtl. Richter b. LG, Kammer f. Hdls.-Sachen, Rechnungsprüfer b. Berufsbild.-Werk, Vers.-Wirtsch. u. Rechnungsprüfer d. Waldorfschule. M.: Ind.-Aussch. d. HK Bremen, Existenzgrdg.-Seminare f. d. Bereich Vers. H.: Segeln, Laufen.

Bargsten Wolf-Dieter
B.: Gschf. FN.: COHREX GmbH. DA.: 50858 Köln, Aachener Str. 1021. G.: Hamburg, 9. Mai 1953. V.: Monika Lindberg. S.: 1972 Abitur, 1979-82 Stud. VWL. K.: 1982-2001 Personalleiter in versch. Firmen, seit 2001 Gschf. d. Firma COHREX GmbH.

Bari Arpad Dr. *)

Baric Stefanija

B.: Friseurmeisterin. FN.: Salon Tiffany. DA.: 10823 Berlin, Meininger Str. 7. PA.: 12163 Berlin, Gritznerstr. 2. G.: Krapinske Toplice/Jugoslawien, 10. Dez. 1951. Ki.: Nikolina (1972). El.: Stijephan u. Milka Plecko. S.: 1965-68 Lehre als Friseurin in Zagreb, 1978-79 berufsbegleitende Meisterschule, Meisterprüf. K.: 1968-73 ang. Friseurin in Zagreb, 1973 Deutschland, 1973-77 ang. Friseurin, 1977-79 Citi-Friseur Berlin-Steglitz, 1980 Gschf. Citi-Friseur, 1981 Kauf eines Friseursalons u. Übernahme v. 7 Ang. u. Weiterführung f. 5 J., Ausbild.-Betrieb, immer Preisträger v. Lehrlings-Leistungswettbewerben, 1986 Umzug in neue Räume m. 4 d. vorherigen Ang., Anwendung v. bes. Schneidetechniken, 1997 Fachltr. d. Friseurhandwerks im Bez. Schöneberg f. d. Friseurberuf, Jugendring in d. Friseurinnung Berlin, Unterricht u. Prüf.-Vorbereitung b. Problemfällen, Unterrichtsltr. P.: 1999 TV-Berlin-Beitrag über "Nassrasieren im Friseursalon". E.: mehrfache Wanderpokale v. Bez. f. d. beste Ausbild. v. Lehrlingen im Friseurhandwerk. H.: Kegeln, Wassersport (Segeln, Motorboot).

Baring Arnulf Dr. iur. *)

Barisch Felix

B.: Trainerin, Inh. FN.: Fitneßstudio. DA.: 12045 Berlin, Sonnenallee 65. G.: 1951. V.: verh. S.: 1970-73 FH f. Wirtschaft, Dipl., 1973-80 Stud. Lehramt an Gymn. FU Berlin. K.: 1980-94 kfm. Ltg. in Bau- u. Hdls.-Unternehmen, 1986 Eröff. d. 1., 1995 d. 2. Studios, Fitnesstraining, Aerobic, Sauna, Solarium, Massage, sonst. geschäftliche Tätigkeiten: Vertrieb NIKKEN, Vitalife. M.: Umweltorgan., WWF. H.: Energiemedizin, Ernährungsberatung, Feng Shui.

Bark Jürgen Franz Dipl.-Ing. *)

Barke Erich Dr.-Ing. habil. Prof.
B.: Vorst., Gschf. Inst. FN.: Inst. f. Micorelektron. Schaltungen u. Systeme. DA.: 30167 Hannover, Appelstr. 4. barke@ ims.uni-hannover.de. G.: Hannover, 28. Dez. 1946. V.: Heidemarie, geb. Schaaf. S.: 1966 Reifeprüf. Hannover, b. 1968 Wehrdienst, 1968-73 Stud. Elektrotechnik an d. TU Hannover Fachrichtung Nachrichtenverarb., 1973 Dipl. K.: 1971-78 Tätigkeit am Inst. f. Grundlagen d. Elektrotechnik u. elektr. Meßtechnik d. Univ. Hannover, 1973 wiss. Mitarb., 1978

*) Biographie www.whoiswho-verlag.ch oder beigefügte CD-ROM

Prom., 1978-83 Obering., 1982 Habil., 1983-84 C2-Prof., 1985-91 ltd. Ang. d. Firma Siemens in München, 1986 C4-Prof. Univ. Saarbrücken, 1989 Hon.-Prof. an d. Univ. Hannover, 1989 C4-Prof. Univ.-GH Paderborn, 1990 C4-Prof. Univ. Hannover, 1992 Vorst. u. Gschf. Ltr. d. Inst. f. Mikroelektron. Systme, seit 2000 Vorst. u. Gschf. Ltr. d. Inst. f. Mikroelektron. Schaltungen u. Systeme (IMS), Vorst. d. Laboratoriums f. Informationstechnologie (LFI), Mtgl. in mehreren Technical Advisory Boards amerikan. EDA-Firmen. BL.: BeiR.-Mtgl. d. Firma Sci-worx GmbH u. Berater mehrerer gr. Ind.-Firmen, seit 1996 Mitarb. im ind.-geführten Arbeitskreis "Smart System Engineering", 1997-2000 Ltr. d. BMBF-Verbundprojektes "Parasitics", Mtgl. in zahlr. Programmkommitees wiss. Tagungen. P.: Autor u. Co-Autor v. über 70 techn. Beiträge, unzählige wiss. Vorträge, Lesungen, Veröff.; A Layout Verification System for Analog Bipolar Integrated Circuits (1983), A Formal Approach to Nnlinear Analog Circuit Verification (1995), Equation-Based Behavioral Model Generation for Nonlinear Analog Circuits (1996), A Current Driven Routing and Verification Methodology for Analog Applications (2000), Architecture Driven Partitioning (2001). M.: seit 1985 VDE, seit 1995 ITG, seit 1985 GMM, seit 1994 Technical Advisory Council d. Firma Quickturn Design Systems Mountain View, 1995-96 Mixed-Signal Advisory Board d. Firma Cadence Design Systems San Jose, 1999-2000 Technical Advisory Board d. Firma Coyote Systems San Francisco, seit 2001 BeiR. d. Firma Sci-worx Hannover. H.: Reisen, Schiffsmodellbau.

Barkenthien Hans-Peter Dr.-Ing.

B.: Inst.-Ltr., Gschf. FN.: Inst. f. Weiterbildung u. Beratung im Umweltschutz e.V. DA.: 39108 Magdeburg, Gerhart-Hauptmann-Str. 30. iwugf@gmx.de. G.: Hamburg, 30. Jan. 1949. V.: Doris, geb. Titsch. Ki.: Andreas (1973) und Anja (1976). El.: Hans-Joachim u. Ilse, geb. Ehlers. S.: 1968 Abitur, 1968-72 Stud. Wasserwirtschaft an Ing.-Schule f. Wasserwirtschaft in Magdeburg m. Abschluß als Ing., 1973-78 Fernstudium Vw. an MLU Halle-Wittenberg m. Abschluß als Dipl.-Ökonom, 1979-83 apl.Aspirantur an MLU Halle-Wittenberg z. Dr. d. Ökonomie. K.: 1973-75 Abt.-Ltr. Gewässeraufsicht im Flußbereich Magdeburg, 1975-79 Fachschuldoz. an Ing.-Schule f. Wasserwirtschaft Magdeburg, 1979-89 Ltr. d. FR Ing.-Ökonomie an Ing.-Schule Magdeburg, 1989-90 Ltr. d. Weiterbild.-Zentrums d. Ing.-Schule, 1990-92 Dir. d. Ing.-Schule f. Wasserwirtschaft Magdeburg u. gleichzeitig Dir. d. Inst. f. Weiterbild. Wasser/Umwelt u. Umweltmin., während dieser Tätigkeit Hauptorganisator b. d. Umprofilierung d. wasserwirtschaftl. Ing.-Ausbild. zu einem Fachbereich d. neu zugründenden FH u. Initiator eines Bild.-Zentrums f. Fach- u. Führungskräfte in Verw. u. Wirtschaft, seit 1992 Gschf. u. Inst.-Ltr., Vorträge auf Fachkonferenzen, auf regionaler u. intern. Ebene u.a. Amerika, Belgien, Frankreich, England, Rußland, Ungarn. P.: ca. 18 Publ. zu Fragen d. Umweltschutzes, Mithrsg. v. Fachbüchern u.a. "Neue Wege zur Umweltpartnerschaft mit Ländern Mittel- u. Osteuropas" (2001). M.: VDJ, Ing.-Kam. H.: Literatur.

Barker Enno Dr.

B.: Botschafter. FN.: Dt. Botschaft. DA.: TZ-Daressalam/Tansania, P.O. Box 9541. G.: Pirna/Elbe, 21. Okt. 1939. Ki.: 2 Kinder. S.: Abitur Hannover, Stud. Russ., Engl. u. Vw. an d. Univ. Heidelberg, 1962 Dipl.-Dolmetscher. K.: 1963-67 Russ.-Dolmetscher an d. Dt. Botschaft Moskau, Zweitstud. Polit. Wiss./Osteurop. Geschichte/Völkerrecht an d. FU Berlin, 1969 Dipl.-Politologe, 1971 Dr. phil., 1971 Eintritt in d. höheren diplomat. Dienst, Auslandsposten: Jakarta (1975-78), Washington (1983-86), Moskau (1990-94), Inlandsverwendungen im Bundeskanzleramt (1973-75) u. im Auswärtigen Amt (Polit. Abt. 1978-83 u. 1994-99, Abt. Abrüstung u. Rüstungskontrolle 1986-90), seit 1999 Botschafter in Daressalam/Vereinigte Rep.Tansania.

Barker John *)

Barkhausen Joachim Dipl.-Kfm.

B.: Wirtschaftsprüfer, Steuerberater, Gschf. DA.: 04315 Leipzig, Atriumstr. 1. PA.: 04229 Leipzig, Könneritzstr. 45. G.: Bückeburg, 25. Dez. 1953. S.: 1972 Abitur Bückeburg, 1972-74 Bundeswehr, 1974-79 Stud. BWL Göttingen, Dipl.-Kfm. K.: 1979-92 Ass., Steuerberater, Wirtschaftsprüfer einer mittelst. Wirtschaftsprüferges., seit 1990 Ges. u. Gschf. u. Ndlg.-Ltr. o.g. Ges. in Leipzig, 1992-99 Partner u. Ndlg.-Ltr. d. Ernst & Young AG Leipzig, seit 1999 selbst. Wirtschaftsprüfer u. Steuerberater. M.: Vorst.-Mtgl. d. Gilde Ehrbarer Kaufleute Leipzig, Vorst.-Mtgl. d. Heimatver. Borsdorf-Zweenfurth e.V. H.: Haus u. Garten.

Barklage Bernhard

B.: RA, Fachanwalt f. Arbeitsrecht, selbständig. FN.: Barklage, Brickwedde, Dahlmeier, Roter. DA.: 19053 Schwerin, Demmlerpl. 3. rae.barklage.pp@t-online.de. G.: Cloppenburg, 20. Aug. 1957. V.: Irene Sonnenberg-Barklage, geb. Hölzen. Ki.: Simon (1975), Juliane (1985). S.: 1978 Abitur, 1978-85 Stud. Rechtswiss. Marburg, 1. Staatsexamen. K.: 1988-90 ang. RA in Cloppenburg, 1985-88 Referendariat in Kassel u. Oldenburg i.O., 1988 2. Staatsexamen, seit 1991 selbständiger RA in Sozietät in Schwerin m. Tätigkeitsschwerpunkt Arbeitsrecht, zugelassen am OLG Rostock u. LG/AG Schwerin, seit 1997 Fachanwalt f. Arbeitsrecht. M.: Vorst.-Mtgl. d. Rechtsanwaltskammer Mecklenburg-Vorpommern, Fachausschuß Arbeitsrecht d. Bundesrechtsanwaltskammer, Schweriner Anwaltsverein. H.: Computertechnik, Literatur, Musik.

Barkouni Mohammad *)

Barkow Peter *)

Barkow Uwe Dipl.-Vw. *)

Barkowski Dieter Dr. phil.

B.: Dipl.-Psych. u. Dipl.-Päd.; Gschf. Psychologe. FN.: BDP Unternehmensberatung. DA.: u. PA.: 50996 Köln, Am Sonnenhang 24. G.: Berlin, 14. Mai 1953. S.: 1972 Abitur Köln, Wehrdienst, Stud. Erziehungswiss. Köln, 1978 Dipl., Stud. Psych., 1982 Dipl., 1986 Prom. K.: wiss. Mitarb. Univ. Köln, 1988 Grdg. u. Gschf. Firma B & P. P.: Veröff. im Bereich Organ. M.: BDP, Kölner Yachtclub. H.: Segeln. (P.P.)

Barlach Hans Georg *)

Barlach W. *)

Barlag Michael *)

Barlang Sigrid *)

Barletta Franco

B.: Gschf. FN.: MCC Smart GmbH Mobilo Concept Autovertriebs GmbH. DA.: 76185 Karlsruhe, Schoenperlenstr. 14D. G.: Karlsruhe, 6. Sep. 1972. Ki.: Luca (1994). El.: Benito u.

---

*) Biographie www.whoswho-verlag.ch oder beigefügte CD-ROM

Barletta

Irene, geb. Heiser. S.: 1988 Mittlere Reife, 1988-91 Lehre als Karosseriebauer bei der Firma Schoemperlen & Gast. K.: 1991 Geselle b. S & G, 1991 Lehre als Groß- u. Einzelhdls.-Kaufmann, 1994-95 Ausbild. als Gebietsverkäufer b. Mercedes Benz, S & G Karlsruhe, 1996-2000 Verkäufer im Außendienst b. S & G, seit 2000 Gschf. d. MCC Smart GmbH (Tochter d. S & G AG, Betreiberges.) Karlsruhe - Betreiber v. 2 Smart Centren. H.: Tennis, Sport, Fitness, Snowboard.

Barlog Boleslaw Prof.
B.: Gen.-Int. a.D. PA.: 12205 Berlin, Spindelmühler Weg 7. G.: Breslau, 28. März 1906. V.: Herta, geb. Schuster. S.: Oberrealschule Berlin, Buchhändler- u. Kfm. Lehre. K.: Regieass. Volksbühne Berlin, 1945 Int. u. Reg. am Schloßparktheater Berlin u. übernahm 1951 Ltg. d. Schillertheaters, gab 1972 d. Gen.-Intendanz ab, 1972-75 Vors. d. Carl-Zuckmayer-Ges., seither Ehrenvors. P.: "Theater lebenslänglich" (1981). E.: 1950 Kunstpreis Stadt Berlin, 1958 Max-Reinhardt-Ring Landesverb. Berlin GDBA, 1959 Gr. BVK, 1972 Stern dazu, 1962 Silb. Büchse d. Pandorra, 1965 Ordre National des Arts et Lettres, 1966 Ernst-Reuter-Plakette in Silber u. Gold. EZ GDBA, 1970 Otto-Brahm-Med. GDBA, 1971 Silb. Blatt Dt. Dramatikerunion, 1975 Prof. e.h. Stadt Berlin, 1983 Pro-Arte-Med., Prof. h.c. Berliner Senat. M.: 1963 o.Mtgl. Ak. d. Künste Berlin. H.: Bücher, Musik.

Barmann Helmut Josef Dir. *)

Bärmann Karl E. *)

Bärmich Meinhard

B.: freiberufl. Maler u. Grafiker. GT.: seit 1998 (neben d. freiberufl. Tätigk.) Engagement als Theatergrafiker a.d. NEUEN BÜHNE Senftenberg. DA.: 03046 Cottbus-Ströbitz, Sachsendorfer Str. 20A. meinhard@baermich.de. www.baermich.de. G.: Welzow N/L, 23. Juli 1952. V.: Brigitte Duhra. Ki.: Jörg (1976), Marie (1988), Johan (1998). El.: Annemarie u. Hans Bärmich. S.: 1959-69 Oberschule, 1969-72 Lehre als Gebrauchswerber, 1970-72 Abendstud. f. Malerei u. Grafik a.d. Hochschule f. Bildende Kunst Dresden, 1972-75 Studium a.d. Fachschule f. Werbung u. Gestaltung Berlin (Fachrichtung Gebrauchsgrafik). K.: 1975-79 Grafiker b. d. DEWAG (Dt. Werbe- u. Anzeigenges.), seit 1979 freischaffend als Grafiker in Cottbus, Studienreisen in mehrere Länder, 1989 illegale Ausreise aus d. DDR - Aufenthalt in Oldenzaal/Holland - Gelegenheitsarbeiter in Frankfurt/Main, 1990 Rückkehr - Aufenthalt in Mechow/Mecklenburg - Beschäftigung m. Malerei/Grafik u. Fotografie. BL.: Theaterplakate f.d. Staatstheater Cottbus, Puppenbühne Regenbogen Cottbus, Theaternative C Cottbus, Th. Senftenberg u.a.m., Buchgestaltung u. Illustrationen "Die Leiden des KIN FU" v. Jules Verne (Verl. Neues Leben), Maskottchen f.d. Bundesgartenschau in Cottbus, Logo u. Maskottchen "Spreewald-Tourismusverb.". P.: Einzelausstellungen i. Welzow, Cottbus, Frankfurt/Main, Feldberg, Senftenberg, GUT Geisendorf; Ausstellungsbeteiligungen in "Marken u. Zeichen" Berlin, "100 Beste Plakate" Berlin/Erfurt, "Satiricum" Greiz, "Polit. Plakate" Mons/Belgien, "Umweltplakate" Zilina/CSSR, "Intern. Buchkunstausstellung" Leipzig, "Cartoonfestival" Amsterdam/Niederlande, "Humor-Biennale" Gabrovo/Bulgarien, "Intern. Cartoonale" Beringen/Belgien, "Plakatbiennale" Warschau/Polen, "Biennale d. Gebrauchsgrafik" Brno, "Plakate f. d. Frieden" N.Y./USA, "Plakate aus Cottbus" Zagan/Polen, "Polit. Plakate" Auschwitz/Polen, "Theaterplakate" Osnabrück, "Kunstausstellung d. DDR" Dresden, "Plakate aus 30 Jahren" Berlin, "Cartoonausstellung" Montreal/Canada, "Ostdt. Th.plakate" Osnabrück, "Das Plakat-Künstler a. d. Land Brandenburg" Cottbus, "Faxart" Essen, Ausstellung "Euro-Welt" Madrid. E.: mehrere Preise u. Auszeichnungen b. nat. u. intern. Wettbewerben (zB 2.Preis,3.Preis, Anerkennung "Beste Plakate d. Jahres", 3.Preis "Cartoon-Biennale"). M.: VBK- Verband Bildender Künstler d. DDR (1973-90). H.: Beruf, Fußball, Weintrinken.

Barndt Dörthe *)

Barner Ludolf Dr. med

B.: Arzt. DA.: 75172 Pforzheim, Westliche 35. G.: Heidelberg, 12. Okt. 1944. V.: Silvia, geb. Schneider. Ki.: Matthias (1973), Antje (1976), Tabea (1979). El.: Dr. Hans u. Christel, geb. Kayser. S.: 1964 Abitur, 1964-69 Med.-Stud. Heidelberg, Staatsexamen, Prom. K.: 1970-71 Ass. im KH, 1971 Approb., 1972-74 Innere Abt. Siloah-KH Pforzheim, 1974-76 Radiologie Karlsruhe, 1976-80 Diakonissen-KH Abt. f. Nuklearmed., 1978 FA f. Radiologie, 1979 FA f. Nuklearmed., 1977 Weiterbild. im Städt. KH, 1977 Forsch. im Krebsforsch.-Zentrum in Heidelberg, 1978-80 OA im Diakonissen-KH in Karlsruhe, 1981-82 Vertretung Praxis Ettlingen, 1983 Grdg. d. eigenen Praxis f. Röntgen, Ultraschall, Nuklearmed. in Pforzheim, 1991 kam CT dazu, seit 1991 Gemeinschaftspraxis m. Dr. Techert. BL.: 10 J. GemR. Remchingen. P.: wiss. Veröff. über Gallenkontrastmittel u. Divertikel am Dünndarm in Fachzeitschriften. H.: Tennis.

Barner Martin Dr. Prof. *)

Barner Wilfried Dr. phil. Prof. *)

Bärner Klaus Herrmann Otto Dr. rer. nat. Prof. *)

Barnett Doris
B.: Juristin, MdB. FN.: Dt. Bundestag. DA.: 11011 Berlin, Platz d. Republik 1; Berlin, Paul-Löbe-Haus; 67059 Ludwigshafen, Maxstr. 65. doris.barnett@bundestag.de. G.: Ludwigshafen, 22. Mai 1953. V.: Dr. phil. Paul P. Barnett. Ki.: Philipp (1979). El.: Waldemar u. Maria Frenzel, geb. Lünenschloß. BV.: Großvater Max Frenzel Kommunist u. BetriebsR. b. BASF v. Nationalsozialismus verfolgt, nach 1945 v. franz. Besatzungsmacht eingesetzt u. 1. Sozialdezernent Ludwigshafens. S.: 1967-69 Handelsschule Ludwigshafen, 1969-70 Tätigkeit b. BASF, 1973 Abitur Ludwigshafen, 1971 Eintritt in d. SPD, 1973-78 Stud. Rechtswiss. Univ. Mainz, 1978 1. Staatsexamen, 1978-82 Referendariat OLG-Bez. Koblenz, 1982 2. Staatsexamen. K.: 1982-83 Rechtssekr. b. DGB Kreis Mainz-Bingen, 1983-87 ÖTV-Bez.-Verw. Rheinland-Pfalz,

1987-92 Techn. Werke Ludwigshafen, 1991 Vorst. SPD Stadt Ludwigshafen, 1992-94 Ltr. Sozialverw. Ludwigshafen, 1994-98 MdB, Aussch. Arb. u. Soz., 1995 Sprecherin Enquetekmsn. Informationsges., seit 1998 Vors. Aussch. Arb. u. Soz., Fraktionsvorst., seit 1998 Landesvors. Naturfreunde Rheinland-Pfalz. M.: SPD, Arbeitswohlfahrt, ÖTV, IG BCE, Natufreunde, Pro Familia, American Society of Internat. Law. H.: Schwimmen, Radfahren, Gymnastik, Krimis, klass. Musik, Theater. (Re

Barnewitz Manfred Gerhard *)

Barnickel Diethard Dipl.-Ing. *)

Barnikel Frieder
B.: Gschf. Ges. FN.: Optik Schmidt am Hauptmarkt. DA.: 90403 Nürnberg, Plobenhostr. 6. PA.: 90403 Nürnberg, Tetzelg. 19. info@optik-schmidt.com. www.optik-schmidt.com. G.: Nürnberg, 5. Juli 1963. Ki.: Franz (1985), Michael (1986), Niklas (1990). El.: Hans-Henning u. Ute. S.: 1981 Mittlere Reife, 1981-84 Lehre Augenoptiker elterl. Betrieb, 1994 Meisterprüf. K.: ang. Augenoptiker im elterl. Betrieb u. 2000 Übernahme d. Firma. H.: Jazz, Kochen.

Barnikol Wolfgang Dr. rer. nat. Dr. med. Prof. *)

Bärnreuther Christian *)

Barnstedt Imke *)

Bärnthaler-Gottschalg Grit *)

Baro Dorian Dr. med. stom.

B.: Zahnarzt. DA.: 44135 Dortmund, Willy-Brandt-Pl. 4. G.: Buzias, 2. Aug. 1956. V.: Roswitha. Ki.: Dennis (1988). S.: 1974 Abitur Rumänien, 1976-84 Stud. Zahnmed. Univ. Temeschburg, 1984 Prom. K.: 1984-87 ang. in versch. staatl. Kliniken, 1987-89 tätig in versch. Zahnarztpraxen, 1989-93 Ass. in verschiedenen Praxen in Bochum, seit 1994 ndlg. Zahnarzt in Dortmund m. Schwerpunkt ästhet. Zahnheilkunde u. eigenes Labor. M.: div. zahnärztl. Verb. H.: Hochseeangeln.

Baron Gabriele

B.: Unternehmerin, Inh. GT.: Text & Training. DA.: 81667 München, Innere Wiener Str. 12 info@baron-texttraining.de. G.: Büttgen, 12. Feb. 1957. S.: 1976 Abitur Neuss, 1976 Stud. Rechts- u. Wirtschaftswiss., danach Agenturpraktikum b. GGK München, werbefachl. Ausbild. an d. Bayer. Ak. d. Werbung sowie Marketing Ausbild. am Iversen Inst. München, Trainerausbild.ung durch Andreas Bornhäußer u. Max Meier-Maletz, Ausbild in d. Neurolinguist. Programmierung durch Dr. Berthold Ulsamer. K.: mehrere J. Texter, Werbeberater u. Marketing Programs Manager in d. Branchen Investitions- u. Konsumgüter, Banken, Vers. u. EDV, seit 1994 Trainerin u. Beraterin zu d. Themen Gesprächsführung, Korrespondenz, Kreativität, Teamentwicklung, Texten u. Verkaufen, besonderes Anliegen: Synchronisation v. interner u. externer Unternehmenskommunikation. P.: Autorin d. Bücher "Mailings einfach u. erfolgreich durchführen" (1997), "Ideen finden" (2001), BJU-Bayer. Journalisten Verband. M.: FFW- Fachverb. freier Werbetexter. H.: Lesen, Musik, Bergwandern, Schifahren.

Baron Günter Dr. phil. *)

Baron Joachim Dr. med.
B.: Facharzt f. Orthopädie, Handchirurgie, Sportmed. u. Chirotherapie. DA.: 60313 Frankfurt, Goethestr. 33. PA.: 61476 Kronberg, Parkstr. 28. G.: Heidelberg, 6. Feb. 1952. V.: Cornelia, geb. Sänger. Ki.: 2 Kinder. S.: 1973 Abitur, 1973-82 Stud. Humanmed., Anthropologie Wien, Heidelberg u. New York. K.: 1982-84 Ass.-Arzt an Kardiologie im Lehr-KH Schwetzingen, 1985 im Unfall-KH Lorsch, 1986-88 an Oststadtklinik Mannheim, 1988 an Univ. Columbia u. New York, 1989 Chefarzt, seit 1989 eigene Praxis in Frankfurt, Unfallarzt an Frankfurter Klinik f. plast.- u. Wiederherstellungschir. H.: Golf, Segeln.

Baron Manfred *)

Baron Margarete-Grit *)

Baron Norbert Dr. *)

Baron Roland
B.. Heilpraktiker in eigener Praxis. DA.: 10407 Berlin, Käthe-Niederkirchner-Str. 10. G.: 6. Nov. 1950. El.: Günter u. Irene, geb. Müller. S.: 1969 Abitur, 1972-78 Stud. Kulturwiss., Ästhetik u. Theaterwiss. Humboldt-Univ. Berlin. K.: 1978-89 freiberufl. tätig als wiss. Autor f. versch. Verlage u. Zeitschriften zu d. Themen Literatur, Arch. u. Design, Arbeit an versch. soziokulturellen Projekten in Berlin, 1996-99 Ausbildung z. Heilpraktiker am Inst. f. Phyto-Therapie, 2000 Eröff. d. Praxis m. Schwerpunkt Pflanzenheilkunde, Ernährungstherapie, Massage u. klass. Homöopathie. M.: Bürgerbewegung "Neues Forum" in d. DDR (1989-95), Fachverband d. Dt. Heilpraktiker e.V.

Baron Sigrid Dipl.-Ing. *)

Baroth Hans Dieter *)

Barow Hans-Joachim *)

Barowski Michael

B.: Gschf. FN.: Opportunity Advertising GmbH Marketing & Kommunikation. DA.: 61184 Karben, Robert-Bosch-Str. 24. G.: Lüneburg, 6. Dez. 1948. V.: Beate, geb. Reichard. Ki.: Joachim (1967), Patrick (1977). El.: Helmut u. Irma-Maria. S.: 1966-69 Lehre Einzelhdls.-Kfm. Modehaus Schreiber Frankfurt /Main, 1970-76 Texter u. Konzeptioner in versch. Firmen, 1977-79 Studium Akad. f. Marketing-Kommunikation e.V., Frankfurt/Main. K.: 1977-79 Product-Manger in d. Firma Pepsi-Cola GmbH in Offenbach, 1979-91 in d. Geschäftsführung d. Firma Ogilvy & Mather GmbH, Werbeagentur in Frankfurt/Main, 1992 Gründg. d. eigenen Firma Opportunity GmbH Marketing & Kommunikation m. Schwerpunkt Marketing,

*) Biographie www.whoiswho-verlag.ch oder beigefügte CD-ROM

Werbung, Packungsdesign, 1996 Grdg. d. Firma Opportunity Interactive GmbH Multimedia-Kommunikation m. Schwerpunkt Multimedia u. Internet. P.: Das professionelle 1x1: Textgestaltung, Cornelsen-Verlag. M.: Vorst.-Vors. u. Doz. d. Ak. f. Marketing u. Kommunikation. H.: Tennis, Squash, schnelle Autos.

Barre Jutta

B.: selbst. Steuerberaterin. FN.: Barre & Barre Steuerberater u. vereid. Buchprüfer. DA.: 28205 Bremen, Verdener Straße 36. barre.barre@nwn.de. www.steuerberater-barre.de. G.: Bremerhaven, 2. Apr. 1954. V.: Wolfgang O. Barre. Ki.: Kerstin (1974). El.: Wolfgang u. Wilma Hill, geb. Lehmann. S.: 1970 Mittlere Reife in Bremerhaven, 1970-73 Ausbild. z. Gehilfin in wirtschafts- u. steuerberatenden Berufen in Bremerhaven. K.: 1974-81 Fachang. einer Steuerberaterpraxis, seit 1981 Steuerbev. u. Grdg. einer eigenen Praxis, 1985 Zusammenlegung d. Praxen m. Wolfgang Barre in Bremen, seit 1987 Steuerberaterin, 1998 Grdg. d. Sozietät Barre & Barre Steuerberater, vereid. Buchprüfer, steuerliche Beratung v. Unternehmen u. natürl. Personen aller Branchen. E.: seit 1989 Mtgl. im Fortbildungsprüfungsausschuß d. Hanseatischen Steuerberaterkammer Bremen, seit 1999 Vizepräs. d. Hanseatischen Steuerberaterkammer Bremen. M.: Mtgl. im Steuerberaterverband Bremen u. Niedersachsen, Verband dt. Unternehmerinnen (VDU). H.: abstrakte Malerei, erste Ausstellung März 2000, Golf.

Barre Wolfgang O.

B.: selbst. Steuerberater, vereidigter Buchprüfer, Dipl.-Betriebswirt. FN.: Barre & Barre Steuerberater u. vereid. Buchprüfer. DA.: 28205 Bremen, Verdener Str. 36. barre. barre @nwn.de. www.steuerberater-barre.de. G.: Diepholz, 6. Juli 1947. V.: Jutta, geb. Hill. Ki.: Kerstin (1974), Björn Felix (1980), Moritz Alexander (1982). El.: Heinrich u. Margarete, geb. Lübbing. S.: 1963 Mittlere Reife Bremen, 1963-66 Banklehre Bremer Bank, Bundeswehr, 1 J. Bankpraktikum, 1970-72 HS f. Wirtschaft, Stud. Betriebswirtschaft, Dipl.-Betriebswirt. K.: 1972-76 Ang. einer Steuerberater- u. Wirtschaftsprüferpraxis als Prüf.-Ass., seit 1976 Steuerbev., seit 1982 Steuerberater, 1977 Grdg. einer eigenen Praxis, 1985 Zusammenlegung d. Praxen m. Jutta Barre, seit 1988 vereid. Buchprüfer, 1998 Grdg. d. Sozietät Barre & Barre Steuerberater, vereid. Buchprüfer in Bremen, steuerliche Beratung v. Unternehmen u. natürlichen Personen aller Branchen. M.: Bundesverband d. vereid. Buchprüfer, Steuerberaterverband in Bremen u. Niedersachsen, Wirtschaftsrat in Bremen. H.: Segeln, Golf.

Barrett Christopher *)

Barroi Jürgen

B.: Heizungsbaumeister. PA.: 30938 Burgwedel/Fuhrberg, Langer Kamp 17. G.: Groß Freden/Kreis Alfeld, 3. Mai 1944. V.: Dipl.-Ing. Elke Hempel. Ki.: Christina (1969), Alexander

(1974), Torsten (1974). El.: Gustav u. Elfriede, geb. Bantje. S.: Lehre z. Bauschlosser b. der Hannoverschen Verkehrsbetrieben. K.: ab 1962 ang. in einer Heizungsfirma in Hannover, 1964-65 Grundwehrdienst b. d. Bundeswehr, dann wieder ang. in d. Heizungsfirma in Hannover, 1970-76 ang. Rohrschlosser u. Schweißer bei Continental in Hannover, 1975 Meisterschule in Hildesheim, ab 1976 Heizungsbaumeister, seit 1976 selbst. m. einer Heizungsbaufirma in Hannover, 1998 Verkauf d. Firma u. seither im Ruhestand. M.: SPD, AWO, Tennisver. Fuhrberg. H.: Tennis.

Barrón Fernando *)

Barsch Barbara Dr. *)

Barsch Jürgen Dipl.-Ing. *)

Barsch Steffen

B.: Verkaufsberater, Rehabilitationsmittelfachberater. FN.: M. Pech Sanitätsfachhdl. DA.: 10999 Berlin, Erkelenzdamm 11-13. PA.: 13189 Berlin, Hiddenseestr. 2. G.: Berlin, 23. Juni 1967. El.: Joachim u. Inge, geb. Emig. S.: 1984-88 Ausbild. Kfz-Schlosser, 1991-94 Ausbild. z. Bankkfm. K.: 1985 durch Unterschenkelamputation z. Behindertensport gekommen, 1987 leistungsorientiertes Training im Behindertensport, Messeorganisator d. Reha-Messe Berlin. BL.: 1987 u. 89 DDR-Meister im Sitzvolleyball u. Dt. VMeister, ab 1991 Nominierung z. Spieler d. Dt. Sitzvolleyballnationalmannschaft, Teilnahme an EM in Nottingham - 4. Pl., 1992 Bronzemed. Paralympics in Barcelona, 1993 5. Pl. EM, 1994 6. Pl. WM, 1995 5. Pl. EM, 1996 5. Pl. Paralympics in Atlanta, 1999 2. Pl. EM, 2000 5. Pl. Paralympics in Sydney. E.: Silb. Lorbeerblatt, Gold. Ehrennadel" f. Verd. um d. Berliner Behindertensport. H.: Sport.

Bärschneider Marcus

B.: Modedesigner, Inh. FN.: Marculani GbR. DA.: 44787 Bochum, Huestr. 7. G.: Hagen, 12. Aug. 1966. El.: Alfred u. Ellen. S.: 1985 Abitur, 1985-88 Lehre Schneider, 1988-90 Stud. Schnittechnik m. Dipl.-Abschluß. K.: 190-95 Modedesigner, seit 1996 Aufbau d. Einzelhdl.; sportl. Karriere: 17 J. Leistungssportler im Latein- u. Standardtanz - Erfolge: Dt. Juniorenvizemeister, Finalist bei versch. in- u. ausländ. Turnieren, Westdt. Vizemeister in d. Kombination. H.: Tanzen.

von Barsewisch Gisa

B.: freiberufl. Food-Journalistin DA. u. PA.: 22587 Hamburg, Holbergweg 7. G.: Retzin, 5. Jan. 1922. El.: Karl-Henning u. Elisabeth. BV.: Dichter Gustav zu Putlitz. S.: 1940-44 Ländliche Hauswirtsch., Handelsschule Göttingen. K.: 1948-52 u. 1954-56 Redakteurin Landbuchverlag Hannover, 1952-54 Sprachstud. England, 1956-68 Red. b. Constanze, 1969-71 Red. b. Brigitte, 1971-87 Red. b. Essen & Trinken, seit 1987

---

*) Biographie www.whoiswho-verlag.ch oder beigefügte CD-ROM

freiberufl. Food-Journalistin. P.: div. Artikel u. Vorträge über Ernährung, Vollwertkost, Warenkunde, Einfrieren v. Lebensmitteln, Buch: Exotische Früchte u. Gemüse in unserer Küche. E.: 1976 Silbermedaille d. Gastronomischen Akademie Deutschland. M.: 1979-89 Vors. d. Arbeitskreises Kulinarische Fachjournalisten, Soroptimist-Intern. H.: Garten, Kräuter. (S.F.)

Barslai Benyamin Z. Dr. phil. Prof. *)

Barsnick Peter Winfried Dr. med.

B.: FA f. Augenheilkunde, Ltr. d. Augenabt.; med.Ltr. FN.: Paracelsus-Klinik; Augenzentrum Westerberg - Inst. f. Excimes Laserchirurgie u. traditionelle chin. Augenheilkunde. DA.: 49076 Osnabrück, Am Natruper Holz 69. PA.: 49076 Osnabrück, Menkenstr. 8. G.: Sangerhausen, 3. Feb. 1944. V.: Barbara, geb. Bremer. Ki.: Julia (1972), Jana (1976). El.: Dr. Ernst u. Katharina, geb. Wommelsdorf. S.: 1963 Abitur Rüthen, 1963-70 Stud. Med. Münster, Staatsexamen, 1970-72 Med.-Ass. Marienhospital Osnabrück, Approb., 1972 Prom., 1978 FA f. Augenheilkunde. K.: 1972-78 Ass.-Arzt f. Chir. u. Innere Med., ab 1974 Augenheilkunde am Marienhospital in Osnabrück, 1978-83 Belegarzt u. Ltr. d. Augenabt. am Elisabeth-KH Ibbenbüren, seit 1983 selbst. Praxis u. Ltr. d. Augenabt. in d. Paracelsusklinik in Osnabrück. BL.: Pionier in d. Excimer-Laserbehandlung v. Kurz- u. Weitsichtigkeit sowie Hornhautverkrümmungen. P.: Diss.: "Kindl. Hypothyreose u. dabei auftretende elektrokardiograf. Veränderungen unter bes. Berücksichtigung d. sogenannten Moschee-Zeichens" (1975), Vorträge auf wiss. Tagungen z. Thema Hyperopie- u. Astigmatismus-Korrektur mittels HOLMIUM-Yag-Laser-Keratoplasie. M.: DGII, European Society and Refractive Surgeons, seit 1978 Motorflug-Pilot im Osnabrücker Aeroclub, Osnabrücker Golfclub. H.: Familie, Golf, Fliegen.

Barsotti Roberto Dr. *)

Barta Gabriele

B.: Lehrerin, Inh. FN.: Silber & Antik. DA.: 13353 Berlin, Fehmarner Str. 2. G.: Berlin, 24. Juli 1950. V.: Bernd-Olaf Marquart. Ki.: Björn (1980), Alexander (1983). El.: Ingeborg Haehn. BV.: Familie Ambrock Westfalen. S.: 1969 Abitur Solingen, 1969-72 Stud. Grundschulpäd. an d. Päd. HS Köln, 1973 2. Staatsexamen. K.: 1974 Tätigkeit an Gymnasium in Köln, 1974-80 Grundschule in Remscheid, 1981-99 James Krüss Grundschule Berlin, seit 1998 Inh. v. Silber & Antik. M.: Unterstützung d. Björn Schulz Stiftung. H.: Antiquitäten, klass. Musik, Blumenarrangements, Eishockey, Schifahren.

Barta Ilona Rita *)

Barteck Dirk

B.: RA. DA.: 45276 Essen, Grendtor 6. G.: Velbert/Mettmann, 20. Nov. 1966. V.: Kerstin, geb. Schäfer. Ki.: Theresa (1995), Julius u. Sophie (1998). S.: 1986 Abitur, 1986-87 Bundeswehr, 1987-92 Stud. Rechtswiss. in Bochum. K.: 1993-95 Rechtsreferendar am LG Wuppertal, seit 1996 zugelassener RA in Essen, allg. Rechtsfragen.

Bartek Harald Dr. med. dent.

B.: Zahnarzt. DA.: 10117 Berlin, Jägerstr. 70. PA.: 10117 Berlin, Wilhelmstr. 80. G.: Dresden, 29. Jan. 1938. V.: Isolde, geb. Pitschmann. Ki.: Amadeus (1973). El.: Rudolf u. Margarethe, geb. Kramer. S.: 1956 Abitur, 1956 Stud. Zahnmed. Univ. Leipzig, 1959 Physikum, Klin. Ausbildg. an der Med. Akad. Dresden, 1961 Staatsexamen als Zahnarzt (Approb.). K.: 1961 Ass.-Arzt in Poliklinik in Torgau/Sachsen, 1963 Berlin Charité Poliklinik f. prothetische Stomatologie Ass.-Arzt, Abt.-Arzt, 1964 Prom. z. Dr. med. dent, 1965 FA-Anerkennung, 1970 Oberarzt, 1972 Lehrberechtigung Facultas docendi, 1976 Mitbegründer Betriebsambulatorium d. Berliner Bühnen, 1991 Ndlg. als freiberufl. Zahnarzt in Berlin-Mitte. BL.: ab 1964 Zahnmed., ab 1976 zusätzl. auch arb.medizin. Betreuung v. Blasinstrumentalisten. P.: div. i. l. gen. Fachgebiet. E.: 1970 Preis d. Dt. Ges. f. Stomatologie, 1988 San.Rat, 1989 Ehrenmed. d. Dt. Ges. f. Stomatologie. M.: Ges. f. ZMK-Heilkunde an d. Univ. Leipzig, Ges. f. ZMK-Heilkunde an d. Humboldt-Univ. Berlin, 1998 Ehrenmtgl. d. Ges. f. ZMK-Heilkunde Humboldt-Univ., Grdg.-Mtgl. d. Ges. f. proth. Stomatologie d. DDR, 1991 Dt. Ges. f. Zahnärztl. Proth. u. Werkstoffkunde, ab1991 Dt. Ges. f. ZMK-Heilkunde, 1995 Akad. Praxis u. Wiss., 1997 Neue Gruppe - Wiss. Ver. v. Zahnärzten. H.: klass. Musik.

Bartel Frank Dr. med. *)

Bartel Hans Hermann *)

Bartel Jörg
B.: Gschf. FN.: Bartel, Brömmel, Struck & Partner Werbeagentur GmbH. DA.: 22301 Hamburg, Dorotheenstr. 60. G.: Köln, 26. März 1941. V.: Angelika, geb. Hilger. Ki.: Esther (1972). S.: Mittlere Reife, Kfm., Werbefachmann. K.: 1962 Werbeltr. Jahreszeiten-Verlag Hamburg, Text u. Konzept Werbeagentur MWI Hamburg, 1969 Grdg. eigener Agentur: Bartel, Bohne & Rieckmann Hamburg u. kreativer Gschf., 1976 Benton & Bowles Werbeagentur, 1979 freiberufl. tätig, Werbefilmregie, Freier - Kreativdir. f. Co-Partner Hamburg, Wilckens Ayer Grdg. kreativer Workshops, 1989 Grdg. d. jetzigen Firma u. kreativer Gschf. H.: Lesen, Film, Musik, Malen, Reisen.

*) Biographie www.whoiswho-verlag.ch oder beigefügte CD-ROM

Bartel Jürgen Dr. Prof. *)

Bartel Jutta Dipl.-Ing. *)

Bartel Roger Bernd

B.: EDV-Berater, selbständig. FN.: BB Documentation Consult GbR. DA.: 24147 Kiel, Tiroler Ring 440-442. roger. bartel@docuconsult.de. www. docuconsult.de. G.: Hamburg, 15. Aug. 1961. El.: Hans-Dieter u. Liane, geb. Bertram. S.: 1981 Abitur Hamburg, 1981-83 Bundeswehr, 1983-89 Stud. Physik u. Informatik in Hamburg. K.: 1989 selbständiger EDV-Berater, Schulungen, techn. Dokumentation, techn. Übersetzungen, Marketing, 1999 Grdg. BB Documentation Consult GbR. M.: seit 1966 Poseidon Hamburg, seit 1995 Wiking Kiel. H.: Schwimmen, Fotografieren, Reisen, Fahrradfahren, Lesen, Sprachen.

Bartel Veikko *)

Bartels Almut

B.: Zahnärztin. DA.: 01324 Dresden, Oskar-Pletsch-Str. 1. G.: Rathen, 24. Aug. 1950. V.: Dipl.-Bw. Klaus Bartels. Ki.: Beate (1977), Anne (1980). El.: Erich Frank u. Margarete. S.: 1967-68 diakon. J. Elbingerode, 1968-70 Lehre Zahnarzthelferin Jugendzahnklinik Pirna, Abschluß m. Auszeichnung, 1970-72 Zahnarzthelferin Pirna, 1972 Abitur Abendschule, 1972-74 Physikum an der Univ. Halle, 1974-77 Stud. med. Ak. Dresden. K.: 1977 Zahnärztin an d. Jugendzahnklinik in Pirna, 1977-82 FA-Ausbild. f. Kinder, 1989 Kinderzahnärztin an d. Poliklinik Weißer Hirsch Dresden, 1991 Eröff. d. Praxis in Dresden. M.: freier Verb. Dt. Zahnärzte, Ges. f. ZMK. H.: kunstgewerbl. Arbeiten.

Bartels Brigitte Dipl.-Ing. *)

Bartels Christian Josef

B.: Gschf. FN.: IAS Industrie-Akustik Siegburg Paul Schmitz GmbH. DA.: 53721 Siegburg, Lindenstr. 125. PA.: 53797 Lohmar, Hohe Furche 15. G.: Moers, 13. März 1949. V.: Gerlinde, geb. Aufmuth. Ki.: Petra (1968), Guido (1969). El.: Werner u. Cäcilia, geb. Kölldorfer. S.: 1963-67 Kfz-Lehre Moers, 1967-73 Bundeswehr u. Ausbild. Fahrlehrer u. Panzermotorenschlosser, seit 1988 Management- u. Kalkulationsseminare in Schloß Reasfeld u. Schallschutzseminare in Rosenheim. K.: 1975-86 Fahrlehrer m. eigenen Fahrschulen in Bornheim, Witterschlick u. Menden, seit 1986 b. IAS Paul Schmitz GmbH in Siegburg, seit 1987 Gschf. P.: Art. in Dt. Baudokumentation (seit 1988). H.: Tennis. Leichtathletik, Skifahren.

Bartels Claus H. *)

Bartels Eberhard Dr. med. *)

Bartels Franz Dipl.-Ing.

B.: Vorsitzender d. Geschäftsführung. FN.: Clyde Bergemann GmbH. DA.: 46485 Wesel, Schillwiese 20. G.: Rhede, 22. Juli 1954. Ki.: Daniel (1979), Sarah-Elin (1982). S.: 1965-73 Oberschule, Bocholt, 1973-76 Stud. Maschinenbau FH Bochum mit Abschluß Dipl.-Ing., 1997-99 Stud. Univ. Edinburgh mit Abschluß MSc. K.: 1977-80 tätig in d. BMW AG, München, 1980-81 tätig in d. Planung bei d. Flachglas AG, Wesel, 1982-91 A. Friedr. Flender AG, Bocholt, zuletzt Produktionsleiter, seit 1991 Vors. d. Geschäftsführung (President/CEO), d. Bergemann Gruppe, seit 1996 Vors. d. Geschäftsführung (President/CEO) d. Clyde Bergemann Boiler Efficiency Division (Unternehmensgruppe mit Firmen in USA, Asien, Europa). H.: Tennis, Schifahren, Literatur, Blues- u. Rockmusik, Geschichte.

Bartels Gabriele *)

Bartels Gerhard Dipl.-Ing. Honorarkonsul

B.: Architekt, Hauptgesellschafter. FN.: BCB Bartels Consult GmbH Berlin, Bartels Planungsges.mbH. GT.: Internationales Consulting und Contracting. DA.: 10711 Berlin, Kurfürstendamm 103. PA.: 14193 Berlin, Bettinastr. 7. G.: 11. Apr. 1927, Osterburg/Altenmarkt. V.: Liane, geb. Fischer. Ki.: Andreas-Jörg (1959), Bettina (1962). El.: Wilhelm und Erna. S.: 1937-45 Gymnasium, 1946-48 Zimmermannslehre (Abschl. Geselle), 1948-53 Studium techn. Hochschule (Abschl. Diplom). BL.: Generalplanung int. Großprojekte wie z. B. ICC - Internationales Congress Centrum Berlin. P.: div. Veröffentl. i. Architektur- u. Ingenieurszeitschriften. E.: Honorarkonsul d. Republik "The Gambia", Westafrika. M.: AIV - Architekten u. Ingenieursverein Berlin, VBI - Verein beratender Ingenieure, VVKI - Verein Berliner Kaufleute und Industrieller. H.: Aquarellmalerei

Bartels Gerhild Dr. med. *)

Bartels Hans Dieter

B.: Kfm., Gschf. FN.: Bartels Wohnbau GmbH. DA.: 21614 Buxtehude, Zwischen den Brücken 6. G.: Warstade, 24. Apr. 1949. S.: Realschule, Maurerlehre, kfm. Lehre. K.: 1972 selbst. Immobilienberater, 1975 Grdg. eigener Bauträgerges., 1981 ausgestiegen, 1982 selbst. Grdg. d. Bartels Wohnbau GmbH, 1991 Grdg. BS Immobilien GmbH, 1993 Grdg. Gutspark-Immobilien GmbH. H.: Wassersport, Hochseesegeln, Tauchen, Reisen.

Bartels Hans-Günter

B.: Gschf. FN.: Auto Bald, Taxibetrieb, Mietwagen, Kfz-Werkstatt u. Fahrschule. DA.: 26135 Oldenburg, Bremer Str. 27. taxiring@t-online.de. www.taxiring-oldenburg.de. G.: Oldenburg, 9. Juni 1941. V.: Gunhild, geb. Bald. Ki.: Olaf (1969), Kim (1973). El.: Dipl.-Ing. Günter u. Heny, geb. Siemers. S.: 1959 Abschluß Höhere Handelsschule, 1960-62 Lehre Speditionskaufmann Oldenburg, 1965 Abitur Wirtschaftsgymnasium, 1965-68 Stud. Bw. Univ. Hamburg. K.: 1968 Übernahme d. Firma Auto Bald Taxiunternehmen u. Fahrschule, 1973 Grdg. d. Taxi Inkasso Stelle GmbH, 1973 Grdg. d. Taxiring Oldenburg GmbH als Gschf. M.: seit 1971 Delegierter f. Taxi- u. Mietwagengewerbe im Gesamtverband Verkehrsgewerbe Niedersachsen e.V., stellv. Vors. (1979), seit 1991 Vors. d. Bundesverbandes, seit 1995 VPräs., seit

*) Biographie www.whoiswho-verlag.ch oder beigefügte CD-ROM

1993 Landesvors. f. Taxi u. Mietwagen, VPräs. d. Gesamtverbandes f. d. Verkehrsgewerbe Niedersachsen, seit 1978 Prüfungsausschuß, Vors. d. Straßen- u. Personenverkehr d. IHK, seit 1976 Vorst.-Mtgl. d. Toura 76. H.: Tennis, Segeln.

Bartels Hans-Joachim Dr. jur. *)

Bartels Hans-Joachim

B.: Bestatter, selbständig. FN.: Walter Ullrich + Sohn Bestattungsuntenehnen. DA.: 23701 Eutin, Wilhelm-Wisser-Str. 3. bestattungen-ullrich-u.-sohn @t-online.de. www.ullrich-u-sohn-eutin.de. G.: Gleschendorf, 1. Aug. 1949. V.: Hilde, geb. Hinckelmann. Ki.: Mario, Dennis, Frederike. S.: 1966-69 Lehre als Kfz-Mechaniker in Lübeck, 1969-70 Bundeswehr. K.: 1971-79 im öff. Dienst b. Lübecker Stadtwerken in d. Werkstatt tätig, 1979-80 in freier Werkstatt tätig, 1980 Bestatter in der Firma Walter + Sohn Bestattungsunternehmen, 1992 Betrieb d. Stiefvaters übernommen. M.: Freiwillige Feuerwehr Gleschendorf, Dt. Bestattungsunternehmer e.V., Verein z. Hilfe Krebskranker Ostholstein e.V. H.: Autos, Garten, Haus.

Bartels Hans-Peter Dr.
B.: Politologe, MdB. FN.: Dt. Bundestag. DA.: 11011 Berlin, Platz der Republik 1. PA.: 24105 Kiel, Feldstr. 88. G.: Düsseldorf, 7. Mai 1961. Ki.: 1 Tochter. S.: 1980 Abitur Kiel, 1980-82 Vors. Junge Presse Schleswig-Holstein, 1979 Eintritt SPD, 1980-81 Wehrdienst, 1981-86 Stud. Politik, Soz., Volkskunde Univ. Kiel, 1984-85 stellv. Juso Landesvors., 1986 Mag. K.: 1988 wiss.-theoret. Prom. "Logik u. Weltbild" über Norbert Elias u. Gotthard Günther b. Prof. Röhrich, 1981-88 freier Mitarb. Kieler Rundschau, 1988-98 Staatskzl. Schleswig-Holstein, Redenschreiber v. Björn Engholm, 1992-94 PersonalR.-Vors., 1993-95 Büro Heide Simonis, 1995-98 Sektenbeauftragter, 1991-97 SPD-Kreisaussch.-Vors. Kiel, 1995-97 SPD Landesaussch.-Vors., seit 1998 MdB. P.: "Eine kurze Verteidigung d. Politik" (1992), "Abgewählt" (1994), Mithrsg. d. polit. Vierjahreszeitschrift "Berliner Republik". M.: IG Medien, AWO, Ferdinand Tönnies Ges., Freundeskreis Junge Presse, Wissenschaftsforum SH. H.: Tennis, Tischtennis. (Re)

Bartels Henning

B.: Apotheker, selbst. FN.: Post Apotheke. DA.: 38268 Lengede, Bodenstedter Weg 5. PA.: 38268 Lengede, Vallstedter Weg 38. info@ postapo-lengede.de. www. postapolengede.de. G.: Braunschweig, 11. Sep. 1948. V.: Heilpraktikerin Heike, geb. Mull. Ki.: Anselm (1988). El.: Otto u. Gertraude, geb. Scherping. S.: 1968 Abitur Braunschweig, b. 1970 Apothekerpraktikum in der Ratsapotheke in Braunschweig, 1971-74 Stud. Pharmazie an d. FU Berlin, 1974 Approb. Apotheker, b. 1976 Grundwehrdienst b. d. Bundeswehr. K.: 1976 Eröff. d. Post Apotheke in Lengede, 1997 Umzug m. d. Apotheke in größere u. moderner Räume. M.: Apothekerkammer Niedersachsen, Landesapothekerverband Niedersachsen. H.: Jagd.

Bartels Henning Friedrich Dr. med.

B.: Zahnarzt. DA.: 19061 Schwerin, Anne-Frank-Str. 51. G.: Rehna, 18. Juli 1954. V.: Beate, geb. Lunitz. Ki.: Sven, Friedemann, Christian, Martin, Tobias, Gabriel. El.: Dr. Albert u. Christa. S.: 1973 Abitur Rostock, 1973-75 Wehrdienst, 1975-80 Stud. Zahnmed. Univ. Rostock. K.: 1980-81 Kreis-KH Beeskow, 1981-89 Landambulatorium Storkow, 1985 Prom., 1989-91 Betriebspoliklinik Schwerin, seit 1991 eigene Praxis. E.: 1973 Lessing Med. in Silber. M.: Collegium musicum e.V. Schwerin. H.: Violine, Streichquartett, Garten, Reisen.

Bartels Holger

B.: Elektroinstallationsmeister, Gutachter, Gschf. Ges. FN.: Holger Bartels GmbH. DA.: 26135 Oldenburg, Stedinger Str. 62. G.: Röbel, 14. Jan. 1945. V.: Monika, geb. Körner. Ki.: Björn (1972), Svenja (1977). El.: Willibald u. Emma, geb. Borchers. S.: 1962 Mittlere Reife Eutin, 1962-65 Lehre z. Elektroinstallateur, b. 1967 Bundeswehr. K.: 1967-70 Geselle in Eutin, 1971 Meisterprüf. in Oldenburg, 1974 Meister einer Blitzschutzfirma b. Oldenburg, seit 1985 selbst. u. Grdg. Holger Bartels GmbH als Gschf. Ges. P.: 1997 Veröff. Leitfaden z. Prüf. v. Blitzschutzsystemen als Obm. d. VDE-ABB. M.: seit 1981 bergamtl. anerkannter Sachv. u. öff. bestellter u. vereid. Sachv. im Elektrotechnikhandwerk im Handwerksam. Oldenburg, Vorst. d. Fachausschs. d. Verb. Dt. Blitzschutzfirmen e.V. in Köln (VDB), ständiger Ausch. u. Fachausch. d. VDE-ABB Frankfurt, Grdg.-Mtgl. u. Mtgl. Güteausch. d. RAL (Gütesicherung f. Blitzschutzanlagen)

Bartels Holger
B.: selbst. Elektroinstallateurmeister. FN.: Bartels Elektro GmbH. DA.: 30916 Isernhagen K.B., Dorfstr. 58 A. G.: Hannover, 16. Apr. 1966. V.: Katrin, geb. Benko. Ki.: Florian Holger (1996), Nicolas André (2000). El.: Hans u. Erika, geb. Graw. BV.: Großmutter Christina Anna Erika Bartels - Grafikerin u. Malerin. S.: 1982-86 Lehre z. Elektroinstallateur im elterl. Betrieb Bartels Elektro GmbH in Isernhagen K.B. K.: 1986-88 Gesellentätigkeit im elterl. Betrieb, 1988-89 Meisterschule in Hildesheim m. Abschluß Meisterbrief, 1989-91 Meister im elterl.Betrieb,1991-96 selbst. m. d. Firma Bartels Elektroschaltanlagen in Isernhagen, 1996 Übernahme d. elterl. Betriebes u. Hinzufühung d. Firma Bartels Elektroschaltanlagen in d. Firma Bartels Elektro GmbH. M.: Handwerksam., Elektroinnung Burgdorf. H.: Holzarb., Tischlern, Fachwerk, Sammeln v. alten Gegenständen.

Bartels Holger
B.: Schiffahrtskfm., Gschf. FN.: Strako GmbH. DA.: 27580 Bremerhaven, Alaskastr. 20. PA.: 27574 Bremerhaven, Stolperstr. 26. G.: Bremerhaven, 1. März 1964. V.: Andrea, geb. Müller. Ki.: Frederike (1991), Tomke (1994). El.: Hartmut (seit Anfang d. 80er J. Ltr. d. Ges. z. Rettung Schiffbrüchiger in Bremerhaven) u. Helke, geb. Kassens. S.: 1984/85 Bundes-

*) Biographie www.whoiswho-verlag.ch oder beigefügte CD-ROM

Bartels

wehr, 1986-88 Lehre z. Schiffahrtskfm. in Bremen. K.: b. 1989 Kfm. in d. Firma Herm. Daulsberg, 1989 Kfm. im elterl. Geschäft, 1994-96 Stud. z. Betriebswirt d. Handwerks, 1993 Geschäftsübernahme v. Vater d. Firma Wekat Bremerhaven, d. 1990 v. Vater gegründeten Ndlg. d. Wekat in Rostock, sowie d. v. Vater in d. 80er J. übernommenen Firma Karl Gütschow GmbH, 1998 Grdg. Strako Strahlarb. u. Korrosionsschutz GmbH Bremerhaven. M.: Jagdprüf.-Kmsn. H.: Jagd.

Bartels Horst *)

Bartels Joachim Dr. rer. nat. *)

Bartels Jochen Wilhelm *)

Bartels Jutta *)

Bartels Kerstin Dr. phil.
B.: Ltr. d. Presse- u. Öff.-Arb. FN.: Hannoversche Lebensvers. a.G. DA.: 30622 Hannover, Karl-Wiechert-Allee 10. kerstin.bartels@hannoversche-leben.de. www.hannoverscheleben.de. G.: Bad Gandersheim, 26. Aug. 1965. V.: Dr. rer. pol. Thomas Müller. S.: 1985 Abitur Alfeld/Leine, 1985-91 Stud. Dt. Philol. u. Musikwiss. an d. Georg-August-Univ. Göttingen m. Abschluss: M.A., 1991-96 Prom. z. Dr. phil. K.: 1996-97 Ausbild. z. PR-Referentin am Seminarzentrum Göttingen, 1997 Mitarb. PR-Referat Hannoversche Leben, ab 2000 Ltr. d. Presse-Öff.-Arb. Hannoversche Leben in Hannover. H.: Interesse f. Mittelalter, Wolfgang Koeppen, Musik Olivier Messiaen.

Bartels Michael

B.: Malermeister, Gschf. Ges. FN.: Malermeister & Lehmarb. Bartels GmbH. DA.: 38126 Braunschweig, Behringstr. 4. malermeister.bartels@t-online.de. www.lehmarbeiten.de. G.: Braunschweig, 13. Sep. 1963. V.: Susanne. S.: 1983 Abitur in Braunschweig, b. 1984 Grundwehrdienst b. d. Bundeswehr, 1985 Stud. Chemie an d. TU Carolo-Wilhelmina in Braunschweig, bis 1988 Studium Rechtswiss. Univ. Bielefeld, ab 1987 Lehre z. Maler u. Lackierer in Braunschweig. K.: b. 1995 ang. Malergeselle in Braunschweig, 1995-96 Meisterschule, seit 1996 Malermeister, seit 1997 eigener Malerbetrieb im Nebenberuf, ab 1998 selbst. Malermeister, 2000 Grdg. d. GmbH. E.: 10. Pl. b. bundesweiten Innovationswettbewerb d. Malerblatt. M.: Malerinnung Braunschweig, Dt.-Japan. Ges. Hamburg, 1. Saab Club Deutschland, Bundeswehrjägerver. H.: Tontaubenschießen, Saab.

Bartels Ralf Holger
B.: Redaktionsltr. FN.: RTL-Nordlive. DA.: 24145 Kiel, Im Saal 2. G.: Oberstreu, 10. Juli 1963. El.: Manfred u. Lieselotte. S.: 1984 Abitur Eutin, 1985-86 Stud. Politologie u. Soz.-Ökonomie Univ. Kiel, 1986-87 Zivildienst, 1987-94 Stud. Lehramt PH Kiel. K.: 1991 freier Mitarb. f. SAT 1 in Kiel, 1993-94 Redakteur b. Studio-Holstein GmbH in Raisdorf u. freier Mitarb. f. Dt. Sport Fernsehen u. Pro 7, seit 1994 ang. b. RTL Nordlive in Kiel u. seit 1996 Redaktionsltr. m. Entwicklung u. Prod. v. eigenen Fernsehsendungen. P.: versch. Fernsehsendungen. H.: Gitarre, Sport.

Bartels Richard Dr.

B.: HNO-Arzt. DA.: 42657 Solingen, Grünwalderstr. 55. G.: Paderborn, 12. März 1948. V.: RA Angelika Krall. Ki.: Julia (1975), Annette (1980). S.: 1970 Abitur Düsseldorf, 1970-78 Med.-Stud. an Univ. Düsseldorf, 1978 Staatsexamen, 1982 Prom. K.: 1986 FA, seit 1986 ndlg. FA in Solingen. M.: Freundeskreis Fußballver. Union Solingen. H.: Fußball, Theater, Oper.

Bartels Rüdiger *)

Bartels Sascha Alexander
B.: Automobilkaufmann, selbständig. DA.: 30938 Burgwedel, Mellendorfer Str. 33. info@bartels-automobile.de. www.bartels-automobile.de. G.: Großburgwedel, 4. Sep. 1971. El.: Richard u. Karin, geb. Sievers. S.: 1991 Abitur Hannover. K.: 1990 Eröff. d. eigenen Geschäftes in Kleinburgwedel gemeinsam m. d. Bruder, 1995 Eröff. d. Autohauses "Bartels Automobile" in Burgwedel m. Schwerpunkt Gebrauchtwagenverkauf u. Export. H.: Motocross, Wassersport.

Bartels Siegfried Dr. Prof. *)

Bartels Ulrich *)

Bartels Uwe
B.: Min. FN.: Niedersächs. Min. f. Ernährung, Ldw. u. Forsten. DA.: 30169 Hannover, Calenberger Str. 2. G.: Quakenbrück, 17. Mai 1946. Ki.: 2 Kinder. S.: StR. K.: 1972 StadtR. Vechta, ab 1976 Kreistag u. seit 1978 Mtgl. d. niedersächs. Landtages, 8 J. umweltpolit. Sprecher d. SPD-Fraktion, 1990 Staatssekr. im Min. f. Ernährung, Ldw. u. Forsten, seit 1998 Ldw.-Min. (Re)

Bartels Wilhelm *)

Bartels Wilhelm Heinrich Hermann *)

Bartels Wolfgang *)

Bartelsen Andreas *)

Bartelt Alfred
B.: Fahrschullehrer. FN.: Fahrschule Alfred Bartelt. DA.: 42929 Wermelskirchen, Amselweg 26. G.: Martinshagen, 15. Sep. 1939. V.: Regina, geb. Menz. Ki.: Claudia (1966). S.: 1956 Bundeswehr, 1959 Fahrlehrerprüf. f. alle Kl. "R" in München. K.: b. 1968 Fahrlehrer b. d. Bundeswehr, Zwischentätigkeit als Schirmeister u. Fahrschulltr., als Oberfeldwebel entlassen, 1968 Grdg. d. eigenen Fahrschule in Wermelskirchen. M.: Fahrlehrerverb. NRW. H.: Haus, Garten, Natur erleben, Tennis, Golf.

Bartelt Dominique
B.: RA; AufsR. FN.: Kzl. Bartelt; Ev. Jugendzentrum Die Wille GmbH. DA.: 10967 Berlin, Jahnstr. 3; 10963 Berlin, Wilhelmstr. 115. G.: Lörrach, 7. Feb. 1960. Ki.: Nayana (1993). El.: Herbert Friedmann u. Jutta Troebes, geb. Gabor. BV.: Urgroßmutter - von Carlowitz. S.: Mittlere Reife, 1980 Abitur Berlin, 1980 Stud. Kunstgeschichte FU Berlin, danach Stud. Rechtswiss. FU Berlin, 1. Staatsexamen, Referendariat

*) Biographie www.whoiswho-verlag.ch oder beigefügte CD-ROM

Berlin u. Wahlstation Superior Court San Franzisko, 1991 2. Staatsexamen. K.: 1991-95 tätig am Rechtsamt im Bez.-Amt Hohenschönhausen, seit 1995 selbst. RA m. Tätigkeitsschwerpunkt Zivilrecht, Scheidungen u. Kindheitssachen bes. f. griech. Gem. u. f. mittelständ. Unternehmen. H.: mod. Kunst, griech. Literatur, Fotografieren, Griechenlandreisen.

Bartelt Hermann Dr. rer. pol. Prof.
B.: HS-Lehrer. FN.: Univ. Bremen. PA.: 28832 Achim, Zum Ölhafen 4. G.: Wilhelmshaven, 15. Juni 1932. V.: Eva, geb. Schubert. Ki.: Gert (1958), Frank (1960). El.: Wilhelm u. Helene. BV.: Robert Koch. S.: 1952 Abitur, 1952-55 Verw.-Lehre gehobener Dienst, 1962-68 Stud. Sozialwiss. Univ. Wilhelmshaven, Berlin, Göttingen, Abschluß Dipl.-Sozialwirt, 1966-68 Referendariat an d. Sozialak. Bremen, 1968 II. Staatsexamen, 1976 Prom. K.: 1955-62 Verw.-Dienst, 1968-74 höherer Schuldienst in Bremen u. Niedersachsen, 1974-84 Doz. HS f. Technik Bremen, 1976 Prof., 1984-95 Prof. f. polit. Wiss. (Kommunalpolitik) Univ. Bremen, seit 1995 Unternehmensberatung, seit 1996 Lehrauftrag, 1996 Grdg. eines Inst. f. Stadt- u. Regionalforsch. Curriculare Plan. f. Fortbild.-Ak., 14 J. ehrenamtl. Ratstätigkeit. P.: ca. 180 Veröff. in Fachzeitschriften z Thema Stadt- u. Regionalforsch. H.: Jazz in Theorie u. Praxis.

Bartelt Silke

B.: RA. DA.: 06484 Quedlinburg, Bahnhofstr. 10. PA.: 06484 Quedlinburg, Taubenbreite 29. G.: Hagen, 20. Okt. 1961. V.: Henry Röhling. Ki.: Jan Hendrik. El.: Joachim u. Sigrid Bartelt, geb. Palkowski. S.: 1981 Abitur, 1981-89 Stud. Rechtswiss. Univ. Bielefeld, 1990 2. Staatsexamen, 1990-91 Spezialisierung Steuerrecht. K.: 1991-92 Assesorin in einer Wirtschaftsprüferkzl., 1992 Zulassung z. RA, 1994 Syndikusanw. d. Wirtschaftsprüf.-Ges. Dr. Romberg, Wattendorf & Partner GmbH, seit 1996 Anw. d. Bartelt & Romberg GbR., seit 1997 Einzelkzl. in Quedlinburg. M.: RA-Kam., Steuerberaterverband Niedersachsen Sachsen-Anhalt e.V., Ortsverband d. F.D.P. (Vorstand). H.: Wandern, Schwimmen.

Barten Gunter Dipl.-Ing. *)

Bartenschlager Jürgen *)

Bartenwerfer Hansgeorg Dr. phil. Prof. *)

Barth Albrecht Dr. med.

B.: FA f. Orthopädie u. Chir. DA.: 45699 Herten, Brinkertg. 3. G.: Vlotho, 17. Feb. 1942. V.: Heidrun, geb. Fischer. Ki.: Juliane (1967), Marita (1971). BV.: Vater Hermann Barth, Mtgl. d. Bruderrates d. Bekennenden Kirche, langj. Mitarb. d. Neukirchner Abreißkalenders. S.: Abitur, Med.-Stud. Münster, Kiel u. Innsbruck, 1969 Staatsexamen, 1971 Prom. K.: 1970-73 Gertrudis-Hospital Westerholt, 1973-76 Prosperhospital Recklinghausen, 1977 FA f. Chir., 1976-79 Vestische Orthopäd. Klinik im St. Elisabeth Hospital Herten, 1979 FA f. Orthopädie, 1979 OA, seit 1980 ndgl. als FA. P.: Mitarb. an einem Buch über d. künstl. Niere (1969). M.: Berufsverb. d. Ärzte f. Orthopädie. H.: Pflanzen, Tiere, Reisen in südliche Länder, Schnorcheln Korallenriff.

Barth Andreas *)

Barth Berndt Herbert Dr. Prof.
B.: Sportwissenschaftler. FN.: Dt. Fechterbund. DA.: 53117 Bonn, Am Neuen Lindenhof 2. dfb_barth@t-online.de. G.: Altenhain, 11. Mai 1940. V.: Rosemarie, geb. Gläßner. Ki.: Katrin (1966), Tilo (1970). S.: 1955-59 Kinder- u. Jugendsportschule Leipzig, Abitur u. glz. Sportler im mod. Fünfkampf - DDR-Jugend- u. Juniorenmeister, Stud. Sport Dt. HS f. Körperkultur Leipzig, 1967 Dipl.-Sportlehrer f. Leistungssport, 1968 Prom., 1969 Habil., 984 Prof. f. Theorie u. Methodik d. Trainings in Zweikampf-Sportarten. K.: 1959-65 Mtgl. d. DDR-Nationalmannschaft - mehfacher DDR-Meister, 1963 WM-Teilnahme, 4. in d. Mannschaft, 1969 Lehrgruppenltr. im Fechten, 1972-82 Inst.-Ltr. f. Kampfsport, 1983-90 Sektionsdir., 1990 Prorektor f. Wiss.-Entwicklung u. Forsch., 1990-92 Prof. f. allg. Trainingslehre an d. HS Leipzig, 1969-90 ehrenamtl. Mtgl. d. wiss. Rat d. DHFK, wiss. BeiR. d. Forsch.-Inst. f. Körperkultur u. Sport, TrainerR. d. Dt. Fechterverb. Vpräs. f. Leistungssport d. Fechtverb. d. DDR, seit 1990 Doz. an d. Trainerakademie in Köln, 1990 letzter Präs. d. DDR-Fechtverb., 1990-93 Vpräs. d. Dt. Fechter-Bundes, seit 1993 tätig in Bonn als Gen.-Sekr. d. Dt. Fechterbundes. F.: Ltr. d. Bundes- u. Leistungszentrum. P.: ca. 150 Publ. Veröff. "Strategie u. Taktik" in trainingswiss. Standardwerken, Habil.: "Abriß einer Theorie d. Stratgie u. Taktik im Wettkampfsport" (1978), Buch: "Fechten" (1975), "Fechttraining" (1999). E.: 1963 Meister d. Sports. M.: seit 1994 Bundesaussch. f. Ausbild. u. Personalentwicklung d. DSB,ISO Sportver. Leipzig. H.: Forschung, Lehre, Praxis, Malerei, Schifahren.

Barth Christian Dr. med. *)

Barth Claus
B.: Gschf. FN.: Barth & Kerner GmbH. DA.: 73730 Esslingen-Zell, Hauptstr. 117. G.: 28. März 1962. V.: Sabine, geb. Beinder. Ki.: Carola (1988), Anja (1992). El.: Richard u. Elfi, geb. Reinhold. S.: 1977-80 Lehre als Elektroinstallateur, 1983 Meisterbrief. K.: seit 1984 selbst., 1985 Eröff. eines Ladengeschäftes, 1995 Grdg. d. GmbH. M.: Freiwillige Feuerwehr, OrtschaftsR. H.: Skifahren, Hundeausbildung.

Barth Dagmar Dr. med.

B.: FA f. Kinderheilkunde, Sportärztin, selbständig. DA.: 06110 Halle/Saale, Lauchstädter Str. 20. G.: Hoyerswerda, 16. Dez. 1947. V.: MedR. Erich Barth. Ki.: Torsten (1971), Grit (1973), Christine (1983). S.: 1966 Abitur Hoyerswerda, prakt. J., 1967-73 Stud. Humanmed. MLU Halle-Wittenberg. K.: 1973-75 als Ausbildungsassistent im Kreiskrankenhaus Merseburg, 1975-82 Bergmannstrost, 1979 FA f. Kinderheilkunde, 1982-85 FA in der Poliklinik Silberhöhe, 1986-90 Sportärztin in Halle, 1988 Prom.,1990-92 FA im KH Bergmannstrost, seit 1992 ndlg. Kinderärztin, desweiteren Behandlung v. Allergien, Sportmed. Untersuchungen. M.: Dt. Sportärzteverband. H.: Wandern.

---

*) Biographie www.whoiswho-verlag.ch oder beigefügte CD-ROM

Barth Daniel

B.: Designer, Soziologe, Inh. FN.: Multimedia Daniel Barth. DA.: 76534 Baden-Baden, Heimstraße 13. G.: Berlin, 25. März 1969. El.: Hans-Dieter u. Barbara, geb. Rose. S.: 1988 Abitur Beilstein, 1988-90 Zivildienst Diakonie Heilbronn, 1990-96 Stud. der Soz. Bamberg. K.: seit 1996 selbst. m. 3-D-Computeranimation, Multimedia, CD-Rom-Erstellung u. Internet spez. f. Ind.- u. Lehrfilme, Med.- u. Werbefilme, Logo u. Naturwiss. P.: Veröffentlichungen im Wiss.-Magazin Sonde (SWR), 3Sat u. Transtel. H.: Sport, Kultur, Film.

Barth Dieter Dr. rer. oec. Dipl.-Kfm.

B.: Gschf. FN.: is Werbeagentur idee+service. DA.: 80802 München, Dietlindenstr. 7. barth@isWerbeagentur.de. G.: Zweibrücken, 26. Apr. 1939. V.: Helga, geb. Susanne (1970), Christoph (1972). El.: Dr. iur. Alex u. Hanni, geb. Hoh. S.: 1959 Abitur Hum. Gymn., 1959-67 Stud. Betriebswirtschaft d. Prom. Innsbruck, Saarbrücken u. München. K.: 1965-69 Prok. u. Gschf. in Wohnungsbauunternehmen Saarland, 1969-70 Gschf. b. Wohnungsbauunternehmen München, ab 1970 kfm. Ltr. b. Schnitzenbauer Wohnbau, ab 1971 Aufbau einer Werbeagentur f. Immobilien, ab 1974 Beendigung d. Schnitzenbauer Aktivitäten, Ausbau d. eigenen Werbeagentur m. Partner, ab 1976 alleiniger Gschf. u. Ges., seit 1988 Erweiterung d. Werbeagentur auf Personalwerbung. E.: 1992 Johannes-Bisegger-Preis d. Leopold-Franzens-Univ. Innsbruck. H.: Jagd, Golf, Schi fahren.

Barth Eberhard *)

Barth Freerk Cornelius Dr. med.

B.: Prakt. Arzt, Chirotherapeut. DA.: 48565 Steinfurt, Wasserstr. 25. G.: Leer, 5. Sep. 1949. V.: Luisa, geb. Schwab. Ki.: Birke (1976), Ingo (1976), Heiko (1981). El.: Jakobus u. Gerta. S.: 1967 Abitur Leer, 1967-70 Bundeswehr, 1970-76 Stud. Humanmed. Univ. Münster, 1976 Prom. K.: 1976-77 Med.-Ass. in Steinfurt, Approb., 1977-81 Arzt am Marienhospital Emsdetten, seit 1982 ndlg. Prakt. Arzt, Weiterbild. Chirotherapie u. Sportmed. M.: Schmerztherapeut. Kolloquium, Deutsche Ges. f. Ernährung, Dt. Ges. f. Manuelle Med., Ärzteges. f. Atlas-Therapie, Dt. Sportärztebund. H.: Segeln, Windsurfen, Skifahren.

Barth Fritz Dipl.-Ing. *)

Barth Georg *)

Barth Hans Dipl.-Ing. *)

Barth Hans-Günther Dr.-Ing. Dr. habil. Prof.

B.: Univ.-Prof. DA.: 30419 Hannover, Herrenhäuser Str. 2. G.: Karlsruhe, 1. Juli 1939. V.: Ayse, geb. Kardas. Ki.: Yvonne. El.: August u. Rosa, geb. Flicker. S.: 1958 Abitur, 1958 Praktikum E-Technik Firma Siemens, 1958 Stud. techn. VWL TH Karlsruhe m. Abschluß Dipl. rea. pol. tech. K.: 1965-67 wiss. Mitarb. am Inst. f. Stadt u. Landesplanung d. Baufakultät, 1967-70 wiss. Mitarb. am Inst. f. Raumordnung u. Landesplanung d. Univ. Stuttgart, 1970 wiss. Ass. am Inst. f. Landesplanung u. Raumforsch. d. TU Hannover, 1972 ak. Rat, 1976 ak. ORat, 1976 Prom., 1983 Habil., 1980 tätig im MWKW, 1986 gschf. Ltr. d. Inst. f. Landesplanung u. Raumforsch. d. Univ. Hannover, 1987 apl.Prof., 1992-93 Prodekan u. Vors. d. Prüf.-Aussch., 1994 HS-Doz. an d. Univ. Hannover, 1995-97 Dekan u. b. 1998 Prodekan d. Fachbereichs Landschaftsarch. u. Umweltentwicklung, ab 1998 gschf. Ltr. d. Inst. f. Landesplanung u. Raumforsch. m. Schwerpunkt Raum- u. Umweltplanung, Stadt- u. Regionalentwicklung, Umweltökonomie u. Umweltpolitik. P.: 1971-81 Inh. einer Baufirma in Hannover. P.: zahlr. Veröff. in Fachzeitschriften, Mitautor v. Fachbüchern Autor v. Büchern 2001 Air Quality and Urban Development, Vorträge auf nat. u. intern. Kongressen z. Thema Raumplanung, Umweltplanung, Umweltpolitik u. Entwicklungspolitik, Gastprof. in d. Türkei u. in Frankreich, div. Forsch.-Aufträge. E.: 1998 Thomas Kuhn Hannover Pin in Bronze, 2000 Thomas Kuhn Hannover Pin Med. in Silber. M.: AESOP. H.: Musik, Wein, Segeln.

Barth Heinrich Reinald Hermann *)

Barth Herbert Dr. rer. nat. habil. Prof.

B.: em. Univ.-Prof. PA.: 69226 Nußloch, Mühlstr. 28. G.: Aalen, 5. Jan. 1926. V.: Margret, geb. Wethmar. El.: Georg u. Elise, geb. Sturm. S.: Stud. in Würzburg, Stuttgart, Bonn u. Heidelberg, 1955 Prom. K.: 1970 Habil., 1975 apl.Prof., 1975 C3-Prof. P.: versch. Arb. auf d. Gebiet d. allg. und Umwelthygiene, Lebensmittelhygiene, Mykologie, Mitarb. am Hommel, Handbuch d. gefährl. Güter. M.: Wasserchemische Ges. - Fachgruppe in d. GDCh.

Barth Hermann Dr. *)

Barth Horst Dr. *)

Barth Horst Dipl.-Ing. *)

Barth Joachim Dr. Prof. *)

Barth Jürgen Dipl.-Ing. *)

Barth Jürgen Dr. med. Doz.

B.: Dir., Priv.-Doz. FN.: Medizinische Klinik d. Berufsgenossenschaftlichen Kliniken Bergmannstrost. DA.: 06112 Halle/Saale, Merseburger Str. 165. G.: Simmern, 5. Sep. 1951. V.: verh. Ki.: 2 Kinder. S.: 1970 Abitur in Simmern, Stud. Germanistik u. Geschichte, 1974-80 Stud. Humanmedizin an d. Univ. Bochum, 1980 Approb., 1981 Prom., 1996 Habil. K.: wiss. Ass. am Inst. f. Pathologie in Bochum, wiss. Ass. u. Oberarzt an d. Univ.-Klinik Bergmannsheil in Bochum, seit 1997 Dir. d. Medizinischen Klinik d. Berufsgenossenschaftlichen Kliniken Bergmannstrost, Internistische Abt., Berufskrankheiten, Lungenkrankheiten, Gastroendokrinologie, Infektionskrankheiten. P.: zahlr. Veröff. in nat. u. intern. Fachzeitschriften zu Infektionskrankheiten u. Klinischer Pharmakologie (Cortisontherapie). M.: Dt. Ges. Innere Med., Dt. Ges. Pneumologie, Ges. Lungen- u. Atemforschung, Dt. Ges. Internist. Intensivmedizin, Paul-Ehrlich-Ges.

Barth Karl-Heinz Dr. phil. Dipl.-Architekt *)

Barth Klaus Dipl.-Ing.

B.: Elektromechaniker, Starkstromelektriker, Inh. FN.: Laguna Getränkeservice. DA.: 12207 Berlin, Jungfernstieg 13A. G.: Hamburg, 11. Nov. 1951. Ki.: Viktoria (1987), Valerie (1990). El.: Wilhelm u. Annemarie. S.: 1967 Mittlere Reife

*) Biographie www.whoiswho-verlag.ch oder beigefügte CD-ROM

Pinneberg, 1969-72 Lehre als Elektromechaniker u. Starkstromelektriker. K.: 1972-74 Elektromechaniker b. AEG Hamburg, 1974-76 Technikerschule m. Fachabitur f. Niedersachsen, 1976-78 Stud. Elektrotechnik TU Berlin, 1978-80 Stud. d. Elektrotechnik TU Berlin, Dipl.-Ing. Elektrotechnik, 1980-81 BVG Fahrstromkonstruktion, 1982-84 Qualitätssicherung IBM Berlin, 1984-89 selbst. m. Getränkeautomaten in Ind.-Betrieben b. ca. 80 Stellplätze ausgebaut, 1990 Wendebedingt Erweiterung b. auf 400 Automaten dzt., 1992 Übernahme d. Vertriebes v. Wasserspendern, zuerst an d. Flughäfen, später an Ind.-Kunden u. Büros, 1998 starke Erweiterung nach Akzeptanz d. Dienstleistung, Angebot an Automaten: Zigaretten, Wasser, Food, Kaffee, Süßwaren, 2000 Umfirmierung in Laguna Getränkeservice GmbH u. Gschf. Ges.

Barth Klaus Peter Dipl.-Ing. *)

Barth Manfred Dr. med. *)

Barth Margrit Dr. *)

Barth Matthias

B.: Hoteldirektor. FN.: KIM HOTEL; KIM HOTEL IM PARK. DA.: 01462 Dresden, Gompitzer Höhe 2; 01156 Dresden, Otto-Harzer-Str. 2. G.: Dresden, 6. Nov. 1950. V.: Christine. Ki.: Thomas (1974). El.: Gertraude, geb. Hoferichter. S.: 1967-69 Aubild. z. Restaurantfachmann im damaligen Traditionshotel Waldpark Hotel Dresden-Blasewitz, 1969-71 Armeezeit, Küchenausbild./Küchenleiter in einer Stabseinheit. K.: 1971-87 versch. Funktionen (Oberkellner, Restaurantltr., Food-and-Beverage-Manager-Ass.) b. d. damaligen Dresdner Interhotel "Newa", "Bastei", "Königstein" u. "Lilienstein", 1987-89 Aufbaustab im Hotel "Dresdner Hof", 1989-91 Restaurantchef im Hotelrestaurant "Grüner Baum" im Hotel "Dresdner Hof", 1991-95 versch. Funktionen im Hilton ("Dresdner Hof"), Ass.-F&B-Manager, Ass.-Sales-Manager u. Banquet-Operation-Manager, ab 1995 Hoteldir. d. KIM HOTEL DRESDEN u. d. KIM HOTEL IM PARK. M.: 2. Vors. d. Verb. d. Restaurant- u. Servicefachkräfte Dresden e.V. H.: Gartengestaltung, Autotourismus, Bilder v. Hans-Werner Sahm sammeln.

Barth Monica *)

Barth Monika.
B.: Inh. FN.: Felice-Wohnkultur. DA.: 84307 Eggenfelden, Stadtplatz. PA.: 84489 Burghausen, Lindacher Str. 89. G.: Burghausen, 7. Aug. 1959. V.: Michael Barth. El.: Alfons u. Brunhilde Nassauer. S.: HS, 1974-77 Ausbild. z. Steuergehilfin Burghausen. K.: 1978-81 Steuergehilfin Mühldorf, 1982-84 Verw.-Ang. Stadtverw. Burghausen, 1984-89 Steuergehilfin Mühldorf, nebenbei Beginn d. kunstgewerbl. Bereiches, seit 1989 selbst., 1989-98 Exquisit, Kunst u. Design in Burghausen. M.: Puppenmachergilde. H.: Stricken, Lesen, Reisen, Herstellung v. Porzellanpuppen, Kreation v. exklusivem Modeschmuck, Aquarell- u. Seidenmalen.

Barth Rosemarie Dr. med. *)

Barth Rüdiger *)

Barth Thomas *)

Barth Uwe

B.: Zentralheizungs- u. Lüftungsbauermeister. FN.: Heizung & Sanitär Meisterbetrieb Uwe Barth. DA.: 29410 Salzwedel, An den Sieben Eichen 7. G.: Salzwedel, 12. Aug. 1966. V.: Dipl.-Päd. Dorothee, geb. Neitzke. Ki.: Simon (1996). El.: Dipl.-Ing. Wolfgang u. Barbara, geb. Ulbrich. S.: 1983-86 Berufsausbild. z. Instandhaltungsmechaniker m. Abitur in Merkers. K.: 1987 Heizungsabt. b. d. Gebäudewirtschaft SAW, 1987-89 Grundwehrdienst b. d. Armee, seit 1994 Handwerksmeister, 1990-99 b. einer Heizungsfirma im Landkreis Lüchow-Dannenberg, ab 1999 selbst. in Salzwedel. M.: RT 218 Deutschland. H.: Familie.

Barth Volker
B.: COO u. Gschf. FN.: Wal-Mart Germany GmbH & Co KG. DA.: 42103 Wuppertal, Friedrich-Engels-Allee 28. www.walmart.com. K.: Beginn d. Karriere b. Metro, tätig i. Bereich Cash & Carry, Vertriebsltr. d. Real-Gruppe, 1998 Vertriebsltr. b. Interspar AG Hamburg, 1999 Übernahme d. Interspar-Gruppe durch Walmart Deutschland Regional Manager, s. 2000 COO u. Gschf. f. Vertrieb/Operations v. Wal-Mart.

Barth Volker
B.: Sägewerker, Inh. FN.: Holzhdl. u. Kistenfbk. Barth. DA.: 01705 Freital, Poststr. 5. PA.: 01705 Freital, Burgwartstr. 145a. G.: Freital, 14. März 1943. V.: Karin, geb. Müller. Ki.: Uwe (1964), Jens (1969). El.: Richard u. Annelies. S.: 1957-59 Lehre als Sägewerker im elterl. Betrieb in Freital. K.: 1959-84 Ang. im elterl. Betrieb, 1984-90 Übernahme u. selbst. m. Kistenfbk., ab 1990 Erweiterung auf Holzhdl., Errichtung eines Ladens m. Verkauf an private Personen f. Innenausbau einschl. Parkett u. Paneele, selbst. Hersteller v. gr. Kisten f. Verpackungen n. d. Ind. BL.: ehem. aktiver Gewichtheber, 1x DDR Meister u. 2x VMeister d. ehem. DDR. M.: Bund d. selbst. Handwerker, Sponsorentätigkeit. H.: Garten, Sport.

Barth Volker Hans-Hermann Dr. med. Prof.
B.: Radiologie, Chefarzt. FN.: Städt. Kliniken Esslingen. PA.: 73730 Esslingen/Neckar, Hirschlandstr. 97. G.: Berlin, 7. Aug. 1939. V.: Christa, geb. Kullmann. El.: Prof. Dr. Hermann u. Martha v. Heidi. S.: 1959 Abitur, 1960-66 Stud. Med. Ludwig Maximilians-Univ. München. K.: Ass.Arzt an kleinerem KH d. Allgäus, 2 J. Tätigkeit am Path. Inst. in Ludwigsburg, Ass. u. OA-Tätigkeit am Katharinenhospital d. Stadt Stuttgart im Fachgebiet Radiologie, Strahlentherapie u. Nuklearmed., 1976 Habil., seit 1980 Chefarzt v. Strahleninst. d. Städt. Krankenanst. Esslingen, 1981 apl. Prof., Kongreß-Präs. d. 8. Wiss. Tagung d. Dt. Ges. f. Senologie, Esslingen 1988, Kongreß-Präs. 72. Dt. Röntgenkongreß Wiesbaden 1991. P.: Atlas der Brustdrüsenerkrankungen, Röntgen - wer, wie, wann?, Feinstruktur der Brustdrüse im Röntgenbild, Ärztlicher Rat bei

*) Biographie www.whoiswho-verlag.ch oder beigefügte CD-ROM

Erkrankungen der weiblichen Brustdrüse, Pathologische Anatomie und Radiologie der Brustdrüse, weitere 40 Publ. zu versch. Themen. M.: Rotary. H.: Fotografie.

Barth Volkmar Herbert F. *)

Barth Wilhelm Dr. *)

Barth Wolfram

B.: ndlg. Rechtsanwalt. DA.: 39108 Magdeburg, Immermannstr. 25. PA.: 39110 Magdeburg, Diesterweg 6E. G.: Magdeburg, 8. Mai 1967. V.: Dr. rer. nat. Franziska Krajinski. El.: Dipl.-Ing. Wolfram u. Bärbel, geb. Wolff. S.: 1983-86 Ausbild. z. Nachrichtentechniker, 1986-87 Wehrdienst, 1989-91 Abendgymn. m. Abschluß Abitur, 1991-96 Stud. Rechtswiss. an d. Univ. Marburg, 1997-98 Referendariat LG Marburg. K.: 1999 ang. RA, seit 2000 Eröff. d. eigenen Kzl. u. Tätigkeit als selbst. RA, Tätigkeitsschwerpunkte: Familien-, Arbeits-, Straf-, Steuer- u. Ges.-Recht. BL.: nebenberufl. Doz. an priv. Bild.-Einrichtungen. M.: Dt. Anw.-Ver. H.: Pferdezucht.

Barthel Alain B.
B.: selbst. Kfm. FN.: PC.COLLEGE Berlin-Stuttgart. DA.: 10789 Berlin, Marburger Str. 2. PA.: 14532 Kleinmachnow, Heidefeld 11. alain@pc-college.de. G.: Berlin, 30. Apr. 1962. V.: Oxana, geb. Tchobotar. Ki.: Angélique Bérénice (1997), Alexandre Bernard (1998). El.: Axel-Dieter u. Madeleine, geb. Liver. S.: 1981 Abitur Flensburg, 1981-84 Dipl.-Handelslehrer in Berlin. K.: 1985-86 Supporter b. Görwitz Berlin, 1985 Grdg. PC-COLLEGE Berlin u. IBA Soft Computersysteme, 1987 Umwandlung d. IBA Soft in IBA Soft Computersysteme GmbH, 1995 u. 1996 Veranstalter des Computer-Balls Deutschland. P.: Chip (1992), Stern (1988), Microsoft (1992), Moderator bei spreeradio 105,5 (2000). E.: 1987 Dipl. v. SPI, 1992 Dipl. v. Microsoft, 1990 Dipl. v. Lotus, 1990 Dipl. v. Aldus. M.: BVMW Mtgl. Bund junger Unternehmer (BJU), Rotary Club Berlin, Humboldt, Marketing-Club. H.: Fotografieren, Fliegen, Klavierspielen. (G.K.)

Barthel Bernd *)

Barthel Dirk
B.: Inh., Gschf. FN.: Fritz Barthel Armaturen GmbH & Co. KG. GT.: Inh. "Restaurant Schiffchen". DA.: 22765 Hamburg, Klopstockpl. 5-7. G.: Hamburg, 9. Mai 1943. Ki.: Mike (1971), Vivien (1977). El.: Fritz u. Liesel, geb. Gühring. S.: 1959 Mittlere Reife, 1959-60 Praktikum in d. metallverarb. Ind., 1960-63 Stud. Maschinenbau Ing. an d. FH Frankfurt. K.: 1963 Eintritt in d. elterl. Firma Fritz Barthel Armaturen, heute Inh. u. Gschf. M.: STG, VDI, DIN, 1. Vors. u. Ver. Altona 93. H.: Fußball, Tennis.

Barthel Eckhardt Dipl.-Politologe
B.: Politologe, Redakteur, MdB. FN.: Dt. Bundestag. DA.: 11011 Berlin, Platz d. Republik 1. PA.: 10823 Berlin, Eisenacher Str. 67. G.: Leipzig, 17. Dez. 1939. Ki.: 1 Kind. S.: Lehre Elektromonteur, 1956 Gesellenprüf., 1963 Ing. Berlin Kolleg 2. Bild.-Weg, 1967 Abitur,. Stud. polit. Wiss. FU Berlin, 1972 Examen Dipl.-Politologe. K.: 1972-73 Ref. f. Öff.-Arb. b. Senator f. Gesundheit u. Umweltschutz, seit 1973 wiss. Redakteur d. Schriftreihe "Zur Politik u. Zeitgeschichte" an d. FU Berlin, seit 1978 Abgs, s. 1998 MdB. P.: Mitautor v. "Mitbestimmung in d. Wirtschaft", "VR China - eine polit. Landeskunde". M.: seit 1970 SPD, seit 1985 Vors. d. SPD-Fachaussch. f. Ausländerpolitik d. ADFC, Dt.-Ungar. Ges., 1983-98 Abg.-Haus v. Berlin. H.: Musik, Literatur, Sport, Reisen. (Re)

Barthel Hartwig Dr. med.

B.: Arzt f. Kinder- u. Jugendpsychiatrie u. -psychotherapie. DA.: 23843 Bad Oldesloe, Brunnenstr. 1. G.: Falkenstein, 25. Sep. 1944. V.: Angelika, geb. Zimmermann. Ki.: Stefan (1972), Elisabeth (1974) und Wolfram (1979). S.: 1963 Abitur Auerbach/Vogtland, 1963-64 Päd.-Stud., 1964-65 Krankenpflegerausbild., 1965-71 Med.-Stud. Humboldt-Univ. Berlin, 1971-76 Ausbild. z. FA f. Kinderheilkunde an versch. Kliniken. K.: 1977-84 wiss. Ass. Klinik f. Kinderpsychiatrie Leipzig, Ausbild. z. Arzt f. Kinder- u. Jugendpsychiatrie, 1984-87 Abt.-Arzt d. Poliklinik Altenburg, 1988-90 OA am Ev. Kinderhospital in Altenburg, 1990-98 ltd. Arzt d. Therapeut. Gemeinschaft Neuenweg im Schwarzwald, seit 1998 in d. eigenen Praxis f. Kinder- u. Jugendpsychiatrie u. -psychotherapie in Bad Oldesloe. M.: Anthroposoph. Ges., FH f. Geisteswiss. am Goetheanum in Dornach/Schweiz. H.: Literatur, Geschichte, Philosophie.

Barthel Helmut Rudolf Univ.-Prof. *)

Barthel Henner Lutz Dr. phil. habil. Prof.
B.: HS-Lehrer, Dipl.-Sprechwiss., Ltr. FN.: Sektion Sprechwiss. d. Univ. Koblenz-Landau. DA.: 76829 Landau, Im Fort 7. PA.: 76829 Landau, Triftweg 32. barthel@uni-landau.de. G.: Halle/Saale, 23. Apr. 1947. V.: Dr. päd Gisela, geb. Mundt. BV.: Melanchton Philipp: 1497-1560 Humanist u. Theologe; Ludwig Christian Kehr: Buchhändler u. Autor anno 1834 in Bad Kreuznach. S.: 1965 HS-Reife Halle/Saale, 1965-67 Puppenspieler am Puppentheater Halle, 1967-71 Stud. Sprechwiss. u. Germanistik Martin-Luther-Univ. Halle-Wittenberg. K.: 1971-76 wiss. Ass. d. Univ. Leipzig, 1973-75 Wehrdienst, 1976-80 wiss. Ass. d. Humboldt-Univ. zu Berlin, 1980-81 Zertifikatsstud. Psycholinguistik am Puschkin-Inst. in Moskau, 1981-86 wiss. Ass. d. Humboldt-Univ. zu Berlin u. 1986-92 OAss., 1992-94 Prof. f. Angew. Linguistik u. Rhetorik an d. Humboldt-Univ., seit 1994 Prof. f. Sprechwiss. u. Sprecherziehung an d. Univ. Koblenz-Landau. P.: nat. u. intern. Vorträge, Fort- u. Weiterbild.-Seminare f. Rhetorik im öff. Bereich, Untersuchungen z. überzeugungsbildenden Wirkung unterschied. Beweisverfahren in d. Rede (1979), Einführung in d. Pathopsycholinguistik (1992), lógon didónai - Gespräch u. Verantwortung (1996), Kl. Wörterbuch z. Sprachpsych. Russ.-Dt. (2. Aufl. 1997), Polit. Reden in d. DDR (1998), Schriftenreihe (mit Pimenov) Ethnohermeneutik, weitere Veröff. in Fachzeitschriften. M.: wiss. BeiR. d. DGSS, GAL, ISSA. H.: Kultur, Literatur. Sprachen: Englisch, Französisch, Latein, Russisch.

Barthel Jochen *)

Barthel Josef M. G. Dr. rer. nat. Dr. h.c.
B.: em. Univ.-Prof., Hrsg.: J. Molecular Liquids (Elsevier). FN.: Univ. Regensburg. PA.: 93138 Lappersdorf, Eichendorffstr. 1. josef.barthel@chemie.uni-regensburg.de. G.: Zerf, 9. März 1929. V.: Margarethe, geb. Schneider. El.: Johannes u. Antonia. S.: 1938-47 Gymn. Düren u. Opladen, Stud. Math., Physik, Chemie u. Phil. an franz. u. dt. Univ., 1952

Licencié es Sciences (Physik), 1953 Dipl. (Math.), 1953 Staatsexamen (Math., Physik, Phil.), 1956 Dr. rer. nat. K.: Univ. Saarbrücken: 1956-59 Ass., 1959 Habil., 1959-65 Doz., 1965-70 Prof. u. Abt.Ltr., Univ. Paris: 1966-84 Gastprof., Univ. Regensburg: 1971-97 o.Prof. u. Inst.Dir., 1974-77 Dekan, 1979-82 VPr., korresp. Mitg. d. Acad. Peloritana dei Pericolanti, Messina u. d. Europ. Acad. d. Wiss., Paris. P.: Electrolyte Data Series (14 Bde), Monographien u. Beiträge zu Monographien zu d. Themen: Chem. Thermodynamik, Thermometrische Titration, Theorie d. Elektrolyte, Transportprozesse in Lösungen, Elektrochem. Technologien, Chem. Kinetik, Eigenschaften v. Elektrolyten, Dielektrika, 6 Buchpubl. u. 260 Originalarb. zu diesen Themen in dt., franz., amerikan., engl. u. intern. wiss. Zeitschriften, 180 Vorträge auf Einladung wiss. Inst. E.: CNRS, Titular member d. Thermodynamikkmsn d. IUPAC, ICSC, V.G. Wort, Dr. h.c. Univ. Paris VII, Kurnakov Med. d. Akad. d. Wiss. Moskau. M.: Ges. Dt. Chemiker, Dt. Bunsenges. f. Physikal. Chemie, DECHEMA, Mtgl. d. DECHEMA-Kmsn. f. Elektrochem. Prozesse, Datenbanken, Rohstoffe, Prozesse u. Prod., Mtgl. bzw. Vors. d. Organ.Aussch. v. wiss. intern. Kongressen. H.: Sportangeln.

Barthel Kai-Rasmus

B.. prakt. Tierarzt. FN.: Tierarztpraxis Gut Destedt. DA.: 38126 Destedt, Trift 4. rattedestedt@gmx.de. G.: Hamburg, 23. Juli 1964. V.: Petra, geb. Wrage. Ki.: Lasse Marty (2001). El.: Manfred u. Renate, geb. Oppermann. S.: 1983 Abitur, 1984-90 Stud. Vet.-Med. FU Berlin, 1990 Approb. K.: 1990-92 Tierarztass. in d. Praxis Paul Schockemöhle, 1992-95 Tierarzt in d. Pferdeklinik Dr. Fister in Pinneberg, seit 1996 selbständiger Tierarzt im Landkreis Wolfenbüttel. P.: Veröff. über Embryotransfer bei Stuten. M.: Kmsn. f. Pferdeleistungsprüfung im Gebiet d. Freien u. Hansestadt Hamburg, Dolmetscher v. Monty Roberts aus Californien, AAEP. H.: Tauchen, Motorrad, Oldtimer.

Barthel Klaus
B.: MdB. FN.: Dt. Bundestag. DA.: 11011 Berlin, Platz der Republik 1, 83714 Miesbach, Wallenburger Str. 12. G.: München, 28. Dez. 1955. S.: 1975 Abitur München-Neuhausen, 1975 Stud. Polit. Wiss. u. Geschichte LMU München, Zivildienst, 1985 M.A. K.: 1975 Eintritt SPD, 1982-88 Bez.-Vors. Jusos Süd Bayern u. Bez.-Vorst. SPD Süd Bayern, 1985-87 versch. Tätigkeiten, 1988-94 Gewerkschaft ÖTV, Bez.-Verw. Bayern m. Sitz in München, 1994-98 Wahl in Dt. Bundestag, ab 1997 auch im Aussch. f. Bild. u. Forsch., seit 1998 Wiederwahl, stellv. Mtgl. im Wirtschaftsaussch., Vors. im Unteraussch. Telekommunikation u. Post, seit 1990 stellv. Vors. SPD Oberbayern, seit 1999 stellv. Vors. Landesgruppe Bayern d. SPD im Bundestag. M.: SPD, ÖTV, Kinover. Kochel. H.: Natur, Berge, Kino. (Re)

Barthel Klaus Dr. Dipl.-Phys.
B.: Gschf. FN.: Dr. Barthel Sensorsysteme GmbH. DA.: 80333 München, Amalienstr. 9. dr.barthel@scout-sensor.com. www.scout-sensor.com. G.: Falkensee, 3. Jan. 1945. V.: Dagmar Sucrow-Barthel, geb. Sucrow. El.: Alfons u. Hedwig, geb. Klebe. S.: 1965 Abitur Berlin, 1965-67 Stud. Musik an d. HS f. Musik Bereich Oboe, Vordipl., 1967-73 Stud. Physik an d. TU Berlin m. Abschluss Dipl.-Phys. K.: 1973-75 Physik- u. Math.-Lehrer an versch. Gymn. in Berlin, 1975-84 Forsch.-Inst. f. Optik Tübingen, wiss. Mitarb. im Bereich Optik d. Atmosphäre, 1983 Prom. z. Dr. rer. nat., 1984-94 Entwicklungsing. u. Projektltr. im Bereich Raumfahrt Firma BB Ottobrunn, 1994 selbst., Grdg. d. Firma Dr. Barthel Sensorsysteme GmbH München, alleiniger Gschf. Ges. BL:. Entwicklung v. Patenten u. Gebrauchsmustern. P.: div. Veröff. in Fachpubl. z. Thema "Nahtführung". M.: Dt. Physikal. Ges. DPG, Member of Profibus Intern. Nutzerorgan. e.V., Flugsportgruppe Landsberg/Lech. H.: Segelflug, Motorflug, IFR-Lizenz.

Barthel Manfred Richard Hermann Dr. phil. *)

Barthel Norbert Dipl.-Ing. *)

Barthel Rainer Lothar *)

Barthel Torsten Dipl.-Ing. *)

Barthel Ulrich Dipl.-ing. *)

Barthel Wolfgang Dipl.-Ing. Mag. phil.

B.: Freier Architekt. FN.: Arch.-Büro Barthel. DA.: 68159 Mannheim, B 5, 17-18. bartelarchitekt@t-online.de. www. architexx.de. G.: Tuttlingen, 25. Aug. 1956. V.: Petra, geb. Martin. S.: 1975 Abitur Mannheim, 1978-83 Stud. Phil. in Heidelberg m. Abschluss Mag., 1987-92 Stud. Arch. in Karlsruhe, 1992 Dipl.-Ing. Arch. K.: 1997 freier Architekt in Mannheim. E.: Sonderpreis des Wirtschaftsmin. Baden-Württemberg "Gelungene Siedlungen - attraktive Wohngebiete - lebendige Nachbarschaft" (2001). M.: Arch.-Kam. H.: Heißluftballonfliegen.

Bärthel Claus Dipl.-Ing. *)

Bärthel Jutta *)

Barthelmes Wieland Dr. *)

Barthelmeß Ursula *)

Barthels Christian *)

Barthelt Klaus Dr.-Ing. E.h. *)

Barthle Norbert Titus
B.: Lehrer; MdB. FN.: Dt. Bundestag. DA.: 11011 Berlin, Platz d. Republik 1. G.: Schwäbisch Gmünd, 1. Feb. 1952. V.: Susanne, geb. Mast. Ki.: Julian (1992), Jonas (1996). El.: Norbert u. Elisabeth, geb. Feifel. S.: 1972 Abitur, 1972-73 Wehrdienst Gebirgsjäger Mittenwald, 1973-79 Stud. Germanistik, Sportwiss. u. Phil. Univ. Tübingen, glz. ab 1976 Bundeslehrteam d. Dt. Skiverb., 1982 VPräs. d. Schwäb. Skiverb., 1979 1. Staatsexamen Germanistik u. Sport, 1979-80 Referendariat Ostfildern u. Schwäbisch Gmünd, 1980 2. Staatsexamen Lehramt. K.: 1980-90 Lehrer f. Dt. u. Sport am Parler-Gymn. in Schwäbisch Gmünd, seit 1989 Vors. f. Ausbild. d. Dt. Skiverb., seit 1990 VPräs. d. Interski Deutschland, seit 1991 im Präsidium d. CDU 1990-98 im Kulturmin. in Baden-Württemberg, 1992-98 Pressesprecher, 1996 MinR., seit 1998 Mtgl. d. Dt. Bundestags, o.Mtgl. d. Finanzaussch., Berichterstatter f. steuerl. Fragen in d. Ldw., stellv. Mtgl. im Sportaussch., stellv. Mtgl. d. Gesundheitsaussch. P.: 90 Veröff. u.

*) Biographie www.whoiswho-verlag.ch oder beigefügte CD-ROM

Barthle

Berichte in Fachzeitschriften wie: Ski, FD-Snow. M.: CDU, Tennisver. SV Gmünd, Skiver. SV Gmünd. H.: Skifahren, Tennis, Klassiker d. Literatur, Theater, Südeuropa- u. Asienreisen. (Re)

Bärthlein Hans-Peter

B.: Zahntechnikermeister. FN.: Dentallabor Hans-Peter Bärthlein. DA.: 91052 Erlangen, Nägelsbachstraße 48a. schoenezaehne @dentalpoint. de. G.: Erlangen, 17. Okt. 1961. V.: Christa, geb. Uhl. Ki.: 3 Kinder. S.: FH-Reife, BWL-Stud. Georg-Simon-Ohm-FH Nürnberg, Ausbild. Zahntechniker Erlangen, 1991-94 Meisterschule Dresden, Meisterprüfung. K.:1987-91 Zahntechniker in versch. Labors u. Zahnarztpraxen, seit 1994 selbst. m. eigenem Dentallabor. M.: Zahntechnikerinnung Nordbayern, EG-Zahn Marzling b. München, FZM Förderkreis Zahngesundheit Mittelfranken, Golfclub Schloß Reichmannsdorf. H.: Golf, Musik (Gitarre, Gesang), Schmuck entwerfen u. anfertigen.

Barthol Thomas Philipp *)

Bartholdt Regine

B.: Fotografenmeisterin, Inh. FN.: Fotowerkstatt Regine Bartholdt. DA.: 04808 Wurzen, Wenceslaig. 13. G.: Leipzig, 14. Jan. 1965. Ki.: Richard (1987), Fanny (1989), Marie (1991). El.: Volker u. Ingrid Bartholdt. S.: 1981-83 Ausbild. z. Fotografin, 1986 Abitur. K.: 1990 Ausstellung "Bezugsschein" in Wurzen, seit 1990 eigenes Atelier u. Geschäft in Wurzen, 1991 Fotografenmeisterin, 1996 Ausstellung "Akte" in Leipzig, 1998 Lichtgrafiken "Variationen einer Violine", 14 Bilder im Ristorante "Violino", 1998 Ausstellung "Frauen im Licht" in Leipzig, 2000 Beteiligung an der 6. Porträtfotoschau Deutschlands, 1999/2000 "Menschen eines Dorfes" freie Projektarb. über d. Dorf Röcknitz u. seine Einwohner. M.: Handwerkskam., Journalistenverb., Arbeitskreis Porträtfotografie Intern.

Bartholdtsen Sven

B.: RA in eigener Kzl. DA.: 03046 Cottbus, Straße der Jugend 80. sbartholdt@aol.com. G.: Hannover, 18. Nov. 1971. El.: Hans-Dieter u. Elke. S.: 1990 Abitur, 1990-96 Stud. Jura Univ. Osnabrück, 1996 1. Staatsexamen, 1996-99 Referendariat OLG Brandenburg, 1999 2. Staatsexamen. K.: 1999 Grdg. d. Kzl. in Cottbus. H.: Fußball, Golf.

Bartholl Peter *)

Bartholl Thorsten *)

Bartholomä Horst Friedrich *)

Bartholomäi Reinhart Chr. *)

Bartholomäus Gerd

B.: Dipl.-Sozialwissenschaftler, Inh., Gschf. FN.: info-agentur GmbH - Text, Fotos, Konzeptionen. GT.: 1984/85 Wahlkampfgestaltung d. SPD. DA.: q3355 Berlin, Gleimstr. 5. info-agentur@t-online.de. G.: Berlin, 1. Okt. 1950. Ki.: Eike (1976) und Merle (1980). El.: Karl-Heinz u. Ingrid, geb. Krutz. S.: 1969 Abitur Werne/Lippe, 1969-77 Stud. Politikwissensch.., Publizistik, Phil. u. Span., Dipl.-Sozialwissenschaftler. K.: 1979-80 Volontariat als freier Mitarbeiter b. d. Westfäl. Rundschau Dortmund, 1980 Redakteur d. Westfäl. Rundschau in Iserlohn, 1980-84 Aufbau u. Entwicklung d. Weiterbild.-Studienganges f. Journalisten an d. FU Berlin, seither Lehrbeauftragter f. prakt. Journalismus an d. FU Berlin, 1985-90 Chefredakteur d. Verkaufswochenzeitung "Nordberliner", 1990-91 Neugrdg. d. "Oranienburger Generalanzeiger" - Redakteur f. Sonderaufgaben, 1991 selbst. m. erster Verlagsgrdg. "Dortmunder Stadtjournal", 1992 Verlagsgrdg. Stadtjournal "Königswusterhausen" u. "Falkensee" nach Trennung d. Partner in einzelne Unternehmen, 1993 Verlagsgrdg. Stadtjournal Dahme/Spree-Kreis, 1992-99 Redkation u. Management f. Tennis-Turnierzeitung in Leipzig, seit 1995 Produktion u. Hrsg. "Magazin Rudow" u. Produktion "Magazin Dahme/Spree". H.: Bootfahren, Skifahren, Billard, Gesellschaftsspiele.

Bartholomäus Helge Otto Kurt

B.: stellv. Solofagottist u. Medienbeauftragter d. Orchesters. FN.: Dt. Oper Berlin. DA.: 10585 Berlin, Richard-Wagner-Str. 10. G.: Berlin, 13. Jän. 1949. V.: Bridget, geb. Ingram. Ki.: Alice (1986), Robin (1987). El.: Horst u. Anneliese, geb. Stein. BV.: Urgroßvater - Reeder in Havelberg. S.: 1965-66 Stud. Robert-Schumann-Konservatorium Düsseldorf, 1966-72 Stud. Fagott Musik-HS Köln, 1972-73 Wehrdienst. K.: 1973 stellv. Solofagottist in Braunschweig u. seit 1974 im Orchester d. Dt. Oper Berlin; Funktionen: 1986 Grdg. d. Berliner Fagottquartett, m. weltweit über 100 neue Kompositionen, Mitorgan. v. 2 intern. besetzten Fagottwettbewerben in Potsdam, Meisterkurse an d. Musikak. in Schloß Rheinsberg, an d. Musik-HS in Mannheim, Hauptorganisator d. Kammermusikreihe d. Dt. Oper Berlin, intern. bekannt als "Notengräber" d. "verlorenen" alten Kompositionen wieder entdeckt u. z. Druckreife aufbereitet, Organ. u. Beteiligung an zahlr. Benefizkonzerten, Arrangeur musikal. Veranstaltungen f. Familien, Kinder u. Jugendliche u.a. kombiniert m. Lesungen v. Schauspielern. P.: Notenedition: u.a. D. Cimarosa, F. Ries (Sextette - Ries&Erler/Berlin), I. Rossi (Fagott-Trio - Hofmeister/Leipzig), W.A. Mozart, G. Rossini (Harmoniemusiken - Camden/London) Div. Werke/Fagottquartett-Reihe (Feja/Berlin) F.A. Rosetti (Quartett - Accolade/Holzkirchen); Wiederentdeckte Werke: ca. 30 Angeregt Kompositionen: 100 u.a. S. Matthus, J. Baur, M. Ishii, G. Dreyfus, T. Ichiyanagi, C. Galante, O. Kortekangas, D. Erdmann, D. de la Motte; CD: 5 Fagottquartett (u.a. Fagotti variabili, Octetto Tokyo-Berlin), "Schwein gehabt" ensemble parlondo berlin, Veröff.: 5 Jahre Fagottquartett (1992-Feja/Berlin) 10 Jahre Berliner Fagottquartett (1996 - Feja/Berlin), Beitrag in Das Theater des Prinzen Heinrich (2000 Hofmeister/Leipzig), Das Rohrblatt (1992-1996), IDRS-USA (1993/94), in Arbeit: Werkverzeichnis Georg Abraham Schneider 1770-1839. H.: Musik, "Notengräber", Sport.

Bartholomäus Stephan Francois Albert *)

Bartholomé Herbert *)

Bartilla Mario Dipl.-Kfm. *)

Bartko Robert
B.: Profi-Radrennfahrer. PA.: 15366 Neuenhagen, Nordring 1. G.: Potsdam, 12. Dez. 1975. K.: größte sportl. Erfolge: 1993 Junioren DM/1., 1994 DM 4er Bahn/1., 1996 WC Mannschaft/1., DM Mannschaft/1., U-23 Verfolgung/2., OS 4er Bahn/9., 1997 WC Mannschaft/2., DM Einerverfolgung/6., 1998 DM Einerverfolgung/4., WC Verfolgung/1. u. Mannschaft/1., WM Mannschaft/2., Verfolgung/3., 1999 WM Verfolgung/1., Mannschaft/1., 2000 DM Einzelverfolgung/2., Zweier-Mannschaftsfahren/3., Qualifikation OS Sydney, Olympiasieger 4000m Einzelverfolgung, Olympiasieger 4000m Mannschaftsverfolgung. H.: Schwimmen.

Bartkowiak Siegfried *)

Bartky Christian
B.: Gschf. FN.: Pentus Immobilien GmbH. DA.: 50999 Köln, Industriestr. 163. bartky@pentus.de. www.pentus.de. G.: Essen, 10. Apr. 1978. El.: Jochen u. Sigrid, geb. Leers. S.: 1996 Abitur, 1997-2000 kfm. Lehre. K.: 1999-01 tätig im Vertrieb v. Immobilien, seit 2001 Gschf. d. Firma Pentus Immobilien GmbH.

Bartky-Serif Jutta *)

Bartl Andreas Mag. Artium
B.: Gschf. FN.: Kabel 1 K1 Fernsehen GmbH. DA.: 85774 Unterföhring, Gutenbergstr. 1. G.: Heidelberg, 21. Dez. 1962. V.: verh. Ki.: 1 Tochter. S.: 1982 Abitur, 1984-1991 Stud. d. Amerikanistik, Kommunikationswiss. u. Politologie Ludwig-Max.-Univ. München. K.: 1988-90 Volontariat- u. anschl. Mitarb. Filmredaktion Zeitschr. "Video Magazin", Spezial-Zeitschriften-Verlag, München, 1990-91 freie Mitarb. Text- u. Spielfilmred. ProSieben, 1991-94 verantw. Red. f. Spielfilmplanung, Spielfilmredaktion ProSieben, 1994 stellv. Ltg. Spielfilmred. Pro7, 1995 Ltg. Abt. Spielfilm, Akquisition u. Planung Pro7, 1996 Ltg. Ber. Programmplanung Pro7, 1997 stellv. Programmdir. Pro7, s. 10/2000 Gschf. Kabel 1 K1 Fernsehen GmbH.

Bartl Klaus *)

Bartl Raoul *)

Bartl Volkmar *)

Bärtle Werner Dipl.-Wirtschaftsing. *)

Bartley Richard Dipl.-Ing. *)

Bartling Heiner
B.: Innenmin. FN.: Niedersächs. Innenmin. DA.: 30169 Hannover, Lavesallee 6. www.niedersachsen.de. G.: Steinbergen, 4. Sep. 1946. S.: Lehre Ind.-Kfm., Bundeswehr, Stud. Politikwiss. u. Wirtschaftspäd. in Bielefeld u. Braunschweig. K.: Kreishandelslehranst. Rinteln, StadtR. v. Rinteln, Ortsbgm. d. Gem. Steinbergen, Vors. d. Schaumburger Sozialdemokraten, 1986 Wahl in d. Landtag, seit 1998 Innenmin. u. MdBR. H.: Handball, Waldläufe. (Re)

Bartling Klaus Dr. med. dent.
B.: Vize-Präs. FN.: Zahnärztekammer Westfalen-Lippe. DA.: 48147 Münster, Auf der Horst 29. bartling@zahnaerzte-wl.de. G.: Bochum, 22. Jan. 1954. S.: Abitur in Dortmund, Stud. Zahnmedizin a. d. WWU Münster. K.: seit 1981 eigene Ndlg. als Zahnarzt in Dortmund, seit 1998 Vize-Präs. d. Zahnärztekammer Westfalen-Lippe in Münster. M.: Körperschaft d. öffentlichen Rechts, Rotary-Club.

Bartling Stephan *)

Bartlitz Claus *)

Bartlog Dieter *)

Bartmann Alexander
B.: Dipl.-Soz.-Päd., Schullтr., Inh. FN.: Schule f. F.M. Alexander-Technik. GT.: 1990 Verlagsgrdg. d. "edition kavanah". DA.: 69115 Heidelberg, Bergheimer Str. 147. PA.: 69412 Eberbach, Böser Berg 54. info@alexandertechnik.org. www.alexandertechnik.org. G.: Altenstadt/Iller, 22. Aug. 1951. V.: Ute. El.: Friedrich Weimer u. Elisabeth, geb. Herz. S.: Handelsschule, 1966 Mittlere Reife, 1967-71 Friseurlehre u. Gesellenzeit, 1969 Gesellenprüf., 1972-73 Ziviler Ersatzdienst Kath. Kinder- u. Jugenddorf Klinge, 1972 FH-Reife, 1973-78 Stud. Sozialarb. u. Sozialpäd. Kath. FH f. Sozialwesen u. Religionspäd. Freiburg, 1978 Dipl.-Soz.-Päd., 1982-85 berufsbegleitend Basler Schule f. F.M. Alexander-Technik, seit 1973 Fortbild. in künstler., musischen u. therapeut. Verfahren, Teilnahme an intern. Kongressen d. F.M. Alexander-Technik. K.: 1979-82 tätig in sozialpäd. Projekten m. Ausländern, Flüchtlingen, psych. Kranken u. Schülern, 1983-88 Aufbau eines psychosoz. Beratungsdienstes Klinikum d. Univ. Freiburg, 1985-88 Lehrauftrag Kath. FH f. Sozialwesen u. Religionspäd. Freiburg, nebenberufl. tätig als Lehrer f. F.M. Alexander-Technik, seit 1988 freiberufl. tätig als Lehrer d. F.M. Alexander-Technik, Lehraufträge an div. VHS, an Musikschulen u. an d. Musik-HS Heidelberg-Mannheim u. Leipzig, 1993 Grdg. u. Ltg. d. "Schule f. F.M. Alexander-Technik Heidelberg". M.: seit 1985 Mtgl. d. Ges. d. LehrerInnen d. F.M. Alexander-Technik e.V. Freiburg (GLAT) u. Society of Teachers of Alexander Technique London (STAT), 1988-92 Vorst.-Mtgl., Schatzmeister u. 1. Vors. d. GLAT, 1992-2000 Mtgl. u. Sprecher d. Ausbild.-Kmsn. d. GLAT, seit 1994 Vertreter d. GLAT b. d. Bundesver. f. Gesundheit Bonn, Mtgl. d. Dt. Ges. f. Musikphysiologie u. Musikermed. e.V. H.: Musik, Ballett, Literatur, Phil, Kunst, Kulturfragen d. Gegenwart (Werte, Lebensstil u. Sinnfragen), Reisen, Schwimmen im Meer u. in Naturseen, Kochen, Essen u. Trinken, gelegentlicher Müssiggang.

Bartmann Ernst Dipl.-Kfm. *)

Bartmann Franz Josef Prof. *)

Bartmann Peter Dipl.-Ing.

B.: Architekt. FN.: ABK Architekten Bartmann u. Kindel. DA.: 10178 Berlin, Poststr. 12. G.: Berlin, 27. Jan. 1939. V.: Ingrid, geb. Kompa. Ki.: 2 Kinder. S.: 1957 Abitur Berlin, 1957-59 Maurerlehre, 1959-65 Arch.-Stud. in Weimar, Dipl.-Ing. Architekt. K.: 1965-70 in versch. Abt. d. Wohnungsbaukombinates Berlin, 1975-89 ausschließl. im denkmalpflegerischen Bereich - b. d. Denkmalpflege Berlin, seit 1990 selbst. m. eigenem Arch.-Büro - im denkmalpflegerischen Bereich. P.: Art. in Fachzeitschriften. E.: Goethe-Preis d. Stadt Berlin, Arch.-Preis d. Stadt Berlin. M.: Arch.-Kam. H.: Malerei, Grafik, Fotografie.

Bartmann Renato *)

*) Biographie www.whoiswho-verlag.ch oder beigefügte CD-ROM

Bartmann Stephan Maria Ludwig *)

Bartmann Theodor Dr. Prof. *)

Bartneck Klaus *)

Bartnick Erika *)

Bartnicki Jacek *)

Bartolini Mauro

B.: Gschf. FN.: Osteria Don Camillo & Peppone. DA.: 04109 Leipzig, Barfußgäßchen 11. G.: Gambettola, 20. Feb. 1959. V.: Silvia, geb. Thieme. Ki.: Felix (1989). El.: Alberto u. Guiducci Assunta. S.: Stud. Päd. K.: seit 1974 tätig in d. Gastronomie, 1982-8§ tätig im Restaurant Crystallo in Berlin, 1983-85 tätig im Griti, 1985-90 selbst. m. d. 1. Pizzeria in Westberlin, seit 1994 Inhaber d. Restaurant La Galerie in Leipzig, seit 1999 Inh. d. Restaurant Osteria Don Camillo & Pepponem. gehobener Gastronomie. E.: WIF-Ausz., 1996 unter d. besten 100 ital. Restaurants in Deutschland. H.: Motorradfahren, Squash.

Bartolitius Wolf-Dieter Dipl.-Ing.

B.: Architekt, Inh. FN.: Planersozietät Bartolitius + Partner GbR Gen.-Planer. DA.: 70839 Gerlingen, Otto-Weddingen-Str. 15. G.: Cuxhaven, 10. Okt. 1946. V.: Christine, geb. Lippert. El.: Helmut u. Ingeborg, geb. Schulze. BV.: Ing. Albert Schulze enger Mitarb. v. Wernherr v. Braun u. Mitkonstrukteur d. V2-Rakete. S.: 1967-73 Stud. Arch. TH Aachen. K.: 1965-67 Schiffshelfer auf Frachtschiffen auf hoher See, 1973-76 Architekt in d. Planungsunion Stuttgart, 1976-79 Architekt in d. Dt. Babcock AG, 1979-81 Architekt b. Gewibau Consult AG in Leonberg, ab 1981 lfd. Vortragstätigkeit f. Europaforum an verschiedenen Univ. in Deutschland u. China z. Thema "Wirtschaftl. Bauen", 1991 Grdg. d. Sozietät m. Planung u. Baultg. v. Ind.-Projekten in Europa u. Asien, 1992 Eröff. einer Ndlg. in Dresden. F.: 1981 Grdg. u. Gschf. Ges. v. Interplan Ges. f. interdisziplinäre Bauplanung GmbH Gerlingen. P.: div. Art. in d. Fachpresse. E.: mehrere Ausz. u. Belobigungen b. intern. Wettbewerben. H.: Golf, Tennis, Reisen. Arch.

Bartolles Reinhard Dipl.-Ing. Prof. *)

Bartolmäs Horst Dr. med. *)

Barton Stefan

B.: Dipl.-Ing. Ökonom, Ltr. d. Stabsstelle f. Projekt- u. Fördermittelmanagement. FN.: Regierungspräsidium Leipzig. DA.: 04107 Leipzig, Braustr. 2. stefan.barton@rpl.sachsen.de. G.: Altenburg, 22. Juni 1953. V.: Dr. oec. Andrea. Ki.: Michael (1984). S.: 1973 Abitur Altenburg, Ausbildung z. Baufacharbeiter, Wehrdienst, 1975-79 Stud. Ökonomie d. Energiewirtschaft TH Zittau, Dipl.-Ing. Ökonom. K.: 1979-90 Tätigkeit im Bereich Rationale Energieanwendung u. Projektmanagement, seit 1991 Referent u. Referatsleiter in d. Abt. Wirtschaft u. Arbeit d. Regierungspräsidiums Leipzig, seit 2001 Ltr. u. o.g. Stabstelle f. Landes-, Bundes- u. EU-Förderung, Koordination ausgewählter Projekte f. Regional- u. Wirtschaftsförderung im Regierungspräsidium Leipzig. P.: Öffentlichkeitsarbeit f. d. Regierungspräsidium Leipzig. M.: AG Regionale Innovationsstrategie Halle-Leipzig-Dessau, Telematik-Netzwerk. H.: Literatur, Reisen, Familie, Garten.

Bartone Mario

B.: Musiker, Inh. FN.: Mario's Musikladen. DA.: 66606 St. Wendel Tholeyer Str. 3. G.: St. Wendel, 3. Aug. 1968. Ki.: Brice Mario Leduc (1998). El.: Domenico u. Heiwicke, geb. Noster. S.: 1987 Abitur, 1982 Ausbild. E-Bass Martin Weinert, 1986-91 Stud. Kontrabass E. A. Sparenberg. K.: 1989-91 Tourneen in Europa m. d. Gruppe Impala, 1991 Ang. im Musikhaus Preiser u. Weiterbild. z. Musikalienhändler u. EDV-Kurse, 1996-97 auf Tour mit der Schlagersängerin Nicole, 1998 auf Tour m. Gunter Hampel, 1998 Liveaufnahmen m. SMUDO in Köln, 2000 Grdg. d. Musikschule Fun-Music-School in St. Wendel als staatl. anerkanntes Ausbild.-Zentrum f. Musikunterricht, 2001 Übernahme d. Musikhauses in St. Wendel. P.: CD "Weihnachtsmann", Live-CD m. SMUDO u. Gunter Hampel. H.: Musik, amerikan. Autos.

Bartos Harald Dr. iur. *)

Bartos-Höppner Barbara

B.: Schriftstellerin. PA.: 21640 Nottensdorf, Haus im Bärenwinkel. G.: Eckersdorf, 4. Nov. 1923. V.: Bartos Christoph. El.: Bruno u. Hedwig Höppner. K.: bis Kriegsende Gschf. elterl. Hotelbetrieb, ab 1956 freie Schriftst. Bilder-, Kinder-, Jugendb., Roman. P.: "Tausend Schiffe trieb d. Wind" (1974), "Die Bonnins" (1980-1985), "Schnüpperle" (1969-94), "Elbsaga" (1985), "Das Osterbuch" (1987), "...lebt der große Name noch" (1987), "Norddeut. Feste u. Bräuche" (1987), "Die Schuld der Grete Minde" (1993), Weit und breit Weihnachtszeit (1995), Pocahontas Häuptlingstochter (1996), Übers. in 20 Sprachen, zahlr. Herausgaben v. Anthologien, div. Fernsehdrehbücher (ZDF), Übersetzungen in 17 Sprachen. E.: 1. Preis d. New York Herald Tribune 1963, Ehrenliste Hans Christian Andersen-Preis 1968, Ehrenliste d. Österr. Staatspreises 1975 u. 1977, Christophorus-Preis 1977, Bundesverdienstkreuz 1977, Friedrich Gerstäcker-Preis d. Stadt Braunschweig 1978, Gr. Preis d. Dt. Ak. f. Kinder- u. Jugendliteratur 1982. M.: seit 1970 Pen-Club (London), seit 1979 Pen-Club (BRD), seit 1976 Grdg.Mtgl. d. Dt. Ak. f. Kinder- u. Jugendliteratur.

Bartosch Afred *)

Bartram Angelika

B.: freiberufl. Autorin u. Reg. DA.: 51580 Reichshof, Im Bohnenkamp 3 A. G.: Hannover, 19. Okt. 1952. El.: Erdwig u. Elfriede. S.: 1972 Abitur, 1972-76 Stud. Med. u. Psych., Staatsexamen - Erziehungswiss. K.: 1971 Grdg. Junges Theater Würzburg am Stadttheater u. Arb. als Autorin u. Schauspielerin, 1971-74 Schauspielausbild., 1974 Grdg. d. Theaters Ömmes & Oimel in Schloß Remlingen/Würzburg, b. 1977 Autorin, Schauspielerin, Kostüm- u. Bühnenbildnerin b. Tourneetheater, 1977 Tourneetheater m. Ömmes & Oimel NRW Köln, 1982 Mitbegrdg. Privattheater Comedia Colonia Haus f. Ö & O als Kinder- u. Jugendtheater, Prod. v. Theaterstücken u. -shows, Entwicklung des "Phantastischen Erlebnistheaters". P.: Inszenierungen f. Theater, Hörspiele, Drehbücher, "Prinz Mumpelfitz", "Hannibal Sternschnuppe", "Rotkäppchenreport", "Die Therapeutin", Komödie, ARD, "Lukas", Dirk-Bach-Sitcom, ZDF, "Ritas Welt", Sitcom, RTL, "Das Amt", Sitcom, RTL, "Ina&Leo", Familienserie ARD, Headwriter Sesamstraße Deutschland.

*) Biographie www.whoiswho-verlag.ch oder beigefügte CD-ROM

Bartram Claus R. Dr. med. Prof.
B.: Direktor. FN.: Inst. f. Humangenetik d. Univ. Heidelberg. DA.: 69120 Heidelberg, Im Neuenheimer Feld 328. G.: Hamburg, 2. Aug. 1952. V.: Dr. med. Ilse, geb. Langrock. Ki.: Gesa (1981), Malte (1982), Robert (1988). El.: Rainer u. Christa. S.: 1971 Abitur, 1972-78 Stud. Med. u. Phil., 1978 Staatsexamen u. Prom. z. Dr. med. K.: FA f. Kinderheilkunde u. Humangenetik 1979-85 Univ. Düsseldorf, 1982-83 Erasmus Univ. Rotterdam, 1984 Univ. Ulm, 1985 Habil., 1987 Prof. u. Ltr. d. Sektion Molekularbiologie d. Kinderklinik Univ. Ulm, seit 1995 Ordinarius f. Humangenetik u. Dir. d. Inst. f. Humangenetik Univ. Heidelberg. P.: 270 Publ. in intern. Fachzeitschriften. E.: u.a. 1989 Arthur-Pappenheim-Preis, 1992 Robert-Pfleger-Preis, 1996 Wiss.-Preis d. Lingen Stiftung. M.: Wiss. BeiR. d. Dt. Krebshilfe, DECHEMA. H.: Literatur (Phil., mod. Klassik), Klavierspielen.

Bartram Erich R. *)

Bartram Friedrich Dipl.-Ing. *)

Bartsch Andreas *)

Bartsch Andreas *)

Bartsch Antje *)

Bartsch Carmen *)

Bartsch Christine
B.: Einzelhdls.-Kauffrau, Filialltr. FN.: Salamander Schuhhdls. GmbH. DA.: 38440 Wolfsburg, Porschestr. 66. G.: Celle, 28. Dez. 1953. V.: Johannes Bartsch. Ki.: Carsten (1977), Marcella (1986). S.: 2 J. Ausbild. z. Kauffrau b. d. Firma Karstadt AG. K.: 1 J. im Ausbild.-Betrieb, 1972 in d. Datenerfassung b. d. Firma XOX-NABISCO, 1974 Supervisor b. d. Firma Dobberkau in Celle, 1977 ang. Gschf. im Schuhgeschäft d. Schwiegereltern in Hambühren, 1983 Übernahme d. Schuhgeschäftes, 1997 Ausbildg. z. med. Fußpflegerin, 1998 Wechsel als Ang. b. d. Firma Salamander Schuhhdls. als Filialaufsicht in Hannover, 1999 Filialltr. in Wolfsburg u. Ausbildnereignungsprüf., 2000 Fernlehrgang über d. Schuh in d. Geschichte u. Grundlagen d. Kommunikation, ab 2002 Filialltr. in Lüneburg. M.: 1983-98 Vorst. d. Gewerbever. Hambühren, 1993-97 Wahlhelferin in Hambühren. H.: Tennis, Skifahren, Jogging, Tanzen.

Bartsch Christoph
B.: Profi-Bobfahrer, z.Zt. Sportsoldat. PA.: 59590 Geseke, Haholdstr. 23. G.: Geseke, 23. Jan. 1973. K.: 1992WJM/2. Vierer, 1993 EM/2. Vierer, DJM/1. Zweier, DJM/3. Vierer, 1994 EM/3. Vierer, 1995 WC/3. Vierer, DM/2. Vierer, 1996 WM/4 Vierer, WJM/3. Vierer, DJM/1. Zweier, 1997 WM/2. Vierer, EM/3. Vierer, DM/2. Vierer. H.: Sport aller Art.

Bartsch Dietmar Dr. rer. oec.
B.: MdB u. Bundesgschf. d. PDS. FN.: Dt. Bundestag. DA.: 11011 Berlin, Platz d. Republik 1. G.: Stralsund, 31. März 1958. V.: Elke, geb. Buße. Ki.: Linda Maria (1982), Robin (1984). El.: Erwin u. Erika, geb. Boese. S.: 1976 Abitur Franzburg, 1976-78 Wehrdienst, 1977 Eintritt in d. SED, 1978-83 Stud. Polit-Ökonomie in Berlin-Karlshorst, 1983 Dipl.-Wirtschaftswissenschaftler. K.: 1983-86 Verlag Junge Welt, 1986-87 Aspirantur an Ak. f. Ges.-Wiss. in Berlin, 1987-90 Delegierung nach Moskau an d. Ak. f. Ges.-Wiss., 1990 Prom. z. Dr. rer. oec., 1990 Gschef. Verlag Junge Welt, 1990 Delegierter b. a.o. Parteitag d. SED-PDS, 1991-97 Bundesschatzmeister d. PDS, 1995 Teilnahme am Hungerstreik in d. Volksbühne u. Erreichen eines Vergleichs m. d. "Unabhängigen Kmsn.", seit 1997 Bundesgschf. d. PDS, 1998 Wahl in d. Bundestag f. d. aus Ostdeutschland kommende sozialist.

Partei, mod. europ. Linkspartei, 1999 Wiederwahl als Bundesgschf. auf d. Bundesparteitag. M.: PDS. H.: Sport, Volleyball, Reisen, Familienleben. (Re)

Bartsch Eckhard Dr.-Ing. Prof. *)

Bartsch Elmar Dr. Prof. *)

Bartsch Eva Dr. *)

Bartsch Gert Dipl.-Ing.
B.: Unternehmer. FN.: Versicherungsagentur Signal-Iduna Versicherung. DA.: 02763 Zittau, Töpferberg 12. PA.: 02763 Zittau, Hauptstr. 40. G.: Cottbus, 29. Jan. 1942. V.: Gertraud, geb. Skottki. S.: 1958 Mittlere Reife in Cottbus, 1958-60 Lehre als Betriebs- u. Verkehrseisenbahner, 1960-61 Wehrdienst, 1961-63 Offiziersschule in Dresden, Ernennung z. Offizier. K.: 1963-66 Dienst als Offizier, 1967-70 Stud. an d. Ingenieurschule f. Eisenbahnwesen, Abschluss Ing. f. Eisenbahnwesen, 1970-76 Bataillonskommandeur im Eisenbahnpionierausbildungsregiment Doberlug-Kirchhein, 1976-79 Stud. an d. HS f. Verkehrswesen in Dresden, Abschluss Dipl.-Ing., 1979-81 Stellv. d. Kommandeurs d. Eisenbahnpionierausbildungsregiments, seit 1981 Lehrer an d. Offiziersschule in Zittau, 1990-91 Lehrer f. Bauwesen b. TÜV-Rheinland, 1991 Einstieg ins Versicherungsgeschäft b. Signal-Iduna Versicherung als selbständiger Versicherungsvertreter, seit 1993 Aufbau d. Amway-Geschäftes, z. Zt. Rubin-Direkt-Berater. M.: SG Zittau-Süd. H.: Volleyball, Amway-Geschäft.

Bartsch Heike Franziska

B.: Bildende Künstlerin, Tanzpädagogin u. Choreographin. PA.: 10777 Berlin, Motzstr. 54. gfc@snafu.de. G.: Berlin, 22. Okt. 1962. V.: Gerd Winkel (Wirtschaftsberater). El.: Georg u. Irene, geb. Mayer. S.: 1982 Abitur, 1974-77 Aufenthalt in England, Padua Neu Guinea u. Australien (Ballettgrundlagen in Brisbane), 1978-80 Ausbild. im klass. Tanz an d. Berliner Tanzakad., 1983 Ausbild.-Pause wegen eines Unfalls, 1984-94 Stud. an d. HdK Berlin, Fächer: Malerei, Spiel u. Film 1989 Meisterschüler, Arb. am "S-Bahn-Projekt" d. HdK Plumm Schönewolf, ab 1984 Weiterbild. im Jazz, Modern u. Ballett. K.: seit 1987 Tanzpädagogin in Modern u. Jazz Dance, seit 1994 freiberufl. tätig u.a. Bühnenengagement als Tänzerin, Gastspiel in d. Ak. d. Künste m. d. "Ekstreem Company", seit 1993 engagiert b. d. Audioballerinen v. Benoit Maubrey m. Auftritten u.a. in Hamburg, Moskau, Bayreuth u. Cannes, eigene Choreographien, 1995-99 Lehrauftrag f. Tanz u. Zeichnen an d. "Berliner Schule f. Choreographie", seit 1997 Lehrauftrag f. Tanz an d. Fritz-Kirchhoff-Schauspiel-Schule "Der Kreis" Berlin. P.: ca. 15 Einzelausstellungen in Berlin darunter: "Galerie Remise", "Mike Baber", "Spree Funk Galerie", auch Ausstellungen: MLP, WBS, GFC, mehrmals an d. Freien Berliner Kunstausstellung beteiligt, Rezensionen über ihre Arb. in Fach- u. Tageszeitungen, Chorographie, Performance, Teilnahme mit Performance "Images II"/20 J. HdK. M.: seit 1989 Mtgl. beim Berufsverband Bild. Künstler. H.: Theater, Lesen, Biking, Skiskating, Segeln.

Bartsch Helge
B.: Prok. u. Ndlg.-Ltr. FN.: Danzas Logistics GmbH. DA.: 67069 Ludwigshafen, Muldenstr. 27. helge.bartsch@de.danzas.com. www.de.danzas.com. G.: Köln, 24. Juli 1966. V.:

---
*) Biographie www.whoiswho-verlag.ch oder beigefügte CD-ROM

Bartsch

Martina, geb. Weiden. Ki.: Janine, Yannick. S.: 1987 Abitur, 1987-90 Ausbild. Sped.-Kfm. K.: 1991 Sachbearb. f. Export d. Firma TNT, 1991-95 Receiving-Manager d. Firma Nedlloyd in Köln, 1995-96 Betriebsltr. d. Firma Nedlloyd in Frankfurt, seit 1996 Prok. u. Ndlg.-Ltr. d. Firma Danzas Logistics GmbH in Ludwigshafen. H.: Skifahren, Badminton, Motorradfahren.

Bartsch Herbert Dr. *)

Bartsch Holger Dipl.-Ing. *)

Bartsch Ingo Dr. *)

Bartsch Irene *)

Bartsch Kurt *)

Bartsch Marianne Dr. med.

B.: FA f. Allg.-Medizin. DA.: 21107 Hamburg, Veringstr. 155. G.: Greifswald, 10. Nov. 1952. V.: Fred Bartsch. Ki.. Tina (1979), Max (1978), Hardy (1982). El.: Fritz u. Dr. Inge Krohn, geb. Pichler. S.: 1971 Abitur Bergen/Rügen, 1971-76 Stud. Med. Greifswald, Staatsexamen u. Approb. K.: 1976-81 Stationsärztin u. FA-Ausbild., tätig im Bereich Innere Med. am KKH Fürstenwalde, 1977 Dipl.-Medizinerin, Thema: "Häufigkeit u. Therapie vonTrophoblasttumoren in d. Jahren von 1945 bis 1975 an d. UFK Greifswald", 1981-89 Ass.-Ärztin m. Schwerpunkt Allg.-Med. an versch. Polikliniken in Berlin, 1984 FA f. Allg.-Med.,1987 Prom.: Thema: "Der Stellenwert der zytologischen Vorsorgeuntersuchungen bei der Früherfassung des Zervisekarzinoms im Kreis-Fürstenwalde in den Jahren 1970-74 und 1975-1979", seit 1990 ndlg. Ärztin m. Schwerpunkt Behandlung v. ausländ. Mitbürgerinnen u. Kindern, Altenbetreuung, Familienbetreuung, Notdienst u. Psychosomatik. H.: Radfahren, Segeln, Golf, Literatur.

Bartsch Monika

B.: OBgm. FN.: Stadtverw. Mönchengladbach. DA.: 41050 Mönchengladbach, Rathaus Abtei. www.moenchengladbach. de. G.: Mönchengladbach, 30. Mai 1949. V.: verh. Ki.: Eva-Maria (1973), Sabine (1975). S.: 1967 Abitur an d. Bischöfl. Marienschule, Mönchengladbach, 1967-70 Stud. Math., Biologie, Physik, Pädagogik an d. Päd. HS Aachen, 1971 2. Staatsprüf. f. d. Lehramt an Grund- u. Hauptschulen. K.: 1972 Eintritt in d. CDU Mönchengladbach, 1979 Mitbegründerin d. Frauen-Union Stadtmitte, 1984-87 sachkündige Bürgerin im Schulausschuß d. Rates, 1987 Fraktionssprecherin im Schulausschuß, 1989 Eintritt in d. Rat d. Stadt Mönchengladbach, Mitarb. in Haupt-, Finanz-, Personal-, Schul- u. Wahlprüfungsausschuß, 1993 stellv. Fraktionsvor., 1997 OBgm. d. Stadt Mönchengladbach. M.: ab 1975 ehrenamtl. Mitarb. im Vorst. d. Sozialdienstes Kath. Frauen in Mönchengladbach, 1979 Mitbegründerin d. Frauenhauses d. Sozialdienstes Kath. Frauen.

Bartsch Peter Dr.

B.: Kustos. FN.: Museum f. Naturkunde d. Humboldt-Universität zu Berlin, Institut f. Systematische Zoologie. DA.: 10099 Berlin, Invalidenstr. 43. PA.: 14656 Brieselang, Falkenstr. 37. peter.bartsch@rz.hu-berlin.de. G.: Köln, 2. Aug. 1958. S.: Stud. an d. Univ. Köln, 1987 Prom. K.: bis 1990 Gastfor-

schungsaufenthalt am Naturhistoriska Riksmuseet bei H.C. Bjerring und E. Jarvik, Stockholm, bis 1996 Wiss. Mitarbeiter u. Ass. am Lehrstuhl f. Spezielle Zoologie, Prof. W. Maier, Univ. Tübingen, Kustos am Museum f. Naturkunde d. Humboldt-Univ. zu Berlin, Biologe, Spezialgebiet ist d. Vergleichende Anatomie u. Embryologie niederer Wirbeltiere ("Fische"). P.: Mitherausgeber d. "Mitteilungen aus d. Museum f. Naturkunde in Berlin, Zoologische Reihe", Arbeiten über vergleichende Funktionsanatomie d. Axialskelettes u. d. Schuppen v. Knochenfischen, Schädelentwicklung d. Lungenfische, Fortpflanzungsbiologie, Anatomie u. Ontogenese d. Polypteriden (Afrikan. Flösselhechte). M.: Dt. Zoolog. Ges., Dt. Palaeontologische Ges., Ges. f. Biolog. Systematik, American Society of Ichthyologists and Herpetologists, Society of Vertebrate Morphology.

Bartsch Rudolf Jürgen *)

Bartsch Sylvia

B.: Immobilienkauffrau, Inh. FN.: Immobilien Fischer. DA.: 86150 Augsburg, Bahnhofstr. 30. G.: Augsburg, 25. Juli 1952. Ki.: Florian (1984). S.: 1971 Augsburger Allg. Zeitung, 1972-75 Lehre als Immobilienkauffrau d. Grundstücks- u. Wohnungswirtschaft, 1975-80 Stud. Immobilienfachwirt. K.: 1980 selbst. m. Immobilienunternehmen in d. Thommstraße in Augsburg, 1984 Umzug in d. Bahnhofstr. 30. M.: GemR., CDU-Vors., Ver. Freier Wähler. H.: Hund, Oper Wagner, Lesen.

Bartsch Udo *)

Bartsch Ulrich Dr. sc. oec.

B.: selbst. Vermögensberater. FN.: Dt. Vermögensberatung. DA.: 06114 Halle/Saale, Wolfensteinstr. 36. PA: 06120 Halle/Saale, Ellen-Weber-Str. 123. G.: Halle/Saale, 8. Aug. 1949. V.: Dipl.-Agrar-Ing. Eva-Maria, geb. Lenk. Ki.: Moritz (1976), Anna-Maria (1982). El.: Prof. Dr. Karl-Heinz u. Eva-Maria. S.: 1969 Abitur, 1969-73 Stud. Ökonomie MLU Halle, 1973 Dipl.-Abschluß, 1973-76 Forsch.-Stud. Prof. Peter Thal, 1976 Prom. A, 1979 Prom. B. K.: 1976-90 wiss. OAss. an d. TH Köthen, seit 1990 selbst. Vermögensberater f. d. Dt. Vermögensberatung; Funktionen: Ausbilder u. Doz. f. Vermögensberatung. H.: Literatur.

Bartsch Buhle Joris

B.: freiberufl. Dirigent. G.: Berlin, 18. Juni 1969. V.: Agnieszka Zygadlo. El.: Sieglinde Bartsch. S.: m. 4 J. Beginn d. musikal. Ausbildung, 1987 Spezialschule f. Musik Hanns Eisler - Hauptfach Violine, 1987-92 HS f. Musik Hanns Eisler - Solistenstud. f. Violine, 1988-89 erstes Dirigieren an d. HS f. Musik, 1991-94 priv. Dirigierstud. u. Studienaufenthalte bei Giuseppe Sinopoli u. David Shallon. K.: parallel freiberufl. als Geiger im Berliner Philharmonischen Orchester b. 1996, 1995 Grdg. d. ersten eigenen Kammerorchesters SKB Die Solisten

*) Biographie www.whoiswho-verlag.ch oder beigefügte CD-ROM

der Kammerphilharmonie Berlin, 1998-2000 Dirigierstud.u. 1. Assistent b. Michael Jurowski, 2000 Grdg. des Kammermusikensembles Monaco Chambers in Monte Carlo, 2000 Gründung des Pop-Orchesters Mona Pops in Monte Carlo einschl. Mona Pop-Singers u. Dance-Company, seit 2001 künstler. Ltr. d. Jubiläumskonzerte d. Univ. Breslau m. d. Kammerorchestern Leopoldinum u. Wratislavia. P.. CD-Produktionen als Geiger, solistische Kammermusik sowie als Dirigent mit namhaften Kammerorchestern, Fernsehproduktionen im Pop-Bereich (Shows u. Charity-Galas), Filmmusikproduktion f. d. Film "Tattoo". M.: Gründer u. Vorst.-Vors. d. Vereins Die Freunde u. Förderer d. SKB e.V. H.: Joggen, Radfahren, Schwimmen.

Bartsch-Surkemper Bettina

B.: Messekauffrau, Inh. FN.: Interconcept Veranstaltungen. DA.: 31552 Rodenberg, Groverstr. 68. INTERCONCEPT. veranstaltungen@t-online.de. www.interconcept.com. G.: Stadthagen, 4. Apr. 1967. Ki.: Lorenz (1993). El.: Willibald u. Renate Bartsch. BV.: Helmut Surkemper Vorstand d. Daimler Benz in Brasilien. S.: 1986 Abitur, b. 1988 Ausbild. Messekauffrau Dt. Messe AG. K.: 1988-91 Ang. im Seminar Congress Service in Hannover, 1992 Gründung d. Firma INTERCONCEPT VERANSTALTUNGEN m. folgenden Schwerpunkten: Conception u. Durchführung v. Veranstaltungen auf nat. u. intern. Ebene sowie auf d. EXPO-Gelände, Erlebnisgastronomie u. Vermarktung v. außergewöhnlichen Locations u. Schlössern f. Veranstaltungen v. Großkonzernen u. Fürstenhäusern. P.: div. Veröff. in d. Medien. H.: Reisen, Fotografieren, Kultur.

Bärtschi Hans Urich

B.: Heilpraktiker f. Homöopathie, selbständig. DA.: 38259 Salzgitter-Bad, Marienpl. 5. baertschi@t-online.de. G.: Glarus/CH, 10. Juni 1950. Ki.: Selina (1997). El.: Dr. Fritz u. Greti, geb. Abplanalp. S.: 1969 Abitur, 1969-70 Stud. d. Psych. u. Soz. Univ. Zürich. K.: 1970-71 Leben wie ein "Hippi", 1971-73 ldw. Gehilfe auf einem Bauernhof in der Schweiz, 1972-73 Betreuung v. Drogenabhängigen in d. Toskana, 1973-76 Ausbildung z. Krankenpfleger am antroposoph. KH in Hardige, 1976-78 Betreuer f. geistig behinderte Erwachsene in d. Lüneburger Heide, 1977-78 Stud. Anthroposophie bei Frank Teichmann in Stuttgart, 1978-80 kunsthandwerkl. tätig, 1981-83 Krankenpfleger in versch. KH in Berlin, 1983-90 Fachkrankenpfleger f. Psychiatrie an Sozialstationen in Berlin, 1990-95 Krankenpfleger im psychiatr. Wohnheim in Bad Gandersheim, 1995 Prüf. z. Heilpraktiker u. 1996 Eröff. d. Praxis in Salzgitter m. Schwerpunkt Homöopathie; Funktion: Doz. f. Homöopathie an d. VHS Goslar. BL.: Anmeldung d. Patents f. Arzneimittel z. AIDS-Behandlung (1987). P.: Veröff. in Fachzeitschriften, Vorträge u. Seminare. M.: Verein f. Homöopatie u. Lebenspflege in Salzgitter, Bündnis 90/Die Grünen. H.: Skifahren, Wandern, Sauna, Tanzen, Reisen.

Bartscht Hans-Georg

B.: Gschf., Ges. FN.: Hotel Churfuerstl. Waldschaenke Moritzburg; Hotel garni Haus Seefrieden. DA.: 01468 Moritzburg, Große Fasanenstraße; 01468 Moritzburg, Volkersdorfer Straße. G.: Breslau, 16. Mai 1940. V.: Elke. Ki.: Ulf (1965), Eike (1967). S.: 1955-58 Lehre als Koch in Dresden, 1962 Abschluß Kellner, Leipzig, 1959-62 Fachschule in Leipzig, 1965-66 HS-Stud. Betriebswirtschaftler d. Gastronomie Fachrichtung Hotel. K. 1958-59 Abt.-Koch, 1962-64 Gaststättenltr. im Bastkeller in Meißen, 1964-65 Oberreferent in d. Bez.-Verwaltung d. HO Dresden, 1965-67 Ltr. Speisenprod. u. stellv. Hdls.-Ltr. in Riesa, 1967-68 Gaststättenltr. u. 1969-91 Dir. d. Waldschänke Moritzburg, 1986-89 zentrale Arbeitsgruppentätigkeit, seit 1991 selbst. u. Übernahme d. Hotels Churfuerstl. Waldschaenke Moritzburg, ab 1995 Hotel garni Hotel Seefrieden. BL.: 1965-66 Mtgl. d. Nationalmannschaft Köche, 1975-90 Berufskmsn. Koch/DDR, AG Ltr. Paxis - Lehrplanverantwortl. f. d. Beruf Koch. P.: Mitautor "Lehrbuch f. Köche Techn. d. Speiseprod.", Fachbuch "Kalte Küche", Fachbuch "Küchenlexikon". M.: Nomination - Confrérie de la Chaine des Rotisseurs Paris, Maitre de Table Restaurateur, Schützenver. Moritzburg. H.: Autorentätigkeit, Wandern, Sportschütze.

Bartusch Wolfgang

B.: Ing.-Ökonom, Seniorensportberater. FN.: Suhler Sportbund e.V. GT.: ehrenamtl. Trainer im DFB-Förderzentrum Schleusingen u. b. Fussball-Stadtauswahl Suhl, sowie Übungsleiter Seniorensportgruppe "Am Himmelreich" Suhl. DA.: 98528 Suhl, Finsterbergstr. 7. PA.: 98527 Suhl, Otto-Bruchholz-Str. 37. suhler.sportbund@t-online.de. www.suhl.com.de. G.: Geringswalde, 11. Juli 1944. V.: Helga, geb. Sieder. Ki.: Danny (1974). S.: 1961 Mittlere Reife, 1961-64 Lehre Handelskaufmann, 1965-69 Wehrdienst in d. Sportkompanie - Fussballer "Vorwärts Cottbus", 1971-75 Frenstudium BWL, Abschluss Ing.-Ökonom, 1977 Intensivstudium DHfK Leipzig, Abschluss Lizenztrainer 1. Förderstufe. K.: 1969-77 Ökonom f. Analyse i PCK Schwedt, Werke Böhlen u. Zeitz, 1977-86 DTSB-Kreisvorstand Zeitz, TZ-Trainer Fussball, 1986-87 Mitarbeiter DTSB-Kreisvorstand Suhl, 1987-90 Fussballsportclub "Motor Suhl" Assistenztrainer u. Clubtrainer, 1990-97 Sportredakteur b. regionalen Tageszeitungen, 1997-99 arbeitslose, seit 1999 Seniorensportberater b. Suhler Sportbund e.V. als ABM-Stelle. E.: Ehrennadel d. DTSB in Silber. M.: SHG "Osteoporose u. Arthrose Suhl" e.V. H.: Autofahren, Sport, inbesondere Fussball.

Bartussek Dieter Dr. Univ.-Prof. *)

Bartussek Wolfram

B.: Dipl.-Informatiker, Gschf. Ges. DA.: 64293 Darmstadt, Kölner Str. 100A. G.: Erfelden/Rhein, 5. Mai 1947. Ki.: 3 Kinder. El.: Erwin u. Helmtraud. S.: 1967-70 Stud. Elektrotechnik TH Darmstadt, 1970-73 Stud. Informatik Univ. Karls-

*) Biographie www.whoiswho-verlag.ch oder beigefügte CD-ROM

Bartussek

ruhe. K.: 1973-77 wiss. Mitarb. b. Prof. Parnas TH Darmstadt, Forsch.-Aufenth. Univ. of North Carolina at Chapel Hill (DAAD-Stipend.), 1977-80 wiss. Ltr. d. Forsch.-Projekts "Entwickl. v. Entwurfstechnologien f. Familien v. Programmsystemen" TH Darmstadt, 1980 Grdg. d. PROSYS u. deren Gschf. P.: "Using Traces to Write Abstract Interfaces for Software Modules", "Drei Klassen v. Entscheidungen f. d. Systementwurf", "Systematic Development of Software from Formally Specified Interfaces" u.a. M.: Ges. f. Informatik, ACM. H.: Skifahren. (H.S.)

Bartz Karlfried

B.: RA. FN.: Bürogemeinschaft Karlfried Bartz u. RA Dipl.-oec. Peter Vogl. DA.: 12587 Berlin, Fürstenwalder Damm 461. ra.bartz@t-online.de. www.berliner-rechtsanwaelte.de. Ki.: Lutz (1961) und Jeanette (1963). S.: 1958-66 Polizeidienst, 1964 Abitur Abendschule VHS Berlin, 1966-70 Stud. Rechtswiss. Humboldt-Univ. Berlin, 1970 Dipl.-Jurist. K.: Richterass., 1971-80 Richter am Stadtbez.-Gericht Treptow, 1981-82 Mitarb. im Forsch.-Bereich Ges.-Wiss. an d. Ak. d. Wiss., 1982-85 Zentralvorst. d. Gewerkschaft Gesundheitswesem u. Mitarb. f. Recht u.a. im Rahmen d. Kollektivverträge, 1985-89 Justitiar b. Rat d. Stadtbez. Weißensee, 1989-91 StA. d. Gen.-StA. f. Zivil-, Familien-, Arb- u. Sozialrecht, 1990 Zulassung z. RA, seit 1991 RA m. Tätigkeitsschwerpunkt Familien-, Arb.-, Zivil- u. Strafrecht, Alleinvertreter d. Neuapostol. Kirche in Berlin, Brandenburg u. Kasachstan. M.: Berliner Anw.-Ver., Arge Vergaberecht. H.: Geselligkeit, Tanzen, Musik, Schwimmen, Rudern, Tennis, Tischtennis, Laufen.

Bartz Peter *)

Bartz Thomas *)

Bartzok Axel

B.: Dipl.-Jurist, RA, selbständig. DA.: 07545 Gera, Zschochernstr. 17. G.: Parchim, 4. Aug. 1964. V.: Cornelia, geb. Ubrig. Ki.: Paul (1992), Carl (1999). S.: 1983 Abitur Parchim, 1983-86 Wehrdienst, 1986-90 Stud. Rechtswiss. an d. Friedrich-Schiller-Univ. Jena, 1990 Abschluss als Dipl.-Jurist u. Anerkennung als 1. Jur. Staatsexamen, Referendariat im LG Kassel u. b. Anwaltsnotar H.-J. Knoblauch, 1993 2. Jur. Staatsexamen in Wiesbaden. K.: 1993 Ndlg. in eigener Kzl. in Gera, Tätigkeitsschwerpunkt: Arzthaftungsrecht, Rentenrecht, Haftungsrecht, Strafrecht, Familienrecht. M.: Justizsportverein Gera, BVMW, Anwaltsverein Ostthüringen. H.: Familie, Freizeitsport, Fußball, Leichtathletik.

Bartzsch Franz *)

Baruch Roth *)

Barutzki Stephan Dr. med.

B.: FA f. Innere Med. DA.: 13587 Berlin, Breubergweg 9A. dr.barutzki@t-online.de. G.: Mainz, 5. Juli 1959. V.: Dolmetscherin Simonetta Paltrinieri. Ki.: Matteo (1990), Milena (1992). S.: 1978 Abitur, 1978-80 Zivildienst KH Dinslaken als Krankenpfleger, 1980-85 Med.-Stud. in Modena u. Bologna in Italien, Physikum, 1985-89 FU Berlin, 1989 Staatsexamen, 1989-90 Arzt im Praktikum im KH Moabit, 1990 Approb. K.: 1990-91 wiss. Mitarb. in Angiologie, experimentelle Arb. in d. Mikrozirkulationsforsch. am Franziskus-KH b. Prof. Heidrich, 1991-96 DRK-Kliniken Westend b. Prof. Büchsel, Gastroenterologie, 1996 FA f. Innere Med., seit 1996 Ndlg., bes. Schilddrüsenerkrankungen, Schwerpunktzentrum Internist. Med. BL.: während d. Diss. unerwartete Assoziation zwischen Hepatitis C-Inzidenz u. Blutgruppenzugehörigkeiten gefunden. P.: in Internist. Praxis 33 (1993), VASA Angiologie 1991, Vortrag Tagung Dt. Ges. f. Angiologie Essen 8.-11.9. 91, Diss. in Zeitschrift f. Gastroenterologie Januar 1993, Bd. XXXI. E.: Forsch.-Stipendium d. Dt. Ges. f. Angiologie. M.: Dt. Ges. f. Innere Med. H.: Musik, Querflöte spielen, Italienreisen, Kunst, Arch.

Bärwaldt Roman *)

Barwinski Klaus-Jürgen *)

Barysch Peter *)

Barz Uwe *)

Barzel Amnon

B.: Dir. FN.: Jüd. Museum im Stadtmuseum. DA.: 10178 Berlin, Poststr. 13-14. G.: Tel Aviv, 5. Juli 1935. K.: Gilat (1960), Hanan (1966). El.: Ephraim u. Esther. S.: 1954 Abitur, 1954-60 Stud. Naturwiss., Kunstgeschichte u. Jüd. Geschichte in Jerusalem, 1960-62 Sorbonne Paris, 1960 Prom. K.: 1962-70 Wissenschaftler, 1970-75 Doz. Kunstak. Tel Aviv, 1969-76 Kunstkritiker f. Zeitschriften, 1975-76 Kulturbeauftragter f. Tel Aviv, 1976-79 Doz. d. Kunst d. 20. Jhdt. u. Kunstphil. Univ. Haifa, 1978-80 Kurator b. Biennale Venedig, 1980-83 Dir. Festival d. zeitgenöss. Kunst in Tel Hal, 1985 Kurator b. Biennale Sao Paulo, 1973-86 Kurator f. israel. Kunstausstellungen b. Kultur- u. Außenmin. Israels, 1981 Grdg. d. Villa Celle Art Spaces in Toscana, 1986-92 Grdg.-Dir. Museum f. zeitgenöss. Kunst Luigi Pecci in Prato/Italien, 1990 Grdg.-Dir. Schule f. Museumskuratoren in Prato/Italien, 192-94 Nom. Dir. Kunstmuseum Florenz, 1992 Dir. d. Europ. Sculp. City Project Turku/Finnland, seit 1994 Dir. d. Jüd. Museums Berlin. P.: Kunst in Israel 1906-1986 (1987), seit 1970 intern. zahlr. Buchbeiträge u. Kataloge, über 200 Kunstessays z. jüd. Kunst, Kunstgeschichte in intern. Publ. M.: zahlr. intern. Kunstkomitees u.a. CIMAM, World Arts Forum.

Barzel Rainer Dr. iur.

B.: Bundestagspräs. a.D. FN.: Bundeshaus. DA.: 53113 Bonn, Görresstr. 15. G.: Braunsberg, 26. Juni 1924. V.: Ute, geb. Krämer. El.: Dr. Candidus u. Maria, geb. Skibowski. S.: Gymn. Berlin, 1945-48 Stud. Rechtswiss. u. Vw. Univ. Köln, 1949 Prom., 1941-49 Wehrdienst. K.: 1949-56 Landesreg. Nordrhein-Westfalen, 1956-57 gschf. Mtgl. CDU-Landespräs. NRW, seit 1957 MdB, 1964-73 Vors. CDU/CSU-Fraktion, ab 1960 Mtgl. CDU-Bundesvorst., 1962-63 Bundesminister f.

gesamtdt. Fragen, 1964-73 Vors. d. CDU/CSU-Fraktion im Bundestag, 1971-73 CDU-Parteivors., 1982-83 Bundesmin. f. innerdt. Beziehungen, danach b. 1984 Bundestagspräs. P.: Souveränität u. Freiheit (1950), Gesichtspunkte eines Deutschen (1968), Auf d. Drahtseil (1978), Unterwegs - Woher u. Wohin? (1982), Im Streit u. umstritten (1986). E.: 1968 Gr. BVK m. Stern u. Schulterband, 1970 Bayer. VO, 1973 Großkreuz d. VO d. BRD, 1974 Komturkreuz m. Stern d. Gregoriusordens, 1980 Großoffz.-Kreuz d. Nat. VO v. Frankreich, 1992 Grand Officier Legim d'honneur. H.: Bücher, Bergsteigen, Schlittschuhlaufen, Eisschießen.

Basa Sibrand *)

Basato Tony
B.: Intern. Haardesigner, Inh. FN.: La Linea. DA.: 60318 Frankfurt/Main, Oeder Weg 58. G.: Apulien/Italien, 27. Feb. 1957. V.: Svetlana. Ki.: Natascha (1985), Tamara (1990). El.: Giovanni Benito u. Gilda. S.: 1972 HS-Abschluß Italien, 1972-78 Übersiedlung nach Deutschland, in Abendschule Intensiv-Sprachkurse u. in Fernkursen d. Theorie d. Friseurhandwerks, parallel in div. Friseursalons ausgeholfen, 1978 Friseurgesellenprüf. K.: 1978-80 Friseurgeselle in div. Salons u. Abendgymn., 1981 Meisterprüf., 1982-85 Friseurmeister im Salon Rolf Bartholomä Frankfurt/Main, ständige Weiterbild. u. Wettbewerbe im In- u. Ausland, 1986 Eröff. La Linea, seit 1989 Haardesigner f. d. Haarpflegesektor. E.: u.a. 1985 Bronzemed. Dt. Meisterschaft, 1987 1. Preis Intern. Hairdressing Festival, Oscar d´Elegance (Mannschaftspreis) Cannes, 1990 Oscar Osaka, 1992 Teilnehmer d. dt. Teams z. Anniversary Celebration New York, 1994 Coupe d´Europe C.M.C., L´Oscar de L´orginalité Brüssel. M.: D.B.G.V. 1884 Frankfurt/Main, C.A.T. H.: Haardesign u. Trends zu entwickeln.

Baschab Jörg-Helmut *)

Baschang Hans *)

Basche Horst *)

Basche Matthias Dr. med. *)

Basche Steffen Dr. med. Prof. *)

Basche-Ring Mathilde *)

Baschek Volker Dr.

B.: Arzt. DA.: 45886 Gelsenkirchen, Abberdiecksweg 4. G.: Bochum, 9. Nov. 1947. S.: 1966 Abitur, Stud. Med. Münster, 1973 Examen. K.: 1974-75 tätig an d. Med. HS Hannover, 1976-79 an d. Univ.-Klinik in Essen, seit 1980 ndlg. HNO-Arzt in Gelsenkirchen. P.: zahlr. wiss. Publ. über Hörprobleme u. Hörgeräteversorgung sowie Früherkennung v. Hörstörungen bei Kindern; Autor d. Lehrbuches übe ERA - evoked response audiometry. H.: Kochen, Weine, Radsport.

Baschour Hirscham Dr. med.

B.: FA f. Radiologie. DA.: 45276 Essen, Hertiger Str. 14-16. G.: Safita/Syrsien, 2. Jän. 1951. V.: Barbara, geb. Hochlehnert. Ki.: Alexander (1986), Tamin (1987), Lara (1990), Nicolai (1993). S.: 1969 Abitur, 1969-75 Stud. Med., 1976-78 Militär. K.: 1978-80 Arzt in Syrien, 1980 Dt.-Kurs am Goetheinst. in Iserlohn, 1989 FA-Ausbild. f. Radiologie am Bethesta-KH in Essen u. b. 1989 tätig als FA, 1990 Grdg. der radiolog. Praxis. M.: Berufsverb. d. Dt. Radiologen. H.: Lesen, Jagd.

Basdorf Klaus *)

Basedow Friederike *)

Basedow Helmut *)

Basedow Peter Dipl.-Kfm.
B.: Vorst., Wirtschaftsprüfer, Steuerberater. FN.: Johannsen-Basedow + Partner AG. DA.: 20354 Hamburg, Gänsemarkt 50. G.: Lüneburg, 3. Juli 1956. V.: Regina, geb. Neubert. Ki.: Cora (1986), Rune (1989), Rica (1997). S.: 1976 Abitur, 1976-78 Bundeswehr, 1978-83 Stud. BWL Univ. Hamburg. K.: 1983-90 Prüf.-Ass. bei d. BDO Dt. Waren Treuhand in Hamburg, 1986 Steuerberaterprüf., 1988 aus d. Firmengruppe aus d. AG hervorging, 1991 Wirtschaftprüferexamen, 1991 Eröff. d. Büros in Schwerin, 1993 Eröff. d. Büros in Rostock, 1994 Grdg. d. AG m. intern. Verbindungen u. intern. Mandanten. M.: Inst. d. Wirtschaftsprüfer. H.: Familie, Radfahren, Philosophie.

Basedow Rainer *)

Baselitz Georg
B.: Maler, Graphiker. FN.: Galerie Michael Werner. DA.: 50667 Köln, Gertrudenstr. 24-28. PA.: lebt in Derneburg u. Imperia. G.: Deutschbaselitz, 23. Jan. 1938. V.: Elke. S.: 1956 Hochschule für Bildende und Angewangte Kunst in Ost-Berlin, nach zwei Semestern wegen "gesellschaftspolitischer Unreife" von dort verwiesen, 1957 Hochschule für Bildende Kunst in West-Berlin. K.: Malt als 14jähriger Porträts, religiöse Themen, Stilleben und Landschaften, zum Teil in futuristischem Stil, s. 1958 eigenständige Bilder, 1961 Annahme d. Künstlernamens Georg Baselitz, Verfassung d. "1. Pandämonische Manifest" gem. m. Schönebeck, 1962 Abschluß d. Studiums, 1963 erste Einzelausstellung in d. Galerie Werner & Katz in Berlin, aus der die Bilder "Die große Nacht im Eimer" und "Nackter Mann" von der Staatsanwaltschaft beschlagnahmt werden, s. 1965 Beschäftigung m. d. Graphik des Manierismus, malt b. Mitte 1966 an d. Folge der "Helden", übersiedelt nach Osthofen bei Worms, wo bis 1969 die "Fraktur"-Bilder, eine Serie mit ländlichen Motiven, entstehen, 1969 erstes Bild, in dem das Motiv auf dem Kopf steht: "Der Wald auf dem Kopf", es folgt die Gruppe der Freunde-Porträts, 1972 Fingermalerei als Technik, b. 1975 Enstehung d. sogenannten "Fahnen", an die Wand genagelte Leinwandstreifen, 1975 Übersiedlung nach Derneburg bei Hildesheim,

1978-81 zusätzliches Atelier in Florenz, 1977 Berufung an die Staatliche Akademie der Bildenden Künste in Karlsruhe, 1978 Professor, 1980 Präsentation d. ersten Skulptur "Modell für eine Skulptur" im deutschen Pavillon der Biennale von Venedig, 1983 als Professor von Karlsruhe a. d. Hochschule der Künste in Berlin, 1985 Verfassung d. Manifests "Das Rüstzeug der Malerei", s. 1987 im Atelier in Imperia an der italienischen Riviera tätig, 1988 Aufgabe d. Berliner Professur, 1992 Austritt aus der Akademie der Künste in Berlin u. neuerliche Annahme einer Professur an der Hochschule der Künste in Berlin, 1993 Bühnenbild Oper "Punch and Judy", 1995 Retrospektive im Guggenheim-Museum New York, 1996 Retrospektive Musée d'Art Moderne de la Ville de Paris, Skulpturen Sentimental Holland, Mutter der Girlande, Kompositionen Wir daheim, Wir besuchen den Rhein, 1997 Ausstellung Familienporträts b. Pace Wildenstein New York u. Dresdner Kunstverein Residenzschloß Dresden, Retrospektive Galleria d'Arte Moderna Bologna. E.: 1989 Chevalier dans l'Ordre des Arts et des Lettres, 1999 Rhenus Kunstpreis. (Re)

Basemann Winfried Arnim Sigurd *)

Bashford Michael

B.: RA. DA.: 39112 Magdeburg, Halberstädter Str. 83. G.: Bad Oeynhausen, 2. Dez. 1957. El.: David Gordon u. Lucia. S.: 1976 Abitur Lübbecke, 1977-85 Stud. Rechtswiss. Bielefeld u. Hamburg. K.: während d. Stud. Landesvors. d. christl.-demokrat. Studenten u. student. Vertreter im Konzil im ak. Senat d. Univ. Hamburg, 1985-86 Pastoralass. in Paddington u. London, 1987-89 Stud. Theol. in Oxford, 1990-93 jur. Referendarit am OLG Hamburg, 1993-94 Ass. eines Fraktionsvors. d. Hamburger Bürgerschaft, seit 1995 selbst. RA in Magdeburg. P.: div. Arb. z. Thema Wirtschaftsrecht u. priv. Baurecht, Seminare z. Thema Arb.-, Wirtschafts- u. Insolvenzrecht. M.: Anglikan. Kirche, Dt.-Engl. Ges. e.V., Ehrenmtgl. d. Fachverb. Dt. Floristen Landesverb. Sachen-Anhalt e.V.

Basho-Junghans Steffen

B.: Musiker. FN.: Blue Moment Arts. DA.: 13086 Berlin, Lehderstr. 115. www.bluemomentarts.de. G.: Vielau b. Zwickau, 27. Nov. 1953. S.: 1972-75 Berufsausbild. Betonwerker m. Abitur, 1975-78 Stud. Bautechnologie in Cottbus, Abschluss Ing. f. Hochbau u. Ind.-Bau, 1978 Grdg.-Mtgl. Gruppe Wacholder. K.: 1978-81 Ing., 1982 nach Berlin, Tätigkeiten in d. Werbung u. im soziokulturellen Bereich, 1987-91 Ltr. Gitarrenzentrum Berlin, heute Musiker m. eigenem Label, bislang 5 CD's, 2001 Inside. P.: Interviews in Blow Up (Italien) u. Signal to Noise (USA). H.: Archiv zu Musiker Robby Basho (verstorben 1986 in d. USA), asiat., ind. u. japan. Musik.

Bashti Nik-Malek

B.: Chir. u. Durchgangsarzt. DA.: 97440 Werneck, Balthasar-Neumann-Pl. 3. G.: Fürstentum Basht, 22. Apr. 1945. V.: Dr. Christine, geb. Huber. El.: Malek-Mansour Nuri u. Bi-Bi Jahn-Afarin. BV.: Geschlecht Basht-é-Babui, Bewohner d. Fürstentums Basht-é-Babui. S.: 1963 Jesuitenschule Andische in Teheran, Abitur, 1968-76 Med.-Stud. Würzburg, 1976-77 Staatsexamen. K.: 1978-82 Med. Ass. in Städt. KH Schweinfurt, 1983/84 Fortbild.-Kurse in Lille/Frankreich, Ausbild. in Amerika, 1984-91 Kreis-KH Ochsenfurt, Grdg. d. endoskop. Chir., zuletzt OA, Ltr. d. endoskop.-chir. Abt., 1991 Grdg. d.

Chir. Gemeinschaftspraxis in Werneck. BL.: Ambulantes Operationszentrum in Würzburg, 1995-97 Ärztl. Direktor am Krankenhaus Werneck, Patentanmeldeung "Meniskusnahtbesteck", ehrenamtlicher Ärztliche Betreuung d. Ballettanzbewerber. P.: Endoskop. Kreuzbandchir. M.: Dt. Ges. f. Chir., Dt. Chir. Berufsverb., Internat. Arthroskop. Ges., Ges. f. ambulantes Operieren, Tennisver. Werneck. H.: Sport (Tennis), Reisen (USA, Kanada).

el Basiouni Samir Abdul Raman *)

Basista Dirk Dr. med. dent. *)

Basjmeleh Guita G. *)

Basler Mario

B.: Profi-Fußballer, Maler/Lackierer. FN.: c/o 1. FC Kaiserslautern. DA.: 67663 Kaiserslautern, Stadionstr. 11. http//: www.fck.de. G.: Neustadt/Weinstraße, 18. Dez. 1968. V.: Iris. Ki.: Marcel (1991), Alisa-Katharina (1995), Maurice (1997). EL.: Karin und Stefan. K.: 1974-87 VfL Neustadt/ Weinstraße, 1987-89 1. FC Kaiserslautern, 1989-91 Rot-Weiß Esen, 1991-93 Hertha BSC Berlin, 1993-96 Werder Bremen, 1994 erstmalige Einberufung i. d. dt. Nationalmannschaft, 1994/95 Torschützenkönig, 3.facher DFB-Pokalsieger, Bundesligatorschützenkönig 1995, 1996-99 Bayern München, 1996/97 UEFA-Cup-Sieg mit Bayern, 1996 Europameister,, 2-facher dt. Meister mit Bayern München, 1999 C-L-Finale mit Bayern, s. 1999 b. 1. FC Kaiserslautern. H.: Tennis, Bowling. (Re)

Basqué Ulla Dipl.-Ing. *)

Basrawi Raymond

B.: Unternehmer, Inh. FN.: Datex Unternehmensberatung. DA.: 22299 Hamburg, Rehmstr. 6. date.x@t-online.de. G.: Peine, 27. Apr. 1966. V.: Nancy, geb. Krings. Ki.: Stella (1997), Yul (2000). El.: Syrill u. Rita, geb. Scharper. S.: 1985 Abitur, 1985-87 Zivildienst, 1987-89 BWL-Stud. an der Univ. Hamburg, 1990-92 Fernlehrgang, 1993-94 Bilanzbuchhalterlehrgang in Köln. K.: 1990 Grdg. Datex Büro. M.: BWH. H.: Motorrad, Reisen, Freundschaften pflegen.

Bässe Ludwig Dr. med.

B.: selbst. FA f. Allg.-Med. u. Chirotherapie. DA.: 24937 Flensburg, Friesische Str. 3. G.: Langenau, 24. Okt. 1951. Ki.: Lisa (1982), Lena (1984), Jonas (1986). El.: Dr. med. Heinz u. Hedwig, geb. Mündler. S.: 1970 Abitur Ulm, 1970-72 Offz.-Laufbahn Bundeswehr b. Lt. d. Res., 1972-74 Stud. Biologie u. Chemie Maximilians-Univ. München, 1974-80 Med.-Stud. m. Staatsexamen Freiburg. K.: 1980-81 Ass.-Arzt Chir. Städt. KH Lörrach, zeitgleich Prom., 1981-84 Ass.-Arzt Innere Abt./priv. Krebsstation St. Franziskus-Hospital Flensburg,

*) Biographie www.whoiswho-verlag.ch oder beigefügte CD-ROM

1984-85 Ass.-Arzt in väterl. Praxis u. Ausbild. z. FA f. Allg.-Med. Langenau, 1986-97 Übernahme d. väterl. Praxis, ndgl. FA f. Allg.-Med. u. Belegarzt in d. internist. u. allg. med. Abt. im Kreis-KH Langenau, zeitgleich Ausbild. z. Chirotherapeuten sowie Zusatzausbild. Homöopathie, Naturheilverfahren, Holistische Med., 1998 Neueröff. einer Praxis in Flensburg, seitdem ndgl. FA f. Allg.-Med. u. Chirotherapie, 2000 Mitbegründer eines Zentrums f. Traditionelle chines. Med. u. Erfahrungsheilkunde. P.: Studie über Magnetfeldtherapie (1998), Aktiv u. gesund durch d. Magnetfeldtherapie in Kombination m. Musikfrequenzen (1999). M.: Societas Medicinae Sinensis, Dt. Ges. f. manuelle Med., Ärzteges. f. Erfahrungsheilkunde. H.: Tennis, Segeln.

Bassenge Eberhard Dr. med. Prof.
B.: Inst.Dir., Prof. f. Angew. Physiologie. FN.: Univ. Freiburg. DA.: 79104 Freiburg, Hermann-Herder-Str. 7. PA.: 79219 Staufen, Katzenstuhlweg 5. G.: Kleinmachnow, 9. Juli 1936. V.: Birgit, geb. Eitel. Ki.: Dirk, Christoph, Annette. El.: Heinrich u. Hedwig. S.: 1955 Abitur, Med. Stud. Univ. München, Wien, Berlin, 1961 Prom. K.: 1969 Habil., 1975 Prof. f. Physiologie München, 1978 o.Prof. f. Angew. Physiologie u. Inst.Dir. d. Inst. f. Angew. Physiologie Univ. Freiburg. P.: zahlr. Veröff. M.: Dt. Physiolog. Ges., Dt. Ges. f. Herz- u. Kreislaufforsch., American Heart Assoc., American Physiol. Society, Dt. Ges. Physikal. Med., Intern. Study Group for Heart Research, Europ. Society of Cardiology, 1991 Präs. d. Dt. Physiol. Ges., 1997 Präs. d. Dt. Ges. f. Herz- u. Kreislaufforsch. H.: Geschichte.

Bassenge Tilman *)

von Bassewitz Angela Irene Stella *)

Graf von Bassewitz Christian

B.: persönl. haft. Ges. FN.: Bankhaus Lampe KG. DA.: 40479 Düsseldorf, Jägerhofstr. 10. PA.: 40597 Düsseldorf, Meliesallee 9. G.: Rostock, 8. Okt. 1940. V.: Frauke, geb. Köchermann. Ki.: Gernandt (1969), Jessica (1972). BV.: Mutter eine geborene v. Jenisch (angesehene Hamburger Familie), d. v. Bassewitz sind ein altes Mecklenburg. Geschlecht, 750 J. zurück nachweisbar. S.: 1960 Abitur, 2 J. Bundeswehr, 1962-64 Banklehre b. d. Dt. Bank, 1 J. Auslandsaufenthalt b. verschiedenen Banken, 1965-68 Stud. Hamburg, Dipl.-Kfm. K.: 1969 Eintritt Bankhaus Lampe, Sprecher d. Vorst. d. Frankfurter Bank AG, AufsR.-Vors. b. Condor Vers.-Ges. u. b. Optima Vers.-Ges., AufsR.-Mtgl. b. Depfa Bank Wiesbaden, b. Bau u. Boden Bank, b. Dt. Ring Krankenvers., b. Universal Investmentges. u. im VerwR. b. Lampe Bank Intern., VPräs. d. Johanniter Unfallhilfe.

von Bassewitz Horst Dipl.-Ing. *)

Bassfeld Klaus
B.: Heilpraktiker. PA.: 71272 Renningen-Malmsheim, Talstr. 53. G.: Stuttgart, 20. Juni 1957. V.: Rita, geb. Schweier. El.: Helmut u. Gertrud. S.: Ausbild. z. Md.-Kfm., anschl z. Heilpraktiker. BL.: 1984 Aufbau einer Naturheilpraxis mit Osteopathischer Wirbelsäulentherapie, Chelut Entwicklungsinfusionen, Neural- u. Sauerstofftherapie, Untersuchung v. Elektrosmog u. geopathologischer Erdstrahlen u. Eliminierung. H.: Gartenarbeit, Schwimmen, Wandern.

van Basshuysen Hans Richard Dipl.-Ing. *)

Bassir Stefan Peter Bahram
B.: freiberufl. Künstler. DA.: 13355 Berlin, Gustav-Meyer-Allee 25. PA.: 10557 Berlin, Bartningallee 29. G.: Freiburg, 29. Juli 1962. El.: Armin u. Elisabeth, geb. Schmidt. S.: 1982 Mittlere Reife. K.: Kunsthandwerk hauptsächl. als Autodidakt u. in versch. Fachseminaren erlernt, versch. Jobs z. Finanzierung d. künstl. Entwicklung, ab 1985 tätig in eigenen Atelier, seit 1991 freiberufl. Künstler m. Schwerpunkt figürl. Kunst im Bereich Mensch u. Dynamik aus Holz, Bronze u. Beton. P.: Einzel- u. Gruppenausstellungen (seit 1985) u.a. Freie Berliner Kunstausstellung (1990 u. 95), Jahresausstellung d. VBK (1991), Berliner Bank (1995). H.: künstlerisches Gestalten.

Baßler Armin *)

Baßler Max

B.: Hotelier. FN.: Hotel Basler Hof. DA.: 68165 Mannheim, Tattersallstr. 27. G.: Ottenhöfen,13. Feb. 1916. Ki.: Inge, Brunhilde, Carmen, 1 Sohn. S.: 1930-33 Lehre d. Koch. K.: 1933-36 Koch b. div. Hotels, 1937-39 Militär, 1936-37 Reichsarbeitsdienst, 1937-45 Krieg, 1946-56 selbst. m. eigenem Speiserestaurant in Freiburg, 1956-59 Übernahme d. Schloßhotels in Mannheim, 1959 Kauf d. damaligen Hotels "Am Tattersall". M.: IHK Rhein-Neckar-Vollversammlung, Hotel- u. Gaststättenverb. Baden, Vorst. im Wohlfahrtsver.

Baßler Wolfgang Dr. phil. Prof.

B.: Univ.-Professor; Psychoanalytiker. FN.: Univ. Bonn u. Köln. DA.: Praxis: 50825 Köln, Landmannstr. 39. G.: Köln, 13. Apr. 1943. BV.: Erwähnung d. Familie im Buch "Der Münsterturm am Horizont". S.: 1962 Abitur, 1963-70 Stud. Phil., Geschichte, Geografie u. Psych. Univ. Köln, 1970 Prom., ab 1970 Stud. Psych., 1975 Vordipl., 1980 Dipl.-Psychologe, 1983-90 Ausbild. Psychosomatik Alfred Adler-Inst. Düsseldorf. K.: 1970-73 Ass. am Inst. f. Lehrerfortbild. (Assistenten Werden, 1973-83 Ass. am phil. Seminar d. Univ. Köln, 1981-83 tätig im Heim f. schwererziehbare Kinder u. Jugendliche in Köln-Riehl, seit 1984 Ltr. d. Tagesklinik d. Univ.-Nervenklinik in Köln, 1985 Habil., 1990 apl.Prof. d. Univ. Köln, 1991 Eröff. d. Praxis f. Neurosen u. Psychosen, seit 1994 Prof. f. päd. Psych. an d. Univ. Bonn, apl. Prof. an d. Univ. Köln m. Schwerpunkt Verhältnis Phil. u. Psych. P.: Diss.: "Die Kritik d. Thomas v. Anquin am ontolog. Gottesbeweis m. einer Parallele zu Kant" (1973), Habil.: "Ganzheit u. Element" (1988), "Psychiatrie d. Elends od. d. Elend d. Psychiatrie" (1990). M.: DGIP, DGPT. H.: Beruf, Schriftstellerei, Dichten, Malen, Reisen.

Bässler Karl-Heinz Dipl.-Ing.
B.: Ltr. d. Ausbild.-Zentrums d. Bauind. Essen. FN.: Berufsförderwerk e.V. d. Wirtschaftsver. Bauind. NRW. DA.: 45356 Essen, Lüscherhofstr. 71. PA.: 46286 Dorsten, Ernéeweg 39.

*) Biographie www.whoiswho-verlag.ch oder beigefügte CD-ROM

Bässler

abzessen@bauindustrie-nrw.
de. www.bauindustrie-nrw.de.
G.: Essen-Katernberg, 30.
Sep. 1953. V.: Melanie, geb.
Kühnau. Ki.: Sarah (1993),
Merlin (1995), Florian (1997).
S.: 1973 Abitur, 1973-75 Bundesmarine, 1975-81 Bauing.-Stud. an d. Univ. Bochum,
1981 Dipl. K.: 1981-86 wiss.
Mitarb. Univ. Bochum, 1986-89 wiss. Mitarb. d. Alfred-Wegener-Inst. in Bremerhaven, 1989-91 OIng. b. d. Polarmar GmbH in Bremerhaven, 1991-93 stellv. Ltr. d. Ausbild.-Zentrums d. Bauind. in Essen, seit 1993 Ltr. d. Ausbild.-Zentrums d. Bauind. in Essen. P.: Kernbohrungen im Ritscher Hochland u. auf d. Ekströmschelfeis, Berichte z. Polarforsch. (1987), National Report of the federal republic of germany to the intern. ice core forum (1987), German intermediate ice core drilling since 1981 - technique and experience - Workshop on ice core drilling (1988), Das Verformungsverhalten der Antarktisstation "Georg-von-Neumayer"; aus 20 Jahre Grundbau und Bodenmechanik an d. Ruhr-Univ. Bochum (1992); in Vorbereitung: Materialparameter z. Beschreibung d. zeitabhängigen, linearen u. nichtlinearen Spannungs-Verformungsverhalten v. Firn in Abhängigkeit v. d. Dichte. E.: Prüf.-Aussch. d. IHK zu Essen, Experte zu Fragen d. Berufsbild. b. Bundesinst. f. Berufsbild. (BIBB). H.: Tennis, Schwimmen.

Bäßler Oliver
B.: Dipl.-Schauspieler. FN.: Deutsches Theater Berlin. DA.: 10117 Berlin, Schumannstr. 13a. G.: Berlin, 28. Mai 1963. V.: Corinna Breite. Ki.: Antje (1987), Ole (1997). El.: Detlef Kafert u. Monika Gradmann. S.: 1979-81 Lehre Maurer. K.: 1981-82 Triebfahrzeugführer d. Straßenbahn in Berlin, 1982-85 NVA, 1985-89 Stud. an d. Schauspielschule "Ernst Busch" in Berlin m. Dipl.-Abschluß, 1993 Schauspieler am Staatstheater Schwerin, seit 1993 Schauspieler am Staatstheater Cottbus, 1999 "Nachtgestalten", seit 2001 Schauspieler am Deutschen Theater Berlin. P.: Jochen im Film "Nachtgestalten" (Biennale Berlin 1999). E.: 1997 als erster Schauspieler Max-Grünebaum-Preis. H.: Lesen, U-Boote, Geschichte.

Bässler Ulrich Dr. rer. nat. Prof.
B.: em. Prof. PA.: 70193 Stuttgart, Chamissostr. 16. G.: Stuttgart, 29. Okt. 1932. V.: Erika, geb. Augustin. El.: Adolf u. Maria. S.: Gymn., Univ. Stuttgart u. Tübingen, Stud. Biologie, Geologie, Chemie, 1958 Prom. Tübingen. K.: b. 1965 Gymn.Lehrer, b. 1970 Abt.Ltr. f. Biologie an d. LAnst. f. naturwiss. Unterricht Stuttgart, 1967 Habil., seit 1971 Prof. f. Tierphys. an d. Univ. Kaiserslautern, 1998 Emerit. P.: "Das Stabheuschreckenpraktikum" (1965), "Sinnesorgane und Nervensystem" (1975, 1979), "Neural basis of elementary behavior in stick insects" (1983), "Irrtum u. Erkenntnis" (1991), Mitautor v. Linder, Biologie (1971, 77, 83, 89, 98), zahlr. Artikel in Fachzeitschriften.

Bast Emil Dipl.-Ing. *)

Bast Gerhard Dr. med. *)

Basteck Ulrich Dr. sc. oec. *)

Bastein Holger Johann *)

Bastek Daphne *)

Bastel Knut Dipl.-Phil.

B.: Ang., Psychologischer Berater. DA.: 39120 Magdeburg, Hopfenbreite 43. knutb@t-online.de. G.: Magdeburg, 26. März 1955. V.: Dipl.-Stomotologin Petra, geb. Pantke. Ki.: Benjamin (1979), Marie (1981). El.: Rolf u. Rose-Marie, geb. Stratemann. S.: 1972-75 Abitur m. Berufsausbild. u. Abschluß als Maschinenbauer, 1976-81 Stud. an d. Humboldt-Univ. Berlin mit Abschluß als Dipl.-Phil. K.: 1981-87 Sektorenltr. Kunstpolitik b. Rat d. Bez. Magdeburg Abt. Kultur, 1987-90 Gschf. im Verb. Bild. Künstler, seit 1990 Ang./kfm. Bereich in Praxis d. Ehefrau, 1993-2000 gleichzeitig Wasserballtrainer b. Sportclub Magdeburg, 2000-2002 Fernstud. Psychotherapie an d. Paracelsus Schule Magdeburg, Fachabschluß Psychotherapeut, psycholog. Berater. M.: SC Magdeburg, Verband Freier Psychotherapeuten u. Psychologischer Berater, SC Magdeburg. H.: Wasserball, Psych., Science-fiction.

Bastel Petra

B.: Dipl.-Stomatologin, Zahnärztin in eigener Ndlg. DA.: 39120 Magdeburg, Hopfenbreite 43. G.: Magdeburg, 30. Sep. 1956. V.: Dipl. phil. Knut Bastel. Ki.: Benjamin (1979), Marie (1981). El.: Heinz u. Ingeburg Pantke, geb. Küstermann. S.: 1974 Abitur Magdeburg, 1975-80 Stud. Stomatologie an d. Humboldt-Univ. Berlin mit Abschluß als Dipl.-Stomatologin. K.: 1980-89 Zahnärztin an der Poliklinik Magdeburg/Mitte, seit 1990 Eröff. d. eigenen Zahnarztpraxis, 1995-98 Fernstud. an d. Dt. Ak. f. Akupunktur u. Aurikulo Med. e.V. München m. Abschluß "A-Dipl. f. Akupunktur". M.: Verb. Freier Zahnärzte, Dt. Ak. f. Akupunktur u. Aurikulo Med. e.V. München. H.: traditionelle chin. Med., Homöopathie.

Basten Franz Peter *)

Bastgen Brigitte
B.: Redakteurin im Studio b. heute. FN.: ZDF Heute Redaktion. DA.: 55100 Mainz, Postfach 4040. G.: Trier. 14. März 1955. S.: 1974 Abitur Wittlich, 1974-78 Stud. Anglistik, Romanistik u. Päd. Mainz. K.: 1980-90 Lehramt f. Engl., Franz., Deutsch in Bingen u. Mainz, 1987 Hospitanz b. HR Sport p. ZDF, 1987-90 freie Mitarb. b. HR Sport b. ZDF, 1989-90 Moderation d. Tele-Illustrierte, seit 1990 Redakteurin im Studio b. heute.

Bastian Claus Dr. iur. *)

Bastian Günther
B.: Min.-Dir. a.D., RA. DA.: 55543 Bad Kreuznach, Birkenweg 6. g.bastian@kanzlei-bastian.de. G.: Bad Kreuznach, 10. Juli 1934. V.: Hedi, geb. Ritzer. Ki.: Dominik, Patrick. S.: 1954 Abitur, 1954-58 Stud. Rechtswiss. Univ. Erlangen u. Mainz, 1958 1. Staatsexamen, 1958-62 Referendariat, 1962 2. jur. Staatsexamen. K.: 1961 ang. Assesor im OLG Koblenz, 1962 Gerichtsassessor, 1965 LG-Rat b. LG Bad Kreuznach,

*) Biographie www.whoiswho-verlag.ch oder beigefügte CD-ROM

1969 Abordnung in d. Min. d. Justiz d. Landes Rheinland-Pfalz in Mainz, 1970 Reg.-Dir. im Min. d. Justiz u. 1973 Min.-Rat, 1977 Abt.-Ltr. im Min. f. Justiz, 1978-88 stellv. Mtgl. d. Rechtsaussch. im Dt. Bundesrat, 1978 ltd. Min.-Rat, 1979 Min.-Dirigent, 1980-88 Vertreter d. öff. Interesses b. Oberverw.-Gericht Rheinland-Pfalz, 1988-91 Min.-Dir. u. Ständiger Vertreter d. Chefs d. Staatskzl. (Amtschef), 1989-91 Vors. d. Verw.-Räte d. HS f. Verw.-Wiss. u. d. Forsch.-Inst. f. öff. Verw. in Speyer, 1989-90 Mtgl. d. VerwR. d. Nassauischen Sparkasse, seit 1991 ndlg. RA m. Tätigkeitsschwerpunkte: Ehe- u. Familienrecht, Öffentl. Recht, Wirtschaftsrecht. P.: Mitautor eines Kommentars z. 1. Eherechtsreformgesetz (1977). H.: Tennis.

Bastian Hans Günther Dr. o.Prof. *)

Bastian Karl-Heinz Dr.-Ing. *)

Bastian Nadja
B.: Teilnehmerin d. SAT-1 Fernsehserie Girls Camp, Schornsteinfegerin. FN.: Bernd Thiele. PA.: 13355 Berlin, Hussitenstr. 4-5, Aufgang 6. G.: Berlin, 16. Apr. 1974. S.: 1990-91 1 J. Metallschule als eines d. 1. Mädchen, 1991-94 Lehre Schornsteinfegerin b. Bernd Barth, mittlerweile in d. Meisterschule. K.: seit 1994 Gesellin, 2001 Teilnehmerin b. Girls Camp b. SAT-1 als Nadja, Rolle: Kumpelperson, d. d. eigene Meinung offen sagt. BL.: Gewinn d. 1. Platzes in Fernsehshow "Jeder gegen Jeden". P.: Radiointerview im SFB "Frauen in Männerberufen", Teilnahme b. Fernsehschau "Immer wieder Sonntags" m. Max Schautzer, 2000 in Jeopardy b. Fernsehsender TM3. M.: ZDS Gewerkschaft Zentralverband Dt. Schornsteinfeger. H.: Freunde treffen, Konzerte, Kabarett, Essen gehen.

Bastian Rainer *)

Bastian Thomas *)

Bastian Verena R.

B.: techn. Zeichnerin, Inh. FN.: Hotel Wittorf. DA.: 24539 Neumünster, Havelstr. 5. G.: Kollmoor, 23. Mai 1956. V.: Karl-Heinz Bastian. Ki.: Sven-Ole (1978), Monique (1980). El.: Ernst-Peter u.Marlene, geb. Schnitzker. S.: 1971-73 Ausbildung tech. Zeichnerin Firma AEG Neumünster, b. 1974 Ausbildung Bauzeichnerin. K.: b. 1992 tätig als Bauzeichnerin u.a. im Ing.-Büro Wurr in Neumünster, seit 1984 selbst. m. Grdg. d. Baufirma Bastian in Neuenrade gemeinsam m. d. Ehemann, glz. Ausbild. in England, Ital. u. EDV in Abendkursen, 1992 Eröff. d. Hotel Wittorf, 1993 Ausbild. in Engl. in Kiel u. Ausbildereignungsprüf. v. d. IHK. M.: Sportver. Blau-Weiß Wittorf. H.: Motorradfahren.

Bastian-Lutschewitz Ingrid Dr. med.
B.: Ärztin-Zusatztitel: Psychotherapie. DA.: 91056 Erlangen, Schallershofer Str. 18. a.lutschewitz@gmx.de. G.: Schwelm, 8. Sep. 1940. V.: Hermann Lutschewitz. Ki.: Hendrik (1975),

Sören Niklas (1976), Ann-Katrin (1978). El.: Otto u. Wilhelmine Bastian. S.: 1961 Abitur Schwelm, 1961-67 Stud. Humanmed. in Mainz, Freiburg u. Marburg, 1967 Staatsexamen, 1972 Prom. z. Dr. med., 1971 Dipl. of Tropical Medicine and Hygiene in Liverpool. K.: 1967-72 Med.-Assist. in Essen, Tübingen, Wuppertal, im Schwarzwald u. in Indien, Fachärztl. Ausbild in Gynäkologie u. Geburtshilfe in Mutlangen, 1972-85 prakt. Ärztin in Papua-Guinea, Reg.-Health-Center u. ndlg. Praxen, gleichzeitig STAFF-Ärztin f. ev.-luth. Kirche, seit 1986 in Erlangen, Zusatztitel in Psychotherapie, tiefenpsych. fundiert, Verhaltenstherapie, EMDR, Hypnose, Focusing. M.: Ver. "Frühstückstreffen f. Frauen in Deuschland" Erlangen, Ltr. "Bibel-Werkstatt" Bibel-Kreis. H.: Musik (Klavier, Blockflöte, Gambe, Gitarre), Chorsängerin, Theol.

Bastians Jürgen *)

Basting Rosemarie Dr. *)

Bästlein Lenore

B.: Hobbymalerin. PA.: 98529 Suhl, Leonhard-Frank-Str. 59. G.: Überlingen, 26. Aug. 1922. BV.: Enkelin d. berühmten Schweizer Malers Fritz Widmann (1869-1937) u. Urenkelin d. ebenfalls berühmten Schweizer Dichters Josef Viktor Widmann (1842-1911), Großmutter Gret Widmann e. Malerin u. Fotografin, war d. Tochter d. bekannten Chemikers Viktor Meyer (1848-1897), während der Nazizeit wurden d. Großmutter, d. Mutter u. Lenore Bästlein bz. sie selbst auf Grund d. Nürnberger Gesetze aus russ. Gründen verfolgt, Fritz Widmann pflegte u.a. enge Freundschaft m. solchen bekannten Künstlern wie Hermann Hesse, Hans Stuzenegger u. Hermann Haller, besonders eng verbunden war er jedoch m. d. Maler Ferdinand Hodler, davon zeugt Fritz Widmanns Buch "Erinnerungen an Ferdinand Hodler", erschienen 1918 im Verlag Roscher & Co Zürich, m. d. Druck einer Gedenkschrift - einem wieder aufgefundenen handschriftlichen Manuskript v. Fritz Widmann - wird Lenore Bästlein d. 150. Wiederkehr d. Geburtstages v. Ferdinand Hodler im März 2003 würdigen. S.: 1938-40 Handelsschule Breslau, 1940-43 Kfm. Lehre in Breslau. K.: 1943-44 Brauerei Haselbach in Namslau, Sitz Breslau, 1945 Flucht aus Breslau nach Altenburg, ab Aug. Tätigkeit im Landratsamt, 1950-56 nach Scheidung d. Eltern m. d. Mutter nach Suhl gezogen, danach längere Zeit arbeitslos, Aufnahme einer neuen Arbeit, 1956-86 Hebezeug-Werk Suhl auf d. Gebiet d. Berufsausbildung, Erwachsenenqualifizierung u. Personalwesen. BL.: v. klein auf d. Malerei verschrieben, während der Altenburger Zeit durch d. Freundschaft m. d. Malerfamilie Müller Gräfe weiter darin bestärkt, aber erst seit 1981 Beteiligung an Ausstellungen, 1996 Personalausstellung m. 63 Ölbildern, Einzelwerke in d. Wandelgängen d. Filiale Suhl d. Rhön-Rennsteig-Sparkasse ausgehängt, Beteiligung an d. alle 2 J. stattfindenden Ausstellungen "Kreativität ist keine Frage d. Alters" in Suhl. P.: "Märztage im Kanarischen Archi-

*) Biographie www.whoiswho-verlag.ch oder beigefügte CD-ROM

Bästlein

pel" (1998), Die Erlebnisse d. Chemikers Viktor Meyer v. einem Ferienausflug nach Teneriffa u. La Palma. H.: Malerei, Wandern.

Bastuck Burkhard Dr. LL.M. *)

Bataille Hans-Otto *)

Bataille Rolf *)

Bataille Stefan André *)

Batal Ekaterina L.

B.: PR-Managerin u. Unternehmerin. DA.: 10115 Berlin, Eichendorffstr. 13. batal_berlin@t-online.de. G.: Sofia, 23. Jan. 1958. Ki.: Nadia (1990). El.: Alexander u. Maria Dekov, geb. Ivanova. S.: 1975 Abitur Stralsund. K.: 1984-90 Betreuung v. Auslandsdelegationen u. PR f. Künstler, 1991-92 Kundenbetreuung bei Brokern, 1992-93 Mitaufbau u. Organis. e. Arztpraxis, 1993-94 i. d. Kundenberatung einer Werbeagentur, 1994-96 Aufbau eines Messe- u. Kongress-Service m. 20 Hostessen, 1995-96 Stud. Kommunikations- u. Theaterwiss. an d. Humboldt-Univ. in Berlin, 1997 PR f. d. Volksbühne Grüner Salon u. PR f. d. ntv-Talkrunde "Grüner Salon", 1998 eigenes Projekt "Medien-Salon" im TV-Berlin, seit 1999 selbst., 2001 Grdg. d. Ver. Medien-Salon e.V., einer Kommunikationsplattform f. interessante Persönlichkeiten u. Projekte, der Medien-Salon revitalisiert d. Salon-Abende d. 18./19. Jhdts. u. führt mit anspruchsvollen Thematiken Medien, Wirtschaft u. Kultur zusammen, Ekaterina L. Batal ist Initiatorin u. Vorst.-Vors. P.: Art. u.a. "Menschen verschwinden hinter Mauern". H.: Lesen, Natur, Reisen, Yoga, Networking.

Bathauer Hans Joachim

B.: Kfz-Meister, Inh. FN.: Autohaus Barthauer GmbH & Co KG. DA.: 38667 Bad Harzburg, Nordhäuser Str. 20. G.: Bad Harzburg, 1. März 1944. V.: Hannelore, geb. Grünz. Ki.: Manuele (1968). El.: Fritz u. Emma, geb. Düerkopp. S.: 1959-62 Lehre Maschinenbauschlosser Firma Gustav Buchholz Vienenburg. K.: Angestellter u. d. Firma Gustav Buchholz, 1963 ang. Maschinenschlosser im elterl. Betrieb, 1964-65 Bundeswehr, seit 1966 tätig im elterl. Betrieb, Umschulung z. Kfz-Mechaniker, 1974 Meisterprüf., u. Übernahme d. Betriebes. E.: versch. Ausz. f. vorbildl. Kundendienst. M.: Rotes Kreuz, Autopark Jahns. H.: Archäologie, Dt. Geschichte.

Bathe Holger

B.: Gschf. FN.: Autohaus Bathe. DA.: 02763 Zittau, Gewerbegebiet Weinau. PA.: 02763 Zittau, Damaschkestr. 36. G.: Dresden, 18. Juni 1961. V.: Anja, geb. Raatz. Ki.: 2 Kinder. S.: 1977-80 Berufsausbildung Instandhaltungsmechaniker m. Abitur Firma ROBUR Zittau, 1980-83 Wehrdienst, 1983-88 Stud. Kfz-Technik TU Dresden m. Abschluß Dipl.-Ing. K.:

1988-90 Motorenkonstrukteur in d. Firma ROBUR in Zittau, 1990 Grdg. d. Kleintischlerei u. Ausbau d. Betriebes z. Komplettinenausbaubetrieb, 2000 Schließung d. Tischlerei, 1991 Grdg. d. Kfz-Werkstatt, 1993 Meisterprüfung f. Kfz-Handwerk, seit 1994 Vertragshändler f. Toyota, 1999 Eröff.d. 2. Toyota-Autohauses in Löbau. M.: Sportverein Ostsachsen, Tauchsportverein, Magischer Zirkel. H.: Ju-Jutsa, Tauchen.

Bathe Rolf-Dieter

B.: Chefred. i. R., freiberufl. Agrarjournalist. FN.: Verlag W. Wächter GmbH Berlin u. Bremen. PA.: 14169 Berlin, Sprungschanzenweg 90a. G.: Berlin, 7. Juli 1933. V.: Gisela, geb. Barth. Ki.: Oliver (1964), Silvia (1969). El.: Dr. Rolf u. Eleonore. S.: Mittlere Reife Victoria Gym./Helmholtzschule Potscham, 1951-54 Ldw.-Lehre u. Ldw. Fachschule. K.: 1957-60 Tätigkeit in Zuchtbetrieben f. Milchvieh in d. USA u. Südamerika, seit 1961 Agrarjournalist u. -fotograf, b. 1963 freiberufl., 1963-67 Red. Landfunk Hess. Rundfunk, 1968-78 freiberufl., seit 1970/71 im Süddt. Rundfunk erste regelm. Sendereihe über Umweltfragen, 1979/80 Ltr. d. Abt. Grüne Woche in AMK Berlin, 1981-95 Chefred. "Berliner Gartenfreund", seit 1971 Weindoz. an Berliner VHS u. fachl. geleitete Weinproben. M.: VDAJ, JVB. H.: Weinkenner.

Batis Joseph

B.: Manager. FN.: Denner Hotel. DA.: 69115 Heidelberg, Bergheimer Str. 8. PA.: 69115 Heidelberg, Dantestr. 28. Rs9 @denner-hotel.de. G.: Athen, 25. Mai 1954. V.: Barbara, geb Olzowski. El.: Victor u. Astro, geb. Kofina. S.: 1972 Abitur, 1972-73 Stud. VWL Univ. Haifa, 1973-78 Stud. amerikan. College Athen, glz. 1975-78 Militärdienst Marine, 1978 Abschluß B. A., 1978-80 Sprachstud. Dt. Univ. Heidelberg, 1980-87 Stud. Phil. u. Sinologie u. Etnologie u. Entwicklungsökonomie Univ. Heidelberg. K.: glz 1983 Grdg. d. Feature-Filmstudio GdbR m. M. Linke u. E. Werry, 1988 Grdg. d. EDS GmbH u. Aufbau eines Vertriebsnetzes f. Computer d. Firma Schneider im Nahen Osten u. in Afrika, 1992 Umstrukturierung d. EDS u. Grdg. d. eigenen Computermarke Silk m. Vertrieb v. Fertiglösungen im Bereich Warenwirtschaftssysteme, Kzl. u. Hotels, 1995-97 freier Mitarb. d. Unternehmensberatung Projecting GmbH in Hamburg, 1997 Barkeeper im Café GEKCO im Denner Hotel u. seit 2000 Manager im Denner Hotel. BL.: 1994 Einsatz in einem Flüchtlingslager in Zaïz an d. Grenze zu Ruanda, Bahnreise m. d. Transsibir. Eisenbahn. P.: Reiseberichte f. griech. Zeitschrift über Burma, China, Madagaskar u. Hongkong, Filme f. ZDF, WDR, SWF, SDR, SWR u. BMZ, u.a.: "Dokumentarfilm über Reste einer matrilinearen Ges. in Griechenland (1985), Dokumentation über d. dt.-stämmigen mexikan. Künstlers Matthias Göritz, Leitfigur in einer isael. Dokumentation über d. jüd. Gem. in Griechenland · seit einem im Diaspora-Museum in d. Univ. Tel Aviv gezeigt. E.: 1998 Ausz. f. China-Dokumentation d. BMZ u. d. ITB Berlin. M.: 1974-77 Vorst.-Mtgl. d. Jugend d. jüd. Gem. v. Athen, Heidelberger Ruderclub, seit 1997 Trainerschein u. seit 1998 Vorst. f. Breitensport. H.: Rudern, Reisen

Batisweiler-Leinberger Anne Dipl.-Ing. (FH)

B.: Innenarchitektin, Dipl.-Designerin. DA.: 81243 München, Dachstr. 49. anne@batisweiler.de. G.: Meinersen b. Hannover, 25. Juni 1962. V.: Rolf Leinberger. Ki.: Linus Nepomuk Jonathan (1997), Quentin Leonard Nikodemus (1999). El.: Henrik u. Marianne Batisweiler, geb. Zeitlmayr. BV.: Linus Zeitlmayr Knaur'sches Pilzbuch, Gedichte, Opernlibretti. S.: 1981 Abitur Wasserburg/Inn, 1982-87 Stud. Innenarch. FH Rosenheim, Abschluß Dipl.-Ing., 1987-90 Stud. HS d. Künste Berlin, Abschluß Dipl.-Designerin. K.: seit 1990 selbst. Innenarchitektin u. Designerin in München, 1990-91 Lehrauftrag an d. FH Rosenheim f. "Entwerfen" am FB Innenarchitektur, seit 1991 Lehrauftrag f. "Materialkunde" u. "Modellbau" am Studiengang Szenographie an d. FH Rosenheim. P.:

*) Biographie www.whoiswho-verlag.ch oder beigefügte CD-ROM

div. Veröff. in Fachzeitschriften u. Büchern. E.: 1987 1. Preis Ideen- u. Gestaltungswettbewerb Wirtschaftsförd. Berlin. M.: Vertrauensdoz. u. Mtgl. d. Auswahlaussch. d. Friedrich-Naumann-Stiftung, Medien, Architektur u. Design, Greenpeace. H.: Joggen, Fitneß, Kunst, Reisen, Kino, Film.

Bätje Frank Dr. med.

B.: ndlg. Allg.-Arzt, Gschf. FN.:Praxis Dr. med. Frank Bätje; Privatärztl. Notruf Hannover. DA.: 30655 Hannover, Klingerplatz 5. notaerzte@t-online.de; baetje@t-online.de. www.frankbaetje.de; www.notruf.purespace.de. G.: Peine, 14. Dez. 1960. V.: Sigrid, geb. Thewes. Ki.: Yannik (1992), Niklas (1996). El.: Bauing. Heinz u. Charlotte. S.: 1981 Abitur Celle, 1981-82 Bundeswehr als Sanitätssoldat in Hamburg, Würzburg u. Faßberg, 1983-89 Med.-Stud. Johannes-Gutenberg-Universität Mainz u. Med. Univ. zu Lübeck, 1989 3. Staatsexamen. K.: 1990 Arzt im Praktikum, Innere Med. im Kantonsspital in Liestal/Schweiz, HNO im Lister-KH in Hannover, Chir. im Lister-KH in Hannover, 1991 Approb., 1991-96 Chir. Klinik Henriettenstiftung Hannover, 1996 Volontär im Hobital Ruhengeri Ruanda, b. 1998 Gastreferent d. Med. HS in Hannover, 1996-98 Weiterbild.-Ass. in d. Unfallchir. Klinik Friederikenstift in Hannover, Zusatzbezeichnung Rettungsmed., 1996 Praxisvertretung in d. Chir. Praxis Dr. Schlinckbäumer Hess. Oldendorf, 1998 Grdg. v. Privatärztl. Notruf Hannover, 1998-99 Weiterbild.-Ass. in d. Med. Klinik Henriettenstiftung Hannover, 1999 Praxisvertretung in d. Internist. Praxis Dr. Berry in St. Moritz/Schweiz im Kanton Graubünden, 1999 Weiterbild.-Ass. in d. Allg.-Med. Gemeinschaftspraxis Dres. Bieberbach & Jung in Hannover, Zusatzbezeichnung Chirotherapie, 2000 Praxisvertretung f. Dr. med. Rudolf Jung Allg.-Arzt, 2000 Ndlg. als Allg.-Arzt m. Chir. Praxis Dr. Bieberbach in Hannover, 2000 FA.-Prüf.: Allg.-med., zusätzl. Notarzttätigkeiten: Intern. Flug- u. Rückholdienst/Doctors on call u. Belegarzt im Friederikenstift in Hannover, Gastreferent f. Raucherentwöhnung einer Pharmafirma. E.: 1999 Friedensnobel-Preis m. Ärzte ohne Grenzen. M.: Médecins sans Frontières - Ärzte ohne Grenzen e.V., DIGEST. H.: Familie, Politik, Fußball, Arb.

Batke Franz-Georg Dipl.-Ing.

B.: Bauingenieur. GT.: 1967-2000 IHK Sachverständiger f. Tief- u. Wasserbau, 1990-92 Doz. f. Grundbau u. Bodenmechanik. PA.: 31141 Hildesheim, Bromberger Str. 20. V.: Susanne, geb. Kluitmann. Ki.: Dipl.-Ing. Klemens (1964), Annette (1967). El.: Franz u. Regina, geb. Völker. S.: 1950 Abitur Angermünde, 1950-57 Stud. Bauingenieurwesen an d. TU Berlin. K.: b. 1960 Ass. an d. TU Carolo-Wilhelmina in Braunschweig, 1960-62 Bauleiter b. Autobahnneubauamt Niedersachsen, danach b. Prüfingenieur Prof. Collorio in Stadtoldendorf als leitender Angestellter, 1965-2000 selbständig m. einem Büro f. Bauwesen in Hildesheim, Schwerpunkt: Statik u. Bodenmechanik. P.: Veröff. in d. Heften d. Prof. Collorio. M.: CV Cartellverband Katholischer Studenten, KKV Katholischer Kaufleute Verein. H.: Mathematik.

Batshoun Georg

B.: Generalagent d. Zürichgruppe Versicherungen AG. FN.: Neckura - die faire Versicherung. DA.: 81543 München, Humboldtstr. 40. georg.batshoun@neckura-agenten.de. www.georg-batshoun.neckura.de. G.: München, 17. Juli 1962. V.: Claudia. Ki.: Manuel (1993), Marco (1995). El.: Elias u. Edeltraud. S.: 1975-78 Ausbildung als Informationselektroniker b. Siemens AG in München. K.: 1978-92 tätig b. Siemens AG im Bereich Wartung v. Großrechenanlagen, 1988-92 nebenberuflich Start b. HMI-Versicherungsgruppe als Aussendienstmitarbeiter, 1992-97 Hauptberufl. Wechsel z. Generali Versicherungsgruppe, 1997 Übernahme einer Generalagentur b. dato f. d. Neckura Versicherungen im Bereich Compositversicherer, Aktive Unterstützung v. Existenzgründern m. Spezialgebiet im gewerblichen Haftpflichtversicherungsbereich, sowie d. gesamten IT u. Neuen Medienbereich, sowie Netzwerkschaffung eines Allroundbetreuungssystems in d. Sparten Steuer u. Anwaltsberatung, Finanzdienstleistung u. Vermögensberatung. BL.: gehört z. d. 15 besten Generalagenturen d. Neckura-Gruppe in Deutschland. H.: Familie, Lesen, Radfahren, Wandern.

Batsios Konstantin

B.: Gschf. Ges. FN.: EROTEX GmbH, erot. Textilien, eigene Kollektionen, Groß- u. Einzelhdl. u. Buchverlag. DA.: 90402 Nürnberg, Hallpl. 21. info@erotex.com. www.erotex.com. G.: Krystallopigi/ Griechenland, 14. März 1963. V.: Silvia, geb. Cardona. Ki.: Alexandros (1990), Rebecca (1991), Marco (1994). El.: Evangelos u. Virginia. S.: 1978-81 Lehre Installateur Nürnberg. K.: 1983-87 tätig in d. Kreutzer Erotik Shops in Nürnberg, ab 1987 selbst. 1991 Eröffnung d. EROTEX GmbH. H.: Tanzen, Fotografie.

Batt Jürgen Dr. rer. nat. *)

Battenberg Bodo

B.: RA u. Profireitsportler. DA.: 81675 München, Prinzregentenstr. 79. G.: Münster, 20. Mai 1963. S.: Gymn., 1983-84 Bundeswehr, 1984 Stud. Augsburg u. München, 1990 1. u. 1994 2. Examen. K.: RA m. Schwerpunkt Wirtschftsrecht, sportliche Erfolge: DM/Goldmedaille: 1996, 1997, 4. Platz: 1991, EM/Silbermedaille Mannschaft: 1999, WM/Teilnahme: 1990, Olympische Spiele/Teilnahme: 1992, sonstige internationale Erfolge: 1985 CCI Achselschwang/2., 1986 CCI Luhmühlen/14., 1987 CCI Achselschwang/8., 1988 CCI Achselschwang/2., 1991 CCI Luhmühlen/11., 1995 CCI Horovize/13., 1996 CCI Luhmühlen/6., 1997 CCI Luhmühlen/3., 1998 CCI Achselschwang/17., 1999 CIC Bonn-Rodderberg/5. BL.: 1983-93 Nationalmannschaft, Teilnahme an WM im Vielseitigkeitsreiten. H.: Vielseitigkeitsreiten.

Battenberg Friedrich W. Dipl.-Psych. Prof. *)

Battenstein Marc P. *)

Battermann Matthias Dipl.-Bw. *)

---

*) Biographie www.whoiswho-verlag.ch oder beigefügte CD-ROM

Batthaus Bernd *)

Batthyány Franz Dr. iur.
B.: Österr. Handelsdelegierter in Düsseldorf. FN.: Österreichische Handelsdelegation. DA.: 40212 Düsseldorf, Bahnstr. 9. PA.: 40670 Meerbusch, Bachstr. 8. G.: 1. Aug. 1939. Ki.: Nikolaus, Lukas, Matthias. S.: Gymn., Matura Jesuitencollegium Kalksburg/Wien, 1962 Stud. Lausanne/Schweiz, 1965 Dr. iur. K.: Offz.Vertreter d. Österr. Wirtschaft in NRW, frühere Auslandsaufenthalte an d. Handelsdelegation London, Zürich u. Frankfurt. E.: Ritter d. Souveränen Malteser Ritterordens, Gold. EZ d. Handwerkskam. Düsseldorf, VK am Bande d. VOs d. BRD.

Battige Sven
B.: Personalfachkfm., Inh. FN.: Fachhdl. f. Friseurbedarf. DA.: 21335 Lüneburg, Ritterstr. 51. G.: Lüneburg, 19. Mai 1959. S.: 1976 Mittlere Reife, b. 1979 Lehre Groß- u. Außenhdl.-Kfm. Lüneburg. K.: b. 1980 Kfm. in Lüneburg, 1981-93 Zeitsoldt d. Bundeswehr, danach Marktltr. d. Firma Aldi in Lüneburg u. Geeshacht, 1995-96 tätig im Fachhdl. f. Friseurbedarf in Lüneburg, 1999 Eröff. d. Filiale in Biozenburg. E.: EK d. Bundeswehr in Silber. M.: FFW Gothmann. H.: Fußball, Feuerwehr.

Battista Alfio

B.: Gastronom, selbständig. FN.: Restaurant Gran Duca; Hotel Großer Kurfürst. DA.: 10179 Berlin, Neue Roßstr. 11-12. www.gran-duca.de. G.: Corridonia/Italien, 14. Mai 1951. V.: Petra. Ki.: Nadine (1976), Sergio (1979). El.: Alfredo u. Guerrina. S.: Hotelfachschule Senegallia/Marche. K.: 1968 Einreise nach Deutschland u. tätig in Bad Hermansboden, seit 1968 Gastronom, 1977-2000 Eröffnung d. Restaurant "Il Ducato" in Berlin, "Bistro Melodi" u. d. Restaurant "Mara", 1999-2000 Eröff. d. Restaurant "Rossini" in Brandenburg an d. Havel, seit 2001 Inh. d. Restaurant "Gran Duca" m. ital. Küche aus d. Region Marche. M.: Reitverein Heiligensee. H.: Reiten, Motorradfahren.

Battista Petra

B.: Gastronomin, selbständig. FN.: Restaurant Grand Duca; Hotel Großer Kurfürst. DA.: 10179 Berlin, Neue Roßstr. 11-12. www.gran-duca.de. G.: Oschatz, 17. Mai 1950. V.: Alfio Battista. Ki.: Nadine (1976), Sergio (1979). S.: 1967 Mittlere Reife Höxter, 1967 Ausbildung med. Bereich. K.: b. 1977 tätig im med. Bereich, seit 1977 Gastronomin, 1977-2000 Eröff. d. Resautant "IIDucato" in Berlin, "Bistro Melodi" u. "Restaurant Mara", 1999-2000 Inh. d. Restaurant Rossi in Brandenburg an d. Havel, seit 2001 Inh. d. Restaurant Gran Duca spez. f. ital. Küche aus d. Region Marche. H.: Ballett, Sport, Radfahren.

Battistoni Sandra

B.: Unternehmerin, Inhaberin. FN.: sixxpac communication GmbH. DA.: 50674 Köln, Eifelwall 30. www.sixxpac.de. G.: Köln, 17. Mai 1972. BV.: Vater Alberto Battistoni - Klarinettist u. Pianist. S.: 1989 Mittlere Reife Bergisch-Gladbach, 1989-92 Lehre Lithografin Firma Solit Repro Solingen. K.. 1992-96 tätig in versch. Agenturen in Köln, ab 1996 auch tätig im Bereich Produkt-Design, 1997-2000 selbst. m. Grdg. d. Internet-Agentur NUNET-Solution Ltd. & Co KG in Köln u. New York, seit 1999 Grdg. d. sixxpac GmbH m. Print, Internet Konzept, Image, Media, Web, Design, Prod. u.a.m. H.: Beruf, Tanzen, Musik, Trommel spielen, Reisen.

Battle-Welch Gerald *)

Batz Heinrich Dipl.-Vw. *)

Batz Katharina

B.: RA. FN.: RA-Kzl. Katharina Batz. GT.: 1. Fachanw. f. Strafrecht im LG-Bez. Siegen. DA.: 57223 Kreuztal, Hagener Str. 152. PA.: 57258 Freudenberg, Bismarckweg 5. G.: Siegen, 30. Nov. 1966. El.: Dirk u. Gerlinde-Elisabeth Batz. S.: 1983 Mittlere Reife Freudenberg, 1986 Abitur Siegen, 1986-87 Stud. an der Univ. Marburg, 1987-91 Stud. Westfäl. Wilhelms-Univ. Münster, 1992 1. Jur. Staatsexamen in Münster, 1992-95 Referendariat am LG in Münster, 1995 2. Jur. Staatsexamen in Münster. K.: 1995-96 ang. Anw. in Berlin-Brandenburg, 1996 Ndlg. als RA m. eigener Kzl. in Kreuztal. M.: 1. Vors. d. VDK Ortsverb. Freudenberg, Reitver. Giebelwald e.V., Schützenver. Herzhausen, Tierschutzver. Siegen, VDK-Ortsverb. Freudenberg. H.: Sport allg.

Batz Manfred Dipl. rer. oec.

B.: Gschf. FN.: Batz + Siegler Consulting GmbH. DA.: 33129 Delbrück, Schweizerstr. 8. privat@batz.de. www. batz.de. G.: Gelsenkirchen, 1953. V.: Ulrike, geb. Köster. El.: Richard Wilhelm u. Helene, geb. Potthoff. . S.: 1975 Abitur Bochum, Großhdls.-Kfm., 1977-81 Stud. Wirtschafts- u. Sozialwiss. Essen. K.: 1981-83 wiss. Ass. b. Prof. Wunderer St. Gallen, 1983-86 Referent im Vorst.-Bereich Personal b. d. Nixdorf Computer AG, 1986-88 Ltr. International Service Marketing Communication bei d. Nixdorf Computer AG, 1989-91 Ltr. d. Konzernbereichs Personal- u. Unternehmensentwicklung b. d. Heidelberger Zement AG, seit 1992 Gschf. Ges. v. Batz +

*) Biographie www.whoiswho-verlag.ch oder beigefügte CD-ROM

Siegler Consulting GmbH, Schwerpunkt: Experte f. Führungsforschung u. -beratung; Doz. f. Personalführung an d. Techn. Schule d. Luftwaffe, Lehrauftrag f. Unternehmensführung in Mannheim. P.: Mitautor d. Buchveröff. "Euro Service Business", Autor d. Buchveröff. "Erfolgreiches Personalmarketing", weitere Veröff. "Führungsgrundsätze", "Personalbeurteilung", Vorbilder: Emil Otto Batz, Richard Wilhelm Batz, Heinz Nixdorf. H.: Literatur (Brecht), Malerei (Klimt), Strandwandern, Tierschutz.

Bätz Arno *)

Bätz Klaus Dipl.-Ing. *)

Batzdorfer Norbert
B.: Steuerberater, selbständig. FN.: Steuerkanzlei Batzdorfer. GT.: Mtgl. d. Pfarrgemeinderates u. im Sachausschuss, intern. Partnerschaften m. Schwerpunkt Bolivien, ehrenamtliche Mitarbeit im "Eine Welt Laden", Mtgl. d. Seelsorgeeinheitsausschuss, Mitarbeit am Ökologischen Baugebiet in Wolfsburg u. Bauprojekten d. Stadt Wolfsburg. DA.: 38440 Wolfsburg, Heinrich-Nordhoff-Str. 59. PA.: 38448 Wolfsburg, Wendenstr. 12. batzdorfer@t-online.de. G.: Rotenburg an d. Wümme, 26. Jan. 1961. V.: Petra, geb. Seidlitz. Ki.: Eva (1983), Christine (1985), Daniela (1988), Tobias (1998). El.: Josef u. Cäcilia, geb. Hohaus. S.: 1977 Mittlere Reife in Vorsfelde, 1977-80 Lehre z. Steuerfachgehilfen. K.: 1980-81ang. Steuerfachgehilfe im Ausbildungsbetrieb, 1981-92 ang. Steuerfachgehilfe in Wolfsburg, 1991 Bestellung z. Steuerberater, seit 1992 Sozius b. Schröder u. Gülke in Wolfsburg, seit 1994 alleiniger Inh., Tätigkeitsschwerpunkte Handwerker u. Vereine. M.: Katholische Kirche, WSV Wendschott, Bündis 90/Grüne, Steuerberaterkammer Niedersachsen, Steuerberaterverband Niedersachsen, Eine Welt Ver. Wolfsburg, Vors. Interessengemeinschaft Passivhaussiedlung Wolfsburg, St. Michael Vorsfelde. H.: Radfahren, Fußball, Natur u. Umweltschutz.

Bätzel Helge Dipl.-Ing.
B.: Bauingenieur, selbständig in eigenem Büro. DA.: 18439 Stralsund, Tribseerstr. 27. G.: Kiel, 1. Jan. 1943. V.: Lebenspartner Silke Rudolph. K.: Thomas (1967), Katrin (1972). El.: Erwin u. Lieselotte, geb. Biel. S.: 1961 Abitur in Kiel, 1961-64 Lehre z. Maurer in Kiel, 1964-69 Stud. an d. Univ. Hannover m. Abschluss Dipl.-Ing. K.: 1969-99 ang. Ing. in Kiel u. Stralsund, seit 1999 selbständig m. eigenem Ingenieurbüro in Stralsund. H.: Arbeit, Frauen.

Bau Sabine
B.: Ärztin, Fechterin. FN.: c/o Dt. Fechter Bund. DA.: 53117 Bonn, Am Neuen Lindenhof 2. G.: Würzburg, 19. Juli 1969. S.: Medizinstudium (Fachärztin f. Orthopädie). K.: größte sportl. Erfolge: 1986 WM Sofia/3., 1986 WM/2.,1987 Europacup, 1988 Olympische Spiele Mannschaft/1., Einzel/2., DM m. FC TBB/1., 1989 WM Mannschaft/1., 1991 WM Einzel/1. Mannschaft/3., 1992 OS Mannschaft/2., EM/1., WC/1., 1993 WM Mannschaft/1., 1994 WM Mannschaft/1., 1995 WM Mannschaft/3., 1996 Olympische Spiele Mannschaft/3., 1997 WM Mannschaft/3., 1998 WM/1/Einzel, 1999 WM Seoul Einzel/2. Mannschaft/1., 2000 OS Sydney Mannschaft/3., Einzel/9., WC-Turnier Rochester und Salzburg/1., 2001 EM 3. Einzel (Koblenz), WM 2. Einzel (Nimes). H.: Stricken, Tanzen.

Bau Vera Maria
B.: PR-Beraterin. FN.: VMB Consulting GmbH. DA.: 53227 Bonn, Königswinterer Str. 552. G.: Donaueschingen, 25. Jan. 1953. El.: Ernst u. Ursula, geb. Ranzenberger. S.: 1972 Abitur Bad Vilbel. K.: 1972-74 PR-Agentur Burson Marsteller (USA) Frankfurt/Main, 1974-76 AvD Automobilclub v. Deutschland, 1976-78 United Artists Frankfurt, 1978-80 Hen-

nenhofer PR Königsstein/Taunus, 1981-87 Veuve Clicquot Deutschland Wiesbaden, ab 1983 PR-Managerin, 1987-91 Pommery Deutschland Bonn, PR-Manager, Ltr. Marketing u. Öff.-Arb., seit 1991 Grdg. VMB Consulting GmbH. E.: Kommunikationspreis f. d. Darstellung ausländ. Produkte in Deutschland. H.: Natur, Bergwandern, Geschichtsliteratur 19. u. 20. Jhdt., klass. Musik, Land u. Leute d. Weinbauregionen weltweit, Tennis, Schifahren.

Baubin Uta *)

Bauch Gisela

B.: Textilverkäuferin, Möbelschreinerin, Unternehmerin, selbständig. FN.: Kosmetikstudio f. Sie und Ihn. DA.: 85055 Ingolstadt, Feldkirchner Str. 33c. G.: Karls-Kron, 30. Juli 1957. Ki.: Lisa-Marie (1992). El.: Johann u. Anna. S.: 1972-74 Ausbildung z. Textilverkäuferin, 1974-83 Gastronomie, 1983-85 Ausbildung z. Möbelschreinerin. K.: 1985-86 Gesellin, 1986-88 FOR in BAS u. BOS, 1988-89 Gastronomie, 1989 USA-Auszeit, 1990-91 Kosmetikausbildung, seit 1992 selbständig, 1993 Eröff. d. Studios, Fachkosmetikerin, Fußpflegerin, Tattoo, div. Massagen. M.: Tierschutzverein. H.: Skifahren.

Bauch Helmut F. Ing. *)

Bauch Joachim *)

Bauch Jürgen Dr. jur. M. A. *)

Bauch Michael
B.: Glasermeister, Glasmalermeister. DA.: 90459 Nürnberg, Bogenstr. 14. G.: Nürnberg, 29. Mai 1958. Ki.: 1 Tochter, 4 Söhne. El.: Karl u. Hella, geb. Brunner. S.: Lehre als Glaser an d. Staatl. Glasfachschule Hadamar b. Limburg/Lahn, 1980 Meisterprüf. als Glasermeister, 1985 Meisterprüf. als Glas- u. Porzellanmalermeister. K.: 1 J. Gesellentätigkeit in versch. Firmen u. Städten, seit 1980 selbst. m. eigenem Geschäft f. Glaskunst. E.: 1976 Kammersieger anläßl. Gesellenprüf. f. Bleiverglasung, 1980 EVG-Preis f. Meisterleistung d. Meisterprüf. als Glasermeister, 1980 Stiftungspreis d. Bayer. Begabtenförd. M.: CSU-Nürnberg, seit 1980 Beisitzer im Ortsverb., stellv. Vors. Bürgerver. Nürnberg-Süd, Verb. Dt. Glasmaler, Schützenver. Zirndorf. H.: Computertechnik, Entwurf u. Glasdesign.

Bauch Peter Dr. med. *)

Bauch Uwe
B.: Dipl.-Jur. Dipl.-Betriebswirt, Komm. FN.: Druckerei Süd Bauch GmbH & Co KG. DA.: 09117 Chemnitz, Mauersberger Str. 16. G.: Karl-Marx-Stadt, 29. Jän. 1964. V.: Rita, geb. Tempel. Ki.: Susann (1987). El.: Ing. Günther u. Monika. S.: 1980-82 Lehre Autoschlosser VEB Elan Karl-Marx-Stadt,

*) Biographie www.whoiswho-verlag.ch oder beigefügte CD-ROM

1982-85 Armee, 1985-89 Fernstud. Rechtswiss. Humboldt-Univ. Berlin, 1989 Dipl.-Jurist, 1990-93 Fernstud. Betriebswirtschaft TU Chemnitz, 1993 Dipl.-Betriebswirt. K.: 1985-90 Polizist d. Verkehrspolizei in Karl-Marx-Stadt, 1990-93 Behördenltr. u. Amtsltr. d. Straßenverkehrsamt in Chemnitz, 1993 Aufenthalt in Amerika u. Autor d. Buches "Intern. Zulassungsrecht", seit 1993 selbst. m. Druck, Verlag, Werbung, Grdg. d. Marketingfirma IMB OHG in d. Emiraten, 1995 Kauf d. 1. Druckerei u. d. 1. Werbeagentur, Grdg. d. Belichtungsstudios, 1997 Grdg. d. neuen Druckerei in Partnerschaft m. Schwerpunkt Druck u. Verlag europaweit, Fotografie, Grafik, Illustration, Logo-Gestaltung, Werbeberatung, Gesamtkonzeption, Messestände u. Marketing weltweit, Kauf v. 2 Gaststätten; Betreuung v.: Repräsentationsveranstaltungen, Workshops u. Ministerien. BL.: Selfmademan, m. 26 J. jüngster Behördenltr. in Deutschland. E.: 1998 "Bester Stand in Europa" d. Fördermittelinst. in Brüssel. M.: Präs. d. Fußballclub Klaffenbach, Ehrenpräs. d. Handballver. Altchemnitz. H.: Fliegen, Fallschirmspringen, Tauchen. Lesen.

Bauch Werner Dr. rer. nat. *)

Bauchiess Robert J. Dr. phil.
B.: Ltr. d. Personalwesens. FN.: HIH Hamburg. Immobilien Handlung GmbH. DA.: 20095 Hamburg, Alstertor 17. G.: Hamburg, 25. März 1964. S.: 1984 Abitur Hamburg, Wehrdienst, Stud. Psych. u. Phil. Univ. Hamburg, 1991 Dipl., 1997 Prom. z. Dr. phil. K.: 1991-94 Dipl.-Psych. u. Ltr. d. Med. Erwachsenenbild. am KH Bethanien in Hamburg, 1994-96 beratender Psychologe u. Trainer b. Prof. Sarges & Partner am Inst. f. Management-Diagnostik in Barnitz, 1996 beratender Psychologe u. Diagnostiker in d. Dr. Jan Thieme Management Consulting in Hamburg, 1996-98 Ltr. d. Führungskräfteentwicklung innerhalb d. Personalentwicklung b. d. ALBINGIA Vers. AG in Hamburg, 1999-2001 Ltr. d. Personalwesens d. HIH Hamburg. Immobilien Handlung GmbH in Hamburg, seit 2001 Ltr. d. Konzern-Personalentwicklung d. Jungheinrich AG in Hamburg. P.: Discrepancy between agoraphobic diability and avoidance (1991), Das Gesundheitsseminar: Vorbeugung v. Herz-Kreislauferkrankungen München: Bristol-Myers Squibb GmbH (1993), Der Gastro-Dialog: Ein Schulungsprogramm f. Patienten m. gastroenterolog. Erkrankungen (1994), Der Patienten-Dialog: Entwicklung u. Evaluation eines Schulungsprogramms f. Patienten m. Hypercholesterinämie (1997), Das Bauchiess-Thieme-Instrument (BTI) z. Auswahl v. Call Center-Mitarb. Testheft z. Anwendung d. BTI u. Interpretation d. BTI-Ergebnisse (1998), Stressfreie Zonen bevorzugt - Wie der Faktor Stress in Bewerberinterviews u. Assessment-Centern zu verfälschten Resultaten führen kann (2001). H.: Segeln, Networking, Tanzen, American Football.

Bauchinger Rominger Jutta

B.: Musikinstrumentenhändlerin, Inh. FN.: Musik Bauchinger Blasinstrumente. DA.: 79189 Bad-Krozingen, Fridolinstr. 7. G.: Freiburg, 24. Juni 1967. V.: Rudolf Rominger. Ki.: Sarah Maria. El.: Siegfried u. Elisabeth Bauchinger, geb. Disch. S.: 1986 Abitur Freiburg, 1987-90 Ausbild. Musikhaus Oesch Basel, Schule f. Holzblasinstrumente Ludwigsburg. K.: 1 1/2 Jahre Ang. im Musikhaus Oesch, seit 1991 selbst. m. Musikinstrumentenhdl., 1996 Abendschule Freiburg Meisterschule, 1997 Prüf. Mittenwald u. Handwerkskam. München, 1998 Eintragung in d. Handwerksrolle. BL.: Meisterstück Bassquerflöte C - Klappen handgeschmiedet; Spezialflötenkopf f. ein behindertes Kind. P.: Veröff. in d. regionalen Presse. M.: Handwerkskam. H.: Musik, Querflöte spielen, Schwimmen.

Bauchowitz Rolf F. Dipl.-Kfm.
B.: Unternehmensberater, selbständig. FN.: Rolf F. Bauchowitz Unternehmensberatung & Partner. DA.: 64625 Bensheim, Weiherstr. 3. bauchowitz@t-online.de. www.bauchowitz-consultants.com. G.: Bensheim, 12. Nov. 1944. Ki.: Andreas (1974), Stefan (1978). El.: Franz u. Irene, geb. Abel. S.: 1965 Abitur, 1965-69 Stud. BWL, Schwerpunkt Organisation u. Absatzwirtschaft, Nebenfach Geografie an d. Univ. Mannheim, 1969 Abschluss Dipl.-Kfm. K.: 1969-73 Ass. b. Prof. Dr. Curt Sandig u. Prof. Hans Raffé, Lehrstuhl f. Absatzwirtschaft, Schwerpunkt Marktforschung u. Marketingberatung, 1973 Prok. b. Firma Schweizer-Effax GmbH in Bensheim, 1978 Gschf. u. Inh. d. Firma Schweizer-Effax GmbH, 1997 Verkauf d. Unternehmens, seit 1997 selbständig als Unternehmensberater, Schwerpunkt Mergers, Acquisitions, Corporate Finance, intern. Beraternetzwerk. BL.: 1978-97 Aufbau d. Produktgruppe "Effol" Pferde- u. Lederpflegemittel f. d. Reitsport z. europäischen Marktführer, Aufbau d. Produktgruppe "Hey" Wasch- u. Imprägniermittel f. funktionelle Sportbekleidung. M.: langjähriges Vorst.-Mtgl. Industrieverband Putz- u. Pflegemittel, Körperpflege u. Waschmittel, 12 J. Vize-Präs. BSI Bundesverband Dt. Sportartikelindustrie, b. 1997 als Vertreter d. BSI im Arbeitskreis Sport u. Umwelt d. BMU. H.: Golf.

Bauchwitz Max A. Dr. med.
B.: Arzt. PA.: 40651 Meerbusch, Fuchspfad 9; NL-4506 HB Cadzand, Ringdijk Nord 11. G.: Berlin, 8. Mai 1929. BV.: Max B., Ltg. "Berliner Tagblatt". S.: Stud. Med. m. Examen FU Berlin, K.: 1956-58 Ass. an d. FU Berlin, 1959-67 wiss. Ass. an d. FU Berlin, Univ. Heidelberg u. Düsseldorf, 1967-91 ndgl. Arzt in Düsseldorf. P.: zahlr. med. Publ., insbes. Harnzytologie. E.: OSA d. Res., LA Bw.i.G., Red Cross of Rome and Constantin, Nederlands Laureaat v. d. Arb. I. Kl. i.G., Senatorenkreuz D.F.A., DSA i.G., SLA i.G., ÖSA i.G., Mérite Philantropique (Lille, Frankr.), Int. Ridder Orden St. Birgitta v. Zweden i. d. Niederl., Kommandeurkreuz OMCTT, Chevalier D'Honneur des Ordre Capitulaire de Saint Gereon, Presidental Sports Awards, Ehrennadel Reit- u. Fahr-V., Rhld. i.G. M.: PHP Kapitel Nordrhein (York Rit. F. M.), PPres. Shrine Rheinland OASIS, PSouv. Franconia Concl., Ehrendekan d. Nederlands Laureaat van de Arbeid (NLA), Ehrenmtgl. Japan. Rotes Kreuz, Ärztl. Ltr. d. Templer-Hilfsdienstes. H.: Esoterik, Parapsychologie.

Bauckhage Hans-Artur
B.: Min. u. stellv. Min.-Präs. FN.: Min. f. Wirtschaft, Verkehr, Ldw. u. Weinbau. DA.: 55116 Mainz, Stiftsstr. 9. PA.: 57567 Daaden-Biersdorf, Betzdorfer Str. 105a. www.rheinlandpfalz.de. G.: Daaden, 17. Februar 1943. S.: 1961 Handelsschulabschluß, 1964 Abschluß d. Ausb. im Bäckerhandwerk, 1978 Bäckermeisterprüfung. K.: 1978-1996 Selbst. Bäckermstr., 1969 Fraktionsvors. im Verbandsgemeinderat u. im Gemeinderat Daaden, 1971 F.D.P.-Ortsvors., 1974-96 Fraktionsvors. im Kreistag Altenkirchen, 1981 F.D.P.-Kreisvors., 1982 Mtgl. im F.D.P.-Landesvorst., 27. Mai 1987 MdL, 1991-96 Stellv. Vors. d. F.D.P.-Landtagsfraktion, 18. Mai 1996 Vors. d. F.D.P.-Landtagsfraktion, seit 1998 Min. f. Wirtschaft, Verkehr, Landwirtschaft und Weinbau u. MdBR. M.: Kuratorium d. Friedrich-Ebert-Stiftung, seit 1967 Mtgl. d. F.D.P.

Bauckholt Susanne *)

Bauckmann Heinz Udo Dipl.-Finanzwirt
B.: Steuerberater,Inh. FN.: BSW Steuerberatungs GmbH; WRG Wirtschaftsprüf. GmbH. DA.: 33102 Paderborn, Tegelweg 67; 33330 Gütersloh, Schulstr. 26. G.: Paderborn, 27. Mai 1944. V.: Marlies, geb. Schlesinger. Ki.: Markus-Alexan-

der (1976), Andreas (1980). S.: 1965 Abitur. K.: 1965-84 tätig in d. Finmanzverw. v. Steuerinsp. b. zum Steueramtmann, seit 1984 selbst. Steuerberater, 1997 Grdg. d. BSW Steuerberatungs GmbH in Paderborn, seit 1998 zusätzl. Geschf. u. Mitges. d. WRG Wirtschaftsprüf.-GmbH. BL.: Bau eines Kinderhauses in Indien. M.: CDU, WirtschaftR. der "Elenden Brunderschaft", ehrenamtl. tätig im Intern. Verb. Westfälischer Kinderdörfer e.V. H.: Rügen, Wandern.

Baucks Martin
B.: Ltr. FN.: Kammerspiele d. dt. Theaters Berlin. DA.: 10117 Berlin, Schumannstr. 13 A. www.deutsches-theater. berlin. net/kammer/baucks.htm. S.: 1982 Stud. Geisteswiss. Univ. Erlangen, 1985-87 Stud. Schauspiel u. Schauspielregie Folkwangschule Essen, 1986 Regiehospitanz Essener Schauspiel. K.: 1989 Uraufführung u. Regie v. "Sieben aus Theben" im Essener Schauspielhaus u. Dramatisierung v. "Kein Ort. Nirgends", Regieass. am Würzburger Stadttheater, 1990 Regie f. "Mercier u. Carnier" am Stadttheater Würzburg u. v. "Linie I", 1992 Regie f. "Iphigenie" an d. Landebühnen Sachsen u. f. "Disneykiller" am Projekttheater Dresden, 1993 Uraufführung v. "Fliegende Fische" im Kölner Neptunbad u. Regie f. "Iphigenie" am Schauspiel Leipzig, 1994 Regie f. "Der zerbrochene Krug" an d. Landesbühnen Mecklenburg, 1996 Werkstattaufführung v. "Krumme Hunde" am Staatstheater Hannover, Regie f. "Die Nacht v. d. Wäldern" auf d. Zeche Hannover in Bochum, Regie f. "Der Pudelsalon" an d. Volksbühne Berlin u. f. "Die Nacht kurz v. d. Wäldern" im Schauspielhaus Hamburg, 1998 Werkstattinszenierung v. "Hansenfratz" am Stadttheater Oberhausen u. Regie f. "Himmelfahrt d. Galgentoi" an d. Volksbühne Berlin, Uraufführung v. "Krumme Hunde" am Staatsschauspiel Hannover, b. 6/2001 Intendant d. Kammerspiele d. dt. Theaters Berlin.

Baudach Ursula
B.: Friseurin, Inh. FN.: Atelier d. Schönheit. DA.: 13509 Berlin, Ernststr. 67. PA.: 13507 Berlin, Dessinstr. 1. G.: Perleberg, 9. Feb. 1954. Ki.: Claudia-Catherina (1987). El.. Helmut u. Erika Wakenhut, geb. Wels. S.: 1969-71 Lehre Friseurin, 1971-72 Handelsschule. K.: 1972-86 Chefsekr. in versch. Betrieben, 1987-96 Mitarb. im Betrieb d. Ehemannes, seit 1996 selbst.m. Atelier d. Schönheit m. Schwerpunkt Rollen- u. Bandmassage, typgerechtes Make Up, Farb- u. Typberatung, Bachblütenberatung, 1998 Ausbild. in Bachblütentherapie, ab 1999 zusätzl. JESS ICA-NAIL CULTIVATION IDN Naturnagelaufbau, Hand- u. Fußpflege, Permanent-Make Up, Faltenunterspritzung Jessica Nail Cultivation. H.: Aquarellmalerei.

Baude Wolfgang Ing.
B.: Kfz-Ing., Gschf. Ges. FN.: Verkehrs-Inst. Magdeburg GmbH. DA.: 39114 Magdeburg, Turmschanzenstr. 6. G.: Ziesar, 11. Feb. 1941. V.: Sigrid, geb. Bierwirth. Ki.: Gabriela (1965). El.: Alfred u. Gertrud, geb. Schulz. S.: 1955-58 Lehre als Kfz-Schlosser im SKL Magdeburg. K.: 1958-60 Kfz-Schlosser im SKL Magdeburg, 1962 Abschluß als Kfz-Meister im Schwermaschinenanlagenbau G. Dimitrow, 1965-70 Fernstud. an d. TU Dresden, Abschluß als Kfz-Ing., 1970-76 Abt.-Ltr. b. Bez.-Vorst. d. Ges. f. Sport u. Technik in Magdeburg, 1977-78 Sicherheitsinsp. b. Verkehrskombinat Magdeburg, 1979-85 Fahrlehrer im Verkehrskombinat Magdeburg u. zugleich ehrenamtl. BGL-Vors., 1986-89 hauptamtl. BGL-

Vors., 1989-91 Gschf. Vorst. d. IG-Transport, seit 1991 Ltr. d. Fahrschule in d. Autodienst GmbH Magdeburg, seit 1992 Grdg. d. Verkehrs-Inst. Magdeburg GmbH mit den Geschäftsbereichen Fahrschule sowie Aus- u. Weiterbild. im Verkehrswesen, seit 1992 Eröff. einer Zweigstelle d. Verkehrsinst. in Magdeburg. BL.: externer Gefahrgut-Beauftragter, Doz. b. priv. Bild.-Einrichtung, auf d. Gebiet d. Rechtsvorschriften im Kraftverkehrswesen. M.: Prüf.-Aussch. d. IHK Magdeburg. H.: Motorradfahren.

Bauder Matthias Peter Hermann
B.: Apotheker, Unternehmer. FN.: Sprem-Apotheke Cottbus. DA.: 03046 Cottbus, Spremberger Str. 24. PA.: 03046 Cottbus, Rudolf-Breitscheid-Str. 6. spremapotheke@t-online.de. G.: Ueberlingen. V.: Andrea, geb. Peiler. Ki.: Carlos (2000). El.: Peter Paul u. Jutta. S.: 1985 Abitur in Ueberlingen, 1985-86 tätig in d. Fahrgastschifffahrt u. im Gartenbau, 1986-88 Lehre z. pharmazeutisch-technischen Assistent im Kreisberufsschulzentrum Biberach m. Abschluss. K.: 1988-89 tätig als pharmazeutisch-technischer Assistent in d. väterl. Apotheke in Berlin, 1989-97 Stud. Pharmazie an d. Freien Univ. Berlin, 1994 1. Staatsexamen, 1995-96 Praktisches Jahr in Apotheken in Berlin, 1995 2. u. 1997 3. Staatsexamen, 1997-98 Chef-Vertretungen in Apotheken in Trier, Emden, Berlin, Laufen u.a., 1998-99 Ltg. d. Apotheke Arkaden am Potsdamer Platz in Berlin, 1999 Eröff. d. eigenen Apotheke in Cottbus, seitdem Inh. u. Ltg. H.: Motorradfahren, Literatur, Reisen.

Baudisch-Goltermann Christa Dr.
B.: Internistin, Verlagskauffrau. PA.: 63128 Dietzenbach-Steinberg, Ringstr. 6. G.: Arnau, Sudetengau, 17. Dez. 1937. V.: Dr. Rolf Goltermann (Gynäk). El.: Paul u. Anna, geb. Stirba. S.: 1957 Abitur Bensheim, 1957 Stud. Med. in Frankfurt, 1964 Examen. K.: 1966 Approb., 1971 FA f. Innere Med. M.: seit 1974 Fürsorgeausschuß d. Ärztekam., Bund Dt. Internisten. H.: Reisen, Musik, Kunst (Ausstellung). (P.St.)

Baudler Georg Dr. Prof.
B.: Univ.-Prof. PA.: 52076 Aachen, Walheimerstr. 113. G.: Eggenfelden, 18. Juli 1936. V.: Anne, geb. Mitterer. El.: Bernhard u. Anne. S.: Stud. Dt. Literatur u. Kath. Theol. in München u. Innsbruck. K.: Lehrer f. Dt. u. Kath. Religion am Gymn. in Dachau, Prom z. Dr. phil. b. Karl Rahner in München, Doz. f. Religionspäd. am Inst. f. Katechetik in München, Prof. f. Kath. Theol. u. ihre Didaktik an d. Phil. Fak. d. RWTH Aachen. P.: zahlr. Veröff. auf d. Gebieten d. Religionspäd., d. Narrativen Theol. sowie d. Theol. d. Rel. (zul. Töten od. Lieben. Gewalt u. Gewaltlosigkeit in Religion u. Christentum (München 1994), El-Jahwe-Abba. Wie die Bibel Gott versteht (Düsseldorf 1996), Das Kreuz. Geschichte u. Bedeutung (Düsseldorf 1997), Die Befreiung von einem Gott der Gewalt. Erlösung in der Religionsgeschichte v. Judentum, Christentum u. Islam (Düsseldorf 1999), Ursünde Gewalt. Das Ringen um Gewaltfreiheit (Düsseldorf 2001). M.: Arge Kath. Katechetik Doz., Euröäische Akad. d. Wiss. u. Künste, Sektion Weltreligionen, Abt. christlich-islamischer Dialog. H.: Segeln, Reiten.

Baudler Marianne Dr. rer. nat. Prof. *)

*) Biographie www.whoiswho-verlag.ch oder beigefügte CD-ROM

Bauen Thoralf

B.: Maler, Lackierer, Inhaber. FN.: Malerbetrieb Thoralf Bauen. DA.: 23966 Wismar, Lübsche Str. 99. G.: Wismar, 1. Aug. 1965. V.: Karin, geb. Göbel. Ki.: Toni (1990). S.: 1982-84 Ausbild. z. Maler u. Lackierer, 1985-88 NVA. K.: 1988-97 Maler u. Lackierer Maler GmbH Wismar, seit 1997 selbst. H.: Beruf, Familie.

Bauer Albert
B.: Schauspieler, Ltr. FN.: Theater Ravensburg. DA.: 88212 Ravensburg, Zeppelinstr. 7. G.: Heilbronn-Sontheim, 5. Jän. 1958. El.: Eduard u. Dora. BV.: Großvater Kilian Bauer - Ehrenringträger d. Stadt Heilbronn. S.: 1978 Abitur, Stud. Theaterwiss. Erlangen u. München, Schauspielschule München. K.: 1982 Engagements am Dt. Theater in München, Stadttheater in Konstanz, Schauspielhaus Düsseldorf u. Landestheater Tübingen, 1987 Grdg. d. Theater Ravensburg gemeinsam m. Filmemacher Herrn Peter Frey. H.: Fußball.

Bauer Alexander W. *)

Bauer Andreas
B.: Skisprung Trainer (LG1 Perspektivkader) b. DSV, Handelsfachwirt, Dipl.-Trainer. PA.: 87561 Oberstdorf, Sonthofenerstr. 7a. G.: Oberstdorf, 21. Jan. 1964. K.: 1987 Sieg b. Neujahrsspringen auf d. Olympiaschanze in Garmisch-Partenk. , 1984 Olympiateiln. m. einem 7. Platz auf d. 70m-Schanze u. einem 11. Rang auf d. Großschanze b. Weltpokalspringen, s. 1981 19x unter d. ersten Sechs, 6x dt. Meister (1982-87), ein 2. Rang b. d. dt.-österr. Vierschanzentournee in Innsbruck u. ein 10. Rang in Oberstdorf (1987/88), seit 1996 Trainer d. dt. B-Nationalmannschaft d. Skispringer (LG1 Perspektivkader)

Bauer Andreas Dipl.-Ing. *)

Bauer Andreas

B.: Gschf. FN.: An- u. Verkauf Rostock. DA.: 18057 Rostock, Wismarsche Str. 15. www.a-v-rostock.de. G.: Rostock, 25. Feb. 1976. El.: Lothar u. Christiane. S.: 1991-94 Lehre als Schlosser, 1994-96 BRG, 1997-98 Zivildienst. K.: 1998-2000 Ang. d. Firma An- u. Verkauf u. seit 2000 Gschf. H.: Trabant fahren, Basteln, Computer, Heimwerken.

Bauer Andreas *)

Bauer Angela *)
Künstlername: Wlodarska.

*) Biographie www.whoiswho-verlag.ch oder beigefügte CD-ROM

Bauer Armin C. *)

Bauer Axel Heinrich Dipl.-Ing.

B.: Architekt, selbständig. DA.: 18435 Stralsund, Sarnowstr. 23. architekturbuero_abauer@t-online.de. G.: Wuppertal, 11. Jan. 1941. V.: Heike, geb. Plettenberg. Ki.: Nils (1971), Bendix (1972), Lena (1986). El.: Dr. Anton u. Bernhardine, geb. Brümmer. S.: 1959 Abitur Wuppertal, b. 1969 Stud. Architektur an d. TH Aachen, mit Auslandsaufenthalten zum Dipl.-Ing. K.: 1969-74 ang. Architekt in München, seit 1974 selbständiger Architekt in Schleswig-Holstein m. Auslandsaufenthalten, seit 1994 eigenes Büro. P.: Artikel in Fachzeitschriften. M.: Interessengemeinschaft Baupflege. H.: Reiten.

Bauer Barbara *)

Bauer Bernd *)

Bauer Bernd *)

Bauer Bernd Andreas *)

Bauer Carl-Otto Dr.-Ing. E.h. Dipl.-Ing.
B.: Gschf. i. R. PA.: 42349 Wuppertal, Solinger Str. 22. G.: Wuppertal, 11. Aug. 1929. V.: Waltraud, geb. Pfannmüller. Ki.: Kristin, Ute, Carl-Ulrich, Hella. S.: 1949 Abitur, TH Karlsruhe, TH Hannover, Mannhattan-College New York, 1955 Dipl.-Ing. K.: 1966 Gschf. Carl Bauer Schraubenfbk., 1973 zusätzl. Gschf. Walter Prein Gerätebau, 1982 Ehrenprom. TU Clausthal. P.: über 500 Fachveröff. zu Verbindungstechn., Produkthaftung, Qualitätssicherung, Forschungspolitik, 9 Bücher, Produkthaftung (1992), Das Recht zur Qualität (1996), Qualität in Entwicklung u. Konstruktion (3. Aufl., 1992), Rechtsanforderungen an Benutzerinformationen (2000). E.: 1970-76, 1980-82 Mtgl. d. Präs. d. Dt. Inst. f. Normung (DIN), 1968-82 VPr. d. IHK Wuppertal, 1972 VPr., 1978-82 Präs. d. Arb.Gem. Industrieller Forsch.Vereinigungen (AIF), 1973-82 Hdls.Richter am Landgericht Wuppertal, 1984 öffentl. best. u. vereidigter Sachverst. f. d. Technik lösbarer Verbindungen. M.: 1956 VDI, 1975 DGQ, 1995 DVS, 1962 Rotary-Club Wuppertal-Süd. H.: Fotografie, Technik-Geschichte.

Bauer Christa *)

Bauer Christian *)

Bauer Christoph *)

Bauer Claudia *)

Bauer Claus R.
B.: Bankdir. FN.: Raiffeisenbank eG Baunatal. DA.: 34225 Baunatal, Marktpl. 2. G.: Sontra, 23. Mai 1949. S.: 1967 Abitur Sontra, 1967-69 Ausbild. z. Bankkfm., 1969-71 Bundeswehr, Abgang als Lt. d. Res. K.: 1971-72 Vorst.-Ass. b. Bankver. Bebra, seit 1974 Vorst.-Mtgl. d. Raiffeisenbank Schauenburg, ab 1992 Vorst.-Sprecher d. Raiffeisenbank Baunatal. E.: Gold. Ehrennadel d. Gen.-Organ. M.: stellv. Vors. d. VerwR.

u. VerbR. d. Gen.-Verb. Hessen/Rheinland-Pfalz/Thüringen, Vors. d. Wirtschaftsgemeinschaft Baunatal, Gschf. Ges. d. Standortsicherungsges. Baunatal, Vorst.-Mtgl. d. Unternehmerverb. Nordhessen, Vorst.-Mtgl. d. Arbeitskreises f. Wirtschafts- u. Kommunalfragen Stadt- u. Landkreis Kassel, Regionalaussch. d. IHK Kassel, Kuratoriumsmtgl. d. Paul Dierichs-Stiftung in Kassel, Laienrichter b. Arbeitsgericht in Kassel, weitere Sport- u. Kulturver. H.: Sport, Reisen.

Bauer Corinna Dipl.-Ing. *)
Bauer Dagmar *)
Bauer Dennis
B.: Fechten, Disziplin Säbel, Schüler. FN.: c/o Dt. Fechter-Bund. DA.: 53117 Bonn, Am Neuen Lindenhof 2. PA.: 56075 Koblenz, Erfurterstr. 5. bauer@dennis.de. www.dennis-bauer.de. G.: Koblenz, 18. Dez. 1980. El.: Erhard u. Frauke. S.: Abiturient. K.: sportl. Erfolge: 1996/97 Kadettenweltmeisterschaften/Teneriffa/1., 1997/98 Europameisterschaften/ Junioren/Danzig/1., JWC Logrono/Spanien1., 1998/99 JWC Budapest/1., JWC Santiago de Cuba/Kuba/1., JWC in Minsk/Weißrussland/1., Junioren-Gesamtweltcup/1., Weltmeisterschaften/Junioren Keszthely/Ungarn/3., Mannschaft/2., 1999/00 Europameisterschaften/Junioren Viana do Castelo/Portugal/2., Mannschaft/1., JWC Budapest/1., JWC Göppingen/1., Weltmeisterschaften/Junioren South-Bend/Indiana/USA/1., Mannschaft/1., 2000/01 OS Mannschaft/3., Einzel/14. E.: Silbernes Lorbeerblatt. M.: Fechtgemeinschaft CTG Königsbacher Koblenz. H.: Rockmusik, Computer, Filme schauen, Sport.

Bauer Detlef *)
Bauer Dietmar
B.: Partner, Kfm., Jurist. FN.: DEWICO Deutsche Wirtschafts-Consult GmbH. DA.: 10179 Berlin, Rungestr. 19. G.: Sehma/Erzgebirge, 3. Sep. 1948. S.: 1967 Abitur Halle, 1967-72 Stud. Diplomatie am Moskowskij-Institut MGIMO Inst. f. Intern. Beziehungen in Moskau. K.: 1972-79 Ministerium f. Auswärtige Angelegenheiten d. DDR, 1977-79 in Botschaft in London, 1979-90 Beratergruppe d. Ministerrats, zuständig f. Intern. Beziehungen, spez. Balkan u. Westeuropa, b. z. Dt. Einheit 1990, 1991-94 E.U.R.O. GmbH, Begleitung f. dt. Firmen in Rußland u. GUS-Staaten, auch Großprojekte, 1994-97 BDM Consulting, zuständig f. Projektentwicklung Osteuropa, auch Indien, Pakistan, China als Prok., 1997 Übernahme d. DEWICO GmbH gemeinsam m. Axel Zimmermann, Consulting f. dt. Unternehmen in GUS-Staaten, besonders Rußland u. Ukraine, auch f. russ. Firmen in Deutschland tätig. BL.: Wintersport Bezirksmeisterschaft Nordische Kombination. H.: Lesen, Geschichtsliteratur.

Bauer Eberhard Dipl.-Ing. *)
Bauer Eberhard *)
Bauer Edmund
B.: Bautechniker, Gschf. Ges. FN.: Projektgemeinschaft L & B KG. DA.: u. PA.: 09117 Chemnitz, Reichenbrander Str. 4. G.: Türkheim/Bayern, 20. Dez. 1940. V.: Karin, geb. Körner. Ki.: Dorothea (1968), Madeleine (1984), Ulrike (1986), Rebecca (1998). El.: Franz u. Maria Xaver, geb. Kolbinger. S.: 1954-58 Lehre als Maurer in Bad Wörishofen, 1960-61 Stud. konstruktive Bautechnik, Hoch- u. Tiefbautechnik. K.: 1958-60 Bauzeichner in Mindelheim, 1961-63 Geologie/Vermessungstechniker in Saarbrücken, 1963-71 Mitarb. Arch.-Büro St. Gallen/Schweiz u. Reineck, 1971-75 Baultr. in Österr., 1975-78 selbst. in Österr., 1978-80 Baultr. in Kempten, Diener & Steinhäuser, 1980 selbst. Baultr./Baubetreuer/Generalbauübernehmer, 1989 in d. neuen Bundesländern Betriebsberater, 1990 Tätig auf Immobilienstrecke. F.: Mitges. Immobilienfirma in Kaufbeuren. P.: 1992-97 Bauträger in Chemnitz.

Bauer Elmar *)
Bauer Eric W. Dr. *)
Bauer Erich Dipl.-Psychologe *)
Bauer Erich

B.: Orgelbaumeister i. R. FN.: Werkstätte für Orgelbau. DA.: 90522 Oberasbach, Jahnstr. 61. G.: Stuttgart, 18. März 1914. V.: Rosa, geb. Stör. S.: Paul u. Katharina. S.: 1929 Mittlere Reife Bürgerschule in Stuttgart, 1929-32 Lehre als Orgelbauer E. F. Walker Ludwigsburg, 1948 Meisterprüf. Aachen. K.: bis 1936 tätig als Orgelbauer in der Fa. Walker, 1936-39 Orgelbauer in Feuchtwangen, München und Braunschweig, 1939-45 Kriegsdienst, 1942 bei Sewastopol verwundet, 1945-48 franz. Kriegsgefangenschaft. danach selbst. Orgelbauer, 1948 Eröff. d. Orgelbauwerkstätte in Nürnberg. BL.: 146 Orgeln gebaut. H.: Fußball, Literatur, Kunst, Malerei, Sammeln v. realist. Kunst, Schnitzerei, Musik.

Bauer Erich Dipl.-Finanzwirt

B.: Steuerberater, Gschf. FN.: Bauer & Kollegen. DA.: 04129 Leipzig, Bitterfelder Str. 7-9. G.: Niederstaufenbach, 29. Mai 1939. S.: Lehre Ind.-Kfm. Kaiserslautern. K.: 1958 tätig in d. Finanzverw., 1960 Finanzwirt im öffentlichen Dienst, 1969 selbst. Steuerberater, 1970 selbst. Steuerberater in Kaiserslautern, 1974 Rechtsbeistand, 1990 Eröff. d. Kzl. in Leipzig u. in Rötha, seit 1992 nur in Leipzig tätig m. Schwerpunkt Steuerberatung f. mittelständ. Unternehmen u. Dienstleistungsunternehmen. P.: Präsentation in "Focus". M.: European Tax & Law, EWIV, Golfclub Sedin. H.: klass. Musik.

Bauer Ernst Dr. *)
Bauer Ernst Prof. *)
Bauer Ernst Gustav Siegfried *)
Bauer Ernst Waldemar Dr. rer. nat. Prof. *)

*) Biographie www.whoiswho-verlag.ch oder beigefügte CD-ROM

Bauer Ernst Dipl.-Bw.

B.: Gschf. Ges. FN.: Bauer & Kügler GmbH Wirtschaftsprüf.- u. Steuerberatungsges. DA.: 60311 Frankfurt/Main, Kaiserstr. 12. G.: Bad Vilbel, 29. Mai 1947. V.: Karola, geb. Lomb. S.: 1963 Mittlere Reife, 1963-66 Ausbild. Ind.-Kfm., 1970-73 Stud. Höhere Wirtschaftsfachschule mit Abschluß Dipl.-Bw. K.: 1973-81 Ang. d. Firma Arthur Andersen, 1980 Bestellung z. Steuerberater, 1981-85 Ltr. d. Abt. Rechnungswesen der Firma Tandem Computers u. b. 1994 European Tax-Manager, 1994-97 Gschf. Ges. d. Firma Steyer & Partner Steuerberatungs GmbH, 1994 Bestellung z. Wirtschaftsprüfer u. 1997 Umbenennung d. Firma Steyer & Partner in Bauer & Kügler GmbH. H.: Sport, Musik.

Bauer Eva-Maria *)

Bauer Ewald Dipl.-Kfm.
B.: Steuerberater. FN.: Bauer & Schäfer Steuerberater. DA.: 74072 Heilbronn, Cäcilienstr. 60. PA.: 74257 Untereisesheim, Lindenweg 5. G.: Calmbach, 17. Apr. 1947. V.: Vera, geb. Unterlauf. Ki.: Daniel (1980), Axel (1986). El.: Hugo u. Else, geb. Petruschke. S.: 1967 Abitur, 1967-68 Bundeswehr, 1968-75 Stud. BWL an d. Univ. Mannheim, 1975 Dipl.-Kfm. K.: 1975-84 Wirtschaftsprüferass., Prüfungsleiter u. Steuerberater einer Heilbronner Treuhand Wirtschaftsprüfungs u. Steuerberatungs GmbH, 1980 Steuerberaterprüfung, 1984 selbständiger Steuerberater, Grdg. d. Büros Bauer & Schäfer. F.: Beteiligt an mehreren Ges. M.: Golfclub Bad Rappenau. H.: Golf, Skifahren.

Bauer Friedrich Ludwig Dr. rer. nat.
B.: Ordinarius, em. o.Prof. d. Math. u. Informatik. FN.: TU München. PA.: 82288 Kottgeisering, Nördl. Villenstr. 19. G.: Regensburg, 10. Juni 1924. V.: Dr. Hildegard, geb. Vogg. Ki.: Gertrud (1975), Martin (1976), Margret (1979), Ulrich (1980), Bernhard (1984). El.: Ludwig u. Elisabeth. S.: 1942 Abitur, 1946-49 Stud. Univ. München, 1952 Prom. K.: 1954 Priv. Doz. TH München, 1958 a.o.Prof. u. Dir. Inst. f. Angew. Math. Mainz, 1963 o.Prof. u. Mitdir. d. Math. Inst. u. Rechenzentrums d. TH München, Mitdirektor d. Leibniz-Rechenzentrums d. Bayer. Ak. d. Wiss. P.: zahlr. Veröff., Kryptologie (1993), Entzifferte Geheimnisse (1995), Decrypted Secrets (1997). E.: 1968 Mtgl. d. Bayer. Ak. d. Wiss. München, 1971 Bayer. VO, 1974 Ehrendr. d. Univ. Grenoble, 1978 Wilhelm Exner-Med. d. Österr. Gewerbever. Wien, 1982 BVK 1. Kl., 1984 Mtgl. d. Dt. Ak. d. Naturforscher Leopoldina Halle, 1994 korresp. Mtgl. d. Österr. Akad. d. Wiss. in Wien, 1986 Bayer. Maximiliansorden f. Wiss., 1988 Ehrenring d. Dt. Museums, 1988 IEEE Pioneer Award, 1989 Dr. h.c. d. Univ. Passau, 1997 Heinz Maier-Leibnitz Med. TU München, 1998 Dr. h.c. d. Univ. d. Bundeswehr München. M.: Ehren-Mtgl. d. Ges. f. Informatik, Mtgl. Ges. f. Angew. Math. u. Mechanik, D. Math. Ver., Mtgl. d. CSU. H.: Klavier, Orgel.

Bauer Friedrich Dr. med. *)

Bauer Friedrich Dipl.-Ing. *)

Bauer Fritz Mag.
B.: Dir. F.: Österreich Werbung. DA.: 10789 Berlin, Tauentzienstr. 16. PA.: 10717 Berlin, Pfalzburger Str. 46. G.: Kirchdorf/Österr., 29. Sep.1947. V.: Susanne, geb. Rogy. Ki.: Maria Luise (1985), Elisabeth Camino (1994). El.: Friedrich u. Maria Luise, geb. Hörchinger. S.: 1966 Abitur, 1967-76 Stud. Soz.- u. Wirtschaftswiss. Univ. Innsbruck, Mag., gew. Tiroler Landesskilehrer, konzess. d. Fremdenführergewerbes. K.: 1979-83 Österr. Fremdenverkehrswerbung m. Einsatz New York u. Los Angeles, 1983-86 Paris, 1986-89 Frankfurt, 1989-95 Madrid, seit 1995 Berlin. P.: versch. Beiträge u. Art. zu Umwelt u. Tourismus. E.: 1992 u. 1993 1. Preis f. kreative Tourismuswerbung, Oscar del Turismo, Präs. d. Corps Touristik Spanien. M.: Bruderschaft St. Christopherus am Arlberg. H.: Berg, Oper.

Bauer Fritz
B.: Heilpraktiker in eigener Praxis. DA.: 90491 Nürnberg, Dr.-Carlo-Schmid-Str. 30. templer-1@t-online.de. G.: Bad Charlottenburg, 5. Nov. 1928. V.: Margarete, geb. Buschenhoff. Ki.: Wilfried (1947), Uwe (1954), Iris (1958). S.: 1953-56 Stud. HS f. Musik Dresden, 1956 Dipl.-Opernsänger, eit u. Naturheilkunde". K.: 1956-57 Sänger an d. Dresdner Staatsoper u. im Mozartchor in Dresden, Doz. an d. Volksmusikhochschule, 1957-63 Fahrlehrer im Raum Nürnberg m. 3 eigenen Fahrschulen, 1963-66 Ausbildung z. Heilpraktiker, 1967 Eröff. d. Heilpraktikerpraxis u. zeitweilig eigene Naturheilklinik; Funktion: Prof. en Naturopathie d. Federation Francaise de Naturopathie, Vortragsreisen. M.: Ehrensenstor d. Templerherren-Orden. H.: Musik, Gesang, Keyboard, Gitarre, Mandoline u. Klavier spielen, Reisen, Goldschmiedearbeiten, Videofilmen, Computerfilmschnitte.

Bauer Gabi
B.: Moderatorin. FN.: ARD-Fernsehen. DA.: 22504 Hamburg-Lokstedt, Gazellenkamp 57. G.: Celle, Juli 1962. V.: Uli Exner (Lebensgefährte). KI.: Mats (2001), Adrian (2001). S.: 1981 Abitur Celle, 1981-88 Stud. Anglistik u. Romanistik Hamburg, Hannover, Kalamazoo-College Michigan, Univ. de Grenoble. K.: 1988-92 radio ffn Niedersachsen, journalist. Ausbild., Reporterin, Moderatorin im Regionalstudio Braunschweig, Redakteurin, Moderatorin f. Nachrichten u. Politik in d. Sendezentrale Hannover, zuletzt stellv. Abt.-Ltr., 1992-95 NDR Hörfunk Hamburg, Redakteurin, Moderatorin, Planerin NDR 2 u. NDR 4, Kurierredaktion, Reporterin f. NDR 2 u. NDR 4, 1995-96 NDR-Fernsehen, Landesfunkhaus Hannover, Moderatorin. Niedersachsen-Magazin u. div. N 3- u. ARD-Sondersendungen, Reporterin f. N3 u. ARD-aktuell, 1997 Moderatorin d. "Tagesschau um 5", seit 6. Sep. 1997 Moderatorin d. "Tagesthemen". E.: 1998 Gold. Löwe, 1998 Bambi, 1998 Telestar, 2000 Hanns-Joachim-Friedrichs-Preis. (Re)

Bauer Gabriele Dipl.-Marketingwirt
B.: Grafik- u. Webdesignerin, Inh. FN.: artWORKS. DA.: 93043 Regensburg, Grossprüfening 31 a. G.: Regensburg, 12. Aug. 1966. El.: Johann u. Lieselotte Bauer, geb. Braun. S.: 1990 Fachabitur, 1996-97 Stud. Marketing Bayr. Ak. d. Werbung m. Dipl.-Abschluß m. Ausz. K.: 1990-92 Personalsachbearb., 1993-96 Praktikum in d. Werbeagentur in Regensburg u. erste Kontakte m. Mac Intosh, 1996 selbst. m. Schwerpunkt Umageebroschüren, Speise- u. Getränkekarten, Geschäftsausstattungen u. Flyer u.a. f. Ramazotti, Theaterfreunde Regensburg, Schloßbrauerei Eichhofen u. Bauers Backstube, 1997-98 freiberufl. tätig m. Agentur f. Konzept, Design u. Web-Design. H.: Urlaub, Radfahren.

Bauer Georg Dr. rer. nat. *)

Bauer Gerd Dr.
B.: Dipl.-Mikrobiologe, Vorst.-Vors., Gschf. Ges. FN.: Bild-Werk f. Gesundheitsberufe e.V.; Privatak. f. Physiotherapie GmbH; Physiotherapiepraxis Nordstr. 54. DA.: 99086 Erfurt, Friedrich-Engels-Str. 56 PA.: 99086 Erfurt, Magdeburger Allee 73/75. G.: Mainz, 4. Mai 1941. El.: Heinrich u. Elfriede, geb. Bacher. S.: 1960 Abitur, 1960-61 Bundeswehr,

---
*) Biographie www.whoiswho-verlag.ch oder beigefügte CD-ROM

1963-69 Stud. Mikrobiologie u. Biochemie Univ. Frankfurt, 1969 Dipl.-Biologe, 1973 Prom. K.: 1962 Beschäftigung in Buchverlag u. Buchvertrieb, 1971-72 Doz., 1973-77 Redakteur f. Biologie u. Chemie im Schulbuchverlag Quelle u. Meyer, 1977-79 Abt.-Ltr. "Wiss. Information u. Werbung" b. Hermal-Chemie Hamburg, 1979-82 Mitarb. in einer pharmazeut. Fachagentur Agentur Boerner Frankfurt, 1982-92 Gschf. Ges. d. "Zentrums f. med. Fortbild." GmbH Bad Homburg, seit 1992 Doz. an d. Privatak. f. Physiotherapie GmbH u. am Bild.-Werk f. physiotherapeut.-krankengymnast. Berufe e.V., 1992 Gschf. Ges., Inh.

Bauer Gerd

B.: Grafik-Designer, Inhaber. FN.: phase-zwei Werbung & Design. DA.: 79106 Freiburg, Klarastr. 66. PA.: 79292 Wittnau, In den Haseln 24. gb@phase-zwei.de. www.phase-zwei.de. G.: Rotweil, 27. Mai 1968. V.: Monika, geb. Schulz. Ki.: Lara (1996). El.: Richard u. Ingeborg, geb. Boye. S.: 1977 Mittlere Reife, Ausbild. als Koch, Gesellenprüf. K.: Koch, 1986 Abitur auf d. 2. Bild.-Weg, Stud. Grafik-Design in Freiburg, seit 1977 selbst., Schwerpunkte: Grafik-Design, Abfallwirtschaft, Umweltschutz. P.: CD. M.: AGD. H.: Zeichen, Malen, Familie.

Bauer Gerdi

B.: Bankkauffrau, selbständig. FN.: Finanzservice Bauer C/O Büroservice. DA.: 86179 Augsburg, Sämanstr. 5. PA.: 86836 Graben, Kornstr. 7. bauer@t-online.de. G.: Ludwigsburg, 20. März 1953. V.: Siegbert Bauer. BV.: Grizlen Carl 1886 Schiffsmotorenfabrik in Ludwigsburg. S.: 1970-73 Lehre Bankkauffrau. K.: 1973-79 Angestellter in einem Bankunternehmen, 1979 selbst. m. Schwerpunkt Baufinanzierung in Stuttgart, seit 1986 selbst. m. Finanzdienstleistungen in Augsburg, 1999 Eröff. d. Büroservice. M.: Kartei d. Not (seit 1986), Hilfswerk f. notleidende Personen in Augsburg, Elterninitiative zugunsten krebskranker Kinder (2000). H.: Skifahren, Esoterik, Freundeskreis, Reisen.

Bauer Gerhard Dr. *)

Bauer Gerhard Dipl.-Ing. Prof. *)

Bauer Gert Dipl.-Ing. *)

Bauer Gottfried *)

Bauer Gudrun Edelgard *)

Bauer Günter Dipl.-Ing.
B.: Ing., selbständig. FN.: Bauer Ingenieurbüro, Baustatik & Konstruktion. DA.: 76646 Bruchsal-Heidelsheim, Marktpl. 8. info@bauer-statik.de. www.bauer-statik.de. G.: Bruchsal, 21. Aug. 1965. V.: Ute, geb. Seidel. El.: Siegfried u. Ursula, geb. Kranich. S.: 1980-83 Maurerlehre, 1983-84 Berufsaufbauschule z. Mittleren Reife, 1984-85 Berufskolleg in Bruchsal z. Erwerb d. FH-Reife, 1985-92 Stud. Bauwesen, Fachrichtung konstruktiver Ingenieurbau in Karlsruhe, m. Abschluss Ing., zeitgleich 1987 Zivildienst, 1992 Dipl. z. Dipl.-Ing. im Bauwesen. K.: 1992-94 tätig als ang. Bauingenieur, 1992 Realisierung d. 1. Bauvorhabens als Tragwerkplaner, 1994 Eröff. d. eigenen Ingenieurbüro in Heidelsheim, 1996 Umzug in d. eigenen Büroräume am Heidelsheimer Marktplatz. H.: Sport - Radfahren, Skifahren.

Bauer Günther *)

Bauer Hannes *)

Bauer Hans *)

Bauer Hans *)

Bauer Hans Dipl.-Ing. *)

Bauer Hans August
B.: Heilpraktiker, geprüf. Graphologe d. Privatschule Hirsau, Assessor. DA.: 90480 Nürnberg, Neuweiherstr. 4. G.: München, 16. Okt. 1933. V.: Maria. KI.: Alexander (1963), Judith (1964), Johannes (1972). El.: Dipl.-Ing. Hans u. Kunigunde. BV.: Albrecht von Haberland, 1598 geadelt als Zeugwart von Ober- u. Niederlausitz. S.: RG, Ludwig Maximilian Univ. München, 1. Jur. Staatsprüf. 1959, Stud. Psychol., Ausbild. z. Rechtsreferendar, 2. Jur. Staatsprüf. 1964. K.: 1964-67 Staatsbeamter, 1967-70 Ltr. d. SOS-Kinderdorfes, 1970 freiberufl. tätig als Graphologe, Firmenberater, Heilpraktiker; Doz. f. Akupunktur an d. Heilpraktiker Schule. E.: 1978-85 Beis. d. ges. vorgeschr. Prüf.-Komm. am Gesundheitsamt f. Heilprakt. Jul.-Prüf., 1986 Präs. d. Dt. Verkehrswacht. M.: Bayr. RK, Gepr. Voll-Mtgl. d. Arge f. klass. Akupunktur u. trad. chines. Med., Ass. Mtgl. d. Dt. Ges. f. Geobiologie, Mtgl. d. Förderkreises d. Hauses St. Benedikt. H.: Wandern, Amateurfunk, Esoterik, Mystik.

Bauer Hans Hermann Dr. med. Prof.
B.: ehem. Dir. d. Poliklinik Phoniatrie/Pädaudiologie. FN.: Univ. Münster. PA.: 48165 Münster, Neisemeyerweg 2a. G.: Ludwigshafen, 6. Apr. 1926. V.: Gisela, geb. Konerding. Ki.: Heide, Martin. El.: Dr. Hans u. Hilde. S.: 1944 Abitur, 1946-51 Stud. in Mainz u. Heidelberg, Staatsexamen, 1952-67 Univ. HNO-Klinik Heidelberg. K.: 1963 Habil., seit 1967 Univ. Münster, Dir. d. Poliklinik f. Phoniatrie/Pädaudiologie, seit 1975 o.Prof., 1. Lehrstuhl f. Phoniatrie u. Pädaudiologie, seit 1991 emeritiert. P.: 160 wiss. Veröff., MH. Diff.-Diagnose v. Sprach-, Stimm- u. Hörstörungen (2. Aufl. 1998 Wötzel, Frankfurt/M.). M.: Dt. Ges. f. HNO-Heilkunde, Dt. Ges. f. Sprach- u. Stimmheilkunde, s. 1981 Präs., s. 1987 Ehrenpräs., Korresp. u. Ehrenmtlg. in wiss. Ges., Dt. Ges. f. Phoniatrie u. Pädaudiologie, Intern. Ges. f. Logopädie u. Phoniatrie. H.: klass. Musik, Klavier.

Bauer Hans-Dieter Dr. Ing. *)

Bauer Hans-Georg *)

Bauer Hans-Peter *)

Bauer Hans-W.
B.: Rechtsanwalt. FN.: Kzl. Bauer & Partner RA, Wirtschaftsprüfer u. Steuerberater. DA.: 93049 Regensburg, Augustenstr. 19. PA.: 93051 Regensburg, Fasanerieweg 3. G.: Nürnberg, 10. März 1951. V.: Ursula, geb. Raab. Ki.: Angela (1984). El.: Ernst u. Annemarie. S.: 1981 Abitur, 1981 2. Staatsexamen. K.: 1981 Kzl.-Eröff. H.: Tochter, alte Autos, Schwimmen, Radfahren. (C.B.)

---

*) Biographie www.whoiswho-verlag.ch oder beigefügte CD-ROM

Bauer Hans W. Dipl.-Math.

B.: Unternehmer, Inh. FN.: Bauer Consulting, Vertriebs- u. Marketing Service. DA.: 80797 München, Winzererstr. 129. hwbauer@aol.com. G.: Potsdam, 11. März 1945. Ki.: Kathrin (1967), Antje (1969). S.: 1963 Abitur, 1963-69 Stud. Math., Informatik u. BWL, Abschluß Dipl.-Math. K.: 1969-78 tätig als Statistiker, 1978-80 an d. Ing.-Schule in Ost-Berlin als Lehrer f. Math. u. DV, 1980 Flucht in d. Westen, tätig b. Computerhersteller in München, seit 1992 selbst. P.: Vorträge u. Lehrgänge an FHS. M.: ehem. Mtgl. d. Nationalmannschaft. H.: Fliegen, Teilnahme an WM u. nat. Meisterschaften im Motorkunstflug.

Bauer Harald *)

Bauer Hartmut Dr. med.

B.: FA f. Innere Med. DA.: 59821 Arnsberg, Alter Markt 7. PA.: 59821 Arnsberg, Auf dem Lüsenberg 39. G.: Bünde, 18. März 1943. V.: Dr. med. Gertrud, geb. Schallenberg. Ki.: 5 Kinder. S.: 1962 Abitur, 1962-68 Med.-Stud. Marburg, Münster, Wien u. Kiel, 1969 Prom. u. K.: Ausbild. im Clemenshospital Münster u. Marienhospital Arnsberg, 1975 FA f. Innere Med., seit 1975 zusammen m. d. Ehefrau ndlg. als FA in Arnsberg. M.: CV Rhenania Marburg, Lions Club Arnsberg. H.: Klavier, Schifahren, Tennis, klass. Musik.

Bauer Hartwig Dr. med. Dr. med. habil. Prof.
B.: Chefarzt d. Chir. Abt. u. Ärztl. Dir. FN.: Kreis-KH Altötting. DA.: 84503 Altötting, Vinzenz- von-Paul-Str. 10. PA.: 84524 Neuötting, Fischervorstadt 44. G.: Eichstätt/Bay., 10. Juni 1942. V.: Heidi, geb. Auer. Ki.: Susanna, Nadja. S.: Hum. Gymn. in Eichstätt, Stud. Med. in München, 1967 Prom. z. Dr. med. K.: nach d. Staatsex. 2 J. Med.-Ass. im Kreis-KH Kipfenberg, FA f. Chir. 1975, f. Unfallchir. 1979, Habil. u. Ern. z. Priv.-Doz. 1977, Ernenn. z. Prof. 1980, 1969-80 Wiss. Ass. u. später Privatdoz. u. OA b. Prof. Dr. Holle a. d. Chir. Poliklinik d. Univ. München, 1972-73 Wehrdienst als Stabsarzt a. d. San.-Akad. München, s. 1981 Chefarzt d. Chir. Abt. u. Ärztl. Dir. d. Kreis-KH Altötting. P.: Buch: Nichtresezierende Ulcuschirurgie (1980), insges. 200 wiss. Aufsätze u. Ref. a. d. Geb. d. Gastroenterologie u. gastroenterolog. Chir., d. Allgem.-Chir., Unfallchir. u. Notfallmed., Qualitätssicherung, Krankenhausmanagement, Mithrsg. d. Zeitschrift "Viszeralchirurgie". E.: 1975 Otto Goetze-Preis d. Ver. Bay. Chir., 1978 Johann Nepomuk Nussbaum-Preis d. Ver. Bay. Chir., 2000 Jubiläumspreis d. Dt. Ges. f. Chirurgie (2000). M.: Vors. d. Ver. Bayer. Chir. 1988/89, Präs. d. Dt. Ges. f. Chir. 1996/97, Korresp. Mtgl. Österr. Ges. f. Chir. 1997, Ehren-Mtgl. d. Königl. Akad. f. Med. u. Chir. v. Granada 1997, 2. Dt. Innovationspreis "Med. u. Gesundheit" 1999, Mtgl. d. Wehrmed. Beirats, Fachberater bei d. Bay. Ärztekammer. H.: Bergsteigen, Schifahren.

Bauer Hartwig Wilhelm Dr. Univ.-Prof. *)

Bauer Heiko
B.: Gschf. Ges. FN.: Leipziger Immobilien u. Anlagen GmbH. DA.: 04109 Leipzig, Barfußgäßchen, 13. limag@t-online.de. G.: Jena, 12. Apr. 1967. V.: Grit. Ki.: Thora (1998). S.: 1985 Abitur, Wehrdienst, 1989-94 Stud. Päd. Sport u. Biologie f. Lehramt an Gymn. Univ. Halle-Wittenberg. K.: 1994-97 selbst. Immobilienmakler, 1997-2000 Ndlg.-Ltr. eines Immobilienunternehmens, 2000 Grdg. d. Immobilienkzl. in Leipzig m. Schwerpunkt Beratung, Projektentwicklung, Immobilienmanagement u. Vermittlung. H.: Volleyball, Skifahren.

Bauer Heinz
B.: Verleger, Komplementär d. Heinrich Bauer Verlag, Heinrich Bauer Spezialzeitschriften Verlag, Bauer Druck KG. DA.: 20095 Hamburg, Burchardstr. 11. G.: 28. Okt. 1939. V.: Gudrun. H.: Fliegen.

Bauer Heinz-Jürgen *)

Bauer Helga *)

Bauer Helmar *)

Bauer Helmut *)

Bauer Helmut Dr. rer. nat. Prof.
B.: Chemiker. DA.: 69120 Heidelberg, Jahnstr. 29. PA.: 69198 Schriesheim, Kätchen-von-Heilbronn-Str. 1. G.: Ludwigshafen a. Rh., 16. Juli 1935. V.: Sabine, geb. Fahr. S.: Gymn., HS. 1957 Vordipl., 1959 Hpt.Dipl., 1962 Prom. S. 1972 Habil., 1980 apl. Prof. P.: Publ. in dt. u. angelsächs. Zeitschriften, Koautor v. Buch: Azolides in Organic Synthesis and Biochemistry, Wiley-VCH 1998.

Bauer Helmut Franz Dr. rer. nat. Dr.-Ing. h.c. Prof.
B.: Dipl.-Math., Ltr. d. Inst. f. Raumfahrttechnik, Prof. i.R. PA.: 83104 Hohenthann, Bergstr. 5. G.: Worms, 21. Sept. 1926. V.: Dr. Angela, geb. Schneider. El.: Franz u. Betty. S.: 1946 Abitur, Stud. Math. u. Physik Univ. Mainz u. TH Darmstadt, 1954 Dipl.Math., 1962 Dr. rer. nat. K.: 1953-55 wiss. Mitarb. Fernmeldetechn. Zentralamt Darmstadt, 1955-56 wiss. Mitarb. Inst. f. Luftfahrttechnik TH Darmstadt, 1956-63 Army Ballistic Missile Agency und NASA Marshall Space Flight Center, Mitarbeit an Explorer (1. west. Satelit), Mercury (1. west. Astronaut im Raumflug), Jupiter-Rakete, Juno 2 (Mondschuß), (Satellit) Saturn 1, Saturn 5, Apollo-Mondlandeflug, 1957-63 Ass. u. Assoc. Prof. Univ. Alabama, 1963-74 Prof. Georgia Inst. of Technology Atlanta, 1976 Ltr. Inst. f. Raumfahrttechnik Univ. d. Bundeswehr München. P.: 276 Veröff. in Fachzeitschriften. E.: Sustained Superior Performance Award by the Department of the Army 1960, Sigma X Preis 1966, 1969, Alexander v.-Humboldt Preisträger 1973/74, Kentucky Colonel. H.: Philosophie, Literaturwiss., Musik, Engl. Literatur.

Bauer Herbert Friedrich Dr. iur. *)

Bauer Herbert
B.: Koch, Unternehmer, selbständig. FN.: Höhenrestaurant Hirscheck. DA.: 88212 Ravensburg, Hinzistobel 1. G.: Salzburg, 10. März 1946. V.: Elfriede, geb. Reich. Ki.: Andreas (1974). El.: Dr. Dr. h.c. Karl u. Leni, geb. Krieger. BV.: Familienchronik reicht zurück b. ins 13. Jhdt. S.: Mittlere Reife, 2 J. Kochfachschule in Wien, Militärdienst b. Österreichischen Bundesheer, während d. Sommersaison Tätigkeit in verschr. Restaurants im Salzkammergut. K.: gleichzeitig Werkskantine im väterl. Pharmawerk aufgebaut, 1966 als Jungkoch z. Dt.

*) Biographie www.whoiswho-verlag.ch oder beigefügte CD-ROM

Lufthansa u. 3/4 J. Steward an Bord, 1970-71 Hotelfachschule Heidelberg, s. 1976 selbständig in Ravensburg, zunächst Gschf. u. ab 1973 Pächter d. Hotel Engel sowie v. Restaurant Bärengarten, seit 1980 Inh. d. Restaurant Hirscheck. E.: div. Auszeichnungen d. HOGA und 1 Goldmedaille d. Schweizer Kochclub. M.: Mtgl. im Schwäbischer Alpenverein, HOGA, Verkehrswacht, pass. im Fanfarenzug Ravensburg. H.: Reiten, Wandern, Zinn u. altes Porzellan.

Bauer Horst Gustav Dr. iur. utr. *)

Bauer Hugo Dipl.-Ing. *)

Bauer Ingo E. *)

Bauer Joachim Dipl.-Ing.

B.: selbst. Architekt. DA.: 80639 München, Jagdstr. 5. G.: Aschaffenburg, 26. Apr. 1961. V.: Susanne, geb. Fellner. Ki.: Julia (1988), Konstantin (1993). El.: Anton u. Ingeborg. S.: 1980 Abitur Hanau, 1980-81 Praktiken in Südamerika, 1981-82 Praktikum in Deutschland, 1982-88 Arch.-Stud. in Hagen, Dipl.-Ing. Architekt. K.: 1988-92 Tätigkeit im Arch.-Büro Freiherr von Branka in München, ab 1993 selbst. m. eigenem Arch.-Büro, Schwerpunkt: Ltg. u. Durchführung mittlerer u. größerer Bauvorhaben. M.: Arch.-Kam. H.: Musik (Schlagzeug spielen), Segeln (Meer), Reisen.

Bauer Joachim *)

Bauer Jochen Dr. med. dent. *)

Bauer Jörg *)

Bauer Josef
B.: Gschf. FN.: Strahltechnik Kähler. DA.: 23554 Lübeck, Einsiedelstr. 6. G.: Wien, 19. Feb. 1948. S.: 1962-66 Ausbild. z. Maschinenbauer in Firma Heller Graz, 1968 Grundwehrdienst b. Österr. BH. K.: 1968-69 Maschinenbauer in Firma Heller Graz, 1969 Übersiedlung nach Deutschland, 1969-71 Versuchs- u. Kundensonderwunschabt. Firma MAN München, parallel dazu EDV-Stud. in d. Bayer. FH f. Datenverarb., 1972-82 Entwicklung, Forsch. u. Fertigung in div. Firmen in München, seit 1982 selbst., 1984 Grdg. d. Firma Stein- u. Denkmalpflege in Hamburg-Rosengarten. H.: Tauchen, Reisen, Skifahren.

Bauer Josef Jürgen *)

Bauer Karl Dr.-Ing. Dir. *)

Bauer Karl-Heinz *)

Bauer Karl-Heinz Dr. med. Dipl.-Psych. *)

Bauer Karlheinz

B.: Kfm., Inh. FN.: Becker & Exner Herrenbekleidung. DA.: 95444 Bayreuth, Dammallee 19. PA.: 95466 Weidenberg, Eichendorffring 23. G.: Leisau, 7. Dez. 1947. V.: Ingrid, geb. Bischof. Ki.: Anja (1969), Markus (1971), Stefan (1981). El.: Anna Bauer. S.: 1962-65 Lehre Einzelhdl.-Kfm. Firma Walter Barthel. K.: 1966 Eintritt in d. Firma Becker & Exner u. 1990 Übernahme d. Geschäftes. P.: Veröffentlichungen in der Tagespresse u. im geschichtl. Buch über Bayreuth. M.: Spielvereinig. Goldkronach, Vollkugelklub Leisau. H.: Fußball, Kegeln.

Bauer Klaus-Martin
B.: RA, Gschf. Wirtschaft u. Recht. FN.: Verb. Beratender Ing. DA.: 10787 Berlin, Budapester Str. 31; B-1030 Brüssel, Place des Chausseures Ardennais 20. bauer@vbi.de. www.vbi.de. G.: Bonn-Bad Godesberg, 21. Mai 1962. V.: Stefanie Mathes. El.: Dr. Ferdinand Bauer. S.: 1981 Abitur, 1981-82 Wehrdienst, 1982-91 Stud. Rechtswiss. an d. Univ. Köln u. Bonn, 3 Monate in Oxford, 1991 1. Staatsexamen, 1. J. wiss. Mitarb. b. MdB Eva Maria Kohrs, 1992-95 Referendariat OLG-Bez. Köln, 6 Monate Kzl. Lilienthal & Fowler in San Francisco u. 6 Monate b. Kölner Oberbgm. Burger, 1995 2. Staatsexamen, 1995-96 Fortbild. in Arch.- u. Ing.-Recht an Ing.-Ak. Nord in Bonn. K.: seit 1996 b. VBI, anfangs Mtgl. Rechtsabt., 1997 Aufbau Referat Außenwirtschaft in Brüssel, seit 2001 Gschf. Bereich Wirtschaft u. Recht. M.: Europ. Dachverb. EFCA u. FIDIC, seit 1982 FDP. H.: Fotografie, USA- u. Italienreisen.

Bauer Knut *)

Bauer Krimhild *)

Bauer Liane *)

Bauer Lisa Grafik-Designerin (Dipl.) *)

Bauer Lothar Dipl.-Designer/FH

B.: Dipl.-Designer (FH), freischaffender Künstler. FN.: Lothar Bauer Art & Design. DA.: 90409 Nürnberg, Schlüsselfelder Str. 16. G.: Schnaittach/Bayern, 31. Mai 1961. El.: Josef u. Hildegard. S.: 1977 Mittlere Reife Lauf, 1977-80 Fachoberschule Bereich Gestaltung in Nürnberg, 1980 FH-Reife, 1980-88 Gestaltung an d. FH-GSO Nürnberg, 1988 Dipl.-Designer (FH). K.: seit 1982 freie Arbeiten z. Thema "Mensch" in Öl, Tempera, Aquarell u. Zeichnungen, seit 1985 freischaffender Maler, Illustrator, Designer u. Grafiker, freie Mitarbeit in Designstudios u. Agenturen u. selbständige grafische u. konzeptionelle Betreuung v. Unternehmen im Bereich Mode, Versicherung, Denkmalpflege, Architektur, Industrie, Handel, Grafische Betreuung v. Kultur- u. Modeevents. BL.:

*) Biographie www.whoiswho-verlag.ch oder beigefügte CD-ROM

Bauer

seit 1983 regelmäßige Ausstellungen z.B. 1992 u. 1993 Galerie Kunstraum Köln, 1993 Schloß Leitheim Kaisheim, 1996 München Symbiose 2, Kunsthandel Henninger/Metz de Benito; Malreisen: 1982 Südfrankreich, 1990 Kenia, 1991 Ägypten, 1992 Fuerteventura, 1993 Portugal, 1992-99 8x Bali/Indonesien. H.: Literatur, asiatische Kultur, alternative Medizin, Musik, Sport (Fitness), Reisen., Bonsai.

Bauer Lothar *)

Bauer Ludwig Dr.
B.: Vorst. Bereich Fernsehen. FN.: ProSieben Media AG. DA.: 85773 Unterföhring. www.prosieben.de. G.: Freyung, 14. Apr. 1957. S.: 1976 Abitur Passau, 1977-84 Stud. Germanistik u. Anglistik LMU München. K.: 1982-84 freier Mitarb. b. Bayer. Rundfunk/Hörfunk, 1984 Mag., seit 1986 Mithrsg. d. film- u. medienwiss. Publ.-Reihen "diskurs film - Münchner Beiträge z. Filmphilologie" u. "diskurs film Bibliothek", 1989-90 wiss. Mitarb. am Inst. f. dt. Philol. d. Univ. München, 1991 Prom. z. Dr. phil., freier Mitarb. b. Bayer. Rundfunk/Fernsehen, 1991/92 Lehrbeauftragter f. Filmphilol. an d. Univ. München, 1992 Ltr. d. Programmforsch., stellv. Programmdir. u. Ltr. d. Programmplanung b. Pro Sieben, 1996-99 Gschf. Kabel 1 GmbH, seit 6/99 Vorst. Bereich Fernsehen b. ProSieben Media AG.

Bauer Manfred Dr. med. Prof. *)

Bauer Manfred *)

Bauer Manfred *)

Bauer Martin *)

Bauer Maximilian *)

Bauer Michael

B.: Dreher, Inh. FN.: Techn. Publishing Michael Bauer. DA.: 66424 Homburg, Storchenstr. 23. techn.pub@t-online.de. www.team-bauer.de. G.: Homburg, 11. März 1955. V.: Hildegard, geb. Klein. El.: Edwin u. Erika, geb. Pink. S.: Ausbild. Dreher Firma Krupp-Gerlach Homburg, 1973 Gesellenprüf., 1974-76 Bundeswehr, b. 1989 Weiterbild. Firma John Deere Zweibrücken, 1985-89 Weiterbildung Maschinenbautechniker Abendschule in Blieskastel, Saarbrücken u. St. Wendel, 1989 Abschluß Maschinenbautechniker. K.: b. 1996 Maschinenbautechniker in d. Firma John Deere in Zweibrücken, seit 1994 selbst. als techn. Redakteur f. Erstellung v. techn. Dokumentationen, Ersatzteilkatalogen, techn. Handbüchern u. Bedienungsanleitungen. H.: Jagd, Naturschutz.

Bauer Michael Dipl.-Ing. *)

Bauer Monika
B.: RA. DA.: 72762 Reutlingen, Friedrich-Ebert-Str. 9/1. mbauer@transtec.de. G.: Hildesheim, 5. März 1959. S.: 1977 Abitur Giengen a.B., 1978 1 J. Praktikum Kinderhort, 1978-80 Volontariat b. d. Schwäbischen Post, Ausbild. als Redakteur. K.: ab 1987 Verw.-Ang. u. Dir. Univ. Tübingen, ab 1988 im PersonalR. d. Univ. Tübingen, ab 1992 Stud. Rechtswiss. Univ. Tübingen, durch ein Stipendium d. Hans-Böckler-Stiftung Düsseldorf, 1997 1. u. 1999 2. Staatsexamen, ab 1999 freie RA, Tätigkeitsschwerpunkt: Insolvenzrecht, Ges.-Recht, Arbeitsrecht. H.: Sport, Laientheater "NN-Tübingen".

Bauer Norbert *)

Bauer Paul

B.: Kfm., Inh., Gschf. FN.: Ligtwave Communications GmbH & Co Hdls. KG. DA.: 81677 München, Zaulzerstr. 11. PA.: 81675 München, Prinzregentenpl. 15. paulb @lightwave.de. www.lightwave.de. G.: München, 6. Mai 1970. V.: Sevilay Pecdogan. Ki.: Lara (1999). El.: Dieter u. Daniele, geb. Mezzo Mezzi. S.: 1991-92 Bundeswehr Ulm-Fürstenfeldbruck, 1992-96 Stud. BWL Univ. Augsburg. K.: 1994-98 Silicon Graphics Hardware Computer Firma Light and Graphic zuständig Channel Marketing, seit 1996 Betreuung d. Wiederverkäufer, Motivieren f. d. Produkte v. Silicon Graphic, Produkteinführung d. Hardware v. Lightwave Communication in Europ. Automotiv Markt, seit 1998 alleiniges Vertriebsrecht f. Gesamteuropa u. Ausdehnung d. Produkt- u. Kompetenzen auf Surverraum, Management Lösungen. H.: Oldtimer, Geschwindigkeit, Berge, Natur, Meer.

Bauer Peter Dipl.-Kfm. *)

Bauer Petra

B.: Dipl.-Biologin, Dipl.-Psychologin, Feng-Shui-Beraterin, selbständig. DA.: 79112 Freiburg, Im Hausgarten 29. info@petrabauer.com. www.petrabauer.com. G.: Offenburg, 5. Okt. 1957. V.: Otmar Bauer. Ki.: Simon. El.: Rolf-Otto Schenkel u. Isolde, geb. Labsch. S.: 1976 Abitur Offenburg, 1984 Stud. Dipl.-Biologin Univ. Freiburg, 1990 Dipl.-Psychologin Univ. Freiburg. K.: Heilpraktikerin, Reiki-Lehrerin, Dipl.Feng Shui-Beraterin, Dipl. Radiästhetin, Magnified Healing Lehrerin. Ausbildung in klientenzentrierter Gesprächsführung, NLP u. Hypnose, Lig. v. Ausbildungen z. NLP-Practitioner, Reiki-Meister u. Lehrer, Magnified Healing Lehrer. BL.: Seminartätigkeit in Inst. d. Erwachsenenbildung, Univ. Freiburg u. VHS d. Regio. P.: "Die räumliche Orientierung des Rumpfes als Determinate kontralateraler Beeinträchtigung bei Neglect", H.O. Karnath, P. Schenkel, B. Fischer, 1990. H.: Lesen, Garten, Tanzen, Kunst.

Bauer Ralf
B.: Schauspieler. DA.: 76485 Baden-Baden, Postfach 100426. G.: Karlsruhe, 12. Sep. 1966. V.: Sonsee Ahray Floetmann (Lebensgefährtin). S.: Ausbild. Schauspiel- u. Musicalschule in Hamburg. K.: 1990-93 Moderator d. "Disney-Clubs", TV-Serie "Gegen d. Wind", TV-Film "Küsse niemals deinen Chef", TV-Serien "Tatort", Spielfilmdebüt "Workaholic", "Oh Baby" 1999 "Neumond", 2000 zus. m. Blacky Fuchsberger "Tristan u. Isolde", 2001 "Der Priestermacher".

*) Biographie www.whoiswho-verlag.ch oder beigefügte CD-ROM

Bauer Ralf Dieter *)

Bauer Reiner *)

Bauer Reinhard Dr. med. *)

Bauer Reinhard Dr. rer. pol.
B.: Vorst.-Vors. FN.: Paul Hartmann AG. DA.: 89522 Heidenheim/Brenz, Paul-Hartmann-Str. 12. www.hartmann.com.

Bauer Reinhard *)

Bauer Reinhold Dipl.-Vw.
B.: Gschf. FN.: Stuttgarter Versorgungs- und Verkehrsgesellschaft mbH. DA.: 70173 Stuttgart, Lautenschlagerstr. 21.

Bauer René Sebastian Dr. med.
B.: Chir. u. Orthopäde. DA.: 80331 München, Hochbrückenstr. 10. G.: Köln, 31. Okt. 1950. V.: Jeanette. Ki.: Sophie, Stephanie, Adrienne, Alice. El.: Roger u. Edith. S.: Franz. Schule, 1968 Abitur Straßburg, 1974 Med.-Stud. München, Militär Lyon. K.: FA f. Chir. Univ. München, Orthopädie Zürich u. München, seit 1987 Praxis m. ambulanter Chir., Ausstellung mod. Kunst. M.: Dt. Ges. f. Orthopädie u. Traumatologie, Dt. Ges. f. orthop. Fußchir. H.: Design, Politik, Literatur, Reisen bes. Italien. (G.R.)

Bauer Richard Dr. med. Dr. rer. nat. Prof. *)

Bauer Roland

PS.: "Rocco". B.: selbst. Musik-Clown. DA.: 88212 Ravensburg, Gespinstmarkt 5. G.: Ravensburg, 22. Jan. 1942. S.: Höhere Handelsschule in Ravensburg, Lehre z. Drogisten. K.: b. 1964 Drogist in Reutlingen, 1969 Ind.-Meister b. Thomae in Biberach/Riß, Umschulung z. Arbeits- u. Beschäftigungstherapeut, 1971 z. Zirkus, zunächst viele Gastauftritte b. kleineren Zirkussen, 1974 Österr. Nationalzirkus, 1975-76 Zirkus Giovanni Althoff, ab 1976 Therapeut in d. Psychosomat. Klinik Weissenau, seit 1992 selbst. als Musik-Clown m. Auftritten in Schulen u. Kindergärten in Gesamtdeutschland, Österr. u. d. Schweiz, dazwischen 1982 Grdg. d "Bodensee-Varietée", 1999 als erster Dt. Clown in Weissrussland auf Tournee m. zahlr. Gastspielen u.a. f. krebskranke Kinder d. Tschernobyl-Katastrophe, 2000 2. Tournee nach Weissrussland u. Polen, 3. Tournee f. 2002 geplant, einziger Clown, d. m. einem Beil auf einer Säge musiziert. E.: Silb. Ehrennadel d. Zirkusfreunde, Urkunde d. Theaterfestival Baden-Baden. H.: kuriose Musikinstrumente, Requisiten selber bauen.

Bauer Roland Dipl.-Wirtschaftsing. *)

Bauer Rolf
B.: Gschf. FN.: Musik u. Kunstschule gGmbH Lübeck; Kindertagesstätte "Der kleine Mukk". DA.: 23552 Lübeck, Kanalstr. 42-28. G.: Oberhausen, 23. März 1951. V.: Angela, geb. Knabjohana. Ki.: Katrin (1977), Christian (1980), Martin (1984). S.: 1968 Mittlere Reife, Unterricht klass. allg. Musiklehre Musik-HS Lübeck, Stud. Musik-HS Lübeck, 1975 Examen StMP Gitarre, Stud. Fach MFE/MAG, 1977 Erweiterungsprüf. d. StMP., 1980-82 Weiterbild. Ltg. u. Werbg. v. Popgruppen. K.: seit 1970 Lehrauftrag f. Gitarre an d. PH Lüneburg (bis 1974) u. 1973-74 an d. Lübecker Musik-

schule, b. 1984 Musiker u. Arrangeur im Bereich Popmusik, 1974-78 Lehrer f. Gitarre an d. Lübecker Musikschule, seit 1978 Lehrer für Gitarre am MFE/MAG, Ensembleltr. u. Popularmusik an d. Jugendmusikschule Lübeck, Fachbereichsltr. f. Gitarre, seit 1980 Schulltr. d. Jugendmusikschule Lübeck e.V., 1977 Grdg.-Mtgl. d. Jugendmusikschule, Auf- u. Ausbau d. Musikschule z. Musik- u. Kunstschule GmbH gemeinnützig m. d. Bereichen bildende Kunst, Tanz u. Theater, seit 1992 Gschf. P.: Teilnahme an zahlr. Kongressen u. Fachtagungen an d. Ak. Remscheid. M.: Verb.- u. Gremientätigkeit, 1992 Vorst.-Mtgl. d. Landesverb. MS in Schleswig-Holstein, seit 1995 stellv. Vors. d. Landesverb. d. Musikschulen in Schleswig-Holstein, Lübecker Yachtclub. H.: Segeln, Theater, Kunst.

Bauer Rolf *)

Bauer Rosemarie Ursula Ingrid
B.: Finanzkauffrau, Gschf. FN.: ADAC-Reisebüro. DA.: 17034 Neubrandenburg, Demminer Str. 10. G.: Neubrandenburg, 5. Juli 1952. V.: Christoph Bauer. Ki.: Heiko (1971), Christian (1978). El.: Hans Mohnke u. Ingrid, geb. Götz. S.: b. 1971 Lehre als Bauzeichnerin im LBK Neubrandenburg. K.: 1971-80 tätig in d. Ausbildungsbetrieb, 1980-91 Mitarbeiterin in d. Zentralen Schulverwaltung Neubrandenburg, 1982 Abschluss z. Finanzkauffrau, seit 1991 Ltr. d. ADAC-Büros Mitgliederservice u. Reisebüro. M.: ADAC. H.: Lesen, Radfahren, Wandern.

Bauer Roswitha
B.: Gschf. FN.: Gaststätte Dürnbräu. DA.: 80331 München, Dürnbräug. 2. G.: München, 3. März 1944. V.: Wilhelm Bauer. S.: 1958-61 kfm. Lehre München. K.: 1961-66 Ref. d. Gisela Vers., 1966 Auswanderung nach Chicago/USA, 1966-67 Managerin d. Firma Kohn's Delikatessen in Chicago, 1967 Eröff. einer Bar m. Spirituosenhandel, 1969 Eröff. d. 2. Bar im Kolpinghaus in Chicago, 1973 Rückkehr nach München, 1974-88 Buffet- u. Servicemanagerin im Käfer Opernrestaurant, seit 1988 Gschf. d. Dürnbräu in München als eines d. ältesten Wirtshäuser in München. P.: Art. in AZ u. SZ. E.: Gault Millot Bestes Speiselokal (1992-2001 in Folge), Marcellino (1996-2001 in Folge), 2. Preis d. Münchner Gastlichkeit d. Stadt München, 4 Prinzen, Delicat Essen (2000/01). H.: USA, Reisen, Musik.

Bauer Steff *)

Bauer Thomas Dr. med. *)

Bauer Thomas *)

Bauer Thomas Georg Dr. jur. *)

Bauer Tobias *)

Bauer Torsten Benedict
B.: Gschf. Ges. FN.: Benedict Bauer Immobilien GmbH. DA.: 24558 Henstedt-Ulzburg, Hamburger Str. 20. info@bauer-immobilien.com. www.bauer-immobilien.com. G.: Hamburg,9. Nov. 1967. V.: Astrid, geborene Grawe. Ki.: Fabian, Nicolas.

---

*) Biographie www.whoiswho-verlag.ch oder beigefügte CD-ROM

El.: Rudolf u. Ingeborg. S.: 1984-87 Ausbild. z. Gas- u. Wasserinstallateur in Norderstedt. K.: 1987-89 Verkaufsltr. in einem Hamburger Hdls.-Unternehmen, seit 1989 selbst. Immobilienmakler u. Hausverwalter, 1991 Sachv. f. Immobilienwirtschaft, 1993 Grdg. u. Gschf. Ges. d. Firma Benedict Bauer Immobilien GmbH, Schwerpunkt: Immobillien, Bauträger, Projektentwicklung, Erstellung von Gutachten, Darlehensvermittlung, seit 1998 Ausbild.-Betrieb f. Kaufleute d. Grundstücks- u. Wohnungswirtschaft. H.: Laufen, Freizeit m. d. Familie.

Bauer Ulrich Dr. med. *)

Bauer Ulrich Dr. rer. nat. Prof.
B.: ehem. Ltr. d. Amtes f. Umwelt- u. Verbraucherschutz d. Bundesstadt Bonn. PA.: 53347 Alfter-Witterschlick, Herbstbenden 2. G.: Reval/Estland, 19. Okt. 1938. V.: Elke, geb. Schlarb. Ki.: Katja u. Marion (1966), Jens-Christian (1968). BV.: Johann Jacob Astor, Auswanderer nach USA, "Waldorf Astoria Hotel New York" u. Zigarettenmarke. S.: 1959 Abitur Schwelm, 1959-60 Wehrpflicht, 1960-62 Ratsapotheke Gevelsberg, 1962-67 Stud. Pharmazie u. Lm.-Chemie Univ. Münster, 1965 Staatsexamen, 1972 Prom. K.: 1967-69 Lebensmittelchemiker b. Coca Cola Deutschland GmbH Zentrale in Essen, 1969-74 Inst. f. Wasserforsch. d. Dortmunder Stadtwerke, 1974-85 Univ. Bochum, 1979 Habil., 1979 Priv.-Doz., 1985 apl.Prof., 1986-2001 Stadt Bonn, Ltr. Chem. u. Lebensmitteluntersuchungsamt, 1988 Umbenennung in Amt f. Umweltschutz u. Lebensmitteluntersuchung, 2001 Umbenennung in Umwelt- u. Verbraucherschutz, 1989 Umhabl., seit 1989 apl. Prof. Umwelthygiene, med. Fak. d. Univ. Bonn, 1982-88 ehrenamtl. Bundesvors. ev. Pfadfinderverb. VCP, 1987-88 Vors. d. Ringes dt. Pfadfinderverb., seit 1988 Zusammenarb. m. israel. Pfadfinderverb. P.: Der Spiegel 1987 "Per macht v. Beton nicht hält", 121 wiss. Publ. M.: GDCh, seit 1952 VCP-Pfadfinder, 1966-99 Alpenver. H.: Sport, Langstreckenlauf, Schilanglauf, Radfahren, Musik: Gitarre, Flöte, klass. Musik, Folklore, Kirchenchor, Reisen nach Kanada, Australien, Korea, Israel, Jordanien, Yemen, Georgien.

Bauer Viola
B.: Dipl.-Sozialpädagogin (BA), Langläuferin, derz. Sportsoldatin. FN.: c/o Dt. Skiverb. DA.: 82152 Planegg, Hubertusstr. 1. Viola.Bauer@gmx.de. www.xc-ski.de. G.: 13. Dez. 1976. K.: größte sportl. Erfolge 1998 DM über 15 km C/1., 1999 WM Ramsau 4x5 km - Damenstaffel/3., DM über 5 km C / 10 km F (Jagdrennen)/1., 2000 Goodwill-Games Sprint/3., derz. Verein: Oberwiesenthaler SV, 2001 WM Lahti 13. Pl. 10km C, 13. Pl. 15km C, 18. Pl. Verfolgung 5 C / 5 F, 4. Pl. Staffel, 2002 OS Salt Lake City 4x5km/1. (Re)

Bauer Walter Ing. *)

Bauer Walter Dr. iur. *)

Bauer Werner
B.: Weinbautechniker, Inh. FN.: Weingut Heinrich Bauer. DA.: 69126 Heidelberg, Winzerhof-Dachsbuckel. heidelberger.dachsbuckel@t-online.de. www.hd-dachsbuckel.de. G.: Heidelberg, 23. Juli 1961. V.: Ingrid, geb. Hammes. Ki.: Andreas (1988), Christine (1989). El.: Heinrich u. Ilse, geb. Sandritter. BV.: Vater - 1957 Gründer d. Weinguts, Pionier im Bereich Begrünung im Weinbau, Träger d. Landesmed. Baden-Württemberg. S.: 1977-80 Lehre Weinbau Weingut Stachel Maikammer u. Weingut Kunz Heuchelheim-Klingen, 1980-81 Ausbild. staatl. geprüfter Wirtschafter f. Wein- u. Obstbau staatl. Weinbauinst. Neustadt, 1983 Abschluß Weinbautechniker LVA Bad Kreuznach. K.: 1980-81 tätig im Winzerkeller Wiesloch, 1983 Eintritt in d. elterl. Weingut u. 1996 Übernahme gemeinsam m. d. Ehefrau, 1997 Grdg. d. Brennerei. F.: seit 1995 Ferienwohnungen Dachsbuckel, Inh. d. Lage Heidelberger Dachsbuckel. P.: Berichte in regionaler Presse. E.: regelm. Ausz. bei Landes-, Bundes- u. intern. Weinprämierungen, seit 1997 Gold- u. Silbermed. bei Landes- u. Bundesprämierungen f. Edelbrände. M.: Grdg.-Mtgl. d. Freundeskreis Kumamoto, seit 1994 AufsR. d. Winzerkellerei Wiesloch, Vorst.-Mtgl. d. FFW Rohrbach. H.: Brennerei, Radfahren.

Bauer Wilhelm *)

Bauer Willibald *)

Bauer Wolf *)

Bauer Wolf Dr. rer. nat.
B.: Apotheker, MdB. FN.: Dt. Bundestag. DA.: 11011 Berlin, Platz d. Republik 1. PA.: 53879 Euskirchen, Moselstr. 19. G.: Steinach/Thüringen, 5. März 1939. V.: verh. Ki.: 2 Kinder. S.: 1957 Abitur, 1960 Pharmazeut. Vorexamen Köln, 1965 Pharmazeut. Staatsexamen Bonn, 1990 Prom. Dr. rer. nat. Marburg. K.: 1966-67 Grundwehrdienst Koblenz.Oberstabsapotheker d. R.,1969 Bestellung als Apotheker, seit 1968 selbst. Apotheker in Euskirchen, Apotheke am Bahnhof, seit 1975 Mtgl. d. CDU Euskirchen, 1976-86 Mtgl. Mittelstandsver. d. Kreises Euskirchen, seit 1985 1. stellv. Kreisvors. d. CDU, 1983-86 Kreisvors. d. Mittelstandsver., seit 1987 MdB, 1979-94 Mtgl. Rat u. 1980-94 Bgm. d. Stadt Euskirchen. (Re)

Bauer Wolfgang Peter *)

Bauer Wolfgang
B.: Zahnarzt. DA.: 94501 Aidenbach, Vilshofenerstr. 2. PA.: 94474 Vilshofen, Aldersbacher Str. 2. G.: Vilshofen, 31. Aug. 1962. V.: Julia (1991). El.: Ludwig u. Irmgard. S.: Gymn., 1982 Abitur, 1983-84 Ausbild., b. 1989 Zahnmed.-Stud. Regensburg, 1989 Examen. K.: 1989-92 Ass.-Arzt, seit 1992 freie Praxis in Aidenbach. H.: Skifahren.

Bauer Wolfgang Dr. med. dent.
B.: Zahnarzt, Oralchirurg. DA.: 95030 Hof, Blücherstr. 4. PA.: 95028 Hof, Schloßpl. 12b. G.: Ulm/Donau, 22. Sep. 1961. V.: Elke, geb. Hoffmann. El.: Walter-Horst u. Elfriede. S.: 1982 Abitur, 1983-88 Stud. Zahnheilkunde FU Berlin. K.: 1988-93 wiss. Mitarb. in d. Abt. zahnärztl. Chir., Oralchir. in Fachbereich Zahn-, Mund- u. Kieferheilkunde, 1993 FA-Abschluß, seit 1993 selbst. Praxis. P.: Prom.: Versuche z. Gewinnung v. Salmonella Typhi aus Oberflächen u. Abwasser m. einer Modifikation d. Swab-Methode nach Moore. H.: Schifahren, Motorradfahren, Segeln, Tauchen.

Bauer Wulf Dr. rer nat. *)

Bauer-Worch Arne
B.: Regisseur, Schauspieler. FN.: Theater Zerbrochene Fenster. GT.: seit 1985 Schauspiellehrer. DA.: 10965 Berlin, Fidicinstr. 8. info@tzf-berlin.de. www.tzf-berlin.de. G.: Hamburg, 16. März 1950. V.: Gunhild, geb. Baur. Ki.: Sarah (1984), Philipp (1988). El.: Franz u. Annemarie, geb. Dreier. S.: 1970 Abitur, 1970-74 Stud. VWL u. Politologie in München u. Berlin, 1974-83 versch. Studienaufenthalte u. Arbeit an versch. Theaterprojekten in Frankreich, Polen, USA, Peru u. Deutschland. K.: 1983 Grdg. d. Theaters Zerbrochene Fenster in Berlin, seitdem Führung d. Theaters, tätig als Theaterregisseur, Schauspieler u. Schauspiellehrer.

---

*) Biographie www.whoiswho-verlag.ch oder beigefügte CD-ROM

Bauerfeind Erhard Dr.-Ing. *)

Bauerkämper Achim

B.: Gschf. FN.: Hands on Media. DA.: 33619 Bielefeld, Höfeweg 74. kontakt@hands-on.de. G.: Bielefeld, 22. Okt. 1968. V.: Stefanie, geb. Deichsel. El.: Heinz u. Anneliese. S.: 1989 Fachabitur, 1990 Praktikum Werbeagentur Karnat Bielefeld, 1991-93 Ausbild. Druckvorlagenhersteller Firma Service v. d. Druck, 1994-96 Ausbild. Kommunikationswiss. AKK Kassel. K.: 1994 Grafiker im Tip-Verlag in Bielefeld, 1996 Gründung d. Agentur Hands on Media; Funktion: DJ in einer gr. Diskothek in Bielefeld u. bei d. Love Parade in Berlin. M.: IHK. H.: Schallplatten sammeln.

Bauerkämper Klaus Dr. med. dent. *)

Bäuerle Heinz Wirtschaftsjurist Diplom-Verwaltungswirt (FH).

B.: Gschf. FN.: Bäuerle bau-immo-consulting. DA.: 79110 Freiburg, Wirthstr. 7. G.: Donaueschingen, 23. Okt. 1955. BV.: Vorfahren mütterlicherseits - Deutscher Uradel: 1414 Fürst Michael von Bank, Fürstentum Breslau, königl. Gewalthaber. S.: 1966-72 Realschule in Donaueschingen, 1972-75 Wirtschaftsgymn. in Konstanz, 1975-77 Stud. d. Verwaltungswiss. an d. Fachhochschule f. Öff. Verwaltung in Kehl, 1978-86 Studium d. Rechtswiss. an der Univ. Freiburg, Referendarexamen. K.: 1977-78 Stadtinspektor b. Baurechtsamt, 1981-84 Gschf. Gründungsges. d. Apart-Appartment-Verwaltungs-GmbH, um d. Jurastud. zu finanzieren, erste eigene u. sehr erfolgr. Immobilienkäufe sowie Wertpapiergeschäfte, 1986-89 Rechtsreferendar, Assessorexamen, 1989-92 Gschf. d. AIV GmbH, einer Tochterges. d. Fa. Thomae & Partner AG, 1992-96 Gründungsges. d. Fa. Bäuerle & Rau mit Sitz in Heidelberg u. d. Fa. Bäuerle Immobilien GmbH in Bonn / St. Augustin, seit 1996 1. Pflege d. eigenen bundesweiten Immobilienbestandes, 2. Immobilien-Großanlagen,Villen in Deutschland, Österreich u. d. Schweiz, 3. Übernahme v. Einzelmandaten, die uns v. Banken, WP / StB, Konkursverwaltern u. Rechtsanwälten erteilt werden (Beratung v. Firmen, Erbengemeinschaften, Umschichtung v. Immobilienvermögen in Finanzanlagen etc.), 4. Wertpapiergeschäfte f. uns und unser handverlesenes Klientel; Firmenbeteiligungen: IC Information Company AG mit Sitz in d. Schweiz, d. Firma beschäftigt sich mit komplexen Softwarelösungen im Bereich Facility-Management. H.: Skifahren, Mountainbike, Golf, Psych. u. Phil.

Bäuerle Thomas

B.: Gschf. FN.: concept b consulting Thomas Bäuerle Unternehmensberatung GmbH & Co. KG. DA.: 36095 Petersberg, Taunusstr. 31. tbaeuerle.concept@t-online.de. G.: Mülheim/Ruhr, 21. Mai 1959. S.: Wirtschaftsabitur Fulda, Stud. d. BWL Nürnberg, dipl. glz. Lehre Ind.-Kfm. K.: 1987 ang. Außendienstmitarb. in d. Entsorgungswirtschaft d. Firma Rethmann AG in München u. 1987 in d. Firma Goldwell AG, 1989 tätig im Außendienst f. d. Firma Bizerba Hairkosmetik, 1991 Verkaufsltr. u. Marketingmanager d. Firma Perstop AB, seit 1999 selbst. Unternehmensberater m. Schwerpunkt Führung u. Organ., Marketing, Vertrieb, Rechnungswesen, Controlling u. Personalberatung. F.: Gschf. d. VGT-Polycom in Reinhardshagen, Gschf. d. VGT Polska in Polen. H.: Golf.

Bauermeister Andreas *)

Bauermeister Horst *)

Bauermeister Kirsten Dr. med.

B.: FA f. Dermatologie, Chefärztin. FN.: pro physialis schloss-clinic GmbH & Co. DA.: 51429 Bergisch-Gladbach, Schloßstr. 20. pro@schlossclinic.de. www.schlossclinic.de. G.: Köln, 28. Sep. 1954. Ki.: Nico (1981), Marco (1983), Julius (1986), Alicia (1991). El.: Prof. Dr. Wolfgang u. Irmgard Bauermeister, geb. Müller. BV.: Vater - Prof. an d. Univ. Köln u. ehemal. stellv. Bgm. v. Bensberg. S.: 1973 Abitur, 1973-80 Stud. Med. Köln, 6 Mon. Tansania u. 1 J. Entwicklungsdienst Albert-Schweizer-Indianerhilfe Mexico, 1980 Examen u. Diss. K.: 1980-84 FA-Ausbild. f. Dermatologie bei Prof. Steigleder in Köln, 1984 FA-Prüf., 1985 klass. Allerologe, 1986 Abschluß in Psychotherapie u. Zusatzbezeichnung Phlebologie u. Umweltmed., seit 1986 ndlg. FA in Bensberg, 1999 Grdg. d. Gemeinschaftspraxis m. Heike Schreyer, 1999 Eröff. d. Privatklinik f. kosmet. u. ästhet. Chir. m. Schwerpunkt Lasertherapie, ganzheitl. Med. m. Psychotherapie u. Akupunktur, sowie Vitalitätsdiagnostik f. Manager im Vorst.-Bereich, seit 2000 Grdg. d. Firma learn and fun: Personal u. Managementtraining, m. Uwe Brauns Kommunikationstraining Mensch - Hund im Managementbereich u. d. Kinderfrüherziehung als 1. in Deutschland. H.: Sport, Skifahren, Segeln, Kinderausbildung, Reisen, Hundeausbildung.

Bauermeister Ronald Konsul

B.: Konsul. GT.: Lobbyist. DA.: 12159 Berlin, Stierstr. 10 (Konsulat); PA.: c/o: von Pufendorf Rechtsanwalts GmbH, 10117 Berlin, Albrechtstr. 12. G.: Berlin, 8. Dez. 1956. S.: 1975-77 Stud. Wirtschaftswiss., Soziologie, Politologie an d. FHW Berlin u. TU Berlin, 1977 akad. Examinierung. K.: 1977-81 Doz. f. Politische Soziologie u. BWL, 1977-79 wiss. Ref. d. EU-Komitees f. d. erste direkte Europawahl, 1978-81 Berufsschullehrer u. wiss. Mitarb. an d. HS, 1982-83 Planungsbeauftragter im Bez.-Amt Steglitz v. Berlin, 1983-84 Unternehmensberater u. PR-Ltr. einer Berliner Bank, seit 1985 selbst. Unternehmensberater, seit 1987 Immobilienmakler, seit 1994 Auktionator f. Haus- u. Grundbesitz, seit 1995 AufsR. einer Bauträger-AG, 1979-80 Bürgerdeputierter u. 1980-85 Mtgl. d. CDU-Fraktion Berlin im Rths. Schöneberg, Stellv. Vors. d. Soz.-Aussch., seit 1989 ehrenamtl. Richter am Verw.-Gericht Berlin, 1990 Bestallung z. Konsul ad honorem v. Grenada im Konsularbereich Berlin, seit 1991 f. d. Konsularbez. Nord u. Ost d. BRD (Niedersachsen, Bremen, Hamburg, Schleswig-Holstein, Mecklenburg-Vorpommern, Berlin, Brandenburg, Sachsen-Anhalt, Thüringen, Sachsen), ökonomisch-soziologische u. politologische wiss. Lehr- u. Forschungstätig. an mehreren d. HS. BL.: Ing.-wiss. Forsch. u. Entwickl., 2 Patente u. 3 Gebrauchsmusterrechte im Bereich Mechanik u. Elektronik. H.: Gesamtpersönlichkeit Friedrich d. Große, Schloßsanierung (historisch u. wiss. Aufbereitung), Deutsche Doggen.

Bauermeister Wolfgang Dr. med.

B.: Chefarzt TRIGGOsan Zentrum f. Schmerz- u. Sport-Osteopraktik an d. Bannwaldklinik Ottobeuren, FA f. Physikal. u. Rehabilitative Med. FN.: Praxis Dr. med. Wolfgang Bauermeister. DA.: 81825 München, Unnützstr. 17a. wbauermeister@t-online.de. G.: Hamburg, 3. Dez. 1947. V.: Almuth, geb. Bergmann. Ki.: Kirsten (1970), Alexandra (1983),

Bauermeister

Mischa (1985), Katharina (1994), Leon (2000). El.: Wilhelm u. Ruth, geb. Micheel. BV.: franz. Maler Delacroix. S.: 1969 Abitur Hamburg, 1969-74 Stud. Humanmed. an der Univ. Hamburg, 1975 Prom. z. Dr. med. K.: 1975-76 Medizinalass. Chir. u. Innere Med., 1976 Approb. als Arzt, 1976-77 Stabsarzt d. Bundeswehr, 1976-80 Stud. Akupunktur am Ludwig Boltzmann Inst. in Wien u. b. d. Dt. Ges. f. wiss. Akupunktur u. Aurikulomed., 1980 Umzug in d. USA, 1981 Stipendiat und Konsiliarius am Bresler Center for Integral Medicine in Los Angeles, FLEX Amerikan. Med. Staatsexamen Los Angeles, 1981-84 Eröff. einer Praixs f. Schmerztherapie in Beverly Hills/California u. New Bedford/Massachusetts, 1984-87 FA-Ausbildung Physikal. Med. u. Rehabilitation an d. TUFTS Univ. School of Medicine Boston, 1988-89 ltd. OA in einer Reha-Klinik in Hamburg, 1989 FA Physikal. Med. u. Rehabilitation USA, 1989-91 Chefarzt in versch. Reha-Kliniken in Deutschland, 1991 Eröff. d. Praxis f. Schmerztherapie u. Rehabilitation in München, 1999 Eröff. einer Ndlg. in Luzern/Schweiz, 2001 Chefarzt TRIGGOsan Zentrum f. Schmerz- u. Sport-Osteopraktik an d. Bannwaldklinik Ottobeuren. BL.: Erfindung d. Trigger - Stosswellen - Therapie TST(r) zur Behandlung v. Schmerzen u. Sportverletzungen, 1999 2 Patente f. Diagnose- u. Behandlungsgeräte d. Trigger-Osteopraktik, Forschungstätigkeit im Bereich Muskelphysiologie, Ursachenforschung v. Schmerzen u. Sportverletzungen. P.: zahlr. Veröff. in dt. u. amerikan. Fachpubl. sowie wiss. Vorträge zu d. Themen "Muskelphysiologie", "Rehabilitationsmedizin", "Schmerztherapie u. Sportmedizin", Autor d. Buches u. Videos "Schmerzfrei durch Osteopraktik" (1997). H.: Wasserski, Reiten, Tennis, Golf, Musik, Gitarre, Literatur.

Bauernfeind Karl Heinz
B.: 1. Bgm. DA.: 85435 Erding, Landshuter Str. 1. G.: Erding, 19. Okt. 1942. V.: Beatrix, geb. Gruber. Ki.: Dipl.-Kfm. Karl Heinz (1964). El.: Heinrich u. Barbara. S.: 1969 Steinmetzausbild. m. Gesellenprüf., Bildhauermeisterbrief. K.: 1972 Eintritt in d. Kommunalpolitik b. "UWE", ab 1978 Fraktionssprecher "StadtR." UWE Erding, ab 1990 1. Bgm. M.: Freunde d. Stadt Erding. H.: Rennradfahren, Schwimmen, Skifahren, Gartenarb.

Bauernfeind Manfred
B.: Kfm., selbständig. FN.: Internationale Fondsagentur. DA.: 87437 Kempten, Hirschbergerweg 4. G.: Kempten, 30. Okt. 1950. S.: Lehre z. Drucker, anschl. Technikerstudium in München, 1972 Abschluss Drucktechniker. K.: zunächst als Ang. in verschiedenen Druckereien als Betriebsleiter tätig u. parallel Führung eines Sportwarengeschäftes in Kempten, seit 1998 hauptberuflich als selbständiger Investmentberater m. eigenem Büro in Kempten, Schwerpunkte sind d. Aktienmarkt, sowie Immobilien u. Fonds. M.: Vorst. d. Bioring Allgäu, langjähriger Vorst. d. Surfclubs Kempten, ÖDP. H.: Oldtimer, Surfen.

Bauernschmidt Bernd

B.: Zahntechniker, Gschf. FN.: Dentalkeramik Bauernschmidt GmbH. DA.: 90562 Kalchreuth-Nürnberg, Reckstr. 14. oraldesign@aol.com. G.: Erlangen, 26. Sep. 1962. El.: Dipl.-Kfm. Franz u. Lotte, geb. Gesell. S.: 1980 Mittlere Reife Erlangen, b. 1983 Lehre z. Zahntechniker in Nürnberg. K.: 1984-91 weltweit in versch. Dentallabors und Praxen tätig, ab 1992 selbst. in Erlangen, ab 1994 selbst. in Nürnberg, ab 1998 selbst. in Kalchreuth, Zahnersatz, weltweiter Referent, Kurse über Dentaltechnik, Funktion u. Esthetik. M.: Jensen Study Club Oral Design. H.: Tennis, Golf, Squash, Joggen, Segeln, Reisen.

Bauernschmidt Max
B.: Kfm., Inh. FN.: Max Bauernschmidt Bürotechnik u. Ind.-Vertretungen e.K. DA.: 90451 Nürnberg, Günzburger Str. 10. G.: Nürnberg, 21. Nov. 1942. V.: Anntraut, geb. Schmitt. Ki.: Martina (1981). El.: Max u. Babette, geb. Hegendörfer. S.: Mittlere Reife, Techn. Praktikum Walther-Werke Gerstetten-Niedrstotzingen, weitere Kfm. Ausbild. in München u. Nürnberg, IHK-Abschluß. K.: seit 1963 Teilhaber d. väterl. Firma, seit 1976/77 Büromöbel-Einzelhdl., seit 1982 Inh. Büromasch.-Möbel Einzelhandel, 1995 Mobilfunkhandel Bauernschmidt, Betreiber Mobilfunkladen f. alle Netze. BL.: langj. IHK-Prüf.-Aussch.-Mtgl./Einzelhdl. u. Ind. F.: HANDY + MORE Inhaber. H.: Sport, Tennis, Musik.

Bauers Uwe *)

Bauersachs Peter *)

Bauersachs Wolfgang Dipl.-Ing. *)

Bauersachs Wolfgang *)

Bauerschmidt Herbert Dr. Dipl. Vw. *)

Bauersfeld Rüdiger K.H.

B.: PoS Manager. FN.: Videomax - Vertriebsges. mbH. DA.: 30453 Hannover, Franz-Nause-Str. 1-3. hannover@videomax.de. G.: Schillerslage, 17. Sep. 1955. V.: Marita, geb. Schmidt. El.: Hans-Joachim u. Ursula Buckow, geb. Dehne. S.: b. 1973 Ausbildg. Steward, Hdl.Marine Hamburg. K.: bis 1975 Chef de Rang Hotel Moormühle Hannover, 1975-76 Bundeswehrdienst, Off. Casino, 1977-79 Hotelfachschule glz. Chef de Service d. Witten's Hop in Hannover, 1979-80 Chef de Restaurant in Celle, 1980 Eröff. d. eigenen Hotels, 1982-86

Who is Who - eine weltweite Idee

*) Biographie www.whoiswho-verlag.ch oder beigefügte CD-ROM

Ltr. d. Betriebsorg. Firma Videostar in Hannover, b. 1990 Vertriebsbeauftragter d. Video-Ind., b. 1995 Org.Ltr. v. "Die Videothek", PoS Manager "Videomax Vertriebsges. MbH". P.: Veröff. in Fachzeitschriften, div. Art. in d. Presse. E.: 1998 Mastermediathek d. Filmind. M.: Yachtclub Radazul, Motorradclub. H.: Segeln, Humphrey Bogart - eigene Web-Site, Biographie (unverlegt).

Baues Norbert Dipl.-Ing. *)

Bauhoff Eugen Dr. rer. nat. *)

Bauke Peter Dr. med. *)

Bauknecht Ann-Katrin
B.: Honorargeneralkonsulin. FN.: Kgl. Nepalisches Honorargeneralkonsulat. DA.: 70174 Stuttgart, Schloßstr. 21. PA.: 70199 Stuttgart, Rebenreute 42. G.: Bielefeld, 5. Sep. 1940. V.: Günter Bauknecht. S.: 1960 Abitur in Toronto/Kanada, Dolmetscherschule München, 1962 Abschluß als Wirtschaftskorrespondentin. K.: 1962 Tätigkeit in Exportbereich einer Stuttgarter Weltirma, Beginn d. Interesses f. Asien, Beschäftigung m. Textildesign, Beratungen in Verbindung m. Aufenthalten in Nepal, soz. u. karitatives Engagement, seit 1993 Hon.-Konsulin, div. Initiativen f. Frauenförd. in Nepal, div. Pilotprojekte in Zusammenarb. m. d. Land Baden-Württemberg, seit 2000 Honorargeneralkonsulin. P.: zahlr. Publ. in d. Lokalpresse, Projekte m. d. Unternehmerinnen Nepals u. nepalischen NRO's. E.: Gorkha Dakshina Orden verliehen v. König v. Nepal, 1999 VO d. Bundesrep. Deutschland. M.: 1. Vors. d. Ver. f. Entwicklungshilfe Baden-Württemberg, BeiR.-Mtgl. d. dtt. Stiftung f. Weltbevölkerung, Verb. d. Unternehmerinnen, Verb. d. U. Württemberg, Kiwanis Damenclub, div. dt.-nepales. Ges., BeiR.-Mtgl. d. Corps Consulaire Baden-Württemberg, seit 1999 Präs. d. Union d. Honorarkonsuln in Deutschland e.V., Berlin, Mtgl. d. Vorst. Sheba-Freundeskreis (Tel Aviv in Berlin). H.: Kultur, Politik, Wirtschaft, Geschichte, Mode- u.Textildesign.

Bauknecht Gert Dipl.-Kfm. *)

Bauknecht Günter *)

Baukrowitz Reinhard

B.: Mathematiker u. EDV-Spezialist, Gschf. FN.: OZET GmbH. DA.: 37077 Göttingen, Werner-von-Siemens-Str. 10. PA.: 37120 Bovenden, Schöneberger Weg 12. G.: Sieboldshausen, 22. Nov. 1949. V.: Christina, geb. Klingenberg. Ki.: Sandra (1982), Marian (1986). El.: Bruno u. Erika. S.: 1972 Abitur Göttingen, ab 1972 Stud. Math. u. Span., 1979 1. Staatsexamen. K.: 1982 EDV-Doz. b. d. Prager Schule Göttingen, 1985 EDV-Ltr. Prager Schule, 1985 Lehrbeauftragter an d. Univ. Göttingen in Computer Linguistik, 1988 ltd. Ang. b. d. Prager Schule, 1988 Mitarb. im IHK Prüf.-Aussch. Hannover, 1995 Grdg. d. eigenen Firma, seit 1998 Beauftragter d. Landes Niedersachsen f. d. Neuen IT-Berufe (AKA), seit 1998 Lehrbeauftragter an priv. FH f. Softwaretechnologie. P.: Computer Linguistik. H.: Lesen, Musik, künstl. Intelligenz.

Baum Andreas
B.: Film- u. Fernsehproduzent, Autor, Journalist, Regisseur, Jurist. FN.: EXIT Film- u. Fernsehproduktion. DA.: 34246 Vellmar, Regerstr. 3. Exitbaum@aol.com. www.exitfilm.tv. G.: 17. Apr. 1965. V.: Christina, geb. Richter. Ki.: Melvin (1999). El.: Eckhard u. Gerda, geb. Schellhase. S.: 1984 Abitur Kassel, 1984-92 Jurastud. Göttingen, Staatsexamen. K.: paralel freier Journalist, Einstieg b. ZDF, Schwerpunkte: Prozeßberichte u. Magazinbeiträge, 1994 Grdg. d. EXIT Film- u. Fernsehproduktion, journalist. Beiträge, Buchautor, szenische Produktionen, Drehbücher, Regie. P.: Buch "WISO-Report: Die miesen Maschen d. Abzocker", Magazin-Beiträge f. Sendungen: WISO (ZDF), Recht brisant (3 sat, auch szenisch), Umschau (MDR), arte-Themenabend (Dokumentation), Werbespots, Image-Filme. H.: Beruf, Reisen, histor. Fahrzeuge.

Baum Bärbel Dr. iur.

B.: RA. DA.: 82319 Starnberg, Ferdinand-Maria-Str. 2a. G.: Gießen, 18. Apr. 1952. V.: Willi Baum, geb. Heinz. El.: Hugo u. Irene Baum, geb. Möll. S.: 1970 Abitur Lübeck, 1970-77 Stud. Rechts- u. Wirtschaftswiss. in Gießen, 1. Staatsexamen, 1977-83 Referendarzeit, 2. Staatsamen, 1985 Prom. K.: seit 1986 selbst. RA, Tätigkeitsschwerpunkt: Ehe- u. Familienrecht. M.: Starnberger Chor "Bay. Singstund" u. Münchner Kirchenchor. H.: Literatur, klass. Musik, Theater, Sprachen, europ. Geschichte, Singen (Alt), Lesen, Radfahren, früher auch Geige spielen.

Baum Cornel Dr. med. *)

Baum Detlef Dr. phil. *)

Baum Dieter

B.: Ang. FN.: Volksfürsorge. DA.: 21629 Neu Wulmsdorf, Karl-Marin-Str. 3 b. baum.reiki@t-online.de. G.: Langenfeld, 7. Aug. 1956. V.: Petra, geb. von Paulus. Ki.: Daniela (1984), Natascha (1990). El.: Paul u. Rosa. S.: 1973 Mittlere Reife 2 J. kfm. Handelsschule, 1974-76 Lehre Vers.-Kfm. Voksfürsorge Wuppertal, 1976-77 Bundeswehr. K.: 1974 Kundenberater d. Volksfürsoege u. dzt. EDV-Koordinaror, 1978 Weiterbild. m. Abschluß Vers.-Fachwirt an der Abendschule; Funktionen: ehemalig in d. SPD tätig, Mtgl. im Schulaussch., Prüfer f. Versicherungskaufleute b. d. IHK Wuppertal, Beiratsvors. f. WEG in Haan, Revisor bei d. Gewerkschaft Ortsverband Solingen, Betriebsratsmtgl. bzw. Obmann bei d. Vofü (Volksfürsorge) in Wuppertal u. Solingen, 1997 Ausbild. z. Reiki-Meister u. -Lehrer. Lehrer f. Reiki-Kurse. M.: Gewerkschaft Ortsverb., Verdi. H.: traditionelle chines. Medizin, Lesen, Malerei, Meditation."

Baum Eckart Dr.-Ing.
B.: Bez.-StadtR. f. Bau- u. Wohnungswesen im Bez.-Amt Hohenschönhausen v. Berlin. GT.: AufsR.-Mtgl. d. Wohnungsbauges. Hohenschönhausen, seit 1990 Vors. d. Bauaus-

*) Biographie www.whoiswho-verlag.ch oder beigefügte CD-ROM

Baum

sch. DA.: 13055 Berlin-Hohenschönhausen, Große Leegestr. 103. G.: Schönebeck/Elbe, 23. Okt. 1952. Ki.: Cordula (1982), Franziska (1982). El.: Ing. Gerhard u. Sigrid, geb. Heinemann. S.: 1971 Abitur, 1971-75 Stud. Elektrotechnik TU Dresden, 1980 Prom. z. Thema "Stellantrieb f. Werkzeugmaschinen". K.: 1980-82 Mitarb. im Werkzeugmaschinenkonbinat "7. Oktober" Berlin-Weissensee, 1982-87 wiss. Mitarb., Gruppenltr. am Zentralen Forsch.-Inst. f. Verkehrswesen, Ltg. Planungsgruppe Softwareeinsatz, 1988 Mitarb. Bauak. d. DDR, seit 1990 Bez.-StadtR. f. Bau- u. Wohnungswesen. BL.: 1980-84 zahlr. Patente. P.: Die Industrierobotertechnik u. deren Anwendung im Verkehrswesen (1984), Anwendung u. Effekte d. Prozeßleittechnik im VEB Ziegelwerk Ückermünde (1989). M.: SPD. H.: Wandern, Autos, Gartenarb., Bauen u. Heimwerken. (P.K.)

Baum Eckhard Dr. Prof. *)

Baum Frank *)

Baum Franz
B.: MdL a.D., Bild.Ref. u. Heimltr. a.D. PA.: 88430 Rot a. d. Rot, Im Hebsack 15. G.: 6. Mai 1927. El.: F.J. u. Magdalena. S.: Ldw. Praktikum, Umschulung Jugendltr. K.: Jugendbild.Ref. f. Kath. Landjugend, Erwachsenenbild. f. Kath. Landvolk, Ltr. Jugendbild.Stätte St. Norbert Rot, 1972-88 MdL Kreis Biberach, Ehenvors. d. CDU Kreis Biberach, Ehrenvors. der CDA-Südwürtt.-Hohenzollern, Mitgl. im Kreistag BC. E.: BVK am Bande, BVK 1. Kl., LVM BM, Silversterorden.

Baum Gisela *)

Baum Hans *)

Baum Hans-Dieter Prof. *)

Baum Hans-Joachim

B.: freiberufl. Ind.-Kfm., Gschf. FN.: ROBA Asphaltmischwerke Hohenlimburg GmbH. DA.: 58119 Hagen, Oeger Str. 39. G.: Schweidnitz, 21. Apr. 1936. Ki.: Anke Michaela (1964), Yvonne (1966). El.: Ernst u. Elfriede. S.: 1954 Mittlere Reife Schlüchtern, 1954-57 Ausbild. z. Ind.-Kfm. b. Wayss & Freytag AG in Frankfurt. K.: 1958-60 Baukfm. b. einer Tochterges. von Wayss & Freytag AG, 1960-87 tätig bei der Firma STRABA BAU AG bzw. deren Tochterunternehmen DEU-TAG Mischwerke, zunächst als Baukfm., später im Bereich d. Asphaltherstellung u. Gschf. in versch. Beteiligungsges., 1987-91 Gschf. d. Firma Gruppe Hans Klein gmbH in Dortmund, 1991-2001 Gschf. d. ROBA Baustoff GmbH, Unternehmen d. Walter Bau Konzerns in Augsburg, seit 2001 freiberufl. tätig f. eine Tochterges. ROBA Asphaltmischwerke Hohenlimburg GmbH. P.: firmeninterne Vorträge, Fortbild.-Seminare z. Thema: Asphaltherstellung, Betriebsabläufe, Rationalisierung. M.: VSVI. H.: Tennis, Golf.

Baum Holger
B.: Betriebswirt grad., Journalist, Gschf. FN.: MediaCompany Consulting f. PR, Kommunikation u. Marketing GmbH, Bonn, und der Neue Medien Produktion GmbH & Co. KG, Bonn. DA.: 53225 Bonn, Hans-Böckler-Str. 19. PA.: 53227 Bonn, In den Erlen 22. G.: Bonn, 6. Aug. 1951. V.: Ilona, geb. Krutwig. Ki.: Nadine (1989). El.: Franz-Josef u. Edith, geb. Waluga. S.: 1970 Abitur in Bonn, Ausbild. z. Redakteur "Neue Osnabrücker Zeitung", Stud. Betriebswirtsch. Osnabrück. K.: 1983-91 Pressesprecher Deutsche Welthungerhilfe, seit 1991 Gschf. u. Inh. Media-Kontakt., Vors. v. GERMANWATCH, Vorst.-Mtgl. d. Stiftung Zukunftsfähigkeit, Mtgl. im Eine-Welt, Beirat b. Ministerpräs. d. Landes Nordrhein-Westfalen, Mtgl. im Forum Eine Welt b. SPD-Parteivorst., Gschf. d. MediaCompany Consulting f. PR, Kommunikation u. Marketing GmbH, Bonn, und der Neue Medien Produktion GmbH & Co. KG, Bonn. P.: Fachveröff. zu entwicklungspolitischen Themen u. zu Fragen d. Kommunikationsarbeit. M.: Dt. Journalistenverb. DPRG. H.: Windsurfing, Langlauf. (P.P.)

Baum Horst Werner
B.: Antiquitätenhändler, Inh. FN.: Antiquitäten Kupfergasse. DA.: 50933 Köln, Alter Militärring 23. G.: Würzburg, 30. Jan. 1923. BV.: elterl. Unternehmen H. I. Baum in Würzburg. S.: 1938 Mittlere Reife, 1938 Emigration Kolumbien, 1939-41 kfm. Lehre Almace-Ley Bogota. K.: 1941-55 selbst. m. Delikatessengeschäft in Bogta, 1955-59 Export Sales Manager in Südamerika, 1861-65 Export Sales Manager d. Firma Jack Dreyfuss in New York, 1965 Ass. bei Avis Rent a Car in Stockholm, 1965-81 Sammler v. Antiquitäten in Köln, 1981 Eröff. d. Antiquitätengeschäftes. P.: Auftritt in d. TV-Sendung "Gesucht-Gefunden" im WDR, "Der Warnimpuls folgt eng nach Sekunden" (1999), "Photo d. Jahres"-nach Flugzeugabsturz. M.: Engagement f. Tierheim Dellbrück, Förderver. d. Bund gegen Mißbrauch d. Tiere. H.: Sammeln v. Antiquitäten, Lesen, USA, Sammeln v. Oldtimern.

Baum Inge
B.: Montessori-Therapeutin. FN.: Ing. Baum Heilpäd. Praxis. DA.: 82319 Starnberg, Heimgartenstr. 33. G.: Passau, 24. Feb. 1941. V.: Michael (1966), Ellen (1968). El.: Ferdinand u. Erika Grüneis, geb. Geyer. BV.: Rektor Otto Geyer, Heimatforscher, Ehrenbürger v. Passau u. Träger d. BVK. S.: Engl. Fräulein Passau Niedernburg, Ausbild. in Sozialpäd., Montessori-Heilpäd., Frostig- u. Verhaltenstherapie. K.: seit 1986 ndlg. in Starnberg, Schwerpunkt: Arbeit m. teilleistungsgestörten Kindern u. deren Eltern. M.: Montessori Berufsverband.

Baum Karl-Josef *)

Baum Ludwig
B.: Gschf. FN.: Schillertheater NRW. DA.: 45881 Gelsenkirchen, Kennedyplatz. www.schillertheater-nrw.de. G.: Honnef, 19. Juli 1942. Ki.: 2 Söhne. El.: Hermann Josef u. Maria, geb. Hallauer. S.: 1963 Abitur, 1963-65 Wehrdienst, 1965-69 Stud. Theater-, Literatur- u. Musikwiss. Univ. Köln, Lehrerstud. Päd. HS Rheinland, 1. Staatsprüf. f. d. Lehramt an Grund- u. HS, Stud. Schauspieler a. Schule d. Theaters Köln, Bühnenreife. K.: 1969-70 Referendariat, 1970-71 Dramaturg, Regisseur u. Schauspieler am Landestheater Niedersachsen-Mitte Verden/Aller, 1971-73 1. Dramaturg u. Schauspieler Städt. Bühnen Osnabrück, 1973-77 Dramaturg, Jugendref. u. Schauspieler a. Bühnen d. Stadt Köln, 1977-81 Dramaturg u. Schauspieler am Musiktheater im Revier Gelsenkirchen, 1981-83 Gschft. Dramaturg d. Musiktheaters Nürnberg/Städt. Bühnen, 1983/84 freischaff., 1984-88 Chefdramaturg u. persönl. Ref. d. Intendanten am Staatstheater Darmstadt, 1988 Gen.-Intendant d. Musiktheaters im Revier Gelsenkirchen, seit 1996 Gschf. Schillertheater NRW Gelsenkirchen/Wuppertal.

Baum Regina
B.: Gschf., Inh. FN.: Regina's Sonneninsel. DA.: 69469 Weinheim, Institutstr. 1. G.: Mannheim, 29. Sep. 1961. Ki.: Alexandra (1987), Alfred u. Wilma Baum, geb. Kotschwar. S.: 1977 Mittlere Reife, 1977-80 Lehre Biologielaborantin Dt. Krebsforsch.-Zentrum Heidelberg. K.: 1980-81 Biologielabo-

rantin am DKFZ, 1982-84 tätig im Bereich Zellforsch. am Max-Planck-Inst. in Ladenburg, seit 1983 tätig im Vertrieb v. Sonnenbänken u. Bräunungsgeräten d. Firma Brinkmann, 1985 Eröff. d. 1. Sonnenstudios in Weinheim, 1991 Eröff. d. neuen Studios u. d. Bistros. P.: zahlr. regionale Presseberichte. M.: Tierschutzver. Tierheim Weinheim. H.: Tiere.

Baum Roland Wilhelm *)
Baum Tanja Sigrid

B.: Unternehmerin, Inh. FN.: Agentur für Freundlichkeit GmbH. DA.: 50670 Köln, Christophstr. 50-52. G.: Braubach, 18. Dez. 1968. S.: 1989 Abitur, 1990-95 Stud. Päd., Sozialwiss. u. Dt. f. Lehramt, Staatsexamen. K.: 1993-98 selbst. m. d. Agentur Mai & Baum, Promotion u. Verkaufsförderung f. TV, Messen u. andere Dienstleister, 1999 Grdg. d. Agentur f. Freundlichkeit GmbH. P.: Interviews in FAZ (1999), "Gewinnendes Lächeln als Kapitalreserve" (2000, "Ich bin doch die Freundlichkeit in Person" (2000), Veröff. in WAZ, Rhein. Post, Berliner Zeitung u. Berliner Morgenpost.

Baum Undine *)
Baumann Albert K. D. *)
Baumann Andreas Prof. *)
Baumann Andreas

B.: Herstellungsltr. FN.: RED Entertainment TV Prod. Gm bH. DA.: 1020 Wien, Praterstr. 70. a.baumann@redentertainment.de. www.redentertainment.at. G.: Bad Oldesloe/D, 17. Sep. 1964. V.: Sabine, geb. Müller. Ki.: Lasse Jonas (1999). El.: Karl u. Ilse. S.: Gymn. abgebrochen. K.: 1990 tätig b. SAT 1 Regionalfernsehen in Hamburg, später bei SAT 1 Frühstücksfernsehen, danach "Spot-das magazin", anschl. freiberufl. Prod.-Ltr., ab 2000 Prod.-Ltr. d. RED Entertainment TV Prod.

GmbH, seit 2000 Herstellungsltr.; dzt. Schwerpunkte: Non-Fiction- u. Fiction-Bereiche, 3 tägl. Talkshows in Europa u. eine tägl. Comedyshow: "Peter Imhof" in SAT 1, "Speed" in ATV, "Talk to Me" in ATV u. "Knapp nach Ladenschluß" in ATV. H.: Tauchen.

Baumann Beate Dipl.-Psych.
B.: Dipl.-Soz. GT.: seit 1988 eine halbe Stelle in einer Beratungsstelle in einem soz. Brennpunkt. DA.: 33602 Bielefeld, Herbert-Hinnendahl-Str. 13. Baumann.psych@web.de. G.: Herford, 18. März 1955. El.: Bruno u. Edith, geb. Schmidt. BV.: Dr. Topolansky, Augenarzt b. Kaiser in Wien, Teuer hat d. Südbahn in Österreich (Eisenbahlinie v. Wien bis in d. Tschechei) gebaut. S.: 1974 Abitur Herford, 1974-77 Stud. Ev. Theol. u. Soz. an d. Univ. Münster, 1977-80 Stud. Soz. an d. Univ. Bielefeld u. Examen, 1980-86 Stud. Psych. an d. Univ. Bielefeld u. Examen, Grundausbild. d. Klientenzentrierten Gesprächspsychotherapie u. Verhaltenstherapie, 1991 Abschluss d. Gesprächspsychotherapieausbild., 1995 Abschluss d. Ausbild. in Konzentrativer Bewegungstherapie, 1994-99 Ausbild. z. tiefenpsycholog. fundierten Psychotherapie/Kassenzulassung. K.: 1994 Eröff. einer eigenen psychotherapeut. Praxis. M.: Fachverb., Gewerkschaft. H.: Lesen, Musik, Tanzen, Sport.

Baumann Bernd Dr. med.
B.: FA f. Allg.-Med. FN.: Praxis Dr. med. Bernd Baumann. DA.: 30419 Hannover, Schulenburger Landstr. 262a. drbb@planet-interkom.de. www.praxisdrbaumann.de. G.: Hannover, 2. Okt. 1950. Ki.: Philipp (1982), Florian (1983), Ann-Christin (1984). El.: Karl-Heinz u. Irmgard, geb. Wessel. S.: 1968 Abitur, Stud. Rechtswiss. Münster, b. 1970 Bundeswehr in Lingen/Ems, 1972 Med.-Stud. MHH Hannover, 1978 Staatsexamen. K.: b. 1980 Chir. Ass.-Arzt im Agnes-Karl-KH in Laatzen, 1981 Ltg. d. Intensiv-Station im KH Siloah, 1981 Prom. z. Dr. med., 1981-95 Lehrtätigkeit an einer staatl. anerkannten Schule f. Physiotherapeuten, 1983 Ndlg. m. eigener Praxis in Hannover, 1983 Pilotenschein, 1985 zusätzl. Instrumenten-Flugberechtigung u. Lizenz f. 2-Motor-Maschine, 1980-85 Rettungsflieger f. d. Dt. Rettungswacht d. Johanniter Unfallhilfe, 1990 zusätzl. Titel FA f. Allg.-Med. P.: versch. wiss. Publ., Fachbeiträge, Aufsätze, Buchbeiträge in Fachzeitschriften, Magazinen u. Büchern, Mitarb. an gr. intern. Studien im Rahmen d. Arzneimittelforsch. M.: Bundesverb. d. Allg.-Ärzte, Golf-Club Langenhagen, Modellflug-Club Hannover. H.: Golf, Hubschraubermodellflug (Dt. Bundesliga geflogen, div. Pokale gewonnen), Tennis, Segeln (4000 Mittelmeer-Meilen gesegelt), Motorboote, Skifahren, Motorradfahren (div. Teilnahmen, Urkunden f. Motorrad-Fahrer-Trainings).

Baumann Christian Dr. jur. *)
Baumann Claudia
B.: selbst. exam. Krankengymnastin. DA.: 22607 Hamburg, Ebertallee 226. G.: Hamburg, 18. Juli 1970. El.: Heinz u. Helga, geb. von Aspern. S.: 1987 Mittlere Reife Hamburg, 1987-88 Ausbild. Groß- u. Außenhdls.-Kauffrau, 1988 Ausbild. z. exam. staatl. geprüfte Krankengymnastin. K.: 1991-92 Anerkennungsj. im AKH Barmbek, 1992-96 Krankengymnastin im AKH Barmbek, seit 1996 selbst. Krankengymnastin m. eigener Praxis, Schwerpunkte: Krankengymnastik, Massage, Naturmoorpackungen. F.: Kooperation m. umliegenden Ärzten. E.: PNF Zertifikat. M.: Verb. d. Physiotherapeuten. H.: Beruf, Pferde, Reisen.

Baumann Claus Dr. phil. *)
Baumann Diedrich *)
Baumann Dieter
B.: Profi-Leichtathlet, Fotolaborant. FN.: c/o TSV Bayer Leverkusen. DA.: 51373 Leverkusen, Tannenbergstr. 57. PA.: 89143 Blaubeuren, Bergstr. 13. G.: Blaubeuren, 6. Febr. 1965. V.: verh. Ki.: 2 Kinder. K.: 1985 u. Junioremeister über 1.500, 5.000m. in d. Halle über 3.000m, DM 5000m/2., 1986 DM 5000m/1., 1988 DM 5000m/1., Junioremeister über 1.500 u. 5.000m, OS/2., 1989 Hallen-EM/1., 1991 DM 5000m/1., WM/4., 1992 DM 5000m/1., OS/1., 1994 DM 5000m/1., EM/1., 1995 WM/9., DM 5000m/1., 1996 DM 5000m/1., Olympiade/4., 1997 DM 5000m/1., WM/5., 1998 WC-Finale in Johannesburg 5.000m/3., 3.000m/1., 1999 DM/1., 2000 OS Sydney Starverweigerung; viel. früh. Doping-Verdacht, 2001 DM 3000m/1. BL.: insg. 36facher dt. Meister (1500m, 3000m, 5000m, 10000m, Crosslauf). P.: Buch "Lebenslauf". E.: Sportler des Jahres 1992, 1996 Rudolf-Harbig-Preisträger. (Re)

---

*) Biographie www.whoiswho-verlag.ch oder beigefügte CD-ROM

Baumann Dieter Dipl.-Ing.

B.: Gschf., Gschf. Ges. FN.: Karl-Heinz Keller GmbH Personaldienstleistungen. DA.: 74076 Heilbronn, Moltkestr. 56. keller@ici-ltd.com. G.: Esslingen, 30. Apr. 1946. Ki.: 1 Sohn (1977), 1 Tochter (1980). S.: 1964 Lehre als Maschinenschlosser, 1968-71 Stud. Maschinebau FH, 1971-74 Wirtschaftsing./Dipl.-Ing. K.: Gschf. d. Karl-Heinz Keller GmbH Personalleistungen. BL.: ISO 9000/TÜV. M.: BPV, BZA, CDU. H.: Skifahren, Tennis.

Baumann Dirk

B.: RA u. Strafverteidiger. DA.: 32052 Herford, Augustastr. 10. PA.: 32584 Löhne, Im Zuschlag 19. G.: Bad Oeynhausen, 27. Okt. 1961. El.: Heinz u. Siglinde. S.: 1981 Abitur, 1981-87 Stud. Rechtswiss. Univ. Münster, 1. Staatsexamen, 1987 div. Jobs, 1988-91 Referendariat, 2. Staatsexamen. K.: 1991 Auslandsaufenthalte, 1992-96 RA in einer Kzl. in Hamburg, 1996 Weiterbild. im Bereich Steuerrecht u. Eröffnung d. eigenen Kzl. m. Schwerpunkt Wirtschafts- u. Kapitalstrafrecht. H.: Sport u. Freundschaften pflegen.

Baumann Edgar Karl

B.: Kommunikationsberater. FN.: Edgar Baumann Kommunikationsberatung GmbH. DA.: 20146 Hamburg, Hallerstr. 73. G.: Überlingen, 15. Apr. 1933. V.: Heidi, geb. Schrank. Ki.: Mirja (1971). El.: Karl u. Irma. S.: 1950-52 Kfm. Lehre b. Bodensee Bühne Überlingen. K.: 1951-54 versch. Tätigkeiten im gewerblichen Bereich, 1954 Übersiedlung nach Hamburg, 1954-58 versch. Tätigkeiten im kfm. Bereich, 1960-68 Werbeass. b. Bavaria-St. Pauli-Brauerei Hamburg, 1968-70 Juniorkontakter b. Rolf Rühle Werbung Hamburg, 1971-72 Kundenberater b. Kramer Werbeagentur Hamburg, 1977 Etatdir. b. Target Werbeagentur Hamburg, Prok. u. Geschäftsltg.-Mtgl. b. CoPartner-Werbeagentur Hamburg nach Zusammenschluss v. Target u. UPS-Ücker, 1978-84 Gschf. Ges. b. Hansen & Partner Werbeagentur Hamburg, 1984 Gschf. b. Intramed Werbeagentur Hamburg, seit 1985 selbst. Werbeberater. H.: Wein, Reisen.

Baumann Ernst

B.: Vorst.-Mtgl., Arbeitsdirektor. FN.: BMW AG. DA.: 80788 München, Petnelring 130. www.bmwgroup.com. S.: Abitur, Stud. Maschinenbau. K.: seit 1973 tätig b. BMW u. übernahm im Laufe d. J. mehrere leitende Positionen, 1994-98 Ltr. d. Werkes Regensburg d. BMW AG, 1998-99 Gesamtprojektleiter f. d. große u. mittlere Baureihe d. BMW AG, seit 1999 Vorst.-Mtgl. u. in seiner Position als Arbeitsdirektor f. d. Personal- u. Sozialwesen verantwortlich. (Re)

Baumann Frank

B.: Elektromonteur, Inh. FN.: Bilderrahmen-Werkstatt. DA.: 06618 Naumburg, Heinrich-von-Stephan-Pl. 2. G.: Naumburg, 30. Apr. 1952. V.: Carola, geb. Kock. Ki.: Thomas (1977), Markus (1996). S.: Lehre z. Elektromonteur. K.: seit 1975 im Familienbetrieb, seit 1977 Ltr. d. Abt. Einrahmungen, seit 1985 Inh. d. o.g. Firma f. Einrahmungen aller Art.

Baumann Frank

B.: Profi-Fußballer, Nationalteamspieler. FN.: c/o Werder Bremen. DA.: 28205 Bremen, Auf dem Peterswerder 32. www.werder-online.de. G.: 29. Okt. 1975. K.: TSV Grombühl, 1991-99 1. FC Nürnberg, seit 1999/2000 Werder Bremen, 1999 Länderspieldebüt in Oslo gegen Norwegen, Position: Abwehr.

Baumann Frank *)

Baumann Franz-Josef *)

Baumann Friedrich M. Dr. med. dent.

B.: Zahnarzt u. Heilpraktiker. DA.: 12357 Berlin, Stubenrauchstr. 1. PA.: 14195 Berlin, Pücklerstr. 13. G.: Igelsloch, 25. Dez. 1955. El.: Matthias u. Christine. S.: 1970-73 handwerkl. Ausbild., 1981 Abitur 2. Bild.-Weg Laubach-Colleg, 1982 Stud. Biochemie FU Berlin, 1984-90 Stud. Zahnmed. FU Berlin, 1991 Prom. u. Abschlußprüf. Heilpraktiker. K.: 1973-75 handwerkl. tätig, 1991-95 Ass.-Arzt in versch. Städten in Deutschland, seit 1995 ndlg. Zahnarzt in Berlin m. Schwerpunkt ganzheitl. Behandlung über d. dentalen Bereich hinaus. H.: Sport, Philosophie, Fremdsprachen, gesunde Einstellung.

Baumann Gisela Helene Dr. med. *)

Baumann Günter Helmut Dipl.-Ing.

B.: Textilfacharb., MdB. FN.: Dt. Bundestag. DA.: 11011 Berlin, Platz d. Republik 1. G.: Annaberg, 1. Aug. 1947. V.: Gerda, geb. Malchow. Ki.: Christian (1976), Marco (1978). El.: Helmut u. Ruth, geb. Lindner. BV.: 14. Generation Nachfahre v. Adam Ries. S.: 1964-67 Textilfacharb. m. Abitur Glauchau, 1967-71 Stud. Textiltechnologie TU Dresden. K.: 1971-90 Oberzgebirgische Posamenten u. Effektenwerke in Annaberg-Buchholz, versch. Funktionen in d. Textilind., 1971-76 Technologe, 1976-90 Werkltr. in d. Textilveredlung in Bärenstein, 1990-98 Bgm. d. Stadt Jöhstadt, seit 1990 Mtgl. im Kreistag Annaberg CU, seit 1998 MdB. P.: Interviews in Fernsehen u. Zeitungen, Spiegel-Interview 1997. M.: CDU, Mtgl. Preßnitztalbahn, Erzgebirgsver., ordentliches Mtgl. im Innenausschuß des Dt. Bundestages, Kommunalpolit. Ver. Bonn, Mittelstandsver. d. CDU, Parlamentar. Arbeitsgruppe Mittelstand, Parlamentar. Arbeitsgrupe Schutz d. menschl. Lebens, Parlamentar. Arbeitsgruppe Kriegsgräberfürsorge. H.: Dt. Geschichte, Natur, Wandern. (Re)

Baumann Heinrich *)

*) Biographie www.whoiswho-verlag.ch oder beigefügte CD-ROM

Baumann Heinz *)

Baumann Heinz H. Prof.

B.: Prof. Polymer techn. Inc.; Präs. f. Basis-Forsch. e.V.; Lehrbeauftragter d. FH Rosenheim, Chemiker u. wiss.-techn. Leiter f. Schaum-Chemie. FN.: Univ. Detroit. DA.: 45133 Essen, Bredeneyer Str. 143. G.: Aachen, 10. Apr. 1920. V.: Anne, geb. Uhlir. K.: Arb. u.a. im Bauwesen, Bergbau, Landwirtsch-., Med.;Funktionen: Vors. d. Fachverb. f. Schaumkunststoffe in Frankfurt, 1962 Gründer u. 1963-90 Vorst.-Mitglied d. Ges.-Verb. Kunststoffverarb. Ind., 1963-95 div. BDI-Aussch. zuletzt 13 J Forsch.- u. Technologiepolitik, Gründer d. Plastoponik. BL.: 180 Patente. P.: 3 Bücher u. 7 Buchbeiträge, über 150 Fachveröff., 7 Veröff. auf d. Gebiet d. Mikrobiologie. E.: VZ d. DLRG in Bronze u. 1992 in Silber, 1990 BVK am Bande, 1995 BVK 1. Kl.

Baumann Helmut *)

Baumann Helmut *)

Baumann Helmut *)

Baumann Herbert Karl Wilhelm
B.: Komponist u. Dirigent. PA.: 81669 München, Franziskanerstr. 16. G.: Berlin, 31. Juli 1925. V.: Marianne, geb. Brose. Ki.: Michael (1951), Peter (1953). El.: Wilhelm u. Elfriede. S.: Hum. Schillergymn. Berlin, Abitur, Intern. Musikinst. Berlin. K.: 1947-53 Komponist u. Kapellmstr. am Dt. Theater Berlin, 1953-70 musikal. Ltr. an d. Staatl. Bühnen Berlin-West, anschl. Ltr. d. Musikwesens am Bayer. Staatsspielhaus, seit 1979 freiberufl. P.: ca. 500 Bühnenmusiken f. zahlr. Theater, Musik zu ca. 40 Fernsehspielen. Hpt.Werke: "Alice im Wunderland", (Ballett), "Rumpelstilzchen", (Ballett), "Kantate für den Frieden", "Toccata concertante", "Ital. Suite", "Mexikan. Suite", "Rotor", "Psalmen-Triptychon", "Capriccio", "Schubert-Variationen", "Würzburger Konzert", "Bläserquintett". E.: 1973 Diplom Man of Achievement Cambridge, 1979 Silb. Ehrennadel GDBA Hamburg, 1981 Diploma d'Onore Salsomaggiore, 1990 Ehrenmtgl. BDZ, aufgrund 50-j. Mitgliedschaft:) 1998 GEMA-Ehrung m. Urkunde, 1998 BVK am Bande, 1998 Grdg. d. Herbert-Baumann-Stiftung. M.: Dt. Komponistenverb., Verb. Münchener Tonkünstler. H.: Bücher, Reisen u. Wandern.

Baumann Hermann Prof.

B.: Prof. u. Solo-Hornist. FN.: Folkwang HS Essen. DA.: 45219 Essen, Leibnitzstr. 10. G.: Hamburg, 1. Aug. 1934. Ki.: 4 Kinder. S.: 1954-57 Stud. Horn Priv.-Lehrer Heinrich Keller u. Fritz Huth staatl. Ak. f. Musik Hamburg. K.: 1957-61 Solo-Hornist im Civic Orchester in Dortmund u. b. 1967 im Symphonieorchester d. Radio Stuttgart, seit 1967 Prof. an d. Folkwang HS u. 1980-83 zusätzl. Prof. an d. staatl. Ak. Stuttgart. BL.: Solo-Hornist auf allen Kontinenten u. Musik-Metropolen, Teilnahme an renommierten Festivals, Meisterkurse in d. ganzen Welt. P.: Schallplatten: Teldec, Dt. Grammophon, Erato, EMI, seit 1983 Exclusivvertrag m. Philips, The Horn Call (1998), Veröff. über Horntechnik, Video "Une lecon particuliere de musique avec Hermann Baumann" (1992). E.: 1964 1. Preis im ARD-Wetttbewerb in München, 1989 Christopher Monk Award.

Baumann Hilmar *)

Baumann Hiltrud *)

Baumann Johann *)

Baumann Jürgen

B.: RA. FN.: Anwaltssozietät Lang Baumann Bayer. DA.: 66482 Zweibrücken, Obere Himmelsbergstr. 49; 67105 Schifferstadt, Bahnhofstr. 72. PA.: 67346 Speyer, Karmeliterstr. 18. RAeLBB@t-online. de. G.: Kirrlach, 6. Feb. 1955. El.: Ewald u. Maria, geb. Heiler. S.: 1974 Abitur Philippsburg, 1974-75 Wehrdienst, ab 1976 Stud. Jura an d. Univ. Heidelberg, 1981 1. u. 1985 2. Staatsexamen. K.: ab 1982 Referendar beim LG Karlsruhe, 1985 Zulassung als RA am LG Karlsruhe. AG Philippsburg, 1989 Zulassung als RA am AG Speyer u. LG Frankenthal, 2000 Singularzulassung als RA am Pfälzischen OLG in Zweibrücken, seit 1986 freie Mitarbeit b. einem RA am Bundesgerichtshof. H.: Tischtennis, Bergwandern.

Baumann Jürgen Dr. iur. Prof. *)

Baumann Karl Wilhelm

B.: RA. DA.: 41061 Mönchengladbach, Fliethstr. 112. PA.: 41239 Mönchengladbach, Spessartstr. 33. G.: Singen, 20. Aug. 1943. V.: Xiaoyan. Ki.: Christian (1965), Sabine u. Annette (1969), Karoline (1978), Katharina (1980). El.: Wilhelm u. Anna. S.: 1962 Abitur, Stud. Jura Freiburg u. Kiel, 1967 1. Staatsexamen, Referendariat, 1972 2. Staatsexamen u. Zulassung z. RA. K.: seit 1972 tätig in d. Sozietät Dr. Aretz in Mönchengladbach m. Schwerpunkt Straßenverkehrsrecht. M.: Castellverb. kath. dt. Studentenverbindungen, Ak. f. Verkehrswirtschaft, Vors. d. Sektion Mönchengladbach d. Dt. Alpenver. H.: chinesische Geschichte.

Baumann Lothar Dipl.-Lehrer *)

Baumann Ludwig *)

Baumann Martin S.

Baumann Matthias Dr.
B.: Profi-Reiter, Tierarzt. PA.: 84437 Reichertsheim, Fohlenhof. G.: München, 5. Apr. 1963. V.: Anita. Ki.: Isabell. El.: Gabriele (Trainerin u. Ausbildnerin). K.: reitet s. 1966, 1986

*) Biographie www.whoiswho-verlag.ch oder beigefügte CD-ROM

dt. Vizemeister im Reiten, 1988 Fünfter, 1987 Silbermed. m. d. Team b. d. EM, 1988 Olympia Seoul Gold Mannschaft, 1992 Olympia Barcelona Bronze Mannschaft, 1990, 1991 und 1992 Deutscher Meister, 1993 Vielseitigkeitspr. Klasse S Sulzthal/1., 1994 Vielseitigkeitspr. Klasse M i. Leonberg/1., CCI Horovice/CZE/1., 1996 Vielseitigkeitspr. Klasse M i. Achselschwang/2., nom. f. d. olymp. Spiele i. Atlanta, 1997 Vielseitigkeitspr. Klasse M Sulzthal/1.,1998 Große Vielseitigkeitspr. Klasse L Groß Waltersdorf/1., 1999 Jagdpferdepr. Klasse M Wiesbaden/1., Vielseitigkeitspr. Klasse L i. Marbach/1., CCI Wiendorf (Österr.)/2., neben d. sportl. Karriere als Veterinärmediziner u. Unternehmer tätig (bietet a. s. Hof "Urlaub für Pferde"). H.: Sport i. Allgemeinen.

Baumann Mathias Dipl.-Ing.

B.: Ing. f. Versorgungstechnik. DA.: 81377 München, Waldfriedhofstr. 94. info@ibbaumann.com. G.: Grafenau, 17. Juni 1968. El.: Josef u. Rosemarie. S.: 1985 Mittlere Reife, 1985-88 Lehre Heizungs- u. Lüftungsbauer Grafenau. K.: 1988-89 Monteur im Lehrbetrieb, 1989-91 Fachabitur an d. FOS Passau, 1991-94 Stud. Versorgungstechnik an d. FH München m. Abschluß Dipl.-Ing., 1994-98 Ing. in einem Ing.-Büro in München, seit 1998 selbst. m. Schwerpunkt Beratung, Planung, Objektüberwachung, Bauherrnvertretung im Bereich techn. Gebäudeausrüstung f. Ind.-Anlagen, Tankstellen, KH u. Wohngebäude m. exclusiver Ausstattung weltweit. H.: Motorradfahren, Tennis, Fitness.

Baumann Max Dr. rer. nat. *)

Baumann Michael *)

Baumann Monika Dr. med.

B.: Ärztin für physikalische Medizin & Rehabilitation, Schmerztherapie in eigener Praxis. GT.: s. 2000 Schmerztherapie in d. Asklepius-Klinik in Gauting. DA.: 80333 München, Briennerstr. 54b. drbaumann@gmx.de. G.: München, 26. April 1952. Ki.: Sabine (1978), Thomas (1982). El.: Hans Holmer u. Irene, geb. Kunder. S.: 1974 Abitur in München, 1974-79 Stud. f. Lehramt an beruflichen Schulen im Bereich Ernährungswiss. u. Chemie in Abschluss, 1979-85 Stud. Humanmedizin an d LMU München, 1986 Approb., 1990 Prom. Dr. med. K.: 1993 FA f. physikalische Med. u. Rehabilitation, 1985-88 Univ.-Klinik Bereich Anästhesie, 1988-2000 Univ.-Klinik Bereich Physikalische Med. u. Rehabilitation, 1988-95 Ass.-Ärztin u. 1995-2000 OA, seit 2000 selbständig m. Praxis f. physikalische Med. u. Rehabilitation, Tätigkeitsschwerpunkte Schmerztherapie, Rückenschmerzen, Osteoporose, Tinitus, Arthrosen. P.: div. Veröff. in Fachpubl. z. Thema Rückenschmerzen, zahlr. Vorträge b. Weltkongressen in Washington D.C., Wien u. Karlsbad z. Thema "Messungen d. kindlichen Wirbelsäule in versch. Lebensaltern", Veröff. d Studie "Rückenschmerz b. Kindern u. dynamisches Sitzen" in Fachzeitschriften. M.: DGSS Dt. Ges. z. Stud. d. Schmerzes Köln, STK Schmerztherapeutisches Kolloquium, Dt. Ges. f. Sportmedizin, Fachverband f. physikalische Med.

Baumann Natalie Jane

B.: Geschäftsltg., Inh. FN.: Transfair Nachhilfe- u. Sprachschule. DA.: 33330 Gütersloh, Berliner Str. 36/38. transfair. guetersloh@i-s-i.de. www.l-s.-I.de. G.: England, 29. März 1969. V.: Uwe Baumann. El.: Clive u. Susan Turner. S.: 1988 HS-Reife, 1989 Ausbild. z. staatl. anerkannten Fremdsprachenkorrespondentin f. Deutsch u. Engl. in Köln, 1990 Ausbild. z. staatl. anerkannten Übersetzerin in Dortmund. K.: 1990-99 Verw.- u. Administrationstätigkeit f. d. brit. Rheinarmee in Krefeld. Firma Ryder Deutschland GmbH, Doz.-Tätigkeit f. Transfair Bielefeld, 1999 Aufbau u. Ltg. d. Transfair Nachhilfe u. Sprachenschule u.Transoffice. H.: Musik, Puzzle, Tiere, Lesen.

Baumann Peter

B.: Techniker, Hotelkfm., Inh. FN.: Hotel Am Park. DA.: 06217 Merseburg, Gutenbergstr. 18. hotel.baumann@t-online.de. G.: Doberschau, 2. Sep. 1944. V.: Christa, geb. Patzelt. Ki.: Andreas (1968). S.: 1960-63 Lehre z. Elektromonteur. K.: Elektromonteur, 1965 Elektromeister, Ing.-Stud. z. Ing. f. Maschinenbau, Anlagenbau u. Elektrotechnik, 1992 Vors. d. Wirtschaftsaussch. Merseburg, 1990 Eröff. d. Eiscafe, 1992 Eröff. d. Restaurantbetriebes seit 1995 Inh. u. Gründer d. Hotels Am Park. H.: Sport, Exotenzucht.

Baumann Peter Ludwig

B.: Rechtsanwalt. DA.: 80331 München, Rindermarkt 6. PA.: 80796 München, Zentnerstr. 42. G.: Hausham, 29. Jan. 1942. V.: Margit, geb. Venus. Ki.: Peter (1966), Thomas (1979), Marion (1981). El.: Peter u. Agnes, geb. Hibler. S.: 1962 Abitur Miesbach, 1962-65 Bundeswehr, 1965-69 Jurastud. München, 1. Examen, 1969-73 Referendarzeit, 4 Monate Berkeley/ USA, 6 Monate Rouen/Frankreich, 1973 2. Examen. K.: 1973-77 Sachbearb. Allianz Gen.-Dion. München, 1977-80 ADAC München Abt. Verbraucherschutz, 1980-81 Syndikus Münchener Zeitungsverlag, seit 1981 eigene Kzl. P.: "Der Jurist im Haus" (1988), "Lexikon d. Rechts" (1991), "Das aktuelle Recht f. Arbeitnehmer" (5. aufl. 2001), "Rechtsfragen in Wettbewerb u. Werbung", "Scheidung, ein Finanzproblem?" (3. Aufl. 2001), "Das aktuelle Scheidungsrecht (8. Aufl. 2001), sowie Mitarbeit am Kommentar f. Wettbewerb u. Werbung. M.: Anw.-Kam., Anw.-Ver. H.: Tennis, Joggen, Skifahren, Literatur, klass. Konzerte u. Oper.

Baumann Rainer Dipl.-Kfm. *)

Baumann Rainer Dr. rer. soc. *)

Baumann Richard *)

Baumann Sabine

B.: Pächterin, Geschäftsleitung. FN.: BP Tankstelle. DA.: 38442 Wolfsburg, Hinterm Hagen 21. s.baumann@bprosi.de. www.bpexpress.de. G.: Wolfsburg, 26. Juni 1964. V.: Michael Baumann. Ki.: Philipp (1987), Annaliesa (1994). El.: Albrecht Mohrmann u. Hanna Meyer, geb. Hildebrandt. BV.: Familie Mohrmann ist eine bekannte Unternehmerfamilie in Fallersleben. seit Generationen Malermeister. S.: b. 1981 Lehre als

*) Biographie www.whoiswho-verlag.ch oder beigefügte CD-ROM

Zweiradmechaniker in Wolfsburg, b. 1982 Höhere Handelsschule in Wolfsburg, b. 1984 ang. in versch. Firmen u. Positionen, 1985-86 Ausbildung z. staatl. geprüften Kinderpflegerin in Wolfsburg. K.: 1987-89 Hausfrau u. Mutter, 1990 ang. in d. BP Tankstelle d. Ehemanns in Wolfsburg, ab 1991 Pächterin d. BP Tankstelle in Fallersleben, 2001 Ausbildereignungsprüfung. E.: 5x unter d. 5 Besten BP Tankstellen in ganz Deutschland (Mister X-Preis). H.: Familie, Motorradfahren, Westenreiten, d. Tankstelle.

Baumann Simone Dr. med. *)

Baumann Udo
B.: Gschf. FN.: Electrolux GmbH. DA.: 22047 Hamburg, Am Stadtrand 27. PA.: 22459 Hamburg, Walter-Schüler-Weg 2a. G.: Sachsenau, 21. Okt. 1942. V.: Astrid, geb. Schauer. Ki.: Sabine (1970), Paul (1989). El.: Karl u. Helene, geb. Schünke. S.: 1961 Abitur Wolfenbüttel, 1961-62 Praktikum als Techn. Zeichner b. Lutherwerk Braunschweig, 1962-65 Stud. Maschinenbauing. Braunschweig. K.: 1966-67 Konstrukteur b. Maschinenfbk. Neubauer Wolfenbüttel, 1967-69 Bundeswehrdienst Lüneburg, 1967-69 Stud. Betriebswirtschaft in Abendschule, 1968-70 Konstrukteur u. im Verkauf Firma Neubauer, 1970-73 Verkaufsltr. b. Firma Asskühl, Essen, 1974-81 Verkaufsltr. u. Mtgl. d. Geschäftsltg. b. Firma Rolf Butenschön GmbH, Hamburg, 1981 Kauf Firma Electrolux Großküchen, 1982 Verkaufsltr. in Deutschland, ab 1984 Übernahme d. Geschäftsltg. d. Electrolux GmbH, ab 1995 Gschf. weiterer 4 Firmen, ab 1996 Gschf. v. insgesamt 8 weiteren Firmen. BL.: b. 1986 Teilnahme an d. EM im Katamaransegeln. P.: div. Fachart. in Fachzeitschriften. H.: Katamaransegeln, Garten, Skifahren, Familie, Amerikareisen.

Baumann Werner Dieter Dipl.-Grafiker *)

Baumann Wolfgang
B.: selbst. Rechtsanwalt, Fachanwalt f. Verwaltungsrecht. DA.: 97072 Würzburg, Annastr. 28. info@baumann-krueger-eiding.de. www.baumann-krueger-eiding.de. G.: Schweinfurt, 13. Juli 1949. V.: Rike, geb. Nick: Moritz. El.: Wilhelm u. Rosemarie. S.: 1968-72 Stud. Staats- u. Rechtswiss. Würzburg u. Regensburg, 1975 Assessorexamen. K.: 1975-82 wiss. Mitarb. am Inst. f. Völkerrecht, Europarecht u. Intern. Wirtschaftsrecht Univ. Würzburg, seit 1983 selbst. Rechtsanwalt, seit 1989 FA f. Verw.-Recht, seit 1999 Sozietät BAUMANN KRÜGER EIDING Rechtsanwälte, Tätigkeitsschwerpunkte: Umwelt- u. Planungsrecht, Wirtschaftsverwaltungsrecht, insbes. Abfall- u. Immissionsschutz- u. Bodenschutzrecht. F.: Alleinges. d. SysteMa GmbH-Systemische Managementberatung (Würzburg) u. ECOPOL-Ges. f. Systemische Kommunalentwicklung u. Politikberatung mbH (Würzburg). P.: ca. 35 Veröff. u.a. Rechtsschutz f. d. Wald, Rechtsschutz f. d. Inst. im Vereinigten Deutschland, Energie u. Gerechtigkeit, Das Atomrecht1. Verfahren, Formularhandbuch Verwaltungsrecht (Dt. AnwaltVerlag). M.: Vorst. d. Dt. Ges. f. Umwelt- u. Humantoxikologie (DGUHT), Wiss. BeiR. d. Interdisziplinären Ges. f. Umwelt-Med. (IGUMED) e.V., Vors. d. BeiR. d. Studiengruppe Entwicklungsprobleme d. Industrieges. (STEIG), Vors. d. "Freunde d. Würzburger Philharmoniker", Mtgl. Ges. f. Umweltrecht, Dt. Anwaltsverein, Dt. Juristentags, Kommunalwiss. Forschungszentrums Würzburg, V. z. Förderung d. Inst. f. d. Recht auf Wasserwirtschaft an d. Univ. Bonn. H.: Piano, Orgel. (K.F.)

Baumann Wolfgang Dr. phil. Mag. art. *)

Baumann Wolfram Dr. rer. nat. Prof. *)

Baumann Zorica

B.: Köchin, Inh. FN.: Gaststätte "Grüne Insel". DA.: 80995 München, Karlsfelder Str. 85. G.: Osijek/Kroatien, 2. Okt. 1954. V.: Franz Baumann. S.: 1969-72 Berufsschule, Ausbild. z. Köchin in Kroatien. K.: 1972-92 Köchin in versch. Gastronomiebetrieben in Kroatien, 1992-94 Köchin in Gaststätte "Grüne Insel" Feldmoching b. München, 1994-98 Köchin i. "Wienerwald" München, Leonrodstraße, 1998 Übernahme u. Inh. d. Gaststätte "Grüne Insel" Feldmoching. M.: Kleingartenverb. NW 62, Fußballver. Achat, Fasanerie. H.: Gärtnern.

Baumann-Hasske Harald

B.: RA. DA.: 01069 Dresden, Hohe Str. 35. rae.baumann. hasske@eurocenter-dresden. com. www.baumann-hasske. com. G.: Luxemburg, 3. Dez. 1957. V.: Dunja Hasske. Ki.: Simone (1986). El.: Dr. Joachim u. Ingeborg Baumann. S.: 1977 Abitur Brühl, 1977-84 Stud. Rechtswiss. Bonn u. Hamburg, 1985-88 Referendariat Köln u. Bogota/Kolumbien, 1988 2. Staatsexamen. K.: 1988-91 wiss. Mitarb. im Dt. Bundestag, 1989 Zulassung z. RA in Bonn, 1990 Zulassung z. A in d. ehem. DDR in Dresden, Grdg. einer EWIV in Paris, seit 1991 in Dresden, Tätigkeitsschwerpunkte Zivil- u. öff. Recht, Medienrecht, Arb.- u. Ges.-Recht, Med.-Recht, Verwaltungs- u. Verfassungsrecht, Vertretung v. Krankenhäusern, Kommunen, Einrichtungen im Sozialbereich, Presse u. Fernsehen; Kooperation mit Kanzleien in Düsseldorf, Köln, Berlin, Potsdam u. Paris, seit 2001 regelm. Sendung "Guter Rat-TV-Recht". BL.: 1996 Grdg. Sächs. Gem.-Bund .e.V., 2000 Grdg. u. Dir. d. "Medicinet-Inst." e.V., AufsR in versch. Institutionen. F.: Euro-Center GmbH & Co. KG. P.: "Die Verfassung d. Freistaates Sachsen". M.: SPD, Bundesvorst. sozialdemokrat. Juristen, seit 1994 VPräs. d. Freunde d. Dresdner Musikfestspiele e.V., 1998 VPräs. Freunde Kammerorch. Karl Ph. E. Bach e.V., Berlin, 2001 Vpräs. ESCD e.V., Dresdner Fußball Förderverein, 1998 e.V., Europractica Dresden e.V., Europa Inst. e.V., Herbert-Wehner-Bildungswerk e.V., Ev. Akad. Wittenberg. H.: Literatur, Musik, Sport, Politik, Reisen, Sprachen.

Baumanns Peter Dr. Prof. *)

Baumbach Ernst Georg Dipl.-Volksw. *)

Baumbach Norbert Dr. *)

Baumbach Peter Prof. *)

Baumbach Wolfgang Dipl.-Ing. *)

*) Biographie www.whoiswho-verlag.ch oder beigefügte CD-ROM

Baumbauer Frank
B.: Intendant. FN.: Münchener Kammerspiele. DA.: 80539 München, Hildegardstr. 1. pr.kammerspiele@ems.muenchen.de. www.muenchner-kammerspiele.de. G.: München, 2. Sep. 1945. El.: Erich u. Erna, geb. Meier. S.: Stud. Germanistik, Soz u. Theaterwiss. Univ. München. K.: 1969-71 Regieass. Düsseldorfer Schauspielhaus, ab 1972 Bayer. Staatsschauspiel München, Spielltr. am Residenztheater sowie Ltr. d. Künstler. Betriebsbüros, 1983-86 Intendant d. Residenztheaters, 1986 Stellv. v. Ivan Nagel in Stuttgart, 1988 Dir. Theater Basel, 1993-2001 Ltg. d. Schauspiels d. Salzburger Festspiele, s. Herbst 2001 Intendant d. Münchner Kammerspiele. (Re)

Baumbauer Sigrid *)

Baumbeck Wolfgang

B.: selbst. Kachelofen- und Luftheizungsbaumeister. DA.: 12347 Berlin, Britzer Damm 186. G.: Berlin, 14. Apr. 1937. V.: Ellen, geb. Kotthaus. Ki.: Carmen (1966), Sonja (1973). S.: 1952-55 Lehre als Ofensetzer Zitadelle Sppandau, 1961 Meisterprüf. K.: 1955-58 Geselle, 1958-61 Übernahme d. Firma, 1961 Umfirmierung in Wolfgang Baumbeck, ab 1988 Werbeleiter f. Ofensetzer f. Messen in Berlin, Ausstellung v. handwerklich ausgeführten Kaminen u. 1998 offener Kamin m. Gasheizung; Funktion: 2000 Gutachter f. Ofen- u. Luftheizungsbau, einschließlich Kamine. BL.: 1993-96 in d. Funktion als Obermeister Verhinderung d. Berliner Innenstadtverordnung u. Wegfall aller festen Brennstoffe f. Feuerstellen. E.: Auszeichnung immer unter d. 10 besten Messeständen. M.: Mtgl. d. AdK u. d. Bundesfachgruppe u. stellv. Obermeister u. seit 1993 Obermeister. H.: Garten, Enkelkinder.

Baumbusch Friedrich Dr. med. Prof. *)

Bäume Falk

B.: Notar in eigener Kzl. DA.: 01099 Dresden, Arndtstr. 5. notare-baeume-legler@t-online.de. www.baeume-legler-dresden.notare-in-sachsen.de. G.: Bischofswerda, 13. Sept. 1963. V.: Annett Bäume. Ki.: Elisabeth (1986), Theresa (1990). El.: Helmut Krause u. Margot Mehlhorn, geb. Leschke. S.: 1982 Abitur, 1982-85 Armee, 1989-90 Ass. am Staatlichen Notariat Dresden. K.: April 1990 Berufung als Notar beim Staatl. Notariat in Dresden, Okt. 1990 Berufung als Notar in eigener Praxis, 1990 Eröff. d. eigenen Kzl. M.: Dresdner jur. Ges., Sächs. Notarbund, Notarkammer Sachsen. H.: Kunst, Kultur, Sport.

Bäume Volkmar
B.: selbst. Schiffsmakler. DA.: 25451 Quickborn, Heidekampstr. 28. G.: Oelsnitz/Vogtland, 13. Sep. 1942. V.: Gertraud, geb. Schröder. Ki.: Michael (1968). El.: Walter u. Elfriede, geb. Kropp. S.: 1960-64 Ausbild. Kfm. Reederei + Schiffsmaklergewerbe, Hamburg. K.: 1964-66 Kfm. im Lehrbetrieb,

1966-68 tätig in der Firma Maas GmbH, Hamburg u. ab 1967 Prok. u. Mitinh., 1968-69 tätig in d. WTAG-Westfälische Transport, AG, Hamburg-Abteilungsleiter, 1969-78 Grdg. d. Firma NORBAL Schiffahrtskontor Bäume & Co Hamburg, 1979 Grdg. d. Firma Schiffahrtsges. Bäume + Hammann mbH, Hamburg u. d. Firma Schiffahrtsges. Volkmar Bäume mbH, Quickborn, 1995 Grdg. d. Firma Bäume + Greinert Schiffahrts- u. Agentur GmbH, Rostock, 2000 Grdg. d. Firma Bäume Weser-Ems Schiffahrts- u. Agentur GmbH, Bremen. BL.: als 1. in d. Küstenbranche ISO-Zertifikat erhalten. M.: Tus Holstein Quickborn, Vereinig. Hamburger Schiffsmakler u. Schiffsagenten e.V., Nord-Ostsee Küstenschiffsmakler e.V. Hamburg, Reeder + Makler Club Hamburg e.V., Hbg. Ver. d. Getreidehändler d. Hamburger Börse e.V., Hamburg.

Baumeier Werner Ing. *)

Baumeister Brigitte
B.: Dipl.-Math., MdB, Parl. Gschf. d. CDU/CSU-Frakt. FN.: Dt. Bundestag. DA.: 11011 Berlin, Platz d. Republik 1. G.: Stuttgart, 19. Okt. 1946. V.: Rolf. Ki.: Anne (1977), Jens (1979). S.: Gymn., Stud. Math. Univ. Stuttgart, Dipl.-Math. K.: Ass. Inst. f. Informatik, Doz. FH f. med. Informatik Heilbronn, IBM, freiberufl. Systemanalytikerin, Fa. August Baumeister Stuttgart, spezialisiert auf Simulationsmodelle, 1977 Eintritt in d. CDU, 1980-86 Mtgl. Stadtverb.-Vorst. CDU Böblingen, Mtgl. Kreisvorst. CDU Böblingen, Mtgl. Bez.-Vorst.stv. Nordwürttemberg, seit 1991 stellv. Bezirksvors., 1984-91 Kreisvors. d. Frauen-Union d. Kreises Böblingen u. Beisitzerin d. Bezirksfrauen-Union Nord-Württemberg, 1992-98 Bundesschatzmeisterin d. CDU, 1989-90 Mtgl. d. Stadtrates Böblingen, 1990-94 Mtgl. d. Kreistages Böblingen, seit 1990 MdB, seit 1991 Parlamentar. Gschf. d. CDU/CSU Fraktion. (Re)

Baumeister Christoph *)

Baumeister Dagmar Dr. med.

B.: Frauenärztin, Mitinh.: FN.: Praxisgemeinschaft Dr. med. Jürgen Emmrich u. Dr. med. Dagmar Baumeister. DA.: 66111 Saarbrücken, Sulzbachstr. 21. PA.: 66119 Saarbrücken, Mathildenstr. 2. G.: Dortmund, 17. Nov. 1955. Ki.: Nora (1983). El.: Helmuth u. Doris Baumeister, geb. Klönne. S.: 1974 Abitur Dortmund, Med.-Stud. an d. Univ. d. Saarlandes in Homburg, 1978 1. und 1980 2. Staatsexamen, 1981 Approb. K.: 1983-90 Ausbild. z. FA f. Frauenheilkunde u. Geburtshilfe am Städt. KH Neunkirchen sowie am Heilig-Geist-KH Saarbrücken, 1990 FA-Prüf.,1990-96 ndlg. in einer Gemeinschaftspraxis in Düsseldorf f. Frauenärzte, seit 1996 selbst. Frauenärztin in d. Praxisgemeinschaft m. Dr. med. Jürgen Emmrich in Saarbrücken. BL.: Psychosomat. Zusatzausbild. P.: Diss. "Psychosomat. Probleme weibl. Studierender". M.:

*) Biographie www.whoiswho-verlag.ch oder beigefügte CD-ROM

Berufsverb. d. Frauenärzte. H.: Mode (1997-99 Inh. u. zeitweise Verkäuferin in einem Laden f. hochwertige Dessous u. Hüte in d. Altstadt Saarbrücken), Reisen, Geschichte, Anthropologie, Tanzen, Schwimmen.

Baumeister Hella Dr. rer. pol. *)

Baumeister Johann Dr. rer. nat. Prof. *)

Baumeister Jost *)

Baumeister Klaus *)

Baumeister Markus *)

Baumeister Muriel
B.: Schauspielerin. FN.: Hoestermann Management & Services. DA.: 10961 Berlin, Gneisenaustr. 94. G.: Salzburg, 24. Jan. 1972. V.: Werner Strecker. Ki.: Linus. K.: Fernseh- u. Filmrollen u.a. 1990 Wohin d. Liebe fällt , 1991 Der Alte; Der Landarzt, 1992 Schuld war nur d. Bossa Nova, 1993 Faust; Morlock - Kinderkram, 1994 Doppelter Einsatz; Mutter, ich will nicht sterben, 1995 Ich liebe d. Mann meiner Tochter; Die Versuchung - Der Priester u. d. Mädchen, 1996 Frauen Morden leichter; Berlin Moskau, 1997 Einsatz Hamburg Süd; Knockin'On Heaven's Door, 1998 Mein Freund d. Bulle; Einsatz Hamburg Süd, 1999 Die Entführung, GeneSys, 2000 Die Frau, die einen Mörder liebte. E.: 1990 Telestar Nachwuchspreis, 1994 Gold. Kamera.

Baumeister Norbert *)

Baumeister-Bestgen Karola *)

Bäumel Ernst
B.: Rechtsanwalt. FN.: Anwaltsbüro Bäumel & Coll. DA.: 93049 Regensburg, Augustenstr. 11. PA.: 93080 Pentling, Erlenstr. 28. G.: Regensburg, 12. Sep. 1941. V.: Sybille, geb. Stadler. K.: Gymn., Abitur, 1961-62 Stud. Jura u. BWL Univ. München, 1962-64 Stud. FU Berlin, 1966 1. Staatsexamen. K.: 1966-68 Referendar in München, 1968 2. Staatsexamen, seit 1969 eigene Kanzlei in Regensburg. E.: Mtgl. d. Bayer. Anwaltsgerichtshofs, Ehrensenator, Narragonia, Vorst.-Mtgl. Baugenossenschaft St. Wolfgang, M.: TC Rot-Blau Regensburg. H.: Tennis, Skifahren.

Baumer Franz Dr. phil. *)

Baumer Roman Dr. med. *)

Bäumer Harald *)

Bäumer Marie
B.: Schauspielerin. FN.: c/o Agentur Players. DA.: 10178 Berlin, Sophienstr. 21. mail@players.de. www.players.de. S.: Ausbild. Scuolo Dimitri, Studio 033 Hamburg u. HS f. Musik u. darstellende Kunst Hamburg. K.. Filmrollen in: 1992 "Freunde fürs Leben", "Blankensee", 1994 "Fünf Millionen u. ein paar Zerquetschte", 1995 "Männerpension", "Die Partner", 1996 "Kalte Küsse", 1997 "Der weisse Tod", 1998 "Sieben Monde", "Latin Lover - Wilde Leidenschaft auf Mallorca", "Der letzte Zeuge", 1999 "Neonnächte - Gefahr in d. Grosstadt", "Krieger u. Liebhaber", 2001 "Der Schuh des Manitou". E.: Dt. Comedypreis (2001). (Re)

Bäumer Peter Dipl.-Ing. *)

Bäumer Rudolf Johann *)

Bäumerich Thomas Dipl.-Kfm.

B.: Gschf., Partner. FN.: Dr. Schaab & Partner GmbH Logistik-Beratung. DA.: 51429 Bergisch-Gladbach, Klein Hohn 66. tb@dr-schaab.de. www.dr-schaab.de. G.: Kobenz, 16. März 1959. V.: Gaby, geb. Hagen. S.: 1978 Abitur Leverkusen-Opladen, 1978-79 Wehrdienst, 1980-82 Lehre Speditionskaufmann b. Kühne & Nagel in Köln, 1982-83 Disponent b. Kühne & Nagel, 1983-89 Stud. BWL an d. Univ. Köln, 1989 Dipl.-Kfm. K.: 1989-92 Abteilungsleiter Kunstspedition, seit 1992 b. Dr. Schaab Logistikberatung, 3 J. in München, ab 1995 Ltr. Ndlg. Köln, 1997 Management Buy Out, seither Gschf., deutschlandweite Tätigkeit, auch in Österreich u. Schweiz u.a. b. Jahreswende f. Champagner Moet & Chandon, 2000 f. Zweckform, 2001 f. Werner & Mertz. P.: Logistische Fachzeitschrift: Sonderdruck Distribution 11-12/99. M.: Firma ist im Bundesverband Logistik BVL. H.: Radfahren, Reisen.

Baumert Armin *)

Baumert Jürgen Dr. phil. Prof. *)

Baumert Michael Christian *)

Baumert Wolfgang Dipl.-Kfm.
B.: Wirtschaftsprüfer, Steuerberater, Gschf. FN.: Baumert u. Partner GmbH. DA.: 42107 Wuppertal, Paradestr. 77. w.baumert@t-online.de. G.: Crimderode/Harz, 16. Jan. 1939. V.: Dagmar, geb. Emde. Ki.: Wolf-Tilman, Armin Lorenz. S.: Abitur Lübeck, 1960 Stud. Betriebswirtschaft an d. Univ. Hamburg m. Abschluss Dipl.-Kfm. 1964. K.: 1964-65 Revisionsass. b. d. Treuhandges. f. Hdl. u. Ind. mbH Lübeck, 1965-73 Dt. Warentreuhand AG Hamburg, b. 1970 Prüfer u. Prüf.-Ltr., seit 1970 Steuerberater in d. Steuerabt., seit 1972 Prok., 1970 Steuerberaterexamen, 1973-81 Herberts GmbH in Wuppertal zunächst Ltr. d. Hauptabt. Bilanzen u. Steuern als Prok., später Ltr. Bilanzen, Finanzen, Steuern f. alle Ges. im In- u. Ausland, während d. Zeit b. z. Liquidation d. Ges. Mtgl. d. VerwR. d. Herberts AG Basel, b. z. Ausscheiden b. Herberts Gschf. d. Herberts GmbH, Wien, Gschf. d. Kalina GmbH Wien, Mtgl. d. Vorst. d. Pensionskasse f. Angehörige d. Firma Herberts GmbH Wuppertal, 1981 ndlg. Steuerberater in Wuppertal, 1984 Wirtschaftsprüferexamen. M.: Berufsverb. H.: Joggen m. Hund u. Frau.

Baumewerd Lukas
B.: Architekt HDK, selbständig. DA.: 50672 Köln, Goebenstr. 3. G.: Münster, 3. Juli 1961. El.: Prof. Dieter G. u. Ulla, geb. Reible. BV.: Architektenfamilie in d. 4. Generation. S.: 1985 Abitur, 1986-91 Stud. Arch. an d. Kunstakademie Düsseldorf, Schwerpunk Baukunst. K.: 1990-93 studiumbegleitend u. später als freier Mitarbeiter. Projektleiter im Architekturbüro Prof. O.M. Ungers, seit 1993 selbständig, Grdg. d. eigenen Architekturbüros, parallel z. Selbständigkeit intensive Zusammenarbeit m. renommierten Künstler, Realisierung v. Projekten f. u. m. Künstlern. E.: Ernennung nach d. Stud. z. Meisterschüler b. Prof. O.M. Ungers, Wettbewerbsgewinne: Umbau u. Erweiterung d. Museums Simeonstift in Trier, 1. Preis (1994), Wettbewerb f. ein Konzept preisgünstige Wohnhäuser "Das Starterhaus", 2. Preis bundesweiter Wettbewerb 1995, Architekturpreis f. "Museen of Modern Art Syros". H.: zeitgenössische Kunst.

---

*) Biographie www.whoiswho-verlag.ch oder beigefügte CD-ROM

Baumgardt Brigitte *)

Baumgardt Irmgard *)

Baumgardt Johannes *)

Baumgardt Manfred

B.: Leiter. FN.: Schwules Museum. DA.: 10961 Berlin, Mehringdamm 61. SchwulesMuseumeV@aol.com. www. schwulesmuseum.de. G.: Witzenhausen/Werra, 16. Nov. 1946. El.: Wilhelm u. Edith, geb. Fey. S.: Abitur Kassel, 2 1/2 J. Lehre Lebensmittel-Einzelhdls.-Kfm. im Kaufhof Kassel, 1974-82 Stud. Politologie FU Berlin, 1982 Dipl.-Politologe. K.: aktiv in d. Schwulenbewegung in d. HAW, 1984 Eldorado-Ausstellung im Berlin-Museum als 1. Ausstellung auf d. ganzen Welt, "Schwule Geschichte" sichtbar gemacht, 1985 Grdg. Ver. d. Freunde eines Schwulen Museums in Berlin e.V. u. Vors., 1986 Ausstellungen in Friedrichstr. 12, seit 1990 am Mehringdamm, seit 1985 Schwules Museum, 1997 Goodbye to Berlin? 100 J. Schwulenbewegung, eine Ausstellung d. Schwulen Museums u. d. Ak. d. Künste, 2000 Vortragsreihe in Lissabon. BL.: Initiator Schwules Museum. P.: über Eldorado viele intern. Rezensionen u.a. in Hindustan Times, in SG Zeitschrift f. Schwule Geschichte. M.: Freunde eines Schwulen Museums in Berlin e.V., Berliner Mieterver. H.: Fotografie, andere Kulturen kennenlernen u.a. Nordafrika, Indien, Nordamerika.

Baumgardt Manfred *)

Baumgart Christian Dipl.-Ing. *)

Baumgart Dieter J. *)

Baumgart Gerd Dipl.-Ing. *)

Baumgart Hubert Dipl.-Ing. *)

Baumgart Klaus *)

Baumgart Klaus Dipl.-Ing. *)

Baumgart Lydia

B.: Verkäuferin, Inh. FN.: Lydia's Mode. DA.: 68219 Mannheim, Relaisstr. 49. G.: Mannheim, 22. Jan. 1968. V.: Vincenzo Lassantro. Ki.: Gianni (1998). S.: 1984-87 Lehre als Verkäuferin. K.: 1987-88 "Massa", 1989-98 Ang. im Modegeschäft "Krockenberger", 1998 Übernennung d. Modegeschäftes u. Umbenennung in "Lydia's Mode". H.: Familie.

Baumgart Peter *)

Baumgart Reinhard Dr. phil.

B.: Schriftsteller, Literaturkritiker. PA.: 82031 Grünwald, Eichleite 46. G.: Breslau, 7. Juli 1929. V.: Hildegard, geb. Bruns. Ki.: Ulrike, Matthias, Julia. El.: Dr. med. Reinhard u. Gertrud, geb. Jonas. S.: Oberschule, Stud. Geschichte u. Literaturwiss., 1953 Prom. Freiburg. K.: 1953-54 Lektor Univ. Manchester, 1955-62 Lektor Piper-Verlag München, seit 1962 freier Schriftsteller, 1969-74 Kritiker Südt. Zeitung, 1970-74 Vorst.-Mtgl. Verb. Dt. Schriftsteller. P.: Hausmusik (1962), Literatur f. Zeitgenossen (1967), Aussichten d. Romans oder Hat d. Literatur Zukunft? (1968), Die verdrängte Phantasie (1974), Jettchen Geberts Geschichte (1978). M.: P.E.N.-Zentrum BRD. H.: Segel, Skilanglauf.

Baumgart René

B.: Sommelier. FN.: Restaurant Mertens. DA.: 20357 Hamburg, Kampstr. 27. www.germanwine.de. G.: Berlin, 11. Feb. 1967. S.: 2 J. Lehre Kellner u. Restaurantfachmann, 1983-85 Ausbildung Palasthotel Berlin. K.: 1985-90 Kellner im Palasthotel Berlin, 1990-93 Chef de Rang im Restaurant La Coupole im Hilton Hotel in Berlin, 1993-94 Sommelier u. Oberkellner im Schloßhotel Teuplitz u. b. 1996 im Restaurant Grand Slam in Berlin, 1996 Sprachaufenthalt in d. USA, 1997 Sommelier im Restaurant Grand Slam in Berlin, 1998-2000 Chefsommelier im Schloßhotel Lerbach, dzt. tätig im Bereich Weine d. tägl. Bedarfs in d. Firma Baumgart & Dankwart m. Schwerpunkt Verkauf, Seminare, Schulungen u. Proben. E.: 6. Pl. im Dt. Wettbewerb f. Weinkellner (1993), 3. Pl. d. Trophée Ruinart Deutschland (1995), 9. Pl. im Dt. Wettbewerb f. Weinkellner (1995), 2. Pl. b. Grand Prix du Sommelier Sopexa Deutschland (1997), 2. Pl. d. Moet Hennessy Trophée (1999), 3. Pl. in d. Ausscheidung d. dt. Sommeliers f. d. WM in Kanada (2000), 2. Pl. d. Trophée Ruinart Deutschl. (2001).

Baumgart Steffen

B.: Profifußballspieler. FN.: FC Hansa Rostock. DA.: 18057 Rostock, Trautzenburger Weg 14. www.fc.hansa.de. G.: 5. Jan. 1972. K.: Spieler d. Vereine: VfL Wolfsburg, FC Hansa Rostock, SpVgg Aurich, PSV Schwerin, Dynamo Rostock-Mitte u. FC Hansa Rostock. (Re)

Baumgart Winfried Dr.

B.: o.Univ.-Prof. DA.: 55122 Mainz, Saarstr. 21. PA.: 55128 Mainz, Südring 39. G.: Streckenbach, 29. Sept. 1938. V.: Gisela, geb. Thamm. Ki.: Anja, Matthias. El.: Emil u. Anni. S.: Stud. Univ. Saarbrücken, Genf, Edinburgh. K.: 1966-71 Ass. Univ. Saarbrücken u. Bonn, 1971 Prof. f. Geschichte Univ. Rostock, Bonn, 1978-79 Konrad Adenauer-Prof. an d. Georgetown-Univ. Washington, seit 1973 Prof. f. Mittlere, Neuere u. Neueste Geschichte Univ. Mainz, 1988/89 Gastprof. an d. Univ. Paris III. P.: zahlr. Veröff. M.: Preuß. Histor. Kmsn. Berlin. H.: Wandern, Bahnfahren.

Baumgart-Schmitt Rudolf Dr. sc. nat. Dr.-Ing. Prof.

B.: Prof. f. Informatik u. Mikroprozessortechnik. FN.: FH Schmalkalden. DA.: 98574 Schmalkalden, Blechhammer 4. PA.: 12679 Berlin, Lea-Grundig-Str. 30. bschmitt@e-technik.fh-schmalkalden.de. G.: Weimar, 14. Jan. 1947. V.: Gisela, geb. Baumgart. Ki.: Henrike (1979) und Saskia (1980). El.: Egmont u. Elfriede. S.: 1966 Abitur, 1966-74 Stud. Forsch. Sekt. Technische u. biomed. Kybernetik, FB Automat. Steuerung, TH Illmenau, 1971 Dipl., 1974/75 Prom. K.: 1977 tätig in Berlin

*) Biographie www.whoiswho-verlag.ch oder beigefügte CD-ROM

als Projektltr. b. d. Erarb. v. Softwareprogrammen f. Kraftwerke, ab 1977 Humboldt-Univ. Sekt. Psych. u. Forsch-Gruppe Psych., 1988 Habil., systemat. Modellierung v. kognitiven Prozessen, Forsch. auf d. psychophysiologischen Gebiet u. parallel Lehre in Informatik, 1993 Ruf nach Schmalkalden. BL.: Arb. m.neuronalen Netzen in Schlafanalyse als erster Forscher weltweit. F.: AXON GmbH, SOMNOLOGICS GmbH. P.: Erarb. d. Lehrpläne im Informatikbereich f. Psych-Wiss. M.: IPEG. H.: Musik, Gitarre spielen, Literatur, Wasserwandern.

Baumgarte Alexander *)

Baumgarte Ernst-August Dipl.-Ing. *)

Baumgarte Joachim Dr.-Ing. Prof. *)

Baumgärtel Friedrich Karl Hubertus Dipl.-Ing. *)

Baumgärtel Hermann Dr. med. Prof. *)

Baumgärtel Klaus *)

Baumgärtel Manfred *)

Baumgärtel-Dohnke Dorothea *)

Baumgarten David
B.: Zahnarzt. GT.: Beratung u. Vertrieb DigiSys - Digitale Röntgensysteme in Deutschland. DA.: 44787 Bochum, Kortumstr. 63. PA.: 44787 Bochum, Kortumstr. 63. G.: Radautz/Rumänien, 14. Sep. 1945. Ki.: Aiälet (1968), Pincas (1995). El.: Guste u. Pincas. S.: 1963 Abitur Israel, 1963-65 Militärdienst in Israel, 1965-71 Stud. Zahnmed. Univ. Berlin u. Wien. K.: 1972-73 Ass.-Arzt in einer Düsseldorfer Zahnarztpraxis, 1973 Ass.-Arzt b. Prof. Singer am Med. Inst. d. Univ. Roma u. Bolonga in Meran, 1974-78 Ass.-Arzt in einer Hattinger Zahnarztpraxis, seit 1978 ndlg. Zahnarzt in Bochum. E.: Silb. u. Gold. Ehrennadel d. DGZMK, 1986-92 Mtgl. d. Vertreterversammlung d. kassenärztl. Ver. Westfalen-Lippe. M.: Hygienekmsn. d. Zahnärztekam. Westfalen-Lippe, Vorst.-Mtgl. Zahnärzteschaft Bez.-Stelle Bochum, DGEZ, Dt. Ges. f. Implantologie, Dt. Ges. f. Parondontologie. H.: Auto- u. Motorradfahren.

Baumgarten Dieter Dr. Prof.
B.: Ltr. FN.: Landesamt f. Mess- u. Eichwesen Berlin. DA.: 14195 Berlin, Lentzeallee 100. landeseichamt@berlin.de. G.: Berlin, 28. Apr. 1939. V.: Regina, geb. Tertel. Ki.: Gabriela (1973), Sven (1975). S.: 1959 Abitur Berlin, 1959-65 Stud. Kfz-Technik an d. TU Berlin, Dipl.-Ing., 1965-68 Stipendiat d. DFG am Inst. f. Kfz-Technik, Prom. z. Dr.-Ing. K.: 1968 stellv. Ltr. d. Eichdirektion Berlin, seit 1974 Ltr. d. Landesamtes f. Mess- u. Eichwesen Berlin, seit 1993 Hon.-Prof. an d. TFH Berlin, Ausbild. f. Verpackungsing., Ausbild im Fach techn. Recht. BL.: Initiator d. Publ. "Die Mogelpackung d. Monats" in d. Zeitschrift Stiftung Warentest seit 1990. P.: zahlr. Veröff. zu Themen d. Verpackungen, Eich- u. Fertigpackungsrecht. M.: Bundesverb. d. dt. Verpackungsing., Vors. d. Arbeitsaussch. Fertigpackungen. H.: Modelleisenbahn- u. -fahrzeugbau.

Baumgarten Helga *)

Baumgarten Hinnerk
B.: Moderator. FN.: Hit-Radio Antenne Niedersachsen GmbH & Co. DA.: 30159 Hannover, Goseriede 9. PA.: 30135 Hannover, Gerlachstr. 6. G.: Hannover, 5. Jan. 1968. El.: Martin u. Marlene, geb. Behre. S.: 1987 Abitur Celle, 1988-89 Bundeswehr in Lüneburg, 1989-93 Stud. Rechtswiss., Politik u. Geschichte Univ. Hannover. K.: Praktikum in versch. Funk-

anst., Volontariat b. Hit-Radio Antenne, seit 1995 festang. Moderator b. Hit-Radio Antenne Hannover, seit 1997 alleiniger Moderator d. "Morgenshow". M.: Dt. Journalistenverb., Burgdorfer Golfclub. H.: Golf, Motorradfahren.

Baumgarten Joachim Dr. rer. pol. Prof.
B.: Gesundheitsökonom, Gschf. Ges. FN.: Imperial Finanz GmbH & Co. Schlosspark-Klinik KG. DA.: 14059 Berlin, Heubnerweg 2. PA.: 14055 Berlin, Arysallee 11a. G.: Aichach, 8. Aug. 1945. V.: Frauke, geb. Holtgrave. Ki.: Ralf (1975), Frank (1977). El.: Alfred u. Margarete. S.: 1965 Abitur, Stud. d. Rechts- u. Wirtschaftswiss. Bonn, Köln u. Mainz, 1972 Prom. K.: 1972-76 stellv. Verw.Dir. d. Univ.Klinik Mainz, 1976-88 Gschf. d. Berliner KH-Ges., seit 1988 Gschf. Ges. d. Imperial Finanz GmbH & Co SCHLOSSPARK - KLINIK KG u. d. Park-Klinik Weißensee GmbH & Co Betriebs KG, 1996 Ernennung z. Prof., Prof. f. Betriebl. Planung u. Management im Gesundheitswesen an TU Berlin. P.: Kosten u. Finanzierung d. Krankenhausleistungen. Ein Beitrag z. wirtschaftl. Entwicklung d. KH in d. BRD (1972), Konzepte amerik. Krankenhauspflegesysteme Modellcharakter f. d. BRD haben" (1983), Financing Univ. Hospitals (1986), 45 wiss. Zeitschriftenaufsätze. E.: 1996 BVK. M.: Mtgl. maßgeblicher KH-relevanter Gremien auf BEbene u. in Berlin, versch. Lehr-, Berater- u. Gutachtertätigkeiten, wiederholt Delegierter d. BRD b. Aussch.Sitzungen d. Europarates u. Temporary Adviser d. WHO, Mtgl. versch. nat. u. intern. Ges., Past Präs. d. Intern. Health Policy and Management Inst. USA, Intern. KH-Ges., Vors. d. Geb. u. Verb. d. Privatkrankenanst. Berlin-Brandenburg, Vorst.Mtgl. d. Berliner KH-Ges., Past Präs. Lions-Club Berlin/Brandenburg. H.: Tauchen, Segeln. (G.v.d.R.)

Baumgarten Klaus *)

von Baumgarten Rudolf J. *)

Baumgarth Siegfried Dr.-Ing. Prof.
B.: vereid. Sachv. d. IHK Braunschweig. FN.: FH Braunschweig/Wolfenbüttel. DA.: 38302 Wolfenbüttel, Salzdalummer Str. 46-48. PA.: 38116 Braunschweig, Homburgstr. 31. S.Baumgarth@FH-Wolfenbuettel.de. www.s.baumarth.de. G.: Kiel, 21. März 1938. V.: Bärbel, Jütte. Ki.: Marco (1967), Yvonne (1971). El.: Hellmuth u. Elfriede, geb. Dolge. S.: 1958 Abitur, b. 1963 Stud. Physik u. Maschinenbau TU Braunschweig. K.: ang. Dipl.-Phys. in der Raumfahrt (DFVLR), 1 J. wechselt in d. USA an d. Princton Univ., 1972 Prom. z. Dr.-Ing., seit 1972 Prof. FH Braunschweig/Wolfenbüttel, b. heute Fachrichtung Meß- u. Regelungstechnik u. Gebäudeautomaten in d. Versorgungstechnik, Gründer u. Vors. d. "Competence Center for Building Networks" in Wolfenbüttel ab Juni 2001. BL.: 1974 als einer d. 1. Erforsch. d. digitalen Regelung u. Steuerung d. Heizungs- u. Klimatechnik, durch zahlr. Fortbild.-Seminare auf diesem Gebiet d. FH Braunschweig/Wolfenbüttel m. d. Abt. Versorgungstechnik in Deutschland namhaft gemacht, Entwicklung v. Software f. DDC-Geräte u. Planungstools f. d. Bereich Techn. Gebäudemanagement. P.: Co-Autor u. Mithrsg. "Handbuch d. Klimatechnik", Co-Autor "Regelungstechnik in d. Versorgungstechnik", Co-Autor u. Mithrsg. "Digitale Regelung u. Steuerung in d. Versorgungstechnik", div. Aufsätze in Fachpubl., sowie öff. Vorträge. E.: Hermann-Rietschel-Med., 1999 Carl-Voll-Stiftung Ehrenpreis. M.: BHKS.

Baumgartl Andreas Michael
B.: Gschf. FN.: Drive Baumgartl KG. DA.: u. G.: Düsseldorf, 1. Okt. 1959. Ki.: 3 Kinder. El.: Prof. Dr. Franz u. Ingeborg, geb. Gastreich. S.: 1979 Abitur, 1980-85 Stud. BWL Univ. Augsburg, K.: 1985 selbst., 1986-95 Aufbau eines bundesweiten Autovermietungsunternehmens, 1995 Verkauf d. Unternehmens, seit 1995 Internat. Kunsthandel u. Eröffnung

*) Biographie www.whoiswho-verlag.ch oder beigefügte CD-ROM

Baumgartl

Münchens größter Galerie f. zeitgenössische Kunst im historischen Orlandohaus am Münchner Platzl, Galerie Baumgartl, Inhaber. H.: histor. Rennsport, zeitgenöss. Kunst.

Baumgartl Georg *)

Baumgartl Marion

B.: ehrenamtl. Chor- u. Orchesterltr. PA.: 24610 Trappenkamp, Erfurter Str. 40. maba.skw-mkt@t-online.de. G.: Hilversum/NL, 25. Sep. 1943. V.: Adolf Baumgartl. Ki.: Ralf, Christiane. El.: Hubertus u. Amanda Martha van Oostenrijk. S.: 1962-64 Ausbildung z. Optikerin an d. Christian-Huygens-Schule in Rotterdam. K.: 1964-66 Tätigkeit b. Optiker v. d. Geest in Haarlem, 1967 Übersiedlung nach Deutschland (Trappenkamp), Musikkarriere: seit dem 6. Lebensj. Musik u. Gesang, seit d. 8. Lebensj. Klavierunterricht, 1974 Grdr. d. Sudetendeutsche Jugend- u. Frauengruppe in Trappenkamp, 1980 Grdg. u. musikal. Ltr. d. Musizierklubs Trappenkamp. E.: 1991 Verdiente Bürgerin d. Gem. Trappenkamp, 1992 Kulturpreisverleihung d. Sudetendt. Kulturwerkes Schleswig-Holstein e.V. M.: Vorst. d. Sudetendt. Kulturwerkes u. d. Sudetendt. Landsmannschaft Landesverb. Schleswig-Holstein. H.: Rätsel, Lesen, Schwimmen, Kulturreisen.

Baumgartl Stephan Udo

B.: Organ.-Leiter. für Vertrieb. FN.: Vers.-Gruppe d. Dt. Bank. DA.: 30175 Hannover, Hindenburgstr. 42. stephan.baumgartl@t-online.de. G.: Leipzig, 8. Mai 1970. V.: Yvonne, geb. Kaiser. Ki.: Oliver (1992), Moritz (1995). El.: Dipl.-Ing. Udo u. Franziska. S.: 1986 Mittlere Reife, 1986-89 Ausbild. Kfz-Mechaniker Leipzig, 1989-90 Militär. K.: 1990-92 Kfz-Mechaniker in Hannover, 1992 Einstieg in d. Finanzdienstleistungsbranche bei d. OVB in Minden, 1992 Eröff. d. Geschäftsstelle in Walsrode u. b. 1994 Geschäftsstellenltr., 1994 Prüf. z. Versicherungsfachmann (BWV), seit 1994 Versicherungsgruppe d. Deutschen Bank als Organisationsltr. f. d. Vertrieb, 1996 Prüf. z. Finanzkfm.; Betreuung u. Führung d. Mitarbeiter u. d. Geschäftsstelle, verantwortlich f. d. Schulungsbereich d. Mitarbeiter, Verkaufstrainer. E.: firmenintene Ausz. M.: Sportver. H.: Fußball, Skifahren

Baumgartl Wolf-Dieter

B.: Vorst.-Vors. FN.: HDI Haftpflichtverband der Deutschen Industrie. DA.: 30659 Hannover, Riethorst 2. (Re)

Baumgartl Wolfgang Dr. med. dent. *)

Baumgartner Alois Dipl.-Ing. *)

Baumgartner Armin Dipl.-Phys. *)

Baumgartner Dieter *)

Baumgartner Dieter Roland

B.: selbst. Kfm. FN.: Frachtagentur Baumgartner. DA.: 81677 München, Zamdorfer Str. 80. G.: Weidhausen, 30. Jan. 1945. V.: Charlotte, geb. Wandinger. Ki.: Markus (1971), Maximilian (1975), Stefan (1977). El.: Michael u. Maria, geb. Kristofczak. S.: Schulbesuch in Weidhausen u. München, 1959-62 Ausbild. z. Ind.-Kfm. K.: 1962-77 Ind.-Kfm., 1977-83 Prok. in d. Fensterbau- u. Glasbranche, seit 1984 selbst. als Sped. u. Frachtvermittlung München, seit 1987 gemeinsam m. Ehefrau Charlotte Baumgartner. M.: FC Bayern. H.: Fußball, Politik, Reisen.

Baumgartner Elisabeth *)

Baumgartner Fritz

B.: Maler, Zeichner, Grafiker. PA.: 80335 München, Lorisstr. 3A. G.: Aurolzmünster/Österr., 14. Apr. 1929. V.: Regina, geb. Lehrnbecher. Ki.: Friedrich, Regina, Max. El.: Maximilian u. Therese. S.: 1949 Abitur, 1949-56 Stud. d. Ak. d. bild. Künste München, 1955 Intern. Sommerak. Sbg. b. Kokoschka, 1956-57 Franz. Staatsstipendium f. Studienaufenthalt in Paris. K.: zahlr. Einzelausstellungen in Museen u. Galerien u.a. in Mailand, München, Nürnberg, Paris, Köln, Bonn, Mannheim, Wuppertal, Frankfurt, Augsburg, Turin, Locarno, Rom, Venedig, Amsterdam, Palermo, Bergamo, Triest, Stuttgart, Luxemburg, Nacy, Basel, Düsseldorf, Cosenza, Warschau, Danzig, Werke in Museen: Städt. Galerie München, Bayer. Staatsgemäldesammlung München, Staatl. Graph. Sammlung München, Städt. Kunstsammlungen Augsburg, Staatsgalerie Stuttgart, Städt. Galerie Frankfurt, Städt. Kunstsammlung Tübingen, Hess. LMuseum Darmstadt, Kunstsammlungen Provinz Turin, Nationalgalerie Prag, Nationalmuseum des Risorgimento, Turin, Kunstsamml. Prov. Alessandria, Muzeum Niepodegłosci Warschau, Städt. Galerie Konstanz. P.: "I nuovi disastri della guerra" (1976), "Evangeliar", Buchmalerei in Bild und Schrift "(1993), "Fritz Baumgartner, 50 Jahre Malerei und Graphik" (1998), "Fritz Baumgartner 20 anni di grafica e di pittura" (1999), "Fritz Baumgartner, Kreuzweg, Marienkirche Haltern" (2001). E.: 1959 Preis f. Malerei d. Dt. Ev. Kirchentages, 1970 Preis f. Malerei d. Provinz Turin, 1970 Gold. Verd.Med. d. Ital. Staates, 1972 Ehrenmed. d. Stadt Turin, 1975 offizieller Ehrenpreis d. Region Aosta, 1999 Ehrenmedaille d. Region Piemont. M.: Accademia Scienze Lettere Arti Milano.

Baumgartner Ludwig *)

Baumgartner Martin

B.: Gschf. Ges. FN.: Just Network Services GmbH. DA.: 80634 München, Schulstraße 11. martin.baumgartner@junese.de. G.: Freilassing, 2. Feb. 1969. El.: Martin u. Christine, geb. Opitz. S.: 1988 Abitur in Laufen, 1988-90 Bundeswehr, 1991-96 Stud. Informatik an d. TU München, Abschluss: Dipl.-Informatiker. K.: 1996-99 selbst. Programmierer u. Berater b. versch. Unternehmen, Schwerpunkt: Internet-Entwicklung, 1999 Grdg. d. Firma Just Network Services GmbH. H.: Joggen, Skifahren, Mountainbikefahren, Inlineskaten, Lesen, alte Möbel restaurieren.

Baumgartner Melanie

B.: Herren- u. Damenschneidermeisterin, Trachtendesignerin, selbständig. DA.: 80802 München, Leopoldstr. 116. PA.: 80802 München, Leopoldstraße 103. mbstyle-muenchen @

*) Biographie www.whoiswho-verlag.ch oder beigefügte CD-ROM

aol.com. G.: München-Schwabing, 24. Aug. 1968. V.: Florian Fackler. El.: Hans u. Gunhild Baumgartner. S.: 1988 FOS-Abitur, 1988-91 Ausbildung z. Damenschneiderin im Atelier Eberhardt Dannhauser in München, 1991 Ausbildung b. Müller & Sohn in München in Damenschnitt-Techniken. K.: 1991-92 Gesellenjahre in Firma UF88 in München-Neuried, 1993 Kostümbildnerin b. Beagle-Design in Wien/Österreich, 1993 Herrenschnittkurs b. Müller & Sohn in München, 1994 Meisterprüfung im Damenschneiderhandwerk/Damenfach, 1993-98 selbständige Designerin m. Hausatelier, 1998 Eröff. v. MB-Style Melanie Baumgartner, 2001 Meisterprüfung als Herrenschneidermeisterin/Herrenfach. BL.: Organisatorin d. Stadtgründungsfestes d. Stadt München. P.: Mode-Show f. RTL2, Leben u. Wohnen PRO7, Arabella Kiesbauer Talk-Show, TV-München. E.: Goldener Nagel d. Stadt München im Rahmen d. Stadtgründungsfestes, Faschingsprinzessin b. Gleisenia-München (1997/98). M.: Gleisenia München. H.: Standard-Latein Tänze, Lesen.

Baumgartner Monika
B.: Schauspielerin. G.: München, 9. Juli 1951. K.: 1. Engagement am Nationaltheater Mannheim, Kammerspiele München, Residenztheater München, weitere Stationen in Hamburg u. München, im Fernsehen u.a. in "Der Millionenbauer", "Derrick", "Zur Freiheit", "Airalbatros", "Solange es die Liebe gibt". E.: 1996 Bayerischen Fernsehpreis f. ZDF Fernsehspiel "San sticht".

Baumgartner Peter

B.: Einzelhdls.-Kfm., Inh. FN.: Peter Baumgartner & Partner Unternehmensberatung, Managementtraining, Verkaufstraining. DA.: 90518 Altdorf, Pühlheim 46. baumgartner.altdorf@t-online.de. G.: Liezen/Österreich, 3. Mai 1944. V.: Inge, geb. Mählmann. Ki.: Sven (1963), Nils (1966). S.: 1962 Matura Graz, 1962-65 Kunststud. Wien, 1965-67 Ausbild. z. Einzelhls.-Kfm. in Liezen im elterl. Betrieb Fotohandel u. Verlag, 1968 Fotodesigner/Fotografenmeister in Liezen. K.: 1968 -85 Grundig Fürth, zuletzt Marketingltr., 1985-94 Verkaufsltr./Gschf. im Möbelhdl., versch. Stationen im Großraum Nürnberg, seit 1994 selbst. Unternehmensberater. BL.: ehem. Leistungssportler/C-Kader als Alpiner Skifahrer in Österr. H.: Lesen/Literatur, Malerei, Hund, Familie.

Baumgartner Sepp
B.: Tennis- u. Schilehrer. FN.: Tennis Camp Sepp Baumgartner. DA.: 83329 Waging, Angerpoint 5. PA.: 83329 Waging, Geppingerstr. 74. mail@tennisurlaub.info. www.SeppBaumgartner.de. G.: Teisendorf, 30. März 1953. V.: Hildegard, geb. Helminger. Ki.: Sebastian (1983), Daniel (1987), Florian (1989), Lena (1995). El.: Georg u. Anna, geb. Klinger. S.: Gymn., 1975 Abitur, 1975-76 Bundeswehr Bad Reichenhall, 1976-79 Ausbild. z. Tennis- u. Skilehrer m. staatl. Prüf. in München. K.: 1979-80 Tennisschule Traunstein, seit 1980 eigenes Tennis-Camp in Waging/See. BL.: Therapiewochen gegen chron. Tennisarm m. intern. anerkanntem Naturheilverfahren v. Sepp Baumgartner, Besitzer d. 2 höchsten amerikan. Tennistrainerlizenzen, Tennisballsammelanlage als eigenes Patent, 6x Weltmeister in d. Schi-Tennis-Kombination, 4x Dt. Meister d. Tennislehrer, Europameister Tennis Herren 45. P.: versch. Veröff. u. Vorträge über Tennisarmtherapie. M.: Tennisclub Waging u. Teisendorf, Schiclub Teisendorf. H.: Familie, Garten, Tennis, Schifahren.

Baumgärtner Alfred Clemens Dr. phil. *)

Baumgärtner Andreas Manfred Dr. rer. med. *)

Baumgärtner Bernd Dr. med. vet. *)

Baumgärtner Franz Dr. Prof. *)

Baumgärtner Gerhard *)

Baumgärtner Harry *)

Baumgärtner Konrad *)

Baumgärtner Manfred Dr. med. *)

Baumgärtner Marga

B.: RA, selbständig. DA.: 90513 Zirndorf, Nürnberger Str. 29. G.: Nürnberg, 14. Jan. 1952. Ki.: Julia. S.: Abitur in Fürth, 2. Jur. Staatsexamen in Bayern. K.: seit 1980 selbständige RA, 1996 Prüf. f. Fachanwältin f. Familienrecht, 1983-89 Gemeinderätin parteilos in Oberasbach, im Ausschuss Kultur u. Sozial d. Landkreises Fürth. M.: Deutsch-Spanische Juristenvereinigung.

Baumgärtner Werner Dr. med.
B.: Arzt f. Allgemeinmedizin. DA. u. PA.: 70435 Stuttgart, Böhringerstr. 48. G.: Stuttgart, 12. Mai 1951. Ki.: Markus (1980), Christine (1982). El.: Wendel u. Edith, geb. Spilka. S.: 1970 Abitur, 1970-72 Bundeswehrdienst, 1972-79 Stud. d. Humanmed. in Lüttich, 1980 Staatsexamen u. Approb. in Tübingen, 1984 Prom. K.: 1980-84-Arzt in Stuttgart, 1985 Anerkennung als Facharzt f. Allg.-Med. u. Übern. d. väterl. Praxis in Stuttgart, seit 1995 Vors. d. Vertragsärztlichen Vereinigung NW, seit 1997 Vors. d. Kassenärztlichen Vereinigung Nord-Württemberg, seit 2001 Mtgl. d. Vorst. d. Kassenärztlichen Bundesvereinigung, Zuständigkeitsbereich Arzneimittel u. Neue Versorgungsformen.

Baumgratz Jürgen

B.: Hoteldir., Restaurantmeister. FN.: Romantik Hotel & Gasthaus Rottner. DA.: 90431 Nürnberg-Großreuth, Winterstr. 15/17. info@rottner-hotel.de. www.rottner-hotel.de. G.: Heilbronn/Neckar, 22. Nov. 1958. V.: Petra, geb. Nützel. Ki.: Tobias (1994). El.: Manfred u. Margarete. S.: 1977-79 Lehre z. Restaurantfachmann in Kur- u. Sporthotel in Bad Alexandersbad, 1979-81 Wehrdienst. K.: 1981-82 Chef d'etage im Derby Hotel Davos, 1982-83 Restaurant- u. Bankettltr. im Crest Hotel Heidelberg, 1983-84 Oberkellner im Restaurant Landhof in Oftersheim/Heidelberg, 1984-85 Hotelfachschule Fritz Gabler Heidelberg, Abschluss: staatl. geprüfter Gastronom m. AEVO u. Restaurantmeister, 1985-86 Dion.-Ass. Hotel Alpenhof in

*) Biographie www.whoiswho-verlag.ch oder beigefügte CD-ROM

Baumgratz

Murnau, 1986-88 Ltg. Einkauf Hotel Schloss Elmau, 1988-89 Oberkellner im Hotel Alpina Garmisch-Partenkirchen, 1989-95 2. Oberkellner im Hotel Alpenhof in Grainau, 1995-98 2. Oberkellner im Romantik Hotel Gasthaus Rottner in Nürnberg, seit 1988 Geschäftsltr. d. Romantik Hotels & Gasthaus Rottner. H.: Reiten, Fahrradfahren, Natur, Dt. Weine u. gutes Essen, Familie.

Baumgratz Wolfgang Prof.

B.: Domorganist, Prof. f. Orgel. DA.: 28195 Bremen, Sandstr. 10. G.: Meersburg, 10. Okt. 1948. V.: Wiebke, geb. Koch. Ki.: Johanna (1983), Eva (1985). El.: Norbert u. Erna. S.: 1967 Abitur Singen, Stud. Kirchenmusik HS Heidelberg u. Freiburg, 1976 A-Examen f. Ev. Kirchenmusik, Stipendium d. DAAD, Stud. Orgel Musik-HS Amsterdam, 1978 Abschluß Solistenexamen als Konzertorganist. K.: seit 1979 Domorganist im Bremer Dom, 1980 Orgellehrer an d. HS f. Künste in Bremen, seit 1984 Prof. f. Orgel, seit 1989 Ltr. d. Kirchenmusikabt. an d. HS f. Künste; Funktion: Orgelsachv. f. d. Ev. Kirche. P.: Konzertreisen in Europa u. Amerika, Funk-, Fernseh-, Schallplatten- u. CD-Aufnahmen. M.: seit 1998 Präs. d. Intern. GDO, Jury-Mtgl. b. intern. Orgelwettbewerben. H.: Lesen.

Baumhardt Johannes J. Dipl.-Betriebsw. *)

Baumhauer Felix Walther Jon Dr. rer. pol. Dipl.-Kfm. Dipl.-Vw.

B.: Gschf. Ges. FN.: Munich Consulting Inc., Unternehmens- u. Personalberatung. GT.: Marketing-, Vertriebsberatung, Krisen-Timemanagement, Personalberatung. DA.: 80802 München, Dietlindenstr. 24. baumhauer@ talknet. de. G.: Aschau/Chiemgau. V.: Claudia Ingrid Gerta. Ki.: Nicolas Felix Alexander (1975), Julia-Marie Claudia Marianne (1996) und Angelina-Maria (1999).BV.: Prof. Felix Baumhauer, 1876-1960, einer d. bedeutendsten Meister christl. Kunst, u.a. Hauptbögen St. Louis Cathedral, St. Louis USA, Kreuzweg Bamberger Dom (Herder Konversationslexikon 3. Ausg. 1902 u. nachfolgende Ausgaben bis heute, 1904-1972 über 100 Rezensionen in intern. Publ.), Prof. Heinrich Baumhauer, 1848-1924, Mineraloge, Prof. Univ. Freiburg in d. Schweiz, 1884-1990 div. Bücher über Chemie u. Mineralogie, versch. Neuentdeckungen v. Mineralien (Herder Konversationslexikon 3. Ausg. 1902), Dr. Walther Graf von Ingenheim-Molitor, 1914-1983, Wirtschaftskorrespondent 1937-1943, Inhaber: Hotel Adler München u. Molitor KG München, (who is who Germany 72). S.: 1969 Abitur, 1970-71 Wehrdienst, 1972 Stud. Friedrich Alexander Univ. Erlangen, 1973-76 Ludwig Maximilian Univ. München in Jura u. Wirtschaftswiss., 1976 Examen z. Dipl.-Kfm., 1976-77 Stud. VWL m. Examen z. Dipl.Volkswirt, 1979 Freie Univ. Berlin, Prom. K.: 1970-73 div. Praktika b. namhaften Deutschen Unternehmen, 1973-94 Verkaufsltr.,

Projektltr., Ndlg.-Ltr., Hauptgschf. in div. Branchen bei führenden Unternehmen im In- u. Ausland tätig, seit 1994 Munich Consulting Inc. Unternehmens- u. Personalberatungs m. Büros in Kapstadt, Los Angeles u. München als gschf. Ges. tätig, außerdem seit 1998 gschf. Ges. d. ZET intérim S.A.R.L. Strasbourg France tätig. F.: mehrere aktive Beteiligungen an dt. u. intern. Unternehmen. P.: seit 1976 div. Veröff. über Marketing, Organisationsstruktur bei Unternehmen, Zukunft d. Werbung im Internet od. ähnliches in versch. Publ. u. Vorträge b. Messeveranstaltungen (Leipziger Messe) u. sonstigen öff. Veranstaltungen. M.: Forschungsinst. f. Prävention u. Regeneration streßbedingter u. degenerativer Erkrankungen e.V. München u. Bad Wörishofen, Daimler-Benz Aerospace Flugsportgruppe Bölkow e.V. München. H.: Motorboot Führerschein, Hochsee Segelschein, Sprechfunkzeugnis, Privatpilotenlizenz BRD, Privat Pilot Licence USA, Jagdschein d. BRD.

Baumhauer Werner *)

Baumheuer Ulrich Dr. med. dent. *)

Baumhoff Dieter Dipl.-Psych. *)

Bäumker Oliver

B.: RA. DA.: 59302 Oelde, Am Markt 10. mail@ baeumker. de. www.baeumker.de. G.: Leverkusen, 28. März 1972. V.: Andrea, geb. Ventur. Ki.: Anna. El.: Friedrich-Wilhelm u. Ingeborg, geb. Herbert. BV.: Johann Gottfried v. Schadow. S.: 1991 Abitur Oelde, 1991-96 Stud. Rechtswiss. an d. Westfäl. Wilhelms-Univ. Münster, 1994-96 Stud. Geschichte u. Phil in Heidelberg, 1996 1. Staatsexamen, 1996-98 Referendar b. OLG Stuttgart,1998 2. Staatsexamen. K.: Ndlg. als RA, 1999 RA in Beckum, 2000 eigene Kzl. in Oelde, Tätigkeitsschwerpunkt: Familien-, Erb- u. Zivilrecht. BL.: Stipendiat d. Konrad-Adenauer-Stiftung. M.: CDU, Mtgl. d. Rates d. Stadt Oelde. H.: Politik.

Bäumler Ernst Dr. med. h.c. *)

Bäumler Hans Konsul *)

Bäumler Hans Jürgen

B.: Schauspieler. FN.: c/o Agentur Ruth Killer. DA.: 82031 Grünewald/München, Nördliche Münchner Str. 43. G.: Dachau, 28. Jan. 1942. V.: Marina, geb. Engelmann. Ki.: Christoph-Arist, Bastian. El.: Max u. Anni. S.: Gymn., Mittlere Reife. K.: 6 Europa-, 2 Weltmeisterschaften, 2 Silbermed. Olymp. Winterspiele; Eislaufschule (1980), Insz. Czardasfürstin auf Eis; Rollen: Engel Namens Schmitt (Bühne), Salto Mortale (TV), 2001 Bleib doch zum Frühstück (Theater). E.: Silber-Lorbeer, Gold. Band d. Sportpresse, Gold. Leinwand Film. H.: Tennis, Schmalfilm, antike Möbel, Eiskunstlaufen. (Re)

Bäumler Ileana Marina

B.: Modestylistin, Inh. FN.: Black & White Show Production. DA.: 70597 Stuttgart, Löwenstr. 46A. S.: Abitur, b. 1988 Fotomodell u. Mannequin, 1985-87 Schule f. Modegestaltung u. Bekleidung Stuttgart, 1987 Modestylistin. K.: 1988 Grdg. Black & White Show Production, Konzeption gemeinsam m. Black & White Organizing Services. H.: Black & White.

Bäumler Marion

B.: RA u. Steuerberaterin. DA.: 92637 Weiden, Hochstr. 15. PA.: 92637 Weiden, Weidingweg 46. ra-stb-baeumler.marion@t-online.de. G.: München, 1. Juni 1966. El.: Dr. Lothar u. Brigitte Bäumler, geb. Beck. S.: 1986 allg. HS-Reife Tisch-

---

*) Biographie www.whoiswho-verlag.ch oder beigefügte CD-ROM

Bäumler Peter *)

Bäumler-Wunderlich Holdi *)

Baumöel Jörg *)

Baumtrog Hans-Dieter *)

Baumüller Reinhold G.

enreuth, 1986-92 Stud. der Rechtswiss. an der Univ. Bayreuth und München, 1. jur. Staatsexamen, 1992-94 Referendariat, 2. jur. Staatsexamen. Kzl. Dr. Bernd Rödel & Partner in Nürnberg, 1995 Voerbereitung z. Steuerbaterprüf., 1999 Eröff. d. Kzl. als RA u. Steuerberater mit Tätigkeitsschwerpunkt Steuerrecht und Vertragsrecht, Interessenschwerpunkt Insolvenzrecht. M.: Reitsportver. Weiden, Tennisver. Schrmitz. H.: Tennis, Reiten, Joggen.

B.: Gschf. FN.: Weger, Wolff & Co GmbH. DA.: 97421 Schweinfurt, Schopperstr. 8-10. G.: Würzburg, 6. Okt. 1952. El.: Irmgard u. Bernhard, geb. Köberlein. S.: 3 J. Lehre z. Maler u. Lackierer, 1979 Meisterprüf. K.: 1979-89 eigene Firma, seit 1989 Gschf. in o.g. Firma. M.: 1994 Schützenver. Haßfurt. H.: Tontaubenschießen, Lesen.

Baur Albert
B.: Studiendir. FN.: Frankfurter Schule f. Bekleidung u. Mode. DA.: 65929 Frankfurt/Main, Peter-Bied-Str. 55. PA.: 63811 Stockstadt, Erlenstr. 6. G.: Dellmensingen, 12. Okt. 1941. V.: Gabriele, geb. Mohr. Ki.: Anika (1977), Hanno (1980), Carolin (1983). El.: Anton u. Wilhelmine. S.: HS-Reife Mönchengladbach, Lehre Herrenschneider, FHS Mönchengladbach, Dipl.-Ing. K.: Betriebsberater in d. Bekleidungsind., 1966-73 techn. Ltr. u. Consult. Manager in Israel, Doz. Fachschule f. Bekleidungstechnik Aschaffenburg, Stud. Berufsschulpäd. TH Darmstadt, seit 1984 Ltr. d. Abt. Fachschule f. Bekleidung u. Mode Frankfurt/Main, Ausbild. d. Nachwuchses f. Führungskräfte. P.: Berufsbild d. Bekleidungstechnik. M.: Vors. im Meisterprüf.-Aussch. f. d. Herrenschneiderhandwerk, Vors. d. Koordinierungsgruppe im Hess. Kultusmin. f. Lehrpläne im Berufsfeld Textil-Bekleidung. H.: Kunst, historische Literatur.

Baur Bruno Dipl.-Ing. *)

Baur Christa *)

Baur Christiane Lony Dipl.-Designerin
B.: Gschf. FN.: TopColorsDesign Christiane Baur. DA.: 45219 Essen, Meistersweg 5. topcolorsdesign@t-online.de. www.topcolorsdesign.de. G.: Königshütte/OS, 23. März 1943.

V.: verw. seit 1983, verh. mit Dipl.Ing. Dr. rer. pol. Peter Baur. Ki.: Dipl.Ing. Dr. Tillmann (1969), Friederike (1970) Visagistin. El.: Dr. Dipl. agr. Heinz Brandts u. Lony, geb. Beitzke (Pianistin), gest. 1945 (beide Eltern); Pflegeeltern: Fedor von Lossau (Vorst. Vors. d. Bielefelder Webereien AG Bielefeld) u. Gerda, geb. Windel. S.: 1953-62 neusprachl. Ceciliengymn. Bielefeld, 1962-63 Landfrauenschule Obernkirchen, 1963-64 Praktika in allen textilen Bereichen: Ravensberger Spinnerei u. Bielefelder Webereien AG, 1964-66 Stud. f. Textildesign an d. FH Coburg Abt. Münchberg, währen dieser Zeit: 1965 Gesellenprüf. f. Handweberei, 1966 Werkstudentin bei Bayer - Leverkusen, Abt. f. Anwendungstechnik Druck, 1966-67 Stud. Staatl. Akad. d. Künste Stuttgart. K.: 1967-68 Ausübung d. Textildesignertätigkeit bei d. Firma Moos AG Weislingen/Schweiz, 1978 Eröff. eines eigenen Textildesignateliers in Essen, Herstellen v. handgemalten Seidenunikaten f. Industrie u. Privat, im Rahmen dieser Tätigkeit zahlr. Modenschauen mit tragbaren Seidenunikaten, Ausstellung in Galerien u. Banken, Kurse f. Seidenmalerei u. angew. Farbenlehre im Atelier u. Volkshochschulen, 1980-81 Kursunterricht im Stadtwaldgymn. Essen, 1986-89 Teilnahme an d. Seminaren f. Farbe u. Umwelt am Inst. f. Wirtschaftsförderung in Salzburg (Leitung Dr. H. Frieling), 1989 Abschluß als Dipl.-Farbberaterin IACC (Internat. Association of Colour Consultants), Teilnahme an d. Praxisseminaren d. Akad. d. Handwerks f. Techniken d. Denkmalpflege Raesfeld, Kollektionsgestaltung f. eine Auswahl v. Orientteppichfirmen, sowie Handtuftproduzenten, häufige Aufenthalte in Nepal u. engagierte Mitarbeit in dortigen Manufakturen. M.: Soroptimistin, Vors. d. Kinderhilfe Nepal, Mtgl. im Dt. Farbenzentrum Berlin. H.: Fotografie (Objekt Textil, Portrait), Sport, Musik, Flamencotanz. Sprachen: Englisch, Französisch u. Italienisch.

Baur Ernst-Arno

B.: Arzt, Inh. FN.: Cafe-Restaurant-Bar "cibo matto". DA.: 10178 Berlin, Rosenthaler Str. 44. cibo.matto@arcormail.de. G.: Sigmaringen, 22. Apr. 1961. V.: Claudia, geb. Antoni. Ki.: Viktor (1989), David (2000). El.: Ernst-Eugen u. Rosemarie, geb. Volz. S.: 1980 Abitur Sigmaringen, 1981 Stud. Geschichte, Politik u. Soz., 1982 Stud. Med. FU Berlin, 1989 Staatsexamen.

Baur Friedrich G. Dr. iur. *)

Baur Friedrich Gerhard Dr.-Ing. *)

Baur Gerhard W. Dr. phil. *)

Baur Helmut Dr. Dipl.-Kfm. Senator h.c. *)

Baur Herbert Dipl.-Kfm. *)

Baur Herbert Dr. rer. nat. *)

Baur Jürg Prof.
B.: HS-Lehrer, Komponist. PA.: 40474 Düsseldorf, Nagelsweg 74. G.: Düsseldorf, 11. Nov. 1918. V.: Dr. Hilde, geb. Wolfstieg. El.: Ernst u. Maria. BV.: Familie Vitali Oberitalien. S.: Hum. Abitur, Stud. an d. Staatl. MH u. Univ. Köln, Examen f. Orgel, Klavier, Komposition, Theorie u. Kirchenmusik. K.: 1946 Doz. f. Musiktheorie, Chor u. Komposition

*) Biographie www.whoiswho-verlag.ch oder beigefügte CD-ROM

Rob. Schumann-Konservatorium Düsseldorf, 1960-71 Doz. f. Formenlehre u. Tonsatz LKirchenmusikschule Rheinland, 1952-66 Kantor u. Organist Pauluskirche Düsseldorf, 1965-72 Dir. d. Rob. Schumann-Inst. Düsseldorf, 1971-90 Prof. f. Komposition an d. MH Köln; 1968 u. 1979 Kompositionsreisen in d. UdSSR im Auftrag d. Dt. MusikR., 1984 Teilnahme als Komponist am Intern. Musikfestival in Moskau, zahlr. Kompositionsaufträge Dt. Städte, d. WDR Köln u. d. Zagreber Biennale u.a. P.: ca. 120 Werke ernster u. mod. Musik, zahl. päd. Aufsätze, Konzert- u. Rundfunkaufführungen in ganz Europa. E.: 1969 BVK 1. Kl, 1969 Prof. auf Lebenszeit, 1957 Rob. Schumann-Musikpreis d. Stadt Düsseldorf, 1960 u. 1968 Stipendium d. Villa Massimo Rom, 1980 Ehrengast d. Villa Massimo, 1990 VO NRW, 1994 Musikpreis Duisburg, 1997 Musikpreis d. Gerh. Maasz-Stiftung. M.: 1972-93 1. Vors. d. DTKV LVerb. NRW, seit 1989 Ehrenmtgl. d. Dt. MusikR, seit 1976 Einzelmtgl. d. Dt. MusikR., seit 1963 o.Mtgl. d. Gema; seit 1966 Rotary Club Düsseldorf Süd. H.: Kanarienvögel, Studienreisen, anspruchsvolle Literatur aus Vergangenheit und Gegenwart.

Baur Jürgen Maria Dr. iur. utr.

B.: Rechtsanwalt, Gschf. FN.: AACHENER GRUNDVERMÖGEN Kapitalanlage GmbH. DA.: 50668 Köln, Wörthstr. 32. PA.: 50935 Köln, Max-Bruch-Str. 6. G.: 13. Sept. 1935. V.: Barbara, geb. Sondermeier. Ki.: Susanne, Daniel. El.: Dr. Paul u. Hilde. S.: Gymn., Stud. Rechtswiss. Univ. Köln, 1. u. 2. Jur. Staatsexamen. K.: Ref. BVerb. dt. Banken, Gschf. Frankfurt-Trust Investment GmbH. P.: Investmentgesetze (2. Aufl., 1997), Das Investmentgeschäft (1999). E.: Vors. d. VerwR. d. Kölner Gymnasial- u. Stiftungsfonds, stellv. Vors. KSD Katholischer Siedlungsdienst e.V., Bundesverband f. Wohnungswesen u. Städtebau, Berlin, Mtgl. Stiftungsrat Maria Theresia Bonzel-Stiftung. M.: CDU, Altherrenver. d. K.ST.V. Rheinpfalz im KV zu Köln. H.: alte Keramik.

Baur Marcus

B.: Profi-Segler, Student (Architektur). FN.: Dt. Segelverb. DA.: 22309 Hamburg, Gründgensstr. 8. G.: Kiel, 10. Mai 1971. S.: Arch.-Stud. K.: 1998 Pre-Pre-Olympiade/9., 1997 WM/4., 1997 EM/1., 1998 EM/11., 1998 DM/2., 1997 Kieler Woche/3., 1998 Kieler Woche/6.

Baur Markus

B.: Profi-Handballer, Nationalteam-Spieler, Student. PA.: 35398 Gießen, In den Gärten 28. G.: Meersburg/Bodensee, 22. Jan. 1971. S.: Studium Diplomsport. K.: Position: Rückraum Mitte, 1992 Dt. Hochschul-Meister, erstes Länderspiel 1994, 1994 Dt. Pokalsieger m. d. SG Wallau-Massenheim, erster Einsatz i. Nationalteam, Länderspiele/Tore 97/240, 1998 EM/3., 1999 WM/5, 2000 OS/5., 2002 Vizeeuropameister. H.: Tennis, Skifahren, Musik. (Re)

Baur Markus *)

Baur Ruedi Prof.

B.: Prof. f. Corporate Design, Rektor. FN.: HS f. Grafik u. Buchkunst in Leipzig. DA.: 04107 Leipzig, Wächterstr. 11. G.: Neuilly-Sur-Seine, 5. März 1956. V.: Jasmine, geb. Schwegler. Ki.: Io (1992), Azu (1994), Selam (1992). El.: Bauing. Fritz u. Ursine, geb. Gilly. S.: 1975 Abitur Frankfurt, 1975-80 Stud. Grafikdesign an d. Schule f. Gestaltung in Zürich, 1980 Dipl.-Grafik-Designer. K.: 1980-81 Grafiker u. Beschaffungskonzeptler b. Theo Balmer in Basel, 1981 Grdg. Atelier "Plus-Design", 1982 Eröff. d. 2. Ateliers "BBV" - "Baur, Baviera", 1989 Grdg. "Integral concept", seit 1984 experimentierte d. Atelier im Bereich Corporate Design/Corporate Identity, 1989-95 Koordinator d. Designabt. "espace information" an d. Ecole des Beaux-Art de Lyon, 1990 1. Prof. an d. Kölner Kunst-HS Art Dir. d. Zeitschrift "e'cole des Beaux Arts", 1995 Prof. f. Corporate Design HS f. Grafik u. Buchkunst Leipzig, 1997 Rektor d. HS. BL.: Ausstellungen seines Ateliers in Frankreich, Deutschland, Japan u. China. P.: Autor d. Bücher "la Nouvelle Typographie" (1993), "O, me and 1" (1995), Mitarb. d. Buches "Arch. u. Grafik" (1998). M.: seit 1992 AGI. H.: Bergsteigen, Surfen, Fliegen, Kunst, Kultur.

Baur Sabine Dr. med. *)

Baur Ulrich Dr. iur. Prof. *)

Baur Ulrich Dr. iur. *)

Baur Ulrich Dipl.-Vw. *)

Baur Wilfried Michael *)

Baur Wolfgang Dr. med.

B.: FA f. Allg.-Med., Psychotherapie, Umweltmed. DA.: 38690 Vienenburg, Lohnbachstr. 5. dr.wolfgang.baur@t-online.de. G.: Jüterbog, 13. Aug. 1948. V.: Lebenspartnerin Gabriele Fennen. Ki.: Kinder aus 1. Ehe: Christine (1969), Julia (1979), Kinder mit Lebenspartnerin Gabriele: Louisa (1996), Benjamin (1997). S.: 1967 Abitur Goslar, b. 1968 Wehrpflicht, 1970-75 Stud. Humanmed. an d. Univ. Kiel, Tübingen u. München, Stud. Biochemie an d. Univ. Tübingen, b. 1977 Ass.-Zeit, 1974-77 Prom. z. Dr. med. am Max-Planck-Institut f. Psychiatrie München. K.: 1979 ndlg. in eigener Praxis in Vienenburg, Zusatzausbild. Psychotherapie, 1989 Abschluss, Zusatzausbild. Umweltmed., 1994 Abschluss. BL.: seit 1995 Lehrbeauftragter an d. Univ. Göttingen. P.: Veröff. in Fachzeitschriften z.B. in d. Umwelt-Med.-Ges., sowie d. "Grüne Umweltfibel" u. in Fachbüchern. M.: Grdg.-Mtgl. u. Vorst. im Ökolog. Ärztebund, Arbeitskreis Umwelt u. Gesundheit d. Ärztekam. Niedersachsen. H.: Tennis, Kammermusik, Jazzmusik, Violine, Bratsche, Gitarre.

Baur Xaver Dr. Prof. *)

Bauregger Günter Dipl.-Designer

B.: Gschf. Ges. FN.: JBBX Marketing- u. Werbeagentur. DA.: 22041 Hamburg, Bärenallee 33. G.: Bad Reichenhall, 11. Jän. 1955. V.: Angela, geb. Ohde. Ki.: Maximilian (1995). S.: 1973 Abitur, 1973-78 Stud. Kommunikationsgestaltung FH München m. Abschluss Dipl.-Designer. K.: 1978-80 Layouter u. Junior-AD d. Werbeagentur Service-Plan in München, 1980-83 Junior-AD u. Artdir. d. Werbeagentur DFS+R in München, 1983-88 Artdir. d. Werbeagentur DDB/Needham Worldwide in Düsseldorf, 1988-93 Senior-AD d. Werbeagentur Lintas in Hamburg, 1993 Gschf. Ges. d. Werbeagentur Jagusch + Partner in Hamburg u. 1995 Umbenennung in JBBX Marketing- u. Werbeagentur GmbH u. seit 1997 Alleininh. m. Schwerpunkt Direktmarketing m. integrierter Kommunikation u. Zeitschriftenentwicklung, Projekte: Projektkonzeption d. Zeitschrift Fischers-Archiv, Einführung Reemtsma Zigarettenmarken, Sucht-Präventionskampagne d. Stadt Hamburg u.v.m. E.: 1986 ADC f. Pan-Europa-Kampagne VW, 1990 Litfaßsäule in Silber d. Bayr. Werbefachverb. f. Plakatkampagne d. Dt. Bundespost, 1992 ADC 2 x Bronze f. Telekom-Spots. M.: DDV. H.: Schi fahren, Modern-Jazz, Motorradfahren.

Baureis Ralf Dipl.-Ing.
B.: Architekt. DA.: 66606 St. Wendel, St. Annen Str. 61. PA.: 66640 Namborn-Hirstein, Birkenfelder Str. 5. G.: St. Wendel, 22. Sep. 1962. V.: Ingrid, geb. Müller. Ki.: Paul (1993), Leo (1995). El.: Leonhard u. Helga, geb. Noell. S.: b. 1994 Stud. Arch. FHS Kaiserslautern m. Abschluß Dipl.-Ing. K.: während d. Stud. Bauzeichner u. Bautechniker im elterl. Betrieb, 1996 Ltr. d. Firma Dieter Lothschütz in Saarbrücken, 1998 Eröf. d. Arch.-Büros in St. Wendel; Projekte: modernste Autowaschstraße im südwestdt. Raum, Entkernung u. Umgestaltung d. Bundeswehrkaserne, Schulungs- u. Veranstaltungszentrum d. VJS (Vereinigung d. Jäger d. Saarlandes) in Illingen. M.: AKS/BDB, Kreisarchitektengruppe St. Wendel, seit 1999 Teilnahme an nat. Sicherheits- u. Gesundheitsschutzkoordinator f. Baustellenverordnung europaweit, Vors. d. Handwerkerver. St. Wendel, versch. Musikver., Posaunenchor d. Ev. Kirch.-Gem. St. Wendel, u. ca. 15 J. Dirigent, Grdg.-Mtgl. d. Tanzsportver. St. Wendel u. b. 1986 Teilnahme an nat. Tanzturnieren, stellv. Vors. CDU - Namborn, 1. Vors. CDU - Ortsverband Hirstein, Mtgl. im "Weissen Ring". H.: Musizieren - Ausbildung b. BSM, seit 1982 Dirigent- u. Musikerausbilder m. Zertifikat, Lesen, Tanzsport, Kampfsport, Ahnenforschung.

Baurichter Friedel Dr. *)

Baus Benedikt *)

Baus Hermann J. *)

Baus Ulrich

B.: Goldschmiedemeister, Inh. FN.: Goldschmiede Baus. DA.: 41061 Mönchengladbach, Lichthof 15. G.: Mönchengladbach, 20. März 1952. V.: Gisela, geb. Kempers. Ki.: Daniela (1980), David (1984). S.: 1967-69 Lehre als Goldschmied, 1969-77 Gesellenj. in Düsseldorf u. Aachen, 1977-79 Stud. an d. Zeichenak. in Hanau, Prüf. als Schmuckgestalter u. Goldschmiedemeister. K.: 1980 Anerkennung z. freischaff. Künstler, 1980 Eröffnung d. Ateliers, Schwerpunkt: Schmuckunikate, Metallplastiken. BL.: Ausstellungen: Aufnahme in d. Platin Kollektion d. Platin-Gilde Intern. m. Ausstellungen in München, Tokio, London, Mailand, New York, 1995 Aufnahme in d. Diamanten heute De Beers Collection. P.: Dr. Freiesleben - Die neue Welt d. Diamante erleben (1998). H.: Segeln, Skifahren.

Baus-Mattar Clärchen *)

Bausback Maria *)

Bausback Peter *)

Bausch Hans Dr. med. dent.
B.: selbst. Kfm., Senior Partner u. General Manager. FN.: Dr. Jean Bausch KG Dentalerzeugnisse. DA.: 50769 Köln, Oskar Schindler Str. 4. G.: Köln, 4. März 1928. V.: Evelyn, geb. Köhler. Ki.: Peter (1963), Andrè (1969). S.: 1947 Abitur, Stud. Köln, Prom. K.: Westdt. Kieferklinik Düsseldorf, 1952-70 eigene Praxis, seit 1970 Betrieb; weltweiter Versand v. Dentalprodukten. M.: Verb. d. Dt. Dentalind. H.: Wandern.

Bausch Johannes Paulus *)

Bausch Leander *)

Bausch Michael *)

Bausch Pina
B.: Ballett-Dir., Tänzerin. FN.: Tanztheater Wuppertal. DA.: 42283 Wuppertal, Spinnstr. 4. G.: Solingen, 27. Juli 1940. V.: Ronald Kay (Lebensgefährte). Ki.: Rolf Salomon (1981). S.: m. 15 J. Tanzstud. an d. Folkwang HS Essen, 1959 Abschlußexamen in Bühnentanz u. Tanzpäd., Folkwang-Preis f. bes. Leistungen, USA-Stipendium d. Dt. Ak. Austauschdienstes, 1960 Special Student an d. Juilliard School of Music in New York. K.: Mtgl. d. Kompanien v. Paul Sanasardo u. Donya Feuer, 1961 Engagement b. New American Ballett u. b. Ballett d. Metropolitan Opera New York, Zusammenarb. m. Paul Taylor, 1963 Rückkehr nach Deutschland, Solistin d. neugegründeten Folkwang-Balletts unter d. Ltg. v. Kurt Jooss, nat. u. intern. Vorstellungen u. Zusammenarb. m. Jean Cébron, seit 1968 eigene Choreographien im Repertoire d. Folkwang-Balletts, 1969 Übernahme d. Ltg. d. Folkwang-Balletts, 1973 Dir. d. Tanztheaters Wuppertal, 1974 1. Wuppertaler Tanzabend m. d. Namen "Fritz", weitere Stücke u.a. Café Müller (1978), Kontakthof (1978), 1980 - Ein Stück v. Pina Bausch (1980), Auf d. Gebirge hat man ein Geschrei gehört (1984), Viktor (1986), Palermo, Palermo (1989), Ein Trauerspiel (1994), Danzón (1995), Nur Du (1996), Der Fensterputzer (1997), Masurca Fogo (1998), O Dido (1999), Wiesenland (2000). E.: Deutscher Kritikerpreis (1984), Bundesverdienstkreuz (1986), Premio Aurel Miloss Rom (1990), Commandeur dans l'Ordre des Artes et des Lettres (1991), Critics Award; Edinburgh (1992), Deutscher Tanzpreis (1995), Orden Pour le Merite (1996), Großes Bundesverdienstkreuz mit Stern (1997).

Bausch Robert
B.: Vors. d. Gschf. FN.: Liebherr-Holding GmbH. DA.: 88400 Biberach an der Riß, Hans-Liebherr-Str. 45.

Bausch Thomas DDr. *)

Bausch von Hornstein Erika
B.: Schriftstellerin, Filmemacherin. DA.: 10719 Berlin, Pariserstr. 62. G.: Potsdam, 13. Juni 1913. V.: Viktor Bausch. Ki.: Thomas, Nicolas. El.: Erich Frhr. v. Hornstein u. Augusta, geb. v. Brauchitsch. S.: 1932 Abitur, 1932-34 Malschule b. Karl Schmidt-Rottluff, Ak. d. Schönen Künste München u. Florenz. K.: seit 1953 selbst. Schriftstellerin, seit 1966 auch Filmemacherin, lebt u. arb. zeitweilig in Italien. P.: Bücher u.a. Andere müssen bleiben, Der gestohlene Phönix, Die deutsche Not. Flüchtlinge berichten, Staatsfeinde. Sieben Prozessen in d. DDR, Adieu Potsdam, So blau ist der Himmel meine Erinnerungen an Karl Schmidt-Rottluff u. Carl Hofer (1999), Dokumentarfilme u.a. Der Fall Grothaus, Das Haus an d. Grenze - Schicksale in einem Berliner Mietshaus, Abschied v. Junker - u. Ende d. ostelb. Adels, Leben m. Kommunisten - Porträts zwischen Rom u. Bologna, Siena, Rote Stadt d. Madonna, Südtirol - d. schwere Weg z. Autonomie, Der Po - Bilder des Flusses, Feuer in Florenz - Die Medici u. Savonarola, Teatro dell'acqua, Filme, Rundfunk- u. Pressebeiträge, Essays. H.: Lesen, Reisen, Familie, Freunde. (H.G.K.)

Bauscher Traudl *)

Bauschke Erhard Dr. *)

Bauschke-Hartung Ricarda Yvonne Dr. *)

Bauschulte Friedrich W. *)

Bause Arndt *)

*) Biographie www.whoiswho-verlag.ch oder beigefügte CD-ROM

Bause Hanswerner Dr. med. Prof.

B.: Arzt f. Anästhesiologie u. Operative Intensivmed., ltd. Arzt. FN.: AK-Altona. DA.: 22763 Hamburg, Paul-Ehrlich-Str. 1. G.: Lippstadt, 14. Dez. 1944. S.: 1966-73 Med.-Stud. Univ. Hamburg, 1974 Diss., 1974 Approb. als Arzt. K.: seit 1975 Univ.-Klinik Hamburg, 1979 Anerkennung als FA f. Anästhesie, 1989 Habil., 1990 Prof. f. Anästhesie. M.: DGAI, DGII, EAA, ESICM, IARS, ASA, SCCM.

Bausenwein Ingeborg Dr. med.

B.: Ärztin f. Sportmed. PA.: 90480 Nürnberg, Hersbrucker Str. 8. G.: Nürnberg, 13. Okt. 1920. K.: 1966-80 Lehrbeauftragte f. Sportmed. Univ. Erlangen-Nürnberg, 1959-82 Vorst.-Mtgl. im Bundesausssch. Frauensport d. DSB, 1959 Vors. d. Sekt. Frauensport im DSÄB, ehem. Ltr. d. Leistungszentrums f. d. Frauenleistungssport Nürnberg, Dt. Meisterin im Speerwerfen: 1941, 1943, 1947, 1948 u. 1949, 1948 Sportlerin d. J., Teilnahme an d. Sommerolympiade 1952 in Helsinki als Aktive u. Mannschaftsführerin sowie Olympiaärztin, 1952-72 Olympiaärztin.

Bausinger Hermann Dr. phil. Prof.

B.: em. Univ.-Prof. FN.: Ludwig Uhland-Inst. f. Empir. Kulturwiss. Univ. Tübingen. G.: Aalen, 17. Sept. 1926. P.: zahlr. Veröff. z. Kulturgeschichte.

Bauth Edgar Dipl.-Ing. *)

Bautz Anita

B.: Dipl.-Kosmetikerin, Inh. FN.: Kosmetikstudio Anita Bautz. DA.: 66482 Zweibrücken, Wackenstr. 23. G.: Oldendorf, 18. Jän. 1949. S.: b. 1966 Lehre Einzelhdl.-Kauffrau Rheinfelden, 1966-68 Au pair in der Schweiz, 1979 Sekr.-Schule u. IHK-Prüf. Ludwigshafen. K.: 1979-81 Sekr. in d. Personalabt. d. Firma Knoll AG, 1981-82 Besuch d. Kosmetikschule in Ludwigshafen u. Abschluß Dipl.-Kosmetikerin, 1982-85 tätig in e. Altersheim, 1985-88 Betreiberin eines Kosmetikgeschäftes in Zweibrücken, 1988 Grdg. d. Kosmetikstudios, seit 1999 zusätzl. Vertrieb v. kosmet. Art., Parfums u. Dessous; Funktionen: Schminkservice f. Events, Theaterschminken f. Bühne u. Theater, seit 1981 Bodypainting u. Visagisten-Kurse. BL.: Ausbild. eines weibl. Kriminalitätsopers im Auftrag d. Weißen Rings. E.: div. Ausz. u.a. v. Dessous for you u. d. Firma LR. H.: Lesen, Schwimmen, Garten, Seidemalerei, mittelalterl. Feste, Harley Davidson.

Bautz Rolf-Jürgen *)

Bauwens Dieter-Christoph *)

Bavendamm Jürgen Dipl.-Ing.

B.: Architekt, Baudir. a.D. PA.: 21339 Lüneburg, Jägerstr. 12. G.: Dresden, 12. Dez. 1934. V.: Dipl.-Ing. Architektin Barbara, geb. Kühnel. S.: 1955 Abitur Reinbeck, 1955 Praktikum b. d. Firma Brunner & Co in Zürich, 1955-65 Stud. Arch. u. Städtebau an d. TU Berlin. K.: 1959-62 Fak.-Sprecher b. Prof. Kreuer, Referendarzeit b. d. Bez.-Reg. Hannover u. d. Stadt Hannover u.a. b. Prof. Hillebrecht b. 1968, 1968 2. Staatsprüf. in Frankfurt, b. 1970 b. d. Bez.-Reg. Lüneburg als Städtebaudezernent, 1970-96 Baudezernent d. Landkreises Lüneburg, seit 1997 im Ruhestand. BL.: Fachpreisrichter f. Arch.-Wettbewerbe, Mitverantwortlicher b. d. 1. Denkmalstopographie 1981 f. Niedersachsen. E.: Bronzemed. d. TU Berlin-Charlottenburg. M.: Kirchenvorst.-Mtgl. St. Michaelis Lüneburg, seit 1975 Mtgl. im Umlegungsausssch. d. Stadt Buchholz, Old Table Deutschland 70/41 Intern., Arch.-Kam. Niedersachsen, THC Lüneburg, Ver. 100 J. Stadtentwicklung u. Arch. in Lüneburg. H.: Gasthörer an d. TU Harburg, Reisen nach Polen, Estland u. Frankreich.

Bax Christa *)

Baxevanos Chariklia

B.: Schauspielerin. FN.: Komödie Berlin. DA.: 10719 Berlin, Kurfürstendamm 206. G.: Zürich, 15. März 1936. V.: Christian Wölfer. Ki.: Desirée. El.: Peter u. Anna, geb. Papatheodorou. S.: 1951-53 Max Reinhardt-Seminar Wien. K.: 1953-55 Staatstheater Wiesbaden, Tätigkeiten am Schauspielhaus Zürich, Theater in d. Josefstadt Wien, Kammerspiele München, seit 1959 freiberufl., ca. 90 Fernsehspiele, 3 Traumschiffserien, über 100 Theaterstücke. E.: Gold. Bildschirm. H.: Beruf, Familie.

Baxmann Carola Dipl.-Psych. *)

Baxter Caleb Grant *)

Bay Bernhard *)

Bay Thomas Karl *)

Bayard Sylviane

B.: Balletdir. FN.: Deutsche Oper Berlin. DA.: 10585 Berlin, Richard Wagner-Str. 10. www.deutscheoperberlin.de. G.: Bergerac, 8. Okt. 1957. V.: Darryl Phillips. Ki.: Yannick (1991). El.: Guy u. Simone Bayard. S.: 1972-74 intern. School of Dance Cannes Frankreich. K.: 1974-79 Solotänzerin b. Stuttgarter Ballett, 1979 Gasttänzerin in d.USA, 1980-81 1. Solotänzerin m.Pennsylvania Ballett USA, 1981/82 1. Solotänzerin am Stuttgarter Ballett u. Gasttänzerin in Paris, 1982-85 1. Solotänzerin m. Basler Ballett, 1985-86 1. Solotänzerin b. Züricher Ballett, 1986-87 1. Solotänzerin b. Ballet de Marseille Roland Petit, 1987-88 1. Solotänzerin b. Nationaltheater München, 1988-90 1. Solotänzerin u. Beraterin am Staatstheater Wiesbaden, 1990-91 an d. Dt. Oper Düsseldorf, 1991-92 am Grandtheater de Bordeaux, 1993-95 freischaff. am Opern in d. ganzen Welt, seit 1995 1. Ballettmeisterin u. Trainingsltr. an d. Oper Leipzig, Gastlehrer u. Trainer an d. Wr. Staatsoper, s. 2001 Balletdir. d. dt. Oper Berlin. E.: Prix de Lausanne-Schweiz, Prix de Lausanne-Moskau. H.: Lesen, Kunst, Reisen.

*) Biographie www.whoiswho-verlag.ch oder beigefügte CD-ROM

Bayarsaikhan Bazarragchaa
B.: Botschafter. FN.: Botschaft d. Mongolei. DA.: 10439 Berlin, Gotlandstr. 12. bayaraab@aol.com. G.: 4. Febr. 1953, Gobi-Altai Aimag (Mongolei). V: Tseesuren Haliuna. Ki.: B. Tsenguun (1977), B. Bilguun (1983). El.: Tsuntsangiin Bazarragchaa u. Yadamsuren Garmaa. S.: 1972 Abschluss d. Mittelschule (Gobi-Altai), 1972-73 Stud. an d. Staatsuniv. d. Mongolei, 1973-79 Abschluß d. Germanistikstud. an d. Univ. Leipzig. K.: 1979-80 Eintritt in d. Auswärtigen Dienst, 1979-89 Übersetzer an d. Botschaft d. DDR in d. Mongolei, 1989-91 Mitarb. d. Europa/Amerika Abt. d. Min. f. Auswärtige Beziehungen, 1991-95 1. Sekretär d. Botschaft d. Mongolei in d. Bundesrep. Deutschland, 1995-96 Pers. Referent d. stellv. Min. f. Auswärtige Beziehungen, 1996-99 Senior Mitarb. d. Min. f. Auswärtige Beziehungen, seit 1999 Außerordentl. u. Bevollmächtigter Botschafter d. Mongolei in d. Bundesrep. Deutschland. H.: Jagd u. Naturliebhaber. Sprachen: Deutsch, Russisch, Englisch.

Bayartz Hans
B.: Gschf. Ges. FN.: Bayartz Verlagsmarketing GmbH BDU. DA.: 52074 Aachen, Teichwinkel 28. G.: Aachen, 7. Jan. 1950. V.: Eva, geb. Jansen. Ki.: Christian (1985), Pierre (1986). El.: Wilhelm u. Gertrud. S.: Realschulabschluß, Lehre z. Großhandels- u. Außenhandels-Kfm. in d. Fa. Trawigo Aachen, ansch. kfm. Tätigkeit, 1970-76 Stud. BWL FH Aachen, Abschluß Dipl.-Betriebswirt. K.: 1976-80 Tätigkeit als Ass. d. kfm. Ltr. Fa. Polygram u. Marketing-Ltr., 1980-81 Versandhandels-Ltr. Fa. Hein Gericke Düsseldorf, Ass. d. Gschf. Druckerei Gebr. Achilles Aachen, s. 1981 selbst. als Verlagsmarketingberater Fa. Bayartz. P.: Fachbeiträge in d. Branchenpresse.M.: Marketingclub INMA. H.: Familie, Sport (A.K.)

Bayartz Wilhelm
B.: Vors. d. Vorst. FN.: EBV Aktiengesellschaft. DA.: 52134 Herzogenrath, Roermonder Str. 63. G.: Aachen, 6. Dez. 1942. V.: Karin, geb. Boost. Ki.: Verena (1975), Dominik (1979), Janine (1980), Laura (1984). S.: 1959-61 Städt. Höhere Handelsschule, 1961-63 Lehre b. d. Dt. Bank AG Aachen, 1963-64 Ang. b. d. Dt. Bank AG Aachen, 1964-67 Stud. FH Köln m. Abschluß als Dipl.-Betriebswirt. K.: 1975 Bestellung z. Steuerberater, 1979 Ltr. d. Steuerabt., 1980 Prokura, 1988 Ltr. d. Hauptabt. Finanzen u. Steuern, 1996 Bestellung z. o.Mtgl. d. Vorstandes d. EBV Aktiengesellschaft, seit 1997 Vors. d. Vorst. d. EBV Aktiengesellschaft. M.: Rotary Club AC-Stadt. H.: Golf, klass. Musik.

Bayas-Breininger Panagio

B.: Zahnärztin in eigener Praxis. GT.: Caritative Betätigungen in Deutschland u. Griechenland, Immobilienverwaltung in Deutschland u. Griechenland, sowie Musikproduktionen in Deutschland im Bereich Pop. DA.: München, Karlstr. 42. G.: Athen/Griechenland, 26. Mai 1962. Ki.: Stella. El.: Dr. Prokopios u. Stella Bayas. S.: 1979 Abitur in Athen am American Pierce College, 1979-86 Stud. Zahnmedizin an d. Univ. Kapodistrion in Athen, 1986 Abschluss als Zahnärztin, seit 1991 div. Fortbildungen in d. Fachgebiete Prothetik, Gnathologie, Paradontologie u. Endodontie. K.: 1986-98 Ndlg. in Athen m. eigener Praxis, 1998 Auswanderung nach Deutschland, 1989-90 Assistenzärztin b. Zahnarzt Dr. med. dent. Dick, seit 1990 Ndlg. in d. Karlstrasse in München m. eigener Praxis, Tätigkeitsschwerpunkte Prothetik, Gnathologie, Paradontologie u. Endodontie. BL.: Klavierlehrerin, Politische Vereinigung in d. liberalen Partei, Kandidatur f. d. Europäische Parlament 1988, Kandidatur f. d. ausländischen Beirat München 1991. M.: Mtgl. ZVB Bayern. H.: Garten, Tanzen, Schwimmen, Reisen, Politik.

Baye Burkhard

B.: Gschf. FN.: advisa Fonds-Service GmbH. DA.: 25524 Itzehoe, Lindenstr. 42. G.: Einbeck, 22. März 1957. Ki.: Jan-Patrick (1989). El.: Albert u. Elisabeth. S.: 1973-76 Ausbild. z. Sozialvers.-Fachang. AOK. K.: 1976-83 AOK Einbeck Northeim, 1983-85 AOK Rechenzentrum Oldenburg, 1985-88 stellv. Gschf. d. AOK Winsen, 1988-94 Gschf. d. AOK in Itzehoe, seit 1995 Gschf. Best-Invest-Vermittlung GmbH Itzehoe. P.: Sachbuch Investmentfonds (1999). M.: seit 1995 Präs. d. BVDI.
H.: Tennis, Schwimmen, Reisen.

Bayer Christian Dipl.-Kfm. *)

Bayer Ernst Dr. Prof. *)

Bayer Georg Dr. oec. Dipl.-Kfm. *)

Bayer Gert Dipl.-Ing.

B.: Architekt. DA.: 81667 München, Jugendstr. 1. byarch@t-online.de. G.: Schrobenhausen, 29. Feb. 1948. V.: Elfi, geb. Ponweiser. Ki.: Vincenz (1985), Fabian (1987). El.: Franz u. Gabriele. S.: 1965-68 Ausbild. Betonbauer, Bundeswehr, Stud. Arch. FH München, 1973 Dipl.-Ing., 3 J. Stud. Kunstgeschichte u. Phil. K.: tätig in versch. Arch.-Büros, seit 1979 selbst. Schwerpunkt ökolog. Bauen spez. m. Ziegel u. Holz, Zusatzausbild. am Inst. f. ökolog. Bauen in Rosenheim; Prüjekte: priv. u. öff. Bauten, Sanierung, Umbau u.a. Hotels u. Freizeiteinrichtungen, Ökolog. Ak. in Linden, Valentin-Haus in München. P.: Broschüre "Ökolog. Sanieren" (1985-95). E.: 1999 Preis d. Stadt München, 1. Preis im städtebaul. Wettbewerb f. Hofgelände Innere Wiener Straße in München. M.: Dt. Werkbund e.V., BAU. H.: Lesen, Zeichnen.

Bayer Hans
B.: Kfm., Unternehmer. FN.: Hans Bayer Neuheiten-Agentur - Marketing + Handel. DA.: 81669 München, Sankt-Cajetan-Str. 1. PA.: 81669 München, Sankt-Cajetan-Str. 7. G.: Haid/Tachau, 2. Juni 1942. V.: Elfie, geb. Bledl. Ki.: Evelyn (1964). El.: Anton u. Emma. S.: 1956-59 Berufschule Gehilfe in wirtschaftsprüfenden u. steuerberatenden Berufen, 1959-62 Mittlere Reife an d. Abendschule f. Berufstätige. K.: 1962-76 Kfm. Ang. in seinerzeit bedeutendsten Großhandelsbetrieb Deutschlands, dort 1976-91 Gschf., aufgrund erworbener umfangreicher Erfahrung m. Propagandaartikeln aus aller Welt u. aufgebauter Verbindungen 1992 Grdg. d. eigenen Firma. BL.: div. Meisterschaften im Amateursportbereich.

*) Biographie www.whoiswho-verlag.ch oder beigefügte CD-ROM

Bayer

E.: vorgeschlagen z. Präs. d. Bayerischen Landesverbandes f. Marktkaufleute u. Schausteller, jedoch eigene Überlegungen vorgezogen. H.: Helfer in Steuersachen, Fotografieren, Video-Computer, Spielfilmgeschichte, Filmen m. d. Videokamera, Videothek, Einladungen, Theater, Kochen, Essen im Allgemeinen, Schwimmen, Tennis, Fussball, Radfahren, handwerkliche Betätigungen, Oper, Reisen in ferne Länder, Heim, Sport im Allgemeinen, u. viele andere mehr.

Bayer Hans *)

Bayer Hans-Joachim

B.: Dipl.-Bankbetriebswirt, Businessmanager. FN.: Citibank Privatkunden AG Ravensburg. DA.: 88214 Ravensburg, Schulg. 2-4. G.: Rielasingen-Worblingen, 22. Juni 1959. V.: Andrea, geb. Stoß. Ki.: Oliver (1988), Katja (1991). El.: Walter u. Margarethe. S.: 1976 Höhere Handelsschule m. Abschluss FH-Reife, 1978 Bundeswehr, 1980-82 Kriminalkommissar-Anw. in Villingen-Schwenningen. K.: 1982 Wechsel ins Bankgeschäft b. d. KKB-Bank München, 1983 KKB-Bank Singen, seit 1989 Filialltr. d. Citibank Ravensburg. H.: Lesen, Sprachen lernen, Freizeit m. d. Familie.

Bayer Hans-Peter Dipl.-Kfm. *)

Bayer Hans-Wolfgang Dr.

B.: Historiker, Ltr. FN.: Kulturamt d. Stadt Memmingen. DA.: 87700 Memmingen, Ulmer Str. 19. G.: Memmingen, 7. März 1958. V.: Ursula Kaltner-Bayer. Ki.: Sophie (1990), Wenzel (1998). S.: 1977 Abitur, Bundeswehr, Stud. Literaturwiss. u. Geschichte Konstanz, 1986 Prom. K.: wiss. Mitarbeiter bei d. Dt. Forschungsgesellschaft in Danach an d. Univ. St. Gallen, seit 1994 Ltr. d. Kulturamtes d. Stadt Memmingen. P.: "Konfliktverhalten in Handwerk u. Industrie im 18. u. 19. Jhdt", Hrsg. d. Buches "Muffelbrand u. Schorfes Feuer", Hrsg. d. 2. Bandes d. Stadtgeschichte Memmingen "V. Neubeginn b. 1945". M.: Beirat Heimatpflege Memmingen e.V., Beirat Memminger Forum f. Schwäb.-Regionale Geschichte e.V., Beirat d. Theater- u. Kulturverein e.V., Beirat d. Stadtmarketing Memmingen e.V., Gründungsmtgl. d. kommunalen Kinos in Konstanz "Zebra-Kino" e.V., Jazz-Initiative JAM JAZZ aus Memmingen. H.: Skifahren, Fotografieren, Münzen sammeln.

Bayer Heinz

B.: Kfm., Unternehmer. FN.: Heinz Sliperie. DA.: 80796 München, Belgradstr. 8. G.: Nabburg/Oberpfalz, 30. Okt. 1943. S.: 1957-60 Lehre als Kellner in Nürnberg m. Abschluss. K.: 1960-63 Kellner in versch. Restaurants in Nürnberg u. Bonn, 1963-65 Kellner im Bundeshaus in Bonn, 1965-72 Eintritt in d. Kaufhaus Hertie in Bonn als Verkäufer, ab 1972 Abteilungsleiter, sowie Einkäufer Bereich Herrenartikel, 1972 Wechsel zu Hertie Nürnberg als Substitut, 1972-82 Hertie München-Schwabing, Abteilungsleiter, sowie Einkäufer Bereich Herrenartikel, 1982-86 Gschf. im Ambasade in München-Schwabing, verantwortlich f. d. Einkauf v. Pelzen, Lederwaren, Parfümerie, Geschenkartikel u. Damenwäsche, 1986-91 Übernahme d. Wäscheboutique im Ambasade als Inh., seit 1991 Umzug u. Eröff. d. neuen Ladengeschäftes Heinz Sliperie in München-Schwabing, Damen- u. Herrenwäsche, sowie Dessous im gehobenen Genre - Aubade, Cotton Club, parah, Dior, etc. H.: Musik, Oper, Theater, Schwimmen.

Bayer Hermann Dr. sc. pol. Dipl.-Vw. Prof.

B.: Dipl.-Vw., selbständig. FN.: "Die Sprache" Lehr u. Forschungs GmbH. DA.: 80336 München, Nußbaumstr. 16. coach@hermann-bayer.de. G.: Giengen, 5. Feb. 1949. V.: Maria. Ki.: Katharina (1982), Eva-Maria (1984). El.: Erich u. Else, geb. Kuttschnitt. S.: 1967 Abitur Bielefeld, 1967-71 Ausbildung z. Industriekaufmann b. d. Ankerwerken in Bielefeld, 1972 Arbeit in d. Fertigungssteuerung im Betrieb, 1972-76 Stud. an d. Wilhelm-Humbold-Univ. in Münster m. Prädikatsexamen als Dipl.-Vw. 1976, b. 1979 Parallelstudium d. Sozialwiss. Münster, 1979 Prom. z. Dr. sc. pol. K.: 1976-79 Forschungsass. an d. Wilhelm-Humbold-Univ., Parallelstudium in Psych. m. Vordiplom 1974, 1980-86 Trainer u. Berater im industriellen Beratungsinstitut, 1983-88 Ausbildung z. Individualpsychologischen Berater BIB, 1987-92 selbständiger Berater f. Personalentwicklungsprogramme, ab 1993 Gschf., seit 1996 Ges. v. "Die Sprache" Lehr u. Forschungs GmbH München u. Neuss. P.: Meister in d. Industrie Systematischer Neuaufbau einer zentralen Führungsgruppe (1985), Unternehmensführung u. Führungsethik (1985), Bildungsmarketing - Die Weiterbildungschefs aus 15 d. Unternehmen d. Lernen attraktiver machen (1986), Interview: Über Schwierigkeiten ein guter Coach zu sein (1996), Coaching - Kompetenz - Persönlichkeit u. Führungspsychologie (1995). E.: Ehrenprof. Universidad Technologica El Salvador, Mittelamerika, Ehrenplakette f. bes. Verdienste 1999 d. BIB e.V. M.: Vorst. in d. Bayerischen Traditionsklassenflotte e.V. in München, versch. Segelclubs. H.: Segeln, Karate, Kendo-Kampfkunst.

Bayer Karl Helmut Dipl.-Ing. *)

Bayer Michael Thomas

B.: Schreinermeister, Gschf. FN.: Möbelwerkstätte Bayer & Artinger GmbH. GT.: Vors. d. Grünwalder Gewerbeverb., BeiR. einer Sonderberufsschule in Traunreut. DA.: 82031 Grünwald, Laufzorner Str. 37. G.: München, 12. Aug. 1959. V.: Monika, geb. Brunner. Ki.: Sophie, Maximilian. El.: Rudolf u. Stefanie. S.: 1975-78 Schreinerlehre/Gesellenbrief. K.: 1978 Grdg. "Möbelwerkstätte" m. Partner Helmut Artinger, 1986 Meisterprüf. H.: Golf, Segeln, Motorradfahren.

Bayer Oliver *)

Bayer Walter
B.: Gschf. Ges. FN.: Mannheimer Transport Ges. Bayer GmbH. DA.: 68169 Mannheim, Otto-Hahn-Str. 13. PA.: 67071 Ludwigshafen, Himmeroder Weg 13. G.: Ludwigshafen, 29. Juli 1947. V.: Heidi, geb. Bayer. Ki.: Uwe (1967). El.: Jakob u. Hildegard. S.: 1962-65 Lehre als Sped.-Kfm. in Viernheim. K.: 1965-68 Sped.-Kfm. in mehreren Sped., 1968-89 elterl. Sped., 1989 Übernahme d. MTG, Grdg. einer GmbH, 1992 Grdg. d. Ges. f. Stückgut GmbH. F.: Cargo Line GmbH, Jakob Bayer GmbH, TTG GmbH. M.: Sponsoring f. Maler. H.: Sped., Reisen (Entdeckungsreisen), Lesen, Motorsport.

Bayer Werner Dipl.-Ing. Dr. *)

Bayer Wolfgang Dr. iur. *)

Bayer Wolfgang Dr. jur. *)

Bayerl Johannes R. Dr. *)

Bayerlein Jörg Dr. Prof. *)

Bayerlein Josef Prof. *)

Herzog von Bayern Franz
B.: Privatier. PA.: 80638 München, Schloß Nymphenburg 11. G.: München, 14. Juli 1933. El.: Herzog von Bayern Albrecht u. Maria. S.: Gymn. Kloster Ettal, Univ. Zürich u. München, Dipl.-Kfm. E.: Großmeister, Kgl. Bayer, Hausritterorden v. Hl. Georg. Ehrenbailli-Großkreuz, Souv. Malteser Ritter-Orden, Mtgl. Intern. Council., Museum of Modern Art New York, Vors. d. Kuratoriums d. Ver. z. Förderung d. Neuen Pinakothek München, Vors. d. Vereins "Freunde zeitgenössischer Kunst für die Pinakothek der Moderne e.V." (fr. Galerieverein). M.: Mtgl. Kuratorium, Ver. d. Freunde u. Förderer d. Glyptothek u. Antikensammlungen München, Ehrenpr. Freundeskreis d. Ägypt. Sammlung München, Mtgl. d. LandesbeiR. Malteser-Hilfsdienst e.V. in Bayern, Mtgl. d. VerwR. Germanisches Nationalmuseum Nürnberg. H.: Kunst, insbesondere zeitgenössische Kunst.

Prinz von Bayern Luitpold
B.: Unternehmer, Hdls.-Richter. FN.: Schloßbrauerei Kaltenberg Irmingard Prinzessin v. Bayern GmbH; Kaltenberger Ritterturnier GmbH; Hopfen & Malz GmbH. DA.: 82256 Fürstenfeldbruck, Augsburger Str. 41. OA.: Schloß Kaltenberg in Bayern. G.: Leutstetten, 14. Apr. 1951. V.: Beatrix, geb. Wigand. Ki.: 5 Kinder. El.: Ludwig u. Irmingard v. Bayern. BV.: Kgl. Hoheiten aus d. Hause Wittelsbach - darunter König Ludwig I. u. König Ludwig II. v. Bayern. S.: 1970 Abitur Starnberg, 1974 Jurastud. München. K.: 1976 Eintritt in d. Brauerei, Schwerpunkt: Spezialitätenbrauerei m. zahlr. intern. Töchterges. E.: Ausz. d. Export-Clubs München. M.: Vollversammlung d. IHK München, zahlr. Mtgl. in div. Organ. u. Gremien.

Bayertz Franz J. *)

Bayertz Manfred *)

Bayh Peter *)

Bayne Gernot Ronald Dipl.-Ing.
B.: Architekt, Inh. FN.: Arch.-Büro Gernot Bayne. DA.: 76137 Karlsruhe, Hirschstr. 89. G.: Berlin, 24. Juni 1936. V.: Martina, geb. Mummy. Ki.: Simon (1972), Anne (1976), Adrian (1995). El.: Alfred u. Sunniva, geb. Schleip. S.: 1956 Abitur, prakt. Arb., 1960-70 Arch.-Stud. Karlsruhe, 1970 Dipl. K.: 1970-77 Ang. in Arch.-Büro Prof. Rossman Karlsruhe, ab 1977 selbst. als freier Architekt in Karlsruhe, Tätig-

keitsschwerpunkt: öff. Einrichtungen aus dem Sozial- u. Gesundheitsbereich, Forsch.-Einrichtungen, Wohnhäuser u. gewerbl. Bauten, Albausanierungen, Modernisierung u. Denkmalschutz. BL.: 1982-83 Lehrauftrag an d. Kunstak. f. freihändiges Zeichnen, 1983 Organ. d. "Katalanischen Wochen" b. d. Europ. Kulturtagen f. d. Stadt Karlsruhe, 1986 Le Corbusier, Rekonstruktion 1:1 Wohneinheit ans cité, 1997 Parallelen i. Schnittpunkt (Elsässische Kunst der Gegenwart). E.: 1981 u. 1987 Weinbrennermed d. Stadt Karlsruhe, Büro hat sich an vielen Wettbewerben beteiligt u. einige Preise erhalten. M.: BDR, Dt. Werkbund, Badischer Kunstver., Arch.-Kam. H.: bild. Kunst d. Gegenwart, Reisen, Kinder, Kontakt m. Freunden.

Bayrle Leo *)

Bayrle Reiner M. Dr.

B.: Gschf. Ges. FN.: AEG Ges. f. mod. Informationssysteme mbH. DA.: 89077 Ulm, Söflinger Str. 100. G.: Aalen, 14. Sep. 1957. V.: Dagmar. Ki.: 2 Kinder. El.: Max u. Margarete. S.: 1976 Abitur, 1976-83 Stud. Physik Univ. Ulm, 1983 Dipl.-Abschluss. K.: 1983-87 wiss. Ang. d. Abt. Festkörperphysik an d. Univ. Ulm, 1987 Prom., 1987 Eintritt bei AEG AG, seit 1997 Gschf. Ges. d. AEG Gesellschaft f. mod. Informationssysteme mbH.

Bayrle Thomas *)

Baysu Ilknur
B.: RA. FN.: Anw.-Kzl. Baysu & Coll. DA.: 68159 Mannheim, C2, 20. Baysu@t-online.de. www.Baysu.de. G.: Heidelberg, 19. März 1966. V.: Großvater geehrter Theologe, Vorfahren aus d. Krim-Ukraine. S.: 1986 Allg. HS-Reife, 1986-88 Stud. Rechtswiss., Romanistik u. Politikwiss. Univ. Mannheim, 1988-92 Stud. Rechtswiss. Univ. Heidelberg, 1992 Referendarexamen Univ. Heidelberg, 1994-95 Referendarin in Straßburg, 1995 Assessorexamen in Heidelberg. K.: 1995 Kzl.-Grdg. in Mannheim, Tätigkeitsschwerpunkte: Ausländerrecht, Arbeitsrecht, priv. Baurecht. M.: Bundesverb. mittelständ. Wirtschaft, Expertenring f. Außenhdl. u. Arbeitsrecht, 2. Vors. Verein Türkischer Untern. H.: Malen (Öl, Skizzen), Tauchen, Radfahren, Kalligraphie.

Bäz-Dölle Ralf *)

Bäzold Dietmar Richard Dr. rer. nat.
B.: Gschf. Ges. FN.: COMTEN Ind. GmbH. DA.: 99817 Eisenach, Am Höhenblick 4. G.: Weimar, 27. März 1954. Ki.: Ulrike (1975), Sebastian (1987). El.: Ing. Oskar u. Annefriedel, geb. Mangner. BV.: Zimmerleute u. Tischler in Generationen. S.: 1972 Abitur m. Ausz. Neuhaus, 1972-76 Stud. Chemie u. physikal. Chemie Univ. Jena, 1976 Dipl.-Chemiker m. Ausz., 1980 Prom., 1986 Stud. staatl. Univ. Moskau, 1986-87 postgraduartes Stud. Fachchemiker f. Grenzflächenchemie,

*) Biographie www.whoiswho-verlag.ch oder beigefügte CD-ROM

Bäzold

1996 Umweltbetriebsprüfer/Umwelt-Auditor. K.: 1976-80 Ass. f. Chemie an d. Univ. Jena, 1980-88 wiss. Ass. u. Lehrauftrag an d. Univ. Jena, 1988-90 Technologe u. Projektltr. in d. Firma Mikroelektronik in Erfurt, 1990-95 Gschf. Ges. d. Firma Wisstrans Umwelt Thüringen GmbH, 1994 selbst. m. Grdg. d. Firma Upm Umwelt- u. Projekt-Management Beratungs- u. Ing.- GmbH als Gschf. Ges., 1996 Grdg. d. adb Anlagenbau GmbH in Arnstadt z. Entwicklung neuer Verfahren, Ind.-Forsch. u. Kooperation m. Inst. u. Univ., 1998 Gschf. Ges. d. COMTEN Ind. GmbH in Arnstad m. weltweiter Tätigkeit; Funktion:seit 1998 Lehrauftrag z. Dt. Umweltrecht an d. TU Ilmenau, Umweltauditor f. ca. 30 Firmen, 1992-94 gerichtl. vereid. Gutachter bei Ermittlungsverfahren d. StA. im Rahmen d. Umweltdelikt- u. Straftrechts, BL.: Patente im Bereich Verfahrensentwicklung-Abwasserbehandlung. P.: 23 wiss. Vorträge z. Thema Umwelt, Konzepte z. Verbesserung v. Abwasserablaufwerten v. techn. Anlagen u. konzeptionelle Gestaltung vorbeugender Maßnahmen z. allg. Gewässerschutz f. Umformtechnik (1992/93), Studie z. Einsatz spez. Technologien z. Herstellung v. Proteinen f. EAM Umwelt GmbH Kassel (1997), Mitautor v. "Photocatalytic Systems LVIII. Electron transfer in Coper Octacyanomolybdate ions pairs generated by its excitation", "Photochemistry of adsorbed molecules IV. Diffuse reflection and fluoreszence spectroscopic investigation of thioindigo" (1984). E.: 1971 DDR-Meister in d. Mannschaft im Biathlon. M.: b. 1993 Vors. d. BJU Thüringen, seit 1994 Wirtschaftsförderver. Arnstadt. H.: Literatur, Joggen, Squash, Skifahren.

Bazsa Rozsa Dr. medic.

B.: FA f. Allg.-Medizin, Psychotherapie. GT.: ehrenamtl. Tätigkeit d. Treff f. einsame Menschen in Wolfsburg. DA.: 38448 Wolfsburg, Schulenburgallee 52. G.: Sathmar/Siebenbürgen, 10. Jan. 1952. V.: Dr. med. Stefan Nagy. Ki.: Levente (1981). S.: 1971 Abitur Sathman, 1972-81 Stud. Humanmed. in Neumarkt. K.: Praktika u. ärztl. Vertretungen in Sathmar, 1982 ang. Ärztin in einer Landpraxis in Certeza, 1983 Facharztl. Ausbild. in Klausenburg, 1983 Übersiedlung nach Deutschland, 1986-87 ang. in einer Arztpraxis in Greetsiel, 1987 Übernahme eriner Praxis in Wolfsburg, 1995 FA-Prüf. in Hannover, 1995 Anerkennung als Arzt f. Psychotherapie. H.: Lesen Klavier spielen.

Bazyli Wolfgang *)

Beau Brigitte *)

Beaugé Eric *)

Beaugrand Andreas Dr. Prof.
B.: Leiter d. Bielefelder Kunstvereins u. Prof. f. Theorie d. Gestaltung an d. Fachhochschule Bielefeld. DA.: Bielefelder Kunstverein e.V., Museum Waldhof, 33602 Bielefeld, Welle 61. kontakt@bielefelder-kunstverein.de. www.bielefelder-kunstverein.de. G.: 4. Juni 1960. V.: Georgia. Ki.: Friederike Sophie (1995). S.: 1980 Abitur, Zivildienst, 1981-87 Stud. Geschichtswiss., Germanistik u. Philosophie an d. Univ. Bielefeld (Mag. Artium), 1992 Prom. K.: seit 1987 Mitarbeiter, seit 1991 Ltr. d. Bielefelder Kunstvereins, seit 1990 Lehrbeauftragter f. Kunst- u. Kulturgeschichte an d. FH Bielefeld, FB Gestaltung, seit 1993 Lehrbeauftragter f. Kunstanalyse an

der Univ. Bielefeld, seit 1995 Honorarprofessor f. Kunst- u. Kulturgeschichte an d. FH Bielefeld, seit 1999 Vorst.-Mtgl. d. Sozial-Aktien-Ges. Bielefeld, seit 2001 Professor f. Theorie d. Gestaltung an der FH Bielefeld. P.: Autor geschichtswiss. und kulturgeschichtlicher Publikationen, u.a. 1993 Don van Vliet, 1996 Stadtbuch Bielefeld, 1998 Kriegskultur u. Friedenskunst, 1999 Gerhard Altenbourg, 2001 Hartwig Ebersbach. H.: Kunst u. Kultur.

Beaujan Thomas *)

Beaumont Werner Dr. iur. *)

von Beauvais Ernst Dr. iur. *)

Beba Klaus Dr. *)

van Bebber Klaus Dir. i.R. *)

Beberniss Roland *)

Bebersdorf Claus *)

Beccard Francois *)

Beccard Peter

B.: selbst. Karroseriebaumeister. DA.: 13627 Berlin, Riedermannweg 14. PA.: 13409 Berlin, Mittelbruchzeile 22. G.: Braunschweig, 29. Mai 1967. El.: Francois u. Christa, geb. Schlager. BV.: Urgroßvater Frederic Beccard - Schulinsp.; Großonkel Alfons Beccard - Firmengründer 1929. S.: 1983-87 Berufschule, 1987-91FOS f. Maschinen und Fahrzeugtechnik Berlin, b. 2002 Stud. Maschinenbau FHTW, 1983-87 Ausbild. Karroseriebauer Firma Opel Schüler, 1992-97 Meisterausbild. K.: 1987-98 Sachv. im Ing.-Büro Beccard, seit 1999 selbst. Sachv. m. Schwerpunkt Unfallgutachten, Gebrauchtwagenuntersuchung, Unfallrekonstruktion, Abnahmen nach §29 und 49a StVZO, Mängelgutachten u. Arb.-Sicherheit, 1996 Eröff. d. Sachv.-Büros f- Bootsgutachten, 1999 Übernahme d. Firma Beccard. M.: IfS, BVS. H.: Surfen, Motorradfahren, Spanien.

Bech Herbert W. Dr.
B.: Gen.-Konsul v. Guatemala u. Mediziner. DA.: 20259 Hambuurg, Fruchtallee 17. G.: Ciudad de Guatemala, 27. Okt. 1954. V.: Silvia Macella, geb. Bolanos. Ki.: Herbert (1979), Kenneth (1984), Klaus (1986). El.: Carlos Antonio u. Clara Luz, geb. Cabrera. S.: 1972 Abitur, 173 Vorstud., 1973-81 Stud. Med. Ciudad de Guatemala. K.: 1981-91 prakt. Arzt im KH Solola, zuletzt Chefarzt, 1991-93 Konsul in Los Angeles, 1993-96 Konsul in Washington D.C., seit 1999 Gen.-Konsul in Hamburg. E.: S.E.A. M.: Grupo Ibero-Americano. H.: Musik, Basketball, Reisen.

*) Biographie www.whoiswho-verlag.ch oder beigefügte CD-ROM

Bech Mannhard *)

Bechberger-Oswald Cornelia *)

Bechdolf Ute Dr.
B.: Dir. FN.: Deutsch-Amerikanisches Institut Tübingen. DA.: 72072 Tübingen, Karlstr. 3. ute.bechdolf@tuebingen.de. www.dai-tuebingen.de. G.: Heilbronn, 7.Juli 1960. S.: 1978 Abitur, 1978-81 FH f. Bibliothekswesen in Stuttgart, 1981 Abschluss m. Dipl., 198-881 Stud. Amerikanistik u. Empirische Kulturwiss. in Tübingen, 1984-85 Auslandsstud. an d. Univ. Iowa, 1997 Prom. K.: 1989-90 wiss. Ang. im interdisziplinären Forschungsprojekte "Der amerikanische Dokumentarfilm in Forschung . Lehre d. dt. Amerikastudien", 1988-90 Honorarkraft im Dt.-Amerikan. Inst. Tübingen, 1990-99 wiss. Ang. bzw. HS-Ass. am Ludwig-Uhland-Inst. f. Empirische Kulturwiss. Univ. Tübingen, seit 1999 Dir. d. Dt.-Amerikan. Inst. Tübingen. P.: Der Nationalsozialismus im Landkreis Tübingen. Eine Heimatkunde (1988), Wunsch-Bilder? Frauen im nationalsozialistischen Unterhaltungsfilm (1992), Watching Europe: A Media dn Cultural Studies Reader (1993), Tanzlust. Empirische Untersuchungen zu Formen aktuellen Tanzvergnügens (1998), Puzzling Gender. Re- u. Dekonstruktionen v. Geschlechterverhältnissen im u. b. Musikfernsehen (1999), zahlr. Aufsätze, Zeitungsartikel u. Rundfunkbeiträge. E.: Lehrpreis d. Landes Baden-Württemberg Ministerium f. Wiss., Forschung u. Kunst (1997). M.: ab 1990 Dt. Ges. f. Amerikanistik, ab 1990 Dt. Ges. f. Volkskunde.

Becher Bernd Dr.-Ing. *)

Becher Dieter Dr. *)

Becher Hans Rudolf Dr. *)

Becher Jan

B.: RA. FN.: RA-Kzl. Bergmann, Becher & Eichhorn. DA.: 67098 Bad Dürkheim, Weinstr. Nord 19 b. G.: Frankenthal, 11. Mai 1963. V.: Christine, geb. Daub. Ki.: Robin. S.: 1983 Abitur, 1983-84 Bundeswehr, 1984-90 Stud. Rechtswiss. Mannheim, 1990 1. u. 1993 2. Staatsexamen. K.: seit 1993 ndlg. RA m. Tätigkeitsschwerpunkt Verkehrsrecht, Zwangsvollstreckung u. Unternehmensberatung; Funktion: Anw. f. d. ADAC. M.: 1990 1. Vors. u. 1995-98 2. Vors. d. ADAC Bad Dürkheim, Anw.-Kam., Anw.-Ver. H.: Modellfliegen, Motorradfahren, Cabrio fahren.

Becher Jochen Dr. habil. *)

Juppy (Becher) *)

Becher Wolfgang *)

Becher-Schaefer Elisabeth Prof. Dr. *)

Bechert Ernst *)

Bechert Günther
B.: kfm. Dir. FN.: Bühnen d. Landeshauptstadt Kiel. DA.: 24103 Kiel, Rathauspl. 4. PA.: 24145 Kiel, Segeberger Landstr. 171. G.: Rogasen, 6. Nov. 1943. V.: Doris, geb. Leidemer. Ki.: Martin (1971), Hendrik (1975). El.: Otto u. Annita. S.: 1960 Mittlere Reife, 1960-62 Verw.-Lehre. K.: 1962 Stadtang., 1963 Wehrdienst, 1965 Insp.-Anw., 1968 Amt f. Zivilschutz, 1970 Ordnungsamt, 1975 Kieler-Woche-Büro im Presseamt d. Stadt Kiel, 1985 Ltg. d. Kieler-Woche-Büros, ab 1992 Verw.-Dir. d. Bühnen d. Landeshauptstadt Kiel. H.: Handball, Squash, Kegeln.

Bechert Heinrich Dr.-Ing. *)

Bechert Heinz Dr. phil. Prof.
B.: o.Prof. Univ. Göttingen. FN.: Univ. Göttingen. DA.: 37075 Göttingen, Hainbundstr. 21. PA.: 37073 Göttingen, Hermann Fögeweg 1a. G.: München, 26. Juni 1932. V.: Marianne, geb. Würzburger. El.: Dr. Rudolf u. Herta. S.: 1950-56 Univ. München u. Hamburg. 1956 Dr. phil. Univ. München, K.: 1956-61 Wiss.Ass. Univ. Saarbrücken, 1961-64 Wiss.Ass. Univ. Mainz, 1964 Habil. Univ. Mainz, seit 1965 Prof. in Göttingen, 1969-70 u. 1974-75 Gastprof. Yale Univ. New Haven USA, 1990 Gastprof. Univ. of Tokyo. P.: 20 Bücher darunter: Buddhismus, Staat und Gesellschaft, 3 Bde. 1966-73, Einführung in die Indologie, 1979, Die Welt des Buddhismus, 1984, Der Buddhismus, 1989, Die Datierung des historischen Buddha, 3 Bde. 1991-97, etwa 200 Beiträge in wiss. Zeitschriften u. Sammelwerken. M.: o.Mtgl. d. Ak. d. Wiss. in Göttingen, auswärtiges Mtgl. d. Ac. Royale de Belgique Brüssel u. d. Kgl. Schwed. Akad. d. Literatur, Gesch. u. Altertumsforsch. Stockholm, Mtgl. Academia Europaea, Mtgl. in mehreren Berufsvr.

Bechhofer Jack *)

Bechinger Doris Dr. Univ-Prof. *)

Bechlarz Günter
B.: Koch, selbständig. FN.: Pension Scharnebecksmühle. DA.: 29380 Herrmannsburg, Scharnebecksmühle. G.: Oerrel, 2. Dez. 1955. V.: Tatjana, geb. Hahn. S.: 1972 Mittlere Reife, b. 1975 Lehre Koch Hotel Celler Tor Groß Hehlen. K.: Zeitsoldat d. Bundeswehr als Küchenchef im Offizierscasino in Cuxhaven, 1978-80 Lehre Klempner u. Heizungsbauer in Herrmannsburg, 1980-82 Koch u. Gschf. im Raum Eggenfelden u. in einem Tenniscenter, 1982 Übernahme d. elterl. Pension in Herrmannsburg, Modernisierung u. Renovierung d. Betriebes. E.: div. Ausz. d. DEHOGA als empfehlenswerter Betrieb. M.: DEHOGA. H.: Angeln, Beruf.

Bechmann Arnim Dr. Prof. *)

Bechstein Hans-Thomas
B.: RA. FN.: Bechstein u. Kollegen Rechtsanwälte. DA.: 30161 Hannover, Angerstr. 6. G.: Heilbronn, 15. Sep. 1959. V.: Gabriele, geb. Pohl. Ki.: Johann-Philipp (1990), Donata-Viktoria (1991). El.: Pastor Hans-Dieter u. Karen-Marie, geb. Kühl. S.: Abitur, 1979-81 Lehre z. Bankkfm. b. d. Baden-Württemberg. Bank AG, 1981 Stud. Rechtswiss. München u. Washington D.C., USA Tätigkeit im Bereich Journalistik, 1988 1. u. 1991 2. Staatsexamen. K.: 1991-98 RA b. OLG Celle, Tätigkeitsschwerpunkt Familienrecht, seit 1998 selbst. RA in eigener Kzl., Tätigkeitsschwerpunkte Arbeits- u. Inkassorecht. H.: eigene Pferde- u. Hundezucht (Hannoveraner/Gordon Setter), Jagd.

Bechstein Wolf Otto Dr. med. Prof.
B.: Klinikdir. FN.: Chir. Univ.-Klinik Bochum. DA.: 44892 Bochum, In der Schornau 23-25. G.: Einbeck, 4. Aug. 1958. V.: Dr. Bojana. Ki.: Sarah (1988), Laura (1991). El.: Otto u. Gertrud. S.: 1977 Abitur, 1977-80 Stud. Med. Med. HS Hannover, 1980-81 Stud. Med. King's College Hospital Medical School London, 1981-83 Stud. Med. Med. HS Hannover, 1983 Approb., 1992 FA f. Chir., 1985 Prom., 1994 Habil. K.: 1984 tätig an d. Klinik f. Anästhesiologie d. Med. HS Hanno-

*) Biographie www.whoiswho-verlag.ch oder beigefügte CD-ROM

Bechstein

ver, 1985-88 an d. Klinik f. Abdominal- u. Transplantationschir. d. Med. HS Hannover, 1988-2000 an d. Klinik u. Poliklinik am Univ.-Klinikum Rudolf Virchow d. FU Berlin, 1992 Funktions-OA u. 1993-2000 OA m. Schwerpunkt Hepato-Pankreato-Biliäre Chir., Onkolog. Chir. d. Gastrointestinaltrakts, Organ.-Transplantation f. Leber, Niere u. Pankreas, seit 2000 Klinikdir. P.: regelm. Veröff. in Fachzeitschriften, Hrsg. v. "Acta Chirurgia Austriaca" m. Schwerpunktthema Leberresektion oder Transplantation-neue Therapiekonzepte (1998), "The effect of aprotinin and blood product requirements during orthotopic liver transplantation" (1991), "Liver transplantation for hepatic metastases of neuroendocrine tumors" (1994), "Enterale oder vesicale Drainage d. exokrinen Pankressekret-Gibt es eine Standaradtechnik d. Pankreastransplantation?" (1999). M.: Mitarb. d. Selbstverw.: 1987-88 Konzil d. Med. HS Hannover, seit 1995 Vertreter d. Gruppe wiss. Mitarb. im FakultätsR. d. Virchow Klinikums, 1995-97 Gemeinsame Kmsn. d. Med. Fakultät Charité u. Virchow Klinikums, 1995-97 Bibliothekskmsn., 1997-99 Haushaltsstrukturenkmsn., 1999-2000 Forsch.-Kmsn., 1996-2000 Berichterstatter f. d. Ethikkommitte d. Charité, 2000 Prüf.-Aussch. f. Reformsudiengang Med. an d. Charité; Arb.-Kreis Einheitl. Warteliste, 1998-99 Bundesärzekam., Kmsn. Qualitätssicherung, seit 2000 Pankreastransplantation u. Lebertransplantation d. Bundesärztekam., 1986 Dt. Ges. f. Chir., 1989 chir. Arge f. Transplantationschir., 1987 CAS, 1993 CAIN, 1998 Dt. Ges. f. Viszeralchir., seit 1987 GASL, seit 1988 Berliner Chir. Ges., seit 1993 DTG, seit 1994 Ges. f. Gastroenterologie u. Hepatologie Berlin u. Brandenburg, seit 1986 World Association of Hepato-Pancreato-Biliary-Surgery, seit 1993 ISS/SIC, seit 1994 ESOT, seit 1995 ELTA, seit 1995 Transplantation Society, seit 2000 Pancreas Allocation Committee Eurotransplant.

Bechstein von der Heyde Vera *)

Becht Herbert Dipl.-Ing. *)

Becht Peter Dipl.-Arch. *)

Bechtel Aleksandra
B.: Moderatorin. FN.: c/o RTL. DA.: 50858 Aachener Str. 1036. team@aleks.de. www.aleks.de. S.: 1989-90 North Monterey Contry High School Kalifornien, 1992 Abitur Hilden, 3 Mon. Washington D.C., 1993-95 Ausbild. Verlagskauffrau Musikverlag VeraBra Köln. K.: 1993-97 Moderatorin v. "Was geht ab" bei VIVA, 1994, 95 u. 96 Moderation v. "Pop Explosion" f. d. Zeitschrift Popcorn, 1995-99 Moderation v. "Interaktiv" in VIVA, 1995 Autorin d. Kolumne "Plattentips" f. Vogue, 1997 Moderatorin v. "Bitte Lächeln" in RTL 2, 1998 u. 99 Moderatorin d. "Comet-Verleihung", 1999 Moderatorin v. "Amica TV" bei VIVA, 1999 Aufzeichnung u. Austrahlung d. ZDF-Sendung "Wenn Teenager träumen"., 1999-2001 Vertrag m. d. niederländ. Prod.-Firma Endemol, Co-Moderatorin d. Reality-Formats "Big Brother II".

Bechtel Bernd *)

Bechtel Peter *)

Bechteler Theo *)

Bechteler Wilhelm Dr.-Ing. Univ.-Prof.
B.: o.Prof., Bauingenieur. FN.: Fak. Bau, Inst. f. Wasserwesen, Univ. d. Bundeswehr München. FN.: 85577 Neubiberg. PA.: 82279 Eching, Drosselweg 4. G.: Immenstadt, 1. Juli 1939. S.: 1950-59 Gymn. Oberstdorf, 1959 Abitur, 1959-64 Stud. Bauing.Wesens TH München, 1964 Dipl., 1969 Prom. K.: 1963-66 wiss. Mitarb. am Inst. f. Hydraulik u. Gewässerkunde TH München, 1966-71 wiss. Ass., 1971 Habil., 1971-73 Ing.Ges. Dorsch Consult München freier Mitarb., seit 1973 Prof. f. Hydromechanik u. Hydrologie an d. Univ. d. Bundes-

wehr München. P.: ca. 100 Publ. in in- u. ausländ. Zeitschriften, Kongreßberichte u. Mitteilungshefte. M.: Dt. Verb. f. Wasserwirtschaft u. Kulturbau, Intern. Assoc. of Hydraulic Research, American Society of Civil Engineers, VDI, Chinese Hydraulic Engineering Society.

Bechter Jutta *)

Bechthold Ellen *)

Bechthold Ralf *)

Bechtle Horst *)

Bechtold Elmar
B.: Gschf. FN.: Bechtold/Löffler Werbeagentur. DA.: 81379 München, Boschetrieder Str. 7A. G.: Kiefersfelden, 25. Feb. 1959. Ki.: Jason (1992). S.: 1977 Mittlere Reife, 1977-79 Lehre Dekorateur, 1970-83 Stud. FH Garfik u. Design. K.: 1983-85 Ang. einer Werbeagentur in München, seit 1985 selbst. m. Schwerpunkt Werbespazialist im Designbereich, Entwicklung v. Filmplakaten inkl. komplett Marketing-Konzeption u.a. f. d. Film "Lela Rent". P.: "Die Schaffensphase v. Filmplakaten", Imagepräsentationen. H.: kulinarisches Kochen, Weine, Reisen, Kultur, Sport.

Bechtold Herbert Dipl.-Ing. *)

Bechtold Martin *)

Bechtold Otto Dr. theol. *)

Beck Adolf *)

Beck Alfons *)

Beck Anja *)

Beck Anneliese Dr. med.

B.: Ärztin, FA f. HNO-Krankheiten, Allergologie, Neurootologie, Bioenergetische Diagnostik u. Therapie. FN.: Praxis Dr. med. Anneliese Beck. DA.: 80331 München, Herzog-Wilhelm-Str. 17. PA.: 80805 München, Antwerpener Str. 8. G.: Magdeburg, 25. Juli 1935. V.: Helmut Ackermann. El.: Dipl.-Ing. Erich u. Maria Beck, geb. Rutzmoser. S.: 1955 Abitur Menden/Sauerland, 1955-60 Stud. Humanmed. an d. LMU München u. Univ. Innsbruck, Staatsexamen, 1961 Prom. K.: 1961-63 Med.-Ass. in versch. Kliniken in München, Niederbayern u. Schwaben, 1963 Approb., 1963-68 FA-Ausbild. z. Anästhesie an d. Chir. Unfallklinik Bergmannsheil Bochum sowie d. Chir. Kinderklinik u. d. Chir. Univ.-Klinik München, 1968 Anerkennung z. FA f. Anästhesie, 1968-71 Ausbild. z. HNO-Arzt im St. Vinzenz KH Karlsruhe, 1971 Anerkennung z. FA f. HNO-Heilkunde, 1972-89 Eröff. d. HNO-Praxis m. operativer Tätigkeit in Ottobrunn b. München, 1989-93 Gemeinschaftspraxis f. HNO in d. Münchner Innenstadt m. umfangreicher operativer u. gutachterl. Tätigkeit, Ende 70 u. Anfang 90 Erwerb d. Zusatzbezeichnung Allergologie u. Dopplersonografie, seit 1993 Eröff. einer Praxis m. alternativer Med. b. gleichzeitiger Fortführung d. gutachterl. Tätigkeit, 2001 Praxisübergabe an einen jungen Kollegen, weitere regelmäßige Mitarb. BL.: seit 1972 regelmäßige konsiliarärztl. Tätigkeit in

*) Biographie www.whoiswho-verlag.ch oder beigefügte CD-ROM

versch. Münchner Kliniken, Mitarb. b. d. kassenärztl. Ver. im Beschwerdeaussch., Vortragstätigkeiten auf d. Gebiet d. Resonanztherapie. H.: Literatur, Kunst, Natur.

Beck Artur *)

Beck Benno Dipl.-Vw.

B.: Bankkfm., Managing Dir. Global Structured Finance Europe Düsseldorf, London, Ltr. Structured Leasing. FN.: WestLB. DA.: 40217 Düsseldorf, Friedrichstr. 62-80. PA.: 42781 Haan, Parkstraße 42a. benno_beck@westlb.de. G.: Schaffhausen, 23. Dez. 1953. S.: Ausbildung zum Bankkfm. b. d. Dresdner Bank AG, Stud. VWL an der Univ. d. Saarlandes in Saarbrücken. K.: Managing Dir. Global Structured Finance Europe Düsseldorf/London. H.: Sport, Lesen und Schreiben.

Beck Bernhard Martin

B.: RA, selbständig. GT.: Gründung einer Korrespondenzgemeinschaft f. Rechtsanwälte Firma InterLEX GmbH 1995, Internet-suchmaschine f. Anwälte National.www.intelex.de u. erweitert auf Sachverständige. DA.: 79104 Freiburg, Habsburgerstraße 129. interlex@t-online.de. G.: Mulfingen, 25. Nov. 1950. V.: Reni, geb. Klaus. Ki.: Manuel. S.: 1970 Abitur, 2 Jahre BGS, Stud. Jura u. Politikwiss. in Bonn, Tübingen u. Freiburg, 1977 1. Staatsexamen, b. 1979 Referendarzeit, 1979 2. Staatsexamen. K.: 1980-84 Anwaltstätigkeit in Lahrer Kzl., seit 1984 selbständig m. Kzl. in Freiburg, Tätigkeitsschwerpunkt: Bau- u. Erbrecht. P.: ZAP-Magazine, versch. Artikel. E.: Magazin AUTO Heft 4/2001 f. Beste Adressen Suchmaschine f. Anwälte national. M.: Förderverein SV Munzingen. H.: Fernreisen, Lesen, Amateur-Historiker.

Beck Bert

B.: Gschf. FN.: TC Studios Agentur f. mod. Medien GmbH & Co. DA.: 71636 Ludwigsburg, Eglosheimer Str. 41. PA.: 71711 Murr, Hindenburgstr. 75. G.: Wetzlar, 13. Apr. 1960. V.: Heike, geb. Kraus. El.: Heinz u. Elsbeth, geb. Ströhler. S.: 1979 Abitur, 2 Sem. Stud. Deutsch u. Musik, Zivildienst, 1985 Staatsexamen. K.: Gschf. Com. Media GmbH, b. 1996 Gschf. Ges., dann Agenturltr. b. Sigma Brönner Umschau-Verlag Frankfurt, seit 1996 Gschf. b. TC. M.: Dt. Marketingverb., Marketingclub Frankfurt, Suttgart, Grdg.-Mtgl. u. Präs. EMC Düsseldorf. H.: Komponist, Literatur, Kunst, Tiere, Abenteuerurlaub, Segeln.

Beck Carola

B.: Gschf. Ges. FN.: Immobilien Gesellschaft Stuttgart mbH (IGS). DA.: 70563 Stuttgart, Zu den Tannen 10. G.: 26. Aug. 1960. Ki.: Katrin (1984). El.: Friedrich u. Erna Beck. S.: 1978-81 Ausbild. z. Bauzeichnerin, 1981-84 Ausbild. z. Bürokauffrau, 1986 FH-Reife, Stud. Arch., 1992 Abschluss Bautechniker, Architektin. K.: 1993 selbst. als Bauträger, Geschäftsleitung d. Firma IGS. H.: Tanzen, Reisen, Wohnmobil.

Beck Christoph Alois Joseph

B.: Ang., Kfm. Gschf. FN.: Leipziger Wohnungs u. Bau GmbH. DA.: 04103 Leipzig, Prager Str. 21. G.: Osnabrück, 16. Dez. 1963. S.: 1984 Abitur Köln, 1984-87 Ausbild. z. Bankkfm. Amro Handelsbank AG Köln, 1987-88 Grundwehrdienst, 1988-92 Stud. BWL an d. Univ. zu Bayreuth. K.: 1988-89 Sachbearb. Amro Handelsbank AG Köln, 1989 Praktikant Firma Hommel GmbH Köln, 1990 Sachbearb. Amro Handelsbank AG Köln, 1991 Dt. Private Finanzak. AG München, Doz. in Gera, 1993 ABN/Amro Bank N.V. Dublin/Irland, 1993-94 Ass. d. Geschäftsltg. Leipziger Wohnungs u. Bau GmbH, 1994-98 Bereichsltr. Finanzwirtschaft u. Prok. Leipziger Wohnungs u. Bau GmbH, seit 1998 Kfm. Gschf. Leipziger Wohnungs u. Bau GmbH; seit 1997 Doz. b. Management Circle Berlin, 1997-98 Gschf. Immobilienverw. Gohlis GmbH, 1997-98 Gschf. Komm. im Nebenamt d. LWB GmbH & Co Erster Modernisierungsfonds KG Leipzig u. d. LWB GmbH & Co Zweiter Modernisierungsfonds KG Leipzig, seit 1998 Mtgl. d. Verb.-Aussch. d. Verb. Sächs. Wohnungsunternehmen, Mtgl. d. Geschäftsführung d. LS Grundstücksentwicklungs u. Verw. GmbH, Mtgl. d. VerbR. d. Bundesverb. d. Wohnungsunternehmen, Mtgl. d. Arge d. gr. Wohnungsunternehmen, ostdt. Wohnungsunternehmen, Mtgl. d. BeiR. d. kommunalen Wohnungsunternehmen, Mtgl. d. BeiR. d. Depfa IT Systems AG, Mtgl. d. Vollversammlung d. IHK zu Leipzig. H.: Sport, Fotografie.

Beck Claus *)

Beck Dieter *)

Beck Edgar *)

Beck Elisabeth Dipl.-Ing. agr. *)

Beck Emil

B.: Chef-Trainer d. Dt. Fechtbundes, Dipl.-Fechtmeister ADFD. FN.: c/o Fechtclub Tauber-Bischofsheim. DA.: 97941 Tauberbischofsheim, Tannenweg 9. G.: Tauberbischofsheim, 20. Juli 1935. V.: Karin, geb. Löhning. Ki.: Frank, René. K.: 1968 Dipl.-Fechtmeister ADFD, Chef-Trainer d. Dt. Fechterbundes, seit 1973 70 Med. b. WM u. Olymp. Spiele m. Fechterinnen u. Fechtern d. Fechtclubs Tauberbischofsheim. P.: Tauberbischofsheimer Fechtlektionen (1978), Fechten - Florett,

*) Biographie www.whoiswho-verlag.ch oder beigefügte CD-ROM

Beck

Degen, Säbel (1978). E.: BVK am Bande, BVK 1. Kl., Verd.-Med. Baden-Württemberg, Gold. Ehrenplakette d. Ak. Fechtkunst Deutschland, Gold. Ball d. Sportpresse Baden-Württemberg, Ehrennadel d. 12. Panzerdivision d. Bundeswehr, 3x Trainer d. J., Gold. Band d. Sportpresse, Ehrenbürger d. Stadt Tauberbischofsheim, Gold. Ehrennadel d. Dt. Fechterbundes. M.: Dt. Fechterbund, BA-L, CDU. H.: Taubenzucht, Musik.

Beck Ernst-Joachim Dipl.-Kfm. *)

Beck Friedrich Dr. Prof. *)

Beck Götz Dr. phil. Prof.
B.: HS-Prof. i. R. PA.: 52074 Aachen, Kirchrather Str. 43. G.: Bitterfeld, 13. Jan. 1934. V.: Carin, geb. Jerratsch. Ki.: Christian, Paul-Thomas. El.: Walter u. Herta. S.: Gymn., Univ. Tübingen, 1962 Prom. K.: 1980 Habil., 1981 Prof. an d. RWTH Aachen. P.: Die Stellung des 24. Buches der Ilias in der alten epischen Tradition (1963), Sprechakte und Sprachfunktionen (1980), "Manche Aphorismen" (2001), zahlr. Aufsätze in dt. u. ausländ. Fachorganen.

Beck Günter *)

Beck Hanno Dr. phil. Prof.
B.: Univ.-Prof. f. d. Geschichte d. Naturwiss. FN.: Univ. Bonn. PA.: 53173 Bonn, Dürenstr. 36. G.: Eschwege, 13. Sept. 1923. V.: Doris (verst. 1986). Ki.: Friederike, Almut, Carl. El.: Carl jun. u. Carla. BV.: Vater mehrfacher Erfinder (u.a. m. Eugen Müller d. Aluminiumlotes), Großvater Carl Noeding Erfinder e. Walzenstuhles u.a. S.: Gymn., 1942 Abitur. K.: 1956-61 Stipendiat d. Dt. Forsch.Gemeinschaft, 1961 Lehrbeauftragter, 1963 Habil., 1968 apl. Prof., 1971 Prof. Bonn. P.: Bücher: A. v. Humboldt (2 Bde. 1959/61), Große Reisende (1973), Geographie (1973), Hermann Lautensach (1974), Carl Ritter (1979), Große Geographen (1982), A.v.Humboldts Reise durchs Baltikum nach Rußland u. Sibirien 1829 (5. Aufl. 1999), A.v.Humboldts amerikanische Reise (5. Aufl. 1999), m. W.-H. Hein: Humboldt Naturgemälde d. Tropen-länder (1989), Der Letzte der Großen (engl., franz., span., port. u. russ. Übersetzung, 1999), Darmstädter Ausgabe A. v. Humboldt (10. Bde. 1993/97). E.: 1957 Euler-Med., 1959 A. v. Humboldt-Med., 1979 C. Ritter-Med., 1983 Med. d. A. v. Humboldt-Stiftung u. Ehrenplakette d. Werra Meißner-Kreises, 1984 Silb. Med. u. 1987 Plakette d. Humboldt-Ges., Orden "Andrés Bello" 1. Kl. 1999, Ehrenmtgl. d. Schweiz. Ges. f. Geschichte d. Med. u. Naturwiss., d. Academia Cosmologica Nova u. d. Kuratoriums d. Mensch u. d. Weltraum, 1970-72 Pr. d. Weltbds. z. Schutze d. Lebens Sekt. BRD, seit 1973 Ltr. d. Amtes f. Forsch. d. Humboldt-Ges., 1982-86 Protektor d. Academia Cosmologica Nova, Projektltr. d. A. v. Humboldt-Forschungsstelle d. Berlin-Brandenburg. Akademie. M.: Dt. Ges. f. Geschichte d. Med., d. Naturwiss. u. d. Technik, Österr. Geograph. Ges., Ges. f. Erdkunde zu Berlin, Humboldt-Ges. H.: A. v. Humboldt, Literatur über Geographie, Reisen.

Beck Hans *)

Beck Hans Karl Dipl.-Ing. *)

Beck Hans-Joachim
B.: Vors. Richter. FN.: Finanzgericht. DA.: 13357 Wedding, Schönstraße. 5. PA.: 12203 Berlin, Hortensienstr. 58. G.: Berlin, 6. Nov. 1948. V.: Sabine, geb. Becker. Ki.: Susanne (1979), Nikolai (1982). El.: Bertold u. Ursula. S.: 1968 Abitur Berlin, 1968-72 Stud. Jura u. Betriebswirtschaft. K.: 1975 Ltr. einer Betriebsprüf.-Stelle in d. Finanzverw., 1973-75 Ass. FU, seit 1970 Spezialgebiet Immobilien u. Steuerrecht, 1980 Richter am Finanzgericht Berlin, seit 1994 Vorsitzender Richter am Finanzgericht Berlin. P.: lfd. Vorträge u. Seminare. M.: Bund Deutscher Finanzrichter. H.: Tennis, Familie, Garten, Lesen, Natur, Reisen.

Beck Hansdieter *)

Beck Harry Georg *)

Beck Hartmut Dr. iur. *)

Beck Heidi
B.: Gschf. FN.: Heidi Beck GmbH Modedesign u. Prod. DA.: 50937 Köln, Luxemburger Str. 328. heidi-beck@t-online.de. G.: Baumbach, 30. Aug. 1940. V.: Hans-Otto Beck. Ki.: Johannes (1966). S.: 1956 Mittlere Reife, 1956-58 Lehre Schneiderin, Abschluß Dipl. Modedesignerin, 1959-61 Inst. f. Modeschaffen Frankfurt/Main, 1961-62 Ecole Guerre Lavigne Paris, Schule f. Modelentwurf u. Dipl.-Abschluß. K.: 1963-64 Arbeit in Keramikatelier mit bekannten Künstlern in Vallauris Südfrankreich, 1965-66 freischaff. Entwerferin f. Pelzmodelle in Frankfurt, 1967-71 Entwerferin in Antwerpen, u.a. für d. ICI in Lodon, seit 1974 selbst. Modedesignerin in Köln m. Schwerpunkt Haute Couture in Strick, Mode aus glänzendem Seidengarn nach eigenen Entwürfen u. Collagen. P.: Vorstellung d. ICI-Modelle in Paris (1970), Ausstellungen auf intern. Modemessen in Dubai, Madrid, New York, Tokyo, London u. Mailand, Paris, Italienisches Modemagazin Collezioni, Haute Couture Ausgabe. E.: First Heine Design Award, 2. Preis 2001. M.: Dt. Modeinst., Designerverb. H.: Tiefseetauchen, Lesen, Kunstauss., Reisen. Sprachen: Englisch, Französisch, Niederländisch.

Beck Heinrich Dr. Prof. *)

Beck Herbert Dr. Prof. *)

Beck Horst

B.: opt. Glasschneider, Inh. FN.: Horst Beck Siebdruckerei. DA.: 36041 Fulda, Eichhornstr. 24. siebdruckerei. beck@t-online.de. G.: Jena, 26. Juni 1938. V.: Karin, geb. Grösch. Ki.: Gabriele (1961), Heike (1962), Kerstin (1969), Nadine (1970). S.: 1952 3 J. Ldw.-Lehre, 1955-59 Lehre als opt. Glasschneider m. Abschluss, 1959 Flucht in d. Westen, Arb. in Fulda b. d. Firma Juchheim als Thermometerschreiber, Bundeswehr, zurück nach Juchheim, ab 1964 als Vorarb. d. neue Abt. aufgebaut u. durch Lehrgänge u. Schulungen weitergebildet, Aufstieg z. Abt.-Ltr. f. Siebdruck u. Platinenfertigung. K.: 1972 selbst. m. einer Siebdruckerei in Haimbach, seit 1980 in d. jetzigen Räumen, seit Sept. 2000 Filiale f. Obligationsdruck in Maberzell. H.: Bergwandern, Radfahren.

Beck Horst W. Dr.-Ing. Dr. theol. Prof. *)

Beck Ingo *)

Beck Joachim Dipl.-Psych.
B.: Gschf. Ges. FN.: GETOQ mbH Bremen. DA.: 28359 Bremen, Robert-Hooke-Str. 4. jbeck@getoq.de. www.getoq. G.: Düsseldorf, 30. Juli 1958. V.: Dipl.-Psych. Marlies Lange. Ki.: Tabea (1994). El.: Manfred u. Irmgard, geb. Voss. S.: 1978 Abitur Neuss, 1978-80 Tischlerausbild., 1980-81 Zivildienst, Stud. Psych. u Phil. FU Berlin, 1987 Abschluss Dipl.-

---

*) Biographie www.whoiswho-verlag.ch oder beigefügte CD-ROM

Psych., 1996 Supervisor BDP, Ausbild. z. Managementtrainer, Gruppendynam. Zusatzausbild. K.: 1988-90 wiss. Mitarb. Frauenhofer Inst. IPK Berlin, 1990 Erno Raumfahrttechnik Personalentwicklung, seit 1992 selbst. als Managementtrainer in Bremen, 1994 Grdg. GETOQ Bremen, 1997 Grdg. GETOQ mbH Bremen als Gschf. Ges., Personalentwicklung u. Organ.-Entwicklung. P.: 1996 Autor: Der Mensch im Ind.-Betrieb, Veröff. z. Thema d. Organ.-Entwicklung in Fachzeitschriften, Vortragstätigkeit in Unternehmen z. Arbeitsgestaltung, Worklife-balance, Personal- u. Organ.-Entwicklung. E.: Sieger d. Bundeswettbewerbes: Der Familienfreundl. Betrieb 2000: Neue Chancen f. Frauen u. Männer. M.: AGP Arbeitsgemeinschaft Partnerschaft in d. Wirtschaft e.V., RKW, BDP, GPM Dt. Ges. f. Projektmanagement, Bremen Multimedial e.V. H.: Segeln, Reisen, Tischlern.

Beck Johannes Dr. phil. Prof. *)

Beck Jürgen *)

Beck Jürgen Klaus Dr. med. Dipl.-Kfm.

B.: Gschf. FN.: Monitoring Force Gesellschaft f. Klinische Prüfung v. Arzneimitteln. DA.: 48159 Münster, Regina-Protmann-Str. 16. juergenklaus.beck@t-online.de. www.monitoring-force.com. G.: Würzburg, 17. Sep. 1957. V.: Pauline, geb. Modjesch. Ki.: Hanna-Christina, Eva-Antonia. El.: Anton u. Regina, geb. Brand. S.: 1976-83 Stud. Med. Univ. Würzburg, Univ. Heidelberg u. FU Berlin, 1983 Medizinexamen u. Approb. als Arzt, Prom., 1988-93 Teilzeitstud. d. Wirtschaftswiss. an d. Univ. Hagen, 1993 Dipl. K.: 1982-83 Praktisches Jahr in Berlin, 1983-84 Assistenzarzt Westf. Landeskrankenhaus Benninghausen, 1984-86 Assistenzarzt am Zentralinst. f. Seelische Gesundheit Mannheim, 1986-88 Assistenzarzt in d. Abt. Neurologie im Saint Anne-Hospital Paris, 1988-92 Boehringer Ingelheim KG, 1988-89 Ltr. d. Projekt-Monitoring, 1989 stellv. Ltr. d. Fachbereichs Zentralnervensystem, Spasmolyse, Tokolyse, 1990 stellv. Ltr. Klinische Prüfung gemäß Dt. Arzneimittelgesetz, 1991 Ltr. d. Fachbereichs Zentralnervensystem u. Ltr. v. Klinische Prüfung gemäß Dt. Arzneimittelgesetz, 1992-94 Ltr. d. Klinischen Forschungseinheit Deutschland d. Synthelabo-Recherche in München, 1995 Med. Direktor d. Synthelabo Arzneimittel GmbH in Puchheim b. München, 1996-97 Med. Direktor Europa d. Synthélabo Groupe in Le Plessis-Robinson Paris, 1997-98 stv. Gschf. u. Ltr. d. Business Unit Zentralnervensystem d. Synthelabo Arzneimittel GmbH in Berlin, 1998 freier Projektleiter im Bereich Klinische Forschung, seit 1. Januar 1999 Gschf. d. Monitoring Force GmbH Münster, seit 1. Juli 1999 Gschf. d. SC Monitoring Force SRL Bukarest/Rumänien, seit 2001 Chief Executive Officer d. Monitoring Force USA.

Beck Karl *)

Beck Klaus Dieter *)

Beck Klaus Ernst Walter

B.: Ltr. FN.: Verbindungsbüro d. DGB Europaparlament. DA.: 67029 Ludwigshafen, Postfach 150460. PA.: 67067 Ludwigshafen, Eisenbahnstr. 18 e. Klaus.Beck@dgb.de. G.: Dortmund, 3. Sep. 1952. V.: Susanne Schneider, geb. Kreiter. El.: Dr. Hanns u. Erika, geb. Neumann. S: 1971 Abitur Wuppertal, 1973 Stud. Päd., Soz. u. Psych. Univ. Münster. 1976-80 Juso-HSG-Bundesvorst. "HSG" f. Hochschulgruppen, 1980 Dipl.-Pädagoge, 1998 Ausbild. Poesietherapie u. Heilpraktiker f. Psychotherapie. K.: 1971-73 Zeitsoldat - Lt. d. Res. u. 1984 Hptm. d. Res., 1976-80 Sprecher d. Juso HSG-NRW, 1980-81 Juso-Vorst. NRW, 1980-83 wiss. Mitarb. d. Univ. GH Wuppertal, 1980-83 Juso-Vors. d. Unterbez. Wuppertal, 1983-87 Bundesvorst. d. DGB Düsseldorf u. Ref.-Ltr. d. Abt. Ges.-Politik, Projektkoordinierung, 1987-91 Bundesgschf. d. Bundesarb.-Kreis Arb.- u. Leben Düsseldorf, 1991-99 Ltr. d. Verbindungsbüros d. DGB in Bonn, seit 1999 1. Vors. d. Deutschen Gesellschaft f. Poesie- u. Bibliotherapie (DGPB),seit 2000 Ltr. Verbindungsbüro EP. P.: Lyrik in Anthologien, Kalendern, Zeitschriften, Veröff. in d. Zeitschrift f. polit. Bild. "Die Mitbestimmung". M.: seit 1998 BeiR. Innere Führung d. BMVg. H.: eigene Lyrik, Literatur, Radfahren.

Beck Kurt

B.: Min.-Präs. v. Rheinland-Pfalz. DA.: 55116 Mainz, Peter-Altmeier-Allee 1. www.rheinland-pfalz.de. G.: Bad Bergzabern, 5. Feb. 1949. V.: Roswitha. Ki.: Stefan (1969). S.: Lehre Elektromechanik u. Elektronik, 1970 RS-Abschluß, Fortbild. in Arb.- u. Personalvertretungsrecht, Bundeswehr. K.: Personalrat, b. 1985 Bez.-Personalratsvors. Standort Heidelberg, ab 1970 Parteipolitik SPD, zunächst Kreistagsabg., ab 1979 MdL, 1985 Parlaments-Gschf., 1991 Fraktionsvors., seit 1994 Min.-Präs., seit 1994 MdBR, seit 1999 Bevollmächtigter d. Bundesrep. Deutschland f. kulturelle Angelegenheiten im Rahmen d. Vertrages über den deutsch-französische Zusammenarbeit, seit 1999 Vors. d. Verwaltungsrates d. ZDF, 2000-11/2001 Präs. d. Bundesrates, 11/2001 1. VPräs. E.: BVK am Band, Wappenschild Südl. Weinstraße. H.: sportliche Interessen. (Re)

Beck Lisa Prof. *)

Beck Lothar *)

Beck Marieluise

B.: Lehrerin, MdB. FN.: Dt. Bundestag. DA.: 11011 Berlin, Platz d. Republik 1. PA.: 28205 Bremen. G.: Bramsche, 25. Juni 1952. Ki.: 2 Töchter. S.: Gymn., 1970 Abitur Osnabrück, Stud. Deutsch, Geschichte u. Gemeinschaftskunde Bielefeld u. Heidelberg. K.: Reallehrerin a. d. Konrad-Adenauer-Realschule Pforzheim, seit 1980 Mtgl. d. Grünen, 1991-94 Mtgl. d. Bremischen Bürgerschaft, 1983-85, 1987-90. seit 1994 MdB, seit 1998 Ausländerbeauftragte d. Bundesregierung. M.: Dt.-Israel. Ges., Ges. f. bedrohte Völker. (Re)

Beck Mathias

B.: Inh., Gschf. FN.: Mathias Beck Ges. f. Kulturmanagement u. KommunikARTion mbH u. Mathias Beck Kunsthandel. DA.: 66424 Homburg/Saar Schwedenhof/Am Römermuseum. PA.: 66424 Homburg, Am Schwedenhof 4. mathiasbeck@beck-priess.de mathiasbeck@mathbeck.de. www.beck-priess.

*) Biographie www.whoiswho-verlag.ch oder beigefügte CD-ROM

de. G.: Zweibrücken/Pfalz, 8. Okt. 1964. V.: Corinna, geb. Höchst. Ki.: Julius (1994). El.: Bernhard u. Monika. BV.: Otto Eichenlaub 1. Min.-Präs. v. Hessen-Rheinland-Pfalz. S.: 1984 Abitur, 1984-86 Zivildienst, 1986-90 Stud. Phil., Italianistik, Germanistik u. Anglistik an d. Univ. Wien u. d. Saarlandes. K.: 1990-98 Geschäftsführer der Galerie Monika Beck, 1996 Grdg. Mathias Beck Kulturmanagement u. KommunikARTion, 1998 Gründung Mathias Beck Kulturmanagement GmbH u. seither Gschf. u. Inh. Mathias Beck Kunsthdl., 2000 Grdg. Beck + Priess GbR Berlin, seit 2002 Sprecher d. Vorstandes d. Wirtschaftsjunioren des Saarlandes. M.: seit 1992 Wirtschaftsjunioren Saarland (WJS), 1994 BeiR.-Mtgl. d. Wirtschaftsjunioren Saarland, seit 1996 Mtgl. im Landesvorst. d. Wirtschaftsjunioren Saarland, 1996-98 Landesvors. Wirtschaftsjunioren Sarland, 1996-98 Mtgl. im Bundesvorst. d. Wirtschaftsjunioren Deutschland (WJD), seit 1993 Bund Junger Unternehmer (BJU) u. Arge selbst. Unternehmer (ASU), 1994-96 Mtgl. im Vorst. BJU Regionalkreis Saarland, seit 1992 Christl. Demokrat. Union CDU, 1994 Vorst.-Mtgl. d. Ortsver. CDU Schwarzenacker, seit 1999 OrtsR. Einöd/Saar, 2000-2001 stellv. Ortsvors. CDU Schwarzenacker, 2001 Vorst.-Mtgl. d. CDU Schwarzenacker-Schwarzbach-Wörschweiler, seit 2000 Mtgl. im erweiterten Vorst. d. CDU Stadtverb. Homburg/Saar, 1998 Mittelstands- u. Wirtschaftsver. d. CDU/CSU (MIT), 1998-2000 stellv. Vors. d. MIT Homburg/Saar, seit 2000 Vors. d. MIT Homburg/Saar, 1992-96 u. 2000 Mtgl. im Landesfachaussch. Kultur d. CDU Saar, seit 1994 Mtgl. im Arbeitskreis Wirtschaft d. Carl-Duisberg-Ges. Saarland. H.: Lesen.

Beck Mathias

B.: Koch, Mitinh. FN.: Restaurant Walden. DA.: 10435 Berlin, Choriner Str. 35. walden@surfeu.de. G.: Berlin, 6. Juni 1964. Ki.: Sophie (1988), Lina-Christin (1989). El.: Lothar u. Christel, geb. Michael. S.: 1981-83 Lehre Koch Opernpalais Berlin. K.: 1983-87 Koch in Berlin u. an d. Ostsee, 1986 stellv. Küchenltr. im Ratskeller Pankow u. b. 1987 glz. Ausbilder, 1987-90 Meisterschule u. Meisterprüf., 1988-90 Küchenltr. im Treffpunkt Buchholz, 1992-94 Hauswirtschaftsltr. u. Koch in d. Pension u. Tagungshotel in Schildow, 1995-98 stellv. Gschf. u. Chefkoch im Restaurant Schwarze Pumpe in Berlin, 1995 Eröff. d. Restaurant Walden; Funktion: seit 1987 aktiv in d. Kindermusiktheatergruppe tätig m. Schreiben u. Bearb. v. Stücken u. Auftritten. P.: Erwähnung in "Das gesellige Canapee". E.: Felix-Mendelsohn-Med. f. gute musikal. Leistungen. M.: Gen. Stadtbad Oderberger Straße, Hornquartett. H.: Badminton, Theater, Konzerte, Oper.

Beck Michael *)

Beck Michael Dipl.-Ing.

B.: Vorst.-Mtgl. FN.: Gilde Gruppe. GT.: BeiR.-Vors. d. Vitamalzverb., Aussch.-Vors. d. CMA Bonn, Wettbewerbsaussch. d. Dt. Brauer Bundes. DA.: 30173 Hannover, Hildesheimer

Str. 132. G.: Offenbach/Main, 24. Feb. 1951. V.: Hildegard, geb. Wulf. Ki.: Ariane (1979), Sebastian (1981). S.: 1970 Abitur Hamburg, 1970-76 Maschinenbaustud. an d. TU Hannover mit Abschluß m. Dipl.-Ing., 1976 Traineeausbild. b. Unilever. K.: 1977-83 Verkaufsltg. 4P Kempten, seit 1983 b. d. Gilde Brauerei, seit 1987 Vorst.-Mtgl. f. Marketing u. Vertrieb f. d. Gildegruppe m. d. Brauereien Gilde Brauerei AG, Hofbrauhaus Wolter AG und Hasseröder Brauereien GmbH. M.: div. Sportver., Förd.-Mtgl. in div. Organ. u. Ver. H.: Sport allg., Tennis, Fußball, Skifahren, Sammler v. Automobilmodellen, Motorsport.

Beck Oswald Dr. phil. Univ.-Prof. *)

Beck Rainer *)

Beck Rainer Hermann *)

Beck Reiner *)

Beck Reiner Christoph Dr. med. Dr. rer. nat.

B.: Arzt f. Neurol., Psychiatrie, Dipl.-Psych., FA f. Psychoth. Med. DA: 51107 Köln, Bruchsaler Str. 22. G.: Ingelheim, 8. Juni 1949. V.: Margot, geb. Pfleiderer. Ki.: Niklas (1974), Christoph (1979). El.: Heinrich u. Margot. S.: 1967 Abitur, 1967-72 Stud Psych. u. Antropphologie Univ. Mainz m. Abschluß Dipl.-Psych. K.: tätig in d. Werkstatt f. Behinderte in Mainz, 1973-79 tätig an d. Erziehungswiss. HS in Mainz im Fachbereich Sonderpäd., 1978 Prom. z. Dr. rer. nat. im Fachbereich Biologie, glz. 1973-80 Stud. Med. in Mainz, 1980 Approb., 1980 Prom. z. Dr. med., Weiterbild. z. Arzt f. Neurol., Psychiatrie u. Psychotherapie an d. Rhein. Landesklinik in Köln-Merheim u. an d. Univ.-Nervenklinik in Köln, seit 1986 ndlg. Arzt; Lehraufträge im Bereich Psych. Gesundheitswesen an Univ. Oldenburg u. im Bereich Sozialmed. Sozialarb. an d. FH Düsseldorf, Gutachtertätigkeit in Sozialmed. P.: Prakt. Einführung in d. Psych. f. Sonderpädagoggen (1977), Visuelle Wahrnehmungsdenken b. Geistigbehinderten u. normalen Kontrollpersonen (1977), Visual evoked Potentials in a Microgenetic Task of object Recognition (1984), Panic syndroms: Some preliminary findings in coping behaviour (1989), Nichtmedikamentöse Begleittherapie b. chron. Schwindel (1990), Akup. in der Neurologie (1994), Systematik d. Schmerzakupunktur (1996) u.v.m. H.: Literatur, darstell. Kunst.

Beck Reiner Werner *)

Beck Robert

B.: Geschäftsinh., Gschf. FN.: Hiller vegetarisches Restaurant. DA.: 30159 Hannover, Blumenstr. 3. G.: Hechingen, 19. Dez. 1969. V.: Martina, geb. Kristl. S.: 1986 Lehre z. Koch im Restaurant Rotdorn/Benthausen, später als Koch tätig, Bundeswehr in Hannover, Ausbild. z. Verpflegungswirt/Feldkoch.

K.: Jungkoch im Maritim Hotel Hannover, danach Sous Chef im Lila Kranz/Neue Zeiten/Buchholzer Windmühle, 1995 Gschf. Tätigkeit im Hiller, 1999 Übernahme d. Hiller als Gschf., zwischendurch Schulmeister Teilnahme u. an versch. Kochwettbewerben. BL.: Das Hiller ist d. älteste vegetarische Restaurant in Deutschland (seit 1955 im selben Haus, welches im Familienbesitz d. Teefabrikanten/Bad Rehburg ist u. d. gleichen Namen trägt). P.: Veröff. v. sämtl. Restaurants in d. Tagespresse, Feine Adressen Hannover, Restaurant- u. Gourmetführern. M.: Vegetarier Bund, Dt. Rotes Kreuz, DEHOGA, Fußballver. H.: Radfahren, Wandern, Natur, Segeln.

Beck Roland M. *)

Beck Rolf Dipl.-Ing. *)

Beck Rolf
B.: Ltr. d. Chors d. Bamberger Symphoniker. FN.: Bamberger Symphoniker e. V./Franziska Reichert. DA.: 96047 Bamberg, Mußstr. 1. S.: Kurse b. Wilhelm Ehmann u. Wolfgang Gönnewein, Stud. MH Frankfurt (Dirig.-Kl. v. Prof. H. Rilling), Künstler. Reifeprüf. im Fach Chor-Ltg. K.: 1972 Grdg. d. "Vokalensemble Marburg", m. diesem Gewinner zahlr. Preise, z.B. 1. u. 2. Preis b. intern. Chorwettbew. in Cork/Irland (1976) u. 2. Preis b. Dt. Chorwettbew. in Köln 1982, Dirig. v. Schallplatten- u. Rundfunkprod. u. Tourneen im In- u. Ausland, 1981 Berufung als Intendant d. Bamberger Symphoniker, 1983 Gründ. d. "Süddeutsche Vokalensemble" u. d. Instrumentenensembles "Concerto Bamberg", auch n. s. ber. Wechsel n. Hamburg weiter als Chorl. d. Bamberger Symphoniker tätig.

Beck Rufus
B.: Schauspieler. FN.: c/o Above the line. DA.: 80336 München, Goethestr. 17. G.: 1957 S.: 1976 Abitur, Zivildienst, KH Heidelberg, 1978 Stud. Islamwiss., Ethnologie u. Phil. Univ. Heidelberg, 1979 Stud. Musik-HS d. Saarlandes. K.: 1978 erster Kontakt zu den Städtischen Bühnen Heidelberg e. Musiker u. Schauspiel-Eleve, 1981 versch. Schauspiel-Engagements als Gast, 1981 festes Engagement am Saarländ. Landestheater Saarbrücken, nach d. Tübingen, Schauspielhaus Frankfurt, Schauspielhaus Köln u. Basel, 1990 am Bayr. Staatsschauspielhaus, Bayr. Staatsoper u. Kammerspiele München, 1994 2 Deutschland-Tourneen m. d. Rock´n Roll Fantasy Musical "Tabaluga" a. "Der Magier", 1988 Moderation v. "Queens Palace", 1990 Sowjetunion-Tournee mit "Die Räuber" v. Schiller, Süd-Amerika Tournee mit "Miss Sara Sampson", 1991 Moderation v. "Spielzeit" - Theatersendung, 1998 Moderation d. Brecht-Nacht, Synchronstimme v. Hopper i. "Das große Krabbeln", 1999 Moderation Hot Jazz Night u. Laudator d. Bayr. Filmpreis, 1994/95 freischaffende Tätigkeit i. Bereich Kino, TV u. Rundfunk, seit 1999 Gast im Berliner Ensemble (Berlin Schiffbauer-DAMM). P.: Video, MC, CD. E.: 1990 Nachwuchsschauspieler d. Jahres f. d. Rolle d. Franz Moor i. "Die Räuber" v. Theater Heute, 1994 Bambi (Ensemble) f. "Der bewegte Mann", 1998 Nominierung z. Bundesfilmpreis f. "Jimmy the kid".

Beck Siegfried Dr. *)

Beck Sigurd Prof.
B.: freiberufl. Doz. G.: Königsberg, 4. Apr. 1932. V.: Ursel, geb. Mietzel. Ki.: Dr. Christian (1967), Gesa (1969). S.: 1951 Abitur, 1 1/2 J. tätig f. Engl. Besatzungsarmee, 1952-61 Stud. Bauing. K.: 1961 tätig im Bereich Bodenmechanik, 1962 Ltg. v. Argen Tiefbau u. Firma Julius Berger AG, 1970 techn. Aufsichts-Bmtr. d. Tiefbau-BG im südöstl. Niedersachsen, nach 1990 zusätzl. im südl. Sachsen-Anhalt, 1975 Lehraufträge an d. Univ. Hannover u. d. FHS Hildesheim-Holzminden-Götti-

gen, 1986 Ernennung z. Prof., seit 1995 im Ruhestand u. b. 2000 Vorlesungen in Hannover u. Hildesheim. P.: Messeberichte in der Zeitschrift, "Tiefbau" der Tiefbau-Berufsgenossenschaft, Textbücher f. d. Univ. Hannover u. Braunschweig, Vortragstexte f. Ausbild. der Sicherheitskräfte der Tiefbau-BG, Seminare in Sachsen-Anhalt u. Berlin. M.: Prüf.-Aussch. d. IHK Han.-Hildesheim u. Doz. im Verb. d. Bauind. H.: Beruf, Haus u. Garten.

Beck Susanne *)

Beck Sylvia
B.: Gschf. FN.: Ambulanter Pflegedienst Beck. DA.: 22761 Hamburg, Von-Sauer-Str. 20. G.: Eutin, 21. Nov. 1959. Ki.: Jessica (1983). El.: Horst u. Susanne Roßmy, geb. Heinze. K.: 1975-83 im Einzelhdl. tätig u. b. z. Filialltr., 1985 Mittlere Reife auf d. 2. Bild.-Weg, 1986-92 Ausbild. z. Hebamme an d. Frauenklinik Finkenau, 1988 Wechsel in d. Ambulante Krankenpflege, 1992 Ausbild. z. Altenpflegerin im Rauhen Haus in Hamburg, 1992-94 Tätigkeit in Ambulanter Altenpflege, 1993 Grdg. d. Unternehmens, 1994 Grdg. d. Ambulanten Pflegedienst Beck. M.: Parkinson Vereinigung in Neuss. H.: Gitarre spielen, Golf, Handwerken, Literatur, PC.

Beck Thomas Dipl.-Kfm.

B.: Geschäftsführer FN.: Fachsped: Fritz Fels GmbH. GT.: AufsR.-Mtgl. Confern Möbeltransportbetriebe Mannheim, 1998 Mitbegründer u. Gschf. ZBV Fels Köln. DA.: 69124 Heidelberg, Hardtstr. 108. PA.: 69124 Heidelberg, Hardtstr. 1102. tbeck@felssped.de. www.felssped.de. G.: Mannheim, 29. Sep. 1959. V.: Jacqueline, geb. Fels. Ki.: Nadine (1991). El.: Hans u. Margit, geb. Würsch. BV.: Vater war e. regional sehr bekannter Regisseur. S.: 1978 Abitur Heidelberg, 1978 Sportfördergruppe Bundeswehr, 1979-84 BWL-Stud. Univ. Mannheim, Abschluss: Dipl.-Kfm. K.: 1984-91 tätig b. ProMinent Dosiertechnik Heidelberg, 1985-87 Aufbau d. Werks in Pittsburg/USA u. d. Verkaufsndlg. Toronto, Kanada, Ltr. beider Ndlg., 1987-91 stellv. Exportltr., Fernostaufenthalte, Aufbau d. Ndlg. Japan, Umorgan. d. Ndlg. Singapur, 1991 Gschf. im Familienunternehmen Möbelsped. Fritz Fels OHG Heidelberg, 1998 Umwandlung in Fachsped. Fritz Fels GmbH. BL.: 1999 Abwicklung d. Umzugs d. Dt. Bundestages, sportl. Karriere: 20 J. Leistungssport Hockey, Engl. Inst. u. HSH, mehrfacher Dt. Meister u. Vizemeister, Europameister, Europligasieger. F.: seit 2001 Ges. Herlitz GmbH & Co KG Möbeltransporte München. P.: zahlr. Presse- u. Medienberichte Sport u. Berlin-Umzug. M.: Sponsoring: Handballmannschaft Östringen u. TSV Baden, Kinder Nothilfe Heidelberg e.V., Tier-Patenschaft Mähnenrobbe "Leo", Heidelberger Zoo. H.: Familie, Sport (Mountainbike, Laufen, Hockey).

Beck Thomas *)

*) Biographie www.whoiswho-verlag.ch oder beigefügte CD-ROM

Beck Thomas Dr.
B.: Vorst. FN.: Dt. Renault AG. DA.: 50321 Brühl, Kölner Weg 6-10. www.renault.de. G.: Balingen, 29. Aug. 1961. S.: 1982 Stud. Wirtschaftswiss. TH Karlsruhe, 1988 Prom. K.: 1988 Ltr. eines EDV-Projekts b. Michelin Reifenwerke KGaA, 1991 Ltr. Zentralbereich Datenverarb. Michelin Reifenwerke KGaA, 1995 Ltr. Informatik u. Organ. Dt. Renault AG, 1997 Ltr. Controlling u. Stellv. d. Vorst. Finanzen u. Verw., 1999 Vorst. Finanzen u. Verw. Dt. Renault AG.

Beck Volker
B.: MdB, Koordinator AK III (Innen, Recht, Frauen u. Jugend), Mtgl. im Fraktionsvorstand u. rechtspolitischer Sprecher v. Bündnis 50/Die Grünen. FN.: Deutscher Bundestag. DA.: 11011 Berlin, Platz d. Republik 1. www.volkerbeck.de. G.: Stuttgart-Bad Cannstatt, 12. Dez. 1960. K.: Sprecher d. Lesben u. Schwulenverb. in Deutschland (LSVD) e.V. u. d. BeiR. z. Hess. Härtefonds f. Opfer v. nationalsoz. Unrechtsmaßnahmen, Vorst.-Mtgl. International Network of Lesbian and Gay Officals (INGLO), Beirat arbeitsgemeinschaft d. opferhilfen (ado), Beirat antinous, seit 1994 MdB. M.: Kuratorium Stiftung "Erinnerung, Verantwortung u. Zukunft", Kuratorium Stiftung "Denkmal für die ermordeten Juden Europas", Heinrich-Böll-Stiftung, Bundesverb. Information u. Beratung f. NS-Verfolgte e.V., Hum. Union e.V., Forum Buntes Deutschland - SOS Rassismus e.V., Dt. Friedensges. - Vereinigte Kriegsdienstgegner e.V., Aids-Hilfe e.V., Kuratorium Stiftung Holocaust-Museum. (Re)

Beck Walter Dipl.-Ing. *)

Beck Walter Dr. iur.
B.: RA. DA.: 83703 Gmund, Hagnweg 13. G.: München, 16. Juni 1942. V.: Ursula, geb. Holderried. Ki.: Gregor (1980), Julius (1981). El.: Eduard u. Gertrud. BV.: Urgroßvater Opifizius, Gründer d. VHS Frankfurt Ende 19. Jhdt. S.: 1963 Abitur München, ab 1963 Jurastud. u. polit. Wiss. LMU München, 1969 1. Staatsexamen, 1969-82 Referendarzeit in München u. Umgebung, 1972 2. Staatsexamen, 1973 Prom. K.: ab 1972 selbst. als Anw. m. Schwerpunkte Baurecht, öff. u. priv. Zivil- u. Erbrecht. P.: Handbuch f. d. GemR.-Sitzung in Bayern (1979), VOB f. Praktika in Zusammenarb. m. Herrn Herig (1989), Art. in Handbüchern v. Prof. Falk z. Immobilienrecht. M.: CSU, Peutinger Collegium München. H.: Bücher schreiben, Rede- u. Kommunikationstraining, Historienstud. d. Beziehung zwischen Bayern u. Sachsen, Skifahren, Tennis.

Beck Werner *)

Beck Wolfgang
B.: Dipl.-Finanzwirt, Stadtkämmerer u. berufsmäßiger StadtR. DA.: 97753 Karlsruhe, Zum Helfenstein 2. G.: Karlstadt, 18. Juli 1947. V.: Edith, geb. Fiedler. Ki.: Thomas (1973), Annette (1976). S.: b. 1968 Ausbild. b. d. Bayer. Finanzverw. in Aschaffenburg, Bundeswehr Manching, b. 1971 Ausbild. an d. Landesfinanzschule Herrsching am Ammersee, Dipl.-Finanzwirt. K.: 1971-90 Tätigkeit in versch. Positionen b. Finanzamt in Aschaffenburg, 1990 Wechsel z. Stadt Karlstadt u. Übernahme d. Finanzreferats, 1993 Wahl z. berufsmäßigen StadtR. d. Stadt Karlsruhe, seit 1994 Gschf. d. städt. Stadtentwicklungsges. m. d. Schwerpunkt d. Gespräch m. d. Bürger sowie Förd. u. Sicherung d. heim. Wirtschaft u. Weiterentwicklung d. Stadt Karlstadt als Mittelzentrum. M.: Lions Club Mittelrhein, div. AufsR.-Positionen, seit 1975 CDU. H.: Volleyball, Tennis, Radfahren.

Beck Wolfgang
B.: Zahntechnikermeister. FN.: Fachlaboratorium f. Kieferorthopädie. DA.: 10245 Berlin, Seumestr. 25. G.: Rostock, 6. Mai 1958. S.: 1975-78 Zahntechnikerausbild. u. d. Fachschule. K.: 1978-80 Zahntechniker, 1980-83 Kieferorthopäd. Abt. an d. Charité Berlin, nebenbei Ausbild. z. Fachzahntechniker f. Kieferorthopädie in Halle, 1983-87 Tätigkeit in d. ambulanten med. Betreuung in d. Kieferorthopädie in Berlin-Weißensee, 1987-91 Ausbild. z. ltd. Fachzahntechniker, 1991 Meisterbrief, seit 1991 selbst. in Zusammenarb. m. Roland Karow. BL.: Durchführung v. Kursen z. Thema Kieferorthopädie. M.: Ges. f. Kieferorthopädie. Zahntechnik e.V. H.: eigener Hund, Natur, Spazierengehen, Gemütlichkeit zu Hause.

Beck Wolfgang Dr. med. *)

Beck Wolfgang Maximilian Dr. Prof.
B.: Prof. em. FN.: Department Chemie Univ. München. PA.: 81739 München, Melanchthonstr. 26. G.: München, 5. Mai 1932. V.: Gerda, geb. Lesch. Ki.: Markus, Gunter, Kathrin. El.: Emil u. Johanna. S.: 1958 Dipl. Chemie TH München, 1960 Prom. K.: 1963 Priv.Doz., 1968 o.Prof. f. Anorgan. Chemie Univ. München, 1977 Gastprof. Univ. of Wisconsin Madison/USA. P.: ca. 600 Publ. über metallorgan. u. Komplex-Chemie. E.: Chemiepreis d. Ak. Göttingen 1967, Liebig-Med. der Ges. Dt. Chemiker 1994. M.: American Chemical Society, GDCh, Chemical Society London. H.: Musik.

Beck Wolfgang Anton Horst
B.: Kfz-Mechaniker, Unternehmer, selbständig. FN.: B.E.C.K. Industrieservice. DA.: 22149 Hamburg, Rahlstedter Straße 70b. beck@awbeck.de. www.awbeck.de. G.: Zweibrücken, 13. Juni 1953. V.: Angelika, geb. Belz. Ki.: Steven (1988). S.: 1968-72 Lehre als Kfz-Mechaniker. K.: 1972-74 Geselle, 1974-75 Bundeswehr, 1975-85 selbständig m. Autohandel, Ang., stellv. Gschaf., 1985-96 Industriereinigungen, 1996 selbständig B.E.C.K. Industrieservice. M.: Bund d. Steuerzahler. H.: Eishockey, Lesen, Reisen.

Beck Wolfgang E. Dr. med.
B.: Unfalchirurg in eigener Praxis. DA.: 75015 Bretten, Bahnhofstr. 48/1. G.: Güntersleben, 2. Aug. 1954. Ki.: 2 Kinder. El.: Frieda, geb. Mack. S.: 1975 Abitur Würzburg, 1975-77 Zivildienst Malteser Hilfsdienst, 1976-77 Stud. Math., Kunstgeschichte, Phil. u. Arch., 1977-78 Pflegehelfer Univ. Würzburg, 1978-83 Stud. Med. Univ. Marburg u. b 1985 Univ. Würzburg, 1985 Staatsexamen. K.: 1985-88 Ass.-Arzt an d. Anästhesie in Kitzingen, 1988-98 Ausbildung in Chir. u. Unfallchirurgie an d. Univ. Würzburg, 1998-2000 versch. Praxisvertretungen, 2000 Eröff. d. Praxis in Bretten. P.: Prom. über Behandlung d. tiefen Becken- u. Beinvenentrombose. I.: Malen m. Ausstellungen u.a. an d. Univ. Würzburg, Schreiben, Musik, Hunde.

Beck Wolfgang H. A. Dr. med. *)

---

*) Biographie www.whoiswho-verlag.ch oder beigefügte CD-ROM

Beck Wolfram *)

Beck-Brand Irmgard
B.: Köchin, Inh. FN.: Brand's Jupp Hotel Restaurant Cafe. DA.: 40489 Düsseldorf-Wittlaer, Kalkstr. 49. G.: Schweinfurt, 6. Sep. 1944. V.: Harald Beck. Ki.: Stephan (1967). Michael (1971). El.: Josef u. Else Brand. S.: 1955-58 Lehre Köchin. K.: 1958-66 im elterl. Betrieb, seit 1966 selbst., 1980 Übernahme d. elterl. Betriebes. M.: Heimatver. Wittlaer. H.: Musik, Kunst, Bilder, Blumen.

Beck-Daalhuizen Gretel
B.: Unternehmerin, Inh. FN.: Modehaus Beck in Wetzlar. DA.: 35578 Wetzlar, Dompl. 10. G.: Löhnberg/Lahn, 14. Aug. 1945. S.: 1959 mittlere Reife, 1964 Hotelfachschule Überlingen m. Abschluß Hotelfachfrau. K.: 1980 Neueröff. d. Modehaus Beck m. hohem Level u. allen intern. Markenfirmen, 1983 Eröff. d. Modehaus Beck in Gießen. P.: Benifizgala unter d. Schirmherrschaft d. Gattin d. Bundespräs. H.: Malerei, Reisen, Mode.

Beck-Erlang Wilfried Dipl.-Ing. *)

Beckamp Helmut
B.: Kfm. Dir., Gschf. FN.: Saarländisches Staatstheater. DA.: 66111 Saarbrücken, Schillerpl. 1. kauf.direktor@theater-saarbruecken.de. www.theater-saarbruecken.de. S.: Lehre Dipl.-Verwaltungswirt. K.: 1972-76 stellv. Verwaltungsdir. d. Theaters u. Ltr. d. Kulturamtes d. Stadt Münster, 1976-88 Verwaltungsdir. u. Gschf. d. Städtischen Bühnen Osnabrück GmbH, 1989 Überführung d. damaligen Zweckverband d. Staatstheaters Saarbrücken u. d. Saarländischen Landestheaters in d. Staatstheater GmbH, seit 1989 Kfm. Dir. u. Gschf. d. Saarländisches Staatstheaters. M.: Gremien d. Arbeitgeberverbandes d. dt. Theater, Vorst.-Mtgl. d. Landesverbandes Mitte d. Dt. Bühnenvereins u. Vors. d. Arge d. Verwaltungsdir. im Bühnenverein, Beisitzer d. Arbeitgeberseite b. Bühnenschiedsgericht in Frankfurt. (Re)

Becke Birgit Dipl.oec.troph.

B.: Ernährungswissenschaftlerin. FN.: Praxis f. Ernährungs-Diätberatung /-therapie. DA.: 77955 Ettenheim, Friedrichstr. 52. G.: Wuppertal, 11. Sep. 1952. V.: Werner Becke. Ki.: Jörg (1980), Antonia (1984). El.: Klaus und Hannelore Nüchel, geb. Tauscher. S.: 1977 Dipl. Oecotrophologie Univ. Bonn, Fort- u. Weiterbild. Kommunikation, Gesprächs- u. Verhandlungsführung, Rhetorik, Lernförderung, Marketing, Qualitätsmanagement u. PC-Software, Fachseminare zu Ernährungsthemen, Ernährungsmed. u, Gesundheitsförderung. K.: seit 1986 selbst. Ernährungs- u. Diätberatung f. Einzel- u. Gruppentherapie, Ltg. v. verhaltenstherapeut. Kursen u. Übergewichtsprogrammen, staatl. Anerkennung als Übungsltr. d. Präventions- u. Rehabilitationssports, Initierung u. Durchführung v. gemeindenahen Gesundheitsprojekten in Ettenheim; Funktionen: bundesweit Doz. u. Ref., seit 1994 berufspolit. tätig, seit 1997 Vors. d. Inst. f. Qualitätssicherung in d. Ernährungstherapie u. -beratung in Wiesbaden. P.: Handbuch z. Qualitätssicherung in d. Ernährungstherapie u. -beratung (1999). M.: VDOE, DGE, DAAB, GDV, Förderver. KH, Vorst. d. Herzgruppenver. H.: Lesen, Tennis, Skifahren, Bergwandern, Tanzen, Theater.

Becke Reiner

B.: Unternehmer, Inh. FN.: Reiner's Bilderrahmen & Kreatviecke. DA.: 35579 Wetzlar, Bahnhofstr. 14 a Lahnhof. PA.: 35579 Wetzlar, Weingartenstr. 8. G.: Steindorf, 4. Juli 1963. El.: Horst u. Inge, geb. Schütz. S.: 1984 Fachabitur, 1984-86 Städt. Schule f. Metalltechnik u. Chemie Düsseldorf, 1986-87 Wehrdienst, 1987-94 Stud. Laborchemie Univ. Siegen. K.: 1995 Chemiker d. Firma Emmerich in Allendorf, seit 1996 selbst.

Beckelmann Jürgen
B.: Schriftsteller. PA.: 10713 Berlin, Brandenburgische Str. 71. G.: Magdeburg, 30. Jan. 1933. V.: Monika, geb. Damaschke (verst.). El.: Otto u. Margarete. S.: Abitur, Mühlenarbeiter, Stud. Schauspiel u. Theatergeschichte, Polit. Wiss. K.: 1956-59 Feuilletonred. in München, seit 1957 gleichzeitig Chefred. d. Literatur- u. Kunstzeitschrift "Panorama", danach freiberufl. als Schriftsteller u. Journalist tätig, seit 1964 wieder in Berlin. P.: "Der Wanderwolf", 1959, "Der gold. Sturm" 1960, "Das gläserne Reh" 1965, "Lachender Abschied" 1969, "Herrn Meiers Entzücken an d. Demokratie" 1970, "Drohbriefe eines Sanftmütigen" 1976 u. 1980, "Ein kleiner Mann besteigt einen großen Turm" 1983, "Ich habe behauptet/J'affirma/Ik heb beweerd", 1988, "Eine Qualle trocknen", 1997. E.: 1959 Kurt-Tucholsky-Preis. M.: Verb. dt. Schriftsteller (VS), Neue Ges. f. Literatur Berlin.

Becken Dieter Dipl.-Ing.

B.: selbst. Architekt u. Statiker. DA.: 20097 Hamburg, Heidenkampsweg 77. G.: Schwarmstedt, 14. Mai 1949. S.: 1964-67 Lehre Maurer Firma Wolfgang Reimer, glz. Fachabitur Hamburg, 1967-71 Stud. Arch. FHS Hamburg, 1972-75 Stud. Ing.-Wiss. TU Hannover. K.: seit 1978 selbst. Architekt in Hamburg, Einstieg in d. Investitionsbereich v. Immobilien, ab 1981 tätig im Investmentbereich; Projekte: 1998 Bau d. Polizeipräsidiums Hamburg, 1994 VTG-Center in Hamburg, 1999 Doppel-X-Haus in Hamburg. E.: div. Arch.-Preise u.a. 1. Preis d. BDA f. VTG-Center. M.: Ak. d. Künste.

Beckenbauer Franz
B.: Präs. d. Fußball-Bundesliga-Klubs FC Bayern München. DA.: 81547 München, Säbener Str. 51. G.: 11. Sept. 1945. V.: 2. Ehe: Sibylle. Ki.: Thomas, Michael, Stefan, Johann. El.: Franz u. Antonia. S.: Vers.-Lehre. K.: b. 1977 FC Bayern, dann Cosmos New York, 1980-82 HSV, 1983-84 wieder Cosmos, 4-facher Dt. Pokalsieger 1966, 1967, 1969, 1971; 1972 Dt. Mstr. m. Bayern München, 1967 Europapokalsieger u. Pokalsieger, 1972 Europamstr., 1974 Weltmstr., 1974-76 Europapokalsieger d. Landesmstr., 1976 Weltpokalgewinn (erste dt. Mannsch.), 1977-83 FC 80 nordamerikan. Vereinsmstr., 1972 u. 1976 Europ. Fußballer d. Jahres, 1980 Fußballer d. Jahres in Deutschland, b. 1977 über 103 Länder- u. 424 Bundesligaspiele, b. 1982 Fußballprofi, 1984-90 Teamchef d.

*) Biographie www.whoiswho-verlag.ch oder beigefügte CD-ROM

Beckenbauer

Dt. Nationalmannschaft, 1986 VWeltmstr. in Mexiko u. 1990 Weltmstr. in Italien, VPräs. d. Lizenzspielerabt. im Vereinspräsidium, seit 1994 Präs. d. Fußball-Bundesliga-Klubs FC Bayern München, ab 2000 Fußball-Kommentator f. Sat1, DSF u. Premiere World. P.: Einer wie ich (1975), Meine Freunde. Stationen e. Karriere (1987), Ich Wie es wirklich war (1993). E.: 1982 Ehrenspielführer DFB, 1982 Gründer Namensstiftung, 1982 Bayer. VO, 1984 FIFA-Orden, BVK 1. Kl., Silb. Lorbeerblatt. (Re)

Beckenbauer Klaus Dr.-Ing. *)

Beckenbauer Tilman Dipl.-Kfm. *)

Beckendorff Helmut Dr. rer. pol. *)

Beckenkamp H. W. Dr. med. Prof. *)

Becker Achim *)

Becker Achim *)

Becker Achim Dipl.-Ing. *)

Becker Alban Dr. med. *)

Becker Alexander

B.: RA. DA.: 66663 Merzig, Poststr. 23. G.: Saarburg, 4. Dez. 1967. El.: Wolfgang und Gertrud. S.: 1988 Abitur, 1988-89 Bundeswehr, 1989-94 Stud. Univ. Saarbrücken. K.: 1994-96 Referendarzeit, seit 1997 selbst. RA. M.: Anw.-Ver., Vors. d. Bourussia Merzig, Abt. Fußball u. Basketball, HSV Merzig, Tennisclub Brotdorf. H.: Volleyball, Sport, Skifahren.

Becker Alexander M. *)

Becker Alfons Dr. phil. *)

Becker Alice *)

Becker Almut E. *)

Becker Andreas Dipl.-Designer
B.: Grafik-Designer u. freier Künstler. DA.: 68766 Hockenheim, Bürgermeister-Hund-Str. 1. G.: Schorndorf, 15. März 1961. El.: Reinhard u. Renate. S.: 1979 FS-Reife, 1980-84 autodidakt. Stud. Kunst, Kunstgeschichte, Musik, 1984-86 Ausbild. Bildhauer mit Abschluß, 1988 FHS-Reife, 1989-93 Stud. Merz-Ak. priv. Fachhochschule f. Kommunikationsdesign Stuttgart m. Dipl.-Abschluß. K.: seit 1988 freier Grafik-Designer u. Auseinandersetzung m. bild. Kunst. H.: Kunst, Musik.

Becker Anita
B.: Unternehmerin, Inh. FN.: Scharmann Kaffee Becker KG Großhdl. u. Automatenservice. DA.: 61440 Oberursel, Taunusstr. 77. PA.: 61440 Oberursel, Wiesenmühle 4. Scharmann.Kaffee@t-online.de. G.: Bad Homburg, 7. Mai 1949.

V.: Fred Becker. Ki.: Mirko (1970), Sina (1978). El.: Manfred u. Anny Scharmann. S.: Oberstufenreife b. d. Ursulinen, 1965-68 Ausbild. Arzthelferin, 1968-73 Ausbild. staatl. geprüfte Kosmetikerin. K.: 1980-85 Übernahme eines Lederwarengeschäftes, 1986 Eintritt in d. Firma Scharmann Kaffee Becker KG u. 1995 Übernahme d. Firma. H.: Reisen.

Becker Anton Dipl.-Kfm. *)

Becker Anton Ulrich *)

Becker Beatrix Elisabeth Dr. rer. nat.

B.: Dipl.-Pharmazeutin, Apothekerin, selbständig. FN.: Elisen-Apotheke Cottbus. DA.: 03044 Cottbus, Gerhart-Hauptmann-Str. 15. G.: Halle, 26. Feb. 1959. V.: Olaf Becker. Ki.: Thomas (1982). S.: 1977 Abitur Halle, 1977-83 Stud. Pharmazie an d. MLU Halle-Wittenberg, 1983 Abschluss als Dipl.-Pharmazeutin, 1986 Approb. als Apothekerin, 1986 Prom. z. Dr. rer. nat. K.: 1985-87 prakt. Tätigkeit Apotheke in Halberstadt, 1987-90 Tätigkeit in d. Bezirksdirektion d. Apothekenwesens Bereich Qualifizierung, 1991 Grdg. d. eigenen Elisen-Apotheke, seither Inh. H.: Lesen, Sport, Theater.

Becker Ben
B.: Schauspieler. FN.: c/o Agentur Uschi Drews. DA.: 10629 Berlin, Droysenstr. 2-2a. G.: 19.02.1964. V.: Anne Seidel (Freundin). Ki.: Dörte (2000). El.: Rolf Becker (Schauspieler) u. Monika Hansen (Schauspielerin). S.: 1985-87 Schauspielstud. in Berlin. K.: Arbeit als Stagehand, Debut in Hamburg (Ernst Deutsch Theater), mehrere Auftritte in Schauspielhäusern (u.a. Hamburg, Berlin, Düsseldorf, Stuttgart), Filme: Eine Liebe in Deutschland (1983), Tatort - Tod im Elefantenhaus (1987) (TV), Tatort - Tod im Häcksler (1991) (TV), Das Serbische Mädchen (1991), Herzsprung (1992), Der Brocken (1992), Landschaft mit Dornen (1992) (TV), Die Serpentintänzerin (1993) (TV), Polizeiruf 110 - Totes Gleis (1993) (TV), TV, A. S. - Der kleine Bruder (1995) (TV), Schlafes Bruder (1995), Verliebte Feinde (1995) (TV), Tatort - Die Kampagne (1995) (TV), Die Zukuenftigen Glueckseligkeiten (1995), Samson and Delilah (1996) (TV), Alles nur Tarnung (1996), Friedemann Brix - Eine Schwäche für Mord (1996) (TV), Gegen den Strom (1997) (TV).Sein größter Erfolg bisher: der Vilsmaier-Film "Comedian Harmonists" (1998) über das legendäre deutsche Sänger-Quintett, ist auch Autor, Regisseur und Musiker (Band Zero Tolerance) versuchte sich Becker bereits. 1995 schrieb und inszenierte er das Theaterstück "Sid & und Nancy", 1997 veröffentlichte er die CD "Und lautlos fliegt der Kopf weg", 1999 "Berlin Alexanderplatz", "Ein Lied von Liebe und Tod - Gloomy Sunday", "Der Einstein des Sex", Musik-Collage "Insane Nr. 9", 2001 "Frau2 sucht Happy End", 2001 Sass - die Meisterdiebe. P.: Theaterstück "Sid und Nancy", CD "Und lautlos fliegt der Kopf weg", 2001 "Wir heben ab". (Re)

Becker Bernd Dr. Prof. *)

Becker Bernd
B.: Steuerberater u. vereid. Buchprüfer. DA.: 42651 Solingen, Kölner Str. 133. bernd.becker-stb-vBp@t-online.de. G.: Krefeld, 18. Nov. 1956. V.: Dorothee, geb. Schmitz. S.: 1972-74

*) Biographie www.whoiswho-verlag.ch oder beigefügte CD-ROM

Becker Bernhard *)
Becker Boris

städt. Kfm.-Schule Krefeld m. Fachabitur, 1974-77 Ausbild. Steuerfachgehilfe Wirtschaftsprüfer u. Steuerberater Günter Ache Neukirchen-Vluyn, 1981 Steuerbev., 1987 Steuerberaterprüf., 1997 vereid. Buchprüfer. K.: 1977-93 Steuerbev. u. Steuerberater in verschiedenen Kzl., 1989 Grdg. d. eigenen Kzl. in Solingen. M.: AufsR.- in versch. Bereichen, Bundesverb. vereid. Buchprüfer, Steuerberaterverb., Steuerberaterkam. H.: Fernreisen, Eishockey.

B.: DTB-Botschafter m. intern. Aufgaben, ehem. Tennisprofi. GT.: Boris Becker Marketing, Ges. d. Sportartikel Herstellers Völkl. DA.: 80606 München, Lachner Str. 32. G.: Leimen, 22. Nov. 1967. Ki.: Noah-Gabriel (1994), Elias Balthasar (1999), Anna (2000). El.: Karl-Heinz (Arch.) u. Elvira. S.: Mittlere Reife. K.: 1982 Dt. Jugendmstr. im Einzel u. Doppel (jüngster Titelträger), 1983 Jugendweltmstr. im Doppel, 1984 Dt. Jugend Turnier Monte Carlo, seit 1984 Tennisprofi, 1985 jüngster Weltmstr. d. Junioren (Birmingham), 1985 jüngster u. erster dt. Wimbledon-Sieger (gegen Kevin Curren), 1986 erneut Wimbledon-Sieger (gegen Ivan Lendl, 1. d. Weltrangliste), 1988 2. Wimbledon, 1989 z. 3mal Wimbledon-Sieger (gegen Stefan Edberg), 1990, 1991 u. 1995 2. Wimbledon, 1988 Sieger Masters Turnier New York, 1988 Sieger 6 Grand-Prix-Turniere (Stockholm, Tokio, Indianapolis, Queens, Dallas, Indian Wells), 1989 Sieger 5 Grand-Prix Turniere, 1991 Sieger Australien Open (gegen Ivan Lendl) u. Weltranglisten-Erster, 1996 Sieger Australien Open, ATP-Weltmstr., 1996 2. d. ATP-Weltmeisterschaft, 1996 Sieger Grand Slam Cups, 06/1999 Rückzug aus dem aktiven Tennis-Profisport, s. 2000 Botschafter m. internationalen Aufgaben f. d. DTB, Grdg. d. "sportgate.de" (gem. m. Helmut Thoma u. Paulus Neef), Film: "666 - Traue keinem, mit dem du schläfst" (2002). E.: 1985, 86, 89, 90 Sportler d. Jahres, 1986 Ehrenbürger Stadt Leimen. H.: Fußball, Basketball, Schach, Backgammon. (Re)

Becker Brigitte *)
Becker Britta
B.: Profi-Hockeyspielerin. FN.: c/o Deutscher Hockeybund. DA.: 50354 Hürth, Theresienhöhe. deutscher-hockey-bund @t-online.de. G.: Rüsselsheim, 11. Mai 1973. V.: Johannes B. Kerner (TV-Moderator). Ki.: Emily Blomma (1999). K.: nahm insgesamt an 138 Länderspielen teil, 1. Pl. b. Dt. Meisterschaften 1990, 1991, 1992,1993 u. 1994, b. EM 1990, 1991 u. 1993, b. d. Olymp. Spielen 1992 auf d. 2. Pl., 1993 b. WM-Qualifikationsturnier 1. Pl., seit 1989 Zugehörigkeit z. dt. Nationalmannschaft, 1996 Europacup in Rüsselsheim 1. Pl. u. Dt. Meisterschaften 3. Pl., 1997 Champions Trophy/1999 EM Hallenhockey/1., Champions Trophy Brisbane/3., 2000 Champions Trophy Amstelveen/2. (Re)

Becker Cäcilie *)
Becker Carina
B.: Dipl.-Bauing., Inh. FN.: Carina Immobilien. DA.: 39104 Magdeburg, Ernst-Reuter-Allee 40. G.: Nauen, 5. Mai 1960. Ki.: Robert (1984), Veit (1985). El.: Hansen. S.: b. 1979 Berufsausbild. z. Bauzeichnerin, b. 1982 Stud. FH Magdeburg. K.: Bauing. in versch. Branchen, seit 1991 Wert- u. Schadengutachterin, seit 1995 selbst. Immobilienmaklerin, 1998 Grdg. "CARINA-Haus". M.: BFW. H.: Familie, Tiere, Beruf, Tanzen, Sport.

Becker Carola

B.: Inline - Skate - Lehrer, Inh. von C.I.A. - Caro's Inline Academy. DA.: 66424 Homburg, Erikastr. 2a. G.: Homburg, 9. Juli 1971. S.: 1991 Abitur Homburg, seit 1991 Stud. Soz., Erziehungswiss., Sozialpsych. u. Entwicklungspsych. K.: 1979-89 aktive Speedskaterin, seit 1992 Trainerin d. Jugendmannschaft im Speedskaten d. ERC Homburg, Beginn d. Trainerausbild. b. Dt. Rollsportverb., seit 1996 Inline-Skate-Instructor b. DIV Dt. Inline-Skate-Verb., C-Lizenz, seit 1996 Durchführung f. Einsteigerschulungen in Homburg, Zweibrücken u. Saarbrücken, 1997 B-Lizenz b. DIV, Eröff. d. 1. Inlineskate-Schule im Saarland C.I.A. - Caro's Inline-Academy, Speedskatetrainerin b. ERC Homburg u. TUS Bechhofen, seit 1997 Schulungen in d. Inlineskate-Halle Dillingen. BL.: Rollschnelllauf: 1981-89 Landesmeisterin, 1984 u. 1985 Dt. Meisterin, 1985 Landesmeisterin Schleswig-Holstein, 1985 b. d. EM in Pamplona: 5. Pl. in d. Gesamtwertung Bahn u. 6. Pl. in d. Gesamtwertung Straße, 1986 u. 1987 Dt. Vizemeisterin, 1986 b. d. EM im Finale in Emilia. E.: Landesmeisterin (jedes Jahr) u. mehrfache dt. Meisterin u. Vizemeisterin. M.: Bundeslehrteam d. Dt. Rollsport- u. Inline-Verb., Fachw. d. Inhalten d. Fachübungslr.-Ausbild. sowie d. Prüf.-Kriterien f. d. Zukunft, Landesfachwart d. Saarländ. Turnerbundes, Mitarb. b. d. Projektentwicklung Skate-Network, redaktionelle Mitarb. b. Inline-Skater's Guide 2001.

Becker Carsten Dr. *)
Becker Christian Dipl.-Ök.

B.: Steuerberater, Inh. FN.: Steuerbüro Christian Becker. DA.: 01458 Ottendorf-Okrilla, Dresdner Str. 45. PA.: 01936 Höckendorf, Biberg. 3. G.: Kamenz, 9. Juni 1954. V.: Karin, geb. Prang. Ki.: Manuela (1979), Maik (1983). El.: Egon u. Elfriede. S.: 1971-73 Lehre als Finanzkfm. in Kamenz b. Rat des Kreises. K.: 1973-79 Referat Steuern b. Rat d. Kreises als Betriebsprüfer, 1974-79 Finanzschule Gotha, Abschluß Finanzökonom im Fernstud., 1979-80 Armeezeit, 1980-90 Rat d. Bez. als Steuerfahnder Abt. Finanzen, 1983-88 Humboldt-Univ. Berlin, Abschluß Dipl.-Ök. im Fernstud., 1990 Eröff. d. eigenen Steuerkzl. m. Ehefrau, 1996 Bestellungsurkunde z. Steuerbe-

*) Biographie www.whoiswho-verlag.ch oder beigefügte CD-ROM

rater. M.: Sächs. Angelver., Sportver. Großnaundorf, Sporttaubenver. Sekt. Radeberg. H.: Fußball, Angeln, Sporttaubenzüchter.

Becker Christian *)

Becker Christoph Bruno Georg Dr. med. *)

Becker Detlef Eckhard Dr. *)

Becker Dieter *)

Becker Dietmar Dr.-Ing.
B.: Gschf. Ges. FN.: GfS P GmbH. DA.: 71083 Herrenberg, Nagolderstr. 27. G.: Buschhütten/Siegen, 29. Apr. 1953. V.: Patrizia, geb. Geßner. Ki.: Sara (1991), David (1993). El.: OIng. Hans u. Margarete. BV.: Großvater Ernst Münker, SchulR. u. Landessynode NRW. S.: 1971 Abitur Siegen, 1971-72 Bundeswehr, 1973-78 Stud. Maschinenbau Univ. Siegen. K.: 1978-85 Ass. Inst. Mechanik d. Univ. Siegen, 1985 Prom., 1985-88 Daimler Benz Stuttgart u. Mannheim, 1993 Grdg. d. GmbH, 1995 Grdg. d. Ges. f. Strukturentwicklung u. VPräs. P.: "Zur Berechnung d. Spannungen in gekrümmten Federelementen m. Hohlquerschnitten". M.: Ges. f. Strukturentwicklung. H.: Familie, Entwicklung v. jungen Menschen z. Selbständigkeit, soziales Engagement.

Becker Dietrich *)

Becker Dorothea *)

Becker Eberhard *)

Becker Edelgard *)

Becker Eike Dipl.-Ing. Architekt
B.: freischaffender Architekt. FN.: Eike Becker_Architekten. DA.: 10969 Berlin, Kochstr. 22. PA.: 10777 Berlin, Viktoria-Luise-Platz 9. eikebecker@eb-a.de. www.eb-a.de. G.: Osterholz-Scharmbeck, 27. Jan. 1962. V.: Iris Steinbeck. Ki.: Bill (1997). El.: Eckhard u. Heidi, geb. Wendenburg. S.: 1981 Abitur an d. Eichenschule Scheeßel, 1978-79 Austauschüler an d. Fairfax High School Virginia/ USA, 1983-90 Arch.-Stud. RWTH Aachen, TU Stuttgart u. Ecole d'Architecture Belleville Paris, wiss. Hilfsschaft am Lehrstuhl f. Städtebau v. Prof. Humpert f. d. SFB 230, Abschluß Dipl.-Ing. K.: 1990-91 Architekt b. Sir Norman Foster & Partner, London sowie bei Sir Richard Rogers Partnership, London, 1991 Grdg. v. Becker Gewers Kühn u. Kühn Architekten in Berlin, 1999 Grdg. v. Eike Becker_Architekten, zahlr. Vorträge an Hochschulen u. Institutionen, Ausstellungen: Einzelausstellungen 1995 in d. AEDES-Galerie Berlin, 1966 in d. Arch.-Galerie am Weissenhof Stuttgart, 1998 Teilnahme an d. documenta X, 1998 Teilnahme an d. 1. berlin biennale f. zeitgenössische Kunst, Berlin, 1999 Teilnahme an d. Ausstellung Children of Berlin, P.S. 1, New York. P.: Hauptverwaltung d. Verbundnetz Gas AG / Becker Gewers Kühn Architekten. Eike Becker (1999), Becker Gewers Kühn u. Kühn Architekten im Verlag H. M. Nelte, Wiesbaden (1996), Deutsche Bauzeitung 11/95, GLAS Architektur u. Technik 4/96, 6/96, 3/97, AIT Spezial 7/96, 3/97, DBZ 9/97, db 11/97, u.a. E.: 1. Preis Realisierungswettbewerb "Hauptverwaltung d. Verbundnetz Gas AG, Leipzig" 1992 1. Preis Realisierungswettbewerb "Hauptverwaltung d. Berliner Volksbank eG Berlin" 1995, A1. Preis DEBAU-Preisträger 1998, Nachwuchswissenschaftler d. Werner-von-Siemens Ring-Stiftung, 1998, Anerkennung Balthasar-Neumann-Preis, 1998, RIBA Award 2001. M.: Architektenkammer Berlin, Bund Dt. Arch., Arch. u. Ingenieurverein, Vorst.-Vors. d. Kunst-Werke e.V., Berlin.

Becker Enno *)

Becker Erhard

B.: Tierarzt. DA.: 33104 Paderborn, Schloßstr. 8. G.: Paderborn, 19. Juli 1964. V.: Alexandra, geb. Sucrow. El.: Günter u. Christel. S.: 1984 Abitur, 1984-90 Stud. Vet.-Med. FU Berlin. K.: 1990-94 freiberufl. in versch. Praxen in Deutschland tätig, 1994 Eröff. d. eigenen Tierpraxis in Paderborn. M.: LC Paderborn, Bundesverb. prakt. Tierärzte, Johanniter Bund. H.: Literatur, Motorradfahren, Billard, Klavierspielen.

Becker Erik
B.: Botschafter v. Venezuela. DA.: 14469 Potsdam, Große Weinmeisterstr. 53 G.: Pariaguan/Venezuela, 4. Apr. 1943. V.: Carolina, geb. Pereira. Ki.: Helga Carolina (1968), Hans Thomas (1969), Cristina (1970). El.: Prof. Hans u. Hertha, geb. Becker. BV.: Großvater Prof. Philipp-August Becker aus Mühlhausen als Romanist Lehrstühle in Budapest, Wien, Leipzig u. Freiburg, Autor v. 400 Büchern; Vater Prof. Hans Becker wegen nationalsozial. Verfolgung 1935 nach China u. dann 1939 nach Venezuela geflohen. S.: 1956-61 Gymn. Caracas, 1961-70 Stud. Psych. Caracas m. Abschluß Psychologe, 1963 Stipendiat d. Konrad-Adenauer-Stiftung an d. polit. Ak. Eichholz, Stud. polit. Wiss. K.: 1959-85 Führungsmtgl. d. Christl. Sozialen Partei COPEI, 1979 Vors. d. kulturellen Humboldt-Ges. in Venezuela, 1970 Eintritt in d. diplomat. Dienst, 1970-71 Geschäftsträger in Wien u. Vertreter d. IAEO in Wien, 1971-75 Gen.-Sekr. d. Nationalen Kmsn. d. UNESCO, 1971-77 Ltr. d. Abt. international. im Außenmin. u. ab 1973 offizieller Sprecher d. Min., 1975-78 Prof. in Soz.-Psych. an d. Univ. Catolica u. im Instituto Universitario Avepane, 1975-85 Vors. d. Verb. d. Psychologen in Venezuela, 1977-78 stellv. Protokollchef im Außenmin., 1979-85 StadtR. d. östl. Hälfte v. Caracas, 1982 u. 83 stellv. OBgm., 1986-90 Gesandter in d. DDR in Berlin, 1990 Botschafter u. Ltr. d. Außenstelle Berlin, 1991-94 Botschafter in Bulgarien, 1993-94 zusätzl. Botschafter in Yugoslawien, seit 1994 Botschafter in Deutschland. P.: viele Publ. zu psychokulturellen Themen in Venezuela u. im Ausland z.B.: Psychokulturelle Gegebenheiten in Lateinamerika (1997). E.: Francisco de Miranda-Orden, Andres Bello Orden aus Venezuela, Gr. VO m. Stern und Schulterband aus Deutschland, Simón Bolivar-Orden aus Venezuela. M.: COPEI, Weltverb. d. Psych., Beethovenver. Bonn, Bachges. Leipzig. H.: klass. Musik, Geschichte, Ethnologie, Geographie, Völkerkunde, Beschäftigung m. sozialer Problematik, Schach, Fußball, Tischtennis.

Becker Ernst *)

Becker Erwin Willy Dr. rer. nat. habil. *)

Becker Ethel Christina *)

---

*) Biographie www.whoiswho-verlag.ch oder beigefügte CD-ROM

Becker Ewald *)

Becker Felix
B.: Profi-Fechter. PA.: 64289 Darmstadt, Lichtenbergstr. 19. G.: Darmstadt, 9. Aug. 1964. S.: Stud. an d. Sport-HS. K.: 1982/83 JMW Budapest/4., 1984 Junioren-Weltcupsieger u. Mtgl. d. Säbel-Mannschaft in Lausanne, 1986 Finale d. besten Acht b. Weltcup-Turnier in Hannover, 1988 DM/1., Olympiade Seoul Einzel/7., 1988/89 Universiade Duisburg Einzel/5., DFB Q-B Turnier/1., 1989 DM/2., WM i. Denver/3., DFB Q-B Turnier i. München/2., 1990 WM Lyon Einzel/7., Mannschaft/3., DFB Q-B Turnier München/2., 1991 DM/2., WM i. Budapest Einzel/6., Mannschaft/3., 1992 Olympiade Barcelona Mannschaft/5., WC-Turnier Abano Terme/3., 1993 WM i. Essen Mannschaft/3., 1994 WM Athen Einzel/1., 1995 WC-Turnier Abano Therme/5., WM i. Den Haag Einzel/2., 1995/96 DM/3., 1996 Olympiade i. Atlanta Einzel/6., 1996/97 DM/6., 1998/99 DM/12. H.: Lesen, Musik.

Becker Frank *)

Becker Frank *)

Becker Frank

B.: Gschf. FN.: Dental GmbH. DA.: 45883 Gelsenkirchen, Feldmarkstr. 124. G.: Gelsenkirchen, 23. Feb. 1966. V.: Liane, geb. Weber. El.: Johannes und Annemarie, geb. Jülkenbeck. S.: 1982 FOS-Reife, 1982-86 Lehre Zahntechniker Dentallabor Budde & Röschmann Essen. K.: 1986-87 Zahntechniker in der Firma Budde & Röschmann, 1987-88 Bundeswehr, 1988-91 tätig in d. Fräs- u. Geschiebetechnik d. Firma Budde & Röschmann, 1991-99 Abt.-Ltr. f. Fräs- u. Geschiebetechnik u.a. in d. Firmen AKM, Moshövel u. v. Firma Kirstein, 1995 Ausbild. z. Fachkfm. d. Handwerkswirtschaft, kfm. Weiterbild. in EDV-Bereich, 1996 Studiengang Ausbild. f. Ausbilder, 1999 Meisterprüf. an d. Meisterschule in Dortmund, seit 1999 selbst. Zahntechnikmeister u. glz. Sicherheitsbeauftragter d. MPG, Weiterbild. u.a. in: Farben richtig sehen u. bestimmen, IPS-Keramikkurs, biogene Protetik, APF-Protetik u. Keramikkurs f. individuelle Schichtung. P.: FachbeiR. d. internationalen Fachzeitschrift "Dentallabor", Veröff. z. Thema Zahnarztpraxis Labor Ober- u. Unterkiefersanierung". H.: Freizeit m. d. Familie, Motorradfahren.

Becker Frank Dipl.-Ing.

B.: Kfm., Mitinh. FN.: BeSlo Immobilien. DA.: 39576 Stendal, Breite Str. 70. G.: Osterburg/Altmark, 26. Apr. 1949. V.: Dipl.-Ing. Heiderose, geb. Weigel. Ki.: Carl-Christoph (1969), Wiepke (1978). El.: Alfred u. Christiane, geb. Hüttinger. BV.: Urgroßvater Gustav Hilliges war Bgm. v. Osterburg. S.: 1969 Berufsausbild. m. Abitur z. Maschinenbauer b. SKL in Magdeburg, b. 1974 Stud. Technologie d. Metallverarb. m. d. TH. K.: b. 1980 Baukombinat Altmark Stendal, dann b. 1988 ltd. Techniker d. territorialen Rationalisierung d. Bauwesens, 1988-92 Betriebsltr. Zuschlagstoffe Haldensleben, seit 1994 selbst. in Stendal, Schwerpunkte: Altimmobilien, Neuimmobilien, ldw. Immobilien, Wohnungsvermietung, Wohnungsverw. M.: Landesfachaussch. Wirtschaft d. FDP. H.: Segeln, Skifahren.

Becker Frank Dr. med. *)

Becker Frank-Andreas Dipl.-Kfm. *)

Becker Frank Wilhelm *)

Becker Franz-Dieter

B.: Gastronom. FN.: Restaurant Alt Linzenshäuschen. DA.: 52076 Aachen, Eupener Str. 378. becker-aachen@t-online.de. www.altlinzenshäuschen.de. G.: Hartmannshof/Bayern, 6. Jan. 1945. V.: Liane. Ki.: Ruth (1974). S.: 1961 Mittlere Reife, 1961-62 Wehrpflicht Bundeswehr, 1962-65 Lehre als Einzelhdls.-Kfm., Abschlussprüf. K.: 1965-70 kfm. Ang. in d. ehem. Lehrfirma, 1970-76 Pächter e. Tankstelle m. angeschlossenem Geschäft zusammen m. d. Ehefrau in Eschweiler, 1977-82 Übernahme eines Hotels in Aachen als Pächter, 1983-96 Mieter d. Restaurants Alt Linzenshäuschen in Aachen, 1997 Kauf d. Immobilie v. d. Stadt Aachen. M.: Hotel- u. Gaststättenverb. Aachen. H.: Wasser-Motorsport, Reisen, Literatur, Antiquitäten.

Becker Franz-Otto Dipl.-Ing. (FH) *)

Becker Friedrich Hermann *)

Becker Fritz *)

Becker Fritz

B.: Apotheker, Inh. FN.: Medico-Apotheke. DA.: 75172 Pforzheim, Kiehnlestr. 17. G.: Karlsruhe, 18. März 1951. Ki.: Florian (1981), Philip (1983). El.: Fritz u. Marta. S.: 1971 Abitur, 1976-79 Stud. Pharmazie Freiburg u. München. K.: seit 1982 selbst. Apotheker in Pforzheim. P.: Art. in Fachzeitschriften. M.: Präs. d. Apothekerverb. Baden-Württemberg, gschft. Vorst.-Mtgl. d. Dt. Apothekerverb., Vorst.-Mtgl. d. Verrechnungsstelle Süddt. Apotheken. H.: Modelleisenbahn, Garten.

Becker Gabriele *)

Becker Gabriele *)

Becker Georg Eberhard Dr. Prof. *)

Becker Gerald *)

*) Biographie www.whoiswho-verlag.ch oder beigefügte CD-ROM

Becker

Becker Gerd *)

Becker Gerhard Dr.
B.: Prof. f. Mathematik. FN.: Univ. Bremen. DA: 28334 Bremen, Postfach 330440. PA.: 28355 Bremen, Modersohnweg 25. becker@math.uni-bremen.de. G.: Simmern, 26. März 1938. V.: Margot, geb. Führer. Ki.: Ulrike, Christian. El.: Otto u. Ria. S.: Gymn. Simmern u. Gymn. Kreuzgasse Köln, Stud. Köln, Aachen, Prom. Aachen 1972 (Dr. phil.). K.: Gymn. Bergisch-Gladbach, Gesamt-HS Wuppertal, 1973 Prof. Univ. Bremen. P.: Anwendungsorientierter Mathematikunterricht (1979), Geometrieunterricht (1980), Neue Beispiele zum Anwendungsorientierten Mathematikunterricht (1983), Das Rechnen mit Münze, Maß & Gewicht seit Adam Ries (1994), verschiedene Zeitschriftenaufsätze. M.: Mitbegrdg. d. Ökumen. Gymn. zu Bremen, Mtgl. Ges. f. Didaktik d. Mathematik (1. Vors. 1987-91), Dt. Hochschulverband (Präsidium 1996-2000, VPräs. (1998-2000), Rotary (Präs. 1998-99), DMV, MNU.

Becker Gerhard Dr. phil. nat. Prof. *)

Becker Gerhard G. Dr. med. *)

Becker Gerhard W. Dr. Prof. *)

Becker Gunter
B.: Präs. FN.: Thüringer Landessoz.-Gericht. DA: 99084 Erfurt, Karl-Marx-Pl. 03. G.: Gießen, 17. Dez. 1941. V.: Ina, geb. Rink. Ki.: Thomas (1976), Katja (1977). El.: Wilhelm u. Charlotte. S.: 1962 Abitur, 1964-69 Stud. Rechtswiss. Marburg u. Gießen, 1969 1. jur. Staatsexamen, 1969-72 Referendariat, 1973 2. Staatsexamen. K.: ab 1973 Richter am Soz.-Gericht Gießen, ab 1982 Dir., 1991 Abordnung an das Thüringer Justizmin., Ltr. d. Aufbaustabes f. d. Soz.-Gerichtsbarkeit in Thüringen, 1993 Ernennung z. Präs., seit 1995 Präs. d. Thüringer Verfassungsgerichtshofes. H.: Klassik u. Barockmusik.

Becker Günter *)

Becker Günter

B.: Realschuloberlehrer im Ruhestand. GT.: Kurse f. Esperanto an d. VHS Blieskastel u. Homburg, produziert Fernsehsendungen im offenen Kanal im audiovisuellen Zentrum d. Becker-Meisberger-Inst. in Blieskastel sowie Rundfunksendungen unter d. Titel "Sprachen lernen im Zeitalter d. Satelliten". G.: Elversberg, 25.Jan. 1930. V.: Maria, geb. Meisberger. S.: 1947-51 Lehrerseminar in Ottweiler u. Lebach, UNI LILLE 1952: Dipl. d'études françaises, examen de russe; 1954 Esperantolehrerprüfung; 1957-59 Weiterbild. z. Realschullehrer in Homburg. K.: 1944-45 Tätigkeit in Stahlbaufirma, 1945-47 Tätigkeit in Kokerei d. Grube Heinitz, 1951-52 Deutschlehrer in Tourcoing b. Lille/Frankreich, parallel Sprachenstud. Franz., Ital. u. Russ. an d. Univ. in Lille, 1952-57 VS-Lehrer in Frankenholz, 1959-79 Realschullehrer in Homburg, 1979-83 Realschullehrer in Blieskastel, 1983 Versetzung in d. Ruhestand/Realschuloberlehrer wegen Dienstunfall. BL.: 1945-47 Esperanto erlernt durch Rundfunksendungen, seit 1973 Stud. an d. Univ. Saarbrücken Phonetik u. Sprachen: u.a. Esperanto f. Fortgeschrittene, Franz., Ital., Span., Engl., Russ., Rumän., Suaheli, Wolof, Bambara, Japan., Chin., Thai, Catalanisch, Galizisch, Rätoromanisch, Albanisch, Baskisch, Monoglisch, Usbekisch, Unterricht erteilt in Esperanto, Dt., Franz., Ital., Span. u. Russ. an VHS u. d. Realschule. P.: Übersetzungen aus d. Franz. "Einführung in d. Esperantologie", aus d. Esperanto "inguist. Aspekte d. Plansprache Esperanto" Mongolisch. M.: seit 1951 im Saarländ. Esperantobund, seit 1954 im Esperanto-Weltbund, 1956 Präs. d. Weltbundes junger Esperantisten in Kopenhagen, 1964 Gen.-Sekr. d. Esperanto-Weltbundes, Academio de esperanto San Marino. H.: Sprachen, Satellitenanlagen.

Becker Günter Dr.-Ing. *)

Becker Günther Dr. rer. nat. *)

Becker Haakon *)

Becker Hans Dr. rer. nat. o.Univ.-Prof. *)

Becker Hans Jürgen Dr. Prof. *)

Becker Hans Joachim Dr. med. dent. *)

Becker Hans-Günter *)

Becker Hans-Joachim

B.: Kfz-Mechaniker, REFA-Fachkraft, Inh., Gschf. FN.: BeckerComPlan Ges. f. Kostenreduzierung mbH & Co KG, Rahmenverträge f. Klein- u. Mittelstand im Bereich Logistik, C-Artikel, Telefonie, Autokauf, Bürotechnik, Elektrogeräte, Reinigungsmittel, Hygienebedarf, Energie, Versicherungen, Einsparungen bis 40% möglich. DA.: 58638 Iserlohn, Max-Planck-Straße 5. Info@beckercp.de. www.beckercp.de. G.: Oer-Erkenschwick, 5. Nov. 1955. V.: Dagmar, geb. Gebauer. Ki.: Jennifer u. Michelle. El.: Paul u. Charlotte, geb. Horlemann. S.: 1971-75 Lehre als Kfz-Mechaniker, 1976-77 Mittlere Reife, tätig als Kfz-Mechaniker, 1984-96 päd. Ausbildung. K.: 1986-88 Leiter Materialwirtschaft Fernmeldetechnik, 1988-91 Ausbildung zur REFA-Fachkraft, 1991-92 Disponent Fernmeldetechnik, 1992-94 Leiter Dispo Fernmeldetechnik, 1994-99 stellv. Betriebsleiter Fernmeldetechnik Hauptbereich Controlling, seit 1999 BeckerComPlan GmbH & Co KG. P.: Iserlohner Kreisanzeiger, Westfälische Rundschau, div. Fachblätter. M.: E.F.A., FeG, Christ. H.: Tennis, Motorboot, Wassersport, Schach.

Becker Hans-Joachim *)

Becker Hans-Martin Dr. med. Univ.-Prof. *)

Becker Hans-Peter
B.: Arbeitsdir., Vorst. Personal- u. Sozialwesen. FN.: Ford-Werke AG. DA.: 50735 Köln, Henry-Ford-Str. 1. www.ford.de. G.: Bottenbroich, 22. Sept. 1946. Ki.: 1 Tochter. S.: Höhere Handelsschule, Kfm. Ausbild. b. Ford. K.: 1977-78 Spezialist f. Organ. u. Personalentwicklung f. Ford of Europe, 1983-85 Personalltr. Obere Führungskräfte d. Ford-Werke AG, 1987-88 Personalltr. im Werk Saarlouis, 1990 Personalltr. Zentrale Personalwesen u. Personalprogramm d. Ford-Werke AG, seit 1994 Arbeitsdir. u. Vorst.-Mtgl. d. Ford-Werke AG. H.: Sport, Reisen.

*) Biographie www.whoiswho-verlag.ch oder beigefügte CD-ROM

Becker Hans-Ulrich Dr. med.
B.: FA f. Frauenheilkunde u. Geburtshilfe, selbständig. DA.: 61348 Bad Homburg, Kaiser-Friedrich-Promenade 85. G.: Bad Homburg, 16. März 1947. V.: Bosiljka, geb. Vilotic. Ki.: Andreas (1978), Catharina (1983). El.: Walter u. Margarethe. S.: 1961-64 Lehre Elektromechaniker Frankfurt, 1965-66 Mittlere Reife Frankfurt, 1966-69 Abitur Hessenkolleg Wiesbaden, 1969-75 Stud. Med. Frankfurt, 1975 Staatsexamen. K.: 1975-76 med. Ass. in Frankfurt, 1976-78 tätig am Inst. f. Pathologie d. Univ. Frankfurt, 1978-89 tätig an d. Frauenklinik d. Univ. Frankfurt, 1982 Prom., 1985 FA f. Frauenheilkunde u. Gynäk., seit 1989 ndlg. Gynäkologe in Bad Homburg. P.: Ref. auf versch. Kongressen zu vorgeburtl. Untersuchungen u. Risiken erbl. Erkrankungen (1978-89). M.: Berufsverband d. Frauenärzte. H.: Radfahren, Kochen.

Becker Hans-Walter *)

Becker Hansjakob Dr. phil. Dr. theol. Prof. *)

Becker Hartmut
B.: Schauspieler. PA.: 81545 München, Geiselgasteigstr. 94. G.: Berlin, 6. Mai 1938. K.: 1962-86 Theaterengagements u.a.: Theater d. Freien Hansestadt Bremen, Münchner Kammerspiele, Theater in d. Josefstadt Wien, Bayerisches Staatsschauspiel München, Staatl. Schauspielbühnen Berlin, Hauptrollen in Kinofilmen seit 1970, z.B. "O.K." u. "Der Graben" v. Michael Verhoeven (Deutsche Beiträge bei d. Intern. Filmfestspielen Berlin), "II Decimo Clandestino" v. Lina Wertmüller (Cannes Festival), "Gavre Princip" v. Peter Patzak, "Triumph of the Spirit" v. Robert M. Young, Hauptrollen in TV-Filmen seit 1968, z.B. "John Ralling" (ZDF), "Audienz" (ZDF), "Der lebende Leichnam" (ARD), "Forgive our foolish ways" (BBC), "Jenny's War" (NBC), St. Petri-Schnee (ORF/ZDF), "Young Catherine" (Turner TV), "Requiem per Voce e Pianoforte" (Rai Due), "Gezeiten der Liebe" (ZDF), "Rosa Roth-Die Stimme" (ZDF), "The Waiting Time" (ITV London). E.: Ausz. u.a. 1974 Bester Nachwuchsschauspieler d. J. (Theater Heute); 1989 Nomination "Emmy Award" f. d. Rolle Rauscher in "Triumph of the Spirit".

Becker Helmut *)

Becker Helmut *)

Becker Helmut *)

Becker Helmut
B.: Gschf. Ges. FN.: Ernst Winter & Sohn. DA.: 55743 Idar-Oberstein, Hauptstr. 139a. PA.: 55743 Idar-Oberstein, Richard-Wagner-Str. 19. G.: Idar-Oberstein, 5. Okt. 1928. Ki.: Ursula (1952), Sabine (1963), Peter (1964). S.: 1945 Abitur, 1956-58 Kfz-Mechanikerlehre b. Daimler Benz in Gaggenau, 1961 Meisterprüf. Maschinenbau in Koblenz. K.: 1948 Eintritt in d. Firma Winter & Sohn Maschinenbaumeister, 1975 Gschf. Ges., 1984 Kauf d. jetzigen Gelände u. Firmenerweiterung. M.: Bundesverb. d. Edelstein- u. Diamantind. e.V., Ind.-Verb. Schmuck- u. Metallwaren e.V. H.: Doppelkopf, Jagd, Wandern, Natur.

Becker Herbert *)

Becker Heribert
B.: Publizist, Essayist, Hrsg. ausländischer Literatur. PA.: 50937 Köln, Euskirchener Str. 10. G.: 10. Aug. 1942. S.: 1963 Abitur, 1963-69 Stud. Germanistik, Romanistik, Theaterwiss. u. Kunstgeschichte, 1969 Examen, 1969-70 u. 1970-73 Studienaufenthalte in Nancy bzw. Paris. K.: 1973-77 Gymn.lehrer u. publizist. Tätigkeit, seit 1977 freiberufl. Hrsg., Übersetzer, Publizist, Hörfunkautor, Initiator u. Organis. v. Kunstausstellungen, u.a. "Imagination" Bochum 1978, "Lateinamerika u. d. Surrealismus" Bochum 1993. P.: "Aus d. Kasematten des Schlafs" (1980), "Das surrealist. Gedicht" (1985, 1986 u. 2000), "Woldemar Winkler" (1990), "Geteilte Nächte" (1990, 1993 u. 1999), "Die Allmacht der Begierde" (1994), "Das heiße Raubtier Liebe" (1998) etc. (insges. ca. 40 Bücher), Essays im In- u. Ausland, zahlr. Features usw.

Becker Holger *)

Becker Horst Dipl.-Ing. *)

Becker Horst *)

Becker Horst B. *)

Becker Immo
B.: Kfm. Vorst. FN.: ADO Intern. DA.: 26871 Papenburg, Hüntestr. 46. ibecker@ado-international.de. G.: Hamburg, 2. Sep. 1957. V.: Annette, geb. Schwarz. Ki.: Immo (1990), Gesa (1992), Henning (1998), Hilke (2001). S.: 1978 Abitur Hamburg, 1978-82 BWL-Stud. Univ. Hamburg. K.: 1982-91 Wirtschaftsprüfer u. Steuerberater, 1991-95 Kfm. Ltr. Reederei Harms Bergung Hamburg, 1995-99 Kfm. Ltr. Westoverledingen Firma Lampi, 1999 Kfm. Vorst. d. ADO AG m. 16 Ges. M.: Förderkreis d. regionalen Sportklubs, Kindergarten Ihrhove, Lions Club. H.: Golf, Motorrad, vielfältiges soz. Engagement.

Becker Ingrid *)

Becker Jan *)

Becker Jens Dr. med. dent.

B.: Zahnarzt. DA.: 30900 Wedemark, Wedemarkstr. 17. becker@praxis-gilborn.de. www.praxis-gilborn.de. G.: Münden, 12. Juni 1969. V.: Kerstin, geb. Lohmann. Ki.: Louisa-Marie (1997). El.: Ulrich u. Ingrid. S.: 1988 Abitur Bad Nenndorf, 1988-89 Bundeswehr, 1989-94 Stud. Zahnheilkunde Hannover, 1994 Staatsexamen. K.: 1994-95 wiss. Mitarb. an d. Klinik u. Poliklinik für Mund-, Kiefer- u. Gesichtschirurgie an d. MH-Hannover, 1995-97 wiss. Mitarbeit an der Poliklinik f. zahnärztl. Prothetik d. MH Hannover, 1997 Ass. einer Zahnarztpraxis in Celle, 1997 Eröff. d. Gemeinschaftspraxis m. Hr. Dr. Jörg Schwitalla in Wedemark. M. Schwerpunkt Parodontologie u. Prophylaxe, Implantologie, ästhet. Zahnheilkunde, allg. Zahnheilkunde u. computergestützte Keramik-Restauration, Endodontologie, Behandlung in Sedierung u. Vollnarkose, 1999 Prom. an d. Univ. Freiburg; Funktionen: Schulungen u. Seminare in CEREC u. Existenzgrdg., Implantologie f. Zahnärzte u. Zahnarzthelfer. M.: DGCZ, Dt. Ges. f. Akupunktur u. Aurikulomed. H.: Sport, Eishockey, Reisen, Autos, Geselligkeit.

Becker Jens
B.: Zahnarzt. DA.: 23966 Wismar, Am Holzhafen. G.: Gießen/Lahn, 11. Sep. 1943. V.: Ursel, geb. Vollmert. Ki.: Thomas (1966), Matthias (1972), Jan Michael (1978), Anne Christin (1980). El.: Willi u. Hildegard. S.: 1961 Abitur Rostock, 1961-62 prakt. J. als Maurer, 1962-67 Stud. Zahnmd. in Rostock. K.: 1967 Ausbild.-Ass. an d. Poliklinik, 1972 FA f. Allg. Stomatologie, OA in d. Poliklinik Wismar, Ltr. d. zahnärztl. Dienstes, 1989 MDV-Schiffahrt, 1991 Ndlg. als

*) Biographie www.whoiswho-verlag.ch oder beigefügte CD-ROM

Becker

Zahnarzt in Wismar. M.: Prothetischer Gutachter, stellv. Vors. d. Ver "Leuchtturm - Hilfe f. Menschen in Not e.V.", Kantorei Wismar. H.: Töpfern, Segeln, Sport allg., Garten, Singen.

Becker Jens Gunnar *)

Becker Joachim Dr. iur.
B.: OBgm. a.D. FN.: Stadtverw. Pforzheim. DA.: 75175 Pforzheim, Marktplatz 1. www.pforzheim.de. G.: Pforzheim, 21. Feb. 1942. S.: 1963-69 Stud. Rechtswiss. Heidelberg, Lausanne, Bonn u. New York. K.: bis 1985 Ltr. d. Rechtsamtes, 1985-2001 OBgm. d. Stadt Pforzheim.

Becker Joachim Josef Dr.
B.: Doz. d. Exegese d. Alten Testaments. PA.: 52076 Aachen, Eberburgweg 4. G.: Fussingen, 14. Aug. 1931. El.: Josef u. Klara. S.: Höhere Schule in Hadamar, Niederlahnstein u. Koblenz, Phil.-Theol. Studien an d. Ordens-HS in Simpelveld, an d. Päpstl. Univ. Gregoriana Rom, Bibelwiss. Studien am Päpstl. Bibelinst. Rom. K.: 1959-80 Doz. d. Exegese d. Alten Testaments an d. Ordens-HS in Simpelveld, 1967-75 Gastprof. an d. HS St. Georgen Frankfurt, seit 1975 Doz. am Bischöfl. Seminar "Rolduc" in Kerkrade/NL, seit 1982-2001 Vorlesungen an d. HS d. Franziskaner u. Kapuziner in Münster. P.: Bücher, Art., Mitarb. in Zeitschriften auf d. Gebiet d. alttestamentl. Wiss.

Becker Jochen *)

Becker Jochen Dr. med.
B.: FA f. Chirurgie in eigener Praxis. DA.: 42369 Wuppertal, Staubenthaler Höhe 54. PA.: 42111 Wuppertal, Efeuweg 35. dr.jochen.becker@t-online.de. www.doctip.de. G.: Wuppertal, 15. Aug. 1959. V.: Dr. med. Alexandra, geb. Grässel. Ki.: Deborah Katrin (1993), Dominik Julian (1995), El.: Siegfried u. Bärbel. S.: 1978 Abitur Wuppertal, 1978-79 Bundeswehr Hamm, 1979-84 Sanitätsdienst Wuppertal, 1981-86 Stud. Med. Univ. Düsseldorf, 1986-87 prakt. Jahr St. Josefs Krankenhaus Wuppertal, 1987-93 Ass.-Arzt, Ausbildung z. FA im Bethesdakrankenhaus Wuppertal (bis 1990 bei Prof. Bürger, Restzeit bei Prof. Wilker), 1993 Anerkennung z. FA d. Chir., 1998 Prom. K.: 1993-95 FA im Bethesdakrankenhaus, 1995-98 OA im Bethesdakrankenhaus, seit 1998 Ndlg. in Wuppertal-Ronsdorf, Spezialgebiet: Minimal invasive Chirurgie, Unfallchirurgie. P.: Vorträge in Moskau (Kongressveranstaltung 1999), Salzburg u. Essen (1994) u. Wuppertal (seit 1990). M.: Dt. Ges. f. Chirurgie, Dt. Ges. f. Ultraschall in d. Med. H.: Familie, Schwimmen, Radfahren.

Becker Johannes
B.: Rechtsanwalt. FN.: RA-Büro Johannes Becker. DA.: 61352 Bad Homburg, Friedrichsdorfer Str. 3. G.: Kronberg, 25. Juli 1948. V.: Birgit, geb. Schwartz. Ki.: Karoline (1995), Luise (2000). S.: 1967 Abitur Königstein, 1970-75 Jurastud. Frankfurt, 1975 1. u. 1979 2. Staatsexamen. K.: 1980 Zulassung als RA, 1980-86 Abt.-Ltr. b. einer Amerikan Ind.-Haftpflicht-Ges., 1986 Ndlg. als RA m. Schwerpunkt Vers.- u. Verkehrsrecht. H.: Basketball, Surfen, Mountainbiken.

Becker Jörg *)

Becker Jörg D. Dr. rer. nat. *)

Becker Jörn *)

Becker Josef Dr. Prof. *)

Becker Jost Dipl.-Ing. *)

Becker Jürgen *)

Becker Jürgen *)

Becker Jürgen Dr. Univ.-Prof.

B.: Dir. FN.: Westdeutsche Kieferklinik des Universitätsklinikums Düsseldorf. DA.: 40225 Düsseldorf, Moorenstr. 5. jbecker@uni-duesseldorf. de. G.: Hannover, 30. Juni 1957. S.: 1976 Abitur, 1977-83 Stud. an d. Univ. Hannover, 1983 Prom. K.: 1983 Ass. u. ab 1986 OA an d. Poliklinik f. Oralchir. u. zahnärztl. Röntgenologie an d. FU Berlin, 1989 Habil. u. ltd. OA, 1994 tätig am Univ.-Klinikum Charité in Berlin u. Ernennung z. apl.Prof., seit 1997 Dir. f. zahnärztl. Chir. an d. Westdt. Kieferklinik d. Univ. Düsseldorf. P.: über 90 wiss. Publikationen u.a. zur Implantologie, Röntgenologie, Wundheilung, HIV-Infektion u. zu Tumorerkrankungen d. Mundhöhle. M.: seit 2001 1. Vors. d. Arge f. Kieferchir. d. DGZMK.

Becker Jürgen Dr. med. *)

Becker Jürgen Dr. theol. Dr. h.c. Prof.
B.: o.Prof. em. FN.: Christian Albrechts-Univ. PA.: 24223 Raisdorf, Rönner Weg 15. G.: Hamburg, 11. Dez. 1934. V.: Maria-Luise, geb. Schultz. Ki.: Jan-Dirk, Uta. El.: Walter u. Paula. S.: 1955 Abitur, Stud. in Hamburg u. Heidelberg, 1959 1. u. 1962 2. Theol. Examen, 1961 Prom. K.: 1968 Habil., 1959-61 wiss. Mitarb., 1961-63 Vikar u. Hilfsprediger, 1963-68 wiss. Ass. in Heidelberg u. Bochum, 1968/69 Doz. in Bochum, 1969-2000 o.Prof. in Kiel. P.: zahlr. Veröff. M.: Wiss. Ges. f. Theol., Joachim Jungius-Ges., Societas Novi Testamenti Studiorum.

Becker Karl *)

Becker Karl *)

Becker Karl-Ulrich Dipl.-Ing. Arch. *)

Becker Klaus Dipl.-Ing. *)

Becker Klaus-Jürgen *)

Becker Kurt E. Dr. phil. M.A. *)

Becker Lieselotte *)

Becker Lothar

B.: freiberufl. RA. DA.: 06110 Halle, Bertramstr. 20. G.: Halle, 4. Juli 1947. Ki.: Anke (1998). S.: Abitur, Dreherlehre, 1972-78 Jurastud. an der Humboldt-Univ. K.: 1981-82 Staatsanwalt-Ass., 1982-91 Staatsanw., seit 1991 freiberufl. RA, Schwerpunkt Arbeitsrecht, Baurecht, Grundstücksrecht. BL.: Doz. f. öff. Recht, Kommunalberater. M.: Arge Verkehrsrecht im Dt. Anw.-Ver., Vorst.-Vors. Big Band Leuna (Swingtime). H.: Musik (Swing).

*) Biographie www.whoiswho-verlag.ch oder beigefügte CD-ROM

Becker Lucie Dr. med. *)

Becker Manfred
B.: Lehrer, Inh. FN.: Restaurant Feinbeckerei. DA.: 10823 Berlin, Vorbergstr. 2. info@feinbeckerei.de. G.: Berlin, 3. Sep. 1951. El.: Gerhard u. Ursula, geb. Schmidt. S.: 1973 Abitur, 1973-77 Stud. Lehramt f. Chemie PH Berlin. K.: während d. Stud. tätig an versch. Schulen, 1977-78 versch. Jobs in Berlin, 1978-90 Kellner im Restaurant Feinbäckerei u. 1980 Übernahme u. Umbenennung in Feinbeckerei. F.: Gschf. d. Firma Die Zwei PCs. M.: Gaststätteninnung. H.: Fußball, Computer.

Becker Manfred *)

Becker Manfred

B.: Sprachwissenschaftler, Ltr. Kirchenreferat. FN.: Berliner Senatsverw. f. Wiss., Forsch. u. Kultur. DA.: 10119 Berlin, Brunnenstraße 188-190. G.: Breslau, 11. Aug. 1938. V.: Brigitte, geb. Dieck. El.: Oskar u. Martha, geb. Wolff. S.. 1956 Abitur Zwickau, 1956-61 Stud. Germanistik, Slawistik u. Erwachsenenbild. Univ. Leipzig. K.: 1961-90 Mitarb. d. Ak. d. Wiss. Berlin, 1990 Staatssekr. im Min. f. Medienpolitik, 1991 freier Medienberater, 1992 Gschf. d. Service-Ges. Medien u. Kultur, seit 1993 Ltr. d. Kirchenreferates in d. Berliner Senatsverw. f. Kultur, aktiv in d. Ev. Kirche: 1956-61 Leipziger Studentengem., 1973-91 Präses d. Synode Ev. Kirche Berlin-Brandenburg, Stellv. d. Bischöfe Schönherr u. Forck; 1989 Eintritt SDP Berlin, Mtgl. d. Präsidiums b. z. Ver. m. d. SPD, seit 1990 stellv. Vors. d. SPD-Medienkmsn, SPD-Fraktionsvors. d. Bez.-Verordnetenvers. Berlin-Lichtenberg, seit 1996 Mtgl. d. ZDF-VerwR., Mtgl. d. Landessynode in d. Berlin-Brandenburg. Kirche. P.: Mitverfasser d. Wörterbuches d. dt. Gegenwartssprache, Mitverfasser d. Goethe-Wörterbuches, Zeitschriften- u. Zeitungsbeiträge zu Religions- u. Medienfragen. M.: SPD, Luftsportver. "Milan" Saarmund. H.: Segelfliegen, Reiten.

Becker Maria *)

Becker Maria *)

Becker Martin *)

Becker Martin

B.: Gschf. FN.: Becker Verpackungen. DA.: 45659 Recklinghausen, Am Stadion 50. www.becker-verpackungen. de. G.: Neukölln, 1. Juni 1937. V.: Gisela, geb. Heinrich. Ki.: Christian (1963), Thomas (1963), Mathias (1965). S.: 1954 Mittlere Reife Königslutter, 1957 Lehrabschluß Ind.-Kfm. Roto-Werke. K.: 1957 Ang. d. Roto-Werke, 1961 tätig in d. Ausbildung v. Werksvertretern in d. Firma Ortloff in Köln, 1962 tätig im Außendienst d. Firma Adrema in Düsseldorf, 1969 Verkaufsltr. d. Firma Thüringa Papierverbrennung in Marl, 1972 tätig u.a. f. d. Simo-Werke in Bochum u. f. d. Firma Börsting in Letmathe, 1977 selbst. m. Großhdl. f. Folienerzeugnisse in Recklinghausen, seit 1991 selbst. m. d. Firma Becker Verpackungen. F.: Becker Kosmetik Vertrieb OHG. M.: FDP, IHK. H.: Reisen, Angeln.

Becker Martin *)

Becker Martin

B.: Klavierbaumeister. FN.: Pianohaus Becker. DA.: 77652 Offenburg, Rheinstr. 17. pianoscout24 @hotmail. com. www. pianoscout24.de. G.: Baden-Baden, 31. Jan. 1962. V.: Dörte, geb. Brodbeck. Ki.: Anne Christin (1998). El.: Ferdinand Anselm Becker u. Rosa Martin, geb. Fischer. S.: 1978-81 Lehre als Klavier u. Cellobauer Konzertstimmer. K.: 1981-87 Tätigkeit im elterl. Betrieb, 1987 Übernahme d. Betriebes, 1993 - 94 Meisterschule Ludwigsburg. P.: regionale Presse, Internet. H.: Musik.

Becker Mechtild *)

Becker Meret

B.: Schauspielerin. FN.: c/o Players Agentur Jarzyk-Holter. DA.: 10178 Berlin, Sophienstr. 21. G.: 1969. Ki.: Lulu (1999). El.: Rolf Becker (Schauspieler) u. Monika Hansen (Schauspielerin). K.: Sängerin in der "Bar jeder Vernunft", z.Zt. Programm m. Nina Hagen "Wir heissen beide Anna", Fernseh- und Filmrollen u.a. 1986 Blinde Leidenschaft, 1987 Auf Achse, 1990 Werner - Beinhart, 1991 Kleine Haie; Freunde liebe Freunde; Happy Birthday, Türke, 1992 Der Blaue, 1993 ... u. d. Himmel steht still; Der lange Atem d. Liebe, 1994 Das Versprechen; Die Sieger; Freundinnen; Die Schamlosen, 1995 Faust; Variete Show: Ladies Night, 1996 Diamanten küßt man nicht; Das Kondom d. Grauens; Sperling u. d. gefallene Engel, 1997 Comedian Harmonists; Das Leben ist eine Baustelle; Rossini, 1998 Das Gelbe v. Ei; 100 J. Adidas; Dr. Knock u. Anton, 1998 Der Vulkan, 1999 "Der Einstein des Sex", 2000 Rote Glut, 2000 Fernes Land Pa-Isch. P.: CD "Noctambule", "Fragiles" (2001). E.: Gold. Kamera f. schauspielerische Leistung. (Foto: Sibylle Bergemann/Ostkreuz). (Re)

Becker Meta Maria Elisabeth
B.: Ärztin f. Gynäkologie u. Geburtshilfe. FN.: Praxis Dr. med. Becker & Meta Becker. DA.: 66130 Saarbrücken, Saarbrücker Str. 144. G.: St. Wendel, 29. Okt. 1957. V.: Dr. med. Ulrich Becker. Ki.: Laura Sofia (1989), Jan Luca (1993). El.: Kurt u. Helga Schindler. S.: 1976 Abitur, 1976-82 Med.-Stud. Univ. Homburg, 1982 Examen. K.: 1982-85 Innere Med. Sonnenberg-Klinik Saarbrücken, 1985-89 Gynäkologie Ev. KH Saarbrücken, 1990 Fachgynäkologie DAK KH Saarlouis, 1995-96 DAK-SLS, 1996 Grdg. d. Praxis. M.: Rad-

*) Biographie www.whoiswho-verlag.ch oder beigefügte CD-ROM

sport SB-DLRG Saarbrücken, Naturschutzbund Saarbrücken. H.: Sport, Rennradfahren, Schwimmen, Kinder, Wandern, Lesen, Kultur, Kunst.

Becker Michaela *)

Becker Niels

B.: RA. DA.: 41061 Mönchengladbach, Regentenstr. 43; E-03700 Denia/Alicante, C-Marques de Campo 9. www.rabecker.de. G.: Trier, 28. Jan. 1968. V.: Alejandra, geb. Gonzalez. El.: Heinrich-Josef u. Angela. S.: 1987 Abitur, 1987 Stud. Jura Univ. Valladolid/ Spanien u. glz. Stud. Köln, 1992 1. Staatsexamen Köln, Referendariat, 1994 2. Staatsexamen, 1996 Zulassung z. RA in Spanien. K.: s. 1996 ndlg. RA in Mönchengladbach, 1998 Eröff. d. Kzl. in Spanien. M.: Dt.-Span. Juristenver., Span. HK in Frankfurt/Main. H.: Musik, Kunst, Weine.

Becker Nora *)

Becker Otto

B.: Profi-Reiter, Winzer. FN.: c/o Dt. Reiterl. Vereinigung. DA.: 48231 Warendorf, Frhr.-von-Langen-Str. 13. PA.: 49439 Mühlen b. Diepholz, Münsterlandstr. 51. G.: Aschaffenburg, 3. Dez. 1985. K.: 1990 DM/1. auf Pamina, WM Mannschaft/ 2.; 1994 DM/1. auf Hermann's Ascalon; 1998 DM/1. auf Cera; 1997 WC/65. Pl.; 1998 Großer Preis Mannheimer Maimarkt-Turier/1., Großer Preis CSI Arnheim/1., Preis der Nationen CHIO Rotterdam/5., 1999 Großer Preis CSI Rostock/1., Weltcup-Springen CSI-W Helsinki/3., Weltcup-Springen CSI-W Oviedo/5., 2000 OS Sydney Springreiten Mannschaft/1.

Becker Peter

B.: Kaufmann, ehem. Gewerkschafter. FN.: APB Finanzdienstleistung. DA.: 13051 Berlin, Ribnitzer Str. 31. peter.becker.berlin@web.de. G.: Hohen-Neuendorf, 16. Aug. 1956. V.: Angela, geb. Voigt. Ki.: Andrea, Janine. El.: Horst Becker (Kaufmann, Mitaufbau d. Bekleidungsindustrie in d. ehem. DDR, auch Unternehmer i. Familienbetrieb, 1973 enteignet) u. Margot Becker, geb. Zenker (kaufm. Sekretärin). BV.: Großeltern m. Firma ALBE, Alexander Becker Herrenmoden in Leipzig, später in Sebnitz S.: 1963-73 Schulbesuch POS Bergelde, 1973-75 Lehre im Stahl- u. Walzwerk Hennigsdorf, Maschinen- u. Anlagenmonteur. K.: Tätigkeiten auf d. Bau, 1977-78 Inhaftierung u. 12 Monate wegen Staatsverleumdung, Stellung eines Ausreiseantrages, 1978-85 Betriebsschlosser u. Kesselhausleiter b. Berliner Damenmoden, Meister f. Kraftwerkstechnik, 1985-90 Schulhausmeister, 1989 Engagement im Neuen Forum, Mitinitiator versch. Runder Tische, Herbst 1989 Aufbau d. 1. freien Arbeitnehmervertretung d. Ang. u. Arb. in d. Volksbildung, anfangs in Berlin, dann DDR-weit, Mitbegründer d. ÖTV in d. DDR, Anfang 1990 bis Ende März 1990 Mitarbeiter d. DDR-Gewerkschaft Unterricht u. Erziehung aufgrund d. Basisdruckes, seit April 1990 Mtgl. d. ÖTV, zugleich Mitarbeiter im Beratungsbüro Deutschland d. ÖTV, Kleine Auguststr. in Ostberlin, ab 1990 als erster DDR - Bürger Sekretär d. Gewerkschaft ÖTV bis 1997, 1992 Mitbegründer u. 1. Sprecher d. erfolgreichen Bürgerinitiative Lärmschutz Berlin-Hohenschönhausen, seit 1994 SPD-Mtgl., ab 1997 in Versicherungs- u. Finanzdienstleisterbranche, anfangs als Ang. b. Nürnberger Vers., 2000 Aufbau einer Generalagentur, 2000 unabhängiger Vers.- u. Immobilienmakler, Becker & Kneiske GbR, seit 2000 Kooperation m. ALPHA-Know-How-Transfer AG, Würzburg, seit 2001 Repräsentanz u. Gebietsleitung d. BFI Bank AG, Dresden, 2001 Grdg. d. Firma APB - Die Maklerberater als Start-Up. BL.: 1989 Aushandeln d. 1. freien Tarifvertrages in d. DDR, Mitinitiator d. 1. Runden Tisches f. Bildung in d. DDR. M.: SPD, Ver.di. H.: Ägypten, Musik, Musizieren, Lesen.

Becker Peter Dr.-Ing.

B.: Vors. d. Geschäftsführung. FN.: Gossen Metrawatt Camille Bauer; GMC Instruments Holding GmbH. DA.: 90471 Nürnberg, Thomas-Mann-Str. 16-20. PA.: 91220 Schnaittach, Elsterweg 4. peter.becker@gmc-instruments.com. www.gmc-instruments.com. G.: Mainz, 1. Juni 1956. V.: Petra, geb. Worf. Ki.: Stephanie (1981), Sarah (1985), Tabea (1988). S.: 1975 Abitur Mainz-Kastel, 1976-81 Stud. Elektrotechnik TU Darmstadt, Dipl.-Ing., 1989 Prom. Dr.-Ing. K.: 1982-83 Entwicklungsing. u. Teilprojektltr., 1984-85 Projektltr., 1985-88 Abt.-Ltr. u. 1989-93 Hauptabt.ltr. b. d. DIEHL-Gruppe Nürnberg f. Hardware, Software, Sensorsignalverarb., 1984-85 b. Martin Marietta Airospace f. Technologie Transfer u. Projektltr. NATO-Projekt in Orlando/FL USA, 1993-2000 ENDRESS+HAUSSER Flowtec AG, Schweiz, Bereichsltr. F+E Durchflussmesstechnik, 1997-2000 Gschf. Marketing, Vertrieb, Service, FuE, seit 10/2001 Vors. d. Geschäftsführung d. GMC-Instruments Holding GmbH. P.: Fortschrittsberichte VDI (1989). M.: VDI, VDE, CVJM. H.: Funkamateur DK9FY, Christl. Jugendarbeit in d. Freien evang. Gemeinde Lauf.

Becker Peter Dr. Prof. *)

Becker Peter Bernhard Fritz

B.: freiberuflicher Maler und Grafiker. PA.: 13187 Berlin, Achtermannstr. 48. p.becker@neueskunstquartier.de. G.: Berlin, 30. Juni 1937. Ki.: Sören (1961), Kirsten (1963), Jens (1964) und Friedericke (1982). El.: Hans u. Else. S.: 1955-56 Berufsausbildung Maschinenschlosser, 1956-60 Kunststudium an d. HdK Berlin, Abbruch wegen d. Mauerbaues. K.: 1953-55 Transportarbeiter, 1960-67 Gebrauchsgrafiker b. d. DEWAG Werbeagentur d. DDR, seit 1967 freischaffender Grafikdesigner in Berlin. BL.: künstlerische Handschrift als "linkskonservative Neoromantik"m. Neigungen zu realistischem Ausdruck,

*) Biographie www.whoiswho-verlag.ch oder beigefügte CD-ROM

illustrierte zahlr. Kinderbücher, seit ca. 1970 auch m. eigenen Texten versehen. P.: regionale u. überregionale Tageszeitungen berichten über sein Wirken u. seine Ausstellungsbeteiligungen. M.: seit 1969 Mtgl. im Verband Bildender Künstler u. seit 1990 auch Mtgl. d. Kunstvereins Pankow. H.: Gitarre spielen, Radfahren.

Becker Peter H. Dr. *)

Becker Ralf
B.: Facharzt f. Innere Med., Facharzt f. Psychotherapeutische Med. DA.: 54290 Trier, Viehmarktpl. 3. G.: Selters/Westerwald, 12. Juli 1944. S.: Stud. Bonn u. Köln, 1973 Staatsexamen, 1975 Approb., Weiterbild. in Bad Steben, Bad Zwesten u. Trier. K.: 1980 Zusatzbezeichnung Psychotherapie, 1983 Ndlg. in Trier u. Zulassung z. Kassenpsychotherapie. M.: AäGP, VPK, Trierer Kanufreunde, Kanuclub Mehlem. H.: Wassersport, Musik, Wandern, Radfahren, Computer. Sprachen: Englisch.

Becker Ralph M. Dr. phil.
B.: Lehrbeauftragter f. Ethnologie, Klavierlehrer. DA.: 21107 Hamburg, Fährstr. 77. G.: Neumünster, 1. Juli 1958. V.: Joselita de Jesus Guimares-Becker. Ki.: Dario Kristopher (1984). El.: Wilhelm u. Heinke, geb. Kruse. BV.: Urgroßvater Hugo Becker - Erfinder d. Schiebetür, Großmutter Elisabeth Kruse - Pianistin. S.: 1978 Abitur Neumünster, 1978-84 Stud. Phil., Ethnologie u. Psych. Univ. Hamburg, zusätzl. ab 1980 Stud. d. Musik, Klavier am Hamburger Konservatorium in Blankenese m. Dipl.-Musiklehrerprüf. an d. Musik-HS Hamburg, 1987 Mag.-Prüf. in Phil. K.: 1988-89 Feldforsch. in Salvador da Bahia (Brasilien), 1990-91 erneuter Studienaufenthalt in Salvador da Bahia (Brasilien), 1995 Dr. phil. mit Bestnote, seit 1996 Lehraufträge am Inst. f. Ethnologie d. Univ. Hamburg, 2000 Teilnahme als wiss. Ltr. am Filmarb. zu "Das Jenseits d. schwarzen Götter in Bahia". P.: Religionsethnologie u. afrikan. Kultur in versch. Fachzeitschriften, "Trance u. Geistbesessenheit im Candomblé von Bahia" (Münster 1995). E.: 1990 Förd.-Preis d. Promotionsprojektes durch d. Gustav-Prietsch-Stiftung. M.: European Assoc. of Social Anthropologists (EASA). H.: Taichi, Klavier- u. Jazzmusik, Komponieren, Klassik.

Becker Reinhard *)

Becker Reinhold *)

Becker Rembert Dipl.-Ing.

B.: Architekt. FN.: Becker + Laux. DA.: 48149 Münster, Hoffenstr. 22. G.: Münster, 3. Juli 1963. V.: Johanna, geb. Laux. Ki.: Simon, Joshua. El.: Ferdinand u. Ingeborg, geb. Hewing. S.: 1986-88 Lehre Kfz-Mechaniker, 1988-93 Stud. Arch. FH Dortmund. K.: 1994-96 Architekt in Hamburg, seit 1997 selbst. m. Schwerpunkt Wohn- u. Ind.-Bau, Umbau, Sanierung u. Ladenbau. H.: Segeln, Sport.

Becker Renate
B.: Kosmetikerin, Kauffrau, Drogistin, Inh. FN.: Kosmetik-Inst. Becker. DA.: 69121 Heidelberg, Kapellenweg 2. G.: Albstadt-Ebingen, 2. Okt. 1947. V.: Wilhelm Becker. Ki.: Kirsten-Therese (1970). El.: Hanns u. Therese Riesterer, geb.

Schellinger. S.: 1962-65 Drogistenlehre, Filialltg. Drogerie Schellinger Albstadt-Balingen, 1966 Dr. Etscheit-Kosmetikschule Düsseldorf. K.: 1966-68 Ltg. d. Großparfümerie Thier Ebingen, 1968-70 Außendienst Helena Rubinstein, 1970 Übernahme d. Drogerie Kurt Holzhauer u. Modernisierung, 1975 erste Kosmetikkabine, allmähl. Ausbau u. Erweiterung z. Kosmetik-Inst. Becker, 1978 Ausbildereignungsprüf. d. IHK, 1984 Vertragsinst. d. Gertraud Gruber Naturkosmetik, 1995 Umzug, Umbau u. Erweiterung auf 5 Kabinen, Schwerpunkt: Laserstrahltechnik, Ultraschallwellen nach Dr. Kleanthous, asiat. Kräuterschälkuren, ständige Personalfortbild., 2000 doppeltes Firmenjubiläum (30 J. Firma Becker, 25 J. Kosemtik-Becker). M.: Reiterver. Heidelberg, Gewerbever., USC Heidelberg. H.: Reiten, Lesen, klass. Musik.

Becker Renate
B.: Abt.-Ltr. FN.: DRK. DA.: 10715 Berlin, Bundesallee 73. G.: Berlin, 30. Juni 1940. Ki.: Regina (1966). El.: Richard u. Gertrud Schneider, geb. Ebel. S.: 1956 Mittlere Reife, 1956-59 Lehre u. Ausbild. z. Kauffrau im Groß- u. Außenhdl. K.: 1959-60 Tätigkeit im Beruf, 1960-62 Büroang. b. AEG, 1962-70 kfm. Ang. im Ausbild.-Betrieb, 1970-72 Bürotätigkeit in Klempnerfirma, seit 1972 Einsatz b. DRK, verantwortl. f. d. Organ. gr. Sanitätseinsätze u. f. d. Koordinierung zwischen haupt- u. ehrenamtl. Kräfte b. DRK, seit 1957 ehrenamtl. d. DRK angehörend. E.: 1991 Verd.-Med. d. Bundespräs., 1992 Feuerwehr- u. Katastrophenschutz-EZ d. Sonderstufe, 1997 Gold. Ehrennadel d. DRK. H.: Garten, Theater, Handarb., Schwimmen, Reisen.

Becker Richard *)

Becker Rolf Dipl.-Ing. Arch. Prof. *)

Becker Rolf *)

Becker Rolf Bernhard *)

Becker Rolf R. Dr. med.

B.: FA f. Allg.-Med. u. Ernährungsberater. DA.: 38448 Wolfsburg, Lange Str. 22-4. G.: Mülheim/Ruhr, 2. Aug. 1947. V.: Dr. Doris, geb. Eder. Ki.: Sarah (1986). S.: 1968 Abitur Duisburg, 1971 Ausbild. PTA Essen, 1972-80 Stud. Med. Univ. Frankfurt, 1980 Approb. u. Prom. K.: 1980 Ausb. in Frank. Hoechst, 1981 Ass. e. Praxis in Bahrdorf, 1981 Eröff. d. Praxis in Wolfsburg; Funktionen: seit 1998 Ernährungsberater in Zusammenarb. m. d. Firma Pre Con, Mtgl. d. BeiR. d. Firma Pre Con. M.: Tennisclub Grün-Gold e.V. H.: Skifahren, Tennis, Lesen, Wandern, Reisen.

Becker Rudolf Dr. med. dent. *)

---

*) Biographie www.whoiswho-verlag.ch oder beigefügte CD-ROM

Becker Simon

B.: Hotelkfm. FN.: Gasthaus Krone. DA.: 50769 Köln, St.-Tönnis-Str. 12. G.: Neuss, 8. Feb. 1955. El.: Simon u. Ottilie, geb. Haaren. S.: 1979-81 Hotelfachschule. K.: 1981-84 tätig in versch. Hotels in Düsseldorf, Krefeld u. New York, 1984-87 Inh. einer Discothek, 1987 Übernahme d. Gasthaus Krone u. Ausbau z. Tagungshotel, seit 1988 Betreiber d. Fronhofes. M.: DeHoGa, Kölner Karnevalsver. e.V. H.: Reisen, Tauchen, Essen, Kochen.

Becker Stefan Dr. *)

Becker Stefan-Andreas Dipl.-Ing.

B.: Dipl.-Ing. Architekt BDA, Vorst.-Vors. FN.: ACM Architektencontor Magdeburg AG. GT.: Gschf. u. Inh. d. TERRA Entwicklungs u. Controlling GmbH in Wusterhausen, Borchardstr. 23. DA.: 39106 Magdeburg, Mozartstr. 5. G.: Magdeburg, 15. Dez. 1962. El.: Prof. Dr. Hans u. Karla, geb. Wegener. S.: 1981 Abitur Magdeburg, 1983-88 Arch.-Stud. Dresden. K.: 1989-90 projektltd. Architekt im Bau- u. Montagekombinat Magdeburg, 1990 Grdg. d. ACM GmbH u. Gschf. b. 1998, ab 1990 Formumwandlung d. GmbH in d. ACM Architektencontor AG Magdeburg u. hier Vorst.-Vors. b. heute. BL.: Wettbewerbssieger f. Bahnhofsvorplatz in Magdeburg u. Nordabschnitt Breiter Weg 1991, Wettbewerbssieger f. Arbeitsamt Stendal 1996, Wettbewerbssieger f. Rathaus Meerane. P.: baugeschichtl. Themen in Sachsen-Anhalt in div. Projektveröff. im "Dt. Architekten Blatt". H.: aktiver Ruderer.

Becker Thomas

B.: Profi-Kanuslalom-Fahrer, Herren Kajak-Einer, Ing. d. Versorgungstechnik. PA.: 42699 Solingen, Hagedornweg 6a. Tbthomasbecker@aol.com. G.: Hilden, 6. Juli 1967. V.: Angelika Becker, geb. Funke. K.: 1991 WM Mannschaft/2., 1992 Olympische Spiele, 1993 Weltcup Gesamt Einzel 2. Pl., 1994 Studenten-WM Einzel/2., 1995 WM Mannschaft/1., Einzel/4., Weltcup Gesamt Einzel/2. 1996 EM-Mannschaft/1., WC-Gesamt Einzel/1., Olymp. Spiele Einzel/3., 1997 WM Einzel/1., World Nature Games Einzel/1., WM Mannschaft/3., 1997 Weltcup Gesamt Einzel 3. Pl., 1998 DM Einzel/1., EM Mannschaft/1., Einzel/2., 1999 DM Einzel/1., WC Gesamt/4., WM Einzel/17., WM/Mannschaft/1., 2000 Vize-Europameister Einzel, 2001 DM Einzel/1., derz. Verein: Wassersportclub Bayer Dormagen e.V.; Inh. d. Firma Wupper Kanu Touren. H.: Automobilsport, Badminton.

Becker Thomas Dipl.-Ing. *)

Becker Thomas *)

Becker Thomas *)

Becker Thomas Jan *)

Becker Torsten

B.: RA. DA.: 20149 Hamburg, Alsterkamp 32e. Anwalt@Trademarx.de. www.Trademarx.de. G.: Oldenburg, 7. Apr. 1967. V.: Susanne, geb. Mertens. Ki.: Tim Moritz (1998). El.: Achim u. Gudrun. S.: 1987 Allg. HS-Reife Hamburg-Rissen, 1987 Univ. Kiel, 1988 Wechsel Univ. Hamburg, 1993 1. Jur. Staatsexamen. K.: 1996 2. Jur. Staatsexamen, 1990 Student. Hilfskraft am Fachbereich Wirtschaftswiss./Arbeitsrecht, 1993-96 Mitarb. b. Wiedemann & Benclowitz Rechtsanwälte Hamburg, 1997 Zulassung als RA b. LG Hamburg, seither selbst., 1997-98 Grdg.-Sozius d. Rechtsanwälte K. Kähler & Kollegen, seit 1998 Einzelanw., Tätigkeitsschwerpunkte: Markenrecht, Wettbewerbsrecht, Internetrecht, 2002 Zulassung z. Hans. OLG Hamburg. P.: Anw. Bl. 1998, 305 ff "Haftungsfragen int. Anwaltstätigkeit". M.: Förderkreis Multimedia e.V., Dt. Anw.-Ver., Der Club an d. Alster. H.: Literatur, Computer, Sport.

Becker Ulrich

B.: Kfm., Inh. FN.: Linetec Desktop Publishing Systeme. DA.: 22305 Hamburg, Geierstr. 11. G.: Remda, 10. Juni 1941. S.: 1956-59 Ausbild. Buchdrucker Druckerei Mitzlaff Rudolstadt. K.: 1960-61 Buchdrucker in d. Druckerei Volkswacht in Gera, 1961-63 Buchdrucker in d. Firma Reprografie in Heidelberg, 1963-67 tätig in d. Druckerei Broschek in Hamburg, 1967-69 Umschulung z. Kfm., 1970-82 Mitarb. d Firma Meissner-Display Werk in Norderstedt u. 1084-85 in d. Firma Nordrahmen, 1986 BWL-Aufbaukurs, 1987 Grdg. d. Firma Ulrich Becker EDV-Bereich f. Desktop Publishing, 1989 Umfirmierung z. Firma Linetec Desktop Publishing Systeme mit Schwerpunkt Service, Installation v. Hard- u. Software, Farbmanagement u. Telekommunikation. H.: Schwimmen, Hühnerzucht, Spaziergänge.

Becker Ulrich Dr. iur. Dipl.-Kfm. *)

Becker Ulrich

B.: Solooboist. FN.: Münchner Philharmoniker. DA.: 81667 München, Kellerstr. 4. ubecker@beckersoft.de. G.: Krefeld, 8. Okt. 1954. V.: Sylvia. Ki.: Felix (1986), Florian (1990), Julia (1994). El.: Werner u. Margarete. S.: 1966 Violin-Unterricht, 1967 Oboen-Unterricht, 1968 Klavier-Unterricht, m. 15 J. erste Solokonzerte, 1972 Abitur, 1967-72 letzter Schüler v. Johann Baptist Schlee, 1972-74 Stud. an d. HSK Berlin. K.: während d. Stud. u. b. 1977 Mtgl. d. Orchesterakademie u. Berliner Philharmonika u. Stipendiat d. Herbert-von-Karajan-Stiftung, seit 1977 Solo-Oboist d. Münchner Philharmoniker.

Becker Ulrich Dipl.-Architekt.

B.: selbst. Architekt u. Designer. DA.: 04105 Leipzig, Rosentalg. 12. G.: Hamm, 21. August 1938. Ki.: Claudia (1964), Agneta (1965), Marie (1976). El.: Dr. Theo u. Otilie, geb. Schrop. S.: Lehre Maurer u. Schreiner Warburg, Stud. Archit. Werkkunstschule Bielefeld/FHS m. Diplom-Abschluß. K.: 1965-70 ang. Architekt in Gütersloh, seit 1970 freiberufl. Architekt in Bielefeld, 1968-74 Ltg. einer Boutique gemeinsam m. d. Ehefrau Heidrun Becker. 1974-79 Stud. Kunst- u. Religionswiss. an d. Univ. Kassel, Staatsexamen. 1981-93 freiberufl. Architekt in Regensburg, seit 1993 freiberufl. Architekt in Leipzig; Projekte: Sanierung zahlr. repräsentativer Bauten in Leipzig,

*) Biographie www.whoiswho-verlag.ch oder beigefügte CD-ROM

EFH in Bayern u. Ostwestfalen, Architektenkammer Nordrhein-Westfalen. M.: Hieronymus-Lotter-Ges. e.V., Marketingclub Leipzig e.V., Neuer Leipziger Kunstver. e.V., Pauliner Ges. e.V., Pikanta Kunstver. Gohlis e.V. H.: angew. Kunst, Kunstgeschichte, Bergsteigen.

Becker Ulrich

B.: selbst. Allg.-Med. DA.: 45359 Essen, Fintroper Str. 433. G.: Essen, 12. Jan. 1951. V.: Ulrike, geb. Elsner. Ki.: Kai (1984). El.: Hans-Siegfried u. Josefa. S.: 1970 Abitur Jülich, 1970-74 Stud. Geologie, Biologie u. Jura, 1974-82 Med.-Stud. an der GH Essen. K.: 1982-86 Marienhospital Bottrop, Innere Abt. u. Röntgenabt., 1986 Ndlg. als Prakt. Arzt in Essen Fintrop.

Becker Ulrich *)

Becker Uwe Dipl.-Ing. *)

Becker Volker Dr. med. o.Prof. *)

Becker Walter Dr. sc. Prof. *)

Becker Walter P. *)

Becker Werner Dr. med. dent. Prof. (RO)
B.: Zahnarzt. DA.: 50996 Köln-Rodenkirchen, Mühlenweg 1. becker-koeln@gmx.de. G.: Köln, 10. Aug. 1942. Ki.: Claudia (1972), Cornelia (1973), Severin (1976). El.: Josef u. Gertrud. BV.: Histor. Mühle in Niedermarsberg/Sauerland. S.: 1964 Abitur, Stud. Zahnmed. in Bonn, 1971 Staatsexamen, 1972-73 Wehrdienst b. Marine b. Generalstabsarzt im Verteidigungsmin., 1974 Prom. K.: seit 1974 eigene Praxis, ganzheitliche Zahnheilkunde, seit 1999 Heilpraktiker, 1999 Grdg. d. privaten Hilfsorganisation Hilfe f. Polen u. Albanien, Mazedonien, 1999 Grdg. Inst. f. Integrative Med. P.: Hrsg.: Standardwerk "Ganzheitliche Zahnmedizin in der Praxis", Antihomotoxische Medizin in der Zahnheilkunde, Aufsätze in BZM, 1999 u. 2000 Vortrag Südamerikanischer Orodontologenkongreß in Bogota/Kolumbien. E.: seit 1992 Präs. d. Bundesverb. d. Naturheilkundlich tätigen Zahnärzte BNZ, seit 1993 Vizepräs. European Council for Pluralitiy in Medicine ECPM (Sitz Brüssel), Silb. VO Bund Dt. Karneval. M.: seit 30 J. b. Maltesern, seit 1989 Präs. "Die Fidelen Burggrafen von 1927 e.V". H.: ehem. Reiten u. Pferdezüchten, Gartenarbeit, Bauen, Mauern.

Becker Wilfried Wilhelm *)

Becker Willi Adolf Friedrich *)

Becker Winfried *)

Becker Wolf-Dieter Dr. rer. pol. *)

Becker Wolf-Jürgen Dr. rer. nat. Univ.-Prof. *)

Becker Wolfgang Ludwig *)

Becker Wolfgang Dipl.-Kfm. *)

Becker Wolfgang
B.: OBgm. FN.: Stadtverw. Herne. DA.: 44623 Herne, Friedrich-Ebert-Pl. 2. PA.: 44651 Herne, Kleine Dürerstr. 65. info@herne.de. www.herne.de. G.: Wanne-Eickel, 18. Jan. 1938. V.: Marlis, geb. Rein. Ki.: 3 Kinder. El.: Karl u. Paula, geb. Figge. S.: Grundschule, 1958 Abitur, 1958-62 Stud. Elektrotechnik, Ev. Theol. u. Germanistik Hannover, Bonn u. Münster, 1962 1. u. 1964 2. Staatsexamen, 1963-64 Lehramtsanw. am Staatl. Bez.-Seminar Bochum. K.: 1964 Realschullehrer an d. Realschule Crange Herne, 1984 Relaschulkonrektor an d. Realschule Crange, 1985 Realschulrektor an d. Realschule Crange, seit 1988 Realschulrektor an d. Realschule Strünkede Herne, 1970-75 Fachltr. f. Päd. am Bez.-Seminar Bochum, 1972-85 Erwachsenenbild. b. d. VHS Herne, polit. Tätigkeit: 1975-84 Bez.-Verordneter in d. Bez.-Vertretung Eickel, ab 1984 Stadtverordneter im Rat d. Stadt Herne, 1989-94 Fraktionsvors., 1994 OBgm. d. Stadt Herne, seit 1995 hauptamtl. OBgm. d. Stadt Herne.

Becker Wolfgang Helmut Dr. med. Prof. *)

Becker Wolfram Dipl.-Ing. *)

Becker Wolfram *)

Becker Wolfram Dipl.-Ing. *)

Becker-Birck Hans-Henning Dr. *)

Becker-Blonigen Gisela

B.: RA. FN.: Kanzlei Dr. Knott & Becker-Blonigen. DA.: 50931 Köln, Klosterstr. 11-13. G.: Mechernich, 10. Sep. 1953. El.: Günter Esser u. Traudel, geb. Bolg. S.: 1972 Abitur, 1972-79 Stud. Rechtswiss. Univ. Bonn, 1979 1. u. 1982 2. jur. Staatsexamen. K.: 1982-87 Anw. in versch. Kzl. in Köln, 1987 Zulassung b. OLG Köln, seit 1988 Sozia in d. Kzl. Dr. Knott & Becker-Blonigen in Köln. M.: DAV, Kölner jur. Gesellschaft, Deutsch-Deutsche jur. Ges. H.: Tennis, Golf, Literatur, klass. Musik, Fotografie.

Becker-Busche Marieluise

B.: RA, Fachanwalt f. Familienrecht in eigener Kanzlei. DA.: 80333 München, Sophienstr. 2. G.: Marbach/ Neckar, 29. Juli 1938. Ki.: Ulrich (1966), Georg (1970), Christoph (1980). S.: 1958 Abitur, 1959-65 Stud. Jura an d. Univ. Tübingen, München u. Heidelberg mit 1. Staatsexamen, 1965-68 Referendariat OLG Karlsruhe, 1970 Zulassung als RA. K.: seit 1970 Eröff. d. eigenen Kzl. in Heidelberg, Tätigkeitsschwerpunkt Strafrecht, 1987-90 Umzug nach Hamburg, RA in einer Hamburger Kzl., Tätigkeitsschwerpunkte Familienrecht u. Strafrecht, seit 1990 Umzug nach München, Eröff. d. eigenen Kzl.

*) Biographie www.whoiswho-verlag.ch oder beigefügte CD-ROM

in München, Tätigkeitsschwerpunkt ausschließlich Familienrecht, seit 1997 Fachanwältin f. Familienrecht. M.: Dt. Anwaltsverein. H.: Musik u. Literatur.

Becker-Carus Christian Dr. rer. nat. Prof.
B.: Dipl.-Psych., Dr. rer. nat., Univ.Lehrer u. Prof. FN.: W. W. Univ. Münster. DA.:48149 Münster, Fliedner Str. 21. becarus@psy.uni-muenster.de. G.: Hamburg, 5. Febr. 1936. V.: Brigitte, geb. Seils. Ki.: Arne Christopher (1970)), Gösta Mathis (1976). El.: Ewald u. Annemarie. BV.: Carl Gustav Carus. S.: Rudolf Steiner Schule Hamburg, 1955-67 Stud. an d. Univ. Hamburg, 1959 Philosophikum, 1962 Staatsexamen, 1964 Prom., Stud. Psych., 1967 Dipl.Psych. K.: 1966-68 Lehrbeauftragter an d. Univ. Hamburg, 1968-74 Ltr. d. Arbeitsgruppe f. experimentelle Elektrophysiologie d. psych. Abt. am Max Planck-Inst. f. Psychiatrie München, 1972-73 Lehrbeauftragter an d. Univ. Regensburg, 1972-74 Univ. Düsseldorf, 1972 Habil., 1974-78 Prof. u. Ltr. d. Abt. f. physiolog. Psych. am Psych. Inst. d. Univ. Tübingen, 1975 Dir. d. Psych. Inst., Ltr. d. Innovationsprojekts Nichtseßhaftenhilfe d. Europ. Gemeinschaft an d. Univ. Tübingen, 1978-85 Dir. Psych. Inst. d. Westf. Wilhelm-Univ. Münster, Ltr. d. Abt. f. Allg. u. Angew. Psych., 1980-81 Dekan d. Fachbereichs Psych., seit 1985 Ltr. d. neugegründeten Psych. Inst. II Allg. u. Angew. Psych. d. WW-Univ. Münster, Ltr. d. Schlafmedizinischen Zentrum d. WW-Univ. Münster. P.: zahlr. Buchveröff., div. Forsch.Berichte u. Fachbeiträge/Art. in führenden wiss. Fachzeitschriften, Handbüchern sowie Kongressberichten, u.a. Grundriß der Physiolog. Psychologie, Buchreihe: Forum Stress- u. Schlafforschung (1994). E.: Visiting Research Prof. d. State Univ. of New York, Qualifikationsnachweis Somnologie d. DGSM, Wiss. BeiR. d. Kosmos, Wiss. Beirat: Somnologie. M.: European Brain and Behavior Society, Dt. Ges. f. Psych., Ges. dt. Naturforscher u. Ärzte, Dt. Zoolog. Ges., Dt. Ges. f. Schlafforsch. u. Schlafmed. (DGSM), Vorst.-Mtgl. Förderver. Freie Waldorfschule Münster, Dt. Ges. f. Psychophysiol. u. Anw., European Sleep Research Society (ESRS). H.: Malerei, Graphik, Kunsthandwerk, Segeln, Skifahren.

Becker-Detert Detlef Dr. med. dent. *)

Becker-Eberhard Ekkehard Dr. Prof.
B.: Univ.-Prof. FN.: Lehrstuhl f. Bürgerl. Recht u. Zivilprozeßrecht Univ. Leipzig, Gschf. Dir. d. Inst. f. Anwaltsrecht d. Univ. Leipzig. DA.: 04109 Leipzig, Burgstr. 27. PA.: 04158 Leipzig (Lindenthal), An der Schule 20. beckereb@rz.uni-leipzig.de. G.: Oberhausen, 5. Nov. 1952. V.: Kerstin Eberhard. Ki.: Hendrik, Dorothee. El.: Wilhelm u. Gerda Becker. S.: 1971-77 Stud. Rechts- u. Politikwiss. Bonn, 1977 1. Jur. Staatsprüf., 1977-79 Jurist. Vorbereitungsdienst Bonn, 1979 2. Jur. Staatsprüf. K.: 1979-84 wiss. Mitarb. am Inst. f. Zivilprozeßrecht d. Univ. Bonn, 1984 Prom. z. Dr. iur., 1985-90 HS-Ass. am Inst. f. Zivilprozeßrecht d. Univ. Bonn, 1990 Habil., 1991 Lehrstuhlvertretung Osnabrück, 1991-92 Lehrstuhlvertretung Freiburg, 1992 Univ.-Prof. Lehrstuhl f. Bürgerl. Recht u. Zivilprozeßrecht Univ. Leipzig. P.: Grundlagen d. Kostenerstattung b. d. Verfolgung zivilrechtl. Ansprüche (1985), Die Forderungsgebundenheit d. Sicherungsrechte (1993), versch. Beiträge in Fachzeitschriften, Mitkommentator d. ZPO-Kommentars von Wieczorek/Schütze. M.: Zivilrechtslehrerver., Zivilprozeßlehrerver., Leipziger juristische Ges.

Becker-Foss Hans Ch. Prof. *)

Becker-Grieb Andreas *)

Becker-Grüll Sibylle Dr. phil. *)

Becker-Hagen Andrea Dr. phil. *)

Becker-Heymann Monika *)

Becker-Inglau Ingrid
B.: Rektorin a.D., MdB. FN.: Dt. Bundestag. DA.: 11011 Berlin, Platz d. Republik 1. PA.: 45277 Essen. G.: Essen, 20. Nov. 1946. S.: 1967 Abitur, Stud. PH Hagen, 1970 1. u. 1972 2. Staatsexamen. K.: seit 1972 Lehrerin an einer Essener Gesamtschule, zuletzt als Rektorin, didakt. Ltr., seit 1972 Mtgl. d. SPD, 1976-87 Mtgl. d. Rates d. Stadt Essen, seit 1987 MdB, 1991 stellv. Vors.d . SPD-Fraktion. M.: seit 1968 Mtgl. d. GEW, Vors. d. AWO Essen, Mtgl. d. Kinderschutzbund, d. Jugendberufshilfe, Ver. f. Kinder- u. Jugendarb. in soz. Brennpunkten, Kuratorium d. Ev. Ak. Mülheim. (Re)

Becker-Lehfeldt Heinz *)

Becker-Mitzlaff Thomas *)

Becker-Redding Ulrike

B.: Logopädin, Inh. FN.: Praxis f. Logopädie U. Becker-Redding. DA.: 44787 Bochum, Grabenstr. 42. u.beckerredding@t-online.de. G.: Stuttgart, 19. Juli 1954. V.: Walter Redding. Ki.: Laura (1991), Lilli (1995). El.: Prof. Dr. Dr. Rüdiger u. Edith Becker, geb. Gerienne. S.: 1973 Abitur Münster, 1974-77 Ausbildung z. Logopädin in Münster, 1978-80 Sprachpath. Boston Univ., Abschluss: Master of Science. K.: 1980-84 Univ.-Klinik Boston, 1984-85 Praxis in Denver/Colorado geführt, 1985-94 Führung u. Unterricht in Logopäd. Schule in Marburg u. Gießen, 1994 Grdg. d. eigenen Praxis in Bochum. BL.: Durchführung v. Seminaren u. Doz. b. Fachveranstaltungen. M.: dbl Dt. Bundesverb. Logopädie, ASHA American Speech & Hearing Assoc. H.: Reisen, Lesen, Musik.

Becker-Wahl Rudolf H. W. Dipl.-Ing. *)

Becker-Wittig Ute D. *)

von Beckerath Verena
B.: Architektin. FN.: heide von beckerath alberts architekten. DA.: 10707 Berlin, Kurfürstendamm 173. G.: Hamburg, 23. Okt. 1960. Ki.: Xaver (1990). El.: Ulrich Joachim u. Astrid, geb. Framhein. S.: 1980 Abitur Hamburg, 1982/83 Stud. Soziologie u. Kunstgeschichte Univ. Hamburg, 1983-90 Stud. Architektur TU Berlin. K.: 1990-91 Lehrauftrag im Lehrstuhl f. Baukonstruktion u. Entwerfen TU Berlin, 1992-97 wiss. Mitarbeiterin an d. HdK Berlin am Lehrstuhl Prof. Krischanitz, 1996 Ausstellung "bilden" in d. Galerie Aedes Berlin, 1996 Bürogründung heide von beckerath alberts architekten, 1996 Teilnahme an d. Biennale di Venezia m. d. Arbeit Read The World, 1998/99 Lehrauftrag f. Städtebau u. Entwerfen HS Anhalt in Dessau, 1999-2000 Ausstellung "wunschhaus#1" b. Galerie Renate Kammer Hamburg u. La Galerie d'Architecture Paris, 2000-2001 Arbeitsstipendium Akademie Schloss Solitude Stuttgart, 2001 Teilnahme an d. Ausstellung "made in berlin" im NAI Rotterdam, seit 1990 selbständige Arbeiten u. eigene Publ. P.: bilden (1996), Zwischen Widmung u. Umwidmung (1996), Any Thing Goes (1997), Who's Afraid Of (1997), Cluster 7/15/30 (1999). H.: Literatur, Film, zeitgenössische Kunst.

Beckerbauer Paula *)

*) Biographie www.whoiswho-verlag.ch oder beigefügte CD-ROM

Beckermann Bernhard Georg *)

Beckers Andreas Dipl.-Betriebswirt *)

Beckers Gerd *)

Beckers Horst Dr. rer. pol. *)

Beckers Kurt *)

Beckers Peter *)

Beckers-Schwarz Marion *)

Beckert Dieter Dr. Prof. *)

Beckert Jens Dr. med.

B.: FA f. Innere Med. DA.: 09130 Chemnitz, Hainstr. 112. G.: Kal-Marx-Stadt, 4. Nov. 1958. V.: Dr. Christine, geb. Sell. El.: Prof. Dr. Fritz u. Helga, geb. Johne. S.: 1977 Abitur, 1978-83 Stud. Med. Univ. Leipzig, 1983 Staatsexamen u. Dipl.-Med., 1984 Prom. Med. Ak. Erfurt, 1984-86 Armee; Klavierunterricht Musikschule u. priv. K.: 1977-78 Praktikum als Hilfspfleger d. Unfallchir. in Karl-Marx-Stadt, 1983-84 Pflichtass. am Klinikum Karl-Marx-Stadt, 1986-90 FA-Ausbild. f. Innere Med., 1990-93 FA am Klinikum Flemmingstraße in Chemnitz, seit 1993 ndlg. FA m. Schwerpunkt Gastroenterologie. P.: Dipl.-Arb., Prom.: "Sterilisation med. Geräte m. Peressig Säure", Beitrag "Besonderheiten d. Infusionstherapie bei älteren Menschen" (1994). E.: 2 x Lessingmed. H.: Musik, Tauchen, schnelle Autos, Garten.

Beckert Jürgen *)

Beckert Willi *)

Beckhaus Friedrich Georg *)

Beckhove Philipp Dr. med. *)

Beckhuis Horst *)

Beckhusen Uwe *)

Beckmann Arnold-Dieter *)

Beckmann Bernhard Dipl.-Ing. *)

Beckmann Bernhard Dr. Dipl.-Ing. Päd.
B.: Berufsschullehrer, Hauptgschf., Gschf. Ges. FN.: Europ. Bild.-Werk f. Beruf u. Ges. e.V. DA.: 39108 Magdeburg, Editharing 5. b.beckmann@ebg.de. www.ebg.de. G.: Sohlen, 30. Mai 1950. V.: Christiane, geb. Ölzner. Ki.: Eicke (1979), Katrin u. Jana (1983). El.: Wolfgang u. Ursula, geb. Modrejewski. S.: 1969 Berufsausbild. m. Abitur, Abschluß als Maschinenbauer, 1969-73 Stud. Technologie an d. TH Magdeburg, Berufspäd. HS-Stud. an TH d. Otto-von-Guericke Magdeburg, 1983 Prom., 1988 facultas docendi. K.: 1973-74 Berufsschullehrer in Greifswald, 1974-75 Berufsschullehrer in d. Berufsausbild. SKL Magdeburg, 1975-81 wiss. Ass. an TH Magdeburg, 1984-90 Dir. d. Inst. f. Berufspäd. (IBP), 1990-92 Referent d. Dt. Stiftung f. Intern. Entwicklung/Zentralstelle f. gewerbl. Berufsförd./DSE/ZGB, seit 1992 Hauptgschf. in Düsseldorf u. Magdeburg u. Vorst.-Vors. d. Regionen in Deutschland. F.: Gschf. Euro-Projektservis GmbH Slovak. Rep. M.: Aussch.-Mtgl. f. Berufsausbild. u. Aussch. f. Bild.-Politik/Bild.-Arb. im BDA, AufsR.-Mtgl. d. Gutenberg Buchbinderei u. Verlag GmbH Leipzig, EBG-Projektservice GmbH Sachsen-Anhalt, Sachsen, Brandenburg, AufsR.-Mtgl. Europ. Ges. f. Bild. GmbH Tschech. Rep. Evropská pro vzdě la váni s.r.o. H.: Literatur, Musik, leidenschaftl. Jäger.

Beckmann Bruno Dipl.-Ing. *)

Beckmann Carmen

B.: Unternehmerin, Inh. FN.: Beckmann Personal Training. DA.: 80336 München, Kobellstr. 1. G.: Ratzeburg, 29. Okt. 1951. Ki.: Jan (1969), Julia (1975). El.: Gerhard u. Gerda. S.: 1976-78 BWL-Stud., 1978 Sprachenschule ital., span., engl. K.: 1979-81 Ass. d. Geschf. d. größten Modellagentur, 1981-88 Tätigkeit in d. Modebranche in München u. hier hauptsächl. im Personalbereich, Aufstieg z. Personaltr., 1989 selbständig im Bereich Personaltraining f. d. gesamten Wirtschaftsbereich m. Schwerpunkt Hotelerie, div. Fort- und Weiterbild. M.: div. Prüf.-Aussch.

Beckmann Christof Dr.

B.: Chefredakteur, Moderator. FN.: K!P-NRW (Kath. Kirche im Privatfunk NRW). DA.: 45127 Essen, Kettwiger Str. 27. PA.: 45355 Essen, Hülsmannstr. 74. beckmann@kipradio.de. G.: Bonn, 25. Febr. 1960. V.: Maria, geb. Wienert. Ki.: Anna Elisabeth, Johannes, Georg. El.: Heinrich Paul u. Lucia, geb. Sprenger. S.: 1978 Abitur Aloisiuskolleg Bonn-Bad Godesberg, 1978-80 Lehre als Garten- u. Landschaftsbauer in Bonn, 1980-81 Tätigkeit im erlernten Beruf in München, seit 1981/82 Stud. Kommunikationswiss. u. Phonetik, Kunstgeschichte, Volkskunde u. Neueren Geschichte an d. Rhein. Friedrich-Wilhelms-Univ. Bonn, 1985 Wechsel an d. Westfäl. Wilhelms-Univ. Münster u. free student an d. Katholieke Univ. Leuven" (Belgien), 1990 Prom. K.: seit 1991 Öff.-Referent d. Kath. Stadtkirche Essen u. d. Caritasverb. f. d. Stadt Essen, Mtgl. im Verb. d. wiss. kath. Studentenver. UNITAS, Schriftleiter d. Verbandzeitschrift UNITAS, Ehrensenior d. Wiss. Kath. Studentenver. UNITAS Ruhrania Bochum-Essen-Dortmund, Vors. Hausbauverein UNITAS-Ruhrania, Mtgl. Kolpingsfamilie Essen-Borbeck, Vorstand Kultur-Histor. Verein Essen-Borbeck, Mtgl. "Stadtfunk Essen", Mtgl. d. Westf. Ver. f. Volkskunde. P.: versch. Publ., Korrespondentenberichte, Agenturmeldungen, Vorträge. H.: Lesen, Reisen.

Beckmann Dieter Dr. rer. nat. Prof. *)

---

*) Biographie www.whoiswho-verlag.ch oder beigefügte CD-ROM

Beckmann Dieter Dr. phil. Prof.
B.: Dipl.-Psych., Prof. Lehrstuhlinh. f. Med. Psychologie Zentr. f. Psychosom. Med. am Klinikum d. Justus-Liebig-Univ. Gießen; Abt. Med. Psychologie. DA.: 35392 Gießen, Friedrichstr. 36. PA.: 35423 Lich, Klosterweg 26. G.: Dortmund, 1. Nov. 1937. V.: Gudrun, geb. Klemp. Ki.: Barbara, Susanne. El.: Doz. Erich u. Margaret. S.: Zaisenhausen/ Kraichgau, Koserow/Usedom, Parchim/Mecklenburg, 1959 Abitur in Dortmund, Stud. in Freiburg, Hamburg, Gießen, 1964 Dipl. in Hamburg, 1968 Prom. K.: 1970 Habil. in Gießen, 1971 Prof., 1972 Lehrstuhl Med. Psychologie. P.: Herzneurose, 1969, 1973, 1986 (zus. m. H.E. Richter); Gießen-Test, 1972, 1975, 1983 (zus. m. H.E.Richter, 1983 dto. u. E. Brähler 1991, 4. überarb. Aufl.); Der Analytiker u. sein Patient, Erfahrungen m. d. Gießen-Test, 1979 (zus. m. H.E. Richter); Med. Psychologie, 1982 (zus. m. S. Davies-Osterkamp u. J.W. Scheer); Grundlagen d. Med. Psychologie, 1984; Alraun, Beifuß u. andere Hexenkräuter, 1990 (zus. m. B. Beckmann); Vom Ursprung der Familie (zus. m. G. Beckmann) 1996, Das geheime Wissen der Kräuterhexen 1997 (zus. m. B. Beckmann). E.: Forsch.-Preis d. Schweizerischen Ges. f. Psychosomat. Med. M.: Dt. Ges. f. Psycho. Ges. f. Med. Psych. Med Ges. Gießen. H.: Botanik, Sozialgeschichte.

Beckmann Dirk Herbert Herrmann Rolf Albert *)

Beckmann Felicitas *)

Beckmann Ferdinand
B.: Steuerberater, vereid. Buchprüfer. DA.: 59759 Arnsberg, Mühlenberg 57. G.: Neheim-Hüsten, 20. Aug. 1946. V.: Ursula, geb. Risse. Ki.: 2 Kinder. S.: 1963 Mittlere Reife, 1963-65 Ausbild. b. d. Polizei. K.: 1965-68 Polizeidienst, Ausbild. z. Steuerfachgehilfen in d. Kzl. Dr. Sudhoff, 1977 Steuerbev., seit 1977 eigene Kzl., 1982 Steuerberater, 1988 vereid. Buchprüfer, 1987 Umzug an obige Adresse. M.: 6 J. Vors. KKV Hüsten, Dt. Steuerberaterverb. H.: Sammeln v. Modelleisenbahnen.

Beckmann Franziska
B.: Dipl.-Bühnenplastikerin, Kunstmalerin, Bühnendekorateurin, Grafikerin, Inh. DA.: 42103 Wuppertal, Hofkamp 141. G.: Chemnitz, 15. Aug. 1951. Ki.: Amalia (1971). BV.: Großmutter Holscher Johanna Malerin, 1840, Holschur b. ins 15. Jhdt. zurückverfolgbar, ab d. 17. Jhdt. wurde aus Holschur d. Name Holscher, Albrecht Dürer porträtierte d. Mönch Holschur. S.: 1968-71 Töpferlehre in Erfurt, 1972-75 HS f. bild. Künste Dresden, Dipl. f. Bühnenplastik. K.: 1975-82 Bühnenplastikerin an d. Städt. Bühnen Karl-Marx-Stadt, 1982-86 Ausreise in d. Schweiz/Zürich, Seminarbesuche in d. "Farb & Form" Freie Kunstschule Zürich Oscar Grob, Studienreise Stromboli in Italien, 1986-92 Ak. bild. Künste Nürnberg, Stud. freie Malerei u. Kunsterziehung b. Prof. Colditz/Prof. Dollhopf, 1. u. 2. Staatsexamen, Ausstellungen: "Kunstfreunde" Zürich, "Arzt - Mensch - Recht" (1985), "Der Elemente - Mensch" (1988), "Gostener Hoftheater", GSMBA Zürich Örlikon (1989), "Die Rheinkonferenz" (1990), 1992 Staatsexamen in Nürnberg, 1949-59 Lehrerin in Berlin im Jacques-Yves-Cousteau-Gymn., 1997-98 Studienj. in Basel, seither in Basel, INTRA-Künstlergruppe gegründet in Basel, Kunstmalerei, Bühnendeko, Grafikerin. M.: Horpenitten, Zirkel "Weißer Schwan". H.: Arb., Kunst.

Beckmann Friedr. Wilhelm Dr. *)

Beckmann Godehard
B.: Gschf. FN.: Elektro Beckmann GmbH. DA.: 58455 Witten, Kleinherbeder Str. 10. G.: Bochum, 18. Nov. 1956. Ki.: Carolin (1987), Erik (1990). El.: Theodor u. Hildegard, geb. Rubart. S.: 1971-75 Ausbild. als Elektroinstallateur in Bochum. K.: 1975-79 versch. Montagetätigkeiten im Ruhrgebiet

Tanzen, Skifahren.

u. im Raum Berlin m. kurzer Unterbrechung 1997 Studienreise f. 1/2 J. nach Nordafrika, 1979-80 Meisterausbild. an d. Bundesfachlehranst. f. d. Elektrohandwerk in Oldenburg, 1981-83 ang. Hausinsp. im Quelle Warenhauskonzern, 1983-95 selbst. Elektromeister d. Firma AVE (Audio Video Elektro) Beckmann, seit 1995 Umfirmierung d. Fa. Elektro Beckmann GmbH, Schwerpunkte: Regenerative Energien, Solarstromtechnik. M.: Prüf.-Aussch. d. Gesellenprüf. d. Elektroinnung Witten. H.:

Beckmann Gudrun *)

Beckmann Gudrun *)

Beckmann Hans
B.: RA. DA.: 45770 Marl, Im Frett 9. G.: Danzig, 18. Sep. 1924. V.: Edith, geb. Wolter. Ki.: Ulrike (1952), Hans (1955), Iris (1975), Felix (1963), Constanz (1968). El.: Dr. Hans u. Hedwig, geb. Herrgeist. S.: 1942 Not-Abitur Ludwigshafen, b. 1945 Kriegsmarine, 1946 Abitur Marl, b. 1949 Stud. Jura Bonn, 1. Staatsexamen, Referendariat Recklinghausen, Bochum u. Hüls AG Marl, 2. Staatsexamen. K.: 953 Justiziar b. Firma Deilmann Bergbau AG in Bentheim, 1960 Prok. u. Ltr. d. Rechts- u. Personalabt. d. Firma Hüls AG, 1970 Ltr. d. Abt. Recht, Steuern u. Patente, 1982 Grdg. v. Tochtergas. u. Ltr. d. Vorst.-Büros, seit 1987 im Ruhestand u. weiter tätig als RA. F.: Gschf. div. Tochtergas. d. Hüls AG. AufsR. P.: versch. Veröff. in Fachzeitschriften. M.: Studiengas. Kartellrecht in Berlin, Rechtsaussch. Chemieverb. H.: Reisen, Tennis, Familie, Lesen.

Beckmann Hans Olaf Dipl.-Ing. *)

Beckmann Hans-Karl Dr. phil. *)

Beckmann Hans-Ottmar Dr. Prof.
B.: Vorst. f. Strategie u. Finanzen. FN.: YIC AG. DA.: 38122 Braunschweig, Frankfurter Str. 4. beckmann@yic.de. www. yic.de. G.: Braunschweig, 3. Apr. 1952. V.: Dr. Olga, geb. Alexeeva. Ki.: Oleg (1989). El: Dipl.-Ing. Otto u. Gisela, geb. Böse. S.: 1971 Abitur, 1971-81 Stud. Chemie u. Vw. FU Berlin, 1976 Dipl. m. Ausz., 1981 Prom. K.: 1981-83 post doc. Wissenschaftler an d. State Univ. in New York, 1984-87 HS-Ass. am Inst. f. physikal. Chemie an d. FU Berlin u. Doz. f. Computer Science an d. Univ. of Maryland, 1988-89 Ltr. eines DFG u. eines Ind.-Forsch.-Projekts, 1987-89 Gruppenltr. bei VW-GEDAS in Berlin u. b. 1991 Fachgebietsltr. f. Rechnernetze u. Kommunikation, 1992-93 corporate Account Consultant u. Firma Digital Equipment GmbH, 1993-94 Stud. z. MBA an d. Ak. f. Vw. in Moskau u. d. RWTH Aachen, 1993-95 Berater f. Ind.-Kooperationen u. Marketing in d. ehemal. UdSSR, 1994-200 Prof. f. Wirtschaftsinformatik an d. FHS Brandenburg, 1997 Grdg. d. Firma Your Internet Company GmbH in Braunschweig, seit 2000 Vors. d. YIC AG in Braunschweig. P.: Veröff. in zahlr. Fachzeitschriften u.a. Mitautor d. Zeitschrift f. polit. Psych., "Electronic and Geometric of Li4 u. Na4 Clusters" (1980), "Ab Intio CI Investigation of Hydrogen Atom Adsoption on Li Clusters: Embedded Cluster Model" (1983), "Ein- u. Ausgabetechniken z. Abbildung chem. Strukture" (1988) u.a.m. E.: 1971 Preisträger v. Jugend Forscht, 1978 Stipendium d. Max-Planck-Ges., 1978-79 Sti-

*) Biographie www.whoiswho-verlag.ch oder beigefügte CD-ROM

pendium d. Dt. chem. Ind., 1981-83 Alexander-v.-Humboldt Feodor Lynen-Stipendium. M.: Lions Club Wolfsburg. H.: Jagd, Musik.

Beckmann Heinz
B.: Bewährungshelfer i.R. G.: Schönfließ, 30. Dez. 1938. V.: Heike, geb. Cordsen. S.: 1955 Mittlere Reife, 1955-58 Lehre Industriekaufmann, 1960-67 Bundeswehr, 1967-71 Stud. Sozialarbeit Oldenburg. K.: 1971-73 Mitarbeiter im Jugendamt Berlin-Neukölln, ab 1973 Bewährungshelfer f. Jugend u. später Ltr. d. Arge Bewährungshilfe, seit 2000 im Ruhestand. BL.: Mitwirkung am Aufbau d. einheitl. Gesamt-Berliner Bewährungshilfe nach d. Wiedervereinigung. P.: Beiträge z. Thema Bewährungshilfe. M.: Vorst.-Mtgl. d. Dt. Bewährungshilfe, Kuratorium Dt. Stiftung f. Verbrechensverhütung u. Straffälligenhilfe. H.: Fotografieren, Segeln, Literatur.

Beckmann Hermann *)

Beckmann Joachim Dr. Prof. *)

Beckmann Johannes Dr. med. dent. *)

Beckmann Josef *)

Beckmann Klaus
B.: Ltr. u. Inh. FN.: ISU Inst. f. schulbegleitenden Unterricht. DA.: 13353 Berlin, Burgsdorfstr. 1. G.: Berlin, 1. Juni 1954. El.: Ernst u. Margarethe. S.: 1973 Abitur, 1974-82 Stud. Lehramt f. Erd- u. Sozialkunde FU Berlin, 1982-84 Referendariat. K.: seit1979 Erteilung v. Nachhilfeunterricht am ISU, 1985-94 Lehrer an d. Berufsfachschule f. fremdsprachige Wirtschaftskorrespondenten, 1990 Erwerb d. ISU m. nahezu allen Unterrichtsfächern v. Grundschule b. Abitur u. Schwerpunkt Math. u. Deutsch; Funktion: Lehrer f. Deutsch als Fremdsprache an d. Berlitz-Sprachschule u. BetriebsR. M.: TSV Gesundbrunnen. H.: Volleyball, Radtouren, Bücher.

Beckmann Klaus Dr.-Ing. Prof. *)

Beckmann Kurt Walther Franz *)

Beckmann Manfred *)

Beckmann Martin

B.: Bankkfm., stellv. Direktor. FN.: Spütz Vermögensverw. GmbH. DA.: 40212 Düsseldorf, Blumenstr. 14. martin.beckmann@spuetz.de. G.: Hamm, 10. April 1969. V.: Martina, geb. Bomholt. EL.: Klaus u. Brigitte, geb. Freitag. S.: 1985 Fachoberschulreife, 1985-87 Höhere Handelsschule, Abschluss: FH-Reife. K.: 1987-90 Berufsausbildung z. Bankkfm. b. d. Citibank AG, 1990 Kundenberater b. d. Citibank AG, 1990 Grundwehrdienst, 1990 Kundenberater b. d. Citibank AG, 1990-93 Junior-Wertpapierberater b. d. Commerzbank AG Filiale Dortmund, 1993-96 Vermögensberater b. d. BfG Bank Luxembourg S.A., Prok., seit 1997 Ltr. d. Private Banking b. d. Geno-Volks-Bank Essen eG, seit 2001 stellv. Dir. d. Spütz Vermögensverw. GmbH Düsseldorf. P.: Internet. M.: Golf Club Wasserschloss Westerwinkel Herbern, Schützenver. 1863. H.: Golf, Reisen, Kochen, Weine.

Beckmann Michael

B.: Unternehmer, Inh. FN.: IMW Ind. & Markenwerbung GmbH & Co KG; Beckmann u. Beckmann Werbeagentur GmbH. DA.: 42115 Wuppertal, Katernberger Straße 41.; 50668 Köln, Aduchtstr. 7. G.: Hannover, 3. März 1970.

Beckmann Mike *)

Beckmann Peter Frank *)

Beckmann Reinhard *)

Beckmann Reinhard *)

Beckmann Reinhold
B.: Moderator. FN.: Agentur a + o. DA.. 20357 Hamburg, Schulterblatt 58. G.: Twistring, 23. Feb. 1956. V.: verh. Ki.: Vincent. S.: Stud. Germanistik, Theater-, Film- u. Fernsehwiss. in Köln. K.: freier Journalist b. WDR, 1990 Sportchef b. "Premiere", 1992 Wechsel zu SAT.1 (Moderation d. Fußballmagazin "RAN", 1998 Aufstieg b. z. Programmdir. Sport, 1998 wöchentl. Talkshow "Beckmann" u. Samstag Abend Show "Guinness-Show" zusammen m. Franziska Schenk b. ARD.

Beckmann Sabine

B.: med. Sprachheilpädagogin. FN.: Praxisgemeinschaft f. Sprach-, Sprech- u. Stimmtherapie Sabine Beckmann - Ina Clodius. DA.: 30459 Hannover, Plengstraße 2 A. PA.: 30457 Hannover, Peperfeld 60. becky.co@t-online.de. G.: Hannover, 1. Aug. 1956. V.: Rainer Beckmann. Ki.: Daniel (1982), Jennifer (1985). BV.: Ahnenforsch. b. ins 15. Jhdt. m. Familienwappen, Abstammung v. d. Burg Ehrenbreitstein i. Koblenz. S.: 1975 Abitur, Stud. Grund- u. HS-Päd. Universität Hannover, 1977-80 Stud. Sonderpäd. m. Abschluß Sprachheilpädagogin. K.: Referendariat an d. Albert-Liebmann Sprachheilschule in Hannover, 1982 2. Staatsexamen, glz. tätig in d. ambulanten Behandlung v. Schlaganfallpatienten, 1983 tätig als Tagesmutter, 1987 Eröff. eines Second-Hand-Shops in Wennigsen, 1991 Eröff. d. Praxis f. Sprachtherapie in Hannover, 1999 Eröff. d. 2. Praxis. Funktionen: Referentin in Nds. im Berufsverband dbs und dgo 1998 Ref. im bds u.a. Musterklagen u. Landtag u. daraus resultierende Neuschaffung d. Gesetzes f. med. Sprachheilpädagogen. M.: Dt. Ges. f. Sprachheilpäd., Dt. Berufsverb. d. Sprachheilpädagogen. H.: Menschen, Tiere, Lesen, Sport.

Beckmann Siegfried Dr. Prof. *)

*) Biographie www.whoiswho-verlag.ch oder beigefügte CD-ROM

Beckmann Thomas *)

Beckmann Thomas *)

Beckmann Uwe Werner Thomas Dipl.-Vw.
B.: Gschf. Ges. FN.: F. Wilhelm Beckmann GmbH & Co KG; ÖTAG Öltanklager GmbH & Co KG; Beckmann Mineralölhdl. GmbH (Marke Q1); Bremer Mineralölhdl. Bremen (Marke DEA), Aro Reederei GmbH & Co; C1 Linie A.S. (Q1) Prag. GT.: BeiR. d. Erdölbevorratungsverb. K.Ö.D.R., Vorst. AFM + E e.V., Vorst. UNITY Bundesverb. mittelständ. Mineralölunternehmen e.V., Präsidium d. IHK Osnabrück/Emsland, Hdls.-Richter am LG Osnabrück, Beisitzer b. Arbeitsgericht Osnabrück. DA.: 49090 Osnabrück, Rheinstr. 82. PA.: 49076 Osnabrück, Max-Reger-Str. 27. G.: Bad Rothenfelde, 18. Jan. 1951. V.: Michaela, geb. Kirchner. Ki.: Constanze, Frederick. El.: Werner u. Sonja, geb. Krohn. S.: 1971 Abitur Osnabrück, 1971-77 Stud. VWL in Freiburg u. Kiel, Dipl.-Vw. K.: 1977-79 kfm. Ang. in Firma F.W. Beckmann, ab 1979 dort Gschf. Ges., Grdg.: 1984 Beckmann Mineralölhdl. GmbH, Hansatank Luxemburg, 1991 ARO-Reederei GmbH & Co, 1993 C1 Linie Prag. M.: Rotarier. H.: Jagd, Segeln.

Beckmann Volker *)

Beckmann Werner Dr. med. *)

Beckmann Wilfried Dr.

B.: Zahnarzt, Bundesvors. FN.: Freier Verb. Dt. Zahnärzte e.V. DA.: 33335 Gütersloh, Susannenstr. 7a. PA.: 33335 Gütersloh, Susannenstr. 7b. wilfried.beckmann@beckman.notes-net.de. G.: 7. Aug. 1953. V.: Anne, geb. van Kempen. Ki.: Johanna (1982), Carla (1984), Eva (1986). El.: Helmut u. Irmgard. S.: 1972 Abitur, 1972-77 Stud. Zahnmed. in Münster, 1978 Prom. K.: 1978-81 Ass. b. Zahnarzt Dr. Ritz in Gütersloh, 1981 Eröff. der Praxis in Gütersloh, seit 1994 privatzahnärztl. tätig, seit 1980 Bundesvors. d. Verb. Dt. Zahnärzte e.V. P.: standespolit. Veröff. M.: DGZMK, DGP, PZVD, Ltr. d. Arbeitsgruppe f. freie zahnärztl. Berufsausübung d. europ. Zahnärztl. Organ. H.: Tennis, Skilanglauf, EDV.

Beckmann Wolfgang Dipl.-Vw. *)

Beckmeyer Uwe *)

Beckord Egon Dipl.-Ing. *)

Beckröge Frank *)

Becks Marcus
B.: Dir. FN.: Holiday Inn Düsseldorf/Kaarst. DA.: 41564 Kaarst, Königsberger Str. 20. PA.: 41352 Kroischenbach, Herzbroicher Weg 33. G.: Oberhausen, 21. Nov. 1970. Ki.: Leonie (1994). S.: 1987 Hotel-Praktikum Bretagne/Frankreich, 1987-90 Ausbild. Hotel Arcade Düsseldorf. K.: 1990-95 tätig im Atlas-Hotel in Weil am Rhein, 1992 Ltg. d. Augusta-Hotel in Mannheim, 1995-96 tätig im Hotel Primula in Bremerhaven, seit 1996 Ltg. d. Holiday Inn Hotel. M.: Vorst.-Mtgl. d. Ges. Carolus in Kaarst. H.: Essen u. Trinken, Tennis.

Beckschebe Volkert Walter Dr. rer. pol. *)

Becksmann Rüdiger Dr. phil. Prof.
B.: Ltr. d. Corpus Vitrearum Deutschland, Forschungszentrum f. mittelalterliche Glasmalerei, Kunsthistoriker. DA.: 79100 Freiburg, Lugostr. 13. PA.: 79100 Freiburg, Johann-von-Weerth-Str. 6. becksmann@cuma-freiburg.de. www.cuma-freiburg.de. G.: Heidelberg, 3. Juli 1939. V.: Ota, geb. Krauß. Ki.: Thomas, Daniel. El.: Prof. Dr. Ernst u. Frieda, geb. Krauß. S.: 1949-58 hum. Gymn. Heidelberg/Freiburg, 1958 Abitur in Freiburg, 1958-65 Stud. d. Kunstgeschichte an d. Univ. Freiburg u. Berlin, 1965 Prom. K.: 1965-70 Mitarb. am CVMA unter Prof. Dr. Hans Wentzel in Stuttgart, 1970 Grdg. d. Arbeitsstelle CVMA in Stuttgart (1982 nach Freiburg verlegt), Lehraufträge an d. Univ. Stuttgart, Freiburg, Heidelberg, Basel u. Zürich, seit 1980 Honorarprof. an d. Univ. Stuttgart. BL.: Denkmalpflegerischer Einsatz z. Erhaltung, Sicherung u. Bewahrung zahlr. dt. Farbverglasungen aus d. Mittelalter. P.: Die architektonische Rahmung des hochgotischen Bildfensters (1967), Vitrea dedicata. Das Stifterbild in der deutschen Glasmalerei des Mittelalters (1975), Die mittelalterlichen Glasmalereien in Baden und der Pfalz (1979), Die mittelalterlichen Glasmalereien in Schwaben von 1350-1530 (1986), Die mittelalterlichen Glasmalerein in Lüneburg u. Heideklöstern (1992), Deutsche Glasmalerei des Mittelalters I (1995), Von der Ordnung der Welt (1997), sowie zahlr. Beiträge, vornehmlich z. Glasmalerei d. Mittelalters, in Zeitschriften, Jahrbüchern u. Ausstellungskatalogen, Hrsg. d. Reihe "Neue Forschungen zur deutschen Kuns" (seit 1998). E.: seit 1990 Präs. d. Dt. Corpus Vitrearum.

Beckstein Günther Dr.
B.: Staatsminister u. Vertreter d. Bayer. Min.-Präs. FN.: Bayerisches Staatsministerium d. Innern. DA.: 80539 München, Odeonspl. 3. G.: Hersbruck, 23. Nov. 1943. V.: verh. Ki.: 3 Kinder. S.: 1962 Abitur am Willstätter Gymn. Nürnberg, Stud. Rechtswiss. in Erlangen u. München, 1975 Prom. zum Dr. jur. in Erlangen. K.: seit 1971 selbst. Rechtsanwalt, Prom. über d. Thema "Der Gewissenstäter im Straf- u. Strafprozeßrecht", langjähr. Tätigk. im Bereich d. evang. Jugendarb. sowie im CVJM; 1973-78 Bez.-Vorsitz. d. Jungen Union Nürnberg-Fürth, zunächst stellv. Vorsitz, s. 1991 Vorsitz d. Bez.-Verbands Nürnberg-Fürth-Schwabach d. CSU, Mtgl. d. Parteivorst. d. CSU, 1980-92 Landesvorsitz. d. Arb.-Kreises Polizei d. CSU, seitd. Ehrenvorsitz., s. 1974 Mtgl. d. Bayer. Landtags, v. 1978-88 Vorsitz. d. Sicherheitsausschusses d. Bayer. Landtags, 1988 stellv. Vorsitz. d. CSU-Landtagsfraktion, 1988-93 Staatssekr. im Bayer. Staatsministerium d. Innern, s. Juni/1993 Staatsmin. im Bayer. Staatsministerium d. Innern. (Re)

Beder Bernd *)

Bederke Christoph *)

Bedernik Claus-Werner

B.: Gschf. FN.: Consulta Wirtschafts- u. Personalberatungs GmbH Nürnberg, Prag, Bratislava, Budapest, Zürich. DA.: 90489 Nürnberg, Theodorstr. 1. ClausBedernik@web.de. www.consulta.de. G.: Köthen/Sachsen-Anhalt, 5. Okt. 1949. V.: Monika, geb. Krug. Ki.: Michael (1977), Andreas (1980), Thomas (1987). El.: Erich u. Lieselotte. S.: 1966 Mittlere Reife Erlangen, 1968-71 Lehre z. Industriekaufmann Siemens AG Erlangen, 1971-73 Berufsoberschule Nürnberg, 1973 Abitur, 1973-77

*) Biographie www.whoiswho-verlag.ch oder beigefügte CD-ROM

Stud. BWL WISO Nürnberg. K.: 1977-85 KWU Kraftwerksunion Erlangen, 1977-79 im Iran, 1979-85 in Offenbach, 1985-2001 Siemens AG Erlangen, 1985-94 Walzwerke, 1994-96 Ltr. Bereich Signaltechnik f. Südostasien in Braunschweig, 1996-99 Verhandlungsführer f. Joint-Venture, Verkehrstechnik in Zhuzhou/China, 1999-2001 Kfm. Ltg. Standard-Lokomotiven in Erlangen, seit 2001 Gschf. Consulta Nürnberg. M.: CSU, VDSt Verein dt. Studenten zu Erlangen, Universitätsbund d. Univ. Erlangen-Nürnberg, Bund d. Selbständigen/Bezirksverband Mittelfranken, Deutsch-Chinesische Wirtschaftsvereinigung e.V., Wirtschaftsbeirat d. Union e.V. H.: Literatur, Politik.

Bedersdorfer Alfred Dipl.-Ing.

B.: Gschf. FN.: pulsaar - Gesellschaft f. Telekommunikation mbH. DA.: 66111 Saarbrücken, Richard-Wagner-Str. 14-16. PA.: F-57150 Creutzwald, 1 Impasse de Colombes. a.bedersdorfer@pulsaar.de. www.pulsaar.de. G.: Saarlouis, 5. Apr. 1964. V.: Christine, geb. Endner. Ki.: Benjamin (1995). El.: Alfred u. Paula, geb. Philippi. S.: 1983 Abitur Saarlouis, 1983-84 Gundwehrdienst, 1984-90 Stud. Elektrotechnik mit Schwerpunkt Mess- u. Nachrichtentechnik an d. Univ. d. Saarlandes, Abschluss als Dipl.-Ing. K.: 1990-95 Vertriebsingenieur im Bereich Anlagentechnik b. Siemens AG Ndlg. Saarbrücken, 1995-98 Großkundenmanager b. d. Dt. Telekom AG Ndlg. Saarbrücken, seit 1997 Teamleiter f. d. Betreuung d. Sparkassen-Organisation im Südwesten, seit 1998 Ltr. Vertrieb/Marketing b. pulsaar Ges. f. Telekommunikation mbH Saarbrücken, seit 2000 alleiniger Gschf. M.: Dt. Wirtschaftsjunioren, Marketing-Club Saar. H.: Sprachen, Musik (Gitarre), Tennis, Skifahren.

Bedewitz Peter *)

Bednarczyk Gerhard *)

Bednarek Eugen

B.: Grafikdesigner, Kunstmaler, Wohnobjekt-Designer, Illustrator u. Kunstlehrer. DA.: 45130 Essen, Vöcklinger Str. 28. beart@t-online.de. www.bedart.de. G.: Königshütte, 17. Feb. 1960. V.: Wanda, geb. Karfanty. Ki.: Jakob (1983), Matthias (1984). El.: Norbert u. Renate, geb. Jendrecka. S.: 1980 Abitur, 1980-85 Stud. Design Univ. Krakau m. Dipl.-Abschluß, 1985 Stipendium Kulturmin. K.: seit 1985 freischaff. Kunstmaler, Grafiker, Wohnobjekt-Designer, Illustrator u. Kunstlehrer, seit 1988 tätig in Essen, 1999 Grdg. d. Galerie u. d. Malschule u. Förderung junger Künstler aus Essen. Umgebung. P.: zahlr. Einzelausstellungen, Gruppenausstellungen im In- u. Ausland. E.: versch. Preise bei Kunstwettbewerben u. Ausschreibungen. H.: Kunst, Musik, Theater, Film.

Bednarski Karsten *)

Bednarz Klaus

B.: Journalist, Chefreporter/Fernsehen und Sonderkorrespondent für die Büros Moskau, Washington und NY. FN.: Westdtsch. Rundfunk. DA.: 50667 Köln, Appelhofpl. 2. G.: Falkensee/Berlin, 6. Juni 1942. EL.: Max u. Brunhilde. S.: 1961 Abitur, 1961-66 Stud. in Hamb. u. Wien, Osteurop. Geschichte, Russ., Philos., Abschl., 1966 Prom. (Diss. über Anton Tschechow) i. Wien. K.: ab 1967 Red. d. Dtsch. Fernsehens (ARD), 1971-77 ARD Korresp. in Warschau, 1977-82 in Moskau, ab 1983 Moderator d. ARD Tagesthemen, 1984-2001 Ltr. d. Red. Monitor, Kommentator ARD Tagesthemen, zusätzl. ab 1991 Sonderkorresp. GUS. P.: Buchbeitr.: Jounalismus unt. Kontrolle, in: Neudeck, Auslandsberichterstt. i: TV (1977), Herausg.: Polen aus erster Hand (Sammelbd.), Polen (Bildsachb.), Bücher: Theatr. Probleme d. Dramenübers. (1966), D. alte Moskau (1979), Mein Moskau (1984), Masuren (1985), Michail Gorbatschow, s. Leben, s. Ideen, s. Visionen (ARD), 1971-77 ARD Korresp. in Warschau, 1977-82 in Moskau, Reiseführer Moskau (1990), Rußland, ein Volk sucht seine Zukunft, Fernes nahes Land, Begegnungen in Ostpreußen (1995), Ballade vom Baikalsee (1998) E.: 1984 Grimme-Preis, 1985 Joseph-Drexel-Preis, 1986 BUND-Umwelt-Preis, 1987 DGB-Medien-Preis, 1988 Carl-v.-Ossietzky-Med., 1990 Gold. Kamera, 1992 Dt. Kritiker-Preis, 1993 Civis-Preis, 1995 Tele-Star. M.: PEN-Zentrum Bundesrep., ständ. Mitarb. versch. Tages- u. Wochenzeitungen. H.: Sport (ehem. akt. Schwimmen u. Volleyball), Naive Kunst, Osteurop. Gesch., Western, Fußball. (R.S.)

Bednorz Peter

B.: Maler u. Bildhauer. FN.: Freischaffende-Künstler. DA.: 50269 Beckum, Feuerstr. 63. G.: Dramatal/Oberschlesien, 2. Juli 1960. Ki.: 2 Kinder. S.: Lehre Holzbildhauer, Freie Kunstschule. K.: verbrachte seine Kindheit in künstler. Kreisen, 1987 Übersiedlung nach Deutschland, 1984-86 Zusammenarb. m. Herrn Prof. Lorenz, Hauptthema d. Arb.: Gefühle u. seel. Empfindungen. Menschen z. Ausdruck zu bringen; Ausstellungen: 1980 in Tarnowitz, 1983 in Gleiwitz, 1985 in Hindenburg, 1989 in Beckum, 1991 in Düsseldorf u. Mönchengladbach, 1992 in Wiesbaden, Hamm u. Fulda, 1993 in Frankfurt/Main u. Essen, permanente Ausstellungen in Hamm/Rhynern, Sylt, Essen, Bochum, Hamburg, Düsseldorf, Hannover, Berlin. P.: 1995 Verl.-Buch, Collagen 1993-95.

Bedürftig Axel Dr. med. *)

van Beeck Peter

B.: Maler, Bildhauer. DA.: 28355 Bremen, Oberneulander Landstr. 156. G.: Weeze/Niederrhein, 30. Apr. 1923. V.: Ruth Elisabeth, geb. Schwarzer. Ki.: Hagen (1948), Bertrun (1952). El.: Johann u. Maria, geb. Belting. S.: Lehre als Kirchenmaler u. Maler, 2 J. Meisterschule Krefeld, 7 Semester Bildhauerklasse Kunstschule Bremen. K.: seit 1955 selbst. als freischaffender Künstler, Studienreisen Italien, NL, Nordafrika, Spanien, Griechenland, Schweden, Jugoslawien, Island, Rußland, Schweiz u. Dolomiten. Ausstellungen u.a. Bremen, München, Worpswede, Leer, angew. Kunst in Zusammenarb. m. Ruth Elisabeth van Beeck: Metallätzungen u.a. Blutspendezentrum Rotenburg, Wandmalereien in Bremen, Hamburg, Sgraffito Innenu. Außenwände v. Schulen u. Kirchen in Bremen, Nordenham, Hannover, färbige Glasfenstergestaltungen in Bleiverglasung u. Betonglas, Mosaiken, Ziegelreliefs, Betonplastiken u. Brunnen f. öff. Anlagen.

*) Biographie www.whoiswho-verlag.ch oder beigefügte CD-ROM

van Beeck Ruth Elisabeth

B.: Malerin, Schriftstellerin. DA.: 28355 Bremen, Oberneulander Landstr. 156. G.: Bremen, 29. März 1922. V.: Peter van Beeck. Ki.: Hagen (1948) und Bertrun (1952). El.: Alfred u. Erna Schwarzer, geb. Schmidt. S.: 1941 Abitur Bremen, 1944 Pharmazeut. Vorexamen. K.: b. 1947 Ang. in einer Apotheke in Bremen, seit 1955 selbst. als freischaff. Künstlerin u. Schriftstellerin, angew. Kunst in Zusammenarbeit mit Peter van Beeck u.a. Sgraffiti Innen und Außen, Glasfenstergestaltung in Bleiverglasung u. Betonglas in Kirchen in Bremen, Aurich, Nordenham, Hannover. P.: Alles'n bischen feiner, Geschichten aus Oberneuland (1981), Autorin u. Illustratorin "Viele Leute, manche Menschen", Aphorismen, Lesungen eigener Geschichten. H.: Antiquitäten, Musik.

Beecken Anja

B.: Architektin, Inh. FN.: Anja Beecken Architekten. DA.: 14129 Berlin, Marinesteig 28. G.: Hamburg, 9. Mai 1963. S.: 1981 Abitur Christianeum Hamburg, 1981-86 Studium der Arch. Braunschweig u. b. 1988 TH Darmstadt, 1988-89 DAAD-Stipendium Florenz, 1990-91 Stud. TH Darmstadt u. glz. bei Arch. Albert Speer Frankfurt, 1990 Hauptbearb. d.Bayer-Hauptverw. Mailand im Büro Behnisch, 1991 Dipl.-Arb. über Bundespresseamt Bonn, 1991 Dipl.-Ing. K.: 1991-94 tätig bei Architekt Pysall in Berlin, 1994-95 Ass. an d. Univ. Braunschweig, 1995-96 Lehrauftrag an d. Univ. Cottbus u. Ltg. d. Arch.-Werkstatt, 1995 Eröff. d. Arch.-Büros, 1999-2001 Bauten im Weberviertel in Berlin-Potsdam. P.: Veröff. in Berliner Morgenpost (1999) u. in "Stahl u. Form" (1998). E.: 1993 1. Preis im Wettbewerb "Der Luftschiffhafen". M.: Reitver. RCG Reitclub Grunewald. H.: Reiten, Architektur, Italienreisen.

Beecken Volker

B.: RA. DA.: 18055 Rostock, Stephanstr. 1. G.: Hamburg, 30. Mai 1959. Ki.: Jan Hendrik (1992), Friederike Magdalena (1995), Arvid Hauke (2000). El.: Johannes Heinz u. Erika. S.: 1978 Abitur, 1978-86 Jurastud., 1990 2. Staatsexamen. K.: 1990-96 tätig in d. Sozietät Lebuhn & Puchta, Hamburg, ab 1992 dort als Sozius, seit 1996 tätig in d. mitgegründeten Sozietät Beecken · Rippen · Slodowitz, Ges.-Recht u. Arbeitsrecht, Hdls.-Recht, ziviles Wirtschaftsrecht. H.: polit. Theorie, Sport.

Beeg Arnulf Dipl.-Ing. agr. *)

in der Beek Gerhard *)

von der Beek Heinrich H. *)

Beek Richard *)

van Beek Wolfgang Dipl.-Kfm. *)

van Beek-Bökenkamp Kerstin

B.: Vereidigte Buchprüferin, Steuerberaterin. DA.: 45127 Essen, Lazarettstr. 50. PA.: 45145 Essen, Potsdamer Str. 13. G.: Essen, 4. Feb. 1946. V.: Rudolf. Ki.: Cedric (1970, mehrfacher Dt. Meister im Kanu-Polo), Christina (1979, Landesmeisterin Tanzsport - Latein u. Standard). S.: 1963 Mittlere Reife in Abendschule, 1969 Steuerbevollm, 1975 Steuerberaterin, 1992 vereid. Buchprüferin. K.: seit 1969 selbst. BL.: Schatzmeisterin d. Sportver. KSV "Rothe Mühle" Essen, ESPO - Essener Sportbund, Dachverb. d. Essener Sportver., Kanuregattaver. Duisburg - Kanurennsport, Mtgl. d. ORGA-TEAMS, Ausrichter gr. intern. Kanuregatten u. WM, Mitwirkung im "Förderver. Essener Sport". H.: Lesen.

Beekmann Klaus R.

B.: Gschf. FN.: Bundesverb. d. Orientteppich-Importeure e.V. DA.: 22453 Hamburg, Borsteler Chaussee 85 Haus 5. G.: Düsseldorf, 21. Nov. 1937. Ki.: Lucia (1962), Mark (1964), Moritz (1977), Franziska (1990). S.: 1957 Abitur, 1957-60 Lehre Einzelhdl.-Kfm. elterl. Betrieb, ab 1960 Bundeswehr - Offz. u. zuletzt Hptm. als Hubschrauberpilot d. Luftrettungsstaffel Faßberg, 1966-70 Stud. Marketing Hamburg u. Wien m. Abschluß Werbefachmann. K.: 1971-73 Werbeltr. f. "Die Zeit" in Hamburg, 1974-76 Promotions-Manager bei Intern. Newspaper + Color Association in Darmstadt, 1977-79 Marktstudie f. Art-Reference in Gütersloh, 1980-83 Grdg. u. Hrsg. d. Veranstaltungsmagazins Kursbuch in Bremen, 1983-85 Inh. d. Restaurant Pfannkuchenhaus in Hamburg, 1985-90 Messe- u. Event-Manager f. d. Beiersdorf AG in Hamburg, seit 1990 Gschf. d. Bundesverb. f. Orientteppich-Importeure e.V: Hamburg u. glz. 1994 Grdg. u. Gschf. v. "Care & Fair". M.: Segelflugver. Rotenburg. H.: Fliegen.

Beel Bert *)

Beelitz Günther

B.: Intendant. FN.: Theater der Stadt Heidelberg. DA.: 69117 Heidelberg, Friedrichstr. 5. G.: Berlin, 29. Sep. 1938. V.: Christine, geb. Holz. El.: Dietrich u. Elsbeth. S.: Abitur, Lehre Buchhändler u. Verlagskfm., Stud. Theaterwiss., Germanistik u. Kunstgeschichte Marburg u. Wien. K.: 1967 Chefdramaturg Städt. Bühnen Dortmund, ab 1968 Ltr. Theaterabt. Univ. Edition Wien, 1971-76 Intendant am Staatstheater Darmstadt, 1976-86 Gen.-Intendant am Düsseldorfer Schauspielhaus, 1986-94 Intendant d. Bayer. Staatsschauspiels München, 1994-2000 Gen.-Intendant d. Dt. National Theaters Weimar, derz. Int. d. Theater d. Stadt Heidelberg. E.: Johann Heinrich Merck-Ehrung d. Stadt Darmstadt. M.: d. UNESCO-Kmsn., Vorst.-Mtgl. Zentrum BRD d. Intern. Theaterinst. im Dt. Bühnenver., Vorstandsmtgl. Intendantengr., Vors. Aussch. f. Verleger- u. Rundfunkfragen, Aussch. f. künstler. Fragen, Dt. Ak. d. Darstell. Künste. H.: Tennis, Skifahren.

*) Biographie www.whoiswho-verlag.ch oder beigefügte CD-ROM

Beemelmans Hubert Dr.
B.: Präs. FN.: Ibero-Club e.V. DA.: 53113 Bonn, Adenauerallee 132 a. G.: Köln, 5. Juni 1932. V.: Anny, geb. Zryd. Ki.: Stephan (1965), Dorothee (1967), Christian (1968), Sebastian (1972). BV.: Urgroßvater Wilhelm Maria Balthasar Beemelmans - Begründer d. Münsterver. Straßburg u. Ltr. d. Wegebauverw. Elsaß-Lothringen. S.: 1952 Abitur Hamburg, 1952-55 kfm. Lehre Firma Siemens, 1955-63 Stud. Rechtswiss. Hamburg u. Lausanne, 1959 1. Staatsexamen, Referendariat Hamburg, Brüssel, EWG-Kmsn. u. glz. Ass. am Max Planck-Inst. f. ausl. u. intern. Privatrecht Hamburg, 1963 2. Staatsexamen, 1963 Prom. K.: 1964 tätig im Auswärtigen Amt Ghana, 1966-69 Konsul in Barcelona, 1969-73 Kulturref. in Lima, 1973-76 in Rechtsabt. im Auswärtigen Amt, 1976-81 ständiger Vertreter in Montevideo, 1981-88 tätig im Auswärtigen Amt als stellv. Ref.-Ltr. f. Jugend, Sport u. Kirchen, 1988-92 Botschafter in Guinea, 1992-95 Ltr. d. Vertragsrechtsref. Recht d. völkerrechtl. Verträge, 1995-97 Botschafter in Madagaskar, Mauritius u. Komoren, seit 1997 im Ruhestand, seit 1999 Publ. Ibero-Club e.V. P.: "Gespaltene Ges." (1963), Aufsätze über "Staatennachfolge in völkerrechtl. Verträge" in Osteuroparecht u. bei Univ. Boston, "State Succession in intern. Law" (1997). M.: Ibero-Club. H.: Literatur, neuere Geschichte, klass. Musik, Reisen.

Been Heike
B.: Unternehmerin, selbständig. FN.: HB individuelle IT Anwenderschulung & Softwareberatung. DA.: 45894 Gelsenkirchen, Hülser Str. 11. info@been-software.de. G.: Herten, 21. Sep. 1954. V.: Dieter Been. Ki.: Manuel (1971), Constanze (1974). S.: 1968-71 Ausbildung z. Hotelkauffrau, 1985-87 Fachoberschulreife in Abendschule. K.: 1971-84 Familienpause, 1987-88 Sachbearbeiterin im Vertrieb, 1988-96 Verkaufsleiterass. im Bereich Überdachungssysteme u. 1993 als Ltr. d. Einkaufs u. Verkaufs, 1996-97 Weiterbildung im IT-Bereich, 1997-99 Ass. d. Gschf. einer Gerüstbaufirma, seit 1999 selbständig im Bereich individueller IT Anwenderschulung u. Softwareberatung. BL.: Doz. b. d. IHK, Handwerkskammer, ehrenamtl. Schulungen f. Jugendliche Schüler 9.-11. Schuljahrgang im Bereich MS Office-Anwendungen. M.: Gründer Support Ruhr. H.: Freizeit m. Familie, Fitness.

Beeneken Martin

B.: RA u. Notar. DA.: 10789 Berlin, Marburger Str. 2. G.: Berlin, 9. Apr. 1952. S.: 1969-72 Ausbild. Ind.-Kfm. Firma AEG Telefunken, 1972-85 Stud. BWL u. Jura FHW u. FU Berlin m. Abschluß Dipl.-Betriebswirt u. 1. Staatsexamen, 1986-89 Referendariat Nürnberg u. Berlin, 2. Staatsexamen u. Zulassung z. RA. K.: seit 1989 selbst. RA, 1994 Zulassung z. Kammergericht, seit 1996 Notar m. Tätigkeitsschwerpunkt priv. Bau-, Arb.- u. Vertragsrecht. P.: Reihe v. Fachseminaren. M.: Dt. Anw.-Ver.

Beenen Herta
B.: Steuerberaterin. DA.: 45478 Mülheim/Ruhr, Laubeckes Weg 3. G.: Brandenburg, 30. Nov. 1942. V.: Lothar Beenen. Ki.: Arnd (1971). S.: b. 1958 Kfm. Handelsschule in Duisburg, 1958-61 Lehre als Gehilfin im steuerberatenden Beruf. K.: 1961-67 Ang. im steuerberatenden Beruf, 1967 Steuerbev., seit 1971 selbst., 1974 Steuerberaterin. H.: Radfahren, Yoga, Schwimmen.

Beening Jakob Dipl.-Ing.

B.: freiberufl. Architekt, 1. Vors. BDB. FN.: Architekten u. Ingenieure Bez.-Gruppe Oldenburg. DA.: 26125 Oldenburg, Stiekelkamp 18B. G.: Steenfelderfehn, 9. Mai 1929. V.: Silke Grünemann. Ki.: Dipl.-Math. Enno (1956), Realschullehrerin, Heike (1958), Dipl.-Ing. Gerd (1961). El.: Beene u. Reinhardine, geb. Harders. S.: 1948 Abitur, 1949-50 Maurerlehre u. Zimmermannslehre, 1952 Stud. Arch. FH Oldenburg, 1954 Abschluß Hochbauing. u. Architekt. K.: 1954-58 Baultr., Architekt in einem Oldenburger Baugeschäft, 1958-71 Hochbauamt d. Landkreises Oldenburg als Hochbauing. u. Architekt, 1971-91 Amtsltr. d. Hochbauamtes Landkreis Oldenburg, seit 1992 freiberufl. Architekt in Oldenburg. M.: BDB, Architekten u. Ingenieure Bez.-Gruppe Oldenburg, seit 1993 im Vorst., seit 1997 1. Vors., seit 1976 AufsR.-Mtgl., 1989-96 Aufs.-Vors. d. Raiffeisenbank Oldenburg. H.: Skifahren, Hallenfußball, Garten.

Beenker Jan Wilke *)

Beer Andreas

B.: Groß- u. Außenhandelskaufmann, Unternehmer, selbständig. FN.: ab licht & ton. DA.: 28197 Bremen, Simon-Bolivar-Str. 11. kontakt@ab-online.de. www.ab-online.de. G.: Dillingen/ Donau, 6. Juli 1969. V.: Sylvia, geb. Harmeling. Ki.: Sarah-Marie (2001). El.: Wernfried Kober u. Hermine Beer. S.: 1989 Abitur Bremen, Bundeswehr Wehrdienst, 1991-93 Lehre z. Groß- u. Außenhandelskaufmann, 1993-94 Stud. Management im Handel FH f. Wirtschaft Bremen. K.: 1993 Grdg. ab licht & ton als Inh. in Bremen, Vermietung, Installation v. Veranstaltungstechnik u. Mobilar, Ausrüstung v. rund 1000 Veranstaltungen im Jahr bundesweit. M.: Junge Union Bremen, seit 2000 Gschf. Vorst. als Schatzmeister, Zukunftszirkel Bremen.

Beer Andrea
B.: Tranzsporttrainerin, Tanzlehrerin, Inh. FN.: Tanzschule Beer. DA.: 27570 Bremerhaven, Elbestr. 102. G.: Bremerhaven, 3. Juni 1958. V.: Horst Beer. Ki.: Vanessa Carolin (1995), Moritz Konstantin (1998). El.: Dietrich u. Annegred Lankenau. S.: 1977 Abitur, Höhere Handelsschule in Bremerhaven, 1978-80 Ausbild. z. Bankkauffrau. K.: b. 1984 Bankkauffrau in Bremerhaven, seit 1978 m. Horst Beer im Formations- u. Einzeltanz aktiv, 1986 Wechsel ins Profilager, größte sportl. Erfolge: 3x Weltmeister im Formationstanz (1979, 1980, 1983), 2x Europameister im Formationstanz (1979, 1980), 2x Dt. Meister im Formationstanz (1979-80), 1981-86 8x Dt. Meister b. d. Amateuren (6x Latein, 2x 10 Tänze), 1985 Welt- u. Europameister im d. Lateinamerikan. Tänzen, 1985 u. 1986 Sieger d. "British Open Championship" in Blackpool, 1990 u. 1991 Dt. Meister über 10 Tänze b. d. Professionals, 5x WWeltmeister d. Professionals: 2x über 10 Tänze, 2x Kür Standard, 1x Kür Latein, 1991 Welt- u. Europ-

*) Biographie www.whoiswho-verlag.ch oder beigefügte CD-ROM

ameister d. Professionals über 10 Tänze, 1992 Weltmeister d. Professionals über 10 Tänze, 7x Weltmeister als Trainer d. Formation, 1982 gemeinsam m. Ehemann Übernahme d. schwiegerelterl. Tanzschule, dzt. zusätzl. tätig als intern. Wettkampfrichterin auf d. ganzen Welt. E.: 1977 Silb. Lorbeerblatt f. Formationen, 1986 Silb. Lorbeerblatt f. Einzelpaare, 1986 Carl Allen Award. H.: Familie, Tanzen, Fitneßstudio.

Beer Angelika
B.: Ref. f. Menschenrechtsfragen, RA- u. Notarsgehilfin, MdB. FN.: Deutscher Bundestag. DA.: 11011 Berlin, Platz d. Republik 1. G.: Kiel, 24. Mai 1957. V.: Peter Matthiesen (Lebensgefährte). S.: Ausbild. z. Arzthelferin, RA-Gehilfin u. Notarsgehilfin. K.: Ref. f. Menschenrechtsfragen, 1992-94 Koordinatorin d. intern. Kampagne z. Ächtung v. Landminen/medico intern., Grdg.-Mtgl. d. Grünen, 1994-95 Mtgl. im Bundesvorst. v. Bündnis 90/Die Grünen, 1987-90 u. seit 1994 MdB, verteidigungspolitische Sprecherin d. Grünen. M.: Rüstungsinformationsbüros Baden-Württemberg (RIB), Berliner Inst. f. transnat. Sicherheit (BITS). (Re)

Beer Eberhard *)

Beer Elke *)

Beer Franz Josef *)

Beer Hans Dr.-Ing. Prof.
B.: Prof. f. Thermodynamik. FN.: TU Darmstadt. DA.: 64287 Darmstadt, Petersenstr. 30. PA.: 64354 Reinheim, Ulmenweg 14. G.: Troppau, 16. Mai 1932. V.: Brigitte, geb. Gail. Ki.: Nikola. El.: Johann u. Hedwig. S.: TH Braunschweig, Univ. Stuttgart. K.: Priv.Doz. Univ. Stuttgart, Gastprof. Laval-Univ., Quebec, Canada, o.Prof. TH Darmstadt. P.: versch. Veröff. auf d. Gebiet d. Wärmeübertragung u. Thermodynamik. M.: Ver. Dt. Ing., Inst. Intern. du Froid.

Beer Hans R. Dipl.-Ing. *)

Beer Holger

B.: Werbegrafiker u. Designer, selbständig. DA.: 04159 Leipzig, Pferdnerstr. 27. G.: Leipzig, 25. Dez. 1962. S.: 1979 Mittlere Reife, 1979-81 Lehre - Facharbeiter Maschinenbauschlosser, 1981-83 Wehrdienst, 1983-84 Ausbildung Prüfstandmonteur WTZ Automobilbau Chemnitz. K.: 1984-86 Beauftragter f. Messen d. BBG Leipzig, 1986-90 Lehre Karosseriebauer u. Schweißerausbildung, 1983-90 nebenrufl. tätig im Karosserie-Tuning, 1991-95 Stud. Design und Werbegrafik an der Neuen Kunstschule Zürich, seit 1996 selbständiger Designer u. Werbegrafiker m. Schwerpunkt Foto-Art-Bilder, Foto-Collagen, Karosseriedesign, Farbgestaltung f. Motorsportfahrzeuge, Karikatur, Fotografie u. Werbung. P.: Ausstellung v. Foto-Art-Bildern im Motorpark Oschersleben. M.: TSV 1893 Wahren. H.: Motorradfahren, Skifahren, Mountainbiken, Schwimmen, Malen.

Beer Horst *)

Beer Ingeborg Dr. rer. pol.
B.: Soziologin. DA.: 10711 Berlin, Kurfürstendamm 123. G.: Hengersberg, 10. Feb. 1948. El.: Eduard u. Klara Beer. S.: 1967-70 Ausbild. z. Sozialarb. an d. Höheren Fachschule f.

Sozialarb. in München, 1970-71 Praktikum als Sozialarb. u. im Stadtentwicklungsreferat, staatl. Anerkennung als Sozialarb., 1971-73 Stud. Soz. an d. LMU München,1973-76 Stud. Soz. an d. FU Berlin, Dipl. K.: 1977-79 Lehrbeauftragte an d. Univ. Bremen, 1978-80 Forsch.-Tätigkeit b. Dachverb. Bremer Gemeinschaftszentren, 1981-86 wiss. Mitarb. an d. HS d. Künste, 1989 Prom. z. Dr. rer. pol., 1988-92 Dipl.-Soziologin u. Sozialplanerin b. Ver. f. Sozialplanung u. angew. Stadtforsch. e.V. Berlin-Kreuzberg, 1996-97 wiss. Mitarb. an d. Humboldt-Univ. zu Berlin. P.: zahlr. Publ. u.a. "Als d. Häuser sprechen sollten ... Vom soz. Pathos im Siedlungsbau d. 20er J.", "Frauen helfen Frauen. Soz. Gruppenarb. m. türk. Frauen", zahlr. Vorträge, Kongresse wie "Intern. Community Planning Workshop" 1995 Berlin, Filmbeiträge: "Wohnen wie gewohnt? Neue Entwicklungen in ostdt. Städten". H.: Musik, Film, Golf, Kulinarisches.

Beer Manfred Dr. med. Prof. *)

Beer Martin Dipl.-Theol. *)

Beer Peggy
B.: Bankkauffrau, Grundschullehrerin, Profi-Leichtathletin. FN.: c/o Dt. Leichtathletik Verb. DA.: 64289 Darmstadt, Alsfelder Str. 27. G.: Berlin, 15. Sep. 1969. S.: Ausbild. z. Bankkauffrau, Stud. z. Grundschullehrerin. K.: b. 1989 SC Dynamo Berlin, 1990-92 SC Berlin, seit 1993 LAC Halensee Berlin, sportl. Erfolge: 1992 Olymp. Spiele/6., 1996 Olymp. Spiele/13., 1991 WM/7., 1997 WM/9., 1991 EC/1., 1996 EC/4., 1987 Junioren-Europameisterin, 1991 u. 1997 Dt. Meisterin, 1998 Götzis/3. H.: Zeichnen, Katzen, Kreuzworträtsel. (Re)

Beer Sylvester Dr. med. dent. *)

Beer Ulrich Dr. phil. Prof. h.c. *)

Beer Ursula Mag. *)

Beer Uwe *)

Beer Uwe

B.: RA. DA.: 10369 Berlin, Storkower Straße 187. PA.: 10369 Berlin, Storkower Str. 187. Uwe-Beer@t-online.de. G.: Jena, 09. Sept. 1960. Ki.: Stefan (1987) El.: Hans u. Herta, geb. Neumann. S.: 1977 Mittl. Reife, 1977-79 Lehre als Elektromonteur, 1979-82 Wehrdienst, 1983-86 Stud. Staatswiss. i. Weimar, 1988-93 Jura-Stud. a. d. Humboldt-Univ. zu Berlin, 1995-98 Referendariat. K.: 1982-83 MA i. d. Kreisverwaltung Strausberg, 1986-87 Abt.-Ltr. i. d. Stadtverwaltung Strausberg, 1987-88 Mitarb. i. Organisationsstab b. Magistrat v. Berlin f. d. 750-Jahrfeier Berlins, 1988-90 verantwortl. MA f. Gästebetreuung b. Ministerrat d. DDR, 1991-95 Referent f.

*) Biographie www.whoiswho-verlag.ch oder beigefügte CD-ROM

Bürgerberatung u. Ordensangelegenheiten i. d. Staatskanzlei d. Landes Brandenburg, 1999 Gründung d. eig. RA-Kanzlei. P.: Versch. Artikel i. d. Presse. H.: Badminton.

Beerbaum Ludger
B.: Profi Spring-Reiter, Züchter. PA.: 48477 Hörstel, Prozessionsweg 51a. G.: Adelebsen, 26. Aug. 1963. V.: verh. Ki.: 2 Kinder. K.: bis Frühsommer 1994 angestellt im Turnierstall d. Alexander Moksel AG, dann selbständig; größte sportl. Erfolge (Auswahl): 1981 Dt. Junioren Vizemstr., 1982 Dt. Vizemstr. d. Jungen Reiter, 1984 EM Junge Reiter/3., 1987 DM/3., 1988 DM/1., 1990 WM Mannschaft/2., 1991 EM Mannschaft/5., 1992 Olympische Spiele/1., DM/1., 1993 WC Finale/1., 1994 Großer Preis v. Luxemburg Mannschaft/1., insg. 7 Siege, 1995 DM/2., 1996 Olympische Spiele Mannschaft/1., 1997 DM/1., EM Einzel u- Mannschaft/1., 1998 Weltrangliste Spring-Reiter/1., EM Mannschaft/Goldmedaille, DM/Goldmedaille, 1998 Großer Preis CHI Dortmund/1., Weltcupspringen Göteborg/1., Weltcupspringen s´Hertogenbosch/1., Hamburger Derby/1., Großer Preis CSI Valkenswaard/1., Preis der Nationen CSIO Calgary/1., Finale Samsung Nations Series Donaueschingen/3., 1999 Weltcupspringen Paris-Bercy/1., Weltcup-Finale Göteborg/6., Großer Preis CSI Berlin/1., Großer Preis Hamburg/1., Preis der Nationen CSIO Modena/1., Preis der Nationen CSIO Hickstead/1., Preis der Nationen CSIO Calgary/1., DM/3., EM Mannschaft/1., 2000 OS Sydney Springreiten Mannschaft/1.

Beerbaum Markus
B.: Profi-Springreiter, Reiter, Ausbilder, Pferdehdl., FN.: c/o Dt. reiterl. Vereinigung. DA.: 48231 Warendorf, Frhr.-von-Langen-Str. 13 G.: Göttingen, 16. Juni 1970. V.: Meredith, geb. Michaels. K.: DM: 1994 Bronzemed., 1993 u. 1998 5. Pl.; EM: 1997 Goldmed. Mannschaft, 1997 5. Pl. Einzelwertung; WM: 1998 Goldmed. Mannschaft, 1998 7. Platz Einzelwertung, 1990 "Preis d. Besten" Warendorf/2.; 1992 Preis d. Nationen CSIO Toronto/2., Preis d. Nationen CSIO Washington/3.; 1993 Preis d. Nationen CSIO Linz/1., WC-Springen CSI Dortmund/1., Preis d. Nationen CSIO Linz/1., Preis d. Nationen CHIO Aachen/1.; 1996 Preis d. Nationen CSIO Rom/2.; 1997 Preis d. Nationen CHIO Aachen, Gr. Preis CSIO Calgary/5., Gr. Preis CHI Berlin/2.; 1998 Preis d. Nationen CSIO Modena/2., Preis d. Nationen CSIO Hickstead/2., Gr. Preis Turnier d. Sieger Münster/1., Gr. Preis CSI Maastricht/1. H.: Reitsport, Sport (Fußball).

Beermann Gerold
B.: selbst. vereid. Buchprüfer u. Steuerberater. DA.: 49302 Melle 1, Mühlenstr. 48. G.: Georgsmarienhütte, 9. März 1950. V.: Christiane, geb. Marthar. Ki.: 2 Kinder. S.: Ausbild. z. Steuerfachgehilfen, Steuerbev., Steuerberater u. vereid. Buchprüfer Osnabrück. K.: 1981 Societät, seit 1987 Übernahme u. selbst. Inh. H.: Segeln.

Beermann Jens Dr. med. *)

Beermann Kristel
B.: 2. Vors. FN.: Fünfhausener Vogelfreunde e.V. DA.: 21037 Hamburg, Süderquerweg 581. G.: Tilsit, 29. Juni 1943. V.: Ullrich Beermann. S.: 1960-64 Ausbild. z. Goldschmiedin b. Brahmfeld & Gutruf GmbH. K.: 1964-71 schwere Erkrankung m. teilweiser Berufsunfähigkeit, 1972-80 Bürokauffrau b. Bosch AG, seit 1980 unentgeltl. Pflege, Information u. Betreuung v. Papageien u. Großsittichen, 1994 Grdg. d. Ver. Fünfhausener Vogelfreunde. E.: Gold-, Silber- u. Bronzemed. f. Ausstellung in Groß-Volieren b. AZ e.V. M.: Fünfhausener Vogelfreunde e.V., AZ, BNA, Tierheim Süderstraße, Tierheim Geesthacht, Ehrenmtgl. d. Vogelschützer u. Vogelzüchter Grabow e.V. H.: Vögel, Hunde, Katzen, Waschbären.

Beesch Anna-Maria Dr. iur.
B.: Rechtsanwältin. DA.: 60313 Frankfurt/Main, Goethepl. 1/Alte Rothofstr. 2-4. G.: 10. Okt. 1954. V.: Wolfgang Beesch. S.: 1976 Wirtschaftsabitur, Stud. Rechtswiss. Johann-Wolfgang-Goethe-Univ. Frankfurt, 1978-79 Auslandsstud. Lausanne/Schweiz, 1981-82 wiss. Hilfskraft am Inst. f. ausländ. u. intern. Wirtschaftsrecht Univ. Frankfurt/Main, 1982 1. u. 1985 2. Jur. Staatsprüf., 1989 Dr. iur. K.: 1982-85 Referendariat LG u. Staatsanw. Darmstadt, Bauplanungsdezernat d. Stadt Frankfurt/Main, Rechtsabt. d. Zentrale d. Dt. Bank Frankfurt/Main, OLG Frankfurt/Main, 1983 Teilnahme am Summer Program in American Law d. Columbia Univ. New York in Amsterdam, 1985 Zulassung z. RA, ab 1990 RA in d. Anw.-Kzl. Beesch in Frankfurt/Main mit Schwerpunkten im Wirtschaftsrecht, insbes. Bank- u. Kreditkartenrecht. P.: Veröff. d. Monographie "Rohstofftransporte zwischen Ind.- u. Entwicklungsländern - Eine Analyse d. vertragl. u. außervertragl. Regelungsrahmens" (1989). E.: Baker & McKenzie Preis 1989 f. d. hervorragende Diss. M.: 1985-88 Forsch.-Team Rohstoffgruppe am Inst. f. ausländ. u. intern. Wirtschaftsrecht d. Univ. Frankfurt/Main, Mtgl. im Dt. Anwaltsver. H.: Reisen, Fotografie, Musik (Klassik, Jazz), Kunst. Sprachen: Französisch, Englisch.

Beesch Wolfgang *)

Beese Martin Dr. med.

B.: Radiologe u. Nuklearmediziner. DA.: 23552 Lübeck, Mengstr. 66-70. G.: Hamburg, 18. Mai 1955. V.: Martina, geb. Jakob. S.: 1975 Abitur, 1976-77 Zivildienst, 1978-79 Stud. Jura Hamburg, 1979-86 Stud. Med., 3. Staatsexamen. K.: ab 1966 tätig an d. Univ.-Klinik Hamburg in Eppendorf, 1998 FA f. Nuklearmed., 1990 Prom., wiss. Tätigkeiten im Bereich neuromuskuläre Erkrankungen, 1998 Eröffnung d. Praxis i. Lübeck m. Schwerpunkt Nuklearmed. P.: Prom.: Die Bedeutung d. tumorassizierten Antigene Dupau, Ca-19-9 Ca, u. MRT d. Muskulatur (1997). M.: Dt. Röntgenges. e.V., Berufsverb. d. Radiologen, Dt. Ges. f. Muskelerkrankungen e.V.

Beese Martina *)

Beese Michael Dipl.-Ing.

B.: Elektroing., Inhaber. FN.: Beese-Technology Ing.-Büro f. Informationstechnologien - Microsoft Certified Partner. DA.: 39124 Magdeburg, Grünstr. 15. beese@beese-technology.de. G.: Magdeburg, 27. Okt. 1960. V.: Birgit Riemann, geb. Jordan. Ki.: Katja (1985), Armin (1987). El.: Heinrich u. Jutta, geb. Rosenburg. BV.: Großvater Willi Rosenburg - selbst. Friseurmeister in Magdeburg gemeinsam m. d. Ehefrau. S.: 1977-79 Ausbild. Elektromechaniker Meßgerätewerk E. Weinert Magdeburg, 1979-80 Elektromechaniker Meßgerätewerk Magdeburg, 1980-83 Stud. Elektrotechnik u. Automatisierungstechnik Ing.-Schule

*) Biographie www.whoiswho-verlag.ch oder beigefügte CD-ROM

Velten m. Abschluß Ing. K.: 1983-85 Technologe im Meßgerätewerk f. elektron. Baugruppen, 1985-87 Bereichsltr. u. Elektromeister im VEG in Banzkow, 1987-89 stellv. Dir. d. Abt. f. Stadtbeleuchtung in Schwerin, 1989-91 stellv. Gschf. u. kfm. Ltr. d. Privatisierug d. Stadtbeleuchtung Hebermehl, 1986-92 Fernstud. techn. Kybernetik u. Informatik an d. TH m. Abschluß Dipl.-Ing., 1991 Ausbildereignungsnachweis. H.: Schifahren, Lesen, Auto, Computer.

Beese Wilhelm Dr. *)
Beese Wilhelm Christof

B.: Gschf. FN.: Beese Baustoffe GmbH & Co KG. DA.: 59269 Beckum, Lippborger Str. 221. V.: Eveline, geb. Hauswille. Ki.: Mike, Dirk, Julia. El.: Franz u. Elisabeth, geb. Holtkamp. S.: 1972 Fachabitur Elektrotechnik Münster. K.: tätig als Zementwerker im elterl. Betrieb, später Laborltr. u. kfm. u. techn. Ltr. f. d. Bereiche Herstellung v. Zement u. Kalk, 1982 Prod.-Einstellung v. hydraul. Bindemitteln, zusätzl. Baustoffhdl., Prod. u. Hdl. m. Schwerpunkt Transport, Baustoffhdl., Elektroinstallationen, Heizungsinstallationen, Geräteverleih, Holz-, Fliesen- u. Keramikbereich. BL.: Entwicklung einer Packmaschine. M.: Schützenver. H.: Surfen, Drachen fliegen, Segeln.

Beeser Wolfgang
B.: Vors. d. Gschf. FN.: NUR TOURISTIC GMBH. DA.: 61440 Oberursel/Taunus, Zimmersmühlenweg 55.

Beetz Heinz Dipl.-Jurist *)

Beetz Ulrich Prof. *)

Befurt Adolf
B.: Friseurmeister, Inh. FN.: Friseur Befurt GmbH. DA.: 89073 Ulm, Bahnhofpl. 7. G.: Königsfeld, 20. Apr. 1941. V.: Heidi, geb. Bitterle. El.: Susanna, geb. Weresch. S.: 1955-58 Lehre Friseur. K.: 1958-62 Friseur in Deutschland u. d. Schweiz, 1964 Meisterprüf., 1974 selbst. Friseur in Erbach, 1969 Eröff. d. Firma in Ulm u. Eröff. v. 4 Filialen. BL.: jährl. Seminare in Paris, London u. Florenz, Teilnahme an DM u. EM, intern. Preise in Paris, London, Spanien, Schweiz u. Österr. M.: Obermeister d. Friseurinnung, Kreishandwerkschaft. H.: Tennis, Fußball, Golf, Württemberg. Meisterschaften.

Begehr Heinrich Dr.
B.: Dipl.-Math., HS-Lehrer. FN.: I. Math. Inst. d. FU Berlin. DA.: 14195 Berlin, Arnimallee 3. PA.: 14167 Berlin, Pinnauweg 30a. begehr@math.fu-berlin.de. http://www.math.fn-berlin.def~begehr/. G.: Halle/Saale, 17. Apr. 1939. V.: Ingrid, geb. Krause. Ki.: Birgit (1967), Astrid (1971), Fabian (1978). El.: Adolf u. Margot. S.: Domschule Schleswig, Gaußschule Braunschweig, 1959 Abitur, 1960-66 Stud. FU Berlin Math. u. Physik. K.: 1966-69 Ass., 1969-70 AkR., seit 1970 Prof., Gastprof. Univ. Delaware, Univ. Hawaii, Univ. Peking, Univ. Guangzhou, Ningxia Univ., Steklov Inst. Akad. Nauk SSSR, Assiut Univ., Bucharest Univ., Padora Univ., 1972-73, 1974-89, 1982, 1986-90, 1991-99 u. seit 2001 Dir. I. Math.Inst. FU Berlin. P.: ca. 100 Art. in versch. math. Zeitschriften u. Sammelwerken, Boundary value problems for elliptic equations and systems (m. G.-C. Wen, Longman, 1990), Transformations, transmutations and kernel functions, I, II (m. R. P. Gilbert, Longman, 1992/93), Complex analytic methods for partial differential equations. An introductory text (World Scientific, 1994), Nonlinear elliptic bounary value problems and their applications (m. G.-C. Wen, Addison Wesley Longman, 1996), An introduction to several complex variables and partial differential equations (m. A. Dzhuraev, Addison Wesley Longman, 1997), Mathematik in Berlin, Geschichte u. Dokumentation, I, II (Shaker, 1998). E.: 1984-88, 1992-96 Vors. d. Berliner Math. Ges. M.: Berliner Math. Ges.

Begelspacher Michael

B.: NLP-Hypnose-Trainer. FN.: Institut f. NLP u. Hypnose. DA.: 79117 Freiburg, Hasemannstr. 15; 79199 Kirchzarten, Löwenstr. 3. info@institut-fuer-nlp-und hypnose. de. www.institut-fuer-nlp-und-hypnose.de. G.: Freiburg, 13. März 1959. V.: Susanne, geb. Britsch. Ki.: Jeanina. El.: Oskar u. Ingeborg, geb. Gabele. BV.: urkundlich zurückverfolgbar b. 1572. S.: FH-Reife, Lehre Elektroinstallateur, Elektromeister. K.: 5 J. Laienschauspieler Theater Freiburg, Ausbildung in traditioneller chin. Med. in Freiburg, Heilpraktikerausbildung in Freiburg, seit 1986 Psycholog. Ausbildung NLP u. Hypnose, zwischenzeitl. Fernstud. Informatik. H.: Modellhubschrauber fliegen, Musik (Klavier, Saxophon, Gesang).

Begeman Arndt Dr.
B.: RA u. Fachanw. f. Verw.-Recht. FN.: Menold & Aulinger. DA.: 45127 Essen, Gildehofstr. 1. G.: Flensburg, 5. Juni 1961. V.: Bärbel, geb. Lindemann. Ki.: Henning (1991), Carolin (1994). S.: 1979 Abitur Heikendorf/Kiel, 1981-87 Stud. Rechtswiss. Kiel, 1992 II. Staatsexamen, 1989 Prom., 1990 Jurist. Mitarb. in einer Anw.-Kzl. in New York, 1995 Fachanw. f. Verw.-Recht. K.: seit 1992 RA in Essen. P.: "Die Beziehung zwischen Maklertätigkeit u. Abschluß d. Hauptvertrages nach § 652 I 1 BGB" (1989), Mitautor "Retention of Title Securing Payment from Foreign Buyer" (1991), Dt. Art. in "Intern. Food and Beverage Law" (1996), Dt. Art. in "Intern. Protection of Foreign Investment" (1997). M.: Dt. Anw.-Ver., Dt.-Amerikan. Juristenver., Intern. Bar Assoc., Intern. Business Law Consortium. H.: Musik, Literatur, Tennis, Skifahren.

Begemann Dieter *)

Begemann Ernst Dr. Prof.
B.: em. Univ.-Prof. f. Lernbehindertenpäd. FN.: Univ. Koblenz-Landau, Inst. f. Sonderpädagogik. PA.: 55296 Lörzweiler, An der Tierhäuptern 14. G.: 4. Dez. 1927. V.: Christa. Ki.: Bernt, Gabriele, Frank. El.: Heinrich u. Karoline. S.: Stud. PA Detmold, FU Berlin, Univ. Münster, 1969 Prom. K.: 1949-56 Lehrer Lippe, 1956-61 Ltr. Heimschule Ev. Johannesstift Berlin, 1961-65 HS Brackwede, 1965-68 PH Dortmund, 1969 Prof. PH Reutlingen, 1971 o.Prof. FB Sonderädagogik EWH Mainz, 1985 Univ. Mainz, 1993 Univ. Koblenz-Landau. P.: "Die Bildungsfähigkeit d. Hilfsschüler" (1968), "Die Erziehung d. sozio-kulturell benachteiligten Schüler" (1970), "Behinderte - Eine humane Chance unserer Gesellschaft" (1973), "Förderung v. Schwerstkörperbehinderten" (1979), "Hauptschulabschluß an d. Schule f. Lernbehinderte" (1982), "Innere Differenzierung in d. Schule f. Lernbehinderte" I (1983), II (1987), III (1988), "Individuelles u. gemeinsames Lernen in d. Schule f. Lernbehinderte" (1985), Schüler u. Lern-Behinderungen (1984), Sonderpädagogik für

*) Biographie www.whoiswho-verlag.ch oder beigefügte CD-ROM

Nichtbehinderte I (1994), II (1994), Die wohnortintegrierte (Sonder-) Schule als Integrierende Schule (1995), Lebens- u. Lernbegleitung konkret (1997), Lernen verstehen - Verstehen lernen (2000), Wirklichkeit als Dialog (2001), zahlr. Beiträge in Fachpubl. über Selbst-Erziehung, Lernen, Didaktik, Arbeitslehre, unterr. Grundfragen: Aufmerksamkeit, Interesse/Motivation, (Selbst-) Tun, sonderpädagogische Förderungsdiagnostik bzw. Lernbegleitung, Bedeutung d. Hirnforschung f. Sonder-Pädagogen, Menschenbild, Euthanasie, Eugenik, Religionsunterricht, Mathematik, Schulbücher, Lehrpläne. M.: Ges. f. Erziehungswiss., Welbund f. Erneuerung d. Erziehung.

Begemann Ernst *)

Begemann Jörg Walter *)

Begemann Karen *)

Begemann Uhland

B.: Koch, Inh.; Pächter. FN.: Falkenberger Hof; Wilder Mann, Bistro Sauerland im Sauerländer Dorf im Westfäl. Freilichtmuseum. DA.: 32760 Detmold, Am Krugpl. 14. PA.: 32760 Detmold, Denkmalstr. 13. G.: Militsch/Niederschlesien, 1. März 1942. V.: Christa, geb. Wessel. Ki.: Anja (1966), Arnd (1968). El.: Philipp u. Charlotte, geb. Scholz. S.: 1956-59 Lehre Koch Kurhaus z. Stern u. Hotel Hirschsprung. K.: 1960 Koch i. Hotel Hirschsprung, 1961-63 Bundeswehr, 1963-65 Seefahrt Hamburg-Amerika f. d. Hapag, 1965-67 tätig in versch. Betrieben, 1967-68 tätig in Australien u. Nordamerika f. Hapag, 1968-70 Hotelfachschule in Dortmund m. Abschluß staatl. geprüfter Gaststätten- u. Hotelkfm. u. Küchenmeister, 1970-72 stellv. Ltr. d. Wirtschaftbetriebe d. Firma Karstadt in Bielefeld, 1972-74 Ltr. d. Wirtschaftbetriebe bei d. Firma Karstadt in Limburg/Lahn, 1974-75 Ltr. d. Wirtschaftbetriebe bei d. Firma Karstadt in Hamburg, Hamburger Strasse, Munzburg, 1975-80 selbst. m. Ratskeller in Horn-Bad Meinberg, 1980 Kauf d. Falkenberger Hof, seit 1990 zusätzl. Pächter d. Gaststätte Zum wilden Mann im Freilichtmuseum Detmold, 1997 Eröff. d. Bistro Sauerland im Freilichtmuseum. M.: Prüfer f. Köche d. IHK, stellv. Mtgl. d. Berufsbild.-Aussch. H.: Angeln, Fische- u. Wildgerichte zubereiten.

Beger Günther *)

Beggerow Derk Dipl.-Kfm.

B.: Gschf. Ges. FN.: Lang & Laufladen Sportart. GmbH. DA.: 10789 Berlin, Bayreuther Str. 9. G.: Berlin, 29. Jän. 1967. V.: Tina, geb. Pätzold. El.: Frank u. Ursel. BV.: Hugenottenfamilie der Beggerows im 16. Jhdt. S.: 1985 Abitur, 1986-92 Stud. BWL TU Berlin. K.: 1992 Übernahme des elterlichen Betriebes. F.: Gschf. Ges. d. Hdls.-Agentur Beggerow GmbH in Berlin. M.: Vors. d. IG LEX, Kmsn. im Einkaufsverband SPORT 2000. H.: Sport.

Beglau Erhard Dr. med.

B.: Arzt f. Cghir., Plast. Chir. FN.: Chirurgische Praxis Ruhrort Dr. med. E. Beglau. DA.: 47119 Duisburg, Hafenstr. 27. PA.: 45468 Mülheim/Ruhr, Wasserstr. 20. G.: Thorn-Papau, 21. Apr. 1942. V.: Dr. med. Bärbel, geb. Kröner. Ki.: Ingken, Frauke, Nina, Anna-Louise. El.: Willi u. Lydia Rieger. S.: 1970 Abitur Stuttgart, 1970-76 Med.-Stud. Eberhard-Karl Univ. Tübingen. K.: 1977-78 Med.Ass. KKH Mühlacker u. Dr. Baetzner KH Bad Wildbad, 1978-85 Chir. Abt. Ev. KH Düsseldorf, 1978 Prom., 1985-91 Abt. f. Plast.-Handchir. u. Brandverletzte Knappschaftskrankenhaus Bergmannsheil Gelsenkirchen-Buer, 1991 Niederlassung in eigener Praxis als Arzt f. Chir., Plast. Chir., Handchir. 'Durchgangsarzt', rekonstruktive Chir., Ästhet. Chir. P.: Vorträge: Operative Behandlung d. Karpaltunnelsyndroms, Topische Anwendungen v. Ozon b. operativen Eingriffen. M.: Ev., FDP, BDC, VDPC, DAHD, Ges. f. Senologie. H.: Skifahren, Segeln, Sportschießen.

Begsteiger Friedrich

B.: Glasermstr., Gschf. u. Inh. FN.: Glaserei Begsteiger. DA.: 83345 Bad Reichenhall, Gewerkenstr. 30. PA.: 83435 Bad Reichenhall, Münchner Allee 13 b. G.: Bad Reichenhall, 1. Aug. 1943. V.: Rosa, geb. Sonntagbauer. Ki.: Brigitte (1977). El.: Kurt u. Margarete,geb. Ullrich. S.: 1957-60 Lehre im Glaserhandwerk mit Abschl. Geselle. K.: 1960-65 Mitarb. im elterl. Betrieb, 1965 Mstrprüf. in München, 1968 Heirat, 1965-78 Mitarb. im elterl. Betrieb, 1978 Übern. desselben. M.: Trachtenverein "GTEV D'Lattenberger in Bayerisch Gmain, fachl. Beirat d. Glasversicherung a. G. in Bad Reichenhall. H.: Bayer. Volksmusik, Segeln, Bergsteigen, Schwimmen, Radfahren, Campen mit Wohnwagen. (P.Q.)

Begum Aga Khan Gabriele Inaara Dr.

B.: Begum. DA.: F-60270 Gouvieux, Aiglemont. G.: Frankfurt am Main, 1. Apr. 1963. V.: Prinz Karim Aga Khan IV. Ki.: Prinzessin Theresa Anna Elisabeth zu Leiningen (1992) aus d. 1. Ehe m. Karl Emich Erbprinz zu Leiningen, 2000 Prinz Aly Muhammad Aga Khan. El.: Hotelier Helmut Friedhelm Homey u. Unternehmerin Renate Thyssen-Henne (u. a. Wienerwald-Konzern). S.: Abitur i. Internat Salem a. Bodensee, Jura-Studium i. München u. Köln, 1990 Promotion ü. amerik. Wirtschaftsstrafrecht, Titel: Der strafrechtliche Schutz des Geschäfts- und Betriebsgeheimnisses in den USA unter besonderer Berücksichtigung des Bundesrechts u. d. Rechts des Staates New York", 1992 zweites jur. Staatsexamen i. München. K.: s. d. Trennung v. Karl Emich Erbprinz zu Leiningen Engagement als UNESCO Beraterin m. d. Spezialgebiet Gleichstellung d. Frau i. d. dritten Welt, d. Hochzeit m. d. Ismailiten-Führer Prinz Karim Aga Khan IV. w. d. dt. Prinzessin zur Begum Inaara (deutsch: "die Lichtbringende").

Behbahani Kambiz M.A.

B.: Politiker, Freier Journalist. FN.: Bündnis 90/Die Grünen. DA.: 53309 Bornheim, Ehrental 2-4. PA.: 13349 Berlin, Müllerstr. 134a. G.: Teheran/Iran, 20. Dez. 1946 (seit 1997 dt. Staatsbürgerschaft). Ki.: Roja (1994). El.: Ahamd u. Soghra. S.: 1973 nach Berlin, 1980 Abitur, Stud. Kommunikationswiss. u. Germanistik, 1984 Dipl. S.: 1989 Eintritt "Alternative Liste" Berlin, seit Vereinigung m. Bündnis 90/Die Grünen dort aktiv tätig, seit 1992 AusländerbeiR. Wedding, 1994-96 Mtgl. d. Bundesvorst. v. Bündnis 90/Die Grünen, freiberufl. Journalist, BL.: Initiator d. "Initiative f. d. doppelte Staatsbür-

---

*) Biographie www.whoiswho-verlag.ch oder beigefügte CD-ROM

gerschaft", Initiative "Wahlrecht für Ausländer", Initiative "Journalisten warnen v. Atomkrieg". P.: zahlr. krit. Art. M.: IG Medien.

Behbehani Ahmad Ali
Dr. med. Dr. med. habil. Prof.
B.: ärztl. Ltr. HNO-Abt. Arabellaklinik. DA.: 81925 München, Arabellastr. 5. G.: Shiraz/Iran, 12. Okt. 1935. V.: Maria Gabriela, geb. Moritz. Ki.: Darius (1962). S.: 1954 Abitur in Shiraz, 1956-57 Stud. d. Humanmed. LMU München, 1961 ärztl. Vorprüf. (Physikum) in München, währ. d. Stud. Krankenpflege u. Famulatur an d. Chirurg. Klinik der Univ. München, im Städt. KH München u. in d. Med. Klinik d. Univ.-Klinik München. 1966 Med. Staatex.,1975 Prom. mit "Magna cum laude", K.: Med.-Ass. im Kreis-KH Landshut, Chirurg. Abt., 1967 K.:Med.-Ass. im Kreis-KH Waldkirchen, Chirurg.-Gynäkol. Abt, 1967-68 Med.-Ass. an d. Med. Poliklinik d. LMU München, Approb., Ass. an d. Klinik u. Poliklinik für HNO d. LMU, 1974 Anerkenn. als FA, seit 1974 Ltg. d. Allergolog. Ambulanz an d. Klinik u. Poliklinik f. HNO an d. LMU, ab 1976 Oberarzt, 21.12.79 Genehm. z. Führung d. Zusatzbezeichnung "Allergologie", seit 1.7.80 akad. Rat auf Lebenszeit, 28.7.80 Genehm. z. Führung d. Zusatzbez. "Plastische Operationen, 1978-89 Oberarzt, ab 1981 ltd. Oberarzt, 1983 Habil., 1985 Prof. HNO-Heilkunde, seit 1990 ärztl. Leiter d. Arabellaklinik. BL.: weltweit einzigart. Operationsmethode bei Blepharospasmus (schwerer Augenlidkrampf). P.: zahlr. wiss. Publ. in d. Fachlit. auf d. Geb. Kopf- Hals-, Kehlkopfbereich, HNO-Bereich u.a., "Die Ruptur d. Runden Fensters" 1977, "Erfahrungen mit lösungsmittelgetrockneter Fascia lata bei operativen Eingr. im Hals-Nasen-Ohrenbereich" 1983, "Laryngologie Rhinologie Otologie" 1989.

Behem Andreas *)

Beher Wolfgang

B.: RA. DA.: 52070 Aachen, Wilhelmstr. 38. G.: Essen, 25. Apr. 1954. V.: Gertrud. Ki.: Bianca (1992) und Desiree (1994). S.: 1973 Abitur, 1973-74 Bundeswehr, 1974-80 Stud. Rechtswiss. Univ. Bonn u. Bochum, 1980 1. Staatsexamen, 1981-83 Referendariat StA., Gericht und RA Aachen, 1983 2. Staatsexamen. K.: ang. RA einer Anw.-Kzl. in Aachen, seit 1985 selbst. H.: Joggen, Schifahren, Lesen.

Behfeld Thorsten Dr.

B.: Tierarzt. FN.: Kleintierpraxis. DA.: 21493 Schwarzenbek, Schmiedekamp 32. G.: Hamburg, 8. Feb. 1958. V.: Birgit, geb. Ruder. Ki.: Jan Niklas (1986), Anna Lena (1993). S.: 1977 Abitur Hamburg-Eppendorf, 1977 Seefahrt als Offz.-Bewerber im nautischen Dienst b. d. Hapag-Lloyd Hamburg, 1978-80 Bundeswehr, 1980-85 Stud. Vet.-Med. in Berlin, 1. Staatsexamen, 1985-86 ang. Tierarzt in Osterholz-Scharmbek, 1986-88 Tierärztl. HS Hannover, Prom. K.: 1989 Ass.-Arzt b. Dr. Radatz in Schwarzenbek, anschl. Übernahme d. Praxis, Schwerpunkte: Kleintierpraxis, allg. Interessengebiete Haut, Ernährungsphysiologie. P.: wiss. Arb. auf. d. Gebiet d. Tiernahrung, veröff. in "Beiträge z. Verdauungsphysiologie d. Hundes", Mithrsg. M.: Bund Prakt. Tierärzte. H.: Sport allg., Joggen, Volleyball, Garten.

Behjat Shahab *)

Behl Peter *)

Behl Silke Dr. phil. *)

Behlau Michael Dr. iur. *)

Behle Jochen *)

Behler Bernhard
B.: RA. FN.: Kzl. Behler & Hellissen. GT.: 1989 Mitbegründer u. Mitinh. d. überregional tätigen Lehrinst. "Jurist. Repetitorium Hemmer", Repetitor f. nat. u. intern. Privatrecht. DA.: 69120 Heidelberg, Brückenkopfstr. 1/2. kanzlei@behlervollrath.de. www.behlervollrath.de. G.: Bochum, 24. Apr. 1958. V.: Dipl.-Kauffrau Monika, geb. Stifter. Ki.: Katharina (1981), Thomas (1985), Markus (1987). El.: Franz u. Hildegard, geb. Westholt. S.: 1977 Abitur, 1977-78 Grundwehrdienst, 1978 Jurastud. Univ. Heidelberg, 1984 1. Staatsexamen, während d. Referendariats u.a. wiss. Mitarb. am Lehrstuhl f. Arbeitsrecht, 1987 2. Staatsexamen. K.: 1987-93 ang. Anw., 1993 Eröff. d. eigenen Anw.-Kzl. in Heidelberg, Tätigkeitsschwerpunkt: Allg. Privatrecht, intern. Privatrecht, Arbeitsrecht u. Kreditsicherungsrecht, 1995 Erweiterung z. Sozietät Behler & Vollrath Rechtsanwälte, 1999 Erweiterung nach Speyer, 2001 Umbenennung z. Sozietät Behler & Hellissen. F.: Jurist. Repetitorium Hemmer. M.: Skiclub Heidelberg. H.: Triathlon (Mitveranstalter d. Heidelberg Man), Fotografieren.

Behler Gabriele
B.: Min. f. Schule, Wissenschaft u. Forschung d. Landes Nordrhein-Westfalen. DA.: 40221 Düsseldorf, Völklinger Str. 49. G.: Werne, 25. März 1951. S.: 1969 Abitur, 1969-75 Stud. Germanistik u. Geschichte f. d. Lehramt an Gymn. an d. Univ. Münster. K.: 1975-77 Referendariat, 1977-81 StR. in Halle, 1981-86 Päd. Mitarb. im Kultusmin. d. Landes Nordrhein-Westfalen, 1986-90 OStDir. u. Ltr. eines Gymn. in Bielefeld, 1990-95 Abt.-Ltr. im Min. f. d. Gleichstellung v. Frau u. Mann d. Landes Nordrhein-Westfalen, seit 1972 Mtgl. d. SPD, seit 1975 Mtgl. d. GEW, seit 1989 Mtgl. im Landesvorst. d. SPD Nordrhein-Westfalen, seit 1990 stellv. Bez.-Vors. Ostwestfalen-Lippe, seit 1991 stellv. Landesvors. d. SPD in Nordrhein-Westfalen, 17. Juli 1995-Juni 1998 Min. f. Schule u. Weiterbild. d. Landes Nordrhein-Westfalen, seit 9. Juni 1998 Min. f. Schule u. Weiterbildung, Wissenschaft u. Forschung. P.: 2000 "Zukunft: Bildung!". (Re)

Behlert Magdalene *)

Behles Armin Dipl.-Ing.
B.: Architekt, selbständig. FN.: Behles & Jochimsen. DA.: 10719 Berlin, Kurfürstendamm 1. behles@behlesjochimsen.de. G.: München, 9. Juli 1966. S.: 1985 Abitur, 1985-92 Stud. Arch. TU Berlin u. ETH Zürich m. Abschluß Dipl.-Ing. K.: Mitarbeiter in d. Büros Prof. Kollhoff in Berlin, Brenner & Tonon in Berlin u. im Büro Prof. Seidle in München, 1992-94 freier Mitarbeiter bei Prof. Albers in Berlin, 1995-99 wiss. Mitarbeiter u. Lehrauftrag an d. HdK Berlin, 1999 Grdg. d. Architekturbüros in Berlin. P.: "Zur Welt bringen". M.: BDA H.: Beruf, Kino.

*) Biographie www.whoiswho-verlag.ch oder beigefügte CD-ROM

Behlmer Gert Hinnerk
B.: StaatsR. in d. Senatskzl. Hamburg. DA.: 20095 Hamburg, Rathausmarkt. PA.: 22391 Hamburg, Orionweg 37. G.: Laichingen, 27. Okt. 1943. V.: Gunda Oehm. Ki.: Thielo (1970), Tina (1978). S.: 1962 Abitur, 1962-65 Bundeswehr, OLt. d. Res., 1965-71 Jurastud. Hamburg, 1971-74 Referendar in Hamburg, London, Paris, Verw.-HS Speyer, 1974 Gr. Jur. Staatsprüf. K.: Eintritt in d. höheren allg. Verw.-Dienst Bez.-Rechtsamt Hamburg-Mitte, 1974-75 Mtgl. d. Bez.-Versammlung Eimsbüttel, 1975-77 Landesvertretung Bonn, 1976 RegR., 1977-78 Ang. d. SPD-Fraktion, Ltr. d. Wahlbüros, 1978-84 Versorgungsamt, stellv. Ltr. d. Rechtsabt., 1978 ORegR., Ltr. d. Rentenabt., 1980 Reg.-Dir., 1985-90 Ltr. d. Besoldungs- u. Versorgungsstelle, 1986 ltd. Reg.-Dir., 1990-94 Umweltbehörde, Ltr. d. Amtes f. Verw., Grundsatzfragen u. Energiepolitik, 1991 Senatsdir.

Behm Barbara

B.: Dipl.-Juristin, RA, selbständig. DA.: 02763 Zittau, Bahnhofstr. 9. G.: Rohrbach/Thüringen, 6. März 1948. V.: Rainer Behm. Ki.: Sascha (1971) und Teresa (1982). S.: 1966 Abitur Rudolstadt, 1970 Dipl.-Juristin and. Friedrich-Schiller-Universität in Jena. K.: 1971-90 Ltr. d. Rechtsabteilung im VEB Oberlausitzer Textilbetriebe (Lautex), 1990-98 Dir. Recht, Prok. in der Nachfolgebetrieben d. Lautex, 1994-98 Abwicklungsleiter d. TGO (Textil GmbH Ostsachsen), parallel dazu Aufbau d. eigenen Rechtsanwaltskanzlei, ab 1998 RA in d. eigenen Kzl. M.: Rechtsanwaltskammer Sachsen, Oberlausitzer Anwaltsvereinigung, Arge Verkehrsrecht im Dt. Anwaltsverein. H.: Camping, Schwimmen.

Behm Ernst Dipl.-Ing.
B.: Unternehmer, selbständig. FN.: depro-tec GmbH. DA.: 42859 Remscheid, Berghauser Str. 62. PA.: 42477 Radevormwald, Bahnhof Bergerhof 1. G.: Hemer, 4. Juli 1941. Ki.: 2 Kinder. S.: 1962 Abitur Gelsenkirchen, 1962-64 Bundeswehr, 1964-70 Stud. Technologie Berlin. K.: 1970-72 tätig in d. Chemischen Werken in Hüls, 1972-91 Konstruktionsleiter in d. Firmen Schmöle in Menden, Company Convotherm in Eglfing, Zeuner-Stärker in Augsburg u. Company Ed. Scharwchter in Remscheid, seit 1994 Gschf. Ges. d. Firma depro-tec GmbH m. Schwerpunkt Konstruktion u. Entwicklung f. d. Automobilindustrie im intern. Bereich. H.: Sport, Tennis, Skifahren, Töpfern, Glasarbeiten.

Behm Gisela
B.: Kammersängerin. PA.: 76530 Baden-Baden, Quettigstr. 26. G.: Stettin, 5. Sep. 1915. V.: Dr. med. Hans-Joachim Melms (Chirurg). Ki.: Dr. med. Claudia Melms (Internistin). S.: 1934 Abitur, Hochschule f. Musik Berlin, dort 1939 Staatsexamen. K.: 1941 erstes Engagement Stadttheater Bielefeld als dramatischer Sopran, Vertreibung u. Flucht aus Pommern, erstes Engagement in Lübeck ("Fidelio"), Konzerte in Hamburg, 1949 Stadttheater Oberhausen/Rhld. Gastspiele in Aachen, Wiesbaden, Stuttgart etc, 1953 festes Engagement Dt. Staatsoper Unter den Linden, Berlin f. alle Fachpartien (Aida, Tosca, Amelia, Donna Anna, Kaiserin, Jaroslawna) unter Konwitschny, v. Matacic, Stein, 1956 Ernennung zur Kammersängerin, ständig Gastspiele an d. Münchner Staatsoper unter Dirigat v. Knappertsbusch, Keilberth, Solti etc., deshalb nach Mauerbau in Berlin, 1961 Umzug n. München, Vertrag f. Premiere als Kaiserin "Frau ohne Schatten" an der Wiener Staatsoper - wg. sog. Karajankrise ausgefallen, Verträge m. allen grossen deutschen und ausländischen Opernhäusern, 1971 wegen schwerer Erkrankung Aufgabe des Berufs. H.: Lesen.

Behm Hans-Jürgen

B.: selbst. Baultr. FN.: Dienstleistungsbetrieb Hans-Jürgen Behm. DA.: 06231 Bad Dürrenberg, Kirchdorfer Ring 4. G.: Lützen, 26. Sep. 1955. V.: Angela, geb. Schulze. Ki.: Jan (1981), Mike (1984), Andreas (1990). S.: Mittlere Reife, 1972-74 Lehre z. Baufacharb., Wehrdienst. K.: 1974-90 Baumonteur u. Poliertätigkeit im Hoch- u. Tiefbau in versch. Baubetrieben, 1990-91 Maurer b. Stuttgart, 1991-99 Poliertätigkeit in Straßen- u. Tiefbau, seit 1999 Gründer u. Inh. d. Dienstleistungsbetrieb Hans-Jürgen Behm. H.: Literatur, Formel 1, Fußball.

Behm-Trendelenburg Reinhard Dr.

B.: HNO-Arzt. PA.: 60320 Frankfurt/Main, Martoffstr. 5. G.: Tübingen, 1921. V.: Hilde. Ki.: 1 Tochter. El.: Dr. Karl u. Maria, geb. Trendelenburg. S.: 1939 Abitur Frankfurt, 1939-47 Militär als aktiver Sanitätsoffz., Med.-Stud. in Tübingen, Freiburg, Kiel u. Innsbruck, 1945 Prom. K.: b. 1947 Ass. Prof. Heim in Wyk auf Föhr, 1947-49 Ass. Prof. Fritz Döderlein in Stuttgart, 1949-54 OA Dr. Scholz Marien-KH Frankfurt, 1954-91 Chefarzt d. HNO-Klinik Marien-KH, seit 1954 ndlg. HNO-Arzt in Frankfurt. M.: Gründer Round Table Frankfurt, Lions Club Frankfurt. H.: Jagd, Fotografie.

Behmann Bernhard Dipl.-Ing. *)

Behmel Andreas *)

Behmenburg Klaus-Michael Dr. med. *)

Behmer Volkfried M.S. (USA)
B.: selbst. Optometrist. FN.: Inst. f. Augenoptik u. Optometrie. DA.: 47441 Moers, Pfefferstr. 15. G.: Moers, 17. Apr. 1955. V.: Brigitta, geb. Michael. Ki.: Thorsten (1977), Stephanie (1979). El.: Volker u. Ilse-Doris, geb. Scherf. S.: Stud. Augenoptik SFOF Berlin, heute Techn. Fachhochschule Berlin, Studiengang Augenoptik-Optometrie (TFH) 1977-79, M. S. Stud. in Clinical Optometry, Pennsylvania College of Optometry 1996-97. K.: Praktisch tätiger Optometrist. P.: Vortrag über "Sehprobleme u. Verhaltensauffälligkeit d. Kindes", versch. Fachvorträge zum Thema Kontaktlinsen, Veröff. in Fachzeitschrift "Die Kontaktlinse". M.: Vereinigung Dt. Kontaktlinsenspezialisten, Intern. Vereinigung f. binokularer Vollkorrektion, Member of the College of Optometrists, Fellow in the American Academy of Optometry. H.: Radsport, zeitgenössische Musik.

Behmer Wolfgang *)

---

*) Biographie www.whoiswho-verlag.ch oder beigefügte CD-ROM

Behne Heinz

B.: Fliesen-, Platten- u. Mosaiklegermeister, Inh. FN.: Fliesen Behne. DA.: 49661 Cloppenburg, Wiesenweg 16. G.: Cloppenburg, 18. Apr. 1969. El.: Dipl.-Sozialpäd. Heinz u. Hildegard, geb. Schulte. S.: 1990 Fachoberschule Technik Cloppenburg, 1990-92 Ausbild. z. Fliesenleger, 1995 Meisterprüf. z. Fliesen-, Platten- und Mosaiklegermeister. K.: 1992-95 Fliesenlegergeselle in Cloppenburg, seit 1995 selbst. u. Grdg. d. Firma Fliesen Behne in Cloppenburg als Inh. M.: Fliesenlegerinnung Oldenburg, Fachverb. d. Dt. Fliesengewerbes. H.: Angeln, Kino, Natur.

Behne Klaus-Ernst Prof. *)

Behnisch Günter Dipl.-Ing. Prof. *)

Behnisch Rainer *)

Behnisch Uwe
B.: Unternehmer, selbständig. FN.: Uwe Behnisch. DA.: 01917 Kamenz, Polsnitzer Str. 18. PA.: 01917 Kamenz, Nordstr. 1b. G.: Räckelwitz, 1. Feb. 1965. V.: Elke, geb. Großmann. Ki.: Alexander (1979). El.: Hans u. Ingrid. S.: 1984-87 Lehre als Installateur u. Klempner, 1987-89 Meisterausbildung z. Installateur- u. Klempnermeister. K.: 1988 tätig in d. väterl. Firma Hans Behnisch, seit 1989 als Meister, 2000 Übernahme d. Fa. u. Umbenennung in Firma Uwe Behnisch. BL.: Rekonstruktion d. Hotels "Goldener Hirsch" in Kamenz. M.: Vorst. im Förderverein Forstfest e.V., Meisterprüfungsausschuss d. Klempner in Sachsen. H.: Wandern - Alpin.

Behnk Andreas
B.: Unternehmer, Inh. FN.: Behnk + Möller CAD GbR. DA.: 24146 Kiel. ABehnk@Behnk.net. www.Behnk.net. G.: Preetz, 6. Aug. 1963. El.: Helmut u. Hannelore, geb. Pelka. BV.: Onkel Wilhelm Pelka - Landwirt. S.: 1984 Abitur, 1985-86 Zivildienst, 1986-89 Lehre Datenkfm., Ges. z. Förderung v. Ind. u. Hdl. GmbH. K.: 1989 Vertriebsang. u. Programmierer d. Firma Peters in Eutin, b. 1992 S/W Trainer u. Supportltr. d. Firma Reese GmbH & Co in Kiel, 1992 Grdg. d. Firma Andreas Behnk Computer in Kiel, seit 1997 Gschf. d. Firma Behnk u. Korbach GbR; Funktion: Doz. f. CAD-Ausbild. f. Wirtschaftsing. an d. WAK Kiel, Lehrer im Drägerhaus. M.: Förderer d. Johanniter Unfallhilfe. H.: Tauchen, Segeln, Joggen, Lesen, techn. Abenteuerromane.

Behnk Thomas Dipl.-Ing.
B.: Gschf. FN.: comma Engineering GmbH. DA.: 50735 Köln, Barbarastr. 5. G. Hamburg, 24. März 1955. Ki.: Janine (1977). El.: Claus u. Margarete. S.: 1972 Mittlere Reife, Lehre Maschinenschlosser, 1976 Fachoberschule, 1977-81 Stud. FH Hamburg Bereich Fahrzeugtechnik, Dipl.-Ing. K.: 1981-86 b. Ford in Köln, Entwicklungszentrum, 1986-89 b. Firma ORGA Engineering Köln, 1989 Grdg. Firma PLE u. CARDS Engineering, 1993 Grdg. Firma comma, 1995 Spezialisierung auf CRD EDV Anwendung. M.: Förderver. d. Wagenbauschule Hamburg. H.: Musik, Motorradfahren, Modellbau.

Behnke Angelika Eva
B.: Hotelier, Unternehmerin. FN.: Pension Kemari. DA.: 18435 Stralsund, Friedrich-Naumann-Str. 3. pension.kemari@t-online.de. www.kemari.de. G.: Stralsund, 14. Feb. 1957.

V.: Reinhard Behnke. Ki.: Kerstin (1979), Martina (1981), Richard (1988). El.: Helmut Schoschies u. Helga, geb. Krienke. BV.: Handwerkerfamilie. S.: 1973-75 Lehre zur Maschinenbauerin in d. Volkswerft Stralsund, 1975-78 Stud. f. Maschinenbau an d. Univ. Rostock, Abschluss Dipl.-Ing. K.: 1978-90 Konstrukteurin in d. Volkswerft Stralsund, seit 1992 Zimmervermietung, heute 16 Betten, dazwischen Fernstudium z. Hotelbetrieb 1991-92. H.: Segeln.

Behnke Dietmar *)

Behnke Dietrich Bauing. *)

Behnke Hans-Christian *)

Behnke Ingeborg *)

Behnke Irmhild

B.: Tanzpädagogin. FN.: Ballettstudio Behnke. DA.: 58452 Witten, Kurt-Schumacher-Str. 41. G.: Witten, 12. Juni 1947. S.: 1967 Abitur, 1967-70 Studium Gymnastik, Musik, Sport u. Tanzpäd. Else-Lang-Schule Köln. K.: 1972-80 Ballettstudio Schmid-Neuhaus, später gleichberechtigte Partnerin, 1980 Übernahme d. Studios; seit 1987 Doz. Tanzfortbild. Fachbereich Körperspürarb. u. Tanzgeschichte. BL.: Entwicklung einer körperl. Entspannungstechnik, Choreographie b. Aufführungen im Saalbau Witten, Lebensbegleitung m. Tanz, humanist. Menschenbild. durch Tanz. P.: regelm. Aufführungen selbstgewählter Themen, wobei alle Schüler aktiv mitarb., 1983 Intern. Gastspiele in Beauvais Rentrée dans la Danse. M.: Soroptimist Intern. Bochum-Witten. H.: Tanzgeschichte, Fotografie.

Behnke Karl Rainer *)
B.: Ind.-Kfm. FN.: AKOS Konferenz u. Beschallungstechnik Rainer Behnke. DA.: 66787 Wadgassen, Saarstr. 2 a. G.: Morbach, 20. Feb. 1947. V.: Karin, geb. Mollet. Ki.: Marc (1986), Rouven (1992). El.: Gottfried u. Hermine. S.: 1961-63 Lehre Einzelhdls.-Kfm. b. Kaufhof AG Köln, 1963-71 Ausbild. z. Abt.-Ltr., 1971-7 Stud. Marketing in Kiel u. Hannover. K.: 1974-80 Außendienst als Gebietsltr. b. Mars GmbH Viersen, 1980 Grdg. gemeinsam Firma m. Bruder Rolf Behnke Telefonbau Behnke, ab 1986 Grdg. d. 2. Firma AKOS Behnke Konferenz u. Beschallungstechnik in Wadgassen. P.: Anwendung u. Info im Bezug auf tontechn. Einrichtung. M.: seit 1981 BeiR.-Mtgl. Marketing Saar, seit 1992 Vors. im Gewerbever. Wadgassen. H.: Musik, Skifahren, Familie.

Behnke Karl-Heinz Dr. *)

*) Biographie www.whoiswho-verlag.ch oder beigefügte CD-ROM

Behnke Lothar

B.: Konzertveranstalter, Gschf. Ges. FN.: Programm Concept GmbH. DA.: 27299 Langwedel, Am Bullergraben 10. info@programmconcept.de. G.: Alexandrow, 12. Jan. 1945. V.: Marita, geb. Beatrix. Ki.: Nicole (1969). El.: Hugo u. Christel, geb. Pfeiffer. S.: 1964 Abitur Hamburg. K.: seit 1965 Berufsmusiker Bassgitarrist in Rockbands u.a. Twilights, Kenny Lee & Mark Fore, Bonds, 1967-74 Disjockey in Deutschland, als Disjocky Ralf 1969/70 Weltmeister Dauerdiscotheken 2432 Stunden, 1978-89 Konzertmanager in Bremen, seit 1989 Konzertveranstalter u. Grdg. Programm Concept GmbH in Bremen, seit 1996 in Langwedel. M.: Verband Dt. Konzertdirektionen e.V. H.: Skifahren, Motorrad Harley Davidson, Oldtimer, Tennis, Schwimmen.

Behnke Oliver
B.: Gschf. Ges. FN.: ABD-AVALON Beratungs- u. Dienstleistungs GmbH. DA.: 22765 Hamburg, Friedensallee 7-9. G.: Hamburg, 16. Okt. 1972. S.: 1992 Abitur, 1992-93 Bundeswehr, 1993-96 Ausbild. Steuerfachang. Hamburg. K.: 1996-99 Steuerfachang. in Hamburg u. Schleswig-Holstein, 1998 selbst. m. Grdg. d. Firma AVALON Unternehmensberatung GbR in Hamburg, 1999 Umfirmierung z. ABD-AVALON Beratungs- u. Dienstleistungs GmbH, seit 2000 zusätzl. Ang. einer gr. Sozietät m. d. Ziel Steuerberaterprüf. P.: div. Art. u. Aufsätze f. d. Junge Union d. VDU Hamburg KV-Nord. E.: 1992 Hamburger Schulmeister im Handball. H.: Musik, Politik, Geschichte, Sport, Gedichte schreiben.

Behnsen Andreas *)

Behr Detlef

B.: Dipl.-Designer, selbständig. DA.: 50674 Köln, Aachener Str. 7. G.: Bonn, 14. Mai 1958. Ki.: Jule. El.: Josef u. Gertrud, geb. Bois. S.: 1980-84 Stud. visuelle Kommunikation FH Aachen m. Abschluß Dipl.-Designer. K.: 1984-90 tätig in versch. Design-Büros, seit 1990 selbständig; Funktionen: Lehraufträge an d. FH Aachen u. GH Wuppertal. P.: Poster XI. Intern. Poster-Biennale in Finnland (1995 u. 97), VIII. Intern. Plakat-Biennale in Warschau (1990 u. 98), VIV. Intern. Biennale f. Grafik-Design (1990 u. 98). E.: Type Directors Club of New York (1987, 89, 94 u. 97), Dt. Preis f. Kommunikationsdesign (1993 u. 95). H.: Architektur, Fotografie.

Behr Harald W. *)

Behr Heinz-Peter Dr.
B.: Botschafter. FN.: Botschafter der Bundesrepublik Deutschland in Madagaskar, Komoren u. Mauritius. DA.: Antananarivo/Madagaskar, B. P. 516. amballem@dts.mg. G.: Troisdorf, 19. Sep. 1955. V.: Elsa, geb. von Gliszczynski. Ki.: 2 Söhne. El.: Heinz u. Margot, geb. Lagier. S.: 1974 Abitur in Troisdorf, 1974-76 Bundeswehr, 1976-83 Stud. Hispanistik u. Romanistik an d. Univ. Bonn, Paris u. Oviedo, Abschluss Licence es lettres der Université de la Sorbonne, 1. Staatsprüfung f. d. Lehramt an d. Sekundarstufe II, sowie Prom. Dr. phil. an d. Univ. Bonn, 1983-85 Ausbildung f. d. Höheren Auswärtigen Dienst am Auswärtigen Amt in Bonn. K.: 1985-86 Referent im Büro d. Staatsministers Jürgen W. Möllemann im Auswärtigen Amt, 1986-89 Ständiger Vertreter in d. Botschaft Lilongwe, 1989-90 Ltr. d. Wirtschaftsdienstes in d. Botschaft Budapest, 1990-93 im Auswärtigen Amt in Bonn, 1993-95 stellv. Ltr. German Information Center in New York, 1995-2000 im Auswärtigen Amt in Bonn. Berlin, 2000 Ltr. d. Außenstelle Prizren, Kosovo, seit 2000 Botschafter der Bundesrepublik Deutschland in Madagaskar, Komoren u. Mauritius. E.: Bundesverdienstkreuz am Bande.

Behr Helfried *)

Behr Henning *)

von Behr Irene *)

Behr Lothar *)

Behr Manfred *)

Behr Marie Therese *)

Behr Michael Dipl.-Ing. *)

Behr Peter Dipl.-Ing.

B.: Gschf. FN.: Elektro-Blitzschutz-Service GmbH. DA.: 04229 Leipzig, Dieskauer Str. 73. G.: Leisnig, 10. Feb. 1954. V.: Ilona. Ki.: David, Denise. S.: Lehre Baufacharb. Jena, Lehre Elektromonteur VEB, 1973-75 Wehrdienst. K.: 1975-76 Elektromonteur für Wartung, Instandhaltung f. Baumaschinen u. ET-Anlagen, 1976-90 Elektromonteur im Aufbaustab d. Leipziger Betonunion, 1978-u. 79 Ausbild. z. Hebezeugwärter, 1979 Ausbild. z. Gesundheitshelfer u. GAB, 1981 Abschluß Blitzschutzfachmann, 1982 Abschluß Meister d. Ind. f. ET-Anlagen, 1983 tätig als Meister, 1984 verantwortl. f. Revision f. techn. Anlagen in d. Betriebsltg., 1984-89 Fernstud. z. Maschinenbauing., 1990 Weiterbild. b. KDT u. VDI, zuletzt Gschf. d. Firma Elektro-Blitzschutz-Service GmbH m. Arb. im In- u. Ausland u.a. f. Flughäfen u. Leuna 2000. P.: Veröff. z. Thema Blitzschutz, Ausbild.-Vorträge f. div. Schulungen. M.: VDB, Elektrounion Leipzig, Handwerkskam. Leipzig, KDT, Schützenver. Naunhof. H.: Reisen, Schwimmen.

Behr Rüdiger *)

Behr Tobias Dipl.-Ökonom
B.: Unternehmer, Inh. FN.: Polter Behr-Der Liebesladen. DA.: 04109 Leipzig, Ratsfreischulstr. 10. polterbehr@web.de. www.polterbehr.de. G.: Eisenhüttenstadt, 25. Mai 1963. Ki.: Julia (1985), Simon (1987). S.: 1982 Abitur Berlin, Lehre Wirtschaftskfm., Stud. Vw. m. Abschluß Dipl.-Ökonom Handels-HS Leipzig. K.: tätig im Großhdl., tätig im Außendienst f. Firma Procter & Gamble, tätig im Bereich Marketing in München, seit 1999 selbst. m. Grdg. d. Liebesladen f. alles z. Thema Herz, Liebe u. Zweisamkeit, kreative Geschenke, Kontaktecke u. Singleabende. H.: Fotografieren, Literatur.

*) Biographie www.whoiswho-verlag.ch oder beigefügte CD-ROM

Behr Toni *)

Behr Ulrich *)

Behr Wolfgang *)

Behr Wolfram Dipl.-Ing. *)

Behr-Schilhab Stephanie Dipl.-Betriebswirtin FH (Univ. Metz) *)

Behre Ina Dipl.-Verw.-Wiss.

B.: Filialdir. FN.: Commerzbank Filiale Rathenow. DA.: 14712 Rathenow, Steinstr. 1. www.Commerzbank.de. G.: Hannover, 7. Aug. 1966. El.: Rolf u. Brigitte Behre, geb. Ludorf. S.: 1985 Abitur Singen, b. 1987 Stud. Verw.- u. Rechtswiss. Univ. Konstanz, b. 1994 Stud. Verw.-Wiss. K.: 1988-93 Mitarb. am Lehrstuhl für intern. Beziehungen, 1993-94 Beratervertrag m. d. DA-SA, 1995 Traineeprogramm b. d. Commerzbank u. bundesweit tätig, 1996-98 tätig in d. Commerzbank Berlin-Zehlendorf, seit 1998 Ltr. d. Filiale Rathenow. P.: Fachbuch " Führungs- u. Kulturprobleme bei Reorganisationen". M.: 1996-98 Commerzbank Führungskreis, seit 1998 Vorst. Wirtschaftsjunioren Havelland. H.: Golf, fremde Länder u. Kulturen.

Behre Joachim *)

Behre Karl-Ernst Dr. Prof.
B.: Ltd. Wiss. Dir. i. R. FN.: Niedersächs. Inst. f. histor. Küstenforschung. PA.: 26452 Sande, Pappelweg 5. G.: Bremen, 13. Febr. 1935. S.: 1961 Prom. K.: 1969 Habil., 1991-2000 Ltd. Wiss. Dir. des Niedersächs. Inst. f. histor. Küstenforsch. Wilhelmshaven, Arbeitsgebiete: histor. Geobotanik, Quartär- u. Küstengeologie, naturwiss. Methoden d. Archäologie, Prof. an d. Univ. Göttingen u. an d. Freien Univ. Amsterdam (dort em.). P.: ca. 200 wiss. Veröff., Autor u. Hrsg. mehrerer Bücher, z.B. Ernährung und Umwelt der wikingerzeitlichen Siedlung Haithabu (1983), Anthropogenic Indicators in Pollen Diagrams (1986), Early Farming in the Old World (1996), Hrsg. d. Zeitschrift Vegetation History and Archaeobotany. E.: BVK. M.: Ehrenvors. d. Marschenrates z. Förd. d. Forsch. im Küstengebiet d. Nordsee, Mtgl. Römisch-Germanische Kommission, Frankfurt a. M., korr. Mtgl. v. SociatesZoologica Botanica Vanamo, Finnland u. Senckenbergische Naturforschende Ges., Frankfurt.

von Behren Frank
B.: Profi-Handballer, Nationalteam-Spieler, Student d. BWL. FN.: c/o GWD Minden. DA.: 32427 Minden, Dankerser Str. 131. G.: Minden, 28. Sep. 1976. S.: Studium d. Betriebswirtschaft. K.: Spielerposition: Rückraum, 1995 Dt. Jugendmeister, 1997 Junioren-WM/7., 1999 WM/5, 2000 OS/5., 2002 Vizeeuropameister. H.: Internet. (Re)

Behren-Gerresheim Jürgen *)

von Behren-Reiber Britta
B.: RA, Inh. FN.: Rechtsanwälte von Behren-Reiber & Konnegen. DA.: 58256 Ennepetal-Milspe, Voerder Str. 47. G.: Bad Oeynhausen, 30. Apr. 1959. V.: Frank Reiber. Ki.: Moritz. El.: Heinz u. Anna von Behren, geb. Grisse. BV.: 1300 Abstammung v. d. Hugenotten (Raubritter). S.: 1978 Abitur Bad Oeynhausen, 1978 Stud. Jura Univ. Kiel u. Münster, 19851. Staatsexamen, 1985-88 Referendariat, 1988 2. Staatsexamen. K.: seit 1988 selbst. Anw. in Wetter u. seit 1992 eigene Kzl. M.: SPD, Tierschutzver., Sportver. H.: Tai Chi, Joggen, Kunst, Kultur, Lesen.

Behrend Herbert *)

Behrend Jürgen *)

Behrend Jürgen Dr.
B.: Gschf. FN.: Hella KG, Hueck & Co. DA.: 59552 Lippstadt, Rixbecker Str. 75.

Behrend Martin *)

Behrend Reinhard *)

Behrend Reinhard Dr.
B.: Zahnarzt. DA.: 51469 Bergisch Gladbach, Dellbrücker Str. 272. PA.: 51469 Bergisch Gladbach, Am Klutstein 31 b. G.: Wunsdorf b. Berlin, 21. Aug. 1945. V.: Isolde, geb. Schimmel. Ki.: Anke. El.: Ernst u. Margarete. S.: 1963-66 Ausbild. Rinderzüchter m. Abitur, 1967-70 Stud. Zahnmed. Berlin einschließl. Physikum, 1966-67 Hilfspfleger Bez.-KH Cottbus, 1970-72 Stud. Zahnmed. Med. Ak. Dresden. K.: 1972-77 Zahnarzt u. Ausbild. z. Fachzahnarzt f. Kinder-Stomatologie, 1978-84 Kreisjugendzahnarzt in Cottbus-Land, 1984 Flucht in d. BRD, 1984-86 ang. Zahnarzt b. Dr. Sieh in Traunstein, 1986 Eröff. d. Praxis in Bergisch Gladbach. P.: versch. Abhandlungen in Fachzeitschriften d. Univ. Aachen, "Kommunikationssysteme" z. Thema praxisbezogene Kommunikationstechniken. M.: Golfclub Much. H.: Tennis, Kanu, Golf, Wandern, Radfahren

Behrend Rüdiger Dipl.-Ing.
B.: Gschf. Ges. FN.: Spann-Bau GmbH Überdachungen f. Freizeit-, Lager- u. Messegelände. DA.: 30952 Ronnenberg, Lange Reihe 6a. G.: Potsdam, 8. Feb. 1945. V.: Birgitt, geb. Dreher. Ki.: Birger Endrick. S.: 1968 Abitur Konstanz, 1968-72 Stud. z. Dipl.-Ing. in Berlin. K.: als Ang. zuständig f. Projektplanungen u. Baultg., seit 1979 selbst., Konstruktionen, Engineering, Herstellung, Vermietung u. Verkauf v. Flächentragwerken sowie Inh. mehrerer Patente. F.: Behrend KG Überdachungen f. Freizeit, Lager u. Ausstellungen, Ing.-Büro f. leichte Flächentragwerke. M.: WirtschaftsR. d. CDU. H.: Hunde, Tiere.

Behrends Annegret Dr. med.

B.: ndlg. FA f. Kinder- u. Jugendpsychiatrie u. - psychotherapie, selbständig. DA.: 04275 Leipzig, August-Bebel-Str. 73. G.: Leipzig, 23. Okt. 1961. V.: Uwe Behrends. Ki.: Philipp (1988 und Florine (1993). El.: Dr. Lothar u. Frieda Behrends. S.: 1980 Abitur Leipzig, prakt. Jahr, 1981-86 Stud. Humanmed. Univ. Leipzig, 1986 Staatsexamen. K.: 1987-96 Ass.-Ärztin Univ.-Klinik f. Kinder- u. Jugendpsychiatrie Leipzig, 1987 Approb., Dipl., 1991 Prom., 1996 FA, 1997 ndlg. in Leipzig f. psychotherapeutische u. psychiatrische Behandlung v. Kindern u. Jugendlichen, Tiefenpsychologie, Tag-Traum-Technik, Hypnose. M.: Fachausschuss f. Psychotherapie d. Kassenärztlichen Vereinigung Sachsens. H.: Literatur, Zeichnen, Familie.

---

*) Biographie www.whoiswho-verlag.ch oder beigefügte CD-ROM

Behrends Hans-Bernhard Dr. med.

B.: Ltr. FN.: Gesundheitsamt d. Landeshauptstadt Hannover. DA.: 30171 Hannover, Weinstr. 2. G.: Nortmoor/Ostfriesland, 23. März 1953. V.: Wilma, geb. Friedrichs. Ki.: Frederik (1986), Anna-Laura (1988). S.: 1972 Abitur, Bundeswehr Leer/Ostfriesland im Sanitätswesen, 1974-80 Med.-Stud. an d. Georgia-Augusta-Univ. in Göttingen 1980 Approb. u. Prom. K.: b. 1987 Weiterbild. z. Arzt f. Allg.-Med., danach stellv. Amtsarzt im Gesundheitsamt Oldenburg, 1989 2. FA "Arzt f. öff. Gesundheitswesen", seit 1992 Zusatzbezeichnung Sozialmed. u. 1997 Umweltmed., 1996 Ltg. d. Gesundheitsamtes d. Landeshauptstadt Hannover, div. ehrenamtl. Gremienarb., 1990-96 zusätzl. Vors. d. Umweltaussch. d. Ärztekam. Oldenburg, seit 1994 Arbeitskreis Umwelt u. Gesundheit d. Niedersächs. Ärztekam. u. d. Bundesärztekam. BL.: Gastdoz. auf intern. Kongressen u. med. Tagungen, viele Fachveröff. als Mithrsg. u.a. "Allergie u. Umwelt", "Aspekte d. Wohnmed.", "Expo 2000 u. Infektionsschutz". M.: seit 1993 FDP, seit 1994 Vors. im Fachausssch. Soz. u. Gesundheit, seit 1996 Landesvorst. H.: Segeln, Computer.

Behrends Rainer

B.: Dipl.-Kunsthistoriker, Kustos. FN.: Univ. Leipzig. DA.: 04109 Leipzig, Goethestr. 2. PA.: 04105 Leipzig, Tschaikowskistr. 12. rainer@behrends.de. G.: Leipzig, 18. März 1937. Ki.: 3 Kinder. S.: 1955 Abitur Leipzig, 1956-61 Stud. Kunstgeschichte u. klass. Archäologie Univ. Leipzig. K.: 1961-66 wiss. Ass., stellv. Dir. Angermuseum Erfurt, ab 1966 Inst. f. Kunstgeschichte u. Kunstpäd. Univ. Leipzig, ab 1971 Kustos, ab 1972 Aufbau d. Kunstsammlung d. Univ., 1977 Grdg. d. Kustodie. P.: künstler. Schachfiguren aus 10 Jhdt. (1963), Biblia Pauperum u. Apocalypsis (1977), Das Musterbuch f. Höroldt-Chinoiserien (1978), Das Festepistolar Kurfürsten Friedrich d. Weisen (1983), Keramik in d. DDR (1988), Erwin Spindler (1998), Michael Triegel (1999), Der Maler Günter Horlbeck (1999), Walter Gebauer, Nestor der deutschen Töpfer (1998), Irmgard Horlbeck-Kappler. Sonne im Gestein. Malerei (2000), Ruth van Bork. Künstlerportraits (Fotos, 2000), zahlr. Katalogtexte u. Aufsätze in Fachzeitschriften. E.: 1985 Kunstpreis d. Stadt Leipzig. M.: Kunstwissenschaftler- u. Kunstkritikerverb., Ehrenmtgl. Neuer Leipziger Kunstver., Bund Bild. Künstler Leipzig, Ehrenmtgl. Sächsischer Künstlerbund. H.: Beruf

Behrends Ulrike Helene

B.: Galeristin. FN.: CO10 Galerie. DA.: 40213 Düsseldorf, Citadell-Str. 10. G.: Borken, 20. Mai 1946. V.: Dr. med. Kurt Behrends. Ki.: Philip (1971), Louisa (1979), Bruno (1982). S.: 1966 Abitur Mühlhausen b. Kempen, 1966 Stud. Anglistik, Romanistik u. Psych., daneben Werkstudentin, 1971 Staatsexamen, 1973 2. Staatsexamen. K.: 1973-80 Lehrerin Kathaubaurealschule Düsseldorf, 1980-88 Kindererziehung, seit 1988 Eröff. d. eigenen Galerie CO10 m. Ehemann, Ausstellungsbeteiligungen, Gruppenausstellungen, 1988/89 Jürgen Klauke C. O. Päffgen, 1989 Christo Kohlhofer, 1990 Lesungen v. Thomas Kling, 1991 1. Galeristin in Düsseldorf "Kunst d. Aborigines" u. behpische/USA/Japan/Ungarn/England, 1995 John Cago-Konzert, 2000 Mandy Havers aus England, 2000 Ausstellung über "Entartete Musik". P.: Bereiche in ART, Kunstforum. H.: Kunst, Jazz, Religionen u. Rituale in Indien u. Mexiko, Reisen.

Behrends-Erche Claudia *)

Behrends-Skriwanek Barbara

B.: Goldschmiedemeisterin, anerkannte freischaff. Künstlerin, Möbeldesignerin, Malerin. FN.: Romantisches Wohnen. DA.: 10625 Berlin, Leibnizstr. 35. G.: Verden/Aller, 7. Aug. 1948. V.: Architekt Skriwanek. Ki.: Deborah (1987). El.: Johannes u. Ingeborg Heitkamp, geb. Richartz. S.: Ausbild. Goldschmiede b. Obermeister Bergner in Bremen. K.: seit 1971 selbst., 1976 Meisterin, b. 1981 selbst. in Bremen, 1981 Geschäft wegen Wasserschaden verloren, nach 1 Monat Geschäft in Berlin neu aufgebaut. P.: Austellungen im Antik-Haus München, Galerie Dahlem-Dorf, 1977 u. 1978 Ausstellungen in d. Galerie Dahlem Dorf, Berlin, ab 1979 5 J. ständige Ausstellung im Ka De We Berlin, 1984 Ausstellung in Paris Rue de Four, Ausstellung im Antikhaus München, 2000 Ausstellung im Jagdschloß Glienecke. H.: Malerei, Tanz, Schneidern, Lesen.

Behrendt Andreas

B.: Steuerberater. FN.: Behrendt & Partner Steuerberatungs GmbH. DA.: 33609 Bielefeld, Steubenstr. 4. PA.: 33818 Leopoldshöhe, Friedhofsweg 24c. G.: Marsberg, 6. März 1950. V.: Eveline, geb. Zoske. S.: 1964-66 Handelsschulabschluß, 1966-68 Ausbild. u. Abschluß z. Groß- u. Außenhdls.-Kfm. K.: 1968-72 Ltr. Rechnungswesen, 1972-74 Fachschule f. Wirtschaft in Osnabrück, staatl. geprüfter Betriebswirt, 1974-78 bundesweite Tätigkeit in Wirtschaftsprüf.-Ges. in Köln, berufsbegleitend Prüf. zum Steuerberater, 1978-80 tätig in regionaler Wirtschaftsprüf.-Ges. in Bingen, 1980 Eintritt in jetzige Steuerberatungsges. als Gschaf. Ges., 1983 Verlagerung u. Vergrößerung d. Firma, 1993 nochmalige Verlagerung an jetzigen Standort. M.: Europ. Wirtschaftl. Interessenverb., ETL European Tax & Law EWIV. H.: Beruf, Literatur.

Behrendt Christian Dr. med. *)

Behrendt Christina Dr. med. *)

Behrendt Frank *)

Behrendt Hans-Peter *)

Behrendt Heinz Dipl.-Ing. Prof. *)

Behrendt Helmut Dr. *)

Behrendt Lars

B.: Profi-Bobfahrer, Kfz-Mechaniker, Sportsoldat. FN.: c/o Dt. Bob- u. Schlittensportverb. DA.: 83471 Berchtesgaden, An der Schießstätte 6. PA.: 98559 Oberhof, Am Grenzadler 1. G.: Quedlinburg, 28. Sep. 1973. S.: Ausb. z. Kfz-Mechaniker. K.: 1994 DJM Zweier/2., DJM Vierer/2., WJM-Zweiter Vie-

*) Biographie www.whoiswho-verlag.ch oder beigefügte CD-ROM

rer 1995 WJM Vierer/2., DJM Zweier/2., DJM Vierer/2., 1996 WJM Vierer/1., DJM Vierer/1., 1997 DJM Zweier/1., DJM Vierer/2., 1999 WM Vierer/7., EM Vierer/5., WC Vierer/3. H.: Sport.

Behrendt Michael
B.: Vorst.-Vors. FN.: Hapag-Lloyd AG. DA.: 20095 Hamburg, Ballindamm 25. G.: Hamburg, 19. Juni 1951. KI.: 2 S.: Stud. Rechtswiss. Univ. Hamburg, 1984 Assessorexamen Hanseatisches OLG. K.: 1984 Eintritt bei VTG Vereinigte Tanklager und Transportmittel GmbH, 1987 Ltg. Tanklager-Vertrieb, 1990 Ltr. Geschäftsbereich Tanklager, 1994-99 Gschf. VTG, s. 1999 Vorst.-Vors. VTG-Lehnkering AG u. Vorst. Hapag-Lloyd AG, 2002 Vorst.-Vors. Hapag Lloyd AG. (Re)

Behrendt Wolfgang Dipl.-Pol.
B.: MdB, Bez.StadtR. a.D., Vizepräs. FN.: Dt. Bundestag, Büro d. Bundestages. DA.: 11011 Berlin, Platz d. Republik 1, 10117 Berlin, Unter d. Linden 50. G.: Berlin, 26. Okt. 1938. V.: Dagmar, geb. Roth. El.: Erwin u. Hildegard. S.: Abitur, Stud. Rechts- u. Politikwiss. sowie d. neueren Geschichte. K.: Tätigkeit in d. Priv.Wirtschaft, Forschungs- u. Lehrtätigkeit, Bez.StadtR. f. Bau- u. Wohnungswesen, 1985-94 Mtgl. d. Abg.Hauses Berlin, seit 1994 MdB, seit 1999 Ltr. d. dt. Delegation i. d. Parlam. Versammlg. d. Europarates u. Vizepräs. d. Versammlg. d. WEU, seit 2000 auch Vizepräs. d. Parlam. Versammlg.d. Europarates. (Re)

Behrens Annette

B.: Heilpraktikerin. DA.: 82049 Pullach, Tannenstr. 3 A. G.: München, 8. Apr. 1960. V.: Dirk Behrens. Ki.: Ariane (1985), Verena (1986). S.: 1977 Mittlere Reife, 1977-80 Buchhdls.-Lehre u. Prüf. K.: 1980-82 Buchhdl. in München-Solln, 1982-85 Werbe- u. Vertriebsass. b. WRS-Verlag, 1985-93 Hausfrau u. Mutter, Teilzeitbeschäftigung in Kösel-Verlag. u. im Buchhdl., 1993-95 Gautinger Heilpraktikerschule Schwerpunkt Homöopathie, 1995 Prüf., 1994-97 Stud. der traditionellen chin. Med. (TCM) am Zentrum f. Naturheilkunde, b. einer chin. Ärztin aus Chengdu, 1995 Eröff. d. eigenen Naturheilpraxis zuerst in Wolfratshausen, dann seit 1998 in Pullach, 1999-2001 je 3 Wochen an d. Univ.-Klinik in Chengdu f. trad. chin. Med.,1999-2001 Kräuterstudium (TCM). M.: Fachverb. Dt. Heilpraktiker, Soroptimistin. H.: Lesen, Skifahren, Squash, Hund, Kino, Reisen (China), Natur, Fremdsprachen.

Behrens Arno W. Dr.-Ing. o.Prof. *)

Behrens Bernd
B.: Kfm., Geschäftsinhaber. FN.: Bernd Behrens KG Renault Vertretung. DA.: 34125 Kassel, Ihringshäuser Str. 153-169. PA.: 34131 Kassel, Spreeweg 5. G.: Kassel, 28. Dez. 1941. V.: Martina, geb. Pudenz. Ki.: Mathias, Julia. El.: Franz u. Maria, geb. Krummel. S.: 1960 Abitur Kassel, Kfm. Lehre Wiesbaden. K.: 1962 Einstieg in d. väterl. Betrieb Firma Behrens als Mitinh, anschl. alleiniger Inh. F.: Beteiligung Hertz Autovermietung Ungarn, Beteiligung Renault Autohaus Weimar, Beteiligt am Bau neuer Golfplatz Kassel. P.: Veröff. über Themen Auto u. öff. Personen-Nahverkehr, Multi Mobil = Auto u. öff. Verkehrsmittel, Vorträge z. Themenkreis Mobilität. M.: über 18 J. Präs. d. Dt. Renault Händler, Mitinitiator d. Kasseler Bürgerpreises "Glas d. Vernunft", Gründer u. Hauptförderer d. Zentrums Neue Arbeit, Förderer d. weltberühmten Kunstausstellung documenta, Mitarb. b. amnesty intern. H.: Golf, Lesen, Geschichte.

Behrens Brigitte
B.: Dipl.-Soz., Gschf. FN.: Greenpeace e.V. DA.: 22767 Hamburg, Große Elbstr. 39. G.: Würzburg, 2. Apr. 1951. S.: Abitur, Med.-Stud., Wechsel z. Soz. nach Hamburg, Engagement gegen d. Bau d. Atomkraftwerks Brokdorf b. Hamburg, in d. Frauenbewegung u. Frauenprojekten, 1979 Dipl.-Arb. K.: 1986 Ass. d. Geschäftsführung b. Greenpeace, 1988/89 Post-Graduierten-Lehrgang f. d. Management v. Non-Profit-Organ. in d. Schweiz, 1988 komm. bzw. stellv. Gschf., 1990-97 außerdem Trustee - in dieser Position Vertretung d. Greenpeace Deutschland b. Greenpeace Intern., seit 1999 Gschf.

Behrens Detlef Michael *)

Behrens Else Erna Alma

B.: Steuerberaterin. DA.: 18439 Stralsund, Neuer Markt 2. G.: Hamburg, 16. Mai 1957. V.: Hans Behrens. Ki.: Nina (1983). El.: Hans u. Hilda Fust. S.: 1973 Mittlere Reife Hamburg, 1973-76 Ausbild. z. Steuerfachgehilfin b. Rolf u. Hilde Eggert. K.: 1976-82 Steuerfachgehilfin im Lehrbetrieb, 1978-81 parallel dazu in Abendschule Ausbild. z. Steuerbev., 1982 Anteile d. Inh. d. Lehrbetriebes erworben u. dadurch Partner in d. Steuerkzl. geworden, 1987 Prüf. z. Steuerberater und Anteile des Partners erworben, 1987 selbst. m. d. eigenen Kzl., 1998 Verkauf d. Steuerberatungskzl. u. gleichzeitig 1998 Eröff. eines neuen Büros in Stralsund. M.: Steuerberaterverb., Kulturkreis Finkenwerder. H.: Reiten, Segeln, eigene Jagd.

Behrens Frank Dipl.-Ing.
B.: Vers.-Kfm., Inh. FN.: Settle down. DA.: 23552 Lübeck, Fleischauer Str. 48. G.: Kellinghusen/Kreis Steinburg, 26. Juni 1964. V.: Christina, geb. Witt. Ki.: Marie (1996), Lilly-Charlotta Mathilde (2000). BV.: Großvater Georg Wollny OLG-Rat in Itzehoe. S.: Abitur Itzehoe, anschl. Ausbild. z. Vers.-Kfm. b. d. Itzehoer Vers. AG, 1987-89 Bundeswehr, als Lt. ausgeschieden, 1991-96 Jurastud. an d. Christian-Albrechts-Univ. zu Kiel, 1. Staatsexamen, parallel Maschinenbaulehre u. -stud., 1996-98 Konstruktiver Holzbau u. Zimmermannslehre in Itzehoe, parallel Blockhausbau. K.: konstruktive Tätigkeiten im Maschinenbau auf freiberufl. Basis, 1998 Grdg. d. Blockhaus Vertriebs GmbH, Aufbau eines eigenen Vertriebs- u. Konstruktionsbüros, sowie Blockhaus- u. Holzbau, Kunstgalerie in Lübeck. H.: Kunst, Sport allg. (Handball, Karate), Literatur, Oldtimer Restaurierung, Harley-Davidson u. PKW Indiens.

Behrens Fritz Dr. iur.
B.: Innenmin. FN.: Innenministerium Nordrhein-Westfalen. DA.: 40213 Düsseldorf, Haroldstr. 5. www.nrw.de. G.: Göttingen, 12. Okt. 1948. V.: Doris, geb. Schiemann. Ki.: Mirja, Malte. El.: Albert u. Emma. S.: Abitur, Stud. Rechts- u. Staatswiss. K.: 1977 Staatskzl. NRW, Ressortkoordination u. polit. Planung im Aufgabengebiet "Innen- u. Rechtspolitik", 1979 Pers. Ref. Chef d. Staatskzl. NRW, 1980 Pers. Ref. Innenmin. NRW, 1983 Ltr. d. Büros d. Min.Präs. NRW, 1986-95 Regierungspräsident in Düsseldorf, seit 1995 MdBR, 1995-98 Justizminister d. Landes NRW, 6/1998 -2/99 Minister f.

Inneres u. Justiz d. Landes NRW, seit 3/1999 Innenminister d. Landes NRW. P.: zahlr. Veröffentlichungen. H.: Lesen, Sport, Musik. (Re)

Behrens Gerold Dr. rer. oec. Dipl.-Ing. Prof. *)

Behrens Hans *)

Behrens Hans Christian *)

Behrens Heiko Dr. *)

Behrens Helmut Dr. Dr. h.c. *)

Behrens Herbert *)

Behrens Hermann Dr. phil. habil. Prof.
B.: LMuseumsdir. i. R., Steinzeitforscher. PA.: 22880 Wedel, Hafenstr. 17c. G.: Leer-Ostfriesland, 20. Dez. 1915. V.: Charlotte, geb. Kleige. Ki.: Claudia. El.: Wilhelm u. Friederike. S.: Gymn., 1935-37 u. 1946-48 Stud. Urgeschichtswiss., 1948 Prom. K.: 1950-80 wiss. Mitarb. am LMuseum f. Vorgeschichte Halle, 1959-80 Dir., 1952-76 Lehrbeauftragter an d. Univ. Halle., 1961 Habil. BL.: Archäolog. Ausgrabungen v. Steinzeitsiedlungen im Saale-Gebiet. P.: Die neolithisch-frühmetallzeitlichen Tierskelettfunde der Alten Welt (1964), Die Jungsteinzeit im Mittelelbe-Saale-Gebiet (1973), Siedlungen und Gräber der jungsteinzeitlichen Trichterbecherkultur und Schnurkeramik bei Halle (1980), Die Ur- und Frühgeschichtswissenschaft in der DDR von 1945-1980 (1984), Urgeschichte - Ethologie - Ideologie (1993). E.: div. Kriegs- u. Friedensausz. M.: o.Mtgl. d. Dt. Archäolog. Inst. d. BRD. H.: Auslandsreisen.

Behrens Hildegard
B.: Sopranistin. FN.: c/o Antike Festspiele. DA.: 54290 Trier, Saarstr. 2. G.: Varel, 1941. S.: Jura-Examen, Gesang. K.: erstes Engagement Opernstudio Düsseldorf, 1977 Salome Richard Strauss (Salzburger Festspiele), Gast aller bedeutenden Opernbühnen, 1983 Debüt Brunnhilde Ring Richard Wagner, 1996 Elektra. E.: 1997 Sängerin d. Jahres (Fachzeitschrift Opernwelt).

Behrens Ilse Gudrun Elfriede

B.: Gastronomin, selbständig. FN.: Parkrestaurant "Cavalierhaus". DA.: 03042 Cottbus, Zum Kavalierhaus 9. G.: Cottbus, 16. März 1955. V.: Eckhard Behrens. Ki.: Heike (1973), Steffi (1976). El.: Linus u. Johanna Werner. S.: 1970-73 Lehre im Textilkombinat Cottbus (TKC), Abschluss als Textilfacharbeiter. K.: 1973-78 Sachbearbeiterin im TKC, 1978-91 Tätigkeit b. d. Handelsorganisation (HO) in Celle, 1978-94 Abteilungsleiterin Bereich Arbeits- u. Lebensbedingungen, 1984-87 Gruppenleiterin Wirtschaftskontrolle, 1985 Erwerb d. Befähigungsnachweises z. Ltg. einer Gaststätte, 1978 Gaststättenleiterin f. d. Cavalierhaus, 1991 Übernahme d. Gaststätte "Cavalierhaus" als Inh., seither Ltg. u. Entwicklung z. Parkrestaurant. BL.: 1976-90 nebenberufl. Vertreterin d. Staatl. Vers. d. DDR, seit 1991 Lehrausbilderin f. d. Berufe Koch u. Restaurantfachfrau. M.: Bundesverband mittelständischer Wirtschaft (BVMW). H.: Katzen, Puppen.

Behrens Joachim Dipl.-Ing. *)

Behrens Jürgen *)

Behrens Kurt *)

Behrens Michael
B.: kfm. Ang. FN.: BMB GmbH. DA.: 30165 Hannover, Vahrenwalder Str. 171. G.: Hannover, 1. März 1964. V.: Birgit, geb. Werner. BV.: um 15. Jhdt. Offz.-Geschlecht "Bolschwig" mütterlicherseits. S.: b. 1985 Ausbild. z. Werkzeugmacher in Hannover, Tätigkeit als Dreher, parallel Weiterbild z. Kunststoffformgeber - 1989-90 z. Technikerschule in Braunschweig. K.: Bauhelfer in Fliesenlegerfirma, b. 1993 Subunternehmer d. Firma, b. 1997 selbst. m. Baunebenarb., seit 1998 Gdg. d. BMB GmbH in Hannover gemeinsam m. Ehefrau. M.: Oldtimer-Club (Mercedes Benz), Stammtischltr. d. Mercedes-Benz-Interessengemeinschaft, Roadstar-Club 107/SL-Club. H.: Oldtimer, Motorradfahren, Fotografie.

Behrens Norbert Dipl.-Ing.

B.: Gschf. Ges. FN.: Sanitär-Technik GmbH. DA.: 39606 Osterburg, Düsedauer Straße Postfach 179. G.: Salzwedel, 19. Aug. 1951. V.: Dipl.-Ing. Christine, geb. Schulz. Ki.: Enrico (1971), Mike (1975). S.: b. 1970 Berufsausbildung Hdl.-Kfm. m. Abitur Osterburg, Bundeswehr, 1972-76 Stud. Betriebswirtschaft Ing.-HS Köthen. K.: techn. Dir. im Großhdl. in Osterburg, seit 1991 Gschf. Ges. d. Sanitär-Technik GmbH m. Schwerpunkt Heizung, Sanitär, Service u. Gase. E.: 1998 DIN ISO 9002-Zertifikat. M.: Vorst.-Mtgl. d. Ind.-Verb. Haus u. Versorgungstechnik Sachsen-Anhalt, BeiR.-Mtgl. d. Volksbank Osterburg-Wendland e.G. H.: Musik, Sport, Lesen.

Behrens Ralf *)

Behrens Renate

B.: selbst. Steuerbev. GT.: ehrenamtl. Richterin beim OLG Schleswig. DA.: 23562 Lübeck, Amselweg 12. G.: Lübeck, 29. Juli 1938. Ki.: Torsten, Holger, Britta, Kerstin. El.: Franz Wolfram u. Iris Marie Lemm, geb. Behlendorf. S.: 1955 Mittlere Reife, 1955-58 Lehre b. Steuerberater in Lübeck, 1958-66 selbst. Buchhalter f. versch. Firmen, 1966 Prüf. als Steuerbev. in Kiel, seit 1966 eigenes Steuerberaterbüro in Lübeck. H.: Lesen, Fotografieren, Reisen.

Behrens Thomas
B.: Maler. DA.: 21073 Hamburg, Friedrich-Ludwig-Jahn-Str. 13. G.: Stade, 3. Apr. 1961. S.: Abitur, 1981-82 Bundeswehr. K.: bereits in früher Schulzeit kleine Zeichnungen m. Buntstiften, Anfang d. 70er J. formatfüllende Grafiken m. Kugelschreiber, 1972-84 Gitarrist d. Band Cobweb, ab 1984 intensive Entwicklung d. Kugelschreiberzeichnungen, 1986 1. Ausstellung m. Kugelschreibergrafiken, Ausdauer u. Inspiration

*) Biographie www.whoiswho-verlag.ch oder beigefügte CD-ROM

führen zu neuen Maltechniken wie Mischtechnik u. Airbrush, 1991 Arb. auf Leinwand in versch. Techniken z. Schwerpunkt trop. Motive, 1993 Aufenthalt in d. Schweiz z. Verfeinerung d. Maltechnik, 1994 Eröff. d. Ateliers in Mecklenburg-Vorpommern, 2000 Ankauf mehrerer Arbeiten durch VW-Autohaus AULS, 2001 Gestaltung v. Gebäuden d. Ferienclubs Lüneburgs. P.: Wandgemälde, Auftragsarb. im Bereich Bühnen- u. Dekorationsbau, zahlr. Ausstellungen im eigenen Atelier, Wandgemälde f. Hamburger GWG (1997/98), Interpretationen v. Gemälden v. Wassily Kandinsky, 6 Wandgemälde z. Thema Wasser in Hamburg (1999), 1. Ausstellung auf Ibiza (1999).

Behrens Till Dr.-Ing. Prof. *)

Behrens Volker Dr.

B.: RA, Notar. FN.: Dr. Volker Behrens, Notar Michael Daalmann, Jürgen Wolff Notar, Jürgen Peitz Rechtsanwälte. DA.: 33604 Bielefeld, Am Ostpark 14. G.: Malente, 26. Dez. 1948. V.: Gabriele, geb. Schack. Ki.: Katharina (1976), Benjamin (1986). El.: Günter u. Käthe. S.: 1967 Abitur, 1967-68 Bundeswehr, 1969-73 Stud. Rechtswiss., 1974-76 Referendarzeit, 1976-77 Anschlußstud. Päd., 1977-79 Prom. u. Ass. an d. Univ. Bielefeld. K.: 1980 Eintritt in jetzige Sozietät, 1985 Erweiterung d. Sozietät auf 4 Partner, 1990 Tod d. Seniorpartners, 1995 Bestellung z. Notar. H.: Tennis, Reisen, Bergwandern, Literatur.

Behrens Wolfgang *)

Behrens-Baumann Wolfgang Dr. med. Dr. med. habil. Prof.

B.: Dir. u. Lehrstuhlinh. FN.: Otto v. Guericke Univ. DA.: 39120 Magdeburg, Leipziger Str. 44. G.: Hamburg, 14. Juni 1945. Ki.: Cordula, Verena, Corinna. S.: 1965 Abitur Otterndorf, Stud. Med. Kiel, Wien u. FU Berlin, 1971 Staatsexamen u. Prom. Kiel. K.: 1971/72 Med.-Ass. im Rotkreuz-KH in Stuttgart u. an d. Kinderklinik d. Olgahospitals in Stuttgart, 1972 Approb., 1972-76 FA-Ausbild. an d. Univ.-Augenklinik Göttingen, seit 1978 ltd. OA in Göttingen, 1983 Habil. im Fach Augenheilkunde, 1985 als Priv.-Doz. z. Prof. auf Zeit ernannt, 1989 Berufung auf C2-Professur, 1988 Ernennung z. apl.Prof., 1992 v. Min. f. Forsch. u. Wiss. mit Lehrstuhlvertretung f. Augenheilkunde u. kommissar. Ltg. d. Augenklinik d. med. Ak. Magdeburg beauftragt, Berufung 1993 Dir. d. Augenklinik d. Otto v. Guericke Univ. Magdeburg. m. Schwerpunkt: Microchir. u. plast. Chir., Excimerlaser, pharmakologische u. mikrobiologische Studien. P.: Pilzerkrankungen d. Auges, Enke Stuttgart (1991), Brückenplastik z. Deckung v. gr. Unterliddefekten. (1995), Pathogenesis of Purtscher's retinopathy Graefe' s Arch. (1992), Non-invasive measurement of intracranial pressure (with Firsching, R., at al.), Lancet (1998), Computer-based training for the treatment of partial blindness (with Kasten, E. et. at.), Nature Med. (1998), Mycosis of the Eye and Its Adnexa, Karger Publ. (1999). E.: Series Editor of Developments in Ophthalmology (Karger Publisher, Basel). M.: Dt. Ophthalmolog. Ges., American Academy of Ophthalmology, Retinolog. Ges., Paul-Ehrlich-Ges. f. Chemotherapie, Dt. Ges. f. Plast. u. Wiederherstellungschir., American Society of Cataract and Refractive Surgery, Intern. Ocular Infammation Society, Internation. Draeseke-Ges. H.: Musik, Kunst, Klavier, Orgel, mittlere u. neuere Geschichte.

Behrens-Mayer Sabine *)

Behrens-Wild Angelika *)

Behringer Harald Rolf *)

Behringer Heinz *)

Behringer Ilseruth *)

Behringer Thomas

B.: Unternehmensberater. FN.: arztinvest. DA.: 81371 München, Geissacher Str. 18. PA.: 85551 Heimstetten, Taubensteinweg 2. arztinvest@t-online.de. www.arztinvest.de. G.: Bad Neustadt/Saale, 7. Jan. 1962. V.: Dr. Ildiko, geb. Salanki. Ki.: Daniel (1995), Oliver (1996). El.: Edgar u. Olga, geb. Fuchs. S.: 1981 Abitur, 1981-82 Bundeswehr, 1982-88 Stud. BWL an d. Univ. Würzburg, Abschluss: Dipl.-Kfm. K.: 1988 selbständig als Wirtschafts- u. Unternehmensberater f. Ärzte u. Zahnärzte in München, seit 2001 Umfirmierung in Firma arztinvest, Inh., Arbeitsschwerpunkt: Niederlassungsberatung u. Vermögensberatung f. Ärzte u. Zahnärzte. M.: Golfclub Bad Griesbach, Sportverein SV Heimstetten. H.: Tennis, Golf, Skifahren.

Behrmann Guido *)

Behzad Firouz Dipl.-Ing. *)

Beicken Wolfgang Dipl.-Ing. *)

Beickert Paul M. Dr. Prof. *)

Beier Andreas Martin *)

Beier Anett

B.: Hauswirtschaftlerin, Gärtnerin, Inh. FN.: Hauswirtschaftsservice "Hausgeist". DA.: 09131 Chemnitz, Lichtenwalder Str. 35. mon.de/ch/hausgeist. G.: Karl-Marx-Stadt, 2. Juli 1963. V.: Uwe Beier. Ki.: Marco (1983), Andy (1987). El.: Joachim u. Renate Ullmann, geb. Agsten. S.: 1980-82 Ausbild. z. Gärtnerin in Karl-Marx-Stadt, 1995-97 Ausbild. an d. Hauswirtschaftsschule in Chemnitz, Einsiedel, 1997-98 Lehrgang Existenzgrdg. K.: 1982-84 Gärtnerin, 1985-95 Hotelfachfrau im Hotel "Chemnitzer Hof", später Hotel "Günnewig", 1995-98 nebenberufl. als Hauswirtschaftlerin tätig, 1998 selbst., Grdg. d. eigenen Firma "Haus-Wirtschaftsservice Hausgeist" in Chemnitz. H.: Schwimmen, Kegeln, Tanzen, Spaziergänge, Natur.

Beier Artur Dr. med. *)

Beier Bernhard Dipl.-Ing. (FH)

B.: Unternehmer, Inh./ Geschäftsführer. FN.: Tagesschönheitsfarm Bella Vita. DA.: 84030 Ergolding, Johannisweg 25. PA.: 84036 Landshut, Werraweg 9. bernhard@beier.org. G.: Spremberg/NL, 13. Okt. 1941. V.: Dr. med. Erika, geb. Schönefeldt. Ki.: Christoph (1974), Andreas (1977). El.: Max u. Elly. S.: Mittlere Reife, Dreher, bis 1964 Stud. Eisenhüttenmechanik, Ing.-Schule (FH) Riesa. K.: b. 1991Projekt-Ing. in Brandenburg, Zeithain, Kamenz, Dresden, Esslingen, Karlsruhe, b. 1995 Geschäftsführer d. Arztpraxis d. Ehefrau, seit

*) Biographie www.whoiswho-verlag.ch oder beigefügte CD-ROM

1995 selbst. m. 1. u. einz. Tagesschönheitsfarm i. Niederbayern, weitere Geschäftsführung i. Praxis d. Ehefrau. H.: Rad.-u. Skifahren.

Beier Carlo Dipl.-Ing. *)

Beier Christried *)

Beier Ernst Dr. rer. nat. Prof.

B.: Prof. f. Chemie u. Verfahrenstechnik a.D. PA.: 44801 Bochum, Vormholzstr. 32. G.: Kamen, 11. Jan. 1927. V.: Gisela, geb. Morck. Ki.: Frank (1960), Barbara (1962), Katharina (1968). S.: 1943 Aufnahme in d. Begabtenförderungswerk d. Dt. Volkes, 1946-49 Staatl. Ingenieurschule, Abschl. Chemie-Ing., Hochschulreife, 1950-52 Kokereitätigkeit, berufsbegleitend Bergschule in Bochum, Abschluss Steiger, 1952-57 Stud. an d. Techn. HS in Aachen, Abschl. Dipl.-Chemiker. K.: 1957-63 Lehrer an d. Bergschule Bochum, 1962 Prom., 1963-71 Baurat u. Oberbaurat an d. Ingenieurschule f. Bergwesen, Bochum, 1971-91 Prof. f. Chemie sowie Chemische u. Thermische Verfahrenstechnik an d. Fachhochschule Bergbau in Bochum, 1972-76 ebenda Dekan d. Fachbereichs Verfahrenstechnik,1976-85 ebenda Rektor, 1986-91 Leiter Inst. f. Chemie/Umwelt u. Westfälischen Berggewerkschaftskasse, Ruhestand, 1991-93 Lehrauftrag f. Angewandte Chemie an d. Fachhochschule Bergbau; ehrenamtlich: 1984-93 1. Vors. u. 1993-2001 2. Vors. d. Bochumer VDI Bezirksver., 1996-99 Mtgl. VDI-Beirat d. Berzirksver., 1998-2001 Sprecher d. VDI-Region Westfalen-Ruhr. BL.: Arb. zum Mechanisums d. Kohlenoxidation. P.: Vorträge u. 60 Veröff. v.a. zur Verwitterung v. Steinkohlen u. Entschwefelung, 1944 "Beschreibung einer Anlage zur Kohleverflüssigung nach Fischer-Tropsch", 1984 "Historische Entwicklung der Ingenieurausbildung an d. Schulen d. Bergbaus", 1994 "Umweltlexikon f. Ingenieure u. Techniker", 1999 "Als das Kohleöl noch floss", 2001 "...der kommt doch aus den Zechenhäusern". E.: 1958 Springorumdenkmünze d. TH Aachen, 1987 Goldene Ehrennadel d. RDB - Ring Deutscher Bergingenieure, 1988 Ehrenplakette d. VDI - Verein Dt. Ingenieure, 1993 Ehrenmed. d. VDI, 2001 Verdienstkreuz am Bande d. Verdienstordens d. Bundesrep. Deutschland. M.: VDI, RDB, Dt. Ges. f. Mineralöl u. Kohlechemie. H.: Wandern.

Beier Ernst-Joachim

B.: RA f. Ges.-Recht, Ärzte- u. Apothekerrecht. DA.: 45130 Essen, Zweigertstr. 13. RaBeier@Advo-Web.Net. www. RaBeier.Advo-Web.Net. G.: Essen, 3. Mai 1954. El.: Wilfried u. Rosemarie, geb. Boecksteegers. S.: 1974 Abitur, 1974-76 Ausbild. Einzelhdls.-Kfm., 1976 Werkstudent d. Sparkasse Kleve, 1976-83 Stud. Rechtswiss. Bochum u. München, 1983 1. Staatsexamen. K.: 1985 USA-Aufenthalt, danach RA in Kleve u. in Anw.-Soziatät in Essen, seit 1989 eigene Kzl., 1989/90 jurist. Vorträge u. Seminare in d. Neuen Bdl., seit 1995 Privatdoz. f. Ges.-Recht an d. Wirtschafts- u. Verw.-Ak. Duisburg, intensive Betreuung u. Beratung in d. Neuen Bdl., Mitarb. an redaktionellen Überarb. d. Strafprozeßordnung. P.: Mitarb. in d. NStZ - Neue Strafrechtl. Zeitschrift, Presse- u. TV-Rundfunkberichte über aktuelle Probleme z. Miet-, Makler- u. Immobilienrecht. M.: 2. Vors. d. Ver. f. Bewährungshilfe e.V., Strafverteidigerver. Essen. H.: Malerei, Sammeln v. Antiquitäten, Reiten, Tennis, Kraftsport, Fremdsprachen, Pflanzen.

Beier Friedrich-Karl Dr. Dr. h.c. Prof. *)

Beier Gerhard Dipl.-Ing. *)

Beier Gisela

B.: Bundesvors. FN.: Dt. Verb. Frau u. Kultur e.V. DA.: 44801 Bochum, Vormholzstr. 32. G.: Kamen, 10. März 1935. V.: Prof. Dr. Ernst Beier. Ki.: Frank (1960), Barbara (1962), Katharina (1968). S.: 1955 Abitur, 1955-56 kfm. Volontariat. K.: 1956-57 Sekr. im kfm. Bereich der Chem. Werke Bergkamen, 1957-60 Dion.-Ass. eines Unternehmens d. Flick-Konzerns; seit 1981 ehrenamtl. tätig f. d. Ver. Dt. Frau u. Kultur e.V., 1981-83 2. Vors. Bochum und seit 1983 1. Vors., 1991-94 Sprecherin d. Gruppenvors., 1994-97 2. Bundesvors., 1997-2000 1. Bundesvors. P.: Vorträge u.a. in Bezirksgruppen, im Nomura-Zentrum in Tokio und bei der Unesco in Paris. H.: Wandern, Studienreisen.

Beier Hermann Dipl.-Ing. *)

Beier Joachim Dipl.-Ing.

B.: Gschf. FN.: Cella-Software GmbH. DA.: 98544 Zella-Mehlis, Hauptstr. 27. PA.: 98617 Obermaßfeld, Kapellenstr. 24a. info@cella-software.de. G.: Luckenwalde, 13. Apr. 1943. V.: Gerda, geb. Kleinert. Ki.: Kati (1970), Anke (1972). S.: 1961 Abitur, 1961-63 Grundwehrdienst, 1963-69 Stud. Physik u. Technik elektron. Bauelemente an d. TH Ilmenau m. Abschluss Dipl.-Ing. K.: 1969-90 Robotron-Elektronik Zella-Mehlis als Operationsforscher, 1975 als Programmierer, Problemanalytiker u. Gruppenleiter in d. Datenverarbeitung - Haupteinsatzgebiet war dezentrale Rechentechnik, 1992 Grdg. d. Firma Cella-Software GmbH - Beratung, Schulung, Organisation u. Programmierung f. SAP, 2001 Neubau Firmengebäude in Zella-Mehlis. M.: seit 1996 Ges. f. integrierte rechnergestützte Produktion (IRP) e.V. H.: Garten, Philatelie, Modelleisenbahn.

Beier Klaus Dr. *)

Beier Klaus M. Dr. med. Dr. phil. Prof.

B.: Dir. FN.: Inst. f. Sexualwiss. u. Sexualmed. am Campus Charité Mitte. DA.: 10117 Berlin, Luisenstr. 57. klaus. beier@charite.de. G.: Berlin, 25. Juli 1961. V.: Brigitte, geb. Stramm. Ki.: Lina (1985), Lennart (1989). El.: Dr. Artur u. Magdalena, geb. Bröckel. S.: 1979 Abitur, 1979-86 Stud. Med. FU Berlin, 1986 Prom., 1970-88 Stud. Phil. FU Berlin, 1988 Prom. K.: 1988-95 wiss. Ass. am Inst. f. Sexualmed. d. Univ. Kiel, 1989-95 FA-Ausbild. z. FA f. Psychoanalyse, 1994 Habil. an d. Univ.-Klinik Kiel, OAss. u. Lehrauftrag, 1995 seit 1995 Prof. an d. Charité Berlin, seit 1996 Dir. d. Inst. f. Sexualwiss. u. Sexualmed.; Funktionen: Lehraufträge an versch. Univ. BL.: Doppelstud. als ideale Voraussetzung f. sexualwiss. Leistungen, hohes Engagement im Opferschutz durch Verbesserung d. Versorgungskultur, forens. Gutachten, Ausbild. u. Qualifizierung n. d. Lehre. P.: Lehrbuch "Sexualmed." (2001), zahlr. Fachbeiträge. M.: Intern. Academy of Sexualresearch. H.: Klavier spielen, Tennis.

Beier Lutz Dipl.-Ing. *)

*) Biographie www.whoiswho-verlag.ch oder beigefügte CD-ROM

Beier Peter Dipl.-Bw.

B.: Inhaber, Gschf. FN.: Hair Connect. GT.: parallel Computer 2000 AG, Tech Data Cooperation, Preismanagement. DA.: 80333 München, Briennerstr. 59/Stiglmaierplatz. PA.: 80646 München, Utzschneiderstraße 7. hairconnect@aol.com. www.hairconnect.de. G.: München, 6. Mai 1959. El.: Dipl.-Ing. Franz u. Liselotte. S.: 1977-82 Stud. BWL an d. FH in München, Abschluss: Dipl.-Bw. K.: 1982-86 Dresdner Vermögensberatungsges. für vermögende Privatkunden in München/Frankfurt, 1987-93 Controlling in d. Thai-Farmersbank in Bangkok, 1993-96 Vermögensberatung in d. Dresdner Bank München, seit 1996 Unternehmensgrdg. d. Hair Connect Friseurbetriebe in München. M.: Art-Colleg in München (200 beste Friseure Deutschlans), Circle of Excellent (Wella), Flag-Ship-Salon Paul Mitchell (Spitzengruppe f. d. 75 Friseursalons). H. Reisen, Lesen, Musik.

Beier Peter Dr. phil.
B.: Referent d. Geschäftsführung, Ltr. d. Grundsatzabt. Arbeitnehmerkam. Bremen, Gschf. Forum Zeiten: Der Stadt. DA.: 28195 Bremen, Bürgerstr. 1. beier@arbeitnehmerkammer.de. www.arbeitnehmerkammer.de. G.: Dornbirn/Österr., 15. März 1945. V.: Marion, geb. Sievers. S.: 1963 Abitur Koblenz, 1963 Stud. Phil. u. Psych. in Münster u. München, 1973 Abschluss u. Prom. z. Dr. phil. K.: 1973-75 Referent f. polit. Bild. Landesverb. d. VHS Hannover, seit 1975 Ang.-Kam. Bremen, 1975-80 Aufbau d. Bereiches Bild.-Urlaub Bild.-Stätte in Bad Zwischenahn, 1980 berufl. Bild. u. Soziokulturelle Stadtteilarb., 1989 Kulturreferat d. Ang.-Kam. Bremen, seit 1995 Referent d. Geschäftsführung f. Kultur u. Kommunikation, seit 1999 Ltr. d. Grundsatzabt., seit 1996 Gschf. Forum Zeiten: Der Stadt, 2000 Expoprojekt in Hannover, seit 2001 neues Projekt: lernende Region. H.: Kunst, Ausstellungen, Literatur, Radfahren.

Beier Peter Dipl.-Bw.

B.: Gschf. FN.: Autohaus Werner Beier GmbH. DA.: 76131 Karlsruhe, Ostring 7. PA.: 76275 Ettlingen, Schröderstraße 22. peter.beier@citroen-beier.de. www.citroen-beier.de. G.: Karlsruhe, 6. Dezember 1965. V.: Marion, geb. Lauinger. Ki.: Joel (1996), Simon (1998). El.: Werner u. Ann. S.: 1985 Abitur Ettlingen, 1985-91 Grundwehrdienst, 1988-91 Stud. BWL an d. BA Karlsruhe, Dipl. K.: 1991 Einstieg in d. elterl. Betrieb, seit 1996 Gschf. Autohaus Beier Karlsruhe. M.: Yachtclub Oberrhein, ESV, ASV-Sportver. Ettlingen. H.: Surfen, Bootfahren.

Beier Petra
B.: selbst. Kosmetikerin. DA.: 36039 Fulda, Hartungstr. 9. G.: Fulda, 1. Juli 1959. Ki.: Madeleine (1995). S.: 3 J. Fachschule m. Abschluß Kinderpflegerin u. Mittlere Reife, Kosmetikfachschule Pirtulla Heidelberg m. Dipl.-Abschluß. K.: 2 J. tätig in Offenbach, 1980 Ang. in d. Parfümerie Victoria in Würzburg, seit 1995 selbst. m. Schwerpunkt Magnetakupunktur, Liftbehandlung u. BMS. F.: 5 J. Ltg. d. Estee Lauder Skin-Caer-Center in Würzburg. H.: Innenarchitektur, Kochen, Homöopathie, Sammeln v. altem Porzellan.

Beier Ronald *)

Beier Ulli *)

Beier Wolfgang Dr. rer. nat. *)

Beier Wolfgang Dipl.-Ing. *)

Beiergrößlein Lothar *)

Beierle Markus
B.: Profifußballspieler. FN.: FC Hansa Rostock. DA.: 18057 Rostock, Trotzenburger Weg 14. www.fc-hansa.de. G.: 2. Juni 1972. K.: Spieler bei d. Vereinen: 1860 München, MSV Duisburg, Stuttgarter Kickers, SSV Ulm u. FC Hansa Rostock. (Re)

Beierlein Hans R.
B.: Medienmanager, Musikverleger. FN.: Edition Montana. DA.: 80802 München, Königinstr. 121. PA.: 83727 Schliersee, München. G.: Nürnberg, 19. April 1929. K.: 1949-59 Journalist (u.a. Münchener Abendzeitung, Süddeutsche Zeitung und Augsburger Deutsche Tagespost), 1959-60 Filmproduzent, 1960 Gründung Edition Montana und Beginn der Karriere als Musikverleger u. Medienmanager (betreute Künstler wie Alexandra, Jürgen Marcus, Heino, Gilbert Becaud, Michael Schanze, Udo Jürgens, etc.), Produzent von "Grand Prix der Volksmusik" und "Krone der Volksmusik". P.: Dokumentarfilm "Der Nürnberger Prozeß". E.: Bundesfilmpreis. H.: Zeitungen lesen.

Beierlein Peter *)

Beierlein Thomas Dr.-Ing. *)

Beiermeister Raymon Dipl.-Ing. *)

Beiersdorfer Kerstin Dipl.-Ing.

B.: Heilpraktikerin. DA.: 10707 Berlin, Kurfürstendamm 69. G.: Leipzig, 23. Mai 1962. Ki.: Georg (1985), Maria (1987). El.: Dr. Rudolf u. Dr. Sonja Beiersdorfer. S.: 1978-81 Berufsausbild. Nachrichtentechnik mit Abitur, 1981-86 Studium der Schiffselektronik Nachrichtendienst (Schiffsfunker) an Ing.-HS f. Seefahrt in Warnemünde-Wustrow. K.: 1986-91 CAD-Konstrukteur b. EPMR Rostock b. nach d. Wende, 1991-95 Mitarb. Steltner Baustoffe OHG in Cammin, 1995 Gschf. Baustoffhdl. Marlow GmbH, ab 1995 Musikunterricht am Konservatorium Rostock, 1997 Umzug nach Berlin, 1997-98 Ausbild. als Heilpraktikerin an Berufsfachschule f. Ganzheitsmed. MEDIKOS b. Horst Winkels, 1998 Prüf., seit 1999 eigene Praxis, spez. Augendiagnose, Ozontherapie, manuelle Therapie, Naturheilverfahren. H.: Musik, Klavier- u. Keyboardspielen, Orgelspielen, Chorsingen, Degenfechten, Bogenschießen.

Beiersdorff Jutta *)

*) Biographie www.whoiswho-verlag.ch oder beigefügte CD-ROM

Beige Ulrich Dr. rer. nat.

B.: Dipl.-Pharmazeut, Inh. FN.: Linden Apotheke Niesky. DA.: 02906 Niesky, Kollmer Str. 14. G.: Weißenfels, 5. Okt. 1943. V.: Edith, geb. Eggert. Ki.: Thomas (1971) und Christian (1984). S.: 1962 Abitur, 1962-67 Pharmaziestud. in Bratislava, Staatsexamen m. Dipl., 1967-68 Kandidatenj. m. Approb. K.: 1968 -78 tätig am Inst. für Experimentelle Epidemiologie in Wernigerode/Harz, Projektass. d. Inst.-Ltr., wiss. Mitarbeiter, 1977 Prom. z. Dr. rer. nat., 1978-88 prakt. Tätigkeiten in d. Pharmazie, Ltr. einer Landapotheke, stellv. Ltr. eines pharmazeut. Zentrums, 1985 Abschluß als Fachapotheker, 1990 Privatisierung d. Schwanen-Apotheke in Meerane, 1992 Übernahme d. neuerbauten Apotheke in Niesky. BL.: 1978 Mitinh. eines Patentes f. Nährböden z. Resistenzbestimmung. P.: Mithrsg. eines Lehrbuches f. d. med. Fachschulausbild. z. Thema "Med. Schutz d. Bevölkerung" (1979). H.: wiss. Arb.

Beikirch Annette *)

Beikirch Jens *)

Beikircher Konrad Johann Aloysia

B.: Cantautore u. Kabarettist. FN.: Agentur Rosa Tränert. DA.: 40723 Hilden, Verbindungsstr. 62. G.: Bruneck/ Südtirol, 2. Dez. 1945. V.: Anne, geb. Siering. Ki.: Leska (1981), Tim (1984), Mascha (1990), Zeno (1992), Konrad Leander (1996). El.: Adolf u. Flora, geb. Ingram. BV.: Urgoßvater Josef Beikircher - 1894 Erfinder d. maschinellen Herstellung v. Loden aus Sand in Taufers. S.: 1964 Matura Bozen, 1964-65 Studium Zeitungswiss., Phil u. Psych. an der Univ. Wien, 1965-70 Stud. Psych., Musikwiss. u. Phil. Univ. Bonn, glz. 1966-67 freier Mitarb. d. Bonner General-Anzeiger, 1970 Dipl.-Psychologe m. Ausz. K.: 1971-78 tätig im Justizvollzugsdienst in Siegburg im Bereich Beratung u. Therapie v. jugendl. Straftätern, jugendl. Sexualtätern u. innerbetriebl. Weiterbild., 1978 ORegR., 1978-82 Vertonung v. Gedichten, 1986 Filmmusik "Da Capo" ab 1986 freiberufl. Autor, Kabarettist u. Komponist, 1990 Sprachprogramm "Himmel u. Ääd", 1984-91 Kabarettprogramm "Frau Walterscheidt", 1996 "Concerto Buffo", klass. Musik m. Konzertanten Karikaturen, Kompositionsportait v. Bach, Beethoven, Schumann, Rossini u. Max Bruch, Konzerte f. "Peter u. d. Wolf", Komponist v. ital. u. dt. Liedern wie CD "Notti" u. "Noti e posia", 1999 Singspiel "Bastien u. Bastinne" f. Jugendliche, 1991-95 Kinderhörspiel "Trullo, Caracho u. Lila". BL.: Erfinder d. anstaltsinternen Fortbild. in allen JVA in NRW. P.: Ovid-Übersetzung, Karikaturist. Konzertführer (2000). E.: 1992 Offenbachmed., 1992 Rheinlandthaler, 1990 Morenhovener Lupe, 1996 Dr. humoris causa d. Dülkener Narrenak. M.: Botschafter d. Großen Kölner Karnevalsges., Rheinischer UNICEF-Botschafter. H.: mediterranes Kochen, Ölmalerei, Dialekte, Reisen.

Beil Caroline

B.: Moderatorin. FN.: ProSiebenSAT.1 Media AG. DA.: 10117 Berlin, Jägerstr. 32. www.sat1.de. G.: Hamburg, 3. Nov. 1966. V.: Hendrik te Neues. S.: 1989 Schauspiel- u. Gesangsausbild. am "Lee Strasberg Theatre Institute" in Hollywood, mehrjähriger Auslandsaufenthalt, 1991 Ausbild. in Deutschland u.a. an d. "Stage School of Music, Dance and Drama" in Hamburg, 1993 Moderationstraining b. Margarete Bittner in Köln, 1992-95 Stud. Soz. an d. HS f. Wirtschaft u. Politik in Hamburg. K.: seit 1992 auch Sängerin u. Synchronsprecherin, 1996 spielte sie im "Faust" b. d. Bad Hersfelder Festspielen, 1992-93 Moderation b. RTL NORD LIVE "FILM UP", 1995-96 d. Filmmagazin "MOVIE 1" b. Super RLT u. HH1, seit 1995 in div. Episodenrollen f. Serien- u. Kurzfilme b. d. ARD u. RTL on air, seit 1998 in d. Hauptrolle in d. ARD-Produktion "Ein ehrenwertes Haus", seit 1999 Moderatorin "blitz" b. tägl. Magazin in SAT.1. H.: Laufen, Tennis, Skifahren, Tap-Dance u. Tauchen, Malerei, Musik, mod. Literatur zu ihren Hobbys.

Beil Christian *)

Beil Frank Ulrich Dr. med. Prof. *)

Beil Herbert Dr. Prof. *)

Beil Michael *)

Beil Peter *)

Beil Ulrich

B.: RA. FN.: Beil, Dorfner, Bauer, Fischer, Beil Rechtsanwälte. DA.: 83714 Miesbach, Rosenheimer Str. 7. G.: Miesbach, 20. Sep. 1944. V.: Renate. Ki.: Christian (1970). El.: Dr. Josef u. Johanna. S.: 1963 Abitur Miesbach, Jurastud. in München u. Freiburg, 1967 1. u. 1970 2. Staatsexamen. K.: 1970 Zulassung, Schwerpunkt: Zivilrecht. M.: Vorst. d. Haus- u. Grundbesitzerver., 20 J. StadtR.-Mtgl. u. Fraktionssprecher. H.: Reisen, Bergsteigen, Skifahren.

Beilfuss Carmen Dr. Dipl.-Psych.

B.: ndlg. Psycholog. Psychotherapeutin, Lehrtherapeutin u. Supervisorin. FN.: Praxsif für Psychotherapie Dr. Carmen Beilfuss. DA.: 39128 Magdeburg, Rückertstr. 38. G.: Reichenbach, 30. Juli 1960. Ki.: Louise (1983). El.: Ing. Theodor u. Hannelore Beilfuss, geb. Winkler. S.: 1979 Abitur, 1979-84 Stud. Friedrich-Schiller-Univ. Jena, 1988 Prom., 1987-88 Dipl.-Psych. K.: 1989 Dipl.-Psych. im Kreis-KH Reichenbach, 1990-93 stellv. Abt.-Ltr. u. Fachbereichsltr. Psych. an Klinik f. Gynäkologie u. Geburtshilfe d. Med. Ak. Magdeburg, 1993 stellv. Fachbereichsltr. im Zentrum f. Kinderheilkunde, seit 1993 Supervisorin, seit 1995 Lehrtherapeutin, seit 1996 nebenberufl. Tätigkeit in eigener Praxis f. Psychothera-

*) Biographie www.whoiswho-verlag.ch oder beigefügte CD-ROM

pie, seit 1997 selbst. Tätigkeit in eigener Praxis. P.: zahlr. Vorträge auf Tagungen, Fachseminaren u. Workshops, eigenen wöchentl. Rundfunksendung "Ohne Tabu" im MDR Sachsen-Anhalt, zahlr. Publ. u.a. "Über sieben Brücken muß man geh'n ..." (1992), Sexualität, unerfüllter Kinderwunsch u. Schwangerschaftskonflikte (1992). E.: Neuberin-Med. d. Stadt Reichenbach. M.: seit 1990 Grdg.-Mtgl. d. Arge f. Familientherapie, seit 1992 Grdg .-Mtgl. d. Inst. f. systemische Forsch., Therapie u. Beratung in Magdeburg, Berufsverb. d. Psychologen, Ges. f. Sexualwiss., Systemische Ges. H.: Malerei, Skifahren, Tennis, Reisen, Literatur, Kino, Theater.

Beilharz Friedhelm *)

Beilharz Manfred Dr. iur.
B.: Generalintendant d. Theaters d. Bundesstadt Bonn (Oper, Schauspiel, Choreographisches Theater). DA.: 53111 Bonn, Am Boeselagerhof 1. oper@bonn.de. www.uni-bonn.de/theaterbonn. G.: Böblingen, 13. Juli 1938. Ki.: 1 Tochter, 4 Söhne. El.: Ernst u. Emma, geb. Schweizer. S.: Stud. Germanistik, Theaterwiss. u. Jura in Tübingen u. München, 2. jur. Staatsexamen u. 1967 Prom. in München. K.: 1960 Grdg. d. Studiobühne d. Univ. München u.a. mit Peter Stein, Otto Sander, Reinhard Hauff, Gila von Weitershausen, Roland Gall; Inszenierungen München u. Düsseldorf, 1967 Regieassistenz an d. Münchner Kammerspielen bei Hans Schweikart; 1968-69 Oberspielleiter u. Chefdramaturg bei Hans-Dieter Schwarze am Westfälischen Landestheater Castrop-Rauxel; 1970-75 Intendant am Landestheater Tübingen, 1976-83 Intendant am Stadttheater Freiburg, 1983-91 Intendant am Staatstheater Kassel; seit 1991 Intendant von Schauspiel Bonn u. Festivalleiter (zusammen mit Tankred Dorst) "Bonner Biennale - Neue Stücke aus Europa", seit 1997/98 Generalintendant von Oper, Choreographischen Theater u. Schauspiel Bonn; Künstlerischer Ltr. Festival "Theater der Welt" 2002 in Düsseldorf, Duisburg, Köln, Bonn; Veröff.: Schauspiel: u.a. Inszenierungen v. Peter Weiss: "Marat Sade" u. Karl Valentin, "Dreigroschenoper" Brecht/Weill, "Die Mutter" Brecht, "Ein Sommernachtstraum" Shakespeare, "Eine romantische Frau" Uraufführung Enzensberger, "Frühlings Erwachen" Wedekind als französische Erstaufführung u. a. Comedie de Saint-Etienne; Musiktheater: "Mahagonny" Brecht/Weill, "Liebe zu den drei Orangen" Prokofieff, "Fidelio" Beethoven, "Der heiße Ofen" Uraufführung Henze, "Falstaff" Verdi, "Wozzeck" Berg, 2001 Übern. d. künstl. Ltg. d. Festivals "Theater d. Welt" (2002 i. Nordrhein-Westfalen). M.: Präs. d. Intern. Theater Instituts (ITI), Berlin, Vors. d. Dramaturg. Ges. Berlin, Mtgl. d. Akad. d. Darstell. Künste Frankfurt u. d. Europäischen Theaterkovention, Brüssel u. Paris, Mtgl. d. ITI-Executive Board, Paris. Sprachen: Französisch, Englisch.

Beilharz Richard Dr. Prof. *)

Beilke Michael *)

Beilke Wolfgang M. Ing. *)

Beilken Berend
B.: Gschf. Ges. FN.: German Yachting Grand Prix Procédés Chénel, Procédés Chénel Beilken Digital Printing Werbeges. mbH. DA.: 27809 Lemwerder, Ritzenbütteler Str. 47. PA.: 27804 Berne, Deichstr. 267. info@procedes.de. www.procedes.de. G.: Bremen, 17. März 1940. V.: Silvia, geb. Kirchhoff. Ki.: Alexander, Björn. S.: Mittlere Reife, Lehre z. Segelmacher. K.: m. 19 J. bereits gr. Südamerikatörn m. Alfried Krupp, 10x f. Admiralscup qualifiziert, 3x Cup gewonnen, 2x als Teamchef, 1973 1. Dt. d. Admiralscup im Team u. in d. Einzelwertung gewann, One-Tonne-Cup 2x gewonnen, 3x Zweiter, 1984 1. Dt. Gewinner d. SORC in Florida, 1. Dt. Sieger b. Copa del Re v. Mallorca, Cup d. span. Königs, 2. Pl. im Fastnetrace, mehrfacher Dt. Meister in versch. Kl., jahrel.

Mtgl. d. Dt. Nationalmannschaft, erfolgreichster Dt. Hochseesegler. P.: Patent auf neuartiges transparentes Dachmaterial, d. Texalon Dachsystem, Zoo in Arnheim wurde damit gebaut, Entwickler neuer Bauformen/Schifflayouts, neuer Werkstoffe u. neuer Segelschnitte. E.: Silb. Lorbeerblatt. H.: Segeln, Wasser.

Beilken Günther *)

Beilmann Anke *)

Beilmann Martin Carl

B.: selbst. Architekt. DA.: 44789 Bochum, Ewaldstr. 9. G.: Bochum, 7. Juni 1960. V.: Katharina, geb. Nüdling. Ki.: Charlotte, Roman, Richard. El.: Heinrich u. Elisabeth, geborene Büscher. BV.: Weinhandel (Bad Kreuznach/ England) seit 1890. S.: 1979 Abitur, 1979-82 Photo u. Text Tageszeitung WAZ, 1981-85 Stud. Lehramt Geographie, Arch. u. Geschichte. K.: 1986 Arbeit als Steinmetz Kathedrale v. Exeter, 1987 Stud. Arch.-Geschichte in Wien, 1988-94 Stud. Arch. HfBK Hamburg, 1992-95 tätig in versch. Arch.-Büros in Hamburg, Berlin u. Köln, seit 1996 selbst. Architekt in Bochum u. Köln; Projekte: zur Ausstellung zum Berliner Stadtschloss, Dialysezentrum Recklinghausen, Sanierung Chinesischer Garten Bochum. P.: "Berliner Stadtschloß", "Hamburger Städtebau", Veröff. in d. WAZ, "Ergo Stadtwerke". E.: BDA, BDA-Preis 2000. M.: Dombauverein zu Köln, Kortumges. Bochum, Chinesischer Garten e.V., Mtgl. Freunde d.Tongji-Univ., DRK. H.: Britannien, Italien, China, SO-Asien, Gotik, Weine.

Beilstein Klaus *)

Beimesche Hans Heino *)

Beimfohr Uwe Peter Otto *)

Bein Georg Dr. Prof. *)

Bein Gerhard *)

Beindorf Eckhardt *)

Beiner Friedhelm Dr. Prof. *)

Beinert Jörn *)

Beinert Wolfgang Dr. theol. lic. phil. Prof.
B.: em. Ordinarius f. Dogmatik u. Dogmengeschichte. FN.: Univ. Regensburg. PA.: 93080 Pentling, Großberger Weg 9. G.: Breslau, 4. März 1933. El.: Josef u. Veronika. S.: Hum. Gymn. Fürth, Univ. Bamberg, Rom, Tübingen, 1963 Prom. K.: 1959 Priesterweihe, 1971 Habil., 1972 Prof. Bochum, 1978-98 Prof. Regensburg. P.: "Um d. dritte Kirchenattribut" (1964), "Die Kirche Gottes Heil in der Welt" (1973), "Christus u. d. Kosmos" (1974), "Heute v. Maria reden?" (1973), "Maria heute ehren" (1977), "Die Heiligen heute ehren" (1983), "Wenn Gott zu Wort kommt" (1978), "Hilft Glaube heilen" (1985), "Heil u. Heilen als pastorale Sorge" (1984), "Dogmatik studieren" (1985), "Einübung ins Leben - der Tod" (1986), "Nachfolge genügt" (1980), "Dezember Gedanken" (1984), "Handbuch d. Marienkunde" (1984, 2. Aufl. 1996), "Lexikon d. kath. Dogmatik" (1991, 1997 4 Aufl.),

(mehrere Übers.), "Symbole als Glaubenshilfe" (1987), "Maria, Weggeleiterin d. Christen" (1986), "Dein leuchtend Angesicht, Maria..." (1988), "Braucht Liebe (noch) die Ehe?" (1988), "Unsere Liebe Frau u. die Frauen" (1989), "Gottes Gegenwart" (1991, 4. Aufl. 1997), "'Kath.' Fundamentalismus" (1991), "Liebe muß man teilen" (1993), "Das Christentum (2. Aufl. 2000), "Tod und jenseits des Todes" (2000), "Amt, Tradition, Gehorsam" (1998), "Maria - Spiegel d. Erwartungen Gottes u. d. Menschen" (2001), Mitarb. an Lexika, Sammelwerken, Festschriften, ca. 600 Artikel in wiss. Zeitschriften. M.: Mtgl. d. Wiss. BeiR. d. J.-A.-Möhler-Inst., Korr. Mtgl. d. Fondazione Ambrosiana Paolo VI, o.Mtgl. d. Pont. Academia Mariana Intern., Mtgl. Allg. Rat Kath. Akad. in Bayern., Mitherausgeber "Catholica" Mitglied "Ökumen. Arbeitskreis".

Beinhauer Rudolf Dipl.-Ing. agr. *)

Beinhorn Elly *)

Beinhorn Renate *)

Beinke Hans-Jürgen Dipl.-Ing. *)

Beinlich Stefan
B.: Fußballprofi, Nationalteam-Spieler. FN.: c/o DFB. DA.: 60528 Frankfurt/Main, Otto-Fleck-Schneise 6. info@dfb.de. G.: 13. Januar 1972. K.: Länderspieldebut: 3. Sept. 1998 gegen Malta, bisherige Vereine: Dynamo Berlin, Bergmann-Borsig Berlin, Aston Villa, Hansa Rostock, Bayer 04 Leverkusen, Hertha BSC Berlin. H.: Golf. (Re)

Beinroth Birgit Dipl.-Stom.

B.: ndlg. Zahnärztin. DA.: 04209 Leipzig, Grünauer Allee 84. koehler-beinroth@t-online.de. G.: Oschatz, 26. Feb. 1960. V.: Uwe Beinroth. Ki.: Dirk (1982) und André (1988). El.: Heinz u. Henny Treiber. S.: Leistungsschwimmerin, 1981 Abitur Dresden, 1982-87 Stud. Zahnmed. Univ. Leipzig, Dipl.-Stom. K.: 1987-90 Zahnärztin in d. Poliklinik Leipzig-Grünau, seit 1991 ndlg. Zahnärztin. E.: Europameisterin 100m u. 200m Rückenschwimmen, Weltmeisterin 200m Rücken, 4x Vizeweltmeisterin, Staffeleuropameisterin, Silber u. Bronze 100m u. 200m Rückenschwimmen Olymp. Spiele 1976 Montreal u. 1980 Moskau. H.: Radfahren, Skifahren, Yoga.

Beinroth Fritz Dr. Prof.
B.: o.Prof. f. Musikwiss., Lehrstuhlinh. FN.: Univ. Potsdam. DA.: 14476 Potsdam-Golm, Haus 3. G.: Sangerhausen, 17. Apr. 1937. V.: Roswitha. Ki.: Regine (1963), Thomas (1972). S.: 1955 Abitur, 1955-60 Stud. Musik u. Geographie Humboldt-Univ. Berlin. K.: 1960-61 Musikfachlehrer u. Oberschule in Berlin-Mitte, 1961-69 Fachlehrer f. Musik u. Geographie sowie Chorltr. an d. EOS "Max Planck" in Berlin, 1967-69 u. 1971-76 Lehrauftrag in Musikgeschichte u. Musiktheorie an d. staatl. Ballettschule in Berlin, 1970 Prom. z. Dr. phil. an d. Martin-Luther-Univ. in Halle, 1971-76 Ltr. d. wiss. Zentrums f. Musik an d. HS f. f. Musik, "Hanns Eisler" Berlin u. Lehrtätigkeit in Musikwiss., 1976 Habil. z. Dr. sc. phil. an d. Martin-Luther-Univ. in Halle, 1992 Umwandlung in d. ak. Grad Dr. phil. habil., 1976 OAss. f. Musikwiss. an d. PH in Potsdam, 1976-94 Ltr. d. Wiss.-Bereiches Musikwiss., 1978 Hochschuldozent f. Musikästhetik, seit 1981 o. Prof. f. Musikästhetik, 1981-90 Dir. d. Sektion Musikerziehung, seit 1995 Univ.-Prof. f. systemat. Musikwiss. u. Lehrstuhlinh. BL.: 1995 Mitveranstalter d. IV. Musikwiss. Kolloquiums zu Fragen d. musikal. Analyse u. weiterer zentraler musikw. Veranstaltungen, Mithrsg. d. Protokollbandes, 1995 Initiator d. Schriftenreihe "Musikwiss. Lehr- u. Forsch.-Mater" d. Univ. Potsdam, 1997 Gastvorlesung an d. HS f. Musik u. darstell. Kunst in Wien. P.: "Musikästhetik v. d. Sphärenharmonie b. z. musikal. Hermeneutik" (1996), "Oper u. Vokalsinfonik im 18. u. 19. Jh. ... von J. Haydn bis Richard Wagner" (1998). M.: Ges. f. Musikforsch.

Beinrucker Frieder Dipl.-Ing. *)

Beinssen Käthe *)

Beintner Michael Hermann *)

Beisecker Michael-Alexander *)

Beisel Angelika Dr. med. *)

Beisel Sofia Dipl. oec. troph. *)

Beisel Ursula *)

Beisheim Ingo *)

Beismann Nikolaus *)

Beiße Thomas Dipl.-Ökonom
B.: Dir. FN.: Hannover congress Centrum. DA.: 30175 Hannover, Theodor-Heuss-Pl. 1-3. thomas.beisse@hcc.de. www.hcc.de. G.: Hannover, 8. Juni 1959. V.: Birgit, geb. Wolf. El.: Ernst u. Anne. S.: 1979 Abitur, 1976/77 Austauschschüler Highschool Pennsylvania/USA, glz. Kunstturner in d. Bundeswehr u. tätig als Landestrainer, 1983 Lehre Koch Excelsior-Hotel Ernst Köln, Stud. Wirtschaftswiss. Univ. Hannover, 1989 Abschluß Dipl.-Ökonom. K.: 1985-86 Chef de Rang im Elysee-Hotel in Hamburg, Traineeprogramm bei Mövenpick in Hamburg, Dion.-Ass. u. 1993 verantwortl. f. Mövenpick-Restaurants in Deutschland u. Regionaldir. f. Flughäfen in Leipzig, Berlin u. Nürnberg, 1994-96 Personalltr. f. d. Deutschland-Centrum in Hannover, 1996-2001 selbst. Unternehmensberater spez. f. Gastronomie, seit 2001 Dir. d. Hannover Congress Centrum. M.: Turnklub zu Hannover u. langj. Vorst.-Mtgl., Human Understanding. H.: Laufen, Lesen, Radfahren, Essengehen m. d. Ehefrau.

Beissel Heribert Prof. *)

Beißel Jörg Peter Dipl.-Ing.
B.: Architekt. FN.: Arch.-Büro Beißel u. Wuff. DA.: 52066 Aachen, Oppenhoffalle 74. E.: Aachen, 6. Nov. 1967. V.: Susanne Cordula (Architektin). Ki.: Florian. S.: 1988 Abitur, 1988-92 freiberufl. Foto-Volontär f. versch. Zeitungen Aachen, 1988-95 Stud. Arch. FH Aachen m. Abschluß Dipl.-Ing. K.: während d. Stud. Ass. bei Prof. Sprungala in Aachen, ab 1995 Ang. in versch. Arch.-Büros m. Schwerpunkt Altbausanierung u. allg. Wohnungsbau. H.: Musik, Sport.

Beisser Friedrich Dr. Prof.
B.: em. Prof. f. Theol. FN.: Univ. Mainz. PA.: 55122 Mainz, Jakob-Steffan-Str. 55. G.: Ansbach, 8. Jan. 1934. V.: Elisabeth, geb. v. Loewenich. Ki.: Susanne (1965), Regine (1967), Annette (1970). S.: 1953 Abitur, Stud. Theol. Neuendettelsau, Erlangen u. Heidelberg, 1959 1. Examen, 1959-62 Forsch.-Stipendiat Erlangen. K.: 1962-70 wiss. Ass. in Heidelberg, 1964 Prom., 1965 2. theolog. Prüf. u. Ordination, 1968 Habil., 1970-73 Univ.-Doz. in Heidelberg, 1973-76 apl.Prof., seit 1976 Prof. f. ev. Theol. u. Univ. Mainz. P.:

*) Biographie www.whoiswho-verlag.ch oder beigefügte CD-ROM

Beisser

Claritas Scriptuare b. Martin Luther (1966), Schlerermachers Lehre v. Gott (1970), Das Reich Gottes (1976), Hoffnung u. Vollendung (1993). H.: Wandern, klass. Musik.

Beissert Klaus
B.: Garten- u. Landschaftsarchitekt. FN.: Beissert u. Hengge. DA.: 10249 Berlin, Strassmannstr. 47. beissertundhengge@t-online.de. www.beissertundhengge.de. G.: Erfurt, 24. Mai 1963. V.: Jutta Hengge. S.: 1979-81 Lehre als Facharb. f. Grünanlagen, 1982-83 Armee, 1983-86 Stud. an d. Ingenieurschule f. Gartenbau in Erfurt, Abschluß: Dipl.-Ing. (FH) f. Garten- u. Landschaftsgestaltung. K.: 1987 Lehrabschluß als Facharbeiter f. Grünanlagen, mehrj. Tätigkeit als leitender Angestellter im erlernten Beruf, seit 1995 selbst. im eigenen Büro. M.: Mtgl. bei ag plaene architekten + ingenieure Arbeitsgruppe f. intetrierte Bauplanung, www.ag-plaene.e H.: Radfahren, Skilanglauf.

Beißwenger Siegfried Dr. rer. nat.

B.: Gschf. FN.: Dr. Siegfried Beißwenger Hell Gravure Systems GmbH. DA: 24107 Kiel, Siemenswall. G.: Aalen, 16. Mai 1948. V.: Marie Luise, geb. Wanner. Ki.: Eva (1971), Julia (1974) und Christoph (1976). El.: Dipl.-Ing. Erich. S.: 1967 Abitur, 1967-69 Wehrdienst Wetzlar, 1969-75 Stud. Physik Univ. Tübingen, Dipl., Prom. K.: 1975-85 ang. Projektentwicklungsltr. d. Firma Dipl.-Ing. Rudolf Hell GmbH in Kiel, 1986-88 Geschäftsführer d. Firma Cosy Mictrotec m. Vermarktung v. Fertigungstechnik f. Halbleitertechnik, 1988-92 Ltr. d. Entwicklung f. Anlagenbau d. Firma Leybold in Hanau u. b. 1996 Ltr. d. opt. Beschichtungstechnik f. opt. Gläser, Übernahme d. Firma Hell Gravure Systems GmbH. BL.: ca. 50 Patente. H.: Tennis, griech. Philosophien.

Beißwenger Thomas Dr. Prof. *)

Beister Irmgard

B.: Unternehmerin, Inh. FN.: Das HOTELchen. DA.: 23556 Lübeck, Schönböckener Str. 64. Info@das-hotelchen.de. www.das-hotelchen.de. G.: Königsberg, (Pr.), 1925. V.: Hans Joachim Beister. Ki.: Marion (1952), Lutz (1957). El.: Otto u. Lisa Skauradzun. S.: Kurhaus Alexisbad, Hotelfachschule Heidelberg, Parkhotel Königsberg. K.: 1947-55 Bürotätigkeit u.a. in Großorganisation, mittelst. Hotel, 1959-62 selbst. im Lebensmitteleinzelhandel, 1962-72 verantwortlich im elterl. Betrieb, 1972 Übernahme d. elterlichen Betriebes u. Umbau z. Hotel, 1973 - derz. Führung d. Hotels u. d. Namen "Das HOTELchen". H.: Geschichte, Politik, Reisen, Segeln.

Beitler Herwig Dipl.-Ing. *)
Beitlich Reinhold *)

Beitz Armin *)
Beitz Berthold Dr. h.c. mult. Prof. *)
Beitz Holger *)
Beitz Karl Albert *)
Beitzen Wolfgang *)
Beitzen-Heineke Wilhelm Dipl.-Ing.

B.: Dipl.-Ing. agr. FN.: Biocare - Ges. f. biolog. Schutzmittel mbH. DA.: 37574 Einbeck, Dorfstr. 4. G.: Hildesheim, 27. Apr. 1950. V.: Dr. Ingrid, geb. Bonnemann. Ki.: Johanna (1986), Antonia (1988), Elisa (1990), Sebastian (1992). El.: Joseph u. Elisabeth, geb. Beitzen. S.: 1969 Abitur, 1969 Bundeswehr, 1970 Stud. Ldw. in Göttingen, dabei einige Sem. Forstwirtschaft, 1977 Dipl.-Ing. agr. K.: 1977-93 Firma KWS-Saat AG in Einbeck, dort Verkaufsberatung Zuckerrübe, dann Projektltr. (Marketing), dann Vertrieb Osteuropa (Rußland) m. Projektmanagement u. Produktberatung, 1993-95 Vorbereitung d. eigenen Firmengrdg., 1993-94 intern. Projektmanagement f. schweiz. "Rohde-Gruppe", 1995 Grdg. der Biocare GmbH, Produktion v. Trichogramma (Nutzinsekten) f. weltweite Nutzung, Schädlingsbekämpfung auf biolog. Art, 1998 bereits im 3. Firmenj. Marktführer in d. BRD, eigenes Patent: "Trichosafe-Anhänger" - Verpackung z. Ausbringen d. Nützlinge, Entwicklung div. Geräte f. Zucht, Reinigung u. Verpackung v. Nützlingen, teils gefördert u. Umweltschutzorg., heute Kontakte in über 10 Länder d. Welt. BL.: div. Beratertätigkeiten z.B. f. Aufbau v. Laboren auf Sektor d. biolog. Pflanzenschutzes, ständig Lieferung v. Hardware f. biolog. Pflanzenschutz u.a. Kanada, Rußland. M.: Intern. Ver. d. Produzenten v. biolog. Pflanzenschutzmitteln Paris, Dt. Jägerschaft, 1989 Old Tablers Deutschland Göttingen, LCD Labrador Club Deutschland. H.: Jagd.

Beizai Sirus Dr. med. *)

Bek Jan Dr. med.

B.: FA f. Innere Med. u. Anästhesie. DA.: 10557 Berlin, Flensburger Str. 20. jan.bek@t-online.de. G.: Reichenbach, 1. Jän. 1954. Ki.: Caroline (1984). S.: 1974 Abitur, 1974-81 Stud. Med. Breslau, Staatsexamen u. Approb. K.: 1981-83 wiss. Mitarb. in Intensivmed., Anästhesie u. Schmerztherapie an d. Univ. Breslau, 1984 Arzt am KH Lübeck, 1985-88 an d. städt. Kliniken Wilhelmshaven, 1988 FA f. Anästhesiologie, 1990 Zuwendung zu Akupunktur, traditionelle chines. Med. m. Schwerpunkt Schmerztherapie, 1992 tätig an einer internist. Klinik, 1998 FA f. Innere Med., Zusatzbezeichnung f. Chirotherapie, Sportmed., Rettungsmed., spez. Schmerztherapie u. traditionelle chines. Med., seit 1994 ndlg. Arzt f. Schmerztherapie in Oldenburg, 1998 Eröff. d. Praxis in Berlin; Funktion: Doz. f.

*) Biographie www.whoiswho-verlag.ch oder beigefügte CD-ROM

Schmerztherapie v. Ärzten, Pharmafirmen u. Patienten. P.: Diss. M.: TCM, Sportärztebund, Berufsverb. f. Dt. Internisten, Berufsverb. f. Anästhesiologie. H.: Jazz, Marathonlauf, Beruf, Literatur.

Bekdjian Karekin
B.: Primas, Erzbischof. FN.: Diözese der Armenischen Kirche in Deutschland. DA.: 50735 Köln, Allensteiner Str. 5. bekdjian@hotmail.com. G.: Istanbul, 21. Dez. 1942. S.: Abitur in Istanbul, 1959-60 theologische HS Surp Khatsch in Sküdari in Istanbul, 1962-63 Stud. Soziologie u. Geschichtswiss. an d. geisteswiss. Fakultät d. Univ. Istanbul, parallel Besuch d. neuerrichteten theologischen Seminars v. Surp Khatsch Tibrevank, 1963 ordiniert z. Diakon, 1965 z. zölibatärem Priester (Apegha) geweiht, bekam d. geistlichen Namen Karekin, Fortsetzung d. Stud. an d. Univ. in Bonn u. Bochum in d. Fächern Pädagogik u. Psychologie. K.: 1970 ordiniert z. Wartabeten u. Erhalt d. Wartabeten-Stab, 1973-76 Betreuung d. Gemeinde Surp Garabet im Stadtteil St. Antoine in Marseille, 1976-91 z. Seelsorger u. Pfarrer d. armenischen Hauptkirche v. Marseille, Sirpotz Tarkmantschatz (Die Hl. Übersetzer) ernannt, führte wichtige Projekte wie d. Grdg. d. Surp Sahak-Mesrop Chors u. Grdg. einer Tagesschule durch, bereitete f. d. christlichen Radiosender "Dialog" religiöse Beiträge f. Erwachsene u. Kinder, unterrichtete Armenische Sprache u. veröff. ein Namensbuch f. armenische Namen, gleichzeitig schrieb er Artikel f. d. Monatszeitschrift "Armenia", 1991 Ernennung z. Prälaten d. Armenischen Gemeinde in Deutschland u. Auftrag f. d. Neustrukturierung d. Gemeinde u. d. Grdg. einer Diözese, da diese m. d. wachsenden Zahl d. Armenier in Deutschland eine Notwendigkeit geworden war, 1992 Ernennung z. Primas der in Deutschland lebenden Armenier, Verleihung d. Würde d. Erz-Wartabeten u. z. Bischof geweiht, 1998 Verleihung d. Titels Erzbischof als Anerkennung d. Dienstes. BL.: seit seiner Amtseinführung b. heute wurden in Deutschland 13 Gemeinden gegründet, Zahl d. Geistlichen von 2 auf 6 erhöht u. d. kirchliche Leben besonders an kirchlichen Festen durch Einladung von Gastgeistlichen bereichert, Erzbischof Karekin weihte Diakone u. ordinierte Lektoren, d. in d. Gemeinde dienen sollen, durch Anstellung v. Ang. wurde d. administrative Arbeit d. Diözese ebenfalls geordnet u. so kann d. Diözesankanzlei d. Anforderungen u. Wünschen d. Armenier in Deutschland gerecht werden, durch ihn nahmen d. ökumenischen Beziehungen z. d. Schwesternkirchen einen neuen Lauf, d. Diözese wurde auf Bundesebene u. in ihr angeschlossenen Gemeinden auf lokaler Ebene Mtgl. d. Arge Christlicher Kirchen, in Zusammenarbeit m. d. kath. Bistum v. Eichstätt gründete Erzbischof Karekin in d. dortigen Univ. d. Priesterseminar "Armasch", wo armenische Geistliche im Rahmen d. Collegium Orientale, orthodoxe Theologie studieren können. P.: legt besonderen Wert auf Veröff. v. Broschüren u. Informationsmaterialien m. versch. religiösem Inhalt, d. z. religiösen Erziehung dienen sollen.

Bekemeier Heinz-Wilhelm *)

Bekh Wolfgang Johannes
B.: Schriftsteller. PA.: 85447 Fraunberg/Obb., Rappoltskirchen. G.: München, 14. Apr. 1925. V.: Theresia Cäcilia, geb. Eibl. Ki.: Veronika (1966), Martin (1968), Anna (1971), Maria (1975). El.: Schröder Justin u. Franziska. BV.: Albert Schröder - Genremaler d. Prinzregentenzeit. S.: Oberrealschule, Schauspielschule, Univ. München u. Tübingen. K.: 1946-61 Schauspieler u. Reg. in Tübingen, Landshut, Kiel, Heilbronn, Trier, Memmingen, Wien u. München, 1961-72 Sprecher, 1972-85 Red. im Bayer. Rundfunk München, seit 1985 freier Schriftsteller. BL.: Abfassung d. 1. Liste schützenswerter Bauten d. Landeshauptstadt München 1963, Rettung v. Ignaz Günthers Wohn- u. Sterbehaus v. d. bereits beschlossenen Abbruch 1965. P.: Maler in München (1964), Apollonius Guglweid (1965, 1991), Baier. Kalendergeschichten (1966,

1973, 1980), München in Bayern, Bayern in Europa (1969), E. Wittelsbacher in Italien (1971), Die Herzogsgasse (1975, 1978, 1985), Reserl mit'n Beserl (1977, 1984, 1994), Sehnsucht läßt alle Dinge blühen (1978), Adventgeschichten (1981), Alexander v. Maffei (1982), Tassilon. Land (1983), Dichter d. Heimat (1984), Land hinter d. Limes (1986), Am Vorabend d. Finsternis (1988), Laurin (1988), Alois Irlmaier (1990), Alte Bayer. Erde (1990), Von Advent bis Lichtmeß (1990), Mühlhiasl (1992), Im Erdinger Land (1993), Des geheimen Reiches Mitte (1993), Therese von Konnersreuth (1994), Der Bildhauer Richard Engelmann (1994), München (1995), Am Brunnen der Vergangenheit (1995), Münchner Winkel und Gassen (1996), Selbstbildnis mit Windrad (1997), Traumstadt Schwabing (1998), Die Entdeckung der Nähe (1999), Visionen u. Prophezeiungen der Endzeit (1999), C.O. v. Soden: Das falsche Reich (Hrsg., 1999), Vom Glück der Gemäßen (2000), Anton Bruckner, Biographie eines Unzeitgemäßen (2000), zahlr. Rundfunksendungen, Anthologien. E.: 1968 Goldmed. Bayer. Rundfunk, 1973 tz-Rose, 1975 Bayer. Poetentaler, 1975 BVK am Bande, 1982 Dipl. di Merito, 1982 Poetenteller Deggendorf, 1985 Bayer. VO. M.: Münchner Turmschreiber, Tukanier, Gildenmstr. d. Innviertler Künstlergilde, Bayer. Landesver. f. Heimatpflege, Hist. Ver. v. Oberbayern, Bd. Naturschutz in Bayern, Ignaz-Günther-Ges. H.: Latein, Malen, Federzeichnung.

Bekis Tamer *)

Bekmezci Cevdet *)

Bekrater Tarik *)

Bektas Türkan

B.: selbst. RA. DA.: 33602 Bielefeld, Herforder Str. 5-7. G.: Türkei, 15. Mai 1971. V.: Rusen Zengin. El.: Hatun u. Siddik. S.: 1990 Abitur in Hagen, 1991-96 Stud. Rechtswiss. Univ. Bielefeld, 1996 1. Staatsexamen, 1997 Referendariat am LG Bielefeld: Amtsgericht, Staatsanw., Verw. Gem. Kirchlengern, Anw.-Praxis Kraft u. danach Simonet RA u. Notar, 1999 2. Staatsexamen. K.: 2000 Eröff. d. eigenen Kzl., Tätigkeitsschwerpunkt: Zivil- u. Familienrecht, Ausländer- u. Asylrecht, Verkehrsrecht, Steuerrecht. M.: Anw.-Ver., 1993-95 Dt.-Kurdischen Freundschaftsver. H.: Schwimmen, Spazierengehen.

Belaj Engelbert *)

Belardi Nando Dr. Prof. *)

Belche Paul Dr. rer. nat.
B.: Sprecher d. Gschf. FN.: EKO Stahl GmbH. DA.: 15890 Eisenhüttenstadt, Werkstr. 1. G.: Esch-sur-Alzette/Luxemburg, 6. Mai 1952. V.: Pascale, geb. Goerens. Ki.: 4 Kinder. El.: Roger u. Mady, geb. Wagner. S.: 1971 Abitur Luxemburg, Stud. Physik Univ. Karlsruhe, 1977 Dipl.-Physiker, 1977-83 Ass. Inst. Eisenhütte Aachen, Prom. K.: 1983-84 techn. Kundenberater d. Firma Trade Arbed S. A. in Luxemburg, 1984-85 Ltr. d. Qualitätszentrale d. Hüttenwerk Arbed Differdange u. Trainee bei d. Trade Arbed u. Fin Arbed in Luxemburg, 1989-90 Gen.-Manager d. Trade Arbed in Singapur, 1980-93 Managing-Dir. v. Trade Intern. Trade, 1993 Gschf. d. ISPC in Luxemburg, Projektltr. d. Sidmar Hütten-

wein, Volleyball, Tennis. (Re)

Belde Dieter *)

Beleites Eggert Dr. med. habil. Prof.
B.: Direktor, Präs. FN.: HNO-Univ.-Klinik Jena; Landesärztekam. Thüringen. DA.: 07740 Jena, Lessingstr. 2. G.: Halle/Saale, 1. Juni 1939. Ki.: Kirstin (1964), Thomas (1965), Burgard (1966). S.: 1958-59 Arb. als Verlader, 1959-65 Stud. Humanmed. Halle/Saale. K.: 1965-66 Pflichtass. in Poliklinik Halle Süd u. Mitte, 1966-70 HNO-Ass.-Arzt in Jena, 1970 Abschluß FA-Ausbild. in Jena, 1970-93 Ass. u. Oberarzt in HNO Jena, 1993-2000 Dir. in HNO Jena. P.: zahlr. Veröffentlichungen z. Thema Biomaterialien u. Neurootologie. M.: seit 1990 Präs. d. Landesärztekam. Thüringen, Bundesärztekam.-Mtgl.

Beleke Hans Dr. med. *)

Belentschikow Renate Dr. phil. habil. Prof.
B.: Sprachwissenschaftlerin. FN.: Inst. f. fremdsprachliche Philologen d. Univ. Magdeburg. DA.: 39016 Magdeburg, Postfach 4120. renate.belentschikow@gse-w.uni-magdeburg.de. www.uni-magdeburg.de. G.: Berlin, 14. Apr. 1955. V.: Dr. Valentin Belentschikow. Ki.: Wadim (1981), Valentin (1982). El.: Walter u. Dr. Ingrid Beyer, geb. Schulz. S.: 1973 Abitur Berlin, 1973-77 Lehramtsstud. Russ.Humboldt-Univ. Berlin, 1975 Stud. Russ. Univ. Voronesh, 1977 Dipl.-Lehrer, 1977-80 Forsch.-Stud. Slavistik Humboldt-Univ. Berlin, Aspirantur Lomonossow-Univ. Moskau, 1981-83 wiss. Ass. Humboldt-Univ. Berlin, 1982 Prom. K.: 1983-86 wiss. Ass., 1986-89 Aspirantur an d. Humboldt-Univ. Berlin, 1989 Facultas docendi, 1990 Habil., 1989-94 wiss. OAss. am Inst. f. Slawistik d. Humboldt-Univ. Berlin, 1992-95 Prof. f. slavist. Sprachwiss. an d. Univ. Trier, seit 1995 Prof. f. slavist. Linguistik am Institut f. fremdsprachliche Philologen d. Univ. Magdeburg; Funktion: seit 1998 ehrenamtl. Ltg. d. Projekts Russ.-Dt. Wörterbuch an d. Akademie d. Wiss. zu Mainz, 1999-2001 Wörterbuch d. neuen russ. Lexik Russ.-Dt., 1984, 89 u. 95 Teilnahme an Sommerkursen f. bulgar. Sprache u. Kultur in Bulgarien. P.: "Russ. im Spiegel d. Deutschen" (Mitautorin, 1989), "Substantivische Benennungsbildung Russisch-Deutsch" (1992), 30 Art. u. Aufsätze z. Wortbild., Lexikologie, Phraseologie, dt. Grammatik u. Lexikographie, Hrsg. d. Reihe "Vergleichende Studien zu d. slav. Sprachen u. Literaturen", Zus. mit R. Ibler), Teilnahme an Konferenzen im In- u. Ausland. M.: Kmsn. f. slavist. Wortbild. b. Intern. Slavistenkomitee, Verb. d. HS-Lehrer f. Slavistik in Deutschland, Dt. HS-Verb., Dt.-Bulgar. Ges. e.V. H.: Theater, Musik.

Belge Dieter *)

Belger Sigurd

B.: Dipl.-Pädagoge, Versicherungskaufmann, Ltr. FN.: Kundendienstbüro HUK Coburg. DA.: 04229 Leipzig, Antonienstr. 30. belger@hukvm.de. www.huk.de/vm/belger. G.: Sebnitz, 22. April 1942. V.: verh. Ki.: 3 Kinder. S.: Stud. Pädagogik an der Humboldt-Univ. Berlin. K.: Tätigkeit als Lehrer, 1992-95 nebenberufl. Tätigkeit als Versicherungsvertreter b. o.g. Versicherung, 1994 Ausbildung b. d. HUK, seither selbständiger Versicherungsfachmann, umfassende Dienstleistungen im Bereich d. priv. Vorsorge. P.: Dozententätigkeit im Bereich Kfz-Versicherung, Auftritt im MDR in d. Fernsehsendung "Guter Rat" zu Versicherungsfragen. E.: 1. Pl. b. bundesweiten Wettbewerb d. HUK (2000). H.: Philatelie.

Belka Ingrid
B.: Dipl.-Ökonom, Gschf. Ges. FN.: Automaten Belka GmbH Spremberg. DA.: 03130 Spremberg, Kraftwerkstr. 62. PA.: 02997 Wittichenau, Bad Honnefer Str. 12. G.: Spremberg, 7. Aug. 1942. V.: Klaus Belka. Ki.: Kirsten (1963). El.: Heinrich u. Gerda Bartels. S.: 1956-59 Lehre z. Hdls.-Kfm. K.: 1959-77 vorwiegend im Großhdl. Textil/Bekleidung tätig, 1977 Objektltr., 1967 Abendschule 10. Kl.-Abschluß, 1967-71 Fernstud. Fachschule f. Binnenhdl., Abschluß Ökonom, 1977-90 stellv. Abt.-Ltr. Hdl. u. Versorgung in d. Stadt Spremberg, 1990 Gewerbe als Automatenaufstellbetrieb angemeldet u. erfolgreich aufgebaut, 1991 Umwandlung in GmbH, jetzt Gschf. Ges. Hauptsitz in Spremberg. M.: Verb. d. Automatenkaufleute Berlin-Brandenburg. H.: Lesen.

Belka Sieglinde
B.. Bekleidungsing., Designer f. DOB, Betreiber. FN.: Pension u. Gastwirtschaft an d. Kutzeburger Mühle. DA.: 03058 Gallinchen-Cottbus, Kutzeburger Weg 1. G.: Cottbus, 11. Apr. 1954. V.: Wilfried Belka. Ki.: Robert (1977), Marika (1980). S.: 1960-70 Polytechn. Oberschule Cottbus, 1970-72 Lehre im Textilkombinat Cottbus z. Facharb.: Damenschneider, 1972-75 Stud. Fachschule f. Bekleidungsind. Berlin, Abschluß Bekleidungsing., Designer f. Damenoberbekleidung. K.: 1975-93 tätig in d. Modellabt. d. Textilkombinates Cottbus f. d. Entwicklung v. Damenoberbekleidung, seit 1994 selbst. H.: Tiere, Arb.

Belka Wilfried Dr. med. vet. *)

Belke Brigitte
B.: Gastronomin, selbständig. FN.: Restaurant Friedenseck. DA.: 03044 Cottbus, Garteneck 12. G.: Leipzig, 21. Juli 1961. V.: Reimund Belke. El.: Klaus u. Anita Hoffmann. S.: 1978-80 Lehre z. Facharbeiter f. Schreibtechnik b. volkseigenen Betrieb VEB Industrieisolierung Leipzig, Facharbeiterabschluss als Industriekaufmann. K.: 1980-85 tätig im VEB Industrieisolierung Leipzig, 1985-90 Ltg. d. Vereinsgaststätte d. VKSK Verbandes d. Kleingärtner, Siedler u. Kleintierzüchter Kulturhaus "Friedenseck" in Cottbus als Kommissionärin d. Handelsorganisation (HO) Bezirk Cottbus, 1988 nebenberufliche Qualifizierung u. Erwerb d. Führungszeugnisses f. Gastronomie, 1990 Übernahme d. Gaststätte als Inh., seitdem Ltg. u. Entwicklung z. Restaurant "Friedenseck". H.: Reisen, Lesen.

Belke Karlheinz Dr. *)

Bell Gisela Dr. *)

Bell Michael Dr. med.

B.: FA f. Chir. FN.: Gemeinschaftspraxis Dr. Bell & Dr. Elebaut. DA.: 46536 Dinslaken, Wilhelm-Lantermann-Str. 56-58. drs.bell.elebaut@ruhrnet.de. www.fusschirurgie.de. G.: Berlin, 19. Mai 1954. V.: Dr. Regina, geb. Nowak. Ki.: Emanuel (1983). S.: 1972 Abitur, 1972-74 Wehrdienst, 1974-80 Stud. Med. Humboldt-Univ. Berlin. K.: 1980-89 Ass.-Arzt f. Chir. an der Charite in Berlin, 1986 Prom., 1987 FA f. Chir., seit 1990 FA in der Gemeinschaftspraxis in Dinslaken m. Schwerpunkt Hand-, Venen-, Unfall-, Fuß- u. endoskop. Chir. P.: Vorträge im berufsspezif. Bereichen. M.: Rotary Club Walsum, ANC Nordrhein, BNC. H.: Segeln, Tauchen, Literatur.

Bell Oswald Dr. Ing. *)

Bell Sylvia Maria *)

Bell Timo

B.: Bürokommunikationskfm. FN.: Timo Bell EDV + Unternehmensberatung. DA.: 45896 Gelsenkirchen, Denneborgsweg 7. tbell@s-b-s.de. G.: Recklinghausen, 21. Juli 1974. V.: Nadja, geb. Geisler. Ki.: Niclas-Joshua, Lena-Marie. El.: Dieter und Monika, geb. Kiesenberg. S.: 1993 Fachabitur, 1993-95 Ausbild. z. Bürokommunikationskfm., 1995-96 Fernstud. z. Betriebl. Steuerlehre, 1995-98 Fernstud. z. Organ.-Programmierer, 1995-97 Fernstud. z. EDV-Service-Techniker, 1996-2000 BWL-Stud. an d. FOM Essen. K.: 1995-96 Mitinh. einer Schulungsfirma im EDV-Bereich, 1996 Grdg. d. EDV-Unternehmensberatung m. Schwerpunkt f. Randgruppen, 1. Home-Page m. kompletter Sprachsteuerung f. Blinde, 1995-99 ang. im EDV-Bereich. P.: versch. Vorlesungen u. Seminare im Rahmen d. Tätigkeit. H.: Skateboard, Basketball, Sport.

Bellach Thomas

B.: Gschf. FN.: Crew Promotions GmbH. DA.: 12621 Berlin, Mädewalder Weg 49. PA.: 12683 Berlin, Haydnstr. 15. G.: Bad Saarow-Pieskow, 13. Mai 1964. V.: Katy, geb. Sasse. Ki.: Thomas (1987). El.: Hans-Georg u. Gisela, geb. Schoppe. S.: 1982 Abitur, 1983-88 Stud. Math. u. Physik PH. K.: 1988-89 tätig im Schuldienst in Berlin, 1989-90 tätig an d. Akad. d. Wiss., Inst.f. Math., 1990 selbst. m. d. Firma Thomas Bellach Productions, Consumer Promotion, Event + Sponsoring, 1999 Grdg. d. Firma Crew Promotion GmbH m. Filialen in Rostock u. Berlin. BL.: Aufbau d. Fußballschulen in Peru als Drogenprävention. E.: Ehrenurkunde d. Policia Nacionale de Peru. M.: intern. Wettfahrtltr. u. Schiedsrichter im Segelsport. H.: Segeln.

Bellack Günter *)

Bellan Annette *)

Bellanger Jens Dipl.-Ing. *)

Belle Meinrad
B.: Bgm. a.D., MdB. DA.: 11011 Berlin, Platz d. Republik 1. G.: Philippsburg, 18. Juli 1943. V.: verh. Ki.: 2 Kinder. S.: VS Philippsburg, Höhere HASCH Bruchsal, 1960 Mittlere Reife, Ausbild. z. Rechtspfleger im Land Baden-Württemberg, 1963 Rechtspflegerexamen m. Ausz. K.: 1963-74 im gehobenen Justizdienst d. Landes Baden-Württemberg, zuletzt als Geschäftsltr. d. Amtsgerichts u. d. Vollzugsanst. Villingen-Schwenningen, 1975-90 Bgm. d. Gemeinde Brigachtal im Schwarzwald-Baar-Kreis, 1988-90 Kreisvors. d. Gem.-Tags BW im Schwarzwald-Baar-Kreis u. d. Bgm.-Ver., 1988-90 Mtgl. Landesvorst. Gem.-Tag BW u. Vors. Fachaussch. "Gemeindewirtschaft u. Energie", seit 1979 Mtgl. Kreistag Schwarzwald-Baar-Kreis, seit 1990 stellv. Fraktionsvors. u. MdB, 1974 Mtgl. CDU, seit 1978 stellv. Vors. KPV im Schwarzwald-Baar-Kreis, seit 1982 Mtgl. Bez.-Vorst. d. KPV. (Re)

Bellen Heinz Dr. Prof. *)

Bellendorf Engelbert

B.: selbst. Goldschmiedemeister. DA.: 46282 Dorsten, Recklinghäuser Str. 23. G.: Dorsten, 1. Okt. 1972. S.: 1989 Mittlere Reife, 1991 FHS-Reife, 1995 Lehrabschluß Goldschmied, Bundeswehr, 1998 Meisterprüf. K.: 1996 ang. Goldschmied, seit 1998 selbst. als jüngster Meister m. Ladenlokal in NRW u. jüngster selbst. Goldschmied in Deutschland. M.: Lions Club, Kunstver. Dorsten, Bürgerschützenver. H.: Jagd, Sport.

Beller Hans Albert
B.: Vorst.-Vors. i.R. d. Continental Teves AG & Co. oHG. G.: Michelstadt/Odenwald, 16. Dez. 1937. S.: 1958-61 Stud. Maschinenbau FH Darmstadt. K.: Entwicklungsing. im Fahrwerkbereich d. F. Porsche KG, 1964-66 Gruppenltr. u. Abt.-Ltr. im Entwicklungsbereich d. Firma Girling Bremsen GmbH, 1966-67 Ass. d. tech. Dir. d. Alfred Teves KG, 1967-74 Hauptabt.-Ltr. d. Serienentwicklung Bremsen d. Firma Alfred Telves GmbH u. 1974-84 techn. Dir. d. Entwicklung u. Konstruktion f. Bremsprodukte u. ABS, 1985-87 Gen.-Bev. f. d. ABS-Geschäft, 1993-98 Vorst. d. Continental AG in Hannover, 1999-2000 Vorst.-Vors. Continental Teves AG & Co. oHG.

Bellersen Christa *)

Bellgart Katharina *)

*) Biographie www.whoiswho-verlag.ch oder beigefügte CD-ROM

Belli Hans-Wolfgang Dipl.-Ing.
B.: Abteilungsleiter Bau 1, Studiendir. FN.: Heinrich-Hübsch-Gewerbeschule. DA.: 76133 Karlsruhe, Fritz-Erler-Str. 16. PA.: 76131 Karlsruhe, Jordanstr. 4. G.: Donauwörth, 25. Aug. 1946. V.: Renate, geb. Nohe. El.: Dipl.-Ing. Adolf u. Viktoria, geb. Menner. BV.: Josef Belli, aktiver Sozialdemokrat, Autor "Die rote Feldpost". S.: 1965 Abitur Karlsruhe, 1965-66 Bundeswehr, 1967 Stud. Bauingenieurwesen Univ. Karlsruhe, Schwerpunkt: konstruktiver Ingenieurbau, 1975 Dipl.-Ing. K.: 1975-81 wiss. Mitarbeiter am Inst. f. Baustofftechnologie d. Univ., 1981 Fortbildung z. Berufsschullehrer, 1982 2. Staatsprüfung f. Lehrer im höheren Dienst, 1982 Studienassessor August-Haselwander-Gewerbeschule Offenburg, 1986 Studienrat, 1987 Heinrich-Hübsch-Gewerbeschule Karlsruhe, Fachbereich Bau, Schwerpunkt Gleisbau, 1995 Oberstudienrat, 1999 Studiendir., Abteilungsleiter Bau 1. P.: wiss. Beitrag in "Forschung Straßenbau + Straßenverkehrstechnik" d. Schriftenreihe d. Verkehrsministeriums (1981). E.: Auszeichnung f. ehrenamtl. Tätigkeit u.a. Goldener Löwe. M.: div. Prüfungsausschüsse d. IHK u. d. Handwerkskammer, Mitarbeit im Rahmenlehrplan-Ausschuss "Neuordnung d. Berufsausbildung in d. Bauwirtschaft" als Vertreter d. Gleisbaus (1997-99), kath. Jugendarbeit (1961-78), seit 1972 Freizeitwerk BDKJ, seit 1975 1. Große Karnevalsgesellschaft Karlsruhe 02 e.V., seit 1986 Präs., seit 1993 Organisation u. Ltg. v. Gardetanz-Qualifikationsturnieren, seit 1995 Beisitzer im Kriegsdienstverweigerungsausschuss. H.: Kleingärtnern, Lesen, Reisen.

Bellin Frank *)

Bellinger Bernhard Dr. Prof. *)

Bellinger Dieter Dr. jur.

B.: Verb.-Gschf. FN.: VDII Verband Dt. Hypothekenbanken. DA.: 10117 Berlin, Georgenstr. 21. G.: Berlin, 19. März 1939. V.: Ingeborg, geb. Miesen. Ki.: Prisca (1973). El.: Dr. Hermann (Staatssekr. im Min. f. Wohnungsbau NRW) u. Elisabeth, geb. Lohaus. BV.: Onkel d. Vaters, Prof. f. Städtebau Friedrich Gerlach Mtgl. d. Preuß. Landtags. S.: 1958 Abitur Düsseldorf, 1958.62 Stud. Rechtswiss. Freiburg u. Bonn, 1958-62 glz. Fagottspieler d. Univ.-Orchesters Freiburg und d. Churköllnischen Orchesters Bonn, 1962 1. Staatsexamen, 1963-67 Referendariat Stadt Bonn, 1966-67 Diss.-Arb., 1967 2. Staatsexamen, 1968 Prom. K.: seit 1967 b. Verb. Dt. Hypothekenbanken, 1967-70 Mtgl. d. Rechtsausss. d. europ. Hypothekenverb. in Brüssel, 1973 stellv. Gschf., seit 1975 Executivbüro d. europ. Verb., 1993 Hauptgschf., seit 1993 Vors. d. europ. Pfandbriefaussch., 1996 Grdg. u. Vors. d. Förderkreis Ak. Kunstmuseum Univ. Bonn, seit 1997 Mtgl. im Hauptaussch. d. Verb., 2000 Engagement im International Institute for Real Estate Finance (Washington D. C.) d. American Mortgage Bankers Association. P.: Kommentar z. Hypothekengesetz (seit 1978), Das Recht d. Hypothekenbanken in Europa (1981), Die Hypothekenbanken u. d. Pfandbrief in Europa (1996), Die antiken Wurzeln d. Zinsverbots (1978), Die Enstehung d. Hypothekenbankgesetz (1993), 1999 Hrsg. "100 Jahre Hypothekenbankgesetz" im Fritz Knapp Verlag. M.: seit 1975 Verb.-Rat d. Dt. Verb. f. Wohnungswesen. H.: klass. Musik, Spielen aller Arten v. Blockflöten, Archäologie, Wirtschaftsgeschichte, Griechenlandreisen.

Bellmann Frank Rudolf Dipl.-Ing. *)

Bellmann Götz Dr. Ing. *)

Bellmann Karl-Heinz *)

Bellmann Margit *)

Bellmann Rambald
B.: freiberufl. Musiker, Arrangeur u. Komponist. PA.: 12355 Berlin, Waßmannsdorfer Chaussee 110. G.: Berlin, 29. Jan. 1966. El.: Günther u. Waltraud, geb. Pitzsch. BV.: Erich Büttner - Maler u. Grafiker d. Berliner Session; Onkel Gernot Pietzsch - 1. Tenor im Chor d. Dt. Oper. S.: 1984 Abitur, 1985-88 priv. Musikausbild., 1989-91 Stud. HdK Berlin, 1991-94 Stud. Musik-HS Berlin m. Abschluß Instrumentalsolist f. Posaune. K.: seit 1994 Doz. f. Posaune an d. Musikschule Berlin-Wilmersdorf, seit 1996 Betreuer d. Blechbläser d. Wind-Or-Jester Blasorchesters in Berlin, 1999 Doz. f. d. Posaunensatz d. Landesjugendjazzorchesters, Berlin, Engagements u.a. am Berliner Wintergarten u. Friedrichstadtpalast, 1998-99 Musicalprod. "Black Rider" in Neustrelitz, 2001 Operette "Lysistrata" an d. Oper Neukölln, Arrangements u. Kompositionen u.a. f. "Otto's Big Band" u. Mtgl. d. Band, musikal. Ltr. d. Swinging Strangers "Roger Pabst & The Schwinging Strangers". P.: zahlr. Auftritte m. Karel Gott, Roberto Blanco u. Dieter Bohlen, CD-Aufnahmen als Studiomusiker f. Stefan Waggershausen, Roland Kaiser, Udo Jürgens, Friedrichspalast u. Trinity. M.: Gema. H.: Natur, Wandern, Radfahren.

Bellmann Ulf
B.: Gschf. FN.: Bellmann, Hoffmann, Waymouth GbR. DA.: 44147 Dortmund, Huckarder Str. 8-12. vlf.bellmannädie@die4mado.de. G.: Dortmund, 27. Okt. 1961. S.: 198 FH-Abschluss in Dortmund, 1982-85 Lehre als Steinmetz. K.: 1987-89 selbst. Künstler, 1990-94 im Konzertmanagement tätig, seit 1994 Grdg. d. Firma. H.: aktiv Musik, Gitarre.

Bellmann Uwe Dr. phil. Prof.
B.: Ltr. HS-Sprachenzentrum HTWK Leipzig. FN.: HS f. Technik, Wirtschaft u. Kultur Leipzig (FH). DA.: 04277 Leipzig, Karl-Liebknecht-Str. 145. PA.: 01219 Dresden, Goppelner Str. 8. bellmann@sz.htwk-leipzig.de. G.: Dresden, 29. Jan. 1956. V.: Annette, geb. Röbert. Ki.: Sabine (1980), Ulrike (1983). S.: 1974 Abitur Dresden, 1974-76 Wehrdienst, 1976-81 Stud. Dipl.-Lehrer f. Erwachsenenbildung Engl./Russ. an d. Univ. Leipzig u. Woronesh. K.: 1981-91 Lehrer im HS-Dienst d. HS f. Verkehrswesen Dresden, 1988 Prom., 1990 Facultas docendi, 1992-94 Ltr. Sprachenzentrum HS f. Technik. u. Wirtschaft Dresden (FH), seit 1994 Prof. f. Fachsprachen Engl./Russ. u. Ltr. HS-Sprachenzentrum HTWK Leipzig. BL.: Aufbau eines Multimedia-Selbstlernzentrums f. d. Fremdsprachenausbildung an HTWK Leipzig, Mitarbeit in Leitungsgremien d. Arbeitskreises Sprachenzentren u. d. UNICERT-HS-Fremdsprachenzertifikatssystems. P.: d. künstlerische Schaffensentwicklung Wladimir Trendrjakows (1981), Texthäsion in russischen Fachtexten (1988), Computers and Data Processing - An Intermediate Course in ESP (1994) u. div. Art. in Fachzeitschriften u. Sammelbänden. M.: Ges. f. Angewandte Linguistik (GAL), Arbeitskreis Sprachenzentren (AKS), Fachverband Moderne Fremdsprachen (FMF). H.: Haus u. Garten.

Bellmann Werner Dr. med. *)

Bellmer Horst-Gevert Dr.
B.: Gschf. FN.: Brauerei Beck & Co. DA.: 28199 Bremen, Am Deich 18/19. www.becks.com. G.: Hameln, 27. Mai 1941. Ki.: 2 Kinder. S.: Ausbild. Brauer u. Mälzer, Stud. Brauwesen TU München m. Abschluß Dipl.-Ing. K.: 1969

---
*) Biographie www.whoiswho-verlag.ch oder beigefügte CD-ROM

Laborltr. d. Haake-Beck Brauerei in Bremen, Prom., 1980 techn. Dir. b. Beck & Co u. seit 1993 Gschf. f. Technik. M.: 1997 VPräs. d. European Brewery Convention, techn.-wiss. Aussch. d. VLB Berlin, Vorst. d. Dt. Brauer-Bundes e.V.

Bellmer Horst Dipl.-Ing. Prof.

B.: Gschf. Ges. FN.: Prof. Bellmer Ing.-Gruppe GmbH. DA.: 28199 Bremen, Henrich-Focke-Str. 13. G.: Nordenham, 12. Aug. 1945. V.: Birgit, geb. Messerschmidt. Ki.: Bettina (1973) und Michael (1975). El.: Wilhelm u. Erna. S.: 1964 Abitur, Bundeswehr-Lt. d. Res., 1967-72 Studium Bauing.-Wesen TU Braunschweig m. Abschluß Dipl.-Ing. K.: ltd. Mitarb. u. später Partner der Geschäftsltg. d. Ing.-Gemeinschaft B. Luttmann in Bremen, 1992 Gschf. Ges. der Firma Bellmer Ing.-Gruppe

Schiernbeck GmbH, 1999 Grdg. d. Prof. Bellmer Ing.-Gruppe; Funktionen: seit 1984 Schweißfaching., 1985 Prüf. f. Baustatik, 1991 öff. bestellter u. vereid. Sachv. f. Baustatik u. -konstruktion, seit 1991 Lehrbeauftragter, seit 1997 Prof. an d. HS Bremen. P.: Publ. in d. Schriftreihe d. Fachbereichs Ing.-Wesen d. HS Bremen. M.: seit 1997 Landesvors. d. VBI, Stellv. Landesvors. d. VPI, Vorst.-Mtgl. d. VSVI Bremen, Vorst.-Mtgl. d. Ing.-Kam. H.: Chorgesang, Wandern.

Bellmer Torsten

B.: RA, Inh. FN.: RA-Kzl. Bellmer. DA.: 18055 Rostock, Humboldtstr. 4. G.: Lingen/Ems, 21. Okt. 1962. V.: Claudia. Ki.: Max (1994), Marius (1999). El.: Helmut u. Traude. S.: 1983 Abitur, 1983-85 Bundeswehr, 1975-92 Stud. Jura Osnabrück u. Berlin, 1992 1. u. 1995 2. Referent. K.: seit 1995 eigene Kzl. in Rostock m. Schwerpunkt Familienrecht, Arbeitsrecht, Strafrecht, Mietrecht. M.: Balance of Power, Dt. Anwaltsver., Rostocker Anwaltsver. H.: Segeln, Lesen, Fußball.

Bellmont Evelin Dipl.-Med.

B.: FA f. HNO-Heilkunde, selbständig. DA.: 04275 Leipzig, Karl-Liebknecht-Str. 90. G.: Seelingstädt, 25. Apr. 1953. Ki.: Britta (1978), Peter (1983). El.: Wilfried u. Magdalena Urlass. S.: 1969-73 Ausbildung Krankenschwester, 1973-79 Stud. Med. Univ. Leipzig, 1979 Staatsexamen. K.: 1979-91 Stationsärztin, 1985 FA f. HNO, seit 1991 ndlg. FA f. HNO u. psychosomat. Grundversorgung, Röntgen, Sonographie u. ambulante OP. H.: Stricken, Hund, Garten.

Bellof Anke

B.: RA, Inh. FN.: Kzl. Bellof. DA.: 35394 Gießen, Kerkrader Str. 11. anke.bellof@t-online.de. www.bellof.de. G.: Gießen, 26. März 1968. V.: László Hermann. Ki.: Áaron (1999). S.: 1987 Abitur Gießen, 1987-88 Stud. Rechtswiss, Geschichte u. Politik an d. Polytechnik Univ. Oxford, 1988-93 Stud. Rechtswiss. Gießen, 1993 1. Staatsexamen, 1993-97 Referendariat, 1997 2. Staatsexamen. K.: 1998 Kzl.-Grdg. Gießen im Europaviertel, Tätigkeitsschwerpunkt: Recht d. neuen Medien u.a. Computerrecht, Vertragsrecht, Urheberrecht, Haftungsrecht,

Wettbewerbsrecht, Domänenrecht, Markenrecht u. d. gesamte Bereich Wirtschaftsrecht, Erbrecht. BL.: Vorträge im Raum Gießen in eigener Initiative u. Seminare u.a. f. IHK Gießen, Verb. f. d. Ökotrophologie Köln, Schulung f. d. Inst. f. angew. Datenverarb. (IAD) Marburg. P.: Teilnahme an Telefonaktionen u.a. d. MAZ. M.: Dt. Ges. f. Recht u. Informatik (DGRI). H.: Familie, Lesen, Reisen.

Bellon Andreas

B.: Arzt. DA.: 13583 Berlin, Falkenseer Chaussee 278. abellon@gmx.net. G.: Bremerhaven, 21. Apr. 1963. V.: Journalistin Sabine Busch. El.: Pastor Helmut u. Erika, geb. Gerleit. S.: Austauschschüler Costa Mesa High School/Kalifornien USA, High-School-Dipl., 1982 Abitur Bremerhaven, 1982-83 Zivildienst im Behindertenfahrdienst, 1983-90 Med.-Stud. FU Berlin, 1990 4 Mon. Kingston/Jamaica Univ.-KH, 1991 4 Mon. Auslandsfamulatur in Gynäkologie und Geburtshilfe im

Kantonsspital Glarus/Schweiz, 1991 Examen. K.: 1991-92 AIP DRK Kliniken Westend, Berlin, Chirurgie, 1992-94 Ass.-Arzt Kantonsspital Glarus Gyn. u. Geburtshilfe, 1994-96 Weiterbild.-Ass. b. Lars Ackermann in Berlin, seit 1997 Ndlg., zuwendungsintensive Med. m. Schwerpunkt zwischenmenschl. Gespräch, auch Prävention. P.: Veröff. über d. Praxis anläßl. Ruhestand d. Praxisvorgängers Dr. Manitz (12/99). E.: als 15. Jähriger m. Basketball BCB Bremerhaven b. Norddt. Meisterschaft in Berlin. M.: Dt. Ak. f. Akupunktur u. Aurikulomed., BDA Bund d. Allg.-Med. H.: Joggen, Beachvolleyball, Reisen nach Italien, USA, Karibik, Mittelamerika.

Bellot Christine

B.: Gschf. FN.: Bellot Agentur f. Kommunikation u. Gestaltung GmbH. DA.: 10117 Berlin, Johannisstr. 2. G.: Velten, 11. Jan. 1953. V.: Erhard Bellot. Ki.: Anna-Elisabeth (1979), Franz-Fabian (1981). El.: Hermann u. Käthe Garlip, geb. Krüger. S.: 1972-73 Praktikum Schrift- u. Grafikmalerei. K.: 1973-74 Ass. einer Veranstaltungsagentur, 1975-79 Stud. Kommunikationsdesign m. Dipl.-Abschluß, 1984-89 Messe- u. Ausstellungsdesignerin, 1989-90 freiberufl. tätig, 1990 Grdg. d.

Agentur MCB u. ab 1990 Teil d. intern. Agentur RSCG in Paris, Düsseldorf u. Berlin, 1991 Grdg. d. Bellot Agentur f. Kommunikation u. Gestaltung GmbH m. Schwerpunkt Unternehmenskommunikation, Corporate Design & Identity, Presse- u. Öff.-Arb., Projektmanagement u. Events, seit 2000 zusätzl. tätig als Mediatorin. P.: versch. Fernsehbeiträge, Designberatung, Veröff. in IDZ. H.: Theater, Singen, Fotografie.

Bellotti Viola *)

Below Axel

B.: Gschf., Unternehmer. FN.: GLO CON TST GmbH. DA.: Hamburg, Friedrich-Ebert-Damm 143. G.: Breslau, 29. Jan. 1941. V.: Margrit. S.: 1961 Abitur in Freiburg. K.: 1961-63

*) Biographie www.whoiswho-verlag.ch oder beigefügte CD-ROM

tätig als Reisesekretär und Organisator einer Reiseagentur in Kenia, sowie Affenfänger f. med. Zwecke, 1964-66 Lehre z. Industrie- u. Aussenhandelskaufmann b. Rheinstahl in Düsseldorf, 1966-68 Verkäufer v. schwer verkaufbaren Maschinen b. Rheinstahl m. Auslandsaufenthalten in Griechenland, Libanon u. Türkei, 1968-70 tätig b. einer amerikanischen Firma in New York u. Chicago, 1971-74 verantwortlich f. Verpackungsmaschinentechnik u. Kunststoffe in versch. Firmen, 1994 Grdg. d. Firma GLO CON als Gschf. u. Inh., Technikbereitstellung z. Herstellung v. PET-Behältern u. Flaschen.

von Below Gerd-Jürgen Dipl.-Ing.

B.: Kurdir. Kurverw. Baabe. DA.: 18586 Baabe Ostseebad, Fritz-Worm-Str. 1. PA.: 18586 Baabe Ostseebad, Fuchsloch 11. von_Below@t-online.de. G.: Kaltennordheim, 29. Juli 1945. V.: Berta, geb. Westphal. Ki.: Thomas (1967), Matthias (1971), Martine (1984). S.: 1964 Abitur Stralsund, 1964-70 Stud. u. Abschluß als Dipl.-Ing. f. Informationselektronik, 1979-84 Musikstud. Musikpäd. HS Hans Eisler Berlin, 1991 lfd. Weiterbild. Marketing, Management, Betriebswirtschaft d. Fortbild.-Ak. d. Dt. Baderverb., Friedrich Ebert-Stiftung. K.: 1970-79 Mitarb. Entwicklungsabt. d. Stralsunder Volkswerft, 1979-91 Abt.-Ltr. d. Musikschule Stralsund, Tanz- u. Unterhaltungsmusik, 1991 Kurdir. Kurverw. Baabe. M.: Blau-Weiß Baabe, Segelclub. H.: Segeln.

Belschner Wilfried Dr. phil. Univ.-Prof. *)

Belter Clemens Dr. rer. nat. Dipl.-Chem.

B.: Gschf. FN.: belcos cosmetic gmbh. DA.: 38106 Braunschweig, Wodanstr. 12. PA.: 38162 Cremlingen, Weißer Kuhl 10. G.: Wernigerode, 26. Sep. 1944. V.: Gertraud, geb. Flohr. Ki.: Florian (1965) und Fabian (1969). El.: Hans u. Lieselotte. S.: 1966 Abitur Scheeßel, 1966-73 Chemiestud. TU Braunschweig. K.: 1973-77 Doktorand b. d. Ges. f. Biotechnolog. Forsch. in Braunschweig, 1977 Prom., 1977-78 wiss. Mitarb., 1979 Grdg. d. Firma belcos cosmetic gmbh. BL.: Entwicklung u. Produktion v. Kosmetika ("Dr. Belter Cosmetic"), weltweiter Vertrieb. P.: div. Veröff. in Fachzeitschriften über Kosmetik. H.: Klarinette, Saxophon (Jazz), Elektronik.

Beltle Herbert *)

Beltrame Pignatelli Patrizia

B.: Gschf. FN.: Verlag Patrizia Beltrame Pgnatelli GmbH, Verlagshaus u. Public Relations. DA.: 20148 Hamburg, Johnsallee 20. G.: Cortina, 6. Aug. 1951. Ki.: Maximilian (1977), Alice (1972). El.: Giancarlo u. Luci Beltrame. BV.: seit vielen Generationen Industrielle in der Stahlindustrie. S.: Abitur im Internat in der Schweiz. Stud. der Theaterwissenschaften, K.: Nach Stud. Tätigkeit bei Theatern, 1990 Gründung des Verlages Patrizia Beltrame Pignatelli (im Verlag werden Bücher nach ihren Ideen und Vorstellungen verlegt, Kunstbücher, Postkarten, Druckwerke aller Art), Gründung eines Kulturzentrums. P.: das erste Buch "Vicenza Lastre die Una Citta" wurde 1988 veröffentlicht, es folgten zahlr. weitere Bücher. M.: Aufsichtsratsmtgl. s. 1985 bei AFV-Acciaierie e Ferriere Beltrame S.p.A. Vicenza. H.: Kunst. (E.D.)

Beltz Robert *)

Beltz Rübelmann Manfred Dr. *)

Beltz-Peralta Hernan

B.: Botschafter. FN.: Botschaft v. Kolumbien. DA.: 10787 Berlin, Kurfürstendamm 84/5 Og. emcol@t-online.de. G.: Bogota, 20. Nov. 1939. V.: Clemencia, geb. Iregui. Ki.: Tatjana (1967), Erika (1971), Federico (1974). El.: Gerhard u. Cecilia, geb. Peralta. S.: 1956 Abitur Bogota, 1956-61 Stud. Civil Engineering Catholic Univ. Bogota, 1961 Ing., 1961-63 Stud. am MIT Massachusetts Inst. of Technology in Boston, 1963 Master of Science. K.: 1963-70 Assistant Prof. Los Andes Univ. Bogota, 1963-77 daneben eigene Firma Estudios Tecnicos, 1977-82 Grdg. u. Ltr. "Futuro Colombiano", 1982-83 appointed Head and Dir. "National Planning Department", 1983-85 Minister of Public Works and Transportation, 1985-98 President of Advisory Board Siemens Columbia, 1986-90 Parlamentsmtgl., Mtgl. Economic Commission in Loer Chamber, 1990-92 Parlamentsmtgl. im Senat, 1992-98 priv. Business, priv. Wirtschaftsberater, 1998 Mtgl. Unterstützergruppe Präs. Pastrana, seit 1998 Botschafter in Deutschland. E.: Comendatore Cavallieros del Santos Sepulcro of Jerusalem, Order Julio Garavito. M.: American Assoc. of Civil Engineers, Honorary Member Columbian Society of Engineers, President of the Gun Club in Bogota, ehem. Board of Directors of Columbian Opera. H.: histor. Literatur, Golf, Fahrradfahren, klass. Musik, Reisen.

Belz Axel Dr. med.

B.: Arzt f. Urologie. DA.: 53179 Bonn, Mainzer Str. 45. PA.: 53179 Bonn, Rodderbergstr. 69. G.: Koblenz, 25. Feb. 1953. El.: Kurt u. Wilhelmine, geb. Rockenfeller. S.: 1971 Abitur Bonn, Pädagogium, Otto-Kühne-Schule, 1971-80 Med.-Stud. Köln, 1977-80 Prakt. J. Univ.-Klinik Köln u. Klinik Köln-Merheim, 1980-81 Chir. St. Johannes-Hospital Bonn, 1981-83 wiss. Ass. Univ.-Klinik Köln, 1983 Diss., 1983-86 Ass.-Arzt Ev. KH Godesberg, seit 1986 Aufbau einer eigenen Praxis. M.: Dt. Ges. f. Urologie, ITC Intern. Tennisclub Bonn, Golf Club Gut Heckenhof. H.: Italienische Küche u. Weine, Reisen: Italien, USA, Skifahren.

Belz Friedrich Dr. med. *)

Belz Gustav Georg Dr. med. habil. Prof. *)

Belz Klaus

B.: Betriebswirt, Gschf. FN.: BELIT GmbH Informationstechnik. DA.: 45739 Oer-Erkenschwick, Wiesenstr. 2-4. info @belit.de. www.belit.de. G.: Herne, 3. Okt. 1953. V.: Cornelia, geb. Wirth. Ki.: Stephan (1976), Andreas (1979), Michael (1980). El.: Siegfried u. Hilde, geb. Schlüter. S.: 1969 Mittlere Reife, 1969-71 Ausbildung z. Bürokaufmann u. anschließend b. 1972 als Bürokaufmann, 1972-73 Fachoberschule, Abschluss FH-Reife, 1989-84 berufsbegleitendes Stud. an d. Westfalen-Akademie Dortmund, Abschluss: staatl. geprüfter Betriebswirt. K.: 1973-74 Kfm. Ang. b. d. ITT Standard Elektrik in Nürnberg, berufsbegleitende Weiterbildung z. Handelsfachwirt, 1974-76 zunächst Sachbearbeiter u. später als Schichtführer d. EDV-Abteilung, 1976-78 EDV-Leiter b. d. Firma Jockenhöfer in Marl, 1978-79 Sachbearbeiter in d. EDV-Abteilung b. d. GTG Recklinghausen, 1979-98 EDV-Leiter b. Tiefbau Hoffmann u. b. Unternehmen Biehle, gleichzeitig ab 1993 freiberufl. als EDV-Berater, seit 1998 Grdg. d. BELIT GmbH Informationstechnik m. Partner. H.: Literatur, Musik.

*) Biographie www.whoiswho-verlag.ch oder beigefügte CD-ROM

Belz Willi *)

Belzer Regina
B.: Supervisorin. DA.: 34121 Kassel, Kirchweg 31. V.: Roy Samuel Belzer. Ki.: Ira, Lea, Aycha. El.: Fritz u. Gertrud, geb. Trefnak. S.: 1969 Mittlere Reife Solingen, 1969-72 Bmtn.-Anwärterin Dt. Post, 1972-76 Stud. Sozialwesen FH Düsseldorf m. Abschluß Dipl.-Sozialpäd. K.: 1976-81 Sozialpädagogin in versch. Institutionen, 1984-90 Ausbid. in Psychodramatherapie b. Muteno-Inst. in Überlingen, seit 1990 freiberufl. tätig. M.: Dt. Ges. f. Supervision in Köln, DAGG, Dt. Arb.-Kreis f. Gruppendynamik u. Gruppentherapie, 2. Vors. d. DFP. H.: Karibik, Familie.

Belzner Andreas

B.: Bankdir. FN.: Bank für Sozialwirtschaft. PA.: 76199 Karlsruhe, Donaustraße 33. www.sozialbank.de. G.: Karlsruhe, 5. Juni 1957. Ki.: Fabian (1984), Marius (1992). El.: Wolfgang und Marianne. BV.: Großvater Emil Belzner Schriftsteller, polit. Romane, Mitbegründer d. Rhein-Neckar-Zeitung. S.: 1974-75 Höh. HSCH, 1975-77 Ausbildung z. Bankkfm. b. d. Sparkasse Karlsruhe. K.: 1977-88 ang. bei der Sparkasse, 1981 Fachseminar z. Sparkassenbetriebswirt u. Ausbildereignungsprüf., 1988-91 Projektltr. d. Sanierungsträgerfirma KSG, ab 1992 Ang. d. Bank f. Sozialwirtschaft AG, ab 1995 Bankdir. b. d. Bank f. Sozialwirtschaft AG. M.: BeiR. d. Malteser GmbH.

Belzner Hermann Carl August *)

Bemmann Günter Dr. iur. Dr. iur. h.c. mult. Prof.
B.: Univ.-Prof. PA.: 58097 Hagen, Regerstr. 2. G.: Verden/Aller, 15. Dez. 1927. V.: Helga, geb. Bescht. Ki.: Katrin (1962), Silke (1965), Ulrich (1967). El.: Walter u. Martha. S.: Stud. Rechtswiss. u. Prom. z. Dr. iur. Univ. Göttingen. K.: 1965 Habil. in d. Fächern Strafrecht u. Strafprozeßrecht an d. Univ. Heidelberg, danach an d. Univ. Heidelberg, Saarbrücken, München u. Köln als Doz. tätig, ab 1971 o.Prof. f. Strafrecht an d. Univ. Augsburg, seit 1978 o.Prof. f. Strafrecht, Strafprozeßrecht u. Strafvollzugsrecht an d. Fernuniv. in Hagen. P.: "Zur Frage der objektiven Bedingungen der Strafbarkeit" (1957), "Meinungsfreiheit und Strafrecht" (1981), "Beiträge zur Strafrechtswissenschaft" (1993). E.: 1980 Ehrendoktorwürde d. Aristoteles Univ. Thessaloniki, 1997 Ehrendoktorwürde d. Univ. Rostock. M.: Ver. d. Strafrechtslehrer d. BRD, Österr. u. d. Schweiz.

Ben Abdallah Latifa *)

Ben Dhraou Abdelwahab *)

Ben-Abid Ahmed
B.: Gastronom, Unternehmer. FN.: Hotel zum Klüverbaum. DA.: 28779 Bremen, Mühlenstr. 43 - 45. hotelclueverbaum@aol.com. G.: Kairoun/Tunesien, 1. Juni 1951. V.: Elefteria Bermachou. BV.: Großvater Taeb Ben-Abid, Dichter u. Notar in Tunesien. S.: 1965-68 Hotelfachschule m. Abschluss Hotelfachmann in Tunesien. K.: 1968-71 Restaurantfachmann im Familienbetrieb in Tunesien, 1971-73 Ang. in Elektrofirma in Neuwied, 1973-86 Restaurantfachmann in versch. Hotels u.a. in Köln, Insel Fehmann u. Essen, seit 1986 selbständig, Übernahme d. Tennishalle TC Stadtwald in Bottrop als Inh. b. 1989, 1989-93 Übernahme Steak-House El Paso in Bochum als Inh., 1993-99 Übernahme Traditionshaus Haus Bagh als Inh., 1999 Übernahme Hotel z. Klüverbaum als Inh. M.: DEHOGA, Touristikzentrale Bremen. H.: Radfahren, Lesen.

Ben-Schaolom Ilan
B.: Zahnarzt in eigener Prais. DA.: 10585 Berlin, Richard-Wagner-Pl. 1. G.: Israel, 29. Mai 1955. Ki.: Lital (1986), Liron (1990). El.: Zwi u. Ruth. BV.: väterlicherseits Rabbiner in vielen Generationen. S.: 1975 franz. Abitur, 1976-77 Fremdsprachenkurs Dt., Franz. u. Engl., 1978-80 Stud. Med. Italien, 1980-85 Stud. Zahnmed. FU Berlin, Staatsexamen. K.: 1985-90 wiss. Mitarbeiter d. Abt. Zahnkonservierung u. Paradontologie an d. Zahnklinik d. FU Berlin, 1990 Eröff. d. Zahnarztpraxis; Funktionen 1985-90 intensive Arbeit m. u. f. Studenten, 7 J. Konsultanz-Arzt d. Berliner Malteser KH, langj. Engagement f. wohltätige Zwecke u. in d. jüd. Gem. P.: Beiträge u.a. zu Fragen d. Approb. ausländ. Zahnärzte in Deutschland. M.: Ausschuß z. Prüfung v. Approb. f. ausländ. Zahnärzte u. mehrere J. Vors. d. Aussch. in d. Zahnärztekammer. H.: Tennis, Musik, Skifahren.

Benad Meto *)

Benary Felix Dr. med. vet. *)

Benavides Ariel Gisbert

B.: Geschäftsträger a.i. FN.: Botschaft v. Bolivien. DA.: 10787 Berlin, Wichmannstr. 6. G.: La Paz/Bolivien, 26. Sep. 1964. V.: Raquel Gumocio de Benavides. Ki.: Harald Ariel (1992), Christian (1997). El.: Mario u. Yolanda. S.: 1982 Abitur La Paz, 1983-88 Stud. Politikwiss. Univ. La Paz, 1987-89 Diplomat. Ak. im Außenmin. in La Paz, 1988 Dipl.-Politologe, 1995-97 Mag.-Stud. im Inst. f. Intern. Integratin La Paz. K.: 1989 Europaabt. im Außenmin., 1990-91 Ltr. Zeitschrift Opiniones y analises, 1991-92 Forsch. über lateinamerikan. Außenpolitik an Univ. Heidelberg, 1992-93 Büro d. Hans-Seidel-Stiftung in La Paz, 1994-97 Administrator d. Hans-Seidel-Stiftung La Paz, seit 1997 BotschaftsR. u. Geschäftsträger ad interim in Deutschland u. Schweiz. P.: Veröff. über Forsch. in Heidelberg, Schriftenreihe d. Hans-Seidel-Stiftung. M.: Rotarac Club La Paz. H.: Fußball, Tennis, Langlaufski, klass. Musik, Sprachen (Engl., Deutsch).

Benchakroun Thomas

B.: vereid. Übersetzer, Dolmetscher, Gschf., Inh. FN.: Profi-Schnelldienst, Fachübersetzungen. DA.: 22111 Hamburg, Billstedter Hauptstr. 35. PA.: 22045 Hamburg, Hoffwisch 9. G.: Fes/Marokko, 20. Juli 1951. V.: Anne, geb. Pitkaenen. Ki.: Sarah (1986), Junes (1989). S.: 1971 Abitur, 1971Übersiedlung nach Deutschland, 1971-76 Stud Dipl.-Kfm. K.: 1976-83 tätig in div. Dt. Banken, 1983 Grdg. d. Übersetzungsbüros u. Ausbau auf mehrer Filialen in Deutschland m. Übersetzungen in über 30 Sprachen. H.: Beruf, Tennis, Kunst, Antiquitäten.

*) Biographie www.whoiswho-verlag.ch oder beigefügte CD-ROM

Bencivenga Marco *)

Benckendorff Peter Dr. med.

B.: FA f. Orthopädie. DA.: 20354 Hamburg, Poststr. 36. G.: Ludwigslust/Mecklenburg, 1. Dez. 1943. Ki.: Felix (1979). El.: Dr. med. Diethelm u. Käthe. S.: 1959 Flucht in d. BRD, 1965 Abitur, 1968 Physikum, 1972 Staatsexamen, 1973-74 Klinikreferent b. d. Röhm-Pharma in Darmstadt, 1975 Staatsexamen. K.: 1975-76 Med.-Ass. auf d. Inneren Abt. d. Kreis-KH Alzenau-Wasserlos, 1976 Med.-Ass. auf d. Chir. Abt., 1976 Approb. als Arzt, 1976-77 Ass.-Arzt Röntgenabteilung d. A.K. Wandsbek, 1977 Ass.-Arzt Chir. Abt. d. Nordland-Klinik Henstedt-Ulzburg, 1977-79 Ass.-Arzt d. Chir. in d. Endo-Klinik Hamburg, 1979 Ass.-Arzt d. Neurochir. in d. Endo-Klinik, 1979-80 Ass.-Arzt d. Orthopäd. Abt. d. KH Tabea u. in d. Orthopäd. u. D-Arzt-Praxis Dr. Lange Hamburg, 1980 wiss. Ass. an d. Orthopäd. Univ.-Klinik Hamburg-Eppendorf, 1982 Genehmigung z. Führung d. Zusatzbezeichnung Sportmed., ab 1983 eigene Praxis in Hamburg, 1985-89 Vorlesungen an d. Univ. Hamburg im Bereich Sportmed., 1989-94 betreuender Arzt b. Real Mallorca am dortigen KH, 1977 Mannschaftsarzt b. HSV, seit 1977 Mannschaftsarzt b. 1. FC St. Pauli, seit 1999 AufsR. d. 1. FC St. Pauli u. Vors. d. Ver., seit 15 J. med. Betreuer d. Hamburger Staatsballetts. H.: Lesen (Pablo Neruda), Theater, klass. Musik, Reisen, Sport.

Benckert Andreas Christian

B.: Schulleiter. FN.: Holstentor-Realschule mit Ganztagsangebot. DA.: 23558 Lübeck, Wendische Str. 55. G.: Breslau, 5. Mai 1939. V.: Annemarie, geb. Tiessen-Benckert. Ki.: Christoph (1969), Annamaria u. Jorge Mathias (1971), Max Jakob (1987). El.: Univ.-Prof. Dr. Dr. Heinrich u. Rose, geb. Hoberg. BV.: Johann Peter Benckert um 1750 Bildhauer (Sanssouci: chin. Teehaus), Max Benckert Direktor b. d. Reichsbank bis 1939. S.: 1959 Abitur in in Berlin Reinickendorf, 1959-64 Stud. Math. u. Physik in Heidelberg u. Kiel, 1964 1. Staatsexamen, 1964-65 Lehramtsanw. in Kiel, 1966 2. Staatsexamen. K.: 1966-70 Schuldienst in Kiel-Gaarden, 1970-75 Deutsche Auslandsschuldienst Schule Montevideo/ Uruguay, 1975-76 Kiel Gaarden, 1976-81wiss. Begleitung v. Schulversuchen im Fach Math. am Inst. f. Praxis u. Theorie d. Schule (IPTS) in Kiel u. Studienltr. Math. am Seminar f. Realschulen in Kiel, 1981-82 Studltr. Math. am Päd. Zentrum Bogota/Kolumbien, seit 1983 Schulltr. d. Holstentor-Realschule. BL.: Ausbau d. Ganztagsangebote in Richtung Betreuung, Vorlage eines Schulprogramms (1995), Einführung d. Unterrichts außerhalb d. Gebäudes (Sommerschule); Teilnahme an europ. Bildungsprojekten (Cornenius); "Wohnen - eine aktive Lebensgestaltung"; "Spuren d. Hansa im heutigen Europa"; Projektierung u. Realisierung einer Wohnung als Raum f. d. Freizeitpädagogik in d. Schule, Einführung d. Wahl v. Französisch als 1. Fremdsprache, Einrichtung eines schulinternen Komputernetzes mit Zugang aller Plätze auch zum www; Bau u. Sanierung v. Übungs- u. Vorbereitungsräumen f. Bio., Che., Phy. u. Komputer. H.: Musik - aktiv (Cello) u. hören, Reisen, Kochen, Lesen, Werkeln.

Bencze Karin *)

Benda Ernst Dr. jur. *)

Bendak Jutta Rita Dr. *)

Bendel Franz Josef Dr. med. *)

Bendel Gerhard *)

Bendel Renate Dr. med.

B.: Ärztin; 1. Vors. d. Niedersächs. Krebsges. DA.: 30175 Hannover, Königstr. 27. geschaeftsstelle@nds-krebsgesellschaft.de. www.nds-krebsgesellschaft.de. G.: Augsburg, 29. Aug. 1944. V.: Dr. Veit Bendel. Ki.: Dr. Martin (1969). El.: Dr. Josef u. Karoline Renner, geb. Holl. S.: 1963 Abitur, 1963-69 Stud. Med. Univ. München, 1969 Staatsexamen, 1970 Prom. K.: 1970-71 med. Ass. in München, 1971-77 tätig in versch. Praxen u. in d. Kinderklinik in München, 1977-94 in d. Klinik f. Strahlentherapie u. spez. Onkologie d. Med. HS Hannover, 1999-2000 Chefärztin am städt. KH Hildesheim in d. Klinik f. Strahlentherapie u. Onkologie, 1990-96 Vorst.-Mtgl. d. Niedersächs. Krebsges. e.V. in Hannover u. seit 1996 1. Vors. P.: Veröff. in Fachzeitschriften, Mitautorin d. Fachbuches über Ernährung u. Krebs. M.: DEGRO. H.: Tennis, Reisen, klass. Musik, Literatur.

Bendel Vera

B.: Dt. Meisterin, Vizeeuropameisterin im Body-Building, Inh. FN.: Sportstudio Bendel. DA.: 63456 Steinheim, Eppsteinstr. 62-64. G.: Aussig/ Tschech. Rep., 20. Feb. 1951. V.: Willi Bendel. Ki.: Claudia (1973). S.: 1969 Abitur, 1970 Einreise in d. BRD, 1970-74 tätig in d. Bez.-Sparkasse Seligenstadt, 1974-79 Studium Sport und Russisch f. Gymn.-Lehrer Frankfurt/Main, 1979 1. Staatsexamen. K.: 1979 Eröffnung d. Sportstudios, glz Training. im Body-Building, 1981 Dt. Meisterin u. 1982 2. Pl., 1983 u. 84 2. Pl. bei d. EM, 1985 Wechsel in Profilager u. 3. Pl. bei d. WM in Toronto u. 2. Pl. bei d. Wahl d. Miss Olympia, 1985-92 Finalplätze bei WM, 1992 Wechsel z. NABBA, 1993 3. Pl. bei d. Universum-Wahl u. 1994 4. Pl., 1999 6. Pl. bei d. Universum-Wahl in England; während d. Stud. Basketball-Spielerin bei Eintracht Frankfurt, 1994-96 Ausbild. in Aerobic bei Schladera in Regensburg, Dipl. f. Rückenschule u. IFFA, Thai-Bo-Ausbild. in Mainz, Betreuung v. Studiomtgl. d. viele DM gewonnen haben u. wettkampfmäßge Ausbild. f. Athleten. P.: viele Veröff. in Medien, TV-Auftritte in Talk-Shows, Buch.: "Frauen-Fit durch Body-Building" (1984). M.: NABBA. H.: Bücher, Malerei.

Bender Angelika *)

Bender Anton *)

Bender Axel Dr. phil. Prof. Ph.h.D. *)

Bender Bernd Dr. Prof. *)

Bender Birgit

B.: Ballettänzerin, Ballettpädagogin. FN.: Ballettschule Birgit Bender. DA.: 86465 Welden, Bahnhofstr. 43. G.: Augsburg, 17. Jan. 1963. V.: Dipl. oec. Gunther Bender. Ki.: Oskar (1993). El.: Heinz u. Maya Becher. S.: 1982 Abitur, 4 Sem. Stud. Kunstgeschichte, Päd. u. Archäologie, 3 J. Tanzausbild. Ballettschule Iwanson München. K.: 1986 Übernahme d. in d. 70er J. gegründeten Schule, div. Choreographien u.a. f. d. 1. Augsburger Brunnenfest histor. Tänze (Kaltenberger Ritterturnier) u.v.m.

*) Biographie www.whoiswho-verlag.ch oder beigefügte CD-ROM

Bender Christina Uta

B.: Dipl.-Betriebswirt, Inh. FN.: CONSIGLIO Marktforschung. DA.: 70173 Stuttgart, Gymnasiumstr. 1. G.: Ansbach, 11. Dez. 1963. El.: Herbert u. Elsa Bender. S.: 1984 Abitur Dinkelsbühl, Stud. BWL FH f. Wirtschaft Pforzheim Fachbereich Markt- u. Meinungsforsch., 1990 Abschluß Dipl.-Betriebswirt. K.: 1991 Übernahme d. Büros in Stuttgart m. Schwerpunkt Studiotests, Zusammenarb. m. div. Marktforsch.-Inst., Gruppendiskussionen, Auswertung v. Studien u. Prognosemodelle. M.: Initiatorin eines Spielkreises in Pforzheim. H.: Malen, Ausstellungen, Lesen, Gesellschaftsspiele.

Bender Ernst Albrecht Dipl.-Phys.

B.: Patentanw. DA.: 88400 Biberbach, Bahnhofstr. 29. G.: Bonn, 26. Aug. 1954. El.: Dr. Friedrich Wolfram u. Dr. Elisabeth Müller, geb. Bender. S.: 1973 Abitur, 1973 Stud. Physik Deutschland u. Schweden, Ausbild. Patentanw., USA-Aufenthalt. K.: 1990 selbst. Patentanw., 1990-95 Patentanw. in München, seit 1996 selbst. Kzl. in Biberach m. Schwerpunkt Mechanik, Elektrotechnik, Elektronik, Festkörperphysik u. Optik, 1999 Gründung u. Vorst. d. Firma JP-Analysis, München, Schwerpunkt Analyse u. Bewertung v. Schutzrechten f. Anleger u. Investoren. P.: div. Publ.

Bender Franz *)

Bender Gabriele

B.: Verwaltungsdienst u. Profi-Rodlerin. FN.: c/o Dt. Bob- u. Schlittensportverb. DA.: 83471 Berchtesgaden, An der Schießstätte 6. G.: Berchtesgaden, 29. Juni 1978. K.: sportl. Erfolge: 1996 WJM/3., WJM Mannschaft/2., WJC/3., 1997 WJC/1., DJM/2., 1998 WJM/1., WJC/1., 2000 WM/5., EM/5., DM/3. H.: Schwimmen, Tiere.

Bender Gerlinde Dr. med. SR

B.: Frauenärztin. DA.: 39624 Kalbe/Milde, Feldstr. 1. G.: Jena, 11. Dez. 1938. V.: Dr. med. Helmut Bender. Ki.: Stefan (1966), StR. Susann (1971). S.: 1956 Abitur Jena, b. 1962 Stud. Humanmed. an d. Friedrich-Schiller-Univ. Jena. K.: b. 1970 Ass.-Ärztin im Kreis-KH Gardelegen, seit 1970 in Staatl. Praxis tätig, ab 1990 in freier Ndlg. M.: CDU, Berufsverb. d. Frauenärzte. H.: Lesen, Wandern, Reisen, Blumen.

Bender Gilbert

B.: freischaff. Künstler. DA.: 33613 Bielefeld, Voltmannstr. 169. gilbert.bender@worldonline.de. G.: Bielefeld, 9. Okt. 1952. V.: Christiane, geb. Meinfelder. El.: Alfons und Waltraud. S.: 1969 Höhere Handelsschule, 1970-73 Ausbildung Werbekfm., 1974-79 Stud. freie Grafik FHS Bielefeld m. Abschluß Dipl.-Designer (FH). K.: 1978-79 Illustrator v. Buchtiteln in Köln, 1979-81 tätig als Werbekfm., seit 1981 freier Künstler f. Skulptur, Malerei und Grafik, seit 1979 Bühnenbildner f. d. Bielefelder Puppenspiele, 1985 Inszenierungen v. Schatten-, Menschen- u. Puppentheater glz. auf einer Bühne, 1981-2000 Text u. Zeichnungen f. d. Kindercomic-Serie "Nessy u. Wolf" m. 870 Folgen f. d. Zeitung Neue Westfälische, im Rahmen d. Projekts "Künstler an Schulen", 2000 Projekt "Kinder malen Künstler antworten", Schwerpunkt: Arbeiten in auf über Holz u. Installationen auf radisthetisch bestimmten Plätzen, zahlr. Ausstellungen im In- u. Ausland. H.: Radfahren.

Bender Hans Dr. h.c.

B.: Schriftsteller, Hrsg. DA. u. PA.: 50676 Köln, Taubeng. 11. G.: Mühlhausen/Kraichgau, 1. Juli 1919. El.: Friedrich u. Theresia. S.: 1939 Abitur, b. 1949 Kriegsgefangenschaft, Stud. Germanistik, Kunstgeschichte u. Publizistik Erlangen u. Heidelberg. K.: Hrsg. u. Mithrsg. v. "Konturen", "Akzente", Red. "Dt. Zeitung", Chefred. Magnum", 1968 u. 1979 Gastprof. Univ. of Texas Austin, Vortragsreisen im Ausland. P.: Gedichte u. Prosa, Aufsätze u. Aufzeichnungen, u.a. 1957 "Wölfe und Tauben", 1987 "Bruderherz", 1999 "Wie die Linien meiner Hand", Inselbücher u. Alter, Reisen, Freundschaft u. Anthologien u.a. 1978 "In diesem Land leben wir", 1988 "Was sind das für Zeiten". E.: 1979 Ehrendoktorwürde d. Univ. Köln, 1988 Kunstpreis d. Landes Rheinland-Pfalz, 1996 Verleihung d. Titels Prof. durch d. Land Nordrhein-Westfalen. M.: Ak. d. Künste Berlin, Ak. d. Wiss. u. Literatur Mainz, Freie Ak. d. Künste Mannheim. H.: Reisen, Kochen. (A.K.)

Bender Hans-Siegfried

B.: Dipl.-Designer. FN.: Studio Bender. DA.: 47259 Duisburg, Raiffeisenstr. 179. G.: Siegen, 16. Mai 1956. V.: Marita, geb. Hanke. Ki.: Karolin, Florian. El.: Gerhard u. Maria, geb. Schneider. S.: 1971-74 Lehre als Maschinenschlosser, 1975 Fachhochschulreife, 1975-80 Polizeidienst z. Polizeimeister, 1980-84 Stud. Industrial-Design. K.: beschäftigt im Krupp Forschungsinstitut, 1987-88 Ausbilder u. Supporter f. Computergrafiksysteme bei TECHEX-Corporation in München, seit 1988 selbst. als Computergrafiker u. Designer. P.: versch. Veröff. in Fachzeitschriften, Ausstellungen im Münchener Museum "Die Neue Sammlung". E.: Staatspreis f. Design, mehrmaliger Preisträger f. gute Ind.-Form. M.: seit 1993 Trainer f. Leichtathletik, Vorstand Sportverein TuSpo Huckingen. H.: klass. Trompete, Sport, Kunst.

---

*) Biographie www.whoiswho-verlag.ch oder beigefügte CD-ROM

Bender

Bender Ingrid *)

Bender Klaus Dr.-Ing. *)

Bender Klaus Peter *)

Bender Manfred F. Dr. med. dent. Prof.

B.: Zahnarzt. DA.: 50672 Köln, Friesenplatz 17a. G.: Bensberg, 10. Dez. 1955. Ki.: Maja (1988), Yasmin (1989), Morten (1992), Benjamin (1999). El.: Eberhard (BVK 1. Kl.) u. Ingeborg. S.: 1973 Abitur, Stud. Geschichte, Fremdsprachen in d. USA, Militärak. d. Bundesstaates South Carolina, The Citadel in Charleston, Abschluß Bachelor of Arts als 1. u. einziger Deutscher, Stud. Business Administration Fairleigh Dickinson Univ. Rutherford, Zahnmed. Stud. Friedrich-Alexander-Univ. Erlangen, 1985 Prom. K.: 1987 Grdg. d. Zahnarztpraxis, seit 1991 Prof. d. Prothetik Univ. v. Pittsburgh, seit 1992 implantolog. Ausbild.-Zentrum in Köln. P.: Vorträge im In- u. Ausland, weltweite Erstveröff. d. Versorgung v. Implantaten m. Einzelkronen im Oberkieferseitenzahnbereich nach Knochenaufbau. M.: zahlr. Ges. f. zahnärztl. Implantologie in d. USA u. in Deutschland, Beratungszahnarzt d. Dt. Zentrums f. orale Implantologie (D.Z.O.I.), Zertifizierung als qualifizierter Implantologe durch d. Bundesverb. d. ndlg. implantolog. tätigen Zahnärzte Deutschlands (BdiZ). H.: Fußball, Laufsport, Reisen, Fremdsprachen.

Bender Manfred Hermann *)

Bender Manfred M.

B.: Schauspieler u. künstl. Ltr. FN.: Askalun-Theater. DA.: 75179 Pforzheim, Wilferdinger Str. 65. www.askalun.de. G.: Landsberg Ostpreußen, 11. Jan. 1941. S.: Höhere Handelsschule, 1960-62 kaufm. Lehre in Krefeld, 1962-66 Schauspielschule Hannover. K.: 1976-78 freischaff. tätig am Stadttheater Pforzheim, 1989 Grdg. d. Jugendtheaters Askalun in Pforzheim. BL.: Grdg. u. Erhaltung d. Theaters mit einfachsten Mitteln, 4 J. Ltr. d. Theaterseminars bei d. Lindauer Psychotherapiewochen. P.: CD.

Bender Nikolaus

B.: Grafiker, Gschf. FN.: besign GmbH. DA.: 28195 Bremen, Daniel-von-Büren-Str. 48. besign@t-online.de. www. besign. de. G.: Karlsruhe, 27. Juni 1947. Ki.: 1 Sohn. BV.: Anfang 17. Jhdt. Jakob Friedrich Bender, Gründer d. Donau Schwabenkolonie Neudorf in Jugoslawien. S.: 1963-66 Ausbild. z. Techn. Zeichner im Maschinenbau in Karlsruhe, parallel Grafikerausbild., 1966-67 Bereitschaftspolizei in Göppingen, 1967-69 Ausbild. z. Schriftsetzer, 1975 Meisterprüf. z. Handwerksmeister Schriftsetzer FH in Karlsruhe. K.: 1970-72 Lehrlingsausbilder einer Druckerei in Karlsruhe, 1972-75 Graf. Zeichner f. Geschäftsdrucke in Rutesheim, 1975-79 Fotograf, Graf. Zeichner, Retuscheur, Schriftsetzer einer Bremer Firma,

1980-89 Schriftsetzer, Fotosetzer, Druckvorlagenhersteller, Offset u. Filmmontierer in Reproabt. Bremer Tageszeitung, seit 1990 selbst., Grdg. Bender Grafik u. Design in Bremen als Inh., Erstellung v. Druckvorlagen, 1996 Grdg. besign GmbH als Gschf., Full-Service Multi Media Agentur. P.: Herstellung v. Katalogen, Büchern, Prospekten, Zeitschriften u.a. f. Katalog Handelshaus Legler OHG Delmenhorst, Reisebücher Knop-Verlag, Prospekt Cuxland Ferienparks. H.: Segelfliegen, Tauchen.

Bender Peter

B.: freiberuflicher Musiker. GT.: Musikverlag Peter Bender, Deutschland u. in d. USA. PA.: 12161 Berlin, Hertelstr. 6. wyotatanka@web.de. www.pete-wyoming-bender.de. G.: Neuf Riesach/Frankreich, 14. Sep. 1943. Ki.: Paddy (1966), Jennifer (1980), Dustin (1985). El.: Clarence u. Elly, geb. Merkling. S.: 1969 Abitur. K.: seit Schulabschluss Berufsmusiker, hauptsächlich Sänger, Komponist u. Texter, als Karrierestart Sieger in einem Sängerwettbewerb, ist Träger d. Hippie-Philosophie, schreibt hauptsächlich kritische u. politische Texte u. setzt nahezu ausschließlich eigene Gefühle u. Gedanken in Musik um, fühlt sich auch d. Indianischen Musik sehr verbunden (2 Nominierungen f. d. Indianischen Grammy), spielt nur in eigenen Bands in Europa u. d. USA (bisher 12), aktuell Pete Wyoamine (ca. 20 J.) u. Tribesman (seit 1997), singt vornehmlich Jazz, Blues, Gospel u. Chanson. P.: schrieb bisher mehr als 500 Titel, die auf über 100 CD's u. LP's erschienen sind, schrieb auch zahlr. Filmmusik u.a. f. Atze Brauner, zahlr. Interviews in Zeitungen u. Rundfunkstationen. H.: Natur, Angeln.

Bender Rainer Dipl.-Ing.

B.: freier Architekt. DA.: 76532 Baden-Baden, Ooser Bahnhofstr. 12. www.architekt-bender.com. G.: Lahr, 23. Aug. 1955. V.: Regina, geb. Decker. Ki.: Milena (1982), Katharina (1992) und Isaelle (1997). El.: Norbert u. Waltraud, geb. Labudda. S.: Abitur Baden-Baden, 1976-84 Stud. TH Karlsruhe, Dipl. K.: 1985-88 wiss. Arbeit b. Prof. Wenzel, seit 1986 freier Architekt m. eigenem Büro, Tätigkeitsschwerpunkt: Wohn- u. Geschäftshäuser, seit 1995 vermehrt anspruchsvolle Einfamilienhäuser m. mediteranem Ambiente, öff. Projekte Stahl/ Glaskonstruktion in histor. Umgebung. M.: Architektenkammer. H.: Rennradfahren.

Bender Ralf *)

Bender Rolf *)

Bender Sven A. *)

Bender Wilhelm

B.: Vorst.-Vors. FN.: Flughafen Frankfurt/Main (FAG). DA.: 60547 Frankfurt, Flughafen. S.: Stud. Rechtswiss. u. Volkswirtschaftslehre, Prom. z. Dr. iur. K.: 1985-90 Gschf. d. VER-

---

*) Biographie www.whoiswho-verlag.ch oder beigefügte CD-ROM

KEHRSFORUM BAHN, Bonn, Gschf. d. Parlamentarischen Gruppe Bahn d. Dt. Bundestages, 1990-92 SCHENKER-RHENUS AG (VEBA-Konzern): Vors. d. Gschf. d. Schenker & Co. GmbH, Frankfurt/Main, Gschf. d. Schenker Intern. GmbH, Frankfurt/Main, Mtgl. d. Vorst. d. Schenker Waggon- u. BeteiligungsAG, Mtlg. d. Direktoriums d. STINNES AG, seit 1993 Vors. d. Vost. Flughafen Frankfurt Main AG.

Bender Wolfhard

B.: Vors. FN.: Deutsche Post AG. DA.: 53175 Bonn, Robert-Schumann-Platz. G.: Mayen, 9. Mai 1947. Ki.: 1 Kind. K.: 1976-78 Richter LGer. Koblenz, Dezernent KrVerwalt. Ahrweiler, Doz. FHS Rheinld.-Pfalz in Mayen (u.a. f. Staatsrecht u. Zivilrecht), 1978-81 Referent im BM d. Inneren, 1981-82 Sekr. Enquête-Kmsn. "Neue Informations- u. Kommunikationstechniken" d. Dt. Bundestages, 1982-85 Ltr. d. MinBüros im BMin. f. d. Post- u. Fernmeldewesen u. Pers. Ref. d. Min., 1985-89 AbtLtr. im Bereich "Öffentlichkeit, Markt". M.: seit 1990 Mtgl. d. Vorst. d. Dt. Bundespost POSTDIENST, seit 1995 Mtgl. d. Vorst. d. Dt. Post AG.

Bender Wolfram Dr. med. Dr. phil. Dipl.-Psych. Prof. *)

Bender-Hörmandinger Christa *)

Bender-Riers Anne Dr. med. *)

Bendfeldt Annett Dipl.-Ing.

B.: Freischaff. Architektin u. Sachverständige. FN.: Arch.- u. Sachv.-Büro. DA.: 22926 Ahrensburg, Hamburger Str. 9. buero-Bendfeldt@t-online. de. G.: Ahrensburg, 4. März 1961. V.: Hans-Jürgen Bendfeldt. Ki.: Laura (1995). El.: Hermann u. Antje Eigebrecht, geb. Markus. K.: 1979 Abitur, 1979-82 Praktika in Klempnerei, Tischlerei, Zimmereibetrieb u. Baugeschäft, 1982-86 Arch.-Stud. FH Lübeck, Abschluss Dipl.-Ing. K.: 1986-92 Ang. im elterl. Betrieb u. Erwerb, Sachv.-Tätigkeit, seit 1993 Eröff. Büro in Reinhardshagen, seit 1998 Büro in Ahrensburg, Gutachten u.a. f. Amts-/Landgerichte. M.: Arch.-Kam., TCR. H.: Reisen (China), Tennis, Skifahren.

Bendgens Lore *)

Bendhacke Volker Ing. *)

Bendig Bernd *)

Bendig Frank Ing. *)

Bendikowski Christoph

B.: Autor, Schauspieler, Puppenspieler, Ltr. FN.: Figurentheater Ekke Neckepen. DA.: 27299 Langwedel, Hagener Str. 34. G.: Osnabrück, 4. Feb. 1961. Ki.: Merle Katinka (1992). El.: Hubertus u. Helena, geb. Kowollik. S.: 1979 FHS-Reife freie Waldorfschule Evinghausen, 1979-82 Ausbildung Krankengymnast, 2 J. piv. Musikunterricht, 1984-88 Stud. Dt. Inst. f. Puppenspiel. K.: 1987 Grdg. d. Figurentheaters f. Erwachsene "Nachtlicht", 1989 Grdg. d. Figurentheaters "Ekke Neckepen" Tourneetheater f. Kinder u. Erwachsene m. bundesweiten Auftritten, seit 1996 Autor d. Bühnenstücke u. glz. Regisseur auch f. andere Theaterproduktionen. M.: Landesverband freier Theater.

Bendiksen Björn *)

Bendix Konstantin René Dr. Mag.

B.: Germanist u. Philosoph, Spezialist f. japan. Sprache u. Phil. des Vedanta. FN.: Kant & Partner GmbH Inst. f. angew. Tiefenpsych., Therapieausbild. und Organ.-Entwicklung. DA.: 34523 Bad Wildungen, Postfach 1321; 01099 Dresden, Stauffenbergallee 4. PA.: 14197 Berlin, Wiesbadener Str. 71. kantundpartner@arcormail.de. G.: Berlin, 6. Jan. 1952. El.: Karl u. Carmen, geb. Leesch. BV.: Jurist Ludwig Bendix, Prof. Reinhard Bendix Soziologe, Prof. in Berkeley/USA, Buch: "Von Berlin nach Berkeley". S.: 1973 Abitur, 1973 Stud. Germanistik, Phil. u. Japanologie an d. FU Berlin, 1980 Mag. K.: 1978-80 Mitbegründer, Mitinh. d."Fbk. f. kunstgewerbl. Kerzen" Berlin, m. eigenem Patent f. Verfahren, Lieferant d. Karstadt AG, 1980 Ausstieg aus Firma, 1981-86 als DAAD Lektor f. dt. Sprache u. Literatur an d. Univ. Okayama/Japan, 1986-88 wiss. Mitarb. am Päd. Zentrum Berin, 1987 Prom., 1989-96 Sprachlehrer f. japan., dt., engl. u. Übersetzer f. japan.-dt. an d. priv. Hartnack Schule Berlin, ab 1990 Zusammenarb. m. Wolfgang Kant, 1996 stellv. Dir. d. Kant & Partner GmbH, 1999 Ges. d. Kant & Partner GmbH, 2000 Gschf. d. GmbH. BL.: Japan.-Dt. Übersetzerdipl. d. Polyglot-Inst. Tokio. P.: zahlr. Veröff. u.a. 1988 Diss. als Buch,"Rauschformen u. Formenrausch", 1990 Buch "Funktionsgrammatik d. japan. Gegenwartssprache", 1992 Broschüre z. Comenius Ausstellung Berlin "Der japan. Comenius", 1997 Buch "Vivekananda - Das Selbst u. das Nicht-Selbst". M.: Selfrealisation - Fellowship Los Angeles/USA. H.: abendländ. u. asiat. Phil., Yoga.

Bendix Michaela

B.: Unternehmerin, Inh. FN.: Weinladen am Judenkirchhof GmbH. DA.: 30167 Hannover, Oberstr. 19. G.: Hannover, 19. Sep. 1958. Ki.: Hannah-Lara (1986). El.: Horst u. Gisela Weigel, geb. Meyer. S.: 1982 Berufsaufbauschule u. FOS f. Wirtschaft Hannover. K.: 1982-85 selbst. u. Wein- u. Spirituosenhdl. in Hildesheim, 1986-89 nebenberufl. tätig im Familienbetrieb, 1989 Übernahme der Weinhdlg. in Hannover mit Schwerpunkt Edelspirituosen, Essig u. Öl aus d. Glasballon, über 200 Weine aus Italien, Frankreich, Spanien, Deutschland u.v.m.; Projekte: Veranstaltungen, Konzerte u. Parties, Aufbauseminare u. Verkaufsschulungslehrgänge. P.: Veröff. in Fachzeitschriften u. im Internet. E.: div. Ausz. v. Fachzeitschriften. M.: IHK, Berufsgen., Reitver. H.: Reiten, Reisen, Kochen, Weine.

Bendix Ralf

B.: Sänger. FN.: EMI Electrola GmbH. DA.: 50670 Köln, Im Mediapark 8A. G.: Essen, 16. Aug. 1924. K.: zunächst Ltr. d. Düsseldorfer Büros d. Trans-World-Airlines, 1955 begann Karriere in d. USA als er in einer TV-Show d. Pittsburger Fernsehens auftrat, 1955 erste erfolgreiche Schallplatte "Mary

*) Biographie www.whoiswho-verlag.ch oder beigefügte CD-ROM

Bendix

Ann", weitere Erfolgstitel "Buena sera", "Come prima", "Kriminal Tango", "Babysitter-Boogie", "Schaffe, schaffe, Häusle baue", auch religiöse Schlager "Weil du ja zu mir sagst" , "Die Straße d. Lebens", zahlr. Fernseh- u. Rundfunksendungen, Produzent u. Entdecker v. Jungtalenten. E.: Gold. Schallplatte. (Re)

Bendixen Joachim *)

Bendixen Jürgen Werner *)

Bendixen Peter *)

Bendlin Fritz *)

Bends Helmut Dr. med. dent. *)

Bends Sabine

B.: Dipl.-Übersetzerin, Astrologin, selbständig. DA.: 51107 Köln, Rather Schulstr. 100. sabine.bends@t-online.de. www.dubistdeinweg.de. G.: Köln, 11. Apr. 1966. El: Peter Korth u. Ingeborg, geb. Giesler. S.: 1985 Abitur Kerpen, 1985 Stud. Übersetzerin f. Engl. u. Span. FH Köln, 1989 Dipl.-Abschluß, 1993-96 Ausbildung Astrologin autodidakt, 1996-98 Ausbildung Astrologin DAV-Zentrum Köln, 1999-2002 Ausbildung Lehrerin f. Unterricht an d. DAV. K.: 1990-95 Ass. d. Geschäftsleitung d. Eurogroup S.A., 1996-200 Ass. d. Geschäftsleitung d. Firma Dohle Systemberatung, seit 2000 selbständige Übersetzerin u. Dolmetscherin u.a. auf Astrologiekongressen u. f. Übersetzung astrolog. Literatur, sowie Astrologin u. Autorin. P.: Texte f. astrolog. Software. M.: DAV. H.: Astrologie, Tanzsport, Dichten, Lesen, Literatur.

Bendzko Elvira *)

Bendzko Karlheinz Dr. rer. nat. *)

Bendzuck Gerhard *)

Benecke Dietrich

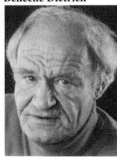

PS.: "Lupino". B.: Dipl.-Finanzwirt, Maler, Steuerberater. DA.: 22589 Hamburg, Holtkamp 4. G.: Hamburg, 16. Okt. 1938. V.: Christa-Maria, geb. Stemmler. Ki.: Stefan, Jan. S.: 1957 Abitur Hamburg, 1957-59 Stud. d. Künste in Hamburg, 1959-60 Bundeswehr, 1960-63 Ausbild. z. Dipl.-Finanzwirt, 1963 Abschluß als Steuerbev. K.: 1963-75 selbst. Steuerbev., 1975 Zulassung als Steuerberater m. Tätigkeitsschwerpunkt: Strafsteuerrecht u. Außensteuerrecht, parallel dazu immer als Maler künstler tätig, seit 1997 Malerei im Vordergrund, 1998 Durchbruch, dzt. findet eine ständige Ausstellung m. ca. 40 Werken in Hamburg statt, weitere Ausstellungen sind geplant in London, Berlin, Weimar u. Anlaß eines Kulturfestivals Ende 2001 auf Costa Rica, Stilrichtung: Expressionismus, Surrealismus. H.: Kulturhist. Zinnfiguren, Ostasiat. Kunst.

Benecke Helge Dr. Mag. rer. soc. oec.

B.: Gschf. Ges. FN.: Intecon GmbH. DA.: 12107 Berlin, Mariendorfer Damm 422. G.: Osnabrück, 16. Nov. 1948. V.: Brigitte, geb. Berrenberg. Ki.: Matthias (1976), Christian (1978), Thomas (1981), Sabine (1983). S.: 1969 Abitur Langeoog, 1968-74 Studium Rechts- u. Wirtschaftswiss. Univ. Innsbruck, Spons., 1976 Prom., 1981 Steuerberaterprüf. K.: 1975 Prüf.-Ass. d. Wirtschaftsprüf. Gesellschaft Intecon GmbH in Osnabrück, seit 1981 Gschf. Ges. d. Intecon GmbH in Berlin mit Schwerpunkt steuerl. Beratung im Bereich Ges.- u. Erbrecht sowie Unternehmensberatung. M.: Rotary, VerwR.-Mtgl. d. Bund d. Steuerzahler Niedersachsen u. Bremen e.V., div. BeiR. H.: Hochseesegeln.

Benecke Johann Heinrich *

Benecke Wilfried *)

Benedict Catrin

B.: Damenschneidermeisterin, Schnittdirectrice, Gschf. FN.: Atelier C. Benedict. DA.: 80638 München, Dall-Ármi-Str. 67. G.: Glattbach, 20. Dez. 1969. V.: Erik Demmer. El.: Günter u. Helga. S.: 1985 Mittlere Reife, 1985-88 Lehre Damenschneiderin, 1988-90 Gesellenzeit im Atelier Gabriele Blachnik München, 1990-92 Dt. Meisterschule f. Mode in München m. Meisterabschluß, 1992-93 Dt. Meisterausbild. im Mode- u. Fachtechnik, Abschluß Schnittdirektrice. K.: 1993 Grdg. d. eigenen Maßateliers in München, 1993 Präsentation d. 1. eigenen Collection in Form einer Vernissage, 1997 Collectionsausstellung auf d. Country München als einer d. ausgewählten Jungdesigner, 1993-94 Ausbild. v. Praktikanten d. Mode- u. Designschule Leipzig auf prakt. u. zeichnerischem Gebiet. P.: Rundschau f. Schneider, Journal Dolomite Österr., Jung Miss Fachaufsätze über u. m. Frau Benedict. E.: als eine d. ausgewählten u. prämierten Jungdesigner wurde eigene Kollektion auf d. Country in München vorgeführt. H.: Schifahren, Wasserski, Rollerblade, Beruf.

Benedict Roland Dipl.-Ing.

B.: Gescgäftsführer FN.. OTEMA Grimma GmbH. DA.: 04668 Grimma, August-Bebel-Str. 19 c. www.otema.de. G. Annaberg-Buchholz, 15. Nov. 1956. Ki.: 1 Kind. S.: 1975 Abitur, 1975-77 Stud. Kfz-Technik Minsk, 1977-80 Handelsschule f. Verkehwsen Dresden. K.: 1980-90 Prüfing. f. Prüfdienst u. Bereichsltr. im Kreisbetrieb f. Landtechnik in Grimma, 1991-92 Verkäufer u. Gschf. d. Ottomeyer-Gruppe f. Ostdeutschland, seit 1992 Gschf. d. OTEMA Grimma GmbH eines Unternehmens d. Ottomeyer-Gruppe f. Hdl. u. Service f. Landtechnik u. Nutzfahrzeuge; Projekte: größter priv. Aussteller auf d. Agrar Leipzig-Markkleeberg, Hausausstellungen u. agrarpolit. Foren. H.: Haus u. Garten.

Benedikt Hans Dipl.-Ing. Prof. *)

Benedikt Roland

B.: Immobilienfinanzkaufmann, selbständig. FN.: benedikt immobilien finanz-consulting. DA.: 80469 München, Frauenstr. 32. benedikt.finanz-consulting@t-online.de. www. benedikt-finanz.de. G.: Bad Hersfeld (LK), 14. Sep. 1952. V.: Brigitte, geb. Voss. S.: Innenraumgestaltung, Meisterprüfung, Verknüpfung über Innenarchitektur zur Immobilienwirtschaft. K.: Gründer d. Firma benedikt immobilien 1981 im Raum Hamburg, Geschäftssitzverlegung 1988 nach München mit Erweiterung der Firma auf finanz-consulting, namhafte Persönlichkeiten gehören seit Jahren zum festen Klientel. H.: Lesen, Tennis.

Benedix Günther Dipl. iur. *)

Benedum Jost Dr. phil. Prof. *)

Beneke Reiner

B.: RA, selbständig. DA.: 28844 Weyhe, Bahnhofstraße 48. info@beneke-beneke-de. www.beneke-beneke.de. G.: Bremen, 30. Aug. 1963. V.: RA Ivonne, geb. Müller. El.: Reinhold u. Irmgard, geb. Alhorn. S.: 1981 Abitur Weyhe, 1982 Stud. Rechtswiss. Univ. Hannover, 1991 1. Staatsamen, Referendariat in Hannover, 1994 2. Staatsexamen. K.: Rechtsanwalt in Hannover als fr. Mitarb. e. Rechtsanwaltskanzlei, Tätigkeitsschwerpunkt: Zivilrecht, seit 1995 selbständiger RA m. eigener Kzl. in Weyhe, Tätigkeitsschwerpunkt: Wirtschaftsrecht. H.: Jagd, Sport.

Beneke Wolfgang

B.: Steuerberater. DA.: 67435 Neustadt, Im Jesuitengarten 20. stb-beneke-wolfgang@t-online.de. G.: Eußerthal, 11. Juli 1948. V.: Siglinde, geb. Franz. Ki.: Iris (1977), Yvonne (1981). El.: Willy u. Elli. S.: 1963-65 Handelsschule Landau, 1965-68 Ausbild. Steuerfachgehilfe Annweiler, 1976-78 Abendschule Karlsruhe u. Ludwigshafen, 1979 Steuerbev.-Prüf. K.: Ltr. einer Kzl., 1985 Steuerberaterprüf., seit 1985 selbst. Steuerberater m. Schwerpunkt Körperschaftsteuer u. GmbH-Recht. P.: Bericht in d. GmbH-Rundschau. M.: Steuerberaterkam., Steuerberaterverb., Tennisclub Königsbach, Grdg.-Mtgl. Tennisclub Kirrweiler. H.: Fußball, Tennis, Musik.

Benemann Joachim Ing.

B.: Gschf. Ges. FLABEG Holding GmbH, Gschf. FLABEG Solar International GmbH. DA.: 50667 Köln, Mühleng. 7. PA.: 50667 Köln, An Groß St. Martin 2. G.: Lübeck, 24. Juli 1939. V.: Dr. Magdalena Benemann. Ki.: Stephanie (1968).

El.: Kapitän Wilhelm u. Ursula, geb. Michaelis. S.: Mittlere Reife, Maschinenbaulehre, Stud. Lübeck, 1964 Abschluß. K.: 1965 Interatom Bensberg, 1984 Köln, ab 1984 Gschf. Flachglas Solart., ab 2000 Gschf. Ges. FLABEG Holding u. Gschf. FLABEG Solar International GmbH. P.: Beiträge u. Aufsätze in div. Fachzeitschriften u. Zeitungen über Anwendung u. Nutzen d. Solartechnik. M.: AufsR. Eletrosol Sao Paulo/Brasilien, BeiR. d. SMA Regeltechnik GmbH Kassel, Kuratorium d. Forums f. Zukunftsenergien, SPD, Vorst. Bundesverband Solar, Kuratorium d. Forums f. Zukunftsenergien, Sachv. in mehreren Verbänden u. Organisationen, SPD. H.: Golf, moderne Kunst. (P.P.)

Benen Andreas Dr. rer. nat. *)

Benes Uwe Dipl.-Ing.

B.: Gschf. Ges. FN.: Planungsgruppe Benes + Partner GmbH. DA.: 38446 Wolfsburg, Almkerstr. 6. G.: Wolfsburg, 20. Jän. 1960. S.: 1977 Ausbild. Schauwerbegestalter Firma Korbmacher. K.: 1982 tätig im Bereich Ladenbau u. Ladenplanung in d. Firma Peek & Cloppenburg in Hannover, 1989 Abitur an d. Abendschule, 1989 Stud. Innenarch. and. HS f. Kunst u. Design, 1992 Dipl.-Abschluß, 1992 selbst. m. d. Firma Planungsfruppe form Art GmbH u. 1995 Umbenennung in Planungsgruppe Benes + Partner GmbH, glz. Eröff. eines Büros in Magdeburg; Projekte: 1998 EKZ-Detmerode, Vorentwurf f. d. Brit. Expo-Pavillon, 2000 Masterplanung f. mod. Werksforum d. VW-Werkes in Wolfsburg. P.: div. Art. in d. Fachzeitschrift Bausubstanz. H.: Bergsteigen.

Benesch Edgar *)

Benesch Heinz *)

Benesch Hellmuth Dr. Prof. *)

Benesch Jürgen

B.: Grafik-Designer. FN.: Benesch Grafik Design. DA.: 70567 Stuttgart, Kalifenweg 46. jbenesch@t-online.de. G.: 19. März 1965. El.: Erich u. Elfriede, geb. Schmid. S.: 1985 Abitur, 1985-87 MERZ Ak. f. Grafik-Design, 1987-94 Staatl. Akad. d. Bild. Künste Stuttgart, Abschluss als Dipl.-Designer. K.: 1994-96 in d. Stuttgarter Werbeagenturen Liebmann Müller u. Partner u. d. Crew, seit 1996 selbst. als Grafik-Designer, Illustration u. Typografie aller Werbemassnahmen, Erstellung v. Cooperate-Design (CD) u. Werbeauftritten. E.: b. Kreativwettbewerb d. Dt. Bundespost d. 3. Pl. belegt. H.: Tennis, Squash, Badminton, Skifahren, Mountainbike, Lesen.

Benesch Matthias

B.: Profi-Bobfahrer, z.Zt. Sportsoldat. PA.: 01159 Dresden, Saalhauser Str. 37b. G.: Merseburg, 28. Aug. 1968. K.: größte sportl. Erfolge: 1990 WJM/2. Vierer, 1993 WJM/1.

*) Biographie www.whoiswho-verlag.ch oder beigefügte CD-ROM

Vierer, 1994 WJM/1. Vierer, DJM/2. Zweier, DJM/2. Vierer, 1995 WC/2. Vierer Königssee, 1996 WM/8. Zweier, EM/6. Zweier, DM/3. Zweier, DM/2. Vierer, 1997 WM/9. Zweier, EM/5. Zweier, DM/3. Zweier, 1998 DM/6. Zweier, 2001 Vierer-EM Königssee/1. H.: Surfen, Natur, Freundlichkeit.

Benett Christoph *)

Benfer Ralf *)

Bengel Manfred Dr. iur. utr. Prof. *)

Bengs Karl *)

Bengsch Carsten *)

Bengsch Jürgen

B.: Restaurantfachmann, Inhaber. FN.: Jürgen Bengsch KIRBY Verkaufsdirektion. DA.: 44287 Dortmund, Köln-Berliner-Str. 1. PA.: 44287 Dortmund, Stoppelmannsweg 14. G.: Berlin, 7. Jan. 1963. V.: Chantal, geb. Philippe. Ki.: Mathieu. El.: Heinz u. Gabriele, geb. Neumann. S.: 1979-82 Ausbild. Restaurantfachmann. K.: 1982-84 Restaurantfachmann in Frankreich, 1984-91 Oberkellner, Verkäufer im Elektrogroßhdl., 1996 Weiterbild. b. Intern. Elektrogroßhdl., 1998 Grdg. d. Firma Jürgen Bengsch KIRBY Verkaufsdirek. H.: Marathon, Lesen, Fotografieren.

Benicchio Luigi M. *)

Benick Erwin H. D.

B.: Unternehmer, Inh. FN.: Ing.-Büro Benick. DA.: 23968 Wismar, Zierower Weg 39. IBBenick@t-online.de. G.: Wismar, 1. Feb. 1953. V.: Ute, geb. Lohmann. Ki.: Annina Manuela (1978), Stephanie (1984), Liane (1984). El.: Karl-Heinz u. Edith. S.: 1969-72 Elektromaschinenbauer, 1972 Abitur an d. VHS Wismar, 1974-78 Stud. Elektrotechnik an d. TH Leipzig, 1978 Dipl.-Ing. f. Elektrotechnik. K.: 1978-79 Projekting. EAB Neustrelitz, 1979-88 Projekting. BMK Ind.- u. Hafenbau Stralsund, 1988-89 Abt.ltr. EDV Wohnungsbau Wismar, seit 1990 selbst. m. eigenem Ing.-Büro f. Elektro-, Licht- u. Haustechnik, Schwerpunkt.-, Hafen-, Gewerbe-, Gesellschaftsbauten u. Werften. M.: Ingenieurkammer, VBI, Lichttechn. Ges., Lions Club Wismar. H.: Familie, Hund, Inline-Skating, Wandern.

Benirschke Hans Dr. phil. *)

Benk German

B.. Unternehmer. FN.: HARI.i.PUNKT. DA.: 24105 Kiel, Wilhelmshavener Str. 27. PA.: 24105 Kiel, Kleiststr. 22. G.: Kiel, 6. Dez. 1963. V.: Susanne, geb. Koschorrek. Ki.: Paul William (1997). S.: 1984-87 Ausbild. z. Vers.-Kfm. Provinzial Vers. Kiel. K.: 1986-92 Werbeagentur Benk, 1987-88 ltd. Tätigkeit in d. Kieler Veranstaltungszentrum MAX, Eichhofstr. 1, 1988 Gründung und Gschf. Ges. der Werbeagentur HARI.i.PUNKT, 1990 Teilhaber d. Mast & Schotbruch GmbH Gastronomie, seit 1994 Teilhaber Lehmann & Benk Medienservice GbR, seit 1998 Teilhaber d. Unternehmensberatung Arndt, Fölz, Benk m. Sitz in Kiel. P.: Veröffentlichungen im Schleswig-Holstein Journal, über Postkarten m. Kunst- u. Werbemotiven, d. d. Verbraucher kostenlos b. Restaurant- u. Kneipenbesuchen ausgehändigt werden. M.: Kunstver. Schleswig-Holstein Kiel. H.: Garten, Reisen, Kochen.

Benkelberg Eckhard *)

von den Benken Joachim Dr.

B.: Zahnarzt. DA.: 46397 Bocholt, Sertürnerstr. 1. G.: Bocholt, 7. Juli 1953. V.: Susanne. Ki.: Bastian, Nicola. El.: Dr. Josef u. Dr. Anneliese. S.: 1974 Abitur, 1974-79 Stud. z. Zahntechniker u. nach d. Ausbildung als Zahntechnikergeselle tätig, 1979-84 Stud. Zahnmed. an d. Univ. Hamburg u. Kiel, 1984 1. Staatsexamen, Approb. K.: 1984-86 Zahnarztass. in Pluen, seit 1986 ndlg. Zahnarzt in Bocholt, 1990 Prom. M.: Dt. Ges. f. Zahn-, Mund- u. Kieferheilkunde e.V. (DGZMK e.V.), Praxis u. Wiss., IUZ Initiativkreis umfassende Zahnerhaltung. H.: Teilnahme an histor. Autorallyes, Restaurieren v. Autos.

Benken Rolf *)

Benkendorff Diethelm Dipl.-Ing. *)

Benkenstein Angelika *)

Benker Fritz Dr. rer. pol. *)

Benker Sybilla

B.: RA u. Mediatorin. FN.: Anwaltskanzlei Benker Sybilla. DA.: 90763 Fürth, Simonstr. 65. rechtsanwaeltinbenker@t-online.de. G.: Wiesau, 25. Juni 1957. S.: 1976 Abitur in Naila, 1977-84 Stud. Rechtswiss., Betriebslehre und Diplompädagogik, 1984 Abschluss 2. Staatsexamen, Stud. in Regensburg, Gasthörerin an d. Friedrich-Alexander-Univ. in Erlangen, 1980 Auslandsaufenthalt in England. K.: 1989 Kanzleigründung, Kanzleisprachen Englisch u. Französisch, Themengebiete Mediation, konstruktive Konfliktlösung, Konfliktmanagement, Erbrecht, Unternehmensnachfolge, Familienrecht, Nichteheliche Lebensgemeinschaften u. Mehrfamilienkonstellationen, Wirtschaftsrecht, Franchising, Rechtliche Betreuung v. Projekten im In- u. Ausland, Sap-Projekteinführungen, Unternehmensumstrukturierungen. F.: DE: LTS-Lösungen-Techniken-Strategien, DE Viktor-Graf-Consulating, Unternehmensberatungsschwerpunkt; Großprojekte DV, SAP, Umstrukturierungen; AT: EBC Business-Consulting, Unternehmensberatungsschwerpunkt, Großprojekte; DV, SAP, Umstrukturierung. P.: div. Veröff. M.: Golfclub Pottenstein. H.: Golf, Fliegen, Bildhauereien, Malerei.

Benker-Roth Doris *)

Benkert Herbert *)

Benkert Manfred Dipl.-Vw. *)

Benkert Peter *)

Benkert Ursula *)

Benkhalifa Jamel Dr. *)

Benn Andreas Rudolf Dr. rer. nat.
B.: Pharmareferent, Heilpraktiker, Inh. FN.: Naturheilpraxis Dr. rer. nat. Andreas Benn. DA.: 66119 Saarbrücken, Großblittersdorfer Str. 258b. G.: Neunkirchen/Saar, 8. März 1959. V.: Petra, geb. Lelinski. Ki.: Alexander (1991), Michael (1993). El.: Andreas u. Elisabeth, geb. Hantzsch. BV.: Prof. Ernst Haeckel, Zoologe u. Maler Jena (hat als Erster d. Begriff "Ökologie" benutzt), Josef Meyer Gründer d. Bibliograph. Inst. in Leipzig, Hans Meyer Geograph u. Entdecker, Erstbesteiger d. Kilimandscharo 1889. S.: 1978 Abitur Saarbrücken, 15 Mon. Wehrdienstpflicht, 1980 Ausbild. am Bibliograph. Inst. in Mannheim, 1981-86 Biologiestud. Schwerpunkt Genetik an d. Univ. Saarbrücken, Dipl., 1987-91 Doktorand Molekulargenetik an d. Univ. Marburg, 1991 Diss., 1994-98 Ausbild. z. Heilpraktiker an d. ALH. K.: seit 1991 Pharmareferent im Außendienst, 1998 Eröff. d. Heilpraktikerpraxis in Saarbrücken m. Schwerpunkt Ortho-bionomie, Auriculo Akupunktur. M.: Berufsverb. d. Heilpraktiker. H.: Familie, Heilpraktiker, Motorrad, Comics (Carl Barks), Musik, Klavier spielen.

Benn Arnold D.

B.: Bäckermeister, Inh. FN.: Bäckerei u. Konditorei Arnold Benn. DA.: 23936 Grevesmühlen, Rehnaer Str. 19 a. G.: Grevesmühlen, 13. Juli 1943. V.: Irene, geb. Eggert. Ki.: Angela (1966), Dorit (1979). El.: Arnold u. Anna. S.: 1958-61 Ausbild. Bäcker elterl. Betrieb. K.: 1962 Geselle in versch. Bäckereien, 1963-65 glz. Meisterschule in Grevesmühlen u. Bad Doberan, Meisterprüf. in Rostock, 1965-67 NVA-Marine, 1967-68 selbst. Bäcker u. Konditor in Schwerin, 1978 Kauf d. elterl. Betriebes, 1989-91 Eröff. einer Filiale in Rehna, Kauf eines Fahrzeuges f. d. Landhdl., 1991 Renovierung d. Bäckerei u. Eröff. d. 3. Filiale im Penny-Markt, 1995-96 Eröff. v. 2 weiteren Filiale m. Schwerpunkt Brot u. Teigwaren nach alten Rezepten u. Landhdl. M.: Kiwanisclub Grevesmühlen, stellv. Obermeister d. Innung Nordwestmecklenburg, Landesvorst. d. Bäcker u. Konditoreninnung, Heimatver. Grevesmühlen. H.: Hunde, Pferde, Natur, Wandern, Radfahren.

Bennack Jürgen Dr. Prof. *)

Benndorf Detlef Dr.-Ing.
B.: Stellv. d. Ltr. Windkanal i. R. PA.: 01189 Dresden, Cämmerswalderstr. 27. G.: Neusalz/Oder, 10. Dez. 1931. V.: Christa, geb. Zuschke. Ki.: Lutz (1957), Susanne (1958), Frank (1959). S.: 1946-49 Lehre als Maschinenbauer in Dresden, 1950-52 Abitur an d. ABF d. TU Dresden, 1952-58 Stud. Luftfahrtwesen in Rostock u. Dresden, Dipl.-Ing. K.: 1958-59 Versuchsing. im Großbruchvers. an d. Flugzeugwerft, seit 1959 wiss. Mitarb. an d. TU Dresden, 1966 Prom. Dr.-Ing., seit 1967 Stellv. d. Ltr. Windkanal, seit 1991 in Ruhe. H.: Grundlagenuntersuchungen im Windkanal zur Bauwerksaerodynamik, Gasausbreitung u. zu Windschutzsystemen, Erarb. v. TGL-Normen u. einer DIN-Richtl. zu Strömungsverhältn. u. zur Gasausbreitung an Gebäudeschornsteinen. P.: div. Veröff. in Fachzeitschriften. H.: Geologie, Übersetzungen, Geschichtsstudien.

Benne Dietmar Dr. *)

Benne Günter Dr. jur. *)

Benne Wilfried *)

Bennecke Fritz *)

Bennecke Sven *)

Bennemann Otto *)

Bennemann Volker
B.: Apotheker. FN.: Spexarder Apotheke. DA.: 33334 Gütersloh, Am Hüttenbrink 10. spexarder-apotheke@t-online.de. G.: Borstendorf, 28. Feb. V.: Magdalena, geb. Coesfeld. El.: Otto u. Dora. S.: 1966 Abitur Gütersloh, 1966-70 Bundeswehr Marine, 1970-72 Vorexamen, 1972-75 Stud. Pharmazie Univ. Tübingen. K.: 1975-77 Apotheker in Gütersloh, 1977 Eröff. d. Spexarder Apotheke. M.: BMW Veteranen Club. H.: Oldtimer, Jagd.

Bennent Anne
B.: Schauspielerin. PA.: F-75016 Paris, 37 Rue de Chaillot. G.: Lausanne, 13. Okt. 1963. El.: Heinz Bennent u. Diana Mansart. K.: stand bereits m. 10 J. neben ihrem Vater u. ihrem Bruder David Bennent v. d. Kamera, spielte u.a. am Schiller-Theater Berlin, am Bayer. Staatsschauspiel München u. am Burgtheater Wien, Auszug a. d. Filmographie: "Eltern" (1973), "Die Wildente" (1976), "Der Alte", "Derrick", "Der Snob", "Lulu" (1979), Brandmale (1981), "Domino" (1982), "Schnelles Geld" (1983), "Eine Liebe v. Swann", "Der Snob" (1984), Meine Seele ist eine leidenschaftliche Tänzerin - Bettina von Arnim (1988), "Einundsiebzig Fragmente einer Chronologie des Zufalls", "Michael Jarrell: Kassandra" (1994), "Minna von Barnhelm" Burgtheater Wien (1998), Requiem für eine romantische Frau (1999), "Heiratsantrag", "Der Bär" (1999/2000)

Bennent Heinz
B.: Schauspieler. FN.: c/o Agentur Erna Baumbauer. DA.: 81679 München, Keplerstr. 2. G.: 18. Juli 1921. V.: Diane. Ki.: Anne, David. K.: seit 1945 Bühnentätigk., zul. Hamburg, Berlin, München, seit 1954 Filme m. I. Bergmann, F. Truffaut, Costa Gavras, André Zulawsky, Yves Boisset, v. Schlöndorff, M. v. Trotta, H. W. Geissendörfer, Nelly Kaplan, John Cassavetes, Philipp Lefebre, Michel Boiron, ausz. a. d. Filmographie: 1963 Le Rapt, 1965 Das Apostelspiel, 1968 Ganze Tage i. d. Bäumen, 1969 Serie Tatort (a. i. d. folg. Jahren), 1970 Eine Rose f. Jane, Im Keuis, 1972 Marie, Die Witwen oder ein vollkommene Lösung, Serie Der Kommisar (a. i. d. folg. Jahren), 1973 Eltern, 1974 Perahim - die zweite Chance, 1975 Das Netz, Die verlorene Ehre d. Katharina Blum, 1977 Das Schlangenei, 1978 Kleine Geschichten m. großen Tieren, Deutschland i. Herbst, D. Mann i. Schilf, 1979 Aus d. Leben v. Marionetten, 1980 Die Blechtrommel, Schwestern oder die Balance d. Glücks, 1980 Le dernier Métro, 1981 L' amour des femmes, Espion, lève-toi - Der Maulwurf, 1983 Serie Derrick (a. i. d. folg. Jahren), 1986 Gambit, 1987 Im Jahr d. Schildkröte, 1991 Jour blanc - Schrei aus der Vergangenheit, 1993 Das Sahara-Projekt, 1995 Bruder Esel - Mut zum Glück, 1999 Jonas und Lila, à demain, 2000 Kalt ist der Abendhauch.

Benner Ernst Michael *)

---

*) Biographie www.whoiswho-verlag.ch oder beigefügte CD-ROM

Benner Friedemann

B.: freischaff. Komponist, Musiker, Sänger. FN.: DeVita Musikverlag u. Musikproduktion. DA.: 14469 Potsdam, Große Weinmeisterstr. 9. G.: Sigmaringen, 6. Okt. 1956. Ki.: Lisa (1985), Amadeus (1996). El.: Karl und Elfriede. S.: 1972 Abitur Berlin. K.: selbst. mit einem Musikgeschäft in Berlin, parallel dazu entstanden erste Kompositionen, eigene Bands bzw. Mitwirkung in Musikbands - Klavier, Gitarre, Gesang, Schwerpunkt d. Musikverlages sind Produktionen u.a. f. Filme u. in d. Werbung, Synchronsingen, als Sänger u.a. in Filmproduktionen wie "König d. Löwen", Hauptrolle in "Die Schwanenprinzessin", "Hook", "Pocahontas", "Anastasia" u.v.m., als Komponist: "Rund um's Meer", "Zwischen Himmel u. Erde", seit 1998 als Keyboarder Mtgl. b. d. Roland-Kaiser-TourBand. E.: 1977 Künstlernachwuchspreis d. SFB. M.: Komponistenverb., GEMA. H.: Ballsport.

Benner Karl

B.: Erster Dir., Vors. d. Gschf. d. Landesversicherungsanst. Hessen a.D. PA.: 65812 Bad Soden, Georg-Rückert-Str. 2 - App. 705. G.: Frankfurt, 5. Mai 1926. V.: Grete, geb. Marks. El.: Christian u. Maria. S.: Mittlere Reife. K.: Kfm. Ausbild., öff. Dienst, höhere Beamtenlaufbahn. P.: zahlr. Veröff. in Fachzeitschr., stellv. Hpt.-Schriftltr. "Die Sozialvers." E.: BVK am Bande, Verdienstmed. d. Dt. Rentenversicherung, Ehrenplak. Landesärztekam. Hessen, VdK Ehrenplak. in Gold, Ehrenmed. d. Stadt Bad Soden. H.: Golf, Tennis, Glasritzen, Drechseln, Heimwerken.

Bennett Fiona *)

Bennett James Dr.

B.: Entwicklungspolit. Berater, Forscher, Trainer, Doz. FN.: Intern. Politikberatung. DA.: 50677 Köln, Kaesenstr. 15. ipa_cologne@go.com. www.ipa-cologne.de. G.: Buffalo/New York, 5. Nov. 1953. V.: Carla Rautenbach. Ki.: Lena, Jacob. S.: 1971-75 Stud. Politik Univ. Rochester, 1973-74 1 J. Univ. Trier, 1975 BA, 1975-77 Berufsausbild. in d. Ldw. in Lübbecke, 1977 Prüf. prakt. Ldw., 1977-86 Stud. Agrarwiss. Univ. Bonn, 1986 Prom. z. Dr. agr. K.: 1986-88 in Ruanda wirtschaftspolit. Berater im Wirtschaftsmin. in GTZ-Auftrag, 1989 Projektmanagement in GTZ-Zentrale, seit 1989 selbst. Beratung entwicklungspolit. Organ. b. Projektevaluierung, 2000 Projektmanager f. EU-Projekt "Special Preparatory Programme" f. Polen, seit 1995 Lehrauftrag "Entwicklungspolitik" an Univ. Köln. P.: Informationssysteme d. vw. Reg.-Beratung in Entwicklungsländern (1993), Private Sector Development in Bangladesh (1991), The Implementation of Poverty-Conscious Macroeconomic Frameworks in Africa (1993), Science and Technology in East Africa (2000). M.: Ges. f. Programmforsch. H.: afrikan. Kunst, Musik.

Bennewitz Jürgen Dipl.-Ing. Dipl.-Chem. *)

Bennhold Martin Dr. iur. Prof. *)

Bennholdt-Thomsen Anke Dr. phil. Univ.-Prof. *)

von Bennigsen Roderic

B.: Künstler. DA.: 31832 Bennigsen, Altes Schloß. Ki.: Imanuel-Renaldo (1983), Natascha-Leticia-Desiree (1993). BV.: Ururgroßvater Rudolf v. Bennigsen, Gründer d. Nationaliberalen Partei, Oberpräs. v. Hannover. K.: einziger ausländ. Künstler, d. während d. Krieges im 43. Festival v. Dubrovnik 1992 auftrat u. proklamative Friedenskonzerte spielte, Gründer u. Präs. d. weltweiten Organ. "Intern. Humanitas Assoc.", trat erstmals m. 12 J. als Solist m. Orchester auf, Förd. durch Pablo Casals u. Pierre Fournier, Studienj. in Paris, London u. Wien b. André Navarra, Nadia Boulanger u. Hans Swarowsky, 1968 "Gold. Rose" f. Debüt in München u. seine Bach-Suiten wurden 1977 während d. Wr. Festwochen zu d. bedeutendsten gezählt, ebenso wie später in Paris, Bezeichnung als Künstler v. Weltformat durch d. intern. Presse, Solistenkarriere führte ihn m. namhaften Orchestern durch Zentren wie Paris, London, Wien, Brüssel, Amsterdam, Hamurg, Genf, Zürich, Prag, Bukarest, Florenz, Luzerner Festwochen, Yehudi Menuhin Festival Gstaad, Salzburg etc. b. in d. gr. Carnegie-Hall New York. P.: Fernseh- u. Plattenaufnahmen, phil. Arb. u. Beiträge an versch. Univ.

Benning Achim

B.: Schauspieler, Regiss., Int. FN.: Max-Reinhardt-Seminar Wien. DA.: A-1030 Wien, Hintzerstr. 4. G.: Magdeburg, 20. Jan. 1935. V.: Osgith, geb. Steiner. Ki.: Martin, Anja, Hannah. El.: Ing. Werner u. Lieselotte, geb. Reinhardt. S.: 1955 Abitur Braunschweig, 1955-60 Phil.-Stud. Univ. München u. Wien, seit 1956 Reinhardt-Seminar Wien, 1959 Abschlußprüf. S.: seit 1959 Schauspieler am Burgtheater Wien, 1976 Kammerschauspieler, 1976-86 Dir. Burgtheater, heute Ehrenmtgl., 1989-92 Dir. d. Schauspielhauses Zürich, Reg.u. Spielltr., seit 1993 o.Univ.-Prof. an d. Univ. f. Musik u. Darst. Kunst - Max Reinhardt-Seminar-Wien, Leiter d. Regieklasse. P.: zahlr. Inszenierungen u.a. "Mary Stuart" (1971), "Sommergäste" (1979), "Einer muß d. Dumme sein" (1980),"Das alte Land" (1984), "Kinder der Sonne" (1987), "Ein Floh im Ohr" (1988), "Onkel Wanja" (1988), "Der Schein trügt" (1995), "Platonov" (1995), "Professor Bernardi" (1997), "Das weite Land" (1998). E.: 1981 Kainz-Med. d. Stadt Wien.

Benninghaus Rainer *)

Benninghoff Gottfried *)

Benningsen Lilian

B.: Kammersängerin, Opernsängerin. PA.: 81679 München, Pienzenauerstr. 18. G.: Wien, 17. Juli. V.: Reischl Hans. El.: Jerry und Olga. S.: Frauenberufsschule, Konservatorium. K.: nach Gesangsstud. in Wien 1. Preis f. Gesang im Wettbewerb d. Ges. d. Musikfreunde in Wien, 1. Engagement Landestheater Sbg., dann Göttingen u. Köln, seit 1952 Bayr. Staatsoper München, Gastspiele im In- u. Ausland, z.B. Festspiele Sbg., Wien, Zürich, Florenz, Rom, Edingburgh, Brüssel, Lissabon. E.: Bayer. VO. H.: Garten, Schifahren, Schwimmen.

Benöhr Hans Christian Dr. med. Prof. *)

Benrowitz Lothar Artur Herbert

B.: Segelmacher, Inh. FN.: Bootshandel u. Bootsstände. DA.: 13595 Berlin, Am Pichelssee 35. G.: Berlin, 26. Jan. 1930. V.: Helga, geb. Batram. Ki.: Walter (1956), Martina (1960). El.: Walter u. Charlotte, geb. Will. S.: 1944-47 Lehre als Segelmacher, 1963 Meisterprüf. K.: 1948-49 Arb. im elterl. Betrieb, danach in Celle u. Wanderschaft, 1949 -74 Ang. im elterl. Betrieb, ab 1968 Bootshdl. u. Bootszubehör, ab 1974 Übernahme d. Betriebes im Rahmen d. Altersnachfolge, 1981 Übernahme

*) Biographie www.whoiswho-verlag.ch oder beigefügte CD-ROM

d. z. Gelände gehörenden 50 Bootsstände/Wasserliegeplätze im Rahmen eines Erbes, 1995 Übergabe d. Segelmacherei an d. Sohn. BL.: mehrere J. in d. Findinghy-Kl. sowie O-Jollen Belieferung v. 43 Ländern u. Besegelung v. mehreren WM-Booten u. EM- u. Deutschland-Meister. M.: Seglever., Fußballver., Teichgen., Pferdezuchtverb. Franken. H.: Forellenzucht, Pferdezucht, Reisen (Fahrt m. d. Transsibirischen Eisenbahn durch Russland).

Bens Klaus W. Dipl.-Ing. *)

Bens Marion *)

Bensberg Andreas *)

Bensberg Marie-Claude *)

Bensch Bernd-Uwe Forsting. *)

Bensch Dieter *)

Bensch Ilona

B.: selbst. Physiotherapeutin. DA.: 12169 Berlin, Steglitzer Damm 1. G.: Berlin, 21. Aug. 1962. V.: Matthias Bensch. El.: Harald u. Renate Ledat. S.: 1978 Mittlere Reife, 1978-79 Hauswirtschaftsschule Berlin, 1979-80 Krankenpflegehelferin Berlin, 1980-83 Ausbild. Krankengymnastin Prof. Vogler Berlin. K.: seit 1995 selbst. in Berlin m. Schwerpunkt Neurol.-Bobath, Orthopädie - Brügger, Lymphdrainage, E.: 1985 Dt. Vizemeister u. Berliner Meister im Minigolf in d. Mannschaft. M.: Arb.-Aussch. d. Freiberufler im ZVK, Stammtisch, Ges. d. Freunde d. dt. Herzzentrums Berlin e.V. H.: Wassersport, Schifahren, Joggen.

Bensch Jörg-Dieter *)

Bensch Reiner M. A.
B.: Pressesprecher. FN.: Rektoramt Presse- u. Öff.-Arb. d. Bauhaus-Univ. Weimar. DA.: 99423 Weimar, Geschwister-Scholl-Str. 8. G.: Haan, 18. Mai 1958. El.: Dipl.-Ing. Heinz u. Brigitte, geb. Keller. S.: 1978 Abitur Rotenburg, 1978 Stud. Germanistik u. Physik TU Berlin, 1987 M. A. K.: 1987 Volontariat im Wirtschaftsverlag bei Walter de Gruyther, 1988 Mitarb. d. Presse- u. Öff.-Arb. im Bez.-Amt Neukölln, 1992 Ltr. d. Pressestelle d. Bgm., seit 1993 Pressesprecher d. Univ. Weimar. P.: Mithrsg. v. "Thesis". M.: Mtgl. d. Freundeskreis d. Bauhaus-Univ. Weimar e.V. H.: Fotografie, Reisen, Wandern.

Benscheid Bernd *)

Bense Michael
B.: Prok. FN.: Bense Computersysteme GmbH & Co KG. DA.: 48151 Münster, Weseler Str. 48. G.: Coesfeld, 26. Jan. 1962. S.: 1978-81 Ausbildung z. Orthopädie-Schuhmacher, 1983-85 Ausbildung z. Einzelhandelskaufmann. K.: 1986-89 tätig als Schuhmacher, 1989-2001 selbständig, seit 2001 Prok. in d. Firma Bense Computersysteme in Münster, m. Filialen in Hannover u. Dortmund. H.: Fotografie.

Bensel Norbert Dr.

B.: Vorst.-Mtgl. FN.: Daimler Crysler Services AG. DA.: 10875 Berlin, Eichhornstr. 3. www.daimlerchryslerservices.com. G.: Steinau an d. Straße, 14. Dez. 1947. V.: Dr. Beatrice, geb. Rottka. Ki.: 3 Kinder. S.: 1986-77 Stud. Chemie FU Berlin, 1977 Prom. K.: 1977-87 tätig in d. Firma Schering AG zuletzt Ltr. d. zentralen Personalentwicklung, 1987-92 Ltr. d. Personal- u. Sozialwesens d. R+V Vers., 1992-96 Ltr. d. Dion.-Bereichs, d. Personalentwicklung und Führungskräftebetreuung in d. Firma Daimler-Benz Aerospace AG, 1994 Dir., seit 1996 Vorst.-Mtgl. d. DaimlerChrysler Services AG (ehem. Daimler-Benz InterService AG). BL.: setzte innovative Meilensteine in d. Tarifpolitik im Servicebereich. F.: Mtgl. d. Geschäftsltg. d. debis Systemhaus GmbH. P.: Beiträge z. Thema Bild.-Politik, Autor v. "Neue Wege d. Tarifpolitik", "Frauen im Management". M.: Kuratorium d. Humboldt-Univ. Berlin, versch. HS-polit. Arb.-Kreise. H.: zeitgenn. Kunst, Tennis, Familie.

Bensemann Hans-Jürgen Dipl.-Bw.

B.: RA. FN.: Kzl. Duge, Tischer & Bensemann. DA.: 80331 München, Neuhauser Str. 15. PA.: 85748 Garching, Jägerkampweg 13. ra.bensemann@t-online.de. G.: Hannover, 21. Jan. 1948. V.: Ursula, geb. Janetzky. Ki.: Bianca (1983), Fabian (1985). S.: 1969 Abitur, 1969-70 Aufenthalt Lausanne, 1970-71 Ausbildung Hotelkfm. Hotelfachschule Heidelberg, 1971-74 Stud. BWL FH München m. Abschluß Dipl.-Bw., 1974-80 Stud. Jura Univ. München, 1. Staatsexameb, 1980-83 Referendariat in München, 2. Staatsexamen, 1983 Zulassung z. RA K.: seit 1983 selbst. m. Tätigkeitsschwerpunkt Zivilrecht, Bau- u. Wohnungseigentumsrecht, sowie Wirtschaftsrecht. P.: regelm. Beiträge zu jur. Themen im Fachmagazin "Werbetechnik". E.: Dt. Meister im Wasserball. M.: Arge f. Baurecht im DAV, Golfclub Schloß Reichertshausen. H.: Golf, Squash, Theater.

Bensien Hans *)

Benstein Herbert *)

Bent Eckhart Dipl.-Ing.-Ök.
B.: Ing.-Ökonom f. Maschinenbau, Inh. FN.: IWG Video- & Werbestudio GmbH. DA.: 04209 Leipzig, Melscher Str. 1. G.: Neustadt, 31. Mai 1954. V.: Annemarie, geb. Melzer. Ki.: Enrico (1977), Martin (1984). S.: Aitur, 1973 Lehre Schlosser, 1974-75 Wehrdienst, 1975-77 tätig als Schlosser Firma Polygraph, 1977-82 Stud. z. Dipl.-Ing.-Ökonom f. Maschinenbau TU Dresden. K.: 1982-84 stellv. Kundendienstltr. im Kombinat Polygraph u. b. 1990 verantwortl. f. Marketing, 1991 Grdg. d. IWG Video- & Medienproduktion GmbH m. Produk-

*) Biographie www.whoiswho-verlag.ch oder beigefügte CD-ROM

tion v. professionellen Videofilmen, CD-Rom, DVD-Produktionen u. Internet-Webseiten auf Basis v. Kunden- oder selbst erarbeiteten spezifischen Material, damit digitale Bearbeitung, Einarbeitung grafischer Darstellungen u. Computeranimation sowie Vertonung. F.: Geschäftsführer d. d-vision Medienprod. GmbH. P.: techn. Präsentationen für namhafte Firmen wie: Thyssen Krupp, Pillkington, König & Bauer AG, Zirkon u. Siemens. M.: Motor d. Gohlis-Nord Leipzig e.V. H.: Fußball, Modelleisenbahn.

Bente Kerstin
B.: Gärtnerin, Inh. FN.: Blumenkörbchen. DA.: 39106 Magdeburg, Lüneburgstr. 17. G.: Magdeburg, 30. Sep. 1962. V.: Thomas Bente. Ki.: Annika (1985). El.: Hans u. Irmtraud Müller, geb. Hesse. S.: b. 1981 Lehre z. Gärtner. K.: b. 1990 ang. Gärtner, dann Umschulung z. Siebdrucker b. 1992, anschl. b. 1995 Siebdruckerin in Magdeburg, ab 1996 selbst. H.: Seidenmalerei, Beruf.

Bente Martin Dr. *)
B.: Verlagsltr. FN.: G. Henle Verlag. DA.: 81476 München, Forstenrieder Allee 122. PA.: 82049 Pullach, Mendelssohnstr. 5. G.: Straßburg, 16. Aug. 1936. V.: Anneliese, geb. Mohr. Ki.: Tobias (1979), Florian (1973). El.: Wilhelm u. Marthe. S.: Abitur in Kiel, Stud. in Kiel u. Tübingen (Musikwiss.), 1961-1964 Stipendiat d. "Studienstiftung d. Volkes". K.: 1965-68 wiss. Ass. an d. Univ. Tübingen (musikwiss. Inst.), s. 1969 Mitarb. im G. Henle Musikverl. München, s. 1972 Gschf., s. 1979 Gesamtltg., s. 1986 auch Präs. v. G. Henle USA (St. Louis), seit 1977 Mitbegründer u. Vors. d. Vorst. d. Musikschule Pullach i. Isartal e.V. P.: zahlr. Veröff. E.: Präs. d. VG Musikedition (Ges. z. Wahrnehmung v. Nutzungsrechten an Editionen v. Musikwerken) seit 1994, Vors. d. Fachausschusses f. Ernste Musik u. Vorstandsmtgl. im Deutschen Musikverleger-Verband, Mtgl. d. Verwaltungsrats d. Dt. Bibliothek in Frankfurt/Main, Sprecher d. Arbeitsgemeinschaft bayer. Musikverl. im Bayer. Musikrat. M.: Mtgl. (z.T. mit Vorstandsfunktion) in mehreren Verb., wiss. Trägerver. od. musikwiss. Ges. H.: Musik, aktives Musizieren, Kunstgeschichte, Sport, Reisen. (M.L.-S.)

Bentele Alfons
B.: Groß- u. Einzelhandelskaufmann, Unternehmer. FN.: Reitu. Fahrsportshop. DA.: 88213 Ravensburg, Wernsreute 20. www.bentele-reitbedarf.de. G.: Ravensburg, 29. Sep. 1954. V.: Anita, geb. Sieber. Ki.: Sabine (1974), Mathias (1978). El.: Alfons u. Theresia, geb. Wachter. S.: Ausbildung z. Groß- u. Einzelhandelskaufmann, 1973 Bundeswehr. K.: 16 J. Aussendiensttätigkeit, 1988 Übernahme d. elterl. Fachgeschäftes f. Reitsportartikel. M.: in zahlr. Reit- u. Fahrvereinen, als aktiver Fahrsportler erfolgreiche Teilnahme an vielen Turnieren in Süddeutschland, Musikvereine. H.: Reiten, Pferde, Kartenspielen, Skifahren.

Bentele Günter Dr. Prof. *)

Bentele Karlheinz Dr. rer. soc.
B.: Präsident. FN.: Rheinischer Sparkassen- u. Giroverband. DA.: 40217 Düsseldorf, Kirchfeldstr. 60. G.: Konstanz, 16. Mai 1947. V.: Barbara, geb. Elstrodt. Ki.: Florian. S.: Stud. Verw.-Wiss., 1973 Dipl., 1979 Prom. K.: 1973-75 Bundesmin. f. Forsch. u. Technologie, 1975/76 Wiss.-Zentrum Berlin, 1976-80 SPD-Parteivorst., 1981-82 Bundesmin. f. Verkehr, 1983 SPD-Bundestagsfrakt., 1983-91 in d. Staatskzl. Nordrhein-Westfalen, 1991-96 Staatssekr. im Finanzmin. Nordrhein-Westfalen, seit 1996 Präsident d. Rheinischen Sparkassen- u. Giroverbandes. P.: "Kartellbild. in d. Allg. Forsch.-Förd." (1979), Hrsg. "Die Reformfähigkeit v. Ind.-Ges." (1995). H.: Clowns, Elefanten, Kochen, gute Weine, Liedermacher.

Bentele Roman Dr. SanR. *)

Benteler Hubert Dipl.-Ing.
B.: AufsR., Vors. FN.: Benteler-Gruppe. DA.: 33104 Paderborn, Residenzstr. 1. (V.)

Benter Carsten *)

Bentfeld Andreas *)
B.: Mediengestalter, Inh. FN.: Profi Repro. DA.: 23552 Lübeck, Braunstr. 11. abentfeld@profirepro.de. www.profirepro.de. G.: 6. Okt. 1967. V.: Petra Blank. El.: Klaus u. Ursula. S.: 1984 Mittlere Reife Lübeck, 1984-87 Ausbild. z. Reproduktionsfotograf, 1987-88 Wehrpflicht. K.: 1989-96 EBV Operator b. d. Lübecker Nachrichten, ab 1996 in Lübecker Agentur EBV Operator, seit 1997 selbst. m. Profi Repro. BL.: Mediengestaltung f. Digital- u. Printmedien, federführend in digitaler Farbbildbearb. u. Digitalfotografie, Composing, Service u. erstklassige Qualität. M.: Vors. d. Prüf.-Aussch. d. IHK zu Lübeck. H.: Fitness, Freunde, TT.

Bentheim Alexander
B.: Dipl.-Päd., Bildungsreferent, Redakteur, Verleger. FN.: männerwege. DA.: 22374 Hamburg, Postfach 65 81 20. benthalex@aol.com. www.switchboard-online.de. G.: Oldenburg, 28. Apr. 1959. S.: 1979 Abitur, 1980-87 Stud. Dipl.-Päd. Univ. Oldenburg. K.: 1987-90 u. 1993-98 päd. Mitarb. b. div. Ver., 1990-93 wiss. Mitarb. b. "Männer gegen Männer-Gewalt" Hamburg, 1998-2000 Bildungsreferent i. WIDERSPRUCH-Modellprojekt "Sexualisierte Gewalt an und von Jungen" Kiel, seit 1991 Redakteur bei "Switchboard. Zeitschrift für Männer und Jungenarbeit", 1995 Grdg. d. Verlages "männerwege", seit 1996 Mitherausgeber d. Zeitschrift "Switchboard". P.: 1993 "Abbau von Beziehungsgewalt als Konfliktlösungsmuster", Abschlußbericht d. Forschungsprojektes d. Beratungsstellen "Opferhilfe Hamburg" e.V. u. "Männer gegen Männer-Gewalt" e.V., im Auftrag d. Bundesmin. f. Frauen u. Jugend (BMJFFG), Stuttgart: Kohlhammer, Schriftenreihe Bd. 102 (zus. m. M. Firle, M. Nini, I. Nolte, A. Schneble); 1996 "Männer- u. Jungenarbeit im deutschsprachigen Raum: Kommentierte ProjekteListe", Hamburg: männerwege Verlag; 1996 "Ansätze und Erfahrungen in der Arbeit mit gewalttätigen Männern", in: Holger Brandes & Hermann Bullinger (Hg.): Männerarbeit. Ein Handbuch zur Therapie u. Beratung von Männern. Weinheim: Beltz Psychologie Verlags Union (zus. m. M. Firle); 1997 "Jungen schauen spüren lassen. Sexualpädagogische Medien in der Jungenarbeit", in: Bundeszentrale für gesundheitliche Aufklärung (Hg.): Dokumentation "Der Mann im Kinde - 1. Fachkongreß der sexualpädagogischen Jungenarbeit", Köln: BZgA; 2001 "Sexualisierte Gewalt an und von Jungen", Abschlußbericht d. Modellprojektes, gefördert v. Ministerium f. Justiz, Frauen, Jugend und Familie Schleswig-Holstein, Kiel (zus. mit T. Kruse). M.: Arbeitskreis Jungenarb., Arbeitskreis Krit. Männerstudien. H.: Neue Männerkultur, Wandern, Percussionsinstrumente.

*) Biographie www.whoiswho-verlag.ch oder beigefügte CD-ROM

Bentlage Jörg

B.: Fahrlehrer, Inh. FN.: Fahrschule Bentlage. DA.: 33330 Gütersloh, Ohlsbrocksweg 50; 33330 Gütersloh, Albertus-Magnus-Str. 9. G.: Gütersloh, 27. Apr. 1966. El.: Heinz-Wilfried u. Rosemarie. S.: 1983-86 Ausbild. Betriebsschlosser, 1987-93 Zeitsoldat - Bereich Instandsetzung, 1993-94 Ausbildung Fahrlehrer f. PKW u. Motorräder. K.: 1994-96 ang. Fahrlehrer in Gütersloh, 1997 Grdg. der eigenen Fahrschule, 1998 Eröff. der Filiale. H.: Beruf, Sport.

Bentlage Uwe

B.: Fliesenlegermeister, Gschf. Ges. FN.: Fliesen-Diele GmbH. DA.: 33330 Gütersloh, Brockhäger Str. 5. G.: Gütersloh, 27. Dez. 1965. V.: Heike, geb. Maas. Ki.: Lukas (1996). El.: Horst u. Renate. S.: 1982-85 Ausbild. u. Abschluß zum Fliesenleger. K.: 1985-89 Tätigkeit im Beruf, 1990 Meisterschule u. Meisterprüf. im Fliesenlegerhandwerk, 1991-99 Partnerschaft in jetziger Firma, 1999 Erwerb d. jetzigen Firma in Eigenregie, gleichzeitig Verkauf v. Fliesen, Platten u. Mosaiken im Groß- u. Einzelhdl. H.: Familie, Beruf, Hundesport, Motorsport.

Bentlin Dirk Dipl.-oec.

B.: Unternehmer, Inh. FN.: Bentlin Art-Book-Comic. DA.: 64283 Darmstadt, Schleiermacher Str. 2. info@bentlin.de. G.: Altheim, 30. Jan. 1954. S.: 1974 Abitur Friedberg, 1974-80 Stud. Wirtschaftswiss. Univ. Oldenburg, Abschluß Dipl.-Ökonom. K.: 1980-86 tätig in versch. Berufen, seit 1986 freischaff. Autor u. Werbetexter, 1989 Geschäftseröff. d. Buchhdl. u. Galerie in Darmstadt, Sortiment für fantastische Bildbände, 2000 Internetvertrieb www.art-book-comic.de. H.: Kultur, Eros, Sport.

Bentner Arnd Dipl.-Kfm.

B.: Gschf. FN.: Silhouette Schmuck. DA.: 75173 Pforzheim, Lameystr. 24. G.: Pforzheim, 13. Mai 1966. V.: Dr. Silke, geb. Baumann. Ki.: Annika (1999). El.: Joachim u. Heide, geb. Hendricks. BV.: Oscar Bentner (1982. Betriebsgründer. S.: 1985 Abitur, 1985 Bundeswehr, 1986 Stud. BWL Univ. Bayreuth, 1992 Examen Organ., Steuerlehre, allg. BWL u. VWL. K.: 1993-94 tätig in d. Firma Preussag in Hannover, 1995 Übernahme d. Familienbetriebes. M.: Wirtschaftsjunioren. H.: Skifahren, Weine sammeln, Lesen.

Bentrup Michael Dipl.-Ing. *)

Bents Rainer Dr. med. *)

Bentz Helmuth Dr. jur.

B.: RA. DA.: u. PA.: 50858 Köln, Am Frankenhain 59. rabentz@t-online.de. G.: Köln, 21. März 1927. V.: Anne, geb. Meynen. Ki.: Jochen (Theaterwissenschaftler), Annette (Juristin), Martin (Archäologe). S.: 1947 Abitur, 1948-52 Stud. Rechts- und Staatswiss. an d. Univ. Bonn u. Köln, 1953 1. jur. Staatsexamen, 1957 2. jur. Staatsexamen, 1958 Prom. K.: 1958-70 Deutsche Bundespost, zuletzt Oberpostdir., 1970-75 Kreisdir. des Kreises Köln, 1975-87 Oberkreisdir. d. Erftkreises u. Ltr. d. Kreispolizeibehörde, seit 1987 eigene Anw.-Kzl. Recht. (spezialisiert auf öffentl. Recht, Verwaltungsrecht, Schwerpunkt Vermögensrestitution in Ostdeutschland, Strafverteidigung), Beratung hinsichtlich d. Einführung d. Kommunalen Selbstverwaltung in Südkorea, Polen, Ungarn u. CSS, 1990 Rechtsberatung bei d. Volkskammer d. DDR, 1993-94 Fortbildungskurse f. d. höheren Dienst d. Stadtverwaltung Leipzig. P.: zahlr. Veröff. über kommunalpolitische u. kommunalrechtliche Themen. E.: 1974 Offizierskreuz d. Malteserritterordens, 1979 BVK am Bande, 1984 Feuerwehrrehrenkreuz in Silber d. Dt. Feuerwehrverb., 1984 Gold. Ehrennadel d. Dt. Verkehrswacht, 1987 Ehrenring d. Erftkreises, 1994 Gold. Ehrennadel d. Vereinigung Liberaler Kommunalpolitiker (VLK), 2000 Gold. Ehrennadel d. FDP. M.: 1948 u. 1949 Auslandsreferent d. Bonner Studentenschaft, 1949 u. 1950 Generalsekr. d. Internat. Studentenbd. (ISSF), 1948 Eintritt in d. FDP, 1950 Grdgs.-Vors. d. Liberalen Studentenbundes Deutschlands (LSD), 1982-92 stellv. Bundesvors. d. VLK, Vors. d. Bundesfachausschusses Kommunalpolitik d. FDP, 1975-87 Vorst.-Mtgl. Landkreistag NRW, Verbandsvorst. d. Kreisspk. Köln, 1992 u. 1993 Mtgl. d. Bundesvorstandes d. FDP, seit 1996 Vors. d. Bürgerinteressen-Gemeinschaft Köln-Junkersdorf. H.: Fußball, Kraftsport, Moderne Kunst.

Bentz Jörg Dkfm.

B.: Gschf. FN.: Melitta-Gruppe. DA.: 32425 Minden, Marienstr. 88.

Bentz Peter *)

Bentz Wolfgang Dr. med.

B.: HNO-Arzt. DA.: 93073 Neutraubling, Anton-Günther-Str. 2. PA.: 93093 Donaustauf, Malveweg 5. G.: Leipzig, 5. Feb. 1954. V.: Ute, geb. Beyer. Ki.: Katharina (1980), Alexander (1982). El.: Prof. Dr. Hans u. Christa. S.: Gymn., 1972 Abitur, 1974-80 Stud. Med. Univ. Leipzig. K.: 1980-89 Stationsarzt Univ.-Klinik Leipzig, 1980 Dipl.-Med. HNO, 1982 Prom., seit 1989 Hals-Nasen-Ohrenheilkunde/ Stimm- u. Sprachstörungen, seit 1992 eigene Praxis. P.: ca. 15 Publ. Simulation biolog.

*) Biographie www.whoiswho-verlag.ch oder beigefügte CD-ROM

Bentz

Vorgänge im Gewebe. E.: 1970 u. 72 Lessingmed., 1970 Herdermed. M.: CSU, DG HNO u. plast. Chir. H.: neuronale Netze, klass. Musik, Mikroelektronik.

Graf von Bentzel-Sternau Götz Dipl.-Kfm. *)

Bentzien Wolfgang *)

Bentzin Jürgen Dr. med.
B.: FA f. Orthopädie. GT.: 1987-92 Bundesligisten Fußball, 1997-99 Teamarzt d. Berliner EHC Eisbären, ab 2000 Teamarzt b. Berlin Capitals. DA.: 14197 Berlin, Aßmannshauser Str. 10A. PA.: 14163 Berlin, Benschallee 14. G.: Berlin, 18. Feb. 1957. V.: Petra. Ki.: Mats (1992), Ole (1995). El.: Dr. Friedrich u. Ruth. S.: 1975 Abitur, 1975-77 Ausbild. z. Röntgenass., 1980-86 Stud. Humanmed. an d. FU Berlin, Approb., 1986-92 FA-Ausbild. b. Prof. Weigert KH am Urban Berlin, 1987 Prom. z. Dr. med. 1992 FA-Anerkennung. K.: 1977-80 Röntgenass., 1992-93 OA in Brakel b. Prof. Breitenfelder, 1993-94 ltd. OA St. Marien Hospital Hamm b. Prof. Götze, 1994 Ndlg. in Berlin als FA f. Orthopädie. H.: Skifahren, Bergwandern.

Benyoucef Dirk Dipl.-Ing. Dipl.-Ing. (FH)
B.: Wiss. Mitarbeiter am Lehrstuhl f. Nachrichtentechnik. FN.: Univ. d. Saarlandes. DA.: 66123 Saarbrücken, Im Stadtwald, Gebäude 13, 2. OG. G.: Neunkirchen, 27. Nov. 1969. El.: Abdelkader u. Hildegard. S.: 1982-86 priv. Dt. Schule Algier in Algerien, 1986-87 Ausbild. Nachrichtengerätemechaniker Dt. Bundesbahn, 1988-90 Ausbild. Informationselektroniker Dt. Bundesbahn, 1991 Fachabitur, 1991-95 Stud. Automatisierungstechnik HS f. Technik u. Wirtschaft Saarbrücken, 1995 Dipl., 1995-98 Stud. Elektrotechnik Univ. d. Saarlandes, 1998 Dipl. K.: während d. Stud. div. Lehrtätigkeiten, 1990 tätig b. DIS Konstruktions-Service in Pforzheim, seit 1998 Wiss. Mitarbeiter am Lehrstuhl f. Nachrichtentechnik u. Lehrbeauftragter f. Theoretische Elektrotechnik a. d. HTW. E.: 1988 Landesbester Prüf.-Teilnehmer f. Nachrichtengerätemechaniker. M.: VDE, VDI, Jugendherbergenverb.

Benz Cornelia *)

Benz Gerhard
B.: Architekt. DA.: 40215 Düsseldorf, Mintroperstr. 16. G.: Altenbruch b. Cuxhaven, 17. Okt. 1953. S.: 1972 Abitur Wuppertal, 1974-81 Stud. Arch. u. Kunstgeschichte an d. RWTH Aachen u. d. N.S.T. College in Halifax/Canada, Dipl., 1981-83 DAAD-Stipendium f. Bühnen- u. Filmgestaltung an d. HS f. angew. Kunst in Wien. K.: 1998 Lehrauftrag an d. HfG f. Gestaltung (ZKM) in Karlsruhe, Lehrstuhl f. Szenographie, Architektur/Design: 1987 Um- u. Ausbau d. ehem. Stadthalle "Königshov" in Krefeld zu einem gastronom. Großbetrieb, 1996 Wettbewerb "HS f. Film u. Fernsehen" in Potsdam-Babelsberg, 1997/98 "Silent Green" - Konzept f. eine Ruhe- u. Begegnungsstätte "Multikultureller Zentralfriedhof", 1998/99 Um- u. Ausbau einer ehem. Bankschalterhalle zu einem Event-Gastronomie-Betrieb in Düsseldorf; Bühnenausstattungen/Bühnen- u. Filmkonzeptionen: 1982 Ass. z. "Hermannsschlacht" am Schauspielhaus Bochum, 1984 Konzept, Kamera, Schnitt, Austattung z. choreograph. Filmprojekt "Berg Ab" m. W. Forsythe u. d. Wr. Philharmoniker zu Alban Bergs "Drei Orchesterstücke", 1996 Bühne, Licht, Konzeption f. ein dt.-, russ.-, jap. Tanzprojekt "Medea" an d. Oper Nowosibirsk/Sibirien, 1996 Konzeption u. Entwurf d. "Music-Box" v. Musik-Biennale München im Auftrag d. Staatsoper München, 1997 Bühnenausstattung z. Oper "Der Spiegel d. gr. Kaisers" an d. städt. Bühnen Krefeld/Mönchengladbach, 1998 Bühnenausstattung f. "C. Columbus" Staatsoper Berlin; Ausstellungen: 1993 Objektinstallation "Breathlessness" im Palazzo Falconieri in Rom, 1994 Klang-/Rauminstallation "Wooden Symphony-Part II" Villa Massimo 1988-92 im Kunstver. Hannover, 1995 Installation "T-on in T-on" z. "Rivert Art"-Ausstellung in Belgrad auf Einladung d. Goethe-Inst., 1998 Intern. Gruppenausstellung in Lepinski Vir/Jugoslawien, Titel "Die Reise ins gelobte Land". E.: 1992/93 Villa Massimo Preis Rom.

Benz Hans-Jürgen *)

Benz Hubert Michael

B.: Bildhauer/Steinmetz-Meister, Gschf., Inh. FN.: Steinmetz Hubert Benz. DA.: 77731 Willstätt-Eckartsweier, Gewerbestr. 9. G.: Kehl, 20. Dez. 1961. V.: Christine, geb. Reitzenstein. Ki.: Pauline (2001). El.: Hermann u. Christa, geb. Speck. S.: 1982 Abitur, 1983-86 Lehre als Steinmetz u. Bildhauer, 1986-92 mehrere Auslandsaufenthalte in d. Türkei f. Dt. Geolog. Inst., 1988-91 Mitarbeiter b. d. Basler Münster Bauhütte, 1990-92 Meisterschule Freiburg m. Meisterprüf. K.: seit 1993 selbst. P.: Veröff. in regionalen Zeitungen. M.: Innung Bildhauer u. Steinmetz, Kunsthändlerwerk la Zitadella. H.: Singen, Politik, Kunst.

Benz Karl Josef Dr. phil. Lic. orient. *)

Benz Matthias *)

Benz Ortwin Dr. Dipl.-Volksw. Prof. *)

Benz Peter
B.: OBgm. FN.: Stadtverw. Darmstadt. DA.: 64291 Darmstadt, Luisenplatz 5 A. PA.: 64291 Darmstadt-Arheilgen, Im Erlich 45. presseamt@stadt.darmstadt.de. www.stadt.darmstadt.de. G.: Darmstadt, 10. Sept. 1949. S.: 1963 Abitur, 1963-68 Stud. Germanistik, Politologie, Philosophie u. Soz. Staatsexamen in Frankfurt/Main. K.: 1969-70 Vorbereitungsdienst f. d. Lehramt an Gymn. in Dieburg u. Darmstadt, 1970-74 Studienrat an d. Justus-Liebig-Schule u. am Oberstufengymn. Berthold-Brecht-Schule in Darmstadt, 1974-76 Mtgl. d. Hess. Landtages, 11/76 Wahl z. hauptamtl. Beigeordn. (Stadtrat) d. Stadt Darmstadt, 12/76 Amtseinf. als Stadtrat, 6/82 f. e. weitere Wahlperiode v. 6 J. wiedergewählt, 6/83 Wahl z. Bgm., 11/83 Amtseinführung als Bgm., 5/89 wieder f. 6 J. gewählt, 6793 Direktwahl z. OBgm. E.: 1968-76 Mtgl. d. Stadtverordnetenvers., 1973-76 Vors. d. SPD-Stadtverordneten-Fraktion, 1980-83 Vors. d. SPD-Unterbezirks, seit 1980 Mtgl. d. Kuratoriums d. Akademie f. Sprache u. Dichtung, Mtgl. d. Darmst. Jury "Buch d. Monats". H.: Musik, Literatur.

Benz Philipp *)

Benz Roland Dr. Prof. *)

Benz Rudolf *)

Benz Susanne Dipl.-Ing. *)

Benz Thomas Dr. rer. nat.
B.: wiss. Ltr. FN.: IVE Inst. f. Verfahrensoptimierung u. Entsorgungstechnik an d. FH Braunschweig/Wolfenbüttel. DA.: 38302 Wolfenbüttel, Am Exer 3. PA.: 38300 Wolfenbüttel, Krumme Str. 27. ive@fh-wolfenbuettel.de. www.ive-analytik.de. G.: Heidenheim/Brenz, 29. Aug. 1957. El.: Max u. Ingeborg, geb. Bertz. S.: 1976 Abitur Heidenheim, b. 1983

Stud. z. Dipl.-Chem. an d. Univ. Tübingen, b. 1986 Stud. z. Dipl.-Biologen Univ. Tübingen, 1988 Prom. z. Dr. rer. nat. K.: 1989-90 wiss. Ang. d. Univ. Tübingen, 1990-92 Laborltr. "Organ. Spurenanalytik" b. der Firma Ökolimna GmbH in Burgwedel, Fachgebiet Dioxinanalytik, 1993-94 Projektkoordinator u. Qualitätssicherungsbeauftragter d. Firma Alcontrol GmbH Bremen, seit 1994 Laborltr. für den Bereich Analytik am IVE. BL.: Dozent an der FH Braunschweig/Wolfenbüttel. P.: Stoffwechselzustände gesunder u. geschädigter Fichtennadeln (1987), Sesquiterpene Lactones of the capitate glandular trichomes of Helianthus annuus (1989), Determination of Chlorophenols in aequos, solid and gas samples by GC/ECD and GC/MS (1989), Organ. Schadstoffe in Komposten (1991), Quantitative determination of hallucinogenic N,N-Dimethyltryptamine, Bufotenin and t-Methoxydimethyltryptamine in human urin by capillary gas chromatography (1997). H.: Sport, Wandern.

Benz Uwe

B.: RA u. staatl. geprüfter Steuerberater. DA.: 69469 Weinheim, Rote Turmstr. 14. rabenz@t-online.de. G.: Heidelberg, 29. Okt. 1953. Ki.: Dominique (1991). El.: Gerhard u. Friedhilde, geb. Kaufmann. S.: 1973 Abitur, 1973-74 Bundeswehr, 1974 Stud. Jura Heidelberg u. Frankfurt, 1979 1. Staatsexamen, Referendariat OLG Frankfurt, 1983 2. Staatsexamen, 1989-90 Ausbild. Steuerberater Steuerak. Henssler. K.: während d. Stud. tätig im väterl. Steuerbüro, 1983-85 Ang. in einem Anw.-Büro in Frankfurt/Main, seit 1985 ndlg. RA u. Steuerberater in Weinheim in Gemeinschaft m. d. Vater, 1987 Grdg. d. Soziettät m. Gerhard Benz m. Tätigkeitsschwerpunkt Steuer-, Erb- u. Ges.-Recht, 1990 Zulassung z. staatl. geprüften Steuerberater. H.: Tennis, Langlaufen, Skifahren, Musik.

Benz Winfried Dr. iur. *)

Benze Hans-Dieter Dipl.-Ing. *)

Benze Michael

B.: ndlg. Zahnarzt, Akupunktur u. Naturheilkunde, Ganzheitliche Zahnarztpraxis. DA.: 27283 Verden (Aller), Borsteler Dorfstr. 9. email@akupunktur-benze.de. www.akupunktur-benze.de. G.: Wolfenbüttel, 27. Aug. 1949. V.: Ricarda Keller. BV.: Mathematiker Carl-Friedrich Gauss. S.: Abitur Bad Sachsa (Harz), 1970-76 Ausb. z. Berufsoffz. d. Bundeswehr, Oberstlt. d. Res., 1976-85 Stud. BWL u. Zahnmed. in Göttingen, 1978-84 Stud. Zahnmed. in Göttingen. K.: freie wiss. Tätigkeit Univ. Göttingen, 1986-89 Ass.-Arzt in Kieferchir. Praxis in Bremen, 1989 ndlg. Zahnarzt in eigener Praxis, 2000 Diplom Zahnarzt f. Naturheilkunde, A-, B-, C-Diplom Akupunktur, Moderator ärztl. Qualitätszirkel, Ärztetag f. Med. ohne Nebenwirkungen. M.: Dt. Zentralver. Homöopath. Ärzte, Dt. Ges. f. computergestützte Zahnheilkunde, Intern. Society for Lasers in Dentistry, Dt. Ges. f. Laserzahnheilkunde, Arbeits-

kreis Radionik u. Schwingungsmed., Dt. Ges. f. Wehrpharm. u. Wehrmed., Coburger Convent, Rotary Club Verden. H.: Jagd, Geschichte, Sport.

Benze Wolfgang Eberhard Dipl.-Ing. *)

Benzien Uwe *)

Benzing Andrea

B.: Journalistin. FN.: c/o Focus TV Produktions GmbH DA.: 81925 München, Arabellastr. 23. G.: Stuttgart, 23. Jan. 1966. S.: 1987-91 Journalismusstud. an d. San Francisco State Univ. K.: 1989-91 Reporterin b. "PRISM magazine" u. b. Magazin "The City", 1991 Spanisch-Stud. in Malaga, 1992 Praktikum b. "auslandsjournal" (ZDF), 1992-96 Reporterin b. RTL u. RTL "Nord live", 1996 Reporterin im RTL Landesbüro Süd (u.a. "Nachrichten", "Punkt 12", "Nachtjournal"), s. 1999 Moderation u. Redaktion b. "Die Reporter" i. ProSieben.

Beran Marcela Dr. med.

B.: Phlebologin. DA.: 53177 Bonn-Bad Godesberg, Burgstr. 73. PA.: 53173 Bonn, Friedrichallee 1. G.: Arad/Rumänien. Ki.: Pascal (1988). El.: Josef u. Agafina Beran, geb. Bolgar. S.: 1977-80 Med. Schule f. MTA und Schwestern Arad, 1980-86 Stud. Med. Univ. Temesaare in Timisoara/Rumänien, Prom. K.: ärztl. Tätigkeit an d. Univ.-Klinik Iasi, 1987 Übersiedlung in d. BRD, 1988-89 Stipendium d. Otto-Benecke-Stiftung für Tätigkeit an d. Hautklinik d. Univ. Düsseldorf, Weiterbild. in Dermatologie, 1989-91 in einer dermatolog. Praxis in Hilden, deutschlandweite Fortbild., 1991-94 an d. Mosel-Eifel-Klinik f. Venenheilkune in Bad Berteich, 8 Mon. Gräfspraxis in Hilden, seit 1994 Aufbau einer eigenen Praxis f. Gefäßkrankheiten, in d. ausschließlich arterielle u. venöse Durchblutungsstörungen diagnostiziert u. behandelt werden, z.B. Krampfader, Raucherbeine sowie Untersuchung d. Hirndurchblutung, d. Bauchschlagader etc. P.: Publ. über Nebenwirkungen einer Herzmedikation (1989). M.: Verb. d. dt. Phlebologen, Verb. d. dt. Angiologen. H.: Badminton, Golf, Literatur, Schwimmen.

Berardo Piervico

B.: Restaurantfachmann, Gschf. Ges. FN.: Restaurant GAVI La Cucina Italiana Saarlandhalle Gastronomie GmbH. DA.: 66113 Saarbrücken, Im Ludwigspark. G.: Italien, 3. Juni 1953. V.: Gabriele, geb. Pforter. Ki.: Sascha (1973). El.: Ugo u. Olga. S.: 1969-71 Ausbild. z. Restaurantfachmann. K.: 1971 nach Deutschland, ab 1971 Fachmann in versch. Restaurants, 1976-80 Restaurantltr. in Saarbrücken, 1980-93 Restaurantltr. in d. Kongreßhalle La Touraine und 1993-97 Gschf. Ges., seit 1997 Gschf. Ges. d. Restaurant La Cucina italiana Saarlandhalle Gastronomie GmbH m. Ehefrau Gabriele als Gschf. Ges. P.: Veröff. im Restaurantführer "Varta". M.: Chaine de Rotissérie. H.: Radfahren, Reisen, Angeln.

*) Biographie www.whoiswho-verlag.ch oder beigefügte CD-ROM

Berben Iris

B.: Schauspielerin. FN.: c/o Lewy. DA.: 81675 München, Maria-Theresien-Str. 8. G.: Detmold, 12. Aug. 1950. V.: Gabriel Lewy (Lebensgefährte). Ki.: Oliver. K.: zahlr. Film u. Fernsehrollen, 1967/68 Start der vielseitigen Fernseh- und Filmkarrieren, bekannt v. allem durch Rollen in den Fernsehserien "Himmlische Töchter" und "Sketch Up", s. Anfang der siebziger Jahre Mitwirkung in einer Vielzahl von Fernseh- und Spielfilmen, u. a. Zusammenarbeit m. d. Regisseuren Sergio Corbucci, Rudolf Thome, Jean Girault, Peter Patzak, Peter Karane, Juraj Herz, Oliver Storz , Dieter Wedel und Frank Beyer, Auszug aus der Filmographie: Der Killer mit dem Glasauge (1968), Der Mann mit dem Glasauge (1969), Detektive, Vamos a matar companeros, Los companeros (1970), Halbzeit (1977), Der Alte - Der Parasit (1979), Ach du lieber Harry (1980), Tapetenwechsel, Der Mann, der keine Autos mochte (1983), Rallye Paris-Dakar (1984), Das Erbe der Guldenburgs (1987), Drei D, Ein Naheliegender Mord, Das Viereck (1988), Karambolage (1989) Lex Minister, Das Geheimnis des gelben Geparden, St. Petri Schnee, Zabi Kral (1990), Rochade, Die Abel-Anthologie: Sprecht mir diesen Mörder frei, Dornberger (1991), Exit IV, Das grosse Fest (1992), Christinas Seitensprung (1993), Tod in Miami, Teil 1, Rennschwein Rudi Rüssel (1994), Peanuts, Der Aufsteiger (1995), Der stille Herr Genardy, Kondom der Grauens (1996), Sieben Feuer des Todes, Ein Mann für meine Frau, Das Miststück (1997), Andrea und Maria, Vergewaltigt - Eine Frau schlägt zurück, Frau Rettich, die Czerni und ich, Bin ich schön? (1998), s. 1995 Hauptdarstellerin d. Fernseh-Krimiserie "Rosa Roth", Andrea und Maria (1999). P.: 2001 Älter werde ich später. E.: 1987 "Goldene Kamera", 1989 " Bambi", 1997 für ihre außerordentliche berufliche Vielseitigkeit und für gesellschaftliches Engagement d. Bundesverdienstkreuz, 2001 Scopus Award (Re).

Berber Ikbal

B.: MdL. FN.: Saarländischer Landtag. DA.: 66119 Saarbrücken, Franz-Josef-Röder-Str. 7. i.berber@spd-saar.de. G.: Antalya/Türkei, 1. Feb. 1956. V.: Nurettin Berber. Ki.: Nil (1977), Mehmet-Ali (1986), Kerem (1993). El.: Faik u. Zeyner Yazili. S.: Stud. Grundschulpäd. in d. Türkei m. Abschluss 1975, 1975-85 Stud. Germanistik u. Sozialpsychologie Univ. Saarbrücken, 1985 Abschluss M.A. K.: seit 1978 Referentin u. Doz. f. versch. Einrichtungen u. Referententätigkeit b. Landesinstitut f. Päd. u. Medien, 1982-85 wiss. Mitarbeit u. Lehrtätigkeit in d. Fachrichtung Germanistik, 1985-93 Doz. f. Islamwiss./Orientalistik, 1993-99 Berufsberaterin f. Abiturienten u. Hochschüler b. d. Bundesanstalt f. Arbeit, seit 1999 MdL; Funktionen: seit 1991 Mtgl. d. SPD, Mtgl. d. Arbeitsgruppe f. Bildung im SPD-Ortsverein Saarbrücken-Malstatt. BL.: 1993 Sprecherin d. 1. Ausländerbeirates d. Univ. Saarbrücken. P.: mehrere Aufsätze in d. Zeitschrift f. Linguistik. E.: Goldene Ente d. Landespressekonferz, BVK f. d. Gestaltung d. Lebens zwischen Ausländern u. Deutschen (1995). M.: DVB, Verein z. Förderung u. Integration ausländischer Jugendlicher e.V.

Berberich Olaf

B.: CEO. FN.: getTime.net Ges. f. Prozessoptimierung mbH. DA.: 47798 Krefeld, Roßstr. 183; 47475 Kamp-Lintfort, Carl-Friedrich-Gauß-Str. 12. berber@gettime.de. G.: Karlsruhe, 3. Dez. 1956. S.: 1977 Abitur, 1983 Stud. d. Linguistik u. Pädagogik, Abschluß Dipl.-Päd. K.: 1977 Gründer eines Verlages u. einer Offsetdruckerei, 1987 Gründer u. Gschf. einer Softwareentwicklungsfirma, 1991 Grdg. u. Geschäftsführung d. GraTeach GmbH, 2000 Hauptges. u. CEO d. getTIME.net GmbH.

Berberich Peter *)

BerberichThomas Dr. mont. *)

Berbüsse Ulrich

B.: Gschf. Ges. FN.: Business Control Software GmbH. DA.: 58642 Iserlohn, Gennaer Str. 25. ub@stahl-control.de. www.control-software.de. G.: Arnsberg, 11. Nov. 1954. V.: Beate, geb. Pohlmann. Ki.: Yvonne (1981). S.: 1969-71 Ausbild. Elektrogeoßhdl.-Kfm. Kaufhaus Hertie. K.: 1971-73 Verw.-Aspirant u. später kfm. Ltr. eines Rechnungsbüros in d. Zentralverw., 1973-77 Bundeswehr u. glz. Fernstud. Bw., 1977-79 stellv. Gschf. einer Firma f. Büro- u. Informatiostechnik in Iserlohn, glz. Ltr. v. 2 Einzelhdl.-Firmen, seit 1985 selbst. im Bereich Computertechnik u. Softwareentwicklung spez. f. bw. Software, Grdg. d. Firma EDV-Service Berbüsse, glz. freier Unternehmensberater f. d. Firma Nixdorf, seit 1990 Softwareentwicklung f. Stahhdl. m. d. Produkt Stahlcontrol.m. Marktführer in Deutschland, 2000 Grdg. d. Firma Business Control m. Schwerpunkt Constroling-Software. P.: regelm. Veröff. in d. Fachzeitschrift Stahlmarkt. M.: Vors. d. Leichathletikver. LCL Letmathe. H.: Fitness, Garten.

Berchem Theodor Dr. phil. Dr. h.c. Prof. h.c.

B.: Prof. f. Roman. Philologie, Präs. N.: Univ. Würzburg. DA.: 97076 Würzburg, Senderring 2. G.: Pützchen, 22. Mai 1935. V.: Marie-José, geb. Moulin. Ki.: Valérie, Marie-Astrid, Stéphanie, Béatrice. El.: Hermann u. Maria, geb. Schiffer. S.: 1956-63 Stud. Romanistik, Anglistik, Slawistik, 1963 Dr. phil. K.: 1962-67 wiss. Ass. Univ. Erlangen, 1966 Priv.-Doz., seit 1967 o.Prof. f. Roman. Philol. Univ. Würzburg, 1969-71 Dekan, 1971-72 Prodekan, 1974-75 Dekan d. Phil. Fak. Univ. Würzburg, 1975-76 Rektor, seit 1976 Präs. Univ. Würzburg. P.: zahlr. Veröff. u.a. Contribution a l'étude des noms d'oiseaux en roumain (1963), Pedro Calderón de la Barca (1983), Elitebildung in d. Massenuniv.? (1985), Studien z. Funktionswandel b. Auxiliaren u. Semi-Auxiliarien in d. romanischen Sprachen (1973), El joven Unamuno en su època - Actas del Colouio International", Würburg (1995), Hrsg. Theodor Berchem u. Hugo Laitenberger (1997), zahlr. Aufsätze. E.: 1979 Unterfrankenmed., 1981 Bayer. VO, Prof. h.c. Sao Luis/Brasilien, 1982 Dr. h.c. Caen, Goldene Ehrennadel d. Bay. Roten Kreuzes, 1985 Dr. h.c. Davidson College/USA, Oficial da Ordem "Infante D. Henrique"/Portugal, Ehrenring d. Stadt Würzburg, 1987 Gr. BVK, 1989 Comendador de número de la Orden de Isabel la Católica/Spanien, 1990 Grande oficial da Orden do mérito nacional Portugal, Dr. h.c. Umea/Schweden, Georg-Simon-Ohm-Med., Médaille de vermeil du rayonnement de la langue française, Acad. Française, Dr. h.c. Urbino/Italien, Officier de la Légion d'Honneur/Frankreich, Komandor z. Gwiazda/Rep. Polen, 1991 Dr. h.c. Paris-Sorbonne/Frankreich, Dr. h.c. Liège/Belgien, Bayer. Verfassungsmed. in Silber, 1992 Dr. h.c. Birmingham/GB, 1993 Dr. h.c. Cluj/Rumänien, Ehrenmed. des Collège de France, 1994 Prof. h.c. Osaka Sangyo Univ., Osaka/Japan, 1996 Dr. h.c. Kazan/Tatarstan, 1997 Dr. h.c. Bukarest/Rumänien, 1998 Dr. h.c. Akad. d. Wiss./Slowakei. M.: 1978-82 Vors. Bayer. Rektorenkonferenz, 1979-83 VPräs. u. 1983-87 Präs. Westdt. Rektorenkonferenz, 1988 Präs. Dt. Akad. Austauschdienst. H.: Musik, Fotografie. (Re)

Berchem-Schwirley Vera *)

Bercher Horst Dr. rer. nat. Dr. med. habil. Prof. *)

Berchtold Dietmar

B.: Profi-Fußballer. FN.: c/o Vfl Bochum. DA.: 44791 Bochum, Castroper Str. 145. G.: Bludenz, 6. Aug. 1974. K.: bish. Vereine: Wiener SC, Vorwärts Steyr, Linzer ASK, SVW Mannheim, Paok Saloniki, Apollon Athen, 1999/2000-2001 b. Alemannia Aachen, s. 2001 b. Vfl Bochum. H.: Lesen. (Re)

---

*) Biographie www.whoiswho-verlag.ch oder beigefügte CD-ROM

Berchtold Willi Dipl.-Bw. Dipl.-Oec.
B.: Vors. d. Gschf. FN.: Giesecke & Devrient GmbH. GT.: 1998-2000 Vorst.-Vors. d. BVB Bundesverb. Informations- u. Kommunikations-Systeme e.V., s. 1999 Vizepräs. d. BIT-KOM. DA.: 81677 München, Prinzregentenstr. 159. S.: FH. K.: 1978 Vertr.-Ass. b. IBM, Paris, 1993 Rückkehr i. d. BRD a. Stabsverantw. f. Marketing- u. Prod.-Management d. Serviceberatung, 1994 Gen.-Bev. d. IBM Deutschland, danach Gschf. d. IBM Informationssysteme GmbH u. General Manager f. BRD, Ö, CH,osteurop. Länder inkl. Rußland, s. 1998 Vors. d. Gschf. d. Giesecke & Devrient GmbH München. (Re)

Berckenhagen Ekhart Dr. Prof. *)

Bercker Richard Josef Dr. med. *)

Berdan Gabriele Dr. med.
B.: Ärztin, FA f. Anästhesie, Chefärztin d. Anästhesie. FN.: Elisabeth-KH Oberhausen a.D. DA.: 46145 Oberhausen, Königshardter Str. 80. G.: Siebenbürgen, 7. Jan. 1930. Ki.: Magda, Marina. El.: Georg u. Elisabeth. S.: 1944-55 Med.-Stud. Bukarest. K.: b. 1965 Ärztin an d. Bukarester Herzklinik, 1965 Flucht in d. BRD, 1965-72 Anaesthesistin in Wien u. Hamm, ab 1972 Aufbau d. Abt. f. Anästhesie am Elisabeth-KH in Oberhausen u. b. z. Ausscheiden 1996 Ltg. als Chefärztin. P.: Hrsg. eines Lehrbuches i. anaesth. Bereich f. Pflegepersonal u. Autorin d. Buches über die Großmutter "Konnte Großmutter wirklich zaubern?". M.: Dt. Ges. f. Anästhesie, Berufsverb. deutscher. Anästhesisten. H.: Garten, Tiere, eigener Hund.

Berdau Wolfgang Dr. *)

Berding Karl Dipl.-Ing.

B.: Architekt. FN.: Ing.-Büro f. Bauwesen Dipl.-Ing. Karl Berding VDI, BDA. DA.: 47803 Krefeld, Dahlerdyk 50. G.: Vechta, 6. Juli 1948. V.: Gisela, geb. Heidkamp. Ki.: Klaus, Nils, Nina. S.: 1969-72 Stud. Arch. an d. FH Münster, 1972-73 ang. Architekt, 1974-78 Stud. Bauing. b. d. RWTH Aachen. K.: 1979-85 Bau- u. Projektltr. b. Züblin AG Düsseldorf/Duisburg, 1986-97 Ndlg.-Ltr. Imbau GmbH, Neu-Isenburg, ab 1990-97 Ndlg.-Ltr. verantwortl. f. schlüsselfertigeGroßprojekte in den neuen u. alten Bundesländern, 1998 selbst. m. Ing.-Büro u. Gutachtertätigkeit f. Bauwesen. M.: VDI, BDA. H.: Tennis, Golf.

Berenbold Joachim
B.: Kirchenmusiker, Kulturmanager (Artist u. Repertoire). FN.: MusiContact GmbH. DA.: 69124 Heidelberg, Heauauerweg 21. uli.jo.berenbold@t-online.de. G.: Freiburg, 3. Apr. 1963. V.: Mag. Ulrike, geb. Jahn. Ki.: Anna (1998), Miriam (2000). El.: Alfons u. Annegret, geb. Matlachowski. S.: 1970-75 Dt. Schule Teheran, 1982 Abitur Freiburg, 1983-91 Stud. Kirchenmusik staatl. HS f. Musik Karlsruhe, 1984-86 Zivildienst - Schwerstbehindertenbetreuung, 1991 Dipl. Kath. Kirchenmusik, 1992-95 Stud. Musikwiss. u. Kunstgeschichte Univ. Heidelberg. K.: während d. Stud. freier Künstler, seit 1995 Artist- u. Repertoiremanager bei MusiContact Ges. f. intern. Tonauswertung GmbH in Heidelberg u. verantwortl. f. Programm, Prod. u. PR d. CD-Labels "Christophorus"; Funktionen: Privatlehrer f. Klavier u. Orgel, 1984-91 Grdg. u. Ltg. d. Kath. Kirchenchores St. Bernhard in Durmelsheim, 1988-92 Grdg. u. Ltg. d. Kath. Jugendchores St. Martin in Karlsruhe, 1991-95 nebenamtl. Kirchenmusiker d. Kirchengem. St. Josef in Gaggenau, 1991-95 Pianist einer Jazzformation in Karlsruhe, 1993-98 Lehrauftrag u. Chorltr. an d. FH Karlsruhe, seit 1996 Ltr. d. Heidelberger Jazzchors, 1992-98 Sänger im Heinrich-Issac-Ensemble an d. Musik-HS in Karlsruhe u. seit 1994 im Vokalquartett "Nimm 4" u. seit 1998 im "ensemble officium". P.: über 80 CD-Prod. H.: Tennis, Wandern, Skitouren.

Berend Edgar Mag. art. *)

Berend Rolf
B.: Lehrer, MdEP. DA.: 37339 Gernrode, Lindeistr. 17. home.brx.epri.org/berend. G.: Gernrode/Eichsfeld, 1. Okt. 1943. Ki.: 3 Kinder. S.: 1962 Abitur Worbis, Stud. Germanistik u. Musikerziehung an d. Univ. Jena u. Leipzig, 1966 Staatsexamen/Dipl. K.: 1966-90 Lehrer im Eichsfeld, 1967 Grundwehrdienst, 1974 Eintritt CDU, seit 1990 Mtgl. d. Landesvorst. d. CDU Thüringen u. d. CDU-Kreisvorst. Eichsfeld, Europapoit. Sprecher d. CDU Thüringen, Mtgl. im Bundesfachaussch. Europapolitik in Berlin u. Vors. d. Landesfachaussch. Europa in Thüringen, 1991-93 stellv. ab 1993 Landesvors. d. Europa-Union Thüringen, seit 1989 Abg. d. Gemeinderates, 1990 Abg. d. Volkskam. d. DDR, seit 1990 Abg. im Europ. Parlament m. Beobachterstatus, seit 1994 Mtgl. d. Europ. Parlaments, Mtgl. im EVP-Fraktionsvorst. u. Vizepräs. f. Arbeitsbereiche Wirtschaft, Währung, Verkehr, Soz. d. Fraktion, Mtgl. im Ausch. f. Regionalpolitik. regionalpolit. Sprecher d. CDU/CSU, stellv. Mtgl. im Aussch. f. Kultur, Jugend, Bild., Sport u. Medien, Mtgl. d. Parität. Versammlung AKP-EU, stellv. Mtgl. d. Delegation EU-Slowakei. (Re)

Berendes Werner

B.: RA, Fachanw. f. Arb.-, Wirtschafts-, Ges.- u. Insolvenzrecht. FN.: Anw.-Kzl. Berendes u. Partner. DA.: 33100 Paderborn, Benhauser Str. 58. PA.: 33098 Paderborn, Husener Str. 82. a. G.: Paderborn, 5. Mai 1955. V.: Annemarie, geb. Oebbecke. Ki.: Ingo (1987), Sandra (1991). S.: 1974 Abitur, 1974-76 Stud. Geschichte Univ. Marburg, 1976-82 Stud. Jura Univ. Münster, 1982-85 Referendariat, 1982 1. u. 1985 2. Staatsexamen Düsseldorf. K.: 1986-90 Mitarb. in d. Rechtsabt. d. RHENUS AG u. b. 1991 Ltr., 1992-93 Ltr. d. Abt.-Zivilrecht d. VEAG in Berlin, 1993 Grdg. d. Kzl. in Paderborn. M.: AV.

Berendonck Gerd *)

Berendsohn Wolfgang *)

Berendt Joachim
B.: selbst. Unternehmensberater, München. Berendt@aol.com. G.: Mölln, 21. Apr. 1955. V.: verh. Ki.: 3 Kinder. S.: Dipl.-Kfm. K.: Henkel KGaA, Düsseldorf, nationale Vertriebs- u. Marketingstationen, später verantwortlich f. Marketing, Vertrieb u. Lizenzproduktionen in Ländern Afrikas, des mittleren Ostens u. Asiens, danach Staatliche Molkerei Weihenstephan GmbH, Freising,Projektmanager m. Projekten in Logistik, Marketing/Vertrieb, Personal/Organisation, Qualitätsmanagement u. Sprecher d. Milch-Molkerei-Pools GbR, seit 1995 Unternehmensberater m. d. Schwerpunkten Marketing, Vertrieb, Organisation, Privatdozent EBA Private Europäische Betriebswirtschafts-Akad., München, stellv. AufsR.-Vors. in d. Automobilzulieferindustrie.

*) Biographie www.whoiswho-verlag.ch oder beigefügte CD-ROM

Berendt Rudolf Dipl.-Ing.

B.: Architekt, Inh. FN.: Dipl.-Ing. Berendt und Teigelkötter Architektengemeinschaft. DA.: 59063 Hamm, Marker Allee 48. G.: Hamm, 12. Nov. 1934. V.: Anne-Gret, geb. Kleist. Ki.: Reinhalt, Tilo, Grita. El.: Paul u. Anna, geb. Küper. S.: 1955 Abitur in Hamm, 1955-56 Stud. Germanistik u. alte Sprachen an d. Univ. Münster, 1956-62 Arch.-Stud. in Hannover u. Berlin, Abschluß Dipl.-Ing., 1962-63 USA/Meister, Ass. Prof. K.: 1963 Architekt in Basel, 1964 ang. Architekt Büro "Mattern", 1965 Übernahme d. Arch.-Büros in Hamm. P.: Arb. "Über städtebaul. Zukunft". M.: BDA, seit 1987 öff. bestellter Sachv., Rotary Club. H.: Klavierspielen, Tennis, Segeln.

Berens Holger *)

Berens Jörg *)

Berens Michael

B.: Elektroinstallateurmeister. FN.: Franz Berens Inh. Michael Berens. DA.: 45307 Essen, Blittersdorferweg 6. G.: Essen, 24. März 1960. V.: Martina, geb. Felkle. Ki.: Stefanie (1993). BV.: Franz Berens Gründer u. Betriebsinhaber v. 1949-64. S.: 1975-76 Berufsfachschule, 1976-78 Lehre als Elektroinstallateur im Familienbetrieb, 1979 Bundeswehr, 1983 Elektroinstallateurmeister. K.: seit 1980 im Familienbetrieb, seit 2000 Inh. M.: Handwerkskam. Düsseldorf, Kreishandwerkerschaft, Innung Essen. H.: Camping.

Berens Wolfgang Dr. Prof. *)

Berensmeyer Ulrike

B.: Heilpraktikerin in freier Ndlg. DA.: 10119 Berlin, Christinenstr. 25. G.: Osterkappeln, 4. Nov. 1962. El.: Heinrich u. Wilma, geb. Oberpenning. S.: 1979 Mittlere Reife in Preußisch Odendorf, 1979-82 Ausbildung z. staatl. geprüften ländlichen Hauswirtschafterin, 1982-84 Fachschule - Ausbildung z. staatl. geprüften Hauswirtschaftslehrerin (Ökotrophologin) an d. Reifen Steiner Schule in Vienenberg b. Goslar. K.: 1984-92 Techn. ass. an der Univ. Münster am Inst. f. Hauswirtschaft m. Praxislehre f. Studenten - Ernährungswiss., 1992-95 Abitur am Colleg in Münster, erste Wege z. Heilpraktikerlehre u. Homöopathie über d. Astrologie völlige Änderung d. Lebensweges, Neuanfang, 1995-98 Ausbildung an d. Samuel-Hahnemann-Schule in Berlin, Abschluss als Heilpraktikerin m. Spezialisierung prozeßorientierte Homöopathie, seit 1999 Ndlg. in eigener Praxis, Hausbesuche als Tierhomöopathin in Berlin, seit 2001 Abschluss d. Dozentenausbildung, Tätigkeit als Dozentin an d. Samuel-Hahnemann-Schule. P.: Vorträge, Kassetten z. prozessorientierten Homöopathie. M.: Fachverband Dt. Heilpraktiker, WWF. H.: Joggen, Sauna, Reisen, Natur erleben.

Berenson Brigitte

B.: Unternehmerin, Inh. FN.: berenson Büroservice. DA.: 10459 Berlin, Danckelmannstr. 9 B. berenson@servicebuero.de. www.servicebuero.de. S.: 1971 Abitur Waldschule Berlin. K.: 1970-86 Trainee u. Ltr. d. Sekretariats- u. Schreibdienst in d. Firma Gillette in Berlin, 1979-86 Sachbearb. f. Öff.-Arb. u. PR, 1991-92 Kurs z. Vorbereitung z. Selbst., 1992 Eröff. d. Büroservice m. Schwerpunkt Telefonservice, Schreibarb., Buchhaltung, Arb.-Plätze, Konferenzräume u. glz. Softwarevertrieb u. Übersetzungen in Schwed. u. Russ. durch freie Mitarb., in d. Geschäftsräumen Kunstausstellung v. Axel Neumann. M.: Unternehmerinnen Frauenstammtisch Charlottenburg.

Berenthal Andreas *)

Beres Katharina Elisabeth

B.: Dipl.-Kunstmalerin, Lehrerin, Mediendesignerin. DA.: 30405 Hannover, Postfach 210532. keberes@yahoo.com. G.: Niklasmarkt/Siebenbürgen, 7. Mai 1955. Ki.: Julia Isabel (1986). El.: Apotheker, Adam u. Maria Beres, geb. Mark. S.: seit 1968 Absolventin d. Malschule f. Bildende Kunst in Neumarkt, 1974 Abitur m. Zusatzprüf. im Fach Kunst, seit 1975 Absolventin der Hochschule für Bildende Kunst in Klausenburg, 1979 Lizenzdipl. für Bildende und Dekorative Kunst, Fach Malerei u. Zeichenlehre, seit 1984 Absolventin d. Univ. Hannover, Fächer: Geschichte u. Psychologie f. d. Lehramt an Gymnasien, 1990 Staatsprüf. K.: 7 Jahre Lehrerin, 2 Jahre wiss. Mitarb. im Sprengel Museum Hannover, Erstellung d. Katalogteils zu dem Verz. "Max Beckmann, Druckgraphik" (1999), ehrenamtl. Tätigk. f. Schulen u. d. Stadt Hannover, seit 1993 Grdg. einer eigenen Malschule in Hannover: "Kunstmalschule Beres"; Kinderbilderausstellungen, Themenschwerpunkte d. eigenen Kunst: Portrait-, Tier-, Landschaftsmalerei, Komposition; Stilrichtungen: Realismus, Abstrakt u. Comic. Techniken: Graphik, versch. Drucktechniken, Zeichnung, Pastell, Öl, Kohle, Gips, Fotografie u. Mediendesign. Eigene Ausstellungen jährlich in versch. Institutionen in D u. Europa. Bestand d. Werke: 900 Stück, d'Oeuvre in d. Bearb. P.: 1. Preis f. d. Trickfilm in Zusammenarb. m. S. Haaz: "Die zwei Mönche" (1973). M.: Gewerkschaft f. Kunst bei ver.di Niedersachsen/Bremen u. Bund Dt. Kunsterzieher/innen e.V. H.: Schwimmen, Schlittschuhlaufen, Kochen, Lesen, Film u. Musik.

Bereuter Thomas Dr. *)

Berg Andreas *)

Berg Andreas

B.: Unternehmer, selbständig. FN.: Fahrschule Berg. DA.: 12435 Berlin, Bouchéstr. 19. www.fahrschule-berg.de. G.: Berlin, 14. März 1965. El.: Guido u. Herta, geb. Kuhnert. S.: 1983 Mittlere Reife, 1983-85 Berufsausbildung z. Kfz-Schlosser, 1985-87 Wehrdienst u. Fahrlehrerprüfung. K.: 1987-90

*) Biographie www.whoiswho-verlag.ch oder beigefügte CD-ROM

Fahrlehrer in einer Fahrschule, seit 1990 in eigener Fahrschule tätig. BL.: bereits mehr als 3000 Fahrschüler betreut. F.: BARAKUDA - Tauchausbildung Beratung u. Verkauf, Beauty & Nail Studio. M.: seit 1993 Welttauch-Sportverband CMAS, seit 1999 Schöffe am Berliner LGericht. H.: Tauchen, PC.

Berg Anke-Maria Gertrud
B.: Informationsvermittlerin. FN.: Ostasiat Verein e.V. (OAV). DA.: 20354 Hamburg, Neuer Jungfernstieg 21. G.: Hamburg, 16. März 1939. El.: Ludwig u. Ilse Berg, geb. Lemcke. S.: 1957 Mittlere Reife, 1958-63 Auslandsaufenthalt in London, Paris u. Barcelona. K.: 1964-89 Verb. d. Cigarettenind. e.v. (VdC), Hamburg, 1989-2000 Information Broker im Ostasiat. Verein, Hamburg; Doz. FH Hamburg, Fachbereich Bibliothek u. Information. P.: zahlr. Publ. in versch. Fachzeitschriften wie Asia Bridge, Cogito, Hamburger Wirtschaft. H.: Chinesisch, klass. Musik (Bach), Malerei.

Berg Arndt Dr. med.
B.: FA f. Hautkrankheiten, Allergologe. DA.: 22041 Hamburg, Wandsbeker Marktstr. 141. PA.: 20144 Hamburg, Parkallee 38. G.: Hamburg, 11. Aug. 1934. S.: Abitur Johanneum Hamburg, 1953-58 Stud. Med., 1958 Staatsex. Hamburg, 1958-60 2 J. Pflichtass. Hamburg u. Celle, 1960 Approb., Prom. K.: 1960-64 Rudolf-Virchow-KH, 1965 FA f. Hautkrankheiten, 1964-67 Hauptabt. Heidberg-KH Hamburg, 1967 Niederlassg. als FA f. Hautkrankheiten, Allergologie, Hamburg. M.: Verb. d. niedergelass. Dermatologen, Dt. dermatol. Ges. (DDG), Hamburger allergolog. Ges., Phlelolog. Ges. H.: Orchideenzucht. (M.N.)

Berg Axel Dr. phil.
B.: RA, Politologe, MdB. FN.: Deutscher Bundestag. DA.: 11011 Berlin, Platz d. Republik 1. axel.berg@bundestag.de. G.: Stuttgart, 26. März 1959. BV.: Urgroßvater Albert Franck, Mitgründer Ldw. Univ. Stuttgart-Hohenheim. S.: 1977 Abitur, 1978-79 Stud. Rechtswiss. München, 1978-80 Stud. Rechtswiss. u. Politikwiss. Univ. Tübingen, 1982-86 Stud. Rechtswiss. Univ. Frankfurt, 1986 1. u. 1989 2. Staatsexamen, 1989 Prom. K.: ab 1989 Anw. im Büro Duge, Pollert, 1989-91 Vorst.-Ass. Oskar Schunck KG, ab 1992 Aufbau d. eigenen Kzl. in München, 1994 Grdg. WIR Wählerinitiative Renate Schmidt Landtagswahl, 1994 Eintritt in SPD Schwabing-Ost, 1996-98 Bez.-Aussch.-Vors., seit 1996 Perspektive Freimann m. "Planning Weekend", seit 1998 Direktmandat Wahlkreis 204 München-Nord, Wirtschaftsaussch. P.: Frankreichs Institutionen im Atomkonflikt: Rahmenbedingungen u. Interessenlagen der nichtmilitärischen Atompolitik (München 1992), viele Publ. in Zeitungen, Fernsehen. M.: SPD, Kulturforum d. Sozialdemokratie München, Skiver. SAV Stuttgart, Eurosolar, Mietverein München, Vors. d. Freundeskreises d. Metropoltheaters München, Vors. d. Kuratoriums d. Stiftung Energiewerk, o. Mtgl. im Wirtschaftsausschuss, Sprecher d. SPD-Fraktion d. Energie-Enquete-Kommission d. Deutschen Bundestages. H.: Tennis, Skifahren, Surfen, Lehrbefähigung Sport am Gymn. (Re)

Berg Axel Dr.
B.: RA. FN.: Berg Rechtsanwälte. DA.: 10117 Berlin, Hegelpl. 1. G.: Siegen, 28. Dez. 1962. El.: Dr. Fritz u. Ilse, geb. Kritzler. S.: 1982 Abitur Siegen, 1983-90 Jurastud. Bonn, Lausanne, Madrid, 1. Staatsexamen, 1990 Resident AEGEE Bonn, 1992-95 Referendariat in Berlin, 2. Staatsexamen, 1996 Prom. K.: 1995-97 Justitiar b. d. Treuhandanst. Berlin, 1998-2000 Mtgl. d. Sozietät Richter & Seiler Berlin, seit 2000 Partner Berg Rechtsanwälte. BL.: Einführung eines Meditationsverfahrens b. d. Treuhandanstalt. Entwicklung v. Know-how-Management-Lösungen zu Rechtsfragen d. Wiedervereinigung b. d. Treuhand. P.: div. Publ. im Bereich d. Wirtschaftsrechts u. d. jurist. Informatik. M.: Dt.-Span. Juristenver., Dt.-Amerikan. Juristenver.

Berg Carlo Alexander Fritz Theodor Dr. iur. *)

Berg Carsten Dipl.-Kfm.

B.: Gschf. FN.: Hummel sport & leisure Warenhandels GmbH. DA.: 24576 Bad Bramstedt, Tegelbarg 43. hummelsport@t-online.de. www.hummelsport.de. G.: Minden, 22. Juni 1962. V.: Andrea, geb. Brüning. S.: 1981 Abitur, 1981-88 Stud. BWL Münster u. Bielefeld. K.: seit 1988 tätig in d. Firma Hummel u. zuletzt Gschf. f. Deutschland. BL.: Sammlung f. Mukoviszitose-Kranke d. Nord Ostsee Hummel Teams. M.: TV Bad Bramstedt, Eintracht Hildesheim. H.: Familie, Hund, Tennis, Reisen.

Berg Christa Dr. phil. Prof.
B.: Prof. FN.: Univ. Köln. PA.: 42929 Wermelskirchen, Unterstr. 37a. G.: Köln, 15. Aug. 1940. V.: Prof. Dr. K. Stratmann. S.: neusprachl. Gymn., Abitur, Stud. in Wuppertal, Berlin, Köln, Lehrerexamen, 1970 Prom. K.: wiss. Ass., AkR., WissR. u. Prof., 1977 o.Prof. P.: Kinderwelten (1991), Handbuch d. dt. Bildungsgeschichte (1991), Staat und Schule oder Staatsschule? (1980), Einführung in die Erziehungswissenschaft (1979), Die Okkupation d. Schule (1973), Aufsätze in Fachzeitschriften: Zeitschrift für Pädagogik, Pädagogische Rundschau, Vierteljahrsschrift für wissenschaftliche Pädagogik, Neue Sammlung, Schulmanagement, Spielmittel u.a.m. M.: Dt. Ges. f. Erziehungswiss., Histor. Kmsn., verb. d. Historiker Deutschlands, Fachgutachterin d. DFG, Ehrenmtgl. d. Deutschen Ges. f. Erziehungswiss.

Berg Christina Dipl.-Ing.

B.: Architektin. FN.: Dipl.-Ing. C. Berg Freie Architekten VDA. DA.: 01099 Dresden, Arndtstr. 12. info@c-berg.de. www.c-berg.de. G.: Siegen, 20. Mai 1970. El.: Heinrich u. Ingrid Berg. S.: 1989 Abitur Siegen, 1989-94 Arch.-Stud. an d. TH Frideriziana zu Karlsruhe, 1992-93 Arch.-Stud. an d. TU Wien/Österr., 1994 Dipl. K.: 1994-96 freie Mitarb. Arch.-Büro Essari in Karlsruhe, 1996 Grdg. d. Planungsbüros Constructiv & Creativ GmbH Karlsruhe, 1996 Eintragung in d. Arch.-Kam. Baden-Württemberg, 1996 Freie Architektin in Karlsruhe, 1998 Fortbild. z. Sachv. f. Schäden an Gebäuden EIPOS Dresden e.V., 1998 Zusammenarb. m. Dresdner Bausachv. Sozietät Doz. Dr.-Ing. habil. Mortensen (DBS) Dresden, 1999 Verlegung d. Planungsbüros Constructiv & Creativ GmbH v. Karlsruhe nach Dresden, Verlegung d. Arch.-Büros Dipl.-Ing. C. Berg Freie Architekten VDA v. Karlsruhe nach Dresden, 1999 Grdg. d. Bürogemeinschaft zwischen Dipl.-Ing. C. Berg Freie Architekten VDA u. d. Dresdner Bausachv. Sozietät Mortensen& Achatz (DBS), 1999 Eintragung in d. Arch.-Kam. Sachsen, seit 2000 Partner in d. Dresdner Bausachv.-Sozietät als Sachv. f. Mauerwerksbau, 2001 öff. Bestellung u. Vereidigung durch d. IHK Dresden als Sachv. f. Mauerwerks-

---
*) Biographie www.whoiswho-verlag.ch oder beigefügte CD-ROM

Berg

bau. M.: Gif e.V., VDA, Arch.-Kam. Baden-Württemberg u. Sachsen LVS e.V. H.: Kochen, Konzert- u. Opernbesuche, Reisen, Skifahren.

Berg Christine

B.: Gschf. Ges. FN.: BERG Zeitarb. GmbH. DA.: 90489 Nürnberg, Äußere Sulzbacherstr. 16. G.: Eichstätt, 4. Jan. 1959. Ki.: Anna Karina (1983). El.: Schneider Gerhard u. Walburga, geb. Bauer. S.: 1978 Abitur, 1978-83 Stud. Erziehungswiss. Fak. Friedrich-Alexander-Univ. Erlangen-Nürnberg, 1983 Staatsexamen. K.: 1983-85 div. redaktionelle Tätigkeiten, 1985-87 Vertrieb, Akquise u. Abt.-Ltg. in einem reg. Zeitarb.-Unternehmen, 1987 Grdg. d. BERG Zeitarb. GmbH Nürnberg, Grdg. einer Ndlg. in Erlangen, Personaldienstleistungen in Büro / Verwaltung u. EDV/IT. M.: INZ Interessenverb. Nordbayer. Zeitarb.-Firmen ASU (Arbeitsgem. selbst. Unternehmer). H.: Sport, Natur, Innenarchitektur, Schreiben.

von Berg Christoph
B.: RA. FN.: RA von Berg & Partner. DA.: 04155 Leipzig, Prellerstr. 1. G.: Baderborn, 22. Aug. 1951. V.: Christine, geb. Planthaber. Ki.: Felix (1996). El.: Günther u. Hildegard, geb. Wessel. S.: 1970 Abitur, 1970-72 Bundeswehr Hptm. d. Res., 1972-81 Stud. Rechtswiss. Univ. Freiburg, 1979 1. u. 1981 2. Staatsexamen. K.: 1979-81 Referendariat in Hamburg, 1982-84 Vorst.-Ass. d. BAVARIA St. Pauli-Brauerei in Hamburg, 1984-90 Prok. d. Elbe - Planungs, Baultg. u. Verw. GmbH, seit 191 selbst. RA m. eigener Kzl. in Leipzig m. Schwerpunkt Beutekunst u. intern. Ebene, Vermögensrecht u. gewerbl. Mietrecht. M.: Rotary, Präs. d. Dt. Automobilveteranenclubs u. Landesgruppe Sachsen.

von Berg Detlof Dr.
B.: Botschafter. FN.: Dt. Botschaft Litauen. DA.: LT-2600 Vilnius, Sierakausko Gatve 24/8. G.: 30. Jan. 1940. V.: Orsolya, geb. Kalász. Ki.: Konstantin (1972), Anna-Katharina (1974). El.: Botho u. Freda, geb. v. Hippel. BV.: Th. Gottlieb v. Hippel, von Berg Chef d. Zivilkabinetts Kaiser Wilhelm II. S.: 1959 Abitur Hamburg, 1965 Jurastud. Albert-Ludwig-Univ. Freiburg u. 1971 Ecole Nationale d'Administration. K.: seit 1971 Auswärtiges Amt, Botschaften Tripolis, London, Budapest, Gen.-Konsulat Detroit, OSZE-Missionen Tirana, Tallim.

Berg Dieter Ing.
B.: Gschf., Inh. FN.: Dieter Berg Bauausführungen GmbH. DA.: 12309 Berlin, Krontalstr. 93. G.: Essen, 24. Feb. 1941. V.: Renate, geb. Henne. Ki.: Simon (1977). El.: Willi u. Anni, geb. Thönes. S.: 1958-61 Lehre Maurer Firma Paul Schulus Ind.-GmbH, 1959-60 Berufsaufbauschule Lünen m. Abschluß Fachschulreife. K.: 1960-61 Praktikum b. Architekten Döring u. Winkler in Dortmund, 1962-65 staatl. Ing.-Schule f. Bauwesen in Hagen m. staatl. Dipl.-Ing. f. Hochbau, 1965-70 Berliner Entwässerungswerksbau mit Abwasserpumpwerken + Klärwerksbau, 1970-76 tätig im Planungs- u. Ing.-Büro Gerhard Bartels in Berlin, 1975 Eintragung in d. Architektenliste d. Landes Berlin, 1976 Grdg. d. eigenen Firma Dieter Berg Bauausführungen GmbH m. Planung u. Herstellung v. schlüsselfertigen Gebäuden seit Bau-Service, 1991 Betriebsstätte 15831 Großziethen; Funktionen: seit 1986 ehrenamtl. Richter b. Arb.-Gericht Berlin, seit 1987 am Soz.-Gericht Berlin u. seit 1996 am Landessoz.-Gericht Berlin. M.: Architektenkammer Berlin.

Berg Dietrich Dipl.-Ing. Prof. *)

Berg Erhard Dr. med. *)

Berg Frank Dipl.-Ing.

B.: Gschf. Ges. FN.: Werkstoffprüf. Dipl.-Ing. Frank Berg GmbH. DA.: 58454 Witten, Friedrich-Ebert-Str. 87 b. werkstoffpruefung.berg@t-online.de. G.: Witten, 19. Dez. 1964. V.: Claudia, geb. Weinstock. Ki.: Eva (1997), Ute (1999). S.: 1984 Abitur, 1984 Laborpraktikum, 1984-86 Stud. Chemietechnik an Univ. Dortmund, 1986-91 Stud. Maschinenbau u. Werkstofftechnik FH Dortmund m. Abschluß Dipl.-Ing. K.: seit 1991 selbst. m. Gründung d. Dienstleistungslabors im Bereich Werkstoffprüf., 1997 Einführung eines Qualitätsmanagement nach DIN EN ISO 9002, 1998 Grdg. d. GmbH. H.: Motorradfahren, Freizeit m. d. Familie.

Berg Georg *)

Berg Gisela *)

von Berg Hannelore
B.: Gschf. FN.: Pressebüro Hannelore von Berg Rätsel aller Art. DA.: 42855 Remscheid, Sieper Str. 40. hvb@vonberg.de. www.vonberg.de. G.: Remscheid, 19. Okt. 1949. V.: Peter von Berg. Ki.: Angela, Jens. El.: Günther u. Lore Lackner, geb. Schlieper. S.: 1968 Abitur, 1968-69 Stud. an d. Univ. Gießen, 1970-72 Stud. Päd. HS Aachen. K.: 1973 Eintritt in d. elterl. Betrieb, 1980 Teilhaberin, 1988 Übernahme d. Pressebüros.

Berg Hans Ing. *)

Berg Hans Michael *)

Berg Hans O.
B.: Journalist, Verlags- u. Werbekaufmann. PA.: 53913 Swisttal-Buschhoven, Kurfürstenstr. 76. BergJournalist@t-online.de. www.berg-presse.de. G.: Regensburg, 12. Dez. 1941. V.: Ingrid, geb. Kluge. Ki.: Jürgen, Corinna. El.: Hans u. Maria. S.: 1959-61 Volontär Nürnberger Nachrichten, Verlags- u. Werbekfm., Journalist. K.: 1961-70 Nürnberger Nachrichten PR-Fachmann, 1970-71 Franken-Report, Nürnberg Verlagsltr., 1971-76 Dr. Muth-Verlag Düsseldorf Verlags- u. Anzeigenltr., 1976-80 Hartmann Intern. Verlags GmbH & Co KG, Gschf. Ges. u. Verlagsltr., 1980-91 Dt. Bäderverband, Ref. f. Presse, Werbung u. Öff.Arb. u. Schriftltr. Verb.Fachzeitschrift, "Heilbad u. Kurort", seit 1991 eig. Pressebüro u. PR-Agentur f. alle Branchen, seit 1992 bis heute Chefredakteur "Heilbad u. Kurort" u. Herst. d. Zeitschr. bis zur Druckvorstufe (BTP). P.: zahlr. Veröff. M.: Dt. Journalistenverb. H.: Musik, Klavier, Orgel, Weltrekord im Dauerspielen (1962) m. eigener Band (90 Std. 9 Min).

Berg Hans Walter Dr. *)

Berg Hans-Klaus *)

Berg Hartmut Dr. rer. nat. Dr. med. *)

Berg Helmut Ing. *)

*) Biographie www.whoiswho-verlag.ch oder beigefügte CD-ROM

Berg Holger *)

Berg Horst Dipl.-Ing. Prof. *)

Berg Horst Klaus Dr. Prof. *)

Berg Ingo *)

Berg Ingrid *)

Berg Jan Dr. Univ.-Prof.
B.: Medienwissenschaftler, Univ.-Prof. FN.: Univ. Hildesheim. DA.: 31141 Hildesheim, Marienburger Platz 22. G.: Zoppot/Danzig, 22. Nov. 1944. S.: 1966 Stud. Phil. u. Germanistik in Bonn, Stud. Theater-, Film- u. Fernsehwiss. in Köln, 1974 Prom. K.: wiss. Ass. in Köln, 1977 Theater- u. Medientheorie FU Berlin, Studienltr. d. Dt. Film- u. Fernsehak. Berlin, 1988 nach Hildesheim, Lehrstuhl f. audiovisuelle Medien. P.: Bücher: "Welttheater", "Natur u. ihre film. Auflösung", "Authentizität als Darstellung". M.: Ges. f. Film- u. Fernsehwiss. GFF. H.: Grafiken, Skulpturen zum Thema: Gender Studies' (zusammen m. Hedwig Wagner).

Berg Jan Dr. Prof. *)

Berg Jens
B.: Unternehmer, Creative-Dir. FN.: Ahrens Berg & Partner. DA.: 28195 Bremen, Bischofsnadel 6. berg@ab-p.de. www.ab-p.de. G.: Bremen, 7. Nov. 1970. El.: Dipl.-Ing. Hans-Dieter u. Helga, geb. Grube. S.: 1989 Abitur Bremen, 1989-91 Zivildienst, 1991-92 Stud. Grafik-Design Fläche Plastik an d. FH Bremen. K.: 1992-97 Computerfirma IT Branche Bremen Werbekfm. u. Grafikdesigner, 1995 Marketing-Ass., 1996 Marketingltr., 1995-97 Abendstud. z. Kommunikationswirt, 1998 Grdg. Werbeagentur in Bremen, 2000 Grdg. Ahrens Berg & Partner Unternehmensberatung als Inh. u. Grdg. AB-P GmbH Agentur f. Hdls.-Marketing u. visuelle Kommunikation als Gschf. Ges., 2001 Grdg. Ranking Center.com Internet Full Service Agentur m. Spezialgebieten E-Commerce, E-Business u. Erstellung v. Vermarktungsstrategien im Internet. M.: Marketingclub Bremen. H.: Tauchen, Lesen russ. Literatur.

Berg Joachim *)

Berg Johannes *)

Berg Josef Dipl.-Ing.

B.: Architekt. FN.: Berg u. Hackl Architekten. DA.: 93426 Roding, Königsberger Str. 1. PA.: 93426 Roging, Galgenhöhe 12. berg@architekt-berg.de. www.berg-architekt.de. G.: Roding, 14. Sep. 1958. V.: Susanne. Ki.: Amelie (1961), Marian (1996). S.: 1976 Mittlere Reife Roding, 1976-78 Fachoberschule in Cham, 1978-79 Bundeswehr. K.: 1979-81 versch. Tätigkeiten Richtung Arch., 1982-86 Stud. Arch. in Regensburg, 1986-88 ang. Architekt im Büro Claus + Forster in Regensburg, 1988-89 ang. Architekt im Büro Dr. Strürzebecher in Berlin, seit 1990 selbständiger Architekt in Roding. E.: Gewinn d. Wettbewerbes Modellvorhaben soz. Wohnungsbau in Holzbauweise in Zusammenarbeit m. van Kunsten in Kopenhagen. M.: 1. Vors. d. Handballvereins TB Roding (1998-2000). H.: Lesen, Laufen, Skateboard fahren.

Berg Jürgen *)

Berg Karl-Heinz Dr. phil. Prof. *)

Berg Karlheinz Dr.
B.: Gschf. FN.: Deutsche Shell Chemie GmbH. DA.: 65760 Eschborn, Kölner Str. 6.

Berg Klaus Dr. Prof.
B.: Intendant. FN.: Hess. Rundfunk. DA.: 60320 Frankfurt/Main, Bertramstr. 8. G.: Mainz, 7. Nov. 1937. V.: Maria, geb. Kaiser. Ki.: Michaela (1964), Felix (1968), Christian (1969). El.: Hans u. Käte. S.: 1957 Abitur Hanau, Stud. Rechtswiss. Frankfurt/Main, 1969 Prom. K.: Mitarb. d. Hess. Rundfunks, seit 1964 Hauptabt.-Ltr. d. Hess. Rundfunks, 1980-93 Justitiar b. Nordt. Rundfunk, seit 1993 Intendant d. Hess. Rundfunks, Vorst. Mtgl. d. Studienkreises f. Presserecht u. Pressefreiheit, Honorarprof. d. Univ. Franfurt/Main. P.: Hrsg. d. Fachzeitschrift "Media Perspektive". E.: Kurt Magnus-Preis d. ARD. M.: Grdg.- u. Vorst.-Mtgl. d. Arge FS-Zuschauerforsch. H.: Garten, klassische Musik. (Re)

Berg Mathias Dipl.-Kfm.

B.: Unternehmer, Inh. FN.: BERGSYSTEM. DA.: 18055 Rostock, Schröderstr. 3. G.: Rostock, 4. Juli 1972. El.: Wolfgang u. Sigrid. S.: 1983-88 Konservatorium Rostock, 1991 Abitur, 1992-98 BWL-Stud. Rostock, Dipl.-Kfm. K.: 1998 selbständig, Firmengrdg. Kaufmännische Software, Netzwerkinstallation, Sprachtexterkennung, Büro-Kommunikationsserver. M.: Wirtschaftsjur. Rostock e.V. H.: Segeln, Motorradfahren, Musik machen.

Berg Michael *)

Berg Monika Dipl.-Med.
B.: ndlg. FÄ f. Kinder- u. Jugendmed. DA.: 38640 Goslar, Breite Str. 88. G.: Leipzig, 21. Nov. 1951. Ki.: Susan, Carlo. El.: Ing. Rolf u. Anita. S.: 1970-75 Stud. Humanmed. Karl-Marx-Univ. Leipzig, 1975 Approb. als Ärztin u. Dipl.-Med. K.: 1975-81 FA-Ausbild. f. Pädiatrie am Städt. Kinder-KH u. d. Ak. Magdeburg, 1981-90 Kinderärztin an d. Kreispoliklinik in Wanzleben, 1990 Praxiseröff. f. Kinder- u. Jugendm. m. d. bes. Schwerpunkt Allergologie in Wanzleben, 1996 Neueröff. d. Praxis in Goslar. E.: Ausz. f. vorbildl. Patientenbetreuung u. Neugrdg. durch den Kinderärzteverband in Deutschland 1992. M.: Berufsverb. f. Kinder- u. Jugendmed., Dt. Ges. f. Pädiatrische Infektiologie Hartmannbund. H.: Sport (Spinning, Radfahren, Jogging), Kunst, Architektur u. Design.

Berg Norbert *)

Berg Peter Dr.
B.: Dr.-Ing., Inh. FN.: Dr. Berg Unternehmensberatung. DA.: 81247 München, Michelspeckstr. 7. G.: München, 7. März 1957. V.: Barbara, geb. Suchy. Ki.: Peter (1981), Josef (1989), Theresa (1991), Katharina (1993). El.: Dipl.-Vw. Paul u. Anna. S.: 1976 Abitur München, 1976-77 Bundeswehr, 1977-84 Stud. Elektrotechnik TU München. K.: seit 1984 freiberufl. Ing., 1988-89 Gruppenltr. b. d. Fraunhofer Ges. München, 1989 Prom z. Dr.-Ing. (Elektrotechnik), 1989-90 Siemens München, 1990-2000 Gschf. d. scientific electronics GmbH, seit 2001 Unternehmensberatung. BL.: Patente in d. Elektro-

---

*) Biographie www.whoiswho-verlag.ch oder beigefügte CD-ROM

technik. P.: Diss. "Entwicklung einsatzfähiger Flüssigkeitssensoren auf Feldeffekttransistorbasis m. Hilfe e. speziellen CMOS-Technologie-Prozesses" (1989), div. Stud. u. Veröff. M.: CSU, Wirtschaftsbeirat d. Union, kath. Kirche, Opfer gegen Gewalt, Ver. d. Freunde Schloß Blutenburg, Club d. Altstipendiaten d. HSS. H.: Laufsportarten, Musik (Klassik, zeitgenöss. Musik), Kunst (alte Meister), Familie, Politik.

Berg Peter

B.: Bestatter, Inh. FN.: Bestattungsinst. Friedrich. DA.: 24939 Flensburg, Norderstr. 3. info@berg-flensburg.de. www.berg-flensburg.de. G.: Flensburg, 23. Sep. 1959. Ki.: Hendrik, Sven-Christian, Ragna Maria. S.: 1976 FH-Reife, 1976-79 Lehre als Bauzeichner, 1976-81 Bundeswehr, 1981-82 Lehre Bürokfm. b. Bestatter in Kiel. K.: 1982 Übernahme d. elterl. Betriebes. F.: 1990 Adolf & Petersen Bestattungsunternehmen, 1990 Pickardt Bestattungsunternehmen, 1993 GFT Bestattungen, 1995 Pehmöller Bestattungen Lüneburg, 2000 Krematorium eröff. in Lüneburg. M.: Landesverb. Schleswig-Holstein, Bundesvorst. im Bundesverb. Bestatter, Rotary Club Flensburg, Vollversammlung d. Handwerkskam. Flensburg. H.: Jagd.

Berg Peter Dr.-Ing. Prof. *)

Berg Ralf

B.: Juwelier. FN.: Ralf Berg Exclusive Collections Altstadtjuwelier im Birnbaumhäusl. DA.: 85049 Ingolstadt, Bei der Schleifmühle 17. info@ralf-berg.de. www.ralf-berg.de. G.: Aurich, 14. Okt. 1962. Ki.: Benjamin (1988), Nadine (1996), Celina (2000). El.: Dieter und Paula, geb. Fuchs. S.: 1982 Abitur Birkenfeld/Nahe, 1982-92 Bundeswehr, Studium d. Päd. u. Kybernetik, 1987 Dipl. Päd. (univ.). K.: 1985 Gewerbe angemeldet für Ledermoden, 1990 Schmuckdirektvertrieb, 1992 Betriebswirt d. Handwerks, 1994 Eröff. d. eigenen Geschäftes m. Juwelen Schmuck d. gehobenen Preislage, Firmenuhren u. Trauringen, eigene Schmuckanfertigungen u. Goldschmiede, 2. Geschäft in München Sendlingerstraße. P.: ganzseitige Veröff. Donaukurier Ingolstadt, Artikel in Fachzeitschriften, Messen, Ausstellungen, Modeschauen. E.: Bayer. Vizemeister u. Rheinlandmeister im Gewichtheben. M.: Landesverband Bayer. Einzelhandel (stellv. Kreisvors.), In City im Beirat u. in Ausschüssen. H.: Segeln, Angeln, allg. Sport.

Berg Sigrid *)

Berg Stephan Dr.

B.: Dir. FN.: Kunstver. Hannover. DA.: 30159 Hannover, Sophienstr. 2. mail@kunstverein-hannover.de. G.: Freiburg, 20. Aug. 1959. V.: Gesine, geb. Waechter. Ki.: Maren (1991), Annika (1994). S.: 1978 Abitur Tübingen, Zivildienst in d. Jugendpsychiatrie, Stud. Germanistik u. Anglistik an d. Univ. Tübingen, 1980 Stud. Germanistik, Anglistik u. Geschichte an d. Albert-Ludwigs-Univ. Freiburg, 1982 Zulassungsarb. Germanistik "Robert Walser", b. 1983 Sprachstud. in Rom, 1985 Staatsexamen Germanistik, 1986 Staatsexamen Geschichte. K.: parallel Journalist f. b. Badische Zeitung im Kulturbereich, 1986 Landesgraduierten Stipendium, 1987/88 Diss. "Schlimme Zeiten - Böse Räume", 1989 Prom., Journalist f. d. Frankfurter Allg. Zeitung, 1990-2000 Ltr. d. Kunstver. Freiburg, seit 2001 Dir. d. Kunstver. Hannover, intern. Ausstellungen/zeitgenöss. Kunst, parallel Lehraufträge an d. freien Kunstak. Basel, 1997 staatl. Kunstak. Stuttgart, 1998 Kunstgeschichtl. Inst. in Freiburg. P.: mehr als 100 Fachveröff. (Zeitungen, Kataloge, Magazine). M.: im Vorst. d. AdKV, im Vorst. d. Kunstfonds Bonn, Intern. Kritiker Verb., Niedersächs. Kunstkmsn., BeiR. in d. Bundesak. f. kulturelle Bild. in Wolfenbüttel. H.: Litratur, Kino, Wandern, Skifahren, leidenschaftl. Kochen, gute Rotweine.

Berg Stefanie M.A. phil.

B.: Gschf. FN.: Conosco-Agentur f. PR u. Kommunikation. DA.: 40211 Düsseldorf, Klosterstr. 62. G.: Herford, 21. Sep. 1959. V.: Mario Berg. Ki.: Michaela (1983), Gina (1988), Ayla (1991). El.: Helmut u. Ingrid, geb. Gast. S.: 1978 Abitur Bad Oeynhausen, 1978-84 StudiumPublizistik, Kath. Theologie und Politik in Münster. K.: 1985-90 Büroangestellte DKP Münster, 1991 Grdg. Conosco, 1992 Umzug in d. Klosterkraße, mittlerweile 9 Büros. P.: Buch gemeinsam m. Detlef Gernard "Geht nicht - gibt's nicht" (1997), Krimi m. Heike Lischewski "Bananensplit" (2001). M.: Mitgründung "Netzwerk - Düsseldorferinnen unternehmen e.V.", Fördermtgl. Greene Peace. H.: Reiten (eigener Isländer).

Berg Thomas Dipl.-Bw.

B.: Gschf. FN.: Brema Marketing. DA.: 28876 Oyten, Lübkemannstr. 7. info@brema.de. www.brema.de. G.: Bremen, 2. Jan. 1969. V.: Danila, geb. Müldner. Ki.: Mike (1986). El.: Dipl.-Architekt Peter u. Heide, geb. Bachmann. S.: 1988 Abitur in Bremen, 1989-90 Bundeswehr, 1990-93 Ausbildung z. Groß- u. Außenhandelskaufmann in Bremen, Oyten, 1997-2000 Stud. AFW Bad Herzberg, Management Personalwesen, BWL u. Marketing, Abschluss Bw. K.: 1994-98 Aufbau einer Groß- u. Außenhandelsfiliale in Neuruppin/Brandenburg, 1998 Aufbau d. Import- u. Handelsunternehmen Brema Marketing GmbH & CO KG in Oyten, Importe Südostasien u. Produktentwicklung, Vertrieb Europaweit), seit 2000 Gschf. H.: Hobbypilot.

Berg Thomas *)

Berg Thomas Dr. Prof.

B.: HS-Lehrer. FN.: Univ. Hamburg, Institut f. Anglistik u. Amerikanistik. DA.: 20146 Hamburg, Von-Melle-Park 6. thomas_berg@uni-hamburg.de. G.: Lüneburg, 25. Apr. 1957. Ki.: 3 Kinder. S.: 1975 Abitur Lüneburg, 1975-76 Stud. Romanistik Kiel, 1976-82 Stud. Romanistik u. Anglistik Braunschweig m. Abschluß 1. Staatsexamen, 1983-85 Studienseminar Speyer m. Abschluß 2. Staatsexamen, 1986 Prom. K.: 1986-87 Franz./Engl.-Lehrer in Privatgymn., 1987-90 Forsch.-Tätigkeit, 1989-90 Ltg. Studienkreis Nachhilfe Lüneburg, 1990 Ass. Univ. Oldenburg m. Habil., 1996-97 Lehrstuhlvertretung Anglistik Univ. Duisburg, seit 1997 Prof. f. angl. Sprachwiss. Univ. Hamburg. P.: mehrfacher Buchautor,

*) Biographie www.whoiswho-verlag.ch oder beigefügte CD-ROM

zahlr. Beiträge in Fachpubl. M.: Verb. dt. HS-Lehrer, Acta Societatis Linguisticae Europaeae, Dt. Anglistenverb. H.: Schlagzeug, Langstreckenlauf.

van den Berg Udo Ing.

Berg Ulrich *)

Berg Ursula *)

Berg Uwe Dipl.-Ing. *)

B.: Gschf. Ges. FN.: ComDev Systemlösungen GmbH. DA.: 40597 Düsseldorf, Hauptstr. 6-8. uvdberg@comdev.de. G.: Düsseldorf, 8. Jan. 1964. V.: Janine, geb. Schleip. El.: Lambert u. Mechthild, geb. Kassmann. S.: 1982 Abitur, 1982-89 Stud. Ing. Informatik Düsseldorf. K.: 1989 Mtgl. bei Data Plus Datentechnik, 1992-97 Gschf. Ges. d. Firma EuroBase, seit 1997 Gschf. Ges. d. Firma ComDev m. Schwerpunkt Entwicklung v. Finanzdienstleistungs-Software. H.: Modelleisenbahn, Reisen.

Berg Wilfried Dr. iur. Prof. *)

Berg Wolf-Dietrich *)

van den Berg Jo

B.: Fotograph, Filmreg. DA.: 22767 Hamburg, Holstenstr. 110. G.: Brüssel, 15. März 1953. Ki.: Joris (1985). El.: Jan u. Genoveva. S.: Abitur, Foto- u. Filmfachschule Belgien. K.: 1972-73 Ass. b. Roel Jacobs Brüssel, 1974-75 Ass. b. Hans Götze Den Haag/Holland, 1976-77 Ass. u. anschließend Fotodesigner b. Reinhart Wolf Hamburg, seit 1978 selbst. als Fotodesigner in eigenen Studio, Aufträge für Werbeagenturen u. Filmproduktionen. M.: Art DARC Club AdC, Club Deutschland Fotographie, Fit for Fun Verlag, Bücher Sandmann Verlag, Mont Blanc International.

Berg-Ganschow Uta *)

Berg-Raab Heidemarie *)

Berg-Schaaf Karin *)

Bergann Joachim

B.: Gschf. Ges. FN.: Barakuda Wassersport GmbH und Barakuda Polska Sp. z.o.o. DA.: 21244 Buchholz, Trelder Weg 1 und 72-123 Kliniska/Szczecin, ul Szczecinska 56. G.: Hamburg, 26. Okt. 1963. V.: Katharina, geb. Pyra. El.: Hans-Joachim u. Bärbel. BV.: Vater - BVK-Träger, Freg.-Kapitän d. Res. Bundesmarine, Gründer d. Barakuda Wassersport GmbH, 1950, Gründer d. 1. Dt. Tauchsportzeitschrift Delphin, 1953 Gründer d. VDST e.V., 1954, Präs. 1959-68, Ehrenpräs. seit 1974. S.: 1983 Abitur Louisenlund, Ausbild. Groß- u. Außenhdl.-Kfm. Firma Bayer AG, Wehrdienst Bundesmarine, Grundstud. BWL u. VWL FH Lüneburg, Stud. Kommunikationswiss., Hamburger Akad. f. Marketing-Kommunikation mit Abschluß 1992, Volontariat Jahr-Verlag, Hamburg. K.: Freier Doz. f. Kommunikation u. Marketing, Werbeltr. eines intern. Bürokommunikationskonzerns in Hannover, 1994 Grdg. u. Gschf. d. Firma creativ conzept, Hannover, seit 1997 Gschf. d. Bora-Bora / Barakuda Wassersport GmbH, seit 1997 Partner d. Zeagle Systems Inc., Florida, USA; 2001 Grdg. d. Produkti-onsbetriebes Barakuda Polska in Stettin, Polen. H.: Familie, Segeln, Tauchen, Kunst, Musik, Philosophie, Psychologie. Sprachen: Englisch, Französisch, Polnisch.

Bergauer Jutta *)

Bergbreiter Claudia Dr.

B.: selbst. FA f. Kieferorthopädie. DA.: 70563 Stuttgart, Vollmöllerstr. 15. PA.: 70599 Stuttgart, Roggenstr. 28. G.: 23. Aug. 1966. El.: Josef u. Franziska, geb. Vogl. S.: 1986 Abitur Stuttgart, 1986 Lehre als Zahntechnikerin, ab 1987 Stud. d. Zahnmedizin in Tübingen, 1992 Examen. K.: 1999 Prüf. z. FA f. Kieferorthopädie, seit 1999 ndlg. Praxis in Stuttgart. E.: Kirchengemeinderätin (1987-1997). M.: Mitbegründerin d. Lions Karlsruher Zirkel, ab Juli 2001 1. Präs. H.: Musik (Klavier, Fagott, Flöte), Sopran in Acapello Chor "Concerto Vocale", Sport (Segeln, Ski, Fahrradfahren).

Berge Brigitte Dipl.-Med. *)

Berge Götz Dr. med. Prof.

B.: ndlg. FA f. Chirurgie / Plast. Chir. DA.: 39116 Magdeburg, Kroatenweg 71. G.: Dresden, 21. März 1939. V.: Brigitte, geb. Just. Ki.: Kirstin (1967), Cornelia (1970). S.: 1957 Abitur, 1957-63 Stud. Med. Humboldt-Univ. Berlin u. Univ. Magdeburg, 1963 Approb. K.: 1963-64 Ass. an d. Med. Ak. Magdeburg u. im Bez.-KH Altstadt Magdeburg, 1964-66 Ass.-Arzt am physiolog. Inst. d. med. Ak. Magdeburg, 1966-70 FA-Ausbild. an d. chir. Klinik d. Med. Ak. Magdeburg, 1967 Prom., seit 1968 tätig im Bereich plast. Chir., 1969 FA-Prüf., 1969-74 FA an d. Med. Ak., 1974 OA f. Chir., ab 1979 Ltr. d. poliklin. Chir. u. d. Rettungsstelle, 1981 Habil., 1982 Doz., 1987 FA f. Chir. u. Kamerun, 1988 Prof., 1990 FA f. plast. Chir., 1990-92 ärztl. Dir. d. Med. Ak. Magdeburg, seit 1993 ndlg. FA u. Belegarzt an d. Klinik St. Marienstift in Magdeburg. M.: Berufsverb. d. Dt. Chirurgen, Vereinig. d. Dt. plast. Chirurgen, Dt. Ges. f. ästhet. u. plast. Chir., Dt. Ges. f. Handchir., Dt. Arge f. Handchir. u. Dt. AG f. Mikrochir. H.: Musik.

Vor dem Berge Peter Dipl.-Ing. *)

Bergel Hans *)

Bergemann Joachim Dipl.-Ing. Ing.

B.: Gutachter f. Akustik. FN.: Institut f. Technische Akustik d. TU Berlin. DA.: 10587 Berlin, Einsteinufer 25. joachim.bergemann@tu-berlin.de. G.: Berlin, 9. Sep. 1941. V.: Gisela, geb. Schade. Ki.: Uwe (1972). S.: Lehrausbildung als Mechaniker b. Osram, 1961 Fachabitur Abendschule Berlin, 1961-64 Stud. Fertigung an d. TFH Berlin, 1964 Dipl.-Ing. K.: 1964-76 b. Osram, Entwicklungsabteilung Kaltlichtspiegel-Reflektoren f. Schmalfilme, 1970-74 Fertigungsleiter, 19794-76 Stabsstelle Qualitätssteuerung, seit 1976 an d. TU Berlin, Gutachter f.

*) Biographie www.whoiswho-verlag.ch oder beigefügte CD-ROM

Bergemann

Akustik in ganz Deutschland, Akustikgutachten f. Kirchen, 2000 Kulturzentrum Rathenow, 2001 Umbau d. Auferstehungskirche in Friedrichshain. P.: Veröff. über ihn in Architekturblättern, versch. Veröff. über Schallabstrahlung d. Rad/Schiene-Systems b. Eisenbahnen. M.: VDI. H.: Sport (Langlauf, Marathon, Teilnahme an Marathonläufen in Sydney, Neuseeland, Paris, Rom u. Budapest).

Bergemann Sibylle

B.: Fotografin. FN.: Agentur Ostkreuz. DA.: 10405 Berlin, Greifswalder Str. 216. PA.: 10117 Berlin, Schiffbauerdamm 12. G.: Berlin, 29. Aug. 1941. V.: Prof. Arno Fischer. Ki.: Frieda (1962). El.: Otto u. Herta Pohl. S.: 1956-58 kfm. Ausbild., seit 1967 autodidakt. Fotografen- u. Gastvorlesungen HS f. Bild. u. Angew. Kunst Berlin-Weißensee b. Arno Fischer. K.: bis 1967 Büroang., seit 1967 freiberufl. Fotograf u.a. Zeitschrift "Sonntag", seit 1973 Modefotograf f. Zeitschrift "Sibylle", seit 1990 Tätigkeit f. nat. u. intern. Zeitschriften u. Buchverlage, 1990 Grdg.-Mtgl. d. Fotografen-Agentur Ostkreuz. P.: 6 Bücher u.a. Ein Gespenst verläßt Europa (1990), Verwunderte Wirklichkeit (1992), "Chausseestrasse 125" - Die Wohnungen von Bertolt Brecht und Helene Weigel in Berlin-Mitte, Akademiepublikation (2000). M.: DGPH, 1994 Akad. d. Künste Berlin-Brandenburg. H.: Hunde. (El.S.)

Bergemann Susanne Dipl.-Kfm.

B.: Wirtschaftsprüferin, Steuerberaterin. DA.: 10717 Berlin, Nassauische Straße 57. info@susannebergemann.de. www.susannebergemann.de. G.: Berlin, 15. Jan. 1959. V.: Dipl.-Chem. Detlef Bergemann. Ki.: Lars (1997). S.: 1977 Abitur Berlin, 1977-79 Banklehre Berliner Sparkasse, 1979-84 Stud. BWL TU Berlin, Auslandsstudium an der Univ. of Illinois, USA, 1984 Dipl.-Kfm. K.: 1984-88 Steuerberatungs- u. Wirtschaftsprüfungsges. Berlin Dr. Granobs & Partner GmbH, 1988 Steuerberaterprüf., 1988-91 Steuerberater Wirtschaftsprüfer Hermann Dietz, 1990 Wirtschaftsprüferexamen, 1992-97 Mtgl. d. Geschäftsführung u. Ges. 1994-97 (F) Dr. Granobs & Partner GmbH, 1998 freiberufl. Tätigkeit b. Dr. Granobs & Partner GmbH, 1999 eigene Kzl. als Wirtschaftsprüfer u. Steuerberater. P.: im Into-Magazin u. BJU/ASU/Berlin redaktionelle u. fachl. Beiträge. M.: BJU/ASU Berufsverband, Mtgl. im Vorst. BJU 2000 u. bis 2001, Vorst. Lions-Club Berlin Pariser Platz, bis 2002 Schatzmeisterin, Berufsverb. H.: Sohn, Sport.

Bergemann Wolfgang Dipl.-Kfm. *)

Bergemann Wolfgang Dr. med. Prof. *)

Bergen André

B.: stellv. Vorst.-Vors. FN.: Agfa Gevaert AG. DA.: 51301 Leverkusen, Kaiser-Wilhelm-Allee. www.agfa.com. G.: Sint-Truiden/Belgien, 1950. S.: Stud. Wirtschaftswiss. an d. Univ. Leuven/Belgien. K.: 1977 Eintritt in d. Kreditbank (Brüssel u. New York), 1980-82 Tätigkeit b. d. Chemical Cank in Brüssel, danach Wechsel z. Generale Bank (wurde später z. Fortis Bank), versch. Positionen m. wachsender Verantwortung u. 1993-99 Vorst., gleichzeitig Vorst.-Vors. d. Generale Belgian Bank Hongkong u. Vorst.-Mtgl. d. Grand Generale Asia Hongkong, seit 1. Jan. 2000 Mtgl. d. Vorst. d. Agfa-Gevaert-Gruppe in Bergen, Chief Finance and Administration Officer'inne, Sep. 2001 stellv. Vorst.-Vors., verantwortlich f. Finanzen, Personalwesen, Recht, Informations- u. Kommunikationsservices (GIKS) sowie f. d. Region Europa. (Re)

van Bergen Ingrid

B.: Schauspielerin. FN.: c/o Agentur Heino Breilmann. DA.: 21372 Salzhausen, Pf. 1132. G.: Danzig, 15. Juni 1931. K.: seit 1953 Schauspielerin, 1963 Mtgl. d. Berliner Kabaretts "Die Stachelschweine", zahlr. Film- u. Fernsehrollen u.a. "Bildnis einer Unbekannten", "Rosen f. d. Staatsanw.", "Das Geheimnis d. gelben Narzissen", seit 1982 Chansonabende, 1998 TV-Serie: Mobbing Girls, 1999 Schallplatte: "Ohne uns sind wir Alleine". P.: "Aus Vergessen gewebt und aus Hoffnung", Gedichtband, "Autobiographie" (1996). (Re)

von Bergen Klaus Dietrich Dr. med. *)

von Bergen Willwerner Dr. iur. *)

Bergenroth Andreas Albert *)

Berger Almuth *)

Berger André

B.: Finanzwirt, selbständig. FN.: Bund freier Wirtschaftsberater. DA.: 08058 Zwickau, Arndtstr. 8. bffinanzzwickau@de. www.bfw-finanz.de. G.: 30. Aug. 1974. El.: Angelika Seufzer. S.: 1991 Mittlere Reife, 1991-96 Ausbildung Energielektronik - Mechaniker, 1998 Abschluss als Fachwirt. K.: seit 1994 Finanzdienstleister nebenberuflich, seit 1996 hauptberuflich als selbständiger Wirtschaftsberater, 2000 Büroleiter in Zwickau, Tätigkeitsschwerpunkt: Anlageberatung, Kapitalsicherungsprogramme intern. Finanzmarkt. BL.: Ausbildung z. Master of Financial. H.: Lesen, Geschichte, Wirtschaftsliteratur, Weiterbildung.

Berger Anna-Maria

B.: Designerin, Schriftstellerin, selbständig. FN.: lili MARI schmuck gestalt. DA.: 30163 Hannover, Ferdinand-Wallbrecht-Str. 5. G.: 17. Apr. 1948. V.: Wolfgang Krenz. Ki.: Nina (1969). El.: Selma Berger. S.: 1964-67 Lehre Industriekauffrau Firma AEG Hannover. K.: 1972 Gschf. einer Modeboutique u. glz. tätig als intern. Model, 1982 Lesungen, Schriftstellerin u. tätig in d. Kinderschauspielerei n. Rambaff-Theater in Hannover, sowie Schauspielausbildung, 1997 Moderatorin an d. MHH Hannover u. tätig in d. Betreuung v. Patienten, danach Büroleiterin eines Designerbüros u. eines Architekturbüros in Hannover, 1998 Übernahme d. Schmuckgeschäftes lili MARI m. Schwerpunkt Silber, Gold u. echte Steine; seit 1997 Reiki-Meisterin. P.: Posie-CD "Weinrot so rot mein Mund" (2001). H.: Schreiben v. Poesie, Lyrik u. Memoiren, Lesen, Musik, Essen gehen, Kultur.

Berger Annabelle

B.: Friseurmeisterin. FN.: Coiffeur Annabelle Berger. DA. u. PA.: 12203 Berlin, Willdenowstr. 24. G.: Berlin, 10. Juni 1936. Ki.: Annabelle-Yvonne. El.: Richard u. Elisabeth Wolf, geb. Ebel. BV.: Ludwig Wolfgang Wolf - Hofmaler 1840-1870. S.: 1952 Mittlere Reife, 1952-55 Lehre, 1961 Mstr.-Brief. K.: 1955-63 Ang. Friseuse b. Bubi Scholz, 1963 Geschäftsgrdg.; b. Modeschauen frisiert, Hostesschule betreut, in Letteschule Stylistikkurs, seit 1965 Maskenbildnerin Kabarett "Die Stachelschweine" u. andere Theater, Betreuung d. Karnevalsprinzessinnen d. Stadt Berlin, Kreation v. histor. Frisuren u. Abendfrisuren, seit 1997 Sonderbeauftragte d. Bundestages f. Karnevalistische Fragen in Berlin. P.: Faschingsfrisuren. E.: 1986 Silb. Mstr.-Brief. M.: Gründerin u. 1. Vors. d. Förderverein Wiederherstellung und Pflege der Berolina e.V. H.: Tennis, Malen. (I.U.)

*) Biographie www.whoiswho-verlag.ch oder beigefügte CD-ROM

Berger Anselm *)

Berger Anton *)

Berger Anton *)

Berger Armin *)

Berger Arne-Curt Dr. rer. pol. Dipl.-Kfm. *)

Berger Berthold *)

Berger Bertram *)

Berger Birgit

B.: Gschf. FN.: 2vision Werbeagentur. DA.: 42699 Solingen, Mankhauser Str. 1-3. G.: Haan, 31. Mai 1958. Ki.: Lucie (1985). S.: 1974 Mittlere Reife Hilden, 1974-77 Ausbildung graf. Zeichnerin. K.. 1978-81 Layouter in d. Werbeagentur v. Mannstein, 1981-84 Artdir. in d. Firma Medical Innovation, seit 1984 selbst. m. med. Illustrationen, 1986 Grdg. d. Full-Service-Werbeagentur Berger & Partner u. tätig u.a. f. König-Brauerei u. Guinness, 1997 Grdg. d. Werbeagentur 2vision speziell f. Printmedien, neue Medien u. Kreativbereich u.a. f. Jaguar Stahlwaren in Solingen. P.: versch. Ausstellungen, Freie Malerei. E.: Ausz. bestes Erscheinungsbild. in d. Gastronomie. H.: Sport, Segeln, Skifahren, Motorradfahren, Fotografie.

Berger Christine C. *)

Berger Christof *)

Berger Claus

B.: Gschf. FN.: Grossmann & Berger Hamburger Immobilien. DA.: 20149 Hamburg, Jungfrauenthalstraße 13. G.: Hamburg, 11. Jan. 1938. Ki.: Angela (1966). S.: 1955 Mittlere Reife, 1955-58 Lehre Im- und Exportkaufmann. K.: b. 1960 Ang. im Im- u. Export, b. 1961 Übersetzer f. d. Generalkonsul v. Nicaragua, 1961-65 tätig als Immobilienmakler, seit 1965 selbständiger Hausmakler, 1994 Zusammenschluß m. d. Hamburger Sparkasse. M.: Golfclub auf der Wentlohe. H.: Golf.

Berger Curd *)

Berger Dieter Günther
B.: Gschf., Inh. FN.: Absolut Zeitarb. GmbH. DA.: 80796 München, Elisabethpl. 1. berger@absolut zeitarbeit.de. G.: Pähl, 19. Aug. 1965. S.: 1985 Mittlere Reife, 1987 Ausbild. Bürokfm. München. K.: 1988 kfm. tätig, 1989-91 Gschf. Ges. d. Firma Holiday Autos Autovermietung GmbH in München,

Motorrad.

Berger Dirk *)

Berger Eduard
B.: Elektroinstallateur, Bischof a. D. PA.: 17489 Greifswald, Robert-Blum Str. 11. G.: Posen, 22. Juni 1944. Ki.: 6 Kinder. S.: 1958-61 Lehre Elektroinstallateur, 1964-73 Stud. Theologie, Germanistik u. Geschichte. K.: 1973-78 Pfarrer in Kakerbeck/Altmark, 1978-83 Pfarrer in Dresden, 1983-90 Superintendent in Meißen, 1991 Berufung z. Bischof d. Pommerschen Ev. Kirche.

Berger Eduard

1992-2001 Gschf. Ges. d. Wagner Unternehmensgruppe in München. F.: Absolut Venture Capital GmbH, Advanta Zeitarb. GmbH in Hamburg, Osnabrück u. Lübeck, Advanta Zeitarb. GmbH in Bremen, Absolut Zeitarb. GmbH in München u. Niederlassung in Berlin, Hall Deutschland GmbH in München, Wagner Unternehmensberatung in München. M.: Gründungsmitglied u. Vorstand d. Vereins "Mit Herz für Toleranz!" e.V., Bund junger Unternehmer, Bund der Steuerzahler. H.: Weine aus d. Burgund,

B.: Oberkirchenrat u. Bischof a.D. FN.: Evangelisch-Lutherische Landeskirche Sachsen. DA.: 01097 Dresden, Königstr. 21. PA.: 01309 Dresden, Regerstr. 17. G.: Posen, 22. Juni 1944. V.: Eva, geb. Münker. Ki.: Dag Michael (1972), Hanna (1973), Katharina (1974), Friederike (1977), Nelly (1978), Clara (1981). S.: 1958-61 Lehre z. Elektroinstallateur in Gardelegen, 1964 Abitur Naumburg, 1965-70 Stud. Theologie in Halle, Berlin u. Naumburg, 1970-73 Stud. Germanistik u. Geschichte in Halle. K.: 1973-78 Pfarrer in Kakerbeck/Altmark, 1978-83 Pfarrer an d. Weinberg-Kirche in Dresden, 1983-90 Superintendent Kirchenbezirk Meißen, Pfarrer an d. Frauenkirchgemeinde Meißen, 1991-2001 Bischof d. Pommerschen Ev. Kirche, 1999 Beauftragter d. EKD f. d. Ev. Seelsorge b. Bundesgrenzschutz, 2001 Beauftragter d. Ev. Landeskirchen beim Freistaat Sachsen. BL.: 1989 Fotoausstellung über d. Zerfall d. historischen Bausubstanz Meißens, Friedensarbeit u. offene Jugendarbeit im Rahmen d. Ev. Kirche. P.: Predigtmeditationen u. div. Aufsätze, Mitherausgeber d. Göttinger Predigtmeditation. H.: Dt. Sprache, Lesen, Fahrradfahren, Reisen nach Afrika u. USA, Gemälde, Musik, Architektur.

Berger Erika
B.: Journalistin, Kolumnistin, Talk-Masterin. FN.: c/o Pool Position Management GmbH. DA.: 50677 Köln, Eifelstr. 31. V.: verh. Ki.: 2 Kinder. K.: 1987 Moderation d. ersten RTL-Erotiksendung "Eine Chance für die Liebe", 1991 Talkshow "Der flotte Dreier", 1994-2000 Präsentation d. Tageshoroskopes in "Punkt 6" u. "Punkt 7" auf RTL, 1995-96 eine Rubrik in d. wöchentlichen RTL-Sendung "Life! Die Lust zu leben", 1995-97 Kommentatorin v. fiktiven Scheidungsfällen in d. RTL-Sendung "Scheidungsgericht", 1997 Moderation d. Reportage-Formates

*) Biographie www.whoiswho-verlag.ch oder beigefügte CD-ROM

Berger

"Die heimliche Lust ..." f. RTL, 1999 Moderation d. Specials "100 Jahre Lust auf Liebe", 1998 Übernahme d. Live-Sendung "Schnecke sucht Schneckenhaus" b. Wiener Sender "Radio Rpn" und nebenbei Gast in vielen Talk-Shows wie "Hans Meiser", "Kerner", "Jörg Pilawa", "Vivasion" u. "Das!", seit 2000 Expertin f. Beziehungen auf RTL in Magazin "Punkt 9", kümmert sich um Partnerschaftsprobleme u. d. Liebe, gibt Zuschauern u. Studiogästen Tips u. Tricks. P.: Veröff. mehrerer Bücher, darunter "Eine Chance für die Liebe", "Körpersprache der Erotik", "Frauenträume - Intime Berichte", "Power mit 50", sowie ein Spiel "Eine Chance für die Liebe" u. ein Video "Sinnliche Stunden", Neue Revue-Autorin m. d. Thema "Eifersucht - Gift f. die Seele". (Re)

Berger Georg Markus
B.: Oberstleutnant a.D. d. Bundeswehr. PA: 56218 Ingelheim, Veit-Stoß-Str. 12. markus.berger.hebi@t-online.de. G.: Ingelheim - Frei Weinheim, 28. Jan. 1938. Ki.: Angelika, Michael, Martin, Monica. El.: Anton u. Margaretha. S.: Abitur. K.: 1977-87 Mtgl. d. Dt. Bundestages, anschl. Ref. d. CDU/CSU-Bundestagsfraktion f. Fragen d. Außen- u. Sicherheitspolitik. P.: zahlr. Veröff., u.a. "Alfred Dregger - Mein Blick nach vorn". H.: Sport, Musik.

Berger Gerda *)

Berger Gerda *)

Berger Gunter *)

Berger Günter

B.: Zahntechnikermeister, Gschf. FN.: Kuhles + Berger Zahntechnik GmbH. DA.: 33602 Bielefeld, Gadderbaumer Str. 34. PA.: 33659 Bielefeld, Nürnberger Str. 42. G.: Bielefeld, 17. Nov. 1952. V.: Annegret, geb. Pörtner. Ki.: Richard (1988). El.: Günter u. Liselore. S.: 1972 Abitur, 1972-73 Bundeswehr, 1973-77 Ausbild. und Abschluß z. Zahntechniker. K.: 1977-83 Zahntechniker, Meisterschule, 1983 Meisterprüf., 1983-96 Meister im jetzigen Unternehmen, 1996 Eintritt in jetzige Firma als Gschf. Ges. H.: Beruf.

Berger Hagen *)

Berger Hans Dipl.-Ing.
B.: Dipl.-Ing. f. Regelungstechnik, selbständig. FN.: Ingenieurbüro f. Problemanalyse u. Heizungsanlagen. DA.: 06847 Dessau, Köthener Str. 80. PA.: 06849 Dessau, Eichenweg 48. www.heizungs-ekg.de. G.: Dessau, 3. Juli 1949. V.: Inge, geb. Raettig. Ki.: Kathrin (1961), Ellen (1963), Gritt (1967). S.: 1959 Abitur, 1961-67 Stud. Regelungstechnik TH Ilmenau. K.: 1967-71 tätig in d. ORWO-Fbk. in Wolfen, 1971-81 verantwortl. f. Datenverarbeitung u. computergestützte Automatisierung in d.Magnetbandfabrik in Dessau, 1981 Grdg. d. Ingenieurbüros z. Automatisierung v. Heizungsanlagen; Funktion: öff. bestellter u. vereid. Sachverständiger d. Handwerkskammer Halle. H.: Boxen, Fußball, Skifahren, Ostseereisen.

Berger Hans-Jürgen *)

Berger Heinrich Hermann

B.: Gastronom, selbständig. FN.: Haus Berger. DA.: 45701 Herten, Scherlebecker Str. 349. G.: Recklinghausen, 27. Jan. 1952. V.: Martina, geb. Friederich. Ki.: Adrian (1989). El.: Hermann u. Thea, geb. Spiekermann. BV.: Gründer war Großvater Heinrich Berger (100 Jahre Gastronomiefamilie). S.: 1966-68 Ausbildung z. Koch im Theaterrestaurant Marl, 1968-71 Kellnerausbildung im Hotel Goldener Stern Arnsberg. K.: 1971-80 Kellner in versch. Hotels u. Restaurants, seit 1980 selbständiger Gastronom, Restaurant Haus Berger. P.: versch. Veröff. in Regionalzeitungen. M.: 2. Vors. Handballverein Westfalia Scherlebeck, Taubenzüchterverein, Gaststättenverband. H.: Handball, Fussball.

Berger Helge

B.: selbst. Schmuckdesigner. DA.: 76530 Baden-Baden, Hirschstr. 6. PA.: 76532 Baden-Baden, Lehenbergring 36. helge.berger@t-online.de. G.: Bremen, 16. Sep. 1971. V.: Tanja, geb. Reiss. El.: Joachim u. Margit, geb. Parlitz. S.: 1991 Abitur Waldorfschule Bremen, 1992-96 Lehre Goldschmied Goldschmiede A. Uphoff Worpswede. K.: 1996-97 freier Mitarb. in versch. Werkstätten, 1997 Golschmied bei Juwelier Hessenberg in Frankfurt/Main, 1998 Einstieg in d. Gemeinschaftsatelier m. Andrea Friedrich, 2000 Meisterprüf. u. Eröff. d. eigenen Laden f. Unikatschmuck in Baden-Baden. P.: Ausstellungen: Erföff.-Ausstellung (1998), 1. Modeschau im Parlemgarten in Frankfurt (1999), Designer-Ausstellung "Spirit Diamond", "Context Diamond" u. "Electrum Gallery" in London (2000), Gemeinschaftsausstellung in d. Goldschmiede in Leer (2000). E.: div. Wettbewerbserfolge. M.: Modekreis Frankfurt. H.: Kunst, Holzarbeiten, Sport.

Berger Helmuth

B.: RA. DA.: 30419 Hannover, Am Leineufer 51; 30625 Hannover, Schellingstr. 4. G.: Berlin, 13. Juni 1934. V.: Elke, geb. Lange. Ki.: Dipl.-Ing. Ulrich (1967), Dr. med. Gabriele (1969). El.: Kurt u. Gerda, geb. Norden. BV.: Großvater Prof. Dr. Eduard Norden, Rektor d. Berliner Univ., Altphilologe. S.: 1954 Abitur Berlin, 1954-58 Stud. Rechtswiss. an d. Univ. Berlin, Freiburg u. Hamburg, 1958 1. Jur. Staatsexamen, 1958-62 Referendariat, 1962 2. Jur. Staatsexamen. K.: 1962-69 RA in Hamburg b. einer intern. tätigen Anw.-Sozietät, ab 1969 Justitiar b. d. Firma Varta AG u. ihrer Tochterges. b. 1999 in Hannover, 1991-99 Mtgl. d. Varta-AufsR. f. d. ltd.

*) Biographie www.whoiswho-verlag.ch oder beigefügte CD-ROM

Ang. d. Hauses, seit 1999 freiberufl. RA in Hannover, Tätigkeitsschwerpunkte: Intern. Ges.- u. Hdls.-Recht. M.: RA-Kam. H.: Reisen, Literatur, Konzert (klass. Musik), Theater.

Berger Hermann Dr. *)

Berger Horst Dipl.-Ing. *)

Berger Horst Heinz Dr. Ing. Prof.

B.: Wissenschaftler i. R. FN.: Inst. für Mikroelektronik u. Festkörperelektronik d. TU Berlin. PA.: 14163 Berlin, Karl-Hofer-Str. 20. G.: Liegnitz, 30. März 1933. V.: Elfriede, geb. Müller. Ki.: Stefan Andreas (1966). S.: 1951 Abitur Leipzig, 1951-53 Lehre Werkzeugmacher Leipzig, 1954-58 Stud. Elektrotechnik TH Dresden, 1959-61 TH Stuttgart, 1961 Dipl.-Ing., 1971 Prom. RWTH Aachen. K.: 1959-63 tätig im Bereich Transistor- u. Schaltkreisentwicklung in d. Firma SEL-Informatik Division, 1963-83 tätig bei IBM Deutschland, 1965-67 in New York, seit 1983 Prof. f. Mikroelektronik an d. TU Berlin. BL.: Aufbau d. Mikroelektronik an d. TU Berlin; Patent f. Merged Transistor Logic (Integrated Injection Logic). P.: "Small Size Low-Power Memory Cell" (1971), "Merged Transistor Logic -A Low Cost Bipolar Logic Concept" (1972), "Models for Contacts to Planar Devices" (1992), "Contact Resistance and Contact Resistivity" (1972), "Oxide Growth Enhancement on Highly n-Type Doped Silicon under Steam Oxidation" (1996). E.: 1972 NTG-Preis, 1975 Mc Graw-Hill Award of Leadership in Electronics, 1997 IEEE Morris N. Liebmann-Award, 2000 IEEE Third Millennium Med. M.: VDE, NTG, Ges. f. Mikroelektronik, IEEE Senior Member. H.: Leichtathletik, Schwimmen, Skifahren, Turniertanz gemeinsam m. d. Ehefrau.

Berger Jens-Michael *)

Berger Joachim Dr. iur. *)

Berger Joachim Dipl.-Kfm. *)

Berger Jörg *)

Berger Jürgen *)

Berger Jürgen

B.: Steuerberater. FN.: Wilke - Berger - Helweg, vereidigter Buchprüfer, Steuerberater, Rechtsanwalt. DA.: 32049 Herford, Mindener Str. 46a. PA.: 32049 Herford, Freiligrathstr. 12. G.: Herford, 9. Aug. 1961. V.: Birgit, geb. Stahn. Ki.: Bianca (1990), Bernard (1993). El.: Siegfried u. Waltraud. S.: 1981 Abitur, 1981-84 Tätigkeit im Polizeidienst, 1984-87 Ausbild. f. d. gehobenen Dienst d. Finanzverw. FH f. Finanzen, Dipl.-Finanzwirt. K.: 1987-93 Insp. b. d. Finanzverwaltung Herford, 1992-94 Wechsel in d. freie Wirtschaft in ein Steuerberatungsbüro, 1994 Prüf. z. Steuerberater, 1994-96 Steuerberater, 1996 Grdg. d. eigenen Büros in Partnerschaft Wilke u. Berger Steuerberater, ab 2000 Erweiterung d. Kzl. m. Rechtsanwalt Jörg Helweg. H.: Golf, Basketball, Literatur.

Berger Jürgen *)

Berger Jutta *)

Berger Karin *)

Berger Karlheinz *)

Berger Katalin Dr. *)

Berger Klaus Dr. Prof. *)

Berger Kurt-Br. Dr. *)

Berger Leonore *)

von Berger Lotte

B.: freischaffende Künstlerin, Kunstmalerin. DA.: 61440 Oberursel, Vogelsbergerstr. 13. G.: Wuppertal, 2. Aug. 1933. V.: Hans Harald v. Berger. Ki.: Gabriele-Christine (1959), Frank-Michael (1960), Ralf-Holger (1968). El.: Eduard Lübker u. Charlotte Irmgard Stern. S.: 1949-52 Lehre als Floristin in Wuppertal. K.: 1953-54 Floristin in Gevelsberg, Lüdenscheid u. Hameln, 1955-59 Floristin u. Erstellung v. Dekorationen in Frankfurt u. Kronberg, seit 1959 nebenberufl. Tätigkeit als Floristin u. Mitarb. im Büro d. Ehemannes, 1977 Teilnahme an einem Malwettbewerb, Angebote f. Ausstellungen d. eigenen Werke, seither freischaff. Künstlerin, Techniken: Kohle, Tusche, Farbstift, Radierungen, Aquarell, Pastell, Monotypien, versch. Maltechniken in Eigenkreation, 1981 Übernahme d. Ltg. d. Malergruppe im Kulturkreis Oberursel e.V. BL.: bereits als Kind aktive Beschäftigung m. d. Malerei, viele Farbstiftzeichnungen, bisher ca. 60 Einzelausstellungen u. Beteiligungen, Einzelausstellungen u.a. 1980 Hellhof Kronberg, 1984 Nebbinsches Gartenhaus Frankfurt, 1993 Gr. Einzelausstellung im Palmengarten in Frankfurt, 2002 2 gr. Jubiläums-Einzelausstellungen (ca. 80 Bilder) im Rathaus u. in d. Galeie d. Stadtbücherei Oberursel. P.: lfd. seit 1979 Hrsg. v. Kunstmappen u. Postkarten eigener Bilder, viele Presseberichte zu d. Ausstellungen. E.: 1977-97 ehrenamtl. tätig in d. Partnerschaftsarb. zu d. Partnerstädten Epinay sur Seine u. Rushmoor England, Organ. v. Ausstellungen, Betreuung v. Austauschgruppen, 1994 Partnerschaftsplakette durch d. Stadt Oberursel, Mitglied im Vorstand d. Malgemeinschaft "Künstler in Oberursel" im Kulturkreis Oberursel e.V., seit 1981 Ltr., seit 2000 tätig als 2. Vors., Durchführung vieler Ausstellungen, bes. m. d. Thema Malerei, Bastelkursen m. Kindern u. Senioren in Zusammenarb. m. d. Kulturkreis, Jurymtgl. b. Wettbewerben in Zusammenarb. m. d. Kulturamt d. Stadt Oberursel, seit 1977 Frankfurter Künstler-Club, seit 1998 Kulturförderver. d. Stadt Oberursel. H.: Kochen, kreative Gestaltung.

*) Biographie www.whoiswho-verlag.ch oder beigefügte CD-ROM

Berger

Berger Lutz Dipl.-Ing.

B.: Vermögensberater, selbständig. FN.: DVAG Deutsche Vermögensberatung. DA.: 14776 Brandenburg, Steinstr. 27. PA.: 14776 Brandenburg, Birkenweg 20. G.: Brandenburg, 14. Jan. 1954. Ki.: Jens (1975), Kerstin (1976), Sylvia (1981). S.: 1972 Abitur Brandenburg, 1972-75 Stud. z. Hochschulingenieur f. Kraft- u. Arbeitsmaschinen auf d. Offiziers-HS d. Luftstreitkräfte/Luftverteidigung in Kamen/ Sachsen. K.: Offz. d. NVA in d. Offiziersausbildung., 1982-87 Stud. Luft- u. Raumfahrt an d. Militärakademie Shukowski in Moskau, seit 1987 Militärdolmetscher Dt.-Russ., 1987-88 Stud. z. Hochschulpädagogen an d. Militärakademie in Dresden, danach Lehroffizier an d. Offiziers-HS d. Luftstreitkräfte/Luftverteidigung in Brandenburg, seit Feb. 1991 nebenberufl. Vermögensberater, seit 1991 hauptberufl. Vermögensberater. BL.: b. 1972 aktiv Leistungssport als Fußballer u. im Auswahlkader d. DDR. M.: Bundesverband Dt. Vermögensberater. H.: Radfahren, Natur erleben, Haus u. Garten, Spazieren gehen.

Berger Markus

B.: Werbefachmann, Gschf. FN.: b_werk. DA.: 72555 Metzingen, Max-Planck-Str. 37. echo@b-werk.de. www.b-werk.de. G.: Metzingen, 12. Mai 1967. V.: Barbara, geb. Geiger. Ki.: Emilia Pauline. S.: 1983 Mittlere Reife, 1983-86 Lehre als Ind.-Kfm., 1986-88 Bundeswehr, 1988-91 BWL-Studium in Reutlingen, Fachschule für Betriebswirtschaft, Abschluss Betriebswirt Marketing u. Export. K.: 1991-96 Unternehmensberatung f. Marketing MPM-Consulting in Filderstadt Marketing-Beratung u. Ass. d. Geschäftsführung, ab 1996 Grdg. einer selbst. Werbeagentur, ab 1999 zusätzl. Grdg. einer Multimedia-Agentur, ab 2001 Namensänderung in b_werk markenarchitektur gmbh u. b_werk intermedia gmbh, beides unter d. Dachmarke b_werk. H.: Familie, Triathlon.

Berger Matthias Dr. theol. Dr. jur.

B.: RA in eigener Kzl. DA.. 04229 Leipzig, Zschochersche Str. 105. G.: Stettin, 8. Juli 1942. Ki.: 1 Sohn. S.: 1960 Abitur, 1960-65 Stud. Theol. Univ. Leipzig m. Dipl.-Abschluß, 1967-94 kirchlichen Dienst, 1968 Prom., 1978-81 Stud. Rechtswiss. Univ. Leipzig m. Dipl.-Abschluß, 1985 Prom., 1990 Zulassung z. RA. K.: 1992 Eröff. d. Kzl. m. Tätigkeitsschwerpunkt Zivil-, Familien- u. Strafrecht. F.: AR versch. Wohnungsbaugesellschaften. H.: Problemlösungen, handwerkliche Arbeiten.

Berger Michael Dr.

B.: RA. DA.: 52062 Aachen, Kapuzinergraben 9. G.: Solingen, 10. Nov. 1937. S.: 1957 Abitur, 1957-64 Stud. Vw. u. Jura Freiburg, Berlin u. München, 1964-67 Referendariat, 1967 2. Staatsexamen, 1968 Prom. K.: 1969-75 RA in einer Sozietät in Velbert u. Aachen, seit 1975 selbst. m. eigener RA-Kzl. u. Zulassung z. RA, seit 1990 Fachanw. f. Arb.-Recht. H.: Weine, römische Geschichte, mod. intern. Literatur.

Berger Michael *)

Berger Michael Dr. rer. pol. Dipl.-Kfm. Prof. *)

Berger Michael Dr. Dr. h.c. mult. Prof. *)

Berger Michael Dipl.-Ing. *)

Berger Michael

B.: RA. DA.: 39108 Magdeburg, Arndtstr. 34. anwalt.berger1@t-online.de. G.: Salzgitter, 29. März 1964. V.: Bärbel, geb. Berndt. El.: Dieter u. Juliane, geb. Gall. BV.: Vater - Kriminaloberkommissar und stellv. Ltr. im OK Salzgitter; Großvater Gall - Bäckermeister in Oberschlesien; Großvater Ernst Berger - Obersteiger in Oberschlesien; Vorfahren waren Bergleute aus d. Salzburgerland. S.: 1983 Abitur, 1983-89 Stud. Rechtswiss. Universität Göttingen, 1989 1. Staatsexamen, 1990-91 Bundeswehr u. glz. Vors. d. Vertrauensmänner Niedersachsen, 1991-94 Referendariat OLG Braunschweig, 1994 2. Staatsexamen. K.: 1993-94 Assesor, 1994 Zulassung z. RA b. Amtsgericht u. LG Magdeburg, 1999 Zulassung b. OLG Naumburg, 1994-99 RA in 2 Kzl. in Magdeburg, 1999 Grdg. d. Kzl. m. Tätigkeitsschwerpunkte Architekten-, Miet-, Baurecht Interessenschwerpunkte Erb-, Straf- Arb.-, Verkehrs- u. Vertragsrecht; Funktionen: aktive Mitarb. in d. Arb.-Gruppe Epoche Napoleon I u. Napoleon III u. wiss. Mitarb. d. Nachforsch. v. histor. Ges.-Gruppen u. Militäreinheiten, Mitarb. bei intern. Dokumentarfilmprod. f. Fernsehen u. Presse. M.: WirtschaftsbeiR. d. CDU, Anw.-Ver. Magdeburg, Rechtsanwaltskammer des Landes Sachsen-Anhalt, Deutscher Anwaltsverein, seit 1993 1. Vors. d. Freundeskreis lebendiger Geschichte e.V. in Frankfurt.. H.: Literatur, klass. Musik, histor. Geschichte, Segeln.

Berger Michael *)

Berger Norbert

B.: Sänger. FN.: Stieweg. DA.: 40474 Düsseldorf, Lilienthalstr. 40. G.: Völklingen, 12. Sep. 1945. Ki.: Sascha. El.: Alex u. Cilla, geb. Kurtz. S.: Mittlere Reife, Höhere Handelsschule. K.: b. 1971 Ind.-Kfm., dann hauptberufl. Schlagersänger, seit Duo Cindy & Bert zahlr. Hits: "Cäsar u. Cleopatra", "Immer wieder Sonntag", "Aber am Abend", "Nenn es Liebe", zahlr.

---

*) Biographie www.whoiswho-verlag.ch oder beigefügte CD-ROM

TV-Auftritte u. Tourneen. E.: 5x Gold. Europa, 1973 Gold. Schallplatte u. Bronze-Löwe v. Radio Luxemburg. H.: Komponieren u. Texten.

Berger Norbert Dipl.-Vw.

B.: Vorst. FN.: PROKODA AG. DA.: 50933 Köln, Stolberger Str. 309. nberger@prokoda.de. www.prokoda.de. G.: Köln, 10. Nov. 1962. El.: Gerhard u. Lieselotte, geb. Himmelsbach. BV.: Urgroßvater Rudolf Fischer war Gründer d. Firma Fischer in Freiburg. S.: 1982 Abitur Köln, 1982-88 Stud. VWL an d. Univ. Köln, 1988 Abschluss als Dipl.-Vw. K.: 1988-90 wiss. Hilfskraft b. Prof. Dr. Felderer, gleichzeitig freier Mitarb. b. d. KODA GmbH, 1989 Ltr. Trainingsbereich KODA GmbH, 1998 Umwandlung in PROKODA AG, seit 1998 Vorst. d. PROKODA AG. M.: Kath. studierende Jugend. H.: Inlineskating-Marathon, Tennis, Badminton, Kultururlaub.

Berger Paul Dr. med. *)

Berger Peter Anton Dr. Prof. *)

Berger Reinhold

B.: Gschf. Gesellschafter. FN.: Berger Objekte Immobilien direkt v. Eigentümer. DA.: 90491 Nürnberg, Bismarckstr. 23. PA.: 90455 Nürnberg, Propsteistr. 183. berger@berger-objekt.de. www.berger-objekt.de. G.: Oberburg, 13. Juni 1959. V.: Weili, geb. Cai. Ki.: Kevin (1986), Leon (1999). El.: Theodor u. Maria. S.: 1975-78 Lehre Einzelhdl.-Kfm., Frachtenprüf. Firma SVG Hof. K.: 1978-81 Discjockey in versch. Betrieben, Wehrdienst, 1983-85 Umschulung z. Optik-Werker in der Firma Quelle in Nürnberg, 1985-94 Prok. u. Gschf. in der Gastronomie, 1987 nebenberufl. tätig im Bereich Immobilien, 1994 Grdg. d. Firma Berger Objekt GmbH Immobilien direkt v. Eigentümer spez. f. Jugendstil u. Denkmalschutz. H.: Reiten, Musik, Kunst, Reisen.

Berger Reka Dr. med. univ.
B.: Chir. in eigener Praxis u. Belegärztin Lister-KH. DA.: 30449 Hannover, Deisterstr. 44. G.: Budapest, 30. Dez. 1940. Ki.: Reka (1968), Imre (1969), Johannes (1974). El.: Dr. Ernst Korenyi u. Maria v. Korody. BV.: Urgroßvater, Bgm. v. Günzburg/Bayern. S.: 1959 Abitur Budapest, 1961-67 Stud. Semmelweiß-Univ. Budapest, 1967 Dr. med. univ. K.: 1967 Pathologe in Semmelweiß-KH, 1971 FA-Prüf., 1971-73 Chir. in Ak. Lehr-KH Stein am Anger, 1973 Umzug nach Deutschland, Anerkennung als Spätaussiedler in Heidenheim/Brenz ansässig, seit 1974 Anerkennung als Chir., 1979 Chir. Geislingen/Steige, 1980-88 OA in d. Chir. in Bopfingen, 1988-93 OA im Kreis-KH Nördlingen, seit 1993 ndlg. in Hannover m. d. Praxis u. zugleich Belegarzt im Lister-KH. P.: div. Veröff. in wiss. Bereichen. H.: Wildwasserpaddeln.

Berger Renate Dr. phil. Prof. *)

Berger Robert Dr. *)

Berger Roland Dipl.-Kfm.
B.: Unternehmer. FN.: Roland Berger & Partner GmbH. DA.: 81925 München, Arabellastr. 33. G.: Berlin, 22. Nov. 1937. V.: verh. Ki.: 2 Söhne. S.: 1956 Abitur Nürnberg, 1961/62 Examen Dipl.-Kfm. Univ. München. K.: 1962-67 Berater u. zuletzt Partner einer führenden amerikan. Beratungsges. in Boston u. Mailand, 1967 Grdg. d. Firma Roland Berger & Partner GmbH Intern. Management Consulting, seit 1967 Entwicklung als Einzelberater z. führenden globalen Tätigkeit als Top-Management-Beratungsges. m. Schwerpunkt globale Strategieentwicklung, intern. Management, Innovations- u. Technologiestrategien, Marketing u. Vertrieb, Strukturorgan. u. vw. Entwicklungsstrategien; Funktionen: 1971-72 Lehrauftrag f. Marketing u. Werbung an d. TU München, seit 1997 Gastprof. f. allg. BWL u. Unternehmensberatung an d. Brandenburg. TU Cottbus. P.: über 100 Veröff. zu Problemen d. intern. Unternehmensführung u. -organ., strateg. Planung, Marketing, Unternehmensplanung u.v.m., Hrsg. v. "Angebotspolitik", "Handbuch Europa 1992", Unternehmenserfolg im Europ. Binnenmarkt", "Schubkräfte", "Die Zukunft d. Autos hat erst begonnen", "The Light and the Shadow". E.: VO d. Freistaates Bayern, BVK 1. Kl. d. BRD, Staatsmed. f. bes. Verd d Bayr. Wirtschaft, Ehrenprof. d. Tonji-Univ. Shanghai M.: 1978-80 Präs. d. BDU, 1978-82 Präs. d. FEACO, seit 1992 Deputy Chairman d. Intern. AMCF, Vors. d. StiftungsR. d. Roland Berger & Partner Stiftung f. europ. Management, Intern. Counsellor d. The Conference Board in New York, Kuratorium d. Stifterverb. f. d. Dt. Wiss., Board Member d. Intern. Academy of Management in Barcelona, Board Member d. Intern. Management Inst. in Kyiv/Ukraine, 1. Vors. d. Ges. d. Freunde d. Förderer d. Augenklinik d. Univ. München, Kuratorium d. Konzertges. München, Kuratorium d. Schleswig-Holstein Festival, SiftungsR. d. Gustav-Mahler-Jugendchors, StiftungsR. d. Anne-Sophie-Mutter-Stiftung, Vorst.-Mtgl. d. Förderver. Lenbachhaus München e.V., Kuratorium d. Pinakothek d. Moderne in München, Verw.-BeiR. d. F.C. Bayern München, versch. AufsR. u. BeiR. v. intern. u. nat. Unternehmen, Stiftungen u. Organ., Intern. Advisory Board u.a.: Ebara in Tokio, Komatsu in Tokio, Metro AG in Zug/Schweiz, RAI in Rom H.: moderne Kunst, Ski, Golf. (Re)

Berger Roland *)

Berger Senta

B.: Schauspielerin. FN.: Sentana Filmproduktion. DA.: 81541 München, Gebsattelstr. 30. G.: Wien, 13. Mai 1941. V.: Dr. med. Michael Verhoeven. Ki.: Simon (1972), Luca (1979). S.: Gymn., langjährige Ballettausbildung, 1957 Max Reinhardt Seminar in Wien, Ak. f. Kunst in Wien. KI.: bis 1962 Ensemble-Mitglied des Theater in der Josefstadt. Erste internat. Filmrollen 1958, dann in den 60er Jahren mehrere Filme in den USA, Gründung der eigenen Filmproduktion SENTANA Film in München. Nach längerem Aufenthalt in Italien Rückkehr nach Deutschland, Wiederaufnahme der Theaterarbeit in Salzburg und Wien, Berlin und Hamburg. Filme: Die Lindenwirtin vom Donaustrand, Die unschuldigste Stunde (1957), Der vertreute Himmel, The Journey (1958), Ich heirate Herrn Direktor (1959), Der brave Soldat Schwejk, O sole mio, The secret

*) Biographie www.whoiswho-verlag.ch oder beigefügte CD-ROM

ways (1960), Eine hübscher als die Andere, Der schwarze Koffer, Diesmal muss es Kaviar sein, Es muss nicht immer Kaviar sein, Junge Leute brauchen Liebe, Das Wunder des Malachias, Adieu, Lebewohl, Goodbye, Das Geheimnis der schwarzen Koffer, Immer Ärger mit dem Bett, Ramona (1961), Das Geheimnis des schwarzen Koffers, Das Testament des Dr. Mabuse, Frauenarzt Dr. Sibelius, The victors, Sherlock Holmes und das Halsband des Todes (1962), Kali Yug, La Dea della Vendetta, Volles Herz und leere Taschen, The Waltz King, Il Mistero del Tempio Indiano, Jack und Jenny (1963), Major Dundee, The glory guys, See how they run (1964), The spy with my face, Cast a giant shadow, Cast a Giant Step (1965), Lange Beine, lange Finger, Peau d'espion, The Quiller Memorandum, Operazione San Gennaro, The Poppy is also a Flower, Bang, Bang, you're dead (1966), The Ambushers, Paarungen, Diaboliquement votre, Istanbul-Express, If it's tuesday, this must be Belgium, Babeck (1968), Les étrangers, Cuori solitari (1969), Der Graben, Infanzia, vocazione ...Giacomo Casanova, veneziano, Quando le donne avevano la coda, Un' anguilla da trecento millioni, Das Ausschweifende Leben des Marquis de Sade (1970), Mamma dolce, mamma cara, Causa di divorzio, Quando le donne persero la coda, Roma bene, Saut d'Ange (1971), Der scharlachrote Buchstabe, Der Geliebte der Grossen Bärin, Die Moral der Ruth Halbfass (1972), Amore e Ginnastica, Bisturi, la Mafia bianca, Der Reigen (1973), La bellissima estate, L' uomo senza memoria, Frühlingsfluten (1974), The Swiss conspiracy (1975), Das Chinesische Wunder, Signore e Signori, Buona Notte, Brogliaccio d'Amore (1976), Cross of Iron, Mit-Gift, Il Ritratto di Borghesia in Nero (1977), Halb Zwei (1978), La Giacca verde (1979), La padrona è servita (1980), Die Entscheidung (1982), Liebe Melanie (1983), Fatto su misura (1984), Il Fù Mattia Pascal, De flyvende djaevle (1985), Killing Cars, L' ultima mazurka, Animali metropolitani, Kir Royal (1986), Peter Strohm: Heisser Schmuck (1988), Die schnelle Gerdi, Ocianno (1989), Lilli Lottofee, Sie und Er (1991), Kommissar Rex - Der maskierte Tod, Gefangene Liebe, Dr. Schwarz und Dr. Martin (1994 u. 95), Die Nacht der Nächte, Dopo la Tempesta (1995), Bin ich schön?, Der König - Kap der Rache, Lamorte (1996), Bella Ciao (1997), Nur und weitere Katastrophen, Mord und Totschlag, Mit 50 küssen Männer anders, Mammamia (1998), Moderation d. Echo-Preisverleihung (1999), Probieren Sie's mit einem Jüngeren (2000), Lesung Fräulein Else (2002). E.: 1983 Bundesfilmpreis f. Film "Weiße Rose", 1967 Bambi-Preis, 1969, 1970 u. 1971 Maschera d'Argento, 1987 beste Darstellerin d. J., Silb. Bär (Berlinale 1990), 1991 Silberner Bär der Berlinale f. "Das schreckliche Mädchen", Oscar-Nominierung, Brit. Academy Award, New York Film Critcs Award, 1992 Telestar (Beste Schauspielerin), 1995 Bayerischer Filmpreis u. 1996 Bundesfilmpreis f. "Mutters Courage", 1999 EKWuK 1. Kl., 2000 Waldemar-von-Knoeringen-Preis d. SPD. (Re)

Berger Sigrid

B.: Einzelhdls.-Kfm. FN.: Hotel Restaurant an d. Oper. DA.: 10625 Berlin, Bismarckstr. 100. G.: Magdeburg, 24. Jan. 1949. El.: Bernhard u. Erna Krause, geb. Höhn. S.: 1961-70 Lehre als Einzelhdls.-Kfm. im elterlichen Betrieb. K.: ab 1971 Hotel Bregenz Berlin, 1974-85 Hotel-Pension Schmoll Berlin, Hotel Pension Europa, Hotel Europa, 1985 Verkauf d. Hotels, Kauf d. Hotels an d. Oper, 2000 Anerkennung als 4-Sterne-Haus. H.: Segeln, Golf, Hunde.

Berger Thomas *)

Berger Thomas *)

Berger Tilman Veit *)

Berger Toni

B.: Schauspieler. FN.: Bayer. Staatsschauspiel. DA.: 80075 München, Postfach 10 01 55. G.: München, 27. März 1921. K.: 1. Engagement am Fürstl. Hoftheater Sigmaringen, weitere Stationen u.a. 1948-64 Bielefeld, 1964-67 Nationaltheater Mannheim, 1967-72 Staatl. Schauspielbühnen Berlin, seit 1972 am Bayer. Staatsschauspiel, zahlr. Film- u. Fernsehrollen u.a. in "Das Schlangenei", "Polizei-Inspektion 1", "Geschichten aus d. Heimat". E.: Bayer. Staatsschauspieler.

Berger Ulla Dr.

B.: homöopath. Ärztin. DA. u. PA.: 99334 Kirchheim, Zur Eicheleite 2. G.: Halle, 7. März 1945. Ki.: Maud (1975), Usa (1979). El.: Max u. Irmgard Prange. S.: 1964-67 Med.-Stud. Leipzig, 1967-70 Med.-Stud. Med. Ak. Erfurt. K.: 1975 Dipl.-Medizinerin, 1976 FA f. Physiotherapie, 1982 Prüf. als Sportarzt, 1986 Prom. z. Dr. med., 1989 Prüf. als Betriebsarzt, 1992 Anerkennung Homöopathie, Naturheilverfahren, 1976-83 Poliklinik Nord Erfurt, 1983-89 Kreishygieneinsp. Erfurt, 1989-90 Betriebspoliklinik Optima Erfurt, seit 1992 eigene Ndlg. ohne KV Zulassung. M.: Marburger Bund, Landesärztekam. Thüringen, Verb. Homöopath. Ärzte Thüringen.

Berger Ulrich Dr. med. Prof. *)

Berger Ursel Dr. *)

Berger Uwe Dr. med.

B.: FA f. Mund-, Kiefer- u. Gesichtschir., Plast. Operationen. DA.: 09119 Chemnitz, Katharinenstr. 3a. G.: Waldenburg, 10. Sep. 1956. V.: Annerose, geb. Köbsell. Ki.: Tobias (1977), Sebastian (1984). El.: Günter u. Erika. S.: 1975 Abitur Halle, 1975-80 Stud. Stomatologie Bukarest, Abschluß Zahnarzt, 1980-86 Med.-Stud. Friedrich-Schiller-Univ., FA-Ausbild. Mund-, Kiefer- u. Gesichtschir., 1986 Prom. z. Dr. med. K.: 1984-86 Untersuchungen z. Kiefergelenkendoprothese, 1986-92 OA an d. Klinik f. Mund-, Kiefer- u. Gesichtschir. u. plast. Operationen d. Friedrich-Schiller-Univ. Jena, 1992 ndlg. FA f. Mund-, Kiefer- u. Gesichtschir. u. plast. Operationen in Chemnitz. BL.: 1988-92 wiss. Forsch. auf d. Gebiet d. Gewebeexpansionstechnik. P.: Prom. "Aufbau u. Herstellung einer Kiefergelenkentropothese", U. Berger, A. Bach: Anatomisch-anthropologische Untersuchungen d. Kiefergelenkregion an Schädeln mittelalterlicher Bevölkerungsgruppen als Grundlage für d. Konstruktion von Kiefergelenkendoprothesen (1989), U. Berger, P. Hyckel, D. Schumann, U. Wollina: Die Rekonstruktion ausgedehnter Defekte d. Kopfhaut durch Anwendung d. Expandertechnik (1991), U. Berger, D. Schumann, P. Hyckel: D. Gewebeexpansion bei plastisch-rekonstruktiven Eingriffen im Gesichts-Halsbereich (1992). M.: Dt. Ges. f. Mund-, Kiefer- u. Gesichtschirurgie, Bundesverb. Dt. Ärzte f. Mund-, Kiefer- u. Gesichtschirurgie e.V. H.: Schlittenhunde, Musik.

Berger Victor *)

*) Biographie www.whoiswho-verlag.ch oder beigefügte CD-ROM

Berger Viola
B.: Gschf. Ges. FN.. Juweliergeschäft Berger. DA.: 04209, Offenburger Str. 9. PA.: 04249 Leipzig, Wetzelweg 12. G.: Leipzig, 5. Jan. 1965. V.: Heiko Berger. Ki.: Marcel (1982), Erik (1989). S.: 1981-84 Ausbild. Anlagentechnik m. Abitur, b. 1987 Stud. FHS f. Gießereitechnik. K.: b. 1989 in d. Firma GISAG tätig, 1991 Software-Training, 1991-93 Fortbild. z. Wirtschaftsinformatiker, 1993-96 Mitarb. im elterl. Betrieb f. Software-Schulung, 1996 Grdg. d. Juweliergeschäfts m. exclusiv-Kollektionen, 2. Filialen u. Partner in Paris u. Hong Kong. H.: Skifahren, Hochgebirgswandern, Squash, antike Kunst.

Berger Werner Dr. rer. nat. habil. Prof. *)

Berger Willy *)

Berger Wolfgang *)

Berger Wolfgang Adolf
B.: Apotheker, selbständig. FN.: Neue Apotheke. GT.: Anteilseigner d. GITA Gießener Intern. Trading Handels GmbH Gießen u. d. Agamed GmbH Gießen. DA.: 35390 Gießen, Grünberger Str. 20. PA.: 35394 Gießen, Ruhbanksweg 29. wolfg.berger@t-online.de. www.neue-apotheke.de. G.: Gießen, 30. Nov. 1953. V.: Susanne, geb. Büdinger. Ki.: 2 Kinder. El.: Helmut u. Rosemarie. BV.: Großvater Adolf Berger Apothekengründer. S.: 1973 Abitur Marburg, 1973-75 Bundeswehr, Bundesgrenzschutz u. im Bundeskriminalamt, 1975-76 Schulausbildung z. pharmazeutisch-techn. Ass. in Frankfurt, 1976-77 Stud. d. Pharmazie Univ. Erlangen, 1977-84 Stud. Pharmazie Univ. Frankfurt, 1984 Approb. K.: 1984-89 Apotheker in versch. Apotheken in Hessen, 1989 Übernahme d. Apotheke d. Vaters in Gießen u. seither Inh., traditionsreiches Unternehmen, 1937 in Gießen durch Großvater gegründet, jetzt bereits in 3. Generation. P.: regelmäßig Informationsabende im Rahmen d. Arbeitskreis Gießener Apotheken AGA m. Berichterstattung in d. regionalen Presse, häufig Veröff. zu allg. Gesundheitsthemen in d. örtl. Anzeigenzeitungen. M.: AGA Arbeitskreis Gießener Apotheken, Hessischer Apothekerverband, Pharmazeutische Ges., Old Table Gießen, Licher Golfclub, Tennisclub Annerod, versch. Sportvereine. H.: Tennis, Skifahren, Golf.

Berger Wolfgang G. Dr. phil. Dr. rer. pol. Prof.

B.: Prof. f. BWL. FN.: Business Reframing(r) Institute Inc., Niederlassung Deutschland. DA.: 76228 Karlsruhe, Ortsstr. 32 a. berger@businessreframing.de. www.businessreframing.de. G.: Kassel, 9. Nov. 1941. V.: Myung-Sook, geb. Kim. Ki.: Fabian (1977), Debora (1981). S.: 1961 Abitur Melsungen, 1961-63 Lehre Ind.-Kfm. G. M. Pfaff AG Kaiserslautern, 1963-67 Stud. Grenoble / Frankreich u. Durham / U.S.A. m. Abschluss VWL, 1967-70 Prom. FU u. TU Berlin Dr. phil. u. Dr. rer. pol. K.: 1970-77 tätig in d. Schering AG in Berlin, 1977-78 AufsR. d. Botag AG u. glz. Präs. d. Intermonti Gestione S.r.l. in Italien, 1978-83 Vorst. d. Datec AG in Berlin, 1983-88 Prof. f. BWL an d. Univ. Uruguay in Montevideo, 1988-97 Prof. f. BWL an d. HS f. Wirtschaft in Pforzheim u. Gastprof. an d. California State Univ., seit 1997 Science Board of the Business Reframing(r) Inst. Inc. BL.: Entwicklung d. Business Reframing(r) Methode z. inneren Neuausrichtung v. Unternehmen. P.: u.a. "Business Reframing(r) - Das Ende der Moden im Management" (2001).

Berger Wolfgang Oswald Gustav *)

Bergér Ingrid

B.: Unternehmer, Inh. FN.: Ingrid Bergér Design. DA.: 85049 Ingolstadt, Frankenstr. 1a. G.: Prien Chiemsee, 1. Juni 1949. Ki.: Tochter (1971), Sohn (1981). S.: 1964-70 Glasfachschule Zwiesel. K.: 1970-75 Zusammenarb. m. Vater, seit 1970 selbst. BL.: Werke in Museum of moderne Art New York, Royal Albert Museum London, Roter Punkt (Ind.-Preis), Bundesdesign Preis nominiert jedes J. 500 neue Art. H.: Reisen.

Berger-Fiedler Róza

B.: Regisseurin, Kulturwissenschaftlerin. FN.: Babel TV d. 1. Jüdisch-deutsche Fernsehprogramm Deutschlands. GT.: Vors. Ver. d. Freunde u. Förderer d. Begegnungszentrums f. Kunst u. Kultur Marc Chagall e.V. DA.: 12683 Berlin, Cecilienstr. 63. El.: Leon Berger u. Gitla, geb. Lass. S.: 1957 aus Polen in d. DDR übersiedelt, 1959 Abitur Leipzig, 1960-61 Theater-HS Leipzig, 1966-71 Fernstud. Kulturwiss. u. Germanistik an d. Humboldt-Univ. Berlin, 1971 Dipl.-Kulturwissenschaftlerin Dipl. rer. cult. K.: 1965-71 DEFA-Synchronstudio, 1971-73 wiss. Mitarbeiterin d. Rektors d. Film-HS Babelsberg, 1973-75 freiberuflich, auch Russisch-Dolmetscherin u. Regieass., 1975-92 Regisseurin u.a. "Liebster Dziodzio" (1981), "Erinnern heißt Leben" (1987), "Herr Schmidt v. d. Gestapo" (1989), "Und Sie wollen noch immer Deutscher sein" (1992), 1990 Grdg. Babel Film u. Video GmbH zusammen m. Prof. Harry Hornig, 1995 Umwandlung in eine GbR, u.a. d. Serie "Tut auf d. Tore", "Ner Tamid - Ewiges Licht" (1990), "Vergeben u. Versöhnen ist nicht Vergessen" (1991), "Sein ist Anderssein" (1993), "Auferstehung einer Neue Synagoge - Centrum Judaicum" (1995), seit 1996 Reportagen u. Portraits f. Babel TV auf Spreekanal. E.: Goldene Herdermedaille f. russ. Sprache, Goethe-Medaille d. Stadt Berlin f. d. Film "Erinnern heißt Leben" (1989). M.: Jüdische Gemeinde Berlin, als 17-jährige z. SED, 1990 Austrittserklärung.

Berger-Mohnsen Mechthild Dr. med. *)

Bergerfurth Bruno Dr. iur.
B.: Vors. Richter am OLG Hamm a.D. PA.: 45136 Essen, Wandastr. 14. G.: Essen, 30. Okt. 1927. V.: Ruth, geb. Erle. Ki.: Georg, Angela, Ire d.: Heinrich u. Margarethe. S.: 1947 Abitur, Stud. Rechtswiss. Univ. Köln, 1951 Prom., 1954 Gr. Jur. Staatsexamen. K.: 1959 LGR., 1970 LGDir., 1980 Vors. Richter am OLG. P.: Der Ehescheidungsprozeß (13. Aufl. 2002), Das Eherecht (10. Aufl. 1993), Der Zivilprozeß (6. Aufl. 1991), Das Armenrecht (1971), Der Anwaltszwang (2.

Bergerfurth

Aufl. 1988 m. Nachtrag 1991), Aufsätze u. Rezensionen. M.: Korporation Suevia im Kartellverb. kath. dt. Studentenver., wiss. Ver. f. Familienrecht Bonn. H.: Bücher, Schach, Graphik.

Bergerhoff Fred
B.: Kfm., Inh. FN: Mega-Company Bergerhoff. DA.: 51545 Waldbröl, Wiehler Str. 24. G.: Wiehl, 26. März 1960. V.: Claudia, geb. Kray. Ki.: Kim (1994), Pia (19959. El.: Edgar u. Anneliese. S.: 1975 Mittlere Reife, 1975-78 Ausbild. Einzelhdl.-Kfm., 1978-80 Zivildienst. K.: 1980-95 Mitarbeit im Familienbetrieb, Einzel- u. Großhandel Elektro, 1995 Übernahme d. Betriebes, 1998 Neubau u. Erweiterung zur Red-Zac-Mega-Company. M.: Vorstandsarbeit Sportverein, Organis. Mitarbeit im Handelsverband. H.: Familie, Ski, Tennis.

Bergerhoff Joachim *)

Bergerhoff Paul-Ernst

B.: Zahnarzt. DA.: 50859 Köln-Widdersdorf, Leonhardsg. 8. PA.: 50259 Pulheim-Brauwerine, Langg. 11. G.: Osthelden, 19. Aug. 1956. V.: verh. Ki.: Pauline (1995). El.: Paul-Gerhard u. Anneliese. S.: 1978 Abitur, Zahnarztstud. in Bonn, 1984 Staatsexamen. K.: Zahnarzttätigkeit in Pulheim, seit 1988 selbst., Schwerpunkt: Zahnersatz, Laserzahnheilkunde. H.: Bücher, Musik, Sport.

Bergers Theo

B.: Gschf. FN.: Bergers & Sohn GmbH Fensterbau. DA.: 47608 Geldern, Am Pannhofen 45. www.bergers-sohn-gmbh-de. G.: Seleven, 20. Feb. 1962. Ki.: Christian (1984), Corinna (1986). El.: Josef und Anneliese, geb. Küsters. S.: 1978-81 Lehre Tischler. K.: 1981-86 Geselle im elterl. Betrieb, 1986 Meisterprüf., 1986-93 Meister im elterl. Betrieb. 1994-98 Teilhaber u. Gschf. seit 1998 alleiniger Gschf. m. Schwerpunkt Fensterbau, Entwicklung eigener Profilsysteme, exclusive Bauvorhaben u. Objekte f. namhafte Kunden. M.: Handwerksinnung Kleve, THW Helferver. H.: Motorradfahren, Hunde.

Berges Bernd Friedrich *)

Berges Robert Dr. med. dent. *)

Bergfeld Hanjo Dr. rer. pol. Dipl.-Wirtschaftsing. *)

Bergfelder Wolfgang *)

Berggold Claus
B.: RA. FN.: Pünder, Volhard, Weber & Axster. DA.: 04109 Leipzig, Burgpl. 7. G.: Hamburg, 1. Mai 1961. S.: 1980 Abitur, 1980-81 Wehrdienst, 1981-83 Stud. Univ. Hamburg, 1983-84 Jurastud. Univ. Genf, 1984 Univ. Straßburg/London, 1984-87 Stud. Univ. Hamburg. K.: 1988-91 Referendariat in Hamburg, 1992-93 jur. Mitarb. eines Notariats in Hamburg, 1993-94 RA in Frankfurt/Main, seit 1994 RA in Leipzig.

Berggötz Andreas

B.: Zimmermeister, Gschf. FN.: Zimmerei Berggötz. DA.: 76227 Karlsruhe, Tiroler Str. 3. G.: Karlsruhe, 21. Nov. 1968. V.: Susanne, geb. Graf. Ki.: Kathrin (1995), Maximilian (1998). El.: Walter u. Helga. S.: 1978 Mittlere Reife, 1978-81 Lehre als Zimmerer im elterl. Betrieb. K.: 1981-92 Geselle im elterl. Betrieb, 1992 Meisterschule Karlsruhe m. Abschluss, 1994 Übernahme d. väterl. Betriebes. F.: 1996 Grdg. d. Firma Berggötz Immobilien Karlsruhe, 1987/98 Beteiligung an d. Firma BS Immobilien Karlsruhe. M.: Sportver. H.: Golf, Motorrad, Fitness.

Berghammer Fritz *)

Berghammer Michael R. *)

van den Berghe Henry

B.: Musikkünstler. FN.: HVDB Productions. DA.: 79206 Niederrimsingen, Steige 10. G.: Eindhoven/NL, 2. März 1941. V.: Rosemarie, geb. Weber. Ki.: Claudia (1963). El.: Cyeniel u. Martina, geb. Rothas. S.: m. 9 J. erster Musikunterricht v. Vater, danach Privatschule, obere Musikschule, Stud. am Konservatorium f. Klavier u. Akkordeon in d. NL. K.: Kapellenzeit intern., Kapellmeister u. damit d. Drang z. komponieren, z.B. "Plaisir d'Accordeon" (8 Musettes, 2 Foxtrotts, 4 Polkas, 2 Balladen m. Akkordeon), im eigenen Tonstudio werden eigene u. fremde Titel aufgenommen, Musettes, Klavier, Orgel u. Sir Henry Gesang. P.: Radio, Fernsehen, intern., überregionale u. regionale Presse, Tonstudio, meine Melodie, Impressionen, eigenes Plattenlabel. E.: Musikmeisterschaften in Holland u. d. Akkordeon, versch. Presseausz., Kompositionen. M.: GEMA, GVL, Zela. H.: Billard, Häuser planen u. bauen, Fahrradfahren, Hund Husky.

Bergheim Uwe
B.: Vors. d. Gschf. FN: E-Plus Mobilfunk GmbH & Co. KG. DA.: 40403 Düsseldorf, PF 30 03 07; 40468 Düsseldorf, E-Plus-Pl. www.eplus.de. G.: Bad Honnef, 18. Juli 1956. V.: Andrea, geb. Hauswirth. El.: Mathäus u. Hedwig, geb. Clasen. S.: 1976 Abitur, 1976-77 Militärdienst - Fallschirmspringer Iserlohn, 1977-80 Stud. Wirtschaftswiss., Engl. u. Sport Univ. Bonn, 1980-83 Stud. Ak. f. Kommunikation Frankfurt m. Abschluss Kommunikations-Betriebswirt, Volontariat Werbeagentur Roschak & Partner St. Augustin. K.: 1980-82 Kontakter bei BATES, 1983-86 Manager d. Firma EFFEM, 1986-90 Marketingmanager u. Vertriebsltr. d. Firma Instore Marketing in Kelkheim, 1990-92 Sales-Dir. d. Firma Mars u. b. 1995 Marketing-Chef, 1995-2000 Vors. d. Geschäftsltg. d. Firma

---

*) Biographie www.whoiswho-verlag.ch oder beigefügte CD-ROM

Johnson & Johnson, seit 2000 Vors. d. Gschf. v. E-Plus Mobilfunk GmbH & Co. KG. M.: Vorst. d. IKW, MV Wiesbaden, IKW Frankfurt, Präsidium d. Zentrale z. Bekämpfung d. unlauteren Wettbewerbs in Bad Homburg. H.: Tennis, Fußbll, Skifahren, Reisen, Literatur, Berner-Sennenhund.

von Berghes Alexander Dr. med. *)

Berghof Kornelia Dr.-Ing. *)

Berghofer Johanna *)

Berghofer-Weichner Mathilde Dr.
B.: Rechtsanwältin. FN.: Justizpalast. DA.: 80335 München, Prielmayerstr. 7. PA.: 82131 Stockdorf, Zugspitzstr. 5. G.: München, 23. Jan. 1931. S.: Jurastud. K.: Ref. in München, 1957 Eintritt Bayer. Justiz, Staatsanw., LGR. u. 1. Staatsanw. in München, 1966 Wechsel als Bmtr. in d. Bayer. Kultusmin., Betreuung d. Grdg. d. Univ. Augsburg u. d. Med. Fak. d. TU München u. d. Baus d. Klinikums Großhadern, 1956 Eintritt CSU, seit 1957 Mtgl. d. LAussch. d. CSU, seit 1963 Mtgl. d. Parteivorst. u. seit 1968 stellv. Vors., 1957-65 Mtgl. d. BVorst. d. Jungen Union Deutschlands, Mtgl. d. Arge "Frauen", "CSA" u. "Juristen" d. CSU, seit 1972 Mtgl. d. Kreistages in Starnberg u. ab 1956 Mtgl. d. GemR. in Gauting, seit 1970 Mtgl. d. Bayer. Landtags, seit 1974 Mtgl. d. Bayer. Kabinett, zunächst Staatssekr. im Kultusmin. u. zugleich Mtgl. d. WissR., seit 30. Okt. 1986 Bayer. Staatsmin. d. Justiz u. seit Oktober 1988 Stellv. d. Bayer. Min.Präs, seit Mai 93 Landesabg. d. CSU. M.: stellv. Vors. d. VdK Bayern u. LAussch.Vors. d. Bayer. Jugendrotkreuzes sowie Vors. d. Förderver. f. d. staatl. Museum f. christl. Volkskunst aus aller Welt im Alten Schloß Schleißheim.

Berghoff Dagmar
B.: Tagesschausprecherin, Moderatorin. FN.: ARD-Aktuell. DA.: 22529 Hamburg, Gazellenkamp 57. G.: Berlin, 25. Jan. 1943. El.: Gerhard u. Irene. S.: Abitur, 3 J. Schauspielstud., je ein Jahr in England und Frankreich zum Sprachenstudium, 1964-67 HS f. Musik u. Darstell. Kunst Hamburg. K.: 1967 - 1976 Südwestfunk Baden-Baden Fernsehansagerin, Funksprecherin u. Moderatorin, während dieser Zeit Rollen in diversen Fernsehspielen, u.a. "Deutschlandreise", "Einmal im Leben", "Aus Liebe zum Sport", "Hamburg Transit", Tatort "Ein ganz gewöhnlicher Mord", zuletzt 1984 "Der Friedenmacher", außerdem Synchronisationen v. Fernseh- und Videofilmen, Mitwirkung b. Hörspielen u. Kabarettsendungen b. Radio Bremen, Moderation v. Galas u. Kongressen sowie öffentlichen Hörfunkkonzerten f. NDR, SFB, RIAS, WDR, HR u. BR, 1976-99 Tagesschausprecherin u. Rundfunkmoderatorin NDR, 1995-99 Chefsprecherin Tagesschau. E.: 1980 und 1990 den "Bambi" der Zeitschrift BILD UND FUNK, 1981 italienischen Preis "Sorrisi et Canzoni", 1987 "Goldene Kamera" der Zeitschrift HÖR ZU, M.: Patriot. Ges. Hamburg, Greenpeace, s. 1990 Mtgl. b. K.U.K.i. (intern. Kinder-Umweltschutz-Organ.). H.: Gemälde sammeln. (Re)

Berghoff Winfried Dr. med. *)

Bergholz Claus Ing. gad. *)

Bergholz Hubertus C. *)

Bergk Egon K.O. *)

Bergk Gerhard Dipl.-Ing.
B.: Dipl.-Ing. u. Werkzeugmachermeister, Inh. FN.: Bergk KG. DA.: 14473 Potsdam, Heinrich-Mann-Allee 20; 14478 Potsdam, Hufeindereiterweg 11. G.: Ilmenau, 5. Aug. 1936. V.: Rita, geb. Hoffmann. Ki.: Cornelia (1960), Sabine (1964). El.: Arno u. Helene, geb. Grimm. S.: 1950-53 Lehre als Werkzeugmacher f. Plastverarb. in Ilmenau. K.: 1953-56 Werkzeugmacher in Ilmenau, 1956 Umzug nach Potsdam, Werkzeugmacher, Aufbau d. Betriebes Helmut Wende Plastverarb., 1958 Handwerksmeister f. Werkzeugbau in Potsdam, 1964 Entwicklungsarb. auf d. Gebiet Plastverarb. in Indien, seit 1956 2. Spezialausbild. f. Panzerschränke Aufbau eigener Plastspritzerei, Herstellung v. Präzisionswerkzeugen, Entwicklung d. Nummernschalters f. Telefon, 1971-75 Fernstud. - Dipl.-Ing. f. Plast- u. Elastverarb. in Fürstenwalde, 1977 selbst. Übernahme Firma Wende Inh. G. Bergk, b. 1991 Plastverarb. u. Sicherheitsarb., seit 1991 ausschließl. Sicherheitsarb. M.: Anglerver. H.: Arb.

Berglar Christoph Dr. iur.
B.: RA, Unternehmer (IT-Branche, Pferdezucht). PA.: 50935 Köln, Friedrich-Schmidt-Str. 53. G.: Köln, 6. Dez. 1950. V.: Dr. Daniele, geb. Dahlbender. Ki.: 6 Kinder. El.: Prof. Peter u. Vera, geb. Merck. BV.: Großvater Dr. Fritz Merck. S.: 1969 Abitur Köln, 1969-70 Wehrdienst, 1970-75 Stud. Rechtswiss. Freiburg u. Köln, 1970-72 Vors. "Demokrat. Mitte", 1970-75 1. u. 1978 2. Staatsexamen, 1979 Prom., 1979-80 1 J. RA in New York, 1980-81 Harvard Law School, 1981 Abschluß LL.M. K.: 1981-84 Ass. Erhard Bouillon Hoechst AG, 1984-87 Merck Brasilien, 1987-92 Egon Zehnder Intern. Frankfurt, 1992-95 Mtgl. Gschf. Benckiser GmbH in Ludwigshafen u. AufsR.-Vors. Lancaster AG Wiesbaden, seit 1996 selbst. RA, zugelassen am LG Frankfurt, 1998-2001 Gschf. Vors. Direktorium f. Vollblutzucht u. Rennen, seit 1999 Mtgl. Familienrat Merck.

Berglehner Otto *)

Bergler Adam Leon *)

Bergler Uwe Dipl.-Bw.
B.: Ltr. FN.: bfz Weiden. DA.: 92637 Weiden, Böttgerstr. 40a. PA.: 92637 Weiden, Hinterm Rehbühl 32. bergler. uwe@m.bfz.de. www.bfz.de. G.: Weiden, 14. Aug. 1965. V.: Petra, geb. Jäger. Ki.: Mario (1998). El.: Richard u. Gisela. S.: 1982-84 Fachoberschule Weiden, 1984-86 Ausbild. z. Einzelhdls.-Kfm. in Weiden, 1986-87 Fachoberschule Weiden m. Abschluss Abitur, 1987-94 Stud. BWL m. Abschluss als Dipl.-Bw. K.: 1991-94 nebenbei als Doz. in d. Erwachsenenbild., 1994-96 Seminarltr. am bfz in Weiden, 1996-98 in d. bfz-Zentrale in München tätig im Bereich Ford.-Management, 1998 bfz Ltr. in Weiden. M.: Schwimmver. Weiden e.V., Stadtmarketing Ver. Pro Weiden. H.: Familie, Motorradfahren, Lesen, Musik.

Bergmann Albrecht Dipl.-Ing. Ing. oec.
B.: Ind.-Kfm., Stumpenmachermeister, Gschf. Ges. FN.: Waldheimer Gewürze GmbH. DA.: 04736 Waldheim, Landsberger Str. 60. PA.: 04736 Waldheim, Obermarkt 9. G.: Chemnitz, 29. Mai 1939. V.: Gisela, geb. Scheibe. Ki.: Axel (1962), Thomas (1963), Grit (1966), Anke (1969). El.: Ulrich u. Hildegard, geb. Kühnrich. BV.: Urgroßvater H. Robert Bergmann Gründer 1855 d. Zigarrenfirma, Übernahme Großvater Max 1881, Übernahme durch Vater Ulrich 1946, Großvater mütterlicherseits: Blechspielwarenfabrikant in Waldheim. S.: 1954-56 Lehre als Stumpenmacher im väterl. Unternehmen, 1956-59 Lehre als Ind.-Kfm., 1961-62 Meisterstud., Meister d. Tabakinst., 1964-66 Armee, 1967-72 Stud. Fachschule f. Lebensmittelind. Gerwisch b. Magdeburg, 1972 Ing. oec., 1974-76 Stud. Fachschule f. Lebensmitteltechnik Dippoldiswalde, 1974 Faching.,1979-84 Stud. Technologie d. Lebensmittelind. Humboldt-Univ. Berlin, 1984 Dipl.-Ing. d. Lebensmittelind. K.: 1966 Eintritt in d. Firma, 1971 Automatisierung, Einsatz v. Importmaschinen aus Holland z. automat. Wickeln u. Überrollen v. Zigarren, 1972 Verstaatlichung "VEB Waldheimer Stumpen", 1981 Einstellung d. Zigarrenproduktion, 1981 Grdg. d. Firma VEB Waldheimer Gewürze,

*) Biographie www.whoiswho-verlag.ch oder beigefügte CD-ROM

Bergmann

1990 Waldheimer Gewürde GmbH (Treuhand), 1992 Reprivatisierung Waldheimer Gewürze GmbH, 1995 Neubau im Gewerbegebiet Landsberger Str. 60. P.: Ing.-Arb., Dipl. M.: 1990-94 Parlamentspräs. d. Stadtparlaments Waldheim, 1994-98 Fraktionsvors. d. FDP im Stadtparlament Waldheim, 1993 Mitbegründer u. Vors. d. Gewerbever. Waldheim, 1997 Mitbegründer u. Vors. d. 1. Sächs. Ver. f. d. Anbau u. d. Verarb. v. Heil- u. Gewürzpflanzen in Sachsen, 1999 Grdgs.-Mtgl. d. Fördervereins Malerei u. Grafik e.V. in Waldheim. H.: Sachsen u. seine Geschichte, Geschichte d. Stadt Waldheim, Kunst u. Kultur, Malerei.

Bergmann Arthur Hans-Joachim
B.: RA. DA.: 04179 Leipzig, Pettenkofer Str. 3. G.: Leipzig, 15- Dez. 1938. V.: Marita, geb. Fritzsche. Ki.: Maria-Verena (1969). El.: Dr. Arthur u. Elise, geb. Meseck. S.: 1964 Abitur, 1965-70 Stud. Rechtswiss. Univ. Leipzig, Dipl.-Abschluß. K.: 1970-90 Richter am Kreisgericht Leipzig, seit 1993 ndlg. RA in überregionaler Sozietät, 1994 Eröff. d. eigenen Kzl. m. Tätigkeitsschwerpunkt Straf-, allg. Zivilr- u. Arb.-Recht. M.: Rotary Club Leipzig-Zentrum, Leipziger Burschenschaft SUEVIA zu Köln. H.: Pferde.

Bergmann Axel *)

Bergmann Berger
B.: Verw.-Dir. FN.: Konzerthaus Berlin. DA.: 10117 Berlin-Mitte, Gendarmenmarkt 2. PA.: 12161 Berlin, Südwestkorso 63a. b.bergmann@konzerthaus.de. www.konzerthaus.de. G.: München, 7. Feb. 1962. V.: Beatriz Alvarez Prieto. El.: Prof. Rainer u. Ingeborg, geb. Zeiler. S.: 1983 Abitur Krefeld, 1983-90 Stud. Rechtswiss. an d. FU Berlin, 1990 1. u. 1994 2. Staatsexamen. K.: 1991 Rechtsreferent beim Magistrat d. Stadt Potsdam, 1991 Berufung in d. Beamtenverhältnis auf Widerruf, Referendar b. Kammergericht Berlin, 1991-92 Amtsrichter b. Amtsgericht Berlin-Schöneberg, 5/1992 bis 8/1992 Staatsanwaltschaft b. Landgericht Berlin, 8/1992 bis 11/1992 Strafrichter b. Amtsgericht Berlin-Moabit, 1992-93 Akad. d. Künste, Berlin, 2/1993 bis 5/1993 Deutsches Nationaltheater in Weimar, 5/1993 bis 11/1993 Rechtsanwalt Klaus Gedat, Berlin, 1993-94 Hochschule f. Grafik u. Buchkunst, Leipzig, 3/1994 bis 5/1994 Kulturdezernat d. Stadt Potsdam, 1994-95 Anstellung als Koordinator d. Ausstellung "Moskau - Berlin / Berlin - Moskau" bei d. Berlinischen Galerie, seit Anstellung als Verwaltungsdirektor am Konzerthaus Berlin / Schauspielhaus am Gendarmenmarkt. M.: Gschf. d. Freundeskreises Gendarmenmarkt, Mtgl. d. Fürst Pückler Ges. Berlin, Mtgl. d. Circulo Bellas Artes Madrid. H.: Garten- u. Landschaftsplanung, Ausbau d. priv. Designsammlung, Reisen.

Bergmann Bernd Dr.

B.: Vorst. FN.: AG d. Dillinger Hüttenwerke. DA.: 66798 Dillingen/Saar, Postfach 1580. PA.: 66798 Wallerfangen, Klostergartenweg 4. www.dillinger.de. G.: Adenau/Eifel, 15. Mai 1939. Ki.: Peter (1961), Marion (1969). El.: Hubert u. Anna. S.: 1958 Abitur, 1958-64 Stud. Eisenhüttenkunde RWTH Aachen. K.: ab 1964 ang. Dipl.-Ing. in d. Dillinger Hüttenwerke, 1964-67 Dr.-Arb. im Hochofenbetrieb, 1967 Prom., 1967 tätig im Bereich d. metallurg. Abt., 1970-86 Aufbau u. Ltr. d. Abt. Forsch. u. Entwicklung, 1986 Stahlwerkschef, 1988 Dir. d. Stahlwerkes u. glz. Dir. d. Forsch. u. Entwicklung, 1992 Dir. d. Prod. Betriebe u. ab 1995 Vorst. d. Dillinger Hüttenwerke. M.: VdEH. H.: Musik von Wagner und Beethoven, klassische Musik, Theater, Gartenarbeit.

Bergmann Burckhard Dr.-Ing. Dipl.-Phys.
B.: Vors. d. Vorst. FN.: Ruhrgas AG. DA.: 45138 Essen, Huttropstr. 60. G.: Sendenhorst/Beckum, 11. Feb. 1943. S.: 1962-68 Stud. Physik in Freiburg u. Aachen, 1968 Dipl.-Physiker, TH Aachen, 1970 Dr.-Ing. K.: 1968-69 Bundesministerium f. Forschung u. Technologie, 1969-72 Kernforschungsanlage Jülich GmbH, 1972 Eintritt in d. Ruhrgas AG, Bereichsleiter Flüssigerdgasbeschaffung, 1978 Ltr. d. Erdgasbeschaffung m. Zuständigkeit f. Erdgaseinkauf, Erdgastransport u. -speicherung u. Mengenabrechnung, 1980 Mtgl. d. Vorst., 1996 stellv. Vors. d. Vorst., seit 2001 Vors. d. Vorst. d. Ruhrgas AG. (Re)

Bergmann Christine Dr. rer. nat.

B.: Bundesmin., f. Fam, Senioren, Frauen u. Jugend. FN.: Bundesmin. f. Fam., Senioren, Frauen u. Jugend. DA.: 10117 Berlin, Glinkastraße 18-24. www.bmfsfj.de. G.: Dresden, 7. Sept. 1939. V.: verh. Ki.: 2 Kinder. S.: 1945-57 Schul- u. Oberschulbesuch Dresden, Stud. Pharmazie Leipzig, 1989 Prom. Dr. rer. nat. K.: nach Staatsexamen Tätigkeit in einer Apotheke in Berlin, ab 1967 freiberufl. Mitarb. im Bereich d. Arzneimittelinformation, 1978-90 Abt.Ltr. im Inst. f. Arzneimittelwesen, seit 1989 Mtgl. d. SPD, 1990-91 Präsidentin d. Stadtverordnetenversammlung von Berlin, seit 9/1990 stv. Landesvors. d. Berliner SPD, Mtgl. d. Abgeordnetenhauses von Berlin, seit 1/1991 Bürgermeisterin und Senatorin f. Arbeit u. Frauen d. Landes Berlin, seit 1995 Mtgl. Präsidium d. SPD, seit 1995 Bürgermeisterin u. Senatorin f. Arbeit, Berufl. Bild. u. Frauen d. Landes Berlin, seit 1998 Bundesmin. f. Fam.,Senioren, Frauen u. Jugend. (Re)

Bergmann Clemens *)

Bergmann Elisabeth Dorothea Dr. med.
B.: Pensionärin. PA.: 98527 Suhl, Schleusinger Str. 21. G.: Jena, 27. Juli 1932. Ki.: Klaus Georg (1963). El.: Dr. med Erich u. Marita Bergmann. S.: 1950 Abitur, 1950-51 Krankenpflegschule Jena, 1951-57 Stud. Med. in Jena u. Halle, 1957-60 FA-Ausbildung in Schleiz u. Syrau, 1960-63 FA-Ausbildung HNO in Erfurt, 1985-88 Zusatzausbildung Akupunktur, verstärkt Anwendung in d. Praxis u. in d. Poliklinik. K.: 1964-95 Praxis HNO in Suhl, zuerst Ltg. d. poliklinischen HNO-Abteilung u. stationäre Zusatzstelle im Kreis-KH b. 1980, b. 1984 neben d. ambulanten Arbeit in d. Praxis Bereitschaftsdienst im Bezirkskrankenhaus, seit 1995 Pensionärin; Unterricht an d. Med. Fachschule Suhl, Fachrichtung Krankenpflege; nach d. Wende b. 1998 Unterricht an d. Fachschule f. Logopädie in Suhl. M.: seit 1992 Mtgl. im Ökologischen Ärztebund u. im NABU, sowie b. Greenpeace, Mtgl. in Tierschutzverein Suhl seit seiner Grdg., früher immer Hunde gehalten, führt jetzt Hunde aus d. Tierheim aus, sammelt Spenden f. d. Tierheim. b. festlichen Anlässen u. b. Freunden u. Bekannten.

Bergmann Ernst-Georg Dipl.-Kfm. *)

Bergmann Felix Reinhardt Ing. *)

*) Biographie www.whoiswho-verlag.ch oder beigefügte CD-ROM

Bergmann Friedrich Klaus Dr. jur. *)

Bergmann Gerhard

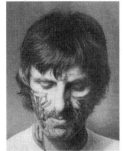

B..: Tattoo-Künstler. DA.: 89073 Ulm, Karlstr. 37. G.: Langenau, 25. Okt. 1948. V.: Gudrun, geb. Boland. Ki.: 3 Kinder. S.: 1964-67 Lehre Kfz-Mechaniker. K.: 1968-69 Europareise, 1969-70 Bundeswehr, 1970-78 tätig bei versch. Tattoo-Meistern in London, seit 1978 eigenes Tattoo-Studio. H.: Fallschirmspringen, Bootfahren, Hund.

Bergmann Hagen *)

Bergmann Hanns-Heinz

B.: Heilpraktiker, selbständig. FN.: Naturheilzentrum Weingarten. DA.: 88250 Weingarten, Vogtstr. 1. PA.: 88339 Bad Waldsee, Holunderpfad 4. www.hannsbergmann.de. G.: Mayen, 17. Dez. 1952. V.: Karin, geb. Vogel. El.: Hanns-Heinz u. Annemarie, geb. Luxem. BV.: Familienchronik bis 1340. S.: 1970 Abitur Bad Wurzach, Stud. Heilpraktikerschule München, 1974 Prüf. u. Zulassung z. Heilpraktiker. K.: Eintritt in d. Praxis d. Vaters, später tätig in Weingarten m. Schwerpunkt Akupunktur, Sauerstoff-, Ozon- Laser- u. Kryotherapie, Spezialist f. Migräneanfälle u. Allergien, 3 Mon. Stud. Akupunktur an d. Univ. Shanghai m. Abschluß Meister d. Akupunktur. P.: Aufsätze zu med. Themen in d. Schwäbischen Zeitung u. in Fachzeitschriften. E.: Ehren-Dr. d. Henry-George-Univ. in Maine/USA. M.: VDH, FV Bad Waldsee, FC Bayern München, Spieler b. EC Ravensburg (1962-70) u. dzt. Ehrenmtgl. H.: Musik, Lesen, Reisen.

Bergmann Hans Konrad *)

Bergmann Helga *)

Bergmann Herbert *)

Bergmann Herbert Willi *)

Bergmann Holger
Dipl.-Kommunikationswissenschaftler

B.: Gschf. FN.: ADNOTAM GmbH f. digitale Informationsstrategien. DA.: 10115 Berlin, Invalidenstr. 34. G.: Penig, 23. Feb. 1960. El.: Heinz u. Renate Kutzer, geb. Hammer. S.: 1968 Abitur Rochlitz, 1978-80 NVA, 1980 Stud. Mikrobiologie Univ. Halle,Exmatrikulation aus polit. Gründen, b. 1987 Pfleger geistig Schwestbehinderter bei d. Kirche, 1987 Ausweisung aus d. DDR, 1989 Stud. Publizistik u. Kommunikationswiss. FU Berlin, 1990-94 Erasmus-Student Univ. Odende/Dänemark u. 1993-94 Univ. Uppsala/Schweden, 1996 Dipl.-Kommunikationswissenschaftler FU Berlin. K.: seit 1996 selbst. als Informationsvermittler u. Übersetzer, 1999 Grdg. d. GmbH spez. f. Ostseeanrainerstaaten. P.: Art. in TAZ. E.: 1990-93 Erasmus-Stipendium. M.: IHK Schweden in d. BRD, Dt.-Schwed. HK in Schweden, DGI, EIRENE, GIN, DMMV. H.: Altflöte spielen, mod. Architektur, Lyrik.

Bergmann Ina

B.: Moderatorin. FN.: ARD - Aktuell. DA.: 22504 Hamburg, Gazellenkamp 57. G.: Kiel, 3. Jan. 1966. S.: 1985 Abitur Jever, 1988 Ausbild. z. Buchhändlerin in d. Hahnschen Buchhdlg. Hannover, Stud. Polit. Wiss., VWL u. Öff. Recht in Bonn, 1992 Dipl. pol. K.: 1989 Hospitanz Nordwest-Zeitung Oldenburg, 1989-90 freie Mitarb. General-Anzeiger Bonn, 1990 Pressestelle Volkskammer d. ehem. DDR, 1991 freie Mitarb. Berliner Zeitung, 1991-92 freie Mitarb. RIAS Berlin, Moderation aktueller HF-Magazine, 1992-93 freie Korrespondentin zuerst f. d. RIAS später auch f. andere ARD-Anst. in Paris, 1993 Hospitanz danach freie Mitarb. ZDF-Studio Paris, 1993-95 Volontariat Norddt. Rundfunk Hamburg, 1995 Moderatorin u. (Live)-Reporterin im Landesfunkhaus Mecklenburg-Vorpommern d. NDR, seit 1997 Moderatorin "Plusminus" im ERSTEN, ab 1997 Moderatorin "Tagesschau um drei" u. "Tagesschau um fünf" im ERSTEN.

Bergmann Jochen

B.: Immobilienmakler, selbständig. FN.: Werbeagentur Bergmann u. Friends Promotion Agency. DA.: 37073 Göttingen, Friedrichstr. 1. info@b-f.de. www.b-f.de. G.: Celle, 24. Aug. 1954. El.: Dr. Gertraud Bergmann. S.: 1974 Abitur Göttingen, 1974 Stud. Med. Göttingen. K.: 1979 selbständiger Immobilienmakler, 1997 Grdg. d. Firma Bergmann u. Friends Promotion Agency u.a. m. Catering f. Talkshows u. Web-Design m. ca. 200 freien Mitarbeitern. F.: Inh. d. Firma Bergmann Immobilien. M.: RDM, FIABCI, BFW, DVSF. H.: Jagd, Sportschießen, Tauchen, Segeln, Fotografieren.

Bergmann Jörg

B.: Optiker. FN.: Bergmann GmbH Optik. DA.: 42697 Solingen-Ohligs, Düsseldorfer Str. 37. joergbergmann1@gmx.de. G.: Solingen, 24. Okt. 1959. Ki.: Lin (1999). El.: Rudolf u. Dorothee, geb. Wollenhaupt. S.: 1976 Mittlere Reife Solingen, 1976-79 Lehre als Augenoptiker im elterl. Betrieb. K.: 1979-80 Tätigkeit im elterl. Betrieb, 1980-83 Tätigkeit b. Optiker Brillen Müller in Wittlich, 1983-85 FH f. Augenoptik Köln, Abschluss als Augenoptikermeister, 1985-86 Auslandsaufenthalt in Amerika, 1986 Wiederaufnahme d. Tätigkeit im elterl. Betrieb, 1987-88 Fachschule f. Hörgeräte-Akustik in Lübeck, 1990 Meisterprüf. als Hörgeräte-Akustiker, 1993 Übernahme d. elterl. Betriebes. M.: seit 1991 Vors. d. örtl. Werbegemeinschaft, seit 1997 Gschf. b. Meditrend. H.: Reiten, Squash.

Bergmann Jürgen *)

Bergmann Jürgen Hans Gerhard Dr. phil. Prof.

B.: Historiker. FN.: Otto-Suhr-Inst. d. FU Berlin. PA.: 12205 Berlin, Kadettenweg 68. G.: Hohenberg-Krusemark, 22. Jan. 1936. V.: Renate. Ki.: Dr. med. Christine. S.: 1956 Abitur Berlin-Tiergarten, 1956-61 Stud. Germanistik und Geschichte FU Berlin, 1961-63 Staatsexamen. K.: 1964-68 wiss. Mitarb. Forsch.-Gruppe z. Frühindustrialisierung Berlin-Brandenburgs an d. Histor. Kmsn., 1969 Diss., seit 1969 am Otto-Suhr-Inst., Abt. Histor. Grundlagen, 1969-71 Ass., seit 1974 Prof. venia legendi "Neuere Geschichte", seit 1998 emeritiert. Dozententätigkeit in d. deutschen u. deutsch-russischen Journalistenfortbildung, Thema "Dt. Geschichte" an d. FU Berlin. P.: Diss. "Das Berliner Handwerk in d. Frühphasen d. Industrialisierung" (1973), "Die ökonom. Vorraussetzungen d. Revolution v. 1848", "Wirtschaftskrise u. Revolution" (1986), über 20 Publ. z. neueren polit. u. ges. Geschichte. M.: Verb. Dt. Historiker, Dt. Alpenver., Stiftung Denkmalschutz. H.: Klavierspielen, Bergsteigen in Alpen u. Himalaya, Konzerte, Literatur.

*) Biographie www.whoiswho-verlag.ch oder beigefügte CD-ROM

Bergmann Karl Hans *)

Bergmann Karl-Heinrich *)

Bergmann Knut Dipl.-Ing. *)

Bergmann Kornelia *)

Bergmann Kurt *)

Bergmann Lothar Dr. med. Prof.
B.: Komm. Ärztlicher Direktor, Abt. Innere Medizin III (Hämatologie/Onkologie/Infektiologie/Rheumatologie), Medizinische Klinik, FN.: Universität Ulm. DA.: 89081 Ulm, Robert-Koch-Str. 8. G.: Seligenstadt, 17. Nov. 1949. V.: Dr. med. Maria, geb. Bergmann. Ki.: Sarah (1989), Rebekka (1991), Hannah (1994). S.: 1956-60 Grundschule, 1960-68 Gymn., Abitur, Wehrdienst, 1970-76 Stud. Humanmed. J.-W.-Goethe-Univ. Frankfurt, 1976 Ärztl. Prüf. K.: 1976-77 Med.-Ass.-Zeit, 1977 Approb. als Arzt, 1977 Prom., 1977-78 FA-Weiterbild. f. Innere Med. am Dreieich-KH Langen, seit 1978 FA-Weiterbild. f. Innere Med. sowie d. Teilgebietsbezeichnung Hämatologie am Zentrum d. Inneren Med. J.-W.-Goethe-Univ. Frankfurt, 1985 Anerkennung als Arzt f. Innere Med., 1985 Habil., 1985 Priv.-Doz., 1988 Teilgebietsbezeichnung "Hämatologie", 1991 apl.Prof. f. Innere Med., set 18.8.97 Komm. Ärztlicher Direktor der Abt. Innere Medizin III, Universität Ulm. P.: seit 1980 zahlr. Art. u. Publ. in med. Fachorganen. M.: seit 1980 DGHO, seit 1982 AIO, seit 1982 SHG, seit 1989 Vorsitzender d. SHG, seit 1983 DGI, seit 1988 Dt. Ges. f. Innere Med., seit 1989 ESMO, seit 1992 AACR, seit 1992 ISEH, seit 1993 ASH, seit 1993 EHA, seit 1994 Board der EORTC-Gruppe BTDG, seit 1996 DAG-KBT, seit 1996 ASCO. Wiss. Beirat v. Fachzeitschriften, außerordentl. Mtgl. Arzneimittelkommission dtsch. Ärzteschaft. H.: Musik (Orgel), Sport (Skifahren, Tennis).

Bergmann Matthias Dipl.-Ing.

B.: Beratender Ingenieur VBI f. Bauwesen, Gschf. FN.: Bergmann + Partner Ing. GmbH. DA.: 30159 Hannover, Kanalstr. 11. Bergmann_Partner@t-online.de. G.: Hannover, 29. Juni 1964. V.: Evguenia, geb. Starikova. Ki.: Florian (1998). El.: Karl-Wilhelm u. Ruth, geb. Hahn. S.: 1983 Abitur Hannover, 1984-94 Katastrophenschutz Fernmeldezug Stadt Hannover, 1983-89 Stud. Bauing.-Wesen an d. Univ. Hannover, 1989 Dipl. K.: 1990-92 Ang. d. Philipp Holzmann AG Frankfurt, 1992 Ang. d. Büros Bergmann + Partner GbR Hannover, 1993-99 Ges. d. Büros Bergmann + Partner GmbH Hannover, 1992-99 Prüfung v. statischen Berechnungen im Hochbau, ab 1999 Gschf. Ges. d. Büros Bergmann + Partner GmbH, 1996-99 Lehrauftrag am Inst. f. Tragwerksentwurf u. Bauweisenforsch. Univ. Hannover. P.: div. Fachveröff. u. Art. in Fachzeitschriften, seit 1996 Hrsg. d. "Bürojournals". M.: seit 1994 VBI, seit 1994 IngKN, 1997 Eintrag in d. Liste d. Beratenden Ing., seit 1997 Gschf. d. Architekten- u. Ing.-Ver. AIV Hannover, 1995 Grdgs.-Mtgl. d. AIV Magdeburg (Wiedergründung), Polizeisportver. Hannover (Abt. Tennis, Tanzsport. H.: Mineraliensammlung, Wandern, Tennis, Tanzsport, Fußball (Eintracht Frankfurt), Pop-Musik, CD-Sammlung.

Bergmann Matthias *)

Bergmann Michel
B.: Drehbuchautor, Filmreg. u. Produzent. FN.: Funke & Stertz Medien Agenten. DA.: 20357 Hamburg, Schulterblatt 58. G.: Basel, 6. Jan. 1945. Ki.: Emanuel (1972). El.: Emanuel u. Charlotte. BV.: Jakob Wassermann. S.: 1963-65 Lehre b. Frankfurter Rundschau. K.: 1966-69 freier Journalist, ab 1970 b. Film u. Fernsehen als Regieass., ab 1976 Autor u. Reg. u.a. "My Lovely Monster" (1989), "Linda" (1991), ab 1980 Filmproduzent u.a. "Die Kolonie" (1985) u. "Der Flieger" (1986), "Hagedorns Tochter" (1992), "Hallo, Onkel Doc !" (1994), "Wilde Zeiten" (1996), "Pest !" (1998). E.: Bundesfilmpreis, Gildepreis, Kritikerpreis, New York Film Award. (Re)

Bergmann Monika *)

Bergmann Peter *)

Bergmann Peter Dr. rer. pol. *)

Bergmann Rainer *)

Bergmann Ralph *)

Bergmann Rolf E. *)

Bergmann Siegfried *)

Bergmann Theo *)

Bergmann Theodor *)

Bergmann Uwe
B.: Betriebsleiter. FN.: TRAVAG Ratzeburg GmbH. DA.: 23909 Ratzeburg, Bahnhofsallee 36. u.bergmann@travag.ratzeburg.de. G.: Lübeck, 4. Okt. 1988. V.: Cornelia, geb. Rick. Ki.: Daniel (1985), Sarah (1988). El.: Werner u. Ingeborg, geb. Ahrendt. S.: 1972-76 Lehre Kfz-Mechaniker Lübeck. K.: 1976-81 Geselle, 1981-83 Umschulung z. Maschinenbautechniker in Lübeck u. glz. FHS-Reife, 1983-85 Autoverkäufer in Lübeck, 1985-2000 Mechaniker d. Firma TRAVAG in Neustadt u. später Werkstattleiter, 2000 Ausbildung z. Bw., seit 2000 Betriebsleiter d. Firma TRAVAG in Ratzeburg, 1991 Kfz-Meisterprüfung. H.: Fotografie, Modellbau, ferngesteuerte Autos.

Bergmann Volker
B.: Groß- u. Außenhdls.-Kfm., Gschf. Alleinges. FN.: V. Bergmann Lebensmittelvertriebs GmbH. DA.: 21362 Adendorf, Postfach 1263. G.: Lüneburg, 4. Feb. 1951. V.: Karin, geb. Sieb. Ki.: Meike (1976), Hilka (1979). S.: 1968 Handelsschule Lüneburg, b. 1970 Lehre z. Groß- u. Außenhdls.-Kfm. b. d. Firma L.W.C. Michelsen in Hamburg. K.: Wechsel zu Edeka u. interne Weiterbild. durchlaufen, 1972-74 Marktltr. in einem Edeka-Markt in Neumünster, b. 1976 in versch. Edeka-Geschäften ang., seit 1976 ang. im Edeka-Geschäft d. Eltern in Lüneburg, ab 1978 selbst. Edeka Kfm., seit 1978 im AufsR. d. Edeka Gen. in Lüneburg, 1999 Bezug d. neuen modernen Edeka-Marktes in Adendorf. M.: AufsR.-Vors. d. Edeka Nord in Neumünster, Vors. d. Werbegemeinschaft Adendorf. H.: Beruf, Börse, Reisen, Weine.

Bergmann Werner *)

Bergmann Werner Karl Wilhelm Dr. med.
B.: Arzt f. Frauenheilkunde u. Geburtshilfe. DA.: 38350 Helmstedt, Schöninger Str. 20. PA.: 38350 Helmstedt, Schützenwall 23. G.: Bad Ischl/Österr., 6. Mai 1945. V.: Barbara, geb. Fiebig. Ki.: Werner (1977), Barbara (1979), Britta (1979). El.: Dr. med. Werner u. Barbara, geb. Flössel. S.: 1965 Abitur Schöningen, b. 1967 Grundwehrdienst b. d. Bun-

deswehr, 1969-75 Studium der Humanmedizin an d. Univ. Hamburg u. Göttingen, 1975 Approb. K.: 1976-82 FA-Ausbild. im Stadt-KH u. im Kreis-KH in Hameln, 1978 Prom., ab 1982 in Gynäkolog. Gemeinschaftspraxis m. d. Vater in Helmstedt, ab 1984 Niederlassung in eigener Praxis in Helmstedt. P.: Veröff. in einer Fachzeitschrift. M.: Burschenschaft Germania Jena, HTV Helmstedter Tennisver., NAV. H.: Tennis, Schwimmen, Lesen.

Bergmann Winfried Dipl.-Ing. Prof. *)

Bergmann Wolfgang Dr. med. dent.
B.: Zahnarzt. DA.: 40476 Düsseldorf, Golzheimer Str. 120. G.: Göttingen, 15. März 1941. Ki.: Angela, Annette, Christoph. S.: 1969 Abitur Bremen, 1959-65 Stud. Zahnmed. Univ. Hamburg. K.: 1965-70 Ass. in Düsseldorf, Wuppertal u. Hamburg, 1970 Eröff. d. Praxis in Düsseldorf m. Schwerpunkten: Prophylaxe, sanfte Parodontologie m. homöopath. Begleitung, Ernährungsberatung, substanzschonende Prothetik, ästhet. Zahnheilkunde, Totalprothetik, ganzheitl. Zahnmed. mit

Herd- u. Entgiftungstherapie, Vermeidung v. zusätzl. Belastungen durch Einsatz energet. Testverfahren, Beratung chron. Kranker - Regulationswiederherstellung. M.: Studiengruppe f. restaurative Zahnheillunde, Bund naturheilkundl. Zahnärzte (BNZ), Heilpraktischer Arbeitskreis. H.: Segeln, Joggen, alternative Medizin.

Bergmann-Mentz Gudrun *)

Bergmann-Pohl Sabine Renate Dr. med.
B.: ehem. Volkskam.-Präs. u. Ärztin, MdB. FN.: Dt. Bundestag. DA.: 11011 Berlin, Platz d. Republik 1. G.: Eisenach, 20. Apr. 1946. V.: Jürgen Bergmann. Ki.: Franziska (1974), Fabian (1977). El.: Dr. med. Arno u. Käthe Schulz, geb. Bonewitz. S.: 1964 Abitur, 1964-66 Laborantin Gerichtsmed. Humboldt Univ. Berlin, 1966-72 Stud. Med. Humboldt Univ. Berlin, 1972 Approb., 1981 Prom. K.: 1972-79 am Forsch.-Inst. f. Lungenkrankheiten u. TBC am Klinikum Buch in Berlin, 1979 FA f. Lungenkrankheiten, 1980-85 Ltr. d. poliklin. Abt. f. Lungenkrankheiten u. TBC in Berlin, 1985-90 ärztl. Dir. d. Bez.-Stelle f. Lungenkrankheiten u. TBC f. ganz Ostberlin, ab 1987 Vorst.-Mtgl. d. Ges f. Lungenkranheiten DDR, seit 1981 CDU-Mtgl., 1990 Wahl z. Präs. d. Volkskam. u. amtierendes Staatsoberhaupt d. DDR, 1990 Israelreise, 1990 Bundesmin. f. Besondere Aufgaben, 1991-98 parlamentar. Staatssekr. im Bundesmin f. Gesundheit, seit 1990 MdB, o.Mtgl d. Gesundheitsaussch., stellv. Mtgl. d. Aussch. Bild. u. Forsch., glz. Mtgl. im StiftungsR. d. Körber-Stiftung in Hamburg u. d. Freiberger Stiftung in Berlin. BL.: von heute auf morgen als polit. Laie Volkskammerpräs. u. Staatsoberhaupt in einer sich verändernden Ges. in Deutschland. P.: "Abschied ohne Tränen" (1991). E.: Gr. BVK. M.: CDU, Marburger Bund, Hartmannbund, Schirmherrin d. allg. Behindertenverb. in Deutsch-

land, Vors. d. Ver. v. Mtgl d. ehem. Volkskam.-Fraktion CDU/DA e.V., Kuratorium gesundheitl. soziale Zentren d. Parität. GmbH Berlin. H.: Lesen, Saxophon, Sulki-Fahren, Gartengestaltung, Toscana. (Re)

Bergmeier Hinrich

B.: Fachltr. f. Musik, StDir. FN.: hgnm - Hannoversche Ges. f. Neue Musik e.V. PA.: 31832 Springe, Zur Salzhaube 12. mail@h-bergmeier.de. www.hgnm.de. G.: Eldagsen/Springe, 26. Juli 1948. V.: Dr. Reinhilt, geb. Richter. Ki.: Claudia (1973) und Juliane (1975). El.: Hermann u. Elisabeth. S.: 1966 Abitur Hameln, Stud. Schulmusik an d. HS f. Musik u. Theater in Hannover u. Math. an d. TU Hannover, 1971 staatl. Musiklehrerprüf. f. Viola, Referendariat "Lehramt an Gymn.", b. 1973 Referendar. K.: danach Schuldienst, seit 1978 Fachleiter f. Musik an Hannoverschen Studienseminaren, 1987 Grdg. d. Hannoverschen Ges. f. Neue Musik e.V., seitdem 1. Vors., Konzertveranstaltungen u.a. in Zusammenarb. m. d. NDR, Komponistenporträts, Ausstellung m. einem wiss. Team, 1995 Grdg. d. intern. Festivals "biennale", seitdem Gesamtltr. H.: Künstler. Ltr. d. Festivals. P.: versch. Fachveröff. in Fachzeitschriften u. Fachbüchern, eigene Programmbücher, Hrsg. mehrerer Fachbücher. M.: Intern. Isang-Yun Ges. H.: Reisen (England, Italien), Musik, Kunst.

Bergmeier Peter Dr. med. *)

Bergmeier Thomas

B.: Gschf. Ges. FN.: Bikeworld Travel GmbH. DA.: 32756 Detmold, Marienstr. 10. PA.: 32805 Horn, Stemberg 65. G.: Detmold, 30. Dez. 1962. El.: Kurt u. Ursula, geb. Preuss. S.: 1983 Abitur, 1983-85 Bundeswehr, 1986-91 Stud. Sport u. Engl. FH Paderborn. K.: während d. Stud. Reiseltr. u. Organisator f. Sprachreisen u. b. 1995 Gschf., 1992-94 Ausbild. z. Reiseverkehrskfm. in Bielefeld, 1995-97 Büroltr. d. Firma Fly and Bike in Bielefeld u. glz. Sprachreisen nach England f. d. Zentrale f. Ev. Jugendarb. in Detmold, 1996 Grdg. d. Firma Thomas Bergmeier Sprachreisen, 1998 Grdg. d. Firma BikeWorld Travel GmbH spez. f. Motorradtransporte u. Motorradreisen weltweit. P.: Autor im Bereich Dokumentation Militärgeschichte. E.: erfolgr. Teilnahme an Swiss-Alpin-Marathon. M.: Heimatver. Heiligenkirchen. H.: Leistungssport, Militärhistorie, Schwimmen.

Bergner Christoph Dr. agr.
B.: ehem. Ministerpräs.d. Landes Sachsen-Anhalt. DA.: 39016 Magdeburg, Domplatz 6-7. G.: Zwickau, 24. Nov. 1948. V.: verh. Ki.: Georg, Michael, Caroline. S.: Abitur, Berufsausbild. als Rinderzüchter, 1967-71 Stud. Landwirt. Friedrich-Schiller-Univ. in Jena u. Martin-Luther-Univ. in Halle, 1971-74 Forschungsstud. an d. Martin-Luther-Univ. in Halle, 1974 Prom. Dr. agrar. K.: wiss. Mitarb. am Institut f. Biochemie d. Pflanzen, 1990 Ressortchef an d. Bez.-Verwal-

*) Biographie www.whoiswho-verlag.ch oder beigefügte CD-ROM

Bergner

tungsbehörde Halle; polit. Werdegang: seit 1971 Mtgl. d. CDU, 1989/90 aktiv im Neuen Forum, s. 1990 CDU-Landtagsabg. f. d. Wahlkreis Halle-Altstadt II., seit 1991 stellv. CDU-Landesvorsitz., s. Dez./1991 Vorsitz. der CDU-Fraktion, stellv. Vorsitz. im Ausschuß für Bild. u. Wiss., 1993-94 Ministerpräsident d. Landes Sachsen-Anhalt, 1991-93 u. seit 1994 Vors. d. CDU-Frakt.

Bergner Dieter *)

Bergner Hans *)

Bergner Heinz Dr. o. Univ.-Prof. *)

Bergner Kurt *)

Bergner Marie-Luise *)

Bergner Michael Dipl.-Ing.

B.: selbst. Bauing., freier beratender Ing. f. Statik u. Hochbau. DA.: 10115 Berlin, Tieckstr. 17. G.: Jena, 5. Apr. 1942. V.: Johanna, geb. Richter. Ki.: Till, Hans-Peter, Katharina. El.: Wilhelm Heinrich u. Elisabeth. S.: 1960 Abitur Freital, 1960-63 Wehrdienst (Marine), 1963-69 Studium Hochbau an TU Dresden. K.: 1969-70 Statiker beim Wohnungsbaukombinat Berlin, 1970-78 Doz. f. Statik Kunst-HS Berlin-Weissensee, 1978-80 Ind.-Bau/Werkzeugmaschinenkombinat "7. Oktober" Berlin, 1980-87 Planungsbüro d. Diakon. Werkes Berlin, 1988-90 Min. f. Kultur, seit 1991 freiberufl.: Tragwerksplanung, Statik, Projektmanagement, Gutachten. H.: Architektur, Lesen, Musik.

Bergner Peter Ferdinand Dipl.-Ing.

B.: Architekt BDB. FN.: böge + bergner Planungsbüro. DA.: 24536 Neumünster, Nikolaus-Otto-Str. 7. PA.: 24536 Neumünster, Preetzer Landstr. 28. G.: Neumünster, 24. Sep. 1939. V.: Hella, geb. Wurr. Ki.: Anka (1963), Grit (1967), Oliver (1969), Nina (1975). El.: Erwin u. Irma, geb. Kekeritz. S.: 1955-58 Ausbild. als Zimmerer b. Kurt Schlüter Tungendorf, 1958-61 weitere Tätigkeit im Ausbild.-Betrieb, 1962-65 Ausbild. an d. Fachschule Kiel in Eckernförde, Schwerpunk Hochbau u. Planung, Abschluß als Ing. f. Hochbau, 1970 Eintragung als Architekt. K.: 1965-88 ang. Architekt im Arch.-Büro Heinz Kraft Neumünster, 1988-93 ang. Architekt d. Wohnungsbau GmbH Neumünster, 1993 ang. Architekt im Bauunternehmen Norbert Böge Neumünster, 1993 selbst. u. Partnerschaft, Neufirmierung böge + bergner Planungsbüro. M.: Architektenkam., BDB, Vorst. Segelclub SCN Neumünster, Sportver. Tungendorf, Freundeskreis d. Pfadfinder. H.: Sportsegeln.

Bergold Holger *)

Bergold Wolf-Rüdiger *)

Bergschmidt Jürgen Dr. med. *)

Bergsdorf Wolfgang Dr. Prof.

B.: Präs. FN.: Univ. Erfurt. DA.: 9089 Erfurt, Nordhäuser Str. 63. G.: Bensberg, 7. Nov. 1941. S.: 1961 Abitur Steinfeld, 1961 Stud. Soz., Psych. u. polit. Wiss. Bonn, Köln, München u. Regensburg, 1970 Prom. K.: 1970 stellv. Ltr. d. Presseabt. u. stellv. Sprecher d. CDU, 1972 Presseref. d. Landesvertretung Rheinland-Pfalz in Bonn, 1973 Ltr. d. Büros d. Vors. d. CDU, 1979 Redakteur d. "Polit. Meinung", 1979 Mithrsg. d. Taschenbuchreihe "Analysen u. Perspektiven" in München u. Wien, 1979 Lehrauftrag f. polit. Wiss. an d. Univ. Bonn, 1982 Habil., 1982 Ltr. d. Abt. im Presse- u. Informationsamt d. Bundesreg., 1986 wiss. BeiR. d. Görresges., 1987 apl.Prof. f. polit. Wiss. an d. Univ. Bonn, 1989 BeiR. d. Stiftung Lesen, 1990 Jury d. Ernst Robert Curties Preises, 1993 Ltr. d. Abt. Kultur u. Medien im Bundesmin. f. Inneres, 1993 Mithrsg. d. "Rhein. Merkur", 1994 Kuratorium d. Leo-Baeck-Inst., 1998 Chefredakteur d. Mon.-Zeitschrift "Die polit. Meinung", 1998 Ministerial-Dir. i.R., seit 2000 Präs. d. Univ. Erfurt. (Re)

Bergstedt Daniela

B.: Physiotherapeutin. FN.: Praxis f. Krankengymnastik Daniela Bergstedt. DA.: 21335 Lüneburg, Am Springintgut 2. G.: Geesthacht, 23. Apr. 1974. El.: Johannes u. Ilse Bergstedt. S.: 1991-92 1 J. Sozialpflegeschule, 1992 3 Monate Vorpraktikum in d. Diana-Klinik in Bad Bevensen, 1993 versch. Tätigkeiten u.a. Aushilfe in einer Krankengymnastik-Praxis, 1994-96 Krankengymnastenschule Bad Harzburg, Abschluss: staatl. anerkannte Physiotherapeutin, 1997 Anerkennungsj. Städt. KH Lüneburg. K.: 1997-99 ang. Physiotherapeutin Elmshorn, 1999 Übernahme d. Praxis, eigene Zusatzqualifikation: PNF (Neurophysiolog. Zusatzausbild.), Zusatzausbild. nach Brückner, Ayurveda. H.: Fitness, Fotografieren (vorzugsweise schwarz-weiß).

Bergstermann Wolfgang Dipl.-Ing. *)

Bergsträsser Gisela Dr. *)

Bergt Gudrun Dipl.-Vet.med.

B.: Tierärztin. FN.: Tierarztpraxis. DA.: 12685 Berlin, Am Schmeding 42. G.: Berlin, 5. August 1955. V.: Wolfgang Bergt. Ki.: Martin (1980), Karin (1989). El.: Karl-Georg u. Ruth Merker, geb. Haberland. S.: 1962-72 POS, 1972-74 Berufsausbild. z. Biolog. Laborant an der Humboldt-Univ. Berlin, 1974-77 Ingenieurstud. zum Veterinär-Ing. / Fachricht. Labordiagnostik in Rostock, 1981-86 Stud. d. Veterinärmed. an der Humboldt-Univ. Berlin, Abschluß: Dipl.-Veterinärmed. K.: 1977-78 Vet.-Ing. im Grenztierarztbereich, 1978-81 Vet.-Ing. im Staatl. Vet.-Med. Prüf.-Inst. d. DDR, 1986-87 Pflichtass. b.

*) Biographie www.whoiswho-verlag.ch oder beigefügte CD-ROM

Bez.-Tierarzt Berlin, 1987-96 wiss. Mitarb. u. Prüfltr. f. toxikol. Studien im Inst. f. pharmakol. Forsch. (Biopharm GmbH Bln.), seit 1996 selbst. in eigener Kleintierpraxis. H.: Bergwandern, Camping.

Bergunde Ulrich

B.: Autosattlermeister, Inh. FN.: Ulrich Bergunde - Autou. Bootssattlermeister. DA.: 14776 Brandenburg, Am Sonneneck 4. Ulrich.Bergunde@t-online.de. G.: Brandenburg, 24. Okt. 1946. V.: Jutta, geb. Voigt. Ki.: Marco (1969), Christoph (1979). El.: Heinz u. Gerda. BV.: väterlicherseits wurde d. Name m. Hugenotten eingetragen, später eingedeutscht. S.: 1963 Mittlere Reife Brandenburg, 1963-66 Lehre als Werkzeugmacher - Facharb.-Abschluß Brandenburg. K.: 1966-80 Werkzeugmacher im Traktorenwerk BRB, 1975-77 Abendstud. als Ing. in Brandenburg u. Fachschule Leipzig, 1980-82 Facharb.-Abschluß als Autosattler u. Tätigkeit als Autosattler b. d. Firma Jung in Brandenburg, seit 1982 selbst. Werkstatt Autosattlerei, 1985 Meisterprüf. als Autosattlermeister. BL.: 1992-96 Schöffe in Brandenburg u. am LG Potsdam. M.: SPD, 1989-95 Vors. d. Ortsver. Wilhelmsdorf (Brandenburg). H.: Wassersport, Videoaufnahmen, Reisen.

Bergweiler Helmut *)

Bergweiler Paul *)

Bering Uta Heidrun *)

Berkau Reinhard *)

Berke Christina *)

van Berkel Egon *)

Berkel Mathias *)

Berkemer Susanne
B.: Kulturamtsleiterin, Gschf. FN.: Bürgermeisteramt Bad Krozingen; Schloßkonzerte GmbH. DA.: 79189 Bad Krozingen, Basler Str. 30. kulturamt@bad-krozingen.de. G.: Bremen, 19. Okt. 1963. S.: 1983 Abitur Herborn, Stud. Theaterwiss. u. Germanistik in Erlangen, Hauptstud. Wien, 1989 Abschluss Mag. art. K.: Öffentlichkeitsarbeit b. einer Zeitung, Theateraufführungen f. Kinder u. Erwachsene, versch. Work-Shops z. Spracherziehung, 1 J. Marketingfirma Mitarbeiterin eines großen Pharmabetriebes, seit 1993 Kulturamtsleiterin in Bad Krozingen u. seit 1999 Gschf. d. Schloßkonzerte. M.: Stiftungsrätin d. Regio-Kulturstiftung. H.: Theater, Oper, Joggen, Radfahren.

Berkemeyer Pitt *)

Berkenbusch Anna Prof.
B.: Kommunikationsdesignerin, selbständig; Prof. an d. Univ. Essen. FN.: Anna B. Design. DA.: 10999 Berlin, Erkelenzdamm 11-13; Univ. Essen, 45117 Essen, Universitätsstr. 12. mail@annabdesign.de. www.annabdesign.de. G.: Höxter, 29. Aug. 1955. Ki.: Anna Fleur (1992). El.: Fritz Berkenbusch u. Anna, geb. Floer. S.: 1974 Abitur, 1975-79 Stud. Visuelle Kommunikation FH Düsseldorf m. Abschluss Dipl.-Designerin. K.: 1979-82 tätig in d. Firma Meta Design in Berlin,

1982-88 Grdg. d. "Denk Neu" GmbH f. Kommunikation als Gschf. Ges. zusammen mit Klaus Fehsenfeld, 1989 Grdg. d. Firma Anna B. Design m. Schwerpunkt Gestaltung u. Beratung f. alle Bereiche im Kommunikationsdesign, 1990-93 Gastprof. an d. HS f. Künste in Bremen, 1994-95 Prof. an d. HS in Dessau, seit 1995 Prof. f. Kommunikationsdesign, Schwerpunkt Typografie an d. Univ. Essen, 2001 Studiendekanin. BL.: 1993 6 Ausz. in einem einzigen Wettbewerb. P.: Text in "Neugierig 2" (2000), Rede "Blood, Sweat and Tears" (1996), "Die Macht d. Schrift - Die Macht d. Macht" (1997). E.: 3 Ausz. in New York TDC (1988), viele Ausz. bei "Die 100 besten Plakate", Ausz. f. Ausstattung Klangkunstreihe (2001), Märkchen f. Corporate Design (2001), Ausz. in New York TDC (2001). M.: TDC New York. H.: Kino, Literatur.

Berkenkamp Jutta Dipl.-Ing.

B.: Architektin. FN.: Architektur Gestaltung Grafik. DA.: 33604 Bielefeld, Furtwänglerstr. 16. G.: Bielefeld, 29. Sep. 1958. El.: Siegfried u. Margot. S.: 1976 Abitur, 1976-78 Ausbild. z. Groß- u. Außenhdls.-Kfm., 1980-85 Stud. Arch. an d. FH Detmold. K.: 1978 Tätigkeit in d. Firma Anstötz, 1979-80 in d. Leistungsabt. einer Krankenkasse, 1985-87 b. Architekten u. Bauträger gearb., 1987-97 Architektin b. staatl. Bauamt Bielefeld: Projekte Eingang LG u. Kindertagesstätte f. FH, 1998 Grdg. d. eigenen Büros, Schwerpunkt: Individuelle Lösungen für Innenräume, Altbausanierung, Um- u. Anbauten, Farbgestaltung. H.: gibt Heilsitzungen mittels Cranio-Sakral-Therapie.

Berker Ute
B.: Unternehmerin, Inh. FN.: Manta Diving Tauchschule. DA.: 70563 Stuttgart, Seerosenstr. 43. G.: 8. Dez. 1966. V.: Jürgen Berker. S.: 1983 Mittlere Reife, 1983-86 Ausbild. Zahnarzthelferin, div. Weiterbild.-Seminare z.B. f. Körpersprache. K.: 1986-96 tätig in d. Praxis Dr. Schneider in Böblingen, 1990-93 Ausbild. z. Taucher, Advanced b. Master Scuba Diver, 1996 Übernahme d. Tauchschule.

Berki-Küttner Laura Erika Dipl.-Psych.

B.: selbst. Dipl.-Psychologin. DA.: 14165 Berlin, Am Rehwechsel 14. V.: Prof. Dr. Michael Küttner (verst.). Ki.: Vanessa (1984). El.: Berki Józsefnè Bori Anna u. Berki József. S.: Abitur Ungarn, Stud. Literaturwiss. u. Weltgeschichte, Dipl. m. Ausz., Stud. Psych. FU Berlin, 1988 Dipl. m. Ausz. K.: 1988-90 tätig an d. psychiatr. Klinik Benjamin Franklin in Berlin, 1990-96 am Inst. f. Kinder- u. Jugendpsychotherapie in Berlin, 1994 Gründung d. Praxis als Verhaltenstherapeutin, 1989 Abschluß in Sexualtherapie u. 1998 in Verhaltenstherapie, 1993 Zulassung d. kassenärztl. Vereinig., Weiterbild. in Paar- u. Angehörigenberatung u. klin. Hypnose, 1999 Doppel-Approb. E.: 1. Preis f. Literaturwiss. H.: Meditation, Yoga, Lesen, Unterstützung v. Asylanten, Katzen.

---

*) Biographie www.whoiswho-verlag.ch oder beigefügte CD-ROM

Berkling Joachim Dr. med.

B.: Anästhesist, ärztl. Ltr. FN.: Tagesklinik Buchloe. DA.: 86807 Buchloe, Hindenburgstr. 3. G.: Peking/China, 1. Nov. 1956. V.: Regine, geb. Silber. El.: Dipl.-Ing. Kurt u. Ursula, geb. Götz. S.: 1977 Abitur in Erlangen, 1977-83 Stud. Med. Univ. Würzburg, 1983 Approb., b. 1990 Sanitätsoffz. d. Bundeswehr, 1988 Prom. Hamburg. K.: 1990-96 Ass.-Arzt am Städt. KH München-Schwabing, 1994 FA-Prüf. f. Anästhesie, 1996 europ. Anästhesie-Dipl., seit 1996 ndlg. Arzt in Buchloe. P.: "Beeinflußt Gesundheitswissen d. Verhalten?" (1990), "Regionalanästhesieverfahren in d. ambulanten Kinderchir." (1999). E.: Ehrenkreuz d. Bundeswehr in Silber. M.: European Academy of Anaesthesiology. H.: Segeln.

Berklmeir Alfred Dipl.-Kfm. *)

Berkovics Pal *)

Berktold Dieter *)

Berlage Frank D. Dr. med.
B.: selbst. Augenarzt in eigener Praxis. DA.: 33098 Paderborn, Warburger Str. 81. G.: Paderborn, 26. März 1949. V.: Barbara, geb. Dyllick. Ki.: Markus (1981), Matthies (1983). El.: Dr. Heinrich u. Ilse. S.: 1970 Abitur Paderborn, 1970-75 Apothekerpraktikant. K.: ab 1972 Apothekerass. in Warburg u.Berlin, 1975-81 Stud. Humanmed. an d. Westfäl. Wilhelms-Univ. Münster, 1981-82 Ass.-Arzt in d. internist. Abt. d. St. Barbara Klinik in Hamm, 1982-86 Ass.-Arzt u. Funktions-OA an d. WWU Münster, 1987 Praxisgrdg. in Paderborn, 1991 Wahl in d. Vorst. d. Kreisärztever. Paderborn, 1993 Wahl z. Delegierten d. Berufsverb. d. Augenärzte (BVA), 1996 Wahl z. Obm. d. BVA. H.: Fliegenfischen, Sport.

Berle Peter Dr. med. Prof.
B.: Chefarzt i. R. Dr.-Horst-Schmidt-Kliniken. PA.: 65191 Wiesbaden, Haideweg 28. Pberle@t-online.de. G.: Hamburg, 12. Mai 1933. V.: Birgit, geb. Blümler. Ki.: Frauke (1963), Christoph (1964), Katrin (1970). El.: Georg u. Magdalene, geb. Frauen. S.: 1953 Abitur, Med.-Stud. Univ. Hamburg u. Freiburg/Br., 1959 Prom. K.: Stipendiat d. Deutsch.Forschungsgemeinschaft (1961), II. Med. Univ.-Klinik Hamburg, Ass.Arzt Univ.Mainz, Oberarzt d. Frauenklinik Hamburg, 1969 Habil., 1974 Chefarzt. P.: Die Bedeutung des Prolaktins beim Menschen (1970), Endokrinologie der normalen und gestörten Gravidität (1974-78), Intracervikale Prostaglandinapplikation z. Schwangerschaftsabruch (1981), Diagnostik der gestörten Spätschwangerschaft (1989-95), Qualitätssicherung in Gynäk. und Geburtsh. (1995-98), Incidenz und Morbidität nach Sectio und Notsektio (1998, 1999). E.: Ehrenmtgl. d. Mittelrh. Ges. f. Geburtsh., Ehrenplakette d. Landesärztek. Hessen, Vorst.-Mtgl. d. Gutachter- u. Schlichtungsstelle f. ärztl. Behandlungen. M.: Dt. Ges. f. Gynäkol. u. Geburtsh., Dt. Ges. f. Perinatol., Dt. Ges. f. Senol., Dt. Ges. f. Endokrinol., Ethikkommission d. Landesärztek. Rheinland-Pfalz, Fachausschuss f. Qualitätssicherung in der Medizin in Hessen. H.: Musik, zeitgenöss. Musik, Garten. (Ch.Z.)

Berlenbach Norbert Dipl.-Ing. *)

Berlich Alfred Dr. *)

Frhr. v. Berlichingen Götz-Ekkehart *)

Berlien Hans-Peter Dr. med. Prof. *)

Berlin Bruno Dipl.-Ing.
B.: Dipl.-Ing. f. Elektrotechnik, Gschf. FN.: BEROLAB Communications GmbH. DA.: 13355 Berlin, Gustav-Meyer-Allee 25. PA.: 12161 Berlin, Fregestr. 27. G.: Estedt, 7. Juli 1951. V.: Anegret Niewels. S.: 1973 Fachoberschule f. Elektrotechnik Worms, b. 1976 TH Berlin, Dipl.-Ing. f. Elektrotechnik. K.: b. 1991 Heinrich-Hertz-Inst. - Digitale Übertragungstechnik, Entwicklungsing./Gruppenltr. Krone AG, Projektbetreuung Leitungsausrüstungen u. NKÜ 2000 DeTeWe AG, Vertriebstätigkeit f. dän. Unternehmen, 1992 Grdg. u. Gschf. d. GmbH. BL.: Entwicklung digitaler Signalverteiler m. ISO 9001-Zertifikation, ce-Kennzeichnung u. Abnahme durch d. QMZ Qualitätsmanagementzentrum d. Dt. Telekom AG. H.: Radfahren, Schwimmen, Jazz, Biografien, positives Denken, Natur, Individualreisen.

Berlin Hartmut *)

Berlin Heidrun
B.: Schaufensterdekorateurin, Krankengymnastin, Inh. in einer Praxis f. Physiotherapie u. Krankengymnastik. FN.: Praxis Bülowbogen. DA.: 10783 Berlin, Bülowstr. 50. G.: Leipzig, 27. Juni 1946. Ki.: Tilo (1966). S.: 1980 Abitur, 1963-66 Ausbild. z. Schaufensterdekorateurin in Leipzig, 1981-84 Ausbild. z. Krankengymnastin in Berlin-Kreuzberg. K.: 1966-77 Dekorateurin im Konsument-Kaufhaus Leipzig, 1978-81 im erlernten Beruf b. Wertheim Berlin, 1984-87 Krankengymnastin in versch. Berliner Kliniken, 1987 Wechsel in eine freie Praxis f. Krankengymnastik, 1989 selbst. durch d. Grdg. einer eigenen Praxis, seither ständige Fort- u. Weiterbild. auf d. Gebiet d. Physiotherapie. M.: Verb. d. Freien Krankengymnasten, ZVK. H.: Kunst, Gemälde, Antiquitäten (Kleinmöbel), Theater, klass. Konzerte, Lesen (Fachliteratur, Belletristik), gut Essen.

Berlin Helmut *)

Berlin Holger Dipl.-Ing.
B.: Architekt. FN.: Büro f. Architektur u. Bauleitplanung Berlin-Kästner-Kraft-Müller-Tafel Architekten u. Ingenieure in Partnerschaft. DA.: 23966 Wismar, Schatterau 17. h.berlin @bab-wismar.de. G.: Kloster Neuendorf, 15. Juni 1952. V.: Sylvia. Ki.: Marco (1980), Robert (1983), Felix (1991). El.: Reinhold u. Gerda. S.: 1971 Abitur Gardelegen, 1971-73 Grundwehrdienst, 1973-78 Stud. Architektur an d. TU Dresden, 1977-90 Dipl.-Arb. im Team mit Jadegar Asisi. K.: 1978-90 Ang. Architekt b. VEB Bau Wismar, u.a. histor. Gaststätte "Alter Schwede", "Hanseat" u. "Reuterhaus", Gesamtkonzept, Planung, Bauleitung, 1990 aib GmbH Wismar, 1991 mitgründender Ges. d. "Büros f. Arch. u. Bauleitplanung", Tätigkeitsschwerpunkte: Altstadtsanierung (u.a. Rathaus Wismar mit Rathauskeller), Wohn- u. Geschäftshäuser, Ind.- u. Gewerbebauten, städtebaul. Entwürfe, Entwicklung u. Blockkonzepten, Sanierungsgutachten, Wettbewerbe. M.: Bürgerinitiative Altstadt Wismar e.V., Wismarer Malfreunde. H.: Malen (Öl, Tempera) u. Zeichnen (Kohle, Bleistift, Pastell) m. eigenen Ausstellungen, Fotografie, Sammeln.

Berlin Joachim *)

Berlin Klaus-Dieter Dr. med.
B.: freiberufl. Arzt. DA.: 03044 Cottbus, Friedensstr. 8. G.: Gräfenroda, 11. Sep. 1936. V.: Helga, geb. Kockrick. Ki.: Simone (1961 und Thomas (1963). S.: 1954 Abitur in Ilmenau, b. 1957 Militärdienst in d. Kasernierten Volkspolizei (KVP), seit 1956 Nationale Volksarmee (NVA) an Sportschulen in Potsdam, Döbeln u. Plauen, 1957-59 Offizier f. Sportausbil-

dung in Gotha, 1959-65 Stud. Med. an der Ernst-Moritz-Arndt-Univ. Greifswald, 1965 Prom. z. Dr. med. K.: 1965-68 Allgemeinmediziner am KH Senftenberg, 1968-87 Militärarzt bei d. NVA, 1968 Abschluss als FA f. Allgemeinmedizin, 1987-91 Sportmediziner im Sportzentrum Cottbus, stellv. Bezirkssportarzt, 1990 Abschluss als FA für Sportmedizin, 1991 Eröff. d. eigenen Arztpraxis f. Allgemeinmedizin in Cottbus, seither ndlg. Arzt. BL.: 1953 u. 1954 Dt. Jugendmeister im Gewichtheben als Sportler im SV Chemie Groß Breitenbach, 1953 5. Pl. b. d. Gesamtdeutschen Meisterschaft im Gewichtheben in Ludwigshafen, b. 1959 aktiv im Leistungssport, 1965 Mtgl. d. Ärztekommission d. Gewichtheberverbandes in d. DDR, 1967-71 Verbandsarzt im Gewichtheberverband f. Nachwuchssportler, 1990 Mitgründer d. gemeinnützigen Vereins Sport-Gesundheits-Zentrum e.V. Cottbus. H.: Fotografieren, Garten, Wandern, Baudenkmäler.

Berlin Michael Dipl.-Ing.

B.: Dipl.-Ing. f. Industrielle Elektronik, Gschf. FN.: ENE-Relektronik-GmbH. DA.: 04329 Leipzig, Mommsenstr. 4. G.: Leipzig, 18. Jan. 1959. V.: Angelika, geb. Sgundek. Ki.: Katrin (1980) und Anja (1982). S.: Abitur, 1975-78 Lehre z. Elektronikfacharb., 1979-80 Wehrdienst, Tätigkeit b. RFT Leipzig, 1982-87 Stud. Industrielle Elektronik Leipzig u. Görlitz, Dipl.-Ing. K.: 1987-90 Forsch.-Themenltr. in Techn. Gebäudeausrüstung Leipzig, seit 1990 Gründer u. Inh. d. ENERelektronik-GmbH; Gschf. u. Ges. Terra Handels- u. Sicherheitstechnik GmbH. H.: Wandern, Bergsteigen.

Berlin Monika Dr. med.

B.: FA f. Allg.-Med. u. Arb.-Med. DA.: 12435 Berlin, Beermannstr. 2. G.: Berlin, 8. Sep. 1942. V.: Detlev Berlin. Ki.: Kathrin (1966). El.: Heinz u. Gerda Grunow, geb. Schoultz. BV.: Urgroßvater Schoultz - kaiserl. Hofschuhmacher in Berlin. S.: 1960 Abitur EOS Adlershof, 1960-61 Hilfsschwester Kinder-KH Lindenhof, 1961-67 Stud. Med. Humboldt-Univ. Berlin, 1967 Examen und Approb., 1973 FA f. Arb.-Med., 1980 Diss., 1997 FA f. Allg.-Med., 1999 Ausbild. Akupunkturak. Peking u. 1 J. TCM-Ausbild. Akupunkturak. bei Yanping WU, Abschluß m. Ausz. K.: 1968-71 FA-Ausbild. in Schwedt u. b. 1973 in Berlin, 1973 FA f. Arb.-Med., 1971-90 im med. Dienst d. Verkehrswesens u. Forsch.-Tätigkeit am arb.-med. Inst. d. Verkehrswesen d. DDR, glz. Vorlesungen f. Verkehrsing. an d. HS f. Verkehrswesen in Dresden, ab 1987 Betriebs-arzt in Treptow, 1991 Eröff. d. Praxis in Berlin m. Schwerpunkt Psychosomatik, Suchttherapie, Schmerztherapie, Akupuntur, Duft-Qui Gong, Verkehrstauglichkeit. M.: Fitneßclub am Park, BPA-Prakt.-Ärzteverband Berlin-Brandenburg, NAV-Virchowbund, Naturschutzbund NABU, Plan-International-Patenkind in Malawi. H.: Naturverbundenheit, Sport, Fitneß, Bergwanderungen, Meer, Musik, Literatur.

Berlin Thomas

B.: Gschf. Ges. FN.: Thomas Berlin Fahrzeugvermietung u. Hdl. GmbH. DA.: 20539 Hamburg, Peutestraße 6. G.: Hamburg, 30. März 1969. El.: Gerd u. Hannelore, geb. Jahns. S.: 1985 Mittlere Reife, 1985-89 Ausbild. Kfz-Mechaniker, 1988-91 Ausbild. techn. Bürokfm. Firma Mercesdes Benz. K.: 1991-92 Kundenberater d. Firma Mercesdes Benz, 1992-93 Stationsltr. d. Firma Autovermietung Avis in Bad Oldesloe, 1993-98 Vermietass. d. Firma Europcar spez. f. Vermietung v. Kühlfahrzeugen, 1998-99 Ndlg.-Ltr. d. Firma Frigo-Rent in Hamburg 1999 Grdg. d. Fahrzeugvermietungs u. Hdl. GmbH m. Schwerpunkt Vermietung v. Kühlfahrzeugen, Polizeieisätze u. Demonstrationen. H.: Freiwillige Feuerwehr.

Berlinger Edith

B.: Gschf., Inh., Köchin. FN.: Cafe Restaurant Jolesch. DA.: 10997 Berlin-Kreuzberg, Muskauer Str. 1. S.: 3 J. Ausbild Köchin Berufschule Gmunden/Österr. K.: 1 J. tätig in österr. Restaurant, 5 J. Saisonkellnerin in Hotels u. Restaurants d. Schweiz, 1 J. Kellnerin im Cafe Maria-Treu in Wien, seit 1989 selbst. Gastronomin in Berlin, zunächst Inh. eines Restaurants in Kreuzberg, seit 1993 Inh. d. Cafe Restaurants Jolesch m. Angeboten aus d. österr. u. intern. Küche auch vegetar. Küche.

Berlinghof Werner

B.: Antiquitätenhändler, Auktionator, Gschf. FN.: Berlinghof Kunstauktionshaus GmbH. DA.: 69117 Heidelberg, Friedrich-Ebert-Anlage 16. www.Berlinghof-auktion.de. G.: Heidelberg, 13. Nov. 1939. V.: Inge, geb. Kramer. Ki.: Mag. Silke (1965). El.: Richard u. Sofia, geb. Winnikes. S.: 1953-56 Maschinenschlosserlehre Heidelberger Druckmaschinen. K.: 1956-61 tätig in d. Montage Heidelberger Druckmaschine, zugleich erste Restaurationsarb. in d. Schreinerei des Großvaters Winnikes u. Einkäufer in d. mütterl. Antiquitätenhdlg., 1961 Einstieg in d. mütterl. Antiquitätenhdl. m. 2 Läden u. 2 Ausstellungsräumen, 1973 Übernahme d. mütterl. Antiquitätenhdl. (b. 1990 gemeinsam m. Bruder Dieter Berlinghof), 1974 erste Kunstauktion, Schließung d. Läden u. Grdg. d. Berlinghof Kunstauktionshauses, 1976 Grdg. d. GmbH, 1980 Kauf d. Anwesens Zwingerstraße, Vergrößerung u. Umbau, 1990-2000 Rückkehr in d. stationären Hdl., Eröff. eines Ladengeschäftes m. Lager u. Restaurationswerkstatt in Bammental, 1993 auch in Wiesloch, 1995 auf Initiative d. Tochter Neueröff. d. Kunstauktionshauses Berlinghof in Heidelberg-Mitte,

*) Biographie www.whoiswho-verlag.ch oder beigefügte CD-ROM

Berlinghof

60. Auktion, heute Schwerpunkt hochwertige Möbel u. Gemälde, zunehmend Asiatika, intern. Tätigkeit. P.: Auktionskataloge. M.: Grdg.-Mtgl. d. Förderver. d. Fußballabt. Nordstern Gauangelloch. H.: Sport (Fußball, Kegeln, Skifahren).

Berlinghof-Nielsen Silke

B.: Ges. FN.: Kunstauktionshaus Berlinghof GmbH. DA.: 69117 Heidelberg, Friedrich-Ebert-Anlage 16. G.: Heidelberg, 14. Dez. 1965. V.: Alexander Nielsen. Ki.: Lennart (1999). El.: Werner und Inge Berlinghof, geb. Kramer. S.: 1985 Abitur, 1986 Studium Kunstgeschichte, Archäol. und Romanistik, 1990 Erasmus-Stipendium Bologna/Italien, 1994 MA-Abschluss an d. Univ. Heidelberg, 1995 Aufenthalt Südamerika. K.: während d. Stud. tätig im Kunstauktionshaus d. Vaters, 1995 3 Mon. Praktikum im Christie's Büro in Frankfurt, 1995 Eröff. d. Kunstauktionshaus Berlinghof GmbH in Heidelberg. P.: Reiseführer "Kunstdenkmäler im Loiretal" (2002). M.: seit 2000 Arb.-Gruppe Öff.-Arb. d. UNICEF Heidelberg, Fördermtgl. bei Greenpeace. H.: Sohn.

Berlinghoff Ulf *)

Berlinicke Hartmut R.

B.: Dipl.-Religionspädagoge, Mag. f. Kunstwiss., Künstler, Grafiker. FN.: Galerie Wildeshausen. DA.: 27793 Wildeshausen, Harpstedter Str. 23. G.: Berlin, 2. Aug. 1942. V.: Maria, geb. Buwitt. Ki.: 3 Kinder. S.: 1957-60 Lehre z. Einzelhandelskaufmann in Berlin, 1960-64 Stud. Religionspädagogik Ev. FH Hannover, Abschluss: Dipl.-Religionspädagoge, 1980-83 Stud. Kunstwiss. Univ. Osnabrück, Abschluss: Mag. f. Kunstwiss. K.: seit 1968 Religionspädagoge am Gymn. Wildeshausen, Lehrbeauftragter d. Ev. FH Hannover, Lehrbeauftragter Univ. Osnabrück, seit 1968 Mitinh. d. Galerie Wildeshausen, seit 1966 selbständige künstler. Tätigkeit als Keramiker u. Grafiker, seit 1971 ausschließl. Grafiker, seit 1991 auch Objekte, über 230 Einzelausstellungen u. div. Beteiligungen nat. u. intern. P.: seit 1975 Herausgeber v. Kunstkatalogen, Werkverzeichnisse u.a. jährl. CD's. E.: Goldmedaille 1. Preis f. Grafik des Concorso, Internazionale di Belle Arti Triest/Italien (19749, Ehrenmedaille d. 3. Intern. Grafikbiennale Frechen/Deutschland, Award of Merit intern. Print Biennial Miami/USA (1980), Menciones Honorificas Espeziales Ferrol Spanien (1985), 2. Preis f. Grafik, House for Houmor and Satire in Art Gabrovo/Bulgarien (1991). H.: Literatur.

Berlit Hans-Dieter *)

Bermel Heinz Dipl.-Ing. *)

Bermig Horst Dr. iur.

B.: Rechtsanwalt. PA.: 45133 Essen, Am Ruhrstein 14. G.: Bad Köstritz/Thür, 23. Juli 1923. V.: Evamarie, geb. Wenderoth. Ki.: Stephanie, Andreas. El.: Hugo u. Charlotte. S.: Abitur Gera/Thür., 1946-48 Stud. Rechtswiss. u. Phil. in Heidelberg u. Göttingen. K.: 1952-56 Vorst.Ass. Zellstoffwks. Waldhof Wiesbaden, 1957-63 Justitiar Ruhrstahl AG, 1963-69 Justitiar Rheinstahl Hüttenwerke AG, 1969-75 Generalbevollmächtigter Rheinstahl AG, 1976-88 Hauptgeschf. u. Mtgl. d. Präsidiums Dt. Gießereiverb. P.: Tätigkeitsberichte 1976-1987 d. Dt. Gießereiverbandes, Der Dt. Gießerei-Industrie im Jahre 1979. E.: EK 1.Kl. H.: Kunst, Literatur, Sport.

Bermüller Gerd-Friedrich Dr. *)

Bernad Iwona

B.: Mag. d. Kunst, Dipl.-Musikerin, Dipl.-Musikpädagogin, selbständig, freiberufl. Künstlerin m. eigener Musikschule. FN.: iwona bernad production and distribution of music. DA.: 91052 Erlangen, Isarstr. 23. violine@iwona-bernad.de. www.iwona-bernad.de. G.: Lodz/Polen, 16. Okt. 1958. Ki.: Anton (1989). El.: Marian u. Weronika Kubiak. S.: 1977 Abitur Lodz/Polen, 1977-85 Stud. Musik, Physik u. Phil. an d. Univ. u. an d. Musikakademie in Lodz, 1985 Dipl.-Musiklehrerin (Violine, Klavier, Musiktheorie, Kammermusik, Orchester, Päd. u. Psych.). K.: 1979-86 Kammer- u. Sinfonieorchester d. Poln. Rundfunks, 1986-87 eigenes Trio m. intern. Tourneen, seit 1987 in Deutschland, Grdg. d. eigenen priv. Musikschule in Erlangen, regelmäßige Auftritte als Solistin, 1993-2000 Lehrbeauftragte f. Gymn., Friedrich Alexander-Univ. Erlangen-Nürnberg, seit 2001 eigene Firma iwona bernad production and distribution of music. BL.: 3 CD's produziert, klass. Violine-Soli, gr. Teile d. Repertoirs komponiert sie selbst, intern. Auftritte als Solistin u. Konzertmeisterin in Europa u. Nahost, beteiligt an intern. Festivals u. zahlr. Aufnahmen f. Rundfunk u. Fernsehen. H.: Sport (Joggen), Fotografieren, Tierschutz, Reiten.

Bernadet Charles Hubert *)

Graf Bernadotte Lennart Dr. sc. agr. h.c.

B.: Ehrenpr. Dt. Gartenbauges., Ehrenpr. f. d. Tagungen d. Nobelpreisträger in Lindau, Ehrenvors. Dt. Rat f. Landespflege. PA.: 78465 Insel Mainau/Bodensee, maria.regele@mainau.de. G.: Stockholm, 8. Mai 1909. V.: Sonja, geb. Haunz. Ki.: Brigitta, Marie-Louise, Jan, Cecilia, Bettina, Björn, Catherina, Christian, Diana. El.: Prinz Wilhelm v. Schweden u. Großfürstin v. Rußland, Maria Pawlowna. K.: 1932 Übernahme d. völlig naturbelassenen Mainau u. durch jahrelanger mühevoller Arbeit wurde sie zu einem weltberühmten Pflanzenparadies. P.: Gute Nacht, kleiner Prinz (1978), Lennart Bernadotte... ein Leben für die Mainau (1996). E.: Gr. BVK m. Stern 1958, Ehrenbürger v. Texas 1959, Gold. Bürgerring Stadt Lindau 1960, Gold. Ehrenz. Österr. Gartenbauges. 1964, Gold. Med. Zentralverb. Dt. Gartenbau 1965, Gold. Blume v. Rheydt 1967, Bayer. VO 1968, Gold. Freiherr v. Stein-Med., Schulterbd. z. Stern d. Gr. BVK 1969, Großkreuz d. Weißen Rose v. Finnland 1970, Gold. Albert Schweizer-Med., Verd. Med. Land Baden-Württ. 1979, Ehrenring Stadt Konstanz, Ehrendr. Univ. Hohenheim, Ehrendr. d. landwirtschaftl. Fak. d. Univ. Uppsala/Schweden, Ehrenprof. d. Landes Baden-Württemberg, Ehrenbürger Stadt Lindau, 1999 Ehrenbürger d. Stadt Konstanz. H.: Fotografie.

Gräfin Bernadotte Sonja *)

*) Biographie www.whoiswho-verlag.ch oder beigefügte CD-ROM

Bernard Manfred Dr. *)

Bernard Robert *)

Bernard Walther Dipl.-Ing. *)

Bernasconi Mario

B.: Kfz-Meister, selbständig. FN.: Autohaus Bernasconi Citroen-Vertragshändler. DA.: 87437 Kempten, Ludwigstraße 8. www.bernasconi-de. G.: Kempten, 1. Jan. 1950. V.: Gisela, geb. Kreutzer. Ki.: Christian (1970). El.: Eduardo u. Christiane, geb. Plevka. S.: Lehre Kfz-Mechaniker. K.: seit 1976 selbständig m. Übernahme des Lehrbetriebes in Kempten; Gründer d. "Bernesconi-Styling" als einzige Citroen-AX-Tuning-Werkstatt. E.: Schmierer des Jahres (1994). M.: TSV Haldenwang, seit Anfang d. 90-er J. Mechaniker im Motorrad-Rennteam d. Sohnes, Trainer d. Motorradgemeinschaft Allgäu. H.: Enkelkinder, Motorsport, Kochen.

Bernat-Spada Roberto

B.: Inh., Gschf. FN.: Bernat-Automobile. DA.: 34127 Kassel, Tannenheckerweg 1. G.: Verona, 13. Dez. 1969. V.: Claudia, geb. Bolognini. Ki.: Fabio (1991) und Luca (1997). El.: Joaquin u. Antonietta, geb. Spada. S.: 1986-89 Ausbild. zum Kfz-Meister, 1997 Meisterschule, Meisterprüf., Meisterbrief Kfz-Mechaniker. K.: 1989-97 Ang. Autohäuser Kassel/Borken, 1998 selbst., Grdg./Inh./Gschf. d. Kfz-Handelsfirma & Werkstatt Kassel. H.: Familie, Reisen, Sport, Angeln, Tauchen.

Bernau Bernd

B.: Gschf. FN.: B. Bernau Autolackiererei u. Unfallreparaturen. DA.: 12277 Berlin, Alt Marienfelde 29. PA.: 12103 Berlin, Albrechtstr. 100. G.: Berlin, 3. Feb. 1948. V.: Sylvana, geb. Pohl. Ki.: Florian (1976), Antonia (1980). El.: Otto u. Elisabeth. S.: 1966 Mittlere Reife, 1966-69 Lehre Lackierer väterl. Betrieb, 1970 Meisterprüf. als jüngster Lackierermeister in Berlin. K.: ab 1970 Mitarb. im elterl. Betrieb u. 1983 Übernahme m. Schwerpunkt Unfallreparaturen, Restaurierungen, Karosseriearb. u. Zieharb. H.: Skifahren, Inlineskating.

Bernau Götz

B.: 1. Konzertmeister. FN.: Berliner Symphoniker. PA.: 13353 Berlin, Torfstr. 28. concerto.berlin.l.bernau@t-online. de. G.: Braunschweig, 26. Mai 1941. V.: Luise, geb. Staats.

Ki.: Nikolaus (1964), Sophie (1965), Klara (1967), Justus (1968). El.: Hans-Günter u. Gudrun, geb. Otte. S.: ab d. 6. Lebensjahr Geigenunterricht, 1956 Studium Musikschule Braunschweig, Jugendstipendium z. Stud. Musik-HS Hannover. K.: 1959 Geiger der Hamburger Symphoniker, 1963-66 Stud. Musik an d. Musikak. Detmold, 6 Mon. Geiger b. Rhein. Kammerorchester in Köln, 1965 jüngster Konzertmeister Deutschlands am Opernhaus in Rendsburg, 1965-66 Konzertmeister d. Nürnberger Symphoniker, 1966-69 Musiker an d. Städt. Oper in Regensburg, seit 1969 Konzertmeister d. Symphonischen Orchester Berlin u. seit 1990 d. Berliner Symphoniker, Solist u. freiberufl. tätig, Grdg. d. Klaviertrios m. Klavier-Violine-Cello, 1981 Grdg. d. Sommerfestivals f. finn. Pianisten in Finnland, 1988 Grdg. d. "pianoquintett pihtipudas KVINTETT" m Klavier, 2 Violinen, Viola u. Cello, 2001 Eröff.d. Züricher Musikssomers. BL.: aktive Förderung junger städt. Komponisten u. Wiederaufführung längst vergessener Werke v. Komponisten d. Vergangenheit, zahlt. Uraufführungen unbekannter Werke, freiberufl. vorrangig tätig in Finnland auch als Meister in Sommerschulen f. finn. Musikschüler u. jugendl. Kammermusiker, weltweit erfolgr. sind Veröff. auf Platten u. CDs. P.: CDs: "Piano Quntet G minor", "Piano Qunitet op. 44", "Piano Quintet C minor", "Piano Quintet No. 1", Piano Quintet op 67", "Scherzo F major", "Piano Quntet A minor op. 84, "Piano Quintet A minor op. 14. u.a.m. E.: 1995 unter d. besten 100 Classics d. J. d. BBC. M.: Stiftung Stadtmuseum Berlin. H.: Handwerken, Musikwissenschaft, Programme gestalten.

Bernau Nikolaus

B.: freiberufl. Journalist. FN.: Berliner Verlag. PA.: 10119 Berlin, Zionskirchstr. 64. G.: Bonn, 23. Juni 1964. El.: Götz u. Luise, geb. Staats. S.: 1983 Abitur Berlin, 1983-84 Stud. Bauing.-Wesen TU Berlin, 1984-88 Stud. Kunstgeschichte TU u. FU Berlin, 1988-90 Stud. Arch. TU Berlin, 1991-94 Stud. Arch. HdK Berlin m. Abschluß Dipl.-Ing., seit 1995 Prom. K.: während d. Stud. tätig als Journalist m. Schwerpunkt Denkmalpflege. E.: DFG-Stipendium, 1993 Dt. Journalistenpreis. M.: stellv. Vors. d. Richard-Schöne-Ges., DJV. H.: Lesen, Zeichnen, Fotografieren, Reisen.

Bernauer-Jacob Vera Dr. vet. med. *)

Bernbacher Christine *)

Bernd Heinz *)

Bernd Hermann Mag.

B.: Büroltr., Studioltr. FN.: ZDF Zweites Deutsches Fernsehen. DA.: 99084 Erfurt, Marktstr. 50. G.: Bad Ems, 13. Jan. 1958. V.: Felix (1989), Clemens (1994). El.: Erich u. Renate, geb. Karbach. BV.: mütterlicherseits Hugenotten, väterlicherseits Winzer u. Pfarrer. S.: 1977 Abitur Göttingen, 1977 Stud. Publizistik, Germanistik u. Amerikanistik Johannes-Gutenberg-Univ. Mainz, 1984 Mag. K.: 1980 Gastdoz. b. Südwestfunk Landesstudio Mainz, freier Mitarb. f. versch. Redaktionen d. Hauses, Rundfunk u. Fernsehen, 1986 Volontär, 1987-91 Redaktion, Moderation, Information b. WF3, 1991 Redakteur d. Redaktion "Heute Journal" b. ZDF Mainz, 1995-97 Redakteur in Studio d. ZDF NRW, seit 1997 Studioltr. Thüringen. M.: Tennisclub "Rot-Weiß Erfurt". H.: Ski alpin, Menschen, Weltgeschehen, Weimar, Kultur.

---

*) Biographie www.whoiswho-verlag.ch oder beigefügte CD-ROM

Bernd

Bernd Rainer
B.: Koch, selbständig. FN.: Hotel u. Restaurant Öehler. DA.: 30952 Ronnenberg, Nenndorfer Str. 64. hoteloehlers@aol.com. www.hoteloehlers.de. G.: Hannover, 2. März 1960. V.: Regina, geb. Kamissek. Ki.: Julian (1990), Patrick (1992). El.: Ulrich u. Elisabeth. S.: 1978 Mittlere Reife, 1978-80 Lehre Koch Kastens Louisenhof Hannover. K.: 1980-81 Jungkoch in d. Schweiz, 1981-83 Bundeswehr als Küchenchef in d. Offiziersschule in Hannover-Bothfeld, 1983-85 Hotelfachschule m. Abschluß staatl. geprüfter Dipl.-Bw. f. Hotellerie u. Gastronomie, 1985-86 stellv. Ltr. d. Restaurant Mövenpick in Hannover, 1987 Eröff. d. Gasthauses Öhler u. 1997 Umbau z. Hotel u. Restaurant. M.: Prüfungsausschuß d. IHK, ehrenamtl. Richter am Arbeitsgericht Hannover, DittoGa, div. örtl. Vereine u. Organ. H.: Schießen, Schwimmen, Radfahren, Theater, Musik.

Bernd-Striebeck Herbert *)

Berndl Christa *)

Bernds Johann *)

Berndsen Friedrich Wilhelm Dipl.-Ing. *)

Berndt Dieter Dipl.-Ing. Prof.
B.: Hochschullehrer f. Verpackungstechnik an d. TFH Berlin (University of Applied Siences). DA.: Fachbereich V, 13353 Berlin, Luxemburger Str. 10. PA.: 14167 Berlin, Elmshorner Str. 22. berndt@berndtundpartner.de. G.: Stettin, 6. Juni 1938. V.: Gisela, geb. Voigt. Ki.: Daniela (1966), Nicola (1967), Oliver (1971). El.: Erich u. Erika, geb. Boldt. S.: 1955 Schulabschluß in Ahrensburg, Maschinenbaulehre, Bundeswehr, Stud. Maschinenbau in Hamburg, Abschluss Dipl.-Ing. K.: 1963 Verpackungsmaschinenkonstrukteur b. Beiersdorf, 1964 Baustellenltr. in Westafrika, Aufbau eines Lebensmittelkonsortiums, 1966 in führender Position b. Bosch, Verpackungsmaschinen, seit 1972 Hochschullehrer, Aufbau u. Ltg. d. Studienganges Verpackungstechnik. F.: Gründer u. Mehrheitsges. d. Verpackungsinst. Berndt & Partner. P.: Hrsg u. Mitautor d. "Arbeitsmappe für den Verpackungspraktiker", d. Schriftenreihe Handbuch d. Getränkeverpackung, Autor d. Fachbuches "Recht der Verpackung", Hrsg. u. Mitautor d. Fachbuches "Packaging", mehr als 80 Veröff. in allen relevanten Verpackungs- u. Lebensmittelzeitschriften, ca. 50 Grundsatzstudien über Packstoffe, Packmittel u. Verpackungsprozesse, Verpackungskosten sowie Verpackung u. Umwelt. E.: Ehrenvors. d. Deutschen Verpackungsmuseums, Vorst.-Vors. d. Dt. Verpackungsinst., Präs. d. Europäischen Verpackungsinst., Mtgl. d. Vorst. d. Bundes Deutscher Verpackungsingenieure. H.: Natur, Familie. (K.E.)

Berndt Dietrich Ing. *)

Berndt Eberhard Dr.-Ing. Prof. *)

Berndt Fred-Willmar *)

Berndt Gerhard Dipl.-Ing. *)

Berndt Gero Dr. med. Dr. med. dent.
B.: Zahnarzt in eigener Praxis. DA.: 90419 Nürnberg, Bucher Str. 67. G.: Bad Berneck, 14. Jan. 1946. Ki.: Christian (1978), Annette (1980), Dennis (1993), Nina (2000). El.: Franz u. Charlotte. S.: 1968 Abitur Hof/Saale, 1969-77 Stud. d. Humanmed. Univ. Würzburg u. Friedrich-Alexander-Univ. Erlangen, Stud. Zahnmed. FAU Erlangen, 1976 Examen u. Approb.

Zahnmed., Prom. z. Dr. med. dent. Erlangen, 1977 Examen u. Approb. Humanmed. Erlangen, 1984 Prom. z. Dr. med. Erlangen. K.: b. 1976 Ass. in Zahnarztpraxis in Nürnberg, 1977-78 Medizinalass. KH Roth, 1978-80 Ass. in mehreren Zahnarztpraxen, seit 1980 selbständiger Zahnarzt in Nürnberg. P.: Hörspiel "Der Tod ist ernstlich ein ganz milder ..." (Rundfunk 2001). M.: Gedenkstätte Sonnenschein e.V. H.: Segeln, klass. Musik, Theologie, Psychologie.

Berndt Günter H. *)

Berndt Hartmut Dr. med. habil. MedR.
B.: OA, Chefarzt d. Audiolog. Abt. d. Charité. DA.: 10115 Berlin, Schumannstr. 20-21; HNO-Praxis 10318 Berlin, Gundelfinger Str. 1. PA.: 10318 Berlin, Robert-Siewert-Str. 9. G.: Plathe/Pommern, 13. Apr. 1940. V.: MedR. Dr. Ingeborg, geb. Steinhoff. Ki.: Dr. med. Christine (1961), Sylke (1965). El.: Dr. med. Werner u. Irmgard, geb. Lehmann. S.: 1958 Abitur, b. 1964 Med.-Stud. Humboldt Univ. Berlin, 1968 Prom. Dr. med., 1981 Dr. med. habil. K.: seit 1964 an d. Charité, seit 1965 an d. HNO-Klinik, b. 1969 FA-Ausbild., seit 1974 OA, seit 1979 Ltr. d. Audiolog. Abt., seit 1985 HS-Doz., seit 1989 Vors. d. Audiologie d. Neuen Bdl., seit 1989 förderndes Mtgl. d. Dt. Tinnitus-Liga. BL.: seit 1969 Spezialisierung auf d. Gebiet d. hörverbessernden Operationen b. z. Implantation v. elektron. Innenohres u. d. experimentellen Innenohrforsch. P.: 64 Publ. in wiss. Zeitschriften, 124 wiss. Vorträge. E.: 1982 Nationalpreis f. Wiss. M.: Dt. Ges. f. HNO u. Kopf- u. Halschir., Verb. f. Wiss. u. Lehre im Dt. Beamtenbund. H.: Skifahren, Segeln. (B.K.)

Berndt Helmut Dr. phil. *)

Berndt Holger Dr. rer. pol.
B.: Gschf. Vorst.-Mtgl. FN.: Dt. Sparkassen- u. Giroverb. GT.: Vors. Sparkassenstiftung f. intern. Kooperation, AufsR.-Mtgl. Dt. Sparkassenverlag. DA.: 10117 Berlin, Behrenstr. 31. holger.berndt@dsgv.de. G.: Kiel, 11. Juli 1942. S.: 1963 Abitur, 1964-70 Stud. VWL u. Publizistik FU Freiburg u. FU Berlin, 1970 Dipl.-Vw., 1974 Prom. K.: 1974-83 Bundesmin. f. Wirtschaft Bonn, zuletzt stellv. Referatsltr., 1984-87 Bundesbaumin., Referatsltr. Wirtschafts- u. Wohnungspolitik, 1988-93 Verb.-Dir. d. Landesbausparkassen u. gleichzeitig Managing Dir. Verb. Europ. Bausparkassen Brüssel, seit 1993 Gschf. Vorst. Dt. Sparkassen- u. Giroverb., Bereich Wirtschaft u. Politik, daneben ehem. Board Mtgl. EUROPAY/Eurocard, ehem. AufR.-Mtgl. GZS. H.: Golf, Musik, Literatur, Kunst.

Berndt Horst Dr. phil. *)

Berndt Irma *)

Berndt Joachim Dr. sc. med. Prof.
B.: Prof. f. Notfallmed. FN.: Ärztehaus Friedrichshain. DA.: 10205 Berlin, Landsberger Allee 44. G.: Biehla b. Elsterwerda, 23. Jan. 1935. V.: Ilsemarie, geb. Kindel. Ki.: Dr. Kristina, Cornelia. S.: 1953 Abitur Elsterwerda, 1953-55 Med.-Stud. Leipzig, 1955-58 Med.-Stud. Dresden, 1958 Approb. f. Pflichtass., 1959 Approb. als Arzt z. selbst. ärztl. Tätigkeit. K.: 1959-60 1 J. Pflichtass. in Wittenberg Lutherstadt, 1960 prakt. Arzt in Coswig/Anhalt, 1960-67 Bez.-KH Potsdam,

*) Biographie www.whoiswho-verlag.ch oder beigefügte CD-ROM

Chir. Klinik, Ltr. Unfallabt., zuletzt OA, 1965 FA f. Chir., 1967-74 Kreisarzt in Brandenburg-Stadt, 1972 FA f. Sozialhygiene, 1974-83 Ärztl. Dir. am Oskar-Zieten-KH in Berlin-Lichtenberg, 1983-91 Ärztlicher Direktor im Krankenhaus Friedrichshain, 1983 Dr. sc., Doz. an Ak. f. Ärztl. Fortbild. Berlin-Lichtenberg, 1984 Facultas docendi, 1985 Honorardoz. f. Notfallmed., 1987 Honorarprof. f. Notfallmed., Einsätze weltweit b. Kriegen u. Zivilkatastrophen u.a. in Nicaragua, Äthiopien, Algerien, Vietnam u. Syrien, seit 1992 eigene Praxis, Chir., Gefäßchir., Proctologie, Onkologie. P.: Prom. B über Traumatologie: Qualität in d. Unfallmed., in allen Medien über d. weltweiten Einsätze, wiss. Arbeiten: Die Ulcera cruris u. ihre Behandlungsergebnisse, Die Qualität d. traumatologischen Betreuung u.a., Vorträge auf intern. Tagungen/Kongressen über Notfall- u. Katastrophen-Medizin in Athen, Stockholm, Damaskus, Kampala (Uganda), St. Paul (Österreich) u.a. M.: Dt. Ges. f. Chir., 1987 Vors. d. Ges. Krankenhauswesen d. DDR. H.: Reisen weltweit, v. allem Lateinamerika, bes. Mexiko, Schach, Fotografie.

Berndt Jörg *)

Berndt Kay Michael *)

Berndt Lars-Oliver *)

Berndt Lothar *)

Berndt Oliver M. *)

Berndt Peter Dr. med. *)

Berndt Peter *)

Berndt Rolf Dipl.-Vw. Dr. h.c.
B.: Gschf. Vorst.-Mtgl. FN.: Friedrich Naumann Stiftung. DA.: 14482 Potsdam-Babelsberg, Alt-Nowawes 67. G.: Niederschelden, 28. Apr. 1946. V.: Ulrike, geb. Schulz. Ki.: Felix (1980), Nina (1981), Katja (1985), Jenni (1988). El.: Dipl.-Ing. Rolf u. Meta, geb. Rokitta. S.: 1966 Abitur Herchen, 1966-71 Stud .Wirtschaftswiss. Ruhr-Univ. Bochum u. Univ. Freiburg, daneben polit. Wiss. in Bochum u. Soz. in Freiburg, 1968 Begrdg. freidemokrat. HS-Verb., 1966-71 nebenbei DSV-Sportltr., 1971 Dipl.-Vw. K.: 1972-73 Gschf. Nachwuchsausbild. Dt. Arbeitgeberverb. Köln, 1973-83 Bundeswirtschaftsmin., 1973 Ghostwriter f. Min. Dr. Friderichs, 1975 persönl. Referent Dr. Friderichs, 1977 persönl. Referent Graf Lambsdorff, 1979 Kabinettsreferent, 1980 ORegR., 1981-83 Dt. OECD-Vertretung Paris, 1983-95 Bundesgschf. d. FDP, seit 1995 Gschf. Vorst.-Mtgl. d. FNS, seit 1995 Vorst.-Mtgl. Walter Scheel Stiftung, seit 1996 BeiR.-Mtgl. Bundesak. f. Sicherheitspolitik, Gschf. Vorst.-Mtgl. Friedrich-Naumann-Stiftung. P.: Div. zu liberaler Politik, Freiheit in Verantwortung. E.: 1997 Dr. h.c. d. Han Yang Univ. Seoul/Korea, 1997 Orden aus Nicaragua u. Venezuela. M.: FDP, Lebenshilfe. H.: Rennrad, Schifahren.

Berndt Sebastian *)

Berndt Ursel *)

Berne Wolfgang *)

Berné Ute *)

Bernecker Georg-Ludwig *)

Bernecker Helmuth *)

van Bernem Theodor Dr.
B.: Prof. f. Wirtschaftsenglisch u. seine Didaktik. PA.: 40699 Erkrath, Herderstr. 3. G.: Düsseldorf, 1. Aug. 1929. V.: Dorothea, geb. Konjetzky. S.: Abitur, Stud. Wirtschaftspäd., Anglistik, Politikwiss., Dipl.Hdls.Lehrer, Köln, Dr. phil., Bonn. K.: Schullaufbahn im berufl. Schulwesen, Stud.Dir. als Fachltr. am Bez.Seminar f. d. berufsbild. Schulwesen, seit 1971 HS-Lehrer, Gastprof. in Paris I, Pantheon-Sorbonne 87/88 u. 88/89. P.: div. Veröff. im Bereich Englisch als Fachsprache, Berufserziehung u. Gewerkschaftsbeziehungen in GB, Fachvorträge auf Interskola-Konferenzen in Deutschland 1979, Wales 1981. Schottland 1983, Wirtschaftsenglisch-Wörterbuch 6. Aufl. 2001, E.-Dt./Dt.-E. 1991, Kongreßbeiträge z. Fachsprachenforsch. in Birmingham u. Bordeaux 1983, Leipzig 1984, Hamburg 1985 u. Paris 1987. E.: 1989 Hon. Research Fellow, Univ. of Birmingham, 1991 Hon. Senior Fellow. M.: ständiges Mtgl. d. Interskola Konferenzen, AILA Intern. Assoc. of Applied Linguistics, Intern. Vereinig. Sprache u. Wirtschaft, Ges. f. Angew. Linguistik.

Berner Christian
B.: Vors. d. Geschf. FN.: Kühne & Nagel AG & Co. DA.: 20459 Hamburg, Herrengraben 1. G.: Glandorf bei Osnabrück, 1953. Ki.: 2 Kinder. S.: Studium d. Volkswirtschaft. K.: 1979 Boehringer Mannheim, 1982-88 Projektleiter bei Eurokai KGaA, anschl. Wechsel zu Kühne & Nagel als Leiter Zentrales Controlling u. Rechnungswesen, 1990-98 verantwortlich f. Finanzen, Controlling, Rechnungswesen u. EDV, seit Nov. 1998 Vors. d. Geschäftsleitung d. dt. Kühne & Nagel-Gruppe. H.: Segeln.

Berner Fritz Wilhelm Dr.-Ing. *)

Berner Heiko *)

Berner Hubert Dipl.-Ing. *)

Berner Klaus Dr.-Ing. Prof. *)

Berner Klaus Dr.-Ing. Prof. *)

Bernert Andreas Dr.-Ing.
B.: Architekt. FN.: bernert+partner. DA.: 01324 Dresden, Kurparkstr. 3. G.: Rodewisch/Vogtland, 3. März 1960. V.: Christ Erben-Bernert. Ki.: Constantin (1991), Leonie (2001). El.: Dipl.-Ing. Günter u. Anneliese. S.: 1978 HS-Reife Zwickau, 1978-80 Grundwehrdienst in d. NVA d. DDR, 1980 Berufsausbild. z. Ausbaumaurer, 1980-85 FH-Stud. an d. TU Dresden Fachrichtung Arch., Dipl. K.: 1985-91 befristeter wiss. Mitarb. am Lehrstuhl f. HS-Bauwerke a. TU Dresden, 1989-90 Prom.-Verfahren auf d. Gebiet Ind.-Bau, Abschluss m. Diss. A, 1991-93 ang. Architekt im Büro Just+Partner Dresden, 1993-96 freier Architekt in Bürogemeinschaft Krenkel-Schulze-Bernert Dresden, seit 1996 freier Architekt in d. Arch.-Werkstatt bernert+partner Dresden u. in d. ARGE plan.werk Neustadt/Dresden. H.: Wandern, Segeln.

Bernert Peter Paul Dipl.-Ing. *)

Bernet Dieter *)

*) Biographie www.whoiswho-verlag.ch oder beigefügte CD-ROM

Bernet-Gsänger Claudia

B.: Groß- u. Außenhdls.-Kauffrau, Inh. FN.: Seeadler-Optik. DA.: 90491 Nürnberg, Teutoburger Str. 8. G.: Nürnberg, 26. Juni 1967. Ki.: Sebastian (1990). El.: Georg und Inge, geb. Deuzler. BV.: Firmengründer Georg Bernet. S.: 1985 Mittlere Reife, 2 1/2 J. Ausbild. Groß- u. Außenhdls.-Kauffrau. K.: seit 1987 in d. Firma Seeadler-Optik Nürnberg. BL.: 5 Vertretungen: Ungarn, Italien, Österr., Spanien, USA. M.: Tennisclub Noris-Blau Nürnberg, aktives Mtgl. bei "Lobby für Kinder". H.: Tauchen, Töpfern, Design u. Herstellung v. Goldschmuck, Antiquitäten.

Bernges Rainer *)

Bernges Robert *)

Bernhard Franz *)

Bernhard Gabriele *)

Bernhard Hans-Christoph *)

Bernhard Jochen Dr. *)

Bernhard Katharina *)

Bernhard Othmar Dr. jur. *)

Bernhard Peter *)

Bernhard Rolf-Jürgen *)

Bernhard Stefan *)

Bernhard Stephan

B.: Gschf. Inh. FN.: Restaurant Le Jardin de France. DA.: 76530 Baden-Baden, Rotenbachtalstr. 10. G.: Colmar, 15. Apr. 1971. V.: Sophie, geb. Peter. El.: Alfred Bernhard u. Marth, geb. Friess. S.: 1987-89 Lehre als Koch Apprentissage Restaurant Am Lindenplatzel Mittelbergrhein, Sélestat France Certificat d'aptitude professionelle Cuisinier. K.: 1989-91 Restaurant La Couronne Baldenheim (*Michelin) Strasbourg France Brevet professionell de Cuisinier, Meisterprüf., 1991-93 Commis u. Chef de Partie Restaurant Au Valet de Coeur Val De Ville (*Michelin), 1993-94 Chef de Partie Restaurant Chateau d'Adoménil Luneville (*Michelin), 1994 Chef de Partie Restaurant La Chenaudière Colroy la Roche (*Michelin, Relais et Chateaux), 1995-97 Chef de Cuisine Restaurant Au Valet de Coeur Vel de Ville (*Michelin), seit 1998 in Baden-Baden (*Michelin jüngster Sternekoch in Deutschland, d. ein eigenes Restaurant hat) Pattisserie Cafe de Paris in Baden-Baden. P.: Figaro Magazin Frankreich, Welt am Sonntag, regionale Presse, Hotel- u. Gaststättenzeitschrift, Commoderie de Cordon Bleu de France, Gastronomieführer Bertelsmann, Michelin, Gourmet, Feinschmecker, 7. bestes ausländ. Restaurant v. Deutschland Wirtschaftswoche. E.: Michelin Stern. M.: Hotel- u. Gaststättenverb. H.: Essen u. Trinken, Freude am Leben.

Bernhard Titus Alexander Dipl.-Ing. *)

Bernhard Uwe Dr. h.c. *)

Bernhard Uwe *)

Bernhard Wolfram DDr. Prof. *)

Bernhardi Jens *)

Bernhardt Andreas Dipl.-Ing.

B.: Vorst.-Vors. FN.: c/o Alcatel SEL AG. DA.: 70435 Stuttgart, Lorenzstr. 10. www.alcatel.de. G.: Stuttgart, 1958. V.: verh. Ki.: 1 Kind. S.: Absolvent d. Berufsakademie in d. Fachrichtung Elektronik, Abschluss Dipl.-Ing. K.: seit 1983 b. Alcatel SEL in Stuttgart in versch. Funktionen in Forschung, Entwicklung u. Marketing tätig, 1997-2000 Ltr. d. Unternehmensbereich Netz-Applikationen, 2000 berufen in d. Vorst. d. Alcatel SEL AG u. seit 2000 Mtgl. d. Gschf. d. Alcatel Deutschland GmbH u. Vorst.-Vors. d. Alcatel SEL AG. (Re)

Bernhardt Andreas

B.: Vermögensberater, selbständig. DA.: 01307 Dresden, Pfotenhauerstr. 80. G.: Aue, 11. Mai 1956. V.: Viola, geb. Haack. Ki.: Susann (1980), Robert (1983), Paul (1990). S.: 1974 Abitur in Pirna, 1974-77 Armee, 1977-82 Stud. Energieanlagentechnik an d. TU Dresden. K.: 1982-86 Ass. an d. TU Dresden, 1986-90 Bauleiter im Bau- u. Energiebereich, seit 1990 freier Vermögensberater. BL.: 20 Patente. P.: in d. Fachpresse. M.: Bundesverband Dt. Vermögensberater. H.: Gartenarbeit, Radfahren.

Bernhardt Dietmar (Diete)

B.: Dipl.-Ökon., Musiker, Produzent, Musikmanagement. FN.: Agentur Bernhardt. DA.: 46485 Wesel, Raesfelder Str. 9. diete.bernhardt@web.de. www.agentur-bernhardt.de. G.: Neugersdorf, 15. Nov. 1952. V.: Eveline. Ki.: Ingo (1975), Enrico (1978). El.: Eberhard u. Margot. S.: 1969-71 Lehre als Bankkfm., 1971-76 Stud. Betriebswirtschaft in Rodewisch, 1977-82 externes Musikstud. in Dresden u. Berlin. K.: seit 1966 Amateurmusiker, seit 1976 freiberufl. Musiker, Grdg. v. "Höhne & Co.", 1986 Übersiedlung in d. BRD u. Grdg. d. "Western Railroad"-Band, 1990 Grdg. d. "Agentur Bernhardt". F.: seit 2001 Ges. u. Gschf. d. ab Euro O.H.G. P.: "Zeit zu gehen" (1989), "Western Railroad First Time" (1995), "Day to Day" (1996), Nashville/TN-USA, "Western Railroad Second Period" (1999), CD's. E.: 1978 Dipl. f. Unterhaltungskunst, Fernsehfilm über d. Werdegang d. "Western Railroad"-Band m. d. Titel "Ost-West-Cowboys" 1990 aufgeführt b. RIAS TV u. allen Dritten TV-Programmen. H.: Motorradfahren, Schifahren.

Bernhardt Dirk Dipl.-Ing. *)

Bernhardt Gerda *)

Bernhardt Gunter *)

Bernhardt Gustav

B.: Verwaltungs - Fachwirt, Unternehmensberater. DA.: 85049 Ingolstadt, Friedrichshofener Str. 50. PA.: 85049 Ingolstadt, Frankenstr. 40. G.: Hitzhofen, 31. März 1947. V.: Karolina, geb. Bauer. Ki.: Iris (1967), Günter (1971). El.: Stefan u. Emma. S.: 1963 Mittlere Reife, b. 1965 Ausbild. z. Ind.-Kfm. K.: 1965-89 öff. Dienst, seit 1982 Sachgebietsltr. Liegen-

*) Biographie www.whoiswho-verlag.ch oder beigefügte CD-ROM

schaftsverw. Stadt Ingolstadt, seit 1989 selbst. Immobilienkfm. BL.: 1963-70 aktiver Musiker in Bernhardt-Sextett (1 LP), seit 1987 Klarinettist in Birdland Dixieband Neuburg, VFB Friedrichshofen, langjähriger ltd. Sportfunktionär, aktiver Kirchenpfleger. E.: mehrfacher Gaumstr. Turnen, div. Ausz. f. Tätigkeiten als Sportfunktionär. M.: VFB Friedrichshofen. H.: Volleyball, Tennis, Schwimmen, Radfahren, Skifahren, Wandern, Musik. (M.M.)

Bernhardt Hannelore Dr. rer. nat. Dr. sc. phil.
PA.: 10249 Berlin, Platz d. Vereinten Nationen 3. Ha.Kh. Bernhardt@addcom.de. G.: Zittau, 20. Juli 1935. V.: Prof. Dr. Karl-Heinz Bernhardt. Ki.: Mira (1963), Sandra (1968). S.: 1956-61 Stud. Math. Univ. Leipzig, 1961-66 wiss. Aspirantur Karl-Sudhoff-Inst. f. Geschichte d. Med. u. Naturwiss., 1966 Prom., 1966-69 wiss. Ass. KSI u. b. 1970 OAss. Univ. Leipzig, 1970-85 wiss. OAss. Humboldt-Univ. Berlin, 1979 Facultas docendi, 1984 Habil. K.: 1985 Doz. f. Geschichte d. Naturwiss. u. Mathematik, 1985-91 Ltr. d. Forschungsstelle f. Univ.-Geschichte, 1985-94 wiss. Redaktion d. Schriftenreihe "Beiträge z. Geschichte d. Humboldt-Univ. zu Berlin". P.: ca. 90 wiss. Publ. z. Geschichte d. Math., Naturwiss. u. Univ.-Geschichte. M.: Math. Ges. d. DDR, Dt. Mathematiker-Vereinigung. H.: Langstreckenlauf, Touristik, klass. Musik.

Bernhardt Inge

B.: selbst. Heilpraktikerin. FN.: Praxis f. Psychotherapie und Naturheilverfahren, ganzheitliche Diagnostik. DA.: 86825 Bad Wörishofen, Kneippstr. 22b. G.: Weilburg/Lahn, 31. März 1954. Ki.: Sebastian (1980). S.: 1971 Mittlere Reife, Ausbild. z. Arzthelferin. K.: Ass. in d. Inneren Med. am KH Limburg, Wechsel nach Wetzlar zu Prof. Klütsch u. Prof. Kuntz, betraut m.d. ambulanten u. stat. Betreuung v. Patienten, anschl. Arbeitsmed. Ass. am Werksarzt-Zentrum in Gummersbach b. Dr. Rogendorf, 1991 Heilpraktikerausbild. in Kempten, weitere Ausbild.: Reiki, Individualgruppen- u. Familientherapie, Akupunktur am Sebastianeum, Chirotherapie nach Dorn, Akupunktur, Neuraltherapie, zertifizierte Pflegeplanung, zeitweilig während d. Ausbild. kfm. Ltg. d. Klinik Tannenbaum in Bad Wörishofen, seit 1992 selbst. als ndlg. Heilpraktikerin in Bad Wörishofen, dann in Utting/Ammersee u. seit 2000 wieder in Bad Wörishofen, Arbeitsschwerpunkt: klass. Homöopathie, Gesprächs-Psychotherapie u. Chirotherapie nach Dorn, Verkauf v. Magneten (Erde v. Lourdes), unabhängige Fachberaterin. P.: zahlr. Veröff. in Fachzeitschriften u. Vorträge über psycholog. u. psychotherapeut. Themen. M.: VDH. H.: Joggen, Natur, Reisen, Lesen.

Bernhardt Karl-Heinz Dr. Prof.
PA.: 10249 Berlin, Platz d. Vereinten Nationen 3. Ha.Kh. Bernhardt@addcom.de. G.: Zwickau, 24. Dez. 1935. V.: Dr. Hannelore, geb. Kärgel. Ki.: Mira (1963), Sandra (1968). S.: 1953 Abitur m. Ausz., 1953-57 Stud. Meteorologie Univ. Leipzig, Dipl. m. Ausz., 1957-61 wiss. Aspirantur Univ. Leipzig, 1961-69 wiss. OAss. Univ. Leipzig, 1962 Prom. m. Ausz., 1967 Habil. K.: 1969 Doz. f. Meteorologie u. Geophysik an d. Humboldt-Univ., Leipzig, 1970 o.Prof. f. Meteorologie an d. Humboldt-Univ., 1969-90 Ltr. d. Bereichs Meteorologie u. Geophysik, 1990-94 Ltr. d. Arb.-Gruppe Dynamik d. Atmosphäre am Meteorolog. Inst. d. Humboldt-Univ. Berlin. P.: ca. 200 wiss. Publ. z. Themen a. d. Gebieten Meteorologie, Klimatologie u. Geschichte d. Meteorologie, 1972-91 Mithrsg. d. Z.

f. Meteorologie. E.: Reinhard-Süring-Plakette d. Meteorolog. Ges. d. DDR in Silber u. Gold, Verdienter HS-Lehrer d. DDR. M.: seit 1957 Meteorolog. Ges. d. DDR, 1970-91 Vorst.-Mtgl. u. 1982-90 Präs., 1981-90 Ltr. v. KAPG-Projekten zur Physik d. atmosphär. Grenzschicht, seit 1991 Dt. Meteorolog. Ges., 1990 Ak. d. Wiss. d. DDR, 1993 Grdg.-Mtgl. d. Leibniz-Sozietät e.V., 1996 Sekr. d. Klasse f. Naturwiss. H.: klass. Literatur, Touristik, Fotografieren.

Bernhardt Otto
B.: MdB CDU, Unternehmensberater. DA.: 53113 Bonn, Walter-Flex-Str. 3; 24768 Rendsburg, Paradepl. 10. PA.: 24768 Rendsburg, Ernst-Barlach-Str. 79. G.: Rendsburg, 13. Feb. 1942. V.: Gisela-Brigitte, geb. Liedtke. Ki.: Nicole (1969), Nathalie (1974). El.: Otto u. Yvonne, geb. Ewers. S.: 1962 Abitur Kiel, 1962-64 Banklehre Dredner Bank Rendsburg, Bankkfm., 1964-68 Stud. Wirtschaftswiss. Univ. Hamburg. K.: 1968 Dipl.-Lehrer, 1968-70 Referendariat, 1970 Staatsexamen, seit 1970 Mtgl. Landesvorst. CDU, 1970-71 Assessor in Rendsburg, 1971 Landtag Schleswig-Holstein, 1979-84 parlamentar. Staatssekr., seit 1980 Vors. d. CDU-Kreisverb. Rendsburg-Eckernförde, 1984 Ausscheiden aus Reg. u. Landtag, 1984 Übernahme Vorst.-Mtgl. Schleswig Holstein. Wirtschaftsaufbaukasse AG, 1991-92 Zusammenschluß z. Schleswig Holstein. Investitionsbank, 1992 Vorst.-Vors. Schleswig-Holstein. Landeskreditbank AG, 1994 Auflösung d. Bank, 1994-95 Vorst. Bankcompagnie Nord BCN AG, seit 1990 Joint Ventures in Neu-Dehli, Shanghai, Kapstadt, Rußland, Ungarn, seit 1993 Vors. Hermann-Ehlers-Stiftung in Kiel, seit 1995 Unternehmensberater, seit 1998 MdB, seit 1998 Liquidator d. IG Farben, daneben BeiR.-Vors. Hermann Nier GmbH u. BeiR.-Vors. Transcoject. P.: 12 Broschüren u. Bücher. E.: 1968 BVK am Bande, 1983 BVK 1. Kl., 1978 Freiherr-vom-Stein-Plakette. M.: Parlament. Ges. H.: Katzen, Hunde, Sammeln naiver Katzenbilder, Reisen Florida. (Re)

Bernhardt Richard *)

Bernhardt Thomas Richard

B.: Heilpraktiker. DA.: 38102 Braunschweig, Jasperallee 79. G.: Braunschweig, 22. Sep. 1953. Ki.: Viktoria (1985). S.: 1970 Mittlere Reife, b. 1973 Ausbildung z. Bankkfm. bei der Dresdner Bank in Braunschweig, b. 1975 Bundeswehr. K.: ang. Bankkfm. Dresdner Bank Frankfurt, b. 1988 techn. Ltr. d. Börsenabt., bis 1990 Ausbild. z. Heilpraktiker an d. HSM Heilpraktikerschule Mainz mit Abschluß d. Zulassung, 1991 selbst. m. eigener Praxis in Frankfurt, 1993 Umzug u. Verlegung d. Praxis nach Braunschweig, Ausbild.-Begleitend Osteopathie, Craniosacral-Therapie, Akupunktur, Homöopathie, 1975-93 ehrenamtl. Rettungssanitäter b. d. Johanniter Unfallhilfe in Frankfurt. E.: 1988 EZ d. Johanniter. M.: Unabhängiger Heilpraktikerverb. Mainz, Johanniter. H.: Tauchen, Golf, Badminton.

Bernhardt Ulrich *)

Bernhardt Ute
B.: Designerin, Gschf. FN.: Bernhardt Kommunikationsprofile GmbH. GT.: Referentin auf nat. Kongressen u. Tagungen. DA.: 31655 Stadthagen, Fröbelstr. 3. U.bernhardt-Gmbh@t-online.de. G.: Rehren A.O., 7. März 1950. V.: Wolfgang

*) Biographie www.whoiswho-verlag.ch oder beigefügte CD-ROM

Bernhardt

Schlüter. Ki.: Anna-Lisa Pätzold (1979), Katharina Pätzold (1980). El.: Hans-J. Bernhardt u. Lisa, geb. Höfs. S.: 1966 Mittl. Reife, 1966-68 Schriftsetzerlehre in d. Hausdruckerei d. Hannoverschen Allgemeinen Zeitung in Hannover, 1968-69 Fortsetzung d. Lehre im Hauchler Studio Biberach, staatlich anerkannte private Fachschule u. Berufsfachschule, 1969 Gehilfenbrief bei der IHK Ravensburg, 1969-70 Technische Ass. in d. Druckerei Hartmann in Stadthagen, 1970-74 Stud. Visuelle Kommunikation an d. HS d. Künste in Berlin, m. Abschluss staatlich geprüfte Grafikdesignerin, parallel Publizistikstudium an d. FU Berlin. K.: 1974-76 Grafikdesignerin b. d. Bundesversicherungsanstalt f. Ang. in Berlin, Aufbau d. Abt. f. Lehr- u. Lehrmittel, 1976 Beginn d. freiberuflichen Tätigkeit als Grafikdesignerin u.a. f. d. Presseamt v. Regierenden Bgm. v. Berlin u. d. Bundespresseamt Bonn, 1978 Umzug nach Witten an d. Ruhr, 1981 Umzug nach Stadthagen u. Mitarbeit in d. väterl. Druckerei Hartmann, 1982-85 Vorbereitungslehrgang Industriemeister Druck an d. Sonnabenden in Hannover, m. abschliessender Prüf. b. d. IHK Hannover, 1984 Übernahme d. Druckerei Hartmann u. Verlagsgründung, neuer Firmenname Ute Bernhardt-Pätzold, Druckerei u. Verlag, 1988 Grdg. d. Firma Bernhardt Kommunikationsprofile GmbH, 1992 Verkauf d. Druckerei u. Eingliederung d. Verlages in d. GmbH, seit 1992 Delegierte des Landkreises Schaumburg in d. Schaumburger Landschaft e.V. u. 1. Vors., seit 1995 parallel z. Selbständigkeit in eigener Firma m. Einzelprokura in d. Firma Otto Schlüter GmbH & Co KG, Möbeldesign u. Produktion Stadthagen. P.: versch. Fachpubl. in Büchern, Magazinen u. Presse u.a. Dokumentation einer Fachtagung, Konzepte f. einen zukunftsfähigen Konsum. M.: Schaumburger Landschaft e.V. H.: Lesen v. Fachliteratur u. geisteswiss. Literatur, Stricken u. Kochen u. Unmögliches möglich machen.

Bernhart Alfred Karl *)

Bernhart Oliver *)

Bernheimer Konrad O. *)

Bernhofer Ralf

B.: Gschf. FN.: dv-konzept EDV-Unternehmensberatung. DA.: 60385 Frankfurt/Main, Alt Bornheim 34. ralf.bernhofer@dv-konzept.de. G.: Offenbach, 8. Dez. 1959. Ki.: Anja (1987). El.: Erika Bernhofer. S.: 1974-75 kfm. Ausbildung DAG-Schule, 1980-81 Bundeswehr. K.: 1976-88 Groß- u. Außenhandelskaufmann d. Firma B. Stinnes-Strommeier, zuletzt Verkaufsleiter, 1988-1992 Verkaufsleiter d. Fa. FINA Deutschland, 1922 tätig im PC- u. Netzwerksupport d. Firma FINA, seit 2000 selbständiger Unternehmensberter m. Schwerpunkt Netzwerkdesign, Server Infrastruktur, Roll-Out-Projekte bis zu Gesamtlösungen; Funktionen: Firmenschulungen f. Netzwerke, Servicebetrieb, Standoffice-Produkte. P.: Veröff. z. Person im Stern (2001) H.: Skifahren, Motorradfahren.

Bernhöft Georg

B.: Kfm., selbständig. FN.: Möbelhaus Bernhöft KG. DA.: 23909 Ratzeburg, Langenbrücker Str. 7-11. info@moebelbernhoeft.de. G.: Ratzeburg, 13. März 1955. V.: Birgit, geb. Schramm. Ki.: Sebastian (1985), Annika (1987). S.: 1972-74 Lehre Tischler Ratzeburg. K.: 1974-79 Ang. im Möbelgroß u. -einzelhandel in Kiel, 1979-81 Stud. BWL Fachrichtung Mömebhandel in Köln, 1981 Einstieg in d. elterl. Möbelhaus u. 1989 Übernahme. M.: Schützengilde Ratzeburg v. 1551, Tennisverein Ratzeburg. H.: Tennis, Schwimmen, Skifahren.

Bernhörster Günter *)

Berning Bernhard

B.: Unternehmensconsulting, Coach. FN.: Bernhard Berning. DA.: 90451 Nürnberg, Heidecker Str. 1. V.: verh. Ki.: 2 Kinder. S.: Ing., BWL, EKS-Strategie, Coach-Ausbilder, Dozent Organisatoren-Ausbildung. K.: 25 J. Unternehmensoptimierung in Prod., Handel, Dienstleistung, Führungsfunktionen, Projektmanagement f. Logistikprojekte im In- u. Ausland, Beraterauswahl u. Zusammenarbeit mit namhaften Beratungsges., Spezialisierung auf Zukunftsfähigkeit, Erfolgsstrategie, Coaching; Projekte: "Die Zukunftskonferenz" f. Unternehmen u. Organisationen, Erfolgsstrategie-Entwicklung, Chance-Management, Coach-Prozesse f. Management u. Teams, Unternehmens-Check-Up. P.: Mitautor v. "Netzwerk zum Erfolg", "Projektmanagement als Erfolgsprozess". M.: Die Region Nürnberg e.V., IHK-Prüfungsausschuss, Coach u. Juror im Nordbayr. Business-Plan-Wettbewerb f. Existenzgründer, Bundesvereinigung Logistik, Bundesforum Strategie.

Berning Jutta Elsbeth

B.: Buchhalterin. FN.: Steuerberatersozietät W. u. D. Berning. DA.: 14052 Berlin, Heerstr. 22. info@stb-berning.de. www.stb-berning.de. G.: Berlin, 30. Aug. 1941. V.: Wolfgang Berning. Ki.: Dietmar (1962), Judith (1967). El.: Erich Hoffmann u. Charlotte, geb. Blauert. S.: 1956 Mittlere Reife, 1957-59 Höhere Wirtschaftsfachschule in Berlin-Charlottenburg. K.: 1959-63 Mitarbeiterin im öff. Dienst/Finanzverwaltung, 1963-71 Mitarbeiterin in kfm. Bereichen d. freien Wirtschaft, seit 1971 Buchhalterin u. Chefsekretärin. BL.: 20x d. Bedingungen f. d. Goldene Sportabzeichen erfüllt. P.: Mitherausgeberin u. Redakteurin d. Stadtteilzeitung MV-Informationen (1972-76), "Frau d. Tat" in d. RTL-Sendung "Akte 98 - Alltagsschichten", seit 1992 auf verschiedenen Gemeinschaftsausstellungen "Malen, Modellieren u. Töpfern" d. Frauengruppe ZITA präsent. M.: Gründerin u. Akteurin d. Mieterschutzbundes im MV (1972-76) u. Mitinitiatorin eines Schwimmvereins im gleichen Wohngebiet, seit 1992 Mtgl. d. Frauengruppe ZITA (Zitadelle Spandau) m. einer jährl. Wochenklausur in Ahrenshoop. H.: Malen, Sport.

Berning Walter Dr. *)

Berning Wolfgang Hermann Wilhelm

B.: Steuerberater. FN.: Steuerberatersozietät W. u. D. Berning. DA.: 14052 Berlin, Heerstr. 22. PA.: 14163 Berlin, Bergengruenstr. 55B. info@stb-berning.de. www.stb-berning.de. G.: Bielefeld, 12. Feb. 1937. V.: Jutta, geb. Hoffmann. Ki.: Dietmar (1962), Judith (1967). El.: Richard u. Margarete, geb. Bahr. S.: 1952 Mittlere Reife, 1952-55 Berufsausbildung: Steuerfachgehilfe, Ausbildung z. Steuerberater/Abendkurs 6.

*) Biographie www.whoiswho-verlag.ch oder beigefügte CD-ROM

Semester Finanzschule, 1967 Steuerberaterprüfung. K.: 1955-58 tätig in d. Steuerberaterkanzlei des Vaters, 1958-60 Mitarbeit in einem Wirtschaftsprüferbüro, 1960-68 Steuerfachgehilfe d. Bäckerinnung Berlin, 1968-71 Mitbegründer d. Buchstelle d. Fleischerinnung Berlin, 19971 Beginn d. freiberufl. Tätigkeit. BL.: seit mehreren Jahren Bedingungen f. d. Sportabzeichen in Gold. M.: Steuerberaterkammer u. Steuerberaterverband Berlin-Brandenburg. H.: Kochen, Gartenarbeit.

Berninger Matthias
B.: MdB., bild.-polit. Sprecher d. Grünen. FN.: Dt. Bundestag. DA.: 11011 Berlin, Platz d. Republik 1. PA.: 34117 Kassel, Uhlandstr. 1. G.: Kassel, 31. Jän. 1971. Ki.: 1 Kind. S.: 1990 Abitur u. glz. Schülervertreter u. tätig in Umweltbewegung, 1990-94 Stud. Chemie u. Politikwiss. GHS Univ. Kassel, 1994 1. Staatsexamen f. Lehramt. K.: 1990 Eintritt bei den Grünen, 1993-94 tätig im Bereich Umweltfragen im Landkreis Kasel, 1994 Wahl in d. Bundestag als jüngster Abg. d. BRD, o.Mtgl. d. Jugend- u. Sportaussch., 1997 o.Mtgl. d. Bild.-Aussch., 198 o.Mtgl. d. Haushaltsaussch. u. glz. im Kuratorium d. Bundeszentrale f. polit. Bild., Kuratorium d. Dt. Studentenwerk u. Kuratorium ev. Studienwerk. P.: viele Publ. in "Spiegel". M.: KSV Baunatal, Radsportclub Weimar-Ahnatal, Sportver. SV W6-Ahnatal, ASB, Die Grünen Landkreis Kassel. H.: Schach, Radrennen, Popmusik, Italienreisen. (Re)

Bernitz Eckhard Dr.

B.: Prokurist. FN.: BFL Leasing GmbH. DA.: 10243 Berlin, Warschauer Str. 34-38. G.: Wünsdorf, 11. Mai 1944. S.: 3 J. Lehre Mechaniker Funkwerk Köpenick, 1965-68 Stud. Konstruktion f. Büromaschinen Ing.-Schule Feinwerktechnik Glashütte, 1968 Ing. f. Feinwerktechnik, 1974-80 Fernstud. HS f. Ökonomie Berlin, 1984 Prom. K.: 1970-90 im VEB Bürotechnik, 1975 Abt.-Ltr. d. Kundendienst f. Berlin u. Ltr. f. d. DDR, 1979-83 Kundendienstltr. f. Moskau f. d. Firma Robotron u. Aufbau d. Stützpunktes in d. UdSSR, 1987 Kundendienstdir., 1990-91 Auflösung d. Firma Robotron u. Grdg. d. kl. GmbH Joint Ventures m. IBM u. Siemens, seit 1991 Ndlg.-Ltr. f. Berlin u. d. Neuen Bdl. bei BFL. P.: Veröff. zu math. Modellen u. Kundendienst, zusätzlich Geschäftsprozeßoptimierung. H.: Datenverarbeitung, Radfahren, Angeln.

Bernius Frieder
B.: Dirigent. DA.: 70435 Stuttgart, Dreysestr. 13a. G.: Ludwigshafen/Rhein, 22. Juni 1947. Ki.: Maria (1979). El.: Helmut u. Ingeborg. S.: 1967 Abitur Mannheim, 1967-74 Stud. Musikwiss. u. Musik HS f. Musik Stuttgart u. Univ. Tübingen, Dirigierkurs b. Celibidache, Downes, Suitner u. Rowicki. K.: Als freiber. Dirigent tätig, Grd. u. Ltr. d. Kammerchores Stuttgart, d. Barockorchesters Stuttgart u. d. Klass. Philharmonie Stuttgart, Gastdirigent i. europ. Ausl., USA, Canada, Israel, Südkorea, Hongkong, Semper Oper Dresden, Mail. Scala, Mitbegr. u. künstl. Ltr. d. "Intern. Festtage Alter Musik" Stuttgart u. a. E.: 11 Schallplattenpreise, 1993 BVK. H.: Tai Chi, dt. Gesch. (U.B.)

Bernius Kurt Dipl.-Ing.

B.: Sachv. f. Grundstücksbewertung öff. bestellt u. vereidigt v. d. IHK Magdeburg. PA.: 39307 Genthin, Magdeburger Str. 62. G.: Burg, 16. Okt. 1936. V.: Liselotte, geb. Gabriel. Ki.: Gabriele (1961). S.: b. 1954 Maurerlehre in Genthin, b. 1956 Maurergeselle in Genthin, 1956-59 Stud. z. Bauing. an d. Ing.-Schule f. Bauwesen in Magdeburg. K.: Planungsing. in d. Energieprojektierung Berlin Außenstelle Dresden, ab 1960 Baultr. u. Projektant in d. Kreisbaultg. in Genthin, ab 1969 Ltr. d. Projektierung, ab 1972 hieß d. Betrieb VEB Baureparaturen u. ab Jan. 1975 Kreisbaubetrieb, seit 1982 Tätigkeit als Sachv., ab Juli 1990 öff. Bestellung u. Vereidigung, ab Sep. 1990 in d. Kreisverw. im Bauordnungsamt als Prüfing. b. 31. Dez. 1999. M.: Verb. d. Bausachv. LSA (VBLSA), MC Chemie Premnitz. H.: Wassersport, Camping.

Bernkopf Veit T. Ing. *)

Bernotat Wulf H. Dr.
B.: Vorst.-Vors. FN.: Stinnes AG. GT.: AufR.-Vors. d. Brenntag AG. DA.: 45472 Mühlheim a.d. Ruhr, Humboldtring 15. www.stinnes.de. G.: Göttingen, 14. Sept. 1948. S.: 1969-74 Jurastud. Göttingen, 1. Staatsexamen, 1974-76 Referendarzeit, 2. Staatsexamen, Prom. z. Dr. iur. K.: 1976-81 Justitiar in d. Rechtsabt. Shell AG Hamburg, 1981-84 Business Development Manager Eastern Europe Shell London, 1984-86 Ltr. Hdls.-Geschäft Schmier- u. Kraftstoffe Deutschland Shell Hamburg, 1986-87 Strateg. Planung, 1987-88 Ltr. Marketing Erdgas Deutschland, 1988-89 Ltr. Vertriebszentrum Luftfahrt- u. Behördengeschäft, 1989-92 General Manager Shell Lissabon/Portugal, 1992-95 Area Coordinator Anglophone Africa/Coal Business Coordinator Southern Hemisphere Shell London, 1995 Vice President and Member of the Executive Board Shell Paris, 1996 Vorst.-Mtgl. Ressort Marketing, Vertrieb Veba Oel AG, 1998 Vorst.-Mtgl. Ressort Downstream Veba Oel AG Gelsenkirchen, ab Nov. 98 Vorst.-Vors. der Stinnes AG.

Bernreiter Ferdinand *)

Bernreuther Elisabeth *)

Bernsdorff Hans Holger *)

Bernsee Regine
B.: FA f. Allgemeinmedizin. FN.: Gemeinschaftspraxis f. Allgemeinmedizin. DA.: 17036 Neubrandenburg, Juri-Gagarin-Ring 39. G.: Burg b. Magdeburg, 24. Apr. 1943. V.: Theodor Bernsee. Ki.: Ester (1966), Alexander (1968). El.: Walter Jäke u. Hertha Klare, geb. Seeland. S.: 1961 Abitur Burg b. Magdeburg, 1961-63 Stud. Humanmed. an d. Univ. Budapest, 2. Staatsexamen, 1963-66 Approb. an d. Univ. Rostock. K.: 1 J. Ass. in Burg b. Magdeburg, 1967-71 Ausbildung z. FA f. Allgemeinmed. am Klinikum Neubrandenburg, 1971-73 Betriebsärztin b. Rat d. Bez. Neubrandenburg, 1973-86 Betriebsärztin im RWN, 1986-90 Ärztin im BKH Poliklinik Neubrandenburg, seit 1990 eigene Ndlg. H.: Lesen, Gartenarbeit.

*) Biographie www.whoiswho-verlag.ch oder beigefügte CD-ROM

Bernsmann Kai Dr. med. Priv.-Doz.

B.: Mediziner, Chefarzt. FN.: Girardet-Clinic GmbH Essen. DA.: 45131 Essen, Girardetstr. 2-38. G.: Wizzen, 12. Aug. 1964. V.: Doretha, geb. Neumann. Ki.: Julian, Lisa, Jonas. El.: Dieter u. Ursula, geb. Weber. S.: 1984-90 Med.-Stud. an d. Ruhr-Univ. Bochum, 1990 Med. Staatsexamen, 1990 Prom., 1990-92 Arzt im Praktikum, 1992 Approb. als Arzt. K.: 1992 Ass.-Arzt an d. Chir. Klinik d. Ruhr-Univ. Bochum im St. Josef Hospital, 1992-95 Ass.-Arzt an d. Orthopäd. Klinik d. Ruhr-Univ.
Bochum im St. Josef Hospital, 1995 FA f. Orthopädie, 1996 Habil., 1996-98 OA an d. Orthopäd. Klinik d. Ruhr-Univ. Bochum im St. Josef Hospital, 1998-2000 Ltr. d. Abt. f. klin. Navigation u. Robotik an d. Orthopäd. Klinik d. Ruhr-Univ. Bochum, 2000 Chefarzt d. Girardet Clinic Essen. P.: Sonograf. Stabilitätsdiagnostik d. Kniegelenkes (1993). E: 1992 Bisalskipreis. M.: Grdg.-Mtgl. I.S.C.A.S. H.: Segeln, Tennis.

Bernstein Hans-Heinrich Dr. Dipl.-Ing.

B.: OberastronomieR. FN.: Astronom. Recheninst. DA.: 69120 Heidelberg, Mönchhofstr. 12-14. s03@ix.urz.uni-heidelberg.de. G.: Schlitz/Hessen, 27. Sep. 1953. V.: Dipl.-Ing. Andrea, geb. Kolb. S.: 1969 Mittlere Reife in Mörfelden, 1969-72 Lehre als Vermessungstechniker, 1972-75 Stud. Vermessungsing. FH Frankfurt, 1975 Ing. (grad.). K.: 1975-76 Inst. f. angew. Geodäsie, Satellitenbahnvermessungen, 1975-80 Dipl.-Ing. f. physikal. Geodäsie TU Darmstadt, 1980-82 Referendarzeit
b. Hess. Landesvermessungsamt, 1982 Staatsprüf. f. d. höheren Verw.-Dienst, 1983-87 Doktorand u. wiss. Ang., Analyse v. pulse-timing measurements TU Darmstadt, 1987 Prom., 1989 AstronomieR., 1997 OberastronomieR., seit 1998 PersonalR.-Vors. am Astronom. Recheninst. Heidelberg, 1983-2000 wiss. Mitarb. am HIPPARCOS-Projekt d. ESA, seit 2000 Mitarb. am DIVA-Projekt. BL.: Entwicklung einer Methodik z. Entdeckung astrometrischer Doppelsterne aus HIPPARCOS-Messungen. P.: Fachbeiträge u.a. in "Astronomy + Astrophysics", Beiträge in Tagungsbänden u.a. "Finding Planets and Brown Dwarfs With Gaia" - Beitrag im Tagungsbericht d. ESA, Cambridge (1995), "Astrometric Indications of Brown Dwarfs Based on HIPPARCOS Data" Venedig (1997), Autor "Radioastronom. Bestimmung d. Äquinoktiums u. d. Ekliptikschiefe aus Pulsarbeobachtungen". M.: Intern. Astronom. Union, Astronom. Ges. H.: klass. Musik (Oboe, Klarinette), beobachtende Astronomie.

Bernstein Klaus *)

Bernstein Rainer Dr. *)

Bernstein Thilo *)

Bernstein-Müller Britta *)

Graf Bernstorff Dominic Dipl.-Vw. *)

Bernstorff Volker Dipl.-Kfm.

B.: Vorst. FN.: rhenag Rheinische Energie Aktiengesellschaft. DA.: 50968 Köln, Bayenthalgürtel 9. G.: Braunschweig, 1943. S.: Stud. Göttingen u. Saarbrücken. K.: s. 1970 RWE, Dir. d. RWE AG Regionalvers. Nike Osnabrück und Gschf. Nike Entsorgungs GmbH, Aufbau des Vorläufers der Westsächsischen Energie AG, Vorstand rhenag.

Bernt Horst *)

von Bernuth Daxi

B.: Kauffrau, Unternehmerin. FN.: Daxi von Bernuth - Stoffe zum Wohnen. GT.: Gästeführerin d. Stadt München f. Stadtführungen in deutscher u. englischer Sprache. DA.: 81677 München, Wagenbauerstr. 10. G.: Hessenhof Provinz Posen, 9. Okt. 1942. El.: Wolf von Bernuth u. Katharina, geb. von Arnim. BV.: Otto von Bismarck, Deutscher Reichskanzler. S.: 1963 Abitur in Heidelberg-Wieblingen, 1963-66 Ausbildung z. Arzthelferin m. Abschluss, 1966-68 Damenschneiderlehre in München m. Abschluss, 1977 Fremdenführerausbildung d. Stadt München, 1982-83 berufsbegleitende Ausbildung z. Handelsfachwirtin an d. bayerischen Akademie f. Handel. K.: 1968-70 Ass. in d. Moderedaktion d. Zeitschrift "Jasmin" in München, 1970-71 PR-Redakteurin d. Zeitschrift "Petra" in Hamburg, 1971-73 Auslandsaufenthalt in Johannesburg u. Kapstadt/Südafrika, 1973-74 Buch-Antiquariat Ackermann in München, Beratung u. Verkauf, 1974-85 Gschf. d. Mode-Boutique Emilio Pucci im Hotel Bayerischer Hof in München, 1985-86 Sekretärin b. Hermann Graf von Arnim-Muskau in München, 1986-93 Gschf. d. "Van Laack"-Hauses München, seit 1993 selbständig, Übernahme eines Einrichtungs-Stoffgeschäftes in München als Inh., 1996-99 parallel dazu halbtags Ass. d. Gschf. d. Bayerischen Grundbesitzerverbands München, seit 1999 Umzug in d. eigene Ladengeschäft in München-Bogenhausen, Verkauf v. hochwertigen Inneneinrichtungsstoffen sowie Wohnaccessoires u. exklusive Geschenkartikel. BL.: Initiatorin eines privat geführten Kunstkreises. M.: Vorst.-Mtgl. d. Ev.-Luth. Imanuel-Gemeinde Denning (1988-2000), seit 1996 Mtgl. im Finanzausschuss d. Kirchengemeinde. H.: Geschichte, Kunst, Politik, Handarbeiten u. Schwimmen.

Berodt Michael

B.: Immobilienmakler, Inh. FN.: Berodt & Partner. DA.: 22391 Hamburg, Classenweg 2. G.: Hamburg, 15. Nov. 1966. S.: 1986 Abitur, 1987-92 Stud. Zahnmed. Hamburg. K.: seit 1992 tätig als Immobilienmakler, 1996 Fachwirt f. Wohnungs- u. Grundstückswirtschaft, seit 1997 selbst. M.: THC Klipper Hamburg, Golfclub Maritim Timmendorf. H.: Hockey, Tennis und Golf.

*) Biographie www.whoiswho-verlag.ch oder beigefügte CD-ROM

Berr Ulrich Rudolf Dr.-Ing. *)

Berraies Anouar *)

Berrard Kerstin *)

Berringer Birgitta *)

Berry-Lichtenberg David *)

Bersch Wolf Dr. med. Prof. *)

Berschiek Klaus

B.: Kfm., Inh. FN.: Bord-Party-Service GmbH. DA.: 20359 Hamburg, St. Pauli Landungsbrücken 9. G.: Bremen, 7. Dez. 1940. S.: 1960 Abitur, 1960-64 Bundeswehr - Lt. d. Res. K.: 1964 Kauf d. Betriebes in Hamburg m. Schwerpunkt Belieferung v. 3 großen Rundfahrtschiffen u. zuständig f. Organ. v. Parties b. z. Bereitstellung v. Speisen u. Getränken. H.: Kochen, Reisen, Haus u. Garten.

Berschin Walter Dr. Prof. *)

Bersin Peter *)

Bersiner Dietrich *)

Berster Kunibert

B.: Dipl.-FSC, Feng Shui Berater, Gschf. FN.: LIMOS Management GmbH. DA.: 90431 Nürnberg, Alfredstraße 17. management@limos.de. www.limos.de. G.: Wipperfürth, 4. Mai 1957. V.: Valia Tenewa, geb. Koitschewa. Ki.: Toby (1986), Gereon (1987). El.: Hubert u. Agnes. S.: b. 1973 Handelsschule Wipperfürth, b. 1976 Lehre Restaurantfachmann im Excelsior Hotel Ernst in Köln. K.: 1976 Restaurantfachmann (Commis de Rang) in d. Schweiz Hotel Beatus, 1976-77 Barman Davos Grand Hotel Belvedere, 1977 Barman in Davos, 1978-82 Militädienst (Stabsunteroffz.) f. Versorgungseinheit, 1979-82 Lehre als Bürokfm. in Köln, 1982 Ausbild. z. Programmierer m. IHK Abschluss b. DAA in Düsseldorf, 1982-86 Gschf. in München b. Tradency GmbH, 1987 Gschf. in Südafrika Port Elisabeth-Restaurant Cafe München, 1988-93 Gschf. in Nürnberg Inselrestaurant Valzuer Weiher, ab 1993 Grdg. d. LIMOS GmbH (Logistik, Innovation, Management, Organ., Systemation), 1993-96 Atlantis Managementtrainer, Ausbild. in Memmingen, 1996 Feng Shui Ausbild. b. Qi Mag Inst. in d. Schweiz z. Dipl.-FSC (Feng Shui Berater), europaweite Seminare u. Workshops, Chin. Lehre d. Lebens- u. Körperenergie, Harmonisierung v. Arbeits- u. Lebensumfeld, Beginn d. LIMOS Systemation, Controlling d. Gastronomie, Organ., Personalmanagement "Zeitarb", Bankettservice f. Gastronomie u. Hotelerie. P.: Hrsg. d. Zeitschrift: Feng Shui Life. H.: Asiat. Lebensweisheiten, Kochen.

Berstermann Benedikt *)

Berstermann Gerhard Heiner *)

von Berswordt-Wallrabe Alexander H. L. *)

Bert Friedrich Dr. med. vet. *)

Bert Margita Dr. med.
B.: Frauenarzt. FN.: Gemeinschaftspraxis Dr. med. Bert u. Haas. DA.: 65428 Rüsselsheim, Löwenpl. 9. G.: Darmstadt, 3. Mai 1940. V.: Dr. med. vet. F. Bert. Ki.: Ulrich (1967), Tillmann (1972). El.: Dr. med. Werner u. Dr. med. Irmingard Knobeloch, geb. v. Oidtmann. S.: 1959 Abitur Bensheim, Med.-Stud. Gießen, Göttingen u. Marburg, 1966 Staatsexamen, 1968 Approb., 1969 Prom. z. Dr. med. K.: 1968-73 Ass.-Ärztin Univ.-Frauenklinik Gießen, 1972 Anerkennung als FA f. Frauenheilkunde u. Geburtshilfe, seit 1973 ndlg. als FA f. Frauenheilkunde u. Geburtshilfe in Rüsselsheim, seit 1976 Gemeinschaftspraxis m. Dr. Haas, 1978-81 Belegärztin im Marien-KH in Flörsheim. E.: 2000 BVK m. Bande. M.: Landesärztekam. als Delegierte d. LK Hessen, Präsidium d. LK, Vors. d. Berufsbild.-Aussch. d. LK, Kassenärztl. Ver. Hessen, 1977-84 stellv. Mtgl. d. Geschäftsaussch. d. KVH-Bez.-Stelle Darmstadt, seit 1985 o.Mtgl., seit 1985 Abg. d. KVH-Bez.-Stelle Darmstadt f. d. Kreis Groß-Gerau, seit 1986 Vors. d. Vertreterversammlung d. Kassenärztl. Ver. Hessen, bis 2000, zahlr. Aussch. d. Kassenärztl. Ver. Hessen, 1981-88 Ärztl. Kreisver. Groß-Gerau als Vors. d. ÄKV, seit 1996 Beisitzerin im Vorst., seit 1988 o.Mtgl. im Vorst. d. Carl-Oehlemann-Schule f. überbetriebl. Ausbild. bis 2001, seit 1997 Vors., 1979-83 ehrenamtl. Richterin am Sozialgericht Frankfurt, 1983-97 ehrenamtl. Richterin am Landessozialgericht Darmstadt, seit 1997 ehrenamtl. Richterin am Bundessozialgericht, seit 1974 FDP, 1976-86 Mtgl. im Landessozialaussch. d. FDP, seit 2000 Vors. d. KV Bezirksstelle Darmstadt. H.: Lesen, Freunde, Feiern.

Bertag Christa *)

Bertagnolli Helmut Dr. rer. nat. habil. Prof. *)

Bertau Karl Dr. *)

Bertelmann Fred
B.: Sänger, Schauspieler. DA.: 82335 Berg/Starnberger See, Am Hohenberg 9. G.: Duisburg, 7. Okt. 1925. V.: Ruth, geb. Kappelsberger. Ki.: Kathrin. El.: Jules u. Elise. S.: Ausbild. z. Schauspieler u. Sänger am Konservatorium Nürnberg, UFA-Schauspielschule, 1972-76 Prof-Schauspiel-Show-Schule. K.: 1970-78 Profi-Musik-Produzent München, Star d. 50er J. E.: 1973/74 Münchner Faschingsprinz, 1. Gold. Hund in Europa (His Master's Voice), 1. Löwe v. Radio Luxemburg. H.: Kochen (Fischsuppen).

Bertelsmann Heinrich Dietmar Dr. med. vet. *)

Bertelsmann Klaus Dr. *)

Bertelsmeier Alfred *)

Bertelsmeier Michael *)

Berten Dieter Dipl.-Ing. *)

Berten Johannis I. *)

Bertheau René *)

Bertheau Sven *)

*) Biographie www.whoiswho-verlag.ch oder beigefügte CD-ROM

Berthel Jörg Dipl.-Ing.
B.: Dipl.-Ing. DA.: 61184 Karben, Birkenweg 16. G.: Fürstenhagen, 31. Jänner 1963. V.: Regina, geb. Reddemann. Ki.: Katrin (1989), Florian (1991), Johanna (1997). S.: 1982 Abitur Hess. Lichtenau, 1983-87 Stud. Elektrotechnik-Informatik FHS Friedberg. K.: 1987-92 Ing. f. Softwareentwicklung in d. Firma AEG in Frankfurt/Main, seit 1992 selbst. Ing.-Büro m. Schwerpunkt Bildung u. IT-Lösungen, Schulungen, Skripte, Multimedia, CD's u. Internet. H.: Musik.

Berthel Jürgen Dr. rer. pol. habil. Dipl.-Kfm. Prof.
B.: Univ.Prof. f. Betriebswirtschaftslehre I. FN.: Univ. Siegen. PA.: 57234 Wilnsdorf, In der Steinkaute 14. bwl1@bwl.wiwi.uni-siegen.de. G.: Berlin, 22. Apr. 1939. V.: Lilo, geb. Fritz. El.: Werner u. Ursula. S.: Gymn., 1958 Abitur, Stud. Wirtschaftswiss., 1963 Dipl.-Kfm. 1966 Prom. K.: 1972 Habil., Berufung auf d. Lehrstuhl f. Betriebswirtschaftslehre I Univ. Siegen, 1973 o.Prof. P.: Information und Vorgänge ihrer Bearbeitung in der Unternehmung (1967), Zielorientierte Unternehmenssteuerung (1973), Betriebliche Informationssysteme (1975), Personalmanagement (1979, 6. Aufl. 2000), zahlr. Aufsätze in wiss. Fachzeitschriften, Handwörterbüchern, Sammelwerken. M.: HS-Verb., Verb. d. HS-Lehrer f. Betriebswirtschaft, Schmalenbach-Ges. H.: klassische Musik.

Berthel Leiv-Patrick Dipl.-Ing.

B.: Architekt. DA.: 04177 Leipzig, Flemmingstr. 917. G.: Halle, 3. Apr. 1974. V.: Marion. El.: Peter u. Hannelore. S.: 1992 Abitur Karl-Marx-Stadt, Bundeswehr, Stud. Arch. FHS Leipzig, 1997 Dipl.-Ing. f. Denkmalpflege. K.: 1997 freier Mitarb. bei Architekt Friebenau in Leipzig, danach selbst., 1994 Grdg. d. Partnerges. Kombinat 4 m. Schwerpunkt Denkmalpflege, Neubau, Hochbau bes. Feuerwachen auf Flughäfen. E.: 1998 Denkmalpflegepreis. H.: Beruf.

Berthel Rainer Dr. Ing. Prof.
B.: Ordinarius. FN.: Lehrstuhl f. Hochbaustatik u. Tragwerksplanung d. TU München. DA.: 80290 München, Arcisstr. 21. iftairz@tu-muenchen.de. G.: Sinsheim, 1. März 1955. V.: Teresa, geb. Ludwig. Ki.: Alexander (1991). S.: 1974 Abitur Sindelfingen, 1974-75 Bundeswehr, 1975-80 Stud. Bauing.-Wesen TU Stuttgart m. Abschluß Dipl.-Ing. K.: 1980-82 wiss. Mitarb. am Inst. f. Flächentragwerke d. Univ. Stuttgart, 1982-87 wiss. Mitarb. an d. Univ. Karlsruhe, 1987-90 Mitarb. im Ing.-Büro Wenzl in Karlsruhe, 1990-91 Mitarb. bei Ove Arup & Partners in London, 1991 Prom., seit 1993 Prof. f. Hochbaustatik u. Tragwerksplanung an d. Fakultät f. Arch. d. TU München m. Forsch.-Schwerpunkt Sicherung u. Instandsetzung histor. Bauwerke, Entwurf v. Tragwerken u. Zusammenhang v. Tragwerk u. Arch., 1993 Grdg. d. Ing.-Büros Barthel & Maus beratende Ing. in München m. Schwerpunkt Neubau, Holzbau, Massivbau, Membranbau u. Instandsetzung histor. Bauten, 1998-200 Dekan d. Fakultät f. Arch. P.: Co-Autor v. "Natürl. Konstruktionen" (1982) u. "Dachatlas - geneigte Dächer" (2002), zahlr. Art. in Fachzeitschriften z. Thema Instandsetzung histor. Bauten. E.: 1986 Holzbaupreis Baden-Württemberg, 2000 Preis f. gute Lehre d. Bayr. Min. f. Wiss., Forsch. u. Kunst. M.: Ing.-Kam. Bayern, BDA, Kuratorium d. Fritz Schumacher Preises d. Alfred Toepfer Stiftung. H.: Baugeschichte, Kunst.

Berthel Rudi Wilhelm Hermann

B.: Gschf. Ges. FN.: Berthel GmbH Entwicklung u. Fertigung v. speicherprogrammierbaren Steuerungen. DA.: 91052 Erlangen, Karl-Zucker-Str. 12. berthel@berthel-online.de. www.berthel-online.de. G.: Missen, 29. Juni 1952. Ki.: Stefan (1976), Belinda (1993), Marlene (1995). El.: Wilhelm u. Frieda. S.: 1966-69 Lehre Maschinenschlosser Firma Paul Krause Wuppertal, 1971-74 DAG Techniker Düsseldorf m. Abschluß Maschinenbautechniker. K.: 1974 freiberufl. Techniker u. Konstrukteur im Bereich Anlagenbau, Funktion als Berechtigungsing. u. später im Bereich Elektronik f. Simulationsrechner u. Steuerungen, 1986 Grdg. d. Firma Berthel GmbH; Projekte: Unterstützung v. Start-Up-Unternehmen im techn. Bereich. H.: Golf, Schach.

Berthelmann Ronald

B.: Gen.-Sekr., Gschf. FN.: Dt. Bundesjugendring; Dt. Nationalkomitee f. Intern. Jugendarb. DA.: 53127 Bonn, Haager Weg 44. PA.: 53340 Meckenheim, Händelstr. 5. G.: Wanne-Eickel, 22. Dez. 1953. V.: Erika, geb. Hasler. Ki.: Arne (1983). El.: Walter u. Hannelore, geb. Siekötter. S.: 1972 Abitur Wanne-Eickel, 1972-73 Zivildienst in Kindertagesstätte an Ruhr-Univ. Bochum, 1973-77 Stud. Päd., Psych., Soz., Neuere Geschichte, 1977 Dipl.-Päd. K.: 1977-88 Bundesbild.-Stätte "Salvador Allende Haus" d. Falken in Oer-Erkenschwick, zuletzt Ltr. d. Einrichtung, seit 1988 Gschf. d. Dt. Bundesjugendringes, Arge d. Jugendverb. u. d. Landesjugendringe, seit 1988 Gen.-Sekr. Dt. Nationalkomitee f. Intern. Jugendarb. P.: Veröff. über Jugendpolitik (1984). M.: SPD Meckenheim, Dt. Alpenver. H.: Lesen über Ges.-Politik, Krimis, Bergwandern, Fahrradfahren, Reisen in Alpenländer, Spanien, Skandinavien.

Berthold Alexander Dipl.-Ing. *)

Berthold Bodo *)

Berthold Boto *)

Berthold Eva
B.: Schauspielerin, Sprecherin, Moderatorin, Autorin, Reg., Dokumentarfilmerin. G.: Görlitz. K.: Schauspielerin Theater in München, Düsseldorf u. Hamburg: "Anatevka" - dt. Erstaufführung d. Zeitel gesungen, "Heine Revue" in d. Kammerspielen Düsseldorf, "Happy End" als Halleluja-Lilian, Fernsehspiele u. Krimis, Filme, Serien, Filme als Dokumentarfilmerin: "Flucht u. Vertreibung", "Kriegsgefangene im Osten", "Kriegsgefangene Frauen", "Skizzen aus Niederschlesien", "aus Oberschlesien", "Skizzen v. Deutschen aus d. Sowjetunion", Fernsehserie: "Die Fallers" SWR, "Der König" SAT 1, "Straßen v. Berlin" PRO 7, eigene Hörfunk-Sendungen, BR-Hörfunk "Wunschlyrik", "Bühnenleben" - Intervie-

*) Biographie www.whoiswho-verlag.ch oder beigefügte CD-ROM

ws. P.. Bücher u.a. "Kriegsgefangene im Osten", "München im Bombenkrieg", "Görlitz, Erinnerungen an meine Stadt". E.: BVK f. Dokumentationen, Ausz. Schlesierkreuz.

Berthold Hans Joachim Dr. phil. *)

Berthold Heinz
B.: Inh. FN.: Kluge Matratzen. DA.: 03149 Forst/Lausitz, Ziegelstr. 1A. G.: Lippstadt, 9. Juni 1949. V.: Gerda, geb. Schweins. Ki.: Sandra (1974), Nina (1978). El.: Heinz u. Wilhelmine. S.: 1963 Postbmtr., 1988 Ausbild. Finanzkfm. K.: seit 1990 Gschf. Ges. in d. Firma Kluge Matratzen in Forst. BL.: Mitinh. v. Gebrauchsmustern f. neue Erzeugnisse f. Matratzen. F.: Ges. eines Küchenstudios in Cottbus. E.: 1996 EK in Silber d. Freiwilligen Feuerwehr Lippstadt. M.: Gesangsver. H.: Musik, Gesang.

Berthold Helga Ing. oec. *)

Berthold Jürgen

B.: selbst. freier Fotograf. FN.: Jürgen Berthold, Freier Fotograf. DA.: 88046 Friedrichshafen, Albrecht-Dürer-Str. 42. www.juergen-berthold.com. G.: Friedrichshafen, 17. Dez. 1967. V.: Gabriele Berthold. El.: Hans Berthold (Techniker i. R.) u. Wilma Graf (Personalsachbearbeiterin i. R.). S.: Mittlere Reife, Staatl. Fachoberschule Schwerpunkt Sozialwesen, FH-Reife, Ausbild. z. Ind.-Kfm. u. b. 1994 tätig als solcher, Stud. Sozialpäd. in München. K.: seit 1996 selbst. freier Fotograf f. d. regionale Presse u. f. Agenturen, Teilnahme an Wettbewerben im Internet (Imagingweb.com), nebenbei freier Mitarbeiter b. Stadtexpress "Today" Friedrichshafen. M.: Pressereferent im Karate Team Bodensee. H.: Karate, Radfahren, Lesen, Reisen.

Berthold Marion
B.: Dipl.-Lehrerin, Rektorin. FN.: Schmellwitzer Gesamtschule Cottbus. DA.: 03044 Cottbus, Gotthold-Schwela-Str. 19. marionberthold@hotmail.com. G.: Hoyerswerda, 23. Apr. 1958. V.: Rainer Berthold. Ki.: Judith (1983). El.: Rainer u. Hannelore Naumburger. S.: 1974 Mittlere Reife Spremberg, 1974-77 Berufsausbildung z. Chemiefacharbeiter u. Abitur im Chemiefaserwerk Guben, 1977 Abitur, 1977-81 Stud. Pädagogik Fach Polytechnik an d. Humboldt-Univ. zu Berlin, Abschluss: Dipl.-Pädagoge. K.: 1981-85 Lehrerin an d. 2. Polytechnischen Oberschule in Lübbenau, 1985-91 Lehrerin an d. 35. Polytechnischen Oberschule in Cottbus, 1987 Berufung z. stellv. Dir. an dieser Schule, 1989 Dir. dieser Schule, 1990 kommissarische Schulleiterin, 1990 ltd. an d. Reform z. Gesamtschule als Ganztagsschule beteiligt u. seither als Schulleiterin tätig, 1991-93 Fernstud. Personalführung am Inst. f. Lernsysteme (ILS) Hannover, 2000 Ernennung z. Gesamtschuldir., seit 2000 externes Stud. an d. Univ. Potsdam f. d. Lehramt im Fach Lebensgestaltung-Ethik-Religion (LER) Sekundarstufe II. BL.: seit 1996 Moderatorin in d. Schulleiterfortbildung am Pädagogischen Landesinstitut Ludwigsfelde, 1996 Organisation eines Öko-Camps b. Forst - Unterricht im Grünen u.a. als gemeinsames Projekt d. Kollegiums m. d. Schulförderverein u. m. Eltern. H.: Literatur, Sport.

Berthold Volker Dr. *)

Berthold Will *)

Bertholdt Bertram Johannes Michael *)

Bertholdt Ute

B.: Steuerberaterin, selbständig. DA.: 90763 Fürth, Benno-Strauß-Str. 8. G.: Erlangen, 2. März 1956. V.: Bertram Bertholdt. Ki.: Cornelius (1985). S.: Mittlere Reife Nürnberg, 1971 Lehre als Steuergehilfin, 1971-73 berufsbegleitende Ausbildung an d. Rudof-Diesel-Fachschule, 1976 Prüf. z. Steuerfachwirtin in Nürnberg. K.: 1978 Ernennung vom Bayerischen Staatsministerium der Finanzen zur Steuerbevollmächtigten, seit 1981 selbständig mit eigener Kanzlei, 1985 Ernennung z. Bayerischen Staatsministerium d. Finanzen z. Steuerberaterin, 1998 Eröff. d. Bertholdt & Kollegen Steuerberatungs GmbH in Neumarkt, ehrenamtl. Richterin als Beisitzerin d. Kammer f. Steuerberater u. Steuerbevollmächtigte, seit 1991 Landgericht Nürnberg-Fürth. H.: früher aktiv Tennis, jetzt amerikanische Oldtimer.

Bertinger Margit *)

Bertke Dtelev

B.: RA, Fachanw. f. Arb.-Recht. FN.: Rae Bertke & Hören. DA.: 10115 Berlin, Chausseestr. 5. kanzlei@bertke-hoeren.de. G.: Berlin, 29. Okt. 1951. El.: Horst u. Eva, geb. Weinhold. S.: 1972 Abitur, 1972-75 Stud. Vw., 1974-81 Stud. Jura FU Berlin, 1. Staatsexamen, 1982-85 Referndariat Berlin, 2. Staatsexamen. K.: 1985 Zulassung z. RA am LG Berlin, 1985 freier Mitarb. einer RA-Kzl. in Berlin, selbst. m. 1. Sozietät in Berlin, 1990 Zulassung f. Kammergericht, 1996 Fachanw. f. Arb.-Recht, 1991-99 selbst. RA, 1999 Eröff. d. Sozietät m. Tätigkeitsschwerpunkt Arb.- u. Betriebsverfassungsrecht. P.: Seminare f. BetriebsR. bei Arb. u. Leben e.V., über Bild.-Träger u. Eigeninitiative. E.: sportl. Erfolge u. Pokale in Badminton u. Tennis. M.: Dt. Anw.-Ver., Berliner Anw.-Ver., Sportver. H.: Yoga, Klavierspielen.

Bertl Hans-Werner
B.: MdB/Dipl.-Verwaltungswirt, Berufsberater. FN.: OT: EU- u. Forschungsausschuß. DA.: 11011 Berlin, Platz d. Republik 1. PA.: 42659 Solingen, Körner Str. 22. G.: Wuppertal, 2. Juli 1944. V.: verh. Ki.: 1 Tochter. S.: 1950-60 DPSG Pfadfinder, 1960-69 KJG, Kath. Jugend Deutschland, 1969-72 Berufsfachschule Wuppertal, Fachoberschulreife, 1972-74 Rhein. Akad. Köln, Stud. Betriebswirtschaft, Schwerpunkt Personal- u. Ausbildungswesen, Personalauswahl, seit 1972 Eintritt SPD, 1974 Staatl. gepr. Betriebswirt. K.: Wuppertaler Uhrenmuseum, Restaurator u. Uhrmacher, Meisterprüf. als Uhrmacher, 1975 BfA, Ausbildg. z. Dipl.-Verwaltungswirt, 1975-94 BfA, Berufsberatung, Wuppertal, Düsseldorf, Mettmann, 1978-80 Jusos Vorst. Solingen, 1979-81 Beisitzer SPD-Vorst. Solingen, 1979-89 Mtgl. Solinger Stadtrat, auch Ältestenrat, u.a. Arbeitsmarktpolitik, Kulturpolitik, Stadtplanung, 1981-83 stellv. Vors. SPD Solingen, seit 1983 Vors. SPD Solingen,

*) Biographie www.whoiswho-verlag.ch oder beigefügte CD-ROM

Bertl

seit 1994 Mtgl. Dt. Bundestag, Mtgl. Europaausschuß, Berichterstatter f. Medien, Kultur, Bildung, Forschung, stellv. Mtgl. Ausschuß f. Forschung, Raumordnung, Städtebau, Wohnungsbauwesen, 1994-98 Mitarbeit AG Neue Informationsges. Enquete-Komm., 1997-98 stellv. Mtgl. im Verteidigungsausschuß, Untersuchungsausschuß, Rechtsextremismus, 1998 Wiederwahl als Direktkandidat Wahlkreis 71 Remscheid, Solingen, Mtgl. EU-Ausschuß f. Bereiche Bildung, Medien, Kultur, Forschung, Zusammenarbeit m. EU-Institutionen, Mtgl. im Ausschuß Forschung u. Bildung, Berichterstattung, EU-Forschungs- u. Bildungsprogramm, daneben stellv. Mtgl. im Ausschuß f. Kultur u. Medien, zust. f. EU-Medien Filmförderung u. EU-Angelegenheiten, Mtgl. Jury Dt. Filmpreis (Kurzfilm), seit 1998 stellv. Vors. AG Rechtsextremismus u. Gewalt d. SPD-Bundestagsfraktion. BL.: 1965-74 Jazz-Orchester Victory Street Swing Orchester, Auftritte als Schlagzeuger in ganz Deutschland u. Frankreich, 2 Schallplattenveröff. P.: über europ. Raumordnung, 1997-99 "Blick nach rechts". M.: AWO Solingen, Vorst.-Mtgl. Pro Familia Solingen, Sport- u. Kulturzentrum Inntertal gGmbH, ÖTV, Solinger Sportbund, 1. FC Union Solingen (Fußball). H.: Nord- u. Ostsee Segeln, Fotografie, Kurzfilme, Tanztheater, polit. Cabarett, klass. Musik u. Jazz. (Re)

Bertleff-Donner Irene *)

Bertlich Randolf Dr. med.

B.: FA f. Dermatologie. DA.: 45768 Marl, Brassertstr. 66. G.: Gelsenkirchen, 24. Juni 1958. V.: Regina, geb. Schneider. Ki.: Mattis, Ines, Tisa, Maya. El.: Dr. Otfried u. Sigrid. BV.: Großvater Chefarzt Hedwigs-Hospital Gelsenkirchen. S.: Abitur, 1977-84 Med.-Stud. Münster, 1982 Studienaufenthalt Univ.-KH Singapur, 1984 Prom. K.: 1984-86 Ass.-Arzt KH Maria-Hilf Stadtlohn, 1986-88 Franz-Hospital Dülmen, 1988-93 Univ.-Hautklinik Bonn, op. Ausbildung La Holla San Diego Calif., 1989 FA f. Allg.-Med., 1992 FA f. Haut- u. Geschlechtskrankheiten, Zusatzbezeichnungen Allergologie, Phlebologie, Umweltmed., Sportmed., Naturheilverf. P.: 40 Veröff. M.: Kollegium Qualitätssicherung Phebologie u. Proktologie, Arbeitskreis Dermatologie, 1974-82 Tennisoberliga f. TC Marl 33. H.: Tennis, Skifahren.

Bertolin Silvano *)

Bertram Axel Prof.

B.: Grafiker. PA.: 10319 Berlin, Erich Kurz Straße 9. G.: Dresden, 26. März 1936. V.: Ruth, geb. Wordelmann. Ki.: Dr. phil. Mathias Bertram (1960). S.: 1954 Abitur in Freital/Sachsen, techn. Zeichner 1954-55, 1955-60 Stud. Grafik u. Gebrauchsgrafik an d. Kunsthochschule Berlin-Weißensee, 1960 Diplomarbeit f. Komplex mit Flugzeugindustrie. K.: 1960-72 mit 3 Kommilitonen Grdg. Ateliergemeinschaft "Gruppe 4", Gebrauchsgrafik ab 1966 Gestaltung v. Gedenkmünzen, u.a. Gutenberg 1968, Kepler 1971, Dürer 1971, 1972 Doz. u. Abteilungsltr. Gebrauchsgrafik an Hoschschule Weissensee, 1977-86 Prof. an d. Hochschule Weissensee, ab 1979 Gestaltung v. Briefmarken, historischen Spielzeugblocks zu Weihnachten (Puppen, Tiere, Technik, Berufe), 1989-92 Neuberufung an d. Hochschule Weissensee, Prorektor F & E u. Prof. f. Schrift in d. Grafik, seit 1989 Notenumschläge, CD-Cover f. Komponist Dr. Kurt Schwaen, Verlag Neue Musik, seit 1992 Grafiker f. Gustav-Lübbe-Verlag Bergisch-Gladbach, seit 1998 Arbeiten f. Staatsbibliothek Berlin, Ausstellungen u. Kataloge, seit 1998 Entwurf f. Werkschriften (digital) f. Linotype Library/Frankfurt am Main. P.: Gesamtgestaltung Grafik Ex Bibliotheca Regia Berolinensi Hrsg. Staatsbibliothek zu Berlin 2000. E.: Kunstpreis d. DDR, 21 Ausz. f. Beste Bücher u. Beste Plakate. M.: Freunde d. Staatsbibliothek, Ges. f. Medaillienkunst, Pirckheimer-Ges. H.: Beruf.

Bertram Bernhard Friedrich

B.: Silberschmiedemeister, Inh. FN.: Joh. Bapt. Düster. DA.: 45127 Essen, Lindenallee 79. G.: 28. Dez. 1943. S.: 1958-61 Gold- und Silberschmiedelehre Köln, 1962 Künstler. Grundausbild., 1965 staatlich geprüfter Silberschmied, Meisterprüf. K.: 1965 selbst. Silberschmied in Essen, Metallgestaltungen - Restaurierungen St. Eligiusgilde. BL.: Silberschmied für künstler. sakrale und profane Geräte.

Bertram Elisabeth *)

Bertram Fritz Dr. med. *)

Bertram Fritz-Henning Dipl.-Ing. *)

Bertram Günter *)

Bertram Hans Dr. Prof. *)

Bertram Heinrich Dipl.-Ing.

B.: Dipl.-Ing. f. Bauwesen. DA.: 13465 Berlin, Minheimer Str. 19. heinrich-bertram@t-online.de. www.vis.de/heinrich-bertram. G.: Berlin, 20. Jan. 1927. V.: Rosemarie, geb. Koch. Ki.: Annette (1958), Helmut (1959). El.: Gerhard u. Lea, geb. Viedt. BV.: Ärztin Stefanie Bertram, StadtschulR. Heinrich Walter Bertram, 1826-1904 Ehrenbürger v. Berlin, seit 1990 Rektor, Reformator d. Volksschulwesens. S.: 1943 Luftwaffenhelfer, 1944 Marineoffz.-Anw., 1945 Marineinfanterie, kurzzeitige amerikan. Gefangenschaft, 1946-47 Maurerlehre u. Gesellenprüf. in Berlin, parallel Abendschule, Ing.-Schule Kurfürstenstraße Berlin, 1947-50 Tagesschule, Ing.-Prüf. f. Hochbau an d. Vereinigten Bauschule v. Groß-Berlin. K.: ab 1945 Pferdeknecht, 1951-56 bauausführenden Firmen, 1960 Statiker im eigenen Büro, 1977 Nachgraduierung, 1979 Nachdipl., Baugerüst-Branche: erstes strebenloses Dach; Bierpinsel, Hängegerüst; Botan. Garten, Tropenhaus, Innengerüst; Staatsbibl., Hängegerüst, 1966 Aufnahme in d. VBI. M.: 1986 Aufnahme in d. Baukam. als beratender Ing., 1994 Aufnahme in d. Brandenburg. Ing.-Kam. H.: Videobearb.

Bertram Ingmar

B.: selbständiger Unternehmer. FN.: Reformhaus Bertram. DA.: 31785 Hameln, Kleinestr. 25. reformhaus-bertram@t-online.de. www.reformhaus-bertram.de. G.: Hameln, 19. Juni

*) Biographie www.whoiswho-verlag.ch oder beigefügte CD-ROM

1971. V.: Anke, geb. Wieland. Ki.: Carl (2000). El.: Hugo u. Karin, geb. Friedrich. S.: 1991 Abitur Hameln, 1991-97 Stud. Rechtswiss. Univ. Kiel u. Hannover, 1997-98 Prüf. z. Reformhausfachfachberater in Niedersachsen. K.: 1998-99 Tätigkeit im Familienbetrieb in Hameln, 1999 Eröff. d. Reformhauses Bertram in Salzgitter/Lebensstedt, 2000 Übernahme d. Reformhauses in Hameln v. d. Mutter. M.: seit 2000 Obmann d. Dachverband Neuform e.V., Einzelhandelsverband e.V., Golf Club Bad Pyrmont. H.: Golfspielen, Computer, Autos.

Bertram Jürgen *)

Bertram Mijndert Dr. *)

Bertram Norbert *)

Bertram Rainer

B.: Regissseur. PA.: 82291nMammendorf, Heinrich-Heine-Str. 8. G.: 19. Dez. 1932. V.: Karin, geb. Dittersdorf. Ki.: Oliver. S.: Mittlere Reife München, 3 J. Mtgl. b. Windsbacher Knabenchor, Baupraktikum m. abgeschlossener Gesellenprüf., Arch.-Stud. an d. Staatsbauschule München, Schauspielstud. an d. Schauspielschule Zerboni u. b. Ocar v. Schab m. abgeschlossener Schauspielprüf. K.: Engagements an d. Kammerspielen, Residenztheater München, Schauspielhaus Hamburg, Münchener Kammerspielen, Hebbel Theater Berlin, Raimund Theater in Wien, Bernhard Theater in Zürich, Fernseh- u. Filmassistenz b. Hans Mehringer Zürich, Günther Hassert WDR Köln, Ekkehard Böhmer WDR Köln, Dieter Finnern SFB Berlin, als Schauspieler div. Film- u. Fernsehrollen, seit 1966 Regisseur b. ARD, ZDF, RTL, SAT.1, wichtige Fernsehproduktionen u.a. Wie lernt man Reisen, Wie lernt man Mädchen kennen, Count Basie in Berlin, Alles Oder Nichts m. Günther Schramm, Haifischbar, Grand Prix Eurovision - A Song for Germany, Mary & Gordy, Kuli's Buchclub m. Hans-Joachim Kulenkampf, Weihnacht m. Heidi Kabel, O.P.A. - Die Oldie Parade.

Bertram Ralf

B.: Gschf. Ges. FN.: SITAX Vers.-Makler GmbH. DA.: 40479 Düsseldorf, Ehrenstr. 10 b. G.: Hilden, 8. Nov. 1963. V.: Marion, geb. Kluth. Ki.: Arabella, Nick. S.: 1988 HS-Reife, 1988-98 Stud. Wirtschaftswiss. GHS Wuppertal. K.: 1990-98 Makler d. SITAX Vers.-Makler GmbH u. seit 1999 Gschf. Ges. m. Schwerpunkt Ldw. u. Freiberufler. H.: Familie.

Bertram Ulrike Dr. Ing. Prof.

B.: Prof. f. Verfahrenstechnik u. CAD. FN.: FHS Hannover. DA.: 30459 Hannover, Ricklinghauser Stadtweg 120. ulrike.bertram@mbau.fh-hannover.de. G.: Duisburg, 15. Mai 1966. V.: Wolfgang Köbe. El.: Rolf u. Carola, geb. Lehnart. S.: 1985 Abitur, Praktikum Lehrwerkstatt Thyssen Stahl AG Duisburg, 1985 Stud. Steine u. Erden TU Clausthal. K.: 1987 Praktikum u. Forsch.-Arb. f. Anwendungstechnik d. Thysssen AG, 1989 Praktikum in d. Bayer AG in Uerdingen, 1989-90 Studienarb. am Inst. f. therm. Trennverfahren d. TU Clausthal u. 1991 in d. Firma Küttner GmbH & Co KG in Essen, 1992-95 Ang. d. Firma Küttner GmbH & Co KG, 1995-96 Vertriebsing. im Innendienst f. Ind.-Armaturen d. Firma Pruss GmbH in Hannover, 1996-99 wiss. Mitarb. im Fachbereich Maschinenbau an d. FHS Hannover, glz. 1999 Prom. m. Ausz. an d. TU Clausthal, 1999-2000 Verw.-Prof. an d. FHS Hannover, seit 2000 Prof. an d. FHS. P.: Fachvorträge u. div. Veröff. M.: Verb. Dt. Ing., b. 1992 Leo-Club, HS-Bund, div. Sportver. H.: Volleyball, Skifahren, Radfahren, Kino.

Bertram-Möbius Ursula Prof.

B.: selbst. Künstlerin u. Prof. an d. Univ. Dortmund. DA.: 55124 Mainz, Annastr. 16. G.: Miltenberg, 20. Juni 1952. V.: Klaus Möbiu (Architekt d. Staatstheaters Kleines Haus in Mainz). El.: Klaus u. Gudrun Bertram, geborene Zucht. BV.: Großvater Max Bertram - Werkzeugmacher d. Lufthansa. S.: 1972 Abitur, 1973-80 Studium bild. Kunst u. Phil. Univ. Mainz, 1980 1. Staatsexamen Kunsterziehung, 1980-82 Seminar bild. Kunst Bad Kreuznach, 1982 2. Staatsexamen f. Gymn.-Lehrer. K.: 1983 freischaff. Künstlerin in Mainz, Teilnahme an Wettbewerben u. eigene Ausstellungen, 1985-90 Lehrauftrag f. bild. Kunst an d. Univ. Mainz, 1990 Arb.-Aufenthalt in New York u. Georgien, 1990-92 Lehrauftrag f. Arch. u. plast. Gestalten an d. FH Mainz, 1992-94 Prof. f. plast. Gestalten u. konstruktives Zeichnen an d. FH Mainz, seit 1994 Prof. f. Kunst u. ihre Didaktik, Plastik u. dreidimensionale Objekte an d. Univ. Dortmund, 1996-97 Übernahme d. Arch.-Büros möbius-architekten in Mainz d. Ehemannes, 1998 Gastprof. in d. USA, seit 1983 Arb. im öff. Raum f. Kunst u. Arch.; u.a. Projekte: Portraitplastik im Rathaus Nackenheim, "Theater d. Lebens" Platzgestaltung in Zweibrücken, "Tag u. Nacht" Außenplastik am Staatstheater Mainz u.a. P.: Einzelausstellungen: "Zeichnen f. Max Plaanck" (1990), "Objekte u. Collagen" in d. Galerie d. Dt. Botschaft in New York (1993-95), "Ich weiß" (1995), "Hamlet" (1996), Kopenhagen, "Give me Art" (1998), Jowa/USA "Give me ast" u.a; Ausstellungsorgan.: "Hiroshimatage" (1995), "Orte d. Begehrens" (1998), "Rituals of Identity" (1998).; "Der Architekt Klaus Möbius" Staatstheater Mainz" (1998), Buchveröff.: "Der Architekt K. Möbius" (1998). E.: 1986 Landesförderpreis f. bild. Kunst in Rheinland-Pfalz, 1989 1. u. 3. Staatspreis f. Kunst u. Arch. d. Landes Rheinland-Pfalz. M.: Vorst.-Mtgl. d. Berufsverb. bild. Künstler Rheinland-Pfalz, Dt. Werkbund, Ak. Kunst u. Kirche. H.: Kunstmanagement.

Bertrams Hanne Katrin *)

Bertrand Marietta *)

Bertsch Alexander Dipl.-Ing.

B.: freischaff. Architekt. FN.: Bertsch, Architekten. DA.: 10823 Berlin, Belziger Str. 25. bertsch.architekten@t-online.de. G.: Berlin, 3. Nov. 1963. V.: Sonja, geb. Ratjen. Ki.: Lukas V. (1998). El.: Wolfgang u. Dietlinde. BV.: Großvater R. Bertsch, Kursmakler Börse Berlin, Onkel G. Scheffler, Architekt. S.: 1981 Abitur Berlin, 1982 Baupraktikum, 1988 Stud. Arch. TU Berlin. K.: 1989 Tätigkeit in

*) Biographie www.whoiswho-verlag.ch oder beigefügte CD-ROM

Tokyo u. Budapest, 1989-94 Anstellung in renommierten Arch.-Büros, 1992-94 Büro Bols Berlin, seit 1993 selbst. mit Ehefrau, Wohnungsbauten, Gesundheitsbauten, Altbausanierungen. P.: 1990 Arch.-Fotos Japan in "Bauwelt". E.: 1988 1. Preis Fotowettbewerb Wohnen in Neukölln, 1988 Anerkennungspreis Schinkel-Wettbewerb, 1997 4. Preis Arch.-Wettbewerb Industriemuseum Chemnitz, 2000 1. Preis Arch.-Wettbewerb Paulinenkrkhs. Berlin. M.: Arch.-Kammer Berlin, Enterprise Network Berlin. H.: Fotografie, Fischen, Motorradfahren. Sprachen: Englisch, Französisch.

Bertsch Ludwig Dr. theol. Prof. *)

Bertsch-Würfl Franziska
B.: Gschf., Inh. FN.: BCE Special Ceramics. DA.: 68229 Mannheim, Markircher Str. 8. G.: Moosburg, 15. Nov. 1947. El.: Vitus u. Berta Würfl, geb. Strasser. S.: 1963-66 Handelsschule/Mittlere Reife, 1978/79 BPH Stuttgart. K.: 1980-93 Lehrauftrag als techn. Lehrerin an Friedrich-List-Schule Mannheim, seit 1993 Gschf. d. Firma BCE m. weltweiten Kunden. M.: Dt. Keramische Ges., AufsR.-Mtgl. d. Volksbank Rhein-Neckar, Tennisclub Kurpfalz. H.: Lesen, Gartenarbeit, Reisen, Wandern, Musik.

Bertsche Hannes *)

Bertscher Brian Prof. *)

Bertuleit Kurt *)

Bertz Kirsten Dipl.-Ing.

B.: Architektin, Feng-Shui Beraterin. FN.: Kirsten Bertz Arch.-Büro. DA.: 21073 Hamburg, Marienstr. 39. G.: Hamburg, 24. Dez. 1958. S.: 1975 Mittlere Reife in Hamburg, 1975-78 Ausbild. z. Bauzeichnerin, 1978-79 Fachabitur Bautechnik, 1979-82 Stud. konstruktiver Hochbau an d. FH f. Arch. in Hamburg, Abschluß Dipl.-Ing. K.: 1982-87 ang. Architektin in versch. Archit./Ing.-Büros in Hamburg, 1986 Eintritt in d. Arch.-Kam. Hamburg, seit 1997 selbst. Architektin. H.: Meditation, Segeln, Surfen, Inlineskating.

Bertz Otto Dipl.-Ing. *)

Bertzbach Tilman Dipl. oec.

B.: Dir. FN.: Dt. Bank AG. DA.: 28195 Bremen, Domshof 25. tilman.bertzbach@db.com. G.: Bremen, 26. Okt. 1960. V.: Dipl. oec. Gabriele, geb. Schwarting. Ki.: Anika (1986), Julia (1990), Johannes (1994). El.: Dr. Rainer u. Helga, geb. Müller. S.: 1982 Stud. Wirtschaftswiss. Univ. Oldenburg, 1986 Abschluss Dipl. oec. K.: seit 1986 Dt. Bank AG Zentrale Frankfurt, Firmenkundenabt., 1990-94 Filiale Bremen Firmenkundenbetreuung, 1995-98 Dt. Bank de Bary N.V. Amsterdam Ltr. d. German Desk, 1998-2000 Dt. Bank Hamburg Corporate Finance, seit 2000 Dt. Bank Bremen Dir. Firmenkunden Deutschland. M.: ASU Bremen, Kfm. Ver. Union Bremen v. 1801. H.: Reiten, Tanzen.

Berwanger Michael *)

Berz Bernhard *)

Berz Karin
B.: Ass. iur., Inh. FN.: Berz Consult Legal Placement. DA.: 80539 München, Maximilianstr. 35. karinberz@ berzconsult. com. www.berzconsult.com. G.: Wien, 1958. V.: Dr. Stefan Berz. Ki.: Amelie u. Flora (1996). S.: 1977 Abitur Traunstein, 1977-82 Jurastud. LMU München, 1982 1. Jur. Staatsexamen, 1983-86 Referendarzeit Walter, Conston, Alexander & Green New York, 1986 2. Staatsexamen. K.: 1986-87 Trainee-Programm Dt. Bank München, 1987-90 Associate Dt. Bank M&A Inc. New York, 1990-91 Senior Associate Dt. Bank Morgan Greenfell Frankfurt, 1991-99 Intern. Personalberater Roland Berger & Partner GmbH München, 1993 Mtgl. d. Geschäftsltg., 2000 Grdg. Berz Consult Personalberatung f. jurist. Positionen in Kzl. u. Unternehmen. H.: Familie, Oper, Skifahren, Lesen, Reisen.

Berzau Henner Dr. med. *)

Berzheim Bernhard *)

Besch Werner Dr. phil. Univ.-Prof. *)

Bescheerer Dieter

B.: staatl. geprüfter Augenoptiker u. Optikermeister, Gschf. Ges. FN.: Optik Bescheerer GmbH. DA.: 10119 Berlin, Kastanienallee 69. G.: Sorau, 4. März 1939. V.: Helga, geb. Puchert. Ki.: Ralph (1965). El.: Rudolf u. Erika. S.: 1944-45 Flucht m. d. Mutter u. zwei Geschwistern aus Polen, 1955 Mittlere Reife Luckenwalde, 1955-58 Lehre z. Augenoptiker in Luckenwalde, 1960-62 Ausbildung a. d. Fachschule f. Augenoptik in Jena, staatl. geprüfter Augenoptiker u. Optikermeister. K.: 1962-65 ang. Meister in Ostberlin, seit 1965 selbständig m. eigenem Geschäft in Berlin, seit 1993 Grdg. d. GmbH, Gschf. Ges., seit 1996 Eröff. d. Filiale in Berlin, Fortführung d. Geschäfte durch Sohn Ralph. E.: Medaillen im Gesundheitswesen. M.: seit 1993 Prüfungsausschuss f. Lehrlinge in d. Augenoptikerinnung. H.: lebenslanges Interesse f. d. Sport (Fußball, Skifahren, Surfen, Segeln).

Besdo Dieter Dr.-Ing. Prof.
B.: Prof. FN.: Univ. Hannover. DA.: Hannover, Appelstr. 11. PA.: 31535 Neustadt, Paracelsusweg 11. G.: Paderborn, 28. Mai 1939. V.: Marianne, geb. Wohlbrück. Ki.: Gunnar, Antje, Silke. El.: Helmuth u. Else. S.: 1958 Abitur, Stud. Maschinenbau Fachrichtung Wärme- u. Verfahrenstechnik TH Hannover, 1969 Prom. K.: 1964-65 wiss. Mitarb. v. Prof. E. Pestel TH Hannover Inst. f. Mechanik, 1965-69 Ass. b. Prof. H. Lippmann TH/TU Braunschweig, 1969-73 OIng., 1973 Habil., 1973-75 Doz., 1975-79 WissR. u. Prof. Univ. Essen, 1979 o.Prof. f. Mechanik an d. TU Hannover. P.: Buch: Examples to Extremum and Variational Principles in Mechanics. M.: Ges. f. Angew. Math. u. Mechanik (GAMM), Verb. v. "Alten Herren" d. Sondershäuser Verb. (VASV). H.: Musizieren (Cello, Blockflöte).

---

*) Biographie www.whoiswho-verlag.ch oder beigefügte CD-ROM

Beseler Wulf-Dietrich Dr. med. *)

Beselin Wolfgang *)

Besenbruch Walter Dr. Prof. phil. em.

FN.: Humboldt-Univ. PA.: 12527 Berlin, Straße 901 Nr. 4. G.: Wuppertal, 25. Dez. 1907. V.: Helga, geb. Wehner. Ki.: Rudolf (1951), Gabriele (1955), Bettina (1962). S.: 1928 Abitur, 1928-32 Stud. Phil., Ökonomie u. Geschichte Univ. Berlin u. Kiel. K.: 1932 1. Verhaftung wegen Wahlreden f. d. KPD, 2. Haft Mai 1933 - Nov. 1934, konspirative Arbeit in Kiel, 3. Verhaftung Jan. 1935 Kiel - 12 Jahre wegen Vorbereitung zum Hochverrat, davon 1937-40 Moorlager Emsland, 1945 Organ. d. Ausbruchs aus d. Lager Pegau bei Leipzig, Flucht z. US-Armee, 1945 Polizeichef in Eisleben, 1945-47 Ltr. d. Polizei d. Regierungsbezirkes Halle-Merseburg, 1948-50 wiss. Aspirantur in Halle/Leipzig, 1950-53 Hauptredakteur in d. Zeitschrift "Einheit", zuständig f. Literatur u. Kunst, glz. Vorlesungen an d. Humboldt-Univ., 1953 Wahrnehmung einer Professur an d. Philos. Fakultät d. Humboldt-Univ., 1955 Diss. u. Professur m. vollem Lehrauftrag. "Zum Problem des Typischen in der Kunst" (1956), "Ästhetik im Aufbruch" (1957), "Dialektik u. Ästhetik" (1958), "Über den Zusammenhang zwischen der Kulturrevolution und dem sozialistischen Realismus als künstlerischer Methode" (1960), über ihn "Werden blir nytt".

Besgens Franz-Josef *)

Besier Gerhard Dr. theol. Dr. phil. Prof.
B.: o.Prof. f. Histor. Theol. u. Konfessionskunde. FN.: Univ. Heidelberg. DA.: 69117 Heidelberg, Kisselg. 1. G.: Wiesbaden, 30. Nov. 1947. V.: verh. Ki.: 5 Kinder. S.: 1968 Abitur, 1968-70 Stud. griech. u. hebräischen Sprache sowie Theol. an d. Kirchl. HS Berlin, 1970 Univ. Tübingen, Stud. Sozial- u. Verhaltenswiss., 1973 1. Theol. Dienstex., 1973-78 Stud. Geschichtswiss. Univ. Tübingen, 1976 Prom. Dr. theol., 1977 Kirchl. Ordination durch ev. Kirche in Württemberg, 1978 2. Theol. Dienstprüf. u. Dipl.Hauptprüf. Psych., 1981/82 Habil. Kirchl. HS Bethel f. Kirchengeschichte, 1985/86 Prom. Dr. phil. FU Berlin. K.: 1973-79 Ass. u. Lehrstuhl f. Kirchenordnung Univ. Tübingen, 1979/80 Lehramt PH Ludwigsburg im Fach Ev. Theol./Religionspäd., 1980-86 Rektor Religionspäd. Inst. Loccum d. ev.-luth. LKirche Hannovers, 1987-92 o.Prof. f. Neuere u. Neueste Kirchengeschichte an d. Kirchl. HS Berlin, s. 1992 o.Prof. f. Histor. Theol. u. Konfessionsk. Univ. Heidelberg. M.: Monographien: "Preuß. Kirchenpolitik in d. Bismarckära" (1980), "Krieg-Frieden-Abrüstung. Die Haltung d. europ. u. amerikan. Kirchen z. Frage d. dt. Kriegsschuld 1914-1933" (1982), "Wie Christen ihre Schuld bekennen. Die Stuttgarter Erklärung 1945" (1985 gem. m. Gerhard Sauter), "Selbstreinigung unter brit. Besatzungsherrschaft. Die ev.-luth. LKirche Hannovers u. ihr LBischof Marahrens" (1986), "Pfarrer, Christen u. Katholiken" (gem. m. Stephan Wolf, 2. Aufl. 1992), "Der SED-Staat u. d. Kirche" (3 Bde. 1993-95), "Kirche, Politik u. Gesellschaft seit 19./20. Jh." (2 Bde. 1998/2000), "Nationaler Protestantismus u. Ökumen. Bewegung. Kirchl. Handeln im Kalten Krieg (1945-1990)" (1999), Die Kirchen und das Dritte Reich (2001), Hrsg. u. Verfasser zahlr. Aufsätze. E.: Forschungspreis d. Hist. Kollegs München 1997. M.: Arge f. Berlin-Brandenburg. Kirchengeschichte,

Arge z. Erforsch. d. Geschichte d. EKU, Historische Kommission zu Berlin, Hist. Kolleg München, Wiss. Beirat d. Instituts f. Zeitgesch. (München), u.a.

Besold Emmanuel *)

Besold Stefan

B.: Rundfunk- u. Fernsehtechnikermeister, Gschf. Gesellschafter. FN.: City-Fernseh-Service GmbH. DA.: 90443 Nürnberg, Schloßäckerstr. 24. PA.: 91154 Roth, Flurstr. 4. city-fernseh-service-nuernberg@t-online.de. G.: Nürnberg, 19. Sep. 1965. V.: Simone, geb. Knorr. Ki.: Max (1998) und Felix (2000). El.: Erich u. Helga. S.: 1980-84 Lehre als Funkelektroniker b. Firma Metz in Fürth, 1994 Radio- u. Fernsehtechnikermeister Nürnberg. K.: b. 1994 div. Stationen im techn. Bereich b. Metz, seit 1995 Kauf d. jetzigen Unternehmens. H.: Oldtimer/Motorrad u. Autos, Motorsport, Blechspielzeuge sammeln.

Besostri-Volland Laura Dr. (I.U.L.M. Milano) *)

Bessau Bruno *)

Besser André *)

Bessen Edgar
B.: Schauspieler. FN.: Agentur Patricia Horwitz. DA.: 22299 Hamburg, Bussestr. 31 a. PA.: 22391 Hamburg, Grotenbleken 41. G.: Hamburg, 11. Nov. 1933. V.: Heidi, geb. Koehn. Ki.: Susanne. BV.: Onkel Henry Vahl u. Bruno Vahl-Berg, beide Schauspieler. K.: Schauspielstudio Hildburg Frese Hamburg, 1960-79 Ohnsorg-Theater, Hamburger Kammerspiele, Theater im Zimmer, TV-Rollen in "Wilhelmsburger Freitag", "Bauern, Bonzen und Bomben", Schwarz Rot Gold".

Bessenbach Andreas *)

Besser Ingrid

B.: selbst. Steuerberaterin. DA.: 12101 Berlin, Manfred-von-Richthofen-Str. 4. G.: Berlin, 3. Juli 1928. V.: Klaus Besser. Ki.: Wolfgang Bleichroth (1950), Marina Ritter (1964) und Andreas Besser (1967). El.: Dr. Fanz u. Anneliese Einspenner, geb. Dahlenburg. S.: 1946 Oberschule. K.: 1946 Mitarb. im elterlichen Betrieb, 1950-54 tätig in Berlin, 1956 Abendschule f. steuerberatende Berufe in d. HS f. Wirtschaft, 1957-60 tätig im Steuerbüro Ostlaege, 1960-62 tätig bei Steuerberater Lübke, 1962 Steuerbev.-Prüf., 1962 Eröff. d. eigenen Kzl., 1972 Steuerberaterprüf., 1981 Grdg. - nehme ab 1999 Kzl. - vie der Steuerberaten Besser Steuerber.Gesellschaft mbH, Gschf. m. Schwerpunkt Erb- u. Steuerprobleme, ab 1999 Umwandlung d. Einzelpraxis in Sozietät mit d. Kindern Dipl.-Kfm. Andreas Besser u. Marina Ritter Steuerberater.

*) Biographie www.whoiswho-verlag.ch oder beigefügte CD-ROM

Besser Ursula Dr. phil.
B.: Publizistin, Stadtälteste v. Berlin. PA:: 14193 Berlin, Königsallee 34. G.: Berlin, 5. Jan. 1917. Ki.: Christa (1940), Margarete (1949). El.: Fritz u. Frida Roggenbuck, geb. Stadelhoff. S.: 1936 Abitur, 1943-49 Stud. Auslandswiss. u. Phil., 1949 Prom. K.: seit 1949 freiberufl. Übersetzerin, Sprachlehrerin, Publizistin, b. 1985 freiberufl. Doz. Ev. Schwesternhochschule, 1960-77 Kreisvors. in Berlin-Schöneberg, 1973-85 Vors. d. Landesfrauenunion, 1971-85 Vors. Ev. Arbeitskreis Berlin, 1967-85 Abg.-Haus Berlin. E.: BVK 1. Kl. am Bande, "Ordre des Palmes Academiques". M.: Ehrensenatorin TU Berlin u. TFH-Berlin, Stadtälteste v. Berlin, Dt. Vertreterin Trägerver. d. Europ. Wirtschafts-HS, 1968-98 Regionalsynode d. Ev. Kirche d. Union, Ehrenvors. Dt. Ev. Frauenbund Berlin. H.: Natur, Wandern, Reisen, Literatur.

Besser-Siegmund Cora
B.: Dipl.-Psych.; Inh. FN.: Besser Siegmund Inst. DA.: 20095 Hamburg, Mönckebergstr. 11, 5OG. G.: Hamburg, 11. Mai 1957. Ki.: Lola (1984). El.: Günther u. Thea Besser. S.: Abitur, Stud. Psych., 1982 Dipl.-Psych. K.: Therapeutin u. Psych., seit 1988 eigene Praxis. P.: Coach Yourself, Persönlichkeitskultur f. Führungskräfte (1991), Du mußt nicht bleiben, wie Du bist (1993), Magic Words, d. minutenschnelle Abbau v. Blockaden (1994), zahlr. Art. in Fachzeitschriften. H.: Krimis, Windsurfen. (E.D.)

Besserer Angela Dr. med.
B.: FA f. Radiologie u. Strahlentherapie. FN.: Gemeinschaftspraxis f. Radiologie u. Strahlentherapie am AVK. DA.: 12157 Berlin, Rubensstr. 125. G.: Hans-Bernward Besserer. Ki.: Angela (1982), Hans-Bernward (1986). El.: Dr. Ludwig u. Maria Barth, geb. Löhr. S.: 1966 Abitur, 1966-71 Stud. Med. Univ. Erlangen/Nürnberg u. v. 1972 FU Berlin. K.: 1972-73 med. Ass. f. Innere Med. am Rudolf-Virchow-KH in Berlin, 1973 Approb., 1973-78 FA-Ausbild. am Rudolf-Virchow-KH, 1978-96 OA d. Abt. Strahlentherapie am Univ.-Klinikum Benjamin Franklin in Berlin, seit 1997 ndlg. FA in Gemeinschaftspraxis m. Dr. Christoph Huyer. BL.: einzige strahlentherapeut. Praxis in freier Ndlg. in Berlin m. effizienter Behandlung zahlr. Patienten aus allen Bereichen. P.: Diss.: "Spiroergometr. Untersuchung z. Frage körperl. Leistungssteigerung durch Bohnenkaffee", Mitautor d. Lehrbuchs "Strahlentherapie", Art. zu d. Themen onkolog. Strahlenthapie. M.: Berliner Röntgenges., Dt. Krebsges., Dt. Ges. f. Radioonkologie, Berufsverband Deutscher Strahlentherapeuten, Ärztinnen gegen Brustkrebs e.V. H.: Lesen, Gemälde, Musik, Havanna-Zigarren.

Bessing Wolf-Dieter Dr. med. *)

Bessler Hansjörg Dr. rer. pol. Dipl.-Kfm. *)

Beßler Matthias

B.: Steuerberater. DA.: 41468 Neuss, Forumstr. 24. G.: Iserlohn, 8. Sep. 1962. V.: Andrea, geb. Barcik. Ki.: Lisa (1988), Nils (1989), Hannah (1994). S.: 1978-80 Ausbild. als Finanzbmtr., 1980-84 Abendgymn., 1984 Abitur, 1985-86 Wehrpflicht, Fallschirmspringer. K.: 1978-80 Steueranw. Finanzamt Iserlohn, Landesfinanzschule Haan, Abschluß Steuerass.-Prüf., 1987-90 Finanzanw. Finanzamt Hagen, FH f. Finanzen Nordkirchen, Dipl.-Finanzwirt, 1990 Bestellung z. Steuerberater, 1990-97 Tätigkeit in Wirtschaftsprüf.-Ges., seit 1997 eigene Praxis. M.: Bundesverb. f. Mittelständische Wirtschaft. H.: Motorradfahren, Sport.

Bessler Walther Martin
B.: Industriekfm., Honorargen.-Konsul d. Rep. Sierra Leone. FN.: Honoratkonsulat d. Rep. Sierra Leone. DA.: 60388 Frankfurt, Am Bächelchen 35. G.: Frankfurt, 17. Okt. 1931. Ki.: Susanne (1961), Nora (1963), Claudia (1967). El.: Johann u. Appolonia. S.: Liebig-Gymn. Frankfurt, Stud. f. Welthdl. Ak. K.: engl. Dolmetscher, span. Auslandskorrespondent, Ind.-Kfm., Kauf, Verkauf, Finanzierung, Liegenschaften, Immobilien- u. Vermögensverw., seit 1980 Konsul, Commendatore. M.: 10 J. AufsR. d. Volksbanken Frankfurt. H.: Tennis, Golf, klass. Musik, Reisen.

Best Daniela

B.: RA. FN.: Kzl. Best & Küster. DA.: 65183 Wiesbaden, Taunusstr. 2. best.kuester@t-online.de. G.: Hanau, 1. Sep. 1971. V.: Partner Axel Küster. El.: Dr. Karl-Jürgen u. Dorit Best. S.: 1991 Abitur, 1991-96 Stud. Rechtswiss. an d. Univ. Frankfurt/Main, 1. Staatsexamen. K.: während des Stud. versch. Praktika, u.a. bei einem Vertrauensanwalt d. Dt. Botschaft in Belgrad während d. Unterbrechung d. diplomat. Beziehungen - neben Jura-Stud./Stud. Slavistik, 1996-99 Referendariat u. glz. Beraterin d. Interessensverb. Mieterschutz e.V. in Frankfurt, ab 1996 Regionalbeauftragte d. Forums Junger Rechtsanw. u. Rechtsanwältinnen in Frankfurt, ab 1997 tätig f. d. hess. Journalistenbund in Frankfurt, 1999 Grdg. d. Ndlg. in Wiesbaden. M. Tätigkeitsschwerpunkt Miet-, Wohnungseigentums- u. Baurecht. H.: Tanzen, Kochen.

Best Ellen *)

Best Erika *)

Best Günter Dr. Prof. *)

Best Kurt Heinz *)

Best Stefan Dr.
B.: ärztl. Dir. FN.: Theresienklinik Bad-Krozingen. DA.: 79189 Bad-Krozingen, Hermann-Hellmann-Allee 11. G.: Königsberg, 8. Sep. 1937. V.: Dominique, geb. Maridor. Ki.: Daniel, Dominik. El.: Hans u. Cecilie, geb. Gunst. BV.: Best - Erfinder d. Insulin. S.: 1958 Abitur Geisenheim, Stud. Med. Mainz u. Fribourg/CH, klin. Semester Freiburg, 1966 Staatsexamen. K.: 1966-69 tätig in d. Rheumatologie in Zürich, Prom., b. 1971 internist. Ausbild. in Bonn, FA-Ausbild. f. Orthopädie in d. Schweiz, ab 1978 ltd. OA an d.orthopäd. Univ.-Klinik in Freiburg, seit 1981 Chefarzt an d. orthopäd. Abt. d. Theresienklinik in Bad-Krozingen, glz. ärztl. Dir. P.: Diss.: "Serolog. Nachweis d. 4. Komponente d. menschl. Serum-Komplements" (1967), "Alloarthroplastik an d. oberen Extremität" (1974), "Erfahrung m. d. Kniegelenks-Ellenbogen-Handgelenks u. Fingergrundgelenkersatz" (1979), "Das Os omovertebrale neue diagnost. Möglichkeiten" (1978), "Stabilisierung u. Dekompression d. Wirbelsäule bei Kyphosen tuberkulöser Genese", "Schmerzbekämpfung durch operative Synovialektomie" (1979) u.a. M.: Ärztekam., Vorst. d. Süddt. Orthopäden Berufsverb., Orthopäd. Dt. Ges., Ges. f. Orthopädie u. Chir. H.: Skifahren, Golf, Angeln.

*) Biographie www.whoiswho-verlag.ch oder beigefügte CD-ROM

Beständig Michael
B.: Künstler, freischaffend in eigenem Atelier. DA.: 88131 Lindau, Schloß Moos. www.pfeffer-muehlen.de. G.: Leutkirch, 7. Sep. 1959. El.: Horst u. Margarethe, geb. Frank. S.: Lehre als Möbel-Restaurator. K.: seit 1990 freischaffender Künstler, Möbel- u. Objektemacher, in d. Hauptsache m. heimischen Edelhölzern beschäftigt, daraus Fertigung v. Möbel u. Wohnaccessoires als Unikate sowohl auf Bestellung als auch nach eigenen Entwürfen, seit 1999 überwiegend m. d. Produktion v. Pfeffermühlen u. Salzstreuern in zwei Formen (rund u. viereckig) beschäftigt, dennoch alle durch d. Individualität d. Werkstoffes Holz Einzelstücke. H.: außer Beruf Bergwandern, Segeln u. Musik.

Beste Hermann *)

Beste Klaus Georg Dipl.-Ing. agr. *)

Bestehorn Hans-Christian Dipl.-Ing.
B.: Gschf. Ges. FN.: LEUNISMAN GmbH - Verpackungen m. System; COLORPACK GmbH - Verpackungen m. System; CENTERPACK GmbH - Verpackungen m. System. DA.: 30169 Hannover, Andertensche Wiese 18-25; 15562 Rüdersdorf, Tasdorf-Süd 15. vertrieb@leunisman.de. www.leunisman.de. G.: Hannover, 12. Mai 1956. V.: Sabine, geb. Piechulek. Ki.: Dennis (1993), Maximiliane (1998). El.: Richard u. Karin-Christa. S.: 1975 Abitur Schule Marienau, Bundeswehr, 1977 Stud. Druck- u. Verpackungstechnik FHS f. Druck Stuttgart, 1981 Abschluß Dipl.-Ing. Sprachstud. USA. K.: 1983 tätig im Familienunternehmen Leunisman, seit 1993 Gschf. Ges. m. d. Standorten in Hannover u. Berlin m. Schwerpunkt Faltschachteln, Zuschnitte, 4-6-Punkt Packungen, Displays, Sonderkonstruktionen, Verpackungsentwicklung, Verpackungsmanagement, Logistik, Lohnverpacken, Technik: DAC/CAM Musterherstellung, Computer to plate, Bogen-Offsetdruck uv & konventionell u. Spezialisierungen; Referenzen: Bahlsen, Gillette, Henkel, Hansaplast, Blaupunkt, Berlin Chemie, Riverwood, Schöller, Energizer, Pelikan, Mont Blanc u.a.m. M.: BeiR. im Fachverband Faltschachtel Industrie, Grdgs.-Mtgl. d. GPA (Global Packaging Allianze). H.: Familie, Welt-Reisen, Beruf.

Bestelmeyer Dieter Dr. med.

B.: ndlg. Arzt. DA.: 76228 Karlsruhe, Im Kloth 38. G.: Wien, 5. Okt. 1944. V.: Dr. Gabriele, geb. Hillebrand. Ki.: Ulrike (199), Steffi (1973), Georg (1981). El.: Dr. Hans u. Dr. Erika. BV.: German Bestelmeyer - 1874-1942 Architekt. S.: 1964 Abitur München, 1964-66 Bundeswehr, 1966-73 Studium Med. Univ. Freiburg, Approb. u. Prom. K.: 1973-74 Ass.-Arzt am KH in Neuenburg, 1974-79 Ausbild. z. Internisten an d. städtl. Klinik Karlsruhe, 1979 Eröff. d. Praxis m. Schwerpunkt Innere Med. u. Sportmed. H.: Natur, Garten, Sport, Reisen, Geschichte.

Besters Hans Dr. rer. pol. Dipl.-Vw. Prof. *)

Bestgen Reinhard Dr. *)

Bestmann Bernd *)

Bestmann Karl *)

Bestmann Linda Dipl.-Ing. *)

Bestmann Lothar
B.: Gschf. FN.: Bestmann GmbH. DA.: 25499 Tangstedt, Dorfstr. 120. G.: Wandsbek, 25. Aug. 1930. V.: Ursula, geb. Steffens. Ki.: Viola. El.: Martin u. Merry. S.: 1948 Mittlere Reife, 1948-51 Ausbild. Schiffsbauer, 1952-55 Stud. Schiffsbau m. Abschluß Dipl.-Ing. Hamburg. K.: 1955-57 tätig im Tragflächenbootsbau in Luzern, 1957-58 Hdl.-Schiffskonstruktion im Ing.-Büro Prof. Wendel in Hamburg, 1958-67 tätig in Firma Drucker in Hamburg m. Korrosionsschutz u. Beschichtung, seit 1968 selbst. m. Kunststoffen, Duroplasten u. Konzeptentwicklungen f. maschinelle Anlagen. BL.: weltweit patentierte Konzepte d. Ing.-Biologie, erdfreies Anzuchtsystem unter Verwendung v. Kokosfasersubstraten-Bestmann Green Systems. F.: Bestmann Green Systems in d. USA, Bestmann Green Systems in Polen. P.: div. nat. u. intern. Publ., Vorträge, Workshops über Bestmann Green Systems. M.: Dt. Verb. d. Wasserwirtschaft, Bund f. Wasser- u. Kulturbau e.V., Golfclub Val d`Or. H.: Golf, Tennis, Fahrtensegeln, Tischlerarbeiten, Gartenarchitektur.

Bestrich Wolfgang
B.: freiberufl. Architekt in eigenem Büro. DA.: 10711 Berlin, Westfälische Str. 54. G.: Berlin, 10. Feb. 1940. V.: Gisela, geb. Ludwig. El.: Hellmuth u. Margot. S.: 1957 Abitur, 1957-60 Lehre Tischler Berliner Tischlerbauindustrie, 1960-62 Ingenieurstudium Berlin. K.: 1962-68 Ang. in einem Architekturbüro in Berlin, 1968-74 ltd. Ang. im Architekturbüro Kressmann-Schacht in Berlin, seit 1974 selbständiger Architekt m. Schwerpunkt Wohnungs- u. Gewerbebau u. Altbausanierung. H.: schnelle Autos, Fotografie.

Besuden Heinrich Dr.
B.: Prof. FN.: Univ. Oldenburg. DA.: 26129 Oldenburg, Ammerländer Heerstraße. P.: 26129 Oldenburg, Elchweg 6. Besuden@yahoo.de. G.: Nordenham, 20. Apr. 1924. V.: Johanna, geb. Rohlfes. Ki.: Dr. Hilke (1955), Christian (1958), Dr. Inse (1961). El.: Heinrich u. Emmy. S.: 1945-46 PH Oldenburg, 1946-51 Univ. Köln. K.: 1951-54 Höherer Schuldienst, seit 1954 Lehrerbild. PH u. Univ. Oldenburg, 1965-67 Rektor PH Oldenburg, 1959, 1974, 1982 u. 1994 Gastprof. USA, 1981 u. 1988 Vortragsreisen nach Japan. P.: "Math. in der GS" (70 Titel), zahlr. Veröff. E.: Ehrenbürger d. Stadt New Britain. H.: Sport.

Beta Günter
B.: Uhrmachermeister, Juwelier, Inh. FN.: Heinrich Schulz. DA.: 23611 Bad Schwartau, Lübecker Str. 1. G.: Kappeln, 14. Dez. 1943. V.: Antje, geb. Gabrecht. Ki.: Helge (1965), Jens (1968). BV.: Uhrmacher August Sander. S.: 1959 Ausbild. Uhremacher Firma Uhren Muus, 1962-66 Marineflieger m. Flugzeuginstrument-Mechaniker. K.: 1967-92 Werkstattltr. in 2 versch. Betrieben, 1972 Meisterprüf., seit 1996 selbst. m. Reparatur u. Service, seit 1999 Inhaber. d. Firma Heinrich Schulz. M.: 1978-96 Beisitzer d. Gesellenprüf.-Aussch. d. Handwerkskam. Lübeck. H.: alte Uhren, Wandern, Fotografieren.

Betean Nikolaus
B.: selbst. Zahnarzt. DA.: 81735 München, Peschlanger 11. G.: Lugosch/Rumänien, 2. Juli 1954. Ki.: Beatrix (1978). El.: Nikolaus u. Maranda. S.: 1975 Abitur Lugosch, 1975-76 Militärdienst. K.: 1976-78 Depotverwalter in einem KH in Lugosch, 1978-80 warten auf d. Ausreise nach Deutschland, ab 1. Mai 1980 in 1980-83 Arb. im Sicherheitsdienst im Flughafen Frankfurt/Main, 1983-88 Stud. Zahnmed. an d. Univ. Temeschburg/Rumänien m. Abschluß, 1988-90 Ass.-Arzt in einer Münchener Zahnarztpraxis in München, ab 1990 selbst. Zahnarzt in München. H.: Fischen, Fußball spielen, Theater spielen.

*) Biographie www.whoiswho-verlag.ch oder beigefügte CD-ROM

Beth Alfred Dr. *)

Beth Carla

B.: Steuerberaterin. FN.: Steuerbüro. DA.: 25524 Itzehoe, Julius-Leber-Weg 1. G.: Itzehoe, 19. Apr. 1945. V.: Uwe Beth. Ki.: Celia (1975), Matthias (1981). El.: Heinz u. Helene, geb. Greszik. S.: 1962 Mittlere Reife, 1962-65 Ausbild. z. Steuerfachang., 1971/72 Fachinst. f. Steuerrecht. K.: 1972 O.F.D. Steuerbev., seit 1972 selbst. als Steuerbev., 1990 Abschluß als Steuerberaterin. M.: Schulvors., Kirchenvorst., Kirchensynode. H.: Surfen, Inlineskating.

Beth Hans Ludwig Dr. *)

Bethe Klaus Dr.-Ing. Prof. *)

Bethge Christian Dr. med. *)

Bethge Detlef *)

Bethge Dieter *)

Bethge Norbert Dr. med. Priv.-Doz. *)

Bethke Detlef Dipl.-Ing. *)

Bethke Jürgen Dipl.-Kfm. *)

Bethke Ralf Dr.
B.: Vors. d. Gschf. FN.: K+S-Gruppe. DA.: 34119 Kassel, Friedrich-Ebert-Str. 160. www.kalisalz.de. V.: Verh. Ki.: 2 Kinder. S.: Stud. Volks.- u. Betriebswirt, Prom. K.: 1972 Eintritt in d. BASF AG, Bereich Düngemittel Marketing- u. Vertriebsaufgaben, 1975-81 Vorst. Chemag AG, 1981 Ltr. Marketing Zwischenprodukte BASF AG, 1990 Vorst.-Mtgl. d. Kali und Salz AG, 1991 zusätzl. Vorst.-Vors. Ressort Marketing u. Vertrieb, seit 1993 Vors. d. Gschg. d. neuen Kali und Salz GmbH, heute K+S-Gruppe.

Bethlehem Ilse *)

Bethmann Jan-Henrik *)

Freiherr von Bethmann Johann Philipp *)

Bethmann Sabine *)

Graf von Bethusy-Huc Geert Volker *)

Gräfin von Bethusy-Huc Viola Dr. Prof.
B.: em. o.Prof. PA.: 48143 Münster, Tibuspl. 3. G.: Bankau, 23. Sept. 1927. El.: Otto-Friedrich Graf von Bethusy-Huc (Landwir) u. Sibylle v. Woyrsch, verw. Grfn. Bethusy-Huc, geb. v. Gersdorff. S.: 1945 Flucht, 1947 Sonderabitur an d. Univ. München, 1952-53 Stud. Univ. Hamburg, 1953-56 Stud. Volkswirtschaft in Bonn, 1956 Staatsexamen Volkswirtschaft, 1957 Prom. an d. Univ. Bonn in d. Fächern Volkswirtschaft u. Soziologie. K.: 1957-59 Forschungsauftrag d. Dt. Forschungs-Gemeinschaft (DFG), 1952-62 Geschäftsführg. d. Kommisssion f. vordringliche soz. politische Fragen d. DFG in Frankfurt/Main (Vors. Prof. Dr. H. Achinger), 1962-66 Stipendiat d. DFG, 1967 Habil. f. politische Wiss. an d. Phil. Fakultät d. Univ. Gießen, 1967-70 Diäten-Doz. f. Politikwiss. an d. Univ. Gießen, 1970-92 o. Prof. an d. Pädag. HS Westfalen-Lippe, Abt. Münster, im Fach Politikwiss., speziell Sozialpolitik u. politische Psychologie, jetzt Westfälische Wilhelms-Univ. Münster, Platz d. Weißen Rose, 1992 Emeritierung. P.: Die soziologische Struktur deutscher Parlamente (1958), Das politische Kräftespiel in der BRD (1965), Sozialpolitische Alternativen (1968), Das Sozialleistungssystem der Bundesrepublik Deutschland (1965, 2. Aufl. 1976), Familienpolitik (1987), zahlr. Aufsätze. E.: BVK am Bande, 1991 Vors. d. Heimbeirats d. Rentaco Residenz am Tibusplatz, seit 2001 Ehrenvors. M.: Dt. Ges. f. Politikwiss., Dt. Ver. f. polit. Wiss., Ver. f. Socialpolitik. H.: Tiere.

Betka Jutta Dr. med. SanR. *)

Betke Andreas *)

Betke Tobias-Hubertus

B.: Gschf., Inh. FN.: "Sportlerklause" Gatstätte. DA.: 59192 Bergkamen, Karl-Liebknecht-Str. 23. G.: Bochum, 26. Feb. 1974. El.: Hans-Werner u. Karola, geb. Stawowy. S.: 1995 Abitur, 1995-96 Zivildienst. K.: 1996-97 Fotoass. einer Starfotografin in Hamburg, 1997-98 selbst. Gastwirt in Bergkamen, später Theaterass. in Hamburg, 1999 Manager der "Vellage Roadshow" u. später Theaterltr. in Bonn, seit 2000 Inh. d. Gaststätte "Sportlerklause", glz. Stud. Bw. an d. Univ. Bielefeld. H.: Radsport, Musik.

Betow Christian Dr. med. Prof. *)

Betow Wenzeslaw Dr. med. *)

Betsch Jutta Dipl.-Ing. *)

Betsch Wilhelm Dipl.-Ing. Prof. *)

Betschke Gerhard-Fritz *)

Bette Ludwig *)

Betten Josef Dr.-Ing. *)

Bettenbrock Harald Dipl.-Psych.

B.: Psychologischer Psychotherapeut. DA.: 49082 Osnabrück, Zum Töfatt 3a. G.: Osnabrück, 4. Juli 1962. V.: Dr. Stefanie Neckermann. Ki.: Jakob (1997), Marie (1999), Aaron (2001). S.: 1980 Abitur Osnabrück, Stud. Evangelische Theologie Bethel Kirchl. HS, Münster, Stud. Psychologie und Linguistik Osnabrück, 1990 Dipl. K.: klin. Tätigkeiten, seit 1994 selbst. Praxis. P.: "Bisexualität, männlich" (1992), Prostitution (1992), Bisexualität: Eine besondere Freiheit und Zufriedenheit

*) Biographie www.whoiswho-verlag.ch oder beigefügte CD-ROM

(1993), Homosexualität u. Psychohygiene (1993), Frauen m. sexueller Gewalterfahrung: Wie sehen sie ihre Sexualität heute? (1995).

Bettencourt Emanuel D. Jesus
B.: Flugzeugmechaniker, Kampfkunstlehrer, Stand-Aktions-Choregraf, Inh. FN.: Taiyo Sport Center. DA.: 22767 Hamburg, Holstenstr. 79. G.: Cabo Verde/Westafrika, 21. Dez. 1961. El.: Paulo u. Justina. S.: 1976 Mittlere Reife Hamburg, 1978-82 Ausbild. Flugzeugmechaniker Lufthansa. K.: 1982-94 Flugzeugmechaniker bei d. Lufthansa, 1994-95 Weltreise, 1995 Kauf d. Sportschule m. Angebote v. 10 versch. Sportarten: Kung Fu, Capoeira, Modern Arnis, Jiu Jitsu, Teakwon Do, Karate, Judo, Kick Boxen, Fitness u. Afro Dance; sportl. Karriere: seit d. 17. Lebensj. versch. Kampfsportarten trainiert, Erfolge: 1984 Europapokalsieger BDO, 1984 2-facher Europameister EPKA, 1985 u. 92 Grand-Champion Oregon-States-Champion ITKA, 1986 3-facher Weltmeister u. Grand-Champion WMAA, 1987 Master-Cup Sieger WAKO, 1988 2-facher Weltmeister ISKA, 1991 u. 95 Grand Champion d. intern. Kajukenbo-Turniers IKA, 1993 Golden-Dragon-Cup-Sieger WMA, 1993 Weltmeister WAKO, 1994 Weltmeister WKC, 1995 Weltmeister WKA; versch. Tätigkeien in Filmbranche als Darsteller, Aktion-Choreograf u. Stand-Koordinaor u.a. f.: Filme u. Serien Schattenboxer, Bunte Hunde, Kurz u. schmerzlos, Delta Team u. Canacatac. P.: div. Auftritte u. Vorführungen u.a. bei HH 1, NDR, ZDF, ARD, RTL u. Arte. H.: Tanzen, Reisen, Schwimmen, Sprachen - beherrscht 6 Sprachen: Deutsch, Kroatisch, Spanisch, Englisch, Französisch u. Portugiesisch.

Bettendorf Gerhard Dr. med. em. Prof.
B.: Hormonforscher. PA.: 22391 Hamburg, Friedrich-Kirsten-Str. 19. G.: Freudenberg, 4. Mai 1926. V.: Almut, geb. Lohmann. Ki.: Indina (1954), Sabine (1957), Markus (1959), Tilmann (1961). El.: Oswald u. Martha. S.: 1946 Abitur, b. 1953 Stud. Univ. Bonn u. Heidelberg, 1953 Staatsexamen, 1953 Dr. med. K.: 1954-55 Max Planck-Inst. f. Biochemie Tübingen, 1955 Frauenklinik UKE Hamburg, FA-Ausbild. Geburtshilfe u. Gynäkologie, 1962 Habil., Gastass. an d. Univ. of Texas, 1964 Dir. d. Abt. f. Klin. u. experimentelle Endokrinologie, 1972 o.Prof. Univ. Hamburg, Dir. Inst. f. Reproduktionsmed., seit 1991 em. P.: "Reproduktionsmed." (1988), "Z. Geschichte d. Endokrinologie u. Reproduktionsmed." (1995), zahlr. Einzelarb. (Endokrinologie, Reproduktionsmed. E.: 1964 Martini-Preis Hamburg, 1984 Laqueur-Med. M.: 1975-78 Präs. Dt. Ges. f. Endokrinologie, 1974-75 Präs. Nordwestdt. Ges. f. Gynäkologie, 1972-78 Sprecher Sonderforsch.-Bereich Endokrinologie, Dt. Ges. f. Geburtshilfe u. Gynäkologie, 1984 Gruppenvors. Dt. Ges. Dt. Naturforscher u. Ärzte, American Fertility Society u. Ges. f. Biolog. Chemie. H.: Golf, Malerei. (W.G.)

Bettendorf Ulrich Dr. med. Prof. *)

Bettenhausen Angelika Maria *)

Bettermann Erik
B.: Int. FN.: Dt. Welle. DA.: 50968 Köln, Raderberggürtel 50. G.: Lindenthal, 8. Mai 1944. V.: Beate Krüger. Ki.: Katja (1971), Lars (1974), Magnus (1996). El.: Erich u. Ella, geb. Tappert. S.: 1965 Gymn. Berlin u. Albertus-Magnus-Gymn. in Köln, daneben Lokalredaktion Kölner Stadt-Anzeiger, 1965 Abitur, 1965 Stud. Univ. Köln Philosophie spez. Staatsphilosophie, Pädagogik u. Sozialpädagogik u. Univ. Bonn Politische Wiss., daneben Jugendpolitik: Vors. Kreisjugendring Köln (ev. Jugendpolitik), Aufbau Partnerschaften Deutschland/Frankreich im Jugendwerk, 1968 Philosophicum (vergleich Plato: Über den Staat). K.: 1968-69 Gemeinde Rodenkirchen Öffentlichkeitsarbeit u. Ratsbüro, 1969-70 Dt. Ges. f. intern. Jugendarbeit, PR, 1971-82 Dt. Bundesjugendring, anfangs Pressereferent, 1973-82 Bundesgschf., Entwicklung Verträge zw. BRD-Jugendverbänden m. osteuropäischen Staaten (Ostpolitik, UdSSr), Dt.-Dt. Jugendpolitik, Dt.-Dt. Jugendabkommen m. FDJ-Zentralrat Egon Kreuz, weltweit jugendpolitische Entwicklungsmaßnahmen (Asien, Lateinamerika, südl. Afrika, Polen), Seminare weltweit, Motto: "politischhistorische Verantwortung", heute noch Mtgl. Dt. Polen Inst. Darmstadt, daneben Aufbau Dt.-Israel. Jugendaustausch, USA-Kontakte, Organisation Delegation d. Demokrat. Welt-Jugend-Feste in Havanna 78, daneben 2 J. Vors. Europ. Jugendrat CENYC, 2 J. Vors. Governing Board European Youth Foundation b. Europarat, 1974 Ltr. Delegation in China (Treffen Teng Tsiao Ping), 1982-83 Bundesmin. f. Jugend, Familie u. Gesundheit, Aufbau Dt.-amerikanisches-Partnerschaftsprogramm, 1983-84 5 Monate in USA, Carl-Duisberg-Ges., Leiter auf "Fact Finding"-Reise in Columbus/Ohio, Thema: "Duales Berufsbildungssystem", 1984-85 Büroleiter d. Vizepräs. d. Dt. Bundestages Heinz Westphal, 1985-89 SPD-Parteivorst., Abt.-Ltr. f. Parteiarbeit u. parteiinterne Kommunikation, 1989-91 stellv. Bundesgschf. d. SPD, Kontakte administrativ SPD-SED, Zusammenführung d. SPD d. DDR m. SPD-BRD, Ltr. Bundestagswahlkampf Oskar Lafontaine 1990, polit. Marketing u. polit. PR, zeitweilig amtierender Bundesgschf., 1992 Staatstrat f. Bundesangelegenheiten d. Freien Hansestadt Bremen, 1995 Bevollmächtigter d. Freien Hansestadt Bremen b. Bund, Mitgliedschaft Bremen im Bundesrat, polit. Marketing, Standortmarketing f. Bremen b. Bundespolitik, MdB, Journalisten, Diplomatie, auch Vermittlung v. Wirtschaftskontakten nat. u. intern., Kulturlobbying, seit 1995 stellv. Verwaltungsratsvors. Dt. Welle, seit 1996 Vors. Gustav-Stresemann-Inst. GSI, 2000 MdBR, s. 10/2001 Int. Dt. Welle. BL.: Mitaufbau Dt.-Franz. Jugendwerk u. es m. Leben erfüllt, Jugend Tourismusprobleme m. DDR, Aufbau einer neuen Behörde in Berlin nach BWL-Kriterien. P.: Gründungsherausgeber d. "Jugendpolitik", viele Zeitungsinterviews. M.: seit 1974 SPD, ÖTV, GSI, HWO Bremen, Polen-Inst. Darmstadt. H.: Reisen, ehem. Tennis, Lesen v. Biographien, Gartengestaltung, Italien/Toscana. (Re)

Bettermann Karl August Dr. Dr. h.c. Prof.
B.: em. Univ.Prof. PA.: 22339 Hamburg, Alte Landstr. 173. G.: Wuppertal, 4. Aug. 1913. V.: Eleonore, geb. Weber. El.: Karl u. Helene. S.: Hum. Gymn., Stud. Jura Gießen u. Münster, 1939 Examen. K.: bis 1945 Kriegsdienst, Landrichter in Hagen, Oberver.Ger. in Münster, Habil., Bundesrichter in Berlin am BVG, Prof. an d. Freien Univ. Berlin, seit 1970 an d. Univ. Hamburg, Mtgl. d. Hamb. Verfassungsgerichts bis 1986. P.: "Die Vollstreckung d. Zivilurteils in d. Grenzen seiner Rechtskraft", "Die Grenzen d. Grundrechte", "Der Richter als Staatsdiener". E.: Emil.-v.-Sauer-Preis, Dr. iur. h.c. Univ. Thessaloniki, Savigny-Med., Joachim-Jungius Med. M.: Staatsrechts- Lehrerver., Zivilprozeßrechtslehrerver.

Bettermann Peter DDr.
B.: Sprecher d. Unternehmensleitung. FN.: Unternehmensgruppe Freudenberg. DA.: 69465 Weinheim, Zwischen Dämmen. PA.: 69469 Weinheim, Merianstr. 15. G.: Hagen, 24. Mai 1947. V.: Elisabeth F., geb. Tebbe. Ki.: Maximilian, Constantin, Alexander. S.: Abitur, Dipl.-Mineraloge, Dr. rer. nat, Dr. jur. K.: ehem. Vorst.-Vors. d. Deutschen BP (Holding) AG, Sprecher der Unternehmensleitung d. Unternehmensgruppe Freudenberg.

Bettin Grietje
B.: Dipl.-Pädagogin, Abgeordnete. FN.: Deutscher Bundestag, Fraktion Bündnis 90/Die Grünen. DA.: 11011 Berlin, Platz der Republik. grietje.bettin@bundestag.de. www.grietje-bettin.de. G.: Eutin, 16. Juli 1975. K.: seit 1995 Mtgl. b. Bündnis 90/Die Grünen, 1995-98 Referentin b. AstA d. Univ. Flensburg, seit 1995 Mtgl. im Landesvorstand d. Grün-Alternativen Jugend Schleswig-Holstein, 1997-2000 Landesgeschäftsführe-

---

*) Biographie www.whoiswho-verlag.ch oder beigefügte CD-ROM

Bettin

rin d. Grün-Alternativen Jugend Schleswig-Holstein, 1999-2000 Mtgl. d. Landesvorstandes v. Bündnis 90/Die Grünen Schleswig-Holstein, 1999-2000 Mtgl. d. Ratsversammlung d. Stadt Flensburg, seit 2000 Mtgl. d. Bundestages, Medienpolitische Sprecherin d. Fraktion 90/Die Grünen.(Re)

Bettin Simone Dipl.-Med.

B.: FÄ f. Nuklearmed. DA.: 04668 Grimma, Lorenzstr. 2. lowry@t-online.de. G.: Seelow, 4. Nov. 1963. Ki.: Kevin (1984), Pablo (1986). S.: 1982 Abitur, prakt. J., Lehre Apothekenfacharb., Stud. Med. Univ. Leipzig. K.: 1995-98 Ass.-Ärztin an d. Kinderklinik u. d. Klinik f. Nuklearmed. d. Univ. Leipzig, 1998 FA f. Nuklearmed., 1995-98 intern. Zusammenarb. in Forsch.-Projekten, seit 1999 ndlg. FÄ f. Nuklearmed. m. Schwerpunkt nuklearmed. Diagnostik, szintograf. Methoden, Gelenktherapie u. Sonografie. P.: Veröff. z. Thema Nuklearmed. M.: Dt. Ges. f. Nuklearmed., Dt. Ges. f. Kinderheilkunde, Bund Frau u. Kultur. H.: Fotografie, Wandern, Natur, Segeln.

Bettinga Dirk

B.: Gschf. FN.: Bettinga Kunststofftechnik GmbH. DA.: 30916 Isernhagen, Borsigstr. 10. www.bettingakunststofftechnikgmbH.de. G.: Hannover, 16. Apr. 1961. V.: Ribana Tamara Marx. Ki.: Justine-Dean, Maksim-Danny. El.: Friedrich u. Dorothea. S.: b. 1978 Berufsbild. Schule, b. 1981 Ausbild. z. Kfm. im Einzelhdl., Wehrdienst in Holland/Luftwaffenstützpunkt u. b. 1985 b. Luftwaffenstützpunkt LTG62 in Wunstorf. K.: Einstieg in d. Unternehmen d. Vaters, 1990 Erweiterung d. Firmengeländes u. Entwicklung f. d. Sicherheitstechnik/Konzeptlieferung, 1994 zusätzl. Zulassung im Bereich d. Sicherheitstechnik f. Banken, Sicherheitsstufe C f. eigene Konzept-Entwicklung f. Sicherheitssysteme/Flächensicherung, 1997 Umstrukturierung u. Produktionsverlegung ins Ausland (Tschechien). P.: div. Veröff. über revolutionäre Flächensicherung in Fachzeitschriften/Messevorträge. H.: Motorradfahren, Urlaub.

Bettinger Rudolf

B.: Konditormeister, Naturkosteinzelhändler, Bäcker. FN.: Kräuter- u. Naturhaus Bettinger. DA.: 47800 Krefeld, Uerdinger Str. 332. G.: Wittislingen, 31. Juli 1951. V.: Ingrid, geb. Fryska. Ki.: Iris (1980), Judith (1982), Fabian (1986), Magnus (1987). El.: Rudolf u. Adelheid. S.: 1965-68 Konditorlehre. K.: 1968-73 Konditor im elterl. Café, 1973-75 versch. Tätigkeiten, 1978 Meisterschule, 1979 Meisterprüf. z. Konditormeister, 1980-92 selbst. m. Café in Lauingen, 1980-92 Übernahme auch d. elterl. Betriebes, 1992 Übernahme eines Naturkostladens in Krefeld, VHS-Kurse z. Thema Vollwerternährung u. Naturkost. P.: Beitrag im Bayer. Rundfunk über Vollwertkost (Dinkel). M.: Bundesverb. Naturkost u. Naturwaren (BNN). H.: Schwimmen, Shaolin-Karate, Afrikan. Percussion.

Bettisch Johann Dr. phil.

B.: öff. bestellter u. beeid. Übersetzer f. Rumän., Ungar. u. Russ. Sprachen f. Baden-Württemberg. DA.: 70469 Stuttgart, Weilimdorferstr. 157. Jbettisch@aol.com. G.: Temeschburg, 29. Juli 1932. V.: Dr. med. Katharina, geb. Reitter. Ki.: Dr. med. Edmond (1961). El.: Matthias u. Maria, geb. Kanyady. S.: 1957 Dipl. in Russ. Univ. Bukarest, 1988 Prom. Univ. Temeschburg. K.: 1952-55 Techniker b. "Electromontaj", 1957-63 Lehrer f. Fremdsprachen, 1963-67 Schulinsp. d. Region Caras-Severin, 1967-74 Dir. d. Dt. Sektion d. Lyzeums v. Reschitz, 1974-82 Doz. f. Fremdsprachen in Reschitz, 1982-89 Prodekan d. Polytechnischen Inst. von Reschitz, seit 1990 Inh. d. Übersetzungsbüros in Stuttgart. BL.: 11 versch. Patente. P.: Breviarium f. chinesische Literatur (1981), Technical English (1983), Russian Language for Engineers, Die Technik auf Deutsch (1988), Mithrsg. v. Studien f. Sprache, Literatur u. Folklore, Übungsbuch f. Studenten in Chines. (1976), Esperato-Kurs f. Studenten (1986), Grimassen hinter dem Spiegel (Stuttgart, 2000), Übersetzung der Taschenphilosophie von E. Gherasim (Stuttgart, 2000), Kaffeepause (Stuttgart, 2001), das verbotene grinsen (Stuttgart, 2001). E.: div. Ehrendipl., 1987 Ausz. auf d. Erfindermesse f. Solar-Pumpe, Hon. prof. d. Internat. Albert Schweizer Univ. von Genf. M.: Ak. d. Wiss. in New York, World Esperato Ass. H.: Etymologie, Sprachtypologie.

Bettmann Margarete-Elisabeth *)

Betton Joel

B.: Musikdoz., Dirigent, Solist. FN.: Hochschule d. Künste Berlin. DA.: 10789 Berlin, Lietzenburger Str. 45. joel.betton@t-online.de. G.: Caen/Normandie, 29. März 1951. V.: Susanne Kundrus-Betton - Musikerin. Ki.: Yann (1990). S.: 1969 Baccalaureat Caen, 1969-70 Wehrdienst in Caen, 1973-76 Stud. klass. Gitarre Conservaoire National de Regions Versailles, 1976 Konzertexamen. K.: 1976-85 tätig an d. Musikakademie in Kassel u. Grdg. d. Gitarrenklasse, glz. Kammermusiker, seit 1985 Doz. f. klass. Gitarre an d. HdK Berlin spez. f. Ausbildung v. Schulmusiklehrern, 1988 Mitgründung d. Gruppe "Work in Progress" u.a. m. Aufführungen in Wien u. Zürich, seit 1989 Dirigent d. Landeszupforchesters Berlin, seit 2000 Vors. d. reg. Aussch. Jugend Musiziert u. tätig im Landesausschuß. BL.: als Dirigent d. Zupforchesters 2-3 Uraufführungen jährl. P.: gesamtes Zupforchesterwerk v. Dietrich Erdmann auf CD, mod. Musik v. Prof. Axel Rouff auf CD, Radiosendung "Ein Ausländer in Berlin" im SFB (2001). E.: Konzertexamen m. Ausz. H.: Ethymologie, Malerei.

Bettscheider Heribert Dr. o.Prof. *)

Bettzuege Reinhard

B.: Botschafter. FN.: Ständige Vertretung der BRD b. d. OSZE. DA.: 1030 Wien, Metternichg. 3. FA.: 1130 Wien, Wattmanng. 44. osze@deubowien.at. G.: Recklinghausen, 22. Mai 1946. V.: Isabelle, geb. Poupart. Ki.: Joelle (1978), Georgina (1981), Maximilian (1985). El.: Walter u. Christa. S.: 1966 Abitur in Bad Godesberg, 1966-68 Wehrdienst im Fernmeldebataillon Andernach, beendet m. Rang Oberst d. Reserve, 1968-73 Stud. Jura, Anglistik, Germanistik u. politische Wiss. in Bonn u. Maryland/USA, studienbegleitend journalistische Ausbildung im Trainingprogramm d. Inst. z. Förderung

*) Biographie www.whoiswho-verlag.ch oder beigefügte CD-ROM

publizistischen Nachwuchses e.V. d. Bayerischen Bischofskonferenz, 1973 Staatsexamen in Jura, 1974-75 Staatsexamen in Anglistik u. Germanistik in Bonn. K.: während d. gesamten Stud. freier Journalist b. Deutschlandfunk in Köln, sowie d. "Wehrpolitischen Information", 1973-74 Journalistischer Korrespondent in Rio de Janeiro/Brasilien f. dt. Rundfunkstationen u. Zeitungen, 1974 Eintritt in d. Auswärtigen Dienst, 1975-76 Attaché an d. Dt. Botschaft in London, 1977-78 während d. KSZE-Konferenz Belgrad Verwendung als Presseattaché im Pressereferat d. Auswärtigen Amts in Bonn, 1978-80 Rückkehr an d. Dt. Botschaft in Lissabonn, 1976 Versetzung an d. Dt. Botschaft in London als Wirtschaftsattaché, 1980-82 Ltr. d. Wirtschaftsabteilung an d. Dt. Botschaft in Belgrad, 1982-95 Pressereferat d. Auswärtigen Amts in Bonn, Tätigkeit als Sprecher d. Auswärtigen Amts in Bonn u. ab 1988 Ltr. d. Öffentlichkeitsarbeit d. Auswärtigen Amts f. d. In- u. Ausland, 1995-2000 Dt. Nato-Gesandter in Brüssel, seit 2000 Botschafter u. ständiger Vertreter d. BRD b. d. Organisation f. Sicherheit u. Zusammenarbeit in Europa (OSZE) in Wien. BL.: seit 1974 Ausbildung d. Diplomaten Südafrikas am Foreign Service Institut Pretoria. P.: zahlr. Veröff. wie Taschenbuch "Hans-Dietrich Genscher - Eduard Schewardnadse, Das Prinzip Menschlichkeit" (1994), "Auf Posten... Berichte und Erinnerungen auf 50 Jahre deutsche Aussenpolitik" (1995), Herausgeber "Andere Deutsche unter Hitler" (1997), Herausgeber "Aussenpolitik der Bundesrepublik Deutschland" (1995), Herausgeber d. Doppel-CD "Musik der Welt" (1995), sowie zahl. Artikel in d. dt. Presse z. Themen aus Politik, Wirtschaft, Presse u. PR. E.: Oberst d. Reserve d. Dt. Bundeswehr, Kommandeursorden Luxemburg, Niederlande, Österreich, Schweden, Bulgarien u. Griechenland, Orden CMG u. GB. M.: Kuratoriumsmitglied IJP e.V. Intern. Journalisten Programme, Kuratoriumsmitglied Philharmonie der Nationen, Hamburg. H.: Jagd, Oper, Theater, Journalismus.(Re)

Betz Arnold *)
Betz Bea Dipl.-Ing. *)
Betz Bernhard *)
Betz Dieter

B.: Kfm., Gschf. Ges. FN.: Dieter Betz Modeatelier München Massmoden GmbH. DA.: 80539 München, Hildegardstr. 11. G.: Pfaffenhofen-Geisenfeld/Ilm, 1965. S.: 1984-86 Arch.-Stud. München, 1986-90 BWL-Stud. München, Abschluss: Betriebswirt. K.: 1988-91 parallel als Stylist f. Fernsehproduktion bei Tele5, Sat1, Pro7, RTL2 bundeweit, seit 1991 selbständig d. Herrenbekleidung nach Maß, Spezialist für Maßkonfektion, Maßhemden, Maßschuhe. BL.: Doz. b. Unternehmensberatungen in Sachen Kleiderordnung. H.: Tennis, Skifahren, Reiten.

Betz Franz-Peter Dipl.-Ing. *)
Betz Gerhard *)
Betz Judith *)

Betz Rainer

B.: Einzelhdls.-Kfm. Strand- u. Kurhotel Intersol u. Inh. Hotel Klosterpost. DA.: 23769 Burg auf Fehmarn, Südstrandpromenade, hotel-intersol@t-online.de, www.hotel-intersol.de u. 75433 Maulbronn, Frankfurter Str. 2-4. hotel-klosterpost@t-online.de. www. hotel-klosterpost.de. G.: Oldenburg, 27. Dez. 1943. V.: Gerlinde, geb. Goetzie. Ki.: Birgit (1969), Petra (1971). BV.: Großvater mütterlicherseits Karl Grümmer (1870-1958) besaß eine Molkerei in Oldenburg in Holstein, Albrecht Betz war Stadtpfleger in Maulbronn. S.: 1960-62 Ausbild. z. Einzelhdls.-Kfm. in Kiel. K.: 1962 Tätigkeit im elterl. Betrieb, 1962-63 Einzelhdls.-Fachschule Neuwied, 1965-67 Bundeswehr, 1967-68 Aufbau versch. Filialen f. d. Firma Tengelmann im Bremer Gebiet u. in Ostfriesland, 1969 1. Lebensmittelgeschäft auf Fehmarn eröff., b. 1994 2 weitere Lebensmittelmärkte auf Fehmarn eröff., 1976 Kauf u. Bau d. Hotels Intersol, 1978 Eröff. d. 1. Bauabschnittes, 1983-84 Erweiterung, 1987-89 weitere Erweiterungen d. Hotels, 1992 Eröff. d. Hotels Klosterpost in Maulbronn. BL.: Sponsor d. Klosterkonzerte Maulbronn. M.: DEHOGA Schleswig-Holstein u. Baden-Württemberg Fachausschüsse IHK zu Lübeck, regionale Verb. H.: Betrieb, Pferde.

Betz Roland *)
Betz Theodor *)
Betz Ulrich Dr. med. dent. *)
Betz Walther Dipl.-Ing. Dr. *)
Betz-Motzer Heidrun *)
Betzel Aurel *)
Betzer Ferdinand *)
Betzing Bernd *)
Betzing Volker

B.: RA. DA.: 53111 Bonn, Theaterstr. 14. G.: Bonn, 30. Jan. 1960. V.: Elfi. Ki.: 2 Kinder. El.: Hermann-Josef u. Annemarie. S.: 1978 Abitur Bonn, 1978-84 Stud. Rechtswiss. Univ. Bonn, 1984 1 u. 1987 2. Jur. Staatsexamen Referendar d. OLG, 1987 Zulassung z. RA. K.: 1987 Einstieg in d. väterl. Verkehrsrecht u. Dt. Anw.-Ver. H.: Kunst, mod. Malerei u. Musik, Lesen.

Betzinger Rainer Dr. med. *)
Betzler Hans-Jörg Dr. med. habil. Prof. *)

*) Biographie www.whoiswho-verlag.ch oder beigefügte CD-ROM

Betzler 378

von Betzler Thomas Dr. *)

Beu Erna-Katharina *)

Beuchel Ines *)

Beucher Friedhelm Julius
B.: MdB, Rektor a.D. FN.: SPD. DA.: 11011 Berlin, Platz d. Republik 1, WK.: 51645 Gummersbach, Kölner Str. 265. PA.: 51702 Bergneustadt, Hauptstr. 56 A. G.: Bergneustadt, 21. Juli 1946. V.: Hanne, geb. Vinmann. Ki.: Heike Annette (1969). El.: Stefan u. Anne, geb. Häcke. S.: 1957-63 Städt. Realschule Bergneustadt, Mittlere Reife, 1963-65 Höhere Handelsschule Gummersbach, 1965-68 Ausb. Rechtspfleger OLG Köln, 1968/69 Begabtensonderprüf. Vorbereitung Rhöndorf, 1969-73 PH Bonn Stud. Sport (Grund + Hauptstud.), u. Sachunterricht, 1971-72 STA - Vors. PH, daneben als Journalist Sport Regionalzeitung, 1969-72 StuPA SHB, auch Mtgl. Abteilungskonferenz u. VDS - Tätigkeit, 1972 1. Staatsprüf. mit "sehr gut", 1972 Lehramtsanwärterausbildung, 1973 2. Staatsexamen- K.: ab 1974 Lehrer, ab 1976 Fachltr., Bez.-Seminar u. Kultusmin. NRW Düsseldorf, 1981-90 Rektor, seit 1990 MdB, seit 1975 StadtR. Bergneustadt, 1987 Kreisvors. SPD Oberberg. Kreis, seit 1981 Mtgl. d. Landesvorst. d. SPD NRW, 1994-99 stellv. Bürgermeister, seit 1998 Vors. d. Sportausschusses d. Dt. Bundestages. BL.: Gründer u. Vors. e. Beschäftigungsproj. f. Arbeitslose s. 1983 (bisher über 2000 Besch.). P.: Aufsätze in Fachzeitschriften, Themen des Sports, Uni in Erlangen über Umweltschutz. E.: 1999 durch internat. Inside Sportlern zu d. "Top 100 des Dt. Sports" Macher u. Meinungsbildner (auch 1998). M.: AWO - Bergneustadt, Else Lasker-Schüler-Ges. in Wuppertal, WWW World Life Fund Deutschland, Vorst.-Mtgl. Kuratorium Sport u. Natur DI, Amnesty Int. DI. H.: Sport, Ausdauersport, ehem. Marathon - Laufen, Inline Skate, Ski, Sprachen: Englisch, Kuba-Reisen. (Re)

Beuck Günter *)

Beuck Reimer Dr.
B.: RA, Steuerberater. DA.: 22359 Hamburg, Lerchenberg 12 d. e-mail@dr-beuck.de. G.: Hamburg, 27. Jan. 1954. V.: Karina, geb. Sager. Ki.: 2 Kinder. S.: 1972 Abitur Hamburg, 1973-75 Jurastud. Hamburg, 1975-78 Jurastud. Kiel, 1. Staatsexamen, 1978-81 Referendariat Hamburg, 2. Staatsexamen, 1985 Diss. K.: 1983-89 Treuarb. AG (heute: PWC Deutsche Revision Wirtschaftsprüfung) Steuerabt., 1989 Steuerberaterexamen, 1991-95 RA- u. Steuerberaterkzl., zeitweilig Ltr. d. Steuerab. u. Gschf. einer Steuerberatungs GmbH, seit 1996 selbst. RA u. Steuerberater. H.: Tennis.

Beuden Brigitte Regine Franka
B.: Gschf. FN.: ABH GmbH. DA.: 30161 Hannover, Drostestr. 41. G.: Hannover, 16. Mai 1960. V.: Andreas Beuden. Ki.: Margaux-Louise Hede (2000). S.: 1981 Abitur Hannover, 1981-84 Stud. Rechtswiss., 1985-88 Ausbildung Hotelkauffrau Mövenpick Hannover. K.: 1988-91 gschf. Sekr. d. Betriebsleiters im Maritim Hotel Maschsee in Hannover, 1992-93 stellv. Veranstaltungsleiterin im Maritim Hotel Airport in Hannover, 1993-95 gschf. Sekr. d. niedersächsischen Spielbank, 1995-96 Ausbildung z. Heimleiterin in Thüringen u. glz. Pflegerin in d. Firma ABH GmbH in Hannover, 1996-98 tätig als Pflegehelferin, seit 1998 Gschf. d. ABH Alten- u. Behinderten Hilfsdienst GmbH in Hannover. H.: Reisen, Wein, Sport.

Beuerle Werner Gerhart *)

Beuermann Dieter *)

Beuermann Lisa
B.: selbst. Heilpraktikerin, Mediatorin. DA.: 10777 Berlin, Ansbacher Str. 70. mail@lisabeuermann.de. www.lisabeuermann.de. G.: Kirchseelte, 30. Apr. 1955. V.: Andrzej Beuermann. El.: Heinrich u. Elisabeth Döhrmann. S.: 1970 Kaufm. Ausbildung, Wirtschaftskorrespondentin, 1980 Heilpraktiker-Ausbildung, Ass. Praxis f. Anthropos. Med. u. Klass. Homöopathie, Gesundheitsberaterin d. GGB, NLP-Practitioner, Psychosomatische Medizin, 2000 einjähr. Ausbildung "Systemische Mediation in Institutionen und Unternehmen". K.: seit 1984 Heilpraktikerin in eigener Praxis m. Schwerpunkt Bach-Blütentherapie, Psychosomatik, Körpertherapie; Dozentin, Referentin, Seminarleiterin u.a. an d. SHS in Berlin. P.: in Bach-Blütentherapie. M.: FDH, Ref. d. Dt. Friedensuniv. in Berlin. H.: Geige, Philosophie, Psychologie, Meditation, Yoga.

Beuermann Rudolf *)

Beug Hans-Jürgen Dr. rer. nat. Prof. *)

Beuge Angelika
B.: Hortleiterin. FN.: Land Thüringen. waldgeist@t-online.de. G.: Suhl, 11. Dez. 1966. V.: Ingo Beuge. Ki.: John (1982), Luisa (1985), Hannes (1988). El.: Waldemar u. Friederike König. S.: 1983 Mittlere Reife, 1983-87 Stud. z. Unterstufenlehrer f. Kunsterziehung Inst. f. Lehrerbildung Meiningen, 1993-94 Ausbildung staatl. anerkannte Erzieherin. K.: 1982-92 Grundschullehrerin, seit 1992 Erzieherin; freischaff. Künstlerin, seit 1987 Mitarbeit an versch. Kunstzirkeln. P.: 2 Personalausstellungen m. Aquarellen, Grafiken u. Seidenmalerei in Suhl, 2 Ausstellungsbeteiligungen, Illustration f. d. Buch "Friedrich Fröbel-Vater d. Kindergartens" u. Bilderbucherzählunge v. gr. "Spielmann" (2001). M.: Karnevalsverein SCV Ikalla. H.: Tanzen, Plakate, Masken u. Kostüme anfertigen, Gardetänzer schminken.

Beuger Michael
B.: RA. FN.: Kanzlei Beuger & Ellmer. DA.: 10672 Köln, Kaiser-Wilhelm-Ring 15. G.: Geldern, 21. Juni 1958. V.: Beate, geb. Crooenbrock. Ki.: Simone (1987), Matthias (1994). El.: Heinz u. Anni, geb. Menke. S.: 1979 Abitur, 1979-82 Stud. Rechtswiss., 1982 1. u. 1985 2. Staatsexamen. K.: 1985-88 ndlg. RA in Düsseldorf, 1988 Eröff. d. Kzl. in Köln m. Tätigkeitsschwerpunkt Medien-, Sport- u. Bauträgerrecht.

Beukenberg Martin

B.: RA. DA.: 45879 Gelsenkirchen, Husemannstr. 53. PA.: 45659 Recklinghausen, Unterstr. 13. G.: Gelsenkirchen, 8. Dez. 1962. El.: Hans u. Ingrid, geb. Zielinski. S.: 1982 Abitur, 1982-86 Lehre Reiseverkehrskfm., 1984-92 Stud. Rechtswiss. Univ. Bochum, 1992 1. Staatsexamen LG Münster, 1992-95 Referendariat LG Dortmund, 1995 2. Staatsexamen OLG Düsseldorf. K.: b. 1996 ang. RA in einer Kzl. in Gelsenkirchen, seit 1996 selbst. RA m. Tätigkeitsschwerpunkt Arb.-, Verkehrsunfall-, Vertrags- u. Baurecht, 2002 Grdg. d. Bürogemeinschaft. M.: Anw.-Ver. Gelsenkirchen, Bundesverb. freiberufl. u. unabhängiger Sachv. f. d. Kfz-Wesen e.V., BVSK. H.: Reitwart (FN), Springreiten, Radfahren, Kino.

*) Biographie www.whoiswho-verlag.ch oder beigefügte CD-ROM

Beukert Helmut *)

von Beulwitz Dietrich Dipl.-Ing. *)

Beumer Chrstian Dipl.-Designer

B.: Gschf. Ges. FN.: Typisch Design Agentur f. Konzeption & Gestaltung. DA.: 22303 Hamburg, Mühlenkamp 3. G.: Beckum, 27. Juni 1968. El.: Peter u. Inge. S.: 1985 Mittlere Reife, Höhere Handelsschule, Sprachstudium Frankreich, 1989-90 Bundeswehr, 1990-93 Stud. Art Center of Design Schweiz m. Abschluß bachelor of science in transport design. K.: seit 1993 selbst. Designer in Beckum, seit 1995/96 in Bürogemeinschaft in Hamburg mit Schwerpunkt Automobildesign, Produkt- u. Arch.-Design, Interieur- u. Grafikdesign. H.: Motorsport.

Beumer Heinz

B.: Oberstudiendirektor. FN.: Geschwister-Scholl-Gymnasium. DA.: 48159 Münster, Von-Humboldt-Str. 14. G.: Rheine, 31. Juli 1944. V.: Ulrike, geb. Strüwe. El.: Bernhard u. Helene, geb. Weckenbrock. S.: 1966 Abitur, Stud. Theologie, Philosophie, Pädagogik u. Psychologie an d. Univ. Münster u. Freiburg, 1968 1. Theol. Examen, 1972 Abschluss in Kath. Theologie, 1972 Zuerkennung d. Diploms in Kath. Theologie. K.: 1972 Pastorales Jahr in Bocholt (St. Georg) u. Religionsunterricht an d. Realschule in Bocholt, 1973 Zusatzausbildung f. d. pastoralen Dienst, 1973-76 Pastoralreferent im Pfarrverband Greven (St. Martinus), 1975 1. Philologische Staatsprüfing in Kath. Theologie u. Philosophie, 1976-77 Referendardienst, 1977 2. Philologische Staatsprüfung, 1977-78 Studienrat z.A. am Kopernikus-Gymnasium in Rheine, 1978-79 Studienrat z.A. am Gymn. Augustinianum in Greven, 1979 Studienrat, 1979 Erweiterungsprüfung im Fach Pädagogik z. 1. Philologischen Staatsprüfung, 1981 Oberstudienrat, 1986 Studiendirektor, 1992-95 stellv. Schulleiter am Wilhelm-Hittorf-Gymnasium in Münster, seit 1985 Schulleiter am Geschwister-Scholl-Gymnasium Münster, 1996 Oberstudiendirektor, 1990 Zusatzqualifikation als Beratungslehrer, 1992-96 Supervision f. Beratungslehrer. E.: Verdienstkreuz am Bande d. Verdienstordens d. BRD (1990). M.: nebenamtl. Stadtjugendpfleger in Stadt Greven (1973-90), Jugendschöffe am LG Münster bzw. am Amtsgericht Rheine (1976-84), seti 1989 Ltg. d. Bürgeforums Linse, seit 1998 Lehrbeauftragter an d. WWU Münster. H.: Musik, Fachliteratur, Geschichte (Zusammenhang zwischen Vergangenheit u. Zukunft).

Beumer Norbert *)

Beurkens Andreas *)

Beuss Heidi *)

Beust Graf von Hans Friedrich *)

Beust Hans Ulrich

B.: selbst. RA. DA.: 68163 Mannheim, Lindenhofstr. 76. G.: Pforzheim, 12. Apr. 1951. V.: Jutta, geb. Gothe. El.: Karl Ulrich u. Grete. BV.: Ferdinand Graf v. Beust Österr. Min.-Präs. S.: 1970 Abitur Pforzheim, 1970-71 Stud. Germanistik u. Geschichte Univ. Mannheim, 1972-77 Jurastud. Univ. Mannheim, 1977 1. und 1980 2. Staatsexamen. K.: 1978-80 Referendar, 1980-83 ang. Anw. in einer Kzl., seit 1984 selbst. in eigener Kzl. M.: SPD, Anw.-Ver., Strafverteidigerver. Baden-Württemberg, WWF, Bez.-Ver. f. Soz. Rechtspflege, Drogenver. Mannheim. H.: Fotografieren, Tiere, Radfahren, Theater, Literatur, Irland.

von Beust Ole

B.: Bgm., RA, Vors. FN.: Rathaus. DA.: 20095 Hamburg, Rathausmarkt 19. www.hamburg.de. G.: Hamburg, 13. Apr. 1955. S.: 1973 Abitur, 1974-75 Ass. der Bürgerschaftsfraktion d. CDU Hamburg, 1975-80 Stud. Rechtswiss. an der Univ. Hamburg, 1980 1. Staatsexamen, 1981-83 Referendariat, 1983 2. Staatsexamen. K.: Gründung d. Sozietät Roggelin u. Partner in Hamburg, seit 1984 Einzelanw.; polit. Karriere: 1977-83 Landesvors. der Jungen Union Hamburgischen Bürgerschaft, seit 1978 Mtgl. d. Hamburgischen Bürgerschaft, seit 1993 Fraktionsvors. d. CDU-Fraktion Hamburg, 1994 stellv. Landesvors. d. CDU Hamburg, seit 1998 Mtgl. d. Bundesvorst. d. CDU, 1997 Bgm.-Kandidat d. CDU Hamburg, seit 2001 Präs. d. Senats u. Erster Bgm. M.: Rotary-Club Hamburg-Wandsbek, Rundfunkrat d. NDR. H.: Schif., Nordseeurlaub, PC-Flugsimulator.

Beuster Kirsten *)

Beutel Jens

B.: OBgm. FN.: Stadtverw. Mainz. DA.: 55116 Mainz, Am Rathaus 1. www.mainz.de. G.: Lünen, 12. Juli 1946. Ki.: Sohn (1969), Tochter (1975). S.: 1966 Abitur Fritzlar, 1966-68 Bundeswehr Gießen u. Wetzlar, 1968-73 Stud. Rechtswiss. Mainz, 1973 1. u. 1976 2. Jur. Staatsprüf. K.: seit 1976 Richter an d. LG Frankenthal u. Koblenz, 1981 Richter am LG Mainz, zuletzt Vors. Richter am LG Mainz an d. Jugendstrafu. Jugendschutzkam.; seit 1969 SPD-Mtgl., seit 1971 aktive Mitarb. in d. Partei auf Ortsver.-Ebene, b. 1989 Mtgl. im OrtsbeiR. Mombach, seit 1985 Mtgl. im Unterbez.-Vorst., zuletzt b. 1995 2. Vors., seit 1989 Mtgl. d. Mainzer StadtR., seit 1994 Mtgl. im Fraktionsvorst., ab 1995 Vors. d. SPD-StadtR.-Fraktion, Mtgl. in versch. Aussch. u. Gremien, seit 1996 OBgm. d. Stadt Mainz. H.: Kommunalpolitik, aktiver Sportler (Handball), Schach (2x Rheinhessenmeister, Trainer), Literatur, Theater, Geschichte, Phil.

Beutel Manfred *)

Beutel Martin Dipl. 1g. *)

---

*) Biographie www.whoiswho-verlag.ch oder beigefügte CD-ROM

Beutelschmidt Dieter *)

Beutelschmidt Karin *)

Beutelspacher Albrecht Friedrich Dr. Prof.
B.: Prof. FN.: Math. Inst. d. Univ. Gießen. DA.: 35392 Gießen, Arndtstr. 2. albrecht.beutelspacher@math.uni-giessen.de. www.uni-giessen.de. G.: Tübingen, 5. Juni 1950. V.: Monika, geb. Stäbler. Ki.: Christoph (1980), Maria (1982). S.: 1969 Abitur, 1969-73 Stud. Math., Physik u. Phil. Univ. Tübingen, 1973 Dipl. m. Ausz., 1973-82 wiss. Mitarb. Univ. Mainz, 1976 Diss. magna cum laude, 1980 Habil. K.: 1982-85 Prof. an d. Univ. Mainz, 1986-88 Mitarb. im Forsch.-Bereich d. Firma Siemens AG in München, seit 1988 Prof. f. Geometrie u. diskrete Math. am math. Inst. d. Univ. Gießen. BL.: seit 1996 Initiator d. weltweit 1. Math.-Museums unter d. Motto "Mathemat. Mit-Mach-Museum". P.: Vorlesungen an Univ. im Ausland, 60 Ausstellungen weltweit z. Museumseröff., Buchveröff.: "Luftschlösser u. Hirngespinste" (1986), "Der gold. Schnitt" (1989), "In Mathe war ich immer schlecht" (1996), "Pasta all'infinito. Meine italien. Reise in d. Math." (1999), "Math. f. die ..." (2001), regelm. Veröff. in "Bild. u. Wiss." u. im "Lufthansa Magazin". E.: 2000 Archimedes-Preis d. MNU, 2001 1. Preis d. DGF. AK.: Dt. Mathematiker Vereinig., Ges. df. Didaktik d. Math., Ges. f. Informaik. H.: Musik, Literatur.

Beuth Gunther Dr. Dipl.-Kfm.
B.: AufsR FN.: Viterra AG. DA.: 45131 Essen, Rudolf- v. Benningsen-Foerder-Platz 1. www.viterra.com. G.: Stolp, 13. Okt. 1937. K.: Vorst.-Vors., dzt. AufsR. (Re)

Beuthan Hans-Dieter

B.: RA. FN.: Beuthan & Partner. DA.: 10243 Berlin, Warschauer Straße 38. kanzlei@hdbeuthan.de. G.: Weimar, 5. Aug. 1955. V.: Barbara, geb. Prei. Ki.: Steffen (1978), Tino (1982). El.: Edgar u. Edith, geb. Fischer. BV.: Großvater mütterlicherseits Rudolf Fischer baute Anfang d. 20er J. d. ersten Kraftverkehr im Riesengebirge m. auf - Verbindung zu Porsche. S.: 1974 Abitur Weimar, 1974-77 Wehrdienst, 1977-81 Stud. Jura an d. HU Berlin, Dipl.-Jurist. K.: 1981-90 Außenministerium d. DDR, später b. Auswärtigen Amt, 1986-90 Konsul u. 2. Sekr. b. Generalkonsulat d. DDR in Brasilien, 1990-92 Stud. Wirtschaftsrecht am Seminarzentrum Göttingen in Berlin, seit 1992 selbständig m. eigener Rechtsanwaltskanzlei in Berlin, Tätigkeitsschwerpunkt: Wirtschaftsrecht, Gesellschaftsrecht, Insolvenzrecht. BL.: gründete 2000 d. Wirtschafts- u. Wissenschaftszentrum Brasilien-Deutschland, um hier Aktivitäten hauptsächlich f. d. mittelständischen Wirtschaftsbereich, Kultur, Sport u. Wiss. zu bündeln. M.: Dt.-Brasilian. HK in Sao Paulo, Blumenau Ges. Brasilien, 1. VPräs. d. WWZ-BD, Anwaltsverein. H.: Motorsport, Brasilien.

Beuther Christel Käthe Hilde
B.: Fachärztin f. Neurologie/Psychiatrie; Fachärztin f. Kinder- u. Jugendpsychiatrie. GT.: b. 1994 Kreistagsabgeordnete. DA.: 17235 Neustrelitz, Elisabethstr. 18. G.: Priepert, 26. Jan. 1937. V.: Dr. Michael Beuther. Ki.: Christian (1966), Reinhild (1970). El.: Wilhelm u. Hildegard Ahlgrimm. S.: 1956 Abitur Neustrelitz, b. 1962 Stud. Med. an d. Univ. Rostock, 1. Staatsexamen, 1963 Approb. K.: 1969 Abschluss z. FA f. Kinder- u.

Jugendpsychiatrie an d. Nervenklinik in Rostock, 1970-72 an d. Kinderpoliklinik in Bad Doberan, 1972-90 an d. Poliklinik, Neuropsychiatrische Abt. in Neustrelitz, 1990 Praxiseröff. BL.: b. 1998 Regionalbeauftragte für MV im Berufsverband der Ärzte f. Kinder- u. Jugendpsychiatrie u. Psychotherapie in Deutschland e.V. M.: Hans-Fallada-Club Neustrelitz e.V. H.: Plattdeutsche Sprache u. Brauchtum, Familienforschung u. Musik.

Beuthien Nils *)

Beuthner Klaus *)

Beutin Wolfgang Dr.
B.: Doz., Schriftsteller. PA.: 22929 Köthel/Stormarn, Hohenfelder Str. 13. G.: Bremen, 2. Apr. 1934. V.: Heidi, geb. Seifert. Ki.: Olaf, Lorenz Gösta. El.: Paul u. Charlotte. BV.: Ludwig Beutin - Schleusenbauer. S.: Gymn., 1961 Staatsexamen in Hamburg, 1963 Prom. K.: 1971-99 Doz. am German. Seminar d. Univ. Hamburg, 1996 Habil. an d. Univ. Bremen u. dort Priv. Doz. P.: wiss. u. belletr. Veröff., u.a. Der radikale Doktor Martin Luther (1982), Das Jahr in Güstrow (1985), Sexualität u. Obszönität. Eine literaturpsychol. Studie (1990), Der Wanderer im Wind (1991), ANIMA. Untersuchungen zur Frauenmystik des Mittelalters, 3 Bde. (1997-99), zahlr. Essays, Abhandlungen, Buch- u. Zeitschriftenbeiträge sowie Hör- u. Fernsehspiele. E.: 1956 u. 1957 Kurt Tucholsky-Preis. M.: Gewerkschaft Erziehung u. Wiss., VS in ver.di.

Beutler Hans *)

Beutler Inge *)

Beutler Joachim *)

Beutler Kai

B.: Dipl.-Grafikdesigner, Gschf. FN.: Otto Beutler GmbH. DA.: 58640 Iserlohn, Kalthofer Feld 9. info@beutler.de. www.beutler.de. G.: Iserlohn, 9. Okt. 1959. V.: Vera, geb. Gauglitz. Ki.: Tim (1988), Niclas (1990). El.: Hans u. Leni, geb. Röttgers. BV.: Familienbetrieb in d. 4. Generation, 1896 Grdg.-Jahr. S.: 1978 Abitur in Iserlohn, 1978-79 Bundeswehr, 1979-80 Praktika in versch. Werbeagenturen und Druckereien, 1980-85 Stud. Grafikdesign/Visuelle Kommunikation an d. FH Münster, Dipl., freie student. Ausstellung Erotic m. FH Bielefeld ohne jegl. Unterstützung d. FH, Ausstellung m. 165 Künstlern/Studenten. K.: seit 1985 berufstätig im Familienbetrieb, parallel Grdg. d. Viaduct Design GmbH in Iserlohn, 1994 Übernahme d. Familienbetriebes. E.: Gold. Juniorennadel d. Verb. Wirtschaftsjunioren Deutschlands. M.: seit 1997 Rotary Club, seit 1991 Verb. Kreis Junger Unternehmer Iser-

*) Biographie www.whoiswho-verlag.ch oder beigefügte CD-ROM

lohn, 1996-97 Vors., seit 1983 TuS Iserlohn Abt. Basketball, 1985-93 1. Vors. H.: Fotografie, Reisen, Sport, Basketball, Tennis, bild. Kunst.

Beutler Karin Dipl.-Ing.

B.: Baubiologin. FN.: Baubiologie Berlin; Futonstudio. DA.: 10961 Berlin, Baerwaldstr. 53. beutler-brohm@gmx.de. www.baubiologie-berlin.de. G.: Strausberg, 1959. V.: Partner: Gerhard Brohm. S.: 1977 Abitur Strausberg, 1977-82 Stud. Fördertechnik TU Dresden, 1982 Dipl.-Ing., 1995 Fernlehrgang Baubiologie in Neubeuren, 1997 Prüf. Baubiologe IBN. K.: 1982-84 VEB Entwicklungs- u. Musterbau Berlin, ZPLAM, 1982 Ausreiseantrag aus d. DDR, 1984 Ausreise, 1984-85 Umorientierung auf biologische Nahrungsmittel, 1984 Kennenlernen v. Gerhard Brohm, 1985 Grdg. d. Futonstudios, ab 1987 gemeinsam Futons u. Naturmatratzen hergestellt, seit 1997 Schlafplatzberatung, Messung v. Elektrosmog, Wohngiften u. Pilzen, auch Wohnpsychologie, baubiologischer Sanierungskonzepte. H.: Lesen, Natur, Fotografie, traditionelles Handwerk, indische Musik, Tabla spielen, Naturschutz, Reisen nach Kanada u. Skandinavien.

Beutling Frank *)

Beutner Andrea *)

Beutner Helfried
B.: Reeder. FN.: Rigel Schiffahrts GmbH. DA.: 28195 Bremen, Birkenstr. 15. G.: Norden, 3. Okt. 1944. V.: Birgitt, geb. Jansen. El.: Helfried u. Grete, geb. Trauernich. BV.: Urgroßvater Bargmann in 19. Jhdt., Segelschiffeigner u. Kapt. mehrerer Ostasienreisen. S.: 1961-64 Lehre Maschinenschlosser Firma Hoesch AG Dortmund-Hohenlimburg, Seefahrt u. Ass.-Zeit DDG Hansa, Stud. Maschinenbau, Energie- u. Wärmewirtschaft FHS Flensburg, Dipl.-Ing., glz. Befähigung Schiffing. C.I. K.: b. 1976 Wach- u. ltd. Ing. in d. Seefahrt, danach Reedereiinsp. d. Orion Schiffahrtsges. in Hamburg, techn. Manager d. Jebsen/Norwegen, exclusiver Surveyor f. skandinav. Vers., Ship-Manager v. V-Ship in Monaco, seit 1990 Gschf. Ges. d. Rigel Schiff. GmbH Bremen u. Präs. Rigel Shipping Canada, techn. BeiR. d. German. Lloyd Deutschland u. Committee-Mtgl. d. German. Lloyd in Canada. M.: Committee P&i-Club Skuld in Norwegen, Councel d. Intertanko. H.: Golf, Tennis, Schifahren.

Beutner Jens Heinz Gerhard
B.: Gschf. FN.: HOGATOURS GmbH, Dienstleistungen f. Hotelerie, Gastronomie u. Touristik. DA.: 76646 Bruchsal-Heidelsheim, Auf der Klamm 11. hgts@ilk.de. www.ilk.de/hgts. G.: Greifswald, 11. Apr. 1954. S.: 1975 Abitur in Bensheim, 1976-78 Lehre z. Hotelkaufmann im Transmar Kongress Hotel in Erlangen, 1982-84 Zivildienst. K.: 1978-82 tätig in versch. Betrieben d. Hotelerie u. Gastronomie, 1984-88 EDV- u. Betriebswirtschaftspraktikant b. IXO-AG in Bern, 1990-92 Betriebsleiter d. Ferien- u. Kurszentrums Solsana d. Schweizerischen Blinden- u. Sehbehindertenverbandes, seit 1993 Generalmanager v. Leisurplan, f. d. deutschsprachigen europäischen Raum, 1994 Grdg. d. Firma Jens Beutner, 1995 Grdg. d. Firma HOGATOURS GmbH. M.: Karlsruher Verkehrsverein, Arbeitskreis selbständiger Reisebüros (ASR), Ver. Dt. Unternehmen in Süd Afrika (VDU). H.: Wandern, Schwimmen, Segeln, Radfahren, Reisen, Jagd, Briefmarken.

Beuttenmüller Gunter Dipl.-Ing. *)

Beuttler Helmut Dipl.-Ing. (FH)

B.: freier Architekt. DA.: 71069 Sindelfingen-Maichingen, Johann-Widmann-Str. 18. G.: Sindelfingen, 12. Feb. 1963. El.: Wilhelm u. Klara. S.: 1978-81 Lehre als Kfz-Modellbauer b. Mercedes Benz AG., 1981-85 Gesellenj. b. Mercedes Benz AG, 1985-88 Fachabitur auf d. 2. Bild.-Weg, 1988-93 Arch.-Stud. FH Stuttgart, K.: 1993-94 freier Mitarb. in div. Arch.-Büros, seit 1994 selbst. m. Arch.-Büro. M.: Gemeinschaftsverb. d. Ev. Landeskirche "Bauwesen u. Gem.-Bauplanung". H.: Sport, Heimwerken.

van Beuzekom Dick H.
B.: Dir. FN.: MARITIM Airport Hotel Hannover. DA.: 30669 Hannover, Flughafenstr. 5. PA.: 30853 Langenhagen, Konrad-Adenauer-Str. 76. G.: 6. Juli 1955. S.: Senior High School Holland, 1990 Dipl.-Kfm., div. Weiterbild. in Management u. Finanzbereich. K.: 1976-77 Ass.-Manager d. Schep's-Restaurant in Holland, 1977-80 Executive Chef d. Villagio Montorosso in Italien, 1980 Foreign Expert d. Bangladesch School f. Hotel u. Tourismus, 1981 Projektmanager im Perisher View Hotel in Australien, 1982-85 F & B Manager im Kuta Beach Resort in Indonesien, 1985-89 Dir. d. Hotellerie Rigi Scheidegg in d. Schweiz, 1990 Pre-Opening-Coordinator d. Kunming Sport Hotel in China u. Trainer d. neuen Dir. im Colombo Renaissance Hotel in Sri Lanka, 1991-93 Manager im Zurich Renaissance Hotel in d. Schweiz, 1993-95 EAM u. Dir. d. Moscow Olympic Penta Renaissance Hotel, 1995-96 Gen.-Manager d. Ramada Hotel Yangon in Burma, 1997-98 Manager d. Swiss Holiday Park in d. Schweiz, seit 1999 Dir. d. Maritim Airport Hotel in Hannover.

Bever John Fabian
B.: Dipl.-Kommunikationswirt, Chief Operating Officer (Mtgl. d. Vorst.). FN.: DoRo-Media AG Wien-Berlin-Köln-Los Angeles. DA.: 10999 Berlin, Leuschnerdamm 13. f.bever@doro.net. G.: Siegen, 8. März 1967. El.: Paul Walter u. Evelyn, geb. Brohmeke. BV.: Großvater väterlicherseits kaiserl. Postfuhrunternehmer im Bergischen Land. S.: 1986 Abitur Siegen, 1986-88 Zivildienst, 1988-90 Stud. BWL an d. TU Berlin, Vordipl., 1990-94 Stud. Wi- u. Wirtschaftskommunikation an d. HdK Berlin, Dipl.-Kommunikationswirt. K.: parallel Mitarb. in Werbeagenturen, 1994 Firmengrg. "Blowfilm GmbH", Gschf. u. Produzent f. Filme u. Musikvideos, 1996 freier Produzent f. intern. Produktionen Bereich Musikvideos f. "Propagandafilms L.A.", f. "DoRo" Wien, aus dieser Tätigkeit entstand d. Standort DoRo Berlin, seit 1997 Aufbau d. Standortes DoRo GmbH Berlin, seit 2000 Umwandlung d. GmbH in eine AG - Berufung z. Vorst.-Mtgl., Gschf. d. amerikan. Tochterfirma "DoRo media inc. L.A." u. d. Töchter in Wien, Köln u. Berlin. P.: Musikvideos, Übertragung u. künstler. Gestaltung v. Live-Konzerten auf allen profilierten Fernsehsendern Deutschlands, online-Service f. RTL.de, Yahoo, viag-intercom, mannesmann arcor, Musikkampagne f. e-on, Filmproduktion "Der mörderische Doppelgänger" auf SAT 1 u.v.m. E.: Gold. Schallplatte f. d. erste Produktion in Berlin. M.: seit 1999 Sprecher u. Vors. d. Vorst. d. Verb. d. Musik-Clip-Produzenten (VMCP), Dt. Multimediaverb. (DMMV), Amerian. Clip Verb. (MVPA), Kommunikationsforum e.V. H.: Motorradfahren "of road".

*) Biographie www.whoiswho-verlag.ch oder beigefügte CD-ROM

Beversdorf

Beversdorf Dieter Dipl.-Ing. *)

Beverungen Klaus *)

Bewer Gerda Dr. med. *)

Bex Jonny
B.: Magier. FN.: Magier Jonny Bex u. Zauberschule. DA.: 26160 Bad Zwischenahn, Am Schlart 1a. G.: Rastede, 28. Mai 1931. V.: Annelie. Ki.: 4 Kinder. El.: Journalistin Martha Stölting. S.: 1947-50 Lehre z. Starkstromelektriker in Oldenburg. K.: 1951-59 Kraftfahrer Reporterwagen u. Ass. f. Nord West Zeitung Oldenburg, 1959-81 freiberufl. Journalist f. Zeitschriften und regionale Presse, 1962-74 Übernahme d. Schreibwarenladen in Hahn-Lehmden, 1962-81 Verw.-Ang. Gem.-Verw. Rastede, davon 17 J. Ltr. d.Hausdruckerei, 1985-8 Hotel Upstalsboom Insel Langeoog als Hausmeister, stellv. Betriebsltr. u. Magier in d. Hausbar, 1988-94 Fahrradverleih auf Langeoog, seit 1950 erste Auftritte als Zauberer, seit 1980 als Magier Jonny Bex bekannt durch Presse, Funk u. Fernsehen, 2000 50-jähriges Bühnenjubiläum, 1986 Grdg. d. Zauberschule Jonny Bex auf Langeoog, einzige Zauberschule in Norddeutschland, 1995-2000 in Bad Zwischenahn Ausbild. v. rd. 3000 Zauberschülern. M.: 1962 Grdg.-Mtgl. u. 1. Vors. b. 1992 Modellflugsportclub Hahn-Wapeldorf, seit 1992 Ehrenvors. H.: Fitnesssport, schwimmen v. alten Zauberbüchern u. Requisiten.

Bey Edna
B.: Malerin u. Grafikerin. FN.: Galerie u. Malstudio Naive-Motive. DA.: 10623 Berlin, Kantstr. 151. PA.: 13467 Berlin, Frohnauer Str. 27. G.:Traunstein, 9. Sep. 1947. K.: Frank (1966), Dirk (1968), Daniel (1978). El.: William Mc.Bride u. Therese Costa. S.: 1961-65 Lehre Kirchenrestaurator, autodidakt. Malerei. K.: 1965-73 Kirchenrestauratorin, 1973-78 Werbezeichnerin u. -texterin, seit 1979 Karikaturen u. Aquarelle, 1979-88 in Colombo u. Bangkok Innengestaltung v. Hotels, seit 1988 freiberufl. Werbegestaltung in München, seit 1993 freie Malerin u. Grafikerin in Berlin, seit 1979 Ausstellungen, 1984-88 Kunstunterricht an d. Schweizer Schule in Bangkok, seit 1980 Auftragsarbeiten. P.: seit 1999 Kinderbuch-Illustration. H.: Tanzen.

Bey Holger F. *)

Bey Werner
B.: Tischlermeister, Miele Spezialvertragshändler. DA.: 13467 Berlin, Frohnauer Str. 27. G.: Berlin, 18. Okt. 1946. Ki.: Daniel (1978). El.: Gerhard u. Regina. S.: 1963-66 Tischlerlehre, 1970 Meisterprüf. K.: 1966-72 Tätigkeit in Tischlerei, seit 1972 b. Firma Miele, seit 1974 selbst., 1979 Küchenstudio in Berlin-Reinickendorf, seit 1984 Vertragshändler in Berlin, im Berliner Umland u. b. nach Asien. H.: Ölmalerei u. Aquarelle, Kopieren alter Meister.

Beyer Annegret *)

Beyer Axel Dipl.-Ing.
B.: Dipl.-Ing. f. Physik u. Technik elektron. Bauelemente, Inh. FN.: BEYER Immobilien Dresden. DA.: 01465 Dresden-Langebrück, Bruhmstr. 4. PA.: 01465 Dresden-Langebrück, Höntzschstr. 19. beyer@beyer-immobilien.de. www.beyer-immobilien.de. G.: Dresden, 8. Sep. 1950. V.: Martina, geb. Hoppenz. Ki.: Kirstin, Katja. El.: Friedrich u. Marianne. BV.: Wilhelm Beyer Hoftrompeter am Kgl. Sächs. Hof. S.: 1969 Abitur, 1969-73 Stud. Physik u. Technik elektron. Bauelemente in Ilmenau. K.: b. 1990 Technologe im Kombinat Robotron Radeberg u.a. als Gruppenltr. im Bereich Richtfunktechnik in d. Abt. Mikroelektronik, seit 1990 selbst. in d. Im- mobilienbranche. BL.: 3 Patente im Bereich d. Dünnschichttechnologie. M.: Verb. Dt. Makler, Sponsor d. Karnevalver. Langebrück. H.: Literatur, Haus u. Heimwerken.

Beyer Daria

B.: Dipl.-Architektin, Künstlerin. DA.: 38108 Braunschweig, Neißeweg 3. daria.beyer@web.de. G.: St. Petersburg, 16. Juni 1965. V.: Dipl.-Ing. Gernot Beyer. Ki.: Eugen (1986), Frederik (1998). El.: Künstler Vladimir u. Künstlerin Katharina Lobatców, geb. Resnik. S.: 1982 Abitur St. Petersburg, b. 1990 Stud. an d. HS f. Bauing.-Wesen u. Arch. in St. Petersburg. K.: freiberufl. Innenarchitektin in St. Petersburg, seit 1977 Portraitmalerin, 1995-2001 Studium Kommunikationsdesign an d. HBK HS f. Bild. Künste in Braunschweig, seit 1995 freiberufl. Grafikdesignerin in Deutschland, Schwerpunkte: Portraitmalerei, graf. Gestalten & Computerdesign. P.: Dauerausstellung in einer Filiale d. Öff. Vers. in Braunschweig. E.: 1985 Schachhochschulmeister in St. Petersburg. M.: Braunschweiger HS-Ver. H.: Sport, Fotografieren, Basteln, Fahrradfahren, Reisen, Wandern.

Beyer Dieter Dr. med. Prof. *)

Beyer Dirk *)

Beyer Eberhard *)

Beyer Eckhard Dr.-Ing. habil. Prof. *)

Beyer Elke *)

Beyer Frank
B.: freischaff. Reg. DA.: 10243 Berlin, Strausberger Pl. 1. PA.: 10243 Berlin, Strausberger Pl. 1. G.: Nobitz, 26. Mai 1932. S.: 1950 Abitur, 1952-57 Stud. Film-HS Prag, 1957 Regiedipl. K.: 1950-52 Kreissekr. d. Kulturbundes Altenburg, Dramaturg u. Regieass. Kreistheater Crimmitschau, 1958-66 Reg. DEFA-Studio f. Spielfilme Babelsberg, im Zusammenhang m. d. Verbot seines Films "Spur d. Steine" Arbeitsverbot f. Berlin u. Potsdam, 1967-69 Reg. Staatstheater Dresden, seit 1970 Filme f. d. Fernsehen d. DDR, ab 1974 wieder Spielfilme f. d. DEFA, nach d. Verbot d. Fernsehfilms "Geschlossene Ges." Arbeitsurlaub f. d. Regietätigkeiten in d. Bundesrep., Gastvorlesungen, seit 1998 Kuratoriumsmitglied der Hochschule für Film und Fernsehen in Potsdam-Babelsberg. P.: zahlr. Spielfilme u.a. "Fünf Patronenhülsen" (1960), "Karbid u. Sauerampfer" (1964), "Spur d. Steine" (1966), "Der Verdacht" (1991), zahlr. Fernsehfilme u.a. "Der König u. sein Narr" (1981), "Sie u. Er" (1991), "Das große Fest" (1992). E.: 1962 Med. XIII. Filmfestival Karlovy Vary f. "Königskinder", 1963 Nationalpreis I. Kl. f. "Nackt unter Wölfen", 1977 "Das Versteck" Kritikerpreis, 1978 "Geschlossene Ges." Kritikerpreis d. DDR 1990, 1983 "Der Aufenthalt" zahlr. Preise, 1988 "Der Bruch" Ernst-Lubitsch-Preis, mehrfach Gold. Lorbeer d. Fernsehens d. DDR, 1990 "Ende d. Unschuld" Fernsehspielpreis d. Dt. Ak. d. Darstell. Künste Baden-Baden.

Beyer Frank
B.: Personalberater, Gschf. FN.: Harvey Nash Intern. Executive Search. DA.: 80636 München, Hilblestr. 54. PA.: 81827 München, Waldschulstr. 61a. fbeyer@harveynash.com. www.harveynash.com. G.: Neunkirchen/Saar, 3. März 1957. V.: Ni-

*) Biographie www.whoiswho-verlag.ch oder beigefügte CD-ROM

coline, geb. Rother. Ki.: Korbinian (1982), Ferdinand (1984), Johanna (1987). El.: Josef u. Sieglinde, geb. Jung. S.: 1976 Abitur Sulzbach/Saar, 1976-77 Bundeswehr, Offz.-Ausbild. Dt. Luftwaffe, 1977-81 Stud. Elektrotechnik an d. Bundeswehr-HS München m. Abschluss Dipl.-Ing., 1981-92 Offz.- Laufbahn incl. Ausbild. z. Generalstabsdienst, zuletzt Mjr. i.G. K.: 1992-94 Personalberater Kienbaum Personalberatung Düsseldorf, 1994-95 Bereichsltr. Personalberatung Kienbaum Büro München, 1998 Ernennung z. Partner Kienbaum München, 2000 Harvey Nash, Gschf. f. Deutschland, Grdg. u. Aufbau Division Executive Search v. Harvey Nash München, 2001 Ernennung z. Gschf. f. Mitteleuropa, verantwortl. f. Deutschland, Frankreich, Benelux, Schweiz, Spanien u. Italien. P.: div. Veröff. in Fachzeitschriften u. Tageszeitungen zu personalwirtschaftl. Themen. M.: WirtschaftsbeiR. d. Union Bayern, American Chamber of Commerce. H.: Golf, Joggen, Lesen, Musik.

Beyer Frank Michael Prof.

B.: Komponist. FN.: Ak. d. Künste (AdK) Berlin. DA.: 10557 Berlin-Tiergarten, Hanseatenweg 10. PA.: 12203 Berlin-Lichterfelde, Söhtstr. 6. G.: Berlin, 8. März 1928. V.: Sigrid, geb. Uhle. Ki.: Margret, Andreas. El.: Dr. Oskar u. Margarethe, geb. Loewenfeld. S.: Kant-Gymn. Spandau, 1946-49 Kirchenmusikschule Berlin-Spandau, 1952-55 Stud. Komposition u. Orgelspiel Musik-HS Berlin. K.: 1950-62 Organist u. Chorltr. Matthäuskirche Berlin-Steglitz, 1960-93 HS f. Musik, zunächst Doz. f. Komposition, ab 1968 Hon.-Prof., ab 1971 o.Prof. f. Komposition, 1993 em., seit 1986 Dir. d. Musikabt. d. AdK Berlin, Dirigent, Initiator d. Inst. Neue Musik HS d. Künste Berlin, Initiator d. Konzertreihe "Musica Nova Sacra" Berlin. P.: "Missa" (1985), "Griechenland" (1981), "Geburt d. Tanzes" (1987), "Mysteriensonate" (1986), "Musik d. Frühe" (1992/93), "Streicherfantasien" (1977). E.: versch. Kunstpreise u.a. 1957 Berliner Kunstpreis "Für d. junge Generation" (1961), "Bernhard-Sprengel-Preis" (1967) Kammermusik, 1967 Preis d. Jeunesse Musical. M.: Inst. f. Neue Musik HDR, Mtgl. Bayerische Ak. d. Schönen Künste, Dt. MusikR., Red.-BeiR. d. Zeitschrift "Sinn u. Form", GEMA, Intern. Ges. f. Urheberrecht Intergu. H.: Literatur, Philosophie.

Beyer Frank Michael Prof.

B.: Komponist. FN.: HS d. Künste Berlin; Ak. d. Künste Berlin. DA.: Ak.: 10557 Berlin, Hanseatenweg 10. PA.: 12203 Berlin, Söhntstr. 6. G.: Berlin, 8. März 1928. V.: Sigrid, geb. Uhle. Ki.: 2 Kinder. BV.: Großvater mütterl. seits RA Dr. William Loewenfeld, Staatsrechtler, RA d. dt. Kaisers Wilhelm II; Vater Dr. Oskar Beyer - Schriftsteller war 1928 Begründer d. Kunstdienst Dresden. S.: 1946-49 Stud. Komposition u. Kirchenmusik Berliner Kirchenmusikschule, 1950-53 Stud. Klavier Leipzig, glz. Stud. Kompositon HS f. Musik Berlin Ernst Pepping u. Stud. virtuoses Orgelspiel Josef Ahrens. K.: 1950-63 Kirchenmusiker Orgelinterpret u. Dirigent, seit 1952 Veröff. v. eigenen Kompositionen, 1953-62 Doz. an d. Kirchenmusikschule, seit 1960 Prof. an d. HS f. Musik in Berlin, 1964 Initiierung d. Musica Nova Sacra, 1968 Kompostitionsprof. m. Lehrstuhl, 1977-85 Ltg.-Mtgl. d. Berliner-Bach Tage, 10 J. AufsR.-Mtgl. d. GEMA u. 4 J. Präsidiumsmtgl. d. Dt. MusikR, seit 1979 Mtgl. d. Beriner Ak. d. Künste, seit 1981 Mtgl. d. Bayr. Ak. d. Schönen Künste, seit 1986 Dir. d. Abt. Musik an d. Ak. d. Künste in Berlin.. P.: 2001 Uraufführung d. Fuga fiammata f. gr. Orchester durch d. Bayr. Rundfunk, Kompositionen.: " Griechenland, Musik f. 3 Streichergruppen" (1981), "Missa f. Streichquartett" (1985), "Musik d. Frühe" (1992), "Violoncello-Konzert Canto di Giorno" (1998/99), CD "Griechenland" (1998), "Academy" (1991), Publ. z. Person u. kompositorischen Schaffen MGG" (2000), Komponisten d. Gegenwart. E.: 1958 Kunstpreis d. Stadt Berlin, 1961 Bernhard Sprengel Preis, 1963 Villa Massimo Stipendium, 1963 Villa Romana Stipendium, 1968 Stipendium Cité des Arts Paris, 1996/97 Ehrengast d. Villa Massimo. M.: Dt. Komponistenverb., BeiR. v. Sinn u. Form. H.: Philosophie, Kunst.

Beyer Franz Prof. *)

Beyer Franz Anton Dipl.-Ing. *)

Beyer Friedrich Georg *)

Beyer Gerald Dr.

B.: RA, Steuerberater, Advokat. FN.: Schürmann & Partner RA-Notare-Steuerberater GbR. DA.: 60325 Frankfurt/Main, Friedrich-Ebert-Anlage 2-14. G.: Grünmorsbach, 22. Sep. 1950. V.: Brigitte, geb. Dück. Ki.: Steffen (1980), Jochen (1982). S.: 1969 Abitur Aschaffenburg, 1973 1. u. 1977 2. jur. Staatsexamen Würzburg., 1970 Prom., 1978 Dipl.-Prüf. f. Kaufleute Würzburg, 1978 Bestellung z. RA in Frankfurt, 1982 Bestellung z. Steuerberater in Hessen, 1998 Anerkennungsprüfung f. ausländ. RA in d. Tschech. Rep. K.: seit 1978 RA b. Schürmann & Partner in Frankfurt, seit 1984 Partner u. seit 1998 gschf. Partner m. Schwerpunkt Beratung v. Unternehmen b. Abschluß v. Ges.- u. Unternehmensverträgen, Veränderung d. Unternehmensstruktur u. Unternehmensnachfolge, seit 1990 Aufbau v. Büros in d. neuen Bdl. u. Osteuropa. P.: Beiträge in in- u. ausländ. Publ. zu Fragen v. Umstrukturierung v. Unternehmen, Management Buy-Out, Going Public u. a. m. E.: 1977 Preis d. unterfränk. Gedenkjahr-Stiftung f. Diss.

Beyer Gerhard

B.: Dipl.-Verw.-Wirt, Ltd. Polizeidir. FN.: Bundesgrenzschutzamt Chemnitz. DA.: 09114 Chemnitz, Bornaer Str. 205. G.: Berlin-Schöneberg, 14. Apr. 1941. V.: Jutta, geb. Schilling. Ki.: Claudia (1968). El.: Jacob (OStR., Ltr. Kirchenchor u. Landesschießbom. Rheinland/Pfalz) u. Erna, geb. Eß. S.: 1961 Abitur Alzey. K.: 1961 Offz.-Anw. b. Bundesgrenzschutz, 1963 Zugführer b. BGS Alsfeld, 1972 Ausbild. Hundertschaftsführer u. Ausbild.-Ltr. im Raum Kassel, 1976 Ratsausbild. in Lübeck u. Polizeiführungsak. Hiltrup/Münster, 1979 Unterabt.-Ltr., Aus- u. Fortbildung/Polizeisport, 1983 Org.-Ltr. d. Dt. Polizeimeisterschaft Leichtathletik Kassel, 1983-87 stellv. Kommandant, Ausbild.-Abt. Fuldatal, 1987 Kommandeur in Ihringshausen, 1989 Kommandr. d. Einsatzabt. Bad Hersfeld, 1998 Dienstltr. d. neu aufgebauten BGS Amtes in Chemnitz, seit 1971 Sportschießen: 1986 A-Trainerlizenz d. Dt. Schützenbundes, 1998 Intern. Kampfrichterlizenz B., Gewehr, Pistole, 1976 u. 1984 Olympiateilnehmer in Montreal u. Los Angeles, 1983 Ltr. Sportfördergruppe Schießen Bund, 1982-88 Gesamttaktivsprecher d. DSB, 1999 Mannschaftsführer d. Dt. Pistolen-Nationalmannschaft, 1x Europameister Freie Pistole Mannschaftswertung m. Welt- u. Europarekord (1983), 3 x Polizeieuropameister Freie Pistole, davon 1 x Einzel- u. 2 x Mannschaftswertung, 37 x Dt. Meister im Schießen m. Freier Pistole, Luftpistole u. Sportpis-

*) Biographie www.whoiswho-verlag.ch oder beigefügte CD-ROM

tole, davon 6 x Einzel- u. 31 x Mannschaftswertung, 11 x Dt. Polizeimeister im Schießen, davon 6 x Freie Pistole Einzelwertung u. 5 x Sportpistole u. Freie Pistole Mannschaftswertung. BL.: Jagdscheininhaber, Bandltr., Conferencier "PEGGAS" u. Schlagzeuger d. Band. P.: Dipl., Vorträge an Wochenenden. E.: 1984 Silb. Lorbeerblatt, 1991 Sportplakette d. Landes Hessen. M.: 1974-86 Nationalmannschaft im Pistolenschießen, Schützenver. Chemnitz 1990 e.V. H.: Jagd (Natur), Briefmarken, Skilanglauf.

Beyer Gisela *)

Beyer Gunter *)

Beyer H.-Dietmar Dipl. iur. *)

Beyer Hanns-Joachim

B.: RA. DA.: 82061 Neuried, Grund 4 d. G.: Zerbst, 19. Sep. 1926. V.: Inge, geb. Lehmann. Ki.: Claudia (1960), Kaja (1963). El.: Dr. Friedrich u. Helene, geb. Klopfer. BV.: Großvater - erste Dt. Jugendrichter u. Dir. am LG Dresden; Urgroßvater - Amtmann b. König. S.: 1943 Luftwaffenhelfer, 1944-45 Arb.-Dienst u. Soldat, b. 1946 Gefangenschaft u. "Reifervermerk" Abitur. K.: 1946-49 Lehrer für Geografie, Sport, Deutsch und Latein, 1949-58 Stud. Jura in Erlangen, Stud. BWL an d. Univ. Texas in Austin, Stud. Jura in Köln, Referendariat in Düsseldorf u. HS f. Verw.-Wiss. in Speyer, 1958-59 2. jur. Staatsexamen, 1959-83 Stadtdir. in Bremervörde u. Mgtl. d. Dt. u. Niedersächs. Städtetages, Mgtl. d. Rechts- u. Verfassungsaussch., d. niedersächs. Städtebundes, Bauaussch. d. Dt. Städtebundes u. niedersächs. Landesplanungsbeirat, Vors. eines Verkehrsaussch. u. Mgtl. d.niedersächs. Inst. f. Landeskunde u. Landesentwicklung in Göttingen, 1983 Eröff. d. Anw.-Kzl. in Bremervörde m. Tätigkeitsschwerpunkt Milchquoten-Recht u. Verw.-Recht, 1993 Eröff. d. Kzl. in Neuried. P.: zahlr. Veröff. in Fachzeitschriften z. Thema Kommunalpolitik u. Raumordnung, Aufsätze in Agrar-Recht. H.: Schwimmen, Bergwandern, Skifahren, Tennis.

Beyer Hans Georg Dr. phil. *)

Beyer Hans-Dietmar

B.: Gschf. FN.: desaNet Telekommunikation Sachsen Ost GmbH. DA.: 01069 Dresden, Friedrich-List-Pl. 2. info@desanet.de. G.: Dresden, 18. Apr. 1952. V.: Sabine, geb. Riesing. Ki.: Thomas (1980), Sandra (1988). S.: 1970 Berufsausbildung mit Abitur, 1970-74 Stud. Informationstechnik an d. HfV Dresden. K.: 1974-75 Dipl.-Ing. f. Fernmeldetechnik b. d. SDAG Wismut Karl-Marx-Stadt, 1975-90 Leiter v. Fernmeldeprojekten, 1990-92 Projektleiter/Sachbearbeiter Nachrichtentechnik b. d. Sächs. Landespolizei in Chemnitz, 1992-97 Netzingenieur b. DFA GmbH in Chemniz, 1998 ang. Gschf.

b. desaNet GmbH in Dresden. M.: Ingenieure f. Kommunikation, Fördermtgl. d. Vereins d. Freunde d. Meißner Porzellans. H.: Porzellan, Geschichtsliteratur, Expressionismus.

Beyer Hans-Joachim Dr. Dr. Prof.

B.: Mtgl. d. Geschäftsführung i. R. FN.: Inst. d. dt. Wirtschaft Köln Büro Berlin. PA.: 10179 Berlin, Fischerinsel 2. G.: Breslau, 30. Jan. 1938. V.: Helga, geb. Triebel. Ki.: Sibylle (1964). El.: Kurt u. Käthe, geb. Siebert. S.: 1956 Abitur, 1956-60 Stud. BWL Leipzig, Dipl. K.: seit 1960 Ass. u. OAss. an d. Univ. Leipzig, 1967 Prom. z. Dr. rer. oec., 1968 Berufung z. HS-Doz., 1978 Prom. z. Dr. sc. oec., 1981 Berufung z. o.Prof., 1990 Mtgl. d. SachvR. f. Wirtschaftsfragen b. Min.-Präs. Lothar de Maiziére u. Ltr. d. wiss. Begleitforsch. d. SachvR., 1990-2001 Ltr. d. Berliner Büros d. Inst. d. dt. Wirtschaft Köln, 1990-93 AufsR.-Mtgl. eines Treuhandbetriebes, 1991-93 Patenschaftsprojekt m. d. Kommune Eberswalde, 1995-2001 Mgtl. d. Geschäftsführung d. Inst. d. dt. Wirtschaft Köln, betriebswirtschaftliche Leistungsfähigkeit automatischer Maschinen, volkswirtschaftl. Modernisierungsprozesse, osteuropäische Wirtschaftsreformen, wirtschaftl. Aufbauprozesse in d. neuen Bundesländern. P.: zahlr. wiss. Arb., "Leistungsfähigkeit u. Nutzeffekt automatischer Maschinenfließreihen" (Berlin 1970), "Wirtschaftsreform, ja! Aber wie?" (1990), "Handbuch d. DDR-Betriebe" (Köln 1990), "Jugend in Ostdeutschland" (Köln 1997), "Ostdeutsche Unternehmen - Absatzstrategien u. Probleme" (Köln 1998). M.: Rotary Club Berlin-Brandenburger Tor, Goethe-Ges. H.: Biographien.

Beyer Hans-Jörgen Dipl.-Ing. *)

Beyer Harry J. *)

Beyer Hartmut *)

Beyer Herbert Paul

B.: Botschafter. FN.: Dt. Botschaft Peru. DA.: PE-Lima18/Peru, Apdo. 18-0504. G.: Ulm/Donau, 25. Juli 1937. V.: Lee Okshil. Ki.: Harald (1965), Petra (1967), Uwe (1971), Rolf (1982), Eric (1987). El.: Kurt u. Martha, geb. Power. S.: 1956 Abitur, 1956-59 gehobener Auswärtiger Dienst, 1959-63 Jurastud. in Bonn, Tübingen u. Hamburg. K.: 1964 Eintritt in Auswärtigen Dienst, 1967 Examen, 1967-69 Auswärtiges Amt Bonn, 1969-73 Botschaft Brazaville, 1973-76 Botschaft Mexiko, 1976-81 stellv. Referatsltr. im Auswärtigen Amt, 1981-85 ständiger Vertreter d. Botschafters in Seoul/Korea, 1985-88 ständiger Vertreter in Lima/Peru, 1988-94 Referent f. Haushalt u. Finanzen im Auswärtigen Amt in Bonn, 1994-97 Unterabt.-Ltr. in Bonn, seit 1997 Botschafter in Lima. E.: Kongoles. VO, Peruan. VO.

Beyer Horst Ing. *)

Beyer Horst-Dieter *)

Beyer Ingrid

B.: Gschf. Ges. FN.: Beyer Touristik & Events GmbH. DA.: 30419 Hannover, Friedenauer Str. 35. beyer2001@aol.com. www.beyer-touristik.de. G.: Hannover, 14. Juli 1957. Ki.: Marc-Anton (1982), Cornelia (1986). El.: Georg u. Maria Beyer, geb. Isbruch. S.: 1976 FHS-Reife, 1976-79 Ausbild. Bankkauffrau Bankhaus Basse Hannover. K.: 1979-84 Sach-

*) Biographie www.whoiswho-verlag.ch oder beigefügte CD-ROM

bearb. d. Anlageberatung im Bankhaus Basse in Hannover, 1984 Übernahme d. väterlichen Betriebes Georg Beyer Onmibusreisen, 1999 Grdg. d. Beyer Touristik & Events GmbH m. Schwerpunkt Organ. von hochwertigen Busreisen f. ganz Europa, Verkauf v. Buslinientickets in ganz Europa; Funktion: ehrenamtl. tätig in d. INHK im Fachkundeprüf.-Aussch. f. d. Straßenpersonenverkehr. M.: Gesamtver. Verkehrsgewerbe e.V., Tourismus & Verkehrsaussch. d. IHK, Arb.-Kreis junger Onmibusunternehmer. H.: Lesen, Laufen, Reisen.

Beyer Jürgen Dr. med. *)

Beyer Jürgen Dr. med. Prof. *)

Beyer Jürgen Otto Gerhard

B.: Berater u. Coach. FN.: Jürgen Beyer Consulting. DA.: 53639 Königswinter-Ittenbach, An der Perlenhardt 5 A. G.: Hannover, 10. Mai 1951. V.: Paloma, geb. Peters. Ki.: Natalia (1981). El.: Hermann u. Hedwig, geb. Hinz. S.: 1967 Mittlere Reife, 1970 Abitur Bonn u. glz. Konzerte m. d. Musikkreis Bonn, 1970-72 Stud. Politikwiss. u. Päd. Univ. Bonn, 1974-77 Stud. Päd. u. Psych. HS d. Bundeswehr Hamburg, 1974-77 glz. Sprecher d. FachbeiR. u. Vertrauensmann d. Offz. sowie Mtgl. in Berufungsaussch., 1977 Dipl.-Arb. K.: 1972-85 Zeitsoldat, 1973-74 Offz. d. Luftwaffe in Neubiberg, 1977-79 Ltr. d. Ausbild. f. Unter-Offz. in Nörvenich, 1981 Hptm., 1983-85 Presse-Offz. d. Ausstellung "Unsere Luftwaffe", 1985 Mitarb. d. Friedrich-Ebert-Stiftung in Argentinien u. Erstellung d. Berichts z. Struktur d. Streitkräfte, 1986-89 Personalmanager d. KSB AG in Frankenthal, 1989-90 Personalchef d. Firma Thyssen in München, 1990-98 Mtgl. d. Geschäftsltg. d. Firma Baumgartner & Partner in Sindelfingen, 1993 intern. Kooperation m. ODI zu intern. Veränderungsprojekten, 1993 Aufbau d. WHO is WHO d. FES-Stipendiaten, 1994 Partner d. Firma Baumgartner, seit 1998 freiberufl. Unternehmensberater, seit 1998 Art-Sponsor-Business. P.: z. 25-j. Bestehen d. Bundeswehr einzig vorgestellter Offz. d. gesamten Luftwaffe, ab 1990 in Bild. u. Beruf d. Süddt. Zeitung, FAZ (ab 1998), Kompetenz 2000 (1992), Der Unternehmensberater (1998). E.: EK d. Bundeswehr in Silber, Anerkennung d. Intern. Luftfahrtausstellung Hannover f. hervorragende Leistungen. M.: SPD, ehemal. BeiR. d. Stipenden d. FES, BDU, VVI-Ittenbach. H.: Hochseesegeln, Schifahren, Hund, klass. Musik, afrikan. Trommeln, Lernen.

Beyer Jutta Maria *)

Beyer Karl-Heinz Dr. rer. nat. Prof. *)

Beyer Karsten

B.: Kfz-Elektromechanikermeister, Inh. FN.: Autohaus Beyer Karsten. DA.: 17489 Greifswald, An den Bäckerwiesen 6. G.: Greifswald, 23. Nov. 1961. V.: Ines, geb. Wandt. Ki.: Josefine (1988), Annalena (1997). El.: Gerhard u. Inge, geb. Behn. S.: b. 1980 Lehre z. Kfz-Elektromechaniker. K.: Kfz-Elektromechaniker im elterl. Betrieb, 1987 Meister d. Kraftfahrzeugelektrik Handwerkes, b. 1989 Stud. Nachrichtentechnik/ Elektronik Greifswald, seit 1992 eigene Firma. BL.: seit 1993 Mtgl. d. Meisterprüf.-Aussch., seit 1995 Mtgl. d. Gesellenprüf.-Aussch., b. 1990 Organ. v. Fotografieausstellungen in Greifswald. M.: Segelfliegerclub Greifswalde e.V. H.: Segelfliegen, Familie, am Haus werkeln, Fotografie.

Beyer Klaus

B.: Steuerberater. DA.: 52355 Düren, Dr.-Overhues-Allee 11. G.: Gelsenkirchen, 7. Apr. 1955. V.: Birgit, geb. Esser. Ki.: Christian (1990). S.: 1974 Abitur, 1975-76 Bundeswehr, 1976-79 Stud. Physik RWTH Aachen, 1979-81 Ausbild. Steuerfachgehilfe Düren. K.: tätig bei versch. Steuerberatern in Köln, zuletzt Vorst. einer Kzl., glz. 1984-86 Ausbild. z. staatl. geprüften Betriebswirt in Abendstud., 1989-91 Ausbild. z. Steuerberater, 1991 Bestellung z. Steuerberater, 1991 Übernahme d. Lehrbetriebes u. Tätigkeit als Steuerberater mit Schwerpunkten Existenzgrdg., Vereinsbesteuerung u. intern. Steuerrecht, seit 1995 Internet-Anbindung. P.: Veröff. zu steuerl. Themen im Internet, Ref. b. Förderver. d. kfm. Berufsschule in Düren. M.: IBWF, Vorst.-Mtgl. d. KG Melwiler Strööp in Mariaweiler. H.: Reisen, Skifahren, Karneval.

Beyer Klaus Dr.-Ing. *)

Beyer Klaus Dr.-Ing.

B.: Gschf. FN.: Robotics Cabling GmbH Kabelverlegung. DA.: 10713 Berlin, Hohnezollerndamm 44. www.roboticscabling. de. G.: Berlin, 31. März 1945. S.: 1964-72 Bauing.-Stud. an d. TU Berlin, Dipl.-Ing. K.: 1972-82 Tätigkeiten b. versch. Bauunternehmungen, 1980 Prom. z. Dr.-Ing., ab 1982 Leiter d. Abt. Rohrnetz b. d. Berliner Wasser-Betrieben, ab 1998 Gschf. d. Robotics Cabling. BL.: intern. anerkannter Spezialist auf d. Gebiet d. Normierung von Wasserzählern. P.: zahlr. Veröff. u. Vorträge in Europa, Vorderasien, Asien, Süd- u. Mittelamerika u. Australien. M.: nat. Gremien u. Aussch. u.a DIN-BeiR., Dt. Ver. f. Gas- u. Wasserfach (DVGW). H.: Segeln.

Beyer Klaus-Peter *)

Beyer Lutz

B.: RA. DA.: 10349 Berlin, Schivelbeiner Str. 40. G.: 9. Okt. 1966. Ki.: Lars (1989). El.: Karl-Heinz u. Friederike, geb. Schulze. S.: 1979 Abitur, 1979-80 Stud. Bauak. Berlin, 1980-84 Stud. Rechtswiss. Humboldt-Univ. Berlin, 1984-85 Richter-Ass. u. Dipl. K.: 1985-86 Richter 1. Instanz, 1987-88 Richter 2. Instanz, 1989-90 wiss. Mitarb. im Justizmin., 1990-92

*) Biographie www.whoiswho-verlag.ch oder beigefügte CD-ROM

Zulassung f. Kam.- u. LG, Ges. d. CORA-Inst.-1. Bild.-Inst. in d. Neuen Bdl., 1995 Speialist f. Insolvenz- u. Srafrecht. P.: ca. 150 Beiträge in Tages- u. Wochenzeitungen. H.: Psychologie, Programmieren v. Computern im jur. Bereich.

Beyer Lutz *)

Beyer Maria *)

Beyer Mario Dipl.-Vw. *)

Beyer Marli *)

Beyer Martin Dipl.-Ing.

B.: selbst. Bauing. DA.: 36100 Petersberg, Adelberostr. 16. martin-beyer@t-online.de. www.das-baustudio.de. G.: Schlüchtern, 6. Mai 1967. V.: Jeannette, geb. Weyer. Ki.: Alena (1993). Mareike (1995), Luca (1997). S.: 1985 Mittlere Reife, 1989 Abitur, Bundeswehr, 1989 Stud. Bauing.-Wesen FH Darmstadt m. Abschluß Dipl.-Ing. K.: 1992-99 tätig in versch. Firmen, seit 1999 selbst. m. Schwerpunkt Messebau, Arch. u. Innendesign, Beratung d. Kunden vor u. während d. Bau. H.: Handball.

Beyer Martin

B.: Kfz-Mechanikermeister, Gschf. Ges. FN.: V&M Verw. & Management GmbH. DA.: 21335 Lüneburg, Beim Benedikt 10. beyer@vundmgmbh.de. G.: Celle, 1. Nov. 1955. V.: Bettina Just. Ki.: 3 Kinder. S.: 1973 Abitur Lüneburg, b. 1975 Lehre z. Kfz-Mechaniker in Celle, b. 1978 Stud. Rechtswiss. an d. Univ. Hamburg. K.: 1978 selbst. m. einer Kfz-Werkstatt in Boltersen b. Lüneburg, 1978-79 Meisterschule, seit 1979 Kfz-Mechanikermeister, ab 1980 Betriebsltr. d. Metall- u. Altmetallhdlg. in Hamburg, 1981 Beginn d. Tätigkeit b. BBZ d. Handwerkskam. Lüneburg-Stade als Lehrmeister, ab 1985 Ltr. einer (TAS) Techn. Ausbild.-Stätte d. HWK in Wolfsburg, ab 1987 Abt.-Ltr. f. Berufl. Bild.-Maßnahmen, seit 1990 Gschf. d. abH Schulungsstätte d. Handwerkskam. Lüneburg-Stade GmbH, 1998 Privatisierung d. abH GmbH u. Übernahme d. Anteile sowie Grdg. v. 2 Tochterges.: Ausbild. & Arb. GmbH, Bild. & Beruf GmbH, 2000 Grdg. d. V&M Verw. & Management GmbH. P.: Veröff. in einer Fachzeitschrift u. in einem Fachbuch. E.: 1975 Niedersächs. Landessieger im Leistungswettbewerb im Kfz-Handwerk. M.: Kuratoriumsmtgl. d. Städt. VHS Lüneburg, Mitgründer d. abH Träger Niedersachsens, Wirtschaftsjunioren d. IHK. H.: Sport, Wandern, Lesen, Familie.

Beyer Matthias

B.: Ndlg.-Ltr. FN.: Dt. Eisenbahn-Reklame GmbH. DA.: 10243 Berlin, Koppenstr. 3. PA.: 16540 Hohen Neuendorf, Puschkinallee 29 a. m.beyer@derg.de. G.: Hennigsdorf, 29. Juni 1953. V.: Dore-Christiane, geb. Stein. Ki.: Juliane

(1982), Hans-Georg (1988). S.: 1972 Abitur, Wehrdienst, 1974-78 Stud. BWL TU Dresden m. Abschluß Dipl.Ing. oec. K.: 1978-89 Exportkfm. im Lokomotivbau d. Elektrotechn. Werke Hennigsdorf u. Exportltr. f. weltweiten Anlagenexport, 1989-91 Werbeltr. im Kombinat u. 1990 Rückführung d. Kombinats in d. AEG Lokomotivfbk., seit 1991 Ndlg.-Ltr. d. Dt. Eisenbahn-Reklame GmbH. M.: Kommunikationsverb., Vorst. d. Tennisver. Blau-Weiß Hohen Neuendorf. H.: Tennis, Haus u. Garten, Skifahren.

Beyer Michael *)

Beyer Olaf

B.: Elektromonteur, Unternehmer, selbständig. FN.: 1. Görlitzer Kartoffelhaus; Zum Pferdestall in Zittau. DA.: 02826 Görlitz, Steinstr. 10. G.: Wolfen, 29. Juli 1962. V.: Sabine, geb. Sachse. Ki.: Jenny (1985). El.: Joachim u. Brigitta. S.: 1979-81 Lehre Elektromonteur, 1981-83 Wehrdienst. K.: 1983-89 Elektromonteur im VEB Chemiekombinat Bitterfeld, 1989-92 stellv. Gaststättenleiter b. Konsum Abteilung Gaststätten, 1992-93 Montagearbeiten b. RM-Personalservice Stuttgart, ab 1993 stellv. Gschf. b. System u. Essen GmbH in Bitterfeld, 1996 IHK-Prüfung z. Betreiben einer Gaststätte, 1997 Eröff. Kartoffelhaus Nr. 1 in Görlitz, 1998 Umbenennung d. Gaststätten in 1. Görlitzer Kartoffelhaus, 2001 gemeinsam m. d. Ehefrau Grdg. d. Gastro-Management GmbH, 2001 Eröff. d. Gaststätte "Zum Pferdestall" in Zittau. H.: Fußball.

Beyer Olaf

B.: Volljurist, ndlg. RA. DA.: 04229 Leipzig, Schmiedestr. 14. rechtsanwaltolafbeyer@web.de. G.: Leipzig, 19. Sep. 1967. V.: Melanie, geb. Heinrich. El.: Andreas u. Monika. S.: Abitur, Ausbild. z. Ind.-Kfm. K.: Ind.-Kfm., Büroltr., 1. Verkäufer d. Musikhaus Leipzig, 1989-93 Stud. Math. an d. Univ. Leipzig, 1991-97 Stud. Rechtswiss. Univ. Leipzig, 1997 1. u. 1999 2. Staatsexamen, seit 2000 ndlg. RA, Tätigkeitsschwerpunkt: Strafrecht, Verw.- u. Sozialrecht. H.: klass. Musik, Briefmarken, Chorgesang.

Beyer Ralf *)

Beyer Ralf *)

*) Biographie www.whoiswho-verlag.ch oder beigefügte CD-ROM

Beyer Roland Dr.
B.: Groß- u. Außenhdls.-Kfm., Gschf. FN.: Magdeburger Hafen GmbH. DA.: 39106 Magdeburg, Wittenberger Str. 17. PA.: 39326 Glindenberg, Narzissen Weg 11c. G.: Duderstadt, 26. Mai 1948. S.: 1964 Gymn., 1967 Abschluß Groß- u. Außenhdls.-Kfm. Wilhelm Thier OHG Wesel. K.: 1968-72 Hauptabt.-Ltr. im NATO-Hauptquartier, 1971 Abschluß d. FH-Reife Duisburg, 1972-76 Stud. Wirtschaftswiss. u. Außenwirtschaft Univ. Duisburg, Dipl.-Ökonom, 1977-82 Ltr. b. Hewlett-Packard GmbH Böblingen, 1983-86 Ltr. Wareneingang/Versand, 1986 Prom., 1987-90 Ltr. Auftragsbearb. b. Raychem GmbH Ottobrunn, 1991-94 Dir. Operations m. Prokura b. Emi Electrola GmbH Köln, 1995 Ltr. Logistikzentrum Eching b. Computer 2000 GmbH München, 1996 Ltr. zentrale Logistik Sachtleben Chemie GmbH Duisburg, 1997-2001 Gschf. d. Magdeburger Hafen GmbH. F.: Schönebecker Hafen GmbH, Schönebeck, c/o Magdeburger Hafen GmbH, Postfach 1260, 39002 Magdeburg. M.: Bundesverb. d. öff. Bundeshäfen (BÖB), Ver. f. Europ. Binnenschiffe u. Wasserfahrzeuge e.V., seit 2001 Vorst. Dortmunder Hafen AG, Speicherstr. 23, 44147 Dortmund. H.: Familienforschung.

Beyer Sigurd Dr. iur.
B.: Vorst. FN.: RWE-DEA AG für Mineraloel u. Chemie. DA.: 22297 Hamburg, Überseering 40. www.rwe-dea.de. G.: Leubach/Hessen, 17. Jan. 1948. S.: 1967 Abitur, 1069-73 Stud. Rechtswiss., 1971 zusätzlich Stud. Wirtschaftswiss. Justus-Liebig-Univ. Gießen, Stipendiat d. Studienstiftung d. Dt. Volkes, 1973 1. Jur. Staatsexam., 1976 2. Jur. Staatsexam. K.: 1976-77 Tätigkeit als Rechtsanw. b. einer Wirtschaftsprüfungs- und Steuerberatungsges. in Gießen, 1977 Wahl z. Stadtkämmerer d. Stadt Lahn, dann Wahl z. Bgm., 1979 Wahl z. Bgm u. Stadtkämmerer d. Stadt Gießen, 1983-85 im Landrat d. Wetteraukreises tätig, 1985 Eintritt b. d. Dresdner Bank AG Frankfurt, 1986-91 Vorst. d. Franz Vogt Familienstiftung u. Gschf d. VOKO Franz Vogt & CO. KG, s. 1991 Vorst.-Mtgl. zuständig f. Finanzen u. Verwaltung, Aufschluß u. Gewinnung v. Erdöl, Erdgas d. RWE-DEA AG, s. 1998 zugl. Vorst.-Mtgl d. DEA Mineraloel AG.

Beyer Sigurd
B.: selbst. Kunstmaler. DA.: 34117 Kassel, Ruhlstr. 3. G.: Einbeck, 7. Apr. 1953. Ki.: Tore, Nils. S.: 1973 Abitur Kassel, 1974-76 Stud. Malerei in Kassel u. Hamburg, Stud. Phil. in Göttingen, 1976 Stud. Malerei in Hamburg b. Rudolf Hausner. K.: bereits 1972 1. Ausstellung in Kassel, Kunstrichtung: Realismus, Porträts u. Landschaften, Stilleben, Druckgrafik, Erstellung v. Bühnenbildern f. Opernhäuser, Einzelausstellungen in Straßburg, München, Hamburg, Berlin, Bad Hersfeld, München u. Bonn. P.: 1982 Art Basel, 1985 Frankfurter Künstler in China, 1988 Kunstver. Karlsruhe, 1995 Natur u. Stadt Land Niedersachsen, 1978 Künstler sehen Niedersachsen, weitere Veröff. zu Kunst u. Musik b. versch. Tages- u. Wochenzeitungen. E.: Kunstpreis d. Stadt Karlsruhe. M.: Kiwanis Club Kassel.

Beyer Thomas *)

Beyer Udo
B.: Dipl.-Sportlehrer; Leichtathlet; Verkehrskfm., Gschf. FN.: Reisebüro Udo Beyer GmbH. DA.: 14473 Potsdam, Lotte-Pulewka-Str. 4. G.: Stalinstadt, 9. Aug. 1955. V.: Rosemarie, geb. Gebler. Ki.: Katja (1979), Sophia (1989). El.: Hans-Georg u. Eva-Maria, geb. Bräuer. S.: 1975 Abitur, 1977-89 Stud. Dipl.-Sportlehrer, DHFK Leipzig, 1993-95 Ausbild. z. Verkehrskfm. K.: 1974-89 Sportkompanie d. NVA, 1989-93 Sportkompanie d. Bundeswehr, anschl. Umschulung z. Verkaufskfm. b. d. Germania Fluggesellschaft, 1995 Grdg. d. Reisebüros Udo Beyer GmbH, hier seitdem Gschf. Ges. BL.: Teilnehmer an 4 Olymp. Spielen im Kugelstoßen: 1976 Olympiasieger, 1980 Dritter, 1988 Vierter, 1978 u. 1982 Europa-

str., 3x Weltrekord, 1977, 1979 u. 1981 Weltcup- u. Europacup-Sieger. E.: div. Ausz. im Sport. H.: Deutschland erkunden, Fahrradfahren, Familie. (I.U.)

Beyer Ulrike

B.: Verkaufsltr. FN.: BHW Gruppe. DA.: 01445 Radebeul, Lutherstr. 2. G.: Bautzen, 4. Jän. 1960. V.: Ronald Beyer. Ki.: Mirko (1982), Martin (1985). El.: Walter u. Ursula Weitz. S.: b. 1976 POS Bischofswerda, 1976-80 Stud. Inst. f. Lehrerbild. K.: 1980-86 Lehrerin f. Musik in d. Unterstufe, 1996 Bez.-Beraterin d. BHW u. glz. Ausbild. z. Bauspar- u. Finanzierungsfachfrau, 1997 Bez.-Ltr. f. Radebeul-Radeburg d. BHW, seit 2001 Verkaufsltr. M. Schwerpunkt ganzheitl. Beratung u. Betreuung d. Kunden. M.: Bundesfachverb. Dt. Vers.-Kaufleute e.V. H.: Beruf, Computer, Lesen, Autofahren.

Beyer Winfried Dr. med.
B.: FA f. Röntgenologie u. Strahlenheilkunde, Röntgendiagnostik-Sonographie. DA.: 04179 Leipzig, Lützner Str. 164. PA.: 04105 Leipzig, Funkenburgstr. 5. G.: Leipzig, 2. Apr. 1935. V.: Dr. med. Heidrun, geb. Zacharias. Ki.: Steffen (1963), Jens (1964), Mathias Franke (1970), Kristina (1972). El.: Rudolf u. Helene (Familie im Druck- u. Verlagswesen tätig). S.: 1949-52 Lehre als Buchdrucker m. Abschluß Gutenbergschule Leipzig, 1952-54 Stud. ABF, 1954-59 Stud. Humanmed. Leipzig, 1959 Dr. med. S.: 1962-66 Ausbild. FA f. Radiologie, 1960-62 Pflichtass. u. allg. prakt. J., 1966-91 FA f. Radiologie in Polikliniken, 1982-89 Chefarzt einer Poliklinik, seit 1992 FA f. Radiologie in eigener Ndlg., nebenbei 1960-92 Prakt. Arzt. P.: zahlr. Veröff. in Fachzeitschriften auf d. Gebiet d. Röntgendiagnostik u. Nuklearmed. M.: Sächs. Ges. f. Röntgenologie. H.: Antiquitäten, Bücher, Lesen, Reisen, Wandern.

Beyerbach Uwe Dr. med. vet. OStR. *)

Beyerhaus Klaus D. *)

Beyerhaus Peter Paul Johannes Dr. theol.
B.: em Univ.-Prof. FN.: Eberhard Karl-Univ. Tübingen. PA.: 72810 Gomaringen, Schulstr. 1. Institut-Diakrisis@t-online.de. www.institut-diakrisis.de. G.: Hohenkränig, 1. Feb. 1929. V.: Ingegard, geb. Kalén. Ki.: Karolina, Johannes, Maria, Christoph, Gunilla. El.: Siegfried u. Friedel. S.: Theol.Stud. in Berlin, Halle, Heidelberg, Bonn, Uppsala, Bethel, Oxford 1952 u. 1955, 1. u. 2. Kirchl. Dienstexamen in Berlin, 1956 Lic. theol. u. Dr. theol. K.: 1955 Pastor in Berlin Friedenau u. 1959 Norrköping, 1953-54 wiss. Mitarb. b. Dt. Ev. MissionsR., Missionar d. Berliner Mission in Südafrika, Doz. u. Rektor am Lutheran Theol. Seminary in Umpumulu/Natal, 1966-97 Prof. f. Missionswiss. u. Ökumen. Theol. an d. Univ. Tübingen, Dir. d. Inst., s.1973 Präs. d. Theol. Konventes d. Konferenz Bekennender Gemeinschaften, 1989-94 Rektor d. Freien HS f. Mission in Korntal, Gastprofessuren in Gustav-Siewerth-Akad. u. Columbia Intern. Univ. P.: u. a. Die Selbständigkeit d. Jungen Kirchen als missionar. Problem (3/1966), Allen Völkern zum Zeugnis (1972), Aufbruch der Armen (1981), Krise u. Neuaufbruch d. Weltmission (1987), Kingdom of God and the Utopian Error (1992), Theologie der christl. Mission (1996), Hrsg. d. Quartalszeitschr. DIAKRISIS (s. 1980). E.: 1996 Dr. of Divinity h.c., Chicago, 1997 Rechts-

*) Biographie www.whoiswho-verlag.ch oder beigefügte CD-ROM

Beyerhaus

ritter d. Johanniter-Ordens, Festschrift z. 60. (Martyria) u. 70. (kein anderer Name) Geburtstag. H.: Wandern, Briefmarkensammeln, Musik.

Beyerl Ilse *)

Beyerle Christian *)

Beyerlein Berthold Dr. *)

Beyerlein Peter Dr. med.

B.: Internist. DA.: 25436 Uetersen, Großer Sand 2. G.: Stolp in Pommern, 2. Feb. 1944. Ki.: Christina (1972), Ulrika (1973). El.: Georg u. Elisabeth. BV.: Fotografin Annedore Diederichs. S.: 1963 Abitur in Flensburg, 1963-69 Med.-Stud. an d. Univ. Kiel u. Würzburg, 1969 Examen u. Prom. K.: 1976 Anerkennung z. FA f. Innere Med., 1969-76 Med.-Ass. Chir. u. Geburtshilfe KH Uetersen, Allergologie KH Pinneberg, Univ.-Kinderklinik Kiel, Itzehoer KH, 1976 -79 selbst. in einer Gemeinschaftspraxis, 1979 Eröff. d. eigenen Internistenpraxis. H.: Musik - Oldies, Segeln, Tennis.

Beyerlin Walter Dr. Prof.
B.: em. Univ.-Prof. PA.: 48167 Münster, Klosterbusch 10. G.: Reutlingen, 23. Juni 1929. V.: Astrid, geb. Gottfriedsen. S.: Stud. Univ. Tübingen, Göttingen, Basel u. Edinburgh, 1956 Prom. K.: 1957-58 Stiftsrepetent, 1958-60 wiss. Ass., 1960 Habil., 1960-63 Doz., 1963-73 o.Prof. u. Dir. d. Alttestam. Sem. Univ. Kiel, ab 1973 o.Prof. u. Dir. d. Alttestam. Sem. Univ. Münster, 1994 emerit. P.: Die Kulttraditionen Israels in der Verkündigung des Propheten Micha (1959), Herkunft und Geschichte der ältesten Sinaitraditionen (1961, engl. 1965), Die Rettung der Bedrängten in den Feindpsalmen der Einzelnen auf institut. Zusammenhänge untersucht (1970), "Wir sind wie Träumende" (1978, engl. 1982), Werden und Wesen des 107. Psalms (1979), Der 52. Psalm (1980), Wider die Hybris des Geistes (1982), Weisheitliche Vergewisserung mit Bezug auf den Zionskult (1985), Weisheitlich-kultische Heilsordnung (1985), Bleilot, Brecheisen oder was sonst? (1988), Reflexe d. Amosvisionen im Jeremiabuch (1989), Im Licht der Traditionen (1992). Hrsg.: Religionsgeschichtliches Textbuch zum AT (1975, niederl. 1976, engl. 1978, 2. Aufl. 1985, ital. 1992), Grundrisse z. AT (1975 ff.).

Beyermann Klaus Dr. rer. nat. Dr. h.c. Prof.
B.: Ehren-Präs. FN.: Johannes Gutenberg-Univ. Mainz. DA.: 55122 Mainz, Saarstr. 21. PA.: 55131 Mainz, Weidemannstr. 37. G.: Nordhausen, 22. Sept. 1929. V.: Dr. Pia, geb. Grösser. Ki.: 5 Kinder. El.: Otto u. Elisabeth. S.: 1948-49 Bergmann in Bochum, 1949-57 Stud. Chemie Univ. Mainz, 1957 Prom., 1964-67 Stud. Med. Univ. Mainz, 1967 Stud. Physik. K.: 1957-64 wiss. Ass., 1963 Habil., 1967-68 Gastprof. Univ. of Maryland/USA, 1968-71 WissR. u. Prof. Univ. Mainz, 1971 Abt.Vorst. u. Prof. Univ. Mainz, 1977-79 Dekan d. Fachbereichs Chemie Mainz, 1980-83 VPräs. f. Forsch. Univ. Mainz, 1984-90 Präs. Univ. Mainz, 1988-90 u. 1994-90 Präs. d. Dt.-Franz. HS-Kolleg, 1990-92 u. 1995-96 VPräs. P.: ca. 60 Einzelpubl., Monographien: Chemie f. Mediziner (1971), Molekülmodelle (1979), Organ. Spurenanalyse (1982), Organic Trace Analysis (1984). E.: 1987 Officer dans l'Ordre des Palmes académiques Frankreich, 1988 Dr. h.c. Universidad de los Andes Bogotá/Kolumbien, 1989 Dr. h.c. Nikon Univ. Tokyo/Japan, BVK am Bande, 1994 Officier de la Legion d'Honneur Frankreich. M.: Rotary. H.: Fremdsprachen. (Ch.Z.)

Beyerová Jana Dipl.-Ing.

B.: Architektin. DA.: 40721 Hilden, Niedenstr. 151. jana. beyerová@t-online.de. G.: Ostrava/Tschech. Rep., 11. Aug. 1964. S.: Stud. Arch. TU Prag, 1986 Dipl. Hochbau, 1978-86 Stud. Malerei u. Grafik VHS, 1989 Zertifikat f. Dt. Sprache Goethe-Inst., seit 1991 Mtgl. Architektenkam. NRW, 1994 Autorisierungsprüf. K.: während d. Stud. tätig in d. Firma Hochbaukonstruktionen in Prag u. 1986-87 Bauing. d. techn. Abt., 1987-88 Bauing. d. Firma OPBH in Prag, 1988 Einreise nach Deutschland, 1989 Projektltr. d. Hausbaugruppe GmbH, ab 1990 Projektltr. im Arch.-Büro Hilverkus & Staller, seit 1994 selbst. m. Eröff. d. Arch.-Büros in Hilden m. Schwerpunkt Wohnungs-, Verw- u. Ind.-Bau, Anwendung v. CAD u. AVA, Projekte in Deutschland u. Tschechien. P.: Vorträge. M.: Architektenkam. NRW, Ing.-Kam. Prag. H.: Beruf, Malen v. Landschaftsbilder u. Ausstellungen in Prag, Tennis, Autofahren.

Beyersdorff Günter Prof. *)

Beyersdorff Klaus *)

Beyersdorff Klaus Dipl.-Ing. *)

Beyersmann Friedrich Detmar Dr. rer. nat. Prof. *)

Beyl Werner Dr. med. *)

Beylich Alfred E. Dr.-Ing. *)

Beylich Frieder Dr. *)

von Beyme Klaus Dr. phil. Prof. *)

Beyn Silke Attis Dipl.-Psych. *)

Beyrer Klaus Dr. *)

Beyse Dirk *)

Beysser Christoph Manuel
B.: Dipl.-Designer, selbst. Designer u. Künstler. DA.: 30159 Hannover, Kranerstr. 12. G.: Neustadt/Weinstraße, 11. Dez. 1968. S.: 1985-88 Ausbild. z. Kunstschmied in Neustadt/Weinstraße, Gesellenprüf., 1989-90 Fachoberschule f. Gestaltung in Ludwigshafen, 1990-92 Bundeswehr. K.: 1992-93 Bronzegießerei d. Kunst-HS Berlin/Weißensee in d. Abt. Plastik, 1993-98 Stud. Metallgestaltung an d. FH Hildesheim/Holzminden m. Abschluß z. Dipl.-Designer, 1996-2000 Grdg. einer Ateliergemeinschaft in Hildesheim, seit 1998 freischaff. Designer, seit 2000 Grdg. u. Eröff. d. eigenen Ateliers in Hannover. BL.: Mitaufbau d. Netzwerks "Kotext Designlösungen" in Heidelberg, Ausstellungen bundesweit in Heidelberg, Hannover, Hamburg, Köln. P.: div. Veröff. in Fachzeitschriften. H.: Kochen, Reisen, Musik, Sport.

---

*) Biographie www.whoiswho-verlag.ch oder beigefügte CD-ROM

Bezdicek Mike
B.: Profi-Handballer, Nationalteam-Spieler, Industriekfm. FN.: c/o TSV GWD Minden. DA.: 32423 Minden, Dankerser Str. 131. G.: Freiberg, 28. Juni 1968. K.: Position: Kreis, 1985 Junioren-Vizemeister m. SC Leipzig, 1989 Junioren-WM/4., 1990 Militärweltmeister, 1996 Europapokalsieger, 1997 Dt. Pokalsieger, 1997 Dt. Meister u. DHB-Supercup-Sieger m. TBV Lemgo, 1998 EM/3., 1999 WM/5., 2000 OS/5. H.: Bowling, Reiten, Spazierengehen, Kino, Lesen.

Bezemer Willem René Dipl.-Kfm. *)

Bezold Urs
B.: Bildhauer. GT.: Feng Shui - und geomantische Beratung. DA. u. PA.: 90475 Nürnberg, Kapruner Str. 33. urs.bezold@web.de. ursbezold.de. G.: Nürnberg, 4. Okt. 1955. El.: Malte Golbe u. Dorothea Bezold. BV.: mütterl. seits - Jakob Wolff - Prof. an d. Kunstak. Nürnberg. S.: Lehre Graveur, Ausbildung bei Prof. Vella u.a. in Italien, Ausbildung in Bulino-Gravur bei C. Giovanelli in Gardone (V.T.). K.: Teilnahme an Symposien in Italien u. Lappland, seit 1986 Bildhauer in Nürnberg m. Materialien: Metall, Holz, abstrakte Darstellung unter Einbeziehung spiritueller Aspekte, Anfertigung v. Amuletten, Kultgegenstände, künstler. u. exclusive Gravuren; Funktionen: Grdg.-Mtgl. d. Consorzio Artigianato Artistico Valle Susa in Italien, Forsch.- u. Entwicklungstätigkeit. BL.: div. Patente. P.: Einzel- u. Gemeinschaftsausstellungen in Italien, Deutschland, Finnland. E.: div. Wettbewerbserfolge im In- u. Ausland. H.: Bergwandern, Mountainbiken, Musik, Physik.

Bezold-Ferrari Claudia *)

Bezzenberger Hans Werner Dipl.-Ing.

B.: Architekt, selbständig. FN.: Bezzenberger Architekten. DA.: 61348 Bad Homburg, Louisenstr. 100. PA.: 611997 Florstadt, Friedberger Landstr. 3. hans.bezzenberger@bezzenberger-architekten.de. G.: Korbach, 31. Mai 1955. V.: Juliane, geb. Brandt. Ki.: Flora (1991), Fidelius (1995). El.: Dr. Horst u. Susanne. S.: 1977 Abitur Kehlheim, 1977-78 Zivildienst, 1978-81 Stud. Architektur TU Berlin, 1981-86 Stud. Architektur TU Darmstadt, 1986 Abschluss Dipl.-Ing. K.: 1986 -91 freie Mitarbeit im Architekturbüro Ante Josip v. Kostelac Darmstadt, 1989 Aufnahme in d. Architektenkammer Hessen, 1991-94 Tätigkeit im Architekturbüro Arnold u. Bunk Bad Homburg, 1994-2001 Partnerschaft m. Architekt Arnold, Büro Arnold u. Bezzenberger Partnerschaft Bad Homburg, seit 2001 selbständig m. eigenem Büro Bezzenberger Architekten Bad Homburg, Tätigkeitsschwerpunkte: Städtebau, Hochbau, Innenarchitektur bundesweit. P.: seit 1986 regelmäßige Veröff. v. Artikeln in d. Fachliteratur u.a. "Bauwelt", "Baumeister" u. "Detail", Ausstellungsbeiträge z. Dt. Architekturmuseum Frankfurt. E.: viele Wettbewerbserfolge im Laufe d. Jahre. M.: Dt. Architekturmuseum Frankfurt, Waldorfschulverei, Allg. Dt. Schnauferl-Club. H.: Oldtimer, Jagd, Skifahren.

Bhakdi Sucharit Dr. med. Prof. *)

Biagosch Axel Dr. *)

Bialas Oliver
B.: Inh. (verschied. Fa.). FN.: BIALAS Holding GmbH. DA.: 90109 Nürnberg, Postfach 120240. bialas@audimax.de. G.: Berlin, 1. Aug. 1959. V.: Barbara. S.: Abitur, anschl. BWL-Stud., 1984 Abschluß, anschl. 6 Semester Jurastud. K.: 1988 Grdg. Uniprints Verlagsservice GmbH, 1990 Beteil. am Audimax-Verlag, 1992 Grdg. Campus Consulting GmbH - Kommunikationsbetreuung, 1992 Grdg. Bialas Holding GmbH.

Bialecki Heinz

B.: Versicherungskaufmann, selbständig. FN.: Generalgentur d. R+V Allgemeine Versicherung AG. DA.: 34131 Kassel, Kunoldstr. 29. versicherungsbuero.bialecki@ruv.de. G.: Kassel, 20. Apr. 1940. V.: Wilma, geb. Günther. Ki.: Rolf (1965). El.: Eduard u. Maria, geb. Ley. S.: 1957 Mittlere Reife Kasel, 1957-59 Ausbildung z. Versicherungskaufmann Raiffeisen Versicherungen Kassel. K.: 1959-61 Innendienst R+V Versicherungen, 1961-67 Außendienst R+V Versicherungen, 1967-79 Bgm. d. Gemeinde Bergshausen/Fuldabrück, seit 1979 selbständiger Generalagent d. R+V Allgemeine Versicherung AG, Bergshausen, seit 1989 Büroräume in Kassel Kunoldstr. 29. M.: Ehrenvors. d. FSV Bergshausen, Ehrenritter im Verein z. Erhaltung d. Brauchtums, b. 2000 Vors. d. Generalagenten-Gemeinschaft d. R+V Versicherung. H.: Skat, Fußball.

Bialek Heike Inge Dipl. oec.

B.: Diplomökonom., Ges. FN.: Steuerberatungsgesellschaft. DA.: 06886 Lutherstadt Wittenberg, Berliner Str. 1. fp-wittenberg@etl.de. www. etl.de/fp-wittenberg. G.: Lutherstadt Wittenberg, 2. Juni 1958. V.: Dieter Bialek. Ki.: Fabian (1986). El.: Kurt Przybilla u. Inge, geb. Kreklau. S.: 1977 Abitur Halle, 1977-81 Stud. Wirtschaftswiss. an d. MLU Halle m. Abschluss Dipl.-Ökonom. K.: 1981-86 ökonomische Ltr. in einem kommunal wirtschaftlichen Betrieb in Lutherstadt Wittenberg, 1987-90 versch. ltd. Tätigkeiten im staatl. Finanzdienst, seit 1990 Grdg. d. a-typischen Ges. in Wittenberg, 1992 Ges. in Bad Schmiedeberg, 1995 Ges. in Roßlau, 1998 Ges. in Köthen, 2001 Grdg. d. Unternehmensberatung Heike Bialek als Einzelunternehmen. E.: 1980 Adam-Kuckhoff-Preis in Gold, 1980 Ehrenpreis d. Ministers f. Hoch- u. Fachschulwesen "Für hervorragende wiss. Leistungen" sowie v. 1980-82 mehrere Diplome b. intern. Wettstreiten. M.: ETL-Verband d. Rechtsanwälte, Steuerberater u. Wirtschaftsprüfer. H.: Sprachen, Literatur, Reisen, altgriechische u. römische Geschichte.

Bialek Lech Dr.
B.: Dr.-Ing., Architekt, Inh. FN.: Arch.-Büro "LB". DA.: 21205 Seevetal, Freschenhausener Weg 28. Dr.Lech.Bialek@t-online.de. www.archi.europe.com. G.: Breslau/Polen, 27. Mai 1948. V.: Ludwika, geb. Burhiewicz. Ki.: Robert. S.: 1962-66 Gymn. in Oppeln, 1967-69 Praktikum in einem Arch.-Büro in Oppeln, 1970-75 Arch.-Stud. TU Gleiwiz. K.:

*) Biographie www.whoiswho-verlag.ch oder beigefügte CD-ROM

Bialek

1975-78 2. Fak. TU Gleiwiz, Richtung Design, 1978-81 Management im Bauwesen, 1981-85 selbst. Arch. im Architekturbüro Brehmer, 1985 eigenes Architekturbüro, 198 9-95 Vorbereitung f. d. Doktorarb., 1995 Prom. an d. TU in Gleiwiz. BL.: 11. Platz bei HEW Cyclassics, Radrennen in Hamburg. F.: Inversiones De Baleares S.L. M.: Arch.-Kammer, Architekten europe, Sportverein Harburg, THC Forsthof. H.: Fahrradfahren (Rennen), Skifahren, Tennis.

ma Dieß in Roding. K.: 1965 Maler- u. Lackierermeister, 1976 Trauerhilfe Denk in München, 1977-83 Mitarb. Bestattungen "Friede" Regensburg, seit 1983 Gschf., seit 1965 1. priv. Bestattungsinst. in Regensburg, 1993 z. Vors. d. LFV Bestattungsgewerbe Bayern gewählt, 1994 Bau d. 1. Lehrfriedhofs in Deutschland. M.: Mitglied d. Vorst. im Bundesverband d. Bestattungsgewerbes. H.: Golf, Tennis, Skifahren, Reisen, Bergwandern.

Bialke Wolfgang *)

Biallas Margitta Anni Gisela

B.: Dipl.-Lehrerin, freiberufl. Verkäuferin v. Geldanlagen. FN.: Procura Immobilien Vertriebs GmbH. DA.: 12203 Berlin, Unter den Eichen 62. PA.: 12557 Berlin, Am Wiesengraben 7. kluge@vitaLadies.de. G.: Pritzwalk, 18. Juni 1951. Ki.: Martin (1981). El.: Heinz u. Annemarie Biallas, geb. Dierke. S.: 1970 Abitur, 1970-74 Lehrerstud. an Univ. Rostock, Fach Biologie u. Chemie, Dipl.-Lehrer. K.: 1974-80 Lehrerin in Berlin, 1980-90 Mitarb. im Pionierpalast, Fachgebietsltr.: Chemiearb.-Gruppen, 1991-96 Gymn.-Lehrerin/Abiturstufe Sekundarstufe 2, seit 1991 nebenberufl. Verkäuferin v. Geldanlagen, ab 1996 freiberufl. im Finanzdienstleistungssektor einschließl. Immobilienanlagen, seit 2000 ausschließl. f. d. Berliner Unternehmensgruppe Procura. P.: zahlr. Vorträge im Netzwerk, "vitaLadies", kluge@vitaLadies.de u. anderen interessierten Gruppen z. Arbeitsthema: "Frauen im Umgang m. Geld", div. Lesehefte u. Merkblätter gemeinsam mit d. Netzwerk "vitaLadies" zu versch. Themen u. Frauen. Freude am Erfolg. M.: 1985-91 Kulturobm. im FEZ, 1992-97 Basketballver., 1992-94 stellv. Vors. dieses Ver., Projektltr.: Schulhofgestaltung an einem Berliner Gymn., seit 2000 Profi-Partnerin im o.g. Netzwerk. H.: Lesen, Kochen, Natur, Malen.

Bianchi Allessandro Alfredo *)

Biardzki Barbara Dr. *)

Bias Monika Dr. phil. *)

Biastoch Dietrich Kurt Paul *)

Bibel Wolfgang Dr. Prof. *)

Biber Otto
B.: Gschf. FN.: Bestattungen "Friede". DA.: 93055 Regensburg, Adolf-Schmetzer-Str. 22. PA.: 93053 Regensburg, Friedrich-Ebert-Str. 11a. G.: Wellheim, 15. Sep. 1935. V.: Gertraud, geb. Vogt. Ki.: Helmut (1960), Rosmarie (1961), Petra (1963), Otto (1965). El.: Otto u. Anna. S.: 1949-52 Glasbläserlehre Phönix Hüttenwerke, 1982-85 Osram Glasbläser, 1958-61 Bundeswehr, 1961-63 Maler- u. Lackiererlehre Fir-

Biberger Erich L. *)

Biberger Maximilian *)

Biberger Rainer Gerhard Dr. rer. oec. Dipl.-Kfm. *)

Bicanski Vlado Dr. jur. Prof. *)

Bich Karl-Werner *)

Bichel Ulf Dr. phil. Prof. *)

Bichler Bernadette Gabriela *)

Bichler Bernhard
B.: Vers.-Makler, Vorstand. FN.: AXON Versicherungsmakler AG. DA.: 63303 Dreieich Ffm., Daimlerstr. 19. PA.: 83313 Siegsdorf, Untergalling 2. B.Bichler@VMZ.de. G.: Waldkirchen, 3. Aug. 1962. V.: Heike. Ki.: Jessica (1988), Margerita (1996). El.: Peter u. Christa. S.: 1979 Mittlere Reife, Priv. Wirtschaftsschule, Ausb. Sozialversicherung, Bundeswehr. K.: 1984-86 Maklerbüro m. Ausb. Vers.Fachm., 1987 Grdg. VMZ ASSEKURANZ GmbH, Versicherungsmaklerges., 1991 Berufung in d. Vorst.-Vors. d. VMV e.V. Versicherungsmaklerveb. RK Bayern, 1993 Grdg. BBG Betriebsberatungsges., 1994 Bundesvorst. d. VMV e.V., 1995 Grdg. d. ADV Arbeitskreis Dt. Versicherungsmakler, 1995 Gdrg. d. fbg Finanzberatungsges. mbH., 1996 Berufung in d. Aufsichtsratsvors. d. MARDER AG, 1998 Grdg. d. AXON Versicherungsmakler AG m. 4 Niederlassungen bundesweit. M.: Golfclub Chiemgau e. V. H.: Golf, Schi, Reisen.

Bichler Franz *)

Bichler Hubert G. *)

Bichlmaier Regina Dr.
B.: Gschf. FN.: Metabion Ges. f. angew. Biotechnologie mbH. DA.: 82152 Planegg, Lena-Christ-Str. 44. G.: München, 23. Jan. 1968. V.: Dr. Werner Schmaus. El.: Hermann u. Anna Bichlmauer. BV.: Vater war Bgm. v. Vaterstetten u. d. Großvater Bgm. v. Parsdorf. S.: 1987 Abitur, 1987-92 Stud. Biologie u. Chemie f. Lehramt, 1992-96 Doktorarb. am Inst. f. Anthropologie u. Humangenetik an d. LMU. K.: seit 1996 parallel b. MWG Biotech in Ebersberg tätig, 1997 m. 2 weiteren Kollegen Metabion gegründet, Ausweitung d. Geschäftsbeziehungen nach Amerika u. Mittleren Osten, Repräsentanz in Dubai. H.: Sport (Leichtathletik), Tischtennis, Squash, Basketball, Laufen, Radfahren, Malen (Bleistift, Karrikaturen) Reisen (Südwesten d. USA).

*) Biographie www.whoiswho-verlag.ch oder beigefügte CD-ROM

Bichoel Knut *)
Bick Rolf Dr. theol. Prof. *)
Bick Thorsten

B.: RA. FN.: Anw.-Kzl. Bick. DA.: 36100 Petersberg, Heckenstr. 18. ra.bick@t-online.de. G.: Fulda, 12. Dez. 1969. S.: 1989 Abitur Fulda, Wehrdienst, 1990 Stud. Rechtswiss. an d. Univ. Gießen m. Examen 1995 u. anschließender Referendarzeit in Fulda b. 1998. K.: 1998 nach d. Zulassung als RA Arb. in einer Bürogemeinschaft in Bad Hersfeld als selbst. Anw., 2000 Eröffnung d. eigenen Kanzlei in Petersberg, Schwerpunkte: Arbeits-, Familien- u. Mietrecht H.: Lesen, Badminton, Politik.

Bick Wilhelm

B.: RA, Fachanwalt f. Steuerrecht u. vereidigter Buchprüfer. FN.: Kanzlei Bick, Jakob u. Partner. DA.: 66557 Illingen, Hauptstr. 20. PA.: 66557 Illingen, Buchenweg 47. rae.bjk@t-online.de. G.: Wemmetsweiler, 19. Mai 1947. V.: Doris, geb. Warschburger. Ki.: Claudia (1974), Thomas (1979), Sebastian (1988). El.: Jakob u. Gertrud, geb. Schreiner. S.: 1967 Abitur, Bundeswehr, ab 1968 Stud. Jura, BWL u. Philosophie an d. Univ. Saarbrücken u. Heidelberg, 1973 1. Staatsexamen, Referendariat b. LG u. OLG Saarbrücken, d. Landratsamt Neunkirchen, d. Staatsanwaltschaft Saarbrücken, d. Amtsgericht Neunkirchen sowie in Anwaltskanzleien, 1975 BWL-Vordiplom, 1976 2. Staatsexamen, 1988 Philosophievordiplom. K.: 1976-77 Mitarbeit in einem Steuerberatungsbüro in Saarbrücken, 1977-78 Mitarbeit in einer Anwaltskanzlei in Neunkirchen, 1978 Eröff. einer Anwaltskanzlei in Illingen, 1979 Aufnahme RA Helmut Jakob in d. Sozietät, 1983 Aufnahme RA Dieter Kundler in d. Sozietät, 1983 Zulassung als Fachanwalt f. Steuerrecht, 1990 Zulassung als vereidigter Buchprüfer. M.: Reit- u. Fahrverein, Vors. d. Illipse Illingen sowie d. Wirtschaftsausschusses Illingen, Dt. Anwaltsverein, Fachinstitut f. Steuerrecht, Round-Table, Mittelstandsvereinigung d. CDU, Gemeinderat Illingen. H.: Philosophie, Reiten, Neigung zu polit. Engagement.

Bickel Dieter Dipl.-Math.
B.: Gschf. Ges. FN.: Thermhaus AG. DA.: 07745 Jena, Keßlerstr. 27. G.: Herrenbreitungen, 26. Mai 1946. V.: Renate, geb. Ackert. Ki.: Andreas (1965), Katrin (1970. El.: Eugen u. Irene, geb. Kirchner. BV.: Österreicher m. eigenem Wappen. S.: 1969 Abitur Schmalkalden, 1969-74 Stud. Math. Univ. Halle, 1974 Dipl.-Math. K.: 1974 Programmierer im Kombinat Carl Zeiss in Jena, 1976-89 Abt.-Ltr. f. Organ., Konstruktion u. Technologie bei Carl Zeiss, seit 1991 selbst. m. Grdg. d. Firma MM Management & Marketing Jena GmbH, seit 1993 Schwerpunkt technologische Entwicklung v. Thermenhaus - Baukomponenten f. Niedrigenergie - Passiv - u. Nullenergiehauszielstellungen. BL.: Europapatent 0932799 f. Thermhaus. P.: Dipl.-Arb., Europa-Patentschrift. E.: 2000 Goldmed. d. Innovationsmesse in Genf. H.: Beruf, Bergwandern.

Bickel Dietrich Dr. iur. Prof. *)

Bickel Jürgen *)

Bickel Martin Dr. med.
B.: Arzt, Pharmakologe. FN.: Aventis Pharma Dtl. GmbH. DA.: 65182 Bad Soden, Königsteiner Str. 10. PA.: 61348 Bad Homburg. www.aventis.com. G.: Emmendingen, 31. Juli 1944. V.: Heike, geb. Biedermann. Ki.: Andreas (1964), Mario Alexander (1984), Sarah Magdalena (1985), Manuel Fernandez (1986), Mira Nastasia Sheila (1989), Ciara Samanta (1993). El.: Martin u. Luise. S.: 1964 Abitur Frankfurt, 1964-67 Stud. Physik u. Phil. Univ. Frankfurt, 1967-72 Med.-Stud. Univ. Frankfurt, 1972 Staatsexamen, 1973 Approb., 1974 Prom., 1974-75 Wehrdienst. K.: 1975-79 Pharmaforsch. Hoechst AG, 1979-80 Visiting Scientist Univ. Los Angeles, 1983 Projektltr. Pharma Hoechst AG, heute Aventis Pharma; seit 1982 Lehrtätigkeit Humanmed. Univ. Gießen. BL.: 1974-95 72 erteilte Patente, seit 1995 10 weitere Patente eingereicht. P.: 102 wiss. Publ. M.: Dt. Ges. f. Pharmakologie u. Toxikologie, Dt. Ges. f. Verdauungs- u. Stoffwechselkrankheiten, Dt. Endokrinolog. Ges., Ges. z. Förd. d. biomed. Wiss., American Gastroenterological Assoc. H.: früh- b. spätmittelalterl. Geschichte, Tauchen, Kochen, Sammlung antiquarischer Bücher.

Bickel Mirko

B.: öff. bestellter Auktionator. FN.: Ind.-Auktionshaus Brandenburg, Mirko Brickel KG. DA.: 16909 Groß Haßlow, Landstr. 1. G.: Hamburg, 15. Mai 1966. V.: Karin, geb. Gehle. Ki.: Katharina-Feline (1999). El.: Rolf-Peter u. Helga, geb. Büchner. S.: 1986 Abitur, b. 1987 Bundeswehr, 1987-89 Lehre Ind.-Kfm. Unilever Hamburg, b. 1990 Ausbild. Management Unilever Hamburg. K.: 1990-91 Verkaufsltr. Ost d. Unilever in Berlin, 1992 Verkaufsltr. West d. Unilever in Düsseldorf, 1994-96 tätig im Auktionshaus in Hamburg, seit 1994 selbst., seit 1997 öff. bestellter u. vereid. Auktionator. H.: Fotografieren, Motorradfahren, Kinobesuche, Filmgeschichte.

Bickel Rainer *)

Bickelhaupt Andreas Dr. *)

Bickelmann Hartmut F. Dr. phil. *)

Bickelmann Karin M.A.
B.: Referentin f. Medienkompetenz u. Qualifzierung. FN.: Landesmedienanstalt Saarland. DA.: 66115 Saarbrücken, Nell-Breuning-Allee 6. PA.: 66125 Dudweiler, Sudstr. 62. bickelmann@lmsaar.de. G.: Saarbrücken, 11. Nov. 1964. V.: Klaus Christ. Ki.: Rieke (1985). El.: Ewald u. Helga, geb. Sussebach. S.: 1983 Abitur, 1984-96 Stud. Erziehungswiss., Sozialpsychologie u. Ital. Philologie, 1987 Erziehungswiss. Praktikum in d. Schülerhilfe d. Kirchengemeinde Neunkirchen-Wellesweiler, 1988 Präd. Praktikum am Lehrstuhl "Informelles Lernen m. Fernsehen", 1990 Hospitanz b. ZDF in d. Hauptabteilung Programmplanung, Abt. Medienforschung m. Mitarbeit am Projekt "LOGO in d. Schule", 1990-

*) Biographie www.whoiswho-verlag.ch oder beigefügte CD-ROM

94 wiss. Hilfskraft am Medienzentrum d. Univ. d. Saarlandes, 1992 Mitarbeit im Projekt "Evaluation v. Unterrichtsmaterialien", 1996 Mitarbeit im Integrationsprojekt "Schulabschluss behinderter Jugendlicher u. Übergang v. d. Schule in d. Beruf", 1996 Abschluss M.A. K.: 1996-98 Redaktionelle Mitarbeit b. d. Herstellung d. Radiosendung "Diskurs" am Medienzentrum d. Univ. d. Saarlandes, 1997 Mitarbeit in einem Integrationsprojekt, seit 1997 Lehrbeauftragter zu d. Themen "Medienerziehung in Schule u. Unterricht" sowie "Förderung v. Medienkompetenz" an d. Univ. d. Saarlandes in Erziehungswiss. Stud. f. Lehramtskandidaten, 1998-99 wiss. Mitarbeiterin d. Arbeitseinheit Wiss. Weiterbildung an d. Univ. d. Saarlandes m. Lehrauftragsverpflichtung, seit 1999 Referentin b. d. Landesmedienanstalt Saarland in Saarbrücken. BL.: 1993-99 Durchführung v. Fortbildungsveranstaltungen als Doz. am Landesinstitut f. Päd. u. Medien in Saarbrücken, seit 1996 Durchführung jährl. Elternseminare am Gymn. am Rotenbühl Saarbrücken, seit 1997 ehrenamtl. Mitarbeit in d. Initiative Medienkompetenz Saarland u. Landesanstalt f. d. Rundfunkwesen, Arbeitsgruppe Kinder- u. Jugendarbeit, 1995-2000 Elternsprecherin am Gymn. am Rotenbühl. M.: TG Tanzsportges. Grün-Gold Saarbrücken (1996-98 Vorst.-Mtgl.). H.: Tanzsport.

Bicker Elisabeth *)

Bickerle Heinz Ludwig *)

Bicking Andreas
B.: freiberufl. Musiker u. Komponist. DA.: 16565 Lehnitz, Fr.-Wolf-Str. 25. G.: Altenburg, 25. Nov. 1959. V.: gesch. Ki.: Anna (1987), Sophia (1991). El.: Siegfried u. Christine, geb. Döhler. S.: 1976 10.-Kl.-Abschluß, 1976-79 Stud. Klarinette u. Klavier HS f. Musik "Felix-Mendelssohn Bartholdy" Leipzig, 1981 Hochschulabschluß "Hanns Eisler Berlin" im Fach Saxaphon. K.: 1977 Musiker "Hansa-Show-Orchester", 1978 Klaus-Lenz-Big-Band "Fusion", 1979 1. eigene Band m. Angelika Mann, 1980 Rundfunktanzorchester Leipzig, künstler. Zusammenarb. m. Uschi Brüning, Theo Schumann u.a., Musiker in versch. nat. Jazzformationen, ab 1984 Keyboarder "Stern Meißen" b. 1988, ab 1990 Ltr. versch. Bands, 1990 Beginn d. künstler. Zusammenarb. m. Veronika Fischer, Arb. auch als Studiomusiker u. Produzent. P.: über 150 Songs u. Filmmusiken, Filmmusik u.a. f. "Polizeiruf 110", seit 193 Filmmusik f. MDR u. ORB. E.: 1985 u. 1986 Musiker d. Jahres. M.: GEMA.

Bidjanbek Mahmud O. *)

Bidler Olaf
B.: Mechaniker, Inh. FN.: MFB - Versicherungsmakler GmbH. DA.: 39108 Magdeburg, Goethestr. 25. G.: Chemnitz, 5. Jan. 1965. V.: Partnerin Jaquelne Möller. Ki.: Phil (1995). El.: Horst u. Monika, geb. Hahne. BV.: Großvater Heinrich Hahne - selbst. Schuhmachermeister. S.: 1981-83 Lehre Instandhaltungsmechaniker. K.: 1983-85 hauptberufl. Tänzer, Grdg. d. Tanzduos B-Boys m. Ruslan Koinakov, Auftritte im Fernsehen, bei Konzerten u. Großveranstaltungen, 1986-89 Kellner u. später Ltr. einer gastronom. Einrichtung, seit 1990 Fahrlehrer in d. Fahrschule d. Vaters u. nebenberufl. Vers.-Verkäufer, seit 1991 selbst. Vers.-Vertreter bei MFB-Finanzberatung, 1993 Grdg. d. Agentur Bidler & Partner in Magde-

burg, seit 1996 Gschf.Ges. d. MFB-Vers.-Makler GmbH, seit 1997 Ges. d. Brückner-Verw.-Ges. in Magdeburg, seit 1999 Ges. d. Vers.-Makler GmbH Bernburg, Stendal, 1999 Grdg. u. Gschf. d. Internet-Marketing "de VIP" GbR u. MFB-Artec Hausbau GmbH. P.: monatl. Vers.-Berichte in Zeitschriften Sachsen-Anhalts, Organisator d. 1. Mfb-Erfolgsforums Sachsen-Anhalt, Titelsponsor d. "mfb Golf Open 2000" in Magdeburg. E.: 1984 offizieller DDR-Meister im Brake-Dance, 1991-95 mehrfacher Sieger im Wettbewerb d. MFB-Finanzberatung. M.: regelm. Unterstützung krebskranker Kinder, BCA. H.: Familie, Internet, Aktien, Fonds, Computerspiele, Schi fahren.

Bidlingmaier Frank Dr. Dr. Prof.
B.: FA f. Kinderheilkunde, FA f. Laboratoriumsmed., Direktor. FN.: Inst f. klinische Biochemie d. Univ. Bonn. DA.: 53105 Bonn, Sigmund-Freud-Str. 25. PA.: 53175 Bonn, Berliner Ring 5. G.: Kiel, 24. Apr. 1937. V.: Dr. med. Regine, geb. Oesterich. Ki.: Martin (1966), Julia (1969), Christoph (1973). El.: Gerhard u. Ilse, geb. Hahn. BV.: Prof. Dr. Friedrich Bidlingmaier, Geophysiker, Antarktisforscher (1902). S.: 1957 Abitur, 1957-63 Med.-Stud. Univ. München, Tübingen, Kiel, 1963 Prom. Dr. med. Univ. Kiel, 1963-67 Biochemie Univ. Tübingen, Dipl., 1985 Prom. Dr. rer. biol. hum. München. K.: 1968 Approb. als Arzt, 1968-72 wiss. Ass. Uniklinik München, 1972-74 wiss. Ass. Kinderklinik Bonn, 1974-85 Ltr. d. klinischen Laboratorien d. Univ.-Kinderklinik München, 1974 Arzt f. Kinderheilkunde, 1981 Akad. Dir. Univ. München, 1982 a. Prof. Univ.-Kinderklinik München, 1985 Prof. C4 f. Klinische Biochemie Bonn, 1986 Dir. d. Inst. f. klinische Biochemie Univ. Bonn, 1987 Arzt f. Laboratoriumsmed. Bonn. P.: "Weibliche Sexualhormone" (1978), ca. 200 Veröff. in intern. Fachzeitschriften, Beiträge zu Lehrbüchern. E.: 1976 Adalbert.Czerny Preis d. Dt. Ges. f. Kinderheilkunde. M.: 1992-95 Präs. d. Dt. Ges. f. Klin. Chemie, 1994 Ehrenmtgl. d. Ungarischen Ges. f. klinische Chemie, 1991 Präs. d. 35. Symposiums d. dt. Ges. f. Endokrinologie, 1995-99 1. Vors. d. Dt. Ges. d. Freunde d. Weizmann-Inst. of Science. H.: Musik, Wandern, Reisen, Kunstgeschichte. (K.K.)

Bieber Andreas
B.: Schauspieler u. Sänger. DA.: u. PA.: 45525 Hattingen, Otto-Hue-Str. 10. G.: Mainz, 22. Dez. 1966. El.: Claus u. Helga. S.: 1985 Abitur, 1987-89 Schauspiel- u. Gesangsausbild. K.: bisherige Engagements u.a.: 1987 Moritz in "Frühlings Erwachen", 1989/90 CATS in Wien, Jack in "Into the woods" Internat. Theatre Wien, Mercedes in "La Cage Aux Folles" Volksoper Wien, 1991/82 Robert in "Feuerwerk" Stadttheater Baden, 1992/93 Kronprinz Rudolf in "Elisabeth" Theater an d. Wien, 1993/94 James Dean in "Die Legende v. Jimmy" Casanova Essen, Frederic in "Die Piraten" Theater Dortmund, Danny in "Grease" Raimundtheater Wien, Rollen in versch. TV-Serien: "Die Wache", "Drei zum Verlieben" u.a., Galaauftritte in Österr., Dtl., Schweiz u. Italien mit versch. Musicalstücken, Fernsehshows, Choreograph f. Musicals "Robin Hood" u. "Moby Dick", sowie versch. Co.-Produktionen. Texter u. Liederübersetzer, Synchronsprecher. P.: CD´s "Elisabeth", "Jimmy Dean", "Voice of Eternity", "Being Alive - Die Stars d. dt. Musicalszene", "Grease", Live-Aufnahmen u. Hit-Single. H.: Reiten, Reisen, Astrologie. (J.S.)

---
*) Biographie www.whoiswho-verlag.ch oder beigefügte CD-ROM

Bieber Erwin *)

Bieber Hansjürgen Dipl.-Ing. *)

Bieber Horst Ing. *)

Bieber Hugo *)

Bieber Peter

B.: Gschf. FN.: Buddelschiff-Museum Wedel. DA.: 22880 Wedel, Parnaßstraße. G.: Berlin, 29. Nov. 1940. V.: Inge, geb. Tarnowski. Ki.: Norman (1967). S.: 1955-60 Ausbild. b. d. Post in Berlin. K.: 1960 Eintritt in d. Bundeswehr in Uetersen/Pinneberg, 1972-76 stationiert in Budel/NL, 1976-80 stationiert in Uetersen, 1980-86 stationiert in Pinneberg, 1986-94 stationiert in Itzehoe Wehrdienstberatung, 1991 Wehrdienstberater in Berlin - kommandiert f. einen Einsatz b. Aufbau gesamtdt. Streitkräfte im Bundeswehr-Kdo. Ost, 1994 versetzt in d. Ruhestand - Stabsfeldwebel a.D., seit 1994 Gschf. im Buddelschiff-Museum Wedel. E.: 1962 Gedenkmed. Sturmflut, 1992 EK d. Bundeswehr in Gold. H.: Sport (Volleyball, Tischtennis).

Bieber Regina Dipl.-Ing.

B.: Architektin, Inh. FN.: Arch.-Büro f. Bauwesen. DA.. 44225 Dortmund, Heinstück 2. G.: Dortmund, 23. Feb. 1959. V.: Uwe Bieber. Ki.: Felix (1987). El.: Karl-Heinz u. Ingeborg Schlimme. BV.: Otto Schlimme - 1930-33 Politiker. S.: 1977 Aitur, 1977-80 Stud. Arch. Dortmund. K.: 1980-83 ang. Architektin in einem Arch.-Büro in Bochum u. Dortmund, seit 1983 selbst. m. Schwerpunkt Bauten f. Hdl. u.a. f. Metro, Lidl u. Aldi, 1995 Eröff. d. Büros f. Projektentwicklung m. Schwerpunkt Planung u. Realisierung v. Objekten unter d. Aspekt d. Funktionalität, Bezahlbarkeit u. Wirtschaftlichkeit; Projekt: Entwicklung d. Gem.-Zentrums Dortmund. F.: Bieber Immobilienprojektentwicklung BiP. P.: Berichte in d. Lokalpresse bei Eröff.-Veranstaltungen, Präsentationsmappe wichtiger Objekte. E.: div. Wettbewerbserfolge im Bereich Hdl. u. Banken. M.: Architektenkam., Bund Dt. Baumeister, Segelver., Porsche-Club, Flugver. H.: Segeln, Fliegen, Automobilsport, Skisport.

Bieber Stefan-Georg *)

Bieber Thomas Dipl.-Ing.
B.: Innenarchitekt (BDiA). FN.: SOB Büro im Hof. DA.: 97070 Würzburg, Sanderstr. 39. bibs@rumpelstilzchen.com. G.: Würzburg, 14. Sep. 1966. El.: Rainer u. Rosalinde, geb. Schweitzer. S.: 1987 Abitur Würzburg, 1988-91 Ausbild. Hdls.-Fachwirt, 1992-96 Stud. Innenarchitektur. Coburg. K.: während d. Stud. freier Mitarb. an versch. Projekten, seit 1992 versch. Ausstellungen u. Ausstellungsbeteiligungen m. Designobjekten u. Ökolog. Design, Initiator d. Ideen-Gemeinschaft "PapARTig", seit 1996 Grdg.-Mtgl. "SOB Büro im Hof" Würzburg, 1999 Eröff. d. Galerie "SOB-Ideenraum". M.: BDiA, Bund Dt. Innenarchitekten Bonn, Bay. Architektenkammer. H.: Kunst, Design, Freundeskreis, Sport.

Bieber Tino
B.: Gschf. Ges. FN.: Der Uhrendoktor GmbH. DA.: 90403 Nürnberg, Vordere Ledergg. 14. PA.: 90408 Nürnberg, Uhlandstr. 17. deruhrendoktor@t-online.de. www.uhrendoktor.de. G.: Nürnberg, 14. Juli 1974. V.: Anke, geb. Schneider. El.: Heinz u. Anneliese. S.: 1990-93 Lehre Uhrmacher Firma Quelle Nürnberg. K.: 1993-98 Ang. im elterl. Betrieb u. 1998 Übernahme. M.: Computer, Internet, Autos, Oldtimer, Schwimmen. H.: Radfahren, Skifahren.

Bieber Veit Dr. med. dent.

B.: Zahnarzt. DA.: 63739 Aschaffenburg, Ludwigstr. 21. G.: Aschaffenburg, 21. Nov. 1962. V.: Anna, geb. Dellert. Ki.: Clara (1991) und Sophia (1994). El.: Gerhard u. Liselotte, geb. Brönner. S.: 1982 Abitur Aschaffenburg, 1982-83 Bundeswehr, 1984 Stud. Zahnmed. an der Johannes Gutenberg-Univ. Mainz, 1989 Staatsexamen. K.: 1991-93 Ass.-Zahnarzt in freier Praxis, 1993 Prom. z. Dr. med. dent., 1993 Ndlg. m. eigener Zahnarztpraxis in Aschaffenburg. P.: 1990-93 Diss. "Unters. Primäre u. Sekundäre Lebertumore u. deren Behandlung". M.: ZÄF, Lionsclub Aschaffenburg-Alzenau. H.: Musik u. Gesang, CD-Sammlung.

Bieber Wolfgang *)

Bieberstein Hans Dipl.-Ing. *)

Bieberstein Horst

B.: Fachautor, Verleger, Inh. FN.: Bieberstein Fachbuchverlag. DA.: 01445 Radebeul, Reichsstr. 19. G.: Radebeul, 16. Okt. 1955. S.: 1972-74 Lehre Techn. Zeichner, 1974-76 Wehrdienst, 1976-79 Stud. Fachschule f. Bauwesen Cottbus m. Abschluss Dipl.-Ing. f. Bauwesen. K.: 1979-83 Bauleiter in Dresden, Spezialgebiet Bauschäden, seit 1984 Sachv. u. Fachjournalist f. d. Bereiche Bauphysik u. Energiesparen, seit 1987 Energieberater f. d. Verbraucherzentrale, 1989 Grdg. d. Verlages f. eigene Publ. in Stuttgart, ab 1995 Nutzung d. Internet, 1997 Verlegung d. Verlages nach Radebeul, seit dem Print- u. Onlineprodukte i. d. Bereichen Bauen, Wohnen, Energie u. eCommerc. BL.: Populäre Aufbereitung, Darstellung u. Visualisierung v. wissenschaftl. Zusammenhängen. P.: "Schimmelpilz in Wohnräumen - was tun?", "Jahrbuch Erneuerbare Energien", Vorträge f. Innung, Kammern, Unternehmen u. Ärztekongressen z. Thema Toxikologie und Bauphysik. M.: Vorst.-Mtgl. d. Gewerbever. Radebeul e.V., Vors. d. Beirates Stadtmarketing Radebeul. H.: Lesen.

*) Biographie www.whoiswho-verlag.ch oder beigefügte CD-ROM

Biebl Franz *)

Biebl Hedwig Dr. med. *)

Biebusch Werner Dr. phil. *)

Biechele Margret

B.: Kunst- u. Antiquitätenhändlerin, Unternehmerin, selbständig. FN.: Oberschwäbische Barockgalerie. DA.: 88416 Ochsenhausen, Schloßstr. 67. G.: Ochsenhausen, 16. Feb. 1945. El.: Karl Biechele jun. u. Theresia, geb. Mundbrod. BV.: Karl Biechele sen. Firmengründer. S.: 1964 Abitur Ochsenhausen, Stud. Kunst- u. Betriebswirtschaft Univ. München. K.: Mitarbeit im elterl. Betrieb u. dort profunde Kenntnisse erworben, nach d. Tod d. Vaters alleinige Inh. d. z. Museum etablierten Schwäbischen Barockgalerie: bedeutende Sammlung erlesener Möbel, Gemälde, Skulpturen, Porzellan u. andere Einrichtungsgegenstände, darunter wahre Prunkstücke aus allen Epochen b. zurück ins Spätgotische. P.: zahlr. Besprechungen u. Berichte in regionalen u. überregionalen Zeitungen u. Fachmagazinen, Exponate im Landesmuseum Stuttgart, TV-Beitrag im ARD u. SWF. M.: Verb. Dt. Kunst- u. Antiquitätenhändler, 2 Kirchenchöre in Ochsenhausen, b. 1980 Gemeinderat Ochsenhausen, b. 1989 Kirchengemeinderat. H.: Hunde, Chorsingen, barocke Musik.

Biecker Manfred *)

Biedenkapp Anke Ellen Isa
B.: Gschf. FN.: Stattreisen Hannover e.V., Stattreisen Hannover e.V. im Umweltzentrum e.V. DA.: 30159 Hannover, Hausmannstr. 9-10. G.: Alsfeld, 26. Jan. 1960. El.: Otto u. Maria Theresa, geb. Richard. S.: 1978 Abitur Grünberg, b. 1985 Stud. Hispanistik u. Geschichte Bonn. K.: während d. Stud. 1 J. Auslandsaufenthalt in Spanien u. b. 1987 Reiseltr. f. Studiosus-Reisen München,1987-88 Bearb. eines lokalen Geschichtsprojektes, 1988-90 Referendariat f. d. Lehramt am Gymn. in Hannover, Tätigkeit b. Stattreisen Hannover, Mitbegründerin, seit 1990 Planung u. Durchführung d. Reisepavillons. M.: Naturfreunde. H.: Sport.

Biedenkopf Kurt Hans Dr. iur.
B.: Min.-Präs. (bis 04/2002). FN.: Sächs. Staatskzl. DA.: 01097 Dresden, Archivstr. 1. www.sachsen.de. G.: Ludwigshafen/Rhein, 28. Jan. 1930. V.: Ingrid. K.: 1963-70 Lehrtätigkeit Univ. Frankfurt/Main (Privatdoz.) u. Bochum (1964 Ordinarius, 1967-69 Rektor), 1968-70 Vors. Mitbestimmungskmsn. d. Bundesreg., 1971-73 Mtgl. d. zentralen Gschf. u. d. Henkel-Konzerns Düsseldorf, 1976-80 u. 1987-90 MdB, 1991-95 Vors. d. CDU-Landesverb. Sachsen, 1990-04/2002 Min.-Präs. d. Freistaates Sachsen u. MdBR. P.: Fortschritt in Freiheit (1974), Die neue Sicht d. Dinge (1985), Zeitsignale. Parteienlandschaft im Umbruch (1989), Einheit u. Erneuerung (1994), 1989-1990. Ein deutsches Tagebuch (2000). E.: 1974 Dr. h.c. Davidson College Davidson USA, 1978 Georgetown Univ. Washington USA, 1993 New School for Social Research New York/USA, 1994 Kath. Univ. Brüssel/Belgien. (Re)

Bieder Editha *)

Biedermann Arved *)

Biedermann Bernd Dr. Prof.
B.: Zivilingenieur. FN.: Geotechn. Institut. DA.: 97070 Würzburg, Ludwigstr. 22. G.: Würzburg, 28. Dez. 1944. V.: Dipl.-Kauffrau Hiltrud Sylvia, geb. Göpfert. Ki.: Katja Madeleine (1991). S.: Abitur, 1966-73 Stud. Bauing.-Wesen TU München, Dipl.-Ing. K.: 1973 Verwalter eine Ass.-Stelle TH Aachen, 1973-74 wiss. Ass. TH Aachen, 1975-79 wiss. Ang. TH Aachen, 1980-88 Mitarb. im Ing.-Büro f. Grundbau u. Bodenmechanik Dr. Kurt Magar Würzburg, 1983-88 Lehrbeauftragter f. d. Fachgebiet Bodenmechanik u. Grundbau an d. FHS Würzburg-Schweinfurt, 1984 Prom. z. Dr.-Ing., 1988 Prof. FHS Würzburg-Schweinfurt, 1988 öff. bestellter u. vereid. Sachv. f. Grundbau, Bodenmechanik u. Erdbau, seit 1990 Geotechn. Inst. P.: Vergleichende Untersuchungen mit Sonden im Schluff (1984) u. weitere 40 Veröff. über: Ramm-, Druck- u. Seitendrucksonden, die neue DIN 4094, Traglast-Bettungsmodul - Steifemodulverfahren, Erchütterungsmessungen, Deponietechnik, Einsatz v. Geotextilien, Statik u. Versagenswahrscheinlichkeit in Grundbau u. Bodenmechanik, Dränagesysteme; 30 Vorträge über: Flach- u. Pfahlgründungen, Stützbauwerke, Böschungen, Sondierungen, Tiefe Baugruben, Geotextilien. H.: Tennis, Antike.

Biedermann Edwin Adolf Dipl.-Vw. *)

Biedermann Günter Dr. Prof.
B.: HS-Lehrer. FN.: Univ. Kassel. DA.: 37213 Witzenhausen, Nordbahnhofstr. 1a. PA.: 37213 Witzenhausen, Schützenstr. 18. G.: Bayreuth, 29. Jan. 1940. V.: Ruth, geb. Kühl. Ki.: Marianne, Johannes. El.: Karl u. Margarete. S.: 1960 Abitur, 1966 Dipl.-Ing. agr., 1969 Prom. K.: 1966-72 wiss. Ass. Inst. f. Tierzucht TU München-Weihenstephan, seit 1972 Prof. f. Tierzucht Univ. GH Kassel. P.: 3 Bücher, 125 Veröff. in wiss. Zeitschriften. M.: Dt. Ges. f. Züchtungskunde, Ges. f. Tierzuchtwiss. H.: Garten, Fotografieren.

Biedermann Hans-Gernot Dr. med. Dr. rer. nat. habil. *)

Biedermann Julia
B.: Schauspielerin, Synchronsprecherin. FN.: Agentur B. Kleine. DA.: 81929 München, Von der Vring Str. 41. G.: Berlin, 15. März 1967. S.: Mittlere Reife, Schauspielschule, Tanzak. Berlin, Gesangsstud. K.: stand schon m. 6 J. auf d. Bühne u. v. a. TV-Kamera, Bühnenstationen u.a. Berlin, Hamburg, München, Düsseldorf, Köln, zahlr. Film- u. TV-Rollen, Auszug a. d. Filmographie: Die bleierne Zeit (1981), Ich heirate eine Familie (1986), Ein Schweizer namens Nötzli, Tagebuch f. einen Mörder (1988), Hotel Paradies - Unter Mordverdacht, Ein Schloß am Wörthersee (1990), Marienhof (1995), Mein Freund der Lippizaner, Hochwürden erbt das Paradies, Der Landartz, Blankenese, Schwarz greift ein - Käufliche Liebe (1994), Für alle Fälle Stephanie (1998), Unser Charly (1999), danach Theatertourneen, Da, wo die Berge sind (2000), E.: 1987 Gold. Palmenzweig Salone Intern. Umorismo San Remo. H.: Musical, franz. Küche, Karate, Kuchen backen.

Biedermann Margret Dr. phil.
B.: Kunsthistorikerin, Galeristin. DA.: 80539 München, Maximilianstr. 25. galerie-biedermann@freenet.de. www.artnet. com/biedermann.html. G.: 9. Aug. 1943. El.: Wilfried u. Bernardina B. S.: Klosterschule "Arme Schulschwestern", Stud. d. Kunstgeschichte u. Archäologie an d. Univ. München u. Freiburg u. USA. K.: seit 1969 freiberufl. tätig, seit 1974 Inh. d. Galerie Biedermann; Schwerpunkt zeitgenössische Zeichnung, Malerei u. Plastik, Initiative e. Fassade in Trompe-l'oeil Technik (Augentäuschung) Ecke Frauenstr./Zwingerstr. Werk d. Künstlers Richard Haas. P.: Werkverz. Ferdinand Kobell (Diss.), Werkverz. d. Bildhauers Toni Stadler als Mithg. M.: Förderver. d. graph. Sammlung, Zentralinst. f. Kunstgeschichte u. d. Kunsthist. Inst., Florenz.

---

*) Biographie www.whoiswho-verlag.ch oder beigefügte CD-ROM

Biedermann Wolfgang
B.: Kfm., Unternehmer, selbständig. FN.: Biedermann en Vogue. DA.: 88131 Lindau, Maximilianstr. 2. G.: Hermannstein, 8. Juli 1944. V.: Marit Anita, geb. Eide. BV.: Großvater Josef Biedermann war lange J. d. Bgm. v. Hermannstein. S.: kfm. Ausbildung, Stud. BWL in Singen u. Konstanz. K.: seit 1970 selbständig, zunächst in Saulgau m. einer Damen- u. Herrenboutique u. 1974 Wechsel nach Lindau, seit 1977 m. einer Herren- u. einer Damenboutique in d. jetzigen Räumen auf d. Maximilianstraße, 19795-93 Inh. einer eigenen Hemdenproduktion. M.: Golfclub Bergen/Norwegen. H.: Oldtimer, Segeln, Golf, Umbauarbeiten, Reisen, Sammler v. Münzen u. Armbanduhren.

Biedermann Wolfgang E.
B.: Maler u. Grafiker, freischaffend. DA.: 04157 Leipzig, Braunschweiger Str. 20. G.: Plauen, 5. Apr. 1940. V.: Ingrid. Ki.: Erik (1968). S.: Stud. an d. HS f. Grafik u. Buchkunst in Leipzig. K.: seit 1968 freischaffend in Leipzig tätig, Kombination v. Radierungen u. Malerei, Umarbeitungen v. Radierungen, lyrischer Abstraktionismus, z.B. Schriftverarbeitung, visuell-abstrakte Posie. P.: jährlich Personalausstellungen, Ausstellungsbeteiligungen u.a. in Tokio (1975), Moderne de la Ville, Musee d'Arts in Paris (1981), Grafikbiennale Bilbao (1982), Grafikbiennale Stockholm (1983), Germanisches Museum Nürnberg (1992), Galerie am Sachenplatz in Leipzig (1994-95), Hannover Nord/LB (2000), Werkstandorte: Dt. Bundestag, Dt. Bundesbank, Dt. Bank AG, Nord/LB Leipzig. M.: seit 1996 Mtgl. d. Freien Akademie d. Künste in Leipzig.

Biederstaedt Claus
B.: Schauspieler. PA.: 82223 Eichenau, Richard-Strauss-Str. 3. G.: Stargard, 28. Juni 1928. V.: Ingrid, geb. Peters. Ki.: Tom-Erik. S.: Abitur, Schule am Schauspielhaus Hamburg. K.: seit 1948 Bühnenengagements u.a. in Hamburg, Wiesbaden, Berlin, Augsburg u. Frankfurt/Main, zahlr. Filmrollen, u.a. in "Sauerbruch - Das war mein Leben", "Drei Männer im Schnee", "Charley's Tante", "Nachtschwester Ingeborg", "Schick Deine Frau nicht nach Italien", Synchronsprecher vieler Weltstars, im Fernsehen u.a.: Titelrolle in "Ein Chirurg erinnert sich (Serie, 1972), Kommissar in "Die untersterblichen Methoden des Franz Josef Wanninger" (1975-82), auch Regisseur. E.: 1953 Bundesfilmpreis. H.: Musik, Kunstgeschichte, Bücher.

Biefel Karin Dr. med.
B.: FA f. plast. Chirurgie u. allg. Chirurgie. DA.: 74074 Heilbronn, Hinrieter Str. 14. G.: Günzburg/Donau, 9. Jan. 1957. Ki.: Christian (1976), Fabian (2000). S.: 1976 Abitur, 1976 Stud. Med., 1982 Med. Staatsexamen u. Approb., 1983 Prom. z. Dr. med. K.: 1982 Weiterbildung z. FA f. Allg. Chirurgie, 1987-88 Ass.-Ärztin Klinikum aachen, plast. Chirurgie, 1990-91 Studienaufenthalt Univ.-Klinik Galveston Texas/ USA, Abt. Plast. Chirurgie, 1991 Ass.-Ärztin Klinikum Rechts d. Isar München, Forschung über Silikon u. seine Bioverträglicheit, 1993 FA f. Plast. Chirurgie b. Prof. Dr. Biemer Klinikum Rechts d. Isar, 1993 Ndlg. als erste plast. Chirurgin in Heilbronn, Schwerpunkte: ästhetische Chirurgie, Gesichtsu. Brustchirurgie, Liposuktion, 2001 Grdg. einer Privatklinik, zahlr. Studienaufenthalte in Österreich, Italien, Frankreich, USA u. Brasilien. P.: wiss. Arbeiten über Tracheotomie u. Liposuktion. M.: VDPC Vereinigung Dt. Plast. Chirurgen, BDC Bund Dt. Chirurgen, Hartmannbund. H.: klass. Musik, Sprachen (ital., engl., span., franz.), Reisen, Skifahren, Tennis.

Bieg Andreas Dr. med. *)

Bieg Axel Wolfgang *)

Biege Uwe *)

Biegel Gerd *)

Biegelmaier Karl-Heinz

B.: Beratender Diplom-Forstwirt. DA.: 79110 Freiburg, Ziegelhofstraße 234. Karl-Heinz.Biegelmaier@t-online.de. G.: Laupheim, 14. Aug. 1958. V.: Ursula, geb. Edele. El.: Helmut (Landwirtschafts-Ingenieur) u. Hildegard, geb. Scheffold. S.: 1977 Abitur Gymn. Hechingen, 1977-79 Bundeswehr, Fallschirmjägerbatallion 252, 1979-85 Stud. d. Forstwissenschaft, Albert-Ludwigs-Univ. Freiburg, 1986 Mitarbeiter in einem Planungsbüro, 1989-90 Referendariat in d. Landesforstverwaltung Baden-Württemberg, Staatsexamen (Assessor d. Forstdienstes). K.: seit 1990 freiberufl. tätig als beratender Diplom-Forstwirt; forstliche u. dendrologische Untersuchungen, Gutachten, Bewertung land- u. forstwirtschaftlicher Grundstücke. BL.: Untersuchungen zu Hochwassertoleranz v. Waldbäumen. d. Rheinwaldungen zw. Breisach u. Mannheim. M.: Bundesverband freiberuflicher Forstsachverständiger BvFF, Arbeitskreis forstliches Berufsbild AkfB, Deutsche Dendrologische Gesellschaft DDG, Internation Society of Arboricultre ISA. H.: Posaune, Jazz, Sport.

Bieger Helmut Dr. Prof. *)

Bieger Wolfgang Dr.

B.: Bauunternehmer, Inh. FN.: Dr. Ing. Bieger GmbH & Co KG. DA.: 50937 Köln, Rurstr. 17. G.: Köln, 14. Sep. 1929. V.: Marie-Luise, geb. Nordbrock. Ki.: Claudia (1966), Gudrun (1967), Rolf (1969). El.: Hans Bieger. S.: 1948-53 Stud. Eisenbahnbau TH Aachen m. Abschluß Dipl.-Ing., 1953-55 Ass. TH Aachen, Prom. K.: 1956-70 Baultr. im elterl. Betrieb, ab 1970 Teilhaber u. zuletzt Gschf. F.: Kölngleis Dr. Ing. Bieger GmbH & Co KG, Hans Bieger GmbH & Co KG. E.: BVK, Gold. Verd.-Nadel d. Wirtschaftsvereinig. d. Bauind. NW. M.: 1970-78 Bundesvors. d. Fachabt. Oberbau im Hauptverb. d. Dt. Bauind., 1968-98 Vors. d. Landesfachabt. Oberbau d. Wirtschaftsvereinig Bauind., Lions Club, stellv. Vors. d. VABI Wuppertal. H.: Musik, Lesen, Skifahren, Wandern.

Biegert Wolfgang Dr. rer. nat.
B.: Prof. PA.: 71394 Kernen, Brahmsstr. 2. G.: Frauenzimmern, 15. Juli 1925. V.: Elly. S.: Stud. d. Math. u. Physik TH Stuttgart. K.: 1963 Doz. Staatsbauschule Stuttgart 1970 Prof., 1971 Fachbereichsltr. Fachbereich Math., 1973-85 Prorektor d. FH f. Technik Stuttgart, Ruhestand 1989. P.: ca. 25 Veröff. E.: BVK am Bande 1985, Ehrenmtgl. Verb. VHW Baden-Württemberg 1985, Ehrennadel f. 60j. Mtgl. Schwäb. Alverv. Stuttgart bis 2001, Stv. BVors. Verb. VHW Bonn 1973-86. M.: Verb. VHW, Ges. z. Förd. d. Angew. Photogrammetrie

*) Biographie www.whoiswho-verlag.ch oder beigefügte CD-ROM

Biegert

(Gschf.), Carl Duisberg-Arbeitskreis Bad.-Württ. (Mtgl. i. Vorst.), DRK, Schwäb. Albver., National Geographic Soc. Washington.

Biegler Hans Jürgen
B.: Projektentwickler, Techn. Niederlassungsleiter. FN.: TERCON GmbH. DA.: 10587 Berlin, Hallerstr. 6. hans.biegler@tercon.de. G.: Bremen, 23. Dez. 1954. V.: Sabine, geb. Schmelzer. S.: 1973 Abitur Krefeld, 1973-79 Stud. Architektur Gesamt-HS Kasel, 1979 Dipl.-Ing. Architekt. K.: 1979-80 Büro Prof. Peter Latz Saarbrücken, 1980-84 Büro f. Stadtplanung u. Sozialforschung Weeber & Partner Stuttgart, 1984-89 Büro Germy u. Reck Stuttgart, 1989-90 IBM Liegenschaftsabteilung, 1990-94 IBM Pensionskasse, 1994 1/2 J.DAL Dt. Anlagen Leasing, 1994-99 f. Büro AIC Projekt Hotel Adlon Berlin, seit 1999 Tercon, Aufbau Ndlg. Berlin, 2001 Spreestadt Charlottenburg. M.: Bundesarchitektenkammer. H.: Sport (Wassersport, Rudern, Kanufahren, Radsport).

Biegler Reinhard Dr.

B.: Zahnarzt, Inh. FN.: Abt. f. Zahn-, Mund- u. Kieferkrankheiten d. St. Josefs-Hospitals. DA.: 40472 Düsseldorf, Am Klosterhof 1; 42549 Velbert, Heiligenhauser Str. 51. G.: Graz/Österr., 6. Sep. 1949. V.: Hansine, geb. Buchholz. Ki.: Anne, Astrid, Julie. El.: Hans u. Rosi, geb. Kottnigg. S.: 1969 Abitur Brühl, 1969-74 Stud. Univ. Düsseldorf, 1974 Examen. K.: 1974-76 Ass., seit 1977 selbst. in Velbert. M.: Hartmannbund, DEGUSA. H.: Laufen, Inlineskating, Reiten.

Biehl Böle Dr. rer. nat.
B.: Univ.-Prof. a.D. PA.: 38116 Braunschweig, Mierendorffweg 3. b.biehl@tu-bs.de. G.: Lütjenburg (Holstein), 26. Mai 1928. V.: Ingeburg, geb. Küntzel. Ki.: Roland (1959), Gabriele (1961), Brigitte (1966), Mareike (1971). El.: Friedrich Wilhelm u. Felicitas. S.: 1948 Abitur Hamburg, Stud. Univ. Hamburg Biologie, 1955 Dipl., 1958 Prom. K.: TU Braunschweig: 1974 apl.Prof., 1978 Prof. (Botan. Inst.). P.: 92 Veröff. auf d. Gebieten "Analyse und Biochemie von Chloroplasten", Biochemie sekundärer Pflanzenstoffe u. "Biochemie und Fermentation des Kakaos". E.: Preis f. Wiss. u. Technik 1974 des Bundesverb. d. Dt. Süßwarenind. e.V. M.: Dt. Botan. Ges., Ges. Naturf. u. Ärzte,Ges. Dt. Chemiker, Braunschweigischer Hochschulbund.

Biehl Dieter Dr. rer. pol. Univ.-Prof. *)

Biehl Gerd Dr. med. Prof. *)

Biehl Hans-Reiner Dipl.-Ing. Dipl.-Kfm.
B.: Bergwerksdir., Vorst.-Vors. PA.: 66119 Saarbrücken, Friedhofsweg 6. G.: 13. Nov. 1936. S.: Dipl.-Ing., Dipl.-Kfm. K.: Bergwerksdir., Vorst.-Vors. Saarbergwerke AG Saarbrücken. M.: Vorst.-Vors. UVS Saarbrücken, stellv. Vorst.-Vors. Gesamtverb. d. dt. Steinkohlenbergbaus Essen, DMT e.V. Essen, Vorst.-Mtgl. Bochumer Verb. d. Bergwerke in Westfalen, im Rheinland u. im Saargebiet Bochum, Unfallschadenverb. Bochum e.V. Bochum, Bundesverb. Dt. Arbeitgeberverb. Köln, Wirtschaftsver. Bergbau e.V. Bonn, AufsR.-Vors. Saar Ferngas AG, Saarberg-Hölter Umwelttechnik GmbH Saarbrücken, Fernwärme-Verbund Saar GmbH Völklingen, AufsR.-Vors. Saar-Lothringische Kohlenunion Saarbrücken/Straßburg, AufsR.-Mtgl. Dt. Bank Saar AG Saar-

brücken, Studienges. Kohle mbH Essen, Cubis AG Essen, BeiR.-Mtgl. Saarberg-Interplan Ges. f. Rohstoff-, Energie- u. Ing.-Technik mbH, Saarberg Hdl. GmbH Saarbrücken, VPräs. d. IHK d. Saarlandes Saarbrücken, Präs. Ver. d. Saarländ. Unternehmerverb. e.V. Saarbrücken, Vollversammlung Studienausssch. Westeurop. Kohlenbergbau Brüssel, Max-Planck-Ges. z. Förd. d. Wiss. e.V. München, Kuratoriumsmtgl. Stiftung Bergmannshilfswerk Luisenthal, Landeskuratorium Rheinland-Pfalz/Saarland d. Stifterverb. f. d. Dt. Wiss. Vors.

Biehl Klaus
B.: Buchhändler, Gschf. FN.: Sack Fachbuchhandlung u. Antiquariat. DA.: 04107 Leipzig, Harkortstr. 7. leipzig@sack-direkt.de. www.sack-direkt.de. G.: Neunkirchen, 22. Apr. 1951. V.: verh. Ki.: 2 Kinder. S.: 1970 Abitur Neunkirchen, 1971-79 Stud. Rechtswiss. Saarbrücken, Marburg u. Bochum, 1. Staatsexamen. K.: seit 1982 b. Sack Fachbuchhandlungen, 1982-84 Volontär Buchhandlung Sack Düsseldorf, 1984-89 Filialleiter Sack Köln, 1986 Buchhändlerprüfung, 1988 Ausbildereignungsprüfung, 1990-92 Aufbau Außendienst Düsseldorf, seit 1992 Filialleiter Ndlg. Leipzig, seit 1996 Gschf. d. o.g. Filiale. M.: Vorst.-Mtgl. d. Landesverbandes Sachsen, Sachsen-Anhalt u. Thüringen Verleger u. Buchhandlungen, Förderverein d. Juristischen Bibliothek d. Univ. Leipzig e.V. H.: Tennis, Theater, Oper, Literatur, klass. Musik.

Biehle Alfred
B.: Kfm., Journalist. PA.: 97753 Karlstadt, Konrad-v.-Querfurt-Str. 22. G.: Augsburg, 15. Nov. 1926. Ki.: 1 Tochter. S.: Kfm. Lehre, 1944-45 Kriegsdienst, Ind.-Kfm. K.: seit 1950 Journalist, 1956-72 KreisR., 1956-78 u. 1984-90 StadtR., b. 1970 Vors., 1960-66 2. Bgm., 1966-72 stellv. LandR., 1969-90 MdB u. Mtgl. d. Verteidigungsausschs., 1980-90 o.Mtgl. d. Unterausssch. f. Abrüstung u. Rüstungskontrolle, 1982-90 Vors. d. Verteidigungsausssch., seit 1990 Wehrbeauftragter d. Dt. Bundestages. E.: 1980 Bayer. VO, 1986 Gr. BVK, 1990 EK d. Bundeswehr in Gold, DRK-EZ u. EZ d. Dt. Feuerwehrverb. M.: seit 1950 CSU.

Biehler Marlies *)

Biehler Rudolf *)

Biehler Wolfgang Dr. med. *)

Biehn Dieter Dipl.-Bw. *)

Biek Katja Dipl.-Ing. Prof.

B.: Professorin im Fachbereich Architektur/Versorgungs- u. Energietechnik an der TFH Berlin, Mitinh. FN.: Planung, Beratung, Gutachten, Projektsteuerung Biek Berlin. DA.: 14057 Berlin, Kaiserdamm 28. G.: Berlin, 29. März 1960. El.: Jürgen u. Waltraud Biek, geb. Oestergaard. S.: 1978 Abitur, 1978-84 Stud. Energie- u. Verfahrenstechnik TU Berlin m. Abschluß Dipl.-Ing., 1987 Ausbild. BWL. K.: 1978-91 Gschf. d. väterl. Unternehmens, 1988-92 Prok. eines Ing.-Büros, seit 1993 selbst. m. Grdg. d. Ing.-Büros m. Schwerpunkt Planung, Beratung, Gutachten, Projektprojektion- steuerung u. Qualifizierung, Bewertung v. Produktabläufen, Gutachten u. Stellungnahmen zu Gebäudemanagement, Bewertung v. Gewerbe- und Wohnimmobilien sowie Krankenhäusern. Beurteilung einschlägiger Vorschriften f. Gewer-

*) Biographie www.whoiswho-verlag.ch oder beigefügte CD-ROM

be- u. Wohnimmobilien sowie Krankenhäusern; Funktion: seit 2000 Prof. an d. TFH Berlin. M.: VDI, GG, ATV, Baukam. H.: Segeln, Skifahren.

Biek Susanne Dipl.-Kfm.

B.: Steuerberaterin. DA.: 12161 Berlin, Bundesallee 110. G.: Berlin, 1. Aug. 1961. El.: Jürgen u. Bettina Biek. S.: 1980 Abitur Berlin, 1980-87 Stud. z. Dipl.-Kfm. an d. TU Berlin. K.: 1987-93 ang. Wirtschaftsprüferin, 1992 Steuerberaterprüf., seit 1993 selbst. H.: Lesen, Kultur, Sport, Reiten.

Bieker Wolf-Michael Dr. med. dent.

B.: Zahnarzt. DA.: 37073 Göttingen, Weender Straße 70. PA.: 37085 Göttingen, Herzberger Landstr. 50. G.: Göttingen, 30. März 1951. El.: Dr. med. Wolfgang u. Sybille, geb. Wuttke-Grosser. BV.: Dr. med. Kurt Grosser - Facharzt f. Orthopädie, Gynäkologie u. Chirurgie m. eigener Privatklinik in Liegnitz/Schlesien. S.: 1971 Abitur, 1971-76 Stud. Landwirtschaft u. Ev. Theologie, 1976-81 Stud. Med. u. Zahnmed. an d. Univ. Göttingen, Staatsexamen u. Approb., 1992 Prom. K.: 1981-84 Sanitätsoffizier, 1984 Niederlassung in eigener Zahnarztpraxis. P.: Einfluß von Postaglandin-Antagonisten u. Be. in d. Geburtshilfe (1981), Klinische Bedeutung d. Enddiastol. Blockes u. d. Reverse-Flow in d. Geburtshilfe (2000). M.: Zahnärztekammer, Landesjägerschaft Niedersachsen, seit 1977 Dt. Aeroclub, Veteranen Fahrz. Verband, Rolls-Royce-Enthusiasts' Club, Histor. Ges. Liegnitz/Schlesien, Förderverein Dt. Theater. H.: Oldtimer-Restauration, Motor-Fliegerei, Jagd, Geschichte, Psychologie, Theater, Malerei.

Biekert Ernst R. Dr. rer. nat. habil. Univ.-Prof. *)

Biel Katharina *)

Biel Peter
B.: Vorst.-Vors. FN.: Stinnes BauMarkt AG. DA.: 73734 Esslingen, Uhlandstr. 1.

Bielecke Bernd Dipl.-Ing. *)

Bielecki Rolf Dipl.-Ing. *)

Bielefeld Andrea
B.: Schneidermeisterin, selbständig. GT.: 1998 Vereidigung als öff. bestellte u. vereidigte Sachv. f. d. Damenschneiderhandwerk, 1999 Vors. d. Prüfungskommission f. d. Damenschneiderhandwerk. DA.: 10963 Berlin, Großbeerenstr. 82. G.: Hann.-Münden, 31. Aug. 1963. S.: 1983 Abitur Hann.-Münden, Auslandsaufenthalt in Italien, dann versch. Tätigkeiten in einer Gärtnerei u. in d. Gastronomie, danach Lehre als

Damenmaßschneiderin in Berlin b. 1988 u. Berufsabschluss als Damenmaßschneidergesellin, 1990-91 Absolvierung eines Schnittkonstruktionslehrganges (Damenoberbekleidung), 1991-92 Meisterlehrgang mit Abschluss als Damenschneidermeisterin. K.: 1988-93 Musterschneiderin in versch. Berliner Schneiderbetrieben, 1993 Eröffnung d. eigenen Maßschneiderateliers in Berlin-Kreuzberg. M.: Handwerkskammer Berlin, Damenschneiderinnung. H.: Kochen, niveauvoll Essen gehen, Kino, Kunst.

Bielefeld Siegfried *)

Bielefeld Stefan
B.: Zauberkünstler. DA.: 10439 Berlin, Driesener Str. 2. info@magicfire.de. G.: Bremen, 29. März 1962. El.: Paul u. Elfriede. S.: 1981 Abitur, 1982-85 Lehre Koch. K.: 1985-86 Koch im Bristol Hotel Kempinski Berlin, b. 1990 tätig als Koch in versch. Restaurants in Berlin, seit 1988 selbst. Zauberkünstler m. Feuershow, Bühnen- u. Close-Up Zauberei. P.: Auftritte in d. ARD-Lottoshow, bei BASF, f. d. Bundespresseamt uva. M.: Magischer Zirkel Berlin. H.: Zauberkunst, Wassersport.

Bielefeld Ulrich Dipl.-Ing. *)

Bielefeld Uwe Dipl.-Ing. *)

Bielenberg Norbert Dipl.-Ing. *)

Bieler Alfred *)

Bieler Ernst Dr. med. *)

Bieler Manfred
B.: Schriftsteller. PA.: 81245 München. G.: Zerbst/Anhalt, 3. Juli 1934. V.: Marcella. Ki.: Gregor, Laura. El.: Richard u. Elsbeth. S.: 1952 Abitur, Stud. Germanistik Humboldt-Univ. Berlin, 1956 Dipl.-Phil. K.: Schriftsteller. P.: u.a.: "Der Mädchenkrieg" (1976), "Der Kanal" (1978), "Der Junge Roth", "Der Vogelherd", "Bonifaz oder Der Matrose in der Flasche", "Das Kaninchen bin ich", "Ewig u. drei Tage" (1980), "Der Bär" (1983), "Walhalla" (1988), "Still wie d. Nacht" (1989), über 40 Hör- u. Fernsehspiele bzw. Filme. E.: 1965 Intern. Hörspielpreis, 1969 Andreas-Gryphus-Preis, 1971 Bayer. Förd.-Preis, 1977 Jakob-Kaiser-Preis. M.: 1973 Bayer. Ak. d. Schönen Künste, 1980 P.E.N.-Club BRD. H.: Musik (Cembalo), Malerei.

Bieler Peter *)

Bielig Jörg
B.: Steinbildhauermeister, Steinmetzmeister, Alleininh. FN.: Steinbildhauerei u. Grabmalfachgeschäft Bielig. DA.: 29525 Uelzen, Ripdorfer Str. 11-17. PA.: 29525 Uelzen, Ripdorfer Str. 11. bielig-grabmale@t-online.de. www.bielig-grabmale. de. G.: Uelzen, 27. März 1964. V.: Heike Annemarie, geb. Hoffmann. Ki.: Holger (1993), Ludger (1996). El.: Lutz-Dietmar u. Ruth, geb. Eckhard. BV.: Hermann Billung ist ein direkter Vorfahre (Markgraf 937, Herzog v. Sachsen 961-973, +27.3.973 Quedlinburg; v. Otto d. Großen d. Unterelbe m. d. Schutz d. Grenze gegen Obodriten u. Dänen beauftragt; zeitweilig als Stellv. Ottos v. Sachsen). S.: 1980 Mittlere

*) Biographie www.whoiswho-verlag.ch oder beigefügte CD-ROM

Bielig

Reife Uelzen, Lehre z. Steinmetz im väterl. Betrieb in Uelzen. K.: b. 1985 ang. Geselle im Raum Dortmund, ang. in d. Firma d. Vaters, seit 1987 Meister, anschl. ang. Meister im väterl. Betrieb, 1999 Übernahme d. Firma. M.: Handwerkskam. Lüneburg-Stade. H.: Familie, Beruf, Firma.

Bieling Maik *)

Bieling Thomas Dipl.-Ing. *)

Bielitz Volker Dipl.-Fachlehrer
B.: Tischlermeister, Inh. FN.: Holz- u. Möbelrestaurierung. DA.: 04317 Leipzig, Eilenburger Str. 19. G.: Meusen, 2. Mai 1944. V.: Leona, geb. Martin. Ki.: Caroline, Friederike, Henriette. BV.: Irmgard - Inh. v. M. E. Wilde z. Herstellung v. Keilriemen u. Sturzhelmen; Grdg. v. M. E. Wilde als größter priv. Betrieb in Leipzig. S.: 1960 Lehre Cembalobauer Eisenberg. K.: 1963 Möbeltischler b. Theater in Leipzig u. 1964 in d. Firma Dörfer, 1966 Stud. Werken u. Polytechnik an d. PH Halle m. Dipl.-Abschluß, 1970 Lehrer f. Werken, Polytechnik in Rackwitz, 1974 Fernstud. Anglistik in Potsdam, seit 1980 selbst. als Möbelrestaurator in Leipzig m. Aufträgen d. Stadt Leipzig u.a. im Bereich Denkmalpflege, Thomaskirche u. Bachhaus, 1985 Tischlermeisterprüf., 1989 Aufträge wie Wieskirche im Allgäu, Dominikanerinnen-Kloster in Bad Wörishofen, Möbel u. Fußböden im Schumannhaus, tätig f. zahlr. Burgen u. Schlösser; Funktion: seit 1994 Gastdoz. f. Holzrestaurierung im Handwerk d. Schloß Trebsen. BL.: Restaurierung Parkettboden aus 1696 im Delitzscher Schloß. H.: Garten, klass. Musik.

Bielka Frank
B.: Staatssekr. FN.: Senatsverw. f. Stadtentwicklung. DA.: 10707 Berlin, Württembergische Str. 6. frank.bielka@senstadt.verwalt-berlin.de. G.: Berlin, 22. Okt. 1947. V.: Angelika, geb. Mensler. Ki.: Carsten (1968), Frauke (1980), Hendrik (1981). S.: 1967 Abitur, 1967-69 kfm. Ausbild. Zeitungs- u. Zeitschriftenverlag, 1969-74 Stud. BWL TU Berlin. K.: 1974-79 wiss. Ass. d. SPD-Fraktion in Abg.-Haus in Berlin, 1979-81 persönl. Ref. d. Senators f. Inneres u. später d. Senators f. Bau- u. Wohnungswesen, 1981-85 Mitarb. in d. Senatsverw. f. Bau- u. Wohnungswesen, 1985-89 Bez.-StadtR. f. Jugend u. Sport in Berlin-Neukölln u. b. 1991 Bez.-Bgm., 1991-96 Staatssekr. d. Senatsverw. f. Bau- u. Wohnungswesen, 1996-99 Staatssekr. f. Finanzen u. seit 1999 f. Staatssekr. f. Stadtentwicklung. BL.: erfolgr. Abschlußverhandlungen d. Olympiastadions M.: seit 1968 SPD, Vors. d. AufsR. d.: DEGEWO, GSW, Stadt u. Land Wohnbautenges., Wohnungsbauges. Hellersdorf, Stadtentwicklungsges. Eldenaer Straße GmbH u. d. Wasserstadt GmbH, AufsR.-Mtgl. d.: GEHAG, WBMI, Wärme GmbH u. d. Inst.-Aussch. d. Dt. Inst. f. Urbanistik.

Bielka Heinz Dr. rer. nat. Dr. h.c. Prof.
B.: Biochemiker, Molekularbiologe. PA.: 13125 Berlin-Buch, Robert-Rössle-Str. 3. G.: Gersdorf, 19. März 1929. S.: 1943-45 Lehrerseminar Löbau/Sachsen, 1945-48 Gymn. Bischofswerda, 1948 Abitur, 1949-50 Stud. Chemie u. Biologie TU Dresden, 1950-54 Stud. Biologie u. Biochemie Univ. Leipzig, 1954 Dipl., 1956 Prom., 1961 Habil. HU Berlin. K.: 1948-49 Lehrer, 1956-64 wiss. Mitarb. am Inst. f. Krebsforsch. d. Dt. Ak. d. Wiss. DAW Berlin, 1965 Berufung z. Dir. d. Inst. f. Zellphysiologie d. DAW, 1980-91 stellv. Dir. d. Zentralinst. f. Molekularbiologie, 1963-96 Lehrbeauftragter f. Molekular- u. Zellbiologie an d. HUB. P.: viele wiss. Publ. in Fachzeitschriften, Monografien u.a. "Probleme d. experimentellen Krebsforsch." (1959), "The Eukaryotic Ribosome" (1982), "Molekulare Biologie d. Zelle" (1969, 1974, 1995), "Molekularbiologie" (1984). E.: 1974 Rudolf-Virchow-Preis, 1979 Nat.-Preis, 1993 Gerhard-Domagk-Preis, 1996 Ehrendoktorwürde d. Humboldt-Univ. zu Berlin. M.: seit 1970 Ak. Dt. Naturforscher Leopoldina, 1991-2000 Senatsmtgl., seit 1976 Ak. d. Wiss. d. DDR, Grdg.-Mtgl. d. Berlin-Brandenburgischen Ak. d. Wiss., 1993-96 Sekretar d. Biowiss.-med. Klasse, Ges. Biochem. Molekularbiologie, Dt. Naturforscher u. Ärzte. H.: klassische Musik, Wissenschaftsgeschichte, Biographien, Wandern, Geschichte des Altertums.

Bielka Nikolaus
B.: Dir., Gschf. FN.: PLUS Werbeagentur. DA.: 83022 Rosenheim, Am Nörreut 20. G.: Garmisch Partenkirchen, 15. Juni 1947. Ki.: Maximiliane (1976). E.: Karl u. Friederike. S.: 1963 Mittlere Reife, 3 J. Lehre Werbekfm., Bundeswehr. K.: Gschf. einer Werbeagentur in Rosenheim, seit 1976 selbst. in München, freiberufl. tätig f. Werbeagenturen, 1980 Grdg. d. Plus Marketing in Rosenheim. P.: Theaterstücke wie "Mann im Salz" (1995), "Grattleroper", Konzeption u. Texte im Filmbereich, Drehbücher, Werbefilme, Dokumentationsfilme m. Freund über Pfadfindergrdg. M.: Wirtschaftl. Verb., Inntaler Bauernbühne Rosenheim 10 J. Regie u. aktiver Schauspieler. H.: Theater, Musik, Sport, Tennis, Gitarre.

Bielmeier Wolfgang *)

Bielohlawek Werner *)

Bielski Jürgen *)

Bielski Michael *)

Biemer Edgar Dr. Dr. habil. Univ.-Prof. *)

Biemer Günter Dr. theol. Prälat Prof.
B.: em. Ordinarius. PA.: 79219 Staufen, Im Falkenstein 20. G.: Mannheim, 30. Sept. 1929. El.: Otto u. Maria. S.: 1949 Abitur, 1950-55 u. 1957-59 Stud. Theol. u. Phil. in Freiburg, Birmingham u. Tübingen, 1955 Priesterweihe. K.: 1959-66 Doz. f. Liturgik u. Katechetik, 1966-70 Ordinarius f. Pastoraltheol. u. Tübingen, seit 1970 Ordinarius f. Päd. u. Katechetik an d. Univ. Freiburg, 1990 päpstl. Ehrenprälat, 1994 emeritus. P.: zahlr. Veröff. E.: 1989 Deutscher Schulbuch-Preis. M.: Präs. d. Dt. Newman-Ges.

Biemer-Mann Roland
B.: RA. DA.: 65439 Flörsheim, Bahnhofstr. 51. G.: Flörsheim, 7. Aug. 1963. V.: Christa, geb. Mann. Ki.: Sebastian (1992), Franziska (1993), Alexander (1995). El.: Heribert u. Anna Maria. S.: 1982 Abitur Rüsselsheim, 1982-84 Wehrdienst, 1984-91 Stud. Univ. Mainz. K.: 1991-94 Referendar Wiesbaden, 1994 Zulassung als RA, seit 1995 selbst. m. Schwerpunkt Insolvenz- u. Steuerrecht, seit 2000 Fachanwalt f. Steuerrecht. H.: Sport.

Bien Günther Dr. phil. habil. Prof. *)

Bien Günther Dipl.-Ing.
B.: beratender Ing., Inh. FN.: Ing.-Büro f. Tragwerksplanung. DA.: 96047 Bamberg, Hornthalstr. 3. G.: Hamburg, 1. Dez. 1951. V.: Gabriele, geb. Gripp. S.: 1970 Abitur, 1970-73 Bundeswehr, 1973-78 Stud. Bauing.-Wesen m. Dipl.-Abschluß. K.: 1978-80 tätig im Bauing.-Wesen u. Statik in d. Firma Thosti AG in Hamburg, 1980-81 tätig in einem Arch.-Büro in Bamberg, seit 1983 selbst. als beratender Ing. im Bereich Hochbau - europaweit. M.: Ing.-Kam. Bau München, Lions Club Bamberg. H.: Sport, Kultur, Kunst, klass. Musik.

Bien Jochen *)

*) Biographie www.whoiswho-verlag.ch oder beigefügte CD-ROM

Bien Klaus

B.: Rechtsanwalt, Notar. DA.: 45768 Marl, Adolf-Grimme-Str. 4. G.: Haltern, 13. Okt. 1944. V.: Christel, geb. Thüning. S.: Abitur, Kfm. Lehre, 1968 Stud. Rechtswiss. Freiburg u. Münster, 1974 1. u. 1976 2. Staatsexamen, Referendariat. K.: 1976 selbst. als Anw., Kanzlei m. 4 Kollegen, 1982 Notar, Schwerpunkt Familienrecht, Sportgerichtsbarkeit. H.: Sport, Golf, Tennis.

Bienasch Heiko

B.: Kfm., selbständig. FN.: b + s Bienasch & Siggelkow Systemhaus GmbH. DA.: 10117 Berlin, Charlottenstr. 63; 20355 Hamburg, Holstenwall 5. heiko.bienasch@bs-systemhaus.de. G.: Königswusterhausen, 23. Dez. 1966. S.: 1985 Abitur, Fernstudiun BWL Humbolt-Univ. Berlin b. Vordipl. K.: während d. Stud. 1992 Grdg. d. Firma Bienasch & Siggelkow GmbH; Projekte: Einführung u. Betreuung d. kfm. Software d. Firma GDI in Landau u. Distributor f. Nord-Ost-Deutschland. F.: seit 2001 Vertriebsltr. d. Fa. Mobile Computer Center Eigentümer Brünings + Sander. M.: Grdg.-Mtgl. d. Berlin-Brandenburg. Mittelstandsclub. H.: Segeln, Literatur.

Biene Ingrid Dr. *)

Bienek Joachim Dipl.-Ing.

B.: Architekt, Bausachverständiger. FN.: Sachverständigen-Büro Bienek + Partner. GT.: Gschf. d. BIENEK GmbH. DA.: 59229 Ahlen-Dolberg, Weißdornweg 26. PA.: 59229 Ahlen-Dolberg, Weißdornweg 7. bienek-dolberg@t-online.de. G.: Castrop-Rauxel 1950. V.: Ingrid, geb. Gerigk. Ki.: Bastian (1985), Alexander (1987), Christian (1989) und Maximilian (1990). El.: Wolfgang u. Sigrid. S.: 1969-71 Ausbildg. als Elektriker, in Bielefeld, 1971-73 Stud. Elektrotechnik in Bielefeld, 1973-74 Bundeswehr, 1975-82 Stud. Arch. an d. FH Lippe u. RWTH Aachen. K.: 1983 Arch.-Büro, 1984 Sachverst. f. Immobilienbewertung, 1997 öff. bestellter u. vereid. Sachverst. f. Bewertung bebauter u. unbebauter Grundstücke. P.: Mitverfasser "Variabel nutzbare Häuser u. Wohnungen". M.: Corps Teutonia Dresden, Rotary Club Hamm-Mark, Architektenkammer NW, Ring Deutscher Makler, Bundesverb. Deutscher Grundstückssachverst. H.: Wein, Jagd, Fliegen.

Bienek-Pfeiffer Rosamaria *)

Biener Christian *)

Biener Dagmar *)

Biener Ernst Dr.-Ing. Prof.

B.: HS-Prof., Ges. FN.: FH Aachen; Umtec Ing. GbR. DA.: 52066 Aachen, Bayernallee 9; 52070 Aachen, Purweider Winkel 63. ernst.biener@umtec-gbr.de. www.umtec-gbr.de. G.: Haselünne, 26. Juni 1954. V.: Renate, geb. Peiler. Ki.: Jil (1984). El.: Ernst u. Maria. S.: 1973 Abitur Meppen, 1973-75 Bundeswehr, 1975-81 Stud. Bauing.-Wesen, Theol. u. Kunstgeschichte in Aachen u. Münster, Dipl.-Ing., 1977-81 Stipendiat d. Studienstiftung d. Dt. Volkes Bonn u. wiss. Ass. an d. RWTH Aachen, 1983 Prom. K.: 1983-89 Projektltr. Umwelttechnik m. versch. Auslandsaufenthalten b. Firma Hochtief AG Essen, 1989 Prof. an d. FH Aachen, Fachrichtung Bauwesen, Lehrgebiet Umwelttechnik, öff. bestellter u. vereid. Sachv. d. IHK Aachen f. d. Beurteilung v. Altlasten u. Deponietechnik. F.: Gschf. Ges. d. Umtec Prof. Biener, Sasse u. Partner GbR, Beratende Ingenieure u. Geologen, Bremen, Aachen, Berlin, Osnabrück. P.: Mitautor d. Fachbuches "Bautechn. Zahlentafel", ca. 65 Veröff. in Fachzeitschriften. M.: DGGT, ATV, Ing.-Kam. Düsseldorf. H.: Sport (Tennis, Radfahren, Inlineskaten).

Biener Joachim Dr. habil. Prof. *)

Biener Oliver

B.: Kfm. f. Bürobedarf u. Büromöbel, selbständig. DA.: 81379 München, Boschetsrieder Str. 12. info@biener-buerobedarf.de. www.biener-buerobedarf.de. G.: München, 14. Sep. 1965. El.: Bernhard u. Sylvia. S.: 1982 Mittlere Reife in München. K.: 1982-86 tätig im gastronomischen Bereich d. Eltern in München, sowie im Gastromanagement in München, 1995-98 tätig in Wien/Österreich als Chef einer Baufirma f. Fliesenverlegung zusammen m. Vater Bernhard Biener, seit 1998 selbständig im Streckenhandel f. Büroartikel u. Büromöbel f. Kanzleien, gewerbliche Endverbraucher, sowie bundesweiter Distributor über d. Paperweargruppe u. Mitarbeit u. Planer f. Artikel u. Verpreisung f. d. Paperweargruppe. H.: Sport, Fussball, Radfahren, Tauchen, Snowboardfahren.

Biener Susanne *)

Biener Winfried *)

Bienert Franz *)

Bienert Michael Leonhard Dr. rer. oec. Dipl.-Kfm. Prof.

B.: Prof. FN.: FHS Hannover Fachbereich Wirtschaft. DA.: 30459 Hannover, Ricklinger Stadtweg 20. michael.bienert@wirt.fh-hannover.de. G.: Berlin, 7. Dez. 1963. V.: Karin, geb. Janecke. Ki.: Lucas (1994), Melina (1996), Benedikt (1999). El.: Wolfgang u. Rita. S.: 1982 Abitur, b. 1985 Ausbild. Hdl.-Ass. Hertie Kiel u. Würzburg, Abschluß Dipl.-Kfm., b. 1990 Stud. BWL TU Berlin. K.: 1990-92 Doz. b. Berufsbild.-Werk, b. 1994 Doz. an d. HS d. Künste in Berlin, b. 1994 Stud. an d. Forsch.-Stelle f. d. Hdl. als wiss. Mitarb. u. Projektltr., 1990 Prom. an d. TU Berlin, b. 1996 Projektltr. d. Firma Diebold GmbH in Frankfurt/Main, seit 1996 Prof. d. allg. Wirtschaftslehre u. Hdl.-Bw. an d. FHS Hannover. P.: lfd. Veröff., Aufsätze in Fachzeitschriften u. Sammelwerken. M.: Sportver., Ver. d. Freunde d. FHS Hannover. H.: Familie, Sport, Musik.

Bienert Rolf *)

Bienfait Rainer Dr. rer. nat. *)

Bienhaus Knut *)

Bienhaus Martin *)

Bienhüls Bernhard

B.: Optiker. FN.: Brillenmacher GmbH. DA.: 10707 Berlin, Kurfürstendamm 59-60 Eingang Leibnizstraße. brillenmacher@kitpo.de. G.: Ahaus, 4. Sep. 1946. BV.: Vater Heinrich Bienhüls Dt. Meister im Schießen. S.: 1962-65 Optikerlehre in

*) Biographie www.whoiswho-verlag.ch oder beigefügte CD-ROM

Bienhüls

Münster b. Obermeister Wiesmann, 1966 Augenoptiker, 1966-68 Bundeswehr. K.: 1968-71 b. Kgl. Bayer. Hof- u. Univ.-Optiker Nikolaus Buchner, 1971-72 b. Optiker Damm Berlin Uhlandstraße, 1972-79 Ang. Firma Brillenmacher, seit 1979 selbst. m. Bleibtreu-Augenoptik, 1992 Verkauf v. Bleibtreu-Augenoptik, 1982 Grdg. v. Brille 54 am Kurfürstendamm, 1992 Verkauf v. Brille 54, 1992-96 in Südafrika u. Segeln in d. Karibik, seit 1997 Inh. Firma Brillenmacher, Verkauf u. Anfertigung v. Brillen, v. allem führende Designer, daneben seit 1993 Mitinh. Firma Boston Haus GmbH in Berlin-Wannsee, Import v. USA-Holzhäusern zusammen m. Frau Dr. Lisner. P.: 1998 im SAT1-Frühstücksfernsehen über Sonnenbrillen. M.: Dt. Hochseesegelverb. Hansa. H.: Segeln, BR-Schein, Skat.

Bienias Gert B. Dr. med. *)

Bieniek Bernhard

B.: FA f. Innere Med. DA.: 10243 Berlin, Gubener Str. 43. bjbieniek@web.de. G.: Weißenhorn, 18. Feb. 1960. S.: 1979 Abitur, 1981-83 Vorklinikum Univ. Mainz, 1983-88 Stud. Med. FU Berlin, 1987-88 Praktikum Chir., Innere Med. u. Psychiatrie, 1988 Approb. K.: 1988-92 wiss. Mitarb. an d. FU Berlin u.a. in d. HIV-Sprechstunde, u. d. Station f. Cardio-Pulmologie am Klinikum Steglitz, seit 1992 Ass.-Arzt am Auguste-Viktoria-KH in Berlin, 2000 FA f. Innere Med. u. Eintragung ins Arztregister in Berlin, Eröff. d. Praxis; Funktion: Mitwirkung an Studien z. Medikamentenforsch., ehrenamtl. Schöffe am Amtsgericht Tiergarten-Jugendstrafvollzug. P.: Kabarettstücke. M.: 1984-86 stellv. Vors. d. allg. Studentenausssch. d. FU Berlin, 1985-86 Konzil d. FU Berlin, seit 1996 Vorst. d. Berliner Aids-Hilfe e.V. H.: Kochen, ital. u. röm. Geschichte, eigenes Kabarett m. Auftritten.

Bieniek Karin *)

Bieniussa Max J. *)

Bienk Jens

B.: Elektrotechniker, Inh. FN.: BBSonline - solutions for internet. DA.: 10247 Berlin, Frankfurter Allee 92. www.bssonline.de. G.: Berlin, 4. Okt. 1970. El.: Dieter u. Angelika. S.: 1987-88 Ausbild. z. Elektrotechniker. K.: 1988-89 Techniker b. Verlag Neues Deutschland, 1989-91 Weiterbild. z. EDV-Techniker b. Olivetti, 1991-96 in versch. Unternehmen d. Informationstechnologie tätig, zuletzt als Produktmanager f. Telekom-System, 1996 Grdg. d. eigenen Unternehmens. F.: Gschf. d. BBSonline GmbH, Inh. d. BSSmobil. H.: fernöstl. Kulturen.

Bienkowski Lothar *)

Bienwald Werner Karl Reinhold Dr. Prof.

B.: Jurist, Doz. FN.: Ev. FH Hannover. PA.: 01307 Dresden, Arnoldstr. 31. G.: Berlin, 6. Juli 1936. Ki.: 2 Söhne. El.: Otto u. Else. S.: 1955 Abitur, Ausbild. z. Kirchenverw.Insp., 1957 Examen, 1958-64 Stud. d. Rechte Berlin u. Göttingen, 1964 1. Staatsexamen, 1966 Stud. HS f. Verw.Wiss. Speyer, 1968 2. Staatsexamen, 1990 Prom. Dr. iur. Hannover. K.: 1964-68 Referendar in Berlin, 1968-71 Gerichtsassessor Berlin, 1971 LGR. Berlin, 1971 FH-Lehrer Hannover, 1976 Prof., 1975-78 Rektor d. Ev. FH Hannover, 1976-78 VPr. d. BKonferenz d. Rektoren u. Präs. kirchl. FH in d. BRD. P.: zahlr. Veröff. insbes. z. Vormundschafts- u. Betreuungsrecht. M.: u.a. LGeschichtl. Ver. d. Mark Brandenburg, Ver. f. d. Geschichte Berlins, Familiengerichtstag e.V., Wiss. Ver. f. Familienrecht e.V., Ges. d. Freunde d. Herzog August Bibl. e.V., Ges. f. Reichskammergerichtsforsch. e.V., Wiss. Albert-Schweitzer-Ges., Freundeskreis d. Franckeschen Stiftungen e.V., Halle/Saale. H.: Histor. Hilfswiss., Rechtsgeschichte.

Bienzle Ulrich Dr. med. Prof. *)

Bier Jürgen Dr. med. Dr. med. dent. Prof. *)

Bierach Inge *)

Bieräugel Klaus Dr. jur. *)

Bierbach Joachim Ernst *)

Bierbaumer Astrid *)

Bierbrauer Günther *)

Bierbrauer Hans (Oskar)

B.: freiberufl. Maler, Grafiker, Karikaturist. PA.: 23623 Ahrensbök, Dorfchaussee 19. G.: Berlin, 24. Feb. 1922. V.: Annemarie, geb. Kaup. Ki.: Angelika (1945). S.: 1937-40 Lithografielehre, 1941 Mittlere Reife, Berliner Abendgymn., 1947-50 Stud. an d. HS f. Bild. Kunst, Malerei u. Grafik. K.: freiberufl. Zeichner u. Karikaturist, ab 1951 bei d. "Berliner Morgenpost", 1952-89 Karikaturist bei d. "Berliner Abendschau" d. SFB, 1971-86 "Dalli-Dalli" mit Hans Rosenthal, 1966-71 "Gut gefragt ist halb gewonnen", darüberhinaus als Maler 2-3 Ausstellungen jährl. mit Lithos, Radierungen, Öl, Aquarelle, Portraits u. Landschaften, als Pressezeichner u. polit. Karikaturist 10.000 Zeichnungen veröffentl., als Zeichner u. Sprecher "Oskar" mit evig. Texten über 2000 Fernsehauftritte. P.: Bücher "Frech wie Oscar", 1991 "Wer denkt noch an den 13. August". E.: 1980 BVK, 1998 BVK 1. Klasse. H.: Golf.

Bierbrodt Jan

B.: RA, Fachanwalt f. Arbeitsrecht, Inh. FN.: Anw.-Kzl. Bierbrodt. DA.: 76133 Karlsruhe, Kaiserstr. 181-183. anwaltskanzlei-bierbrodt@t-online.de. G.: Karlsruhe, 2. Okt. 1943. V.: Christel. Ki.: Julia (1987). El.: Heinrich u. Sylva, geb. Kusche. BV.: Paul Kusche, Kunstmaler in Karlsruhe, Benno Kusche, Kammersänger. S.: 1964 Abitur, anschließend 1964 kfm. Praktikum Karlsruhe, 1964-67 Stud. BWL WH Mannheim, 1967-71 Stud. Rechtswiss., Univ. Mannheim u. Univ. Heidelberg, 1971 1. jur. Staatsexamen, anschließend Referendarzeit in Karlsruhe u. Konstanz, 1976 2. jur. Staatsexamen. K.: März 1976 Eröffnung d. eigenen Kzl. in d. Kaiserstraße 181, Karlsruhe, Tätigkeitsschwerpunkt: Arbeitsrecht, 1986 Zulassung als erster Fachanw. f. Arbeitsrecht in Karlsruhe. BL.: 1965 Vors. d. Allg. Stud. Ausschusses (AStA) WH Mannheim, 1992-94 Ltg. d. Zulassungsausssch. f. Fachanw. f. ArbR. d. Anw.-Kam. in Baden-Württemberg. P.: Diverse im ArbR, Vortragstätigkeit u. Schulungen im ArbR f. d. Anw. Kam., mehrere VHS, div. Innungen, für u. in Betrieben leitende Angestellte u. Betriebsräte. M.: Arge f. Arb.Recht im DAV, Anwaltsver. Karlsruhe. H.: Familienleben, Fahrradfahren, Spaziergehen, Reisen, Video.

Bierend Werner

B.: Gschf. Ges. FN.: Unternehmensberatung Bierend, Zeller u. Partner GbR. DA.: 37085 Göttingen, Am Weißen Steine 1. bzg-goe@bzp.com. www.bzp.com. G.: Bremen, 10. Juli 1956. V.: Marina von Platenau-Hallermund. Ki.: Elisa (1989). El.: Heinrich u. Gerda, geb. Bückmann. S.: 1975 Abitur in Sulingen, 1975-77 Bundeswehr, 1977-79 Ausbildung z. Bankkaufmann b. d. Volksbank Verden, 1979-84 Stud. Wirtschaftspädagogik u. Germanistik in Göttingen, Abschluss Dipl.-Handelslehrer. K.: 1984-89 Bereichsleiter Personal u. Marketing b. d. Volksbank Göttingen, 1990 selbständig als Berater u. Trainer, 1993 Grdg. v. Bierend, Zeller & Partner GbR. M.: Marketing Club Göttingen. H.: Theater, Sport (Handball, 2. Bundesliga).

Biergans Walter *)

Bierhenkel Uwe

B.: Service-Center-Ltr. FN.: Dt. Ärzte-Vers. DA.: 5511 Mainz, Frauenlobplatz 2. PA.: 35390 Gießen, Ludwigstr. 33 a. uwe.bierhenkel@t-online.de. G.: Schwalmstadt, 3. Jän. 1964. V.: Kerstin, geb. Antrecht. El.: Willy u. Anne-Elisabeth. S.: 1983 Abitur, 1983-93 Stud. Bw. an der Univ. Gießen. K.: 1991-93 tätig im PC-Vertrieb in Gießen, 1993-95 AWD, 1993-96 tätig im Geschäft d. Vaters, 1995-96 Vertriebsltr. bei MMM in Leipzig, 1996-2001 Repräsentant f. d. Dt. Ärztevers. u. seit 2001 Ltr.d. Service-Center in Mainz m. Schwerpunkt Berufshaftpflicht, Versorgungskonzepte, Ndlg.-Planung, Standortanalyse; Funktionen: Cooperationspartner d. Dt. Apotheker- u. Ärzte-Bank. P.: bundesweite Existenzgrdg.-Seminare. E.: versch. firmeninterne Ausz. M.: BVK, Harley-Owners-Group Deutschland. H.: Fitness, Motorradfahren.

Bierhoff Oliver
B.: Profi-Fußballer, Nationalteamspieler. FN.: c/o The Performers. DA.: 80333 München, Ottostr. 3. G.: Karlsruhe, 1. Mai 1968. V.: Klara Szalantzy. S.: Stud. Betriebsw. K.: 1974-78 Beginn d. Fußballerkarriere m. 6 Jahren beim ESG 99/06 Essen, 1978-85 Schwarz-Weiß Essen, 1985-88 Bayer 05 Uerdingen, 1988-89 Hamburger SV, 1989-90 Borussia Mönchengladbach, 1990-91 Casino Salzburg, 1991-95 Ascoli Calcio, 1995-98 Udinese Calcio, s. 1995 Nationalteamspieler, 1996 Europameister, 1997 erfolgreichster Länderspieltorschütze d. Jahres, And. Projekte: Werbevertr. u. a. m. Nike, dt. Telekom, Deutsche Bank, Danone, Quelle u. SAT.1., 1998-2001 AC Mailand, s. 2001 AS Monaco. H.: Golf, Tennis, Fremdsprachen. (Re)

Bierikoven Petra *)

Bierkämper Dorothea

B.: Künstlerin. FN.: Atelier f. Schmuck u. Skulptur. DA.: 10623 Berlin (Charl.bg.), Knesebeckstraße 11. G.: Hamm (Westf.), 13. Dez. 1931. El.: RA u. Notar Heinrich Bierkämper u. Dorothea. S.: 1951 Abitur Kamen, 1951-54 Lehre Goldschmiede bei E. Treskow, Köln, 1955 Gastsem. Stockholm, 1955-58 Hamburg, Prof. W. Tümpel (Metall Kl.), Prof. Garve Zeichen Kl.), ab 1958 Berlin, Prof. Markl, 1959 Meisterprüfung, 1961 Staatsexamen m. Ausz. (Dipl.) Gold- u. Silber Schmiede - Design. K.: ab 1961 eigenes Atelier f. Schmuckgestaltung in Berlin, ab 1971 Skulpturen, 1961-75 Doz. an d. Akad. f. Werkkunst u. Mode, Berlin, 1964-68 Musikstud., Hauptfach Geige, m. Abschluß, 1975-97 Lehrautträge an d. Hochschule d. Künste Berlin, FB Gestaltung, - Schmuck im Hauptstudium. BL.: Einzel- u. Gruppenausstellungen (Schmuck u. Silbergerät), erste Einzelausstellung figürlicher Skulpturen 1989 in Berlin. E.: ab 1959 Wettbewerbspreise, Anerkennung theor. Arbeit. H.: Musik, Bergwandern.

Bierke Helen
B.: ehem. Gschf. FN.: Helen's Vitrine Antiquitäten & Geschenke, Wohnberatung Dekorations-Ideen. PA.: 65812 Bad Soden, Lerchenweg 4. G.: Wiesbaden, 27. Sep. 1945. S.: 1960-63 Lehre Drogistin. K.: 1966-70 Marbert Cosmetic Düsseldorf, 1970-75 H. Rubinstein Düsseldorf, 1975-93 Pharmaref. b. versch. Herstellern, 1991-2001 selbst. m. Antikem, Kunst u. Kuriosen sowie Geschenke. H.: Skifahren, Radfahren, Wandern.

Bierlein Wolfgang S.
B.: Managing Dir. FN.: Tiffany & Co. DA.: 80333 München, Residenstr. 11. wbierlein@tiffany.com. www.tiffany.com. G.: Wartaweil, 28. Sep. 1948. El.: Robert u. Erika, geb. Brandt. S.: 1968 Abitur Heidelberg, 1968-75 Stud. BWL MLU München m. Abschluß Dipl.-Kfm. K.: während d. Stud. Aufenthalt in d. USA u. Brasilien, 1975-80 Grdg. u. Aufbau d. Firma Print & Pack Corp. in Manila u. tätig als General Manager, 1980-90 Grdg. u. Aufbau d. Firma W.Zev Intern. Inc. in Manila, 1986-88 Präs. u. General Manager d. Firma BAFAG Philippines Inc. in Manila, 1988-90 Präs. u. General Manager d. Firma B & B Intern. Management Inc. in Manila, 1990-91 Bereichsleiter f. München-Süd d. Firma Engel & Völkers GmbH in München, 1992-94 Grdg. d. GK Immobilien real estate partnership GbR in München, seit 1994 Managing Dir. d. Firma Tiffany & Co in München. BL.: Unterstützung v. karitativen Einrichtungen u. a. z. Ausbildung v. Blinden in Manila. M.: Konzertges. München. H.: Musik v. Oper über Techno, Tauchen, Skifahren, Reisen.

Bierling Bärbel *)

Bierling Hans-Dirk Dipl.-Ing.
B.: MdB, Ing. DA.: 11011 Berlin, Platz d. Republik 1. PA.: 01558 Großenhain, Goethestr. 9. G.: Wernigerode, 29. März 1944. V.: Barbara, geb. Sommer. Ki.: Alexander (1973), Johannes (1976). El.: Hans u. Alice, geb. Zegers. BV.: Großvater August Wilh. Bierling (1859-1937), sächs. Gen.-Leutn. S.: 1963 Abitur, Stud. Ing.-Schule, 1966 Examen, Fernstud. HS f. Arch. u. Bauwesen, 1973 Dipl. K.: 1966-72 Prod.-Ing. u. Ltr. Bauaufsicht in Meißen u. Halle-Neustadt, 1972-90 Bauaufsichtsbehörde Bez. Dresden, 1990 MdV, MdB. M.: Mtgl. d. Ausw. Aussch., Aussch. Städtebau, Raumordn., Wohnungsbau, 1. Unters.-Aussch., Dt. Delegation in d. Nordatlant. Versammlung, Dt. Ges. f. Ausw. Politik, Dt. Parl. Ges., CDU. H.: Musik, Literatur. (Re)

Bierling Heike Dipl.-Ing. *)

Bierman Bernd Dr. med. Dr. med. dent. *)

Biermann Anja Dr.
B.: RA. DA.: 23669 Timmendorfer Strand, Redderkamp 1. G.: Cuxhaven, 8. Okt. 1962. S.: 1978 Abitur Hamburg-Osdorf, 1978-81 Stud. Geschichte, Deutsch u. Staatsrecht, 1981-84 Stud. Rechtswiss. Würzburg u. Kiel, 1984-88 Stud. in Kiel, 1988 1. Staatsexamen, 1988-91 Referendariat am LG Lübeck, 1992 2. Staatsexamen, Prom. K.: selbst. RA Timmendorfer Strand. P.: Effecten-Spiegel (1995), "Ausführungen u. Anmerkungen z. BGH - Optionsscheinurteil". H.: Reiten, Schi fahren, Musik, Ballett, Billard.

---

*) Biographie www.whoiswho-verlag.ch oder beigefügte CD-ROM

Biermann

Biermann Eckhard-Georg Dipl.-Ing. Prof. *)

Biermann Friedrich Dipl.-Ing. *)

Biermann Hans *)

Biermann Herbert Rüdiger Jürgen *)

Biermann Martin *)

Biermann Mechthild Dr.

B.: Alleininhaberin. FN.: Dr. Biermann & Partner Immobilien e.K. DA.: 22085 Hamburg, Hofweg 44. www.biermann-dr.de. G.: Celle, 4. Juni 1939. Ki.: Ralf und Frank (1964), Detlef (1967), Sonja (1970). S.: 1956 Mittlere Reife Hannover, 1956-57 Höhere Handelsschule Hannover. K.: 1957-63 Sekr. in Hannover, 1963-80 Kindererziehung in Travemünde, 1980-83 Gymn. Lübeck, Abschluß Abitur, 1983-87 Stud. Gewerbelehrerin an der Univ. Hamburg, 1987-91 Ang. im Lehrbetrieb, parallel 1993 Prom., 1992-94 Tätigkeit an d. FH Hamburg-Bergedorf, 1994 Maklerbüro Hamburg, 1995 Grdg. d. Dr. Biermann & Partner OHG. M.: VDM, Wentorf-Reinbeker Golf Club. H.: Golf, Schifahren, TV-Sport (Fußball).

Biermann Michael *)

Biermann Petra *)

Biermann Rosa
B.: Finanzbuchhalterin. FN.: Hotel Heise. DA.: 31319 Sehnde, Rethmarsche Str. 1b. G.: Ukraine, 21. Okt. 1953. V.: Rolf Biermann. Ki.: Vitali (1972), Elena (1981). BV.: Urgroßmutter 112 J. alt/Verbindung zu Katharina d. Großen. S.: b. 1971 Stud. Finanzmanagement, Dipl. K.: Buchhaltung d. Min. in Usbekistan, ab 1981 2. Finanzmin. d. ganzen Rep. in Usbekistan, 1993 Tätigkeit b. Bahlsen u. Flughafen Hannover, 1994 Stewardess b. Lufthansa, 1995 gemeinsam m. Ehemann selbst. m. d. Hotel Heise. BL.: spricht 16 Sprachen. P.: versch. Veröff. in d. Tagespresse.

Biermann Thomas Dipl.-Kfm.

B.: Steuerberater. FN.: Cramer, Schmeinck & Biermann. DA.: 58093 Hagen, Sauerlandstr. 63. PA.: 58313 Herdecke, Am Sonnenstein 52. info@cramer-schmeinck-biermann.de. G.: Hagen, 28. Nov. 1962. V.: Gabriele, geb. Düllmann. Ki.: Philipp (1991), Katharina (1993). El.: Karl-Heinz u. Roswitha. S.: 1982 Abitur Hagen, 1982-83 Bundeswehr Hamburg, Würzburg u. Juni 1983-88 Stud. an d. WWU zu Münster, Abschluss: Dipl.-Kaufmann. K.: 1988-89 Rhein. Westfäl. Wirtschaftsprüf. in Essen, Revision, 1989-95 tätig b. Dr. Husemann, Eickhoff, Salmen u. Partner in Dortmund, 1996 selbst. Steuerberater in Hagen u. Dresden gemeinsam m. Herr Schmeinck, Büroltr. in Dresden Herr Schmeinck, in Hagen Herr Biermann, 1998 Hinzunahme eines RA in Bürogemeinschaft (Herr Cramer), Tätigkeitsschwerpunkt: BWL-Bereich, Controlling d. Unternehmen, Existenzgründungsberatung, Joint Venture im Ausland. M.: Steuerberaterkam., Steuerberaterverb., Tennisver. H.: Sport, Jogging, Tennis, Badminton, Skifahren.

Biermann Wolf
B.: Dichter, Komponist, Journalist. FN.: c/o Die Welt. DA.: 10888 Berlin, Axel-Springer-Str. 65. G.: Hamburg, 15. Nov. 1936. V.: Pamela. Ki.: 9 Kinder. K.: übersiedelte 1953 in d. DDR, 1965 Auftritts- u. Publikationsverbot, 1976 während einer Konzertreise in d. BRD ausgebürgert, schreibt u. komponiert zeit- u. ges.-krit. Lieder u. Balladen, d. er selbst vorträgt, seit 1993 Gasprof. an d. Heine-Univ. Düsseldorf, s. 2000 Chefkulturkorrespondent v. "Die Welt". P.: "Die Drahtharfe" (1965), "Mit Marx- u. Engelszungen" (1968), "Deutschland. Ein Wintermärchen" (1972), "Nachlaß 1" (1977), "Preuss. Ikarus" (1978), "Affenfels u. Barrikade" (1986), Sammelband "Klartexte im Getümmel - 13 J. im Westen" (1990), "Alle Lieder" (1991), "Der Sturz d. Dädalus" (1992), "Alle Gedichte" (1995), "Wie man Verse macht u. Lieder - eine Poetik in acht Gesängen" (1997), "Paradies uff Erden" (1999). E.: 1991 Georg Büchner-Preis, Friedrich Hölderlin-Preis, Eduard Mörike-Preis, Heinrich-Heine-Preis, 1998 "Nationalpreis" d. Dt. Nationalstiftung, 2001 Heinz-Galinski-Preis. (Re)

Biermanns Carsten *)

Biermeier Günter Ing.
B.: Ing. f. Heizung u. Sanitär, Inh. FN.: biermeier + partner Ing.-Büro f. Haustechnik. DA.: 64347 Griesheim, Karlstr. 65, 1. Ndlg.: 09224 Chemnitz OT Mittelbach, Hofer Str. 78. biermeier.partner@t-online.de. G.: Groß Zimmern, 8. März 1942. V.: Rosina, geb. Heck. Ki.: Karl-Heinz (1962), Simone (1965). El.: Gottfried u. Elisabeth, geb. Geiss. S.: 1957-60 Lehre als Installateur in Darmstadt, 1960-62 Techn. Lehranst./ Techniker Darmstadt, 1962-66 Fernstud. z. Ing. f. Heizung u. Sanitär. K.: 1962-69 Techniker / Ing. in Ing.-Büro Darmstadt, 1970-75 Ing. in Ausführungsbetrieb in Darmstadt, 1975-84 Ing. in Ing.-Büro in Darmstadt, 1984 selbst. m. eigenem Ing.-Büro in Griesheim, 1991 Eröff. d. 1. Ndlg. in Chemnitz, 1999 Eröff. d. 2. Ndlg. in Hirschberg, ab 1996 fester Wohnsitz in 09224 Chemnitz OT Mittelbach, Hofer Str. 78. M.: VDI, Sportvereine, DRK, ADAC, Männergesangsverein. H.: Fotografie, Kunst, Kultur, Bergwandern, Reisen, klass. Musik, Gesang.

Biermeier Theresia Christina *)

Biersack Karl-Ernst Dipl.-Bw.
B.: Hotelkfm., Inh. FN.: Immobilien I.E.B. DA.: 97072 Würzburg, Huttenstr. 10a. G.: Würzburg, 31. Aug. 1934. V.: Heidi Maria, geb. Berndanner. Ki.: 2 Söhne, 2 Töchter. El.: Fritz u. Maria, geb. Lindner. S.: Stud. Staatskonservatorium d. Musik (Oboe) Würzburg, Ausbild. Hotelkfm., Volontär Hotel Arizona Lugano/Schweiz, Stud. Politikwiss. Univ. München u. Univ. Bremen (BWL). K.: 3 J. Bundesgrenzschutz/ Radio/ Funktechniker, Fernmeldeabt., 1958-65 Gschf. Hotel Schönborn, Dortmunder Hof, Winzermännle Würzburg, 1 J. Abt.-Ltg. Kunststoffverarb. Ind., 8 J. AFRC Garmisch (US-Armee) als Contract-Spezialist, seit 1987 selbst. Inh., zunächst Eurasia-Transatlantik Hdls.-Ges. Würzburg, seit 1995 IEB Immobilienges. E.: 1984 ADAC-Ralley Oberbayern 3. Pl., versch. Ausz. im Sport u. US-Army. M.: Frankenbund Würzburg, Verschönerungsver., Jagd. Vorst. Tae Kwon Do Club Garmisch. H.: Musik, Malen, Münzsammlung, Mineraliensammlung, Wissen sammeln.

Bierschenk Monika Dr. phil. *)

---

*) Biographie www.whoiswho-verlag.ch oder beigefügte CD-ROM

Bierschock Alfred-Karl *)
Bierstedt Klaus Dieter Dr. Prof.
B.: o.Prof. FN.: FB 17, Univ. GH Paderborn. DA.: 33095 Paderborn. PA.: 55252 Mainz-Kastel, Eleonorenstr. 46. G.: Bad Eilsen, 4. Mai 1945. El.: Otto u. Anneliese. S.: 1964 Abitur, Stud. Johannes Gutenberg-Univ. Mainz, 1969 Dipl. Math., 1971 Prom. K.: Ass., wiss. Ass.Prof. Univ. Kaiserslautern, 1974 Habil., 1974 WissR. u. Prof. Univ. Mainz, 1974 o.Prof. Univ. Paderborn, Gastaufenthalte u.a. Univ. Maryland, Univ. Arkansas (USA), Univ. Campinas, S.P., Univ. Rio de Janeiro (Brasilien), Univ. Politécnica de Valencia (Spanien). P.: ca. 50 Zeitschriftenart., Mithrsg. v. "Functional Analysis: Surveys and Recent Results I - III", "Progress in Functional Analysis", "Recent Progress in Functional Analysis", North-Holland Publ. Co. 1977, 80, 84, 91 u. 01, "Functional Analysis", Marcel Dekker, Inc. 1994. M.: DMV (Mtgl. d. Präsidiums 1983-1990), AMS, LMS, SMF, ÖMG, EMS, GAMM, Dt. Hochschul-Verband, korresp. Mtgl. d. Société Royal des Sciences de Liége, Belgien, korr. Mtgl. d. Real Academia de Ciencias Exactas, Fisicas y Naturales, Madrid, Spanien. H.: Filmen, Fotografie, Artikel über Tennis, Musicals, Städte, Reisen.

Bierther Norbert Theodor *)
Biertz-Conte Martha Dr. *)
Bierweiler Gerhard *)
Bierweiler Mira

B.: Dipl.-Übersetzerin, Dolmetscherin. FN.: mb Übersetzungsbüro f. kroatisch, bosnisch, serbisch, slowenisch. DA.: 69126 Heidelberg, Augustastr. 19. mira.bierweiler@t-online.de. G.: Omanovac/Kroatien, 14. Juli 1947. Ki.: Sanja Alexandra (1975), Alexia Nina (1979). El.: Anton u. Maria Sudar. S.: 1965 Abitur, 1965-69 BWL-Stud. Dubrovnik, 1970-74 Stud. Dt. Philol. Univ. Heidelberg, M.A. K.: 1969-70 Hotelmanagerin Kroatien, 1975-77 Bibl. Pforzheim, parallel Dolmetscherinst. Heidelberg, ab 1977 Dolmetscherin u. Übersetzerin, 1978 Beeidigung als Übersetzerin/Dolmetscherin, 1979 Grdg. mb Übersetzungsbüro Schwetzingen später Heidelberg, Doz. f. Kroatisch b. VHS Heidelberg. E.: Ausz. f. bes. Verd. v. d. kroat. Reg. M.: Kroat.-Dt. Kulturgemeinschaft e.V. Mannheim. H.: Musik (Verdi, Gershwin), Schwimmen, Radfahren, Reisen, Golf.

Bierwirth Petra Dipl.-Ing.
B.: MdB. FN.: Dt. Bundestag. DA.: 11011 Berlin, Platz d. Republik 1; 16351 Bernau, Brauer Str. 20. G.: Dresden, 13. Nov. 1960. V.: Thomas Bierwirth. Ki.: Daniel (1982), Matthias (1987). El.: Dr.-Ing. Walter u. Brunhilde Haase, geb. Pausch. S.: 1977-79 Lehre Betriebs-, Meß-, Steuerungs- u. Regelungstechnik BMSR, Abschluß Facharb. FEB GRW Teltow, 1979-80 Abitur TH Leipzig, 1980-86 Stud. Automatisierungstechnik u. techn. Kybernetik TH Leipzig, 1986 Dipl.-Ing., 1995-97 Stud. Umweltwiss. u. Umwelttechnik an Humboldt-Univ. zu Berlin. K.: 1986-94 VEB Wasserversorgung u. Abwasserbehandlung Berlin WAB, ab 1990 Eingliederung BWB Klärwerk Schönerlinde, 1990 Eintritt in d. SPD, 1990-94 PersonalR., Gem.-Vertreterin in Schönerlinde u. Kreistag Bernau, 1994 Kreistag Barnim, 1994-98 Wahl Landtag Brandenburg, seit 1995 SitftungsR. Naturschutzfond Brandenburg, seit 1997 BeiR. Berliner Wasserbetriebe, seit 1998 Dt. Bundestag, seit 1998 Unterbez.-Vors. SPD Barnim, seit 1998 BeiR. d. Regulierungsbehörde f. Post u. Telekommunikation in Bonn. P.: Portrait in Grünstift 1997, Heft 9. E.: Ehrenbürgerin poln. Dorf Radwanice/Breslau f. Hochwasserengagement u. Spendenbeschaffung. M.: SPD, ÖTV, AWO, Förderver. Kinderkrebsnachsorge Kasachstau e.V. H.: Lesen, Krimis, ehem. Klarinette, klass. Musik, Theater, Oper, Konzerte, ehem. Schwimmen, FC LoK Potsdam, Teilnahme Jugendsportakiade, Silbermed. 100m Rücken, Reisen nord. Länder u. Schottland. (Re)

Bierwirth Ralph Achim Dr. *)
Bierwirth Reinhard
B.: Mitges., Gschf. FN.: Leopold Ewald GmbH. DA.: 31785 Hameln, Senator-Meyer-Weg 1. G.: Großenwieden, 6. Juli 1956. V.: Martina, geb. Künnecke. Ki.: Nina (1980), Jan (1985). El.: Reinhardt u. Margarete. S.: b. 1974 Ausbild. z. Sped.-Kfm. K.: Sped.-Kfm. in versch. Sped. d. Ewald-Gruppe, ab 1994 Übernahme v. Teilen d. Sped. u. Umwandlung in GmbH. P.: Veröff. in örtl. Tageszeitungen. M.: SG Hameln 74, TC Westend Hameln. H.: Fußball, Tennis, Surfen.

Bierwisch Manfred Dr. phil. Prof.
B.: Sprachwissenschaftler, HS-Lehrer, Ltr. d. Projektgruppe "Strukturelle Grammatik". FN.: Humboldt-Univ. zu Berlin. DA.: 10117 Berlin-Mitte, Jägerstr. 10/11. PA.: 14197 Berlin-Wilmersdorf, Rüdesheimer Str. 6. mbierwisch@german.hu-berlin.de. G.: Halle/Saale, 28. Juli 1930. V.: Monika Doherty. S.: 1949 Abitur, 1951/52 Stud. Physik, ab 1952 Stud. Germanistik Univ. Leipzig, 1952/53 Haftstrafe wegen "Boykotthetze", Fortsetzung d. Stud. Germanistik u. Phil. in Leipzig, 1956 Staatsexamen, 1961 Prom. z. Dr. phil., 1981 Habil. K.: 1957-62 wiss. Ass. am Inst. f. Dt. Sprache u. Literatur d. Dt. Ak. d. Wiss. (DAW) zu Berlin, 1962-73 Mitarb. DAW, ab 1973 Mitarb. am Zentralinst. f. Sprachwiss. d. Ak. d. Wiss. (AdW) d. DDR, 1981-91 Ltr. d. Forsch.-Gruppe Kognitive Linguistik, 1981/82 Fellow am Center for Advanced Studies in the Behavioral Sciences in Stanford, 1985 Auswärtiges Wissensch. Mtgl. d. Max-Planck- Inst. f. Psychlinguistik, 1985 Prof. f. Linguistik an d. AdW, 1987/88 Arbeitsaufenthalt am Max-Planck-Inst. in Nijmegen/NL, 1992 Hon.-Prof. Univ. Stuttgart, 1993 o.Prof. Humboldt-Univ. zu Berlin, 1992-96 Ltr. d. Max-Planck-Arbeitsgruppe "Strukturelle Grammatik" Humboldt-Univ. zu Berlin, Initiator u. 1997 Hrsg. d. Schriftenreihe "Studia Grammatica". P.: zahlr. wiss. Veröff., "Grammatik d. dt. Verbs" (1963), "Strukturalismus. Geschichte, Methoden, Probleme" (1966), "Musik u. Sprache. Überlegungen zu ihrer Struktur u. Funktionsweise" (1979), "Grammatische u. konzeptuelle Aspekte v. Dimensionsadjektiven" (1987). E.: 1979 Ehrenmtgl. d. Linguistic Society of America, 1990 Dr. h.c. d. Friedrich Schiller-Univ. Jena, 1995 Ehrenmtgl. d. Ungar. AdW. M.: Max-Planck-Ges., Ges. f. Sprachwiss., 1990 korresp. Mtgl. d. AdW d. DDR, 1991 Academia Europaea, 1992/93 korresp. Mtgl. im WissR. d. BRD, 1993 Berlin-Brandenburg. Ak. d. Wiss., 1993-98 VPräs., 1993 Goethe-Inst., 1998 Ehrenmtgl. d. Sächs. AdW.

Biesalski Peter Dr. med. Dr. h.c. *)
Biese Bernd Max
B.: selbst. Augenoptiker. FN.: Optik Biese. DA.: 34117 Kassel, Friedrich-Ebert-Str. 51. PA.: 34125 Kassel, Hummelweg 16. G.: Kassel, 4. Feb. 1953. V.: Vanraya, geb. Boonyaluksana. K.: Vanessa (1978), Jan (1981), Sarah (1988). El.: Horst u. Lore. BV.: altdt. Ordensritter m. Wappen b. 1538 verfolgbar. S.: Augenoptikerlehre, 1975 Abendgymn., 1984 Mstr.-

Prüf. K.: Bis 1987 Filialltr., seit 1987 selbst. Optiker. M.: ehrenamtl. Richter am Hess. Finanzgericht. H.: Familie, Spielzeug, Taschenuhren. (M.G.)

Biesemeier Egon

B.: Steuerberater. DA.: 40299 Düsseldorf, Bensheimer Str. 14. G.: Neuburg an d. Donau, 9. Feb. 1955. V.: Beate, geb. Hungenberg. Ki.: Jaqueline (1990), Jennifer (1992). El.: Ernst Biesemeier. S.: 1975 Fachabitur, 1981 Steuerbev.-Prüf., 198 Steuerberaterprüf. K.: 1982-83 ang. Steuerberater, seit 1983 selbst. Steuerberater in Düsseldorf m. Schwerpunkt Beratung freiberufl. Berufe in d. neuen Bdl. u. Existenzgrdg., Betreuung v. KGs, Gestaltungsberatung d. unternehmer. Entscheidung. M.: 1991-95 stellv. Vertretungsmtgl. d. DATEV, Golfclub Elfrather Mühle-Krefeld. H.: Golf.

Bieser Ursula B. *)

Biesinger Claudia

B.: Gschf. Ges. FN.: Impuls Gesundheitszentrum. DA.: 88400 Biberach, Eichendorffweg 5. PA.: 88400 Biberach, Mittelbergstr. 18. G.: Lauphheim, 20. März 1962. Ki.: 1 Tochter. El.: Herrmann u. Anne Biesinger. S.: 1981 Abitur, 1981-84 Ausbild. Physiotherapeutin. K.: 1984-88 versch. Positionen als Physiotherapeutin, 1988-92 Abt.-Ltr. f. Krankengymnastik am KH Biberach u. Ochsenhausen, 1992-95 selbst. Praxis, seit 1995 Gschf. Ges. d. Impuls Gesundheitszentrums, Zusatzausbildung z. Osteopathin 2000 erfolgreich abgeschlossen. M.: Rotary Club. H.: Laufen, Musik, Lesen, Beruf.

Biesler Dieter *)

Bießmann Hans R. Dipl.-Ing.

B.: Gschf. MDC Max Dätwyler GmbH Deutschland, Gschf. HDE Hybrid Design GmbH u. Gschf. HDE Hybrid Design Verwaltungs GmbH & Co. KG. FN.: Max Dätwyler GmbH Deutschland DA.: 64347 Griesheim, Im Dürren Kopf 40. PA.: 64372 Ober-Ramstadt, Steinackerstr. 36. G.: 13. Feb. 1944. V.: Karin, geb. Cunz. Ki.: Uta (1965). El.: Walter u. Käte, geb. Neuse. S.: Fachhochschulreife, 1963-65 Lehre als Tiefdruck-Retuscheur, Abschluß, 1968-70 Stud. Univ.-Gesamt-HS Wuppertal, 1970 Abschluß Dipl.-Ing. K.: 1971 Produktioner Werbeagentur Troost Düsseldorf, 1972 Ass. Tiefdruck Westfalendruck Dortmund, 1973-84 Bereichsltr. Disposition, Druckvorstufe u. Formherstellung im Druckhaus W. Girardet Essen, 1984-90 Prokurist im intern. Handelshaus HEIMANN GmbH Hamm mit Tätigkeiten in Deutschland, Holland, Belgien, Frankreich, Skandinavien, USA, ab 1991 Gschf. d. Firma MDC Max Dätwyler GmbH Deutschland, Gschf. d. Firmen HDE Hybrid Design Elektronik GmbH & Co. KG u. HDE Verwaltungs GmbH, alle Firmen in Griesheim b. Darmstadt. P.: Beiträge in d. Fachzeitschrift "DEUTSCHER DRUCKER", Seybold Konferenz Dt. M.: 1992-2001 Bundesvors.u.

seit 2002 Bundes-Ehren-Vors. d. Fachverb. Führungskräfte d. Druckindustrie u. Informationsverarbeitung e.V., Darmstadt. H.: Fotografieren, Literatur, Musik (Schlagzeug), Sport allg.

Biester Gerhard *)

Biester Lutz *)

Biester Uwe Dr. iur. *)

Biesterfeld Klaus *)

Bietendorf Manfred

B.: Elektrotechnik. FN.: s a b Schaltschrank + Anlagenbau. DA.: 34246 Vellmar, Rote Breite Str. 2; 34266 Niestetal, Bettenhäuser Str. 41. PA.: 34246 Vellmar, Rote Breite Str. 2. G.: Kassel, 12. März 1948. V.: Rosel, geb. Klotz. Ki.: Susanne (1967), Michaela (1969), Alexandra (1973). El.: Fritz u. Charlotte, geb. Büchner. S.: 1962-66 Lehre z. Starkstromelektriker m. Abschluß b. Firma Tyssen-Henschel, 1967-70 Lehre z. Elektrotechniker m. Abschluß u. div. SPS-Lehrgänge. K.: 1966-98 Firma Tyssen-Henschel allg. Elektroversorgung, 1985 Grdg. d. Firma s a b, 1996 Übernahme v. 50% d. Firma SES Ges. f. Integration v. Fertigungsdaten mbH, 1998 im Wege d. Outsourcing d. Firma Tyssen-Henschel wird d. Anstellung dort beendet. M.: Elektroinnung, Handwerker- u. Gewerbever. Vellmar, Britisch-Dt. HK. H.: Campingurlaub (England u. Europa), Münzen sammeln (Europa ab 1945).

Biethahn Jörg Dr. rer. pol. Dipl.-Ing. Prof.

B.: Univ.-Prof. FN.: Georg August-Univ. Göttingen. DA.: 37073 Göttingen, Platz der Göttinger Sieben 7. PA.: 37077 Göttingen, Stumpfe Eiche 67. G.: Hermstal, 24. Mai 1942. V.: Antje, geb. Schneider. Ki.: Heike, Silke, Niels. El.: Erich u. Thilde. S.: Gymn. Flensburg, Stud. Math. in Berlin, Stud. d. Ing. Wiss. in Berlin, Stud. d. Wirtschaftswiss. Univ. Frankfurt, Prom., Habil. K.: 1970-73 Ass. f. Wirtschaftswiss. Univ. Frankfurt, 1973-75 Doz. f. Wirtschaftsinformatik Univ. Frankfurt, 1975-76 Vertretung d. Prof. f. Plan., Entscheidung, Organ. Univ. Trier, 1977-79 Prof. f. Wirtschaftsinformatik Ruhr-Univ. Bochum, 1979-84 Prof. f. Wirtschaftsinformatik Univ. Duisburg, 1983-84 Prof. f. Industrie, Univ. Dortmund,seit 1984 Lehrstuhl f. Wirtschaftsinformatik Georg August-Univ. Göttingen, 1987 Ruf auf d. Lehrstuhl f. Wirtschaftsinformatik d. Ruhr-Univ. Bochum, 1988 Gastprof. f. Univ. Hefei VR China. P.: Die Planung u. Ausführung des optimalen Fleischproduktions- u. einkaufsprogrammes (1973), Optimierung u. Simulation (1977), Ganzheitliches Informationsmanagement (Bd. 1, 4. Aufl. 1996, Bd. 2, 3. Aufl. 1999), Einführung in die DV (9. Aufl. 1997), Evolutionary Algorithmus in Mangement Applications (1995), Das Spielerhandbuch zum Entscheidungspiel OPEX (1988), Management, Verfasser zahlr. Art. in wiss. Zeitschriften. M.: Dt. Ges. f. Operations Research, Verb. d. HS-Lehrer f. Betriebswirtschaft, Ges. f. Informatik, Schmalenbach-Ges.

Bietmann Rolf Dr. Prof.

B.: RA. FN.: RAe Prof. Dr. Bietmann, Hahn, Wucherpfennig, Dr. Jacob. DA.: 50667 Köln, Schilderg. 24-30. G.: Bork, 18. Mai 1954. V.: Elke, geb. Kretschmer. Ki.: Andreas (1980), Julia (1982), Anna Christina (1989). El.: Leo u. Agnes. S.: 1972 Abitur Köln, 1972-78 Stud. Jura Univ. Köln, 1978 1.

*) Biographie www.whoiswho-verlag.ch oder beigefügte CD-ROM

Biffar

Theater, Sport, Kunst.

Biewald Dieter Dr. rer. nat.

B.: Studiendir. i. R., Vors. verschiedener gemeinnütziger Gesellschaften. DA.: 12165 Berlin, Arno-Holz-Straße 14. PA.: 12249 Berlin, Zietenstr. 32B. G.: Berlin, 8. Dez. 1932. V.: Martha, geb. Böhning. Ki.: Sebastian (1961), Inh. Gourmet-Partyservice, Bettina (1966), Angestellte. El.: Fritz u. Hertha. BV.: Leopoldus Biwald, Prof. u. Ordinarius d. Physik in Innsbruck im Jahre 1767 Name erstmals urkundlich im Dom zu Speyer erwähnt. S.: 1938-54 am 7. OG am Hermannplatz, später Albert-Schweizer-Gymn., 1954 Abitur, Stud. Chemie, dann Geographie an d. FU-Berlin, an d. Sorbonne in Paris u. am Polytechnikum in Athen, Geomorphologe, 1961 1. Staatsexamen f. d. Lehramt, 1963 Assessor-Prüf., 1967 2. Staatsexamen, 1971 Prom. zum Dr. rer. nat. über Korallenriffe, Geomorphologie. K.: 1964-66 Ass. an d. FU-Berlin im Geomorphologi. Inst., 1966-67 Studienassessor, 1968-72 Lehrer am Gymn. Steglitz, 1968 Studienrat am Tannenberg-Gymn., 1972 Studiendir. am Tannenberg-Gymn., 1972-90 Stellv. Dir. am Tannenberg-Gymn. in Lichterfelde, 1999 Ehrenvors. d. CDU-Berlin-Lankwitz. BL.: dem 7. Gymn. geholfen, d. Namen Albert-Schweizer-Gymn. tragen zu dürfen u. Albert Schweizer persönlich getroffen, die Rettung d. Friedrichstadtpalast vor d. Abwicklung Intervention v. Helmut Kohl auf seine Initiative, Rettung d. Gropius-Baus, Erhalt als Ausstellungsraum, heute 2000 Orgelspiel im vollbesetzten Petersdom/Rom, ca, 40.000 Zuhörer auf d. historischen (aber leider sehr maroden) Tamburini-Orgel. P.: "Ankerschäden an Korallenriffen", Yacht, 22.1.1976, "Auf den Spuren der Zisterzienser", Ihre Bedeutung für die Mark, Urania (Band 1, 1992), "Heil und Mineralwässer", in Stoffwechsel (1993 bis 4, 1994), "Zwischen 0,6 und 7bar, 50 Jahre Tauchererlebnisse" (1995), CD "Geliebt Orgeln". E.: seit 1999 Ehrenvors. d. CDU-Berlin-Lankwitz, 1982 BVK am Bande, 1992 BVK 1. Kl., 1991 Preußenschild in Gold, 1992 Silb. Medaille f. 20 jährige Abgeordnetentätigkeit, 1995 Bismarck-Medaille, 1997 Hans-Bredow-Medaille; Ehrenämter: 1967-68 Schöffe, ab 1973 Abgeordneter d. Abgeordnetenhauses zu Berlin, 1975-97 Rundfunkrat am SFB, 1992-97 Programmausschuß, Beirat u. Vors., 1991/92 Rotary-Präs., 1994 Rotary World Understanding Award Istanbul, 1983-85 Kurator d. PFH, 1985 Kurator d. HdK, ab 1982 Vors. d. dbv Berlin, ab 1983 Vorst. d. Urania, 1987-92 Vors. d. Dt. Kultur-Gemeinschaft Urania Berlin e.V., Ehrenmtgl. d. Ver. Berliner Künstler von 1841, Vors. d. Fremdenvereins d. Hist. Kommission zu Berlin, bis 2000 Stellv. Vors. d. Freunde d. Staatsbibliothek, Ehrenmtgl. d. Museums am Checkpoint Charlie, Stellv. Vors. d. Kulturausschusses seit 1975 u. Vors. seit 1981. M.: seit 1967 Mtgl. d. CDU, ab 1980 Rotarysche Vereinigung, Ges. f. Bild. Kunst seit 1961,Vors. d. Ges. f. Erdkunde zu Berlin, Mtgl. d. Kuratoriums d. Richthofen-Ritter-Penk-Stiftung, Mtgl. d. Kuratoriums d. Pestalozzi-Fröbel Hauses, Ehrenvors. d. Dt. Bibliotheksverbandes e.V., Landesverband Berlin. H.: Spielen u. Beitrag zur Restaurierung historisch wertvoller Orgeln, Fliegen.

Biewald Wolfgang Prof. Dr. med.

B.: Chefarzt, Kinderurologe, Kinderchirurg. FN.: Dt. Kinder Urologie Zentrum in d. DRK Kliniken Westend. DA.: 14050 Berlin, Spandauer Damm 130. G.: Weißstein/Schlesien, 31. Jan. 1939. V.: Frauke, geb. Schulte. S.: 1957-66 Med.-Stud. an d. Humboldt-Univ. zu Berlin, 1966 Prom. z. Dr. med. K.: 1966-68 Ass.-Arzt f. Chir. am Kreiskrankenhaus Kirchberg/Sachsen, 1968-73 Kinderchir. am Klinikum Buch, Berlin, 1971 FA f. Kinderchir., 1973-76 Ltd. OA am Univ.-Klinikum Benjamin Franklin d. FU Berlin, 1989 Ernennung z. apl.Prof. u. Lehrbeauftragter f. Kinderchir. am UBF, seit 1999 Chefarzt u. Gründer d. ersten dt. Kinderurologiezentrums. P.: ca. 60 wiss. Arbeiten sowie eine Reihe v. Fachbeiträgen zur Kinderurologie. M.: Dt. Ges. f. Kinderchir., Arbeitsgemeinschaft f. Kinderurologie, Dt. Ges. f. Chir. H.: Hobbygärtner.

Biewener Angelika Dr. med. *)

Biewer Maxi

B.: Wetter-Moderatorin "Punkt 7", "Punkt 7", "RTL aktuell". FN.: RTL. DA.: 50585 Köln, Aachener Str. 1036. G.: Berlin, 24. Mai 1964. V.: Jean Patrice Venne. S.: 1983 Abitur Berlin sowie Ausbild. z. Elektronikfacharb., 1983-87 Stud. Berliner Schauspielschule, Dipl. m. "Bühnenreife". K.: Fernsehspiele wie "Maxe Baumann" u. Filme wie "Himmelsschlüssel" (1991), Arb. an versch. Theatern in Berlin (TriBühne) u. in Dessau, 1989 Wechsel v. Ost- nach Westberlin, seither freischaff., tätig, 1992-94 Moderatorin b. "Guten Morgen Deutschland", seit 1994 Moderation Wetter b. "Punkt 7" u. "RTL aktuell". H.: Reisen.

Biffar Hans-Peter Dipl.-Kfm. *)

Biffar Reiner Dr. med. dent. Prof.

B.: Univ.-Prof., Dir. FN.: Poliklinik f. zahnärztl. Prothetik u. Werkstoffkunde Ernst-Moritz-Arndt-Univ. Greifswald. DA.: 17487 Greifswald, Rotgerber Str. 8. biffar@uni-greifswald.de. G.: Frankfurt/Main, 26. Juli 1956. V.: Dr. Sigrid, geb. Pappert. Ki.: Simon (1991), Anne (1992). El.: Dipl.-Ing. Hans-Jürgen u. Hildegard. S.: Gymn. Frankfurt/Main u. Sulzbach, 1975-76 Lagerist u. Bürogehilfe Firma Neue-Plakat-Kunst Bad Soden, 1976-81 Stud. Zahnheilkunde Univ. Frankfurt/Main, 1977 naturwiss. Prüf., 1978 zahnärztl. Vorprüf., 1981 Staatsexamen, 1981 Approb. K.: 1981-83 wiss. Ass. am zahnärztl. Univ.-Inst. d. Stiftung Carolinum in d. Abt. Zahnersatzkunde d. Univ.-Frankfurt/Main, 1984 Prom., 1985 Ernennung z. klin. OA d. Abt. f. Zahnersatzkunde, 1991 Habil., 1991 Verleihung d. Titels Priv.-Doz., 1993 Übernahme d. kommissar. Ltg. d. Poliklinik f. zahnärztl. Prothetik u. Werkstoffkunde d. Univ. Greifswald, 1993 Ruf ab C4-Prof. f. zahnärztl. Prothetik u. Werkstoffkunde d. Univ. Greifswald, 1994 C4-Prof. u. Dir. d. Poliklinik f. zahnärztl. Prothetik u. Werkstoffkunde d. Univ. Greifswald, 1994-98 stellv. Studiendekan d. med. Fak. d. Univ. Greifswald, 1998-2000 Dekan d. Med. Fak. d. Univ. Greifswald, seit 2001 Senator d. Univ. Greifswald. M.: DGZMK, DGzPW, AGF, GOI, IADR, AfG; EPA, VHZMK. H.: Segeln, Modelleisenbahn.

---

*) Biographie www.whoiswho-verlag.ch oder beigefügte CD-ROM

Bigalke Hans-Günther Dr. rer. nat. Prof. *)

Bigalke Regina

B.: selbst. Ärztin f. Gynäkologie und Geburtshilfe. DA.: 14612 Falkensee, Adlerstr. 48. G.: München, 25. Aug. 1946. V.: Jürgen Bigalke. Ki.: Maren (1973), Silke (1978). El.: Gerhard u. Margarete, geb. Pahl. S.: 1964 Abitur, 1966 Vorpraktikum Bez.-Klinik Potsdam, b. 1972 Med.-Stud. Humbold-Univ. Berlin, Approb. als Arzt. K.: b. 1980 FA f. Gynäkologie u. Geburtshilfe Bez.-Klinikum Potsdam, b. 1985 FA in Gynäkolog. Abt. d. Poliklinik Falkensee, b. 1990 onkolog. Betreuung Poliklinik Falkensee, 1991 Eröff. d. eigenen Ndlg. als Frauenärztin. M.: Berufsverb. d. Frauenärzte Land Brandenburg e.V., Ges. f. Psychosomatik in Gynäkologie u. Geburtshilfe. H.: Motorradfahren, Wandern in Europa.

Bigdowski Michaela Susanne *)

Biggeleben Eberhard Stefan

PS.: Heying. B.: ADTV Tanzlehrer. FN.: Tanzschule Kaechele. DA.: 40721 Hilden, Schwanenstraße 1-3. G.: Leverkusen, 25. Jan. 1964. V.: Nicola, geb. Joedicke. Ki.: Verena (1994), Annika (1997). El.: Friedrich Eberhardt und Ilse Richartz, geb. Melcher. S.: 1984-87 Ausbildung z. Tanzlehrer Tanzschule Kaechele Leverkusen. K.: b. 1987 Tanzlehrer bei Kaechele, 1991 Gschf. bei Kaechele, 1994 Gründung Tanzschule in Burscheid als Mitinh., 2001 Anteilsübernahme in Hilden u. Leverkusen; "Leicht-Lern-Prinzip" durch körperbewußtes Tanzen. BL.: wurde 1997 interviewt v. Premiere World anläßl. Fußball-Tanzkurs in Leverkusen, 1998 Grdg. Foxtrott-Staffel über 50km, Bericht in WDR, Eintrag ins Guinessbuch d. Rekorde, organisiert als DJ-Moderator u. Entertainer Feste u. Veranstaltungen regional. M.: Ver. Leverkusen hilft krebskranken Kindern, Jazz-Freunde Opladen, VCG Golf. H.: Golf.

Bigl Siegwart Dr. med. habil. Prof.

B.: FA f. Mikrobiologie u. Pädiatrie, Präs. FN.: Landesuntersuchungsanst. f. d. Gesundheits- u. Vet.-Wesen Sachsen Standort Chemnitz. DA.: 09111 Chemnitz, Zschopauer Str. 87. PA.: 09114 Chemnitz, Ludwigsburgstr. 21. siegwart.bigl@lua.sms.sachsen.de. G.: Bernsdorf, 23. Nov. 1938. V.: Ursula, geb. Gimpel. Ki.: Lutz (1964), Ulf (1968), Arndt (1976), Holm (1980). El.: Ernst u. Asta, geb. Klitzsch. S.: 1956 Abitur Lichtenstein, 1956-62 Stud. Humanmed. Karl-Marx-Univ. Leipzig, 1962 Staatsexamen, A-Prom. Dr. med., 1964-67 FA-Ausbild. am Hygieneinst. Karl-Marx-Stadt z. FA f. Mikrobiologie u. Infektionsepidemiologie, 1970-75 FA-Ausbild. am KH Aue z. FA f. Pädiatrie, 1985 Habil. K.: 1961 Pflichtass. Ernst-Scheffler-KH Aue, 1962-64 Arzt am Landambulatorium Lugau, 1967-70 Abt.-Ltr. f. Mikrobiologie am Hygiene-Inst. Karl-Marx-Stadt, 1970-75 FA Pädiatrie im KH Aue Abt. Kinderklinik, 1975-77 OA d. Kinderklinik in Aue, 1977 Bez.-Epidimeologe, ab 1977 Durchführung d. kinderärztl. Sprechstun-

de in Grüna, 1990 Chef d. Hygieneinst., seit 1991 Priv.-Doz., 1992 Präs. d. Landesuntersuchungsanst. P.: ca. 56 Veröff. in Fachzeitschriften, m. mehreren Autoren "DGPI-Handbuch". M.: Vors. d. Sächsischen Impfkmsn., Mtgl. d. Ständigen Impfkmns. am Robert-Koch-Inst, Trinkwasserkmsn. b. Bundesumweltamt, Ltr. d. Arbeitsgruppe "Hygiene- u. Umweltmed." an d. Sächs. Landesärztekam., DGBI, DGHM. H.: Chorsänger, Tubabläser in d. Kirchengem. Chemnitz-Borna.

Bigl Volker Dr. med. habil. Prof.

B.: Rektor. FN.: Univ. Leipzig. DA.: 04109 Leipzig, Ritterstr. 26. rektor@uni-leipzig.de. G.: Bernsdorf, 13. Feb. 1942. Ki.: 4 Kinder. S.: 1960 Abitur Lichtenstein, 1960-62 Stud. Med. Univ. Bukarest, 1962-65 Stud. Med. Univ. Leipzig, 1966 Approb. u. Prom. K.: 1966-76 wiss. Ass. an d. Abt. Neurochemie d. Univ. Leipzig, 1975 FA f. Biochemie, 1976-83 OA am Paul-Flechsig-Inst., 1978 an d. Univ. Leipzig, 1983 Doz. f. Neurochemie, 1992 C4-Prof., 1990-92 komissar. Ltr. d. Abt. Neurochemie, 1992-93 komissar. Ltr. d. Paul-Flechsig-Inst. u. seit 1993 Dir., seit 1992 FakultätsR. d. med. Fakultät d. Univ. Leipzig, 1994-95 Prodekan d. med. Fakultät u. b. 1997 Dekan, seit 2000 Rektor d. Univ. Leipzig. P.: ca. 150 Veröff. in nat. u. intern. Zeitschriften. M.: Intern. Ges. f. Neurochemie, Europ. Ges. f. Neurochemie, Neurowiss. Ges., Sächs. Ak. d. Wiss. H.: Wandern, klass. Musik. (Re)

Bignion Helmut Dr. med.

B.: FA f. Radiologie. DA.: 70499 Stuttgart-Weilimdorf, Staigerstr. 1A. PA.: 70374 Stuttgart, Th.-Veiel-Str. 30. G.: Temeschburg/Rumänien, 20. Jan. 1939. V.: Elisabeth, geb. Machka. Ki.: Dieter (1962). S.: 1955 Abitur, 1955-61 Med.-Stud. Univ. Temeschburg, 1961 Abschluß. K.: 1961-63 Tätigkeit am Ak. Lehr-KH d. Med. Univ. Temeschburg, 1964-67 Ass.-Arzt am Lehrstuhl f. Radiologie, 1967 FA-Prüf. u. b. 1979 FA Radiologie, 1974 Habil., 1980-86 Doz. am Lehrstuhl f. Radiologie an d. Med. Univ. Temeschburg, 1986 Einreise in d. BRD, 1986-89 Ass.-Arzt f. Radiologie am Kreis-KH Calw, 1987 Approb., 1987-89 OA am Radiolog. Inst. d. KH Bad Cannstatt-Stuttgart, 1987 Anerkennung als FA f. Radiologie, s. 1989 ndlg. Radiologe in Stuttgart-Weilimdorf. P.: 140 wiss. Veröff., davon 35 Publ. in Fachzeitschr., 3 Fachbücher "Röntgendiagnostik d. Nieren u. d. Harnwege", "Grundlagen d. Röntgendiagnostik d. Blutgefäße", "Physikal. u. klin. Grundlagen d. Ultraschalldiagnostik".

Bigus Gerd Dr. med.

B.: Facharzt f. Anästhesiologie, Arzt f. Naturheilverfahren. DA.: 15232 Frankfurt/Oder, Leipziger Str. 18. PA.: 15517 Fürstenwalde, Alter Postweg 21. G.: Oberwiesenthal, 17. März 1951. Ki.: Kristine (1972) und Franziska (1979). El.: Ingeborg Bigus. S.: b. 1969 Berufsausbild. Rinderzüchter m. Abitur, 1969-74 Stud. Med. Univ. Greifswald, 1974 Approb., 1976-81 FA-Ausbild. f. Anästhesiologie. K.: 1981-82 Dialysearzt im KH Berlin-Friedrichshain, 1982-89 Ltr. d. Hämodialyse in Bad Saarow, 1986 Prom., 1989 Aufbau d. 1. priv. Dialysezentrums in d. Neuen Bdl., 1991-92 Praxis f. Schmerztherapie in Fürstenwalde, 1993 Anerkennung als Arzt f. Naturheilverfahren, seit 1993 ndlg. Arzt in Frankfurt/Oder u. Eisenhüttenstadt; Funktionen: Ltr. d. Schmerztherapeut. Kolloquium in Frankfurt/Oder, anerkannter Algesiologe, Ltr. d. bundesweiten Expertengruppe f. Regulative Med. H.: Beruf, Astromedizin, Gartenarbeit.

*) Biographie www.whoiswho-verlag.ch oder beigefügte CD-ROM

Bihler Karl Dr. Prof. *)

Bihn Willi R. Dr. Prof. *)

Bikadorov Marita Irene *)

Bikadorov Vladimir Dr. med. *)

Bikakis-Hohn Maria *)

Bikfalvi Tibor

B.: Gschf. FN.: Fernsehdienst Leipzig GmbH. DA.: 04229 Leipzig, Dieskaustr. 20. G.: Leipzig, 28. Feb. 1975. BV.: Großvater war Schiedsrichter d. FIFA (1950-60). S.: 1990 Wirtschaftsabitur Leipzig, 1994 Zivildienst Park-KH Leipzig, 1995 Dipl.-Ing.-Stud. am Bauhaus Weimar. K.: 1999 Erwerb der Firma Fernsehdienst. M.: Sportl. Sponsoring, Engagement im öff. Spendenbereich. H.: Börsengeschäfte, Elektronik, Internet, Go-Kart fahren.

Bikowski Andrea *)

Bil Donata *)

Bild Klaus Dipl.-Ing.

B.: Dipl.-Ing. f. Bauwesen, Inh. FN.: Ing.-Büro f. Tragwerksplanung Bild & Beyer. DA.: 45239 Essen, Franz-Voutta-Str. 19. ingenieurbuero.bild-beyer@t-online.de. G.: Merzig u. d. Saar, 28. Sep. 1935. V.: Karin, geb. Budde. Ki.: Martina und Claudia (1969). S.: 1953 Abitur, 1955-58 Stud. Bauing.-Wesen, 1959-64 Stud. Bauing.-Wesen TH Aachen m. Abschluß Dipl.-Ing. K.: 1965 Eröff. d. Ing.-Büros f. Bauwesen; Funktion: staatl. anerkannter Sachv. f. Schall u. Wärme; Projekte: Folkwang Museum in Essen, 20 Schulzentren, über 50 Verw.-Behörden. M.: IKNW, VDI, VBI. H.: Segeln, Golf.

Bildhauer Hans

B.: Stadtdir. d. Stadt Gehrden. DA.: 30989 Gehren, Kirchstr. 1-3. bildhauer@gehrden.de. G.: Leer/Ostfriesland, 23. März 1943. V.: Manna, geb. Hahne. Ki.: Maike (1975), Felix (1977). El.: Franz u. Helene, geb. Stringe. S.: 1960 Mittlere Reife, Ausbildung z. Verwaltungsfachangestellten, 1963-66 Abschluss Verwaltungslehre b. d. Stadt Leer, Inspektorenlaufbahn u. Mitarbeiter im Geschäftsbereich d. Bundesministeriums d. Innern, 1966 Abschluss Inspektorenprüf., 1966-68 BVG Berlin, parallel 1971 Verwaltungsdiplom Leibniz-Akademie Hannover, 1968-75 persönl. Referent b. OKD d. Landkreises Hannover, K.: seit 1975 Stadtdir. d. Gehrden, zusätzl. seit 1975 Gschf. d. Niedersächsischen Städte- u. Gemeindesbundes. BL.: Intiator v. Stadtfesten, Wochen- u. Weihnachtsmärkten, "Gehrden bittet zu Tisch", Konzerte junger Künstler in Zusammenarbeit m. d. HS f. Musik u. Theater Hannover. P.: Veröff. im Rahmen d. Präventionsräte gegen Jugendkrimi-

nalität in Fachzeitschriften. M.: Vorst.-Mtgl. d. Deister-VHS, Verwaltungsausschuss d. Arbeitsamtes Hannover, Rentenausschuss d. Gemeindeunfall-VS-Verbandes, Gesangs- u. Tennisverein, Feuerwehr Gehrden, Dt. Rotes Kreuz. H.: Tennis, Segeln.

Bildstein Ute Christiane

B.: RA in eigener Kanzlei. DA.: 18435 Stralsund, Sarnowstr. 32. Kanzlei-Bildstein@web.de. G.: Daun/Eifel, 23. Apr. 1956. V.: Reg.-Dir. Otmar Bildstein. Ki.: Katharina u. Maximilian (1991). El.: Alois Kohn u. Josefine, geb. Raskob. S.: 1976 Abitur Daun, Stud. Jura in Bonn, 1981 1. u. 1985 2. Staatsexamen. K.: seit 1995 eigene Kzl. in Stralsund. H.: Reiten, Klavier spielen, Theaterbesuche, Skifahren.

Bilek Vaclav *)

Bilen Bobby *)

Bilger Jürgen Dr. med. *)

Bilgeri Veronika *)

Bilina Ellen

B.: Dipl.-Betriebswirtin, Kauffrau, Inh. FN.: "Ellmodes", "Ellen Belina". DA.: 12209 Berlin, Woltmanweg 11. G.: Halle, 27. Jan. 1948. V.: Alexander Bilina. Ki.: Diana (1968). El.: Harry u. Erika, geb. Gräbe. S.: 1968-73 u. 1973-79 Stud. Betriebswirtschaft Leipzig u. Berlin, 1990 Dipl.-Betriebswirt. K.: 1979-89 im Außenhdl. auf d. Gebiet d. Exports u. Imports, 1982-89 Hauptbuchhalter, 1990 selbst., Grdg. d. 1. Boutique f. hochwertige Mode in Danziger Straße in Berlin, 1991 u. 1993 Grdg. weiterer Boutiquen. H.: Sport, Tennis, Kabarett, Back Gammon, Mallorca.

Bilitza Gabriele Dipl.-Ing. *)

Bilitzki Pawel *)

Bilke Brigitta Dipl.-Psych. *)

Bill Achim

B.: Landwirtschaftsmeister, selbst. FN.: Wein-Forum Achim Bill. DA.: 66740 Saarlouis, Lebacher Straße 22. PA.: 55767 Gimbweiler, Hauptstr. 10. weinforum-achimbill@web.de. www.weinforum-achimbill.de. G.: Birkenfeld, 6. Feb. 1965. Ki.: Lena (1996), Lukas (1997). El.: Werner u. Ilse, geb. Arend. S.: 1981 Mittlere Reife Baumholder, 1981-83 Lehre Landwirtschaft elterliches Betrieb, 1983-85 Weiterbildung Landwirtschaftsschulen St. Wendel u. Altenkirchen, 1985 Landwirtschaftsmeister. K.: 1985-89 Mitarbeit im elterl. Betrieb, 1989-97 tätig im Getränkefachgroßhandl in Tholey, seit 2000 selbst.

*) Biographie www.whoiswho-verlag.ch oder beigefügte CD-ROM

Bill

m. Getränke-Groß- u. Einzelhandel f. Weine u. Spirituosen in Saarlouis. M.: MGV Gimbweiler u. seit 1996 Vors., FFW Gimbweiler. H.: Fußball, Motorsport, Kochen, Weine, Gesang.

Bille Ernst Dipl.-Kfm.
B.: prakt. Arzt, ärztl. Psychotherapeut, Dipl.-Kfm., Betriebs- u. Sozialmediziner. DA.: 50668 Köln, Ursulapl. 29. G.: Köln, 6. Apr. 1934. Ki.: Jan (1979). El.: Prof. Dr. Hans Regierungsbaumeister (Vorst. Rhein. Braunkohlenwerke, Dir. RWE, versch. Aufsichtsräte) u. Agnes. BV.: Großvater Johannes Backhaus bedeutender Bauunternehmer. S.: 1954 Abitur, Stud. Betriebswirtschaft u. Soz. Univ. Köln u. Detroit, 1962 Examen Dipl.-Kfm., 1969-75 Stud. Med. Bonn, Zürich, Wien u. Kiel, Approb. u. Staatsexamen Heidelberg. K.: Mithrsg. v. Jahrbüchern in Köln, ab 1963 in d. Firma General Motors USA, in Bank u. Wirtschaftsprüf. tätig, ab 1975 in Univ.-Kliniken in Japan, Essen u. Berlin, 1982 ndlg. als ärztl. Psychotherapeut in München, ab 1992 ndlg. in Köln m. Schwerpunkt Verhaltenstherapie, analyt. Therapie, Kinder- u. Jugendlichentherapie, Gruppentherapie. H.: med. Journalismus, Kunstgeschichte, Literatur.

Bille Frank P.

B.: RA. DA.: 40878 Ratingen, Beethovenstr. 21. ra.bille@t-online.de. www.ra-bille.de. G.: Düsseldorf, 5. Sep. 1957. V.: Doris, geb. Schwerzel. El.: Paul u. Theresia, geb. Thöne. S.: 1977 Abitur, 1977-79 Polizeiausbildg., 1979-80 Polizei Leverkusen, 1980-89 Stud. Betriebswiss. u. Jura, 1. jur. Staatsexamen Univ. Passau, Referendariat u. 2. jur. Staatsexamen Düsseldorf. K.: seit 1990 Ndlg. in Ratingen. H.: Schießsport, Musik, Zauberei.

Biller Helmut Dr. med.

B.: Orthopäde. DA.: 93047 Regensburg, Alter Kornmarkt 5. G.: Greiz, 31. Mai 1952. V.: Anne, geb. Drescher. Ki.: Lisa (1988), Hanna (1989), Antonia (1994). El.: Gerhard u. Anita. S.: 1972 Abitur Bayreuth, Bundeswehr, 1974 Stud. Physik München, 1976 Stud. Med. Regensburg, 1978 Physikum, Stud. Med. TU München, 1983 Staatsexamen. K.: b. 1985 tätig in d. Orthopädie in Bad Aibling, 1985-86 tätig in d. Chir. in München, 1987-90 in d. Orthopädie in Bayreuth, 1990-92 an d. staatl. orthopäd. Klinik bei Prof. Refior u. Prof. Rosemeyer, Ass. einer Praxis in Kulmbach, 1992 Eröff. d. orthopäd. Praxis in Regensburg m. Schwerpunkt Chirotherapie, Akupunktur, computerunterstütze Vermessung d. Wirbelsäule u. extrakorporelle Stoßwellentherapie. P.: Dr.-Arb.: "Das Transport-Trauma bei Repatriierungsflügen" (1984). H.: Zeichnen, Skifahren, Tennis.

Billerbeck Götz Dipl.-Ing. *)

Billerbeck Jens D. Dipl.-Ing. *)

Billerbeck Klaus-Dieter *)

Billert Andreas Dr. phil. *)

Billet Reinhard Dr.-Ing. Dipl.-Ing. o.Univ.-Prof. *)

Billgow Werner Heinrich *)

Billhardt Jutta

B.: Vorst. FN.: Hochbegabtenförderung e.V. DA.: 10247 Berlin, Gürtelstr. 29A/30. G.: Kaufbeuren, 13. Nov. 1944. Ki.: 2 Kinder (1974), (1977). BV.: Chefarzt Dr. Zimmermann in Reha-Klinik am Bodensee. S.: Mittlere Reife Hamburg, 1 J. Frauenberufsfachschule, 1 J. Postscheckamt Hamburg, Höhere Handelsschule m. Abschluss. B.: Buchhalterin im Pelzgroßhdl. u. in Steuerbüros, Gschäftsltg. d. Billhardt Ind.-Bürsten GmbH, 1994 Grdg. d. Hochbegabtenförd. u. seither Bundesvorst. P.: viele Fernsehinterviews, Buch: "Hochbegabte - Die verbannte Minderheit". H.: Sport, Wassersk., Alpinski, Tennis, Tierforsch., Reisen in ungewöhnl. Länder.

Billig Axel Dipl.-Vw. *)

Billig Gerald
B.: RA. FN.: Anw. u. Notariatskzl. P. Haack & Kollegen. DA.: 63067 Offenbach, Berliner Str. 219. PA.: 63322 Rödermark. G.: Frankfurt/Main, 23. März 1960. V.: Bärbel. K.: Marleen (1986), Theresa (1988), Jocelyn (1991). El.: Dietholm u. Anna-Maria. S.: 1980 Abitur Dieburg, Stud. Rechtswiss. Frankfurt/Main. K.: 1989 Zulassung z. RA, seit 1991 Sozietät in Offenbach, Schwerpunkte: Priv. Baurecht, Ges.-Recht., 6 J. Stadtverordneter in Rödermark. H.: Politik, Zeitgeschehen.

Billig Thomas F. *)

Billing Werner Dr. Prof.
B.: Univ.Prof. FN.: Univ. Kaiserslautern. DA.: 67653 Kaiserslautern, Postfach 3049. PA.: 67657 Kaiserslautern, Alex-Müller-Str. 130. G.: Freiburg, 14. Juni 1936. V.: Hannelore, geb. Langer. Ki.: Frank, Fabian. El.: Prof. Emil u. Elli. S.: Stud. Politikwiss., Phil., Geschichte, Anglistik u. Staatsrecht in Köln, Freiburg, London u. Edinburg. K.: 1969-71 wiss. Ass., Sozialwiss. Inst., Univ. Hamburg, 1971-72 wissOR., 1972-78 a.o.Prof. f. Politikwiss. an d. EWH Rheinland-Pfalz, Abt. Worms, seit 1978 Prof. f. Politikwiss., Univ. Kaiserslautern, 1985-87 Dekan d. FB Sozial- u. Wirtschaftswiss., Univ. Kaiserslautern. P.: Das Problem der Richterwahl zum Bundesverfassungsgericht (1969), Rechtsextremismus in der Bundesrepublik Deutschland, (1993, Mithrsg.), Opus Dei und Scientology. Die Staats- u. Gesellschaftspolit. Vorstellungen (2000, Co-Autor), zahlreiche Aufsätze in Sammelwerken, Handbüchern u. Zeitschriften. M.: DVPW, DGfP, DV Parl, HS-Verb., Trägerver. d. Studienhauses Wiesneck, Inst. f. Polit. Bild., Baden-Württemberg. H.: Musik, Baukunst, Bergsteigen.

Billmann Hans Georg
B.: Versicherungskaufmann, Verbraucherorientierter Dienst. FN.: IHK Industrie- u. Handelskammer zu Kiel. DA.: 24103 Kiel, Lorentzendamm 24. billmann@kiel.ihk.de. www.ihk-

*) Biographie www.whoiswho-verlag.ch oder beigefügte CD-ROM

kiel.de. G.: Stuttgart, 9. Nov. 1948. V.: Christiane, geb. Wolf. Ki.: Nicolas u. Kim. S.: 1970 FH-Reife, 1970-71 Bundeswehr, 1971 Werkstudent b. d. Allianz Lebensversicherungs AG, 1972-74 Lehre als Versicherungskaufmann b. d. Allianz. K.: ab 1974 b. d. Allianz tätig als Sachbearbeiter, danach als Ausbildungsgruppenleiter, danach in d. Rentenabteilung, 1978 gewechselt z. Nürnberger Vers. in d. Aussendienst, 1980 Ausbildungsberater b. d. Industrie- u. Handelskammer in Stuttgart, 1985 z. IHK Kiel gewechselt als Ausbildungsberater, Organisation v. Zwischen- u. Abschlussprüfungen, seit 1998 Ansprechpartner f. verbrauchsorientierte Dienstleistung. M.: Förderverein historische Hans Kogge, Segelclub Eckernförde, Klassenvereinigung Vega. H.: Segeln.

Billmann-Mahecha Elfriede Dr. phil. Prof.
B.: Univ.-Prof. C3. FN.: Institut f. Psychologie u. Soziologie in d. Erziehungswiss. d. Universität Hannover. DA.: 30173 Hannover, Bismarckstr. 2. billmann@erz.uni-hannover.de. www.erz.uni-hannover.de. G.: Nürnberg, 13. Juni 1951. V.: Dipl.-Ing. Héctor Mahecha. Ki.: Miguel (1979). El.: Anton Billmann u. Marianne, geb. Eydam. S.: 1972 Abitur in Fürth/Bayern, 1972-78 Stud. Psychologie u. Philosophie an d. Univ. Erlangen m. Abschluss Dipl.-Psychologin, 1978-82 Wiss. Mitarbeiterin an d. Univ. Erlangen am Inst. f. Psychologie, 1982 Prom., 1985 Habil. K.: 1982-88 Akademische Rätin, 1988-94 Privat-Doz. an d. Univ. Erlangen, 1994 Ernennung z. C3 Prof. an d. Univ. Hannover am Inst. f. Psychologie u. Soziologie in d. Erziehungswiss. P.: zahlr. Veröff. in Fachzeitschriften u. Fachbüchern, als Autorin u. Herausgeberin d. Bücher "Egozentrismus u. Perspektivenwechsel" (1990), "Kulturwissenschaft" (2000) m. Heide Appelsmeyer, Mitherausgeberin d. Zeitschrift Handlung Kultur Interpretation. M.: Dt. Ges. f. Psychologie, Ges. f. Kulturpsychologie. H.: Literatur, Theater u. Oper.

Billstein Ingo
B.: RA, selbständig in eigener Kzl. DA.: 50674 Köln, Hohenstaufenring 2. G.: Bergisch-Gladbach, 16. Juni 1963. El.: Hartmut u. Monika, geb. Sparty. S.: 1981 Highschool-Abschluß in Pensacola/USA, 1983 Gymnasium Bergisch Gladbach, 1991 1. u. 1995 2. Staatsexamen. K.: seit 1985 selbständiger RA m. eigener Kzl. in Köln, Tätigkeitsschwerpunkte Intern. Recht, Verkehrsrecht, Intern. Gesellschaftsrecht, Mediation u. Internetrecht.

Billstein Reinhard Jo Dipl.-Ing. *)

Bilo Wolfgang *)

Bilski Ulrich

B.. Fleischermeister, Inh. FN.: Metzgerei Ulrich Bilski. DA.: 58638 Iserlohn, Baarstr. 128. G.: Hagen, 24. Apr. 1946. V.: Ruth. Ki.: Katja (1977), Marie-Christin (1986). El.: Leo u. Maria, geb. Kampschulte. S.: 1960-61 priv. Handelsschule, 1961-64 Lehre Fleischer elterl. Betrieb, 1969 Meisterprüf. Landshut. K.: 1964-69 Wanderj. Fleischergeselle, 1969-70 Fleischermeister im elterl. Betrieb, 1970-75 Abt.-Ltr. u. Filiallltr. bei einer Lebensmittelkette u. in Fleischereibetrieben, 1975 Übernahme d. elterlichen Fleischerei u. Eröff. versch. Filialen m. Party- u. Frühstücksservice. H.: Reitsport.

Biltz Sebastian Dr. med. *)

Bilz Christine Helga Dr. med.
B.: Ärztin in eigener Praxis. FN.: Praxis f. Neurologie u. Psychiatrie. DA.: 10318 Berlin, Treskowallee 110. PA.: 12623 Berlin, Eichenstr. 20. G.: Dessau, 4. Sep. 1950. V.: Dr. med. Dietrich. Ki.: Lilja (1974), Kirsten (1976), Ellen (1986). El.: Ulrich u. Dr. med. Helga, geb. Jahnecke. S.: 1968 Abitur m. Berufsausbildung z. Krankenschwester, 1969-74 Stud. Med. an d. Humboldt-Univ. zu Berlin, 1974-81 FA-Ausbildung Neurologie u. Psychiatrie, 1984 Prom. Dr. med. K.: 1974-78 Ärztin in einem Berliner KH, 1979-91 tätig in d. Nervenklinik d. Charité Berlin, seit 1991 niedergelassene Ärztin m. Praxis f. Neurologie u. Psychiatrie in Berlin, arbeitsschwerpunkte Multiple Sklerose u. Parkinsonsche Krankheit. P.: b. 1991 beteiligt u. Veröff. f. Fachjournale, bzw. Kongressen. M.: seit 1979 DGPPN, Vorst. Bezirksverband d. Berliner Nervenärzte (1992-99), in sozialpsychiatrischen Gremien (1995-99). H.: Lesen, Kunst, Kultur.

Bilz Christoph Rudolf Ing.

B.: Ing. u. Inh. FN.: BIS Vakuumtechnik GmbH. DA.: 53773 Hennef, Löhestr. 38. PA.: 53805 Ruppichteroth-Winterscheid, Hauptstr. 87. G.: Berlin, 20. Juli 1939. V.: Marita, geb. Emmel. Ki.: Felix (1965), Sascha (1973). El.: Rudolph-Clemens (Psychotherapeut u. Verhaltensforscher an d. Univ. Mainz) u. Josephine, geb. Schwerm (Psychotherapeutin). S.: 1955 Mittlere Reife, 1955-58 Lehre Physiklaborant Jenaer Glaswerke Schott Mainz, 1958-61 Ing.-Stud. physikal. Technik Lübeck, 1961-62 Staatl. Ing.-Schule Lübeck, 1962 Ing. d. physikal. Technik. K.: 1962-63 in d. Firma Nukem b. Haunau tätig, 1964-65 Forsch.-Laboratorium Prof. Dr. Walter Heimann in Wiesbaden, 1965-73 in d. Firma Kalle AG, 1973-79 Produktmanager f. Vakuumpumpen u. -zubehör in d. Firma Leyboldt-Heraeus in Köln, seit 1979 Aufbau d. eigenen Ing.-Büros f. Verfahrenstechnik in Bergisch-Gladbach, seit 1992 in Siegburg, seit 2000 in Hennef, BL.: Entwicklung d. Vakuumzentrale, 4 Patente. P.: Vakuumtechnik in d. industriellen Verpackung (1994), Überwachung zentraler Vakuumanlagen m. Mimik (1995), Vortrag im Verpackungsseminar (1997), versch. Vorträge in Hamburg. M.: VDI, Dt. Inst. f. Lebensmitteltechnik e.V. Quackenbrück. H.: Gartenarbeit, Literatur, klass. Musik, Konzerte, Weltreisen.

Bimberg Dieter Dr. phil. nat. Prof.
B.: Executive Dir. FN.: Inst. f. Festkörperphysik TU Berlin. DA.: 10623 Berlin, Hardenbergstr. 36. PA.: 14089 Berlin, Hackländer Weg 28. bimberg@physik.tu-berlin-de. G.: Schrozberg, 10. Juli 1942. Ki.: Magnus (1975), Mathias (1979). El.: Herbert Max u. Elisabeth, geb. Häberle. S.: 1961-64 Stud. Math., Physik u. Phil. an d. Univ. Tübingen, 1964-68 Stud. Physik m. Abschluss Dipl. an d. Goethe-Univ. Frankfurt/Main, 1971 Prom. z. Dr. phil. nat. K.: 1971-72 Lehrauftrag f. Physik an d. Univ. Frankfurt, 1972-78 wiss. Mitarb. d. Max-Planck-Inst. f. Festkörperforsch. Hochfeld-Magnetlabor Grenoble, Ltg. d. Arbeitsgruppe Halbleiterspektroskopie, 1974-75 Wissenschaftler am Royal Signals und Radar Establishment in Gt. Malvern England, 1976-77 Gastdoz. an d. TU Berlin, 1977 Habil., 1978 Ltg. d. Mikrostrukturgruppe d. MPI f. Festkörperforsch. Stuttgart, 1979 Prof. f. Halbleitertechnologie an d. elektrotechn. Fak. d. RWTH Aachen, 1982 C4-Prof. f. Angew. u. Experimentalphysik an d. TU Berlin, 1985-

*) Biographie www.whoiswho-verlag.ch oder beigefügte CD-ROM

86 Gastprof. an d. Hewlett-Packard Laboratories Palo Alto, seit 1990 GSchf. Dir. d. Inst. f. Festkörperphysik an d. TU Berlin, 1992-93 Gastprof. an d. Univ. of California Santa Barbara Center for Quantized Electronic Structures, seit 1994 Sprecher d. Sonderforsch.-Bereiches 296 "Wachstumskorrelierte Eigenschaften d. Halbleiternanostrukturen", seit 1998 Koordinator d. bmb+f Kompetenzzentrums f. Anwendungen v. Nanostrukturen in d. Optoelektronik NanOp, seit 2000 Grdg. d. Firma BiCon Consultingfirma in Berlin, seit 2001 Grdg. u. Beteiligung an d. Firmen Gigatronic GbR u. ACTrycon Technologies GmbH. BL.: 10 Patente angemeldet. P.: 4 Bücher, über 800 Veröff., über 80 eingeladene Vorträge. E.: 1989 Preis f. Angw. Physik - Oyo Buturi Preis - Japan, 1995 Ehrenmtgl. Ioffe Physico-Technical Institute Russ. Ak. d. Wiss., 1996 Ehrenmtgl. Pacistan Society of Semiconductor Physics. M.: DPG, APS, IEEE, DGNA, Vistas Berlin, Vistas Solar, Berliner Wiss.-Ges., div. kleinere Ver. H.: Wassersport, Segeln, Kajak, Skifahren.

Bimberg Lothar H. Dr.
B.: Gschf. Ges. FN.: GrundPartner Betreuungs GmbH. DA.: 42275 Wuppertal, Berliner Str. 23. G.: Wuppertal, 20. Juni 1959. V.: Birgit, geb. Müller. Ki.: Vanessa Mercedes (1995), Larissa Viktoria (1997). S.: 1980 Abitur, Stud. Wirtschaftswiss. (Finanzierung, Revision) an d. Berg. Univ.-GH Wuppertal, 1985 Dipl.-Ök., 1990 Dr. rer. oec. ("Langfristige Renditenberechnung zur Ermittlung v. Risikoprämien). K.: 1985-89 Wertpapier Consultant Düsseldorf, 1990-99 Vorst.-Mtgl. New York Broker Deutschland AG. P.: zahlr. Veröff. v. Anlagestrategien f. Kapitalanleger. M.: Rotary-Mtgl. H.: Tennis, Literatur, Neuere Geschichte. (R.E.S.)

Bimberg Susanne
B.: Vors. d. frauenpolit. BeiR. G.: Lübeck, 29. Apr. 1961. V.: Peter Bimberg. Ki.: Jakob (1989), Philipp (1990), Lukas (1993), Hanno (1995). S.: 1980 Abitur Neustadt, 1980-82 Ausbild. Buchhändlerin Herdersche Buchhdlg. Berlin. K.: 1982-84 Buchhändlerin, 1984-88 Stud. Kunstgeschichte u. Theaterwiss. an d. FU Berlin, glz. freie Hdl.-Vertreterin f. einen Kunstverlag, 1989 ehrenamtl. tätig u. Grdg. d. Notrufs f. Frauen u. Mädchen u. 1. Vors., 1992 Elterninitiative u. Grdg. einer Kindertagesstätte, 1998 Grdg. u. 1. Gleichstellungsstelle in d. Kreisverw., 1999-2001 Qualifikationsstelle im Frauenmin., seit 2001 Doz. f. frauenpolit. Fragen. M.: Frauennotruf, Kinderspielstube Kunterbunt, Schulver. GHS Süsel, 1. Vors. d. Kinderschutzbund. H.: Reiten, Tennis.

Bimboes Jan
B.: Sommelier. FN.: Restaurant Speisenmeisterei. DA.: 70599 Stuttgart, Am Schloß Hohenheim. www.germanwine.de. G.: Saalfeld, 1975. S.: 1992-95 Ausbildung Hotelfachmann Hirsch Hotel Gehrung Ostfildern, 1995-96 Wehrdienst. K.: 1996-97 Chef de Rang im "Ochsen" in Oberstenfeld, 1997-98 Chef de Rang u. Commis Sommelier im Restaurant "Das Fässle" in Stuttgart, seit 1998 Demi Chef de Rang u. Chef de Rang im Restaurant Speisenmeisterei in Stuttgart, 1999-2001 Sommelier u. stellv. Restaurantleiter u. seit 2001 Sommelier u. Restaurantleiter. E.: Anerkannter Berater f. dt. Wein (1997), Landessieger Süddeutschland d. Trophy Moet Hennessy (1997), Teilnahme an d. Trophée Ruinart (2001), Regionalsprecher d. SU f. Schwaben, Mtgl. im Förderkreis Jungsommeliers Deutschland d. SU, Especialista Ribera del Duero (2001). (Re)

Bimmermann Hermine *)

Bimpong-Buta Kwaku-Asiedu Dr. med.
B.: Arzt f. Neurologie u. Psychiatrie, Sozialmed. DA.: 53711 St. Augustin, Fritz-Pullig.Str. 14A. G.: Fanti Nyankumase/ Ghana, 15. Juli 1942. V.: Philomena. Ki.: Kofi-Sika (1978), Nana-Yaw (1980), Kwaku-Asiedu (1982). BV.: Ururgroßvater Inh. eines Königstuhls. S.: 1956-64 Ghana National College Cape Coast/Ghana, 1965 nach Deutschland, 1965-72 Med.-Stud. Univ. Bonn als DAAD-Stipendiat,. K.: 1972-73 Med.-Ass. Psychiatr. LKH Bonn, St. Bernward-KH Hildesheim, 1973-75 Ass.-Arzt im LKH Bonn, 1975-80 wiss. Ass. Nervenklinik d. Univ. Bonn, 1981-87 OA am Rehazentrum Bonn-Bad Godesberg, 1987-88 Consultant Neurologist Riyadh Central Hospital Riyadh/Saudi Arabien, 1988-93 OA St. Josef-KH Moers, seit 1993 Praxis in Köln. H.: Autobiografien, Sport.

Binai Karl
B.: Stadtbrandrat u. Ltr. FN.: Feuerwehramt d. Stadt Kempmten. DA.: 87439 Kempten, Rottachstr. 2. www.ff-kempten.de. G.: Reichenberg, 12. Apr. 1940. V.: Inge, geb. Wörfel. Ki.: Gisela (1969). El.: Karl u. Anna. S.: Mittlere Reife, Lehrgänge Bayr. Verwaltungsschule, Ausbildung Bmtr. d. gehobenen nichttechn. Dienstes, 1961 Abschluß Dipl.-Verwaltungswirt. K.: 10 J. Geschäftsleiter d. Gem. Durach, seit 1973 Ltr. d. Feuerwehramtes d. Stadt Kempten; Funktionen: seit 1958 Mtgl. d. FFW Kempten, Jugendbeauftragter d. Bayr. FFW, seit 1971 Kommandant d. Freiwilligen Feuerwehr Kempten (Allgäu), 1972 Stadtbrandrat, 1975 stellv. Bundesjugendleiter, 1979 Bundesjugendleiter, 1984 VPräs. d. Dt. Feuerwehrverbandes, 1992 Vorst. d. vfdb, 1993 Vors. d. Stadtverbands, 1995 Vors. d. Landesfeuerwehrverbandes Bayern, 1998 Vorst. d. Bayr. GUV. E.: 33 Ausz. u.a. BVK am Bande, Bayr. VO, Dt. Feuerwehr-EK in Gold, Bayr. Feuerwehr-EK in Gold. H.: Feuerwehr, Radfahren, Motorradfahren.

Binapfl Franz-Josef
B.: Gschf. Ges. FN.: Intermotion Werbeservice GmbH. DA.: 22453 Hamburg, Pulvermühle 7. G.: Elbing, 24. März 1937. V.: Luise, geb. Hoff. Ki.: Markus (1964), Christian (1966). El.: Rudolf u. Maria, geb. Aumüller. BV.: Dr. Rudolf Binapfl, BVK, AufbauERP/ Europa Union in Deutschland. S.: Abitur, Lehre Graph. Gewerbe, Buchdrucker, Schriftsetzer, Stud. Graphikdesign. K.: Werbeagentur Frankfurt/Main, Ang. b. Prok. Ted Bates Frankfurt/Main, 1973 Gschf. Hamburg, 1975 selbst. m. o.g. Firma. H.: Pferd, Segeln, Tennis, Golf. (M.V.)

Binde Georg Dipl.-Ing. *)

Binder Eckart
B.: Uhrmachermeister, selbständig. FN.: Juwelier Binder. DA.: 88214 Ravensburg, Marktpl. 14. G.: Heidenheim, 9. Okt. 1968. V.: Sabine, geb. Klupper. S.: 1985 Mittlere Reife in Giengen, 1985-88 Uhrmacherlehre b. Juwelier Kaden in Giengen. K.: 1988-89 Uhrmachergeselle b. Juwelier Hild in Bonn, 1989-91 Uhrmachergeselle b. Juwelier Wempe in Berlin, neben d. Tätigkeit als Serviceuhrmacher versch. Seminare im Bereich Verkauf, 1991-92 Meisterlehrgang in Hildesheim, seit 1992 Uhrmachermeister, 1992-96 tätig b. Audemars Piguet in Bad Soden, 1996 Werkstattleiter b. Firma Sinn in Frankfurt, seit 1997 selbständig als Uhrmachermeister. H.: Rudern, Radfahren u. Fotografieren.

Binder Hans-Jürgen *)

Binder Hartmut Dr. *)

Binder Heinke Dipl.-Keramikerin *)

Binder Heinz Dipl.-Ing. *)

Binder Horst Heinz
B.: Fotograf, Maler, Bildhauer, Inh. FN.: Foto Binder. DA.: 10711 Berlin, Joachim-Friedrich-Str. 46. G.: Chemnitz, 6. Mai 1918. Ki.: 9 Kinder. S.: Lehre Bäcker u. Konditor Chemnitz. K.: 1939 Reichsarb.-Dienst, Jagdflugpilot, Mtgl. im Sport-Kader, 2 J. Luftwaffe v. Leningrad, ab 1944 Fallschirmjäger, 1944-45 amerikan. Gefangenschaft, Flucht aus d. Lager, 1947

Fotografenprüf. in Chemnitz, 1947/48 Meisterprüf. f. Bäcker u. Konditor in Chemnitz, 1945-50 Kunstmaler im Erzgebirge, 1950 Flucht in d. Westen, einer d. besten Fotografen in Berlin im Bereich Ton-Film-Foto Reportagen u.a. f. Politik, Kunst u. Ges., f. alle Berliner Zeitungen, USA-Magazine u. Newsweek, 1973 Grdg. d. Schutzorgan. Symbiose e.V. u. seither Präs. u. Gschf.; Funktionen: 1987-88 Doz. an d. Kunst-HS Charlottenburg. E.: Auszeichnung f. Abschuß d. Sherman-Panzer, 1990 Ehrenbürger v. Charlottenburg, 10 x gold. Sportabz. H.: Malen, Zeichnen, Bildhauerei, Sammeln v. Literatur.

Binder Josef Dr. Prof. *)

Binder Karl *)

Binder Kurt Dr. Univ.-Prof.
B.: Prof. FN.: Johannes-Gutenberg-Univ. Mainz. DA.: 55099 Mainz, Staudinger Weg 7. G.: Korneuburg, 10. Feb. 1944. V.: Marlies, geb. Ecker. Ki.: Martin (1978), Stefan (1981). El.: Eduard u. Anna, geb. Eppel. S.: 1962-69 Stud. techn. Physik Univ. Wien. K.: 1969 Ass. am ak. Inst. f. Atomphysik d. Univ. Wien, 1969-74 Ass. an d. TU München, 1973 Habil., an d. TU München, 1974 Research consultant bei Bell Laboratories in Murray Hill, 1974-77 Prof. f. theoret. Physik in Saarbrücken, 1977-83 Prof. an d. Univ. Köln, seit 1983 Prof. an d. Univ. Mainz. P.: zahlr. Publ. als Autor u. Hrsg. E.: 1993 Max Planck-Med. M.: Max Planck-Ges., MWFZ, Österr. Ak. d. Wiss. u.a.m. H.: Klavier spielen, Gartenarbeit.

Binder Rainer
B.: Foto-Designer, Photo-Journalist. FN.: Rainer Binder Photo Conceptions International. DA.: 80636 München, Alfonstr. 11. mail@rainerbinder.de. www.rainerbinder.de. G.: Schwäbisch Gmünd, 26. Apr. 1938. S.: Hum. Gymn., Abschluß Wirtschaftsoberschule, Praktikum in Frankreich, Sorbonne-Abschluß, Französisch, 1967 Augenoptikermstr. K.: 1968-71 Bavaria-Filmstudios Geiselgasteig, München, Bayrisches Fernsehen - WDR-ZDF, 1972 Olympiade f. Wolper Pictures, Los Angeles sowie Journalismus u. journalistische Tätigk. in d. Bereichen Kunst, Film Theater u. Fernsehen, 1972-75 Freelance f. Illustrierte "Stars u. Stories" europaweit, ab 1975 neue Bereiche Touristik: Europa, USA, Asien in Verbindung m. Reportagen u. Mode, Kosmetik sowie Werbung; ab 1987 eigenes Bildarchiv (m. 13 Partner-Agenturen in Europa) m. EDV-Datenbank u. elektronische Bildverwaltung m. über 300.000 Farbdias m. jährl. Neuzugang v. mehr als 12000 Motiven f. Presse u. Werbung in d. Bereichen: People, Schönheit, Sport, Gesundheit, Tourismus, Landschaften, Brauchtum, Architektur, Kunst, Technik, Verkehr, Wirtschaft, Alternative Medizin, östl. u. westl. Religionen, Symbole; ab 1995 creative elektronische Bildgestaltung m. Photocomposings auf Apple Macintosh. M.: Bayr. Journalisten-Verb., VG-Wort, FDA, VG-Bild & Kunst-Urheber 1973. H.: Kunst.

Binder Reiner Dipl.-Kfm. *)

Binder Sepp *)

Binder Siegbert
B.: Ergotherapeut, selbständig. DA.: 88045 Friedrichshafen, Lanzstr. 31. s.binder@t-online.de. www.ergotherapie-binder.de und www.walzenhocker.de. G.: Stuttgart, 10. Feb. 1955.

V.: Esther, geb. Meuth. Ki.: Jonas (1989), Simone (1992). S.: FH-Reife, Ausbildung z. Ergotherapeuten in Tübingen. K.: Ltr. d. Ergotherapeutischen Abt. in d. Psychotherapeutischen Klinik Reutlingen, danach 2 J. Therapeut d. Suchtklinik Weissenau, weitere 2 J. Ltr. einer Abt. in d. Neurologie in Allenbach, seit 1991 selbständig in Friedrichshafen m. eigener Praxis, Schwerpunkte: Erwachsene u. Kinder m. Entwicklungsproblemen, entwickelt Therapiematerial u. Therapiegeräte. P.: Veröff. in Fachzeitschr. H.: Malen, Lesen, Wandern, Musik.

Binder Siegfried *)

Binder Ursula Dipl.-Ing.
B.: Architektin, selbständig. FN.: Planungsbüro Architektur + Haustechnik ökologische Bauweise. DA.: 29230 Hermannsburg, Immenhoop 7. PA:: 29230 Hermannsburg, Immenhoop 7. G.: Hermannsburg, 2. Okt. 1953. V.: Günter Binder. Ki.: Melissa (1988), Manja (1990), Lorena (1994). El.: Hans Stilbach u. Alice, geb. Kästner. S.: 1970 Mittlere Reife, b. 1973 Lehre Bauzeichnerin, 1973-74 FOS f. Technik Celle, b. 1978 Stud. Arch. FH Karlsruhe. K.: b. 1980 ang. Architektin in d. staatl. Bauleitung in Bergen-Hohne, b. 1986 freiberufl. Architektin, seit 1986 ang. Architektin in Planungsbüro d. Ehemannes m. Schwerpunkt ökolog. Bauweise; Funktion: Mitarbeit bei d. Grdg. d. Waldkindergarten "Rumpelstilzchen" in Hermannsburg, Mitwirkung i. Vorstand. M.: BDB, AK Niedersachsen, Bürgerinitiative Südheide. H.: Mitarbeit in d. Bürgerinitiative und i. verschiedenen schulischen Gremien, Sport.

Binder Volker Dr.
B.: Vorst.-Mtgl. FN.: 4CONTENT. DA.: 20355 Hamburg, Düsternstr. 3. volker.binder@4content.de. www.4content.de. G.: Waiblingen, 29. Nov. 1967. V.: Anke, geb. Lehmann. S.: Bundeswehr, ab 1988 Stud. BWL Univ. Stuttgart, ab 1993 Doktorstud. an d. HS St. Gallen, 1995 Diss., 1996 Prom. K.: 198-93 wiss. Hilfskrat an d. Univ. Stuttgart, 1989-93 freier Mitarb. b. d. Studenten-Presse Pressevertriebs GmbH Heidelberg, 1989-93 mehrere Ferientätigkeiten b. d. Mercedes-Benz AG u. Daimler-Benz AG in Stuttgart, 1993-95 Forsch.-Ass. v. Prof. Dr. Knut Bleicher Inst. f. Betriebswirtschaft HS St. Gallen, seit 1995 VerwR. d. Masani's Art, Food & Fashion AG Zürich, 1996-97 Referent im Beteiligungscontrolling d. Beiersdorf AG Hamburg, 1997-99 Ltr. Corporate Development debis b. d. Daimler Chrysler Services (debis) AG, 1999-2000 Project Manager b. d. debis IT Security Services seit 2000 Mitgrdg. u. Vorst.-Mtgl. b. 4CONTENT - The Content Broker AG Hamburg. H.: Squash, Skifahren, Volleyball, Reisen, Kunst u. Theater.

Binder-Gasper Christiane *)
Pseudonym: Gasparri Christiane.

Bindia-Schmieder Petra
B.: Heilpraktikerin, Dir. FN.: Privatschule d. Homöopathie. DA.: 22763 Hamburg, Friesenweg 5d. P-Schmieder@t-online.de. G.: Eindhoven/Holland, 22. Jan. 1960. S.: 1979 Abitur, 1980-81 Stud. Politik u. Geschichte Univ. München, 1982-85 Heilpraktikerschule in Hamburg u. Abschluss als Heilpraktikerin. K.: 1981-82 Krankenschwesternhilfe in München, 1985-87 berufl. Orientierung, ab 1987 Praxis als Heilpraktikerin, ab 1997 Schulltr. M.: Homöopathieforum e.V. H.: abstrakte Kunst malen, Gedichte schreiben, Kunst, Musik.

*) Biographie www.whoiswho-verlag.ch oder beigefügte CD-ROM

Bindig Rudolf Dipl.-Kfm.
B.: MdB. DA.: 11011 Berlin, Platz der Republik 1. PA.: 88250 Weingarten, Welfenstr. 14. rudolf.bindig@wk.bundestag.de. G.: Goslar, 6. Sept. 1940. V.: verh. Ki.: Gunnar (1981). K.: seit 1976 MdB, Ausschuß f. Menschenrechte u. humanitäre Hilfe, Ausschuß f. wirtschaftl. Zusammenarbeit u. Entwicklung, daneben: Parl. Vers. Europara Vizepräs. Ausschuß f. Recht u. Menschenrechte, ehrenamtl. Vorst. humanitäre Org. Help; Sprecher f. Menschenrechte u. humanitäre Hilfe d. SPD-Bundestagsfraktion. E.: BVK. H.: Fotografie, Ornithologie. (Re)

Binding Günther
Dr. phil. Dr.-Ing.em. o.Univ.-Prof.
B.: em. Univ.Prof. FN.: Univ. zu Köln. PA.: 51427 Bergisch-Gladbach, Wingertsheide 65. G.: Koblenz, 6. März 1936. V.: Elisabeth, geb. Dietz. Ki.: Ulrike, Almut, Dirk. S.: Altsprachl. Gymn., Stud. Arch. u. Kunstgeschichte, Archäologie u. Geschichte, Dr.-Ing., Dr. phil., Habil. K.: 1964-70 LMuseum Bonn, Außenstelle Niederrhein, 1970 WissR. u. Prof. f. Kunstgeschichte Univ. zu Köln, 1974 Lehrstuhl f. Kunstgeschichte u. Stadterhaltung, 1979-81 Dekan d. Phil. Fak., 1981/83 Rektor, 1983-85 Prorektor, 1980-82 VPr. d. Westdt. Rektorenkonferenz. P.: zahlr. Bücher u. Aufsätze in dt. u. ausländ. Zeitschriften zu baugeschichtl. Themen. E.: 1966 Ruhr-Preis f. Kunst u. Wiss., 1986 Josef Humar-Preis d. Zentralverb. d. dt. Haus-, Wohnungs- u. Grundeigentümer, 1987 Rheinland-Taler. M.: mehrere histor. Vereine, Korr. Mtgl. d. Sächs. Akad. d. Wiss. zu Leipzig.

Binding Torsten

B.: Restaurantfachmann. DA.: 89075 Ulm, Eberhard-Finckh-Str. 17. G.: Traunstein, 10. Sep. 1969. El.: Günter Binding. BV.: Rudolf G. Binding - Dichter u. Schriftsteller. S.: 1984 Berufsgrundschuljahr, 1985-89 Ausbild. Restaurantfachmann. K.: 1988-89 Commis de Rang, 1991-92 stellv. Restaurantltr., 1992-93 Chef de Service in Davos, 1993-94 stellv. Restaurantltr. in Deutschland, 1994 Aufenthalt in England, seit 1995 Hotel-Gschf. M.: IHK Ulm, Vorst.-Mtgl. d. Wirtschaftsjunioren Biberbach. H.: Weinkunde, Fußball, Radfahren.

Binding Lothar Wilhelm
B.: Mathematiker, Starkstromelektriker, MdB. FN.: Dt. Bundestag; Univ. Heidelberg. DA.: 11011 Berlin, Platz der Republik 1; 69117 Heidelberg, Fischmarkt 3. PA.: 69115 Heidelberg, Gaisbergstr. 68. Lothar.Binding@usa.net. G.: Sandershausen/Kassel, 1. Apr. 1950. V.: Angelika, geb. Wagner. Ki.: Jonas (1981), Markus (1984). El.: Rolf u. Erika, geb. Zufall. BV.: Rudolph Binding - Dichter 19. Jhdt. S.: 1965-68 Lehre Starkstromelektriker b. Siemens-Schuckert in Kassel, Facharb.-Brief, 1968-69 Fachschulreife Kassel, 1972 Abitur Kassel, 1972-73 Zivildienst, 1973-81 Stud. Math., Physik, Phil. Univ. Heidelberg, daneben Elektroinstallateur, Dipl.-Arb., 1981 Dipl.-Math. K.: 1965 Eintritt IG Metall, 1966 Eintritt SPD, 1979-82 wiss. Hilfskraft in Math., 1982-86 Techn. Mitarb. Rechenzentrum Univ. Heidelberg, daneben Jugendarb., polit. Bild. f. DLRG-Jugend in ganz Hessen, 1984 unkonventioneller Wahlkampf f. StadtR. Heidelberg, 1987-98 wiss. Ang. Rechenzentrum Univ. Heidelberg, 1994 3. bestes Landesergebnis auf letzten Listenpl. b. Bundestagswahl, seit 1998 Wahl in Dt. Bundestag, Wahlkreis Heidelberg/Schwetzingen, seit 1993 AufsR. Sparkasse Heidelberg, Heidelberger Versorgungs- u. Verkehrsbetriebe, seit 1996 Präsidium German Chapter ISOC Internet Society, seit 1989 StadtR. Heidelberg. F.: zusammen m. Ehefrau "Binding Single Antiquariat", Schallplatten 50er u. 60er J. P.: "Binding Single Katalog". M.: SPD, DLRG Hessen, AWO, Die Brücke Obdachlosenhilfe, DIGI, Eurosolar, Kulturfenster, IG Metall, ÖTV, 1986-94 Vors. SPD-Kreisverb. Heidelberg, seit 1999 Vors. SPD-Kreisverb. Heidelberg. H.: Schwimmen, Mittelstrecke, EDV m. Kindern, Sachbücher, USA-Reisen.

Bindler Jörg-E. Dipl.-Ing. *)

Bindra Ajay Dr.

B.: FA f. Allgemeinmedizin, selbständig. DA.: 12043 Berlin, Karl-Marx-Str. 188. G.: Madras/Indien, 31. Mai 1959. V.: Anju. BV.: Geschäftsmann K. L. Bindra. S.: 1975 Abitur Delhi, 1975-81 Stud. Med. am Maulana Azad Medical College in Delhi, 1981 Examen M.B.B.S. K.: 1981-82 1 J. am King George Hospital London, 1982-83 1 J. Israelisches KH Hamburg, 1983-93 US-Army Hospitals in Bremerhaven u. ab 1985 in Berlin als Chief Emergency Room u. Outpatient Clinic, seit 1993 Ndlg. in Neukölln u.a. Ayurveda, Homöopathie, Naturheilverfahren, 1995 FA f. Allgemeinmed. BL.: Zulassung als Arzt in Indien, USA, Kanada, Australien, Großbritanien. P.: Veröff. in JAMA, Morgenpost, Tagesspiegel, BZ. E.: viele Awards d. US-Army (1985-93). M.: Dt.-Indische Ges., Golfclub Kallin. H.: Golf, Skifahren, USA-Reisen.

Binek Holger *)

Binek Walter *)

Bing Wilhelm Dr. rer. pol. Dipl.-Vw.
B.: Verleger u. Chefred., Gschf. PA.: 34497 Korbach, Lengefelder Str. 6. G.: 12. Nov. 1943. V.: Carla, geb. Fischer. El.: Dr. Hermann u. Ingeborg. S.: Abitur, drucktechn. u. verlagskfm. Ausbild., Stud.Volks- u. Betriebswirtschaft u. Publizistik. K.: Korrespondent, Red., Verlags- u. Redaktionsltg. F.: Wilhelm Bing Druckerei u. Verlag GmbH. P.: Investitionsfinanzierung in der Zentralverwaltungswirtschaft (1969), Fortsetzungsserien in Zeitungen u. Zeitschriften. M.: Mtgl. d. ZDF FernsehR., Mtgl. d. Vorst. d. Verb. Hess. Zeitungsverleger, Mtgl. d. Delegiertenversammlung d. BVerb. Dt. Zeitungsverleger, Mtgl. d. Vollversammlung d. IHK Kassel, Vors. d. Regionalaussch. d. IHK Kassel f. d. Kreis Waldeck-Frankenberg, Mtgl. d. AufsR. d. Dt. Presseagentur, Lions-Club.

Binge Günter Prof. *)

Bingel Elmar
B.: Steuerberater, Wirtschaftsprüfer. FN.: Bingel, Fecht u. Müller Wirtschaftsprüfer, Steuerberater u. RAe. DA.: 79102 Freiburg, Brombergstr. 15. G.: Freiburg, 22. Nov. 1953. V.: Sabine, geb. Wotschke. Ki.: Patrick (1978), Simone (1980). El.: Werner u. Käthe, geb. Paul. S.: 1972 Abitur, Stud. BWL Freiburg u. Köln, 1977 Examen. K.: Einstieg in d. Büro d. Vaters, 1983 Gründung d. Sozietät u. 1984 Übernahme m. Schwerpunkt Beratung u. Wirtschaftsprüf., Eröff. v. Ndlg. in Schopfheim, Todtnau u. Freiburg. M.: Vorst.-Mtgl. d. Steuerberaterkam., Ausschußmtgl. d. Bundessteuerberater, VerwR. Vorsitz e.V. Stift, BeiR. d. Dt. Stiftung Weltbevölkerung

*) Biographie www.whoiswho-verlag.ch oder beigefügte CD-ROM

Baden Württemberg, FDP, Arb.-Kreis e.V. Unternehmer, Freiburger Montagsges., Finanzaussch. d. IHK Freiburg. H.: Marathonlauf, Golf.

Bingel Horst *)

Bingel Stephan Dr. med. *)

Bingel Werner A. Prof. *)

Bingemann Hermann Karl *)

Bingener Jörg Dipl.-Bw.

Theater, Musik.

B.: Damenschneider, Inh. FN.: Moda Piu. DA.: 50667 Köln, Becherg. 2-8. G.: Siegen, 22. Sep. El.: Dieter u. Margarete. S.: 1983 Abitur, 1983-86 Lehre Damenschneider Olpe, 1986-88 Bundeswehr, 1989-91 Stud. Textil- u. Bekleidungstechnik. K.: 1991-93 tätig in d. Firma Etienne Aigner in Düsseldorf, 1993-98 im Vertrieb für die Firmen Fendi und Dior in Deutschland, 1998 Eröff. d. Firma Moda Piu m. eclusiver Mode von Größe 42-54. M.: Unicef, Unterstützung junger Künstler. H.: Reiten,

Binger Manfred Johann Dipl.-Ing. *)

Bingler Ingrid
B.: freischaffende Malerin, Künstlerin. DA.: 90482 Nürnberg, Kersbacher Weg 4. bingler@web.de. www.ingridbingler.de. G.: Illesheim, 8. Apr. 1941. V.: Ronald Bingler. Ki.: Thorsten-Dirk (1975). El.: Maler Georg Lahner. S.: 1961 Abitur in Nürnberg, Stud. VWL an d. Friedrich-Alexander-Univ. in Erlangen-Nürnberg. K.: ab 1973 Referentin f. Marktforschung, seit 1990 Beschäftigung m. Malerei, autodidaktisch, seit 1995 freischaffend, beschäftigt sich nur mehr m. Malerei, ab 1998 auch Bodypainting, Paintical - eine Symbiose aus painting u. Musical, wird jährlich f. soziale Zwecke veranstaltet, versch. Themen wurden b. jetzt schon realisiert, wie z.B. eine Nacht in Venedig, täglich lockt d. Nacht u. im Reich d. Pharaonen, d. Zauber d. Südsee. P.: seit 1981 zahlr. Ausstellungen. E.: Preisträgerin d. Kunst- u. Antiquitätenausstellung in Nürnberg (1986), Siegerin d. Malwettbewerbes z. Thema "Die Schöpfung" u. 2. Preis z. Thema "Winter" (1987), 3. Pl. Intern. Body-Painting Festival in Witten u. 2. Pl. Bodypainting Contest in München (2001). H.: Studienreisen u. Filmen.

Bingöl Vedat Dipl.-Ökonom *)

Binhold Ernst *)

Binkowski Michael *)

Binné Werner Friedrich *)

Binneberg Karl Dr. phil. Univ.-Prof.
B.: HS-Lehrer. FN.: TU Braunschweig. DA.: 38106 Braunschweig, Bültenweg 74-75. PA.: 38116 Braunschweig, Lauestr. 15. G.: Bad Münder, 6. Feb. 1938. V.: Renate, geb. Lange. Ki.: Ralf (1958), Christiane (1963), Carl Christian (1968). El.: Erich u. Elise, geb. Annecke. S.: 1958 Abitur Hameln, 1959-62 Stud. Päd. HS Hannover f. Lehramt d. Grund- u. HS, b. 1972 weiterführendes Stud. d. Päd., Phil. u. Dt. Philol. in Göttingen u. Marburg, 1972 Prom. K.: 1973-75 Ass. an d. Päd.

HS Braunschweig, 1975-80 Doz. an d. Univ. Braunschweig, seither Prof. f. Päd. an d. TU Braunschweig. P.: "Modelle f. d. Literaturunterricht" (1970), "Grundlagen eines Curriculums Sprache u. Literatur" (1973), "Sprache, Logik, Päd." (1993), "Päd. ohne Ideologie" (1997), "Päd. Fallstudien" (1997), "Wahrnehmung der Pädagogik" (2001). E.: 1962-72 Stipendiat v. Niedersächs. Kultusmin. M.: Braunschweiger HS-Bundmtgl. u. Mtgl. in d. DGfE Dt. Ges. f. Erziehungswiss. H.: Literatur, Musik, Schach, Sport, Kochkunst.

Binner Birgit

B.: Dipl.-Designerin, Unternehmerin, selbständig. FN.: thema gestaltung visuelle kommunikation. DA.: 80339 München, Gollierstr. 70. themagestaltung@compuserve.com. www.themagestaltung.de. G.: Nürnberg, 26. Okt. 1966. S.: 1985 Abitur Neu-Ulm, 1985-89 Stud. an d. HS für Gestaltung in Schwäbisch Gmünd m. Abschluss als Dipl.-Designerin. K.: 1989-93 freie Mitarbeit i. verschiedenen Design-Studios in Schwäbisch Gmünd, Ulm u. München, seit 1993 selbständig, Grdg. d. Firma thema gestaltung in München, Inh., spezialisiert auf Projekte im Kultur- u. Museumsbereich, Verlagswesen u. CI-Sektor, Schwerpunkte: Umsetzung v. Ausstellungen als Gesamterscheinungsbild, seit 1995 Zusammenarbeit m. Prof. Götte, seit 1998 verstärkte Zusammenarbeit m. intern. Institutionen, v. allem aus USA. BL.: seit 1998 Konzeption u. Ausführung d. Ausstellung "Nobel 100 Jahre", seit 2000 Konzeption u. Gestaltung d. Ausstellung z. Quantenphysik in Zusammenarbeit m. d. Univ. Bonn sowie d. Ausstellung "La Specola" in Zusammenarbeit m. d. Univ. Florenz u. d. Ausstellung "Vermessen" in Zusammenarbeit m. d. Museumsstiftung Post u. Telekommunikation. H.: Gestalten.

Binner Hans-Peter Dipl.-Ing. *)

Binner Hartmut-F. Dr.-Ing. Prof. *)

Binnig Gerd Dr. rer. nat. Prof.
B.: Physiker. FN.: IBM Forsch.-Laboratorium. DA.: CH-8803 Rüschlikon, Säumerstr. 4. G.: Frankfurt/Main, 20. Juli 1947. S.: Stud. Univ. Frankfurt, 1978 Prom. K.: seit 1978 Forsch.-Labor d. IBM in Rüschlikon/Schweiz, 1985/86 IBM Almaden Res. Center San Jose, 1986 Gastprof. Stanford Univ. Californien, entwickelte m. H. Rohrer d. Raster-Tunnel-Mikroskop, E.: 1986 zus. m. E. Ruska u. H. Rohrer Nobelpreis f. Physik.

Binninger Harald *)

Binroth Heinrich Dipl.-Ing. *)

Binsack Felix
B.: Gschf. Ges. FN.: TIMETOACT Software & Consulting GmbH. DA.: 50733 Köln, Holbeinstr. 6. felix-binsack@timetoact.de. www.timetoact.de. G.: Temuco/Chile, 20. Jan. 1965. El.: Rudolf u. Susanne, geb. Langanke. S.: 1983 Gesellenbrief Kfz-Mechaniker, 1987 Dt. Schule in Washington, Abschluß High School Diploma u. Abitur, 1987-93 Stud. Ökonomie an d. Justus-Liebig-Univ. in Gießen m. Abschluß Dipl.-Kfm. K.: 1991-94 selbständiger Informationstechnologe u. Organisationsberater in Binsack, 1994-96 Consultant b. CompuNet GmbH in Köln, 1996-98 Senior Consultant inform. Consult GmbH in Köln. M.: Vorst. Dt. Notes User Group e.V., FDP, H.: Motorradfahren, Inlineskaten.

*) Biographie www.whoiswho-verlag.ch oder beigefügte CD-ROM

Binsker Antje *)

Binz Gudrun

B.: selbst. Designerin. FN.: Polster mit Pep Designer GmbH. DA.: 56566 Neuwied, Im Schützengrund 72. G.: Breslau, 29. Nov. 1940. BV.: Gräfin zu Schmalonkevic 18. Jhdt. S.: 1959-61 Fachoberschule Neuwied. K.: 1962-72 Ang. im elterlichen Betrieb d. Schaumverarb., 1973-94 Übernahme des elterl. Betriebes, 1994 Gschf. u. Mitinh. d. Designer GmbH. BL.: Entwurf u. künstler. Gestaltung v. Sitz- u. Liegepolster. P.: Veröffentlichungen in Fachzeitschriften z.B. Schöner Wohnen, Zu Hause Wohnen, Top-Magazin u. Regionale TV-Sender. M.: Allianz Dt. Designer. H.: Zahlenmystik, Kochen, Wandern.

Binz Mark K. Dr. jur. utr. *)

Binz Rainer Maria *)

Biolek Alfred Dr. iur.

B.: Showmaster, Moderator, Fernsehprod. GT.: eig. Produktionsfirma Pro GmbH u. Beteiligung a. Kölner Gastronomiebetr. Wartesaal, 2000 UN-Botschafter für Weltbevölkerung. DA.: 50672 Köln, Goebenstr. 14. G.: Freistadt/CSSR, 10. Juli 1934. El.: Josef u. Hedwig. S.: 1954 Abitur, 1954-63 Jurastud. i. München, Freiburg u. Wien, 1. u. 2. Staatsexamen, Prom. K.: 1964 Justitiar b. ZDF, 1970-73 Ltr. d. Hauptabt. Unterhalt. d. "Bavaria", 1974 Prod. WDR, End. u. Prod. v. holländ. Showtalenten wie Rudi Carrell "Am Laufenden Band", 1976 eigene Talkshow, gem. mit Dieter Thoma Gastgeber d. "Kölner Treffs", 1978-82 Moderator d. ARD-Show "Bio´s Bahnhof", s. 1983 "Bei Bio", s. 1985-91 "Mensch Meier", s. 1991 wöchentl. Talkshow "Boulevard Bio", s. 1994 Kochshow m. Prominenten "Alfredissimo". P.: Meine Rezepte, 1998 "Die Rezepte meiner Gäste", 1999 "Meine neuen Rezepte und Wein wie ich ihn mag", 2001 "Unser Kochbuch" (gem. m. Eckart Witzigmann). E.: 1983 Adolf Grimme Preis in Gold, Goldene Europa, 1994 Goldene Kamera, Bambi. H.: Kochen.

Birbach Karol

B.: Unternehmer, Inh. FN.: Karol Birbach Foto-Center. DA.: 23743 Grömitz, Kirchenstr. 22. G.: Danzig, 4. Nov. 1951. V.: Eva, geb. Kosa. Ki.: Natalia (2000). S.: 1968-71 Danziger Werft, parallel in Abendschule Abitur, 1971 im Projektionsbüro, Entwicklung neuer Technologien f. d. Schiffbau, 1975 Bergbau in Oberschlesien, 1977-79 Fotografiestud. in Danzig, 1979 Ausreise über Schweden nach Deutschland. K.: 1979 Tätigkeit in versch. Gaststätten in Kiel, 1981-82 als Clerk f. Schiffsausrüstungen gearb., parallel Deutschstud. an d. VHS u. d. Univ. Kiel, 1983-s85 Installateur in Kiel, 1986 Kiosk m. Fotoservice, 1987 Eröff. eines Fotostudios in Grömitz, Schwerpunkte: Portraitfotografie, Saisongeschäft m. Touristen, Teilnahme an Modelwettbewerben. M.: Dt. Pressebund. H.: Sport allg., speziell Inline-Skating, Fußball.

Birbacher Alfred Dipl.-Ing.

B.: Ges. FN. RZ-Plan GmbH; BDSI Rechenzentrumsplanung. DA.: 41061 Mönchengladbach, Ferdinand-Strahl-Str. 45. G.: Viersen, 17. Apr. 1950. V.: Annelie, geb. Wolpers. Ki.: Frank (1982). S.: 1964-67 Lehre Fernmeldehandwerker Dt. Bundespost, 1967 techn. Fernmeldeass. d. Dt. Post, glz. Abendschule u. Abitur, Stud. Elektrotechnik FH Aachen, 1974 Dipl.-Ing. K.: 1974 tätig im EDV-Wesen u. DFÜ-Spezialist in d. Firma Siemens, 1977-79 tätig im Bereich EDV bei d. Dt. Bank, 1979 tätig in d. BDZ in Frankfurt/Main, 1983 Unternehmensberater im Bereich EDV-Systeme bei ADV-ORGA, danach tätig bei Software AG in Darmstadt, 1986-89 DV-Manager bei Hertie, seit 1989 Ges. bei VZM. E.: Silb. Ehrennadel d. VDE. H.: Tauchen, Wandern.

Birchmeier Walter Dr. phil. nat. *)

Bircken Margrid Dr.

B.: Dipl.-Lehrerin, wiss. Mitarb. FN.: Inst. f. Germanistik d. Univ. Potsdam. DA.: 14415 Potsdam, Golm, Gebäude 14, Postfach 60 15 53. G.: Weisen, 31. Okt. 1951. V.: Prof. Dr. Helmut John. El.: Bruno u. Anneliese Bohm. S.: 1970 Abitur Wittenberge, 1970-74 Stud. Dt. u. Geschichte an d. PH Potsdam, Dipl.-Lehrerin f. Dt. u. Geschichte. K.: 1974-78 Lehrerin an d. Fontaneschule in Neuruppin, 1978-81 tätig an d. PH Potsdam, Prom. z. Dr. phil., seit 1981 wiss. Ass. an d. PH Potsdam, seit 1989 wiss. Mitarb. am Inst. f. Germanistik an d. Univ. Potsdam, Gastvorlesungen in d. osteurop. Ländern, nach 1989 in Dänemark u. Schottland. P.: Diss. "Zum Selbstverständigungsprozeß v. Christa Wolf u. Günther de Bruyn", Redaktionsarb. f. d. Jahrbuch d. Anna-Seghers-Ges. "Das Argonautenschiff" ab 1994, "Als habe ich zwei Leben" (1998). M.: 1999 Grdg.-Mtgl. u. Vorst.-Vors. "Brigitte-Reimann-Ges.", seit 1995 Vorst. d. Anna-Seghers-Ges., Büchner-Ges., Germanistenverb. H.: Lesen, Reisen.

Bird Eugene K.

B.: Oberstlt.a.D., Gschf. FN.: Juice Plus GmbH. DA.: 14163 Berlin, Argentinische Allee 5 A. G.: Lambert/USA, 11. März 1926. V.: Heidelinda, geb. Dermutz. Ki.: Barbara (1951), Beverley (1954). K.: 1944-47 Soldat d. US-Armee, 1947 1. Wachoffz. im Spandauer Kriegsverbrecherfängnis, 1956-59 hoher amerikan. Offz. u. maßgebl. beteiligt am Aufbau d. Bundeswehr, 1964-72 Kdt. d. Kriegsverbrechergefängnis in Berlin-Spandau, bekannt durch Eintreten f. Menschenrechte m. Auftritten in Radio u. Fernsehen, zuletzt Gschf. d. Firma Juice GmbH. BL.: Jugendarb. u. Christenarb. in Gefängnissen, Mitgrdr. d. John F. Kennedy-Schule in Berlin. P.: "Rudolf Hess, d. Stellvertreter d. Führers" (1974), wurde in 18 Sprachen übersetzt; Verfasser u. Co-Autor v. 15 Dokumentar- u. Fernsehfilmen. M.: Präs. d. Berliner Gruppe v. Geschäftsleuten d.

*) Biographie www.whoiswho-verlag.ch oder beigefügte CD-ROM

vollen Evangeliums, Bismarckverb., Malteserclub, Christen im Beruf e.V. H.: Briefmarken sammeln, Vorträge u. Reden halten, um Menschen zu helfen.

Birgel Matthias Dr. med. dent. *)

Birgelen Marita *)

Birk Angelika *)

Birk Karlheinz *)

Birk Manfred Dr. *)

Birk Roland Franz

B.: Inh., Gschf. FN.: Lui Herrenmode. DA.: 77652 Offenburg, Klosterstr. 5. G.: Offenburg, 2. Feb. 1940. V.: Heide Erika Marliese, geb. Gäng. S.: 1954-57 Gewerbeschule und Lehre als Schauwerbegestalter. K.: 1957-62 versch. Geschäfte, 1962-70 Schauwerbegestalter Firma Keilbach, 1967-70 Werbefachkurs in Zürich, nebenbei 3 J. freier Schüler an der Kunstschule Straßburg, 1970-72 Firma Burda Puplikation Multimedia, Foto, 1972-81 v. Lahr, Offenburg bis Baden-Baden als Schauwerbegestalter, seit 1981 selbst. m. LUI Herrenmoden. P.: regionale Werbung. M.: Einzelhdls.-Verb., IHK. H.: Segeln, Musik, Gitarre u. Banjo.

Birk Thorsten *)

Birke Joachim Dr. med. *)

Birke Werner

B.: selbst. Elektroing. FN.: Ing.-Büro Werner Birke. DA.: 49080 Osnabrück, Parkstr. 3d. G.: Breslau, 29. März 1925. El.: Erich und Anna, geb. Wendt. S.: 1939-42 Lehre z. Starkstrominstallateur in Breslau, 1942-43 Geselle im elterl. Elektro/Radiogeschäft in Breslau, 1943-45 Militär. K.: 1945-46 Rundfunkmechaniker in Erfurt, 1946-51 Betriebselektriker Schaltanlagen der Firma Siemens in Nürnberg, 1958-61 Elektroing. im Außendienst Ing.-Büro Purfürst in Hannover, 1961-63 Techn. Büro Dr. Masign in Hannover als Elektroing. im Außendienst, 1962 Anerkennung Berufsbezeichnung Elektroing., 1963-69 Elektroing. einer Elektrofirma in Wuppertal, davon 1966 in d. elektron. Steuerung, 1969-71 Vertriebsltr. Grundig Elektronic in Fürth, 1971-73 Firma Knaue Maschinenfbk. in Geritzried Ltg. d. Elektroabt. d. Fbk., 1973-75 ABS Pumpenfbk. Scheiderhöhe, Ltr. d. Elektroabt., seit 1975 selbst. u. Grdg. Ing.-Büro Werner Birke in Osnabrück. H.: PC, Bücher.

Birke Wolf *)

Birkefeld Frank Jürgen *)

Birkefeld Franz *)

Birkel Irmi Dipl.-Vw. *)

Birkelbach Ellen Prof. *)

Birkelbach Heinrich F. Ing. *)

Birkemeyer Roswitha

B.: Journalistin. DA.: 36037 Fulda, Langenbrückenstr. 23. rb@birkemeyer.com. G.: Osnabrück, 21. Feb. 1960. S.: 1983 Abitur am Westfalen-Kolleg Paderborn, Stud. an d. Univ.-Gesamthochschule Paderborn. K.: Krankenschwester, 1980 Examen, 1986-88 Redaktionsvolontariat in Paderborn, bis 1998 Redakteurin f. Fachpublikationen im Bereich Wirtschaft u. Weiterbildung, seit 1998 freiberuflich tätig im eigenen Büro in Fulda, Chefredakteurin f. Veranstaltungsmagazine, Seniorenmagazine, Arbeitsbereiche: Texte, Konzepte, Public Relations, Veranstaltungsorganisation, Projektbetreuung, Full-Service - von der Terminankündigung bis zum gedruckten Magazin, vom Imagetext bis zum Internetauftritt, Kundenspektrum: Selbständige, mittelständische Unternehmen u. Bildungseinrichtungen, Schwerpunktthemen: Wirtschaft, Weiterbildung, Kultur, Gesundheit, Senioren.

Birkenbihl Vera F.
B.: Management-Trainerin, Sachbuch-Autorin, Mentorin. FN.: birkenbihl-gruppe GmbH. GT.: Expertin i . d. Alpha-Sendungen (bayr. Rundfunk). DA.: 51406 Bergisch-Gladbach, Postfach 100654. info@birkenbihl.de. www.birkenbihl.de. G.: 1946. BV.: Vater Michael Birkenbihl (Autor). S.: Stud. d. Psychologie u. d. Journalismus i. d. USA. K.: 1970 erste Vorträge i. Industrie u. Wirtschaft i. d. USA, s. 1970 Ltr. v. Seminaren m. Schwerpunkt Kommunikation, gerhin-gerechtes Arbeiten, Motivation, Verhandlungstechnik, Service- u. Chaosmanagement, Ende 1972 Rückkehr in Europa, seith. als freie Trainerin u. Autorin tätig, schult i. vier Sprachen, Mentorin d. Unternehmensgruppe birkenbihl-gruppe GmbH, Seminare u. Schulungen u. a. f. BMW, Sony, IBM, Procter & Gamble, Siemens, 3M, Quelle, Henkel, Knorr, Mercedes, Hewlett Packard. P.: u. a. Erfolgstraining, 115 Ideen f. ein besseres Leben, Psycho-Logisch richtig verhandeln, Signale des Körpers, Sprachen lernen leicht gemacht, Freude durch Stress, Das LOLA-Prinzip, Der kreative Kick, Kommunikationstraining - Zwischenmenschl. Beziehungen erfolgr. gestalten, Erfolgstraining. Schaffen Sie sich Ihre Wirklichkeit selbst, Kommunik. f. Könner ... schnell trainiert. Die hohe Kunst d. prof. Kommunikation, Stroh i. Kopf, Pragmatische Esoterik i. Alltag (Live-Vortr. a. Video).

Birkendorf Rainer Dr.
B.: Archivleiter. FN.: Deutsches Musikgeschichtliches Archiv. DA.: 34127 Kassel, Gießbergstr. 41-47. PA.: 45239 Essen, Wingenstr. 13. rainer@birkendorf.net. mail@dmga.de. www.dmga.de. G.: Duisburg, 22. Feb. 1958. V.: Rita Maria, geb. Knaust. El.: Werner u. Anneliese, geb. Gebauer. S.: 1976 Abitur Duisburg, 1976-77 Krankenpflegeausbildung, 1977-78 Stud. Musikpädagogik in Bonn, 1978-92 Stud. Musikwiss., Mittlere u. Neuere Geschichte u. Kirchengeschichte (kath./evang.) in Bochum, Tübingen, Bonn u. Göttingen, 1992 Prom.

*) Biographie www.whoiswho-verlag.ch oder beigefügte CD-ROM

Birkendorf

z. Dr. phil. K.: 1992-94 freischaff. Musikwissenschaftler, seit 1994 Archivleiter Dt. Musikgeschichtl. Archiv, Forschungsschwerpunkt: Musikgeschichte d. 15. u. 16. Jhdt. P.: Der Codex Pernner, 3 Bde. (Augsburg 1994), versch. Veröff. zur Musikgeschichte d. 16. Jhdt. in Sammelbänden, zahlr. Beiträge in d. neuen MGG (Musik in Geschichte u. Gegenwart). M.: Gesellschaft f. Musikforschung, Verein Dt. Archivare, Dt. Ges. f. Musikpsychologie. H.: Gesang, Klavier- u. Orgelspiel.

Birkenfeld Udo K. H.

B.: FA f. Urologie, Betriebsmed. DA.: 30455 Hannover, Freboldstr. 16. G.: Mönchengladbach, 4. Okt. 1943. V.: Sylvia, geb. Lange. Ki.: Fleur (1981), Falk (1983). El.: Karl u. Helene, geb. Kammerichs. S.: Abitur Viersen, Stud. Humanmed. LMU München u. Med. HS Hannover. K.: 1975-85 wiss. Ass. im Department Chirurgie an d. Med. HS Hannover, 1. Chir.-Urolog. Arzt in d. Notfallambulanz d. Med. HS Hannover, Betriebsmed. Weiterbild. in Bad Nauheim, seit1985 Betriebsmed., 1996 Ndlg. m. Neugrdg. einer Urolog. Praxis in Hannover-Davenstedt, ambulante urolog. Operationen im 1. ADZ, ambulantes Operationszentrum Dransmann in Hannover Podbielskistraße, seit 1973 Sonograph. Schwerpunktdiagnostik, 2. Vors. d. NAV-Virchow-Bundesverb. d. ndlg. Ärzte. P.: div. wiss. Veröff. E.: Grafikpreis, Sportpreis. M.: Hartmannbund, Marburger Bund, SHG-Inkontienter Menschen e.V., Methadonprogramm sowie im Präventionsprogramm Drogen- u. Suchtleiden.

Birkenhauer Josef Dr. Prof.

B.: o.Prof. d. Didaktik d. Geographie u. Geogr. PA.: 82229 Seefeld, Steinebacher Weg 5. J.Birkenhauer.Seefeld@t-online.de. G.: Leverkusen, 10. Mai 1929. V.: Ursula, geb. Eickel. Ki.: Monika, Doris, Andreas. El.: Dr. Josef u. Dr. Lucie. S.: Stud. Köln u. London, 1. u. 2. Examen f. d. Lehramt an Gymn., 1958 Prom. K.: 1961 Fachlr. Studienseminar II Köln, 1970 Habil., 1966 PH Freiburg, 1971-73 Vors. HS-Verb. d. Geographie u. Didaktik, 1972-75 Ltr. HS-Modellversuch Didakt. Zentrum d. HS-Region Freiburg, 1971-78 Mtgl. Kuratorium d. Dt. Inst. f. Fernstudien, 1976 Gastdoz. Univ. Glasgow, 1977 München, 1997 Emeritus d. LMU München. P.: Eifel (1960), Rheinisches Schiefergebirge (1973), Erdkunde (1980), Indien (1971), Blickpunkt Welt (1979), Die Alpen (1980), Sprache und Denken im Geographieunterricht (1983), Rhein.-Westfäl. Industriegebiet (1985), München - Weltstadt in Bayern (1987), The Great Escarpment in Southern Africa, Akzeptanz von Begriffen (1992), Lehrplan in Bayern (1996), Rhenodanubische Reliefregionen (1997), Medien (1997), Traditionslinien u. Denkfiguren (2001), zahlr. weitere Aufsätze, zahlr. Lexikon-Artikel. M.: 1982 Mtgl. Kmsn. f. Didaktik, 1990-94 Vors. Geogr. Ges. München, Mtgl. zahlreicher Vereine. H.: Literatur, Kunst, Musik.

Birkenhauer Klaus Dr. phil. *)

Birkenmaier Peter *)

Birkenstock Peter *)

Birkenstock Reinhard

B.: RA, selbständig. DA.: 50672 Köln, Hohenzollernring 28. G.: Dillbrecht/Haiger, 24. Dez. 1944. V.: Johanna Post-Birkenstock, geb. Alff. El.: Ernst u. Else, geb. Nau. S.: 1965 Abitur, 1965-71 Stud. Rechts- u. Staatswiss. an d. Rheinischen Friedrich-Wilhelms-Univ. Bonn, 1971 1. u. 1975 2. Jur. Staatsprüfung. K.: 1975 ndlg. RA am LG Köln, seit 1999 Fachanwalt f. Steuerrecht. P.: "Steuerfahndung - Steuerstrafverteidigung" (1998). M.: Rat d. Stadt Hürth (1975-78), Initiator d. Arbeitskreises Kölner Strafverteidiger (1977), Sprecher d. Strafrechtsausschusses d. Kölner Anwaltsvereins (1979-85).

Birker Karl Dr. *)

Birker Uwe *)

Birkhofen Markus

B.: Floristikmeister, Inh. FN.: Blumenaus Birkhofen. DA.: 66869 Kusel, Am Hofacker 20. G.: Kusel, 23. Dez. 1972. V.: Partnerin Nadine Daumann. El.: Jürgen u. Hannelore, geb. Dimon. S.: 1988 Mittlere Reife, 1988-90 Lehre Florist, 1997 Meisterprüf. Köln. K.: 1990-92 Florist in d. Blumenstube Michalek in Idar-Oberstein, 1995-98 tätig im elterl. Blumenhaus in Konken, seit 1999 selbst. P.: Art. in Fachzeitschriften. E.: Erfolge bei Straußwettbewerben im IPM Essen. M.: Mtgl. Sportver. Konken e.V., TTC Konken. H.: Sport, Lesen, Schwimmen.

Birkhofer Adolf Dr. phil. Dr.-Ing. E. H. Prof.

B.: Prof. f. Reaktordynamik u. Reaktorsicherheit; Gschf. FN.: TU München; GmbH f. Anlagen- u. Reaktorsicherheit. DA.: 85748 Garching, Forschungsgelände; 50667 Köln, Schwertnerg. 1. G.: München, 23. Feb. 1934. V.: Bernadette, geb. Tlil. Ki.: Markus (1970). El.: Adolf u. Maria. S.: 1953-58 Stud. Elektrotechnik TH München, 1958 Dipl., 1958-61 Stud. theoret. Physik Univ. Innsbruck, 1964 Prom. K.: 1958-63 tätig b. Siemens u. Halske u. b. techn. Überwachungsver. in Bayern, 1963-71 Forsch.-Tätigkeit im Bereich Reaktordynamik, 1967 Habil. an d. Fak. f. Maschinenwesen d. HS München f. Regelungstechnik, 1971 Berufung auf d. Lehrstuhl f. Reaktordynamik d. TU München, 1975 Ernennung z. o.Prof., seit 1977 Gschf. d. GmbH f. Anlagen- u. Reaktorsicherheit. E.: 1978 VK am Bande d. VO d. BRD, 1987 VK 1. Klasse d. VO d. BRD, 1994 Gr. VK d. VO d. BRD, 1987 Chevalier de la d'Honneur, 1988 Bayr. VO, 1983 Dr.-Ing. e.H. d. Univ. Karlsruhe, 1976 Otto-Hahn-Preis d. Stadt Frankfurt, 1998 Dr.h.c., RWZ Kurchatov Inst., u.v.m. M.: 1965-98 Reaktor-Sicher-

*) Biographie www.whoiswho-verlag.ch oder beigefügte CD-ROM

heits-Kmsn. (RSK), seit 1969 Committee on the Safety of Nuclear Installation d. OECD u. 1978-82 Vors., seit 1973 Aussch. Wiss. u. Technik d. Kmsn. d. EU u. 1984-88 Vors., seit 1985 Intern. Nuclear Safety Advisory Group to the Director General of the IAEA u. seit 1996 Vors., seit 1988 wiss.-techn. BeiR. d. Bayr. Staatsreg., seit 1990 Comité Scienfique d. IPSN, seit 1990 AIB-VINCOTTE NUCLEAR, 1978-90 Österr. Reaktor-Sicherheits-Kmsn., seit 1997 Sonderberater d. Gen.-Sekr. d. OECD, seit 1997 Vors. d. Nuclear Energy Safety Council of the President of the Republic of Armenia, versch. Berufsorgan., ANS, VDE, KTG, u.a.m.

Birkhofer Rainer B.
B.: Hotelier, Messearchitekt, Inh. FN.: Kavalierhaus Hotel-Restaurant. DA.: 04827 Machern, Schloßplatz. info@kavalierhaus.de. www.kavalierhaus.de. G.: Schleswig, 30. Juli 1948. Ki.: Felix, Ciprian, Alexandru, Julika, Kilian. S.: 1968 Abitur Kettwig, Wehrdienst, Stud. Ind.-Design an d. Werkkunstschule Wuppertal, 1978 Dipl. K.: Tätigkeiten im Messebau, seit 1980 selbst. Messearchitekt Heligenhaus b. Düsseldorf, seit 1997 Inh. u. Gründer d. Kavalierhaus Hotel-Restaurant. M.: Vorst.-Mtgl. Lions Club Machern, Wirtschaftsförderver. Machern, Mittelstandsförderver. Leipzig, Förderver. Schloß- u. Landschaftspark Machern. H.: Motorradfahren.

Birkhoff Thomas Dipl.-Kfm.
B.: Unternehmer, selbständig. FN.: Englische Sprachschule. DA.: 50672 Köln, Hohenzollernring 29. G.: Grevenbroich, 6. Nov. 1965. El.: Karlheinz u. Gisela, geb. Schroeder. S.: 1985 Abitur, 1986-99 Stud. BWL m. Abschluss Dipl.-Kfm. K.: seit 1997 Inh. d. Englischen Sprachschule in Köln.

Birkhold Rainer A. *)

Birkholz Konrad Dipl.-Soz.-Pädagoge *)

Birkholz Siegfried Ing. *)

Birkholz Wolfgang *)

Birkhölzer Dirk Dr. med. *)

Birkhoven Jan *)

Birkmaier Werner Dipl.-Kfm. *)

Birkmann Andreas
B.: Grafikdesigner, selbständig. FN.: Tattoo & Piercing. DA.: 04229 Leipzig, Zschochersche Str. 85. G.: Leipzig, 29. Aug. 1960. Ki.: 3 Kinder. S.: Ausbildung Facharbeiter f. Drucktechnik. K.: tätig als Siebdrucker u. Grafiker, 1992-95 Stud. Grafikdesign in Hamburg, seit 1990 selbständig, 1995 Grdg. d. Studios Tattoo & Piercing, seit 1996 umfangr. Tattooangebote nach eigenen Entwürfen, Portraitzeichnungen, Überdecken alter Tattoos u. Piercing. P.: div. Ausstellungen m. eigener Malerei. H.: Musik.

Birkmann Andreas Dr.
B.: Min. FN.: Justizmin. Thüringen. DA.: 99096 Erfurt, Werner-Seelenbinder-Str. 5. G.: Rheydt, 14. Aug. 1939. Ki.: 6 Töchter. S.: Jurist, 1967 Prom. K.: Richter am Bundesgerichtshof in Karlsruhe, seit 1991 ständiger Vertreter d. Chefs d. Thüringer Staatskzl., 6 J. Vors. d. KatholikenR. d. Region Krefeld, Vors. d. Familienbundes d. Dt. Katholiken in Aachen, seit 1986 Mtgl. im Sachaussch. "Familie u. Recht" u. seit 1990 im Präsidium d. Bundesverb. d. Familienbundes d. Dt. Katholiken, 1995-99 Staatssekretär im Thüringer Finanzministerium, 1996-2000 d. Familienbundes d. Dt. Katholiken Bonn, seit 1996 Vors. d. Dt. Multiple Sklerose Ges. Landesverb. Thüringen, seit 1999 Justizmin. (Re)

Birkmann Claus
B.: Musikproduzent u. Multimediaproduzent, selbständig. DA.: 80469 München, Baumstr. 13. mail@sound-creative.de. www.sound-creative.de. G.: München, 2. Dez. 1966. S.: Abitur in München, Stud. Politologie an d. LMU München, Abschluss Mag. d. Politologie. K.: Unternehmer f. Medienauftritte, Musikproduktionen, Multimediaproduktionen, Firmenauftritte im Medienbereich, Filmvertonungen, Kürmusik f. Dressurreiter. M.: d. Pop-Gruppe Second Age.

Birkmann Inge *)

Birkner Michael

B.: Gschf. FN.: St. Benno Verlag. DA.: 04159 Leipzig, Stammerstr. 11. G.: Leipzig, 15. Juli 1963. V.: Angela, geb. Rothmann. Ki.: Luisa (1985), Albrecht (1987), Magnus (1990), Antonia (1995). El.: Johannes u. Ing. Christa. S.: 1980-82 Lehre Fahrzeugbau Firma Müller Kfz-Werkstatt, 1982-84 Wehrersatzdienst. K.: 1984 Kraftfahrer b. St. Benno Verlag, später Fuhrparkltr., 1986-Haus- u. Objektverwalter, 1986 Verw.-Ltr., 1987-94 Ass. der Geschäftsltg., 1990 Volontariat als Assistent der Geschäftsltg. d. Weltbild-Verlags, 1990-94 Prok., seit 1994 Gschf. d. Benno Verlags, 1996-98 Stud. z. Dipl.-Fachwirt f. Direktmarketing, 1997 IHK-Verlagskfm. P.: "Quo vadis Kirche?". M.: seit 1996 Prüf.-Kmsn. d. IHK f. Verlagskaufleute, Vorst.-Mtgl. d. Landesverb. d. Verlags- u. Buchdlg. Thüringen Sachen-Anhalt u. Sachsen, Vorst.-Mtgl. d. Zeitschriftenverlegerverb. Sa. Sa.-Anh. Thür., Medienbeirat d. Diözesen Desden-Meißen, Erfurt, Magdeburg u. Görlitz. H.: Familie, Wandern, Kultur.

Birkner Nicola
B.: Profi-Seglerin, Studentin. FN.: c/o Dt. Segelverb. DA.: 22309 Hamburg, Gründgensstr. 18. G.: Kiel, 7. Dez. 1969. S.: Studium f. d. Lehramt. K.: 1996 WM/3., 1997 WM/2., 1998 WM/3., 1998 EM/5., 1997 Kieler Woche/2., 1999 WM/6., 1999 EM/9.

Birkner Peter Dipl.-Ing. *)

Birkner Winfried

B.: RA. DA.: 80538 München, Thierschpl. 4. G.: Lippstadt, 9. Aug. 1944. V.: Marie Luise. Ki.: Susanne und Niklas. S.: Schlosserhandwerkslehre. K.: 1962 Schutzpolizeidienst, 1968 Kriminalpolizei Dortmund, 1971 Landeskriminalamt in Düsseldorf Abteilung Rauschgift, div. Auslandsaufenthalte über Bundeskriminalamt, nebenbei Abendgymn., 1978 Umzug nach München u. Jurastud. an d. LMU, 1983 1. u. 1986 2. Staatsexamen, 1986 Anw.-Zulassung u. selbst. in Nymphenburg, seit 1989 auch jurist. u. betriebswirtschaftl. Beratung i. d. neuen Bdl. M.: Vorst. d. Bayer. Kinderhilfe Rumänien, Bayer. AIDS Stiftung. H.: Golf.

*) Biographie www.whoiswho-verlag.ch oder beigefügte CD-ROM

Birkofer Leonhard Dr. rer. nat. habil. Prof. *)

Birle Herbert *)

Birmoser Stefan *)

Birnbacher Dieter Dr. phil. *)

Birnbaum Bernd-Dieter

B.: Steuerberater. DA.: 14052 Berlin, Heerstraße 18-20. PA.: 13593 Berlin-Spandau, Folkunger Straße 35. info@stb-birnbaum.de. G.: Flemmingen, 13. November 1946. V.: Aija, geb. Strenge. Ki.: Alexander (1970), Christin (1972), Anett (1977). El.: Herbert u. Renate, geb. Kaupa. S.: 1963 Mittlere Reife Berlin, 1963-67 Lehre als Laborant b. d. Firma Schering in Berlin. K.: 1986 kurzzeitig als Laborant tätig, 1968-74 selbst. Fuhrunternehmer im Güternahverkehr, 1973 kfm. Ausbild., seit 1974 ang. im Steuerbüro, 1981 Prüf. z. Steuerbev., 1987 Prüf. z. Steuerberater, seit 1984 selbst. m. eigener Steuerberatungskzl., seit 1988 alleinige Führung d. Steuerberatungskzl. in Berlin-Westend. M.: Verb. d. Steuerberater, Segelver. H.: Pilze suchen, Kochen, Garten u. Haus.

Birnbaum Karl-Heinz Dipl.-Ing.
B.: Dipl.-Ing. f. Automatisierungstechnik, selbständig. DA.: 02826 Görlitz, Obermarkt 15. PA.: 02906 Niesky, Wiesenstr. 12. G.: Görlitz, 22. Sep. 1950. V.: Petra, geb. Daske. Ki.: Ulrike (1980), Peter (1984), Christof (1986). El.: Herbert u. Irmgard. S.: 1965-68 Lehre Schlosser m. Abschluß 10. Kl., 1968-71 Wehrdienst, 1971-74 Stud. Informationsverarbeitung Ingenieurschule Görlitz, 1974-80 Stud. techn. Kybernetik TU Dresden u. TH Chemnitz m. Abschluß Dipl.-Ing. f. Automatisierungstechnik. K.: 1980-91 Projektingenieur f. MSR-Technik im Wohnungsbaukombinat Dresden, 1991 Eröff. d. Planungsbüros f. Haus- u. Steuerungstechnik. M.: Ev. Kirche. H.: Musik, Sport, Garten.

Birnbaum Klaus Dr. med. *)

Birnbaum Monika

B.: RAin. FN.: Schwarz Kurtze Schniewind Kelwing Wicke. DA.: 10719 Berlin, Kurfürstendamm 220. monika.birnbaum@skskwbln.de. G.: Werl, 11. Nov. 1957. V.: Robert Birnbaum. Ki.: 1 Sohn. S.: 1976 Abitur Werl, 1976-81 Stud. Rechtswiss. in Münster, 1. Staatsexamen, 1982-85 Referendariat in Westfalen, 2. Staatsexamen. K.: 1985 selbständige RAin in Vollsozietät m. einem Kollegen - als erste weibl. RA v. Ort, 1988-92 in Sozietät in einer Kzl. in Köln, 1993-99 selbständige Alleinanwältin in Köln, seit 1999 in d. Sozietät in Köln, seit 2002 Vollpartner d. Sozietät in Berlin, Fachanwalt f. Arbeitsrecht beantragt, 1986-89 Doz. an d. FH f. Öff. Verwaltung in NRW - Unterricht d. BGB, seit 2000 Lehrauftrag "Bühnenarbeitsrecht" an d. HS f. Schauspiel "Ernst Busch" in Berlin, Tätigkeitsschwerpunkte: Arbeitsrecht, Wettbewerbsrecht, gewerbl. Mietrecht. M.: GRUR - Gewerbl. Rechtsschutz u. Urheberrecht, Arbeitskreis Wettbewerbsrecht Westfalen, DAV. H.: Lesen, Garten, Patchwork, Kochen f. Freunde.

Birner Günther *)

Birnkammer Heinz Joachim *)

Birnstiel Dieter *)

Birnstiel Werner Dr.

B.: Unternehmensberatung China, Gschf. FN.: China Economic Cooperation Consult Berlin GmbH. DA.: 10117 Berlin, Seydelstr. 27; China Economic Cooperation Centre, 4 Fuxing Lu, 100860 Beijing, China. ceccberlin@onlinehome.de. G.: Bad Dürrenberg, 6. Juni 1947. V.: Monika, geb. Heim. Ki.: Alexander (1978), Konrad (1985). S.: 1964-67 Lehre Schlosser m. Abitur in d. Leuna-Werken, Stud. Sinologie/Ökonomie an Humboldt-Univ. Berlin, 1970 4 Mon. Praktikum an DDR-Botschaft in Beijing, 1972 Dipl.-Sinol. m. einer Dipl.-Arb. über d. Haltung Chinas z. Vietnam-Krieg, 1972-73 Fortbild am Inst. f. Intern. Beziehungen IIB in Potsdam-Babelsberg. K.: ab 1973 im Außenmin. DDR, 1975-77 MfAA Sektor China, 1978-81 DDR-Botschaft in Beijing, Wirtschaftspolit. Abt., 2. Sekr., 1981-84 DDR-Botschaft Korea in Pjöngjang, Wirtschaftspolit. Abt., 1984-89 Aspirantur an Ak. f. Ges.-Wiss. in Berlin, 1989 Prom. z. Dr. phil., s. 1990 Vorbereitung d. eigenen Firma, 1991-96 Grdg. PICON GmbH, 1997 Grdg. China Economic Cooperation Consult Berlin GmbH, Begleitung dt. Mittelständler auf d. chin. Markt u.a. Umweltbereich, Wasserhaushalt, Bahn, ab 2001 auch Optik. P.: viele Art. im "Neuen Deutschland" u.a. "Reformkurs z. Marktsozialismus" (3. März 2001), "Strategischer Rivale d. USA" (12. Feb. 2001), Mitautor Buch "Alternatives zur Aussenpolitik" (2001) -"Chinesische Aussenpolitik am Begin des 21. Jahrhunderts". E.: 1968 DDR-Meister 4x100m Staffel. M.: Asien-Pacific Forum Berlin e.V. H.: Sprachen.

Prinz Biron v. Curland Michael *)

Birr Edgar *)

Birr Joachim Dipl.-Kfm *)

Birth Dieter Dipl.-Ing. (FH)

B.: Ing. f. Fernmeldewesen, Inh. FN.: Fernmeldebau & Communication. DA.: 39291 Magdeburgerforth, Siedlung 6. dbfern@t-online.de. www.birth-fernmeldebau.com. G.: Havelberg, 3. Aug. 1956. V.: Martina, geb. Hannemann. Ki.: Sven (1979), Heide (1980), Michael (1980), Torsten (1987). El.: Eduard u. Sophie, geb. Czernik. S.: 1973-76 Ausbild. u. Abschluß als Elektromonteur in Havelberg im VEB REDIKO, 1974 Abitur im 2. Bild.-Weg, 1975-87 militär. Dienst/Nachrich-

*) Biographie www.whoiswho-verlag.ch oder beigefügte CD-ROM

ten, 1982-85 Fachschulstud. Fernmeldewesen an Militärtechn. Schule d. NVA Frankfurt/Oder m. Abschluß Ing. K.: 1987-90 Ing. f. Meßtechnik an Knoten- u. Ortskabel im Dt. Post- u. Fernmeldeamt Stendal, 1991-92 Baultr. f. Endmontage im Fernmeldeamt Magdeburg, Anerkennung z. Dipl.-Ing., 1992-95 Baultr. Nachrichtentechnik im LTG Kabelbau Magdeburg, seit 1996 Grdg. d. Firma Fernmeldebau & Communication m. Sitz in Magdeburgerforth. M.: 1987-90 aktives Mtgl. u. zuletzt VPräs. im SCV, Stendaler Karnevalsver. e.V., Handwerkskam., IHK. H.: Motorradfahren.

Birthler Marianne
B.: Bundesbeauftragte f. d. Stasi-Unterlagen. FN.: Die Bundesbeauftragte f. d. Unterlagen d. Staatssicherheitsdienstes d. ehem. DDR (BStU). DA.: 10106 Berlin, Postfach 218. G.: Berlin, 22. Jan. 1948. Ki.: 3 Töchter. S.: 1954-62 Grund- u. Oberschule, 1966 Abitur, Tätigkeit als Exportbearb. im Außenhdl., 1967-71 Fernstud. Fachschule f. Außenhdl. Berlin, Abschluß Außenhdls.Wirtschaftlerin. K.: 1972-83 Hausfrau, Umzug nach Schwedt bzw. Kreis Angermünde, Ausbild. z. Katechetin u. Gem.Helferin d. Ev.Kirche, 1983 Rückzug nach Berlin, Arb. als Katechetin in d. Ev. Kirche, seit 1987 Jugendref. im Stadtjugendpfarramt Berlin, seit 1988 Mitarb. in d. Initiative f. Frieden u. Menschenrechte, 1989 Mitarb. in d. Arbeitsgruppe Bild., Erziehung, Jugend am Zentralen Runden Tisch, 1990 Volkskam.Abg. für Bündnis 90/Grünen, Sprecherin d. Fraktion u. Mtgl. im Aussch. f. Familie u. Frauen, 1990-98 Mtgl. im Bundestag Fraktion Die Grünen/Bündnis 90 u. Frakt.-Sprecherin, seit 1998 Ref. f. Personalentwicklung u. Weiterbildung, seit 2000 Bundesbeauftragte.

Birthler Wolfgang
B.: Min. FN.: Min. f. Ldw., Umweltschutz u. Raumordnung. DA.: 14473 Potsdam, Heinrich-Mann-Allee 103. G.: Magdeburg, 28. Jan. 1947. Ki.: 5 Kinder. S.: Abitur, Ausbild. z. Facharb. f. Rinderzucht, 1965-71 Stud. Vet.-Med. an d. Berliner Humboldt-Univ., 1973-75 Bausoldat. K.: b. 1990 Tierarzt in Angermünde, 1990 Eintritt in d. SDP, 1990 Wahl in d. Brandenburg. Landtag,1990-99 Fraktionsvors. d. regierenden SPD, s. 1999 Min. f. Landwirtschaft, Umweltschutz u. Raumordnung Brandenburg. H.: Singen. (Re)

Birus Hendrik Dr. Prof.

B.: Ordinarius, Vorst. FN.: Inst. f. Allg. u. Vergleichende Literaturwiss. d. Univ. München. DA.: 80799 München, Schellingstr. 3. PA.: 80805 München, Schwedenstr. 2. h.birus@lrz.uni-muenchen.de. G.: Kamenz, 16. Apr. 1943. V.: Dr. Barbara, geb. Schauer. Ki.: Anna Katharina (1973), Marie Christiane (1975). El.: Karl u. Ilse, geb. Ködder. S.: 1961 Abitur, 1961-72 Stud. Germanistik, Vergleichende Literaturwiss. u. Phil. Univ. Hamburg u. Heidelberg. K.: 1972-85 wiss. Ass. am Seminar f. Dt. Philol. d. Univ. Göttingen, 1977 Prom. summa cum laude an d. Univ. Heidelberg, 1984 Habil. an d. Univ. Göttingen, 1985-87 Prof. an d. Univ. Göttingen, 1987 Ordinarius an d. Univ. München, 1988 Vorstand d. Inst. f. Allg. u. Vergleichende Literaturwiss. an d. Univ. München, 1989-91 Prodekan d. Phil. Fakultät f. Sprach- u. Literaturwiss. II u. 1991-93 Dekan, 1995/96 Fellow am Wiss.-Kolleg zu Berlin, seit 1998 Mtgl. d. Senats d. Univ. München, seit 2001 ord. Mtgl. d. Bayer. Ak. d. Wiss. BL.: Gastprof. an d. Univ. Wien, Rom, Illinois, Indiana, Washington (Seattle), Washington Univ. (St. Louis) u. Yale Univ. sowie an d. Ecole des Hautes Etudes en Sciences Sociales in Paris. P.: "Zur Bedeutung d. Namen in Lessings 'Nathan der Weise' " (1978), "Vergleichung Goethes Einführung in d. Schreibweise Jean Pauls" (1986), Hrsg.: "Hermeneut. Positionen" (1987), "Germanistik u. Komparatistik" (1994), Co-Autor v. "Goethe - ein letztes Universalgenie" (1999), kommentierte Editionen v. J.W.Goethe "West-östlicher Divan" (1994) u. "Über Kunst u. Alterum" (1999), Aufsätze z. liter. Onomastik, Hermeneutik u. Literaturtheorie, zu komparatist. Aspekten d. Goethezeit u. einzelnen Autoren u. Philosophen d. 18.-20. Jhds. M.: Lessing Society in Cincinnati/USA, Goethe-Ges. in Weimar, Jean-Paul-Ges. in Bayreuth, Intern. Vereinig. f. german. Sprach- u. Literaturwiss., Intern. Comparative Literature Association. H.: Klass. u. zeitgen. Musik, bild. Kunst.

Birwé Robert Dr. phil. Prof. *)

Birzele Frieder *)

Bisaccia Gaetano

B.: Koch und Unternehmer. FN.: Restaurant Michelangelo. DA.: 66111 Saarbrücken, Rathauspl. 6. G.: Ravanusa/Agrigento, 13. März 1951. V.: Maria, geb. Caruso. K.: Carolina (1966), Sarah (1968). S.: b. 1964 Schulausbildung in Italien, 1964 Übersiedlung nach Deutschland, 1964-66 Schulausbildung in Deutschland, 1966-69 Ausbildung z. Koch im Ristorante La Gondola in Ramstein. K.: b. 1976 im Ausbildungsbetrieb als Koch an Stationen d. Kochkunst durchlaufen, 1977 selbständig m. "Lokal 501" in Saarbrücken, 1979-85 Koch in d. "Pfeffermühle" Saarbrücken, zuletzt dort als Teilhaber, 1985 Erwerb d. Gebäudes am Rathauspl. 6 in Saarbrücken u. nach kompletter Renovierung u. Neueinrichtung 1989 Eröff. d. Spitzenrestaurants Michelangelo im venezianischen Barockstil, 2000 Eröff. einer Pizzeria m. Steinofen u. Holzfeuerung im 1. Obergeschoss d. Restaurants Michelangelo. BL.: Italienisches Restaurant Nr. 1 in Saarbrücken u. im Saarland, eigener Entwurf d. Speisekarte passend z. Stil d. Hauses u. z. jeweiligen Jahreszeit, Porzellanausstellungen u. Tischdekoration v. Vercace. E.: bestes italienisches Restaurant Deutschlands (Preisverleihung durch d. "Feinschmecker" 1999). H.: Beruf u. alles was "m. d. Pfanne" zu tun hat, neue Rezepte erfinden.

Bisanz Roland Leo Walter Dipl.-Kfm. *)

Bisch Jürgen Dipl.-Ing.

B.: Architekt. FN.: Architekturbüro Seegy + Bisch. DA.: 90491 Nürnberg, Thumenberger Weg 26. G.: Osterwald, 21. Aug. 1953. V.: Roswitha, geb. Glöckler. Ki.: Yanne (1980), Pia (1985). S.: Abitur, Wehrdienst, Stud. in München u. Nürnberg, 1982 Dipl.-Ing. 1986 Grdg. Architekturbüro Seegy + Bisch Nürnberg, 1992-95 Univ.Prof. (vertr.) HS f. Bild. Künste, GH Kassel, 1995 Lehrauftrag FH Nürnberg, seit 1995 wiss. Tätigkeit FB Building Construction Universität Florida Gainesvil-

*) Biographie www.whoiswho-verlag.ch oder beigefügte CD-ROM

le/USA, seit 1996 Lehrtätigkeit Werkbund-Werkstätten Nürnberg. P.: 1999 Island Press NY "Reshaping the Built Environment", 2000 Island Press NY "Construction metabolism", div. weitere Veröff. u. Vorträge in Fachzeitschriften. M.: 1986 Bayer. Arch.Kam., Segelkameradschaft Wappen v. Bremen. H.: Hochseesegeln.

Bischkopf Lars
B.: Gschf. FN.: Alfons Bischkopf biolog. Erzeugnisse Hdl. GmbH. DA.: 23843 Bad Oldesloe, Lily-Braun-Str. 19. PA.: 23869 Elmenhorst, Fischbeker Str. 1 a. G.: Hamburg, 3. Dez. 1958. V.: Angela, geb. Leyendecker. Ki.: Torben (1986), Hendrik (1987). El.: Alfons u. Erika, geb. Köhnke. S.: 1975-77 Handelsschule, Mittlere Reife, 1977-79 Lehre Groß- u. Außenhdl.-Kfm. Hamburg. K.: 1979-81 Ausbilder bei d. Bundeswehr, seit 1981 tätig im elterl. Betrieb u. seit 1999 Gschf. M.: BÖLA, Ver. d. Reformwaren-Fachvertreter e.V., Vorst.-Mtgl. d. ETC Elmenhorst Tennis Club. H.: Tennis, Segeln, Tischtennis.

Bischof Beatrice M.A. *)

Bischof Fritz *)

Bischof Heinz *)

Bischof Karin
B.: selbst. Tierheilpraktikerin. DA.: 12203 Berlin, Wüllenweberweg 3. PA.: 12205 Berlin. K.: seit 1983 selbst. Tierheilpraktikerin u. seit 1991 tätig in d. Ausbild. f. Tierheilpraktiker. M.: Pro Animale e.V., Bundes- u. Dachverb. d. Tierheilpraktiker Deutschland e.V., Fördermtgl. d. tierärztl. Ver. f. Tierschutz e.V., Die Tierschutzpartei.

Bischof Kurt *)

Bischof Winfried *)

Bischoff André *)

Bischoff Bernhard *)

Bischoff Charlotte *)

Bischoff Detlef

B.: Gschf. Ges. FN.: Connex Steuer- u. Wirtschaftsberatung GmbH. DA.: 06108 Halle/Saale, Augustastraße 6-8. G.: Pforzheim, 18. Nov. 1961. El.: Walter u. Hedwig, geb. Furrer. S.: Abitur, Stud. Rechtswiss. Freiburg u. Lausanne, Referendariat LG Offenburg und Reg.-Präsidium Freiburg. K.: Gschf. Gesellschafter. d. RA-Kanzlei Bischoff & Gussner in Halle/Saale m. Schwerpunkt Steuer- u. Rechtsberatung f. gewerbl. Wirtschaft, Konsul d. Rep. Malta in Sachsen-Anhalt ab 2002. P.: Veröff. in Fachzeitschriften z. Thema Wirtschafts- u. Steuerrecht. E.: Unternehmen gehört zu d. "top 100" d. innovativsten Ges. in Deutschland. M.: Rechtsaussch. d. DIHT in Bonn, AufsR.-Mtgl. versch. mittelständ. Ges., Vizepräs. d. RA-Kammer d. Landes Sachsen-Anhalt, Stifterverb. d. Dt. Wiss., Vorst.-Mtgl. d. Lions-Club Halle, Vors. d. Kuratoriums der Erhard-Hübner-Stiftung. H.: Segeln, klass. Literatur.

Bischoff Dirk Dr. jur.
B.: RA. DA.: 77654 Offenburg, Moltkestr. 36 a. mail@dr-dirk-bischoff.de. www.Dr-Dirk-Bischoff.de. G.: Rheine, 20. Okt. 1962. V.: Anke, geb. Schumann. Ki.: Lea (1993), Jane (1995). S.: 1982 Abitur, 1983-84 Zivildienst, 1985-90 Stud. Rechtswiss., 1. Staatsexamen, 1990-93 Referendariat, 1994 2. Staatsexamen, Assesor u. Zulassung z. RA. K.: 1994-96 RA in Rheine, seit 1996 RA (Sozietät in Offenburg, Teilnahme am jur. Weltkongress in Marokko., 1995 Prom. P.: "Method. Tendenzen in Dt. Rechtsprechung in: "Revue de la Recherche Juridique". M.: DAV, Intern. Vereinig. f. Rechtsmethodologie. H.: Philosophie, Geschichte d. Mittelalters, Sport.

Bischoff Friedrich *)

Bischoff Gudrun Dr. med. *)

Bischoff Hans-Peter Dr. med. *)

Bischoff Hermann Gustaf *)

Bischoff Horst *)

Bischoff Hubert Dr. *)

Bischoff Lars-Oliver *)

Bischoff Manfred Dr.
B.: Mtgl. d. Vorst., Chairman of Board. FN.: DaimlerChrysler AG, EADS European Aeronautical Defence and Space Company N.V. GT.: AufsR-Vors., MTU München, European Aeronautical Defence and Space Company EADS, AufsR.-Mtgl. Mitsubishi Motors Corp. DA.: 70546 Stuttgart, 81663 München. www.daimlerchrysler.com, www.eads-nv.com. G.: Calw, 22. Apr. 1942. S.: Stud. Rechtswiss. u. Vw. Univ. Tübingen u. Heidelberg, Dipl., 1973 Prom. z. Dr. rer. pol. K.: 1968-76 versch. wiss. Aufgaben am Lehrstuhl f. Wirtschaftspolitik u. intern. Hdl. d. Alfred-Weber-Inst. d. Univ. Heidelberg, 1976 Projektbetreuung f. d. Mercedes-Benz-Geländewagen d. Daimler-Benz AG Stuttgart, 1981 intern. Projekt- u. Beteiligungsaufgaben im Finanzressort, 1988 Mtgl. d. Gschf. d. Mercedes-Benz do Brasil in Sao Paulo, 1989 Vorst. d. Dt. Aerospace AG - heute EADS München, 1995-2000 Vorst.-Vors. d. DaimlerChrysler Aerospace AG, seit 1995 Vorst. d. Daimler-Benz AG, heute DaimlerChrysler AG, verantw. f. Geschäftsfeld Aerospace u. ind. Beteiligungen.

Bischoff Margit *)

Bischoff Marietta *)

Bischoff Michael
B.: Ltr. FN.: Eurohypo AG Geschäftsstelle Lübeck. DA.: 23554 Lübeck, Schwartauer Alle 107-109. michael.bischoff@db.com. G.: Annenstein, 23. März 1944. V.: Heike, geb. Graupner. Ki.: Ines (1968), Frank (1969). S.: 1963 Abitur Düsseldorf, 1963-65 Ausbild. Bankkfm. Düsseldorf, 1965-66 Bundeswehr. K.: 1966-69 tätig im Bereich Wohnungsbau in d. Kirma Kappe in Mainz, 1970-74 Konzeption, Entwurf u. Vertrieb f. d. Firma Dr. Klein Immobilien in Lübeck, seit 1974 Ltr. d. Geschäftsstelle Lübeck d. Hypothekenbank, 1988-94 Aufbau d. Zweigstelle in Freiburg, seit 1999 Ltr. d. Eurohypo AG. M.: VfL Bad Schwartau. H.: Volleyball, Pferdezucht, Galoppsport, Musik.

Bischoff Michael *)

Bischoff Paul Hellmut *)

Bischoff Rainer Gottfried Dr. Prof. *)

*) Biographie www.whoiswho-verlag.ch oder beigefügte CD-ROM

Bischoff Reinhard

B.: Steuerbev. FN.: Steuerkzl. Reinhard Bischoff. DA.: 45128 Essen, Gutenbergstr. 61. steuerberatung-bischoff@gmx.de. G.: Görlitz, 24. Apr. 1951. V.: Carin, geb. Fürmann. Ki.: Stephan (1974), Benjamin (1978). El.: Walter u. Anni, geb. Billaudelle. S.: 1964-67 Lehre Maler u. Lackierer. K.: 1967-68 Geselle, 1968-76 kfm. Ang., 1976-78 Ausbild. z. Steuerfachang., 1978-82 Steuerfachang., 1982 Steuerbev.-Prüf., 1983 Übernahme d. Kzl. d. Schwiegervaters. M.: Steuerberaterkam., Steuerberaterverb. H.: Laufen, Literatur, Musik, Kultur.

Bischoff Renate *)

Bischoff Roland Karl Dipl.-Ing. *)

Bischoff Rolf

B.: ndlg. RA. DA.: 06112 Halle/Saale, Landsberger Str. 59. G.: Wölfersheim, 15. Aug. 1959. S.: 1978 Abitur Friedberg, 1978-79 Wehrdienst, 1979-85 Stud. Rechtswiss. an der Johann Wolfgang v. Goethe Univ. Frankfurt/Main, 1. Staatsexamen, 1985-89 Referendariat OLG Frankfurt, 2. Staatsexamen. K.: 1990 Mitarb. einer RA-Kzl., 1991-92 Mitarb. d. Sozialverb. VdK Sachsen-Anhalt - Aufbau d. Rechtsabt., 1993-94 komm. Gschf. d. o.g. Verb., 1995 Gschf. d. o.g. Verb., seit 1996 ndlg. RA, Tätigkeitsschwerpunkt: Sozialvers.-Recht, Arbeitsrecht, Schadenersatzrecht. M.: Selbsthilfever. d. RA e.V.

Bischoff Udo Klaus *)

Bischoff Walter Dipl.-Ing.

B.: Galerist. FN.: Walter Bischoff Galerie. DA.: 70199 Stuttgart, Schreiberstr. 22. villa-haiss-museum@t-online.de. G.: Stuttgart, 30. Aug. 1934. V.: Dr. Uta, geb. Klein. Ki.: Hella (1962), Julia (1982), Johannes (1987). El.: Hermann u. Lina, geb. Feuchtmüller. S.: Gym. i. Stuttg. u. Ludwigsburg, 1954-59 Stud. Arch. u. Bau-Ing-Wesen i. Stuttg., 1959 Dipl.-Abschluß. K.: 1959-85 freier Arch. in Remseck, 1983-88 Besitzer d. Walter Bischoff Galerie für zeitgenössische europäische Kunst in Chicago, 1989 Eröffn. d. Galerie in Stuttgart, 1995 Eröff. d. Galerie in Berlin, 1997 Eröffn. d. Villa Haiss, Museum f. Zeitgenössische Kunst in D-77736 Zell. BL.: seit 1987 jährl. Vergabe eines Stipendiums für einen 6-monatigen Atelier-Aufenthalt in San Jose (Californien). Teilnahme an den wichtigsten Kunstmessen, wie ART Cologne, ART Frankfurt, ART Basel, Int. ART Expo Chicago, ARCO Madrid, ART Los Angeles, Lineart Gent. P.: regelmäßige Kunsbeiträge u. Rezensionen in Fachzeitschriften. M.: Bundesverb. Dt. Galerien e.V. (BVDG). H.: Malen, Kunst- u. Kulturreisen. (U.B.)

Bischoff-Paßmann Sabine Dr. med.

B.: prakt. Ärztin, Naturheilverfahren, Ohr- u. Körperakupunktur. DA.: 14193 Berlin, Grunewald, Schinkelstr. 2. dr.bischoff-paßmann@t-online.de. G.: Berlin, 31. Aug. 1955. V.:

Lothar Paßmann. El.: Leo u. Ursula Bischoff, geb. Scheja. BV.: Vater - engagierter CDU-Politiker. S.: 1972-73 Arzthelferin, 1975-77 Ausbild. MTA, 1986-93 Stud. Med. FU Berlin, Staatsexamen. K.: 1975-90 Arzthelferin u. ab 1977 MTA im Zentrallabor d. St. Joseph KH, 1993-96 Ärztin am Martin Luther KH in Berlin, 1994 Prom., Zusatzbezeichnung f. Akupunktur u. Naturheilverfahren, 1996 Eröff. d. Privatpraxis. P.: Diss.: "Sauerstoff-Mehrschritt-Therapie bei unterschiedlichen Retinopathien", Art. in Fachzeitschriften, Vorträge bundesweit. M.: Tinnitusliga, Dt. Ak. f. Akupunktur u. Aurikulomed. e.V., Europ. Liga f. Akupunktur u. Aurikulomed., Med. ohne Nebenwirkungen e.V., ZÄN. H.: Segeln, Klavierspielen, Natur.

Bischoff-Schilke Klaus Dr. rer. pol.

B.: freier Berater, Coach, Dozent. FN.: Beratungsbüro wissBer. DA.: 34121 Kassel, Tischbeinstraße 103. bischi@wissber.de. www.wissber.de. G.: Heckershausen, 11. Dez. 1954. V.: Birgitta. Ki.: 2 Kinder. S.: 1974 Abitur Kassel, 1974-86 Stud. Kunstgeschichte, Publizistik, Ethnologie, Soz. u. Psych. in Kassel, Göttingen u. Berlin, Abschluss: Dipl.-Soz., 1991 Prom. z. Dr. rer. pol. f. Wirtschafts- u. Sozialwissenschaften. K.: 1986-94 wiss. Mitarbeiter an d. Univ. Gesamthochschule Kassel, interdisziplinäre Forsch.-Projekte u. Lehrtätigkeit, 1994-95 freier Mitarb. HAB Weimar, seit 1994 Beratungsbüro wissBer.; Existenzgründung u. -aufbau, Mediation, Studienabschlussberatung, Berufliche Orientierung, Projektbetreuung. P.: Technisierung personenbezogener Dienstleistungsarbeit. Hamburg: Kovac, 1992. M.: Bundesverb. Mediation e.V., Centrale f. Mediation. H.: Wandern, Geschichte, Kunst.

Bischofs Christine

B.: RA. FN.: Anw.-Kanzlei Bischofs & Sauer. DA.: 40219 Düsseldorf, Gladbacher Str. 21. G.: Winkhausen/Hochsauerland, 29. Sep. 1956. V.: Markus Sauer. S.: 1976 Abitur, 1976-77 Stud. Physik, 1977-79 Ausbild. z. RA-Fachang., 1987-91 Stud. Rechtswiss., 1994 2. Staatsexamen. K.: 1979-87 tätig b. d. Provinzialvers.-Anstalt, seit 1994 selbst., Schwerpunkt: Erb-, Vers.- u. priv. Baurecht. H.: Lesen, Malen.

Bischofski Horst *)

Biscoping Jürgen Dr. med. Prof. *)

*) Biographie www.whoiswho-verlag.ch oder beigefügte CD-ROM

Bisegger Peter-Michael *)

Biskamp Dieter Friedrich Elard Dr. *)

Biskamp Elard *)

Biskamp Klaus Dr. med.

B.: Internist. DA.: 60431 Frankfurt/Main, Altheimstraße 20. PA.: 60433 Frankfurt/ Main, Zehnmorgenstr. 23. G.: Kassel, 5. Okt. 1937. V.: Monire, geb. Atefy. Ki.: Dagmar, Ute, Andrea, Melina. S.: 1957 Abitur, 1957-65 Stud. Univ. Marburg, 1966-67 Med.-Ass. in Wunsiedel, Weiden, Verden/Aller, 1968 Approb., 1968 1 J. Stabsarzt in d. Bundeswehr, 1966 Prom. K.: 1969-74 FA-Ausbild. Univ. Frankfurt b. Prof. Martin, ab 1974 ndlg. Arzt/Internist, wiss. Tätigkeit auf d. Gebiet d. Hämatologie, ab 1980 Mitarb. im Diakonissen-KH Frankfurt unter Prof. Huth u. Dr. Kenedi, seit 1980 Weiterbild. im Bereich mod. techn. Med., Fachbereich Innere Med., seit 1986 caritative med. Einsätze in d. 3. Welt m. d. "Komitee Ärzte f. d. 3. Welt" in Kolumbien, el Salvador, Rwanda, Nairobi, Kalkutta, Bangladesch, Philippinen. E.: 1999 BVK am Bande. H.: 3. Welt.

Biskop Siegfried Dr. habil. *)

Biskowitz Martin Dr. med.

B.: ndlg. Allgemeinmediziner. DA.: 30519 Hannover, Hildesheimer Str. 228. G.: Hildesheim, 10. März 1957. V.: Angelika, geb. Prokesch. Ki.: Janine u. Nathalie (1996). El.: Dr. med. Leo u. Sophie, geb. Zimmermann. S.: 1976 Abitur Hannover, 1976-79 Praktika, 1977-78 Stud. Wirtschaftswiss. an d. Univ. Hannover, 1979-86 Stud. Humanmed. an der Universität Homburg u. MH Hannover, 1982 1., 1984 2. u. 1986 3. Staatsexamen. K.: 1986-88 Ass.-Arzt b. Dr. Witschel am Henriettenstift in Hannover in d. Augenabteilung u. in d. Praxis, 1987 Prom., 1988-90 Vertretung in versch. allgemeinmed. u. Augenheilkundepraxen, 1990 Übernahme d. Praxis v. Vater & Sohn Dr. Krüger u. Grdg. einer Praxisgemeinschaft m. Herrn Dr. Thies in Hannover. M.: Ärztekammer, Bund Dt. Hausärzte, Hannover 96, seit 1997 AR v. Hannover 96. H.: Skifahren, Fußball, Wandern, Politik, Wiss.

Bisky Lothar Dr. sc. phil. Prof.

B.: Vors. PDS, MdL., Fraktionsvors. FN.: Landtag Brandenburg. DA.: 14473 Potsdam, Am Havelblick 8. G.: Zollbrück, 19. Aug. 1941. V.: Almuth, geb. Hocke. Ki.: Jens (1966), Norbert (1970), Stephan (1983). El.: Bruno u. Gertrud, geb. Sadowski. S.: 1961 Abitur, 1961-66 Stud. Dipl.-Kulturwiss., 1969 Prom. Dr. sc. phil. K.: 1968-80 Zentralinst. f. Jugendforsch. Abg.-Ltr. Leipzig, 1980-86 Prof. f. Kulturtheorie an d. Ak. f. Ges.-Wiss., seit 1986 Prof. f. Film- u. FS-Wiss. an d. HS f. Film u. FS Potsdam-Babelsberg, 1986-90 Rektor d. HS, ab Januar 1993 Vors. der PDS, ab Dez. 1989 Mtgl. d. Präs. SED/PDS, ab Febr. d. Präs. d. PDS, ab März 1989 Mtgl. d. Volkskam. d. DDR, ab Okt. 1990 Mtgl. d. Landtags Brandenburg, ab Okt. Fraktionsvors., ab Jan. 1991-Jän. 1993 Landesvors. d. PDS d. Landes Brandenburg, 1986-90 Schatzmstr. d. CILECT., Vors. d. Stolpe-Unters.-Ausschusses. P.: zahlr. medienwiss. Publ. im In- u. Ausland. H.: Filme, Heimhandwerken. (I.U.)

Gräfin von Bismarck Charlotte

B.: Unternehmerin. FN.: Exclusive Innendekoration. DA.: 81667 München, Innere Wiener Str. 5 b. cbismarck@freenet.de. G.: Stockholm, 24. Sep. 1951. V.: Dipl.-Kfm. Andreas Graf v. Bismarck. Ki.: Stephanie (1976). El.: Prof. Jan u. Ulla Kinberg, geb. Nitzelius. S.: 1970 Textilak. Stockholm, 1971-72 Stud. Kunstgeschichte, Franz. u. Literatur Univ. Göteborg. K.: 1972-75 Fotomodell in Paris, seit 1989 selbst. als Innendekorateurin in München. BL.: 1970-72 Entwurf einer Kollektion f. eine schwed. Textilfirma. H.: Reiten, Skilaufen, Wasserskilauf, Tennis, klass. Musik, Kunst, Bridge.

Fürst von Bismarck Ferdinand

B.: RA, Verw. FN.: Forstgut Friedrichsruh. DA.: 21521 Friedrichsruh, Schloß Friedrichsruh. G.: London, 22. Nov. 1930. V.: Elisabeth, geb. Gräfin Lipens. Ki.: Vanessa, Carl-Eduard, Gottfried, Gregor. El.: Fürst Otto v. Bismarck u. Ann Mari Tengbom. BV.: Urgroßvater Altreichskanzler Fürst Otto v. Bismarck (1815-98). S.: Auslandsschule Rom u. Stockholm, Internat Schloß Salem, Stud. Vw. u. Rechtswiss. Univ. Köln u. Freiburg, 1960 Assessorexamen. K.: 1961-67 VerwR. u. HauptverwR. b. d. EWG Brüssel, dann Anw. Hamburg, seit 1976 Verwalter d. Forstgutes Friedrichsruh.

von Bismarck Friedrich Dr. rer. nat.

B.: Ltr. d. Geschäftsstelle StuBA. FN.: Steuerungs- u. Budgetausschuß f. d. Braunkohlesanierung. DA.: 10178 Berlin, Karl-Liebknecht-Str. 32. bismarck@gs-stuba.de. G.: Bielefeld, 21. Nov. 1948. V.: Magdalena Kiepenheuer v. Bismarck. Ki.: Jonas (1980), Julius (1983), Paula (1997). El.: Dr. Klaus u. Ruth-Alice, geb. v. Wedemayer. BV.: Otto v. Bismarck. S.: 1969 Abitur Köln, 1969-70 Wehrdienst, 1971-76 Stud. Ökonomie Univ. Freiburg m. Abschluß Dipl.-Vw., 1974-78 Stud. Geologie Univ. Freiburg u. FU Berlin, Prom. K.: 1978-81 tätig in d. Bergbauindustrie in Kanda, Malaysia u.a. f. d. Dt. Forschungsgesellschaft, 1981-83 Berater d. Bergbauindustrie in Thailand u. Consultant f. d. Inst. f. intern. Technik u. Ökonomie in Aachen, 1983-91 Berater d. Erdölministers in Saudi Arabien, seit 1985 Berater f. Kurzeinsätze d. Vereinten Nationen, 1992-95 Ltr. d. Ref. Braunkohlenplanung d. Brandenburg. Umweltmin. in Potsdam, seit 1995 Ltr. d. Geschäftsstelle f. Steuerungs- u. Budgetausschuß f. d. Braunkohlesanierung; Funktionen: Teilnahme am intern. Round Table d. UNEP 2. Entwurf d. Umweltrichtlinien f. d. Bergbau. BL.: hohes Engagement f. d. Rekultivierung u. neue Nutzung v. ehemal. Abbaugebieten. P.: "Wirtschaftl. Modelle z. Bestimmung v. Produktionskosten u. d. Bauwürdigkeit v. Zinnseifen." M.: strateg. Kmsn. f. intern. Bauausstellung Fürst-Pückler-Land, Grdg.-Mtgl. f. Thailand-Forum u. Afrika-Forum, Verband d. Führungskräfte v. f. Bergbau u. Energieunternehmen, div. Gremien. H.: Segeln, Natur, Theater.

Fürstin von Bismarck Elisabeth

B.: Inh. d. Garten d. Schmetterlinge. DA./PA.: 21521 Friedrichsruh, Schloß Friedrichsruh. G.: Brüssel, 6. Mai 1939. V.: Ferdinand v. Bismarck. Ki.: Carl-Eduard (35J.), Gottfried (33J.), Gregor (31J.), Vanessa (23J.). BV.: Großv. Otto v. Bismarck-Schönhausen, Dt. Reichskanzler v. 1871-90, Großv. Graf Maurice Lippens, Gouverneur v. Kongo, bed. Politiker. S.: versch. Klosterschulen, Abitur, 1958-60 Stud. d. Kunstgeschichte in Rom u. Paris, 1960 Stud. d. Malerei. K.: durch Fachkenntnisse in Biologie, Eigenstud. d. gärtn. Gestalt. u. Schmetterlingskunde im Juli 1984 Eröffnung d. Gartens d.

*) Biographie www.whoiswho-verlag.ch oder beigefügte CD-ROM

Schmetterlinge. M.: Schirmherrin d. Dt. Muskelschwundhilfe, Große Unterstützerin f. viele Veranstalt. H.: Schreiben v. Texten f. Krebskranke Kinder, die in Form v. Kassetten an Kinder abgegeben werden, freie Malerei. (C.Z.)

Bismarck Michael Dr. med. *)
von Bismarck Rule Dr. rer. nat.
B.: Ltd. Dir. i. R. FN.: Wandernden Museums d. Univ. Kiel. PA.: 24582 Wattenbeck, Reesdorfer Weg 9. G.: Ehrenforst, 21. März 1926. V.: Dr. rer. nat. Ortrud, geb. Büchel, gest. 1991. Ki.: Ulrike, Helge, Rule, Silke. El.: Klaus u. Lonny. BV.: Fürst Otto v. Bismarck , Gründer u. 1. Reichskanzler d. Dt. Reiches. S.: 1944 Abitur, 1947-48 Kunstschule Berlin, 1948-53 HS f. Bild. Künste Berlin, 1953-55 Stud. Naturwiss. FU Berlin, 1955-58 Stud. Naturwiss. Univ. Kiel u. Prom. Fach Botanik. K.: 1958-60 Kustos am Botan. Inst. d. Univ. Kiel, seit 1961 Aufbau u. Ltg. d. Wandernden Museums d. Univ. Kiel. P.: zahlr. Fachpubl. M.: im Vorst. d. Arge Schlesw.-Holst. Museen, im Vorst. d. Museums f. Informations- u. Kommunikationstechnik e.V. H.: Sammlung u. wiss. Bearb. v. Bernstein. (G.M.)

von Bismarck-Schönhausen Gottfried Mag. B.A. *)
Bison-Unger Karin *)
Bisping Karl H. *)
Bisping Karl Winfried Dr. med.

B.: Internist. DA.: 49082 Osnabrück, Ertmannstr. 23. PA.: 49076 Osnabrück, Friedrich-Drake-Str. 14. G.: Gelsenkirchen, 17. Nov. 1947. V.: Johanna, geb. Meigen. Ki.: Sabine (1976), Markus (1977), Susanne (1979), Benedikt (1982). El.: Dr. Winfried u. Ilse. S.: 1966 Abitur Gladbeck, 1966-72 Stud. Humanmed. Univ. Köln, Würzburg, Wien u. Freiburg, Staatsexamen, 1972-73 Stud. Psych. in Freiburg, 1973 Amerikan. med. Examen ECFMG in Rom, 1973-74 Med.-Ass. in Marl u. Bockumhövel, 1974 Approb. K.: 1975-76 Stabsarzt im Bundeswehr-KH Osnabrück, Abt. Anästhesie, 1977-82 Ass.-Arzt im Franziskus-Hospital Osnabrück, 1981 Prom., 1982 FA f. Innere Med., 1982-84 OA Innere Med. an d. KH in Mettingen u. Dissen, seit 1985 ndlg. Internist in Osnabrück, Schwerpunkt: Gastroenterologie. E.: berufsbez. Engagement. M.: KV - Kartellverb. d. kath. Studentenver. H.: Wandern, Tennis, Sachliteratur.

Bisping Michael
B.: Gschf. FN.: A.S.S. Concert and Promotion GmbH. DA.: 22149 Hamburg, Ramstedter Str. 92a. G.: Münster, 8. Juli 1956. V.: Marianne, geb. Lukassen. El.: Ludwig u. Marianne. S.: 1975 Abitur, 1975-80 Jurastud. Münster. 1984 2. Staatsexamen, K.: 1981-84 Ref. in Bremen, seit 1984 selbst., 1985 fusioniert m. Dieter Schubert, seit 1986 A.S.S. Bremen, seit 1986 A.S.S. Hamburg. F.: Gschf. Mad Music Management GmbH Publishing, Promotion, Production. M.: Vorst.-Mtgl. im IDKV (Interessenverb. Deutscher Konzertveranstalter u. Künstlervermittler e.V.), Bundesverband d. Veranstaltungs. H.: Musik, Literatur, Film, Reisen. (E.D.)

Bissdorf Gerhard *)
Bissdorf Ralf
B.: Student, Fechter. FN.: Fechtzentrum Heidenheim. DA.: 89518 Heidenheim, Virchowstr. 28. G.: Heidenheim an der Brenz, 15. März 1971. El.: Rolf Heinrich u. Anneliese Christa. S.: seit 1991 Stud. Politikwiss. an d. Univ. Augsburg. K.: 1995 DM/1., 1998 EM/1., 1998 EM Mannschaft/1, 1999 DM/1., WC Gesamt Mannschaft /1., OS 2000 Einzel /2. u. Mannschaft/6, WC Gesamt /1., 2001 EM /3., 2001 EM Mannschaft/1., 2001 WC Gesamt /1. E.: Silb. Lorberblatt, seit 2000 Aktivensprecher Dt. Fechter-Bund, seit 1997 Präs. Athletenkommission Fecht-Weltverband F.T.F. M.: Heidenheimer Sportbund 1846 e.V. H.: Tauchen, Skifahren, Bergwandern.

Graf v. Bissingen u. Nippenburg Franz *)
Bissinger Dolf *)
Bissinger Hartwig *)
Bissinger Herbert Dr. rer. nat. *)
Bissinger Manfred E.
B.: Hrsg., Chefredakteur. FN.: DIE WOCHE Zeitungsverlag GmbH & Co Vertriebs KG. DA.: 20095 Hamburg, Burchardstr. 19-21. G.: Berlin, 1940. K.: Volontariat b. Zeitung, Zeitschrift u. Presseagentur, Red. im Europadienst d. dpa, Regieass. u. später Reporter b. d. Fernsehsendung "Panorama" b. NDR, 1967-78 Reporter u. stellv. Chefredakteur b. d. Zeitschrift "Stern", 1978-81 Sprecher des Hamburger Senats u. während dieser Zeit Mtgl. im ZDF-FernsehR., Chefredakteur b. d. Zeitschriften "Konkret" (1981-83), "Natur" (1985-88) u. "Merian" (1989-92), 1991-93 Gen.-Sekr. d. P.E.N.-Zentrums d. BRD, Hrsg. v. Sonderpubl. u. Büchern wie "Auskunft über Deutschland" oder "Gewalt - Ja oder Nein", Hrsg. u. Chefredakteur "Die Woche", 1993-2000 Hrsg. d. Zeitschrift "Merian", seit 2001 Hrsg. "DIE WOCHE". P.: Autor d. Buches "Hitlers Sternstunde - Kujau, Heidemann u. d. Millionen".

Bißling Frank *)
Bister Elka

B.: Kunsttherapeutin. DA.: 20489 Hamburg, Ludolfstr. 42. G.: Hannover, 20. Sep. 1943. S.: 1963 Abitur, 1963-66 Stud. PH Hannover, 1994-98 Ausbild. Kunsttherapeutin Inst. f. humanist. Psych. Eschweiler. K.: b. 1972 Lehrerin f. Kunst an versch. Schulen in Norddeutschland, 1973 Grdg. d. Grafikateliers, 1976 Zeichen- u. Puppentrickfilmprod. f. d. NDR, 1985 Grdg. d. Firma Animation ART gemeinsam mit dem Ehemann. BL.: neue Konzepte in d. Trickfilmprod. u. -technik. E.: 1990 Gold Camera Award/USA, 1986 1. Preis d. Bundeswirtschaftsmin. Deutschland. H.: Malen, Tanzen, Astrologie.

Bister Wolfgang Dr. med. Prof.
B.: Psychiater, Psychanalyse, Psychotherapie. FN.: SRH-Gruppe, Heidelberg. PA.: 76228 Karlsruhe, Am Herrenweg 7. G.: Berlin, 25. Feb. 1922. V.: Ingeborg, geb. Hoffmeister. Ki.: 5 Kinder. El.: Dr. Andreas u. Margarete-Charlotte. S.: Realgymn., Med.Stud., 1951 Approb. u. Dr. med. K.: 1964 Habil., 1968 WissR. u. Prof. Univ. Gießen, 1974-87 Chefarzt Abt. Psychiatrie d. Rehabilitations-KH Karlsbad-Langensteinbach.

*) Biographie www.whoiswho-verlag.ch oder beigefügte CD-ROM

Bister

P.: ca. 40 Zeitschriftenbeiträge, Monograph. Symptomwandel b. Schizophrenen in psychother. Sicht (1965). M.: Dt. Psychoanalyt. Ver., Dt. Ges. f. Psychotherapie, Psychosomatik u. Tiefenpsych., Dt. Ges. f. Psychiatrie u. Nervenheilkunde, Allg. Ärztl. Ges. f. Psychotherapie.

Bisterfeld von Meer Galathea *)

Bistritzki Walter Dr. *)

Bitsch Andreas Horst Dr. med. Priv.-Doz.

B.: Chefarzt d. Klinik f. Neurologie. FN.: Ruppiner Kliniken GmbH. DA.: 16816 Neuruppin, Fehrbelliner Straße 38. a.bitsch @ruppiner-kliniken. de. G.: Marburg, 26. Okt. 1965. V.: Silke Schmidt. Ki.: Joshua (2000). El.: Uwe und Brigitte, geb. Schneider. S.: 1984 Abitur, 1984-86 Rettungssanitäter in Marburg, 1986-93 Stud. Humanmed. in Lübeck u. Marburg, 1993 Prom., 1999 Habil. K.: 1993-99 Arzt im Praktikum u. Ass.-Arzt in Göttingen, 1999-2000 OA in Göttingen, 2000 Gschf. OA d. Abt. Neurologie d. Klinik u. Poliklinik f. Neurologie d. Georg-August-Univ. Göttingen, seit 2001 Chefarzt d. Neurologischen Klinik d. Ruppiner Kliniken. BL.: Schwerpunktbereiche: Multiple Sklerose, Hirninfarkt, Bakterielle ZNS-Erkrankungen, Sepsis; 1998/99 EEG- u. EMG-Zertifikat (DGKN), 2000 Zusatzbezeichnung: Spezielle Neurologische Intensivmedizin u. 1998 Bezeichnung: FA f. Neurologie, 1999 Aufnahme in d. Akademiefakultät d. Fortbildungsakademie d. DGN. P.: Verfasser bzw. Coautor v. rund 40 Veröff. u.a. Cytomegalovirus transcripts in peripheral blood leukocytes of actively infected transplant patients detected by reverse transcription polymerase chain reaction (1993), Inflammatory central nervous system demyelination: correlation of magnetic resonance imaging findings with lesion pathology (1997), Axonal injury in early chronic multiple sclerosis. Correlation with demyelination and inflammation (2000), A longitudinal MRI study of histopathologically defined hypointense multiple sclerosis lesions (2001). E.: Staatl. Universitätspreis d. Med. Fak. d. Med. Univ. zu Lübeck f. d. Diss. z. Thema "Die Frühdiagnose d. Zytomegalievirus-Infektion b. Patienten nach Nierentransplantation" (1993). M.: DMSG, DGKN, DGN, seit 1990 Mtgl. d. Studienstiftung d. Dt. Volkes. H.: Squash, Musik, Wandern, Computer, Internet.

Bittel Johannes-Otto *)

Bittens Claudia

B.: Gastronomin. FN.: Finca enoteca-pane e vino. DA.: 30916 Isernhagen, Burgwedeler Str. 40. G.: Hannover, 30. Dez. 1959. Ki.: Linda (1984), Maximilian (1986), Isabel (1992). El.: Horst u. Helga Bittens. S.: 1977-80 Ausbild. z. Arztlhelferin. K.: b.1 983 Ang. im kaufm. Bereich in d. Verw. d. Verkaufsltg., 1984-92 im gastronom. Bereich d. Ehemanns tätig, dann selbst. mit einem kl. Betrieb in Hannover, zugleich Hausfrau und Mutter, 1989-91 parallel Ausbildung z. Wirtschaftsass. u.

Wirtschaftskorrespondenz an d. Buhmann-Schule, ständig in d. gastronom. Betrieb d. Sauna Isernhagen als Aushilfe gearb., später Gschf., 1998 Eröff. span. Restaurant FINCA in Isernhagen. P.: Veröff. u. Reportagen in d. Presse u. Szenemagazinen. H.: Lesen, Frankreichreisen.

Bitter Albert H. *)

Bitter Christian MA *)

Bitter Heiko Dr. med. vet. *)

Bitter Horst Dr. iur.

B.: RA. FN.: RA-Kzl. Wegener, Dr. Bitter & Collegen. DA.: 30161 Hannover, Bödekerstr. 75. G.: Hannover, 5. Dez. 1962. V.: Claudia Maria Esser. Ki.: Jasper (1997). El.: Horst u. Ingeborg, geb. Hugo. BV.: Ururgroßvater Hugo mütterlicherseits hat in Hamburg sein gr. Schiffsmaklerei gegründet, über Generationen in Familienbesitz. S.: 1982 Abitur Hannover, 1967-85 Leistungssportler b. TKH Hannover, Telnahme an Bez. - u. Landemeisterschaften, Bundeswehr, 1984 Jurastud. an d. Georgia-Augusta-Univ. in Göttingen, 1985 Med.-Stud. in Göttingen, 1989 1. Staatsexamen, 1992 Referendariat in Hannover, 1995 Prom. u. 2. Staatsexamen. K.: 1995-96 Ang. in d. RA-Kzl. Wegener, Dr. Bitter & Collegen in Hannover, 1997-98 Teilhaber, 1999 Übernahme d. Kzl. M.: CDU. H.: Tennis, Lesen, klass. Musik.

Bitter Peter Rudolf *)

Bitterberg Karl-Georg Prof. *)

Bitterhoff Ernst Dr.

B.: RA, Notar. DA.: 12621 Berlin, Ferdinandstr. 46. G.: Berlin, 28. Nov. 1948. V.: Güler, geb. Sastimdur. Ki.: Isabelle (1996). BV.: Vater Dr. Ernst Paul Bitterhoff Jurist u. Saatenzüchter, Firma August Bitterhoff Sohn in Berlin. S.: Abitur in Berlin, Stud. Rechtswiss. in Berlin u. Heidelberg, 1. Staatsexamen, Referendariat b. Kammergericht m. Wahlstation b. Anw., 2. Staatsexamen, 1987 Prom. K.: RA in Berlin, Strafrecht, Restitutionsrecht, Baurecht, auch Verkehrs- u. Vers.-Recht, spez. d. Anliegen langjähriger Mandanten. P.: Diss. "Die Wirkungen v. Vereinbarungen zwischen d. Spreherausch. u. d. Arbeitgeber hinsichtl. d. Arbeitsverhältnisse d. Int. Ang." (1987). M.: Studentische Ruderverbindung Ak. Ruderclub Berlin ARC. H.: Restaurieren v. Motorrädern u. Oldtimerautos, Gartenarb., Handwerkl. Arb., Antiquitäten.

Bitterlich Jan

B.: Hotelkaufmann, General Manager. FN.: Radisson SAS. DA.: 03048 Cottbus, Vetschauer Str. 12. jan.bitterlich@radissonsas.com. G.: 15. Jan. 1966. V.: Silke, geb. Lorenz. Ki.: Nico (1990). El.: Nico u. Christa. S.: Abitur Berlin, 1984-86 Militärdienst, 1986-88 Stud. Pädagogik, Fächer Sport/Erdkunde an d. Humboldt-Univ. Berlin. K.: 1988-90 Sportinstruktor in d. Akademie f. Wiss. d. DDR Berlin, 1990-92 Ausbildung z. Hotelfachmann an d. Hotelakademie Berlin, Abschluss als Hotelfachmann, 1992-95 tätig in d. Rezeption im Best Wester

*) Biographie www.whoiswho-verlag.ch oder beigefügte CD-ROM

President Berlin, 1995-96 Empfangschef im Euro Consul Best Western Berlin, 1996-97 tätig im Mercure Elbpromanden Dresden, 1997-99 Empfangschef rooms im Radisson SAS Berlin, 1999-2001 Hotel-General-Manager Radisson SAS in Merseburg, seit 2001 Hotel General Manager Radisson SAS in Cottbus. BL.: als Sportler in d. Basketball-Mannschaft d. Betriebssportgemeinschaft (BSG) Akademie d. Wissenschaften Berlin, 1980-90 mehrfacher DDR-Meister. M.: Mitglied im Rotary Club Cottbus. H.: Basketball, Literatur, Tennis.

Bitterlich Joachim

B.: Botschafter. FN.: Dt. Botschafter im Königreich Spanien und im Fürstentum Andorra. DA.: E-28010 Madrid, Calle de Fortuny 8. G.: Saarbrücken-Dudweiler, 10. Juli 1948. V.: verh. Ki.: 3 Kinder. S.: Stud. Rechts-, Wirtschafts- u. Politikwiss. in Saarbrücken, 1. u. 2. Jur. Staatsprüf., 1974/75 Stud. an d. Franz. Ecole Nationale d'Administration (ENA) in Paris. K.: 1976 Eintritt in d. Vorbereitungsdienst f. d. höheren Auswärtigen Dienst d. BRD, 1978-81 Botschaft Algier, 1981-85 ständige Vertretung b. d. EU Brüssel, 1985-87 Referent im Min.-Büro im Auswärtigen Amt, 1987-98 im Bundeskanzleramt, 1987-93 Ltr. d. Botschaft Madrid. P.: u.a. Bitterlich/Seiters - Europäische Aufgaben bis zum Jahre 2000 (Heft 27 - Aktuelle Fragen der Politik, Konrad-Adenauer-Stiftung St. Augustin 1995, Mitautor - "EG-Vertrag Kommentar", hrsg. v. Prof. Carl-Otto Lenz, 2. Aufl. 1999. E.: u.a. Frankreich - Offizier Ehrenlegion, Spanien - Großkreuz d. zivilen Verdienstordens, Portugal - Großoffizier d. Ordens Heinrich d. Seefahrer, Italien - Großoffizier d. nat. Verdienstordens, Luxemburg - Großoffizier d. Verdienstordens, Belgie - Großoffizier d. Kronenordens, Österreich - Gr. Silb. EZ mit Stern, Vereinigtes Königreich C.B.E., Mexiko - Großoffizier, Orden v. aztekischen Adler, Argentinien - Großkreuz d. Verdienstordens. M.: u.a. Dt. Ges. f. Auswärtige Politik (DGAP), Inst. Francais d. Relations Internnationales (FRI), Intern. Inst. for Strategic Studies (IISS), Kuratorium "Friends of Europe", Brüssel u. "Instituto de Estudios Europeos", Universidad San Pablo CEU Madrid.

Bitterlich Manfred *)

Bittermann Anja

B.: Grafikdesignerin, Illustratorin, Gschf. FN.: Artes Code Werbeagentur GmbH. DA.: 70178 Stuttgart, Hohenzollernstr. 16. G.: Pforzheim, 5. Nov. 1969. V.: Tim Schneider. S.: 1987 Mittlere Reife, 1987-90 Joh.-Gutenberg-Berufskolleg f. angew. Grafik: Ausbild. als Grafikdesigner. K.: 1989-91 Ang. in Werbeagentur, später Grafikdesignerin bzw. Grafikdesign, 1991-93 Anstellung als Art Direktorin, 1993 Grdg. einer eigenen Werbeagentur gemeinsam m. Partner. BL.: Vernissagen/ Ausstellungen in München, Mannheim, Karlsruhe, Stuttgart m. Öl/Farbenspielen im floralen Sinn. E.: Landessiegerin im Jugendwettbewerb Malerei. H.: Rosengarten.

Bittermann Yvonne *)

Bittern Hermann Josef

B.: Propst, Stadtdechant, Priester. FN.: Kath. Kirche St. Peter + Paul. DA.: 44787 Bochum, Bleichstr. 12. G.: Bochum, 6. März 1939. S.: 1960 Abitur Bochum, 1960-62 Stud. Theol.

Universität Paderborn, 1962-63 Stud. Theol. Univ. München, 1963-64 Stud. Theol. an Univ. Bonn, 1964 Priesterseminar Essen. K.: 1965 Priesterweihe in Duisburg, 1965-70 Kaplan in Bochum-Langendreer, 1970 -79 in Lüdenscheid Kaplan, Jugendseelsorger u. Religionslehrer am Gymnasium, 1979-95 Pfarrer in Kierspe, 1981-95 Kreisdechant f. d. Märkischen Kreis, 1995 Pfarrer St. Peter + Paul Bochum, 1999 Stadtdechant v. Bochum, 1992 Ehrendomherr an d. Hohen Domkirche in Essen, 2001 nichtresidierender Domkapitular im Bistum Essen. M.: Die Gilde Alfred Delp Bochum. H.: klass. Musik.

Bittigkoffer Horst

B.: Management-Berater. FN.: Heraeus. DA.: 75173 Pforzheim, Lameystraße 17. PA.: 75181 Pforzheim, Hohenwarter Str. 15. G.: Pforzheim, 17. Apr. 1935. V.: Ute, geb. Ebert. Ki.: Sandra (1965). El.: Robert u. Helene. S.: 1949-52 Lehre Werkzeugmacher Pforzheim. K.: 1952-62 tätig als Werkzeugmacher, 1962-63 im Außendienst d. Firma Heraeus u. ab 1964 kfm. Ltr., ab 1970 Prok., 1980 Dir. u. seit 1999 Gschf., seit 2000 im Ruhestand; Funktion: 1958-70 Fußballtrainer u. Ausbilder f. Trainer. BL.: Ausbau d. Firma v. 1-Mann-Betrieb z. führenden Unternehmen in d. Pforzheimer Traditionsind. M.: versch. Ver. H.: Jagd, Forellenzucht, Golf.

Bittkau Bernd Ing. *)

Bittl Eva *)

Bittl Rupert

B.: Inh., Gschf. Ges. FN.: Rupert Bittl Entsorgungsdienst. DA.: 80993 München, Triebstr. 41. 0891436830-0001@t-online.de. www.bittl-entsorgung.de. G.: München, 2. Sep. 1963. El.: Rupert u. Ernestine. S.: 1976-80 priv. Wirtschaftsschule in Sabeln, 1980-83 Ausbild. z. Steuerfachang. K.: 1983 Eintritt in d. elterl. Betrieb in München in d. Verw., 1983-84 Vertrieb, Fuhrparkmanagement, Logistik, Überleitung in d. GmbH, 1984-87 alleiniger Gschf. der Firma Bittl, 1996 Berufsbild d. Ver- u. Entsorgers. F.: seit 1997 Firmenbeteiligung d. Wittmann Bittl GmbH Datenvernichtung. E.: 2000 Ökoprofit Betrieb. M.: 1973 Grdg.-Mtgl. d. Bayer. Entsorgungswirtschaft e.V., 1979 BDSV Bundesver. dt. Stahlrecycling u. Entsorgungsunternehmen. H.: Reisen, Schach, Lesen.

*) Biographie www.whoiswho-verlag.ch oder beigefügte CD-ROM

Bittmann Bernd Alexander *)

Bittmann Oliver
B.: ndlg. RA, Fachanw. f. Arbeitsrecht. FN.: Bittmann & Bittmann Rechtsanwälte. DA.: 08525 Plauen, Pausaer Str. 127. G.: Buchloe, 19. Aug. 1963. V.: Elke, geb. Betz. Ki.: Laura (1994), Ben Michael (2000). El.: Michael u. Ingrid, geb. Gans. S.: 1983 Abitur Stuttgart, 1983-88 Stud. Rechtswiss. Univ. Tübingen, 1988 1. Staatsexamen, 1988-91 Wehrdienst, 1993 2. Staatsexamen, 1997 Fachanw. f. Arbeitsrecht, 2000 Fachanw. f. Verw.-Recht. K.: 1991-93 Referendar am LG Ravensburg, 1993 Auslandsaufenthalt Außen-HK in Jakarta/ Tunesien, 1993-94 Gschf. Recht d. IHK Plauen, 1994-97 RA in Kzl. Dr. Rödl & Partner in Nürnberg u. Plauen, seit 1977 selbst., Grdg. d. eigenen Kzl. gemeinsam m. Ehefrau. BL.: Teilnehmer Marathonlauf Stuttgart. M.: stellv. Vors. SPD Spitzenver. Plauen, TC 09 Plauen. H.: Marathonlauf, Fahrradfahren, Tennis, Lesen, Kunst u. Kultur.

Bittmann Reinhild Anna Dipl.-Psych.
B.: Psychotherapeutin. FN.: Therapiezentrum f. Frauen. DA.: 10824 Berlin, Kufsteiner Str. 16. PA.: 14163 Berlin, Zinsweiler Weg 11. G.: 18. Juni 1940. El.: Werner u. Aline Bittmann. S.: 1956-58 Hauswirtschaftsschule, 1958-61 Lehre als Ind.-Kfm., 1961-63 England, 1963-64 Frankreich, 1969 Abitur, 1969-75 Psych.-Stud. K.: 1975-80 Jugend WG betreut, 1975-2001 Psychosoz. Bewegung f. Frauen aufgebaut, 1980 selbst. H.: Klavier spielen, Lesen.

Bittner Dietmar Dr.-Ing. *)

Bittner Georg *)

Bittner Götz *)

Bittner Günther

B.: Dipl. Betriebsökonom, Gschf. FN.: GIA Ges. f. Informationstechnik u. Automation mbH, c/o Business Exchange. DA.: 80637 München, Landshuter Allee 10. vertrieb@gia-it.de. www.gia-it.de. G.: Geislingen/Stg., 23. Juni 1950. V.: Ulla, geb. Seidel. Ki.: Marcella (1968). S.: 1969-71 Stud. DIFAD Dt. Inst. f. angew. DV Hamburg, Wirtschaftsinform. K.: 1972-81 Software-Entwickler u. Organisator in div. nat./intern. Unternehmen, parallel Stud. am Inst. f. Wirtschaftswiss. in Weil/Rhein, Dipl. Betriebsökonom, ab 1981 freiberufl. tätig in d. IT-Branche u.a. IBM Deutschland, 1987 Grdg. d. Firma GIA GmbH System- u. Softwarehaus, 1996 Grdg. d. Firma EDIMMO Consulting GmbH München, zw. 1996-2001 Beteilig. an div. Unternehmen; Bittner G. kann als Manager u. Entwickler auf eine umfangr. Karriere in d. IT-Branche zurückbl. P.: Buchautor d. entst. Romans Present Perfect. H.: Reisen, Italien, Lesen.

Bittner Hans-Georg Dr. Dipl.-Ing.
B.: Gschf., General Manager. FN.: Wärmetechnik Heimsoth GmbH & Co KG. DA.: 31134 Hildesheim, Schützenallee 41. G.: Göttingen, 23. Jan. 1956. V.: Christa, geb. Scharberth. Ki.: Jan Philipp (1994), Dana (1997). S.: 1976 Abitur Dassel, 1976-77 Wehrdienst, 1977-78 Ind.-Praktikum, 1978-84 Stud. TU Clausthal, Dipl.-Ing. Hüttenwesen, 1989 Prom. z. Dr.-Ing. 1984-90 wiss. Ang. am Inst. f. Energieverfahrenstechnik d. TU Clausthal, Schwerpunkte: Bearb. v. Forsch.-Vorhaben im Bereich Hochofenverfahren, Grundlagenuntersuchung v. Wärmebehandlungsanlagen, Optimierung u. Bewertung im Rahmen f. Ind.-Gutachten, Durchführung v. Übungen u. Vorlesungsvertretungen sowie Studienberatung im Bereich d. Lehre, 1990-96 Ltr. Forsch. u. Entwicklung d. Heimsoth Gruppe, 1991-92 Gesamtprokura, 1992-95 Gschf. Ltr. Forsch. u. Entwicklung d. Heimsoth Gruppe, seit 1992 alleinvertretungsberechtigter Gschf. d. Wärmetechnik Heimsoth GmbH & Co KG Hildesheim, seit 1993 Lehrauftrag an d. TU Bergak. Freiberg, 1993 Doz. an d. Techn. Ak. Wuppertal e.V., seit 1994 Schriftltr. d. Fachzeitschrift "Gaswärme" Intern., seit 1996 Vorst. d. FOGI. BL.: Erfinder zahlr. Patente. P.: 75 Veröff. in d. jeweiligen Fachzeitschriften, Buch "Wärmebehandlungsanlagen u. -öfen" (1987), "Kokseinsparung durch Einblasen v. Ersatzbrennstoffen, durch Windtemperaturerhöhung u. durch Sauerstoffanreicherung am Beispiel d. Hochofenverfahrens" (1989), Mitautor "VDI Lexikon Energietechnik" (1994), "Vollautomatisches u. verzugsfreies Härten v. Flachprodukten Stahl" (1995), "Kontinnierl. Kurzzeitanlassen in einer gasbeheizten Anlaßmaschine" (1997), "Umweltbewußtes Härten v. Stahl mittels Schnellkühlung im Düsenfeld oder in Hochgeschwindigkeitshärtepressen" (1995), 35 Vorträge auf Fachtagungen. H.: Familie, Sport.

Bittner Helmut *)

Bittner Helmut Dr. med.
B.: Prakt. Arzt, FA f. Chir. DA.: 05105 Leipzig, Feuerbachstr. 12. PA.: 04299 Leipzig, Sonnenwinkel 64. G.: Hirschwaldau, 7. Juni 1938. Ki.: Thomas (1965), Susanne (1969), Antje (1981). El.: Wilhelm u. Agnes, geb. Kutscha. S.: 1957 Abitur Taucha, 1957-58 Lehre Lokschlosser RAW Engelsdorf, 1958 Stud. Med. Univ. Leipzig, 1964 Dipl.-med. u. Staatsexamen, 1964 Prom., 1970-75 FA-Ausbild. Chir. Univ. Leipzig. K.: 1964-70 Ass., Hausarzt u. prakt. Arzt in Halderslehen u. Magdeburg, 1970-91 FA f. Chir. u. ambulante Operationen u. Stationsarzt in d. Poliklinik, 1990 BetriebsR. d. Univ., seit 1991 ndlg. FA f. Chir. m. Schwerpunkt ambulante Chir., ambulante Krampfaderchir. u.a.m. P.: Dipl.-Arb., Prom., Veröff. z. Thema ambulante Chir., über 20 Vorträge. H.: Beruf.

Bittner Josef *)

Bittner Karin *)

Bittner Karl-Heinz *)

Bittner Klaus Dipl.-Vw.
B.: Wirtschaftsprüfer, Steuerberater. DA.: 21465 Reinbek, Bergstr. 7. PA.: 22958 Kuddewörde, Langenstücken 3. G.: Dortmund, 22. Apr. 1946. V.: Ingeborg, geb. Schneider. Ki.: Sonja (1976), Vera (1978). El.: Alfons u. Grete. S.: 1960-63 Lehre z. Ind.-Kfm. in d. Stahlindustrie, 1963-66 Berufsaufbauschule, Abschluß Fachschulreife, 1966-68 Westfalen-Kolleg Dortmund, Abschluß Abitur, 1968-70 Stud. Wirtschaftswiss. Bochum, 1971-74 Stud. Vw. Kiel, Abschluß Dipl.-Vw. K.: 1974-75 Interne Revision in d. Mineralölwirtschaft, 1975-80 Revisor in einer Wirtschaftsprüfungsges., 1980 Steuerberaterexamen, 1980-82 eigene Praxis, 1982 Wirtschaftsprüferexamen, seit 1982 eigene Wirtschaftsprüferpraxis. BL.: div. Gutachten f. d. Bundesanst. F.: 1993 Mitgschf. Ges. Context Treuhand GmbH Wirtschaftsprüf.-Ges. Hannover. P.: div. Vorträge u. Lehrtätigkeit in d. Bereichen EDV, Math., Kostenrechnung, Betriebswirtschaft, Stichprobeninventur, Buchführung, Controlling f. versch. Unternehmen, Inst. u. Bild.-Einrichtungen seit 1983. M.: IDW, DGOR, VSW e.V., Übersee Club Hamburg, CDU WirtschaftsR., Golf Club Großensee. H.: Golf, Literatur.

Bittner Klaus *)

*) Biographie www.whoiswho-verlag.ch oder beigefügte CD-ROM

Bittner Ludger Reinhard *)

Bittner Roland Alexander *)

Bittner Simmet Magda *)

Bittorf-Rollenhagen Lucia Dr. med.

B.: FA f. Innere Med. u. Nephrologie. FN.: Dialysepraxis Britz. DA.: 12347 Berlin, Mohriner Allee 67. info@dialyse-britz.de. www.dialyse-britz.de. G.: Dermbach/Rhön, 1. Mai 1961. V.: Dr. med. André Rollenhagen. El.: Lothar u. Elisabeth. S.: 1979 Abitur Bad Liebenstein, 1979-81 Vorpraktikum im Kreiskrankenhaus Bad Salzungen, 1981-87 Stud. Humanmed. an d. Univ. Leipzig, Diplommediziner. K.: 1987-96 FA-Ausbildung am St. Hedwig-Krankenhaus Berlin, 1989 Prom., 1992 FA f. Innere Med., 1995 Subspezialisierung Nephrologie, 1991-96 Aufbau einer Dialyse-Abteilung im St. Hedwig-Kreiskrankenhaus in Berlin, 1996 Nephrologin in einer Dialysepraxis in Potsdam/Babelsberg, 1997 selbständig in d. Praxisgemeinschaft Britz, seit 1999 Gemeinschaftspraxis m. Prof. Dr. med. Richard Schmicker - Dialysepraxis Britz, zusätzl. Spezialisierung: Ultraschall u. Psychosomatik. P.: Dipl.-Arbeit: "Vergleichende histophotometrische Myosin-ATPase-Bestimmungen am rechten u. linken Herzventrikel b. Wistar-Ratten", Diss.: "Histophotometrische Enzymaktivitätsbestimmungen am rechten u. linken Herzventrikel v. Wistarratten sowie gesunden Goldhamstern u. Goldhamstern d. Stammes BIO 8262 m. hereditärer Myopathie versch. Altersstufen". M.: Berufsverband d. Internisten, Dt. Ges. f. Innere Med., Berlin-Brandenburgische Ges., Dt. Ges. f. Nephrologie. H.: Golf, Natur, Wandern.

Bittwald Konrad

B.: Gschf. FN.: ERNITEC GmbH. DA.: 22145 Stapelfeld, Stormarnring 28. PA.: 22145 Hamburg, Heinrich-Ruge-Str. 9. G.: Heiligenbeil, 22. Sep. 1943. V.: Angela, geborene Niemann. Ki.: Jörg (1967), Britta (1968). S.: 1960 Mittlere Reife, 1960-63 Ausbild. z. Radio- u. Fernsehtechniker. K.: 1963-66 Techniker, 1966 Meisterprüf., 1966-94 verschiedene ltd. Tätigkeiten im Fachhdl. Unterhaltenselektronik, Prüf. u. Gesellenprüf. im Radio- u. Fernsehtechn. Handwerk, seit 1994 Gschf. ERNITEC GmbH Stapelfeld. H.: Technik allg., Motorradfahren.

Bitz Claudia Maria Dr. med. dent. *)

Bitz Michael Dr. rer. oec. Dipl.-Kfm. Univ.-Prof. *)

Bitzer Claus *)

Biwer Günther *)

Bizimana Nsekuye Dr. med. vet. *)

Blaas Heinrich *)

Blaas Wilhelm Dipl.-Psych. *)

Blacha Kathrin
B.: Sport- u. Gymnastiklehrerin, Handballerin, Nationalteam-Spielerin. FN.: c/o TSV Bayer Leverkusen. DA.: 51373 Leverkusen, Tannenbergstr. 57. G.: Marbach/Neckar, 23. Okt. 1970. K.: 116 Länderspiele, 202 Länderspieltore, 1995 Länderspiel-Debüt in Bratislava gegen Schweden, Stationen: VfL Neckargartach, TV Lützellinden, seit 1996 TSV 04 Bayer Leverkusen, sportl. Erfolge: 5. Pl. WM 1995, 3. Pl. WM 1997, 4. Pl. EM 1996, 1993 Europapokalsieger m. d. TV Lützellinden, 1993 Dt. Meister m. d. TV Lützellinden, 1996 Europapokalsieger m. d. TV Lützellinden, 138 Länderspiele / 261 Tore, Athletensprecherin. H.: Brunchen, Canyoning, Krimis.

Blache Viola Dipl.-Ing. *)

Blachetta Peter *)

Blachian Heinz *)

Blachnik Gabriele *)

Blachnik Roger Dr. Prof.
B.: o.Prof. FN.: Univ. Osnabrück. DA.: 49076 Osnabrück, Barbarastr. 7. PA.: 57234 Wilnsdorf, Klosterstr. 7. G.: Schwerin, 26. Sept. 1936. V.: Marli, geb. Höhenberger. Ki.: Barbi, Bina. S.: 1956 Abitur, 1962 Dipl.Chem., 1967 Prom. K.: 1968 Post-Doc G.B., 1973 Habil., 1974 Univ.Doz., 1975 WissR. u. Prof. Univ. GH Siegen, 1983 o.Prof. Univ. Osnabrück. P.: über 250 Aufsätze in chem. Zeitschriften, Hrsg. D'Ans-Lax.

Blachny Matt

B.: Designer. FN.: Signaffair. DA.: 10119 Berlin, Zionskirchstr. 22. blachny@signaffair.de. www.signaffair.de. G.: Stuttgart, 3. Feb. 1965. Ki.: 2 Kinder. S.: 1983 Abitur, 1983-85 Zivildienst, 1986-96 Stud. Psych., BWL, visuelle Kommunikation an d. HdK Berlin, Examen Dipl.-Designer. K.: ab 1996 freiberufliche Tätigkeit, 1997 Imageentwicklung f. Corporate Design f. Stiftung Warentest, ab 1998 Gldg. Ufa, Bereich Graf. Ausstattung f. "Gute Zeiten, Schlechte Zeiten", 2000 Betreuung "Berliner Zeitung" im Bereich Eigenanzeigen, div. CI-Entwicklungen f. versch. Unternehmen, Dt. KH-Ges., versch. KH. H.: Ästhetik, Geschichte.

Blachowski Jesse
B.: RA. DA.: 03046 Cottbus, Ostrower Wohnpark 2. jesse@blachowski.de. www.ra-blachowski.de. G.: Königswusterhausen, 26. Okt. 1972. S.: 1991 Abitur Königswusterhausen, 1991-92 Armee, 1992-97 Stud. Rechtswiss. u. 1. Staatsexamen Potsdam, 1999 2. Staatsexamen. K.: 1997-99 Referendarausbildung (u.a. in Wien), 1999 Zulassung als RA, selbst. Anw., Tätigkeitsschwerpunkt: Kapitalanlagerecht. P.: Fachart. f. Fachzeitschriften u. Tagespresse. M.: Anw.-Ver. Cottbus, Ver. dt. Bausparer u. vermögensbildender Arbeitnehmer e.V., Intern. Motivgruppe Olympiade u. Sport, in Forsch.-Gemeinschaft Absenderfreistempel e.V., Dt. Sportclub f. Fußballstatistik e.V. H.: Briefmarken, Fußballstatistik.

*) Biographie www.whoiswho-verlag.ch oder beigefügte CD-ROM

Black

Black Donald J.D.
B.: Rechtsbeistand f. US-Recht in Hamburg u. amerik. Anwalt in USA, HS-Doz. in FU Berlin, Humboldt-Univ. zu Berlin. PA.: 10369 Berlin, Herbert-Tschäpe-Str. 20. G.: Portland/Oregon, USA, 20. Aug. 1952. S.: Western State Univ. School of Law, Fullerton, Kalifornien: 1982 amerik. juris doctor, Portland State Univ. Portland/Oregon, 1976 Bakkalareus d. phil. Fak. 1976. K.: 1983-86 amerik. RA Lake County Indiana (Chicago), 1986-94 freiberufl. Rechtsbeistand f. US-Recht (Auslandsanw.) Hamburg, 1995-2000 Engl.-Doz. f. Rechts- u. Wirtschaftswiss. Univ. Hannover, 2000-2002 Univ.-Doz. f. US-Wirtschaftsrecht u. angloamerikanische Rechtsmethodik in Berlin. P.: Bücher: Black's Legal Reader (1998/2000), The Art of Legal Reasoning, Black/Eggs (2002), diverse Vorträge u. Aufsätze, 1998 Veröff. im "Int. Who's Who of Professionals". M.: 1990-93 Vors. d. Ausländ. Anwaltsverein Deutschland e.V. in Hamburg, Mtgl. d. American Bar Association in Chicago, Mtgl. Amerikanische Handelskammer in Deutschland. H.: Schwimmen, Radfahren, Reisen.

Black Peter
B.: Botschafter v. Jamaika. DA.: 53177 Bonn, Am Kreuter 1. info@jamaican-embassy-berlin.de. G.: Kingston/Jamaika, 27. Juni 1948. V.: Barbara, geb. Williams. Ki.: Emma (1979), Benjamin (1981), Nicholas (1985). El.: Verner u. Dorothy, geb. Collins. S.: 1965-68 Stud. Geschichte u. Wirtschaft, B.A., 1969-70 New College Univ. of Oxford/England, Dipl. K.: seit 1968 Zugehörigkeit z. Außenmin., 1968 Eintritt ins Außenmin., 1970-72 3. Sekr. b. Jamaican High Commission in London, 1972-73 2. Sekr. b. d. Ständigen Vertretung b. d. UNO in Genf, b. GATT u. UNCTAD, 1973-75 1. Sekr. u. stellv. Missionschef in Paris, 1975-78 stellv. Dir. d. polit. Abt. im Außenmin., 1978-83 Gesandter Botschaft Bonn, 1983-87 Missionschef in Moskau, 1987-89 Dir. d. Protokolls u. Konsularwesen, 1989-92 Dir. d. Büros d. Premiermin., 1990-92 daneben non-resident Botschafter in Cuba, seit 1992 Botschafter in Deutschland. P.: Veröff. in Zeitschriften im Karibikraum u. dt. Fernsehen. E.: Chevalier of the Grand Cross of the Order St. Gregory the Great d. Heiligen Stuhls. M.: Tennisclub TV Eiche in Bad Honnef, Presseclub Rolandseck. H.: Literatur, Tennis, Musik, Theater.

Black Stanley M.Sc. Arch. *)

Black Waltraut Marga
B.: Unternehmerin, Geschäftsinh. FN.: Helen Black Couture Second Hand. DA.: 68161 Mannheim, M 7, 11. G.: Frankfurt/Main, 25. Sep. 1946. V.: Heinz-Peter Black. El.: Carl u. Gisela Kern. S.: 1957-61 Mittelschule in Hofheim/Taunus, 1961-63 Höhere Handelsschule in Westzingen, 1970 Abendakad. (Chefsekretärin). K.: 1963-83 Vers. in Mannheim, Chefsekr. in Finanzierungsbüros u. Baufirmen, 1982-85 nebenberufl. Entwurf, Herstellung, Groß- u. Einzelhandel v. Strickwaren, seit 1984 selbst., Grdg. Helen Black Couture Second Hand. M.: Turnver., Jazztanzgruppe Mannheim. H.: Tanzen, Wandern, gepflegte Eßkultur.

Blackert Wolfgang
B.: Betriebswirt, Gschf. FN.: Freusch Fleischhds. GmbH. PA.: 25421 Pinneberg, Beim Ratsberg 16. G.: Essen-Kray, 31. Mai 1937. V.: Brigitte, geb. Riegel. Ki.: Petra (1960), Christine (1961). El.: Alfred u. Hilde. S.: 1952-55 Ausbild. z. Maschinenschlosser, 1956-62 Ausbild. z. Düsenjägerpilot u.a. in d. USA u. Kanada, anschl. Pilot b. d. Bundesluftwaffe, 1974-78 Stud. Betriebswirtschaft. K.: 1963-79 Vertr. Tätigkeit b. d. Firma Raffay in Hamburg als Automobilverkäufer u. zuletzt als Verkaufsltr., seit 1980 Gschf. d. Firma Kreusch Fleischhdls. GmbH Hamburg. E.: 5 Ehrennadeln in Gold mit Brillianten. H.: Züchter Holst. Springpferde, International erfolgreich: Samos, Cantus Cheyenne, Kalina B.

Blackholm Heinz Dr. med. Dr. rer. nat.

B.: Dipl.-Chem., FA f. Laboratoriumsdiagnostik. DA.: 74072 Heilbronn, Kaiserstr. 1. PA.: 74072 Heilbronn, Nürnberger Str. 54. drblackholm@emails.de. G.: Güglingen, 8. Sep. 1949. El.: Helmut u. Eleonore. S.: 1969 Abitur, 1970-75 Chemiestud. TU Clausthal, Univ. Marburg u. Heidelberg, 1975 Dipl.-Chem., 1979 Prom. z. Dr. rer. nat., 1975-80 Med.-Stud. Univ. Heidelberg, 1980 2. Ärztl. Prüf., 1981 3. Ärztl. Prüf., 1981 Prom. z. Dr. med. K.: 1982-87 Weiterbild. z. FA f. Labormed., seit 1987 ndlg. als FA f. Labormed. in Heilbronn. M.: Golfclub, Safariclub, Dt. Hubschrauberclub. H.: Golf, Fliegen, Jagd.

Blaes Alain Richard
B.: Gschf. Ges. FN.: PR-COM * Agentur f. Public Relations u. Kommunikation GmbH. DA.: 80331 München, Sonnenstr. 25. G.: Forbach, 20. Juli 1959. V.: Monika, geb. Nolte. El.: Richard u. Marguerite, geb. Genevaux. S.: 1977 Abitur, b. 1979 Stud. Physik Univ. de Nancy. K.: 1980-83 Volontariat u. Redakteur bei Markt & Technik-Verlag, 1983-85 freiberufl. Journalist u. Deutschlandkorrespondent v. Dasamation in d. USA, 1985-89 Chefredakteuur d. "CE-Magazin" in Landsberg/Lech, 1990 Grdg. d. PR-COM Agentur m. Schwerpunkt PR f. IT u. EDV-Unternehmen. H.: Sport, Segeln, Klettern, Radfahren, Oper, Weine.

Blaeser Bernfried Dr. med. *)

Blaeser Norbert *)

Blaeßius Jörg *)

Blahusch Friedrich Prof. *)

Blaich Angelika *)

Blaich Jürgen Dr. Prof. *)

Blaich Walter *)

Blaich-Gewert Frank Dr. med.
B.: Arzt f. Neurologie u. Psychiatrie, Psychotherapie in eigener Praxis. GT.: Doz. Nürnberger Weiterbildungskreis f. Psychotherapie. DA.: 90489 Nürnberg, Kesslerpl. 15. G.: Köln, 13. Nov. 1957. V.: Rayka, geb. Gewert. Ki.: Lorenz (1996), Vincent (2000). El.: Fritz u. Adelheid. S.: 1976 Abitur in Ingelheim, 1976-83 Stud. Humanmedizin Univ. Mainz u. Würzburg, 1983 Approb., 1984 Prom. Dr. med. K.: 1983-85 Ass.-Arzt im Kreis-KH Ochsenfurt, 1985 Ass. Praxis der Stubenrauch in Hofheim, 1985-86 Ass.-Arzt im Kreis-KH Bad Königshofen Abt. Chirurgie, seit 1986 Psychodrama-Ausbildung am Moreno-Inst., 1986-88 Ass.-Arzt Neurologische Klinik Rummelsberg, 1988-89 Psychiatrische Klinik Klinikum Nürnberg Nord, 1990 Bezirks-KH Ansbach, 1991 Neurologische Klinik Klinikum Nürnberg Nord u. Abschluss FA f. Neurologie u. Psychiatrie München, 1992-93 Anerkennung Zusatzbezeichnung Psychotherapie, Psychiatrische Klinik Nürnberg, 1993 Abschluss als Psychodrama-Ltr., seit 1993 eigene Praxis in Nürnberg. M.: IPPNW Ärzte gegen d. Atomkrieg in Deutschland. H.: Musik - spielt Klavier, Wandern, Reisen, Familienleben.

Blanc Marion *)

Blanck Axel

B.: Vers.-Kaufmann, Kompl., Gschf. FN.: Blanck Immobilien KG. DA.: 21360 Vögelsen, Mohnweg 2. G.: Lüneburg, 14. März 1949. V.: Angelika, geb. Lorkowski. Ki.: Nadine (1976), Timo (1980). S.: 1968 Wirtschaftsabitur Hamburg, 1969-70 Wehrdienst b. Bundesgrenzschutz, b. 1972 Lehre z. Vers.-Kfm. b. d. Albingia Vers. in Hannover. K.: 1973 ang. in der Albingia Vers.-Agentur d. Vaters in Lüneburg, 1974 Übernahme einer Albingia Agentur in Munster, 1974 d. Agentur d. Vaters zusätzl. übernommen, 1990 Bezug d. neuen Geschäftsräume in Vögelsen, 1990 Grdg. d. Blanck Immobilien KG in Vögelsen u. Abgabe d. Filiale in Munster. F.: Generalagentur Albingia-Blanck. M.: BVK, TC Vögelsen. H.: Reiten, Skifahren, Tennis, Modelleisenbahn.

Blanck Jürgen *)

Blanck Klaus-Jürgen Dr. *)

Blanck Olaf Dipl.-Ing. *)

Blanck Werner *)

von Blanckart Clemens *)

von Blanckenburg Peter Dr. agr. Prof.

B.: o.Prof. f. Sozialökonomie d. Agrarentwicklung. FN.: TU Berlin. PA.: 12165 Berlin, Lepsiusstr. 112 A. G.: Kardemin, 2. Juli 1921. V.: Esther, geb. Wilms. Ki.: Henning, Friedhelm, Ines, Dietrich, Jürgen. BV.: Urgroßvater Leopold v. Ranke - Historiker. S.: 198 Abitur Templin, 1938 Reichsarb.-Dienst, 1938-45 Soldat - Oblt. d. Res., 1947-50 Stud. Ldw. Göttingen, 1950 Dipl.-Landwirt, 1952 Prom. K.: 1953-61 Ass. an d. Univ. Göttingen, 1959 Habil., 1961-62 Experte f. d. UNESCO in Nigeria, 1963-64 Experte f. d. ILO in Ägypten, ab 1964 Prof. an d. TU Berlin, 1964-86 Dir. am Inst. f. Sozialökonomie d. Agrarentwicklung, 1970-71 Forsch.-J. in Indien u. 1979-80 in Sri Lanka, 1989-91 DAAD-Gastdoz. in Simbabwe als Lehrkraft u. Forsch.-Aufgaben, 1986 Eremitierung, glz. ab 1985 Gutachter f. d. Welthungerhilfe. P.: Mithrsg. d. Quaterly Journal of Intern. Agriculture (1965-2000), Bücher: "Einführung in d. Agrarsoz." (1962), "Handbuch d. Ldw. u. Ernährung in d. Entwicklungsländern", "Die Welternährung" (1986), "Large Commercial Farmers and Land reform in Africa" (1994).

Blanco Alvaro Dr. *)

Blanco Roberto

B.: Sänger, Entertainer. PA.: 81827 München, Waldschulstr. 71. G.: Tunis, 7. Juni 1937. V.: Mireille, geb. Beuret. Ki.: Mercedes, Patricia. El.: Alfonso Zerquera u. Mercedes Blanco. S.: abgebrochenes Med.-Stud. K.: seit 1956 im Showgeschäft, Tournee-Ensemble v. Josephine Baker, lebt seit 1957 in Deutschland, wurde 1969 m. seinem Lied "Heute so, morgen so" Gewinner d. dt. Schlagerfestivals, wirkte in Filmen u. Fernsehspielen mit, eigene TV-Show, 1980 Moderator d. TV-Unterhaltungssendungen "Noten f. zwei", Titel: "Las Vegas", "Amarillo", "Der Puppenspieler v. Mexiko", "Ein bißchen Spaß muß sein", "Samba si, Arbeit no!", "Resi bring Bier", 2000 TV: 4x Moderation "Festival des Deutschen Schlagers" ARD, "Ein Abend mit Roberto", "Baden-Badener Roulette", Hit: "born to be alive", u.a. P.: 1999 Meine Vitalgeheimnisse.

Blank Dieter *)

Blank Felix

B.: Schmied, Gschf. Ges. FN.: Autohaus Blank. DA.: 30989 Gehrden-Ditterke, Böschstr. 1. G.: Pommern, 11. Dez. 1937. V.: Christine, geb. Langer. Ki.: Torsten, Markus, Tobias. El.: Josef u. Anna, geb. Meier. S.: 1945 Kriegszeit, 1946 Vertriebener, 1951 Lehre zum Schmied in Ditterke/Gehrden in d. väterl. Schmiede, 1953 Abschluss z. Schmiedegesellen. K.: Schmied, Neubau u. Übernahme d. Schmiede nach Tod d. Vaters, 1964 Umstieg u. Eröff. eines Autohauses gemeinsam m. Kfz-Mechanikermeister Klaus Blank, 1967 Fiat Unterhändler, 1977 Fiat u. Lancia Vertriebshändler, seit 2001 zusätzl. Alfa Romeo Vertriebshändler. P.: ständige Veröff. in d. Presse. E.: div. Auszeichnungen u.a. als 2. bester Fiathändler deutschlandweit "Top-Partner 2001 Preis" d. Fiat-Automobil AG gewonnen (2001), "Kunde ist König" Preis. M.: Sportverein Ditterke/Everloh, Feuerwehr Ditterke, Schützenverein Gehrden O.V.R. H.: Schießen, Angeln, Ausgehen, Vereinsleben, Beruf.

Blank Hajo *)

Blank Herbert B. *)

Blank Ilse *)

Blank Jarka *)

Blank Johann Peter Dipl.-Ing. *)

Blank Joseph-Theodor Dr. iur.

B.: RA, MdB, Lehrbeauftr. f. Staatsrecht an d. FH f öffentl. Verw. NRW Düsseldorf. DA.: 11011 Berlin, Platz d. Republik 1. G.: Lüdenscheid, 19. März 1947. V.: Gisela, geb. Bernhard. Ki.: Christoph (1977). BV.: Theodor Blank, Bundesmin. S.: 1966 Abitur Düsseldorf, 1966-71 Jus-Stud. in Köln, 1971 1 u. 1976 2. Staatsprüf.,1974 Prom. in Köln. K.: 1972-75 wiss. Ass., 1976-78 Ref. b. dt. Städte- u. Gemeindebund Düsseldorf, 1978-83 Beigeordneter d.dt. Städte- u. Gemeindebundes, s. 1977 Lehrbeauftr. f. Staatsrecht, s. 1983 RA, s. 1983 MdB, 1983-86 Mtgl. d. Präs. d. dt. Städte- u. Gemeindebundes, s. 1983 Präs. d. Ges. f. Freizeit, s. 1990 Landesvors. d. THW Helfever. NRW, s. 1986 Mtgl. d. Landesvorst. d. CDU NRW, s. 1991 stellv. reg.polit. Sprecher d. CDU-CSU Bundestagsfrakt. P.: zahlr. Veröff. zu jurist. u. polit. Themen. E.: BVK am Bande. H.: Sport, Joggen, Segeln, Tennis. (Re)

Blank Manfred L. H.
Dr. med. Univ.-Prof. a.D. Prof. h.c. mult. *)

*) Biographie www.whoiswho-verlag.ch oder beigefügte CD-ROM

Blank Peter
B.: Profi-Leichtathlet (Speerwurf). PA.: 60386 Frankfurt, Rodbertusstr. 29. G.: Frankfurt, 10. Apr. 1962. S.: Stud. d. Informatik. K.: Disziplin: Speerwurf, 1988 DM/1., 1990 DM/1., 1991 EC/3., WM-Teilnahme, 1993 WM-Teilnahme, 1994 DM /2., 1996 DM/2., Olympiade/9., 1997 DM/2., 1998 EM/7., 1999 WM-Teilnahme, derz. Verein: Eintracht Frankfurt (s. 1995).

Blank Reinhard Dipl.-Wirtschaftsing. (FH) *)

Blank Renate
B.: Einzelhändlerin, MdB. FN.: Deutscher Bundestag. DA.: 11011 Berlin, Platz d. Republik 1. PA.: 90451 Nürnberg, Castellstr. 25. G.: Nürnberg, 8. Aug. 1941. V.: Günther. Ki.: Markus (1969), Christian (1972). S.: Gymn. K.: Bankang., Hausfrau, seit 1976 selbst. Einzelhändlerin d. Textilbranche, Arbeitgeber, Mtgl. d. Vollversammlung d. IHK Nürnberg, Mtgl. d. Einzelhdls.-Verb., Delegierte z. Bayer. Landesverb. u. Delegierte z. HDE, Arbeitgebervertreter in d. Berufsgen. d. Einzelhdls., Grdg.-Mtgl. Design-Forum Nürnberg e.V., Mtgl. Opern- u. Konzertfreunde Nürnberg e.V., seit 1974 Mtgl. CSU, Mtgl. im Orts-, Kreis- u. Bez.-Vorst., stellv. Bez.-Vors. d. Arge Mittelstand Bez.-Verb. Nürnberg-Fürth, Schatzmstr. AG Mittelstand Bayern, stellv. Kreisvors. Frauen-Union, 1984-90 StadtR. in Nürnberg, seit 1990 MdB. H.: Lesen. (Re)

Blank Thomas Dr. rer. oec. Dipl.-Vw. *)

Blank Thomas *)

Blank Ulrich *)

Blank Ulrike Dipl.-Ing.

B.: Landschaftsarchitektin. DA.: 55411 Bingen, Im Bangert 30. ulrike.blank@t-online.de. G.: Bingen/Rhein., 17. Juli 1967. El.: Karl-Heinz u. Gisela Haas, geb. Görres. S.: 1987 Abitur Bingen, 1987-90 Lehre als Landschaftsgärtnerin, 1990-92 Tätigkeit im Gartenbau in Mainz, 1992-97 Stud. an d. FH Weihenstephan, 1997 Dipl. K.: ab 1997 freie Mitarb. b. d. agsta-Arbeitsgruppe Stadt- u. Umweltplaung, seit d. 7. Lebensjahr Leichtathletik, u. seit d. 8. Lebensjahr Langstreckenlaufen,
m. 25 J. Beginn d. Triathlon, 1994 Mtgl. d. Bayernkader, 1995-98 B-Kader Dt. Triathlon Union, 1999 erstmals Iron-Man auf Hawaii, 1996-98 Mtgl. d. Triathlon Union Deutschland olymp. Distanz Betreuung durch IHT Leipzig, seit 1996 Training am Olympiastützpunkt Saarbrücken b. Berd Koen, Wolfgang Thiel u. während d. Kaderzugehörigeit Stephan Große, 1996 Dt. Meisterin, Duathlon, 1996 Europa Meisterschaft Duathlon, 1998 X-Terra World Championchip, MTB-Triathlon, 1999 Saarländische Meisterin, Triathlon, 1999 Dt. Vizemeisterin Winter-Tritathlon, 1999 Ironman, Hawaii, 1999 Ironman / X-Terra-Kombination, 2000 Weltmeisterschaft Wintertriathlon, 2000 Weltmeisterin Wintertriathlon Mannschaft. H.: Sport, Gartenarch., Mountainbike-Triathlon.

Blankart Charles Beat Dr. Prof. *)

Blanke Bernhard Dr. Prof.
B.: Inst.-Ltr. FN.: Inst. f. Polit. Wiss. Univ. Hannover. DA.: 30167 Hannover, Im Moore 13. PA.: 30449 Hannover, Teichstr. 15. G.: Stuttgart, 8. März 1941. V.: Judith, geb. Jungfels.

Ki.: Julian (1988), Jakob (1990). S.: 1961 Abitur Eßlingen, 1961-62 Stud. Phil. u. Rechtswiss. Tübingen, 1962-67 Stud. Politikwiss. u. Soz. FU Berlin, 1967 Dipl.-Politologe, Otto-Suhr-Inst. K.: 1968-69 Gschf. Redakteur d. Zeitschrift FUTURUM, 1969-74 Mitarb. an d. Reform d. Univ. u. d. Stud., 1969-74 Stud. Geschichte u. VWL FU Berlin, 1969-74 wiss. Ass. am Fachbereich Polit. Wiss. d. FU Berlin, 1975 Prom. z. Dr. rer. pol., 1975 AkR. am Seminar f. Wiss. v. d. Politik TU Hannover, 1978 Habil., 1982 apl.Prof., seit 1982 Prof. Inst. f. Polit. Wiss. Univ. Hannover, 1984 Berater am Wiss.-Zentrum Gesundheitssystemforsch. P.: Kapitalismus, Faschismus u. Demokratie (1965), The Relationship between the Political and the Economic as a Point of Departure for a Materialistic Analysis of the Bourgeois State (1976), Sozialdemokratie u. Ges.-Krise, Hypothesen zu einer sozialwiss. Reformismustheorie (1978), Großstadt u. Arbeitslosigkeit (1987), Arbeitsmarkt, Arbeitsbeziehungen u. Politik in d. 80er J. (1987), Krankheit u. Gemeinwohl. Gesundheitspolitik zwischen Staat, Sozialvers. u. Med. (1994), Handwörterbuch z. Verwaltungsreform (1996). H.: Kochen, Wassersport.

Blanke Dieter Dr. jur.

B.: Syndikus-RA u. Gschf. FN.: Elektrizitätswerk Minden-Ravensberg GmbH; Gemeinschaftskraftwerk Weser GmbH. DA.: 32457 Porta Westfalica, Möllberger Str. 387. PA.: 32049 Herford, Gartenstr. 10. G.: Herford, 27. Apr. 1940. V.: Ute, geb. Neuroth. Ki.: Kai Uwe (1972), Jens (1974), Dirk (1978). S.: 1959 Abitur, 1959-64 Stud. Rechtswiss., 1. Staatsexamen, 1967 Prom., 1965-68 Referendariat u. 2. Staatsexamen. K.:
1969-74 tätig in d. Oberfinanz-Dion. u. d. Finanzverw. Bremen, Bestellung z. Bmtn. u. ORegR., seit 1974 Prok. d. EW Minden-Ravensberg, seit 1996 zusätzl. Gschf. d. Gemeinschaftskraftwerk Weser GmbH. E.: Landesmeister in Bremen u. Westfalen im Tennis. H.: Tennis.

Blanke Edzard Dr. jur. *)

Blanke Heiko *)

Blanke Lothar Dipl.-Ing.
B.: Dipl.-Ing. f. Elektron. Bauelemente, Gschf. Ges. FN.: Andorit GmbH. DA.: 06632 Freyburg/Unstrut, Laucharer Str. 17/ 18. post@andorit.de. www.andorit.de. G.: Balgstädt, 22. Juni 1950. V.: Heidi, geb. Hahne. Ki.: Henning (1977), Stephan (1980). S.: Mittlere Reife, Lehre u. d. BMSR-Mechaniker, 1969-74 Stud. Elektron. Bauelemente, Dipl.-Ing. K.: 1974-77 Technologe Meß- u. Reglerwerk Teltow, 1977-92 Technologe u. Betriebsstellenltr., s. 1992 Gründer u. Gschf. ges. d. o.g. Firma, Gehäuse u. Formteile aus Polyurethan. E.: Euronorm EN 9001. M.: GemR. Balgstädt, SV Balgstädt. H.: Haus u. Garten.

Blanke Werner *)

Blankenbach Sabine *)

Blankenberg Sandra

B.: Gastronomin, Inh. FN.: Café-Restaurant Lessing am Verkehrsmuseum Nürnberg. DA.: 90443 Nürnberg, Lessingstr. 6. G.: Erlangen, 2. Sep. 1970. El.: Rudolf u. Ulla Zilch. BV.: Großvater Dr. Adolf Zilch - bekannter Schneckenforscher u. Museumsltr. K.: 1989 Abitur Fürth, 1991-93 Lehre Hotelfachfrau Maritim Nürnberg, 1997 IHK-Ausbildereignungsprüf. K.: 1993-99 selbst. im Dienstleistungs- u. Servicebereich f. d. Gastronomie, seit 1999 Inh. d. Café-Restaurant Lessing. M.: CSU, Bayr. Hotel- u. Gaststättenverb. H.: Hund, Tiere, Reisen, medizin. Naturheilverfahren, Natur, Lesen.

Blankenburg Guido *)

Blankenburg Kay *)

Blankenburger Ingrid *)

Blankenfeld Klaus *)

Blankenheim Walter Prof. *)

Blankenhorn Ulrich Richard Alfred Dipl.-Kfm. *)

Blankenhorn Uwe *)

Blankenstein Alexander C. *)

Blankenstein Urte *)

Blankenstein Wolfgang *)

Blankertz Isabell *)

Blankwater Peter *)

Blankwater Willibrordus Dipl.-Ing. *)

von Blanquet Georg *)

Blasberg Bernd Dipl.-Kfm. *)

Blasberg Claudia
B.: Profi-Rudersportlerin. FN.: c/o Dt. Ruderverb. Da.: 30169 Hannover, Maschstr. 20. CBlasberg@gmx.at. G.: Dresden, 14. Feb. 1975. K.: sportl. Erfolge: 1998-2001 Dt. Meister im Doppelzweier/Doppelvierer, 1999 WM 5. Lgw.-Doppelzweier, 1995/96 Nation Cup 2. Doppelvierer (schwer), 1997 Nation Cup 6. Einer (schwer), 2000 OS 2. Lgw.-Doppelzweier, 2001 WM 1. Lgw.-Doppelzweier. H.: Klettern, Bergsteigen, Reisen.

Blasberg Horst *)

Blaschczok Andreas Dr. iur. Prof.
B.: Prorektor f. Univ.-Entwicklung. FN.: Univ. Leipzig. DA.: 04109 Leipzig, Ritterstr. 26. G.: Hamburg, 28. Okt. 1952. V.: Susanne, geb. Speth. Ki.: Anne (1990). BV.: Name b. 1795 belegt. S.: 1970 Abitur Meinerzhagen, 1970 Math.-Stud. Hamburg, 1972 Banklehre Hamburg. Landesbank, 1974 Jura-stud. Hamburg, 1978 1. Staatsexamen, Referendartätigkeit, wiss. Mitarb. Univ. Hamburg, 1983 Prom. K.: 1982 AkR. auf Zeit Univ. Passau, 1990 Habil., 1991 Lehrstuhlvertretung in Bielefeld u. Heidelberg, 1991 Grdg.-Prof. Leipzig, 1996 Dekan d. Jur. Fak., 1997 Prorektor f. Univ.-Entwicklung. P.: Mitwirkung: Staudingers Kommentar z. BGB, Münchner Kommentar z. HGB, Publ. zu Ökonom. Analyse d. Rechts, Publ. zu Transport-, bürgerl. Recht. M.: Zivilrechtslehrerver., Forsch.-Kmsn. d. HS-Rektorenkonferenz.

Blaschczok Udo

B.: Gschf. FN.: Stahlkaminbau Udo Blaschczok GmbH. DA.: 47638 Straelen, Max-Planck-Str. 5. blaschczok-gmbh@praximedia.de. www.blaschczok.de. G.: Nieukerk, 16. März 1958. V.: Beate, geb. Geerkens. Ki.: Andreas (1987), Stefanie (1993). El.: Heinz u. Magdalene. S.: 1974-76 Ausbild. z. Heizungsbauer in Straelen, 1980-81 Meisterschule in Düsseldorf, 1981 Meisterprüf. z. Zentralheizungs- u. Lüftungsbauermeister, 1981 zusätzl. Prüf. z. Schweißfachmann. K.: 1976-80 Heizungsbauergeselle, 1981-84 Gas- u. Wasserinstallateur, berufsbegleitende Vorbereitung auf Abendschule auf d. 1984 bestehende Meisterprüf. z. Gas- u. Wasserinstallateurmeister, 1984-90 ltd. Tätigkeiten als Meister im väterl. Unternehmen, 1990-95 weiterhin im väterl. Unternehmen tätig, 1990 Gschf., Grdg. d. Hei-tec GmbH Dresden, seit 1995 Ausstieg aus d. GmbH, Übernahme d. Blaschczok Stahlkaminbau GmbH, alleiniger Gschf., seit 1999 Gschf. d. Neiken & Blaschczok GmbH Werbefachfirma f. Außenwerbung. M.: Förderndes Mtgl. d. Max-Planck-Ges. e.V., Windtechnolog. Ges. e.V., Ind.-Verb. Schornsteinbau e.V., Ver. d. Sternfreunde e.V. H.: Astronomie.

Bläsche Peter

B.: freischaff. Dipl.-Foto- u. Grafikdesigner, DA.: 04179 Leipzig, Lähnestr. 1. G.: Dresden, 19. Feb. 1940. S.: 1958-59 Grundausbild. b. Gerhard Stengel an d. Kunst-HS Dresden, 1959-64 Stud. an d. HS f. Grafik u. Buchkunst Leipzig b. Prof. Heinz Wagner u. Hans Mayer-Foreyf, Dipl. f. Grafikdesign. K.: 1964-65 Atelierltr. f. Grafikdesign in Chemnitz, seit 1965 freischaff., 1994-2000 ang. Grafikdesigner. P.: vorwiegend Kommunikationsdesign, auch Malerei: farb- u. formbetonte, mitunter abstrakte, auch figürl. Bilder, Hauptwerke: "Karin m. Spröbling", "Giganten" (1993), "Väter u. Söhne" (1993), Lithografiewerkstatt in Kärnten (Österreich) bei W. Leustik, zahlr. nat. u. intern. Ausstellungen u. Ausstellungsbeteiligungen. H.: Kochen, Garten, Musik.

Blaschek Robert Werner Michael *)

Blaschke Eberhard *)

Blaschke Gottfried Dr. Prof. *)

*) Biographie www.whoiswho-verlag.ch oder beigefügte CD-ROM

Blaschke Hanno Mag. Prof. *)

Blaschke Klaus Dr. *)

Blaschke Kurt Dipl.-Kfm. *)

Bläschke Thomas

B.: Dipl.-Betriebswirt, Musikal. Dir., Komponist. FN.: Bremer Musical Companie. DA.: 28215 Bremen, Nürnberger Str. 15. G.: Bremen, 20. März 1970. El.: Werner u. Marianne, geb. Grütz. S.: 1988 Musik-Stipendium McCook-Collage Nebraska/USA, 1990 Abitur, 1990/91 Bundeswehr Heeresmusikkorps Bremen, 1991-95 Stud. staatl. Studienwerkak. Stuttgart m. Abschluß Dipl.-Betriebswirt. K.: seit 1995 freier Künstler, Komponist, Textdichter, Pianist und musikal. Ltr. d. Bremer Musical Companie, seit 1996 eigenes Musical "Träume" als Texter, Idee, Komponist u. Arrangeur, bundesweite Auftritten m. Music-Gala Programmen. M.: GemR. v. Schwanewede f. Kommunalpolitik, Jugend, Kultur u. Sport. H.: Sprachen, Klavier, Saxophon, Gesang.

Blase Mirjam Dipl.-Ing. *)

Blase Volker Dr. *)

Bläse Günter *)

Blaseio Jens *)

Blaser Herbert *)

Bläser Gabriele

B.: Sonderpädagogin, Lerntherapeutin. FN.: Pädagogisch Therapeutische Einrichtung. GT.: Durchführung v. Fort- u. Weiterbildungsseminaren für Lehrer und Ausbildung. DA.: 14480 Potsdam, Gerlachstr.35. pte-potsdam@pte.de. www. pte.de. G.: Mechernich/Eifel, 14. Nov. 1956. S.: 1972 Mittlere Reife, 1972-75 Ausbildung als Erzieherin, 1987 Abitur in Berlin, 1987-92 Stud. Sonderpädagogik u. Politologie an d. FU Berlin, Staatsexamen f. d. Lehramt Sonderpädagogik, 1992-94 Referendariat. K.: 1975-84 Erzieherin, 1994-99 Sonderpädagogin b. versch. freien Trägern in Berlin, parallel dazu 1998 Ausbildung z. Lerntherapeutin, 1999 Eröff. d. eigenen Pädagogisch Therapeutischen Praxis in Potsdam, Schwerpunkt: Arbeit m. Kindern, Diagnostik, Einzeltherapie v. Lese-, Rechtschreib- u. Rechenschwäche sowie Aufmerksamkeitsstörungen unter Einbeziehung v. Eltern u. Schule. H.: Reiten, Sport.

Bläser Klaus Dipl.-Ökonom *)

Bläser Manfred H. *)

Bläser Norbert *)

Bläsi Walter Friedrich

B.: StDir. DA.: 77652 Offenburg, Okenstr. 29. PA.: 77743 Neuried-Ichenheim, Hohweg 8. walter.blaesi@t-online.de. G.: Ichenheim, 3. Juni 1938. V.: Dorothea, geb. Jäger. Ki.: Anette (1976), Isabella (1978), Konstantin (1988). El.: Friedrich u. Gertrud, geb. Siegenführ. S.: 1952-54 versch. Tätigkeiten im Baubereich, 1954 -57 Schreinerlehre m. Gesellenprüf., 1957-63 Wirtschaftsgymn. m. Abitur, 1963-68 Stud. Arch. u. Wirtschaftswiss. an d. TU Darmstadt. K.: 1969 Eintritt in d. Schuldienst, tätig als StDir. P.: Techn. Math. f. Zimmerer, Tabellenbuch f. Zimmerer, Bauphysik deutsch u. griechisch f. Univ.-FH u. Ing. u. Architekten. E.: Ehrendirigent Musikver. Ichenheim. M.: Musikver., PfarrgemR.-Vors., 1973-89 OrtschaftsR., seit 1954 aktiv im Kirchenchor. H.: Musik, Singen, Schwimmen, Tanzen.

Blasig Bernhard *)

Blasig Winfried H. J. Dr. theol. GstlR. Prof. *)

Blasig Wolfgang *)

Bläsing Ingo *)

Blasinski Marianne *)

Blasinski Regine

B.: RA. DA.: 10717 Berlin, Nikolsburger Str. 10. G.: Bochum, 30. Okt. 1958. V.: Dieter Düwel. El.: Fritz u. Gisela Blasinski, geb. Kröowski. BV.: Urgroßvater väterl. seits - ehem. Adeliger u. aus Parteigründen darauf verzichtet. S.: 1978 Abitur Berlin, 1978-79 Praktikum, 1980-89 Stud. Rechtswiss. u. BWL FU Berlin, 1. Staatsexamen, 1992 2. Staatsexamen. K.: seit 1992 ndlg. RA in Berlin m. Tätigkeitsschwerpunkt Sozial-, Arb.-, Familie-, Verkehrs- u. Privatrs.-Recht. H.: Literatur, Sachbücher.

Blasius Norbert

B.: Mechaniker, Inh. FN.: NB's Motorräder. DA.: 66606 St. Wendel, Im Graben 6. G.: Nohfelden-Selbach, 26. Juni 1939. El.: Johann u. Rosa, geb. Klemm. S.: 1954-57 Lehre Elektriker Schiffweiler u. St. Wendel, b. 1961 Bundeswehr, 1961-63 Lehre Kfz-Mechaniker Autohaus Thiel St. Wendel. K.: b. 1973 tätig als Kfz-Mechaniker, 1973-75 Werkstattltr. d. Firma Eisel Motorsport in Schmelz, 1975-76 Zweiradmechaniker in Saarlouis, 1976-78 Mitarb. d. Bayr. Bmtn.-Vers., 1978-80 Lagerverwalter d. IBV u. 1980 Werkstattltr. u. Einkäufer f. Ersatzteile, 1981-82 Ltr. d. Einkaufs in einer Filiale d. IBV, seit 1983 selbst. m. Zweiradgeschäft in St. Wenel m. Schwerpunkt Verkauf u. Reparatur. BL.: Engagement im Zweiradmotorsport: 1. Rennen am Hockenheimring bei d. nat. Meister-

schaft, 1966-68 Bau eines neuen Motorrades m. 8-Gang-Getriebe, Erwerb v. Motorrädern v. versch. Rennfahrern, 1961-85 Teilnahme an allen nat. Meisterschaften in d. Kl. 50, 80, 125 u. 500 ccm u. an Grasbahnrennen, seit 1985 Teilnahme an Oldtimer-Grand-Prix f. Motorräder u. 2001 2. Pl. am Nürburgring; Erfolge: 1990 Moselbergpreis, 1995 1. Pl. b. Schottenberg-Grand-Prix u. 1997 b. Nürburgring-Grand-Prix, 1997 3. Pl. b. Nürburgring-Grand-Prix. M.: MSC Nordsaar, Schützenver. Hubertus - mehrfacher Kreismeister im Vorderladerschießen, DRK. H.: Motorport, histor. Waffen.

Blask Klaus-Dieter Dr. med. *)

Blaske Hans-Dieter *)

Blaß Brigitte Dr. med. *)

Blass Kurt *)

Blaß Leo Otto

B.: Heilpraktiker. DA.: 66292 Riegelsberg, Überhofer Str. 98. leo.blass@t-online.de. G.: Riegelsberg, 3. Aug. 1953. V.: Brigitte, geb. Horn. Ki.: Nicole (1978). El.: Benno u. Theresia, geb. Pauels. BV.: Otto Blaß Träger d. Dt. Kreuzes in Gold. S.: 1969 Mittlere Reife, 1969-73 Ausbild. als Elektromechaniker im Fernmeldedienst b. d. Dt. Bundesbahn in München-Aubing, nebenberufl. Ausbild. z. Heilpraktiker in d. Thalamus-Heilpraktikerschule sowie Privatunterricht b. Berufskollegen, Abschluss m. Heilpraktikerprüf., Zulassung durch d. Gesundheitsamt d. Saarlandes, weitere Ausbild. durch d. Dt. Ges. f. Therapeut. Hypnose e.V. Stuttgart, 1999 Zulassung als Therapeut f. analyt. Hypnose, 1999 Abschluss als Reiki-Meister, nach Ausbild. b. Rainer Barth Saarlouis, weitere Ausbild. in traditioneller chin. Med. durch Heilpraktiker Walter Zanker Bernau/Chiemsee u. in Kinesiologie b. Dr. Klaus Jakoby Klarenthal. K.: 1973-97 Werkführer b. d. Dt. Bundesbahn in Saarbrücken, 1998 Praxiseröff. in Riegelsberg. BL.: Grdg.-Mtgl. d. Intern. Ges. f. therapeut. Hypnose u. Hypnoseforsch. M.: DRK, Ges. f. therapeut. Hypnose, SPD. H.: Beruf.

Blass Rico *)

Bläss Helmut
B.: Regisseur, Schauspieler. PA.: 10245 Berlin, Gryphiusstr. 25. G.: Halle/ Sa., 12. Mai 1926. Kl.: Eberhard (1949), Petra (1964), Viola (1984), Carola (1959). EL.: Otto u. Else. S.: Gym.,Abitur. K.: Sekretär GDBA, Regieass. Dir. Landesbühne Frankfurt/Main, ab 1954 Theater Halle/S, Görlitz, Leipzig (Chefdramaturgie, Oberspiellltr.), Fernsehen, Rundfunk, 1964-96 Intendant Wittenberg (Theaterstücke, Bearbeitungen, Kabarettexte).

Bläss Petra
B.: MdB, Vizepräs. d. Deutschen Bundestages, Dipl.-Lehrerin f. Deutsch u. Geschichte. FN.: Deutscher Bundestag. DA.: 11011 Berlin, Platz d. Republik 1. PA.: 10243 Leipzig. www.bundestag.de. G.: Leipzig, 12. Juni 1964. S.: 1982 Erweiterte Oberschule Wittenberg Cottbus, 1982 Abitur, 1982-87 Stud. Germanistik, Geschichte, Pädagogik, Schwerpunkt: Literaturwiss. Humboldt-Univ. Berlin, Diplomarbeit bei Prof. Ursula Henkenkamp über Kriegsdarst. u. Friedensbilder in d. Dramatik v. Alfred Matusche, 1986-89 SED, 01/90 Auslaufenlassen d. Mitgliedschaft, 1987-90 Forschungsstud. Humboldt-Univ., Bereich Literaturwiss. K.: 02/90 bis 06/08 ehrenamtl. Vors. d. Wahlkommission d. DDR bei ersten freien Volkskammer- u. Kommunalwahlen, Mandat durch Unabhängigen Frauenverband, 1.6.90 bis 2.12.90 Redakteurin DFF Dt. Fernsehfunk, Bereich Publizistik, 3.12.90 Wahl Dt. Bundestag als Parteilose auf PDS-offene Liste, Landesliste Berlin, Frauen- u. Sozialpolitische Sprecherin, Linke List. Berlin Mitte/Prenzlauer Berg, 1994 Wiederwahl in Bundestag als Spitzenkandidatin Sachsen-Anhalt, 1994-98 Wahlkreis Wittenberg Sozialpol. Sprecherin PDS, seit 1998 Vizepräs. Dt. Bundestag, Frauenpolitische Sprecherin. P.: viele Artikel auf frauenpolit. Gebiet. M.: seit 1997 PDS, NRO-Frauenforum, Anna Seghers Ges., Volkssolidarität, internat. Frauenpolitische Netzwerke (USA-Unis). H.: Literatur, Theater, Cabarett, Marionettenspiel. (Re)

Blässinger Hans-Peter J. Dipl.-Ing. *)

Blaßneck Heike
B.: Profi-Leichtathletin. PA.: 80995 München, Georg-Pickl-Weg 9. G.: Erlangen, 26. Juli 1971. S.: Stud. Lehramt f. Gymn. Sport, Deutsch u. Ital. K.: 1983-90 TSV Höchstadt, 1991-98 LAC Quelle Fürth/München, seit 1999 Eintracht Frankfurt, sportl. Erfolge: 1998 EM/6., 1998 DM/2., 1995 u. 1999 DM/3., 1994 DM/6., 1998 EC/4., 1995 u. 1997 WM-Teilnehmer, 1998 Hallen-DM/2., 1997 DM Siebenkampf/2., 1996 DM Siebenkampf/4., 1997 Teilnehmerin Mehrkampf-EC. H.: Lesen, Backen, Nähen.

Blassnig Gotthard
B.: Vorst. FN.: FÜR SIE - Handelsgenossenschaft eG. DA.: 50668 Köln, Theodor-Heuss-Ring 38-40.

Blasy Richard Konstantin *)

Blatt Bernd F. *)

Blatt Jürgen Dr. vet. med. *)

Blatt Siegfried Gerhard Erwin *)

Blätterlein Thomas *)

Blättermann Alexander Dr. med.

B.: FA f. HNO, Allergologie, Umwelt- u. Sportmed. DA.: 44137 Dortmund, Rheinische Str. 38. G.: Warendorf, 22. Sep. 1948. V.: Jutta. Ki.: Harald (1983). El.: Antonius u. Waltraut Tophinke. BV.: Arthur Rosenstengel - Komponist. S.: 1967 Abitur, 1967-73 Stud. Biologie und Sport Univ. Münster, 1973 Staatsexamen f. Lehramt an Gymn., 1973 Referendariat u. 2. Staatsexamen als Assessor, 1971-80 Lehrer f. Biologie u. Sport Grundsch. u. Gymn., 1973-80 Stud. Med. Universität Münster, Approb.

*) Biographie www.whoiswho-verlag.ch oder beigefügte CD-ROM

Blättermann

u. Prom. K.: 1980 Ass.-Arzt u. Weiterbild. z. HNO-FA an d. Univ.-Klinik in Münster, 1984-85 FA an d. Städt. Klinikum Dortmund, 1985 Eröff. d. Praxis in Dortmund, 1987 Zusatzbezeichnung Sportmed., 1996 Umweltmed. u. 1998 Allergologie; Funktion: sachv. Gutachter f. versch. Institutionen. P.: Vorträge zu HNO-Themen wie Tinnitus, Schnarchen u. Allergien. M.: Dt. Sportärztebund. H.: Sport, Musik, Motorsport.

Blatterspiel Norbert

B.: Fotograf, Gschf., Unternehmer. FN.: Fotostudio Blatterspiel & Hafstein. DA.: 26203 Wardenburg, Hardenbergstr. 7. G.: Hamburg, 27. Mai 1937. Ki.: Holger (1970), Arne (1972). El.: Eduard u. Minna, geb. Kusin. S.: 1953-56 Gärtnerlehre in Hamburg, 1956-58 Gärtnergehilfe, 1958-64 Zeitsoldat Bilddienst d. Bundeswehr, 1965 Privatfotoschule Bikla Köln, 1965 Prüf. v. d. Fotografeninnung Köln z. Fotograf. K.: tätig als Fotograf b. Agfa, 1965-71 Werbe-Industriefotograf Ce-We-Color Oldenburg, seit 1971 selbständig, Grdg. Fotostudio Blatterspiel & Hafstein als Gschf. u. Inh., Werbe- u. Industriefotografie. M.: Obermeister d. Fotografeninnung Oldenburg (1994-2000). H.: Fotografie, Lesen.

Blattmann Bert Dipl.-Ing.

B.: Architekt. FN.: Blattmann + Oswald. DA.: 71706 Markgröningen, Grabenstr. 8. info @blattmann-oswald.de. www. blattmann-oswald.de. G.: Stuttgart, 24. Juli 1950. V.: Dorothee, geb. Jaus. Ki.: Christiane (1984) und Katharina (1995). S.: 1972-81 Arch.-Stud. Univ. Stuttgart m. Abschluss. K.: 1981-96 Angest. in Arch.Büro Rödl-Kieferle, Böblingen, 1986-90 Angest. in Arch.Büro Kammerer+Belz, Kucher u. Partner, Stuttgart (Bauleitung), seit 1990 selbst. in Markgröningen, seit 1991 m. Partner Josef Oswald. F.: Firma Bauwerk 4 Bauträgerges. P.: versch. Art. in Tageszeitungen. M.: Vorst. Marketingclub Markgröningen, Vorst. im Tennis, Vorst. Freundeskreis Asylbewerber Markgröningen. H.: Tennis, Fahrradfahren.

Blattmann Ekkehard Dr. phil. *)

Blattmann Markus *)

Blattner Jürgen Dr. Dipl.-Psych. Dipl.-Theol.
B.: Psychotherapeut, Lehrtherapeut, Ltr. FN.: Ökumen. Ausbild.-Stelle f. beratende Seelsorge u. d. Telefonseelsorge Oberschwaben-Allgäu. DA.: 88212 Ravensburg, Goethepl. 8. PA.: 88339 Bad Waldsee-Osterhofen, Sandweg 6. G.: Waldbronn, 27. Nov. 1952. V.: Monika Wolf-Schuler. Ki.: Dominik (1979), Theresa (1983), Mirjam (1984). El.: Walter u. Rita. S.: 1971-77 Stud. Kath. Theol. Univ. Freiburg, 1972-80 Stud. Psych. Univ. Freiburg, 1984 Prom., 1977-84 Weiterbild. z. Psychotherapeuten, Weiterbild.-Ermächtigung z. Lehrtherapeuten/Ausbilder in Beratung/Gesprächsführung (1988), Psychotherapie (1989) u. Supervision (1998), 1999 Approb. K.: 1978-83 Aus-/Fort- u. Weiterbild. psychosoz. Berufe in d.

Diözesen Freiburg, Trier u. Würzburg, 1977-84 Dozent f. Klin. u. Kommuniktionspsych. am Seminar f. Gem.-Krankenpflege Koblenz, 1980-83 eigene freiberufl. Psycholog. Praxis f. Beratung, Psychotherapie u. Supervision Freiburg, 1979-84 Lehrauftrage f. klin. Psych. u. Pastoralpsych. an d. FH Freiburg, 1980-90 d. Theol. HS Fulda, 1984-88 d. FH Ravensburg-Weingarten, 1984 d. Univ. Saarbrücken, seit 1983 Ltr. d. Ökumen. Ausbild.-Stelle f. beratende Seelsorge Ravensburg u. d. Telefonseelsorge Oberschwaben-Allgäu, seit 1993 zusätzlich freie psychotherapeut. Praxis, außerdem Organisation v. Fach- u. öffentl. Fortbildungsveranstaltungen (u.a. seit 1996 Mitveranst. v. "Ravensburger Waaghausgespräche"). P.: Toleranz als Strukturprinzip (1985), Handbuch d. Psych. f. d. Seelsorge (1992/93), Mitarb. im Handbuch f. d. seelsorgl. Gespräch (1990) u. im Handbuch d. Telefonseelsorge (1995), Zeitschriftenaufsätze u. Rundfunksendungen zu psych. u. pastoralpsych. Themen. M.: Ges. f. wiss. Gesprächspsychotherapie (GwG), Dt. Ges. f. Pastoralpsych. (DGfP), Dt. Ges. f. Supervision (DGSv), 1. Vors. d. Südt. Inst. f. Personenzentrierte Psych. e.V. (SIPP). H.: Motorradfahren, Mediteranes Leben (Toscana).

Blatz Mathias *)

Blatzheim Peter Dipl.-Kfm. *)

Blau Gudula

B.: Verlegerin, selbständig. FN.: Annapurna. DA.: 80539 München, Maximilianstr. 34. G.: Posen, 22. Feb. 1940. Ki.: Kristina (1959), Michael (1960), Daniela (1961), Florian (1979). El.: Martin u. Friedel, geb. Helm. BV.: Paul Blau - Generalsuperintendant Ev. Bischof in Posen. K.: seit 1957 Schauspielerin, Moderatorin b. BR/ORF, Liedermacherin u. Sängerin, Kinderbuchautorin, Verwaltungsleiterin einer intern. Wirtschaftsprüfungsgesellschaft, Verwaltungsleiterin d. Ayurveda-Klinik in Kassel, 1994 Ausbildung z. Seminarleiterin, 1998 Grdg. d. Verlages, 1999 Eröff. eines Geschenkeladens in München m. Schwerpunkt Musik u. Bücher f. Herz u. Seele. BL.: Heilungsgesänge mit kranken u. gesunden Menschen aller sozialen Schichten u. Glaubensrichtungen, Seminare über Meditation u. Mantras aus allen Weltreligionen. P.: CDs: "Du meine Seele singe", "Brücke zum Licht", "Frieden", "Tune in God", "Online to heaven", "Himmlische Hitparade" Filme: "Scherben bringen Glück" (1957), "Einmal eine große Dame sein" (1957), "Die Heilige und ihr Narr" (1957). H.: Singen, Lesen, Reisen, Schwimmen, Schauspielerei.

Blau Günter Dr. iur. Univ.-Prof. *)

Blau Richard *)

*) Biographie www.whoiswho-verlag.ch oder beigefügte CD-ROM

Blau Walter
B.: selbst. Maler, Karikaturist, Lyriker, Fotokünstler. DA.: 82319 Starnberg, Königsberger Str. 18. G.: Münsterberg/Schlesien, 4. Juli 1929. V.: Gertrud, geb. Reiche. S.: 1949 Abitur Coburg. K.: b. 1962 Werbegrafiker u. Texter, 1962-65 Buchheim-Verlag Feldafing/Starnberger See, 1966-69 Kontakter, Werbegrafiker u. Texter Werbeagentur München, b. 1979 Red., 1979-91 Lektor Droemer Knaur Verlag München, seit 1991 freischaff. Maler, Karikaturist, Lyriker u. Fotokünstler, div. Gruppen- u. Einzelausstellungen. P.: "Gute Vorsätze", "Raritätenschau v. Walter Blau", "Ex!", "Der Maler u. Grafiker Walter Blau", "In Spanien, Gedichte u. Prosa", div. Zeitschriftenberichte über Walter Blau. H.: Literatur, Musik (Klassik, Jazz, Flamenco), Sprachen, Reisen.

Blaudschun Gerald Dipl.-Stomatologe

B.: Zahnarzt. DA.: 04357 Leipzig, Mockauer Str. 27. G.: Lützen, 6. März 1957. V.: Katja. Ki.: Antonia, Paul. S.: 1973 Lehre Instandhaltungsmechaniker Leuna, 1976 Abitur, 1975 NVA, 1979 Stud. Zahnmed. an der Humboldt-Univ. Berlin, 1984 Dipl.-Abschluß, 1984 FA-Ausbild. Ambulatorium Mockau Ost, 1988 FA f. Zahnheilkunde. K.: seit 1990 ndlg. Zahnarzt - schon zu DDR-Zeiten m. Schwerpunkt Paradontologie, minimalinvasive Chir., Implantate, Amagamsanierung, Prophylaxe, Ästhetik u. Laserdiagnostik, seit 1993 spez. Paradontose-Behandlung ohne Zahnfleischaufschnitt, seit 1994 Implantologie, 1996 Ausbild. Funktionsdiagnostik, 1999 Weiterbild. u. Hospitation in Peking m. d. gesamten Team d. Praxis, seit 1999 FA-Ausbild. f. Naturheilkunde u. Akupunktur. BL.: Tradition. chin. Medizin. P.: Ganzheitliche Kiefergelenksdiagnostik (2001). M.: Dt. paradontolog. Ges., Dt. implantolog. Ges. H.: Musizieren, Komponieren.

Blauermel Gregor Dipl.-Ing.
B.: öbv. Sachv. f. Gehölze, Baumsanierung u. Baumpflege, Ltd. Stadtbaudir. a.D. DA.: 47802 Krefeld, Rickfeldsweg 7. G.: Hildesheim, 22. März 1934. Ki.: Gregor, Maria, Christina, Mechthild. S.: 1951 Mittlere Reife, b. 1953 Gärtnerlehre, Gehilfenj., 1958 Abitur im 2. Bild.-Weg, b. 1963 Stud. TH Hannover. K.: b. 1970 Garten- u. Friedhofsamt Hannover, 1970 GartenbauR. am Bauamt Bremen-Nord, ObergartenbauR., 1976 Grünflächenamt Krefeld, b. 1988 Amtsltr. u. Lt. Baudir., seit 1988 öbv. Sachv. P.: Verbesserung d. Lebensbeding. v. Stadtbäumen, Straßenbaumliste d. Konfer. d. Gartenamtsleiter, Schutz v. Bäumen im Bereich v. Baustellen, Eignung v. bodendeckenden Gehölzen an Straßen u. a. E.: BVK am Bande f. Forsch. um d. Grün in d. Stadt, bes. den Stadtbaum sowie Ausarbeitung v. u. Mitarbeit an Richtlinien z. Schutz v. Bäumen, Gütebestimmungen f. Baumschulpflanzen, Zusätzl. Techn. Vertragsbeding. u. Richtlinien f. Baumpflege u. Baumsanierung. M.: Bund Dt. Landschaftsarch., Arch.Kamm. NW, ISA. H.: Garten, Literatur, Oper, klass. Musik.

Blaufuß Volker Dipl.-Ing.
B.: Schlosser, Inh. FN.: Micron CAD-Systeme Volker Blaufuß. DA.: 98617 Meiningen, Schöne Aussicht 4. PA.: 98617 Meiningen, Rohrer Str. 18. G.: Meiningen, 8. Jan. 1961. V.: Katrin, geb. Hoßfeld. Ki.: Natalie (1995). El.: Leni u. Richard. S.: 1977 Mittlere Reife, 1977-79 Berufsausbild. als Schlosser im WBK Walldorf, 1980/81 Armeedienst, 1982-85 Stud. Maschinenbau Roßwein, Dipl.-Ing. K.: 1985-87 Abt. Sonderschweißanlagen u. Robotertechnik Baumoschinen Halle, 1987-90 Abt. Softwareentwicklung RAW Meiningen, 1991 selbst. m. Micron CAD-Systeme. H.: Beruf.

Blaufuss Mike

B.: Kfm., Gschf. Ges. FN.: Blaufuss & Partner GbR. DA.: 04105 Leipzig, Friedrich - Ebertstr. 116. service@blaufuss.de. www.blaufuss.de. G.: Naumburg, 30. Juni 1969. El.: Walter u. Roselinde, geb. Hansen. S.: Ausbild. z. Ind.-Kfm. K.: Kaufm. Tätigkeiten, seit 1995 Prok. Landesweingut Bad Kösen, seit 1998 Mitgründer d. Blaufuss & Partner GbR, Tätigkeitsschwerpunkt: Unternehmensberatung, Krisenintervention, Coaching, Controlling u. Marketing. P.: umfangreiche Referententätigkeit. M.: Mittelstandsver. H.: Eisenbahnfan, Literatur, Zeichnen.

Blaul Iris
B.: Sonder- u. Verhaltenspädagogin. PA.: 65191 Wiesbaden, Kamillenweg 7. G.: Worms, 24. Dez. 1955. S.: 1974 Abitur, 1974-79 Stud. Heil- u. Sonderpäd. Fachrichtung Sprachheil- u. Verhaltensgestörtenpäd. sowie Sozialkunde Philipps-Univ. Marburg, 1979-80 1. Staatsprüf. u. Dipl., 1981 2. Staatsprüf. K.: Referendariat u. Lernbehindertenschule, Sprachheiltherapeutin, ehrenamtl. Arb. in "Sozialen Brennpunkten", Jugendarb. u. Förd. ausländ. Schüler/innen, Workcamps in Asien, Afrika u. Türkei, seit 1981 Mtgl. d. Grünen, 1982 Mtgl. d. Landtags u. d. Grünen-Landtagsfraktion, 1985-87 wiss. Mitarb. d. Fraktion d. Grünen, 1987-91 Mtgl. d. Hess. Landtags u. stellv. Fraktions- u. Geschäftsführung, seit 5. Apr. 1991 Hess. Min. f. Jugend, Familie u. Gesundheit.

Blaumoser Albert

B.: Architekt. DA.: 82319 Starnberg, Am Hang 14. G.: Mühldorf, 12. Sep. 1961. V.: Angelika, geb. Haider. El.: Albert u. Hertha, geb. Ellbrunner. S.: 1980-86 Stud. Arch. K.: seit 1986 freier Mitarb. bei Prof. Winkler m. Schwerpunkt Stadtplanung u. verantwortl. Projektltg. f. Bologna, Florenz, Rom, Genua u. Frankfurt, seit 1995 zusätzl. eigenes Büro m. Schwerpunkt städtebaul. Planung f. Stadtentwicklung u. f. Stadtzentren. P.: Vorträge z. Thema Stadtraum u. Mobilität bei intern. Fachta-

Blaumoser

gungen u. Kongressen. E.: 2. Preis f. Wohnbebauung f. 5000 Einwohner am Olympiaberg in München, 4. Preis f. Hafencampus Hamburg, Anerkennung "Europan". H.: Bilder malen, klass. Musik, Kunst, Museen, Radfahren.

Blauschmidt Daniel Modest

B.: selbst. Grafik-Designer. DA.: 10435 Berlin, Knaackstr. 66. G.: Berlin, 1. Dez. 1964. El.: Richard u. Ingrid, geb. Möller. S.: 1983 Abitur, 1983-85 NVA, 1985-87 Stud. Kommunikationsdesign Fachschule f. Werbung u. Gestaltung Berlin. K.: 1990 Gründung d. Yps -Werbeagentur, 1991 tätig in d. Werbeabt. d. Firma Igros Nonfood in Köln, 1992 techn. Mitarb. in einem Print-Center in Berlin, 1993 Grafiker in d. Agentur Röttcher, Schütz & Ibel in Selchow, 1994 Eröff. d. Atelier in Berlin f. wiss. Illustration f. d. biolog. Bereich, Illustrationen f. Wohnungswirtschaft, Plakate, CD-Cover, Texte u. Konzepte. P.: Veröff. in d. FAZ. H.: Fußball, Lyrik, Musik.

Bläute Ulrich

B.: Unternehmensberater. FN.: Unternehmensberatung BDU Ulrich Bläute GmbH Informationssysteme. DA.: 32257 Bünde, Mindener Str. 39. G.: Oetinghausen, 16. Aug. 1956. V.: Elke, geb. Heubau. Ki.: Marcel (1982), Janina (1986). El.: Artur u. Irmgard. S.: 1975 Abitur, 1975-76 Bundeswehr, 1976-83 Stud. Betriebswirtschaft. K.: 1981 Grdg. d. eigenen Firma f. d. Bereich Softwareentwicklung u. Unternehmensberatung, 1987 Umwandlung in eine GmbH. M.: 1990 BDU u. BVIT. H.: Motorsport, Literatur.

Blazek Dalibor *)

Blazytko Norbert

PA.: 50769 Köln, Fühlinger Kirchweg 117. G.: Münsterberg, 4. Aug. 1944. V.: Johanna, geb. Wedemeyer. S.: Lehre Großhdl.-Kaufm., 1974 Vers.-Fachwirt, 1977 Vers.-Betriebswirt. K.: 1971 Eintritt b. d. Colonia, 1973 Entwicklung d. "Bettenpauschale" f. d. Elektronikversicherung f. Krankenhäuser, 1974 Entwicklung u. Markteinführung d. Gerätegruppendeklaration(en) im Bestandsgeschäft d. "Techn. Versicherungszweige", ab 1982 Entwicklung u. schrittweise Markteinführung d. "Technik-Vielschutz-Versicherung" in d. Versicherungsschutz mehrerer Sparten d. "Techn. Versicherungszweige" innerhalb eines Vertrages zusammengefaßt o. zudem d. Leistungsumfang ohne zusätzl. Kosten f. d. Versicherungsnehmer

erheblich ausgedehnt wurde, ab 1990 schrittweise Entwicklung u. Markteinführung eines "Rundum-Versicherungsschutzes f. Medienbetriebe m. größtenteils vollkommen neu erarbeiteten lückenlosen Versicherungsumfang, d. individuell an d. jeweiligen Gegebenheiten d. Medienbetriebes angepasst wurde; 1979-95 Lehrbeauftragter an d. FH Köln, s. 1999 i.R., seit 2000 Beratung v. jungen Medienbetrieben. H.: Dt. Geschichte, Mineralien, Motorboote, Wohnmobilurlaube, Reptilien, Heimwerken u. Modelbau.

Blecha Andreas

B.: Kfm., Gschf. Ges. FN.: Heinz Rötzer Fruchtimport GmbH. DA.: 81371 München, Thalkirchner Str. 81. blecha@web.de. www.sanlucar-group.com. G.: Linz/Österr., 8. Nov. 1970. V.: Angela, geb. Schadt. Ki.: Luisa (1997), Emelie (1999). S.: 1984-87 Handelsschule Passau, 1988-89 Bundeswehr in Wien. K.: 1990-94 selbst., Grdg. d. Firma Früchte Blecha Nürnberg, Import u. Export v. Obst u. Gemüse, 1994 Übernahme u. Gschf. Ges. d. Firma Heinz Rötzer GmbH München, Spezialisiert auf Produkte v. Österr. u. Spanien, Exclusiv-Vertreiber d. SanLucar Group. M.: Bayer. Fruchthdls.-Verb., Entsorgungsgen. München. H.: schnelle Autos, Skifahren.

Blecher Heinrich

B.: Gschf. FN.: Wirtschafts- u. Strukturrat Bremen Nord e.V. DA.: 28777 Bremen, Striekenkamp 1. G.: Bremen-Blumenthal, 2. Feb. 1925. V.: Gerda, geb. Rassau. S.: 1939-42 Lehre z. Schlosser Bremer Wollkämmerei Bremen-Blumenthal, Arbeitsdienst Militär, b. 1949 Kriegsgefangenschaft. K.: 1950 Schlosser u. Betriebsmeister Bremer Wollkämmerei, 1950 Eintritt in d. Gewerkschaft, 1955 Mtgl. d. BetriebsR. d. Bremer Wollkämmerei, 1959 SPD Mtgl., 1965-75 freigestellter BetriebsR. u. stellv. BetriebsR.-Vors., Mtgl. im AufsR. d. Bremer Wollkämmerei, 1975-88 Vorst.-Mtgl. u. Gschf. d. Gewosie Wohnungsbaugen., langj. Schöffe am LG Bremen, ehrenamtl. Finanzrichter u. Arbeitsrichter in Bremen, Kommunalpolitiker, 25 J. BeiR.-Tätigkeit, langj. Sprecher, 1988 Grdg.-Mtgl., seit 1990 Gschf. Wirtschafts- u. Strukturrat Bremen-Nord e.V. (WiR). H.: Vereinstätigkeit.

Blechner Hans Georg Dr.

B.: RA u. Notar. FN.: Kanzlei Dr. Blechner Blechner & Fuchs. DA.: 64625 Bensheim, Rodensteinstr. 5. PA.: 64625 Bensheim-Auerbach, Mierendorffstr. 15. G.: Bensheim, 13. Feb. 1913. PS.: Hans (1946). El.: Friedrich RA u. Notar, u. Antonie, geb. Gerster. BV.: Politikerfamilie Gerster, verw. u. a. mit Dr. Johannes u. Petra u. Florian Gerster. S.: 1933 Abitur, 1933 Stud. Jura Freiburg, Gießen u. Heidelberg, 1938 1. u. 1941 2. Staatsexamen, 1941 Kriegsdienst bis Kriegsende. K.: 1945 ndlg. RA m. Tätigkeitsschwerpunkt Strafverteidigung an Militärgerichten u. Spruchkammern u. später Erbrecht, 1948 Bestellung z. Notar, 1978 Eröff. d. Kzl. Blechner + Blechner, 1981 Prom., 1987 Eröff. d. Kzl. Dr. Blechner, Blechner +

*) Biographie www.whoiswho-verlag.ch oder beigefügte CD-ROM

Fuchs m. Tätigkeitsschwerpunkt rechtl., steuerl. u. wirtschaftl. Betreuung kleiner u. mittelständ. Unternehmen. BL.: m. 68 J. Prom. als ältester Doktorand. P.: "Seit 1913 - Erfahrung-Erkenntnisse-Folgerungen" (1975), "Besinnen auf Bewährtes" (2002, noch im Manuskript). E.: Ehrenmitgl. in zahlr. Vereinen, Ehrenurkunde d. Hess. Justizministeriums (1998). M.: CDU Benseheim (1945), Stadtverordneter, Stadtrat u. Vors. d. Kreisfinanzausschuß, Tennisclub Blau-Weiß Bensheim (1950) u. langj. Vors., Gründungsmtgl. d. Lionsclub Bensheim u. 1. Sekr. (1961). H.: Tennis, Wandern, Gartenarbeit, Spaziergänge, gute Bücher.

Blechschmidt Gottfried *)

Blechschmidt Julia

B.: Wirtschaftskauffrau, Versicherungsagent, selbständig. FN.: Agentur Julia Blechschmidt. GT.: seit 1999 Fernstud. an d. Axel Andersen Akademie, Studienrichtung Literatur und Belletristik. DA.: 08064 Zwickau, Fichtestr. 11. G.: Zwickau, 16. Aug. 1962. Ki.: Andre (1983). S.: 1981 Abitur, 1982 Stud. BWL, Abschluss als Wirtschaftskauffrau. K.: 1981 Angestellte in Erfurt, 1987 zurück nach Zwickau, tätig b. Rat d. Kreises Bereich Berufsbildung-Berufsberatung, 1991 eigenes Versicherungsbüro m. Schwerpunkt Versicherungsprodukte f. Frauen "Sterne f. Frauen", Mtgl. u. verschiedene Funktionen im Deutschen Frauenring e.V. Ortsring Zwickau. P.: Veröff. eines eigenen Werkes unter d. Mädchennamen Julia Dunger "Jessica" (2001). H.: Literatur, Handarbeit.

Blechschmidt Rainer *)

Blechschmidt Wolfgang Dipl.-Ing. *)

Bleck Bernfried *)

Bleck Ulrich-Erwin *)

Bleck-Kentgens Anja *)

Blecken Marcus *)

Blecken Sabina
B.: Gschf. FN.: SASU Spielwarenhdl. GmbH. DA.: 20257 Hamburg, Langenfelder Damm 23-25. G.: Hamburg, 10. Juli 1970. V.: Marcus Blecken. El.: Peter u. Jutta Suchy, geb. Dorendorf. S.: 1987 Mittlere Reife eife Hamburg, 1987-88 Hotelberufsfachschule am Tegernsee, 1988-89 Hotelfachfrau in England - Hilton Hotel in Huddersfield, 1990-92 Ausbild. z. Hotelfachfrau in Hamburg. K.: 1992-94 Hotel Intercontinental London, 1994-95 Hotel Lindner Hamburg, 1995-97 Fachhochschulreife u. Stud. m. Abschluß als staatl. geprüfte Betriebswirtin, 1997 Grdg. d. SASU Spielwarenhdl. GmbH. M.: CDH, ehrenamtl. Prüfer in d. HK Hamburg f. Hotelfach u. Bürokaufleute. H.: Golf, Skifahren sowie ein eigenes Landgut mit Pferden, Ziegen, Rinder.

Bleckmann Gabriele
B.: Tanzlehrerin. FN.: Tanzschule Bleckmann. DA.: 59368 Werne, Capeller Str. 38. info@tanzschule-bleckmann.de. www.tanzschule-bleckmann.de. G.: Herbern, 19. März 1960. V.: Julio-Cesar Salmeron. Ki.: Constantin. El.: Franz u. Theresa, geb. Sträter. S.: 1976 Höhere Handelsschule, 1976-78 Ausbildung als Ind.-Kauffrau. K.: 1978-80 Sekr. b. d. Dr. Niehus, 1982-86 Modell b. "Jost Laubi" in Düsseldorf, 1986-93 Sekr. Gestüt Quenhorn + Balloprennstall Herzebrock, 1996 Gasttänzer im Theater Dortmund, 1996 Grdg. d. Tanz- u. Ballettschule in Werne. M.: ADTV, Dt. Verb. d. Tanzpäd. H.: Galoprennsport.

Bleckmann Hans-Otto *)

Bleckmann Paul Dr. Prof. *)

Blecks Günter H. Prof. *)

Bleckwenn Ruth Dr. paed. Prof. *)

Bledau Rüdiger *)

Bleeck Hagen Olaf
B.: Dipl.-Musiker, Doz. FN.: Sound-Creation-Studio. DA.: 67346 Speyer, Meisenweg 55. SCSSpeyer@gmx.de. G.: Recklinghausen, 21. Juli 1963. V.: Lily, geb. Nagaosa. Ki.: David-Taro ((1998). BV.: die Familie in Japan ist eine bekannte Musiker- u. Künstlerfamilie. S.: 1980 Mittlere Reife Königstädten, 1980-82 Ak. f. Tonkunst Darmstadt, 1982-86 Stud. Orchestermusik Wiesbadener Konservatorium, 1986-92 Staatl. HS f. Musik Heidelberg u. Mannheim, Dipl.-Orchestermusiker/Hauptfach Waldhorn. K.: seit 1989 Doz. Jugend-Musik- u. Kunstschule Bruchsal, seit 1998 auch Doz. am Badischen Konservatorium Karlsruhe, seit 1995 selbst. Musikproduzent / Tontechnik / Management / Komponist; Förderung d. Deutsch-Japan. Kulturaustausches/Bereich Musik in Zusammenarbeit mit d. Landesmusikrat Baden-Württemberg. P.: mehrere CD's, Kompositionen: das Ölmeer und die Zeit, Fantasia Deutalia, Overtones 1.

Bleeker Andreas *)

Blees Heinz
B.: Werbung/Stadtpläne. FN.: Blees-Verlag. DA.: 52353 Düren, Ludwigstr. 2. G.: Düren, 31. Juli 1932. V.: Else, geb. Dommnick. Ki.: Erika (1952), Jürgen (1963). S.: Lehre als Kupferschmied, 1951 Gesellenprüf. K.: gelernt in d. ehem. Lehrfirma, dann kfm. Ang. b. d. Firma Mathias Harzheim, Köln, Getränke-Großhdl., 1962 Prüf. als Ind.-Kfm. IHK Köln, b. 1975 Ind.-Kfm., zuletzt Handlungsbev. u. eigenständige Führung d. Ndlg. "Niederrhein" als Getränkegroßhdl., ab 1975 selbst. Tätigkeit als Verlagskfm., ab 1981 zusätzl. Grdg. d. Unternehmens "HB-Werbung". E.: Verd.-Med. d. Bundes Dt. Karnevalisten. M.: inaktives Mtgl. in fast allen Dürener Ver. u. Organ. H.: Sport (Wandern, Angeln), Autoreisen.

Bleher Hans
B.: Offsetdrucker, Inh. FN.: Bleher Folientechnik. DA.: 71254 Ditzingen, Max-Planck-Str. 6. PA.: 70192 Stuttgart, Lenbachstr. 4. G.: Stuttgart, 4. Jan. 1954. V.: Jutta, geb. Rühle. Ki.: Claudio (1987). S.: 1972 Mittlere Reife, 1972-73 Fachschule f. Drucktechnik, 1972-73 Lehre z. Offsetdrucker. K.: 1973 Eintritt in d. elterl. Hdls.-Vertretung, in d. Folgej. Umstrukturierung zu einem Spezialunternehmen f. Folienkonfektionierung, ab 1973 Entwicklung v. Spezialmaschinen z. Beschichtung v. Polyesterfolien, ab 1993 Alleininh. H.: Beruf, alte Motorräder.

Bleher Jutta *)

Blei Dieter Dipl.-Gartenbauing. *)

Blei Kerstin Dipl.-Medizinerin *)

---

*) Biographie www.whoiswho-verlag.ch oder beigefügte CD-ROM

Bleiberg Benno *)

Bleibinhaus Reinhard *)

Bleibtreu Moritz
B.: Schauspieler. FN.: Players, Agentur Jarzyk-Holter. DA.: 10178 Berlin, Sophienstr. 21. G.: München, 13. Aug. 1971. V.: Clarice de Castro (Freundin). S.: Schauspielausbild. in Paris, Rom u. New York. K.: "Romeo u. Julia" am Schauspielhaus in Hamburg, "Richard III." Thalia Theater, 1993 erste kleinen Filmrollen, TV-Film "Schulz & Schulz", Kinokomödie "Einfach nur Liebe", 1994 Fernsehfilm "Unschuldsengel", Komödienhit "Stadtgespräch", "Knockin' on Heaven's Door", 1997 3 Filme "Lola rennt", 1998 Komödie "Liebe Deine Nächste!"; 1998 "Mondvater", 1999 Fernsehkomödie "Das Gelbe vom Ei", "Luna Papa", 2000 Fandango, 2001 Das Experiment, 2001 Lammbock. E.: 1997 Lubitsch-Preis, 2001 BZ-Kulturpreis. (Re)

Bleicher Chris

B.: Neon-Performance-Multimedia-Künstlerin. DA.: 81371 München, Thalkirchner Straße 278. chris@peepart.com. www.peepart.com. S.: Kfm. Ausbildung, Unterricht in traditioneller chinesischer Malerei im Chinese Study Program Center in Hangzhou. K.: seit 1988 Neonkunst, die Exotik, Erotik, Ökologie und Humor beinhaltet, beeinflusst durch zahlr. Reisen (Afrika, China, Kanada, Karibik, Mittel- und Südamerika, Südsee, Thailand, USA), Schwerpunkt: "Erhalt d. Natur in Verbindung m. Technik", medienwirksame Firmen-Events, Happenings u. Licht-Wasser-Performances, künstlerische Gestaltung v. Tierurnen u. -särgen, Live-Kamera-Kunstprojekt "peepart", seit 1988 Neonkunst: virtuelle Kunstgalerie m. Neon Bild Objekten, Neon-Skulpturen, Neon-Wand- u. Neon-Rauminstallationen, Bodypaintings, Happenings u. Performances, 1994 Aufnahme ins historische Archiv d. Nationalgalerie f. mod. u. zeitgenössische Kunst in Rom Italien, 1998 Ausstellung "Chris Bleicher - Bruder Van Gogh" m. Sonnenblumen-Happening im Forum d. Technik Dt. Museum in München, 1999 The Alternative Museum New York u. Start v. Projekt Lichtblick, 2000 Großauftrag: Künstlerische Interpretation d. antiken Sieben Weltwunder d. Neuzeit anläßl. d. Zukunftskonferenz, Start v. peepart Live-Kamera-Kunstprojekt m. Direktübertragung d. gesamten Ateliergeschehens ins Internet, 2001 Waterproof Sunshine Series (wasserfeste Bilder) ohne Neonlicht, basierend auf Sonnen-Symbolik.

Bleicher Harald
B.: RA. FN.: Kanzlei Schweizer & Bleicher. DA.: 90429 Nürnberg, Fürther Str. 17a. PA.: 90513 Zirndorf, Büchleiner Str. 10. info@rae-schweizer-bleicher.de. www.rae-schweizer-bleicher.de. G.: Nürnberg, 23. Juni 1972. V.: Daniela Bleicher. Ki.: Sabine. El.: Franz u. Ingrid. S.: Abitur, Stud. Rechtswiss. K.: tätig als selbständiger RA in Sozietät Kzl. Schweizer & Bleicher. M.: seit 1998 2. Vorst. d. Freiwilligen Feuerwehr Anwanden-Lind, seit 1999 Mtgl. d. Verteidigernotrufes Nürnberg, seit 1999 Dt. Anwaltverein u. Nürnberg-Fürther Anwaltverein.

Bleicher Markus
B.: Gschf. FN.: evo soft TeleCare GmbH Software f. Telemed. u. Telerehabilitation. DA.: 90411 Nürnberg, Hugo-Junkers-Str. 11. PA.: 80687 München, Aldegrever Str. 19. mar-

kus.bleicher@evosoft.com. www.evosoft.com. G.: Regensburg, 19. Okt. 1963. V.: Karin, geb. Peinert. El.: Sebastian u. Hedwig. S.: 1981 Mittlere Reife, 1981-83 Lehre Ind.-Kfm. Firma Josef Riepl Regensburg, 1990 Ind.-Fachwirt IHK Regensburg. K.: b. 1991 tätig in d. Firma Riepl im Bereich kfm. Baustellen- u. Projektbetreuung im In. u. Ausland u.a. in Jordanien u. Äthiopien, 1988-91 selbst. im kfm. Bereich für Regel- u. Meßanlagen, 1991-97 Aufbau u. Ltg. d. Finanz- u. Rechnungswesen im Teppichwerk in Regensburg, seit 1997 tätig in d. Firma evosoft. F.: kfm. Gschf. v.: evosoft Customer Care GmbH, Individuelle Sotware-Entwicklung, Evosoft Computer-Training GmbH, Evosoft Business GmbH. H.: Technik, Motorradfahren, Lesen, Kunst, Design, Handwerkskunst.

Bleichroth Wolfgang
Dr. rer. nat. Dr. sc. paed. h.c. em. Prof. *)

Bleichroth Wulf F. P. *)

Bleicken Jochen Dr. Prof. *)

Bleidießel Gerhard *)

Bleienheuft Christian Dr. med.

B.: Internist. DA.: 50996 Köln-Rodenkirchen, Maternuspl. 10. G.: Köln, 7. März 1954. V.: Uta, geb. Vonderbank. Ki.: Isabel (1989), Nadine (1992), Yvonne (1992). El.: Hans Joachim u. Iris. S.: 1974 Abitur, 1974-81 Med.-Stud. Freiburg u. Köln. K.: 1982-89 FA-Ausbild. unter Prof. Kaufmann, 1988 FA-Prüf., 1983 Prom., seit 1989 ndlg. FA f. Innere Med. P.: Mitautor "Internist. Differentialdiagnostik." M.: Berufsverb. d. Internisten Deutschlands, Johanniter. H.: Tennis, Ski, Hobbygourmetkoch, Sprachen: Englisch, Französisch.

Bleier Monika

B.: Sekretärin, Inhaberin FN.: Sekretärienservice u. Bewerbungsberatung. DA.: 80538 München, Bürkleinstraße 20, Altstadt Lehel. m.bleier@m-b-g.de. V.: Dipl.-Ing. (FH) Sigurd Schobert. Ki.: Joachim (1980), Daniel (1981). El.: Anton u. Barbara Bleier, geb. Gretzinger. S.: Mittlere Reife 2. Bild.-Weg, 1987-89 Ausbild. gepr. Sekr. DAA, Bonn, 1989 Weiterbild. PC, Buchführung u. Engl. K.: Praxis b. Computerkonzern, Wirtschaftsprüfungsgesellschaft, Ing.-Büro, seit 1993 selbständig m.

*) Biographie www.whoiswho-verlag.ch oder beigefügte CD-ROM

Büro f. Arbeiten f. fast alle Branchen, Seminar- u. Autorentätigkeit, Bewerbungsberatung. H.: Tanzsport, Segeln, Wandern.

Bleiker Hans Ing.

B.: Architekt und Ing. FN.: Hochstrasser, Bleiker GmbH Ulm; Hochstrasser, Bleiker + Partner St. Gallen. DA.: 89077 Ulm, Magirusstr. 49. PA.: CH-8630 Wattwil, Ebnaterstr. 45 A. G.: Wattwil, 25.März 1932. S.: 1952 Matura St. Gallen, 1952-57 Stud. Eidgen. ETH Zürich, 1957 Dipl.-Architekt. K.: 1957-60 tätig in Paris u. Mailand, seit 1960 Architekt in Ulm. H.: Lesen, Reisen, Schach, Wandern.

Bleimann-Gather Günter Dr. *)

Bleinroth Heinz C. Dr. jur. *)

Bleisch Christina *)

Bleker Johanna Dr. med. Prof. *)

Blender Wolfgang Heinrich

B.: psychologischer Astrologe, Heilpraktiker (Schwerpunkt: Homöopathie), Astro-Service, Praxis f. klass. Homöopathie. DA.: 77749 Hohberg-Diersburg, Bachstr. 15. G.: Offenburg, 28. Mai 1954. V.: Lebenspartnerin: Brigitte Stürmer. El.: Heinrich u. Käthe, geb. Schorn. S.: Mittlere Reife, 1971 Wirtschaftsschule, 1971-73 Lehre Kfm.-Gehilfenbrief, 1975-77 FH-Reife Wirtschaftsgymn. K.: 1977-78 Tätigkeit, 1978-79 18 Monate in Indien, 1980-83 in Indien, 1983-89 selbständig im Landschaftsgartenbau, 1989-90 selbst. mit Reisegewerbe, 1991-93 Astrolog. Ausbild. in Stuttgart u. München, Abschluss: Dipl.-Astrologe, psycholog. Astrologie, seit 1993 eigene astrolog. Beratungspraxis u. Schule f. Pschologische Astrologie in Offenburg, Vorträge u. Seminare, Astro-Medizin, 1995-99 Heilpraktikerausbildung in Kenzingen b. Freiburg. Frau Richter. P.: Dipl.-Arb.: Einführung in d. psychologische Astrologie. H.: Bergwandern, Phil., Lesen, Reisen, Meditation.

Blendinger Ingrid Dr. med.
B.: FA f. Anästhesie u. Allg.-Med., Vors. FN.: Dt. Schmerzhilfe Landesverb. Berlin e.V. DA.: 12167 Berlin, Albrechtstr. 15b. G.: Mülheim/Ruhr, 9. Jan. 1942. Ki.: Sophia (1976). El.: Heinrich u. Gertrud. S.: 1961 Abitur Würzburg, 1961-62 soz. J. auf einem Gut in Niedersachsen, 1962-68 Med.-Stud. in Würzburg, Wien u. Tübingen, Dr. med. K.: 1968-70 Med.-Ass. in Bad Homburg, Bad Nauheim, 1970-73 Ass. in d. Anästhesie an d. Univ.-Klinik d. FU Berlin, 1973-74 Ass. in d. Anästhesie d. Univ.Klinik Pittsburgh/USA, 1974-82 OA in d. Anästhesie d. Univ.Klinik d. FU Berlin, 1975-82 Aufbau einer Schmerzambulanz in d. Univ.Klinik, 1980-84 Psychotherapieausbild., Gestalttherapieausbild. am Inst. f. Gestalttherapie in Berlin, seit 1983 freie Niederlassung als FA f. Anästhesie u. FA f. Allg.-Med., 1987 Gründung u. Vors. "Dt. Schmerzhilfe Landesverb. Berlin e.V.", 1999 Erwerb d. Zusatzbezeichnung "Spezielle Schmerztherapie". BL.: Initiatorin d. Schmerztherapie in Deutschland. P.: Veröffentlichungen in med. Fachzeitschriften u. auf Kongressen. M.: stellv. Vors. d. berufspolit. Kmsn. b. d. Dt. Ges. z. Studium d. Schmerzes, Soz. Engagement im Verb. d. Kirche. H.: Lesen, Theater, Sport, Kultur- u. Naturausflüge.

Blenke Heinz Dr.-Ing. *)

Blens Heribert Dr.
B.: Richter a.D., MdB. FN.: Deutscher Bundestag. DA.: 11011 Berlin, Platz d. Republik 1. PA.: 51069 Köln, Schluchter Heide 5. G.: Köln, 19. Feb. 1936. V.: Dr. Marianne Blens-Vandieken. Ki.: Udo (1966), Dirk (1970). S.: Gymn., 1956-60 rechtswiss. Stud. Univ. Köln, 1960 Referendarexamen, 1964 Assessorexamen, Zweitstud. Polit. Wiss. u. VWL. K.: 1966-67 Hilfsref. im Bundesarbeitsmin., 1967 Richter am Verw.-Gericht Köln, 1974 einjährige Tätigkeit im Bundesinnenmin., 1975-83 Vors. Richter am Verw.-Gericht Düsseldorf, seit 1955 Mtgl. CDU, Mtgl. BeiR. Jakob Kaiser-Stiftung e.V., 1969-87 Mtgl. Rat d. Stadt Köln, 1975-87 Bgm. d. Stadt Köln, ab 1983 MdB. M.: Mtgl. parlam. Ges. dtsch-italien., Vors. d. Vermittlungsausch. H.: Lesen, Schwimmen. (Re)

Bleschke Frank *)

Blesel Burkhard Dipl.-Kfm. *)

Bleser Peter
B.: Ldw.-Mstr., MdB. FN.: Deutscher Bundestag. DA.: 11011 Berlin, Platz d. Republik 1. G.: Brachtendorf, 23. Juli 1952. V.: verh. Ki.: 3 Kinder. S.: 1959-67 VS Brachtendorf, 1967-70 dreijährige Ausbild. im elterl. Betrieb z. Ldw.-Gehilfen, 1971-72 u. 1977-78 Ldw. Fachschule Mayen, 1978 Mstr.-Prüf. K.: Seit d. 16. Lebensj. Ltr. eines ldw. Betriebes, seit 1985 Kreisvors. Bauern- u. Winzerverb. Cochem-Zell, seit 1987 Mtgl. Ldw.-Kam. Rheinland-Pflaz, Aussch.-Vors. f. Landtechnik u. Bauwesen, seit 1984 Mtgl. im AR d. Raiffeisenbank Kaifenheim, seit 1989 Mtgl. im BeiR. d. Rhein. Warenzentrale Köln, seit 1970 Mtgl. CDU u. JU, 1975-79 JU-Gem.-Verb.-Vors. Kaisersesch, 1984-89 Mtgl. Kreisausch. Cochem-Zell, seit 1979 Mtgl. Kreistag Cochem-Zell, seit 1984 Mtgl. GemR. Brachtendorf, 1987 MdL Rheinland-Pfalz, s. 1990 MdB. (Re)

Bless Henrike
B.: Tanzlehrerin. FN.: Tanzschule Arabesque. DA.: 93047 Regensburg, Obermünsterstr. 9. PA.: 93049 Regensburg, Hermann Köhe Str. 20. G.: München, 31. Dez. 1962. El.: Matthias u. Hella Bless. S.: 1978 Mittlere Reife, 1978-80 Sprachschule München, Abschluß Dipl.-Fremdsprachensus. K.: 1980-83 Rhein. Poyer Ballettschule München, 1983-88 Ballettlehre im Studio v. Astrid Lampe Regensburg, 1991 Übernahme d. Studio Lampe, Umfirmierung in Arabesque. BL.: Auftritte im Grazer Ballettheater, Stadtbund im Hof, Sommerfestspiele in Eutin, Stadttheater in Coburg u. Regensburg, Kompersien Bavaria Filmstudio München. H.: Nähen v. Ballettkostümen, Malerei, bild. Kunst, Katzen.

*) Biographie www.whoiswho-verlag.ch oder beigefügte CD-ROM

Blessin Barbara Dr. med.
B.: Frauenärztin. DA.: 23611 Bad Schwartau, Eutiner Ring 6 c. G.: Hamburg, 21. Jan. 1954. Ki.: Katrin (1985), Linda (1995). El.: Traugott u. Lieselotte Blessin. BV.: Prof. Hermann Vogel - Erfinder d. Farbfotografie. S.: 1973 Abitur, 1973 Stud. Med. Hamburg, 1977-78 Aufenthalt Ecuador, 1980 Staatsexamen u. Approb. Hamburg. K.: 1980-81 Ass.-Ärztin am UK Eppendorf, 1981-82 Ass.-Ärztin am AKH Heidberg, 1983 Ass.-Ärztin d. gynäk.-geburtshilfl. Abt. d. Paracelsusklinik in Hamburg-Ulzburg, 1984 Prom. an d. Univ. Heidelberg, 1984-88 Ass.-Ärztin f. Gynäk. am Bollmann-KH in Nienburg, 1988-91 Ass.-Ärztin am Ev. KH Alteneichen in Hamburg, 1991-92 FA-Prüf., Praxisvertretungen, Reisen v. Ostkanada b. Vancouver u. Kalifornien, Zusatzausbild. in Naturheilverfahren in Deutschland, seit 1993 ndlg. Frauenärztin in Bad Schwartau m. Schwerpunkt konservative Frauenheilkunde, Geburtshilfe m. Vor- u. Nachsorge, pflanzl. Heilkunde, Qui-Gong, Homöopathie, elektromagnet. Therapie, Beratung f. gesunde Ernährung. P.: "Gesundheits- u. Krankenverhalten bei 4 Indinanerges. in Ecuador" E.: 1972 Norddt. Meisterin in d. Vielseitigkeitsreiterei. M.: Dt. Ges. f. Gynäk. u. Geburtshilfe, Berufsverb. d. Frauenärzte, Paint-Horse-Membership Assoc., Qui-Gong. H.: Reisen,Musik, Klavier spielen, Westernreiten.

Blessing Bianca *)

Blessing Eugen Dr. phil. Dr. theol. *)

Blessing Ira Maria

B.: FA f. physiolog. Med. DA.: 20148 Hamburg, Johnsallee 39. PA.: 22301 Hamburg, Kronskamp 64. G.: Wiesensteig, 12. Jan. 1962. El.: Alwin u. Herta, geb. Wiedensohler. S.: 1982 Abitur, 1982-83 Praktikum im Katharinenhospital in Stuttgart u. im Christophbad in Göppingen, 1983-90 Stud. Humanmed. in Würzburg. K.: 1988 während d. Stud. in einem Tropen-KH im Bereich Geburtshilfe und Kinderuntersuchungen gearb., 1989 Examen in Würzburg u. zunächst im Bereich d. Gynäkologie tätig, außerdem Aufenthalt in England u. dort im Bereich d. Chir. ttig, 1990-92 Stud. Psych., 1992 Ausbild. z. Verhaltenstherapeutin in d. Beruskilinik in Saarlouis u. gleichzeitig Ausbild. u. Weiterbild. z. FA f. psychotherapeut. Behandlung, 1995 Umzug nach Hamburg, 1998 FA-Prüf. u. Ndlg. in Hamburg. M.: MEG-Ges., Berufsverb. f. ndlg. Therapeuten. H.: Wandern, Lesen, Musik, Fitness.

Blessing Karl H. Dr. phil.
B.: Germanist, Historiker, Gschf. FN.: Karl Blessing Verlag. DA.: 81679 München, Possartstrasse 20. ulrike.netenjakob @bertelsmann.de. www.mountmedia.de/verlag/blessing. G.: Berlin, 24. März 1941. S.: 1960 Abitur, 1960-71 Stud. Germanistik u. Geschichte Frankfurt, München u. Mainz, 1971 Prom. K.: 1971-73 Tätigkeit b. Hugendubel u. Piper München, 1973-75 b. Verlagsgruppe Georg v. Holtzbrinck GmbH Stuttgart, 1975-82 Prokurist b. Verlag Das Beste Stuttgart, seit 1982 Gschf. f. d. verleger. Seite b. Droemer, Knaur, Kindler München, Februar 1996 zus. m. d. Bertelsmann Buch AG Grd. d. Karl Blessing Verlags, s. 10/2000 zus. Gschf. d. Albrecht Knaus Verlags. H.: Lesen, Reisen. (R.V.)

Blessing Markus *)

Blessing Martin
B.: Mtgl. d. Vorst. FN.: Commerzbank AG. DA.: 60261 Frankfurt/Main, Kaiserplatz. www.commerzbank.de. G.: Bremen, 6. Juli 1963. V.: verh. Ki.: 2 Töchter. S.: 1983-84 Banklehre b. d. Dresdner Bank, 1984-87 Stud. BWL an d. Univ. Frankfurt u. d. HS St. Gallen, Abschluss Lic. oec. publ., 1988 MBA an d. Univ. of Chicago. K.: 1989-96 tätig b. McKinsey in Frankfurt u. New York als Berater, 1994 Wahl z. Partner b. McKinsey, 1997-2000 Mitleiter d. Geschäftsbereichs Private Kunden b. d. Dresdner Bank in Frankfurt, 2000-2001 Vorstandssprecher b. d. Advance Bank AG in München, seit 2001 Mtgl. d. Vorst. in d. Commerzbank AG in Frankfurt. (Re)

Blessing Werner

B.: Fotograf. FN.: Studio Blessing. DA.: 80469 München, Wittelsbacher Str. 14. G.: Bad Kreuznach, 16. Feb. 1958. El.: Heinz u. Anneliese. S.: 1977 Abitur, 3 Sem. Elektrotechnikstud., 1 J. Praktikum in Frankfurt, danach 1981 Stud. an d. Staatslehranst. f. Fotografie in München. K.: 1984 selbst. in d. Bereichen Mode-, People-, Musik- u. Kosmetikfotografie, mehrjährige Auslandsaufenthalte in Europa u. Übersee, Auftragsarb. f. namhafte Illustrierte. E.: mehrere Preise u. Ausstellungen. H.: Golf, Reisen, Wassersport.

Bleuel Hans Peter
B.: Schriftsteller. FN.: c/o Verb. deutscher Schriftsteller. DA.: 70174 Stuttgart, Friedrichstr. 15. G.: Stuttgart, 18. März 1936. V.: Sigrid, geb. Wolff. Ki.: Ann Nataly (1967). El.: Carl u. Katharina. S.: Stud. Geschichte, Germanistik, Zeitungswiss. u. Soz. in Frankf./M. u. München. K.: Redakteur im Techn. Pressedienst d. Siemens-Konzerns, Ass. d. Verlagsltg. im Verlag Droemer/Knaur, seit 1965 Freier Schriftsteller. P.: Dt. Studenten a. d. Weg ins Dritte Reich (1967), Deutschlands Bekenner (1968), D. saubere Reich (1972),Kinder in Dtld. (1971, 1973), Alte Menschen in Dtld. (1972, 1975), D. Stützen d. Ges. (1976), Kinder u. d. Welt in d. sie leben (1981), Ferdinand Lassalle (1979, 1983), Friedrich Engels (1981, 1984), D. verkabelte Ges. (1984), Südtirol (1995), Venetien u. Friaul (1997), Authors' rights (1999), u.a.m. E.: Verb. dt. Schriftsteller (VS) i. d. IG Medien s. 1984, Vizepräs. d. European Writers' Congress (EWC) s. 1991, Verwalt.-rat d. VG Wort.

Bley Ernst *)

Bley Hartwig

B.: RA, Gschf. FN.: Verb. Münsterländischer Metallindustrieller e.V. DA.: 48145 Münster, Dechaneistr. 30. G.: Berlin, 7. Aug. 1939. El.: Hugo-Herbert u. Gerda, geb. Vägler. S.: 1959 Abitur Fulda. b. 1964 Stud. Rechtswissenschaften an d. Univ. Marburg, Köln u. Bonn, 1964 1. Staatsxamen b. OLG Köln, b. 1968 Gerichtsreferendar in Fulda, Kassel und Frankfurt, 1968 2. Staatsexamen. K.: b. 1970 Anwaltsassessor in Fulda, gleichzeitig Stud. an d. Univ. Innsbruck, ab 1973 Zulassung als RA, 1970-75 Syndi-

*) Biographie www.whoiswho-verlag.ch oder beigefügte CD-ROM

kus im Verb. d. Automobilindustrie Frankfurt, 1975-77 Gschf. d. Verb. Papierverarbeitung u. Druckindustrie Südbaden in Freiburg, 1977 Prom. z. Dr. iur., 1977-92 2. Gschf. VMM in Münster, ab 1992 alleiniger Gschf. d. VMM. P.: Veröff. im Bereich Frühgeschichte, Kunstgeschichte. H.: Jagd, Tennis, Literatur.

Bley Helmut Dr. Prof. *)

Bley Lothar *)

Bley Michael Dipl.-Ing. *)

Bley Thomas S. Prof. *)

Bley Volker *)

Bleyer Holm Dr. med. MedR. Prof. *)

Bleyer Roland

B.: Gschf. FN.: HZF-Heimwerkerzentrum Fehmarn Groth Baustoffhdls. GmbH. DA.: 23769 Burg auf Fehmarn, Industriestr. 9. G.: Burg auf Fehmarn, 21. Aug. 1947. V.: Bettina, geb. Behnke. Ki.: Inga (1976), Nina (1979). BV.: Pastor Gustav Bleyer (1890), Erfinder d. Ausspruches "Pharisäer", Nordstrand, Namensgeber d. Getränkes aus Kaffee, Sahne u. Rum. S.: 1963-66 Ausbild. z. Holzkfm., 1966-68 Bundeswehr. K.: 1968-70 Holzkfm. im Hamburger Furnierwerk, 1971-74 Betriebswirtschaftsstud. an d. DAA Dt. Ang. Ak. Großhansdorf, 1974-78 Holzkfm. in Hamburg, Bremen u. Soltau, anschl. Grdg. u. Aufbau d. HZF. M.: Einkaufsges. Nordbau. H.: Sport allg., Skifahren, Joggen, Musik.

Bleyer Ulrich Dr. habil. *)

Bleyhl Werner Dr. phil. *)

Bleyl Andreas
B.: selbst. Vers.-Makler. FN.: PM & Partner Assekuranz u. Consulting GmbH. DA.: 28199 Bremen, Duckwitzstr. 95. G.: Bremen, 20. Juni 1970. El.: Hans-Georg u. Lilo, geb. Knauer. S.: 1991 Abitur, 1991-94 Ausbild. Vers.-Kfm. Gerling Konzern. K.: 1994-95 Verkaufscoach im Bankhaus Neelmeyer AG in Bremen, ab 1996 freiberufl. Vers.-Makler b. PM & Partner, Experte f. gewerbl. Versicherungen f. d. Bereich Ges.-Gschf.-Versorgung u. sozialvers.-rechtl. Beurteilungen, Experte für gewerbl. Versicherungen. M.: Marketing Club, Club zu Bremen. H.: Reisen, Lesen, Wassersport.

Bleyl Heinz Werner Dipl.-Ing. *)

Bleyl Uwe Dr. med. Prof.
B.: ärztl. Dir. u. im Klinikumvorst. FN.: Klinikum Mannheim d. Univ. Heidelberg. DA.: 68167 Mannheim, Theodor-Kutzer-Ufer. PA.: 68723 Schwetzingen, Kurpfalzring 34. G.: Kiel, 28. Okt. 1936. V.: OStudR. Veronika, geb. Winter. Ki.: Dr. med. Uwe (1961). BV.: Fritz Bleyl: Mitbrgründer d. BRÜCKE in Dresden. S.: 1954 Abitur Greiz, 1955 Abitur Oberschule z. Dom Lübeck, 1955-60 Stud. Med. München, Hamburg u. Kiel, 1960 med. Staatsexamen u. 1961 Prom. K.: 1963-65 Ass.-Arzt am patholog. Inst. d. Städt. Krankenanst. Karlsruhe, 1964-75 wiss. Ass. u. OA am patholog. Inst. d. Univ. Heidelberg, 1968 Habil. f. allg. Pathologie u. patholog. Anatomie an d. Univ. Heidelberg, 1973 Ernennung z. apl. Prof. d. Univ. Heidelberg, 1973-74 Gastprof. f. allg. Pathologie u. patholog. Anatomie an d. Univ. Göttingen, 1975 Berufung an d. Lehrstuhl f. allg. Pathologie u. patholog. Anatomie d. Fak. f. klin. Med. Mannheim d. Univ. Heidelberg u. Ernennung z. Dir. d. patholog. Inst., 1980-83 Dekan d. Med. Fak. Mannheim, 1983-87 Prorektor d. Univ. Heidelberg, 1987-92 ärztl. Dir. im Klinikumsvorst. d. Klinikums d. Stadt Mannheim. P.: Arterio Sklerose u. Fibrin-inkorporation, Allg. Pathologie, viele weitere Monografien, Pathologie d. Schocks u. d. Gerinnung, Pathologie d. Atemnotsyndroms, viele Veröff. in Fachzeitschriften, Fachvorträge in Deutschland, USA u. Großbritannien. E.: BVK. M.: Intern. Ges. Society of Thrombosis, Intern. Ges. f. Pathologie, Dt. Ges. f. Pathologie, Dt. Ges. f. Blutgerinnungsforsch., Dt. Ges. f. Geburtshilfe Pärinatologie. H.: Literatur, klass. Musik.

Ritter von Bleyle Hans Wolfgang *)

Bleyle Peter

B.: Gastronom, Gschf. Ges. FN.: Eisbach Gaststätten GmbH. DA.: 80539 München, Marstallpl. 3. PA.: 81675 München, Ismaninger Str. 130. info@bar-kueche.de. www.bar-kueche.de. G.: München, 5. September 1957. El.: Joseph u. Frida, geb. Rhein. S.: 1977 Abitur, 1978-83 Stud. Psych. LMU München, Abschluss Dipl.-Psychologe, 1983-84 Reisen nach Asien u. USA. K.: 1984-87 Kinderpsychologe in e. Münchner psycholog. Praxis, seit 1988 Eröff. u. Inh. d. "Speisecafé West" München, 1994-98 Mitinh. d. Café Restaurant "Glockenspiel" im Münchner Zentrum, seit 1999 Mitinh. d. Eisbach Bar & Küche München, spezialisiert auf East-West Cooking, ab 2001 Eröff. u. Mitinh. d. Yum Thai Kitchen & Bar München. M.: Ver. Big Spender e.V. München, Ver. z. Unterstützung v. HIV-Projekten. H.: Reisen, Kochen, Lesen, Segeln, Kunst.

Blicke Horst *)

Blickenberger Josef Peter *)

Blickhan Claus *)

Blickhan Daniela *)

Blickwede Burkhard

B.: Finanzbmtr. FN.: Finanzamt Nord. DA.: 30165 Hannover, Vahrenwalder Str. 206. PA.: 30165 Hannover, Vahrenwalder Str. 208a. G.: Langenhagen, 19. Nov. 1968. El.: Kurt-Werner u. Rita. S.: 1985 Mittlere Reife in Hannover, 1985-88 Ausbild. z. Finanzbeamten in Hannover m. Abschluß. K.: 1988 Finanzbmtr. b. Finanzamt Nord in Hannover, 1985-91 Vorst.-Mtgl. d. SPD Vahrenwald, 1991 Wahl in d. BezR. d. SPD, 1996 Wahl z. Bez.-Bgm. d. SPD Hannover. M. SPD, Greenpeace, ÖTV, AWO. H.: Kleingarten, Lesen.

*) Biographie www.whoiswho-verlag.ch oder beigefügte CD-ROM

Bliddal Carsten *)

Bliedtner Hans *)

Bliefernich Claudia

B.: RA, selbständig. FN.: Rechtsanwaltsozietät Claudia Bliefernich & Martin Daum. DA.: 27798 Hude, Parkstr. 24. G.: Bremen, 18. Nov. 1964. El.: Johann Bliefernich und Ruth, geb. Flade. S.: 1984 Abitur Bremen, Stud. Rechtswiss. Bremen, 1990 1. u. 1994 2. Staatsexamen, Referendariat OLG Oldenburg, 1994 Fortbildung z. Wirtschaftsjuristin Univ. Bremen. K.: Tätigkeit in einer RA-Kanzlei in Harpstedt, 1996 hauptamtliche Frauenbeauftragte Samtgemeinde Harpstedt, 1996 RA Sozietät m. Martin Daum in Hude, Tätigkeitsschwerpunkt Familien- u. Verkehrsrecht. M.: Ratsmtgl. im Rat d. Fleckens Harpstedt u. Rat d. Samtgemeinde Harpstedt (1991-2001), bis 1997 Vors. d. Harpstedter Kulturkreises. H.: Musik, Chormitglied Singakademie Bremen, Lesen, Sport, Motorradfahren.

Bliefernicht Rainer

B.: Elektroinstallateur, Inh. FN.: Spiel u. Sport Grob. DA.: 21614 Buxtehude, Bahnhofstr. 54-56. G.: Hamburg, 3. Mai 1960. V.: Susanne, geb. Meyer. Ki.: Thore (1997). El.: Klaus u. Edeltraud. S.: 1977-81 Ausbild. z. Elektroinstallateur in Hamburg-Billstedt, 1981-83 Bundeswehr Marine in Kappeln/Schlei. K.: 1983 Geselle in Hamburg, 1983 Betriebstechnik Nußrösterei in Seevetal, 1984-90 Ass. d. Betriebsltr. Nußrösterei in Seevetal, seit 1991 selbst. durch Übernahme d. elterl. Betriebes. M.: seit 1994 CDU, seit 1998 Landesaussch. u. Kreisvorst. in Hamburg-Harburg, seit 1999 stellv. Ortsvors. d. Ortsvorst. Harburg, 1985-95 Ausbilder d. Grundausbild. Feuerwehr in Seevetal, 1989-92 im Gemeindekommando F.F. Seevetal, seit 2000 Gschf. Vorst. im Schützenver. Marmstorf, 2000-2001 Schützenkönig in Marmstorf. H.: seit 1980 Ldw.

Bliemetsrieder Max *)

Bliese Andrea StR. *)

Bliese Joachim
B.: freischaff. Schauspieler. FN.: c/o Agentur de la Berg. DA.: 82057 Icking-Isartal, Ebenhauserstr. 7. G.: Kiel, 7. Okt. 1935. V.: Eleonore Weisgerber. Ki.: Andrea, Miriam, Johannes. El.: August u. Anneliese, geb. Grünberg. S.: 1955 Abitur, 1955-57 Stud. Vw. Univ. Kiel, 1957-59 Schauspielausbild. HS f. Musik u. Theater Hamburg. K.: ab 1959 Engagement Landestheater Coburg, b. 1991 Engagements Staatstheater Wiesbaden, Theater Oberhausen, Nationaltheater Mannheim, Theater Heidelberg, Staatstheater Stuttgart, Theater Basel, Thalia-Theater Hamburg, Schiller-Theater Berlin, zahlr. Gastspiele im In- u. Ausland, ca. 40 FS-Filme, viele Hörspielproduktionen u. Lesungen, wichtige Rolle: Hans Fallada im FS-Spiel ZDF (über sein Leben). BL.: Nachwuchsförderung, starkes gewerkschaftl. Engagement in d. GdBA, stellv. Landesvors. M.: GdBA. H.: Musik, Malen, Tennis. (Re)

Blind Edelgard *)

Blind Gerd Dr. rer. nat. habil. Dipl.-Math. *)

Blind Wolfram Dr. Prof. *)

Blinda Werner W.
B.: Chefred. FN.: Radio Bremen HF, HA. DA.: Bremen, PF 330320. G.: Friedrichsgrube/OS, 8. Mai 1944. K.: 1977 ARD-Medienref., ab 1978 Abt.-Ltr. Information u. Verbindungen, 1980-87 Gschf. d. Direktoriums Radio Bremen, seit 1987 Hauptabt.-Ltr. Programmplan. in d. Programmdir. Hörfunk.

Blinde Alfred Dr.-Ing. *)

Blindow Martin Dr. phil. Prof. *)

Blings Werner Dipl.-Ing. TU u. FH *)

Blinn Hans Günther Dr. phil. *)

Blinn Stephan

B.: Puppenspieler, Marionettenspieler. DA.: 76227 Karlsruhe, Mittelstr. 18. www.stephan-blinn.de. G.: Zweibrücken, 31. Jan. 1954. El.: Wilhelm u. Margot. S.: 1974 FH-Reife-Gymn., 1975-78 Schauspielschule Karlsruhe, Abschluss: Staatliche Bühnenreifeprüfung. K.: s. 1980 selbst. m. Puppentheater in Karlsruhe, Meister d. Varieté-Puppenspiels, viele intern. Auftritte, Puppen werden selbst geschnitzt, Auftritte auch im Fernsehen. E.: 1982 Kleinkunstpreis Baden-Württemberg, 1986 Preis d. Kunststiftung, 1996 Prix des Mascerades. H.: Geige spielen, Pferdekutschen, Besitzer eines priv. Kutschenmuseums.

Blinzler Manfred Dr. med. *)

Blischke Hans Herbert

B.: Maurer, Inh. FN.: Hotel u. Restaurant "Kirner-Eck". DA.: 66280 Sulzbach, Bahnhofstr. 21. rezeption@kirner-eck.de. www.kirner-eck.de. G.: Großpösna, 16. Sep. 1949. S.: 1964-67 Maurerlehre m. Abschluss Facharb.-Brief, 1965-67 Betriebsak. in Leipzig, Abschluss 10. Kl., 1968-71 Betriebsakad. d. Hotel- u. Gaststättenwesens in Leipzig, Abschluss: Facharb.-Brief als Kellner. K.: 1971-73 Oberkellner b. HO "Gastronom" Leipzig, 1973-75 Kellner b. Interhotel am Ring Leipzig, 1975-77 Mixerausbild. im Interhotel am Ring Leipzig, Abschluss: Barmeister, 1977-83 Barmeister im Interhotel am Ring Leipzig, 1983-89 selbst. Gastronom, 1989 Übersiedlung in d. BRD, 1990 Barkeeper im Steigenberger Airport Hotel in

*) Biographie www.whoiswho-verlag.ch oder beigefügte CD-ROM

Frankfurt, 1990-91 Gebietsverkaufsltr. f. d. neuen 5 Bdl. d. Firma Riemerschmid aus München, seit 1991 wieder selbst. Gastronom. H.: Antiquitäten.

Blischke Klaus Dr. phil. *)

Blitstein-Willinger Eveline Dr. med. *)

Blitzner Sepp *)

Blobel Günter Dr. med. Prof.
B.: Zell- und Molekularbiologe, Forscher. FN.: c/o Laboratory of Cell Biology, The Rockefeller University, Howard Huges Medical Institute. DA.: 1230 York Avenue, New York, N.Y. 10021, USA. G.: Waltersdorf, 21. Mai 1936. V.: Laura. S.: Stud. Frankfurt/Main, München, Freiburg u. Kiel. K.: 1967 Promotion (PhD) in Onkologie bei Dr. Van R. Potter, 1967-69 Postuniversitäre Forschung mit Dr. Palade an der Rockefeller University, 1969-73 Assistenz-Professor an der Rockefeller University, 1973-76 Außerordentlicher Professor an der Rockefeller University, s. 1976 Professor an der Rockefeller University, s. 1986 Forschungstätigkeit am Howard Hughes Medical Institute, Entdecker d. Signalpeptid-Theorie. E.: 1978 Auszeichnung der US Steel in Molekularbiologie, 1982 Auszeichnung der Gairdner Foundation, 1983 Warburg-Orden der Deutschen Gesellschaft für Biochemie, Richard Lounsbery-Auszeichnung, 1985 VD Mattia-Auszeichnung, Wilson-Auszeichnung der Amerikanischen Gesellschaft für Zellbiologie (mit DD. Sabatini), 1987 Louisa Gross Horwitz-Preis, 1989 Waterford-Auszeichnung für Biomedizinische Wissenschaft, 1992 Max Planck-Forschungspreis, 1993 Albert Lasker-Auszeichnung für allgemeine medizinische Forschung, 1995 Ciba Drew-Auszeichnung für biomedizinische Forschung (mit J. Schlessinger und A. Levine), 1996 Internationaler King Faisal-Wissenschaftspreis (mit J. Rothman und H.Pelham), 1997 Auszeichnung durch den Bürgermeister für hervorragende Leistungen in Wissenschaft und Forschung (mit R. Axel), 1999 Med.-Nobelpreis, 2001 Pour le Merite. M.: Gründer u. Organisator "Friends of Dresden". H.: Mozart, Bach, Arch., Heimat. (Re)

Blobel Hans-Georg Dr. med. vet. Dr. phil. Prof. *)

Blobel Reiner Dr. med. Prof. *)

Blobel Rolf-Dietrich
B.: Dipl.-Betriebswirt, Teilhaber. FN.: Steuerberatungs GmbH Weikert & Blobel. DA.: 02906 Niesky, Bautzener Str. 34. PA.: 02906 Groß-Radisch, Ringweg 3 a. G.: Niesky, 10. Mai 1946. V.: Anemone. BV.: Schlesische Bergarb. S.: 1964 Abitur u. ldw. Grundausbild., 1964-65 Ausbild. Schäfer, 1965-70 Stud. Ldw. Univ. Leipzig u. Abschluß Dipl.-Agrar-Ing. oec. K.: 1970-73 Aufbau eines Rechenzentrums f. Ldw., 1973-90 Ökonom u. Hauptbuchhalter einer LPG, 1990-95 Steuerberater, seit 1995 Partner u. Gschf. d. Steuerberatungs GmbH. M.: VerwR. d. örtl. Sparkasse, Lions. H.: Musik, Garten.

Bloch Andreas *)

Bloch Benjamin
B.: Dir. FN.: Zentralwohlfahrtsstelle d. Juden in Deutschland e.V. DA.: 60318 Frankfurt/Main, Hebelstr. 6. zentrale@ zwst. org. www.zwst.org. G.: Jerusalem, 14. Feb. 1943. S.: 1957 Umzug nach Deutschland, 1964 Abitur Frankfurt, 1967-72 Stud. Pädagogik, Geschichte u. Politik Johann-Wolfgang-Goethe-Univ. Frankfurt, 1972 Abschluß Mag. K.: 197-274 Jugendzentrumsleiter d. Jüdischen Gemeinde Frankfurt, 1974-86 Jugendreferent d. Zentralwohlfahrtsstelle Frankfurt, 1987 Ernennung z. Dir. d. Zentralwohlfahrtsstelle d. Juden in Deutschland e.V. Frankfurt. BL.: 1986 Wahl in d. Gemeinderat d. Jüdischen Gemeinde Frankfurt, seit 1999 im Vorst., Vertreter d. Gemeinde Frankfurt in d. Pestalozzi-Stiftung, Vertreter d. Gemeinde Frankfurt in d. Freiherrlich Wilhelm Carl v. Rothschildschen Stiftung d. Stadt Frankfurt, Mtgl. im Koordinierungsausschuss d. Bundesarbeitsgemeinschaft d. Freien Wohlfahrtspflege, Schatzmeister d. Jüdischen Nationalfond, Vors. d. Verbandes jüdischer Heimatvertriebener u. Flüchtlinge. P.: div. Veröff. in Fachzeitschrtiften u.a. "Tribüne" zu sozialen Einrichtungen, Artikel in d. Schriften d. Jüdischen Museum Frankfurt. E.: Erziehungspreis d. Abt. f. Erziehung u. Kultur d. Jewish Agency for Israel (1985), Herbert-Samuel-Preis f. besondere Verdienste um d. Förderung aktiver Toleranz (2000). H.: Musik, Kultur, Reisen.

Bloch Hartmut Dipl.-Ing. *)

Bloch Margot
B.: Damenmaßschneiderin u. Segelmacherin, selbständig. DA.: 81476 München, Forstenrieder Allee 194. G.: Berg am Starnberger See, 1. Apr. 1951. K.: Florian (1969). S.: 1965-68 Ausbildung z. Damenschneiderin u. Atelier Griwalsky in Starnberg. K.: 1969-81 tätig als Segelmacherin in Percha b. d. Firma Bullack m. Komplettausbildung im Segelmacherhandwerk, 1981-91 selbständig als Segelmacherin f. Flugdrachen, seit 1991 selbständige Segelmacherin f. Segelprodukion, Markisen, Sonnendächer, Flug- u. Motordrachen, Überzüge f. med. Geräte, Trampoline u. Werbeplakatproduktion. H.: Radfahren, Kegeln, Biergartenbesuche, Familie.

Bloch Matthias *)

Bloch Michael
B.: Vorst.-Vors. FN.: Solvadis AG. DA.: 60439 Frankfurt, Lurgiallee 5. www.solvadis.de. K.: 1997 Ltr. Treasury MG Trade Services AG, s. 1998 Vorst., s. 2000 Vorst.-Vors. Solvadis AG.

Bloch Peter
B.: Choreograf, Gschf. FN.: Berliner-Desinger-Modemesse. DA.: 10707 Berlin-Wilmersdorf, Zäringer Str. 24. G.: Berlin. Ki.: Sonja Vanessa (1970). S.: Tanzausbild. K.: seit 1975 selbst. Tänzer u. Choreograf f. Revuetheater u.a. Scala auf Grand Canaria, Choreografien f. Fernsehen u.a. Großer Preis u. Fernseh-Serien, Choreografie u. Regie f. intern. modeschauen f. Yamamoto, Sonia Rykel, Jil Sander u. Gautier, 1990 Grdg. u. Gschf. d. Berliner-Desinger-Modemesse als Forum f. junge Designer m. Stiftung eines Designerpreises. H.: Tennis, Ölmalerei auf altberliner Fenstern., Besitzer eines Sterns.

Bloch Torsten *)

Blocher Dieter Dipl.-Ing. *)

Blöcher Wolfgang *)

Blöchl Josef *)

Blochwitz Andrea-Ursula
B.: Dipl.-Päd., Präs. d. artemision e.V. FN.: Centre for fibre art. DA.: 02826 Görlitz, Handwerk 12/13. artemision@ gmx.de. www.artemision.or.. G.: Chemnitz, 30. Mai 1949. Ki.: Saskia (1968), Anita (1971), Claudius (1982). S.: 1967 Abitur, 1967-72 Stud. Päd., Kunsterziehung u. Germanistik in Dresden, Abschluß. K.: 1972-86 Pädagoge, 1975-78 Sozio- u. Psychotherapeutin, 1986-89 verantwortl. Tätigkeit im bildner. Volksschaffen d. DDR, 1990-95 freiberufl. als Textilkünstlerin u. Schriftstellerin, seit 1995 Präs. m. Projektentwicklung u. Kulturmanagement f. d. "artemision Europa-

*) Biographie www.whoiswho-verlag.ch oder beigefügte CD-ROM

zentrum f. Textilkunst" in Görlitz. BL.: Ausstellungen: 1992, 1993, 1994, 1996, 1997 m. textilkünstler. Arb. in Polen. P.: Buchautor: Kreuzgewitter (1995), Gedichtband (1995). E.: Med. "20 J. Textil plein air" (1997), Med. "750 J. Berlin", Preis des Komitees d. antifaschistischen Widerstandskampfes in d. DDR (1987). M.: Gründungsmitglied Lions Club Görlitz, seit 1991 Mitglied im Europäischen Textilnetzwerk. H.: eigene Performance entwickeln, Erneuerung der Performance-Kunst.

Blochwitz Bernd Dr. iur. *)

Blochwitz Heidrun *)

Block Benny *)

Block Bernhard

B.: Fotodesigner, Unternehmer, selbständig. FN.: Block Design. DA.: 27793 Wildeshausen, Ottostraße 5. info@block-design.de. www.blockdesign.de. G.: Falkensee, 28. Mai 1952. V.: Angela, geb. Thies. El.: Walter u. Ursula, geb. Stroka. S.: 1971-72 Ass. im Fotostudio in Bremen, 1972-75 Ausbildung zum Fotografen in Bremen. K.: seit 1976 selbständig Grdg. Block Foto Design als Inh. in Bremen, 1987-89 Möbeldesign in Berlin, 1998 Verlegung d. Fotostudios und Werbeagentur Block Foto Design nach Wildeshausen, Schwerpunkt: Werbefotografie, Messedisplays, Webdesign, Grafik. H.: Reisen, Kultur.

Block Bodo

B.: Koch, selbständig. FN.: Speisegaststätte Zum Anker. DA.: 39539 Havelberg, Steinstr. 12. G.: Havelberg, 11. März 1953. V.: Sylvia Muxfeld. Ki.: 6 Kinder. El.: Erich u. Elli, geb. Granzow. S.: b. 1972 Lehre z. Schuhmacher b. Schuhmachermeister Willi Schröder in Havelberg, b. 1973 Grundwehrdienst b. d. Armee, b. 1974 Erwachsenenqualifizierung z. Kellner in Benneckenstein u. Havelberg, 1974-75 Ausbildung z. Koch im Hotel Schwarzer Adler in Stendal. K.: Kellner in Hotel Stadt Havelberg in Havelberg, ab 1983 stellv. Küchenleiter, ab 1986 stellv. Objektleiter, ab 1987 Objektleiter d. Imbißstube in Havelberg, 1990-92 arbeitslos, 1992 Kauf d. Immobilie, 1993 Eröff. d. Speisegaststätte Zum Anker. M.: DSU. H.: Angeln, Beruf.

Block Detlev

B.: Theologe, Schriftsteller. PA.: 31812 Bad Pyrmont, Marcardstr. 7. G.: Hannover, 15. Mai 1934. V.: Karin, geb. Babeleit. El.: Wilhelm u. Hildegard Block. S.: Ratsgymn. Hannover u. Ernestinum Celle, 1954 Abitur. K.: Pastor in St. Andreasberg u. Hameln, 1967-98 Pfarrer an d. ev. Stadtkirche in Bad Pyrmont. P.: ca. 80 Bücher u. Schriften: Lyrik, Lyrik-Anthologien, Geistl. Lied (im Ev. Gesangbuch vertreten), Kurzprosa, Kinder- u. Sachbücher sowie Bildbände u. Biographien, u.a. "In deinen Schutz genommen - Geistl. Lieder"

(1978, 4. Aufl. 2001), "Astronomie - Sternbilder u. Planeten erkennen u. benennen" (1982, 15. Aufl. 1999), "Die Welt ist voller Wunder - Texte z. Dankbarkeit" (1984), "Hinterland - Gesammelte Gedichte" (1985), "Kindergebete" (1985), "Bibelgeschichten/Altes Testament" (1986), "Christkindgeschichten" (1986), "Wann ist unser Mund voll Lachen? Bibl. Gesänge f. d. Gem." (1986), "Biblische Geschichten/Neues Testament" (1987), Dass ich ihn leidend lobe - Jochen Klepper, Leben und Werk (1992, 3. Aufl. 1994), "Die große bunte Kinderbibel" (1993, 4. Aufl. 2001), "Anhaltspunkte - Gedichte" (1994), Wenn der Wind nicht wäre und die Wolke im Blau, Prosa u. Lyrik (1994), Das Lied der Kirche (1995), Nimm Raum in unserer Mitte - Mein kleines Weihnachtsbuch (1995), Sternenhimmel Posterbook (1997), Ein neuer Tag ist da - Kindergebete (1998 mit Karin Block), Jona, Elia u. Co., Prophetengeschichten (1999), Lichtwechsel - Gesammelte Gedichte (1999), Sagt, dass die Liebe allen Jammer heilt - Gesammelte Lieder und Gedichte von Arno Pötzsch mit biographischem Essay (2000), Erde, atme auf - Geistliche Lieder (2001). E.: 1967 Lyrikpreis: Thema Frieden, 1973 Lyrikpreis: Junge Dichtung in Niedersachsen, 1980 A. G. Bartels-Gedächtnis-Ehrung, 1985 Dr. Heinrich-Mock-Med., 1986 1. Preis Tauflied-Wettbewerb d. Konventes Luther. Erneuerung Bayern, 1989 Prof. h.c., 1999 Burgschreiber zu Plesse. M.: Europ. Autorenver. DIE KOGGE, Intern. Autorenkreises PLESSE, Ges. f. zeitgenössische Lyrik, Verband dt. Schriftsteller. H.: Astronomie, Terrarienkunde, Modell-Straßenbahn, Wandern.

Block Eugen Bernhard

B.: Steuerberater, Wirtschaftsprüfer, selbständig. DA.: 60489 Frankfurt/Main, Radilostr. 33. eugen.block@t-online.de. www.stb-eugen-block.de. G.: Kattowitz/Oberschlesien, 14. Jan. 1957. V.: Barbara, geb. Klausner. Ki.: 2 Söhne. El.: Rudolf u. Elisabeth. S.: 1978 Abitur Frankfurt, 1978-79 European Business School Offenbach, 1979-85 Stud. Wirtschaftsprüfung, Steuerlehre u. Wirtschaftsrecht Johann-Wolfgang-Goethe-Univ. Frankfurt, 1985 Abschluss Dipl.-Kfm. K.: 1985-95 Tätigkeit b. Dr. Köcke & Partner GmbH Frankfurt, später Price-Waterhouse Frankfurt, 1990 Bestellung z. Steuerberater, 1994 Bestellung z. Wirtschaftsprüfer, 1996-98 Steuerberater u. Wirtschaftsprüfer b. MNT Limburg in d. Zweigstelle Frankfurt, 1999 Teilübernahme eines Steuerbüros in Frankfurt, Tätigkeitsschwerpunkt: Steuerberatung, Kooperation m. Kollegen im Bereich Wirtschaftsprüfung, überwiegend Verschmelzungs- u. Gründungsprüfungen, Sonderprüfungen. BL.: Auftritte m. d. "Rödelheimer Neuner Gesangsverein" (2. Tenor) im Bereich Gospel, Messen, heitere Musik in Kirchen, f. Banken, b. Vereinen, Clubs, Parteien, Gäste im Fernsehen im Rahmen d. Sendung "Blauer Bock", zahlr. Auslandsreisen. P.: Berichterstattung über d. Auftritte d. Gesangsvereins in d. örtl. Presse, Veröff. v. CD's. M.: Verband d. Steuerberater, seit 1999 Rödelheimer Neuner Gesangsverein. H.: Sport, Musik.

Block Friedrich W.

B.: Literatur- u. Medienwissenschaftler, Kurator. FN.: Literaturstiftung Brückner-Kühner. DA.: 34121 Kassel, Hans-Böckler-Str. 5. fwblock@uni-kassel.de. G.: Berlin, 11. Jan. 1960. V.: verh. Ki.: 2 Kinder. S.: Stud. d. Germanistik u. Kunst/ Visuelle Kommunikation in Kassel, 1998 Prom. K.: bis 1997 Hochschultätigkeit, derzeit Kurator d. Literaturstiftung Brückner-Kühner in Kassel, Vors. d. Kunst- u. Literaturver. Kassel, Ltr. d. Kasseler Komik-Kolloquiums u. d. Medienpoesieprojekts "p0es1s", Lehraufträge an d. Univ. Kassel, Bremen u. München, aktuelle Arbeitsschwerpunkte: Literatur- u. Medientheorie, Interart Studies, experimentelle Literatur, Literatur und neue Medien, Medienkultur d. Komischen, 1984-92 Sprechtheater der gelbe hund, seit 1986 Ausstellungsbeteiligungen u. Einzelausstellungen sowie poetische Aktionen im In- u. Ausland. P.: Bücherveröff. u.a.: Transfutur - Visuelle

Poesie aus d. Sowjetunion, Brasilien und deutschsprachigen Ländern (Hg., 1990), Kunst - Sprache - Vermittlung. Zum Zusammenhang von Kunst und Sprache in Vermittlungsprozessen (Hg., 1995), Verstehen wir uns? Zur gegenseitigen Einschätzung von Literatur und Wissenschaft (Hg., 1996), neue poesie und - als tradition (Hg., 1997), IO. poesis digitalis (1997), Beobachtung d. "ICH". Zum Zusammenhang v. Subjektivität u. Medien am Beispiel experimenteller Poesie (1999), pOes1s.internationale digitale poesie (Hg., 2000), Aufsätze z. experimenteller u. digitaler Dichtung, Medienkunst sowie System- u. Medientheorie. M.: Gastmtgl. d. Wiss. Zentrums f. Kulturforsch. d. GHK Kassel, Intern. Assoc. of Word and Image Studies, Vors. d. Kunst- u. Literaturver. Kassel e.V., Verband deutscher Schriftsteller, Tibet Initiative Deutschland. H.: Kunst u. Kultur.

Block Harald Dipl.-Kfm.
B.: Gschf. FN.: Hansa Hamburg Shipping International GmbH & Co. KG. DA.: 20095 Hamburg, Ballindamm 6. G.: Hamburg, 23. März 1942. V.: Gabriele, geb. Wenzel. Ki.: Maximilian (1987), Till (1989), Konstantin (1997), Ariadne (2000). S.: 1958-61 Ausbild. z. Schiffsmakler u. Reedereikfm., 1962-63 Wehrdienst b. d. Bundeswehr. K.: 1963-65 Tätigkeit im Ausbild.-Betrieb u. Abitur in d. Abendschule, 1965-70 Stud. BWL Univ. Hamburg, 1970-83 zurück in d. Schifffahrt in versch. Bereichen, 1976 Ass. d. Geschäftsltg. m. d. Zuständigkeitsbereich Schifffahrt d. Gruppe u. Verkauf im Bereich d. Werft, 1983 Grdg. d. Hansa Treuhand Schiffsbeteiligungs AG, 1988 gemeinsame Reederei aufgebaut Leonhardt & Blumberg Schiffahrts GmbH, 1994 d. Sea Cloud, 1996 d. River Cloud u. 2000 d. Sea Cloud II gekauft. M.: Verband Dt. Reeder, Übersee Club, Anglo-German Club. H.: klass. Musik, Malerei, Literatur.

Block Helmuth Dipl.-Bibl. Dipl.-Päd. *)
Block Karl-Heinz *)
Block Lutz-Henning Univ. Prof. Dr. med. *)
Block Martina

B.: Business Coach. FN.: Business Coaching. DA.: 10625 Berlin, Leibnitzstraße 77. G.: Apolda, geb. 18. Jan. 1952. Ki.: Sascha (1977), Katharina (1982). S.: 1970 Abitur in Apolda, 1970-74 Stud. an d. Karl-Marx-Univ. Leipzig, Sekt. Theoretische u. Angew. Sprachwiss., Dipl.-Lehrerin, 1990-91 Train the Trainer im Kfm. Bereich, seit 1999 Business Coaching - Ausbild. b. Martin Sage USA. K.: 1974-79 Lehrerin f. Franz./Dt. an d. Bertold-Brecht-Oberschule Berlin, Abt. Volksbild., 1979-84 Sachbearb. an d. Botschaft in Spanien, 1985-90 Lehrerin f. Dt. als Fremdsprache am Inst. Ernst Thälmann Berlin, 1991-92 stellv. Päd. Ltr. in d. BAW Berlin, 1993 Bild.-Managerin im dss Inst. f. Berufs- u. Sozialpäd. GmbH Berlin, 1993-95 Ltr. d. Berichtsabt. in d. Wirtschaftsprüf.-Ges. Dr. Röver & Partner KG Berlin, 1995-96 Schulltr./Projektltr. d. Artur Speer Ak. Berlin, 1996-97 Hausfrau u. priv. Weiterbild., ab 1997 freiberufl. Tätigkeit: Akquisition u. Organ. v. Firmenseminaren u. Trainigs z. Thema Kommunikation, ab 1999 freiberufl. Spezialisierung: Business Coach. H.: meine Familie, Reisen, Konzerte, Oper, Tanzen, gutes Essen.

Block Monika *)
Block Renate *)
Block Sigrid *)
Block Walter *)
von Block-Schlesier Andreas *)
Blöcker Günter *)
Blöcker Herbert
B.: Profi-Reitsportler, Gestütsass. b. Holsteiner Verb. in Elmshorn. FN.: Fiefharrie, 1. Jan. 1943. V.: Rita. Ki.: Meike. K.: Vielseitigkeitsreiter, 1971 dt. Vizemeister, 1974 u. 75 Titelträger, 1973 in Kiew Vizeeuropameister u. Sieger m. d. Mannschaft, 1975 Team-Dritter b. d. EM, 1974 b. d. WM Mannschaftsdritter u. 1978 Zweiter m. d. Team, 1976 Silber-Med. auf Albrant in Montreal, 1988 Teiln. an d. Olymp. Spielen in Seoul, 1992 Olymp. Spiele Barcelona auf "Feine Dame" Silbemed. u. m. d. Team Bronzemed., 1996 Teiln. a. d. Olymp. Spielen in Atlanta, 1997 CCI Luhmühlen/7. u. 22., 1998 CCI Luhmühlen/21., CCI Walldorf/17., CCI Bonn-Rodderberg/15, 1999 EM Mannschaft/Silbermedaille.

Blödorn Niels Dr. rer. pol. *)
Blodt Adam *)
Bloech Jürgen F. Dr. rer. pol. Dipl.-Ing. o. Prof. *)
Bloeck Roland *)
Bloecks Detlef Dipl.-Ing. *)
Bloedorn Holger F. W. Dipl.-Ing.
B.: Architekt, Inh. FN.: H.F.W. Bloedorn Architekten u. Ing. DA.: 65185 Wiesbaden, Untere-Matthias-Claudius-Str. 1.; 35745 Herborn, Regerstr. 15. architekten-bloedorn@t-online.de. G.: Siegen, 7. Nov. 1965. V.: Carmen, geb. Herrmann. Ki.: Vincent. S.: 1981-84 Ausbild. Vermessungstechniker, 1984-85 FHS-Reife Bautechnik, 1985-89 Stud. Arch. FH Wiesbaden, 1989 Dipl.-Abschluß. K.: 1989-91 tätig im Arch.-Büro Gresser in Wiesbaden, 1989-90 Zivildienst im Landesdenkmalamt f. Denkmalpflege in Hessen, 1991-94 tätig im Arch.-Büro Gresser, 1994 Grdg. d. Arch.-Büros in Wiesbaden u. 2001 in Herborn. M.: Architektenkam. Hessen.

Bloedorn Ingo D. W. *)
Bloett Horst Dr. iur. *)
Blohm Holger

B.: Kommunikationswirt, Gschf. Ges. FN.: B & T Werbung GmbH. DA.: 22761 Hamburg, Ruhrstr. 126. G.: Uetersen, 28. Mai 1958. S.: 1976 Abitur Hamburg, 1976-78 Ausbild. z. Gerber m. Abschluß. K.: 1978-79 Aufenthalt in Bangladesch u. dort in d. Lederbranche tätig, 1979 zurück nach Hamburg u. zunächst versch. Jobs, 1984-86 Stud. angew. Kommunikation in Hamburg, 1986-87 Geschäftsltg. v. Tschibo, 1987-91 Verlagsgruppe Milchstraße, zunächst Werbeass. u.

*) Biographie www.whoiswho-verlag.ch oder beigefügte CD-ROM

Blohm

danach ang. Werbeltr., 1990 Einführung d. Zeitschrift TV-Spielfilm, 1991 Grdg. d. heutigen Firma. H.: Tauchen, Motorsport, Rennradfahren.

Blohm-Haukje Jarste
B.: Dipl.-Designerin. FN.: Blohm Konzept & Design. DA.: 26121 Oldenburg, Kastanienallee 51. G.: Brake, 8. Jan. 1968. V.: Thomas Haukje. Ki.: Bennet (1997), Luis (1999). S.: 1987 Abitur Nordenham, 1988 Grafik-Designstud. HS f. Bild. Künste Braunschweig, 1993 Dipl. K.: seit 1993 selbst., Werbeagentur, Schwerpunkt: Entwicklung Corporate Design, Image-Kampagnen, Verpackungsgestalten. BL.: Firmenprämien f. d. besten Anzeigen in Fachzeitschriften. M.: Marketing - Club Weser - Ems e.V. H.: Musik.

Bloier Bernhard Dr. med. *)

Blokesch Dieter *)

Blome Dieter *)

Blome Manfred Th.

B.: Malermeister, Restaurator, vereid. Sachv. FN.: "malerblome". GT.: Teilnahme an mehreren Seminaren u. berufsbegleitenden Schulung m. Ausz., Tätigkeit in Italien, Schwerpunkte: Sachv.-Gutachten, Restaurierungen, Vergoldungen u. Denkmalpflege, Ehrenamtl. Tätigkeiten: Ltr. d. Referat Werkstofftechnik, Umwelt v. Landesverb. Niedersachsen, Mtgl. im WTA Wiss.-Techn. Arbeitskreis f. Denkmalpflege u. Bausanierung. DA.: 30916 Isernhagen, Burgwedeler Str. 157. G.: Hannover, 6. Juli 1940. V.: Jutta, geb. Heinrich. Ki.: Dipl.-Ing Architekt Ralph (1965), Lars (1968). El.: Otto-Heinz u. Luise, geb. Dörries. S.: 1954-57 Ausbild. z. Maler in Hannover, 1957-64 Gesellentätigkeit in versch. Betrieben in Hannover, 1963-69 Werkkunstschule Hannover, 1965 Meisterprüf. im Malerhandwerk m. Abschluß in Detmold. K.: 1965 Grdg. d. eigenen Malerfirma "malerblome" in Hannover, 1975 Umzug d. Firma nach Isernhagen, 1986 Prüf. z. Restaurator m. Abschluß in Fulda, 1986 Übernahme einer Vergolderei Jauslin in Hannover, seit 1983 öff. bestellter u. vereid. Sachv. in Hannover. P.: Seminartätigkeiten über d. Technik d. angew. Malerei bundesweit, div. Veröff. E.: Ehrenbürger v. Dallas/Texas. M.: Malerinnung Hannover, WTA, Dt. Zentrum f. Handwerk u. Denkmalpflege, Propstei Johannisburg Fulda e.V. H.: Skifahren, Radfahren, Lesen, Reisen.

Blome Ulrike
B.: Ltr. FN.: Villa Oppenheim - Forum f. Kunst, Kultur u. Medien im Bez.-Amt Charlottenburg - Wilmersdorf, FB Kultur. DA.: 14059 Berlin, Schloßstr. 55. PA.: 14193 Berlin, Douglasstr. 30 a. ulrike.blome@gmx.de. www.ulrikeblome. de. G.: Posen, 7. Mai 1944. Ki.: Marius Freiherr Marschall v. Bieberstein (1977). El.: Prof. Dr. Kurt Blome u. Dr. Bettina v. Wiedebach-Nostitz u. Jänkendorf, geb. Ewerbeck, gesch. Blome (Tochter d. Kunstmalers Ernst Ewerbeck, Enkelin d. Aachener Baumeisters Prof. Franz Ewerbeck). S.: 1962-65 Staatl. Theaterschule d. Landes Berlin "Max Reinhardt". K.: 1963-88 Theater, Fernsehen, Film, 1973-87 Grdg. u. Gschf. Ges. d. IKA-Intern. Kunst Agentur Berlin (kulturelle Organisation in westeurop. Ländern u. USA), 1979/80 Lehrauftrag HdK, Berlin, 1984 Auktionatorenzulassung (IHK), 1985-87 Kultur-Fachjournalistin, seit 1987 o.g. Position Kunstamtsleiterin v. Bez. Charlottenburg v. Berlin, 1992-98 freie Doz. f. Kulturmanagement (Hanns-Eisler-HS, Fachhochschule Potsdam u. freie Träger), 2000/2001 Qualifizierung z. Fachkauffrau f. Marketing.

Blömer Anna Marietta
B.: Heilpraktikerin/Kosmetikerin, Therapeutin/Lebensberaterin. FN.: Anna M. Naturkosmetik. DA.: 33719 Bielefeld, Potsdamer Str. 125. G.: Bielefeld-Heepen, 11. Jan. 1948. V.: Gerhard Blömer. Ki.: Marita (1967), Andreas (1971), Jenniffer (1987). S.: 1963 Ausbild. z. Einzelhdls.-Kauffrau, durch Erkrankung beider Elternteile Abbruch d. Lehre u. Beginn einer berufl. Tätigkeit. K.: 1964-68 Tätigkeit in Kartonagenfbk., 1968-78 Kinderpause, 1979 Eröff. eines Papierwarengeschäftes, 1980-85 Ausbild. z. Kosmetikerin u. Aromatherapeutin m. Abschlußprüf., 1987 Verkauf d. Papierwarengeschäftes, 1987-90 Kinderpause, 1993 Grdg. eines eigenen Kosmetikinst. u. einer eigenen Kosmetik Anna M. Naturkosmetik, 1996-98 Ausbild. z. Heilpraktikerin, 2000 Grdg. z. Kosmetikinst., ein Begegnungszentrum H.: Literatur, Tanzen.

Blömer Arnold Dipl.-Ing. *)

Blömer Michael Dr. med. *)

Blomeyer Wolfgang Dr. Univ.-Prof. *)

Blomstedt Herbert Dr. h.c. Prof.
B.: Gewandhauskapellmeister. FN.: Gewandhaus zu Leipzig. DA.: 04109 Leipzig, Augustuspl. 8. G.: Springfield, Mass., USA, 11. Juli 1927. V.: Waltraud, geb. Petersen. Ki.: Cecilia (1957), Maria (1959), Elisabet (1969), Kristina (1971). BV.: Urban Hjärne Arzt u. Gründer d. schwed. Kurwesens. S.: 1945-50 Königliche Musikhochschule, Stockholm, Abschluss in Dirigieren, Kirchenmusik u. Musikerziehung, 1948-52 Univ. u. Uppsala, Abschluss in Musikwiss., Psych. u. Religionsgeschichte, 1949 u. 1956 Kranichstein Darmstadt, Sommerkurse in zeitgenöss. Musik, 1950-55 Sommerkurse in Dirigieren Mozarteum Salzburg, 1953 Juilliard School of Music New York, 1956 Schola Cantorum Basel, Praktikum in Renaissance- u. Barockmusik. K.: 1954 Dirigentendebüt m. d. Stockholmer Philharmonikern, ab 1954 Musikdir. b. d. folgenden Orchestern, 1954-61 Norrköping Symphonie Orchester, 1961-71 Prof. f. Dirigieren an d. Königlichen Musikhochschule, Stockholm, 1962-67 Philharmonie Oslo, 1967-77 Dän. Radiosymphonieorchester, Kopenhagen, 1975-85 Sächs. Staatskapelle Dresden, 1977-83 Schwed. Radiosymphonieorchester Stockholm, 1985-95 San Francisco Symphony, 1986 Ehrendirigent NHK Symphony Tokyo, 1995 Conductor Laureate San Francisco Symphony, 1996-98 NDR Symphonieorchester Hamburg, seit 1998 Gewandhauskapellmeister Leipzig. P.: eine Vielzal v. Publ. u. Beiträgen u.a. Hrsg. v. "Berwald, Sinfonie singulière", Autor v. "Till Kännedomen om Johann Christian Bachs Symfonier", Co-Autor "Lars Erik Larsson och hans concertinor", Co-Autor "Warum ich (k)ein Christ bin". E.: gewähltes Mtgl. d. Königl. Musikakademie Stockholm, 1971 Ritter von dem königlichen Nordstern Orden, Stockholm, 1978 Ritter von dem königlichen Dannebrog Orden, Kopenhagen, 1979 Goldmedaille Litteris et Artibus, Stockholm, 1992 Ditson Award for distinguished service to American Music - Columbia Univ. N.Y., Wiener Flötenuhr 1978 f. Schallplattenaufnahmen "Mozart Divertimenti KV 136-138", Dt. Schallplattenpreis 1978 f. "Beethoven - Leonore", Grammy 1993 f. "Orff - Carmina Burana", Grammy 1996 f. "Brahms - Requiem", Schallplattenpreis d. dt. Musikkritik 1995 f. "Mahler - Symphonie N. 2", Dr. H.c.: 1978 Andrews Univ. Michigan, 1981 Southwestern Adventist Univ. Texas, 1997 Pacific Union College California, 1999 Göteborgs Univ. Schweden. M.: Mtgl. d. Siebenten-Tags-Adventisten Kirche. H.: Literatur, Religionsphil., Kunst, Wandern, Natur.

Bloom Louis Frank *)

Blösch Manfred Dr. rer. nat. apl. Prof. *)

Bloschies Gerhard Dr. *)

Blöse Carmen
B.: Dipl.-Kauffrau, Steuerberater. FN.: Sozietät C. Roetz u. C. Blöse Steuerberter. DA.: 25421 Pinneberg, Oeltingsallee 25. G.: Hamburg, 16. März 1957. Ki.: Frederik (1988), Dominik (1990). El.: Rolf u. Elisabeth. S.: 1976 Abitur Hamburg, 1976-81 Stud. Betriebswirtschaft an d. Univ. Hamburg, Dipl.-Kauffrau. K.: 1981-85 Tätigkeit b. einem Steuer- u. Wirtschaftsprüfer, begleitend Ausbild. z. Steuerberaterin, 1985 Zulassung als Steuerberaterin, 1985-95 ang. Steuerberaterin b. einem Steuer- u. Wirtschaftsprüfer in Hamburg, seit 1996 selbst. als Steuerberaterin in Sozietät C. Roetz u. C. Blöse in Pinneberg. H.: Segeln, Reisen, Golf, Reiten.

Bloss Herbert *)

Bloß Karl Hermann *)

Bloss Lothar *)

Bloss Werner Heinz Dr.-Ing. habil. o.Prof. *)

Blossfeld Gertraud Dr. med. dent.

B.: ndlg. Kieferorthopädin. FN.: Praxis Dr. Blossfeld. DA.: 46145 Oberhausen, Parkstr. 46. G.: Prisser, 2. Apr. 1950. V. Dr. Gerd Blossfeld. Ki.: Lars-Hendrik (1983), Jenny (1987). S.: 1968 Abitur Dortmund, 1968-75 Stud. Zahnmedizin in Köln, 1977 Prom. z. Dr. med. dent. K.: 1976-80 FA-Ausbild. in Düsseldorf, seit 1980 Ndlg. als Kieferorthopäde in Oberhausen-Sterkrade. P.: Die Zahnmed. Karikatur III 1880-1920. H.: Sport (Tennis, Schwimmen, Bergwandern, Leichtathletik), Reisen, Musik, Konzerte, Theater, kulturelle Szene, soz. Engagement.

Blossfeld Laura
B.: Automobil-Designerin. DA. u. PA.: 65195 Wiesbaden, Querfeldstr. 1A. G.: Milwaukee/USA, 31. Mai 1955. El.: Robert Blossfeld u. Jean Halbach. S.: 1973 High School Dipl., 1973-77 Kunststud. Ann Arbor-Univ. Michigan, Dipl., 1980-83 Stud. am Art Center College of Design Pasadena. K.: 1978-80 Designerin b. VW of America Warren/Michigan, 1981 Praktikum b. Bradley Automotive Design Palos Verde, 1982 Praktikum b. Charles W. Pelly Designworks Van Nuys, 1983-88 Designerin b. P.S.A. Etudes et Recherches Paris, 1988-89 stellv. Studioltr. f. Farbe u. Ausstattung b. Adam Opel AG Rüsselsheim, 1989-93 Intérieur u. Extérieur-Designerin b. Dr.-Ing. D.C.F. Porsche AG Weissach, seit 1993 eigenes Atelier in München. P.: div. Presseberichte u. Interviews. E.: 1983 "Beste d. Jahrgangs". H.: Slalomfahren, Literatur (Geschichte), Yoga, Skifahren, Aktzeichnen.

Bloth Peter C. Dr. theol. habil.
B.: em. o. Prof. f. Praktische Theologie. FN.: Humboldt-Univ. zu Berlin. PA.: 12205 Berlin, Troppauer Str. 6A. pc.bloth@planet-interkom.de. G.: Verchen/Pommern, 11. Juni 1931. V.: Christa, geb. Kuntz. Ki.: Dr. Christian, Annette. S.: Gymn. Neustettin, Minden, Stud. Mainz, Erlangen, Münster, 1960 Prom. K.: 1967 Habil., 1970 apl. Prof. Bochum, 1971 o. Prof. Berlin. P.: zahlr. wiss. theol. Publ. E.: Rechtsritter d. Johanniter Ordens, Festschriften: R. Bookhagen (Hg.) 1991 u. J. Henkys (Hg.) 1996 m. Bibliogr.

Blöth Manfred

B.: Unternehmer. FN.: Blöth Foto-Design. DA.: 76185 Karlsruhe, Gablonzer Str. 11. bloeth@aol.com. www.bloeth-fotodesign.de. G.: Karlsruhe, 29. Aug. 1942. V.: Isabel, geb. Geirhos. Ki.: Renee (1963), Roman (1970). S.: 1959 Mittlere Reife, 1959-62 Ausbild. z. Verw.-Beamten im gehobenen Dienst b. d. Stadt Karlsruhe, 1962-64 ziviler Ersatzdienst, 1964-66 Volontär in Fotostudio in Karlsruhe. K.: 1966-72 Ass. in Fotostudio in Karlsruhe, 1972-79 ang. Fotograf, seit 1979 selbst. Fotograf in Karlsruhe, Modefotografie.

Blötz Ronald *)

Blucha Jürgen Konrad *)

Bludau Detlef Dr. med. *)

Blug Martin Otto Peter Karl *)

Blüher Gudrun Dr. med. *)

Bluhm Marcus *)

Blum Albert *)

Blum Bodo *)

Blum Bruno *)

Blum Claudia

B.: Heilpraktikerin, Shiatsu-Therapeutin, Inh. FN.: Zentrum f. Naturheilkunde. DA.: 65185 Wiesbaden, Rheinstr. 50. zfn_blum@hotmail.com. G.: Wiesbaden, 23. Feb. 1965. V.: Thomas Blum. Ki.: Sarah. S.: 1984 Abitur, Ausbild. pharmazeut.-techn. Ass. Chemie-HS Frisenius. K.: tätig in einer Apotheke, Stud. Soz. u. Heilpraktikerausbild., seit 1989 selbst. Heilpraktikerin, 1990 Grdg. d. Zentrum f. Naturheilkunde m. Schwerpunkt Irisdiagnose, MORA-Allergie u. Schadstoff-Testung, Bioresonanztherapie, traditionelle chines. Med. (Akupunktur, Tuinamassage, Kräutertherapie, Gua Sha, Moxibustion), Elektroakupunktur u. Dunkelfeld-Blut-Diagnostik; Funktion: Priv.-Doz. f. Naturheilkunde, ehrenamtl. tätig, ehrenamtl. tätig: Interessengemeinschaft f. bioenergetische Medizin mit Schwerpunkt Krebs- u. Mykoseberatung. H.: Sport, Klavier spielen.

Blum Claudia *)

*) Biographie www.whoiswho-verlag.ch oder beigefügte CD-ROM

Blum

Blum Constanze
B.: Sportsoldatin, Ind.-Kauffrau, Profi-Langläuferin. FN.: c/o Dt. Skiverb. DA.: 82152 Planegg, Hubertusstr. 1. http://www.ski-online.de. G.: 29. Okt. 1972. S.: Lehre Ind.-Kauffrau. K.: Dt. Meisterschaften: 5km C: 1991 (Jugend), 1998, 10km F: 1995, 15km F: 1991 (Jugend), 1992 (Jugend), 1996, 1997, 1999, 30km F: 1994, 1998, Staffel: 1991, 1992, Staffel: 1992,1993, 1994, 1995, Jagdstart: 1998, 1998/99 WC/3. im Staffel. H.: Musik, Lesen, Puzzeln.

Blum Dieter

B.: selbst. Vermögensberater. DA.: 53115 Bonn, Dechenstraße 8. office@dblum.de. G.: Bonn, 1. Juni 1960. S.: 1976 Mittlere Reife, 1976-79 Lehre Ind.-Kaufm., 1979-81 Bundeswehr. K.: 1981-95 Kaufm. in Einkauf u. Marketing in verschiedenen Firmen, seit 1995 selbst. Vermögensberater f. d. Allfinanz. M.: Fackelträger e.V. H.: Sport.

Blum Eckhardt *)

Blum Eduard *)

Blum Fritz *)

Blum Georg *)

Blum Götz Oliver *)

Blum Hans *)

Blum Hans Dr. *)

Blum Heiko R. *)

Blum Helmut Dr.-Ing. *)

Blum Henning

B.: Agenturinh. FN.: Video-Plakat. DA.: 58566 Kierspe, Wolzenburg 4. blum@videoplakat.de. G.: Evingsen Altena, 21. Nov. 1958. El.: Dieter u. Wilfriede, geb. Segräfe. S.: 1974 Mittlere Reife Bad Arolsen, 1974-80 handwerkl. Ausbild. im elterl. Betrieb, zeitgleich Meisterschule in Lemgo. K.: seit 1980 Einstieg in d. Baumarktbranche, in versch. Positionen u. seit 1986 Geschäftsltr. in versch. Baumärkten eines Unternehmens, 1999 Grdg. d. Internetagentur VideoPlakat. M.: Grdg.-Mtgl. Marketingclub Bochum, einer v. über 60 Clubs d. Dt. Marketing Verb., dort Funktion d. BeiR.

Blum Hilke *)

Blum Karl-Heinz *)

Blum Klaus-Uwe Dr. med. Prof.
B.: Kfm., Inh. FN.: Karl-Heinz Blum Moderne Betriebsverpflegung. DA.: 40589 Düsseldorf-Himmelgeist, Am Steinebrück 85. G.: Düsseldorf, 28. Dez. 1953. V.: Petra, geb. Aust. Ki.: Maximilian (1994). S.: 3 J. Kfm. Lehre. K.: kfm. Ang., Substitut, danach Ang. im väterlichen Betrieb (Molkereiproduktehdl.), seit 1981 selbst. M.: Vorst.-Mtgl. BDV Köln. H.: Eishockey, Wandern, Motorwassersport, Radfahren.

Blum Lucien
B.: ehem. Gschf. FN.: Interatalanta Hdls. GmbH. G.: Zürich, 1. Juli 1930. V.: Margit, geb. Backes. El.: Emil u. Ida. S.: 1944-48 Handelsschule, HS. K.: Auslandstätigkeiten: Aufbau u. Gen.-Dir. Persische Golf Fischereigesellschaft, Hdls.- u. Gschf.-Tätigkeit in USA, Äthiopien, Ägypten, Kongo, Sudan, Libanon, Brasilien, 1964 Grdg. Interatlanta,1972-83 Direktorium Herta Schweisfurth. F.: Primex GmbH. M.: Dt. WirtschaftsR. Bonn. H.: impressionist. Malerei.

Blum Ludger Maria

B.: RA. FN.: Ludger M. Blum & Dr. Gerhard Kilz Anw.-Sozietät. DA.: 33098 Paderborn, Giersstr. 26. PA.: 33102 Paderborn, Thüringer Weg 74. G.: Paderborn, 11. Apr. 1960. S.: 1979 Abitur, 1979-85 Stud. Jura an der Univ. Münster, 1986-90 Referendariat OLG Hamm, 1990 2. Staatsexamen Düsseldorf. K.: seit 1990 RA b. Amts- u. LG Paderborn, 1990 Gründung der Kanzlei m. Schwerpunkt Zivilrecht; Funktion: Lehrtätigkeit bei versch. Bild.-Trägern, 1994-97 Lehrbeauftragter d. Kath. FHS NRW u. am Ludwig-Erhard-Berufskolleg in d. Ausbild. f. RA u. Notarfachanw., seit 1996 Vors. d. Prüf.-Aussch. f. RA- u. Notarfachangestellte, Ref. d. RA-Kam. f. Fortbild.-Veranstaltungen. M.: DAV.

Blum Marc Dipl.-Ing.
B.: Dipl.Wirtschaftsing., Hauptgschf. FN.: Europrofil Deutschland GmbH. DA.: 50672 Köln, Subbelrather Str. 13. G.: 1963. S.: 1983 Allg. FH-Reife Hagen, 1983-85 Lehre Betriebsschlosser Firma Dorma Ennepetal, 1985-89 Stud. Stahlbau FH Dortmund, 1989 Dipl.-Ing., 1989 Schweißtechn. Lehr- u. Versuchsanst. SLV Duisburg, Schweißfaching., 1989-93 Abendstud. Wirtschaftsing. an FH Bochum, 1993 Dipl.-Wirtschaftsing., 1994-96 Fortbild. Kybernet. Management (FAZ-Inst.), 1997-2001 Fernstud. in Wirtschaftsphil. an FU Hagen. K.: 1989-90 Ing.-Büro f. industriellen Stahlbau Bochum, 1991-93 Techn. Ltr. u. eingetragene Schweißaufsichtsperson b. Pollok Ankersysteme in Gevelsberg, seit 1993 b. Europrofil Deutschland GmbH Werksverkauf d. Profil Arbed Luxemburg S.A., 1993-99 Techn. Dir. Vertrieb u. Marketing, seit 1999 Hauptgschf., daneben seit 1999 Vorst.-Mtgl. Bauen m. Stahl e.V. P.: Schweißen von TM-QST-Stähle in "Schweißen u. Schneiden '96", Stahlflachdecken m. Spannbetonhohldielen im Rahmen d. Dortmunder Bautage (1998). M.: Dt. Verb. f. Schweißtechnik, Bauing.-Kam. NRW, VDEh. H.: Reisen (Kultur, Land u. Leute in USA, Australien, Europa), Modern Jazz, klass. Musik, Architektur, Geschichte u. Politik.

Blum Martin Dr. med. dent.
B.: Zahnarzt, Zahntechnikermeister. DA.: 33602 Bielefeld, Nebelswall 11. G.: Bielefeld, 19. Juni 1960. V.: Dr. med. dent. Ingeborg, geb. Menzel. Ki.: Anna (1999). El.: Dr. med. dent.

*) Biographie www.whoiswho-verlag.ch oder beigefügte CD-ROM

Wilfried u. Ursula. S.: 1977-81 Ausbild. u. Abschluß z. Zahntechniker, 1981-87 Tätigkeit im Beruf u. Ablegung Abitur am Abendgymn., 1985-86 Meisterschule u. Meisterprüf. Teil III u. IV z. Zahntechnikermeister, 1987-92 Stud. Zahnheilkunde an der Christian-Albrechts-Univ. Kiel, 1992 Staatsexamen, 1993 Meisterprüf. als Zahntechnikermeister Teil I u. II, Prom. K.: 1993-95 Ass.-Arzt an d. Univ.-Klinik Kiel Abt. Prothetik unter Prof. Körber, 1996 Grdg. d. eigenen Praxis u. Eröff. eines Labors f. Zahntechnik, Interdisziplinäre Zusammenarb. v. Kieferorthopädie, Implantologie u. Prothetik. M.: Gesellenprüf.-Aussch. H.: Beruf, Wassersport.

Blum Ulrich

B.: selbst. Orthopädie-Schuhmachermeister. DA.: 79114 Freiburg, Sundgauallee 55 a. PA.: 79114 Freiburg, Dietenbacher Straße 5 c. osmuli @ aoldot.com. G.: Freiburg, 20. Apr. 1964. V.: Claudia, geb. Kuner. Ki.: Raphael (1993), Tristan (1997). El.: Kurt u. Christa, geb. Krichel. S.: 1979-82 Lehre Orthopädieschuhmacher Firma Haas Freiburg. K.: Geselle in d. Firma Meyer in Freiburg, 1991 Meisterprüf. in Hannover, 1991 Meister in der Firma Vogel in Offenburg u. d. Firma Grammelspacher u. Jenne in Freiburg, seit 1997 selbst. m. Schwerpunkt Dienstleistungen. P.: Veröff. in d. regionalen Presse u. in d. Fachpresse. M.: Handwerkskam., Innung, Berufsgen., Ranzengarde Concordia Freiburg. H.: Lesen, Internet, Beruf, Motorradfahren, Segeln.

Blum Peter Dr.

B.: Historiker, wiss. Archivar, Stadtarchivdirektor. FN.: Stadtarchiv Heidelberg. DA.: 69117 Heidelberg, Heiliggeiststr. 12. PA.: 74933 Neidenstein, Unterm Moosgarten 2. G.: Limburg/Lahn, 8. Mai 1959. V.: Ann Isabel, geb. Reichmann. Ki.: Michael (1988), Bettina (1990), Annette (1994), Stephan (2001). S.: 1978 Abitur, 1978-86 Stud. Neuere u. Mittlere Geschichte, Alte Geschichte u. Germanistik Johannes-Gutenberg-Univ. Mainz, 1986 Prom., 1987-89 Archivref. am Hess. Hauptstaatsarchiv Wiesbaden, inst. f. Archivwiss. Marburg u. Bundesarchiv Koblenz. K.: 1978-87 während d. Stud. wiederholte mehrmonatige Tätigkeit in gewerbl. Wirtschaft u. chem. Industrie, an d. Univ. wiederholt als Tutor im Rahmen d. Erstsemesterbetreuung im Fach Geschichte sowie über mehrere J. als wiss. Hilfskraft am Histor. Seminar d. Univ. Mainz, 1989-92 Mitarb. Ltr. d. Mannheimer Stadtarchivs, seit 1992 Ltr. d. Heidelberger Stadtarchivs, seit 1993/94 Lehrbeauftragter f. Wirtschafts- u. Sozialgeschichte am Histor. Seminar d. Univ. Mainz, Ressortleitung Aus- u. Weiterbildung d. Vereinigung dt. Wirtschaftsarchive e.V. P.: Diss. "Staatl. Armenfürsorge im Herzogtum Nassau 1806-35", zahlr. wiss. Vorträge, Autor zahlr. Zeitungs- u. Zeitschriftenart., Monographien u. Bildbände u. a. "Leben in Heidelberg" (1997), "Motorisierung in Heidelberg 1886-1935 (1998), Pioniere aus Technik u. Wirtschaft in Heidelberg (2000), "Wochenende u. Sonnenschein: Freizeitvergnügen am Rhein u. Neckar" (2001), sowie wiss. Aufsätze in Handbüchern, Sammelwerken, Periodika, Hrsg. v. Ortschroniken, Autor u. Hrsg. mehrerer histor. Bildkalender, ca. 200 Rezensionen f. versch. wiss. Periodika, Hrsg. wiss. Publ.-Reihen, Buchreihe d. Stadt Heidelberg, Schriftenreihe d. Stadtarchivs Heidelberg, Sonderveröff. d. Stadtarchivs Heidelberg, E.: 1988 Aufnahme in d. Historische Kommission f. Nassau, z. Zt. Vors. d. Arbeitsgemeinschaft Archive im Arbeitskreis Rhein-Neckar-Dreieck e.V. M.: seit 1983 Nassauischer Altertumsver., seit 1993 Ver. dt. Wirtschaftsarchivare (VdW), seit 2000 als Mtgl. d. Vorst., seit 2001 Mtgl. d. Intern. Council of Archives (ICA), Section of Business and Labour Archives (SBL). H.: Wirtschafts- u. Sozialgeschichte, Motorisierungsgeschichte, Oldtimerkultur, Stierkampf, Cava-Sammler (schwerpunktmäßig Anbaugebiet Penedès/südl. Barcelona), Sammler mechanischer Uhren aus Russland.

Blum Volker

B.: RA. DA.: 35578 Wetzlar, Geiersberg 21. G.: Krefeld, 3. Sep. 1956. El.: Wilhelm u. Ingeborg, geb. Lietmann. S.: 1976 Abitur Königstein, 1976-77 Zivildienst - Bundesschule d. JUH Butzbach, 1977-86 Stud. Univ. Giessen, 1987-89 Referendariat. K.: seit 1991 selbst. Anw.-Kzl. m. Schwerpunkt Straf- u. Verkehrsrecht, Kriegsdienstverweigerung u. Zivildienstangelegenheiten. M.: Turnver. Wetzlar. H.: Laufen, Lesen.

Blüm Norbert Dr. phil.

B.: Werkzeugmacher/Philosoph/MdB. FN.: Deutscher Bundestag. GT.: stellv. Vorsitzender d. Christl. Demokratischen Union CDU. DA.: 11011 Berlin, Platz d. Republik 1. PA.: 53113 Bonn, Weber Str. 102. G.: Rüsselsheim, 21. Juli 1935. V.: Marita, geb. Binger. Ki.: Christian, Katrin, Annette. El.: Christian u. Margarete, geb. Beck. S.: 1941-49 Volksschule, 1949-52 Lehre als Werkzeugmacher bei Opel AG, IG Metall, Vors. Jugendvertr., 1957-61 Abendgymnasium in Mainz, daneben Hilfsarbeiter im Baugewerbe u. als Lastkraftwagenfahrer, Kellner, Sackträger, 1961 Abitur, 1961-67 Stud. Philosophie, Germanistik, Geschichte, Theologie an d. Univ. Köln u. Bonn, 1967 Prom. zum Dr. phil. über Willenslehre u. Sozialallehre bei Ferdinand Tönnies. K.: 1952-56 Werkzeugmacher bei Opel AG in Rüsselsheim, 1965-69 Red. der Zeitschrift "Soziale Ordnung", 1968-75 Hauptgeschf. der Sozialausschüsse der CDA, 1972-81 MdB, 1977-87 Bundesvors. der Sozialausschüsse der CDA, 1981-82 Mtgl. d. Abgeordnetenhauses von Berlin, Senator f. Bundesangelegenheiten u. Bevollmächtigter d. Landes Berlin beim Bund, 1983-98 Bundesmin. f. Arbeit u. Sozialordnung, Reformation d. Sozialsysteme, 1989-90 Herstellung d. Sozialen Einheit Deutschlands, innerhalb von 14 Tagen für 5 Mio Rentner Zahlungen durchzuführen, Aufbau d. Arbeitsförderung der Arbeitsämter in 4 Wochen, Umstellung d. gesamten Gesundheitssystems, 1994 Einführung d. Pflegeversicherung, 1995 Einführung eines europ. Betriebsrats, Entsenderrichtlinie, Motto: Vertr. d. christl. Sozialllehre (Nell-Breuning), seit 1969 Bundesvorst. CDU, seit 1981 Präsidium CDU, stellv. Bundesvorsitzender, 1987-99 Landesvors. d. CDU in Nordrheinwestfalen, seit 1998 MdB, Mtgl. Ausschuß für wirtschaftl. Zusammenarb., Sozialpolitik weltweit stellv. Mtgl. im Ausschuß f. Menschenrechte, früher Einmischung b. Diktator Pinochet (Chile) u. Botha (Südafrika), seit 2000 Mtgl. im "Was bin ich?"-Quintett. P.: Märchenbuch für Kinder "Die Glücksmargarite", Reisebuch: "Sommerfrische-Regentage inklusive", Buch: "Dann

*) Biographie www.whoiswho-verlag.ch oder beigefügte CD-ROM

will ich's mal probieren", Buch: "Macht und Ohnmacht der Gewerkschaften", Buch: "Politik als Balanceakt". E.: Ritter wider den tierischen Ernst, Valentins-Orden, Thomas-Morus Orden, Heinrich-Pech-Preis. M.: IG Metall, KAB, Kolping, Amnesty (Bonner Gruppe). H.: Lesen (Eduard Mörike), (Kilimandscharo, Lybien, Marokko), Wandern, Finnland-Reisen.

Blüm Volker Dr. phil. nat. Prof.

B.: Prof. FN.: Ruhr-Univ. Bochum. DA.: 44780 Bochum, Universitätsstr. 150. PA.: 44797 Bochum, In den Hegen 30. volker.bluem@ruhr-uni-bochum.de. G.: Eschwege, 20. Mai 1937. V.: Heide-Maria, geb. Lang. Ki.: Mathias Frank, Tobias Benjamin. El.: Hans u. Anne. S.: 1957 Abitur, 1957-61 Stud. Chemie TH Darmstadt, 1961-65 Stud. Biologie TH Darmstadt u. J.W. Goethe-Univ. Frankfurt, 1965 Prom. K.: 1965-67 Stipendiat d. Dt. Forsch.Gemeinschaft, 1967-70 wiss. Ass. Ruhr-Univ. Bochum, 1970 Habil., 1970-73 OAss. Ruhr-Univ. Bonn, 1973 Doz. u. apl. Prof., 1980 planm. Prof. Leiter AG Vergl. Endokrinologie u. Forschungszentrum CEBAS, "Principal Investigator" d. CEBAS-Experimente d. Spacehattle-Missionen STS-89 u. STS-90. P.: über 200 Fachpubl. in Endokrinologie f. Reproduktionsbiologie, artifiz. Ökosysteme; 2 Lehrbücher (Reproduktionsbiologie). M.: Int. Acad. of Astronautics, Dt. Ges. f. Endokrinologie, Ges. Dt. Naturforscher u. Ärzte, European Society f. Comp. Endokrinol. (Gründungsmtgl.), American Society f. Space u. Gravitational Biology, Mtg. Wiss. Beir. d. Intern. Center f. Closed Ecological Systems d. Russ. Akad. d. Wiss., Vors. d. Sachverst.-Kreises "Lebenswiss." d. Dt. Agent. f. Raumfahrtangelegenheiten, Mtgl. d. Präsidiums d. Bundes Deutscher Sportschützen (BDS).

Blum Gutschera Evi

B.: Damenschneidermeisterin. FN.: Braut moden Art Courture Blum. DA.: 79312 Emmendingen, Basler Str. 33/7. G.: Elzach, 14. Aug. 1963. V.: Peter Gutschera. El.: Albert u. Elisabeth Blum, geb. Dilberger. S.: Ausbild. im Schneiderhandwerk, 1981 Gesellenprüf. K.: 2 J. b. Frau Wehrle Muffler Zuschneideschule in München, 1983 6 Monate Erfahrung in Fbk. gesammelt, b. 1984 Änderungsschneiderin b. Hertie in Freiburg, 1985 Schneiderin b. Stadttheater Freiburg, 1990 Meisterschule Düsseldorf, Meistertitel, 1990 wieder b. Stadttheater Freiburg, 1991 nebenberufl. wird d. Grundstock gelegt f. d. heutige Unternehmen in Emmendingen, neuerdings auch Modeschauen u. Ausstellungen. P.: Veröff. in d. regionalen Presse. M.: Innung, Handwerkskam. H.: Motorradfahren, Nähen.

Blumbach Jürgen Dr. *)

Blumbach Wolfgang Dr. M.A. Prof. *)

Blumberger-Sauerteig Katrin-Elsa

B.: Botschafterin i. d. Cote d'Ivoire. Ki.: 1 Kind. S.: 1964 Abitur, 1964-72 Stud. Geschichte, Romanistik Univ. Göttingen, Hamburg, Aix-en-Provence u. Bordeaux, 1971 Prüf. f. Höheres Lehramt Hamburg. K.: 1971-73 StudR. in Hamburg, 1973-75 Ausbild. am Auswärtigen Amt u. b. 1976 tätig im Auswärtigen Amt, 1976-86 Auf Posten in Lagos, Rom u. Budapest, 1981-85 tätig im Auswärtigen Amt, 1988-91 tätig in Ottawa, 1991-94 im Auswärtigen Amt, 1994-95 abg. in d. Außenmin. in Italien, 1996-99 ständige Vertreterin in Kopenhagen, seit 1999 Botschafterin in d. Cote d'Ivoire, Liberia u. Niger.

Blümchen Axel *)

Blume Bernd Dipl.-Ing. *)

Blume Birgitt Christa *)

Blume Christoph Dipl.-Ing.

B.: Gschf. FN.: Flughafen Düsseldorf GmbH. G.: Essen, 6. Juni 1952. V.: Renate Koelbel-Blume. Ki.: Jonas (1989), Matthias (1991). El.: Bergdir. Werner u. Herta. S.: 1970 Abitur, 1970-75 Stud. Stadt- u. Regionalplanung Univ. Dortmund. K.: 1975-77 wiss. Mitarb. Stadtentwicklungsamt Essen, 1978-84 versch. Aufgaben in d. Stadtverw. Essen, 1985 Ltr. d. Stadtplanungsamtes Essen, 1985-90 Beigeordneter f. d. Bauwesen in Bielefeld, seit 1990 Beigeordneter f. Hochbau u. Stadterneuerung in Köln, 1997-2001 Stadtdir. i. Stadthaus, Düsseldorf, seit 2001 Gschf. Flughafen Düsseldorf GmbH. P.: fachbezogene Veröff. M.: SPD, ÖTV, BDA, Club d. Kreutzer Abt. CKA, Hamburg, Seglerverb. H.: Segeln. (A.K.)

Blume Dirk *)

Blume Fritz Dr. *)

Blume Hans-Peter Dr. Dr. h.c. Prof.

B.: Dir. FN.: Inst. f. Pflanzenernär. u. Bodenkunde d. Univ. Kiel. PA.: 24105 Kiel, Schlieffenallee 28. hblume@soils.uni-kiel.de. G.: Magdeburg, 18. Apr. 1933. V.: Gisela, geb. Beeskow. Ki.: Jürgen (1960), Ingrid (1962), Barbara (1964), Dorlis (1968). El.: Werner u. Herta. S.: Abitur, Stud. Agrarwiss., 1961 Prom. im Fach Bdk. b. E. Schlichting in Kiel. K.: 1961-68 wiss. Ass. Univ. Stuttgart-Hohenheim, 1967 Habil., 1968-80 HS-Doz. in Hohenheim, 1971-82 o.Prof. f. Bdk. im Inst. f. Ökologie d. TU Berlin, 1973-75 Dekan d. Fachbereiches Landschaftswickl., seit 1982 Univ. Kiel; wiss. Zusammenarb. m. d. Agricultural Univ. of Bangladesh. P.: Stauwasserböden (1967), Typische Böden Berlins, Bodenkundliches Praktikum m. E. Schlichting (1966, 2. Aufl. 1994), Handbuch d. Bodenschutzes (Hrsg., 1990, 2. Aufl. 1992), Handbuch d. Bodenkunde (Mithrsg. 1996 ff), 350 Aufsätze in Fachzeitschriften über Bdk., Landschaftsökologie u. Limnologie. E.: 1994-97 VPr. d. Dt. Bdk. Ges., 1997 Dr. h.c. Univ. Hohenheim. M.: Dt. Bdk. Ges., Intern. Bdk. Ges., Ges. f. Ökologie, Dt. Verb. f. Wasser- u. Kulturbauwesen (DVWK).

Blume Heinz-Joachim

B.: Goldschmied, Gschf. Ges. FN.: Theodor Blume GmbH Gold- u. Silberschmiede. DA.: 31134 Hildesheim, Hoher Weg 18. firmathblume@aol.com. www.th-blume.de. G.: Hildesheim, 15. Jan. 1951. V.: Ursula, geb. Ernst. Ki.: Giacomo (1988), Giordano (1991). El.: Heinrich u. Ursula, geb. Nedderich. S.: 1969 Abitur in Hildesheim, b. 1974 Stud. Schmuckgestaltung an d. FH Pforzheim. K.: Angestellter b. Juwelier Blume in Stuttgart im Verkauf, ab 1976 ang. in d. Auftragsbearb. b. Juwelier Wilm in Hamburg, ab 1977 ang. im Geschäft d. Vaters in Hildesheim, 1983 Übernahme d. Geschäftsführung d. Firma M.: Lions Club Hildesheim. H.: Skilanglauf, Tauchen, Fotografie.

Blume Helmut Gerhard Dr. med. *)

Blume Henning H. Dr. Prof. *)

Blume Holger
B.: Profi-Leichtathlet. FN.: c/o Dt. Leichtathletik Verb. DA.: 64293 Darmstadt, Julius-Reiber-Str. 19. G.: Lüdinghausen, 28. Dez. 1973. K.: 1985-87 SuS Olfen, 1989-90 FC Nordkirchen, 1991-92 LG Olympia Dortmund, seit 1993 TV Wattenscheid, sportl. Erfolge: 199 Dt. Meister über 100m u. 200m/3., 1997 u. 1998 DM/2., 1996 DM/3., 1993 u. 1995 DM/4., 1996 Hallen-EM 200m/5., 1995 Dt. Juniorenmeister 100m u. 200m, 1994 EM Staffel/6.

Blume Jürgen Dr. med. *)

Blume Jürgen Dr. Prof. *)

Blume Marc
B.: Profi-Leichtathlet. FN.: c/o Dt. Leichtathletik Verb. DA.: 64293 Darmstadt, Julius-Reiber-Str. 19. PA.: 49767 Twiste-Adorf, Am Dreieck 9. G.: Lüdinghausen, 28. Dez. 1973. K.: 1985-87 SuS Olfen, 1989-90 FC Nordkirchen, 1991-92 LG Olympia Dortmund, seit 1993 TV Wattenscheid, größte sportl. Erfolge: 1992 JWM/6., 1993 DM/1., EC/4., 1994 DM /1., EM/6., EC/2., 1995 DM/1., Hallen-WM/5., 1996 DM/1., EC/2., 1997 DM/1., EC/4., 1998 DM/1., 2000 OS Sydney/ Teilnahme.

Blume Matthias
B.: Superintendent, Pfarrer. FN.: Evangelischer Kirchenkreis Cottbus. GT.: 1987-92 ehrenamtl. Mitarbeit im Arbeitskreis f. Schülerarbeit d. Landeskirche, seit 1995 Mitarbeit im Konventsrat d. Pfarrkonvents, seit 1997 Theologischer Referent d. Kirchenkreises. DA.: 03046 Cottbus, Gertraudtenstr. 1. superintendentur-cottbus@t-online.de. G.: Cottbus, 11. Sep. 1965. V.: Bärbel, geb. Lehmann. Ki.: Sarah (1988), Nora (1992). El.: Günter u. Sigrid. S.: 1982-85 Lehre Gärtner in d. Landwirtschaftlichen Produktionsgenossenschaft LPG Burg/ Spreewald, 1984 Facharbeiterabschluss, 1985-87 NAV Wehrdienst m. d. Waffe verweigert, Wehrersatzdienst als Bausoldat in Prora/Rügen. K.: 1984-85 tätig als Facharbeiter im technischen Bereich d. LPG Burg, 1987-88 Hilfsarbeiter u.a. als Lagerarbeiter im Lebensmitteltellager Berlin-Lichtenberg u. in d. Immanuelkirchengemeinde Berlin, Besuch v. Latein- u. Englischkursen an d. VHS, Kleines Latinum, 1988-92 Stud. Theologie am Theolog. Seminar Paulinum in Berlin, 1989 Diakonisches Praktikum im Altenpflegeheim Stephanusstiftung Berlin-Weißensee, 1990 Gemeindepraktikum in Brielow, 1990 1. Theologisches Examen, 1992-93 Vikariat in d. Zachäusgemeinde Berlin, 1993-94 Besuch d. Pregigerseminars im Klosterstift Heiligengrabe/Prignitz, 1994-95 2. Theologisches Examen am Konsistorium d. ev. Kirche Berlin-Brandenburg, 1995-2001Pfarrer in d. Pfarrstelle Waldow/ Brand, Kirchenkreis Lübben, seit 2001 Superintendent in Cottbus.

Blume René *)

Blume Steffen
B.: Kfz-Mechaniker, Unternehmer. FN.: Taucherkiste Freiburg. DA.: 79106 Freiburg, Eschholzstr. 61. info@taucherkiste-freiburg.de. www.taucherkiste-freiburg.de. G.: Leverkusen, 24. Feb. 1963. V.: Ray, geb. Preukschaf. Ki.: Daniel (1985), Patrik (1986), Mira (1997). El.: Hans-Joachim u. Barbara, geb. Schneider. BV.: Hans Schneider, Anneliese Schneider. S.: Ausbildung Kfz-Mechaniker, 1983 FH-Reife Maschinenbauer Leverkusen. K.: 1990-92 Tauchlehrer auf d. Malediven, seit 1992 selbständig m. Tauchfirma. E.: Fach- u. Wassersport, Tauchschule m. Tauchlehrerausbildung, Schwimmsportzubehör, weltweite Events, Unterwasser-Fotografie, Spezialkurse, Jugendprojekte, f. Drogenabhängige - Therapie statt Strafe. P.: Veröff. in Fachzeitschriften, Taucher, Unterwasser. E.: Goldener Delphin 2. Preis, Umweltpreis. M.: PADI, IANTD, SSI, VWWS. H.: Technik, Tauchen, Katamaran segeln.

Blume Werner Dr. jur. *)

Blume-Benzler Christel
B.: freischaff. Malerin u. Grafikerin. DA.: 04277 Leipzig, Erlkönigweg 5. G.: Leipzig, 26. Nov. 1925. V.: verw. Harry Blume. Ki.: Anette, Julia. S.: 1947-52 Stud. HS f. Grafik u. Buchkunst Leipzig m. Dipl.-Abschluß. K.: 1953-56 Aspirantur an d. HS f. Grafik u. Buchkunst in Leipzig, seit 1956 freischaff. Malerin m. Schwerpunkt Figürliches, Stilleben, später Abstraktes u. Grafikerin m. Schwerpunkt Holzschnitt, Lithografie, Radierungen sowie baugebunde Kunst u.a. Farbglasfensterbilder, 1974-85 Lehrauftrag f. Gestaltungslehren an d. HS f. Grafik u. Buchkunst in Leipzig. P.: Grafikmappen: "Stilleben" (1988), "Stadt-Fluß-Leben" (1991); Grafiken zu Gedichten v. Else Lasker-Schüler (1995), Grafiken zu Gleichnissen d. Bibel (1996), Malereihauptwerke in namhaften Museen in Ostdeutschland, 10 Personalausstellungen in Leipzig, Grimma, Feldberg u. Markkleeberg (1975-2001). E.: 1. u. 2. Presie f. Grafik in Wien (1955), in d. DDR (1963) u. in Berlin (1963). M.: 1956-90 Verband Bildender Künstler Leipzig, 1991 Mitgründerin u. Vorst.-Mtgl. d. GEDOK Leipzig, Sachsen e.V., 1992-94 Vors. d. GEDOK Leipzig-Sachsen e.V. H.: Literatur, Garten.

Blume-Cárdenas Marguerite

B.: freischaff. Bildhauerin. DA.: 10119 Berlin, Kastanienallee 44. G.: Elne/F, 1942. S.: 1960-63 Stud. Arbeiter- u. Bauernfakultät f. bild. Kunst Dresden, 1963-64 Lehre Steinmetz Berlin, 1964-69 Stud. HS f. Bild. Künste Dresden m. Dipl.-Abschluß in Plastik. K.: seit 1969 freischaff. Bildhauerin in Berlin m. Arbeiten vorwiegend in Stein, Teilnahme an zahlr. Bildhauersymposien im In- u. Ausland. P.: Ausstellungen u.a. in Galerien in Berlin, Rostock, Dresden, Frankfurt/Oder, Warschau, Prag, Bukarest, Lindabrunn u. Leonfelde in Österr. E.: Kunstpreis d. FDGB in Gruppe, Kunstpreis d. Stadt Gera in Gruppe, Ernst-Zinna-Preis d. Stadt Berlin, Berlin-Preis. M.: seit 1970 Verband bild. Künstler d. DDR, seit 1993 BBK Deutschland.

Blümel Dieter Dipl.-Ing. *)

Blümel Petra
B.: RA. FN.: Kordt Rechtsanwälte. DA.: 45359 Essen, Bandstr. 58. G.: Iserlohn, 30. Juni 1960. El.: Joachim u. Ingeborg Blümel. S.: 1979 Abitur, 1979-84 Stud. Rechtswiss. Bochum, 1984-88 Referendariat u. 2. Staatsexamen. K.: 1988-94 ang. RA b. RA Kordt, seit 1994 Sozietät m. Kordt Rechtsanwälte. P.: 1998 "Qualitätsmanagement u. Zertifizierung", Schriftenreihe f. Mandanten z. allg. rechtl Problemsensibilisierung. M.: Ausschuß. d. Bundes-RA-Kam. f. Qualitätssicherung u. Zertifizierung, Trägerver. Theater "Satiricon" im Girardethaus e.V. H.: Fotografie (Landschaft u. Arch.), Jazzmusik, Lesen.

Blümel Wolf Dieter Dr. rer. nat. Prof. *)

Blumenberg Hans
Dr. phil. habil. Dr. phil. h.c. Prof. *)

Blumenberg Hans-Hinrich *)

Blumenberg-Lampe Christine Hildegard Luise
Dr. rer. pol. *)

---
*) Biographie www.whoiswho-verlag.ch oder beigefügte CD-ROM

Blumendorf

Blumendorf Peter Dr.-Ing. Prof.
B.: Prof., 1997-2003 VPräs. FN.: FH Hannover. DA.: 30459 Hannover, Ricklinger Stadtweg 118. G.: Beyersdorf, 23. Apr. 1945. V.: Ulrike, geb. Brehler. Ki.: Marco, Sanja. S.: 1965 Abitur Baden, 1965-67 Bundeswehr, 1967-72 Stud. Metallhüttenwesen TU Clausthal, 1977 Prom. K.: 1977-81 Bundesforsch.-Anst. f. Materialforsch. Berlin, seit 1981 Prof. f. Informationsmanagement an d. FH Hannover, seit 1997 VPräs. d. FH Hannover. P.: div. fachl. Publ. M.: DGI. H.: Sport, Tennis, Literatur.

Blumenroth Claus Dr. med. *)

Blumenschein Kornelie Dipl.-Ing. *)

Blumenschein Wilhelm *)

Blumenstein Matthias Dr. med. Dr. med. habil. apl. Prof.

B.: ärztl. Dir., Chefarzt f. Innere Med u. Nephrologie. FN.: Stiftsklinik Augustinum München. DA.: 81375 München, Wolkerweg 16. blumenstein@med1.med.uni-muenchen.de. G.: Bebra, 31. Aug. 1950. V.: Dr. Angelika, geb. Remky. Ki.: Johannes, Philipp. S.: 1969 Abitur Melsungen, 1969-72 Stud. Med. an der Univ. Göttingen u. 1972-75 TU München, 1975 Staatsexamen, 1977 Prom. K.: 1977 Med.-Ass. am KKH in Aurich, 1977-79 Militärdienst als Stabsarzt d. flugmed. Inst. d. Luftwaffe in Fürstenfeldbruck, 1979 FA-Ausbild. f. Innere Med. an d. med. Klinik I am Klinikum Großhadern, 1987 FA-Anerkennung m. Schwerpunkt Nephrologie u. 1993 Kardiologie, 1989 Habil., 1990 Lehrbefugnis f. d. Bereich Innere Med., 1993 OA d. med. Klinik I, 1995 Chefarzt f. Innere Med. an d. Stiftsklinik Augustinum, seit 1998 ärztl. Dir. d. Stiftsklinik, Stipendium d. Dt. Forschungsgemeinschaft an d. Cleveland Clinic in Ohio. P.: "Cytokine production precedes the expansion of CD14+CD16+ monocytes in human sepsis" (1997), "Differential avivation of monocytes in hemodialysis patients exposed to different types of membranes" (1990), "Activation of mononuclear cells by aqueous extracts from hollow fiber hemodialyzers" (1989), "Altered interleukin - 1 production in patients undergoing hemodialysis" (1988), "Die Behandlung d. paraproteinämischen Nierenversagens m. Plasmatherapie" (1987). M.: Berufsverb. Dt. Internisten, Vereinig. d. Bayr. Internisten e.V., Ges. f. Herz- Kreislaufforsch., Ges. f. Nephrologie, Dt. Arge f. klin. Nephrologie, Intern. Society of Nephrology, Intern. Society for Artifical Organs. H.: Musik, Bergsteigen, Skifahren.

Blumenstein Otto *)

Blumenstock Jan Dr. med.
B.: FA f. Allg.-Med., Naturheilverfahren, Psychotherapie. DA.: 14197 Berlin-Wilmersdorf, Rüdesheimer Str. 8. PA.: 14193 Berlin, Furtwänglerstr. 15. G.: Lodz/Polen, 20. März 1947. V.: Anja, geb. Michalek. Ki.: Maxime (1993), Camille (1994), Tom (2000). El.: Dr. Joseph u. Dr. Maria K. S.: 1966 Abitur Berlin, 1966-72 Stud. Med. FU Berlin, 1979 Prom. K.: Ass.-Arzt in d. Chir. u. Innere Abt., FA f. Allg.-Med., 1978-83 wiss. Ass. am Inst. f. Soz. Med. d. FU Berlin, Forsch.-Schwerpunkte: Gesundheitslage alter Menschen u. ambulante Versorgung in Abhängigkeit v. Umweltbedingungen, 1983-87 in Naturheilkliniken in Berlin u. Lahnstein, glz. Weiterbild. in Psycho- u. Körpertherapie u. Akupunktur, seit 1987 selbst. Praxis m. Schwerpunkt Naturheilverfahren unter bes. Berücksichtigung psychosomat. u. ernährungsbedingter Krankheiten. P.: Beiträge in wiss. Zeitschriften. M.: ZÄN, BPA. H.: Familie, Sport, Reisen, Malerei.

Blumenstock Monika *)

Blumenstock Otto *)

Blumenthal Antje
B.: Beamtin, Abgeordnete, MdB. FN.: Deutscher Bundestag. DA.: 11011 Berlin, Platz der Republik. antje.blumenthal@bundestag.de. www.antje-blumenthal.de. G.: 25. Dez. 1947. V.: verh. S.: Ausbildung in d. Steuerverwaltung d. Stadt Hamburg m. anschl. wechselnden Aufgaben in Finanzämtern u. d. Oberfinanzdirektion Hamburg. K.: seit 1966 Mtgl. d. CDU, 1974-89 Mtgl. d. Bezirksversammlung Hamburg-Mitte, 1986-87 u. 1989-2001 Mtgl. d. Hamburgischen Bürgerschaft, seit 1992 stellv. Landesvorsitzende d. CDU-Landesverbandes Hamburg, 1997-2001 stellv. Fraktionsvorsitzende d. Hamburgischen CDU-Bürgerschaftsfraktion1993-97 u. 1999-2001 Vors. d. AG Arbeit u. Soziales. CDU-Bürgerschaftsfraktion, seit 1989 Landesvorsitzende d. CDA Christlich-Demokratischen Arbeitnehmerschaft, seit 1993 stellv. Bundesvorsitzende d. CDA, seit 2001 MdB.(Re)

Blumenthal Elke Dr. phil. habil. Prof.
B.: Prof. em. FN.: Ägyptolog. Inst./Ägypt. Museum Univ. Leipzig u. Arbeitsstelle Altägypt. Wörterbuch d. Sächs. Akad. d. Wiss. DA.: 04109 Leipzig, Schillerstr. 6. PA.: 04299 Leipzig, Kommandant-Prendel-Allee 107. G.: Greifswald, 25. Jan. 1938. S.: 1956 Abitur Weimar, 1956-61 Stud. Ägyptologie u. Kunstgeschichte Univ. Leipzig, 1961 Dipl.-Ägyptologe, 1964 Prom., 1977 Habil. K.: 1961-70 wiss. Mitarb. am Ägyptolog. Inst. d. Univ. Leipzig, 1970-99 Ltr. d. Inst., 1976 Wiedereröff. d. Ägypt. Museums d. Univ., 1978 Doz., 1986 Prof., 1999-2000 Leiter d. Arbeitsstelle Altägypt. Wörterbuch d. Sächs. Akad. d. Wiss. zu Leipzig. P.: Veröff. z. altägypt. Literatur u. Religion u. zu Bestand u. Geschichte des Ägypt. Museums d. Univ. Leipzig. E.: 1998 Sächs. VO, 1999-2000 Fellow am Wissenschaftskolleg zu Berlin. M.: Dt. Arch. Institut, Sächs. Ak. d. Wiss. zu Leipzig, Bayer. Ak. d. Wiss. H.: Kunstgeschichte, Literatur, klass. Musik.

Blumenthal Gert Hubertus

B.: Kfm. Vorst. FN.: Rheinbahn AG. GT.: Gschf. TransRegio in Trier, AufsR.-Mtgl. Beka in Köln. DA.: 40549 Düsseldorf, Hansaallee 1. PA.: 53177 Bonn, Hegelstr. 30. G.: Würzburg, 28. März 1946. V.: Ingrid, geb. Wartenberg. Ki.: Anabele (1977), Philip (1981). S.: 1964 Mittlere Reife, 1964-66 Lehre Ind.-Kfm. Firma Aesculap, 1966-68 Wehrdienst b. Bundesgrenzschutz, 1969-72 Offz.-Schule d. BGS Lübeck, Abitur am Sonderstufe d. BGS, 1972 Abitur, 1972-76 Stud. Vw. Univ. Hamburg, 1976 Dipl.-Vw. K.: 1976-84 wiss. Mitarb. d. Verkehrsabt. IHK Lübeck, 1984-90 Gschf. d. Arbeitsgruppe Verkehr d. CDU/CSU-Bundestagsfraktion in Bonn, 1991-94 Gschf. Bahn-Bus-Holding in Frankfurt, 1993-94 Mtgl. Bereichsltg. Schienenpersonennahverkehr d. Dt. Bahn AG in Frankfurt, seit 1995 Kfm. Vorst. Rheinbahn AG, seit 1999 Gschf. TransRegio Dt. Regionalbahn GmbH, seit 1998 Mtgl. Intern. Aussch. Verkehr d. UITP. P.: 1976-84 in Zeitschrift

---

*) Biographie www.whoiswho-verlag.ch oder beigefügte CD-ROM

Hansa, über Award in Fachzeitschriften. E.: Intern. Award for Finance Lease durch Zeitschrift Asset Finance Intern. London. M.: Ind.-Club Düsseldorf, Wirtschaftspolit. Club Bonn, Strukturpolit. Ges. Bonn, Dt. Verkehrswiss. Ges., Finanz- u. Rechtsaussch. d. Verb. Dt. Verkehrsunternehmen VDV, Ges. f. Mineralogie u. Paläontologie. H.: Golf, Tennis, Badminton, Paläontologie spez. Juraformationen.

Blumenthal Peter Friedrich *)

Blumentritt Christel *)

Blumentritt Detlef Ing.
B.: Texter, Inh., Gschf. FN.: Selling Spot Studios GmbH. DA.: 28209 Bremen, Schwachhauser Heerstr. 78. G.: Stolp/Pommern, 18. Mai 1942. V.: Monika, geb. Schaub. Ki.: Jan (1972), Piet (1974), Max (1983). El.: Heinz u. Ilse, geb. Pantel. S.: 1958 Mittlere Reife Bremen, 1958-61 Ausbild. z. Tiedruckretuscher in Bremen, Bundeswehr, Stud. in Berlin, Ing. f. Wirtschaft u. Betriebstechnik d. graf. Ind. b. 1969, 1969 HS-Reife. K.: Werbemittel-Produktioner in einem gr. Bremer Verlag, 1976-91 ltd. Mitarb. d. Bremer Werbeagentur im Brasilhaus No. 8, 1981-91 Abt.-Ltr. f. Film, Funk, Fernsehen, 1991 Grdg. d. Selling Spot GmbH als Gschf., 1999 Umfirmierung in Selling Spot Studios GmbH als Gschf. u. Inh. P.: kreative Radiowerbung in Form v. Fachbeiträgen u. Referatsform. E.: zahlr. nat. Ausz. u.a. 5 Radio-Awards f. kreative Funkwerbung. M.: 2. Vors. d. Bremer Medienhaus e.V., Dt. Kommunikationsverb. H.: Gitarre und Gesang, intern. Folk Musik als Duo Peter u. Daddy, nat. u. intern. Auftritte u.a. Griechenland, Schweiz, Babershop Musik A-Cappella.

Blumentritt Holger
B.: Dipl.-Sozialpädagoge, freischaffender Künstler. FN.: Holgers Licht-Bühne. DA.: 26197 Großenkneten, Roterlenweg 3. lichtbuehne@aol.com. www.holgerslichtbuehne.de. G.: Bremen, 30. Mai 1961. V.: Sigried, geb. Gierke. Ki.: Tanja (1996), Christine (1998). S.: 1981 Abschluss Fachoberschule in Bremen, 1983-87 Stud. Sozialpädagogik in Braunschweig, Abschluss Dipl.-Sozialpädagoge, 1989-90 Weiterbildung als Umweltreferent. K.: 1990-96 Sozialpädagoge, Umweltierziehung m. Kindern u. Jugendlichen, Referententätigkeiten in Zusammenarbeit m. versch. Bildungsträgern, seit 1996 freischaffender Künstler, Autor v. Theaterstücken z. Thema Zahngesundheit, Umwelt, lebensrelevante Themen f. Kinder betrachtet m. ethischen Gesichtspunkten, bundesweite Aufführungen als freie Theatergruppe "Ratz u. Fratz Theater", seit 2001 Holgers Licht-Bühne, Unterhaltungskunst m. versch. Programmen f. Kinder u. Erwachsene, kreative Fotografie. H.: Musik, Kochen, schöne Erlebnisse finden.

Blumentritt Jürgen Dipl.-Ing.

B.: Dipl.-Ing. Ökonom, Steuerberater, selbständig. GT.: AR-Vors. Lausitzer Kultur-Kraftwerk Plessa e.V., Berater d. Netz-Werk Markterfolg KG, Berater d. Netz-Werk Innovationserfolg KG. DA.: 01067 Dresden, Freiberger Straße 39. stbjblumentritt@t-online.de. www.steuerberater-blumentritt.de. G.: Weimar, 28. Apr. 1960. V.: Petra, geb. Rehn. Ki.: Sebastian (1988). S.: 1977-80 Lehre m. Abitur Elektronikfacharbeiter Meßgerätewerk Zwönitz, 1980-83 Armee, 1984-88 Stud. Betriebswirtschaft an d. TU Dresden. K.: 1988-90 Ass. an d. TU Dresden Bereich Wirtschaftskybernetik, 1991-97 Ang. b. d. Odenwaldtreuhand GmbH, 1997 selbständiger Steuerberater. F.: Lausitzer Kultur-Kraftwerke Plessa e.G. M.: Theatergemeinden Dresden, Verein Dresdner Stadtjubiläum Dresden (2006), Zoofreundeverein, Vorst.-Mtgl. im Förderverein Bürgertum Berlin e.V. H.: Sport, Kultur, Lesen, Fotografieren, Reisen.

Blumerski Wilhelm *)

Blumhagen Lothar *)

Blumhardt Erich *)

Blumhoff Oliver *)

Blümke Dietmar *)

Blümle Gerold Dr. Prof. *)

Blümmers Heinz Dr. *)

Blümner Karl *)

Blumreder Hans-Georg *)

von Blumröder Klaus-Christoph *)

Blumrodt Bernd *)

Blust Peter *)

Blust Volker *)

Blütchen Sabine

B.: RA. DA.: 26133 Oldenburg, Sperberweg 43. G.: Neumünster, 9. Jän. 1954. V.: Norbert Blütchen. Ki.: Matthias (1988). El.: Dr. Paul u. Margot, geb. Tiffe. S.: 1973 Abitur, Stud. Rechtswiss. Univ. Kiel u. FU Berlin, 1979 1. Staatsexamen, Referendariat Berlin, 1982 2. Staatsexamen. K.: 1982-89 Zulassung als Anw. b. LG Berlin, 1982-89 ang. RA in d. Kzl. Elke Ochs-Griussem in Berlin, 1991-97 Doz. an d. Handwerkskam. Oldenburg, 1998/99 ang. RA in Oldenburg, 1999 seither selbst. RA m. Tätigkeitsschwerpunkt Familien- u. Reiserecht. M.: Landessynodiale d. Ev.-Luther. Kirche in Oldenburg, Vors. d. GleichstellungsbeiR. d. Kirche.

Blüthner Christian Dr.
B.: Unternehmer. FN.: Julius Blüthner Pianofortefabrik GmbH. DA.: 04445 Störmthal b. Leipzig, Dechwitzer Str. 12. PA.: 04463 Groß Pösna b. Leipzig, Gewerbegebiet Störmthal, Dechwitzer Str. 12. G.: Leipzig, 14. Aug. 1966. El.: Ingbert u. Karin, geb. Haase. BV.: Ururgroßvater Geheimer Commerzienrat u. Firmengründer Julius Blüthner (1853 gegründet in Leipzig), Urgroßvater Bruno u. Dr. iur. Robert Blüthner, Großvater Dr. iur. Rudolph Blüthner. S.: 1985 Abitur Leipzig, 1985-88 Wehrdienst b. d. NVA, 1988-94 Med.-Stud. Leipzig, ab 1990 in Göttingen, 1994 9 Monate Arzt im Praktikum am King's College in London, 1995 Diss., ab 1990 BWL-Stud. an FU Hagen. K.: 1995-96 9 Monate Kantonspital Graubünden in Ilans/Schweiz, seit 1995 Gschf. u. Inh. Blüthner Pianofortefabrik in 5. Generation zusammen m. Bruder Knut. P.: Acta

*) Biographie www.whoiswho-verlag.ch oder beigefügte CD-ROM

Thermochemica über Tumorzellen m. thermolog. Messungen an Tumoren (1995), in Lehrbüchern über mod. Entwicklung in d. Urologie. M.: Harmonie Leipzig e.V. H.: Musik, Klavierspielen, Sport, Alpinski, Tennis, Surfen.

Boatin Eric Stephen Dr. med. Dr. med. dent. *)

Bobbert Dieter Dr.-Ing. *)

Böbe Wilfried Dipl.-Ing. *)

Bobel Stanislaw *)

Böbel Giesela Pat.Ing.

B.: Patentanw. PA.: 10318 Berlin, Hoher Wallgraben 45. Gieselaboebel@gmx.de. G.: Geismar / Göttingen, 29. Jan. 1938. V.: Dieter Böbel, Karl-Heinz Böbel-Pfützenreuter. Ki.: Jörg (1965). El.: Otto Lache u. Gertrud Skerhut, verw. Lache, geb. Giesel. S.: 1953 Mittlere Reife, 1953-56 Ausbild. Möbeltischler f. Laden- u. Innenausbau, 1957-60 Stud. Ing.-Schule f. Holztechnologie, 1962-66 postgrad. Stud. Patenting., 1960-69 Kurse f. Maschinenbau / Elektrotechnik, Engl. u. Russ., 1970 Berufung z. Patentanw. K.: 1956-57 tätig als Tischler m. Arb. u.a. f. d. Staatsoper, Volksbühne in Berlin, Laden- u. Passagierschiffsausbau, 1960-64 Ing. in Möbelproduktionsbetrieb in Berlin, 1964-69 Mitarb. im Wirtschaftsrat d. Bez. d. Magistrat Berlin, 1969-90 Patentanw. im Intern. Patentbüro Berlin d. DDR, zuletzt Abt.-Ltr. m. Schwerpunkt Anmeldg. v. Schutzrechten; Masch.Bau, Holz- u. Med.-Technik, 1990-98 freiber. PA in einer Patentanw.-Sozietät. BL.: erster weibl. Holzing. i. Berlin, 16 J. erster u. einzig. weibl. Patentanwalt in d. DDR. E.: mehrfacher Aktivist. M.: Elternvertretung in versch. Schulen, Sekr. d. Neuererrates d. WdB, Vors. Konfliktkmsn. d. WdB, Vors. d. Frauenkmsn. d. Intern. Patentbüros, Betr.Gew.Ltg., versch. fachl. Prüf.-Aussch. H.: Natur, Jagd, Wandern, Skilauf, Literatur, Musik, Gartenarbeit.

Boberg Friedrich Dr. Prof. *)

Boberg Klaus *)

Bobéth Marek Dr. phil. *)

Bobic Fredi

B.: Profi-Fußballer, Einzelhdls.-Kfm. FN.: c/o Borussia Dortmund. DA.: 44139 Dortmund, Strobelallee 50. verein@borussia-dortmund.de. http://www.borussia-dortmund.de. G.: Maribor/Slowenien, 30. Okt. 1971. Ki.: Celine (1997). S.: Einzelhdls.-Kfm. K.: 1979-80 VfR Bad Cannstadt, 1980-86 VfB Stuttgart, 1986-90 Stuttgarter Kickers, 1990-92 TSF Ditzingen, 1992-94 Stuttgarter Kickers, 1994-99 VfB Stuttgart, 19 Länderspiele/2 Tore, 1995/96 Torschützenkönig, 1997 Dt. Pokalsieger m. d. VfB Stuttgart, 1996 Bundesliga-Torschützenkönig, Europameister, 1998 Europapokalfinalist, s. 1999 Borussia Dortmund. H.: Basketball, Tennis, Musik, Kino, Italienisches Essen. (Re)

Bobrich Christian *)

Bobrich Joachim Dr.-Ing.

B.: Oberingenieur. FN.: Institut für Kartographie u. Geoinformatik Universität Hannover. GT.: 1992-96 Redakteur d. "GeoSoft-" Beilage d. Fachzeitschrift AVN u. ZPF; allgem. Vermessungs-Nachricht Zeitschrift f. Photogrammetrie u. Fernerkundung. DA.: 30167 Hannover, Appelstr. 9a. joachim.bobrich@ikg.uni-hannover.de. www.ikg.uni-hannover.de. G.: Schweinfurt, 3. Dez. 1962. S.: 1982 Abitur Aschaffenburg, 1982-83 Grundwehrdienst, 1983-88 Stud. an d. TH Darmstadt, Fachrichtung Vermessungswesen, Abschluss Dipl.-Ing., 1995 Prom. z. Dr.-Ing. an d. TH Darmstadt. K.: 1988-90 Software-Ing. b. d. Papierwerken Waldhof-Aschaffenburg, grafisches Papierwerk Stockstadt, 1990-95 wiss. Mitarbeiter am Geodät. Inst. d. TH Darmstadt, 1995-97 Entwicklungsingenieur d. Popping AG in Bern/Schweiz, Softwareunternehmen f. Geographische Informationssysteme, 1997 Bereichsleiter Geographische Informationssysteme, Projektgruppe, Support d. CAD Rechenzentrum AG in Basel/Schweiz, seit 1997 Oberingenieur am Inst. f. Kartographie u. Geoinformatik d. Univ. Hannover, Kartengestaltung u. Projektseminare in d. Lehre, Generalisierung in d. Forschung, Augmented-Reality, div. zusätzliche Lehrgänge u. Praktika, u.a. 1989 Lehrgang "Grundlagen relationaler Datenbanken" u. "Progr. unter SQL". P.: zahlr. Veröff. u.a.: "Zur Anwendung heuristischer Verfahren in d. Geodäsie" (1995), "Ein neuer Ansatz z. Kartographischen Verdrängung an d. Grundlagen eines mechanischen Federmod." (1996), "Zur Integration v. ALK-Gebäudedaten in ATKIS-Datenbestände" (2001), "Cartographic Map Generalization in Urban Districts"(2001), "Cartographic Displacement by Minimization of Spatial and Geometric Conflicts" (2001). M.: d. AG "Standards" d. DDGI, d. ICA Commission on Map Generalization, d. Arbeitskreises Kartographie u. Geo-Informationssysteme d. DGfK, d. Unterarbeitskreises Geoinformationssysteme d. IMA IuK-Technik, d. ICA Working-group Versioning and Updating. H.: Schiffs-Modellbau.

Bobrowski Peter *)

Böbs Heinrich R. Dipl.-Kfm. *)

Bobsin Jörg *)

Bobzin Dirk

B.: Heilpraktiker. FN.: Praxis f. Naturheilverfahren. DA.: 41236 Mönchengladbach, Friedrich-Ebert-Str. 205. G.: Mönchengladbach, 13. Juli 1968. S.: 1986 Fachoberschulreife, 1986-87 Praktikum im KH, 1987-90 Ausbild. z. Krankenpfleger Maria-Hilf-KH. K.: Tätigkeit im KH, 1990-91 Zivildienst, 1991 Ausbild. z. Heilpraktiker, 1996 Eröff. d. Praxis parallel seit 1996 Unterrichtender an einer Heilpraktikerschule, Schwerpunkt: Chiropraktik.

Bobzin Wolfgang

B.: Gschf. FN.: Wismar Fisch-Feinkost GmbH. DA.: 23966 Wismar, Am Alten Hafen. G.: Schwerin, 12. Juli 1936. V.: Gundula, geb. Mielke. Ki.: Andrea (1960), Synke (1962). El.: Ernst u. Selma, geb. Kränzke. BV.: Großvater Wilhelm Bobzin - Amtsfischer. S.: 1951-54 Ausbild. Binnenfischerei Schwerin, 1954-57 Abitur Rostock, 1957-61 Stud. Fischwirtschaft Berlin m. Dipl.-Abschluß. K.: 1961-62 Ass. n. d. Fischerei Wismar, 1962 tätig am Inst. f. Hochseefischerei Rostock, Gruppenltr. f. Fangtechnik u. 1970-91 Gschf. d. Fischereigen. Wismarfisch m. Schwerpunkt Fischfangtechnik, Betriebswirtschaft im Fischwirtschaftsbereich, seit 1991 Gschf. u. Ges. d. Wismar Fisch-Feinkost GmbH. P.: Autor v. Fachbüchern: Fangtechnik. M.: Dt.-Norweg. Ver., Vors. d. Prüf.-Kmsn. f. Fischmeister, Grdg.-Mtgl. d. Wirtschaftsvereinig. u. d. Fischereiver. Mecklenburg-Vorpommern. H.: gute Weine.

Boch Uwe Artur

B.: Gschf. FN.: WVD-Südcaravan GmbH. GT.: seit 1994 Berufung Sachv. f. Wohnmobile u. Wohnwagen, seit 1996 Prüf.-Aussch. IHK f. Auszubildende, AufsR. b. Intercaravan, Vorst.-Mtgl. Intercaravan Koblenz. DA.: 79108 Freiburg, Hanferstr. 30. uboch@wvd.com. G.: 1. Feb. 1960. V.: Birgit, geb. Plust. Ki.: Bastian, Sina. El.: Artur u. Sigrid, geb. Schüler. S.: Lehre als Reiseverkehrskfm., 2. Bild.-Weg Fachabitur Freiburg, Mitarb. im elterlichen Betrieb, 1984 Abschluss Betriebswirt. K.: 1983 Grdg. d. Firma WVD Wohnmobile, 1989 Übernahme Südcaravan, 1993 Fusion WVD u. Südcaravan, Umzug z. jetzigen Betriebsgelände. E.: DCHV: Mustergültiger Betrieb. H.: Yachting, Surfen.

von Boch Wendelin

B.: Vorst.-Vors. FN.: Villeroy & Boch. DA.: 66693 Mettlach, Saaruferstraße. G.: Mettlach/Saar, 1942. S.: 1962-66 Stud. HS f. Wirtschafts- u. Sozialwiss. in St. Gallen/Schweiz m. Abschluss Dipl.-Kfm. K.: Praktika b. Villeroy & Boch u.a. in Luxemburg, Frankreich u. USA, 1970 Verkaufsltr. d. Geschirrfertigung (Faiencerie) d. Unternehmens in Mettlach, 1972 Dir. d. Faiencerie, s. Umwandlung d. Personenges. Villeroy & Boch Keramische Werke KG in eine AG 1985 ist er Mtgl. d. Vorst. d. Ges., zuständig f. d. Unternehmensbereich Tischkultur, s. 1998 Vors. im Vorst. d. Villeroy & Boch AG. M.: Präs. d. Arge Keramische Ind. e.V. (AKI), VPräs. d. IHK d. Saarlandes, AufsR.-Mtgl. d. Messe Frankfurt GmbH, BeiR.-Mtgl. d. Commerzbank AG, BeiR.-Mtgl. d. SaarLB, UniversitätsR. d. Univ. d. Saarlandes.

Bochberg Horst Dr. *)

Boche Gernot *)

Boche H. F. A. *)

Boche Joachim Erich Dipl.-Designer *)

Bochen Michael Dr. *)

Bochenek Jack S.

B.: Künstlermanager, Musiker. FN.: Jack Bochenek Organ. u. Künstleragentur. DA.: 28215 Bremen, Walsroder Str. 6. www.deutschland-kuenstler.de. G.: Stettin, 16. Dez. 1951. V.: Rita, geb. Meding. Ki.: Marc (1975). El.: Stanislaw u. Janina. S.: 1969 Matura, b. 1974 Musikstud. K.: musikal. Ltr. in versch. Projekten in E- u. U-Musik, 1972 Musik z. Drama v. Shakespeare f. Theater Polski in Stettin geschrieben, b. 1978 Tourneen m. Unterhaltungsprogrammen in Europa, seit 1978 Bandleader m. versch. Kapellen in Deutschland, Auftritte m. intern. u. nat. Popgrößen, Musik f. Prominenz aus Politik u. Show, 1991 Grdg. d. Künstleragentur, Manager f. Showprogramme, Tourneen, Produktpräsentationen. P.: 1996 1. eigene CD. H.: Dinner, Tanzmusik.

Bochenek Peter Dr. med. dent. Dr. med.

B.: Zahnarzt in eigener Praxis. DA.: 60318 Frankfurt, Eckenheimer Landstr. 55. G.: Falkenau/Böhmen, 10. Dez. 1957. El.: Dr. med. Vladislav u. Denise. S.: 1978 Abitur in Kronberg, 1978-85 Stud. d. Humanmedizin Johann-Gutenberg-Univ. in Mainz, 1984-89 Stud. Zahnmedizin Johann-Wolfgang-Goethe-Univ. Frankfurt, 1990 Approb. z. Arzt u. Zahnarzt, 1992 Prom. z. Dr. med. u. Dr. med. dent. K.: 1990-91 Ass.-Arzt b. ndlg. Kollegen, 1991 Grdg. d. eigenen Zahnarztpraxis in Frankfurt, Behandlung v. Kassen- u. Privatpatienten auf allen Gebieten d. Zahnmedizin. BL.: Tätigkeit als 2. Kreisstellenvorsitzender Frankfurt-Nordend d. Zahnärztekammer Hessen (1995-96), Enge Zusammenarbeit m. d. kieferchirurgischen Abt. d. Univ.-Zahnklinik Frankfurt im Bereich Implantologie, Planung u. Versorgung f. Tumor- u. Unfallpatienten. P.: Veröff. v. Studien u. Forschungsarbeiten in Zusammenarbeit m. d. kieferchirurgischen Abt. d. Univ.-Klinik Frankfurt Dr. Kovacz (1991-93). M.: Freier Verband d. Zahnärzte, Tennisverein Palmengarten Frankfurt. H.: Tennis, Segeln, Skifahren.

Bochenek Rudolf Franz

B.: Hochbautechniker, Inh. FN.: R.F. Bochenek Planungsbüro. DA.: 33647 Bielefeld, Brackwederstr. 57d. PA.: 33659 Bielefeld, Faßbinderweg 14a. G.: Bielefeld Senne 1, 16. Okt. 1953. V.: Michaela, geb. Schwabedissen. Ki.: Björn, Nina, Ben-Niko, Jan-Luca. El.: Eduard u. Hildegard. S.: 1968-71 Lehre als Bauzeichner in Bielefelder Arch.-Büro, Bundeswehr, 1974-76 Fachschule f. Technik in Herford. K.: 1976-80 Arch.-Büro Alberts, 1980-81 Arch.-Büro Roosen, 1981-88 Arch.-Büro Eckardt u. Hüske, 1988 selbst. m. eigener Firma, 1989-91 Firma Bauträgerges. mit Eckardt u. Hüske, 1993 Projektentwicklungen in Sachsen u. Stralsund f. d. Büro Fritzsche, Rosenheim. H.: Radreisen, Reisen.

Bocher Angelika *)

Böcher Otto Dr. phil. Dr. theol. Prof. *)

Bochmann Jens

B.: Servicetechniker, Inh. FN.: Computerservice Leipzig. DA.: 04249 Leipzig, Erikenstr. 50. info@computerservice-leipzig.de. www.computerservice-leipzig.de. G.: Leipzig, 14. Mai 1964. V.: Partnerin Conny Fischer. Ki.: Philipp (1988), Jessica (1990). S.: 1980-82 Lehre Instandhaltungsmechaniker. K.: 1982-97 tätig als Servicetechniker u. Einkäufer f. Farben u. Lacke in Leipzig, 1998 Grdg. d. Firma Computerservice m. Schwerpunkt Wartung v. Reparatur v. Hard- u. Software, Netzwerkbetreuung u. Internet-Dienstleistungen sowie Schreibbüro. H.: Videobearbeitung, Literatur.

Bochmann Klaus Dr. phil. habil. Prof.

B.: Dir. FN.: Frankreichzentrum d. Univ. Leipzig. DA.: 04109 Leipzig, Brühl 34-50. G.: Dresden, 8. Juni 1939. V.: Renate, geb. Krüger. Ki.: Martin, Benjamin. S.: 1957 Abitur, Stud. Franz. u. Latein, 1960 Stud. Romanist., Span., Franz. u. Rumän., 1960-61 Stud. Bukarest, ab 1962 Ass. Leipzig, 1967 Prom. K.: OAss. an d. Univ. Halle, Doz. f. angew. Linguistik u. Dir. f. Forsch. an d. Sektion Sprach- u. Literaturwiss., 1972 Doz. f. Rumän. in Leipzig, 1976 Habil., 1978 Prof. f. Rumän. u. zuständig f. d. gesamte Roman. Sprachwiss., 1993 Prof. f. Roman. Sprachwiss., seit 1994 Dir. d. Frankreichzentrums, 1993 Grdg. d. Quebeczentrums. P.: 150 Bücher u. Art. z.

*) Biographie www.whoiswho-verlag.ch oder beigefügte CD-ROM

Thema Soziolinguistik u.a. "Sprachpolitik in d. Romania" (1993), Mithrsg. "Gefängnishefte" v. Antonio Gramsci (1991-99). E.: Wolfgang Abendroth-Preis. M.: Ges. f. Kanada-Studien, AIEQ in Montreal, Dt. Romanistenverb., Balkan-Rumän. Verb. H.: Literatur, Wandern, Sprachen.

Bochmann Werner *)

Bochnik Lars
B.: Designer. FN.: Lars Bochnik Interior Design GmbH. DA.: 14467 Potsdam, Ludwig-Richter-Str. 4-5. G.: 3. Sep. 1973. S.: Dt. Auslandsschule Saudi Arabien,Jeddah, Fachoberschule f. Design u. Raumgestaltung. K.: 1992-94 tätig im Innenarch.-Büro Hamburg, seit 1994 selbst. Designer m. Schwerpunkt exclusive Inneneinrichtung. F.: Lars Bochnik Design Hdls.-Ges.

Bochow Helmut Dr. Dr. h.c. em.Prof.
B.: Prof. f. Phytopathologie u. Pflanzenschutz, Phytomed. FN.: Humboldt-Univ. Berlin. PA.: 12487 Berlin, Springbornstr. 136. helmut.bochow@t-online.de profbochowberlin@ aol.com. G.: Eberswalde, 2. Jan. 1931. V.: Christel, geb. Radue. Ki.: Dr. rer. nat. Christina, Dr. med. Sabine. S.: 1944-45 Luftschutzhelfer, 1945-49 in d. Ldw., 1949-51 Fachschule f. Ldw. Rostock, 1951 HS-Reife, 1951-54 Stud. Ldw. in Rostock, 1954 Dipl., 1957 Prom. K.: 1954-64 Ass. u. Oberass. Univ. Rostock, 1963 Habil., 1964 Berufung nach Berlin als Inst.-Dir. d. neuzugründenden Inst. f. Pflanzenschutz d. HU, 1964-96 Inst.-Dir., Doz., Lehre u. Forsch., 1967 Prof., Reisen nach West- u. Osteuropa, Gastvorlesungen in Moskau, Leningrad, Kiew, Sudan, Irak, Ägypten, 1986 in USA, Minnesota, Gastprof. in St. Paul/Minneapolis, 1992 nach d. Dt. Einheit Wiederberufung, 1996-98 weitere Tätigkeit. BL.: biolog. nichtchem. Pflanzenschutz, Nutzung v. Mikroorganismen. P.: Hrsg.: 3-bändiges Nachschlagewerk Phytopath. u. Pflanzenschutz, Ak.-Verlag Berlin, insgesamt über 400 wiss. Publ. u.a. Nutzung v. Rhizo-Bakterien, Bacillus subtilis f. d. Pflanzengesundheit. E.: 1989 Ehrenprom. Univ. Budapest, Univ. f. Lebensmitteltechnologie u. Gartenbau. M.: ehem. Ges. f. Mikrobiologie London, ehem. intern. Gartenbauwiss. Ges., Intern. Society of Plant Pathologie. H.: Literatur, Biographien, Phil., fremde Kulturen u. Länder, Afrikareisen.

Bochow Michaela *)

Bochtler Wolfgang *)

Bock Brigitte *)

Bock Christine *)

Bock Claudia Dr. med. *)

Bock Claus Eggert Dipl.-Ing. *)

Bock Ferdinand
B.: Gschf. Ges. FN.: Parkhotel Kronsberg; Hotel Föhrenhof. DA.: 30539 Hannover, Gut Kronsberg 1. G.: Hannover, 23. Apr. 1953. V.: Ursula, geb. Tietge. Ki.: Sascha (1975), Jessica-Caroline (1980), Sebastian (1985). El.: Ferdinand u. Irmgard. S.: 1970-73 Ausbild. als Hotelkfm. im Vierjahreszeiten in Hamburg. K.: 1 J. im elterl. Betrieb, 1975-77 kfm. Abt. als Kreditcontroller in d. Grand Metropolitan Hotels in London, Rückkehr nach Hannover in d. Parkhotel als Bankettltr., später Gschf. u. seit 1990 Gschf. Ges. d. Ferdinand Bock KG m. d. 4-Sterne-plus Hotel Parkhotel Kronsberg direkt am Messegelände u. d. 4-Sterne Hotel Föhrenhof. M.: BeiR.-Mtgl. d. Progros Einkaufsges. Eschborn, EHMA, Mtgl. d. Vollversammlung d. IHK, Mtgl. d. AR d. Dehag AG, Eschborn. H.: Golf, Kinder.

Bock Günter Dr. rer. pol. *)

Bock Hans *)

Bock Hans Dr. *)

Bock Hans G. *)

Bock Hans-Erhard Dr. med. Dr. h.c. Prof. *)

Bock Hanskarl Dr. Dipl.-Kfm. Prof. *)

Bock Henning Dr. phil. Prof.
B.: Dir. a.D. FN.: Gemäldegalerie/Stiftung Preuß. Kulturbesitz. PA.: 12203 Berlin, Holbeinstr. 58. G.: Kiel, 1. Dez. 1931. V.: Dietlind, geb. Meinardus. Ki.: Sohn (1964). El.: Helmuth u. Hildegard. S.: Stud. Kunstgeschichte, Phil. u. Archäologie. K.: 1960-62 Ass. am Kunsthistor. Inst. d. Univ. Bonn, 1963-68 Ass. Kunsthalle Bremen, 1968-72 Hauptkustos Nationalgalerie Berlin, 1972-73 Gastprof. Univ. New York, 1973-96 Dir. d. Gemäldegalerie/Stiftung Preuß. Kulturbesitz Berlin. P.: Engl. Kathedralgotik d. 14. Jhdt., Zur Malerei u. Kunsttheorie d. 18. u. 19. Jhdt.

Bock Irmgard Dr. phil. habil. Prof. *)

Bock Jens-Uwe Dr. med.
B.: Chir. FN.: Chir. Praxis Dr. Jens-Uwe Bock. DA.: 24105 Kiel, Beseleralee 67. drjubo@aol.com. G.: Lindaunis/Schlei, 19. Mai 1945. S.: 1964 Abitur Kiel, 1964-69 Stud. Med. in Kiel u. Innsbruck, 1970 1. Staatsexamen, 1970-71 Med.-Ass. am Pharmakolog. Inst. d. Univ. Kiel, 1971 Prom. K.: 1971-72 KH Waldshut u. Chir. d. Rudolf-Virchow-KH Berlin, 1972-73 Wehrdienst, Schiffsarzt auf d. Zerstörer "Mölders", 1973-80 Weiterbild. z. Chir. b. Prof. Löhr an d. Univ. Kiel, 1977-78 Herz- u. Gefäßchir. Kiel, 1979 FA f. Chir., 1981-82 Dt. Klinik f. Diagnostik in Wiesbaden, 1982 ndlg. Chir., seit 1990 b. versch. Fortbild.-Veranstaltungen f. Ärzte als Doz. u.a. Dt. Chir. Kongreß in Berlin u. München. M.: seit 1983 Dt. Ges. f. Chir., seit 1996 Vorst.-Mtgl. d. Chir. Arge f. Colo-Proktologie (CACP), seit 1991 Dt. Ges. f. Koloproktologie (DGKP), seit 2001 im Vorst., seit 1999 in d. American Society of Colon and Rectal Surgeons (ASCRS), seit 1998 in d. Intern. Society of Univ. Colon and Rectal Surgeons (ISUCRS), seit 1991 Vors. d. Kieler Ärzteverb. H.: Sport allg., Reisen, Golf.

Bock Joachim Dipl.-Ing. *)

Bock Johannes Dipl.-Finanzwirt *)

Bock Josef Dipl.-Ing. *)

Bock Jürgen

B.: RA u. Notar. DA.: 22926 Ahrensburg, Manhagener Allee 13. G.: Hamburg, 5. Apr. 1946. V.: Ilka, geb. Ruback. Ki.: Catrin (1975), Jannika (1978). S.: 1966 Abitur Louisenlund, 1966-71 Stud. Jura Univ. Hamburg u. Lausanne, 1971 1. und 1974 2. Staatsexamen. K.: 1972-74 Referendar in d. Kzl. Dr. Aribert Elsholz in Ahrensburg, 1976 Zulassung z. RA u. Grdg. d. Kzl., 1977 Zulassung z. Notar als jüngster Notar in S-H. M.: Stiftungsrat d. Carl-Backhaus-Stiftung. H.: Reisen.

*) Biographie www.whoiswho-verlag.ch oder beigefügte CD-ROM

Bock Kurt Konrad *)
Bock Manfred Dr. *)
Bock Manfred

B.: Architekt selbständig, ltd. Reg.-Baudirektor a.D., freier Erfinder. DA.: 30455 Hannover, An den Papenstücken 12. G.: Hannover, 18. Okt. 1926. V.: Anneliese, geb. Pförtner. Ki.: Manfred. S.: 1943-45 Luftwaffenhelfer, Marine, Kriegsgefangenschaft, 1947 Abitur in Hannover, 1947-49 Maurerlehre, 1949-50 Maurergeselle, 1950-56 Stud. an d. TH Hannover, Abschluss Dipl.-Ing. u. Architekt. K.: 1956-69 Reg.-Baurefendar, Bauassessor, Baurat u. Oberbaurat im Bereich d. Niedersächsischen Landesbaubehörde, Ressort Entwurf u. Bauleitung f. Hochbaumassnahmen an d. Bundesautobahnen im Lande Niedersachsen, u.a. Brückenrestaurant über BAB-A1-HANSALINIE, 1969-91 ltd. Reg.-Baudirektor b. Bundesverkehrsministerium im Bereich d. Wasser- u. Schifffahrtsverwaltung m. Dienstsitz b. d. Wasser- u. Schifffahrtsdirektion Mitte in Hannover, Ressort Entwurf aller Hochbaumassnahmen an d. Bundeswasserstrassen, in diesem Zeitraum wurden 50 Schleusen, Staustufen u. d. Schiffshebewerk Scharnebeck, 400 Gebäude wie Werkstätten u. Lager, 26 Pump- u. Wasserkraftwerke, 20 Sperrwerke u. Sicherheitstore, 40 Radaranlagen, Leuchttürme u. Seezeichen architektonisch gestaltet, 1991 Pensionierung, 1991-94 Beratervertrag m. d. Bundesverkehrsministerium f. "Aufbau-Ost" in d. neuen Bundesländern, seit 1994 im Ruhestand u. als freier Erfinder tätig. BL.: unzählige (ca. 300) patentamtlich eingetragene In- u. Auslandserfindungen in allen Bereichen u.a.: Grossflächen-Lichtschale, Drucktastentelefon, Solarzylinderlinse, Ohrradio, Laufschuh m. Federn, multifunktionales Brückengeländer, Solar-Brücken- u. -Dachkonstruktion, Minitastatur f. Handy, Lärmschutzwall, Sattellift f. Fahrrad, Skizzierunterlage f. Computer u. weitere patentamtliche Veröff. P.: seit 1950 viele Veröff. in intern. Presse, TV u.a. in d. Times, science vie, le livre mondi, d. inventiones. E.: etliche Medaillen auf intern. Erfinderausstellungen. M.: Dt. Erfinder-Verband e.V., Architektenkammer, Corps Slesvico-Holsatia. H.: Erfinden.

Bock Peter Heinrich Dr. Prof. *)
Bock Rudolf M. Dr. Prof. *)
Bock Sabine Dr. med. *)
Bock Siegfried Dr. Prof.
B.: Präs. FN.: Verb. f. Intern. Politik u. Völkerrecht e.V. DA.: 10179 Berlin, Wallstr. 17-22. G.: Meerane/Sachsen, 26. Sep. 1926. V.: Hannelore, geb. Fischer. Ki.: 3 Kinder. S.: 1947-50 Jurastud. Univ. Leipzig, Staatsexamen. K.: 1951 Eintritt in d. Außenmin. d. DDR, 1952-61 Ltr. d. Rechts- u. Vertragsabt. im Außenmin., 1955 Prom. z. Dr. iur., 1962-66 BotschaftsR. an d. Botschaft d. DDR in Bukarest, 1967-77 Ltr. d. Hauptabt. Grundsatz u. Planung im Außenmin., 1972-75 Delegationsltr. d. DDR b. d. KSZE-Verhandlungen in Helsinki, 1973 Berufung z. Prof., Vorlesetätigkeiten im Außenmin. u. Völkerrecht, 1977-85 Botschafter in Bukarest, 1985-87 Ltr. d. Balkanabt. im DDR-Außenmin., 1988-90 Botschafter in Belgrad. P.: zahlr. Beiträge z. Außenpolitik. M.: Dt. Ges. f. auswärtige Politik (DGAP).

Bock Syrta *)
Bock Thomas N. *)
Bock Ulrich Dr. med. dent. *)
Bock Uwe Dr. iur. *)
Bock Wolfgang

B.: gschf. Prok. FN.: Dachser GmbH & Co KG. DA.: 12099 Berlin, Teilestr. 26-28. PA.: 12099 Berlin, Braunfelsstr. 20 A. www.dachser.com. G.: Bottrop, 6. Juli 1959. V.: Andrea, geb. Dietze. El.: Friedrich u. Hildegard, geb. Bendlin. BV.: Johannes Bock - Großrundbesitzer, Mühlen-, Sägerwerks u. Viehbetriebsbesitzer. S.: 1978 Abitur, 1978-80 Ausbild. Sped.-Kfm. Sped. Transport Ingenhaag Berlin u. ELBE-Transport Berlin, 1981-84 Stud. Betriebswirtschaft. K.: während d. Stud. Disponent d. ELBE-Transportunion, 1981-82 Repräsentant d. Hamburg Mannheimer Vers., 1984-85 Sped.-Ltr. d. Adolf Kaiser GmbH in d. Ndlg. in Berlin, 1986 Sped.-Ltr. u. stellv. Gschf. d. Belosped GmbH in Berlin, 1986-87 Ndlg.-Ltr. d. Firma Gottlob Haug GmbH in Berlin, seit 1988 gschf. Prok. u. Ltr. d. Ndlg. d. Firma Dachser GmbH & Co KG in Berlin. BL.: m. 27 J. jüngster Ndlg.-Ltr. in Berlin. P.: Auftritte in Presse u. Fernsehen zu Sped.-Themen. M.: Berufsak., Prüf.-Aussch. f. Diplomanden f. Verkehr. H.: Musik.

Bock Wolfgang Dr.-Ing.

B.: Ltd. Techn. Dir. d. Zentrale Betriebseinheit Technik. FN.: Univ. Kaiserslautern. bock@zbt.uni-kl.de. www.uni-kl.de. G.: Münnerstadt, 20. Juni 1942. S.: 1959 Mittlere Reife, 1959-62 Ausbildung z. Maschinenschlosser mit Facharb.-Brief, 1965-69 Studium Ing.-Wesen am Polytechnikum Schweinfurt, Abschluß: Dipl.-Ing. grad, 1969-73 Stud. Maschinenbau- u. Ing.-Wiss. an d. Univ. Clausthal-Zellerfeld, 1962-65 Bundeswehr/ Grundwehrdienst. K.: 1973-75 wiss. Mitarb. Univ. Clausthal-Zellerfeld, Inst. f. Maschinenwesen, 1975 Prom. z. Dr.-Ing., 1976-80 Stabstellenltr. d. Anlagenhaltung FAG Schweinfurt, 1980-88 Techn. Dir. d. Joh.-Wolfgang-Goethe-Univ. Frankfurt, 1988 Ltd. Techn. Dir. d. Univ. Kaiserslautern, Ltg. d. Zentrale Betriebseinheit Technik. M.: VDI, Freund u. Förderer d. Univ. Kaiserslautern u. Frankfurt. H.: Tanzen, Reisen insbes. Europa.

Böck Emmi
B.: Autorin, Sagenforscherin. PA.: 85051 Ingolstadt/Obb., Münchenerstr. 74. G.: Zweibrücken, 17. Juni 1932. El.: Robert u. Klara. S.: 1952 Abitur Gnadental-Oberrealschule Ingolstadt, Stud. Germanistik München. K.: seit 1961 freiberufl. tätig, jahrelang "heillos idealistisch" Sagen gesammelt, ab 1973 "Durchbruch". BL.: E.B.'s volkskundl. Publ. sind nach anerk. fachl. Urteil die hervorragendsten Sagensamml., die wir - seit Mitte d. letzten Jhdts. - f. bayer. Landschaften

*) Biographie www.whoiswho-verlag.ch oder beigefügte CD-ROM

Böck

besitzen. Schauspieler. Betätigung in "Die Ente" 1965 v. Hannes Stütz, starkes Engagement in d. Außerparlamentar. Opposition 1967 ff. u. später in d. Friedensbewegung. P.: "Bildband Ingolstadt" (1966), "Sagen u. Legenden aus Ingolstadt" (1973), "Bildband Hallertau" (1973), "Sagen aus d. Hallertau" (1976), "Sagen aus Niederbayern" (1977), "Sagen u. Legenden aus Eichstätt u. d. Altmühltal" (1977), "Regensburger Stadtsagen" (1982), "Bayer. Legenden" (1984), "Sagen aus d. Oberpfalz. Aus d. Literatur " (1986), "Sitzweil. Sagen aus d. Volksmund" (1987), "Regensburger Wahrzeichen" (1987), "Sagen aus dem Neuburg-Schrobenhauser Land" (1989), zeitweilig volkskundl. Mitarb. b. d. Flurbereinigsdir. d. Opf.; Bayrische Schwänke (1992), "Köschinger Sagenbiachl" (1993), "Sagen aus Mittelfranken. Aus der Literatur" (1995), "Kleine Regensburger Volkskunde" (1996), Legenden u. Mirakel aus Ingolstadt (1998), mehrere Forschungsaufträge, u.a. der Bayer. Landesstiftung. E.: BVK 1981 f. d. Verdienste auf d. Gebiet d. Sagenforsch., 1987 Bayer. VO, 2000 Kulturpreis d. Stadt Ingolstadt, 1978, 1986 u. 1994 größeres Fernsehporträt, Prof. h.c. d. Interamerican Univ. of Human. Studies (Italien) abgelehnt, Ehren-Mtgl. Aktion Seniorenhilfe, Celle. M.: Mtgl. Kunstver. Ingolstadt (1987 m. Eklat zurückgetreten). H.: Spielen, Schwimmen, Minigolf, Kunstfahrten.

Böck Mathias Ludwig Dipl.-Ing.

B.: freier Architekt. DA.: 86825 Bad Wörishofen, Breitenbergstr. 68. PA.: 86825 Bad Wörishofen, Höfatsstr. 32. G.: Mindelheim, 20. Sep. 1963. V.: Christiane, geb. Schießl. Ki.: Marcus, Lucas. El.: Ludwig u. Marianne, geb. Merbeler. S.: 1983 Abitur Mindelheim, 1983-85 Maurerlehre b. Firma Settele in Bad Wörishofen, 1985-89 Zeitsoldat b. d. Luftwaffe in Landsberg/Lech, 1989-95 Stud. Arch. an d. TU München, Dipl.-Ing. K.: 1995-96 Tätigkeit im Arch.-Büro Dipl.-Ing. Peter Schaaff in Mindelheim, seit 1996 selbst. m. eigenem Architekturbüro, seit 1999 freier Architekt. M.: BDB, seit 1999 Baukoordinator f. Sicherheits- u. Gesundheitsschutz. H.: Kirchenmusik, aktiv im Kirchenchor.

Böck Ruth Dr. rer. pol.

B.: Unternehmensberaterin, selbständig. FN.: Dr. Ruth Böck Unternehmensberatung f. Personal- u. Organisationsmanagement. DA.: 50733 Köln, Neusser Str. 403. R-BOECK@UPO.de. G.: Trier, 6. Sep. 1966. El.: Ludwig Böck u. Rosemarie, geb. Laux. S.: 1986 Abitur, 1986-91 Stud. BWL Trier, 1995 Prom. K.: 1992-95 wiss. Mitarbeiterin am Inst. f. Arbeitsrecht u. Arbeitsbeziehungen d. EU, 1995-99 tätig in d. Personalabteilung einer Versicherungsges. in Köln, 1999-2000 Prof. and. FH Bergisch Gladbach, seit 1998 Unternehmensberaterin u. Inhaberin d. Dr. Ruth Böck Unternehmensberatung. f. Personal- u. Organisationsmanagement. P.: div. Buch- u. Zeitschriftenpublikationen zum Personal- u. Organisationsmanagement,

Zielgerechtes Personalmarketing für Auszubildende (2000), Aspekte der Personalplanung und -führung (2000). H.: Reisen, Literatur, Badminton.

Böck Sepp *)

Böck Werner

B.: Bankkfm., Inh. FN.: IVB Immobilien W. Böck. DA.: 81543 München, Sommerstr. 17. G.: Füssen, 26. Jän. 1944. S.: 1960 Mittlere Reife, 1960-63 Lehre Bankkfm. Hypobank Füssen. K.: 1963-65 Bankkfm. in Füssen, 1965-74 Bankkfm. in d. Hypobank in München, 1974-79 Filialltr. d. Hypobank in Lechbruck, seit 1980 selbst. m. Maklerbüro in München. M.: Tennisverein Füssen-Schwangau. H.: Tennis, Skifahren, Reisen.

Böck Willibald *)

Bockelmann Dirk Dr.-Ing.

B.: Dipl.-Chem., Inh FN:. Dibomedia Internetservices. DA.: 04229 Leipzig, Karl-Heine-Str. 99. info@dibomedia.de. www.dibomedia.de. G.: Langenhagen, 30. Mai 1964. El.: Wolfgang u. Marianne. S.: 1983 Abitur Northeim, 1983-89 Stud. Chemie TU Clausthal-Zellerfeld, Dipl.-Chem., 1989-93 Prom. K.: 1993-94 Projektmanager einer Umweltfirma in Halle, 1995 Existenzgründerlehrgang, seit 1996 Gründer u. Inh. d. Dibomedia Internetservices. P.: Teilnahme an Computermessen, Existenzgründerberatung, Consulting. M.: Eine-Welt-Haus e.V., Ges. f. bedrohte Völker. H.: Badminton, Musizieren.

Bockelmann Hans Günther

PS.: Hein Mück. B.: Künstler. PA.: 27580 Bremerhaven, Gansebrook 30. gbomueck@aol.com. G.: Kiel, 8. Juni 1945. V.: Hannelore, geb. Schollmeyer. Ki.: Karin (1968), Sven (1972), Sascha (1976). El.: Wilhelm u. Irmgard. S.: 1962-65 Feinmechanikerlehre Univ. Kiel, 1965-79 b. d. Marine, zuletzt als Staatsbootsmann. K.: nebenbei ehrenamtl. tätig als Chorltr. u. Vorsänger d. "Blauen Jungs Bremerhaven", 1979-84 Öff.-Arb f. Stadt Bremerhaven als Hein Mück, seit 1984 selbst. Sänger, Moderator, Entertainer u. Rezitator. P.: d. z. größten Teil selbst geschriebenen u. komponierten Stücke werden am liebsten b. Live-Auftritten b. sämtl. TV-Anst. u.a. 3-4x jährl. auf d. Hafenkonzert, sowie b. Kreuzfahrten auf intern. Schiffen aufgeführt. M.: Verb. dt. Pianisten, Dt. Marinebund, Deutsches Marinemuseum Wilhelmshaven.

Bockelmann Hartmut *)

Bockelmann Peter-Erwin *)

*) Biographie www.whoiswho-verlag.ch oder beigefügte CD-ROM

Bockelmann Werner Dieter Dr.
B.: Augenarzt, Motorjournalist VdM, Komponist (Pseudonym Jan Bochanski). DA.: 60439 Frankfurt, Tituscorso 6. G.: St. Wendel/Saar, 30. Dez. 1927. V.: Inge, geb. Fremerey. Ki.: Ralph (1961), Sabine (1962), Nicola (1963). El.: Dr. Karl u. Dorothea. S.: 1946 Abitur f. Kriegsteiln., 1947/48 Stud. d. Naturwiss. am Inst. Sarrois d'Études Supérieures de l'Université de Nancy, 1948-53 Stud. v. Med. u. Jura in Heidelberg u. Paris (Sorbonne), 1954 Prom. Univ. Heidelberg. K.: 1956-60 Facharztausbild. Frankfurt/Main, 1961-98 eig. Praxis. BL.: 1967-78 akt. Motorsportler, 7-mal. Teiln. an d. "Tour d' Europe", Gold. Sportabz. v. ADAC u. DMV. P.: 9 Patente u. Gbm (Optik), zahlr. Vorträge, wiss. Veröff., Beiträge in FAZ (Technik u. Motor), Printmedien, Funk u. TV, 1981/87 Monographie "Auge-Brille-Auto", 1982/88 "Chopin-Variationen" Vol. I/II u.a.m auf CD. E.: 1987 " Christophorus-Buchpreis" d. HUK, 1992 "Medienpr. d. Berufsverb. d. Augenärzte", 1995 "Verkehrssicherheitspreis Deutsche Verkehrswacht/ Björn Steiger Stiftung" in Silber. M.: 1967 Freier Mitarb. v. Leitz/Wetzlar, 1976-86 Battelle-Inst. Frankfurt, Abt. Physik, ab 1976 Frankfurter Allgemeine Zeitung, 1982-2001 Mtgl. d. Forsch.gem. "Auto-Sicht-Sicherheit e.V.", 1970-89 Mtgl. d. DIN-Ausschusses, s. 1979 Mtgl. u. s. 1999 außerordentl. Mtgl. d. GEMA, s. 1983 Mtgl. d. Verb. d. Motorjournalisten.

Böckelmann Gottfried Otto Walter Georg Prof. *)

Bockemühl Jochen Dr. med. Prof.
B.: Ltd. wiss. Dir. FN.: Hygiene Institut Hamburg. DA.: 20539 Hamburg, Marckmannstr. 129a. G.: Berlin, 15. Apr. 1939. S.: 1959-65 Stud. Med. Univ. Bonn. K.: 1968 wiss. Ass. Inst. f. Hygiene u. Mikrobiologie Univ. Würzburg, 1968-69 Berater f. Bakteriologie Dept. of Medical Sciences, Ministry of Public Health Bangkok/Thailand, 1971-73 Abt.Ltr. Inst. Nat. d'Hygiene Lome/Togo, 1974 Habil., 1974 Wiss. OAss., 1978 WissR. Inst. Hyg. Mikrobiologie d. Univ. Würzburg, 1978 Dir. d. Medizinaluntersuchungsanst. u. Ltr. d. Abt. f. Bakteriologie u. Nation. Referenzzentrum f. Enteritiserreger Hyg. Inst. Hamburg, 1980 apl. Prof. Univ. Würzburg, 1981-90 FA-Anerk., 1990 Prof. Univ. Hamburg (Med. Mikrobiol. u. Hygiene). P.: 160 Publ. in nat. u. intern. Fachzeitschriften u. Hrsg. v. 4 Büchern. E.: 1984-88 1. Vors. d. Ver. d. Ärzte d. Medizinaluntersuchungsämter, 1977 korr. Mtgl. d. Asociacion Peruana d. Microbiologia. M.: Dt. Ges. f. Hygiene u. Mikrobiologie, Dt. Tropenmed. Ges., American Society for Microbiology, Berufsverb. Dt. Mikrobiologen, Dt. Ges. f. Infektiologie.

Bockemühl Veit Dipl.-Ing.
B.: Gschf. FN.: esn engineering service network gmbh. DA.: 22767 Hamburg, Fischmarkt 16. G.: Bergneustadt, 7. März 1967. El.: Gerhard u. Adelried, geb. Wendt. S.: 1986 Fachabitur Husum, 1986-87 Zivildienst Husum. K.: 1987-89 in d. Altenpflege in Husum tätig, 1989-95 Maschinenbaustud. an d. FH Hamburg m. Abschluß d. Dipl.-Ing., Werkstudent b. einer Firma im Bereich Anlagenbau, 1995-98 Festeinstellung u. ab 1997 freiberufl. f. dieses Unternehmen tätig, 1998 Grdg. m. einem Partner d. esn. P.: Dipl.-Arb. M.: DS Club Deutschland. H.: Oldtimer (DS), Musik, Jazz, Rock, spielt m. Freunden Gitarre.

Böckenförde Werner Dr. jur. Dr. theol. *)

Böckenholt Edmund Wolfgang *)

Böcker Brigitte Dr. med. stom. *)

Böcker Georg Dr. *)

Böcker Heinz *)

Böcker Helga Susanne *)

Böcker Michael-Hans Dr. iur. *)

Böcker Thomas *)

Böcker-Simon Anette Marlies *)

Böckermann Astrid Dipl.-Designerin

B.: Gschf. FN.: chestnutcom Werbeagentur. DA.: 30165 Hannover, Turmstr. 12. astrid @chestnut.de. G.: Meppen, 2. Juni 1969. V.: Holger Howind. Ki.: Cara (1998). El.: Gerhard u. Brigitte, geb. Buhl. S.: 1988 Abitur Oldenburg, Stud. visuelle Kommunikation. K.: schon in d. Jugend Gewinnerin v. Malwettbewerben, ab 16 J. Veröff. v. Karikaturen in ldw. Fachzeitschriften, m. 18 J. als Beste Kunstabitur, Zeichen-Exkursionen im In- u. Ausland, in botan. Gärten, Zoos u. Anatomiesälen, versch. Ausstellungen, selbst. Arb. u.a. f. Motorradzeitschriften u. Naturkosmetik, Bühnenbilder f. Tanztheater u. Figurenentwürfe f. Puppentheater, 1995 Gewinn d. EXPO-Logo-Wettbewerbs, 1998 Veröff. d. 1. Buches, Stud. Grafik-Design an d. FHS f. Kunst u. Design in Hannover, 1996 Dipl., glz. tätig in versch. Werbeagenturen, seit 1996 selbst. m. d. chestnutcom Werbeagentur in Hannover m. Schwerpunkt Marketingplanung, Etatplanung, corporate Design, Direktmarketing, Anzeigen-Kampagnen, Verpackungsdesign, Logos, Geschäftsausstattungen, Folder, Broschüren u.a.m. weltweit tätig v. d. 1. Idee b. z. fertigen Produkt. P.: Veröff. in Fachzeitschriften, Vorträge über Kunstgeschichte auf Vernissagen. E.: div. Ausz. u. Wettbewerbserfolge. M.: Fitness-Club. H.: Malen, Sport, Lesen, Modellieren, Kochen.

Bockholdt Dirk

B.: Bäcker, Inh. FN.: Agentur f. Dt. Vermögensberatung. DA.: 33719 Bielefeld, Salzuflerstr. 46. G.: Bielefeld, 26. Jan. 1963. V.: Simone. Ki.: Kevin Leroy (1995). El.: Siegfried u. Erika. S.: 1979-81 Ausbild. z. Bäckergesellen, 1981-90 Geselle, dazwischen Bundeswehr, 1990 Ausbild. z. Vermögensberater. K.: 1990 selbst. als Vermögensberater, 4 Filialen, Weiterbild. u. Ausweitung d. Tätigkeiten. M.: Fachverb. BDV Bundesverb. dt. Vermögensberater. H.: Fußballclub Arminia Bielefeld, Fußball spielen, Sport, Musik.

Bockholt Heinrich Dr. jur. *)

Bockhorn Franz Xaver Anton Dr. *)

Bockhorn Henning Dr. Prof.
B.: Prof., Ltr. FN.: Inst. f. Chem. Technik sowie Ltr. d. Bereiches Verbrennungstechnik im Engler-Bunte-Inst. d. Univ. Karlsruhe. DA.: 76131 Karlsruhe, Kaiserstr. 12. G.: Brünn/Slowakei, 1944. V.: Maria Klotz. Ki.: Maximilian (1992). El.: Karl-Hermann u. Elisabeth, geb. von Lepel. S.: 1963 Abitur,

---

*) Biographie www.whoiswho-verlag.ch oder beigefügte CD-ROM

1963-69 Stud. Chemie an d. TH Darmstadt, 1965-68 Stud. Chemie an d. TU Berlin, 1976 Diss., 1989 Habil. K.: 1970-85 wiss. Ass., AkR. u. AkOR. am Inst. f. Chem. Technologie TH Darmstadt, 1985-89 wiss. Mitarb. am Physikal.-Chem. Inst. d. Univ. Heidelberg, 1990-91 C3-Prof. in d. Fak. f. Chemie an d. Univ. Heidelberg, 1991-95 C4-Prof. f. Techn. Chemie im Fachbereich Chemie an d. Univ. Kaiserslautern, seit 1995 Prof. u. Ltr. d. Inst. f. Chem. Technik, Fak. f. Chemie Univ. Karlsruhe, seit 1998 zusätzl. Ltr. d. Bereiches Verbrennungstechnik im Engler-Bunte-Inst. Fak. f. Chemieing.-Wesen Univ. Karlsruhe. P.: Soot Formation in Combustion - Mechanisms and Models (1994), Analysis of Wet CO Oxidation under Turbulent Non-Premixed Conditions Using a PDF Method and Detailed Chemical Kinetics, Twenty-Sixth Symposium (Intern.) on Combustion (1996), Mechanisms and Kinetics of Thermal Decomposition of Plastics from Isothermal and Dynamic Measurements (1999), Numerical Simulation of the Mixing of Passive and Reactive Scalars in Two-Dimensional Flows Dominated by Coherent Vortices (2000), Pollutants Formation from Combustion (2000). E.: 1966 Preis d. Fritz-Koch-Stiftung d. TU Berlin, 1968 Otto-Berndt-Preis d. Ernst-Ludwigs-Ges. an d. TH Darmstadt, 1991 DECHEMA-Preis d. Max-Buchner-Forsch.-Stiftung. M.: DECHEMA, Dt. Bunsenges. f. Physikal. Chemie, Ges. Dt. Chemiker, Combustion Inst. Pittsburgh, American Chemical Society. H.: Musik, Reisen.

Bockhorn Hermann Wedig Dr. med. Prof. *)

Böcking Alfred Dr. med. Prof. *)

Böcking Kai
B.: Moderator. FN.: ZDF/Redaktion Risiko. DA.: 55100 Mainz, Postfach 4040. G.: Neuss/Rhein, 1964. S.: freier Mitarb. f. versch. Zeitungen, 1983 Abitur, Stud. Zeitungswiss. u. Politik in München. K.: Redakteur u. Moderator b. Radio, 1988 Präsentator ARD-Musikshow "Formel 1", 1991-93 WDR-Talkshow "Kai Life", Frühstücksfernsehen b. RIAS, Sendung "Schauplatz Deutschland" u. d. Wetter-Show "Heiter b. ulkig", 1994 "Dollar-Quizshow" b. WDR, HR u. MDR, 1995 IFA-Special "Die Ersten im Ersten" in d. ARD, Urlaubsshow "Holidate" im ZDF, 1996 Co-Moderator f. d. ZDF-Fernsehgarten, 1996 Moderator Musikshowplug "Power Vision" aus d. ZDF-Mediadrom, 1996 zusätzl. ZDF-Abenteuershow "Jetzt kannst Du was erleben", 1997 Moderator d. Telestar-Gala u. ZDF-Serie "First Love", seit 1998 Moderator "Risiko".

Böcking Matthias
B.: Kfm., Inhaber. FN.: Fachgeschäft f. techn. Modellspielwaren. DA.: 03048 Cottbus, Vetschauer Str. 70. PA.: 03046 Cottbus, Lieberoser Str. 14 a. G.: Peitz, 3. Juni 1967. Ki.: Laura-Marie (1995). El.: Eva Böcking. BV.: seit Generationen Kaufleute. S.: 1985 Abitur, 1985-86 Praktikum Rechenzentrum d. Ldw., 1986-89 Stud. Informatik TU Dresden. K.: 1989-90 tätig als Programmierer, 1990 tätig im Geschäft d. Vaters u. 1991 Übernahme, ab 2000 IHK geprüfter Fachberater f. Finanzdienstleistung. M.: Einzelhdl.-Verb. H.: Fallschirmspringen.

Böcking Werner *)

Böcking-Binsch Antoaneta

B.: Heilpraktikerin. DA.: 35392 Gießen, Frankfurter Str. 22. G.: Rumänien, 23. August 1947. V.: Burkard Binsch. Ki.: Nicole (1974), Angela, Tanja. S.: 1966 Abitur, 1966-69 Ausbild. Hotelkauffrau Bukarest. K.: 1969-72 tätig im Min. in Bukarest u. Ltg. d. Hotel am Schwarzen Meer, 1972 Einreise nach Deutschland, 1972-81 Arzthelferin in Braunschweig, 1981-85 Ausbild. z. Heilpraktikerin am Collegium in München, glz. 3 J. Praktikum bei Björn Stark in Hannover, 1987 Eröff. d. Praxis in Gießen m. Schwerpunkt Krebstherapie, Rheima, Allergien Ozon-Sauerstoff-Therapie u. Akupunktur, ltd. Teilnahme an Kongressen u. Fortbild.-Maßnahmen. M.: Freier Verb. Dt. Heilpraktiker. H.: Fernreisen, Kreuzfahrten, Tanzen.

Böckl Karl *)

Böckler Frank *)

Bocklet Paul Prälat *)

Bocklet Reinhold
B.: Bayr. Staatsmin. f. Bundes- u. Europaangelegenheiten u. Bevollmächtigter d. Freistaates Bayern b. Bund. FN.: Bayr. Staatskzl. DA.: 80539 München, Franz-Josef-Strauß-Ring 1. europaminister@stk.bayern.de. www.bayern.de. G.: Schongau am Lech, 5. Apr. 1943. V.: Rosemarie, geb. Wals. Ki.: Stephan (1981). S.: 1962 Abitur Kempten, 1962-68 Stud. Rechtswiss. LMU München, 1966-67 AStA-Sozialref. u. Stud. Mtgl. im Vorst. Münchner Studentenvorst, 1968 1. Staatsexamen, 1968-72 Referendariat. K.: 1972-74 wiss. Mitarb. d. Dt. Bild.-Rat, Ass. b. Prof. Hättich, 1973 2. Staatsexamen, 1974-79 Ref. d. Landeszentrale f. polit. Bild.-Arb. in d. Bayr. Staatskzl., 1978 wiss. Sonderpreis Bayr. Landtag f. Herausgabe 2-bändiges Werk über "Das Regierungssystem d. Freistaates Bayern", 1976-81 Lehrbeauftragter f. polit. Systemlehre LMU München, Geschister-Scholl-Inst., 1973-79 Mtgl. d. Bundesvorst. Junge Union, 1977-79 stellv. Bundesvors. Junge Union, seit 1984 Mtgl. CSU-Parteivorst., 1979-93 Mtgl. d. Europ. Parlaments, Agrarausssch., Jugend- u. Kulturausschuß, ASEAN-Delegation, 1984-95 Vors. AG Landwirtschaft d. CSU, ab 1984 Agrarausschuß, Institutioneller Ausschuß, ASEAN-Delegation, 1988-89 Vors. "Hormon" Untersuchungsausssch. d. EP, ab 1989 Agrarsprecher d. EVP-Fraktion d. Europ. Parlaments, ab 1989 Mtgl. im Vorst. d. EVP-Fraktion, 1991-92 Gen.-Berichterstatter d. EP f. Reform d. gemeinsamen Agrarpolitik, 1993 Vors. d. Ausssch. f. Recht u. Bürgerrechte d. EP, 1993 Berufung in Bayer. Kabinett, Bayer. Staatsminister f. Ernährung, Landwirtschaft u. Forsten, seit 1993 MdBR, seit 1994 Mtgl. im Bayr. Landtag - Liste Oberbayern, 1998 Wiederwahl, seit 1994 Mtgl. d. Ausschusses d. Region d. EU, seit 1998 stellv. Fraktionsvors. d. EVP-Fraktion, seit 1998 Bayr. Staatsmin. f. Bundes- u. Europaangelegenheiten, Bevollmächtigter d. Freistaates Bayern beim Bund. P.: Memorandum z. Neuordnung d. EU-Agrarpolitik. M.: CV, Trifels München, Chaîne des Rotisseurs. H.: Lesen, histor. Literatur, Begwandern, Schwimmen, CAT-Segeln. (Re)

Böckling Otmar *)

*) Biographie www.whoiswho-verlag.ch oder beigefügte CD-ROM

Böckmann Frank

B.: Heimltr. FN.: Albertus-Magnus-Kolleg. DA.: 48149 Münster, Horstmarer Landweg 82. G.: Stadtlohn, 16. Sep. 1975. S.: 1995 Abitur Coesfeld, 1995 Stud. Math., Sport u. Biologie f. Lehramt Univ. Münster. K.: seit 1998 Heimltr. am Albert-Magnus-Kolleg in Münster. H.: Sport, PC, Lesen.

Böckmann Kurt Ing. *)

Böckmann Simone
B.: Profi-Reitsportlerin. FN.: c/o Dt. reiterl. Vereinigung. DA.: 48231 Warendorf, Frhr.-von-Langen-Str. 13. G.: 23. Okt. 1963. K.: 1983 EM Burghley Junge Reiter/4.; 1988 DM Bielefeld/1.; 1990 CCI Punchestown/2., Teilnahme an d. WM in Stockholm; 1991 CCI Barcelona/7.; 1992 CCI Bonn-Rodderberg/1., CCI Bielefeld/1., Vielseitigkeitsprüf. Kl. S Varssefeld/NED/1.; 1993 CCI Chantilly m. Great Apperance/1., CCI* Vittel m. Bantu/12., Vielseitigkeitsprüf. Kl. M Bielefeld m. Resulut/3., Gr. Vielseitigkeitsprüf. Kl. M. Haldern Bantu/7., Vielseitigkeitsprüf. Kl. L Euskirchen m. Bantu/2., Vielseitigkeitsprüf. Kl. L Haldern m. Picp Pocket/4., Vielseitigkeitsprüf. Kl. L Hünxe m. Great Appereance/1., Vielseitigkeitsprüf. Kl. L m. Great Appereance/1.; 1994 CCI Chantilly m. Pavlova/11., Bundeswettkampf Wiesbaden-Kloppenheim/1., Bundeswettkampf Mannschat/2., Vielseitigkeitsprüf. Kl. S Varsseveld/NED m. Pavlova/2., Vielseitigkeitsprüf. Kl. M Hamminkeln m. Pavlova/4., Vielseitigkeitsprüf. Kl. M Wiehl m. Pavlova/1., Vielseitigkeitsprüf. Kl. L Emsdetten m. Great Appereance/2., Vielseitigkeitsprüf. Kl. L Würselen m. Pavlova/3., Vielseitigkeitsprüf. Kl. L Kamp-Lintfort m. Pavlova/6., Vielseitigkeitsprüf. Kl. L Wesel m. Manacor/8., Vielseitigkeitsprüf. Kl. L Emsdetten m. Pavlova/12.; 1995 EM Ländl. Vielseitigkeitsreiter Holzikon/Schweiz/1., Bundeswettkampf Krusemark m. Master Magica/2., Mannschaft/5., Gr. Vielseitigkeitsprüf. Kl. L Kranenburg m. Master Magica/2., Vielseitigkeitsprüf. Kl. L Bonn-Rodderberg m. Master Magica/1.; 1997 Dt. Mannschaftsmeister Langenhagen m. Chicoletto/1.; 1998 CCI Luhmphlen/9., DM/5., Vielseitigkeitsprüf. Z in Etten-Leur/NED m. Chicoletto/1., Vielseitigkeitsprüf. Kl. M Siekkrug m. Chicoletto/2., Jagdpferdeprüf. Kl. M. m. Böckmann's Mary Jo/6., m. St. George/9.

Böckmann Ulrich Dr. med. *)

Böckmann Walter Dr. Soz.-Dipl.
B.: Psychologe, Schriftsteller. PA.: 33689 Bielefeld, Ilmenau Weg 15. S.: Gymn., Stud. Psych., Soz. u. Päd. P.: "Sinn-orientierte Leistungsmotivation u. Mitarb.Führung" (1979), "Botschaft d. Urzeit, Wurzeln d. menschl. Verhaltens in unserer Zeit" (1980), "Das Sinn-System - Psychotherapie d. Lebenserfolges u. d. Mißerfolgsangst" (1981), "Millionverluste durch Führungsfehler" (1967), "Psych. d. Heilens - Arbeit, Konflikt, Kranksein in d. Ind.Ges." (1982), "Wer Leistung fordert, muß Sinn bieten - Moderne Führung in Wirtschaft u. Ges." (1984), "Sinn-orientierte Führung als Kunst d. Motivation" (1987), "Vom Sinn zum Gewinn" Denkschule f. Manager (1990), "Sinn u. Selbst" (1989), "Der Geist d. Zinsen trägt" (1972), "Der Nibelungen Tod in Soest" (1981), "Als die römischen Adler sanken" (1984), Sinn in Arbeit, Wirtschaft und Gesellschaft (1998). M.: Mtgl. im Freien Deutschen Autorenverband.

Böckmann Werner
B.: Großhdl.-Kfm., Inh. FN.: Böckmann u. Benninghoven. DA.: 42659 Solingen, Bismarkstr. 61. G.: Solingen, 19. Jän. 1940. V.: Gudrun, geb. Baumgartner. Ki.: Anette (1964), Olaf (1966). El.: Walter u. Irene, geb. Schallbruch. S.: 1956 Mittlere Reife, 1956-57 Handelsschule Wuppertal, 1957-60 Ausbild. Großhdl.-Kfm. Firma Karl Wilhelms Holz- u. Baustoffhdl. K.: 1960 Eintritt in d. elterl. Betrieb f. Landhdl. u. Herstellung v. Futternittel , 1976 gemeinsame Übernahme m. d. Bruder u. seit 1977 Alleininh. u. Umwandlung d. Betriebes in Transportunternehmen. M.: Verb. d. Verkehrsgewerbes Düsseldorf. H.: Sport, Fitness, Reisen, Filmen.

Böckmann Werner Dr. *)

Bockmayer Walter *)

Bockmeyer Erna Dr. med. *)

Bocks Gerd P. *)

Bocksch Karl *)

Bockslaff Klaus Dr. iur. LL.M. *)

Bod von Albisch Attila
B.: freischaff. Kunstmaler u. Bühnenbildner. DA.: 10629 Berlin, Dahlmannstr. 6. G.: Eliseni/Transylvanieni, 29. Mai 1945. Ki.: Attila Romulus (1980). El.: Tivadar u. Aranka, geb. Bukovan. BV.: Großvater Mihaly Bod v. Albisch, Graf v. Albisch m. Familienwappen u. Stammbaum, Großmutter Ilona Fazekas. S.: 1963 Abitur Kronstadt, 1963-68 Stud. Kunstmalerei u. Bühnenbild f. Theater u. Film in Kronstadt m. Bukarest. K.: 1970-85 Ass. als Kunstmaler, Bühnen- u. Kostümbildner am Musical-Theater in Kronstadt sowie freischaff. als "Intern. Künstler" anerkannt in Kronstadt, Bukarest u. Budapest tätig, in d. Heimat insgesamt 59 Ausstellungen, zahlr. 1. Preise f. Kunstmalerei, Grafik u. Szenografie, 1985 Übersiedlung nach Deutschland u. tätig als freischaff. Künstler an versch. Theaterhäusern Deutschlands, Weiterbild. u. Erwerb v. Zertifikaten mit Fach "Suggestopädie"-Kunst-Pädagogie/Zertif. an B.F.U./Comp. Grafik u. als "Manager Stufe I", ab 1985 zahlr. neue Kunstwerke, Öl, Aquarell, Grafik u. zahlr. Ausstellungen pro In- u. Ausland, 1996 Jubiläum - 70. Ausstellung, 1996 IPromotion-"BODART"-Preisverl. Bildendekunstgründung/Erfinder d. "DUFTMALEREI" 97/weltweit, Radio/TV-Interview, Drehbuch Autor "CALLAS". BL.: Grdg. d. uniform. Ver. "EURO-BODART". H.: Kunst.

Bodamer Fredi
B.: Chefkoch, Gschf. FN.: Landgasthof Hotel "Zur Rose". DA.: 75015 Bretten - Diedelsheim, Schwandorfstr. 12. G.: Birkenfeld, 9. Juni 1963. V.: Beate, geb. Collmer. Ki.: Daniel, Melanie. S.: 1978-81 Lehre als Koch im Hotel Adlerhof in Schwann. K.: 1981-82 tätig als Koch im Ausbildungsbetrieb, 1982-83 Hotel am Schinderbuckel in Stuttgart, 1984-85 Hotel Klosterbräu in Seefeld, 1984-85 Hotel Funk in Dobel, 1985-86 Hotel Traube in Baiersbronn, 1986-96 Gasthaus z. Sonne u. Hotel Rose in Diedelsheim, seit 1997 selbständig. H.: Radfahren.

Bodammer Günter Fritz Dr. med. dent.
B.: Zahnarzt, Inh. DA.: 38440 Wolfsburg, Porschestr. 102. PA.: 38479 Tappenbeck, Birkenweg 7. G.. Helmstedt, 25. März 1951. V.: Marianne, geb. Buchhagen. Ki.: Thomas (1980). El.: Erich u. Walli, geb. Hasse. S.: 1966-69 Kfm. Lehre, 1969-70 Bankpraktikum, 1970-73 Gymn. Wolfsburg

*) Biographie www.whoiswho-verlag.ch oder beigefügte CD-ROM

Bodammer

m. Abitur, 1973-74 Wehrdienst, 1974-80 Stud. Zahnheilkunde Med. HS Hannover. K.: 1980-81 Ass.-Arzt m. bes. Genehmigung d. Landes Niedersachsen, seit 1981 ndlg. in eigener Praxis in Wolfsburg, 1986 Eröffnung eines eigenen zahntechnischen Labors mit allen zahnärztl. Anwendungen, ab 1991 weitere Expansion u. Ausbau einer High-Tech-Praxis m. Lasertherapie, Ästhet. Füllungstherapie, Implantologie, computergestützte Restauration (Cerec), Prothetik, Intraorale Kamera, CT-Computer Tomographie, Akupunktur u. Individualprophylaxe. P.: div. Veröff. u. Publ. M.: Bundesverb. d. ndlg. implantolog. tätigen Zahnärzte in Deutschland e.V., Dt. Ges. f. computerunterstützte restaurative Zahnheilkunde e.V., DGZI, Dt. Ges. f. zahnärztliche Implantologie. H.: lebende Papageiensammlung, Modellschiffbau, Aquarien, Kunst.

Böddeker Manfred-Ralf

B.: Steuerberater. DA.: 33332 Gütersloh, Neuenkirchener Str. 51. G.: Herford, 3. Jan. 1956. V.: Elisabeth, geb. Foppe. Ki.: Eva (1985) und Anna (1988). El.: Paul u. Irma. S.: 1972-74 Höhere Handelsschule, 1974-76 Bundeswehr, 1976-78 Ausbild. u. Abschluß z. Steuerfachgehilfen. K.: 1978-80 Tätigkeit in Steuerkzl., 1980-85 Ltr. d. Buchhaltung in größerem Hdls.-Unternehmen, 1982 Bilanzbuchhalterprüf., 1985-92 Tätigkeit in Steuerkzl., 1989 Prüf. z. Steuerberater, 1989 Grdg. d. eigenen Kzl., 1992 Übernahme v. 2 weiteren Kzl. u. Zusammenführung sämtl. Aktivitäten z. heutigen Kzl., 1994 Vergrößerung u. Verlagerung an heutigen Standort. H.: Beruf, Familie, soz. Engagement.

Bodden Heinrich Dr.-Ing. Prof. *)

Bodden Markus Dr.-Ing.

B.: Unternehmer, Inhaber. FN.: Ing.-Büro Dr. Bodden. DA.: 45131 Essen, Ursulastr. 21. info@product-sound.de. G.: Essen, 27. Dez. 1962. S.: 1980-90 Wehrersatzdienst, 1982-88 Stud. Elektrotechnik Ruhr-Univ. Bochum, 1992 Prom. K.: 1988-96 wiss. Mitarb. d. Ruhr-Univ. Bochum, 1989-96 Gruppenltr., 1992-94 Doz. f. Akustik am Inst. f. berufsbezogene Erwachsenenbild. GmbH Bochum, seit 1994 Ing.-Büro Dr. Bodden. P.: über 60 Veröff. in Büchern u. Fachzeitschriften, Binaurale Signalverarbeitung: Modellierung der Richtungserkennung u. d. Cocktail-Party-Effektes, Fortschr. - Ber. VDI Velag, Ddf. E.: 1994 Windows on science (WOS) grant, 1996 NATO grant. M.: Grdg.-Mtgl. d. Dt. Ges. f. Akustik (DEGA), Franz. Ges. f. Akustik (SFA), Empreinte Sonore Marseille/Frankreich, Afficiate d. INCEI Europe. H.: Volleyball, Fußball, Video, Kabarett.

Böddicker Stefan

B.: Heilpraktiker. FN.: Produkte f. Geist u. Fitness Stefan Böddicker. DA.: 22359 Hamburg, Farmsener Landstr. 193. info@naturheilpraxis-volksdorf.de. www.s alzdeslebens. de. G.: Brilon, 1968. V.: Eva-Maria Behrendt-Hosie. Ki.: Laura u. Katharina (1992). El.: Karl-Klemens u. Susanne. S.: 1985-87 Handelsschule Brilon, 1987-89 Höhere Handelsschule Brilon Fachrichtung Wirtschaft, 1989-91 Wehrdienst, 1991 Abschlussprüf. z. Bürokaufmann. K.: 1991-93 Tätigkeit im Einzelhandelsgeschäft d. Ehepartners, 1993-96 Arcana-Heilpraktikerfachschule Hamburg m. Abschlussprüfung, 1995 Lehrgang in häusl. Krankenpflege b. Arbeiter-Samariter-Bund in Hamburg, 1996-97 Krankenpflegehelfer in häusl. Kranken- u. Altenpflege b. Ambulante Hausbetreuung (AHB) Hamburg, 1996-97 Tätigkeit in eigener Naturheilpraxis Rellingen, 1997-99 Tätigkeit in eigener Naturheilpraxis in Brilon, seit 1997 Aus- u. Weiterbildung z. Trainer f. Lebens- u. Bewußtseinsschulung in versch. Seminaren, 2000 zahlr. Seminare, seit 1. Juni 2000 Tätigkeit in eigener Praxis in Hamburg-Volksdorf. BL.: Ausbildung z. Mind-Trainer, Doz. an d. Wendepunktschule f. Gesundheitsberater in Meldorf/Heide. F.: Volkstest aus d. Bereich d. Cluster-Medizin, Vertrieb v. Kristallsaugrollern. P.: Vorträge über Cluster-Mind, Vorträge über Möglichkeiten d. emotionalen Streßabbaus. M.: Fachverband Dt. Heilpraktiker, Vorst. d. Interessengemeinschaft Einkaufszentrum Volksdorf, Junge Union Hochsauerlandkreis, Kath. Jugend im Hochsauerlandkreis. H.: Computer, hat eigene Website erstellt, esoterisch spirituelle Themenkreise, Vervollkommnung d. Charakters, Kinder, Sport, Kochen.

Bode Andreas H.

B.: RA, vereid. Buchprüfer. FN.: Sozietät Bode u. Partner Rechtsanwälte u. Buchprüfer. DA.: 22337 Hamburg, Fuhlsbüttler Str. 731. G.: Hannover, 11. Apr. 1950. Ki.: Justus (1988). S.: 1970 Abitur Bielefeld, 1970-72 Bundesgrenzschutz, 1973-80 Jurastud. Bielefeld u. Göttingen, 1980 1. Staatsexamen, 1981-83 Referendariat in Hamburg u. Sao Paulo, 1983 2. Staatsexamen. K.: 1983 Zulassung RA, 1988 Zulassung Hanseat. OLG, 1989 Zulassung als vereid. Buchprüfer durch d. Wirtschaftsprüferkam., Berufspraxis in Beteiligungsunternehmen, Ind.-Vers. u. Projektmanagement, seit 1993 Sozietät Bode u. Partner Hamburg, Tätigkeitsschwerpunkte: Ges.-Recht, Insolvenzrecht, Steuerrecht, Betriebswirtschaftl./steuerl. Beratung, Steuerstrafrecht. H.: Segeln, Fliegen, Skifahren.

Bode Burghard

B.: Zahnarzt f. Oralchirurgie. FN.: Praxisgemeinschaft f. Oralchirurgie/Implantologie. GT.: Fortbildungsreferent f. Implantologie. DA.: 38302 Wolfenbüttel, Kleine Breite 10. mbbode@t-online.de. www.wobue-implant.de. G.: Hildesheim, 12. Okt. 1964. V.: Dr. med. Mechthild, geb. Hille. Ki.: Sophia-Katharina (1999). El.: Dr. med. dent. Horst-Dieter u. Christa, geb. Eilers. S.: 1983 Abitur in Braunschweig, 1984 Bundeswehrdienst als Sanitätssoldat, 1985-91 Stud. Zahnmed. an d. Univ. Kiel, 1997-98 FA-Ausbildung in d. Abt. f. Mund-Kie-

*) Biographie www.whoiswho-verlag.ch oder beigefügte CD-ROM

Bode

fer u. plast. Gesichtschir. d. Univ. Leipzig, zertifizierter Implantologe (BDIZ). K.: b. 1996 Ass.-Arzt in d. Praxis Dr. Strukmeier in Wolfenbüttel, 1997 in d. Praxis Dr. Horst Dieter Bode in Braunschweig, seit 1999 eigene Praxis, Schwerpunkt Implantologie. M.: Active Member d. DGZI, BDO, Dt. Ges. f. Paradontologie, Round Table 112 Wolfenbüttel-Salzgitter, Golfclub Kissenbrück, Intern. Congress of Oral Implantology (ICOI). H.: Golf, Squash, Tennis, Ski, Musik, Kultur.

Bode Christian Dr. jur.
B.: Gen.-Sekr. FN.: Deutscher Akad. Austauschdienst. DA.: 53175 Bonn, Kennedyallee 50. G.: Cottbus, 22. Sept. 1942. S.: 1961 Abitur, 1967 1. u. 1971 2. Jur. Staatsexamen, 1971 Prom. K.: 1972-82 Tätigkeit im BMin. f. Bild. u. Wiss., ab 1979 Ltr. d. Planungsgruppe, 1982-90 Gen.Sekr. d. Westdt. Rektorenkonferenz, seit 1990 Gen.Sekr. d. Dt. Akademischen Austauschdienstes. P.: zahlr. Veröff.

Bode Dietrich Dr. phil. *)

Bode Dorothea Dr. med. *)

Bode Edmund

B.: Gschf. FN.: Stadorf e.V. Ver. z. Förd. u. Unterstützung d. Integration f. Menschen m. einer Behinderung. GT.: seit 1998 Vors. d. Dt. Ges. f. soz. Psychiatrie Landesverb. Niedersachsen, LandesfachbeiR. Psychiatrie, Okt. 2000 Mitgründer u. 2.Vorsitzender Verein Stiftung Region Uelzen, Nov. 2000 Mtgl. d. Verbandsrates d. Paritätischen Niedersachsen. DA.: 29593 Schwienau, Stadorf 12. PA.: 29574 Ebstorf, Alter Kirchweg 5. Bothokaya@ aol.com. G.: Hitzacker, 26. Sep. 1946. V.: Heilpraktikerin Heidrun Thomas. Ki.: Lars (1979), Fabian (1982), Kaya (1991). El.: Wilhelm u. Elfriede, geb. Mehler. S.: 1977 FH-Reife Hamburg. K.: Projekt f. arbeitslose Jugendl. in Uelzen, 1981 Initiator b. d. Ver.-Grdg. v. Ver. Stadorf u.V. u. päd. Ltr., ab 1986 zusätzl. Gschf., ab 1992 Vors. d. Ver. "Die Brücke" e.V. Lüneburg, seit 1993 Gschf. d. Krempelhof Dienstleistungs GmbH Uelzen. F.: Edmund Bode Weine u. Säfte Vertrieb v. ökolog. Weinen u. Säften. P.: Veröff. in d. Jahresberichten d. LandesfachbeiR. Psychiatrie. M.: ADFC, Bürgerinitiative Umweltschutz Lüchow-Dannenberg. H.: Beruf, Kinderliteratur sammeln.

Bode Elert
B.: Schauspieler, Regisseur, Theaterleiter. DA.: 70001 Stuttgart, Altes Schauspielhaus u. Komödie i. Marquardt. PA.: 70599 Stuttgart, Birkheckenstr. 113. G.: Breslau, 6. Apr. 1934. V.: Christa Maria Gamerdinger. Ki.: Corinna, Jacqueline, Bibiana, Benjamin, Jakob. BV.: Johann Elert Bode (1747-1826) Astronom, Dir. d. Berliner Sternwarte. S.: Gymn., journalist. Volontariat, Schauspiel Ausbildung. K.: 1957-1970 Gründer u. Intendant d. Westfälisch. Kammerspiele Paderborn, 1970-76 Intendant d. Württemberg. Landesbühne Esslingen a. Neckar, seit 1976 Komödie im Marquardt in Stuttgart, seit 1984 zugl. im Alten Schauspielhaus, 80 Bühneninszenierungen, seit 1955 150 Bühnenrollen, seit 1964 205 Fernsehrollen als Schauspieler. E.: 1970 Kulturpreis d. Stadt Paderborn, 1995 BVK am Bande, 1999 Staufer-Medaille d. Landes Baden-Württemberg, Silbernes Blatt d. Deutschen Dramatiker-Union.

Bode Frank Dipl.-Bw. (FH) *)

Bode Franz-Josef Dr.
B.: Bischof. FN.: Bistum Osnabrück. DA.: 49074 Osnabrück, Große Domsfreiheit 8. www.bistum-osnabrueck.de. G.: Paderborn, 16. Feb. 1951. S.: 1969 Abitur Paderborn, HS-Stud. Paderborn, Regensburg u. Münster. K.: 1975 Paderborn, 1976-78 Vikar in Lippstadt St. Antonius, 1978-83 Präfekt im Erzbischöfl. Theologenkonvikt u. Mitarb. im Päpstl. Werk f. Geistl. Berufe im Erzbistum Paderborn, 1983-86 Stud. Univ. Bonn, Dr. theol., 1986-91 Pfarrer in Fröndenberg St. Marien, 1991 Bischofsweihe im Dom zu Paderborn, ab 1991 Weihbischof in Paderborn, 1991 Domkapitular, 1992 Bischofsvikar f. Priesterfortbild. im Erzbistum Paderborn, 1995 Ernennung z. Bischof v. Osnabrück, 1995 Amtseinführung im Dom zu Osnabrück, 1996 Wahl z. Vors. d. Jugendkmsn. d. Dt. Bischofskonferenz.

Bode Gerd-W. Dr. *)

Bode Gerlind Dr. phil.
B.: Koordinatorin. FN.: Dt. Leukämie Forsch.-Hilfe - Aktion f. krebskranke Kinder e.V. DA.: 53113 Bonn, Joachimstr. 20. G.: Hoya, 23. Nov. 1947. V.: Prof. Dr. Udo Bode. Ki.: 1 Sohn. BV.: Urgroßonkel Viktor Blüthgen - Dichter. S.: Abitur Berlin, Ausbildung: Kaufm. prakt. Arzthilfe Bad Harzburg. K.: 1966-70 tätig in Marburg, 1972-74 Stud. an d. Univ. Uppsala u. glz. Dt.-Lehrerin in d. Erwachsenenbild., 1974-76 Stud. an d. Sprachen- u. Univ. Hartford, 1976-77 Abschluß B.S. an d. Temple Univ. Philadelphia, 1977 Stud. an d. Univ. of Maryland D.C. m. Abschluß M.A., seit 1980 in d. BRD, 1983 Prom., 1983-86 persönl. Ref. v. Petra Kelly im Bundestag, seit 1983 Aufbau d. Elterngruppe krebskranker Kinder, seit 1988 Koordinatorin d. Dachverb. d. Elterngruppen in Deutschland, 1994 Gschf. d. Stiftung "Dt. Kinderkrebsstiftung". P.: Redakteurin d. viertelj. erscheinenden Verb.Zeitung WIR (84) u. des 3x jährl. erscheinenden International Newsletters d. ICCCPO (94), Hrsg. versch. Informationszeitschrifte, -bücher, -broschüren zu Krebs im Kindesalter, Prom.: "Wo sind Shakespeares Schwestern". M.: Grdgs.-Mtgl. von ICCCPO (94). H.: Blumen, Frauenliteratur, Reisen.

Bode Hans-Adolf *)

Bode Heinrich

B.: selbst. Steuerberater, Doz. FN.: Steinbach, Bode, Hoffmann u. Partner Steuerberaterges. DA.: 27755 Delmenhorst, Annenheider Straße 207C. PA.: 27777 Ganderkesee, Eutiner Str. 2. G.: Brandhöfen, 15. Feb. 1955. V.: Ulrike, geb. Rottmann. Ki.: Thomas (1986), Corinna (1989). El.: Friedrich u. Anna, geb. Dittrich. S.: 1970 Abschluß Höhere Handelsschule Delmenhorst, 1970-74 Ausbild. z. Steuerfachang. Delmenhorst, 1974-75 Bundeswehr. K.: Steuerfachang. in Delmenhorst, Vorbereitung auf d. Steuerbev.-Prüf., 1980 Steuerbev.,

*) Biographie www.whoiswho-verlag.ch oder beigefügte CD-ROM

Bode

1986 Steuerberaterprüf., seit 1980 selbst. Steuerberater, 1981-96 Partner d. Sozietät Renker, Glöckner und Bode, Delmenhorst, 1996 Grdg. d. Sozietät Steinbach, Bode u. Partner Steuerberatungsges. in Delmenhorst, 2000 Grdg. Delmenhorster F.A.N. GmbH als Ges. u. Doz., 1993 Grdg. Bürgerver. Heide-Schönemoor e.V., seit 1999 Beiratsmtgl. d. Golfplatz Oldenburger Land GmbH & Co. KG Hatten-Dingstede, seit 2001 Mtgl. d. Kuratoriums d. "Hildegard-Stifts" in 27243 Groß Ippener. H.: Lesen, Golf, Segeln.

Bode Hennry

B.: Gschf. FN.: SSC Schul - Software - Center. DA.: 01705 Freital, Polsentalstr. 152. service@schul-software.de. www.schul-software.de. G.: 26. Okt. 1951. V.: Christine, geb. Döring. Ki.: Corina (1974), Susanne (1977), Andrea (1985). S.: 1970 Abitur Großenhain, 1970-73 HS Zittau HS-Ing. - Elektrotechniker, 1973-89 Nationale Volksarmee während d. Militärzeit, Stud. Umschulung z. PC-Fachdoz. CDI München. K.: 1991-94 Fachdoz. b. d. Firma Cursor-Computerschulung, danach selbst. Mitinh. u. Gschf. d. Firma Hardware - Service Heidelmann GmbH, dann Ausstieg u.a. GmbH, Grdg. d. jetzigen Firma Vertrieb u. Software f. schulische Einrichtungen u. öff. Verw. M.: Förderver. v. Schulen. H.: Kleingartenver., Computer, Sport, Wandern, Reisen.

Bode Jenny

B.: Gschf. Ges. FN.: Creativ Dental GmbH. DA.: 14050 Berlin, Soorstr. 86. G.: Luckenwalde, 29. Okt. 1973. V.: Frank Ulrich. El.: Heinrich Norbert u. Heidrun Doris Bode, geb. Petermann. S.: 1990-94 Ausbild. z. Zahntechnikerin, Abschluss Gesellenprüf. K.: 1994 Ang. b. Dentallabor Petzold, Weiterbild. Sunricekronen, Keramikinlays, Jacketkronen, Zertifikate: Kurs "Fräsetechnik", "Kombitechnik", 1994-95 Ang. b. Dr. Detlef Bruhn, Weiterbild.: Implantatarb., Marylandbrücken, 1995 Ang. b. Viva-Dental als Keramiktechnikerin, Weiterbild.: Schichttechnik, 1995-96 Ang. b. Zahnarzt Stefan Herbst als Allroundtechnikerin, Weiterbild.: Goldengate-Keramik, Goldinlays m. keram. Verblendung, nebenberufl. b. AVANTI (Dentallabor) sammeln v. Erfahrungen als Grundlage f. d. Selbständigkeit, ab 1996 eigenes kl. Dentallabor im Centrum Berlins, Creativ Dental GmbH, 1998 z. Erhalt d. Labors u. d. Arbeitsplätze nebenberufl. kellnertätig, 1999-2000 teilweise Untervermietung an anderes Dentallabor. BL.: Entwicklung an einer Patentanmeldung f. herausnehmbaren Zahnschmuck. H.: Tauchen, Tanzen, Reiten.

Bode Jörn Dr. med. *)

Bode Jutta Dipl.-Kfm. *)

Bode Karla *)

Bode Klaus *)

Bode Manuela

B.: Unternehmerin, Mitinh. FN.: Thomas Kinzel & Manuela Bode GbR Briefmarken, Münzen, Schmuck An- u. Verkauf. DA.: 38106 Braunschweig, Karlstr. 10. PA.: 38106 Braunschweig, Richterstr. 27. MBode01@aol.com. G.: Braunschweig, 11. Mai 1970. El.: Harry u. Ingeborg Bode, geb. Mundhenke. S.: 1990 Abitur Braunschweig, 2001 Stud. d. Mathematik abgebrochen. K.: seit 1996 selbst. H.: Lesen, kreatives Gestalten/Kunsthandwerk, Braunschweiger Geschichte, Computer.

Bode Marco

B.: Profi-Fußballer, Nationalteamspieler. FN.: c/o Werder Bremen. DA.: 28205 Bremen, Auf dem Peterswerder 32. http://www.werder-online.de. G.: 23. Juli 1969. K.: VfR Osterode, Werder Bremen, 1995 Länderspieldebüt in Johannesburg gegen Südafrika, Position: Angriff.

Bode Martina *)

Bode Nikolaus Josef Johannes *)

Bode Otto H. W. *)

Bode Thilo *)

Bode Thomas *)

Bode Thomas

B.: Sprachtherapeut. FN.: Fach- u. Lehrinstitut f. Sprachverbesserung Thomas Bode. DA.: 74074 Heilbronn, Bismarckstr. 39. PA.: 74348 Lauffen/Neckar, Körnerstr. 42. info@sprachheilinstitut.de. G.: Nordhausen, 3. Nov. 1946. V.: Rose, geb. Hörrmann. Ki.: Meike Alexa (1973), Svenja (1975), Patrick (1982). El.: Helmut u. Annemarie. S.: 1966 Abitur, 1966-69 Päd. HS Ludwigsburg. K.: 1970 Lehrer in Einrichtung f. Hörgeschädigte, 1970-72 Ausbild. z. Sonderschullehrer in Heidelberg f. Gehörlose, Schwerhörige, Sprachbehinderte, 1972-92 Lehrer an staatl. Gehörlosenschule Heilbronn, 1992-95 Lehrer an Sprachbehindertenschule Heilbronn, parallel dazu ambulante Betreuung, seit 1995 selbst., Sprachtherapie f. Kinder u. Jugendl., 1. u. einzige Praxis dieser Art in Heilbronn, Beschäftigung m. Sprachentwicklungsverzögerung, angew. Kinesiologie. M.: Dt. Ges. f. Sprachheilpäd., AGFAS, Dt. Ges. f. Sprachheilpäd., Dt. Bundesverband d. Sprachheilpädagogen. H.: Fotografie, Reisen.

Bode Ursula StR. *)

Bode Wolfgang Dipl.-Ing. Prof. *)

Bodechtel Johann Dr. Prof.

B.: Ltr. d. Inst. f. Allg. u. Angew. Geologie d. Ludwig Maximilian-Univ. DA.: 80333 München, Luisenstr. 37. G.: München, 27. Dez. 1930. V.: Dr. Elvira, geb. Gross. Ki.: Daniela (1961). El.: Prof. Dr. Gustav u. Elisabeth. S.: 1951 Abitur, Stud. Geologie Bonn, Kairo u. München, 1957 Dipl., 1960 Dr., 1967 Prof. K.: Seit 1958 in München AG Fernerkundung (Satelitenmethode), Erfassung d. Zustände d. Erde, Zusammenarb. m. d. Ind., Auswerteverfahren. BL.: maßgebl. Beteiligung an d. Entwicklung d. europ. Erdbeobachtungs-Satelitenprogrammes, Entwicklung d. optoelektron. Gerätes m. M.: Stud. d. Erde m. Auflösung v. 5m, MOMS1, MOMS2. M.: Intern. Astronaut. Ak., Ges. f. Fotogrammetrie u. Fernerkundung, Geolog. Ver., Dt. Ges. f. Luft- u. Raumfahrt.

von Bodecker Albrecht Prof. *)

*) Biographie www.whoiswho-verlag.ch oder beigefügte CD-ROM

Bödecker Richard *)

Bödecker Uwe Heinrich Hubert *)

Bödeker Udo *)

Bödeker Ullrich-Michael *)

von Bodelschwingh Albrecht K.

B.: Dipl.-Forstwirt, Assesor. FN.: Forst-Service Rosenheim. DA.: 83071 Stephanskirchen, Winterhollerweg 9. bodelschwingh@forst-service.de. G.: Weddinghofen, 13. März 1939. V.: Gretlies. Ki.: Ekkehard (1973) und Astrid (1976). BV.: Urgroßvater Gründer der von Bodelschwingh'sche Anstalten Bethel in Bielefeld; Ururgroßvater preuss. Innenminister. S.: 1960 Abitur, 1960 Wehrdienst, 1961-62 Praktikum Forstamt Kleve, 1962 Stud. Forstwiss. Hann.-Münden, München u. Freiburg. K.: 1966-69 Referendariat in NRW, 1969-71 Dion.-Ass. d. Papierwerke Waldhof-Aschaffenburg AG in Redenfelden/Obb., 1971-86 Ltr. d. Rundholzeinkaufs d. Firma Hamberger, seit 1986 selbständig u. glz. Verwalter f. Forst-Almwirtschaft f. HARO. P.: Veröff. im "Forstarchiv", "Gedanken z. Bundeswaldinventur", Vorträge an d. Univ. München, am Lehrinstitut d. Holzwirtschaft in Rosenheim u. bei Veranstaltungen d. Maschinenrings. M.: Dt. Forstverein, Feldjägerverein e.V., Feuerwehr. H.: klass. Musik, Violine, Trompete, Lesen, Heimwerken, Schwimmen, Radfahren, Jagd.

Bodemann Harm H. Dr. med. habil. Prof. *)

Bodemann Kurt *)

Bodemann Michael *)

Boden Dieter Horst

B.: staatl. geprüfter Musiklehrer u. Ltr. FN.: Musikschule im Landkreis Merzig-Wadern e.V. DA.: 66663 Merzig, Bahnhofstr. 39. musikschule-merzig@t-online.de. G.: Wadgassen, 7. Apr. 1958. V.: Petra, geb. Zang. Ki.: Jessica (1989). El.: Horst u. Maria, geb. Nicolas. S.: 1978 Abitur, 1980-84 Stud. Musikerziehung u. Orchester- u. Ensemblemusik an d. HS d. Saarlandes f. Musik u. Theater, 1987-88 berufsbegleitender Fortbildungslehrgang f. Musikschulleiter. K.: seit 1981 Lehrer f. Trompete an d. Musikschule im Landkreis Merzig-Wadern e.V., seit 1986 Ltr. dieser Schule. BL.: 1984 Mitbegründer d. Praetorius-Blechbläser-Ensembles. P.: Solokonzerte in d. Besetzung Trompete u. Orgel m. d. Organisten Thomas Kitzig, d. zu einer Schallplatten- u. mehreren Kassettenproduktionen führten. M.: seit 1992 im Vorst. d. Verbandes Dt. Musikschulen - Landesverband Saar e.V., seit 1991 stellv. Präs. d. Bundes Saarländischer Musikvereine, seit 1993 Mtgl. d. Regionalausschusses Saarlouis-Merzig u. d. Landesausschusses Jugend musiziert, seit 1997 Schriftführer u. seit 1999 Schatzmeister im Landesmusikrat Saar e.V., Mtgl. d. erweiterten Vorst. d. Landesakademie f. musisch-kulturelle Bildung in Ottweiler. H.: Boot fahren, Binnenschifffahrt, Musik.

Boden Doris Ellen *)

Boden Hansmanfred *)

Boden Jens

B.: Sportsoldat, Eisschnellläufer. FN.: c/o Eislaufverein Dresden e.V. DA.: 01237 Dresden, Vetschauer Str. 40. kontact@kufenflitzer.de. www.kufenflitzer.de. G.: Dresden, 29. Aug. 1978. S.: Abitur. K.: 1998-99 DM Einzel 5000m/3., 10000m/3., WC Heerenveen/20., 10000m/12.; 1999-2000 DM Einzel 5000m/3., DM Mehrkampf 5000m/3., Gesamt/6., WC Baselga/27., 5000m/11.; 2000-01 DM Einzel 10000m/3., DM Mehrkampf Gesamt/12., WC/41.; 2001-02 DM Einzel 5000m/5., 10000m/3., DM Mehrkampf 10000m/2., WC Heerenveen/22., 5000m/12., WC Den Haag B-Gruppe 10000m/2.; 2002 Olympische Spiele Salt Lake City 5000m/Bronze. (Re)

Boden Jörg-Tilbert Matthias Dr. med.

B.: FA f. Urologie. DA.: 50825 Köln, Venloer Str. 528. PA.: 50933 Köln, Geilenkircher Str. 11. G.: 10. Aug. 1941. V.: Dr. Ursula Ute, geb. Schneller. Ki.: Anke Martina, Birgit Claudia, Jörg Andreas. El.: Dr. Otto u. Margarete, geb. Johann. S.: 1960 Abitur Kön, 1960-66 Stud. d. Med., 1966 Prom. z. Dr. med., 1968 Approb. als Arzt, 1974 FA f. Urologie. K.: seit 1974 FA f. Urologie in Köln. M.: Vors. Ärztl. Ges. Dunkle Stunde, Montagses., Senat d. Ehrengarde d. Stadt Köln. H.: Tanzen, Münzen u. Briefmarken, Theater.

Boden Nicolaus Dr.-Ing. *)

Boden Peter Hubert Walter *)

Bodenbach Klaus Dipl.-Ing. *)

Bodenburg Monika *)

Bodenburg Reinhard Dr. *)

Bodendieck Erik

B.: FA f. Allg.-Med., Inh. FN.: Praxis f. Allg.-Med. DA.: 04808 Wurzen, W.-Rathenau-Str. 2. G.: Leipzig, 27. Dez. 1966. V.: Gerlind. Ki.: Julia, Sophia, Olivia. E.: Dr. med. P. u. Elke. S.: 1985 Abitur Wurzen, NVA als Unteroffz. auf Zeit b. d. Luftstreitkräften, zuständig f. d. Chem. Dienst in Staußberg, Ltr. d. Feldlabors, 1988 Med.-Stud. an d. KMU Leipzig, 1990 Physikum, Med.-Stud. im Hartmann Bund, 1994 Kolloquium, 1995 K.: Ausbild. z. FA f. Allg.-Med. am KH Wurzen sowie in d.

*) Biographie www.whoiswho-verlag.ch oder beigefügte CD-ROM

Bodendieck

Praxis d. Vaters, 1997 FA f. Allg.-Med. in eigener Ndlg. P.: Presseart. zu berufspolit. Problemen. M.: seit 1998 gewählter Vertreter im Gremium d. Sächs. Landesärztekam. f. d. Muldentalkreis, Aussch. Ausbild. d. Sächs. Landesärztekam., Vors. d. Kreisärztekam. Muldentalkreis, 1991 Grdg. d. Förderver. d. Nikolaigrundschule Leipzig. H.: Garten, Handwerkl. Arb., Sport, Badminton, Klavier.

Bodendörfer Susanne
B.: Dipl.-Grafikdesignerin, Inh., Gschf. PA.: 22307 Hamburg, Oldachstr. 26. s.bodendoerfer@hamburg.de. G.: 21. Nov. 1962. El.: Heinrich u. Hannelore. BV.: Urururgroßvater Friedrich Rückert - Dichter d. Romantik. S.: 1982 Abitur Göttingen, 1982-89 HS f. bild. Künste in Braunschweig, 1989 Dipl. in Grafikdesign. K.: 1989-94 versch. Tätigkeiten im graph. Gewerbe, 1993 Fortbild. z. Mediendesignerin, seit 1995 selbst., seit 1999 im Grossraum Hamburg tätig. P.: versch. graph. Publ. M.: Chor. H.: Natur, Sport, Musik, Singen.

Bodenhagen-Winter Marion *)

Bodenhaupt Claudia *)

Bodenhausen Hans-Joachim Dr. med. dent. *)

Bodenhöfer Manfred

B.: Künstler, staatl. geprüfter Maler, Malermeister, Gschf. Ges. FN.: Malerbetrieb Manfred Bodenhöfer GmbH. DA.: 70329 Stuttgart, Tiefenbachstr. 3. G.: Stuttgart, 4. März 1949. El.: Gotthilf u. Emma, geb. Allgayer. S.: Höhere Fachschule f. d. Malerhandwerk Stuttgart 1970-72, parallel dazu Vorbereitung auf d. Meisterprüf., ab 1979 Weiterbild. z. bild. Künstler durch Kurse u. Seminare. K.: 1964-68 Malerlehre b. Vater Malermeister Gotthilf Bodenhöfer, 1968-70 Maler im elterl. Betrieb, 1972-79 Malermeister im elterl. Betrieb, 1979 Betriebsübernahme v. Vater, Grdg. d. GmbH, ab 1979 Aufbau eines Ladengeschäftes f. Malereibedarf, Bodenbeläge, Gardinen u. Sonnenschutzsystemen, seit 1993 Kunstdoz. an d. VHS, seit 1996 Mtgl. im Werkkunstaussch. d. Maler- u. Lackiererinnung Stuttgart. BL.: 1996 Künstler. Mitgestaltung (455 Arbeitsstunden, gemeinsam m. 6 weiteren Künstlern) d. Wandbildes "Der Strom d. Lebens" am Wandgang d. Seniorenheimes Am Weinberg Stuttgart. P.: seit 1983 regelmäßig Einzel-, Gemeinschafts- u. Dauerausstellung sowie Auftragsarb. M.: 1. Vors. Sport- u. Kulturver. Rohracker, stellv. Vors. Förderver. "Alte Schule", Mtgl. d. Künstlergruppe "Maler u. Bildbauer d. Stuttgarter Neckarorte, Mtgl. im Ausschuß d. Gewerbe u. Handelsver. Hedelfingen. H.: Malen, Zeichnen, Museen, Wandern, Garten.

Bodenmüller Gerhard Dipl.-Ing. *)

Bodenschatz Harald Dr. Prof.
B.: Prof. f. Planungs- u. Architektursoziologie. FN.: Technische Universität Berlin, Fakultät VII Architektur Umwelt Ges. DA.: 10587 Berlin, Franklinstr. 28/29. PA.: 12165 Berlin, Schmidt-Ott-Str. 20. harald.bodenschatz@tu-berlin.de. G.: München, 1. Sep. 1946. V.: Ursula, geb. Zeis. Ki.: Thomas (1975), Sandra (1978). El.: Oskar u. Lieselotte. S.: 1967-72 Stud. Soziologie, Politikwiss., Psychologie u. VWL an d. LMU München u. d. FU Berlin, 1975-78 Diss., 1978 Prom., 1986 Habil. K.: seit 1972 Lehre u. Forschung an d. Architekturfakultät d. RWTH Aachen, Inst. f. Stadt- u. Regionalplanung u. Inst. f. Sozialwiss. bzw. Soziologie an d. TU Berlin, seit 1980 Planungspraxis in d. Stadterneuerung, 1980-88 Mtgl. d. Redaktion d. Zeitschrift "ARCH+", seit 1993 Mtgl. d. Redaktion d. Zeitschrift "Die alte Stadt", 1985 Eintragung in d. Stadtplanerliste d. Architektenkammer Berlin, seit 1995 Prof. f. Planungs- u. Architektursoziologie an d. TU Berlin, längere Lehr- u. Forschungsaufenthalte in Italien, Brasilien, USA u. Peru. BL.: Interessens- u. Forschungsschwerpunkte Planungs- u. Architektursoziologie, Stadtplanungs- u. Städtebaugeschichte, Postmoderner Stadtumbau. P.: "Platz frei f. d. neue Berlin! Geschichte d. Stadterneuerung seit 1871" (1987), "Stadtbaukunst in Brandenburg an d. Havel (zusammen m. C. Seifert 1992), "Berlin auf d. Suche nach d. verlorenen Zentrum" (1995), "Der rote Kasten" (1996), "Das Finowtal im Barnim. Wiege d. Brandenburgisch-Preußischen Ind. (1998 u. 2000). E.: Preisträger d. Verbands dt. Kritiker e.V. f. d. Sparte Architektur (zusammen m. Stephan Braunfels 1994). M.: Architekten- u. Ing.-Ver. zu Berlin, Dt. Akademie f. Städtebau u. Landesplanung, Dt. Werkbund Berlin e.V., Ges. f. Stadtgeschichte u. Urbanisierungsforschung, Ges. f. Urbanistik Dessau, Vereinigung d. Stadt-, Regional- u. Landesplaner e.V. (SRL), Europa Nostra, Planungsbeirat d. Bezirkes Mitte, Beirat d. Architektenkammer Berlin f. d. Berliner Architekturjahrbuch, Wiss. Beirat d. Bundesamtes f. Bauwesen u. Raumordnung. H.: Schwimmen, Reisen, Skifahren.

Bodenschatz Heike
B.: Betriebswirtin, Finanzberaterin, Inh., Ges. FN.: Finanzagentur Bodenschatz. DA.: 09337 Hohenstein-Ernstthal, Friedrich-Engels-Str. 35. G.: Lichtenstein/Sa., 10. Juni 1968. Ki.: Paul Gustav (1999). El.: Dipl.-Ing. Horst u. Else Bodenschatz, geb. Voigt. S.: 1985-88 Stud. an d. FHS f. Ökonomie Rodewisch, 1988 Betriebswirt, 1992 Ausbild. z. Finanzberater b. d. Hypo-Vereinsbank. K.: 1988-90 stellv. Lohnbuchhalterin, Analytikerin, Vorrichtungsbau Hohenstein, 1990-92 selbst. Vers.-Vertreterin, ab 1992 selbst. Finanzberaterin, 1996 Aufbau d. Fa. "Lämmel Bauherrnbetreuung" in Hohenstein-Ernstthal als GbR, seit 1999 alleinige Inh., 1998 Grdg. d. "Wohnungsbauges. Bodenschatz", 1999 Errichtung Finanzagentur Bodenschatz; 1980-85 Mtgl. im Jugendblasorchester Hohenstein-Ernstthal, Solistin im Waldhorn b. Mozartkonzert, seit 1997 Trainerin in "Callanetics" in Hohenstein-Ernstthal, Sponsor u. Investor f. ehemals Suchtabhängige. H.: Sport, Reiten, Tennis, Natur, Wandern, Tiere (Fische, Vogel).

Bodenschatz Walter Dipl.-Ing.

B.: Dipl.-Ing. f. Umwelt- u. Hygienetechnik, Inh. FN.: HYTEC - Ing.-Büro f. Umwelt- u. Hygienetechnik u. Sachverständigenbüro f. Wasser-, Boden-, Luft- u. Krankenhaushygienetechnik u. DSM - Desinfektorenschule Mainz u. FHT - Fachschule f. Hygienetechnik. DA.: 55545 Bad Kreuznach, Turmhof, Frankfurter Str. 8. fhtdsm@usa.net. www.fht-dsm.com. G.: Bad Homburg, 2. Jan. 1950. V.: Waltraud, Jacob. Ki.: Sabine (1974), Christine (1977), Katrin (1980). S.: 1966 Realschulabschluß, 1966-69 Ausbild. Chemielaborant Hoechst AG Frankfurt/Main, 1969-70 Ausbild. techn.-med. Planer f. Krankenhaus-Einrichtungen Hospitalia Intern. GmbH Frankfurt/Main, 1970-73 Ing.-Stud. Techn. Hygiene FH Gießen-Friedberg, 1982 Dipl.-Ing. f. Umwelt- u. Hygienetechnik. K.: 1973-90 Öffentl. Gesundheitsdienst, zuletzt Ltr. d. Abt. f. Ort- u. Umwelthygiene Gesundheitsamt Wiesbaden,

*) Biographie www.whoiswho-verlag.ch oder beigefügte CD-ROM

seit 1976 (bis 1990 nebenberuflich) Dozent f. Techn. Hygiene, 1990 Grdg. "HYTEC - Ing.-Büro f. Umwelt- u. Hygienetechnik", Beratender Ing. bei d. Ing.-Kamm. Hessen, seit 1991 Öffentl. bestellter u. vereid. Sachv. f. Wasser-, Boden-, Luft- u. Krankenhaus-Hygienetechnik (zunächst IHK Frankfurt/Main, heute Koblenz), 1992 Grdg. "DSM - Desinfektorenschule Mainz", 1993 Grdg. "FHT - Fachschule f. Hygienetechnik". P.: Hrsg. u. Koautor "Handbuch für den Desinfektor in Ausbild. u. Praxis" (1989, 2. Aufl. 1993), Hrsg. Loseblattwerk "Desinfektion, Sterilisation, Reinigung u. Schädlingsbekämpfung" (1991, z.Zt. 23. Erg.-Lfg.), Hrsg. Loseblattwerk "Handbuch f. den Schädlingsbekämpfer" (1995, z.Zt. 12. Erg.-Lfg.), div. Buchbeiträge, zahlr. Fachveröffentl. E.: 1985-91 BVIG (Bundesvereinigung d. Ing. im Gesundheits- u. Umweltschutz), seit 1991 Koordinator d. Arbeitskreises z. Harmonisierung d. Desinfektorenausbildung, s. 1996 Schiedsmann im BfD Bundesverband für Desinfektoren, Mtgl. zahlr. Prüfungskommissionen f. Hygienefachberufe. M.: DGKH Dt. Ges. f. Krankenhaushygiene, DGSV Dt. Ges. f. Sterilgutversorgg., BfD Bundesverband f. Desinfektoren, BVIG Bundesvereinigung d. Ing. im Gesundheits- u. Umweltschutz.

Bodenschatz Walter Dipl.-Kfm. *)

Bodensiek Helmut Dr. phil.

B.: Unternehmensberater, Inh. FN.: Dr. Bodensiek Personalberatung. GT.: 1983-87 ehrenamtl. Richter b. Arbeitsgericht Berlin. DA.: 10117 Berlin, Friedrichstr. 90. Dr.Bodensiek@web.de. www.DrBodensiek.de. G.: Hannover, 20. Juni 1947. V.: Ingeborg, geb. Maerker. Ki.: Zwillinge Kirsten u. Florian (1974), Anika (1989). El.: Heinz u. Karin. S.: 1966 Abitur Humboldt Schule Hannover, Stud. VWL FU WBerlin, 1972 Dipl.-Vw., 1974 Dipl.-Kfm. 1977 Prom., Dr. phil., Prom. über betriebliche Weiterbildung Prof. Edding. K.: 1974-79 Ass. PH Berlin, 1979-84 Ltr. Aus- u. Weiterbild. u. Personalltr. in d. Berliner Ind., seit 1984 selbst. Personalberatung. E.: Certified Management Consultant d. BDU CMG als eine d. ersten 1998. M.: BDU, Stiftung d. Dt. Wiss., Wirtschaftsjunioren d. IHK Berlin, Vors. d. Ver. d. Freunde d. Humboldt-Schule. H.: Radfahren, Wanden. (P.K.)

Bodensiek Jörg

B.: Gschf. FN.: Botransporte GmbH. DA.: 30453 Hannover, Am Neuen Acker 3. info@botransporte.de. www.botransporte.de. G.: Hannover, 13. Aug. 1958. V.: Susanne, geb. Prigge. Ki.: Jennifer (1986), Tim (1990). El.: Heinz u. Karin, geb. Widdel. S.: 1978 Abitur, b. 1980 Ausbild. Sped.-Kfm. intern. Sped. Krage & Söhne GmbH Hannover, 1980-82 Stud. Bw. Dt. Außenhdl.-Verkaufsakad. Bremen, 1982 Examen. K.: 1983 Übernahme d. Fuhrunternehmens d. Vaters u. Ausbau z. Sped., 1993 Verkauf d. Betriebes, 1990 Grdg. u. Aufbau d. Entsorgungs Ges. in Dresden, 1991-93 Grdg. u. Aufbau einer Sped. in Dresden, 1999 Grdg. d. Firma Botransporte GmbH in Hannover m. Schwerpunkt Logistik, Nahverkehr u. Fernverkehr. P.: div. Publ. f. d. FHS Hannover. M.: b. 1993 Wirtschaftsjunioren, Vors. d. Landesverb. d. sächs. Verkehrsgewerbe u. b. 1993 Prüf.-Aussch. f. Sped.-Kaufleute d. IHK, Präs. d. TUS Davenstedt u. b. 1986 Jungendtrainer, seit 1976 Trainer d. Fußball D-Jugend b. TUS Davenstedt. H.: Literatur.

Bodenstedt Erwin Friedrich Dr. Prof. *)

Bodenstedt Günther *)

Bodenstein Christel *)

Bodenstein Dietrich Dr. med. *)

Bodenstein Henning *)

Bodenstein Peter

B.: Vers.-Fachwirt, Gschf. FN.: fair play Vers.-Makler GmbH. DA.: 34119 Kassel, Goethestr. 7. G.: Kassel, 16. März 1962. V.: Sandra, geb. Rygol. Ki.: Victoria (1997). El.: Rolf u. Aline. S.: 1978-80 Fachoberschule Bereich Wirtschaft u. Verw. Kassel, 1980-83 Ausbild. z. Vers.-Kfm. b. d. Magdeburger Vers. Kassel, 1987-89 Fortbild. z. Vers.-Fachwirt d. Abendschule d. Ver. f. Vers.-Wesen, 1989 Abschlußpruf. Vers.-Fachwirt, 1984-85 Bundeswehr. K.: 1983-94 Innendienstmitarb. b. d. Magdeburger Vers. Bereich Sach- u. Haftpflichtvers., 1994-97 Mitarb. b. d. Ges. f. Wirtschaftsservice GmbH, 1997 Mitarb. b. d. Dipl.-Ökonom Peter Becker GmbH im Sachvers.-Bereich, 1998 Gründung d. fair play Vers.-Makler GmbH. F.: 50% Beteiligung an d. fair play Vers. Makler GmbH. M.: Maklerverb. Concepta, Best Intention Maklerservice, Maxpool Maklerservice. H.: Handball Mannschaftstrainer im TSG Wilhelmshöhe Kassel, Handballschiedsrichter, Kindererziehung.

Bodenstein Walter Dr. theol. *)

Bodenstein-Dresler Carl-Wilhelm Dipl.-Ing.

B.: Gschf. FN.: Bund f. Umwelt u. Naturschurt Deutschland Landesverb. Niedersachsen e.V. DA.: 30161 Hannover, Goebenstr. 3 A. cwbd@bund.net. www.bund-niedersachsen.de. G.: Lamspringe, 24. Feb. 1952. V.: Ulrike, geb. Weppler. Ki.: Friederike (1990), Lucas (1992). S.: 1972 Abitur, 2 J. Bundeswehr, 1974-82 Stud. Landschaftspflege u. Naturschutz Univ. Hannover. K.: 1978 versch. Praktika in Südafrika, Abschluß Dipl.-Ing., b. 1984 tätig in d. Forsch.-Stelle z. Thema "Auswildern v. Birkwild" an d. Univ. Hannover, danach Mitarb. b. Bund f. Umwelt- u. Naturschutz Deutschland, seit 1989 Gschf. d. Bund f. Umwelt- u. Naturschutz Niedersachsen e.V. M.: Vorst. d. Umwelthilfe in Radolfzell, 1. Vors. d. Trägerverb. Brandenburg, Tennisver. Hannover, Hockeyver. Hannover. H.: Gartenarbeit, Imkerei, Segeln, Laufen.

Boderke Hubert Manfred Martin Dipl.-Ing. *)

Bodet du Chódes Charles Hubert

B.: Verleger, Inh. FN.: Verlag f. Aktive Zeitdokumenation. DA.: 63303 Dreieich-Götzenhain, Am Lachengraben 3. PA.: 63303 Dreieich, Ederstr. 8. Ki.: Ulrike (1959). El.: Charles Maria. S.: 1942 Abitur. K.: Berufssoldat Offz. u. zuletzt Lt., Immatrikulation Zeitungswiss., Germanistik u. Romanistik in Münster, 1949 Volontariat, ab 1956 Verleger d. "Mod. Plauderei" f. d. Bund Dt. Haarformer; Funktionen: 14 J. Vertreter in d. Reg. d. Fürstentum Monaco als Tourismusbeauftragter f. Skandinav. Länder, Holland, Schweiz, Österr. u. BRD. E.: Ernennung z. Chevallier durch d. Fürsten v. Monaco. M.: Präs. d. Frankfurter Automobilclub, Gen.-Sekr. im Wirtschaftsclub Rhein-Main. H.: Reitsport, Besitzer v. 5 Reitpferden, Modellieren u. Bildhauerei in Holz.

---

*) Biographie www.whoiswho-verlag.ch oder beigefügte CD-ROM

Bodewig Kurt Hubert

B.: Bundesverkehrsmininster, MdB. DA.: Berlin, Platz der Republik 1; 41515 Grevenbroich. www.bmvbw.de. G.: Rheinberg, 26. Apr. 1955. Ki.: Marcel (1998). El.: Hans u. Helene, geb. Hußmann. S.: 1972 Mittlere Reife, 1976 Fachabitur, 1972-75 Ausbild. Postbauges. K.: s. 1973 Mtgl. d. SPD, 1976-81 Wohnungskfm. in d. Stadtsparkasse Düsseldorf u. in anderen Unternehmen, 1981-86 Leitung d. Verw.-Stelle Zivildienst im Bez.-Verb. Niederrhein, seit 1986 Ltr. d. Abt. Sozialpolitik d. DGB NRW, ehrenamtl. Vors. in versch. Gremien, seit 1992 Mtgl. im ParteiR. d. SPD, seit 1989 Mtgl. im Bundestag im Aussch. f. Arb. u. Sozialordnung, stellv. Aussch.-Mtgl. f. Gesundheit u. Innenaussch., Bundesverkehrsminister. P.: "Die schleichende Gefahr" (1991/92), Hrsg. v. "Gesundheit - nicht nur denken" (1998), div. andere Publ. E.: Gold. Ehrennadel d. AOK-Bundesverb. M.: SPD, Vors. d. Neuen Ges. Niederrhein e.V., ÖTV, AWO, Parlamentar. Ges. H.: Touren in Südamerika, Australien, Alaska, Ostafrika, Radtouren, Lesen, mod. Autoren, Englisch. (Re)

Bodey Alexander Robert Otto Dr.-Ing. *)

Bödige Rudolf *)

Bodirsky Maria-Luise

B.: freischaff. Künstlerin. FN.: Keramik-Atelier. DA.: 79235 Vogtsburg-Oberrotweil, Hauptstraße 69. PA.: 79235 Vogtsburg, Obermühlenweg 6. keramik-atelier@bodirsky.de. www.keramik-atelier.bodirsky.de. G.: Birkingen, 6. Apr. 1952. V.: Hans Bodirsky. Ki.: Manuel (1976), Katharina (1979), Sebastian (1981), Benjamin (1984). El.: Franz u. Agnes Indlekofer, geb. Rüd. S.: 1972 Abitur Rottweil, 1972-76 Stud. Bild. Kunst, Deutsch u. Psych. in Freiburg, 1976 Staatsexamen. K.: seit 1980 intensive Beschäftigung m. Malerei u. Keramik, Studienseminare in Deutschland, Schweiz u. Ungarn, seit 1986 eigenes Keramik-Atelier in Oberrotweil. P.: "Der Phantasie Füße und d. Verstand Flügel verleihen" in NK, No. 4, 1988, u. "Schule als Wand-Wand als Schule" in Keramik-Magazin, Nr. 6, 1988, seit 1986 Ausstellungen in eigener Galerie, 1988 XI. Biennale Intern. de Ceramique d'Art Vallauris, 1994 Landratsamt Breisgau-Hochschwarzwald, Freiburg, 1996 Transit Ausstellung bild. Künstler Breisach, 1997 Spuren in Staufen, 1998-99 Skulpturenweg d. Stadt Staufen, 2000 Übergänge in d. Trinitatskirche in Bonn, 2000 Ganz schön flach Ausstellung im Keramikmuseum Staufen, Kunst am Bau 1997 Staudinger Schule in Freiburg, 1988 u. 1994 Oberrotweil. H.: Tanzen, Tango argentino, Literatur, Film.

Bodlin Achim-Andreas Dr. med. *)

Freiherr von u. zu Bodman Joh. Heinrich *)

Bodner Herbert

B.: Vorst.-Vors. FN.: Bilfinger Berger AG. GT.: AufsR-Vors. d. Buderus AG. DA.: 68165 Mannheim, Carl-Reiß-Pl. 1-5. www.bilfingerberger.de. G.: Graz/Österreich, 20. Feb. 1948. S.: 1966-71 Stud. Bauing.-Wesen Univ. Stuttgart. K.: 1971-90 Ed. Züblin AG Stuttgart, 1991 Eintritt in d. Bilfinger + Berger Unternehmensgruppe, 1991-94 Chief Executive Officer and President d. FRU-Con Construction Corporation Ballwin/Missouri Vereinigte Staaten v. Amerika, 1994-96 Chief Executive Officer d. heutigen Kin Ching China Limited Hongkong/Volksrep. China, 1997 stellv. Vorst.-Mtgl. d. Bilfinger + Berger Bau AG, 1998 o.Vorst.-Mtgl., seit 1999 Vorst.-Vors. (Re)

Bodner Ingrid

B.: Kosmetikerin, Inh. FN.: Kosmetik Bodner. DA.: 81679 München, Montgelsstr. 35. G.: Kolbermoor, 12. Okt. 1954. El.: Peter u. Margarethe Bodner. S.: 1970-72 Ausbild. Friseurin. K.: 1972-80 div. Praktikas in versch. Berufen, 1981 Ang. einer Werbeagentur, seit 1996 selbst. m. Kosmetik-Salon Viktoria in München. H.: Rollerbladen, Fitness, Auslegung d. Bibel.

Bodo Friedrich Dr. sc. Prof. *)

Böduel Ulrich *)

Boe Corinna Dipl.-Ing.

B.: selbst. Innenarchitektin, Feng Shui Beratung u. Planung. PA.: 31787 Hameln, Woge 1. G.: Hameln, 27. Juni 1960. El.: Heinrich u. Irene, geb. Zöllner. S.: 1982 Abitur Hameln, 1982-83 Kunststud. in Hannover, 1983-85 Stud. Kunstgeschichte, Ägyptologie u. klass. Archäologie in Göttingen, 1988-91 Stud. Innenarch. in Hannover, 1991 Dipl.-Examen. K.: 1992-94 ang. Innenarchitektin b. Harry Fasold GmbH in Bad Münder, 1994-96 Mitarb. d. Familienbetriebes in Hameln, 1997-98 Tätigkeit in einem Arch.-Büro in Hameln, 1998-2000 Ausbild. z. Feng Shui Beraterin u. Planerin b. Prof. Jess T. Liem, 1999 selbst. Innenarchitektin in Hameln u. seit 2000 Feng Shui Beraterin u. Planerin. P.: Art. f. d. Firma mb Software AG. H.: Kunst, Literatur, Sport, Tanzen.

Boe Martin

B.: Fotograf, Animationsdesigner. FN.: Martin Boe Animationsdesigner. DA.: 22391 Hamburg, Krietkamp 50. G.: Hamburg, 24. Apr. 1958. V.: Antje. Ki.: Mark (1993), Vivien (1996). S.: 1974 Abitur Hamburg, 1974-77 Ausbild. z. Fotografen b. d. Fotograf Nikolaus v. Gomissen m. Abschluß. K.: 1977-86 freiberufl. Fotograf im Bereich Werbefotografie b. d. Heinrich Bauer Verlag in Hamburg, 1986 Bundeswehr, 1986-91 freiberufl. Werbefotograf, 1991-94 Grdg. eines Taxibetriebes, 1994-2000 im Bereich Multimedia m. d. Herstellung v. CD-Rom-Projekten u. zwar im Bereich Visualisierung, Animation, Screen-Design u. CD-Rom-Programmierung, 2000 3D-Animation f. d. Expo in Hannover. BL.: Softwarekenntnisse: Photoshop, Illustrator, Premiere, After Effects, Speed Raiser, Autocad, 3D Studio/Max, Softimage, Maja, Cinema 4D, Discreet Logic Paint, Discreet Logic Effect, Director, Freehand, FrontPage, Golive, Corel. H.: Fotografieren, Computertechnik, Autos, Motorräder.

Boeck Andreas *)

Boeck Joachim *)

Boeck Matthias Dipl.-Ing.

B.: Ang., Projekt Manager. FN.: MAN TAKRAF. DA.: 04347 Leipzig, Torgauer Str. 336. G.: Cottbus, 21. Juni 1955. V.: Beate. Ki.: Katharina (1979), Janina (1983). El.: Dieter u. Johanna. S.: 1975 Abitur m. Beruf: Maschinenu. Anlagenmonteur im Transformatorenwerk in Oberschöneweide/Berlin, 1975 NVA, 1978 Stud. Maschinenbau Fachrichtung Fördertechnik an d. TU Dresden, 1983 Dipl. K.: 1983 Ass. an d. TU Dresden, 1987 Kombinat Takraf Leipzig, wiss. Mitarb., Hauptabt.-Ltr. f. Erzeugnisforsch., 1989 Takraf Schwermaschinenbau AG, 1993 Projekt Manager Takraf Lauchhammer GmbH; MAN TAKRAF.

Boeck Urs Wilhelm Dr. phil. Dipl.-Ing. *)

Boecker Gottfried Michael

B.: Dipl.-Geophysiker, Stud.-Dir. im Ruhestand. taurus @rsz.de. G.: Berlin, 15. Mai 1949. Ki.: Christopher (1980). El.: Helmut u. Eva, geb. Toepper. BV.: Urgroßvater mütterlicherseit Prof. Dr. Paul Toepper, Veterinärarzt Kaiser Wilhelm II, u.a. Begleiter d. Kaisers z. Audienz b. Papst Leo VIII. S.: 1968 Abitur, 1968-71 Stud. Physik, 1972-74 Stud. Geophysik an d. FU Berlin, Abschluss Dipl.-Geophysiker. K.: 1977-97 tätig im Schuldienst, d. Sonderregelung z. Referendarausbildung erlangen d. 2. Staatsexamens, seit 1981 d. einzige Berliner Geschäft f. limitierte Sammelteller u. hochwertige Porzellanfiguren, jetzt nur noch geringfügig als Versandhandel, 10 J. Fachbereichsleiter f. Physik an d. Schule u. b. Lehrbeauftragter einer privaten Fachoberschule. P.: "Grundfragen d. Pädagogik" (in Vorbereitung). E.: mehrfacher Preisträger v. Fotowettbewerben. H.: Fotografie, Musizieren - teilweise auch m. eigenen Songs, Postkarten sammeln.

Boecker-Jaeckle Konradin *)

Boeckh Jürgen Manfred Johannes August

B.: Pfarrer i. R. PA.: 12205 Berlin, Drakestr. 53. G.: Berlin, 21. Nov. 1922. V.: Helga, geb. Wosenitz. Ki.: Sabine (1954), Angela (1956), Michael (1960), Tobias (1962), Sibylle (1967). El.: Walther u. Gisela, geb. von Tzschoppe. BV.: Urgroßvater August Boeckh, Klassischer Philologe, Begründer d. historischen Altertumswissenschaften, Prof. f. Rhetorik, 5x Rektor d. Friedrich-Wilhelm-Univ. zu Berlin, Großvater Prof. Richard Boeckh, Prof. f. Statistik, erste urkundl. Erwähnung eines Familienmitgliede, Thoman Beck, um 1435. S.: 1941 Abitur, Reichsarbeitsdienst, 1942-45 Wehrmacht, 1945-49 Sowjetische Kriegsgefangenschaft, 1950-54 Stud. Ev. Theologie in Berlin u. Heidelberg. K.: 1954 Vikar in 2 Gemeinden in Ost-Berlin, 1956 2. Theol. Prüf. u. Ordination, Hilfsprediger in Berlin-Frohnau u. Verwaltung d. ersten Pfarrstelle in Alt-Schöneberg, 1958 Einführung in d. Pfarramt Alt-Schöneberg, 1959 Prom. z. Dr. theol., 1963-73 Provinzialsynode Berlin-Brandenburg (Regionalsynode i. West-Berlin), seit 1987 Pfarrer i. R. BL.: 19??73-88 Arbeitsgemeinschaft f. ökumenisches Liedgut AÖL, Mitwirkung in Pr. Rundfunk z.B. 1969-87 regelmäßig im RIAS sowie SFB, Una Sancta Berlin, Telefonseelsorge. P.: Schriftleiter d. Evangelischen Gemeindeblattes Berlin (1964-85), Schriftleiter d. Zeitschrift "Quatember" (1980-91 u. 1995), ab 1992 Herausgeber, zahlr. Veröff. u.a. zahlr. theologische, geistliche u. politische Aufsätze im Evangelischen Gemeindeblatt Berlin, Quatember, d. Neuen Deutschen Heften sowie im Berliner Sonntagsblatt; Mit d. Bibel hinter Stacheldraht. Ein Bericht aus russ. Gefangenschaft (1981), Alt-Berliner Stadtkirchen Von St. Nikolai b. Jerusalem (1979), Dito Bd. 1 (1986), u. Bd. 2 Von der Dorotheen-Städtischen Kirche bis zur St.-Hedwig Kathedrale (1986). M.: Ev. Michaelsbruderschaft (1954), Ältester d. Ev. Michaelsbruderschaft 1987-89, Mtgl. d. Gremiums d Una Sancta Berlin, Ges. f. Menschenrechte Frankfurt/Main, Ltg. d. Berneuchener Dienstes Berlin-Brandenburg. H.: Literatur - speziell Ostliteratur.

Boeckmann Katja Lydia

B.: Apothekerin. FN.: Apotheke "Am Gröpertor". DA.: 16909 Wittstock, Gröper Str. 14. G.: Havelberg, 27. Mai 1969. V.: Dipl.-Geologe Edgar Boeckmann. Ki.: Hans-Peter Harald (1995), Caroline Lydia Angela Charlotte (2001). El.: Harald Horst Willi u. Angela Charlotte Juderjahn, geb. Voigt. BV.: Großvater Hans Voigt (1911) Flugbaumeister u. Dipl.-Ing. b. d. Erprobungsstelle d. Luftwaffe Rechlin, Großmutter Lydia Voigt, geb. Kleemann 1919-1990. S.: 1987 Abitur Neuruppin, b. 1988 Apothekenfacharb., 1988-92 Stud. an d. Ernst-Moritz-Arndt-Univ. Greifswald m. 2. Staatsexamen. K.: 1 J. Praktikum, 1993 Approb. in Rostock, 1993-95 in d. Apotheke, 1996 Eröff. d. Apotheke. BL: spielte im Blasorchester Neuruppin Klarinette. E.: 1985 Lessingmed. in Gold, 1987 Lessingmed. in Silber. M.: Förderver. Museen "Alte Bischofsburg" e.V. H.: Familie, Lesen, Musik.

Boeden Gerhard *)

Boeder Lutz Dipl.-Kfm. *)

Boegner Thilo

B.: Gschf. Ges. FN.: Massinger Konferenztechnik GmbH. DA.: 90431 Nürnberg, Lenkersheimer Str. 16. thilo.boegner@massinger.com. G.: Nürnberg, 27. Mai 1964. V.: Angela, geb. Lösch. Ki.: Tim Konstantin (1992). El.: Tillmann u. Inge. S.: 1983-85 Ausbild. Elektroanlageninstallateur Eckart Werke, 1985-87 Ausbild. Energieanlagenelektroniker Eckart Weke u. Firma Siemens, 198-88 Johanniter Unfallhilfe. K.: 1988-91 selbständig in d. Elektrobranche in Zirndorf, 1991 Grdg. d. Firma Massinger Konferenztechnik GmbH, 1993 Grdg. d. Firma PAVE Veranstaltungstechnik GmbH in Fürth, 2001 Grdg. d. Firma Brainselles GmbH Agentur f. Neue Medien u. PR in Nürnberg. M.: Ehrenmtgl. d. Bühne Europa. H.: Musik - öff. Auftritte als Rock-Musiker, Freizeitwesen auf d. Insel El Hierro.

Boehm Frank Dipl.-Ing. *)

Boehm Hanns Peter Dr. rer. nat. *)

*) Biographie www.whoiswho-verlag.ch oder beigefügte CD-ROM

Boehm Jörg *)

Boehm Stefan

B.: Erzieher, Inh. FN.: Kampfkunstschule Berlin-Wilmersdorf. DA.: 10709 Berlin, Eisenzahnstr. 64. G.: Berlin, 27. Sep. 1960. Ki.: Zieh-Ki.: Rene Hennrich. El.: Herbert u. Erika. S.: 1977-79 Ausbild. Elektroinstallateur Firma AEG Berlin, 1980 Amerikaaufenthalt, 1981-83 Erzieherfachschule Berlin, 1983 Examen. K.: 1984-92 päd. Mitarb. einer Oberschule in Berlin u. Aufbau einer Jugendmusikband, 1992-97 Mitarbeiter im Kinderheim Bethanien in Berlin, 1999 Betreuer einer Schülergruppe; sportl. Karriere: b. 1981 Spieler im Basketball u. Tischtennis, Tischtennistrainer, seit 1981 aktiver Kampfkünstler, 1992 Eröff. d. Kampfkunstschule, seit 1992 Zusammenarb. m. d. Polizei ev. ISVK - Initiative Schutz v. Kriminalität im Anti-Gewalt-Projekt, Thema: physiologische Deeskalation, 2000 Grdg. d. dolife KG - Schulungszentrum f. Körperbewußtsein, Sicherheit u. Martial Art. F.: 1987-93 Inh. versch. Sonnenstudios. E.: Sifu. H.: Motorradfahren, Sauna, Gambia.

Boehm Wolfgang Dr.-Ing. Prof.
B.: Prof. f. Mathematik u. Informatik i. R. FN.: TU Braunschweig. PA.: 38302 Wolfenbuettel, Reitlingweg 14. w. boehm@tu-bs.de. G.: Danzig, 12. Mai 1928. V.: Asdghig Kavoukdjian. P.: über 60 Veröff. über Geometrie u. Geometrie-Design, Lehrbücher: Numerik 1977 u. 1985, 1992, Geometric Concepts 1994, Bézier and B-Spline Techniques 2002, Editor-in-Chief: C.A.G.D. (Comp. Aided Geom. Design), s. 1984, Senior-Editor seit 1994. E.: 1986-87 u. 1990 Gastprof., Rensselaer Polytechnic Inst., Troy, NY 12180, USA, 1987 NPU, Xian, VR China, 1992 Universidad Central de Venezuela, Caracas.

von Boehm-Bezing Carl-L.
B.: ehem. Vorst.-Mtgl. Dt. Bank AG. GT.: bis 2000 AufsR.-Vors. d. Philipp Holzmann AG. G.: Breslau, 20. Mai 1940. S.: 1961-65 Stud. Rechtswiss. Univ. Bonn, Köln u. Berlin, 1965 1. u. 1969 2. Jur. Staatsexamen. K.: 1965 Tätigkeit im Verbindungsbüro d. Europ. Gemeinschaft Bonn, 1969 Eintritt Dt. Bank AG Düsseldorf, 1971 Tätigkeit in einer Wirtschaftsprüf.-Ges., 1972 Ass. d. Vorst.-Sprechers Dt. Bank AG Zentrale, 1976 Mtgl. d. Geschäftsltg. Dt. Bank AG Filiale Braunschweig, 1979 Mtgl. d. Geschäftsltg. Dt. Bank AG Filiale Frankfurt, 1990-2001 Vorst.-Mtgl. Dt. Bank AG.

Boehme Elsa
B.: Heilpraktikerin. DA.: 58097 Hagen, Märkischer Ring 117. G.: Landsberg, 2. Okt. 1927. El.: Wilhelm u. Minna Groll, geb. Mroczeck. S.: 1944 Abschluß Oberschule, 1945 Flucht in d. Westen, 1952-54 tätig in einemModegeschäft, 1961 Ausbild. Sprechstundenhilfe Praxis d. Ehemannes. K.: b. 1966 tätig in d. Praxis d. Ehemannes, 1966-67 tätig im Bereich Nuklearmed. in Lübeck, 1967 tätig in Hagen, 1975-77 Heilpraktikerausbild. in Bochum, 1977 Grdg. d. Praxis. BL.: hohe Anerkennung bei d. Patienten u. gute Behandlungsergebnisse. P.: Art. über Leberkrankheiten (1977). H.: Klavier spielen, Zeichnen, Malen, Musik, Schwimmen.

Boehme Michael *)

Boehme-Eichen Christiane Dipl.-Ing. *)

von Boehmer Henning Dr. M.C.J. (New York Univ.)
B.: RA, Fachanw. f. Steuerrecht. FN.: Sozietät Lovells Boesebeck Droste. DA.: 40476 Düsseldorf, Kennedydamm 17. PA.: 40547 Düsseldorf, Leostr. 79. www.lovells.com. G.: Wriezen, 16. Aug. 1943. BV.: William Bradford (1590-1657) - Pilgrim Father/Mayflower, First Gouverneor in Plymouth Colony/ USA; Justus Henning Boehmer (1674-1749) - Prof. d. Univ. Halle; Johann Samuel Friedrich von Boehmer (1704-1772) - Prof. d. Univ. Frankfurt/Oder; Dr. Helmuth Poensgen - Vorst. d. Vereinigten Stahlwerke AG in Düsseldorf. S.: Stud. Rechtswiss. Kiel, Bonn, Genf, Lyon u. New York. K.: RA d. Sozietät Lovells Boesebeck Droste in Düsseldorf; Gschf. d. Wirtschaftsrates d. CDU e.V., Generalsekretär d. International Chamber of Commerce (ICC) Germany. P.: "Dt. Unternehmen in d. USA" (1988), "Dt. Unternehmen in Frankreich" (1991), "Dt. Unternehmen in Italien" (1992), "Westdt. Unternehmen in d. Arab. Golfstaaten" (1990), "West German Anti-Trust" (1981). M.: General Society of Mayflower Descendants in d. USA, Ind.-Club Düsseldorf, Grdg.-Mtgl. d. DAJV.

Boehmer Rainer Michael Dr. Prof.
B.: Ltd. Wiss. Dir. i. R. FN.: Dt. Archäolog. Inst. G.: Königsberg/Pr., 1930. S.: 1950 Abitur, 1961 Prom. K.: Grabungsteilnehmer im Iran, in der Türkei, im Irak, 1970 Habil., 1971-73 u. 1977-81 Ltr. archäolog. Unternehmen im Irak, seit 1979 Ltr. d. Abt. Baghdad d. Dt. Archäolog. Inst., 1980-95 Ltr. d. Uruk-Warka-Expedition u. seit 1984 Ltr. d. Forschungsprojektes Uruk-Warka, Endpublikationen, 1985 Hon.Prof. Univ. Heidelberg, 1988 Mtgl. Kurat. Max Frhr. v. Oppenheim Stiftung, 1993-95 Erster Dir. Abt. Baghdad DAI. P.: zahlr. Veröff., 1995 Festschrift f. R.M. Boehmer, 2000 Baghdader Mitteilungen R.M. Boehmer zum 70 Geburtstag gewidmet. E.: 1995 BVK. M.: Berliner Ges. f. Anthropologie, Ethnologie u. Urgeschichte, Dt. Orientges., Ernst-Reuter-Ges.

von Boehn Bernhard *)

Boehncke Engelhard Dr. med. vet. Prof. *)

Boehncke Heiner Dr. Prof.
B.: Literaturredakteur FN.: Hess. Rundfunk. DA.: 60320 Frankfurt/Main, Bertramstr. 8. PA.: 63683 Ortenberg-Lißberg, Vogelsbergstr. 36. G.: Burg Schwarzenfels, 26. März 1944. Ki.: 3 Kinder. S.: 1964 Abitur Rotenburg/Fulda, 1964-69 Stud. Literaturwiss. u. Phil., 1974 Prom. K.: 1969-88 HS-Lehrer in Frankfurt u. Bremen, seit 1988 b. Hess. Rundfunk in Frankfurt, Ltr. Öff.-Arb., Prof. an d. Univ. Frankfurt/Main. P.: Autor "Die Dt. Räuberbanden". H.: Seefahrt.

Boehnert Veronika
B.: Dipl.-Päd., Vors. FN.: ZBAE e.V.; "passtoll-einkaufsclub". DA.: 12429 Berlin, Petersburger Str. 32. www.passtoll.de. G.: Schermen, 31. Jan. 1949. K.: Sandra (1971), Steffen (1976). El.: Emil u. Irmgard Mille. S.: 1966 Mittlere Reife, 12 Jul. 1 Fernstud., Ausbild. z. Kindergärtnerin u. Unterstufenlehrerin. K.: Unterstufenlehrerin u. in d. Kinder- u. Jugendarb., 1979 Übersiedlung nach Berlin - stellv. Dir. an versch. POS in Berlin, 1988-90 Ltr. Jugendpolitik b. Humboldt-Univ., 1990 Fernstud. z. Dipl.-Päd., 1990-95 in versch. Projekten, 1995 Grdg. d. Ver. KOWIKO, 1995-97 selbst. erste Geschäftseröff. m. d. Vertrieb v. Mode in Kurzgrößen - Konkurs, 1999 Grdg. d. Ver. ZBAE e.V., 2000 Grdg. d. Einkaufsclubs "Passtoll", Ndlg. in Berlin u. Magdeburg. H.: Fitness, Management u. versch. Clubs u. Ver., Kreativität.

Boehnke Klaus Dr. phil. Prof. *)

*) Biographie www.whoiswho-verlag.ch oder beigefügte CD-ROM

Boeke Petra

B.: selbst. RA. DA.: 38102 Braunschweig, Wolfenbütteler Str. 7. G.: Hameln, 19.März 1961. El.: Hellmut u. Inge Boeke. S.: 1980 Abitur, Stud. Jura Saarbrücken u. Göttingen, 1986 1. Staatsexamen, Referendariat OLG Braunschweig. K.: 1989 ang. RA in Helmstedt, 1992-99 ang. RA in Braunschweig, seit 1999 selbst. als RA u. Fachanw. für Arb.- u. Strafrecht in Braunschweig; Funktionen: 1993-2000 Honorardozentin f. Arbeits-Recht an der FHS Braunschweig. H.: Golf, Lesen,

Boekholt Hans

B.: selbst. Restaurator, Inh. FN.: Antiquitäten Fedelhören 90; Ateliers f. Restaurierung. DA.: 28215 Bremen, Ansbacher Str. 32/34. G.: Bremen, 27. Jan. 1947. V.: Sorrell Louise. Ki.: Charlotte (1974), Christoph (1984). El.: Bruno u. Margarete. S.: 1964-67 Ausbild. z. Möbeltischler in Worpswede, 1971 Fachabitur Berufsfachschule Hannover, 1971-74 FH Hildesheim, Fachrichtung Ing.-Bau Ing. grad. K.: 1975-78 Ausbild. z. Möbelrestaurator in Farnham/England, 1978 Grdg. d. Restaurierungswerkstatt Boekholt u. Lockwood in Alton Hamshire/England, 1980 Verlegung d. Werkstatt nach Bremen, heute: Ateliers f. Restaurierung, 1992 Übernahme d. Ladengeschäfts Antiquitäten Fedelhören 90 Bremen, seit 1998 enge Zusammenarb. m. d. Firma Sotheby's London als Gutachter u. Restaurator.

Boekhorst Joh. C. Drs. med.

B.: Internist. DA.: 46499 Hamminkeln, Bahnhofstr. 23a. G.: Arnheim, 28. März 1943. V.: Cora Wilma van Kooten. Ki.: Jeroen (1970), Saskia (1973). El.: Johannes Hendrikus Frederikus und Johanna Theresia, geb. Bienemann. S.: 1961-69 Stud. Humanmed. an d. Univ. Utrecht. K.: 1970-75 Ass.-Arzt in d. Endocrinologie Innere Med. III am Univ.-KH Dijkzigt Rotterdam, 1975-76 Internist-Konsiliar Intensiv Care KH-Dijkzigt Rotterdam, 1976-85 Chefarzt einer Internist. Abt. am ev. KH Ikazia Rotterdam, 1985-87 Eröff. Privatpraxis in Rotterdam f. Innere Med., Betriebsmed. Gutachter f. Atemschutzgeräteträger (Feuerwehr), seit 1987 Praxiseröff. f. Innere Med. in Hamminkeln, 1994 Änderung in eine Gemeinschaftspraxis zus. m. einem Prakt. Arzt. BL: Doktorarbeit: Effect of Cyproterone Acetate in Women with Idiopathic Hirsutism., Gründer der Herzsportgruppe Mehrhoog, Ausrichter d. Herzwandertages (2000), Teilnahme an mehreren Telefonaktionen v. Tageszeitungen u. Radiosendern: Ärzte antworten auf Ihre Fragen, Spezialgebiet u.a. Helicobacter pylori, ein Bakterium, d. f. d. meisten Magen- u. Zwölffingerdarmgeschwüre verantwortlich ist. P.: u.a. "Effect of Cyproterone Acetate orally on Hair-Density and Diameter and Endocrine Factors in Women with Idiopathic Hirsutism., "Comparison of Ranitidine with Cimetidine in the treatment of duodenal ulcer" (1981), "Catapresan Transdermal Therapeutic System for treatment of Hypertension", "De-Nol sliktablet versus De-Nol kauwtablet bij ulcus duodeni" (1985), "Catapres Transdermal Therapeutic System (TTS) for Long-Term Treatment of Hypertension. Low dose Oral and Transdermal Therapy of Hypertension" (1985). M.: BDI, regionaler Ansprechpartner d. Gastroliga, NIV, KnMG. H.: Aquaristik, Motorrad fahren, Oldtimer, Tenor Saxophon spielen, Country-Musik, Endoskopie.

Boekle Hein Dr. *)

Boekstegers Arne Dr. med. *)

Boelcskei Pal Dr. med. *)

Boelger-Kling Lotte *)

Boell Hans-Peter Dr.-Ing. *)

Boellert Sabine

B.: RA. FN.: Kzl. Köning, Kärgel, Lauritzen. DA.: 10719 Berlin, Kurfürstendamm 207-208. sabine.boellert@kanzlei-kkl.de. G.: Berlin, 19. Apr. 1970. S.: 1989 Abitur Frohnau, 1989-94 Stud. Rechtswiss. an d. FU Berlin, daneben Mitarb. in Kzl. Rädler, Raupach & Bezenberger, 1994 1. Staatsexamen, 1994-96 Referendariat OLG-Bez. Nürnberg, Wahlstation in Kzl. Köning, Kärgel, Lauritzen in Belrin, Wahlfach Steuerrecht, 1996 2. Staatsexamen, 1998 Grundlehrgang Anw.-Notariat DAV, 1999 Fachanw.-Lehrgang Steuerrecht in München. K.: seit 1996 in Kzl. Köning, Kärgel, Lauritzen in Berlin, seit 2001 in Berlin, Tätigkeitsschwerpunkt: Ges.-Recht, Immobilienrecht. M.: Berliner Anw.-Ver. H.: Musik, Klavier u. Querflöte spielen, Sport, Langstreckenlauf, 3x Teilnahme am Berlin Marathon.

Boelte Hans-Heiner Dr. phil. *)

Boening Michael

B.: Rundfunk- u. Fernsehtechniker, Inh. FN.: MSB Monitorservice. DA.: 38124 Braunschweig, Leipziger Straße 205. msb-boening@t-online.de. www.msb-service.de. G.: Braunschweig, 26. März 1958. V.: Corinna. S.: 1975 Mittlere Reife, Lehre Rundfunk- u. Fernsehmechaniker. K.: 1978 Geselle in Braunschweig, seit 1981 selbst. m. d. Fachgeschäft f. gebrauchte Fernsehgeräte, ab 1995 zusätzl. Reparatur v. Druckern, Monitoren u. Rechnern. M.: MOR Service, Vangerow, Jugendwart v. VTTC Concordia. H.: Oldtimer, Tischtennis, Beruf.

---

*) Biographie www.whoiswho-verlag.ch oder beigefügte CD-ROM

Boenninghausen Christine Dr. med. *)

Boenstedt Holger

B.: Organist, Kantor u. Kirchenmusikdir. FN.. Markus-Chor München. DA.: 80333 München, Gabelsberger Str. 6. G.: Gronau, 26. März 1954. V.: Birgitt, geb. Möller. Ki.: Jan Hendrik (1987), Inken (1989). El.: Karl-Heinz u. Hilde. S.: 1972 Abitur, 1972-81 Stud. Kirchenmusik Münster, Detmold u. Hamburg, A-Examen u. Orgelkonzert-Examen. K.: 1977-85 Organist an d. Schloßkirche Ahrensburg, seit 1986 an d. St. Markus Kirche in München, Grdg. u. Ltg. d. Markus-Chores m. Auftritten bundesweit u. im Ausland u.a. in Paris, Venedig u. Prag, Orgelkonzertreisen nach Buenos Aires u. Brasilien. P.: TV- u. Rundfunkaufnahmen. H.: Beruf, Reisen.

de Boer Hans A. *)

Böer Bernhard Dr. med. vet. *)

Böer Claudia *)

Boerd Anne
B.: Sängerin, Schauspielerin, Musicaldarstellerin, Kabarettistin. DA.: 13507 Berlin, Schloßstr. 19. G.: Tangerhütte, 28. Mai. Ki.: 2 Söhne. S.: Mittlere Reife, Vet.-Med. Fachschule Rostock, seit 1973 priv. klass. Gesangsausbild. in Dresden, seit 1976 Ausbild. speziell Musical b. Viktoria Promny Dresden, 1979-81 Musikal. HS Dresden, Stud. Gesang, Tanz, Schauspiel. K.: 1978-81 Kabarett "Die Stahlspitze" Dresden, 1982-87 freiberufl. Unterhaltungskünstlerin u. Entertainerin, 1987 Übersiedlung in BRD, seit 1987 Sängerin, Schauspielerin u. Synchronsprecherin, Theater d. Westens Berlin, Theater am Kurfürstendamm Berlin, Theater am Dom Köln, Theater im Rathaus Essen, Deutschlandtourneen, seit 1987 Musicalgalas in exklusiven Hotels Deutschland, Entertainment auf Kreuzfahrtschiffen d. Hapag-Lloyd, Gesangsunterricht. H.: Malerei, Aquarellieren, Fotografie. (Re)

Boerner Michael

B.: Kfm. Inhaber. FN.: Handelsvertretung CDH. DA.: 26188 Edewecht-Friedrichshafen, Waldblick 19. G.: Oldenburg, 20. Jan. 1957. V.: Gina, geb. Martelotti. Ki.: Chantal (1979). El.: Claus u. Hannelore, geb. Bruns. BV.: Urgroßvater Johann Bruns, Gründer d. Baumschulen Bruns in Bad Zwischenahn. S.: 1974-77 Lehre u. Vers.-Kfm. Oldenburg u. Bad Zwischenahn, 1978-90 Bundeswehr als Zeitsoldat, FH-Reife Verw. K.: seit 1989 Herstellung v. Keramikartikel, seit 1995 selbst. m. eigener Werkstatt u. Grdg. Keramikwerkstatt Michael Boerner als Inh., Verkauf u. Belieferung v. Einzelhdl., Messen u. Hdls.-Vertreter, seit 1999 über Internet, Schwerpunkte: Frostsichere Gartenkeramik u.a. eigene Formen m. Geschmacksmusterschutz. M.: CDH, Arche 2000. H.: Motorradfahren, Reisen.

Boerschmann Ernst-Christian *)

Boertz Reinhard Dipl.-Ing. *)

Boesch Ernst Eduard Dr. phil. Prof.
B.: Univ.-Prof. PA.: 66133 Saarbrücken, Drosselweg 8. G.: St. Gallen/Schweiz, 26. Dez. 1916. V.: Claire, geb. Guy (gesch.), Supanee, geb. Na Songkhla. Ki.: André (1943), Christophe (1951), Monique (1953). El.: Traugott u. Martha. S.: Univ. Genf, 1946 Dr. phil. K.: 1943-51 Schulpsychologe d. Kantons St. Gallen, 1951-82 o.Prof. f. Psych. Univ. Saarbrücken, 1955-58 Dir., Intern. Inst. f. Child Study (UNESCO) Bangkok, 1962-86 Dir. Sozialpsych. Forsch.-Stelle f. Entwicklungsplanung Univ. Saarbrücken. P.: ca. 120 Veröff. Kulturpsych. u. Handlungstheorie, darunter 10 Bücher, insb. Psychopathol. d. Alltags (1976), Das Magische u. das Schöne (1983), Symbolic Action Theory and Cultural Psychology (1991), L´action symbolique (1995), Sehnsucht (1998), Das lauernde Chaos (2000). E.: Komturkreuz d. thailänd. Krone, Preisträger Dr. Margrit-Egnèr-Stiftung Zürich, Dr. h.c. Univ. Srinakharinvirot, Bangkok, Univ. Bern. M.: Schweiz. Ges. f. Psych. (Ehrenmtgl.), Schweiz. Ges. f. Psychoanalyse, Dt. Ges. f. Psych. (Ehrenmtgl.), Arbeitsgem. Ethnomedizin (Ehrenmtgl.), Ass. Intern. de Recherche Interculturelle (Ehrenmtgl.). H.: Kunst, Literatur, Musik.

Boesche-Zacharow Tilly Dr. h.c.
B.: Schriftstellerin, Verlegerin. FN.: Mathilde u. Norbert Boesche-Verlag. PA.: 13465 Berlin, Laurinsteig 14a. G.: Elbing, 31. Jan. 1928. Ki.: Hans-Günter, Norbert, Marie-Luise, Tina. El.: Großkopf Ernst u. Maria. S.: Mittlere Reife, Autodidaktik. K.: Büroangest., Schriftstellerin, Verlegerin. BL.: Engagement f. Israel u. and. Minderheiten, Einsatz f. dt.-sprach. Autoren im Ausland, Hrsg. d. Lit.-Zeitschr., Lit. Journal "Schattenriß", "Silhouette". P.: ca. 300 Frauenromane, 7 Lyrikbände (2 dav. in Engl.), 1 Märchenbuch f. Erwachsene, 4 Kinderbücher, 1 rel. Sachbuch: "Seit eh u. je", 1973, 1 Sachbuch: "Heimkehr i. d. Steinzeit", 1978, "Der Traum von Jalna" R. 2000, "Der Rabbi" 2000, "Die Schmale Linie zwischen Himmel und Wasser", Novelle 2001, "Pintus von Seehausen" Doku. 2001, "O Israel, sie wollen dich verderben" Lyrik 2001, Erz. u. Journalistik i. Zeitungen u. Zeitschr., M. A. i. Anthologien, div. Lesungen, Hrsg. Minibuch-Reihe "Literatur zum Angewöhnen",. E.: Dr. h.c. (lit.), 1981, Diploma d´Onore, 1982, Cavaliere delle Arti, 1985, Europ. Banner d. Künste, 1984, Unsterbl. Rose, Studiosis Humanitas, 1984, Internat. Eminent Poet, 1987, Dipl. als "beste u. liebste Mutter d. Welt", 1978 (v. d. Kindern, d. wicht. Urkunde u. Ausz.), Arb.-Stip. v. Kultursenator Berlin. M.: Dt.-sprach. Schriftsteller i. Israel, Pressekreis. H.: Lesen, Teppichknüpfen, Reisen.

Boese Birgit *)

Boese Helmut Dr. phil. *)

Boesen Arnold Matthias Nikolaus *)

Boesken Dietrich H. Dipl.-Ing. *)

Boeters Max Dr. phil. *)

Boeters Ute
B.: Fotografenmeisterin, Unternehmerin. FN.: Fotoatelier Ute Boeters. DA.: 24105 Kiel, Beselerallee 46. info@fotoatelier-boeters.de. www.fotoatelier-boeters.de. G.: Kiel, 5. Juni 1938. Ki.: Ulrike (1964), Christin (1966). El.: Dipl.-Ing. Friedrich Rahmert (konstruiert Stellkufeinringe f. d. NASA). S.: 1957 Abitur in Kiel, 1957-60 Ausbildung z. Tanz- u. Gymnastiklehrerin b. Ellen Cleve, 1960-62 Ausbildung z. Krankengymnastik

*) Biographie www.whoiswho-verlag.ch oder beigefügte CD-ROM

Boettcher Alfred Dr. Prof. *)

Boettcher Carl-Heinz Dipl.-Vw. *)

Boettcher Carola *)

Boettcher Dirk *)

Boettcher Grit
B.: Schauspielerin. G.: Berlin, 10. Aug. V.: Thomas Reiner (Freund). Ki.: Nicole, Tristan. S.: Schauspielausbild. K.: ahlr. Rollen b. Film u. Fernsehen, u.a. Solange das Herz schlägt, Der schwarze Abt, ZDF-Serie u.a. Ein verrücktes Paar (1978-80), TV-Rolle u.a. Zwei Männer z. Frühstück (1981). E.: 1981 Gold. Kamera v. Hörzu, Silbermed. d. TV-Kurzfilmfestspiele New York. (Re)

Boettcher Marianne Prof. *)

Boettcher Ulla

B.: Gastronomin, Inh. FN.: Cafe Savarin. DA.: 10783 Berlin, Kulmer Str. 17. www.savarin.de. G.: Unna, 12. Aug. 1952. S.: 1971 Abitur, 1971-73 Stud. Heim- u. Jugenderzieher FHS Dortmund. K.: während d. Stud. Kellnerin in Dortmund u. Aachen, 1980-84 tätig in Kinderläden in Berlin, ab 1984 tätig in versch. Cafes, Restaurants u. im Einzelhdl., Gschf. einer Boutique, Vorbereitung z. Heilpraktikerprüf. u. Organ. v. Selbserfahrungsgruppen, 1984-88 Gschf. eines Restaurants, danach Selbstfindung auf d. Land bei München, seit 1990 Inh. d. Cafe Savarin m. Caterings u. Service, spez. franz. u. vegetar. Gerichte. H.: Malen, Gestalten, Schneidern, Tanzen.

von Boetticher Christian Ulrik
B.: Rechtsanwalt. FN.: CDU-Europabüro. DA.: 25462 Rellingen, Oberer Ehmschen 67a. PA.: 25421 Pinneberg, Elmshorner Str. 36. cvonboetticher@europarl.eu.int. www.von-boetticher.de. G.: Hannover, 24. Dez. 1970. S.: Abitur Pinneberg, Ausbild. z. Res.-Offz. b. d. Luftwaffe, Olt. d. Res., Stud. Rechtswiss. Kiel u. Hamburg, 1. Jur. Staatsexamen, Rechtsreferendar am Hanseat. OLG, 2001 Prom. zum Dr. iur., 2.Jur. Staatsexamen. K.: seit 1993 Mtgl. d. CDU-Kreisvorst. Pinneberg, seit 1995 stellv. Kreisvors., Pressesprecher d. CDU-Kreisverb. Pinneberg, 1994-99 Kreistagsabg. d. Kreises Pinneberg, 1998-99 stellv. Fraktionsvors. d. CDU-Kreistagsfraktion, 1998-99 Gem.-Vertreter d. Gem. Appen, seit 1998 Vors. d. Landesarbeitskreises "Europa" d. CDU Schleswig-Holstein, seit 1999 Mtgl. d. Bundesfachaussch. "Europa" d. CDU Deutschland, MdEP, Europ. Parlament: Mtgl. d. Aussch. f. Freiheiten d. Bürger, Justiz u. Inneres, Mtgl. d. Petitionsaussch., stellv. Mtgl. im Aussch. f. Regionales u. Verkehr, Mtgl. d. Delegation im Gemischten Parlamentar. Aussch. EU-Lettland, bis 2000/01 Obmann d. EVP/ED-Fraktion im "Echelon"-Ad-hoc-Ausschuß, Mtgl. d. parlament. Delegation EU-Japan. M.: Vors. d. Pan-Europa-Union Schleswig-Holstein/Hamburg, Dt.-Baltischer Jugend- u. Studentenring, European law students assoziation, Bundeswehrverb., Landsmannschaft Slesvico-Holsatia v.m., Cheruscia zu Kiel im CC, Förderverein d. Otto-v.-Bismarck-Stiftung.

Boetticher Heinz *)

Boetticher Wolfgang Dr. phil. Prof. *)

Boettinger Heinz

B.: anerkannter Kunsthandwerker. FN.: Werkstatt f. Glasgestaltung Heinz Boettinger. DA.: 06118 Halle/Saale, Efeuweg 17. bameg@t-online.de. G.: Wittenburg, 26. Juli 1936. V.: Magdalena, geb. Hildmann. S.: 1951-54 Berufsausbildung als Glaser, 1954-58 Stud. Angewandte Kunst Abt. Glasgestaltung in Magdeburg, Weiterbildungskurse an HS f. Kunst u. Design Halle. K.: ab 1959 freiberufl. Tätigkeit in eigener Werkstatt in Halle u. Aufträge im In- u. Ausland, Ausstellungen: Grassi-Museum Leipzig, Petersberg bei Halle. M.: Innung: Glaserinnung. H.: Experimentelle Arbeit m. Glas.

Boetzkes Claus-Erich *)

Boetzkes Manfred M.A. *)

Böffel Stephanie

B.: Ltr. FN.: Restaurant "Der Königsbergs". DA.: 30161 Hannover, Lister Meile 15. G.: Kiel, 17. Apr. 1969. V.: Müslüm Dursum. Ki.: Alexander (1990). S.: b. 1988 Lehre Restaurantfachfrau Buchholzer Windmühle. K.: b. 1990 Chef de Rang im Fischrestaurant Limandes in Hannover, b. 1993 Restaurantltr. im Hotel Waltershof auf Sylt, b. 1997 Ltr. d. Freizeitanlage "Känguru-Sport Center" in Langenhagen, 1999 Restaurantltr. im Weinlokal Auslese, 2000 Restaurant Gatlopardo u. im franz. Restaurant Clychee in Königsberg, seit 2001 Restaurantltr. im "Königsberg" in Hannover. M.: seit 1990 ehrenamtl. tätig f. ein Kinderheim. H.: Musik, Lesen, m. guten Freunden essen gehen.

Bofinger Klaus Rainer *)

Bofinger Manfred *)

---
*) Biographie www.whoiswho-verlag.ch oder beigefügte CD-ROM

Bog Albrecht *)

Bogadtke Bernd *)

Bogar Martin *)

Bogatz Dirk

B.: Rechtsanwalt, Notar. DA.: 45894 Gelsenkirchen, Springestr. 8. G.: Recklinghausen, 11. Apr. 1949. V.: Sabine, geb. Gehrmann. Ki.: Birte (1981 und, Wibke (1985). El.: Friedrich u. Ingeborg. S.: 1967 Abitur, 1967-68 Stud. Rechtswiss. Univ. Bochum, 1968-72 Univ. Freiburg, 1972 Examen. K.: 1973-76 Referendarausbild. in NRW, LG Essen, 1976-81 Sozietät Dr. Roer u. Bogatz, 1982-97 Einzelpraxis, 1997Gemeinschaftspraxis Bogatz, Pöppinghaus, Marten, Schwerpunkt: Notariat, Erbrecht, Ges.-Recht. H.: Segeln.

Bogda Eckhardt Wolfgang
B.: Schauspieler. FN.: Agentur ZBF Berlin. PA.: 10405 Berlin, Prenzlauer Berg 18. eckhardt@bogda.de. www.bogda.de. G.: Lauenburg, 5. Juli 1935. V.: Karin, geb. Meinecke. Ki.: Michael (1965). El.: Walter u. Else, geb. Zellmann. S.: 1950-53 Ausbildung z. Technischen Zeichner u. Maurer, 1953-55 Stud. an d. Fachschule f. Bauwesen in Berlin, 1960-62 Schauspielstudium an d. HS f. Schauspielkunst "Ernst Busch" Berlin. K.: 1955-59 Tänzer im Erich-Weiner-Ensemble, 1963-97 Bühnen b. Stadt Nordhausen u.a. als Tuffaldino in "Diener zweier Herren", als Narr in "König Lear", als Drache in "Der Drache", als Gefreiter d. Panzerreiter Schauwa in "Der Kreidekreis", 1971-92 Volksbühne am Rosa-Luxemburg-Platz u.a. als Joseph Berlesen in "Verbrecher", als Präparator in "Glaube, Liebe, Hoffnung", 1992 Berliner Kammerspiele u.a. als Großvater in "Mamma hat den besten Shit", 1995-97 Komödie am Kurfürstendamm u. Frankfurt/Main als Valax in "Keine Angst vor der Hölle, Isabelle", 1997 Parktheater Augsburg u. im Rathaus Bonn als Norbert in "Kaktusblüte", 1999 Kreuzgangspiele Feuchtwangen als Oberwachtmeister Krakauer in "Hauptmann von Köpenick", 2000-2001 Euro-Studio-Landgraf als Wachtmeister in "Anatevka". BL.: Mitwirkung in mehreren Weihnachtsrevuen b. Kinder im Palast b. Republik, Benno Besson holte ihn nach Berlin, seine vierjährige Tanzkarriere brachte ihm auch Eleganz u. Ausdrucksstärke b. Schauspielen, erworbene Verdienste b. d. Anleitung von Laienensembles z.B. im Berliner Kombinat Narva, nicht wenige "seiner" Laien wurden ganz Profis, hauptsächlich auch politisch-satirische Soloprogramme m. eigenem Gesang, Ensembletourneen b. nach China. E.: mehrere Goldmedaillen b. Arbeiter-Festspielen, Träger d. Johannes-R.-Becher-Medaille in Gold, Kunstpreis d. FDGB. H.: Lesen, Theater.

Bogdahn Hans-Peter *)

Bogdan Lew
B.: Gen.-Int. FN.: Städt. Bühnen Nürnberg. DA.: 90443 Nürnberg, Richard-Wagner-Pl. 2-10. G.: Carmaux/Südfrankreich, 1944. Ki.: 3 Töchter. S.: Musikstud. (Geige, Klavier u. Komposition), Stud. Theaterwiss. Paris, Schauspielstud.: Ausbild. als Schauspieler an d. Nat. Schauspiel-HS Paris. K.: 1965-68 Ltr. d. franz.-niger. Kulturzentrums in Niamey, 1968-72 päd. Berater f. Theater Min. f. Jugend Paris, gleichzeitig f. UNESCO als Ltr. v. intern. Seminaren f. afrikan. Reg. u. Schauspieler, Theaterconsultant f. Afrika, Forsch.-Reisen in 23 afrikan. Länder u. später auch Lateinamerika, 1971-80 Co-Dir. u. künstler. Ltr., danach Dir. in Nancy, 1975-77 Schauspielhaus Bochum, 1977-79 künstler. Dir. Schauspielhaus Bochum, 1979-92 Gründer in Nancy d. "Inst. Europeen de l´Acteur", b. 1992 aktives Mtgl. d. Direktoriums, 1986-88 Initiator u. Gen.-Manager d. intern. Symposiums Le Siecle Stanislavski in Centre Georg Pompidou Paris, 1989-92 publizist. u. Filmprod.-Tätigkeiten, seit 1991 Gen.-Int. d. Städt. Bühnen Nürnberg. P.: 2 Bücher: "Bouffonneries", "Sein System", Konzepteur u. Produzent d. Films "Le Siecle Stanislavski", Drehbuchautor, Autor: Buch über Luftfahrtind.

Bogdan Volker
B.: Schauspieler. PA.: 20255 Hamburg, Alardusstr. 10. G.: Marienwerder, 14. März 1939. V.: Edith, geb. Korth. S.: Schauspielausbild. Hamburg. K.: Filme wie: "Haie an Bord", "Feuerzangenbowle" (Remake), "Tod od. Freiheit", Aufnahme div. Märchenschallplatten, seit 1980 zusätzl. vielfältige Rundfunktätigkeit als Sprecher u. Moderator sowie literar. Kabarettist. P.: Rollen: Giles Ralston in Mausefalle, Just in Minna v. Barnhelm, Pfarrer Bohrer in Hebamme, George in v. Mäusen u. Menschen, Gaston in "Picasso im Lapin Agile" v. Steve Martin, Sommerfestspiele Heppenheim, Fernsehrollen in: Tatort, Der Alte, Derrick, Peter Strohm, Landarzt u.a., Gastrollen in etl. Serien. H.: Beruf, klass. Musik, Malerei.

von Bogdandy Armin Dr. jur. Mag. phil.
B.: Ord. Prof. für Rechtswissenschaft, insb. Europarecht u. Rechtsphilosophie. FN.: Joh. Wolfg. Goethe Universität, Insitut f. öffentl. Recht. DA.: 60054 Frankfurt/Main, Senkenberganlage 31. PA.: 60323 Frankfurt/Main, Fürstenbergerstr. 200. G.: Oberhausen, 5. Juni 1960. V.: Dott. Orietta Angelucci v. Bogdandy. El.: Prof. Dr. Ludwig u. Renate, geb. Dörr. S.: 1978 Abitur, Stud. Jura u. Phil. 1978-79 Sorbonne Paris, Freiburg, Rom, 1984 Juraexamen Freiburg, 1987 Phil.Stud. FU Berlin, Examen, 1988 Prom. K.: 1986-89 Referendarzeit, bis 1997 FU Berlin, ab 1997 Ord. Prof. für Rechtswissenschaft, insb. Europarecht und Rechtsphilosophie, seit 2001 Richter am OECD Kernenergiegericht, Paris.

Bogdanic Dinko

B.: Erster Ballettmeister. FN.: Staatsoper Unter den Linden. DA.: 10109 Berlin, Unter den Linden 7. G.: Starigrad auf Insel Hvar/Jugoslawien, 4. Nov. 1950. BV.: Mutter Nilka Tänzerin, Bruder ist Maler. S.: ab 7. Lebensj. Ballettschule in Zagreb u. Gymn. m. Dipl., b. 20. Lebensj. Tanzaubild. Nationale Ballettschule in Zagreb. K.: 1971 4 J. Pittsburgh Ballett und College-Stud. m. Dipl., 2 J. nach Zagreb, 1978 nach München als Solist an d. Bayer. Staatsoper, gr. klass. Repertoire, 1982-85 b. John Neumeier in Hamburg, dann f. 10 J. als Solotänzer und München an d. Staatstheater am Gärtnerplatz, nebenbei Doz. m. Fach Pas de deux an d. Ballettak. München, seit 1998 Erster Ballettmeister an d. Dt. Staatsoper Unter den Linden Berlin, Gastspiele in Shanghai, Peking, Kanton, Spanien, im Sommer Sommerak. Rovinj/Istrien, daneben Filme Schwanensee u. Nußknacker, aber auch 1989/90 Lenin-Allee. E.: 1980 Goldmed. B. Ballettwettbewerb in Varna, 1981 Goldmed. in Moskau, 1982 Goldmed. in Jackson/Missisipi, 1. Goldmed. f. Deutschland, insgesamt 3x Goldmed. in Jackson, zuletzt 1989, Kulturpreis 1997 d. Landeshauptstadt München Tanzpreis. H.: Ballett.

*) Biographie www.whoiswho-verlag.ch oder beigefügte CD-ROM

Bogdanovic Borislav Dr. Prof.
B.: HS-Lehrer, Ltr. einer Forsch.Gruppe, Dipl.Chem. FN.: Max Planck-Inst. f. Kohlenforsch. DA.: Mülheim, Kaiser-Wilhelm-Pl. 1. PA.: 45470 Mülheim, Lembkestr. 32. G.: Novisad/Jugoslawien, 3. Juni 1934. V.: Rosemarie, geb. Tempelhoff. Ki.: 2 Kinder.

Böge Reimer Dipl.-Ing.
B.: MdEP. FN.: CDU-Landesverb./Europabüro. DA.: 24114 Kiel, Sophienblatt 44-46. G.: Hasenmoor, 18. Dez. 1951. Ki.: 2 Kinder. S.: 1970 Abitur, Stud. Agrarwiss. m. Fachrichtung Wirtschafts- u. Sozialwiss. Univ. Kiel, Dipl.-Agraring. K.: seit 1975 slbst. Ldw. in Hasenmoor, 1972-74 Vors. d. Landjugendverb. Schleswig-Holstein, 1973-77 stellv. Vors. d. Bundes d. Dt. Landjugend, 1977-80 Präs. d. Europ. Rates d. jungen Ldw., 1973-81 Mtgl. d. Gschf. Vorst. d. Landjugendringes Schleswig-Holstein, seit 1989 Landesvorst.-Mtgl. d. CDU Schleswig-Holstein, seit 1977 stellv. Landesvors., seit 1991 Mtgl. d. Bundesfachaussch. Agrarpolitik d. CDU, seit 1994 Vors. d. Bundesfachaussch., seit 1989 Mtgl. d. Europ. Parlaments, Vors. d. EVP-Arbeitskreises C - Haushalt, Haushaltskontrolle, Ldw. u. Fischerei, Mtgl. im Haushaltsaussch., stellv. Mtgl. im Aussch. f. Ldw. u. ländl. Entwicklung, 1996-97 Vors. d. nichtständigen Untersuchungsausch. d. EP zu BSE. (Re)

Böge Rolf
B.: Dipl.-Fachwirt, Steuerberater. DA.: 66130 Saarbrücken, Richard-Wagner-Weg 8. G.: Hamburg, 12. Sep. 1941. V.: Gertrud, geb. Baur. S.: 1960-82 Finanzverw. Hamburg, Ausbild. als Betriebsprüfer. K.: Steuerberater im gehobenen Dienst, 1982-97 slbst., 1982 Grdg. d. Kzl., 1983 Dipl.-Finanzwirt, 1986 Kzl. in Saarbrücken. BL.: 1957 Fünf-Kampf-Jugendmeister Hamburg, Polizeisportver. Hamburg. M.: Saarbrücker Casino-Ges. H.: Hochseesegeln, klass. Musik, Geige.

Böge Ulf Bernd Rüdiger Dr. rer. pol. Dipl.-Vw.
B.: Präs. FN.: Bundeskartellamt. DA.: 53116 Bonn, Kaiser-Friedrich-Str. 16. G.: Eberswalde, 22. Jan. 1942. Ki.: 1 Kind. S.: 1962 Abitur Wiesbaden, 1962-64 Wehrdienst, 1964-68 Stud. VWL in Mainz u. Bonn, 1968 Dipl.-Vw. K.: 1968-71 wiss. Ass. Univ. Mainz, 1972-2000 Bundesmin. f. Wettbewerbspolitik 1973 Referat Fusionskontrolle, 1976 Ltr. Referat Wirtschaftspolitik im Bundespräsidialamt, 1979-82 Ltr. persönl. Büro Bundespräs. a.D. Walter Scheel, 1982-84 Ltr. AufsR.-Büro DEG in Köln, 1984-85 Ltr. Referat f. Kernenergiewirtschaft im BMWi, 1985-87 Ltr. Referat f. längerfristige Perspektiven, 1987-97 Ltr. Unterabt. f. Energiepolitik, 1997-98 Ltr. Abt. Energiepolitik, 1998-1999 Ltr. Abt. Wirtschaftspolitik, seit 2000 Präs. Bundeskartellamt. P.: Diss. "Kassenpraxis u. Privatpraxis". H.: Golf, klass. Musik, mod. Malerei.

Böge von Oppen Kai Ing.
B.: Gschf. Ges. FN.: Schnittpunkt Medien GmbH. DA.: 04155 Leipzig, Lumumbastr. 12. G.: Leipzig, 5. Feb. 1969. V.: Partnerin Kathrin Oldenburg. El.: Wolfgang u. Barbara, geb. von Oppen. BV.: von Oppen - Inh. d. ältesten noch erhaltenen Burg aus d. Mittelalter in Deutschland; Onkel Böge - Kürschnermeister in Leipzig. S.: Fachausbild. Toning. m. Abitur Königswusterhausen. K.: tätig b. d. Fernsehen d. DDR u. seiter DFF, 1989 im Kürschnerbetrieb d. Onkels in Frankfurt/ Main, Kameramann u. Toning. bei Echo-TV in Siegen f. Prod. SWR, ARD u. ZDF, 1992 Prod.-Ltr. d. Sendung "Gottschalk Late Night Show", Schnittmeister, 1992-94 Kameramann bei PRO7 u.a. f. "Die Reporter", freischaff. Kameramann u.a. f. MDR, 2000 Kameramann im Kosowo f. d. MDR. E.: Grimme-Preis f. d. Film "Mit 200 durch d. Stadt". M.: Dt. Journalistenverb. H.: Cabriofahren, Beruf.

Bögel Hans-Jürgen

B.: Immobilienhändler. FN.: HJB! Hans-Jürgen Bögel Immobilien seit 1980. DA.: 45127 Essen, Viehofer Str. 12. G.: Essen, 11. Dez. 1953. El.: Hans u. Ferdinande Bögel. S.: 1974 Abitur Essen. K.: seit 1975 selbst. Immobilienhändler, seit 1980 selbst. Immobilienmakler u. Immobilienhändler. P.: Vorträge zu Fachthemen aus d. Immobilienbereich, Veranstaltungen m. prominenten Persönlichkeiten m. Referaten zu aktuellen Themen. M.: Schwarz-Weiß Essen, ETUF Essen, Sponsoring v. Tanzveranstaltungen, Damenfußballmannschaften u. Kulturveranstaltungen. H.: Motorsport, Formel 1.

Bogen Michel Leslie Randolph
B.: Dipl.-Betriebswirt VWA, Vorstand. FN.: Schober Holding AG. DA.: 71254 Ortzingen/Stuttgart, Max-Eyth-Str. 8-10. PA.: 74172 Neckarsulm, Leipziger Str. 39. michel.bogen @schober.de. G.: Neuilly-sur-Seine, 26. Aug. 1944. V.: Eva-Maria, geb. Carda. Ki.: Dirk (1968), Patrick (1986), Alexander (1991). S.: 1958-60 Höhere BLA f. Maschinenbau Wien, 1960-63 Lehre Ind.-Kfm. Firma Gebr. Hepp GmbH Pforzheim, 1960-63 Handelsschule Pforzheim, 1965-68 Verw.- u. Wirtschaftsak. Ravensburg, Kfm.-Gehilfenprüf., Bilanzbuchhalterprüf., Dipl.-Prüf. K.: 1963 Gebr. Hepp GmbH Pforzheim, 1964-70 Zahnradfbk. Friedrichshafen AG Friedrichshafen, 1970-83 Dornier GmbH Friedrichshafen u. München, 1984-92 ESG Elektroniksystem u. Logistik GmbH München, 1993-95 Gschf. TDS Tele-Daten-Service GmbH Heilbronn/ Frankfurt, 1995-97 selbst. Unternehmensberater, seit 1997 Gschf. Beck-Gruppe Neckarsulm.

Bogena Klaas Dr. med. *)

Bogendörfer Hans-Joachim
B.: Steuerberater, Inh. FN.: Steuerkzl. Bogendörfer; Bürogemeinschaft m. RA Thomas Linhardt. DA.: 90431 Nürnberg, Buttendorfer Str. 86. PA.: 90513 Zirndorf, Eckstr. 20. stb-bogendoerfer@t-online.de. G.: Gunzenhausen, 4. Juni 1946. V.: Monika, geb. Linhardt. Ki.: Bianca (1977), Carsten (1979), Marco (1981). El.: Georg u. Ingeborg. S.: 1960-63 Lehre AOK Bayern z. Verw.-Ang., 1964-69 Bundesgrenzschutz. K.: 1966-75 kfm. Ang., 19975 gleichzeitig Prakt. Betriebswirt an d. Rudolf-Diesel-Fachschule in Nürnberg, 1974-76 Steuerbev.-Prüf. OFD Nürnberg, 1988 Steuerberaterprüf. OFD Nürnberg, seit 1975 selbst. m. eigener Steuerkzl. in Nürnberg. H.: Sport (Fußball, Leichtathletik, Wandern, Tennis), Heimwerkerarb.

Bogenreuther Hermann
B.: Regierungsdirektor, Vorsteher. FN.: Bundesvermögensverwaltung Suhl. DA.: 98525 Suhl, Zellaer Str. 152. G.: Ansbach, 7. Aug. 1939. S.: 1958 Abitur, 1958-60 Kfm. Lehre, 1960-66 Bundeswehr, 1966-69 Berufliche Ausbildung am Bildungszentrum d. Bundesfinanzverwaltung, Abschluss Dipl.-Finanzwirt. K.: 1966-90 Beamter im gehobenen Dienst in d. Bundesvermögensämtern Augsburg, Kempten u. München f. d. Bundesvermögensverwaltung, 1990-96 Vorsteher Bundesvermögensamt Gera als Beamter h.D., seit 1996 Vorsteher Bundesvermögensamt Suhl. BL.: Einsatz in d. neuen Bundesländern bedeutete entscheidenden Einschnitt im Berufsleben, völlig neue Aufgabenstellungen u. bisher nicht gekannte technisch-organisatorische Probleme u.a. Begleitung d. Sowjetischen Streitkräfte u.a. Liegenschaftsabgabe (ca.

*) Biographie www.whoiswho-verlag.ch oder beigefügte CD-ROM

Bogenreuther

120 Objekte wie Flugplätze, Kasernen u. Truppenübungsplätze), sowie b. Abzug aus Deutschland, durch Vorliebe f. d. Geschichte seit 1980 in d. Freizeit in Augsburg als Fremdenführer tätig, u.a. Führungen z. Jüdischen Synagoge, die Gotteshaus u. Museum zugleich ist, sowie in d. Schwäbischen Mozartwinkel nahe Augsburg, dabei interessante Begegnungen z.B. m. d. Eishockeyspielern d. Sowjetischen Nationalmannschaft. M.: Beamtenbund, Sportverein SC Riedinger Augsburg (Skigymnastik u. Leichtathletik). H.: Radwandern, Tennis, klass. Musik, Fremdenführer.

Bogenrieder Rainer *)

Boger Hubert *)

Böger Klaus
B.: Senator f. Bildung, Jugend u. Sport, Dipl.-Politologe. DA.: 10117 Berlin-Mitte, Beuthstr. 6-8. G.: Lauterbach, 8. Sep. 1945. V.: Angelika, geb. Sternberg-Raasch. Ki.: Karsten (1974), Andreas (1978). El.: Heinrich u. Irmgard. S.: 1966 Abitur, 1966-68 Bundeswehr, 1968-72 Stud. Politologie/Staatsrecht a.d. Freien Univ. Berlin, 1972 Dipl.-Politologe. K.: 1972-76 wiss. Ass. a.d. Freien Univ. Berlin, ab 1976 Doz. u. Fachbereichsleiter f. Politik b. Lette-Verein; seit 1968 Mtgl. d. SPD, 1990-92 stellv. Vors. d. Berliner SPD, seit Mai 2000 Kreisvors. d. SPD Steglitz/Zehlendorf, Landesparteitagsdelegierter; 1985-89 Mtgl. d. SPD-Fraktion i.d. Bezirksverordnetenversammlung Steglitz, seit 1986 deren Vors.; seit 1989 Mtgl. d. Abgeordnetenhauses v. Berlin; 1990-94 stellv. Vors. u. 1994-99 Vors. d. SPD-Fraktion im Abgeordnetenhaus; Dez. 1999 Bürgermeister v. Berlin u. Senator f. Schule, Jugend u. Sport, wiedergewählt 2001; 2002 Senator f. Bildung, Jugend u. Sport. M.: Arbeiterwohlfahrt, Dt. Vereinigung f. Polit. Bildung, Gesell. f. christlich-jüd. Zusammenarb., Heimatverein Steglitz, Hertha BSC, Freunde d. Bundeswehr, Werkstatt Deutschland e.V., Gegen das Vergessen - Für Demokratie e.V. H.: Tennis, klass. Musik.

Böger Peter Dr. *)

Böger Stephan *)

Bögershausen Leo
B.: RA u. Notar. FN.: Sozietät Goetsch, Elger u. Börgershausen. DA.: 44532 Lünen, Spormecker Pl. 1 b. PA.: 44532 Lünen, Eichenweg 13. G.: Dortmund, 29. Mai 1956. V.: Klaudia, geb. Funk. Ki.: Johannes (1985). El.: Leo u. Maria, geb. Kannegießer. S.: 1975 Abitur, 1976-81 Stud. Rechtswiss. Univ. Bochum, 1981 1. Staatsexamen, 1981-84 Referendariat u.a. intern. GH Den Haag, 1984 2. Staatsexamen, Zulassung z. RA. K.: 1984 Eintritt in d. Sozietät Goelsch + Elger u. ab 1987 Partner, 1992 Ernennung z. Notar, 1997 Fachanw. f. Familienrecht, 1999 Fachanw. f. Sozialrecht; Funktion: Doz. in Fachseminaren im Bereich Sozialrecht f. Altenpflegeinstitutionen. M.: Dt. Forum f. Erbrecht, Arge Familienrecht, Arge Meditation. H.: Radfahren, Marathon.

Bogerts Bernhard Dr. med. Prof.
B.: Dir. FN.: Klinik f. Psychiatrie, Psychotherapie u. Psychosomat. Med. d. Otto-von-Guericke-Univ. Magdeburg. DA.: 39120 Magdeburg, Leipziger Str. 44. PA.: 39120 Magdeburg, Birkenweg 18. G.: Stromberg/Hunsrück, 1. Juni 1948. V.: Dorothee, geb. Rödel. Ki.: Anna (1983), Lisa (1986). El.: Ludwig u. Maria, geb. Pauly. S.: 1967 Abitur, 1974 ärztl. Prüf. nach Med.-Stud. Köln und Düsseldorf, 1974-75 Med.-Ass. u. Approb., 1976 Pom., 1988 Habil., 1992-93 Psychotherapieabschl. K.: 1976-78 Ass.-Arzt Psychiatr. Abt. LKH Schleswig, 1978-81 u. 1982-84 wiss. Ass. u. O.-Arzt Vogt-Inst. f. Hirnforsch. Univ. Düsseldorf, 1981-82 Ass.-Arzt Neurolog.

Abt. Marien-Hospital Düsseldorf, 1985 Arzt f. Psychiatrie, 1984-94 OA Rhein. Landesklinik Univ. Düsseldorf, ab 1994 Ordinarius f. Psychiatrie Univ. Magdeburg. BL.: Forschung z. Hirnstruktur b. Schizophrenien u. manisch-depressiven Erkrankungen, Mithrsg. v. Schizophrenia-Research Zeitschrift f. Klin. Psych., Psychiatrie u. Psychotherapie, Gutachter f. weitere sieben internationalen Fachzeitschriften. P.: 4 Bücher u. 138 Original- u. Übersichtsarb. sowie ca. 185 Briefe, Hrsg., Abstracts, Poster, Kongreßvorträge u.a. "Die Hirnstruktur Schizophrener u. ihre Bedeutung f. d. Pathophysiologie u. Psychopath. d. Erkrankung" (1990). E.: 1984 Kurt Schneider-Preis, 1989 Scottish Rite Schizophrenia Grant, 1992 u. 2000 Stanley Foundation Research Award, 1998 Kraepelin-Preis. M.: Dt. Ges. f. Biolog. Psychiatrie, Dt. EEG-Ges., Dt. Ges. f. Psychiatrie u. Nervenheilkunde. H.: Klaviermusik.

Böggemeyer Niels
B.: RA. FN.: RA-Sozietät Westermann Böggemeyer Husemann. DA.: 48143 Münster, Eisenbahnstr. 13. G.: Georgsmarienhütte, 17. Sep. 1970. El.: Gerhard u. Eva, geb. Keller. S.: 1990 Abitur Münster, 1991-99 Stud. Jura Univ. Münster, 1997-99 Referendariat OLG Hamm. K.: seit 2000 ndlg. RA m. Tätigkeitsschwerpunkt Zivil-, Medien- u. Arb.-Recht. H.: Sport, Literatur.

Bogic Zlatan Dr. *)

Bögle Arno Dipl.-Kfm.

B.: Unternehmer, Mitinh. FN.: Albatros Consult AG & Co KG. DA.: 20095 Hamburg, Schopenstehl 22. albatros @ albatros-consult.com. www. albatros-consult.com. G.: Hamburg, 20. Feb. 1962. V.: Patricia Massenberg. El.: Ulrich u. Jutta, geb. Kischel. S.: 1982 Abitur, 1982-83 Bundeswehr, 1983-84 Praktikum beim Springer Verlag, 1984-91 Stud. Betriebswiss. an der Univ. Hamburg, Abschluss: Dipl.-Kfm. K.: 1991-94 Dt. Vermögensberatungsges., 1994-97 tätig im Immobilienbereich, ab 1997 Grdg. v. Albatros komponieren, Sport, Lesen.

Bögle Michael *)

Bogner Erwin Michael *)

Bogner Franz Xaver *)

Bogner Karl *)

Bogner Matthias Dipl.-Ing. *)

Bogner Pamela Dipl.-Bw. *)

---

*) Biographie www.whoiswho-verlag.ch oder beigefügte CD-ROM

Bogner Sônia

B.: Modedesignerin. FN.: Willy Bogner GmbH & Co. KG aA. DA.: 81673 München, St. Veit-Str. 4. ad.bogner@t-online.de. G.: Rio de Janeiro, 5. Aug. 1950. V.: Willy Bogner. Ki.: Florinda (1985), Bernhard Willy (1988). S.: Abitur, 1971-72 Englischstudium in Cambridge, Verkaufspraktikantin im Münchner "English House". K.: Tätigkeit als Model für Bogner-Sportkatalog, Assistentin von Maria Bogner, 1973 gem. m. Willy Bogner Aufbau v. "Bogner of America", 1979 übernimmt als Chefdesignerin die kreative Leitung der Damen-Kollektion 1992/93 stellt ihre eigene Designerlinie "Sônia Bogner" vor. E.: 1999 Goldene Seidenschleife der Stadt Aachen. H.: Fitneß, Musik, Film (Lieblingsschauspielerin Jodie Foster).

Bogner Walter *)

Bogner Willy

B.: Mode-Fabrikant, Mitgscheschäftsführer, Filmregisseur u. -produzent. FN.: Willy Bogner GmbH & Co KG aA. DA.: 81673 München, St. Veit-Str. 4. ad.bogner@t-online.de. G.: München, 23. Jan. 1942. V.: Sônia, geb. Ribeiro. Ki.: Florinda (1985), Bernhard Willy (1988). El.: Willy u. Maria, geb. Lux. S.: 1962 Abitur, Stud. Betriebswirtschaft München, Stud. Bekleidungstechnik Hohenstein. K.: 1972 Eintritt in d. Familienunternehmen Willy Bogner GmbH & Co KG München, 1973 Grdg. u. Übernahme d. Ltg. d. Tochterges. Bogner of America Newport/Vermont USA, 1974 Grdg. Bogner-Sport AG Zürich, Eröff. zahlr. Geschäfte im In- u. Ausland, 1983 Gschf., 1990 Grdg. Bogner-Menswear GmbH, Filmerfolge: 1965 Ski-Faszination, 1971 Benjamin, 1986 Feuer u. Eis, 1990 Fire, Ice and Dynamite!, Spezialkameramann u. Reg. b. 4 James-Bond-Filmen u.a. 1985 Im Angesicht d. Todes, Skierfolge: 1960 u. 1966 Dt. Mstr. Alpine Dreierkombination u. 1961 u. 1966 Slalom, 1962 Studenten-Weltmstr. Slalom u. Kombination, Olymp. Winterspiele 1960 u. 1964 Neunter Abfahrt. P.: 1990 Präsentation einer neuen Kolektion "Fire + Ice", 1994 Erste Kindekollektion " Big Ice", 1994 Film "White Mgic", 1997 "Into the sun", 1998 IMAX Produktion "The way to B.", 1998 eigene Fernsehsendung "Cool Trend - Willy Bogners Snow Show", 2001 Imax Produktion "Ski to the max". E.: 1982 2 Preise b. 7. Intern. Ski-Film-Festival in New York f. Film "Crystal Dreams", 1985 Bambi-Preis f. Kameraarb. im James Bond-Film "A view to a kill", 1987 Bayer. Filmpreis f. "Feuer u. Eis", 1988 ISPO-Pokal b. d. 28. Intern. Fachmesse f. Sportartikel u. -mode in München, 1994 Modepreis der Stadt München, 1999 Goldene Seidenschleife d. Stadt Aachen. H.: Fotografieren, Filmen.

Bogner Wolfgang *)

Bogs Dieter *)

Bogs Joachim

B.: Offsetdrucker, Inh. FN.: Druckerei Bogs. DA.: 23701 Eutin, Schloßstr. 5-7. druckereibogs@t-online.de. G.: Plügge, 29. Dez. 1960. V.: Marion, geb. Hahn. Ki.: Alisa Marie (1996). El.: Hans u. Lieselotte. BV.: väterl. seits - Bgm. in Kolberg. S.: 1976-79 Ausbild. Offsetdrucker Wuppertal u. Heiligenhafen. K.: 1979-88 Drucker in d. Druckerei Eggers in Heiligenhafen, 1988-94 Auftragssachbearb. d. Firma Struwe-Druck, glz. Ausbild. z. Reprografen, Weiterbild. z. Ind.-Meister b. Berufsbild.-Werk in Lübeck, 1992 Meisterprüf., 1994 Übernahme d. Firma Struwe-Druck u. Grdg. d. Druckerei Bogs m. Schwerpunkt Satz u. Gestaltung, Offsetdruck, Digitaldruck, Herstellung v. Softwarehandbüchern f. Ärzte, Rundumservice v. Visitenkarten b. z. Katalog. M.: seit 1999 Rotary Club Eutin, TC. H.: Tennis, Surfen.

Bogun Thomas *)

Bogus Waldemar *)

von Boguslawski Eduard Dr. Dr. h.c. Prof. *)

Boguslawskij Mark Dr. sc. jur. Dr. h.c. Prof. *)

Bogutzki Heidrun *)

Böh Jürgen Karsten

B.: Gschf. FN.: Product Pro Marketing International GmbH. DA.: 68309 Mannheim, Am Ullrichsberg 26. PA.: 68309 Mannheim, Hauptstr. 134. G.: Worbis, 28. Mai 1955. V.: Rosario Maria, geb. Gomez. Ki.: Luna (1998). S.: 1961-71 Kurpfalz-Gymn. Mannheim, 1971-72 Ind.-Kfm.-Lehre. K.: 1973-76 Vertrieb Kommunikationssysteme, 1976-78 Vertriebs-Ltr. Süd f. Befestigungstechnik, Abendakademie (Verkaufspsychol. u. Vertriebsseminare), Schweiz: Personalführung, 1979-87 Vertriebs-Ltr. in Deutschland, 1987 Geschäfts-Ltr. u. EProk., seit 1994 Gesamtgeschäft Deutschland f. Do it yourself-Artikel. P.: Fachartikel in Fachzeitschriften. M.: Bau u. Diy, Kinderhilfswerk. H.: Reisen, Tauchen, Tennis.

Böhack Henry C. *)

Bohdal Christian *)

Böheim Gisela Dipl.-Wirtschaftsing. (FH) *)

Bohensky Rudolf Dipl.-Ing. *)

Bohl Beatrice *)

Bohl Dieter Heinz Dr. med. *)

Bohl Friedrich Heinrich

B.: MdB, RA u. Notar. DA.: 11011 Berlin, Platz d. Republik 1. PA.: 35043 Marburg, Finkenstr. 11. G.: 5. März 1945. V.: Elisabeth, geb. Böcking. Ki.: Silke, Rainer, Christian, Juliane. S.: Gymn., Stud. Univ. Marburg, RA, Notar. K.: 1964-70 Vors. d. JU Marburg-Biedenkopf, 1969-73 Bez.Vors. d. JU Mittelhessen, 1974-90 Vors. d. CDU-Kreistagsfraktion Marburg-Biedenkopf, s. 1978 Vors. d. CDU-Kreisvors. Marburg-Biedenkopf, 1970-80 Mtgl. d. Hess. Landtages, 1974-78 Vors. d. Rechtsaussch. d. Hess. Landtages, 1978-80 stellv. Vors. d.

*) Biographie www.whoiswho-verlag.ch oder beigefügte CD-ROM

Bohl

CDU-Fraktion im Hess. Landtag, s. 1980 Mtgl. d. Dt. Bundestages, s. 1984 Parlamentar. Gschf. d. CDU/CSU-Bundestagsfrakt., 1989 l. Parlam. Gschf. d. CDU/CSU-Bundestagsfrakt., 1991-98 Chef d. BKzlA. u. Bundesmin. f. bes. Aufgaben.

Bohl Johannes *)

Bohl Karl-Heinz

B.: Gschf. FN.: smartfashion Textil-Management GmbH. DA.: 47877 Willich, Karl-Arnold-Str. 10. G.: Duisburg, 28. Dez. 1965. V.: Brigitte, geb. Staczulewicz. Ki.: Christian, Thomas. El.: Bruno u. Helga. S.: 1982 Mittlere Reife in Duisburg, 1982-85 Lehre als Ind.-Kaufmann, 1985-87 Bundeswehr. K.: 1987-94 Anyway Future Collection Mode GmbH als Import- und Versandltr., Gschf. d. Tochterges. ADC Textillogistik GmbH, 1993-96 Gschf. d. Agenda Textil GmbH, 1996 Gschf. d. Conception Textil Vertriebs GmbH, 1997-99 Betriebsltr. v. Thewissen Textil Logistik Kevelaer GmbH, 1999 selbst., Firmengrdr. v. smartfashion Textil-Management GmbH, Schwerpunkt: Logistik, Aufbereitung u. Konfektionierung. H.: Musik, Literatur.

Bohl Reinhard

B.: Schreiner, Bürokfm., Inh. FN.: Küchen by Bohl. DA.: 80802 München, Marktstr. 20. bohl@kuechen.de. G.: Coburg, 27. Okt. 1949. V.: Sonja, geb. Drexler. K.: Katharina (1987). S.: 1966-69 Lehre als Schreiner m. Abschluss v. d. Handwerkskam. Coburg, 1969 -71 Lehre Bürokfm. im Möbel-Einzelhdl. in Coburg m. Abschluss v. d. IHK, 1971-72 Bundeswehr. K.: 1973-84 im Verkauf in versch. Münchner Möbelhäusern, Spezialgebiet: Küchen, 1984 selbst. m. Firma .Küchen by Bohl, Inh., spezielle Küchenanfertigungen f. TV-Shows u. Filmkulissen. H.: Karate.

Bohl Werner Dr. jur. *)

Böhland Ingeburg

B.: RA- u. Notarsgehilfin, Inh. FN.: Fotosatz Böhland. DA.: 10969 Berlin, Zimmerstr. 27. PA.: 31311 Ütze, Plockhorster Str. 4. fotosatz@boehland.de. www.boehland.de. G.: Klafeld-Geis, 2. Mai 1954. V.: Eduard Böhland. Ki.: Stefanie u. Ines (1985), Doris (1986), Anton (1989). El.: Rudolf u. Elli. S.: 1968-72 Lehre als RA- u. Notarsgehilfin. K.: 1972-75 DAK-Sachbearb., 1975-77 SB im Merkur-Stahlhdl., 1977-78 Sekr. im Arch.-Büro auf Norderney, 1978-82 Personalsekr. Hotel Intercon-

ti Berlin, 1982-83 Phototype-Setter London, 1983 eigenes Fotosatzstudio f. Druckereien u. Verlag Berlin, später Agenturen u. Grafiker sowie Privatunternehmen. H.: Lesen, Haus, Kochen, Schwimmen, Arbeit.

Bohle Karl-Heinz

B.: Kürschnermeister, Inh. FN.: Pelzatelier Bohle. DA.: 23879 Mölln, Hauptstr. 8a. G.: Paderborn, 19. Jan. 1939. BV.: Großvater mütterlicherseits Bernhard Bohle, Ende 19. Jhdt. gelebt. S.: 1954-57 Ausbild. z. Kürschner b. Eberlin in Lübeck. K.: 1959-60 Pelz Apmann Lübeck, 1960-66 Firma Arthur Erlhoff in Ellerau b. Quickborn, 1966 Pelze Greulich Hamburg, 1966-67 Werkkunstschule Hamburg, 1967 Kürschnermeister v. d. Handwerkskam. Hamburg, 1967-69 Firma Brux Hannover als Kürschnermeister, seit 1970 selbst. m. eigenem Atelier u. Verkauf, s. 1994 f. d. Staatsoper Hamburg versch. Kostüme, Verbrämungen u. Ausarb. v. Tieren, Mänteln u. Jacken, seit 1970 b. in d. 90er J. Ausbild.-Betrieb, Pelzarb. im norddt. Raum, speziell Hamburg. E.: versch. Ausz. z.B. landesbeste Kürschnerauszubildende, Gewinn b. Bundeswettbewerb u. b. Landeswettkämpfen. H.: Schwimmen.

Bohle Stephan

B.: Gschf. Ges. FN.: Herr Ledesi Projekt- u. Werbeagentur GmbH. DA.: 10997 Berlin, Schlesische Str. 29-30. hallo@herrledesi.de. www.herrledesi.de. G.: Düsseldorf, 17. Okt. 1965. S.: 1986 Abitur Dierdorf, 1986-88 Bundesoldat NATO-HQ Brunssum/NL, 1988-93 Bildo-Ak. f. Kunst u. Medien Berlin, Stud. Mediendesign l. priv. Kunstak., 1993 Dipl.-Mediendesigner als 1. ausgebildeter Mediendesigner in Europa. K.: 1993 Grdg. d. Mediendesign Agentur Ledesi, 1996 Grdg. d. Ledesi Produkt- u. Werbeagentur GmbH, seit 1999 Herr Ledesi GmbH m. Schwerpunkt Beratung u. Creation f. Kunden aus Medien u. Dienstleistungsbesereich, ab 2001 tätig f. d. Haus d. Kulturen d. Welt Berlin u. f. d. Messe Berlin Gas u. Wasser. BL.: Aufnahme v. Arb. in d. ständigen Sammlung Kunstgewerbemuseum in Hamburg u. im Museum f. Kunsthandwerk u. Gewerbe in Frankfurt/Main. P.: Kampagne f. In & Out u. d. Film "Lolita", Veröff. bes. Preisverleihung in W & V. E.: ADC 2000 f. Koschwitz-Kampagne, Branchensieger im Jahrbuch Werbung 2000, intern. Ausz. "Rejected" f. Entwurf f. ARTE-Fernsehen. H.: gut Essen, ital. u. thailänd. Küche, gute Weine, Fußball.

Bohle Thomas Dr. jur.

B.: RA. FN.: Dierks & Bohle. DA.: 10629 Berlin, Walter-Benjamin-Platz 6. G.: Remscheid, 12. Feb. 1958. Ki.: 3 Kinder. S.: 1974 Stud. Univ. of Maine Orono/USA, 1979-84 Stud. Jura Univ. Tübingen, 1. Staatsexamen, 1984-87 Ass. an d. Univ. Tübingen, 1987 2. Staatsexamen, 1988 Zulassung z. RA in Stuttgart, 1989 Prom., 1991 Fachanw. f. Arb.-Recht. K.: seit 1997 RA in Berlin m. Schwerpunkt Krkh.- u. Arb.-Recht. P.: jur. Beiträge bes. zu Themen Krkh.-Recht, regelm. Vorträge u. Seminare. M.: DGMR. H.: Chormusik.

*) Biographie www.whoiswho-verlag.ch oder beigefügte CD-ROM

Böhle Dietrich Dipl.-Ing.

B.: Gschf. FN.: AT Aufbereitungs-Technik GmbH; Böhle Ind.-Beratung. DA.: 42111 Wuppertal, Horather Str. 245. mailbox@at-tec.de. www.at-tec.de. G.: Dortmund, 28. März 1946. Ki.: Julia (1975), Philipp (1976). El.: Maschinenbauing. Otto u. Else. S.: 1965 Abitur Wuppertal, 1965-68 Ausbild. z. Maschinenbauer, 1968-71 Stud. Maschinenbau FH Wuppertal. K.: 1971-82 Chem. Großanlagenbau Firma Uhde in Dortmund, 1982 selbständig in Wuppertal, 1989 Grdg. einer 2. Firma: AT Aufbereitungs-Technik GmbH, 1998 Eröff. 2. Filiale: AT Polska, 2001 Grdg. einer Baufirma in Polen AT Termodom. BL.: eigene Forsch. u. Entwicklung u.a. d. Entwurf eines elektromagnet. Schwingantriebs, weltweite Kundenbetreuung. M.: VDI, Student. Segelgemeinschaft Stuttgart, Kinder v. Tschernobyl. H.: Segeln, Sport, Radfahren, Tennis.

Böhle Gerd Dipl.-Ing. *)

Böhle Stefan

B. Gschf. FN.: HaBeKa GmbH Tischlerei f. mineralische Werkstoffe. DA.: 10553 Berlin, Reuchlinstr. 10. PA.: 65185 Wiesbaden, Bertramstr. 22. G.: Andernach, 25. Aug. 1965. V.: Sabine, geb. Krause. El.: Horst u. Waltraud, geb. Kreklau. S.: 1986 Abitur Hildesheim, 1986-87 Wehrdienst, 1989 Gesellenprüf. K.: 1989 Umzug nach Berlin, Firma Missler Ladenbau, Tischler, Abt. f. Corian-Verarb., 1992 Schließung d. Corian-Verarb., Übernahme d. Geschäftes durch 3 ehem. Mitarb., Grdg. d. Firma HaBeKa GbR Innenausbau u. Tischlerei, 1994 Umwandlung d. GbR in eine GmbH, 1996 Hinzunahme d. Verarb. v. Christalan u. Schock, 1998 Umzug in neue Räume m. Erneuerung d. Maschinenparks, 2000 BTZ Betriebswirt d. Handwerks. H.: Design, Innenarch.

Bohle-Szacki Helena *)

Bohlem Joachim *)

Bohlen Andreas Dr. *)

von Bohlen Diana *)

Bohlen Dieter

B.: Sänger, Produzent, Komponist. FN.: c/o BMG Berlin Musik GmbH. DA.: 10707 Berlin, Wittelsbacherstr. 18. G.: Oldenburg, 7. Feb. 1954. V.: Estefania Küster (Freundin). Ki.: Marc (1985), Marvin (1989), Marielin (1990). S.: Abitur, Studium d. Betriebswirtschaft a. d. Univ. Göttingen. K.: Produzent, Komponist, Keyboarder, Gitarrist, komponierte u.a. f. seine eigenen Bands Modern Talking u. Blue System sowie f. Peter Alexander, Roy Black, Nine de Angelo, Mary Roos, Bernd Clüver, Katja Ebstein, Howard Carpendale, Roland Kaiser, Ricky King, Christian Anders u.a., Titel u.a. "Flieger" (1989)", "Der Tag d. kleinen Helden" (1992), 1998 Comeback "Modern Talking" gem. m. Thomas Anders u. Touché, Diskographie v. Modern Talking: The Video (1986), You´re my heart, you´re my soul, Romantic Dreams, In the garden of venus, Let´s talk about love, In the middle of nowhere, Ready for romance, Romantic warriors, The first album (1988), You can win if you want (1994), You´re my heart, you´re/my'98, Back for good, Brother Louie '98, You are not alone, Alone - The 8th album.

Bohlen Rainer

B.: selbst. Vers.-Makler. FN.: rbv Vers.-Makler Rainer Bohlen. DA.: 49716 Meppen, Hohe Str. 5. G.: Meppen, 11. Apr. 1968. V.: Melanie, geb. Schultz. Ki.: Michelle Angelika (1995), Chantal Marie (2000). El.: Hermann Josef u. Elisabeth Clementine. S.: 1986 Mittlere Reife Meppen, 1987-89 Verkäufer u. Kfm. im Einzelhdl., 1989-91 Fachoberschule. K.: 1991-93 Firma Marktkauf: Verkäufer, Substitut in Osnabrück u. Wismar, 1993-96 Hospitation u. Ausbild. z. geprüften Vers.-Fachmann, 1996-98 Volkswohl Bund Bremen, seit 1998 selbst. Vers.-Makler. M.: Grdg.- u. Vorst.-Mtgl. 1. Freie Emsländische Dartliga. H.: Sport: Dart, Kraft- u. Fitnesstraining, Angeln.

von Bohlen u. Halbach Eckbert *)

Böhler Hans-Helmut Dipl.-Bw. *)

Böhler Matthias

B.: Friseurmeister. FN.: Art of Hair. DA.: 33330 Gütersloh, Strenger Str. 10. G.: Versmold, 7. Juni 1967. Ki.: Kevin (1994). El.: Hans-Dieter u. Waltraud. S.: 1983-86 Ausbild. u. Abschluß z. Friseur. K.: 1986-91 Friseur, 1991 Meisterschule u. Meisterprüf. im Friseurhandwerk, 1991-95 Gschf. im elterl. Geschäft, 1995 Übernahme d. Geschäftes, 1998 Eröff. eines 2. Geschäftes, seit 1983 Teilnahme an zahlr. Wettkämpfen im Herrenfach, Sieger in NRW, Norddeutschland, Gesamtdeutschland, Europameister u. Weltmeister, Goldmed. in d. WM, Goldmed. in d. franz. Disziplin, Ehrungen erfolgten anläßl. d. Austria Open in Tokio u. an versch. anderen Plätzen d. Welt durch eine Vielzahl v. Pokalen u. sonstigen Ausz. H.: Beruf, Tennis, Fußball.

Böhler Robert Prof. *)

Bohley Bärbel

B.: Malerin, Grafikerin. PA.: 10119 Berlin, Fehrbelliner Str. 91. G.: Berlin, 24. Mai 1945. Ki.: Anselm (1970). S.: 1963 Abitur, 1969-73 Stud. HS f. bild. Kunst Berlin-Weißensee, Abschluß Dipl.-Malerin/Grafikerin. K.: 1963-65 Einkäuferin f. VEB Starkstromanlagenbau Berlin, 1965-68 Ausbilderin f. Ind.-Kaufleute VEB-Robotron Berlin, 1968-69 Kulturarb. in diesem Betrieb, seit 1974 freiberufl. tätig m. Schwerpunkt Darstellung v. Menschen, 1974-77 Förderstipendium d. DDR Min. f. Kultur, Beteiligung an Ausstellungen d. Verb. d. bild. Künstler, 1982 u. 1983 Eingabe an versch. Staatsorgane d. DDR gegen ein neues Wehrdienstgesetz, 6 Wochen Haft, Keramikmalerin f. Gebrauchsgegenstände in d. DDR, 1985 Mitbegründerin d. Initiative "Frieden u. Menschenrechte", 1988 Protestaktion m. Spruchbändern, 2 Wochen Haft, Ausreise in d. BRD, Weiterreise nach London, 1989 Mitbegründerin d. Neuen Forums, 1989/90 zeitweiliges Mtgl. m. "Runden Tisch", 1990 Hungerstreik v. ehem. Zentralgebäu-

*) Biographie www.whoiswho-verlag.ch oder beigefügte CD-ROM

de d. Staatssicherheitsdienstes Berlin-Lichtenberg, 2001 Beraterin v. Frank Steffel. P.: Beiträge in Büchern, Zeitungen u. Zeitschriften. E.: 1989 Karl Hofer-Preis, 1974 Förderpreis d. Dt. Kunsthdls., 1991 Bruno Kreisky-Preis, 1992 Friedenspreis d. Methodisten-Kirche. M.: Grdg.-Mtgl. d. "Neues Forum" Berlin, 1990 Mtgl. d. Stadtverordnetenversammlung Ost-Berlin. H.: Blumen, Kochen, Lesen. (Re)

Bohley Eckart Dr. med. dent. *)

Böhlhoff Rüdiger Prof. *)

Böhlich Bernd *)

Bohlinger Dieter *)

Böhlke Birgit *)

Böhlke Horst *)

Böhlke Norbert *)

Böhlke Peter *)

Böhlke Reinhard Dr. med. habil. *)

Böhlke Volker Erik

B.: RA. DA.: 01159 Dresden, Kesselsdorfer Straße 2-6. G.: Freital, 19. Juni 1971. El.: Renate Böhlke. S.: 1979-82 Musikschule, Instrument Violine, 1985-91 Sportschule, Leichtathletik, Hammerwerfen, Abitur, 1991 Jurastud. Univ. Leipzig, 1992 Jurastud. TU Dresden, 1995 1. Staatsexamen, 1996 Referendariat am OLG Dresden, LG Chemnitz, Amtsgericht Freiberg, Marienberg, Landratsamt Freiberg, Anw.-Kzl. San Francisco, 1997 2. Staatsexamen. K.: 1998 Zulassung als Anw., 1998 Grdg. einer eigenen Anw.-Kzl., Tätigkeitsschwerpunkt: allg. Zivilrecht, Vertragsrecht, Baurecht, Erbrecht, Verw.-Recht, Straßenverkehrsrecht, Arbeitsrecht, Strafrecht. M.: Dt.-Amerikan. Juristen-Ver.

Böhlke Wolfgang *)

Bohlken-Wilhelm Sabine

B.: Logopädin. FN.: Logopädiepraxis. DA.: 21360 Vögelsen, Glockenblumenweg 15. G.: Kiel, 19. Aug. 1956. V.: Dipl.-Ing. Michael Wilhelm. Ki.: Marlen (1986), Moritz (1989). El.: Prof. Dr. Herwart u. Ute Bohlken, geb. Eber. S.: 1976 Abitur Kiel, 1976-77 Praktikum, 1977-80 Logopädenausbild. Werner-Otto-Inst. Hamburg, 1981 3-monatiger Aufenthalt in Philadelphia/USA. K.: 1981-82 ang. an d. Neurolog. Kliniken Schmieder in Allensbach, 1982-83 ang. in einer größeren logopäd. Praxis in Berlin, 1983 selbst. in Lüneburg, 1995 Umzug nach Vögel-

sen. M.: Dt. Bundesverb. Logopädie DBL, Arbeitskreis f. Myofunktionelle Therapie, VFL-Lüneburg, NABU. H.: Sport, Musik, Chorsingen, Klarinette spielen, Klavierspielen, Lesen.

Bohlmann Florian

B.: Betriebswirt V.W.A., Kfm. Ltr., Gschf. FN.: Centrum Studio Wechselberger. DA.: 92318 Neumarkt, Gartenstr. 3. bohlmann@centrum-nm.de. ww.centrum-nm.de. G.: Altdorf, 19. Sep. 1976. El.: Adolf u. Helga. S.: 1996 FH-Reife Neumarkt, b. 1999 Ausbildung u. Stud. an d. Daimler-Chrysler Aero Space in Ottobrunn/München, Abschluss an d. staatl. geprüfter Industriekaufmann u. Betriebswirt VWA. K.: 1999-200 Controller Sachbearbeitung b. Firma DIB-Ges. f. Standortbetreiber Dienste mbH, ab 2000 Kfm. Gschf. b. Centrum Studio Wechselberger (Firmenverbund: Centrum Studio Wechselberger GmbH), Tanzschule im Centrum GmbH, Ballettförderzentrum Neumarkt e.V., Tanzclub im Centrum e.V. u. Zirkusverein Neumarkt e.V. m. Schwerpunkt Personalbetreuung, Öffentlichkeitsarbeit, Jugendarbeit u. Organisation v. Veranstaltungen. P.: in d. konzerneigenen Firmenleitung v. DASA als Co-Autor Artikel über Veranstaltung u. Organisation v. Thema: Regional Wettbewerb "Jugend forscht". H.: Sprach- u. Studienreisen, Kulturreisen, Klavierspielen, Lesen, gut Essen u. Trinken.

Böhlmann Harald

B.: StadtR. f. Kultur u. Schule d. Landeshauptstadt Hannover. DA.: 30159 Hannover, Trammpl. 2. G.: Hannoversch-Münden, 19. Mai 1944. El.: Albert u. Maria. S.: 1963 Abitur Hannoversch-Münden, b. 1968 Stud. Rechtswiss. Univ. Göttingen. K.: 1970-73 Referendariat, 2. Staatsexamen, 1973 berufl. Tätigkeit b. d. Stadt Hannover, zunächst Justitiar u. Fraktionsass. d. SPD Ratsfraktion, 1977 Ltr. d. Kulturamtes in Hannover, seit 1993 Kultur- u. Schuldezernent in Hannover, 1999 Wiederwahl b. 2007, zugleich seit 1977 Ltr. d. Festwochen in Herrenhausen. E.: Poln. VK. M.: AufsR. Niedersächs. Staatstheater Hannover, Kuratorium d. Poleninst., Vorst. d. Wilhelm-Busch-Ges., StiftungsR. d. niedersächs. Lottostiftung, SPD.

Bohm Günter

B.: Gschf. FN.: Landgasthaus Haus Kühnau. DA.: 06846 Dessau, Burgreinaer Str. 1. G.: Berlin, 23. Aug. 1943. V.: Petra, geb. Görner. Ki.: Stefanie (1981). S.: 1958-61 Lehre Maschinenschlosser, 1961-64 Wehrdienst. K.: seit 1964 tätig bei versch. Orchestern u. Abschluß d. Musikschule m. Berufsausweis, 1969-89 Ltr. v. Singzentren u. Kulturhäusern in Halle u. Dessau, 1989-99 tätig im Bereich Sport u. Kultur in Dessau, seit 1999 selbständig im Veranstaltungshaus Haus Kühnau, Funktion: Ltr. v. Gesangsgruppen u. Lehrer f. Gitarre. P.: Komposition v. über 100 Liedern, div. CD-Produktionen. E.: Händelpreis, Wilhelm Müller-Preis. H.: Kochen, Garten, Heimwerken.

Bohm Hark

B.: Regisseur. PA.: 22607 Hamburg, Giesestr. 23. G.: Hamburg, 18. Mai 1939. V.: Natalia. S.: 1960-66 Stud. Rechtswiss. K.: Kunsthändlergehilfe, Ref., Anw., 1970 1. Kurzfilm; Filme: "Tschetan, der Indianerjunge" (1972), "Nordsee ist Mordsee" (1976), "Moritz lieber Moritz" (1978), "Der Fall Bachmeier: Keine Zeit für Tränen" (1984), "Der kleine Staatsanwalt" (1987), "Yasemin" (1988), "Herzlich Willkommen

*) Biographie www.whoiswho-verlag.ch oder beigefügte CD-ROM

(1989), "Für immer und immer" (1995), Schauspieler u.a. in "Underground" (E. Kusturica), "The Invincible (W. Herzog), "Falcon" (Fredr. F. Frederikssen), "Lilly Marlen", "Der kleine Staatsanwalt", "Vera Brühne" (2001), Prof. und Ltr. d. Filmstudiums der Univ. Hamburg. E.: Filmvestival Locarno, San Francisco, Chicago, Karlo-Vivary, Bundesfilmpreis, 2001 Montblanc Arts Patronage Award. (Re)

Bohm Manfred

B.: Unternehmer, Inh. FN.: Bez.-Dion. Zürich Agrippina - Vers. DA.: 10787 Berlin, Einemstr.aße11. bohm@zuerichagrippina.de. G.: Berlin, 26. Feb. 1938. V.: Anke, geb. Rochow. El.: Fritz u. Irene, geb. Kluck. S.: 1957 Abitur Berlin, 1957-66 Stud. Lehramt Sport, Geografie u. Biologie an d. FU Berlin. K.: seit 1968 ang. b. d. Züricher Vers. im Außendienst, seit 1969 selbst. m. Vers.-Hauptvertretung in Berlin, seit 200 Bez.-Dion. d. Zürich - Agrippina - Vers. E.: 25mal im Zürich-Club (Club d. Besten d. Vers.). M.: seit 1991 Vors. d. Förderver. Junger Unternehmer, Schwed. HK. H.: Tennis, Angeln, Skandinavien.

Bohm Marquard *)

Bohm Michael Dipl.-Ökonom

B.: freiberufl. Steuerberater. DA.: 10435 Berlin, Kastanienallee 26. G.: Templin, 24. Aug. 1960. V.: Bärbel, geb. Wolfram. Ki.: Conrad (1985), Friederike (1989). El.: Manfred u. Vera, geb. Mehnke. S.: 1979 Abitur, 1979-81 Wehrdienst, 1981-85 Stud. Wirtschaftswiss. Humboldt-Univ. Berlin m. Abschluß Dipl.-Ökonom, 1991-93 Ausbild. Bilanzbuchhalter, 1997 Steuerberaterprüf. K.: 1989-93 Ltr. der Finanzbuchhaltung im Kombinat Robotron, 1993-98 Ndlg.-Ltr. in Berlin d. Münchner Wirtschaftsprüf.- u. Steuerberatungsges., 1995-98 glz. Aufbau d. eigenen Steuerberaterkzl., seit 1998 freiberufl. Steuerberater m. Schwerpunkt komplexe Beratung f. Existenzgrdg., Steuererklärungen, Jahresabschlusse, Buchhaltung, Lohnabrechnung aller Branchen. M.: Steuerberaterkam., Vereinig. d. Steuerberater Berlin-Brandenburg. H.: Natur, Wandern.

Bohm Stephan

B.: Dipl.-Sozialpäd., Gschf. FN.: Ambulantes Operationszentrum im Ullsteinhaus GmbH. DA.: 12099 Berlin, Mariendorfer Damm 1. PA.: 12623 Berlin, Linderhofstr. 65. G.: Berlin, 24. Juli 1966. V.: Dorothee, geb. Roßner. Ki.: Friedrich (1989), Hendrike (1991). El.: Manfred u. Ursula, geb. Stahl. S.: 1983 Mittlere Reife Berlin, 1983-86 Ausbildg. z. Facharb. f. Fertigungsmittel (Werkzeugmacher) VEB Mikroelektronik, SECURA-Werke Berlin, 1993-95 Dipl Sozialpädagogik/ Sozialarbeit (berufsbegleitend) Alice-Salamon-Fachhochschule Berlin. K.: 1986 Schleifer d. Abt. Werkzeugbau d. VEB SECURA, 1987-91 Mechaniker/Werkzeugmacher bei Metallbau W. Beyer Berlin, 1991 Baultr. bei Borchert & Pfaltz GmbH Berlin, 1992 Ausbildg. m. Abschluß als Schweißer, 1992-93 Kontakstellenltr. im Bundesprogramm z. Aus- u. Aufbau Freier Träger der Jugendhilfe Gemeinde - Jugendwerk d. ev. Freikirchen Berlin/ Brandenburg, 1994 Projektberater in d. Arbeitsstelle "Soziale Bürgerinitiative in d. neuen Bundesländern" d. Robert - Bosch - Stiftung d. Kath. Fachhochschule für Sozialwesen Berlin, 1997 Ltr. d. Arbeitsstelle "Soziale Bürgerinitiative in d. neuen Bundesländern" d. Robert - Bosch - Stiftung an d. Kath. Fachhochschule f. Sozialwesen Berlin, seit 2000 Gschf. i.v. Ambulantes Operationszentrum im Ullsteinhaus GmbH. E.: Stellv. Gemeindeltr. d. ev. Freikirchlichen Gemeinde Berlin Marzahn (Baptisten). H.: Bau u. Reparatur v. Uhren u. mechanischen Spielzeug.

Bohm Thomas *)

Böhm Alexander

B.: Gschf. FN.: Submariner Tauchsport GmbH. DA.: 64295 Darmstadt, Heidelberger Landstr. 238c. submarinerda@t-online.de. G.: Darmstadt, 14. Feb. 1961. V.: Maria, geb. Olbrich. El.: Hans Joachim u. Ingeborg, geb. Gerle. BV.: Großvater Fachlehrer f. Kfz-Mechanik-Elektronik an d. Erasmus-Kittler-Schule in Darmstadt. S.: 1977-80 Ausbild. zum Chemikant mit Abschluss Firma Merck, 1980-81 Zivildienst b. d. Johanniter-Unfall-Hilfe in Griesheim. K.: 1981-95 Lehrrettungsass. in Groß-Gerau b. DRK, seit 1995 Gschf. d. Submariner Tauchsport GmbH Darmstadt, Kursdir. b. größten Tauchsportausbilder PADI als Tauchlehrerausbilder im techn. Tauchen. M.: seit 1977 b. Johanniter-Unfall-Hilfe, 1981 b. DRK, seit 1986 Vors. d. Tauchsportver. Submariner in Darmstadt. H.: seit 20 J. Tauchsport, speziell Höhlentauchen, Fotografie u. Videographie in d. Karibik, hat in d. MDR Sendereihe Jetzt oder nie d. Aufgabe gestellt bekommen 18 Jugendliche eines SOS Kinderdorfes in 60 Stunden im Tauchen auszubilden.

Böhm Andreas Christoph Dr. med. vet. *)

Böhm Andreas *)

Böhm Barbara *)

Böhm Bernhard A.

B.: Jurist, freiberufl. Mediator. FN.: Mediation in Wirtschafts- u. Umweltkonflikten. DA.: 04157 Leipzig, Lützowstr. 25. boehm@aussergerichtlich.de. www.aussergerichtlich.de. G.: Stuttgart, 26. Sep. 1973. V.: verh. Ki.: 2 Kinder. S.: 1993 Abitur Stuttgart, Wehrdienst, 1994-98 Stud. Rechtswiss. an d. Univ. Gießen u. Leipzig, 1. Staatsexamen, 1999 Aufbaustudium z. Mediator an d. FU Hagen. K.: 1998-2000 Gschf. eines Forschungsunternehmens, seit 1999 selbständiger Mediator (Wirtschaftsmediation, Abbau innerbetriebl. Konflikte u. Beziehungskonflikte in Eigenverantwortlichkeit d. Lösung, Beschreibung v. Lösungswegen). P.: Veröff. im Bereich Wirt-

*) Biographie www.whoiswho-verlag.ch oder beigefügte CD-ROM

schaftsmediation. M.: Forum f. Wirtschaftsmediation, Dt. Gesellschaft f. Mediation, Zentrale f. Mediation. H.: Familie, Geschichte.

Böhm Berthold *)

Böhm Bertram
B.: RA. FN.: Böhm & Collegen RA-JurSys Jur. u. Systemat. Organ.-Lösungen. DA.: 85386 Eching, Obere Hauptstr. 2. G.: Coburg, 7. Sep. 1959. V.: Heidi, geb. Wagner. Ki.: Nils (1995), Alexandra (1998). El.: Siegfried u. Hannelore. S.: 1980 Abitur, 1980-82 Stud. Rechtswiss. Univ. Bayreuth, 1982-83 Stud. Rechtswiss. Univ. Lausanne u. Univ. Regensburg, 1983-89 Stud. Rechts-, Sozial-, Politikwiss. u. Theol. Univ. Göttingen, 1989 1. jur. Staatsexamen, 1989-90 Referendariat OLG Celle. K.: 1990-93 Gschf. d. Tochterunternehmens d. Treuhand, 1993-95 Referendariat am Kam.-Gericht Berlin, 1995 2. jur. Staatsexamen, seit 1995 RA in d. Kzl. in Eching u. Neuhaus m. Schwerpunkt Unternehmensberatung; Funktionen: Entwicklung d. "JurSys" als Erkenntnis v. systemat. u. jur. Zusammenhängen auf d. system.-familientherapeut. Ansätzen v. Bert Heillinger. M.: seit 1985 SPD, Orts- u. Kreisvorst. H.: Familie, Politik, Wandern.

Böhm Birgit Dipl.-Ing.
B.: öff. bestellter u. vereid. Sachv. f. Schäden an Gebäuden, Inh. FN.: c/o Ing.-Büro Böhm. DA.: 04107 Leipzig, Hohe Str. 9-13. PA.: 04229 Leipzig, Pausznitzstr. 4. G.: Leipzig, 23. Dez. 1963. Ki.: Nicole (1985), Manuela (1990). El.: Dipl.-Ing. Peter u. Anita Anders, geb. Lindekamp. S.: 1982 Abitur, 1982-83 Vorpraktikum BMK Süd, 1983-88 Stud. Technologie d. Bauprod. TH Leipzig, 1988 Dipl.-Ing., 1998 öff. bestellte u. vereid. Sachv. f. Schäden an Gebäuden IHK, 1999 öff. bestellte u. vereid. Sachv. z. Sicherung u. Instandsetzung histor. Bauten IHK. K.: 1988-91 Planer f. Bauinvestitionen im Innenmin., seit 1991 selbst. m. Ing.-Büro, 1999 Lehrauftrag an d. HTWK Leipzig; Projekte: denkmalgeschützte Gebäude wie Kirchen, Schlösser, Herrenhäuser u. Rittergüter, Wohn- u. Geschäftshäuser. BL.: erste öff. bestellte Frau über d. IHK. P.: Porträtzeichnung "Kinder in Jugoslawien". H.: Beruf, Reisen, Malerei, Museen.

Böhm Claus *)

Böhm Clemens Richard
B.: freiberufl. Musiker. FN.: BSB Böhm's Showbusiness. DA.: 39387 Oschersleben OT Hordorf, Am breiten Grasweg 109b. www.bsbproduction.de. G.: Neindorf, 14. Apr. 1967. V.: Kathrin, geb. Petsch. Ki.: Antonia Sophie (1997). El.: Rolf Gustav u. Elke, geb. Philipp. S.: 1982 Beginn als Musiker, 1983 POS-Schulabschluß in Oschersleben, b. 1986 Lehre z. Elektroinstallateur im Leichtbaukombinat Magdeburg im Betriebsteil Oschersleben. K.: Geselle in Oschersleben, 1990-91 Zivildienst, b. 1992 Elektriker in Oschersleben, 1993-96 Tätigkeit im Kundendienst in d. Elektroind. in Oschersleben, 1997-99 ang. Elektriker Heizungsfirma Böhle in Oschersleben, 1999 Grdg. d. eigenen Firma in Hordorf, seit 2000 ang. Musiklehrer in einer priv. Musikschule in Celle. BL.: Auftritt m. d. eigenen Band in Huntington Beach USA. H.: Beruf als Musiker.

Böhm Daniela
B.: Hotelkauffrau, Unternehmerin, selbständig. FN.: L'Aquila Die ganz andere Parfümerie. DA.: 80469 München, Baaderstr. 62. www.l'aquila.de. G.: Lugano/Schweiz, 30. Juni 1961. El.: Karl-Heinz Böhm u. Gudula Blau. S.: 1976-79 Hotelfachschule in Bad Hofgastein, Abschluss: Hotelkauffrau. K.: 1980-83 Auslandsaufenthalt in Tel Aviv, Los Angeles, Wien u. der Schweiz, 1984-85 Flugbegleiterin b. Condor in Frankfurt, 1986 Hotelerie in München, 1987-89 Bodenhostess Wien Swiss Air, 1990-95 Administration, PR b. Firma Cephei tec

nologie in München, 1995-98 Auslandsaufenthalt in Rom m. Sprachenschule, 1999 Weltgesundheitsorganisation UNO in Rom in d. Administration, 1999 L'Aquila Naturdüfte u. Naturkosmetik aus Frankreich u. Italen m. nicht tierischen Inhaltsstoffen. H.: Reiten, Reisen, ital. Küche, Bücher.

Böhm Dietrich Dr. jur. *)

Böhm Doris

B.: staatl. geprüfter Augenoptiker u. Augenoptikermeister, Inh. FN.: AUGENOPTIK DORIS KRIEMANN. DA.: 03046 Cottbus, Marienstr. 4. info@Augenoptik-Kriemann. de. www.Augenoptik-Kriemann.de. G.: Seebad Ahlbeck, 21. Sep. 1948. V.: Ernst Ulrich Böhm. Ki.: Ralf (1969), Uta Maria (1975). S.: 1965-68 Ausbild. z. Facharb. f. Augenoptik. K.: seit 1968 im Beruf tätig, 1973 Abschluß als staatl. geprüfter Augenoptiker u. Augenoptikermeister, 1973-78 Augenoptikermeister, 1978-85 Ltr. eines Ind.-Laden d. "Carl-Zeiss-Jena-Stiftung" in Cottbus u. Mentor f. student. Ausbild., seit 1987 Inh. eines eigenen Fachgeschäftes f. Augenoptik, seit 1973 spezialisiert auf Kontaktlinsen u. vergrößernde Sehhilfen. P.: Veröff. in d. Fachzeitschrift "Augenoptik". E.: 1998 Silb. Meisterbrief d. Handwerkskam. M.: 1999 Soroptimist Intern. of Europe. H.: Tiere, Fitness, Lesen, alternative Heilmethoden.

Böhm Frank U. *)

Böhm Franz Johann
B.: Alleininh., Gschf. Ges. FN.: auwa-chemie GmbH & Co KG; auwa-ServiTec GmbH; bürsten blei GmbH. DA.: 86159 Augsburg, Ulrich-Hofmaier-Str. 45; 36323 Grebenau, Alsfelder Warte 100. G.: Silberbach, 19. Feb. 1940. V.: Angelika, geb. Eder. Ki.: Karin, Cornelia, Sigrid, Dominik. El.: Franz u. Eleonore, geb. Lausmann. S.: 1957 Mittlere Reife, Lehre Ind.-Kfm. K.: Einkaufsltr. b. Ackermann Göggingen AG, Ass. d. Geschäftsltg. Neue Augsburger Kattunfbk. AG, seit 1965 selbst., 1970 Grdg. d. auwa-chemie, 1993 Grdg. d. auwa-ServiTec, 1996 Kauf d. Firma bleib bürsten. BL.: Förderer d. intern. Künstlerin Rosalie. P.: zahlr. Fachpubl. M.: Ind.-Aussch. d. IHK Augsburg. H.: Kultur, Oper, Natur, Sport.

Böhm Friedrich Dr. Ing. *)

Böhm Fritz Dr. med. Prof. Prof. h.c. mult.

B.: Dermatologe. DA.: Medclinic, 10117 Berlin, Friedrichstr. 71. info@meoclinic.de. G.: Eibenstock, 20. Juli 1953. V.: Prof. h.c. Dr. med. Kirsten, geb. Wartenberg. Ki.: Mortimer (1986). El.: Helmut u. Liselotte, geb. Otto. S.: 1972 Abitur Aue, 1972-73 versch. Anstellungen, 1973-79 Med.-Stud. HU Berlin. K.: 1983 FA f. Dermatologe u. Prom. z. Dr. med., seit 1985 Ltr. d. Forschungslabors f. Photobiologie an d. Hautklinik d. HU Berlin, 1986 Habil. z. Dr. sc. med., 1989 OA d. Dermatologie an d. Charité Berlin, 1997 Prof. h.c. d. Chemie an

d. Univ. Keele/U.K., 1998 Prof. f. Dermatologie an d. HU, 2000 Prof. h.c. f. Med. an d. Univ. Valparaiso/Chile, seit 2000 freie Ndlg. m. dermatolog. Praxis in d. Meoclinic Berlin, Forschungslabor an d. Charité Berlin. BL.: Experte f. d. Wirkung v. Sonnenschutzmitteln u. Antioxidantien. P.: Carotenoids protect against cell membrane damage by the nitrogen dioxide radical, Fourier-transform detection of Singlet oxygen and fluorescence from cell Membrane bound porphyrins, Carotenoids enhance vitamin E antioxidant efficiency, PUVA-therapy damages psoriatic and normal lymphoid cells within milliseconds. Arch dematol. Res. 279 (1986) 16-19, Cultivation of ethmoidal sinus ciliated epithelia. Acta Otolaryngologica (Stockh.) 108 (1989) 136-141, Fourier transform detection of singlet oxygen and fluorescence from cell mebrane bound porphyrins: J. Chem. Society/Faraday transactions 90 (1994), 2453-2454, Carotenoids protect against cell membrane damage by the nitrogen dioxide radical. Nature Medicine 1 (1995) 98-99, Carotenoids enhance Vitamin E antioxidant efficiency. J. Am. Chem. Soc. (1997) 621-622. E.: 1987 Nationalpreis d. DDR f. Wiss. u. Forsch., Ehrenpreis d. Dermatolog. Ges. M.: Europ. Ges. f. Fotobiologie, Europ. Ges. f. Fotodermatologie, Amerikan. Ges. f. Fotodermatologie. H.: Reisen, Lesen.

Böhm Fritz-Joachim
B.: Übersetzer, Autor, Texter. PA.: 10627 Berlin, Fritschestr. 60. G.: Magdeburg, 29. Juli 1944. V.: Francoise, geb. Deflisque. Ki.: Frédéric (1975), Marina (1980). El.: Ernst u. Emilie. S.: 1965 Abitur, Lehre Bankkfm., 1967-77 Stud. VWL u. Jura in Hamburg, Berlin u. Paris. K.: seit 1974 Filmübersetzungen aus d. Franz., später engl. u. amerikan. Filme, seit 1984/85 auch Autorentätigkeit f. Filmsynchronisation u. Untertitel z.B. "Die Farbe Lila" v. Steven Spielberg, s. 1975 private Sprachschule f. Führungskräfte d. ausländ. Wirtschaft: Dt. Sprachinst. Berlin. P.: Filmübersetzungen u.a. "Jenseits v. Afrika", "Der Club d. toten Dichter", "Do the right thing", "Gefährliche Liebschaften", "Jurassic ParK I u. II", "Schindlers Liste", "Evita".

Böhm Gabriele

B.: Naturwissenschaftlerin, Firmentrainerin, Begründerin d. Innergietherapie(r), Business Innergy, die Seele im Geschäftsleben, Beziehungs- u. Bewusstseinsmanagement. FN.: Innergieakademie(r) Gabriele Böhm. DA.: 97421 Schweinfurt, Bauerngasse 8. gabriele.boehm@innergieakademie.de, www.innergieakademie.de. G.: Fürth, 15. März 1962. V.: Stefan Wohnhas (President of Medi-Globe Corporation). Ki.: Dennis (1982), Romina (1985). El.: Hilmar u. Brigitte, geb. Lengning. BV.: Abstammung Ostpreußen (Handwerker u. Aristokraten). S.: 1981 Fachabitur/BWL, 1988-90 Fachrichtung Maschinenbau Robert-Meier-Schule Stuttgart. K.: 1990-94 Angestellte b. techn. Dienst im Inst. f. Techn. Physik/Hochleistungsenergielaserbau (DLR) Dt. Forsch.-Anst. f. Luft- u. Raumfahrt Stuttgart, seit 1994 selbst. Lebensberaterin - Innergiearbeit(r), seit 1995 Tätigkeit in d. Ausbild. v. Innergiepraktikern, 1996 Grdg. d. Ak. f. Persönlichkeitsentwicklung, 2000 Innergieakademie. P.: CD 1995 "Mein Körper ist mein Tempel - Selbstheilungskräfte aktivieren", CD 2002 "Kostbare Augenblicke". E.: Dr. div. h.c. (kirchl. Grad). M.: Wiss. d. Spiritualität e.V. Berg am Starnberger See, Freundeskreis d. Brücke e.V. Schweinfurt. H.: Pferde/Reiten, Verb. Naturwiss. u. Spiritualität, Kunst, klass. Musik, Kabarett u. Komödien.

Böhm Gerald

B.: Immobilienwirt, Gschf. FN.: IMMO-Service GmbH. DA.: 90402 Nürnberg, Vordere Sterng. 2a. G.: Forchheim, 3. Apr. 1972. El.: Ditmar u. Friedericka. S.: 1989 Mittlere Reife Ebermannstadt, 1989-92 Lehre u. Abschluß Bankkfm. Sparkasse Forchheim. K.: b.1993 Ang. in d. Sparkasse Forchheim, 1993-97 Vertriebskoordinator GFG Ges. f. Grundbesitz GmbH in Fürth u. Berlin, 1997-99 selbst., seit 1999 b. Immo-Service, 2001 Gschf. BL.: Erstellung v. Verkehrswertgutachten als Dipl.-Sachv. f. d. Bewertung v. bebauten u. unbebauten Grundstücken, f. Mieten u. Pachten. H.: Sporttauchen, Surfen.

Böhm Gerlinde *)

Böhm Gert *)

Böhm Gottfried Dr. h.c. Prof. *)

Böhm Hans Dr. phil. *)

Böhm Helmut *)

Böhm Herbert *)

Böhm Holger Dipl.-Betriebswirt
B.: Werbeberater, Inh. FN.: Böhm & Werbung Holger Böhm. DA.: 20253 Hamburg, Hoheluftchaussee 95. G.: Hamburg, 12. Mai 1962. El.: Hardo u. Gisela, geb. Hansen. S.: Abitur, Wehrdienst, Ausbild. Werbekfm., Stud. BWL m. Dipl.-Abschluß. K.: angestellt als Kontakter, während d. Stud. nebenberuflich tätig als Kontakter, Grdg. d. Firma Böhm & Werbung als Full Service Agentur m. Schwerpunkt Marke & Mythos; Funktion: ehrenamtl. tätig in d. TSG-Bergedorf, Mtgl. d. Vorst., Abt.-Ltr. f. Badminton u. Ausrichtung d. jährl. Badminton-Turniers. M.: TSG-Bergedorf, Kommunikationsverb. H.: Sport.

Böhm Hubert *)

Böhm Hubertus Dipl.-Ing. *)

Böhm Johann *)

Böhm Johannes Dipl.-Ing.

B.: Architekt. FN.: arch.-büro böhm. DA.: 01067 Dresden, Seminarstr. 10. G.: Breslau, 30. Juli 1936. V.: verh. K.: 2 Kinder. S.: 1955 Abitur Halle/Saale, 1956 Bühnenbildnerass., 1957-63 Stud. Arch. an d. TU Dresden, Abschluss: Dipl.-Ing. K.: 1963-65 Architekt in Halle/S. b. BMK Chemie IPRO Halle, 1965-69 Baustelle Weißandt-Gölzau, 1970-78 wiss. Mitarb. BMK Ost, Forschungsstelle Schwedt /Oder, 1978-90 Kombinat Kraftwerksanlagenbau, Projektierung Radebeul, Abt.-Ltr. Hauptabt.-Ltr. Bautechnik, 1990-91 Energie- u. Umweltech-

*) Biographie www.whoiswho-verlag.ch oder beigefügte CD-ROM

nik GmbH Radebeul, Geschäftsbereichsltr. selbst. Architekturbüro Steinkopf+Böhm, 1992 arch.-büro böhm (abb). M.: Architektenkammer Sachsen (AKS), in mehreren Ausschüssen d. AKS, Bund Deutscher Baumeister, Architekten u. Ingenieure (BDB). H.: Lesen, Belletristik, Kunstgeschichte.

Böhm Karlheinz

B.: Schauspieler, Gründer, 1. Vors. U. Ltr. D. humanitären Hilsorg. Menschen für Menschen e.V. FN.: Stiftung Menschen f. Menschen e.V. DA.: 80333 München, Brienner Str. 46. G.: Darmstadt, 16. März 1928. V.: Almaz geb. Teshome (s. 1991). Ki.: Sissy, Kristina, Michael, Daniela, Katharina, mit Ehefrau Almaz: Nicolas (1990), Aida (1993). El.: Prof. Dr. Karl (Dirigent) u. Thea, geb. Linhard (Sängerin). S.: 1947 Abitur Graz. K.: Schauspieler u.a. Alraune, Sissy, Schloß Hubertus, 2 J. Arbeit m. d. Gruppe um Rainer Werner Faßbinder: Faustrecht d. Freiheit, Martha, Mutter Küsters Fahrt zum Himmel; Operninszenierungen: Elektra (Stuttgart 1964), Tosca (Graz 1968), Zigeunerbaron (München 1979); Fernsehrollen: u.a. Traumnovelle, Die Denunziation, Immobilien; seit 1964 fast nur Bühnentätigkeit:Theater in der Josefstadt Wien, Schauspielhaus Zürich, Kammerspiele München, Theater Basel, Freie Volksbühne Berlin, Düsseldorfer Schauspielhaus, u.v.m.; seit 1981 Ltr. d. Hilfsorgan. Menschen für Menschen e.V., in Äthiopien tätig (Aufbau v. Dörfern, Bau v. Schulen, Krankenstationen, Brücken, Wasserstellen, Erosionsschutz, ökolog. Schulung, usw.) P.: "Nagaya. Ein neues Dorf in Äthiopien" (1983), "Menschen für Menschen" (1986), "Was Menschen für Menschen geschaffen haben" (2001), Schallplatten: Böhm/Wecker: Karlheinz Böhm liest Erich Fried - Klassik für Kinder. E.: Gr. BVK 1984, Bambi 1984, Theodor Heuss-Med. 1985, Gold. Europa 1986, Gr. Silb. EZ f. Verd. Um d. Rep. Österr. 1985, Siemens Life Award 2000, BVK am Bande 2001. H.: Musik.

Böhm Katharina

B.: Schauspielerin. G.: 20. Nov. 1964. K.: Fernseh- u. Filmrollen u.a. Die Geliebte, 1977 Heidi, 1979 Lucky Star, 1983 Es gibt noch Haselnuß-Sträucher, 1984 Kaltes Fieber, 1986 Tatort, 1987 Das Erbe d. Guldenburgs, 1989 Magdalena, 1993 Amico Mio, 1993 Kinderärztin Angela, 1994 Alles außer Mord, 1995 Fesseln, 1996 Die Unzertrennlichen; Die Geliebte, 1997 Gigolo - Bei Anruf Liebe.

Böhm Klaus *)

Böhm Klaus Erwin Dr.

B.: RA. FN.: Dr. Böhm u. Kollegen RA, Patentanw.-Steuerberater. DA.: 40213 Düsseldorf, Burgpl. 21. G.: Barkhausen, 25. Aug. 1945. V.: Angelika, geb. Frowein. Ki.: 3 Söhne. S.: 1965 Abitur, 1965-67 Bundeswehr - Offz. d. Res., 1967-71 Stud. Rechtswiss. Bochum u. Köln, 1974 2. Staatsexamen Düsseldorf u. Zulassung z. RA. K.: seit 1974 selbst. m. Schwerpunkt Zivil- u. Wirtschaftsrecht f. mittelständ. Unternehmen. M.: VPräs. u. Schatzmeister d. Dt. Anw.-Ver. NRW, Vors. d. Landesverb. Dt. Anw.-Ver. NRW, Präsidium Bundesverb. freie Berufe, jur. Prüf.-Kmsn. NRW, Vors. d. Düsseldorfer Anw.-Ver., Satzungsversammlung z. Anw.-Berufsrecht, BeiR. d. Bundesjusitizmin. z. Forsch.-Vorhaben "Geldwäsche".

Böhm Kurt Dr. med. Dr. med. dent.

B.: Arzt, Inh. FN.: Dr. med. Dr. med. dent Kurt Böhm Arzt f. Mund-Kiefer-Gesichts-Chir.-Plast. Operationen. DA.: 30823 Garbsen/Havelse, Hannoversche Str. 42. G.: Zwickau (Böhmen), 15. Dez. 1933. V.: Ursula, geb. Nebe. Ki.: Hanno (1961), Steffen (1964). S.: 1952 Abitur Bad Langensalza, 1952-59 Stud. Zahnmed. u. Med. Leipzig. K.: Ass.- u. FA-Ausbild. f. Mund-Kiefer-Gesichtschir. u. plast. Operationen in Leipzig, anschl. Arzt an d. Univ.-Klinik, 1988 Tätigkeit in einer Gemeinschaftspraxis in Hannover u. seit 1992 m. eigener Fachpraxis f. Mund-Kiefer-Gesichtschirurgie - Plastische Operationen - u. Belegbetten im Lister Krankenhaus, Hannover. P.: Fachvorträge u. Veröff. im In- u. Ausland. M.: Bundesverb. Dt. Ärzte f. Mund-Kiefer-Gesichtschir., Dt. Ges. f. Zahn-Mund-Kieferheilkunde, Dt. Ges. f. Implantologie im Zahn-Mund-Kieferbereich, Dt. Ak. f. Kosmet. Chir. H.: Natur, Malerei, Wandern, Fotografieren, klassische Musik.

Böhm Lothar *)

Böhm Margaretha

B.: Einzelhandelskauffrau, Unternehmerin, selbstständig. FN.: M.B. Moden, Margaretha & Friederike Böhm; Altes Rittergut Margaretha Böhm Bolzum. GT.: Gastreferentin auf intern. Kongressen. DA.: 30159 Hannover, Schillerstr. 29; 31319 Sehnde-Bolzum, Marktstr. 4. mail@altesrittergut.de, www.altesrittergut.de. G.: Hannover, 3. Mai 1938. V.: Edmund Böhm. Ki.: Friederike (1964) und Christina (1967). S.: 1955-57 Lehre z. Einzelhandelskauffrau. K.: 1957 selbstständig m. Modegeschäft in Hannover, parallel 1966 Grdg. gemeinsam m. Ehemann "Möbel Böhm", 1972 Verlegung d. Firma M.B. Moden in die Schillerstraße, 1974 Grdg. d. Hotels "Altes Rittergut in Bolzum", Messehotel, 1992 Einstieg d. Tochter Friederike Böhm in d. M.B. Moden Margaretha & Friederike Böhm. P.: ständig Publ. in d. Fachpresse, regionalen Presse, Stadt- u. Wirtschaftsmagazinen. M.: seit 1982 Verband Dt. Unternehmerinnen, Landesverbandvors. d. Landes Niedersachsen u. d. "Femmes Chefs D'entreprises Mondiales" (1997), Kuratoriumsmtgl. d. Ev. Landeskirche, Diakoniestiftung, Stadtverband f. innere Mission in Hannover e.V., Jurymtgl. d. persönl. gestifteten Preises d. Ministerpräsidenten d. Landes Niedersachsens, Ehrenmtgl. d. Frauen-Union Hannover, Bewerbung f. d. Amt d. Honorar-Konsulin d. Elfenbeinküste/Afrika, Wirtschaftskreis d. Unternehmerinnen. H.: Reiten (eigene Hannoveraner-/Friesenstute), Jagd.

Böhm Michael

B.: Vorstand. FN.: Cephei AG. DA.: 82166 Gräfelfing, Freihamer Str. 4 b. G.: Lugano, 3. März 1960. Ki.: Marcos (1982). El.: Karlheinz u. Gudula, geb. Blau. BV.: Prof. Dr. Karl Böhm - Dirigent. S.: 1978 Mittlere Reife Hotelfachschule. K.: 1979-80 tätig in einem Musikgeschäft in Düsseldorf, 1980 an d. Bar in einem Chinarestaurant, 1980-82 tätig im Restaurant

*) Biographie www.whoiswho-verlag.ch oder beigefügte CD-ROM

Böhm Michael

Schloßturm in Düsseldorf u. Baarkeeper im Lokal Pferdestall, 1982-83 Aufenthalt in Indien, 1984-85 tätig in München u. Berlin, glz. Programmieraufträge, 1986-87 Operator f. einen amerikan. Broker in München, 1987-89 Sachbearb. d. Stiftung d. Vates "Menschen f. Menschen" in München, 1989-90 Programmierer f. Software, 1990 freiberufl. tätig u. Grdg. d. Firma C-Tec Michael Böhm GbR, Operator in d. Firma Siemens, 1994 Grdg. d. Firma Cephei Technology Michael Böhm GmbH m. Schwerpunkt Normversorgung weltweit f. Siemens, Sony, Allianz u.a.m. im Bereich Individual-Softwareerstellung. H.: Astronomie, Schach, Tischtennis, Bergwandern.

B.: Gschf. d. MB Versicherungsmakler GmbH Uelzen, Gschf. d. Finanzstrategien GmbH. DA.: 29525 Uelzen, Ripdorf 9. PA.: 29525 Uelzen, Platenmeister Str. 23. MBUnternehmesgruppe@web.de. G.: Uelzen, 26. Juni 1966. V.: Denise Völkert. Ki.: Maik-Herbert (1989). El.: Herbert u. Renate, geb. Iffland. BV.: ein Vorfahre (Schauspieler u. Regisseur) m. d. Namen Iffland aus Berlin ist d. Namensgeber d. Iffland Ringes, Brano Ganz trägt ihn momentan. S.: b. 1984 Lehre z. Elektroanlageninstallateur in Lüneburg b. d. Hastra, 1984-86 Lehre z. Energieanlagenelektroniker b. d. Hastra in Lüneburg, b. 1987 Grundwehrdienst b. d. Bundesmarine, 1987-88 Fachoberschule Technik in Uelzen. K.: seit 1988 selbst. als freier Handelsvertreter in d. Finanzbranche, 1994 Grdg. d. MB Versicherungsmakler GmbH in Potsdam, 1997 Grdg. d. Finanzstrategien GmbH in Uelzen, Eigene Hausmarke entwickelt "Ihr Haus 24", Firmenfelder: Versicherungsm.; Entwicklung v. Finanzierungskonzepten, Baukoordination in allen Stadien, d.h. v. Konzept bis zur Fertigstellung, In- u. Ausländische Fördermittel EU-weit beantragen u. abwickeln, Steuermindern d. Kapitalanlagen inkl. Schweiz. H.: Motorradfahren, Autofahren, Bowlen, Lesen, Tauchen, Reisen, Schwimmen, Flohmärkte.

Böhm Norbert Joachim *)

Böhm Peter Dr. med. *)

Böhm Peter

B.: Kfm., Unternehmer, selbständig. FN.: Büro Böhm. DA.: 88046 Friedrichshafen, Paulinenstr. 57. bueroboehm@t-online.de. G.: Böhmisch Budweis, 8. Juni 1944. V.: Beatrix, geb. Kohler. Ki.: Daniel (1938), Susanne (1986). S.: Mittlere Reife in d. Tschechischen Republik, 1968 emigriert nach Deutschland, Ausbildung z. Informationstechniker m. anschl. Meister. K.: seit 1983 selbständig m. einem Fachgeschäft f. Büromöbel u. Bürogeräte nebst Fachwerkstatt in Friedrichshafen, seit 1990 Filialgeschäft in Prag, seit 1989 enge Kontakte v. Deutschland aus z. Bürgerforum in Prag u. unterstützte z.B. d. ersten freien Wahlen d. Tschechischen Republik indem er Kopiergeräte u. anderes techn. Material z. Verfügung stellte. H.: Segeln, Lesen, Kunst sammeln.

Böhm Peter *)

Böhm Rainer *)

Böhm Reinhard Dipl.-Ing.

B.: Gschf. Ges. FN.: Sandmann & Böhm GmbH. DA.: 39576 Stendal, Heerener Str. 13/15. G.: Tangermünde, 10. März 1948. V.: Heidemarie, geb. Hübner. Ki.: Diana (1970), Andre (1975). El.: Georg u. Elsbeth, geb. Thormann. S.: 1967 Abitur Berlin, b. 1972 Stud. Maschinenbau an der Ing.-HS Berlin-Wartenberg. K.: Ing. in d. Landtechnik in Stendal, 1984-90 Dir., b. 1992 Gschf., ab 1991 selbst. H.: Motorbootfahren, Motorradfahren.

Böhm Roland

B.: Gschf. Ges. FN.: ARCHTEC Grundbesitzverw. GmbH. DA.: 90439 Nürnberg, Konstanzerstr. 80. PA.: 91580 Petersauerach, Adelmannssitz 25. r@archtec-online.de. www.archtec-online.de. G.: Neuendettelsau, 19. Okt. 1967. V.: Helga, geb. Horneber. Ki.: Anika (1991), Annemarie (1994), Amelie (1999). El.: Werner u. Anna. S.: 1988 Lehre als Werkzeugmacher b. Firma Oechsler in Ansbach m. Abschluss, 1989 Mittlere Reife an d. Berufsaufbauschule in Ansbach. K.: b. 1992 Werkzeugmacher, 1995-97 Umschulung z. Kfm. in d. Grundstücks- u. Wohnungswirtschaft, ab 1998 selbst. Hausverw., seit 2000 Einkauf in d. Firma ARCHTEC, Anteilseigner u. Gschf. Ges. M.: Obst- u. Gartenbauver. Petersauerach. H.: Imker, Natur, Ökologie.

Böhm Roswitha *)

Böhm Sabine Dr.-Ing.

B.: Dipl.-Ing. f. Werkstofftechnik, Qualitätsfaching. DGQ, Inh., Gschf. FN.: Plasmanitriertechnik Dr. Böhm. DA.: 09125 Chemnitz, Annaberger Str. 240. G.: Burgstädt, 15. Apr. 1960. Ki.: Andreas (1987). El.: Eberhard u. Sigrid, geb. Zeidler. BV.: Onkel Prof. Dr.-Ing. sc. techn. Heinz Zeidler Prof. an der Ing.-HS Zwickau. S.: 1978 Abitur Burgstädt, 1978-83 Stud. Fachrichtung Werkstofftechnik TH Karl-Marx-Stadt/TU Karl-Marx-Stadt, 1983 Dipl.-Ing. f. Werkzeugtechnik, 1983-86 Forsch.-Stud. Werkstofftechnik TU Karl-Marx-Stadt, 1986 Prom. z. Dr.-Ing., 1992-93 Weiterbild. Technologietransfer & Qualitätssicherung GmbH Chemnitz, 1993 Qualitätsfaching. DGQ. K.: 1986-88 wiss. Mitarb. im Werkzeugmaschinenkombinat "7. Oktober" Berlin, Außenstelle Karl-Marx-Stadt, 1988-92 Ltr. Qualitätskontrolle im VEB Gießerei "Rudolf Harlaß" Wittgensdorf, seit 1993 selbst., Hon.-Doz. an versch. Bild.-Einrichtungen, 1996 Grdg. d. Firma Plasmanitriertechnik, Forsch. auf d. Gebiet Plasmawärmebehandlung, 1999 Inbetriebnahme Plasmawärmebehandlungsanlage. P.: Prom. E.: 1998 3. Preis im Wettbewerb um d. IDEE-Förderpreis f. innovative Existenzgründerinnen. M.: VDI. H.: Schwimmen, Lesen (zeitgenöss. Literatur), Theater.

*) Biographie www.whoiswho-verlag.ch oder beigefügte CD-ROM

Böhm

Böhm Steffen Dr. rer. pol.

B.: Steuerberater. DA.: 09113 Chemnitz, Lohrstr. 15. PA.: 89364 Harthausen, Kastelweg 26. G.: Leukersdorf, 4. Juni 1944. V.: Susanne, geb. Otto. Ki.: Sven (1976), Tim (1978), Eva (1988). El.: Fritz u. Inge. S.: 1966 Abitur, 1966-71 Stud. Georg August-Univ. Göttingen m. Abschluß Dipl.-Kfm., 1978 Prom. z. Dr. rer. pol. K.: 1971-79 wiss. Ass. Göttingen, 1979-81 Ass. d. Geschäftsltg. Landmaschinengroßhdl. Neu-Ulm, 1981-85 Mitarb. ZFG 1 Siemens München, 1985 Abschluß Steuerberater, seit 1986 eigene Steuerkzl. in Harthausen, 1990 Eröff. d. Steuerberatungskzl. in Chemnitz. P.: Diss. "Der Konzerngewinn als Grundlage f. Dividendenausschüttung u. Steuerbemessung". H.: Sport, Skifahren, Reisen.

Böhm Uwe Erich

B.: Zupfinstrumentenmacher-Meister, Inh. FN.: Böhm Zupfinstrumente. DA.: 70193 Stuttgart, Bebelstr. 30a. uwe.boehm@boehm-stringed-instruments.de. www.boehm-stringedinstruments.de. G.: Offenburg, 7. Sep. 1968. V.: Uta, geb. Huber (Geigenbau-Meisterin). El.: Hans u. Ilse. S.: 1989 Abitur, 1992-95 Geigenbauschule Mittenwald, 2000 Meisterprüfg. K.: ab 1995 Geselle im Zupfinstrumentenmacherhandwerk, 1996 Grdg. d. Firma, Schwerpunkt: Restauration u. Neubau v. Lauten u. Konzertgitarren, Hdl., Leihinstrumente, Herstellung neuer Modelle, Zusammenarb. m. Musikschulen u. Musiklehrern. BL.: Meisterpreis d. Bayerischen Staatsregierung 2000, Auftrag d. Gemeinde Kagoshima (Japan) zur Erstellung einer bes. Vihuela (www.boehm-stringed-instruments.de/html/02_pictures.html), Auftrag d. ALEPH-Gitarrenquartetts z. Erstellung einer Terzgitarre f. Kammermusik i. solistischen Einsatz. H.: aktiver Gitarrist, Lesen, Kochen, Reisen, Softwareentwicklung (www.microjup.com).

Böhm Wilfried Dipl.-Vw. *)

Böhm Winfried *)

Böhm Wolfgang

B.: Vers.-Kfm., Inh. FN.: Kapital Plus. DA.: 80336 München, Pettenkofer Str. 27 a. wolfgang.boehm@kapitalplus.de. www.kapitalplus.de. G.: Bergedorf, 8. Juli 1947. S.: 1963 Mittlere Reife Bremen, 1963-66 kaufm. Lehre Firma Controll-Co, glz. kfm. Berufschule f. Großhdl. Bremen. K.: 1966-71 tätig im Bereich Qualitäts- u. Bemusterungskontrolle f. Baumwolle, Kaffee, Tabak u. Getreide in d. Firma Controll-Co in Bremen sowie Eichen d. Schiffe z. Gewichtskontrolle f. d. Zoll, 1971-75 tätig im Bereich Verzollung v. Luftgüterfracht in d. Firma LUG Luftfrachttransport GmbH in München, ab 1975 selbst. Vers.-Kfm. f. versch. Vers.-Ges., 1981 Grdg. d. Firma Kapital Plus in München u. Bremen f. Vers. aller Art u. Finanzierungen im Immobilienbereich spez. f. Oldtimer; Funktion: Grdg. d. eigenen Fußballmannschaft m. zahlr. europ. Erfolgen u.a. 1996 Meister d. 1. Freizeitliga u. 2001 europ. Sieger d. Budapester Turniers d. Hl. Drei Könige. P.: div. Veröff. in Wirtschaftsmagazinen z. Thema Geld, Rendite u. Vers. M.: TR Register Deutschland e.V. H.: Expeditionen ins Amazonasgebiet.

Böhm Wolfgang Dr. med.

B.: Internist, Kardiologe. FN.: Gemeinschaftspraxis Dr. med. Wolfgang Böhm Internist u. Kardiologie. DA.: 92224 Amberg, Marienstr. 9. G.: Weiden, 9. Sep. 1958. V.: Hildegard. Ki.: Benedikt (1988), Susanne (1994). S.: 1980-84 Stud. Univ. Würzburg, 1984 Approb. u. Prom. K.: 1984-86 Dt. Forsch.-Gemeinschaft in d. Pharmakologie a. d. Univ. Würzburg, 1987 Univ.-Klinikum Würzburg, 1987-95 Innere Med. Kardiologie in Ingolstadt, 1/2 J. Fachreferent f. Herz-/Kreislauf b. der Firma Merck in Darmstadt f. Herz u. Kreislauf, 1995-99 eigene Praxis f. Kardiologie am Viehmarkt 13 in Amberg, ab 1999 Gemeinschaftspraxis f. Innere Medizin-Kardiologie in Amberg. M.: Vorst. d. Stiftung MLP Finanzdienstleistungen. H.: Golf, Fliegen, Motorboot, Kochen, Urlaub (Mittelmeer u. Italien).

Böhm Wolfgang A. Dr. med. *)

Böhm-Reggentin Berit Suzann Dr. med. dent.

B.: Zahnärztin. DA.: 53721 Siegburg, Heppekausenstraße 4. G.: Mühlhausen, 8. Jan. 1967. V.: Jürgen Reggentin. S.: 1985 Abitur Mühlhausen, 1985-86 Praktikum Psychiatrie u. Neurologie Städt. KH Mühlhausen, 1986-89 Stud. Zahnmed. Unv. Leipzig, 1989 Ausreise aus d. DDR über Ungarn, 1989-90 Zahnarzthelferin in Bonn, 1990-93 Weiterstud. in Bonn, 2000 Prom. K.: 1993-95 Ass. in Bonner Praxis, seit 1995 eigene Praxis. M.: Freier Verb. H.: Fitneßtraining, Fahrradfahren, klass. Musik, Italien- u. Spanienreisen.

Böhm-Schmidt Monika *)

Böhm-Schmitz Heide-Marie

B.: Unternehmerin, Inh. FN.: Die Tanzetage. DA.: 65835 Liederbach, Feldstr. 8. G.: Frankfurt/Main, 5. März 1949. V.: Klaus Schmitz. Ki.: Philipp (1986). S.: 1969 Abitur, Stud. Bühnentanz an d. Helkenschule Frankfurt/Main u. Musik-HS Frankfurt/Main. K.: mehrere Auslandsaufenthalte in London u. Paris, 1972-81 Engagements u. Tanzen u. Lehrer, seit 1982 selbst., Choreografin in Frankfurt u. anderen Bühnen, seit 1989 Lehrauftrag an Musik-HS Frankfurt/Main f. Sänger u. Schauspieler, seit 1982 eigenes Tanzstudio, seit 1994 in Liederbach. H.: Puppen sammeln.

Böhm-Schweizer e.K. Steffen

B.. Gschf. FN.: Wirtschaftsservice. DA.: 98527 Suhl, Rimbachstr. 56. PA.: 98529 Suhl, Herbert-Roth-Str. 21. schweizer_e.k.@web.de. www.wirtschaftsservice.de. G.: 27. Mai 1961. V.: Silke, geb. Göbel. Ki.: Otto (1987), Anne (2001).

*) Biographie www.whoiswho-verlag.ch oder beigefügte CD-ROM

El.: Günther u. Ingrid. BV.: väterlicherseits Großonkel Max Hirsch gilt als Erfinder eines Gerätes z. Messung d. Erdmagnetismus z. See, d. noch heute Verwendung findet. S.: 1977 Mittlere Reife in Lauscha, 1977-79 Lehre Baufacharbeiter Meiningen, 1980-81 Bundeswehr u. Ausbildung Fahrlehrer, 1981-87 Stud. PH Erfurt m. Dipl.-Abschluß, 1987-88 Stud. Informatik PH Erfurt. K.: 1988-89 Ltr. d. Polytechnik im Kombinat Robotron Zella-Mehlis, 1989-93 Lehrer f. Wirtschaft u. Informatik an d. Realschule Erlau u. am Gymn. Schleusingen, 1993 selbständiger Finanzmakler, 1995 Grdg. d. Firma Wirtschaftsservice; Funktion: seit 1998 Ausbilder bei d. IHK Südthüringen f. Fachberater f. Finanzdienstleistungen. E.: Bezirksmeister in allen alpinen Skidisziplinen. H.: Skifahren und Motorradfahren.

Böhm-van Diggelen Bernd Dr. med. dent. *)

Böhmann Johann Dr. med.
B.: Chefarzt d. Kinderklinik, Ärztl. Dir. FN.: Städt. Kliniken Delmenhorst. DA.: 27753 Delmenhorst, Oldenburger Str. 92. boehmann.haus@klinikendelmenhorst.de. www.kinderklinikdel.de. G.: Friesoythe, 21. Nov. 1950. V.: Ann-Marie, geb. Mierschel. Ki.: Julia (1974), Pierre (1979). S.: 1969 Abitur Friesoythe, 1969-71 Res.-Offz., 1971 Med.-Stud. Univ. Göttingen, 1978 Approb. K.: 1978-81 FA-Ausbild. Städt. Kliniken Kassel, 1981-83 ZKH St.-Jürgen-Straße Bremen, 1983-84 ZKH links d. Weser Bremen, 1983 Prom., seit 1984 FA f. Kinderheilkunde, seit 1984 Städt. Kliniken Delmenhorst, OA, seit 1992 Chefarzt d. Kinderklinik, seit 1998 Ärztl. Dir. d. Städt. Kliniken, Forsch.-Schwerpunkt: Präventive Pädiatrie, Unfallprävention u. Allergieprävention. M.: Sprecher einer Arbeitsgruppe Allergieprävention im Bundesmin., Vors. d. FARAG Ver. z. Förd. d. regionalen Arbeits- u. Gesundheitsforsch., Gründer u. BeiR.-Mtgl. Gesundheit im Kindesalter (GJK) Delmenhorst. H.: Radsport, Fußball, Segeln.

Böhmann Werner *)

Böhme Andreas

B.: Zahntechnikermeister. FN.: Böhme & Behme dentaltechnik GmbH. DA.: 01324 Dreden, Collenbuschstr. 11. G.: Dresden, 14. Apr. 1960. V.: Ursula. Ki.: Marcus (1983). El.: Horst u. Christa. S.: 1976-79 Lehre a. Med. Fachschule als Zahntechniker, 1983-85 ltd. Zahntechniker - Ausbild. an Fachschule an Fachpoliklinik f. Stomatologie. K.: 1983-85 Zahntechniker an der Poliklinik Weißer Hirsch in Dresden, 1986-87 Armee-Grundwehrdienst, 1987-90 ltd. Zahntechniker an Poliklinik Weißer Hirsch Dresden, Stadtbez.-Zahntechniker f. Dresden, 1990 Grdg. eines eigenen Dentallabors in Zusammenarb. m. Niedersächs. Zahntechnikermeister H. Behme, 1993-95 Meisterausbild. an Meisterschule in Dresden.

Böhme Andreas Dipl.-Bw. Rechtsanwalt *)

Böhme Anita Dipl. Ing. Ök. Dipl. Wirtschaftsing.

B.: selbst. Steuerberaterin. DA.: 04229 Leipzig, Karl-Heine-Str. 27. G.: Schmölln, 10. Jän. 1944. S.: Lehre Verkäuferin, 1961 Verkäuferin, 1967 Abitur Abendschule, Fernstud. Bauwesen Leipzig, Dipl. Wirtschaftsing., 1970 Org. u. Rechenzentrum Leipzig, 1973-78 Dipl. Ing. Ök. Bergak. Freiberg. K.: 1978 wiss. Mitarb. d. Bauakad., 1982 Ökonom im Bez.-Bauamt in Leipzig, 1986 wissenschaftliche Ass. d. TH Leipzig, 1990 Praktikum in d. Firma Engels & Völkers in Hamburg, seit 1990 selbst. Steuerberaterin; Funktionen: 1991 Aufbau d. VDU-Stützpunkte in Bautzen, Chemnitz, Zwickau, Dresden, Meißen u. Leipzig, seit 1997 Vors. d. VDU, Veranstaltung d. 1. sächs. Unternehmerinnenmesse in Leipzig. P.: Art. über Wirtschaft u.a. f. VDU. M.: VDU. H.: Haus, Garten, Hund.

Böhme Aribert
B.: DV-Kfm., EDV-Doz., Autor. DA.: 40472 Düsseldorf, Lichtenbroicher Weg 103. boehmearibert@gmx.de. www.aribertboehme.de. G.: Düsseldorf, 8. Mai 1961. V.: Heike, geb. Frese. El.: Helmut u. Maria, geb. Schoué. S.: 1981 Abitur, 1981-82 Bundeswehr, 1982-84 Stud. Informatik Univ. Dortmund, 1984-87 Ausbild. DV-Kfm. kassenärztl. Vereinig. Nordrhein. K.: 1988 Programmierer d. KV-Nordrhein, 1988 Grdg. d. EDV-Unternehmensberatung Arsico-Data Böhme u. Sinde OHG in Düsseldorf u. seither Gschf. BL.: besondere didakt. Qualitäten. P.: Das gr. PC-Handbuch (1988), "Witchpen" (1990), "Office 95" (1995), "WinWord 97" in d. Bürowelt" (1998), "Windows 95 in d. Bürowelt" (1998), "Windows/Word 2000/ Excel 2000" (2000). M.: Schachver. Düsseldorf. H.: Schach, Literatur, Genüsse.

Böhme Arndt Dipl.-Ing.
B.: Hpt.-Gschf. FN.: Rohrleitungsbauverband (RBV). DA.: 50968 Köln, Marienburger Str. 15. PA.: 51503 Rösrath, Tulpenweg 21A. G.: Dresden, 16. Jan. 1937. V.: Uta, geb. Matthaei. Ki.: Bettina, Ralph. El.: Felix u. Hanna. S.: Abitur am Goethe-Gymn., Dipl.-Examen TH Darmstadt. K.: 1965-70 FH Kocks Ing. FFM Abt.Ltr., seit 1971 Gschf. Figawa Hpt.Gschf. RBV, seit 1981 Gschf. Berufsförderungswerk d. Rohrleitungsbau-Verb. P.: div. Fachveröff. E.: 1985 Ehrenmed. Dt. Ges. f. Badewesen, 1983 Ehrennadel AMK Berlin, 1991 BVK am Bande, 1991 Beuthmed. d. DIN, 1996 Verdienstmed. IHK Köln, Ehremtgl. IOA Lille, 2000 Ehrenring DVGW. M.: DVGW, DELIWA, ATV, DGFdB, FC Wasserchemie, Frontinus Ges. H.: Briefmarken, Foto. (E.L.)

Böhme Cathrin *)

Böhme Doreen
B.: Dipl.-Iranologin, Gschf. FN.: Global Asset Management/ GAM Fonds Marketing GmbH. DA.: 10117 Berlin, Friedrichstr. 154. dboehme@gam.com. www.gam. com. G.: Berlin, 21. Nov. 1962. V.: Dipl.-Med. Andreas. Ki.: David (1982), Lisa (1988). El.: Werner u. Magda, geb. Frenzel. S.: 1981 Abitur, 1982-87 Stud. Westasien-Wiss. u. Ökonomie an d. Humboldt-Univ. zu Berlin. K.: 1987-88 Persönliche Referentin d. Vertriebsdirektors im Außenhandelsunternehmen "intermed", 1988-89 Wirtschaftsleiterin d. Städt. Klinikums Berlin-Buch, 1990-91 Sales-Büroleiterin d. MLP AG in Berlin, seit 1991

*) Biographie www.whoiswho-verlag.ch oder beigefügte CD-ROM

Böhme

Mitarbeiterin u. Ltd. Mitarbeiterin d. Skandia Lebensversicherung AG in Berlin, 1991 Client-Service, 1992 Regionalvertriebsdirektion im Broker-Bereich, 1993 Key-Account Betreuung d. Investmentgesellschaften, 1995 Key Account Management, Mitarbeiterführung im Servicebereich, Projektverantwortung u. Produktentwicklung, 2001 Senior Key Account Management, seit 2001 Gschf. d. GAM. E.: Abiturprüfung m. Auszeichnung. H.: Tennis, Lesen, Tanzen.

Böhme Ekkehard

B.: Gschf. Ges. FN.: UDOPEA. DA.: 28309 Bremen, Funkschneise 16. mail@udopea.de. www.udopea.de. G.: Bremen, 5. Jan. 1954. V.: Regina, geb. Kappert. Ki.: Anne (1983), Laura (1986). El.: Heinz u. Sonja, geb. Sehr. S.: 1974-75 Bundeswehr. K.: 1976-7 selbständig, Eröff. Teeladen u. Kiosk in Bremen als Inh., 1977-79 Eröff. Gaststätte in Lemwerder, 1979-81 Taxifahrer in Bremen, 1981 Eröff. Headshop in Bremen, Erweiterung auf Großhandel f. Raucherbedarfsartikel UDOPEA als Inh., Großhandel u. Versandhandel f. Raucherbedarfsartikel, 1995 Grdg. UDOPEA Franchise-Beteiligungs GmbH als Gschf. Ges. E.: Hanfpreis v. d. Intern. Hanf Medien AG (2001). H.: Billard, Programmiersprachen.

Böhme Erich *)

Böhme Günter Dr. sc. med.

B.: Mikrobiologe. FN.: Labor f. Mikrobiologie u. Infektionsepidemiologie. DA.: 38855 Wernigerode, Ernst-Pörner-Str. 6. PA.: 38855 Wernigerode, Röntgenstr. 7. G.: Leipzig, 14. Aug. 1939. V.: Christine, geb. Krause. Ki.: Astrid (1968), Uta (1969), Henning (1974). El.: Walter u. Wally, geb. Voigt. S.: 1958 Abitur, Med.-Stud. an der Univ. Leipzig, 1965 Staatsexamen. K.: b. 1967 wiss. Ass. Abteilung Biochemie Math.-Nat. Fak., gleichzeitig Med. Diss., 1967-84 Ass.-Arzt Med. Ak. Magdeburg, 1970 Abschluß FA-Ausbld. f. Biochemie, ab 1973 OA u. 1984 Facultas docendi sowie Prom. B, 1983-86 Ass. d. Dir. am Institut f. experimentelle Epidemiologie Wernigerode, Aus- u. Fortbild. z. Facharzt für Mikrobiologie u. Infektionsepidemiologie, 1986 Abschluß, 1986-90 Dir. Inst. f. experimentelle Epidemiologie Wernigerode, gleichzeitig Lehrauftrag Ak. f. ärztl. Fortblid. Berlin, seit 1991 freiberufl. Tätigkeit als ndlg. Mikrobiologie in Wernigerode. P.: Beiträge an Arb. über Stoffwechselcharakteristika v. Enterobakterien, über Isolierung u. Stoffwechsel v. Tumormitochondrien, über d. Einfluß chem. Substanzen auf Mitochondrien, über immunolog. bedingte Abborte. E.: MedR. H.: klass. Musik, Skilanglauf.

Böhme Hans-Ludwig

B.: Fotograf, Künstler. FN.: Staatsschauspiel Dresden. DA.: 01067 Dresden, Theaterstr. 2. PA.: 01640 Coswig, Schillerstr. 39. G.: Coswig, 13. Okt. 1945. V.: Gabriele, geb. Rühle. Ki.: Ann-Kristin, Stefan. El.: Hermann-Oswin u. Hildegard, geb. Schreiter. S.: 1964 Abitur, 1964-66 Lehre Dreher, 1967-71 Stud. Germanistik, Anglistik u. Amerikanistik Friedrich Schiller-Univ. Jena. K.: 1971-82 Lehrer in Dresden, ab 1982 Fotografie f. d. Staatsschauspiel Dresden; zahlr. Ausstellungen im In- u. Ausland, Arbeiten in folg. Sammlungen: Kupferstichkabinett Dresden, Sammlung Ludwig Köln, Folkwang Museum Essen, Mönche-Hausmuseum f. Mod. Kunst Goslar u.a. P.: "Goethe in Weimar" (1986), "August d. Starke - Bilder einer Zeit" (1989), "Dauer im Wechsel" (1991), "Ästhetik u. Widerstand" (1991), "Kunstmappe edition pro" (1992). E.: 1986 u. 1989 Silbermed. d. intern. Triennale d. Fotokunst im Theater Novi Sad Jugoslawien. KM: Dt. Ges. f. Fotografie (DSPh) Köln, BFF. Bund freischaffender Fotodesigner.

Böhme Helga *)

Böhme Helmut Dr. Prof. *)

Böhme Hendrik Dr.-Ing. *)

Böhme Holm *)

Böhme Horst Wolfgang Dr. phil. *)

Böhme Irmer *)

Böhme Karsten

B.: Ges., Gschf. FN.: Karsten Böhme GmbH, Unternehmensentwicklung u. Beratung. DA.: 50674 Köln, Lindenstr. 20. G.: Breyell, 22. Jan. 1954. Ki.: Lisa (1980), Moritz (1982). El.: Werner u. Erika. S.: 1973 Abitur Krefeld, 1973-75 Bundeswehr, 1975-80 Studium Sek I, PH Neuss, 2. Staatsexamen. K.: 1980-87 DAA, Weiterbildung u. Training f. Arbeitslose, 1987-89 Fachinst. f. Personalschulung u. Marketing, 1989-94 Firma 3M Deutschland GmbH, Personalentwickler u. Personalleiter, 1994-95 Treuconsult GmbH, Bereichsleiter Personalentwicklung, 1995-2001 Ges. Gschf. bei Pollack-Böhme & Partner GmbH, Unternehmensberatung, 2001 Grdg. Karsten Böhme GmbH, Unternehmensentwicklung u. Beratung. H.: Reisen, Wandern, Malen, klass. Musik und Jazz.

Böhme Lothar

B.: Maler, Grafiker. DA.: 13187 Berlin, Wollankstr. 124. G.: Berlin, 26. Juli 1938. Ki.: Martin (1965), Lisa (1966). S.: 1954-56 Lehre als Dekorateur, 1957-61 Stud. in d. Grafikkl. d. "Meisterschule f. Kunsthandwerk Berlin. K.: seit 1961 freischaff. Künstler, Leben u. Arb. in Berlin-Pankow, 1976-90 Lehrtätigkeit h. Autodidakten im Otto-Nagel-Haus Berlin. P.: zahlr. Ausstellungen im In- u. Ausland u.a. 1978 Leonhardi Museum Dresden, 1982 32. Studioausstellung d. Nationalgalerie im Alten Museum Berlin, 1991 Ephraim-Palais Berlin u. Museum d. bild. Künste Leipzig, 1993 Nationalgalerie Berlin, 1994

Berlin. Galerie Berlin, 1997 Städt. Museum Mülheim/Ruhr. E.: 1992 Käthe-Kollwitz-Preis, 1994 Fred-Thieler Preis f. Malerei. M.: seit 1994 Mtgl. d. Ak. d. Künste.

Böhme Manfred Dipl.-Ing. *)

Böhme Marita *)

Böhme Michael

B.: Gschf. FN.: Weboliscount Internetdienstleistungen. DA.: 48157 Münster, An der Kleimannbrücke 96. G.: Iserlohn, 18. Feb. 1978. K.: 1998 Grdg. d. Firma/Internetdienstleistungen in Münster. H.: Kochen.

Böhme Michael Thomas *)

Böhme Monika Dipl.-Biologin *)

Böhme Olaf Dr. rer. nat.

B.: Schauspieler, Kabarettist. FN.: "Kabarett-Theater". DA.: 01449 Dresden-Cossebaude, PF 1136. G.: Dresden, 23. Sep. 1953. El.: Karl Heinz u. Erika, geb. Süße. S.: 1972 Abitur, 1972-76 Stud. Math. TU Dresden, 1976 Dipl., 1976-78 wiss. Tätigkeit Kiew, 1978-83 wiss. Ass. TU Dresden, 1983 Prom. K.: 1983-86 wiss. Mitarb. b. Zentralinst. f. Arbeitsschutz Abt. Statistik in Dresden, 1986-87 Mitarb. am Stadtbez.-Kabinett f. Kulturarb. Dresden-West, 1987-96 Ltr. "theater 50" Dresden, seit 1997 freischaffend. P.: CD u. Video "Der betrunkene Sachse", Buch "Herrn Pichmann´s Gedichte". E.: TU-Preis 1. Kl., 1992 Kleinkunstpreis St. Ingbert.

Böhme Olaf Dr. med. vet. *)

Böhme Peter Uwe Dr. med. *)

Böhme Petra *)

Böhme Petra *)

Böhme Ralf

B.: freischaff., Autodidakt. FN.: Rabe Karikatur u. Grafik. DA.: 36448 Bad Liebenstein, Am Hölzchen 10. G.: Plauen, 26. Feb. 1956. V.: Cornelia, geb. Riedel. Ki.: Maximilian (1984). El.: Günter u. Helga. S.: 1972-74 Lehre Werbegestalter in Aue. K.: 1977-80 Werbegestalter, 1980-90 Bühnengestalter Stadthalle Bad Liebenstein, s. 1991 selbst. Karikaturist. P.: Cartoonausstellungen in 17 Ländern auf 4 Erdteilen, über 30 Buchillustrationen, ständiger Karikaturist "Freies Wort" u. "stz", in über 20 Zeitungen u. Zeitschriften. E.: 1989 Anerkennungspreis Biennale d. humorist. Sportkarikatur in Ancona/Italien, 1997 Knokke Heist - Tourismuspreis d. intern. Cartoonausstellung in Belgien, 1999 "Goldene Feder", 1. Preis bei d. "Grafikatur" im Spreewald. M.: Dt. Journalistenverb., FECO - Förderation Europäischer Cartoonisten. H.: Beatlesmusik u. alles was damit zusammenhängt, Natur, Lesen.

Böhme Robert Dr. phil. habil. *)

Böhme Rolf Dr. iur.

B.: OBgm., RA, Staatssekr. a.D. FN.: Stadtverw. Freiburg. DA.: 79098 Freiburg, Rathausplatz 2-4. buergermeisteramt@stadt.freiburg.de. www.freiburg.de. G.: Konstanz, 6. Aug. 1934. Ki.: 4 Kinder. S.: Gymn. Konstanz, Abitur, Stud. Rechtswiss. Univ. München u. Freiburg, Prom., Jur. Staatsprüf. Freiburg. K.: 1965-68 Steuerverw. Baden-Württemberg, seit 1968 Anw.-Praxis, 1970-73 Mtgl. StadtR. Freiburg, 1972-82 MdB, seit 1982 OBgm. d. Stadt Freiburg. M.: seit 1959 SPD.

Böhme Siegfried Ing.

B.: Ing. f. Techn. Keramik, Gschf. Ges. FN.: TECHKERAM Keram. Erzeugnisse GmbH Krauschwitz. DA.: 02957 Krauschwitz, Geschwister-Scholl-Str. 122. G.: Weißwasser, 4. Mai 1937. V.: Bärbel, geb. Lehnik-Habrink. Ki.: Peter (1965), Karsten (1967). BV.: enstammt einer Oberlausitzer Glasmacherfamilie. S.: 1951-54 Facharb.-Ausbild. als Schlosser u. Keramikschleifer. K.: 1954-57 Facharb., Vorbereitung im Abendstudium auf Fachschulbesuch, 1957-60 Fachschulstud., Abschluß: Ing. f. Techn. Keramik, 1960-64 Technologe, Bereichsltr. im Steinzeugwerk Krauschwitz, 1964-89 Betriebsdir., 1989-93 Phase d. Umwandlung u. Privatisierung. d. seit 1875 bestehenden Unternehmens, seit 1993 TECHKERAM GmbH, hier Gschf. Ges. H.: Sport, Musik.

Böhme Sybille *)

Böhme Thomas

B.: Dipl.-Psychologe, Psychoanalytiker DGIP, Familientherapeut DGSF. FN.: IFF-Saarbrücken, Institut f. Familientherapie u. Familiendynamik. DA.: 66119 Saarbrücken, Saargemünderstraße 35. G.: Braunschweig, 15. Dez. 1947. V.: Birgit, geb. Marx. Ki.: Jan Florian (1985). El.: Erhard u. Lilo. S.: 1967 Abitur, Bundeswehr - Zivildienst, 1968-74 Stud. Psych. Univ. Saarbrücken, 1974 Dipl.-Psych. K.: 1974-76 Entwicklung eines Vorschulprogramms f. Kinder aus sozialen Randgruppen, 1975 Grdg. eines selbstverw. Jugendzentrums, 1976-77 wiss. Begleitung eines Modellversuchs f. selbstverw. Jugendzentren im Saarland, 1977-80 Erwachsenenbildungsreferent, 1976-80 Ausbild. z. Psychotherapeut DGSF, 1980 Niederlassung als Psychotherapeut in Saarbrücken, Grdg. d. IFF-Saarbrücken, 1985-90 Ausb. z. Psychoanalytiker DGIP, 1996 Anerkennung als systemischer Supervisor DGSF, 1999 Anerkennung als Lehrtherapeut f. Familientherapie DGSF. M.: DGIP, Dt. Ges. f. Individualpsychologie DGSF, Dt. Ges. f. systemische Therapie u. Familientherapie. H.: Joggen, Reisen, Segeln, Skifahren, Jazz.

Böhme Ullrich Prof. *)

Böhme Ulrich Dr. med. *)

*) Biographie www.whoiswho-verlag.ch oder beigefügte CD-ROM

Böhme

Böhme Volker Dipl.-Ing. *)

Böhme Werner Klaus *)

Böhme Wolfgang

B.: Kfz-Mechaniker, Inhaber. FN.: Fahrschule Böhme. DA.: 01587 Riesa, Bahnhofstr. 4. PA.: 01587 Riesa, Berliner Str. 11. G.: Riesa, 24. Dez. 1954. V.: Heike, geb. Leutert. Ki.: Stephan (1983), Matthias (1986). El.: Max u. Hildegard. S.: 1971-73 Lehre als Kfz-Mechaniker im Autohaus "Gute Fahrt" in Riesa, 1974-75 Armee. K.: 1976-86 Kfz-Mechaniker in d. Baustoffwerken Riesa, 1986 Umschulung z. Fahrlehrer, 1987-89 Fahrlehrer b. Kraftverkehr Meißen, 1990-91 Fahrlehrer in priv. Fahrschule, seit 1992 selbst. Fahrlehrer. BL.: 1981-82 Kfz-Mechaniker in Angola. M.: Verkehrswacht. H.: Fotografie, Garten.

Böhme Wolfgang Dr. Prof.
B.: Meteorologe, Prof. i. R. PA.: 14473 Potsdam, Kunersdorfer Str. 16. wolfgboehme@gmx.de. G.: Dresden, 11. März 1926. Ki.: Dagmar (1958), Birgit (1964). BV.: Bergleute. S.: 1944/45 Kriegsdienst, 1945 Gartenhilfsarb., 1945/46 Abiturientenlehrgang. K.: 1946/47 Beobachter b. Sächs. Landeswetterdienst, 1947-49 Sachbearb. am Meteorolog. Zentralobservatorium Potsdam, 1948-53 Stud. Meteorologie u. Geophysik an d. Humboldt-Univ. Berlin m. Dipl.-Abschluß, 1953-58 Aspirantur, 1958 Prom., 1954-89 SED, 1958-90 tätig im meteorolog. Dienst, 1958-62 wiss. Mitarb d. DDR, 1962-64 Abt.-Ltr., 1964-66 stellv. Dir., seit 1967 Dir., 1970 Habil. an d. WPU Rostock, 1971 Honorarprof. f. Meteorologie an d. Humboldt-Univ. Berlin, 1974-90 VPräs. d. meteorolog. Ges., 1974-78 Mtgl. d. Büros d. Komitees f. Raumforsch., 1970 korr. u. 1980 o.Mtgl. d. AdW, 1981-91 Vors. d. Klasse Geo- u. Kosmowiss., 1979-90 Ltr. d. Gruppe v. Rapporteuren d. Kmsn. f. Atmospheric Sciences d. meteorolog. Weltorgan. zu Fragen d. Klimaforsch., 1990 Ltr. d. Gruppe z. Erarb. eines Vorschlags z. Weltklimaprogramm d. 2. Weltklimakonferenz in Genf, seit 1990 im Ruhestand. P.: Publ. z. Thema Geschichte d. Meteorologie, Wetter- u. Wettervorhersageprobleme sowie zu Klima- u. Raumforsch., "Atmosphär. Zirkulation u. Chaos" (1998), Veröff. z. Dynamik d. Atmosphäre. E.: 1986 Reinhard Süring-Med. in Gold, 1974 vaterländ. VO. M.: Leibniz-Sozietät. H.: Wandern, Reisen. Sprachen: Englisch.

Böhme Wolfgang *)

Böhme Wolfgang Dr. jur. *)

Böhme-Köst Peter *)

Böhmel Susanne *)

Böhmer Christian J.
B.: Gschf. FN.: TV.Berlin; Hamburg 1 Fernsehen; tv.münchen. DA.: 818129 München, Am Moosfeld 37. c.boehmer@ballungsraum-tv.de. www.tvm.de. G.: München, 5. Mai 1959. S.: 1978 Abitur, 1978-84 Stud. Jura Univ. München, 1. Staatsexamen, 1984-87 Referendariat, 2. Staatsexamen. K.: 1987-98 RA einer Sozietät in München, 1989-91 Grdg. d. Sportmarketingagentur m. Partner in Augsburg, 1992-96 Marketing Manager f. Central Europa d. Firma Quaker Oats Deutschland in Köln, 1997-98 Gschf. d. Wetter- u. Reisekanals in Düsseldorf, ab 1998 Gschf. v. tv-münchen u. TV.Berlin d. KIRCH Gruppe München, seit 2000 zusätzl. Gschf. v. Hamburg 1 Fernsehen. H.: Skifahren, Golf, Malerei, Filme.

Böhmer Dietmar
B.: Dipl.-Jurist, Notar, selbständig. DA.: 03046 Cottbus, Berliner Str. 18. notar.boehmer.in.cottbus@t-online.de. www.notar.boehmer.de. G.: Forst, 2. Nov. 1959. El.: Helmut u. Hannelore. S.: 1978 Abitur Cottbus, 1978-81 Militärdienst in d. Nationalen Volksarmee, 1981-85 Stud. Jura an d. Humboldt-Univ. zu Berlin, Abschluss als Dipl.-Jurist. K.: 1985-86 Assessor u. Notaranwärter in Hoyerswerda, 1986-90 Notar im staatl. Notariat Hoyerswerda, ab 1987 Ltr. d. staatl. Notariats, seit 1990 Eröff. u. Ltg. d. eigenen Praxis als freiberufl. Notar. BL.: 1990 Präs. d. Notarkammer d. Landes Brandenburg. M.: BVMW Bundesverband mittelständischer Unternehmen, seit 1994 Gründungsmtgl. d. Lions-Clubs Cottbus. H.: Tauchsport, Golf, Reisen.

Böhmer Gudrun Dipl.-Ing.

B.: Gschf. Ges. FN.: GOP Ges. f. Organisationsberatung u. interne Prozessbegleitung GbR. DA.: 89077 Ulm, Söflinger Str. 100. PA.: 86842 Türkheim, Martinring 1. G.: Dresden, 3. Dez. 1951. V.: Dipl.-Ing. Gottfried Elstner. Ki.: Bettina, Martin. El.: Hans-Joachim u. Gisela Blasberg, geb. Langguth. BV.: Dr. Dieter Blasberg; Eugen Blasberg - Industrieller u. Gründer d. Dt. Schule in Brüssel. S.: Ausbildung Augenoptikerin, 1971-76 Stud. Med., Augenmed. u. med. Technik Univ. Jena, 1976 Dipl. K.: wiss. Ass. in d. Forsch. d. Carl-Zeiss-Werke in Jena m. Schwerpunkt Med.-Technik u. Militärtechnik, 1 1/2 J. tätig als Augenoptikerin, Zusatzausbild. im Bereich Ehe- u. Lebensberat, 1984 Mitaufbau u. Ltg. eines Zentrums im Rahmen d. Ev. Kirche z. Ehe- u. Lebensberatung in Dresden, 1984 Anerkennung d. Dipl. in Hamburg, Weiterbild. in Heilpäd. an d. Filderklinik in Stuttgart, 1989 Mitaufbau d. Therapeutennetzwerks m. ganzheitl. Ansatz, 1990-94 tätig in d. Betriebsmittelplanung d. Firma IBM u. Mitwirkung am Linienaufbau Keramik f. Großrechner, 1994 tätig in d. Abt. Weiterbild. u. Aufbau d. OE-Entwicklung Human Resources, Stud. Anthropologie u. Päd. an d. Univ. Stuttgart, Fortbild. u. Seminare in d. Schweiz, 1996 Grdg. d. Firma GOP m. Arbeitsschwerpunkt Unternehmenskultur, Systemische Zusammenhänge in Unternehmen u. Teams, Systemisches Coaching u.a. f. Banken, mittelständ. Betriebe, Großind. u. Politik, 1996 Durchführung einer Managerausbild. f. Absolventen d. Univ. Tübingen. BL.: Inh. v. 4 Patenten: Schleuderteller f. Substrate, Inspektionsapparat u. Methode f. Inspektion v. Substraten, Anordnung z. Lagern, Transportieren u. Einschleusen v. Substraten, Schwammkondensator f. Chipaufbau. P.: div. Fachart. in päd. Fachzeitschriften. E.: 3 x Dt. Meisterin im Orientierungslauf. H.: Sammeln v. Mineralien u. Herstellung v. Schmuck, Musizieren, Astronomie, Evolutionstheorie, Philosophie, Frauenarbeit.

Böhmer Harald
B.: Dipl.-Immobilienwirt, Gschf. Ges. FN.: Neu-Immobilienmarkt GmbH; Classic Wohnbau. DA.: 92318 Neumarkt, Ringstr. 5. PA.: 92318 Neumarkt, Felsenweg 2a. böhmer@classic-wohnbau.de. www.classic-wohnbau.de. G.: Höhenberg im Tal, 20. März 1967. V.: Theresia, geb. Endres. Ki.: Sabrina (1996), Maximilian (1999). S.: 1983 Mittlere Reife Neumarkt, b. 1985 Fachoberschule Neumarkt, Abschluss Fachabitur,

*) Biographie www.whoiswho-verlag.ch oder beigefügte CD-ROM

1985-87 Lehre als Einzelhandelskaufmann, 1987-89 Bundeswehr, 1989-92 Ausbildung z. Bankkaufmann, 1992/93 Sparkassenfachwirt, 1994-95 Dipl.-Immobilienwirt u. Fachwirt Haus- u. Grundstücksbewirtschaftung. K.: ab 1997 selbständig mit d. Firma Neu-Immobilienmarkt GmbH, 1999 Gründung d. Firma Classic Wohnbau. M.: Fischerei Verein Neumarkt, Aquarium Verein Discus Neumarkt. H.: Fischzucht, Lesen und Aquarianer.

Böhmer Heinz Dipl.-Ing.
B.: Maler, Komponist, Autor. DA.: 41061 Mönchengladbach, Spatzenberg 8. G.: M-Gladbach, 14. Aug. 1908. V.: Lilo, geb. Wiebel. Ki.: Uta (1942), Prof. Dr. Frank (1944). El.: August u. Auguste. S.: 1927 Abitur, 1928-34 Stud. Arch. u. Bauing.TH Hannover, 1934 Dipl.-Ing. K.: ab 1935 Statiker, Wasser-Fluß- u. Brückenbauer als Abteilungsleiter b. Niersenverband Viersen, 1939 Kriegsdienstverpflichteter Leiter d. Konstruktionsbüros beim Hafenbauressort d. Kriegsmarine in Kiel, 1945 zurück z. Niersverband, 1960 zum Vorsteher d. Wasser- u. Bodenverbandes d. Mittleren Niers gewählt. P.: "Leidenschaften u. Kaninchen", "Angeheiterte Fantasien über Kardinalshüte", "Die Schiffschaukel", "Die zweierlei Herren Meuten" u.a.m. E.: BVK u. Ernennung z. Ehrenvorsteher d. Verbandes. M.: seit 1936 Grdgs.-Mtgl. d. Künstlergemeinschaft "Kabuff" Mönchengladbach. H.: in d. Freizeit seit d. 30er Jahren unter dem Pseudonym "Heinrich Böhmer" Komponist, Maler u. Autor.

Böhmer Maria Dr. Priv.-Doz.
B.: Privatdoz., MdB. DA.: 11011 Berlin, Platz d. Republik 1. PA.: 67202 Frankenthal. G.: Mainz, 23. Apr. 1950. S.: 1968 Abitur, Stud. Math., Päd. Physik u. Politikwiss. Staatsexamen, 1974 Prom. Dr. phil. K.:1982 Habil., Forsch.-Aufenthalte an d. Univ. Cambridge u. Augsburg, Privatdoz.an d. Päd. HS Heidelberg, 1982-90 Landesfrauenbeauftragte im Rheinland-Pfalz, seit 1990 Mtgl. d. Dt.-Bundestages (Wahlkreis 156: Frankenthal-Grünstadt-Donnersberg), seit 2000 stellv. Fraktionsvors. f. Arbeitsbereiche Familie, Senioren, Frauen u. Jugend, Bildung u. Forschung, Informationstechnologie u. Gentechnologie, Kirchen, Arbeitsschwerpunkte: Rentenreform, insbes. d. Reform d. Hinterbliebenenversorgung, bessere Vereinbarkeit v. Beruf u. Familie, Jugendmedienschutz, Chancen u. Risiken d. Biotechnologie, Zukunft d. Bildung u. Arbeitswelt im Informationszeitalter, Mtgl. im Bundesvorst. d. CDU, stellv. Landesvors. d. CDU Rheinland-Pfalz, Vors. d. Frauen-Union Rheinland-Pfalz, Vors. d. CDU-Bundesfachaussch. Frauenpolitik, stellv. Vors. d. ZDF-Fernsehrates u. Schirmfrau d. Dialysepatienten Deutschlands e.V., 1994 hat sie bundesweit d. Initiative "Rote Karte f. TV" gegen Gewalt u. Pornographie im Fernsehen ins Leben gerufen u. leitet d. Sachaussch. "Familie u. Medien" im Familienbund d. Katholiken. (Re)

Böhmer Martin
B.: Logopäde. FN.: Praxis f. Logopädie. DA.: 97070 Würzburg, Plattnerstr. 1. PA.: 97204 Höchberg, Allerseeweg 47. G.: Bottrop, 9. März 1954. V.: Petra, geb. Höfer. Ki.: Simon (1988), Fabian (1990). El.: Dr. med. Ulrich u. Elisabeth. BV.: Prof. Leonhard Otto Botaniker an d. Univ. Leipzig. S.: 1975 Abitur Schloß Bieberstein, 1975-76 Bundeswehr, 1976-81 Med.-Stud. Aachen. K.: 1981-86 Prakt. Tätigkeit in d. Pharmaind., 1988-91 Logopädieausbild. in Würzburg, 2 J. Neurolog. Klinik Bad Neustadt/Saale, seit 1994 selbst. m. eigener Praxis f. Logopädie in Würzburg; freier Mitarb. b. d. Logopädischen Schule Bad Neustadt/Saale.. P.: Vorträge zum Thema Logopädie u. Aphasien. M.: DBL, TG Waldbüttelbrunn Abt. Tennis, KDStV Ripuaria Freiburg. H.: Opern, klassische Musik, Lesen, Reisen, Wandern, Tennis.

Böhmer Rudi *)

Böhmer Stefan

B.: selbst. RA. DA.: 91080 Uttenreuth, Erlanger Str. 2. G.: Pegnitz, 29. Jan. 1969. El.: Georg u. Anneliese, geb. Eichenmüller. S.: 1988 Abitur, 1988-90 Bundeswehr, Res.-Offz.,1990-94 Stud. Rechtswiss. Friedrich-Alexander-Univ. Erlangen-Nürnberg, 1. Jur. Staatsexamen, 1995-96 Referendariat OLG Nürnberg, 2. jur. Staatsexamen. K.: seit 1998 eigene RA-Kzl., Interessenschwerpunkte: Arbeitsrecht, Ges.- und Vertragsrecht, Steuerrecht, Strafrecht, seit 1997 Korrekturass. a. d. jur. Fak. M.: DAV, Burschenschaft Frankonia Erlangen, Reservistenverb. H.: Sport, Literatur, Geschichte, Zitherspiel, Städtereisen.

Böhmer Stefan
B.: RA. FN.: Anwaltskanzlei Dr. Kreuzer & Collegen. DA.: 90402 Nürnberg, Lorenzer Pl. 3 a. dr.kreuzer-coll@t-online.de. www.kreuzer.de. G.: Bamberg, 27. Feb. 1972. E!.: Josef u. Hedwig. S.: 1991 Abitur Lichtenfels, 1991-97 Stud. Rechtswiss. Univ. Erlangen-Nürnberg 1997 1. Staatsexamen, 1998-2000 Referendariat OLG Nürnberg, 2000 2. Staatsexamen u. Zulassung z. RA. K.: seit 2000 RA m. Tätigkeitsschwerpunkt Reise-, priv. Bau- u. Grundstücksrecht in d. Kzl. Dr. Kreuzer & Collegen in Nürnberg. M.: TSV Ebensfeld. H.: Tennis, Mountainbiken, Reisen, Musik.

Böhmer Wolfgang Dr. Prof.
B.: VPräs. FN.: Landtag Sachsen-Anhalt. DA.: 39094 Magdeburg, Dompl. 6-9. G.: Dürrhennersdorf, 27. Jän. 1936. V.: Barbara. Ki.: Christoph-Torsten (1964). S.: 1954 Abitur, 1954-59 Stud. Med. Leipzig, 1959 Prom., 1960-66 FA-Ausbild. KH Görlitz. K.: b. 1973 OA einer Frauenklinik, 1974-91 Chefarzt am KH Paul-Gerhardt-Stift in Wittenberg, 1989 MedR., 1990 Mtgl. d. Landtags Sachsen-Anhalt, 1991-93 Finanzmin. d. Landes Sachsen-Anhalt, seit 1998 Vpräs. d. Landtags Sachsen-Anhalt. M.: BeiR. d. P.-Gerhardt-Stiftung Wittenberg, Univ.-Stiftung Leucorea, Kuratorium d. Luther-Gedenkstätte Sachsen-Anhalt, Hauptaussch. d. Diakon. Werkes d. Kirchenprovinz Sachsen, Sozialkam. d. Ev. Kirche, 1992-98 ärztl. Sachv.-Aussch. d. Bundesmin. f. Gesundheit u. Soziales.

Bohmler Helmut *)

Böhmler Georg *)

Bohms Gerhard *)

Bohn Horst Dr. rer. nat. *)

Bohn Jens *)

Bohn Karin Ellen Dr. *)

*) Biographie www.whoiswho-verlag.ch oder beigefügte CD-ROM

Bohn Peter Dipl.-Ing.
B.: selbständiger Architekt. FN.: Bohn Architekten. DA.: 81667 München, Breisacher Str. 18. info@bohnarchitekten.de. www.bohnarchitekten.de. G.: Freiburg, 24. März 1959. V.: Julia, geb. Mang. Ki.: Lena-Christina (1992), Antonia-Sophie (1995). El.: Dr. Hans Joachim u. Eva. S.: 1979 Abitur Pullach, 1979-80 Zivildienst, 1980-86 Stud. an d. TU München. K.: 1983-84 Grabungsteilnehmer d. Pergamon-Grabung d. Dt. Archäolog. Institutes, 1986-87 Architekt b. ROZ-Architekten Roemich + Partner in München, seit 1987 selbständiger Architekt in München, 1987-88 Entwurf u. Bauleitung d. Dt. Pavillions f. d. Olymp. Kulturprogramm d. Olymp. Spiele in Seoul/Südkorea, 1989 Grdg. d. Architekturbüros Bohn m. Ehefrau Julia in München, 1989 Aufnahme in d. Achitektenkammer, 1994 Berufung in d. BDA. P.: div. Aufsätze in Fachzeitschriften. E.: Förderpreis f. Architekten d. Landeshauptstadt München (1989). M.: Architekturkammer. H.: Literatur, zeitgenöss. Kunst.

Bohn Robert

B.: Gschf. Ges. FN.: Robert Bohn GmbH Steinmetz- u. Gerüstbaubetrieb. DA.: 90763 Fürth, Höfener Str. 52. G.: Fürth, 2. Apr. 1957. V.: Sonja, geb. Maderer. Ki.: Lisa Marie (1988), Robert (1990). El.: Robert u. Elisabeth, geb. Bäumler. BV.: Karl Bohn - Firmengründer 1893. S.: Mittlere Reife, 1 1/2 J. Ausbild. Maurer, 1981 Maurermeisterprüf., 1983 Steinmetz- und Steinbildhauermeisterprüf., 1981 Praktikum Dombauhütte Dinkelsbühl, 1985 staatl. geprüfter Restaurator. K.: Geselle im väterl. Betrieb, Praktikum in versch. Maurerbetrieben in Nürnberg, tätig als Bauführer, Mitinh. d. elterl. Betriebes u. seit 1989 Gschf. Ges. d. Bohn GmbH m. Schwerpunkt Restaurierung v. histor. Gebäuden, Mauerwerk, histor. Putze u.a. am Stadttheater Fürth, SOS Kinderdorf in Nürnberg. M.: Bauinnung Fürth, Steinmetz- u. Steinbildhauerinnung Mittelfranken, stellv. Obermeister d. Bauinnung, Innungsobermeister d. Mittelfränk. Steinmetzbetriebe, öff. bestellter u. vereid. Sachv. f. Steinmetz- u. Steinbildhauerhandwerk. H.: Musik, Kunst, PC-Anwendungen, Fotografie.

Bohn Wolfgang *)

Bohndorf Klaus Dr. med. Prof.
B.: Gschf. Dir. FN.: Klinik f. Diagnost. Radiologie u. Neuroradiologie am Zentralklinikum Augsburg. DA.: 86356 Augsburg, Stenglinstr. 2. radiol-klin.augsburg@gmx.de. www.radiologie-klinikum-augsburg.de. G.: Leipzig, 7. Juni 1949. V.: Susanne, geb. Richter. Ki.: Katharina (1978). El.: Prof. Dr. med. W. u. Renate, geb. Fricke. S.: 1969 Abitur Würzburg, 1969-76 Med.-Stud. Würzburg u. Kiel, 1976-78 Med.-Ass., 1978 Approb. als Arzt, 1978 Prom., 1978-79 Wehrpflicht als Stabsarzt b. d. Bundeswehr. K.: 1979-82 Weiterbild. z. Arzt f. Radiologie am Albers-Schönberg-Inst. AKH St. Georg Hamburg, 1982-83 Studienaufenthalt a. d. Radiolog. Abt. d. Royal National Orthopaedics Hospital Univ. of London, 1983-84 Weiterbild. z. Arzt f. Radiologie am Hermann-Holthusen-Inst. f. Strahlentherapie AKH St. Georg Hamburg, 1984-87 Weiterbild. z. Arzt f. Radiologie Radiolog. Inst. u. Poliklinik d. Univ. zu Köln, 1986 Anerkennung z. Arzt f. Radiologie, 1987 OA, seit 1998 ltd. OA u. Stellv. d. Dir. an d. Klinik f. Radiolog. Diagnostik d. Med. Einrichtungen d. RWTH Aachen, 1988 Habil., 1989 OAss. RWTH Aachen, seit 1992 Chefarzt an d. Klinik f. Diagnost. Radiologie u. Neuroradiologie Zentralklinikum Augsburg, seit 1995 Gschf. Dir. d. Klinik f. Diagnost. Radiologie u. Neuroradiologie Zentralklinikum Augsburg. P.: über 120 wiss. Fachart. M.: Dt. Röntgenges., Bayer. Röntgenges., Intern. Skeletal Society, Arge Knochentumoren b. Dt. Krebsforsch.-Zentrum, Anglo-German Medical Society, Vorst.-Mtgl. European Musculoskeletal Society, American Society of Emergency Radiology.

Bohne Renate

B.: freiberufl. Steuerberaterin. DA.: 14199 Berlin-Schmargendorf, Kissinger Str. 57. G.: Berlin, 31. Aug. 1941. El.: Kurt u. Elsa, geb. Wolschke. S.: 1958 Mittlere Reife, 1958-61 Berufsausbild. Steuerfachgehilfin, 1961-65 Ausbild. z. Steuerberaterin in Abendschule. K.: 1961-64 Steuerfachgehilfin, 1966 Grdg. d. eigenen Steuerberaterkzl. M.: seit 1996 Mtgl. d. Steuerberaterkam., seit 1966 Mtgl. im Verb. d. Steuerberater. H.: klass. Musik.

Böhne Albert

B.: Komponist, Gschf. FN.: Andara Music-Production u. Ton-Studio. DA.: 44269 Dortmund, Reiserstr. 17. G.: Dortmund, 1. Apr. 1962. V.: Beatrix, geb. Schwartz. Ki.: Christopher. El.: Albert u. Karin, geb. Gries. S.: 1981 Abitur, 1981-82 Bundeswehr. K.: seit 1982 freiberufl. Komponist, 1988 1. Maxi-Single "Come back" komponiert u. getextet, längere Zeit in d. Disco-Charts, 1989 Album "Different Faces", 1990 Konzeptalben/Hörspiel verantwortl. f. Musik m. Cooperation m. Wolfgang Hohlbein, verantwortl. f. Texte f. d. Bücher Hexer v. Salem u. Neues v. Hexer, 1992 Grdg. d. Tonstudios Andara Production, Tonstudio, Verlag, Label, 1997 Produktion d. Albums "Rückkehr d. Zauberer", 1998 Co-Produktion d. Musical "Teufelchen" in Zusammenarb. m. versch. Künstlern v. Starlight Express, 2001 gemeinsames Projekt m. d. Sänger v. SLADE Steve Whalley. M.: Dt. Rockmusiker Verb. H.: Lesen, Sammeln v. Uhren.

Bohnenkamp Ralf

B.: Kunstmaler, Inh. FN.: Atelier Ralf Bohnenkamp. DA.: 45145 Essen, Breslauer Str. 84. artware66@t-online.de. G.: Essen, 26. Juni 1966. El.: Heribert u. Ursula. S.: 1983-86 Ausbild. als Theatermaler am Grillotheater Essen, 1987 Stud. Malerei b. Barbara Ur-Piwarski, 1988 Auslandsaufenthalt in Spanien, 1989 Stud. Architektur in Bochum. K.: seit 1992 selbst. Kunstmaler im eigenen Atelier, Gruppenausstellungen: 1986 Kulturforum Essen/Steele, 1987 Zeche Carl, 1995 United Arts Essen,

*) Biographie www.whoiswho-verlag.ch oder beigefügte CD-ROM

1996 United Arts Essen, 1999 Hundertmeister Duisburg, Einzelausstellungen: 1997 United Arts Essen, 1998 Grafic & Art Mühlheim, Grafic & Art Düsseldorf. P.: Bilder weltweit veröff. H.: Arb.

Böhner Jochen Dr. med. *)

Böhner Kurt Dr. phil. Dr. phil. h.c. *)

Bohnert Klaus *)

Böhnert Konrad *)

Bohnes Wilhelm G. *)

Bohnet Folker *)

Bohnet Hans Dieter
B.: Bildhauer. DA.: 70188 Stuttgart, Ameisenbergstr. 61. G.: Trossingen, 1. Jan. 1926. V.: 1. Ehe m. Karina, geb. Birk, 2. Ehe m. Traudl, geb. Berzl. Ki.: Martina (1959), Nicole (1971). El.: Albert u. Sofie. S.: 1943-45 Kriegsdienst u. Gefangenschaft, 1945-46 Arch.-Stud. TH Stuttgart, 1946-50 Staatl. Ak. d. Bild. Künste Stuttgart b. Prof. Otto Baum. K.: seit 1950 freischaff. tätig, 1962 Villa Massimo Rom, 1979-80 Cité Intern. des Arts Paris, Objekte: 1955-56 Relief Konzerthaus Stuttgart, 1958-59 Innenhof Gesamtgestaltung Sanatorium Löwenstein, 1960 Brunnen am Berliner Platz Stuttgart, 1974-76 Stahlplastik Integration 76 am Rheinufer Bonn, 1987-93 'IGA Stuttgart 93' Landschaftsskulpturen u. Wasserspiele am Egelsee. E.: 1962 Villa Massimo Rom, 1971 Paul-Bonatz-Preis d. Stadt Stuttgart, 1979/80 Cité intern. des Arts Paris. M.: Dt. Werkbund.

Bohnet Wolfgang

B.: Steuerberater, selbständig. DA.: 27283 Verden, Zollstr. 35. email@kanzlei-bohnet.de. www.kanzlei-bohnet.de. G.: Verden, 18. Nov. 1958. V.: Margitta, geb. Müller. Ki.: Hendrik (1992). El.: Alfred u. Gerda, geb. Schmidt. S.: 1977 Mittlere Reife Verden, 1977-80 Ausbildung z. Steuerfachangestellten, 1989-91 Nebenstudium Privatakademie Steuerakademie in Bremen, Abschluss als Steuerberater. K.: 1980-84 Steuerfachangestellter Steuerberaterkanzlei in Achim, 1984-90 in Verden, seit 1992 selbständig als Steuerberater u. Partner einer Sozietät in Verden, seit 1997 Steuerberater in eigener Kzl. in Verden, Tätigkeitsschwerpunkt: Existenzgründungsberatungen, individuelle Konzepte u. Planung, kleine u. mittelständische Unternehmen. M.: Steuerberaterverband, Bund d. Steuerzahler. H.: Tennis, Motorradfahren.

Bohnhoff Armin Dr.
B.: Geschäftsführer. FN.: DPD GmbH & Co. KG. DA.: 63741 Aschaffenburg, Wailandtstr. 1. www.dpd.net. G.: Köln, 9. Dez. 1959. V.: verh. KI.: 3 Kinder. S.: 1979-81 Studium Maschinenbau, Fachrichtung Grundlagen des Maschinenwesens, 1991 Promotion (RWTH Aachen). K.: 1987-90 Wiss. Angestellter im Fachgebiet Kybernetische Verfahren am Zentrum der RWTH in Aachen im Bereich Kombinierter Verkehr, 1991 Wiss. Ang. Am Hochschuldidakt. Zentrum der RWTH im Bereich Reorganisation Klinikum Aachen, 1992-2000 Ltd. Ang. b. DPD GmbH, 2000-2001 stv. Gschf. DPD, s. 2001 Gschf. DPD.

Bohnhoff Klaus *)

Bohnhoff Stefan

B.: Bankkfm., Inh. FN.: Bohnhoff-Betriebstechnik OHG. DA.: 23843 Bad Oldesloe, Lindenkamp 13. s.bohnhoff@t-online.de. G.: Bad Oldesloe, 21. Mai 1968. V.: Melanie Hickstein. El.: Friedrich u. Christel. S.: 1984-87 Ausbild. z. Bankkfm. b. d. Dresdner Bank Hamburg, 1987-88 Wehrdienst, 1989 Bankkfm., 1989-91 Fachgymn. Bad Oldesloe, FH-Reife, 1991-92 Praktikum b. d. Firma HAKO Bad Oldesloe, 1992-96 Stud. Anlagenbetriebstechnik an d. FH Hamburg, Abschluss als Dipl.-Ing. K.: 1996-98 Betriebsltr. d. Firma Buchholz Textilpflege in Bad Oldesloe, 1998 selbst. m. Bohnhoff-Betriebstechnik, 2000 Umwandlung in eine OHG. M.: Ver. d. Schiffsing. e.V. H.: Motorradfahren.

Bohnhorst Carsten *)

Bohnhorst Ralph *)

Böhning Hans *)

Böhning Walter Dr. *)

Böhnisch Bernadette

B.: Gschf. Ges. FN.: Behringer Schuhe B & P Vertriebs GmbH. DA.: 80333 München, Salvatorpl. 4. G.: München, 19. Okt. 1959. S.: 1976 Abitur, 1976-79 Lehre Einzelhandelskauffrau Verden. K.: 1979-85 Verkäuferin in d. Schuhsalons Thomas u. Bally in München u. b. 1986 bei Bally in Köln, 1986-87 Geschäftsleiterin des Schuhsalons d. Firma Yves in Essen, 1997-98 Geschäftsleiterin d. Firma Behring Schuhe u. 1998 Kauf d. Betriebes gemeinsam m. Frau Barbara Pfeil m. Schwerpunkt hochwertige Schuhe, Lederwaren u. Accessoires. H.: Tennis, Skifahren, Lesen, Kochen.

Böhnisch Karl Heinz *)

Böhnisch Lothar Dr. habil. Prof.
B.: Prof. f. Soz.-Pädagogik u. Sozialisation d. Lebensalter. FN.: TU Dresden, Inst. f. Soz.-Arb. DA.: 01217 Dresden, Weberpl. 5. PA.: 01217 Dresden, Kaitzer Weinberg 15. G.: Trautenau, 17. Juni 1944. Ki.: Sonja. S.: 1963 Abitur, 1964-70 Stud. d. Ökonomie, Geschichte u. Soz. in Würzburg u. München, 1978 Prom. u. 1981 Habil. Univ. Tübingen. K.: 1971-81 Wiss. Mitarb. u. Abtl.-Ltr. am Dt. Jugendinst. (DJZ) München, 1981-84 TU Dresden, 1984-91 Aufbau Regionalforschungsstelle an d. Univ. Tübingen in Kooperation mit d. DJZ u. Prof. f. Soz.-Päd., 1990 Gastprof. an d. Univ. Zürich, s. 1991 Prof. TU Dresden, WS 2000/2001 Gastprof. an d. Univ. Bologna, s.: zahlr. Veröffentl. im Bereich d. Soz.-

*) Biographie www.whoiswho-verlag.ch oder beigefügte CD-ROM

Böhnisch

Päd., Sozialpolitik u. Sozialisationsforschung. M.: Dt. Ges. f. Erziehungswiss., Dt. Ges. f. Soz., versch. Wiss.-Organisationen. H.: Anitquarische Bücher, Reisen. (H.W.)

Böhnk Karl-Heinz

B.: Gschf. FN.: Hanseatische Allfinanz Vers.-Makler GmbH. DA.: 22453 Hamburg, Mechthildweg 3. G.: Groß-Schlamin, 12. Jan. 1953. Ki.: Constanze (1977). S.: Abitur im 2. Bild.-Weg, 1969-72 Ausbild. z. Bankkfm. b. d. Kreissparkasse Ostholstein. K.: 1972-79 Tätigkeit b. d. Kreissparkasse Ostholstein, 1979 Eintritt in d. Vereins- u. Westbank Hamburg, 1984-91 Filialltr. Hamburg-Osdorf, seit 1991 Gschf. d. Firma Hanseatische Allfinanz Vers.-Makler Hamburg. H.: Sport allg.

Böhnke Günter *)

Böhnke Klaus Ing. *)

Böhnke Peter Dr.-Ing. *)

Böhnke Ralf

B.: selbst. Designer f. Bilderrrahmen, Einrichtungskonzepte u. Lichtdesign. DA.: 49492 Westerkappeln, Kirchstr. 1. G.: Mettingen, 18. März 1962. V.: Partnerin: Brigitte Rieger. S.: 1981 Abitur, 1981-82 Bundeswehr, 1984-89 versch. Praktika. K.: 1989-93 Bühnenlichtkonzepte, Entwurf u. Durchführung f. Shows u.a. f. Dieter Bohlen zu. Marianne Rosenberg; Funktion: Berater f. Design f. d. Galerie Schwarzweiß in Osnabrück. H.: Musik, Soul, Jazz, Lesen, Fotografieren, Kochen.

Böhnlein Gregor *)

Bohnsack Fritz Dr. Prof. *)

Bohnsack Heiner *)

Bohnsack Rainer

B.: RA. DA.: 30163 Hannover, Podbielskistr. 33. rainer.bohnsack@botax.de. www.zappdesign.com. G.: Hannover, 20. Aug. 1962. S.: 1982 Abitur, 1982-89 Stud. Rechtswiss. Univ. Hannover, 1989 Staatsexamen. K.: 1990 Grdg. d. RA-Kzl. in Hannover m. Tätigkeitsschwerpunkt Forderungseinzug, Miet-, Urheber-, Steuer- u. Arb.-Recht, seit 1997 Fachanw. f. Steuerrecht; Funktionen: seit 1996 tätig in d. Arge Forum junger RA im DAV, Regionalbeauftragter d. Arge Anw.-Management im DAV. M.: RA-Kam. Celle, RA- u. Notarver. Hannover e.V., Arge Verkehrsrecht im DAV, Arge Steuerrecht im DAV, DAV, Arge Informationstechnologie, Arge Mietrecht u. WEG, Arge Anw.-Management, Arge Anw.-Notariat, Arge Vers.-Recht, Hannover-Bristol Ges. e.V., Dt.-Brit. Juristenvereinig. e.V., Schwaz-Weiß Hannover e.V. FDP. H.: Tanzen, Orgel, Schwimmen.

Bohnsen Dieter *)

Böhnstedt Andreas Dipl.-Ing. *)

Bohr Axel Herbert *)

Bohr Elisabeth Dr. med. *)

Bohr Emil

B.: VPräs. Professional Services Equont Central Europe, East. Europ. Middle East and Africa. FN.: Sita-Equant. DA.: 65760 Eschborn, Rahmannstr. 11. PA.: 65623 Hahnstätten, Auf der Höhe 2. G.: Niederwürzbach/Saarland, 29. Juli 1944. V.: Heidi, geb. Waber. Ki.: Roland (1967), Diana (1968). S.: 1959-62 Ausbild. Starkstromelektriker, 1964/65 Bundeswehr/Marine, 1966-67 Technikerschule Weil am Rhein m. Hochfrequenztechnikerabschluß. K.: 1969-72 MDS Computertechnik, 1976-81 Service Manager f. Deutschland b. Data Graphix u. 1981-87 b. DEC, 1987-92 VPräs. d. ICL Europa, seit 1993 Dir. Amdahl, seit 1995 VPräs., seit 1995 Gschf. Deutschland u. VPräs. & General Manager, seit 1999 AufsR d. Firma Autinform AG Wiesbaden, seit 2000 VPräs. Professional Services Equont Central Europe, East. Europ. Middle East and Africa. H.: Autos, Garten.

Bohren Rudolf Dr. theol. *)

Bohrer Gisbert *)

Böhret Carl Dr. rer. pol. Dipl.-Politologe, Prof.

B.: o.Prof. f. Politikwiss. FN.: Dt. HS f. Verw.-Wiss. Speyer. DA.: 67346 Speyer, Freiherr-von-Stein-Str. 2. PA.: 67346 Speyer, Am Egelsee 5. G.: Bad Friedrichshall, 30. Juli 1933. V.: Christl, geb. Maier. Ki.: Sabine (1966). S.: 1950-54 Lehre Mechaniker NSU-Werke Neckarsulm, 1954-56 tätig in d. Rennsport- u. Entwicklungabt. d. NSU-Werke, 1956-57 Stud. Sozialak. Dortmund, 1957-58 Volontariat IG-Metall Pforzheim, 1958-62 Stud. Politikwiss. u. Wirtschaftswiss. FU Berlin, 1962 Dipl. K.: 1963-67 wiss. Ass. u. Lehrbeauftragter, 1965 Prom. an d. FU Berlin, 1967-68 Forsch.-Aufenthalt am Brookings Inst. in Washington D.C., 1970 Habil., an d. FU Berlin u. Priv.-Doz., 1971-74 o.Prof. f. Politikwiss. an d. FU Berlin, seit 1975 Lehrstuhl f. Politikwiss. an d. HS f. Verw.-Wiss. in Speyer, 1982-84 stellv. gschf. Dir. d. Forsch.-Inst. d. öff. Verw., 1983-85 stellv. Vors. d. Dt. Vereinig. f. Politikwiss., 1983-87 Fachgutachter u. stellv. Fachaussch.-Vors. d. Dt. Forsch.-Ges., 1984-88 gschf. Dir. d. Forsch.-Inst. f. öff. Verw. an d. HS f. Verw.-Wiss. in Speyer, 1988-89 Prorektor, 1989-91 Rektor, 1991-92 Prorektor, 1993-95 wiss. Beauftragter d. Führungskolleg Speyer. P.: "Entscheidungshilfen f. d. Reg." (1970), "Innenpolitik u. pol. Theorie" (3. Aufl. 1988), "Folgen" (1990), "Funktionaler Staat" (1993), "Ko-Evolution v. Ges. u. funkt. Staat" (1997), "Handbuch Gesetzesfolgenabschätzung" (2001), u.a.m.; Hrsg.: "Wörterbuch z. polit. Ökonomie" (1977), "Verw.-Reformen u. polit. Wiss." (1978), "Staat u. Verw. im Dialog m. d. Zukunft" (1994), "Ökologisierung d. Rechts- u. Verw.-Systems" (1995) u.a.m.: BVK 1. Kl., 1968 Ausz. d. Verw. durch d. Stiftung d. Dt. Gem. u. Gem.-Verb. z. Förderung d. Kommunalwiss., 1992 Verd.-Med. d. Stadt Speyer; Festschrift z. 65. Geburtstag "Politik u. Verw. auf dem Weg in d. transindustrielle Ges.". M.: 1970-75 Kuratorium d. Zentrum Berlin f. Zukunftsforsch., 1976-2000 BeiR. d. Bundesak. f. öff. Verw. u. seit 1997 Vors. d. wiss. Aussch., seit 1991 Mitgrdr. u. stellv. Vors. d. Johann-Joachim-Becher-Ges. zu Speyer e.V., 1992-95 Projektgruppe Modernisierung d. öff. Sektors, 1992-2000 Vors. d. Kuratoriums d. polit. Bild. Rheinland-Pfalz, seit 1994 Vors. u. bes. Ltr. d. Verw.-Modernisierungskmsn. Rheinland-Pfalz, 1996-98 Expertenkmsn. Neuorgan. d. Landesverw., seit 1997 Vors. wiss. BeiR. d. Forsch. Ak. z. Erforsch. v. Folgen wiss.-techn. Entwicklungen.

Böhringer Adrian

B.: Goldschmied, Inh. FN.: Schmuckwerk Lübeck. DA.: 23552 Lübeck, Wahmstr. 47. G.: Basel, 18. Sep. 1959. V.: Katrin, geb. Eggers. Ki.: Joana (1988), Hanno-Erik (1991), Leonie (1993). El.: Ing. Adolf u. Dora. S.: 1975-79 Ausbild. z. Goldschmied b. Walter Zinstag in Basel, 1979 Schweizer Armee, Rekrutenschule, 1980-81 freier Gastschüler an d. Zeichenak. Hanau - Zertifikat. K.: 1981-83 Goldschmied in Rüthi/Kanton Zürich, 1984-99 Goldschmied b. d. Firma Goldsack Lübeck, parallel 1989 Meisterprüf. v. d. Handwerkskam. in Lübeck, seit 1999 selbst. m. Schmuckwerk in Lübeck. M.: Handwerkskam. zu Lübeck. H.: Volleyball, Radfahren, handwerkl. Arb. m. Holz.

Böhringer Hartmut Dr. rer. nat.

B.: Apotheker, Inh. FN.: Apotheke 29. DA.: 76133 Karlsruhe, Karlstr. 29. G.: Karlsruhe, 25. Mai 1945. V.: Gabriele, geb. Steudle. Ki.: Marc (1973), Julia (1978), Marlen (1986). El.: Walter u. Rose, geb. Böhler. S.: 1965 Abitur, 1965 Stud. Pharmazie Univ. Karlsruhe, 1967 Vorexamen, 1970 Staatsexamen, 1971 Approb. K.: 1972 Übernahme d. Apotheke 29, ab 1972 wiss. Mitarb. am Inst. f. pharmazeut. Technologie u. Biopharmazie d. Univ. Karlsruhe u. 1972-76 an d. Univ. Heidelberg, 1976 Prom., 1993 Zusatzausbild. f. Fachapotheker f. Offizinpharmazie u. Gesundheitsberatung; Funktionen: seit 1982 Fortbild.-Beauftragter d. Landesapothekerkam. Baden Württemberg, Vorträge über med.-pharmazeut. Themen d. AOK, Naturheilver., Kneipp-Ver., Gesundheitsthemen auch f. Laien, b. BTV Baden u. Medi-TV. P.: div. wiss. Publ. M.: Lions-Club Karlsruhe-Baden, Polizeisportver. H.: Sport, Skifahren, Bergtouren, Reisen, Golf, Radfahren.

Böhringer Rüdiger

B.: Unternehmer. FN.: Böhringer Inkasso GmbH. DA.: 12527 Berlin, Regattastr. 107. info@boehringer-inkasso.de. www.boehringer-inkasso.de. G.: Pforzheim, 30. Aug. 1957. V.: Sabine, geb. Münch. Ki.: 3 Kinder. S.: 1975/76 Abitur Univ. A, Stellung eines Ausreiseantrages, 3 J. Wartezeit b. z. Ausreise aus d. DDR, Stud. Baustoffkunde an d. TU Berlin u. Tübingen, Abschluss als Dipl.-Ing. K.: b. 1988/89 Betontechnologe in Westberlin, ab 1988 selbständig, 1994 Grdg. Firma Böhringer Inkasso GmbH, ab 2001 auch Buchhaltung u. f. kleinere Firmen (Outsourcing). M.: Berliner Postverein. H.: Schach (Regionalliga Tübingen), Literatur, Biografien, Skat, Reisen nach Thailand u. thailändische Sprache.

Böhrk Gisela *)

Bohrmann Hans Dr. Prof. *)

Bohse Reinhard

B.: Medienforscher; Ltr. d. Institutes Leipzig. FN.: Inst. f. Medienanalyse Leipzig; Lektor d. Inno Vatio Verlages in Ostdeutschland; Ltr. d. Medien Tenor Inst. f. Medienanalysen. DA.: 04109 Leipzig, Universitätsstr. 14. G.: Leuben, 8. Juni 1948. Ki.: Tim, Tilla. S.: 1967 Abitur u. Abschluß Gärtner, NVA Pirna, 1969 Stud. Geowiss. Bergak. Freiberg. K.: 1973 Dipl.-Geowissenschaftler, Thema d. Dipl.-Arbeit: Serpentinit im Erzgebirge, Geotechniker in Regis-Breitingen, 1974 Ref. d. Bez.-Stelle f. Geologie in Leipzig, 1982 Lektor d. Tourist Verlages u. postgraduales Stud. z. Verlagslektor an d. Univ. Leipzig, 1989 tätig in d. Redaktionsgruppe "Neues Forum", Mitgrdg. d. Neuen Forum Leipzig u. d. Forumverlages Leipzig, 1990-98 Pressesprecher d. Stadt Leipzig, 1991 Grdg. d. Leipziger Amtsblattes, seit 1999 Ltr. d. Medien Tenor. BL.: Analyse d. nat. u. intern. Medien im Auftrag gr. Konzerne, Verb., Parteien u. Univ. P.: Analyseergebnisse im Forsch.-Bericht "Medien Tenor", Mithrsg. d. Buches "Jetzt oder nie - Demokratie" (1990) u. "Heute vor zehn Jahren - Leipzig auf dem Weg zur Friedlichen Revolution" (2000). M.: Neues Forum, anschl. Bündnis 90/Grüne Sachsen bis 1993. H.: Jazz, Literatur, Philosophie. Geschichte.

Bohumil Detlev *)

Bohusch Michael

B.: selbständiger Architekt. FN.: Michael Bohusch, Klaus Greilich Architekten. DA.: 80469 München, Reifenstuelstr. 6 Rgb. michaelbohusch@gmx.de. G.: München, 30. Juli 1960. Ki.: Frederik (2000). El.: Otmar und Leonore, geb. Kern. BV.: Großvater Otmar Bohusch, Rektor d. Münchner Rupprecht-Gymnasiums, Autor zahlr. Lehrbücher für den Deutschunterricht. S.: 1980 Abitur München, 1980-81 Zivildienst, 1981-86 Stud. Architektur an d. FH München, Abschluss: Dipl.-Ing. K.: seit 1989 Architekt, 1986-89 Mitarbeiter b. Architekturbüro Prof. Dr. Adam München, seit 1989 selbständig, Grdg. d. Architekturbüros Michael Bohusch in München, seit 1998 Zusammenschluss m. Architekt Klaus Greilich, Architekturbüro Michael Bohusch, Klaus Greilich Architekten München. BL.: Lehrauftrag an d. FH München Fak. Architektur im Bereich Baukonstruktion, Tutor an d. TU München f. d. Bereich Architektur. P.: Veröff. versch. Bauten u.a. experimenteller Wohnungsbau im Wirtschaftsmagazin "Capital", Veröff. eines Schreinerei-Gewerbehaus im Fachbuch "Preiswert bauen m. Holz" sowie "Wohnen u. Arbeiten unter einem Dach". E.: div. Preise b. Architektur-Wettbewerben u.a. 1. Preis f. Wohnungsbau Siemensallee München, 2. Pl. f. Wohnungsbau Theresienhöhe München. H.: Squash, Kino, Fachliteratur.

Boing Georg *)

du Bois Gabriele Dr. med. *)

Boisserée Klaus Dr. iur.

B.: Min.Dirigent a.D., RA. PA.: 40629 Düsseldorf, Bolderbergweg 31. G.: Köln, 8. Juni 1925. V.: Christel, geb. Hellendahl. El.: Hans u. Maria. S.: Stud. Univ. Köln, Jur. Staatsexamen, Prom. K.: Eintritt in d. LRg. Nordrhein-Westfalen, ab 1965 Min.Dirigent im Min. f. Arb., Gesundheit u. Soz., 1974-84 Hpt.Gschf. d. IHK zu Düsseldorf. P.: zahlr. Veröff. E.: Ritter d. Gregorius-Ordens, Gr. Silb. EZ f. Verd. um d. Rep. Österr., BVK 1. Kl. M.: Wirtschafts- u. Sozialaussch. d. Europ. Gemeinschaft, Ratsherr d. LHpt.Stadt Düsseldorf 1972-82, Freiherr vom Stein-Ges. e.V. H.: Sammlung moderner Kunst, Bergwandern.

Boisten Peter Dr. med.

B.: FA f. Dermatologie u. Venerologie, in eigener Praxis. DA.: 50672 Köln, Kaiser-Wilhelm-Ring 24. G.: Mönchengladbach, 6. Okt. 1954. S.: 1972 Abitur, 1972-78 Approb. u. Prom., FA-Ausbildung f. Dermatologie u. Venerologie. K.: 1985 Niederlassung. in Köln als FA f. Dermatologie u. Venerologie.

Bojak Detlef Bauing. *)

Bojanic Nico *)

*) Biographie www.whoiswho-verlag.ch oder beigefügte CD-ROM

Bojanovsky Jiri Jörg Dr. med. univ.
B.: apl. Prof. f. Psychiatrie a. d. Univ. Heidelberg. PA.: 68165 Mannheim, Stolzestr. 4. G.: Brünn, 28. Juni 1928. V.: Prof. Dr. Anna, geb. Ranincova. El.: Antonin u. Anna. S.: Med. Fak. in Brünn. K.: seit 1952 in psychiatr. Kliniken tätig, 1966 Habil. an d. Univ. Brünn, 1969 Umhabil. an d. Univ. Tübingen, 1972 Ernenn. z. Prof., 1973 Umhabil. an d. Univ. Heidelberg. P.: über 150 fachl. Publ. zu psychiatr. u. soziolog. Themen, Monographien: Differenzierung d. endogenen u. psychogenen Depressionen (1968), Der depressive Mensch (1982), Psychische Probl. b. Geschiedenen (1983), Verwitwete (ihre gesundheitl. u. soz. Probleme), Ökologie und sozio-kulturelle Evolution (1994), Entwicklung d. Gesellschaft (1996), Lebenserfüllung durch Selbsterkenntnis (1998). E.: sämtl. Examina u. Prüf. m. Auszeichnung.

Bojanowsky Alexander Johann Paul
B.: Gschf. FN.: STATER Deutschland GmbH & Co. KG. DA.: 53175 Bonn, Hochkreuzallee 1. G.: Potsdam, 5. Jan. 1956. V.: Valerie, geb. Cathala. Ki.: Sophie (1996), Lena (1998). BV.: in direkter Linie: König Friedrich V. v. Dänemark im 16./17. Jhdt. (mütterlicherseits), Auguste Jaques Rousseau, Familie v. Schlichtegroll: Familie v. Kobell (Errichtung Pinakothek München). S.: 1975 FH-Reife, 1975-77 FH f. Technik Kaiserslautern, Stud. Elektrotechnik, 1977-79 Stud. Elektrotechnik Univ. Kaiserslautern, 1980-84 Stud. Nachrichtentechnik/Kybernetik TU München, 1984 Dipl.-Ing. Nachrichtentechnik. K.: 1984-87 Programmierer v. Telekommunikationssoftware SEL-Zentrale Stuttgart, 1986-87 2 J. Projektltr., 1987-90 Bundesvertr. Dt. Unternehmensberater BDU, ab 1987 Aufbau d. Infrastruktur f. EG-Förderprojekte in d. BRD, ab 1988 Berater v. BMFT, BMBW, BMPT f. EG-Förderprogramme, 1988-90 Nationaler Experte in EU-DG 13 in Brüssel, 1990-92 Hauptgeschf. Europ. Dachverb. European Computing Services Assoc. ECSA, seit 1990 Grdg. d. Firma ABC Alexander Bojanowsky Consulting in Bonn, 1993 Gschf. BDU, 1993-2000 Gschf. BVIT, seit 2000 Gschf. bei STATER Deutschland GmbH & Co. KG, Bonn, Mtgl. in mehreren Aufsichtsräten. BL.: Einsatz f. Völkerverständigung gegenüber Asien, 1987 l. Untersuchung über Softwareentwicklung in Indien. F.: seit 1994 Gschf. BVIT Service u. Verlags GmbH. P.: Mitautor "Sabbathil-Handbuch", Zeitungsinterviews, Managermagazin (1999). M.: Ges. f. Informatik GI. H.: Sport, Badminton, Lesen (John Irving), zeitgenöss. Musik, Malerei (Franz Hodler), Asienreisen.

Bojarsky Bärbel

B.: Dipl.-Geograph, Prok. FN.: Hanseat. Umwelt-Kontor GmbH. DA.: 10967 Berlin, Urbanstraße 115. PA.: 10823 Berlin, Belziger Str. 39. G.: Bienebeck/Eckernförde, 27. November 1951. Ki.: Corinna (1969). El.: Werner u. Gerda Koch, geb. Schilz. S.: 1967 Mittlere Reife, 1967-70 Lehre als Ind.-Kauffrau in Wetzlar, 1979-81 Hessenkolleg Wetzlar, Allgemeine HS-Reife im 2. Bild.-Weg, 1982-89 Hans-Böckler-Stipendiat, Stud. Geographie, Bodenkunde u. Geologie an der Justus-Liebig-Univ. Gießen, Examen Dipl.-Geograph. K.: 1970-79 Sachbearb. Finanzbuchhaltung Buderus, Wetzlar sowie Verw.-Ang. Justus-Liebig-Univ. Gießen, 1990-93 wiss. Mitarb. b. d. BFUB-Berlin, Aufbau d. Berliner Büros, seit 1993 wiss. Mitarb. u. Prok. im Hanseat. Umwelt-Kontor GmbH, Aufbau d. Berliner Büros, Erarb. v. Arbeitsschutzkonzepten, Zertifizierung ISO 9001, ISO 14001, OHS 18001, Erstellung v. Gefährdungsabschätzungen, Sanierungskonzepten im Altlastenbereich, Erstellung v. Energiekonzepten, Gutachtertätigkeit f. private u. öffentl. Auftraggeber. P.: Energiekonzept f. d. Theater Nordhausen Edition Theater u. Kritik. H.: Lesen, Wandern, Kultur.

Bok Wolfgang Dr. rer. pol. *)

Bökamp Veronika *)

Bokan Ivan Dr. med. dent. Dr. sc.

B.: ndlg. Zahnarzt. DA.: 27283 Verden, Johanniswall 9. ibmbokant@t-online.de. www.ecom.ag/ home/ ivan. bokan. G: Pitomaca/Kroatien, 26. Sep. 1949. V.: Branka, geb. Pasa. Ki.: Tamara (1973), Marko (1978). S.: 1967 Abitur Zagreb/Kroatien, 1967-72 Stud. Zahnmed. Univ. Zagreb, Abschluss: Dr. d. Stomatologie. K.: 1973 Pflichtass. Fak. f. Zahnmed. in Zagreb, 1973 Übersiedlung nach Deutschland, 1973 Ass. Mitarbeiter einer zahnärztl. Praxis in Hameln, 1982 Prom. z. Dr. med. dent., 1980-90 ndlg. Zahnarzt in Dörverden, 1990 Umzug d. Praxis nach Verden, Schwerpunkt: Parodontologie, Implantologie, 1993 Univ. Zagreb Dr. sc., Mitarb. an Projekten klin. Paradontologie Inst. f. Paradontologie Zagreb, 1985 Gast. an Paradontologie Klinik Univ. of Michigan/USA. P.: mehrere Veröff. in Fachzeitschriften nat. u. intern. u.a. Dt. zahnärztl. Zeitschrift (DZZ) 55/8 2000, Croatian Medical Journal 39/98, Moderne Behandlungsmethoden Quintessence Intern. 11/28 1997. M.: Dt. Ges. f. Paradontolgoie (DGP), Europ. Ges. f. Implantologie (DGZI), ICOI. H.: Tennis.

Böke Claudia *)

Böke Werner

B.: Vers.-Kfm. FN.: Generalagentur d. Signal Iduna Gruppe. DA.: 59425 Unna, Rosenweg 30. G.: Dortmund, 11. Aug. 1950. El.: Karl u. Brunhilde. S.: 1965-68 Ausbild. z. Vers.-Kfm. Leue & Nill Dortmund, 1969-71 Bundeswehrdienst. K.: 1971-88 Vers.-Kfm. b. Leue & Nill, 1971-73 Ausbild z. Vers.-Fachwirt Abendschule Dortmund, 1975 Organ.-Ltr. b. Leue & Nill, 1988 Wechsel zu Iduna Nova, seither selbst., seit 1971 Prüfer d. BWV Berufsbild.-Werk d. dt. Vers.-Wirtschaft e.V. M.: BVK Bundesverb. d. dt. Vers.- u. Bausparkaufleuten, seit 1998 2. Vors. d. Region Dortmund (BVK). H.: Ski fahren, intensive Freundschaftspflege.

Bokel Claudia
B.: Profi-Fechterin/Degen, Studentin. FN.: c/o Dt. Fechterbund. DA.: 53117 Bonn, Am neuen Lindenhof 2. G.: Ter Apel, 30. Aug. 1973. El.: Bernard u. Maria Bokel. S.: b 1989 HS RSG Ter Apel, seit 1992 Stud. Rhein. Friedrich-Wilhelms-Univ. K.: größte sportl Erfolge: SM 1x/1., 1x/2., 1x/3., 1992 JWM/1., 1993 JWM/1., WM Mannschaft/2., 1994/95 WC-Turnier Ipswich/1., 1995/96 WC-Turnier Göteborg/

---

*) Biographie www.whoiswho-verlag.ch oder beigefügte CD-ROM

Schweden/1., 1996 OS Mannschaft/7., Einzel/9., WC-Turnier Luxemburg/1., 1997 WM Mannschaft/2., 1997/98 WC-Turnier Welkenraedt/Belgien/1., WC-Turnier Göteborg/Schweden, 1998 WC-Turnier Luxemburg/1., WC-Gesamt/1., EM Einzel/3., Mannschaft/1., 1998/99 WC-Turnier Zürich/Schweiz/1., 1999 EM Einzel/3., WM Mannschaft/3., 2000 OS Einzel/8., Mannschaft/6. H.: Kochen, Lesen.

Bökel Gerhard
B.: MdL, Staatsmin. a.D. FN.: Landtag Hessen. DA.: 65183 Wiesbaden, Schloßpl. 1-3. G.: Sontra-Hornel, 30. Juni 1946. Ki.: 3 Kinder. K.: 1966-74 freier Journalist, 1972 wiss. Mitarb. an d. Univ. Gießen, 1975-85 Rechtsanwalt i. Atzbach, s. 1965 Mtgl. d. SPD, 1972 erster Beigeordneter in Atzbach, 1977 Stadtverordneter in Lahn, 1978-85 MdL Hessen, 1985-94 Landrat d. Lahn-Dill-Kreises, 1991-94 Präsident d. hessischen u. Vizepräsident d. Dt. Landkreistages, 1994-95 Hessischer Minister d. Innern, 1995-99 Minister d. Innern u. f. Landwirtschaft, Forsten u. Naturschutz d. Landes Hessen, seit 1999 MdL, seit 2001 SPD-Vors. Hessen. H.: Imkerei. (Re)

Bokelberg Werner *)

Bokemeyer Bernd Dr. med.
B.: Arzt f. Innere Med., Gastroenterologie. DA.: 32423 Minden, Uferstr. 3. www.gastroenterologie-minden.de. G.: Bad Oeynhausen, 14. Nov. 1954. V.: Jutta, geb. Begemann. Ki.: Maja (1983), Arne (1986). El.: Rolf u. Marianne, geb. Wolff. S.: 1973 Abitur Bad Oeynhausen, 1973-79 Stud. Humanmed. Med. Fak. Köln, 1980 Prom., 1979 Approb. K.: 1980-84 Ausbild. Innere Abt. St. Antonius Hospital Kleve, 1985 Röntgenabt. St. Antonius Hospital Kleve, 1986 Innere Abt. St. Antonius Hospital Kleve, 1986-88 Abt. f. Gastroenterologie u. Hepatologie an d. Med. HS Hannover, seit 1980 ndlg. Gastroenterologe in Minden, 1987 FA-Prüf. f. Innere Med., 1988 FA-Prüf. f. Gastroenterologie. P.: Azathioprin in d. Behandlung v. Lupus erythematodes disseminatus (1982), Chemoembolisation d. Arteria hepatica b. hepatozellulären Karzinomen (1988), Kombinierte Therapie m. Azithromycin u. Omeprazol z. Eradikation v. Helicobacter pylori (1995), Die gastroenterologische Fachpraxis: Möglichkeiten u. Grenzen (1996), Der CED-Patient im Blickpunkt: Ambulante Langzeitbetreuung u. Schwerpunktpraxis (1998), Ambulante Langzeitbetreuung v. CED-Patienten (1998). M.: Dt. Ges. f. Verdauungs- u. Stoffwechselkrankheiten, Dt. Ges. f. Innere Med., Ges. f. Gastroenterologie Westfalen, Arbeitskreis f. Gastroenterologie Münster u. Münsterland, seit 1996 European Board of Gastroenterology. H.: Sport, Marathon, ehemaliger Volleyball-Bundesligaspieler.

Bökenkamp Karl-Wilhelm Dipl.-Ökonom *)

Böker Adolf Dipl.-Ing. *)

Böker Dieter Karsten Heinz Dr. med. Prof. *)

Böker Jürgen Dipl.-Ing. Prof. *)

Böker Uwe Dr. Prof. *)

Bokermann Dirk Dr. med. dent.
B.: Zahnarzt. DA.: 33613 Bielefeld, Johanneswerkstr. 77. G.: Bielefeld, 20. März 1960. V.: Claudia, geb. Gronemeyer. Ki.: Inga (1995), Birte (1997). El.: Heinz u. Gertrud. S.: 1980 Abitur Bielefeld, 1980-85 Stud. Zahnmed. in Münster, Bundeswehr/Stabsarzt, 1984 Famulant über d. DAAD in einem KH auf Vanuatu in Port Vila/Südsee, 1986 Prom. K.: 1987 Ass.-Arzt in einer Zahnarztpraxis in Bielefeld, 1989-90 Ass.-Arzt in d. Zahnarztpraxis Heinz Bokermann, 1990 Übernahme d. Zahnarztpraxis Bokermann, Tätigkeitsschwerpunkte: Prothetik u. Implantation. H.: Sport, Reisen.

Bokr Heiner
B.: RA, Fachanw. f. Arb.-Recht. DA.: 35390 Gießen, Neuen Bäue 8. G.: Frankfurt/Main, 25. Mai 1951. V.: Diane, geb. Keenan. Ki.: Vanessa (1987). S.: 1969 Abitur, 1969-75 Stud. Rechtswiss. u. glz. 2 Semester BWL Univ. Frankfurt/Main, 1975 1. Staatsexamen, 1975-78 Referendariat, 1978 2. Staatsexamen. K.: 1978-96 Rechtsschutzsekr. d. Dt. Gewerkschaftsbundes als ang. Jurist m. Tätigkeitsschwerpunkt Arb.-, Sozial- u. Betriebsverfassungsrecht, Tätigkeitsschwerpunkt Arb.-, Sozial- u. Betriebsverfassungsrecht u. glz. weitere Zusammenarb. m. d. Gewerkschaft, seit 1998 Fachanw. f. Arb.-Recht.; Funktion: Doz. f. Betriebs- u. Personalratsschulungen. M.: seit 1972 SPD, seit 1975 Gewerkschaft. H.: Antiquitäten, Musik, früher Musiker in verschiedenen Bands.

Boksa Manfred *)

Bol Peter Cornelis Dr. phil. habil. *)

Böl Peter *)

Bolay Klaus

B.: Gschf. FN.: Brillen Bolay Ulm. DA.: 89073 Ulm, Münsterpl. 43. G.: Ulm, 22. Sept. 1940. S.: Schubart Gymn., Augenoptikerlehre, Gehilfenjahre u. Sprachstud. 1961-63, franz. Schweiz u. England, 1966 Abschluß staatl. geprüfter Augenoptiker u. -meister. K.: Gschf. d. Firma Brillen Bolay Ulm. M.: URCD, Tennis- u. Golf-Club Blau-Weiß, Museumsges., DAV. H.: Sport, Musik.

Bolay Udo Rudolf *)

Bolck Regina Dr. phil. Dipl.-Ing. *)

Bölck Lothar *)

Bold Joachim
B.: Filialltr. FN.: Dt. Bank 24 Lindau, Oberer Schrannenpl. 2. joachim.bold@db.com. G.: Radolfzell, 11. Sep. 1969. El.: Elmar u. Christa. S.: 1986 Mittlere Reife Berufskolleg Radolfzell, 1987 Lehre Bankkaufmann. Dt. Bank Konstanz, 1990 Bundeswehr. K.: tätig in d. Dt. Bank in Konstanz, seit 1999 Filialltr. in Lindau. H.: Musik, Radfahren, Lesen.

Bold Jürgen
B.: Agenturinh. FN.: Haushüter- Agentur. DA.: 85521 Ottobrunn, Röntgenstraße 36. HA-Bold@t-online.de. www.haushueter.info. G.: Dortmund, 16. Feb. 1941. V.: Ursula. El.: Johann u. Elisabeth. S.: 1957 Mittlere Reife Witten, 1957-60 Schriftsetzerausbildung Witten, 1961-64 Sprachenschule Dortmund, 1979-78 Fachkaufmann f. Absatz u. Materialwirtschaft, 1980-81 Hirt-Methode. K.: 1965-67 Exportkaufmann Bad Säckingen, 1967-70 Exportkaufmann München, 1970-2001 Techn. Einkäufer, seit 1987 selbst. Haushüter- Agentur. M.: Verband Deutscher Haushüter-Agenturen (VDHA) e.V. H.: klass. Musik, Fotografie, Computer.

Bolder Hermann Josef Dr. phil. nat. *)

---
*) Biographie www.whoiswho-verlag.ch oder beigefügte CD-ROM

Boldt

Boldt Günter

B.: Groß- u. Außenhandelskfm., Versicherungsfachmann (BWV), Inh. FN.: Boldt Versicherungen, Finanzdienstleistungen, Unternehmensberatung e. Kfm. DA.: 44267 Dortmund, Benninghofer Str. 279 a. info@boldt-versicherungen.de. www.boldt-versicherungen.de. G.: Dortmund-Hörde 14. Sep. 1947. Ki.: Alexander (1987). El.: Ernst u. Anna, geb. Großmann. S.: 1963 Abitur, 1963-66 kaufm. Ausbild., 1966-68 Bundeswehr (Luftwaffe). K.: 1968 Eintritt in den öffentl. Dienst (Kriminalpolizeidienststellen Dortmund, Landeskriminalamt Nordrhein-Westfalen Düsseldorf u. Hagen), 1979-88 tätig in d. Bereichen Wirtschaftskriminalität u. Staatsschutz, 1980 Wechsel zur deutschen Versicherungswirtschaft, Eröff. mehrerer Servicebüros in Dortmund in Zusammenarbeit mit d. LVM-Versicherungsgruppe, Münster, 1999 Eintragung ins Handelsregister. E.: 14 Ausz. f. bes. Verdienste im Konzern. H.: Kunst, Musik, Bücher, Bergsteigen, Radfahren.

Boldt Hans
B.: Gschf. Ges. FN.: Hans Boldt Literaturverlag GmbH. DA.: 21423 Winsen/Luhe, Röntgenweg 2. 1111-890@online.de. G.: Hamburg, 13. Juli 1934. V.: Gisela, geb. Heuer. Ki.: Gaby (1959), Claus (1960), Bernd (1963), Ulli (1966), Nicole (1973). El.: Hans u. Erna, geb. Kassing. S.: 1952 Mittlere Reife, 1952-54 Ausbild. Vers.-Kfm. Magdeburger Feuervers. K.: b. 1955 tätig bei d. Magdeburger Feuervers., 1956-61 Vers.-Kfm. d. Albigina Vers., 1961-94 tätig bei d. Volksfürsorge Dt. Sachvers., 1969 Hdlg.-Bev., 1975 Prok., glz. 1993 Grdg. d. Hans Boldt Literaturverlag GmbH in Winsen mit Ndlg. in Weimar, seit 1994 ausschl. Gschf., sowie Vertrieb u. Lektorat; Projekte: Veröff. unbekannter Autoren in d. Reihe Winsener Hefte, histor. Persönlichkeiten in d. Weimarer Reihe, Gespräche über die Zeit u.a. Tschingis Aitmatow, Friedensreich Hunderwasser, Günter Grass, Christo- u. Jeanne-Claude, Dieter Hildebrandt, Stefan Heym. P.: Hrsg. d. „Kleine europ. Geschichten" (1999), Autor "Die Feuervers.-Erläuterungen u. Hinweise" (1992). M.: Börsever. d. Dt. Buchhdl., Landesverb. d. Verleger u. Buchhändler Niedersachsen e.V., AV Verlage e.V., VG Wort, BAGmbH. H.: Wandern in d. Bergen.

Boldt Lutz
B.: RA. FN.: Anw.-Kzl. Boldt u. Schwarzkopf. DA.: 30175 Hannover, Berliner Allee 7. PA.: 30982 Pattensen, Zehlendorfer Str. 1. G.: Gießen, 21. Sep. 1942. V.: Brunhild, geb. Borsdorf. Ki.: Jens (1968), Kirsten (1971), Britta (1974). S.: 1963 Abitur Gießen, 1963-68 Stud. Rechtswiss. Marburg u. 1. Staatsexamen, 1968-71 Referendarzeit m. 2. Staatsexamen in Hannover. K.: 1971-81 ang. Großschadenregulierer b. einer Vers.-Ges. in Hannover, seit 1981 eigene Anw.-Kzl. m. Schwerpunkt im Vers.- u. Schadensrechtbereich sowie Familienrecht. P.: div. Berichte in Presse. H.: Sport, Pferdesport.

Boldt Markus Maximilian
B.: Gschf. FN.: Innovatis GmbH. DA.: 33607 Bielefeld, Meisenstr. 96. PA.: 33803 Steinhagen, Julius-Leber-Str. 4a. G.: Bad Tölz, 2. März 1965. V.: Christine, geb. Klapp. Ki.: Paula (1999). S.: 1985 Abitur, 1986-93 Stud. Rechtswiss., 1. Staatsexamen, 1949-96 Referendariat, 2. Staatsexamen. K.: 1996-97 RA, 1997-98 Revisor Price Waterhouse, 1998 Gschf. Polypon GmbH, 1998 Gschf. Innovatis GmbH. E.: 1999 Innovationspreis. H.: Beruf, Technologien, Familien.

Boldt Rainer

B.: Dir. FN.: Dresdner Bank AG. DA.: 10877 Berlin, Pariser Pl. 6. G.: Berlin, 25. Okt. 1949. V.: Sigrid, geb. Wieland. El.: Heinz u. Erna. S.: 1969 Ausbild. Bankkfm. Dresdner Bank. K.: tätig in versch. Bereichen d. Dresdner Bank, 1984 Dir. u. Ltr. d. Kundengeldhdl., 1990-92 Ltr. f. Geld u. Devisen d. Ndlg. Dresden, 1993 Filialltr. in Berlin City, seit 1998 Dir. f. Unternehmenskunden. BL.: verantwortl. f. d. Aufbau d. Dresdner Bank-Kreditbak AG in d. Neuen Bdl. M.: Vors. d. IG Friedrichstraße e.V., Vorst. d. Freundeskreis f. Cartographica, seit 1961 CDU. H.: Tennis, Schwimmen.

Boldt Walter *)

Boldt Wolfgang *)

Böldt Gaby *)

Bolduan Manfred Dr. h.c. *)

Bolen Cynthia Nina *)

Bolender Patrick
B.: Gschf. FN.: BOSCHGE Ges. f. Anlagentechnik mbH. DA.: 12099 Berlin, Germaniastr. 144. PA.: 10247 Berlin, Weserstr. 13. info@boschge.de. www.boschge.de. G.: Köpenik, 9. Jan. 1968. Ki.: Therese (1992). S.: 1985-87 Lehre als Gas-, Wärme- u. Netzmonteur, Spezialisierung Gasanwendung VEB Wärmeversorgung, 1988-89 NVA. K.: 1987-88 VEB Wärmeversorgung, 1989-92 VEB, später Wärmeversorgung Berlin GmbH, 1992-99 Propan-Geppert Berlin, Kundendienstmonteur f. Flüssiggasanlagen, 1999 Grdg. d. BOSCHGE Ges., 2000 Gschf. BOSCHGE GmbH.

Bolewski Hans Dr. theol. Prof. *)

Boley Norbert Ernst *)

Bölk Andrea
B.: Bankkauffrau, Profi-Handballerin, Nationalteam-Spielerin. FN.: c/o Buxtehuder SV. DA.: 21614 Buxtehude, Vaßmerstr. 6. G.: Rostock, 10. Nov. 1968. Ki.: Emily. K.: 201 Länderspiele, 361 Länderspieltore, 1991 Länderspiel-Debüt gegen Frankreich in Merzig; Stationen: TSG Wismar, SC Empor Rostock, seit 1990 Buxtehuder SV, sportl. Erfolge: 1993 Weltmeister, 5. Pl. WM 1995, 4. Pl. EM 1996, 1994 Vizeeuropameister, 1992 Olympia/4. in Barcelona, 1987 WM/3. m. DDR Juniorinnenauswahl, 1989 DDR-Meister m. SC Empor Rostock, 1998 u. 1989 Pokalmeister m. SC Empor Rostock, 1994 City-Cup-Gewinner m. Buxtehuder SV. H.: Reisen, Essen gehen, m. Freunden zusammensein.

Bölke Eva *)

Bölke Klaus-Peter Dipl.-Ing.
B.: Maurermeister. FN.: Ing.-Büro Bölke. DA.: 53743 Sankt Augustin, Postfach 2063. klaus-peter.boelke@t-online.de. www.kanalinspektion.de. G.: Halle/Saale, 23. Feb. 1943. V.: Marion, geb. Menzenhauer. Ki.: Mandy (1967), Andrea (1969), Constanze (1980). S.: 1962-63 Ausbild. z. Maurer m. Abschluss Gesellen- u. Meisterprüf., 1964-69 Stud. an d. TH Otto-v.-Guericke Magdeburg, Abschluss: Dipl.-Ing. K.: 1969-

*) Biographie www.whoiswho-verlag.ch oder beigefügte CD-ROM

80 ltd. Ang. in versch. Firmen in Halle/Saale, 1980-89 Mitinitiator als Fachbereichsltr. f. Kanal- u. Brunnenfernsehen in d. neuen Bdl., Übersiedlung in BRD, 1989-92 Ang. b. versch. Firmen im Bereich Abwasser, 1992-96 Projektltr. b. d. Abwassertechn. Ver. e.V. in Hennef/Sieg f. Kanalinspektionen, seit 1996 selbst. Dipl.-Ing. m. eigenem Büro in Sankt Augustin. BL.: öff. bestellter u. vereid. Sachv. v. d. IHK Bonn f. Kanalinspektionen, Durchführung v. eigenen Schulungen im Bereich Kanalinspektionen in d. BRD u. Österr. P.: Autor d. Fachbuches "Kanalinspektion", zahlr. Art. u.a. Qualifikationskurs f. Mitarb./innen im Bereich Kanalinspektion" (1993), "Der ATV-Kanal-Inspektions-Kurs" (1995), "Die Problematik b. d. Feststellung v. Rißbreiten" (1996), "Kanalinspektion - billig oder preiswert" (1997), "Kanalbetrieb u. Qualitätsmanagement" (1997), "Zustandsdokumentation als Grundlage f. d. Ausschreibung" (2000), "Den Beulen auf d. Spur" (2000). M.: VDI, VBI, ATV, Güteschutzkanalbau. H.: Wandern, Autofahren, Kunstgeschichte.

Bölke Ulrich Dipl.-Päd. *)

Bolkovic Pik Gaspar

B.: Kunstmaler. PA.: 88213 Ravensburg, Rebhunweg 8. G.: Rab/Kroatien, 19. Mai 1929. V.: Dr. Biserka. Ki.: Marko. S.: 1948 Abitur Zagreb, Stud. Ak. d. bild. Künste Zagreb, Dipl. Meisterschule Prof. Detoni. K.: 1959 1. bedeutende Ausstellung in Zagreb z. Thema "Türme u. Reflektionen", bezeichnet sich selbst als meditarrener Maler, figurativ, Neo-Expressionist, orientiert an Traditionen bedeutender Maler aus Dubrovnik, Split u. Zagreb, 1967 Einreise in d. BRD, 1969 1. Ausstellung un Ravensburg, seit über 15 J. Kunstlehrer an Gymn. in Ravensburg. BL.: Organ. v. Hilfskonvois ins Kriegsgebiet nach Kroatien. P.: Ausstellungen: "Rückkehr zu d. Wurzeln meiner Malerei " (1989), "Einzig mögliches Asyl" (1998), "Ecce Homo" (1992), gr. Ausstellung anläßl. d. 70. Geburtstags u. Präsentation d. Monografie durch Presse, Rundfunk u. TV 1999.

Boll Kuno Fridolin Dipl.-Ing. *)

Boll Timo

B.: Tischtennis-Profi. FN.: TTV RE-BAU Gönnern (Hessen). DA.: 64739 Höchst, Sandbacher Str. 2. timo.boll@gmx.de. G.: Erbach, 8. März 1981. K.: 1994 u. 1995 DTB-Top 12 d. Schüler/1., 1997 DTTB-Top 12 d. Jungen/1., 1994 u. 1995 Dt. Schüler-Meisterschaften Einzel/1. u. 1994 Doppel/1., 1997 u. 1998 1. Pl. u. 1996 3. Pl. im Einzel u. 1996 u. 1998 Dt. Jugend-Meisterschaften Doppel/1.; 1995 Schüler-Europameister im Einzel, Doppel u. Mannschaft in Den Haag; 1996 Italien Open im Bozen Doppel/3, Jugend-EM im Einzel-Frydek-Mistek/2.; 1997 Jungen-Doppel/2., Jugend-Mixed b. d. Jugend-EM/2., Dt. Herren-Meisterschaften im Doppel/3., Dt. Pokalsieger m. d. TTV Gönnern, Jugend-Europameister im Einzel; 1998 Europe Junior Top 12/1., Dt. Herren-Meisterschaften im Doppel/2., Dt. Meister im Herren-Einzel-Saarbrücken; 1999 Bundesranglistensieger, Halbfinalist China Open; 2000 Vize-Europameister Herrenmannschaft; 2001 DTTB Top 16 - Bundesranglisten-Sieger, Timo Boll u. Zoltan Fejer Konnerth - Gewinner d. Englisch Open, Dt. Meister in Böblingen; Gewinner d. Europaliga, 3-facher Jugend-Europameister, 3-facher Schüler-Europameister, 6-facher Südwestdeutscher Meister in versch. Klassen, 22-facher Hessenmeister in allen möglichen Klassen. E.: 1998 u. 2000 Tischtennisspieler d. Jahres, 1997 Junior-Sportler d. Jahres. H.: Billard, Golf, Musik, Spielfilme. (Re)

Boll Valentin Dr. iur. *)

Böll Karin Dr. rer. pol. Dipl.-Kfm.

B.: Gschf. Ges. FN.: Böll Concept Licensing Sponsoring Promotion. DA.: 80796 München, Tengstr. 43. dr.boell@boell-concept.de. www.boell-concept.de. G.: Viernheim, 13. Okt. 1967. El.: Dr. Günter u. Hildegard Böll, geb. Mandel. S.: 1986 Abitur Viernheim, ab 1986 Stud. Betriebswirtschaft an d. LMU München, Abschluss: Dipl.-Kfm., Studium Kommunikationswissenschaften in München, Abschluss: Mag., 1994 Prom. z. Dr. rer. pol. K.: 1989-97 EM.TV & Merchandising AG München, Produktmanagement, Key Account-Manager, Licensing Dir., ab 1997 selbst., Grdg. d. Firma Böll Concept GmbH München, Gschf. Ges., 2001 Grdg. d. Firma Böll Concept Austria. BL.: Südwestdt. u. Hess. Meisterin im Skirennlauf. P.: div. Veröff. in Fachpubl. zu d. Themen Sponsoring, Licensing u. Merchandising, Autor d. Fachbuches "Merchandising" (1996), Autor d. Fachbuches "Merchandising u. Licensing" (1999), Hrsg. d. Handbuchs "Licensing" (2000). E.: Med. d. Börsenver. d. Dt. Buchhdls. f. d. Veröff. d. Buches "Funny Fisch m. Kitty Kahane", OTC Award f. d. Promotion m. Josef Strobl, Innovativste Produkteinführung Europas f. BION-3. M.: Golfclub Stenz/Allgäu sowie Radstadt/Österr., Skiclub Kitzbühel/Österr., Dt. Skiverb. DSV, Österr. Skiverb. ÖSV. H.: Sport, Lesen, Reisen.

Bolle Karl *)

Bolle Rainer Dr. Priv.-Doz.

B.: StudR., Prof. FN.: Univ. Hamburg u. Sophie-Barat-Schule Hamburg. DA.: 20354 Hamburg, Warburger Str. 39. bolle.rainer@rzwiss.uni-hamburg.de. G.: Emmerich, 4. Feb. 1960. V.: Birgit, geb. Kersten. Ki.: Ursula, Anna-Katharina, Natascha. El.: Rudolf u. Marianne. S.: 1978 Abitur Rees, Stud. kath. Theol. u. Phil. Univ. Münster, 1979-80 Bundeswehr, 1980-85 Studium Theol., Päd. u. Philosophie Univ. Münster, 1985 1. Staatsexamen, 1988 Prom. K.: 1987/89 Sachbearb. b. Arb.-Amt in Münster, 1989-95 HS-Ass. f. Erziehungswiss. an d. Univ. Hamburg, 1995 Habil., 1996-98 Referendariat an einem Gymn. u. einer kath. Schule in Hamburg, seit 1997 Lehrer an

*) Biographie www.whoiswho-verlag.ch oder beigefügte CD-ROM

einer priv. Abendschule in Hamburg, seit 1998 StudR. an d. Sophie-Barat-Schule, seit 1999 Vertretungen an d. Univ. Hamburg. P.: "Religionspäd. u. Ethik in Preußen", "Jean Jaques Rousseau-d. Prinzip d. Vervollkommnung d. Menschen durch Erziehung u. d. Frage nach d. Zusammenhang v. Freiheit, Glück u. Identität", "Schulische Lernprozesse auf d. Prüfstand". M.: Ges. f. Erziehungswiss., 1985-99 Trainer versch. Mädchenfußballmannschaften, HEBC Hamburg, FTSV Altenwerder.

Bollé Michael Dr. Prof. *)

Bölle Boris *)

Böllecke Franz-Bernd Dipl.-Ing.
B.: selbst. Ing., Inh. FN.: IFTG Böllecke + Partner GmbH. DA.: 51061 Köln, Im Weidenbruch 85. G.: Köln, 11. Apr. 1953. S.: 1969 Mittlere Reife, 1969-72 Lehre techn. Zeichner, 1972-75 Ing.-Stud. FHS Köln, 1982 Dipl.-Ing. K.: 1975-82 tätig in versch. Ing.-Büros in Frechen u. Köln, seit 1982 freiberufl. tätig u. Grdg. d. Ing.-Büros IFTG Böllecke & Partner m. Schwerpunkt Realisierung gr. Lüftungsanlagen in südeurop. Ländern sowie in d. Türkei u. Tunesien, Energie-, Gebäude- u. Facilitymanagement im Bereich teilsolare Kälte-, Wärme-, Stromerzeugung u. windkraftgetriebene Meerwasserentsalzung. M.: 1998 Delegation in d. Türkei d. Min. f. Witschaft u. Mittelstand, Technologie u. Verkehr, VDI, UBI. H.: Reiten, Golf, kulturelle Bildung, Reisen.

Bollen Harry
B.: FA f. Allg.-Med. u. Homöopathie. DA.: 59427 Unna, Kleistr. 2. PA.: 59427 Unna, Kleistr. 38. Harry.Bollen@t-online.de. G.: Heerlen/NL, 20. Mai 1955. V.: Cora, geb. Schippe (verst. 1998). Ki.: Leen (1984), Maarten (1987), Marie (1988). El.: Martin u. Leny. S.: 1973 Abitur Heerlen, 1973-74 Stud. Biologie Nijmwegen, 1974-82 Stud. Med. Amsterdam, Approb., 1982-83 Militär, 1983-85 Weiterbild. K.: seit 1986 ndlg. Arzt in d. BRD, seit 1987 Homöopathie u. 1989 Teilbezeichnung f. Homöopathie, seit 1995 FA f. Allg.-Med., seit 1996 Vertragsarzt f. d. med. Behandlung v. Aussiedlern. M.: Ltr. d. Qualitätszirkels Homöopathie in Dortmund, Hagen u. Umgebung, Freimaurerloge, BDA, Hartmannbund. H.: Langstreckenlauf, Tauchen, Reisen, Kultur, Fotografie.

Bollen Helmut *)

Bollenberg Monika *)

Bollendorf Elke *)

Boller Wilhelm Arnulf *)

Bolles-Wilson Julia B. Dipl.-Ing. Prof.
B.: Architektin. DA.: 48143 Münster, Alter Steinweg 17. G.: Münster, 27. Sep. 1948. V.: Peter L. Wilson. Ki.: Eva (1982), Jack (1986). El.: Benno u. Margret Bolles. S.: 1968 Abitur Münster, 1969-76 Stud. Arch. Karlsruhe. K.: 1976 tätig b. Prof. Karl-Heinz Götz, 1978 DAAD-Stipendiat an d. Archtectural Association in London, u. Postgraduierten-Stud. b. Elia Zenghelis u. Rem Koolhaas, 1981-86 Doz. f. Architectural Studies an d. Chelsea School of Art in London, dzt. Prof. an d. FH Münster. P.: div. Publ. in Fachzeitschriften u. Buchpubl. Birkhäuser (1997). E.: 1987 1. Preis für Bauwettbewerb d. Stadtbücherei in Münster, 1. Preis f. d. Luxor-Theater in Rotterdam. M.: BDA, AA London, Chelsea-Arts-Club.

Bolley Thomas *)

Bollhagen Peter *)

Bollhöfer Dieter
B.: Gschf. FN.: Stadtwerke Köln GmbH. DA.: 50823 Köln, Parkgürtel 24.

Bollhöfer Gabriele Dipl.-Psychologin *)

Böllhoff Klaus *)

Bolli Stefan Dipl.-Ing. (Fh)

B.: Architekt. DA.: 37085 Göttingen, Eibenweg 6. planbolli@aol.com. G.: Braunschweig, 3. Juni 1963. V.: Christiane, geb. Frick. Ki.: Swantje (1994), Henrike (1996), Franka (2000). El.: Dipl.-Ing. Günter u. Sigrid. S.: 1983 Abitur Göttingen, 1985-89 Stud. Arch. FH Oldenburg. K.: 1989-93 Ang. im Arch.-Büro Brütt Matthies u. Partner in Göttingen, 1993-95 Ang. im Arch.-Büro Günter Bolli u. seit 1995 Inhaber. M.: BDB, ökomen. Singkreis-Chor H.: Singen, Familie, Badminton, handwerkl. Arbeiten.

Bollig Andrea Karina *)

Bollig Hanns Günther Dipl.-Ing. *)

Bollig Markus

B.: RA, selbst. FN.: Kzl. Bollig, Kerschgens, Schneider. DA.: 50674 Köln, Hochstadenstr. 1-3. G.: Köln, 22. Dez. 1965. El.: Hans-Willi u. Katrin, geb. Schafrath. BV.: Josef Bollit LAbg. u. LR d. CDU in NRW S.: 1986 Abitur, 1987-96 Stud. Rechtswiss. Univ. Köln, 1996 1. u. 1999 2. Staatsexamen. K.: seit 1999 ndlg. RA in Köln m. Tätigkeitsschwerpunkt Verkehrszivil- u. -strafrecht, Miet- u. Erbrecht. M.: Stadtbezirksvors. d. CDU im Stadtbezirk 5, Nippeser Bürgerwehr v. 1903, CV KDStV Rheno Baltia. H.: Geschichte, Reisen.

Bolling Hans Dr. rer. nat. *)

Bölling Karlheinz

B.: Gschf. FN.: Bölling GmbH & Co KG. DA.: 65812 Bad Soden, Schwalbacher Str. 83. G.: Königstein, 26. Aug. 1942. Ki.: Marco (1973). El.: Karl u. Erna. S.: 1952-59 Höhere Schule Hofheim, 1959-64 Ind.- u. Feinmechaniker. K.: seit 1964 selbst., durch techn. u. künstler. Veranlagung autodidakt Fachwissen angeeignet u. Grdg. d. Firma Offzin f. Prägedruck m. Schwerpunkt kunsthandwerkl. Prägedruck, 1987 Grdg. d. Firma Bölling & Finke in Sanoma/Kalifornien m. Schwerpunkt Prägen u.

Drucken v. Weinetiketten. E.: 1983 Ausz. im intern. Druckwettbewerb in Berlin. M.: Intern. Jaguarclub Sektion Deutschland. H.: Oldtimer Jaguar.

Bölling Klaus *)

Bölling Manfred *)

Bollinger Erwin *)

Bollmann Axel R.
B.: Werbekfm., Gschf. FN.: Essence Werbeagentur GmbH. DA.: 10117 Berlin, Französische Str. 15. G.: Detmold, 18. März 1961. V.: Eva Tiffany, geb. Dassow. S.: 1981 Abitur, 1981-84 Stud. Betriebswirtschaft WU Wien, 1982-83 Univ.-Lehrgang f. Werbung. K.: 1985-89 Trainee, Kontaktass. u. Kundenberater Fair Marketing Werbeagentur Düsseldorf, 1989 Kundenberater Lintas Werbeagentur Frankfurt/Main, 1990-91 Etatdir., 1992 Grdg. d. Firma m. Carsten Niepmann. M.: Partner für Berlin Hauptstadtmarketing-Ges., apgd, Hamburg (Verein d. strategischen Planer, Deutschland), Marketing Club Berlin, Bundesverb. Dt. Werbeagenturen. H.: Sport (Golf), Natur, Hund, Bücher lesen, Fußball.

Bollmann Dieter Dipl.-Vw. *)

Bollmann Ekkehard Dipl.-Ing. Prof. *)

Bollmann Horst *)

Bollmann Klaus Dipl.-Ing.
B.: selbst. Architekt. DA.: 35683 Dillenburg, Wilhelmstr. 6. G.: Prag, 16. Dez. 1929. V.: Emmi-Maria, geb. Kohl. Ki.: Ulrike, Till, Uta, Antje, Götz, Wulf. S.: Abitur, 1949-51 Lehre Maurer, 1951-56 Stud. Arch. TU Darmstadt. K.: 1956-59 Mitarb. b. Prof. Bartmann an d. TU Darmstadt, 1959-60 tätig im Büro Schaeffer-Heyrothsberge in Wiesbaden, seit 1960 selbst. Arch.-Büro m. Schwerpunkt Planung f. ökologische u. baubiologische Niedrigenenergie- bzw. Passivhausbauweise, Teilnahme an zahlreichen Wettbewerben, Engagement im Bauen f. Behinderten-Einrichtungen. P.: Allg. Künstlerlexikon, Fachbeiträge u.a. in Dt. Bauzeitschrift, Dt. Bauzeitung, Bauen, Zu Hause, Eigenhuis & Interieur, Schriften d. Architektenkam., Wohnhäuser. E.: 1956 Ak. Preis d. Jahres f. Dipl. M.: BDA-Vorst. d. Landes Hessen, Vertreterversammlung u. Vorst. d. Architektenkammer, Preisrichtertätigkeit. H.: Malen, Zeichnen.

Bollmann Klaus Harry *)

Bollmann Margrit Dipl.-Ing.
B.: Architektin, Inh. FN.: Arch.-Partnerschaft Bollmann Friedemann Dipl.-Ing. BDA. DA.: 30161 Hannover, Bödekerstr. 79. PA.: 30175 Hannover, Gellertstr. 34. G.: Bad Harzburg, 27. Sep. 1937. V.: Prof. Dipl.-Ing. Ekkehard Bollmann. Ki.: Beate (1966). S.: 1957 Abitur Bad Harzburg, Stud. TH Hannover, 1965 Dipl. K.: Arch.-Büro m. Arbeitsschwerpunkten, Gutachten u. Wettbewerben, Rahmen- u. Entwicklungspläne, Bauleitplanung, Wohnungsbau, Verw.-Bau, Kaufhaus- u. Ind.-Bau. P.: zahlr. Veröff. in Fachzeitschriften. E.: div. Wettbewerbspreise. M.: 1982-85 Kollegialgesprächskreis Hannover, 1981-87 Vorst.-Mtgl. d. BDA Bez.-Gruppe Hannover, seit 1987 Mtgl. d. Vertreterversammlung Arch.-Kam. Niedersachsen, Mtgl. mehrerer Aussch. d. AKN. H.: Beruf.

Bollmann Rainer Dr. med. Prof. *)

Bollmann Reinhard Dr. med. *)

Bollmann Ruth Dipl.-Ing.

B.: Gen.-Vertreter. FN.: Gen.-Vertretung Allianz-Vers. AG. DA.: u. PA.: 06484 Ditfurt, Bahnstr. 17. G.: Ermsleben, 7. Okt. 1951. V.: Volker Bollmann. Ki.: Andreas (1979), Karin (1986). S.: 1969 Abitur, 1969-72 Stud. Agraring.-Schule Quedlinburg m. Abschluß Dipl.-Ing. K.: 1972-75 Serologin am Inst. f. Phytopathologie in Aschersleben, 1975-77 Ing. f. Ökonomie in d. Firma KAP Rieder, 1977-79 Ing. am Inst. f. Züchtungsforsch. in Quedlinburg, 1980-84 ldw. Sachbearb. d. Gem. Ditfurt, 1990-95 nebenberufl. Vers.-Vertreterin d. Allianz Vers., Qualifizierung z. Ltr.-Tätigkeit im Vers.-Wesen, 1995-97 selbst. Hauptvertreterin d. Allianz u. seit 1998 Gen.-Vertreterin. M.: Vorst.-Mtgl. d. Schützenver., Förderver. Dorothea Erxleben e.V. H.: Familie, Haus, Garten, Schriftstellerei.

Böllner Claudia Dipl.-Kfm.

B.: Wirtschaftsprüfer, Steuerberater. DA.: 80335 München, Karlspl. 8. G.: Rosenheim, 12. Aug. 1962. V.: Dipl.-Kfm. Michael Böllner. El.: Josef u. Irene Kreuzer, geb. Kittl. S.: 1981 Abitur Altötting, 1981-86 Stud. Betriebswirtschaft Passau. K.: 1987-93 Ass. in einer gr. Wirtschaftsprüf.-Ges., 1992 Zulassung als Steuerberater, seit 1994 selbst. Steuerberater u. Wirtschaftsprüfer. H.: Reiten, Skifahren, Tennis, Malerei, mod. Musik, Kulturreisen.

Böllner Michael Dipl.-Kfm. *)

Bollow Heinrich *)

Bollrath Ulrich Dipl.-Ing.

B.: Architekt, selbständig. DA.: 45731 Waltrop, Kieselstr. 35. www.architekt-bollrath.de. G.: Waltrop, 27. März 1952. V.: Gabriele, geb. Knoch. Ki.: Bernd (1982). El.: Dipl.-Ing. Bernhard u. Margarete, geb. Schäfer. BV.: Architekturbüro Bollrath seit 1957 in Waltrop. S.: 1968 Fachabitur, 1968-72 Stud. Arch. an d. FH Paderborn, Abt. Höxter, 1975 Examen z. Ing. grad., 1975-78 Stud. Arch. an d. TU Berlin, Examen: Dipl.-Ing. K.: 1975-83 ang. Architekt i. väterl. Architekturbüros, 1983 selbständig, Übernahme d. Architekturbüros. E.: Anerkennung f. hervorragende Leistungen a. d. Gebiet d. Architektur d. Stadt Anneberg-Buchholz (1997). M.: Architekturkammer NRW, ehrenamtl. Mtgl. d. Gutachterausschusses d.

*) Biographie www.whoiswho-verlag.ch oder beigefügte CD-ROM

Bollrath

Kreises Recklinghausen f. d. Wertermittlung v. bebauten u. unbebauten Grundstücken, Vereinigung Dt. Studenten Berlin-Charlottenburg (VDST). H.: Jagd.

Bollwahn Wilhelm Dr. Prof. *)

Bölsche Jens
B.: Physiotherapeut, med. Bademeister u. Masseur. FN.: Physiotherapie Bölsche Praxis f. Massage u. Krankengymnastik. GT.: Vorst.-Mtgl. im MSC Javel 77. DA.: 29379 Knesebeck, Mühlenstr. 14. webmaster@physiotherapie-boelsche.de. www.physiotherapie-boelsche.de. G.: Celle, 28. Jan. 1966. V.: Claudia. Ki.: Katharina (1993), Lena (1997). El.: Günter Ottow u. Herta, geb. Brandt. S.: 1981-85 Lehre z. Elektroinstallateur in Ummern. K.: 1985-91 tätig b. d. Volkswagen AG in Wolfsburg, 1991-92 Besuch d. Massageschule in d. Diana-Klinik in Bad Bevensen, 1992-94 Anerkennungszeit in Hankensbüttel u. im Stadtkrankenhaus Wolfsburg, 1994-96 Besuch d. IFBE-Schule in Wolfsburg-Sülfeld, 1996-97 Anerkennungsjahr als Krankengymnast in Bad Waldsee in d. Städtischen Kurklinik, danach in d. Physiotherapiepraxis Bölsche in Hankenbüttel u. Knesebeck als Physiotherapeut u. Masseur ang. E.: Ewald-Kroth-Medaille 2000 in Bronze. M.: MSC Javel 1977 in Groß Oesingen, Bühnenspielverein Hankenbüttel, FFW Hankenbüttel. H.: Karneval, Aquaristik, Motorsport, Computer, Internet.

Bolsmann Reinhold Dipl.-Ing. *)

Bolt Mechthild Dr. med. *)

Bolt Wilhelm Hinrich Dr. med. *)

Bolte Ekkehard Dr. Prof.
B.: Prof. d. Elektrotechnik. FN.: Bundeswehr Universität Hamburg. DA.: 22043 Hamburg, Holstenhofweg 85. G.: Minden, 18. März 1952. V.: Elke. El.: Dipl.-Ing. Wilhelm. S.: 1970 Abitur Stadthagen, 1970-75 Stud. Elektrotechnik in Hannover, 1975-79 wiss. Mitarbeiter d. Univ. Dortmund, 1979 Prom. K.: 1979-83 Oberingenieur b. d. Univ. in Dortmund, Ingenieurberatung freiberuflich, 1983-97 b. Philips in Aachen in d. intern. Philipsforschung, Ltr. f. Elektromechanik u. Leistungselektronik, 1997 Prof. in Hamburg an d. Bundeswehr Univ. BL.: ca. 20 Patente angemeldet. P.: regelmäßige Veröff. in Fachzeitschriften, intern. Konferenzen, Buchbeiträge. E.: VDE Literaturpreis (1985). M.: 21. VDE Vorst. Region Nord, Zusammenlegung d. Bez. Hamburg u. Schleswig-Holstein, stellv. Vors. H.: Reiten m. eigenem Pferd, Musik, Theater, mediterane Küche.

Bolte Karl Martin Dr. rer. pol.
B.: em. Prof. f. Soz. FN.: Univ. München. PA.: 82131 Gauting, Blumenstr. 6. G.: Wernigerode, 29. Nov. 1925. V.: Wiebke, geb. Brockmöller. Ki.: Karin, Clemens. El.: Karl u. Frieda. S.: Gymn., Stud. Phil., Wirtschafts- u. Sozialwiss., 1950 Dipl.Vw., 1952 Dr. rer. pol. K.: 1957 Habil., 1957 Forsch.Stipendium USA, 1958-61 Univ.Doz. Kiel, 1961-64 o.Prof. f. Soz. HS f. Wirtschaft u. Politik Hamburg, Hon.Prof. d. Univ. Hamburg, 1962-64 Ltr. d. HS, 1964-92 (Emeritierung) o.Prof. f. Soz. u. Vorst. d. Inst. f. Soz. Univ. München, 1967-71 Vors. d. Kmsn. Dritter Jugendbericht d. BRg., 1975-78 Vors. d. Dt. Ges. f. Soz., 1971-77 Vors. d. Kmsn. f. wirtschaftl. u. soz. Wandel, 1978-80 Vors. d. Kmsn. Bevölkerungsentwicklung und nachwachsende Generation, 1980-86 Senator u. Mtgl. d. Hpt.Aussch. d. Dt. Forsch.Gemeinschaft. P.: Sozialer Aufstieg und Abstieg (1959), Deutsche Gesellschaft im Wandel, 2 Bde. (1966/1970), Berufsstruktur und Berufspro- bleme (1970), Leistung und Leistungsprinzip (1970), Subjektorientierte Soziologie in der Arbeits- und Berufsforschung (1983), Soziale Ungleichheit in der Bundesrepublik Deutschland (1984). E.: 1985 BVK am Bande, 1991 u. 1998 Dr. phil. h.c. M.: Dt. Ges. f. Soz., Dt. Ges. f. Bevölkerungswiss., Academia Scientiarum et Artium Europaea. H.: Schifahren.

Bolte Walter Dr. Prof. *)

Bölte Dieter
B.: Zahntechnikermeister. FN.: Studio f. Präzisionstechnik. DA.: 40229 Düsseldorf, Robertstr. 3. PA.: 40078 Düsseldorf, Jenaer Weg 2a. G.: Rostock, 24. Feb. 1936. V.: Thea, geb. Falk. Ki.: Maren, Jens, Ullrich. BV.: Vorfahren waren alteingesessene Handwerks- u. Hdls.-Familien aus Rostock. S.: 1952-56 Lehre als Zahntechniker. K.: nach Mitarb. b. Zahnarzt in Miro u. Poliklinik in Templin, Flucht aus d. DDR 1960 u. Mitarb. b. Zahnarzt in Oer Erkenschwig, 1964 Meisterschule in Köln, 1965 Meisterprüf., 1965-72 Mitarb. b. Zahnarzt in Düsseldorf, 1972 Grdg. d. eigenen Labors in Düsseldorf. BL.: ehrenamtl. Richtertätigkeit, Meisterbeisitzer b. d. Handwerkskam. Düsseldorf. P.: div. Veröff. in Fachzeitschriften z. Thema Gnathologie, Doz. an d. Meisterschule in Köln u. Düsseldorf. H.: Golf, Oper, Kochen.

Bolten Jochen Dr. *)

Bölter Horst

B.: Optikermeister, Inhaber. FN.: Dipl. Optiker Bölter Nfg. Bölter GmbH. DA.: 42651 Solingen, Kirchstr. 10. PA.: 42659 Solingen, Euler Weg 4. Dipl.-Optiker-Boelter@t-online.de. G.: Düsseldorf, 18. Mai 1952. V.: Ingeborg, geb. Quentin. El.: Erich u. Emmy, geb. Schulze. S.: 1950 Abitur Forchheim, 1951-54 Lehre als Augenoptiker väterl. Betrieb. K.: ab 1954 Augenoptiker im väterl. Betrieb, 1960 Fachschule f. Augenoptik m. Abschluß Meisterprüf. m. Ausz. als Jahrgangsbester, 1978 Übernahme d. väterl. Betriebes. M.: Augenoptikerinnung Düsseldorf, WVAO, VDC, JVBV. H.: klass. Klaviermusik, Oper.

Böltes Stefan
B.: RA. FN.: Güven & Böltes Rechtsanwälte. DA.: 12047 Berlin, Sanderstr. 13. G.: Bremerhaven, 16. Aug. 1966. V.: Christine, geb. Hanke. Ki.: Christoph (1994), Kai (1997). S.: 1985 Abitur, 1985-86 Bundeswehr, 1987-93 Stud. Rechtswiss. FU Berlin (1. Staatsexamen). K.: 1994-96 Berliner Kammergericht (2. Staatsexamen), 1996 Grdg. d. Sozietät m. RA Gülcin Güven. BL.: einzige Dt.-Türk Anw.-Kzl. in Berlin. H.: Literatur, Technik, Verkehr.

Bölting Joachim
B.: Dipl.-Finanzwirt, Gschf. Ges. FN.: Bölting + Kollegen. DA.: 45881 Gelsenkirchen, Liboriusstr. 19. steuerberatung@boelting.com. G.: Gladbeck, 5. Jan. 1967. V.: Dr. Irmgard, geb. Wertulla. Ki.: Justus Wellem (2000). El.: Johannes u. Cäzilie, geb. Vielhaber. S.: 1986 Abitur, 1986-87 Bundeswehr, 1987-90 Ausbildung Dipl.-Finanzwirt FH f. Finanzen. K.: 1991-93 Aufbau versch. Kzl. in Mecklenburg-Voepommern f. d. Firma European Tax & Law, 1993-94 Vorst. d.Büros d. Steuerberatungsgesellschaft Schittko u. Witt,, 1994 Steuerberaterexamen, 1994-96 Gschf. d. FJW Steuerberatungs GmbH in Essen, seit 1996 selbstständiger Steuerberater, 2000 Grdg. d. Kzl. Bölting + Kollegen. F.: Grdg. d. ADVISA Steuerberatungs GmbH in Gelsenkirchen spez. f. Heilberufe. M.: ETL, Steuerberaterverband. H.: Freizeit m. d. Familie, Windsurfen, engl. Sportwagen.

*) Biographie www.whoiswho-verlag.ch oder beigefügte CD-ROM

Bölts Edzard

B.: Kfm., General Manager. FN.: BLG Bremer Lagerhaus Ges. Project Logistics GmbH & Co. DA.: 28197 Bremen, Neustädter Hafen Terminal 21. G.: Bremen, 6. Sep. 1960. Ki.: Jonas (1991). Simon (1993). El.: Woldemar u. Ingrid, geb. Brüggemann. S.: 1981 Abitur, 1981-85 Lehre Schiffahrtskfm. Bremen. K.: 1986 Schiffahrtskfm. einer Agentur in Marokko, 1987 Line Manager in Bremen, 1988-91 Leiter d. Operations-Center f. Container-Levante-Dienst d. Firma Bruno Bischoff Reederei, ab 1991 im Vertrieb als Manager, Gen.-Manager b. BLG Projekt Logistics GmbH & Co, Bremen m. Schwerpunkt Sales u. Costumer Services, Verträge zw. Reedereien u. Stauerei, Projektverantwortung f. Lateinamerika. M.: Marketingclub. H.: Musik hören u. spielen, Schreiben v. Kindergedichten u -geschichten.

Bölts Udo

B.: Profi-Radrennfahrer; Rundfahrten, lange Berg. FN.: c/o Team Dt. Telekom. DA.: 53115 Bonn. G.: Rodalben, 10. Aug. 1966. Ki.: 1 Tochter. K.: sportl. Erfolge: 1990 Dt. Profimeister, 1992 Gesamtsieger Sun Tour, 1992 Etappensieg Giro d'Italia, 1992 Etappensieg Baskenland-Rundfahrt, 1994 Sieger Rund um Köln, 1994 9. Pl. Gesamtklassement Tour de France, 1994 2. Etappensieg Sun Tour, 1995 Dt. Profimeister, 1996 Etappensieg Tour de Suisse, 1996 Etappensieg Castillia-León-Rundfahrt, 1996 Sieger WP San Sebastian, 1997 Sieger Dauphiné Libéré, 1997 Sieger Colmar-Straßbourg, 1979 Etappensieg Bicicletta Vasca, 1997 Sieger GP Groningen, 1997 3. Pl. Castillia-León, 1997 4. Platz WM San Sebastian, 1998 Sieger GP Wallonie; 7 Tour de France-Starts, 4 Giro-Starts, 2 Vuelta-Starts, s. 1992 b. Team Dt. Telekom, 1999 DM/1., Lüttig-Bastogne-Lüttich/9., 2000 Etappensieg Deutschland Tour.

Boltz Dirk-Mario Dr. Prof.

B.: Kommunikationsberatung. GT.: Präs. Dt. Werbewiss. Ges. DA.: 10629 Berlin, Wielandstr. 35. dm.boltz@profboltz.de. www.profboltz.de. G.: Bottrop, 25. Mai 1963. El.: Friedhelm u. Marlies, geb. Schäfer. S.: 1982 Abitur Bottrop, 1982 Praktika in Werbeagenturen, 1983-84 Zivildienst, 1984-89 Stud. Ges.- u. Wirtschaftskommunikation an Berliner HS d. Künste, 1986 6 Monate in USA b. Werbeagentur Liebermann & Appalucci in Allantown/Philadelphia u. b. Bittner & Finke in San Franzisko, 1989 Dipl.-Kommunikationswirt, 1993 Prom. z. Dr. phil. K.: 1989-94 wiss. Mitarb. an HdK, Inst. f. Ges.- u. Wirtschaftskommunikation, Fachgebiet Kommunikationsplanung, 1990-95 parallel Mitaufbau d. Agentur Plex GmbH, seit 1995 selbst. Kommunikationsberatung, 1996 "A-Motion" Tour d. Mercedes A-Kl., seit 1996 Prof. f. Wirtschaftskommunikation an HS Anhalt (FH) Nachfolgeinst. Bauhaus Dessau, 1998 f. Nachrichtenmagazin Der Spiegel "Nachrichten Magazine erleben", 2002 nach Dalian/China. P.: Buch "Marketing by World Making - Folgenreiche Begegnung zwischen Mensch u. Marke". M.: Dt. Werbewiss. Ges., Transfer e.V. H.: Skifahren, Tennis, Segeln.

Boltz Waltraud *)

Böltz Christian

B.: Gschf. FN.: Publicis MCD Werbeagentur GmbH GWA. DA.: 81369 München, Steinerstr. 15. G.: Nördlingen, 2. Jan. 1952. V.: Heike, geb. Riffel. Ki.: Carsten (1977), Lisa (1984), Maximilian (1994). El.: Friedrich u. Lisa. S.: 1972 Abitur Wiesentheit b. Würzburg, Stud. Wirtschafts- u. Sozialwiss. in Augsburg, 1976 Dipl. oec. K.: 1976 3 Monate in London b. Linitas Werbeagentur, 1977 Compton Werbeagentur GmbH Frankfurt, 1981/82 Compton Advertising Inc. New York, 1982 Rückkehr z. Compton Frankfurt, d. inzwischen v. Saatchi & Saatchi übernommen wurde, 1985 Management Supervisor b. Baums, Mang u. Zimmermann Werbeagentur Düsseldorf, 1988 Gschf. u. Inh. RSCG Butter, Rang Werbeagentur Düsseldorf, seit 1992 Gschf. b. Publicis MCD München. H.: Kinowelt, Familie, Beruf.

Boltze Joachim Dipl.-Jur. *)

Boluminski Andrea

B.: Gschf. FN.: Boluminski Enterprises Ltd. DA.: 69121 Heidelberg, Handschuhsheimer Landstr. 42. G.: Flensburg, 28. Nov. 1965. El.: Günter u. Elfriede Boluminski, geb. Elle. S.: 1983 Handelsschule, 1986 Abitur Wirtschaftsgymn., 1986 Stud. Ev. Theol., 1989-95 Stud. Jura. K.: während d. Praktikums Erstellung d. Notfallunfallaufnahmeplanung f. Heidelberg in d. jur. Abt. d. Univ.-Klinik Heidelberg, 1996 Grdg. d. Firma Immo-Enterprises, seit 1999 Schwerpunkt: Finanzmanagement, Renovierung, Sanierung, Aufteilung u. Verkauf v. Objekten, 1997 Grdg. d. Firma Video Enterprises in Heidelberg u. 1998 in Ludwigshafen, 1999-2000 Grdg. d. Firma Boluminski Enterprises Ltd. in London f. Musikproduktionen u. TV-Satellitenbetreiber. BL.: Gerechtigkeitskämpfer u. Rebell, 1993-98 Prozess gegen d. nordelb. Ev.-Luther. Kirche in Bezug auf Prüffehler im Theol.-Examen v. d. höchsten Gericht d. VELKD Hannover in einer Verteidigung gewonnen, 1994 jüngste Herausgeberin einer Kirchenfestschrift in Deutschland, 1977-85 Fußball-Leistungssport b. in d. Verb.-Liga. P.: Hrsg. v. "Kirche, Recht u. Wiss." (1994), jur. Texte z. Thema Arzt- u. Kirchenrecht, Songwriter, CD u. Video "Scheissegal". E.: 1981 Ausz. f. bes. sportl. Leistung d. Fußballverb. Schleswig-Holstein. M.: Förderung v. Kinder unterm Regenbogen. H.: Sport, Lesen, Musik, Film, Freundschaften pflegen.

Bolwin Rolf *)

*) Biographie www.whoiswho-verlag.ch oder beigefügte CD-ROM

Bolz Hans-Jürgen

B.: RA u. Notar. DA.: 45468 Mülheim/Ruhr, Kohlenkamp 35. G.: Fröndenberg, 2. Mai 1936. Ki.: 2 Kinder. S.: 1956 Abitur, 1956-60 Stud. Rechtswiss. Freiburg, Bonn u. Köln, 1966 2. Staatsexamen. K.: 1967 Zulassung z. RA, seit 1977 Notar. E.: 1954 westdt. Jugendmeister über 4000m, Rudern. M.: WSV Mülheim/Ruhr, Kunstver. Düsseldorf f. d. Rheinland u. Westfalen. H.: Sammeln u. Förderer aktueller Kunst, Ausstellungen, Eröffnungen, Leihgaben, Ankauf u. Empfehlung v. Künstlern.

Bolz Jürgen *)

Bolz Klaus-Dieter *)

Bolz Peter Dr. phil. *)

Bolz Ursula *)

Bolze Egon Willi

B.: StA. FN.: StA. Hannover. DA.: 30916 Isernhagen, Burgwedeler Str. 203 C. PA.: 30916 Hannover, Ginsterweg 8 G. G.: Ecklingerode, 12. Juni 1945. V.: Marion, geb. Pohl. Ki.: Bodo (1985), Falko (1988). S.: 1969 Abitur Kempen, b. 1975 Stud. Rechtswiss. Göttingen u. Freiburg, 1. Staatsexamen, Referendariat OLG Celle, 1978 2. Staatsexamen. K.: 1978 Personaldezernent in Bez.Reg. Hannover, 1979-91 tätig in d. Justiz, 1991 Abordnung z. Thüringer Innenmin. in Erfurt, 1992 Ernennung z. MinisterialR. in Erfurt, tätig als Personalchef d. Thüringer Polizei u. stellv. Abt.-Ltr., 1994 im Thüringer Min. f. Wirtschaft u. Infrastruktur als Ltr. d. Ref. "Landeseigene Ges., Landesentwicklungsges. Thüringen GmbH" u. d. Treuhandnachfolgeges., seit 1998 bei d. StA. Hannover. M.: Dt. Richterbund, Dt. Atlant. Ges. H.: Politik, Geschichte, Philosophie, Psychologie.

Bolze Günther Dipl.-Ing.

B.: ltd. Vermessungsdir. a.D. FN.: Senatsverw. f. Bau- u. Wohnungswesen. PA.: 13503 Berlin, Beyschlagstr. 8B. G.: Berlin, 26. Sep. 1935. V.: Brigitte, geb. Meißner. Ki.: Tilmann (1963), Xenia (1966). S.: 1955 Abitur Berlin, 1956-63 Stud. Vermessungswesen TU Berlin, 1963 Dipl.-Ing. K.: 1963 Mitarb. b. öff. bestelltem Vermessungsing., 1963-66 Referendar Senatsverw. f. Bau- u. Wohnungswesen Berlin, 1966 2. Gr. Staatsprüf. u. Mitarb. b. öff. bestelltem Vermessungsing., 1967-71 Mitarb. in Senatsverw. f. Bau- u. Wohnungswesen Berlin, 1971-74 Ltr. d. Vermessungsamtes Berlin-Charlottenburg, 1975-83 Senatsverw. f. Bau- u. Wohnungswesen, seit 1984 stellv. Abt.-Ltr. u. Referatsltr. P.: div. Veröff. in Fachzeitschriften u. in Mitteilungen aus Vermessungswesen Berlin. M.: DIN-Normenaussch. geodät.Instrumente. H.: Tischtennis.

Bolze Konrad

B.: Zentralheizungs- u. Lüftungsbauermeister, Gas- u. Wasserinstallateurmeister, Gschf. Ges. FN.: Konrad Bolze Sanitärinstallation u. Heizungsbau GmbH. DA.: 29313 Hambühren, Brigitta 17. info@bolze-online.de. www.bolze-online.de. G.: Birkungen, 11. März 1944. V.: Karin, geb. Kudla. Ki.: Cay (1972), Jens (1975), Alexa (1978). S.: 1959-62 Lehre als Installateur u. Klempner b. Hermann Hornbostel, 1964-65 Grundwehrdienst b. d. Bundeswehr, anschließend als Geselle wieder im Ausbildungsbetrieb, 1972 Meisterschule in Lüneburg Vollzeit. K.: seit 1972 Gas- u. Wasserinstallteurmeister, 1973-78 als Meister d. Sanitärabteilung b. d. Firma Harling in Celle aufgebaut u. geführt, 1975 Meisterprüfung im Zentralheizungs- u. Lüftungsbau Handwerk, 1978 Grdg. d. Konrad Bolzer Sanitär- u. Heizungsbau GmbH, 1984 Umzug d. Firma in d. neue moderne Firmengebäude im Gewebegebiet in Hambühren. M.: seit 1975 Mitglied im Meisterprüfungsausschuss f. d. Gas- u. Wasserinstallateurhandwerk, ab 1981 Mtgl. im Gesellenprüfungsausschuss f. d. Gas- u. Wasserinstallateurhandwerk d. Innung Celle, Obermeister d. Installateur- u. Heizungsbauer Innung Celle, viele örtl. Vereine. H.: Segeln.

Bolzek Rudolf Armin Günther Dipl.-Ing.

B.: Architekt. DA.: 35390 Gießen, Brandg. 12. G.: Lohr/Main, 19. Apr. 1950. V.: Kristiane. Ki.: Alexander (1980), Tatjana (1985). S.: 1967 Mittlere Reife, 1967-70 Lehre Bauzeichner Gmünden, 1973 Fachabitur Polytechnikum, Stud. Hochbau FH Würzburg, 1973-74 Stud. Arch. Univ. Braunschweig und bis 1978 Stuttgart. K.: 1978-80 freier Mitarb. im Arch.-Büro Feser in Würzburg u. selbst. m. Büro in Frammersbach, 1980-86 freier Mitarb. im Arch.-Büro Straub in Nidda und selbst. m. Büro in Gießen, seit 1986 selbst. Architekt in Gießen m. Schwerpunkt Wohn- u. Geschäftsbauten, Ind.-Bau u. Sanierung. P.: Gutachter z. Thema "Bürgerhaus Düsseldorf-Ratingen". E.: div. Wettbewerbserfolge, 1998 Dt. Meister d. Kl. 6 Porsche-Cup. M.: Porscheclub Lahntal. H.: Autorennen fahren, regelm. Teilnahme an Rennen d. Porsche Clubs.

Bolzius Rudolf Maria Dr. med.

B.: prakt. Arzt, Sportmediziner. DA.: 41068 Mönchengladbach, Roermonder Str. 421. praxis@bolzius.de. www.bolzius.de. G.: Köln, 5. Aug. 1959. V.: Ulrike, geb. Liesen. Ki.: Anna Katharina (1995), Sophia Charlotte (1997). El.: Dr. med. Ferdinand u. Dr. med. Annemie. S.: 1978 Abitur, Wehrdienst, 1981 Stud. Med. München u. Köln u. Auslandsaufenthalte England, USA und Neuseeland, 1987 Staatsexamen, 1987-88 FU-Ausbild. Chir. Univ. Köln, 1988-93 Ausbild. Innere Med. Franziskus-KH Mönchengladbach, 1995 Prom. K.: seit 1993 ndlg. prakt. Arzt, ab 1998 Akupunktur-Ausbildung (u.a. in China), 2001 Grdg. d. Fact- and - How GmbH (Anbieter v. nichtmedizinischen Leistungen zur Gesundheitsprävention). P.: Dr.-Arb.: "Sterben u. Trauer". E.: Arzt im Ärzteteam bei

---
*) Biographie www.whoiswho-verlag.ch oder beigefügte CD-ROM

Borussia Mönchengladbach, 1999 DFB U-18-Fußball-Nationalmannschaft. H.: Kultur, Ausdauersport, Kommunikationstechnik, moderne Kunst/Design, gutes Essen u. Trinken.

Bolzmann Hans *)

Bombeck Beata

B.: prakt. Ärztin. DA.: 51375 Leverkusen, Dhünnberg 18. V.: Georg Bombeck. Ki.: Robert (1988), Alexander (1989). El.: Wit u. Maria Nowakowski. S.: 1979-85 Stud. Med., Approb. Beslau, 1984 Famulatur Heidelberg. K.: 1986-87 tätig an der Klinik f. infektiöse Krankheiten in Breslau, 1987 Einreise nach Deutschland, 1991-93 Ass.-Ärztin in Essen u. Leverkusen, seit 1993 ndlg. Ärztin in Gemeinschaftspraxis in Hitdorf. H.: Lesen, Garten, Naturmedizin, Esoterik.

Bombeck Gert Dipl. rer. pol. techn. *)

Bombeck Klaus

B.: Gschf. FN.: Bargstedt + Ruhland GmbH. DA.: 22851 Norderstedt, Robert-Koch-Straße 31. G.: Hamburg, 16. Okt. 1944. V.: Barbara, geb. Bartsch. Ki.: Martin (1971). El.: Horst u. Anna-Marie. BV.: Amtmann Horst Bombeck im Amt Tangstedt; ehemal. Bgm. Hans Bambeck in Glashütte. S.: 1960-63 Ausbild. Chemigraf Firma Nelles & Co Hamburg. K.: 1963-64 Ang. d. Firma Nelles, 1964 Lithograf d. Firma Heinemann in Garstedt u. b. 1972 Abt.-Ltr., 1972 Aufbau d. Abt. Lithografie im elterl. Betrieb, seit 1975 Gschf. Ges. m. Schwerpunkt elektron. Bildbearb., Druckerei u. Druckverarb. M.: seit 1985 Waldörfer Sportver., seit 1980 FDP. H.: Tanzsport.

Bomberg Karl-Heinz Dr. med.

B.: FA f. Psychotherapeutische Medizin, Psychoanalytiker, FA f. Anästhesie u. Intensivmedizin; Liedermacher, Autor. GT.: Dozent an einem psychoanalyt. Institut. DA.: 10407 Berlin, Steengravenweg 4. G.: Creuzburg/Werra, 30. Sep. 1955. V.: Brunhild, geb. Schumann. Ki.: Hagen (1981), Luise (1983). El.: Dr. Horst u. Wally . S.: 1976-82 Stud. Humanmed. Univ. Leipzig, 1982 Staatsexamen, Approb., HS-Dipl., 1983-88 FA-Ausbild. Anästhesie u. Intensivtherapie in Berlin, 1989/90 Diss. über Musiktherapie, 1969-72 Trompetenunterricht, 1980-89 Privatunterricht: Stimmbildung, Gesang u. Interpretation, 1983-89 Privatunterricht: Text- u. Versgestaltung; Komposition, Harmonielehre, 1977-81 Gitarrenunterricht. K.: 1988-90 FA f. Anästhesie u. Intensivtherapie am Ausbildungskrankenhaus, 1990-91 psychotherapeutische Ausbildung in Poliklinik u. Klinik, 1991-93 psychiatrische Arbeit in einer Landesklinik, Ende 1992 FA f. Psychotherapie, April 1993 ndlg. FA f. Psychotherapie u. Anästhesie in eigener Praxis, 1997 FA f. Psychotherapeutische Medizin, 1993-99 psychoanalytische Weiterbildung, 1999 Abschluß als Psychoanalytiker; als Liedermacher u. Autor Sept. 2001 20jähriges Bühnenjubiläum bei rund 1000 Liederkonzerten in Deutschland, Österreich, Schweiz, England u. Frankreich. P.: MC/LP "Wortwechsel" (1991), CD "Worüber soll ich heut noch singen?" (1999), Bücher: "Sing mein neualtes Lied. Zwischentexte" (1996), "Autor ohne Lenker. Lieder und fersige Verse" (2002), Kinderbücher als Textautor "Das Klosterleben" (1994), "Die Klosterbrüder" (1998), versch. Anthologien, Veröff. im med. Bereich, Auftritte u. Medienproduktionen. M.: Arge f. Psychoanalyse u. Psychotherapie Berlin e.V. (A.P.B.), Dt. Ges. f. Psychoanalyse, Psychotherapie, Psychosomatik u. Tiefenpsych. (DGPT), Dt. Arbeitskreis f. Gruppenpsych. u. Gruppendynamik (DAGG), Dt. Musiktherapeut. Vereinig. Ost (DMVO), Bundesverband der Vertragspsychotherapeuten (BVVP), Berufsverband d. approbierten Gruppenpsychotherapeuten e.V. (BAG), GEMA, VG Wort, 1982-89 Lyrikklub Berlin-Pankow. H.: Reisen, Lesen, Geschichte, Sprachen, Jazzmusik in einer Band mit Kollegen.

Bombis Thomas Dipl.-Ing.

B.: Gschf. FN.: HANSE-ALLFINANZ Service GmbH. DA.: 18059 Rostock, Nobelstr. 52. G.: Halle, 24. Feb. 1960. V.: Anke. Ki.: Patrick-Paul (1982), Juliane (1984), Steven (1992). El.: Werner u. Ruth. S.: 1976-79 Berufsausbild. m. Abitur, Elektromontierung, 1979-83 Stud. Navigation u. Nautik, Dipl.-Ing. f. Schiffsführung. K.: 1983-90 Marineoffz., Kdt. eines Torpedoschnellbootes/Kapitänltn., 1990 selbst. Vers.-Makler u. Investmentberater in Rostock, 1990 Mitbegründer/ Ges./Gschf. d. HANSE-ALLFINANZ GmbH in Rostock, 1995 Mitinh. d. Unternehmensberatungsfirma Assekuranz & Investment Service, 1996 Vertriebskoordinator d. Metzler Serviceges. f. Vertriebspartner mbH, 2000 Vors. d. AufsR. d. Curatel Service AG. M.: seit 1995 1. Vors. d. BMW-Club Mecklenburg e.V. H.: Familie, Bootfahren, Motorrad, Kampfsport, Fitness.

Bombosch Friedbert Dr. Prof. *)

Bömers Heinz *)

Bömers Michael *)

von Bomhard Horst Dietrich Dr. med. vet. *)

Bomke Ulrich Dr. *)

Bömkes Thomas Dipl.-Kfm.

B.: Gschf. FN.: Atlantis travel GmbH. DA.: 80469 München, Pestalozzistr. 17. G.: Iserlohn, 19. Mai 1968. S.: 1989 Abitur Iserlohn, Stud. LMU, 1996 Dipl. K.: während d. Stud. bereits Tätigkeit im Reisebereich u. d. Idee Atlantis Gay Reisen geboren, 1996 Grdg. d. GmbH u. seither als Vollreisebüro tätig, alle 4 Monate wird in d. Verkaufsräumen eine Ausstellung plaziert. F.: seit 1998 Werbeberatungsunternehmen. M.: I G L T A. H.: Full Time Job, Fitneßstudio.

Bommel Heike

B.: Kosmetikerin, Inh. FN.: Schönheitsstudio Bommel. DA.: 02977 Hoyerswerda, Am Bahnhofsvorpl. 5b. PA.: 02977 Hoyerswerda, Am Bahndamm 9. G.: Hoyerswerda, 6. Juni 1964. Ki.: Anne (1991). S.: 1971-81 Polytechn. Oberschule, 1981-83 Lehre z. Facharb. f. Kosmetik. K.: 1983-92 Tätigkeit

*) Biographie www.whoiswho-verlag.ch oder beigefügte CD-ROM

im Beruf, Kreisfachltr. in Hoyerswerda, seit 1992 eigenes Schönheitsstudio eröff. Kosmetik u. Fußpflege. H.: Lesen, Musik.

Bömmel Hermann

B.: Vers.-Kfm., Inhaber. FN.: Vers.-Büro Hermann Bömmel. DA.: 95444 Bayreuth, Bahnhofstr. 12. G.: Bayreuth, 9. Sep. 1940. V.: Dagmar, geb. Pfriss. Ki.: Nicolin (1972). S.: 1956 Mittlere Reife, Lehre Vers.-Kfm. Büro Holtz. K.: 1960 tätig in d. Schadenabt. d. Krankenkasse d. Centralkrankenkasse, Prok. im Vers.-Büro Holtz, 1964 Weiterbild. in München, 1968 tätig in der Sachvers. i. Büro Holtz, 1978 Eröff. d. Vers.-Büros und später Eröffnung weiterer Büros in Bayreuth, Greiz u. Bürgl. F.: Gschf. eines Vers.-Büros in Tschechien. E.: Ausbildnerdipl. d. IHK, div. Ausz. H.: Fußball - früher Spieler b. 1. FC Bayreuth.

Bommer Jürgen Dr.
B.: Vors. d. Geschäftsführung. FN.: Start Holding GmbH. DA.: 60326 Frankfurt, Lahnstr. 34-40. G.: Berlin, 2. Jan. 1936. V.: Marianne, geb. Mehrländer. Ki.: Jan (1963), Isabel (1967), Till (1969). El.: Dr. Fritz u. Dorothea. S.: 1956 Abitur, Stud. Flugtechnik TU Berlin, 1963 Dipl.-Ing., Ass. am Lehrstuhl f. Raumtechnik, 1967 Prom. z. Dr.-Ing. K.: 1967-69 Gschf. Zentrum Berlin f. Zukunftsforsch. e.V., 1969 Koordinator f. Datenverarb. b. d. Dt. Lufthansa, 1971 Gschf. d. Start Studienges. z. Automatisierung f. Reise u. Touristik, seit 1992 Vors. d. Geschäftsführung d. Start Holding. H.: Segeln, Tennis. (J.L.)

Bommer Rudi
B.: Fußball-Trainer, ehem. Profi-Fußballer. FN.: c/o SV Wacker Burghausen. DA.: 84489 Burghausen, Franz-Alexander-Str. 25. G.: Aschaffenburg, 19. Aug. 1957. K.: mit Fortuna Düsseldorf 1979 u. 80 DFB-Pokalsieger, 1984 6x in d. dt. Nationalmannschaft berufen, 1984 Los Angeles Kapitän d. Fußball-Olympiaauswahl; Viktoria Aschaffenburg, TV 1880 Aschaffenburg, Kickers Offenbach, Fortuna Düsseldorf u. Bayer Uerdingen, Coach der SGE, 1996 Bundesliga-Trainer Eintracht Frankfurt e.V., 1998-2001 Trainer v. Viktoria Aschaffenburg, s. 2001 Trainer SV Wacker Burghausen. (Re)

Bomsdorf Eckart Dr. sc. pol. Prof.
B.: Dipl.-Math., apl.Prof. FN.: Univ. Köln. DA.: 50923 Köln, Albertus-Magnus-Platz. PA.: 50999 Köln, Im Salzgrund 47a. G.: Dresden, 7. März 1944. V.: Eva, geb. Bock. Ki.: Tobias (1974), Clemens (1976), Felix (1979). S.: Stud. Math., Physik u. Wirtschaftswiss. Univ. Marburg u. Kiel, 1968 Dipl., 1971 Prom. K.: 1976 Habil., 1983 apl.Prof. Univ. Köln, 1968-70 Univ. Kiel, seit 1970 Univ. Köln, 1977/78 Berg. Univ.-GH Wuppertal, 1997 Gastprof. Univ.-HSG St. Gallen im Rahmen d. CEMS-Faculty-Exchange. P.: Bestimmungsfaktoren d. Lohndrift (1972), Das verallg. Input-Output-Modell als Grundlage f. Input-Output-Analysen (1977), Modelle z. Reform d. Einkommensteuertarifs (1978), Deskriptive Statistik (11. Aufl. 2002), Wahrscheinlichkeitsrechnung u. statistische Inferenz (8. Aufl. 2002), Statistik-Training f. Wirtschaftswissenschaftler (2. Aufl. 1993), Generationensterbetafeln f. d. Altersjahrgänge 1923-93 (1993), Alternative Modellrechnungen der älteren Bevölkerung Deutschlands bis zum Jahr 2050 (1994), Die ältere Bevölkerung des Freistaates Sachsen bis zum Jahr 2050 (1995), Die Renten sichern. Ein Weg aus der Rentenkrise (2. Aufl. 1998), Definitionen, Formeln u. Tabellen zur Statistik (m. E. Gröhn, K. Mosler, F. Schmid, 3. Aufl. 2002), Klausurtraining Statistik (mit. E. Gröhn, K. Mosler, F. Schmid, 2. Aufl. 2001). E.: Univ.-Medaille Univ. zu Köln. M.: Mtgl. d. Enquete-Kommission "Demographischer Wandel" d. 14. Deutschen Bundestages.

Bonacic Igor
B.: freier Unternehmer. FN.: IIC GmbH. DA.: 53639 Königswinter-Ittenbach, Oelbergringweg 6-8. G.: Zagreb, 6. Juli 1964. El.: Dr. Vladimir u. Dr. Ljerka, geb. Klisc. S.: 1985 Abitur Königswinter, ab 1985 Stud. Elektrotechnik Univ. Bochum. K.: seit 1985 freier Unternehmer m. animierter Grafik u. Live-Effekte, seit 1990 techn. Beratung f. FORSA, seit 1992 ltd. Mitarb. f. "Verkehrshinweise im Fernsehen", 1994 verteiltes Wahlberichterstattungssystem f. RTL, seit 1995 IIC interaktiver Dienstleistungsgedanke zw. Menschen m. nat. u. intern. Projekten m. DLR, seit 1995 interaktives Fernlernen f. breite Massen, 1997 NICE u. Global 360 Projektltg. f. Event Weltumspannende Videokonferenz m. 30 Standorten. P.: div. Fachveröffentlichungen H.: Musik, Schwimmen, Badminton, Reisen.

Bonacic-Koutecky Vlasta Dr. Prof.
B.: Univ.-Prof. FN.: Humboldt Universität zu Berlin Institut f. Chemie. vbk@chemie.hu-berlin.de. G.: Split/Kroatien, 21. Juli 1943. V.: Jaroslav. El.: Jerko u. Smiljana, geb. Radic. S.: 1962 Abitur, 1962-67 Stud. Physik, Mathematisch-Naturwiss. Fakultät Univ. Zagreb, 1969 Erwerb d. Mag. d. Naturwiss. 1971 Prom. The Johns-Hopkins University, Baltimore, USA, 1977 Habil., Privatdozentin am Inst. f. physikalische Chemie d. FU Berlin. K.: 1967 wiss. Inst. Rudjer Boskovic Zagreb, Abt. f. Quantenchemie, 1968-71 Research Assistent Chemistry Department The Johns-Hopkins University Baltimore, 1971-73 Research Associate Belfer Graduate School of Sciences Yeshiva University New York, 1973-79 Assistenzprofessorin Inst. f. Physikalische Chemie FU Berlin, 1979-80 H2-Stelle im Fachbereich 9, Theoretische Chemie d. Gesamthochschule Wuppertal, Privatdozentin Inst. f. Physikalische u. Theoretische Chemie FU Berlin, 1982 Ernennung z. apl.Prof. FU Berlin, 1990 Ernennung z. Akad. Rätin, 1994 Ernennung z. Univ.-Prof. f. Fachgebiet Physikalische u. Theoretische Chemie a. d. Humboldt Univ. Berlin. BL.: zahlr. Gastprofessuren an europäischen u. amerikanischen Univ., Hauptarbeitsgebiet Quantenchemie u. Moleküldynamik m. d. Schwerpunkten Materialforschung u. Photochemie; häufige Gutachtertätigkeiten im nat. u. intern. Rahmen. P.: rund 150 Veröff., zu d. wichtigsten gehören: Neutral and Charged Biradicals, Zwitterions, Funnels in S1, Photochemistry and Proton Translocation: Their Role in Photochemistry, Photophysics and Vision (1987), Quantum Chemistry of Small Clusters of Elements Ia, Ib and IIa: Fundamental Concepts, Predictions and Interpretation of Experiments (1991), Ab Initio Predictions of Structural and Optical Response Properties of Na Clusters: Interpretation of Depletion Spectra at Low Temperature (1996), Theoretical exploration of femtosecond multistate nuclear dynamics of small clusters (1998), Ab initio nonadiabatic dynamics involving conical intersection combined with Wigner distribution approach to ultrafast spectroscopy illustrated on Na3F2 cluster (2001), Monography: Electronic Aspects of Organic Photochemistry (1990),"Theoretical exploration of femtosecond multistate nuclear dynamics of small clusters" (1998), "Ab initio nonadiabatic dynamics involving conical intersection combined with Wigner distribution approach to ultrafast spectroscopy illustrated on Na3F2 cluster" (2001), alle mit Co-Autoren. M.: zahlr. nat. u. intern. wiss. Gremien u. Hochschulorganisationen, u.a. Dekan d. Naturwiss. Fakultät d. Humboldt Univ. Berlin. H.: Kunstgeschichte, Musik.

Bonacic-Mandinic Josip Dr. med. *)

*) Biographie www.whoiswho-verlag.ch oder beigefügte CD-ROM

Bonacker Bernhard
B.: Steuerberater, selbständig u. vereidigter Buchprüfer in eigener Kzl. DA.: 31315 Sehnde, Haydnstr. 2. G.: Barsinghausen, 11. Aug. 1951. El.: Walter u. Elisabeth, geb. Fellersmann. S.: 1967 Mittlere Reife in Barsinghausen, 1967-70 Ausbildung z. Steuerfachangestellten in Barsinghausen, 1970 tätig als Steuerfachgehilfe in Barsinghausen, 1970-72 Zeitsoldat b. d. Bundeswehr. K.: 1972-73 tätig in einem Steuerbüro in Barsinghausen, 1973-78 Wechsel nach Hannover-Herrenhausen u. tätig als Steuerfachangestellter, 1976 Prüf. z. Steuerbevollmächtigten, 1978 Ndlg. u. Eröff. d. eigenen Steuerbüro in Sehnde, 1988 Prüf. z. Steuerberater, 1991 Prüf. z. vereidigten Buchprüfer, Tätigkeitsschwerpunkt allgemeine Steuerberatung. M.: Steuerberaterkammer, Steuerberaterverband. H.: Wandern, Skifahren (Alpin), Autofahren, Interesse an Fußball.

Bonacker Karl Dr. med. *)

Bonarius Volker
B.: RA. FN.: Anw.-Kzl. Buck, Bonarius & Coll. DA.: 9084 Erfurt, Neuwerkstr. 7. G.: Gießen, 24. Dez. 1954. El.: Heinz u. Blanka, geb. Wierzbicki. BV.: Großvater Franz Wierzbicki - Verwalter d. Rittergutes v. Bismarck. S.: 1969-72 Lehre RA-u. Notargehilfe RA Döpfer in Gießen, 1982 Stud. Politi- u. Sozialwiss., Spons., 1985 1. Staatsexamen, Referendariat OLG Karlsruhe, 1989 2. Staatsexamen. K.: 1972 ang. RA in d. Kzl. H. Döpfer u. RA Decht, 1988 Mitarb. einer Kzl. in Karlsuhe, 1990-93 Ang. b. Bad. Gem.-Vers.-Verb. u. d. Bad. Allg. Vers., 1994-97 tätig bei d. Weimarer Sparkasse, 1997 Eröff. d. Kzl. m. Tätigkeitsschwerpunkt Zivil- u. Verkehrsrecht, Firmeninsolvenz- u. Handelshaftung u. Unternehmensberatung. H.: Reisen.

Bonath Jan

B.: Gschf. Gesellschafter. FN.: scopas medien AG. DA.: 60489 Frankfurt/Main, Westerbachstr. 28 PA.: 60318 Frankfurt/Main, Jahnstr. 19. G.: Gießen, 9. Juni 1965. S.: 1984 Abitur Gießen, 1984-93 Stud. HS f. Gestaltung Offenbach/Main. K.: seit 1993 freiberufl. Fernsehgrafiker, 1994 Mitbegründer Scopas Film Film- u. Fernsehprod. GmbH. H.: Reisen.

Bond Peter
B.: Moderator, Schauspieler, Politiker. FN.: c/O ZBF Agentur München. DA.: 80802 München, Leopoldatr. 19. G.: Warschau, 29. Okt. 1952. Ki.: Felix. K.: Sportlehrer, Schauspieler, Moderator d. Fernseh-Gewinnspieles " Glücksrad" b. Sat1, 2001 b. Kabel1, s. 2000 polit. aktiv, Kandidatur f. d. Bundestag f. d. FDP. (Re)

Bonekamp Bertold
B.: Vorst. FN.: RWE Power AG. GT.: Vorst.-Vors. d. RWE Rheinbraun AG. DA.: 45128 Essen, Huyssenallee 2. www.rwe.com. G.: Billerbeck/Münsterland. S.: 1967 Mittlere Reife, 1967-70 Ausbild. Maschinenbauschlosser, 1972-75 Stud. Maschinenbau, Ing., 1975-80 Stud. BWL, Dkfm. K.: 1981-1990 tätig in d. Rechnungswesenabt. d. Rheinbraun AG, 1990-93 Abt.-Ltr. d. RV Rheinbraun Handel u. Dienstleistungen GmbH f. d. Ressort Braunkohlenverstromung d. RWE Power AG u. Vorst.-Vors. d. RWE Rheinbraun AG.

Bonekamp-Kerkoff Berthold Dipl.-Vw.
B.: Dipl.-Theol., Stiftsdir. FN.: Wohnstift Augustinum Hamburg. DA.: 22763 Hamburg, Neumühlen 37. G.: Ahaus, 6. Juli 1956. El.: Heinrich u. Elisabeth Kerkoff. S.: 1976 Abitur Ahaus, 1976-79 Stud. Vw. Rheinisch-Westfäl. HS Aachen, 1979-82 Stud. Vw. an d. Westfäl. Wilhelms-Univ. Münster, 1982-84 Zivildienst im ambulanten Pflegedienst, 1984-88 Stud. an d. Philosoph-theol. HS d. Kapuziner in Münster Stud. Kath. Theol. K.: 1999 Diakonatsweihe Erzbistum Hamburg, ab 1988 in versch. Positionen über Dion.-Ass. u. Stiftsdir. in München, Stiftsdir. in Braunschweig u. zuletzt Hamburg, Augustinum Wohnstift Hamburg. M.: Rotarier, ehrenamtl. in d. Diözese. H.: Phil., Kirchengeschichte, Videofilmen, klass. Musik.

Bonenberger Jürgen J. *)

Bonengl Leopold
B.: Vors. d. Geschäftsführung. FN.: SONY Deutschland GmbH. DA.: 50829 Köln, Hugo-Eckener-Str. 20. www.sony.de. G.: Wien, 1955. S.: Stud. Wien. K.: 1992-93 Ltr. Marketing Communications Apple Computer GmbH, 1993-94 Ltr. Marketing Apple Computer GmbH, 1995 Ltr. Marketing Consumer Audio Sony Deutschland GmbH, 1996 Ltr. Marketing Consumer Audio/Video Sony Deutschland GmbH, 1997 Dir. Business Management, Mtgl. d. Geschäftsltg. Sony Deutschland GmbH, 1999 Gschf. d. Sony Deutschland GmbH, seit 2000 Vors. d. Geschäftsführung.

Bonert Jürgen
B.: Multiwerbekonzeptionist, staatl. geprüfter Werbeass. FN.: Werbeagentur Bonert. DA.: 72827 Wannweil, Karl-Conzelmann-Str. 41. G.: Berlin, 12. Okt. 1942. V.: Anita. Ki.: Uli (1978), Carola (1981). El.: Gerhard u. Lisbeth. S.: 1960 Mittlere Reife, 1960-63 Lehre Porzellanmaler Königl. Porzellanmanufaktur Berlin. K.: 1966-68 Pozellanmaler in Ludwigsburg, 1968-70 Retuscheur in Leonberg-Gerlingen, 1970-72 Ausbild. als Retuscheur u. Vorlagenhersteller in Reutlingen, 1972-73 Stud. an d. FHS f. Druck in Stuttgart, 1973 staatl. Prüf. als Werbeass., 1973-80 Werbeass. u. Werbeltr. b. NAU in Dettenhausen, seit 1980 selbst. in Wannweil m. Schwerpunkt Grafik-Design, Corporate Design, Entwurf, Text, Prod., Web Site Design, Kataloge, Prospekte u.v.m., seit 1973 nebenberufl. tätig als Kunstmaler m. bundesweiten Ausstellungen. M.: Kulti-Kulturförderver. Wannweil, DRK. H.: Malen, Boule.

Boness Jürgen Dr. med.

B.: Arzt f. Urologie. DA.: 23552 Lübeck, Holstenstr. 8-10. G.: Lübeck, 6. Okt. 1959. V.: Sigrid, geb. Eichwald. Ki.: Sven (1986), Anna-Lena (1987), Malte (1989). El.: Dr. med. Ernst u. Hildegard. BV.: Dr. med. Ernst Boness, 1894-1946 Schwaan in Mecklenburg-Vorpommern. S.: 1978 Abitur Lübeck, 1978-80 Med.-Stud. Heidelberg, 1980-83 Univ. Lübeck. K.: 1983-84 Chir. in d. Univ.-Klinik Lübeck, 1985-88 Urologie in d. Univ.-Klinik Lübeck, 1990 ndlg. als FA f. Urolgoie, Übernahme d. väterl. Praxis. H.: Familie, Segeln.

*) Biographie www.whoiswho-verlag.ch oder beigefügte CD-ROM

Bonfante Antonio

B.: Kellner, Inhaber. FN.: Ristorante Colsseo. DA.: 76530 Baden-Baden, Rheinstr. 143. G.: Ettlingen, 30. Okt. 1964. V.: Vincenco, geb. Guceirado. Ki.: Stefano, Rosa-Maria. El.: Stefano u. Rosa Maria, geb. Angello. S.: 1979 Lehre Kellner und Hotelfach. K.: 1976 Gschf. in der Gastronomie, selbst. m. d. Ristorante Colsseo m. Spezialitäten v. Fisch, Fleisch u. Vorspeisen ingehobener Auswahl. P.: Veröff. in Life-Magazin u. in d. regionales Presse. M.: DAK. H.: Beruf, Familie.

Bonfert Wolfgang Dr. med. vet.

B.: Tierarzt, MinR. a.D. PA.: 66130 Saarbrücken-Fechingen, Schulstr. 9. G.: Bukarest/Rumänien, 6. Aug. 1930. V.: Ingeborg, geb. Fritsch. Ki.: Hans-Christoph, Annette, Barbara. El.: Dr. Alfred u. Annemarie. S.: 1951 Abitur, 1953-58 Stud. Univ. München, 1959 Prom. K.: 1959 Approb. 1972 Fachtierarzt f. Lebensmittelhygiene, seit 1960 Vet. im LDienst d. Saarlandes, seit 1965 Bmtr., 1960-78 Staatl. Vet.Untersuchungsamt Saarbrücken, seit 1965 Ltg. d. Abt. Lebensmittelhygiene, 1975-89 Lehrauftr. Univ. Saarbrücken, 1978-92 im Min. f. AGS Vet.Wesen, seit 1984 Ltr. Vet.Wesen, seit 1993 i. R. P.: zahlr. Veröff. E.: 1966 Gold. Ehrenwappen d. Landsmannsch. Siebenb. Sachsen, 1989 BVK am Bande, seit 1999 Ehrenmtgl. d. LM d. Siebenb. Sachsen. M.: Dt. Vet.Med. Ges., Dt. Alpenver. Sekt. München, ADAC, Verb. d. staatl. Verw.Beamten im Saarland, Arge d. beamteten Tierärzte d. Saarlandes, VDA, Paneuropa-Union, Bundesvors. d. Landsmannschaft Siebenbürger Sachsen in Deutschl. e.V. (1983-89) u. Mtgl. im Bundesvorst. s. 1964, b. 1992 Vors. d. Föderation d. Siebenb. Sachsen, 1994-99 Mtgl. Tierschutzbeirat d. Saarl., 1996-2000 Mtgl. Vertr.Vers. d. Tierärztekammer d. Saarl., ab 2001 Vors. d. Sozialausschusses.

Bonfiglio Domenico

B.: Unternehmer, Inh. FN.: La Caleta - Restaurante Espanol. DA.: 10707 Berlin, Wielandstr. 26a. la-caleta@gmx.de. G.: Palma di Montechiaro, 4. Dez. 1970. V.: Nicole, geb. Graf. Ki.: Debora (1999). El.: Salvatore u. Stefana, geb. Petrucce. J.: 1984 Schulabschluß in Italien, danach Übersiedlung nach Berlin. K.: 1986 zeitweise Aushilfe in gastronomischen Einrichtungen, 1993 Koch im ital. Restaurant, 1994 Tätigkeit im Service in versch. italien. Restaurants in Berlin, 2000 Eröff. d. La Caleta Restaurante Espanol als Entertainment-Gastronomie. E.: Empfehlung in Hauptstadtmagazinen. H.: Cart fahren, Ferrarimodelle sammeln, Formel 1.

Bonfigt Dirk *)

Bonfils Dieter Dr. *)

Bong Paul *)

Bongaerts Johannes Dr. med. *)

Bongaertz Jan C. Dr.

B.: Inst.-Ltr., Dir. d. Inst. f. Europ. Umweltpolitik. DA.: 53175 Bonn-Bad Godesberg, Roonstr. 7. G.: Houthalen/Belgien, 23. Sep. 1951. V.: Karin, geb. Kussel. Ki.: Anneleen (1981), Nicolaas (1982), Christian (1989). El.: Johannes u. Maria, geb. Bollingier. S.: 1969 Abitur, b. 1974 Stud. Vw. Univ. Leuven, 1975-79 FU Berlin, 1979-81 HS Bundeswehr München, 1981-84 Rijks-Univ. Leiden. K.: 1985-90 Wiss.-Zentrum Berlin, 1990 Bonn. P.: ca. 40 Veröff. M.: TMA, Environment Liability Law Review, Editorial Advisory Board. H.: Jogging, Lesen, Musik, Bücher sammeln. (K.K.)

Bongard Adolf-Eugen Univ.-Prof. *)

Bongard Alfred

B.: Rechtsanwalt. DA.: 50939 Köln, Weißhausstr. 23. G.: Bad Münstereifel, 11. Dez. 1948. V.: Beate, geb. Retzlaff. Ki.: Florian (1978), Franziska (1980). S.: 1967 Abitur, Jurastud. Köln, 1972 1. Examen. K.: Referendarzeit, seit 1975 Ndlg. in Köln, bekannt geworden auf den Gebieten Arbeitsrechtes u. Kunstrechtes.

Bongard Joachim *)

Bongartz Hartmut Dr. med. dent. *)

Bongartz Paul Josef Arnold *)

Bongen Wilfried *)

Bongers Jürgen Dr. rer. nat. et habil. Prof. *)

Bongert Dieter *)

Bongert Matthias Dr. med.

B.: Urologe. DA.: 58452 Witten, Theodor-Heuss-Str. 3. G.: Essen, 27. Feb. 1961. V.: Iris, geb. Fleige. Ki.: Benjamin (1989), Davinia (1991). El.: Horst u. Ilse. S.: 1982 Abitur, 1982-88 Med.-Stud. Bochum, 1989 Prom. K.: 1988-90 AIP Chir. Ev. Kreis-Krankenhaus Herne, 1990-95 Verbands-Krankenhaus Schwelm Urologie Prof. Schreiter, 1994 FA f. Urologie, seit 1996 ndlg. P.: Vortrag z. Thema Penisprothesen Urolog. Kongreß Essen 1994, div. Veröff. zu endoskop. Verfahren, Mitveröff. etc. M.: Bund Dt. Urologen, Ges. f. Urologie, Wittener Ärztever., Kampfschule Caprara Bochum-Gerthe, Petri-Heil Bochum. H.: Jiu-Jitsu, Angeln.

Bonhage Friedel-Hans *)

*) Biographie www.whoiswho-verlag.ch oder beigefügte CD-ROM

Bonhagen Anke

B.: Kauffrau, Inh. FN.: Galerie Email-Schmiede. DA.: 26122 Oldenburg, Bergstr. 2. G.: Oldenburg, 9. Mai 1940. V.: Karl-Heinz Bonhagen. Ki.: Kerstin (1969), Dr. Tierärztin; Andrea (1970) M.A. freie Journalistin. El.: Georg und Wilhelmine Hallerstede, geb. Brunken. S.: 1955-58 Ausbild. z. Kfm. im Groß- u. Außenhdl. in Oldenburg. K.: b. 1969 kfm. Ang. in Oldenburg, b. 1988 Erziehungszeit, 1988 Eröff. Galerie Email-Schmiede in Oldenburg als Inh., Ausstellungen u.a v. jungen Künstlern Originale Gemälde, Keramik, Bronzeskulpturen, bes. Glasobjekte. M.: Oldenburg. Landschaft.

Bonheim Helmut Dr. Prof.

B.: Dir. Engl. Seminar Univ. zu Köln. PA.: 50931 Köln, Klosterstr. 75. G.: Danzig, 6. Jan.1930. V.: Jean, geb. Ornstein. Ki.: Jill. S.: 1951 B.A. Cornell New York, 1952 M.A. Columbia New York, 1959 Ph. D. Washington Seattle Washington. K.: 1952-56 Assoc. in English Univ. of Washington, 1958-63 Ass. Prof. Univ. California Santa Barbara, 1963-65 Gastprof. Univ. München, o.Prof. f. Anglistik/Amerikanistik Univ. Köln, Hsg. The European English Messenger, Mithsg. James Joyce Quarterly. P.: The King Lear Perplex (1960), Joyce's Benefictions (1964), The Narrative Modes (1982), A Lexicon to the German in Finnegans Wake (1968), The Engl. Novel bef. Richardson (1971), Literary Systematics (1990). E.: Ehrenpräs. D. ESSE (European Society for the Study of Englisd)), 2001. M.: Mtgl. b. Wolfson College Cambridge. H.: Kammermusik.

Bonhof Rainer

B.: Fußballtrainer, ehem. Profi-Fußballer. PA.: 41063 Mönchengladbach, Birkenallee 81 G.: Emmerich, 29. März 1952. K.: Stationen als Spieler: 1970-78 Borussia Mönchengladbach, 1971, 1975, 1976, 1977 Dt. Meister, 1973 Dt. Pokalsieger, 1975 UEFA-Pokalsieger, 1974 WM, 1978 WM-Teilnehmer, 1976 VEuropameister, 1978-80 FC Valencia, 1979 Span. Pokalsieger, 1980 Europapokalsieger, 1980-82 1. FC Köln, 1982-83 Hertha BSC Berlin; Stationen als Trainer: 1988 Fußballehrerprüf. in Köln, 1989-90 Assistenztrainer Bayer 05 Uerdingen, 1990-98 DFB-Trainer; Auswahlmannschaften: 1988 U-18 VEuropameister, 1998-99 Cheftrainer Borussia Mönchengladbach.

Bonifer Bodo Dipl.-Kfm.

B.: Gschf. FN.: Hannover Airport / Flughafen Hannover-Langenhagen GmbH. DA.: 30669 Hannover, Petzelstr. 84. G.: Offenbach, 27. Mai 1952. V.: Rita, geb. Grüning. K.: Sven (1973), Nadine (1976). S.: bis 1964 Förderschule / dann Internat d. Salisianer im Rheingau bis 1967, bis 1969 private Handelsschule in Frankfurt u. private Wirtschaftsschule bis 1972, Beginn d. Studiums d. Betriebswiss. an d. Johann-Wolfgang-von Goethe Univ. in Frankfurt, 1976 Abschluss als Dipl.-Kfm. (Prädikats-Examen), dann Stipendiat d. Friedrich-Ebert-Stiftung. K.: 1978 am Flughafen Frankfurt am Main als Revisor tätig, 1981 Controlling Aufbau / Planung, 1986-90 Projektgruppen-Leiter (EDV / SAP u. CAD) / Großsystem-Einführung am Flughafen Frankfurt, bis 1995 Leiter Controlling d. Flughafens, 1995 Leiter Controlling u. Rechnungswesen in Frankfurt am Flughafen, 1996 zusätzlich Prokura, 1998 Wechsel an d. Flughafen Hannover als Gschf. P.: Publ. in versch. Fachmagazinen, Projektmanagement auf intern. branchenspezifischen Seminaren, Fachgremien u. Veranstaltungen als Referent. M.: in versch. Flughafenverbänden. H.: Joggen, Radfahren, Tauchen u. interessante Reiseziele - Kulturen u. Länder, gutes Essen - gute Zigarren u. gute Weine.

Bönig Klaus

B.: Dipl. Pädagoge, Gschf. Ges. FN.: Bönig & Yamaoka International Public Relations. DA.: 20259 Hamburg, Eimsbütteler Chaussee 66. klaus.boenig@bypr.de. www.boenigyamaoka.com. G.: Cuxhaven, 26. März 1963. V.: Christine, geb. Dübel. S.: 1982 Abitur Cuxhaven, 1982-91 Bundeswehr, 1983-86 Stud. Betriebsu. Wirtschaftspädagogik Hamburg, Dipl. Pädagoge, Fernstudium Marketing, Stuttgart. K.: 1986-91 versch. Führungsposten in d. Presse, Öffentlichkeitsarbeit in Itzehoe, Celle u. Hamburg, 1991-92 b. Verlagsgruppe Bauer als Trainee, 1992-95 stellv. Ltr. PR u. Marketing im Bauer Verlag, 1995 Eröff. Agentur Bönig & Yamaoka. H.: Sport, Golf, Reisen, Architektur, Design.

Bönig Rüdiger

B.: RA u. Notar. DA.: 44135 Dormund, Prinz-Friedrich-Karl-Str. 3. G.: Dortmund, 18. Mai 1941. V.: Katja, geb. Losch. Ki.: Marc-Oliver (1975), Ann-Kathrin (1976), Philipp (1986). S.: 1961 Abitur Höxter, 1961-66 Stud. Rechtswiss. Freiburg, Berlin u. Hamburg, 1. Staatsexamen, 1966-68 Referendariat Dortmund, 1969 2. Staatsexamen Düsseldorf. K.: 1969-71 Jurist d. Dresdner Bank, seit 1970 ndlg. Anw., 1971 Fachanw. f. Steuerrecht, 1979 Ernennung z. Notar m. Schwerpunkt Bankrecht, Wirtschafts- u. Kartellrecht, Ges.- u. Steuerrecht, jur. Begleitung v. Unternehmen bei bedeutenden Prozessen. P.: Art. in Fachzeitschriften. M.: FDP, 1992-96 Kreisvors.-Mtgl. d. FDP Dortmund, Bankenrechtl. Vereinig. e.V., Dt.-nord. Juristenvereinig. e.V., Arge d. Fachanw. f. Steuerrecht, Grdg.-Mtgl. d. Dt.-israel. Juristenvereinig., Freundeskreis d. Dt.-hebrä. Univ. Jerusalem. H.: Segeln, Tennis, Schifahren, polit. Streitgespräche.

Bönig Wolfgang Dr. *)

Boning Wigald

B.: Komiker, Schauspieler. FN.: c/o Allendorfer Media AG. DA.: 50933 Köln, Eupener Str. 159. mail.k@allendorf-media.de. www.boning.de. G.: Wildeshausen b. Oldenburg, 20. Jan. 1967. V.: Ines Völker (Lebensgefährtin). K.: Leander u. Cyprian (1998). K.: journalistisch tätig, NDR-Dokumentation Der geile Osten, Comedy-Sendungen wie Bonings Bonsons, Moskito, Extra 3 u. Quatsch Comedy Club, ab 1993 im jungen Comedy-Team u. RTL-Samstag Nacht Show, ab 1995 Gesangsduo m. Samstag-Nacht-Kollege Dittrich: Die Doofen, Werbekampagne , 1997 1. Kinofilm "Die drei Mädels v. d. Tankstelle" (Produzent: Bernd Eichinger). P.: Solo-LP (1989), Kapitale Burschen, Lieder d. b. d. Welt nicht braucht, Melodien f. Millionen, Bücher: "Unser Land soll schöner werden", Bildband "Fliegenklatschen in Aspik" (1994), Bambi (1995), Goldene Stimmgabel (1996), Goldene Europa (1996). (Re)

Böning Dieter Georg Dr. Prof.

B.: Univ.-Prof. f. Sportmedizin u. Sportphysiologie. FN.: Freie Universität Berlin, Institut für Sportmedizin. DA.: 14195 Berlin, Clayallee 229. dieter.boening@medizin.fu-berlin.de. G.: Mönchengladbach, 19. März 1939. V.: Ljubica, geb. Wicková. Ki.: Gerrit (1969), Maike (1977), Jan (1979),

*) Biographie www.whoiswho-verlag.ch oder beigefügte CD-ROM

Böning

Benjamin (1981). El.: Gerd u. Maria, geb. Wal. S.: 1958 Abitur, 1958-64 Stud. Med. in Bonn, Innsbruck u. Freiburg, 1964 Staatsexamen u. Prom. Dr. med., 1973 Habil. K.: 1964-65 Medizinalassistent in Bonn f. Chirurgie u. in Berlin f. Innere Med. u. Gynäkologie, 1965-67 Medizinalassistent u. wiss. Ass. am Inst. d. Dt. Sporthochschule Köln, 1975 wiss. Rat u. Prof. an d. Dt. Sporthochschule Köln, 1976-78 Abteilungsvorsteher u. C3-Prof. f. Sport- u. Arbeitsphysiologie an d. Med. HS Hannover, 1978-83 wiss. Ltr. d. Sportmedizinischen Untersuchungszentrums Hannover, 1983-84 Gastprofessor f. Physiologie an d. Univ. del Valle in Cali/Kolumbien, 1988-93 Ltr. d. Sportmedizinischen Zentrums d. Med. HS Hannover, seit 1993 C4-Prof. an d. FU Berlin, Univ.-Klinik Benjamin Franklin. BL.: besonders im Bereich d. angewandten Physiologischen Forschung tätig, u.a. hat er herausgefunden, dass Frauen geringer auf Höhenbelastungen reagieren als Männer, Intern. besonders intensive Kontakte zu Kolumbien. P.: Verfasser v. rd. 150 Publ. darunter "Blutgastransport b. Muskelarbeit" (1999), "Muskelkater - Standards der Sportmedizin (2000), "Hemoglobin mass and peak oxygen uptake in untrained and trained residents of moderate altirude" (2001), "Extracellular pH defense against lactic acid in normoxia and hypoxia before and after a Himalayan expedition (2001), teilw. in Koautorenschaft. E.: u.a. Ehrenprofessor in Kolumbien. M.: Dt. Ges. f. Sportmedizin. H.: Geschichte.

Böning Jobst August-Ludwig Dr. med. Univ.-Prof. *)

Böning Uwe *)

Böning Walter Dr.-Ing. Prof. *)

Bönisch Frank *)

Bönisch Sylvia

B.: Techn. Zeichnerin, Inh. FN.: Reprograph. Werkstätten Sylvia Bönisch. DA.: 02625 Bautzen, L.-Herrmann-Str. 4. PA.: 02625 Bautzen, Mättigstr. 14. G.: Bautzen, 13. Jan. 1956. Ki.: Eva-Maria (1976), Susanne (1982). S.: 1972-74 Ausbild. z. Technische Zeichnerin. K.: 1974-80 Technische Zeichnerin, 1980-90 Tätigkeit in einem Arch.-Büro, 1990 Neufirmierung in Reprowerkstatt, 1994 Übernahme der Firma, Inh. M.: örtl. Ver. Frauen im Handwerk e.V. H.: Lesen, Wandern.

Bönisch Winfried *)

Bönisch Wolf *)

Bonitz Frank Dipl.-Bauing. *)

Bonitz Sylvia

B.: Dipl.-Verwaltungswirtin, MdB. FN.: Dt. Bundestag. DA.: 11011 Berlin, Platz der Republik 1. G.: Hannover, 2. Juli 1966. S.: 1985 Abitur Hölty-Gymn. Wunstorf, 1985 Bes. Regierung Hannover, Diplom-Verwalt, FH f. Verwaltung u. Rechtspflege in Hildesheim, 1988 Dipl.-Verwaltungswirtin. K.: 1982 JU-Eintritt, 1983 CDU-Eintritt, 1988-95 Kommunalverwaltung bei Neustadt am Rübenberge, 1995-98 Stadt Hildesheim, Referentin, pers. Oberstadtdirektor, seit 1998 Mtgl. d. Bundestags, Wahlkreis 41, o.Mtgl. Innenausschuß u. Mtgl. Petitionsausschuß, stellv. Mtgl. Finanzausschuß. (Re)

Bonk Bernhard

B.: selbst. Steuerberater. FN.: Steuerberatungskzl. Bonk. DA.: 10825 Berlin, Freiherr-vom-Stein-Str. 12. G.: Berlin, 17. Feb. 1950. V.: Barbara, geb. Pötter. Ki.: Björn (1975), Marcus (1978), Bibiane (1990), Antonia (1992), Corinna (2000). El.: Erich und Johanna. BV.: Prof. Dr.Dr. Bernhard Stasiewski. S.: 1968 Wirtschaftsabitur Berlin, 1968-69 Lehre Steuerfachgehilfe, 1969-75 Abendschule z. Steuerberater. K.: seit 1975 selbst. Steuerberater. E.: 2000 Ehrennadel v. d. Kammer. H.: Beruf, Kinder.

Bonk Bernhard *)

Bonk Jürgen Mag. *)

Bonk Kerstin

B.: Unternehmerin, Unternehmensberatung Wohnungswirtschaft. FN.: bonkonsult Ges. f. Dienstleistungen in d. Wohnungswirtschaft mbH. DA.: 13467 Berlin, Frohnauer Str. 20. office@bonkonsult.de. www.bonkonsult.de. G.: Dortmund, 22. August 1961. V.: Thomas Bonk. Ki.: Sebastian (1992). El.: Gerhard u. Jutta Semmler. S.: 1977 Mittlere Reife Dortmund, 1977-80 Ausbild. z. Kauffrau in d. Grundstücks- u. Wohnungswirtschaft in Firma Vermietung und Verpachtung Karl Semmler in Bochum, Abschluss, 1980-82 Fachoberschule f. Wirtschaft Dortmund, FH-Reife, 1982-85 Stud. FH f. Wirtschaft Berlin, 1985 Dipl.-Bw. K.: 1985 an FHW Berlin 10 J. lang Lehrbeauftragte f. BWL, Rechnungswesen, VWL, 1985 Unternehmensberatung Strauß & Partner, 1985 Dt. Bau- u. Bodenbank, seit 1988 freiberufl. Doz. u. Kundenbetreuung, 1988 Aufbau d. eigenen Unternehmensberatung, 1988 Grdg. d. GWD Ges. f. wohnungswirtschaftl. Dienstleistungen, 1990 Verkauf d. Firma, 1997 Grdg. d. gemeinsamen Unternehmens bonkonsult zusammen m. Ehemann. E.: 1980 Abschluss Ausbild. Kauffrau in d. Grundstücks- u. Wohnungswirtschaft m. Ausz. M.: IHK, Vors. d. Prüf.-Kmsn. f. Fachwirte in d. Grundstücks- u. Wohnungswirtschaft, Arbeiskreis DIHT, Sachv. IHK f. Immobilienwirtschaft. H.: Sport, Leichtathletik, Schwimmen, Joggen, Judo, Tennis.

Bonk Thomas

B.: Unternehmer, Unternehmensberatung Wohnungswirtschaft. FN.: bonkonsult Ges. f. Dienstleistungen in d. Wohnungswirtschaft mbH. DA.: 13467 Berlin, Frohnauer Str. 20. office@bonkonsult.de. www.bonkonsult.de. G.: Berlin, 21. Juli 1959. V.: Kerstin, geb. Semmler. Ki.: Sebastian (1992). S.: 1978 Abitur Berlin, 1978-79 Ausbild. Bankkfm. b. Dt. Bank Berlin, 1988 Kfm. in d. Grundstücks-u. Wohnungswirtschaft m. Ehemann. E.: 1980 Abschluss Ausbild. als Managementinst. Herrenhausen. K.: 1979-83 Deutsche Bank Berlin, 1983-94 Dt. Bau- u. Bodenbank Berlin, 1990 Gründung d. BauConsult GmbH durch d. Dt. Bau- u. Bodenbank, 1992 stellv. Geschäftsführer,

Bonk Tino
B.: Profi-Bobfahrer, Polizeibmtr. PA.: 01561 Beiersdorf, Oberweg 11. G.: Dresden, 1. März 1967. K.: als Bremser im Team Czuday: 1989 WM/4. Vierer, 1990 WM/2. Vierer, 1991 WM/3. Vierer, 1992 EM/1. Vierer, Olympia/6. Vierer, DM/1. Vierer, 1993 WM/4. Vierer, DM/2. Vierer, als Pilot: 1996 DM/6. Zweier, DM/8. Vierer, 1997 EC/1., DM/4. Zweier, DM/5. Vierer. H.: Motorradfahren.

Bonk Ulrich Dr. med.
B.: Pathologe, Dir. FN.: Inst. f. Pathologie am Zentral-KH Bremen-Nord. DA.: 28755 Bremen, Hammersbecker Str. 228. G.: Küstrin, 29. Sep. 1940. V.: Christina, geb. Leinert. El.: Heinrich u. Liselotte. S.: 1959 Abitur Perleberg, 1959-64 Stud. Med. Karls-Univ. Prag u. Humboldt-Univ. Berlin, Staatsexamen, 1965 Prom. Martin-Luther-Univ. Halle-Wittenberg. K.: 1964-65 Ass.-Arzt an d. Charité in Berlin, 1965-70 an d. Pathologie d. Univ. in Halle-Wittenberg, 1970-72 auf Grund eines Forsch.-Auftrages z. Thema "Tropenpathologie im Fernen Osten" Schiffsarzt in Korea u. China, 1973 Flucht in d. BRD, 1973 OA im Städt. KH in Karlsruhe, 1974-75 OA d. Pathologie d. Münchner Univ.-Klinikum, seit 1976 Chefarzt d. Patholog. Inst. d. Zentral-KH in Bremen-Nord, 2001 Professor d. Univ. Göttingen u. Univ. Bremen. P.: 5 Bücher u. über 200 wiss. Publ. m. versch. Arb.-Methoden z. invasiven Tumorwachstum, Gynäk., Zytopathologie, Molekularbiologie u. Mammakarzinom, u.a.: Das invasive Tumorwachstum (1971), Biopsie u. Operationspräparat (1984); Aktuelle klin. Zytologie (1990), Das Trisomie-8-Mammakarzinom (1993), Fluorescence in Situ Hybridization (1996). M.: seit 1973 Dt. Ges. f. Path. u. seit 1974 Vorst.-Mtgl. f. Zytopath., seit 1973 Dt. Ges. f. Elektronenmikroskopie, seit 1974 Dt. Ges. f. Zytologie, seit 1976 Dt. Krebsges. u. seit 1985 Vorst.-Mtgl. in Bremen, 1979 Gründer d. Tumorzentrums Bremen u. 1. Vors., seit 1994 American Society of Cytopathology, Richard-Wagner-Verb. H.: Musik.

Bonke Thomas *)

Bönker Johannes E. C. *)

Bönkhoff Franz-Josef Dr. rer. pol. Dipl.-Kfm.
B.: Wirtschaftsprüfer, Steuerberater, Gschf. Ges. FN.: Bönkhoff & Partner GbR. DA.: 26122 Oldenburg, Hauptstr. 35. wp.boenkhoff@t-online.de. www.wp.boenkhoff.de. G.: Hamm/Westfalen, 7. Okt. 1950. V.: Liane, geb. Heyen. Ki.: Christoffer (1982), Lukas (1985). El.: Josef u. Gerda, geb. Pollmeyer. S.: 1970 Abitur in Hamm, 1971-76 Stud. Wirtschaftswiss. an d. Univ. Münster u. Frankfurt, 1976 Abschluss Dipl.-Kfm. in Münster. K.: 1976-81 Ass. u. Lehrbeauftragter am Inst. f. Revisionswesen in Münster, 1981 Prom. z. Dr. rer. pol., 1981-84 Wirtschaftsprüfungsassistent b. versch. amerikanischen Ges. in Deutschland u. USA, 1984 Steuerberaterexamen, 1986 Wirtschaftsprüferexamen, 1984-90 Ges. einer Wirtschaftsprüfungsgesellschaft in Oldenburg, seit 1990 selbständig, Eröff. d. eigenen Wirtschafts- u. Steuerberatungskanzlei in Oldenburg, Tätigkeitsschwerpunkt Wirtschaftsprüfung u. Nachfolgegestaltung mittelständischer Unternehmen. P.: Beiträge z. Weiterentwicklung d. betrieblichen Prüfungswesen in Fachzeitschriften u. Monographie z. Kreditwürdigkeitsprüfung. M.: Kaufmannschaft Union in Oldenburg, Vorst.-Mtgl. d. Umweltstiftung Weser-Ems. H.: Segeln, Skifahren.

Bonkowski Jörg

B.: Gschf. Ges. FN.: MEBO Sicherheit. DA.: 23795 Fahrenkrug, Zum Karpfenteich 8. Bonkowski@mebo.de. www.mebo.de. G.: Bad Segeberg, 18. März 1965. V.: Claudia, geb. Harm. Ki.: Marten (1999). El.: Erwin u. Inge-Marie, geb. Kumetz. S.: 1982-85 Lehre als Elektroinstallateur. K.: 1985-89 Projektleiter im Bereich Elektroanlagen/ Schwachstromtechnik, seit 1987 Fortbild. in d. Schwachstromtechnik, 1989 Grdg. d. MEBO GmbH; Fachkraft f. Arbeitssicherheit. M.: BHE, IHK Vollversammlung, 1. Vors. im Tennisver. TuS Fahrenkrug, Mtgl. im Verband: Bundesverband mittelständische Wirtschaft (BVMW). H.: Tennis.

Bonn Klaus

B.: Gschf. FN.: Bonn Abfallwirtschaft GmbH & Co KG. DA.: 91126 Schwabach, Alte Rother Str. 36. klaus-bonn@t-online.de. G.: Schwabach, 4. Apr. 1959. V.: Karin, geb. Mück. Ki.: Julia (1985), Stefanie (1990). El.: Fritz u. Katharina. S.: 1976 Mittlere Reife, 1976-79 Lehre Bauzeichner Ing.-Büro Ulm Nürnberg. K.: b. 1980 Ang. im Unig.-Büro Ulm, 1980-84 Ang. im elterl. Betrieb u. Grdg. d. KG, seit 1985 Inh. d. elterl. Betriebes u. 1995 Grdg. d. GmbH & Co KG. F.: Bonn's Auto Scheune, AVF GmbH Autoverwertungen. M.: VBS. H.: Segeln, Tauchen, Sport, Square-dance.

Bonn Michael
B.: RA. DA.: 45130 Bonn, Zweigertstr. 55. G.: Essen, 10. Okt. 1964. El.: Dr. Heinz Bonn u. Gerda Hanewinkel. BV.: Großvater Hugo Hanewinkel Dir. b. Krupp. S.: 1983 Abitur Frankfurt/Main, 1984-92 Stud. Rechtswiss. in Bayreuth, Heidelberg u. Bonn, 1995 2. Staatsexamen. K.: seit 1995 Bürogemeinschaft als selbst. RA, 1999 Fachanw.-Lehrgänge f. Arbeits- u. Strafrecht. M.: Corporation Jagdverbindung Hubertia-Bonn, Halle zu Bon im WJSC. H.: Jagd, Segeln.

Bonn Ute
B.: Executive Search, Gschf. FN.: Bonn Research Services + information Management. DA.: 28209 Bremen, Donandstr. 42. G.: Limburg/Lahn, 14. Aug. 1961. Ki.: Lisa (1987). El.: Klaus u. Lilo, geb. Pütz. S.: 1980 Abitur Oberursel, b. 1985 Stud. Lehramt Gymnasialzweig Univ. Frankfurt, Public Relations Hostess in Griechenland, parallel z. Stud. Company Bur-

*) Biographie www.whoiswho-verlag.ch oder beigefügte CD-ROM

roughs Deutschland im Kundenservice u. technical Support, seit 1985 Comany PA Consulting Frankfurt als Researcherin, 1986 Abschluß d. Studiums. K.: 1986 PA Consulting als Researcherin u. Ltr. Documentation File intern. Aufbau einer Kontaktdatenbank, seit 1988 selbst. in Bremen u. Bonn Research Services + information Management, Dienstleistungsspektrum im Executive Search. P.: 1992 Autorin d. Buches Researcher - die Mutanten aus Chefsekr. und Consultant?, 2000 Hrsg. Datenbankprogramm f. Research. M.: Verb. d. Berufstätigen Frauen Bremen. H.: Karate, Tauchen, Schifahren, Motorradfahren.

Bonnek Armin Dr. med. dent. *)

Bonnen Heinrich *)

Bönnen Gerold Dr. phil.
B.: Ltr. FN.: Stadtarchiv; Jüd. Museum Worms. DA.: 67547 Worms, Hintere Judeng. 6. G.: Wilhelmshafen, 17. Jan. 1964. V.: Anja, geb. Gillen. S.: 1983 Abitur, 1984-89 Stud. Geschichte, Politikwiss. u. Germanistik in Trier, 1989 1. Staatsexamen f. d. Lehramt an Gymn. K.: 1990-93 wiss. Mitarb. im Sonderforsch.-Bereich 235 d. Dt. Forsch.-Ges., 1993 Prom., 1994-96 Ausbild. f. d. höheren Archivdienst, seit 1996 Ltr. d. Stadtarchivs u. d. Jüd. Mueums Worms. P.: Die Bischofstadt Toul u. ihr Umland während d. hohen u. späten Mittelalters (1995), Das Stadtarchiv Worms u. seine Bestände (1998), Worms-Fotos v. Leo Hanselmann (2000), 700 J. Stift - 100 J. Pfarrei (1998), Rezeptionsgeschichte d. Nibelungenliedes (1999), Nibelungenfestspiele - Aspekte d. Rezeption in Worms v. d. Jhdt.-Wende b. z. 2. Weltkrieg (2000), zahlr. Aufsätze, Lexikonart. u. Rezensionen. M.: Hess. Histor. Kmsn. Darmstadt, Gschf. d. Wormser Altertumsver.

Bönnen Siegfried

B.: RA. FN.: Rechtsanwälte S. Bönnen & Kollegen. DA.: 41061 Mönchengladbach, Hagelkreuzstr. 5. G.: Bad Kissingen, 7. Jan. 1945. V.: Marie-Nieves, geb. Lazo. Ki.: Linda-Marie, Emil-Vasco, Marie-Aline. S.: 1964 Abitur Mönchengladbach, 1964 Stud. Rechtswiss. in München u. Köln, 1970 1. Staatsexamen, 1970-72 Referendarzeit, 1973 2. Staatsexamen. K.: 1976 selbst. m. RA Gunther Bönnen in Mönchengladbach, 1986 RA-Kzl. Gunter Bönnen u. Siegfried Bönnen verkauft, 1987 Umzug u. Grdg. einer neuen RA-Kzl. Gunther u. Siegfried Bönnen Strafverteidigung Mönchengladbach, Hagelkreuzstraße 5, 1998 Gunther Bönnen ging in d. Ruhestand, 1998 Rechtsanwälte S. Bönnen & Kollegen. H.: Tennis.

Bonnenberg Heinrich Dr. Ing. *)

Bönner Gabriele *)

Bönner Karl Heinz Dr. rer. pol. Prof. *)

Bonneß Otto
B.: Kfm., Firmeninh. FN.: Otto E.H. Bonneß American Trucks. DA u. PA.: 22043 Hamburg, Asmusweg 11. G.: Kolberg, 14. Juni 1928. V.: Hannelore, geb. Stender. Ki.: Marc (1964), Viola (1967). El.: Erich u. Erna. S.: 1941-45 Militärschule. K.: 1945-47 Tätigkeit in d. Ldw., 1947-52 CCG engl. Besatzungsmacht Tätigkeit als Techniker, ab 1952 selbst. u. Grdg. d. Firma. BL.: gründete als erster in Deutschland eine Firma d. sich m. amerikan. Schwertransportfahrzeugen beschäftigte, 1979 Einrichtung eines Zementwerkes in Lybien m. modernster Maschinen, 1980 Ungarn Ausstattung d. ganzen Landes m. Schwertransportfahrzeugen. H.: Haus u. Garten, Schwimmen, Literatur. (G.H.)

Bonnet Eva Susanne Dipl.-Betriebswirtin *)

Bönniger Annemarie Dipl.-Ing. *)

Bönninghaus Heinrich *)

Bonnke Rolf *)

Bonrath Herbert Dr. *)

Bonsack Michael
B.: Installateur- u. Heizungsbaumeister. DA.: 38685 Langelsheim, Glockenkamp 1. G.: Bad Harzburg, 1972. El.: Karl-Heinz u. Lore. S.: 1989-93 Lehre Gas- u. Wasserinstallateur, 1998-99 Meisterschule Hildesheim. K.: 1993-97 ang. Geselle in Oker u. Liebenburg, seit 1999 selbst. f. Sanitär- u. Heizungstechnik. M.: Braunlager EHC Eishockeyclub. H.: Eishockey.

Bönsch Manfred Dr. Prof. *)

Bonse Knut *)

Bonse Rainer H. *)

Bonse-Geuking Wilhelm Dipl.-Ing.
B.: Vorst.-Vors. FN.: Veba Oel AG. DA.: 45896 Gelsenkirchen, Alexander-von-Humboldt-Straße. www.vebaoel.de. G.: Arnsberg, 26. Aug. 1941. Ki.: 3 Söhne (1975, 1977, 1984). S.: Stud. Bergbau, Abschluß Dipl.-Ing. K.: 1968-71 Techn. Gutachter Wibera AG, 1972-74 stellv. Vorst.-Mtgl. d. Landesgasversorgung Niedersachsen AG, 1974-78 Ltr. d. Energiestabs Veba AG Düsseldorf, 1978-94 Vorst.-Mtgl. Veba Oel AG, 1995-2000 Vorst.-Mtgl. d. Veba AG, s. 1995 Vorst.-Vors. d. Veba Oel AG.

Bonsiepe Gui Prof.
B.: Designer, Consultant. FN.: FH Köln; Infodesign Bonsiepe. DA.: 50678 Köln, Ubierring 40; 50672 Köln, Brabanter Str. 55. PA.: 88040-510 Florianopolis/Brasilien, Rua das Cerejeiras 186, Casa 5. bonsiepe@ds.fh-koeln.de. G.: Glücksburg, 23. März 1934. Ki.: Jovita-Ines (1967), Santiago Tomas (1970), Juan Manuel (1972). S.: Abitur Stuttgart, Stud. Kunstak. Hamburg, Stud. Arch. TH München, Stud. Freie Grafik Kunstak. München, 1955-59 HS f. Gestaltung Ulm, 1959 Dipl. K.: päd. Ass. in Ulm, 1964-68 Doz. in Abt. Visuelle Kommunikation u. Produktgestaltung, 1967-68 Mitarb. d. 1968-70 f. Intern. Arbeitsorgan. ILO Genf nach Santiago de Chile, 1970-71 f. Kath. Univ. Santiago, 1971-73 Forsch.- u. Entwicklungsinst. Santiago, 1973 Verhör durch Geheimpolizei DINA nach d. Putsch gegen Allende, 1973-80 in Buenos Aires, Autor u. Dir. f. Designzentrum am INTI, 1980-83 Brasilia, 1983-87 Ltr. Inst. f. Produktentwicklung LBDI in Florianopolis/Brasilien, 1987-90 in Berkeley/USA, Interface-Gestaltung im Softwarehaus BDA, 1990-92 wieder am LBDI in Brasilien, seit 1993 Berufung an FH Köln, seit 1995 eigene

*) Biographie www.whoiswho-verlag.ch oder beigefügte CD-ROM

Consulting Firma Infodesign, daneben Berater f. bras. Wirtschaftsverb. in Santa Catharina u. Univ. Puebla/Mexiko. P.: "Teoria e pratica del disegno industriale" (19975), "Interface Design neu begreifen" (1996/97), "Interface: An Approach to Design" (1999). E.: Preis f. Förd. d. Designmethodologie, 2001 Dr. h.c. d. Univ. Rio de Janeiro. M.: 1973-75 VPräs. d. Intern. Designerverb., ICSID. H.: ehem. Tennis, Lesen, lateinamerikan. Musik, periphere Welt.

Bonsmann Heinz-Dieter *)

Bonstedt Andreas Dipl.-Ing.

B.: Gschf. FN.: Klostergut Agrar-Hdl. GmbH & Co Landbau KG; NKW u. Landmaschinenservice "Roland" BT d. Klostergut Agrarhdl. GmbH Haldensleben. DA.: 39340 Haldensleben, Waldstr. 20. G.: Haldensleben, 15. Juli 1963. V.: Corinna, geb. Gandert. Ki.. Christoph (1983), Alexander (1985). El.: Alfred u. Almut, geb. Markmann. S.: 1980-83 Berufsausbild. z. Agrotechniker mit Abitur in Böhnshausen, b. 1985 Armee, 1985-88 Fachschulstud. an d. Agraring.-Schule in Haldensleben. K.: Brigadeltr. in d. LPG Pflanzenproduktion Haldensleben, ab 1992 Gschf. M.: Vors. im Maschinenring Haldensleben u. Umgebung, Vorst.-Mtgl. im Landesverb. d. Maschinenringe Sachsen-Anhalt, Vorst. d. Kreisbauernverb., Gem.-KirchenR. Alt-Haldensleben, Mitarb. im Unterhaltungsverb. Untere Ohre. H.: Garten, Haus.

Bonte Karl jun. *)

Bonte Wolfgang Dr. Prof. *)

Bonte-Friedheim Christian Dr.
B.: Gen.-Dir. FN.: Intern. Beratungsdienst f. nat. Agrarforsch. G.: Neubrandenburg/Mecklenburg, 19. Aug. 1934. Ki.: 3 Kinder. S.: 1954 Abitur Berlin, 1956-57 Ldw. HS Hohenheim, 1957-58 Friedrich-Wilhelms-Univ. Bonn, 1958-59 Oregon State College Corvallis Oregon USA, Abschluß. B.Sc. Agrarökonomie, 1959-60 Friedrich-Wihelms-Univ. Bonn, Abschluß: Dipl.-Ldw., 1961-64 TU Berlin, Abschluß: Dr. agr., 1992 Prof. h.c. d. Ak. d. Ldw.-Wiss. Chinas. K.: 1961-65 wiss. Ass. Inst. f. Ausländ. Ldw. Berlin, 1965-68 Kenia: b. bilaterale Techn. Zusammenarb., Mtgl. d. Planungsabt. d. Ldw.-Min., persönl. Referent d. Min. f. Ldw., 1967 u. 1968 Mtgl. d. kenianischen Delegation zu FAO-Konferenz u. -Ratstagungen, 1969-74 Abt. f. ldw. Dienste, 1974-85 Abt. f. ldw. operationelle Maßnahmen: Abt.-Ltr., stellv. Abt.-Ltr., Ltr. d. Unterabt. Afrika, 1986-89 Beigeordneter Gen.-Dir. Hauptabt. Ldw., 1968-89 FAO Rom, seit 1990 Gen.-Dir. Intern. Beratungsdienst f. nat. Agrarforsch. Den Haag. P.: mehr als 40 Art. in wiss. u. populärwiss. Fachzeitschriften, "The Globalization of Sciences: The Place of Agricultural Research".

Bontemps Ernst *)

Bonz Bernhard Dr. phil.
B.: Univ.-Prof., Dipl.-Gewerbelehrer(Dipl.-GwL), Lehrstuhl f. Berufspädagogik. GT: Fach- u. Schulbuchautor (Berufs- u. Wirsch.Pädagogik, Technikdidaktik). DA.: Univ. Hohenheim, 70593 Stuttgart. PA.: 75378 Bad Liebenzell, Paracelsusweg 17. G.: Stuttgart, 15. Nov. 1932. V.: Renate, geb. Kühn. Ki.: Uta, Margit, Tobias. El.: Adolf u. Julie. S.: Abitur, Facharb.-Prüfg. Maschinenschlosser, Stud. Dipl.-GwL Maschinenbau, 2. Dienstprüfg. (Höheres Lehramt f. berufl. Schulen), Aufbaustud. Pädag., Psychol., Politikwiss. u. Prom. Dr. phil. K.: Lehrer a. berufl. Schulen, zul. OStud.R, Doz., Prof. a. d. Berufspädagog. HS Stuttgart bzw. Esslingen, Univ.-Prof. Hohenheim, Entpflichtung 1995, dann Lehrbeauftragter f. Didaktik d. Berufsbildung Univ. Stuttgart. P.: Mithrsg. d. Reihen bbk (Berufsbildung konkret) u. ddb (Diskussion Berufsbildung), Hrsg. v. Einzelbd. u. Aut. i. d. Reihen u.a. "Didaktik der berufl. Bildung" u. "Wirtschaft u. Technik", Schneider Vlg. Baltmannsweiler, "Methoden der Berufsbildung - ein Lehrbuch", Hirzel Vlg. Stuttgart. M.: Internat. Ges. f. Ingenieurpädagogik (IGIP), Dt. Ges. f. Erzieh.-Wiss. (DGfE), BVerb. d. Lehrer an berufl. Schulen (BLbS). Verb. d. Lehrer an Wirschaftsschulen. H.: Kammermusik (Klavier), Bergsteigen.

Bonz Mechthild *)

Bonzel Justus Dr.-Ing. Prof. *)

Bonzel Tassilo Dr. med. *)

Boock-Schultz Anne-Karine *)

Boockmann Jörg *)

Boockmann Volker Karl *)

Boog Regina Dipl.-Betriebswirtin
B.: Hauptvertreterin. FN.: Allianz Vers. AG. DA.: 06108 Halle/Saale, Leipziger Str. 27. G.: Bahrendorf, 28. Nov. 1960. V.: Hans-Ulrich Boog. El.: Reinert u. Anita Speckmann, geb. Grimpe. S.: 1978 Mittlere Reife, 1978-80 Lehre Wirtschaftskauffrau, 1980-85 Stud. Betriebswirtschaft Magdeburg m. Dipl.-Abschluß. K.: 1985-90 Wirtschaftsökonom in d. Forsch. d. Chem. Werke Leuna, 1991-93 Ang. b. Commerzbank in Stuttgart, 1993-98 Ang. b. Baden-Württemberg. Bank in Halle, seit 1998 tätig bei d. Allianz Vers. AG, 1998 Abschluß Vers.-Kauffrau, seit 1999 Hauptvertreterin. H.: Reisen, Literatur.

van den Boogaart Hilde Dr. phil.
B.: Ltr. d. Teilanst. f. Frauen Hahnöfersand. FN.: Justizbehörde Hamburg. DA.: 21635 Jork. G.: Amsterdam, 28. Nov. 1958. S.: 1977 Abitur Hamburg, 1977-85 Stud. z. Lehramt f. d. Grundstufe m. d. Fächern Erziehungswiss., Dt. Sprache, Sozialwiss. u. Math. an d. Univ. Hamburg, Staatsexamen, 1986-85 Aufbaustud. Kriminologie Univ. Hamburg, Dipl., 1993 Prom. K.: seit 1985 Gruppen- u. Einzelbetreuung v. Gefangenen in d. Justizvollzugsanst. Hamburg-Fuhlsbüttel, 1986-87 Hon.-Kraft d. Beratungsstelle f. Gefährdete d. Kirchenkreises Niendorf, 1987-88 wiss. Mitarb. am Inst. f. Sozialpäd. u. Univ. Lüneburg, 1990-91 nebenamtl. Mitarb. in d. Erziehungsabt. d. Rauhen Hauses Hamburg, 1991-93 Redakteurin d. Lexikons d. Sozialpäd. b. Oldenbourg-Verlag München, 1992-94 wiss. Mitarb. d. Gleichstellungsstelle d. Univ. Lüneburg, 1992-2001 Mtgl. d. Redaktion d. Zeitschrift "kinderschutz aktuell" d. Dt. Kinderschutzbundes Bundesgeschäftsstelle Hannover, 1997 Referentin b. Strafvollzugsamt, Justizbehörde d. Freien u. Hansestadt Hamburg, seit1997 Ltr. d. Teilanst. f. Frauen Hahnöfersand, seit Okt. 2000 1. Vors. d. Bundesarbeitsgemeinschaft Frauenvollzug. P.: Radikale Kriminologie - Zwanzig J. brit. Wiss.-Geschichte (1991), Beziehungen - Soz. Kontrolle, Feminismus u. Foucault (1994). H.: Reisen, Lesen. Sprachen: Englisch, NL.

Bookhagen Rainer Dr.
B.: Pfarrer, Vorst. FN.: Ev. Diakonissenhaus Berlin-Teltow. DA.: 14513 Teltow, Lichtenfelder Allee 45. G.: Berlin, 8. Mai 1943. V.: Roswitha, geb. Turowski. K.: Andrea Constanze (1970), Bettina Christine (1973). El.: Karl-Heinz u. Gertrud, geb. Ambos. S.: 1962 Abitur Berlin-Charlottenburg, 1962-64 Stud. Elektrotechnik an d. TU Berlin, 1964-66 Stud. Theol. an

*) Biographie www.whoiswho-verlag.ch oder beigefügte CD-ROM

Bookhagen 514

d. Kirchl. HS in Berlin, 1966-67 Stud. Theol. in Heidelberg, 1967-69 Stud. Theol. an d. Kirchl. HS in Berlin, 1. Theol. Staatsexamen, 1969-71 Vikariat, 2. Theol. Staatsexamen. K.: 1971-72 Hilfsdienstzeit im Bereich d. Diakonie, 1972-77 Pfarrer in Berlin/Mariendorf, 1977-80 Theol. Referent b. Berliner Missionsamt, 1980-91 Pfarrer in Berlin/Tempelhof, 1988 Prom., seit 1992 Pfarrer u. Vorst. am Ev. Diakonissenhaus in Berlin Teltow u. Gschf. d. Ev. KH Ludwigsfelde Teltow gGmbH u. Luckau gGmbH, 2001 Habil. BL.: Aufarb. d. Historie zwischen 1933 u. 1945 in d. wiss. Arb. u. Umsetzung d. Erkenntnisse in d. Praxis. P.: Diss. "Ev. Kindergarten u. d. innere Mission in d. Zeit d. Nationalsozialismus" (1. Teil 1933-36), Habil. "2. Teil 1937-45), Aufsätze: "Das Kind bilden wir", Sammelbandbeitrag "Die Krise d. inneren Mission 1939-41", Festschrift "Innere Mission in histor. Perspektive" u. Predigthilfen. M.: Pfarrerver. H.: Kriminalliteratur v. weibl. Autoren, Kultur.

Booms Hans Dr. phil. Prof. *)

Boonen Frank *)

Boorberg Wolfgang *)

Boos Dieter *)

Boos Karl-Siegfried Dr. rer. nat. Dr. rer. hum. biol. habil. Prof. *)

Boos Ulrich Urban Wendelin

B.: Gschf. FN.: Boos Druck GmbH. DA.: 76593 Gernsbach, Hillaustraße 12. u.boos @ boos-druck.de. G.: Freiburg (Breisgau), 20. Okt. 1934. V.: Ute, geb. Zeltmann. El.: Walter u. Barbara, geb. Scheibel. S.: 1948-49 Höhere Handelsschule Offenburg, 1949-52 kfm. Lehre Oberkirch. K.: 1952-57 ang. Bürokfm. d. Firma Reiff-Druck, 1957-62 Lehre Buchdrucker in d. Firma Reiff-Druck, 1965 Meisterprüf., 1965-68 Meister in d. Abt. Flexodruck d. Firma Holzmann & Cie. AG u. b. 1970 in d. Firma Dambach-Werke GmbH in Gaggenau Meister in d. Abt. Siebdruck, 1971-74 Teilhaber Druck-Studio, seit 1974 selbst. m. Offsetdruck. M.: DRK, Schwarzwaldver., ACE Eberstein. H.: Lesen.

Boos Wolfgang *)

Booß Rutger Dr. phil. *)

Boots Augustinus J. A.
B.: Gschf. Ges. FN.: AeroConsult; IP Space Tours GmbH. DA.: 28844 Kirchweyhe, Fliederstr. 12. a.boots@ spacetours.de. www.spacetours.de. G.: Den Haag/NL, 21. Okt. 1942. V.: Hildegard, geb. Wessels. Ki.: Alfonso (1965), Angela (1968). S.: 1955 Abitur Amsterdam, 1955-59 Hotelschule Den Haag, Ausbildung z. Hotelkaufmann, 1971 Verkaufstechniken am Tea-Cegos Inst. Madrid, 1973 Ausbildung Marketing-Management am Inst. IBW Amsterdam u. Deutschland, Abschluss in Oldenburg Fachkaufmann Marketing, K.: 1959-69 Hotelerie u.a. Hilton Hotel u. Amstel Hotel in Amsterdam, 1969-73 Iberia Airlines of Spain in Amsterdam Marketing u. Verkauf, 1973-75 Melia Hotels Madrid, Verkaufsdir. & Controlling f. 17 Hotels in Spanien u. Koordinator f. 7 Hotels in Südamerika, 1975-80 American Express

Intern. Inc. Frankfurt Verkaufsrepräsentant für Travel-Related-Services, 1980-87 KLMRoyal Dutch Airlines Marketing u. Verkauf u. Marketing- u. Verkaufstrainer f. Führungspersonal u. Verkaufsrepräsentanten d. KLM Verkaufsorganisation weltweit, 1988 Grdg. AirBremen GmbH & Co Luftverkehrs KG als Gschf. Ges. b. 1991, 1991 Grdg. AeroConsult Airtransport & Consultancy u. 1996 IP Space Tours GmbH, Agentur f. Reisen, Incentives u. Personalentwicklung als Gschf. Ges. M.: ERA European Regions Airline Associatio, ACI Airport Council Intern. H.: Skifahren, Segeln, Golf.

Booz Johannes Hugo

B.: Fotodesigner. DA.: 50931 Köln, Hillerstr. 15. www. johannesbooz.de. G.: Lindlar, 1. Apr. 1943. V.: Marianne, geb. Saul. Ki.: Nora (1978). El.: Walter u. Edith, geb. Ibscher. S.: 1962 Abitur in Bad Reichenhall, 1962-66 Studium Freie Malerei Werkkunstschule Köln, Bühnenbildpraktikum b. Städt. Bühnen f. Praktikum Bühnenbild, Praktikum im Messebau Firma Glahe, 1966 Examen. K.: 1966-70 Junior Art Dir. Mc Cann-Ericsson Display, 15 Jahre Artdir. in 5 Agenturen in München, Köln, Hamburg und Düsseldorf, seit 1983 Fotodesigner u. Aufbau eines eigenen Fotoateliers. P.: 1999 Ausstellung "Mit d. Rükken z. Wand" (1999), Buch "Oostenden aars" (1994), Ausstellung Museum für Schöne Kunst Ostende, Buch "Die Leute v. Eiershagen" (1995), 1996 Ausstellung im Berg. Museum Schloß Burg. H.: Bauen von Häusern, Basteln, Konstruieren, Lesen, Literatur, Malerei: ältere Meister Portraits.

Bopp Andreas H. *)

Bopp Lutz *)

Bopp Peter *)

Bopp Tom *)

Bopst Wolf Dieter Dr.
B.: Vors. d. Geschäftsführung. FN.: OSRAM GmbH. DA.: 81543 München, Hellabrunner Str. 1. www.osram.de. G.: Stuttgart, 3. Okt. 1939. S.: 1958 Abitur, 1958-60 Banklehre b. d. Schwäbischen Bank AG Stuttgart, Kfm.-Abschluß, 1960/61 Wehrpflicht, 1961-64 Stud. BWL in Tübingen u. München. K.: 1965-67 wiss. Ass. an d. Staatswirtschaftl. Fak. d. Univ. München, 1968 Eintritt in d. OSRAM GmbH München, 1969 Gen.-Sekretariat d. Geschäftsführung, 1972 Ltg. Verkauf Europa, 1976 Ltg. Verkauf Ausland, 1977 Ltg. Verkauf Inland, 1985 stellv. Gschf. Vertrieb Inland, 1987 Gschf. Vertrieb Inland, 1988 Gschf. Vertrieb In- u. Ausland, seit 1991 Vors. d. Geschäftsführung.

*) Biographie www.whoiswho-verlag.ch oder beigefügte CD-ROM

Borbándi Gyula Dr.
B.: Schriftsteller. DA.: 81679 München, Oberföhringer Str. 12 a. G.: Budapest, 24. Sep. 1919. El.: Gyula u. Anna, geb. Wagner. S.: 1938 Abitur Budapest, 1938-42 Stud. Staatswiss. Univ. Budapest, 1942 Prom. Dr. rer. pol., 1942-45 Militärdienst Ungarn. K.: 1945-49 Sekr. im Min. f. Unterricht, 1949-51 als Flüchtling in d. Schweiz, 1951 Ndlg. in d. BRD, 1951-84 Redakteur u. stellv. Dir. d. Ungarnabt. b. Radio Freies Europa, seit 1950 literar. tätig, 1958-89 Chefredakteur d. Zeitschrift "Uj Látótár". P.: u.a. Der ungar. Populismus (dt. 1976, ungar. 1983), Lebensgeschichte d. ungar. Emigration (1985), Fünfhundert Meilen (Essays u. Tagebücher, 1989), Ungarn im Englischen Garten, Geschichte des Senders RFE (1996), Emigration u. Ungarn (1997). E.: 1991 Mittelkreuz d. VO d. Ungar. Rep., 1991 Ungar. Kunstpreis, 1992 Gabor-Bethlen-Preis, 1997 Ungar. Pullitzer-Preis. M.: Intern. Pen-Club, Pen-Zentrum d. Exil-Schriftsteller Köln, Ungar. Schriftstellerverb. H.: Skilauf, Tennis, Literaturgeschichte, Zeitgeschichte.

Borberg H. Dr. med. Dr. med. h.c. Prof.
B.: Ltr. d. Dt. Hämapherese Zentrum. DA.: 50931Köln, Josef-Stelzmann-Str. 9. PA.: 51427 Bensberg-Frankenforst, Tulpenstr. 19. helmut.borberg@medizin.uni-koeln.de. G.: Lippstadt, 6. Mai 1934. V.: Ingrid, geb. Ueberfeldt. Ki.: Jutta (1962), Heike (1967), Holger (1976). El.: Wilhelm u. Edith. S.: 1955 Abitur, 1955 Med.-Stud. Marburg, München u. Münster, 1961 Staatsexamen, Ausbild. als Med.-Ass. K.: Univ.-Klinik Münster, Ev. KH Lippstadt, Path. Inst. Univ. Münster, Westfäl. Landesfrauenklinik Bochum, Univ.-Hautklinik Freiburg, Med. Univ.-Klinik Köln, 1961 Prom. z. Dr. med. Münster, 1965 wiss. Ass. Med. Univ.-Klinik Köln, 1965-66 Stipendiat d. Heinrich Hertz-Stiftung Düsseldorf, Research Fellow, Division of Haematology New York Univ. Medical School, 1966-69 Visiting Research Fellow, Division of Immunology, Sloan Kettering Inst. for Cancer Res. and Sloan Kett. Div. Cornell Univ. Medical School New York, seit 1969 Med. Univ.-Klinik Köln, Aufbau u. Ltr. d. Labors f. Tumorimmunologie u. d. Hämapherese, 1982 Habil., 1988 apl.Prof. E.: Cobe-Preis, Ludwig-Heilmeyer-Preis, Senior Research Award ESFH. M.: 1987-89 Präs. d. Europ. Hämasereseges., Dt. Ges. f. Hämatologie u. Onkologie, Dt. Ges. f. Bluttransfusion u. Immunhämatologie, Dt. Ges. f. Immunologie. H.: Musizieren, Sport.

Freiherr von der Borch Hans-Helmuth *)

von Borch Herbert *)

Borch Manfred Dr. med. *)

Borchard Erika Dipl.-Ing. *)

Borchard Franz Dr. med. Prof. *)

Borchard Klaus Prof. Dr.-Ing.
B.: Architekt u. Stadtplaner, Rektor. FN.: Inst. f. Städtebau Univ. Bonn. DA.: 53113 Bonn, Regina-Pacis-Weg 3. PA.: 53639 Königswinter, Kiefernweg 17. G.: Münster, 1. März 1938. V.: Ulrike. Ki.: Stefan, Michael, Claudia. El.: Hermann u. Mieke. S.: 1958 Abitur, 1964 Dipl.-Ing., 1974 Dr.-Ing. K.: 1963-65 wiss. Mitarb. Dt. Ak. f. Städtebau u. LPlanung München, 1965-67 Bayer. Staatsbauverw. München, 1967 Regierungsbaumeister, 1967-76 wiss. Ass./OAss. Inst. f. Städtebau u. Raumordnung TU München, seit 1976 o.Prof. f. Städtebau u. Siedlungswesen Univ. Bonn, Dir. d. Inst. f. Städtebau, Bodenordnung u. Kulturtechnik, 1990-92 Dekan d. Landw. Fak., 1996-2003 Rektor d. Univ. Bonn, Vizepräs. d. Hochschulrektorenkonferenz 1998-2002. P.: ca. 150 Veröff. M.: Dt. Rat f. LPflege Bonn (Geschäftsf. Vorst.-Mitgl.), Dt. Ak. f. Städtebau u. LPlanung München, Ak. f. Raumforsch. u. LPlanung Hannover, Intern. Society of City and Regional Planners Den Haag, Arch.Kam. Düsseldorf. (Re)

Borchard Rolf Reiner Maria Prof. *)

Borchard Werner Dr. Prof.
B.: Fachgebietsltr., HS-Lehrer. FN.: Gerhard- Mercator- Univ. Duisburg. DA.: 47048 Duisburg. G.: Rheydt, 1. Dez. 1935. V.: Ursula. S.: Chemiestud. TH Aachen, 1966 Prom. K.: 1975 Habil., 1978 WissR. u. Prof. P.: ca. 115 Veröff. E.: 1973 Richard Zsigmondy-Preis. M.: GDCh, Dt. Bunsen-Ges. f. Physikal. Chemie, Dt. Phys. Ges., Kolloid-Ges. H.: Visloncello.

Borchard-Linnebrink Anne Dipl.-Psych.
B.: Yoga-Lehrerin. DA.: 30175 Hannover, Schackstr. 4. G.: Hannover, 27. Mai 1937. V.: Dr. theol. Gunter Linnebrink. S.: 1953 Mittlere Reife Hannover, 1953-56 Sekr. in Hannover, 1955-57 Buchhändlerlehre in Hannover. K.: 1957-58 Obermädchen in d. Schweiz, 1959-65 Buchhändlerin in Hannover, Oxford/England, 1965-68 Gschf. in einer Hotelbuchhdlg. in Hannover, 1968-69 tätig in einer Intern. Buchhdlg. in Madrid, Dipl. f. Span. "Sociedad Carvantina", 1969-71 Sekr. in Spezial Maschinenfbk., 1971-73 Redaktionsass. in Stuttgart b. "Readers Digest", 1973 Abitur Freiburg, 1973-94 Stud. Päd., Linguistik, Psychosophie an d. Univ. Stuttgart, 1974 Stud. Psych. an d. Univ. Gießen u. Braunschweig, 1981 Dipl.-Psych., seit 1959 Yogaausübende, seit 1981 ausgebildete Yogalehrerin, 1982 Übernahme d. Yogaschule v. Ingeborg Kurig-Kroeker u. Dr. Gertrud Schmid. BL.: Berufsverb. Dt. Yogalehrender, Vors. in einem Spendenver. f. indische Kinder, Ver. z. Unterstützung verlassener, hungernder u. kranker Kinder in Indien e.V. P.: Veröff. in einem Handbuch über Yoga. M.: BDY, Spendenver., Ev.-Luth. Kirche. H.: Lesen, Reisen, Yoga.

Borchardt Detlef

B.: Schlosser, Unternehmer, selbständig. FN.: Schlüsseldienst Borchardt. DA.: 14109 Berlin, Chausseestr. 13. PA.: 14109 Berlin, Chausseestr. 44. schuesseldienst.borchardt@t-online.de. G.: Berlin, 5. Okt. 1947. V.: Brigitte. Ki.: Martin (1976), Carsten (1977). El.: Karl und Irene. S.: 1962-65 Lehre als Schlosser im elterl. Betrieb, 1974 Meisterprüfung. K.: Geschäftsführung d. Familienunternehmens, ab 1998 Schlüsseldienst. E.: 1999 Silberner Meisterbrief.

Borchardt Grazyna Sofia Maria Dr. med. *)

Borchardt Hans *)

Borchardt Hans-Jürgen *)

Borchardt Heinz-Peter Ing. *)

Borchardt Knut Dr. oec. publ. Dr. rer. soc. et oec. h.c. Dipl.-Kfm. Prof. *)

Borchardt Peter *)

Borchardt Peter Dr. phil. *)

Borchardt Sigrid *)

Borchardt Wolf-Rüdiger Dipl.-Ing. *)

*) Biographie www.whoiswho-verlag.ch oder beigefügte CD-ROM

Borcherdt 516

Borcherdt Christoph Dr. phil. em. o.Prof. *)

Borcherdt Helmut Dipl.-Ing. *)

Borcherdt Werner *)

Borchers Arnulf Dr. med. *)

Borchers Bernhard Dipl.-Ing.

B.: freiberufl. Ing. f. Steuerungs-, Automatisierungs- u. Antriebstechnik. DA.: 30159 Hannover, Stiftstr. 15. b.borchers@t-online.de. G.: Twistringen, 14. Mai 1968. El.: August und Ursula, geb. Schlichting. S.: 1989 Fachabitur, 1984-86 Ausbild. Elektroanlageninstallateur Firma Hastra Laatzen, 1986-88 Ausbild. Energieanlagenelektroniker Firma Hastra Laatzen. K.: 1988 Elektromonteur d. Firma Hastra in Bad Gandersheim, 1989-90 Bundeswehr, 1990-94 Stud. Energietechnik an d. FHS Hannover m. Dipl.-Abschluß m. Ausz., 1993 freier Mitarb. d. Continental AG im Bereich Reifenversuch u. ab 1994 freiberufl. Ing. m. Schwerpunkt SPS-Programmierung, Automatisierungs-, Steuerungs- u. Antriebstechnik. M.: VDI, VDE, VBI, DLRG.

Borchers Bruno *)

Borchers Elisabeth
B.: Schriftstellerin, Verlagslektorin. PA.: 60325 Frankfurt/Main, Arndtstr. 17. G.: Homberg, 27. Feb. 1926. El.: Rudolf u. Claire Sarbin, geb. Beck. K.: 1961-67 Lektorin im Luchterhand Verlag, 1971-98 im Suhrkamp u. Insel Verlag, Studienaufenthalte in Frankreich u. USA, schreibt Prosa, Lyrik, Kinderbücher u. Hörspiele, Übersetzungen aus d. Franz., Hrsg. P.: "Der Tisch, an d. wir sitzen" (1967), "Eine glückliche Familie" (1970), "Wer lebt" (1986), "Von d. Grammatik d. heutigen Tages" (1992), "Was ist die Antwort" (1998), "Alles redet, schweigt und ruft" (2001). E.: 1976 Roswitha-von-Gandersheim-Med., 1986 Hölderlin-Preis. M.: 1971 Ak. d. Wiss. u. Literatur Mainz, P.E.N.-Zentrum BRD, 1989 Dt. Ak. f. Sprache u. Dichtung Darmstadt.

Borchers Hans-Jürgen *)

Borchers Helmut *)

Borchers Klaus
B.: Bäckermeister, Inh. FN.: Borchers Bäckerei, Konditorei, Bistro. DA.: 30169 Hannover, Hildesheimer Str. 44. G.: Hannover, 20. Juni 1957. V.: Marion, geb. Wottka. Ki.: Philip (1991). El.: Georg u. Anneliese. S.: 1974-76 Bäckerlehre, b. 1977 Konditorlehre. K.: Eintritt in d. väterl. Betrieb, 1979-80 Bundeswehr, 1981 Meisterprüf. z. Bäckermeister, 1986 Übernahme d. seit 1847 in 5. Generation bestehenden Betriebes m. typisch althannoverscher Spezialbäckerei, 1993 Zusatzausbild. als Betriebswirt d. Handwerks. BL.: Beste Meisterprüf. im Hannoverschen Bereich u. Stipendiumsanspruch. P.: div. Veröff. über d. Betrieb in Fachzeitschriften.

Borchers Monika *)

Borchers Nikolaus

B.: Leitender Oberstaatsanwalt. FN.: Staatsanwaltschaft Lüneburg. DA.: 21335 Lüneburg, Burmeisterstr. 6. G.: Oldenburg, 16. Mai 1940. V.: Marianne, geb. Schulze. Ki.: Inka (1979). S.: 1961 Abitur, 1 1/2 J. Bundesmarine, 1962-67 Stud. Rechtswiss. Marburg u. Bonn, b. 1971 Referendariat Bez. OLG Frankfurt. K.: Eintritt in d. Niedersächs. Justiz als Assessor in Hildesheim, Hankensbüttel und Hannover, seit 1974 Staatsanw. in Hannover, seit 1981 OStA. u. Ltr. der Abt. I. in Hannover mit Schwerpunkt Verfahren im polit. Einschlag, Verfahren gegen Abg., Richter, Diplomaten, RA u. Höhere Bmte u. f. Pressestrafsachen, glz. seit 1987 Pressesprecher, seit 1999 Leiter Oberstaatsanwalt u. Behördenleiter.

Borchers Wolfgang Dr. med. *)

Borchert Burkhart Dipl.-Ing. *)

Borchert Carsten Dr. Dkfm. *)

Borchert Christian *)

Borchert Christian

B.: Bäcker, Hotelfachmann, Inh. FN.: Holländersruh Hotel u. Restaurant - Ferienwohnungen. DA.: 23730 Neustadt, Kremper Str. 13. Hollaendersruh@web.de. www.hollaendersruh.de. G.: Eutin, 10. Dez. 1962. V.: Michaela, geb. Hardes. Ki.: Tim (1997). El.: Ludwig u. Inge. BV.: Ururgroßvater Johannes Gelius Borchert gründete am 28. Feb. 1891 d. Holländersruh. S.: 1978-81 Ausbild. z. Bäcker, 1982-85 Geselle in "Scheels Backstube" Neustadt. K.: 1985-88 Gschf. im elterlichen Betrieb, 1988 Mitinh., 1988-91 Ausbild. z. Hotelfachmann im elterl. Betrieb, seit 1997 alleiniger Inh. M.: 2. Vors. DEHOGA, Neustädter Fischeramt, Neustädter Schützengilde, HSV, TSV Neustadt, Feuerwehr Hopstin, Feuerwehr Neustadt. H.: Fußball (Fan), Kegeln, Freizeitschütze, Münzen sammeln.

Borchert Dieter
B.: Gschf. FN.: Verb. d. Holz- u. Kunststoffverarb. Ind. Berlin-Brandenburg e. V. DA.: 10117 Berlin, Karlpl. 7. PA.: 12681 Berlin, Allee d. Kosmonauten 62. G.: Eikelborn, 18. Juni 1946. V.: Karin. K.: Oliver (1970), Daniela (1971). El.: Günther u. Walli. S.: 1965 Abitur Neuenhagen, 1966-69 Stud. Landtechnik Ing.-Schule Berlin, 1969 Ing. K.: 1970 tätig in LPG, 1971-77 tätig im Spannplattenwerk Beeskow, 1977-79 tätig im Holzverarb.-Werk Klosterfelde, 1979-89 tätig in Rationalisierung u. Technologie im Möbelkombinat Berlin, seit 1990 Grdg.-Mtgl. u. Gschf. d. VHK m. Schwerpunkt Interessenvertretung d. Mtgl. gegenüber regionalen, staatl. Institutionen. BL.: Strukturwandel d. VHK v. mod. Dienstleister, Unterstützung d. Exports d. Dt. Möbelind. nach Rußland, Mitgestaltung d Tarifpolitik in d. Neuen Bdl. P.: Veröff. in

*) Biographie www.whoiswho-verlag.ch oder beigefügte CD-ROM

Fachzeitschriften. M.: Märk. Presse- u. Wirtschaftsclub, Anglerver. Bestensee. H.: Hochseeangeln, Lesen, PC, Heimwerken, Motorboottouristik.

Borchert Gernod

B.: RA. FN.: RA-Kzl. Borchert & Werner. DA.: 28215 Bremen, Hemmstr. 96. borchert@borchert-werner.de. www.borchert-werner.de. G.: Bremen, 23. März 1965. V.: Sigrid, geb. Lasutschinkoe. El.: Friedrich u. Karin, geb. Hering. S.: 183 Abitur, 1983-84 Berufsmusiker, 1985 Stud. Rechtswiss. Univ. Bremen, 1992 1. Staatsexamen. K.: 1992-97 Jurist d. Comertial Union in Bremen, 1997 Referendariat in Bremen u. Frankfurt, 1999 2. Staatsexamen, seit 2000 RA in d. Sozietät Borchert & Werner m. Tätigkeitsschwerpunkt Vers.- u. Musikrecht, seit 2000 Syndikus einer Vers. P.: "Musik & Moneten" (2000). M.: VG World. H.: Musik, Schießsport, Motorradfahren.

Borchert Gunter

B.: Gschf. Ges. FN.: Borchert Grundbau Spezialtiefbau GmbH & Co KG. DA.: 28219 Bremen, Fleetstr. 65 a. gunbor@aol.com. www.Borchert-Grundbau.de. G.: Bremerhaven, 6. Okt. 1962. V.: Brigitte, geb. Stanek. Ki.: 4 Kinder. El.: Dipl.-Ing. Gernot u. Lydia, geb. Timmann. S.: 1980 Fachabitur Bremen, b. 1983 Stud. Bauing.-Wesen FHS Bremen, 1983-85 Fachausbild. Bürokfm. elterl. Betrieb, 1994-96 Ausbild. Brunnenbaumeister, Abschluß als Bestmeister. K.: seit 1985 tätig im elterl. Betrieb, seit 1997 Gschf. Ges., seit 1998 öff. bestellter u. vereid. Sachv. in Bremen. M.: Vorst.-Mtgl. d. Verb. baugewerbl. Unternehmer d. Landes Bremen, Landesfachgruppenltr. f. Brunnenbau, Vors. d. Berufsbild.-Aussch. d. Bauind.-Verb. Bremen/Niedersachsen, Vors. d. Verein d. Freunde zur Förderung d. Bildung d. Bauleute e.V., stellv. Vors. d. Bundesfachgruppe Brunnenbau.

Borchert Günter Dr. Prof. *)

Borchert Horst Dr. rer. nat. Dipl.-Phys. *)

Borchert Jochen

B.: MdB. FN.: Deutscher Bundestag. DA.: 11011 Berlin, Platz d. Republik 1. G.: Nahrstedt, 25. Apr. 1940. V.: Verh. Ki.: 2 Kinder. S.: 1957-59 Ldw.-Lehre, Gesellenprüf., 1960-61 Höhere Landbauschule Soest, Abschl. Agraring. K.: 1963-67 stellv. Vors. d. Westfäl.-Lipp. Landjugend, 1965 Eintr. CDU, 1965-69 stellv. Kreisvors. d. Jungen Union Wattenscheid, 1967-71 Vors. d. Westfäl.-Lipp. Landjugend, 1968 Ldw.-Mstr., 1968-70 stellv. Vors. d. Bundes d. Dtsch. Landjugend, 1968-72 Vors. d. Ringes d. Landjugend Westfalen-Lippe, 1970 Übernahme d. elterl. ldw. Betriebes, 1970-74 Stud. Wirtschaftswiss. Ruhr-Univ. Bochum, Abschluß als Dipl.-Ökonom, 1972-88 Mtgl. d. Kirchenltg. d. Ev. Kirche Westfalen, 1973-84 Vors. d. Ortsverb. Bochum d. Westfäl.-Lipp. Ldw.-Verb., seit 1974 Mtgl. d. Vorst. d. Kreisverb. Bochum d. CDU, 1976-81 Mtgl. d. Rates d. Stadt Bochum, seit 1977 Vors. d. Kreisverb. Bochum d. CDU, 1979-93 VPräs. d. Westf.-Lipp. Ldw.-Verb., seit 1980 MdB, 1989-93 Haushaltspolit. Sprecher d. CDU/CSU-Bundestagsfraktion, 1989-93 Vorst.-Vors. d. Absatzförderungsfonds d. dt. Land- u. Ernährungswirtschaft, seit 1991 Mtgl. d. Landesvorstandes d. CDU Nordrhein-Westfalen, 1993-1998 Bundesmin. f. Ernährung, Ldw.- und Forsten, seit 1993 Bundesvors. d. Evangelischen Arbeitskreises d. CDU/CSU, Juli 1994 bis Dez. 94 Präs. d. Rates d. Europäischen Union (Landwirtschaft), ab 1999 MdB. (Re)

Borchert Karl-Heinz

B.: RA. DA.: 42555 Velbert, Bonsfelder Str. 23. G.: Essen, 30. Aug. 1954. El.: Emil u. Margarete. S.: 1974 Abitur, b. 1976 Bundeswehr, 1976-84 Stud. Rechtswiss., 1984 1. u. 1987 2. Staatsexamen. K.: 1988 ang. RA, seit 1988 selbst. m. Schwerpunkt Zivilrecht. M.: Tennisclub. H.: Tennis, Fußball, Musik.

Borchert Karl-Heinz *)

Borchert Manfred Dr. rer. pol. Prof. *)

Borchert-Seifert Marion *)

Borchhardt Walter *)

Borchling Karl-Friedrich Dipl.-Ing.

B.: Gschf. Ges. FN.: Ing.-Ges. GRABE mbH. DA.: 30161 Hannover, Hamburger Allee 12-16. kfborchling@iggrabe.de. www.iggrabe.de. G.: Osterode, 26. Mai 1961. V.: Bettina, geb. Müller. Ki.: Alexandra (1991), Vikoria (1994). El.: Friedrich u. Ilse, geb. Reiß. S.: 1980 Abitur Bad Sascha, 1980-83 Stud. Versorgungstechnik Univ. Braunschweig. K.: 1984-88 ang. Ing. in d. Firma Ing.-Büro Grabe in Hannover, 1988-97 Mitgrdg. u. Prok. d. Ing.-Ges. Grabe GmbH u. seit 1997 Gschf. Ges. mit Schwerpunkt Planung u. Baultg. v. haustechn. Anlagen, Beratung f. techn. Gebäudeausrüstung; Funktion: seit 1998 öff. bestellter u. vereid. Sachv. f. Lufttechnik. F.: Gschf. Ges. d. GbR-Polska in Posenhofen. M.: 1994-99 stellv. Obm. d. VDI Arb.-Kreis techn. Ausrüstung, Ing.-Kam. Niedersachen, VDI, SV Gehrdern, KV Absolwia-Bad Sascha. H.: Fußball, Tennis, schnelle Autos.

Borchmann Ernst-Otto *)

Borchmann Manfred *)

Borck David *)

Borck Ellen *)

Borck Gerhard Ing. *)

Borck Karl Heinz Dr. phil. *)

Borck Sebastian *)

*) Biographie www.whoiswho-verlag.ch oder beigefügte CD-ROM

von Borcke Rüdiger Oberst a.D. *)

von Borczyskowski Christian Dr. rer. nat. Prof.
B.: Univ.-Prof. FN.: TU Chemnitz. DA.: 09123 Chemnitz. Straße der Nationen 62. G.: Husum, 11. Juli 1946. V.: Sabine. geb. Korth. Ki.: Tilman u. Daniel (1975). El.: Sigismund u. Adelheid. S.:1966-68 Wehrdienst, 1968-70 Stud. Physik Univ. Bonn, 1970-72 Stud. Physik FU Berlin, 1973 Dipl., 1977 Prom., 1987 Habil. K.: 1973 wiss. Sekr. d. Sonderforsch.-Bereiches 161, 1973-77 wiss. Mitarb. im Sonderforsch.-Bereich 161, 1972-78 Mitarb. d. Modellversuchs "Integrierte naturwiss. Lehrausbild.", 1977-81 wiss. Ass. Fachbereich Physik FU Berlin, 1979-80 Forsch.-Aufenthalt am Huygens-Inst. d. Univ. Leiden/Holland, 1981-93 AkR. u. wiss. Ltr. d. Chemie- u. Kristallabors am Fachbereich Physik FU Berlin, 1989 Gastprof. Univ. Grenoble, s. 1993 Univ.-Prof. TU Chemnitz Inst. f. Physik, 1993 Sprecher d. Fachbereichs Physik, 1994-97 Dekan d. Fak. d. Naturwiss. TU Chemnitz, 1997-2000 Rektor d. TU Chemnitz. P.: 150 Publ. in Fachzeitschriften, 10 intern. Kongreßeinladungen, 200 Vorträge, Buchautor "Singles Monecüls", Mithrsg. v. 2 wiss. Zeitschr. u. 20 Forsch.-Projekten. M.: Dt. physikal. Ges., Ges. Dt. Chemiker, Bunsenges., Groupement Ampere, VDI, Dt. Naturforscher u. Ärzte, Van der Velde Ges. Sachsen, Ver.-Grdg. d. Chemnitzer Synagoge, Freundeskreis d. Physik. H.: Lesen, Ski alpin, Garten.

Börder Brigitte *)

Börder Ulrich Fred

B.: Rechtsanwalt. FN.: RA-Kzl. Börder. DA.: 56564 Neuwied, Brückenstr. 13. G.: Neuwied, 24. Sep. 1962. V.: Anette Höcker. S.: 1982 Abitur Neuwied, 1982-88 Stud. Rechtswiss. an d. Rhein. Friedrich-Wilhelm-Univ. Bonn, 1. Jur. Staatsexamen, 1989-92 Rechtsreferendariat b. LG I in Düsseldorf u. 2. Jur. Staatsexamen. K.: Zulassung z. Anw. in Aachen, seit 1994 eigene RA-Kanzlei in Neuwied, Tätigkeitsschwerpunkte: Masseninkasso, Zwangsvollstreckung, Arbeitsrecht u. Verkehrsunfallsachen. P.: Mitwirkung an einer Broschüre über Rechtsfragen d. neuen Produkthaftungsgesetzes. E.: 1982 Preis d. Kultusmin. v. Rheinland-Pfalz f. vorbildl. Haltung u. Einsatz in d. Schule. M.: Fahrclub Mittelrhein e.V. in Bad Breisig, Studentenwohnheime Gustav-Stresemann e.V. Bonn. H.: Literatur, Gespannfahren, Fotografieren, Kochen, Golf.

Bordfeld Elmar Prof.
B.: Publizist. DA.: 53177 Bonn, Im Apfelgarten 22. G.: Bad Godesberg, 3. Juni 1941. V.: Vera, geb. Kahlen. Ki.: Severin (1981), Eliane (1983). El.: Dr. iur. Ferdinand u. Matilde, geb. Linnemann. BV.: Josef Anton Koch (1768-1839 in Rom), Begründer d. dt. Landschaftsmalerei. S.: 1960 Abitur Oberstdorf/Allgäu, 1960-68 Stud. Philol., Latein, Geschichte u. kath. Religionslehre an Univ. Bonn u. Münster, 1968 Staatsexamen f. d. Lehramt u. lic. theol. K.: 1968-69 Volontariat b. "Kirche u. Leben" in Münster, 1969 Redakteur, 1970-87 KNA Kath. Nachrichtenagentur, Redakteur in dem Centrum Informationes Catholicum, Aufbau d. dt.-sprachigen Ausgabe d. Osservatore Romano, ab 1973 l. Chefredakteur u.a. Begleitung d. Papstes nach Deutschland u. Päpstl.-Auslieferungen. Urbi et Orbi f. d. ZDF, daneben Hrsg. Jahresbände "Wort u. Weisung" (Papstreden), 1987-91 Chefredakteur "Ruhrwort" in Essen, 1991-95 Gschf. BKU Bund Kath. Unternehmer, 1993 österr. Prof.-Titel, 1995-97 freiberufl.

Verlagsmanagement Neue Bildpost, seit 1998 freiberufl. Publizist. P.: Das Vatikan-Lexikon (1998), Hrsg. v. Predigten Papst Johannes Paul's I. (1979). E.: 1976 Kath. Journalistenpreis f. Fernsehsendung im DLF über d. Hl. Jahr 75, 1983 BVK am Bande in Rom verliehen, 1987 Gr. EZ um Verd. f. d. Rep. Österr., 1987 Komturkreuz d. Päpstl. Gregorius-Ordens, 1994 Komtur mit Stern d. Päpstl. Ritterordens vom Hl. Grabe zu Jerusalem. M.: KV Kartellverb., Flamberg Bonn, Dt. Journalistenverb. DJV. H.: Wandern, Bücher. Sprachen: Italienisch, Englisch.

Borek Hans-Joachim

B.: Uhrmachermeister, öff. bestellter Sachv. d. Handwerkskam. Düsseldorf. DA.: 45136 Essen, Rellinghauser Str. 185 G.: Essen, 26. Juli 1957. S.: 1972-75 Uhrmacherlehre, 1980 Meister. K.: 1975-80 ang. Uhrmacher, 1980-92 ang. Uhrmachermeister, 1992-98 Gschf. Ges. b. einem Juwelier in Essen, seit 1998 selbst. Uhrmachermeister. M.: Kreisjägerschaft Essen. H.: Jagd, Oldtimer, Sportfischen.

Boremski Adolf

B.: Gschf. FN.: Hamburger Handball Verb. e.V. DA.: 20357 Hamburg, Schäferkampsallee 1. G.: Hamburg, 5. Juni 1939. S.: b. 1957 Höhere Handelsschule, 1957-60 Ausbild. Groß- u. Außenhdl.-Kfm. K.: 1961-68 tätig im graf. Gewerbe m. Ausbild. Fotosatz, 1968-94 Verlagstätigkeit als Fachbereichskoordinator, seit 1995 Gschf. d. Hamburger Sport- u. Hanballverb. e.V. P.: Veröff. in Verb.-Medien. E.: Gold. Ehrennadel d. Hamburger Handballverband, Verd.-Med. d. poln. Handballverb. M.: seit 1969DUWO 08, Dt.-Poln. Ges., Dt.-Japan. Ges. H.: Handball, Reisen.

Borer-Fielding Thomas
B.: Botschafter. FN.: Schweizerische Botschaft. DA.: 10557 Berlin, Otto-von-Bismarck-Allee 4. vertretung@ber.rep.admin.ch. www.swissembassy.org/berlin. G.: Basel, 1957. V.: Shawne Fielding. S.: Abitur u. Stud. an d. Univ. Basel, EC.: 1987 Dienst d. Eidgenöss. Departements f. auswärtige Angelegenheiten (EDA), Einsatz in Bern u. Lagos, 1989-93 stellv. Ltr. d. Sekt. Völkerrecht, 1993 Washington, 1994 stellv. Gen.-Sekr. in Bern, Chef Ressources 1996-99 Ltr. d. Task Force "Schweiz-Zweiter Weltkrieg", seit 1999 Schweizerischer Botschafter in d. BRD. E.: 2002 Orden mit dem tierischen Ernst (Aachener Karnevalsverein).

Borgard Grazyna
B.: Zahnärztin. DA.: 58285 Gevelsberg, Mittelstr. 30. G.: Sosnowitz, 22. Juni 1951. V.: Manfred. Ki.: Magdalena (1975), Adam (1978). El.: Leon u. Lucyna, geb. Kostrzewki. S.: 1969 Abitur, 1970-75 Stud. Humanmedizin u. Zahnmedizin an d. Univ. Kattowitz. K.: 1975-87 Zahnärztin im öff. Dienst, später zusätzl. eine eigene Praxis in Schlesien, 1987 Einreise nach

*) Biographie www.whoiswho-verlag.ch oder beigefügte CD-ROM

Deutschland, Erlernung d. Dt. Sprache, 1989-92 Assistentenzeit, 1991 Approb., seit 1992 ndlg. Zahnärztin m. Übernahme einer Zahnarztpraxis in Gevelsberg. H.: Musik, Lesen, Reisen, Kochen, Hund.

Borgard Johannes *)

Borgartz Jürgen
B.: Gschf. FN.: Bürgel Süd GmbH & Co. KG, Offenbach. G.: Köln, 17. Nov. 1967. V.: Doris, geb. Sahlmann. S.: Dt. Schule Johannesburg, 1986 afrikan. Schulabschluß 1987 Dt. Abitur. K.: 1987 Aufenthalt in England, 1988-89 Praktikum in d. Firma AEG in Deutschland, glz. Weiterbild. im Bereich Ind.- u. Elektromotoren in Spanien, 1990 Eintritt in d. Firma Bürgel, 1990-93 Ausbild. z. Kfm. f. Bürokommunikation, 1993 3 Mon. Aufenthalt in Südafrika, 1993-95 Ass. d. Geschäftsltg. u. Hdlgs.-Bev. d. Firma Bürgel, seit 1995 Ndlg.-Ltr. u. Prok., seit 2001 Gschf. d. Firma Bürgel Süd GmbH & Co. KG, Offenbach. H.: Sport, Tanzen.

Borgelt Hans *)

Borgelt Hans-Henning *)

Borgelt Heiner *)

Borgelt Rainer Dr.

B.: Rechtsanwalt. DA.: 40545 Düsseldorf, Luegallee 4. G.: Osnabrück, 20. Okt. 1965. S.: 1985 Abitur, 1988-89 Stud. Rechtswiss. Univ. Osnabrück u. Univ. Catholique de l'Ouest, Angers Frankreich, 1992 1. Staatsexamen Hannover, Prom. am Inst. f. intern. Privatrecht u. Rechtsvergleich an der Univ. Osnabrück, 1995 2. Staatsexamen u. Prom. K.: seit 1996 selbst. RA, 1997 Grdg. d. Kzl. in Düsseldorf. P.: "Das Kind im Deliktsrecht-Zur Bedeutung d. individuellen Reife f. persönl. Haftung u. Mitverschulden" (1996). M.: IJV, VDIA.

Borgelt Stefan
B.: Gschf. FN.: Hahne Bürotechnik GmbH. DA.: 51169 Köln, Theodor-Heuss-Str. 76. G.: Troisdorf, 5. Aug. 1965. S.: 1982-86 Lehre Energieanlagenelektriker. K.: 1986-94 techn. Ang., seit 1994 Gschf. d. Firma Hahne GmbH.

Börgens Beatrice *)

Borger Riekele (Rykle) Dr. *)

Börger Andrea
B.: Pädagogin, Musikerin, Enspannungstherapeutin, Musiklehrerin, Inh. FN.: Synergie-Lernsysteme. DA.: 58135 Hagen, Heilig-Geist-Str. 25. synergie-lernsysteme@web.de. www.synergie-lernsysteme.de. G.: Dortmund, 13. Mai 1955. V.: Reinhard Börger. Ki.: Lukas (1985), Simon (1990), Jonas (1991). El.: Dr. Georg u. Dr. Ingeborg Mönninghoff. S.: 1974 Abitur, 1974-78 Stud. Musik-HS Dortmund u. HS. K.: 1980-84 Lehrerin an versch. (Musik-) u. Schulen, 1976 Organistenexamen, 1996 NLP-Ausbild. u. Ausbild. als Entspannungstherapeutin, 1997 Grdg. d.Firma "Synergie-Lernsysteme" spez. f. Lern- u. Entspannungsverfahren, auch Ausbildungen. P.: CD "Lern-Musik" (2000), Art. über Lern-Musiku. Entspannungsmethoden in d. Fachpresse (2000-2001), Vorträge. E.: 2 Förderpreise d. TGZ. H.: Musik, Radfahren

Börger Franz-Josef *)

Börger Hans E. A. Dr. Dipl.-Ing. Dipl.-Kfm.
B.: Unternehmensberater (Krisenmanagement). PA.: 41462 Neuß, Niederdonker Weg 27. G.: Dortmund, 22. Feb. 1924. V.: Edeltraut, geb. Bonow. Ki.: Gertrud, Gabriele. El.: Dr. Paul u. Gertrud. S.: TH Darmstadt, Univ. Köln. K.: 1968 Dir. Westfalia Dinnendahl Gröppel AG Bochum, 1971 Gschf. Aluminium-Walzwerke Singen GmbH Singen, 1975 Gschf. Kienzle Uhrenfbk. GmbH Schwenningen, 1980 Gschf. Kreidler Werke Stuttgart, 1981 Gschf. Diehl GmbH & Co Nürnberg u. Junghans Uhrenfbk. Schramberg, 1986 Gschf. Bleyle KG Stuttgart. P.: Statistische Methoden (1975). H.: Kammermusik, Segeln, Golf.

Börger Jörg

B.: Elektrotechniker, Chemielaborant, Inh. FN.: RedPoint Event GbR. DA.: 47057 Duisburg, Grabenstr. 176. www.redpoint-event.de. G.: Duisburg, 3. Mai 1962. V.: Judith, geb. Dränker. El.: Bernhard u. Maria, geb. Brucher. BV.: Großvater war maßgebl. am Aufbau d. Feuerwehr in Duisburg beteiligt. S.: 1978-79 Ausbild. z. Elektrotechniker, 1980-84 Ausbild. z. Chemielaborant. K.: 1984-94 Chemielaborant b. Bayer, 1995 Grdg. RedPoint Tours (Abenteuerreisen), 2000 Grdg. d. GbR (Einzelhdl. m. High End Mountainbikes). BL.: Bergbesteigung Mount McKinley (6193m), Korsikadurchquerung m. d. Mountainbike. F.: Planet Bike u. Klimb GbR. P.: "Der Berg hat immer d. Sagen" (1996), versch. weitere Veröffentlichungen in Fachzeitschriften. M.: Alpenver. H.: Klettern, Mountainbiking.

Börger Michael Dipl.-Kfm.
B.: Dir. FN.: Investitionsbank Berlin Anst. d. Landesbank Berlin. DA.: 10777 Berlin, Spichernstr. 2. G.: Berlin, 11. Sep. 1947. V.: Sigrid, geb. Krämer. Ki.: Andreas (1981), Tobias (1983). S.: 1969 Abitur, 1969-71 Lehre als Bankkfm., 1971-77 Stud. BWL TU Berlin. K.: 1977-90 Berliner Bank, 1990 Eintritt in d. WBK, jetzt IBB, Ltr. Rechnungswesen u. Ltr. v. Sonderprojekten im Rahmen d. Datenverarb. P.: Art. in Fachmedien. M.: Controllingkmsn. d. "Verb. öff. Banken". H.: Segeln.

Borges August Dipl.-Ing.
B.: Bauing., selbständig. FN.: Borges Bau; Borges Planungsbüro; Baugeschäft GmbH. DA.: 30926 Seelze, Rote Reihe 9. www.borgesbau.de. G.: Hannover, 18. Sep. 1934. V.: Rosemarie, geb. Starkemann. Ki.: Cornelia, Amrei, Susanne, Maren. S.: 1953 Lehre Maurer elterl. Betrieb, Gesellenprüfung m. Ausz., 1954-55 Geselle, 1955-57 Stud. Hochbau i. Arch. Baugewerbeschule Nienburg m. Abschluß Dipl.-Ing. K.: techn. Ang. im väterl. Betrieb, 1961 Meisterprüfung m. Ausz., 1962 Übernahme d. väterl. Betriebes spez. f. Bauwirtschaft im priv., gewerbl. u. ldw. Bereich. P.: Publ., Abhandlungen in d. Presse. M.: seit 1972 Ratsmtgl. bzw. Ortsratsmtgl., 5 J. Rat d. Stadt Seelze, über 24 J. Kirchenvorstand d. Ev.-Luther. Kirche, seit 1950 Schützenverein u. Vorst.-Mtgl., Gesangsverein Harmonie, DRK, TuS Gümmer, FFW, stellv. Orts-Bgm. (1972-86), Bgm. in Gümmer (1986-91), seit 1991 stellv. Bgm. H.: Schießen, Wassersport, Urlaub, Wandern.

Borges Wolfgang *)

---

*) Biographie www.whoiswho-verlag.ch oder beigefügte CD-ROM

Borghoff Stefan

B.: Gschf. Ges. FN.: Borghoff Dienstleistungen GmbH. DA.: 31582 Nienburg, Forstweg 2F. G.: Hildesheim, 29. Aug. 1948. V.: Karin, geb. Bergfeld. Ki.: Kirsten (1979). S.: 1963-64 Handelsschule Hildesheim, 1964-67 Lehre z. Großhdls.-Kfm. in Hildesheim. K.: 1967-69 im Vertrieb d. Großhdls. in Hildesheim, 1970-72 im Vertrieb f. Lager- u. Bürotechnik in Langenhagen, 1972-76 Kfm. b. d. Firma Nienburger Glas- u. Gebäudereinigung, 1976 Prok. u. ang. Gschf., 1985 Übernahme d. Betriebes v. Herrn Schäfer in Nienburg, 1991 Umbenennung d. Firma Borgdorff Dienstleistungen GmbH, 1991 Meisterschule m. Abschluß/Meisterbrief z. Gebäudereinigermeister in Bremen, 1998 Übernahme d. Firma Rümpler Malereibetrieb, Grdg. z. Rümpler Malereibetrieb GmbH. M.: Innungsverb. im Maler- u. Gebäudehandwerk, Berufsgen., Handwerkskam., Radsportver. H.: Radfahren, Wandern, Tauchen, Reisen.

Borgholte Dagmar

B.: Gschf. Ges. FN.: ad-pro Promotion & Advertising GmbH. DA.: 10961 Berlin, Bergmannstr. 102. ad-pro@ad-pro.de. www.ad-pro.de. G.: Göttingen, 9. Aug. 1963. El.: Otto u. Gerda, geb. Schumacher. S.: 1982 Allg. HS-Reife, 1982-83 Stud. Maschinenbau, 1983 Wechsel z. Studiengang d. Neueren Fremdsprachl. Philol. in Spanisch, Portugies. u. Germanistik an d. FU Berlin, 1995 Praktikum d. Downtown Veranstaltungs GmbH, 1996 Mag. art. K.: 1990-93 wiss. Hilfskraft am Inst. f. Roman. Philol. im Rahmen d. "Neuen Romania" b. Prof. Ronald Daus, 1993-95 Restaurantfachfrau Lucky People Diner & Entertainment GmbH, ab 1994 Ass. d. Geschäftsführung, 1996 Showtime GmbH Konzert- u. Theaterkassen, 1996-98 Eickelbey's Produktions GmbH, Mitarb. in d. Bereichen Prom., Öff.-Arb. u. Organ., seit 1998 Eröff. v. ad-pro Promotion & Advertising GmbH. H.: Flamenco tanzen, Lesen.

Borghs Horst P. Dipl.-Vw.

B.: ehem. Mtgl. d. Vorst., Dir. Öff.-Arb. u. Verbindungen zu Politik u. Wirtschaft. FN.: Adam Opel AG. www.opel.com. G.: Bad Godesberg, 7. Febr. 1947. S.: Stud. Wirtschaftswiss. Univ. Bonn, 1971 Dipl.-Vw. K.: 1971 Redakteur, zw. 1974 u. 78 Leitung Öff.-Arb. in Wirtschaftsverb., 1979-82 Ltr. d. Presseabt. eines Automobilherstellers, 1982 Beginn d.Tätigkeit f. d. Adam Opel AG, 1983 Leitung d. Abteilung "Europaen PR", 1. Aug. 1986 Dir. Öffentlichkeitsarbeit u. Verbindungen zu Politik u. Wirtschaft, 1989 Mtgl. d. Vorst. d. Adam Opel AG.

Borgmann Claudius

B.: Dipl.-Wirtschaftsing., Ltr. Produktpositionierung/Technologiemanagement. FN.: Institute for Manufacturing Strategies (IMS) GmbH. DA.: 39106 Magdeburg, Sandtorstr. 23. PA.: 39128 Magdeburg, Holzweg 40. G.: Beckum, 13. Aug. 1969.

V.: Dr. rer. nat. Iris, geb. Letko. Ki.: Lucas Caspar (1997), Laurens Carl (1999). El.: Antonius u. Maria, geb. Kleickmann. S.: 1989 Abitur Lippstadt, 1989-90 Bundeswehr, 1990 Praktikant b. Hella KG Hueck & Co, 1990-95 Stud. Maschinenbau, BWL und Automatisierungstechnik TU Braunschweig, Dipl.-Wirtschaftsing. K.: 1994-95 Praktikant b. LG Electronics Ltd Changwon-City/Südkorea, 1995-98 stellv. Abt.-Ltr. am Fraunhofer Institut in Magdeburg, Abt. Unternehmensstrategie, 1998-99 Projektltr. d. Abt. Organ.-Entwicklung in d. Robert Bosch GmbH Karlsruhe, seit 2000 Ltr. Projektbereich am Fraunhofer Inst. in Magdeburg, 1998-99 Ltr. Strategie-Management an IMS-Inst. for Manufacturing Strategies GmbH u. seit 1999 Gschf. Ges. m. Sitz in Barleben. P.: ca. 40 intern. Publ. u.a. Erstautor "Leitfaden z. strateg. u. organisator. Diskussion d. Produktion v. Einfachprodukten am Standort Deutschland", "Strategische u. organisator. Erfolgsmuster d. Herstellung v. Einfachprodukten am Standort Deutschland" (2000), Key note speaker anläßl. d. 25. Jahrfeier von CAM-I z. Thema: Strategic Basics for Future world class Manufacturing, Projektltg. d. Verbundprojektes "Einfache Produkte intelligent produzieren (EPRO)". M.: Verb. Dt. Wirtschaftsing., CAM-I, World-Task-Leader Next Generation Manufacturing. H.: Familie, Computer, Unternehmen gründen.

Borgmann Hans-Jürgen *)

Borgmann Horst Dr.-Ing. *)

Borgmann Marcus

B.: Inh. eines Fotostudios u. Foto- u. Digitallabors. FN.: Fotostudio u. Foto- u. Digitallabor. DA.: 33330 Gütersloh, Mangelsdorfstr. 2. G.: Gütersloh, 27. Febr. 1966. El.: Caspar u. Bärbel. S.: Privatschule Hebo in Bielefeld m. Mittlerer Reife 1986, 1986-89 Ausbild. als Fotolaborant in Bielefeld, 1989-90 Weiterbild. als Fotograf in Hamburg, 1991-92 kaufm. Weiterbildung in Hamburg, 1999-2000 Weiterbildung in d. digitalen Bildverarbeitung. K.: seit 1992 Fotolaborant u. Inh. b. Firma Borgmann GmbH, Schwerpunkt: Produktion u. Organ. M.: Tennisver., Angelver. H.: Naturfotografie, Tennis, Bergwandern, Bergsteigen, Angeln, elektron. Medien im Bereich d. Fotografie.

Borgmann Roswitha *)

Borgmann Ulrich Dr. med.

B.: Arzt f. Innere Medizin. DA.: 59067 Hamm, Wilhelmstr. 173. PA.: 59071 Hamm, Markgrafenufer 10; 5, Rue Jouvenet, Paris 16. G.: Hamm, 17. Aug. 1942. V.: Anne-Rolande, geb. Caulier. Ki.: Christopher, Stephanie, Matthias, Sarah. El.: Hans u. Ilse, geb. Wildförster. S.: 1959 Abitur Hamm, 1959-61 Pharmazeut. Praktikum, Pharmazeut. Vorexamen in Hamm, 1961-68 Stud. Humanmed. in Münster, Hamburg u. Rochester (USA). K.: 1968 Fachausbild. f. Innere Medizin, 1978 Ndlg. als Internist in Hamm, Weiterbild.: Intern. Stud. f. BGA u. FDA. BL.: Arzneimittelforsch. P.: Vorträge im Gastrontologiebereich im intern. Rahmen, im Bereich Arzneimittelforsch. M.: Westfäl. Gastroent. Ges., Golfclub. H.: Lesen, Reisen.

Börgmann Franz Dr. iur. *)

*) Biographie www.whoiswho-verlag.ch oder beigefügte CD-ROM

Borgmeier Norbert Heinrich *)

Borgmeier Raimund Ferdinand Dr. phil. Prof. *)

Borgos Josef Dr. med. Dipl.-Ing. *)

Borgs Annegret
B.: Immobilienmaklerin. DA.: 45129 Essen, Hauptstr. 121. G.: Essen, 1. Dez. 1951. V.: Wolfgang Borgs. Ki.: Silke Oberstebrink (1971). S.: 1966-69 kfm. Ausbild., 1978 Fachabitur Telekolleg. K.: 1978-86 ltd. Mitarb. in einem amerikan. Unternehmen, 1986-87 Ausbild. an d. Management-Ak. in Essen, seit 1990 selbst. Immobilienmaklerin m. Schwerpunkt Verkauf u. Vermietung aller Wohnimmobilien, intensive Beratung u. Service durch Verknüpfung aller Fachbeteiligten. M.: seit 1993 Mitgrdg. u. 1. Vors. d. Stadtmarketing KettIN e.V., Initiativkreis Kettwig, HVV. H.: Lesen, Schwimmen.

Borgstädt Wolfgang *)

Borgward Monica
B.: Kunsthändlerin. DA.: 28359 Bremen, Horner Heerstr. 11-13. G.: Verden/Aller, 24. Juli 1941. Ki.: Carl Heinrich Matthias (1966), Johann Friedrich, Hannes (1970). El.: Carl Friedrich Wilhelm u. Elisabeth. S.: 1961 Abitur Bremen, Stud. Anglistik u. Neuere Geschichte Heidelberg u. Göttingen. K.: 1969 Eröff. d. Geschäftes "Vitrine" f. altes Glas u. Antiquitäten, 1982 Eröff. d. Galerie f. mod. Glaskunst Monica Borgward, Wanderausstellung m. intern. Künstlern in Museen, durch d. organisator. Arb., weltweite Kontakte v. Australien b. Rußland, Austausch m. Glaskünstlern b. Vernissagen, Sommerschulen u. Symposien. P.: Veröff. in Kunstzeitschriften u. Ausstellungskatalogen. M.: Vors. d. AG Kunsthandwerk Bremen, Präs. Soroptimist International Club Bremen.

Borgwardt Hans-Jörg
B.: Inh., Gschf. FN.: Highländer Pub. DA.: 18055 Rostock, Kröpeliner Str. 75. G.: Warnemünde, 7. Okt. 1969. Ki.: Marie-Luise (1999). El.: Horst-Heinrich u. Ria. S.: 1986 Mittlere Reife, 1986-89 Ausbild. z. Betriebsmessteuerreglertechniker b. BMSR. K.: 1989-94 Facharb. u. Techniker, 1995 Einstieg in Gastronomie in Rostock, 1986-97 Umschulung z. Hotelfachmann m. Abschluß, 1998 selbst. freier Mitarb. in d. Gastronomie in Rostock. Arb. in versch. Restaurants u. Hotels, ab 2000 "Butterblume" GmbH. H.: Gastronomie, Barmixen.

Borgwardt Sönke Dr. *)

Borho Siegfried

B.: freier Architekt. FN.: Arch.-Büro Siegfried Borho. DA.: 77654 Offenburg, Wilhelmstr. 18. G.: Tübingen, 8. Feb. 1932. Ki.: Siegfried-Ferdinand, Birgit, Jörg. El.: Ferdinand u. Anna, geb. Finkbeiner. BV.: vertriebene Hugenotten. S.: 1948 Mittlere Reife, 1948-51 Schreinerlehre, 1953-55 FH Karlsruhe, 1955-56 FH Bauführerpraxis, 1956-57 Büro, 1958 Examen, Dipl.-Ing. Architekt. K.: 1959-61 Arch.-Büro Bad Krozingen, seit 1968 eigenes Büro als freier Architekt. P.: Wettbewerbe f. Gem. Steinach, Rheinbischofsheim, Olsbach. M.: Arch.-Kam. H.: Arch.

Borinski Ludwig Dr. phil. *)

Bork Bernd

B.: Tanzsportlehrer, Tanzlehrer. FN.: TanzCentrum Bernd & Ingrid Bork. GT.: seit 1991 Pressebeauftragter d. DPB, in dieser Zeitung Gründung einer Verb.-Zeitung. DA.: 58452 Witten, Wideystr. 30. G.: Witten, 20. Dez. 1947. V.: Ingrid, geb. Andree. Ki.: Mandy (1991). S.: 1963 Mittlere Reife Witten, 1964 Höhere Handelsschule, 1965-68 Ausbild. z. Sozialvers.-Kfm. b. d. BKK DEMAG in Wetter, 1968-69 Bundeswehr Siegburg. K.: 1969-82 Sozialvers.-Kfm. später Vers.-Kfm. in versch. Positionen b. versch. Ges., 1972-80 Amateurtanzsport, 1980-86 Wechsel v. Amateurlager ins Profilager, 1983 Ausbild. z. Tanzlehrer (ADTV), seit 1984 Trainer A-Lizenz d. Sportbundes, Trainer v. nat. u. intern. Spitzenpaaren, seit 1988 Übernahme einer Tanzschule in Witten, d. heutigen Tanzschule "TanzCentrum Bork". BL.: 1972-80 im Amateurtanzsport unter d. besten 6 Paaren in Deutschland, Mtgl. in d. Dt. Amateur Nationalmannschaft, 1980-86 immer unter d. 6 besten Dt. Paaren in Deutschland, in d. Rangliste Platz 2 in Deutschland, Zugehörigkeit zu d. besten Paaren d. Welt, Mtgl. d. Dt. Nationalmannschaft, Wertungsrichter b. nat. u. intern. Turnieren u.a. mehrere WM gewertet. M.: Allg. Dt. Tanzlehrerverb. e.V. (ADTV), Dt. Professional Tanzsportverb. e.V. (DPV). H.: Skifahren.

Bork Günter *)

Bork Horst M.A. rer. pol. *)

Bork Konrad Dr. med. Prof.
B.: Prof. d. Dermatologie. FN.: Univ.Hautklinik Mainz. DA.: 55101 Mainz, Langenbeckstr. 1. PA.: 55128 Mainz, Bebelstr. 53a. G.: Allenstein, 30. Mai 1942. V.: Magdalena, geb. Rininsland. Ki.: Camilla, Tillmann. El.: Dr. Herward u. Annemarie. BV.: Großvater, Prof. Dr. Ferdinand Bork, Orientalist. S.: Schulbesuch in Niebüll/Schleswig-Holstein, Stud. in Tübingen u. Wien. K.: 1968 Prom. in Tübingen, 1977 Habil. in Mainz. P.: ca. 250 Veröff. in wiss. Zeitschriften u. Buchbeiträge zur Klinik, Histologie, Ultrastruktur u. Pathogenese versch. Hautkrankheiten. Bücher: Symptome und Krankheiten der Mundschleimhaut und der Periorealregion (1984), "Kutane Arzneimittelnebenwirkungen" (1985), "Erkennung und Behandlung häufiger Hautkrankheiten" (1986), "Haut und Brust" (1995). E.: Präs. d. "Deutschen Ges. f. Angioödeme", korr. Mtgl. d. "Societe Francaise de Dermatologie et de Syphiligraphie".

Bork Kunibert K. Dipl.-Kfm. *)

Bork Petra Gabriele *)

Bork Siegfried H. B.
B.: Ltr. FN.: Studienseminar f. d. Lehramt f. Sekundarstufe I. DA.: 45127 Essen, Hindenburgstr. 74-76. studienseniar-sekI-essen@t-online.de, www.studienseminarsekI.uni-essen.de. G.: Duisburg, 11. Dez. 1947. El.: Bruno u. Edith, geb. Welter. S.: 1966 Abitur, 1966-69 Stud. Erziehungswiss. Köln, 1. Staatsexamen, 1969-71 Referendariat, 2. Staatsexamen. K.: 1971-77 Lehrer an einer HS, 1973-76 glz. wiss.Nebenamt an d. FOS, 1974-77 Fachltr. f. Dt., Politik u. Geschichte am Bez.-Seminar Duisburg. 1977-82 Ass. d. Erziehungswiss. Fakultät an d. Univ. Köln, 1982 Prom., 1982-85 Lehrer an einer HS u. glz. Fachltr. f. Geschichte u. Politik am Gesamtseminar in Düssel-

*) Biographie www.whoiswho-verlag.ch oder beigefügte CD-ROM

dorf, 1985-94 Konrektor an einer HS, Staatsexamen f. Sekundarstufe I, ab 1994 Ltr. d. Studienseminars Sekundarstufe I in Essen; Funktionen: Ref. u. Moderator im Bereich Lehrerfortbild. zu fachdidakt. u. medialen Themen, verantwortl. Mitarb. an schul. Modellprojekten u. fachdidakt. Beratung v. Schulbuchprojekten. P.: "Mißbrauch d. Sprache" (1970), "Reflexionen über d. Perspektive eines päd. Unterrichts" (1983), Veröff. im Band "Texte z. Päd." (1984), Berichte in versch. Fachzeitschriften. H.: Literatur, Theater, Film, Video, Reisen.

Bork Torsten K.
B.: Geschäftsvorst. FN.: Bork + Partner - Management Consulting Group Intern. DA.: 14469 Potsdam, Parkstr. 1. G.: Potsdam, 25. Jan. 1965. V.: Antje, geb. Lindner. Ki.: Amina Lätitia (1997), Lydia Undine (1998), Elias Konstantin (2000). El.: Helga u. Klaus. S.: 1982 Mittlere Reife Potsdam, 1982-85 Berufsausbild. m. Abitur BMSR-Technik in Teltow, 1985-86 Ausbild. z. Facharb. EDV, 1986 Wehrdienst, 1987-90 Stud. Rechtswiss. in Potsdam, Leipzig u. Berlin. K.: wiss. Mitarb. am Inst. f. Verw.-Organisation, 1991 selbst. Unternehmensberater f. Informations- u. Kommunikationsmanagement, 1991-95 Mag.-Studiengang f. BWL, Informationswiss. u. Rechtswiss. an d. FU Berlin, seit 1994 Bork + Partner in Potsdam. P.: Beiträge in Fachzeitschriften. M.: Bundesverb. Dt. Unternehmensberater, 1. Vizepräs. Unternehmerverband Brandenburg. H.: Kajakfahren, Kochen, Zigarre rauchen.

Borkel Wolfgang Dr. sc. pol. *)

Borkenhagen Jürgen *)

Borkowski Ruth-Edeltraud Dr. med. *)

Borm Dirk *)

Bormann Christoph Dr.-Ing.

B.: Landschaftsarchitekt, Gschf. Ges. FN.: Landschaftsplanungsbüro Dr. Bormann & Partner GmbH. GT.: Vors. Landesverb. Sachsen in der Deutschen Ges. Gartenkunst u. Landschaftskultur e.V. DA.: 04668 Grimma, Marktgasse 7. PA.: 04107 Leipzig, Karl-Liebknecht-Straße 49. mail@dr-bormann.de. www.dr-bormann.de. G.: Dorfhain, 25. Sep. 1952. V.: Dr. med. Maria. Ki.: Theresa (1981), Sophia (1983), Elisabeth (1988), Juliane (1991). S.: Abitur, Lehre z. Agrotechniker, 1974-79 Stud. Landschaftsarch. TU Dresden, Dipl.-Ing. K.: 1979-81 wiss. Ass. TU Dresden, 1991-85 wiss. Mitarb. Inst. f. Landschaftsforsch. u. Naturschutz Dölzig, 1986-91 Ltr. d. Parkdion. Machern, 1987 Prom., seit 1992 Gründer d. Landschaftsplanungsbüros Dr. Bormann & Partner GmbH. M.: Förderver. Schloß- u. Landschaftspark Machern. H.: Literatur.

Bormann Gerd Ulrich *)

Bormann Kai W. A. Dipl.-Kfm. *)

Bormann Karl Dr. phil. *)

Bormann Lutz
B.: Fernseh- u. Rundfunk-Journalist. FN.: Bayerischer Rundfunk, Studio Berlin d. Bayerischen Fernsehens, Russisches Kultur-Programm FS. DA.: 13351 Berlin, Lüderitzstr. 26. G.: Berlin, 16. Mai 1924. V.: Renate, geb. Hentze. El.: Georg u. Charlotte, geb. Erdmann. S.: 1942 Abitur, 1942-45 Deutsche Wehrmacht, 1945-48 Kriegsgefangenschaft, 1948-55 Stud. an d. Universitäten Heidelberg u. München Soziologie, Allgemeine Staatslehre, Völkerrecht, Neueste Geschichte, Englisch. K.: seit 1950 freiberufl. Journalist f. Zeitungen und Rundfunk-Sender, ab 1960 Fernseh-Journalist (Radio Bremen, NDR, Hamburg, ZDF, Wiesbaden, Sender Freies Berlin), 1970-75 ZDF-Magazin, 1975-78 German Television News, 1978-95 Berliner Abendschau, Fernsehen, Sender Freies Berlin, 1985-97 Korrespondent d. Bayerischen Fernsehens in Berlin. BL.: über 8000 aktuelle Fernseh-Reportagen, davon über 4000 medizinische u. soziale Themen, die sich auf die Gesetzgebung und die Verhältnisse in den Krankenhäuser u. Pflegeheimen auswirkten, Begründer des Berlin-VIP-Tennis-Turniers (53. Turnier am 14.7.2001), 1952-55 4mal Dt. Hochschulmeister im Mannschafts-Tennis, 1970-76 7 mal Hessischer Senioren-Mannschafts-Tennis-Meister, mit dem TC Höchst/Frankfurt am Main and 1975 Dt. Senioren-Mannschafts-Vize-Meister, mit dem TC Höchst/Frankfurt am Main. E.: Auszeichnungen im 2. Weltkrieg: EK I, EK II, Goldene Nahkampfspange, 57 Nahkampftage, Verwundeten-Abzeichen in Silber (3 Verwundungen), Infanterie-Sturmabzeichen in Bronze, Kriegsfreiwilliger im Kampf gegen d. Bolschewismus, 1994 BVK am Bande. M.: International Federation of Journalists, Journalisten-Verband Berlin, Tennis-Club 1899 e.V. Blau-Weiss Berlin. H.: Tennis, Berlin-Pokal-VIP-Tennis-Turnier, medizinische Themen und Literatur d. Neuesten Geschichte, Rundfunk-Reise-Reportagen.

Bormann Maria Dr. med.
B.: ndlg. FÄ f. Kinderheilkunde. DA.: 04275 Leipzig, Kochstr. 50. m.c.bormann@t-online.de. V.: Dr.-Ing. Christoph Bormann. Ki.: Theresa (1981), Sophia (1983), Elisabeth (1988), Juliane (1991). S.: 1972 Abitur Glauchau, prakt. Jahr in d. Klinik f. Lungenkrankheiten u. TBC Waldenburg, 1973-79 Stud. Humanmed. Univ. Leipzig, Dipl. K.: 1979-81 Ass.-Ärztin in d. Biochemie d. Univ. Leipzig, 1983 Prom., 1981-93 Ärztin an d. Kinderklinik d. Univ. Leipzig, 1988 FA f. Kinderheilkunde, seit 1994 ndlg. Kinderärztin, Homöopathie, Akupunktur. P.: Dozententätigkeit in d. homöopathischen Weiterbildung v. Ärzten, Veröff. im Bereich Kinderheilkunde u. Homöopathie. M.: Vorst.-Mtgl. in d. Ges. Homöopathischer Ärzte in Sachsen. H.: Chorsingen.

Bormann Michael Dr. rer. pol. Dipl.-Kfm. *)

Bormann Peter Dipl.-Kfm. *)

Bormann Thomas *)

Bormann Volker Dipl.-Biologe
B.: Journalist, Übersetzungschef. FN.: Financial Times Deutschland. DA.: 20459 Hamburg, Stubbenhuk 3. PA.: 22087 Hamburg, Landwehr 35. bormann.volker@ftd.de. www.ftd.de. G.: Köln, 14. Feb. 1961. V.: Simone, geb. Engelmann. El.: Herbert u. Ingrid, geb. Dietrich. S.: 1980 Abitur, 1980-81 Zivildienst, 1982-85 Stud. Biologie Univ. Erlangen, 1986-89 Stud. Biologie Univ. Bayreuth m. Dipl.-Abschluß, 1989-91 Ausbild. Hamburger Journalistenschule m. Abschluß Redakteurzeugnis. K.: 1991-99 freier Journalist in Berlin, Journalist b. Dt. Radio f. Wiss., Technik u. Gesundheit, Mitprod. v. "Skyline", seit 1999 Übersetzungschef d. Financial Times Deutschland; Doz. an d. Henri-Nannen-Schule Berlin. BL.: Heranführen v. DDR-Journalisten an d. Journalismus, Aus- u. Weiterbild. v. Journalisten als Lehrer f. Grundausbild. im journalist. Handwerk u. gutes Deutsch, Ltr. v. Seminaren zu Kommentare schreiben u. Crash-Kurse f. Quereinsteiger. H.: Musik, Lesen, Handwerken, Federball.

*) Biographie www.whoiswho-verlag.ch oder beigefügte CD-ROM

Born Adelheid
B.: Heilpraktikerin. DA.: 40213 Düsseldorf, Bolkestr. 42. G.: Frankfurt, 23. Aug. 1941. El.: Prof. Dr. Eberhard u. Dr. Helene Born, geb. Gräfinghoff. BV.: Gutsbesitzer aus Königsberg, Sattlermeister u. Kofferfabrikanten aus Remscheid, Konzertpianistin Gisela Born, geb. Finke. S.: Abitur 2. Bild.-Weg, 1962-66 Stud. Gesang Berlin. K.: 1966-76 Famuliert bei Dr. Helene Born-Gräffinghoff, 1976 Eröff. d. eigenen Praxis in Remscheid, 1986 Einstieg in d. elterl. Praxis u. 1997 Übernahme m. Schwerpunkt Bioresonanztherapie, Haut- u. Beinleiden, Zelltherapie, Lymphdrainage, Allergie, Fortbild. als Doz., Funktion: Förderung d. Pianisten Guido Schiefen. P.: Veröff. z. Thema Lymphologie, "Chron. Varicöser Symptomkomplex u. Naeruszellnacv". M.: Dt. Ges. f. Lymphologie, Ges. d. Ärzte f. Erfahrungsheilkunde, Dt. Heilpraktiker e.V. H.: Konzertmusik, Orgel, Klavier, Singen.

Born Alfred Dipl.-Ing.
B.: Dipl.-Designer, Architekt. FN.: Born + Partner Architekten Ingenieure. DA.: 01309 Dresden, Mendelssohnallee 6. G.: Zoppot/Danzig, 1. Sep. 1933. S.: 1956 Abitur, 1956-58 Stud. Agrarwiss. in Bielefeld, 1958-63 Stud. an d. Kunstak. Düsseldorf, Abschluss: Dipl.-Designer Innenarchitekt, 1963-68 Stud. an d. HS Hannover, Abschluss: Dipl.-Ing. f. Hochbau. K.: 1968-70 Büroltr. b. Prof. Justenau in Düsseldorf, 1970 Grdg. d. eigenen Arch.-Büros in Freiburg, Schwerpunkte: Einkaufscentren, Hotels, Ind.-Bauten, Wohnungen, 1979 Grdg. eines 2. Büros in München, 1991 Grdg. eines 3. Büros in Dresden, 1998 Grdg. v. 2 Büros in Poznan/Polen; öff. vereid. Sachv. E.: 1. Preis Rheincenter in Weil am Rhein, 1. Preis Kiga Schule, Studentenwohnungen in Bochum u. Dortmund. M.: BDA, Intern. Architektengemeinschaft in London.

Born C. Bob *)

Born Corinna

B.: RA, selbständig. DA.: 50996 Köln, Pferdmengesstr. 20. G.: Köln, 16. Feb. 1957. El.: Helmut Born u. Traute. S.: 1976 Abitur, 1976-85 Stud. Rechtswiss. an d. Univ. zu Köln, 1985 1. u. 1988 2. Jur. Staatsexamen. K.: 1988 Zulassung als RA am LG Köln u. Übernahme d. väterl. Kzl. in Köln-Marienburg, Kzl. heute: Born & Zengerle.

Born Erwin Prof. h.c.
B.: Prof. f. Musik i. R. PA.: 81475 München, Appenzeller Str. 129. G.: Mainz, 19. Apr. 1914. V.: Elisabeth, geb. Berger. Ki.: Dorothea (1945), Dagmar (1947). BV.: Erich Arnold Berger (1862-1948), Luther-Forscher. S.: 1933 Abitur Darmstadt, 1925-34 Städt. Akad. Darmstadt, 1934-37 Staatl. HS München (Komp. u. Dirigieren m. Staatsex.), 1942/43 Stud. in Meisterkl. K.: 1945-49 Landestheater Darmstadt (Solorepetitor u. Kapellmstr.), Gastspiele Würzburg, 1949-51 Städt. Theater Göttingen m. Heinz Hilpert (Schauspiel, Musik, Ballett, Einstud.), 1951-70 Staatstheater Kassel: Kapellmstr., Stellv. Chordir., Gastspiele, Einstud. d. städt. Konzertchors Kassel u. VHS Marburg, 1954 Universitäre Auf., Salzburg, öff. Dirigat, m. Empfehl. n. Japan, 1970-78 Engagem. Univ.of Fine Arts a. Music Tokyo, u.a. Auff. Wildschütz in Japan - in japan. Sprache, Dirigent d. Univ.-Ausbild.-Orch., Metropolitan Orch. Tokyo, Tokyo-Symphoniker, außerdem die: Symphonie Orchester: Gumma (Takasaki), Sapporo, Kanagawa (Yokoh.), Waseda Univers. "Neues Tokyo-Kammerorchester", 1978-84 Lehrauftrag HS f. Musik München, Mitarb. b. "Münchner-Singschul" Everding, seit 1992 "Grünwalder Opernkonzerte" mit Internat. Gesangsstudio Felix Rolke, Schloßstr. 9, 82031 Gründwald, Einbezieh. v. Schmalfilm u. Video z. Unterr.-Ergänz. E.: Prof. h.c. d. Jap. Kultusmin., BVK I. Kl. f. Tätigk. in Japan. M.: Jurymtgl. Dt. akad. Austauschdienst Japan, Jury f. Chorwettbewerbe Japan. H.: Dokumentarfilmen, Schwimmen. (K.S.)

Born Friedrich-Wilhelm

B.: RA, Notar. FN.: Rechtsanwälte Pechstein Otto. DA.: 44787 Bochum, Kurt-Schuhmacher-Platz 3-7. PA.: 44892 Bochum, Grabelohstr. 183. G.: Lünen/Lippe, 20. Juli 1951. V.: Dagmar, geb. Bleibaum. Ki.: Phillip (1985), Isabel (1988). El.: Heinrich u. Elisabeth. S.: 1970 Abitur in Münster, 1970-75 Stud. der Rechtswiss. Univ. Bochum, 1. Staatsexamen, 1975-78 Referendariat, 2. Staatsexamen. K.: 1978 Assessor, 1979-95 Partner d. Anw.-Kzl. Klette-Born & Partner in Bochum, seit 1990 auch Notar, 1995-98 Anw.-Gemeinschaft Burkhardt-Neuhaus-Born & Partner, seit 1998 eigene Kzl. in Bochum, 1999 Aufnahme Karin Obst als Partnerin. E.: Entwicklung v. Konzepten im Bereich gemeinn. Ver., insbes. Altenpflege. M.: TransFair e.V. H.: Tennis, Golf, Squash, Kultur, Schauspiel.

Born Gernot Dr. Prof. *)

Born Hermann *)

Born Jürgen Dr. med.

B.: FA f. Allg.-Med., Sportmed. u. Betriebsmed. DA.: 31284 Edemissen Peine, Am Raffturm 13. G.: Hannover, 30. Aug. 1936. V.: Ingrid, geb. Müller-Busch. Ki.: Isabell (1971), Volker (1974). El.: Dr. Helmut u. Erika, geb. Wedde. S.: 1956 Abitur Peine, Stud. M. Univ. Göttingen, 1961 1. Staatsexamen, 1962 Prom. K.: 1962 Ass. am KKH Peine, 1967 Eröff. d. Praxis in Edemissen mit Schwerpunkt "immer ein offenes Ohr f. Patienten zu haben"; Funktion: Betriebsarzt. P.: Veröff. in d. Fachzeitschrift "Hausarzt". M.: BDA, DJV, Dt. Burschenschaft. H.: Beruf, Jagd.

Born Jürgen L.
B.: Honorarkonsul v. Uruguay, Dir., Präs., Dipl.Kfm. FN.: Banco de Montevideo; SV Werder Bremen. DA.: 28205 Bremen, Am Weserstadion 7. jborn@werder-online.de. www.werder-online.de. G.: Berlin, 24. Sep. 1940. V.: Gloria. Ki.: 3 Kinder. El.: Ludger u. Wilma, geb. Winters. S.: 1959 Abitur Bremen, 1960-63 Lehre z. Bankkaufmann b. Bremer Bank, 1963-67 Stud. Betriebswirtschaft an d. Univ. Hamburg, Abschluss Dipl.-Bw. K.: 1968 Bankangestellter Dt.-Überseeische Bank in Hamburg u. Stuttgart, 1969-77 Credit Depart Manager Dt. Bank in Buenos Aires/Argentinien, 1978-79 Dt. Bank Frankfurt, London u. New York, 1979-86 Ltr. d. Dt.

*) Biographie www.whoiswho-verlag.ch oder beigefügte CD-ROM

Born

Bank Asuncion/Paraguay, 1986 Gründer d. Banco Aleman Paraguay, 1986-94 General Manager d. Banco de Montevideo, Group Dt. Bank/Uruguay, 1994-98 General Manager Dt. Bank Brazil, seit 1994 Mtgl. d. Direktoriums Banco de Montevideo, seit 1999 Präs. d. SV Werder Bremen, seit 2000 Honorarkonsul v. Urugay, 1982-86 Präs. Paraguay Bank Vereinigung, 1984-86 Präs. d. German-Paraguayan Chamber of Commerce, 1988-94 Präs. d. German-Uruguayan Chamber of Commerce, 1992-97 Mtgl. d. AufsR. Banco Aleman Paraguay, 1997-98 Vicepräs. d. German-Brazilian Chamber of Commerce. H.: Zugposaune, Akkordeon u. Ukulele spielen, Tennis, Fußball, Golf.

Born Karl

B.: Vorst.-Mtgl. FN.: Touristik Union Intern. GmbH & Co KG (TUI) Hannover. DA.: 30625 Hannover, Karl-Wiechert-Allee 23. www.tui.com. G.: Konstanz, 2. Sept. 1943. S.: Ausbild. z. Ind.-Kfm., 1965 Stud. BWL an d. Wirtschaftsak. Mannheim, 1986 Dipl.-Betriebswirt. K.: 1969 Ltr. d. Kostenrechnung b. Condor Flugdienst GmbH, 1973 Ltr. d. betriebswirtschaftl. Bereich, 1981 Verkaufsltr. d. Condor, 1987 Bereichsltr. Flugverkehr b. TUI Hannover, 1992 stellv. Vorst.-Mtgl., ab 1993 Vorst.-Mtgl. verantw. f. d. Geschäftsbereich Veranstalter Europa Mitte.

Born Karlheinz Richard Adolf *)

Born Volker

B.: freier Journalist, evang. Theologe, Kommunikations- u. Medientrainer. FN.: SWR Mainz u. diverse andere öffentlichrechtliche Sender (Fernsehen), diverse ARD-Anstalten (Hörfunk), Gestaltung von Werbespots u. Imagefilmen. PA.: 65197 Wiesbaden, Klarenthaler Str. 2. born@medienauftritt. de. www.medienauftritt.de. G.: Frankenthal/Pfalz, 26. Juni 1960. V.: Alina Teslaru-Born, geb. Teslaru. El.: Manfred u. Helga. S.: 1976 Mittlere Reife, 1976/77 kfm. Ausbildung BASF Ludwigshafen, 1980 Abitur, 1980-87 Stud. Evang. Theologie, Päd. u. Politik Univ. Heidelberg. K.: 1987 erstes kirchl. Examen, 1990 Vikariat u. zweites kirchl. Examen, 1990/91 Volontariat Evang. Rundfunkdienst Kiel (Hörfunk R. SH, Fernsehen RTL, SAT 1), 1991/92 Pfarrer, 1992/95 Referent in d. Jounalistenausbildung (Evang. Medienakad. im GEP, Frankfurt) u.a. m. Schwerpunkt Ausbildung f. mittel- u. osteuropäische Journalisten, 1996 Religionslehrer am Gymn., seit 1996 selbst. u. freier Journalist f. Fernsehen u. Hörfunk, Medientrainer f. Profit- u. Non-Profit-Bereich, Medienplanung u. Öffentlichkeitsarbeit. M.: EKD-Jury Journalistenpreis f. Mittel- u. Osteuropa, ver.di, Reporter ohne Grenzen, Königlich-Bayerische-Josefs-Partei (KBJP).

Born Willy Dr. med. Prof. *)

Born Wolf-Ruthart Dr.

B.: Botschafter. FN.: Dt. Botschaft in Mexiko. DA.: MX-11560 Mexico, Apdo. Postal M-10792, 06000. info@embajada-alamana.org.mx. www.ambajada-alemana.org.mx. G.: Görlitz, 11. Aug. 1944. Ki.: 2 Kinder. S.: 1965 Abitur, 1965-67 Militärdienst, 1967-72 Stud. Rechtswiss., Geschichte u. Intern. Beziehungen an d. Univ. Saarbrücken, am Amherst College Massachusetts/USA, an d. John Hopkins Univ., am Bologna Center, d. Staatl. Univ. Bologna, an d. Univ. Barcelona sowie an d. Sorbonne Paris, 1971 1. u. 1975 2. Staatsex-

amen. K.: Eintritt ins Bundesmin. f. Auswärtige Angelegenheiten, 1977-79 Presse- u. Kulturattaché an d. Botschaft in Khartoum/Sudan, 1978 Dr., 1980-82 Botschaft in Buenos Aires, 1983-85 Bundeskanzleramt Bonn, 1986 Stud. am Royal College of Defense in London, 1987-89 am Außenmin. in Bonn, 1989-92 Verhandlungsltr. an d. Botschaft in Pretoria, 1992-99 am Bundesmin. f. Auswärtige Angelegenheiten, 1992-96 Ltr. d. Abt. f. Rechtl. Angelegenheiten, 1997-99 Gen.-Dir.-Stellv. d. Abt. f. Rechtl. Angelegenheiten, Ltr. d. Abt. f. Konsularangelegenheiten, seit 1999 Dt. Botschafter in Mexiko.

Börn Andreas Dipl.-Ing.

B.: Innenarchitekt. FN.: Hennings-Börn Interiors. DA.: 22587 Hamburg, Blankeneser Landstr. 19. G.: Hamburg, 9. Feb. 1965. S.: 1985 Abitur in Hamburg, 1985-87 Wehrdienst, 1987-91 Stud. Arch. an d. FH f. Kunst u. Design in Hannover, Dipl.-Ing. K.: 1991-94 Tätigkeit im Arch.-Büro Kohnemann, 1994-97 ang. im Arch.-Büro WGK in Hamburg, 1997 selbst. Innenarchitekt, seit 1998 Partnerschaft m. Firma Hennings. H.: Essen, Kochen.

Bornack Randy *)

Bornberg Andreas

B.: Dipl.-Finanzwirt, Mitges. FN.: HBC hanseat. Beteiligungs-Contor GmbH. DA.: 20249 Hamburg, Heilwigstr. 39. a.bornberg@gmx.de. G.: Überlingen, 1. Juni 1956. V.: Astrid, geb. Rode. Ki.: Florian (1989), Sebastian (1994). S.: 1976 Abitur, 1977-84 Stud. VWL u. BWL an d. Univ. d. Bundeswehr, 1984-88 Ausbild. z. gehobenen Dienst in d. Finanzverw., Abschluss: Dipl.-Finanzwirt. K.: 1989-90 Steuerberater/ Steuerinsp. Soz. Mönning Hamburg, seit 1990 selbst. H.: Skifahren, Motorrad, Segeln, Lesen, Fotografieren.

Bornemann Carsten Dr.

B.: selbst. FA f. HNO, Allergologie u. Umweltmedizin. DA.: 30159 Hannover, Bahnhofstr. 5. PA.: 30657 Hannover, Taunusweg 21. G.: Osterwald, 18. Okt. 1944. V.: Dorothea, geb. Wittfeld. El.: Dr. med. vet. Werner u. Ilse, geb. Breves. S.: 1965 Abitur Hannover, 1966-68 Apothekerpraktikant in Hannover, 1968-72 Stud. Pharmazie in Marburg, 1973-80 Med.-Stud. Hannover. K.: 1980-84 FA-Ausbild. an d. HS Hannover, 1983 Prom., seit 1985 Ndlg. in d. Gemeinschaftspraxis m. d. Bruder Dr. Hartmut Bornemann u. b. heute in Hannover tätig, Schwerpunkt u. Spezialisierung in Allergologie, Umweltmed., Otoneurologie, sowie ambulante Operationen, einer d. ersten Praxen m. ambulanter operativer Behandlung. BL.: Ausbild.-Berechtigung f. Ärzte in Allergologie. P.: div. wiss. Veröff. M.: div. Berufsverb. H.: Jagd, Autofahren.

Bornemann Christoph *)

*) Biographie www.whoiswho-verlag.ch oder beigefügte CD-ROM

Bornemann Dieter Dipl.-Ing. *)

Bornemann Frank

B.: Musiker, Musikproduzent. mail@horus.de. G.: Hannover, 27. Apr. 1945. V.: Brigitta, geb. Renner. S.: Mittlere Reife Hannover, 1963-66 zunächst Lehre als Großhdls.-Kfm., danach 18 Mon. Wehrdienst bei d. Bundeswehr, 1968 Umschulung zum Bankkfm. mit Abschluß an d. dt. Sparkassenschule. K.: parallel als Amateurmusiker in verschiedenen Bands tätig, seit 1971 als selbst. Musiker u. Produzent tätig, erreichte m. seiner auch internat. erfolgreichen Band ELOY Goldstatus in Deutschland, tourte mit ELOY erfolgreich in ganz Europa u. produzierte 1974 erstmals mit d. SCORPIONS auch eine fremde Band, 1980 Grdg. d. heute renomierten HORUS SOUND STUDIOS, in dessen Klientenliste sich u.a. Namen wie THE ROLLING STONES, SCORPIONS, HIM befinden, erreichte mit seinen Produktionsstudio viele goldene Schallplatten u. Medienawards, 1978 Grdg. d. eigenen Musikverlages METROMANIA in Kooperation mit d. Entertainmentgiganten WARNER/CHAPPELL, 1992 Grdg. d. Artist Developmentfirma Artist Station GmbH, welche sich auf d. Förderung junger Künstler konzentriert; entwickelt Künstlerprofile u. ebnet d. Weg junge Talente ins professionelle Musikbusiness, im Bereich d. öff. Künstlerförderung z.B. als Mentor d. dt. Popmusikcontests u. d. Künstlerförderung d. Sparte Rock/Pop d. Landes Niedersachsen mit d. aus dieser Förderung hervorgegangenen Band GUANO APES internat. Gold- u. Platinstatus, 1999 Grdg. d. CREATIVE NETWORK, einer Interessengemeinschaft unabhängiger Produzenten, Künstler, Management- u. Konzertagenturen etc. zum Zwecke noch effektiverer Ergebnisse im Produktions- u. Marketingbereich, dem sich bereits zahlr. namhafte Adressen angeschlossen haben. H.: Musik, Sport, Archäologie, Geschichte.

Bornemann Fritz Dipl.-Ing. Prof. *)

Bornemann Gundulf *)

Bornemann Hans-Jürgen Dr. Dr. *)

Bornemann Jörg-Michael
B.: Dipl.-Sozialarb., Gschf. d. Kroschke Stiftung f. Kinder, Ahrensburg. DA.: 22926 Ahrensburg bei Hamburg. Joerg-Michael.Bornemann@t-online.de. G.: Nossen, 26. Sep. 1943. V.: Waltraud, geb. Graszhoff. Ki.: Jörg-Stephan (1971), Silke (1972), Britta-Michaela (1973), Veronica-Friederike (1980), Jens-Martin (1981), Jonas-Carl (1985). S.: 1961-64 Lehre Maschinenschlosser, 1964-65 pfleger. Vorpraktikum Heidelberg, 1965-68 Stud. FH Frankfurt/Main, 1985-95 berufsbegleitendes Management Seminar f. Führungskräfte. K.: 1968-72 Kreisgschf. Parität. Wohlfahrtsverb., 1975-85 Hauptabt.-Ltr. DRK Berlin, 1985-91 stellv. Landesgschf., 1992 Malteser Hilfsdienst Diözesan Gschf. Aachen, seit 1995 Dresden, seit 2000 Gschf. bei d. Kroschke Stiftung f. Kinder, Ahrensburg bei Hamburg. BL.: Berlin Neustrukturierung Katastrophenschutz/Rettungsdienst. E.: Feuerwehr- u. Katastrophenschutz-EZ d. Sonderstufe (Land Berlin), Feuerwehr-Ehrenkreuz in Silber (Feuerwehr-Verb.), Malteser-Plakette in Silber (Malteser Hilfsdienst). H.: Gitarre spielen, Lesen.

Bornemann Lutz

B.: Musiker. FN.: Musikschule "Frintrop-Music". DA.: 45359 Essen, Frintroper Str. 449. G.: Bitterfeld, 26. Okt. 1952. V.: Gabriele, geb. Wolter. Ki.: Constance (1969). El.: Dipl.-Ökonom Gerhard u. Adelheid, geb. Lück. S.: 1971 Abitur, 1974-78 Stud. Gesang, Klavier, Komposition u. Arrangement in Halle, Weimar u. Berlin, Künstler-Solistenausweis: Interpret. K.: 1974 Tour m. versch. Jazz-, Rock- u. Soul-Bands, 1988 eigene Band "Lupos Freunde", ab 1978 erste Rundfunkaufnahmen, Veröff., Fernsehpremiere als Solist m. eigener Musik u. Texten, 1980-89 Lehrer u. Chorltr. f. klass. Liedgut, Männerchöre, gemischte Chöre, 1989 Ausbürgerung/Umzug nach Essen, Dirigent eines russ.-orthodoxen Chores in Essen, Lehrer an einer gr. priv. Musikschule, 1991-87 Tour als Duo durch Europa, Allround-Musik v. d. Beatles b. Elton John, 1999 Eröff. d. eigenen Musikschule u. Talenteschmiede. BL.: Planung: Vertonung v. Hermann Hesse-Gedichten "Vom Baum d. Lebens". H.: Singen, jede Art v. Musik.

Bornemann Siegmar Dr. rer. nat. Prof.
B.: Chemiker. DA.: 51373 Leverkusen, Walter-Flex-Str. 28. G.: Minden, 16. März 1952. V.: Marianne, geb. Mosch. Ki.: Michael (1973), Markus (1977), Bianca (1977), Bettina (1980). S.: 1966-69 Lehre Mechaniker Firma Schoppe u. Faeser Minden, 1969-71 FOS f. Technik Minden, 1971-73 Bundeswehr - Oblt. d. Res., 1973-78 Stud. Chemie Univ. Paderborn, 1978 Dipl.-Ing., 1978-81 Prom. K.: 1981-83 Referendariat f. d. Lehramt in Hagen, 1983-85 StudR. an d. Metallberufsschule in Gelsenkirchen, 1985-88 StudR. an einer Werksberufsschule d. Bayer AG in Leverkusen, 1988-92 Ltr. d. Ref. Umweltschutzinformation/-Seminare im Ressort Umweltschutz d. Bayer AG in Leverkusen, 1992-94 Fachbereichsltr. f. betriebl. Umweltmanagement d. Fresenius Ak. in Dortmund, 1995 stellv. Ak.-Ltr. d. Umweltak. Fresenius in Dortmund, seit 1996 Dir. d. Inst. Ganzheitl. Unternehmensmanagement in Leverkusen, seit 1998 Gschf. d. future e.V. in Lengerich u. lizenzierter DISG-Persönlichkeitstrainer, seit 1992 Prof. f. ganzheitl. Umweltmanagement an d. priv. Europa-FHS Fresenius in Idstein. P.: über 70 Veröff. H.: Sammeln v. Briefmarken, Münzen u. Telefonkarten.

Bornemann-Swadzba Ilse

B.: Apothekerin, Inh. FN.: Moorbek-Apotheke. DA.: 22846 Norderstedt, Rathausallee 35-39. G.: Berlin, 29. März 1943. V.: Dirk (1967), Rena (1970), Mareike (1981). El.: Erhard u. Charlotte Kähler. BV.: Dr. Otto u. Elisabeth Schulze. S.: 1963 Abitur in Braunschweig, 1963-65 Apothekerpraktikum, 1966-69 Stud. Pharmazie Univ. Braunschweig. K.: 1969-73 Apothekerin in Lahnstein u. b. 1978 in Bad Kreuznach, 1978-85 Apothekerin in Hamburg, seit 1985 selbst.m. Eröff. d. Moorbek-Apotheke; Funktionen: seit 1994 patientenbegleitende med. Veranstaltungen u. Beratungen in Norderstedt. M.: 1986-95 Kirchenvorst. d. Paul-Gerhard-Kirche. H.: Reisen, Tauchen, Lesen, Musik, Kulturgeschichte, Antiquitäten.

*) Biographie www.whoiswho-verlag.ch oder beigefügte CD-ROM

Börner Albrecht Dr. phil. *)

Börner Christiane Dr. med. *)

Börner Frank

B.: Dipl.-Ökonom, Gebietsverkaufsltr. FN.: Paulaner Brauerei GmbH & Co KG. DA.: 04249 Leipzig, Rehpfad 2. G.: Zwenkau, 27. Nov. 1950. V.: Erika, geb. Kunert. Ki.: André (1973) und Daniel (1979). El.: Ernst u. Irene, geb. Ruprecht. S.: Abitur, 1967-69 Kochlehre, Wehrdienst, Kellnerabschluß, 1974-78 Stud. z. Dipl.-Ökonom Handels-HS Leipzig. K.: 1978 -81 Ltr. Mensen u. gastronom. Einrichtungen d. Handels-HS, 1981-85 verantwortl. Sekr. f. d. Kooperation d. Leipziger Mensen, 1985-86 Ltr. "Ringcafé" Leipzig, 1986-90 Ltr. d. "Hauses Auensee", seit 1990 Gebietsltr. BL.: Vertretung d. Paulaner Brauereien in Nord- u. Ostsachsen sowie im südl. Brandenburg. M.: Interessenverb. Drallewatsch e.V. H.: Haus u. Garten, Familie, Motorradfahren.

Börner Hans-Jürgen *)

Börner Ingrid Dr. med. Prof.

B.: FA f. Psychiatrie u. Psychotherapie, ltd. Ärztin. FN.: Westfäl. Klinik f. Psychiatrie, Psychotherapie, Psychosomatik u. Neurol. DA.: 33334 Gütersloh, Hermann-Simon-Str. 7. Ki.: Olaf (1971). S.: 1963 Abitur Marienberg, 1963-65 Lehramtsstud. Päd. Inst. Dresden, 1965-66 Ausbild. Krankenschwester Nervenklinik Chemnitz, 1966-68 Krankenpflegerin orthopäd. Klinik Univ. Leipzig, 1968-71 Stud. Med. Univ. Leipzig u. b. 1974 Univ. Rostock, 1974 Approb., 182 Ausbild. EEG-Auswertung, 1997 Ausbild. Psychotherapie. K.: 1974-79 Ass.-Ärztin d. neurol. u. psychiatr. Abt., 1979 FA f. Neurol. u. Psychiatrie, 1979-85 Ärztin d. psychiatr. Abt. u. 1985-89 OA, 1990 Ausreise i. d. BRD, 1990 Praxisass., 1990-91 OA im Akutbereich d. Psychiatrie, 1991-98 OA d. allg.-psychiatr. u. soziorehabilitativen Bereichs d. Psychiatrie u. b. 1999 stellv. Ltr. d. Abt. in Bochum, seit 1999 ltd. Ärztin d. allg. Psychiatrie f. Stadt u. Kreis Gütersloh; Funktionen: 1979-89 Lehrtätigkeit an d. Univ. Rostock, 1991-95 an d. Univ. Bochum

Börner Kerstin *)

Börner Klaus Prof. *)

Börner Konrad

B.: Inh. Gebietsltg. FN.: Musikschule Fröhlich. DA.: 01309 Dresden, Goetheallee 57. G.: Mohorn, 14. Mai 1954. V.: Marita Hertwig. Ki.: Josephine (1986). El.: Herbert u. Hildegard. S.: 1970-72 Lehre als BMSR-Techniker im Stahlwerk Freital, 1972-73 Armee, 1974-75 Arb. im Stahlwerk Freital, 1976-79 Stud. Musik an d. HS f. Musik Carl Maria v. Weber Dresden, Staatsexamen. K.: 1979-90 freiberufl. Musiker Heinz Kuhnert Trio, seit 1991 Franchaisenehmer d. Musikschule Fröhlich. BL.: in- u. ausländische Gastspiele als Musiker, Musikunterricht f. Kinder u. auch Erwachsene. M.: Akkordeon-Lehrer-Verb. H.: Musik, Angeln in Schottland u. Irland.

Börner Oliver Peter

B.: Computergrafiker. FN.: Werbeagentur Börner. DA.: 59423 Unna, Südring 15. oliver.boerner@ggs-unna.de. www.ggs-unna.de. G.: Bochum, 8. Juni 1974. El.: Lutz u. Ursula. S.: 1991 Abitur Unna, 1995-98 Bundeswehr, 1998-2000 Stud. Elektrotechnik, seit 2000 Stud. Informatik Univ. Dortmund. K.: bereits während d. Schulzeit Gewerbeanmeldung. P.: Bericht über Festplattenjumperung (Internet), Ratgeber innerhalb d. Euro Chors Hard- u. Softwareführer. E.: förml. Anerkennung f. vorbildl. Pflichterfüllung (Bundeswehr, Kompaniechef), Ausz. Sprachzertifikat (Franz.) Univ. Dortmund. M.: Vorst. Dauerzocken 24 e.V. H.: Musik (Keyboard), Jogging, Schwimmen, Computer, Geldanlagen.

Börner Peter *)

Börner Sebastian Christoph

B.: Gschf. Ges. FN.: MS Mitarb. Service GmbH; Personalleasing- u. Arb.-vermittlungs GmbH. DA.: 86399 Bobingen, Hans-Sachs-Str. 25.; Augsburg, Haunstetter Str. 112. G.: Zeitz, 8. Aug. 1958. V.: Heike, geb. Schotte. Ki.: Benjamin, Magdalena. El.: Heinz u. Lieselotte, geb. Hein. S.: 1975-77 Lehre Hotelfachmann Hotel Panorama Oberhof. K.: 1977-79 Ang. im Hotel Panorama in Oberhof, 1979-83 tätig im Hotel Neptun in Warnemünde, 1983-84 Wehrdienst, tätig in d. Gastronomie in Torgau, 1986 Umschulung z. Sped.-Kfm. in München, Sachbearb. bei BP München, 1989-92 zuständig f. bayernweite Tankwagendisposition, 1992-94 Ang. bei Personal-Dienstleister u. Leitender Ang. in Augsburg, seit 1994 selbst. m. Schwerpunkt Lebensmittelbranche u. Gewerbe. M.: BZA, Schriftführer d. Vertreterversammlung d. Raiffeisenbank Bobingen. H.: Salzwasser-Aquarium, Lesen.

Börner Thomas Dr. Prof. *)

Börner Tilo

B.: EDV-Berater, Inhaber. FN.: Tilo Börner EDV-Beratung. DA.: 06618 Naumburg, Fischg. 4. G.: Naumburg, 8. Sep. 1968. V.: Heike, geb. Risch. Ki.: Sophie. BV.: Carl Börner Reblausforscher entwickelte u. züchtete reblausresistente Weinstöcke. S.: 1986 Lehre z. Dreher in Naumburg, 1987 Ausreise in d. BRD nach Bad Kissingen. K.: 1988 Dreher in Bad Kissingen, 1990 Ang. b. "Vogel Computer Systeme" in Suhl, 1992 selbst. in Würzburg, 1994 Appel-Händler in Naumburg, 1996 Colormanagement f. Druckereien, Werbefirmen, Werbetechnikbetrieben, seit 1998 Colormanagement. M.: Claudius-Männer-Chor als Bass 1, Unterstützung Naumburger Narrenclub. H.: Tochter, Chor, Drachensteigen.

*) Biographie www.whoiswho-verlag.ch oder beigefügte CD-ROM

Börner Wolfgang Ing.
B.: Tischler, Inh. FN.: Börner Treppen. DA.: 09599 Freiberg, Schloß Freudenstein Schloßstr. 4. G.: Dresden, 25. Okt. 1955. Ki.: Franziska (1975), Raymond (1979), Jörg (1981), Robin (1992), Franziskus (1994). S.: 1972-74 Lehre Baufacharb. Freiberg, 1974-76 Armee, 1976-81 Fernstud. Bauing.-Wesen Ing.-Schule Leipzig, 1981 Bauing., 1988-89 Ausbild. Tischler Denkmalpflege Freiberg. K.: 1976-80 Baufacharb., 1981-87 Gruppenltr. f. Preise u. Projektbau im PGH Hochbau in Freiberg, 1990-92 Mitarb. im Schiffbau in Schleswig-Holstein, 1991 Grdg. d. Firma Börner Treppenbau m. Schwerpunkt individuell gestaltete Treppen, Treppengeländer, Restaurierung v. Balkendecken, Türen, Toren u. Fenstern aus Holz u.a.m.; Projekte: Ratsarchiv im Rathaus d. Stadt Freiberg, Burg Kriebstein, denkmalgeschützte Bauten in Deutschland. P.: Ing.-Arb. M.: Ges. f. Scalalogie, Freundeskreis europ. Treppenbauer. H.: Architektur, Reisen.

Börnert Gudrun Dr. med. vet. habil. VetRat
B.: Fachtierarzt f. Kleintiere. FN.: Kleintierpraxis. DA.: 04318 Leipzig, Resdeaweg 7. G.: Buchholz/Erzgeb., 14. Dez. 1938. Ki.: Kai (1961), Ingrid (1967). El.: Kurt u. Elisabeth Schulz. S.: 1956 Abitur, 1957-59 Fachschule f. Ldw. u. Gartenbau, Abschluß Vet.-Techniker. K.: 1959-61 Vet.-Techniker in d. Tierarztpraxis in Löbichau, 1961-67 Stud. Vet.-Med. KMU Leipzig, 1967 Staatsexamen als Tierarzt, 1967-68 Pflichtass., 1968 Approb., 1968-70 wiss. Ass. am Vet.-Physiolog. Inst. d. KMU Leipzig, 1970-72 am Forsch.-Zentrum f. Tierprod. u. DAL in Dummersdorf/Rostock als Abt.-Ltr., 1972-82 Fachtierarzt in Tierarztpraxis in Grimma, 1982-90 Amtstierarzt d. Kreises Grimma, seit 1990 eigene Kleintierpraxis; Mitarb. an Forsch.-Aufträgen, mobile Meßwerterfassung, Telemetrie, Betreuung v. Diplomanten u. Doktoranden. P.: Prom. A (1967), Prom. B (1980), 1991 Faculatis Docenti, 27 Veröff. in Fachzeitschriften, Lehrbuchbeiträge, Forsch.-Berichte u. auf wiss. Veranstaltungen, Spezialgebiete: Elektrokardiographie, Phonokadiographie, Telemetrie, EKG-Biorhythmus.

Börnert Kai Dr. med.

B.: ndlg. Facharzt f. Orthopädie. DA.: 04668 Grimma, Käthe-Kollwitz-Straße 16. PA.: 04827 Machern, Eichenweg 20. k.boernert@t-online.de. G.: Schlettau/Erzgebirge, 23. März 1961. V.: Dr. med. Viola Heidler. El.: Dr. Dr. sc. med. Dietmar Cimbal u. Dr. sc. med. vet. Gudrun Börnert. S.: 1979 Abitur EOS Humboldt Leipzig, 1979-82 Wehrdienst, 1982-88 Stud. Humanmed. Univ. Leipzig, 1987 Staatsexamen, 1988 Approb. K.: 1988-92 Ass.-Arzt Klinik f. Orthopädie d. Univ. Leipzig, 1972 FA f. Orthopädie, 1993-94 FA an d. Klinik f. Orthopädie d. Univ. Leipzig, 1994-95 Weiterbild. Naturheilverfahren, Homöopathie, Sportmed., seit 1995 eigene Praxis f. ganzheitl. Med., Orthopädie. P.: umfangreiche Vortragstätigkeit, ca. 25 Veröff. in nat. u. inter. Zeitschriften. M.: Dt. Ges. f. Unfallchir., Dt. Ges. f. Akupunktur u. Neuraltherapie e.V.

Börngen Dankward
B.: Präs. FN.: BKK BV. DA.: 45128 Essen, Kronprinzenstr. 6. G.: Hagen, 18. Juli 1929. V.: Antonia. Ki.: Martin (1975). El.: Willy u. Martha. S.: 1943-45 Ausbild. z. Stellmacher u. Karosseriebau, 1945-50 Ausbild. als Ldw. K.: 1950-93 Tätigkeit b. Hösch Hagen u. Dortmund, 1956 Betriebs-, Gesamt- u. Konzernvors., seit 1952 Mtgl. d. Selbstverw. d. BKK, seit 1982 alter. Vorst.-Vors. P.: Sozialpläne in d. Dt. Stahlind. E.: 1988 BVK, 1993 Landes-VO d. Landes NRW. M.: seit 1972 Mtgl. d. Rates d. Stadt Hagen, 45 J. IG Metall, VerwR. d. Sparkassen.

Bornhardt Rolfjürgen

B.: Apotheker, Inh. FN.: Apotheke am Steintor. DA.: 38102 Braunschweig, Helmstedter Str. 1 a. PA.: 38104 Braunschweig, Am Triangel 4 B. G.: Bad Langensalza, 6. März 1945. V.: Ute. Ki.: Andreas u. Stephan (1976). S.: 1965 Abitur, 2 Jahre Praktikum St. Martini Apotheke Braunschweig, Bundeswehr, 1968 Stud. Pharmazie, 1972 Staatsexamen. K.: 1972 Übernahme d. väterlichen Apotheke. M.: bis 1987 15 J. Round Tabler, jetzt Old-Tabler, seit 1991 Lions Club Dankwarderode Braunschweig, VPräs. d. Fußballförderkreises d. BSC-Braunschweig, Schatzmeister im Golf- u. Landclub St. Lorenz in Schöningen. H.: Fußball, Skifahren, Golf, Andalusien.

Bornheim Dieter Dipl.-Kfm. *)

Bornheim Werner Dr. phil. Prof. *)

Bornhofen Nikolaus *)

Bornholdt Julius Karl Ernst *)

Bornholdt Peter W. *)

Bornholdt Werner Dr. Prof. *)

Börnicke Michael
B.: Chief Finance Officer. FN.: KirchPayTV GmbH & Co KGaA. DA.: 85774 Unterföhring, Münchner Str. 14. www.kirchgruppe.de. K.: 1988-91 Spezialist f. Medienfinanzierung b. d. Hypobank München, 1992-97 Dir. d. kfm. Bereiche d. ProSieben Gruppe u. maßgebl. Beteiligung am Börsengang v. ProSieben, seit 1998 kfm. Gschf. v. PREMIERE, seit 1999 Gschf. d. KirchPayTV u. dort f. d. kfm. Belange u. Investor Relations zuständig.

Bornkamm Reinhard Dr. Prof. em. *)

Bornkessel Werner Dipl.-Ing. *)

Bornmüller Tilmannn *)

Borns Silvia Angelika Dr. med. *)

Bornschein Heinz *)

Börnsen Wolfgang
B.: Realschullehrer, Maurer, MdB. DA.: 11011 Berlin, Platz d. Republik 1. PA.: 24977 Grundhof b. Flensburg, Bönstrup 15. G.: Flensburg, 26. Apr. 1942. V.: verh. Ki.: 4 Kinder. S.: Realschule, Maurerlehre, Gesellenprüf., Höhere HASCH Flensburg, Victor Gollancz-Ak. Erlangen, Heimvolks-HS Rendsburg, PH Kiel, Gastsem. in d. USA. K.: Entwicklungsdienst in Indien, Grund- u. HS-Lehrer, Ergänzungsstud. Univ. Kiel, Realschullehrer f. Geschichte, Religion, Wirtschaft u. Politik in Flensburg, 15 J. Vertrauenslehrer, Lehrbeauftragter an PH Kiel f. Freizeitpäd. u. PH Flensburg f. Spiel- u. Theaterpäd., Mtgl. Prüf.-Kmsn. f. Realschullehrer, Kreisvors. EU Schleswig-Flensburg, Vors. Verein Volkskundl. Sammlung

*) Biographie www.whoiswho-verlag.ch oder beigefügte CD-ROM

Börnsen

Kreis Schleswig-Flensburg, ehem. Landjugendvors. u. Vors. Kreisjugendring, Vors. d. Menschenrechtsgruppe Flensburg, seit 1967 CDU, seit 1977 CDA-Mtgl., 1972 Mtgl. Kreistag Schleswig-Flensburg, stellv. LandR. Kreis Schleswig-Flensburg a.D. CDU-Kreisvors. (Re)

Bornstädt Lutz

B.: Radio- u. Fernsehtechnikermeister, Gschf. Ges. FN.: BEST GmbH Zentralwerkstatt f. Hörgeräte. GT.: Kreissprecher d. Wirtschaftsjunioren. DA.: 14712 Rathenow, Grünauer Fenn 18. hoergeraet@aol.com. www.b-e-s-t.de. G.: Rathenow, 30. März 1971. S.: b. 1990 Lehre zum Elektronikfacharbeiter im Kernkraftwerk Greifswald-Lubmin, b. 1991 Grundwehrdienst b. d. NVA u. d. Bundesmarine. K.: b. 1994 ang. im Elektronikbereich in Stuttgart u. Hannover, 1994-95 Meisterschule in Hildesheim, seit 1995 Meister, 1995 Eröff. eines Radio- u. Fernsehgeschäftes in Rathenow, seit 1995 Hörgeräte Wartungs- u. Reparaturservice, seit 1996 Ausübungsberechtigung f. d. Hörakustikhandwerk, 1998 Grdg. d. BEST GmbH in Rathenow. BL.: Aufbau d. Geschäftl. Tätigkeiten im Ausland. P.: Veröff. u.a. in d. "Hörakustik" u. in versch. Printmedien. E.: 2. Preis Wirtschaftsförd.-Preis v. Landkreis Havelland 2000. M.: Wirtschaftsjunioren Deutschland, FDH, Hörakustik Mittelstandskreis, Rathenower Motoryachtver. H.: Wassersport, Elektronik.

Boron Hartmuth K. L. Dipl.-Kfm. *)

Boron Kathrin

B.: Profi-Ruder-Sportlerin, Bankkauffrau. FN.: c/o Dt. Ruderverb. DA.: 30169 Hannover, Maschstr. 20. kathrin.boron@db.com. www.boroni.de. G.: Eisenhüttenstadt, 4. Nov. 1969. K.: 1986 Junioren-WM Doppelvierer/1., 1987 Junioren-WM Einer/1., 1989 DM Doppelvierer/1., WM Doppelvierer/1., 1990 u. 91 WM Doppelvierer/1., 1990-96 DM Doppelvierer/1., 1992 OS Doppelzweier/1., 1993 WM Doppelzweier/2., 1994 WM Einer/2., DM Einer/1., 1995 WM Einer/4., DM Einer/1., 1996 OS Doppelvierer/1., 1997 WM Doppelvierer/1., Doppelzweier/1., Gesamt-WC Doppelzweier/1., 1998 WM Doppelvierer/1., 1999 WM Doppelzweier/1., Gesamt-WC Doppelzweier/1., 2000 OS Sydney Doppelzweier/1, Gesamt-WC Doppelzweier/1, 2001 WM Doppelzweier/1, Gesamt-WC Doppelzweier. H.: Computer, Rudern.

Boronowski Günter

B.: Gschf. FN.: Personal Research. DA.: 82152 Planegg, Im Grund 14. G.: Gräfelfing, 29. Jan. 1967. V.: Julia, geb. Schiller. Ki.: Jessica, Sina. El.: Winfried u. Edith, geb. Heinzel. S.: 1986 Abitur, MBA. Lehre b. Osram/Siemens. K.: 1989 Vers.-Makler, 1991 Grdg d. Firma Personal Research. M.: Jugendausbilder b. d. Feuerwehr Planegg. H.: Musik, Badminton.

Borovansky Johann

B.: Gastronom, selbständig. FN.: K.u.K. Monarchie Altösterreichisches Spezialitätenrestaurant. DA.: 80469 München, Reichenbachstr. 22. info@k-u-k-monarchie-restaurant.de. www.k-u-k-monarchie.de-restaurant.htm. G.: Wien/Österreich, 19. Mai 1935. V.: Eva. Ki.: Ariane (1968), Natascha (1969). S.: 1950 Hotelfachschule in Wien. K.: 1951-55 Berufl. Orientierung in d. Gastronomie in Salzburg, Innsbruck u. Wien in d. gehobenen Gastronomie in Österreich, 1956-65

Oberkellner in München in verschiedenen Tschechischen und Ungarischen Restaurants, 1966 Eröffnung d. Restaurant K.u.K. Monarchie in München als Botschafter d. Österreichischen, Ungarischen, Tschechischen und Jugoslawischen Küchen der kulinarischen Oberklasse. BL.: Beste autentische österreichische Küche in München. P.: SZ, TZ, AZ, Besser Essen, Guide de Micheline. M.: Kulinarische Innenstadtwirte in München. H.: Lesen, Österreich und Wien, Kultur, gutes Essen.

Boroviczény v. Kisvárda Károly-György Dr. med. *)

Borowikow Alexander Dr.-Ing. *)

Borowski Horst Dipl.-Ing. *)

Borowsky Richard Dipl.-Kfm. *)

von Borries Bodo Dr. phil. Prof.

B.: Prof. f. Erziehungswiss. DA.: 20146 Hamburg, Von-Melle-Park 8. G.: Berlin, 7. Jan. 1943. V.: Monika, geb. Arndt. Ki.: 3 Kinder. El.: Prof. Dr.-Ing. Bodo u. Hedwig. S.: 1. u. 2. Staatsexamen. K.: Tätigkeiten in Politik u. Verw., Schule u. HS, 1976 Prof. P.: Deutschlands Außenhandel 1836-1856 (1970), Lernziele u. Testaufgaben f. d. Geschichtsunterr. (1973), Problemorientierter Geschichtsunterr. (1980), Römische Republik: Weltstaat ohne Frieden und Freiheit? (1980), Frau in der Geschichte I/II/III (1984), Kindheit in der Geschichte I (1985), Frauen in der Geschichte VIII (1986), Kolonialgeschichte u. Weltwirtschaftssystem (1986), Geschichtslernen u. Geschichtsbewußtsein (1988), Dt. Geschichte. Spuren suchen vor Ort (1990), Geschichtsbewußtsein als Identitätsgewinn? (1990), Wendepunkte d. Frauengeschichte (1990), Geschichtsbewußtsein empirisch (1991), Kindlich-jugendliche Geschichtsverarbeitg. in West- u. Ostdeutschld. 1990 (1992), Geschichtsbewußtsein im interkulturellen Vergleich (1994), Zur Genese historischer Denkformen (1994), Das Geschichtsbewußtsein Jugendlicher (1995), Imaginierte Geschichte (1996), Vom "Gewaltexzeß" zum "Gewissensbiß"? (1996), Youth and History (1997), Jugend und Geschichte (1999), Wendepunkte der Frauengeschichte II (2002), Zeitschriftenaufsätze u. Sammelwerkbeiträge .

von Borries Ernst *)

von Borries Katja *)

von Borries Reimer Prof.

B.: MinisterialR. a.D.; Honorarprof. u. jurist. Berater. FN.: Competition Council. DA.: RO-76116 Bukarest, Palace of Parliament, Calea 13. Septembrie No. 1. reimervonborries@hotmail.com. G.: Bochum, 20. Dez. 1937. El.: Dr. Hans Karl u. Annemarie, geb. Below. BV.: Vater - Vorst. d. Ruhr-Stickstoff AG. S.: 1958 Abitur Essen, 1958-64 Stud. Geschichte u. Jura Hamburg u. München, 1965-69 Referendariat München u. tätig am Inst. f. Rechtsvergleichung. K.: 1969-98 tätig im Bundesmin. f. Wirtschaft in Bonn, 1998-2000 MinisterialR. im Bundesmin. f. Finanzen, 1970-71 Stud. Jura an d. Columbia Law School m. Abschluß LL.M., 1982-87 Ref. am GH d. EU in Luxemburg, seit 1991 Lehrauftrag an d. Univ. Osnabrück, seit 1998 Honorarprof. f. EU-Recht an d. Univ. Osnabrück, seit 2001 Vorbeitrittsberater in Rumänien im "Twin-

*) Biographie www.whoiswho-verlag.ch oder beigefügte CD-ROM

ning Projekt". BL.: seit 1969 in d. Abt. f. Europapolitik d. BMW; seit 2001 Projektltr. im Rahmen d. Vorbereitung d. rumän. EU-Beitritts. P.: Hrsg. v. "Einführung in d. Rechtsvergleichung" (1987), "Transatlant. Wechselwirkung im Recht" (1988), "Europarecht v. A-Z" (1993), "Textsammlung Europ. Wirtschaftsrecht" (seit 1990) u.a.m. E.: Ehrenmtgl. d. Dt.-Amerikan. Juristenvereinig. M.: 1975 Gründer u. Vors. d. Dt.-Amerikan. Juristenvereinig., Dt.-Franzős. Juristenvereinigung, Atlantik-Brücke, Ges. f. Rechtsvergleichung, Dt. Ges. f. Auswärtige Politik, Dt. Ges. d. Osteuropakunde, Dt.-Rumän. Forum, Dt.-Rumän. Juristenvereinigung. H.: Geschichte, Musik, Reisen.

von Borries Rudolf Dr.-Ing. *)

Börries Gerhard

B.: Augenoptikermeister, Inh. FN.: Augenoptik Börries. DA.: 66849 Landstuhl, Kaiserstr. 20. G.: Peine, 13. Apr. 1929. V.: Elisabeth, geb. Stief. Ki.: Birgitt (1955), Claudia (1959). BV.: Börries Freiherr v. Münchhausen. S.: 1948 Mittlere Reife, 1948-51 Ausbild. Augenoptiker Hildesheim, 1952-53 Stud. Augenoptik FH Berlin m. Meisterprüf. u. Examen z. staatl. geprüften Augenoptiker. K.: 1953-60 Filialltr. u. Gschf. d. Firma Hartnack, 1960 Grdg. u. Eröff. d. Optikergeschäftes in

Landstuhl, 1980 Eröff. einer Filiale in Landstuhl. P.: Fachvorträge. M.: Lions Club intern., Regionalltr. f. Pfalz. H.: Lions Club, Briefmarken u. Silbermünzen sammeln.

Börries Karl-Hermann *)

Borrink Bob *)

Borrmann Brigitte Dr. med. *)

Borrmann Caroline

B.: Heilpraktikerin. DA.: 38300 Wolfenbüttel, Brauergildenstr. 10 G.: Braunschweig, 20. Okt. 1972. El.: Gerd Gustav u. Arne Brigitte Borrmann, geb. Fritsch. S.: 1993 Abitur, Stud. Erziehungswiss. TU Braunschweig, 1996-98 Heilpraktikerschule Braunschweig. K.: 2000 Ass. in d. Naturheilpraxis v. Frau Katrin Bartotsch in Wolfenbüttel, seit 2000 selbst. m. Schwerpunkt klass. Naturheilkunde. M.: GGT. H.: Reiten, Lesen, Beruf.

Borrmann Dagmar Dr. phil.

B.: Chefdramaturgin, Theaterwissenschaftlerin. FN.: Schauspiel Leipzig. DA.: 04109 Leipzig, Bosestr. 1. PA.: 04103 Leipzig, Johannisallee 36. G.: Dresden, 24. Juli 1955. V.: Prof. Gottfried Fischborn. Ki.: Marie (1985). El.: Gerhard u. Lieselotte Borrmann. S.: 1870-74 erweiterte Oberschule Dresden, 1974-75 Öff.-Arb. am Staatsteater Dresden, 1975-80 Stud. Theaterwiss. Theater-HS Leipzig, 1980 Dipl., 1980-84 Forsch.-Stud. Leipzig m. Prom. z. Dr. phil. K.: 1984-90 Chefdramaturgin am Thalia-Theater in Halle, nebenberufl. Theaterkritikerin, 1990-95 Chefdramaturgin am Schauspiel in Leipzig, 1994 Jurymtgl. b. 1. Europ. Dramatikerwettbewerb, seit 1995 Chefdramaturgin am Schauspiel Leipzig. BL: 1995 Gastdramaturgin b. Brecht's "Der aufhaltsame Aufstieg d. Arturo Ui", Prod. d. Wr. Festwochen in Wien u. Klagenfurt, 3 Inszenierungen am Schauspiel Leipzig. H.: Kunst, Wandern, Musik.

Borrmann Dieter Dr. med. *)

Borrmann Elmar

B.: National-Fechter/Degen, Unternehmer, Gschf. PA.: 97072 Würzburg, Friedenstr. 5. G.: Stuttgart, 18. Januar1957. V.: Claudia. El.: Günther u. Nina. K.: größte sportliche Erfolge: 1981 WM Einzel/3., 1983 WM Einzel/1., 1984 OS Mannschaft/1., 1986 WM Mannschaft/1., 1987 WM Mannschaft/2., 1988 OS Mannschaft/2., 1989 WM Einzel/10., 1990 WM Einzel/11., 1991 WM Mannschaft/3., 1992 OS Mannschaft/1., Einzel/5.,, 1993 WM Mannschaft/3., 1994 WM Mannschaft/2., 1995 WM Mannschaft/1., 1996 OS Einzel/16., 1997 WM Mannschaft/2. E.: Silb. Lorbeerblatt. H.: Tennis, Golf.

Borrmann Hartwig Dipl.-Ing. *)

Borsari Manfred Dipl.-Kfm.

B.: Handlungsbevollmächtigter, Vermögensberater. FN.: MBHG Handelsgesellschaft mbH. DA.: 26131 Oldenburg, Isenkamp 8. borsari@t-online.de. G.: Kiel, 1. Aug. 1945. V.: Carmelita. Ki.: 1 Tochter. S.: 1963 Abitur in Kiel, 1963-67 Ausbildung z. Bankkaufmann in Kiel. K.: 1967-68 Bankangestellter eines Bankhauses in Kiel, 1969 Stud. BWL an d. FH Kiel, 1972 Abschluss Dipl.-Kfm., 1970-72 tätig in versch. Banken in Kiel, 1974-87 Verkäufer mit Aussendienst u. Aufbau d. Immobilienabteilung b. Zersen & Jakobs in Kiel, 1988-91 FIAG AG Generalvertreter f. Ferienobjekte in Südeuropa, seit 1991 selbständig, Grdg. d. MBHG Handelsgesellschaft mbH, Anlagenberatung in Oldenburg, Schwerpunkt Fonds, Investmentgesellschaften, stille Beteiligungen, gewerbliche Immobilienfinanzierungen. H.: Tennis, Golf, Schwimmen, Schach.

Borsberg Guido

B.: RA. FN.: Boley & Borsberg. DA.: 50674 Köln, Habsburgring 1. G.: Solingen, 2. März 1969. El.: Wilhelm Jakob u. Christel. S.: 1990-98 Stud. Jura Köln, Referendariat LG Köln, 1. u. 2. Staatsexamen. K.: 1999 Grdg. d. Kzl. in Köln m. Tätigkeitsschwerpunkt Straf-, Steuer- u. Wirtschaftsrecht, seit 2001 Fachanw. f. Strafrecht. H.: Sport, Kunst.

Borsch Klaus *)

Borsch Wolfgang

B.: Ltr. d. Bahnhofsmanagements. FN.: Dt. Bahn Station & Service AG. DA.: 10243 Berlin, Koppenstr. 3. wolfgang.borsch@bku.db.de. G.: Koblenz, 8. Nov. 1948. V.: Margot, geb. Semmler. Ki.: Melanie (1971). El.: Walter u. Gertrud, geb. Rieder. S.: 1967 Abitur Koblenz, 1967-69 Bundeswehr - Fallschirmjäger in Lebach/Saar, 1969-70 Stud. Lehramt Germanistik, Geschichte u. Franz. K.: 1970-73 Ausbild. z. gehobenen nichttechn. Dienst bei der Bundes-

bahn, Insp. zur Anstellung, 1973-75 Insp. b. d. Bundesbahndion. in Köln, 1975-83 Personalchef d. DSG (heute: MITROPA), 1983-84 Personalchef d. Rangierbahnhofes Köln, 1984-85 Verantwortl. f. d. Vermarktung v. Bahnimmobilien in Köln, 1985-91 tätig in d. Hauptverw. d. Bundesbahn als oberste Bundesbehörde d. Bahn in Frankfurt/Main, 1991-93 Ausbild. z. Höheren Beamtendienst an d. Bundesak. f. öff. Verw., 1994-98 zunächst verantwortl. f. d. Führungskräfteentwicklung im Geschäftsbereich Netz in Frankfurt/Main, dann Personalchef d. Geschäftsbereiches Per-

*) Biographie www.whoiswho-verlag.ch oder beigefügte CD-ROM

sonenbahnhöfe, 1999-2000 Ndlg.-Ltr. d. DB in Mecklenburg/Vorpommern - in Schwerin, seit 2000 Ltr. d. Bahnhofsmanagements in Berlin. P.: Seminar- u. Trainertätigkeit. H.: m. d. Fahrrad d. Gegend erkunden, Reisen.

Börsch-Supan Helmut Dr. Prof.

B.: Kunsthistoriker. PA.: 14050 Berlin, Lindenallee 7. G.: Köln, 3. Apr. 1933. V.: Dr. Eva, geb. Höllinger. Ki.: Friedrich (1967), Georg (1972), Heinrich (1972). El.: Kurt u. Leni. S.: 1953-58 Stud. Kunstgeschichte, Phil. u. Archäologie in Köln, Hamburg, Freiburg u. Berlin, 1958 Prom. z. Dr. phil. K.: 1959-61 Volontariat an d. Bayer. Staatsgemäldesammlungen München, 1961-95 wiss. Mitarbeiter u. stellv. Dir. d. Staatl. Schlösser u. Gärten Berlin, 1984 Hon.-Prof. an d. FU Berlin. BL.: Experte f. d. dt. Malerei d. 19. Jhdt. insbes. Caspar David Friedrich, sowie Porträtmalerei u. Berliner. P.: über 300 wiss. Publ. u.a. "Werkverzeichnis Caspar David Friedrich", "Dt. Malerei v. Anton Graff b. Hans v. Marées", Mithrsg. d. Schinkelwerkes. M.: Mitbegründer d. Neuen Berliner Kunstver.

Borsche Ursula *)

Borschel Issa Dipl.-Volkswirt *)

Borsdorf Rolf Dr. Prof.
B.: Prof. f. analyt. Chemie. FN.: Inst. f. analyt. Chemie. DA.: 04277 Leipzig, An der Märchenwiese 75. G.: Meißen, 30. Nov. 1931. V.: Dr. Gisela, geb. Kahler. Ki.: Olaf (1963), Helko (1967). S.: 1950-52 Lehre Laborant, 1952-58 Stud. Chemie Univ. Leipzig, 1958 Dipl.., 1961 Prom., 1965 Habil. K.: b. 1966 Doz. an d. Univ. Leipzig, 1975-97 Prof. f. analytische Chemie an d. Univ. Leipzig m. Schwerpunkt Molekularspektroskopie, Stereochemie u. theoret. Chemie. P.: über 120 Veröff. in 8 nat. u. intern. Fachzeitschriften, Bücher: "Spektroskop. Methoden (IR, UV/VIS) in d. organ. Chemie" (1974), "13C-NMR-Spektroskopie in d. organ. Chemie" (1979), "Einführung in d. Molekularsymmetrie" (1973). M.: langj. Vors. d. chem. Ges. Osrtverb. Leipzig, Ges. Dt. Chemiker, Fachverb. Analytiker d. Ges. Dt. Chemiker, Arge NMR-Spektroskopie. H.: Literatur, Reisen.

Borse Harald *)

Borse Hiltrud *)

Borse Udo Dr. Prof. *)

Börsig Clemens Dr. Prof.
B.: Vorst.-Mtgl. FN.: Deutsche Bank AG. DA.: 60325 Frankfurt/Main, Taunusanlage 12. www.deutsche-bank.de. G.: 27. Juli 1948. S.: 1967-69 Bundeswehr, 1969-73 Stud. Betriebswirtschaft u. Math. Univ. Mannheim, Dipl.-Kfm. K.: 1973-77 wiss. Ass. Univ. Mannheim u. München, 1975 Dr. rer. pol., 1977-81 Mannesmann AG Düsseldorf, 1981-84 Mannesmann Kienzle GmbH VS-Villingen, 1984-85 Kfm. Geschäftsltr. Mannesmann Tally Elchingen, 1985 Robert Bosch GmbH Stuttgart, 1991 Mtgl. d. Geschäftsltg., 1995 Mtgl. d. Geschäftsführung, 1997-1999 Vorst-Mtgl. d. RWE AG, 1999-2001 Gen.-Bevollm. bei d. Deutsche Bank AG, seit 2001 Vorst.-Mtgl. E.: Hon.-Prof. LMU München. H.: Skifahren, Tennis. (Re)

von Borsody Suzanne
B.: Schauspielerin. FN.: c/o Management Goldschmidt Renate Landkammer. DA.: 10707 Berlin, Zähringer Str. 33. G.: 23. Sept. 1957. El.: Hans v. Borsody u. Rosemarie Fendel. K.: Theater: 1980-82 Schauspielhaus Frankfurt/Main, 1982-84 Schauspielhaus Bremen, 1984-87 Düsseldorfer Schauspielhaus, 1987-93 Schillertheater Berlin, 1993-95 Theater am Turm, Gastspiele am Zürcher Schauspielhaus, Sbg. Festspiele; Auszug a. d. Filmographie: 1978 Adoptionen, 1979 Beate S., 1980 Das eine Glück und das Andere, 1982 Macht d. Gefühle, 1983 Nordlichter, 1991 Brandnacht, 1992 König u. Consorten, 1993 Aranka, 1994 Deutschlandlied, Babyfon, 1995 Brennendes Herz, Der rote Engel, Spitzenleistung, Vater wider Willen, 1996 Zerrissene Herzen, 1997 Vollnarkose, Frauen morden leichter, Die verlorene Tochter, 1998 Die Mörderin, Mord u. Totschlag, Schimanski: Rattennest, Muttertag, Sehnsucht u. Geschwister, Lola rennt, Dunkle Tage, Liebe u. weitere Katastrophen, 1999 Jahrestage, 2000 Zwei unter einem Dach. E.: 1980 Gold. Kamera f . Beate S., 1982 Dt. Darstellerpreis, 1982 Grimme Preis, 1999 Deutscher Fernsehpreis (Kategorie Beste Schauspielerin), Blauer Panther. (Re)

Borst Arno Dr. Prof. *)

Borst Heinz *)

Borst Otto Dr. phil. *)

Borst Wolfgang
B.: prakt. Arzt. DA.: 22085 Hamburg, Herderstr. 17. G.: Hamburg, 17. März 1960. V.: Kwanhatai, geb. Tampitak. Ki.: Alischa Constanze (1994). El.: Gunther u. Ingrid, geb. Eggers. S.: 1978 Abitur, 1978-80 div. Jobs, 1980-82 Bundesmarine Kiel - Sanitäter, 1983-90 Stud. Med. Univ. Hamburg, 1990 Approb. K.: 1990-96 Ass.-Arzt f. Kardiologie, Intensivmed. u. Gastroenterologie am Israelit. KH in Hamburg, seit 1996 ndlg. prakt. Arzt m. Schwerpunkt Gastroenterologie, Herz-Kreislauferkrankungen, Hämatologie u. hausärztl. Versorgung. H.: Musik.

von Borstel Uwe Dipl.-Ing.
B.: ldw. Berater. FN.: Ldw.-Kam. Hannover. DA.: 30159 Hannover, Johannssenstr. 10. vonborstel.uwe@lawikhan.de. www.lawikhan.de. G.: Belum, 19. Nov. 1940. V.: Gudrun, geb. Schulz. Ki.: Ingo (1976), Uta (1980). S.: 1957 Mittlere Reife Otterndorf, 1957-59 Ausbild. Ldw.-Gehilfe Schleswig-Holstein u. Niedersachsen. K.: 1959-60 tätig im elterl. Betrieb, 1960-61 Gehilfe in Bad Gandersheim u. glz. Ldw.-Schule m. Abschluß, 1961-62 Höhere Landbauschule Herfort m. Abschluß staatl. geprüfter Landwirt, 1962-63 tätig im elterl. Betrieb, 1963-64 Praktikum in d. USA, 1965-66 tätig im elterl. Betrieb, 1966-67 Versuchstechniker in d. Firma Lohmann & Co in Cuxhaven, 1967-71 Stud. Agrarwiss. an d. Univ. Göttingen m. Abschluß Dipl.-Ing., 1971-74 wiss. Mitarb. an d. Hess. Leh- u. Forsch.-Anstalt f. Grünlandwirtschaft u. Futterbau in Bad Hersfeld, 1974 Prom. an d. Univ. Gießen, 1974-77 wiss. Mitarb. in d. Dt. Ges. f. GTZ in Frankfurt-Eschborn u. Projektltr. eines Dt.-Korean. Grünland Forsch.-Projekts in Südkorea, 1978-2001 Ref. f. Grünland u. Futterbau. Futtekonservierung in d. Ldw.-Kam. Hannover, seit 2001 Ref. f. tier. Erzeugnisse in d. Ldw.-Kam. Hannover. P.: zahlr. Veröff. in Fachzeitschriften. Mitautor eines Fachbuches. H.: 1994-200 Vors. d. Aussch. f. Grünland u. Futterbau d. Dt. Ldw.-Ges., seit 1978 Gschf. eines Beratungsver. H.: Landschaftskunde, Plattdeutsche Sprache, Botanik.

Borstelmann Frank Dr. *)

Borstelmann Nils *)

*) Biographie www.whoiswho-verlag.ch oder beigefügte CD-ROM

Borsum Annette *)

Borszcz Christian *)

Bortenlänger Andrea
B.: Groß- u. Außenhdls.-Kfm., Inh. FN.: Autohaus Bortenlänger GmbH & Co KG. DA.: 46485 Wesel, Philipp-Reis-Str. 1. G.: Moers, 31. Juli 1961. V.: Gabriel Bortenlänger. El.: Paul u. Inge Ketzer, geb. Lauff. S.: 1978 Mittlere Reife Moers, 1978-81 Lehre als Groß- u. Außenhdls.-Kfm. im fam. Betrieb Autohaus Lauff in Moers, Kfm.-Brief. K.: 1981-89 Kauffrau im Familienbetrieb Lauff in Moers, 1989 Eintritt in d. väterl. Betrieb Mercedes Benz Vertragswerkstatt Autohaus Ketzer in Neukirchen-Vluyn, 1990 Eintritt in d. Geschäftsführung. o.g. Unternehmens, 1994 Übernahme d. Mercedes Benz Vertragswerkstatt Autohaus Hans Frank in Wesel, Umbenennung in Autohaus Bortenländer, seit 1994 Führung d. o.g. Unternehmens. E.: Mercedes Benz Ausz. f. bes. Serviceleistungen: 5x Service m. Stern, 1999 Club of the Best (d. 50 besten Betriebe in d. BRD i. bes. Teilesegment). M.: Soroptimisten Intern. Dt. Union, Vorst.-Mtgl. d. Kfz-Innung Niederrhein in Wesel, Prüf.-Aussch.-Vors. f. Automobilkaufl. b. d. IHK Duisburg, Reitsportfreunde Gut Aap e.V., Reitver. St. Hubertus Obrighoven e.V. H.: Reiten, Lesen, Musik, Kochen.

Bortenschlager Martin

B.: Steuerberater, selbständig. DA.: 85368 Moosburg, Poststr. 2A. G.: 18. März 1964. V.: Monika, geb. Schreyer. Ki.: Michael (1991) und Kathrin (1994). S.: 1980 Mittlere Reife Landshut, 1980 Lehre als Steuerfachgehilfe. K.: 1983 Steuerfachgehilfe, 1989 Bilanzbuchhalterprüfung, 1983-94 Steuerfachgehilfe, 1994 Steuerberaterexamen, 1994-98 freiberufl. Steuerberater, seit 1998 selbständig. H.: Familie, Bergwandern, Kultur, Haus/Wohnung, Bekanntenkreis.

Borth Bernadette *)

Borth Wolfgang *)

Bortloff Karl Heinz *)

Borttscheller Ralf H. *)

Bortz Marianne *)

Borutta André Dipl.-Betriebswirt
B.: Vorst. FN.: Wapme Systems AG. DA.: 40470 Düsseldorf, Münsterstr. 248. G.: Aachen, 22. Dez. 1966. El.: Hans u. Ute Borutta, geb. Hoffmann. BV.: Offz.-Familie aus Schlesien; Ldw.-Geschlecht aus Ostpreußen. S.: 1987 Fachabitur Höhere HASCH Eschweiler, 1987-88 Bundeswehr, 1988-90 Lehre Ind.-Kfm. Firma Mercedes Benz, 1990-95 Stud. Wirtschaftswiss. FH Düsseldorf m. Abschluß Dipl.-Betriebswirt. K.: 1995-96 tätig im Bereich EDV in San Francisco, 1996 Grdg. d. Firma Public Web Images Online u. Internetdienstleistungs - GmbH u. 2000 Umwandlung in d. Wapme Systems AG, die Firma Wapme Systems AG ist seit d. 5.7.2000 am Neuen Markt in Frankfurt Börsen notiert. BL.: 1 1/2 J. nach Grdg. unter d. Top 50 IT Company in Deutschland. P.: lfd. Veröff. im WDR, Stern, Bizz, RP u. IHK-Magazin. M.: Vorst.-Mtgl. d. Bundesverb. Junger Unternehmer, Dt. Multimediaverb., BeiR. d. Digitalen Stadt Düsseldorf. H.: Pferdesport, Fitness, Skifahren, Kochen.

Borwig Odo *)

Boryczka Manfred *)

von Borzeszkowski Horst-Heino Prof.

B.: Physiker, Univ.-Prof. FN.: Inst. f. Theoret. Physik d. TU Berlin. DA.: 10623 Berlin, Hardenbergstr. 36. G.: Liebenwalde, 30. Mai 1940. S.: 1958 Abitur Wandlitz, 1958-63 Stud. Physik Humboldt-Univ. Berlin, Dipl.-Abschluß. K.: 1963-66 wiss. Ass. am Inst. f. reine Math. d. Ak. d. Wiss. Berlin, 1967-82 wiss. Mitarb. an d. Sternwarte in Babelsberg, 1967 Diss. Humboldt-Univ. Berlin, 1973 Habil. Ak. d. Wiss., 1975-76 tätig am Inst. f. Theoret. Physik an d. Ak. d. Wiss. in Kiew, 1976-82 Ltr. d. Abt. Relativistische Astrophysik am Zentralinst. d. AdW in Potsdam-Babelsberg, 1983-90 wiss. Mitarb. am Einstein-Laboratorium f. Theoret. Physik d. AdW, 1986 Ernennung z. Prof. f. Theoret. Physik, 1991 Dir. d. Einstein-Laboratoriums, seit 1994 am Inst. f. Theoret. Physik an d. TU Berlin. P.: ca. 150 wiss. Publ. z.Thema allg. Relativitätstheorie u. phil. Grundlagen, Co-Autor v. "Gravitationstheorie u. Äquivalenzprinzip", "Fundamental Principles of General Relativity Theories", "Die Wirklichkeit d. Physik". M..: intern. Committee on General Ralativity and Gravitation, Dt. u. Italienische Physikal. Ges., Intern. Astronomical Union. H.: Literatur, Theater.

von Borzeszkowski Wolfram Dr. jur.
B.: Richter. FN.: Landgericht Düsseldorf. DA.: 40213 Düsseldorf, Neubrückstr. 3. G.: Wuppertal, 19. Apr. 1966. V.: Silke, geb. Schumacher. Ki.: Till (1998), Eva (2001). El.: Siegfried u. Ursula, geb. Promnitz. S.: 1985 Abitur Remscheid, 1985-86 Bundeswehr, 1986-91 Stud. Rechtswiss. Friedrich-Wilhelms-Univ. Bonn, 1991 1. Jur. Staatsexamen OLG Köln u. Prom. Univ. Bonn Prof. Dr. Rütten. K.: 1991-94 wiss. Mitarbeiter Lehrstuhl f. Bürgerl. Recht, Prof. Rütten u. Jur. Vorbereitungsdienst Ref. Landgericht Wuppertal, 4 Monate Praktikum b. Anwalt in Florida/USA, 1996 2. Jur. Staatsexamen OLG Düsseldorf, 1996-2001 zugelassener RA LG Wuppertal im Bereich Verkehrsrecht, Verwaltungsrecht, Sozialrecht, seit 2001 Richter b. LG Düsseldorf. P.: Veröff. Prom. (Unterhalt u. Sozialhilfe. Ein Vergleich d. beiden Fürsorgesysteme). M.: Sportverein TC Grün Weiß, LENNEP. H.: Volleyball, Tennis, Musizieren (spielt Trompete klass. u. modern).

Bos Ralf

B.: Gschf. FN.: Bos Food Lebensmittel-Großhdls. GmbH. DA.: 40667 Meerbusch, Grünstr. 24c. r.bos@bosfood.de. www.bosfood.de. G.: Düsseldorf, 21. Jan. 1961. V.: Susanne, geb. Günther. Ki.: Vivian-Christiane, Talia-Amber, Saskia-Romina. El.: Hans u. Renate. S.: 1976-78 Hotelfachlehre. K.: 1978-84 Gastro Tätigkeit in der Schweiz und Deutschland, 1984-85 b. Ralf Siegel in München als Tourmanager f. d. Gruppe "Wind", 1986 Grdg. d. Firma Bos Telefon Technik Meerbusch,

---

*) Biographie www.whoiswho-verlag.ch oder beigefügte CD-ROM

Bos

1990 Verkauf d. Bos Telefon Technik u. Grdg. d. Ralf Bos Food m. Schwerpunkt Feinkost f. Gastronomie in d. EU, 2000 Grdg. d. Bos Food Düsseldorf Lebensmittel - Großhandel GmbH, Lieferung auch über Internet an Endverbraucher, 2000 Ralf Bos Food ist bereits größtes Trüffelhdls.-Haus in Deutschland u. beliefert u.a. Hotel ADLON Berlin. P.: Mitautor "Das Trüffelbuch". H.: Tauchen, Motorradfahren.

Bos Rolf-Wilfried Dr. *)

Bös Dieter Dr. jur. Dr. rer. pol. *)

Bös Friedhelm *)

Bös Josef Alfons Dipl.-Ing. *)

Bös Rolf Dr. med. *)

Bosacki Uwe

B.: Konditor, Küchenmeister. FN.: Gutschänke Schützenhof. DA.: 97082 Würzburg, Mainleitenweg 48. G.: Pless/Iller, 7. Dez. 1953. V.: Gudrun Berndt. Ki.: Bernadette (1985) und Lorenz (1993). El.: Walter u. Rose, geb. Horn. BV.: mütterlicherseits Camillo Horn (um 1900) Musiker. S.: 1968-71 Ausbild. Konditor, 1971-73 Ausbild. Koch Hotel Walfisch Würzburg, 1973-77 Bundeswehr, ltd. DG Stabsunteroffz., 1983 Meisterschule f. Küchenmeister Altötting, Bavaria Hotelfachschule, Meisterprüf. an d. IHK München. K.: 1977-78 stellv. Küchenchef Gasthof Lindl Rottach Egern, 1978-82 Küchenchef Schützenhof Würzburg, 1983 stellv. Küchenchef Gastschloß Hotel u. Restaurant Haigerloch, seit 1983 zusammen m. Gudrun Berndt Würzburger Ausflugslokal Gutschänke Schützenhof. BL.: 1989 Mtgl. Prüf.-Aussch. (f. Köche) IHK Würzburg, 1 J. Fachpraxislehrer f. prakt. Unterricht. M.: BHG Bayer. Hotelu. Gaststättenverb., Würzburger Kochver. Frankonia. H.: Skifahren, Reisen, Kochbuchsammlung.

Bosak Jochen Bernd

B.: Dipl.-Grafik-Designer, Inh. FN.: Brosius Design Werbeatelier. DA.: 45133 Essen- Bredeney, Am Ruhrstein 25B. G.: Göttingen, 28. Apr. 1965. El.: Prof. Dr. Dipl.-Ing. Klaus Werner u. Dipl.-Modedesignerin Helga, geb. Fröhlich. S.: 1982 Fachoberschulreife, 1982-85 Ausbildung Landschaftsgestalter, 1986-87 Abitur, 1987-92 Stud. Grafik-Design HS Düsseldorf. K.: s. 1992 selbst. Dipl.-Grafik-Designer. BL.: seit 1995 Gestalter der Essener Lichtwochen. M.: Bund Dt. Grafikdesigner e.V., V.G. Bild Kunst, Mtgl. im Vorst. d. Kommunikationsverband.de (BDW) Club Ruhrgebiet. H.: Motorrad, Oldtimer, Segeln, Zeichnen.

Bosau Edith

B.: Immobilienentwickler. FN.: Bosau Immobilienmanagement GmbH. DA.: 53113 Bonn, Brentanostr. 1; 10117 Berlin, Friedrichstr. 95. G.: Birlinghoven, 8. Sep. 1952. S.: 1970-72 Höhere Handelsschule Siegburg, 1972-75 Banklehre Herstatt-Bank Köln, Abschluß Bankkauffrau, 1991-96 Dt. Inst. f. Ausdruckstherapie in Bonn, 1996 Grad. als Päd. Psychotherapetin, Bewegungstherapie. K.: seit 1971 Aufbau d. eigenen Unternehmens, seit 1990 Eröff. 2. Büro in Berlin, 1994 Entwicklung Haus d. Kultur in Bonn u. Entwicklung Zentrum Europ. Entwicklungsforsch. ZEF u. ZEI in Bonn, seit 1995 Gutachterin Stadt Bonn. P.: Abschlußarb. über Vergleichsdarstellung einer Psychoanalyse, Gestalttherapie, Bewegungstherapie b. Psychose veröff. im Richter-Verlag. M.: Vorst. CDU-Kreisverb. Bonn stellv. Organ.-Ltr., stellv. Vors. MIT, WirtschaftsR. CDU, Verb. d. päd. Psychotherapeuten, Ver. f. Behindertensport. H.: Musik, Klavierspielen, Theater, Oper, Tennis, Golf, Schwimmen, Lateinamerikan. Tänze, Organ. v. Gruppenreisen in Europa u. USA.

Bosau Heinz Bernd *)

Bosbach Bruno Dr. *)

Bosbach Ute

B.: Geschäftsltr. FN.: Sema-LHS GmbH Deutschland. DA.: 50679 Köln, Kaltenborgweg 3. PA.: 51103 Rösrath, Hauptstr. 244. G.: Bergneustadt, 21. Juli 1969. S.: 1986 Mittlere Reife, 1986-87 Stud. Kunst, 1987-89 Höhere Handelsschule Köln, 1989-92 Ausbild. Hotelfachfrau Bayer AG m. Fachabitur Köln, 1994-96 Hotelfachschule Heidelberg. K.: 1992 tätig im Hotel Eden au Lac in Montreaux, 1992-93 an d. Rezeption im Hotel Sonnalp in Kitzbühel, 1993-94 tätig im Marienburger Bonhotel in Köln, 1996-98 im Interconti-Hotel in Berlin, 1998-2000 Vertriebsass. d. Firma Köln-Arena, seit 2000 tätig in d. Firma Sema-LHS GmbH m. Schwerpunkt Softwareentwicklung f. Konzerne. H.: Jagd, Tennis.

Bosbach Wolfgang

B.: RA, Rat d. Stadt Bergisch Gladbach, MdB, Sozius. FN.: RA-Kanzlei Winter, Jansen & Lamsfuß, Odenthaler. DA.: 11011 Berlin, Platz d. Republik 1. G.: Bergisch Gladbach, 11. Juni 1952. Ki.: 3 Kinder. S.: 1968 Mittlere Reife, Ausbild. z. Einzelhdls.-Kfm. b. d. Konsumges. Köln, eG/Coop West AG, Supermarktltr., Rhein. as. in Köln, staatl. gepr. Betriebswirt, Abitur im 2. Bild.-Weg, Stud. Rechtswiss. Univ. Köln, 1988 1. u. 1991 2. Jur. Staatsexamen. K.: seit 1991 RA, 1972 Eintritt in d. CDU, 1975-79 Mtgl. Kreistag Rhein.-Bergisch Kreis, seit 1979 Mtgl. d. Rates d Stadt Bergisch Gladbach, Schriftführer, seit 1994 MdB. (Re)

Bosch Anna

B.: Journalistin, Moderatorin. FN.: c/o MSC-Promotion. DA.: 83705 Aschaffenburg, Postfach 10 07 05. kontakt@msc-promotion.de. G.: Bayreuth, 20. Apr. 1973. S.: 1992 Abitur. K.: 1992 Volontariat b. "Radio Plassenburg", 1994 Hospitanz b. Bayer. Rundfunk "Dingsda", "Bayern gewinnt"), 1994-95 Moderatorin v. "Starclub L.A." (RTL2) 1996. Christian Oliver, 1996 Moderation d. RTL2 Kinder- u. Jugendprogramms "Die verrückte Vampy-Show", 1996 Moderation v. "Live aus d. Schlachthof" (BR) zusammen m. Christoph Bauer, "Die Reporter" f. Pro 7, ab 03/2001 Moderation v. taff.

Bosch Berthold Georg Dr. Dr. Dipl.-Ing. *)

Bosch Dieter

B.: Reinraum-Planer, Inh. FN.: ELGERA Dieter Bosch GmbH Elektronikgerätebau Radolfzell. DA.: 78343 Geienhofen, Dorfstr. 14/13. G.: Schwenningen/Neckar, 15. Nov. 1936. V.: Irmtrude, geb. Ginter. Ki.: Petra (1964), Kathrin (1973). El.: Erwin u. Marie. S.: 1951 Lehre Mechaniker Firma Textilmaschinenfbk. Schwenningen. K.: b. 1955 Betriebsmechani-

*) Biographie www.whoiswho-verlag.ch oder beigefügte CD-ROM

ker in d. Textilmaschinenfbk. in Schwenningen, 1956-57 techn. Zeichner d. Firma Hermann Gerhardt Meßmaschinenbau in Schwenningen, 1957-58 Besuch d. staatl. Fachschule m. Abschluß Feinwerktechniker, 1958-59 Konstrukteur in d. Firma Hermann Gerhardt Meßmaschinenbau in Schwenningen, 1959-61 Konstrukteur in d. Firma Gustav Strohm Sondermaschinenbau in Schwenningen, 1961-65 Projekting. f. Schiffsdieselanlagen in Schnellbooten in d. Firma Maybach Mercedes Benz in Friedrichshafen, 1966 versch. freiberufl. Tätigkeiten, 1966-69 techn. Ltr. d. Firma Kulicke & Soffa AG in Radolfzell, 1969-71 Prok. d. Firma Kulicke & Soffa AG in d. Schweiz, seit 1972 selbst. auf d. Gebiet Reinraum- u. Prozeßtechnik, b. 1996 im Verkauf u. seither Planung u. Vertrieb v. reinraum- u. lüftungstechn. Anlagen u. Klimaanlagen. H.: Radsport.

Bosch Eberhard Dr. jur. *)

Bosch Franz

B.: med. Bademeister, Masseur. FN.: Franz Bosch Masseur. DA.: 89073 Ulm, Walfischg. 10. G.: Kempten/Allgäu, 25. Apr. 1939. V.: Irmgard, geb. Vogt. Ki.: Claudia (1976), Alexander (1978). El.: Josef u. Maria. S.: Lehre Zimmermann, 2 Jahre. Bundeswehr, Stabsunteroffz., Umschulung z. Masseur u. med. Bademeister, spezialisiert auf Sportphysiotherapie. K.: freier Filmschaffender, versch. Auslandsaufenthalte, Sportlerbetreuung, seit 1969 selbst. in Ulm. BL.: 10x Dt. Meister im Trekkingreiten, Siege im Distanzreiten, Abenteuerreiten in Namibia, Kenia, Island, Mongolei u. Europa. H.: Abenteuerreiten auch in USA.

Bosch Gregor Dr. Prof. *)

Bosch Hansjochen Dipl.-Ing. (FH) *)

Bosch Hansjörg Dipl.-Ing., Dipl.-Wirtschaftsing.

B.: Gschf. FN.: Dt. Brauer-Bund e.V. DA.: 53175 Bonn, Annaberger Str. 28. hj.Bosch @t-online.de. G.: Lörrach/Baen, 1. Mai 1939. V.: Adelheid, geb. Bätzner. Ki.: Georg (1977). BV.: Sippe Bosch aus Württemberg. S.: 1959 Abitur Rottweil, 1959-60 Wehrdienst, 1960 Lt. d. Res., 1960-64 Stud. Brauwesen TU München-Weihenstephan, 1964 Dipl.-Ing., 1964-67 Stud. Wirtschaftsing.-Wesen spez. EDV an TU München, 1967 Dipl.-Wirtschaftsing. K.: 1967-76 Gschf. Kronen Mälzerei in Sulz, seit 1976 b. Dt. Brauer-Bund, seit 1976 Gschf. Wiss.-Förd. d. Dt. Brauwirtschaft, auch Mtgl. in DIN u. CEN Normenausch., seit 1976 Mtgl. in Arbeitsausssch. d. europ. Vereins. CBMC, seit 1997 Dt. Vertreter Beratender Aussch. Hopfen d. EU-Kmsn. P.: Veröff. in Brauwelt. M.: div. Berufsverbände. Stud. Verb. AWB zu Weihenstephan. H.: Segeln, Schi fahren, mod. Malerei.

Bosch Helmut Dipl.-Ing.

B.: Pensionär. PA.: 47447 Moers, Helmholtzstr. 34. G.: 7. Jan. 1935. V.: Ruth, geb. Hettmer. Ki.: Thomas (1968). S.: 1953 Mittlere Reife Moers, 1955 Abitur Duisburg, Stud. RWTH Aachen, 1961 Dipl. über Wärmekraft u. Arbeitsmaschinen. K.: 1962 berufl. Tätigkeit b. d. DEMAG, 1967 Entwicklung einer Rechenscheibe f. Kolbenverdichter, 1988/89 Techn. Programmierer u. CAD-Organisator b. Dt. Engineering Essen. P.: Veröff. v. Gedichten in Dt. Nationalbibl. I, II. M.: seit 1955 VDI. H.: Dichten, Heimwerken, Töpfern.

Bosch Manfred *)

Bosch Olaf *)

Bösch Harald *)

Bösch Ute

B.: Fotografenmeisterin, Inh. FN.: Lichtbildstudio Ute Bösch. DA.: 21379 Scharnebeck, Lentenau Nr. 12. G.: Quierschied/Saar, 24. Mai 1964. Ki.: Jil (1995). El.: Helmut u. Isolde Scheuermann, geb. Baumgärtner. S.: 1979-81 Ausbild. z. Schwarzweiß Fotolaborantin u. 1981-83 Ausbild. z. Fotografin b. Foto Sigfried Hirsch Heusweiler/Saar. K.: 1983-88 Laborantin, Fotografin u. Gschf. in versch. Fotostudios in Norddeutschland, 1988 Eröff. d. eigenen Fotostudios Am Berge 51 Lüneburg, 1989 Meisterschule Hannover, Abschluß als Fotografenmeisterin, 1992 Verlegung d. Studios in d. Cratovilla in d. Lünertorstr. 17a, 1994 Umzug u. neuer Standort An den Brotbänken 5, 1998 Aktaufnahme LSK Fußballspieler Sportverein LG mit Fernsehtermin + Veröff. weltweit, seit 1999 Studio in d. 3. Etage d. Schröderstr. 18. M.: 2. Obermeisterin Fotografeninnung Lüneburg/Stade, 2. Vors. im Junghandwerk Lüneburg. H.: Fliegen (Drachenfliegen, Paragliding).

Boschatzki Walter Dipl.-Ing. *)

Bösche Ronald *)

Bösche Siegfried *)

Boscheinen Thomas C. Dipl.-Ing. *)

Boschek Heinz

B.: Korrespondent. GT.: Moderation v. Wirtschaftspolit. Saalveranstaltungen. DA.: 10117 Berlin, Friedrichstr. 150/152. PA.: 10777 Berlin, Motzstr. 57. h.boschek@ vhb. de. G.: Berlin, 31. Jan. 1949. El.: Horst u. Anneliese, geb. Neumann. S.: 1967-68 Redaktionsass. ADN, 1968-70 Volontariat b. ADN, 1970-72 Stud. Philosophie, Psychologie an d. Humboldt-Univ. Berlin, Juli/August 1971 journ. Praktikum in Taschkent (Usbekistan), 1972-74 Karl-Marx-Univ. Leipzig, Stud. Journali-

*) Biographie www.whoiswho-verlag.ch oder beigefügte CD-ROM

stik, Außenpolitk, Staatsexamen, Diplom-Journalist. K.: 1974-81 Redakteur u. Korrespondent b. d. Thüringer Allgemeinen Erfurt, 1982-89 freiberufl. Journalist in Berlin f. "Der Morgen", gleichzeitig DDR-weit Vorträge in Kirchen u. Kultureinrichtungen über Politik, ab 1987 Auftrittsverbot, teilweise Publ.-Verbot, ab 1988 Stasi-Aufsicht, ab 1988 Vorträge/ Moderationen in sowjetischem Kulturzentrum Berlin, auf exterritorialem Gebiet innerhalb d. DDR, ab 1989 totales Berufsverb. f. DDR-Publ., nach d. Berufsverbot ausschließl. Tätigkeit f. d. sowjet. Kulturzentrum u. damit unangreifbar f. d. DDR-Regime, einige DDR-weite polit. Talk-Touren nach westl. Vorbild u. sporadische polit. Veranstaltungen in d. Provinz, Zusammenarb. m. d. amerikan. Botschaft, 1989-92 Fernsehauftritte im WDR-Presseclub f. innerdt. Themen, ab 1989 freier Journalist f. Berliner Morgenpost, Handelsblatt Düsseldorf, ab 1990 Korrespondent f. d. Rhein. Merkur Bonn, ab 1995 Korrespondent f. d. Dt. Handwerkszeitung München, ab 1996 Autor f. Trend, Zeitschrift f. Soz. Marktwirtschaft Bonn, ab 1992 New York, UNDP: Mitarb. b. d. publizist. Aufbereitung v. Prüf.-Ergebnissen b. Entwicklungsprojekten, 2000 Intern. Wirtschaftspolitik, Schwerpunkt Immobilienwirtschaft Nordamerika u. Westeuropa, 2001 Aufbau eines eigenen Korrespondentenbüros in Toronto (Kanada). BL.: Teil d. Bürgerrechtsbewegung d. Herbstes 1989. E.: Herbert-Quandt-Medienpreis 1998 f. Beteiligung an einer Handelsblatt-Serie über Unternehmenspersönlichkeiten in Ostdeutschland. M.: NRW-Zeitungsverlegerverb. H.: Karate, Sport, Outdoorwandern.

Böschemeyer Uwe

B.: Ltr. FN.: Hamburger Inst. f. Existenzanalyse u. Logotherapie. DA.: 21335 Lüneburg, Barckhausenstr. 20. sekretariat@boeschemeyer.de. www. logotherapie-hamburg.de. G.: Oranienburg, 17. Jän. 1939. V.: Magda, geb. van Cappellen. Ki.: Corinna (1969), Andreas (1971). E.: Fritz u. Emma, geb. Schwarz. S.: 1960 Abitur, 1960-66 Stud. Theol. Univ. Marburg u. Hamburg, 1968-70 Stud. Phil. u. Psych. K.: Gem.-Pfarrer in Hamburg, 1970-76 wiss. Ass. an d. Univ. Hamburg, 1974 Prom. Dr.
theol., 1971-75 Stud. Logotherapie u. Exitenzanalyse bei Prof. Viktor E. Frankl in Wien, 1976-82 HS-Pfarrer an d. Univ. Hamburg, 1982 Grdg. d. Hamburger Inst. f. Existenzanalyse u. Logotherapie in Hamburg m. Schwerpunkt wertorientierte Persönlichkeitsbild; Funktion: wiss. Mitarb. d. Hamburger Abendblattes, Vorträge. BL.: Begründer d. wertorientierten Imagination u. Begründer d. wertorientierten Persönlichkeitsbild. P.:"Von Typ z. Original. Die neun Gesichter d. Seele u. d. eigene Gesicht" (1994), "Zu d. Quellen d. Lebens. Meditationen f. d. neuen Tag" (1995), "Dein Unbewußtes weiß mehr als du denkst" (1996), "Neu beginnen! Konkrete Hilfen in Wende- u. Krisenzeiten" (1996), "Schule d. Lebens - Wertientierte Persönlichkeitsentwicklung in Theorie u. Praxis" (2000), "Wertorientierte Imagination - Theorie u. Praxis" (2000) u.a.m. E.: Ehrenmtgl. d. Dt. Ges. f. Logotherapie u. Existenzentanalyse. M.: DVP, EAP, EALEA, DGLE, Intern. Ges. f. logotherapeut. Ausbild.-Institute u. Forsch.-Projekte. H.: Radfahren, Klavier spielen.

Böschem Dagmar

B.: selbst. Kosmetikerin - mobile Praxis u. Seminare. FN.: mobile praxis f. Kosmetik - Körpertherapien - Reiki. PA.: 12161 Berlin, Wiesbadener Str. 85. G.: Berlin, 22. Mai 1954. Ki.: Maxi-Lu (1986), Silke (1989). El.: Herbert u. Margarethe Neumann. S.: 1974 Abitur, Drogistin, Dipl.-Kosmetikerin. K.: Repräs. f. Helena Rubinstein in d. IDRO-Heimchen Drogerie-Kette, 1976-77 Fachschule f. Kosmetik u. Fußpflege Dorit Bölicke, Praktikum bei Margarethe Scherz, dan. Kosmetiker u. Chefkosmetikerin f. Parfumerien u. Drogerien Herhausen, dan. InstitutsLeitung, 1981 kosmet. Weiterbild. b. Clarins in Paris, 1985 Ltg. e. Schönheitsfarm, 1987-89 Kosmetikerin im Hotel "Kempinski", 1989-92 eigenes Studio, danach freiberufl. u. selbst. Tätigkeit nochmals im Hotel Kempinski, danach 2 J. Assistence in d. Schönheitschir. u. Liposuction in Düsseldorfer Tagespraxis f. Schönheitschir. Dr. Saylan, Laser- u. Aroma-Therapien, 1997 mobile Praxis f. kosmet. Körpertherapien, Reiki, Beratungs- u. Praxiseinsätze in Apotheken, Seminare f. d. Gesundheitsbranche. P.: regelm. Fachberichte in d. Zeitschrift d. Mommsen-Apotheke. M.: Mtgl. im Biochemischen Verein Berlin. H.: Tanzen, Wandern. (D.R.)

Boschin Ute Dr. med. *)

Boschin-Zaccaria Patrizia *)

Boschke Wolfram L. Dipl.-Vw. *)

Bose Anne Dorothee *)

von Bose Dietrich Dipl.-Kfm.

B.: Wirtschaftsprüfer, Steuerberater. FN.: Commerzial Treuhand GmbH Pape & v. Bose. DA.: 30159 Hannover, Theaterstr. 4-5. G.: Ebersdorf, 8. Feb. 1940. V.: Rosemarie, geb. Barthelmes. Ki.: Annette (1974). El.: Karl-Dietrich u. Susanne, geb. Wurm. BV.: Stammbaum lückenlos zurückzuverfolgen b. 1270 (Adelige, Ritter, Offiziere), ursprüngl. aus d. sächs. Bereich. S.: 1960 Abitur Göttingen, bis 1962 Stud. Techn. Wirtschaftswiss. an d. Frederiziana-Univ. Karlsruhe, BWL-Stud. Georg-Augusta-Univ. Göttingen, 1965 Staatsexamen. K.: 1969 Steuerberaterexamen, Einstieg in d. Sozietät WP/StB G. Saage, WP/StB Dr. H. Wendt, WP/RA R. Pape, Hannover als selbst. Steuerberater, 1972 Wirtschaftsprüferexamen, 1982 Teilung d. Sozietät, Fortsetzung d. selbst. Arbeit in Sozietät WP/RA B. Pape WP/StB D. v. Bose, 1993 Umwandlung in CT Treuhand GmbH Pape & v. Bose, 1994 Verkauf d. GmbH, Angestellter WP/StB, 2000 Gschf. d.. GmbH, ausgeschieden wegen Krankheit, nun freiberufl. M.: Prüf. f. d. vereid. Buchprüfer f. Norddeutschland. M.: Inst. d. Wirtschaftsprüfer, Wirtschaftsprüferkam., Steuerberaterkam., Steuerberaterverb. Niedersachsen, Finanzmin. u. im Vorst. d. Vrein. d. "Familie v. Bose", Chorstudent b. Saxonia Karlsruhe. H.: elektr. Eisenbahn, Bergwandern, Reisen (USA, Californien), Gartenarb., Lesen.

Bose Günter Karl Prof.

B.: HS-Lehrer, Designer, Prorektor. FN.: HS f. Grafik u. Buchkunst Leipzig. DA.: 04107 Leipzig, Wächterstr. 11. PA.: 10825 Berlin, Hewaldstr. 10. G.: Debstedt, 6. März 1951. V.: Dagmar, geb. Langner. Ki.: Johanna (1986), Paul (1990), Lu (1993). S.: 1970 Abitur Bremerhaven, 1970-76 Stud. Germanistik u. Politikwiss. Univ. Freiburg, 1976 Staatsexamen f. Höheres Lehramt, 1976-78 Stud. Kunstgeschichte Univ. Bremen. K.: 1978-79 wiss. Mitarb. an d. Univ. Bremen, 1979-93 Verleger (Verlag Brinkmann u. Bose) in Berlin, 1993 Prof. f. Typografie an d. HS f. Grafik u. Buchkunst in Leipzig, seit 1999 Prof. f. Typografie u. Schrift u. seit 2000 Prorektor. P.: Mitautor v. "Die Geschichte d. Zirkus" (1978), Erwähnung im

Buch "Typo - Wer, Wann, Wie" (1999) u. in "Typen & Macher" (1997). E.: intern. Preise u.a. Silber- u. Bronzemed. f. Das schönste Buch d. Welt, Ehrendipl. f. beste Plakate. H.: Sammeln v. Fotografien d. 19. Jhdt.

von Bose Hans-Jürgen *)
Bose Soma

B.: RA. DA.: 26122 Oldenburg, Gartenstraße 28. G.: Essen, 7. Jan. 1969. El.: Subhas Ranjan u. Swati Bose. S.: 1987 Abitur Duisburg, 1987 Stud. Rechtswiss. Universität Münster, 1994 1. Staatsexamen, Referendariat in Oldenburg, 1997 2. Staatsexamen. K.: während des Stud. ehrenamtl. für die Drogenhilfe in Münster tätig, seit 1998 selbst. RA in Oldenburg in eigenern Kzl., Tätigkeitsschwerpunkte: Verwaltungsrecht, Strafrecht, seit 2000 in Bürogemeinschaft m. RA Folkerts, erstes großes Mandat, Emssperrwerk in Gandersum Ostfriesland, 1998/99 Doz. Univ. Oldenburg. M.: Wir alle helfen, Männergewalt gegen Frauen zu bekämpfen WHV/FRI e.V., Indo-German Cultural Assoc. e.V., Essen. H.: Musik, Kampfsport, Lesen.

Böse Annerose
B.: Bildw.-Kfm., Gschf. Ges., Betriebswirt d. Handwerks. FN.: Schuhmacher Nord GmbH. DA.: 39124 Magdeburg, Lübecker Str. 10. PA.: 39128 Magdeburg, Johannes-R.-Becher-Str. 16. G.: Roitzsch, 18. März 1951. V.: Egon Böse. Ki.: Anke (1972), Frank (1973), Beatrice (1979). El.: Martin u. Olga Lichtenfeld, geb. Veit. S.: 1969 Abschluß als Ldw.-Kfm. K.: b. 1971 Finanzbuchhalterin, 1972-81 Lohnbuchhalterin b. ZBE Trossin, 1982-83 Finanzbuchhalterin in Harbke, 1984-91 Finanzbuchhalter b. Tochterges. IHM Beteiligungs AG, 1992-98 Finanzbuchhalterin b. Schuhmacher Nord GmbH, s. 1999 Gschf. Ges. d. Schumacher Nord GmbH, 1998 Grdg. d. 2. Firma Schuhmacher Nord GmbH in Burg, seit 2000 Betriebswirt d. Handwerks. H.: Beruf, Lesen, Handarb.

Böse Christian Dr. agr.

B.: Unternehmer, Agraring. FN.: ASA Inst. f. Sektoranalyse u. Politikberatung GmbH. DA.: 53115 Bonn, Meckenheimer Allee 67-69. G.: Datteln, 5. Juni 1961. V.: Anne, geb. Lohmann. Ki.: Jannika (1995), Carolin (1998). S.: 1981 Abitur Waltrop, 1981-82 Wehrdienst, 1982-84 Berufsausbild. Ldw. in Haltern u. Nordkirchen, 1984 Abschluß Ldw.-Schule Coesfeld, 1984-89 Stud. Agrarwiss. an der Univ. Bonn, 1986 10 Wochen Eurostat in Luxemburg, 1989 Dipl.-Ing. agr. K.: 1989-92 Ass. am Inst. f. Agrarpolitik, Informationssysteme f. Eurostat, ab 1990 f. Bdl.-Wirtschaftsmin. lfd. Analyse d. Entwicklung in d. neuen Bdl., seit 1992 b. ASA, seit 1994 Gschf. Ges, ab 2000 Projekt f. statistisches Amt d. EU. P.: Diss., Schriftenreihe: "Schriften z. Agrarpolitik im Transformationsprozeß". M.: VDL, europ. Verb. d. Agrarökonomen. H.: Skilanglauf, Radfahren, Lesen, Zeitgeschichte, Jagd, Reisen ins Baltikum u. Ungarn.

Böse Fritz-Rainer Dipl.-Ing. *)

Böse Hartwig *)

Böse Hermann

B.: Bergmann, Rentner. PA.: 44652 Herne, Gustav-Hegler-Ring 37a. G.: Hannover, 3. März 1926. V.: Kerstin, geb. Vaupel. Ki.: Martina, Achim, Regina, Jürgen. El.: August u. Anna, geb. Gross. S.: 1940-43 Lehre als Former. K.: 1943-45 Kriegsdienst, 1946-47 Hauer im Bergbau, 1967-68 Programmierer bei Mannesmann, 1968-92 Vers.-Kfm., seit 1984 Frührentner aufgrund schwerer Verletzungen aus Krieg u. Bergbau, seit 1973 Yogaschüler v. Maharishi Yogi, seit 1978 Lehrer d. vedischen Wissenschaft u. Ayurveda um Maharishi Mahesh Yogi. E.: 1943-45 EK I, EK II, Silb. Verwundetenabz., Nahkampfspange Bronze, Panzerkampfabz., Rettungsmedaille d. Landes NRW. H.: Yoga, Segeln, Lesen.

Böse Oskar Dir. *)

Bösecke Jürgen Ing. *)

Bosecker Jens

B.: freier Journalist u. Produzent. FN.: "Fuchs Production" Rostock. DA.: 18055 Rostock, Hartestr. 7. office@ostseejazz.de. www.ostseejazz.de. G.: Rostock, 13. Aug. 1963. El.: Werner u. Ingrid, geb. Hübner. S.: 1980 Mittlere Reife, 1980-83 Berufsausbild. Facharb. f. Nachrichtentechnik/ Studiotechnik, 1983-86 tätig im Ausbild.-Beruf, 1986-87 2. Beruf: Facharb. f. Elektron. Datenverarb., zusätzl. Sprecherausbild. K.: parallel z. Berufsausbild. in Klubhäusern als Kultur- u. Sportbeauftragter tätig, erste Erfahrungen b. managen v. Events, Beginn d. journalist. Wirkens, 1987-90 Operator, 1989-90 NVA/Bundeswehr, 1990-91 Mitarb. in einem Umweltschutzunternehmen Bereich Marketing f. d. Region Mecklenburg-Vorpommern, Hamburg u. Niedersachsen, ab 1992 Programmchef d. Filmclubs Rostock e.V., ab 1993 freierJournalist u. Produzent. P.: 3 Dokumentarfilme "Die Wohltätigen" (1994), "Hanf - Pflanze d. Götter" (1995), "Indien - Eine Reise in d. Zeiten d. Pest" (1996), versch. CD-Produktionen, Dreharb. u.a. in Indien, USA u. Frankreich, etwa 50 Kritiken, Rezensionen, ca. 25 Beiträge f. Fernsehen. M.: Dt. Journalistenverb., Mitarb. im Kulturhaus Berlin-Lichtenberg, MAU-Club u. Filmclub an d. Univ. Rostock, Grdg.-Mtgl. d. Rostocker Programmkinos Liwu. H.: Beruf, Phil., Jazz, Literatur.

Bösel Michel Dr. rer. nat.
B.: Systemoperator, Inh. FN.: McNet. DA.: 10317 Berlin, Wönnichstr. 105. G.: Caputh, 29. Jan. 1955. V.: Monika, geb. Wulf. Ki.: Thomas (1978). El.: Karl-Heinz u. Gerda, geb. Schmidt. S.: 1973 Abitur Leuna-Merseburg, 1972-76 Stud. z. Dipl.-Chem. TH Leuna-Merseburg, 1979 Prom. z. Dr. rer. nat., 1983-85 Fernstud. d. Friedrich-Schiller-Univ. Jena,

---
*) Biographie www.whoiswho-verlag.ch oder beigefügte CD-ROM

Bösel

1992-93 Controller Ak. Gauting/München im Controller Inst. GmbH, Controllers Dipl. b. Dr. A. Deyhle. K.: 1979-91 wiss. Mitarb. d. Ak. d. Wiss., 1991-95 Projektmanager, - koordinator u. -controller f. alle Projekte d. Unternehmens, 1994-96 Prok. einer Immobilien- u. Vermögensverw., seit 1995 selbst., freier Berater, Doz. u. Progammierer f. On LineDienste, HTML, seit 1995 Doz. f. d. MacOS, WinNT, Datenbank, MS-Office u. Online-Dienste, Mailboxen u. Internet/Intranet-Anwendungen. P.: Dipl.-Arb. "Modellierung elektrochem. Vorgänge", Diss. "Berechnung v. elektrochem. Potentialen". M.: Ges. dt. Chemiker e.V., Controller Ver. e.V., Dt. Lebensrettungsges., Rechnungsprüfer, früher DRK. H.: Sport (Schwimmen, Laufen), Aphorismen aufschreiben.

Bösenberg Dirk Dipl.-Ing.

B.: Gschf. Ges. FN.: TEMA-Q Technik u. Management f. Qualität GmbH. GT.: 1987-94 Lehrbeauftragter an d. HBK in Braunschweig, 1. Vors. v. Verein Künstlerhaus Meinersen. DA.: 38536 Meinersen, Hauptstr. 2B. dirk.boesenberg @tema-q.de. www.tema-q.de. G.: Hamburg, 12. Sep. 1941. V.: Irmgard, geb. Winkler. Ki.: Sonja (1969), Jan (1972), Björn (1975). S.: 1960 Abitur Hamburg, b. 1961 Praktikum auf d. Howald Werft in Hamburg, 1961-66 Stud. Maschinenbau TU Hannover. K.: 1967-82 b. d. Audi AG in Ingolstadt, zuletzt als Hauptabteilungsleiter Grundsatzfragen in d. techn. Entwicklung, 1982-90 b. d. Volkswagen AG in Wolfsburg, Ltr. d. Hauptabteilung Qualitätsförderung, 1990 Grdg. d. TEMA-Q GmbH in Meinersen, 1995 Grdg. d. TEMA-Test GmbH in Meinersen. P.: "Lean Management (1992), "Der Schlanke Staat" (1994), diverse Fachartikel. E.: Norddeutscher Meister im Rennmannschafts Canadier 1962 b. 1965. M.: ADM Arbeitskreis Dt. Marktforscher, BVM Berufsverband Dt. Markt- u. Sozialforscher, Marketing Club Hannover. H.: Reiten, Kunst.

Bösener Erika *)

Bosesky Wolfgang *)

Böshagen Peter Dr. med. *)

Boshamer Caspar
B.: Vorst.-Vors. d. Diakonischen Werkes d. KPS, Gschf. FN.: Einrichtungen d. Provinzial-Sächs. Gen. d. Johanniterordens GmbH. DA.: 39638 Gardelegen, Gartenstr. 2. PA.: 39638 Schenkenhorst, Dorfstr. 27. G.: Gardelegen, 14. Mai 1961. V.: Karola, geb. Mösenthin. Ki.: Melchior (1981), Franziska (1983), Maria (1989). El.: Götz u. Giesela, geb. Scharge. BV.: Prof. Otto Scharge - bekannter Goldschmied in Halle; Ilse Scharge - bekannte Glasgestalterin. S.: 1977 Hilfskraft KKH Gardelegen, Ausbild. Fachkrankenpfleger, 1984-86 Armee, 1986-88 Stud. Ergotherapie Fachschule Klinikum Berlin-Buch. K.: b. 1990 Ltr. d. Abt. Ergotherapie am KKH Gardelegen, 1991 Heimltr. f. 7 Heime d. Stadt Gardelegen u. seit 1994 Gschf. M.: Vors. d. Stadtpartnerschaft Gardelegen-Waltrop, Vors. d. Arge d. Führungskräfte aller Johanniter Alten- u. Pflegeheime incl. aller JUH d. BRD. H.: Reiten, Tiere, Bauernhof.

Boshammer Wolfgang W. *)

Boshof Egon Dr. *)

Bösing Horst
B.: Komponist, Musikproduzent. G.: Leer/Ostfriesland, 10. Sep. 1954. El.: Hans u. Gisela, geb. Schubert. BV.: Johann Bösing Zuckerwarenfabrikant in Aschendorf, Paul Schubert Brückenbauing. Bau Dortmund/Emskanal. S.: 1973 Abitur Papenburg, 1973-74 Stud. Elektronik TU Braunschweig, 1974-79 Stud. Physik u. Musik Lehramt Sek. II Univ. Oldenburg, 1979-83 Stud. Biologie Univ. Oldenburg, Abschluß Dipl.-Biologe. K.: 1986-91 Ing.-Büro in Westerstede als ökolog. Gutachter u. Landschaftsplaner, 1992-99 selbst. Gutachter, ab 1988 Ausbild. z. Meditations- u. Reikilehrer, 1973 Mitgrdg. d. Country Band "Emsland Hillbillies", Auftritte Rundfunk u. Fernsehen, LP-Produktionen, 1975 versch. Formationen aus Jazz, Pop u. Rock u.a. m. G. Krawinkel & Stephan Remmler, Carl Carlton (später Produzent v. P. Maffay), 1989 Produktion d. ersten meditativen Musik unter "THORS" auf Tonträger, 1996 Start d. Labels Mind Music Ear & Hear Company, Produktion v. Film u. Naturgeräusche. P.: 30 CD Entspannungs-, Instrumental- u. Filmgeräusche, Country u. Folk, rd. 500000 Tonträger verkauft u.a. Thors: Sounds of Nature (1994), Dance in the light (1997), Music for Tai Chi-Yoga-Qi Gong (1999), Tantra & Love (2001), Produzent/Musiker an weiteren Projekten beteiligt, Produzent v. Joachim-Ernst Behrend "Seelandschaften" (1997). H.: Bergwandern, Tauchen.

Boskamp Jochen Dipl.-Ing. *)

Boske Rainer *)

Bösken Rainer *)

Bösl Andreas Dipl.-Ing. *)

Bösl Konrad *)

Bösl Thomas

B.: Küchenchef. FN.: Gasthaus Alte Post Kraftshof. DA.: 90427 Nürnberg, Kraftshofer Hauptstr. 164. info@altepost. de. www.altepost.de. G.: Nürnberg, 19. Dez. 1973. El.: Konrad u. Helene. S.: 1990 Mittlere Reife, 1990-93 Lehre Koch Gasthaus Rottner Nürnberg. K.: 1994-95 Koch in Hongkong, 1995 Koch im Restaurant Dieter Müller in Bergisch Gladbach, 1996-97 Koch im Waldhotel National in Arosa/CH, seit 1996 Küchenchef im elterl. Gasthof Alte Post in Nürnberg. E.: 1993 Bayr. Meister d. Jungköche u. 3. Pl. bundesweit, 1992 Bayr. Meister b. REWE-Wibu-Pokal, 2001 Hoga-Trophy u. Goldmed. M.: Ver. d. Köche Deutschlands, IHK Prüf.-Kmsn. H.: Fernreisen, schnelle Autos, Kino.

Bosley Richard Dr. Prof.
B.: Steuerberater, amerik. Wirtschaftsprüfer in eigenem Büro DA.: 10315 Berlin, Hohenschönhauser Weg 9. richard-bosley@t-online.de. G.: Cleveland, Ohio/USA, geb. 10. Mai

*) Biographie www.whoiswho-verlag.ch oder beigefügte CD-ROM

1949. V.: Irina, geb. Schkurupi. Ki.: Catherine (1982), Maxim (2000). S.: 1967-76 Stud. an d. Yale-Univ. in New Haven Connecticut/USA, zwischenzeitlich Studienaufenthalte in Paris u. Moskau. K.: 1976-93 versch. Führungspositionen im Bereich Wirtschaftsplanung u. Investitionen in intern. Unternehmensgruppen, 1995 Bestellung z. Steuerberater durch d. Finanzministerium B/W, 1996 Bestellung als Wirtschaftsprüfer in d. USA, seit 1997 Doz. an d. Berufsakademie Berlin, seit 1999 Fachbereichsleiter Steuern u.Prüfungswesen, seit 1998 eig. Steuerberatungskanzlei in Berlin, Tätigkeitsschwerpunkte Dt. u. amerikanische Einkommensteuer-Erklärungen, Steuererklärungen f. dt. Körperschaften u. Personengesellschaften, Jahresabschlüsse, Überleitung d. HGB-Abschlüsse dt. Tochtergesellschaften amerikanischer Konzerne in U.S. GAAP Abschlüsse. P.: zahlr. Veröff., Aufsätze u. Vorträge sowie Übersetzungen in d. USA, Deutschland u. Russland.

Bosman Karl-Heinz Dipl.-Ing. Prof. *)
Bosnjakovic-Büscher Susanne Dr. med. *)
Boss Dieter
B.: Unternehmer, Inh. FN.: BONDI-dress Kindermoden Dieter Boss GmbH & Co KG. DA.: 72336 Balingen-Frommern, Wiesenfleckenstr. 10. G.: Albstadt, 31. Jän. 1938. V.: Myrta, geb. Hauser. Ki.: Sybille. BV.: Urgroßvater "Habermännle" v. Onstmettingen. S.: 1952-55 Lehre Ind.-Kfm. K.: 1956-60 tätig im Vertrieb d. freien Wirtschaft f. d. Textilind., 1960-61 Bundeswehr, 1961-73 Verkaufsltr. in d. Textilind., 1974-92 Hdl.-Vertreter eines Wäscheherstellers, glz. Aufbau d. eigenen Betriebes m. Herstellung u. Vertrieb v. Baby- u. Kindermode unter d. Markennamen "BONDI-dress". H.: Skifahren, Tennis, Gymnastik, Wandern.

Boß Karl-Heinz Dipl.-Ing. *)
Boß Michael Dr. *)
Boss Peter Dipl.-Ing. *)
Böß Hartwig Heinrich Hermann Dipl.-Ing. *)
Bossaller Claus Dr. med. Prof. *)
Bosse Frank
B.: Dipl.-Ökonom, Bezirksdirektor. FN.: D.A.S.-Ein Unternehmen d. ERGO VS-Gruppe. DA.: 30169 Hannover, Calenberger Esplanade 6. frank.bosse.mail@t-online.de. G.: Hannover, 15. Feb. 1962. V.: Ina, geb. Henze. S.: 1983 Abitur, 1984 Bundeswehr Munster, 1986 Ausbildung Großhandelskaufmann Firma Mannesmann Hdl. AG Hannover, Stud. Wirtschaftswiss. Univ. Braunschweig u. Hannover, 1991 Abschluß Dipl.-Ökonom, Praktikum in Finanzdienstleistungsbereich. K.: während d. Stud. selbständig u. Grdg. m. Messezimmervermittlung, Textilvertrieb, als Detektiv u. in d. Gastronome, 1994 stellv. Gschf. eines Unternehmens, u. Trainee-Programm bei d. Dt. Ärzteversicherung im AXA-Konzern, 1997 selbständiger Versicherungsmakler, seit 1999 Bezirksdirektor d. D.A.S. E.: firmeninterne Ausz. M.: Segelverein, Yachtclub Ostenmeer, seit 1972 Hockeyverein Sportgemeinschaft 1874 Hannover, seit 1980 Organisator einer intern. Damen- u. Hockeyturniers, seit 1999 VPräs. d. Hockey- u. Tennisclub Hannover. H.: Hockey, Reisen, Golf, Segeln, schöne Autos, Skifahren.

Bosse Jens *)
Bosse Klaus A. Dr. med. vet. Prof. *)
Bosse Klaus-Peter *)
Bosse Maren Dipl.-Ing.

B.: Landschaftsplanerin. FN.: BGF Büro f. Grün- u. Freiflächenplanung. DA.: 20354 Hamburg, Bleichenbrücke 1. G.: Hamburg, 21. März 1936. V.: Dipl.-Ing. Günter Bosse. Ki.: Tim (1964), Meike (1967), Götz (1970). S.: 1955 Abitur Blankenese, 1956-58 Ausbild. z. Gärtnerin in Eutin, 1958-63 Stud. Landschaftspflege u. Grünplanung an d. TU Hannover, Dipl.-Ing. K.: 1964-67 wiss. Ass. am Inst. f. Landschaftspflege, 1967-71 Übersiedlung nach Berlin, Familienpause, seit 1971 wieder in Hamburg, 1978-86 eigenes Büro f. Landschafts- u. Grünplanung m. Brigitte Poppelbaum in Lüneburg, seit 1987 zunächst freier Mitarb., seit 1989 Teilhaberin in Firma BGF Hamburg. M.: BDLA, Arch.-Kam., BUND/SRL - Bund d. Stadt- u. Regionalplaner. H.: Musik, Wandern, Garten.

Bosse Maximilian
B.: Betriebswirt, Hotelkfm., Dir. FN.: Hotel Essener Hof. DA.: u. PA.: 45127 Essen, Teichstr. 2. G.: Essen, 15. Mai 1956. V.: Susanne, geb. Schulte. Ki.: Carina-Julia (1988), Victoria (1990). El.: Friedhelm u. Dorothea, geb. Will. S.: Mittlere Reife, 1974-77 Ausbild. Hotelkfm. Saarbrücken. K.: Praktika: 1977/78 Hotel Bristol Bonn, b. 1981 Hotel Inter-Continental, 1981-83 Wirtschaftsfachschule d. Gaststätten- u. Hotelgewerbe Dortmund, Bankett-Manager Hotel Essener Hof, nach d. Tod d. Vaters Dir. Hotel Essener Hof. P.: div. Art. in Fachzeitschriften. M.: Vorst.-Mtgl. d. Verb. Christl. Hotels, Verb. d. Hotelbetriebswirte. H.: Familie, Beruf, Wein, Dampfeisenbahn. (W.D.)

Bosse Peter *)
Bosse Peter
B.: Schauspieler u. Journalist. FN.: "Spreeradio 105,5" Der Rundfunk f. Erwachsene. DA.: 10178 Berlin, Rosenstr. 2. PA.: 10117 Berlin, Claire-Waldoff-Str. 8. G.: Berlin, 15. Jan. 1931. Ki.: Rainer (1953), Frank (1954), Claudia (1969), Tina (19749, Christian (1977). El.: Dr. Kurt u. Hilde, geb. Jarschoff. S.: 1949 Mittlere Reife, 1946-49 Schauspielschule Berlin, 1959-63 Stud. Journalistik, 1957-58 Rundfunktechn. Ausbild. K.: 1934-39 Kinderdarsteller b. Rundfunk, Film u. Fernsehen (28 Filme), 1945-50 freiberufl. Tätigkeit b. Rundfunk, Film u. Theater, seit 1950 Sprecher, Journalist, Moderator, Ang. b. Berliner Rundfunk, freiberufl. Kinderfernsehen, Spielmeister u. Moderator in zahlr. off. Veranstaltungen, u. 1994 Ges. u. Programm-Dir. b. Spreeradio 105,5. BL.: jüngstes Filmkind d. Welt (ab 4. Lebensj.), Mitgestalter d. langlebigsten Radio-, Live-Unterhaltungssendung in Deutschland, 1. Initiator eines Privatrundfunks f. reifere Hörer. P.: Buch: "Der Fliederbusch" (1994), zahlr. Art. in Zeitungen u. Zeitschriften, Schallplatten u. CD-Prod., Fachart. z. Entwicklung d. Unterhaltungskunst u. Spielmeisterei. E.: 1994 Bismarck-Med. in Silber, 1999 Verdienstorden z. Bundesverdienstkreuz. M.: Grdg.-Mtgl. Gewerkschaft Kunst, Kultur u. Medien. H.: Aquaristik, Pflanzen, Miniaturbuchsammler, Philatelist. (H.R.)

Bosse Sigrid *)
Bosse Ursula Anna Dr. phil. *)

*) Biographie www.whoiswho-verlag.ch oder beigefügte CD-ROM

Bosse Wilhelm *)

Bosse-Arbogast Michael *)

Bosselmann Rolf Ing.

B.: Bauunternehmer, Inhaber. FN.: Rolf Bosselmann Bauunternehmnung. DA.: 45549 Spockhövel, Brinkerstr. 29. G.: Spockhövel, 14. Mai 1941. V.: gesch. El.: Gustaf u. Helene. S.: 1960 Mittlere Reife, 1960-62 Lehre Maurer, 1963 Praktikum, 1963-65 Ing. Studium, 1965 Dipl.-Ing. K.: 1966 Bauleiter im Brückenbau a. d. A45, 1967 FNA Wuppertal, 1968-71 Bau Univ. Bochum, dort Vortrag über Bauablauf, seit 1971 selbst. M.: Kegelver., seit 1970 SPD. H.: Radfahren.

Bossen Carl-Heinrich Dr. med. *)

Bössenecker Hermann Dr. phil. *)

Bossenmayer Horst J. Dr.-Ing. Prof. *)

Bosser Richard
B.: vereidigter Buchprüfer, Steuerberater, Rechtsbeistand. DA.: 70190 Stuttgart, Schützenstr. 16. G.: Immenstadt/Allgäu, 30. Mai 1934. Ki.: Yvonne Jacqueline. S.: Realschule, Lehre z. Ind.-Kfm. b. 1961über 2. Bild.-Weg Betriebswirt b. Württemberg. Verw.-Ak. K.: Tätigkeit in d. Abt. Organ. u. Revision d. Firma Heinkel AG u. SKF Kugellagerfabriken GmbH, 1963 selbst. Steuerberater, 1977 Rechtsbeistand, 1986 vereid. Buchprüfer. E.: Ehrenmtgl. d. Mittelstands- u. Wirtschaftsvereinigung d. CDU/CSU. M.: seit 1979 Landesschatzmeister d. Mittelstands- u. Wirtschaftsvereinigung d. CDU Baden-Württemberg, seit 1990 Mtgl. im Bundesvorst. Wirtschaftsprüf.-Kam. Berlin. H.: Kunst, Natur. (E.K.)

Bossert Oliver

B.: Betriebswirt, Gschf. FN.: Bossert GmbH. DA.: 91522 Ansbach, Feuchtwanger Str. 99. PA.: 91522 Ansbach, Mandelweg 10. bossert-boschdienst@t-online.de. G.: Ansbach, 11. Juni 1973. El.: Karl-Heinz u. Angelika. S.: 1993 Lehre als Kfz-Elektriker b. Firma Koller in Nürnberg, Firma Knoll in Bayreuth. K.: ab 1993 im elterlichen Betrieb, 1999 Meisterprüfg. in Würzburg im Kraftfahrzeugtechniker-Handwerk, 1999-2000 Betriebswirtschaftl.iche Fachschule Calw e.V., Abschluß als Dipl.-Kfz-Betriebswirt (BFC), 2001 Übernahme d. elterl. Betriebes Bossert GmbH. H.: Tennis, Computer, Börse.

Bosshard Karl Dr. *)

Bosshardt Udo *)

Bossi Rolf *)

Bößl Willy *)

Bossle Lothar Dr. Prof. *)

Bossmann Andreas Dr. phil. *)

Bossow Peter H. R. Dr. med.

B.: FA f. Chir., Sportmed., Chirotherapie, Durchgangsarzt. DA.: 19059 Schwerin, J.-Brahms-Str. 59. PA.: 19063 Schwerin, Räthenweg 6. G.: Schwerin, 20. März 1958. V.: Dr. med. Ina, geb. Sellmer. Ki.: Eva Pauline (1983), Carl Ferdinand (1996). El.: Ludwig u. Erika, geb. Beyer. S.: 1976 Abitur Schwerin, bis 1978 Grundwehrdienst b. d. Armee, b. 1984 Stud. Humanmed. an d. Univ. Rostock, 1984-86 Ausbild. Sportmed. in Rostock, 1986-91 Ausbild. Chir. Klinikum Schwerin, 1987 Prom. z. Dr. med. K.: 1991-93 Stationsarzt Unfallchir. Kreis-KH Hameln, seit 1993 ndlg. in eigener Praxis in Schwerin. M.: BDC, ANC-MV. H.: Geschichte.

Bostedt Hartwig Dr. o.Prof. *)

Bostel Frank Dr. med. *)

Bostelmann Bernd *)

Bostelmann Jürgen Dipl.-Wirtschaftler
B.: Gschf. Ges. FN.: B&S Bostelmann & Siebenhaar Verlag + Medien. DA.: 10963 Berlin, Tempelhofer Ufer 23-24. PA.: 14195 Berlin, Dohnenstieg 6. G.: Lüneburg, 6. Mai 1940. V.: Marina, geb. Ki.: Antje (1967), Uwe (1969), Christina (1988). El.: Wilhelm u. Erna, geb. Kruse. S.: 1958 Abitur Hannover, 1958-65 Stud. BWL Leibniz-Ak. m. Abschluß Dipl.-Wirtschaftler. K.: 1965-67 Vorst.-Ass. d. Landesgen.-Bank Hannover u. b. 1977 d. Volksbank Nörten-Hannover, 1978-82 Vorst.-Mtgl. d. Volksbank Göttingen, 1985 Vorst.-Vors. d. Grundkreditbank Berlin, seit 1999 Gschf. d. Verlages B & S, seit 1998 AufsR.-Vors. d. Bürger AG. BL.: Engagement im Kulturbereich - Stiftung f. 18 Museen d. Landes Berlin. P.: zahlr. Publ. z. Thema Bank-Controlling, Marketing u. Vertrieb, journalist. Beiträge im kulturellen Bereich, Beiträge in Jahrbüchern. Stiftung Stadtmuseum Berlin, Beiträge zu Berlin-Zukunft aus eigener Kraft in Wirtschaft u. Kultur. E.: 1997 BVK 1. Klasse. M.: stellv. AufsR.-Vors. d. Kulturveranstaltungs GmbH Berlin, Präsidium d. Dt.-Ägypt. Ges., BeiR.-Mtgl. d. Inst. f. Wirtschaft u. Soziales Bad Honef, Vors. d. Vorst. d. Stiftung Stadtmuseum Berlin, 1990-98 Vorst.-Vors. d. Inst. f. Gen.-Wesen d. Humboldt-Univ. Berlin, 1985-87 AufsR.-Vors. d. Ak. dt. Gen., div. Gremien u. Kuratorien im sozialen Bereich. H.: Tennis, Skifahren, Kultur.

Bostelmann Norbert *)

Böswald Alfred Dr. phil. *)

Böswirth Werner *)

Bot Gerard *)

Bote Michael *)

Bötel Friedrich-Karl *)

*) Biographie www.whoiswho-verlag.ch oder beigefügte CD-ROM

Bötel Volkhard *)

Both Eberhard Dipl.-Ing.

B.: Architekt, selbständig. DA.: 14195 Berlin, Pücklerstr. 21. G.: 29. Jän. 1942. V.: Henriette. Ki.: Julia (1978), Sonja (1980), Maximilian (1985), Charlotte (1986), Friedrich (1987). El.: Herbert Karl u. Alice Anna, geb. Bartel. S.: 1961-64 Lehre Betonbauer, 1964-68 Stud. Hochbau Berlin m. Abschluß Dipl.-Ing., 1971-74 Stud. Architektur Berlin m. Dipl.-Abschluß. K.: 1968-71 Konstrukteur u. Bauleiter in Berlin, 1974-79 wiss. Ass. an d. TU Berlin, 1979-87 freischaff. Architekt m. Schwerpunkt Altbaumodernisierung, 1984 Grdg. u. Gschf. d. Firma Ahorn Bau GmbH & Co Grundbesitz KG u. an 1984 Gschf. Ges., 1987 Bestellung z. öff. vereid. Sachv. f. Bewertung v. bebauten u. unbebauten Grundstücken, Verkehrswertgutachten f. Gerichte, Banken u. Auktionshäuser durch d. IHK Berlin, seit 1987 Gschf. d. Firma All-Grund Wertanlagen GmbH & Co u. Gschf. Ges. d. BOSTA Verwaltungs GmbH. E.: Berliner Meister u. mehrf. Norddt. Meister im Kajak, 1965-70 Mtgl. d. Nationalmannschaft. M.: Handelsrichter b. LG Berlin, AR d. Polis Grundbesitz u. Beteiligungs AG (2000), Golfclub Berlin-Wannsee, Tennisclub Blau-Weiß.

Both Edda *)

Both Frank *)

Both Irene

B.: Gschf. Ges. FN.: Cavour GmbH Antiquitäten u. Kunsthdl. DA.: 40210 Düsseldorf, Immermannstr. 24. G.: Schlegel, 23. März 1952. S.: 1963-72 Lyzeum Essen, Mittlere Reife, Abendschule Gymn., Abitur, Stud. Germanistik u. Geschichte Univ. Düsseldorf, Staatsexamen. K.: selbst. m. japan. Geschäftspartnerin, Beginn m. kleinem Geschäft u. d. Export nach Japan aktiviert, Schwerpunkt: Engl. Antiquitäten u. Stilmöbel, Kunstgegenstände. H.: Geschichte.

von Both Jürgen Freiherr v. Maercken *)

Both Peter *)

Both Thomas *)

Böth Frank *)

Bothe Bernd
B.: Vorst.-Mtgl. d. Kaufhof Holding AG f. EDV, Organ. u. Logistik. DA.: 53919 Weilerswist, Maternusstr. 1. PA.: 5060 Bergisch-Gladbach, Im Schlangenhöfchen 51427. G.: Lautawerk, 20. Mai 1944. V.: verh. Ki.: Andrea, Dirk. El.: Georg u. Ilse. S.: 1963 Abschluß Höhere HASCH, 1965 Kfm.-Gehilfenprüf., 1966-68 Stud. Betriebswirtschaft, Unternehmensplanung, industrielle Kostenrechnung, Math., Soz. u. Psych., Abschluß Dipl.-Betriebswirt. K.: 1968-70 Mitarb. d. betriebswirtschaftl. Abt. d. Pintsch Bamag AG Butzbach, 1969-70 stellv. Ltr. d. betriebswirtschaftl. Abt. d. Pintsch Bamag AG, 1978 Assistant Controller u. stellv. Ltr. d. Rechnungswesens u. d. Verw. d. MDS Deutschland GmbH Köln, 1971-73 Controller u. Treasurer d. MDS Deutschland GmbH Köln, 1973-74 Controller u. Geschäftsltg.-Mtgl. d. Kienbaum Unternehmensgruppe Gummersbach u. Düsseldorf, 1975 Gschf. d. Kienbaum Unternehmensberatung, Ltr. d. Geschäftsbereiches Personalberatung Gummersbach, 1976 Mtgl. d. Zentralgeschäftsführung d. Kienbaum Unternehmensgruppe, 1979 Gschf. d. Kienbaum Unternehmensberatung, Ltr. d. Geschäftsbereiche Strategie, Marketing, kfm. Dienste Düsseldorf, 1980 Gschf. Ges. d. Kienbaum & Partner GmbH Gummersbach, 1983 Vors. d. Geschäftsführung d. Kienbaum Unternehmensberatung GmbH Düsseldorf, 1985 stellv. Vors. d. Zentral-Geschäftsführung d. Kienbaum Unternehmensgruppe, Juli 1988 Gen.-Bev. d. Kaufhof Holding AG u. Vorst. d. Kaufhof Warenhaus AG, Jan. 1989 stellv. Vorst.-Mtgl. d. Kaufhof Holding AG, Jan. 1990 o.Vorst.-Mtgl. d. Kaufhof Holding AG. H.: Tennis, Skifahren, Surfen, Gruppendynamik. (D.M.)

Bothe Dieter *)

Bothe Gisela
B.: amtl. bestellte Übersetzerin, Inh. FN.: Übersetzungsbüro Gisela Bothe. DA.: 04349 Leipzig, Balderstr. 15. giselabothe@t-online.de. S.: 1968-92 Stud. Sprachmittler, Staatsexamen. K.: 1972-93 Übersetzerin in versch. Betrieben wie Intertext u. im Bauing.-Kombinat, 1993 Grdg. d. Übersetzungsbüros m. Schwerpunkt engl. Übersetzungsdienstleistungen f. Wiss. u. Technik, sowie Vorträge.

Bothe Klaus *)

Bothe Rolf Dr. phil. Prof. *)

Bothe Stefan
B.: Unternehmer, Inh., Gschf. Ges. FN.: Taxi- u. Clubreisen Bothe. DA.: 27793 Wildeshausen, Westring 11. taxibothe@t-online.de. www.taxibothe.de. G.: Wildeshausen, 25. Apr. 1967. V.: Petra, geb. Niester. Ki.: Simone (1988), Nadine (1993). El.: Franz u. Berta, geb. Reinke. S.: 1983-86 Ausbildung z. Maschinenschlosser in Wildeshausen, 1986-90 Bundeswehr Zeitsoldat, Ausbildung Berufskraftfahrer, Taxi- u. Mietwagen u. Busunternehmerprüfung. K.: seit 1991 selbständig, Grdg. Taxi-Bothe in Wildeshausen als Inh., seit 1999 Erweiterung auf Clubreisen, 1996 Mitbegründung Taxiservice GmbH Großenkneten, 1999 Mitgründung Taxiservice GmbH in Hude, 2000 Grdg. Bothe B.A.U. GmbH Wildeshausen als Gschf. Ges. M.: Frachtverband Taxi- u. Mietwagenunternehmer, MIT Mittelstandsvereinigung Wildeshausen, HGV Handel- u. Gewerbeverein, 1999 Grdg. Interessengemeinschaft Cart-Club Wildeshausen. H.: Taxi fahren.

Graf von Bothmer Hans-Cord
B.: Ldw., Kfm. FN.: Rittergut Lauenbrück, BIKA Hans-Cord Graf v. Bothmer. DA. u. PA.: 27389 Lauenbrück, Gut 1. vbothmer@r-online.de. G.: Lauenbrück, 13. Dez. 1936. V.: Barbara, geb. v. Schiller. Ki.: Hans-Christian, Carsten-Stephan, Jan-Florian, Carl-Julian, Gardaia-Leonie. El.: Wilhelm u. Lilly-Maria. S.: Abitur, Betriebswirtschaft. K.: Kreistagsabg. Rotenburg-Wümme, 1977-2001 Landrat Landkreis Rotenburg-Wümme. M.: 1972-2001 Präs. d. VCN-Verband d. Campingplatzhalter in Niedersachsen e.V. H.: Segelfliegen.

Bothner Roland Karl Dr. phil. habil.
B.: Philosoph, Kunsthistoriker, Kunstsammler, Kunstsachv., Künstler (Action Painting, Farbmalerei), Verleger. FN.: Edition Publish & Parish. DA.: 69115 Heidelberg, Blumenstr. 40.

*) Biographie www.whoiswho-verlag.ch oder beigefügte CD-ROM

Bötsch Klaus Dr. jur. *)

Bötsch Wolfgang Dr.
B.: Bundesmin. f. Post u. Telekommunikation a.D., MdB. DA.: 11011 Berlin, Platz d. Republik 1. G.: Bad Kreuznach, 8. Sep. 1938. V.: verh. Ki.: 2 Kinder S.: 1958 Abitur, 1958 Grundwehrdienst, 1959 Stud. Rechts- u. Staatswiss. Univ. Würzburg u. Verw.-HS Speyer. 1963 1. u. 1967 2. Staatsprüf.,1970 Prom. z. Dr. jur. K.: 1960 Eintritt CSU,1968-74 StadtrechtsR. Kitzingen, 1972-76 Mtgl. d. Würzburger StadtR., 1973-91 Kreisvors. d. CSU Würzburg-Stadt, Mtgl. d. Bez.-Vorst. Unterfranken, d. Parteivorst. u. d. Präsidiums d. CSU, 1974 ORgR. b. d. Rg. v. Unterfranken, 1974-76 Mtgl. d. Bayer. Landtages, seit 1976 Mtgl. d. Dt. Bundestages, 1982-89 Parlamentar. Gschf. d. CDU/CSU-Fraktion im Dt. Bundestag, 1989-93 Vors. d. CSU-Landesgruppe u. 1. stellv. Vors. d. CDU/CSU-Fraktion, 1993-96 Bundesmin. f. Post u. Telekommunikation. (Re)

Botschen Susanne *)

Botschkowski Cornelia *)

Bott Cornelia Ursula Elsbeth Dipl.-Ing. Prof. *)

Bott Gerhard Wilhelm Rudolf Dr. phil. Prof.
B.: Gen.-Dir. i. R. PA.: I-06054 Fratta Todina (Pg.), Via della Spineta 16. G.: Hanau/M., 14. Okt. 1927. V.: Dr. Katharina, geb. Schumacher. Ki.: Kornelius, Sebastian, Tobias. El.: Dr. Heinrich u. Gertrud. S.: Hohe Landesschule Hanau, Abitur., Univ. Frankf. Dr. phil., German. Nationalmuseum Nürnberg, Volontär, Bibliotheca Hertziana Rom, Stip. K.: Dir. Hist. Museum Frankf. 1956-59, Dir. Hess. Landesmuseum Darmstadt, GenDir. Museen d. Stadt Köln 1975-80, GenDir. German. Nat.-Mus. Nürnberg 1981-93, Prof. f. Kunstgesch. Univ.

G.: Walheim, 15. Jan. 1953. Ki.: Carlo (1981), Catharina (1986). S.: 1973 Abitur Besigheim, 1973-81 Doppelstud. Kunstgeschichte u. Phil., Germanistik, Soz. u. Polit. Wiss. an d. Univ. Tübingen, München, Bern, Heidelberg u. Frankfurt/Main, 1981 Prom. z. Dr. phil. K.: 1977-83 parallel dazu Doz. an d. VHS Stuttgart sowie d. Abendak. Mannheim u. Schriesheim, 1983-86 Lehrbeauftragter an d. Johann-Wolfgang-Goethe-Univ. Frankfurt/Main im Fach Vergleichende Literaturwiss., seit 1984 zeitweise Lehrbeauftragter an d. Univ. Frankfurt im Fach Kunstgeschichte, 1983-89 Lehrbeauftragter d. Justus-Liebig-Univ. Gießen im Fach Kunstgeschichte, Vorträge u. Seminare an d. Sommeruniv. Heidelberg, 1989-96 freier Autor u. Publizist, 1996 Habil., Privatdoz. an d. Univ. Bremen, 1997 Grdg. d. Verlags "Edition Publish & Parish" Heidelberg, Inh., Verleger v. Büchern über Phil., Kunstwiss. u. Arch., 1998 Grdg. einer phil. Praxis München u. Heidelberg. BL.: Ausstellung v. Expertisen f. Auktionshäuser, Galerien u. Privatkunden, zahlr. kunsthistor., phil., literaturwiss. Aufsätze in Fachzeitschriften. P.: Bücher: Elemente d. Plast. v. Donatello b. Brancusi (2000), Venezianische Malerei. Tizian - Tintoretto - Veronese (1999), Action Painting - d. Ende d. Malerei (1999), Schwarz u. Rot. Zur Autonomie d. Farbe. Geschichte d. Farbmalerei im 20. Jhdt. (1999), Grund u. Figur. Die Geschichte d. Reliefs u. Auguste Rodins Höllentor (1993).

Erlangen-Nürnberg. 1981. P.: über Jugendstil in Dtld., Stillebenmalerei d. 17. Jh., Museumsfragen, Kunst d. 18. u. 19. Jh. E.: Ritter d. Danebrogordens, Österr. EZ, BVK I. Kl., Bayr. VO. M.: AICA, ICOM.

Bott Heiko

B.: Friseurmeister. FN.: Hairdressing and Wellness. DA.: 20354 Hamburg, Neuer Wall 77. heiko.bott@t-online.de. G.: Fulda, 24. Apr. 1970. El.: Manfred u. Marianne, geb. Fromm. S.: 1989 Abitur Fulda, 1989-92 Ausbild. z. Friseur in Fulda. K.: 1992 Umzug nach Hamburg, 1992-94 Angestellter, 1994-98 Gschf. einer eigenen Abt. b. d. Friseurmeisterin Marlies Möller, 1995 Meisterbrief in Frankfurt/M., 1998 Eröff. des heutigen Geschäftes, Ausbildung z. Visagisten. P.: zahlr. Veröff. in div. Mode- u. Fachzeitschriften, Durchführung div. Frisurenshows in New York, Mailand, Rom u. Paris. E.: Kammersieger, Hessensieger. H.: Modedesign, Kochen, Essen.

Bott Jochen *)

Bott Karsten

B.: Zahntechniker, Mediendesigner. FN.: WebTechnics Internetdesign. DA.: 45276 Essen, Westfalenstr. 286. info@web-technics.de. G.: Essen, 14. März 1963. V.: Heike, geb. Jahnke. El.: Hans J. B. u. Edith, geb. Stossberg. S.: 1981 Abitur, 1981-85 Lehre als Zahntechniker. K.: 1985-92 Geselle in verschiedenen Firmen, 1992-99 parallel Fußböden verkauft, seit 1999 selbst. M.: Fußballverv. S04 - ETB. H.: Fußball, Mountainbike.

Bottazzi Remigio *)

Böttcher Andreas *)

Böttcher Andreas Georg

B.: Einzelunternehmer. FN.: Coiffeur Böttcher. DA.: 13465 Berlin, Maximilian Korso 4. G.: Berlin, 19. Juli 1957. El.: Walter u. Ursula, geb. Paul. S.: 1970 Mittlere Reife, 1970-73 Berufsausbild. Kfz-Mechaniker. K.: 1973-74 Tätigkeit im Ausbild.-Betrieb, 1975-85 Kfz-Mechaniker im öff. Dienst, 1985-98 eigene Firmierung m. Geschäftspartner/GbR, Aufbau v. insgesamt 3 Friseursalons, ab 1998 Firmierung als Einzelunternehmer m. z.Zt. 2 Friseurgeschäften. F.: seit 1994 zusätzl. Inh. eines Immobilienunternehmens. H.: Tauchen, Golf, Tennis.

Böttcher Barbara

B.: prakt. Ärztin. DA.: 12161 Berlin, Rheinstr. 19. G.: Dillenburg, 18. Juni 1960. Ki.: 3 Kinder. S.: 1981 Abitur, 1981-84 Stud. Vet.-Med. FU Berlin, 1985-86 Stud. intern. Agrar-Entwicklung u. Grundstud. Humanmed., 1992 3. Abschnitt ärztl. Prüf. K.: 1991-92 Praktikum in Frauenheilkunde und Neonatologie, 1992-94 Praktikum in Thoraxchir., 1994 Approb., 1995 Ass. an d. Elbe-Saale Rehaklinik, 1996 Ass. am Theodor-Wenzel-Werk, 1996 Zulassung zur prakt. Ärztin, 1996 Eröff. d. Praxis m. Schwerpunkt präventive Med., div. Weiterbild. in Notfallmed., Sonografie, Strahlenschutz, Statistik, Naturheilverfahren, Akupunktur, Neuraltherapie, Sportmed. u.a.m.; Funktionen: 1995 Praxisvertretungen, seit 1996 Ltr. einer Koronarsportgruppe, seit 1993 Ausbild. v. Krankenpflegepersonal u. Heilpraktikern. P.: Teilnahme u. Referate an Kongressen u. Tagungen. H.: Sport, mod. Psychologie u. Pädagogik, Fortbildungen.

Böttcher Dedo Dr. med. Prof. *)

Böttcher Detlef

B.: Webdesigner, Gschf. FN.: bb-digital. DA.: 81667 München, Elsässer Str. 19. info@bb-digital.de. www.bb-digital.de. G.: Leonberg, 13. Nov. 1951. S.: 1968-71 Lehre als Fotograf. K.: 1972-91 Fotograf, Journalist u. Redakteur b. d. Augsburger Allgemeinen Zeitung in Augsburg, 1991-94 Weltreise f. Fotografiebuch über alle 5 Kontinente, 1996 Grdg. d. Firma bb-digital in München, 1997 Erweiterung d. Firma. P.: Schrift am Mac (1997), Drehbücher f. 3D-Animation, Work-Shop, größte Pressekonferenz d. Welt auf d. Systems 1998. E.: Animago Award f. d. beste Architektur, Animation f. d. Schloß Falkenstein. H.: Reisen, Natur, Musik.

Böttcher Dietrich *)

Böttcher Ernst *)

Böttcher Heike

B.: Architektin. FN.: Heike Böttcher Arch.-Büro. DA.: 01097 Dresden, Wallgässchen 4. G.: Saalfeld, 4. Aug. 1960. V.: Dr. Ralf Kuntzsch. Ki.: Sebastian (1983), Stefan (1987). El.: Hans u. Gertraud Liebelt. S.: 1979 Abitur, 1980-86 Arch.-Stud. an d. TU Dresden, Dipl.-Ing. K.: 1986-88 Architektin im WKB, 1990 Grdg. d. eigenen Arch.-Büros, zahlr. Projekte im Hochbau: Gerichtsgebäude Dresden - Gesamtsanierung u. Dachgeschoßneubau, Studentenhochhäuser Wundtstraße Dresden-Plattenbausanierung, Berufsschulzentrum f. Ernährung Dresden - Plattenbausanierung, Kirchengemeindezentrum Burgstädt - Neubau, Mehrzweckgebäude Uniklinikum Dresden - Neubau. P.: Jahrbuch - AWA Arch. Optimal - Vorstellung d. m. d. BDA-Anerkennungspreis ausgezeichneten EF-Hauses (1999/2000), Dt. Architektenblatt - "Dresdner Momentaufnahme" (1999), Neues Bauen in Kalksandstein - "Ein Haus" (1999), VFA Profil - "Eine Moderne in Dresden" (1999), Architektur & Wirtschaft - "Gute Lösung f. d. Platte" (1998); zahlr. Vorträge. E.: Wettbewerbe: 2001 Ankauf Realisierungswettbewerb Neubau Biologische Institute TU Dresden, 1998 1. Preis Realisierungswettbewerb Sanierung u. Dachgeschoßneubau Gerichtsgebäude Dresden, 1998 2. Pl. Gutachterverfahren Fassadengestaltung 17-geschossige Hochhäuser, Hotelneubau im Bereich Wiener Platz Dresden, 1996 1. Preis Realisierungswettbewerb Gem.-Haus Burgstädt. M.: BDA, stellv. Kammergruppenvors. Dresden.

Böttcher Horst Prof.

B.: Prof. FN.: Robert-Schumann-Hochschule. DA.: 40556 Düsseldorf, Fischerstr. 10. PA.: 50677 Köln, Salierring 26. G.: Böskau/Pommern, 26. Aug. 1928. V.: Gudrun, geb. Hans. S.: 1946-50 Stud. Musik (Klarinette) an d. Musik-HS Dresden. K.: seit 1950 Solo-Klarinettist an versch. dt. Symphonie-Orchestern (zuletzt am Gürzenich-Orchester in Köln) sowie in intern. Orchestern unter d. Ltg. v. Dirigenten wie Sergiu Celibidache, Christoph v. Donany, Hans Werner Henze, Sir John Pritchard, Wolfgang Sawallisch, James Conlon, Karlheinz Stockhausen, Sir Georg Solti, Jeffrey Tate, Hans Wallat, Günter Wand u. Lehrauftrag f. klass. Musik b. Ausbildungs-Musikkorps d. Bundeswehr u. d. "Big-Band" d. Bundeswehr, seit 1970 Lehrauftrag f. Klarinette an d. Robert-Schumann-HS f. Musik in Düsseldorf, seit 1988 Prof. an d. Robert-Schumann-HS f. Musik in Düsseldorf. E.: Ehrenkreuz d. Bundeswehr in Gold.

Böttcher Ingeborg Christiane

B.: Apothekerin, Unternehmerin. FN.: Mozart Apotheke. DA.: 22047 Hamburg, Friedrich-Ebert-Damm 81. mozart-apotheke@t-online.de. www.mozart-apotheke.de. G.: Oldenburg in Holstein, 14. Dez. 1948. S.: 1967 Abitur in Oldenburg, 1967-69 Praktikum in Hamburg, 1970-73 Stud. Pharmazie in Hamburg. K.: 1973-78 ang. in versch. Apotheken in Hamburg, 1979-86 selbständig in Hamburg-Blankenese, 1987 Übernahme d. Mozart Apotheke in Hamburg. M.: Golf Club an d. Pinnau. H.: Reisen, Lesen.

Böttcher Ingolf Dr.

B.: selbst. Zahnarzt. DA.: 31535 Neustadt/Rbge., Mittelstr. 4/5. G.: Ueckermünde, 21. Sep. 1958. V.: Dr. Uta, geb. Müller. K.: Luise (1978), Martin u. Hartmut (1984). El.: Karl u. Edeltraut, geb. Böhm. S.: 1977 Abitur Torgelow, 1977-80 Wehrdienst, 1980-85 Stud. Zahnmed. an d. Univ. Greifswald, 1985 Staatsexamen. K.: 1985-89 Ausbild. z. Fachzahnarzt f. allg. Stomatologie in Greifswald, 1989 Prüf. z. Fachzahnarzt, 1989-90 ang. Zahnarzt in Greifswald, 1990-91 Ass.-Zeit in einer Zahnarztpraxis in Springe, 1990 Prom., 1991 Ndlg. u. Eröff. einer Gemeinschaftspraxis m. d. Ehefrau Dr. Uta Böttcher in Neustadt/Rbge. b. 1997, 1997-99 Weiterführung als Einzelpraxis, seit 1999 Gemeinschaftspraxis m. Ulrich Müller, 1995

---

*) Biographie www.whoiswho-verlag.ch oder beigefügte CD-ROM

Böttcher

Grdg. d. eigenen Zahntechn. Labors. M.: Zahnärztekam. Niedersachsen, Freier Verb. Dt. Zahnärzte, Dt. Ges. f. Zahn-, Mund- u. Kieferheilkunde, Dt. Ges. f. Implantologie e.V., Tennisver. Blau-Weiß Neustadt, Steg u. Segelgemeinschaft Mardorf. H.: Tennis, Segeln, Skifahren.

Böttcher Jens-Uwe
B.: Kfz-Servicetechniker, Filialltr. FN.: Holzsiegel GmbH Parkett & Dielen. DA.: 04107 Leipzig, Riemannstr. 25b. PA.: 04329 Leipzig, Falterstr. 86. G.: Leipzig, 8. Aug. 1962. V.: Sylke, geb. Köhler. Ki.: Daniel (1987), Marie (1989), Julia (1994). El.: Heinz u. Sigrid, geb. Kauerhof. BV.: Großvater Kauerhof Heinz war Tischlermeister. S.: 1979-81 Abschluss Kfz-Mechaniker im Kfz-Instandsetzungsbetrieb Leipzig, 1982-83 Wehrdienst, 1983-89 Kfz-Mechaniker im Kombinat Baureparaturen u. Rekonstruktion Leipzig. K.: 1989-99 Mechaniker b. Firma Linke-Vertragswerkstatt Trabant, später Vertragshändler Seat, zuletzt Wechsel in d. Autohaus Schönefeld-Saab u. als Serviceberater/Kundendienst , 1996 Abschluss als Kfz-Servicetechiker, seit 2000 Filialltr., Teilnahme an fachspez. Seminaren d. Herstellerfirmen Carver u. Leinos. H.: Auto, Holzarb.

Böttcher Joachim *)

Böttcher Jörg *)

Böttcher Jörg *)

Böttcher Jürgen
B.: Maler, Reg. DA.: 10318 Berlin, Wildensteinerstr. 20. G.: Frankenberg, 8. Juli 1931. Ki.: Lucas (1970). S.: Oberschule Löbau, 1949-53 Stud. Malerei an d. HS f. Bild. Kunst Dresden, 1953-55 freischaff. Maler, Doz. VHS Dresden, 1955-60 Regiestud. HS f. Filmkunst Potsdam-Babelsberg. K.: 1960-91 Reg. im DEFA-Studio f. Wochenschau u. Dokumentarfilm, seit 1991 freischaff. Maler. P.: Filme: 40 Filme, 1 Spielfilm "Jahrgang 45", 1984 Dokumentarfilm "Rangierer", 1990 Dokumentarfilm "Die Mauer", Malerei: Ölgemälde, Zeichnungen, Collagen, 1958 "Beweinung", Raub d. Europa", 1991 "Bildnis I", 1992 "Prophetin", Retrospektiven: 1986 Centre Georges Pompidou Paris, 1988 42. Intern. Filmfestival Edinbourg, 1989 Filmmuseum Frankfurt, 1993 Galerie nationale du Jeu de Paume Paris. E.: 1993 Bundesfilmpreis, Filmband in Gold, 1995 Ritter d. Ordens f. Kunst u. Literatur. M.: seit 1988 Mtgl. d. Akademie d. Künste in Westberlin Sekt. Medienkunst.

Böttcher Kai Uwe *)

Böttcher Karl-Ludwig
B.: HS-Ing. f. Elektronik, Gschf. FN.: Städte- u. Gem.-Bund Brandenburg. DA.: 14482 Potsdam, Stephensonstr. 4. PA.: 15738 Zeuthen, Schillerstr. 113. G.: Bad Doberan, 6. Dez. 1949. V.: Regina, geb. Schmidt. Ki.: Anne (1978). S.: 1964-68 Abitur u. Berufsausbild. Fernmeldemonteur f. Schiffselektronik, 1968-74 HS-Stud. Elektronik. K.: tätig im Verkehrswesen Berlin, 1990-94 Bgm. in Zeuthen, 1992-93 Verw.-Ausbild. f. d. höhere Verw.-Dienst/FH f. öff. Verw., 1994 hauptamtl. Gschf. d. Städte- u. Gem.-Bundes Brandenburg. BL.: 1990 Mitbegründr d. SPD Ortsver. Zeuthen, Interessenvertretung d. Städte u. Gem. gegenüber d. Bundesreg., Mitwirkung in Gesetzgebungsverfahren auf Landes- u. Bundesebene, Beratung u. Betreuung d. Städte u. Gem. in konkreten Rechtsfragen. M.: Sozialdemokart. Gemeinschaft f. Kommunalpolitik im Land Brandenburg (SGK), Landesvorst.-Mtgl., Mtgl. d. Kongreß d. Gemeinden u. Regionen Europas in Straßburg, Präsidium d. Dt. Städte- u. Gem.-Bundes, Hauptaussch. d. Dt. Städtetages, Gem.-Vertreter in Zeuthen, AufsR.-Mtgl. d. e.dis Energie Nord AG, envia Energie Sachsen-Brandenburg e.V. H.: Skifahren.

Böttcher Lothar *)

Böttcher Maritta
B.: Lehrerin, Kreistagsabg., MdB. DA.: 11011 Berlin, Platz d. Republik 1. PA.: 14913 Jüterbog. G.: Chemnitz, 29. März 1954. Ki.: 1 Tochter. S.: POS, Päd. Fachschule, HS. K.: Lehrerin, Dipl.-Ges.-Wissenschaftlerin, Gschf. im "kommunalpolit. forum Land Brandenburg", Mtgl. in d. HBV, 1974-90 Mtgl. d. SED, seit 1990 PDS, 1988-89 1. Kreissekr. d. SED, seit 1990 Kreistagsabg., Vors. d. Jugendhilfeaussch., seit 1994 MdB. (Re)

Böttcher Matthias Kurt Dipl.-Ing.

B.: selbständiger Unternehmer. FN.: blue line kultur medien umwelt. GT.: Pat.* Spielsandreinigung, Musikproduzent- u. Verleger, Musiker u. Musikagentur. DA.: 08060 Zwickau, Marienthaler Str. 144. boettcher-zw@t-online. de. www.blueline-kmu.de. G.: Zwickau, 29. Jan. 1954. V.: Gabi, geb. Lorenz. Ki.: Thomas (1980), Annekathrin (1986). El.: Kurt u. Helga. S.: 1973 Abitur m. Berufsausbildung Mechaniker f. Datenverarbeitungsmaschinen in Zwickau, 1978 Fernstudium an d. FH R.-Luxemburg, Fachrichtung Technik u. Technologie d. Nachrichtenwesens. K.: Techniker f. Ortsnetze, Ing. f. Verkehrs- u. Anlagenplanung, Investbauleiter b. d. Bezirksdirektion d. DP, seit 1987 stellv. Ltr. d. wiss. Sekretariats an d. Akademie f. ärztliche Fortbildung, 1991-93 Repräsentant f. Bürokommunikationstechnik, seit 1993 selbständig m. eigener Umweltagentur / pat. Spielsandreinigung, Musikagentur u. Verlag/Label (Pinguin Records), seit 1968 Bühnenerfahrung mit verschiedensten Musikprojekten (Rock, Chanson, Jazz), seit 1994 Jazzband "Böttchers Büro" (Tournee, Theater, Studio), seit 2001 eigenes Tonstudio. BL.: Hauptpreisträger d. Frankfurter Chansontage 1992 (G.O.N.), 1993-97 Talentwettbewerbe in Zusammenarbeit mit d. Deutschen Phonoakademie, seit 1993 Gschf. d. e.V. music creativ, Anerkannter Träger freier Jugendarbeit, Projektträger d. freien Kinder- u. Jugendtheaters "Mondstaubtheater", Zusammenarbeit mit freischaffenden Künstlern. P.: CD "AZUR" mit Thomas Richter (Project Klangcollagen), CD "no stress but jazz" (Böttchers Büro), CD "DAS LICHT" (Project Klangcollagen / Art Connection), CD "Alles fliegt" (Mondstaub Theater). H.: Musik hören, selbst musizieren, Lesen, Malen.

Böttcher Nils
B.: Gschf. FN.: Profi Rent Autovermietung. DA.: 22041 Hamburg, Ziethenstr. 14. G.: Hamburg, 11. Nov. 1966. V.: Alica, Lucas. El.: Harro u. Ute, geb. Borgert. S.: 1983-86 Ausbild. z. Groß- u. Außenhdls.-Kfm., 1986-90 Bundeswehr. K.: 1990-98 Aufbau einer Autovermietung, seit 1998 selbst. Gründer d. Profi Rent Autovermietung Hamburg, Gschf. M.: Trainer u. Ausbilder.

Böttcher Paula *)

Böttcher Ralf Dipl.-Ing. *)

Böttcher Rolf *)

Böttcher Ronald *)

Böttcher Thomas *)

*) Biographie www.whoiswho-verlag.ch oder beigefügte CD-ROM

Böttcher Uwe *)

Böttcher Volker Dr. jur.
B.: Vors. d. Gschf. FN.: TUI Deutschland GmbH. DA.: 30625 Hannover, Karl-Wiechert-Allee 23. www.tui-deutschland.com. G.: Hannover, 29. Jan. 1959. S.: 1979 Abitur, 1979-86 Stud. Rechtswiss. an d. Univ. Hannover u. Stud. BWL an d. FU Hagen, 1995 Prom. Dr. jur. K.: 1986-87 wiss. Hilfskraft im Fachbereich Rechtswiss. an d. Univ. Hannover, 1987 Eintritt in d. Firma TUI als jur. Referent in d. Rechtsabteilung, seit 1991 Vorst.-Ass. im Ressort Touristik, 1992-95 Produktmanager f. d. Marke "hit", 1996-2000 Ltg. d. TUI-Spezialprogramme, seit 2000 Mtgl. d. Gschf. d. TUI Deutschland GmbH, seit 2001 Vors. d. TUI Deutschland GmbH, verantwortlich f. d. Geschäftsbereich Touristische Programme, d. Kapazitätsmanagement, Public Relations u. Führung d. Beteiligungen airtours, GeBeCo, OFT Reisen u. Wolters Reisen. (Re)

Böttcher Winfried *)

Böttcher Winfried Dr. Dr. h.c.
B.: Univ.-Prof. em. an d. RWTH Aachen. PA.: 52074 Aachen, Senserbachweg 219. V.: Morbach, 1936. V.: Dr. Ingrid, geb. Koelman. Ki.: Ferun. El.: Erich u. Veronika. S.: Abitur, Stud., 1. u. 2. Staatsexamen (Maschinenbau), Ordentl. Zweitstudium in: Politische Wiss., neuere Geschichte, Erziehungswiss. an d. LSE, London u. RWTH Aachen. K.: 1967-73 wiss. Ass., AkR., AkOR., seit 1973 Prof. f. Polit. Wiss., Schwerpunkt: Intern. Politik, Europapolitik, Gründer u. Leiter d. Aachener Centrum für Europäische Studien 1985-95, sowie d. Europa-Centrum-Maas-Rhein 1990-95, 1987-89 Chef-Redakteur d. EG-Magazins, Honorarprof. in Minsk; Dr. h.c. der Russ. Akad. f. Staatsdienste beim Präsidenten d. Russischen Förderation, Moskau. P.: zahlr. Veröff. insbes. zum Verhältnis Politik u. Pädagogik, zur Friedens-politik u. Europapolitik, Mithrsg. des deutsch-russischen Jahrbuchs REGION, zus. mit Johanna Krawezynski, Europas Zukunft: Subrichharität (2000). M.: Arbeitskreis Europ. Integration, Dt.-Engl. Ges., Dt. Ver. f. Parlamentsfragen.

Botterbusch Harald Dipl.-Ing.

B.: Gschf. FN.: EMAG Werkzeugmaschinen Vertrieb GmbH. DA.: 32051 Herford, Herringhauser Str. 39. PA.: 32602 Vlotho, Herforder Str. 132. G.: Löhne, 8. Juni 1935. Ki.: Kerstin (1963) und Bianca (1973). S.: 1950-53 Ausbild. u. Abschluß z. Maschinenschlosser. K.: 1953-55 Maschinenschlosser, 1955-56 FH-Reife, 1957-60 Stud. Maschinenbau, Staatsexamen Dipl.-Ing., 1960-63 Dipl.-Ing. Konstruktion u. Fertigungsbau, 1964-65 Auslandsaufenthalt England im Vertrieb, 1966-75 Tätigkeit im Vertrieb in Übersee, Amerika, Australien, Indien, China, Japan, 1975-80 Techn. Verkaufsltr. weltweit, 1977-80 AufsR. ltd. Ang. Gildemeister, 1980 Grdg. d. eigenen Firma, Ges. EMAG Maschinenfbk. Salach, Grdg. mehrerer Verkaufsvertriebsbüros im Norddt. Raum. H.: Forellenzucht, Segeln, Tennis.

Botterbusch Vera *)

Botterill John Redvers Dr. *)

Bottermann Christian *)

Böttger Alexander-P. *)

Böttger Hermann Dr. Prof. *)

Böttger Holger *)

Böttger K.-H.

B.: Berater in Sachen Rohstoffen, Ges. FN.: K. Böttger GmbH. DA.: 22149 Hamburg, Rahlstedter Str. 32A. G.: Hamburg, 21. März 1943. V.: Erika, geb. Bestmann. Ki.: Martina (1970). El.: Karl u. Anni. S.: 1959-63 Handelsschule u. Ausbild. im kfm. Bereich, 1963-65 Ausbild. z. Kfz-Handwerker. K.: ab 1965 Eintritt in d. väterl. Betrieb, Fortbild. im Tief- u. Straßenbau sowie im Güternah- u. -fernverkehr, seit 1971 selbst. als Ges./Gschf. Firma K. Böttger Hamburg Baustoffe-Container-Entsorgungsfachbetrieb. M.: seit 15 J. Kirchenvorst. d. Kirchengem. Alt-Rahlstedt, Vorst.-Mtgl. d. Rahlstedter Kulturver. H.: Radfahren, Wandern an d. Ostsee.

Böttger Margarete A. Dr. med.
B.: FA f. Arb.-Med. u. öff. Gesundheitswesen. DA.: 20146 Hamburg, Hallerpl. 9. G.: Hamburg, 19. März 1924. V.: Dr. Herbert Böttger. Ki.: Gottfried (1949), Ruth (1952), Wolfgang (1957). El.: Dr. Richard u. Margarete Seifert, geb. Elsner. BV.: Großvater gründete u. Firma Richard Seifert & Co u. widmete sich seit 1896 d. Entwicklung v. Röntgenapparaten. S.: 1942 Abitur, Arb.-Dienst, 1943-49 Stud. Med. Freiburg, Tübingen u. Hamburg, 1950 Prom., b. 1952 Pflichtass. AK Heidelberg in Hamburg. K.: 1953-58 Ärztevertreterin in allg. Praxen u. nebenberufl. Werksärztin, 1958-59 Weiterbild. in Strahlenschutz am radiolog. Inst. in Freiburg, 1960-69 Mitarb. in d. ehel. Praxis u. Werksärztin in d. Röntgenfa. Rich. Seifert & Co in Hamburg, 1969 P. Beierdorf AG in Hamburg, 1969-71 Ausbild. f. öff. Gesundheitswesen u. Forsch.-Tätigkeit am B.-Nocht-Inst. in Hamburg, 1972-74 Aufbau u. Ltg. eines ärztl. Dienstes f. Binnenschiffahrts-Berufsgen. in Duisburg, 1974-77 Gutachterin d. Arb.- u. Sozialbehörde in Hamburg, ab 1977 Arb. med. Dienst Bau-BG Hamburg, 1979-88 Ltd. Ärztin, 1979 FA f. öff. Gesundheitswesen, 1981 FA f. Arb.-Med., zusätzl. tätig als Ausbildnerin f. Arb.-Med. P.: zahlr. wiss. Arb. u. Publ. in Fachblättern. E.: 1972 als erste Frau E. W. Baader-Preis f. Arb.-Med. M.: Vereinig. Dt. Strahlenschutzärzte, Dt. Ges. f. Arb.-Med. u. Umweltschutz, Dt. Röntgenges e.V., Dt. Betriebs- u. Werksärzte e.V. H.: Musik.

Böttger Marion Ingeborg
B.: Dipl.-Lehrerin, Schullr. FN.: Helmholtz-Mittelschule. DA.: 04177 Leipzig, Helmholtzstr. 6. www.helmholtzschule-leipzig.de. G.: Ranstädt, 25. Okt. 192. El.: Erich u. Ingeborg Sieber. S.: 1969-73 Stud. am Inst. f. Lehrerbild. Leipzig Unterstufe/Werken, 1985-88 Postgraduales Stud. an d. MLU Halle, Dipl.-Lehrerin f. Geografie, seit 1998 berufsbegleitende Weiterbild. f. d. Fach Gemeinschaftskunde an d. TU Dresden. K.: 1979-94 Stadtparlamentsmtgl., 1973-95 Lehrerin f. Werken u. Geografie an versch. Leipziger Schulen, seit 1993 Schullr. o. g. Schule. P.: Betreuung zahlr. ökolog. Projekte in Zusammenarb. m. Ver. E.: Umweltschule in Europa 2000. M.: Schulver., Schützenver. Victoria Delritzsch e.V., Umwelt-Aktions-Zentrum Leipzig e.V. H.: Kunst, Kultur, Gesellschaft, Sport.

*) Biographie www.whoiswho-verlag.ch oder beigefügte CD-ROM

Böttger

Böttger Rolf-Christian Dipl.-Ing. *)

Böttger Sibylle

B.: RA. DA.: 48149 Münster, Landoisstr. 3. sibylle.boettger@epost.de. G.: Münster, 28. Juni 1959. El.: Dr. Heinz u. Dipl.-Vw. Ingeborg Böttger. BV.: Großvater Johannes Böttger - Dir. d. Teltow-Kanalges. in Berlin. S.: 1979 Abitur, 1979-80 Aufenthalt Italien, 1980-86 Stud. Literatur d. Neuzeit, Linguistik u. Phil. Münster u. Berlin m. Abschluß, 1985-91 Stud. Jura Berlin u. München, 1. Staatsexamen, 1991-94 Referendariat München u. Landshut, 2. Staatsexamen. K.: 1994 Eintritt in d. Kzl. d. Vaters, 1995 tätig in einer RA-Kzl. in Düsseldorf, 1996 tätig in d. RA-Kzl. Scholz, Kraatz, Dittmann & Partner, seit 1997 selbst. RA in Münster m. Tätigkeitsschwerpunkt Familien- u. Erbrecht. P.: Art. z. Thema "Zugewinngemeinschaft oder Gütertrennung?" (2000). M.: RA-Kam., WirtschaftsR. d. CDU e.V., DAV. H.: Reitsport, Gymnastik, Skifahren, Literatur, klass. Musik, Popmusik.

Böttger Wolfgang

B.: Drucker, Inh. FN.: Werbeagentur Wolfgang Böttger. DA.: 32549 Bad Oeynhausen, Alter Postweg 172. G.: Bad Oeynhausen, 24. Juni 1956. V.: Gabriele, geb. Schwirtz. Ki.: Thea (1984), Malte (1985), Arne (1988). El.: Ewald u. Adelheid. S.: 1975 Mittlere Reife, 1975-77 Druckerlehre. K.: 1977-81 versch. Tätigkeiten im Druck u. Druckvorstufe, seit 1981 selbst. Werbeagentur u. Fachbetrieb f. graf. u. reprotechn. Arb. F.: Firma "Avantgarde" - Fotosatzstudio Bad Oeynhausen. M.: Tus Victoria Dehme - 1. Vorsitzender. H.: Tennis, Fußball, Bootfahren.

Botthof Matthias

B.: Augenoptiker, Unternehmer, selbst. FN.: Sportschule Gudensberg. DA.: 34281 Gudensberg, Schwimmbadweg 14. G.: Homberg, 3. Juli 1972. El.: Walter u. Gabriele, geb. Czarny. S.: 1981 Mittlere Reife Gudensberg, 1988-91 Ausbildung Augenoptiker Gudensberg. K.: 1992-2000 Bundesgrenzschutz, seit 2000 selbst. m. Sportstudio in Gudensberg; seit 1992 freiberufl. tätig im Personenschutz, glz. Sportlehrer für Kickboxen, Teakwondo, Hapkibo, Karate u. Ju-Jutsu an d. Schulen in Gudensberg u. Fritzlar. BL.: mehrf. Hessenmeister u. mehrf. Dt. u. intern. Dt. Meister im Taekwondo, im Kickboxen mehrf. Hessenmeister, mehrf. Dt. Meister u. 1993 Europameister, 2 x jährl. Aufenthalte z. Training, Wettkämpfe u. Ausbilder in Kickboxen u. Karate in d. USA. E.: 2. Dan im Kickboxen, 1. Dan im Taekwondo, 3. Dan im Karate. H.: Sport, Kampfsport.

Bötticher Claus-Peter *)

Bötticher Herbert

B.: Schauspieler. FN.: Agentur Tilly Köhler. DA.: 80802 München, Rümannstr. 53 IV. G.: Hannover, 19. Dez. 1928. V.: Doris geb. Gallart. K.: 1950-54 1. Engagement am Badischen Staatstheater Karlsruhe, weitere Stationen u.a. in Bielefeld, Frankfurt/Main, Stuttgart u. München, seit 1970 freischaff., im Fernsehen u.a. in "Der Kommissar", "Mein Freund Harvey", "Ich heirate eine Familie", "Schöne Ferien", "Zieh den Stecker raus, d. Wasser kocht", ferner b. Hörfunk (zahlr. Kinderhörspiele), in d. Synchronisation, zahlr. Märchenplatten. (Re)

Böttinger Bettina

B.: Journalistin, Redakteurin, Moderatorin. FN.: c/o WDR Fernsehen. DA.: 10117 Berlin, Wilhelmstr. 67A. G.: Düsseldorf, 4. Juli 1956. S.: 1975 Abitur, Stud. Germanistik u. Geschichte an d. Rheinischen Friedrich-Wilhelm-Univ. in Bonn, während d. Stud. erste Berührungen m. politischer Arbeit, freie Mitarbeit b. d. "Bonner Rundschau", Lokales u. Feuilleton, nebenbei 4 J. Kellnerin in einer Jazzkneipe, erstes Staatsexamen. K.: 1 1 J. tätig als Feste Freie b. d. "Bonner Rundschau", 1985 Wechsel z. WDR, parallele Arbeit b. d. "Aktuellen Stunde" u. im Regionalbüro Bonn, erste Radioreportage u. erster Fernsehbeitrag, Festanstellung als Redakteurin im WDR-Regionalbüro Bonn, ab 1986 nebenbei Moderatorin d. Hörfunk-Magazins "Zwischen Rhein und Weser", 1986-91 nebenbei Moderatorin d. WDR-Folk-Festivals, 1987 Wechsel ins Landesstudio Dortmund, Redakteurin d. Hörfunksendung "Echo West", ab 1988 zusätzl. regelmäßig Moderatorin d. Fernsehsendung "Hier und Heute" u. "Hier und Heute unterwegs", 1989 Rückkehr ins WDR-Regionalbüro Bonn als Ltr., ab 1991 Redaktionsgruppenleiterin "Hier und Heute" u. "Hier und Heute unterwegs", 1991 zusätzl. Moderatorin d. erfolgreichen Medienshow "Parlazzo" b. WDR-Fernsehen, 1993 Einstellung d. Regionalsendung "Hier und Heute", seit 1993 Moderatorin d. wöchentlichen, etwas anderen Talkshow "B. trifft .:. - Begegnung bei Böttinger", 1994 Nominierung f. d. Adolf-Grimme-Preis "Spezial" f. d. Talkshow "B. trifft .:.", 1995 Übergabe d. Medienshow "Parlazzo" an d. Journalistin Sabine Brandi, 1996 Nominierung f. d. Adolf-Grimme-Preis "Spezial" f. d. Talkshow "B. trifft ...", 1996 Start d. ARD-Show "B. fragt", 1997 Absetzung d. Show "B. fragt" durch d. ARD-Chefs, Moderation der Verleihung des "Grimme-Preises", 1998 Moderation m. Heiko Engelkes f. d. ARD d. Hintergrundberichte über Land u. Leute rund um d. Fußball-WM in Frankreich, 1998 Moderation d. Eröffnungsgala d. Kölnarena m. Luciano Pavarotti. BL.: Marathonläuferin, C-Lizenz Inh. f. d. Formel 3, 1999 erstes Rennen um d. Langstreckenpokal auf d. Nürburgring. P.: Buch "Als Frau erst recht" (1998). (Re)

Bottke Heinz *)

Bottke Martin K. W. Dipl.-Ing. *)

Bottke Renate *)

Bottke Wilfried Dr. Prof.

B.: Rektor. FN.: Univ. Augsburg. DA.: 86159 Augsburg, Universitätsstr. 2. www.idw.tu-clausthal.de. S.: Stud. Rechtswiss. LMU München, 1978 Prom., 1982 Habil. K.: 1984-85 Prof. f. Strafrecht u. Kriminologie an d. Univ. Mannheim, danach Ordinarius f. Strafrecht u. Kriminologie an d. Univ. Erlangen-Nürnberg, 1988-91 Dekan d. Jura-Fakultät d. Univ. Augsburg, 1992-93 glz. Prof. an d. Univ. Jena, seit 1986 Lehrstuhl f. Strafrecht, Strafprozeßrecht u. Kriminologie an d. jur. Fakultät d. Univ. Augsburg, 1995-99 Prorektor u. seit 2000 Rektor d. Univ. Augsburg. (Re)

Böttle Ingrid *)

*) Biographie www.whoiswho-verlag.ch oder beigefügte CD-ROM

Böttner Michael *)

Böttner Reinhard

B.: Schreiner. DA.: 34127 Kassel, Maybachstr. 3. PA.: 34134 Kassel, Spessartweg 87. G.: Grebenstein, 20. Juni 1953. V.: Cornelia, geb. Brede. Ki.: Robert (1987). El.: Heinz u. Martha, geb. Pillok. S.: 2 J. Kfm. Fachschule, Mittlere Reife, 1970-74 Fernsehtechniker, 2 J. Bundeswehr, 1986 Umschulung z. Schreiner, Gesellenprüf. K.: 7 Jahre Schreiner und Ausbilder u. Schulungen, seit 1996 selbst. Schreiner. M.: ADAC Ortsclub. H.: Motorsport.

Bötz Dieter Karl Henry Dipl.-Kfm. *)

Bötzel Barbara *)

Botzenhardt Harry H.
B.: staatl. geprüfter Augenoptiker u. Augenoptikermeister, selbständig. FN.: Optello. DA.: 76646 Bruchsal, Kaiserstr. 81. G.: Karlsruhe, 21. Okt. 1956. V.: Felizitas, geb. Schwietzke. Ki.: Franziska (1993). El.: Hermann u. Gerda, geb. Rink. BV.: Friedrich Hölderlin 1770-1843, Fam. Botzenhardt hat eine nachvollziehbare Ahnentafel b. z. J. 1613. S.: 1973 Mittlere Reife in Neu-Ulm, 1973-76 Lehre z. Augenoptiker b. d. Firma Hudelmaier in Ulm, 1976-77 Bundeswehr. K.: 1977-80 Augenoptikergeselle b. Firma Bolay in Ulm, 1980-83 Fachakademie f. Augenoptik in München, 1983 Meisterprüfung z. staatl. geprüften Augenoptiker u. Augenoptikermeister, 1983-85 Filialleiter als Augenoptikermeister bei der Firma Herrmann in Senden, 1985 Übernahme d. Filiale Apollo Optik in Karlsruhe als Filialleiter, seit 1991 selbständig in Bruchsal b. Firma Optello.

Botzenhardt Ingrid

B.: Masseurin, Med. Bademeisterin, Lymphologin. DA.: 86154 Augsburg, Eschenhofstr. 1. V.: Dieter Botzenhardt. Ki.: Nicola und Melanie. El.: Hans u. Klara Püttmann, geb. Nellenbacher. S.: nach 3 J. Schulbesuch wurde eine fast 100%ige Sehbehinderung festgestellt, Besuch d. Engl. Inst., Mittlere Reife. K.: tätig in d. Krankenpflege u. in diversen soz. Einrichtungen, Massageschule Helmrich München, Ausbild. z. Masseurin u. Med. Bademeisterin, 1970 Examen, Praktikum im damaligen West-KH Augsburg u. in d. Hessing-Klinik Augsburg, zahlr. Fortbild., ausgebildete Lymphologin, tätig b. einem Orthopäden, seit 1982 selbst. M.: VPT. H.: Schwimmen, Wandern, Segeln, d. Enkel.

Botzler Rupert Dr. med. *)

Bou-Hamad Ghassan *)

Bouabba Raschid-Franz Xaver Dipl.-Ing.

B.: Unternehmensberater. FN.: MCGB GmbH. DA.: 10961 Berlin, Baerwaldstr. 49. G.: Bruchsal, 15. Dez. 1959. V.: Carola, geb. Baumann. El.: Abdel Kader u. Emilie, geb. Bammert. S.: 1978 Stud. TU Berlin, 1990 Dipl.-Ing. Dipl.-Wirtschaftsingenieur, 1996 MBA-IMC Stud., 1998 Diss. K.: 1986 Buchhaltungsbüro, 1990 Consultingbüro, 1996 Ausdehnung in internationalen Bereich, 1997 Projektleitung in EU-geförderten Projekten, 1997 Eintritt in die Master Consult Group, 1999 Aufbau d. Central Consulting Berlin GmbH, 2001 MCGB GmbH, Schwerpunkt: Mittelstandberatung, Aufbau d. Beteiligungsmanagements, Personalkostenmanagement, 4 Partner. H.: Tanzen, Gesang, Kommunikation.

Boubal Jacques
B.: Vorst.-Vors. FN.: KBC Manufaktur Koechlin, Baumgartner & Cie. AG. DA.: 79539 Lörrach, Fabrikstr. 5.

Bouchacourt Marie Bernadette (Michelle)

B.: Medienunternehmerin, Inh., Gesellschafterin, Mehrheitsgschf., Public-Rel., Recherchistin. FN.: Bouchacourt Transcontinentaux Medien Koeln: (Bouchacourt Forschung und Nachrichten + Bouchacourt Medienproduktion GmbH & Co. KG u. Bouchacourt Marketing & Distribution). GT.: Direktorin "S.I.P.I. PROGRAMM - Europaweit Kommunikationsprogramms f. Internet, Print-Mag., Konferenzen, Radio u. -T.V.- Sendung", Konzeptorin u. Autorin d. Progr., Chef-Redakt., Regie, Post-Prod., allg. Koordin. PA.: 50769 Köln, Neusser Landstr. 107. G.: Chamalières/Frankreich, 25. Feb. 1949. Ki.: Sarah-Isabella (1967), Damien Alexandre (1968). BV.: Urgroßvater Joseph Deniel war auf d. St. Cyr - berühmter franz. militär. Eliteschule. S.: Abitur, Stud. Klassik, Sozio-Polit., Natur-Wissen., Soz., Alt u. Neuen Hel., Phil., Egypt. u. Antik in Burgund/Frankreich u. versch. Univ. Quebec/Kanada. K.: Praxis als freie Redakteurin u. Recherchistin in Montreal, Kanada, Ersten Vorberatung u. später S.I.P.I.-PROGRAMMS als Zusammenhang d. "Esoterik, Politik, Gesellschaft u. Medien, 1991 Einreise nach Deutschland, 1996 Grdg. d. ersten Firma, 2000 "S.I.P.I.-mag. erschient. Schutzmarke. BL.: Multisprachl., Solid., original u. temperamentvolle Persönlichkeit. M.: Richard-Wagner-Verb., Thomas-Mann-Ges. H.: Musik, Architektur, Kunst, Reisen, Naturwiss. (Elementen, Macro-Micro, Poles), Universum (time+space), Autos.

Bouché Rainer *)

Boucher Bernd
B.: RA. FN.: Dr. Luh, Larisch, Boucher, Roßmanith & Schmied. DA.: 60323 Frankfurt/Main, Feldbergstr. 24. PA.: 63263 Neu-Isenburg, Mainstr. 52. BerndBoucher@aol.com. G.: Frankfurt/Main, 2. Juli 1956. V.: Dragica. Ki.: Viktor Ernesto Gabriel (2000). El.: Heinz u. Margot. S.: 1976 Abitur, 1976-77 Stud. Germanistik, 1977-82 Jurastud. Univ. Frank-

*) Biographie www.whoiswho-verlag.ch oder beigefügte CD-ROM

Boucher

furt, 1982 1. jur. Staatsexamen. K.: 1982-84 Justitiar in d. Werbeagentur Cinepress GmbH in Frankfurt/Main, 1984-87 Rechtsreferendar bei d. Landgerichten Frankfurt/ Main u. Darmstadt, 1987 2. jur. Staatsexamen, 1988-89 ang. RA in einer Frankfurter Anwaltskanzlei, seit 1989 selbst. RA m. eigener Kanzlei in Frankfurt/Main, Schwerpunkte: Zivilrecht (Immobilien-, Familien, Urheber u. Vertragsrecht), Strafrecht. M.: Spielver. Neu-Isenburg 03, Frankfurter Anw.-Ver., Dt. Anw.-Ver. H.: Fußball, Fotografie, Weltreisen, Kino, Theater. Sprachen: Englisch, Französisch, Spanisch.

Boucke Michael

B.: Architekt. FN.: Büro für Arch. u. Städtebau. DA.: 52074 Aachen, Maria-Theresia-Allee 245. michael@boucke.de. G.: Berlin, 7. Okt. 1936. V.: Hedda, geb. Fladda. Ki.: Alexander (1969), Konstantin (1970), Cornelius (1977) und Felicitas (1982). S.: 1956 Abitur Gevelsberg, b. 1962 Stud. Arch. u. Städtebau an d. RWTH Aachen, Abschluß: Dipl.-Ing., 1962-64 Stud. Soz., Statistik u. Landschaftsbau. K.: 1964-70 freier Mitarb. b. Prof. Erich Kühn RWTH Aachen am Institut f. Städtebau, ab 1970 Eröff. eines eigenen Büros f. Stadtplanung in Aachen m. einem Partner. M.: stellv. Vors. d. Presbyterium. H.: englische Oldtimer.

Boucsein Wilfried H. Dipl.-Designer

B.: Gschf. Ges. FN.: vizaviz Werbung GmbH. DA.: 24103 Kiel, Eggerstedtstr. 1. boucsein@vizaviz.de. G.: Gütersloh, 20. Apr. 1960. V.: Viviane, geb. Meledje. Ki.: David (1980), Florian (2000). El.: Otto und Katharina. S.: 1979 Abitur, 1979-86 Stud. Lehramt f. Sozialwissenschaften u. Dt. Univ. Bielefeld, 1986-92 Stud. visuelle Kommunikation FH Bielefeld, K.: 1989-94 Designer/Werbeleiter in d. Wirtschaft, 1994-95 Supervisor f. Grafik einer Fullservice Werbeagentur in Kiel, 1996 Grdg. d. Studios f. Grafik-Design u. Werbung in Gütersloh, 2000 Grdg. d. Werbeagentur in Kiel.

Bouffier Volker

B.: Min. FN.: Hess. Min. d. Innern u. f. Sport. DA.: 65185 Wiesbaden, Friedrich-Ebert-Allee 12. www.hessen.de. G.: Gießen, 18. Dez. 1951. Ki.: 3 Kinder. S.: 1970-75 Stud. Rechtswiss. Univ. Gießen, 1. Jur. Staatsprüf., 1975-77 Referendariat, 2. Gr. Jur. Staatsprüf. K.: 1975-78 wiss. Mitarb. am Lehrstuhl f. öff. Recht III Univ. Gießen, 1978-87 u. 1991-99 RA u. Notar in Gießen, 1982-87 u. seit 1991 Mtgl. d. Hess. Landtags, 1987-91 Staatssekr. im Hess. Min. d. Justiz, seit 1999 Hess. Min. d. Innern u. f. Sport u. MdBR, 1976-84 Landesvors. d. Jungen-Union Hessen, 1979-98 stellv. Kreisvors. CDU-Kreisverb. Gießen, seit 1987 Kreisvors. CDU Gießen, 1978-91 Mtgl. d. Landesvorst. CDU Hessen, seit 1991 stellv. Landesvors. CDU Hessen, 1979-93 Stadtverordneter in Gießen, 1979-99 Mtgl. Kreistag Landkreis Gießen, 1985-94 Vors. CDU-Kreistagsfraktion Gießen, 1994 u. 1999 Mtgl. d. Bundesversammlung. (Re)

Bougsea Antje *)

Bouillon Stefan Dipl.-Ing. *)

Bounaira Farid

B.: Regional-Manager. FN.: tecis Finanzdienstleistungen AG. DA.: 50825 Köln, Hospeltstr. 32. G.: Berlin, 26. Okt. 1964. Ki.: Kai Thorsten Schulze (2000). El.: Noureddine u. Rose Dorotheé. S.: 1985 Abitur, 1986-93 Bundeswehr - Lt. u. Stud. BWL m. Abschluß Finanzwirt. K.: seit 1994 Finanzberater u. Repräsentanzltr. d. tecis Finanzdienstleistungen AG in Köln. M.: Klub Kölner Schachfreunde, Royal Malta Golf-Colub, Kinderschutz Intern. e.V. H.: Schach, Golf, Lesen, Arbeit.

Bouncken Folkert E. *)

Bourbon Jean-Pierre

B.: Werber, Gschf. FN.: HIEL Werbeagentur GmbH. DA.: 80637 München, Landshuter Allee 174. jeanpierre.bourbon@hiel.de. G.: München, 14. Juli 1957. V.: Manuela Caroline, geb. Stalf. Ki.: Viviane Marie (1991), Henri Philippe (1994). El.: Vivian Cecil u. Anne-Marie. S.: 1978 Abitur, 1978-80 BWL-Stud. an d. FH in München, 1980-82 Bundeswehr, 1982-86 BWL- u. Arch.-Stud. K.: 1987-90 Wunderman Intern. Direktmarketing Agentur München, später HM1, Trainee, Ass., Junior-Kontakter, Senior-Kontakter, Etat-Dir., speziall BMW u. versch. Verlage, 1990 selbst. Bourbon Werbung GmbH, Beratung u. Betreuung v. AUDI, Kath. Kirche, versch. Softwarehäuser, 1992 erste Projekte zusammen m. Walter Hiel, 1994 Gschf. Ges. b. Hiel/BBDO, 1999 Anteil-Rückkauf v. BBDO Düsseldorf u. Verkauf d. gesamten Anteile an Publicis Communication Düsseldorf 2000 Austritt v. Walter Hiel, seither alleiniger Gschf., Betreuung v. BMW, MAN, Langenscheidt, AGIP, Flughafen München. P.: versch. Veröff. in Fachpubl. z. Thema Marketing Automobile. M.: BeiR. d. Bundesverb. Fortschritt e.V. Starnberg, Unterstützung v. spastisch gelähmten Kindern. H.: Tennis, Golf, Skifahren.

Bourgueil Jean-Claude *)

Bourjau Michael *)

*) Biographie www.whoiswho-verlag.ch oder beigefügte CD-ROM

Bourmer Horst R. Dr. med. Prof. *)

Boursin Charles Dr. *)

Bouteiller Michael
B.: RA. DA.: 23568 Lübeck, Eichenweg 17a. rechtsanwalt@bouteiller.org. www.bouteiller.org. G.: Offenburg, 29. Okt. 1943. Ki.: Philipp (1968). S.: Abitur Offenburg, Stud. Rechtswiss. Heidelberg u. Freiburg. K.: wiss. Ass., Richter am Verw.-Gericht Minden, Ltr. d. Wasserschutzamtes Bielefeld, 1988-2000 Bgm. v. Lübeck. M.: 1974-2001 SPD, bis 1999 Vors. d. Union of the Baltic Cities (UBC), Vors. d. Kmsn. d. Hansestädte Europas. H.: Klavier, Literatur, Skifahren.

Bovermann Günter Dr. jur. *)

vom Bovert Ernst Manfred *)

Boving Christine Dr. phil.

B.: Gschf. FN.: RHETORICA Inst. f. freies Sprechen. DA.: 48143 Münster, Rothenburg 51. info@rhetorica.de. www.rhetorica.de. G.: Damme, 13. Jan. 1953. El.: Dr. Robert u. Traute Boving, geb. Steffen. S.: 1972 Abitur, 1972-78 Stud. Germanistik, Anglistik und Publizistik an der Univ. Münster, Auslandspraktika, 1978 1. Staatsexamen, 1979-85 Forsch.-Arb., 1985 Prom. u. Universitätspreis. K.: 1985-93 Lehrauftrag f. Germanistik, Neuere Dt. Literatur u. Wiss., glz. Mitarb. am Forsch.-Projekt Entwicklung d. Sprache bei Kindern an d. Univ. Münster, 1985-88 Lektorin u. Autorin im Droste-Verlag in Düsseldorf, seit 1991 selbst. m. d. Inst. f. freies Sprechen m. Schwerpunkt Grundlagen d. Rhetorik, Rede- u. Präsentationstechnik, sicheres Auftreten u.a.m. P.: versch. Art. in Fachliteratur, Bücher zur Namenkunde, London-Führer. H.: Tanzen, Fahrradfahren, Reisen.

Bowe Axel *)

Bowe Bernward *)

Böwer Klaus *)

Böwing Günter

B.: Heilpraktiker, selbständig. DA.: 10827 Berlin, Großgörschenstraße 7. Praxis@Guenter-Boewing.de. G.: 27. Okt. 1952. Ki.: Samuel (1999). E.: Elektrikerlehre, 1971 Gesellenprüfung, 1978 Staatsexamen als Physiotherapeut, 1981-84 Heilpraktikerstud. in München. K.: Praktika in versch. Berliner Heilpraxen, 1986 Grdg. d. eigenen Praxis in Berlin-Moabit, 1989 Eröff. d. Praxis in Berlin-Schöneberg, Tätigkeitsschwerpunkte: Augendiagnose u. klass. Homöopathie. H.: Motorwassersport.

Bowinkelmann Uwe *)

Bowitz Günter *)

Bowitz Jörg Dr. *)

Böx Heinrich Dr. phil. *)

von Boxberg Bertram
B.: freiberufl. Schauspieler, Autor u. Reg. PA.: 10781 Berlin, Pallasstr. 8-9. G.: Hameln, 7. Aug. 1957. El.: Ullrich u. Gertrud. S.: 1978 Abitur, 1978-81 Schauspielstud. HS f. Musik u. darstell. Kunst Hamburg, 1981 Dipl. K.: 1976-84 Schauspieler an Theatern in Oldenburg, Osnabrück, Hamburg u. Berlin, 1984-90 Absolvent d. Dt. Film- u. Fernsehak. Berlin, Autor einer Vielzahl von Drehbücher, Kurzfilme Drebuch u. Regie u.a. "Der Staatsbesuch", "Dienstschluß", "Alles offen", Schauspieler in rund 20 Fernsehspielen darunter "Schwüle Tage", "Ein Mann fürs Leben", Schmetterlinge (1987), Die Erbschaft" (1991). E.: 1988 Studenten-Oskar "Schmetterlinge", 1990 Kurzfilmpreis d. Sbg. Szene f. "Alles offen". H.: Literatur.

Boxberger-Schaabner Edler von Schönbaar Thomas *)

van Boxen Martina
B.: Schauspielerin, Regisseurin, künstler. Ltr. FN.: Theaterwerkstatt Hannover. DA.: 30161 Hannover, Lister Meile 4. theaterwerkstatthannover@t-online.de. G.: Mönchengladbach, 20. Sep. 1960. V.: Michael Habelitz. El.: Hubert u. Rosa Maria. S.: 1979 FH-Reife Bereich Gestaltung, 1981 Stud. Visuelle Kommunikation FH Düsseldorf, 1983 Aufnahmeprüf. Schauspiel an d. HS f. Musik u. Theater in Hannover, b. 1987 Schauspielstud. K.: parallel Mitwirkung in freien Gruppen, b. 1989 am Stadttheater Ingolstadt als Schauspielerin tätig, Rückkehr nach Hannover, Aufbau des freien Theaters an d. Glocksee u. als Schauspielerin u. Regisseurin am Kommedia-Futare Theater Hannover, zwischenzeitl. in St. Gallen/Schweiz am Stadttheater als Schauspielerin, 1989-90 Theaterwerkstatt Hannover, 1992 Übernahme d. Theaterwerkstatt als Gschf. u. künstler. Ltg., parallel 2000 Inszenierungen am Stadttheater in Kiel im Bereich Kinder- u. Jugendtheater, Klecks-Theater in Hannover, Theater "Vrede" in Oldenburg. P.: div. Fachveröff. u. Kritiken u. Romandramaturgie "Die letzte Welt", ZDF-Aufzeichnungen. E.: bundesweit versch. Preise u. Ausz. f. Inszenierung "ertrunkenes Land", Festivalteilnahme. M.: 1992-97 Mitgrsg. u. Vorst.-Mtgl. Landeserb. d. freien Theater Niedersachsen, Assitej Frankfurt. H.: Kanufahren, Garten.

Boxleitner Peter *)

Boy Ilona

B.: Inh., Schulungsltr. FN.: Ilona Boy, Boy Schulungszentrum. DA.: 10715 Berlin, Hildegardstr. 23. G.: Berlin, 20. Aug. 1958. Ki.: Bianca. El.: Hans u. Margot Jacobi, geb. Rintz. S.: 1975 Mittlere Reife, 1975-77 Ausbild. als techn. Zeichnerin, 1977-88 Ausbild. u. Tätigkeit als Kosmetikerin, 1984 Ausbild. z. Nagelmodellistin. K.: 1988 selbst. in eigenem Kosmetiksalon u. Parfumerie, seit 1992 Aufbau d. Schulungszentrums u. Großhdl. d. Firma alessandro, 1999 Grdg. d. Firma Ilona Boy, Boy Schulungszentrum. P.: Fachvorträge u. Referate in d. Neuen Bdl. E.: Jurymtgl. f. Nail-Meisterschaften u. Nail-Art-Meisterschaften. H.: Literatur, Botanik, Asien, Hund "Boy".

---

*) Biographie www.whoiswho-verlag.ch oder beigefügte CD-ROM

Boy Regina Andrea

B.: Schauwerbegestalterin, Inhaberin FN.: El Deco - Atelier f. Dekoration & Werbung. DA.: 04105 Leipzig, Pfaffendorfer Str. 33 C. G.: Leipzig, 15. Nov. 1961. V.: Hans-Joachim Boy. El.: Jochen und Regina Förster. S.: 1978-80 Lehre als Schauwerbegestalterin. K.: 1980-81 tätig als Schauwerbegestalterin, 1981-84 Studium Werbemethodik an d. FH f. Werbung u. Gestaltung in Berlin, 1984-88 Regisseurin u. Autorin f. Messen u. Ausstellungen bei d. DEWAG in Leipzig, 1988-90 freischaff. Textilkünstlerin, 1990 Grdg. d. Atelier El Deco f. Schaufenstergestaltung, Messegestaltung, Grafik u. Innendekoration. P.: Ausstattung d. Modemesse Leipzig u. d. Automesse Leipzig / Buchmesse Leipzig. H.: Garten.

Boy Wolfgang *)

Boyadjyev Dimiter *)

Boyamba Gitta

B.: Ärztin, selbständig. DA.: 80689 München, Gunzenlehstr. 20. G.: Bad Lausick, 30. Aug. 1956. V.: Alifela Boyamba. Ki.: Agena (1978), Lionel (1983), Anissa (1988), Josema (1992), Samira (1996). S.: 1975-81 Stud. Med. Halle m. Dipl.-Abschluß. K.: 1981-89 tätig in d. Inneren Abt. am KH in Tuttlingen, 1989-92 tätig an d. biolog. Krebsklinik in Friedenweiler, glz. Ausbildung in Naturheilverfahren, Homöopathie u. Akupunktur, seit 1992 ndlg. Ärztin f. Naturheilverfahren; Funktionen: Beratung f. d. Ges. m. biolog. Krebsabwehr. M.: Dachverband f. geistiges Heilen e.V., Igumed Ges. f. Umweltmedizin e.V., Ärztetag f. Med. ohne Nebenwirkungen e.V. H.: Lesen, Beruf, Ausbildungen, Homöopathie, Herstellung homöopath. Mittel.

Boyé Karl StR

B.: Gymn.-Lehrer. FN.: Descartes-Gymn. Berlin. DA.: 13057 Berlin, Wartiner Str. 1-3. PA.: 13086 Berlin, Pistoriusstr. 141. www.descartes-gymnasium.de. G.: Bad Dürkheim, 25. Jan. 1959. El.: Dr. med. Karl-Ernst u. Inge, geb. Dienemann. BV.: Marschall Napoleons; Großonkel: Dt. Botschafter in China (Weimarer Rep.). S.: 1977 humanistisches Abitur in Baden-Baden, 1977-78 Praktikum f. Elektrotechnik bei Siemens Karlsruhe, 1978-79 Wehrdienst, 1979-86 Stud. Latein u. Geographie, Staatsexamen in Mainz, ergänzendes Stud.: Engl. u. Span., 1987-89 Referendariat an zwei Schulen im Heidelberger Raum. K.: 1989-94 Ausbilder b. Crash-Kursen im Fach Latein, Redakteur u. Sprecher eines lokalen Senders, Kulturreiseltr. f. Studiosus München, ab 1994 Studienrat in Berlin. BL.: Beiträge zur Wiedereinbürgerung des humanistischen Bildungsgedankens im ostdeutschen Schulwesen nach 1990. P.: Koautor didaktischer Handreichungen für das Fach Latein. M.: Philharmonischer Chor d. Humboldt-Univ. zu Berlin. H.: Musik (insbes. Chanson), Segelfliegen.

Boyens Christian H. Dr. agr. *)

Boyens Wilhelm Friedrich Dr. *)

Boysen Gerd *)

Boysen Rolf

B.: Gschf., Inh. FN.: Boysen GmbH Luftfahrt-Normteile Aircraft-Spareparts. DA. u. PA.: 81801 München, Stahlgruberring 49. rolf.boysen@boysen-gmbh.com. www.boysen-gmbh.com. G.: Wenningstedt/Sylt, 13. Okt. 1940. V.: Jaruska, geb. Blazek. Ki.: Sandra (1973). El.: Adolf u. Sophie, geb. Petersen. BV.: Seefahrer, Jens Booysen (Chronist, 17. Jhdt.), Familienwappen. S.: b. 1958 Handelsschule Flensburg, Ausbild. z. techn. Kfm. München, 1960-62 Luftwaffe. K.: b. 1967 Tätigkeit b. Bölkow OTN Ottobrunn, 1969 Grdg. HELBO, 1974 Grdg. Boysen KG, 1977 Umwandlung in GmbH, Büros u. Vertretungen in zahlr. Ländern u.a. Indien, Japan, Indonesien, Chile, Portugal, Tschechische Rep., Italien. P.: Seminare u. Vorträge. M.: Verb. Dt. Ind.-Normung. H.: Fotografieren, Antiquitäten und Teppiche, Arbeit. (G.H.)

Boysen Rolf *)

Braa Uwe Heinrich *)

Braak Eva Anna Gertraud Dr. Prof. *)

Braasch Frank Dipl.-Ing.

B.: Unternehmer, selbständig. FN.: Braasch-Reisen. DA.: 17235 Neustrelitz, Carl-Meier-Str. 2. G.: Neustrelitz, 9. Nov. 1963. Ki.: Enrico (1986), Lucas (2001). El.: Albert u. Hildegard, geb. Reichert. S.: 1980-82 Lehre z. Kfz-Schlosser im VEB - Kraftverkehr Neustrelitz, 1983-84 NVA. K.: 1983-90 tätig als Schlosser u. Werkstattmeister im VEB, 1989 Abschluss d. Fernstudiums z. Dipl.-Ing. f. Kfz-Technik an d. TFH Dresden, 1990 Grdg. d. Braasch-Reisen OHG Busreisen, seit 1992 zusätzl. Omnibus-Linienverkehr u. seit 2000 Reisebüro u. Werkstatt. M.: Motorsportclub MST e.V., Omnibusunternehmerverband d. privaten Omnibusbetriebe MV. H.: trainieren d. Sohnes im Motorsport, Wassersport, Skifahren.

Braasch Susanne

B.: Buchhändlerin, selbständig. FN.: Korsett Atelier Kassel. DA.: 34119 Kassel, Wilhelmshöher Allee 178. korsettatelier@t-online.de. www.korsettatelier.de. G.: Kassel, 27. Sep. 1964. Ki.: Clara (1994). El.: Robert Maurer u. Auguste, geb. Krug. S.: 1983 Abitur, 1983-86 Ausbildung Sortimentsbuchhändlerin Freyschmidt's Buchhandlung Kassel. K.: 1986-87 Sortimentbuchhändlerin in d. Freyschmidt's Buchhandlung in Kassel, 1987-91 1. Sortimenterin in d. Buchhandlung Siering in Kassel, 1991-94 Ltr. d. Buchhandlung Uehlin in Schopfheim, 1997-99 Sortimentsbuchhändlerin in d. Buchhandlung Eulenspiegel in Baunatal, seit 1999 selbständig m. Korsett Atelier. H.: Korsett, Mode, Lesen, Reisen.

Braasch-Eggert Angela *)

Braatz Klaus-Peter

B.: Vors. FN.: Hanse-Filmstudio Rostock. DA.: 18069 Rostock, Erich-Mühsam-Str. 43. G.: Stettin, 17. Apr. 1934. V.: Ursula. Ki.: Simone (1968). El.: Fritz u. Irmgard. S.: 1949-51

*) Biographie www.whoiswho-verlag.ch oder beigefügte CD-ROM

Ausbildung z. Zimmerer. K.: 1951-59 Facharb., 1959-62 Arb. in Arbeitsschutzinsp. Rostock, 1961-64 Studium mit Dipl. als Arbeitsschutzinsp. in Weimar und Jena, 1961-64 Fernstud., dazu parallel auch Abschluß als Meister f. Hochbau. P.: seit 3 J. Beiträge f. d. offenen Kanal Rostock. E.: 1980 Kulturpreis d. Hansestadt Rostock, 1968 Wettbewerb f. d. 1. Arbeitsschutzfilm 3. Preis, 1968-78 jedes Jahr 1-3 Filme gedreht über Arbeitsschutz, fast immer 1. u. 2. Plätze, 1978 Filme über Arbeitsschutz v. allen regionalen gr. Betrieben, Hauptpreise. M.: 1964 Hanse Filmstudio Rostock e.V. Amateurfilmstudio, 1980 Gartenver. Rostock e.V. H.: Beruf, Filmen, Garten, Aquarien.

Braband Folke

B.: Regisseur. DA.: 14052 Berlin, Kastanienallee 26. G.: Berlin, 17. Jan. 1963. El.: Dr. Heinz u. Hiltrud, geb. Schlechter. S.: 1981 Abitur Berlin, 1983-86 Stud. Theaterwiss., Literaturwiss. u. Slawistik. K.: während d. Studiums erste Regieass. bei Wolfgang Spier am Theater am Kurfürstendamm in Berlin, 1990 Grdg. d. Studiobühne "Magazin" am Theater am Kurfürstendamm u. erste Regiearb. P.: zahlr. Regiearb. u.a. 1992 "Frohe Feste" von Ayckbourn, Magazin Berlin, 1996 "Klassen Feind" v. Nigel Williams, Vagantenbühne Berlin, 1997 "Taxi Taxi" v. Ray Coony, Komödie am Kurfürstendamm Berlin, 1999 "Ladies Night" v. Steven Sinclair, Tribüne Berlin. E.: 3 Nominierungen f. d. Friedrich-Luft-Preis. H.: Fußball, Tennis.

Brabanter De Roger Karl Adrian

B.: Gschf. Ges. FN.: Conti-Pack GmbH. DA.: 82054 Sauerlach b. Mch., Rudolf-Diesel-Ring 10a. PA.: 83661 Lenggries, Ganterweg 8 d. G.: Lenggries, 23. Juli 1966. V.: Heidi, geb. Schwägerl. El.: Roger u. Maria, geb. Barberi. S.: Ausbild. Schreiner, Militär. K.: 2 J. tätig als Schreiner, Kauf d. 1. Lkw, Unternehmerprüf. f. Güterkraftverkehr f. Nah- u. Fernverkehr bei d. IHK München, seit 1991 selbst. Transportunternehmer, 1998 Kauf d. Firma Conti-Pack GmbH m. Schwerpunkt Großhdl. f. Verpackungsmaterial, Stretchfolien, Klebebänder, Luftpolsterfolien u.a.m. H.: Natur, Mountainbiken.

Brabender Hans *)

Brabender Herbert F. Dipl.-Ing.

B.: Gschf. Ges. FN.: RIB-Rohrleitungs- u. Industriebau GmbH. DA.: 85051 Ingolstadt, Hennenbühl 20. G.: Vohwinkel, 24. Apr. 1921. V.: Irmgard, geb. Schemann. Ki.: Dipl.-Ing. Horst (1955), Dipl.-Bw. Dorothee (1957). BV.: Andreas Brabender - Waffenschmied, ausgestellt im Klingenmuseum in Solingen. S.: 1935-38 Lehre Werkzeugmacher Firma Stocko Wuppertal, Fachabitur Abendkurse, 1940 Stud. Ing.-Schule Wuppertal, Kriegsdienst u. Russ. Gefangenschaft, 1941-49 Stud. m. Abschluß Dipl.-Ing. K.: 1952-56 berat. Ing., 1956 Tätigkeit im Rohrleitungsbau, 1958-59 Bauleiter im Stahlwerk Rourkela/Indien, 1960 Niederlassungsltr. Athen/

Griechenland, 1961 Gründer einer Niederlassung f. VRB (Thyssentochter) in Lenting bei Ingolstadt, seit 1966 selbst. aus kleinsten Anfängen, Bautätigkeit in Raffinerien, Industriebetrieben u. für Kommunen f. Ausld.-Aufträge im Irak, 1990 Gründung d. RAB in Gera, 1992 Übernahme Firma ROKA aus Wismut - Komb. RIB - RAB - ROKA arbeiten bevorzugt in Brauereien, Lebensmitteilnd., Pharmaind., Kläranlagen, Stadtwerke (Gas,Wasser, Fernheizung). P.: Biographie "Erinnerungen eines Überlebenden aus d. Kriegsgeneration". M.: seit 1968 Verb. Bayr. Metallind., Vors. d. UKI Unternehmerkontaktgruppe Ingolstadt. H.: Leichter Sport, Lektüre, Gartenpflege.

Bracciali Carlo *)

Brach Gisela

B.: Dipl.-Bibl., Schriftstellerin. DA.: 54294 Trier, Granastr. 1. G.: Trier, 2. Okt. 1926. S.: Stud. Erdkunde, Franz. u. Deutsch Univ. Mainz, 1958 Bibl. Lehrinst. Köln. K.: Schriftstellerin. P.: Mittelrhein-Moselland-Bibliographie 1975/76-88, 1978-89, Kalenderbelletristik 1980, 2 statist. Arbeiten über Stadtbibliothek Trier, 6 Gedichtbände, Fabeln: Drei Dutzend und eine, Märchen: Die gesprungene Zeit, Trierer Mundartdichter, Ein Lexikon mit Bibliographie u. Textbeispielen 1997, 11 Poesiekalender. 1981-2002, Alles bloss (kein) Alltag. Kurzgeschichten. 1999, Von den Wäldern Rußlands bis zur Wüste Marokkos.Märchen. E.: Ehrenmtgl. Verein Trierisch 1997.

Brach Harald *)

Bracher Karl Dietrich Dr. phil. Dr. hum.lett.h.c. Dr. jur.h.c. Dr. rer.pol.h.c. Dr. h.c. (Paris) Prof. *)

Bracher Peter Dr.

B.: Gschf. FN.: Kommunale Wasserwerke Leipzig GmbH; Wasserversorgung u. Abwasserbehandlung Leipzig GmbH. DA.: 04103 Leipzig, Johannesg. 7/9. PA.: 01612 Neuseußlitz, Lindenweg 3. G.: Sonnewalde, 25. März 1942. V.: Christel, geb. Anis. Ki.: Bertram (1971). El.: Heinz u. Charlotte. S.: 1960 Abitur, 1963-68 Stud. Chemie TU Dresden, Abschluß Dipl.-Ing. u. Dr.-Ing. K.: wiss. Mitarb., Abt.-Ltr. Abwasserwirtschaft, Hauptabt.-Ltr. Umweltschutz, Mitarb. u. Abwasserwirtschaft, 1983 Wechsel z. Arzneimittelwerk Dresden, Abt.-Ltr. Umweltschutz, 1989 Dir. f. Umweltschutz u. Energie, 1991 Ref. im Leipziger Rathaus, 1991 Gschf. d. Kommunalen Wasserwerke u. Gschf. d. Wasserversorgung u. Abwasserbehandlung Leipzig GmbH, seit 1994 Liquidator d. Wasserversorgung u. Abwasserbehandlung Leipzig GmbH. BL.: mehrere Patente. P.: versch. Publ. M.: WirtschaftsR. C.: CDU, versch. örtl. Ver. H.: Hobbywinzer.

Braches Ingrid *)

Brachmann Annemarie *)

Brachmann Arne

B.: Handelsfachwirt, selbständig. FN.: a. b. lichthandel. DA.: 24576 Bad Bramstedt, Am Kapellenhof 11. G.: Kiel, 28. Apr. 1964. Ki.: 2 Kinder. S.: 1980 Abschluß HS Kiel. K.: 1980-83 tätig bei d. Bundeswehr, 1985-89 Bundeswehr, 1989-93 tätig im Ein- u. Verkauf im Bereich Heizungstechnik in Kiel, 1991-93 Ausbildung z. Handelsfachwirt in Neumünster, 1993-96

*) Biographie www.whoiswho-verlag.ch oder beigefügte CD-ROM

Brachmann

Berater u. Lichtplaner im Leuchtenfachgroßhandel in Bad Bramstedt, seit 1997 selbständig. P.: "ABH Architekten Bauer + Handwerk". M.: Golfclub Herwighorst, Burgverkehrsverein Bad Bramstedt. H.. Golf, Licht, Musik.

Brachmann Klaus *)

Brachmann Sigi *)

Brachmüller Eva *)

Bracht Hans Dietrich
B.: RA, Notar. FN.: RA.-Büro Sewing, Harms u. Bracht. DA.: 32584 Löhne, Erich-Maria-Remark-Pl. 2. PA.: 32549 Bad Oeynhausen, Sandweg 46. G.: Bad Oeynhausen, 14. Arp.1920. S.: 1939 Abitur, 1939-40 u. 1942-45 Militärzeit u. Stud. Rechtswiss., 1946-49 2. Staatsexamen. K.: Referendarzeit an versch. Gerichten, ab 1950 zuglassener RA, ab 1955 Notar. E.: 1969 BVK am Bande, 1987 BVK 1. Kl., 1997 Ved.-Orden d. Landes Nordrhein-Westfalen. M.: Sozialverband Deutschland (früher: Reichsbund) 1950-heute: 1. Ortsverbandsvors., 1. Kreisvors., Mtgl. d. Landes- u.d. Bundesvorstandes sowie d. sozialpolit. Ausschusses NRW; 1956-91 1. Vors. d. behinderten Sportgemein. Bad Oeynhausen, 1984-1996 Aufsichtsratsmtgl. d. Behindertenhotels Berlin. H.: Musik, Kultur, Fitneßtraining, Mode.

Bracht Petra Dr. med.

B.: Ärztin f. Allg.-Med. u. Naturheilverfahren. DA.: 61348 Bad Homburg, Louisenstraße 100. G.: Frankfurt, 11. Okt. 1956. V.: Roland Liebscher. Ki.: Raoul (1989), Julien (1991). El.: Harald Kämpfer u. Margot Bracht. S.: 1975 Abitur, 1976-83 Studium Med. Frankfurt/Main, Approb. K.: 1982-83 tätig an d. Univ.-Klinik Frankfurt/Main, 1984 Eröff. d. Praxis m. Schwerpunkt Prävention durch Entgiftung u. natürl. Lebensweise; Funktion: Lehrauftrag an d. Univ. Frankfurt/Main z. Thema Ernährung. P.: div. Vorträge v. Fach- u. Laienpublikum, Veröff. in einschlägiger Presse, Buch.: "Das Buch d. ganzheitl. Darmsanierung", "BIO TUNING - leichter Leben" (2001). M.: Ärzteverb. f. Erfahrungsheilkunde, Vorst.-Mtgl. d. Ak. f. patientenzentrierte Med., Präs. d. Intern. Ges. f. Colonhydrotherapie. H.: Singen, Musik, Tanzen.

Brachvogel Gerrit Dr. jur. *)

Brack Christian Dipl.-Ing.
B.: Architekt, selbständig. DA.: 87439 Kempten, Reutlinger Str. 9 c. G.: Kempten, 6. Juli 1969. V.: Simone, geb. Martin. S.: 1988 Abitur, Bundeswehr, Stud. Arch. TU München, 1996 Abschluß Dipl.-Ing. K.: seit 1996 selbständiger Architekt in Kempten m. Schwerpunkt Gewerbebau, Einfamilienhäuser, Sanierungen u. Modellherstellung f. Kollegen. P.: div. Berichte u. Kommentare z. Thema energiesparendes Bauen in d. regionalen Presse. M.: Architektenkammer Bayern. H.: Musik, Fotografieren, Modelleisenbahn.

Brack Christoph Dr. med. *)

Brack Ingeborg *)

Brackemann Holger Dr.
B.: Fachgebietsleiter. FN.: Umweltbundesamt UBA. DA.: 14193 Berlin, Bismarckpl. 1. holger.brackemann@uba.de. G.: Hagen, 7. Mai 1961. V.: Dr. Elisabeth, geb. Schmid. Ki.: Justin (1991). El.: Fritz u. Inge, geb. Kirner. S.: 1980 Abitur, 1980-85 Stud. Chemie in Göttingen, 1989 Prom., 1985-87 Stipendiat d. Stiftung Stipendien-Fonds d. Verbandes d. Chemischen Ind. e.V. K.: 1985-89 wiss. Mitarbeiter am Inst. f. Physikalische Chemie d. Univ. Göttingen, 1989-92 wiss. Mitarbeiter im UBA, 1992-96 Pressesprecher u. Ltr. d. Pressestelle d. UBA, 1996-99 Ltr. d. Fachgebietes Untersuchung u. Bewertung wassergefährdender Stoffe im UBA u. Gschf. d. Kommission Bewertung wassergefährdender Stoffe, seit 1999 Ltr. d. Fachgebietes Übergreifende Angelegenheiten Wasserwirtschaft, Grundwasserschutz im UBA, Arbeitsschwerpunkte Nachhaltige Wasserwirtschaft u. Liberalisierung d. Wasserversorgung. BL.: versteht sich als Mittler zwischen Wiss. u. Politik, hat u.a. d. FCKW-Verordnung m. auf d. Weg gebracht u. ist beteiligt an d. Liberalisierung d. Wasserversorgung, sowie d. "Europäisierung" v. Gefahrenklassen. P.: rd. 50 Veröff. u.a.: "Ableitung v. Wassergefährdungsklassen aus d. Einstufungen d. Gefahrstoffrechts" (1997), "FCKW-Ausstieg, Zur Frage d. ökologischen Bewertung v. Ersatzwasserversorgungstechnologien" (1991), "Liberalisierung d. Wasserversorgung: Auswirkungen auf d. Gesundheits- u. Umweltschutz, Skizzierung eines Ordnungsrahmens f. eine wettbewerbliche Wasserwirtschaft" (2000). H.: Sport, Literatur.

Bracker Jörgen Dr. Prof. *)

Bracker Wiegand R. *)

Bracker Wolfgang Dr. med. *)

Brackins-Romero Juan Dr. med.
B.: Radiologe. DA.: 45661 Recklinghausen, Bochumer Str. 86. PA.: 44627 Herne, Auf dem Rohde 4B. G.: Panama, 30. Juli 1936. V.: Marianne, geb. Fischer. Ki.: Manuel, Jessica. S.: 1959-67 Med.-Stud. Bonn, 1970 Prom. K.: 1967-70 Ass.-Arzt, 1969-75 FA-Ausbild. f. Radiologie Panama, 1978-80 Arzt in d. USA, 1980-81 Arzt an d. Univ.-Klinik Ulm, 1981-83 Fellow St. Louis Univ. USA, 1983-87 ltd. OA Marienhospital Herne, Bergmannsheil Bochum, ab 1987 ndlg. FA f. Radiologie. BL.: 1959 Gewinner B-Schach-Turnier in Bad Godesberg, 1992-96 Mtgl. Vertreterversammlung Kassenärztl. Ver. WL. M.: SPD. H.: Tennis, Wandern, Schach.

Bräckle Isolde Dr. phil. *)

Brackmann Claus Dr. med. *)

Bradaczek Hans Dr. Prof.

B.: Gschf. FN.: Elektrotechn. Fabrikations- u. Großhdl. GmbH - EFG. DA.: 14163 Berlin, Düppelstr. 13. hbradaczek@efg-berlin.de. www.efg-berlin.de. G.: Berlin, 12. Jan. 1930. V.: Elke, geb. Kleibeler. Ki.: Hans-Arthur (1960), Christiane (1961), Martin (1963). El.: Ing. Arthur u. Hedwig, geb. Ott. S.: 1949-53 Stud. Math. u. Physik an d. Humboldt-Univ. u. FU Berlin, Dipl.-Phys. K.: 1960 wiss. Mitarb. am Fritz-Haber-Inst. d. Max-Planck-Ges., seit 1961 Gschf. u. wiss. Ltr. d. EFG GmbH Berlin, 1966 Prom. Physik, 1967-69 Habil.-Stipendium d. DFG, 1969 Habil. Kristallographie, 1969-70 wiss. Ass.

am Inst. f. Kristallographie an d. FU Berlin, 1970 Ernennung z. Prof., 1971-96 wiss. Ltr. im Protokoll f. d. Zusammenarb. m. d. Univ. St. Petersburg, 1973 Forsch.-Aufenthalt M.I.T. Cambridge USA, 1973-81 Gschf. Dir. d. Inst. f. Kristallographie, 1981-95 Univ.-Prof., 1993-95 DFG-Gutachter. BL.: Inh. mehrerer Patente, Namensgeber d. Minerals Bradaczekite, weltweit führender Hersteller v. Prüfsystemen f. d. Schwingquarzfertigung. P.: über 300 wiss. Publ. u. eine Reihe v. Beiträge zu wiss. Fachbüchern u.a. "Math. f. Naturwissenschaftler". E.: Gold. Med. "Peter L. Kapitza" d. Russ. Ak. f. Naturwiss., St. Georgsorden d. Stadt Moskau, Wissenschaften. M.: auswärtiges Mtgl. d. Russ. Ak. f. Naturwiss.

Bradler Günther Dr. phil. *)

Bradshaw Alexander Marian Dr. Prof.
B.: Dir., Physiko-Chemiker. FN.: Max-Planck-Institut f. Plasmaphysik. DA.: 85748 Garching bei München, Boltzmannstr. 2. PA.: 12249 Berlin, Hirzbacher Weg 18a u. 85386 Dietersheim, Am Lichtfeld 7. alex.bradshaw@ipp.mpg.de. G.: London, 12. Juli 1944. V.: Cornelia, geb. Berg. S.: 1965 BSc Degree Queen Mary College d. Univ. London, 1968 Prom., 1968-70 Stipendiat d. Royal Society am Inst. f. Physikal. Chemie TU München, 1974 Habil. K.: 1970-73 wiss. Mitarb. Inst. f. Physikal. Chemie TU München, 1976 wiss. Mitarb. Fritz-Haber-Inst., 1980 wiss. Mtgl., Mtgl. d. Kollegiums u. Dir. am Inst., 1981 apl.Prof. FUB, 1981-85 u. 1988-89 wiss. Gschf. Berliner Elektronenspeicherringges. f. Synchrotronstrahlung mbH (BESSY), 1990-92 Vors. d. Physikal. Ges. zu Berlin, 1997 Hon.-Prof. TUB, 2000 Hon.-Prof. TU München, seit 1999 Wiss. Dir. d. MPI f. Plasmaphysik, 1998-2000 Präs. d. Dt. Physikalischen Ges. P.: Mithrsg. mehrerer Bücher u. Zeitschriften, ca. 400 wiss. Publ. E.: 1994 Max Planck-Forsch.-Preis. M.: Mtgl. d. Berlin-Brandenburgische Akad. d. Wiss., Mtgl. zahlr. Fachges.

Bradtke Günter *)

Bradtke-Schacher Eva-Maria *)

Braem Harald Prof.
B.: Schriftsteller, Dipl.-Designer, Prof. f. Kommunikation u. Design. DA.: 56355 Bettendorf, Miehlener Str. 4. kult-ur-institut@t-online.de. www.KULT-UR-INSTITUT, www.haraldbraem.de. G.: Berlin, 23. Juli 1944. Ki.: Harald, Tarek. El.: Hans Karl T. u. Marlitt. S.: FH Hildesheim, Visuelle Kommunikation, Werbeak. Hannover. K.: Dipl.-Designer, Grafiker, Werbetexter, Journalist, Kreativdir., 1981-2001 Lehrstuhl an d. FH Wiesbaden; Dir. d. Kultur-Inst. f. interdisziplinäre Kulturforschung e.V. P.: ca. 350 Einzelveröff. in Sammelwerken u. Zeitschriften, Beiträge im Funk, FS-Filme (ZDF, Terra X), Die Macht der Farben (1985), Brainfloating (1986), Selftiming (1988), Kanarische Inseln (1988), Der Löwe von Uruk (1988), Balearen (1989), Die Sprache der Formen (1990), Hem-On, der Ägypter (1990), Tanauss, der letzte König der Kanaren (1991), Das magische Dreieck (1992), Ein Sommer aus Beton (1989), Der Herr des Feuers (1994), Schamanismus u. Höhlenkunst (1994), Der Vulkanteufel (1994), Magische Riten und Kulte (1995), Der König von Tara (1996), Das Blaue Land (2000), Morgana (2000), Frogmusic (2000). M.: Mtgl. d. Expertenstabes d. Bundesverb. Dt. Psychologinnen u. Psychologen. H.: Archäologie, Fotografieren.

Braemer Christel Dr. med. vet.
B.: niedergelassene Ärztn u. Tierärztin in eigener Praxis. DA.: 14195 Berlin, Bitterstr. 24. G.: Berlin, 4. Mai 1928. S.: 1945 Abitur, 1945-50 Stud. Veterinärmedizin, 1951 Prom. Dr. med. vet., 1958-63 Stud. Humanmedizin, 1968 Zusatzbezeichnung Homöopathie, 1974 Zulassung als FA f. Allgemeinmedizin, Chiropraktik, Dornbehandlung, Geistige Heilung, Reit- u. Fahrlehrerprüfung (Pferdegespann). K.: seit 1953 Praktische Tierärztin, seit 1964 Ndlg. als Praktike Ärztin, Kredo: die Mehrzahl d. Krankheiten, auch solche, die üblicherweise als unheilbar gelten, wie Krebs, Aids, Multiple Sklerose sind m. d. Puls zu diagnostizieren u. m. Homöopathie, Akupunktur, Neuraltherapie bei rechtzeitiger Diagnosestellung beeinflussbar u. oft heilbar, Behandlungsprinzip Ganzheitmedizin, individuelle Therapien, seit 15 J. waren keine Operationen b. Patienten nötig, in d. letzten 20 J. keine Antibiotika verschrieben, homöopathische Ausbildung b. Experten wie Dr. A. Voegeli, Dr. Künzli, Dr. P. Schmidt (alle Schweiz), darüber hinaus während eines Zeitraumes v. mehr als 25 J. b. Dr. P. Nogier in Lyon Auriculotherapie u. Auriculomedizin erlernt, in Neuraltherapie nach Huneke persönlich b. Dr. F. Huneke geschult, seit 1980 Realisierung d. privaten Forschungstätigkeit in Auriculomedizin b. Mensch, Tier u. Pflanze. P.: ca. 40 Vorträge, bzw. Printveröffentlichungen u.a. "Neuraltherapeutische Erfahrungen in d. tierärztlichen Praxis", "Herd- bzw. Störfeldsuche u. -behandlung m. Hilfe d. Auriculomedizin nach Nogier", Diagnostik mit Hilfe d. Auriculomedizin nach Nogier, "L'application de l'Auriculomédecine en médecine vétérinaire et pour la protection des plantes", "Erfahrung m. Erkrankungen nach Zeckenstichen". M.: Dt. Zentralverein homöop. Ärzte, Dt. Ärztegesellschaft f. Akupunktur e.V., verschiedene Tierschutzvereine.

Braeuer Max Dr. iur.
B.: RA, Notar, Fachanw. f. Steuerrecht. PA.: 12205 Berlin, Baseler Str. 54. G.: Hann Münden, 17. Okt. 1950. V.: Sung Lae, geb. Moon. Ki.: Paul (1982), Charlotte (1984), Fritz (1986). El.: Dr. Jürgen u. Margarete. S.: 1969 Abitur, 1969-74 Stud. Jura Göttingen, Genf u. Heidelberg, 1979 2. Staatsamen in Berlin, 1990 Prom. K.: 1979 RA, 1982 Fachanw. f. Steuerrecht, 1987 Notar.

Braeuning Peter

B.: Dachdeckermeister, Gschf. Ges. FN.: Peter Marx GmbH. DA.: 66125 Saarbrücken-Dudweiler, Rehgraben 5. marx.bedachungen-baustoffe@t-online.de. G.: Saarbrücken, 6. Okt. 1958. V.: Ursula, geb. Bähr. El.: Karl-Heinz u. Marlies, geb. Marx. S.: 1976 Abitur St. Blasien, 1976-78 Ausbildung d. Dachdecker in Dillingen, 1979-80 Meisterschule in Mayen, 1980 Meisterbrief im Dachdeckerhandwerk, 1980 Stud. BWL an d. Univ. Saarbrücken. K.: ab 1980 Dachdeckermeister b. d. Firma Peter Marx Bedachungen in Saarbrücken-Dudweiler (Betrieb d. Urgroßvaters), seit 1995 Gschf. d. Firma Peter Marx Bedachungen GmbH. M.: Vorst.-Mtgl. d. Dachdeckerinnung, seit 2001 Landeslehrlingswart d. Dachdeckerinnung. H.: gut Essen gehen.

Braeunlich Wolfgang *)

Bragagna Paolo *)

Brahami Guy
B.: Journalist, Unternehmer, selbständig. FN.: FSZ Französisches Sprachzentrum. DA.: 60323 Frankfurt/Main, Eppsteiner Straße 31. brahami.fsz@t-online.de. www.franzoesischesprachzentrum.de. G.: Constantine/Frankreich (Algerien), 19. Juli 1944. El.: Jacques u. Suzanne. BV.: Urgroßvater Jean-Claude Brahami Oberst im 1. Weltkrieg, Bruder Willy Brahami Astrophysiker. S.: 1962 Abitur Paris, 1962-65 Stud. Phil. Sorbonne Paris, Abschluss: Dipl., 1962-67 Stud. Orientalistik

---
*) Biographie www.whoiswho-verlag.ch oder beigefügte CD-ROM

Brahami

u. Journalismus HS f. Journalismus Paris, 1967 Abschluss. K.: 1967-74 Kriegsreporter f. Presseagentur "Gamma" u. d. franz. Tageszeitung "combat", Einsätze im Mittleren Osten, Vietnam, Afrika, Mittelamerika, Mexiko, 1974-80 Lehramt an Franz. Schule Frankfurt, nebenberufliche Tätigkeit als Kriegsreporter, 1980 Grdg. d. Franz. Sprachzentrum (FSZ) Frankfurt, Übersetzungen: Tätigkeit f. intern. Anwaltskanzleien, Industrieverbände. BL.: Angebot v. Franz. Kochkursen, Angebot v. Wein- und Cognacseminaren, Angebot v. Telefonunterricht, seit 1998 Studien im Bereich Esoterik (Afrikanische Numerologie, Kabbala, Chinesische Numerologie, Religion u. Inka). P.: Berichte über d. FSZ u. d. Telefonunterricht in d. örtl. Presse (FNP, FR, FAZ), Reportagen im Hess. Fernsehen über d. Kochkurse, Interview in HR2 in d. Sendung "Fremd in unserer Stadt", Berichte in Frankreich im Rundfunk u. in d. Zeitungen, Teilnehmer b. Podiums-Diskussionen in ARD, ZDF u. im Bayer. Fernsehen z. Themenbereich Dt.-Franz. Beziehungen. E.: Bronzemedaille f. Hochleistungssport Leichtathletik (1963), Reporterpreis in Frankreich f. junge Reporter (1972). M.: Gründungsmtgl. d. "Club Des Affaires" (1974), Verein d. Franzosen im Ausland (ADFE), Bund d. Dolmetscher u. Übersetzer. H.: Kochen, Wein u. Cognac, Fallschirmpringen, Tauchen, Reiten, Leichtathletik, Schwimmen.

Brähler Eduard Franz Josef Helmut *)

Brähler Elmar Dr. rer. biol. hum. habil. Prof. *)

Brahm Heinz Dr. phil. *)

Brahm Ulrike *)

Brähmer Axel *)

Brähmer Olaf *)

Brähmig Klaus Peter
B.: MdB. FN.: Dt. Bundestag. DA.: 11011 Berlin, Platz der Republik 1. G.: Königstein, 1. Aug. 1957. V.: Marlies, geb. Mutze. Ki.: Linda-Maria. S.: 1974-77 Lehre als Elektroinstallateur, 1977-78 Wehrdienst, 1981-83 Elektromstr. K.: 1978-89 tätig im Elektroanlagenbau in Pirna, 1990 Eintritt in d. CDU-Pirna, 1990 im Kreistag Pirna, 1990-92 CDU-Fraktionsvors., seit 1990 MdB, Mtgl. im Tourismusaussch., seit 1998 Mtgl. im Fraktionsvorst. d. CDU/CSU, seit 1999 Mtgl. im Kreistag Sächs. Schweiz, Vors. d. Tourismusverb. Sächs. Schweiz u. BeiR.-Mtgl. d. Messeges. Leipzig. P.: viele Interviews u. in: Sächs. Zeitung, Welt am Sonntag u. MDR-Fernsehen. M.: Kreisvorst. CDU-Pirna, Bundesjury EXPO 2000 Weltaussch., über 40 Ver. im Wahlkreis. H.: Wandern, Bergsteigen, Musik hören, Heimatliteratur, Island bis Feuerlandreisen. (Re)

Brähming Horst-Dieter Dipl.-Ges.-Wiss. *)

Brahms Hero Dipl. Kfm.
B.: Vorst. FN.: Linde AG. DA.: 65189 Wiesbaden, Abraham-Lincoln-Str. 21. PA.: 65189 Wiesbaden, Hildastr. 21. www.linde.de. G.: Münster, 6. Juli 1941. V.: Katharina. El.: Johannes u. Ursula. S.: 1961 Abitur, Stud. Betriebswirtsch. Univ. München, Münster. K.: 1969 Hoesch Werk Ges. u. Stabsabt., 1982-91 Mtgl. d. Vorst. Hoesch AG, 1991-94 Vizepräs.

d. Treuhandanst., 1994-96 Vorst. Kaufhof Holding AG, z. Zt. Vorst. Linde AG. E.: Vorst. d. Ver. f. Westfälische Wirtsch. gesch. e.V. H.: Golf, Skifahren.

Brahmstaedt Herbert Willi Ludwig Friedrich Karl Dr. phil.
B.: StDir. i. R. PA.: 22299 Hamburg, Sierichstr. 154. G.: Hamburg, 14. Aug. 1912. V.: Margret, geb. Schledt. Ki.: Jens Peter (1941), Hannelies (1943). El.: Rudolf u. Ida, geb. Lippert. S.: 1931 Abitur Hamburg, 1931-37 Stud. Germanistik, Literaturwiss., Anglistik, ev. Theol. u. Phil. in Hamburg, Stud. d. Sanskrit, Teilnahme an Vorlesungen zu Psych., Med. u. Rechtswiss., Diss. 1937 Prom., 1934-35 Reichswehr, 1937-39 Referendar Hamburg, 1939 Res.-Offz., 1939-40 Wehrmacht, K.: 1941-42 Lektor an d. Univ. Triest, 1942-45 Wehrmacht, Einsätze in d. Normandie, Griechenland, Hauptquartier in Ostpreußen, Polen, 1946-56 Doz. an d. Volkshochschule Hamburg, StR. am Gymn. Blankenese, Grdg. eines Jugendtheaters u. Inszenierungen, 1956-78 am Johanneum in Hamburg, 1978 als StDir. in d. Ruhestand versetzt, 1956-72 parallel an d. Univ. als Doz. f. Päd. tätig, 1970-78 Leitung d. FO, ferner Lehrgänge an d. FO f. Sozialpäd., Lehrgänge im Allg. Bildungswesen d. Bundeswehr sowie an d. HS d. Bundeswehr als Doz. im Bereich Päd., Soz. u. Psych. M.: Dt. Philologenverb. H.: ital. Sprache, Bildungsreisen u.a. New York, Polen, Griechenland, Schweden, Spanien, Österreich, Schweiz, Italien mit kunstgeschichtlichen Studien.

Braier Christoph Dipl.-Ing.

B.: Architekt. FN.: Bau-Concept GmbH & Co KG. DA.: 30926 Seelze, Petersenstr. 1. G.: Hannover, 31. März 1966. V.: Birgit, geb. Veldman. Ki.: Josephine (1996), Juliana (1998). El.: Dieter u. Brigitte, geb. Böhmer. S.: BGJ-Bautechniker an d. Berufsschule 3 in Hannover, Ausbildung z. Maurer b. d. Firma Kurth in Hannover, 1985 Gesellenprüfung als Maurergeselle, 1986 Fachabitur an d. Bautechnikerberufsschule 3, 1987 Stud. Architektur an d. Fachoberschule Hildesheim/Holzminden, 1990 Abschluss als Dipl.-Ing. K.: Architekt b. d. Arbeitsgruppe Altstadt in Braunschweig, Wechsel in d. Architekturbüro Neubert in Braunschweig, seit 1993 selbständiger Architekt, 1994 Grdg. d. Bau-Concept GmbH & Co KG. M.: Haus & Grund Hannover, Architektenkammer Niedersachsen, Präs. d. T.T.-Sparte SV Ahlem. H.: Familie, Tischtennis aktiv (Verbandsliga, div. Meisterschaften, Turniere), Immobilien.

Braig Manfred Karlheinz *)

Braig-Witzel Renate *)

Brainin Valeri
B.: Musikwissenschaftler, Literat, Komponist, Gschf. FN.: Musikschule Brainin e.V. in Hannover. DA.: 30165 Hannover, Omptedastr. 1. vbrainin@t-online.de. www.brainin.org. G.: Nizhnij Tagil/Rußland, 27. Jan. 1948. Ki.: Kristina (1971), Agatha (1973), William (1977). El.: Boris (lit. pseudonym Sepp Österreicher, österr. Satiriker u. Nachdichter) u. Asya, geb. Passek. BV.: Jüd. Schriftsteller Ruvim Brainin, amerikan. Lyriker Frederic Brainin, engl. Geiger Norbert Brainin, Prim. d. "Amadeus-Quartetts", österr. Psychoanalytikerin u. Schriftstellerin Elisabeth Brainin. S.: Stud. Musiktheorie, Komposition, Linguistik u. Math. K.: Kompositionen umfassen Orchester-, Kammer-, Vokal-, Theatermusik etc., trat m. eigenen Werken

u.a. im Bolschoi Theater auf, unterrichtete am Gnessin-Musikgymn. Moskau, Lehrplan: patentierte Brainin-Methode (Patent RU Nr. 2075785 C1 "Entwicklung d. musikal. Gehörs u. Vorrichtungen d. Ausführung"), Ltr. vieler Seminare u. jährl. Meisterkurse an versch. Inst. weltweit, Referent b. intern. Kongressen, 1991-98 regelmäßig Essays im Radio Liberty London, München u. Prag, Initiator u. künstler. Ltr. d. Intern. Musikwettbewerbs Classica Nova (1997), älteste u. größte priv. Musikschule an d. Marktkirche e.v. in Hannover heißt seit 1998 Musikschule Brainin e.V., Filialen dieser intern. Schule werden v. Brainins Schüler geleitet (in Süddeutschland, USA, Rußland, Australien u. Südafrika). BL.: 2000 Prüf. b. d. Firma MCN Mundo Classico Novo GmbH. P.: Veröff. lyr. Werke u. Nachdichtungen in literar. Zeitschriften in Rußland, Deutschland, Israel, USA u. in d. Anthologien "Strophen d. Jhdt. 1" u. "Strophen d. Jhdt. 2", musikwiss. u. musikkritische Publikationen in Italien, Rußland, Österreich, Südafrika, Frankreich, Deutschland, Niederlanden. M.: ISME, Dt. Ges. f. Musikpsychologie, Dt. Tonkünstlerverb., Associazione Italia-Russia, VPräs. Tolstoi Hilfs- u. Kulturwerk Hannover e.V.

Braka Rudolf *)

Brakelmann Günter Dr. theol. Prof.

B.: em.Prof. DA.: 44801 Bochum, Gropiusweg 35. G.: Bochum, 3. Sep. 1931. V.: Ingrid, geb. Rust. Ki.: Sibylle (1960), Bettina (1962), Ute (1963). S.: 1952 Abitur Bochum, 1952-58 Stud. Ev. Theol., Sozialwiss., Geschichte an d. Kirchl. HS Bethel u. d. Univ. Tübingen, Münster, 1. Staatsexamen, 1958-60 Vikariat in Paderborn, 2. Staatsexamen, 1959 Prom. K.: 1960-62 Studentenpfarrer u. Doz. Ing.-Schule Siegen, 1962-68 Doz. Ev. Sozialak. Friedewald, 1968-70 wiss. Ass. am Inst. f. Christl. Ges.-Wiss. Univ. Münster, 1970-72 Dir. Ev. Ak. Berlin, 1972-96 o.Prof. f. Christl. Sozialethik u. Zeitgeschichte Ruhr-Univ. Bochum, 1996 em., 1996-99 Ltr. Sozialwiss. Inst. d. Ev. Kirche Deutschland. BL.: s. über 25 J. Mtgl. d. WDR-VerwR., engagiert f. Rundfunkpolitik u. ehem. Vors. d. BAVARIA Filmges., 20 J. Mtgl. d. SPD-Grundwertekmsn. P.: "Für eine menschl. Gesellschaft. Reden u. Gegenreden" (1996), "Hans Ehrenberg. Ein juden-christl. Schicksal in Deutschland" (1999), zahlr. weitere Veröff. E.: 1991 BVK, 1996 Festschrift z. Ehren d. 65. Geburtstags "Freiheit gestalten. Zum Demokratieverständnis d. dt. Protestantismus". M.: SPD, Gewerkschaft IG-Metall, u.a. Erforsch. d. Kirchen- u. Religionsgeschichte d. Ruhrgebietes, Vors. Ver. z. Förd. d. Hauses d. Geschichte d. Ruhrgebiets Bochum, Vors. Ver. z. Förd. d. Kulturwiss. Inst. Essen. H.: Wandern, Naturkunde.

Bral-Van Beneden Claire

B.: Heilpraktikerin. DA.: 30629 Hannover, Waldstr. 10. claire.vanbeneden@t-online.de. G.: Belgien, 27. Dez. 1945. V.: Jan van Beneden. Ki.: Dipl.-Bw. Werner (1970). S.: 1962 Abitur Belgien, 1962-70 Stud. an d. HS f. Med. Berufe, Päd. u. Psychotherapie m. Abschluß. K.: 1970-94 Tätigkeit an versch. internist. Kliniken in Belgien u. Deutschland u. Doz. an Krankenschwesternschulen f. d. Fachbereiche internist. u. gerontolog. Path. u. Klinik, Allergologie, Umweltmed., Hydro- u. Thalassotherapie, Ernährungstherapie u. Orthomolekulartherapie, Weiterbild. u. Therapieinhalte, biolog. Med.: Isopathie, Dunkelfeldmikroskopie, Mikrobiolog. Immuntherapie,

Bioelektron. Analyse nach Prof. Vincent, Resonanzhomöopathie, Antihomotoxische Med., Biofrequenztherapie, Akupunktur, Neuraltherapie, 1994 Heilpraktikerprüf. in Krefeld, 1995 Eröff. d. eigenen Heilpraktikerpraxis in Hannover. P.: Vortragstätigkeit u. Seminare intern. M.: Heilpraktikerverb., Ver. f. Antihomotoxische Med., Intern. Ver. f. Bioresonanz u. Biokybernetik, Ver. f. Isopatie. H.: Biogärten, Kochen, Musik.

Bramall-Stephany Pauline

B.: Gschf. Ges. FN.: LINC. DA.: 76187 Karlsruhe, Östliche Rheinbrückenstr. 50. mail@linc-training.de. www.linc-training.de. G.: Cheadle Hulme/GB, 24. Aug. 1953. V.: Paul Rainer Stephany. Ki.: Eva Katharina (1988), Daniel Timothy (1991). El.: Charles Herbert u. Violet Evelyn Bramall, geb. Nurse. S.: 1971 Abitur, 1972-76 Kingston Univ. London B.a. Hons Degree (Dt., Ww., Politik), 1974-75 Univ. Mannheim, 1980-82 Univ. of Birmingham U.K., 1982 M.A. Degree in Angew. Linguistik. K.: 1976-77 Lehrerin f. Engl. b. d. Regent School (Sprachschule) Frankfurt, 1978-79 Doz. an d. European Business School Offenbach, 1980-83 freiberufl. b. Firmen in Frankfurt u. Umgebung, 1983-98 freiberufl. f. Firmen in Karlsruhe u. Umgebung, Trainerin d. Führungsak. Baden-Württemberg, 1993-99 Koordinatorin d. Sprachabt. b. Siemens Karlsruhe, 1991 Grdg. d. Firma LINC. P.: 1981 English for Business and Commerce, 1982 How to Communicate, 1983 Englisch f. Erwachsene: Tests, 1988 Take Off 3, 1994 Reading for Fun. M.: SIETAR, IATEFL, Forum f. Karlsruher Unternehmerinnen. H.: Fotografie, Yoga, Reisen.

Bramann Helmut Dipl.-Ing. *)

Bramborg Beatrix *)

Brambrink Erik *)

Bramer Gottlieb *)

Brämer Christian Dipl.-Ing.

B.: Fachwirt d. Grundstücks- u. Wohnungswirtschaft. FN.: B & B Immobilien Christian & Waltraud Brämer GbR. DA.: 14612 Falkensee, Poststr. 48-50. PA.: 14612 Falkensee, Krummer Luchweg 57. bb.immobilien@gmx.de. G.: Malchow, 25. Dez. 1961. V.: Elke, geb. Betzel. Ki.: Anke (1972), Mathias (19977), Thomas (1984). El.: Wilhelm u. Waltraud, geb. Malz. S.: 1969-70 Abitur u. Facharb. Rinderzucht, 1970-77 Stud. Ldw. an d. Humboldt-Univ. Berlin, Dipl.-Agraring., 1990 Kurs Finanzierung u. Investition an d. FH f. Wirtschaft Berlin, 1994 Fortbild. EDV, 1995 Haufe Seminare, Wohnungseigentumsverw., 1996 Management Kolleg Heidelberg, Maklerrecht f. Praktiker, 1996-97 Ak. f. Immobilien - Management-Intern., Fachwirt in d. Grundstücks- u. Wohnungswirtschaft. K.: 1977-80 Ltr. d. Viehzucht LPG Neddemin, 1981-86 Mitarb. f. Investitionen, Bez.-Dion. Volkseigener Güter Neubrandenburg, 1986-90 Mitarb. f. Investitionen, Bez.-Dion. Volkseigener Güter Potsdam, 1990-91 Mitarb. Standortsicherung Potsdam, SPAR Hdls.-AG Hamburg, 1992-93 Sachbearb. gewerbl. Vermietung Berlin, Doblinger Ind.-Bau AG München, 1993-97 Ndlg.-Ltr. Berlin B & O Consulting Systems Hamburg, Gewerbl. Immobilien, Vermarktung, Entwicklung, Verw., 1997 selbst. m. Immobilienbüro in Falkensee, Vermittlung, Verw., Vermietung, Vermarktung. M.: MC-Berlin. H.: Haus u. Hund, Angeln.

Brämer Karl-Heinz Dipl.-Kfm. *)

Bramigk Detlef Dipl.-Ing. *)

Bramigk Nicola *)

Brammer Helmut Dr. med.

B.: FA f. Allg.-Med., Psychotherapie u. Alkoholentwöhnung. DA.: 49393 Lohne, Brinkstr. 37. info@alkoholentwoehnung.de. www.alkoholentwoehnung.de. G.: Königsberg, 30. Mai 1941. V.: Ruzena, geb. Vostra. Ki.: Silke-Frauke (1971), Maike (1974). El.: Dr. Hermann u. Dora, geb. Läwen. BV.: Prof. Dr. Arthur Läwen - Ordinarius f. Chir., Dir. d. Univ.-Klinik Kiel u. Pionier d. Anästhesie. S.: 1961 Abitur Hermannsberg, 1961-62 Bundeswehr, 1962-69 Stud. Med. Univ. Göttingen u. Erlangen, Staatsexamen u. Prom. K.: 1969-72 Ass.-Arzt f. Innere Med. u. Chir. in Wilhelmshaven u. Wittmund, 1972-74 Übernahme d. väterl. Praxis in Hermannsberg, 1974-96 Eröff. d. Praxis in Diepolz, 1996 Eröff. d. Praxis in Lohne, seit 1979 FA f. Allg.-Med., seit 1996 Psychotherapeut u. Zusatzbezeichnung Naturheilverfahren, Homöopathie u. Chirotherapie m. Schwerpunkt Kurzzeittherapie f. Alkohol- u. Medikamentenabhängige, Raucherentwöhnung, Neurodermitis, Psoriasis, Schmerztherapie bei Wirbelsäulenschäden, Durchblutungsstörungen, Wundheilungsstörung, Energiemed., Akupunkturmassage u. Reiki. P.: Vorträge u. Seminare z. Gesundheitsvorsorge, Alkoholismus, EDTA-Chelat-Therapie u. Energiemed. (seit 1980), zahlr. Publ. in Fachzeitschriften, 1. Buch "Die Rückkehr d. Verantwortung - Alkoholtherapie in 3 Wochen" (1998). M.: Ref. d. IGM u. d. Ges. f. biolog. Krebsabwehr, 1979 Grdg. u. Aufbau d. Beratungsstellen f. Abhängigkeitserkrankungen - Sorral, 1983 Grdg. u. Vorst. d. Dt. Ges. f. Chelat-Therapie. H.: Motorradfahren, Lesen.

Brammer Peter Dipl.-Ing.
B.: Verkehrsing. FN.: DB Station & Service AG. G.: Wernigerode, 8. Feb. 1954. El.: Dr. med. Albert u. Liselotte, geb. Stephan. S.: 1968-72 Ausbild. z. Betriebs- u. Verkehrseisenbahner in Hauptbahnhof Wernigerode m. Abschluß Abitur u. Facharb.-Abschluß, 1972-73 Wehrdienst. K.: 1973 Ang. d. Dt. Reichsbahn, 1973-75 Ang./Stellwerksdienst in Wernigerode, 1975-84 Fahrdienstltr./Bahnhofsdispatcher u. Schichtltr. im Bahnhof Aschersleben, 1984-85 Bahnhofsltr. Bahnhof Sandersleben, 1986-89 Gruppenltr. Reichsbahnamt Aschersleben, 1985-90 Fernstud. an d. Ing.-Schule f. Transportbetriebstechnik in Gotha m. Abschluß als Verkehrsing., 1990 Ang. d. Betriebsltg. d. Harzer Schmalspurbahn, 1991-94 Ltr. d. Hauptdienststelle Hettstedt, 1994-95 3-S-Teamchef Hauptbahnhof Magdeburg, 1996-2000 Bahnhofsmanager Hauptbahnhof Magdeburg. H.: Literatur, Musik, Reisen.

Brammert Peter *)

Freiherr von Branca Alexander Dipl.-Ing.

B.: Hon.-Prof., Architekt. DA.: 81925 München, Oberföhringer Str. 167. PA.: 83714 Miesbach, Stadelbergstr. 19. G.: München, 11. Jan. 1919. V.: Caroline, geb. Bernasconi. Ki.: Matthias, Alexandra, Emanuela, Benedikta. El.: Wilhelm u. Hedwig, geb. Frankenburg. S.: TU München, ETH Zürich. K.: seit 1950 selbst. Architekt, zahlr. Projekte, ehem. Kreisheimatpfleger d. Landeshauptstadt München. P.: mehrere Veröff. in versch. Publ. E.: div. Ausz. u.a. Bayer. VO, Päpstl. Sylvester-Orden-Kontur, 1991 Bayer. Maximiliansorden, 1999 Gr. Verdienstkreuz Bundesrepublik D. H.: Aquarellmalerei, Zeichnen.

Brand Achim *)

Brand André *)

Brand Anne Siegfried Elisabeth Dr. med. vet. *)

Brand Bärbel *)

Brand Christian Robert Dipl.-Ing.
B.: Versorgungstechniker, selbständig. FN.: Heizungs-Brand. DA.: 29320 Hermannsburg, Kumpenkampsheide 8. info@heizungs-brand.de. www.heizungs-brand.de. G.: Celle, 29. Feb. 1964. V.: Dorit, geb. Heine. Ki.: Hauke (1997), Malte (1998). S.: 1981 Mittlere Reife Hermannsburg, b. 1983 Lehre Heizungs- u. Lüftungsbauer Celle, 1984 Bundeswehr, 1985-89 Stud. Haus- u. Versorgungstechnik FH Braunschweig-Wolfenbüttel. K.: b. 1990 Dipl.-Ing. f. Kältetechnik in d. Firma Sulzer Anlagenbau in Hannover, b. 1993 tätig in d. Firma ROM in Kassel u. in d. Firma RCI in Hamburg, ab 1994 Bertriebsleiter im väterl. Betrieb u. 1998 Übernahme, seit 2001 zusätzl. Energie- u. Gebäudeberater; Funktionen: Trainer u. Ausbilder f. Hochseeausbildung u. Nachwuchsarbeit. P.: Veröff. in TAB Technik aa Bau u. i d. IKZ. M.: HWK Gesellenprüfungsausschuß, Segelclub DHH, TUS Hermannsburg, Wirtschaftsjunioren. H.: Segeln, Familie.

Brand Christine
B.: Apothekerin, Inh. FN.: Neue Apotheke. DA.: 94065 Waldkirchen, Erlenhain 44. G.: Glauchau, 19. Mai 1943. Ki.: Andrea (1966). El.: Max u. Else Werner. S.: 1956 Übersiedl. in BRD, Gymn., 1964 Abitur, 1964-67 Stud. Chemie Grüblersche Ak. Isny, 1967 Chemotechnikerin, Ausbild. Apothekerin, Praktikum, 1967-69 Ausbildung Apothekerin, Praktikum Stadtapoth. Isny, 1969 Vorexamen, 1969-70 Stud. Pharmazie Passau, 1970-72 Würzburg, 1972 Staatsexamen u. Approb. K.: Apothekerin in Bad Tölz, 1973-92 u. Apothekerin in Waldkirchen, 1992 Übernahme d. Apotheke. M.: TSV. H.: Skifahren, Joggen, Mountainbiken.

Brand Dieter *)

Brand Erich
B.: selbst. Maschinenbaumeister. FN.: Maschinenbau Erich Brand. DA.: 85462 Reisen/Eitting, Neue Str. 1. G.: Erding, 29. Okt. 1959. El.: Ludwig u. Maria. S.: Mittlere Reife Erding, Ausbild. als Maschinenbauer, Bundeswehr, 1983 Meisterbrief f. Maschinenbau. K.: 1983 Firmengrdg. Erich Brand

*) Biographie www.whoiswho-verlag.ch oder beigefügte CD-ROM

Werkzeug u. Vorritchtungsbau, 1990 Grdg. Maschinenbaubetrieb m. CNC-Fertigung, 1993 Grdg. Maschinenbaubetrieb im Edelradbereich, Im- u. Export. BL.: mehrere Patente-Anmeldungen in Vorbereitung, "Prototybenbau" im Verdichterbereich. H.: Fallschirmspringen, Drachenfliegen, Crossfahren.

Brand Florian Dipl.-Ing.

B.: Architekt. DA.: 85055 Ingolstadt, Friedrich-Ebert-Str. 18. G.: 29. Apr. 1937. V.: Marianne, geb. Schneider. Ki.: Dominik (1967) und Tobias (1969). S.: 1957 Abitur Schrobenhausen, 1957-63 Stud. Arch. TH München m. Abschluß Dipl.-Ing. K.: 1964-66 Planung u. Bau eines KH in Zürich, seit 1966 selbst., ab 2001 gemeinsam tätig m. d. Sohn; Projekte: Neubau v. 3 Kirchen, 16 Kirchensanierungen, Sanierung d. Schloß Herzogkasten, Altentagesstätten, Behinderten Tagesstätten, VHS, Pfarrzentren u. Wohnhäuser. P.: "Lärmschutz an d. Autobahn". E.: Pollanten-Preis, 1. Preis d. Landesgartenschau, 1. Preis f. Kirche in Straubing, 1. Preis im Wohnbauprojekt Hollerstauden in Ingolstadt, 4 x Anerkennung d. BDA. M.: BDA. H.: Malen, Golf, Segelfliegen, Sammeln antiker u. röm. Scherben u. Kunst, Modelleisenbahn.

Brand Hans-Dieter Dipl.-Ing.
B.: Techn. Ltr. FN.: G. Brand Anlagenservice f. d. Gebäudetechnik. DA.: 70469 Stuttgart, St.-Pöltener-Str. 46. G.: Flensburg, 13. Dez. 1946. V.: Gudrun, geb. Förschler. Ki.: Alexander (1975). El.: Kurt u. Hildegard. S.: 3 J. Lehre z. Maschinenschlosser, 4 J. tätig b. d. Firma Werner & Pfleiderer Stuttgart, FH-Reife, 1969-74 Stud. Feinwerktechnik an d. HS f. Technik Esslingen. K.: 1974-82 Projektbg. f. Anlagenbau b. I.C. Eckart Meß-, Steuer- u. Regeltechnik, 1982-88 stellv. Abt.-Ltr. b. Firma Sulzer Gebäudetechnik, seit 1988 selbst. BL.: seit 12 J. Doz. am Fortbild.-Werk Haus- u. Betriebstechnik. M.: Ver. d. Freunde d. FH Esslingen, seit 10 J. 1. Vorst. d. Kephallenia Studententrev. Esslingen, seit 1996 BeiR.-Vors. d. RVC Stuttgart, Esslingen u. Reutlingen. H.: Musik (Zitherspieler), Wandern.

Brand Hans Gerhard Dr. med. *)

Brand Harald *)

Brand Heiner
B.: Trainer d. Handball-Nationalmannschaft, Vers.-Kfm. FN.: Deutscher Handball Bund, Bundesgeschäftsstelle. DA.: 44139 Dortmund, Strobelallee 56. G.: Buchbach, 26. Juli 1952. K.: größte sportl. Erfolge: 1959-86 VfL Gummersbach, 1984-87 Co-Trainer Männer-Nationalmannschaft, 1987-91 Trainer VfL Gummersbach, 1992-94 Trainer SG Wallau-Massenheim, 1994-96 Trainer VfL Gummersbach, seit 1997 Bundestrainer Männer-Nationalmannschaft, Erfolge als Spieler: 131 Länderspiele, 231 Ligaspieltore, 1978 Weltmeister 1973, 1974, 1975, 1976, 1982 u. 1983 Dt. Meister, 1977, 1978, 1982 u. 1983 DHB-Pokalsieger, 1978 u. 1979 Europapokalsieger d. Pokalsieger, 1974 u. 1983 Supercupgewinner, 1982 IHF-Pokalsieger; Erfolge als Trainer: 1988, 1991 u. 1993 Dt. Meister, 1993 DHB-Pokalsieger, 1993 Finalteilnahme: Europapokalsieger d. Landesmeister, 1998 Supercup-Gewinn, 1998 EM/3., 1999 WM/5, 2000 OS/5.

Brand Helmut Dr. iur. *)

Brand Helmut Dr. med. MSC DLSHTM MFPHM *)

Brand Joachim *)

Brand Johannes

B.: Bauunternehmer, Inh. FN.: Johannes Brand Baugeschäft GmbH Bauplanungsbüro. DA.: 26871 Papenburg, Weißenburg 58. brandjohannes@t-online.de. G.: Papenburg, 22. Okt. 1950. V.: Renate, geb. Nanninga. Ki.: Ute (1971), Corinna (1972), Jörg (1982). El.: Johannes u. Katharina. S.: 1968-70 Baupraktikum, 1970-72 Bundeswehr, 1972-75 Stud. Arch. Oldenburg, Gesellenprüfung. f. Maurer. K.: 1975-77 Ang. in einem Arch.-Büro, 1978-89 tätig im Außendienst f. Stahlgroßhdl., 1989 Eröff. d. Bauplanungsbüros, 1992 Eröff. d. Baugeschäftes, 1996 Maurermeisterprüf. M.: Russ.-Dt. Förderver., Dt. Skatverb. Niedersachsen Bremen u. Ref. f. Öff.-Arb., Skatverb. Weser-Ems - Presseref., 1. Vors. d. Skatclub Papenburg, Blau-Weiß Papenburg. H.: Skat.

Brand Jürgen G.

B.: Baumeister, Gschf. FN.: Brand GmbH Bauunternehmung, Brückeninstandsetzung. DA.: 75015 Bretten, Friedrichstr. 40. brandbau@t-online.de. G.: Pforzheim, 20. März. V.: Astrid, geb. Gillardon. Ki.: Janik, Moritz, Sebastian. S.: 1979 Mittlere Reife Oberderdingen, 1979-82 Lehre als Maurer b. Firma Harsch, Abschluss als Maurergeselle. K.: 1982-83 Tätigkeit im elterl. Betrieb, 1983-85 Zivildienst in d. Reha-Klinik Langensteinbach b. Pforzheim, 1986-92 Bauleiter, während dieser Zeit Meisterschule u. 1990 Meisterprüfung, seit 1993 selbständig m. Firma Brand GmbH. M.: Wildwasser Kanu fahren. H.: Zigarrenrauchen (Havanna), Kochen, Essen & Trinken.

Brand Karl Albert Dr. med. Prof.
B.: Univ.-Prof. FN.: Inst. f. Biochemie d. Med. Fak. Univ. Erlangen-Nürnberg. DA.: 91054 Erlangen, Fahrstr. 17. PA.: 91080 Uttenreuth, Lerchenweg 18. h.brand@biochem.uni-erlangen.de. G.: Beilngries, 22. Apr. 1931. V.: Ilse. Ki.: Stefan. S.: 1950 Abitur, 1950-53 Pharm. Praktikum Eichstätt, 1953-56 Pharmaziestud. Univ. München u. Freiburg, 1956-61 Med.Stud. Univ. Heidelberg, 1962 Prom. K.: 1961-65 wiss. Ass. an d. Med. Univ.Klinik Heidelberg, 1965-67 Research Assoc. Dep. for Molecular Biology Albert Einstein College of Medicine New York, 1967-72 Abt.Ltr. am Max Planck-Inst. f. Ernährungsphysiologie Dortmund, seit 1972 o.Prof. f. Biochemie u. Vorst. d. Inst. f. Biochemie Univ. Erlangen-Nürnberg. P.: mehr als 120 wiss. Veröff. E.: 1969 Dr. Fritz Merck-Preis f. Biochemie, Ehrenmtgl. d. Japan. Biochem. Ges. M.: Ges. Dt. Naturforscher u. Ärzte, Ges. f. Biolog. Chemie. H.: Segeln, Bergwandern, Schifahren, klass. Musik.

---

*) Biographie www.whoiswho-verlag.ch oder beigefügte CD-ROM

Brand

Brand Otto-Hinrich

B.: Gärtnermeister. PA.: 21391 Reppenstedt, Birkenweg 24. G.: Lüneburg, 1. Jan. 1920. V.: Inge, geb. Lange. El.: Otto u. Marie, geb. Steinmeyer. S.: b. 1938 Lehre z. Gärtner in Hamburg-Harburg, Soldat d. Wehrmacht, 1939-40 Gartenbaulehranst. in Pillnitz b. Dresden, danach wieder Soldat. K.: 1946 in Reppenstedt m. eigener Gärtnerei u. d. Garten- u. Landschaftsbau sowie d. Friedhofspflege selbst. gemacht, seit 1998 im Ruhestand, ab 1947 Mtgl. im Landesverb. Gartenbau Niedersachsen u. 1975-89 Vors. E.: BVK am Bande, Ehrenmed. d. Zentralverb. Gartenbau, Gold. Plakette v. Niedersächs. Ldw.-Min. M.: Freiwillige Feuerwehr Reppenstedt, TUS Reppenstedt. H.: Garten, Blumen.

Brand Peter Dipl.-Ing. *)

Brand Peter *)

Brand Rafael Gil Dipl.-Psychologe *)

Brand Robin

B.: Gschf. Gesellschafter. FN.: IT Net Consulting GmbH. DA.: 28199 Bremen, Otto-Lilienthal-Str. 19. rbrand@it-nc.de. www.it-nc.de. G.: Bremen, 10. Juli 1954. V.: Maja, geb. Sasse. Ki.: Anna Mike (1989), Tim Janne (1995). El.: Ernst-August u. Anne, geb. Porschke. S.: 1972-74 Lehre als Elektriker Bremen, 1974-75 FOS, 1975-76 Bundeswehr, Stud. Elektrotechnik HS f. Technik Bremen. K.: 1978-88 Elektriker in Bremen, 1988-89 Ausbild. z. Technikinformatiker, 1989-98 Netzwerktechniker d. Firma Meister Computerpartner in Bremen, seit 1999 selbst. m. Grdg. d. Firma IT Consulting GmbH m. Schwerpunkt Hdl., Dienstleistungen u. Schulungen im EDV-Bereich. H.: Sport, PC.

Brand Rudolf Dipl.-Verw.-Wirt Verw.-ORat *)

Brand Thomas Dipl.-Ing.

B.: Gschf. Ges. FN.: Brand Elektroanlagenbau GmbH. DA.: 38448 Wolfsburg, Berliner Brücke, Bürozentrum Ost, Haus 1. brandelektro@t-online.de. G.: Berlin, 4. Sep. 1948. V.: Monika, geb. Zielasko. Ki.: Daniela (1970), Kolja (1992). S.: 1967 Abitur Berlin, 1967-69 Grundwehrdienst b. d. Armee, b. 1975 Stud. Elektroinig. an d. TU Berlin. K.: Elektroing. b. d. Dt. Bundesbahn, zuletzt Abt.-Ltr., ab 1986 Key Account Manager b. RWE Hannover, 1995 Grdg. d. Firma Brand Elektroanlagenbau in Wolfsburg, 1998 Grdg. d. Firma Brand Elektroanlagenbau Sp.z.o. o in Polkowice in Polen, 2000 Grdg. d. Ndlg. in Berlin. E.: 2x Dt. Meister im Mehrkampf 1963 u. 1964. M.: Newmans Club Wolfsburg, SV Bokensdorf 1924. H.: Tennis, Fußball, Ski Alpin.

Brand Thomas *)

Brand Volker *)

Brand Volquardt *)

Brandau Dieter Dipl.-Ing.

B.: öff. bestellter u. vereid. Sachv. f. Bau-, Recycling- u. Dekontaminationsmaschinen u. -anlagen. FN.: Ing.-Büro Dieter Brandau. DA.: 13437 Berlin, Oranienburger Str. 150A. PA.: 13437 Berlin, Oranienburger Str. 150. info@gutachterbuero-brandau.de. www.gutachterbuero-brandau.de. G.: Bochum, 18. Feb. 1942. V.: Brigitte, geb. Kipke. Ki.: Jens (1982), Samira (1978). S.: Lehre, 1963 FHS-Reife, 1963-65 Bundeswehr, 1965-70 Stud. Maschinenbau Berlin u. Münster, Schweißfaching. K.: 1970-71 Konstruktion Berlin, 1971-73 Maschinentechn. Ltr. Berlin, 1973-75 Maschinentechn. Ltr. Algerien, 1975-82 Maschinentechn. Ltr. Saudi-Arabien u. Berlin, 1982-84 Ltr. Maschinentechnik Berlin, 1984-90 Gschf. eines Erdbauunternehmens, 1991 Ndlg.-Ltr., danach selbst. P.: div. Veröff. in Fachzeitschriften, mehrere Fachvorträge. M.: seit 1985 ehrenamtl. Richter, VDBUM. H.: Rudern, Tennis, Literatur, Musik. (G.W.)

Brandau K. Peter Dr. med. *)

Brandecker Detlev Dr. med. *)

Brandenburg Erich Jens Dr. jur.

B.: Unternehmensberater. FN.: Brandenburg Unternehmensberatung. DA.: 40474 Düsseldorf, Cecilienallee 26. G.: Leipzig, 12. Jun. 1939. V.: Otto Erich u. Lola. S.: 1959 Abitur in Königsfeld, 1959 Stud. Rechtswiss. in Freiburg u. München, 1964 1. u. 1968 2. jur. Staatsexamen, 1968 Prom. z. Dr. jur. K.: 1969 intern. Rechtsberater b. d. Thyssen-Bornemisza-Gruppe, Rotterdam, danach RA in Düsseldorf, 1973 Ass. d. Vorst.-Vors. d. STEAG AG in Essen, 1975 Marketing Manager b. Signode, dt. Tochtergesellschaft d. Herstellers v. Verpackungsbändern u. -maschinen Signode Corp. Chicago, 1978 Dir. East European Operations, 1982 Gschf. Signode Verpackungssystem-Ges.mbH, Wien, 1985 Vice President Signode Europa, 1988 Gschf. Deutschland d. französischen Newtec Gruppe m. d. Verpackungsmaschinenherstellern Thimon, Haloila, FTH, Faiveley, DEM, Cetra, 1991 Personalberater b. d. britischen GKR Executive Search Consultants, seit 1992 eigene Personalberatung mit internat. Partnernetzwerk, Executive search u. management re-engineering f. internat. Mandaten, Sprachen: Englisch, Französisch, Italienisch u. Russisch. P.: Veröff. in Fachzeitschriften. M.: Freundeskreis Festspielhaus Baden-Baden e.V., Rotes Kreuz, Club d. Affaires en Rhenanie du Nord Westphalie e.V. Düsseldorf.

Brandenburg Hans *)

Brandenburg Inge *)

Brandenburg Karlheinz Dr.-Ing. Prof.

B.: Inst.-Ltr. FN.: Inst. f. Medientechnik TU Ilmenau. DA.: 98693 Ilmenau, Am Helmholtzring 1. bdg@iis.fhg.de. www.iis.fhg.de/amm. G.: Erlangen, 20. Jun 1954. V.: Ines, geb. Rein. El.: Prof. Dr. Hans-Heinrich u. Eva, geb. Moritz. S.: 1973 Abitur Erlangen, Bundeswehr/Zivildienst, 1974-82 Stud. Elektrotechnik u. Math. an d. Friedrich-Alexander-Univ. Erlangen-Nürnberg, 1980 Dipl. im Fach Elektrotechnik, 1982 Dipl. im Fach Mathematik. K.: 1982-89 Wiss. Mitarb. am

*) Biographie www.whoiswho-verlag.ch oder beigefügte CD-ROM

Lehrstuhl f. Techn. Elektronik d. Friedrich-Alexander Univ. Erlangen-Nürnberg, 1989 Prom. z. Dr.-Ing. an d. Techn. Fak. d. Friedrich-Alexander-Univ. Erlangen-Nürnberg bei Prof. Dr. Dieter Seitzer, Thema: Ein Beitrag zu den Verfahren und Qualitätsbeurteilung zur Codierung von hochwertigen Audiosignalen, 1989-90 Tätigkeit als postdoctoral member of technical staff im Signal Processing Research Department bei d. AT&T Bell Laboratories, Murray Hill, USA, 1990-93 Akad. Rat auf Zeit am Lehrstuhl f. Techn. Elektronik d. Friedrich-Alexander-Univ. Erlangen-Nürnberg, seit 1991 Lehrtätigkeit an d. Friedrich-Alexander-Univ. Erlangen-Nürnberg, 1993-99 Abt.-Ltr. am Inst. f. Integrierte Schaltugnen d. Fraunhofer Ges. in Erlangen (FhG-II), zunächst Abt. f. Audio- u. Multimediatechnik, seit 1998 Abt. Multimedia, 1999 Ruf an d. Techn. Univ. Ilmenau, seit 2000 Dir. d. Inst. f. Medientechnik u. Inh. d. Lehrstuhls Elektronische Medientechnik an d. Techn. Univ. Ilmenau, verbunden mit d. Leitung d. neugegründeten Arbeitsgruppe Elektronische Medientechnologie (AEMT) als Außenstelle d. Fraunhofer IIS-A (Grdg. im Mai 2000). BL: aktive Mitarb. in ISO/IEC JTC1/SC29WG11 (MPEG, Moving Pictures Exports Group), Audio-Gruppe, wesentl. in neuerer Zeit auch koordinierende Mitarbeit an ISO IS 13818-3 (MPEG-2 Audio), ISO IS 13818-7 (MPEG-2 Audio). P.: 1998 Diss. "Vater d. Audio Codierung", M. Kahrs, K. Brandenburg (ed.) "Applications of Digital Signal Processing to Audio an Acoistics" (1998), K. Brandenburg, M. Bosi (ed.) "The Proceedings of the AES 17th Intern. Conference: High-Quality Audio-Coding" (1999), K. Brandenburg, O. Kuntz, A.Sugiyama: MPEG-4 Natural Audio Coding, Image Communication Journal, Tutorial ISSUE on the MPEG-4 Standard 2000. E.: 1990 Promotionspreis d. Techn. Fak. d. Univ. Erlangen-Nürnberg, 1994 Fellowship Award d. Audio Engineering Society f. d. Arbeiten an d. gehörangepaßten Audiocodierung u. Psychoakustik, 1996 Innovationspreis d. bayerischen Staatsregierung, Anerkennung, gem. mit Prof. Dr. Heinz Gerhäuser f. d. Team in Erlangen, 1998 Silver Medal d. Audio Engineering Society f. "sustained innovation and leadership in the development of the art, 2000 Board of Governers award d. Audio Engineering, 2000 Engineering Excellence Award, Region 10 der Consumer Electronics Society im IEEE. M.: Mtgl. d. Audio Engineering AES, New York, USA, Mtgl. d. IEEE. H.: Musik.

Brandenburg Nero *)

Brandenburg Paul

B.: Bildhauer. DA.: 13465 Berlin, Gurnemanzpfad 52. G.: Düsseldorf, 30. Sep. 1930. V.: Theresia, geb. Herrmann. Ki.: Susanne (1960), Markus (1961), Judith (1967). El.: Leo u. Maria, geb. Offszanka. S.: 1948 Abitur Leipzig, 1948-51 Lehre als Steinbildhauer, 1952-54 4 Sem. Meisterschule f. d. Kunsthandwerk in Berlin, 1954-57 Studium an d. HS f. Bild. Künste Berlin. K.: ab 1984 ausgedehnte Studienreisen nach Italien, Frankreich, Spanien, Griechenland, Mauretanien, England, Nordafrika, Ägypten, Türkei, Mexiko, Sahara, Indien, China m. Karawanen u.a., ab 1957 als freischaff. Bildhauer in Berlin tätig, Atelier f. Steinarb. in Kirchheim/Ufr., gr. Kenntnis im Umgang m. bildhauerisch relevanten Materialien, Monumentalplastiken, große Brunnenanlagen u. Kirchengestaltungen in vielen deutschen Städten, Gestaltung v. Botschaften u. Kulturinstituten im Ausland. P.: versch. Veröff. in Fachzeitschriften, Vorträge. H.: Sahara Reisen.

Brandenburg Rainer Ing.

B.: Maschinenbauing., Erfinder, Inh. FN.: ProWinSun-Brandenburg GbR. DA.: 24376 Kappeln/Kopperby, Ellerührer Weg 1. info@prowinsun.de. www.prowinsun.de. G.: Bottrop, 30. Nov. 1948. V.: Gabriele, geb. Höwiski. El.: Eckhard u. Johanna. S.: FH im 2. Bild.-Weg, Techn. Ak. Duisburg, Univ. Hannover, Lehre als Techn. Zeichner. K.: Konstrukteur, ltd. Projekting., ltd. Abwicklungsing. u. Konstruktionsltr. im Inu. Ausland, seit 1991 Gschf. d. PKV-Brandenburg GmbH. BL.: div. Gebrauchsmuster u. Europa-Patente. P.: in Fachzeitschrift "Schüttgut" über 4 Seiten m. d. Titel: "neuartiger, dreidimensionaler Wellenkantenförderer" "Bra-Well".

Brandenburg Sieghard *)

Brandenburg Uwe *)

Brandenburger Egon Dr. theol. *)

Brandenburger Klaus *)

Brandenburger Thomas

B.: Kfm., Inhaber, Gschf. Ges. FN.: MULTICHART Börseninformation GmbH. DA.: 34131 Kassel, Kuhbergstr. 28. G.: Kassel, 29. Apr. 1950. V.: Elvira, geb. Stuck. Ki.: Daniel (1981), Ines (1985). El.: Hans-Helmut und Hildegard. BV.: weitläufige Nachfahren v. Goethe. S.: 1966 VHS-Abschluß, 1966-69 Ausbild. z. Zahntechniker, 1970-72 BGS. K.: 1973-85 Zahntechniker, 1985 Grdg. d. Firma MULTICHART. F.: Ges. u. AufsR. -Mtgl. d. Selco AG u. m-plus technologies AG, Mtgl. des Beirates d. hope AG, Ges. d. TMS S.A. Madrid. P.: Art. über d. Unternehmen in d. regionalen u. überregionalen Presse, Fernsehsendungen. E.: 1997 u. 1999 Innovationspreis d. Nordhess. Wirtschaft. M.: Segelver. H.: Segeln.

Brandenbusch Iphigenie Dr. med.

B.: Ltr. Sozialpsychiatr. Dienst u. Gschf. d. Sozialpsychiatr. Verb. Delmenhorst, Ärztin f. Psychiatrie/ Psychotherapie/ Gerontopsychiatrie. FN.: Gesundheitsamt Delmenhorst. DA.: 27747 Delmenhorst, Lange Str. 1A City-Center. antigone@t-online.de. G.: Düsseldorf, 29. Aug. 1955. V.: Dr. med. Egbert Brandenbusch. Ki.: Tim (1981), Ina (1984), Vera (1986). El.: Siegfried Hellmich u. Gisela, geb. Irrgang. S.: 1973 Abitur Grevenbroich, b. 1979 Stud. Humanmed. u. Sozialwiss. Univ. Düsseldorf, 1980 Prom., 1984 psychotherapeut. Ausbild. u. 1986 Anerkennung als FA. K.: 1980-90 Rhein. Landesklinik/Psychiatr. Univ.-Klinik Düsseldorf als Ass.-Ärztin, Landesärztin f. d. Spezialstation f. Morbus Huntington, Gerontopsychiatrie, 1990-92 Ltr. d. Sozialpsychiatrischer Dienstes Gesundheitsamt Wildeshausen, seit 1992 Ltr. d. Sozialpsychiatrischer Dienstes Gesundheitsamt Delmenhorst u. Gschf. d. Sozialpsychiatr. Verb. Delmenhorst. M.: EEG-Ges., Dt. Ges. f. Soz. Psychiatrie, Dt. Ges. f. Gerontopsychiatrie u. -psychotherapie. H.: Tennis, Saxophon spielen in einer Band.

von Brandenstein Gerd Dipl.-Vw.

B.: Dir. FN.: Siemens AG Berlin. DA.: 10117 Berlin, Charlottenstr. 57. G.: Berlin, 6. Apr. 1942. V.: Wendula, geb. v. Brandenstein. Ki.: Alexander (1976), Felizita (1978), Nikolai (1981). BV.: Carl v. Siemens. S.: 1962-69 VWL-Stud. an d. Univ. Mainz, Dipl.-Vw. K.: 1969-72 wiss. Ass. an d. Ruhr-Univ. Bochum, 1972 Eintritt in d. Siemens AG u. dort b.

*) Biographie www.whoiswho-verlag.ch oder beigefügte CD-ROM

Brandenstein 558

heute in einer Reihe ltd. Funktionen tätig u.a. kfm. Gschf. d. Siemens AG Ecuador u. d. Siemens AG Venezuela, Kfm. Ltr. d. Trafo Union Nürnberg, Ltr. Verbindungsbüro Bonn u. ab 2000 Ltr. d. Berliner Büros d. Siemens AG. BL: Grdg.-Vorst. d. Siemens AG Ecuador. M.: Präs. d. Ver. d. Unternehmensverb. in Berlin u. Brandenburg, Rechtsritter d. Johanniter Ordens sowie Mtgl. einer Reihe weiterer Gremien. H.: Skifahren, Tennis.

Brandert Wolfgang Dipl.-Ing. *)

Brandes Christine
B.: Kauffrau. FN.: Kostümverleih Brandes. DA.: 38304 Wolfenbüttel, An der Weißen Schanze 14. G.: Wolfenbüttel, 2. Feb. 1959. V.: Horst Brandes. Ki.: Julius (1984). El.: Herbert (Träger d. BVK) u. Helga Wendt (Nebenlinie Schinkel), geb. Barche. S.: 1978 Abitur, b. 1981 Lehre Einzelhdls.-Kauffrau. K.: b. 1984 Bürokraft im Lehrbetrieb, Mutterschaftsurlaub, 1988 Grdg. d. Firma, 50% d. Kostüme sind selbst entworfen u. gefertigt worden, dzt. ca. 1000 Kostüme. P.: div. Art. über d. Kostüme in d. Tagespresse. M.: Kleingärtnerver., Schulförderver., SchulelternR., Bund d. Steuerzahler, seit 1999 Vors. d. Schlösserbund e.V. Wolfenbüttel. H.: Sammlung v. z.Zt. ca. 3000 Figuren v. Mäusen u. Igeln.

Brandes Claus Dipl.-Ing. *)

Brandes Dieter *)

Brandes Dirk
B.: Kfz-Meister, Gschf. Ges. FN.: Bremsen Brandes & Sohn GmbH. DA.: 38304 Wolfenbüttel-Stöckheim, Gemeindeweg 3. G.: Wolfenbüttel, 9. Dez. 1968. V.: Nicolette, geb. Goldbach. Ki.: Evan (2000). El.: Heinz u. Eleonora, geb. Buchmann. S.: 1984-87 Lehre z. Kfz-Mechaniker in Wolfenbüttel, 1988-89 Bundeswehr. K.: seit 1989 ang. als Kfz-Mechanikergeselle im elterl. Unternehmen in Wolfenbüttel, 1993-94 Meisterschule in Hildesheim, seit 1994 Kfz-Meister, seit 1998 Gschf. d. Ges. d. Firma Bremsen Brandes & Sohn GmbH. E.: Dt. Meister BMX-Freestyle (1989), Dt. Vizemeister BMX-Freestyle (1990), 4mal Teilnahme an d. WM BMX-Freestyle (1990-92). H.: Radfahren, Familie.

Brandes Frank H. P. Dr. jur. *)

Brandes Hans-Herbert
B.: Vorst.-Vors. a. D. FN.: Handelskrankenkasse hkk. G.: Jüterborg, 27. Juni 1936. V.: Helma, geb. Witte. Ki.: Inka (1969). El.: Herbert u. Hertha, geb. Heinrich. S.: Mittlere Reife, 1953-56 Lehre Sozialvers.-Kfm. Norden. K.: 1957 Vers.-Ang. d. AOK Bremen u. Nof. d. Geschäftsltg., seit 1976 stellv. Gschf. d. Handelskrankenkasse Bremen u. seit 1991 Gschf. u. 1996-99 Vorst.-Vors. M.: Mtgl. Vorst. HKM-Mitglieder- u. Rentnergemeinschaft, ehrenamtl. Richter d. Landessozialgerichts, Mtgl. Vorst. DRKB. H.: Kanufahren, Tischtennis, Wandern.

Brandes Harald Dr. rer nat. *)

Brandes Henning
B.: Superintendent a.D., Hauptgschf. FN.: Diakon. Werk d. Ev.-Luth. Landeskirche Hannover e.V. DA.: 30159 Hannover, Ebhardtstr. 3 A. PA.: 30539 Hannover, Ashwin-von-Rodenweg 5B. G.: Hannover, 15. Jän. 1941. V.: Elke, geb. Andresen. Ki.: Dorothea (1968), Maren (1966), Felix (1978). S.: 1961 Abitur Dassel, Stud. Theol. 1966 1. theolog. Examen. K.: Vikar in Hamburg-Wilhelmsburg, 1969 ordiniert u. Pastor, danach Pastor in d. St. Marien Gem. Lilienthal-Bremen, 1976 Superintendent d. Kirchenkreises Land Hadeln, 1986-97 Vorst. d. Birkenhof - Ev. Jugendheime, Altenheime u. Schulen e.V. in Hannover, seit 1997 Hauptgschf. d. diakon. Werkes d. Ev.-Luther. Landeskirche Hannover. M.: b. 1998 Vors. d. Verb. f. Ev. Altenhilfe Niedersachsen e.V., Lions Hannover-Herrenhaus.

Brandes Jürgen *)

Brandes Klaus Dr.-Ing.

B.: Laborleiter. FN.: Bundesanstalt f. Materialforschung u. -prüfung (BAM). DA.: 12205 Berlin, Unter den Eichen 87. PA.: 14165 Berlin, Ludwigsfelder Str. 5. G.: Instaburg, 7. Nov. 1936. V.: Erika, geb. Scheunemann. Ki.: Kerstin (1962), Birgit (1964). El.: Dr. Herbert u. Ursula, geb. Hofmann. BV.: Großvater väterlicherseits Ernst Brandes, Präs. d. Preußischen Landwirtschaftsrates u. Mtgl. d. Verwaltungsrates d. Dt. Rentenbank. S.: 1956 Abitur, 1956-64 Stud. an d. TU Berlin, Bauingenieur, 1968 Prom. K.: 1960-64 parallel z. Stud. Hilfsass. im Bereich techn. Mechanik, 1964-68 wiss. Ass. an d. TU Berlin, seit 1968 ltd. Mitarbeiter d. BAM. BL: wesentl. Anteil an d. Entwicklung u. Nutzung neuer Prüftechniken z.B. d. minimal invasiven Technik, seit 1998 Gastprof. in Japan, Lehrauftrag an d. TU Berlin, seit 2002 FH Potsdam. P.: mehr als 150 Aufsätze u. Fachjournalbeiträge sowie 7 Buchtitel u.a. Eine Gedenkschrift (1985), Erdbeben-Prognose (1986), aktiver Herausgeber. M.: 1976-2000 Vors. mehrerer Arbeitsausschüsse d. DIN, DEGB (1992-98 Gschf.), VDJ, IABSE. H.: Literatur, Reisen, wiss. Biographien.

Brandes Klaus-Peter
B.: Botschafter. FN.: Dt. Botschaft Bandar Seri Begawan/Brunei. DA.: BN-Brandar Seri Begawan BS 86 75, P.O. Box 3050. prgerman@brunet.be. G.: Peine, 13. März 1950. Ki.: 2 Kinder. S.: 1968 Abitur Frankfurt/Main, 1970 Nd.-Kfm., 1970-75 Stud. Bochum u. Frankfurt, Dipl.-Vw. K.: 1976 wiss. Ass. Univ. Frankfurt, 1977-78 Amt f. Wirtschaftsförd. d. Stadt Frankfurt, 1979-82 Bundesstelle f. Außenhdls.-Information m. Sitz in Kairo, 1983 Eintritt in d. Auswärtigen Dienst, 1985-87 Botschaft Dakar, 1988-90 Botschaft Washington D.C., 1991-92 Auswärtiges Amt, Pressereferat, 1993-96 Botschaft Harare, ständiger Vertreter, 1996-99 Auswärtiges Amt, stellv. Ltr. Referat Öff.-Arb. sowie persönl. Referent d. Staatsmin. Schäfer u. Volmer (1998/99), seit 1999 Botschaft in Bandar Seri Begawan.

Brandes Lothar
B.: Komponist. FN.: Modern Toys GmbH. DA.: 20357 Hamburg, Glashüttenstr. 79. PA.: 22763 Hamburg, Hohenzollernring 33. G.: Braunschweig, 21. März 1953. V.: Michaela, geb. Schweikert. Ki.: Max (1983), Lena (1993). El.: Rudolf u. Gertrud. S.: 1972 Abitur Braunschweig, 1974-79 Stud. Musikpäd. u. Gasthörer Niedersächs. Musik-HS Braunschweig. K.: 1972-74 Songs f. Holde Fee, 1977-79 Lehrauftrag PH/N Braunschweig, 1979 Arrangem. u. Komp. Bühnenmusik "Candide", 1980 Komp. Bühnenmusik "Die Perser", 1981-87 Songs f. Bridget Fogle, Olaf Krönke, Dawn Ann Billings, ab 1987 Werbemusikkomp. u. Fa. Modern Toys Music. E.: zahlr. Preise i. Cannes. M.: Grdgs.-Mtgl. Comm.Comp.Club Deutschland. H.: Klavier, Schwimmen. (L.P.)

Brandes Mark E.A. Dr. Prof. *)

Brandes Mathias *)

Brandes Otto Dipl.-Ing. *)

Brandes-Baller Margarete Dr. med. *)

Brandherm Susanne
B.: Innenarchitektin. DA.: 50678 Köln, Agrippinawerft 6. G.: Gütersloh, 12. Mai 1965. S.: 1983-88 Stud. Innenarch. K.: 1996 Grdg. d. Arch.-Büros in Köln. H.: Golf, Joggen.

Brandhofer Christian B.
B.: selbst. RA. DA.: 20354 Hamburg, Neuer Wall 69. G.: Hamburg, 22. Juli 1959. V.: Ute, geb. Grafmüller. Ki.: Sebastian Malte (1997). S.: 1978 Abitur, 1979 Stud. Jura Univ. Hamburg, 1985 1. u. 1989 2. Staatsexamen. K.: 1989 ang. RA b. Treuhandarb. u. Wirtschaftsprüf., 1991 selbst. in versch. Sozietäten, seit 1995 selbst. RA m. Schwerpunkt Steuer-, Steuerstraf-, Vers.- u. europ. Binnenrecht. P.: jur. Kommentare in Sonntagszeitungen. M.: Dt. Anw.-Ver., Dt. Ges. f. Erbrechtskunde, Hamburger Anw.-Ver. H.: Sport.

Brandhorst Axel

B.: Kfm. FN.: Brandhorst Kommunikationsagentur GbR. GT.: regelmäßige Vorträge über Mittelstand u. neue Medien b. IHK u. Univ. Siegen in Zusammenarb. m. Prof. sc. Techn. Manfred Grauer, Wirtschaftsinformatik. DA.: 57072 Siegen, An der Alche 25. G.: Niederdielfen, 20. Jan. 1950. V. Christel Ursula, geb. Liermann. Ki.: Sascha (1970) und Melanie-Denise (1974). BV.: Friedrich Brandhorst Leibarzt v. Friedrich Wilhelm I. im 18. Jhdt. S.: 1965-68 Ausbild. z. Flexograph in Siegen, 1968-70 Ausbild. z. Kfm. in Abendschule. K.: 1970-78 Ang. in Druckerei, 1978-89 selbst. Unternehmer in d. Bereichen Fotosatz, Litho, Werbung, seit 1990 eigene Agentur f. klass. Werbung u. Neue Märkte. BL.: Analysen v. Mitarb. u. Unternehmen über Unternehmensmöglichkeiten d. alten u. neuen Medien, Schulungen u.a. auch b. TÜV Rheinland. P.: Fach- u. Verbandszeitschrift: Verb. d. A.S.K. 1990, Focus. M.: Vors. d. Sportver., Vorst. d. Wirtschaftsverb. H.: Segelfliegen, Fußball.

Brandhuber Erich L. *)

Brandi Axel Dr.

B.: Rechtsanwalt, Notar, Fachanw. f. Steuerrecht. FN.: Anwaltssozietät Brandi Dröge Piltz Heuer & Gronemeyer. DA.: 33602 Bielefeld, Elsa-Brändström-Str. 1 + 3. PA.: 33739 Bielefeld, Kahler Krug 7. G.: Dortmund, 6. Mai 1936. V.: Karin, geb. Mühlinghaus. Ki.: Tim-Oliver (1965), Alexander (1966). S.: 1957 Abitur, 1957-62 Stud. Rechtswiss., 1. Staatsexamen, 1963-66 Referendariat, 2. Staatsexamen, 1966 Prom. K.: 1968 Eintritt in jetzige Kanzlei als Sozius, 1990 Zusammenschluß mit Detmold u. Gütersloh, 1995 Zusammenschluß m. Paderborn, Berlin, Leipzig u. Paris zu überörtl. Sozietäten, Tätigkeitsschwerpunkt: Ges.-Recht, Unternehmensrecht, Allg. Wirtschaftsrecht, Unternehmensverkäufe. M.: Notarkammervorst., Vorst. Kulturstiftung pro Bielefeld. H.: Literatur, Golf, Sport.

Brandi Romeo *)

Brandin Elisabeth *)

Brandis Albrecht Max Dr. Prof. *)

Brandis Henning Dr. med. o.Prof. *)

Brandis Thomas Prof. *)

Brandl Albin *)

Brandl Dietmar Dipl.-Ing.

B.: Dipl.-Ing. f. Maschinenbau, Inh. FN.: Aeropartner-Cityballooning Luftfahrtunternehmen u. Flugschule. DA.: 39120 Magdeburg-Flughafen, Ottersleber Chaussee 91. G.: Groß Rosenburg, 21. Juni 1949. V.: Renate, geb. Lindau. Ki.: Franca (1970). El.: Rudolf u. Anneliese, geb. Wahrlich. S.: 1966-69 Lehre als Elektromonteur b. VEM Magdeburg, b. 1970 Berufspraxis im Ausbild.-Betrieb, 1971-88 Fernstud. Maschinenbau/Elektrotechnik Magdeburg, Dipl.-Ing. K.: 1989 Verkaufsstellenltr. b. KG Magdeburg, seit 1990 selbst. Kfm. u. Fluglehrer, seit 1998 Grdg. d. Luftfahrtunternehmens m. integrierter Flugschule f. Motorflug u. Ballone, 1963-66 Segelflughobby, seit 1991 Mitglied üb. Motorfliegerclub Magdeburg, seit 1996 Ballonlizenz, seit 1998 Qualifizierung z. Ballonlehrer. M.: seit 1993 Gründer u. heutiger Präs. d. Ver. Motorflugfreund e.V. Magdeburg.

Brandl Edith
B.: Kauffrau, Inh. FN.: Med. Fachgeschäft Brandl. DA.: 93059 Regensburg, Günzstr. 2. G.: Regensburg, 14. Mai 1959. V.: Johann Brandl. El.: Arno-Max u. Juliane Hunglinger. S.: 1978-80 Einzelhdls.-Kfm.-Lehre. K.: bis 1994 im Sanitätshaus Platzer Regensburg tätig, 1994 Neueröff. d. med. Fachgeschäftes Brandl. M.: TSV Schwabelweis. H.: Aerobic, Katzen, Lesen, Puppen- u. Spieluhren sammeln.

Brandl Friedrich *)

Brandl Günter *)

Brandl Johann *)

Brandl Johann *)

Brandl Josef Ing. *)

Brandl Klaus *)

Brandl Klaus Dipl.-Päd. Dipl.-Bw.
B.: Unternehmer. FN.: Unternehmensberatung f. Organ.-Management u. Personalentwicklung Klaus Brandl. DA.: 24109 Kiel, Spitzbergenweg 72. kbrandl@t-online.de. G.: Hamm, 18. Juni 1957. V.: Gabriele,geb. Esser. Ki.: Lennart (1997). El.: Heinrich u. Nadine. S.: 1975 Abitur, 1976-79 Stud. Betriebswirtschaft an d. FH Münster, Dipl., 1977 parallel

*) Biographie www.whoiswho-verlag.ch oder beigefügte CD-ROM

Brandl

Studium d. Sozialwirtschaft, 1979-81 Gesamt-HS Sieg, Dipl.-Sozialwirt, 1981-87 berufsbegleitendes Stud. d. Erziehungswiss. an d. Univ. Marburg, Abschluss als Dipl.-Päd. K.: 1981 Ltg. eines Ferienwerkes d. Caritas-Verb. in Olpe/Sauerland, 1983-88 Ltg. eines Wohnheimes f. Behinderte in Attendorn, 1988-92 Ltg. eines Projektes f. Wohnheime u. Werkstätten d. Dt. Paritätischen Wohlfahrtsverb. d. Landes Schleswig-Holstein, 1992 Ges. u. Berater d. BISO Hamburg, seit 1995 selbst. m. eigener Unternehmensberatung in Kiel. M.: "Der kleine Prinz". H.: Wohnraumgestaltung, Skifahren, Interesse an Biografien, Reisen (Städtereisen).

Brandl Monika Dr. *)

Brandl Stefan *)

Brandl Tina

B.: Mezzospran. DA.: 23701 Eutin, Eutiner Straße 15. Ki.: Viktor (1991), Antonia (1994). El.: Manfred u. Brigitte Benz. K.: selbst. Einzelhändlerin, anschl. Tätigkeit f. einen Münchener Verlag, 11 J. Mitgschef. eines ldw. Betriebes in Bayr. Wald u. glz. freiberufliche Journalistin f. Mittelbayr. Zeitungsverlag mit Schwerpunkt Kultur, seit 1998 freiberufl. Journalistin f. Ostholsteiner Anzeiger und Gesangsausbildung bei Frau Prof. Eggers, Schwerpunkte: Musical, Operette und Jazz, zahlr. öffentl. u. private Auftritte, Veranstalterin u. Organisatorin div. Konzerte, u.a. im Rahmen d. Eutiner Konzertsommers (pers. Markenzeichen: "Lauschen und Genießen"). H.: Planung u. Gestaltung mediterraner und engl. Gärten, Ballett, Bühnentanz.

Brändle Richard Dr. *)

Brändlein Thomas

B.: Rechtsanwalt, selbständig. DA.: 96047 Bamberg, Kapuzinerstr. 40. ra.@braendlein.com. G.: Erlangen, 18. März 1964. V.: Barbara. Ki.: Helena (1995), Franziska (1996). El.: Werner u. Christa. S.: 1983 Abitur in Bamberg, 1983-88 Stud. Jura an der Univ. in Erlangen, 1989 1. Staatsexamen, 1989-92 Rechtsreferendar in Bamberg, 1992 2. Staatsexamen. K.: seit 1993 RA, seit 1998 eigene Kanzlei in Bamberg m. Tätigkeitsschwerpunkten Verkehrsrecht, Miet- und Pachtrecht, Wettbewerbsrecht, Wirtschaftsrecht u. Arbeitsrecht. M.: stellv. Kreisvors. d. CSU, Bezirksvors. d. Mittelstandsunion f. Oberfranken, 1.

Vors. Volleyball Bamberg, Justitiar v. Altenburgverein u. 1. FC Bamberg, Deutscher Alpenverein. H.: Politik, Skifahren, Schwimmen, Volleyball, Eisenbahn, Fotografie.

Brandler Gotthard

B.: Dir. FN.: Staatl. Bücher- u. Kupferstichsammlung. DA.: 07973 Greiz, Sommerpalais im Greizer Park. PA.: 07973 Greiz, Stavenhagen Str. 5. G.: Hof, 29. Apr. 1942. Ki.: 2 Kinder. El.: Gustav u. Elisabeth. S.: 1961 Abitur, 1964-69 Stud. Kunstgeschichte KMU Leipzig, Abschluß Dipl.-Kunsthistoriker. K.: 1969-79 wiss. Mitarb. an d. Bauak. Ostberlin, 1979-90 freiberufl. Autor u. Ausstellungsmacher in Berlin, seit 1990 in Greiz. BL.: künstler. Ltg. d. Bundesdt. Triennale f. Karikatur in Greiz. P.: 2 Buchveröff., 3 Kataloge, zahlr. wiss. Beiträge. M.: Ver. Reussische Fürstenstraße e.V.

Brandmaier Rainer *)

Brandmann Heiner *)

Brandmayr Werner Dipl.-Ing.

B.: Vors. d. Gschfg. d. Conoco Mineraloel GmbH. DA.: 22297 Hamburg, Überseering 27. G.: München, 10. Juli 1940. V.: Marianne. Ki.: Hans-Martin. S.: Stud. Allg. Masch.-Bau München, Industriewirtsch. Paris, Managementsem. i. Norman/Oklahoma u. Charlottesville/Virginia. K.: Vertr.-Ing. Baumasch. "Koehring-Brissonneau" Paris, Proj.-Ing. Dieselmotoren "Klöckner-Humboldt-Deutz" Köln, Ing.-Trainee Mineraloel "Continental Oil Company" Houston, Abt.-Ltr. Techn. Dienste Conoco Mineraloel GmbH Hamburg, Deputy Managing Director Trading "Commonwealth Oil Refining" New York/London, Management Aufgaben "Conoco" Hamburg, Housten, London,s. 1991 Vors. d. Gschfg. d. Conoco Mineraloel GmbH Hamburg. F.: "OMW" Raffinerie Karlsruhe, TAL u. SPSE Pipelines, OK Coop Basel, Zeller + Cie Straßburg, M.: Society of Automotive Engineers, Institute of Petroleum, American Chamber of Commerce.

Brandmeier Lothar *)

Brandmiller Günter Dipl.-Betriebswirt Dipl.-Soziologe *)

Brandmüller Godehard Dipl.-Ing.

B.: Architekt. FN.: Dipl.-Ing. Godehard Brandmüller. DA.: 81541 München, Regerstr. 27. G.: München, 2. Apr. 1949. Ki.: 2 Kinder. El.: Prof. Dr. Josef u. Roswitha. S.: 1969 Abitur, 1969-76 Stud. TU München Architektur, Univ. München Sozialwissensch., Volkswirtsch., Philosophie. 1976 Dipl.-Ing. K.: 1979 Aufnahme Architekt.-Kammer u. selbstst. Architekt m.Schwerpunkt: Stadt- u. Regionalplanung, Denkmalpflege, Wohnhäuser, Hotels u. Touristik. E.: Preise f. landschaftsbundenes Bauen. H.: Kunst, Fotografie, Musik. (E.M.)

Brandmüller Theo Prof.

B.: Prof. f. Komposition u. Orgel-Improvisation. FN.: HS d. Saarlandes f. Musik u.Theater. DA.: 66111 Saarbrücken, Bismarckstr. 1. PA.: 66265 Heusweiler-Holz, Erlenweg 12. G.: Mainz, 2. Feb. 1948. V.: Odile, geb. Barbier. Ki.: Boris (1980), Lavinia (1983). El.: Leo u. Maria, geb. Gebhardt. BV.: Leo Brandmüller Maler Mainz. S.: 1968 Abitur Worms, 1968-75 Stud. Schul- u. Kirchenmusik in Mainz u. Detmold, A-Examen, Orgel b. Helmut Tramnitz, 1970-75 Kompositionsstud. b. Giselher Klebe, 1976-77 Stud. "Neues Musiktheater" in Köln b. Mauricio Kagel, daneben Stud. in Madrid b. Cristobal Halffter, 1977/78 Orgelstud. b. Gaston Litaize u. Kompositionsstud. b. Olivier Messiaen in Paris. K.: seit 1976 Doz. d. "Jugend komponiert"-Kurse d. "Jeunesses musicales" sowie d. "Forum junger Komponisten" auf Schloss Weikersheim, seit 1979 Prof. f. Komposition, Analyse u. Orgelimprovisation an d. HS d. Saarlandes f. Musik u. Theater, seit 1982 Titular-

*) Biographie www.whoiswho-verlag.ch oder beigefügte CD-ROM

organist an d. Ludwigskirche Saarbrücken, 1986-88 Doz. u. Ltr. d. "Table d'orgue" b. d. intern. Ferienkursen f. Neue Musik Darmstadt. P.: Kompositionen f. Musiktheater, Chor u. Orchester sowie Kammermusik u.a. "Missa" (1995/96), "Cis-Umsungend" (1995), Cis-Cantus III Lora Kathedralen (1987), "Ach, trauriger Mond" (1977), Konzert f. Orgel und Orchester (1981), Schriften: "Theo Brandmüller: Arrièregarde - Avantgarde - Texte z Musik 1980-1998", Pfau-Verlag, Einspielung etl. CD's, Veröff. bei "Boosey + Hawkes - Bote und Bock" u. "Breitkopf u. Härtel". E.: 1972 Förderpreis f. Komponisten d. Landes Rheinland-Pfalz, 1972-76 Stipendiat d. Studienstiftung d. Dt. Volkes, 1977 1. Kompositionspreis d. Stadt Stuttgart sowie Förderpreis d. Südwestfunks Baden-Baden, 1979 Rompreis d. Villa Massimo, 1986 Gr. Kunstpreis d. Saarlandes, 1998 Kunstpreis d. Landes Rheinland-Pfalz. M.: Dt. Komponistenverb., Consiliarius d. Consociatio Intern. Musicae Sacrae Rom, Lions Club. H.: Musik.

Brandner Gottfried *)

Brandner Klaus

B.: Gschf.; MbB. FN.: IG Metall Gütersloh. DA.: 33330 Gütersloh, Hohenzollernstr. 15. G.: Bentorf, 13. Jän. 1949. V.: Sigrid, geb. Schulz. Ki.: Michael (1973), Lars (1976). El.: Heinrich und Leni, geb. Brand. S.: 1965-68 Lehre Elektromechaniker Firma Stübbe Kalletal. K.: 1966 Vors. d. Jugendvertretung d. IG Metall, 1967 Vors. d. Jugendaussch. d. IG Metall Detmold u. Vors. d. Kreisjugendaussch. d. DGB Lippe, 1967-68 Bundeswehr, 1968-73 techn. Ang. der Firma Stübbe, 1969 Eintritt in die SPD, 1973 Gewerkschaftssekr. d. IG Metall Detmold, seit 1974 Gewerkschaftssekr. d. IG Metall Gütersloh, 1982 2. Bevollmächtigter u. Gschf., seit 1987 1. Bevollmächtigter u. Gschf., seit 1998 MdB u. Mtgl. im Aussch. Arb. u. Soziales, stellv. Mtgl. im Aussch. Bild. u. Wiss., ehrenamtl. VerwR.-Vors. d. Innungskrankenkasse Ostwestfalen u. d. Landesverb. Westfalen/Lippe, Vors. d. Veranstaltergemeinschaft Radio Gütersloh. P.: "Das Parlament" (1999), "Die Glocke" M.: SPD, IG Metall, Arb.-Loseninitiativen ASH Gütersloh u. ALZ Rheda, GAB Haasewinkel, AWO, SC Verl. H.: Reisen, Fotografieren. (Re)

Brandner Uwe *)

Brandner Walter *)

Brandorff Kay Dipl.-Ing. *)

Brands Anton Alois Josef *)

Brands Ingo M. *)

Brands Werner *)

Brandschert Michael *)

Brandstädter Jens Dipl.-Vet.-Med.

B.: ndlg. prakt. Tierarzt. DA.: 06108 Halle/Saale, Ludwig-Wucherer-Str. 22. G.: Dresden, 25. Juni 1959. V.: Dr. med. Petra. Ki.: Ulrike (1987). S.: 1978 Abitur Halle, Wehrdienst, 1980-86 Stud. Veterinärmed. an d. Humboldt-Univ. Berlin. K.: 1987-89 Tierarzt in d. Tierklinik Wittenberg, 1988-90 Tierarzt in d. Pathologie d. Tiergesundheitsamtes Halle, seit 1991 ndlg. Tierarzt f. Heim- u. Haustiere, Homöopathie, Röntgen, umfassende Diagnostik. M.: Veterinärmed. Ges. H.: Hund.

Brandstädter Martin

B.: Rechtsanwalt. DA.: 45468 Mülheim/Ruhr, Friedrichstr. 44. PA.: 46238 Bottrop, In-der-Welheimer-Mark 34a. G.: Essen, 7. Mai 1955. V.: Ursel, geb. Peters. S.: 1971 Mittlere Reife, 1971 Ausbild. z. Steiger b. d. Ruhrkohle AG, 1972-75 Abitur am Aufbaugymn. in Essen, 1975-83 Stud. Rechtswiss., Germanistik u. Geschichte Univ. Bochum, 1987 2. Staatsexamen. K.: 1987-91 selbst. Rechtsanwalt in Bochum, seit 1991 in Mülheim/Ruhr, Schwerpunkt: Straßenverkehrs- u. Vers.-Recht. P.: Berichte im WDR u. in d. Bildzeitung über d. Engagement im Tierschutz. E.: Rechtsfragen im Tierschutzverb. H.: Ruhrgebietsfußball, Bergbau, Modelleisenbahn.

Brandstaeter Peter Dipl.-Vw.

B.: Gschf. Ges. FN.: Fonds Laden GmbH f. Anleger. DA.: 81377 München, Sauerbruchstr. 2. info@fonds-laden.de. www.fonds-laden.de. G.: München, 26. Juli 1946. V.: Godelive, geb. Geukens. Ki.: Alexander (1982), Michael (1983). El.: Willy u. Theresia. S.: 1965 Abitur, 1965-67 Lehre Ind.-Kfm. Firma Signalbau Huber GmbH München. K.: 1967-69 Kfm. in d. Firma Signalbau Huber GmbH, 1969-71 Bundeswehr, 1971-79 Stud. Vw. an d. Univ. München m. Abschluß Dipl.-Vw., 1979-90 versch. ltd. Positionen in d. Bayr. Hypothek- u. Wechselbank in München, 1990-92 Gschf. d. Ndlg. d. Credit Lyonais in München, 1992-93 Vorst. d. Volks- u. Raiffeisenbank in Fürstenfeldbruck, seit 1993 selbst. m. Grdg. d. unabhängigen Unternehmensberatung P.B.C. in München, 1994 Grdg. d. Fonds Laden GmbH f. Anleger als eine d. größten unabhängigen Finanzdienstleistungsinst. f. Fonds u. Kapitalanlagen in Deutschland. P.: zahlr. Veröff. u. Fachpubl. z. Thema Geldanlagen u. Fonds. H.: Sport, Kultur.

---

*) Biographie www.whoiswho-verlag.ch oder beigefügte CD-ROM

Brandstätter David *)

Brandstätter Helmut Dr. iur.

B.: Programm-Gschf. FN.: n-tv Nachrichtenfernsehen GmbH & Co KG. DA.: 10117 Berlin, Taubenstraße 1. G.: Wien, 24. Apr. 1955. V.: Patricia Pawlicki (Lebensgefährtin). Ki.: Hannah (1988), Jakob (1990). S.: Jusstud. an der Univ. Wien, 1978 Prom., 1979/80 Absolvent der John Hopkins Univ. Bologna: Intern. Recht, Intern. Politik. K.: Stage b. d. EG-Kmsn. Brüssel, seit 1982 b. ORF, zunächst in d. Auslandsred., 1984-86 ORF-Korrespondent in Bonn, 1986/87 ORF-Korrespondent Brüssel, 1987-91 ORF-Korrespondent Bonn, 1991-97 in Wien, Hauptabt.-Ltr. Dokumentation, seit 1997 Chefredakteur u. Programm-Gschf. b. n-tv. H.: Kinder, Skifahren, Reisen, Lesen.

Brandstätter Rudolf Dr. *)

Brandstetter Günter *)

Brandt Adolf *)

Brandt Albert
B.: Kfm. FN.: Brandt-Hülsen. GT.: 2. Vors. d. Fischereiver. Bad Brückenau. DA.: 97789 Oberleichtersbach, Buchstr. 12. G.: Kronach, 2. Okt. 1950. V.: Sieglinde, geb. Burkard. Ki.: Nadine (1976), Ilona (1982). S.: 1965-68 Lehre z. Bürokfm. m. Abschluss, 1 J. Bürokfm., 1970-71 Bundeswehr in Wildflecken. K.: 1972-81 Bürokfm. b. d. Firma Pual & Co (Hülsenhersteller), 1981 selbst. Ausrüster d. Firma Paul & Co, 191 auch eigene Herstellung v. Papp- u. Versandhülsen, seit 1999 in neuem Werk in Oberleichtersbach. H.: Angeln, Hochseefischen.

Brandt Andreas Prof. *)

Brandt Andreas Alfred *)

Brandt Antje *)

Brandt Arno Dr. rer. pol.

B.: stellv. Bankabt.-Dir. u. Ltr. d. NORD/LB Regionalwirtschaft in d. Abt. Vw. in d. NORD/LB. GT.: Stduien u. Veröff. z. Expo 2000, Vors. d. AufsR. d. Üstra AG, Vors. d. VerwR. d. Trans TeC GmbH, Mtgl. d. AufsR. d. Intalliance AG. DA.: 30159 Hannover, Georgsplatz 1. arno.brandt@nordlb.de. G.: Rhauderfehn, 15. Aug. 1955. El.: Gerhard u. Anna. S.: 1975 Abitur Meppen, 1975-76 Zivildienst, 1977-83 Stud. Wirtschaftswiss. Univ. Hannover m. Abschluss. Dipl.-Ökonom. S.: 1983-85 Lehrtätigkeit am Berufsbild.-Zentrum d. Handwerkskam. Hannover, 1985-90 wiss. Mitarb. am Lehrstuhl Markt u. Konsum am Fachbereich Wirtschaftswiss. d. Univ. Hannover, 1990 Eintritt b. d. NORD/LB als Mitarb. d. Abt. Vw. in Hannover, 1994 Prom., ab 1995 Ltr. d. Bereiches Regionalwirtschaft, seit 1996 Bankprok., ab 2000 stellv. Bankabt.-Dir. d. NORD/LB in Hannover. P.: div. Veröff. in Fachzeitschriften u. Mitautor v. Buchbeiträgen, Mithrsg. u. Autor d. Bücher Ökolog. Marketing (1989), Das Expoprojekt (1991), Informationsges. u. nachhaltige Regionalentwicklung (2001), Vortragstätigkeiten auf Tagungen u. Seminaren. M.: SPD, Kestner-Ges., Vors. d. Ver. Forum f. Politik u. Kultur e.V. H.: Musik, Literatur, Fotografie, Politik.

Brandt Astrid
B.: selbst. Dipl.-Grafikerin. FN.: Anzeigen Harms A. Brandt e.K. DA.: 38110 Braunschweig, Im Heerfeld 17. anzeigen.harms-brandt@t-online.de. G.: Braunschweig, 2. Dez. 1954. V.: Volker Brandt. Ki.: Konstantin (1992). El.: Horst u. Erika Zimdars, geb. Brand. S.: 1970 Ausbild. als Dekorateurin b. d. Firma Cloppenburg in Braunschweig, Tätigkeit als Dekorateurin, 1974-76 in d. Frauenfachschule d. Mittlere Reife nachgeholt. K.: 1976 in d. Bilderrahmenproduktion b. d. Firma RMS, 1977 1-jährige FH in Hildesheim, 1978 Fachabitur, b. 1982 Dipl.-Grafikerin an d. FH f. Visuelle Kommunikationsgestaltung in Hildesheim, 1982-94 Führung einer Galerie m. selbst gemalten Aquarellen in Braunschweig-Bienrode, 1983 alleinige Grafikerin in d. Firma Neoplastik in Braunschweig, ab 1996 ausschließl. m. d. Malerei beschäftigt, ab 1997 neue expressive Stilrichtung entwickelt, 1999 Übernahme d. Firma Harms Anzeigengeschäft, nebenbei weiter Malerei m. gelegentl. Ausstellungen.

Brandt Benno Dipl.-Ing. *)

Brandt Christel *)

Brandt Cornelia
B.: Friseurin. FN.: Hairworks. DA.: 45134 Essen, Frankenstr. 131. G.: Essen, 28. Sep. 1968. El.: Friedrich u. Hannelore, geb. Beier. S.: 1988 Fachabitur Essen, 1988-91 Lehre als Friseurin, 1991-94 Gesellenj., 1994 Meisterschule in Duisburg. K.: 1994-99 Friseurin in Essen, seit 1999 selbst. in Essen. P.: WAZ-Modeschau, SAT1, Radio Essen. E.: "Freundin Special". H.: Lesen.

von Brandt Detlef Dr.-Ing. *)

van den Brandt Diana *)

Brandt Dieter Dr. iur.
B.: RA. DA.: 65193 Wiesbaden, Kapellenstr. 66. G.: Mainz, 17. Feb. 1938. Ki.: 2 Kinder. El.: Prof. Dr. med. Georg u. Rosemarie, geb. Voelcker. S.: 1957 Abitur Mainz, 1957-62 Stud. Rechtswiss. Univ. Heidelberg, Prom., 1965 II. Staatsexamen. K.: 1965-67 Rechtsabt. Lenz Planen + Beraten GmbH, ab 1968 Gschf., 1966 Zulassung als RA am LG Mainz, 1970 Grdg. einer Anw.-Kzl. in Wiesbaden, seither selbst. RA, seit 2001 am LG Wiesbaden. Bl.: 1960 Dt. HS-Meister Springreiten, Minigolf: 1979 7. Pl. Einzelwertung Dt. Meisterschaft, 2x Dritter b. d. DM Minigolf m. d. Mannschaft, 1x 2. Pl. b. d. Europapokal Minigolf. P.: "Es ist nicht leicht ein Narr zu sein" (1988). M.: Jurist. Sachv. d. Dt. Ges. f. Baurecht e.V. Frankfurt/Main. H.: Golf.

Brandt Elimar Mag. *)

Brandt Ernst-August
B.: Vermögensplaner. FN.: Plansecur Ges. f. Vermögensplanung u. Vermittlung mbH. DA.: 37115 Duderstadt, Schützenring 14. P.: 37115 Duderstadt, Warteblick 16. G.: Northeim, 23. Juni 1954. V.: Susanne, geb. Marschall. Ki.: Yesim (1992). El.: Martin u. Margot, geb. Steidtmann. S.: 1971 Lehre z. Drogisten, 1974 Chemielaborant Bayer Leverkusen, 1974 Bundeswehr SaZ 6, 6 Monate Fotofachschule in Kiel m.

Abschluß Fotofachkfm. K.: 1980 Fotofachberater b. Firma Foto Osburg Duderstadt, 1981 freiberufl. Vermögensberater b. Ges. f. Kapitalberatung u. Assekuranz GmbH in Kassel, dort auch Orga.-Dir. Süddeutschland, 1987 Berater u. Makler b. Firma Plansecur, 1988-93 Ltg. Büro Berlin d. Plansecur, 1987-99 Aufbau u. Ltg. Büro Würzburg, seit 1989 Moderator u. Trainer in d. Plansecur Ak. in Kassel, 1987 Ges. d. Plansecur m. Büro in d. Westertorstr. 1 in Duderstadt, seit 1999 Entwicklung d. Plansecur in Südniedersachsen, 2000 Verlegung d. Büros in d. Schützenring 14 in Duderstadt. P.: Ltg. u. Durchführung v. div. Steuerberaterforen, 1998 Seminar v. Studentenver. "Marketing Seniors" Frankfurt. M.: Gründer u. seit 1983 Vorst.-Mtgl. u. seit 2000 Vorst. TC Grün-Weiß Mingerode. H.: Tennis, Ski alpin, Diskutieren, Coaching v. Geschäftsleuten.

Brandt Evelin *)

Brandt Frank-Michael *)

Brandt Gerd *)

Brandt Gerd Dr. Ing.

B.: Doz. FN.: FHTW Berlin. DA.: 10317 Berlin, Marktstr. 9. G.: Herrengosserstedt, 23. Juli 1946. V.: Isolde. Ki.: Steffen (1971), Torsten (1977). S.: 1965-70 Stud. Elektrotechnik Bergak. Freiberg m. Abschluß Dipl.-Ing. K.: 1970-77 wiss. Mitarb. an d. Bergak., 1975 Prom., 1977 tätig im Zentralanlagenbau in Dessau, 1978-79 Abt.-Ltr. im Elektroprojekt- u. Anlagenbau in Berlin, seit 1980 Doz. f. Elektrotechnik an d. FHTW Berlin, 1983-86 HS-Lehrer an d. Univ. Setif in Algerien, 1988-92 Verw.-Dir., seit 1993 Doz. f. elektr. Meßtechnik u. Studienfachberater. BL.: beteiligt am Aufbau d. Inst. f. Elektrotechnik an d. Univ. Setif u. d. FHTW. P.: ca. 20. wiss. Publ. u. Gutachten, Vorträge im Bereich elektrotechn. Anlagen u. Messung nichtelektr. Größen. H.: Videofilmen, Reisen, Garten.

Brandt Gerold

B.: Vorst. FN.: Bayer. Landesbank Girozentrale. DA.: 80333 München, Brienner Str. 20. PA.: 51429 Bergisch Gladbach 1-Bensberg, Wipperfürther Str. 80. G.: www.bayernlb.de. G.: Heilbronn/Neckar, 15. Juli 1940. V.: Inge, geb. Krummel. Ki.: Beatrix (1976), Alexander (1982). S.: Gymn. Oberhausen/Rheinland, 1960 Abitur, 1960-61 Wehrdienst, Gefreiter d. Res., Stud. Eberhard Karls-Univ. Tübingen, 1966 1. u. 1969 2. Jur. Staatsprüf. K.: 1966-69 Rechtsreferendar b. Amtsgericht Rosenheim, LG Traunstein, Stadtverw. Landshut u. Verw.-Gericht Regensburg, Seminare, 1969 Beginn in d. Rechtsabt. d. Commerzbank AG Frankfurt/Mainz, Zentrale Hauptverw. als Rechtsassessor, Zulassung als RA am LG Frankfurt, 1970 Handlungsvollmacht, 1970 Prok., 1972 Justitiar, 1972 Abt.-Dir., 1973 Zentrale Konsortial-Abt./Ausland, 1975 spezielle Akquisitionsaufgaben b. d. Repräsentanz Tokio d. Commerzbank AG, 1975-80 Sonderaufgaben im Ausland, 1976 stellv. Dir., ab 1980 Ltr. d. Referats "Westeuropa", 1982 Dir. u. Mitltr. d. Zentrale Konsortial-Abt., 1986 Dir., 1987 Eintritt als Mtgl. d. Vorst. in d. Colonia Vers. Köln, 1987 Mtgl. d. Vorst. d. Colonia AG u. Colonia Lebensvers. AG Köln, ab 1988 Mtgl. d. Vorst. d. Rhein.-Westfäl. Börse zu Düsseldorf, 1990 Advisory Council d. Treasury Management Agency Dublin. M.: Golfclub Schloß Georghausen Lindlar-Hommerich, Rotary Intern. Bergisch Gladbach. H.: Segeln, Jogging, Golf. (Re)

Brandt Günther *)

Brandt Gustav Dr. Prof.

B.: Psychoanalytiker, Prof. f. Phil. u. Päd. PA.: 14199 Berlin, Friedrichshaller Str. 19/7. Ki.: Wolfram (1946), Beate (1948), Claudia (1953), Stefan (1964). S.: 1933 Abitur, Stud. Phil. u. Bermanistik Berlin, 1939-45 Soldat, 1945-49 Ausbild. Psychoanalytiker Berlin. K.: 1949 Ltg.-Stelle in d. Erziehungsberatung u. selbst. Praxis als Psychoanalytiker, 1961-70 Ltr. einer Jungendbild.-Stätte in Berlin, 1964 Mitgründer d. Bundeserziehungsberatung in Berlin, 1970-76 Prof. f. Psych. u. Päd. an d. FHS Berlin, ab 1976 selbst. Praxis in Springe, seit 1994 im Ruhestand. P.: wiss. Veröff. z. Thema Psych. u. Psychopathologie, soziale Berufe, Päd. u. soziale Arb., Probleme u. Erfolge d. Erziehungsberatung; lyr. Veröff.: "Janus Geschichten" (1990), "Mythischer Reigen" (1999). M.: DPG, DGPT. H.: Literatur, Fischen, Waldgänge, Reisen.

Brandt Hans Hugo Dr. med. dent. Dr. med. *)

Brandt Hans Jürgen Dr. theol. habil. Univ.-Prof. *)

Brandt Hans-Peter Dr.-Ing. *)

Brandt Hendrik

B.: stellv. Chefredakteur, Ressortltr. f. Lokales. FN.: Hannoversche Allg. Zeitung. DA.: 30148 Hannover, August-Madsack-Str. 1. G.: Hamburg, 2. Juli 1962. Ki.: 1 Sohn. S.: 1981 Abitur, 1981-88 Stud. Phil., Geschichte u. Erziehungswiss. Univ. Hamburg m. Abschluß Staatsexamen f. Lehramt an Gymn. K.: während d. Stud. berufl. tätig an Hamburger Theatern u. in freien Theatergruppen, 1989-90 Volontär b. HAZ, 1990-91 Redakteur d. Magdeburger Allg. Zeitung, 1991-93 polit. Redakteur d. HAZ, 1993-94 Redaktionsltr. d. Eichsfelder Tageblatts, 1994-97 stellv. Ressortltr. Feuilleton d. HAZ, 1997-98 Ressortltr. f. Kultur d. Hamburger Morgenpost, 1998 Ressortltr. f. Kultur d. Hannoverschen Allg. Zeitung, 2001 Ressortltr. Lokales und Kultur d. Hannoverschen Allg. Zeitung, seit 2002 stellv. Chefredakteur u. Ressortltr. f. Lokales. P.: div. journalist. Veröff.

Brandt Horst Dr. jur. habil. Prof.

B.: Prof. i. R., RA. DA.: 04157 Leipzig, Steffenstr. 32. G.: Leipzig, 11. März 1927. V.: Margm. geb. Müller. El.: Richard u. Clara. S.: 1946 Abitur, 1946-50 Jurastud. MLU Halle/Saale u. KMU Leipzig, 1950 Referendarexamen, 1950-53 Referendarzeit, 1953 2. Prüf. K.: 1953-58 Justitiar im Bereich Schwermaschinenbau, 1958-71 Chefjurist d. Ind.-Zweige Stahlbau bzw. d. Metalleichtbaukombinates, 1971-84 als HS-Lehrer f. Wirtschaftsrecht an d. Sekt. Rechtswissenschaft d. Univ. Leipzig, 1984-90 a.o.Prof. f. Wirtschaftsrecht an d. Hdls.-HS Leipzig, 1991 Zulassung als Anwalt, Spezialgebiet: Restitution v. Betrieben u. Grundstücken(Vermögensrecht); Lehr- u. Vortragstätigkeiten auf d. Gebieten Wirtschafts-, Zivil- u. Arbeitsrecht, BL.: 1958-89 Mitwirkung in Redaktionskol. d. Fachzeitschrift Wirtschaft u. Recht. P.: 1944 Prom. A z. Dr. iur., 1976 Prom. B z. Dr. sc. iur., über 40 Publ. in Fachzeitschriften, 9 Monografien. Lehrbücher, Konferenzen, Tagungen, Gutachten, Thesen u. Beiträge. E.: 1963 Ehrennadel d. Univ. Leipzig, 1986 Ehrennadel d. URANIA in

Brandt

Gold. M.: 1971-88 Vors. d. Sekt. Rechtswiss. d. URANIA im Bez. Leipzig, 1945 Eintritt in SPD. H.: Theater u. Konzert, Literatur, Sport, Garten.

Brandt Ingeborg Dr. med. Prof. *)

Brandt Jürgen
B.: Generalvertreter. FN.: Allianz Versicherungs AG. DA.: 74889 Sinsheim, Stiftstr. 1. PA.: 74889 Sinsheim, Schlesienstr. 22. G.: Heidelberg, 2. Nov. 1942. Ki.: Ralf (1965), Gert (1967). El.: Oskar u. Amy, geb. Hechfellner. S.: 1958 Handelsschulabschluss, 198-61 Lehre z. Versicherungskaufmann Allianz Vers. AG, 1962-63 Grundwehrdienst. K.: 1964 Volontär Allianz Stuttgart, 1965-67 ang. im Außendienst Allianz Stuttgart, Bruchsal, Heidelberg, 1967 Eintritt in d. väterl. Agentur als Kundendienstinspektor, 1974 Übernahme d. Agentur als Generalvertreter, Ausbau d. Agentur.

Brandt Jürgen Dr. Dr. h. c. Dipl.-Kfm. Dipl.-Ing. Dipl.-Päd. Prof. h. c. (BG)
B.:, Rechtsbeistand, Advisory Consultant, Q-Auditor, TQM Assessor, Oberst d. Res. PA.: 40668 Meerbusch, Nelkenstr. 32. G.: Düsseldorf, 8. Mai 1940. V.: Alexa, geb. Kunze. Ki.: Inga (1976), Nadja (1980). El.: Dr. jur. Richard u. Marianne, geb. George. S.: Städt. Humboldt-Gymn. Düsseldorf, FH Niederrhein, Univ. Gießen, Berlin, Kassel, Dortmund, Techn. FH Berlin, Univ. Bremen, IMEDE Lausanne. P.: versch. Publ. E.: 1974 Verd.-Med. d. BRD, 1992 VO d. BRD 2. Kl., 1995 Ehrenkreuz d. Bundeswehr in Gold, 1997 VO d. Landes NRW, 2000 VO I. Kl. BRD. M.: RA-Kammer Düsseldorf, Mtgl. Rotary-Club N.Y. (Paul Harris Fellow), Distriktschatzmeister NRW d. Großloge AF u. AM v.D., Vors. Reserv. Kameradschaft Merrbusch, Mtgl. Prüfungsausschuß "Controller" b. d. IHK Düsseldorf, Freimaurer. H.: Reiten, Tennis, Skifahren.

Brandt Kai *)

Brandt Karl Dr. rer. pol. Dr. h.c. *)

Brandt Karl Heinz Dr. phil. *)

Brandt Karl-Eugen Dr. *)

Brandt Karlheinz Mag. *)

Brandt Karsten *)

Brandt Lothar Dipl.-Ing. (FH)
B.: Verkehrsing. Dipl.-Ing. (FH) FN.: Ambrasa Consulting Intern. DA.: u. PA.: 06231 Bad Dürrenberg, Wöhlerstr. 17. G.: Bad Dürrenberg, 8. Aug. 1943. V.: Dipl.-Ing. Ute Salzer. Ki.: Andreas (1964). El.: Erwin u. Erna Brandt. S.: Mittlere Reife, 1973-77 Stud. Technologie Eisenbahntransport an d. Ing.-Schule f. Transporttechnik in Gotha, Dipl.-Ing. (FH). K.: 1977-90 Projekting. Verkehrsabt. Leuna-Werke, seit 1990 Grdg. eines Hdls.-Unternehmens, seit 1992 Grdg. v. BDG Transport Lothar Brandt, seit 1993 Mitgründer u. Inh. d. o.g. Firma f. Network-Marketing. H.: Haus & Garten, Reisen, Literatur, Musik.

Brandt Lutz *)

Brandt Maren Dipl.-Ing. *)

Brandt Martina
B.: Goldschmiedin, Inh. FN.: Brandt Immobilien; Hamburg relocation. GT.: 2000 Grdg. Hamburg relocation. DA.: 22497 Hamburg, Poppenbütteler Chaussee 28. brandt.immo@ gmx. de. G.: Itzehoe, 22. Dez. 1963. V.: Carsten Brandt. El.:

Günther u. Edeltraut Gröning. S.: 1984 Abitur Itzehoe, 1984-85 Gastronomie auf Sylt, Tennis Club Westerland, 1985-87 Ausbild. z. Goldschmiedin auf Sylt. K.: 1987-90 Fertigung u. Verkauf v. Uhren u. Schmuck auf Sylt, 1990-91 ang. Maklertätigkeit in d. Firma W. Heuer Immobilien (Vorst. d. VDM), 1991-94 AG Wechsel: Ltr. d. Abt. f. möblierte Vermietung, 1994 Grdg. d. eigenen Unternehmens. H.: Sport (Spinning, Tai-Bo, Abfahrtsski, Beach-Volleyball), Reisen, Motorradfahren.

Brandt Matthias Dr. med. Prof. *)

Brandt Max M. W. Dr. med. *)

Brandt Michael Dr. phil. *)

Brandt Michael *)

Brandt Michael Th. Dr. med. dent. *)

Brandt Peter H.

B.: Gschf. FN.: Brandt Offset GmbH. DA.: 23684 Gleschendorf, Otto-Kipp-Str. 3. brandtoffset@t-online.de. G.: Rostock, 30. Aug. 1952. V.: Gabriele, geb. Ebeling. Ki.: Sarah-Kim (1988). El.: Günther u. Jutta. S.: 1968-69 Handelsschule Hamburg, 1969-72 Ausbild. Offsetdrucker elterl. Betrieb Norderstedt, 1974-75 Bundeswehr - Marine. K.: 1975-85 Offsetdrucker im elterl. Betrieb, seit 1985 selbst. m. Aufbau der Druckerei in Norderstedt m. Schwerpunkt Druck v. Zeitschriften u. Geschäftsberichten f. ganz Deutschland. E.: 1976 Ausz. d. Druckmaschinenfbk. Heidelberg. M.: Schützenver. Scharbeutz e.V., ETC Timmendorf, Corvette-Club Hamburg e.V. H.: Oldtimer, Job.

Brandt Rolf
B.: Gschf. FN.: EDEKA Nord. DA.: 24539 Neumünster, Gadelander Str. 120.

Brandt Siegmund Dr. Prof. *)

Brandt Thies-Martin Dipl.-Kfm. *)

Brandt Thomas Dr. med. Prof. *)

Brandt Volker
B.: freischaff. Schauspieler. FN.: ZBF Agentur Berlin. DA.: 12099 Berlin, Ordensmeisterstr. 15. G.: Leipzig, 2. Aug. 1935. V.: Donna, geb. Cohn. Ki.: Borris (1961), Bia (1966), Lina (1982), Hannah (1989). El.: Vater u. Gertrud. BV.: Paul Brandt - Militärarzt b. Kaiser Wilhelm III. S.: 1955 Abschluß Waldorfschule Hannover, 1955 Otto-Falckenberg-Schule München, 1957 Abschlußprüfung. K.: Erste Karrierestation: 1957 Dt. Schauspielhaus Hamburg (Ltg. Gustaf Gründgens), 1963 Städt. Bühnen Frankfurt/Main, 1966 Theater in d. Josef-

*) Biographie www.whoiswho-verlag.ch oder beigefügte CD-ROM

stadt Wien, 1969 Verkörperung d. wichtigsten klass. Heldenrollen a. Schillertheater Berlin, 1974 Bad. Staatstheater Karlsruhe, Theater d. Westens Berlin, Anatevka/Perchik, "Wie einst im Mai"/Koll, Theater am Dom Köln, Theater an der Kö Düsseldorf, Theater im Bayer. Hof, Kl. Komödie Max II, seit 1977 freischaff., dem breiten Publikum d. s. Fernsehrollen bekannt: Die Weber (1971), Wecken Sie Madame nicht auf (1974), Der Märtyrer (1976), Der Spinnenmörder (1978), 1980-85 Part d. "Kommisar Walther" i. sieben Tatort-Episoden f. d. Sender Freies Berlin, 1986 Mitwirkung i. d. Serien Traumschiff u. Schwarzwaldklinik, s. 1993 Mitwirkung i. d. Serie Glückliche Reise, 1994 Zwei alte Hasen, Immer im Einsatz - Die Notärztin, Theaterrollen: Prof. Higgins/Shaw/"Pygmalion", Dorfrichter Adam/Kleist/"Der zerbrochene Krug", Columbo/Link-Levinson/"C. Mord auf Rezept", and. Projekte: Synchronisation v. Filmen: u. a. d. dt. Stimme v. Hollywood Star Michael Douglas. P.: Fernsehserien: Tatort, Traumschiff, Schwarzwaldklinik, Glückl. Reise, Kino: Der Sommer d. Falken, Ein Mann meiner Größe, Tourneetheater u. Synchronarb. H.: Kochen, Reisen, Sammeln v. Glas u. Keramik.

Brandt Werner

B.: Maschinenbaumeister, Inh. FN.: CNC-Dreherei Vorrichtungsbau Werner Brandt. DA.: 39240 Calbe/Saale, Gewerbering West 22. G.: Reichenbach, 23. Juli 1944. V.: Annemarie, geb. Gramsch. Ki.: Susanne (1969), Claudia (1972). S.: 1958-61 Ausbild. Spitzendreher väterl. Betrieb Calbe. K.: Ang. d. Firma VEB Förderanlagen in Calbe, 1966 Meisterprüf. f. allg. Maschinenbau, 1974 Maschinenbaumeister d. Handwerks, seit 1971 selbst. mit Dreherei in Calbe m. Schwerpunkt CNC-Technik. E.: 1999 DIN ISO 9002-Zertifikat. M.: seit 1991 Innungsobermeister d. Innung Metall d. Kreishandwerkschaft Schönebeck, Landesinnung Metall. H.: Garten, Lesen.

Brandt-Elsweier Anni

B.: MdB. FN.: Dt. Bundestag. DA.: 10117 Berlin, Unter den Linden 50. G.: Duisburg, 2. März 1932. Ki.: 1 Kind. S.: 1953 Abitur Viersen, 1953-57 Stud. Rechtswiss. Univ. Köln, 1957 Referendariat, 1962 2. Staatsexamen. K.: 1963 Eintritt in d. SPD, ab 1965 Urlaubsvertretung f. RA in Mönchengladbach u. Düsseldorf, 1967-90 Richterin am LG Düsseldorf, tätig in Zivil- u. Strafkam., 1969 StadtR. in Neuss, 1979-99 Vors. d. Kulturaussch., Hauptaussch., Planungs- u. Finanzaussch., 1981-84 Fraktionsvors., 1984-93 1. stellv. Bgm. in Neuss, 1975-94 zusätzl. tätig im Kreistag, 1984-91 1. stellv. LandR., seit 1990 Mtgl. im Dt. Bundestag, f. Neuss u. Dormagen, o.Mtgl. im Aussch. Wahlprüfung, Immunität u. Geschäftsordnung sowie Familie, Senioren, Frauen u. Jugend, Mtgl. Kuratbeirat, Richterwahlaussch., 1994-98 Mtgl. im Bundesvorst. SGK u. seit 1990 Vorstandsmtgl. in d. Landes SGK NRW. P.: Beiträge in Büchern: Beteiligung v. Neusserinnen am Burgundischen Krieg, Portrait Katharina v. Kardorff-Oheimb. E.: 1990 BVK, 1999 Ausz. d. Heimatfreunde. M.: stellv. Vors. d. Kreisverb. DRK-Neuss, ehem. Vors. d. Förderver. Clemens-Sels-Museum, Ver. Frauen helfen Frauen, Tierschutzver., Lebenshilfe. H.: Lesen, klass. Musik, Konzerte, Theater, Kunstausstellungen, Wandern. (Re)

Brandt-O'Neil Christina Dr. med. *)

Brandtstädter Karen Marie

B.: Dipl.-Päd., Musiklehrerin, Pädagogin, Inh. FN.: Musikschule Brandtstätter. DA.: 30165 Hannover, Vahrenwalder Str. 175. PA.: 30938 Burgwedel, Heinrich-Wöhler-Str. 17. G.: Silkeborg/Dänemark, 18. Juni 1942. Ki.: Frank (1965), Helle (1967). El.: Thomas u. Selma Larsen, geb. Behrens. S.: 1958-62 Musikstud. an d. Musik-HS in Silkeborg/Dänemark m. Abschluß 1963 au pair mädchen in d. Schweiz, 1964-65 Rheine/ Westfalen u. Dahlenburg/ Lüneburg, 1966-80 Ndlg. in Hannover, 1980-84 ang. Musiklehrerin auf einer priv. Musikschule in Hannover, 1984 Eröff. d. eigenen Musikschule. F.: Musikschule in Großburgwedel/ Hannover. H.: Musik, Hunde, Sport, Reisen.

Brandwyk Holger *)

Brangenberg Ronald

B.: Betriebswirt, Motivationstrainer. GT.: Motiavations-Stammtisch in Ravensburg. DA.: 88212 Ravensburg, Schulg. 10-12. PA.: 88213 Ravensburg, Wirtsg. 15. Ronald.brangenberg@t-online. de. G.: Berlin, 24. Apr. 1960. Ki.: Manuel (1990), Vanessa (1992). S.: 1979-82 Ausbild. z. Bankkfm. b. d. Kreissparkasse Heidenheim, 1992 Sparkassenaufbaulehrgang an d. Sparkassen Ak. in Neuhausen, Abschluss: Sparkasssenfachwirt, 1993-96 Studium z. Betriebswirt an der Verw.- u. Wirtschaftsak. Ravensburg, K.: 1982-85 versch. Tätigkeiten im Bank- u. Vers.gewerbe, 1985-90 Bankkaufmann b. d. Bayer. Vereinsbau in Aalen, 1990-91 Bankkaufmann b. d. Kreissparkasse Ravensburg, 1991-96 Privatkundenberater b. d. Kreissparkasse Ravensburg, 1996-97 Ltr. einer Stadtgeschäftsstelle d. Kreissparkasse Ravensburg, 1997-99 Wohnbauberater b. d. Kreissparkasse Ravensburg, seit 1999 freiberufl. Erfolgs- u. Motivationstrainer, Seminarliste m. Erlebnisseminar. M.: "Know-how-Ver." Ravensburg, Botschafter d. Arthur Lassen Verlages (LET). H.: Musik, Reisen (USA, Kanada), Wandern, Tennis, Motivations-Stammtisch.

Branig Klaus *)

Branig Sven

B.: Kfz-Technikermeister, Gschf. FN.: Autohaus Branig GmbH. DA.: 15907 Lübben, Berliner Str. 17. G.: Lübben, 22. Aug. 1975. E.: Klaus u. Karin. S.: 1992-96 Lehre z. Kfz-Mechaniker b. d. Otto-Lange-KG in Uelzen, Abschluss als Kfz-Mechanikergeselle. K.: seit 1996 tätig im väterl. Betrieb Autohaus Branig in Lübben als Kfz-Techniker, 1997-99 Meisterlehrgang u. Erwerb d. Meisterbriefes als Kfz-Technikermeister, seit 2001 Gschf. d. Firma Autohaus Branig GmbH in Lübben. M.: ehrenamtl. Mtgl. d. THW Technischen Hilfswerks. H.: Motorradfahren.

*) Biographie www.whoiswho-verlag.ch oder beigefügte CD-ROM

Brankel Jürgen M. A.
Docteur en histoire de la Phil.
B.: freiberufl. Übersetzer. PA.: 22607 Hamburg, Waitzstr. 28. G.: Hamburg, 27. Juni 1943. El.: Dr. med. Georg Otto u. Rosemarie, geb. Grotwahl. S.: 1963 Abitur Hamburg, Stud. Germanistik, Romanistik u. Phil. Tübingen, München, Hamburg u. Paris, Docteur en histoire de la Phil. K.: 1975-77 freier Übersetzer f. Franz. u. Deutsch, 1977-79 Stud. m. Abschluß, 1. Staatsexamen in Hamburg, 1980-82 Referendariat an d. Schulbehörde in Hamburg, 1982 Stud. Bibliothekswesen, 1984 Abschluß Dipl.-Bibliothekar in Hamburg, 1987 Bibliothekar an d. Staatsbibliothek Hamburg, 1988 tätig in d. Senckenberg. Bibliothek, seit 1989 freiberufl. Übersetzer f. Span.-Deutsche Bücher, Romane u. sonstige Literatur, 1992 Gastprofessur in Córdoba/Argentinien (1. Semester), 1995 Abschluß M.A. in Hamburg. P.: Übersetzungen: "Claudias Geständnis", "Herren d. Erde", "Memoiren eines Priesters", "Wissenschaft und Metaphysik bei Descartes", u.a.m. H.: Dichtungen, Vorträge auf Hörkassetten.

Brannasch Karsten
B.: Profi-Bobfahrer, Hotelfachmann, z.Zt. Sportsoldat. PA.: 01219 Dresden, Rudolf-Bergander-Ring 14. G.: Altdöbern, 17. Aug. 1966. K.: m. Pilot Czudaj: 1989 EM/2. Vierer, WM /4. Vierer, 1993 WM/4. Vierer, DM/2. Vierer, 1994 Olympia/Gold Vierer, DM/2. Vierer, 1995 EM/3. Vierer, DM/1. Vierer, 1996 EM/10. Vierer, DM/3. Vierer. H.: Musik, Schildkröten.

Branoner Wolfgang
B.: Abg., Senator a.D. FN.: Abgeordnetenhaus Berlin. DA.: 10111 Berlin. G.: Berlin, 15. Apr. 1956. V.: Sabine, geb. Spröde. Ki.: Frauke (1983), Sebastian (1981). El.: Egon-Herbert u. Waltraud. S.: Realschule Neukölln, 1973-75 Fachoberschule f. Wirtschaft u. Verw. Berlin, 1975-78 FHS f. Verw. u. Rechtspflege Berlin, Dipl.-Verw., 1979-82 Verw.-Ak. Berlin, Verw.-Dipl., 1983-84 Verw.-Ak. Berlin, Dipl.-Kam. K.: 1975-80 Bez.-Amt Neukölln v. Berlin, Jugendamt anschl. Wohngeldamt u. Ltr. d. Preisstelle f. Mieten, 1980-84 Senator f. Bau- u. Wohnungswesen, 1984-85 Präs. d. Abg.-Hauses v. Berlin, 1985-91 Bez.-Amt Neukölln v. Berlin, Bez.-StadtR. f. Bau- u. Wohnungswesen, s. 1991 Mtgl. d. Abg.-Hauses v. Berlin, 1998-99 Senator f. Wirtschaft u. Betriebe, 1999-2001 Senator f. Wirtschaft u. Technologie. M.: Vors. d. AufsR. d. Berliner Park u. Garten GmbH, Vors. d. AufsR. d. Berliner Landesentwicklungsverw. GmbH, Vors. d. AufsR. d. BLEG, Vors. d. AufsR. d. ERB, STellv.Vors. d. AufsR. d. Entwicklungsträger Buch u. Eldenaer Straße, Stellv. Vors. d. Aufs. R. GEWOBAG, Mitglied d. Aufs.R. OSB, Komba-Gewerkschaft, Initiative Hauptstadt Berlin, Vors. d. Forums am Brandenburger Tor e.V., Förderver. Olympia, Förderver. Museum Berlin. H.: Tennis. (Re)

Branski Henryk Dr. med.
B.: Kinderarzt. DA.: 58099 Hagen, Schwerter Str. 139. G.: Bielitz/Polen, 17. März 1948. V.: Maria, geb. Andrusiewicz. Ki.: Ludwik (1975). S.: 1972 Dipl. Krakau, 1982 Prom. Warschau. K.: 1972-81 Zentrum f. Kinderkrankheiten, 1978-79 Stipendium MH Hannover, 1981 Übersiedlung in d. BRD, 1981-86 b. Prof. Stephan Univ.-Klinik Essen, 1986 Dt. FA-Prüf. f. Kinderheilkunde, 1986 Eröff. d. eigenen Praxis f. Kinderheilkunde. BL.: 1974-80 Forsch.-Arb. in d. Kinderlungenheilkunde. P.: 14 Publ. über Lungenheilkunde b. Kindern. M.: Europ. Pneumolog. Ges. H.: Lesen, gegenwärtige zeitgenöss. Phil., poln. Literatur, Sport, Klavierspielen.

Branstner Gerhard Dr. phil. *)

Brantl Sigrid *)

Branz Karl-Heinz

B.: RA, vereid. Buchprüfer. FN.: Branz & Kollegen Anw.-Kzl. DA.: 74074 Heilbronn, Bismarckstr. 106. G.: Heilbronn, 8. Jän. 1946. V.: Manuela, geb. Seibl. Ki.: Tina. S.: 1966 Abitur, Stud. Rechtswiss. Heidelberg. K.: s. 1975 selbst. RA in Heilbronn m. Schwerpunkt Wirtschaftsrecht; Funktion: Lehrauftrag für Wirtschaftsrecht an d. FH Heilbronn. P.: Insolvenzrecht. M.: Vors. d. Heilbronner Ver. f. Insolvenzrecht e.V. H.: Golf.

Brasat Jürgen *)

Brasch Peter *)

Braschoss Harald Hermann *)

Braschoß Peter *)

Brase Karl-Heinz
B.: selbst. Steuerberater. DA.: 49080 Osnabrück, Blumenhaller Weg 61 a. G.: 49080 Osnabrück, Piusstr. 5. G.: Erwitte, 1. Apr. 1940. Ki.: 2 Kinder. El.: Hermann u. Elli. S.: 1961 Wirtschaftsabitur, 1961-65 Stud. BWL Univ. Münster, Saarbrücken u. Köln m. Abschluß Dipl.-Kfm., 1970 Steuerberaterprüf. K.: 1966-70 Ass. bei Wirtschaftsprüf.-Ges. in Münster u. Osnabrück, seit 1970 ndlg. Steuerberater m. Kzl. in Osnabrück. M.: 7 J. Aussch. f. Steuerfachgehilfenprüf. d. IHK Osnabrück/Emsland, Osnabrücker Sportclub u. 1989-93 Vors. d. Ab.t. Tennis. H.: Tennis, Radfahren.

Brase Willi
B.: Gewerkschaftssekr., MdB. FN.: Dt. Bundestag. DA.: 11011 Berlin, Platz d. Republik 1. G.: Quetzen/Petershagen, 10. Okt. 1951. Ki.: 2 Kinder. S.: 1969-71 Fachoberschule, 1973-76 Stud. Sozialpäd., 1971-72 Wehr- u. Ersatzdienst, 1977-78 Berufsprakt. J. in einem Heim f. schwererziehbare Jugendl., 1978-80 Jugendamt Abt. Jugendpflege. K.: seit 1976 Mtgl. d. ÖTV, 1981-84 Landesjugendbild.-Referent u. 1984-88 Landesjugendsekr. b. DGB-Landesbez. NRW, seit 1989 DGB-Kreisvors. Siegen-Wittgenstein/Olpe, 1988-89 Vors. Landesjugendring NRW, s. 1998 MdB. M.: altern. Vors. d. Verw.-Aussch. d. Arbeitsamtes Siegen, altern. Vors. u. im Berufsbild.-Aussch. d. IHK Siegen, altern. Vors. im Regionalbeir. d. AOK Westfalen-Lippe, Regionaldion. Siegen-Wittgenstein, ber. Mtgl. Wirtschaftsförd.-Aussch. Kreis Siegen-Wittgenstein, ber. Mtgl. Aussch. f. Wirtschaftsförd. u. Liegenschaften d. Stadt Siegen, ber. Mtgl. im Bez.-PlanungsR., Reg.-Bez. Arnsberg, Mtgl. d. strukturpolit. Kmsn. d. Bez.-PlanungsR., Vorst. d. Siegerland Consult, Vorst.-Mtgl. d. Landesarge Arbeit u. Leben NRW, Vors. BeiR. Ketteler-Cardijn-Werk Kirchhundem u. Mtgl. BeiR. Neue Arb. Siegerland, seit 1981 Mtgl. d. SPD, AfA-Unterbez.-Vors. Siegen-Wittgenstein, Mtgl. im Bez.-Aussch. u. GewerkschaftsR. d. SPD-Bez. Westl. Westfalen, Beratendes Mtgl. in d. Unterbez.-Vorst. d. SPD Siegen-Wittgenstein u. Olpe, Vorst.-Mtgl. im SPD-Stadtverb. Kreuztal. (Re)

Brass Heinz *)

---
*) Biographie www.whoiswho-verlag.ch oder beigefügte CD-ROM

Braß Klaus

B.: Gschf. FN.: A&B Messetechnik GmbH. DA.: 42897 Remscheid, Greuel 17. o.b. design@t-online.de. G.: Remscheid, 15. Jan. 1955. V.: Renate, geb. Renkel. Ki.: Marlen Charlott (1989). El.: Friedrich Wilhelm und Lotte, geb. Schmittmann. S.: 1970-73 Lehre Tischler elterl. Betrieb. K.: Ang. in d. elterl. Tischlerei, glz. Fachabitur i. Schloß Raesfeld, 1982 Übernahme d. Tischlerei, 1984 Meisterprüf., 1984-88 Stud. Bw. an d. Ak. d. Handwerks in Schloß Raesfeld m. Abschluß Bw., 1989 Grdg. d. A&B Design Messetechnik GmbH m. Schwerpunkt Messebau; Projekte: f. d. Messestand Albanien auf d. EXPO 2000, Wehrmachtsausstellung u. d. Messestand d. franz. Firma Andros, Objekteinrichtungen im Hotel Vier Jahreszeiten in Meerbusch u. Bayer Wuppertal, Designerdecken im Jagdfeld-Hotel Adlon in Berlin. H.: Hund, Wandern.

Brass Wilhelm

B.: Gastronom, Inh. FN.: Traiteur Wille/Party Service. DA.: 22301 Hamburg, Gottschedstr. 13. PA.: 22999 Hamburg, Sierichstr. 132. G.: Beelen, 8. Juni 1943. Ki.: Ulrike (1967). El.: Johannes u. Maria. S.: 1956-59 Ausbildung zum Bäcker/Konditeur, Düssburg, 1959-61 Ausb. zum Koch bei Daverd Jagdhaus, Amelsbüren, 1964 Fachhochschulreife, Stockholm, 1962-68 in versch. Restaurants als fKoch tätig, Stockholm, 1968-73 "Esso-Motor" - Hotel, Växjö/Schweden, Hotel-Direktor, 1973-77 Inh. d. Restaurant "Brasserie" in Växjö, 1977-83 Kantine-Leiter b. Wilkens-Ayer Werbeagentur, Hamburg, s. 1983 Inh. d. Traiteur Wille/Party Service, Hamburg, 1990 Eröff. e. Bistros in Gottschedstr. 13, Hamburg. H.: Reiten, Moderne Kunst. (K.H.)

Brass Wilhelm Dr. med. vet. Dr. h.c. *)

Brassat Uwe

B.: Gschf. FN.: Heinrich Uhl GmbH. DA.: 25335 Elmshorn, Kaltenweide 260. G.: Elmshorn, 24. Juli 1944. V.: Ingrid, geb. Braasch. Ki.: Christian (1976). El.: Wilhelm u. Christine, geb. Gieseking. S.: 1962 Mittlere Reife, 1962-65 Lehre als Straßenbauer, 1965-66 Bundeswehr, 1966-71 Gesellenzeit, 1971 Meisterprüf. K.: 1972 Teilhaber d. Firma Uhl, 1978 alleiniger Inh., seit 1982 Gschf. M.: seit 1992 im Meisterprüf.-Aussch. f. Straßenbauer in Schleswig-Holstein, seit 1975 Kommunalpolitik Wählergem. in Kl. Nordende, seit 1992 Fachgruppenltr. f. Straßenbau in d. Baugewerbeinnung im Kreis Pinneberg. H.: Tennis.

Brasse Hartmut Prof.

B.: Prof., Mathematiker, Heilpraktiker. FN.: FH Hagen. DA.: Hagen, Haldenerstr. 182. PA.: 59423 Unna, Ackerstr. 3. G.: Unna, 19. Jan. 1939. V.: Lieselotte. Ki.: Anya Betina. EL.: Friedr. Karl u. Anni. S.: Abitur, Stud. Math., Physik, 1. u. 2. Lehramtsprüf. f. Höh. Dienst (Gymn.). K.: Fachltr. Studiensem. 69-71, Emden Lehrbeauftragter PH u. Univ. Bremen 1970-74, Prof. FH Hagen seit 1971 f. Math., Angew. Math., Operations Research. P.: ca. 85 Veröff. Rez. H.: Naturwiss. Rand-Phänomene, insb. in d. Medizin.

Brassel Wilhelm *)

Brast Markus

B.: Elektroinstallateur, Inh. FN.: E.S.B. GmbH. DA.: 58452 Witten, Johannisstr. 21. G.: Witten, 16. Nov. 1966. V.: Jutta. Ki.: Niklas (1997). S.: 1983-87 Ausbild. Elektroinstallateur Firma Elektro Union. K.: 1987-89 tätig als Elektroinstallateur, 1989-91 Sateliten- u. Antennentechniker, 1991-92 Monteur im Bereich Ind.-Anlagen, 1992-94 Fernmeldetechniker, 1994-99 tätig im Bereich Innenarchitektur f. Büroeinrichtungen u. Lichtplanung, seit 1999 selbst. mit d. Firma E.S.B. GmbH mit Schwerpunkt Beleuchtung, Elektro, Planung u. Beratung, 2000 zusätzl. Eröff. d. Lichthaus Brast.

Bratfisch Hartmut *)

Bratfisch Josef Dipl.-Ing. *)

Brathering Angela *)

Bratke Siegfried *)

Bratsch Reiner *)

Brattig Werner

B.: Maler, Grafiker u. Plastiker. PA.: 42657 Solingen, Brühler Berg 20. www.brattig-art.de. G.: Solingen, 13. Aug. 1932. V.: Helche, geb. Dahmen. Ki.: Mogens, Torben. El.: August u. Emmi. S.: Abitur, Akad. K.: 1957-2001 ca. 160 Einzelausstellungen in vielen Ländern Europas, seit 1957 regelmäßige Beteiligung an div. Gruppenausstellungen. BL.: Erfinder d. Fendillage-Technik. M.: Kunstnersammenslutningen "IN", Aalborg, Dänemark. H.: Themenreihen u.a. "Feuervogel" nach I. Strawinski, "Schwingen", "3x12 Zeichen" (nach chinesischen Motiven), "Africana", Buchgestaltung: Märchenbuch "Der Feuervogel".

Bratz Hubertus H. *)

Bräu Josef *)

Brauch Dirk Dipl.-Kfm.

B.: Vorst. Verkauf u. Verw. FN.: Hagedorn AG. DA.: 49078 Osnabrück, Lotter Str. 95/96. PA.: 49324 Melle, Hochstr. 4. G.: Heerlen/NL, 5. März 1944. V.: Ingeborg, geb. Schuy. Ki.: Philip-Kurt, Florian-Dirk. El.: Kurt u. Helene, geb. Oos. S.: 1964 Abitur Köln, 1966-71 Stud. BWL. K.: 1971 Ass. d. Geschäftsltg. d. Lackfbk. Spies, Hecker & Co in Köln, 1978 Gschf. f. d. Ressort Verw. u. Controlling, 1982 Mtgl. d. Geschäftsleitung d. Starcke Firmengruppe in Melle, seit 1989 Vorst.-Mtgl. d. Hagedorn AG seit 1990 Sprecher d. Vorst. M.: seit 1991 im Vorst. d. Arbeitgeberverb. d. Chem. Ind. Nieders. e.V., 1996 stellv. Vors., seit 1997 Vors.

Brauch Gerd Dipl.-Kfm. *)

*) Biographie www.whoiswho-verlag.ch oder beigefügte CD-ROM

Brauch Marcus

B.: Gschf. FN.: Physioprax Brauch Marcus. DA.: 75323 Bad Wildbad, König-Karl-Str. 37. marcus.brauch@t-online.de. www.physioprax.com. G.: Karlsruhe, 25. Juli 1968. Ki.: Dominik Pascal (1990), Robin Julian (1993). El.: Herbert u. Renate. S.:. 1984 Mittlere Reife, 1984-85 Ausbild. med. Fußpfleger Pforzheim, 1985-86 Fachschule f. Elektrotechnik Karlsruhe, 1986-89 Ausbild. Masseur u. med. Bademeister. K.: 1989 selbst. m. Vertrieb v. Med.- u. Sportart., 1989 Eröff. d. 1. Kurpraxis im Hotel Hetschelhof in Enzklösterle, 1990 Eröff. d. Physiotherapiepraxis in Wildbad u. Ausbild. z. Physiotherapeuten, 1992 Eröff. d. Praxis in Pforzheim, 1993 Eröff. d. Touristikagentur Reha-Tours, 1995 Eröff. d. Privatpraxis f. Physiotherapie nach d. Wildbad-Konzept, Weiterbild. in manuelle Therapie u. manuelle Lymphdrainage. M.: VPT. H.: Tennis, Radfahren, Skifahren.

von Brauchitsch Eberhard

B.: Wirtschftsmanager, RA. DA.: CH-8032 Zürich, Titlisstr. 37. G.: Berlin, 28. Nov. 1926. K.: 1965-71 u. 1973-82 persönl. haft u. Gschf. Ges. d. Friedrich Flick KG Düsseldorf, 1971-72 Gen.-Bev. d. Verlegers Aexl Springer, 1981-82 VPräs. d. BDI. E.: Ehrensenator d. Univ. Innsbruck, höchste dt. u. intern. Ausz.

Brauchle Eugen Prof.

B.: Prof. FN.: PH Ludwigsburg. PA.: 72764 Reutlingen, Werastr. 27. G.: Aulendorf, 9. Feb. 1930. V.: Cosima, geb. Frick. Ki.: Robert, Angela. El.: Eugen u. Franziska. S.: Gymn., Stud., 1. u. 2. Staatsexamen. K.: 6 J. Lehrtätigkeit an Gymn., dann Berufung an d. PH Reutlingen, langj. Lehrbeauftragter an d. Univ. Tübingen. P.: versch. Beiträge in Fachzeitschriften. M.: Mtgl. versch. Fachkmsn. H.: Musik, Geschichte, Sprachen.

Brauchle Paul

B.: freischaff. Künstler; Kulturmanager. FN.: T-Werk e.V. DA.: 14482 Potsdam, Stahnsdorfer Str. 100. PA.: 13357 Berlin, Bellermannstr. 14. paulbrauchle@compuserve.com. www.art-time-work.de. G.: Bregenz, 24. Dez. 1954. V.: Juliane, geb. Heckt. Ki.: Maria (1977), Cosima (1979), Simon (1981), Boris (1983). El.: Anton u. Marianne. BV.: Künstler u. Musiker. S.: 1968-70 Famous Artists Schools Amsterdam, 1969-72 Emailliekurse Walter Fink, 1974-80 Stud. Mikrobiologie Univ. Innsbruck. K.: 1976-77 Arbeit m. sozial auffälligen Jugendlichen in Innsbruck u. Schwaz, 1978 Grdg. d. Galerie "KuKuk" in Schwaz, 1980-95 Mitarb. im Ver. Hand u. Fuß e.V. (Kunst u. Handwerk) in Berlin, 1980 Ausstellung in München, 1983-85 Gschf. d. Amano GmbH (Bau/Elektro), 1984-93 Mitarb. in d. Stiftung "Umverteilen!", 1985-90, 1992 Ausstellung in Berlin, 1993-94 Installation "Reichtum, Elend u. d. falschen Götter" in Berlin, 1994 Ausstellungen in Berlin, 1994-95 Keramikkurse f. Kinder im Kinderhaus Klax in Berlin, 1995 Ausstellung "Casualties", Galerie Fantom/Berlin, 1996-97 Koordinator "S-Presso" (Fahrgastbetr. Proj.), 1997 Ausstellung "distant memory" in Rouen u. Internet im Palast Hohenems/Österr., 1998 Ausstellungsbeteiligungen" Memento Tschernobyl" u. Kunstmeile in Berlin, 1999 Theaterprod. "Anatomie Titus Fall of Rome", Ausstellung "virtual reality" i. d. Kulturfabr. Kammgarn Hard/Österr., Ausstellungsbeteiligungen Kunstmeile in Berlin u. "Schubert 1 x 1", Palais Liechtenstein, Feldkirch/Österr., 2001 Ausstellung "atmospherics" Bregenz Galerie Gregor K./Volksbank.

Brauckmann Alfons Joseph Dipl.-Ing.

B.: Bauunternehmer, Alleingeschäftsführer. FN.: Johann Brauckmann Bauausführungen GmbH & CoKG, Deutzer Bau - Ring GmbH. DA.: 51103 Köln, Wippenfürther Str. 23. PA.: 50679 Köln, Thusnelda Str. 1. G.: Köln, 17. Aug. 1932. V.: Marlene, geb. Pohl. Ki.: Georg (1961), Thomas (1962), Werner (1965), Ursula (1967). El.: Johann u. Maria, geb. Langweg. S.: Realschule Köln - Deutz, Mittlere Reife, 1954 Stud. Arch., Hochbau FH Wiesbaden, 1954 Ingenieur. K.: 1954 Eintritt in d. Unternehmen Johann Brauckmann (gegr. 1929 durch den Vater), 1963 Bau d. größten Kölner Schießstandes f. "Deutzer Schützen", 1968 Bauleitung, Gschf., 1968 Übernahme d. Unternehmens, 1968 Grdg. d. KG u. Grdg. GmbH & Co. KG, u.a. Bau d. meisten Kolping - Häuser, Histor. Archiv Köln, Stapelhaus, St. Heribert, St. Heinrich, seit 1969 viel Wohnungsbau, städtisch u. gemeinnützig, auch Schlüsselfertigbau, Bau u. Verkauf v. Eigentumswohnungen, 1984 Eintritt Sohn Maurermeister Werner, Tochter Ursula Holl (Finanz) in d. Unternehmen, 1988 Eintritt d. Sohnes Thomas in d. Unternehmen (Dipl.-Ing), 1998 Neubau aller Betriebsgebäude in Köln - Deutz, 1955 Eintritt Kölner Narrenzunft, 1987-99 Vorst.-Mtgl., 1998 Empfang m. Dreigestirn bei Bundeskanzler Kohl im Bundeskanzleramt. P.: 1997 über Richtfest m. "Kölner Dreigetirn" mit Oberbürgermeister Burger im Kölner Stadt - Anzeiger u. Rundschau. M.: ehem. Vorst. Deutzer Schützen, Kirchenvorst. St. Heribert, 30 Jahre Rechnungsprüfungsausschuß Kölner Innung. H.: Sportschießen Pistole u. Gewehr, KK u. Großkaliber, Weltreisen Nordamerika, Südamerika, Asien, Hongkong, Mauritius Kreuzfahrten. (P.P.)

Brauckmann Georg Dipl.-Ing.

B.: Maurer. FN.: Ing.-Büro Georg Brauckmann. DA.: 50679 Köln, Eumeniusstr. 9. G.: Köln, 28. Juni 1961. V.: Marietta, geb. Blum. Ki.: Lorenz, Viktoria. El.: Alfons u. Marlene, geb. Pohl. BV.: Großvater Johannes Brauckmann gründete Bauunternehmen in Köln. S.: 1981 Abitur Köln, 1978-81 Maurerlehre, 1980-87 Stud. Bauing.-Wesen in Köln m. Abschluss Dipl.-Ing. K.: 1987-90 Ang. Büro f. Umweltschutz Köln, 1990-94 Ang. Ing.-Büro, seit 1994 selbst. m. Ing.-Büro in Köln. M.: Ing.-Kam. NRW, Ordre Intern. Anystiers, Kölner Narrenzunft 1880. H.: Familie, Skifahren, Joggen, Karneval.

Brauckmann Ilse

B.: Kauffrau, Inh. FN.: Brauckmann Ilse GmbH. DA.: 58119 Hagen, Möllestr. 7-9. PA.: 58119 Hagen, Im Ostfeld 8. G.: Kummelwitz, 1. Dez. 1940. V.: Manfred Brauckmann, geb. Ina (1966), Sabine (1968). El.: Paul u. Gertrud Reinert. S.: 1955-58 Lehre Einzehdl.-Kauffrau. K.: 1958.63 Filialltr., 1967-71 Aus- u. Weiterbild. bei REWE u. Substitut in versch. REWE-Märkten, 1971 selbst. in Hohenlimburg, 1989 Eröff. d. Marktes in Holzwickede. E.: 2. Preis im Wettbewerb "Schönster Laden". M.: seit 25 J. AufsR.-Mtgl. d. REWE Dortmund, Werbeaussch. REWE. H.: Garten, Walking.

*) Biographie www.whoiswho-verlag.ch oder beigefügte CD-ROM

Brauer André

B.: Unternehmer, Inhaber. FN.: Antiquariat an d. Nikolaikirche. DA.: 04109 Leipzig, Ritterstr. 8-10. G.: Leipzig, 28. Mai 1963. V.: Ines. El.: Prof. Kurt. S.: 1979-81 Drucktechn. Ausbild. K.: 1981-85 Tätigkeit im Antiquariat, seit 1996 selbst. im Antiquariat. M.: Leipziger Bibliophilen Abend. H.: Literatur, Kunst, Zoologie, gutes Essen u. Trinken, Reisen, fremde Zivilisationen, Geschichte.

Brauer Andreas *)

Brauer Charles
B.: Schauspieler. PA.: Schweizer Baselland. G.: Berlin, 3. Juli 1935. V.: Lilot Hegi (Bühnenbildnerin). Ki.: Jonas. K.: Bühnenstationen u.a. Dt. Schauspielhaus Hamburg, Kammerspiele u. Bayer. Staatsschauspiel München, Film u.a. in "Ist Mama nicht fabelhaft?", Fernsehen u.a. in "Familie Schölermann", "Der Kommissar", "Derrick", "Die Krimistunde", "Jenseits d. Morgenröte", "Unser Lehrer Dr. Specht", Serie "Kathrin ist die Beste", Serie "Frauenarzt Dr. Merthin", Die Angst in meinem Herzen", 14 Jahre Kommissar Brockmöller im NDR-Tatort, seit 1998 Serie "Samt und Seide".

Brauer Friedrich Dipl.-Ing.
B.: Architekt. DA.: 04107 Leipzig, Körnerstr. 38. hfriedrichbrauer@aol.com. G.: Leipzig, 31. Jan. 1939. V.: verh. Ki.: Henry (1961), Tommy (1966), Franziska (1979). S.: seit 1956 umfangreiche Sammeltätigkeit, 1957 Abitur Leipzig, 1957-59 Maurerlehre, 1959-64 Stud. Bauwesen in Weimar, Dipl.-Ing. K.: Ltr. Wiss. u. Technik, Architektentätigkeit, seit 1999 Ausbau d. Sammeltätigkeit durch Ruhestand, Spezialist f. Leipziger Messeabzeichen, Messenebenabzeichen, Messemedaillen, DDR-Abzeichen, Winterhilfe-Abzeichen. P.: Buch: "Abzeichen d. Leipziger Mustermessen Katalog 1918-89" (2001), Vortrag "Die älteste Abzeichenserie Deutschlands - d. offizielle Leipziger Messeabzeichen". M.: Sächs. Architektenkammer, Grdg.-Mtgl. d. Leipziger Paulinervereins e.V. H.: Sammeln, Geschichte, Natur.

Brauer Georg Karl Dr. phil. nat. Prof. *)

Brauer Hartmut *)

Brauer Heidrun *)

Brauer Heinz Dr. h.c. mult. Dr.-Ing. Prof *)

Brauer Herbert Dr. Hochschul-Prof. *)

Brauer Isabell
B.: Handelsfachwirt, Gschf. FN.: Tod's. DA.: 80539 München, Maximilianstr. 21. G.: Kösching/Ingolstadt, 7. Jan. 1972. El.: Dipl.-Ing. Gerald u. Teresa Brauer. S.: 1991-92 PR-Arbeit b. Audi Ingolstadt, 1992-95 Bildungszentrum d. bayer. Handels in München, parallel Ausbildung Italy Ninetta, Abschluss: Handelsfachwirt. K.: 1995 Repräsentanz f. ital. Brillen u. Vertrieb, 1995 Miss World Deutschland, 1995-96 Modell f. Wäsche u. Kosmetik in Mailand, 1997-2000 Gschf. d. Max Mara Gruppe, Marella Shop f. Mode u. Accessoires, seit 2000 Gschf. f. Tod's exclusiver Schuh- u. Taschenhersteller. P.: Süddeutsche Zeitung, AZ, Donau Kurier, Münchner Journal, Exclusiv. H.: Ballett, Tanzen, Golf, Bergwandern.

Brauer Joachim Dr. iur.
B.: RA, Notar. FN.: Kzl. Brauer-v. Bock-Wendenburg. GT.: Vorst.-Mtgl. Kreisreiterverb. Celle. DA.: 29221 Celle, Hannoversche Str. 57. brauer-v.bock-wendenburg@t-online.de.. G.: Ludwigslust/Mecklenburg, 28. Mai 1942. V.: Margritt, geb. Hoffmann. Ki.: Stephan (1969), Tillmann (1971), Bettina (1973). S.: 1969 Abitur Salzgitter-Bad, b. 1963 Stud. Rechtswiss. in Freiburg, 1964-65 Univ. Göttingen, 1965-66 Grenoble, 1967 1. Staatsexamen. K.: 1967-71 Ass.-Tätigkeiten f. Prof. Großfeld am Inst. f. intern. Privatrecht in Göttingen, parallel dazu Referendariat in Göttingen u. Celle, 1970 Prom. z. Dr. iur., seit 1971 Anw. in d. Kzl. Gödeke in Celle, seit 1973 am OLG Celle zugelassen, seit 1975 Partner v. Dr. Gödeke, seit 1990 Senior d. Kzl. Brauer-v. Brock-Wendenburg, 1982 Bestellung z. Notar. M.: FDP, seit 1982 Rotary Club Celle, Celler Pferdefreunde v. 1834. H.: Reit- u. Fahrsport.

Brauer Jörg *)

Brauer Karl-Heinz
B.: Gewerkschaftssekr. FN.: ver.di Bezirk Rheine. DA.: 48429 Rheine, Kardinal-von-Galen-Ring 98. PA.: 48429 Rheine, Dietrichstr. 41. Karl-Heinz.Brauer@verdi.de. G.: Dortmund, 28. Sept. 1950. V.: Ingrid, geb. Tietmeyer. Ki.: Volker (1986), Hannah (1993). S.: 1966-69 Ausbild. Bankkfm.-Gehilfe Stadtsparkasse Dortmund. K.: 1969-75 Ang. d. Stadtsparkasse Dortmund, 1975-76 Besuch d. Sozialak. Dortmund, 1976-89 Gewerkschaftssekr. d. ÖTV Bielefeld, Rheine u. Coesfeld, Gewerkschaftssekr. u. Gschf. d. ÖTV in Bielefeld, Coesfeld u. Rheine 1976-2001, seit 2001 Bezirks-gschf.ver.di Rheine. M.: seit 1990 Verw.-Aussch. d. Arbeitsamtes Rheine, seit 1994 Arbeitnehmervertreter im AufsR. d. Regionalverkehrs, Münsterland, seit 1999 Ratsmtgl. d. Stadt Rheine, SPD, Arbeiterwohlfahrt, Eltern-Kind-Initiative Sandmannshof. H.: Wandern, Familie.

Brauer Roland *)

Brauer Sabine *)

Brauer Wilfried Dr. Dr. h.c. Prof. *)

Bräuer Gerhard Dr. *)

Bräuer Hans Dr. med. vet. Dir.
B.: Dir. FN.: MSM Medical Service München. DA.: 81379 München, Murnauer Str. 265. G.: Berlin, 8. Aug. 1925. V.: Erika, geb. Zittrich. Ki.: Dr. med. Andrea, Dr. med. Burkhard. El.: Rudolf u. Elisabeth. BV.: Großvater DDr. Paul Bräuer - Apotheker, Physiker u. Mtg., div. Ausz. S.: 1952-58 Stud. Human- u. Vet.-Med. FU Berlin, 1958 Prom. Dr. med. vet., Weiterbild. in Pharmakologie u. Toxikologie, Abschluß m. Fachanerkenn. (FAI). K.: 1958-64 Pharma-Ind., GmbH, Umzug n. München, Gschf. einer Arzneimittelfbk., seit 1971 selbst. u.a. Entwickl. e. Methode z. Mess. d. Fließfähigk. d. Blutes, 1973 Einricht. e. Ateliers f. Plast. Histologie in e. d. bekanntesten Inst. Europas: P: 38 Lehrbücher f. d. ärztliche Weiterbildung, Weltauflage über 10 Mio., Übers. auch ins Chines.; z.B. Bildlexikon d. Immunologie (2.A. 1992). M.: Dt. Ges. f. Pharmakologie u. Toxikologie.

Bräuer Holger Dr.-Ing. *)

Bräuer Konrad *)

*) Biographie www.whoiswho-verlag.ch oder beigefügte CD-ROM

Bräuer

Bräuer Marianne
B.: Vermessungsingenieurin, selbständig. FN.: Terraplan 3 D. DA.: 82061 Neuried-Solln, Buchendorfer Str. 74. office@terraplan3d.de. www.terraplan3d.de. G.: Berlin, 4. Mai 1946. S.: 1965-68 Lehre z. Vermessungstechnikerin an d. Akademie in Berlin. K.: 1969-98 tätig als Vermessungsingenieurin in Berlin u. München, 1998 Grdg. u. Führung d. Vermessungsingenieurbüros Terraplan 3 D in München-Neuried m. d. Schwerpunkt d. Fotogrammetrie f. städtische u. kommunale Einrichtungen, sowie Vermessungstätigkeiten f. Altbausanierungen u. Grundlagenplanung. H.: Lesen, Reisen, Skifahren.

Bräuer Martin *)

Bräuer Martina

B.: selbst. Krankengymnastin. DA.: 90459 Nürnberg, Pfälzer Str. 62. G.: Erlangen, 19. Apr. 1965. El.: Horst u. Charlotte Bräuer, geb. Käßler. S.: 1982 Abitur Städt. FOS f. Gestaltung Nürnberg, 1982-84 Staatliche Krankengymnastikschule Erlangen m. Abschluß staatl. geprüfte Krankengymnastin. K.: 1984-85 Praktikum im Johannesbad in Bad Füssing, seit 1997 Ausbild. in Osteopathie, 1986-88 angest. Krankengymnastin einer Praxis in Nürnberg, 1989-90 tätig in d. priv. Praxis in Feucht, 1990 Eröff. d. eigenen Praxis m. Schwerpunkt Bobath-Vojta- u. Brügger-Therapie, tätig in d. Altenheimbetreuung. M.: Dt. Zentralverb. f. Krankengymnasten. H.: Sport, Reisen, Kunst.

Bräuer Rolf Prof. Dr.
B.: Biologe Fachrichtung Immunologie. FN.: Inst. f. Pathologie. DA.: 07443 Jena, Ziegelmühlenweg 1. PA.: 99510 Apolda, Jenastr. 1015. Rolf.Braeuer@med.uni-jena.de. G.: Naundorf, 24. Feb. 1943. V.: Eva, geb. Wenzel. Ki.: Thomas (1971). El.: Walter u. Gertrud. S.: 1961 Abitur, 1963-67 Lehrer-Stud. Univ. Jena, 1967-69 Biol.-Stud. m. Dipl., 1969-72 Forsch.-Stud. P.: 80 Veröff. in Fachzeitungen u. Buchbeiträge. E.: Univ.-Preis Stufe 1. M.: DGES Immunologie, DGES Rheumatologie, European Inflammation Society. H.: Sport, Touristik.

Bräuer Walter *)

Brauers Hans Leo *)

Brauhauser William *)

Bräuker Rudolf A. Dr. h.c. Prof. h.c.
B.: Honorargeneralkonsul, Verbandsmanager, Journalist DJU. FN.: Künstlerhilfe Sozialwerk e.V. (KSW). GT.: Vice President of the Chartered Academy Oerbaek/Danmark, Honorary Consul-General of the Principality Hutt River Province. DA.: 65187 Wiesbaden, Konrad-Adenauer-Ring 28. r.braeuker@gmx.de. G.: Trier, 21. Jan. 1927. V.: Karin, geb. Thiele. Ki.: Gabriele (1963), Marcus (1973). S.: Ausbild. als Musiker. K.: Journalist Fachbereich Kultur, 1955-68 Bandleader in Europa, Afrika, Nah- u. Fernost, seit 1974 Gschf. Vorst. des KSW, seit 1968 Mtgl. im BEK-VerwR., 1993-97 Mtgl. im RPR-ProgrammbeiR., 1971-91 Sachbearb. im Geschäftsbereich Hess. Finanzmin., 1981-99 Gutachter f. d. Oberfinanzdion. Frankfurt/Main a. Feststellung d. Künstlereigenschaft, seit 1995 stellv. Landesvors. d. Bundes d. Ruhestandbeamten (BRH), Vice President of the Chartered Academy Oerback/Danmark, Honorary Consul-General of the Principality Hutt River Province, seit 2001 Präs. Deutsch-Australischer Freundeskreis Hutt River Provinz e.V. P.: Verfasser sozialkrit. Beiträge u. Aufsätze z. Arbeitsrecht u. Sozialwesen in d. Unterhaltungsmusik. E.: 1978 BVK am Bande, 1980 Bürger-Med. d. Stadt Wiesbaden, 1981 Ehrenbrief d. Landes Hessen, 1983 BVK 1. Kl., 1988 Dr. h.c. u. 1989 Ehrenprof. Inter American Univ. San Juan PR (USA).

Braukmann Klaus Dr. med.
B.: FA f. Orthopädie u. Sportmed. FN.: Gemeinschaftspraxis DR. Klaus Braukmann u. Dr. Günter Seuser. DA.: 46286 Dorsten, Haltener Str. 28. brau-se@t-online.de. www.braukmannseuser.de. G.: Essen, 7. Sep. 1947. V.: Barbara, geb. Maciejewski. Ki.: Johannes (1988). S.: 1966 Abitur Recklinghausen, Stud. Med. Köln, Innsbruck u. Hamburg, 1972 Staatsexamen summa cum laude, 1973 Prom. Hamburg, FA-Ausbild. Aachen u. Stolberg. K.: seit 1979 ndlg. Rheumatologe u. glz. sozialmed. tätig; Funktionen: Lehrauftrag f. Ultraschalluntersuchungen d. Bewegungsapparates an d. Univ. Bochum, Seminarltr. f. Sonographie d. Bewegungsapparates d. DEGUM, Ausbilder f. MTR an d. Orthopäd. Ak. P.: "Kindl. Hüft-Dysplasie" (1998), Vorträge auf europ. Kongressen. M.: Berufsverb. d. FA u. Orthopäden, Obm. d. Bez.-Stelle Recklinghausen, Behindertenförderung am Cäcilienhof in Borken. H.: Langlauf, Golf, Lehmanns Gartenbahn.

Braukmüller Beatrix

B.: Dipl.-Designerin, geprüfte Astrologin DAV. FN.: Astrologie-Zentrum Bremen. DA.: 28211 Bremen, Uhlandstr. 2. G.: Hildesheim, 12. Aug. 1958. S.: 1977 Abitur Alfeld/Leine,1977 Stud. Kommunikationsgestaltung, 1981 Abschluß als Dipl.-Designerin. K.: ltd. Tätigkeiten in Werbeabt. versch. Wirtschaftsunternehmen in Bremen, seit 1991 selbst. u. Grdg. Beatrix Braukmüller Grafik-Design in Bremen als Inh., seit 1971 Interesse f. Astrologie, 1985 Eintritt in d. Dt. Astrologen-Verband e.V. (DAV), 1991 Verb.-Prüf. z. geprüften Astrologin DAV, 1995 Grdg. d. Astrologie-Zentrums Bremen als Ausbild.-Zentrum d. DAV. P.: div. Art. in Fachzeitschriften, Buchveröff 1995 Merkur-Intelligenz u. Kommunikation im Horoskop, 2000 Berufsanalyse m. d. Horoskop, v. richtigen Beruf z. wahren Berufung, seit 1999 Hrsg. d. Fachzeitschrift Astro-Forum Sternzeit, Zeitschrift f. Astrologie-Ausbild. u. Fortbild. H.: Astrologie, Fotografie.

Brauksiepe Ralf Dr. rer. oec.
B.: wiss. Ass., MdB. FN.: Ruhr-Univ. Bochum; Dt. Bundestag. DA.: 11011 Berlin, Platz der Republik 1. PA.: 45529 Hattingen, Laaker Weg 1. G.: Hattingen, 14. März 1967. V.: Dr. rer. oec. Ulrike, geb. Range. Ki.: Tobias (1997). El.: Wolfgang u. Edelgard. S.: 1986 Abitur Hattingen, 1986-90 Stud. Wirtschaftswiss. Ruhr-Univ. Bochum, 1990 Dipl.-Ökonom, 1995 Prom. K.: 1990-95 wiss. Mitarb. im Inst. f. Entwicklungsforsch. u. Entwicklungspolitik d. Univ. Bochum, 1996-98 C1-Stellwiss. Ass. als Bmtr. auf Zeit, 1983 Eintritt in Junge Union u. CDU, 1985 Beisitzer Ortsvorst. JU, 1987 Kreisvorst. JU Ennepe/Ruhr, 1988 Vors. JU Stadtverb. Hattingen, 1992 Kreisvors. JU Ennepe-Ruhr-Kreis, 1994-98 Ortsvors. CDU-Hattingen-Mitte, 1994 stellv. Landesvors. NRW d. JU, 1994 Kandidat Bundestagswahl CDU, 1994 Wahl in StadtR., 1995 Wahl z. CDU-Kreisvors. Ennepe-Ruhr, 1996 Landesvors. NRW d. JU, 1998 Wahl in Dt. Bundestag f. Ennepe-Ruhr-Kreis I, o.Mtgl. Europaussch., stellv. Mtgl.

*) Biographie www.whoiswho-verlag.ch oder beigefügte CD-ROM

Aussch. f. wirtschaftl. Zusammenarb., stellv. Mtgl. Peditionsaussch. P.: wiss. Publ. u.a. über Iranisches Bankwesen (1992). M.: CDU, Dt. Beamtenbund, KAB. (Re)

Braumandl Urs Dr. med.

B.: Ärztlicher Leiter FN.: Institut f. Überdruck-Medizin. DA.: 93059 Regensburg, Im Gewerbepark A45. info@hbo-regensburg.de. www.hbo-regensburg.de. G.: Freiburg, 16. Aug. 1959. V.: Isabell, geb. Kuhrts. El.: Dr. med. Dr. phil. Herbert u. Ruth. S.: 1983 Abitur München, 1984-85 Vorklinik Regensburg, 1986-92 München, Approb. u. Staatsexamen an d. TU München. K.: 1991 Auslandsaufenthalt in Kapstadt/Südafrika, Groote Schuur Hospital, 1992-93 Chir. Univ.-Klinik Rechts der Isar d. TU-München, 1993-96 Herzchirurgische Klinik Charité in Berlin, 1994 Prom., 1996-97 Kreis-KH Trauenstein, 1998 Grdg. d. Inst. f. Überdruckmed. Regensburg. M.: Dt. Ges. f. Tauch- u. Überdruckmed., Österr. Ges. f. Alpin-, Höhen- u. Expeditionsmed., Verband Intern. Tauchschulen.

Braumann Dietrich Karl Hermann Dr. med. *)

Braumann Günter H.

B.: Architekt. DA.: 60316 Frankfurt/Main, Rotlitstr. 55. G.: Bergen Enkheim, 8. Sep. 1953. V.: Christiane, geb. Schwarz. Ki.: Anna Maria (1995). S.: 1969 Mittlere Reife, 1969-72 Lehre Bautechniker, 1973 Fachabitur Bauwesen, 1974-80 Stud. Arch. FH Frankfurt m. Abschluß Dipl.-Ing., 1980-82 Stud. Arch. u. Malerei Städtekunstschule Frankfurt. K.: 1982-90 freier Mitarb. in versch. Arch.-Büros, 1990 Grdg. d. eigenen Arch.-Büros spez. f. Kirchenbau, denkmalgeschütze Altbausanierung u. Wohnungsbau. P.: Aquarellausstellug in Frankfurt (1978). M.: seit 1984 Architektenkam. Hessen. H.: Malerei, Reiten, Leichathletik.

Braumann Heinz-Günther Dr. med. *)

Braumann Klaus-Michael Dr. med. Prof. *)

Braumann Klaus-Peter *)

Braumann Wolfgang

B.: Kameramann. PA.: 14469 Potsdam, Heisenbergstr. 1. G.: Potsdam, 7. Jan. 1938. Ki.: Ralf (1959), Uta (1962), Guido (1968), Felix (1974). El.: Erich u. Ella. S.: 1956 Abitur, 1956-61 Stud. HS f. Filmkunst Babelsberg, Dipl.-Kameramann. K.: 1961-90 DEFA-Studio f. Spielfilme, seit 1966 verantwortl. Kameramann b. 36 abendfüllenden Spielfilmen f. Kino u. FS u.a. Der Mann, d. nach d. Oma kam (1971), Tecumseh (1972), Unterm Birnbaum (1973), Hans Röckle (1974), Hochzeit in Weltzow (1978), Das Pferdemädchen (1978), Freunde in Preußen (1981), Der Prinz hinter d. sieben Meeren (1982), Zille u. ick (1983), Das Eismeer ruft (1984), Froschkönig (1987), Kai aus d. Kiste (1988), Die Sprungdeckeluhr (1990), seit 1991 freiberufl. u.a. Kameramann f. 8-teil. ARD-Serie "Sherlock Holmes u. d. Sieben Zwerge" (1994), "Stunde d. Entscheidung" f. RTL (1994), "Doppelter Einsatz" RTL-Kriminalreihe (1995/96), "Spuk aus d. Gruft" f. ARD u. Kino (1997), seit 1998 Ölmalerei vor allem Landschaftsbilder. E.: seit 1971 zahlr. Ausz. auf nat. u. intern. Filmfestivals.

Braumüller Hans *)

Braun Adelbert

B.: Steuerberater. DA.: 51674 Wiehl, Im Wiesengrund 5. G.: Derschlag, 10. Okt. 1925. S.: 1943 Abschluß Handelsschule, 1948 Soldat u. Gefangenschaft. K.: 1950-54 Ang. im Wirtschaftsprüferbüro Dr. Braun & Partner in Duisburg, Qualifikation z. Steuerberater durch Weiterbild. in Abendkursen, 1954 Abschluß, 1954 selbst. Steuerberater, b. 1959 freier Mitarb. b. Dr. Braun & Partner. P.: Veröff. in d. Fachpresse, 1978 Buch "Steuer-Reform-Skandale", Buch-Manuskript 2000 "Computer statt Bilanz", Zeitschriften-Manuskript 2001 auch f. Übersetzungen "EU-Maßstäbe f. d. Höhe von Gewinn diskutieren". M.: Steuerberaterkam.

Braun Alfred Ing. *)

Braun Alfred Dr. iur. utr. *)

Braun André

B.: Gschf. Ges. FN.: aamex Unternehmensgruppe GmbH. DA.: 81241 München, Landsbergerstraße441. andrebraun @ aamex-gruppe.de. www.aamex-gruppe.de. G.: München, 6. Juli 1965. V.: Daniela, geb. Eckart. El.: Dieter u. Marlene. S.: 1980-83 Banklehre Bayer. Hypo München, 1983-85 Bankkfm. Bayer. Hypo München, 1985-87 Volontariat in versch. dt. Unternehmen im Bereich Gebäude-Management. K.: 1987 Eintritt ins väterl. Unternehmen aamex GmbH, Gebäudemanagement, beratende Dienstleistungen, Gebäudereinigung, Gebäudeausstattung, Infrastrukturelles Gebäudemanagment, Catering, Reinigungs-Service, Security. M.: ASU Arge selbst. Unternehmer Bonn, Mittelstandsver. d. Bayer. Wirtschaft. H.: Golf, Segeln, Lesen, Musik.

Braun Andreas

B.: Unternehmer, Inh. FN.: Konzertbüro Andreas Braun. DA.: 50937 Köln, Sülzgürtel 86. G.: Hachenburg, 27. Mai 1952. El.: Anton u. Hildegard, geb. Hofmann. S.: Abitur. K.: 1973 Ass. d. Geschäftslgt. d. Brühler Schloßkonzerte, 1978 Gschf. d. Brühler Schloßkonzerte u. d. Kölner Kammerorchesters, 1980 Grdg. d. Konzertbüros in Köln. M.: Music in Europe, Classical Music Artists. H.: Tennis.

Braun Anton

B.: Rechtsanwalt, BRA-Kam. DA.: 10179 Berlin, Littenstr. 9. PA.: 53175 Bonn, Teutonenstr. 55. braun@brak.de. www.brak.de. G.: Bonn, 9. Juli 1953. V.: Karin, geb. Rothenhäusler. S.: Stud. Univ. Bonn. K.: RA OLG-Kzl. in Köln, wiss. Ass. Rhein. Friedrich Wilhelms-Univ. Bonn, Gschf. BRA-Kam. P.: Fachauweltsverz., BRAO-Kommentar, BRAGO-Kommentar, Erfolgreich werben, PartGG-Kommentar. M.: Dt. Juristentag, Dt. Ges. f. Gesetzgebung, Vors. Godesberger Schachklub. H.: Squash, Schach.

*) Biographie www.whoiswho-verlag.ch oder beigefügte CD-ROM

Braun Barbara

B.: Hotelfachfrau. FN.: Hotel Kronprinz Restaurant GbR. DA.: 74523 Schwäbisch Hall, Bahnhofstr. 17. G.: Schwäbisch Hall, 29. Sep. 1958. V.: Axel Heinz. Ki.: Larissa, Sidney. S.: 1986 tätig elterl. Betrieb, USA-Aufenthalt, 2 Jahre Ausbild. Restaurantfachfrau SHA. K.: 1990 Planung d. Hotels, 1993 Kauf des Hotels Kronprinz, Aufenthalte in Frankreich, Spanien, Dänemark, Norwegen, Canada u. Mexico. M.: Dt. Krebshilfe, DEHOGA, Wirtschaftsjunioren, Bund d. Selbst., Haller Siedler. H.: Schifahren, Radfahren, Lesen, Tanzen, Motorradfahren.

Braun Bernhard Dipl.Vw. *)

Braun Bruni *)

Braun Christian R.

B.: RA, Fachanwalt f. Verwaltungsrecht. FN.: Rechtsanwälte Heuking Kühn Lüer Wojtek. DA.: 10785 Berlin, Klingelhöferstraße 5. c.braun@heuking.de. G.: Mainz, 8. Sep. 1959. V.: Dr. med. Petra Lange-Braun. Ki.: Tilman (1991). El.: Mac und Dorothea, geb. Brockes. S.: 1973 Abitur, 1979-84 Stud. Jura an d. FU Berlin, 1. Staatsexamen, 1984-87 Referendarzeit u.a. an d. Deutsch-Südafrikanischen IHK in Johannesburg, 1987 2. Staatsexamen. K.: 1987-90 Anwalt in d. Sozietät Heuking Kühn in Düsseldorf, seit 1991 Grdg. eines eigenen RA-Büro u. Eintritt in d. Sozietät als Partner, Mitwirkung am Aufbau d. Hauptstadtbüros d. Sozietät, seit 1993 Fachanwalt f. Verwaltungsrecht Tätigkeitsschwerpunkte Bauplanungsrecht u. Kommunalrecht. P.: Beiträge in Fachzeitschriften. M.: Dt. Juristentag, Ges. f. Umweltrecht. H.: Literatur.

von Braun Christina Hildegard Dr. phil. Prof.

B.: Kulturtheoretikerin, Filmemacherin. FN.: Humboldt-Univ. Berlin. DA.: 10178 Berlin, Sophienstr. 22A. G.: Rom, 27. Juni 1944. V.: Prof. Dr. Tilo Held. Ki.: Anna-Celine (1976), Valentin-Elias (1980). El.: Sigismund u. Hildegard v. Braun, geb. Margis. BV.: Großvater Magnus v. Braun Reichswirtschaftsmin. f. Ldw., Großmutter Hildegard Margis LAbg. u. Verlegerin aus Berlin verhaftet nach 20. Juli 1944 u. verstorben im Gefängnis Bautzen, Vater im Auswärtigen Dienst. S.: 1963 Abitur St. Peter Ording, 1963-64 Stud. Play Writing, History, Psych. in New York, daneben DPA-Presseagentur, 1964-68 Stud. polit. Wiss., Soz., Völkerrecht Univ. Bonn u. Köln, 1968 M.A., 1990 Prom. K.: 1968-69 polit. Hintergrundrecherchen f. ZDF in New York, 1969-81 freiberufl. Journalistin in Paris, Autorin (Essays), Filmemacherin u.a. "Portrait über Andre Malraux" u. 1971 Spielfilm "Sitten aus d. Provinz", seit 1981 in Bonn, viele Filme m. WDR u.a. "Der ewige Judenhaß", "Die Erben d. Hakenkreuzes", "Von Wunschtraum zu Alptraum", daneben Lehraufträge Univ. Innsbruck, Wien, Klagenfurt, Frankfurt/Main, 1991-93 Fellow an d. Kulturwiss. Inst. Essen, 1991-92 Gastprof. Univ. Konstanz, 1992 Habil., seit 1994 C4-Prof. Humboldt-Univ. Berlin, 1996-98 Dekanin Phil. Fak. III, 1998 Gastprof. Columbia Univ. New York. BL.: Grdg. d. Studienganges "Gender Studies" in Berlin. P.: Bücher "Nicht Ich. Logik, Lüge, Libido" (1985), "Versuch über den Schwindel. Religion, Schrift, Bild, Geschlecht." (2001). M.: Goethe-Inst., Mtgl. Präsidium d. Evangelischen Kirchentages, ehem. Bundesvorst. d. Film- u. Fernsehregisseure Deutschlands. H.: Literatur, Landleben, Wandern, Frankreich- u. Brasilienreisen.

Braun Claudia Dr. med. *)

Braun Dieter

B.: Gschf. FN.: Triumph International Holding GmbH. DA.: 80335 München, Mars-Str. 40.

Braun Dietrich Dr. Dr. h.c. Prof. *)

Braun Eckart Peter Dr. rer. nat.

B.: Gschf. Ges. FN.: Bildung u. Umwelt GmbH Dr. Braun & Partner. DA.: 31303 Burgdorf, Am Güterbahnhof 2a. buu.bu@t-online.de. G.: Celle, 10. Apr. 1942. V.: Christiane, geb. Rose. Ki.: Dr. rer. nat. Peter (1971), Ada (1974). S.: 1963 Abitur Celle, 2 J. Bundeswehr, 1965 Stud. Geowiss. in Clausthal-Zellerfeld, Dipl.-Mineraloge. K.: b. 1976 wiss. Ass. an d. TU Clausthal, 1976-83 Ass.-Prof. Inst. f. Mineralogie TU Berlin, ab 1984 selbst. Gutachter f. Asbestuntersuchungen in Berlin, 1985-87 Gschf. d. Firma Nimec GmbH Berlin, 1987-90 freier Sachv. f. Asbestuntersuchungen in Berlin u. Celle, 1990 Projektltr. b. d. GWU in Burgdorf, seit 1993 Gschf., seit 1994 selbst. Gschf. Ges. d. Bild. u. Umwelt GmbH. P.: ca. 15 wiss. Veröff. M.: B.A.U.M., IdU, BUND, NABU, OANU Netzwerk Umweltbild. H.: Segeln, Bergwandern, Tischtennis.

Braun Edmund Dr. phil. Prof. *)

Braun Eduard

B.: Finanzberater, selbständig. DA.: 50931 Köln, Bachemer Str. 91. G.: Karagandar, 22. Aug. 1959. El.: Heinrich Braun u. Susanne Braun-Prochnow. S.: 1986 Abitur, 1986-90 Stud. Pädagogik. K.: 1990-94 tätig als Russisch-Lehrer, seit 1994 selbständiger Finanzberater in Köln.

Braun Egidius Dr. h.c.

B.: Präs. FN.: Deutscher Fußballbund DFB. DA.: 60528 Frankfurt/Main, Otto-Fleck-Schneise 6. G.: Stolberg-Breinig, 27. Feb. 1925. V.: Marianne, geb. Horsch. Ki.: Rolf (1952), Ferdy (1954). K.: 1938 Eintritt SV Breinig 1910, 1939-45 FC Eintracht Kornelimünster, nach Rückkehr aus d. Gefangenschaft aktiver Spieler, 1954-55 2. Vors. b. SV Breinig 1910, 1956-71 1. Vors., 1960-68 Schiedsrichter, 1971-73 Vors. d. Fußballkreises Aachen, 1973-92 Vors. d. FV Mittelrhein, Mtgl. d.DFB-BeiR., 1973-92 stellv. Vors. d. Westdt. Fußballverb., ab 1976 VerwR.-Mtgl. d. Westdt. Fußball-Toto GmbH, 1977-92 DFB-Schatzmeister, 1983-87 VerwR.-Mtgl. d. 1. FC Köln, ab 1992 VPräs. d. UEFA, ab 1992 DFB-Präs., ab 1992 Mtgl. d. Präsidiums d. Nationalen Olymp. Komitees f. Deutschland, ab 1993 Ehrenvos. d. Fußballverb. Mittelrhein, ab 1994 Mtgl. d. Organ.-Kmsn. f. d. FIFA-Weltpokal Frankreich 1998, 1995 komm. Schatzmeister d. UEFA, 1996 Schatzmeister d. UEFA. E.: 1979 Silb. Ehrennadel d. DFB, 1985 VK 1. Kl. d. VO d. BRD, 1986 Gold. Ehrennadel d. DFB, 1987 Sportplakette d. Landes NRW, 1991 Gr. VK d. VO d. BRD, 1993 Ehrenmtgl. d. Landessportbund NRW, 1993 Ehrenmtgl. d. Westdt. Fußballverb., 1994 VO d. Landes NRW, 1995 Ehrenring d. Westdt. Fußballverb., 1996 Großoffz.-Kreuz d. Luxemburg. VO, 1997 Gr. VK m. Stern d. VO d. BRD, 1997 "Texolote de Oro" d. Universidad Autonoma de Guadalajara/Mexiko, 1997 Ehrenmtgl. d. Sportforums 2000 e.V., 1997

*) Biographie www.whoiswho-verlag.ch oder beigefügte CD-ROM

Dr. h.c. d. Nat. Sportak. Sofia/Bulgarien, 1997 Verdienstorden d. Landes Berlin, 1998 Euregio-Rosette d. Regio-Aachen e.V. H.: Musik (Richard Wagner), Klavier, Akkordeon, Jagd, Skifahren, Skat.

Braun Elena

B.: FA f. Gynäkologie. FN.: Praxis f. Gynäkologie. GT.: Mitarb. b. Caritas u. Diakon. Werk, redaktionelle Mitarb. an russ. Publ. in Deutschland, unternehmerisch tätig: Online shop f. Vitamine u. Nahrungsergänzungen. DA.: 26871 Papenburg, Splitting re. 16. G.: Lemberg/Ukraine, 20. Aug. 1960. Ki.: Vadim (1980) und Dimitri (1991). S.: 1977-83 Med.-Stud. an der Med. HS Lemberg, 1983-89 FA-Ausbild., Zusatzausbild.: Psychosomatik, Ernährungslehre, Ultraschallanwendung. K.: 1989-93 Kinderprause, 1993-98 Gynäkologin in Rhauderfehn/Ostfriesland, 1998 ndlg. FA in eigener Praxis Papenburg. P.: "Imunomodulatoren". M.: Kulturkreis Oldenburg, "Russ. Geschäftsleute in Papenburg". H.: Sammeln ukrainischer mod. Kunst, Kochen, Lesen, Walking, Schwimmen (ehem. Leistungssportlerin).

Braun Elisabeth *)

Braun Elke *)

Braun Frank D. Dr. med. dent. *)

Braun Franz Josef *)

Braun Frederik W. *)

Braun Gerd *)

Braun Gerhard *)

Braun Gerhard *)

Braun Gundi Dr.

B.: Unternehmerin, Inh. FN.: EIMS - Europ. Inst. f. Musik u. Sprache. DA.: 68161 Mannheim, U6, 12A. eims-dr.braun@01019freenet.de. G.: Mosbach, 13. Apr. 1955. El.: Fritz u. Erna Braun. S. 1971-72 Bürofachschule in Heilbronn, 1972-75 Sachbearb. b. Sped.-Firma u. Abendrealschule, 1975 Mittlere Reife. K.: 1976-78 freiberufl. Mitarb. am Badischen Konservatorium, 1979-81 Musikstud. Violine in Paris, 1981 Abitur, Stud. Musikwiss., Geschichte u. Romanistik, 1994 Prom., selbst., Eröff. d. Musikschule, 1996 Eröff. nung d. beiden Schulen in eigenständige Abt. P.: 1994 MGG-Bärenretter & Metzler Verlag (Mitautorin). H.: Musik, Sprachen.

Braun Günter *)

Braun Günter *)

Braun Gunther Dr. jur. *)

Braun H.-Jürgen

B.: Kfm., Inh. FN.: Farbenhaus Metzler. DA.: 22393 Hamburg, Saseler Chaussee 162. G.: Hamburg, 11. Apr. 1953. V.: Annegret, geb. Uhlich. Ki.: Michael (1978). El.: Walter u. Ingegund Braun, wiederverheiratet m. Helmut Metzler. S.: 1970-73 Ausbild. z. Drogisten in Hamburg. K.: 1975 Eintritt in d. elterl. Firma Farbenhaus Metzler, seit 1990 alleiniger Inh. d. Firma Metzler. M.: Fachverband (FHE) Hamburg - Gross- u. Einzelhdl.

Braun Hans Jörn Dr. med. Prof. *)

Braun Hans-Georg *)

Braun Hans-Joachim Dr. med. *)

Braun Hans-Peter Dipl.-Phys. *)

Braun Harald *)

Braun Hardy-Johannes *)

Braun Hartmut Dr. phil *)

Braun Hartmut R. Dipl.-Math. *)

Braun Heinz Dr.
B.: Elektromeister, Gschf. FN.: Elektro Braun GmbH. DA.: 74906 Bad Rappenau, Siegelsbacher Str. 3. www.elektrobraun-gmbh.de. G.: Heilbronn, 14. Juli 1941. V.: Ursula, geb. Mittermaier. Ki.: Frank (1966), Nicole (1973). El.: Fritz u. Lina, geb. Reinhard. BV.: Handwerkstradition seit 1870, begründet v. Urgroßvater Ferdinand Braun, Blechnerei. S.: 1954-57 Lehre als Elektroinstallateur, 1957-60 Lehre als Rundfunk- u. Fernsehtechniker. K.: 1960-64 Rundfunk- u. Elektrotechniker Firma Fischer Heilbronn, 1964 Elektromeister, Eintritt in d. elterl. Elektroinstallationsbereich, Aufbau d. Fernsehbereiches m. Werkstatt, 1977 Übernahme d. Betriebes, 1981 Umwandlung, Gschf. d. Elektro Braun GmbH, seit 1996 Spezialisierung f. BUS-Systemtechnik. E.: Goldene Ehrennadel d. Landesinnungsverbandes, Silberene Ehrennadel d. Kreishandwerkschaft. M.: seit 1964 Beisitzer d. Gesellenprüfungskommission d. Handwerksverbands, seit 1983 Mtgl. d. Großen Tarifkommission Baden-Württemberg, Bereich Elektro, seit 1993 Obermeister d. Elektroinnung Sinsheim, Mtgl. div. Ausschüsse, seit 1998 ehrenamtl. Richter b. Sozialgericht Heilbronn, seit 2000 stellv. Kreishandwerksmeister d. Kreishandwerkschaft Heidelberg-Sinsheim, AR-Mtgl. einer großen Bank. H.: begeisterter Wassersportler, Skifahren.

Braun Helmut *)

Braun Helmut Josef Dr. rer. nat. *)

Braun Helmut Werner *)

Braun Herbert *)

*) Biographie www.whoiswho-verlag.ch oder beigefügte CD-ROM

Braun

Braun Hermann Josef

B.: Reproduktionsfotografenausbildungsmeister, Gschf. FN.: Braun GmbH & Co Druck KG. DA.: 44787 Bochum, Westring 54. G.: Bochum, 14. Mai 1947. V.: Hannelore, geb. Eichhorn. Ki.: Stefan (1974), Simone (1978), Sarah (1988). El.: Josef u. Maria, geb. Siebrecht. S.: 1962-65 Lehre als Reproduktionsfotograf, 1967-68 Bundeswehr. K.: 1968 Beschäftigung b. d. Firmen Girardet u. Pfau in Essen/Mülheim, 1974-75 Abendschule z. Vorbereitung d. Meisterprüf., 1975 Meisterprüf., 1975-77 beschäftigt b. d. Firma IRA Essen, 1977 Eintritt in d. Firma Braun, 1978 Übernahme d. Firma Josef Braun, 1999 Gschf. d. Braun GmbH & Co Druck KG. M.: 1. Vors. d. Kammerbez. Bochum d. Verb. Druck u. Medien Westfalen Lippe e.V., 1992 Rentenaussch. d. Berufsgen. Druck u. Papierverarb. Bez. 2. H.: Videofilmen.

Braun Hildebrecht

B.: Rechtsanwalt, MdB. DA.: 11011 Berlin, Platz d. Republik 1, Wahlkreisbüro: 86152 Augsburg, Gänsbühl 9. G.: Neuendettelsau, 23. Juni 1944. V.: Elke Wendland-Braun. S.: Gymn. Windsbach, Austauschschüler in Dayton/Ohio, 1965-70 Stud. Rechtswiss. München, 1975 2. Jur. Staatsprüf. K.: seit 1976 RA in München, seit 2000 in Augsburg, 1976-81 Münchener Vers., 5 J. stellv. Vorst.-Mtgl. bzw. Vorst.-Mtgl., seit 1964 Mtgl d. FDP, 1969-90 Mtgl. Vorst. Münchener FDP, seit 1991 Mtgl. Landesvorst., seit 1996 Vors. d. Kreisverbands Augsburg d. FDP, 1971-72 Fraktionsgschf. d. FDP im Bayer. Landtag, 1970-74 Mtgl. Bez.-Tag v. Oberbayern, 1988-94 Mtgl. StadtR. v. München, seit 1994 MdB, Wahlkreis Augsburg, Mtgl. im Verteidigungsausschuß. BL.: 1972 Initiator d. erfolgreichen Bayr. Volksbegehren "Rundfunkfreiheit" u. 1992 Rechtsvertreter d. bayr. Oppositionsparteien gegen bayr. Landtagswahlrecht. P.: 1987 CMR-Colloquium über Internat. Haftungsordnung Güterverkehr auf der Straße. E.: "München leuchtet" in Silber" f. Verd. um die Stadt München. M.: Kinderschutzbund, Bund d. Selbständigen/Gewerbeverb., Dt. Reservistenverb. H.: klass. Musik, Windsurfen, Ski, Reisen nach Osteuropa. (Re)

Braun Hildegard *)

Braun Hubert Dr. agr. *)

Braun Ingrid *)

Braun Jens *)

Braun Joachim *)

Braun Johann *)

Braun Josef *)

Braun Jürgen Dipl.-Ing. *)

Braun Jürgen Dr. med.

B.: FA f. Allg.-Med., Homöopathie u. Naturheilverfahren. DA.: 55124 Mainz, Breite Str. 48. G.: Mainz, 6. März 1961. V.: Anke, geb. Lühr. Ki.: Julia (1996), Sebastian (1999). S.: 1980 Abitur Mainz, 1980-81 Wehrdienst, 1982-89 Med.-Stud. u. Approb. K.: b. 1995 Horst-Schmidt-Klinikum Wiesbaden, AiP, KH Eltville, Chir., KH Groß-Gerau Chir, Ass.-Arzt u.a.

b. Dr. Bolland/Bad Sobernheim, seit 1996 Ndlg. in eigener Praxis. BL.: Leichtathletik USC Mainz, 3. d. Dt. JM 4x400m u. Mehrkampf. M.: Zentralverband d. Ärzte f. Naturheilverfahren, Ärzteges. f. Erfahrungsheilkunde, Ges. f. biologische Krebsabwehr, Dt. Ärzteges. f. Akupunktur.

Braun Jürgen *)

Braun Jürgen Alfred *)

Braun Karin Dr.

B.: Univ.-Doz. FN.: Inst. f. Klass. Archäologie an d. Univ. d. Saarlandes. DA.: 66123 Saarbrücken, St. Johanner Stadtwald. PA.: 66125 Saarbrücken-Dudweiler, Richard-Wagner-Str. 87; 80804 München, Giselherstr. 16. k.braun @mx-uni-saarland.de. G.: München, 21. Jan. 1937. El.: Rolf u. Dr. Margarete Braun, geb. Ronsdorf. BV.: Großvater Ernst Braun Tiefbaumeister. S.: 1957 Abitur München, 1957-65 Stud. Klass. Archäologie zunächst Univ. München, ab 1960 Univ. Basel, 1965 Prom. K.: 1966-72 Mitarb. im Ausgrabungsgebiet Kerameikos b. Dt. Archäolog. Inst. in Athen, 1972-73 zentrale Forsch.-Stelle z. Restaurierung histor. Gewebe in Krefeld, 1973-74 Doz. an d. VHS Krefeld, 1974-80 Inst. f. Alte Geschichte in Saarbrücken, seit 1980 Doz. am Inst. f. Klass. Archäologie d. Univ. Saarbrücken. BL.: Ausstellung v. antiken Schätzen aus Zypern am Inst. f. Klass. Archäologie Saarbrücken. P.: Diss. (1966), Der Dipylon-Brunnen B1 - d. Funde (1970), Bemalte Keramik u. Glas aus d. Kabirenheiligtum (1981), Die korinthische Keramik (1996), Katalog d. Antikensammlung d. Inst. f. Klass. Archäologie d. Univ. Saarlandes/auch Kustodin dieser Sammlung, Nekropole nördl. d. Eridanos, Kerameikos, 4. Jhdt. v. Chr. b. Hellenismus u. frühröm. Zeit. M.: Dt. Archäologenverb., Dt.-Griech. Ges. Saar e.V., 1982-2000 Vors., 1986-92 Präs. d. Kammerorchesters Saar. H.: Kammermusik, Cellistin in einem Streicher-Trio, Reisen in südl. Länder.

Braun Karl *)

Braun Karl Dr. jur. can.

B.: Bischof v. Eichstätt a. D. DA.: 96049 Bamberg, Domplatz 3. G.: Kempten, 13. Dez. 1930. S.: 1952-59 Stud. Päpstl. Univ. Gregoriana Rom, 1966 Prom. K.: 1958 Priesterweihe in Rom, 1959-62 Pfarrseelsorger d. Bistums Augsburg, 1962-66 Stud. Kirchenrecht Rom, 1972 Domkapitular, 1979 Titel "Msgr.", 1983 Titel "Päpstl. Ehrenprälat", seit 1984 Bischof v. Eichstätt, seit 1995 Metropolit u. Erzbischof von Bamberg, 2001 Rücktritt u. Emeritierung. E.: Magnus Cancellarius, Ehrendomherr d. Kathedrale v. Augsburg. M.: Vors. d. StiftungsR. d. Stiftung Kath. Univ. Eichstätt. (Re)

Braun Karl Dr. iur. *)

Braun Karl-Heinz *)

Braun Kerstin Dipl.-Päd.

B.: Pädagogin f. Erwachsenenbild., Inh. FN.: Sprachdienst Kerstin Braun. DA.: 04129 Leipzig, Gräfestr. 25. browniekr@aol.com. G.: Leipzig, 2. Dez. 1960. El.: Peter Karsten u. Elisabeth Braun. S.: 1979 Abitur, 1979-84 Stud. Päd. f. Erwachsenenbild. Univ. Leipzig m. Dipl.-Abschluß. K.: 1984-

*) Biographie www.whoiswho-verlag.ch oder beigefügte CD-ROM

Braun Klaus *)

Braun Manfred Dr. Prof. *)

Braun Manfred
B.: Gschf. FN.: Heinrich Bauer Verlag. DA.: 20097 Hamburg, Burchardstr. 11. (V.)

Braun Manfred *)

Braun Mark Dipl.-Ing. *)

Braun Markus Sebastian

B.: Verleger, Inh. FN.: Verlagshaus Braun. DA.: 10115 Berlin, Koppenplatz 1. PA.: 10625 Berlin, Weimarer Str. 6. info@verlagshaus-braun.de. www.verlagshaus-braun.de. G.: Berlin, 17. Feb. 1966. El.: Dr. Günter u. Elisabeth, geb. Gründler. S.: 1985 Abitur, 1986 Stud. Geschichte, Philosophie FU Berlin, 1987 Stud. Germanistik u. BWL, 1995 Examen. K.: 1990-96 freier Mitarb. im Siedler-Verlag u. glz. wiss. Hilfskraft a. d. FU Berlin, 1993-95 Verlagsgrdr. u. quartalsweise Hrsg. d. Magazins "Copernicus", 1997 Redaktionsmanager im Compact Verlag in München, 1998-2000 Programmleitender Lektor in d. Quintessenz-Verlags GmbH, Aufbau d. Labels "Berlin Edition" u. Hrsg. d. Reihe "Berliner Ansichten", 2000 Grdg. d. Verlagshaus Braun m. Schwerpunkt Verbindung v. Arch. u. Geschichte sowie Berlin; Titel u.a.: "Geschichte u. Arch. d. Schweizer Botschaftsgebäudes", "Villen u. Landhäuser" u. "Planwerk Innenstadt". H.: Beruf.

Braun Marlies *)

Braun Martin Dr. med. *)

Braun Michael Dr. med.
B.: FA f. Innere Med., Chefarzt. FN.: Malteser-Krankenhaus. DA.: 10455 Berlin, Pillkaller Allee 1. braun@malteser-krankenhaus-berlin.de. G.: Rosenfeld, 10. Okt. 1943. V.: Gertraud, geb. Giese. Ki.: Susanne Gabriele (1970), Thomas Michael (1972), Martia Raffaela (1976), Monika Michaela (1979). El.: Dr. Heinrich u. Dr. Berta, geb. Simon. BV.: Ärzte in 4 Generationen u.a. einer d. ersten Ärzte, d. an d. 48er Revolution beteiligt waren. S.: 1962 Abitur Ravensburg, 1962-65 Stud.

Med. in Tübingen, 1965-68 Stud. Med. an d. FU Berlin, Staatsexamen, Ass.-Arzt am St.-Hildegard-KH in Havelhöhe, 1974 Prom. z. Dr. med. K.: 1976 FA f. Innere Med., Klinische Geriatrie, 19796 OA im Malteser-KH, seit 1989 Chefarzt, 2001 Zusatzbezeichnung Med. Informatik. BL.: Patentinhaber f. ein Gerät z. Messung d. Hautdrucks - aus d. Forschung z. Dekubitus, Aufbau einer med. Dokumentation seit 1996, komplette Erfassung v. 8000 Patienten, Gesamtvernetzung aller Ärzte u. Stationen. P.: Mithrsg. "Dekubitus" (1988), Diss. "Bedeutung v. organischen Hirnschäden f. d. tödliche Alkoholvergiftung". M.: Geriatrische Vereinigung, Dt. Ges. f. Geriatrie, Dt. Ges. f. Geriatrie u. Gerontologie, Dt. Ges. f. Palliativmedizin, Bundes AG "Geriatrische Einrichtung". H.: Malen, Programmieren.

Braun Michael Herbert Dr. rer. oec. *)

Braun Norbert Dipl.-Kfm. *)

Braun Oliver M. *)

Braun Ottheinz Dr. Prof. *)

Braun Otto Heinrich

B.: Kfm., Inh. FN.: High Fidelity Studio Otto Braun. DA.: 66111 Saarbrücken, Futterstr. 16. PA.: 66119 Saarbrücken, Elsa-Brandtströhm-Str. 11. G.: Saarbrücken, 10. Juli 1928. V.: Franziska, geb. Weber. Ki.: Heinrich (1953), Gabriele (1954), Ursula (1956). El.: Dr. Heinrich u. Hildegard. S.: 1942-45 Soldat. K.: 1945-63 Tätigkeit im elterl. Sägewerk, 1963 Grdg. d. 1. HiFi-Studio in Saarbrücken, 1965 m. Partner Hans Unbehend als stiller Teilhaber, 1969 Grdg. eines Labors z. Herstellung v. Jonen-Lautsprecher u. heute d. "Vater aller Jonen-Lautsprecher", Schwerpunkt: Entwicklung d. neuartigen Lautsprecher u. Aufnahmetechnik spez. Orchester, techn. Aufnahmen bundesweit, 1990 Tonaufnahmen f. Robert Schumann Philharmonie, 1993 Saarländ. Staatsorchester, 1994 Orchester Nationaltheater Mannheim. P.: Stereoplay-Audio, HiFi-Stereo Zeitschrift u. Stereo-Abacus-news. M.: seit 50 J. im Schmalfilm-Club. H.: Entwicklung f. Lautsprecher u. Tonaufnahmen.

Braun Peter Dipl.-Ing. *)

Braun Peter Dr. phil.
B.: em. Prof. FN.: Univ. Essen. PA.: 46286 Dorsten-Rhade, Diemelweg 7. G.: Aachen-Verlautenheide, 8. Juli 1927. V.: Margarete, geb. Schüllner. El.: Gerhard u. Sophia. S.: 1951-53 Lehrerstud. Univ. Bonn u. Wien, 1963 Prom. K.: 1953-60 Lehrer, Ass. PH Köln u. Bonn, Doz. an PH Essen, 1968-74 Lehrauftrag an Univ. Bochum, Prof. an Univ. Essen, 1978-79 Dekan d. Fachbereichs. P.: zahlr. Veröff. u.a. Tendenzen in der dt. Gegenwartssprache (Stuttgart 1993, 4. Aufl. 1998), Japanische Ausgabe: Tokio 1983, Internationalismen (Hrsg.

*) Biographie www.whoiswho-verlag.ch oder beigefügte CD-ROM

Braun

mit B.Schaeder u. J. Volmert, Tübingen 1990), Personenbezeichnungen: der Mensch in der dt. Sprache. In Muttersprache, 1990/2-3;1991/1;1992/2, Personenbezeichnungen (Tübingen 1997), Annäherungen an die Fußballsprache. In Muttersprache 1998/2, Deutsche Gegenwartssprache: Bestand und Veränderungen. In Muttersprache, 1997,1, " E.: 2000 Dr. h.c. d. Univ. Savatow/Russland, 2001 Honorarprof. d. University of Foreign Studies in Guangzhou/China. H.: klass. Musik, Reisen.

Braun Peter *)

Braun Peter Dr. phil. habil. Prof. *)

Braun Peter M. Dipl.-Kfm. *)

Braun Peter Michael Prof. *)

Braun Rita Henrietta Maria-Antonia *)

Braun Ronald *)

Braun Rüdiger Dipl.-Kfm.
B.: Bankkfm., Mitinh. FN.: Advice & Opinion Kapitalmarkt-Research GmbH. DA.: 40547 Düsseldorf, Kaiser-Friedrich-Ring 59. G.: Köln, 11. März 1956. V.: Regine, geb. Peulings. Ki.: Alexander. El.: Herbert u. Barbara. S.: 1974 Abitur Köln, 1974-76 Lehre z. Bankkfm. b. d. Commerzbank, 1976-77 Bundeswehr, 1977-82 BWL-Stud. an d. Univ. Köln, Dipl.-Kfm. K.: 1983 Portfolio-Manager Oppenheim Kapitalanlage AG, 1983-87 Portfolio-Manager Vermögensverw. Commerzbank Düsseldorf, 1987-91 Portfolio-Manager MAT Main-Anlage Trust Frankfurt/Main, 1991-97 Portfolio-Manager SBV Schweizer Bankver. Deutschland AG, 1997 Grdg. d. Advice & Opinion Kapitalmarkt-Research GmbH. P.: Demografische Entwicklung in d. westl. Ind.-Ländern u. d. Folgen f. d. Kapitalmärkte. H.: Archäologie, Phil., Tennis.

Braun Rudolf *)

Braun Sabine
B.: Profi-Leichtathletin (Siebenkampf). FN.: c/o Dt. Leichtathletik Verb. DA.: 64293 Darmstadt, Julius-Reiber-Straße 19. PA.: 44797 Bochum, Krockhausstr. 149. G.: Essen, 19. Juni 1965. S.: Industriekauffrau, Stud. Sport u. Biologie. K.: 1989 DM/1., 1984 Olympiade/6., 1990 Götzis/1., EM/1., 1991 Götzis/1., WM/1., 1992 Olympiade/3., Götzis/1., 1993 WM /2., 1994 Götzis/1., EM/1., 1996 Olympiade/7., 1997 WM/1., Hallen-WM Fünfkampf/1., 1998 EM/6., 1999 WM/4., 2000 OS/5. BL.: 1992 Deutscher Rekord, Erfolge im Siebenkampf. H.: Shopping, Autofahren.

Braun Sabine

B.: Hotelbetriebswirtin. FN.: Hotel Kronprinz Restaurant GbR. DA.: 74523 Schwäbisch Hall, Bahnhofstraße 17. G.: Schwäbisch Hall, 29. Sep. 1958. S.: 1977 Mittlere Reife, 3 Mon. USA-Aufenthalt, Ausbild. Hotelfachfrau, 1983 Prüf. K.: tätig im Hotel Kronprinz, b. 1990 tätig in versch. Hotels in Deutschland, Auslandsaufenthalte in Rußland, Ägypten, Spanien, Türkei, Finnland u. Canada, 1993 Kauf d. Hotels Kronprinz. M.: Dt. Krenshilfe, DEHOGA, Bund d. Selbst., Wirtschaftsjunioren. H.: Schifahren, Schwimmen, Radfahren, Musik.

Braun Sibylle
B.: Apothekerin, Inh. FN.: Apotheke am Gothaer Haus. GT.: Vortragsveranstaltungen über Gesundheit u. Ernährung, Mitges. d. "Arche Noah gGmbH" - Treffpunkt, Beratung, Vermittlung f. Senioren u. Ratsuchende. DA.: 76133 Karlsruhe, Herrenstr. 22. G.: Karlsruhe, 2. Aug. 1955. Ki.: Sophia (1987), Annabelle (1990). El.: Robert u. Gisela Fickeisen, geb. Malsheimer. S.: 1974 Abitur, 1974 Chemiestud. Karlsruhe, 1975-79 Pharmaziestud. Mainz, 1979 Approb., 1982 Fernstud. als Übersetzerin. K.: 1979-84 ang. Apothekerin in versch. Apotheken, 1984 selbst. m. eigener Apotheke in Karlsruhe. M.: Marketing-Club. H.: Klavierspielen, Sprachen, Skifahren.

Braun Thomas
B.: Stukkateur, Inh. FN.: Stukkateurgeschäft Thomas Braun. DA.: 79110 Freiburg-Lehen, Bundschuhstr. 16. thomas@braun-stukkide. G.: Freiburg, 7. Juli 1961. V.: Ulrika, geb. Wekmann. Ki.: Sarah (1991), Tamara (1995). El.: Franz Xaver u. Pauline, geb. Mauch. S.: 1976 Ausbild. Stukkateur, 1980 Gesellenprüf. Freiburg. K.: tätig im elterl. Betrieb, 1989 Meisterprüf., seit 1989 Ltr. d. elterl. Betriebes m. Schwerpunkt klass. Arb. im Raum Freiburg. P.: Veröff. in d. regionalen Presse u. Energie-Agentur. M.: Grdg.-Mtgl. d. Energie-Agentur Regio Freiburg, Handwerkskam., Landesinnungsverb. Stuttgart, Umweltbeauftragter d. Innung, PfarrgemR. H.: Radfahren, Schwimmen, Familie, Motorradfahren.

Braun Thomas *)

Braun Thomas
B.: Gschf. FN.: Westtours-Reisen GmbH. DA.: 53113 Bonn, Adenauerallee 76 u. 80; 10178 Berlin, Alexanderpl. 6. PA.: 53229 Bonn, Siegburger Str. 145. G.: Bonn, 24. Aug. 1965. V.: Jessica Nagel. S.: 1984 Abitur Bonn, 1984-86 Zivildienst, 1985-87 Stud. Latein u. Geographie Univ. Bonn, 1987-90 Lehre Reiseverkehrskfm. m. Abschluß, Reisebüro Hartmann in Köln, seit 1999 Fernstud. z. Touristikmanager b. ISTD Düsseldorf. K.: 1990-94 f. Wagon-Lits Aufbau d. Büros in USA-Botschaft Bonn, anschl. Firmendienstltr., 1990-93 Düsseldorf u. 1993-94 in Bonn, 1994-98 b. Westtours in Bonn, ab 1997 Ass. d. Geschäftsltg., 1997 u. 1998 Ausrichtung d. Reisen z. Empfang d. Bundespräs., 1998-99 Sabre Deutschland Marketing GmbH, Account Manager NRW, seit 1999 Gschf. f. Geschäftsreisen u. neue Medien d. Westtours GmbH, auch Lufthansa City Center, seit 1999 Eröff. Büro Berlin am Alexanderplatz. M.: Greenpeace. H.: Reisen (Frankreich, Italien), Badminton, Tennis, Literatur, Kunst.

Braun Uli *)

Braun Ursula Elisabeth Dr. med.
B.: FA f. Allg.-Med., Akupunktur. DA.: 79111 Freiburg, Gäßle 6. dr.u.braun@gmx.de. G.: Bayreuth, 13. Sep. 1943. V.: Eycke Braun. Ki.: Nils, Andrea, Kai. S.: 1963 Abitur Pegnitz, 1967 Stud. Freiburg u. Wien, 1970 Examen. K.: während Kindererziehung Praxishilfe in mehreren Praxen, 1975-85 Landarztpraxis in Stegen, ab 1985 eigene Akupunkturpraxis, 1991, 1992 u. 1996 zwischenzeitl. China-Aufenthalt, Chin. Akupunktur gelernt in München u. Zürich, Schwerpunkt: Ohr-Akupunktur, 1974 Prom. M.: Dt. Ges. f. Akupunktur u. Auriculo-Med. H.: Garten, Reisen, Joggen.

Braun Volker Dr. med.
B.: Arzt f. Innere Med., Kardiologie. DA.: 50935 Köln, Werthmannstr. 1 B. G.: Obermoschel/Pfalz, 9. Okt. 1944. Ki.: Bastian (1981), Tim (1982), Lara Theresa (1997), Rosa Mattea (1999). El.: Adolf u. Wilhelmine. S.: 1964 Abitur, 1964-66 Zeitsoldat, b. 1972 Med.-Stud. Bonn. K.: 1972-73 Med.-Ass., 1973-74 Psychiatrie, 1974-75 Innere Med., Gastroenterologie,

*) Biographie www.whoiswho-verlag.ch oder beigefügte CD-ROM

1974 Prom., 1975-82 Kardiologie Univ. Köln, seit 1983 ndgl. Internist. P.: wiss. Arb. im Bereich d. Elektrophysiologie. H.: Sport, Natur, Erlebnisreisen.

Braun Walter Dr. rer. pol. Prof. *)

Braun Walter Dr. phil. Prof.
B.: o. Prof. Erzieh.-Wiss. FN.: EWH Rheinld.-Pfalz, Abtlg. Koblenz. DA.: 56075 Koblenz-Oberwerth, Rheinau 3-4 PA.: 55120 Mainz, Westring 251. G.: Groß-Steinheim (jetzt Hanau/Main), 2. Jan. 1926. V.: Evamaria, geb. Kohl. Ki.: Thomas. El.: Nikolaus u. Johanna. S.: Kaiser-Friedrich-Gymn. Frankf./M., PI Darmstadt, Univ. Mainz, 1968 Prom. K.: 1950-62 Lehrer, 1962-73 pädag. Ref. i. K., 1973-76 Prof. PH Karlsruhe, 1976 o. Prof. EWH Rhld.-Pfalz, Abt. Koblenz (jetzt: Univ. Koblenz-Landau). P.: u.a. Einführ. i. d. Pädagogik (3. Aufl.), Das-In-der-Welt-Sein als Problem der Pädagogik, Pädagogik - eine Wissenschaft !?, Mythos "Gesellschaft", Erziehung-Gesellschaft-Existenz, Philosophie d. Raumes, Das Nichts, d. Nihilismus und seine Werte, Die Lichtmetaphysik u. d. Werden der Subjektivität des Bewußtseins, 200 Beiträge in Fachzeitschriften u. Büchern. E.: o. Mtgl. d. Humboldt-Ges., Goldene Ehrennadel d. Landsmannschaft Schlesien. H.: klass. Musik, Wandern.

Braun Werner *)

Braun Werner Dipl.Ing.

B.: Gschf. Ges. FN.: Tecco GmbH. DA.: 51469 Bergisch Gladbach, Buchholzstraße 79. G.: Essen, 18. Jan. 1934. V.: Rosemarie, geb. Welzel. S.: 1950-53 Lehre als Ziseleur, 1957 Ziseleurmeister, 1960-66 Stud. Ing. Maschinenbauwesen, Dipl.-Ing. K.: 1963-80 in verschiedenen Firmen als Ing. u. Gschaftsf., 1980 Grdg. d. Firma Tecco m. Karl-Josef Frings, Kernmarkt: Zubehör f. d. analogen Offsetdruck, ab 1993 Ausrüstungsbetrieb u. Anbieter v. Papieren, Spezialmedien f. Tintenstrahl-, Laser- sowie Großformatdrucker, weltweites Vertriebsnetz. P.: Veröff. in Fachzeitschriften. H.: Fliegenfischen, Steinbildhauerei, Marathonlauf.

Braun Werner Dr. med. Prof. *)

Braun Wilhelm *)

Braun Wolfgang F. *)

Braun Wolfgang
B.: Senior Vice President, Managing Director GSA. FN.: Buena Vista International (Germany) GmbH, Buena Vista Home Entertainment GmbH. DA.: 81677 München, Kronstadter Str. 9. G.: Dortmund, 27. Sep. 1953. S.: 1973 Abitur, 1973 Stud. Rechtswiss. Münster u. Bochum, 1. u. 2. Staatsexamen. K.: 1977 Kinobetreiber in Bochum, Idee d. Programmkinos, 1985 USA Aufenthalt, 1990 Eröff. Multiplex Kino in Hürth, Eröff. in Bochum m. 18 Kinosälen, 1992 Eröff. Saale Park in Leipzig, seit 1992 b. Buena Vista Intern. H.: Skifahren.

Braun Wolfgang Dr. Prof.
B.: Grdg.-Rektor d. HS f. Technik u. Wirtschaft Dresden. DA.: 01069 Dresden, Friedrich-List-Pl. 1. PA.: 88512 Mengen, Sonnenluger 7 . G.: Trier, 6. Jan. 1937. V.: Mechthild,

geb. Bongartz. Ki.: Nico. El.: Claus u. Maria. S.: Mittelschule, Lehre als Tuchmacher, Abitur Abendgymn. Düsseldorf, Stud. BWL Saarbrücken u. Köln, Examen, Prom. K.: Ang. Ver. Glanzstoffbk. Wuppertal (später ENKA, heute AKZO), b. 1983 Gschf. einer Organges., 1983-85 Prof. f. Produktmarketing speziell Textil, 1985 Rektor FH Albstadt-Sigmaringen, 1992 Grdg.-Rektor HS Dresden. H.: Klavierspielen. (H.W.)

Braun Wolfgang Dipl.-Ing. *)

Braun Wolfgang *)

Braun Wulf-Harden
B.: Vorst. a.D. G.: 2. Dezember 1941. K.: b. 2001 Vorst. Neckermann Versand AG, Ruhestand.

Braun v. Stransky Edeltraud *)

Braun-Egidius Erich *)

Braun-Falco Otto Dr. med. Prof. *)

Braun-Feldweg Jörg Dipl.-Ing. *)

Braun-Gütermann Ursula
B.: RA. DA.: 67069 Ludwigshafen, Ostringpl. 10. rain.ursula.braun-guetermann@t-online.de. G.: Frankenthal, 18. Apr. 1963. V.: Michael Gütermann. S.: 1982 Abitur, 1982-89 Stud. Rechtswiss., 1989 1. u. 1992 2. jur. Staatsexamen. K.: 1993-96 Assesor b. Groß- u. Außenhdl.-Verb. Baden-Württemberg, seit 1996 ndlg. RA m. Tätigkeitsschwerpunkt Arb.- u. Familienrecht, Erb-, priv. Bau- u. Sozialrecht; Funktion: Organ. u. Durchführung d. Hambacher Seminare m. jur. Inhalten. M.: Anw.-Kam., Anw.-Ver. Ludwigshafen, Arge Fachanw. Arb.-Recht, DVEV. H.: Fotografieren, klass. Musik, Lesen, Sport.

Braun-Munzinger Ute Dr. med.
B.: Ärztin. DA.: 49324 Melle, Riemsloher Str. 42. ute.braunmunzinger@dgn.de. www.braun-munzinger.de. G.: Osnabrück, 4. Jun. 1952. V.: Dr. med. Gerhard Braun-Munzinger. Ki.: Corinna (1982), Lucia (1983), Felix (1987). El.: Braadt Otto u. Anita, geb. Roske. S.: 1971 Abitur Holzminden, 3 Sem. Stud. Vw. Münster, 10 Sem. Stud. Archäologie- u. Kunstgeschichte Heidelberg, ab 1977 Stud. Med. Hamburg u. Heidelberg, TCM-Diplom an d. Univ. Nanking (China). K.: tätig im KH Mannheim, Landpraxis in d. Pfalz u. im KH Melle, zuletzt eigene Praxis f. Allg.-Med. in Melle. BL.: Akupunktur-Dipl.; Naturheilkunde; Pferdezucht. P.: Veröff. im Chir.-Kongreß u. in Fachzeitschriften über Nachsorge b. Mamma-Karzinom (1981) u. DMW (1982), Ref. in Fachschriften Mittelalterl. Großbuchbuchstaben: liber generationis in d. turon. Ornamentmalerei (Kunstgeschichtl. Inst. Heidelberg), Die Bestimmung einer frühkorinthischen Scherbe Ende d. 7. Jhdt. v. Chr. (Archäolog. Inst. Heidelberg, 1977), Vortrag im Dt. Chir.-Kongreß u. programmierter Nachsorge (1982). M.: Dt. Ak. f. Akupunktur u. Aurikulomed. in München, Zuchtverb. f. Dt. Pferde e.V., Dt. Ges. f. TCM.

Braun-Scharm Hellmuth Dr. med. *)

Braunbeck Jürgen Dipl.-Ing. *)

Braunburg Rudolf *)

Braune Hagen
B.: Kfm., Inh. FN.: WHB Vertrieb Hagen Braune. DA.: 22401 Hamburg, Hinschenfelder Str. 48. G.: Ahrensburg, 8. Feb. 1947. V.: Marlies, geb. Berkenbaum. Ki.: Tanja (1969). El.: Gerhard u. Hella, geb. Hagen. S.: 1965 Abschluß Höhere Handelsschule Hamburg, 1965-68 Ausbild. Ind.-Kfm. Maschinenfbk. F. H. Schule GmbH. K.: b. 1970 Kfm. in d.

*) Biographie www.whoiswho-verlag.ch oder beigefügte CD-ROM

Braune

Maschinenfbk. F. H. Schule GmbH, 1970-72 kfm. Ltr. d. Hamburger Montagebetriebs f. Kfz-Waschanlagen, 1972-75 Verkaufsltr. d. Firma Stulz Klimaanlagen in Hamburg, 1975-83 Verkaufsltr., 1977-79 Juniorpartner und bis 1983 Gschf. einer Werksvertretung f. Werkstattausrüstungen, seit 1984 selbst. m. Gründung d. WHB Vertrieb f. Werkstattausrüstungen f. Kfz-Betriebe; Projekte: Busbetriebe, BMW, VW, Volvo, Musterndlg. v. Porsche in Stuttgart, Opel Dello in Hamburg u.a.m. F.: seit 1999 Werkstattausrüster in d. Schweiz u. glz. VerwR. M.: Tennisclub Blankenese, Golfclub Sülfeld, Havanna-Lounge Hamburg. H.: Familie, Beruf, Tennis, Golf.

Braune Wieslawa *)

Braune-Schweiger Gunhild *)

Brauner Artur Prof.
B.: Filmproduzent. FN.: CCC Filmkunst GmbH. DA.: 13599 Berlin, Verlängerte Daumstr. 16. PA.: 14193 Berlin, Königsallee 18. G.: Lodz/Polen, 1. Aug. 1918. V.: Maria. Ki.: Henry, Fela, Sammy, Alice. El.: Moritz u. Berta, geb. Brandes. K.: mit 19 J. erste Kulturfilme, 1946 Grdg. d. CCC Filmkunst GmbH , Gründer der Artur Brauner-Stiftung, Ausz. a. d. Filmographie: 1958 Das indische Grabmal, 1959 Der Tiger von Eschnapur, 1960 Der brave Soldat Schwejk, Die 1000 Augen des Dr. Mabuse, 1961 Willy auf Sondermission, Im Stahlnetz des Dr. Mabuse, Die unsichtbaren Krallen des Dr. Mabuse, 1962 Das Geheimnis des schwarzen Koffer, Im Schatten einer Nacht, Der Tod fährt mit, Das Ungeheuer von London-City, Der Fluch der gelben Schlange, Sherlock Holmes und das Halsband des Todes, Das Testament des Dr. Mabuse, 1963 Old Shatterhand, Der Würger von Schloss Blackmoor, Scotland Yard jagt Dr. Mabuse, Den Henker von London, 1964 Das Phantom von Soho, Das 7. Opfer, Die Todesstrahlen des Dr. Mabuse, Der Schut, 1965 Der Schatz der Azteken, Durchs wilde Kurdistan, Die Pyramide des Sonnengottes, Im Reich des silbernen Löwen, 1966 Die Nibelungen 1 - Siegfried, 1967 Die Nibelungen 2 - Kriemhilds Rache, Geheimnisse in goldenen Nylons, 1968 Winnetou und Shatterhand im Tal der Toten, Kampf um Rom, Kampf um Rom 2, 1969 Das Geheimnis der schwarzen Handschuhe, 1970 Black Beauty, 1971 Der Todesreiter von Soho, Der Teufel kam aus Akasava, X 312 ... Flug zur Hölle, 1972 Das Geheimnis des gelben Grabes, 1974 Ein Unbekannter rechnet ab, 1983 S. A. S. Malko - Im Auftrag des Pentagon, 1984 Eine Liebe in Deutschland, 1987 Hanussen, 1989 Die weiße Rose, Der Rosengarten, 1990 Hitlerjunge Salomon, 2001 Von Hölle zu Hölle. P.: Ausstellung d. künstl. Schaffens im Filmmuseum. E.: 1987 Nom. f. Golden Globe u. Oscar f. "Hanussen", Nom. f. Oscar f. "Bittere Ernte", 1989 Prof. h.c. Interamerican. Univ. of Humanistic studies, Hommage der Stadt Berlin f. kulturelle Leistungen, 1990 Ausz. m. d. Filmband in Gold f. herausragendes film. Schaffen im Dt. Film, 1992 Golden Globe f. "Hitlerjunge Salomon" u. Nom. f. den Oscar, 1992 ARTUR (höchste poln. Trophäe f. bes. Leistungen auf dem Gebiet Film und Fernsehen) u. Ehrenbürger der Stadt Lodz, Grimme-Preis f. "Das schizophrene Leben des Alexander A." und "Der Hammermörder", 1993 BVK I. Klasse, 1995 Nassauer Löwe der Stadt Wiesbaden, 1996 Deutscher Videopreis, 1996 BZ-Kulturpreis, 1996 Scharlih (Karl-May-Preis), 2000 Goldene Kamera, Bambi, Bundesfilmpreise. M.: Präs. d. Janusz Koroczakloge. H.: Schach, Musik. (Re)

Brauner Doris Lina Berta *)

Brauner Georg *)

Brauner Hans U. Dr. rer. pol.
B.: Vorst.-Vors. FN.: Rheinmetall AG. DA.: 40476 Düsseldorf, Rheinmetall-Allee 1. www.rheinmetall.com.

Brauner Henry Dr. iur. *)

Brauner Jo *)

Brauner Josef
B.: Vorst. Bereich Vertrieb u. Service. FN.: Deutsche Telekom AG. DA.: 53113 Bonn, Friedrich-Ebert-Allee 140. www. telekom.de. G.: München, 1950. S.: Kfm. u. techn. Ausbildung i. München. K.: 1971 Vertriebstätigkeit im amerikan. Unternehmen Avery, 1975 Ndlg.-Ltr. f. Deutschland, Österr. u. Schweiz, 1980 Eintritt Sony Deutschland GmbH als Verkaufsltr. in München, 1982 Ndlg.-Ltr. in München, bis 1986 Gschf. b. Arnold & Richter, 1986 Wechsel ins Sony-Headquarter nach Köln als nat. Vertriebsltr., 1988 General Manager, seit 1989 Gschf. d. Sony Deutschland GmbH Broadcast & Communication, seit 1993-97 Vors. d. Gschf. d. Sony Deutschland GmbH, 1997 Geschäftsbereichsltr. Vertrieb b. d. Deutschen Telekom AG, s. 1998 Vorst.-Mtgl. d. Deutschen Telekom AG f. d. Bereich Vertrieb u. Service. (Re)

Brauner Wilhelm Dipl.-Vw. *)

Brauner-Orthen Alice Dr.
B.: Moderatorin u. Journalistin. FN.: TVBerlin. G.: Berlin, 12. Jän. 1966. V.: Frank Orthen. Ki.: Ben u. David (1998). El.: Artur u. Maria Theresa Brauner, geb. Albert. BV.: Vater Artur Brauner - einer d. bedeutendsten Filmproduzenten in Deutschland. S.: 1985 Abitur St. Gallen, 1986 Stud. Romanistik, Neue Geschichte u. polit. Wiss. FU Berlin, 1992 Abschluß Magistra Artium, 1997 Sprechausbild. z. Nachrichtensprecherin. K.: 1992 freie Mitarb. b. Spandauer Volksblatt, 1992-93 Volontariat b. Spandauer Volksblatt, s. b. 1994 Redakteurin f. Lokales u. Kultur, 1994-95 Redakteurin bei "Tango" im Gruner & Jahr-Verlag, seit 1995 freiberufl. Journalistin f. d. Burda-Verlag, seit 1996 Interviewerin u. Ref. bei "Survivors of the Shoah Visual History Foundation", 1999 Prom. an d. TU Berlin, seit 1999 Moderatorin bei TV Berlin f. d. Sendungen "Auf d. Punkt Berlin" u. f. "Alice am Mittwoch". H.: franz. Literatur, Cineastik, Sport.

Braunfels Stephan Dipl.-Ing.
B.: Architekt. DA.: 80539 München, Schackstr. 3. G.: Überlingen, 1. Aug. 1950. BV.: Urgroßvater väterlicherseits A. v. Hildebrand Bildhauer, Großvater väterlicherseits Walter Braunfels Komponist. S.: Arch.-Stud. TU München, 1981 Dipl. K.: 1978-84 mehrere Bauprojekte in München u. Umgebung, 1983 Intern. Bauausstellung Berlin, 1987 Ausstellung im Dt. Arch.-Museum in Frankfurt, 1987 1. Preis im Wettbewerb f. d. Neugestaltung d. Marienhofes in München, 1987-92 mehrere Bauprojekte in München, Dresden, Leipzig u. Berlin, seit 1991 Berater d. Landeshauptstadt Dresden, 1992 1. Preis Wettbewerb f. d. Museen d. 20. Jhdt. in München, 1993 1. Preis Wettbewerb Georgplatz Dresden, 1993 1. Preis Wettbewerb Kennedyplatz/Ägidienmarkt/Bohlweg/Schloßpark Braunschweig, 1994 1. Preis Wettbewerb Neugestaltung Schloß Wilhelmshöhe Kassel, 1994 1. Preis Wettbewerb Bundestagsabg.-Haus Alsenblock Berlin. H.: Musik, Klavierspielen.

Braungart Walter *)

Braunger Horst *)

*) Biographie www.whoiswho-verlag.ch oder beigefügte CD-ROM

Bräunig Antje *)

Bräunig Bert

B.: Dipl.-Stomatologe, ndlg. Zahnarzt. DA.: 04315 Leipzig, Wurzner Str. 62. PA.: 04159 Leipzig, Sesenheimer Straße 76. G.: Lutherstadt Wittenberg, 16. Mai 1966. V.: Elisabeth, geb. Schlotte. Ki.: Anton (1986) und Oliver (1987). El.: Hans-Dieter und Helga, geb. Hentschel. S.: 1984 Abitur Leipzig, 1985-90 Stud. Zahnmed. in Greifswald. K.: 1990-92 Ass. an d. Bez.-Zahnpoliklinik Leipzig, seit 1992 ndlg. Zahnarzt. M.: Dt. Ges. f. Akupunktur u. Auricolomed. e.V., Grdg.-Mtgl. u. Vors. d. Volleyballver. VVC 90 Leipzig e.V. H.: Volleyball, Wasser- u. Wintersport.

Bräunig Klaus *)

Bräuning Martin

B.: Dipl.-Journalist, Programm Manager u. stellv. Programmchef. FN.: Südwestrundfunk SWR 4 Baden-Württemberg. DA.: 70190 Stuttgart, Neckarstr. 230. PA.: 73760 Ostfildern, Grabenäckerstr. 6. G.: Ruit, 8. Feb. 1948. V.: Hildegard, geb. Besemer. Ki.: Falk Ulf, Frauke Franziska, Laura Donna. S.: Fernmeldehandwerker, HS-Lehrer, Zweitstud. Kommunikationswiss., 1982 Dipl.-Journalist. K.: Lehrauftrag an Univ. Hohenheim Kommunikationswiss., Programm Manager u. stellv. Programmchef SWR 4 Baden-Württemb. Südwestrundfunk, ab 2002 Stellv. Programmdir. beim Saarländischen Rundfunk Saarbrücken. E.: 1984 Kurt-Magnus-Preis, ARD-Preis f. Hörfunk - Journalistik.

Bräuning Norbert Dipl.-Ing.

B.: Unternehmer, selbständig. FN.: Ingenieurbüro f. Tragwerkplanung. DA.: 96049 Bamberg, Meranierstr. 14. G.: Bamberg, 3. Juli 1950. V.: Hildegard, geb. Lindner. Ki.: Julia (1973), Veit (1976). El.: Wilhelm u. Katharina. S.: 1968 Mittlere Reife, 1968-72 Stud. FH Coburg. K.: 1972-78 ang. als Tragwerkplaner in einem Ingenieurbüro, 1978-81 Technische Ltg. in einem großen Baustoffwerk in Nordbay, seit 1981 selbständig m. eigenem Ingenieurbüro f. Tragwerkplanung in Bamberg. M.: MTV-Ver. Bamberg. H.: Tennis, Joggen, Wandern, Reisen.

Bräuning Norbert

B.: Station Manager. FN.: Europcar Autovermietung GmbH. DA.: 37081 Göttingen, Gröner Landstr. 17 a. G.: Simmershausen, 7. Aug. 1954. V.: Maritta, geb. Knopp. Ki.: Christoffer (1983). El.: Otto u. Christa, geb. Eberhard. S.: 1969-72 Ausbildung Einzelhandelskaufmann Kaufhof Kassel, 1972-74 Bundeswehr. K.: 1974-79 Substitut in d. Firma Ratio in Baunatal, 1980-90 Ass. in d. Internet Autovermietung in Kassel, 1991-94 stellv. Betriebsleiter d. Firma Europcar in Kassel, 1994-95 Betriebsleiter bei Europcar in Göttingen, 1995-96 stellv. Betriebsleiter bei Europcar in Kassel, seit 1997 Station Manager d. Firma Europcar in Göttingen. M.: Vors. d. Kirmeskameradschaft 1985 Rothwesen. H.: Gitarre spielen, Heimwerken.

Bräuning-Enssle Klara *)

Bräunlein Gerhard

B.: Mtgl. d. Vorst. FN.: VEAG Vereinigte Energiewerke AG. DA.: 10117 Berlin, Chausseestr. 23. G.: Nürnberg, 18. Dez. 1946. S.: 1969-73 Jurastud. Würzburg, 1. Staatsexamen, 1973-76 Referendariat, 2. Staatsexamen. K.: 1976-90 zahlr. ltd. Funktionen Bayernwerk AG München, 1991 Berufung in d. Vorst. d. VEAG. BL.: maßgebl. an d. Umstrukturierung d. ostdt. Energiewirtschaft beteiligt. M.: nat. Fachverb. d. Strom- u. Energiewirtschaft. H.: Kultur, Literatur, Theater.

Bräunlein-Kilian Gabriele *)

Braunmiller Wilfried Franz Xaver Willibrord Michael

B.: Restaurator. DA.: 81377 München, Peter-Schlemihl-Str. 3. G.: München, 29. Sep. 1943. V.: Natalia, geb. Gettmann. Ki.: Max (1971), Elisabeth (1972), Anastasia (1986). El.: Franz Xaver Wilfried u. Maria, geb. Mayr. S.: 1962 Mittlere Reife München, 1962-64 Lehre als Vergolder u. Fasser b. Ulrich in München, 1964-65 Militärdienst, 1968 Meisterprüfungen u. Vergolder, 1966-73 Ausbild., Praktikum u. Tätigkeit als Restaurator im Nationalmuseum München. K.: 1973 eigenes Atelier in München, seit 1993 Atelier in d. Peter-Schlemihl-Straße München, Restaurierungen u. Gemälden u. Skulpturen, gefäßte Möbel f. Museen u. Privatkunden. BL.: Entwicklung einer speziellen Restaurationstechnik f. Porzellan u. Keramik, Restaurierung d. Porzellansammlung v. Thurn u. Taxis. P.: "Kunstspiegel", eigener Art. über Porzellanrestauration, div. Berichte in Tageszeitungen, Diner's Club, Theaterzeitung, 1991 Ausstellung im Ärztehaus in d. Mühlbauerstraße. M.: seit 1972 Logenmtgl., Vorst. Tschernobyl-Ver. Bayern, Vorst. Restauratorenverb. H.: Beruf, Garten, Modellbaueisenbahn, Theater, Konzerte, Oper, Organisieren v. Konzerten.

Braunmüller Kurt Georg *)

Brauns Hans Ulrich Dipl.-Ing. *)

Brauns Holger Dipl.-Kfm. *)

Brauns Marie-Therese Dr. med. *)

Braunsburger Joseph Dr. habil.

B.: Dir. FN.: Inst. f. Physik Päd. HS Erfurt. DA.: 99089 Erfurt, Nordhäuser Str. 63. PA.: 99310 Arnstadt, An der Marienhöhe 7. G.: Reichenberg, 25. Juli 1940. V.: Gisela, geb. Biemelt. Ki.: Sabine, Thomas. El.: Rudolf u. Emmi. S.: 1958 Abitur, 1958-60 Lehre z. Werkzeugmacher, 1960-65 Stud. TH Ilmenau m. Abschluß Dipl.-Ing. K.: 1965-69 Ass. am Lehrstuhl f. Theoret. Physik TU Ilmenau, Prom., 1970-79 OAss. an d. Päd. HS Erfurt u. Habil., ab 1984 Ltr. d. Wiss.-Bereich "math. naturwiss. Grundlagen d. Technik", 1991-95 Dekan d. Fachbereiches Physik u. stellv. Inst.-Dir., seit 1995 Dir. d. Inst. f. Physik, seit 1996 o. Doz. f. Physik d. TU Ilmenau, Weimarer Str. 32, 98693 Ilmenau. P.: "Dynamische Analyse elektrochem. Reaktionssysteme" (1994), 45 Veröff. M.: Mat.-Naturwiss. Fak., Senat d. Päd. HS Erfurt. H.: Wandern, Oldtimer, Literatur.

Braunschneider Boris-Alexander *)

*) Biographie www.whoiswho-verlag.ch oder beigefügte CD-ROM

Braunschweig

Braunschweig Bernd *)

Braunstein Guy *)

Braunstein Volker Dipl.-Ing. *)

Braus Gunther
B.: Gschf. FN.: Dibalog GmbH Betriebs- u. Energie Management Systeme. DA.: 69118 Heidelberg, Kleingemünder Str. 1. g.braus@dibalog.de. www.dibalog.de. G.: Heidelberg, 16. Feb. 1966. V.: Tanja, geb. Gärtner. Ki.: Jaqueline (1989). El.: Kurt u. Anni, geb. Glatt. S.: 1986 Abitur, 1986-89 Stud. Elektrotechnik Deutschland u. Frankreich, 1987-88 Zivildienst. K.: seit 1983 Techniker d. Firma Dibalog in Ludwigshafen/Mannheim, 1988 Grdg. d. Ecosoft f. Entwicklung v. Hard- u. Software, ab 1992 Aufbau d. Bereichs Energieoptimierungssysteme in Metallind., 1998 Grdg. d. Firma Dibalog GmbH spez. f. BUS-Technik. BL.: europaweit bekannt als Experte f. Energieoptimierungssysteme, 1992 Entwicklung v. spezialisierten Energieoptimierungssystemen f. Metallindustrie. P.: Vorträge auf Fachtagungen u. Messen in Europa. M.: TSG Ziegelhausen, Golfclub Lobenfeld. H.: Sport, Golf, Motorradfahren, Garten.

Braus Hans-Peter *)

Brausch Michael *)

Brausen Hans *)

Brauser Hans-Günter Dr. med. *)

Brauser Ludwig Karl Philipp *)

Brauße Jürgen *)

Braut Astrid
B.: Mitarbeiterin Gesundheitsförderung Innungskrankenkasse (IKK). DA.: 99091 Erfurt, Mittelhäuser Str. 68. G.: Gera, 30. Dez. 1960. El.: Heinz Streicher u. Marianne Kinast. S.: 1979 Abitur Gera, 1979-81 Stud. Energieanlagentechnik TU Dresden, 1982-87 Stud. Fachschule f. Ökonomie Plauen, 1987 Arb.-Ökonom, 1990-92 Stud. Sozialpäd. Ing.-Schule Forst. K.: 1982-89 Ökonom im Gesundheits- u. Sozialwesen in Gera, 1994-95 Sozialpädagogin b. CJD, 1995 Trainer C f. Breitensport Präventive Rückenschule, 1995 Trainer B f. Sport in d. Prävention u. Rehabilitation d. Dt. Sportbundes (DSB), 1997 Trainerin im Sportver. Speed skating, seit 1998 Trainer u. Studioltr. d. Relax Fitneßstudio; Funktion: ehrenamtl. Gschf. d. Geraer Freizeit u. 1993-95 Kampfsportver., seit 1996 Gschf. d. Bujinkan Budo SV Gera e.V.; seit 1978 Malerei als Hobby, m. 14 J. Stud. d. Lehren d. Konfuzius, asiat. Weisheiten u. Phil., vorwiegend Aquarelle, Tuschezeichnungen u. japan. Tuschmalerei. P.: Ausstellungen: Galerie NA SOWAS (1992), Personalausstellung "Stiller Frieden" (1995), "Geschenke d. Stille" (1996). E.: Ehrennadel d. Dt. Volleyballverb. in Bronze. M.: 1999 Präsidium Stadtsportbund Gera e.V., Interesse f. Wildgans-Qi-Gong, Mtgl. im Extra-Ballett am Geraer Theater, Vors. Förderverein d. Balletfreunde Gera e.V.

Bräutigam Barbara *)

Bräutigam Bernd *)

Bräutigam Hansgeorg *)

Bräutigam Horst *)

Bräutigam Karl-Heinz Dipl.Vw. Prof. *)

Bräutigam Peter

B.: Fotograf, Video- u. Filmproduzent, Inhaber, Gschf. FN.: PBS-Studios Kassel. DA.: 34119 Kassel, Lassallestr. 12. pbraeutigam.studios@t-online.de. G.: Bad Sulzer, 22. März 1945. Ki.: Benedikt (1989), Felix (1990). El.: Hans u. Eily, geb. Fischer. S.: 1961 Mittlere Reife Kassel, 1961-64 Ausbild. z. Reproduktionsfotograf Druckhaus Kassel, 1966 Prüf. z. Fotograf, 1967 Ausbild. z. Kameramann Film-Foto-HS Kiel. K.: 1967-69 Fotograf "Grafikteam" Köln, 1969-71 Fotograf "Europa-Studio" Wien, 1972-73 ang. Fotograf Weber Studio Kassel, 1974-2000 selbst., Grdg./Geschäftsführung d. PBS Studios Kassel. P.: mehrere Werbeprodukte, Plakate, Zeitschrift "Zoom". E.: 1978 Filmpreis Kurzfilmfestival Oberhausen. M.: ElternbeiR. Wilhelm-Gymn., TC 31 Kassel. H.: Foto, Tennis, handwerkl. Betätigung, Familie.

Bräutigam Uwe Dipl.-Ing.
B.: Gschf. Ges. FN.: Brätugam Lichtwerbung GmbH. DA.: 39245 Gommern, Im Gewerbepark 7. G.: Bernburg, 30. Juli 1951. V.: Gudrun, geb. Schmidt. K.: Dagmar (1973). El.: Fritz u. Anneliese, geb. Thieme. S.: 1969 Abitur, b. 1973 Stud. Elektrotechnik TH Ilmenau. K.: b. 1978 Baultr. im Draht- u. Seilwerk in Rothenburg, 1978-90 Abt.-Ltr. f. Technik im VEB Baumechanik in Magdeburg, seit 1990 selbst. in Gommern. P.: Veröff. in Fachzeitschriften. M.: Schützenver. Gommern, Zentralverb. d. Werbetechnik, Bundesinnungsverb. d. Schilder- u. Lichtreklamehersteller. H.: Eisenbahn, Literatur, Geschichte.

Bräutigam Wolfgang
B.: RA. DA.: 76532 Baden-Baden, Fürstenbergallee 8. G.: Lahr, 14. Feb. 1960. V.: Eva, geb. Zeischka. Ki.: Stephan (1991), Magdalena (1992), Georg (1994). El.: Hans u. Christine. S.: 1978 Abitur, 1 J. gejobt z. Finanzierung d. Stud., 1980-86 Jurastud. Freiburg, 1986 1. Staatsexamen, 1986-87 Wehrdienst, 1987-90 Referendariat in Baden-Baden, 3 Monate Aufenthalt in Wien, 1990 2. Staatsexamen, K.: 1990 Zulassung als RA, 1991-93 Ang. in Kzl. in Böblingen, 1993 Übernahme einer Kzl. in Baden-Baden, Tätigkeitsschwerpunkt: Ziviles Baurecht, Mietrecht, Wohnungseigentumsrecht, Vertragsrecht u. Lärmschutzrecht. M.: Vors. d. Haus- u. Grundeigentümerver., Rolls Royce and Enthusiast Club (German Section). H.: Autos, Phil., klass. Musik.

Brauweiler Hans Werner *)

Brauweiler Peter Dr. med. *)

Brawand Wolfgang *)

Brawanski Alexander Theodor Dr. Prof.
B.: Dir. FN.: Neurochir. u. Poliklinik d. Univ. Regensburg. DA.: 93042 Regensburg, Franz-Josef-Strauß-Allee 11. G.: Würzburg, 1. Mai 1953. V.: Aurelia. Ki.: Nina (1981), Konstantin (1984). El.: Dr. Gerhard u. Irmtraud, geb. Crecelius. S.: 1972 Abitur, 1972-79 Stud. Med. Univ. Würzburg, 1979-85 Weiterbild. Neurochir, 1980 Prom., 1985 FA f. Neurochir., 1987 Ernennung z. Priv.-Doz. K.: 1989 C3-Prof. f. Neurochir. an d. Univ. Würzburg, 1990 Dir. d. neurochir. Klinik d. städt. Kliniken in Fulda, seit 1991 Dir. u. C4-Prof. an d. Neurochir. Klinik d. Univ. Regensburg. P.: "The CBF laboratory in Würzburg" (1981), "Nichtinvasive Messung d. regionalen

*) Biographie www.whoiswho-verlag.ch oder beigefügte CD-ROM

cerebralen Durchblutung" (1982), "Computeranalysis of ICP-modulations" (1983), "Rechnergestützte Überwachung v. Hirndruck, zerebraler Perfusionsdruck u. EEG" (1983), "Timing d. diagnost. u. chir. Vorgehens bei SAB" (1984), "Schädel-Hirn-Trauma u. zerebrale Komplikationen d. Kreislaufschocks" (1986), "Correlation of Vasospasm and CBF in Aneurymal SAH" (1987), "CBF-Studies in Patients with NPH" (1990), "Erfahrungen mit Hypothermie u. Kreislaufstillstand bei Aneurysma-Operationen" (1992), "Transkranielle Dopplersonographie m. Prüf. d. CO2-Reaktivität bei Schädel-Hirn-Trauma" (1992), "Therapiebuch f. Neurolog. Erkrankungen" (1990) u.v.m. M.: Dt. Ges. f. Neurochir., Dt. Krebsges., Intern. society of cerebral blood flow and metabolism, Intern. society of skullbase surgery, Intern. society of neuromaging in psychiatry, American Association of Neurological Surgeons. H.: Bibliophilie.

Breböck Peter

B.: Gschf. Ges. FN.: Depide design GmbH München. DA.: 80797 München, Schwere-Reiter-Str. 35. mail@depide.de. www.depide.de. G.: Köln, 4. Jan. 1969. El.: Dipl.-Vw. Norbert u. Dipl.-Vw. Renate. S.: 19788 Abitur München, 1988-90 Zivildienst Sehbehindertenzentrum, 1990-93 Stud. Vw. Augsburg u. München. K.: 1992 Gründung d. Firma d'Epide Design in München, 1994 Grdg. d. GmbH, 1997 Gestaltung, Planung u. Ausführung v. Räumen, Ladenbau, Objekt- u. Privatbereich; Funktionen: 1992 Personalaquise f. Russell Reynolds Assosiate, 1988 Entwicklungshilfe als Wahlbeobachter f. d. Conrad Adenauer Stiftung in Chile, 1990 tätig an d. Börse in London u. 1993 bei d. Münchner Rückversicherung in Sidney. P.: "Textilwirtschaft" (1997). H.: Schach, Golf, Motorradfahren.

Breburda Horst Dr. jur. utr.

B.: Dr. Rechtsanwalt u. Notar, Fachanwalt f. Familienrecht in eigener Kanzlei. DA.: 64625 Bensheim, Darmstädter Str. 42. PA.: 64625 Bensheim, Am Berg 13. ranot.breburda.hontke@web.de. G.: Reichenberg, 6. Juni 1937. V.: Astrid, geb. Ekert. Ki.: Kai (1964). El.: Gustav (Träger d. BVK) u. Daniela, geb. Guziur. S.: 1958 Abitur Viernheim, 1958-62 Stud. Jura an d. Univ. Heidelberg, 1962 1. Staatsexamen, 1967 Prom. (Heidelberg) u. 2. Staatsexamen, 2000 Fachanwalt f. Familienrecht. K.: 1968 Regierungsassesor d. Bundesfinanzverwaltung Oberfinanzdirektion München, danach Regierungsrat, 1969-71 Doz. u. stellv. Ltr. d. Bundeszollschule in Herrsching, 1971 Studienleiter einer Akad. f. prakt. Bw. in München, 1972 Eintritt als RA in d. Kzl. Dres. Hattemer, Reinhold, Bensheim, 1973-83 tätig in Sozietät, 1975 Ernennung z. Notar, 1984 Eröff. d. eigenen Kzl. m. Tätigkeitsschwerpunkt Familien-, Erb- u. Grundstücksrecht, seit 2000 Fachanwalt f. Familienrecht. P.: regionale Presseberichte. E.: Prädikatsexamina. M.: Anwaltsverein, Dt.-Tschech. Juristenvereinigung, Reitverein. H.: Reiten, Windsurfen, Skifahren.

Breburda Jörg

B.: Dipl.-Sozialarb., Mitinh., Gschf. FN.: Hackbarth's Cafe-Bar u. Hackescher Hof Restaurant. DA.: 10119 Berlin, Auguststraße 49a. PA.: 13187 Berlin, Kavalierstr. 16. breburda@hackbarths-cafe.de. G.: Dinslaken, 11. Mai 1956. V.: Miriam, geb. Wimmer. Ki.: Muriel Maria Anna (1994) und Nora Johanna (1994) aus anderer Verbindung. El.: Herbert Adalbert u. Christa, geb. Willeke. S.: 1974 Fachabitur Duisburg, 1976 Zivildienst, 1976-77 Lehre als Tischler, 1977-81 Stud. Sozialwesen an d. Fachschule Niederrhein - Dipl.-Sozialarb., Übersiedlung nach Berlin, 1982-84 Stud. Politologie and. FU Berlin b. z. Vordipl. K.: 1985-92 Sozialarb. in Berlin in versch. Projekten, vorrangig in d. Drogensuchtbekämpfung u. -betreuung, Projekt z. Verhinderung d. Obdachlosigkeit in Krisenwohnungen, Streetwork, HIV-Problematik, nach Selbstfindung aus Projekten ausgeschieden, seit 1992 Mitinh. "Hackbarth's Cafe-Bar". BL.: Initiator eines privatwirtschaftl. Projekts z. Drogenpolitik in Form einer sog. "Fixerpension" - d. Projekt kam aus versch. Gründen nicht zustande u. führte z. Abwendung v. d. Sozialarb. aus polit. Differenzen z. Drogenpolitik in Berlin. P.: Art. u. Kataloge im Zusammenhang m. Ausstellungen versch. Künstler. H.: Töchter, Biografien m. Brüchen.

Breburda Josef Dr. agr. Prof. *)
Brech Werner

B.: Vorst. FN.: BAV Börsenmakler u. Beteiligungs AG München. DA.: 81925 München, Oberföhringer Str. 28. PA: 65779 Kelkheim, Am Flachsland 45. G.: Bonn, 9. Juni 1943. V.: Anette, geb. Haarmann. Ki.: Kerstin (1972), Wiebke (1978). El.: Eduard-Emil u. Gertrud, geb. Krämer. S.: 1964 Abschluß d. Höheren Handelsschule, b. 1966 Lehre Bankkfm. b. Dresdner Bank AG Düsseldorf. K.: b. 1968 Dresdner Bank AG Düsseldorf, b. 1974 WGZ-Bank Düsseldorf, b. 1990 Dir. Arab Banking Corporation - Daus & Co Frankfurt, b. 1991 Dir. Westfalenbank AG Bochum, b. 1993 Dir. Bankhaus Löbbecke Berlin, Gschf. in d. Börsenmaklerfirma Michael Blase GmbH, 1997 Grdg. d. BAV Börsenmakler & Beteiligungs AG. M.: Golf Club Pfaffenwinkel, Board Member Pacific RIM - Investment Corp. Pearth/Australien, KIEV Sportver. H.: Golf, Tennis, Waldlauen, Skifahren, Musik.

Brecher Georg Hans

B.: Unternehmer. FN.: DFS Druck u. Verlag GmbH. GT.: Präs. d. Gr. Allg. Karnevalsges. v. 1900. DA.: 50859 Köln-Marsdorf, Toyota-Allee 21. G.: Köln, 25. Jan. 1937. V.: Gertraud, geb. Meyer. Ki.: Wolfgang (1959), Thomas (1962), Ingo (1967). El.: Dominikus u. Gertrud, geb. Nohl. BV.: Vater Dominikus Brecher (geb. 1903) bekannt als Toni Brecher, Conferencier Vortragskünstler, Leiter v. Frontbühnen u. Gründer d. Kleinkunstzirkels Köln, hat im Krieg Juden geholfen. K.: 1949-62 Opernhaus Köln, Solorollen in Opern u. Schauspiel,

*) Biographie www.whoiswho-verlag.ch oder beigefügte CD-ROM

Brecher

1952-55 Lehre Buchdrucker im Verlag Dumont-Schauberg Köln, 1955-71 Buchdrucker, 1970 Betriebsltr. b. Robert Pütz in Köln, 1971-74 Meisterschule Köln, 1974 Abschluß Ausbild.-Meister Druck, 1971-74 Gschf. Heinen-Druck in Düsseldorf, seit 1975 Aufbau d. eigenen Firma DFS, 1985 Ausbau d. Betriebes, seit 1985 Präs. d. Gr. Allg. Karnevalsges. v. 1900, 1995 Ltg. d. ZDF-Mädchensitzung. F.: Inh. DFS-Druck u. Verlag Brecher & Müller GmbH. P.: "Kölner Spitzen VIII - Kirchen, Künstler, Originale" (1993). E.: Orden d. Festkomitees Kölner Karneval in Gold 1997, Orden "För dat äch Kölsche Hätz" (1993). M.: Gr. Allg. Karnevalsges. v. 1900, (1975) BeiR. d. Stadtsparkasse Köln. H.: Bergwandern, Naturbeobachtungen, Kunst, Malerei, Arch., eigene Gedichte.

Brecher Hilger Dr. med. *)

Brechmann Volker Dr. med. *)

Brecht Alfred Dipl.-Ing. *)

Brecht Christoph Dipl.-Ing.

B.: Ehrenpräs. IGU. PA.: 45133 Essen, Seippelweg 11. G.: Berlin, 27. Nov. 1921. V.: Ursula, geb. Lindemann. Ki.. Susanne, Stefan, Lenhard. El.: RegR. Gustav u. Norah, geb. Deppe. S.: RG, Stud. Maschinenbau TH München, 1949 Dipl.-Ing. K.: 1949-50 MAN Augsburg, 1950-51 USA-Aufenthalt, 1951-59 Betriebsltr. u. OIng. Union Rhein. Braunkohlen-Kraftstoff AG Wesseling, 1959-86 Vorst.-Mtgl. d. Ruhrgas AG Essen, 1982-85 Präs. d. Intern. Gas Union (IGU), dann Ehrenpräs. E.: seit 1972 Dr. h.c. Univ. Karlsruhe. H.: Musik, Reiten.

Brecht Eberhard Dr. rer. nat.

B.: Bürgermeister. FN.: Stadt Quedlinburg. DA.: 06472 Quedlinburg, Postfach 1429. PA.: 06484 Quedlinburg, Adelheidstr. 29. G.: Quedlinburg, 20. Feb. 1950. V.: Renate, geb. Brecht. Ki.: Anne (1977), Stephan (1982), Franziska (1983). El.: Dr. Rudolf u. Ingeborg. BV.: Gustav Brecht - Bgm. v. Quedlinburg. S.: 1968 Abitur, 1968-73 Stud. Physik Leipzig. K.: 1973-76 wiss. Ass. Berlin, 1976-90 Inst. f. Genetik u. Kulturpflanzenforsch. Gatersleben, 1989 Mitbegründer Neues Forum Quedlinburg, 1990-2001 MdB. P.: div. Veröff. auf d. Gebiet d. Photosynthese. M.: Dt. Ges. f. d. Vereinten Nationen, Dt.-Engl. Ges. H.: Musik.

Brecht Herbert

B.: Immobilienmakler, selbständig. DA.: 76227 Karlsruhe, Badenerstr. 75. www.apothekenmakler.com. G.: Karlsruhe, 29. Juli 1949. El.: Ludwig u. Helga, geb. Pfitzenmaier. S.: 1966 Mittlere Reife, 1966-68 Ausbildung z. Steuerfachgehilfen. K.: 1968-83 tätig in einem Steuerberatungsbüro in Karlsruhe, seit 1983 selbständig als Immobilienmakler, spezialisiert auf d. Vermittlung v. Apotheken u. Grundbesitz in mehreren Bundesländern. H.: Tennis, Elefantensammlung.

Brecht Hermann

B.: Heilpraktiker. DA.: 14089 Berlin, Lönnrotweg 9 L. G.: Berlin, 20. Dez. 1921. V.: Ingelid, geb. Crolow (1922, Schauspielerin) Ki.: Jan Hermann (1953), Uwe (1958). S.: 1939 Abitur, 1939-45 Wehrdienst, bis Juli 1946 amerikan. Gefangenschaft, 1948-58 Stud. Grafik u. techn. Zeichnen m. Pr. K.: 1953-60 tätig am Finanzamt in Berlin (Sportunterricht f. Anwärter), ab 1955 Trainer in Vereinen, BLV, DLV (u.a. 1972 Olympiatrainer), Verw.-Prüf. u. nebenberufl. Heilpraktikerausbild., 1976 Zulassung als Heilpraktiker, nebenberufl. tätig als Heilpraktiker spez. f. Sportmed., 1960-70 tätig in d. Bauverw. u. Betreuung v. 2 Bez. in Berlin, glz. Stud. Hoch- u. Tiefbau, 1970-73 ltd. Verw.-Ang. im KH AVK, 1973-82 tätig in versch. Bereichen im Bez.-Amt Berlin-Charlottenburg, seit 1982 im Ruhestand u. weiter b. 1997 tätig als Heilpraktiker BL.: u.a. 7x Weltmeister. P.: "Verteidige dich selbst" (1960), "Pheidippides", "Lauf oder stirb" (1994), "6 x um die Erde gelaufen" (1994). V.: versch. sportl. Ausz. u. Med., 127 Marathonläufe.

Brecht Klaus J.

B.: RA. FN.: Kzl. Brecht u. Kröll. DA.: 55593 Rüdesheim, Nahestr. 58. kanzlei@brechtkroell.de. G.: Mainz, 16. Juni 1957. V.: Johanna, geb. Hirschel. Ki.: 3 Kinder. El.: Günter u. Renate. S.: 1975 Mittlere Reife Alzey, 1975-78 Ausbild. Chemielaborant Univ. Mainz, 1981 Abitur Kolleg Mainz, 1983-89 Stud. Rechtswiss. Univ. Mainz, 1. Staatsexamen, Referendariat Mainz, 2. jur. Staatsexamen, 1993 Zulassung z. RA LG Bad Kreuznach u. alle Amtsgerichte. K.: während d. Stud. tätig in versch. Betrieben im Bereich Chemie, Farbherstellung, Computerherstellung, Metall- u. Holzind., 1993 Eröff. d. Kzl. in Rüdesheim, 2001 Grdg. d. Sozietät Brecht u. Kröll. M.: CDU, Europa Union, RA.-Samariter-Bund, FFW, Greenpeace, DAV, versch. Sportver., Unfall-Opfer-Beyern e.V. H.: Technik, handwerkl. Arbeiten, Lesen, Musik, Reparaturarbeiten, Mountainbiken.

Brecht Norbert Ludwig *)

Brecht Renate Dr. med. *)

Brecht Stephan *)

Brechtelsbauer Renate *)

Breckle Siegmar Walter Dr. *)

Breckwoldt-Schmidt Angela

B.: RA u. Notarin. FN.: Kzl. Angela Breckwoldt-Schmidt. DA.: 10715 Berlin, Badensche Str. 14. G.: 14. Nov. 1957. V.: RA Notar Thomas Schmidt. Ki.: Charlotte (1990), Daniel (1994). El.: Reinhard u. Ilse Breckwoldt, geb. Dembinski. S.: 1977 Abitur Saarbrücken, 1977-82 Stud. Rechtswiss. in Saarbrücken, 1983 1. Staatsexamen, Referendariat in Berlin, Wahlstation in Berkeley b. San Francisco b. RA. Edward H. Lyman, 1986 2. Staatsexamen. K.: 1986 RA in Berlin, 1986-88 freie Mitarb. in zivilrechtl. ausgerichtetem RA-Büro, daneben Aufbau einer eigenen Kanzlei mit Schwerpunkt: allg. zivilrechtl. Beratung, Familienrecht, Mietrecht, Arbeits- u. Verkehrsrecht, allg. Beratung in Vertragsfragen, daneben Praxisvertretungen f. RA u. Notar Christian Rahns u. f. Notar Dr. iur. Walrab v. Buttlar, 1998-2000 Fortbild. f. Anw.-Notariat. BL.: m. 13 J. Berliner Meisterin im Tennis. P.: Veröff. über Arbeitsrecht im Handbuch d. Erzieher (1995). M.: Sportver. SV Senat u. Helios. H.: Tennis, Literatur.

Brecl Petra

B.: Heilpraktikerin u. Kosmetikerin. DA.: 49134 Wallenhorst, Moorbachstr. 3. G.: Wallenhorst, 15. Juni 1964. El.: Georg u. Erna Rahe. S.: 1981 Mittlere Reife Rulle, 1990/91 Ausbild. Kosmetikerin, 1992-95 Ausbild. Heilpraktikerin. K.: 1981-91 Ausbild. z. Tätigkeit als Verw.-Bmte. d. Dt. Telekom, 1992-95 selbst. Kosmetikerin, seit 1996 Heilpraktikerin spez. f. Haut- u. Allergieprobleme u. chron. Erkrankungen u. Erstellung v. seel. Traumaten. d. einem Heilungsprozess im Wege stehen. P.: Aufsätze z. Thema Hautallergien, Vorträge zu Amalgambelastung. M.: Verb. Dt. Heilpraktiker. H.: Sport, Tanzen, Lesen, Kochen, Hund.

Breddermann Rosemarie Luise

B.: Gschf. FN.: Abwasser Verb. Wolfsburg. DA.: 38448 Wolfsburg, Zum Stahlberg. G.: Ilsenburg, 22. Nov. 1941. V.: Dipl.-Ing. Manfred Breddermann. Ki.: Andreas (1963), RA Dietrich (1966), Richter Ingo (1969), Christian (1976). El.: Otto u. Luise Müller, geb. Försterling. S.: b. 1958 Handelsschule in Wolfsburg, Abitur i. 2. Bild.Weg, abgebr. Psychologiestud. K.: b. 1963 ang. Buchhalterin b. d. Firma Hotz in Wolfsburg, anschl. Hausfrau u. Mutter, 1970-75 ang. in d. Buchhaltung b. d. Sped. Schnellecke, 1975 Beginn d. Tätigkeit b. Abwasser Verb. Wolfsburg als Büroang., ab 1990 Verw.-Ltr. d. Abwasser Verb. Wolfsburg, seit 1996 Gschf. d. Abwasser Verb. Wolfsburg. M.: VFL-Wolfsburg. H.: Schi fahren, Gedichte schreiben, Schwimmen, Lesen, Gartenarbeit.

Brede Hagen
B.: Gschf. Ges. FN.: Hagen Brede Productions GmbH. DA.: 80337 München, Rothmundstr. 6. info@hagen-brede.de. www.hagen-brede.de. G.: Berlin, 22. Juli 1966. V.: Brigitte, geb. Reiter. Ki.: Sanya (1995). S.: 1986 Abitur München, 1986-92 freier Journalist b. versch. Magazinen, Aufnahmeltr. b. Fernsehen. K.: ab 1992 freier Produzent f. d. Bauer Verlag, vorwiegend Texter f. d. Magazin Bravo, Autor v. Storyboards, Texter im Reportage- u. Werbebereich, Fotoproduktionen f. Plattencover, Werbung etc., 1999 selbst., Grdg. d. Hagen Brede Productions GmbH München, Gschf. Ges., Full-Service Agentur f. Foto- u. Videobereich sowie Konzeption, Grafik u. Text.

Bredebach Hertha Dr. med. *)

Bredekamp Horst Dr. Prof.
B.: Kunsthistoriker, Univ.-Prof. FN.: Kunstgeschichtl. Sem. Humboldt-Univ. zu Berlin. DA.: 10099 Berlin-Mitte, Dorotheenstr. 28. G.: Kiel, 29. Apr. 1947. El.: Kapitän Gerhard u. Hildegard. S.: 1966 Abitur, 1966/67 Wehrdienst, 1967-74 Stud. Kunstgeschichte, Archäologie, Phil. u. Soz. Univ. Kiel, München, Berlin u. Marburg, 1974 Prom. K.: 1974 Volontariat am Liebieghaus Frankfurt/Mai, 1976-81 wiss. Ass. Kunstgeschichtl. Seminar d. Univ. Hamburg, 1982 Prof. f. Kunstgeschichte Univ. Hamburg, seit 1993 Prof. f. Kunstgeschichte Humboldt-Univ. zu Berlin. P.: Monografien u. zahlr. wiss. Aufsätze, "Kunst als Medium soz. Konflikte. Bilderkämpfe v. d. Spätantike b. z. Hussitenrevolution" (1975), "Kunst um 1400 am Mittelrhein" (1975), "Vicino Orsini u. d. Hl. Wald v. Bomarzo. Ein Fürst als Künstler u. Anarchist" (1985), "Sandro Botticelli/La Primavera. Florenz als Garten d. Venus" (1988), "Antikensehnsucht u. Maschinenglauben. Die Geschichte d. Kunstkam. u. d. Zukunft d. Kunstgeschichte" (1993), "Florentiner Fußball: Die Renaissance d. Spiele. Calcio als Fest d. Medici" (1993), Thomas Hobbes Visuelle Strategien (1999), St. Peter in Rom und das Prinzip d. produktiven Zerstörung (2000). E.: 1974 Dr. Richard Hamann-Stipendium d. Landes Hessen, 1980 Aby-M.-Warburg-Förderpreis d. Stadt Hamburg, 1991 Member d. Inst. for Advanced Study Princeton, 1991/92 Fellow d. Wiss.-Kollegs zu Berlin. M.: 1993 BeiR.-Mtgl. d. New Europe College Bukarest, 1995 o.Mtgl. d. Berlin-Brandenburg. Ak. d. Wiss., 1998 Fellow d. Getty Research Institute, Los Angeles, 1999 Gast d. Collegium Budapest, Ungarn. H.: Fußball.

Bredella Lothar Dr. Prof. *)

Bredemeier Sonning E. Dr. Prof.
B.: Gen.-Bev. FN.: Nord Landesbank. DA.: 30159 Hannover, Georgspl. 1. G.: Kolberg, 29. Aug. 1943. V.: Jutta, geb. Schott. Ki.: Kristin (1975). S.: 1964 Abitur Hannover, b. 1968 Stud. Vw. an d. Univ. Hannover u. Münster, Dipl.-Vw. b. 1971 wiss. Mitarb. an d. Univ. Hannover, 1972 Prom. z. Dr. rer. pol., Beginn d. berufl. Karriere b. d. Nord LB in Hannover, zunächst in Öff.-Arb., ab 1976 Ltr. d. Volks-Betriebswirtschaftl. Abt., seit 1979 Bankdir., seit 1994 Gen.-Bev., 1995 Ernennung z. Hon.-Prof. an d. Univ. Hannover, ab 1997 zuständig f. d. Bereiche Vw., Dokumentationen u. Unternehmenskommunikation b. d. Nord LB u. hier heute noch tätig. P.: ca. 60 wiss. Veröff. sowie in Fachzeitschriften. H.: Segeln, Golf, Tennis.

Bredemeyer Sabine *)

Bredendieck Uwe Johann Heinrich Dipl.-Kfm. *)

Bredenkamp Rainer *)

Bredl Gabriele
B.: Friseurmeisterin, selbständig. FN.: Hair Design. DA.: 87700 Memmingen, Lindentorstr. 14. G.: Oberstdorf, 29. Mai 1962. S.: Lehre Friseurin, 1989 Meisterprüfung Biberbach. K.: seit 1989 selbständige Friseurmeisterin m. Frisiersalon f. Damen u. Herren, Pflegekosmetik-Salon u. autorisierter Redken-Salon. H.: Lesen, Radfahren, Katzen, Tango Argentina.

Bredl Michael Leo *)

Bredohl Manfred *)

von Bredow Hartmut Dipl.-Ing.

B.: Dipl.-Ing., Vers.- u. Immobilienmakler, Kfz-Schlosser. FN.: Metallbau in Berlin, Bethke-Immobilien Flensburg, Daimler-Benz AG, Frankfurt/Main. DA.: 24937 Flensburg, Große Str. 4. G.: Frankfurt/Main, 5. Dez. 1954. V.: Anke (Apothekerin). Ki.: Leon (1984), Antonia (1986), Victoria (1996). S.: 1969-72 Lehre als Kfz-Schlosser, Fach- u. Fachoberschule 1972-74 Frankfurt/Main, Stud. Kunststofftechnik in Darmstadt. K.: 1978-79 Ass. d. Geschäftsleitung Berlin, Bethke-Immobilien 1980 selbst. Vers.- u. Immobilienmakler, Hausverw. Flensburg. M.: Jeep u. Golfclub, Club Nautic, RDM. H.: Golf, Boot- u. Motorradfahren, Lesen, Garten, Reisen.

von Bredow Jochen Dipl.-Vw. *)

Bredow Jürgen Dipl.-Ing. Prof.
B.: Architect, Prof. FN.: TU Darmstadt. DA.: 64295 Darmstadt, Berliner Allee 56. PA.: 64287 Darmstadt, Dieburger Str. 212. G.: Potsdam, 7. Sept. 1936. El.: Dipl.-Ing. Alfred u. Thea. S.: 1956 Abitur, Stud. TH München, 1961 Dipl. K.: seit 1969 eigenes Büro in Darmstadt, 1972-2001 Prof. an d. TU Darmstadt. P.: zahlr. Veröff. M.: BDA, Dt. Werkbd. H.: Kunst, Reisen.

von Bredow Wilfried
B.: Univ.-Prof. FN.: Philipps-Univ. Marburg. DA.: 35032 Marburg, W.-Röpke-Str. 6. PA.: 35094 Lahntal, Altes Schulhaus Göttingen. G.: Heinrichsdorf, 2. Jan. 1944. V.: Monika,

*) Biographie www.whoiswho-verlag.ch oder beigefügte CD-ROM

geb. Schlesier. Ki.: Fenimore. El.: Hans-Christoph u. Anja. S.: 1964-69 Univ. Bonn u. Köln, 1969 Dr. phil. K.: 1969-72 wiss. Ass. Seminar f. Polit. Wiss. Bonn, seit 1972 Prof. f. Politikwiss. an d. Philipps-Univ. Marburg, 1975-77 VPr. d. Philipps-Univ., 1977-78 Research Fellow St. Antony's College Oxford, 1986-87 Visiting Prof. Univ. of Toronto, 1999-2001 Präs. d. Ges. f. Kanada-Studien (GKS). P.: zahlr. Veröff. zur internat. Politik. E.: 1994 John Diefenbaker Award d. Canada Council.

Bredtmann Friedhelm

B.: Friseurmeister, Inh. FN.: Salon Bredtmann. DA.: 42275 Wuppertal, Heubruch 23. christian1509@aol.com. G.: Wuppertal, 26. Mai 1940. V.: Norina, geb. Colletti. Ki.: Daniela (1968), Christian (1986) und Alina (1990). El.: Siegfried u. Elfriede, geb. Tesche. S.: 1955-58 Lehre Friseur Salon Eduard Krieg Wuppertal, Abschluß als Jahresbester, 1967 Meisterprüf. als Jahresbester. K.: 1958 Geselle im elterlichen Salon u. 1968 Übernahme, 1978 Eröffnung d. zweiten Salons in Schwelm. F.: 1983-92 Gründung einer GmbH m. 14 Salons im Bundesgebiet gemeinsam m. d. Bruder. E.: mehrmaliger Stadt- u. Bez.-Meister im Friseurhandwerk. M.: Innung. H.: Tennis, Skifahren, kreatives Gestalten.

Bree Bernd *)

Bree Siggi E.

B.: Verhaltensberater u. Berater, Inh. FN.: Siggi E. Bree Team Verhaltenstraining & Effizienzberatung. DA.: 59456 Witten, Karl-Logien-Str. 32a. siggi.e.bree@bree.team.de. G.: Dortmund, 1. Sep. 1950. V.: Michaela, geb. Himmelhaus. El.: Werner u. Theresia, geb. Göhrig. S.: 1967 Abitur, 1968-74 Stud. Math. u. Dipl.-Päd. K.: 1970-76 Gschf. einer privaten Schule in Dortmund, 1976-82 Gschf. eines Ing.-Büros f. Software- u. Hardware-Entwicklung, seit 1980 Verhaltenstraining u.a. f. namhafte Firmen in Ind.- u. Hdl.-Bereich, seit 1987 zusätzl. Beratung in Agenturbereich, Effizienzuntersuchungen u. -beratungen im Bereich Dienstleistungen, Hdl., Ind., Umwandlung v. Nonprofit in Profitcenter. E.: Betreuung v. 4 Managern d. J. H.: Motorsport, Schwimmen.

Bree Siggi E. *)

Brée Christian *)

Brée Thomas Eduard Dipl.-Psych.

B.: Klin. Psychologe. FN.: Psychotherapeut. Praxis. DA.: 13409 Berlin, Marktstr. 38. G.: Berlin, 27. März 1951. El.: Eduard-Wilhelm u. Margarita. S.: 1972 Abitur, 1972-80 Stud. Psych. an d. TU Berlin, Examen z. Dipl.-Psych., 1973-76 techn. Lehre als Werkzeugmacher b. IBM, Gesellenprüf.,

1976-79 Med.-Stud. an d. TU Berlin, ab 1978 Therapieausbild. an d. TU Berlin. K.: ab 1979 Zusammenarb. m. Pro-Familia, ab 1980 Niederlassung mit eigener Praxis in Gemeinschaftspraxis, 1982-83 soz. psychiatr. Dienst, ab 1984 Zulassung als klinischer Psychologe (BdP), ab 1986 alleinige Praxisführung, ab 1988 Kassenzulassung, 1995 HP-Prüfung für Psychotherapie, 1998 Zulassung als Supervisor. M.: Mitglied in verschiedene berufliche Verbände u. Vereine. H.: Fotografie, Musik (Gitarre - latin, blues), Windsurfen, Lateinamerikan. Tanz.

Brée-Siebel Sylvia *)

Breede Ralf Udo Dipl.-Ing.

B.: Bauing., Gschf. Ges. FN.: Breede & Vedder GbR. DA.: 18437 Stralsund, Handwerkerring 20. G.: Stralsund, 10. Nov. 1960. V.: Petra, geb. Schröder. Ki.: Christin (1983), Tom (1985). El.: Wilfried u. Brunhilde, geb. Braun. S.: 1979 Abitur u. Abschluss d. Lehre z. Baufacharbeiter, b. 1982 NVA, b. 1984 Stud. Hochbau an d. Ing.-Hochschule Wismar. K.: 1984-86 Abteilungsleiter im VEB(K) Bau Stralsund, 1986-90 Abteilungsleiter in d. LPG(T) Drechow, dazwischen 1988 Abschluss d. Fernstudiums z. Ing. f. Bauwesen, 1990-95 zunächst Mitarbeiter dann Mitges. im Architekturbüro, seit 1995 eigenes Büro Breede & Vedder GbR. F.: Projektmanagement & Ingenieurservice Kunow GbR. P.: u.a. Entwurf d. Gebäudes d. Möbelwerke Stralsund. M.: Lions Club Stralsund e.V. H.: Musik.

Breede Ulf

B.: Juwelier. FN.: Juwelier Breede. DA.: 10719 Berlin, Fasanenstr. 69. ulfbreede@t-online.de. G.: Kiel, 7. Mai 1937. V.: Johanna, geb. Wolf. Ki.: Silke (1966), Mona (1968), Uta (1973), Cornelius (1982), Valentin (1984), Jan (1997). El.: Karl u. Käthe, geb. Jacobsen. BV.: Juweliere u. Goldschmiede in 4 Generationen. S.: 1957 Abitur Kiel, 1957-59 Tätigkeit im elterl. Goldschmiedegeschäft in Kiel, 1959-61 Kfm. Ausbild. in Hamburg, 1961-63 Volontariate b. Juwelieren in Osnabrück, Luzern u. Paris, 1961 Stud. Kunstgeschiche in München. K.: 1963 Teilhaber d. Firma Otto Breede in Kiel, seit 1978 selbst. Inh. - Beschäftigung m. antikem Schmuck über Ausstellungen im eigenen Geschäft, 1986 Aufgabe d. Kieler Geschäftes - Umzug nach München nur noch m. antikem Schmuck, seit 1994 Geschäftseröff. in Berlin, Aussteller auf intern. Antiquitätenmessen u.a. Maastricht, München, New

*) Biographie www.whoiswho-verlag.ch oder beigefügte CD-ROM

York, Tokio, Singapur, Hongkong u. Palm Bach. P.: interne Kataloge. M.: Verb. süddt. Kunsthändler, Verb. Dt. Kunsthändler. H.: Golf.

Breest Jürgen *)

Brefka Krystian
B.: FA f. Allg.-Med. DA.: 30657 Hannover, Varrelheide 3 E. rk.brefka@t-online.de. G.: Löwen, 19. Jän. 1964. V.: Renate, geb. Sosnowska. El.: Franz u. Rita, geb. Sosna. S.: 1983 Abitur, Teilnahme an Math.-, histor. u. biolog. Olympiaden m. div. Ausz., glz. 1979-83 Sänger u. Leadgitarrist v. "Zick Zack", Stud. Med. Schles. Ak. Hindenburg, 1989 2. Staatsexamen u. Approb. K.: b. 1990 Ass.-Arzt an versch. KH in Haydebreck-Cosel in d. Bereichen Innere Med., Chir., Gynäk. Orthopädie, Anästhesie u. Pädiatrie, 1991 Ausreise in d. BRD, Weiterbild. im Clementinerhaus u. in versch. Praxen, 1999 Zusatzqualifikation f. Allg.-Med., 2000 Übernahme d. Praxis u. Eröff. einer Gemeinschaftspraxis gemeinsam m. d. Ehefrau. M.: Ärztekam. H.: Musik, Schlagzeug u. Gitarre spielen, Schwimmen, Tauchen, Tennis.

Brefort Jürgen *)

Bregas Horst Dipl.-Ing. *)

Breh Karl Dipl.-Phys. *)

Brehm Alfons Dr. med. *)

Brehm Burkhard Dr. rer. nat. Prof. *)

Brehm Gustav *)

Brehm Helmut Dr. Prof. *)

Brehm Herbert Kraft Dr. med. habil. Prof. *)

Brehm Jochen
Dipl.-Ing. Master of Science in Horticulture
B.: M.Sc. Hortic., Dipl Gartenbauing., ö.b.v. Sachv., Beratender Ing. FN.: AHNER/BREHM Ing.- u. Sachv.-Büro, Brehm & Fritsch Ingenieurges. Cuba Comercio. Com, Brehm & Fritsch Büro f. Softwareentwicklung. DA.: 15711 Königs Wusterhausen, Tiergartenstr. 10c. j.brehm@t-online.de. www.ahner-brehm.de. G.: Berlin, 30. Okt. 1963. Ki.: William Elischa. El.: Dr. Peter u. Rosemarie. S.: 1982 Abitur, 1982-85 Wehrdienst, 1985-90 Stud. Gartenbau an Humboldt Univ. zu Berlin m. Abschluß Dipl.-Ing., 1990-91 TU Berlin Betriebswirtschaft, 1991 Inst. f. öffentl. Verw. NRW. K.: 1990 wiss. Mitarb. einer LPG, 1992-94 Ltr. d. Gartenamtes d. Stadtverw. Königs Wusterhausen, seit 1992 selbst. m. Ing.- u. Sachv.-büros; Funktionen: Lehrtätigkeit an d. Humboldt-Univ. zu Berlin, TU Berlin, ebs, Nat. Agrarniv. Kiew, seit 1991 öffentl. bestellter u. vereid. Sachv. f. Bewertung bei Grundstücken, Bau- u. Pflegeleistungen, Gehölze, Schutz- u. Gestaltungsgrün, Baumchir. u. Baumpflege. E.: Ehrendiplome d. Timerjasewakad. Moskau 1987 u. 1988. M.: Brandenburgische Ing.-kammer., Vors. d. Gehölzsachv.-verb. Brandenburg, Berlin e.V., Schutzgemeinschaft Dt. Wald, Naturschutzbund Deutschland, sag Baumstatik. H.: Natur, Musik, Kunst.

Brehm Jörg Dipl.-Ing.
B.: Unternehmens- u. Personalberater u. Management-, Kommunikations- u. Vertriebs-Trainer. FN.: Management Consulting/Jörg Brehm & Partner. DA.: 53757 St. Augustin, An den Weiden 6. G.: Lennep, 14. Nov. 1941. Ki.: Susanne (1971). S.: 1957 Mittlere Reife Wuppertal-Barmen, 1957-60 Lehre Fernmeldetechniker b. d. Post, daneben Abendschule in Wuppertal, Essen, Düsseldorf, 1963 Stud. Nachrichtentechnik u. BWL FH Krefeld, 1966 Dipl.-Ing. K.: 1966-68 IABG Ind.-

Anlagen Betriebsges. Ottobrunn, 1968-87 IBM Datenverarb., 1970-72 Marketing Europa, 1972 Vertriebsbeauftragter Bereich öff. Dienst, 1982-84 Projektmanager, 1985-86 Vertriebsltr. im Ruhrgebiet, 1986-87 Bereichsltr. Bonn, 1987-89 Mitaufbau Systemhaus Computerland, Ges. u. Gschf., seit 1990 Grdg. Unternehmensberatung Management Consulting. BL.: Engagement Bürgerver. Birlinghoven. P.: Art. u.a. in Computerwoche 1994-96. M.:Mitglied d. ASV St. Augustin (Leichtathletik), VfL St. Augustin (Tennis). H.: Natur, Wandern, Bergwandern, Tiere, Oper, Konzerte, Mittelmeerländer franz. Atlantikküste, USA-Reisen, Joggen, Tennis, Ski Abfahrt u. Langlauf.

Brehm Mieke *)

Brehm Rainer *)

Brehm Wolfgang Dr. Prof. *)

Brehme Andreas
B.: Teamchef. FN.: 1. FC Kaiserslautern. DA.: 67663 Kaiserslautern, Fritz-Walter-Str. 1. www.fck.de. G.: 9. Nov. 1960. V.: verh.. Ki.: Ricardo, Alessio. K.: Stationen: Barmbek-Uhlenhorst, 1. FC Saarbrücken, 1. FC Kaiserslautern, Bayern München, Inter Mailand, Real Saragossa u. 1. FC Kaiserslautern. (Re)

Brehme Matthias Dr. med.

B.: FA f. Neurol. u. Psychiatrie. DA.: 04116 Markkleeberg, Hauptstr. 8. m.brehme @t-online.de. G.: Markkleeberg, 7. Feb. 1943. V.: Cornelia, geb. Domke. Ki.: Claudia (1970), Juiane (1985), Sakia (1991). El.: Eckhardt u. Edith. S.: 1961 Abitur in Leipzig, 1961/62 prakt.J., 1962-67 Stud. Sport DHfK Leipzig, Trainer-Dipl., 1967-74 Stud. Med. Univ. Leipzig, Staatsexamen u. Diplom. K.: 1974-79 Ass.-Arzt an d. Univ. Leipzig, 1979 FA f. Neurol. u. Psychiatrie, 1979-82 Neurologe an d. Abt. EMG u. d. Ambulanz d. neurol. Klinik d. Univ. Leipzig, 1982 Prom., 1982-90 Chefarzt d. neurol.-psychiatr. Abt. im Lazarett d. NVA in Leipzig, 1990 Ltr. d. Abt. Neurol. u. Psychiatrie d. Ambulanz in Markkleeberg, seit 1991 ndlg. FA f. Neurol. u. Psychiatrie, Chirotherapie, Somnologie, EEG u. EMG. E.: Bronzemed 1968 an d. Olymp. Spielen in Mexico u. 1970 in München im Turnen, 1966 u. 70 Bronzemed. bei d. WM, 1971 Vizeeuropameister am Seitpferd. M.: Vors. d. Verb. Sächs. Nervenärzte e.V. im BVDN, Kapt. d. Turnnationalmannschaft d. DDR, Turnver. 1871 Markkleeberg e.V. H.: Turnen.

Brehme Stefan *)

Brehme Ulrich *)

*) Biographie www.whoiswho-verlag.ch oder beigefügte CD-ROM

Brehmer Christian Dr. rer. pol.
B.: Hauptgschf. FN.: IHK Nord Westfalen.. DA.: 48151 Münster, Sentmaringer Weg 61. G.: Breslau, 12. Dez. 1940. V.: Dr. Ute-Irene, geb. Lutz. S.: 1960-62 Kfm. Lehre, 1965 Abitur, 1965-69 Stud. Vw. Albert-Ludwig-Univ. Freiburg u. Prom. K.: 1970-71 Ltr. d. statist. vw. Abt. d. Arbeitgeberverb. d. Bad. Eisen- u. Metallind. Freiburg, 1972-73 Ass. d. Hauptgschf. d. IHK zu Dortmund, 1973-94 Ltr. d. Dezernats Ind. m. Schwerpunkt Ind.-Politik, Umweltpolitik, Technologiepolitik, Energiepolitik, Strukturpolitik u. Wirtschaftsförd. d. IHK Nord Westfalen, 1990-94 stellv. Hauptgschf. d. IHK zu Münster, seit 1995 Hauptgschf. d. IHK Nord Westfalen. M.: Vorst.-Mtgl. AAV Hattingen, Vorst.-Mtgl. d. Wirtschaftl. Ges. f. Westfalen u. Lippe e.V. Münster, Vors. d. Ges. d. Förderer d. FHS Münster e.V., Kuratoriumsmtgl. d. Aktion Münsterland e.V., VerwR.-Mtgl. d. Ges. z. Förd. d. Verkehrswiss. an d. Westfäl. Wilhelms-Univ. Münster, Kuratoriumsmtgl. d. Ges. zur Förderung d. Westf. Kulturarbeit e.V. Münster, Vorst.-Mtgl. d. Deutsch-Niederländischen Ges. Münster e.V., Kuratoriumsmtgl. d. Inst. f. Chemo- u. Biosensorik (ICB), Münster, Kuratoriumsmtgl. d. Peter-Lancier-Stiftung zur Förderung d. Herz- u. Kreislaufforschung, Münster.

Brehmer Dieter Helmut Günter

B.: Rechtsanwalt. FN.: Brehmer und Brehmer Rechtsanwalt & Steuerberaterin. DA.: 01309 Dresden, Regerstr. 8. V.: Sabine Brigitte Schulz, Steuerberaterin. Ki.: Claudia Charlotte Sabine (1996), Julius Hubertus Dieter (2001). S.: 1980 Abitur, Herderschule in Lüneburg, 1980-81 Bundeswehr Lüneburg, Panzeraufklärungsbataillon 3, 1981-86 Stud. Rechtswiss. in Mannheim u. Heidelberg, 1986 1. Staatsexamen, 1986-89 Referendariat in Lüneburg u. Celle, anschließend 2. Staatsexamen, 1990-91 RA in eigener Kanzlei in Lüneburg, 1991 eigene Kanzlei in Dresden, überwiegende Tätigkeiten: Baurecht, Architektenrecht, Wohneigentumsrecht, Mietrecht, Arbeitsrecht - Vertretung v. Bauträgern, Generalübernehmern, Generalunternehmern, Wohneigentümergemeinschaft, Hausverwaltungen, Architekten; Mitwirkung zu Rechtsfragen in Mietstreitigkeiten beim MDR Fernsehen; Vorlesungen im Baurecht bei d. sächsischen Bauakademie. M.: Anwaltverein. H.: Geschichte: Antike, Griechenland u. Rom, Friedrich d. Große, Bismark, 20. Jhd. Eisenbahngeschichte.

Brehmer Karl Dr.
B.: Dir. FN.: Gemeinn. Ges. z. Förderung v. Wirtschaft u. Bild. DA.: 55116 Mainz, Markt 19. G.: Göttingen, 5. Okt. 1947. V.: Beatrice, geb. Kozovinc. Ki.: Judith (1973), Yvonne (1977), Hanna (1984), Erec (1988). S.: 1972 Abitur Saarbrücken, Stud. Germanistik, Phil. u. Kath. Theol. Univ. Saarbrücken, 1979 Prom. u. 1. Staatsexamen, 1981 2. Examen. K.: 1982 Schuldienst, b. 1995 in Niedersachsen, Lehrauftrag an Univ. Vechta, Lehrerfortbild., seit 1994 Dir. P.: Vorlesungen z. Phil. u. Weltgeschichte, Ethik im Biologieunterricht, div. Aufsätze. H.: Badminton, Lesen.

Brehmer Lothar Dr.-Ing. *)

Brehsan Bärbel

B.: Dipl.-Medizinerin, FA f. Diagnost. Radiologie, selbständig. DA.: 50674 Köln, Richard-Wagner-Straße 13-17. G.: Frankenberg, 12. Jan. 1961. V.: Silvio Scholz. Ki.: Maximilian (1984) und Leo Wim (1999). El.: Herrmann u. Regina Lange. S.: 1979 Abitur, 1979 Vorpraktikum Kreis-KH Frankenberg, 1980-86 Stud. Med. Karl-Marx-Univ. Leipzig, 1990 FA-Ausbildung Radiologie. K.: 1986-95 Radiologieabteilung Bezirks-KH Frankfurt/Oder, 1995-97 tätig in Praxis in Köln, seit 1998 eigene Praxis in Köln, Gefäßradiologie u. Intervention.

Brehsan Udo Dr. med. *)

Breiden-Tauber Claudia *)

Breidenbach Peter
B.: Gschf. FN.: Einkaufsbüro Dt. Eisenhändler GmbH (E/D/E). DA.: 42389 Wuppertal, Dieselstr. 33. G.: 1941. Ki.: 4 Kinder. S.: Stud. Betriebswirtschaft Univ. zu Köln, Dipl.-Kfm. K.: Ass. am Inst. f. Hdls.-Forsch. d. Univ. zu Köln, Prom. z. Dr. rer. pol., Gschf. b. VFG Vereinigter Farben Großhdl. GmbH Düsseldorf, seit 1984 Gschf. E/D/E. M.: Umweltaussch. d. IHK Wuppertal-Solingen-Remscheid, Vorst.-Mtgl. d. Bundesverb. Dt. Heimwerker-, Bau- u. Gartenfachmärkte.

Breidenbach Walter *)

Breidenbach Wolfgang

B.: RA, Fachanwalt f. Strafrecht. FN.: Kanzlei Breidenbach & Popovic. DA.: 50672 Köln, Hohenzollernring 75. G.: Köln, 15. Feb. 1957. Ki.: Bianca. El.: Heinrich u. Marianne, geb. de Greif. BV.: Cornelius de Greif. S.: 1977 Abitur, 1978-86 Stud. Jura Köln, 1989 2. Staatsexamen, 1991 Fachanwalt f. Strafrecht. K.: seit 1989 ndlg. RA in Köln. M.: Dt. Anwaltsverein. H.: Kunst, Literatur, klass. Musik.

Breidenbach Wolfgang Dr. iur.
B.: RA. DA.: 06108 Halle (Saale), Universitätsring 12. www.ra-breidenbach.de. G.: Simmerath, 26. Dez. 1962. V.: Ute, geb. Langbein. Ki.: Maurice Benjamin. El.: Erich u. Margareta. S.: 1983 Stud. Rechtswiss. Univ. Bonn. K.: student. Hilfskraft d. Ges. f. Math. u. Datenverarb. d. Bundes in Bonn u. Köln, 1989 Aufenth. an d. Bosporus-Univ. Istanbul 1990 1. Staatsexamen, Referendariat am LG Köln, 1992 Wahlstage d. EU-Vertretung NRW in Brüssel, tätig in d. Kzl. Prof. Dr. Fazil Saglam in Istanbul, 1993 2. jur Staatsprüf. in Düsseldorf,

Who is Who - eine weltweite Idee

*) Biographie www.whoiswho-verlag.ch oder beigefügte CD-ROM

1995 wiss. Mitarb. f. bürgerl. Recht, Arb.-Recht u. Recht. d. sozialen Sicherheit bei Prof. Dr. Winfried Boecken, LL.M., an d. Univ. Halle, Prom., Aufbau d. Lehrstuhls, 2000 Eröff. d. Kzl. m. Tätigkeitsschwerpunkt Verw.-, Arb.- u. Sozialrecht. P.: Prom.: "Auswirkungen d. Assoziationsrechts auf d. dt. Arb.-Genehmigungsrecht", Dt.-Türk. Beziehungen, EU-Recht u. Arb.-Genehmigungsrecht. M.: 1991 Grdg. d. Bosporus Ges. f. Dt.-Türk. Austausch, Hallesche Freunde d. Leichtathletik. H.: Motorradfahren.

Breidenbücher Rolf Dr. med. *)

Breidenstein Hans-Jürgen *)

Breidenstein Klaus *)

Breidenstein Michael *)

Breidenstein Petra M.A.
B.: freiberufl. Restauratorin/Kunsthistorikerin. DA.: 10555 Berlin, Alt-Moabit 40. G.: Düsseldorf, 21. Jan. 1959. El.: Theodor u. Ingrid, geb. Neunert. S.: 1977 Abitur Erkrath, 1977-79 Tischlerlehre. K.: 1980 Tischlergesellin u. Studienaufenthalt in Lateinamerika, 1981 Übernahme d. elterl. Tischlerei, 1984 Meisterprüf., 1985-87 Ausbild. z. Restauratorin f. Gemälde u. Skulptur, 1987-88 Stipendiatin d. Carl-Duisberg-Ges., tätig am Instituto Nacional de Antropologia México, 1988-90 Restauratorin in Fortbild. b. d. Staatl. Museen Preuß. Kulturbesitz, 1991-96 Stud. Kunst- u. Erziehungswiss. TU Berlin, 1994 Tätigkeit b. d. UNESCO Paris, 1992 Stipendiatin d. Friedrich-Ebert-Stiftung, seit 1992 freiberufl. Tätigkeit als Restauratorin u. Kunsthistorikerin. BL.: Mitarb. an d. Restaurierung eines zapotekischen Fürstengrabes aus d. 6. Jhdt. n.Chr. in d. mexikan. Stadt Huijazoo. P.: div. Veröff. in Fachzeitschriften u. Publ. u.a. in "Louvre Conferencen et colloques" (1993), "Barcelona Tradition u. Moderne" (1992), publiziert als Journalistin Künstlerporträts. M.: ICOM, VDR (Verband d. Restauratoren). H.: mod. Tanz, Literatur, Fremdsprachen.

Breider Hans Dr. phil. habil. Prof. *)

Breiding Birgit Dr. StudR.
B.: Lehrerin. DA.: 76185 Karlsruhe, Geranienstr. 19. G.: Karlsruhe, 4. März 1964. V.: Andreas Breiding. Ki.: László Branko, Nikolai Paul. El.: Werner u. Rita Karle. S.: 1983 Allg. HS-Reife, 1983-90 Stud. Deutsch u. Geschichte an d. Ruprecht-Karls-Univ. Heidelberg, 1984-91 Stud. Kunstgeschichte Univ. Heidelberg, 1991-97 Studiengang Prom., 1997 Prom. K.: 1987-91 wiss. Hilfskraft am Seminar f. Alte Geschichte d. Univ. Heidelberg, 1990-93 Vorträge, Seminare u. Ausstellungsführungen f. d. VHS Karlsruhe u. Mühlacker zu kunsthistorischen u. historischen Themen, 1990 wiss. Prüf. f. d. Lehramt an Gymn. in d. Hauptfächern Geschichte u. Deutsch, 1990 Erweiterungsprüfung f. d. Lehramt an Gymn. im Fach Kunstgeschichte als Beifach, 1999 2. Staatsprüf. f. d. Lehramt an Gymn., seit 1999 Lehrerin am Hilda-Gymn. Pforzheim. P.: Mitbegründerin d. Nachhilfeschule "Gute Noten". P.: Die braunen Schwestern, Ideologie-Struktur-Funktion einer nat. sozialistischen Elite. M.: Philologenverband. H.: Skifahren, Malen.

Breidsprecher Klaus *)

Breidthardt Bodo Dr. *)

Breidung Ralph Dr. med.
B.: Internist - Sportmediziner - Geriater. DA.: 90489 Nürnberg, Adamstr. 8. info@dr-breidung.de. G.: Nürnberg, 30. März 1962. V.: Susanne Breidung, Dipl.-Psych. Ki.: Aline (1993), David (1996). El.: Hanns Breidung (Dipl.-Finanzwirt FH, Oberssteuerrat a.D.) u. Annemarie. S.: Abitur, Med.-Stud. Erlangen, 1988 Approb. u. Prom. K.: 1989-97 FA-Ausbildung an d. Med.Klinik 2 (Prof. Dr. D. Platt), Med.Klinik 1 (ChA Dr. H. Koch) u. Abt. f. diagnostische u. interventionelle Radiologie (Prof. Dr. E. Zeitler) am Klinikum Nürnberg, seit 1997 in eigener Praxis mit fachinternistischem Schwerpunkt. P.: "Schmerztherapie" (Stuttgart, 2. Aufl. 2002), Breidung R. u. Hager K. "Innere Medizin systematisch" (Lorch-Stuttgart, 1995). E.: Maltesermedaille in Bronze. M.: Bund dt. Internisten, Bayer. Sportärztebund, Dt. Ges. f. Akupunktur, Grdgs.-Mtgl. Dt. Ges. f. Altersforschung. H.: Tennis, Golf, Skifahren, Tauchen, Fotografieren.

Breier Thomas *)

Breil Manfred *)

Breilmann Heinz

B.: Fotodesigner. FN.: Der-Heinz. DA.: 91058 Erlangen, Franzosenweg 2. derheinz@gmx.de. www.derheinz.de. G.: Gelsenkirchen, 5. Feb. 1959. V.: Ina, geb. Herrmann. El.: Helmut u. Ingrid, geb. Dragun. S.: 1980 Abitur Gelsenkirchen, 1982-85 Ausbildung Fotograf in Duisburg, 1985-87 Lehre Fotograf in Fürth. K.: seit 1987 selbst. m. eigenem Fotostudio zunächst in Fürth, seit 1999 in Erlangen, Tennenlohe, Franzosenweg 2. M.: ASC Allg. Schnauferl Club Landesgruppe Nordbayern. H.: Oldtimer.

Breinig Franz

B.: Gschf. Ges. FN.: sitourwerbe gmbh. DA.: 82229 Seefeld/Obb., An der Breite 6a. G.: Ensheim, 12. Okt. 1948. V.: Brigitte, geb. Ochmann. Ki.: Verena (1977), Sebastian (1979), Corinna (1982). S.: Ausbild. z. Werbekfm. Werbefachschule München. K.: 5 J. AD-Ltr. b. einer Plakatanschlagfirma f. Deutschland u. Österr., 1973 Grdg. d. sitour in Zusammenarb. m. Prof. Peter Schröcksnadel. F.: Gschf. Ges. sitour France. M.: Vors. u. Sprecher d. Förderkreises d. Ind. u. Verb. Dt. Seilbahnen.

H.: Golf, Schifahren.

Breining Peter Dipl.-Ing.
B.: Architekt, selbständig in eigenem Büro. DA.: 80339 München, Ligsalzstr. 30. breining@breining-architektenbuero.de. www.geuthernet.de. G.: Geisenheim, 7. Mai 1963. S.: 1983-86 Ausbildung z. Bauzeichner in München, 1986-83 Stud. Architektur an d. FH München. K.: seit 1993 selbständiger Architekt, seit 2000 Architekturbüro in München, Ligsalzstr. 30. P.: Wettbewerb Architekten in Bayern Teil 2, Siedlungsmodelle in Bayern Band 5. E.: 1. Pl. in Tutzin f. Projekt Am Kallerbach (1995), Wohnpflegeheim Haus Schatzinsel in Lamerding (1997-2000), 1. Preis Maxhütte Haidhof (1994), 1. Preis f. Esplanade in Ingolstadt f. d. Museum f. Moderne Kunst u. d. FH (1997). H.: Tennis, Essen gehen.

---
*) Biographie www.whoiswho-verlag.ch oder beigefügte CD-ROM

Breinlinger Friedrich *)

Breinlinger-O'Reilly Jochen Dr. Prof.

B.: Gschf. FN.: Max-Bürger-Zentrum f. Sozialmed., Geriatrie u. Altenhilfe gGmbH. DA.: 14059 Berlin, Sophie-Charlotten-Straße 115. G.: Karlsruhe, 15. Mai 1952. V.: Annette. Ki.: Christina-Maria (1990), Marie-Louise (1992). S.: 1971 Abitur Karlsruhe, 1971-78 Stud. VWL, Phil. u. Soz., Dipl.-Vw. K.: 1979-83 wiss. Mitarbeiter in d. Projektforsch., 1984-88 wiss. Mitarb. FU Berlin, 1991 Prom., seit 1988 im Gesundheitswesen, Abt.-Ltr., Verw.-Ltr., Gschf. P.: div. Beiträge in Fachzeitschriften, Diss. "Aufbau u. Struktur wirtschaftswiss. Theorien" (1991), Fachbücher: Controlling f. d. KH (1998), Das KH-Handbuch (1997). M.: Verb. d. KH-Dir. Deutschlands, Intern. Health Policy & Management Institute, Der Mensch zuerst e.V., Schmalenbachges. f. BWL.

Breit Ernst *)

Breitbach Hans Klaus Dr. rer. nat. *)

Breitbart Gerrard S. M. Dr. rer. pol. Prof.
B.: Dipl.-Kfm., Unternehmensberater. FN.: ZDF. DA.: Mainz-Lerchenberg, ZDF-Straße. PA.: 55128 Mainz, Backhaushohl 29d. G.: Amsterdam, 1. Dez. 1937. V.: Ursula, geb. Schlesinger. Ki.: Daniela. El.: Edgar u. Erna. S.: Abitur, kfm. Lehre als Ind.Kfm., Stud. Wirtschaftswiss. in Berlin u. Mannheim. K.: wiss Ass. an d. FU Berlin u. Univ. Mannheim, Ass. d. Geschäftsltg., ltd. Ang. in einem Realkredit-, Finanzierungsinst., Gschf. in einem Großhdl., Referatsltr. u. Hpt.Abt.Ltr. im ZDF. P.: zahlr. Veröff. E.: 1988 BVK am Bande, 1997 BVK 1. Kl.

Breitenbach Diether Dr. phil. Prof.
B.: Dipl.-Psychologe. PA.: 66123 Saarbrücken, Habichtsweg 35. G.: Dortmund, 13. Mai 1935. V.: Friedeborg, geb. Betzing. Ki.: Markus, Claudia, Katja. El.: Wilhelm u. Luise. S.: 1955 Abitur, 1955-59 Stud. Psych., Phil., Geographie u. Germanistik Münster, Freiburg u. Hamburg, Dipl.-Psych., 1974 Prom. z. Dr. phil. K.: 1959 Forsch.Ass. Univ. Hamburg, 1960 Ltr. d. Studienstelle d. Dt. Stiftung f. Entwicklungsländer in Berlin, 1962 wiss. Mitarb. am Inst. f. Entwicklungshilfe d. Univ. d. Saarlandes, 1975-78 Prof. f. Psych. u. Rektor d. PH d. Saarlandes, seit 1978 Prof. f. Psych. Univ. d. Saarlandes, 1985-90 Min. f. Kultus, Bild. u. Wiss., 1990-94 Min. f. Wiss. u. Kultur, 1994-96 Min. f. Bild., Kultur u. Wiss. d. Saarlandes, 1989-92 Präs. d. Dt. Nationalkom. f. Denkmalschutz, 1992 Präs. d. Kultusministerkonferenz, 1990/91 Vors. d. Bund-Länder-Kmsn. f. Bildungsplanung u. Forschungsf. P.: zahlr. Veröff. M.: 1991-96 Mtgl. d. EG-Bildungsministerrats.

Breitenbach Hanspeter Michael *)

Breitenbach Peter *)

Breitenbach-Schroth Kurt Dipl.-Ing. *)

Breitenborn Dieter
B.: Immobilienmakler u. Bildjournalist, Inh. FN.: Dieter Breitenborn Immobilien; Bildarchiv Dieter Breitenborn. DA.: 12439 Berlin, Weidrichpl. 6. G.: Berlin, 20. Mai 1936. S.: 1952-55 Lehre Verlagsbuchhändler Ak.-Verlag, Redakteur u. Fernstud. Journalistenverb. K.: 1955-64 Redakteur u. Bild-

journalist der Tageszeitung Neue Zeit spez. f. d. Geschichte Berlin, 1964-89 freiberufl. Bildjournalist f. versch. Tageszeitungen, Illustrierte, Museen, Berlin-Archiv u. Inst., seit 1991 tätig als Immobilienmakler u. b. 1997 freier Mitarb., seit 1997 selbst. P.: Rundumpanoramafotos im Foyer d. Berliner Fernsehturms, Fotos in Büchern wie: "Berliner Wasserspiele" (1973), "Schätze d. Berliner Museen" (1979), "Spaziergänge durch d. Geschichte Berlins" (1980), "Berlin 800 J. im VEB (1980), "Guten Tag Berlin" (1981), "Park- u. Grünanlagen in Berlin" (1984), Theater-Plakate (1999), "Berlins Wandel" (1999), "Die Berliner Mauer" (1999), Fotos in Museen ausgestellt. H.: Gartenarbeit, Architekturfotografie, Videos.

Breitenborn Konrad Dr. habil.
B.: Abt.-Ltr. Wiss., stellv. Dir. FN.: Stiftung Schlösser, Burgen u. Gärten d. Landes Sachsen-Anhalt. DA.: 38855 Wernigerode, Am Schloß 1. PA.: 38855 Wernigerode, Im Bodengarten 45. G.: Halle/Saale, 1. Juli 1950. V.: Burgit Karpe-Breitenborn, geb. Hanella. Ki.: Hermann (1991). El.: Joachim u. Gisela, geb. Schlegel. S.: 1969 Abitur Halle, 1973 Dipl., nach Stud. d. Geschichte in Jena, 1980 Prom. z. Dr. phil., 1992 Habil, "Graf Otto zu Stolberg-Wernigerode. Deutscher Standesherr u. Politiker d. Bismarckzeit" (1993). K.: 1973-83 wiss. Mitarb. u. ab 1984 stellv. Dir. f. Wiss. u. Forsch. im Feudalmuseum Schloß Wernigerode, 1993-96 Ltr. Inst. f. Kunst u. Kulturgut Schloß Wernigerode, seit 1993 Präs. Landesheimatbund Sachsen-Anhalt e.V., seit 1994 stellv. Vors. Ges. f. Demokratie u. Zeitgeschichte e.V., seit 1995 Lehrauftrag Inst. f. Geschichte Univ. Magdeburg, seit 1996 Abt.-Ltr., seit 1997 stellv. Dir. Stiftung Schlösser, Burgen u. Gärten d. Landes Sachsen-Anhalt, 1990-94 Mtgl. d. FDP-Frakt. im Landtag v. Sachsen-Anhalt, Vors. im Aussch. f. Kultur u. Medien, ab 1993 stellv. Frakt.-Vors.; seit 1989 Mitwirkung an d. polit. Neu- u. Umgestaltung in Sachsen-Anhalt. P.: zahlr. histor.u. kunsthistor. Veröff. u. Ausstellungen, Bücher: "Im Dienste Bismarcks. Die polit. Karriere d. Grafen Otto zu Stolberg-Wernigerode" (1984),"Bismarck. Kult u. Kitsch um d. Reichsgründer" (1990), "Otto v. Bismarck. Person-Politik-Mythos" (in Verb. mit H. Herausgebern, 1993), "Die Lebenserinnerungen d. Fürsten Otto zu Stolberg-Wernigerode 1837-1896" (1996), "Die Eckartsburg" (Mithrsg., 1998), "Bismarck. Kanzler aus der Altmark" (1998), "Die Bodenreform in Sachsen-Anhalt" (Mithrsg., 1999). E.: VO d. BR Deutschland am Bande (BVK). M.: Landesmedienanstalt Sachsen-Anhalt u. Verb. d. Schriftsteller (VS). H.: Restauration eines alten Bauernhauses, Wandern.

von Breitenbuch Arthur
B.: Büchsenmachermeister, selbständig. FN.: Waffen Wieser. DA.: 84028 Landshut, Herrng. 387. PA.: 04654 Benndorf/Froburg, Zum Torbogen 1. G.: Dresden, 3. Juli 1943. S.: 1961-64 Lehre z. Büchsenmacher, 1964-66 Bundeswehr. K.: 1966-70 Geselle in Hannover, Stockholm, Ferlach/Österr. u. Landshut, 1970 berufsbegleitend Meisterprüfung 1970 Büchsenmachermeister in Landshut. BL.: 1958 Jägerprüfung, Ausbildungsleiter d. Kreisgruppe Landshut im Landesjagdverband Bayern f. Jungjäger, Prüfungsausschuss in d. Region v. Niederbayern. M.: Kreisjägerverein Landshut. H.: Jagd.

Breitenfeld Jörg *)

Breitenfelder Johannes-H. Dr. med. habil. Prof. *)

Breitenfelder Sven *)

Breitensträter Wolfgang *)

Breiter Horst *)

Breiter Lothar
B.: staatlich geprüfter Hufbeschlagschmied, Schmiedemeister, Unternehmer. FN.: Lothar Breiter Hufbeschlag. DA.: 27313 Dörverden, Im Orth 3. info@pferd-hund-jagd.de. www.pferd-hund-jagd.de. G.: Karlshafen, 2. Sep. 1950. V.: Elke, geb. Hamuth. Ki.: Jens (1979). El.: Otto u. Minna, geb. Schwabe. S.: 1966-69 Ausbildung z. Schmied in Karlshafen. K.: 1969-70 Schmiedegeselle in Kassel, 1970-82 Bundeswehr, Zeitsoldat Instandsetzung in Göttingen, Fahrlehrerausbildung, 1975-77 Versorgungskompanie in England, 1977-78 Ausbildung z. Technischen Betriebsassistent, 1980-81 Praktikum Hufbeschlag in Verden, 1982 Prüf. z. staatlich geprüften Hufbeschlagschmied, 1982-83 Meisterschule in Lüneburg zum Schmiedemeister, seit 1983 selbständig, Grdg. Lothar Breiter Hufbeschlag als Inh., Schwerpunkt Freizeit-, Turnier- und Zuchtpferde, Mitte d. 90er J. Teilnahme an Fahrturnieren, 2001 Grdg. Online-Shop f. Pferdesportartikel, Hund u. Jagdausrüstungen. H.: Jagd, Tourenfahrten m. Pferd u. Wagen durch Norddeutschland, Sammeln v. Miniaturautos.

Breitfeld Heinz Dr. oec. publ. Dipl.-Kfm. *)

Breitfeld Pitt Dr. med. *)

Breitfeld Rainer Helmut *)

Breitfeld Wolfgang
B.: Gschf. FN.: United Synergy Media GmbH. DA.: 82031 Grünwald, Bavariafilmpl. 7. G.: Augsburg, 27. Nov. 1957. V.: Barbara, geb. Schmidtner. Ki.: Stephanie (1982). S.: 1977 Abitur Frankfurt, 1977-86 Stud. Jura u. Zahnmed. K.: während d. Stud. Hdl. m. Rohölkontrakte, als 26-jähriger erste Tonträgerprod., 1989-96 zuständig f. Meinungsbilder im Pharmavertrieb, 1996-98 VIP-Management v. TV Moderatoren, Regisseure u. Merchandising f. Sender, 1997 Grdg. d. Firma United Synergy Media GmbH, Lizenzhändler f. Real-Spielfilme, Zeichentrickserien, Musik-Copyrights, Mega-Events u. intern. Merchandising, Aufbau eines hochkarätigen Vertriebsu. Kontaktnetzwerks bevor er eigene Rechte erwarb, Beziehungen zu William Morris, Los Angeles, ABC Affiliates in New York, einige mehrfach-Oscar-prämierten Film-Produzenten in Hollywood, Medienmogule in Australien, England, im asiat Raum u. Russland, IOC u. anderen intern. Verb., Gründung d. Shareholder v. United Synergy Media GmbH u. 100 % d. Entertraining Cartoon Prod. & Licencing AG. H.: Film, VIPs.

Breitinger Franz
B.: Aufsichtsrat. FN.: Breitinger AG. DA.: 63741 Aschaffenburg, Maybachstr. 3. PA.: 63864 Glattbach, Mühlstr. 28. G.: Glattbach, 19. Aug. 1939. V.: Friederike, geb. Klauder. Ki.: Stefan, Andreas. S.: 1955 Handelsschule, 1955-59 kfm. Ausbild. Möbelgroßhdl. Frankfurt. K.: 1959-61 Tätigkeit in Möbelbranche, 1961-62 Wehrdienst, 1962-76 Buchhalter, Verkäufer u. Verkaufsltr. im Möbelhaus Schäfer Goldbach, 1976 Firmengrdg., Büro- u. Praxiseinrichtungen, 1979/80 Neubau in Aschaffenburg, 1991 Niederlassung in Frankfurt, 1993 Ndlg. in Thüringen, 1999 Ndlg. in Kassel, 2001 Niederlassung in Kleinostheim. H.: Tennis, Gartengestaltung m. Fischteichen.

Breitkopf Hans Dieter *)

Breitkopf Herrmann-Josef *)

Breitkopf Klauspeter Dipl.-Ing. *)

Breitkopf Wolfgang Dr. *)

Breitkopf-König Adelheid *)

Breitkreutz Syrta-Angelika *)

Breitkreuz Hartmut Prof. M.A. *)

Breitkreuz Helmut *)

Breitkreuz Lutz Olaf Hans *)

Breitkreuz Siegfried

B.: Gschf. Ges., Theologe. FN.: Ergon Datenprojekte GmbH. DA.: 22525 Hamburg, Holstenkamp 1. breitkreuz@ergonweb.de. www.ergonweb.de. G.: Bad Wildungen, 2. März 1951. V.: Cornelia, geb. Bartel. Ki.: Hanne u. Klaas. S.: 1969 Abitur Kassel, 1970-71 Bundeswehr, 1971-72 Praktikum, 1972-78 Stud. Theologie, Politologie, Psychologie u. Philosophie Hamburg. K.: 1978-84 Dokumentation im Verlag Gruner & Jahr, 1981-82 Programmierausbildung, 1984-89 tätig als Lektor im Junius Verlag Hamburg, 1989-97 freiberuflich als EDV-Trainer u. Projektarbeit, 1998 Grdg. von Ergon Datenprojekte GmbH. P.: div. Veröff. in Fachzeitschriften. H.: Radfahren, Musik, Wandern.

Breitkreuz Wolfram *)

Breitmeier Uwe *)

Breitmoser Winfried
B.: RA. DA.: 80331 München, Herzogspitalstr. 11. rabreitmoser@t-online.de. G.: München, 11. Sep. 1965. V.: Kerstin, geb. Bühring. Ki.: Lena (1998). S.: 1985 Abitur, 1985-87 Zivildienst, 1987-92 Stud. Jura Univ. München, 1. Staatsexamen, 1992-95 Referendariat, 1995 2. Staatsexamen. K.: 1995 Eröff. d. Kzl. m. Tätigkeitsschwerpunkt allg. Wirtschaftsrecht, intern. u. nat. Inkasso, Multimedia u. IT-Vertriebsrecht. P.: Vorträge bei Firmenrepräsentationen im Multimediabereich. E.: 1981 Oberbayr. Meister im Speerwerfen u. Oberbayr. Vizemeister im Kugelstoßen. H.: Laufen, Lesen, Schwimmen, fein Essen, Kochen.

Breitsameter Anna *)

Breitschaft Mathias Prof.
B.: Domkapellmeister, Ltr. FN.: Mainzer Domchor; Mainzer Dombläser; Mainzer Domorchester; Domkantorei St. Martin. DA.: 55116 Mainz, Leichhof 26. PA.: 55116 Mainz, Domstr. 12. G.: Würzburg, 6. Mai 1950. V.: Monika, geb. Schardt. Ki.: Johanna, Clemens, David. S.: Chorpräfekt Regensburger Domspatzen, Stud. Schulmusik Frankfurt. K.: Ltr. Limburger Domsingknaben, 1985 Mainzer Domkapellmeister, 1994 Prof. f. Chorltg. J. Gutenberg-Univ. Mainz, erfolgreiche Teilnahme an intern. Wettbewerben, Auftritte im In- u. Ausland, Ausrichtung v. Symposien u. Veranstaltungen im Bereich Chormusik. E.: Gutenberg-Plakette d. Stadt Mainz. M.: VPräs. Dt.

*) Biographie www.whoiswho-verlag.ch oder beigefügte CD-ROM

Breitschaft

Chorverb., Gründer d. Ver. d. Freunde u. Förderer d. Musik sacra am Hohen Dom zu Mainz, Mitbegründer d. Weltkinderchores les petit chantores du monde.

Breitschaft-Denk Edeltraud *)

Breitschuh Gernot Dr. phil. Dipl.-Paed. *)

Breitschuh Gunia *)

Breitschuh Klaus Dipl.-Ing. *)

Breitschwerdt Kurt Dr. rer. nat. Prof. *)

Breitschwerdt Stefan Dr. med. dent. *)

Breitschwerdt Werner Dr.-Ing. Dipl.-Ing. Prof. *)

Breitweg Beate *)

Breitzke Christian Dr. *)

Breitzke Renate *)

Breker Herbert Dr. med. *)

Brekle Herbert Ernst Dr. phil. Prof.
B.: Univ.-Prof. PA.: 93057 Regensburg, Spessartstr. 17A. G.: Stuttgart, 11. Juni 1935. V.: Jutta, geb. Wagner (verst. 1981). Ki.: Barbara (1964), Mathias (1966). El.: Ernst u. Maria. S.: 1951-57 Schriftsetzer u. Korrektor, 1958-63 Stud., 1963 Prom. K.: 1969 Habil. Univ. Tübingen, 1969-2001 o.Prof. f. Allg. Sprachwiss. an der Univ. Regensburg 1972-78, 1990-96 StadtR. in Regensburg, 1978-82 Mtgl. d. Bez.Tags d. Oberpfalz. P.: Grammatica Universalis (ed.) 20 Bde. (1970-91), Generative Satzsemantik und transformationelle Syntax im System der englischen Nominalkomposition (München 1970), Semantik. Eine Einführung in die sprachwissenschaftliche Bedeutungslehre (München 1972), Einführung in die Geschichte der Sprachwissenschaft (Darmstadt 1985), Biobibl. Handbuch zur Sprachwiss. des 18 Jhs. 8 Bde. (Tübingen 1992-2001), Die Antiqualinie von -1500 bis +1500. Untersuchungen zur Morphogenese des westlichen Alphabets auf kognitivistischer Basis (Münster 1994). M.: Bd. Naturschutz in Bayern, Dt. Ges. f. Sprachwiss.

Breloer Bernhard-Dietrich Dr. jur. *)

Breloer Gerhard-Maria Dr. phil. *)

Bremann Rolf Dr.
B.: Gschf. FN.: Dr. Bremann Consulting. DA.: 28876 Oyten, Thünen 26D. G.: Hamm, 2. März 1953. Ki.: Jens (1982), Nils (1983), Martin (1985). S.: 1971 Abitur Hamm, 1971-73 Bundeswehr, 1973-78 Stud. Wirtschaftswiss., Politik, Anglistik, Amerikanistik u. Völkerkunde Münster u. Los Angeles, 1983 Prom. z. Dr. phil. K.: 1981-82 Diplomat. Dienst in Genf u. Somalia d. Vereinten Nationen, 1984-86 Pressewirtschaftsreferent f. d. US-Generalkonsulat in Düsseldorf, 1986 Gastprof., 1986-91 in d. Geschäftsltg. d. Mars-Gruppe, ,1992-96 in d. Geschäftsltg. d. Philipp Morris Gruppe, 1995/96 im Vorst. d. UFA Theater AG, seit 1996 Gschf. Ges. d. thiele & fendel GmbH u. Gschf. M.: 2 Aussch. d. HK Bremen, Vorst.-Mtgl. d. ASU, Vorst. im Bereich Großhdl./Haustechnik, Dt.-Amerikan. Club in Bremen. H.: Abenteuer- u. Kulturreisen, Politik, Wirtschaft, Sport.

Brembach Doris *)

Bremberger Reinhold E. Dr. med. *)

Breme Stefanie *)

Bremecker Jens *)

Bremen Michael *)

Bremer Axel Heinrich *)

Bremer Bernd

B.: Immobilienberater. FN.: Immobilienberatung Bernd Bremer. DA.: 23552 Lübeck, Kohlmarkt 19-21. G.: Lübeck, 30. Mai 1953. V.: Hanna, geb. Hoffmann. Ki.: Johann (1983), Karl (1984), Ulrike (1989). S.: 1971 Fachabitur, 1971-73 BGS. K.: 1974-94 Bauing. Freie Wirtschaft Würzburg, Hamburg, Hannover, Northeim, Lübeck, ab 1995 Inh. Immobilienberatung Bremer. H.: Wassersport, Kanu u. Kajak.

Bremer Bodo
B.: Kunstmaler, Grafiker, Bildhauer. DA.: 69126 Heidelberg, Junkerg. 8. atelier@bodobremer.de. www.bodobremer.de. G.: Thorn, 17. Dez. 1942. V.: Ingeborg, geb. Steinhart. Ki.: Edna (1969). El.: Friedrich u. Helene. S.: 1959-62 Banklehre, 1965-69 Stud. Malerei u. Grafik Höhere BLVA Wien. K.: seit 1969 freischaff. Künstler, zahlr. Ausstellungen im In- u. Ausland. P.: div. Veröff. in Büchern u. Katalogen, öffentl. u. priv. ankäufe. E.: 1993 Willibald-Kramm-Preis Heidelberg. H.: Radfahren, Tennis.

Bremer Dieter Dr. Prof. *)

Bremer Eckhard Dr. iur. LL.M.

B.: RA. FN.: Hogan & Hartson Raue. DA.: 10785 Berlin, Potsdamer Pl. 1. ebremer@hhlaw.com. G.: Verden/Aller, 17. Feb. 1957. El.: Hans (Kaufmann) u. Christa, geb. Stecher. S.: 1976 Abitur Domgymn. Verden, 1976-78 Stud. in Freiburg i. Br. u. 1978-83 in Göttingen, 1983 1. Jur. Staatsexamen, 1987 Mag. in Legibus (LL.M. Harvard University, Cambridge/Mass. USA), 1989 2. Jur. Staatsexamen OLG Hamburg, 1996 Dr. iur. (s.c.l.). K.: 1983-85 Wiss. Ass, Jurist. Seminar d. Univ. Göttingen (Prof. Dr. Christian Starck), 1987-89 Referendar, Hanseat. OLG Hamburg, 1989-96 Wiss. Referent, Max-Planck-Inst. f. ausländ. u. intern. Privatrecht Hamburg (Ass. v. Prof. Dr. Dr. Ernst-Joachim Mestmäcker), 1996-97 Counsel, Wilmer, Cutler & Pickering, Washington, 1997-2000 Partner, Richter Seiler Jenckel Bremer, Berlin, 2001 Partner, Hogan & Hartson Raue, Berlin. P.: Broadcast Content Regulation in the United States and the Policy of Deregulation" (Harvard Univ., 1987], "Freiheit durch Organisation?" (1995), Medienplanwirtschaft (ORDO 46/1995), Die koordinierte Sperre im dt. u. europ. Recht d. öff. Aufträge (1995, gemeinsam mit E. J. Mestmäcker), Treuhandverw. u. Jurisdiktionsbefugnis (1997). M.: Dt. Ges. f. Rechtsvergleichung, German-American Lawyer's

Assoc. (DAJV), Forum Vergabe e.V., Studienver. Kartellrecht e.V. H., Dt. Verkehrswiss. Ges. e.V. H.: Rudern, Skifahren, Ökonomie, Politik.

Bremer Ehrenfried *)

Bremer Hanna Dr. Prof. *)

Bremer Harald Ludwig Dipl.-Ing.
B.: selbst. Kfm. DA.: 38104 Braunschweig, Efeuweg 3. PA.: 38104 Braunschweig, Efeuweg 8. G.: Travemünde, 29. Jan. 1931. V.: Ursula, geb. Brunner. Ki.: Brigitta (1957), Björn Henning (1961), Bodo (1962). S.: 1952 Abitur, Stud. Hochfrequenztechnik TU Braunschweig, 1958 Abschluß, div. Weiterbild. K.: tätig m. Glasserien designed, seit 1970 selbst. m. Ing.-Büro, ab 1975 glz. Eröff. d. Weinhdls. m. hochwertigen ital. Weinen als Versandhdl. BL.: Design d. weltweit erfolgreichsten Dekantierkaraffe. F.: Tochterfirmen in Italien u. Brasilien. P.: Hrsg. d. Weinzeitschrift über ital. Weine u. Speisen "Vino Italiano" (1981-85). M.: Grdg.-Mtgl. u. Vors. d. Ver. Vinum Bornum, Bundesverb. Versandhdl. H.: Italienische Weine.

Bremer Heidemarie Gerlinde

B.: freiberufl. Vermessungsing. FN.: Vermessungsbüro Bremer. DA.: 39167 Irxleben, Ringstr. 8a. G.: Magdeburg, 14. März 1958. Ki.: Daniela (1975), Stefan (1981), David (1993). El.: Anneliese Reißmann. BV.: Urgroßvater H. Gerchel war Wirtschaftsltr. im "Gustav-Ricker-KH" d. heutigen Med. Ak. d. Otto-von-Guericke-Univ. Magdeburg um ca. 1900. S.: 1974-76 Ausbild. z. Vermessungsfacharb. in Berlin/Eichwalde im VEB Geodäsie & Kartographie Halle/ BT Magdeburg. K.: 1976-82 Vermessungstechnikerin im Ausbild.-Betrieb, 1982-91 Mitarb. f. Dokumentation/Kartenwesen b. d. Stadtverw. Magdeburg, 1981-84 nebenher Erwerb d. Abiturs an d. VHS Magdeburg, 1984-89 Fernstud. d. Geodäsie an d. FH Dresden m. Abschluß als Vermessungsing., seit 1991 Eröff. d. Vermessungsbüros u. freiberufl. tätig. M.: VDV, SV Irxleben. H.: Gymnastik, bild. Kunst, Naturwissenschaft, Musik, Ballett, Malerei.

Bremer Jürgen
B.: selbst. Kfz-Meister, Weinhändler. FN.: MOBILON Kfz GmbH. DA.: 80639 München, Lierstr. 24A. G.: München, 4. Apr. 1962. El.: Wolfgang u. Brigitta. BV.: Großvater Dir. d. Firma Salamander. S.: 1978-81 Ausbild. z. Kfz-Mechaniker in München b. BMW, 1981-82 FOS München m. Fachabitur. K.: ab 1983 Kfz-Mechaniker, seit 1985 selbst. Karosseriebauer, 1989 Kfz-Meisterschule München m. Abschluß, seit 1994 zusätzl. tätig im Weinhdl. m. ital. Weinen. M.: Tennisclub u. Badmintonclub ESV München. H.: Tennis, Badminton, gutes Essen u. Trinken genießen.

Bremer Jürgen Dr.-Ing. *)
B.: öff. bestellter Vermessungsing., Inh. FN.: Dr.-Ing. Jürgen Bremer. DA.: 30890 Barsinghausen, Marktstr. 33. PA.: 30974 Wennigsen, Lutterbrink 14a. G.: Hannover, 20. Aug. 1942. V.: Christa, geb. Vigoureux. S.: 1962 Abitur Hannover, 1962-64 Bundeswehr, OLt. d. Res., 1964 Stud. Geodäsie TU Hannover, 1969 Examen. K.: 1969-75 wiss. Ass. TU Berlin, 1976 Prom., 1975-77 Vermessungsreferendar m. anschl. Staatsprüf., seit 1978 öff. bestellter Vermessungsing. in Barsinghausen. H.: Tennis, Plattdt. Sprache.

Bremer Mark

B.: Schauspieler. PA.: 22393 Hamburg, Fichtenkamp 12. G.: Hamburg, 24. Aug. 1969. El.: Hans Gerd u. Christa, geb. Schoke. S.: Stud. Soz. u. Politik, 1991-93 Rundfunkvolontariat, 1991-95 Sprecherausbild. Dagmar Ponto, 1995-97 Ausbild. Bühnenstudio darstell. Künste, seit 1997 Unterricht Ewa Teilmans. K.: zahlr. Theaterrrollen u.a. in Der Untergang u. in Merlin, Filmarb. in zahlr. Film- u. Fernsehprojekten; Produktion v. Kurzfilmen u. Videoclips, Sprecher f. Fernsehprod. wie KulturReport, Kulturjournal, Wunderbare Welt, Humbolds Erben u.a., Synchronsprecher f. Film- u. Fernsehprod. u.a. f. Baywatch, Die Sopranos, Nash Bridges.

Bremer Peter *)

Bremer Ulrich *)

Bremer Ulrich Dipl.-Kfm.
B.: Gschf. Ges. FN.: Bremer & Kaufmann KG Coaching & Consulting. DA.: 14195 Berlin, Rudeloffweg 9. G.: Hamburg, 30. Juni 1969. El.: Carl-Ulrich u. Marianne, geb. Kunt. S.: 1990-96 Stud. BWL in Berlin u. Paris, Dipl.-Kfm. K.: 1997 Grdg. d. eigenen Unternehmens. BL.: Verkaufstraining f. zukunftsorientierte Wachstumsunternehmen (Coaching). P.: Autor "Betriebsübernahme/Betriebsbeteiligung", zahlr. Fachpubl. M.: Studienltr. b. d. Verw.- u. Wirtschaftsak. (VWA). H.: Berliner Geschichte.

Bremer-Breiken Dagmar *)

Bremerich Wieland *)

Bremkamp Volker *)

Bremke Horst-Wolfgang W. Dipl.-Vw. Dipl.-Pol.
B.: Fernsehjournalist, Programmdir., Gschf. FN.: DOC TV Programm GmbH. DA.: 10623 Berlin, Hardenbergplatz 2. bremke.doctv@berlin.de. www.doctv-berlin.de. G.: Wintersdorf, 11. März 1945. V.: Eva, geb. Herrmann. El.: August u. Therese. S.: Stud. d. pol. u. Wirtschaftswiss. u. d. Wirtschaftsrechts. K.: Wirtschafts- u. Schifffahrtsredakteur b. d. Wochenzeitung "Die Zeit", dann 20 J. im 1. Dt. Fernsehen (ARD), zunächst f. Zeitgeschehen u. Journalist. Unterhaltung, zuletzt Programmchef v. Unterhaltung, Film, Serie, Jugend, 1975 ARD, Journalist f. Zeitgeschehen, später Produktionen: Tatort, Polizeiruf, Die Narbe d. Himmels, Das gläserne Haus, Der Augenzeuge, Fernsehfilme, Serien, Dokumentarfilm, Infotainment, NDR-Tagesthemen, ARD-Tagesthemen, NDR-Talk-Show, MDR-Talkshow "Riverboat-Talk", 1986-88 Doz. ebenfalls an d. HS f. Musik u. Theater Fachbereich Kulturmanagement Univ. Hamburg, 1991 MDR Programmchef, ab 1994 Gschf. Ges. d. DOC TV Programm GmbH, ab 1995 Gesichter einer Weltstadt, Hauptstadtmagazin, 1995-98 Programmdir. FAB Berlin, 1997-99 Informationsreisen in ca. 150 Ländern aller Kontinenten z. Stud. u. Auswertung v. Erfahrungen in Medienregie v. Groß-Events, 1998 Lehrbeauftragter an d. HS f. Musik Berlin, Inst. f. Kultur u. Medienmanagement, 2000 Organ., Regie u. Moderation v. Silvester-Gala 2000 aus Berlin, Bord-Fernsehen u. Show-Moderation auf d. MS-Europa Gala u. ZDF Abendshow v. Flughafen Tempelhof anläßl. d. Verleihung d. 25. Gold. Lenkrades durch d. Bild am Sonntag. M.: 1977-91 Präs. d. Hamburger Presseklubs. H.: Segeln, Tauchen.

*) Biographie www.whoiswho-verlag.ch oder beigefügte CD-ROM

Bremm Alfred

B.: Gschf. Ges. FN.: Alfred Bremm Beratung & Management GmbH. DA.: 50672 Köln, Bismarckstr. 9. G.: Düsseldorf, 21. Juli 1950. S.: 1979 Abitur, 1976-80 Stud. Germanistik u. Kunst. K.: 1980-82 tätig im Programmkino in Düsseldorf, 1982-84 Gschf. Ges. d. Firma Outdoor, 1984-94 Leiter im WDR-Prod. "Sprungbrett", 1992-93 Producer b. RTL, 1994 Grdg. d. Firma Alfred Bremm Beratung & Management GmbH. H.. Kunst, Rotweine, Literatur, schöne Frauen.

Bremmer Gerhard *)

Brems Klaus *)

Brendel Christian

B.: Gschf. Ges. FN.: Gebr. Glunz GmbH & Co KG. DA.: 21029 Hamburg, Bergedorfer Str. 160. G.: Hamburg, 5. Okt. 1958. V.: Maren, geb. Hasselmann. Ki.: Linus (1993), Lucas (1996), Leon (1999). El.: Claus u. Helge, geb. Glunz. BV.: Rudolf Glunz - 1902-83 Firmengründer. S.: 1977 Fachabitur Hamburg, 1977-78 kfm. Volontariat Mindelheim, 1978-80 Bundeswehr - Hptm. d. Res. K.: 1980-83 Sales-Manager d. Firma Harms & Marais Geschenke- u. Werbeart. in Hongkong, seit 1983 versch. Funktionen in d. Firma Gebr. Glunz KG, 1983-87 Ltr. versch. Abt., glz. 1987-89 Stud. BWL an d. FH Ahrensburg m. Abschluß staatl. gepr. Betriebswirt, seit 1989 Ltr. d. Import u. Vertrieb, 1996 Grdg. d. GmbH u. seither Gschf. Ges.; Projekte: Importgeschäft im gesamten südostasiat. u. südafrikan. Raum, 1997 Einrichtung einer Dependance in Kapstadt, 1994 Errichtung einer Safari-Lodge in Namibia, Veranstaltung v. Foto-Safaris, 1996 Zulassung als staatl. geprüfter Berufsjäger u. Scout, seit 1997 tätig in d. Verw. u. Admin. v. Grundstücken u. Eigentumswohnungen in Südafrika, seit 2000 staatl. zugelassener Immobilienmakler. H.: Tennis, Jagd.

Brendel Claudia *)

Brendel Horst *)

Brendel Peter

B.: Friseurmeistern Inh. FN.: Peters Friseursalon; Friseursalon Brendel. DA.: 91257 Pegnitz, Sauerbruchstr. 2; 95473 Engelmannsreth, Im See 1. PA.: 95473 Engelmannsreuth, Krumme Gasse 7. G.: Engelmannsreuth, 12. Sep. 1954. V.: Marianne, geb. Wolfring. Ki.: Thomas (1975), Daniel (1987). El.: Christian u. Erika. S.: 1968-71 Lehre Friseur. K.: Geselle in versch. Geschäftes, 1980 Meisterprüf. in Weiden, ab 1980 selbst. in Pegnitz, 1996 Eröff. d. Friseursalons in Engelmannsreuth. P.: Öff.-Arb. bei Stadtfesten. E.: 1999 Ausz. f. ehrenamtl. Tätigkeiten im Sportver., Silb. Kreuz d. Feuerwehr. M.: Fußballver. DSV, Tennisver. TC Engelmannsreuth, Schützenver. Haidhof, FFW Engelmannsreuth. H.: Motorradfahren, Fußball, Tennis.

Brendel Steffen Dipl.-Ing.

B.: beratender Ing., Gschf. FN.: Ing.-Büro Brendel GmbH. DA.: 01968 Senftenberg, Kirchpl. 1. PA.: 01968 Senftenberg, Nelkenweg 4. G.: Lauchhammer-Ost, 7. Okt. 1962. V.: Babett, geb. Zimmer. Ki.: Anne-Kathrin (1987), Christopher (1991), Charlotte (1996). El.: Hans-Joachim u. Elfriede. S.: 1976-80 erweiterte Oberschule Senftenberg, 1981-82 Facharb.-Ausbild. z. Maurer, 1982-86 Stud. Ing.-HS f. Bauwesen Cottbus, Dipl.-Ing. f. Bauwesen. K.: 1986-90 Planungsing. im Braunkohlekombinat Senftenberg, 1990 Büro als freier Planungsing. eröff., 1991-95 Grdg. ACON Bausanierungs GmbH Senftenberg u. Baultr. u. Techn. Ltr., 1995 Eröff. d. eigenen Ing.-Büros f. Hochbau in Senftenberg, 1996 Umwandlung in eine GmbH u. Gschf. BL.: Qualifiziert z. Sachv. f. Gebäudeschäden. M.: Brandenburg. Ing.-Kam. H.: Familie, Beruf, Surfen, Skifahren.

Brendel Thoralf Dipl.-Ing. Dipl.-Bw. *)

Brender Markus Dr. jur.

B.: RA u. Fachanw. f. Steuerrecht. DA.: 60313 Frankfurt/Main, Liebfrauenberg 39. G.: Freiburg, 19. Sep. 1957. V.: Dr. Christiane, geb. Böttle. S.: 1977-78 Wehrdienst, 1978-80 Lehre Bankkfm. in Freiburg, 1980-85 Stud. Jura München u. Würzburg. K.: 1985-87 Referendar in Freiburg, 1988/98 Anw. in Freiburg u. Prom., 1989-96 Syndikus d. Dresdner Bank in Frankfurt, seit 1997 RA in Frankfurt m. Schwerpunkt Ges.-Recht, Kapitalanlage u. Bankrecht. P.: Wirtschaftsrechtl. Diss. (1990), Buchbesprechungen, Urteils-Anmerkungen, Veröff. in Fachzeitschriften.

Brendicke Wilfried

B.: Steuerberater. DA.: 16816 Neuruppin, Friedrich-Ebert-Str. 12. G.: Rägelin, 16. Jän. 1953. V.: Karola, geb. Harbach. Ki.: Kathleen (1973), Lars (1978). El.: Manfred u. Herta, geb. Hübner. S.: 1971 Abitur, 1972 Abschluß Facharb. f. Finanzwirtschaft, 1972-75 Fernstud. FHS f. Finanzwirtschaft Gotha m. Abschluß Finanzökonom. K.: 1971-89 tätig b. Rat d. Kreises Neuruppin in d. Abt. Finanzen, 6 Mon. NVA, b. 1977 Betriebsprüfer, 1977-84 stellv. Abt.-Ltr. f. Datenverarb., 1984-89 Bereichsltr. f. Steuern, 1989-90 Ratsmtgl. f. Finanzen u. Preise im Rat d. Kreises Neuruppin, 1990 Prüf. z. Helfer f. Steuersachen in Potsdam, 1990 Steuerberater u. Gschf. bei Rozenfelds & Partner, 1990 vorläufig bestellter Steuerberater, seit 1997 selbst., 1997 Steuerberaterprüf. E.: Hans-Beimler-Med. in Bronze. H.: Jagd, Reisen.

Brendle Uwe

B.: Dipl.-Verw.-wiss.; Gschf. FN.: nova gmbH. DA.: 50354 Hürth, Goldenbergstr. 2. G.: Saulgau, 28. Dez. 1960. S.: 1980 Abitur, Stud. Univ. Konstanz, 1988 Dipl., 1982-83 Indienaufenthalt i. e. Dorfentwicklungsprogramm, Zivildienst. K.: 1988-90 Projektltr. Katalyse Inst., 1991-92 Mitarb. b. For-

*) Biographie www.whoiswho-verlag.ch oder beigefügte CD-ROM

schungsprojekt Eures-Inst. Freiburg, 1992-94 Gschf. Katalyse Inst., seit 1994 Gschf. u. Gründungsges. nova GmbH, 1996-97 pers. Referent d. Vorsitzenden d. Tourismusausschuß d. Dt. Bundestages, seit 1997 wiss. Mitarb. a. Inst. F. Forstpolitik u. Naturschutz d. Georg-August-Univ. Göttingen. P.: Mitautor "EG Binnenmarkt u. Lebensmittelqualität", "Handlungsmöglichkeiten v. Umweltorgan. i. Europa", div. Aufsätze, Beiträge z. Themen "Umweltschutz" i. Fachzeitschriften u. Printmedien.

Brendle Wilfried

B.: selbst. Heilpraktiker u. Studienltr. FN.: Naturheilpraxis Brendle. DA.: 78315 Radolfzell, Walchnerstr. 16. G.: Engen/Hegau, 29. Apr. 1951. V.: Ulrike, geb. Kaiser. Ki.: Benjamin (1979), Maria (1983). El.: Ernst u. Edelgard. S.: 1967 mittlere Reife. K.: 1967-91 Beamtenlaufbahn als Polizeibmtr. im mittleren Dienst, 1987-91 Umschulung z. Heilpraktiker, 1991 Eröff. d. Praxis in Radolfzell, 1994 Übernahme d. Paracelsus-Schulen in Konstanz u. VS-Villingen als Studienltr., 1996 3 Mon. Berufspraxis vorwiegend f. Akupunktur in China, 1998 Eröff. einer zusätzl. Praxis in Trossingen, 2001 Grdg. d. Gesundheitscenter "Pro Health Living" in Radolfzell. M.: Arge f. traditionelle chines. Med., Arb.-Kreis f. esoget. Med., Intern. Ak. f. Naturheilkunde. H.: Reisen, Botanik, Freizeitsport.

Brendler Christine Dipl.-Pharm.

B.: Apthekerin, Inh. FN.: Engel Apotheke. DA.: 04838 Eilenburg, Torgauer Str. 18. G.: Eilenburg, 13. Juli 1966. V.: Torsten Freche. Ki.: Linda, Julius. El.: Wolfgang u. Irma. S.: 1985 Pharmaziepraktikum in d. Engel Apotheke, 1986 Pharmaziestud. an d. MLU Halle, 1991 Dipl. K.: Prakt. J. in Westberlin, 1992 Approb., ang. Apothekerin in Hamburg, Beginn d. Med.-Stud. an d. Charité in Berlin, 6 Wochen Auslandsaufenthalt in Indien aus eigenem Interesse, 1993 Rückkehr nach Berlin, ang. Apothekerin in Berlin, 1994 Erwerb d. Apotheke "Engel Apotheke" in Eilenburg. M.: Gem.-KirchenR. H.: Musik, Schwimmen, Lesen, Konzerte.

Brengen Sabine Dipl.-Theol.

B.: Gschf. FN.: Cafe Anna Stadtteilcafe in d. Ev.-Luth. Kirchengem. St. Annen. GT.: ehrenamtl. Kandidatin d. Predigtamtes, ehrenamtl. Mitarb. in d. Telefonseelsorge, Kirchenvorst.-Mtgl. DA.: 38446 Wolfsburg, Reislinger Str. 28b. G.: Haselünne, 28. Apr. 1964. El.: Eberhard u. Erika Brengen, geb. Fip. S.: 1983 Abitur Haselünne, b. 1992 Stud. Ev. Theol. an d. Georg-August-Univ. Göttingen. K.: 1993-96 Ass. einer blinden Lehrerin an d. Heinrich Böll Schule f. Körperbehinderte, 1996-98 Vikariat in Artlenburg, Hohnstorf u. Avendorf in d. St. Nicolai-Gem. m. Abschluss 2. Theol. Examen, ab 1998 Projektltr. in d. Kirchengem. St. Annen u. hier Aufbau d. Stadtteilcafes, 1999 Eröff. d. Café Anna. M.: Vorst.-Mtgl. Freundes- u. Förderver. Treffpunkt Anna e.V. H.: psych. u. theol. Fachliteratur, Meditation, Musik, Natur.

Brenk Hans-Dietmar Dr. -Ing.

B.: Gschf. Ges. FN.: Brenk Systemplanung-Ing.-Ges. f. wiss. u. techn. Umweltschutz. DA.: 52080 Aachen, Heider-Hof-Weg 23. mail@brenk. com. G.: Kempen, 23. Feb. 1944. V.: Elvira, geb Lubjuhn. S.: 1950-58, 1958-61 Lehre Starkstromelektriker Rheinisch Westf. Elektrizitätswerke (RWE), 1961-63 Facharb. im RWE Frimmersdorf, 1965 Mittlere Reife Berufsaufbauschule Düsseldorf, 1965-67 Abitur Wilhelm-Heinrich-Riehl-Institut Düsseldorf, 1968-73 Stud. Elektro- u. Nukleartechnik RWTH Aachen. K.: 1978 Eröff. d. Ing.-Büros m. Schwerpunkt wiss. u. techn. Umweltschutz, Strahlenschutz u. nukleare Sicherheit. F.: Kompl. d. Firma Brenk Software Systeme. P.: ca. 40 Publ. in intern. Fachzeitschriften im Bereich Strahlenschutz u. nukleare Sicherheit. M.: Verein Deutscher Ingenieure, Kerntechn. Gesellsch., American Health Physics Society, Fachverb. Strahlenschutz, Wirtschaftsvereinigung Pro Asia. Sprachen: Englisch, Französisch, Spanisch, Portugiesisch u. Niederländisch.

Brenken Ulrich

B.: Fotografenmeister. FN.: Fotoatelier Brenken. DA.: 97070 Würzburg, Eichhornstr. 14. G.: Detmold, 30. Jan. 1946. S.: 1962 Mittlere Reife, 2 J. Praktikum in d. Hochfrequenztechnik, 2 J. Bundeswehr, 3 J. Ausbild. z. Fotografen in Düsseldorf, Gesellenbrief in Freiburg. K.: 15 J. Ang., später freier Mitarb. in einem Düsseldorfer Werbeatelier, 1981 Eröff. d. Ateliers Brenken. BL.: als 18-jähr. Kreismeisterschaften im 10-Kampf gewonnen, seit 1981 17 erste u. zweite Preise in intern. u. nationalen Wettbewerben. P.: Art. in d. Fachzeitschrift "Fotopresse". E.: Silb. Ehrennadel v. Zentralverb. Dt. Fotografen. M.: seit 1985 Mtgl. im "Arbeitskeis Portraitfotografie international", 1987-91 ehrenamtl. Obermeister b. d. Fotografeninnung Unterfranken. H.: Reisen (Indien), Fotografie, Schwimmen, klassische Musik, Heimwerken, Basteln.

Brennan-Gutsche Christa-Maria *)

Brennauer Heinrich-Martin *)

Brennberger Ulrich *)

Brenncke Michael Laird of Camster *)

Brennecke Brunhild Dr. iur. *)

Brennecke Heinz-Joachim

B.: Sped.-Kfm., General Manager. FN.: Thiel AS Logistics GmbH&Co.KG. DA.: 28195 Bremen, Martinistr. 47. G.: Nordholz, 20. März 1953. V.: Christa, geb. Schriefer. Ki.: Marius, Ines. El.: Heinrich u. Clara, geb. Koopmann. S.: 1969 Mittlere Reife Bederkesa, 1969-72 Lehre z. Sped.-Kfm. in Bremerhaven. K.: 1972-79 Ang. Dt. Container Dienst Bremerhaven, Hamburg u. Bremen, 1979 stellv. Abt.-Ltr. Marketing/Drittgeschäft, 1980 Sped. H. Kögel Bremen und Hamburg, 1982

*) Biographie www.whoiswho-verlag.ch oder beigefügte CD-ROM

Brennecke

Rolf H. Dittmeyer GmbH, 1983 Verkaufsltg. d. Dt. Hellenischen Schiffsagentur, 1984 Ltg. d. Transportabt. d. P. W. Lampke GmbH Bremen, 1988 Gschf. d. EST GmbH Hamburg, 1989 Ltg. d. Abt. Chassisleasing d. Paul Günther Logistik u. Leasing GmbH Hamburg, 1990 Ltg. d. Tochterges. E. Hinrichs in Bremen, 1991 Ltg. d. Abt. Feederverkehre nord. Länder d. Paul Günther Logistik u. Leasing GmbH in Bremen, seit 1997 Ltg. d. Sped. Paul Günther Cargo GmbH, Gschf. eines Reitver., 2000 Gschf. d. REWICO Schiffahrts- u. Sped. Ges.mbH Hamburg, seit 2001 GF d. Thiel AS Logistics GmbH&Co.KG. P.: "Neusprachl. Gedichte Deutschland" (1999). M.: Vorsitzender eines Reitverb., Beauftragter für allgem. Pferdesport KRV OHZ. H.: Restauration Oldtimer.

Brennecke Horst *)

Brennecke Klaus-Dieter Ing. *)

Brennecke Ursula *)

Brennecke Wilfried Dr. phil.
B.: Musikwissenschaftler. PA.: 50968 Köln, Alteburgerstr. 331a. G.: Flensburg, 1. Feb. 1926. V.: Gisela, geb. Dost. Ki.: Andreas, Klaus. El.: Wilhelm u. Käte. S.: Abitur, Stud. Musikwiss., Literat.-gesch., Kunstgesch., Psych., 1952 Dr. phil.in Kiel. K.: Bärenreiter-Verlag Kassel 1953-64 (u.a. Schriftltr. Musica u. Musik in Gesch. u. Gegenwt.), Westdt. Rundfk. Köln 1964-89 (Red. f. Kammermusik, Chormusik u. Neue Musik), Mitgl. d. Landesausschusses "Jugend musiziert" Ndrh.-Westfl. u. alljährl. Jurytätigkt. (1964-93), Programmgestalt. d. Wittener Tage f. Neue Kammermusik (1969-89), Vorst.Mitgl. d. Ges. f. Neue Musik (Sekt. BRD d. IGNM) 1971-73, VPräs. 1974-77, Mitgl. d. Presidential Council d. IGNM 1977-79, Jury-Mitgl. (1977-79) u. Chairman (1980-83) d. internat. Wettbewerbes "Let the peoples sing" London, Organisator d. Konzerte "Incontri musicali" b. Festival dei due mondi in Spoleto/Italien (1987-91), Doz. f. Mus. an d. Ausbildungsstätte d. Ausw. Amtes in Bonn-Ippendorf (1988-94). BL.: Förderg. zeitgenöss. (Avantgarde-) Musik, vor allem aus d. Ländern Osteuropas (1966-94). P.: selbst. Schriften u. Aufs. zur Musikgeschichte u. Musik d. 16., 17. u. 20. Jh., Musikkritiken in Flensburg, Kiel, Kassel u. Köln (1949-95), Rundfunksendungen über Geistl. Musik, Kammermusik u. Neue Musik (1965-90). E.: VM d. Poln. Komponistenverb. 1981, BVK 1986, VO d. Landes Ndrh.-Westf. 1992, Martinu-Med. d. Tschech. Kulturmin. 1992. H.: Graphiksammeln, Bildende Kunst, Literatur, Theater.

Brennemann Ralf *)

Brenner Alexander Dipl.-Ing. *)

Brenner Alexander Dr.
B.: Vors. FN.: Jüdische Gemeinde zu Berlin. DA.: 10623 Berlin, Fasanenstr. 79-80. vorstand@jg-berlin.org. S.: 1945 Abitur Sibirien, Stud. Chemie in Erlangen u. TU Berlin, Prom. K.: 1971-75 Ltr. d. Wissenschaftsreferates d. Dt. Botschaft Moskau, anschließend b. d. Intern. Büros d. Ges. f. Strahlenforschung München u. Ltr. d. Vertretung d. Bundesministeriums f. Forschung u. Technologie in Berlin, 1982-90 Wissenschaftsattache an d. Dt. Botschaft in Israel, Vors. d. Jüdischen Gemeinde zu Berlin. (Re)

Brenner Günter Dr. jur. *)

Brenner Hans-Jürgen Dr. *)

Brenner Hartmut Dipl.-Kfm.
B.: selbständiger Wirtschaftsberater. FN.: All In One Wirtschaftsberatung. DA.: 04420 Markranstädt, Leipziger Str. 70. brenner.leipzig@t-online.de. G.: Bad Liebenstein, 22. Nov. 1942. Ki.: Florian (1971), Jacqueline (1974), Peter (1993). S.: 1962 Abitur, Bundeswehr, 1964-66 Lehre z. Großhandelskaufmann, 1966-67 Volontariat, 1967-72 Stud. d. BWL an d. Univ. Frankfurt/Main. K.: 1972-75 Tätigkeit in einem Steuerbüro, seit 1977 selbständiger Wirtschaftsberater. P.: "Das Tätigwerden b. d. neuen GmbH". M.: BVMW, Rotary-Club Bad Orb. H.: Reiten, Tennis, Literatur.

Brenner Karl Heinrich Jakob

B.: RA. DA. u. PA.: 66123 Saarbrücken, Steinhübel 25. G.: Heidelberg, 30. Dez. 1933. V.: Dagmar, geb. Schmeer. Ki.: Boris (1969). El.: Heinrich u. Wilhelmine. S.: 1955 Abitur, 1955-58 Ausbild. als Insp. b. d.Zollverw. Heidelberg, 1958 Zollinsp. K.: 1958 Tätigkeit b. d. Zollämtern Karlsruhe u. Mannheim, 1959 Stud. Heidelberg u. Saarbrücken, 1959-71 Tätigkeit b. d. Oberfinanzdion. Saarbrücken f. d. Betriebsprüf., 1971 1. u. 1973 2. Staatsexamen, 1971-73 Referendarzeit in Saarbrücken, mehrere Monate b. d. Staatsanw. in Saarbrücken, danach b. 1995 Richter b. Amtsgericht Saarbrücken, 1996 RA in d. Kzl. Thommes, Böhmert & Fried Neunkirchen, 1980 Doz. FH d. Saarlandes Fachbereich Verw. u. Polizei, 1985 Lehrbeauftragter an d. HS f. Technik u. Wirtschaft d. Saarlandes, 1983-97 Gastdoz. an Studieninst. f. kommunale Verw. P.: "Ordnungswidrigkeiten Recht Studienreihe Jura", "Grundwissen Recht", 1973 Fachaufsätze in Steuerstrafrechtl. Fachzeitschriften. M.: Anw.-Ver., Richterbund. H.: Lesen, Schwimmen, Reisen.

Brenner Klaus Dr. rer. nat.
B.: Gschf. Ges., Dipl.-Geologe, Sachv. f. Hydrogeologie u. Ing.-Geologie. FN.: Smoltczyk & Partner GmbH. DA.: 70569 Stuttgart, Untere Waldplätze 14. PA.: 70619 Stuttgart, Walter-Flex-Str. 34A. G.: Berlin, 1. Jan. 1942. V.: Elke, geb. Cichy. Ki.: Lili (1974), Niki (1976). El.: Hermann u. Lotte. S.: 1961 Abitur, 1961-67 Geologiestud. Stuttgart, 1972 Prom. K.: 1973-78 wiss. Mitarb. am Inst. f. Geologie u. Paläontologie d. Univ. Tübingen, 1978 Grdg. d. Ing.-geolog. Büros Brenner, seit 1983 Partner b. Gschf. b. S&P; Gutachten u. Beratungen f. Baugrundgutachten, Pipelinebau, Hydrogeologie, regionalgeol. u. lagerstättenkundl. Arb. über Ölschiefer, uranhaltige Sandsteine u. Zementrohstoffe. E.: BDG-BeiR.-Mtgl. M.: BDG, Geolog. Ver., DGG, Fachsekt. Hydrogeologie Ing.-Geologie u. Umweltgeol. d. DGG, Dt. Ges. f. Erd- u. Grundbau. H.: Tennis, Joggen. (D.S.)

Brenner Klaus
B.: Bankkaufmann, Tanzlehrer ADTV, Unternehmer, selbständig. FN.: Tanzschule Brenner. DA.: 74072 Heilbronn, Wilhelmstr. 23. www.ts-brenner.de. G.: Hermannstadt/Rumänien, 3. Juni 1969. V.: Kerstin Möller. El.: Dieter u. Elsa, geb. Stöhr. S.: 1979 Übersiedlung nach Deutschland, 1986 Mittlere Reife, 1986-89 Lehre als Bankkaufmann, 1989-92 Wirtschaftsgymnasium, Abitur, 1992-93 Zivildienst, 1993-97 Ausbildung z. Tanzlehrer ADTV. K.: seit 1986 Formationstanz, Turniertanz b. 1994, seit 1994 Organisation v. Tanzshows überregional, 1994 Fachlehrer f. HipHop, 1998 selbständig, Grdg. d. eigenen Tanzschule Brenner (ADTV) Heilbronn, Schwerpunkt: Standard, Latein, Stepptanz, HipHop, Videoclip-Dancing, seit 1999 Ausbildungslehrer. E.: zahlr. Turniersiege, 1x GOG Teilnahme German Open Championship (1992), 5. Pl. B-Latein Landesmeisterschaft Baden-Württemberg (1993). M.: ADTV. H.: Lesen, Psychologie.

Brenner Kurt *)

Brenner Lothar *)

Brenner Peter Dr. *)

Brenner Werner Dr. *)

Brennfleck Jürgen

B.: Gschf. FN.: Brennfleck GmbH. DA.: 27711 Osterholz-Scharmbeck, Am Binnenfeld 1. G.: Teltow, 19. Feb. 1943. V.: Carmen, geb. Klesse. Ki.: Nicola (1968). BV.: Familiengeschichte zurück b. ins 16. Jhdt. S.: 1959 Mittlere Reife Berlin, 1960-63 Seemannslehre Falkensteinschule Hamburg-Blankenese, 1967-69 Ausbild. Groß- u. Einzelhdls.-Kfm. P. Mattfeld Hamburg. K.: 1963-67 Seefahrt/Matrose u. Bootsmann Hdls.-Marine, 1967-80 kfm. Ang. u. VL in versch. Betrieben bundesweit, seit 1980 selbst., Schwerpunkt: Klima, Licht, Akustik. P.: Rauchschürzen aus unbrennbarem Glasseidengewebe. M.: seit 1980 Marinekameradschaft Elmshorn, seit 1980 Midleif Kreis Pinneberg. H.: Kegeln, Radfahren.

Brennfleck Manfred

B.: Gschf. Dir., Vorst. d. Besitzges. FN.: Excelsior Hotel Ernst AG. DA.: 50667 Köln, Domplatz. G.: Würzburg, 10. Mai 1949. V.: Elisabeth, geb. Ozmec. Ki.: Karin (1968), Andreas (1974). S.: 1969 Abitur, Ausbild. Hotelkfm. Bühler Höhe. K.: Aufenthalte in Amerika, Schweiz, Italien und Frankreich, tätig f. versch. Ges. in Deutschland, 1983-84 stellv. Gen.-Dir, im Rheinpark Plaza in Neuss u. BeiR.-Mtgl. d. AHB Bank in Frankfurt, 1984-90 alleiniger Bev. d. Relexa Hotelges. in Berlin, 1991-95 Vorst. d. Lindner AG in Düsseldorf, seit 1995 Vorst. d. Excelsior Hotel Ernst AG in Köln. M.: Rotary. H.: Kuratorium Köln, Musik, Golf.

Brennicke Thomas
B.: Abt.Ltr. "Leichte Musik", Autor, Schauspieler, Sänger (Bass). FN.: Bayer.Rundfunk. DA.: 80300 München. G.: München, 1. Nov. 1946. V.: Sylvia, geb. Kloss. El.: Helmut u. Rosemarie. S.: Abitur, Stud. Germanistik, Theater- u. Musikwiss., Flöte, Gesang, Schauspiel. K.: 5 J. Regieass. u. Abendspielltr. (Staatstheater am Gärtnerplatz München u. Deutsche Oper Berlin) seit 1974 festang. als Musikred. u. Moderator. P.: Die schöne Helena, Hitmacher und Mitmacher, Mitarb. an Schulbuch "Musikcassette 9". H.: Musik, Literatur.

Brenning Frank-Detlef *)

Brenninger Heinz Dipl.-Ing. *)

Brenninkmeyer Dominic
B.: Vors. d. Gschf. FN.: C&A Deutschland. DA.: 40211 Düsseldorf, Bleichstr. 20. G.: in England, 1957 V.: verh. S.: Abitur, Collegebesuch (Schwerpunkt: Wirtschaft u. Sprachen). K.: 1976 Handelsausb. b. C&A Holland, danach Einkäufer f. Damenbekleidung, ab 1981 Einkäufer f. Herrenbekleidung, 1983-85 Einkaufschef f. d. Kinderabteilung C&A England, 1986-95 ltd. Funktionen in mehreren Unternehmen in den USA, 1995-99 Chairman C&A Holland, zuletzt Vors. d. Ges.-Aussch. C&A Deutschland, ab 8/2000 Vors. d. Gschf. C&A Deutschland. (Re)

Brenninkmeyer Elmar
B.: Gschf. FN.: C. & A. Brenninkmeyer, Einzelh. DA.: 40211 Düsseldorf, Bleichstr. 20. BV.: Familie s. 17. Jh. im Textilhandel.

Brenninkmeyer Raymund
B.: Gschf. FN.: C. & A. Brenninkmeyer, Einzelh. DA.: 40211 Düsseldorf, Bleichstr. 20. BV.: Familie s. 17. Jh. im Textilhandel.

Brenske Eberhard Dr. med. *)

Brenske Helmut
B.. Galerist, Inh. FN.: Ikonengalerie Helmut Brenske. DA.: 30419 Hannover, Machandelweg 11. G.: Hannover, 17. Okt. 1917. V.: Johanna, geb. Radmer. Ki.: Dr. Achim (1954), Dr. Stephan (1960). S.: 1936 Abitur Hannover, Offz. b. z. Major Münster, Düsseldorf u. Köln, Kriegsschule Potsdam. K.: Offz.-Laufbahn, 1936 Soldat u. Kriegsgefangenschaft, Kommandeur d. Nachrichtenabt. Division 188, 1948 Reisevertreter, Verkaufsltr. u. Sales Promotor f. versch. Firmen wie Telefunken u. Philips, zuletzt Verkaufsdir. u. Ges., 1960-65 Vertriebsdir. u. Prok. f. Im- u. Export d. Faun-Werke in Nürnberg, seit 1975 selbst. m. Ikonengalerie. P.: Veröff. über Ikonen, Bücher m. d. Titel "Ikonen", "Antiquitäten", "Antiquitäten-Almanach", "Ikonen selber malen", Echtheits-Expertisen u. Gutachten, Abhandlungen in Fachzeitschriften, Vorträge u. Kurse, Ausstellungen auf Messen, Rundfunksendereihen "Ikonen" im Hess. Rundfunk u. im ARD (1981). E.: während d. Krieges div. Ausz. u. Orden wie 1940 Dt. Schutzwall-EZ, 1941 Eisernes Kreuz 2. Klasse, 1942 Med. f. Winterschutzschlacht im Osten, 1942 Kriegs-VK 2. Klasse m. Schwerten, 1943 Demjanskschild,, 1994 Kriegs-VK 1. Kl. m. Schwerten, gem. Wehrpass Eisernes Kreuz 1. Kl. M.: Alt Hannoversche Tischges., Schülerturnver., Ambassadorclub Hannover, Tempelherrenorden, Künstlerver. Hannover, Staatspolit. Ges. Hannover, Heimatbund, Golfclub Hannover-Garbsen. H.: Ikonen, Antiquitäten, Golf.

von Brentano Tremezza *)

Brentle Ingmar Dipl.-Vw.
B.: Generalkonsul FN.: Dt. Generalkonsulat Pakistan. DA.: PK-Karachi/Pakistan, P.O. Box 3701. G.: 6. Dez. 1943. V.: Gertruda Herta, geb. Voit. Ki.: Kai Oliver (1975). El.: Georg u. Ingeborg, geb. Koepf. S.: 1965 Abitur, 1965-67 Bundeswehr, 1971 Prädikatsexamen in VWL. K.: 1971-72 Privatwirtschaft, 1972-82 Bundesmin. f. Wirtschaft u. Auswärtiges Amt, Auslandseinsätze in Afrika u. Asien, 1993 stellv. Referatsltr. Auswärtiges Amt Bonn, 1996 Botschafter in Brunei Darussalam, 2000 Generalkonsul i. Karachi/Pakistan.

Brenzel Heinz Dr. iur. *)

Brepohl Klaus Dr. Prof. *)

Bresch Carsten Dr. rer. nat. Prof. em. *)

*) Biographie www.whoiswho-verlag.ch oder beigefügte CD-ROM

Breschke Joachim
B.: Journalist u. Schriftsteller. PA.: 58091 Hagen, Markland 43 b. G.: Berlin, 11. Sep. 1928. V.: Marianne, geb. Komisarczyk. Ki.: Sabine Ludmilla (1953), Susanne Edith Hermine (1954), Irmela Renate (1956), Simone (1964), Alexandra (1977), Jasmin (1989). El.: Dr. Karl u. Gerda, geb. Kirsch. S.: 1949 Abitur, 1950-54 Stud. Publizistik. K.: 1953 selbst. Redakteur, seit 1976 Buchautor f. versch. Verlage. P.: Autor u. Coautor v. über 100 Büchern als Fachmann f. Gartenbau u. -gestaltung u.a.: "Das gr. Wolf-Gartenbuch", "Tausendschön & grüne Bohnen (1982), "Der Garten ohne Gift" (1983), "Breschkes prakt. Gartenlexikon" (1991), unzähl. Art. in Fachzeitschriften u. Tageszeitungen, 2x monatl. Pressedienste f. ca. 120 Redaktionen im In- u. Ausland. H.: Segelfliegen.

Breschke Manfred

B.: Kabarettist. FN.: Dresdner Kabarett Breschke & Schuch. DA.: 01067 Dresden, Wettiner Pl. 10. PA.: Radebeul, Coswiger Str. 11. G.: Ortrand, 1. März 1952. V.: Monika, geb. Nicklisch. Ki.: Anne (1974), Katrin (1980), Georg (1981). El.: Willi u. Ella. S.: 1968-71 Lehre BMRS-Techniker. K.: 1974-78 Stud. Lehrer f. Staatsbürgerkunde u. Dt. in Zwickau, 1978-82 Forsch.-Stud. in Zwickau, 1982-84 Kabarettist d. Städtischen Bühnen Erfurt, 1984-98 Kabarettist d. Herkuleskeule in Dresden, 1998 Gründer d. Dresdner Kabaretts BRESCHKE & SCHUCH. P.: 1982 Prom. z. Dr. oec. d. Polit. Ökonomie z. Geschichte d. polit. Ökonomie d. DDR. H.: Musik, Kunst, Malerei.

Bresez Guy *)

Breslein Ingrid-Luise *)

Bresler Gerhard *)

Bresonik Bernhard *)

Bresse Bernt-Andreas *)

Bressel Lothar
Dr. phil. h.c. (Hangzhou Univ.) Senator h.c.
B.: Rechtsanwalt. PA.: 97074 Würzburg, Walther-v.-d.-Vogelweide Str. 36. G.: Grana, 6. Okt. 1930. V.: Dorethea, geb. Heutling (Stud. Ass.). Ki.: Dr. Susanne, Christina, Dr. Friederike. El.: Friedrich (Prokurist) u. Marie (Musikpädagogin). S.: 1949 Abitur, 1950-55 Stud. Rechtswiss. u. VWL FU Berlin. K.: 1955-59 Referendar am KG Berlin, seit 1959 RA, 1961-71 Dir. d. Studentenwerkes d. FU Berlin, 1971-95 Dir. d. Studentenwerkes Würzburg. BL.: erstm. Errichtung v. Studentenappartements in Deutschland. E.: 1980 BVK am Bande, 1994 BVK 1. Kl., 1995 Gold. Stadtsiegel d. Stadt Würzburg, Gold. Ehren-Plakette d. Paritätischen Wohlfahrtsverb. M.: Funktionen im Dt. Studentenwerk, Vors. d. Rechtsaussch., Gesundheitsaussch., Wohnheimaussch. u. 4. J. Vorst., Funktionen im Parität. Wohlfahrtsverb., Vors. Unterfranken, Vorst. -Mtgl. Bayern, Soz.-Aussch. d. Bez. Unterfranken, Aufsichtsratsmtgl. Blindeninstitutsstiftung Würzburg, Mtgl. Corps Normannia-Berlin, Nassovia-Würzburg. H.: Geschichte, Kultur, Literatur. Sprachen: Latein, Englisch.

Bressel Max *)

Bresser Klaus
B.: Journalist, Moderator d. ZDF-Sendung "Was Nun". DA.: 55100 Mainz,ZDF-Str. 1. G.: Berlin, 22. Juli 1936. V.: Evelyn. S.: Stud. Germanistik, Theaterwiss. u. Soziologie. K.: 1962-64 Chefreporter Kölner Stadt-Anzeiger, 1965 Wechsel zum WDR: Red. m. bes. Aufgaben, Aufbau d. FS-Magazins "Monitor", später Red.-Ltr. dieses Magazins, 1973 Ltr. d. Redaktionsgrupe Aktualität, Mitwirk. an Wahl- u. Sondersendungen sowie an "Brennpunkt", Grdg. d. Sendung "Tagesthema" im Dritten Programm, außerdem Prod. v. FS-Features f. ARD u. WDR; 1977 Wechsel zum ZDF, dort maßgebl. beteiligt am Aufbau d. inhaltl. Gestaltung d. "heute-journals" (1977-83 Moderation u. 1980-83 Ltr. d. "heute-journal"), 1983-88 Hauptred.-Ltr. Innenpolitik, 1988-2000 Chefred. d. ZDF, seit 2000 Journalist, Moderator d. ZDF-Sendung "Was nun". P.: Hrsg. einer Auswahl d. "Sonntagsgespräche" (1989), s. 1989 jährl. "Die Karikaturen des Jahres", Buch: "Was nun? Über Fernsehen, Moral u. Journalisten" (1992), "Was nun, liebe Wähler? Die deutschen Parteien, ihre Ziele u. Kandidaten" (1994). E.: 1963 Theodor-Wolff-Preis, 1986 Gold. Kamera, 1989 Herbert Quandt-Medien-Preis. (Re)

Bressler Arnold *)

Breßler Wolfgang *)

Bretschke Reinhild
B.: Übersetzerin, Inh. FN.: Sprachschule u. Übersetzungsbüro Reinhild Bretschke. DA.: 44791 Bochum, Castroper Str. 74. englischdienst@t-online.de. G.: Bochum, 18. Aug. 1965. V.: Jörg Bretschke. Ki.: Laura (1996). S.: 1985 Abitur, 1985-93 Stud. Anglistik u. Romanistik Univ. Bochum, 1. Staatsexamen, 1996 Übersetzerprüfung IHK. K.: seit 1994 freiberufl. Übersetzerin, 1998 Grdg. d. Sprachschule u. d. Übersetzungsbüros. H.: Lesen, Reisen, Musik, Klavier u. Orgel spielen.

Bretschneider Harald *)

Bretschneider Hermann *)

Bretschneider Karsten *)

Bretschneider Klaus *)

Bretschneider Robert *)

Bretschneider Roland Dr. med.
B.: Arzt f. Hals-Nasen-Ohren-Heilkunde. DA.: 30659 Hannover, Sutelstr. 54 A. G.: Berlin, 7. Jän. 1942. V.: Renate, geb. Licht. Ki.: Dr. med. Jochen (1967), Sabine (1974) B.M.M. (USA). El.: Dr. phil. Horst u. Ellen, geb. Wullstein. BV.: Dr. Horst Bretschneider - MedR. war Leibarzt v. Herzog Gotha; Prof. Dr. Horst Wullstein - Ordinarius in Würzburg; Prof. Dr. Hans-Heinz Naumann - Ordinarius in München. S.: Stud. theol., med. Hilfspfleger u. glz. 1962 Abitur Abendschule, 1962-64 Ausbild. Krankenpfleger Jena, b. 1970 Stud. Med., 1970 Approb., 1970-75 FA-Ausbild. Univ.-Klinik Jena. K.: 1975-76 tätig an d. Univ.-Klinik Jena, 1976-78 kommissar. Ltr. d. Poliklinik in Magdeburg als ab 1978-89 Ltr., 1990 tätig b. HNO-Arzt in Hannover, seit 1990 ndlg. FA in Hannover. M.: div. wiss. Berufsverb. d. HNO, CDU. H.: Bergwandern, Kunst, Literatur.

Bretschneider Siegfried *)

Bretschneider Silvia Dr. med.
B.: Ärztin f. Allg.-Med. u. Naturheilverfahren. DA.: 42103 Wuppertal, Friedrich-Ebert-Str. 90. G.: Bali, 25. Mai 1952. V.: Herwig Bretschneider. Ki.: Christoph (1978), Judith (1982), Esther (1987). S.: 1970 Abitur Surabaya, 1970-72 Sprachstud., 1972-73 Studienkolleg in Köln, 1974-80 Med.-

*) Biographie www.whoiswho-verlag.ch oder beigefügte CD-ROM

Stud. Univ. Köln m. Staatsexamen, 1984-85 Naturheilkunde, Homöopathie u. Biolog. Krebstherapie am Prof. Werner Zabel Inst. Bielefeld, 1991 FA-Ausbild. in Allg.-Med., 1991 Prom. K.: 1980-82 Ass.-Ärztin im St. Josefs-KH auf d. Chir. Abt., 1982-84 Wechsel in d. Gynäkolog. Abt., 1986 Ausbild. in traditioneller chin. Med. in China, 1986-87 Vertretung in versch. Arztpraxen, 1988 Übernahme d. Praxis v. Dr. Lohmann, 1996 Verlegung d. Praxis an d. jetzigen Standort. H.: Reiten.

Bretschneider Ulrike Dr. rer. nat. *)

Brett Annett

B.: Friseurin, Inh., Gschf. FN.: Königin d. Nacht Wasserbetten. DA.: 39120 Magdeburg, Leipziger Chaussee 51. PA.: 39112 Magdeburg, Leopoldshaller Str. 18. G.: Magdeburg, 22. März 1967. V.: Matthias Brett. Ki.: Jan (1990). S.: bis 1985 Lehre z. Friseurin in d. PGH Frisierkunst in Magdeburg. K.: b. 1989 Friseurin in d. PGH Frisierkunst in Magdeburg, Hausfrau u. Mutter, ab 1991 wieder Friseurin in d. PGH Frisierkunst in Magdeburg, 1992-94 Teilzeit b. Aldi u. parallel dazu Vorbereitung f. d. Geschäftsaufbau, 1994 Eröff. d. Wasserbettengeschäfts Königin d. Nacht in Magdeburg. P.: Veröff. in Tageszeitungen. H.: Theater, Familie.

Brett Armin Dipl.-Ing. *)

Brett Reinhard Dr. Prof. *)

Brettel Hans-Fiedrich Dr. med. Prof. *)

Brettel Larissa Dipl.-Designerin
B.: Ind.-Designerin, Inh. FN.: Design Pur. DA.: 73642 Welzheim, Oberer Wasen 38. G.: Karlsruhe, 25. Juli 1969. El.: Dipl.-Ing. Reinhard u. Ada Brettel. S.: 1989 Abitur, 1989 Stud. Physik TU Karlsruhe, 1993 Stud. Ind.-Design Univ. of Illinois Chicago, 1991-95 Sud. HS f. Gestaltung Pforzheim m. Dipl.-Abschluß. K.: versch. Ferialjobs u. Praktika, 1995-96 Ang. d. Init GmbH, 1996-99 freiberufl. Designerin, seit 1999 Vermarktung d. eigenen Produktidee f. Gartengeräte u. Gebrauchsgegenstände, 2000 Eröff. d. Firma Design Pur. P.: Veröff. in Fachzeitschriften u.a. "Mein schöner Garten". E.: 1998 Ausz. im Erfinderwettbewerb M. MDT-TV, 1998 Erfindergeist im Radio Arabella in München, 2000 Ausz. d. Gründermagazin im Baden-TV. M.: VDID, Marketingclub Karlsruhe. H.: Joggen, Schwimmen, Radfahren.

Bretter Manfred *)

Bretterbauer Lothar *)

Bretthauer Jochen Reimund *)

Bretthauer Jürgen Dr. med. dent. *)

Bretthauer Karlheinz R. Dr.-Ing. Prof. *)

Brettner Thorsten *)

Brettschneider Hartwig Ludwig Bruno Dipl.-Ing.
B.: Architekt u. Stadtplaner. FN.: Brettschneider & Partner Architekten u. Stadtplaner. DA.: 58093 Hagen, Stirnband 48. www.brettschneider-partner.de. G.: Dessau, 21. Feb. 1938. V.: Sigrun, geb. Dechene. Ki.: Julia (1967), Anna (1977), Moritz (1980). El.: Dr. Ing. Albert u. Elisabeth, geb. Lutz. S.: 1958 Abitur Helmstedt, 1958-60 Wehrdienst, 1960-67 Stud. Arch. u. Stadtplanung TH Aachen u. ETH Zürich. K.: 1968 wiss. Mitarb. im Inst. f. Gebäudekunde Stuttgart, Forsch.-Arb. z. Verw.-Bau, 1969-77 wiss. Ass. d. Univ. Dortmund im Bereich Raumplanung u. Lehrtätigkeit f. Stadtplanung, seit 1977 selbst. Architekt u. Stadtplaner in Hagen; 1974-81 Entwurf u. Bau d. Stadthalle in Hagen, vorbildl. kostengünstiger soz. Wohnungsbau, Denkmalpflege u. Natur. E.: Ausz. f. vorbild. Bauten in NRW. M.: SRL, Vereinig. freischaff. Architekten, dt. Alpenver., TSV 1860. H.: Fußballspielen, bildende Kunst, Kultur.

Brettschneider Heinrich W. Dr. med. *)

Brettschneider Wulf Dipl.-Ing. *)

Bretz Alexander

B.: Rechtsanwalt. FN.: Anwaltskanzlei Alexander Bretz. GT.: Gschf. Verein d. Zeitungsverleger in Berlin und Brandenburg e.V. VZBB, Korrespondent im kulturmanagement.net u. artsmanagement.net DA.: Haus d. Presse, 10969 Berlin, Markgrafenstr. 15. info@kulturanwalt.de. www.kulturanwalt.de. G.: Frankfurt/Main, 07. Juli 1964. S.: 1983 Abitur am Humanistischen Gymnasium Bischof Neumann Schule in Königstein im Taunus, 1984-86 Ausbildung Verlagskaufmann b. d. Frankfurter Allgemeinen Zeitung FAZ, 1986-91 Stud. Rechtswissensch. Univ. Mainz, spez. Europarecht, daneben Öffentlichkeitsarbeit bei der FAZ, 1991 1. Staatsexamen, 1992-95 Referendariat i. Berlin, Wahlstation i. Rechtsabteilung d. Märkischen Allgemeinen Zeitung, 1995 2. Staatsexamen. K.: s. 1995 RA i. Berlin spez. Kultur- u. Medienbereich, u. a. f. Medienunternehmen, Künstler, Musiker, Graphiker, Internetunternehmen, Modedesigner, Architekten, s. Sept. 2000 Geschf. u. Verhandlungsführer b. Tarifverhandlungen d. VZBB als Arbeitgeberverband. P.: in: Unverzagt/Röckrath: Kultur & Recht, Düsseldorf, 1998 ff.; div. Artikel (u.a. über Sponsoringrecht, Wettbewerbsrecht), "Die Europäische Gemeinschaft" - Aufbau, Institutionen, Verfahren. Frankfurt am Main, erste Auflage 1989, zweite überarbeitete Auflage 1991. M.: Kulturkreis d. Deutschen Wirtschaft im BDI Bundesverband d. Deutschen Industrie, Berliner Anwaltsverein, AG Baurecht im Deutschen Anwaltsverein. H.: Segeln, zeitgenössische Architektur, Bildende Kunst, Theater, zeitgenössische E-Musik, Literatur, Reisen, Sprachen: Englisch, Lateinisch, Griechisch, Grundkenntn. i. Italienisch, Französisch, Japanisch.

Bretz Christiane *)

*) Biographie www.whoiswho-verlag.ch oder beigefügte CD-ROM

Bretz

Bretz Karl-Fritz *)

Bretz Martha *)

Breu Ingrid *)

Breucker Katharina Friederike *)

Breuel Birgit Dr. h.c.
B.: Finanzmin. a. D., ehem. Generalkommissarin u. Gschf. f. d. Weltaustellung Expo 2000. GT.: AufsR. Daimler Benz AG Novartis AG Gruner + Jahr AG, Beirat Hamburg-Mannheimer Vers. AG, Beirat J P Morgan Deutschland GmbH. G.: Hamburg, 7. Sept. 1937. V.: verh. Ki.: 3 Söhne. El.: Alwin u. Gertrud Münchmeyer. K.: ehem. Niedersächs. Ministerin f. Wirtschaft u. Verkehr, 1986-91 Nieders. Ministerin d. Finanzen, 1991-94 Präs. d. Treuhandanstalt, 1995-2000 Generalkommissarin f. d. Weltaustellung Expo 2000. P.: "Es gibt kein Butterbrot umsonst" (1976), "Den Amtsschimmel absatteln" (1979), "Perspektiven d. Aufbruchs" (1983). E.: 1993 Dr. h.c. d. Univ. Köln, 1994 Bernhard-Harms-Med., 1994 Ludwig-Erhard-Med.

Breuer Benjamin *)

Breuer Bernd

B.: Gschf. Ges. FN.: Star GmbH Automaten & Entertainment. DA.: 42281 Wuppertal, Appelstr. 26. info@star-automaten.de. www.star-automaten.de. G.: Monschau, 12. Dez. 1950. V.: Angelika, geb. Korres. Ki.: Fabian, Bastian. S.: 1966 Mittlere Reife Schleiden, 1966-69 Lehre als Kellner, 1969-71 Ausbild. Hotelkfm. Breidenbacher Hof Düsseldorf, Hotel Petersberg u. Schloßhotel Pontresina/Schweiz. K.: 1971-77 Mitarb. d. Gastro-Gruppe Stockheim in d. Verkehrsgastronomie an versch. Standorten, 1977-89 Projektmanager d. Firma Mövenpick u. Betriebsdir. d. Kö-Gallerie u. d. Rhein-Ruhr-Center in Mülheim, 1989-92 Aufbau eines Gastronomiekonzepts in d. Firma Wescho Hagen, 1992 Projektmanager d. Mövenpickgruppe, 1996 Übernahme d. Anteile v. 50% d. Trachte Automaten GmbH als Gschf. Ges. u. 2000 Änderung d. Firmennamens in Star GmbH Automaten & Entertainment, 2000 Grdg. eines Billard-Cafes in Wuppertal. M.: Dt. Automatenverb. H.: Familie, Auto.

Breuer Bernhard Franz *)

Breuer Christian
B.: Profi-Eisschnelläufer, Bundesgrenzschutzangehöriger. FN.: c/o Dt. Eisschnellauf Gemeinschaft e.V. DA.: 80992 München, Menzinger Str. 68. G.: Krefeld, 3. Nov. 1976. S.: 1996 Abitur. K.: 1987 Beginn m. Eisschnellauf, 9. Pl. Sprint-WM Hohenschönhausen, mehrfacher Dt. Junioren-Meister, 1996 16. Pl. Mehrkampf-EM, Einzelstrecken-DM 1996: 2. Pl. über 1000m, 6. Pl. über 500m, 7. Pl. über 1500m, 1997: 5. Pl. über 5000m, 1998 4. Pl. über 1500m, 1996 1. Pl. Mehrkampf-DM u. 8. Pl. b. d. Mehrkampf-EM, 1998 1. Pl. Sprint-DM, 1997 Einzelstrecken-DM, 1997 jeweils 11. Pl. Mehrkampf-EM u. Mehrkampf-WM, 1998 WM Calgary 7. Pl. über 1000m u. 5. Pl. über 1500m, 1999 Vierkampf-EM Gesamt/7., Allround-WM Gesamt/8., 500m/1., Einzelstrecken-WM Heerenveen 1.000m/7., 1.500m/9., 2000 Innsbruck B-Gruppe 500m/5. H.: Kunst, Musik.

Breuer Christian

B.: Gschf. Ges. FN.: Breuer Spedition Köln GmbH. DA.: 50825 Köln, Oskar-Jäger-Str. 173. G.: Köln, 22. Jan. 1954. V.: Hildegard, geb. Edelkott. El.: Peter u. Walburga, geb. Hollinder. BV.: Urgroßvater Christian Breuer Gründer d. Spedition Breuer. S.: 1974-75 Ausbildung z. Speditionskaufmann. K.: 1977 Eintritt in d. elterl. Firma, 1979 Ernennung z. Prok. d. Spedition Breuer, seit 1992 Gschf. Ges. d. Breuer Spedition Köln GmbH. H.: Motorradfahren.

Breuer Dietmar *)

Breuer Gabriele Elisabeth *)

Breuer Grit
B.: Profi-Leichtathletin. FN.: c/o Deutscher Leichtathletik Verband. DA.: 64293 Darmstadt, Julius-Reiber-Straße 19 PA.: 39175 Gerwisch, Domblick 49. www.GritBreuer.de. G.: Röbel, 16. Feb. 1972. V.: Thomas Springstein (Freund u. Trainer). S.: Abitur, Kauffrau f. Bürokommunikation. K.: Disziplin 400m, 4x400m, Größte sportl. Erfolge: 1988 dreifache Junioren-Weltmeisterin, 1989 WC/2., EC/1., 1990 EM/1., EM Staffel/1., 1991 Hallen-WM Staffel/1., Einzel 200m/3., WM/2., WM Staffel 2. u. 3. C 4x100m u. 4x400, 1996 OS Staffel/3., Einzel/8., Hallen.EM/1., EC/1, 1997 WM Staffel/1., Einzel/4, Hallen-WM/6., EC/1., 1998 EM/1., WC/2., Hallen-EM/1., EM Staffel/1., 1999 Staffel/3., WM/7., WM Staffel/3, 2000 Pause, 2001 WM Staffel/2, Einzel/4, EC/1. E.: ARD-Sportlerin des Jahres 1998. H.: Lesen, Shoppen, Hund Bobby.

Breuer Günter Dr. *)

Breuer Hans-Willi *)

Breuer Harald *)

Breuer Harald *)

Breuer Heinz *)

Breuer Heinz Dipl.-Ing. *)

Breuer Hermann *)

Breuer Horst Dr. phil.
B.: Prof. FN.: Univ. Trier. DA.: 54286 Trier, Anglistik FB II. G.: Wien/Österr., 15. Juni 1943. V.: Dr. Hannelore. Ki.: 2 Kinder. K.: 1969 wiss. Ass. Univ. Freiburg, 1971 Prom., 1977 Habil., 1979 Prof. TU Berlin, 1980 Prof. Univ. Marburg, 1996 Univ. Trier. P.: Samuel Beckett (1972), Vorgeschichte des Fortschritts: Studien zum Drama der Shakespearzeit (1979), Die Klassiker der englischen Literatur (1985, zus. m. U. Böker u. R. Breuer), Hist. Literaturpsychologie: Von Shakespeare bis Beckett (1989), 55 Aufsätze in Fachzeitschriften u. Sammelwerken.

Breuer Ingo *)

---

*) Biographie www.whoiswho-verlag.ch oder beigefügte CD-ROM

Breuer Jacques
B.: Schauspieler. FN.: c/o Management Erna Baumbauer. DA.: 81679 München, Keplerstr. 2. PA.: 81541 München, Lindenstr. 12. G.: München, 20. Okt. 1957. K.: 1975 Debüt an Münchner Kammerspielen, 1977-79 Mitgl. d. Bayr. Staatsschauspiels München, versch. Filmrollen: Titelrolle in "Taugenichts", "Tunnel, Mitwirkung in Fernsehserien wie Derrick, Der Alte, Tatort u.a., Grischa Krupin in "Dioe goldenen Schuhe"- 5 Teile, Titelrolle in Don Carlos.

Breuer Karl *)

Breuer Karl Josef *)

Breuer Konrad *)

Breuer Maria

B.: Kauffrau. FN.: Bier u. Weinbrandecke. DA.: 52146 Würselen, Lindenplatz/Bissener Str. 51. G.: Aachen, 28. Juli 1961. V.: Dieter Breuer (Kaufmann). Ki.: Sabrina (1983). El.: Johann u. Helene Boeven. S.: 1979-81 Lehre als Hauswirtschafterin im Marienhospital Aachen. K.: 1981-82 Ang. im KH Stolberg, seit 1984 selbst. Einzelhdls.-Kauffrau, spezialisert auf Biersorten aus d. ganzen Welt (Zulieferer aus 63 Ländern m. ca. 2.900 versch. Biersorten). BL.: Reportagen über Biere in Funk u. Fernsehen, sowie d. Printmedien, 1988 Kür z. 1. Bierkönigin in d. BRD. E.: m. d. Bierangebot Eintrag im GUINNESS-Buch d. Rekorde BRD. H.: Kochen, Sammlung Bier-Etiketten (z.Zt. 495119 Stück, Eigentum d. Tochter Sabrina).

Breuer Paul Johannes
B.: MdB, Verteidigungspolit. Sprecher d. CDU/CSU Bundesfraktion. DA.: 11011 Berlin, Platz d. Republik; 57022 Siegen, Weststr. 1. G.: Berghausen, 25. Juni 1950. V.: Karin, geb. Scheffel. Ki.: 2 Töchter. S.: 1968 Abitur Bad Berleburg, 1968 Stud. Päd. Siegen, 1969-71 Bundeswehr, 1971-75 Stud. Päd. Univ.-GHS Siegen, 1973 1. Staatsprüf.; ab 1973 Stud. Päd. u. Politikwiss. u. glz. Mitgl. d. Kollegialorgane u. d. ASTA, 1971-75 RCDS-Vors. Siegen, 1975 2. Staatsprüf. K.: 1974-80 Lehrer an Gymn. u. HS, seit 1975 tätig im Kreistag Siegen-Wittgenstein, 1979-92 StadtR. in Siegen, seit 1980 MdB, seit 1981 Kreisvors. d. CDU Siegen-Wittgenstein, seit 1983 Landesvorst. d. CDU, seit 1983 o.Mtgl. d. Verteidigungsaussch. im Bundestag, seit 1993 verteidigungspolit. Sprecher d. CDU/CSU Fraktion u. stellv. Mtgl. im Verkehraussch., seit 1998 Mtgl. d. Nordatlant. Versammlung u. im Aussch. Sicherheit u. Verteidigung. E.: 1995 BVK. M.: CDU, Dt. Atlant. Ges., KAB, Vors. d. Leichtathletikgemeinschaft Siegen, Vors. d. Multiple-Sclerose Kreis Siegen-Wittgenstein, Kuratorium d. Univ. Siegen. H.: Sport, Leichtathletik, Fußball. zeitgen. u. polit. Literatur, klass. Musik. (Re)

Breuer Rainer *)

Breuer Ralf *)

Breuer Rolf Dr. Prof.
B.: Prof. f. Anglistik FN.: Univ. Paderborn. G.: Wien, 13. Okt. 1940. V.: Cordula, geb. Rothe. Ki.: 4 Kinder. El.: Arnold u. Adelheid. S.: Univ. zu Bonn u. Göttingen, 1967 Prom. K.: wiss. Ass. Univ. Regensburg, 1975 Habil., mehrere Gastprof. im In- u. Ausland, seit 1979 Prof. f. Anglistik in Paderborn. P.: zahlr. Veröff., zur Lit. d. Mittelalters, z. engl. Tragödie, z. e. Romantik, z. Irland u. speziell zu S. Beckett, gelegentlich auch lit. Texte. M.: Anglistenverband, Ges. f. Engl. Romantik, Ges. f. engl. Drama u. Theater n a.

Breuer Rolf-E. Dr.

B.: Sprecher d. Vorst. FN.: Dt. Bank AG. DA.: 60325 Frankfurt/Main, Taunusanlage 12. www.deutsche-bank.de. G.: Bonn, 3. Nov. 1937. S.: 1958 Jurastud. an d. Univ. Lausanne/Schweiz, München und Bonn, 1966 2. Jur. Staatsexamen, 1967 Prom. z. Dr. iur. K.: 1956-58 Banklehre Dt. Bank AG Filialen Mainz u. München, 1966 Dt. Bank AG Filiale Karlsruhe, 1969 Börsenabt. in d. Zentrale Frankfurt d. Dt. Bank AG, 1974 Dir. u. Ltr. d. Börsenabt. d. Dt. Bank AG, 1985 Mitglied d. Vorst. Dt. Bank AG, seit 1997 Sprecher d. Vorst. Dt. Bank AG. (Re)

Breuer Walter Dr.-Ing. Prof. *)

Breuer Waltraud *)

Breuer Wilma *)

Breuert Iris

B.: Heilpraktikerin, selbst. DA.: 14167 Berlin, Schottmüllerstraße 7. i.breuert@ t-online.de. G.: Berlin, 28. Juni 1949. Ki.: Andrea (1969). S.: 1966 Mittlere Reife, 1966-68 Berufsfachschule, 1968-71 Stud. Modedesign an d. HS f. bildende Künste in Berlin. K.: 1971-73 Dir. b. versch. Modefirmen, 1973-76 Ausbildung als Religionslehrerin, 1977-97 Religionslehrerin, Mentorin u. Doz. f. feministische Theologie in d. Erwachsenenbildung, 1988-91 Ausbildung als Heilpraktikerin, 1991 Veröff. d. ei-genen Praxis, Schwerpunkte: Polarity Therapy, Beratung u. Kurse in Astrologie, heilpraktische Lehrtätigkeit, Yoga-Lehrerin. M.: 1. Vors. d. Polarity Verbandes Deutschland, APTA American Polarity Therapie Ass.

Breuhan Monika
B.: selbst. EDV- u. Büroserviceberaterin. FN.: EDV- u. Büroservice Monika Breuhan; Lohnsteuerhilfering e.V. Salzgitter u. Halberstadt. DA.: 38268 Lengede, Bäckerstr. 6. G.: Cramme, 27. Jan. 1955. El.: Alfred u. Charlotte Breuhan. S.: 2 J. Handelsschule, ab 1976 Ausbild z. Ind.-Kfm. in d. Firma Salzgitter Maschinenbau AG. K.: Sachbearb. im Einkauf, 1980 Sachbearb. f. betriebswirtschaftl. Abrechnungen b. d. Braunschweiger Zeitung, 1981 nebenberufl. Stud. b. d. HS f. Berufstätige in Rendsburg, 1985 Dipl., 1985 im Arbeitskreis Stadtgeschichte d. Stadt Salzgitter, KZ-Opfer-Gedenkstätte in SZ-Drütte eingerichtet u. ab 1987 nebenberufl. EDV-Doz. an d. VHS Salzgitter, 1987 1 J. Umschulung z. PC-Anwenderin, 1987 1 J. Fernkurs z. Fachkauffrau f. Datenverarb. u.

*) Biographie www.whoiswho-verlag.ch oder beigefügte CD-ROM

Datenkommunikation, Abschlußprüf., 1988 EDV-Doz. an der Teutloff-Schule in Braunschweig, 1989 Kostenrechnerin b. d. Firma Renolit, 1990 Aufbau u. Ltg. d. Lohnsteuerhilfering e.V. in Salzgitter u. Halberstedt sowie Grdg. d. EDV- u. Büroservices, 2000 Vorbereitung auf d. Steuerberaterprüf. P.: Gedicht "Veränderungen" in d. Nationalbibl. d. Deutschen Gedichtes. M.: BetriebsR. b. d. Firma Renolit u. Bild.-Obfrau in d. Gewerkschaft IGBCE. H.: Keyboard- u. Gitarrespielen, Gedichte schreiben.

te Breuil Wolfgang Dr. med.

B.: FA f. Urologie u. Andrologie, selbständig. DA.: 40210 Düsseldorf, Karlstr. 17-19. weteb@t-online.de. G.: Halver, 15. März 1945. El.: Walter u. Katharine, geb. Küppers. S.: 1965 Abitur Wattenscheid, 1967 Apothekerpraktikum, 1967 Stud. Med. Münster u. Friedrich-Wilhelm-Universität Homburg/Saar, 1973 1. Staatsexamen, b. 1974 l. Weltreise, religiöse u. gesellschaftliche Struktur erforscht d. Balkan, Afghanistan, Pakistan, Indien u. Nepal, 1979/80 2. Weltreise, südl. Indien, Australien, Neuseeland, Südsee, Peru, Argentinien, Bolivien. K.: 1973-75 Med.-Ass. Knappschafts-KH Bottrop u. St. Vincent Coesfeld, 1975-80 FA f. Urologie Heinrich-Heine-Univ. Düsseldorf, 1980 Praxiseröff. in d. Karlstraße, Spezialisierung: Reproduktionsmed., Diagnostik u. Komplettbetreuung. BL.: spendete 30.000 DM im Objektklinik in Rußland u. betreut weiterhin, seit 3 J. Patenschaft f. 2 Dorfkinder in Nepal. P.: seit 1995 regelmäßig Veröff. in Fachzeitschriften. M.: Europ. Ges. f. Urologie, Dt. Ges. f. Andrologie. H.: Literatur, Theater, Architektur, Musisches u. Schöngeistiges, Radfahren.

Breuing Marc

B.: Tankwartskfm., Inh. FN.: SES Studio Equipment Service. DA.: 21376 Garlstorf, Egesdorfer Landstr. 1 / Hof. G.: Recklinghausen, 18. Juni 1965. Ki.: 1 Tochter. S.: 1983-86 Ausbild. z. Tankwartskfm., parallel an d. Abendschule d. Mittlere Reife nachgemacht. K.: 1986-87 Kfm. Ang. in einem Plattengeschäft in Recklinghausen, 1987-93 Firma Audiorent Recklinghausen, Ausbild. z. Kfm. (1989) u. danach Ang., 1993-97 Wechsel in Tonstudio Chatau du Pape wo er einen eigenständigen Verteilbetrieb v. Aufzeichnungsgeräten hatte, 1997 Grdg. d. SES Studio Equipment Service in Hamburg. H.: Fliegerei, Garten, Modelleisenbahn.

Breuker Karl-Heinz

B.: Dipl.-Biologe. FN.: KHB Umwelttechnik. DA.: 33415 Verl, Poststr. 10. G.: Gütersloh, 26. Juni 1957. S.: 1977 Abitur, 1977-78 Praktikum im Hause Miele, 1978-79 Bundeswehr, 1980-85 Stud. Biologie, Dipl.-Biologe. K.: 1986-93 wiss. Mitarb. Univ. Bielefeld, 1993 Grdg. d. eigenen Firma Analyt. Labor f. Trinkwasseruntersuchungen, Lebensmitteluntersuchungen, Wasseraufbereitung, Thermographie, Beratung u. Service. H.: Tennis, Literatur.

Breul Elisabeth Prof.

B.: Opernsängerin, Kammersängerin, Gesangsprof. PA.: 04179 Leipzig, Kietzstr. 9. V.: Prof. Dr. sc. phil. Karlheinz Viertel (Musikologe). Ki.: Sylvia-Elisabeth Viertel, Prof. Violine. BV.: Heinrich August Breul, Komponist 1734-83. S.: Gymn. Gera, dort privater Gesangsunterricht, Stud. u.a. b. Prof. Intrau am Konservatorium u. HfM "Carl Maria v. Weber" Dresden, 1958 Staatsexamen. K.: 1958 Theater Greiz, Debüt mit Donna Anna, 1977 Honorarprof. Dresden, 1982 Honorarprof. HfM Leipzig "Mendelssohn Bartholdy", 1960-92 Lyrische Sopranistin am Opernhaus Leipzig, Lied- u. Konzertsängerin mit Werken v. J. S. Bach bis modern, vor allem Mozart u. Schumann sowie 9. Sinf. v. Beethoven, zahlr. Rundfunk- u. Fernsehproduktionen, 12 Gesamtaufnahmen v. Opern, ständige Gastverpflichtungen an d. Dresdner Staatsoper u. d. Komischen Oper Berlin, Gastspiele u. Konzerte in Japan, Frankreich, Italien, Dänemark, Russland, Polen, Ungarn u.a. P.: europaweite Erfolge als Romilda in Joachim Herz "Xerxes" Inszenierung. E.: Kunstpreis d. DDR 1968, Kritikerpreise Berlin 1969 u. 1970, Nationalpreis 1970, Schumannpreis Zwickau 1973, Ehrenmtgl. d. Oper Leipzig. H.: Eisbach, Garten, Literatur.

Breul Elisabeth Prof.

B.: Opernsängerin, Kammersängerin, Gesangsprof. FN.: Univ. Leipzig, HS f. Musik + Theater Leipzig. DA.: Leipzig, Goethestraße. PA.: 04179 Leipzig, Kietzstr. 9. V.: Prof. Dr. sc. phil. Karlheinz Viertel. Ki.: Sylvia- Elisabeth Viertel (Geigerin u. Prof.). BV.: Heinrich August Breul, Komponist, 1734-1783. S.: 1958 Staatsexamen. K.: 1958 Sängerin am Theater Greiz, Debüt m. d. Donna Anna, 1960-92 Opernsängerin an d. Oper Leipzig, Opernsängerin, Konzertsängerin mit Schwerpunkte Bach, Händel, Mozart, Romantik u. modern sowie 9. Synfonie v. Beethoven, Liedsängerin, zahlr. Rundfunk- u. Fernsehprod., 12 Gesamtaufnahmen v. Opern, ständige Gastverpflichtungen an d. Dresdner Staatsoper u. d. Komischen Oper Berlin, Gastspiele in Japan, Frankreich, Rußland, Polen, Dänemark, Ungarn u.a. E.: 1968 Kunstpreis d. DDR, 1973 Schumann Preis u.a. H.: Eisbach, Garten, Lesen.

Breunig Margit *)

Breunig Walter Dr. phil. Prof. *)

Breunig Willi Dr. agr. habil. Dr. h.c. Prof.

B.: Dipl.-Ldw. u. HS-Lehrer. DA. u. PA.: 10407 Berlin, Am Friedrichshain II. G.: Klein-Auheim, 2. Feb. 1928. V.: Rita, geb. Kretschmer. Ki.: Kersten (1962), Frank (1964). El.: Friedrich u. Katharina, geb. Berger. S.: Höhere Schule Aufbauklasse, 1945-50 Landarbeiter, 1950-52 Fachschule f. Ldw. in Reinhardsgrimma u. Weimar (1952 Sonderprüfung z. Hochschulreife), 1952-55 Humboldt-Univ. Berlin, Stud. Landwirtschaft, Dipl.-Ldw.), 1958 Prom. u. 1963 Habil. über Weidewirtschaft. K.: 1962 Doz. u. 1963 o.Prof., 1962-65 Prodekan Ldw. Gärtn. Fak., 1963-67 Inst.-Dir. Acker- u. Pflanzenbau, 1967-89 Dir. d. Sekt. Pflanzenprod. HUB, 1973 stellv. Vors. d. BeiR. Agrarwiss. b. Min. f. Hoch- u. Fachschulwesen, 1975 Mtgl. d. Intermin. Rates f. d. wiss. Vorlauf f. d. Land- u. Nahrungsgüterwirtschaft d. DDR, 1977 Vizepräs. d. Weltgrasland-Kongresses in Leipzig, 1977 Kandidat u. 1981 o.Mtgl. d. Ak. d. Ldw.-Wiss. (AdL), 1977-81 Vertreter d. Region Mitteleuropa in d. Europ. Grünlandver. (EGF), wiss. Beratung v. 35 Promotionen u. 12 Habil., 1978-90 Präs. d. Agrarwiss. Ges.

*) Biographie www.whoiswho-verlag.ch oder beigefügte CD-ROM

(awig), 1989-90 Prorektor f. Agrarwiss. d. HUB. P.: 130 wiss. u. populärwiss. Arb., zahlr. nat. u. intern. Vorträge, Mtgl. i. Red.-kollegien, 1972-92 "Die Tierzucht", 1976-92 Archiv f. Acker- u. Pflanzenbau u. Bodenkunde; Unsere Dauerweiden (1959), Gräser und Kleearten (1963 u. 1965), Grünland-Lehrbuch f. RGW-Länder (1975), Hochschullehrbuch "Futterproduktion" (1985 u. 1988). E.: 1978 Dr. h.c. Timirjasew, Akad. Moskau, 1988 Ehrenspange VVO (Gold), als einziger Agrarwissenschaftler d. DDR. M.: Mtgl. Dt. Grünlandverband, Mtgl. Förderges. Landgestüt Neustadt/Dosse, Mtgl. Förderges. d. Landw. Fakultät d. HUB, Förderges. Agrarmuseum Wandlitz. H.: seit über 40 Jahren Jäger (in Jägergemeinschaften), Naturschutz u. Biotopgestaltung.

Breuß Harald *)

Breust Matthias
B.: RA, Autor f. Texte u. Musik, Arrangeur. DA.: 10405 Berlin, Winsstr. 1. matthias.breust@berlin.de. www.breust.de. G.: Bad Oeynhausen, 7. Juni 1966. S.: 1985 Abitur Gehrden, 1986-87 Zivildienst Siloah-KH Hannover, 1987-93 Stud. Rechtswiss. Saarbrücken, Hannover u. Bonn. K.: Praktikum in d. Kzl. Taggart in Sydney, glz. Musiker f. Gitarre u. dr-programming in d. Band L. B. No, 1. Staatsexamen u. Referendariat m. Wahlstation bei Rand Rosenzweig Smith Radley Gordon Burstein in New York, Copyright Law u. IPR, 1995 2. Staatsexamen, 1996-97 tätig bei BVS, Gschf. SLIP-label GmbH & Co. KG, seit 1998 selbst. RA m. Tätigkeitsschwerpunkt Urheberrecht, Fotografie u. Musik, als Musiker 1998 Grdg. d. Band Olafs Palme. P.: Auftritte in d. Jazzgalerie u. im "Namenlos" in Bonn, während d. Stud. Redakteur f. EB Metronom, Interviews m. Bands, Konzert- u. Plakatkritiken. M.: seit 1993 SPD. H.: Sport, Fußball, Basketball, Zeitung, Politik.

Breustedt Hans-Jörg Dr. med. Prof.
B.: Arzt f. Innere Med. u. Krinologie, Praxis f. klin. Endokrinologie u. Reproduktionsmed. DA.: 22767 Hamburg, Lornsenstr. 4. PA.: 25881 Tating, Medehop 9. G.: Göttingen, 19. Juni 1941. V.: Lotte, geb. Zeidler. Ki.: Jörg-Michael (1969). El.: Dr. med. dent. Walter u. Dr. med. dent. Helene. S.: 1961 Abitur, 1961-66 Med.-Stud. Hamburg, Freiburg u. Hamburg, 1967-68 Med.-Ass. Hamburg, 1969-70 wiss. Ass. b. Prof. J. Kracht Univ. Gießen. 1967 Prom., K.: 1971 wiss. Ass. Univ.-Klinik Eppendorf Hamburg, seit 1983 Ndlg. m. eigener Klinik Hamburg,1976 FA f. Innere Med., 1978 FA f. Klin. Endokrinologie, 1978 Privatdoz. f. Innere Med., 1983 Prof. f. Innere Med., f. Univ. d. Endokrinologie. Sprechstunde UKE Hamburg. BL.: Praxisverb. v. gynäkol. orientierter Endokrinologie, Androlgen u. klin. Endokrinologen, 1. außeruniv. Praxisverb., Hormonanalytik, klin. Laboratorium. P.: regelmäßige Vortragstätigkeit bundesweit, zahlr. Art. in Fachzeitschriften u. Lehrbüchern, 1990 Buch über Endokrinologie. E.: 1968 Schoeller Jungmann-Preis. M.: Dt. Ges. f. Inere Med., Dt. Ges. f. Endokrinologie. H.: Naturphil., Tennis, Skifahren. (H.K.)

Brey Bernhard *)

Brey Kurt Dr. Ing. Prof.
B.: Architekt. FN.: HTW Dresden. DA.: Dresden, Friedrich-List-Pl. 1. Brey-Dresden@t-online.de. G.: Gefrees, 7. Mai 1948. V.: Melita. Ki.: Julia (1981), Maximilian (1984). S.: Stud. Arch. Coburg u. Berlin, Aufbaustud. Stadt- u. Regionalplanung, Dr. d. Ing.-Wiss. TU Berlin. K.: freier Architekt u. Stadtplaner in Berlin, wiss. Ass. am Inst. f. Stadt- u. Regionalplanung d. TU Berlin, Ges. i. Forsch.- u. Planungsbüro Bronplan in Berlin, Amtsltr. im Stadtplanungsamt u. danach StadtbauR. d. Stadt Amberg, seit 1993 Prof. f. Städtebau u. Regionalplanung an d. HTW Dresden, Eröff. d. Arch.-Büros in Dresden. P.: Fachbeiträge in Schriftenreihen d. Univ. Berlin u. Bayreuth u. d. Dt. Ak. f. Städtebau u. Landesplanung, Hrsg. d. Schriftenreihe f. Städtebau u. Regionalplanung an d. HTW Dresden. E.: versch. Preise bei Arch.-Wettbewerben. M.: Dt. Ak. f. Städtebau u. Landesplanung, Gutachterausch. d. Landeshauptstadt Dresden, Architektenkam. Sachsen. H.: histor. Gärten.

Breyer Hans-Georg Dr. med. Prof.
B.: Chefarzt Unfall- u. Wiederherstellungschirurgie. FN.: Gemeinnützige Ges. d. Katharinenschwestern mbH Sankt Gertrauden Krankenhaus. GT.: 1995-97 Vors. d. Berliner Ges. f. Unfallheilkunde u. Versicherungsmedizin. DA.: 10713 Berlin, Paretzer Str. 12. h.breyer@t-online.de. www.sankt-gertrauden.de. G.: Insterburg/Ostpreußen, 16. Apr. 1943. V.: Hannelore, geb. Schöning. Ki.: Nicola (1974). S.: 1962-68 Stud. Med. an d. FU Berlin, 1969 Prom. z. Dr. med., 1977 FA-Anerkennung f. Chirurgie, 1984 Habil., 1989 Ernennung außerplanmäßiges Prof. K.: 1968-69 Medizinalassistent, 1970-71 Ass.-Arzt in d. Kinderklinik Berlin-Charlottenburg, 1971-77 Ass.-Arzt in d. Chirurgischen Klinik des Behringkrankenhauses Berlin-Zehlendorf, 1977-81 Wiss. Ass. an d. Chirurgischen Klinik d. Klinikums Berlin-Steglitz, hier v. 1981-92 OA u. seit 1993 Chefarzt u. Ltr. d. Abt. f. Unfall- u. Wiederherstellungschirurgie am Sankt Gertrauden-KH Berlin-Wilmersdorf. P.: mehr als 120 Publikationen als Erstautor, Herausgeber u. Mitherausgeber v. 5 Monographien, Wiss. Schwerpunkte Endoprothetik in d. Unfallchirurgie, Trauma u. Thrombose, Traumatologische Probleme d. alten Menschen. H.: Filmen.

Breyer Hiltrud
B.: Dipl.-Politologin, MdEP. DA.: 66399 Mandelbachtal, Ormesheimer Str. 3. G.: Saarbrücken, 22. Aug. 1957. S.: Berufsausbild., mehrj. Arb. im Kindergarten, 2. Bild.-Weg, Abitur, Stud. Polit. Wiss. in Saarbrücken u. Berlin. K.: Politologin in Großforsch.-Einrichtung u. FU Berlin, Mtgl. im Geneth. Netzwerk u. im Frauenbild.-Werk, 1979 Grdg.-Mtgl. d. GRÜNEN, danach in mehreren Funktionen, Landesvorst.-Sprecherin u. Mtgl. im Bundeshauptaussch. d. GRÜNEN; GemR.-Mtgl. in d. Gem. Mandelbachtal, seit 1989 Mtgl. d. Europ. Parlaments, Mtgl. im Aussch. f. Umweltfragen, Volksgesundheit u. Verbraucherschutz. (Re)

Breyer Jutta *)

Breyer Martina
B.: Designerin, Innenarchitektin, selbständig. DA.: 10115 Berlin, Ackerstr. 19. design@atelierbreyer.de. G.: Berlin, 22. Feb. 1957. V.: Jochen Rohner. Ki.: Florian (1984), Elisa (1995). El.: Dietmar u. Edith Breyer. S.: 1973-75 Ausbildung Bauzeichnerin Ingenieurhochbau Berlin, 1976-79 Stud. FHS f. angew. Kunst Heiligendamm m. Dipl.-Abschluß als Innenarchitektin, 1990-93 Stud. Textildesign HS d. Künste Berlin m. Dipl.-Abschluß. K.: 1975-76 Bauzeichnerin im Ingenieurhochbau in Berlin, 1979-81 Innenarchitektin in d. Innenprojekt spez. f. Planung u. Ausstattung v. Kaffeehäusern, Kinder- u. Jugendeinrichtungen u. Hotels, seit 1982 freiberufl. Innenarchitektin m. Schwerpunkt Büro- u. Gaststättenausstattung, freiberufl. Textilkünstlerin spez. f. Batik u. Textildesignerin - seit 1994 Entwicklung u. Kollektionen u. Design f. Firmen d. Innenarchitektur, 1991 bundesweit. Hilfskraft an d. HdK Berlin, 1992-93 Innenarchitektin im Atelier Skopp, 1982-5 Durchführung v. Kursen an versch. VHS u. bei Kinder- u. Jugendeinrichtungen. P.: Ausstellungen: Ausstellungsbeteiligung in d. Kleine Galerie Pankow u. Kunstgalerie Schwedt (1987 u. 89), Hansegalerie Stralsund (1989), Wort u. Werk am Gendarmeriemarkt (1989), "Phantasie in Stoff" im Palais Festungsgraben in Berlin (1990), Galerie Sophienstraße in Berlin (1991), Freiraum in Starnberg (1995), Ausstellungen in Firmen u. bei Messen. K.: Arbeitsstipendium d. Stiftung Kulturfonds (1992-93). H.: Garten, Blumen.

---

*) Biographie www.whoiswho-verlag.ch oder beigefügte CD-ROM

Breyer Monika *)

Breyer Steven *)

Breymann Dieter
B.: RA. DA.: 41061 Mönchengladbach, Kaiserstr. 7A. G.: Mönchengladbach, 28. Dez. 1959. S.: 1980 Abitur Mönchengladbach, 1983-89 Stud. Vw. u. Rechtswiss. in Bonn, 1990 1. u. 1993 2. Staatsexamen. K.: 1993-94 Anw.-Kzl. in Leipzig, 1995 Eröff. Anw.-Kzl. in Mönchengladbach, Tätigkeitsschwerpunkt: Insolvenzrecht, Arbeitsrecht, Wirtschaftsrecht. M.: CDU. H.: Politik, Kultur, Sport.

Brezinka Wolfgang Dr. Prof.
B.: em. o.Prof. f. Erziehungswiss., Schriftsteller. FN.: Univ. Konstanz. PA.: 78464 Konstanz, Jakobstr. 45 u. A-6165 Telfes im Stubai, Gagers 29. G.: Berlin, 9. Juni 1928. V.: Dr. Erika, geb. Schleifer. Ki.: Christof, Veronika, Thomas. El.: Dipl.-Ing. Josef u. Hildegard. S.: 1946-51 Stud. Univ. Sbg. u. Innsbruck, 1951 Prom. K.: 1951-55 Psych. u. heilpäd. Berufstätigkeit am Inst. f. Vergl. Erziehungswiss. in Sbg., 1954-58 Priv.Doz. f. Päd. Univ. Innsbruck, 1958-60 Prof. d. Päd. Univ. Würzburg, 1960-67 Prof. d. Erziehungswiss. Univ. Innsbruck, 1967-96 Univ. Konstanz, 1984 Gastprof. Univ. Fribourg/Schweiz, 1985 Gastprof. Univ. of South Africa Pretoria, seit 1992 korr. Mtgl. u. seit 1997 wirkl. Mtgl. d. Österr. Akad. d. Wiss. P.: Grundbegriffe d. Erziehungswiss., Erziehungsziele, Erziehungsmittel, Erziehungserfolg; Metatheorie d. Erziehung, Aufklärung über Erziehungstheorien, Erziehg. in einer wertunsicheren Ges., Glaube, Moral u. Erziehg., Pädagogik in Österreich, Übersetzungen in 10 Fremdspr. E.: Tir. Adler-Orden in Gold, Österr. EK f. Wiss. u. Kunst 1. Kl., 1993 Ehren-Mtgl. Berufsverb. österr. Psychologen, Kardinal-Innitzer-Preis, Wien, 1994 Preis d. Stiftung f. Abenländische Besinnung, Zürich, 1995 Dr. phil. h.c. d. Techn. Univ. Braunschweig, 2001 Gold. EZ f. Verd. um d. Land Wien. M.: Dt. Ges. f. Erziehungswiss., Österr. Ges. f. Phil., Comparative Education Soc. in Europe.

Breznay Aranka *)

Briant Rolf Dr. med. dent.

B.: Zahnarzt, Kieferchirurg, selbständig. DA.: 50672 Köln, Kaiser-Wilhelm-Ring 50. info@dr-briant.de. www.dr-briant.de. G.: Duisburg, 24. Dez. 1946. V.: Rita, geb. Ileff. Ki.: Rolf, Diana. El.: Kurt u. Hilde, geb. Meilchen. S.: 1966 Abitur, 1966-71 Stud. Zahnheilknde in Bonn, 1972 Staatsexamen, 1972 Prom. z. Dr. med. dent., 1972-74 Ausbildung in div. kieferchirurgischimplantologischen Praxen. K.: 1974 Ndlg. in Köln in eigener Praxis mit implantologisch funktionsorientierter Behandlungskonzeption. M.: Vorst.-Mtgl. d. Dt Zentrums f. orale Implantologie (DZOI), Vors. d. Intern. Ges. f. elektronische Funktionsdiagnostik (IGEF), stellv. Vors. d. BdiZ (1990-97). H.: Segeln, Skifahren.

Brichzig Diether Ing. *)

Brick Martin
B.: MdL, Minister für Landwirtschaft u. Naturschutz des LandesMecklenburg - Vorpommern a.D., Fachtierarzt. FN.: Landtag Mecklenburg-Vorpommern. DA.: 19053 Schwerin, Schloß Schwerin. G.: Demmin/Vorpommern, 18. März 1939. V.: verh. Ki.: 3 Kinder. S.: Oberschule, Abitur, 1959-64 Stud. Vet.Med. Leipzig, 1980-82 Stud. z. Fachtierarzt in Berlin. K.: Fachtierarzt, Mtgl. d. Bauernverb., 1971-87 CDU-Ost, 2 Legislaturperioden im Kreistag Strasburg u. stellv. Ltr. d. Kmsn. Ldw., 1988-90 CDU-West Ortsgruppe Lübeck-Hüxtertor, ab 1990 CDU Kreisverb. Strasburg, ab 1993 CDU-Kreisverband Demmin, seit 1990 MdL, 1990-94 Minister f. Ernährung, Landwirtschaft, Forsten u. Fischerei, 1990 Regierungsbevollmächtigter u. Landessprecher f. Meckl.-Vorpom. beim Innenmin. d. DDR, Landesbevollmächtigter in Meckl.-Vorp. b. Bundesinn.-Min., 1993-2001 Mtgl. im Landesvorst. d. CDU, 1994-98 zusätzlich Min. f. Naturschutz u. Landschaftspflege, ab 2000 Präs. d. Deutschen Fischereiverbandes (DFV).

Brickenkamp Rolf Dr. rer. nat. o.Prof. *)

Brickmann Jürgen A. W. *)

Brickwedde Fritz *)

Brickwedde Wolfgang *)

Brie André Dr.
B.: MdEP. FN.: PDS Europabüro. DA.: 19053 Schwerin, Martinstr. 1. abrie@europarl.eu.int. G.: Schwerin, 13. März 1950. Ki.: 2 Töchter. S.: 1968 Abitur, 1968-71 Wehrdienst in d. NVA, 1971-76 Stud. d. Außenpolitik am Inst. f. Internationale Beziehungen Potsdam-Babelsberg, Diss. A 1979, Diss B Habilitation 1986. K.: Doz. u. Lehrstuhlltr. f. Fragen d. euro. Sicherheit u. Abrüstung, 1990-99 Wahlkampfltr. d. PDS, zeitweilig stellv. Bundesvors. d. PDS u. b. 1997 Vors. d. PDS-Grundsatzkommission, seit 1999 MdEP (PDS). P.: Autor v. wiss. u. populärwiss. Schriften z. Außen- u. Sicherheitspolitik, Kabarett-Texten, Aphorismen u. Satire, 1996 "Ich tauche nicht ab", 2000 "Nur die nackte Wahrheit geht mit keiner Mode". M.: IG Metall, Gründungsmtgl. d. Bundesstiftung Rosa Luxemburg u. d. Kindervereinigung. (Re)

Briebach Ferdinand

B.: Dir., Vorst.-Mtgl. FN.: Volksbank Hannover eG. DA.: 30159 Hannover, Kurt-Schumacher-Str. 19. PA.: 34 131 Kassel, Westerwaldstr. 3. G.: Kassel, 15. März 1938. V.: Anneliese, geb. Vockeroth. S.: 1956 Abitur, 1956-59 Lehre Bankkfm. Commerzbank Kassel. K.: tätig im Bankerwesen u. Ausbild. in Frankfurt u. Hamburg, b. 1972 Dir. d. Filiale Kassel, danach Dir. u. Ltr. d. BHF-Bank u. b. 1975 d. Filiale Kassel, seit 1975 Bankdir. u. Vorst. d. Volksbank Hannover m. Aufbau d. Wertpapier- u. Auslandsgeschäftes d. Volksbank. F.: Gen.Bevollm. Karl W. Vockeroth GmbH & Co KG. P.: div. Fachblätter. M.: Börsenrat d. Niedersächs. Börse zu Hannover e.V., Member of the Board of Directors DG ESC European Securities Corporation New York, stellv. Vors. d. BeiR. DG Capital Management GmbH Frankfurt/Main, BeiR. DEVIF GmbH Frankfurt/Main, BeiR. bws bank AG Frankfurt/Main, AufsR. Piermax Müller-Gruppe Automobile Hannover, Vors. d. AufsR. Hannoverscher Rennver. e.V., ehrenamtl. Richter am Landesarb.-Gericht Niedersachsen. H.: Golf, Tennis, Motorsport.

Brieden Michael Eugen *)

*) Biographie www.whoiswho-verlag.ch oder beigefügte CD-ROM

Briefs Ulrich Dr. Prof.
B.: IT-Entwickler, Hochschullehrer f. Ang. Informatik. PA.: F-75017 Paris, 45 bis, rue Pouchet. G.: Düsseldorf, 21. Feb. 1939. V.: May, geb. Thevessen. Ki.: Axel (1979) und Vera (1981). S.: Diplom-Volkswirt, Spezialist für wiss.-techn. Datenverarb. (IBM), Dr. rer. pol. in Sozialwiss., Honorarprof. in Angewandter Informatik. K.: Arbeit in d. Stahl- und Computerindustrie, wiss. Referent im Forschungsinstitut des DGB, Lehraufträge u. Gastprofessuren im In- u. Ausland, Leiter d. I.R.S.I. International B.V. Paris-Berlin-Posterholt (NL) - Intern., Institut f. Wirtschafts- u. Technologieforschung u. -beratung. BL.: 1980-92 Chairman u. Vice-Chairman der Working Group "Computer and Work" der IFIP. F.: CIIM Intern. Medienbüro Paris-Berlin. P.: über 300 Buch- u. Zeitschriftenveröff. E.: Silver Core Award der IFIP - Internat. Vereinigung d. Informatik-Gesellschaften. M.: Mtgl. und z.T. Vorstandsmtgl. in mehreren dt., franz. u. internat. wiss. Vereinigungen, Mtgl. in mehreren Redaktionen.

Brieger Galina *)

Brieger Uwe *)

Brieke Christian

B.: Kfm., Gschf. FN.: BIKE WORLD GmbH & Co KG. DA.: 59229 Ahlen, Beckumer Str. 120. G.: Hamm, 23. Dez. 1973. El.: Friedrich u. Maria, geb. Grewer. S.: 1993-96 Ausbild. z. Kfm. in Ahlen, 1996-97 Bundeswehr. K.: 1997-2000 ang. Kfm. im Zweiradbetrieb in Ahlen, 2000 selbst. Kfm. im Bereich Zweiräder. H.: Sport, Kulturbereiche, Kochen.

Brieke Walter jun. *)

Briel Ralph-Dieter *)

Briem Peter *)

Briemle Gottfried Dr. sc. agr. Dipl.-Ing.
B.: Ökologe u. Buchautor. PA.: 88326 Aulendorf, Riedweg 8. www.Briemle.net. G.: Mengen, 14. Juli 1948. V.: Petra, geb. Hinderhofer. Ki.: Daniel, Konstantin, Fabian. El.: Fritz u. Elisabeth. S.: FH u. Univ., Stud. d. Landschaftsökologie in München, Berlin u. Hannover, Prom. an d. Univ. Hohenheim. K.: GrünlandÖkologe u. Botaniker, Landesbeamter, RefLtr. einer Lanst. BL.: Rekordhalter im Guiness-Buch d. Rekorde (1992). P.: ca. 50 wiss. Publikationen, davon ökol. Bücher. M.: DGMT, Ges. f. Nat.Kunde Württ., Verein Deutsche Sprache e.V. H.: Ornithologie, Chorgesang, Theosophie.

Bries Ute
B.: Schauspielerin, staatl. geprüfte Atem-, Sprech- u. Stimmlehrerin. DA.: 27299 Langwedel, Daverdener Str. 100. G.: Bremen, 13. Okt. 1962. V.: Christian Niehus. El.: Helmut u. Inge Bries, geb. Bade. S.: 1983-86 Schneiderlehre in Bremen, 1987 Fachabitur Mode. K.: 1986 erste Begegnung m. d. Schauspielerei, 1988-92 Schauspielunterricht u. Schauspielerin am freien Theater München, kleine Auftritte u.a. im Tatort, 1993-94 am Bremer Theater erstes eigenes Stück "Wenn d. kleine Hunger kommt", b. Radio Bremen in d. Serie "Nicht von schlechten Eltern", Sprecherin im Hörfunk b. Radio Bremen u. NDR, 1996-99 Ausbild. z. staatl. geprüften Atem-, Sprech- u. Stimmlehrerin in Bad Nenndorf, seit 1999 Seminare u. Training f. Präsentationen u. Stimme f. Manager u. Führungskräfte, Regenerationstraining f. Musiker. H.: Reiten, Lesen, Katzen.

Briesemeister Dietrich Dr. Prof.
B.: Hispanist, Dir. d. Ibero-Amerikan. Inst. Preuß. Kulturbesitz, Prof. f. Iberoroman. Philol. u. Lateinamerikanistik FU Berlin. FN.: Friedrich Schiller Universität, Inst. f. Romanistik. DA.: 07740 Jena, Ernst-Abbe-Platz 8/4. PA.: 05331 Wolfenbüttel, Campestr. 11c. Dietrich.Briesemeister@uni-jena.de. G.: Altena, 12. Mai 1934. V.: Erika, geb. Borger. Ki.: Ulrike (1963), Annette (1965), Regine (1966). El.: Siegfriede u. Luise. S.: 1952 Gymn., b. 1959 Stud. Roman. u. Mittellatein. Philol. u. Phil. Tübingen, Rennes u. München, Staatsexamen. K.: 1959-71 Bibl. Bayer. Staatsbibl. München, 1967 Habil., 1971-87 Prof. f. Romanistik Johannes Gutenberg-Univ. Mainz, seit 1987 Dir. d. Ibero-Amerikan. Inst. P.: 130 Aufsätze in Fachzeitschriften. M.: Intern. Hispanistenverb., Dt. Romanistenverb., Dt. Hispanistenverb. u.a.

Brieske Otto Dipl.-Vw. *)

Brieskorn Carl Heinz Dr. rer. nat. o.Prof. *)

Briest Jürgen Dipl.-Chemiker *)

Briest Klaus

B.: Musikpädagoge, Musikjournalist. DA.: 28203 Bremen, Horner Str. 102. G.: Wiesbaden, 3. Mai 1944. El.: Hermann u. Erna, geb. Brühl. S.: 1960-63 Ausbild. z. Ind.-Kfm. K.: 1963-68 kfm. Ang. Stadtwerke Wiesbaden, 1966 Mitbegründer d. Band Soul Caravan später Xhol Caravan als Bassist, Tourneen durch Skandinavien f. Goethe Inst. 1972, Teilnahme an Jazz-Tagen in Berlin, intern. Essener Soultage, Clubauftritte, 1979 Bassist d. Hamburger Gruppe Dennis, 1974 Stud. Musikpäd. Bremer Konservatorium, 1978 staatl. Musiklehrerprüf., 1978 Musiklehrer an der Gesamtschule Bremen, seit 1979 Musikschule d. Stadt Delmenhorst als Musiklehrer f. elektron. Tasteninstrumente, Ensembleltr. f. Jazz, Rock, Pop, seit 1996 Musikjournalist, freier Mitarb. d. Zeitschrift Jazz Podium Portraits, Interviews, Art. Plattenrezensionen, Buchbesprechungen. P.: 3 LP'S m. d. Gruppe Soul Caravan, 1 LP m. d. Gruppe Dennis.

Brill Dieter Dr.-Ing. *)

Brill Dorothea
B.: Dipl.-Schmuckgestalterin (FH). DA.: 75173 Pforzheim, Bleichstr. 56-68. PA.: 75173 Pforzheim, Kallhardtstr. 30. bridor@gmx.de. www.junijewels.de. G.: Freiburg i. Br., 4. März 1968. El.: Norbert u. Annette Brill. S.: 1987 Abitur Freiburg, 1988-91 Ausbildung z. Goldschmiedin, 1991-94 Mitarb. b. Goldschmiedekünstlern in München, 1994-99 Stud. a. d. FH f. Gestaltung, Schmuck & Gerät Design, 1998 Stipendium Carl-Duisberg Ges. NYC, USA, 1998 Rhode Island School of Design, Providence, R.I., USA. K.: seit 1999 freiberufl. selbst. u. Ass. an d. FH f. Gestaltung Pforzheim Fachgebiet Kunst-, Kunst- u. Designwiss., seit 2001 Grdg.-Mtgl. d. Gruppe "Juni" Pforzheim, ein Zusammenschluss mehrerer Schmuckge-

*) Biographie www.whoiswho-verlag.ch oder beigefügte CD-ROM

Brill

stalter; seit 1995 Einzelausstellungen u. Ausstellungsbeteiligungen im In- u. Ausland. E.: 1. Preis b. Nachwuchsförderwettbewerb 2000 (Dipl.-Arb.) Hanau. H.: Yoga, Boule.

Brill Engelbert *)

Brill Helmut

B.: Dipl.-Ökonom, Gschf. FN.: Josef Raesch GmbH. DA.: 66130 Saarbrücken, Bühlerstr. 114. G.: Westfalen, 30. Mai 1944. V.: Elke, geb. Awiszus. Ki.: Lena (1977) und Anna (1979). El.: Heinrich u. Margarete. S.: 1964-66 Bundeswehr, Lt. d. Res., 1966 -71 Stud. Wirtschaftswiss. Univ. Bochum, 1971 Dipl.-Ökonom. K.: 1971-77 Gschf. b. d. Firma Reifen Morisse, 1978 Umzug nach Saarbrücken, 1978-80 Prok. Firma J. Raesch GmbH Saarbrücken, 1980 Übernahme der Geschäftsltg. in Saarbrücken. M.: Tennisclub, Golfclub, DVGW. H.: Tennis, Golf, Motorflug, Sprachen: Englisch, Französisch.

Brill Holger Dr. rer. nat.

B.: Mikrobiologe, Inh. FN.: Dr. Brill + Partner GmbH - Labor f. Hygiene u. Mikrobiologie. DA.: 22453 Hamburg, Papenreye 61. G.: Lüneburg, 5. Okt. 1947. V.: Ilsedore, geb. Glindemann. Ki.: 2 Kinder. El.: Jakob u. Irminfriede, geb. Kluge. S.: 1968 Abitur, 1969-77 Stud. Biologie Univ. Hamburg, 1977 Dipl., 1977-79 Stud. Holzbiologie Hamburg, 1977-81 Diss. K.: 1973-78 Lehrer f. Biologie u. Chemie am hauswirtschaftl.- techn. Gymn. in Lüneburg, 1979-80 Forsch.-Auftrag d. Dt. Forsch.-Gemeinschaft z. Thema Gel- u. Disc-Elektroskopie an d. Univ. Hamburg, 1980-81 Forsch.-Auftrag d. DFG z. Thema Einfluß v. Mikroorganismen auf d. Tannensterben an d. Univ. Hamburg, 1981-89 tätig in d. Firma Schülke & Mayr GmbH in Norderstedt, 1981-86 Ltr. d. Abt. techn. Mikrobiologie u. ab 1986 Ltr. d. Hauptabt. Biologie u. d.mikrobiolog. Qualitätskontrolle v. Desinfektionsmittel u. Kosmetika, 1989-92 Ltr. d. Bereichs Forsch. u. Entwicklung in d. Marienfelde GmbH u. MFH Marienfelde GmbH in Hamburg, 1992-95 Ltr. d. Abt. wiss. Produktbetreuung u. Anwendungstechnik in d. Firma Bode Chemie in Hamburg, seit 1996 Laborltr. u. Inh. d. Firma Dr. Brill + Partner GmbH., seit 1999 Arbeitshygieniker; Funktionen: Lehrtätigeiten an Gymn. u. Univ., Vorträge auf Symposien u. Seminaren, Mitarb. an d. Normung mikrobiolog. Testverfahren in nat. u. intern. Gremien, Betreuung klin. Studien, Durchführung v. Anwendungstests, seit 2001 vereid. Sachverständiger f. Mikrobielle Materialzerstörung und Materialschutz". BL.: Vielzahl an Patenten u.a.: "Wursttauchmasse, Holzgranulat f. d. Verwendung als Dünge- u. Bodenverbesserungsmittel, Vorrichtung z. Keimzahlbestimmung, Mittel z. Verringerung od. Unterbindung v. Gerüchen u.a.m. P.: "Untersuchungen über d. Vorkommen v. Mikroorganismen im Holz u. ihre Bedeutung f. d. Tannensterben" (1981), "Methoden z. Bestimmung d. algistat. u. algizid Wirksamkeit" (1991), "Mikrobielle Materialzerstörung u. Materialschutz - Schädigungsmechanismen u. Schutzmaßnahmen" (1995), "Sanierung v. verkeimten zentralen Dosieranlagen f. Desinfektionsmittel" (1996), "Kaltsterilisation - Was versteht man darunter, wird sie benötigt?" (1998) u.a.m. M.: DGHM, DVG, DECHEMA, ÖGHMP, IHHA, DIN, DPhG, DGKH, DGAH, GfKORR H.: Lesen, Tischtennis.

Brill Jörg *)

Brill Veit *)

Brimmer Andreas *)

Brinckmann Jörg Dipl.-Ing.

B.: techn. Betriebsltr. FN.: Alpha-Iso-Haus GmbH. DA.: 30165 Hannover, Vahrenwalder Str. 147. alphaisohaus@aol.com. G.: Stralsund, 3. Aug. 1959. El.: Wilhelm u. Rita. S.: 1978-81 Armeedienst in Eggesin u. Rostock, 1981-86 Ing.-Hochbaustud. TU Weimar, Abschluss: Dipl.-Ing. K.: 1986-89 Statiker b. VEB RGT Rostock, 1989-90 Investbaultr., Hauptbetr. Konsumgen. in Frankfurt/Oder, 1990-91 Abt.-Ltr. Technik im Versorgungsdepot f. Pharmazie u. Med.-Technik in Frankfurt/Oder, 1991-92 ang. Bauing. im Büro Schaper-Urlaub in Hannover, 1992-94 ang. Konstrukteur/Statiker im Büro Nord-West mbH Hannover, 194-96 ang. Dipl.-Ing. im Büro Dürkop Hannover, 1996 selbst. Grdg. Ing.-Büro Brinckmann Hannover, techn. Betriebsltr. Alpha-Iso-Haus GmbH. M.: VDI, Ing.-Ver. Niedersachsen. H.: Weltreisen (Brasilien, Sri Lanka, Ägypten), Literatur, m. Freunde treffen.

Brinckmann Thorsten

B.: RA. DA.: 10829 Berlin, Hochkirchstr. 1. G.: Neustrelitz, 25. Aug 1953. V.: Rosemarie, geb. Bienotsch. Ki.: Natascha (1988). El.: Edgar u. Olga Elsbeth Dolores. BV.: Großvater - Guilliermo Peréz de Velasco, Urgroßeltern - Luis Marqués de Velasco y Castilla, Vizekönig von Navarra u. Neuspanien u. Peru; Luis Marqués de Salinas, Vizekönig von Mexiko; Graf de la Nieva, Vizekönig v. Neuspanien; Anna von Braganza Königin v. Portugal, geb. Anna de Valasco; Familie erstmalig erwähnt 876, stammend aus Santander. S.: 1975 Abitur Handelsschule Krefeld, 1975-86 Stud. Rechtswiss. FU Berlin, 2. Staatsexamen. K.: 1979-85 Bez.-Verordneter in Wedding, 1986 Grdg. d. Kzl. m. Tätigkeitsschwerpunkt intern. Recht f. Ehe u. Familie u. intern. Wirtschaftsrecht. M.: Dt-Südamerikan. Juristenvereinig., WirtschaftsR. d.CDU, Mittelstandsvereinig. d. CDU. H.: Schießen

Bringe Frank Dipl.-Ing. VDI *)

Bringe Martin Dipl.-Ing.

B.: Gschf. Ges. FN.: Informationstechnik GmbH. DA.: 76228 Karlsruhe, Zur Seeplatte 12. mb@bringe.de. www.bringe.de. G.: Karlsruhe, 8. Mai 1959. V.: Karin, geb. Matz. Ki.: Lars. S.: 1979 Abitur Karlsbad-Langensteinbach, 1979-80 Bundeswehr, 1980-90 Stud. Maschinenbau TH Karlsruhe u. Feinwerktechnik an d. FH Karlsruhe m. Abschluss Dipl.-Ing. Feinwerktechnik FH. K.: 1990-96 Softwareing. u. Systembetreuer b. Karlsruher Bauing.-Büro Siegmar Karlsruhe GmbH, 1996-99 Chefredakteur Internetzeitschrift Internetonline u. Betreuung v. Ing.-Büros im EDV-Bereich, 1999 selbst. Softwareentwickler (Freelancer). M.: 2. Vors. d. Durmersheimer Surfclubs,

Schriftführer d. Ortsverb. Durlach im Dt. Amateur Radio Club (DARC). H.: Amateurfunken, Surfen, Fotografieren, Videographie, Elektronik, Kommunikationstechnik.

Bringer Karl-Heinz *)

Bringer Roman
B.: Kellner, Pächter. FN.: Pfeffermühlen-Club Kripstädt u. Bringer GbR. DA.: 04109 Leipzig, Thomaskirchhof 16. G.: Großenhain, 7. Apr. 1962. S.: 1978-80 Kellnerlehre im Reisebüro-Hotel "Heinrich Heine" in Schierke, 1989 Barmixerlehrgang im Ratskeller in Naumburg. K.: 1980-86 Kellner im "Palasthotel" in Berlin-Mitte, 1986-90 Buffetier in d. "Domklause" im "Palasthotel", 1987-90 Haftungsbereichsltr. in d. "Domklause" im "Palasthotel", seit 1991 Gschf. d. Gaststätte "Stiller Don", seit 1999 Pächter d. "Pfeffermühlen-Clubs". M.: Sponsoring Kabarett Leipziger Pfeffermühle.

Bringmann Jörg Dipl.-Kfm. *)

Bringmann Karl-Götz *)

Bringmann Michael Dr. Prof. *)

Bringmann Peter F. *)

Brings Hans-Gunter *)

Brink Enno

B.: RA, Notar, selbständig. DA.: 24937 Flensburg, Rathausstr. 10. brink@foni.net. www.brink-net.de. G.: Emden, 3. Feb. 1936. V.: Dr. Lore, geb. Lange. Ki.: Claudia, Dipl.-Ing. Jan, Dipl.-Ing. Kay-Enno. S.: 1956 Abitur Flensburg, 1956-60 Stud. Rechts- u. Staatswiss. in Marburg, Hamburg u. Kiel, 1960 1. u. 1964 2. Staatsexamen. K.: seit 1965 ndlg. RA u. Notar. E.: Silbermedaille Landessportverband Schleswig-Holstein (1990), Silbermedaille Stadt Flensburg (1990). M.: seit 1950 Flensburger Segel Club Commodore, Grdg.-Mtgl. d. Roundtable Club Flensburg, Grdg.-Mtgl. u. Präs. Lions Club Flensburg Schiffbrücke, Vorst.-Mtgl. d. Kurt u. Elfriede Panke Stiftung, Förderverein d. Flensburger Schifffahrtsmuseum, Niederdeutsche Bühne e.V., Flensburger Stadtgeschichte, Nautischer Verein, Flensburger Schiffer Gelag.

Brink Jürgen Dr. rer. pol.
B.: Vorst.-Vors. FN.: Sanacorp Pharmahandel AG. DA.: 82152 Planegg, Semmelweisstr. 4. www.sanacorp.de. G.: Neuwied, 1. Mai 1937. V.: Erika, geb. v. Götz. Ki.: Susanne, Marion. S.: Gymn. Neuwied, Stud. Vw. Univ. Bonn u. Wien, 1962 Dipl.-Vw., 1965 Prom. K.:. Vorst.-Vors. Sanacorp eG Pharmazeut. Großhdl. M.: AufsR.-Vors. Andreae-Noris Zahn AG Frankfurt, BeiR.-Mtgl. Dt. Apotheker- u. Ärztebank eG Düsseldorf u. Dt. Bank Berlin AG Berlin, Vorst. Bundesverb. d. pharmazeut. Großhdls. (PHAGRO) Frankfurt.

Brinker Günther Dipl.-Ing. *)

Brinker Karl-Günter
B.: Immobilienfachwirt, Inh. FN.: BS GmbH f. Haus- u. Wohnungsbau. DA.: 85051 Ingolstadt, Kirchstr. 26 a. V.: Barbara, geb. Burghardt. Ki.: Oliver (1980). El.: Albert u. Karolin, geb. Quast. S.: 1956 Mittlere Reife, 1961-64 Lehre Bürokfm. Kaufhof Aachen, 1964-66 Lehre Immobilienfachwirt Firma Hollander Aachen. K.: 1967 selbst. m. d. Firma IRA Immobilien, 1972 tätig im Verkauf v. Bauobjekten auf Ibizza, 1974 Grdg. d. Firma Vertrieb IST in Deutschland, 1978 Grdg. d. Firma Brinker GmbH u. 1990 Verkauf, 1990 Grdg. d. Firma BS GmbH. P.: Kataloge. E.: 2 x 2. Pl. bei Autorennen am Nürburgring. M.: CSU, Dt. Olymp. Vereinig. H.: Lesen, Biografien, Reisen.

Brinker Werner Dr.
B.: Vorst.-Mtgl. FN.: EWE AG Oldenburg. DA.: 26122 Oldenburg, Tirpitzstr. 39. PA.: 26180 Rastede, An der Bleiche 4. www.ewe.de. G.: Lingen, 30. März 1952. V.: Birgit. Ki.: Caroline, Friederike. S.: 1972 Abitur, 1972-78 Stud. Bauing.-Wesen TU Braunschweig. K.: 1978 Eintritt in d. Energieversorgung Weser-Ems AG, 1990 Prom., 1993-96 b. Preussen Elektro AG, seit 1996 Vorst.-Vors. d. techn. Vorst. d. EWE AG Oldenburg. P.: zahlr. Publ., u.a.: Wasserspeicherung in Zisternen, Zisternen-Stationen ihrer Entwicklungsgeschichte, Hdl. m. Hilfe v. Netzen, Die Abhängigkeit d. Gasabsatzes v. d. Temperatur, Kompostierung v. Klärschlamm. u.v.m. M.: Rotary-Club, BeiR.-Vors. d. FUTO, BeiR. d. IHK, u.a.m. H.: Antike Wasserversorgung, Tennis, Schifahren.

Brinkforth Heinrich Dipl.-oec. *)

Brinkhaus Gerd *)

Brinkhaus Gerd Dipl.-Wirtschaftsing. *)

Brinkhaus Maria *)

Brinkhorst Jörg *)

Brinkmann Albert *)

Brinkmann Alke *)

Brinkmann Andreas

B.: RA u. Fachanw. f. Arb.-Recht. DA.: 30175 Hannover, Adenauerallee 8. G.: Hannover, 1. Aug. 1963. V.: Verena, geb. Martin. Ki.: Lara Marie (1997). El.: Dr. Gerhart u. Ursula, geb. Spiller. S.: 1982 Abitur, 1982-83 Bundeswehr, 1983-89 Stud. Jura Univ. Marburg u. Hannover, 1989 Referendariat OLG Celle, 1992 2. Staatsexamen u. Zulassung z. RA. K.: 1992 RA in d. Sozietät Dr. v. Hartmann, seit 1998 Fachanw. f. Arb.-Recht m. Tätigkeitsschwerpunkt Arb.- u. Wirtschaftsrecht; Funktionen: ehrenamtl. BeiR. div. Wirtschaftsunternehmen. F.: Beteiligungen an Kaptal- u. Personenges. P.: Veröffentlichungen z. Thema Arb.- u. Wirtschaftsrecht in Fachzeitschriften. M.: Anw.-Kammer Niedersachen, Dt. Anw.-Ver., Golfclub Langenhagen, Anw.-Ver. Hannover. H.: Jagd, Galoppsport, Golf.

Brinkmann Axel *)

Brinkmann Bernd *)

Brinkmann Bernd *)

Brinkmann Bernhard Dr. med. *)

*) Biographie www.whoiswho-verlag.ch oder beigefügte CD-ROM

Brinkmann

Brinkmann Bernhard
B.: MdB, Versicherungsdir. FN.: SPD. GT.: AufsR-Vors. DA.: 11011 Berlin, Platz der Republik 1, Wahlkreisbüro: 31141 Hildesheim, Margarethenweg 7. PA.: 31174 Schellerten, Pfarrer-Hottenrott-Str. 23. bernhard.brinkmann@bundestag.de. G.: Schellerten, 22. Mai 1952. V.: Rita, geb. Hildebrand. EL.: Franz, Helene geb. Griese. S.: 1962-67 Realschule Himmelstür/Hildesheim, Mittlere Reife, 1967-70 Ausbildung Versicherungskaufmann, 1970 Eintritt Kolpingsfamilie, 1970-72 Zeitsoldat, Stab Panzergrenadierbrigade 1, nach Wehrübungen 2000 Oberleutnant. K.: 1972-1998 Victoria-Versicherung, 1968-70 Jugendltr. Radsportverein mRV Kehr Wieder Dinklar, 1986 Niederlassungsltr. Hannover, 1987 f. Raum Hildesheim, 1974 Juso, Ortsrat Dinklar, 1975 GemR Schellerten, Ratsherr, 1989 SPD-Fraktionsvors., 1986-96 2. Vors. SV Dinklar, 1986 Kreistag Landkreis Hildesheim, 1994-98 Vors. SPD-Kreistagsfraktion, seit 1994 1. Stellv. Bgm. Schellerten, seit 1998 MdB, seit 1996 AufsR-Vors. Kurbetriebsgesell. bad Salzdetfurth mbH, seit 1996 Beirat Avacon Helmstedt. P.: Kolping-Zeitung. E.: 1995 25 Jahre Mtgl. Kolping, Silberne Ehrennadel Radfahrverein, Verdienstnadel Niedersächs. Fußballverb. M.: Verein Freunde u. Förderer Stadttheater Hildesheim, Freundeskreis Diakonisches Werk Himmelstür, AWO, DRK. H.: Sauna, Tennis, ehem. Radball, Literatur, Theater. (Re)

Brinkmann Berthold *)

Brinkmann Carola Dipl.-Kfm. *)

Brinkmann Detlef *)

Brinkmann Detlev *)

Brinkmann Dirk *)

Brinkmann Egon Dr. Prof. h.c.
B.: Zahnarzt, Gen.-Sekr. FN.: Bundesverb. d. ndlg. implantolog. tätigen Zahnärzte in Deutschland e.V. DA.: 26122 Oldenburg, Theaterwall 14. G.: Oldenburg, 8. Nov. 1919. V.: Marianne, geb. Kukulka. Ki.: Detlev, Dr. med. dent. Anke. El.: Adolf u. Henriette. S.: Stud. Zahnmed. in Hamburg m. Approb. u. Prom. 1950/51. K.: kieferchir. Tätigkeit b. Prof. Dr. Dr. Karl Schuchard an d. Nordwestdt. Kieferklinik, seit 1954 ndlg. n. d. eigenen väterl. Praxis in Oldenburg, seit 1970 auf d. Gebiet d. zahnärztl. Implantologie tätig, 1973 Grdg. u. Übernahme d. Ltg. d. Arbeitskreises f. enossale Implantationsverfahren, 1980 Intern. Ges. f. Zahnärztl. Implantologie, zahlr. klin. Demonstrationskurse u. Seminare im In- u. Ausland, seit 1976 wurde d. Entwicklung keramischer Implantate d. Biolox-Gruppe wesentl. beeinflußt, Entwicklung eines speziellen Verfahrens m. neuartigen kugelförmigen Halteelementen z. Fixierung einer Prothese, 1982 Lehrauftrag u. Prof. f. odentolog. Implantologie an d. Univ. San Carlos in Guatemala, 1989 Gründer Bundesverb. d. ndlg. implantolog. tätigen Zahnärzte in Deutschland, Lehrbeauftragter f. d. postgraduale Universitätsstudium "Implantologie für Zahnärzte" an d. Donau-Univ. f. Umweltwissenschaften u. Medizin. BL.: Einführung d. Klassifikation d. Indikationskl. in d. enossale Implantologie. P.: über 50 wiss. Arb. u. Buchautor mehrerer impl. Standardwerke. E.: 1973 Preis v. d. Zeitschrift "Quintessenz", 1983 Prof. h.c. d. Univ. San Carlos de Guatemala.

Brinkmann Erich
B.: Verleger, Grafikdesigner, Autor. FN.: Verlag Brinkmann & Bose. DA.: 10999 Berlin, Leuschnerdamm 13. brinkmann_bose@t-online.de. G.: Freiburg, 6. Dez. 1947. S.: 1966 Abitur Freiburg, Stud. Politik, Soz. u. Germanistik Univ. Freiburg, 1975 Staatsexamen. K.: 1978 Veröff. d. Buches "Circus" b. Klaus Wagenbach, 1980 Verlagsgrdg. Brinkmann &

Bose, 1995 Alleininhaber, Phil., Psychoanalyse, Literatur, Kunst, Medientheorie, Typographie. BL.: Typograph. Gestaltungen. P.: Jacques Derrida: "Die Postkarte", Friedrich Kittler: "Grammophon, Film, Typewriter", Tschichold: Schriften in 2 Bänden; Gesamtausgabe Unica Zürn 1988-2001 8-bändig. E.: 1991 Bronzemed. "Das schönste Buch d. Welt" für "Was ist Dichtung" v. Jacques Derrida, 6x Ausz. "Die schönsten deutschen Bücher". H.: Reisen.

Brinkmann Falko Roland

B.: Galerist. FN.: Kunsthaus Pinx. DA.: 44791 Bochum, Castroper Str. 38. Kunsthaus-Pinx@talknet.de. G.: Gelsenkirchen, 7. Juni 1958. V.: Gabriele, geb. Freckmann. S.: 1977 Abitur, 1985-88 Arch.-Stud. K.: seit 1989 Kunsthaus Pinx, Ausstellung: z. 5-jähr. Bestehen m. Prof. G. Bodo Boden zeitgenöss. Kunst u. Wasserobjekte v. Franz Josef Maria Wittekind, Henning Eichinger, Frank Breidenbruch, Jürgen Grölle, Daniela Braun. H.: Segeln, Beruf, Motorradfahren, Tauchen.

Brinkmann Gerhard
B.: Ernährungsberater, Inh. FN.: SoVital BioReform. DA.: 30175 Hannover, Plathnerstr. 58. brinkmann@ABS-Webservice.de. www.sovital-de-vu. G.: Hannover, 14. Sep. 1942. V.: Carole, geb. Ndeke. S.: 1961 Mittlere Reife, 1961-64 Ausbild. Lebensmittel-Einzel- u. Großhdl.-Kfm. väterl. Betrieb Hannover. K.: 1967-71 tätig im Außendienst f. eine Waschmaschinenfirma in Hamburg, 1967-70 Fernstud. m. Abschluß Pharmaref. an d. FH München, 1971 Prüf. z. Tennislehrer b. DTB, 1978 Prüf. z. Tennislehrer in d. USA, 1993 Tennisl. Lizenz VDT, 1971-90 hauptberufl. Tennislehrer u.a. f. Lars Lampe u. Sven Stadtlander, 1996 Grdg. d. Firma SoVital BioReform Hannover m. Schwerpunkt Vertrieb v. Coenzym Q 10, Vitamin C coated, Selen, Multivitamine u. Miltiminerale. P.: Veröff. in Fachzeitschriften d. Tennisbereichs. E.: Ausz. in Gold u. Silber im USPTR. M.: CDU, Wahllehrer. H.: Schach, Tennis, Gitarre, Hund.

Brinkmann Gerhard Dr. Prof.
B.: o.Univ.-Prof. FN.: Univ. GH Siegen, PA.: 57076 Siegen, Hölderlinstr. 3. G.: Paderborn, 1. Dez. 1935. S.: 1964 Dipl.-Kfm., 1967 Dr. rer. pol. K.: 1964-70 Ass., 1970 Habil., 1971-73 Doz. an d. Univ. zu Köln, seit 1973 o.Univ.-Prof. P.: zahlr. Veröff.

Brinkmann Günther Dipl.-Kfm. *)

Brinkmann Hanns-Dirk
B.: Dipl.-Betriebswirt, Gschf. FN.: Software4You GmbH. DA.: 81377 München, Fürstenrieder Str. 267. G.: Neuss, 9. Okt. 1964. V.: Kerstin. Ki.: Kira (1996). El.: Ralf u. Gerda. S.: 1984 Abitur Neuss, 1986 Datenverarb.-Kfm. b. J.I. Case Neuss, 1987 Wehrdienst, 1991 Stud. BWL FH Düsseldorf,

*) Biographie www.whoiswho-verlag.ch oder beigefügte CD-ROM

Dipl.-Betriebswirt. K.: 1994 Projektltr. Controlling Systeme im Bereich Controlling Großhdl. d. Metro Grohdls. GmbH, 1994 Grdg. d. Software 4 You GmbH gemeinsam mit Dipl.-Informatiker Roy von der Locht, seit 1994 Gschf. Ges. d. Software 4 You GmbH, Sitz in Martinsried, Niederlassungen in Ludwigsburg u. Berlin. E.: 1991 Förderpreis d. FH Düsseldorf, Fachbereich Wirtschaft f. herausragende Diplomarbeit, "Solutions of the year 1997".

Brinkmann Helmut Dipl.-Betriebswirt

B.: Ges., Steuerberater. FN.: Brinkmann & Voigt Steuerberater-Wirtschaftsprüfer Warstein-Halle. DA.: 06110 Halle/Saale, (Kultur- u. Kongresscenter), Franckestr. 2. PA.: 59581 Warstein, Möhnestr. 177. G.: Dortmund, 7. Sep. 1940. V.: Regine, geb. Kroell. Ki.: Falko (1970). S.: 1957 Mittlere Reife, Wilhelm-Röntgen-Realschule Dortmund, 1957-60 kfm. Lehre bei d. Union Brauerei Dortmund, 1961-64 Stud. z. Dipl.-Betriebswirt an d. FHS Dortmund. K.: 1964-80 Ang. v. Wirtschaftsprüfungs- u. Steuerberatungsges. u.a. Price Waterhouse Co. Schwerpunkt: Internat. Steuerrecht, seit 1980 selbst. Steuerberater, seit 1990 selbst. Steuerberater in Halle/Saale; Leistung eines wesentlichen Beitrages z. wirtschaftl. u. strukturpolitischen Weiterentwicklung v. mittleren u. kleinen Unternehmen. F.: Gschf. d. Ges. WBT Wirtschaftsberatung u. Treuhand GmbH Steuerberatungsges., Zusammenarbeit mit d. Warwig Warsteiner Wirtschaftsförderungsges. u. d. WH Wirtschaftsberatung u. Treuhand GmbH. M.: Mtgl. d. WirtschaftsR. d. CDU in NRW u. Sachsen-Anhalt, Mtgl. d. Mittelstandsvereinig. d. CDU in NRW. H.: Tennis, Literatur, Jazz.

Brinkmann Herbert *)

Brinkmann Herbert Johann Heinrich *)

Brinkmann Horst

B.: selbst. Rechtsanwalt u. Notar. FN.: Kzl. Brinkmann & Partner. DA.: 26160 Bad Zwischenahn, Auf dem Winkel 31. G.: Neuenburg, 12. Mai 1944. El.: Dr. nat. Paul Brinkmann u. Almuth, geb. Claus. S.: 1966 Abitur Westede, Stud. Rechts-, Staats- u. Wirtschaftswiss. Univ. Münster, 1971 1. Staatsexamen, Referendariat in Oldenburg, 1973 2. Staatsexamen, seit 1973 selbst. Rechtsanwalt u. Notar in Bad Zwischenahn, Tätigkeitsschwerpunkt: Ges.- u. Hdls.-Recht u. Thailänd. Recht. P.: Rechtsaufsätze Thailänd. Recht. E.: 1999 Gold. Schlüssel d. Stadt Kokomo Staate Indiana USA. M.: 1949-99 Mitinh. Oldenburger Ton- u. Topfwerke, seit 1985 Gründer u. Präs. d. Dt.-Thailänd. Juristenver. e.V., AufsR.-Vors. Reederei Herbert Ekkinga AG, BeiR.-Mtgl. Dt.-Thailänd. Ges. e.V. H.: Segeln, Golf.

Brinkmann Joachim Dr.

B.: Gschf., Vorst. Finanzen u. Verwaltung. FN.: Marquard & Bahls AG Hamburg. DA.: 20459 Hamburg, Admiralitätsstr. 55. G.: Stettin, 25. Juli 1934. V.: Christine, geb. Paetz. Ki.: Susanne (1967), Karin (1970). S.: 1945 Katharineum zu Lübeck, Oberschule, 1954 Abitur, 1954-58 Stud. Rechtswiss. in Kiel u. Berlin, Freie Univ., 1958 Referendarexamen am Justizprüfungsamt Berlin, 1959-63 Referendar am Berliner Kammergericht, 1962 2. Jur. Staatsprüf. Berlin, 1956-61 Stud. Wirtschaftswiss. in Berlin, 1961 Dipl.-Kfm. in Berlin, 1966 Prom. z. Dr. rer. pol. Univ. Graz, Österr. K.: 1964-67 Ass. d. Gschf. Firma F. Soenneken, Bonn, 1967-70 Hauptabt.ltr. b. d. Firma Kaufhalle GmbH, Köln, seit 1970 Marquard & Bahls AG, Hamburg, seit 1977 Gschf, Vorst. Finanzen u. Verwaltung, politische Tätigkeit: seit 1993 im Vorst. d. WirtschaftsR. d. CDU e.V., seit 1995 stellv. Landesvors., seit 1997 Mtgl. d. Hamburgischen Bürgerschaft.

Brinkmann Johannes Dr. *)

Brinkmann Jürgen Ing. *)

Brinkmann Karl-Heinz Dr. phil. *)

Brinkmann Klaus *)

Brinkmann Monica *)

Brinkmann Rainer

B.: MdB, Abfallpolitischer Sprecher d. SPD-Bundestagsfraktion. FN.: Dt. Bundestag. DA.: 10111 Berlin, Platz der Republik 1, Wahlkreisbüro: 32756 Detmold, Paulinerstr. 39. www.rainer-brinkmann.de. G.: Varenholz, 9. Jan. 1958. S.: mit 16 J. Schülersprecher, auch Vors. Initiative Jugendzentrum Detmold-West, 1978 Abitur am Leopoldinum in Detmold, 1983-89 Stud. Diplom-Sozialarbeiter an d. FH Bielefeld. K.: mit 18 J. Eintritt in d. SPD, 1980-86 Juso-Vors. Lippe, auch aktiv in d. Friedensbewegung, 1980/81 Grdg. Bürgerinitiative gegen Neonazismus, seit 1984 SPD-Ortsvereinsvors. Pivitsheide, 1989-94 Kreistag, 1994 Stadtrat, stellv. Fraktionsvors., seit 1998 MdB, Abfallpolitischer Sprecher d. SPD-Bundestagsfraktion, stellv. Energiepolitischer Sprecher d. SPD-Fraktion. M.: Beirat Angehörigenkreis psychisch Kranker, Mtgl. d. Präsidiums BHU, Beirat Energienetzwerk Ostwestfalen-Lippe, FSV Pivitzheide, AWO, Heimat- u. Verkehrsverein, Europa-Union. (Re)

Brinkmann Rainer *)

Brinkmann Richard Dr. Prof. *)

Brinkmann Rolf Dr. med. *)

Brinkmann Rolf Dr. rer. nat. *)

Brinkmann Rüdiger Dipl.-Ing.

B.: Architekt. DA.: 20457 Hamburg, Katharinenstr. 30. PA.: 22415 Hamburg, Willersweg 3. Brinkmann.Architekt@t-online.de. G.: Düsseldorf, 12. Apr. 1953. V.: Ana-Maria, geb. Pessoa. Ki.: Robert (1983), Carolina-Maria (1993), Sophia-Marie (1995). El.: Herbert u. Nina. S.: 1971 Abitur Düsseldorf, 1971-72 Bundeswehr, 1972 Stud. Arch. Univ. Hannover, 1979 Dipl.-Ing., 1979-80 Stud. Arch. Univ. of California Los Angeles. K.: 1981 ang. Architekt b. O.M. Ungers, Köln, 1981 ang. Architekt b. Prof. H. Hollein Wien, 1982-89 ang. Archi-

*) Biographie www.whoiswho-verlag.ch oder beigefügte CD-ROM

Brinkmann

Brinkmann Thomas *)

Brinkmann Udo *)

Brinkmann Ulrich *)

Brinkmann Uwe-Ewald *)

Brinkmann Werner Dr. iur.

B.: Vorst. FN.: Stiftung Warentest. DA.: 10785 Berlin, Lützowpl. 11-13. G.: Hamm, 10. Dez. 1946. V.: Marion, geb. Ellerhold. Ki.: Johannes. El.: Heinz u. Elisabeth, geb. Kleinewillinghöfer. S.: 1966 Abitur Hamm, 1966-70 Stud. Rechtswiss. Univ. Freiburg u. Münster, 1970 1. Jur. Staatsprüf., 1975 2. Jur. Staatsprüf., 1975 Prom. K.: 1975-70 Tätigkeit b. d. Stiftung Warentest in Berlin, zuletzt als Ltr. d. Abt. Verw. und Recht sowie Stellv. d. Vorst., 1979-92 Tätigkeit b. Deutschlandfunk in Köln, seit 1981 Ltr. d. Abt. Personal u. Recht, seit 1989 als Ltr. d. Hauptabt. Personal, Honorare/Lizenzen u. Recht, seit 1979 RA in Köln bzw. Berlin, 1981-92 Mtgl. d. Kuratoriums d. Stiftung Warentest in Berlin, seit 1992 Mtgl. d. Vorst. d. Stiftung Warentest in Berlin, 1995 Alleinvorst. d. Stiftung Warentest in Berlin. P.: Die Verbraucherorgan. in d. BRD u. ihre Tätigkeit b. d. überbetriebl. techn. Normung (1976), Normung u. Verbraucherinformation (1979), Rechtsgrundlagen d. Produkthaftung (1980), Die wettbewerbs- u. deliktrechtl. Bedeutung d. Ranges in Warentests u. Preisvergleichen (1983), Rechtl. Aspekte d. Bedeutung v. techn. Normen f. d. Verbraucherschutz (1984). M.: Vors. im VerwR. d. Stiftung Verbraucherinst., Mtgl. im Präsidium d. Dt. Inst. f. Normung (DIN). H.: Fahrradfahren, Tennis, Familie.

Brinkmann Wilhelm *)

Brinkmann Wilhelm

B.: Kfm. FN.: Modehaus Brinkmann. DA.: 49716 Meppen, Am Markt 26. PA.: 49716 Meppen, Kuhstr. 1. info@mode-brinkmann.de. G.: Meppen, 25. Nov. 1966. El.: Johannes Georg u. Ursula. BV.: Wilhelm u. Ignaz Brinkmann - 1931 Betriebsgründer. S.: 1983 Mittlere Reife, 1983-84 BGJ f. Wirtschaft u. Verw. Meppen, 1985-87 Lehre Einzelhdl.-Kfm. Firma Mode Brinkmann u. Firma Lengmann u. Trieschmann Osnabrück, 1991-93 Textilfachschule Nagold. K.: 1988-90 Verkäufer u. Weiterbild. z. Substitut in d. Firma Peek u. Cloppenburg in Düsseldorf, 1990-91 Substitut in d. Firma Hettlage in Münster, 1993 Eintritt in d. elterl. Betrieb. P.: "Werbekonzept - Haus Mode Brinkmann Meppe". M.: Einzelhdl.-Verb., Landesverb. Mittel- u. Großbetriebe Niedersachsen, TC Meppen. H.: Wassersport, Radfahren, Inlineskating.

Brinkmann Wolfgang *)

Brinkmann Wolfgang Dr.-Ing. Prof. *)

Brinkmann-Herz Doris Dr. rer. pol. *)

Brinkmeier Horst *)

Brinkmeier-Kaiser Kathrin

B.: Fachhochschullehrerin. FN.: Verwaltungsfachhochschule Wiesbaden Abt. Kassel. DA.: 34121 Kassel, Sternbergstr. 29. fbverw.kassel@vfh-hessen.de. www.vfh-verw.via.t-online.de/ kassel/ default-htm. G.: Bad Harzburg, 3. Nov. 1957. V.: Uwe Kaiser. Ki.: Franziska (1989), Florian (1994). El.: August Brinkmeier u. Henny, geb. Zurmühlen. S.: 1978 Abitur Bad Harzburg, 1978-84 Stud. Jura in Marburg, 1. Staatsexamen, 1984-87 Referendarzeit in Kassel, 2. Staatsexamen. K.: 1987-88 Arbeitsamt Kassel als Widerspruchssachbearbeiterin, 1988-92 RA in d. Sozietät Selbert in Kassel, 1992-96 Vors. d. Anhörungsausschusses im Dezernat Soziales u. Jugend b. Rechtsamt d. Landkreises Kassel, 1996-2000 Fachhochschullehrerin d. Verwaltungsfachschule Wiesbaden Abt. Kassel zuständig f. Privatrecht, Soziale Sicherung u. Dienstrecht, seit 2000 Ltr. d. Verwaltungsfachhochschule Wiesbaden Abt. Kassel. H.: Tanzen, Fahrradfahren, Gerichtsmedizin, Geschichte.

Brinkmeyer Hans-Georg

B.: Hotelier, Gastronom, Inh., Gschf. Ges. FN.: Seehotel Fährhaus. DA.: 26160 Bad Zwischenahn, Auf dem Hohen Ufer 8. G.: Oldenburg, 4. Apr. 1953. V.: Susanne, geb. Barkhan. Ki.: Kirstin (1978), Insa (1983). El.: Georg u. Friedel, geb. Moswinkel. S.: 1969-72 Ausbild. z. Restaurantfachman Parkhotel Bremen. K.: 1973 Restaurantfachmann im elterl. Betrieb Seehotel Fährhaus, 1974 Annapolis/USA im Hilton Konzern als Restaurantfachamnn, 1974-76 Hotelfachschule Hannover, Abschluß als staatl. geprüfter Betriebswirt, 1976 Eintritt in d. elterl. Hotelbetrieb als Gschf., 1977 Übernahme als Inh. 1967 Umwandlung in Seehotel Fährhaus GmbH & Co KG als Gschf. Ges., 1995 Übernahme Der Ahrenshof in Bad Zwischenahn m. d. Ahrenshofscheune Ammerländer Tafelfreuden im urig-gemütl. Bauernhaus, anno 1688, als Inh. P.: seit 1992 Hrsg. d. Zeitung Hauskurier Seehotel Fährhaus. M.: Vors. d. Gäste- u. Touristikver. Bad Zwischenahn (GUT), BeiR. Ammerland d. IHK, seit 1990 Veranstalter "Talk am Meer" Treff v. Prominenten aus Wirtschaft, Politik, Showbusiness u. Sport f. einen

*) Biographie www.whoiswho-verlag.ch oder beigefügte CD-ROM

guten Zweck, seit 1999 Veranstalter Bad Zwischenahner Meerfestival m. Wahl d. Zwischenahner Meerprinzessin u. Miss Weser-Ems.

Brinkop Hans
B.: Buchdrucklehrmeister. FN.: Druckerei Brinkop Peine. DA.: 31226 Peine, Neustadtmühlendamm 10. G.: Peine, 1. Aug. 1940. V.: Christa, geb. Jungnitsch. Ki.: 2 Söhne. S.: 2 J. Handelsschule Peine, 1956 Lehre als Buchdrucker im Westermann Verlag Braunschweig, 1959 Abschluß. K.: 1 J. Gehilfe, 1960 Drucker im elterl. Betrieb, 1961-63 Meisterkurs in Göttingen, seit 1963 Buchdruckerlehrmeister, 1976 Übernahme d. gesamten Objektes u. d. Betriebes Duckerei Gottlieb Brinkop. M.: über 20 J. im Zentralfachaussch. Heidelberg f. d. Prüfungsfragen d. Druckers.

Brinks Karl-Heinz

B.: Betriebswirt, Gschf. Ges. FN.: NAPRO GmbH. DA.: 45472 Mülheim/Ruhr, Folkenbornstr. 15. G.: Mülheim/Ruhr, 1. Mai 1952. V.: Renate, geb. Nieland. Ki.: Jessica (1989). El.: Karl-Heinz u. Resi, geb. Bäcker. BV.: ltd. Hauspostille: 1523 ist d. Familie Brinks aus d. NL nach Mülheim eingewandert u. ansässig. S.: 1965-69 Lehre z. Groß- u. Außenhdls.-Kfm. b. d. Firma Steinhaus, 1970-73 über den 2. Bild.-Weg z. Betriebswirt. K.: 1969-73 Ang. im Ein- und Verkauf Firma Steinhaus, 1976-83 Wechsel in d. Abt. Finanzierungen, Aufbau d. Direktgeschäftes, 1983 Tätigkeit b. einem Unternehmen Clark Credit Service bzw. Clark Credit Bank bzw. Clark Leasing GmbH, 1984-89 Kreditsachbearb. bzw. Ltr. d. Kreditu. Vertragsabt. b. d. Concord Leasing GmbH Düsseldorf, 1987 Wechsel in d. Bereich Controlling/Accounting m. Handlungs- u. Bankvollmacht, 1989-92 Credit-Manager b. Svenska Finans Deutschland GmbH Düsseldorf, 1992-94 Bereichsltr./Mtgl. d. Geschäftsltg. d. Kredit- u. Vertragsabt. Rank-Xerox Leasing GmbH Düsseldorf, 1994-95 Senior Credit Officer b. Central Hispano Leasing AG & Co Frankfurt, seit 1995 Vertriebs-Repräsentant d. SüdLeasing GmbH Düsseldorf, 1998 Berater/freier Mitarb. d. NAPRO GmbH Mülheim, 1999 Ernennung z. Gschf. d. NAPRO GmbH. M.: IG, Arbeitskreis Ernährung, Gewerkschaft, Tennisver. TB Heissen. H.: Sport (Tennis, Wandern), Literatur (Archäologie/Naturwiss.).

Brinkschulte Hermann Dipl.-Ing. *)

Brinkwirth Gabriele *)

Brintzinger Ottobert L. Dr. iur.
B.: Min.Dirigent a.D., vormals Ltr. d. Abt. f. Städtebau u. Wohnungswesen im Innenmin. d. Landes Schleswig-Holstein, Wirtschaftsberater. PA.: 24107 Kiel, Klinkerwisch 51. G.: Tübingen, 6. Dez. 1929. V.: Gisela, geb. Edle v. Peter. Ki.: Ursula, Irmela, Susanne. El.: Prof. Dr.-Ing. Walter u. Anneliese. S.: 1949 Abitur, Stud. Univ. Tübingen, Heidelberg, Lausanne, TH Stuttgart, Univ. Basel, Kiel, 1954 1. Jur. Staatsexamen, 1957 Prom., 1958 2. Jur. Staatsexamen. K.: 1958 wiss. Ref. Präsidium d. Bundes d. Steuerzahler Stuttgart, 1959-65 wiss. Ref. Inst. f. Intern. Recht an d. Univ. Kiel, 1965-94 Ref. u. Abt.Ltr. im Innenmin. u. im Min. f. Arbeit, Soz. u. Vertriebene d. Landes Schleswig-Holstein, 1978-94 Min. Dirigent. P.: zahlr. Aufsätze u. Beiträge. E.: 1975 Goldene Ehrennadel d. Dt. Siedlerbundes e.V., 1989 Ehrenmed. d. Gemeinnützigen Wohnungswirtschaft in Gold, 1991 Gr. Goldene Ehrennadel d. Dt. Siedlerbundes e.V., 1992 BVK. M.: Mtgl. v. zahlr. wiss. Ver. u.a. Mtgl. d. Vorst. Dt. Volksheimstättenwerk e.V., Bonn, Lorenz v. Stein-Ges. zu Kiel e.V., Vors. Beirat d. Dt. Siedlerbundes e.V., Bonn, Vors. Arbeitskreis Brannenburg z. Förderung d. öffentl. Gesundheitspflege e.V., Brannenburg/Inn, stellv. Vors. Kuratorium d. Otto Benecke Stiftung Bonn.

Brinz Christoph Dipl.-Finanzwirt
B.: Gschf. FN.: Seniorenheim Hege. DA.: 88142 Wasserburg, Hege 7. G.: Weiler, 21. Juni 1965. V.: Gabi, geb. Schmitz. Ki.: Susanne (1992), Johannes (1993), Maria (1995), Josef (1997). El.: Josef u. Agathe. BV.: Prof. Alois v. Brinz - Kunsthistoriker im 19. Jhdt. S.: Stud. Finanzwesen FH Herschling, 1991 Dipl. K.: tätig in d. Finanzbehörde in München, ltd. Mitarb. in versch. Steuerbüros in München, seit 2000 Gschf. d. Seniorenheims Hege; Funktionen: 2. Bgm. v. Scheidegg. M.: CSU, div. örtl. Ver. H.: Freizeitsport, Tennis, Skifahren, Kommunalpolitik.

Brisach Ralf *)

Brisske Gunter *)

Britt Eckhard Dipl.-Ing. *)

Brittig Christian
B.: Profi-Eishockey-Spieler. FN.: c/o Berlin Capitals. DA.: 10719 Berlin, Kurfürstendamm 214. G.: Landshut, 27. März 1966. K.: Position: Stürmer, 1987 erstmals intern. eingesetzt b. Istwestija-Pokal in Moskau, bestritt er seine ersten 3 Länderspiele, aus denen m. d. Deutschlandpokal 1987/88 insges. 7 geworden sind, s. 1997 b. d. Berlin Capitals.

Britz Manuela *)

Britz Marlies
B.: Architektin. FN.: Stadtplanungsamt Potsdam. DA.: 14461 Potsdam, Hegelallee 6-10. G.: Potsdam, 19. Okt. 1950. V.: Frank Britz. Ki.: Anna (1980), Paula (1983). El.: Maximilian u. Brunhilde Bartylla. BV.: mütterl. seits Zistezienser aus d. Rheinland im 13. Jahrhundert. S.: 1969 Abitur u. Abschluß Hochbauzeichner Potsdam, 1969-73 Stud. TU Dresden Architektur. K.: 1973-90 tätig in Büro f. Städtebau Potsdam, 1990-91 selbst. Architektin, seit 1991 Architektin f. Stadtplanung im Stadtplanungsamt Potsdam u. glz. freiberufl. tätig; Projekte: Mitarb. am Kirchsteigfeld, Forsch.-Projekt EX-WO-ST Forsch.-Feld., Nutzungsmischung im Städtebau. M.: Beraterin im Bauaussch., 1993 Unabhängige Bürerinititive. H.: Fotografie, Architekturkritik, Segeln, Reisen.

Britz Reiner *)

Britz Thomas Dipl.-Ing.
B.: Architekt. FN.: Architekten Alt & Britz. DA.: 66111 Saarbrücken, Bleichstr. 14. PA.: 66440 Blieskastel, Zollstr. 16. G.: Dudweiler, 13. Nov. 1963. V.: Inga Elsa Margarethe Antonia, geb. Berndt. Ki.: Jakob-Julius (1994), Hannah-Antonia (1995), Helene-Maria (1997), Jasper Josef Sturmius (1998). El. Heinz u. Katharina. S.: 1982 Fachabitur im Bereich Arch., 1982-87 Arch.-Stud. FH d. Saarlandes. K.: 1984 prakt. Tätigkeit in Osnabrück, 1986-87 freier Mitarb. in Köln, 1987 Dipl. an d. FH d. Saarlandes, 1987-93 freier Mitarb. in Saarbrücken, 1989-91 Aufbaustud. Kunstak. Düsseldorf, seit 1993 eigenes Arch.-Büro m. Peter Alt in Saarbrücken. BL.: 1980-85 Radsport, 1982 Landesmeister, 1985VMeister. P.: Veröff. in Zeitschriften "Das Münster", "Baumeister". M.: AKS, BDA, RV Blitz Saarbrücken. H.: Radsport, Bergsteigen, Kultur.

Britz Uschi
B.: Dipl.-Schauspielerin. PA.: 54296 Trier, Bonifatiusstr. 104. ubritz@hotmail.com. G.: Trier, 25. Mai. 1952. S.: 1971 Abitur, 1971-76 Stud. Schauspiel Staatl. HS f. Musik u. Theater

*) Biographie www.whoiswho-verlag.ch oder beigefügte CD-ROM

Britz

Hannover, 1976 Dipl. K.: 1977-93 Engagements an versch. Theaterhäusern, in Freien Gruppen u. freiberufl. theaterpäd. Arb., seit 1993 Lehrauftrag f. Theaterpäd. an d. Univ. Trier, 1999 Mag.-Abschluß f. Germanistik u. Kunstgeschichte an d. Univ. Trier; polit. Karriere: seit 1982 Mtgl. v. Bündnis 90/Die Grünen, 1992-94 Vorst.-Sprecherin d. KV Trier-Saarburg, 1994-99 Mtgl. d. StadtR.-Fraktion, 1999 Spitzenkandidatin d. Kommunalwahl d. Stadt Trier, seit 1999 Mtgl. d. StadtR.-Fraktion, seit 2000 Vorst.-Mtgl. d. GARRP, seit 2001 a.o.Mtgl. f.Bündnis 90/Die Grünen f. Mtgl.-Versammlung d. Heinrich Böll Stiftung Rheinland-Pfalz; Funktionen: freiberufl. tätig in d. Projektentwicklung, seit 1998 theatral. Vermittlung in Museen. M.: Kunstver. Junge Kunst Trier e.V., Verbraucherinitiative Bonn, Ver. gegen tierquäler. Massentierhaltung. H.: Theater, Politik, Literatur.

Britze Martin Wolfgang Dipl.-Kfm.
B.: Vorst. FN.: Neukölln Mittenwalder Eisenbahn Ges. AG Berlin. DA.: Berlin, Gottlieb-Dunkel-Str. 47/48. PA.: 14055 Berlin, Sensburger Allee 28. martinbritze@aol.com. G.: Berlin, 25. Apr. 1947. V.: Beate. Ki.: Oliver Max. El.: Werner u. Gudrun. S.: Abitur, Bankl. Hochschulstud. E.: u.a. Arbeitsger. Berlin. H.: Tennis, Golf.

Brix Claus Ing. *)

Brix Klaus
B.: Pfarrer. PA.: 30173 Hannover, An der Tiefenriede 42. G.: Ostpreußen, 1. Juni 1935. El.: Dr. Friedrich u. Sigrid, geb. Jeep. S.: 1954-57 autodidakt. Vorbereitung z. Abitur, 1957 Abitur Hannover, 1957-58 Werkstudent Stahlarb. Dortmund, 1958-59 Stud. Rechtswiss. Univ. Hamburg, 1959-60 Stud. Theol., Griech. u. Hebräisch, 1960-64 Stud. Theol. Univ. Göttingen, 1964 1. theol. Examen, 1964-67 Predigerseminar Kloster Loccum, 1967 2. theol. Prüf. u. Ordination z. Pfarrer an d. Johanniskirche in Hannover Misburg. K.: 1976-84 Vorsteher d. ev.luther. Wichernstiftes in Ganderkesee u. glz. Ausbild. als individualpsycholog. Berater am Alfred Adler Inst. in Delmenhorst, 1985 dort ehrenamtl. Doz., 1985-95 Ltr. d. Hauptstelle f. Ehe- u. Lebensberatung am sozialmed.-psych. Inst. d. ev.luther. Landeskirche Hannovers, 1985-87 psychoanalyt. Zusatzausbildung am Zentralinst. Berlin d. EKD, 1989 Lehrberater am Alfred Adler Inst., seit 1995 im Ruhestand. P.: div. Fachvorträge. M.: Dt. Ges. f. Individualpsych. H.: Natur, Berge, Wandern.

Brixner Helge Carl Dipl.-Kfm.

B.: Rechtsanwalt, Gschf. Ges. FN.: arf Ges. f. Organ.-Entwicklung mbH. DA.: 90429 Nürnberg, Fürther Str. 2a. arf@arf-gmbh.de. G.: Nürnberg, 16. Jan. 1968. V.: Petra. Ki.: Muriel Sarah (2001). El.: Otto u. Christa. S.: 1987 Abitur in Herzogenaurach, 1987-91 Stud. Jura und Betriebswirtschaft an der Univ. Erlangen-Nürnberg, 1992 1. Jur. Staatsexamen, Referendarzeit in Nürnberg, 1995 2. Jur. Staatsexamen, 1997 Dipl.-Kfm. Nürnberg. K.: 1993-95 Landesgewerbeanst. Bayern Abt. Organ. u. Recht, 1995 Grdg. d. arf GmbH, zugelassener RA. H.: Sport (ehem. aktiver Handballer/Auswahlspieler), Politik, Geschichte, Reisen.

Brixner Ulrich Dr.
B.: Vorst.-Vors. FN.: DG Bank. DA.: 60265 Frankfurt/Main, Platz der Republik. (Re)

Broadhurst Andie J. *)

Broch Milli *)

Brocher Stefan *)

Brochier Alexander *)

Brochlos Astrid Dr.
B.: Japanologin. FN.: Zentrum f. Sprache u. Kultur Japans d. Humboldt-Univ. Berlin. DA.: 10099 Berlin, Johannisstr. 10. G.: Benneckenstein, 26. Juli 1958. V.: Dr. Holmer Brochlos. Ki.: 1 Tochter. El.: Walter u. Margarete Grote, geb. Harpering. S.: 1976 Abitur Wernigerode, 1976-81 Stud. Japanologie, Dipl., 1986 Prom. K.: 1982 Aufenthalt in Japan, 1984 tätig an d. Ritsumeikan-Univ. in Japan, 1987-88 Lektorin an d. Fremdsprachenuniv. in Korea, 1988-89 tätig an d. PHS in Laos, 1990-91 tätig an d. Univ. Tokai-Univ. in Japan, 1993-95 gschf. Dir. d. Japanologie an d. Humboldt-Univ., 1999-2000 Vertretungsprof. an d. Japanologie d. Univ. Halle-Wittenberg. M.: EAJS.

Brochnow Jörg Dipl.-Ing.

B.: RA. DA.: 01445 Radebeul, Hellerstr. 23. G.: Halle/Saale, 29. Sep. 1961. V.: Birgit. Ki.: David (1991), Sara (1993). S.: 1978-80 Lehre Bau- u. Möbeltischler Halle, 1981 Abitur Abendschule, 1981-84 Stud. Maschinenbau m. Abschluss Dipl.Ing., 1990-95 Stud. der Rechtswiss. Univ. Halle-Wittenberg, 1995-97 Referendariat OLG Naumburg. K.: 1984-89 Maschinenbauingenieur in d. Lebensmittelindustrie, 1990 Abgeordneter d. freigewählten Volkskammer d. DDR, 1997 Zulassung z. RA, Anw. Tätigkeit in einer baurechtl. Kzl. in Leipzig u. bei d. kassenzahnärztlichen Vereinig. Sachsen, 1999 Eröff. d. eig. Kzl. in Radebeul m. Schwerpunkten Bau- Miet- Kassenarzt- u. Haftungsrecht sowie Sozialrecht. P.: Vorträge u.a. zum Kassenzahnarzt-Honorarverteilungs- u. Gesellschaftsrecht f. Arztpraxen. E.: Ehrenbürger v. Erie County im Staat New York (USA). M.: Prüfer bei d. Adenauerstiftung f. Begabtenförderung, Mitbegründer d. Jungen Union in d. neuen Bundesländern, Landesvorsitz JU in Sachsen Anhalt 1989-92, Ang. d. letzten Volkskammer d. DDR im Auswärtigen- u. Rechtsausschuss. H.: Gitarre u. Mandoline, Lyrik, Rockmusik, Theater.

Brock Bazon Dr. Prof.
B.: Kunsthistoriker. FN.: Berg. Univ. Wuppertal. GT.: 2. Juni 1936. DA.: 42285 Wuppertal, Haspeler Str. 27. brock@uni-wuppertal.de. www.brock.uni-wuppertal.de. S.: 1957-61 Ausbild. Dramaturg, 1957-64 Stud. Germanistik, Phil., u. Politikwiss. Zürich, Hamburg u. Frankfurt/Main. K.: ab 1968 Besucherschulen auf d. "Documenta" in Kassel, Lehrtätig f. Ästhetik an d. HS f. bild. Künste in Kamburg, 1977-80 an d. HS f. angew. Kunst in Wien, seit 1980 an d. Berg. Univ. Wuppertal; über 650 Veranstaltungen im Fernsehen u. vielen Ländern Europas, Japan u. d. USA. P.: "Ästhetik als Vermittlung - Anti-Biographie eines Generalisten" (1977), "Ästhetik gegen erzwungene Unmittelbarket" (1986), "Die Re-Dekade d. Kunst u. Kultur d. 80er J." (1990), Videofilme u.a.: "Der Skulpturenpatk", "Peggy u. d. Anderen", "Der Körper d. Kunstbetrachters", "Jörräume/Hörspiele"

*) Biographie www.whoiswho-verlag.ch oder beigefügte CD-ROM

Brock Evelyn

B.: Gschf. FN.: Faire Carrière Karriere- u. Unternehmensberatung. DA.: 50667 Köln, Gertrudenstr. 9. G.: 8. Sep. 1963. S.: 1982 Abitur, 1984 Abschluß Höhere Handelsschule, 1986 Abschluß Fremdsprachensekretärin IHK, 1990 staatl. geprüfte Betriebswirtin, 1998 NLP-Practitioner, 2001 Supervisorin DGSV. K.: 1982 -83 Volontariat an d. dt.-franz. IHK in Paris, 1985-96 Sachbearbeiterin u. Produktmanagerin in versch. Unternehmen, 1996 Grdg. d. Firma Faire Carrière m. Schwerpunkt Existenzgründungs- u. Unternehmensberatung, Einzel-, Gruppenu. Teamsupervision, Seminare u. Trainings. M.: Schöne Aussichten e.V., Kölner Forum, DGF, Expertinnenberatungsnetz, Inside e.V.

Brock Henning Dr. med. dent.

B.: Zahnarzt, selbständig. DA.: 24937 Flensburg, Goerdeler Str. 19. G.: Rendsburg, 1. Okt. 1956. V.: Susanne, geb. Wollesen. Ki.: 2 Kinder. El.: Willi u. Margret, geb. Hell. BV.: Max Streckenbach Maler u. Roland Hell Opernsänger. S.: 1975 Abitur in Rendsburg, 1975-76 Bundeswehr, 1977-78 Fahrer b. einem zahntechn. Labor, 1978-82 Lehre als Zahntechniker. K.: 1982-83 Zahntechniker, 1983-88 Stud. Zahnmed. in Kiel, 1988-91 Assistenzzeit in Itzehoe, 1991 Grdg. d. eigenen Praxis, 1992 Prom., 2000 zertifiziert als Implantologe b. DGI u. BDIZ. E.: div. Fotoausstellungen im In- u. Ausland, div. Preise u. Urkunden f. Fotografie. M.: Akademie u. Wissenschaftsmtgl., DGI, BDIZ. H.: Fotografieren, Konzertbesuche, Reisen.

Brock Josef Dr. rer. nat. habil. Prof. *)

Brock Klaus

B.: RA u. Notar. FN.: Brock, Müller, Ziegenbein. DA.: 23552 Lübeck, Kanalstr. 12-18. luebeck@bmz-recht.de. www.bmz-recht.de. G.: Kamelow, 2. Mai 1941. V.: Heide Katrin, geb. Ruhnke. Ki.: Ina Ulrike (1969), Ulrich (1972). S.: 1961 Abitur Hildesheim, 1961-64 Bundeswehr -Hptm. d. Res., 1964-68 Stud. Rechtswiss. Berlin u. Kiel, 1. Staatsexamen, 1968-70 Referendariat, 1971 Prom. K.: 1973 Eintritt in d. Sozietät Dr. Bentin, Dr. Hohnsberg, Wolfgang Naucke in Berlin m. Tätigkeitsschwerpunkt Straf- u. Wirtschaftsrecht, seit 1978 Notariat m. Tätigkeitsschwerpunkt Wirtschafts-, Medizin- u. Wiedervereinigungsrecht. M.: Bürgerschaft d. Hansestadt Lübeck, Senator f. Wohnungswesen d. Stadtwerke, Vorst. d. Ges. z. Beförderung gemeinn. Tätigkeiten, Disziplinarrichter in Mecklenburg-Vorpommern u. Sachsen-Anhalt, Landesschiedskammer d. KV Schleswig-Holstein, AR d. Volksbank Lübeck, AR d. Geriatr. Tagesklinik u. d. Agrarges. Gustrow GmbH. H.: Tennis, Hochseesegeln.

Brock Mario Dr. med. Dr. h.c. Prof. *)

Brock Wolfgang Dr. med. *)

Brockamp Maria *)

Brockard Peter

B.: Hotelier. FN.: Hotel garni Altenburgblick. DA.: 96049 Bamberg, Panzerleite 59. hotel@altenburgblick.de. www.altenburgblick.de. G.: Bamberg, 2. März 1958. V.: Monika. Ki.: Katharina (1985), Christoph (1989). El.: Sigmund u. Agnes. S.: Mittlere Reife, Lehre als Koch im Restaurant Altenburg Bamberg, Bundeswehr in Ebern, Hotelfachschule am Tegernsee. K.: Ang. im elterl. Betrieb Altenburgblick u. Privater Brauereigasthof Greifenklau in Bamberg, seit 1985 Übernahme d. Hotels Altenburgblick, d. Brauereigasthof wird v. Bruder Sigmund bewirtschaftet. H.: Squash, Lesen.

Brockard Sigmund *)

Graf Brockdorff-Dallwitz Thilo Roger Johann Dr.

B.: Gen.-Sekr. d. Japan.-Dt. Zentrum Berlin. DA.: 10785 Berlin, Tiergartenstr. 24-25. PA.: 14195 Berlin, Thielallee 111. G.: Marienwerder/Westpreußen, 6. Feb. 1934. V.: Maritha, geb. von Korsigk. Ki.: Johann-Friedrich (1970), Benita (1972), Franziska (1972), Anna (1978). El.: Johann Gottlieb u. Helga, geb. von Broecker. BV.: Brockdorff-Rantzau Außemin. in Weimarer Rep. S.: 1953 Abitur, Außenhdls.-Lehre z. Exportkfm., Stud. Volks- u. Staatswiss. Hamburg, Genf, Tokio u. Wien, 1964 Prom. Völkerrecht, 1965 Dipl. f. Rechtsvergleiche. K.: Exportkfm. in Kolumbien, Dion.-Ass. in einer Petrochem. Firma u. b. einer Tochterfirma in Japan, Investitionsplanung in Italien, 1964 Eintritt ins Auswärtige Amt, Auslandsposten in Frankreich, Afrika, Indien u. Japan, Ref. f. Völkerrecht, NATO, Osteurop. Fragen, EG, seit 1985 Abg. im Auswärtigen Amt im Japan.-Dt. Zentrum Berlin. BL.: Entwicklungspolit. Projekte in Afrika z.B. Mitarb. b. d. Ostverträgen, Mitarb. b. Aufbau d. Europ. Währungssystem. P.: versch. Veröff. über japan.-europ. sowie intern. Beziehungen im Bereich Politik u. Wirtschaft. E.: Japan. Orden d. aufgehenden Sonne am Halsband 3. Kl. M.: Rotary, Johanniter, Mtgl. in mehreren Fachverb. H.: Fliegen, Skifahren, Fahrradfahren. (B.K.)

Brocke Heinz-Wolfgang Dipl.-Ing. *)

vom Brocke Martin Otto Emil Albrecht *)

Brocke Werner Dipl.-Ing. Prof. *)

Bröcker Eva-Bettina Dr. med. Prof. *)

Bröcker Franz-Josef *)

Bröcker Friedrich Maximilian Franz Dr. *)

---

*) Biographie www.whoiswho-verlag.ch oder beigefügte CD-ROM

Bröcker

Bröcker Gisela
B.: Atem-, Sprech- u. Stimmlehrerin, Logopädin, selbständig in eigener Praxis. DA.: 29553 Bienenbüttel OT Steddorf, In der Dohkle 13. G.: Hamburg, 31. Aug. 1924. S.: 1941 Mittlere Reife in Hamburg. K.: 1941-45 tätig b. Reichsarbeitsdienst, 1945-47 Alleinkontoristin in Hamburg, 1948-50 Polizistin b. d. Bahnhofspolizei in Bielefeld, 1951-53 Ausbildung z. Bahnhofsbeamtin, 1953-66 tätig b. d. Rechtsabteilung d. Dt. Bundesbahn, 1968-71 Umschulung z. Atem-, Sprech- u. Stimmlehrerin in Eldingen Kreis Celle (heute Bad Nenndorf) auf d. Schlaffhorst-Andersen Schule, seit 1971 selbständig in eigener Praxis in Bad Bevensen. P.: "Wie Bienen doch so böse stechen", Leben auch heilen, entfalten, Reifen, Bewußtwerden mittels Atmung, Sprache, Stimme. E.: Goldenes Wanderfahrerabzeichen (Kanu), Sportabzeichen. H.: Radfahren, Wandern, Schreiben, Nähen, Reisen.

Bröcker Peter Dipl.-Vw. *)

Brockers Peter Shihan
B.: Heilpraktiker, Chiropraktiker, intern. Karate-Instructor. DA.: 41061 Mönchengladbach, Goethestr. 26. PA.: 41063 Mönchengladbach, Bozener Str. 84. G.: Aschersleben, 2. Apr. 1945. Ki.: Daniel (1967), Markus (1968). El.: Peter u. Käthe, geb. Kremers. BV.: Bovender, bekannter Hobby-Mathematiker. S.: 1959-62 Berufsschule Mönchengladbach, 1972-74 Privatschule Dr. Hartmann Düsseldorf, 1959-62 Kfm. Lehre b. Firma Nossek & Co in Rheydt, 1962 Abschluß als Ind.-Kfm., 1964-67 Bundeswehr, 1970-72 Sportstud. Univ. Takushoku Dai Japan, Abschluß. K.: 1976-78 Heilpraktiker/Psych. Schule in Wunstorf, 1976-78 Ass.-Praktikum b. Dr. F. W. Scherer, 1978 Eröff. einer Naturheilpraxis in Mönchengladbach. E.: 1992 Gold. Nadel d. Stadt Mönchengladbach f. soz. Arb. m. Kindern, 1995 Ernennung z. Karateprof. v. d. intern. Okinawa Budo Föderation f. Shotokan Karate. M.: Karate Dojo Mönchengladbach 1968 e.V., seit 1970 Japan Karate Assoc., Chefinstructor v. Eurasia Budo Academie, Chairman of Shotokan-Karate Kyogi of Limited Nations, Naturfreunde Rheydt. H.: Budo-Sport, Tauchen, Münzensammeln, Japan, Kleinantiquitäten.

Brockert Christoph Johannes Otto Dipl.-Ing.

B.: Geschäftsführer. FN.: IPS Informations & Planungsservice GmbH. DA.: 29227 Celle OT Altencelle, Lärchenweg 7. c.brockert@ips-celle.de. www.ips-celle.de. G.: Mühldorf/Inn, 14. Mai 1963. V.: Elke, geb. Dühring. Ki.: Kevin (1994), Janina (1998). El.: Dr. rer. nat. Max u. Irmgard, geb. Traut. S.: 1987 Abitur Celle, b. 1989 Bundeswehr, b. 1993 Stud. Maschinenbau Automatisierungstechnik an d. FH Wolfenbüttel. K.: techn. Projektass. in Wathlingen in d. geophysikal. Bodenuntersuchung, seit 1995 Gschf. d. IPS GmbH in Celle, Schwerpunkte: Genehmigungsverfahren f. 3D Seismiken, Fremdleistungserkundungen, Oberflächenentschädigungen, Vertragsrecht f. Pipelinebau u. Lichtwellenleiter (Wegerecht), Baulasten f. Windkraftanlagen. M.: VFL Westercelle. H.: Fußball, Tennis, Aktien.

Brockhage Hans Prof. *)

Brockhaus Christoph Dr. phil.
B.: Museumsdir. FN.: Stiftung Wilhelm Lehmbruck Museum. DA.: 47049 Duisburg, Düsseldorfer Str. 51. PA.: 47058 Duisburg, Königsberger Allee 36. G.: Lübeck, 24. Aug. 1944. V.: Robbi, geb. Juday. Ki.: Laura, Sara. El.: Dr. Johannes u. Karla. S.: Stud. in Hamburg, Wien, USA u. Heidelberg. K.: 1970-72 Schiller College Heidelberg, 1975-79 Wilhelm-Hack-Museum Ludwigshafen, 1979-84 Museum Ludwig Köln, seit 1985 Wilhelm Lehmbruck Museum. P.: zahlr. Veröff. zur Kunst des 20. Jhdts. M.: Rotary Club Duisburg-West. H.: Literatur, Musik, Geschichte.

Brockhaus Erich

B.: Sänger, Vors. FN.: Vereinigte Aktion f. Rumänien e.V. DA.: 14129 Berlin, Ilsensteinweg 67. brockhaus@var-berlin.de. www.var-berlin.de. G.: Plettenberg, 8. Juni 1939. V.: Linde, geb. Wagner. Ki.: Grischa, Patrice, Katja, Colette. S.: 1957-59 Baupraktikum, 1959-63 Arch.-Studium in Lage u. Wuppertal, 1963-64 Stud. Kirchenmusik u. Gesangsunterricht am Wuppertaler Konservatorium, 1964-70 Gesangsstud. an HS f. Musik in Berlin. K.: seit 1967 b. RIAS Kammerchor, seit 1973 Vorst. RIAS Kammerchor, seit 1982 Gewerkschaftsdelegierter RIAS Kammerchor, ständiger Gast im BetriebsR. RIAS, seit 1995 GesamtbetriebsR.-Vors. Rundfunkorchester u. Chöre GmbH, 1986-89 Hilfsgüter nach Polen, ab 1990 Hilfsgütertransporte nach Rumänien u. Unterstützung diverser Waisenheime in Rumänien u.a. in Schäßburg, 1991 Grdg. Vereinigte Aktion f. Rumänien u. seither Vors., 1992 Aufbau Schule, Kindergarten, Agrarprojekt in Turea, 1998 Organ. Rumän. Kulturwoche Berlin-Zehlendorf, ab 1999 Agrarschulungs- u. Hygieneprojekte mit Roma in Rumänien. BL.: Aufbau u. Durchführung Therapiezentrum in Klausenburg, Straßenkinderarb. F.: Komm. Stahlwerk Brockhaus in Plettenberg. P.: über Verleihung BVK Art. in Tagesspiegel 23. Nov. 2000: "Kämpfer gegen d. Elend". E.: BVK f. Engagement in Rumänien. M.: 15 J. KirchenR.-Mtgl. Ernst-Moritz-Arndt-Gem., Zehlendorfer Synode. H.: Rumänien, Musik, Familie, Reisen.

Brockhaus Günter Paul

B.: Gschf. FN.: Neumann Gruppe GmbH. DA.: 20457 Hamburg, Am Sandtorkai 4. G.: Lingen/Ems, 3. Sep. 1951. V.: Erika, geb. Wolff. Ki.: Sebastian (1985). S.: 1969 Mittlere Reife Lingen/Ems, 1969-71 Ausbild. z. techn. Zeichner m. Abschluss, parallel dazu in Abendschulkursen Erreichung d. HS-Reife, 1971-73 Prakt. Tätigkeit als techn. Zeichner, 1 J. Tätigkeit in einem Ing.-Büro in Köln, 1975 Umzug nach Hamburg u. Stud. Vw. Univ. Hamburg, 1978 Dipl.-Vw. K.: 1978-79 Aufenthalt in Philadelphia an d. Univ. v. Pennsylvania, 1979-81 Ass. b. Prof. Harald Jürgensen, Erstellung v. Gutachten im vw. Bereich im In- u. Ausland, 1981 Eintritt in d. Firma Prudential Bache, Ausbild. z. Broker, Abschluss, Zulassung z. Börse in New York u. Chicago, 1985 Eintritt in d. Firma Bernhard Rothfos

*) Biographie www.whoiswho-verlag.ch oder beigefügte CD-ROM

AG in Hamburg als Ass. d. Vorst. f. Finanzen, Administration u. Personal, ab 1989 in d. Geschäftsltg. d. heutigen Firma Neumann Gruppe GmbH, 1992 Gschf. H.: Lesen, Golf, Tennis.

Brockhaus Lutz *)

Brockhaus Manfred Dipl.-Ing. *)

Brockhaus Michael *)

Brockhoff Ernst Dr. oec. publ. Dipl.-Kfm. *)

Brockhoff Klaus *)

Brockhoff Klaus K. Dr. rer. pol. o.Prof.
B.: Rektor, Wiss. Hochschule f. Unternehmensführung, Otto-Beisheim-Hochschule, Lehrstuhl f. Unternehmenspolitik. DA.: 56179 Vallendar, Burgpl. 2. G.: Koblenz, 16. Okt. 1939. P.: 20 Bücher, 240 Aufsätze in internat. u. nat. Zeitschriften. E.: Max-Planck-Preis, Karl Heinz Beckurts Preis. M.: Berlin-Brandenb. Akad. d. Wiss., Europ. Akad. d. Wiss. u. Künste.

Brockhus Ulf

B.: Bäckermeister, selbständig. FN.: Landbäckerei Konditorei Brockhus. DA.: 27801 Dötlingen, Ostertor 5. landbaeckerei.brockhus@ewetel.de. G.: Wildeshausen, 12. Apr. 1966. V.: Tanja, geb. Ramke. Ki.: Michelle (1995) und Roy (1998). El.: Hans u. Renate, geb. Döpke. S.: 1981-84 Ausbildung z. Bäcker Landbäckerei Konditorei Brockhus in Dötlingen, 1984/85 Bundeswehr, 1989 Meisterprüfung z. Bäckermeister in Hannover. K.: 1985-89 Bäckergeselle im Landkreis Oldenburg, 1991 Übernahme d. Familienbetriebes in 3. Generation als Inh., Spezialität: Dötlinger Schwarzbrot. H.: Sportboot, Angeln.

Bröcking Bernd

B.: Unternehmer, Inhaber. FN.: Bernd Bröcking Investmentanlagen. DA.: 4239 Wuppertal, Aufm neuen Land 16. G.: Wuppertal, 1. Juli 1949. V.: Brigitte, geb. Jöcker. Ki.: Marius (1977). S.: 1964-67 Ausbildung Verw.-Fachang. Stadtkasse Wuppertal. K.: 1967-70 Ang. d. Stadtkasse Wuppertal, 1970-77 Übernahme d. Verw. in einer Ind.-Unternehmen, 1977-90 tätig in d. Personalverw. im öff.entlichen Dienst, 1990-2001 Grdg. u. Leiter einer Verkabelungsges., 1993 Grdg. d. Investmenfond Agentur. M.: Skiclub Cronenberg. H.: Börse, Sport, Malerei, Pilze sammeln.

Brockmann Adolf Dipl.-Ing.
B.: Gschf. Ges. FN.: AB Gruppe f. Oberflächen- u. Umwelttechnik. DA.: 28832 Achim, Im Finigen 11. info@ab-gruppe.de. www.ab-gruppe.de. G.: Stolzenau, 20. Apr. 1939. V.: Inge Brockmann-Engler. Ki.: Cord (1966), Caren (1969). El.: Heinrich u. Marie, geb. Hadeler. S.: 1956-59 Lehre Maschinenbauer Horn Bad Meinberg, 1962-65 Stud. Maschinenbau FH Osnabrück m. Abschluß Dipl.-Ing. K.: 1965-69 Ltr. d. Kundendienstes in d. Desma Werken in Achim, 1971 Ltr. d. Planung f. eine Mess- u. Regeltechnikfirma in Frankfurt, 1972-76 Verkaufsingenieur u. Gebietsleiter f. Röntgen- u. Nuklearmedizin, seit 1976 selbständig m. Grdg. d. Ingenieurbüros f. Oberflächen- u. Umwelttechnik, 1990 Grdg. d. Firma AB Anlagenplanung GmbH. F.: seit 1994 Gschf. Ges. d. Firma Services AB. P.: "Industrielle Lackierungen", Veröff. in Fachzeitschriften u. intern. Vortragsreihen. M.: Vorst. d. Hünenberg e.V. H.: Sport, Tennis, Lesen, Politik.

Brockmann Andreas Mag. *)

Brockmann Christian
B.: Raumausstattermeister. FN.: Franz Brockmann Raumausstattung. DA.: 59423 Unna, Gerhard-Hauptmann-Str. 12. G.: Unna, 6. Juli 1974. El.: Franz-Wilhelm u. Lieselotte. BV.: Rudolf Bracht stellv. Bgm. Dellwig ca. 1953. S.: 1992-95 Ausbild. z. Raumausstatter im elterl. Betrieb. K.: 1996-98 Ang. im elterl. Betrieb, 1999 Meisterprüf., seit 1999 Gschf. P.: Bericht über Traditionsbetriebe in Unna (1999). M.: Handball SG Massen, Tennis TUS Han Dellwig DC Massen, Bürgerschützenver. Unna, HK Dortund, Kreishandwerkerschaft Unna, DLRG. H.: Handball, Tennis.

Brockmann Dora Mag.
B.: Diplom-Sängerin / Mezzosopran / u. Diplom-Gesangspädagogin. DA.: 42389 Wuppertal, Starenstr. 113. G.: Posen. V.: Andreas Brockmann. S.: Stud. Wirtschaftsgeographie m. Mag. an d. Univ. Posen, im Anschluß Stud. Sologesang / darst. Kunst an d. HS f. Musik Posen, Abschluß m. Auszeichnung, Pädag. Inst. in Warschau, Examen. K.: Debüt an d. Posener Oper, Zusammenarbeit m. d. Philharmonie Posen, seit 1971 Solistin an d. Breslauer Oper, 5 J., Warschauer Oper, 5 J., solistische Konzert- u. Bühnentätigkeit in Helsinki, 3 J., seit 1986 Engagement d. Wuppertaler Bühnen u. Zusammenarbeit m. Schillertheater NRW Wuppertal-Gelsenkirchen, Gesangspädagogin an d. HS f. Musik Wuppertal, Konservatorium Helsinki. u. an d. Univ. Erlangen-Nürnberg u. Bamberg. BL.: in Repertoire alle großen Rollen in Mezzofach wie "Carmen" v. Bizet, Amneris, Azucena, Eboli in Verdis Opern, Marina in "Boris Godunow" v. Musorgski usw., gr. Spektrum an Charakterrollen in Operette u. Musical, seit 1974 Gastspiele beim Musiktheater u. Konzerttätigkeiten in Symphonischen- u. Kammermusikbereichen in ganz Europa, Asien u. USA, Ltg. eigenes Musik- u. Gesangstudios in Wuppertal, Gründerin d. Theatergruppe "Brockmann's Music Company" in Wuppertal. P.: eigene Konzerte b. Rundfunk u. Fernsehen, Opernverfilmungen u. Opernfilme, zahlr. Werbespots u. Kinofilmen, Sängerdarstellerin, Schallplattenaufnahmen, CDs u. MCs. E.: 1974 Ausz. b. Teilnahme am Intern. Wettbewerb in München.

Brockmann Georg *)

Brockmann Hans Dipl.-Ing. *)

Brockmann Hans *)

Brockmann Hans-Joachim Dr.-Ing. Prof. *)

Brockmann Hartmut Dipl.-Psych.
B.: selbst. Managementberater. FN.: Dreiklang-Teamentwicklung. DA.: 28209 Bremen, Parkstr. 116a. G.: Bremen, 10. Mai 1953. V.: Dipl.-Psych. Kristin Adamszek. Ki.: Ahrael (1975), Adriane (1982). El.: Werner u. Frieda, geb. Stold. S.: 1970-72 Lehre z. Bauzeichner in Bremen, 2. Bild.-Weg 1980 Abitur Bremen, b. 1986 Stud. Sozialwiss. FU Hagen, Abschluß Mag., 1989-98 Stud. Psych. Univ. Bremen, Dipl.-Psych. K.: 1995-97 Ausbild. z. Systemischen Organ.-Berater in Hannover Inst.

*) Biographie www.whoiswho-verlag.ch oder beigefügte CD-ROM

Brockmann

Dehrmann u. Lauterbach, 1972-80 Bauzeichner in Bremen, Zivildienst Hauspflege,1984-93 Organ.-Programmierer, 1993 Personalentwickler einer Bremer Firma, seit 1998 selbst. als Organ.-Berater, Beratung v. Kirchen, Couch f. Führungskräfte, Kurse f. Väter Geburtsvorbereitungskurse, Reflektionskurse, Wochenendmaßnahmen Vater/Kind, Paarberatungen u. Kurse in Zusammenarb. m. Frau Adamaszek, Fortbild.-Seminare u.a. Väter u. stillen, Väter u. Hebammen im Kreissaal, Angst u. Management. P.: Kriterien effektiver Führungskräfteschulungen 1998 u. Art. in d. Zeitschrift "Dt. Hebammenzeitung", "Die Hebamme" u. "Eltern". M.: Bund Dt. Psychologen, Union v. 1801 Bremen. H.: Klarinette spielen.

Brockmann Ilse

B.: Freiberuflerin. FN.: DÈESE Deutschland. DA.: 25336 Elmshorn, Liethmoor 3. G.: Elmshorn, 6. Okt. 1936. V.: Ernst Brockmann. El.: Max u. Mathilde, geb. Tantau. BV.: Rosen-Tantau, Uetersen u. Fabrikanten Rostock, Elmshorn. S.: 1951-53 Staatl. Handelsschule Elmshorn, 1953-55 Ausbild. z. Ind.-Kauffrau. K.: 1965-67 priv. Haushaltsschule Töchterheim Gabert Bad Pyrmont, 1957-68 Kfm. Ltg. im elterl. Betrieb - Feinkost + Molkereiprodukte Großhdl. in Elmshorn, 1969 Geschäftsübernahme d. elterl. Betriebes, 1972 Verkauf d. Firma, 1973-74 Dale Carnegie Seminare f. Kommunikation u. Menschenführung, 1973 Antiquitätenverkauf, 1975-82 Direktverkauf AMC, 1982-84 Direktverkauf - Gebietsdion. - Mondial Schmuck, seit 1984 Direktverkauf DS. P.: div. Veröff. u.a. Network Press + Elmshorner Rundschau. H.: klass. Musik, Freunde, Gäste, Kochen, Gartengestaltung, Gestaltung v. Innenausstattung u. Garten u. Terrassen.

Brockmann Stephan Alexander

B.: Produktionsltr., Gschf. Ges. FN.: HKF Filmproduktion GmbH. DA.: 22761 Hamburg, Stresemannstraße 375. brockmann@hkf.de. G.: Hamburg, 5. Mai 1967. El.: Ulrich u. Elfriede. S.: 1985-88 Ausbild. z. Tischler u. Restaurator in Hamburg. K.: 1988-89 freiberufl. Tätigkeit als Hörfunkproducer beim NDR in Hamburg, 1989-93 Aufnahmeltr. Assistent u. anschl. erster Aufnahmeltr. bei 'Son et Lumière Film GmbH', später umfimiert in PetersenNaumann Film GmbH in Hamburg, 1993-94 erster Aufnahmeltr. bei Markenfilm GmbH u. Co KG in Hamburg, 1994-95 Produktionsltr. bei Bothnian Bay Film AB in Haparanda/Schweden, 1995-98 Produktions- u. Unitltr. bei d. HKF Film- u. Fernsehproduktion GmbH, 2000 umfirmiert in HKF Filmproduktion GmbH, 1998 in d. Geschäftsführung d. HKF gschf. Ges. d. HKF Film- u. Fernsehproduktion GmbH. BL.: Aufbau, Entwicklung, Organisation u. Realisation v. Extremproduktionen m. spezieller Logistik f. entlegene u.a. auch f. entlegene ausländische Drehorte. M.: Verband Dt. Werbefilmproduzenten (VDW), Fördermtgl. d. Dt. Ges. zur Rettung Schiffbrüchiger (DGzRS). H.: Segeln, Aktivreisen, Hunde, Natur.

Brockmann Svend *)

Brockmeier Hubert *)

Brockmeier Karin

B.: Hoteldir. FN.: Marienburger Bonotel Hotelbetriebs GmbH. DA.: 50968 Köln-Marienburg, Bonner Str. 478-482. G.: Lengerich, 21. Nov. 1964. S.: 1984 Abitur, 1984-87 Ausbild. z. Hotelkauffrau in d. "Halle Münsterland". K.: 1 J. Auslandsaufenthalt auf Fuerteventura/Kanaren, dann nach München z. SheratonHotels&Towers, anschließend Marienburger Bonotel Köln, Empfangschefin/stellv. Dir., 2 J. Managementtraining in Türkei, Schweiz u. Tunesien, seit 1996 Dir. Marienburger Bonotel. H.: Sport, Reisen.

Brockmöller Andreas Dr.-Ing. *)

Brockmöller Heinz Jürgen Dr.

B.: RA u. Notar. DA.: 21335 Lüneburg, Lindenstr. 29. G.: Hamburg, 22. Nov. 1930. Ki.: Dr. hab. med. Heinz-Jürgen (1958), Prof. in Göttingen, Dr. jur. Annette Maria (1963), Richterin in Hannover. S.: 1950 Abitur Hamburg, b. 1955 Stud. Rechtswiss. Univ. Hamburg, bis 1959 Referendar in Hamburg, Bonn u. Köln, 2. Staatsexamen in Düsseldorf, Prom. unter Prof. Laun 1956 in Hamburg mit Diss. "Vorübergehende Sperrungen auf hohem Meer, insbes. im Zusammenhang mit Manövern, Atombombenversuchen u. anderen gefährlichen Nutzungen" damals in Vereinten Nationen erwähnt, nach Examen div. Arbeiten u.a. im Bundesverkehrsministerium. K.: seit 1992 RA in Köln, seit 1964 in Lüneburg, seit 1973 Notar. M.: Dt. Anw.-Ver. H.: Garten, Reisen.

Brockmöller Jürgen Dr. med.

B.: Ltr. d. klin. Pharmakologie. FN.: Univ. Göttigen. DA.: 37075 Göttingen, Robert-Koch-Str. 40. juergen.brockmoeller@med.uni-goettingen.de. G.: Bonn, 21. Juni 1958. Ki.: Felix (1984). El.: Dr. Heinz-Jürgen u. Annemarie, geb. Schuster. S.: 1977 Abitur Lüneburg, 1977-83 Stud. Med. FU Berlin, 1983-87 Stipendiat d. Max-Planck-Ges., Doktorand f. molekulare Genetik Berlin, 1987 Prom. K.: 1987-93 wiss. Miatarb. am Inst. f. klin. Pharmakologie am Univ.-Klinikum Benjamin Franklin in Berlin, 1993 FA f. klin. Pharmakologie, 1993-2000 wiss. HS-Ass. am Inst. f. klin. Pharmakologie am Univ.-Klinikum Charité d. Humboldt-Univ. Berlin, 1996 Habil., seit 2000 Ltr. d. Abt. klin. Pharmakologie an d. Univ. Göttingen. H. Schwerpunkt Arznei- u. Fremdstoffmetabolismus, molekulare Epidemiologie, Parmakogenetik, molekulare Genetik u. Pharmakokinetik. P.: "Cytochrome P450 2D6 variants in a Caucasian population" (1997), "Combined analysis of inherited polymorphisms in Irylamine N-acetyltransferase 2, glutathoine S-transferase M1 and T1, micrisomal epoxide hydrolase anc cytochromr P450 enzymes as mdulators of bladder cancer risk" (1996), "Gluthathoine S-transferase M2 and ist variants A and B os host factors" (1988). H.: Zeichnen, Malen, Grafik, Natur.

Brockmöller Marcus

B.: Goldschmiedemeister. FN.: Juwelier Stolze. DA.: 42651 Solingen, Konrad-Adenauer-Str. 29. G.: Hilden, 6. Juni 1968. S.: 1984-88 Ausbild. als Goldschmied b. Goldschmiedemeister Wiegand in Solingen, Abschluss als jüngster Goldschmiedegeselle in NRW. K.: 1988-90 Gesellenj. in d. elterl. Werk-

*) Biographie www.whoiswho-verlag.ch oder beigefügte CD-ROM

Brocks Horst

statt u. b. anderen Solinger Goldschmiedemeistern, Vollzeitschule m. Meisterprüf. v. d. Handwerkskam. Münster (1991), 1991 Erweiterung d. elterlichen Geschäftes um eine Goldschmiedewerkstatt, seit 2001 eigene Goldschmiede, Weiterführung d. Juwelierstradition in 3. Generation. E.: Meisterprüfung mit "sehr gut" als jüngster in BRD seit 1981, Sondergenehmigung d. Reg.-Präs. aufgrund bes. fachl. Eignung. M.: Handwerkskam. Düsseldorf. H.: Standarttanz, Reisen.

B.: Kapitän z. See a.D. DA.: 23795 Bad Segeberg, Lohmühlenweg 2B. G.: Klausdorf, 11. Dezember 1932. V.: Ursula, geb. Falck. Ki.: Andreas (1976). El.: Gustav u. Käthe. S.: 1951-52 Schiffsjungenschule in Schloß Nehmten. K.: Schiffsjunge auf d. Segelschulschiff "Passat", 1953-54 Jungmann, Leichtmatrose u. Matrose auf d. MS Athen, 1954-56 Matrose u. Pumpmann auf d. Motortanker Algol, 1956-58 Steuermannspatent an d. Seefahrtsschule Lübeck, 1958-59 3. Offz. auf d. Turbinentanker Pallace, 1959-61 2. Offz. auf d. Frachtern Weserore u. Merseyore, 1961-62 Kapitänspatent an d. Seefahrtsschule Lübeck, 1962-66 1. Offz. auf versch. Tankern d. Shell-Rederei, 1967-72 1. Offz. u. Kapitän auf großer Fahrt f. d. Reederei Oldendorf Lübeck, 1972-75 Kapitän auf großer Fahrt f. d. Itel-Corporation USA, 1976-81 Kapitän auf d. Bomin u. Bomin II d. Bochumer Mineralölges. Transerzreederei-Kontor, 1981-87 1. Offz. auf versch. Schiffen d. Atlantik-Reederei, seit 1990 im Ruhestand. M.: NABU Naturschutzver., Dt. Teckelclub Bad Oldesloe. H.: Fotografie, Lesen, Garten, Handwerksarb.

Brockschmidt Heinrich Gerhard Dr. med. *)

Brocksieper Brigitte *)

Brockstedt Hans *)

Brockstedt Peter R.
B.: Heilpraktiker, Inh. DA.: 20359 Hamburg, Detlev-Bremer-Str. 46. G.: Hamburg, 28. Feb. 1944. El.: Heinrich-J. u. Meta, geb. Endrikat. S.: 1959-62 Ausbild. z. Mosaik-, Platten- u. Fliesenleger Hamburg, 1963-65 Bundeswehr, Ausbild. z. Sanitäter u. Krankenpfleger. K.: 1966-68 OP-Pfleger im AK-Wandsbek, 1969-70 Barkeeper in St. Georg u. St. Pauli, 1971-76 Wiedereröff. u. Führung d. "Petite Bar" in d. Deltev-Bremer-Straße, 1976-81 Ausbild. z. Heilpraktiker (MHK) am UKE Hamburg, 1981 Zulassung als Heilpraktiker in Hamburg u. Praxiseröff., seit 1985 zusätzl. Eröff. einer med. Fußpflegepraxis sowie eines Tee-Kräuter-Naturkost Geschäftes. BL.: ehrenamtl. Tätigkeit im BLSV, 1961 Einsatz b. d. Hamburger Flutkatastrophe, Neuraltherapien, Massagen, Blutegel-Behandlungen in d. Praxis. P.: div. Beiträge zu Fachzeitschriften, "Gesundheitsbericht" in Lokalzeitung. E.: persönl. Widmung u. Urkunde d. Bgm. Paul Nevermann anläßl. d. engagierten Einsatzes b. d. Flutkatastrophe Hamburg 1961, 1980 Dipl. als Sportmasseur. M.: Bürgerver. St. Pauli, Zentralaussch. HH-Bürgerver., Verfügungsfonds u. SanierungsbeiR. d. STEG Hamburg. H.: Wandern.

Broda Christian

B.: RA Tätigkeitsschwerpunkt Unternehmenssanierung. FN.: RA'e Broda Marquardt Warnke & Schartner. DA.: 13507 Berlin, Am Borsigturm 9. broda@rae-broda.de. www.rae-broda.de. G.: Berlin, 15. März 1965. S.: 1984 Abitur Berlin, 1984-85 Auslandsaufenthalt in GB, USA, Kanada, 1985-88 Stud. Publizistik u. Theaterwiss. FU Berlin, 1988-94 Stud. Rechtswiss. FU Berlin, 1994 1. Staatsexamen, 1994-95 wiss. Mitarbeiter Univ. Potsdam, 1995-97 Referendariat beim Kammergericht, Wahlstationen Arbeitsgericht u. Commerzbank Berlin, 1997 2. Staatsexamen. K.: 1997 Gründer d. Sozietät, 1999 Erweiterung auf vier Partner, Kooperation mit Steuerberater Calo Flimm, Kooperation mit RA'e Pfefferle Koch Helberg in Heilbronn u. Dresden auf d. Gebiet d. Unternehmenssanierung. P.: Vortrag zum Deutschen und Europäischen Bankrecht (1997 Potsdam), "Die gerichtliche Inhaltskontrolle von Bürgschaftsverträgen", Kapitel Luxemburg in Recht der Kammern und Verbände Freier Berufe in der Europäischen Union und d. USA, NOMOS 1996. H.: Golf, Joggen, Bergsteigen.

Broda Hans-Gerit Dipl.-Ing.

B.: Bauprojektant, Inh. FN.: Ing.-Büro Hans-Gerit Broda. DA.: 06217 Merseburg, Eisenbahnstr. 7. info@broda-online.de. www.broda-online.de. G.: Amsdorf, 23. Mai 1944. V.: Gisela, geb. Löwe. Ki.: Heike Grimm (1966), Jens (1968). El.: Otto u. Frieda, geb. Bergmann. S.: 1959-62 Lehre Maurer. K.: 1962-66 Maurer im WBK Halle, 1970 Meisterprüf., 1970-1974 Ing.-Stud. an d. Ing.-Schule f. Bauwesen in Leipzig m. Abschluß Hochbauing., 1972-75 TKO-Ltr. in VEB Betonsteinwerk in Merseburg, glz. Stud. an d. HS f. Arch. u. Bauwesen in Weimar, 1976 Dipl.-Ing. f. Qualitätssicherung, 1975-78 Ltr. d. Projektierung im VEB Kreisbaubetrieb in Merseburg, 1978-90 stellv. Ltr. d. Abt. Konstruktion im VEB Aluminium-Folie in Merseburg, 1990 Grdg. d. Ing.-Büros m. Schwerpunkt Hochbau, Tragwerksplanung, Baubetreuung u.a. Wiederherstellung d. Stadtzentrums v. Merseburg, Kauf u. Rekonstruktion d. Schloß Schkopau u. Ausbau z. 4-Sterne-Hotel. F.: Ges. d. B & B Bautreuhand GmbH. M.: 1990 Ing.-Kam. Sachsen-Anhalt, 1992 Ver. Dt. Architekten. H.: Edelkatzen.

Brodalla Dieter Dr. rer. nat.
B.: Dipl.-Chemiker, Gschf. FN.: ALCON Aluminium Consult. GmbH. DA.: 40597 Düsseldorf, Benrather Schloßallee 71. G.: Düsseldorf, 24. Juli 1947. S.: Lehre Chemielaborant, Ausbildung Chemotechniker, Abitur Abendschule, 1973 Stud. Chemie Univ. Düsseldorf. K.: während d. Stud. freiberufl. tätig im Bereich Wasserchemie u. Wasserverfahrenstechnik, 1976 Aushilfslehrer f. Chemie am Homboldt-Gymn., 1979

*) Biographie www.whoiswho-verlag.ch oder beigefügte CD-ROM

Brodalla

Abschluß Dipl.-Chemiker m. Ausz., wiss. Mitarbeiter am Lehrstuhl f. anorgan. Chemie u. Strukturchemie, 1984 Prom. summa cum laude, 1984 Ang. in d. Firma Henkel u. Ltr. d. Abt. P3-Aluminiumindustrie, 1989 Grdg. d. Firma ALCON Aluminium Consult. GmbH m. Schwerpunkt patentierte Verfahren, Entwicklungen f. d. Automobilhersteller u. Flugzeugbau, ökolog. Aspekte u. inteligente Verwertung v. Reststoffen. P.: Vorträge z. Thema Reststoffverwertung auf Kongressen. M.: komunalpolit. Sprecher d. Bürgerinitiative Düsseldorf, Sprecher d. Arbeitskreises West Industrieverband VOA e.V., seit 2000 Europakorrespondent f. japan. Aluminium-Oberflächenbehandlung in d. Ind., sämtl. Fachgremien u. Normenausschüsse.

Brodbeck Erich *)

Brodbeck Gustav

B.: Winzermeister, Inh. FN.: Weingut Brodbeck. DA.: 79268 Bötzingen, Wasenweiler Str. 17-19. weingut-brodbeck@t-online.de. www.weingut-brodbeck.de. G.: Bötzingen, 7. Feb. 1949. V.: Luzia, geb. Bürkle. Ki.: Steuerberaterin Sabine (1969), Anja (1972), Ing. Thomas (1974). El.: Gustav und Luise, geb. Schulz. S.: Lehre Ldw. u. Winzer, 1968-69 Weinbauschule Winterschule Breisach, 1964-65 Landjugendaustausch Heilbronn, 1972 Meisterschule Freiburg u. Hochburg. K.: selbst. Winzer u. Ausbild.-Betrieb f. Winzer, sowie Vermietung v. Ferienwohnungen; polit. Funktionen: seit 1978 GemR., seit 1997 tätig im Kreisrat. BL.: Erzeugung d. 1. Bad. Sekt u. Edelbrände. E.: div. intern. Ausz., DLG-Prämierung f. Sekt. M.: Bad. Weinbauverb., Bad. Kleinbrennerverb., ldw. Hauptverb., Gesangsver. H.: Singen, Automotorsport.

Brodehl Johannes Dr. med.. F.R.C.P. em. Prof. *)

Brödel Christfried Dr. Dr. h.c. Prof.

B.: Rektor. FN.: Ev. HS f. Kirchenmusik Dresden. DA.: 01309 Dresden, Käthe-Kollwitz-Ufer 97. PA.: 01309 Dresden, Käthe-Kollwitz-Ufer 81. G.: Elsterberg, 17. Dez. 1947. V.: Christine, geb. Lange. Ki.: Johannes, Maria. El.: Johannes u. Liselotte. S.: 1966 Abitur, 1966-71 Stud. Mathematik Leipzig, Abschl. Dipl.-Mathematiker, 1978-82 Prom. Dr. rer. nat., 1984 Ex. Kirchenmusik. K.: 1971-76 Problemanalytiker Inst. f. Energetik Leipzig, 1976-84 Wiss. Mitarb. Inst. f. Ing. u. Tiefbau Leipzig, 1984-88 Landesgigwart d. Ev.-Luth. Landeskirche Sachsen u. Doz. f. Chorltg. Kirchenmusikschule Dresden, 1988-92 Dir. d. Ev. HS f. Kirchenmusik Dresden, seit 1992 Rektor; seit 1981 Ltr. d. "Meißner Kantorei 1961". BL.: zahlr. Ur- u. Erstaufführ. zeitgen. Kirchenmusik, Ltg. mehr. Bachakademien in Rumänien. P.: div. Veröff. in math., Ing.-Wiss. u. kirchenmusikal. Fachzeitschriften. E.: 1994 Ehrenprom. durch die Musikakademie "Gh. Dima" Cluj-Napoca (Klausenburg), 2001 BVK. M.: Direktorium d. Neuen Bachges., Vizepräs. d. Konf. d. Ltr. d. Kirchenmus. Ausb.-Stätten u. d. Landeskirchenmusikdir. i. Ber. d. EKD, Sächs. Musikrat. H.: Modelleisenbahn, Radfahren. (W.)

Brödermann Eckart Dr.

B.: Rechtsanwalt. DA.: 20354 Hamburg, Neuer Wall 71. G.: Hamburg, 13. Juli 1958. V.: Jenny Silke, geb. Rossberg. Ki.: Kai (1993), Tim (1995), Per (1997). El.: Jürgen Brödermann u. Marlis Mannhardt. BV.: Hamburger Kaufmannsfamilie. S.: 1977-81 Jurastud. Univ. René Descartes Paris, Abschluß Maitrise en droit privé général, 1981-82 Univ. Hamburg, 1982-83 Harvard Law School (LL.M.), 1983 New York Bar Examen, 1984-87 Stud. Univ. Hamburg, 1. Jur. Staatsexamen, 1994 Prom. z. Dr. iur. K.: 1979-80 Praktika in Piräus u. London, 1983-84 Foreign Assoc. v. Steptoe & Johnson Washington, seit 1985 Rechtsbeistand f. d. Bundesrecht d. USA u. d. Recht d. Staates New York, 1988-89 Mitarb. b. gr. Kanzlei in Hamburg, 1988-91 Referendariat in Hamburg, 2. Jur. Staatsexamen, 1991 Zulassung als Anw., 1992-96 Mitarb. in anderer gr. Kanzlei in Hamburg, 1996 Kzl. Dr. Brödermann, seit 1999 Partner d. Sozietät Brödermann & Jahn. P.: seit 1981 Autor u. Co-Autor zahlr. Veröff. u.a. Chines. Seehandelsrecht - China and Admiralty (1984/85), Intern. Privatrecht (2. Aufl. 1996), Europ. Gemeinschaftsrecht u. Intern. Privatrecht, Teil I (1996), Die GmbH im Prozeß (1997). E.: 1980 Lauréat du Concours Général. M.: Tönissteiner Kreis, American Bar Assoc., Freunde d. Max-Planck-Inst. f. ausländ. u. intern. Privatrecht, 1991 Gründungsmitgl. Ges. f. Rechtsvergleichung, Harvard Law School Assoc. of Europe, Harvard Law School Assoc. of Germany, Hamburger Anw.-Ver. H.: Familie, Segeln, Literatur.

Brodersen Doris

B.: Gschf. Ges. FN.: BLN Handelsberatungs u. Consulting GmbH. DA.: 10777 Berlin, Martin-Luther-Str. 11. G.: Flensburg, 26. Feb. 1952. Ki.: Liv (1977). S..: 1968-71 Ausbild. z. Krankenschwester an d. Charité Berlin, 1975-77 Abitur auf d. 2. Bild.-Weg, 1981-89 Stud. Kunstgeschichte an d. Univ. Leipzig, Humboldt-Univ. Berlin u. FU Berlin. K.: parallel dazu Aktivitäten u. Projekte b. div. Filmproduktionen u. in Verlagen, 1990 Grdg. d. eigenen Unternehmens. M.: Guardini Stiftung, Wirtschaftspresse Stammtisch Brandenburg, Hauptstadtinitiative Berlin, Dt.-Russ. Forum. H.: Literatur, Kunstgeschichte.

Brodersen Elizabeth *)

Brodersen Norbert

B.: Vorst.-Vors. FN.: KM-Europa Metall AG. DA.: 49074 Osnabrück, Klosterstr. 29. www.kme.de.

Brodersen Patrick

B.: Gschf. FN.: United Paint Media & Design Consultancy GmbH. DA.: 30175 Hannover, Scharnhorststr. 15. pbrodersen@united-paint.de. www.united-paint.de. G.: Hannover, 10. Okt. 1968. V.: Suzana, geb. Draganic. Ki.: Farina Alexandra. El.: Broder u. Karin Antonia Katharina, geb. Mroch. S.: 1987 Auslandsjahr in USA Coloreda Greely an d. Highschool, 1988 Abitur in Hannover, 1989-90 Bundeswehr, 1992 Beginn d. Studiums d. Wirtschaftswiss. an d. Univ. Hannover, parallel im väterl. Unternehmen Broder Brodersen, graphischer Betrieb tätig. K.: 1994 Grdg. d. United Paint Media & Design Consultancy, graphic-design, corporate identity in Hannover, 1998 Gschf. d. Firma, Projekt-Management, Dienstleistung im graphischen Bereich, Gestaltung v. Firmenkatalogen, Präsentationsarbeiten. E.: 1. Preis f. Überarbeitung d. Publ. Mohndruck, Umweltpreis gewonnen im Capital-Ranking (2001). M.: Golf-Club Garbsen, Hannover. H.: Familie, Freunde, Autos, Golf.

Brodesser Otto Dipl. rer. pol. techn.

B.: selbst. Steuerberater u. Wirtschaftsprüfer. DA.: 76185 Karlsruhe, Kaiserallee 18. G.: Singen, 2. Mai 1925. V.: Gisela, geb. Eisenmann. Ki.: Kerstin (1953), Kay (1956). El.: Prof.

*) Biographie www.whoiswho-verlag.ch oder beigefügte CD-ROM

Heinrich und Charlotte, geb. Waibel. S.: 1943 Abitur, 1943-47 Kriegdienst u. Gefangenschaft, 1947-52 Stud. VWL Univ. Karlsruhe. K.: 1952 Teilhaber d. Steuerberaterkzl. d. Schwiegervaters in Karlsruhe, 1954 Ernennung z. Steuerberater u. 1964 Wirtschaftsprüfer. P.: Fachart. in Fachzeitschriften. E.: BVK am Bande, Ritter d. Päpstl. Orden v. Hl. Sylvester, Ehrenring d. Steuerberaterkam. Nordbaden. M.: 1965-200 Prüfer d. Steuerberaterkam., 1967-72 Präs. d. Tanzsportverb. Baden-Württemberg u. ab 1972 Ehrenpräs., s. 1962 Ehrenämter in d. Kath. Kirche, 1972 Grdg. d. 1. Sozialstation in Baden-Württemberg, seit 1983 stellv. Vorst. d. St. Vincentius-KH in Karlsruhe, s, 2000 AufsR-Vors. d. St. Vincentius-Kliniken gAG, s. 1992 AufsR.-Vors. d. Badenia Druck- u. Verlag GmbH.

Brodführer Klaus Dipl.-Ing.
B.: Bgm. FN.: Stadtverwaltung Schleusingen. GT.: stellv. AR-Vors. d. Henneberg-Kliniken-Service GmbH, AR-Vors. d. Schleusinger Wohnungs GmbH, Vors. d. Werksausschusses d. Wohnungsunternehmen d. Stadt Schleusingen. DA.: 98553 Schleusingen, Markt 9. rathaus@schleusingen.de. www.schleusingen.de. G.: Schleusingen, 31. Dez. 1952. V.: Ursula, geb. Enders. Ki.: Alexander (1973), Michael (1979). S.: 1972 Abitur u. Facharbeiter als Kfz-Mechaniker, 1972-74 Bundeswehr, 1974-78 Stud. BWL an d. Ingenieurhochschule Zwickau, Abschluss Dipl.-Ing. oec. K.: 1978-83 Verkehrskombinat Suhl, 1983-90 Kraftverkehr Suhl, seit 1990 Bgm. d. Stadt Schleusingen, v. Wahl als Bgm. bereits CDU Stadtverordneter, seit 1990 Aufbau d. kommunalen Selbstverwaltung als große Herausforderung gesehen, u.a. Privatisierung solcher Einrichtungen wie Jugendklubhaus, Bergsee Ratscher, KH u. Altenheim, Bauinvestitionen f. Feuerwehr, Neubau Kindergarten, Henneberg-Sporthalle u. Sportstadion, b. Gebietsreform Eingliederung v. Ratscher-Heckengereuth, Gethles u. Rappelsdorf verwirklicht. E.: Dt. Feuerwehr-Ehrenmedaille (1996). M.: CDU, Vors. Zweckverband Wasser u. Abwasser Mittlerer Rennsteig, Mtgl. Vertreterversammlung d. Feuerwehr-Unfallkasse, Vorst.-Mtgl. Wilhelm-Augusta-Stift, u.a. H.: Garten, Haus, Wandern.

Brodkorb Dorothee
B.: Hebamme. PA.: 69124 Heidelberg, Glockenzehnten 53. G.: Ottweiler, 28. Apr. 1958. V.: Andreas Brodkorb. Ki.: Tobias (1985), Nils (1987), Clemens (1993). El.: Dr. Harald u. Dr. Paula Bechler, geb. Weinkauf. S.: 1978 Abitur, 1978-79 KH-Praktikum St. Wendel, 1979-81 Ausbild. staatl. anerkannte Hebamme am St. Josephs-KH in Heidelberg u. seit 2000 Beleghebamme, Ltg. v. psychosomat. Geburtsvorbereitungskursen u. Kursen in Wassergymnastik f. Schwangere; Funktionen: 1986-87 Vertretung im Entbindungsheim Fr. Neureiter in Leimen, 1999-00 freie Hebamme am St. Josephs-KH in Heidelberg u. seit 2000 Beleghebamme, Ltg. v. psychosomat. Geburtsvorbereitungskursen u. Kursen in Rückbild. u. Babymassage, seit 2000 Ltg. v. Kursen in Wassergymnastik f. Schwangere u. d. Heidelberger Sport- u. Bäderamt. BL.: Mitgrdg. d. perinatalen Betreuung in Heidelberg. M.: BDH, Neurodermitis-Verb., Intern. Ges. f. Babymassage in Hannover. H.: Klavier spielen, Spazierengehen, Theater.

Brodmann Angelika

B.: RA. FN.: K. Kunstmann A. Brodmann Rechtsanwälte. GT.: stellv. Vors. Kirchenvorst. Tifftlingerode, Eichsfeldgymn. Duderstadt, Elternvertreterin. DA.: 37155 Duderstadt, Marktstraße 9. PA.: 37115 Duderstadt, Stietzgrabenweg 7. G.: Duderstadt, 18. Juni 1956. V.: Klaus Kunstmann. Ki.: Sebastian (1984), Katharina (1986). El.: Paul u. Anne Brodmann. S.: 1975 Abitur Duderstadt, 1975-80 Stud. Rechtswiss. Univ. München, 1. Staatsexamen, 1982 Aufenthalt u. Stud. d. Rechtssystems in d. USA, 1983 2. Staatsexamen. K.: 1983 freie Mitarb. u. ang. RA in d. Kzl. Dr. Eichberg u. Kunstmann Rechtsanwälte Göttingen, 1992 selbst. RA in Sozietät K. Kunstmann A. Brodmann Duderstadt, 1997 Lehrgang z. Fachanw. Familienrecht in Hamburg, 1998 Fachanw. f. Familienrecht. M.: TTT Tifftlingerode, Anw.-Ver Göttingen, Dt. Anw.-Ver. H.: Lauftraining f. Halbmarathon Berlin 2002 u. New York Marathon 2003.

Brodmann Claudius

B.: Gschf. FN.: M.A.R.K. 13. DA.: 70176 Stuttgart, Johannesstr. 58a. claudius@mark13.com. G.: Temeschburg, 27. Feb. 1971. El.: Flavius u. Dr. Brigitte, geb. Brodmann. S.: 1991 Abitur Untertürkheim, 1991-93 Zivildienst u. Praktikum Medienbereich, 1993-99 Stud. Filmak. Bad.-Württemberg Stuttgart, 1999 Dipl.-Abschluß. K.: seit 1999 selbst. m. d. Firma M.A.R.K. 13; Funktion: Gastdozent an d. MERZ-Ak. M.: Sponser versch. Künstler, WAND 5 e.V. H.: Kunst, Musik, Videos f. Künstler, Filme f. interaktive Werbung.

Brodmann Uwe
B.: Fotograf, freischaffend. DA.: 38100 Braunschweig, Scharnstr. 23. brodmann-fotografie@gmx.net. G.: Hohne b. Lachendorf, 25. Mar. 1944. Ki.: Katrin (1976), Rita (1984). El.: Hermann u. Helene, geb. Bartels. S.: 1960 Mittlere Reife in Celle, 1960-63 Lehre z. Reproduktionsfotograf in Braunschweig b. d. Graphischen Kunstanstalt Köhler & Lippmann, 1963-65 Zeitsoldat Bundeswehr. K.: 1965-68 tätig als Reproduktionsfotograf im Ausbildungsbetrieb, 1968-69 Werksfotograf b. Büsing in Salzgitter, 1969-89 b. Miag in Braunschweig, Industriefilme gedreht u. Foto f. d. Öffentlichkeitsarbeit, seit 1989 selbständig als freischaffender Künstler, Schwerpunkt Fotografie u. Video f. Architektur, Ind. u. Werbung. BL.: Mitarbeit an d. Fernsehfilm "Die zweite Wirklichkeit" als der Fotograf Heinrich Heidersberger. P.: Photomuseum Braunschweig, Zweite Intern. Trienale d. 1978 Fotografie in Fribourg/Schweiz, Turo-Galerie auf d. Photokina in Köln (1980), Folkwang-Museum Essen (1980) u. Stadtmuseum München. E.: Förderpreis d. Landes Niedersachsen (1976), Preisträger b. Intern. Nikon Contest (1981), Preisträger b. Wettbewerb "Baum" d. AKN u. d. BBK Norddeutschland. M.: BBK. H.: Literatur, klass. Musik, Kunst, Ausstellungen, Reisen.

*) Biographie www.whoiswho-verlag.ch oder beigefügte CD-ROM

Brödner

Brödner Joachim *)

Brödner Uwe *)

Brodowski Frank *)

Brodowsky Horst Dr. rer. nat. Prof. *)

Brodtmann Edgar Dr.-Ing. Prof. *)

Brodtmann Klaus-Jürgen
B.: Bäckermeister, Gschf. FN.: Neveling GmbH. DA.: 42897 Remscheid, Schwelmer Str. 25. G.: Mönchengladbach, 11. Apr. 1949. El.: Wilhelm u. Maria, geb. Flesch. S.: 1963-66 Ausbildung z. Bäcker in Wuppertal, 1966-68 zusätzl. Ausbildung z. Konditor in Wuppertal, 1968-69 kfm. Schule (Abendschule), 1969 Stipendium v. d. Kammer aufgrund d. besten Abschlussergebnisses d. Jahrganges, 1969-71 Stud. BWL Bad Kissingen, 1971-72 Bundeswehr in Budel/Niederlande, Hannover u. Dortmund, Ausbildung z. Koch, 1973 Meisterbrief f. Bäcker- u. Konditormeister. K.: 1968-69 Bäcker u. Konditor, paralell z. kfm. Schule, 1973-74 in versch. Backstuben tätig, 1977 Übernahme d. Neveling GmbH. m. einem Hauptgeschäft, inzwischen 9 Filialen. BL.: Obermeister d. Bäckerinnung seit 1985. E.: Prüfungsbester (Ehrenurkunde d. Handwerkskammer 1966), 2. Sieger d. Leistungswettbewerbes d. Kammer, Gold v. Landesinnungsverband f. herausragende Qualitätsleistungen (seit 15 Jahren kontinuierlich). M.: Prüfungsmeister d. Innung (1977-80), Lehrlingswart d. Innung (1980-85), Vorst. Kreishandwerkerschaft (seit 1993), Betriebswirtschaft. Ausschuss d. Verbandes (seit 1985). H.: Wandern, Musik, Tanzen.

Brodwolf Hermann Dr. rer. nat.
B.: Chem. Ltr. d. techn. Bereiches. FN.: Inst. f. Industrielle Pharmazie. DA.: 63741 Aschaffenburg, Berzstr. 2a. PA.: 64823 Groß-Umstadt, Santo-Tirso-Ring 36. G.: Oberhausen, 20. Aug. 1947. V.: Marie-Luise. Ki.: Susanne (1977), Angela (1980). El.: Hermann u. Elisabeth. S.: 1966 Abitur, 1976 Stud. Chemie Köln, 1976 Prom. K.: 1976-79 Grünenthal GmbH Arzneimittelherstellung, 197-85 Kontrollltr. AMG Bene Arzneimittel GmbH, 1985-89 Ltr. d. Galenik Rottendorf-Pharma GmbH, 1989-92 Kontrollltr. AMG Pharma Hameln GmbH, 1992-94 Kontrollltr. AMG Wagener & Co Lengrich, 1994 Abt.-Ltr. d. Techn. Bereiches am Inst. f. Industrielle Pharmazie. H.: EDV, Videofilmen, Sciene fiction.

van der Broeck Bettina *)

Broegger Mathias *)

Broekmann Ingo *)

Broemel Thomas Dr. med. *)

Bröer Rosemarie
B.: Bürokauffrau, Alleininh. FN.: 44plus-Grosse Mode - Bröer GmbH. DA.: 22846 Norderstedt, Ulzburger Str. 358. www.44plus.norderstedt.de. G.: Harksheide, 21. Aug. 1951. Ki.: Yvonne (1974), Chris-André (1984). El.: Willi u. Edith Monath, geb. Börner. S.: 1966-69 Bürokauffraulehre. K.: 1969-72 Büroang., 1973-88 Inh. eines Groß- u. Einzelhandels f. Geschenkartikel, 1989-95 Hausfrau u. Mutter, 1995 Grdg. d. Firma 44plus-Grosse Mode-Bröer GmbH Damenmode Gr. 44-56. M.: HK Lübeck, Bund d. Steuerzahler. H.: Kunsthandwerk, Töpfern, Seidenmalerei, Mode, Reisen.

Broermann Bernard Dipl.-Kfm. Dr. jur. *)

Broermann-Lorenz Johanna Dipl.-Ing.

B.: Immobilienmaklerin, Alleininh. FN.: Lorenz Immobilien. DA. u. PA.: 29525 Uelzen, Farinastraße 47. lorenz-immobilien.uelzen@t-online.de. www.lorenz-immobilien-uelzen.de. G.: Anröchte, 8. Sep. 1950. V.: Hubert Lorenz. Ki.: Philippe (1983) und Ann Katrin (1986). S.: 1965-66 priv. Handelsschule m. Abschluss, 1966-69 Gärtnerlehre Abschluss Gärtnerin, 1969-70 Floristenlehre Abschluss Floristin, 1970-71 Abschluss Gartenbausekretärin, 1972-74 Fachoberschule, Abschluss: FH-Reife, 1974-78 Stud., Abschluss: Dipl.-Ing., 1995-96 Ausbild. z. Immobilienmakler. K.: 1972 Gärtnergehilfin u. Versuchsass. Gartenbauversuchsanst. Bad-Godesberg, 1978-79 Sachbearb. Dt. Ges. f. Landentwicklung (DGL) Freiburg, 1979-81 Entwicklungshelferin, Auslandsvertrag mit DÜ im Zaire (Kongo), 1981-83 Projektltr., Auslandsvertrag mit DÜ in Burundi, 1984 Seminarltr. an d. Gesamt-HS Kassel in Witzenhausen, 1985 Gutachterin f. d. Notärztekomitee "Cap Anamur" Köln, Evaluierung u. Projektplanung in Quaddai, Tschad, 1986-88 Fotografin in d. VR China, 1989 Projektltr. Ges. f. techn. Zusammenarb. (GTZ) Eschborn, 1990-92 Projektltr. GTZ-Auslandsvertrag f. d. Projekt "Berufl. Bild. f. junge Landfrauen" in Sbeitla, Tunesien, 1992.94 Heimltr. in einem Behindertenheim, ab 1995 selbst. Immobilienmaklerin. BL.: Planung, Aufbau u. Ltg. d. ländl. Bild.-Zentrums "Centre de formation rurale" in Ruhinga, Burundi. P.: "Beginn einer Zerstörung" (1988), "Frauen in Shanghai - Alltagswelt" (1988). H.: Lesen, Garten, Beruf.

Broers Peter Dr. rer. pol. Dipl.-Kfm. *)

Bröger Achim
B.: Schriftsteller. PA.: 23611 Sereetz, Friedrich-Ebert-Ring 27. G.: Erlangen, 16. Mai 1944. V.: Dipl.-Psych. Brigitte Meves. BV.: Großvater Karl Bröger - Schriftsteller. S.: Schriftsetzerlehre. K.: einige J. teilzeitbeschäftigt in einem Schulbuchverlag, seit 1980 freiberufl. Schriftsteller, u.a. "Der Ausradierenfinder (1972)," Meyers Großes Kinderlexikon" (1981), "Mein 24. Dezember" (1981), "Oma und ich" (1986), "Hand in Hand" (1990), "So klein und schon verknallt" (1995), "Wahnsinnsgefühl" (1997), "Der große Diercke Kindertatlas" (1999), "Jakobs Zauberhut" (2001), "Flammen im Kopf" (2002), die Bücher wurden in 27 Sprachen übersetzt, sowie versch. Fernsehfilme, Hörspiele und Theaterstück. E.: 1975 Dt. Schallplattenpreis, 1987 Dt. Jugendliteraturpreis, 1989 Ehrenliste zum Österr. Kinderbuchpreis. M.: Verband dt. Schriftsteller, P.E.N. - Club.

Broglie Maximilian Guido
B.: RA, Fachanwalt f. Sozialrecht, Hptgschf. FN.: Berufsverb. Dt. Internisten e.V. DA.: 65193 Wiesbaden, Schöne Aussicht 5. PA.: 65195 Wiesbaden, Riederbergstr. 98. G.: Giessen, 22. Nov. 1943. V.: Barbara, geb. Lepiorz. Ki.: Christian, Daniel. El.: Prof. Dr. Max u. Irmgard. S.: 1967 Abitur, Stiftg. Louisenlund, Maschinenschl.-Lehre, Adam Opel AG, 1967-72 Stud. Jura, BWL, Univ. Marburg, Mannheim, Freiburg, Heidelberg u. Adelaide/Australien, 1976 Jur. Examen. K.: seit 1976 RA, 1977-80 Esüdro eG Mannheim, Gschf., Ltr. d. Personal- u. Rechtsabt., seit 1980 Berufsverb. Dt. Internisten e.V., Hptgschf. I Seniorpartner Rechtsanwälte Broglie, Schade u. Partner, Wiesbaden. P.: div. jur. Fachveröff. E.: Träger d. deutschen Arztrechtspreises, Rotarier, Confrérie de la Chaîne des Rotisseurs. H.: Ski, Golf, Essen und Trinken.

*) Biographie www.whoiswho-verlag.ch oder beigefügte CD-ROM

Bröhan Torsten *)
Brohl Rainer *)
Bröhl Birgit
B.: Zahnärztin. DA.: 53173 Bonn, Römerpl. 10. G.: Bonn, 26. Mai 1960. V.: Ralph Lutz. S.: 1980 Abitur Königswinter, 1980-86 Stud. Zahnmed. FU Berlin, Univ. Münster u. Univ. Marburg, daneben Besucherführungen u. organisator. Arb. in Stiftung-Bundeskanzler-Adenauer-Haus Rhöndorf u. f. Bundespresseamt Begleitung v. Besuchergruppen v. MdB's, 1986 Staatsexamen. K.: 1986-89 Ass. b. Dr. Doll in Wissen/Sieg, seit 1989 Ndlg. in Bonn, 1997-99 Grundkursprogramm Ak. Praxis u. Wiss., seit 1999 Mtgl. Ak. Praxis u. Wiss., daneben seit 1997 Unterricht im Fach zahnmed. Fachkunde am Ludwig-Erhard-Berufskolleg Bonn. M.: APW, DGZMK. H.: Fahrradfahren, Italienreisen, Toscana.

Bröhl Frank Philipp Dr. med.
B.: FA f. Chir., ltd. Arzt d. Chir. Abt. FN.: Paracelsus-Klinik. GT.: Arzt am Augenzentrum Westerberg - Inst. f. traditionelle chines. u. komplementäre Augenheilkunde Osnabrück. DA.: 49076 Osnabrück, Am Natruper Holz 69. www.doc-broehl.de. G.: Mönchengladbach, 6. Jan. 1952. V.: Inge, geb. Hüdepohl. Ki.: Christin (1976), Jan (1979), Henrike (1987). El.: Dr.-Ing. Wilhelm u. Käthe, geb. Reisen. S.: 1970 Abitur Osnabrück, 1971-76 Stud. Humanmed. Univ. Münster u. Paris, 1976 Prom., 1977-78 Med.-Ass.-Zeit Marienhospital Lüdinghausen, Approb., 1985 FA f. Chir., 1987 FA f. Unfallchir., 1995 Ausbild. traditionelle chines. Med. in Peking, 1997 Schwerpunktsbezeichnungen Viszeralchir. u. Phlebologie. K.: 1978-79 Stabsarzt b. d. Bundeswehr Dülmen, 1979-83 Ass.-Arzt Chir. Marienhospital Lünen, 1984-85 Ass.-Arzt Chir. Kreis-KH Detmold, 1985-87 Ass.-Arzt Unfallchir., 1987-93 OA Chir., seit 1993 ndlg. Chir. u. ltd. Arzt d. Chir. in d. Paracelsus Klinik Osnabrück. P.: 1976 Diss. "Altersveränderungen d. menschl. Aorta", Fachbeiträge z. Viszeral- u. Gefäßchir. M.: Dt. Ges. f. Chir., Niederrhein.-Westfäl. Ges. f. Chir., Österr. Ges. f. Chir., Dt. Ges. f. Chir. d. Adipositas, American College of Angiology, Intern. Federation for the Surgery of Obesity, ATCA Akupunktur- u. TCM-Ges. in China ausgebildeter Arzt, Golfclub Osnabrück-Dütetal. H.: Lesen, Fotografieren, Kochen.

Bröhl Hans W.

B.: RA in eigener Kzl. DA.: 13127 Berlin, Bahnhofstr. 124. rabroehl@hotmail.com. G.: Düsseldorf, 23. Juni 1939. V.: Christa Bröhl-Heidenreich. Ki.: Katharina (1978). El.: Dr. Wilhelm u. Käthe, geb. Reisen. S.: 1959 Abitur, 1959-61 Lehre Bankkaufmann Dt. Bank Bank AG Osnabrück, 1962-66 Stud. Rechtswiss. FU Berlin u. Univ. Münster, 1962 Commercial Trainee Northern Trust Co. Chicago, 1967 1. Staatsexamen, 1967-71 Referendariat OLG Düsseldorf u. Oldenburg, 1971 2. Staatsexamen Hannover. K.: 1971 Assessor in d. Kzl. RAe Dr. Hörnschemeyer & Partner in Osnabrück, 1972 Regierungsassessor in d. Niedersächs. Steuerverwaltung, 1973-78 Referatsleiter in d. Volkswagen AG in Wolfsburg, 1978-82 Syndikus d. V.A.G Transport GmbH in Wolfsburg, 1982-87 Ltr. d. Vorst.- u. AR-Sekretariat d. VESTA AG & Co OHG in Idar-Oberstein, 1987-88 Prok. d. IVECO Magirus AG in Ulm, 1989-92 Prok. d. Zentralservice Kabelfernsehen & Kommunikationstechnik GmbH in Mainz, 1992-93 Gschf. d. BTU Unternehmensbeteiligung Neue Medien GmbH in Bad Nauheim, 1993-99 RA in Bad Nauheim u. seit 1999 RA in Berlin. H.: Literatur, Philosophie, Malerei, Bildhauerei, klass. Musik.

Brohm Gerhard

B.: Baubiologe. FN.: Baubiologie Berlin; Futonstudio. DA.: 10961 Berlin, Baerwaldstr. 53. beutler-brohm@ gmx. de. www.baubiologie-berlin. de. G.: Mosbach, 22. Nov. 1951. V.: Partnerin: Karin Beutler. S.: Berufsausbildung als Betriebsschlosser, 1995 Fernlehrgang Baubiologie in Neubeurn, 1997 Prüf. Baubiologe IBN. K.: 8 J. Betriebsschlosser, 1974 nach Berlin u. Gründung Lebensmittelladen SATTVA b. 1987, ab 1987 gemeinsam m. Karin Beutler Futonstudio, seit 1997 Schlafplatzberatung, Messung von Elektrosmog, Wohnpsychologie, Baubiol. Sanierungskonzepte. M.: Ökowerk Berlin. H.: Jazz, Lesen, Natur, traditionelles Handwerk, indische Musik, Naturschutz, Reisen nach Kanada u. Skandinavien.

Brohm Winfried Dr. jur. Prof.
B.: o.Prof. f. Staatsrecht, Vw.Recht, öff. Wirtschaftsrecht, Planungsrecht u. Vw.Wiss. an d. Univ. Konstanz, ehem. im Nebenamt Richter am VGH, Baden-Württemberg. DA.: 78457 Konstanz, Postfach 5560, Universitätsstr. 10. PA.: CH-8280 Kreuzlingen, Wydenmöösllstr. 11. S.: Gymn. Karlsruhe, Stud. d. Volkswirtschaft u. Rechtswiss. a. d. Univ. Heidelberg. K.: Habil. an d. Rechts- u. Staatswiss. Fak. Freiburg, Lehrtätigkeit an d. Univ. Freiburg, Marburg, Mannheim, Gießen, Bielefeld, Konstanz. P.: 1959 Rechtsschutz im Bauplanungsrecht, 1968 Landeshoheit u. Bundesverwaltung, 1969 Strukturen d. Wirtschaftsverwaltung, 1971 Sachverständige in der Politik, 1972 Die Dogmatik d. Verwaltungsrechts vor den Gegenwartsaufgaben der Verwaltung, 1977 Neue und modifizierte Rechtsformen der Bodennutzung, 1979 Staatliche Straßenplanung und gemeindliche Bauleitplanung, 1979 Entwicklungen im Raum- und Stadtplanungsrecht, 1983 Drittes deutsch-polnisches Verwaltungssymposion, Das Innenrecht der Verwaltung, 1985 Rechtsprobleme bei der Einrichtung von Wohnstraßen, 1987 Sachverständ. Beratung d. Staates, HdB StaatsR. II, 2. Aufl. 1998, Stadt- u. Raumplanungsrecht in Dtl. im Vergleich mit Japan (Coautor Ohashi) Tokyo, 1991, Lehrbuch: Öff. Baurecht, 3. Aufl. 2001, über 100 Artikel in Fachzeitschriften, Fachlexika, Rechtswiss. Festschriften u. Handbüchern. M.: Ver. d. Dt. Staatsrechtslehrer, Intern. Inst. f. Vw.Wiss., Dt. Sektion, Ges. f. Rechtsvergleichung, Ak. f. Raumforsch. u. Landesplanung.

Broich Hans Dipl.-Ing. Dipl.-Wirtschaftsing. *)

Broich Uwe *)

Broicher Franz-Josef Dr. med. Dr. med. dent. *)

Broichhagen Dieter *)

Brok Elmar
B.: Politiker, Journalist; MdEP. PA.: 33719 Bielefeld, Thomas-Mann-Str. 15. G.: Verl/Kreis Gütersloh, 14. Mai 1946. V.: Renate, geb. Rotzoll. Ki.: Sascha, Sarah, Rabea. K.: Bez.-Vors. d. CDU Ostwestfalen-Lippe, Mtgl. d. Geschäftsführenden CDU-Landesvorst. NRW u. d. CDU-Bundesaussch., Vors. d. Bundesfachaussch. Europapolitik d. CDU, Mtgl. im Vorst. EVP, stellv. Vors. d. Intern. Democratic Union (IDU),

*) Biographie www.whoiswho-verlag.ch oder beigefügte CD-ROM

Brok

stellv. Vors. d. Europäischen Union Christlich-Demokratischer Arbeitnehmer, Europapolitischer Sprecher d. CDA-Bundesvorst., 1973-81 stellv. Bundesvors. d. Jungen Union Deutschlands, 1977-81 stellv. Vors. u. Vors. d. Demokrat. Jugendverb. Europas (DEMYC), 1981-83 Vors. d. christl.-demokrat. u. konservativen Weltjugendverb. (IYDU), seit 1980 Mtgl. d. Europ. Parlaments (MdEP), Mtgl. im Vorst. d. EVP-Fraktion, Vors. d. Aussch. f. Auswärtige Angelegenheiten, Menschenrechte, Sicherheits- u. Verteidigungspolitik, stellv. Mtgl. im Aussch. f. institutionelle Fragen, Mtgl. d. Delegation f. d. Beziehungen zu d. USA, Vertreter d. EP in d. Regierungskonferenz 2000, Vertreter d. EP in d. Regierungskonferenz (1996/97) f. d. Vertrag v. Amsterdam, Mtgl. d. Reflexionsgruppe d. EU f. d. Überprüfung d. Maastricht-Vertrages (1995/96), ehem. Vors. d. Arbeitskreises Außen-, Sicherheits- u. Entwicklungspolitik u. Institutionelle Fragen d. EVP-Fraktion, ehem. Obmann d. EVP-Fraktion im Ausschuß f. soz. Angelegenheiten u. Beschäftigung u. in d. EP-Sonderausschüssen Dt. Einheit sowie Drogenbekämpfung, stellv. Vors. d. Transatlantic Policy Network Parlamentariergruppe, Präs. d. Europa-Union Deutschlands, Mtgl. d. Vorst. d. Europ. Bewegung Deutschlands, Vors. d. Studiengruppe "Erweiterung" d. Inst. f. Europ. Politik, Bonn. (Re)

Brokate Martin Dr. Prof. *)

Bröker Elmar M. Dr. *)

Bröker Udo Dipl.-Ing. *)

Brokmann Rainer *)

Brokmeier Peter Dr. Prof. *)

Brokof Claudia

B.: Profi-Kajak/Wildwasser-Fahrerin, Soldatin. FN.: Dt. Kanu-Verband. DA.: 83026 Rosenheim, Loisachstr. 10. G.: Kempton Park (Südafrika), 20. Mai 1977. K.: 1992 JWM Einzel/2., Mannschaft/1., DJM Einzel/1., 1993 DJM Einzel/1., 1994 JWM Einzel/2., JWM Mannschaft/1., DM Mannschaft/1., 1995 WM/2., DM Einzel/1., Mannschaft/1., 1996 WM Einzel/3., DM Mannschaft/1., 1997 WC Gesamt/1., DM Einzel/1., 1998 WM/1., EM Bovec Einzel/5, 1998 WM Einzel/1, 1998 WM Mannschaft/2, 1998 WC Gesamt/2, 1999 WC Gesamt/2, Fachabitur 2000. E.: Silb. Lorbeerblatt. H.: Langlaufen, Mountainbike, Joggen und Bergsteigen.

Brokow Gisela

B.: Kunstgewerblerin. FN.: Gisela Brokow Keramikleuchten u. Keramikgefäße. GT.: seit 1992 f. d. "Drömlingsboten" tätig. DA.: 38448 Wolfsburg/Vorsfelde, Calvörder Str. 5. G.: Rückenwaldau, 12. Jan. 1944. V.: Hans-Joachim Brokow. Ki.: Katrin (1964). S.: b. 1960 Lehre z. Bürogehilfin b. d. Firma Ellermann Elektro KG. K.: b. 1961 Ang. im Ausbild.-Betrieb, dann Wechsel zu KHD in Mainz b. 1963 u. dort ang. Bürokraft, 1959 m. d. Töpfern begonnen, seit 1980 wird d. Gewerbe im Zweitberuf ausgeübt, 1963-64 Büroang. b. VW in Wolfsburg, b. 1967 Hausfrau u. Mutter, 1967-96 b. d. Wolfsburger Nachrichten, 1967-72 Hauptstelle im Kundenservice in Wolfsburg, 1973-94 Ltg. d. Zweiggeschäftsstelle in Vorsfelde, 1994-96 wieder in d. Hauptstelle im Kundenservice in Wolfsburg, seit 1996 wird d. volle Arbeitskraft ganz d. Kunsthandwerk gewidmet, Besonderheit ist u.a. auch, daß Keramikleuchten auch auf Kundenwunsch angefertigt werden. BL.: Beteiligung an d. 850-J.-Feier v. Vorsfelde. M.: Grdg.-Mtgl. d. "Vorsfelder Kunsthandwerker", AWO, Landfrauen Vorsfelde, Verkehrsver. Vorsfelde "live" als Schriftführerin u. Pressewartin. H.: Reisen, Töpfern.

Broll Werner *)

Bromand Gerhard *)

Bromann Felix

B.: Maschinenbauer, Gschf. Ges. FN.: FB Kern-Haus GmbH. DA.: 39218 Schönebeck, Schillerstr. 23. G.: Magdeburg, 14. Juni 1966. Ki.: Philipp (1988). El.: Gerhard u. Eva, geb. Burkhardt. BV.: Großvater Walter Bromann hatte eine selbst. Bücherei v. 1928-1988. S.: 1985 Berufsausbildung m. Abitur m. Abschluß als Maschinenbauer in Schönebecker Traktoren- u. Dieselmotorenwerk, 1985-89 Offz.-HS, 1989-90 Stud. Fördertechnik an d. TU Magdeburg. K.: 1990-92 selbst. Finanzberater f. Finanzdienstleistungen/Hdl., 1992 Verkaufsltr., qualifiziert z. Ndlg.-Ltr. b. Kern-Haus Franchise Konzept GmbH, seit 1994 Grdg. d. FB Kern GmbH. P.: Vorträge zu Bauherrnabenden Infoveranstaltungen/Messen. M.: Fach- u. Qualitätssicherungsgemeinschaft im Dt. Massivhaus-Bau e.V., Schönebecker SC, AufsR.-Mtgl. d. Kern-Haus-AG. H.: Tauchen, Segeln, Tennis.

Bromberg Carsten

B.: Zahntechnikermeister, selbständig. FN.: Art Dentis Bio-Innovative Zahntechnik GmbH. DA.: 59494 Soest, Katroperweg 16. G.: Dortmund, 11. Sep. 1960. S.: 1978-81 kfm. Lehre, 1982-84 Ausbildung Zahntechniker. K.: b. 1995 ang. Zahntechniker in versch. Dentallabors, 1995-99 Meisterschule u. Meisterprüfung, seit 1999 selbständig. M.: Zahntechnikermeisterverein. H.: Motorradfahren.

Bromberg Hans-Dieter Dipl.-Ing. (FH)

B.: selbst. Hausverwalter, Dipl.-Maschinenbauing., Inh. FN.: BWB Hans-Dieter Bromberg. DA.: 39124 Magdeburg, Lübecker Str. 11. PA.: 39128 Magdeburg, Boquet-Graseweg 106. G.: Oschersleben, 7. Juli 1948. V.: Eva, geb. Schlaucher. Ki.: Kirstin (1969), Gundula (1973). El.: Hans u. Irmgard, geb. Schaper. BV.: Großvater Karl Bromberg war Molkereibesitzer ca. 1930 in Winningen, b. Aschersleben. S.: Berufsausbild. m. Abitur, Maschinenbauer SKL Magdeburg. K.: 1969-87 Mitarb. bzw. leitender Ang. in d. Magdeburger Unternehmen Meßgerätewerk, Datenverarbeitungszentrum, Kombinat Getriebe u. Kupplungen (Betriebsorganisation, Datenverarbeitung, Softwareentwicklung), 1988-90 Fachdir. f. Betriebsorgan. u. Datenverarb. b. Großhdls.-Ges. Technik Magdeburg, 1990-94 Beigeordneter d. Stadt Magdeburg, 1992-96 kfm. Gschf. d. Wohnungsbauges. Magdeburg mbH, ab 1997 selbst. Einzelun-

*) Biographie www.whoiswho-verlag.ch oder beigefügte CD-ROM

ternehmer. M.: 1987-90 Mitarb. in d. kirchl. Umweltbewegung d. DDR, Vorst.-Mtgl. d. Arbeitskreises Ökologie d. Magdeburger Domgem., 1989 Mitarb. in d. Initiative z. Grdg. einer "Grünen Partei" in d. DDR, 1989 Grdg.-Mtgl. d. SDP f. d. Stadt u. d. Bez. Magdeburg u. nach Grdg. deren 2. Vors., 1990 Kommunalwahl, Wahl in d. Stadtverordnetenversammlung d. Stadt Magdeburg u. Wahl z. Beigeordneten f. Kommunale u. Ordnungsangelegenheiten sowie z. 2. Bgm. d. Stadt Magdeburg, Mtgl. u. Schatzmeister im Kiwanis-Club Magdeburg e.V.

Bromberg Sieglinde *)

Bromberger Georg Karl
B.: Architekt. FN.: Georg u. Rudolf Bromberger. DA.: 90459 Nürnberg, Gabelsbergerstr. 72. G.: Nürnberg, 23. Juli 1930. Ki.: Rudolf, Irene. El.: Hans u. Katharina. S.: Oberrealschule, Lehre als Zimmermann, Volontärstätigkeit im väterl. Büro, Stud. am Ohm-Polytechnikum, 1953 Abschluß Ohm-Politechnikum. K.: 2 J. Tätigkeit im väterl. Arch.-Büro, seit 1955 selbst. M.: Berufsverb. freischaff. Arch. u. Bauing., Berufsverb. Kassenprüfer u. BeiR.-Mtgl., 1971-84 Vertreterversammlung d. bayer. Arch.-Kam., seit 1971 Mtgl. d. Landesausschuss. d. Bay. Arch. Versorgung, 1990-2000 auch im Verw.-Aussch. d. bayer. Arch.-Versorgung, 1994-2000 Vertreter d. bayer. Versorgungskam. bei d. Arbeitsgemeinschaft berufsständ. Versorgungswerke, Dt. Alpenver. Sekt. Altdorf u. Nürnberg. H.: Bergwandern, Skifahren, Gleitschirm, Segeln.

Brömer Herbert Dr. rer. nat. Univ.-Prof. *)

Bromm Burkhart Dr. med. Dr. rer. nat. o.Prof. *)

Brömme Günter *)

Brömmekamp Utz Dr. *)

Brömmelsiek Christoph

B.: Zahnarzt. DA.: 40668 Meerbusch, Webergasse 48. G.: Neuss, 14. Apr. 1969. El.: Wilhelm u. Hermine, geb. Lauth. S.: 1988 Abitur, 1988-90 Zeitsoldat, Res.-Offz., 1990-96 Stud. Zahnmed. an d. RWTH Aachen. K.: 1996-98 Tätigkeit in einer Praxis, 1998 ndlg. H.: Modellbau, Sport.

Brommundt Eberhard Wolfgang Dr. rer. nat.
B.: em. Prof. f. Mechanik. FN.: Techn. Univ. Braunschweig, Inst. f. Techn. Mechanik. PA.: 38108 Braunschweig, Kauzwinkel 3.

Brömse Michael Dr. theol. Prof.
B.: HS-Lehrer. FN.: Ev. FH Hannover. DA.: 30625 Hannover, Blumhardtstr. 2. G.: Prag, 25. März 1943. Ki.: Kathrin (1970), Nicolai (1973). S.: 1963 Abitur Göttingen, b. 1966 Stud. Theol. u. Altorientalistik Göttingen, Abschluß Fak.-Examen. K.: 1969-72 wiss. Mitarb. an d. Theol. Fak. in Göttingen, 1973 Prom. z. Dr. theol., 1973-75 wiss. Ass. an d. theol. Fak. in Tübingen, Prüf. f. d. Lehramt an Grund- u. HS, 1975-76 Vikariat in Göttingen, 1976-79 Lehrer an d. Kooperativen Gesamtschule Göttingen, 1979-88 Gem.-Pfarrer in Kassel, gleichzeitig Lehrauftrag f. Religionspäd. an d. Univ. Göttingen, 1988-96 wiss. Referent an d. Arbeitsstelle Fernstud. EKG Hannover, seit 1996 Prof. f. Sozialethik an d. Ev. FH Hannover. P.: ca. 50 literar. sowie wiss. Veröff. H.: aktiver Musiker, Oboist, Lesen u. Schreiben v. Literatur, Wandern.

Brömsen Hans-Heinrich Dipl.-Ing. *)

Bronder Dietrich Dr. *)

Bronder Horst Dipl.-Ing. *)

Broniecki Stephan

B.: selbst. Architekt. FN.: Arch.-Büro Kreuzberg + Broniecki. DA.: 13347 Berlin, Seestr. 64; 16248 Oderberg, Berliner Str. 70. PA.: 10405 Berlin, Straßburger Str. 27. G.: Berlin, 19. Sept. 1957. V.: Uta, geb. Löbner. Ki.: Ulrike (1981), Philipp (1983), Henriette (1986). E.: Ing. Werner u. Magdalena, geb. Meyer. S.: 1976 Abitur Berlin, 1976-78 Wehrdienst, 1978-83 Stud. Arch. an d. HS f. Arch. u. Bauwesen mit d. Vertiefung Denkmalpflege in Weimar, Examen z. Dipl.-Ing. Architekt. K.: 1983-90 VEB Baureparatur Prenzlauer Berg, 1990 selbst. m. eigenem Büro. P.: 1999 Förderpreis d. Denkmalpflege Brandenburg f. d. Sanierung d. denkmalgeschützten Hauses in Oderberg/Brandenburg. H.: Bergsteigen, Klettern.

von Bronk Michael Dipl.-Ing. *)

von Bronk Stefan

B.: Gschf. Ges. FN.: VON BRONK Gummi- u. Kunststofftechnik GmbH. DA.: 48653 Coesfeld, Erlenweg 131. info@vonbronk.de. G.: Coesfeld, 1. Nov. 1942. V.: Brigitte, geb. Schneider. Ki.: Nina (1978). S.: 1962 Abitur, 1962 Stud. BWL an d. Univ. Frankfurt, Münster u. Würzburg, 1966 Ausbild. z. Vulkaniseur. K.: 1968-69 Hoesch-Werke Hohenlimburg Schwerte AG, 1970-73 Gschf. im elterl. Unternehmen, seit 1974 Übernahme d. elterl. Unternehmens als alleiniger Gschf.

Ges. F.: Freie Tankstelle Stefan von Bronk Coesfeld; Vermietung u. Verpachtung Stefan von Bronk Coesfeld. M.: Vorst.-Mtgl. im Unternehmensverb. "Aktive Unternehmen im Westmünsterland e.V.", FDP. H.: Politik.

Bronkalla Bronco H. *)

Brönnecke Dieter W. *)

Brönneke Meike *)

Brönneke Stefan *)

*) Biographie www.whoiswho-verlag.ch oder beigefügte CD-ROM

Brönnemann Alfred
B.: Landwirt, Pferdezüchter, selbständig. DA.: 31303 Burgdorf, Obersthagener Str. 23. G.: Celle, 12. Aug. 1942. V.: Annemarie, geb. Prilop. Ki.: Dr. Anja (1964), Katleen (1966), Christina (1968), Henrik (1974). El.: Alfred u. Margarete, geb. Könicke. S.: 1959 Mittlere Reife Burgdorf, 1959-62 ldw. Ausbildung Gifhorn, 1962-64 ldw. Fachschule Burgdorf. K.: 1964-67 tätig im elterl. Betrieb, 1967 Übernahme d. Betriebes als Landwirt u. Pferdezüchter f. Hannoveraner Reitpferde; Funktionen: 1962-65 Vors. d. Landjugend in Burgdorf, seit 1958 Mtgl. d. Feuerwehr Burgdorf u. seit 1991 Stadtbrandmeister d. Stadt Burgdorf, 1972 jüngster Ratsherr d. Gem. Burgdorf u. ab 1974 Ratsherr d. Stadt Burgdorf, ab 1972 Kommunalpolitiker d. CDU, ab 2001 Ratsherr d. Stadt Burgdorf, seit 1987 ehrenamtl. Landwirtschaftsrichter am Amtsgericht Burgdorf, seit 1972 Realgemeidevors. in Wifferlingen, seit 1974 Ortsratsvors. d. Landvolkes Burgdorf. E.: zahlr. Ausz. in d. Pfedezucht u. d. Feuerwehr u.a Dt. Feuerwehr-EK in Gold. M.: Vorst.-Mtgl. d. Pferdezuchtverein Burgdorf e.V., Verkehrs- u. Verschönerungsverein e.V., Jägerschaft Burgdorf, CDU, ländl. Beratungsring Burgdorf. H.: Jagd, Reisen, Reitsport.

Bronner Lore *)

Bronner Rolf Dr. rer. pol. Prof. *)

Bronnsack Armin H. Dipl.-Ing.
B.: prakt. Betriebswirt, Karriereberater, Personalmanager. FN.: AHB Consulting. DA.: 75392 Deckenpfronn, Dieselstr. 11. ahb@bronnsack.de. G.: Schweinfurt, 31. Juli 1946. V.: Annemieke (1983). El.: Armin u. Ilse. BV.: entstammt d. Hugenottenlinie. S.: 1962 Mittlere Reife, 1962-63 Praktikum, 1963-68 Stud. Chemie, Dipl.-Ing. K.: 1968-90 Chemiker in d. Forsch./Entwicklung, dann Beratung "Anwendungstechnik", 1990-92 Tätigkeiten u.a. als Exportltr. in GB u. Gschf. in Japan, 1992-95 Verkaufsdir. in einem Chemieunternehmen, 1995 Existenzgrdg. m. KSP-Lizenz. E.: Entwicklung v.: Bier-Stabilisatoren Frisierschaum, Squash-Landesliga-Spieler. M.: Mittelstandsver. d. CDU, Golfclub Freudenstadt. H.: Familie, Squash, Badminton, Golf, Reiten.

Brons Friedrich Dr. med. *)

Brooks Edwin-Linton *)

Bröring Andrea

B.: Maklerin, Inhaber. FN.: A. Bröring Immobilien & Baumanagement. DA.: 21355 Lüneburg, Sülztorstr. 1. G.: Lüneburg, 27. Okt. 1966. Ki.: Janine (1988). El.: Henning u. Irene Lühmann, geb. Sartisohn. S.: 1987 FHS-Reife in Bremen. K.: tätig in verschiedenen Positionen in diversen Firmen, 1990-95 Ausbild. im Bereich Immobilien, seit 1995 selbst.m. Schwerpunkt Bau v. Ein-, Doppel-, Reihen- u. Mehrfamilienhäusern. P.: Illustratorin d. Gedichtbuches "Der Rotzlöffel". M.: BUND.
H.: Malen, Tanzen, Garten.

Bröring Hermann Dipl.-Vw.
B.: Landrat. FN.: Landkreis Emsland. DA.: 49716 Meppen, Ordeniederung 1. landrat@emsland.de. www.emsland.de. G.: Rhede/Ems, 18. Mai 1945. V.: Marianne, geb. Löning. Ki.: Johanna (1976), Bernd (1979). El.: Ing. Bernhard u. Elisabeth.

S.: 1965 Abitur Meppen, 1965-66 Stud. Theologie u. Philosophie in St. Georgen u. Frankfurt/Main, 1966-71 Stud. Vw. Univ. Köln, Dipl.-Vw. K.: 1971-73 Dozententätigkeit Sozialinstitut Kommende d. Erzbistums Paderborn in Dortmund, 1973-76 Dozententätigkeit an d. Heimvolkshochschule Ludwig Windthorst Haus in Lingen, 1976-79 persönl. Referent u. Ministerialbüroleiter b. Niedersächsischen Kultusminister Dr. Werner Remmers in Hannover, 1979-84 zunächst Abteilungsleiter f. Raumordnung, danach Dezernent d. Landkreises Emsland f. Schule u. Kultur, Naturschutz u. Raumordnung, 1984-89 Vertreter d. Oberstadtdirektors u. Kämmerer d. Stadt Lingen, 1990-91 Vertreter d. Oberkreisdirektors Landkreis Emsland, 1991-2001 Oberkreisdirektor Landkreis Emsland, 2001 1. gewählter hauptamtlicher Landrat d. Landkreises Emsland. BL.: Planfeststellung Emsvertiefung, Projekt privatfinanzierter Lückenschluß d. A 31 - 1. Privatfinanzierte Autobahn in d. BRD, Entwicklung d. regionalen Innovationsstrategie Weser-Ems. M.: Rotary (Paul Heras Fellow), Emsländischer Heimatbund, VFS Sporthilfe Emsland e.V., Lotse e.V., CDU. H.: Radfahren, Wandern, Schach.

Brörken Wolfgang Dr. med.

B.: FA f. Frauenheilkunde u. Geburtshilfe. FN.: Dr. med. Wolfgang Brörken/Dr. med. Angela Eger/Michale Kotula. DA.: 30851 Langenhagen, Walsroder Straße 49. praxis@frauenarzt-langenhagen.de. G.: Oldenburg, 26. November 1953. Ki.: Anna (1993), Robert (1998), Benjamin (2000). El.: Gerd u. Sigrid, geb. Morgenstern. S.: 1973 Abitur, b. 1974 Bundeswehr, 1978 Med.-Stud. Univ. Kiel, danach klin. Sem. an d. Klinik Hamburg-Eppendorf, zusätzl. FA-Ausbild. f. Frauenheilkunde u. Geburtshilfe Zentral-KH Bremen, 1986 Prom. K.:1991 FA in d. Klinik, seit 1992 ndlg. Frauenarzt in d. Gemeinschaftspraxis m. Dr. Angela Eger u. Michael Kotula Hannover/Langenhagen, Belegbetten in d. Paracelsus-Klinik Hannover, 2000 beratender Arzt d. samanamed GmbH Wellness-Beauty-Gesundheit, 1999/2000 Weiterbild. z. "Männerarzt" b. Prof. Hesch in Konstanz/Bodensee. M.: Berufsverb. d. Frauenärzte, Bundesverb. ambulantes Operieren, Dt. Ges. f. Gynäkologie u. Geburtshilfe, Lamilonga Tanzstudio Bremen. H.: Tango-Argentino, Joggen.

Brors Michael
B.: Inh. FN.: Gold- u. Silberwaren An- u. Verkauf Michael Brors. DA.: 40215 Düsseldorf, Fürstenwall 214. PA.: 40625 Düsseldorf, Lohbachweg 5. G.: Ratingen, 1. Sep. 1956. V.: Monika, geb. Dümpelfeld. Ki.: Nicol (1978). El.: Michael u. Marlies, geb. Wimmer. S.: 1972-75 Lehre Raumausstatter, 1975-79 Bundeswehr. K.: seit 1979 selbst. als Gold- u. Silberwarenhändler. H.: Hund, Squash, Familie. (K.K.)

Brosch Andreas
B.: Zauberkünstler, Gymnasiast. PA.: 41283 Mönchengladbach, Trimpelshütter Str. 33. G.: Mönchengladbach, 13. Juli 1982. El.: Karl-Heinz u. Ludwiga. S.: Gymn. bilingualer

*) Biographie www.whoiswho-verlag.ch oder beigefügte CD-ROM

Zweig. K.: 1989 erster öff. Auftritt im Alter v. 6 J., 1990 jüngster Kongreßteilnehmer d. Dt. Zaubermeisterschaft in Deutschland (Wolfsburg), seit 1991 Besuch d. Zauberschule in Köln, 1992 prakt. u. theoret. Prüf. f. d. Magischen Zirkel in Deutschland, jüngster Teilnehmer aller Zeiten, Teilnahme an d. Dt. Jugendmeisterschaft im Zaubern, Fortbild. durch Kongresse. M.: MZvD, IMS, IBM. H.: Psych., Phil.

Brosch Hans-Jürgen *)

Brosch Peter Friedrich Dr.-Ing. Prof. Prof. h.c.
B.: HS-Lehrer, ehem. Dekan Fachbereich Elektrotechnik. FN.: FH Hannover. DA.: 30459 Hannover, Ricklinger Stadtweg 120. PA.: 30163 Hannover, Wedelstr. 24D. brosch@eteh.fh-hannover.de. G.: Sternberg, 18. Okt. 1934. V.: Christina, geb. Dehlau. Ki.: Dipl.-Ing. Peter Alexander, Ass. Frank Christian. S.: Abitur, Facharb.Ausbild., Stud., Prom. K.: Gschf. IBF Hannover; Beratung-Gutachten, 1985/87 Dekan Fachbereich Elektrotechnik an d. FH Hannover. P.: ca. 280 Veröff. in Fachzeitschriften, ca. 100 Vorträge u. Kurse, Bücher: "Mod. Stromrichterantriebe" (Würzb. 2002 4. Aufl.), Beitrag Antriebe u. Leistungselektronik im Handbuch "Elektrische Energietechnik" (Vieweg, 1997 2. Aufl.), "Intelligente Antriebe in der Servotechnik" (Landsberg 1999), "Antriebe f. d. Automatisierung" (Vogel, 1999), "Das Mechatronische Antriebssystem" (Landsberg 2000), Mitautor "Leistungselektronik" (Vieweg, 2000), "AC-Antriebe" (Vogel, 2002). E.: Ehrenprof. d. Zhejiang University of Technology and Science, VR China. M.: VDE, IGIP. H.: Reisen, Foto, Wandern.

Broschat Gernot *)

Broscheck Eva Dr. phil. *)

Broschek Rolf-Harald Dr. phil. *)

Broscheit Jörg *)

Bröscher Ulrich
B.: Vorst. FN.: Lufthansa Service Holding AG. DA.: 65830 Kriftel, Am Holzweg 26. www.lsg-skychefs.com. G.: Küllstedt, 22. Juli 1944. V.: verh. Ki.: eine Tochter. S.: Ausb. z. staatl. gepr. Hotel- u. Gaststättenkfm./Hauptrichtung BWL. K.: 1965 u. 1966 Übern. v. Führungsaufgaben i. d. USA u. Kanada i. Hotels, 1967 Wechsel z. LSF Lufthansa Service GmbH, 1982-86 Ltg. d. Abt. Werksteuerung, Betriebsplanung, Ber.-Wirtsch., 1985 Prokura, 1991 Gen.-Bev. m. Verantw. f. 15 Betr. i. Inland u. 14 außerh. d. BRD, 1993 Wechsel z. DSG (Deutsche Service Ges.) a. Gschf., 1994 n. d. Zusammenschl. Vorst. d. Mitropa AG, 1/2000 Ber. i. d. Vorst. d. LSG Lufthansa Service Holding. M.: Controller Verein, ehrenamtl. Richter a. Oberfinanzger. Kassel.

Broschulat Wolfgang Dipl.-Ing. *)

Brosda Gabriele
B.: Unternehmerin, Inh. FN.: Konzertagentur G. Brosda. DA.: 38440 Wolfsburg, Heinrich-Heine-Str. 15. G.: Wolfsburg, 1. Juli 1962. V.: Harald Brosda. S.: 1978 Mittelschulabschluß in Wolfsburg, 1981 Berufsausbild. abgeschlossen. K.: ab 1987 selbst., Schwerpunkt: Künstlervermittlung u. Fullserviceveranstaltungen. H.: Schäferhunde, Beruf.

Brose Carsten Dr. med. dent. *)

Brose Claus-Detlev Dr. *)

Brose Hayjo

B.: Gschf. Ges. FN.: Brose Dentaltechnik GmbH. DA.: 45479 Mülheim/Ruhr, Kassenberg 17. G.: Bochum, 13. Mai 1957. V.: Martina Muthweiß. Ki.: Nina-Vanessa Leifert(1985), Cassandra Elena Muthweiß (1997). El.: Friedrich-Günter u. Ruth-Anneliese, geb. Wisotzki. S.: b. 1973 Berufsfachschule, 1973-77 Ausbild. z. Zahntechniker. K.: 1978-84 ang. Zahntechniker, 1984-85 Ges. m. Partnern eines Dentallabors, 1985-91 Gschf. Ges., seit 1991 alleiniger Gschf. Ges. H.: Musik, Autos, Reisen.

Brose Karl Dr. phil. Prof. *)

Brose Manfred *)

Brose Sabine
B.: Apothekerin, Geschäftsinh. FN.: Diana Apotheke. DA.: 90441 Nürnberg, Dianastr. 16. PA.: 90473 Nürnberg, Jauerstr. 22. G.: Nürnberg, 5. Feb. 1968. El.: Gerhard u. Gunhild, geb. Kallus. S.: 1989-95 Pharmazeut. Fak. Friedrich-Alexander in Erlangen/Nürnberg. K.: 1994-95 Praktikum in d. Altstadt Apotheke in Nürnberg, 1995-98 ang. Apothekerin in d. Diana Apotheke, seit 1998 Übernahme d. Diana Apotheke. E.: 2001 Kosmet. Ausbild. in Waldshut Baden-Württemberg. H.: Ballett, Lesen.

Brose Stefan Dipl.-Designer *)

Brose Uwe *)

Brose Volker
B.: Management Trainer u. Berater. FN.: GOM Gesellschaft f. Organisations- u. Managemententwicklung. DA.: 30167 Hannover, Lilienstr. 23. vbc-volker.brose@t-online.de. G.: Hannover, 21. Juli 1957. V.: Ute, geb. Rahlves. Ki.: 2 Kinder. S.: 1977 Abitur, 1977-85 Stud. Wirtschaftswiss., Germanistik, Politik u. Geschichte Univ. Hannover, 1985 1. u. 1987 2. Staatsexamen. K.: 1987-90 freiberufl. tätig in d. Erwachsenenbildung, 1990-92 Niederlassungsleiter u. Trainer u.a. bei Buna-Leuna-Pool in Halle, danach tätig f. versch. Unternehmensberatungen, seit 1993 selbständig in d. Firma vbc Volker Brose Business Communication m. Schwerpunkt Führung, Kommunikation, Lern- u. Verhaltensprozesse u. Managemententwicklung, seit 2001 zusätzl. f. GOM; Funktion: seit 2001 Präs. d. Niedersächs. Volleyballverband, ehemal. Mtgl. d. Dt. Volleyballverbandes, Organ. d. Norderney Volleyball-Großturniere. P.: Interwiew in d. Hannoverschen Allgemeinen. M.: BCDT, Trainertreffen. H.: Aquarellmalerei, Modelleisenbahn, Fotografie, Reisen nach Malta u. Italien.

Bröse Christian Dr.
B.: RA u. Notar. DA.: 14193 Berlin, Wildpfad 4. G.: Wittenberg, 28. Dez. 1946. S.: 1966 Abitur Berlin, 1966-71 Stud. Jura u. BWL FU Berlin, 1. Staatsexamen, 1976 Prom. K.: 1985 Zulassung z. Notar. P.: "§ 571 BGB-Eine rechtspolit. Untersuchung unter Berücksichtigung d. Rechtsentwicklung seit Inkrafttreten d. BGB". H.: Tennis, Golf.

Bröse Clemens
B.: Wirtschaftsinformatiker, Inh. FN.: C.B.V. Videoprod. DA.: 90469 Nürnberg, Germersheimer Str. 161 a. clemens.broese@t-online.de. www.cbv-videoproduction.de. G.: Nürn-

*) Biographie www.whoiswho-verlag.ch oder beigefügte CD-ROM

Bröse

berg, 26. Aug. 1958. V.: Mechthild, geb. Gimlik. Ki.: Franziska (1992), Clara-Katharina (1997). El.: Karl u. Roswitha. S.: 1974 Mittlere Reife, 1974-77 Lehre Kfz-Mechaniker Firma Viereckl Erlangen, 1990-93 Grundig-Ak. Nürnberg m. Abschluß Wirtschaftsinformatiker. K.: 1977-82 versch. Jobs u. Ausbild., 1982-93 tätig in der Firma Fischagentur Reitelshöfer GfK Nürnberg u. tätig im Bereich Marktforsch., zuletzt Systemadmin., seit 1990 selbst., seit 1995 glz. Systemadmin. b. GfK AG Nürnberg u. tätig in GfK Marktforsch. in Nürnberg als Systemadmin. H.: EDV, Videotechnik, Gitarre, Schlagzeug u. Bass spielen.

Bröse H.-Dietrich Dr. med.

B.: Augenarzt. DA.: 13597 Berlin-Spandau, Carl-Schurz-Straße 39. G.: Frankfurt/Oder, 29. Mai 1939. V.: Monika, geb. Thiem. El.: Dr. Heinz u. Erika, geborene Freund. BV.: Großmutter Erika Freund eine d. ersten Zahnärztinnen in Deutschland. S.: 1958 Abitur Tiergarten, 1958-64 Stud. Med. in Westberlin, 1964 Diss. K.: 1964-73 FA-Ausbildung im Winckebach-KH, 1 J. Gastarzt im Westend-KH, 5 J. Klinikum Steglitz, 1973 Eintritt in d. mütterliche Praxis, 1978 komplette Übernahme d. Praxis, Mitarb. d. Ehefrau. BL.: Ausbildung v. Hunden, besonders Schweißprüfung. P.: Portrait über ihn in "Skizzen u. Portraits aus Spandau" (1993). E.: Hund Rauhhaardackel Alik z Kojca Uzytkowach Polnischer Champion. M.: Tierschutzverein Berlin u. Clausthal-Zellerfeld, Dt. Dackel Klub DTK, Dt. Drahthaar Klub, Landesjagdverband Berlin, Dt. Jagdverein. H.: Jagd in Clausthal, Hunde, Hundearbeit zusammen m. d. Ehefrau, Musik, auch Rock'n Roll, Sammeln v. Elvis-Platten, Briefmarken, Skifahren.

Brose Weser Susann *)

Brosig Arne Dr. med. *)

Brosig Hans-Georg Dipl.-Ing. *)

Brosinsky Wilfried *)

Brosius Dieter Dr. phil.
B.: Ltd. Archivdir. a.D. FN.: Nieders. Hauptstaatsarchiv Hannover. PA.: 30457 Hannover, Delpweg 15. G.: Visselhövede, 20. Nov. 1936. S.: 1957-64 Stud. Geschichte u. Germanistik in Hamburg, Tübingen u. Göttingen, 1964 Prom. K.: 1965-69 Tätigk. am Staatsarchiv Bückeburg, 1971-74 Dt. Histor. Inst. in Rom, 1969-71 u. 1974-2001 Hauptstaatsarchiv Hannover. P.: Veröff. z. nieders. Landesgesch. u. z. Gesch. d. röm. Kurie unter Papst Pius II., Das Stift Obernkirchen 1167-1565 (1972, Schaumburger Studien), Urkundenbuch d. Klosters Scharnebeck (1979), Urkundenbuch d. Stifts Ramelsloh (1981), Urkundenbuch der Stadt Celle (1996). M.: Vors. d. Gesamtvereins d. Dt. Geschichts- u. Altertumsvereine. (Lv.W.)

Bröskamp Hinnerick *)

Brosko Udo *)

Bross Helmut A. Dr. rer. nat.
B.: em. Univ.-Prof. FN.: Univ. München. PA.: 85521 Ottobrunn, Schillerstr. 2. G.: Mühlacker, 23. Mai 1931. V.: Ursula, geb. Hauslaib. Ki.: Bettina, Verena-Alexandra, Claudia-Ulrike. El.: Albert u. Mina. S.: 1951 Abitur, 1956 Dipl., 1958 Dr. rer. nat. K.: 1962 Habil., 1962-65 Priv.Doz. TH Stuttgart, 1965 o.Prof. Univ. München, 1999 emeritiert. P.: zahlr. Veröff. M.: DPG.

Broß Siegfried Dr.
B.: Richter. FN.: Bundesverfassungsgericht. DA.: 76131 Karlsruhe, Schloßbezirk 3. www.bundesverfassungsgericht.de. G.: Stuttgart, 18. Juli 1946. S.: 1970 1. u. 1973 2. Staatsexamen. K.: 1971-76 tätig an d. jur. Fakultät d. Univ. München, 1973 Prom., 1973-75 Richter am VG München, 1975-76 LR in Mühldorf am Inn, 1977-79 wiss. Mitarb. b. Bundesverfassungsgericht, 1977-84 Lehrtätigkeit in Speyer, 1980 tätig in d. Rechtsabt. d. Bayr. Staatskzl., 1981-86 Richter am Bayr. VGH, 1986-88 Richter am BGH, seit 1998 Richter am Bundesverfassungsgericht. (Re)

Brosset Michel Dr.
B.: Gschf. FN.: Vaillant GmbH. DA.: 42859 Remscheid, Berghauser Str. 40. www.vaillant.de. G.: Paris, 27. Jan. 1956. V.: verh. S.: Stud. Wirtschaftswiss., Prom. Bankwirtschaft. K.: bis 1995 tätig b. d. Boston Consulting Group, Bosch-Siemens Hausgeräte GmbH, Villeroy & Boch AG, 1995-99 Vorst. f.d. Bereich Bad u. Küche Villeroy & Boch AG, s. 2000 Gschf. d. Vaillant GmbH, verantw. f. Marketing u. Manufacturing. H.: Laufen (Marathon), Reisen, Skifahren, Tauchen, Lesen.

Brösskamp Herbert Dipl.-Ing. *)

Brösske Karl Peter *)

Brossmer Iris

B.: Kauffrau, Künstlerin. FN.: Schmuckatelier Brossmer. DA.: 77977 Rust, Karl-Friedrich-Str. 6. G.: Lahr, 30. Dez. 1964. BV.: Großmutter hat Hotel Adler in Rust aufgebaut. P.: Ausstellungen eigener Bilder in Rust u. Region, priv. Schmuckpräsentation. M.: Vorst. Gewerbeverb., Gewerbeschau 2000 in u. um Rust. H.: Malen, Sport.

Broszat Volkmar Ernst *)

Broszath Roswitha *)

Brosziewski Heinz Ulrich Dipl.-Ing.
B.: Gschf. FN.: energiewerkstatt GmbH f. rationelle Energiewendung; beta GmbH Betriebs energietechnische Anlagen. DA.: 30453 Hannover, Bartweg 16. brosziewski@energiewerkstatt.de. G.: Osnabrück, 24. Okt. 1955. Ki.: Julia (1980). S.: 1974 Abitur, 1974-76 Bundeswehr, Stud. Energietechnik Univ. Hannover. K.: während d. Stud. tätig im Bereich Technologie z. dezentralen Stromerzeugung, 1978 tätig in d. Ar-

*) Biographie www.whoiswho-verlag.ch oder beigefügte CD-ROM

beitsgruppe Kraft- u. Wärmekoppelung, 1985 Grdg. d. Energiewerkstatt GmbH f. rationelle Energieverwendung, 1993 zusätzl. Grdg. d. beta GmbH f. energietechn. Anlagen; Projekte: eines d. l. Blockheizkraftwerke f. d. Wohnbereich, 1. priv. Stromversorgungunternehmen in Deutschland m. Monopol z. Stromversorgung ins Netz, 1995 Abschluß Dipl.-Ing. f. Energietechnik m. Ausz. P.: lfd. Vorträge auf nat. Kongressen u. Reg. zu Fachthemen, Fachaufsätze, Fachbeiträge u. Fachbücher. E.: Umweltpreis d. Landes Niedersachsen (1998). H.: Radfahren, Wandern, Segeln.

Broszinski Jens

B.: Kfm., Geschäftsltr. FN.: Praktiker Bau- u. Heimwerkermärkte AG. DA.: 24941 Flensburg, Schleswiger Straße. st758ml@praktiker.de. www.praktiker.de. G.: Brehna, 30. Jan. 1969. V.: Ute, geb. Normann. Ki.: Philip, Carolin. El.: Hans Jürgen u. Barbara, geb. Lange. S.: 1985-87 Lehre als Elektromonteur b. Energiewerke Nord, 1987-90 Volksarmee. K.: 1990-93 Elektriker u. Ausbilder bei Energiewerke Nord, 1993-94 Verkäufer b. Praktiker, 1995-96 Abt.-Ltr. b. Praktiker, 1996-99 stellv. Geschäftsltr., ab 1999 Geschäftsltr. in Flensburg, 2001 Marktleiterausbilder. M.: 2. Vors. d. Werbevorst. v. Förde Park.

Brösztl Gabriel Dr. oec. *)

Brötel Dieter M. Dr. Prof.
B.: HS-Lehrer. PA.: 70197 Stuttgart, Reinsburgstr. 182. G.: Heilbronn, 12. Juni 1940. V.: Bettina, geb. Meeh. Ki.: 3 Kinder. S.: 1971 Prom. K.: 1972-74 Ass. PH Bielefeld, 1974-80 Doz. PH Ludwigsburg, seit 1980 Prof. f. Neuere Geschichte PH Ludwigsburg. P.: Französ. Imperialismus in Vietnam (1971), Frankreich im Fernen Osten. Imperialistische Expansion und Aspiration in Siam und Malaya, Laos und China 1880-1904 (Stuttgart 1996), Mithrsg.: Europa und die Dritte Welt (Stuttgart 1992), Krisen und Geschichtsbewußtsein (Weinheim 1996).

Brötzmann Manfred *)

Brötzner Hans *)

Browatzki Wolfgang Dipl.-Ing.
B.: beratender Ing. f. Bauwesen VBI. FN.: Ing.-Büro f. Tragwerksplanung. DA.: 32049 Herford, Im Bramschenkamp 36, Zweigbüro: 14482 Potsdam, August-Bebel-Str. 86. PA.: 32051 Herford, Am Lindensiek 10. WBH.HF@t-online.de. G.: Bünde, 12. Mai 1950. V.: Bärbel, geb. Bellmann. Ki.: Adeline (1985), Caroline (1985). El.: Willi u. Anneliese. S.: 1969 Abitur, Stud. konstruktive Ing.-Bau TU Hannover, 1976 Dipl.-Ing. K.: 1976 Partner im väterl. Ing.-Büro in Herford, seit 1980 Inh., ab 1981 überregionale Orientierung, 1992 Bürogrdg. in Potsdam u. Zehdenick. H.: Sport (Segeln, Eissegeln, Ski- u. Schlittschuhlaufen).

Brown Ros *)

Brox Georg Dr. med. *)

Broy Sibylle Dr. med. dent.
B.: Fachzahnärztin in eigener Praxis. DA.: 04315 Leipzig, Eisenbahnstr. 155. dr.sibylle.broy@telemed.de. G.: Magdeburg, 16. Jan. 1944. V.: Dipl.-Ing. Peter Broy. Ki.: Anke (1969), Sabine (1974). S.: 1962 Abitur Dresden, 1962-64 prakt. J., 1963-68 Stud. Zahnmedizin Univ. Leipzig, Staatexamen, 1969 Prom. K.: 1970-91 Zahnärztin an d. Fachklinik f. Stomatologie in Leipzig, seit 1991 ndlg. Zahnärztin m. Schwerpunkt Prothetik, Parodontose, Zahn- u. Schmucksteine m. eigenem Dentallabor. M.: Freier Verband d. Zahnärzte. Li.: Literatur, Wandern, Sprachen, Reisen.

Broy Sylvia *)

Brozat Mark *)

Brozek Detlef *)

Brozek Günther
B.: Theologe, Geistl. Dir., Vors. FN.: Caritasverb. f. d. Bistum Magdeburg e.V. DA.: 39112 Magdeburg, Langer Weg 65-66. G.: Schneidemühl, 20. Nov. 1941. El.: Paul u. Maria, geb. Lesinski. S.: 1956-59 Lehre als Lokomotivschlosser RAW Stendal, 1959-63 Kirchl. Abitur im Norbertus-Werk Magdeburg, 1963-67 Theol.-Stud. in Erfurt, 1967-69 Pastoralseminar Huysburg bei Halberstadt. K.: 1969 Priesterweihe in Magdeburg, 1969-74 Vikar in Delitzsch, 1974-82 Vikar in Bitterfeld, 1982-88 Pfarrer in St. Andreas Magdeburg Cracau u. Studentenpfarrer d. Kath. Studentengem. Magdeburg (1983-87), 1988-98 Diözesan Caritasdir. f. d. Bischöfl. Amt Magdeburg, ab 1998 Vors. d. Caritasverb. u. Geistl. Dir. f. d. Caritasverband f. d. Bistum Magdeburg e.V., ab 1999 gleichzeitig Pfarrer d. Pfarrgem. St. Marien Magdeburg Sudenburg u. Maria Hilfe d. Christen in Magdeburg Ottersleben, 1994 Ernennung z. Domkapitular. BL.: Verd. b. Ausbau d. Caritasverb. f. kirchl. Ver. z. Wohlfahrtsverb. Sachsen-Anhalt, Gründer d. Jugend- u. Sozialzentrum "Mutter Theresa" in Magdeburg.

Brozio Tarek

B.: Gschf. Ges. FN.: Cantador Börsenservice GmbH. DA.: 40231 Düsseldorf, Tichauer Weg 11. G.: Berlin, 12. Juni 1965. S.: 1984 Abitur, 1984-86 Ausbild. Fachbereich Brückenbau, 1986-92 Studienreisen. K.: 1992 Börsenmakler in Düsseldorf, 1996 Prüf. Finanz- u. Börsenmakler in München, 1997-99 Gschf. einer Wertpapier Hdls.-Bank in Düsseldorf, 1999 Einstieg als Gschf. Ges. b. d. Firma Cantador GmbH, Schwerpunkt: Strategien f. mittelständ. Unternehmen f. d. US-Markt. H.: Garten.

Brozio Ursula-Gabriele *)

Brozy Wolfgang *)

Bruce Cary A. *)

Bruch Friedhelm *)

vom Bruch Gerd *)

Bruch Herbert Wilhelm Dr. phil.
B.: Vorst.-Spr. FN.: Grundig AG. DA.: 90471 Nürnberg, Beuthener Str. 41-43. www.grundig.de. G.: 2. August 1938. V.: Eva-Maria. Ki.: Jörg, Nina, Vera. El.: Ernst u. Anna Bruch. S.: VS, Oberschule, Gymnasium, Stud. Physik u. Philosophie Univ. Erlangen. K.: 1964 Eintritt b. Grundig AG, 1964-70 tätig i. d. Grundlagenforschung, 1971-79 Dir. Tech-

*) Biographie www.whoiswho-verlag.ch oder beigefügte CD-ROM

nologie, 1979-81 Leitender Dir., 1984-97 Vorst. Entw. u. Prod, Zentraleinkauf, Industrial Relations/Personal, seit 1997 Vorst. Entw./Innovation, Marketing, Vertrieb, Öffentlichkeitsarb., Recht/Revision, Vorst.-Spr. P.: Leiterplatten: Advanced Technologies. M.: Vorst.-Mtgl. ZVEI, Vorst-Mtgl. Fachverband Consumer Electronics, Berufsgen. Feinmechanik u. Elektrotechnik, Lions Club. H.: Sprachen, Antiquitäten, Sport (Schifahren).

Bruch Karl *)

Bruch Michael
B.: stellv. Ltr. d. Protokolls u. stellv. Ltr. d. Abt. Protokoll u. Auslandsangelegenheiten. FN.: Senatskanzlei Berlin. DA.: 10173 Berlin, Berliner Rathaus. michael.bruch@skzl.verwaltberlin.de. G.: Berlin, 30. März 1944. V.: Ingeborg, geb. Bachstein. Ki.: Florian Max (1983), Peer Yorck (1976). El.: Josef u. Marie, geb. Bruch. S.: 1963 Abitur, 1963-64 Baupraktikum, 1964-69 Stud. Bau- u. Verkehrswesen an d. TU Berlin, Jurastudium in Berlin, Kiel, Freiburg u. Göttingen, 1974 2. jur. Staatsexamen. K.: 1973-77 pers. Referent d. Senators f. Bundesangelegenheiten, Berlin/Bonn, 1977-80 Ltr. d. Persönlichen Büros d. Reg. Bürgermeisters v. Berlin, 1980-91 Ltr. d. Referats "Status v. Groß-Berlin u. Berlin-Politik fremder Staaten" in d. Berliner Senatskanzlei, seit 1190 stellv. Abteilungsleiter, seit 1991 Ltr. d. Referates Auslandsangelegenheiten u. Streitkräfte, sowie stellv. Ltr. d. Abt. Grundsatzangelegenheiten u. Planung, seit 1992 stellv. Ltr. d. Abt. Protokoll u. Auslandsangelegenheiten. BL.: 1980-91 hauptsächlich unmittelbarer Ansprechpartner d. vier Alliierten u. "diplomatischer Vermittler zwischen Ost u. West", nach d. Wende auch Abzugsbeauftragter d. Berliner Senats f. d. Militär aus Berlin, sowie Partner f. d. Belange d. Bundeswehr in Berlin, maßgeblich auch d. Umzug d. Diplomatischen Vertretungen v. Bonn nach Berlin befördert. E.: Träger mehrerer Auszeichnungen anderer Staaten. M.: Mitinitiator d. Intern. Club Berlin (1994), pflegt intensive Kontakte z. allen Deutsch-Ausländischen Ges. in Berlin. H.: Musik, Modelleisenbahn, Reisen, Literatur.

Bruchelt Hans-Anton Dr. *)

Brücher Thorsten Maria *)

Bruchmann Susanne Hermine
B.: Schmuckdesignerin, Goldschmiedin. FN.: Atelier S. Bruchmann. DA.: 40667 Meerbusch, Oststr. 2. G.: Hagen, 31. Jan. 1943. V.: Peter Bruchmann. Ki.: Sarah-Julia, Clemens-Saul, Peter-David, Conrad-Emanuel, Sophia-Claire. S.: 1961 Stud. an d. Meisterschule f. Kunsthandwerk in Berlin, 1962-65 staatl. geführte Höhere Fachschule f. Edelmetallgewerbe in Schwäbisch Gmünd, 1965 Abschluss als Schmuckdesignerin. K.: 1966 selbst., Schwerpunkt: Schmuck, Design, Edelmetall, kleine Schmuckserien u. Einzelstücke. P.: versch. Veröff. v. Schmuckserien in Publikumszeitschriften.

Brüchmann-Nikolay Adelheid Dr. rer. nat.
B.: LAbg. (MdL) a.D. PA.: 23627 Groß Grönau, Am Fürstenhof 20. G.: Naumburg/Saale, 13. Aug. 1944. V.: (geschiedene Winking-Nikolay), Bernd Brüchmann. Ki.: Jan Hinrich Winking (1976), Lars Helge Winking (1978), Bernd Mathis Winking (1979), Jost Axel Winking (1982). El.: Walter u. Ruth Nikolay. S.: 1965 Abitur Stuttgart, 1965-71 Biologiestud. Tübingen u. Bonn, 1971 Dipl., 1974/75 Prom. u. 2. Staatsexamen. K.: 1975-84 Lehrtätigkeit in d. Erwachsenenbild. b. Bundesgrenzschutz, Abendgymn. Lübeck, 1987-89 Aufbau d. Geschäftsstelle BUND Lübeck, 1992 Parteieintritt b. GRÜNEN, 1993 Kreistagsabg. Herzogtum Lauenburg, 1994 polit. Sprecherin d. GRÜNEN Landesverb. Schleswig-Holstein, 1996-99 LAbg. d. GRÜNEN, 1999 Parteiaustritt, 1999-2000 fraktionslos MdL. E.: Stipendium u. Mtgl. d. Ev. Studienwerks Villigst. M.: BUND.

Bruchner Helmut

B.: Gschf. Ges. FN.: Büro Aktiv GmbH. DA.: 81377 München, Fürstenrieder Str. 279 a. buero.aktiv@t-online. de. www.aktiv-buero.de. G.: Thierstein, 16. Nov. 1965. Ki.: Julian Eric (2000). S.: 1980-84 Lehre techn. Zeichner Firma Fickenscher Maschinenbau Selb. K.: 1984-87 technischer Zeichner d. Firma Fickenscher in Selb, 1987-88 Bundeswehr, 1988-89 Berufsaufbauschule f. Wirtschaft m. Abschluß FHS-Reife, 1990-92 Ausbild. an d. Fachak. f. Bw. in Mannheim m. Abschluß Techniker f. Bw.,
1992-93 Bez.-Ltr. im Lebensmittelhdl. d. Firma Norma in Augsburg, 1994 Personaldisponent d. Personaldienstleistungsfirma BGT in München, 1995-96 Geschäftsltr. d. Firma Ihr Büro in München u. 1997 Kauf d. Betriebes u. Umfirmierung z. Büro Aktiv GmbH m. Schwerpunkt Bürodienstleistungen aller Art, Vermietung v. Einzelbüros, Konferenzräumen, Geschäftsadressen, Telefonservice u. -marketing, Schreib- u. Übersetzungsarb. F.: CUF FUN Dienstleistungen (Mitinhaber). M.: versch. Sportvereine, Bund d. Steuerzahler, Bund mittelständ. Wirtschaft. H.: Badminton, Squash, Skifahren, Snowboarden, Marathonlauf.

Bruchner Otto Dipl.-Ing.
B.: selbst. beratender Ing. FN.: Ing.-Büro f. Bauwesen. DA.: 95176 Konradsreuth, Pfarrer-Diebel-Str. 1. PA.: 95176 Konradsreuth, Hügelstr. 13. G.: Weißenstadt, 15. Mai 1947. V.: Ulrike, geb. Michalski. Ki.: Antje (1980). El.: Arthur u. Elise. S.: 1967 Fachabitur, 1967-71 Stud. Bauwesen FHS, Hannover. K.: 1973-90 tätig in Ing.-Büro in Helmbrechts, seit 1990 selbst. in Hof, seit 1994 in Konradsreuth, Privater Sachverständiger in d. Wasserwirtschaft. M.: VSVI, Bayr. Ing.-Kam., ATV.

Bruck Felix Dipl.-Ing. *)

Bruck Johannes C. Dr. med.
B.: Chefarzt Plastische Chirurgie. FN.: Martin Luther Krankenhaus. DA.: 14191 Berlin, Kasper Theysz-Str. 27-29. G.: Wien, 16. Juli 1949. V.: Kristina, geb. Borchers. Ki.: Nicola (1974), Anna (1992), Benedikt (1994). El.: Hans u. Elisabeth, geb. Khol. S.: 1968 Abitur, 1968-75 Med.-Stud. Univ. Wien, 1975 Prom. K.: 1981 FA f. Chir., 1984 FA f. Plast. Chir. Univ.-Klinik Innsbruck, 1984 Auslandsstipendium Univ. Miami. P.: div. Veröff. in Fachzeitschriften, Mitautor "Konturen d. plast. Chir." (1991), "Lehrbuch d. Chir." (1992), "Die ärztl. Begutachtung" (1992), "Rekonstruktionen im Gesicht". M.: Präs. d. Dt. Ges. f. Verbrennungsmed. e.V. Berlin, Ver. d. Dt. Plast. Chir., Österr. u. Schweiz. Plast.-Chir. Fachges., Dt.-Sprachige Arge f. Micro-Chir., EA of P Surgeons, EBA. H.: Skifahren, Golf, Wassersport. (H.G.K.).

von der Bruck Peter
B.: Geologe, selbständig. FN.: Sachverständigenbüro von der Bruck & Klingen. DA.: 50259 Pulheim, Lucas-Cranach-Str. 10. G.: Erfurt, 10. Apr. 1961. V.: Marion. Ki.: Silke (1983), Christian (1986). S.: 1979 Abitur in Dessau, 1981-86 Stud. Geologie in Freiberg. K.: 1986-90 wiss. Mitarbeiter am zentralen geologischen Inst. f. Territär-Geologie in Berlin, 1990-95 ltd. Ang. f. Dormagen, 1995 Aufnahme d. Selbständigkeit Geologie im Zusammenhang m. Umwelt/Altlasten u. Baugrund. P.: div. Veröff. in d. Fachpresse. H.: Geografie, Geschichte, klass. Musik.

*) Biographie www.whoiswho-verlag.ch oder beigefügte CD-ROM

Bruck Reinhold Peter Karl

B.: Kfm. PA.: 22607 Hamburg, Dürerstr. 3. G.: Bardowick, 26. Mai 1928. V.: Gerda, geb. Hörnig. Ki.: Martina. El.: Reinhold u. Dorothea. S.: HASCH, mittlere Reife. K.: Abgeschl. Lehre b. d. Rg. Lüneburg, Tätigkeit im Lebensmittel-Einzelhdl., Ausbild. z. Import-Export-Großhdls.Kfm., zul. Einzelprok., seit 1964 selbst. F.: Bruck & Partner OHG, Bruck Hdls. GmbH, Peter Zorn Gemeinschaftsverpflegung mbH, EKS Scholz GmbH Elektrotechnik. E.: ehrenamtl. Richter am Sozialgericht in Hamburg, früher Vorst.Mtgl. d. Verb. Dt. Wild- u. Geflügelimporteure. M.: Bd. Dt. Wild- u. Geflügelimporteure. H.: Musik, Literatur, Garten.

Bruck Sven

B.: Gschf. Ges. FN.: ABS Computer GmbH Fachagentur f. edv-gestütztes Marketing. DA.: 42155 Wuppertal, Katernberger Str. 4. sb@marketing-by-abs.com. G.: Hamburg-Harburg, 29. Juli 1970. El.: Herbert Bruck u. Monika Wagner, geb. Hagemann. S.: 1989 Abitur Wuppertal, 1 J. Bundeswehr, 1990 Stud. Mathematik m. Nebenfach Informatik in Wuppertal. K.: 1991 Referent in einer EDV u. Trainingsfirma, 1992 Übernahme dieser EDV Firma, 1993 Aufnahme d. Tätigkeit als Projektleiter b. d. ABS Computer GmbH in Wuppertal, 1994 Partnerschaft b. d. ABS Computer GmbH als Ges., 1995 Berufung z. Gschf. d. ABS Computer GmbH. BL.: Fachreferent b. Fachkongressen u.a. b. d. Dt. Post, Mitbegründer d. Competence Center Customer Care. P.: div. Veröff. in Fachpublikationen f. Direkt- u. Dialogmarketing. M.: Vors. d. Forums Database Marketing im dt. Direktmarketing Verband e.V. H.: Sport, Skifahren.

Bruck Walter Jürgen Dipl.-Ing. Dipl. Inf.

B.: Unternehmensentwickler, selbständig. DA.: 61350 Bad Homburg. kontakt@wb-consult.de. www.wsue.de. G.: Friesach/A, 17. Aug. 1965. El.: Walter u. Hedda. S.: 1984 Abitur Bad Homburg, 1984 Stud. Informatik TU Wien, 1991 Abschluß Dipl.-Informatiker, Stud. Elektrotechnik TU Wien, 1993 Abschluß Dipl.-Ing. K.: 1994-96 Topmanagementberater in d. Firma Roland Berger & Partner in Düsseldorf, 1996/97 Kreative Auszeit, seit 1997 selbständig, Menschenorientierte Unternehmensentwicklung f. mittelständ. Einzelpersonen m. Schwerpunkten Business Process Reengineering, Change Management, Coaching, Strategie u. Vision, Teambildung, Workshops f. Gruppen, Teams u. Unternehmen in Deutschland, Österr. u. d. Schweiz. BL.: Entwicklung d. Programmiersprache "Strukto 64" f. Commodore 64. P.: regelm. Veröff. in Fachzeitschriften (seit 1998), Vorträge auf Kongressen u.a. am 1. Kongress zu "Appreciative Inquiry" in d. USA als einziger Vertreter Deutschlands. E.: Sonderpreis f. Energieeinsparung im Straßenverkehr im Wettbewerb v. Jugend forscht (1982). M.: Deutscher Manager Verband e.V.,Wirtschaftsjunioren e.V., Trainertreffen e.V.. H.: Besteigung d. Kilimanjaro, Überlebenstraining, Fastenwandern, Tennis, Skifahren, Windsurfen, Theater, klass. Musik.

Brück Ernst

B.: Gas- u. Wasserinstallateurmeister, Gschf. Gesellschafter. FN.: Ernst Brück GmbH. DA.: 38126 Braunschweig, Welfenpl. 6. G.: Braunschweig, 15. Okt. 1938. V.: Isa, geb. Perlitz. Ki.: Carsten (1969), Dirk (1971). El.: Ernst u. Margarete. S.: 1953 Ausbild. im elterl. Betrieb z. Klempner u. Gas- u. Wasserinstallateur, Mittlere Reife. K.: 1957 Wanderschaft u.a. Kiel, Flensburg u. Köln, 1958 zurück in d. elterl. Betrieb u. Tätigkeit als Monteur, 1963 in Abendschule Vorbereitung auf Meisterprüf., 1967 Meisterprüf., HS Darmstadt, 1975 Übernahme d. elterl. Betriebes, 1990 Schließung d. Ladengeschäftes f. Hausrat, Eisenwaren, Sanitärhdl. u. Spielwaren, 1990 Eintritt d. Sohnes Dirk in d. Firma als Azubi. M.: seit 1987 Mtgl. in d. Ver. f. selbst. Klempner "Glühlicht". H.: Fahrradfahren.

Brück Hans-Jürgen *)

Brück Heinz Dipl.-Ing.

B.: Dipl.-Bauing., Gschf. u. Inh. FN.: Brück Bautenschutz GmbH; Brück Bauelemente GmbH, BSB Bau-Service-Brück. DA.: 04316 Leipzig, An der Hebemärchte 4. PA.: 04821 Waldsteinberg, Ammelshainer Weg 49. www.brueck@pcconnect.de. G.: Leipzig, 24. Feb. 1950. V.: Karin. Ki.: Mark (1976). El.: Erich u. Hildegard. S.: 1966-68 Lehre z. Montagebau - Facharb. b. BMK SÜD Leipzig, 1968-70 Grundwehrdienst NVA, 1970-73 Ing.-Schule f. Bauwesen Leipzig (Hochbau). K.: 1973-90 Spezialbaukombinat Magdeburg, BT Beton- u. Kühlturmbau Leipzig, 1973-87 als Technologe f. Gleitbau u. Spritzbeton, Objekte: FDGB Erholungsheim Friedrichroda u. Templin, CMK - Gebäude Leninstraße Leipzig, div. WHH Berlin - Marzahn u. Lichtenberg, Statische Ertüchtigung d. Fernseh- u. Richtfunktürme Petersberg, Pinnow, Rhinow, Frankfurt/O., Collm; 1987-90 Leiter f. QS Baustelle AKW Stendal (8 Großkühltürme), 1990 staatl. Zulassung als Bausachverständiger f. Statik u. Konstruktion Industrieschornsteine (Ministerium f. Bauwesen), 1984/85 Planung u. Wiederaufbau d. berühmten Leipziger Lokals Cajeri's Grosenschenke "Ohne Bedenken" in Leipzig-Gohlis Menckestr. 5 (Feierabendtätigkeit), 1990 Unternehmensgründung d. Firmengruppe Brück; Referenzobjekte: Cosel-Palais in Dresden, Barthels Hof u. Steibs Hof in Leipzig, Umnutzung Bundeswehrareale Leipzig Elster Lofts (Expo-Projekt), DORINT-Hotel Augsburg (höchstes Hotel Europas), Wohnstift Otto-Dibelius e.V. Berlin-Mariendorf, Uni-Center Bochum-Querenburg, ASTRON-Hotel Zürich, Schloßkirche Wölkau, Olymp. Dorf 1936 Berlin - Elstal, Hotel CONTINENTAL Leipzig.

Brück Inge *)

*) Biographie www.whoiswho-verlag.ch oder beigefügte CD-ROM

Brück

Brück Karl Günter *)

Brück Klaus Gerd

B.: Sped.-Kfm. FN.: Brück - Sped. Termin-Service Neumöbelsped. GT.: Grdg.-Ges. d. Online Möbellogistik GmbH Paderborn; AufsR.-Mtgl. d. Online Polstermöbellogistik. DA.: 42899 Remscheid, Walter-Freitag-Str. 22. k.brueck @ brueck.sped.de. G.: Wuppertal, 23. Apr. 1942. V.: Erika, geb. Voß. Ki.: Michael (1964) und Ulrich (1967). S.: 1956-59 Ausbild. z. Sped.-Kfm. b. Sped. Haarhaus & Co Wuppertal dort bis 1961 tätig. K.: 1959-61 weitere Tätigkeit b. Sped. C. W. Cretschmar Wuppertal, Kraftverkehr Simon Wuppertal, 1971 Grdg. d. eigenen Sped. Handling v. Neuen Hdls.-Möbeln f. einen Dän. Sped.-Konzern, 1991 Umzug in d. eigenen Gebäude am jetzigen Standort. H.: Hund (Boxer), Wohnmobil.

Brück Sascha *)

Brück Walter *)

Brück Wolfram
B.: RA, OBgm. a.D., Vorst.-Vors. FN.: Der grüne Punkt Duales System Deutschland AG. DA.: 51145 Köln, Frankfurter Str. 720-726. G.: Köln, 27. Feb. 1937. V.: Marianne, geb. Müller. Ki.: Michael (1968). S.: 1957 Abitur, b. 1961 Stud. Rechtswiss. Köln u. Freiburg. K.: 1962-65 Referendariat am OLG Köln, 1966-70 Gerichtsass. u. StA. in Köln u. Koblenz, 1970-77 Min.-Bmtr. in d. Verw. d. Dt. Bundestages, 1977-86 StadtR. in Frankfurt/Main, 1986-89 OBgm. d. Stadt Frankfurt/Main, 1989 Zulassung z. RA in Köln, 1990-91 Gen.-Bev. d. Treuhandanst. Berlin, 1991 Gschf. d. Dualen System, 1992 Vors. d. Geschäftsführung, dzt. Vorst.-Vors. d. Duales System Deutschland AG. E.: BVK am Bande, BVK 1. Klasse, 1998 Gr. BVK, Hess. VO, Ehrenbürger d. Univ. Tel Aviv. M.: CDU. H.: Deutsche Geschichte.

Brucke Frank-Peter
B.: Dipl.-Jurist, Notar. DA.: 15890 Eisenhüttenstadt, Königstr. 65-66. G.: Frankfurt/Oder, 25. Sep. 1962. V.: Marion, geb. Brock. Ki.: Anne (1987). El.: Joachim u. Helga. S.: 1981 Abitur, 1981-84 Wehrdienst, 1984-88 Jurastud. an d. Humboldt-Univ. Berlin, Dipl.-Jurist. K.: 1988-89 Notarpraktikum, 1989-90 Notar in einem staatl. Notariat, 1990 Eröff. d. eigenen Praxis in Eisenhüttenstadt. M.: 1995-2001 Präs., seit 2001 AufsR.-Mtgl. d. örtl. Fußballclubs Eisenhüttenstädter FC Stahl, AufsR.-Mtgl. einer Brennerei. H.: Sammeln v. Ansichtskarten, Sport, Bücher, Lesen.

Bruckenberger Ernst Dr. iur. *)

Brucker Anton *)

Brucker Karl-Friedrich *)

Brucker Werner *)

Brucker Wilm *)

Brucker Wolfgang *)

Brücker Helmut *)

Bruckermann Thomas
B.: Kfm., selbständig. FN.: BRUMA-Schrauben GmbH. DA.: 42553 Velbert, Milchstr. 12. info@bruma.de. www.bruma.de. G.: Velbert, 20. März 1964. V.: Andrea, geb. Hey. Ki.: Till (1988), Nils (1989), Lisa (1994). S.: 1983 Abitur, 1984-86 Lehre Groß- u. Außenhandelskaufmann. K.: 1986-91 kfm. Ang. im Schraubengroßhandel, 1992 Gründung d. Firma BRUMA-Schrauben GmbH. H.: Freizeit m. d. Familie, Reitsport.

Brückers Rainer

B.: Bundesgschf., Bankenaufsr.-Vors. FN.: AWO-Bundesverb. e.V. DA.: 53119 Bonn, Oppelner Str. 130. PA.: 51519 Odenthal, Im Wiesengrund 12. G.: Düsseldorf, 19. Juli 1950. V.: Chantal, geb. Pellis. Ki.: Boris (1974), Viljo (1979), Helse (1984). El.: Walter u. Lore, geb. Raeder. S.: 1970 Abitur in Mülheim/Ruhr, 1970-72 Zivildienst Emmaus-Bewegung, 1972-77 Stud. d. Sozialwiss. Bochum, Duisburg, 1977 Dipl.-Sozialwiss. K.: 1972 Grdg. Emmaus-Ver. Bergisch-Neukirchen, 1977-79 Referent Vors. AG d. Spitzenverb. NRW, 1980-92 Bez.-Gschf. AWO Bez. Mittelrhein in Köln, 1980-92 Mtgl. Landesjugendwohlfahrtsaussch., 1982-92 Mtgl. Pflegesatzkmsn. NRW, 1985-91 Mtgl. RundR. WDR, 1990-91 Aufbau AWO-Bez. Potsdam, seit 1992 Bundesgschf. Arbeiterwohlfahrt, seit 1992 Vorst.-Mtgl. Dt. Ver. f. öff. u. priv. Fürsorge, 1992-95 Gen.-Sekr. d. Intern. Arbeiterhilfswerk, heute 95 SOLIDAR (Sitz Brüssel), seit 1995 Vorst.-Mtgl., Betreuung v. Projekten in Lateinamerika u. Asien, seit 1996 Neuorientierung auf fachl./qualitative Arb., danach Gschf. Ges. f. Organ.-Entwicklung GmbH, Qualitätssteuerung DIN, ISO 9000, 1998 Gschf. Vorst.-Mtgl. Marie Juchacz-Stiftung, 1998 AufsR.-Vors. Bank f. Sozialwirtschaft in Köln, 1998 Grdg. AWO-Intern. Vorst.-Mtgl. Berlin. P.: seit 1980 im AWO-Magazin, Theorie u. Praxis d. Sozialarb. (1998). M.: AWO, SPD Odenthal, Naturfreunde, Herbert-Wehnert-Bild.-Werk, ÖTV. H.: Segeln, E-Gitarre, Rock- u. Bluesmusik, Mittelstreckenlauf, Sachbücher, Israel.

Bruckert Emil Dr. *)

Bruckert Ingborg

B.: Vorst.-Vors. FN.: Medi Doc AG Sanitäts- u. Pharmagroßhdl. DA.: 89231 Neu-Ulm, John-F.-Kennedy-Str. 5-7. info@meditop-gmbh.de. G.: Veringenstadt, 23. Apr. 1948. Ki.: Alexander (1977), Annabel (1979). S.: 1969 Abitur Ravensburg, Stud. Päd. Stuttgart u. Ulm. K.: 1969-82 Lehrerin u. dazw. Seminarltr. f. Lehrerausbild., seit 1989 Prüferin f. 2. Staatsprüf. u. Seminarltr. f. Rhetorik, Gesprächsführung u. Argumentation f. d. Innen- u. Kulturmin. Baden-Württemberg, 1996 Grdg. d. Firma Medi Top GmbH u. Gschf., 2001 Grdg. d. Firma Medi Doc AG als Vorst.-Vors., bundesweit tätig m. Ndlg. u. m. Internet-Shop. P.: zahlr. Veröff., Fach- u. Sachbücher u.a. "Food in the Mood". H.: Malen m. eigenen Ausstellungen.

*) Biographie www.whoiswho-verlag.ch oder beigefügte CD-ROM

Bruckhaus André *)

Brückl Helmut *)

Brückle Axel

B.: Key Account Manager. FN.: PC-Ware AG. DA.: 10245 Berlin, Rotherstr. 22. PA.: 10559 Berlin, Pritzwalker Str. 4. G.: Köln, 4. Juni 1959. Ki.: Lena (1986). El.: Georg u. Dr. med. Gerda, geb. Schumacher. S.: 1975 Mittlere Reife Aachen, 1977-79 Elektrotechnikausbild. b. Rheinelektra, 1979-82 Elektronikerausb. b. Siemens, 1982-83 Fachabitur, 1983-86 Stud. techn. Informatik. K.: 1986-89 Vertriebsaufbau u. Ndlg.-Ltr. Computer-Kontor Berlin, 1989 Umgrdg. z. AG, Ndlg. Berlin wurde selbst. GmbH, Gschf. Ges., aus organisator. Gründen wurde d. GmbH 1990 stillgelegt, Austritt aus d. GmbH, 1991-94 Kühn 7 Weyh Softwarehaus, zuständig v. Berlin u. Neue Bdl., Aufbau einer Ndlg., 1993-97 Dabis Softwarehaus in Hamburg, 1997-99 Time/system Aufbau Softwarevertrieb u. Distributionsnetz, Key Accountaufbau, Beratung u. Methodik, 2000 DataDesign AG, Vertrieb u. Organ., Partner Relationship, Projektbetreuung. M.: MC-Berlin. H.: Motorrad, Philosophie.

Brückle Wilhelm *)

Brücklmair Andreas

B.: Fotodesigner. FN.: Studio f. Fotografie. DA.: 86153 Augsburg, Schäfflerbachstr. 26. deluxe.images@t-online.de. G.: Augsburg, 4. Aug. 1960. El.: Andreas u. Emma, geb. Drittenpreis. S.: 1976 Mittlere Reife Königsbrunn, 1978 Fachoberschule (Gestaltung) m. Fachabitur, 1980-86 Stud. FH Dortmund Foto u. Filmdesign. K.: seit 1983 freischaffender Fotodesigner, 1986/87 Mitherausgeber d. Kulturmagazins "Phänomen", Spezialgebiete: People/Mode, hochwertige Produktfotos (Schmuck, techn. Produkte, mod. Accessoires), Dokumentation v. Kunstwerken u. Ausstellungen, Geschäftsberichte (u.a. Münchner Hypo, Linde, Böwe Systec), Arbeiten f. div. Magazine u. Verlage (G+j.Bauverlag, die Zeit, SZ usw.) sowie nationale u. internationale Werbeagenturen, versch. Coverproduktionen f. BMG Ariola, Sony, Motor Music u.v.m., illustrative Fotografie (Composings) u. freie Arbeiten. H.: Kunst, Konzerte, Theater, Reisen.

Bruckmaier Peter Paul *)

Bruckmann Ferdinand Prof. *)

Bruckmann Hans-Günter
B.: MdB, Ingenieur. FN.: Dt. Bundestag. DA.: 11011 Berlin, Platz d. Republik 1, Büro: 11011 Berlin, Unter den Linden 50, Wahlkreisbüro: 45127 Essen, Severinstr. 44. hans-guenter.bruckmann@bundestag.de. G.: Essen, 7. Nov. 1946. S.: 1962-65 Lehre Bohrwerksdreher in Essen, parallel Berufsaufbauschule Essen u. Düsseldorf, Abschluß Fachhochschulreife, 1965-66 Wehrdienst, 1969-72 Stud. Maschinenbau/Industrial-Engineering Univ. Essen u. Düsseldorf, 1972 Ing. K.: 1966-72 Bohrwerksdreher in einem Versuchsbetrieb (untrbrochen durch Studium), 1972-74 Konstrukteur u. Projektmanager in Forschung u. Entwicklung, 1974 Systemmanager u. Projektmanager in Essen, u.a. Leitung Marketing u. Vertrieb f. innovative Verkehrssysteme, Mitarb. an EU-Studien, 1980-90 Vors. d. SPD-Ortsverein Essen-Haarzopf-Tulleron, 1984-98 Rat d. Stadt Essen, zuletzt stellv. Fraktionsvors. SPD, 1989-98 Vors. Ausschuß Stadtentwicklung u. Stadtplanung, Fraktionsvors. im Bezirksparlament Regierungsbezirk Düsseldorf, stellv. Fraktionsvors. Verkehrsbund Rhein-Ruhr, 1984-99 AufsR.-Vors. EVAG Essener Verkehrs AG, seit 1998 MdB, o.Mtgl. Ausschuß f. Verkehr, Bau- u. Wohnungswesen, stellv. Mtgl. Ausschuß f. Wirtschaftl. Zusammenarbeit u. Entwicklung. M.: Präs. Sportver. SuS Haarzopf 1924, Tusem Essen. (Re)

Bruckmann Peter *)

Bruckmann Peter

B.: Unternehmer. FN.: Bruckmann Augenoptik GmbH; BNB Franchise Systeme GmbH. DA.: 50827 Köln, Venloer Str. 666. G.: Köln, 2. Aug. 1960. V.: Bettina, geb. Köppel. Ki.: Cara. El.: Lorenz u. Margit. S.: Abitur Köln, 3 J. Lehre im elterl. Betrieb, 18 Monate Wehrdienst. K.: 1 J. Gesellenzeit im elterl. Betrieb, 2 Jahre Meisterschule Köln HKAK, 1987 staatl. geprüfter Augenoptiker u. Augenoptikermeister, seit 1994 Gschf. u. Ges. Bruckmann Augenoptik GmbH, seit 1996 Kreierung d. Simply-Kundenmanagement-Systems, Franchisegeber f. d. ganze BRD, daneben auch Gschf. u. Ges. d. BNB Franchise Systeme GmbH, seit 1990 Mtgl. Meisterprüf.-Aussch., seit 2000 Mtgl. Vorst. Wiss. Ver. f. Augenoptiker u. Optometrie, Tagungsreferent, daneben tätig im Zentralverb. ZVA, Lokal stellv. Vors. Big e.V. H.: Inlineskating, Laufen, Tagungsreisen.

Brückmann Christian *)

Brückmann Clauswilhelm *)

Brückmann Detlef Dr. med.

B.: FA f. Gynäk. u. Geburtshilfe. DA.: 99089 Erfurt, Talstr. 5. www.dr-med-brueckmann.de. G.: Gotha, 28. Sep. 1949. V.: Dr. Jutta, geb. Große. Ki.: Andreas (1977). El.: Günther u. Gisela, geb. Labusch. S.: 1968 Abitur, 1968-74 Stud. Med. Univ. Leipzig u. Med. Ak. Erfurt, Approb., 1976 Dipl., 1974-79 FA-Ausbild. Gynäk. Frauenklinik d. Med. Ak. Erfurt, 1981 Prom. "magna cum laude". K.: 1988-91 Oberarzt an d. Frauenklinik d. Med. Ak. Erfurt, seit 1991 ndgl. FA mit Privatpraxis, Gründung eines Ärztehauses gemeinsam m. d. Ehefrau m. Schwerpunkt Grundbetreuung, Mutterschaftsvorsorge, Mammasonographie, Ultraschall-Feindiagnostik, Farbduplexsono-

*) Biographie www.whoiswho-verlag.ch oder beigefügte CD-ROM

Brückmann

graphie, fetale Echokardiographie, ambulante gynäk. OP, seit 1990 Ausbild.- u. Hospitationsltr. f. Frauenärzte d. DEGUM u. LÄK Thüringen. P.: "Geburtshilfe u. gynäk. Ultraschalldiagnostik" (1991), Fachart. zum Thema Ultraschall in Fachzeitschriften. H.: Familie, Gesellschaftstanz, Fliegen (PPL A).

Bruckmeier Günther *)

Bruckmeier Toni *)

Bruckmoser Sigrid *)

Bruckner Christof A. Dipl.-Ing. Dr.h.c. *)

Bruckner Ernst *)

Brückner Christian
B.: Schauspieler. PA.: 14129 Berlin, Kirchblick 2; New York, N.C. 10023, 126 W 73rd St. G.: Waldenburg, 17. Okt. 1943. V.: Waltraud, geb. Kleine. Ki.: Kai (1969), Timm (1972). El.: Robert u. Elisabeth. S.: 1964 Abitur, 1964-67 Stud. Theaterwiss., Germanistik u. Publizistik Bonn u. Berlin, gleichzeitig Schauspielausbild. K.: seit 1968 freiberufl. Schauspieler Theater in Berlin, Freiburg, Klagenfurt, New York, Synchronarb. f. Hörspiele f. ARD, Literaturlesungen in Berlin u. New York, Regie f. Theater u. Hörfunk, Synchronisation zahlr. Fernsehrollen. E.: 1990 Adolf- Grimme-Preis in Gold. H.: Literatur, Jazz.

Brückner Elfriede *)

Brückner Ernst Heinrich Martin Dr. iur. *)

Brückner Gunter *)

Brückner Hanne-Lore Dr. med. *)

Brückner Hans-Jürgen Dr. *)

Brückner Heinrich Dr. med. habil.
B.: Kinderarzt i. R. PA.: 15236 Frankfurt/Oder, Wildbahn 45. G.: Berthelsdorf/Erzgeb. 20. Okt. 1928. V.: Helga, geb. Haedicke. Ki.: Reinhard (1955), Sabine (1958). El.: Horst (Lehrer) u. Käte, geb. Lange. S.: 1947 Abitur, 1948-54 Stud. Med. Univ. Leipzig, Staatsexamen. K.: 1954-56 Pflichtass. u. Prom., 1956-58 FA-Ausbild. an Bezirkskrankenhaus Leipzig, danach 1958-84 Univ.-Kinderklinik in Leipzig, 1961 FA f. Kinderheilkunde, 1967 Habil., 1968-93 Aufbau d. Kinderklinik am Bez.-KH in Frankfurt/Oder als langj. Chefarzt. BL.: ab 1981 Berater d. Weltgesundheitsorgan. in Kuba f. Familienerziehung u. Vorbereitung auf Familie, befaßt m. d. Friedensforsch. u. Konfliktlösungsstrategien. P.: Habil.: "Das Sexualverhalten unserer Jugend", regelm. Veröff. u. Hrsg. versch. Bücher wie: "Richtig Stillen" (1996), populärwiss. Bücher f. Kinder, Jugendliche u. Eltern z. Thema Liebe, Sexualität u. Kleinkinder, Übersetzungen in mehreren Sprachen, bisher letztes Werk: "Del óvulo a los primeros pasos", Havanna 2000, hier publizierte d. Verfasser mit 160 Farbfotos wieder umfassend auch als Bildautor. E.: 1982 MedR. M.: versch. kinderärztl. Fachges., Ges. f. Sexualwiss. H.: Fotografie, Microskopie, Mineralogie, handwerkl. Arbeiten.

Brückner Ilka
B.: Friseurmeisterin. FN.: Salon Kay's Hairstyling. DA.: 98529 Suhl, Meininger Str. 84. PA.: 98529 Suhl, Leonhard-Frank-Str. 102. www.kinderkrebshilfe-jena.de. G.: Dresden, 28. Dez. 1946. Ki.: Sven (1966), Kay (1968), Csaba (1970). S.: 1962 Mittlere Reife, 1962-64 Lehre als Friseuse in Breitungen, 1971 Meisterprüfung b. d. HWK Schmalkalden. K.: 1964-75 Friseuse in versch. Salons im Kreis Schmalkalden, 1975-86 b. PGH Friseure Suhl, 1986-89 Betreibung d. Fri-

seur-Boutique im Hotel "tt" Suhl, 1990 Grdg. d. eigenen Firma, 1993 bereits 2. Salon, 1999 Überschreibung d. Firma auf d. Sohn. BL.: Nov. 1997 Begin d. Mondscheinfrisierens, wovon Spenden an d. Kinderkrebshilfe abgeführ werden, 30. Juni 2000 Grdg. d. Vereins Hilfe f. krebskranke Kinder in Jena Südthüringen e.V., Anfang Sep. 2001 gemeinsam m. d. Suhler Volkssänger Klaus Rogler eine CD herausgebracht, d. ihren Zwist m. d. Suhler Ordnungsamt in Wort u. Musik beinhaltet. M.: b. 1997 Landesfachbeiratsleiter f. Frisuren u. Kosmetik im Landesinnungsverband Thüringen. H.: früher Chor, Reitsport (Springen, Dressur), heute Hobbyski.

Brückner Jens A. *)

Brückner Jörg

B.: Koch, Gschf. FN.: Brasserie "Augustus". DA.: 04109 Leipzig, Augustuspl. 14. G.: Dresden, 13. Okt. 1975. El.: Winfried u. Ursula. S.: Mittlere Reife, 1993-95 Kochlehre Dr. Lauter Kurhaus Bad Kohlgrub, 1995-96 Wehrdienst. K.: 1996-99 Küchenchef Piccolo Leipzig, seit 1999 Ausbilder, Koch, Gschf. d. o.g. Gaststätte f. gehobene franz. Küche m. mediterranem Einschlag, umfangreiches Weinsortiment, Catering. E.: gelistet im Gourmet-Guide. M.: BVMW e.V.

Brückner Jürgen Dr. med. Prof. *)

Brückner Jutta Dr. phil. Prof.
B.: Filmemacherin, Prof. f. Film u. Video. FN.: HdK Berlin. DA.: 10589 Berlin, Mierendorffstr. 30. G.: Düsseldorf, 25. Juni 1941. El.: Wilhelm u. Hildegard Haefs. S.: 1959 Stud. Polit. Wiss. Berlin, Paris, München, 1973 Prom. K.: seit 1973 freiberufl., seit 1985 Prof. HdK Berlin, seit 1987 Ltr. d. Filminst. HdK, Drehbücher, Regie u. Prod. u.a. Der Fangschuß (1974), Tue recht und scheue niemand (1975), Ein ganz u. gar verwahrlostes Mädchen (1977), Eine Frau m. Verantwortung (1980), Hungerjahre (1980), Luftwurzeln (1982), Ein Blick u. d. Liebe bricht aus (1985), Kolossale Liebe (1992), Lieben Sie Brecht? (1993). E.: zahlr. Preise u.a. 1980 Fipresci-Preis, 1981, 1983 u. 1988 7 Preis d. Dt. Filmkritik, 1981 Prix du F.I.C.C. M.: Akad. d. Künste Berlin, AG Neue dt. Spielfilmproduzenten, BeiR. v. Inter Nationes, BeiR. Berliner Filmfestspiele.

Brückner Karl-Heinz *)

Brückner Klaus *)

Brückner Manfred Dipl.-Ing. *)

Brückner Matthias *)

Brückner Michael *)

*) Biographie www.whoiswho-verlag.ch oder beigefügte CD-ROM

Brückner Michael
B.: RA u. Steuerberater. FN.: Brückner & Pilz Steuerberatungsges. DA.: 66123 Saarbrücken, Heidenkpferdell 2. Rechtsanwalt@Brücknernet.de. G.: Köln, 19. Jän. 1963. V.: Partnerin Martina Kiefer. El.: Peter u. Inge, geb. Rugge. BV.: Heinrich Brückner - Gründer d. Büros; Walter Rugge - Gründer d. Firma Stahl u. Tresorbau Papst u. Sohn. S.: 1982 Abitur, 1982-83 Bundeswehr, 1983-95 Stud. Jura, 1995 2. jur. Staatsprüf. K.: ab 1992 tätig in d. Steuerberatungskzl. d. Vaters u. 1993 Übernahme m. Schwerpunkt Beratung v. Kfz-Händlern u. -Betrieben, seit 2000 RA in d. Sozietät Gaube u. Jeromin. M.: Präs. d. 1. TC Blau-Weiß Saarbrücken. H.: Tennis, Internet, Internetbörse.

Brückner Orm-Marcus *)

Brückner Regina Dipl.-Ing.
B.: Dipl.-Ing.(FH) f. Hochbau, Inh. FN.: Planungsbüro Brückner, Beratender Ingenieur, Sachv. f. Grundstücksbewertung. DA.: 04178 Leipzig, Kastenienallee 114. mail@planungsbuero-brueckner.de. www.planungsbuero-brueckner.de. G.: Leipzig, 29. Nov. 1952. V.: Manfred. Ki.: Yvonne (1972), Theresa (1985). S.: Ausbild. z. Techn. Zeichnerin, Stud. Fördertechnik, Dipl.-Ing. K.: Konstrukteur im Getriebebau Leipzig, Konstruktion v. Sondermaschinen, Ausbild. z. Keramikerin, selbst. als Keramikerin, Stud. Hochbau, Dipl.-Ing., seit 1992 Gründer u. Inh. d. o.g. Büros f. Arch.-Leistungen im Hochbau, Freiflächengestaltung, arch.-bezogene Kunst. M.: Ing.-Kam. Sachsen u. Sachsen-Anhalt. H.: Malerei, Plastik, Keramik, Schmuck.

Brückner Ruth Ulrike
B.: freiberufl. Geigenbaumeisterin. FN.: Brückner & Brückner GbR Geigenbaumeister. DA.: 99084 Erfurt, Regierungsstr. 66. G.: Erfurt, 3. Okt. 1962. Ki.: Christoph (1982). El.: Wilhelm u. Dorothea, geb.Ott. BV.: väterlicherseits: Großvater Alfred Brückner: Geigenbaumeister u. Großmutter Elsa auch geb. Brückner, Urgroßvater Wilhelm-August: Geigenbaumeister (4 Generationen), mütterlicherseits: Großvater Walter Ott u. Großmutter Johanna: Kaufleute, weitere Vorfahren Instrumentenbauer. S.: 1981 Abitur Erfurt, 1981-83 Ausbildung Geigenbauer b. Vater, Gesellenprüfung in Leipzig, 1990 Meisterprüfung in Markneukirchen. K.: seit 1990 Mitarb. in Werkstatt d. Vaters, 1999 Grdg. Brückner & Brückner GbR. BL: Teilnahme an Geigenbauwettbewerben/Endrunden: 1986 in Poznan, 1989 u. 1997 in Mittenwald, 1997 in Cremona/Italien, Beteiligungen an Ausstellungen in Poznan, Mittenwald, London, Austin/USA, Kronberg, Weimar, Anzahl d. bisher gebauten Instrumente: ca. 30. M.: Verband Dt. Geigenbauer u. Bogenmacher e.V., Bund Thüringer Kunsthandwerker e.V., Bundesverband Kunsthandwerk. H.: Bratsche (u.a. im Orchester d. Univ. Erfurt, Collegium Musicum Erfurt), Lesen (Biografien v. Frauen u. polit. Frauenliteratur), Sport.

Brückner Ulrich Dr. phil.

B.: Jean Monnet Chair f. Europäische Integration. FN.: Freie Univiversität Berlin. DA.: 14195 Berlin, Ihnestr. 22. PA.: 10823 Berlin, Apostel-Paulus-Str. 4. ulib@zedat.fu-berlin.de. G.: Würzburg, 16. Feb. 1964. V.: Dr. Stephanie Buck. S.: 1983 Abitur, 1983-84 Bundeswehr, 1985-90 Stud. Politikwiss., Germanistik u. Geschichte an d. Univ. Würzburg u. FU Berlin, 1990 Dipl.Pol. K.: 1980-90 Interviewer f. Würzburger Forschungsinst., 1987-92 Deutsche Oper u. Schaubühne Berlin, 1991-92 Mitarb. in d. ÖTV Brandenburg, seit 1992 wiss. Mitarb., FU Berlin, seit 1994 Jean Monnet Chair FU Berlin, seit 1997 Lecturer LEXIA Int. Univ., seit 1998 Gastprof., Stanford Univ. Berlin, seit 1998 Gastprof., Univ. Szczecin (PL), seit 1999 Mtgl. TEAM Europe, Rednerdienst EU, 2000 Lecturer, American Univ. P.: "Kompetenzerweiterung partout", Diss. Berlin 1997. M.: AEI, DVPW, Studiengruppe Europa DGAP. H.: Fußball, Fotografie, Film, Badminton.

Brückner Volkmar Dr. sc. nat. Prof.

B.: Rektor. FN.: FHS Telekom Leipzig. DA.: 04277 Leipzig, Gustav-Freytag-Straße 43-45. G.: Zeitz, 19. Sep. 1949. V.: Ute, geb. Gneupel. Ki.: Mirko (1976), Dana (1980), Jan (1983), Michael (1996). S.: 1968 Abitur, 1974 Stud. Univ. Moskau m. Abschluß Dipl.-Physiker, 1977 Prom. K.: wiss. Mitarb. an d. Univ. Jena im Bereich nichtlineare Optik, 1983 Prom. an d. Univ. Jena, Forsch. u. Lehre im Bereich Ultrakurzzeitphysik, Fac. docendi, Vorlesungen f. Experimentalphysik u. Laserphysik, 1987-91 Mitarb. im Bord of Quantum Elektronics d. European Physical Society, 1987-95 Prof. f. Experimentalphysik an d. Univ. Jena, 1994-95 Gastprof. an d. Univ. Puebla in Mexico, seit 1995 HS-Lehrer f. opt. Nachrichtentechnik, seit 1998 Rektor d. FHS d. Telekom in Leipzig. P.: Application of Time-Resolved Optical Spectroscopy, 80 wiss. Fachart., ca. 60 Kongresse. H.: Tennis, Fußball, klass. Gitarrenmusik.

Brückner Wilhelm Conrad *)

Brückner Wolfgang Dr. med. *)

Brückner Wolfgang

B.: Kfz-Meister, Inh. FN.: Kfz-Meisterbetrieb Wolfgang Brückner. DA.: 13583 Berlin, Seegefelder Straße 61. PA.: 14476 Fahrland, Hasensteg 4. G.: Berlin, 27. Mai 1950. V.: Angelika, geb. Oertel. S.: 1966-69 Lehre als Kfz-Schlosser. K.: 1969-82 Geselle, seit 1982 selbst. M.: Bowling-Ver. H.: Bowling, RCK-Modellbau.

Brückner-Zündorff Jutta *)

Brucks Eberhardt Gottfried Wilhelm
B.: Maler, Grafiker. PA.: 12247 Berlin, Cecilienstr. 8. G.: Berlin, 29. Nov. 1917. El.: Friedrich u. Martha. S.: RG, 1936-38 Theaterklasse, Textil u. Modeschule, Berlin, 1941-43 Hochschule f. bild. Künste, Berlin. K.: 1950-70 im "Berufsverband Bild. Künstler", beteiligt an d. Ausrichtung d. "Gr. Berliner Kunstausstellung" u.d. "Juryfreien", Ausstellungen: 1970 Saalbau, B.-Neukölln; 1986 E.T.A. Hofmann-Haus, Bamberg; 1987 Galerie im Forum Frankfurt/Main; Ciree et Fête du famille, Paris 1991, Céline, in memoriam Louis Ferdinand Céline, Lausanne 1991; Dr. jur. Botho Laserstein:

*) Biographie www.whoiswho-verlag.ch oder beigefügte CD-ROM

Strichjunge Karl 1954 und 1994; Salomé 2000, the self-made-woman, Lausanne 1994; "Warten auf" u. "Liebespaar" Lausanne 1995; Rückblick ü. d. "Kreis", frühe Schwulenvereinigung in der Schweiz, Schwules Museum, Berlin 1999; als Schauspieler / Kleindarsteller v. 1954-61 an d. Volksbühne Berlin, 1961-72 in versch. Spielfilmen (u.a. Hokus Pokus, Die Revolution entläßt ihre Kinder), Portraitfotografie v. Schauspielern. H.: Musik, Literatur, Radfahren.

Bruder Axel Hellmut Dr. rer. nat. Dipl.-Chem.

B.: alleiniger Gschf. FN.: IBP Intern. Building Products GmbH. DA.: 35394 Gießen, Erdkauter Weg 17. bruder.a@ibpgroup.com. www.ibp-service.de. G.: Waiblingen, 21. März 1957. V.: Cornelia, geb. Müller. Ki.: Ingmar (1983), Saskia (1984), Maren (1988). S.: 1976 Abitur Fellbach, 1976-82 Stud. Chemie Univ. Stuttgart, 1982 Dipl.-Chem., 1982-83 Prom. z. Dr. rer. nat. K.: 1984-94 J.H. Bennecke GmbH Hannover, 1994-2000 EVC Rigid Film GmbH Staufen, seit 2000 Gschf. d. IBP Intern. Building Products GmbH Gießen. BL.: 1984-94 Patente auf Verfahren u. Produkte. P.: Firmenveröff. u. Interviews in d. örtl. Presse u. in d. Fachpresse, 1984-2000 einige Fachbeiträge in d. Fachpresse. M.: Fachverb. H.: Sport.

Bruder Barbara *)

Bruder Gerhard *)

Bruder Martina

B.: Gschf. FN.: VIVA Fernsehen Beteiligungs GmbH. DA.: 50500 Köln, Postfach 190380. www.viva.tv. G.: Jügesheim. S.: Stud. Anglistik u. Germanistik Frankfurt/Main u. England. K.: 1991 Deutscher Fachverlag Frankfurt/Main, Internat. Salesmanager NBC Europa, CNBC Europe, b. 1999 Internat. Sales Dir. Europa CNBC International, s. 08/2000 Gschf. VIVA Fernsehen Beteiligungs GmbH. (Re)

Bruder Rüdiger *)

Bruder Rudolf *)

Bruder Stefan *)

von Brüderle Rainer Dipl.-Vw.

B.: MdB, Min. f. Wirtschaft u. Verkehr a.D. u. stellv. Min. Präs. a.D. d. Landes Rheinland-Pfalz. FN.: Deutscher Bundestag. DA.: 11011 Berlin, Platz d. Republik 1. G.: Berlin, 22. Juni 1945. V.: Angelika, geb. Adamzik. S.: Abitur, Stud. Publizistik, Jura, Vw. u. Polit. Wiss. Johannes Gutenberg-Univ. Mainz, 1971 Dipl.-Vw. K.: 1971 wiss. Mitarb. Univ. Mainz, Lehrbeauftragter, 1975 Ltr. d. Amtes f. Wirtschaft u. Verkehrsförderung, 1977 Dir. d. Amtes f. Wirtschaft u. Liegenschaften, 1981 hpt.amtl. Beigeordneter u. Wirtschaftsdezernent d. Stadt Mainz, seit 1972 Mtgl. d. FDP, Vorst.Mtgl. im Kreisverb. Mainz, Mtgl. d. Landesvorst., seit 1983 Landesvors., Mtgl. d. BFachaussch. Wirtschaft, seit 1983 Mtgl. d. Bundesvorst., 1987-94 Min. f. Wirtschaft u. Verkehr, 1987 Mtgl. d. Landtages v. Rheinland-Pfalz, 8. Dez. 1988 stellv. Min.Präs. v. Rheinland-Pfalz, 10/1994-98 Minister f. Wirtschaft, Verkehr, Landwirtschaft u. Weinbau, seit 1998 MdB, seit Okt. 1998 stellv. Vors. d. FDP-Fraktion. (Re)

Brüderle Achim

B.: Gschf. Ges. FN.: Brüderle Steuerberatung GmbH. DA.. 38112 Braunschweig, Stadtblick 5. G.: Braunschweig, 8. Mai 1943. Ki.: Stefanie (1969), Sebastian (1978). El.: Ludwig u. Thea, geb. Schubert. S.: 1960 Abitur, 1960 Bundeswehr, 1961 Ausbild. Steuerfachgehilfe väterl. Steuerbüro, 1971 Steuerbev.-Prüf. K.: tätig im Steuerbüro d. Vaters, seit 1974 Gschf., 1981 Steuerberateprüf. E.: Erfolge in Tischtennis. M.: 1975-85 Schatzmeister d. Bürgerver. Am Schwarzen Berge. H.: Gartenarbeit.

Brüderlein Ernst Dr. med.

B.: FA f. Allg.-Med. u. Betriebsarzt i.R. PA.: 90411 Nürnberg, Georg-Buchner-Str. 73. G.: Nürnberg, 6. Aug. 1918. V.: Ingrid, geb. Prestel. Ki.: Christiane (1949), Silke (1952), Thomas (1954). El.: Gottfried u. Sofie, geb. Felsenstein. BV.: Otto Felsenstein - Apotheker; Christiane Felsenstein; Konrad Felsenstein - Diakon in St. Sebald; seit 1494 Familienwappen - im germ. Museum in Nürnberg ausgestellt. S.: 1937 Arb.-Dienst, 1937-46 Militärdienst u. glz. Stud. Med. Univ. München, 1940-44 Stud. med. Univ. München u. Marburg. K.: 1946 Arzt an d. Frauenklinik Nürnberg, 1946 Eröff. d. Praxis f. Allg.-Med. in Nürnberg, seit 1983 im Ruhestand u. tätig als Betriebsarzt f. d. Fbk. Elektromotoren Buchele. H.: Lesen, Fotografieren, Natur.

Brüdigam Heinz

B.: Journalist i. R. G.: Hamburg, 31. Juli 1929. V.: Eva, geb. Brockmann. Ki.: Klaus (1954), Hans (1956). El.: Fritz u. Lily, geb. Dehnke. S.: 1947 Mittlere Reife, 1947-49 Ausbild. Verlagsbuchhändler Alster-Verlag Curt Brauns Wedel, 1951-54 Stud. Publizistik u. Journalistik Univ. Leipzig, 1954 Dipl.-Journalist. K.: 1949-51 Ltr. d. Buchhdlg. im Kaufmannshaus, 1954-56 Redakteur d. Hamburger Volkszeitung, 1956-59 freiberufl. Journalist, 1959-69 Redakteur f. Kulturpolitik in "Anderen Zeitung" Hamburg, 1969-74 freiberufl. Journalist, 1974-83 Lektor u. Redakteur im Röderberg-Verlag in Frankfurt/Main, 1986-94 Dokumentar d. Behörde f. Arb. in Hamburg. P.: "Wahrheit + Fälschung" (1959), "Der Schoß ist fruchtbar noch..." (1965), "Das Jahr 1933" (1978), "Faschismus an der Macht" (1982).

Brudlewsky Monika

B.: MdB, Krankenschwester. DA.: 11011 Berlin, Platz d. Republik 1. G.: Großottersleben, 4. Mai 1946. V.: Johannes Brudlewsky. Ki.: Dagmar (1969), Uta (1971). El.: Paul u. Gertrud Hamelmann. S.: 1964 Abitur, Ausbild. als Krankenschwester. K.: Tätigkeit im KH, Altersheim u. Heim f. geistig Behinderte, Sprechstundenhilfe b. Praktiker, seit 1973 CDU, seit 1990 MdB. M.: Initiative Gruppe "Schutz d. Ungeborenen Lebens", Ausschuß Menschenrechte u. humanitäre Hilfe, Obfrau. H.: Lesen, Malen. (Re)

*) Biographie www.whoiswho-verlag.ch oder beigefügte CD-ROM

Bruer Fritz-Heinrich

B.: Drechsler, Inh. FN.: Fritz-Heinrich Bruer Holzwarenfbk. DA.: 23858 Reinfeld, Feldstr. 15. G.: Reinfeld, 20. Dez. 1944. V.: Waltraud. Ki.: Barbara (1974), Merle (1976). El.: Heinrich u. Erna. S.: 1961-64 Lehre Drechsler elterlichen Betrieb, 1965-66 Bundeswehr. K.: 1966-72 Teilhaber im elterlichen Betrieb u. 1972 Übernahme, 1981 Ausiedlung aus d. Innenstadt ins Gewerbegebiet Reinfeld m. Schwerpunkt Familienbetrieb, Werkzeuge aus Holz weltweit, Drehteile f. Innenausbau u. Zaunkugeln f. Friesenzäune. M.: seit 1989 FFW Reinfeld, Gem.-Wehrführer.

Brües Eva Dr.

B.: Kunsthistorikerin, Museumsdir. a. D. PA.: 47803 Krefeld, Gutenbergstr. 21 u. 83075 Bad Feilnbach, Otto-Brües-Weg 1. G.: Köln, 20. Apr. 1927. El.: Otto u. Hilde. S.: Prom. K.: seit 1969 Museumsdir. P.: zahlr. Veröff., mehrere Publ. über Otto Brües. E.: 1978 Preis European Museum of the year award, seit 1993 im Vorst. d. Otto-Brües-Freundeskreis e.V., Stiftung d. Otto-Brües-Hauses an d. Stadt Krefeld.

Brügelmann Dietrich Dr. rer. pol. Dipl.-Kfm. *)

Brügelmann Hans Dr. Prof. *)

Brügemann Klaus Ing.

B.: Glastechniker, Inh. FN.: Glaserei W. Beutel Nachf. GmbH. DA.: 23970 Wismar, Am Damm 1; 23966 Wismar, ABC-Str. 4. www.glaserei-beutel.de. G.: Wismar, 22. Nov. 1941. V.: Hannelore, geb. Bergmann. Ki.: Jan (1970), Sven (1972), Silke (1980). El.: Herbert u. Annemarie. BV.: Großvater Wilhelm-Beutel - 1904 Firmengründer. S.: 1958-60 Lehre Glaser u. Fensterbauer elterl. Betrieb. K.: 1960-61 tätig im Guß- u. Farbenglaswerk in Pirna-Copitz, 1961-63 Stud. allg. Glastechnik spez. Flachglastechnik an d. Ing.-Schule, 1964-67 Ltr. d. Gütekontrolle im Guß- u, Farbenglaswerk in Pirna-Copitz, 1968-69 Ing. d. Qualitätsprüf. bei DAUW in Ilmenau, 1970-77 Gschf. im elterl. Betrieb u. 1977 Übernahme d. Betriebes u. 1990 Grdg. d. GmbH m. Schwerpunkt Fensterbau, Innen- u. Außentüren, Bau- u. Kunstglaserei, Bilderrahmung u. Ausbild.-Betrieb. M.: Handwerkskam. Schwerin, Ev.-luther. Kirche Mecklenburg, 1974-92 2. Vors. d. KirchengemR. St. Nicolai in Wismar. H.: Reisen, Musik, Tanzen, Freundschaften pflegen, Familie, Kinder.

Brügemann Thomas *)

Bruger Ulf *)

Bruger Wolfgang Erich Karl

B.: Vers.-Makler, Anlageberater, Inh. FN.: wbA Wolfgang Bruger Assekuranz. DA.: 22335 Hamburg, Alsterkrugchaussee 445. w.bruger@wba-zentrale.de. www.wba24.de. G.: Lübeck, 14. Dez. 1951. El.: Werner u. Dorothea, geb. Wulff. S.: 1972-74 Lehre als Bankkfm., 1974-79 Stud. Betriebswirtschaft, Abschluß Dipl.Kfm. K.: 1979-83 wissenschaftl. Mitarb. am Seminar f. Bank- u. Vers.-Betriebslehre, Lehrstuhl Prof. O. Fischer, Orientierungsj. im Banken- u. Vers.-Bereich, 1984 Grdg. d. Firma wbA in Hamburg, 1990 Eröff. Geschäftsstelle in Lauchhammer in Brandenburg, 1996 Eröff. Geschäftsstelle in Chemnitz. F.: im AufsR. german Broker.net

AG, wbG Wolfgang Bruger Grundstücks GmbH, wbI Wolfgang Bruger Immobilienmakler, Neureuter & Co. KG in Schwerin. M.: VVV Verb. Verbraucherorientierte Vers. u. Finanzmakler e.V., BSR Berufsständisches Register e.V., Ausschuss-Mtgl. IHK, Ausschuss f. Finanz- u. Steuerpolitik, Arbeitgeberverb. d. Finanzdienstleistenden Wirtschaft e.V. H.: Sport, Badminton, Squash, Motorradfahren, Tanzen, Geschichte, Biographien.

Brüger Jan *)

Bruggeman Koen *)

Brüggemann Bernhard Dipl.-Ing. *)

Brüggemann Christa

B.: Heilpraktikerin. DA.: 24103 Kiel, Stephan-Heinzel-Str. 5. G.: Rockenhausen, 18. Juni 1956. BV.: Karoline Mangold. S.: 1974 Mittlere Reife, 1974-75 Ausbild. Altenpflegerin Mannheim, 1975-77 Anerkennungsj. Geriatrie Mannheim, 1978-80 Stationsschwester f. schwerst körperl. u. psych. Kranke b. DRK, 1980-83 Sonderschule f. geistig Behinderte u. Pölzheim, 1984-85 freie Krankenpflegerin in Mannheim, 1986-89 Ausbild. z. Heilpraktikerin in Kiel u. Hamburg, 1989 Hospitation in Deggendorf, 1990 Eröff. d. Praxis in Kiel, 1991-92 glz. halbtags tätig in einer sonderpäd. Einrichtung f. geistig Erwachsene, 191 Kauf d. Praxis in Kiel m. Schwerpunkt Bachblütentherapie, klass. Homöopathie, Pflanzenheilkunde, Menschenliebe u. Gesundheitstraining f. Neue Lebensstile, Ausbild. b. Ver. UGB u. tätig in d. Ausbild. v. Heilpraktikern. M.: UGB. H.: Sammeln v. oriental. Pflanzen u. Kräutern, Heilkräuterausbildung f. Schüler.

Brüggemann Dieter-Conrad

B.: Rohr- u. Kanaltechniker, Inh. FN.: Dieter Brüggemann Rohr- u. Kanalreinigung. DA.: 59073 Hamm, Palzstr. 29. G.: Hamm, 19. Feb. 1955. Ki.: Daniel, Ann-Katrin, Eva-Maria. El.: Willy u. Elisabeth, geb. Klaer. S.: 1970-73 Lehre als Gas- u. Wasserinstallateur. K.: 1973-79 ang. Gas- u. Wasserinstallateur, 1979-80 ang. b. d. Rohrreinigungs-Service in Hamm, seit 1980 selbst. Tätigkeit im Bereich Rohrreinigung, Prüf. als Sachv., Fachkraft. BL.: erste zertifizierte Firma i. Deutschland/Umwelttechnik. M.: Dt. Rohr- u. Kanalreinigungsverb. H.: Motorradfahren, Reiten, Schwimmen.

*) Biographie www.whoiswho-verlag.ch oder beigefügte CD-ROM

Brüggemann Günter Dr. *)

Brüggemann Hans-Detlev
B.: Verwaltungsbeamter, Bgm. FN.: Gemeindeamt Appen. DA.: 25482 Appen, Gärtnerstr. 8. detlev.brueggemann@appen.de. www.appen.de. G.: Uetersen, 28. März 1958. V.: Angela, geb. Klein. Ki.: Tim (1989), Nina (1993), Mendi (1998). S.: 1974-77 Ausbildung als Fachangestellter b. Kreis Pinneberg, 1977-80 Verwaltungsfachschule in Kiel, Abschluss Dipl.-Verwaltungswirt. K.: 1981-88 Oberamtsrat in d. Gemeinde Tornesch, gehobener Dienst, seit 1998 Dienstantritt als Bgm. in Appen. M.: seit 1976 DRK, seit 1983 TC Union Tornesch 86, seit 1987 Tus Esingen, seit 1998 Tus Appen, seit 1998 die Lebenshilfe, seit 1998 Foja Lebenshilfe, seit 1998 Ver. z. Schutz d. Tevesmoors, seit 1998 Freiwillige Feuerwehr, seit 1998 Heimatverein. H.: Sport, Kegeln.

Brüggemann Helga

B.: staatl. anerkannte Logopädin. FN.: Logopädische Praxis Brüggemann. DA.: 46399 Bocholt, Jerichostr. 11. G.: Groß-Reken, 1. Januar 1966. El.: Johann Brüggemann u. Barbara, geb. Bocke. S.: 1982 Fachoberschulreife, 1982-85 Ausbildung z. Erzieherin in Coesfeld, 1989-92 Ausbildung z. Logopädin in Ulm Wiblingen. K.: 1985-86 Erzieherin in einem Kinderheim in Lohmar, 1986-89 Bürokraft, parallel Abitur an d. Abendschule am Clara-Schuhmann-Gymn. in Bonn, 1992-2000 Logopädin in versch. Logopädischen Praxen in Ulm u. Borken, seit 2000 selbständig, Eröff. d. eigenen Logopädischen Praxis in Bocholt. BL.: Doz. Deutsch f. Ausländer an d. VHS Bocholt. H.: Kurzgeschichten f. Zeitschriften, Lesen, Klavier, Reisen, private Organisationshilfen f. Ausländer.

Brüggemann Ingar
B.: Vors. FN.: Entwicklungspolitisches Forum (EF) d. Dt. Stiftung f. Intern. Entwicklung. DA.: 13505 Berlin, Reiherwerder. G.: Nordhorn, 3. Okt. 1933. S.: Abitur Nordhorn, 1954-61 Stud. Politologie, Soz., Germanistik, Anglistik Münster, Innsbruck, München, Glasgow u. Marburg, 1957-58 Stipendium DAAD Univ. Glasgow, 1961 Staatsexamen. K.: 1962-65 wiss. Mitarb. Dt. Stiftung f. Entwicklungsländer Bonn, 1965-66 Ass. v. Prof. Dr. K. Mehnert am Inst. f. polit. Wiss. d. TH Aachen, 1966 Eintritt in d. Weltgesundheitsorgan. Genf als wiss. Mitarb., ab 1978 Mitarb. in d. Stabsabt. d. Gen.-Dir. Dr. H.T. Mahler d. WHO, ab 1985 Dir. d. Abt. Auswärtige Koordination f. Gesundheits- u. sozio-ökonom. Entwicklung, 1988-92 Repräsentantin d. General-Direktors d. WHO bei Nationen Weltgesundheitsorgan. New York, ab 1993 Vors. EF/DSE. H.: "human communication".

Brüggemann Irene *)

Brüggemann Karl *)

Brüggemann Klaus *)

Brüggemann Kurt Prof. *)

Brüggemann Ludwig *)

Brüggemann Petra

B.: selbst. Ergotherapeutin. DA.: 59494 Soest, Emdenstr. 2. G.: Lippstadt, 28. Aug. 1959. El.: Herbert u. Gisela, Brüggemann, geb. Schmidt. S.: 1978 Höhere Handelsschule Wiedenbrück, 1978-80 Ausbild. Bürokauffrau. K.: 1980-82 ang. Bürokauffrau, 1982-84 selbst. im Bereich Kunstwerk und Antiquitäten, 1984-93 Verw.-Ang. im Finanzamt Lippstadt, seit 1991 Reikiausbildung, Reiki-Meisterin, Kenntnisse in Yoga u. Edelsteintherapie, Meditation, 1993-96 Ausbild. z. Ergotherapeutin an d. Timmermeister-Schule in Münster, 1996 Angest. in einer Praxis f. Ergotherapie, 1996-98 Therapeutin im B.A.T.I.K. d. Hauses am Windmühlenkamp d. Sozialwerks St. Georg, 1998-99 Fachltr. im Sozialwerk, seit 1999 selbst. Ergotherapeutin m. Schwerpunkt Pädiatrie, Neurol., Orthopädie, Rheumatologie, Psychiatrie u. Geriatrie. H.: Singen, Tanzen, Malen.

Brüggemann Thomas Dr. iur. *)

Brüggemann Wolfgang Dr. phil. o.Prof. *)

Baronesse von der Brüggen Beatrice *)

Brüggen Georg
B.: Staatsmin. FN.: Sächs. Staatskzl. DA.: 01097 Dresden, Archivstr. 1. info@sachsen.de. www.sachsen.de. G.: Ibbenbüren, 11. Mai 1958. Ki.: 2 Kinder. S.: Abitur, 1977 Stud. Rechtswiss. Münster, 1990 Assesorexamen. K.: während d. Stud. freiberufl. tätig f. Ibbenbürer Ges. f. Freizeit u. Sport GmbH, danach Ass. d. Geschäftsltg. im Kaufhaus C. A. Brüggen OHG, 1991-93 Ref. f. Wirtschaft, Arb., Verkehr u. Umwelt in d. Sächs. Staatskzl., Bundesref. f. Soziales, Gesundheit u. Familie, danach Ref.-Ltr. im Kabinett d. Landtag polit. Analyse, 1996 Wechsel in d. Sächs. Innenmin. u. tätig als Ref.-Ltr, f. Wohnungswesen u. Privatisierung, stellv. Abt.-Ltr. f. Wohnungswesen u. Baurecht, Ltr. d. Zentralabt. u. der Stabsstelle Verw.-Reform, 1998-2000 Reg.-Präs. im Reg.-Bez. Chemnitz, 2000 Staatssekr. u. Amtschef im Thüringer Innenmin., u. 2001 Chef. d. Staatskzl. d. Freistaates Sachsen. P.: 1993 Kommentar zur Sächs. Gemeindeordnung. M.: Kuratoriumsvors. Dresdner Kinderhilfe e.V.

ten Bruggencate Gerrit Dr. Prof. *)

Brüggenkamp Karl Antonius *)

Brüggenolte Markus Wilhelm Klemens

B.: Heilpraktiker, klass. Homöopathie. DA.: 10965 Berlin, Katzbachstr. 14. G.: Lippstadt, 29. Juli 1962. El.: Adolf u. Maria, geb. Budde. S.: 1981 Abitur, 1981-82 Zivildienst, 1983-85 Studium Romantik u. Germanistik an d. Univ. Paderborn, 1986 Berlin, 1988-95 Heilpraktikerausbild., Prüf. z. Heilpraktiker, 1989-92 Ausbild. z. Krankenpfleger m. Examen. K.: 1992 Krankenpfleger im sozialpsychiatr. Bereich, 1997 nebenberufl. Ndlg. als Heilpraktiker, 1999 psycho-soziale Beratung u. Krise-

*) Biographie www.whoiswho-verlag.ch oder beigefügte CD-ROM

nintervention beim Berliner Krisendienst, 2000 hauptamtl. Heilpraktikertätigkeit m. klass. Homöopathie. BL.: ab 2001 Doz. in d. Naturheilschule Berlin. P.: Vorträge f. Laien u. Profis zu versch. Erkrankungen u. deren naturheilkundl. Behandlung, "Einführung in d. wiss. Homöopathie". M.: Berufsverband Freie Heilpraktiker. H.: Schwimmen, Reisen in romanisch-sprachige Länder.

Brugger Clemens Andreas *)

Brugger Eva Maria *)

Brugger Hans Dipl.-Ing.

B.: Landschaftsarchitekt. FN.: Landschafts- u. Freiraumplanung Dipl.-Ing. Hans Brugger. DA.: 86551 Aichach, Deuringer Str. 5A. G.: Aindling, 21. Nov. 1954. V.: Christine, geb. Abel. Ki.: Victor, Felix. El.: Johann u. Sophie, geb. Großhauser. S.: 1975 Abitur, 1975-76 Bundeswehr, 1976-78 Lehre Landschaftsgärtner. K.: 1979 Tätigkeit im Beruf, 1979 -85 Stud. Landespflege an d. TU München-Weihenstephan, 1985 Dipl.-Ing. f. Landespflege, b. 1988 angest. in einem Landschaftsarch.-Büro, seit 1988 selbst. in Aichach. P.: div. Fachpubl. E.: zahlr. europ. Wettbewerbserfolge. M.: SAIV, Rotary Club, NaturschutzbeiR. d. Landkreises Aichach-Friedberg.

Brugger Heidrun *)

Brugger Manfred Dr. rer. nat. *)

Brugger Margarete

B.:Dipl.Sozialpädagogin (FH), Inh. FN.: LeBe Lern- u. Erfolgsberatung. DA.: 79102 Freiburg, Erwinstr. 109. Lernberatung@t-online.de. G.: Bräunlingen, 1. Sep. 1960. Ki.: Lea Sophie (1999). El.: Martin u. Martha Brugger, geb. Knörr. S.: 1976-79 Ausbild. als Bauzeichnerin, 1980 Fachschulreife Berufsaufbauschule, 1980-81 FH-Reife TH Konstanz, 1983-88 Stud. Sozialpäd. an d. Kath. FH Freiburg. K.: 1989 staatl. Anerkennung als Dipl.-Sozialpäd., 1989-91 Ltg. Jugendzentrum d. Stadt Müllheim, 1991-92 versch. Tätigkeiten, 1992 Beginn Ausbild. in Transaktionsanalyse berufsbegleitend, 1994-97 Leiterin ausbildungsbegleitende Hilfen, 1997 Ausbild. in Cranio-Sacral-Therapie, seit 1998 selbst. Lernberaterin, Supervisorin. P.: Therapieführer Südbaden. M.: DGTA, Amnesty International. H.: Lesen, Reisen, mod. Kunst, Tanzen, Fotografieren, SC Freiburg.

Brugger Peter Dr. phil.

B.: Journalist, Hauptabt.-Ltr. Kultur/Fernsehen, Hauptabt.-Ltr. Kultur/Fernsehen u. stellv. Fernsehdir. FN.: Saarländ. Rundfunk. DA.: 66100 Saarbrücken. G.: Freiburg, 12. März 1935. V.: Hannelore, geb. Appler. El.: Ernst u. Gladys, geb. Bergmann. S.: Stud. Dt. u. Roman. Philol., Phil. u. Geschichte Univ. Freiburg u. München, 1961 Staatsexamen, 1971 Prom. K.: seit 1955 freier Mitarb. f. Zeitung u. Hörfunk, 1964-69 Fernsehred. b. Bayer. Rundfunk, seit 1969 Koordinator 3. FS-Progr. d. Saarländ. Rundfunks, seit 1973 Kulturchef / FS.

Brugger Winfried Dr. Prof. *)

Brügger Andreas Peter Dr. agr. *)

Brüggestrat Brigitte *)

Bruggey Jürgen Alexander Dr. rer. nat. *)

Brüggler Josef *)

Brüggmann Carola

B.: Med. Fußpflegerin, Kosmetikerin. FN.: Carola Brüggmann - Med. Fußpflege. DA.: 22305 Hamburg, Hellbrookstr. 71. G.: Lübeck, 13. Nov. 1964. S.: 1980 Mittlere Reife Büsum, 1980-73 Ausbild. z. Malerin u. Lackiererin m. Abschluß, 1983-87 Ausbild. z. staatl. anerkannten Altenpflegerin m. Examen, 1987-90 Umschulung z. Ergotherapeutin m. Abschluß, parallel dazu in d. Abendschule d. Ausbild. z. Heilpraktikerin abgeschlossen, ebenfalls parallel dazu d. Ausbild. z. Fußpflegerin abgeschlossen. K.: 1998 Übernahme d. Fußpflegeschule u. Fußpflegepraxis durch Kauf. P.: Veröff. in versch. Zeitschriften über d. Thema Fußpflege. H.: Hund "Pluto".

Bruglacher Michael

B.: Unternehmensberater. DA.: 10779 Berlin, Bamberger Str. 27. mbruglach@ aol. com. G.: München, 12. Jan. 1955. BV.: Herr Abel, Mitbegründer d. Hannoverschen Allg. S.: 1974 Abitur München, 1974-82 Stud. Rechtswiss. an d. LMU München, spez. Hdls.-Recht, daneben full-time b. Ev. Jugend f. geistig Behinderte, 1982 1. Staatsexamen, 1982-85 Referendariat b. OLG München, 1985 2. Staatsexamen. K.: ab 1986 Arbeitsrechtler b. Isar-Amperwerke München, Gruppenltr. Personalwesen, 1990-2000 Delegation nach Halle/ Saale, Aufbau d. Rechtsabt., 1991 Abt.-Leiter Personalwirtschaft, 1993 Personalchef d. MEAG, 1996 komm. auch Leiter Zentrale Dienste, 1998 auch Personal u. Organ., seit 2000 selbständig, seit 2001 Unternehmensberater d. Personal- u. Organ.-Fragen deutschlandweit, daneben in Halle Kunstsponsoring u. Ausstellungskonzepte für Galerien. BL.: 1978 als Erster in Deutschland Konzeption von Tanzkursen f. Behinderte. P.: 2001 Ausstellung Erotische Exlibris in Zeitungsgalerie in Halle, Artikel über Organ.-Fragen in Elektrowirtschaft. M.: Künstlerver. Talstr. e.V. in Halle. H.: Kunst, Antiquitäten, Literatur, aus jedem Kulturkreis aus jedem Jhdt. 1 Buch lesen.

*) Biographie www.whoiswho-verlag.ch oder beigefügte CD-ROM

Brügmann Christian

B.: Rechtsanwalt. FN.: Kanzlei Brügmann-Rechtsanwälte. DA.: 19053 Schwerin, Demmlerpl. 5. schwerin@bruegmail.com. G.: Hamburg, 5. Juli 1951. V.: Ursula, geb. Feuerharke. Ki.: Jan Hinnerk, Nils Peter. El.: Dr. Walter u. Johanna. S.: 1971 Abitur Hamburg (Christianeum), 1971-75 Stud. Tübingen, Genf u. Hamburg, 1975 1. Staatsexamen. K.: 1975-76 wiss. Ass. Lehrstuhl Zivilprozessrecht, 1978 2. Staatsexamen u. Zulassung z. RA, 1978-94 RA in Hamburg, 1994 RA in Schwerin u. Rostock, Zulassung OLG Rostock. P.: zahlr. Veröff. z. Bau- u. Arch.-Recht, Vorträge u. Seminare u. Gastvorlesungen an d. Univ. Rostock. M.: Vors. d. Schiedsgerichts Bau e.V., Vors. d. Ehrenaussch. d. Arch.-Kam., Dt. Ges. f. Baurecht.

Brügmann Dirk *)

Brügmann Jochen Dipl.-Ing.
B.: Ltr., Inh. FN.: Industrie - Software Jochen Brügmann. DA.: 26871 Papenburg, Bokeler Str. 18. mail@bruegmann-software.de. G.: Lüneburg, 18. Nov. 1942. V.: Annemarie, geb. Alles. Ki.: Sören (1977), Julia (1978), Fabian (1980). S.: 1962 Abitur Lünen, 1962-68 Stud. Elektrotechnik TH Aachen, Dipl. K.: 1968-70 AEG Satellitenbau Hamburg, 1970-75 BBC Mannheim, 1976-80 SAP Waldorf, 1980-85 Brügmann Frisoplast Papenburg, 1986 Grdg. einer eigenen Firma f. Softwareentwicklung, 2000 Erreichen d. Marktführung in Deutschland mit einer Branchensoftware f. Patentanwälte u. Industrie-Patentabteilungen. M.: TC Papenburg. H.: Tennis, Segeln, Musik.

Brügmann-Eberhardt Lotte
B.: Journalistin, Schriftstellerin. PA.: 24116 Kiel, Schillerstr. 3. G.: Dortmund, 1. Febr. 1921. V.: Brügmann Hans. Ki.: Ursel, Brigitte, Carola. S.: OSchule. P.: 113 Unterhaltungsromane außerdem Kurzgeschichten - "Schmetterlinge fliegen noch" (1989), "Das alles ist Leben" (1996), "Wie schillernde Falter" (1998), "Wat schast dorto seggen?" (1998), "Lächeln ist wie Sonnenschein" (2000), zahlr. Veröff. in Zeitungen u. Zeitschriften. M.: Schriftsteller in Schleswig-Holstein e.V., Verb. Frau u. Kultur, Schleswig-Holstein. Heimatbund.

Brugsch Alexander Dr. med. *)

Brühann Willfried Dr. med. vet. Dr. h.c. Prof. *)

Brühl Bodo Wilhelm Dipl.-Kfm. *)

Brühl Matthias *)

Brühl Roswitha Dipl.-Psychologin *)

Brühl Sylvia *)

Brühlmeyer Achim Ing. *)

Bruhm Ismo-Pekka Dr. rer. nat. *)

Bruhn Christian *)

Bruhn Christian Dr. agr.
B.: ehem. AufsR.-Vors. u. Mtgl. d. Gesellschaftsausschusses d. Hoechst-Schering AgrEvo GmbH. G.: Berlin, 22. Mai 1930. S.: 1949 Gärtnergehilfenprüf., Stud. Fachrichtung Erwerbsgartenbau TU Berlin, 1952 Dipl.-Gärtner, Ass. am Inst. f. Mykologie d. Biolog. Bundesanst. f. Land- u. Forstwirtschaft, 1955 Prom. Dr. agr. K.: 1955 Praktikant im Außendienst d. Sparte Pflanzenschutz d. Schering AG, 1957-62 Aufbau einer Schering-Versuchsstation f. Rohstoffpflanzen in Guatemala, 1962 Vorst.-Ass. f. d. Bereich Pflanzenschutz, Hauptverw. Berlin, Prokura, 1965 Dir., 1968 Übernahme d. Pflanzenschutz-Vertriebes, 1970 Sprecher d. Spartenltg. Pflanzenschutz, 1972 stellv. Vorst.-Mtgl. Aufbau eines Personalressorts, Spartenbetreuer Pflanzenschutz, 1974 o.Vorst.-Mtgl., 1984 Übernahme d. FBC, Spartenbetreuer Pflanzenschutz, Regionalbetreuer Westeuropa, 1989 Regionalbetreuung Afrika, ab 1994 AufsR.-Vors. d. Hoechst Schering AgrEvo GmbH.

Bruhn Ekhard
B.: Gemüse-, Obst- u. Maiblumenbauer, Inh. FN.: Gardena Garten- u. Landschaftsbau. DA.: 23617 Stockelsdorf, Segeberger Str. 100. G.: Stockelsdorf, 29. Mai 1937. V.: Ilona, geb. Bornhöft. Ki.: Hans-Walter (1964), Silke (1966). El.: Walter u. Anneliese, geb. Driesche. Sw.: Dr. Gustav Adolf Bruhn Dir. d. Guang-Werke. S.: 1956 Ausbild. z. Gemüse-, Obst- u. Maiblumenbauer b. Karl Goldschmidt, 1957 Gemüsebaufachschule Fischenich b. Köln, 1958 Erlernen v. Gemüsetreiberei Büderich am Niederrhein. K.: 1960-68 selbst. Gemüsebau in Stockelsdorf, Übernahme d. elterl. Betriebes u. Ausbau als Garten- u. Landschaftsbetrieb. M.: seit 1958 Freiwillige Feuerwehr "Mori", seit 1972 CDU, 1974-86 GemR. Stockelsdorf f. d. CDU Jugend u. Sport, 1968 Hauptwerk u. Mitbegründer d. Gebrauchshundever. Stockelsdorf e.V., seit 1980 Schützenver., 1988-95 Vors. H.: Hundeausbild. u. Pokalkämpfe.

Bruhn Günther *)

Bruhn Hans Dietrich Dr. med. Prof. *)

Bruhn Ines *)

Bruhn Irmela

B.: Inh., Gschf. FN.: Krankengymnastik Bruhn. DA.: 77654 Offenburg, Moscheroschweg 5. G.: Freiburg, 31. Jan. 1948. V.: Hans-Joachim Bruhn. Ki.: Ann-Kathrin (1979) und Britta (1983). BV.: Hugenotten aus Bordeaux stammend. S.: 1964 Mittlere Reife Freiburg, 1964-65 Praktikum Klinikum Freiburg Chir., 1966-69 Examen KG Schule. K.: 1969-70 Praktikum Univ.-Klinik Heidelberg, 1970-71 Univ.-Klinik Göttingen Neurologie, 1972-74 Emmendingen Psychiatr. Klinik, 1974-76 Klinik Offenburg, Innere Med., seit 1976 eigene Praxis, Krankengymnastik, Kinesiologie, Traumarb., Lebensberatung, Fußreflexzonen-Harmonisierungsmassage, Therapeutik Tatsch. P.: Seminare Bad Salzhausen. M.: Zentralverb. d. Physiotherapeuten. H.: Reisen, Bücher, Spüort, Kunst, Theater.

Bruhn Margrit *)

Bruhn Rolf *)

Bruhns Klaus *)

Bruhns Otto-Timme Dr.-Ing. Prof.
B.: HS-Lehrer, Lehrstuhlinh. Techn. Mechanik Ruhr-Univ. Bochum; Beratender Ing. DA.: 44780 Bochum, Universitätsstr. 150. PA.: 44803 Bochum, Postkutschenweg 45. G.: Dürnkrut/NÖ, 26. Sept. 1942. V.: Edda, geb. Hilker. Ki.: Imke, Maike. El.: Otto u. Elfriede. S.: Abitur, Stud. Bauing. Wesen TU Hannover, 1969 Prom. K.: 1974 Habil., 1975 Doz. Ruhr-Univ. Bochum, 1980 C3-Prof. Ruhr-Univ. Bochum, 1980 C4-Prof. GH Kassel, 1987 C4-Prof. Ruhr-Univ. Bochum. P.: ca. 160 Veröff. in wiss. Zeitschriften, 7 Lehrbücher. E.: 1985/86 Dekan d. Fachbereichs "Maschinenbau" d. GH Kassel, 1989/90 Dekan d. Fak. Bauingenieurwesen d. RU Bochum, 1992-2000 Fachgutachter d. DFG. M.: Ges. f. Angew. Math. u. Mechanik, HS-Verb.

Bruhns Uwe *)

Bruhns Wibke
B.: Moderatorin, Journalistin, freie Autorin. PA.: 10623 Berlin, Kantstr. 149. G.: Halberstadt, 8. Sept. 1938. S.: Studium Geschichte u. Politik. K.: 1960 Volontariat BILD-Zeitung, freie Mitarbeiterin NDR, 1962 Redakteurin ZDF-Studio-Hamburg, moderierte "Drehscheibe", 1968-71 freie Journalistin für "Die Zeit", "NDR-Hörfunk" u. ZDF, 1973 Mitarb. b. "Panorama", 1979-83 Stern Korrespondentin in Jerusalem, 4 Jahre Stern-Korrespondentin in Washington, 1989 WDR mit "Drei vor Mitternacht", 1993 Anchorwoman von "Weltvox", 1995 Kultur-Ressortleiterin beim ORB, 2000 Sprecherin der Expo 2000 in Hannover, seither freie Autorin E.: 1989 Egon-Erwin-Kisch-Preis. (Re)

Bruhs Stefan *)

Bruker Edgar *)

Brüllke Roberto *)

Brülls Robert Dipl.-Ing.

B.: Techn. Zeichner, Unternehmer. FN.: AIXtec. DA.: 52070 Aachen, Luisenstr. 17. PA.: 52070 Aachen, Herzogstr. 12. G.: Aachen, 11. Sep. 1968. Ki.: Lina Maria (1996). El.: Peter u. Karin. S.: 1986 Mittlere Reife Aachen, 1986-89 Ausbild. z. Techn. Zeichner b. d. KFA-Jülich, 1989-90 Fachoberschule f. Technik u. FH-Reife, 1990-91 Grundwehrdienst, 1991-96 Stud. Maschinenbau mit Schwerpunkt Konstruktionstechnik an d. FH Aachen, 1996 Dipl. K.: 1997-98 CAD-Konstrukteur b. d. WSP-Ing.-Ges. in Aachen, im Rahmen eins gemeinschaftl Projektes, Wechsel zu Wesero-Maschinenbau GmbH Sprockhövel, 1998-99 Ang. b. Wesero-Maschinenbau in Sprockhövel als Konstrukteur u. Projektltr., 1999 Grdg. eines Ing.-Büros f. innovativen Anlagen- u. Maschinenbau. M.: VDI. H.: Sport allg., Badminton, Skifahren.

Brümann Klaus *)

Brumbauer Waldemar *)

Brumbauer Walter
B.: Gschf. FN.: Naturwuchs GmbH. DA.: 82205 Gilching, Am Römerstein 48. G.: München, 15. März 1952. V.: Anna-Rina Lübeck. Ki.: Manuel Antonio (1995). S.: 1972 Abitur, 1972-77 Stud. Landespflege in Weihenstephan, 1978 Dipl. K.: 1978-80 Städtebaul. Aufbaustud., 1979-83 Ideen u. Erfahrungen gesammelt f. d. Vision "Naturgarten f. kleine Bereiche", 1983-85 Volontariat b. d. Zeitschrift "Natur", selbst. m. 1. Büro im Naturlandverb., 1986-88 Grdg. Naturwuchs GmbH m. 3 weiteren Ges.: Biomarktgemeinschaft Gräfelfing, Dr. Reinhard Witt Journalist u. Günther Dallmayr. H.: Fotografieren, Pflanzen u. Gärten, Schwimmen, Wandern, Kajakfahren, Radfahren.

Brumbi Detlef Dr.-Ing.
B.: Dipl.-Elektrotechniking., Produktgruppen-Manager. FN.: Krohne Meßtechnik GmbH & Co KG Duisburg DA.: 47058 Duisburg, Ludwig-Krohne-Str. 5. PA.: 47447 Moers, Feuerbachstr. 8. mail@brumbi.de. www.brumbi.de. G.: Mülheim, 17. Juli 1959. El.: Herbald u. Charlotte. S.: 1978 Abitur Essen, 1978-84 Stud. Elektrotechnik. Bochum m. Abschluß Dipl.-Ing., 1984-85 Zivildienst. K.: 1985-90 ang. wiss. Mitarb. d. Univ. Bochum, 1990 Prom. zu Bauelemente Degradation durch radioaktive Strahlung, seit 1990 b. d. Firma Krohne Entwicklungsmitarb., Entwicklungsltr. u. Produktmanager, spez. auf Mikrowellentechnik, Radartechnik u. Füllstandstechnik. BL.: Grdg. d. Ver. "KIDS Freizeiten e.V.", Jugend- u. Behindertenarb. P.: versch. Veröff. in Fachzeitschriften über Bauelemente Degradation, Radar Conference Alexandria USA (1995), Vorträge über Radartechnik, Grundlagen d. Radartechnik. 2. Füllstandsmessung (1995), Co-Autor: Grundlagenwerk Measurement Instrumentation u. Sensors Handbook. E.: Prom. m. Ausz. M.: Vors. "Kids Freizeiten e.V". H.: Volleyball, klass. Musik, Fern-Studienreisen, Sprachen, Jugendarbeit.

Brumby Eva *)

Brumm Dieter *)

Brumm Karsten Dipl.-Kfm. *)

Brummack Ingmar *)

Brummack Jürgen Dr. Prof. *)

Brümmendorf Bert Dipl.-Ing. *)

Brummer Oliver
B.: selbst. Rechtsanwalt. DA.: 68161 Mannheim, L 9, 7. PA.: 68165 Mannheim, Seckenheimer Str. 73. oliver.brummer @mannheim.de. G.: Heidelberg, 9. Jan. 1963. V.: Doris, geb. Döhling. El.: Horst u. Ingrid. S.: 1983 Abitur Mannheim, 1983-89 Jurastud. Univ. Mannheim, 1989 1. u. 1992 2. Staatsexamen. K.: 1989-92 Referendar, 1952-54 Fraktionsgeschäftsführer CDU Mannheim, 1995 eigene Kzl., 1997-2001 ehrenamtl. Kreisgschf. d. CDU Mannheim, ehrenamtl. Pressesprecher d. CDU Mannheim, stellv. Ortsvors. d. CDU Mannheim-Oststadt, seit 1999 Stadtrat in Mannheim. M.: seit 1981 in d. CDU, Kuratoriumsmtgl. Ges.ellschaft f. Christl.-Jüd. Zusammenarb. Rhein-Neckar, Golfclub Mannheim-Viernheim, Johanniter Unfallhilfe, Förderver. Oststadt Theater, WWF, Kriegsgräberfürsorge. H.: Golf, Theater, Schifahren, Reisen, Lesen, Politik.

Brümmer Dieter Dr. *)

Brümmer Jens *)

Brümmer Uwe *)

*) Biographie www.whoiswho-verlag.ch oder beigefügte CD-ROM

Brummerhop Hartmut *)
Brummermann Hans Dipl.-Kfm. *)
Brummund Ruth

B.: Dipl.-Psych., Astrologie. DA.: 22149 Hamburg, Rahlstedter Str. 108a. El.: Rudolf u. Wilhelmine Degner. S.: 1946-48 Ausbild. z. Chemielaborantin, Praktikum im Hygieneinst. K.: 1948-51 Chemielaborantin in einem Hamburger Labor, 1951-56 Chemielaborantin in Firma Essig-Kühne Hamburg, seit 1956 Bezug z. Astrologie, 1969 Begegnung m. d. Astrologen Ludwig Rudolph - Vors. d. Ver. Astrologische Studienges. (Hamburger Schule) e.V., Dipl. als Psych., 1994 Loslösung v. d. "Hamburger Schule" u. eigeninitiative Weiterentwicklung d. Hamburger Schule - Uranische Astrologie. M.: DAV. H.: Handarb., Fotografie, Briefmarkensammlung, Spaziergänge.

Brun Marcel
PS.: Jean Villain. B.: Schriftsteller. DA.: 17292 Dreesch/ Prenzlau, Dorfstr. 4. G.: Zürich, 13. Juni 1928. V.: Ingrid, geb. Hess. Ki.: Giovanna (1954), Stephan (1976). El.: Dr. Rudolf u. Johanna, geb. Gyger. BV.: Vater. Prof. Dr. Rudolf Brun Prof. f. Neurologie in Zürich, Großvater Prof. Dr. Carl Brun Kunsthistoriker u. Präs. d. Züricher Gottfried-Keller-Stiftung. S.: 1947 Matura in Trogen/Schweiz. K.: 1949 längerer Aufenthalt in einem israelischen Kibbuz, erste Publ. im Schweizer "Volksrecht" (SPS), in d. "Nation", in d. Berliner "Weltbühne" sowie im "Al Hamishmar" Tel Aviv, erste Buchveröff. noch unter bürgerl. Namen "Der Kibbuz-Verwirklichung einer Illusion?" (1950), in d. 50er, 60er u. 70er J. unter d. Pseudonym Jean Villain Veröff. mehrerer Reportagebände über Frankreich, Spanien, Ägypten/Sudan, d. Algerienkrieg, d. 1. Anti-Apartheidaufstand in Südafrika, d. Schweiz, Indien, sowie Venedig, dazu Essays z. Reportagetheorie, 1961 Übersiedlung in d DDR, ab 1965 Rückzug aus d. DDR-Tagespublizistik, seit 1974 wohnhaft in Dreesch. BL.: aktiv in d. Prenzlauer Kulturszene als Vors. d. Kulturver., d. auf seine Initiative hin seit d. Wende regelmäßig namhafte CH-Schriftsteller zu Lesereisen durch d. Großkreis Uckermark einlädt. P.: "Der Kibbuz" (1950), "Die Kunst d. Reportage" (1965), "Die großen 72 Tage" (1971), "570 Millionen im Wettlauf gegen d. Uhr" (1973), "Plädoyer f. Aschenbrödel - über Reportagen" (1977), "Damals in Allenwinden" (1978), "Junger Man aus gutem Hause" (1987), "Die Revolution verstößt ihre Väter - Aussagen u. Gespräche z. Untergang d. DDR" (1990), "Der erschriebene Himmel - Johanna Spyri u. ihre Zeit" (1997). E.: 1975 Heinrich-Heine-Preis-Ost, 1995 Fritz-Hüser-Preis-West, 1997 Ehrengabe d. Stadt Zürich. M.: Vors. d. Kultufver. Prenzlau. H.: Schreiben, Lesen, Kunst, Musik.

Brundig Wolfgang Erich Helmut *)
Bründl Peter Dr. phil.
B.: Psychoanalytiker in eigener Praxis. GT.: Lehrtätigkeit als Psychoanalytiker in München, Zürich, Nürnberg, Bukarest, Tel Aviv u. New York; Lehranalytiker d. DGPT Dt. Ges. f. Psychoanalyse, Psychotherapie u. Psychosomatik in Hamburg. DA.: 80798 München, Tengstr. 22. PA.: 86938 Schondorf, Brunnenstr. 26. info@mapev.de. www.mapev.de. G.: Passau, 16. Mai 1942. V.: Juliane, geb. Theisen. Ki.: Paul (1963), Johannes (1965), Anna (1981), Eva (1984). S.: 1962 Abitur in München, 1962-73 Stud. Geschichte, Germanistik u. Geografie an d. LMU in München u. d. Univ. of California in Berkeley, 1973 Prom. Dr. phil. K.: 1970-77 Gymnasiallehrer im Süddeutschen Landerziehungsheim Schondorf, 1984-85 Ltr. d. Landerziehungsheim Max-Rill-Schule in Reichersbeuern, 1974-84 parallel z. Lehrtätigkeit Weiterbildung Psychoanalyse in München, sowie 1977-79 in New York, seit 1979 Psychoanalytiker in eigener Praxis f. Kinder u. Jugendliche, seit 1984 Psychoanalytiker f. Erwachsene. P.: Veröff. in Fachpubl. z. Psychoanalyse d. Adoleszenz, d. Nachwirkungen d. NS-Terrors, d. Migration u. d. männlichen Entwicklung. M.: seit 1986 kontinuierlich Mtgl. im Vorstand d. Münchner Arge f. Psychoanalyse e.V., Lehranalytiker u. Supervisor, Ltr. d. Ausbildungsgänge psychoanalytischer Psychotherapie v. Kindern u. Jugendlichen, Mtgl. d. Vereinigung analytischer Kinder- u. Jugendlichen Psychotherapeuten, Mtgl. d. "Weiße-Rose"-Stiftung München, Mtgl. d. Vereins "Memento mori" München. H.: Malerei, Kunstgeschichte, Literatur, Skifahren, Pflege freundschaftlicher Beziehungen zu Kollegen im Ausland.

Bründt Karl-Heinz *)
Brune Christian Dipl.-Ing.
B.: öff. bestellter Vermessungsingenieur, selbständig. DA.: 49082 Osnabrück, Iburger Str. 215. PA.: 49186 Bad Iburg, Hohenbrink 35. brune-vermessung@yahoo.de. G.: Osnabrück, 1. Mai 1965. V.: Katherina, geb. Obermann. Ki.: David (1994), Debora (1996). El.: Ing. Heinrich u. Erika. S.: 1984 Abitur, 1984-85 Bundeswehr, 1985-91 Stud. Gedäsie Univ. Hannover, 1991-93 Referendariat Regierungspräs. Münster, 1993-94 Praktikum b.V.I. Brunemann Melle. K.: 1994-95 Ang. im Vermessungsbüro Dipl.-Ing. E. Burghardt u. 1995 Übernahme d. Vermessungsbüros. M.: BDVI. H.: Familie.

Brune Christoph Dr. med. dent. *)
Brune Claudia

B.: Lehrerin, Inh. FB.: Sprachenschule Claudia Brune. DA.: 50996 Köln, Ringstr. 46. G.: München, 10. Sep. 1949. Ki.: Raphael (1988). El.: Dr. Harry Brune. BV.: Großvater - Literat. S.: 1968 Abitur, 1968 Stud. der Geschichte, Phil. u. Franz. Univ. München, 1969-70 gleiche Fächerkombination Paris, 1970-78 gleiche Fächerkombination, zusätzlich Kunst, Übersetzungen f. d. Evang. Kirchentag, Staatsexamen. K.: 1978 Lehrerin d. internat. Schule bei Faro/Portugal, 1979 -80 Lehrerin an versch. Sprachschulen in München, Übersetzungen f. versch. Verlage, 1983-93 tätig b. WDR, DLR u. d. Dt. Welle, 1993-94 Lehrerin an d. Dt. Schule in Kairo, 1994-96 Lehrerin an d. Dt. Schule u. d. amerikan. Univ. in Nicaragua, 1999 Grdg. d. Sprachenschule in Köln f. Englisch, Französisch, Italienisch, Spanisch, Deutsch, Angebot: Konversationssprache, Managerseminare u. interkulturelles Training. H.: Schreiben einer vergleichenden Grammatik, arabische Sprache, Literatur, Sport, Reisen (Wüste).

Brune Johannes Dr. phil. Lic. theol.
B.: Dir. FN.: Theologisch-Pädagogische Akademie im Katholischen Bildungszentrum. d. Erzbistum Berlin. DA.: 10318 Berlin, Köpenicker Allee 39-57. tpa.berlin@t-online.de. www.mitglied.tripod.de/kath. bildungszentrum. G.: Danzig, 29. Juli 1944. V.: Dr. Nicole Brune-Perrin. Ki.: Sophie-Char-

lotte (1979). El.: Heinrich u. Bertel, geb. Wansel. S.: 1965 Abitur Vechta, 1965-75 Mtgl. d. Dominikanerordens, 1966-68 Stud. Phil. Bonn, 1978-82 Stud. Kath. Theol. Paris, 1972-75 Stud. Kath. Religionslehre FU Berlin, 1. Staatsexamen f. Lehramt an höheren Schulen, 1977 Erweiterungsprüfung Deutsch, 1979 Prom., 1985 2. Staatsexamen f. Lehramt an höheren Schulen. K.: 1974-83 wiss. Ass. an d. FU Berlin, 1983-85 Referendariat, seit 1985 Dir. d. Theol.-Päd. Ak., 1981-91 Ltr. d. Abt. Kath. Religionslehre im bischöfl. Ordinariat in Berlin, 1983-2000 wiss. Berater d. Senatsverwaltung f. Gesundheit z. Ausbildung v. Lehrer/Innen d. Pflege; Funktionen: Lehrstuhlvertretungen an d. FU Berlin u. TU Dresden, Berater f. Bildungsministerien in Mecklenburg-Vorpommern, Berlin, Brandenburg u. Sachsen. P.: Publ. im In- u. Ausland zu päd. u. religionspäd. Themen, Hrsg. d. Schriftenreihe d. Kath. Akademie (b. 1991). M.: Dt. Katecheten verein. H.: Geige, Romanistik.

Brune Pit J. *)

Brune Wolfgang

B.: Gschf. FN.: Inst. f. Energetik u. Umwelt gemeinn. GmbH. DA.: 04347 Leipzig, Torgauer Str. 116. Wolfgang. Brune@t-online.de. G.: Treuen/Vogtland, 25. Apr. 1938. V.: Gisela, geb. Dietel. Ki.: Heike-Kathrin, Susann, Rüdiger. El.: Horst u. Elfriede. S.: 1956 Abitur Cottbus, 1956-62 Stud. Experimentelle Kernphysik. K.: 1962-63 Arb. an wiss. Verlag in Leipzig, 1965-76 Ing. u. später Dir. am Kernkraftwerk Rheinsberg, 1976-82 wiss. Energiewirtschaft, 1982-90 Produktionsdir. am Kernkraftwerk Greifswald, seit 1990 Gschf. am Inst. f. Energetik u. Umwelt Leipzig. P.: Schriftenreihe d. Inst. f. Energetik u. Umwelt, Energie als Indikator u. Promotor wirtschaftl. Evolution, Elektron. Zeitschrift: Blickpunkt Energiewirtschaft. M.: Dt. Nationalkomitee im WeltenergieR., Forum f. Zukunftsenergien, Ver. d. Großkraftwerksbetreiber, Kerntechn. Ges., Economic History Ass. H.: wiss. Arb. zu Wirtschaftsgeschichte, Fitness.

Brüne Michael *)

Brüne Michael *)

Brüne Paul-Heinz

B.: Apotheker. FN.: Westfalen Apotheke. DA.: 59755 Arnsberg, Lange Straße 25. G.: Arnsberg, 15. Feb. 1944. V.: Yasmin, geb. Nehmé. Ki.: Julian (1989), Maximilian (1990), Paul-Gregor (1995). El.: Josef u. Cäcilie. BV.: Gehöft Breuner geht b. ins Mittelalter zurück (ca. 14. Jhdt.), heute d. Name Brüne. S.: 1966 Abitur Arnsberg, 1966-67 Wehrdienst in Wolfshagen, 1967-69 Praktikum z. Vorexamen in Arnsberg, 1969-70 in versch. Apotheken, 1970-71 Archäologiestud. in Freiburg, 1971-72 Pharmaziestud. in München, 1972-75 Albrechts-Univ. Kiel, Examen. K.: 19975-76 Tätigkeit in einer Apotheke in Kiel, b. 1976 Auslandsaufenthalt in Spanien, 1977 Übernahme d. Westfalenapotheke. M.: Arnsberger Theater, Berufsverb. H.: Theater, Literatur (naturwiss. Astronomie), Wandern.

Brüner Thomas *)

Brunet-Unkel Marie-Dominique *)

Brunhöber Ralf

B.: RA. G.: München, 15. Feb. 1942. V.: Hanna, geb. Goth. Ki.: Beatrice (1975), Felicia (1977). El.: Robert u. Katharina. S.: 1961 Abitur Spierkoog, 1963-68 Stud. Rechtswiss., 1968 1. jur. Staatsexamen, 1968-73 Referendarzeit b. OLG München u. Dt. Bundestag, 1973 2. jur. Staatsexamen. K.: 1974 Zulassung z. RA, 1978-80 Rechtssekr. d. Dt. Gewerkschaftsbundes in München, 1981-83 Ltr. d. Landesarb.-Stelle d. Dt. Gewerkschaftsbundes in Bayern, 1984-85 Bmtn.-Sekr. d. ÖTV in Bayern, 1986-87 Ltr. d. Rechtsref. d. ÖTV, 1988-96 Vors. d. ÖTV Bayern, 1997-2001 Gschf. u. Arb.-Dir. d. Berlin Brandenburg Flughafen Holding GmbH. F.: 1989-96 AufsR. d. Bayernwerke AG, 1990-95 Mtgl. im Bayr. Senat, 1990-96 AufsR. am Flughafen München. P.: Kommentar z. BayPVG. M.: ÖTV. H.: Skifahren, Tennis, Kultur.

Bruni Bruno

B.: selbst. Maler, Bildhauer, Grafiker. DA.: 22767 Hamburg, Thedestr. 108. G.: Gradara/Italien, 22. Nov. 1935. V.: Margarethe, geb. Thess. Ki.: Bruno (1978), Matteo (1980). El.: Giovanni u. Massimina. S.: 1954 Grundschule, 1954-59 Kunstschule am Instituto d'Arte di Pesaro, 1960-65 Kunst-HS Hamburg. K.: 1967 Stipendium d. Lichtwark-Preises d. Freien u. Hansestadt Hamburg, seit 1959 Einzelausstellungen in: Pesaro, Florenz, London, Rom, Hamburg, Berlin, Mailand, Brüssel, Amsterdam, Frankfurt, Tokio, New York, Melbourne, Eremitage Leningrad, Urbino, Gradara, Marburg, Lüneburg, Uelzen, Tokio, Pulheim-Brauweiler. P.: Die Rückkehr z. Schönen. E.: 1977 Intern. Senefelder Preis f. Lithographie.

Brünig Bernd Dipl.-Ing.

B.: Amtsltr. FN.: Straßenbauamt Oldenburg d. Landes Niedersachsen. DA.: 26122 Oldenburg, Kaiserstr. 27. PA.: 26187 Edewecht, Lerchenstr. 9. G.: Braunschweig, 12. Nov. 1941. V.: Christiane, geb. Deppe. Ki.: Florian (1970), Tobias (1974), Simon (1980). S.: 1961 Matura Gandersheim, 1961-68 Stud. Bauing.-Wesen TH Braunschweig. K.: 1968-70 Referendariat in d. Niedersächs. Bauverw. in Hannover, 1970-72 Bauassesor im Straßenamt in Celle, 1972-79 stellv. Amtsltr. im Straßenbauamt in Aurich u. b. 1982 in Wolfenbüttel, 1982-84 Ltr. d. Autobahnneubauamt in Maschen, 1984-99 Ltr. d. Straßenbauamt in Oldenburg West u. b. 2000 im Straßenbauamt Ost, Zusammenlegung d. Bauämter u. seit 2000 Ltr. d. Straßenbauamt Oldenburg. BL.: Vorplanung d. A28 u. A31 im Bereich Ostfriesland-Emsland, Lösung d. Bardowicker Problems d. A 250, Pilotprojekt: Autobahn- u. Straßenmeisterei Wildeshausen. M.: Vereinig. d. Straßen- u. Verkehrsing. Niedersachsen u. 1986-98 Vors. d. Bez.-Gruppe Oldenburg, Bund d. techn. Baubmtn., TB Oldenburg. H.: Tennis, Fotografieren, Briefmarken sammeln.

Brünig Eberhard Friedrich Wilhelm Otto Dr. forest. Prof. *)

Brünig Gabriele

B.: Gschf. FN.: Brünig Transportbeton GmbH. DA.: 39110 Magdeburg, Am Holländer 4. G.: Mageburg, 14. Dez. 1955. V.: Hans-Joachim Brünig. Ki.: Sandra (1974). El.: Fritz u. Ursel Deike, geb. Dessaul. K.: 1972-74 Ausbild. Finanzkauffrau Bank f. Handwerk u. Gewerbe Magdeburg. K.: 1977-85 Ang. im Finanzwesen d. Bank f. Handwerk u. Gewerbe in Eisleben, 1986-88 Finanzkauffrau d. Sparkasse Magdeburg, 1988-90 Wirtschaftsltr. im Bez.-Kabinet f. Berufsbild. in Magdeburg, 1991 Finanz-

*) Biographie www.whoiswho-verlag.ch oder beigefügte CD-ROM

Brünig

kauffrau d. Sparkasse Magdeburg, 1992 Ang. in Betrieb d. Ehemannes, 1992 IHK-Prüf. z. Führung eines Güterverkehrsunternehmens, seit 1993 Gschf. d. Brünig Transportbeton GmbH. H.: Literatur, Garten, Natur.

Brünig Hans Gerhard Albert Walter

B.: Orchesterdirektor. FN.: Deutsche Oper Berlin. DA.: 10585 Berlin, Richard-Wagner-Str. 10. bruenig@deutscheoperberlin.de. G.: Osten a. d. Oste, 7. Aug. 1954. V.: Dr. Monika Hörig. Ki.: Julia (1975). El.: Gerhard u. Rosemarie, geb. Sommer. S.: 1965 Abitur, 1966-70 Stud. am Städt. Konservatorium Osnabrück (Viola), Examen: staatl. geprüfter Musiklehrer. K.: 1972-76 Solobratscher im Osnabrücker Sinfonieorchester, 1976-78 Solobratscher im Städt. Orchester Gelsenkirchen, 1978-86 stellv. Solobratscher im Staatsorchester Stuttgart, 1977-86 gleichzeitig Mtgl. d. Festspielorchesters Bayreuth, 1977-86 Doz. f. Viola an d. Staatl. HS f. Musik u. Darstellende Kunst Stuttgart, 1987-95 Dir. d. Orchesters d. Beethovenhalle Bonn, 1995-99 Dir. d. Gürzenichorchesters/ Kölner Philharmoniker, seit 2000 Orchesterdirektor Deutsche Oper Berlin. BL.: Credo: Mein Leben f. d. Musik, Mitgestaltung d. Bonner Musiklebens (1987-95) weit über d. Beethovenhalle hinaus u.a. wurden pro Jahr 80 b. 100 Musikveranstaltungen durch ihn mitinitiiert u. f. neue Besuchergruppen erschlossen, b. 1989 Mitorganisator einer Kammermusikreihe in Bonn m. Künstlern aus d. DDR. E.: Sieger eines Instrumentalwettbewerbes (1970). H.: Kochen, Geschichte d. 20. Jhdt.

Brüning Astrid *)

Brüning Diethelm Dr. rer. nat. *)

Brüning Hanno Dipl.-Ing. *)

Brüning Horst Heinrich Wilhelm Prof. *)

Brüning Jochen Wulf Dr. Prof. *)

Brüning Karlheinz Dr. rer. nat. *)

Brüning Lothar *)

Brüning Monika *)

Brüning Uschi *)

Brüning Wolfgang E. W. Frhr. zu Krumau Dipl.-Ing. Prof. *)

Brüninghaus Carsten *)

Brünings Karsten *)

Brunk Sigrid *)

Brunken Anna *)

Brunken Peter *)

Brunken Siegfried

B.: Kaufmann, Gschf. Ges. FN.: China Stone Marketing GmbH. DA.: 34471 Volkmarsen-Külte, Am Steinbruch 10. G.: Essen, 14. Sep. 1954. V.: Angelika, geb. Oltmanns. El.: Herbert u. Charlotte, geb. Brose. S.: 1970 Privathandelsschule Gerdes in Oldenburg, 1970-73 Ausbild. z. Bürokaufmann. K.: 1974-78 Verw.-Angestellter d. Evangelischen-Luth.Kirchengem. Westerstede, 1979-94 Ammerländerlandvolkverb. e.V. als Einsatzleiter, 1993-95 Allg. Wirtschaftsdienst (AWD) Geschäftsstellenltr. in Oldenburg, 1995-96 Domsamen GmbH Kevelaer als Bez.-Ltr., seit 1997 selbst. Grdg. China Stone Marketing GmbH als Gschf. Ges. in Bad Zwischenahn, 1997 Eröff. Filiale in Xiamen/China, seit 2000 in Partnerschaft m. Michael Wachenfeld, Granitfertigprodukte aus China f. d. europ. u. dt. Markt, Sitz, Verw., Lager u. Ausstellung f. Baugewerbe in Volkmarsen Külte, Ausstellung Garten- u. Landschaftsbau in Bad Arolsen. H.: Fußball, Politik, Wirtschaft.

Brunkhorst Stefan

B.: Hotelfachmann, Unternehmer, selbständig. FN.: Restaurant Waldhusen. DA.: 23569 Lübeck, Waldhusener Weg 22. restaurant@waldhusen.de. www.waldhusen.de. G.: Lübeck, 8. Jan. 1965. V.: Kerstin, geb. Hinz. Ki.: Maximilian (1993), Katharina (1997). El.: Horst u. Käthe Raddatz. BV.: Willi u. Johanna Theresia Ellerbrock, Großeltern mütterlicherseits, Gründer des Hotel-Restaurants Waldhusen. S.: 1983-84 Hotelfachschule in Tegernsee/Bayern, 1984-85 Bundeswehr, 1986-89 Ausbildung z. Hotelfachmann im Hotel Elysee in Hamburg, 1989 F+B Ass. im Maritim-Hotel Travemünde, 1990 Übernahme d. elterl. Betriebes, 1992 Umbau u. Erweiterung d. Hotels. P.: CD-Veröff. M.: seit 1990 DEHOGA, Hotel- u. Gaststättenverband Schleswig-Holstein, Gemeinnütziger Verein Siems e.V., seit 2000 Unternehmerstammtisch, Waldhusen Seven. H.: Musik, Computer.

Brunko Peter *)

Brunn Bernd

B.: RA. FN.: Kzl. Bernd Brunn. DA.: 10827 Berlin, Kaiser-Wilhelm-Pl. 2. G.: Berlin, 15. Juni 1946. S.: 1966 Abitur Berlin, 1966-76 Stud. Rechtswiss. FU Berlin, daneben Mitarb. im elterl. Unternehmen Pelzhaus Werner Brunn, 1976 1. Staatsexamen, 1976-78 Referendariat Wahlstation Kammergericht u. 1. Senat Oberverw.-Gericht, 1978 2. Staatsexamen. K.: 1978-84 ang. Anw., Tätigkeitsschwerpunkt: Zivilrecht, 1984 Aufbau einer eigenen Kzl., Tätigkeitsschwerpunkt: Strafrecht, Baurecht. P.: Veröff. über Prozesse Morgenpost, in Zeitschrift Brigitte in Serie "Frauen v. Gericht", 1993/94 im Fernsehen über Prozeß Rostock-Lichtenhagen, über Bautzen, 1996 über Prozeß Gefängnis-Revolte Bützow. M.: Dt. Alpenver. H.: Kunst, Oper, Konzert, Theater, Bergwandern, Förderer Bregenzer Festspiele, Würzburger Mozartfest, Haydn-Fest Eisenstadt, Richard Strauß Tage Garmisch.

*) Biographie www.whoiswho-verlag.ch oder beigefügte CD-ROM

Brunn Franz Wilhelm Dr. iur. utr. *)

Brunnecker Ralf

B.: Kfm., Inhaber. FN.: C´est la vie Textilhdl. GmbH. DA.: 22041 Hamburg, Quarree 8-10. G.: Hamburg, 17. Feb. 1963. V.: Britta, geb. Schröder. Ki.: Calvin (1994), Lauren (1995). S.: 1978 Mittlere Reife, 1978-92 kfm. Ausbild. Immobilienkfm. K.: 1981-83 Profifußballer b. HSV, 1983-86 tätig im Immobilienbereich, s. 1986 selbst. m. Grdg. d. Firma C´est la vie Textilhdl. GmbH m. 3 Standorten in Hamburg. H.: Fußball, Essen m. guten Freunden, Spazierengehen.

Brunnée Frank F. *)

Brunner Carin

B.: Pastorin. FN.: Gem. Zur frohen Botschaft. DA.: 10318 Berlin, Weseler Str. 6. PA.: 10318 Berlin, Gundelfinger Str. 35. G.: Leipzig, 13. Feb. 1940. S.: 1958 Abitur, 1958-60 Lehre Buchhdl. Buchhaus Leipzig, 1961-66 Stud. Theol. I. Examen Humboldt-Univ. Berlin, Staatsexamen, 1966-68 Vikariat, 1968 II. Kirchliches Examen. K.: 1960-61 ang. Buchhändlerin im Buchhaus Leipzig, 1968-73 Pastorin in d. Gem. Zillendorf u. Wiesenau u. b. 1980 in Angermünde, ab 1980 Pastorin d. Gem. Zur frohen Botschaft in Berlin, seit 2001 im Ruhestand. BL.: Predigt- u. Besuchsdienste innerhalb d. Gem. als wesentl. Aufgabe, seelsorger. Tätigkeit in d. JVA-Tegel. H.: Kunst, Literatur, Klavier.

Brunner Christian Dr.

B.: Dipl.-Immobilienwirt, freier Hdls.-Vertreter. FN.: Allg. Immobilien Makler& Service GmbH. DA.: 76448 Durmersheim, Metzgerstr. 1/1. dr.christianbrunner@web.de. G.: Durmersheim, 23. Jan. 1967. V.: Monika, geb. Halter. Ki.: Kenny (2000). El.: Alfons u. Thea, geb. Haitz. S.: 1984 Mittlere Reife, 1984-88 Lehre als Werkzeugmacher, 1988-92 Zeitsoldat, Abgang als Stabsunteroffz. K.: 1992 selbst. Wirtschaftsberater b. Finanzdienstleister AWD, 1993-94 Übernahme eines Büros in Ettlingen f. d. AWD, 1994-95 eigenständige Ndlg. d. Tochterunternehmung Allg. Immobilie Makler & Service GmbH Malsch, 1994-95 parallel Ausbild. z. Dipl.-Immobilienwirt, 1996-99 Weiterführung d. Büros in Durmersheim, 1997 v. European Network of Consultants Malaga z. Councilor of ENC gerufen, 1999 Eröff. eines Hauptbüros in Karlsruhe, Stud. z. Dipl.-Immobilienwirt in Kiel, Privatstud. b. Prof. Dr. Klaus-Peter Dreykorn, Schwerpunkte Rhetorik, Mitarb.-Führung, erfolgreiches Management u. Marketing, 2000 Studienabschluß. E.: 2000 Dr. div. h.c. f. herausragenden Einsatz u. Leistungswille auf d. Gebieten Ethik u. soz. Kompetenz durch d. staatl. akkredierte Univ. of U.L.C. Modesto/Cal. (USA). M.: European Network of Consultants. H.: Aras, Skifahren.

Brunner Christina A. Dr. med. *)

Brunner Claudia

B.: Ltr. FN.: i-Punkt Berlin im Statist. Bundesamt. G.: Recklinghausen, 27. Mai 1959. V.: verh. El.: Rüdeger u. Uta Brunner. BV.: Heinrich Pauli - Präs. d. Verw.-Gerichts Berlin. S.: 1978 Abitur Hamm, 1978-80 ldw. Lehre, 1980-86 Stud. Agrarwiss. Bonn u. Toulouse. K.: 1987 Eintritt in d. Statist. Bundesamt Agrarstatistik u. Zusammenarb. m. Länder d. ehemal. Sowjetunion im Bereich Wirtschaftsstatistik, 1995-97 Beraterin d. OECD in Paris, 1997-99 Beraterin d. Statist. Amt d. EU (Eurostat) im Luxemburg, 1999 Aufbau d. i-Punkt in Berlin. P.: Veröff. z. Thema Agrarstatistik. H.: Musik, Reisen, Sport.

Brunner Edgar Dr. rer. nat. Prof.

B.: Abt.-Ltr. FN.: Abt. Med. Statistik d. Univ. Göttingen. DA.: 37073 Göttingen, Humboldtallee 32. Brunner@ams.med.uni-goettingen.de. www.ams.med.uni-goettingen.de. G.: Roetgen/Krs. Monschau, 13. Juli 1943. V.: Adelheid, geb. Grimm. El.: Emil u. Justine. S.: 1963 Abitur, Einhard Gymn. Aachen, 1969 Dipl. in Math., RWTH Aachen, 1971 Prom. zum Dr. rer. nat. u. 1973 Habil. f. "Med. Statistik", RWTH Aachen. K.: 1975 Ruf an d. Ordinariat f. "Med. Statistik" d. Univ. Göttingen, seit 1976 o. Prof. Univ. Göttingen, Spezialgebiete: Verteilungsfreie Statistik, Versuchsplanung, lineare Modelle. P.: ca. 160 Veröff. u. Vorträge, Mitautor: Biomatematik f. Mediziner, Springer, DFG Projekte: Verteilungsfreie Auswertung mehrfaktorieller Versuchspläne 1977-81 u. Nichttrandomisierte Therapiestudien seit 1985, seit 1994 Nichtparametrische Analyse longitudinaler Daten, Research Developments in Probability and Statistics, VSP (1996), Nichtparametrische Analyse Langitudiualer Daten, Oldenbourg (1999), Nonpara metric Analysis of Longitudinal Data in Factorial Designs, Wiley (2002), Schätz- u. Testverfahren f. ordinale Daten seit 1990. M.: Dt. Math. Vereinig., Biometr. Ges., GMDS, Americ. Statist. Assoc., Inst. Math. Statist, ISCB, DIA. H.: Sport: Judo.

Brunner Ernst-Uwe *)

Brunner Erwin Dr. *)

Brunner Hellmut Dr. phil. Dr. theol. h.c. Prof. *)

Brunner Jürgen Dipl.-Ing. *)

Brunner Manfred *)

Brunner René *)

Brunner Rolf *)

Brunner Thomas Dipl.-Kfm.

B.: Gschf. FN.: INTASS Assekuranz Vermittlung GmbH. DA.: 80802 München, Leopoldstr. 108 b. G.: München, 5. Juli 1953. V.: Gabriele. Ki.: Alexander (1973), Maximilian (1991) und Caroline (1994). El.: Franz u. Margarete. S.: 1973 Abitur Tegernsee, 1973-78 Stud. BWL Regensburg. K.: seit 1978 Versicherungsmakler mit Schwerpunkt privater u. betrieblicher Altersversorgung. H.: Skifahren, Fotografie, Segeln.

Brunner Thomas *)

*) Biographie www.whoiswho-verlag.ch oder beigefügte CD-ROM

Brunner Werner *)

Brunner Werner *)

Brunner Wolfgang

B.: Gschf. FN.: Willy Traub GmbH & Co Maschinengroßhdl. DA.: 73037 Göppingen, Messelbergstr. 1-3. G.: Göppingen, 29. Aug. 1943. V.: Inge, geb. Traub. Ki.: 1 Sohn. S.: 1961 Abitur, 1961-64 Ausbild. Steuerfachgehilfe. K.: 1964-68 ang. Steuerfachgehilfe, glz. Ausbild. Finanzbuchhalter, 1968 Einstieg in d. Betrieb d. Schwiegervaters. M.: Vorstand d. 1. Göppinger Sportvereins, Schatzmeister d. Göppinger Schwimmverein, Prüf.-Aussch. d. Bilanzbuchhalter d. IHK. H.: Fußball, Skifahren, Tennis.

Brunner-Dohnal Mechthild Dipl.-Ind.-Designerin

B.: Designerin, Inh. FN.: 4)-Design. DA.: 85053 Ingolstadt, Steinheilstr. 3 a. V.: Jürgen Brunner. Ki.: Carolin (1982). El.: Prof. Ferdinand u. Marga Dohnal, geb. Hertel. BV.: Bismark. S.: 1962 Abitur Wien, 1963-68 Stud. Ind.-Design Wien m. Dipl.-Abschluß. K.: 1969-73 Ltr. d. Entwicklungsabt. in d. Firma Die Storchenmühle, 1973-82 Ltr. d. Werbeabt. in d. Firma Schubert u. Salzer in Ingolstadt, seit 1982 selbst. m. Schwerpunkt Werbung, Ind.-Design, Mesebau u. angew. Kunst u.a. f. d. Firmen Audi u. Esso. P.: "Ingolstädter Ansichten". E.: Staatspreis d. Ak. f. angew. Kunst Wien. H.: Familie, Jugendliche ins Arbeitsleben betreuen, Bücher schreiben, Malen.

Brunner-Keinath Susanne Dipl.-Biologin, Dr. rer. nat

B.: Ltr. FN.: LOS Lehrinst. f. Orthographie u. Schreibtechnik. DA.: 69115 Heidelberg, Bahnhofstr. 63. PA.: 69221 Dossenheim, Ortsstraße 1 a. LOS-Heidelberg@t-online.de. G.: Göppingen, 10. Sep. 1960. V.: Dipl.-Psych. Werner Keinath. Ki.: Elisa (1988), Tobias (1990), Benjamin (1994). El.: Hermann u. Hannelore Brunner, geb. Nowak. S.: 1970 Abitur, 1980-86 Stud. Biologie Heidelberg, 1986 Dipl.-Abschluß. K.: 1986-93 Mitarb. an d. biolog. Bundesanstalt für Pflanzenschutz im Obstbau in Dossenheim, 1988-90 Geburt d. beiden Kinder, 1991 Prom., 1991-93 freie Doz. in d. Erwachsenenbild. b. F+U Heidelberg, 1993 Grdg. d. LOS-Inst. in Heidelberg gemeinsam m. d. Ehemann m. Schwerpunkt päd. Therapie f. Kinder u. Jugendliche m. Legasthenie, päd. Ausbild. durch d. LOS-Lizenzgeber in Saarbrücken, 1997 Symposium im Dt. Krebsforsch.-Zentrum in Kooperaton m. Kinder- u. Jugendpsychiatern, Ärzten u. Psychologen d. Univ. Heidlberg, seit 1998 Kooperation m. Kurzpfalzinternat Bammental. P.: regelm. Symposien u. Veranstaltungen f. d. Öff., Presseberichte u. Interwies, Beiträge in Fachzeitschriften, Co-Autorin v. "Hilfe f. Kinder m. Lese- u. Rechtschreibschwäche im Förderunterricht zu Hause". M.: Dt. Phytomed. Ges., 10 J. Bachchor Heidelberg, 1995-99 wiss. BeiR. d. LOS, 2-3 J. Jazzformation d. Tanzschule Nutzinger, seit 1975 Volkstanzgruppe Böhmerwäler. H.: Beruf, Tanzen.

Brunner-Traut Emma Katharina Dr. phil. Prof. *)

Brunnhuber Georg Dipl.-Ing.

B.: KreisbauR., MdB. DA.: 11011 Berlin, Platz d. Republik 1. G.: Oberkochen, 18. Feb. 1948. V.: verh. Ki.: 2 Kinder. S.: 1965 Mittlere Reife am Peutinger Gymn. Ellwangen, 1965-67 Lehre als Zimmermann, Gesellenbrief, 1969-72 Stud. FH f. Technik Stuttgart, 1972 Dipl.-Ing. f. Architektur u. Hochbau, Schwerpunkt Städtebau, K.: Ltr. d. Kreisplanungsamtes im Landratsamt, Wirtschaftsbeauftrager d. Ostalbkreises, Mtgl. im VerwR. d. Kreissparkasse Ostalb, seit 1965 aktives Mtgl. d. Kolpingfamilie Oberkochen, Ehrenelferrat d. Narrenzunft Oberkochen, 1965 Mtgl. JU, 1972 CDU-Mtgl.,1967-69 18 Monate Grundwehrdienst, KreisbauR. 1973-77 Kreisvors. d. JU Ostalb, seit 1981 CDU-Kreisvors., Mtgl. CDU-Bez.-Vorst. Nord-Württemberg, 1973-75 KreisR., 1975-87 StadtR. in Oberkochen, stellv. Fraktionsvors. CDU im Regionalverb. Ostwürttemberg, s. 1990 MdB. (Re)

Brunnhuber Karin *)

Brunöhler Angela *)

Brunowsky Ralf-Dieter Dipl.-Vw. *)

Bruns André *)

Bruns Andrea *)

Bruns Andreas

B.: selbst. Tischlermeister. DA.: 30449 Hannover, Behnsenstr. 11. G.: Sarstedt, 31. März 1964. S.: 1980 Mittlere Reife Rodenberg, b. 1983 Lehre Tischler. K.: Geselle in versch. Betrieben, 1986 Besuch d. Technikerschule in Hildesheim, 1989 Meisterschule f. Tischler u. 1991 Meisterprüf., 1989 Grdg. d. Firma Delta Design spez. f. Messebau, Innenausbau u. Einbauküchen. M.: div. Fachverb. H.: Tauchen, Segeln, Fotografieren.

Bruns Bärbel

B.: Gschf. Ges. FN.: Elektro Bruns GmbH. DA.: 29328 Faßberg-Müden/Örtze, Wiesenweg 22. info@treppenliftservice.de. www.treppenliftservice.de. G.: Müden, 7. Dez. 1957. V.: Bernhard Bruns. Ki.: Manuela (1983), Mathias (1988). El.: Werner Rehwinkel u. Christel, geb. Huwe. S.: 1973 Mittlere Reife Herrmannsburg, b. 1977 Ausbildung z. Erzieher in Celle. K.: b. 1978 Erzieherin in Munster, b. 1979 Erzieherin in einem Behindertenheim in Hannover, danach Ltr. eines Kindergarten in Bad Salzdetfurth, ab 1990 selbständig m. Elektrobetrieb in Müden/Örtze, 1992 Grdg. d. GmbH, Schwerpunkte: Behindertenaufzüge u. Treppenlifte. BL.: Kindergartenleiterin. M.: Arbeitskreis Unternehmerfrauen im Handwerk MTV Müden, Singkreis d. Kirchengemeinde. H.: Chorgesang, Radfahren, Reisen.

Bruns Bernhard *)

Bruns Dieter *)

*) Biographie www.whoiswho-verlag.ch oder beigefügte CD-ROM

Bruns Frank

B.: Gschf. Alleinges. FN.: Bruns Schwerlast GmbH; J. Bruns GmbH & Co. KG. DA.: 39171 Dodendorf, Am Bahnhof. G.: Travemünde, 4. Nov. 1965. El.: Jürgen u. Johanna, geb. Nork. S.: b. 1986 Lehre z. Kfz-Mechaniker, b. 1989 Lehre z. Sped.-Kfm. K.: b. 1990 Ltr. d. Ndlg. d. Firma J. Bruns in Hannover, anschl. Gschf. d. Firma Trucktrans-Transport GmbH in Hildesheim, 1991 Grdg. d. Firma Bruns Schwerlast GmbH in Magdeburg, 1998 Übernahme d. Firmen J. Bruns GmbH & Co. KG u. Trucktrans-Transport GmbH - wurde 1999 mit d. Firma J. Bruns GmbH & Co. KG verschmolzen. P.: Veröff. in versch. Fachzeitschriften. M.: BSK.

Bruns Georg Dipl.-Ing. *)

Bruns Gudrun

B.: selbst. psych. Beraterin. G.: 8. Feb. 1952. Ki.: Gundula. S.: 1970 Abitur, 1970-77 Stud. Höheres Lehramt, Univ. Hannover. K.: 1978-80 Referendariat in Meppen, 1982-85 Niedersächs. Landesverwaltungsamt (NLVwA), Abt. Statistik, 1985-89 Dezernentin NLVwA-Landesmedienststelle, 1989-92 Lehrerin in Hannover, 1992-94 Psychotherapieausb. an d. DPS Hannover, 1992-97 Stud. Dipl.-Päd., seit 1995 eigene, freie Beratungspraxis als transpersonale Psy. m. Schwerpunkten Selbstverwirklichung, Mentaltraining, Entspannungstechniken, spirituelles Wachstum u. Meditation. H.: Philosophie, Reisen, Schwimmen, Theater.

Bruns Heiner

B.: Int., Reg. PA.: 33613 Bielefeld, Keplerstr. 13. G.: Düsseldorf, 12. Aug. 1935. El.: Ernst u. Henny. S.: Abitur, Stud. Anglistik, Phil. u. Kunstgeschichte. K.: 1957-60 Reg.Ass. b. Ruhrfestspielen Recklinghausen, am Schauspielhaus Zürich, am Staatstheater Darmstadt, 1960-68 Chefdramaturg in Lübeck u. Freiburg, 1968-70 Chefdramaturg u. Ref. d. Gen.Int. Karl Vibach in Lübeck, 1970-71 Pers. Ref. d. Gen.Int. Dr. Erich Schuhmacher an d. Bühnen d. Stadt Essen, 1971-75 Int. d. Stadttheaters Pforzheim, 1975-98 Int. d. Bühnen d. Stadt Bielefeld. P.: zahlr. Veröff. E.: BVK am Bande. M.: Lions-Club, Mtgl. d. Tarifausschußes DBV; d. Verwaltungsrates d. Versorgungsanstalt d. dt. Bühnen, Geschf. d. Intendantengruppe im DBV, Berater d. Landesverb. Mitte d. DBV, Vors. d. Theaterbeirates im Kulturmin. NRW.

Bruns Helgard *)

Bruns Ilona Johanna Pauline *)

Bruns Jan *)

Bruns Jan

B.: RA. DA.: 22457 Hamburg, Holsteiner Chaussee 234. G.: Hamburg, 16. Okt. 1952. S.: 1970-73 Maschinenschlosserlehre, 1973-76 Hansakolleg m. Abiturabschluß, 1976-77 Wehrdienst, 1977-86 Jurastud. K.: seit 1986 selbst. RA m. Schwerpunkt Arbeits-, Straf-, Verkehrs- u. Familienrecht. M.: Anw.-Kammer. H.: Segeln, Sport, Lesen.

Bruns Joachim

B.: Unternehmer, Inh. FN.: eumedia GmbH. DA.: 76185 Karlsruhe, Am Entenfang 10. www.eumedia.de. G.: Koblenz, 14. Aug. 1962. V.: Mona Breede. S.: 1981 Abitur, 1981-83 Zivildienst, 1983-85 Stud. HS f. Phil. München, 1985-90 Stud. Physik LMU München u. Univ. Karlsruhe, Diplomarb. bei Bosch Karlsruhe. K.: 1990-93 Entwicklungsing. d. Firma Becker Autoradio GmbH in Karlsbad, seit 1993 techn. Vertriebsing. f. Car Audio d. Firma Alpine Electronics in Ratingen, 1999 Grdg. d. Firma eumedia GbR u. 2001 Grdg. d. GmbH m. d. Schwerpunkten print media, new media u. intranet solutions, Corporate Firmen, E-Commerce-Applikationen, viele Kunden aus d. High-Tech Sektor. M.: Marketingclub, Cyberforum. H.: mod. Kunst.

Bruns Josef Dipl.-Ing. *)

Bruns Margarete *)

Bruns Martin Wilhelm Dr. rer. nat. Prof.

B.: Lehrer, Univ.-Prof. FN.: Univ. Paderborn FB 17 Math.-Informatik. DA.: 33098 Paderborn, Warburgerstr. 00. PA.: 53137 Bonn, Erich-Böger-Str. 27. G.: Harare/Rhodesien heute Simbabwe, 5. Feb. 1945. Ki.: Christian (1971), Stefan (1972), Ulrike (1984), Ingo (1987). BV.: Großvater Hermann Karthaus Präs. Reichsverb. d. Dt. Presse 1922-29, Onkel Dr. Werner Karthaus Komponist u. Musikwissenschaftler. S.: 1948 Repatriierung, 1964 Abitur Petershagen/Weser, 1964 Stud. Math., Physik u. Phil. RWTH Aachen, Werkstudent in Ziegelei, 1968 Staatsexamen, 1972 Prom., 1975 Habil. K.: 1968-72 wiss. Ass. Inst. f. Math. b. Prof. Rolf Kaerkes an d. RWTH Aachen, 1972 PH Rheinland Abt. Bonn, 1980 Integration in Univ. Bonn, seit 1986 Univ. Paderborn, seit 1985 Stochastik in Schulen. P.: Der Mathematikunterricht, Habil. "Netzplantechn. Analyse v. Lehrplänen", Mithrsg.: Das Schulbuch im Math.-Unterricht (1985). E.: Borchers-Plakette in Aachen. M.: Presbyter ev. Auferstehungskirche Bonn, Kirchenchor. H.: Fahrradfahren.

Bruns Peter *)

*) Biographie www.whoiswho-verlag.ch oder beigefügte CD-ROM

Bruns Ralf Dr. Prof.
B.: Prof. FN.: Fachbereich Informatik an d. FH Hannover. DA.: 30459 Hannover, Ricklinger Stadtweg 120. ralf.bruns @inform.fh-hannover.de. S.: 1984 Abitur, 1985-90 Stud. Informatik Univ. Oldenburg, 1988-92 Stipendiat d. Studienstiftung d. Dt. Volkes, 1991-92 Visiting Scholar Univ. of California Berkeley/USA. K.: 1996 Prom. z. Dr. rer. nat., 1996-2000 Senior-Software-Ing. u. Berater d. sd&m AG in München u. Hamburg, seit 2000 Prof. am Fachbereich Informatik d. FH Hannover. P.: div. Fachveröff. auf intern. Tagungen. M.: Ges. f. Informatik. H.: Sport, bild. Kunst.

Bruns Reinhard *)

Bruns Siegfried *)

Bruns Thomas C. Dr.
B.: Diplomat, Botschafter. FN.: Botschaft d. Bundesrepublik Deutschland Tegucigalpa. DA.: Honduras, Tegucigalpa, M.D.C., Boulevard Morazán, Edificio Paysen, Apartado Postal 3145. PA.: 11020 Berlin, Botschaft Tegucigalpa. embalema@netsys.nh. G.: Eberbach/Neckar, 5. Mai 1948. V.: Maria Fernanda Aristimuno de Bruns. Ki.: Maria Valentina (1996). El.: Dr. Heinz u. Katharina. S.: 1966 Abitur, 1966-72 Stud. Rechte, Philosophie u. Psychologie an d. Univ. Aix-en-Provence u. Saarbrücken, 1970 Licence en Droit, 1972 Diplom (Master) über Europäische Studien, 1973 Prom. z. Dr. iur., 1975 Dipl.-Psychologe. K.: 1972-77 wiss. Ass. an d. Rechts- u. Wirtschaftswiss. Fakultät d. Univ. d. Saarlandes, 1977-80 Verwaltungsrat d. Kommision d. Europäischen Gemeinschaft Brüssel, 1980 Eintritt in d. Auswärtigen Dienst, 1982-83 Auswärtiges Amt Bonn, 1983-86 Kulturreferent d. Botschaft Caracas, 1986-89 Auswärtiges Amt Bonn, 1989-92 ständiger Vertreter d. Botschaft Daressalam, 1992-94 Generalkonsul d. BRD in Sevilla, 1994-97 stellv. Referatsleiter Auswärtiges Amt Bonn, 1997-2001 ständiger Vertreter Botschaft Asunción, seit 2001 Botschafter d. BRD in Tegucigalpa/Honduras. P.: Das politische Kantbild in Frankreich. Beitrag z. Problematik wertneutraler Kantbeurteilung (1974), Regionalisierung in Frankreich. Das Gesetz vom 5. Juli 1972 (1974), A propos du Ve Congrès de l'International Peace Research Association (1974), Bonn aux Nations Unies. De la prudence vers despositions plus nettes (1976), Die Finanzen Europas (1980). M.: Dt.-Venezolanische Gesellschaft. (Re)

Bruns Ulrich Johannes Wilhelm *)

Bruns Waldemar Dr. med. Prof. *)

Bruns Wigand Prof.

DA.: 52078 Aachen, Trierer Str. 853. G.: Warstein, 15. Aug. 1925. V.: Anneli, geb. Graf. Ki.: Angelika (1954), Gabi (1956), Petra (1957), Eva (1960). S.: 1946 Abitur, 1946-50 Stud. Arch. an d. FH Aachen, Dipl. m. Ausz. K.: 1950-52 ang. Architekt in Neuss, 1953 wiss. Ass. am Lehrstuhl f. Hochbau-Entwurf in Aachen, ab 1960 Baurat d. staatl. Ing.-Schule in Aachen, zuletzt Baudir., 1973-95 Prof. f. Arch. an d. RWTH Aachen, 1980-82 Dekan. P.: Veröff. zu Fachthemen in natῑonalen u. intern. Zeitschriften, Mithsrg. d. Rundbrief d. Dt. Altbrief-Sammler Ver. e.V. E.:5 x Großgoldmed. u. 30 x Goldmed. im Bereich Philatelie f. intern. Ausstellungen. H.: Garten, Reisen, Philatelie u. Postgeschichte.

Brunsch Josefine *)

Brunsch Wolfgang Dr. phil.
B.: wiss. Mitarb., literar. Übersetzer, Mitautor Demotisches Namenbuch im Auftrag d. Ak. d. Wiss. u. d. Literatur Mainz, Mitinhaber Inst. "Primus". DA.: 96317 Kronach, Gabelsbergerstr. 9. PA.: 96317 Kronach, Friesenerstr. 38. G.: Würzburg, 18. März 1948. V.: Maria, geb. Schmidt. Ki.: Xenia (1969), Wolfgang (1979), Friederike (1982), Albrecht (1984). El.: Hans-Joachim u. Hildegard, geb. Lissel. S.: 1968 Abitur Kitzingen, 1968-75 Stud. Ägyptologie, Klass. Phil., vergleichende Sprachwiss., Romanistik u. Philos. in Würzburg, 1975 Prom. K.: 1971-99 wiss. Mitarb. u. Lehrbeauftragter f. Koptisch u. Ungarisch. BL: 1971-80 Mitredakteur "Enchoria", Lektor d. Augustinerkirche Würzburg, Gleichstellungsbeauftragter d. Gem. Gerbrunn. P.: zahlr. Veröff. in Fachzeitschriften, "Untersuchungen zu d. griech. Wiedergaben ägypt. Personennamen" (1975), "Demotisches Namenbuch" (1980-2000), "Kleine Chrestomathie nichtliterarischer koptischer Texte" (1987), "Die Oden (Carmina) d. Horaz" (1996), "Ungaretti - Quasimodo - Ady, Triften-Gedichte" (1998). Proust-Lesebuch (2000). M.: Accademia Valdarnese del Poggio Montevarchi/ Toscana, Soc. for Italian Studies Exeter/England, Intn. Ass. for Coptic Studies Rom. H.: Literatur (Belletristik), klass. Musik, Reisen (Italien, Frankreich), Übersetzen fremdsprachiger Literatur.

Brunsing Annette Dr.
B.: Musikwissenschaftlerin, Sängerin, Dozentin. PA.: 24118 Kiel, Franckestr. 14A. G.: Werne/Lippe, 20. März 1948. Ki.: Friedelind (1983). S.: 1966-67 Stud. Päd. Münster, 1967-72 Stud. Musikwiss., Schulmusik, Publizistik u. Literaturwiss. Mainz, Staatsexamen. K.: 1972 Dramaturgie am Theater in Kaiserslautern u. Bielefeld, 1975-78 Referendariat in Koblenz, 1975-78 Lehrauftrag am Konservatorium in Mainz u. Wiesbaden, seit 1978 freiberufl. Konzertsängerin, Rundfunkaufnahmen im NDR u. HR, Teilnahme am Schleswig-Holstein Musikfestival, 1982 Finalistin im intern. Gesangswettbewerb "Mina Bolotine" in Antwerpen, Auslandsauftritte in Belgien, Spanien, Frankreich u. Schweiz, Spezialistin f. Hindemith "Marienleben", 1989 Gesangsdoz. an d. Univ. Kiel, 1994 Prom.,2000 Doz. an d. Univ. Flensburg, Mitbegründerin d. Autorengruppe "Mainz EV", freie Mitarb. im WDR u. NDR. P.: "Vokale Tongebung in avantgardistischer Musik", wiss. Aufsätze, Schallplatten u. Buchbesprechungen f. Musikzeitschriften. H.: Kochen, klass. Ballett, Fahrradfahren.

Brunswick Wilhelm
B.: Bgm. d. Stadt Moers a.D. PA.: 47441 Moers, Am Geldermannshof 65. G.: Westerholt, 15. Apr. 1939. V.: Christel. Ki.: 2 Töchter. K.: 1966-70 Vors. d. Jungsozialisten Arge Stadt Moers, 1970-71 Unterbez.-Vors. d. Jungsozialisten, seit 1967 Mtgl. d. Ortsver.-Vorst., seit 1975 Mtgl. d. Stadtverb.-Vorst., Mtgl. Unterbez.-Vorst., 1972-74 VerwR. Städt. Sparkasse Moers, 1972-74 2. stellv. Bgm., 1975 Mtgl. d. BeiR., 1975-78 1. stellv. Bgm., 1978-99 Bgm. d. Stadt Moers. E.: 1979 Ehrenring d. Stadt Moers, 1988 Ehrenbürger Knowsley/GB, 1997 Ehrenbürger v. La Trinidad, Ehrenbürger v. Ramla/Israel, 1998 BVK 1. Kl. M.: seit 1965 SPD, seit 1999 Mtgl. d. Verbandsversammlung d. Kommunalverbandes Ruhr, Mtgl. d. Regionalrates im Reg.Bez. Düsseldorf. H.: Schwimmen, Modelleisenbahn, Schmalfilmen, Heimwerken.

Brunswicker Joachim Dr. rer. pol. Dipl.-Kfm. *)

Brunthaler Stefan Dr.-Ing. *)

Brüntrup Jörg *)

Brunzel Marlies

B.: selbst. Vers.-Maklerin. DA.: 16928 Pritzwalk, Hermann-Lutz-Straße 2 a. marlisbrunzel@aol.com. G.: Pritzwalk, 26. Apr. 1955. V.: Klaus -Dieter Brunzel. Ki.: Kerstin (1978), Kathrin (1983). El.: Heinz und Anita Feuerböter, geb. Lütke. S.: 1971-73 Lehre Molkereifacharb. Molkereiges. Pritzwalk, 1975 Ausbild. Finanzkfm. KIB Goldberg. K.: ang. Buchhalterin im KIB Goldberg, 1978-90 Buchhalterin im Gesundheitswesen in Pritzwalk, seit 1990 selbst. Vers.-Maklerin. H.: Handarbeiten, Garten, Blumen.

Brunzel Ulrich

B.: Rechtsanwalt, Historiker. DA.: 98617 Meiningen, Neu Ulmer Str. 19. PA.: 98529 Suhl, R.-Wagner-Str. 89. G.: Sorau/Niederlausitz, 19. Jan. 1939. V.: Annemarie, geb. Eichmann. Ki.: Cornelia (1968), Andreas (1971). El.: Otto u. Charlotte. S.: 1966 Abitur, 1966-71 Jurastud. Humboldt-Univ. Berlin. K.: in d. 60iger-70iger J. aktiver Höhlenforscher, 1964-90 Vors. d. Bezirksfachausschusses Geowiss. einschl. d. Höhlenforschung b. Kulturbund u. Bezirksnaturschutzbeauftragter f. Geologie. P.: "Bergbaugeschichte u. Höhlenforschung im Bez. Suhl" 1971, "Das blaue Feuer", "Hitlers Geheimobjekte in Thüringen" die engl. Ausgabe "Hitlers Treasures and Wonder Weapons", "Die Wunderblume d. Steinsburg", "Feuerschein am Sehmar", eigene Bücher, Mitautor "Bergbaugeschichte d. Bezirksstadt Suhl", 250 Veröff. in Fachzeitschriften z. Höhlenforsch, Geologie u. Bergbaugeschichte, "Beutezüge in Thüringen (Kunstschätzen, Wunderwaffen und Raubgold auf der Spur)", 2.Aufl. M.: Mitbegründer d. 1961 entstandenen Geowiss. Vereins Suhl u. 35 J. dessen Vors. H.: Sammler v. Mineralien, alter Bergbautechnik u. Dokumentationen z. letzten Phase d. III. Reiches in Thüringen.

Brunzlaff Roswitha Dr. oec.

B.: Managementtrainerin, Mediatorin, selbst. FN.: Mediation Dr. Roswitha Brunzlaff. DA.: 04103 Leipzig, Stephanstraße14. PA.: 04685 Belgershain, Mittelweg 4b. kmt. brunzlaff@t-online.de. www.mediation-brunzlaff.de. G.: Rohrbach, 19. Nov. 1958. V.: Dipl.-Ing. Peter Brunzlaff. Ki.: Juliana (1982), Holger (1983), Florian (1994). S.: 1978 Abitur Leipzig, 1978-82 Stud. Wirtschaftswiss. an d. Handels-HS Leipzig, Dipl. oec., 1982-86 Forschungsstud. an d. Handels-HS Leipzig, 1986 Prom. K.: 1986-91 wiss. Ass. an d. Handels-HS Leipzig, seit 1991 freiberufl. Doz. f. Management u. betriebswirtschaftl. Beratung, seit 1998 Praxis f. Konfliktberatung u. Mediation. E.: Kreistagsabgeordnete Muldentalkreis, Gemeinderätin Belgershain, Dt. Meisterin im Rudern in d. Altersklasse. M.: Bundesverband Mediation e.V., Akademischer Ruderverein Leipzig. H.: Rudern, Familie.

Brus Michael Dr. med. *)

Brusberg Dieter *)

Brusch Claus

B.: Großhdl.-Kfm., Inh. FN.: Akkordeon Centrum Brusch. DA.: 22848 Norderstedt, Scharpenmoor 86. G.: Hamburg, 15. Mai 1938. V.: Annemarie, geb. Niezgodka. Ki.: Regina (1952), Verena (1953), Beate (1955), Angela (1963), Dörte (1966). El.: Hans u. Dora, geb. Hagh. BV.: Hofkonditormeister Brusch im 18. Jhdt. in Brandenburg. S.: Mittlere Reife, Ausbild. Schiffmaschinenbauer u. Großhdl.-Kfm., seit 1952 Akkordeonspieler, b. 1956 Unterricht in d. Lehrlingskapelle der Dt. Werft Hamburg, Autodidakt Ausbild. in Bandonin, Concertina u. Hand-Harmonika. K.: techn. Einkäufer u. Einkaufsltr. d. Firma Philips IC-Technik in Hamburg, seit 1988 selbst. Handzuginstrumentenbauer u. Musikalienhändler, seit 1994 einziger eingetragener Handzuginstrumente-Meisterbetrieb. BL.: größtes Akkordeon-Fachgeschäft u. Museum in Europa, maßgebl. Entwicklung v. Akkordeonstandards "das Akkordeon Faktotum". E.: 1955 Norddt. Akkordeon-Vize-Jugendmeister, ernannter Handzuginstrumente-Meister. M.: langj. Konzertmeister des Akkordeonorchesters Niederelbe-ROLAND, DALV, DHV. H.: Geschichte d. Handzuginstrumente, Museum.

Brusch Gustel *)

Brusch Siegfried Dipl.-Ing. *)

Brüsch Hannelore

B.: Inh., Gschf. FN.: Dessous + Lingerie Hdls.-Geschäft. DA.: 18055 Rostock, Lange Str. 35; 18069 Rostock, Ostseepark Sievershagen. G.: Ückermünde, 13. Okt. 1947. Ki.: Rene, Antje. El.: Hans-Joachim u. Marianne Pollex. S.: 1964 Mittlere Reife, 1964-67 Ausbild. z. Hotelfachfrau. K.: 1967-70 Arb. in Ückermünde, 1973-85 Arb. in Rostock im Hotelwesen, 1985-90 Antikhdl., 1990-92 selbst. Geschäft, 1992 ein weiteres neues Geschäft mit Geschäftspartner Uwe Giese, 1992 Dessous + Lingerie, 1994 Ostseepark Rostock Neueröff. Wäschefachgeschäft, Vertrieb intern. Wäschefirmen. M.: 1994 City Kreis Rostock e.V. H.: Sport, Lesen, Freunde treffen, Natur, Malen.

Brusche Michael Harald Siegfried Dipl.-Kfm. *)

Bruschetti Sandro *)

Bruschke Uwe *)

Brüschke Rolf *)

*) Biographie www.whoiswho-verlag.ch oder beigefügte CD-ROM

Brüser

Brüser Hans-Joachim
B.: Unternehmensberater, Inh. FN.: Brüser Beratung z. Unternehmensentwicklung. DA.: 41238 Mönchengladbach, Gereonstr. 43. G.: Mönchengladbach, 14. Mai 1955. V.: Ute, geb. Quack. Ki.: Philipp (1989), Annekatrin (1992). El.: Peter u. Erna. S.: 1971-74 Banklehre, 1975-76 Wehrdienst. K.: 1976-78 Banktätigkeit, parallel dazu Abitur (Abendschule), 1978-81 berufsbegleitend Stud. Betriebswirtschaft an d. Fernschule AKAD in Stuttgart, 1981 Dipl.-Betriebswirt, b. 1983 tätig b. einem Bankenverb. in Köln, seit 1984 selbst. P.: regelmäßige Seminar- u. Vortragstätigkeit, Mitautor "Unternehmensnachfolge". M.: BDU. H.: engl. Oldtimer, zeitgenöss. Kunst.

Brüser Peter Reiner Dr. med. Prof. *)

Brusis Ernst Dieter Dr. med. Dr. med. habil. *)

Brusis Ilse *)

Bruske Christian *)

Bruss Isolde *)

Brüssau Werner Dr. *)

Brüssel Andreas Dr.
B.: techn. Unternehmensberater, Biomechaniker. DA.: 44227 Dortmund, Baroper Kirchweg 61. G.: Mettmann, 13. Dez. 1957. S.: 1977 Abitur Lemgo, 1977 Stud. Biologie Frankfurt, 1983 Dipl.-Biologe, 1987 Prom. Frankfurt, 1988 CAD-Training Control Data Inst. Frankfurt. K.: 1983-87 wiss. Mitarb. d. Univ. Frankfurt, 1988-93 wiss. Mitarb. d. Bundesfachschule f. Orthopädietechnik in Dortmund, 1994 tätig in d. Firma Gerontotechnik in Iserlohn, seit 1995 selbst. als techn. Berater f. Prothetik u. Orthetik, Meß- u. Fertigungstechnik u. Qualitätsmanagement ISO 9000. P.: zahlr. Art. in Fachzeitschriften.

Brüssel Manfred *)

Brüsseler Helmut
B.: RA. FN.: RA-Kzl. Prof. Dr. Mönning & Georg. DA.: 52070 Aachen, Frankenstr. 12/16. PA.: 52066 Aachen, Sträterstr. 35. mail@moenning-georg.de. www.moenning-georg.de. G.: Aachen, 9. Juni 1953. V.: Claudia, geb. Kubo. Ki.: Sandra (1986), Verena (1988). El.: August u. Huberta. S.: 1973 Abitur Aachen, 1973-74 Bundeswehr, 1974-81 Stud. Rechtswiss. Univ. Köln, 1981 1. Staatsexamen, Referendarzeit im OLG-Bez. Köln, Bereich Aachen, Verw.-HS Speyer, 1985 2. Staatsexamen. K.: 1985 freier Mitarb. in d. RA-Kzl. Mönning & Georg, ab 1991 Partner in d. Sozietät m. 4 Standorten in Aachen, Mönchengladbach, Cottbus u. Dresden, Tätigkeitsschwerpunkt: Arbeitsrecht. P.: Veröff. zu fachbez. Themen in 2 Broschüren in d. Euregio (Mitautor). M.: Prüf.-Aussch.-Mtgl. d. RA-Kam. in Köln.

Brussig Thomas
B.: Schriftsteller, Dramatiker, Drehbuchautor. FN.: c/o Fischer Taschenbuchverlag GmbH. DA.: 60596 Frankfurt am Main, Hedderichstr. 114. PA.: 10435 Berlin, Knaackstr. 70. G.: Berlin, 19. Dez. 1965. V.: Kirstin (Lebensgefährtin). El.: Siegfried u. Sigune, geb. Prügel. S.: 1984 Abitur u. Facharb.-Abschluß (Bau), 1990 Stud. Soz. FUB, ab 1993 Stud. Dramaturgie Film-HS Potsdam-Babelsberg. K.: div. Jobs, 1991 1. Publ. "Wasserfarben", 1995 "Helden wie wir", 1996 Drehbuch "Rache", zahlr. Lesungen, 1999 "Am kurzen Ende der Sonnenallee". M.: Verb. d. Drehbuchautoren. H.: Reiten. (Re)

Brust Claus Dipl.-Ing. *)

Brust Dir. Dr.

B.: RA. FN.: Delheid Soiron Schreven Hammer RA. DA.: 52070 Aachen, Friedrichstr. 17-19. G.: Achen, 15. Nov. 1966. V.: Birgit, geb. Werneus. Ki.: Nina (1990), Danja (1993), Carlo (1998), Pflegekind Sarah (1983). El.: Johann Anton u. Gisela, geb. Sevenich. S.: 1986 Abitur, 1986-91 Stud. Jura Univ. Köln, 1991 1. u. 1994 2. Staatsexamen, 1994 Prom. K.: seit 1994 freier Mitarb. d. Sozietät Delheid u. Partner, seit 1998 Partner d. Sozietät Delheid u. Partner m. Schwerpunkt EDV-, Vers.- u. Arzthaftungsrecht, 2000 Mitgründer d. Rechtsanwaltssozietät Daniel - Hagelskamp u. Kollegen, tätig mit d. identischen Schwerpunkten. M.: Vorst.-Mtgl. d. Arb.-Kreis EDV u. Recht in Köln, Dt. Ges. f. Recht u. Informatik. H.: Familie, Sport.

Brustat Manfred Günter

B.: Gschf. Ges. FN.: DIGALOG GmbH. GT.: Vorstands-Mitglied Histor. Gesellschaft Berlin. DA.: 13355 Berlin, Wattstraße 11-13. PA.: 10557 Berlin, Bartningallee 21. MB @DIGALOG.de. www.digalog.de. G.: Velten, 18. Nov. 1947. BV.: Baltische Bauersfamilie seit 13. Jhdt. S.: 1964-67 Ausbild. Funkmechaniker, 1967-69 Facharb. F & E Abt. Stahlwerk Henningsdorf, 1969-75 Stud. Elektronik TU Dresden, 1975 Dipl.-Ing. Elektronik. K.: 1975-77 Großrechnerspezialist IBM-Mainframes in Rechenzentren in Berlin, 1977-79 inhaftiert aus polit. Gründen, 1979 Kurse in Mikroelektronik in West-Berlin, 1980-82 Vertrieb, Marketing, Applikationen Firma Kontron, Aufbau d. Berliner Büros, 1982-83 Gschf. Firma Schier, 1983 Grdg. Firma DIGALOG GmbH, 2001 Human Machine Interface and remote I/O f. intern. Einsatz. BL.: Kommissionsarb. u. Vorst.-Mtgl. in BJU u. ASU, elektron. Steuerung f. BESSY-Elektronenspeicherring u. Synchrotron. P.: Art. in Elektronikfachzeitschriften. E.: 1983 1. Grdg.-Preis f. DIGALOG, 1988 u. 1989 2x 1. Innovationspreis f. herausragende Neuerungen. M.: ASU, UMU, Ges. Histor. Berlin. H.: Sport (Tennis, Basketball, Segeln, Golf), Politik, Zeitgeschichte, Historie, Sammeln alter Taschenuhren, Sammeln v. Edel- u. Natursteinen u.a. Turmaline.

Brusten Manfred J. Dr. Prof.
B.: Prof. f. Soz. FN.: Bergische Univ. Wuppertal, Fb. Wirtschaft- u. Sozialwiss. DA.: 42097 Wuppertal, Gaußstr. 20. PA.: 42285 Wuppertal, Parsevalstr. 13. Brusten@uni-wuppertal.de. G.: Anrath (NRW), 29. Juni 1939. V.: Annelie, geb. Metzler. Ki.: Hinrich Paulus (Stiefs.). El.: Clemens u. Maria. S.: 1959 Abitur am Math. Naturwiss. Gymn. K.: 1959-60 18 Mon. Bundeswehr (Lt. d. Res.), 1960-62 2 J. Zeitungs-Volontär, Rheinische Post, Abschluß: Redakteur, 1962-65 Stud. Soz. Univ. Münster, 1965-66 1 J. Fulbright-Stip., Univ. of California, Berkeley, 1967-69 Stud. Soz. Univ. Münster, Abschluß: Dipl.-Soz., 1969-70 Forsch.-Ass., Univ. Münster, 1970-72 Forsch.-Ass., Fak. f. Soz., Univ. Bielefeld, 1972-75 wiss. Ass. a. d. Fak. f. Soz. d. Univ. Bielefeld, seit 1975 Prof. f. Soz. a. d. Univ. Wuppertal, 1997-2001 Prodekan/ Dekan Fb.

*) Biographie www.whoiswho-verlag.ch oder beigefügte CD-ROM

Gesellsch.-Wiss. P.: zahlr. Veröff. zu Schule, Sozialarb., Polizei, Bewährungshilfe, Jugendkrim. u. Kriminalprävention, Wissenschaftsforsch. Judenverfolgung-Holocaust. M.: Vorst. d. Sekt. "Soz. Probl./Soz. Kontrolle" d. Dt. Ges. f. Soz. (DGS), Redaktion u. Wiss. Beirat d. Kriminolog. Journals, Past- Präs. d. "Research Committee for the Soc. of Deviance and Soc. Control" d. Internat. Ges. f. Soz. (ISA), 1996-99 Vors. d. Ges. f. Australienstudien, seit 1997 Vorst. Else-Lasker-Schüler-Ges., seit 2001 Mtgl. d. Senats d. Berufverbandes Deutscher Soziologinnen u. Sozilogen e.V. H.: Sammeln v. Gesteinen u. Fossilien.

Brüster Theodor Herbert Dr. med. Prof. *)

Brustkern Jan Dr. rer. nat. *)

Bruszies Eva Marie

B.: Kontoristin, Inh. FN.: B & K Moden. DA.: 23843 Bad Oldesloe, Hindenburgstr. 41/42. G.: Hermeskeil, 29. Juli 1952. V.: Klaus Bruszies. Ki.: Daniela (1972). S.: 1967-69 Ausbild. z. Kontoristin. K.: 1969-72 Minimax Feuerlöschsysteme, seit 1971 Dion.-Ass., 1973-76 versch. Jobtätigkeiten neben d. Kindererziehung, 1976-79 Sekr. Schlolaut Im-u. Export, 1979-83 Sekr. Amato Textilhdl. Im- u. Export, 1983 selbst. m. B & K Junge Mode in Bad Oldesloe, 1986 Erweiterung d. Angebotspalette m. Baby-Mode, 1989 Vergrößerung d. Geschäftsräume, 199 Eröff. einer Filiale in Bad Schwartau B & K Moden Baby-Paradies. M.: Gemeinschaft Oldesloer Kaufleute, seit 1996 1. Vors., Einzelhdls.-Verb., Ehrenmtgl. d. Bürgerschützengilde Bad Schwartau.

Brutscher Markus *)

Brutschy Bernd Dr. Prof. *)

Brütt Lutz
B.: Verlagsltr. FN.: Olaf Hille Verlag. DA.: 20459 Hamburg, Alter Steinweg 10. G.: Lüneburg, 26. Mai 1952. Ki.: Bruno, Colin. S.: 1971 Abitur, 1971-77 Stud. Anglistik u. Politologie Marburg u. Nottingham. K.: ab 1977 Lehrer an d. VS sowie Berufs- u. Gewerbeschule in Hamburg, 1992 Einstieg in d. Verlag Olaf Hille in Hamburg; Import u. Vertrieb v. "Pooh-d. Bär", Postkarten u. Grußkarten f. Kinder u. Erwachsene, BL.: Buchverleger u. Übersetzer v. Kinderbüchern aus d. engl. Sprachraum. P.: Hrsg. d. Buches "Prinz Charles-Der alte Mann v. Lochnagar", "Das Geheimnis v. Haphazard House". H.: Segeln.

Bruun Ole E. *)

Brux Hajo *)

de Bruycker Gondrand
B.: Regisseur, Drehbuchautor. DA.: 29640 Schneverdingen, Landhaus Höpenberg. G.: Hamburg, 18. März 1934. V.: Marlis, geb. Krüger. Ki.: 1 Tochter, 1 Sohn. BV.: Vater bekannter Maler u. Künstler. S.: 1950 Abitur, 1950-52 Staatl. HS f. bild. Künste Hamburg, 1952-59 Ausbild. b. Priv.-Doz. u. weitere Ausbild. b. Fesa, Rold u. Pit Frihling. K.: 1959-67 DIDO-Fim Düsseldorf, seit 1968 freier Autor u. Regisseur in d. Film- u. Fernsehbranche. P.: ca. 140 Filme u.a. Ein anderer Weg - Schwester Carola, Beethoven - Eine Edition entsteht, Osteuropa - Mißtrauische Nachbarn, Mecklenburg-Vorpommern, Die Börse - Wo d. Geld d. Welt bewegt wird, Drei Mann 60° Nord, Golf im Schafspelz. E.: 1. Bundesfilmpreis, div. Wirtschaftsfilmpreise, div. Ind.-Filmpreise, Kurzfilmpreis Berlin. M.: DJV Hamburg, Presse Club Hamburg. H.: Segeln, Natur.

de Bruyn Günter
B.: Schriftsteller. PA.: 15848 Görsdorf, Blabber 1. G.: Berlin, 1. Nov. 1926. K.: Erzähler, Essayist, Romanautor: "Burdians Esel"(1968), "Märkische Forschungen" (1978), "Neue Herrlichkeit" (1984), "Lesefreuden" (1968), "Zwischenbilanz. Eine Jugend in Berlin" (1993") u.v.a. E.: 1964 Heinrich-Mann-Preis, 1990 Thomas-Mann-Preis, 1990 Heinrich Böll-Preis, 1992 Ehrendoktor d. Univ. Freiburg/Br. u. d. Humboldt-Univ. Berlin, 1993 Großer Literaturpreis d. Bayer. Akad. d. Schönen Künste.

de Bruyn-Ouboter Christian Prof.

B.: Liedpianist, Kammermusiker, Honorarprof. FN.: Hochschule f. Musik u. Theater Rostock / sowie Robert-Schumann-Hochschule Düsseldorf. PA.: 51789 Lindlar, Unterbergscheid 10. G.: Wuppertal, 12. Dez. 1940. V.: Edith, geb. Frieser. Ki.: Sonja (1969), Vera (1973). S.: b. 1967 Stud. Phil., Musikwiss. u. Biologie Köln u. Bonn, pianist. Ausbild. Prof. Hans-Otto-Schmidt-Neuhaus u. Wilhelm Hecker Köln. K.: seit 1971 Doz. an d. Robert-Schumann-HS in Düsseldorf, 1980-82 Gastprof. f. Lied u. Ensemble an d. Musashino-HS in Tokyo, seither Kurse u. Workshops in Japan u. d. USA, seit 1995 Prof. an d. HS f. Musik u. Theater in Rostock, Funktion: Ltr d. Klasse f. Liedbegleitung u. Liedgestaltung. P.: CD-, Funk- u. Fernsehaufnahmen. H.: Musik, Literatur, Kunst b. in d. Gegenwart, Bürsten- u. Pinselsammlung.

Bryant Bernd

B.: Fotograf u. anerkannter Künstler. FN.: Studio Bernd Bryant Photography. DA.: 81549 München, Aschauer Str. 20. PA.: 81829 München, Riemer Str. 337. www.schelling-foto.de/fotografen. G.: Geislingen, 9. Mai 1949. K.: 1963-66 Lehre techn. Zeichner. K.: 1966-73 Repräsentant versch. dt. Modefirmen in München, 1973-74 Ass. versch. Modefotografen in New York, 1974-75 Ausbildung z. Fotografen im Art-Center in Pasadena, 1975-80 freier Fotograf in Los Angeles spez. f. Schauspieler- u. Musikerportraits u.a. v. Stevie Wonder, Larry Williams, Al Steward u. Cheap Trick, seit 1980 Fotograf in München m. Schwerpunkt Mode u. Beauty; Projekte: ca. 25 Titelproduktionen f. Madame, zahlr. redaktionelle Veröff. in Harper's Bazaar Deutschland u. Italien, Cosmopolitan Deutschland u. Italien, Fotoproduktionen f. führende Hersteller im Bereich Mode, Kosmetik u. Dessous weltweit, Zusammenarbeit m. Models wie Linda Evangelista, Joan Severence, Andie McDowell, Janice Dickenson, Frauke u. Carol Graham; Foto- u. Videoproduktionen über Brasilien, Paraquai, Bolivien

*) Biographie www.whoiswho-verlag.ch oder beigefügte CD-ROM

u. Kolumbien. P.: Fotoausstellung z. Thema "Südamerika" im Hotel Ametist in Prag (2001). M.: FC Bayern. H.: Fotografie, Kochen, Skifahren, Reisen.

Brycz Roland Dipl.-Soz.-Päd.

B.: Sozialpädagoge, Mitinh. FN.: Splitter Promotion. DA.: 66111 Saarbrücken, Mainzer Str. 1. PA.: 66117 Saarbrücken, Trillerweg 55. splitter@t-online.de. www.splitter-infos.de. G.: Liberec, 3. März 1958. El.: Kurt u. Liliane, geb. Sittner. S.: 1977 Mittlere Reife, 1978 Abitur am Wirtschaftsgymn. in Pforzheim, 1980-84 Stud. Sozialpäd. Fulda m. Dipl.-Abschluß, Zivildienst, 1986-87 Anerkennungsj. K.: 1988-89 Sozialpädagoge im Jugendzentrum d. SPD, 1989 Volontariat beim Saarländ. Rundfunk, 1989-95 selbst. m. d. Konzertagentur patrol concerts u. glz. Teilhaber d. "Kater Karlos", 1995 freier Mitarb. in d. Organ. v. Events, 1996 Grdg. d. Firma Splitter Promotion gemeinsam m. Henning Ruppersberg, seit 1998 Übernahme v. 8 Gastronomiebetrieben u. Betreiber d. Gastronomie bei Großveranstaltungen, Inh. d. Gastronomierechte d. 1. FC Saarbrücken. M.: DEHOGA, Verb. Dt. Konzertveranstalter. H.: Skifahren, Reisen, KOchen f. Freunde.

Brydda Holger Dipl.-Ing.

B.: Dipl.-Bauing., Baudirektor, Amtsleiter. FN.: Wasser- u. Schifffahrtsamt Verden. DA.: 27283 Verden, Hohe Leuchte 30. holger.brydda @wsa-vers.wsv.de. www.t-online.de/home/wsa-ver. G.: Kropp, 25. Juni 1957. V.: Elke, geb. Lehmann. Ki.: Franziska-Marie (1983), Johannes (1985). El.: Herbert u. Helga, geb. Reimer. S.: 1976 Abitur Schleswig, 1976-77 Grundwehrdienst, 1977 Stud. Bauingenieurwesen TU Hannover, 1985 Abschluss Dipl.-Bauing., 1986-88 Referendariat Wasser- u. Schifffahrtsverwaltung f. d. höheren techn. Verwaltungsdienst. K.: 1988-90 Doz. Wasser- u. Schifffahrtsdion. Hannover, 1990-91 Referent Bundesverkehrsminister in Bonn, 1991-92 Abteilungsleiter im Wasserstraßenneubauamt in Helmstedt, 1997-98 Dezernent Wasser- u. Schifffahrtsdion. Hannover, seit 1998 Ltr. d. Wasser- u. Schifffahrtsamtes Verden. P.: div. Veröff. u.a. Mitteilungsblatt d. Bundesanstalt f. Wasserbau, Chancen eines garantierten Ganzjahresverkehrs auf mitteleuropäischen Kanälen (1998), Die Binnenschifffahrt (2000), Die Bergung, Hebung, Konservierung eines histor. Weser-Lastzuges. M.: Hafenbautechnische Ges., seit 1997 PIANC-Arbeitsgruppe. H.: Paddeln, Triathlon, Holzarbeiten.

Bryde Brun-Otto Dr. Prof.

B.: Richter. FN.: Bundesverfassungsgericht. DA.: 76131 Karlsruhe, Schloßbezirk 3. www.bundesverfassungsgericht.de. G.: Hamburg, 12. Jän. 1943. Ki.: 2 Kinder. S.: 1966 1. u. 1969 2. jur. Staatsexamen Hamburg, 1971 Prom. K.: 1969-71 Ref. d. Forsch.-Stelle f. Völkerrecht u. ausländ. öff. Recht, 1971-73 Doz. an d. Rechtsfakultät in Adis Abeba in Äthiopien, 1973-74 Law and Fellow an d. Xale Law School in New Haven/USA, 1974-82 wiss. ORat am Inst. f. intern. Angelegenheiten d. Univ. Hamburg, 1980 Habil., 1982-87 Prof. f. öff. Recht an d. Univ. d. Bundeswehr in München, seit 1987 Prof. f. öff. Recht u. Wiss. d. Politik an d. Univ. Gießen, 1989 Visiting Prof. d. Vereinig. f. Rechtssoz., 1992-93 Mtgl. im Hess. VerfassungsbeiR., 1994 Visiting Prof. an d. Univ. of Wisconsin/USA, 1997-99 Mtgl. d. Enquente-Kmsn. Parlamentsreform im Hess. Landtag, 2000-2001 Mtgl. d. CERD d. Vereinten Nationen, seit 2001 Richter am Bundesverfassungsgericht. (Re)

Bryknar Georg Dipl.-Ing.

B.: Dipl.-Ing. f. Bauwesen, selbständig. DA.: 80639 München, Sieglindenstr. 2. bryknaring@aol.com. G.: Brünn/Tschechien, 22. Dez. 1932. S.: Abitur in Prag, Stud. Bauingenieurwesen an d. TU Prag. K.: tätig als Bauingenieur f. Straßenbau u. Eisenbahnbau in Prag, seit 1967 selbständiger Ing. in München f. Wasser- u. Abwasserversorgung, Prüfingenieur f. Anwesenentwässerung, Sanierungen v. Altbauten, Überwachung v. Bauten, Gutachterliche Tätigkeit u. Vermessungsarbeiten. M.: KLW - Mittelstandsforum München, Bayerische Ingenieurkammer. H.: Wassersport.

Bryks Rosemarie *)

Bryngdahl Olof Dr. Prof.

B.: Prof. FN.: Univ. Essen. DA.: 45141 Essen, Universitätsstr. 2. G.: Stockholm, 26. Sept. 1933. V.: Margaretha, geb. Schraut. El.: Carl Olof u. Ingeborg Maria. S.: Dipl., Prom. K.: 1956-60 Doz. Inst. f. opt. Forsch. Stockholm, 1964-65 Staff member Xerox Research Lab. Rochester, 1966-69 Manager IBM Research Lab. San Jose California, 1970-77 Principal Scientist Xerox Research Lab. Palo Alto California, Habil., 1975-76 Prof. Inst. d'Optique Univ. de Paris, seit 1977 Prof. Univ. Essen. BL.: 12 Patente im Bereich d. Optik. P.: über 300 wiss. Veröff. M.: Fellow d. Optical Society of America, DGaO.

Brzeska Magdalena

B.: Sportgymnastin. FN.: Fitesse, Kärcher GmbH. DA.: 70736 Fellbach, Geibelweg 24. G.: Gdynia/Polen, 14. Mai 1978. V.: Peter Peschel (Fußballprofi) K.: Erfolge: 1995 WM-Achte (Mehrkampf), 1994 WM-Zehnte (Mehrkampf), 1993 WM-Fünfte (Seil), 1995 WM-Siebte (Keulen, Ball, Band), 22-fache Dt. Meisterin, 1996 Budapest WM-Sechste (Seil), 1996 WM-Fünfte (Keulen), 1996 10. Olymp. Sommerspiele Atlanta, 1997 WM-Qualifikation Bochum (2. im Vierkampf), 1997 6. Intern. OÖ-Cup Linz/Österr. (1. Band, 1. Keulen, 1. Reifen, 1. Seil, 1. Vierkampf), 1997 WM Berlin Gesamt/5., 1998 Karriereende, jetzt div. Shows und Projekte. H.: Fotomodel, Musik hören, Schwimmen, Reisen, Urlaub, Einkaufen gehen (Second Hand). (Re)

Brzezinka Johannes

B.: Koch, Inh. FN.: HANNO Travel & Coordination GmbH. DA.: 22459 Hamburg, Heidlohstr. 104. info@hanno-travel.de. www.hanno-travel.de. G.: Biresborn, 23. Sep. 1945. V.: Kikuko, geb. Watanabe. Ki.: Yoshiko (1968), Michaela (1970). BV.: Graf Brzezinka Grafschaft u. Ortsname. S.: 1961-64 Kochlehre, 1971-75 Stud. Japan. an d. Univ. Naganuma in Tokio. K.: 1964-67 Koch in Irland, 1967 Koch im Hotel Ambassador in Paris, 1967-69 Koch in Schweden, 1970-71 Koch in Schwed. Botschaft in Tokio, 1971-80 Inh. Snack-Restaurant The Saint Pauli in Tokio, seit 1975 Nippon Express-Mitarb., 1980-90 Tätigkeit in d. Gruppenabt. d. Firma Menzelr-Reisen Hamburg, 1990-96 Prok. f. Gruppenreisen in d. Firma Schnieder-Reisen, seit 1996 selbst. m. Hanno Travel. P.: mehrere Ausz. v. Tokio-Zeitung f. bestes ausländs. Snak-Restaurant. M.: seit 1973 Ehrenmtgl. im Fußballver. "Tokio Editors". H.: Fußball, Baseball, Sprachen Japanisch, Englisch (Portugiesisch), Joggen.

---

*) Biographie www.whoiswho-verlag.ch oder beigefügte CD-ROM

Brzezinski Marius Dipl.-Ing. *)

Bsirske Frank
B.: Vors. FN.: Gewerkschaft Öff. Dienst (GÖD). DA.: 70174 Stuttgart, Theodor-Heuss-Str. 2. G.: Helmstedt, 10. Feb. 1952. El.: Rudi u. Luise. S.: 1971 Abitur, 1971-78 Stud. Politikwiss. Hans-Böckler-Stipendiat. K.: 1978-87 Bild.-Sekr. im Bez. Hannover d. Sozialist. Jugend Deutschlands - Die Falken, 1987-89 Fraktionsmitarb. d. Grünen Alternativen Bürgerliste im Rat d. Landeshauptstadt Hannover, 1989-90 Sekr. d. ÖTV-Kreisverw. Hannover, 1990-91 stellv. Gschf. d. Kreisverw. Hannover, 1991-97 stellv. Bez.-Vors. d. ÖTV-Bez. Niedersachsen, 1997-2000 StadtR. Personal- u. Organisationsdezernent d. Landeshauptstadt Hannover, seit 2000 Vors. Gewerkschaft Öff. Dienst Transport u. Verkehr (ÖTV). (Re)

Bsiso Silvia

B.: Tierärztin, selbständig. DA.: 80997 München, Saarlouiser Str. 70. silvia.bsiso@t-online.de. G.: München, 5. Nov. 1963. El.: Nabil Bsiso u. Margot, geb. Lorenz. S.: 1983 Abitur, 1983-84 Tierpflegeausbildung München, 1984-90 Stud. Vet.-Med. LMU München. K.: 1991-95 tätig in d. Lebensmitteltechnologie d. LMU München, 1993-99 Tierärztin einer Gemeinschaftspraxis in Dachau, seit 1999 ndlg. Tierärztin m. Praxis f. Kleintiere u. Pferde m. Schwerpunkt Naturheilkunde in München; Funktion: Veranstaltungstierärztin im Pferdesport, glz. 1995-98 tätig an d. chir. Tierklinik in München. H.: Tiere, Lesen, Kultur, Philosophie, Reiten, Kochen.

Bsonek Dietmar Dr. phil. *)

Bub Brigitte *)

Bub Lothar *)

Bub Stephan Walter Dipl.-Kfm.
B.: Vorst. FN.: Bayerische Hypo- u. Vereinsbank AG. DA.: 80333 München, Kardinal-Faulhaber-Str. 1. G.: Frankfurt/Main, 9. Apr. 1958. K.: 1985 Eintritt in d. BHF-Bank, 1994 Eintritt in d. Bayerische Vereinsbank, seit 2001 Vorst.-Mtgl. d. HypoVereinsbank. (Re)

Bub Wolf-Rüdiger Dr. Prof.
B.: Rechtsanwalt. DA.: 80333 München, Promenadeplatz 9. G.: Landau/Isar, 22. Sept. 1947. El.: Prof. Dr. Heinrich u. Hannelore, geb. Jennerjan. S.: Hum. Gymn. Kloster Scheyern, 1966 Abitur, 1966-67 Wehrpflichtzeit, 1967-69 Kfm. Ausbild. in d. Grundstücks- u. Wohnungwirtschaft, 1967-71 Stud. Univ. München, 1. u. 2. jur. Staatsexamen, 1993 Prom. Univ. Münster. K.: 1972-75 Referendariat in München u. Landshut, 1975-81 RA als Partner einer Münchner Anwaltssozietät m. Schwerp. Wirtschaftsrecht, s. 1981 Seniorpartner e. Münchner Anwaltssozietät m. Schwerp. Wirtschafts-, Bank- u. Immobilienrecht, Schiedsgerichtstätigk., parallel dazu v. 1969-71 Abt.-Ltr. e. mittelständ. Untern., 1971 Grdg. e. Immobilienverwaltungsges. (Gschf. Ges. 1971-79), 1979 Einbringung in eine AG, 1986 Grdg. e. Wohnungsbauges., 1987 Grdg. e. Wohnungsbauuntern., 1988 Erwerb d. GSV-Gruppe in Braunschweig, s. 1989 Grdg. zahlr. Ges. m. d. Zweck d. Haltens u. Verwaltens v. Immobilien aller Art; zusätzl. Tätigk.: s. 1979 Ref. d. Arbeitstagungen d. Evang. Siedlungswerkes ("Partner im Gespräch") in Fischen, Berchtesgaden u. Weimar, s. 1979 Teiln. an Seminaren u. Fachtagungen (u.a. als Doz. d. Dt. Richterakad. u. als Gutachter im Rechtsausschuß d. Dt. Bundestages), s. 1993 Lehrbeauftr. an d. Univ. Potsdam. P.: ca. 80 wiss. Veröff., u.a. Staudinger-Bub, Kommentar z. WEG; Bub-Treier: Handbuch d. Geschäfts- u. Wohnraummiete; Bub-Schmid: Grundstücke erwerben, besitzen, belasten u. verkaufen; Das Finanz- u. Rechnungswesen d. Wohnungseigentümergemeinschaft. E.: 1998 nebenamtl. Mtgl. d. Justizprüfungsamtes bei d. Ministerium d. Justiz u. f. Europaangelegenheiten d. Landes Brandenburg, 1998 Mtgl. d. Präsidiums d. Dt. Ständigen Schiedsgerichts f. Wohnungseigentumssachen in Berlin, 2000 Ernennung z. Honorarprof. an d. Univ. Potsdam, 2000 Ehrenpräs. d. Dachverbandes Dt. Immobilienverwalter e.V. 2000 BVK am Bande. M.: s. 1980 Mtgl. d. Vorst. d. Verb. d. Immobilienverwalter e.V., Bayern; 1988-2000 Präs. d. Dachverb. Deutscher Immobilienverwalter; s. 1993 Vors. d. Ver. d. Freunde u. Förderer d. Jur. Fak. d. Univ. Potsdam. H.: klass. Musik, Gegenwartsliteratur, Golf. (O.K.)

Bubach Carola

B.: Rechtsanwältin u. Notarin in eigener Kanzlei. DA.: 14059 Berlin, Spandauer Damm 3. G.: Danneberg, 23. Feb. 1954. S.: 1974 Abitur Berlin-Wilmersdorf, 1975-80 Stud. Rechtswiss. FU Berlin, 1983 2. Staatsexamen. K.: während d. Stud. tätig in d. Kzl. RA Gläser & Rieske, seit 1983 selbständige Rechtsanwältin m. Tätigkeitsschwerpunkt Familien-, Erb- u. priv. Baurecht, seit 1996 zusätzl. Notarin spez. f. Grundstücke; Funktion: tätig f. d. Verein f. intern. Jugendarbeit d. Diakonischen Werkes. M.: Potsdamer Golfclub. H.: Goldschmieden, Golf, Reisen in d. Südsee.

Bubbert Werner *)

Bubeck Hans-Peter *)

Bubel Gerhard *)

Bubenik Gernot *)

Bubinger Ferdinand Dr. med.

B.: Internist u. Radiologe i. R. DA.: 49076 Osnabrück, Max-Reger-Str. 10. G.: Kaub, 11. Jän. 1921. V.: Doris, geb. Tangermann. Ki.: Ina Arnold (1948), Dr. Ingolf (1957). S.: 1939 Abitur, Arb.-Dienst, 1939-41 Stud. Med., 1941-43 Militär, 1943-45 Stud. Med., Staatsexamen. K.: 1946-51 Ass.-Arzt in Bad Ems, 1952-53 tätig in d. Chir. in Koblenz, FA f. Innere Med., 1953 Ltr. d. Sanatoriums in Bad Neuenahr, 1953-54 stellv. Chefarzt in Bingen, 1954-61 Oberarzt an d. Strahlenklinik von Prof. Albrecht in Osnabrück, 1961-92 ndlg. Internist in Osnabrück u. 1957-93 Sachv. am Sozialgericht Osnabrück, 1992 Verkauf d. Praxis, seit 1978 tätig im Bereich Arb.-Med. H.: Literatur, Geologie, Meteorologie, Jagd, Reisen.

*) Biographie www.whoiswho-verlag.ch oder beigefügte CD-ROM

Bublitz Otto

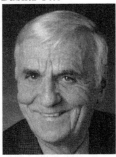

B.: Gschf. a.D. PA.: 13465 Berlin, Ariadnestraße 14. G.: Czersk/Konitz, 5. Feb. 1918. V.: Dagmar, geb. Klingbeil. Ki.: Stephanie (1970). El.: Otto u. Maria, geb. Kaminski. S.: 1934-38 Ausbild. als Ind.-Kfm. im väterl. Betrieb. K.: 1938-39 Ass. d. Geschäftsltg. Firma China Bohlken China-Importe, 1939 Reichtsarb.-Dienst, 1940 Ind.-Kfm. Solex Vergaser Berlin, Hauptabteilungsleiter, Stellv. d. Wehrwirtschaftsführers Alfred Pierburg, Gschf. d. Sonderausschuß Vergaser Reichsministerium Rüstung u. Kriegsproduktion, nach Kriegsende z. komm. Ltr. d. Solex u. erfolgreiche Wiederaufbauarb., 1945 Aufbau eines eigenen Presswerkes, Grdg. Meta-Werk, Herstellung v. Gegenständen d. tägl. Bedarfs, parallel Grdg. d. Firma Otto Bublitz jun., Zusammenschluß beider Firmen, 1954 Stanz-, Zieh-, Druckteile GmbH, 1993 Verkauf d. Werkes. P.: mehrfache Berichte zu versch. Auflagen im Wirtschafts- u. Ges.-Teil. E.: 1944 Krieg-VK, Ehrenmedaille d. Bezirks Reinickendorf durch Bürgermeister Günter Birghan. M.: ehrenamtl. Berliner Tennisverband, Silb. Ehrennadel, Ehrenpräs. d. BTC Rot-Gold in den Rehbergen. H.: Autofahren.

Bubner Rüdiger Dr. Prof. *)

Bubolz Claus *)

Bubori Vladimir *)

Buch Bärbel Charlotte *)

Buch Gerhard Dipl.-Ing.

B.: Dipl.-Ing. f. Landschaftsplanung, Inh. FN.: Bar-Restaurant "Die Eins". DA.: 10117 Berlin, Wilhelmstr. 67A. G.: Hannover, 15. Juni 1950. El.: Prof. Dr.Ing. Alfred (Konsul v. El. Salvador u.a. hohe polit. Ämter.u. Elisabeth, geb. Stüssel. S.: 1970 Abitur Spiekeroog, 1970-74 Stud. Ldw. in Göttingen, 1975-81 Stud. Landschaftsplanung an d. TU Berlin, Dipl.-Ing. f. Landschaftsplanung. K.: 1981-85 Landschaftsplaner in Berlin u. d. BRD m. selbst. Planungsbüro, seit 1980 parallel in d. Gastronomie tätig, Eröff. 1. Restaurant Nähe Kurfürstendamm Berlin, Betreiber v. Messeständen, zusätzl. Tätigkeit als Immobilienmakler, 1995 Grdg. einer Werbeagentur, seit 1996 Eröff. "Buchs Restaurant" in Berlin, seit 1999 Eröff. "Die Eins" in Berlin. H.: Tennis, Segeln, Kochen.

Buch Hans Christoph Dr. phil.

B.: Schriftsteller. PA.: 10557 Berlin, Thomasiusstr. 13. G.: Wetzlar, 13. Apr. 1944. K.: lehrte an d. Univ. v. Bremen u. San Diego/USA, Writer in Residence an d. New York Univ., in Austin/Texas, Essen u. La Rochelle. P.: Werke u.a. Ungehörte Begebenheiten, Erz. (1966), Die Hochzeit v. Port-au-Prince, Roman (1984), Haiti Chérie, Roman (1990), Rede des toten Kolumbus am Tag des Jüngsten Gerichts, Roman (1992), Die neue Weltunordnung, Reportagen (1996), Traum am frühen Morgen, Erz. (1996), In Kafkas Schloß, Erz. (1998). (Re)

von Buch Hans-Sigismund

B.: Verlagslektor i. R. PA.: 45659 Recklinghausen, Reichensteinstr. 104. G.: Dresden, 21. Sep. 1918. V.: Charlotte, geb. von Ploetz. El.: General Fritz u. Clementine, geb. von Kossecki. BV.: General u. Min. Gustav von Buch (Urgroßvater). S.: 1937 Abitur Hinterzarten, 1937-46 Soldat, 1946-48 Ausbild. z. Verlagsbuchhändler Bärenreiter-Verlag Kassel. K.: 1948-55 Verlagshersteller im Ausbild.-Betrieb, 1955-58 Werbeltr. Fischer-Bücherei S. Fischer Verlag Frankfurt/Main, 1958-59 Werbeltr. im Henry Goverts Verlag Stuttgart, 1959-74 Lektor im Union Verlag Stuttgart, 1974-87 Lektor u. stellv. Verlagsltr. im Georg Bitter Verlag Recklinghausen, seit 1988 Ruhestand, noch b. 1990 Gutachter u. Übersetzer f. d. Georg Bitter Verlag. P.: Übersetzer v. Kinderbüchern holländ.-dt. M.: Rotary Club Recklinghausen, Ges. f. christl.-jüd. Zusammenarb., Ver. f. Orts- u. Heimatgeschichte Recklinghausen, Sauerländ. Gebirgsver. H.: Lesen, Musizieren, Wandern.

Buch Ralph-Peter Dr.

B.: Zahnarzt. DA.: 13585 Berlin, Lutherstr. 26. G.: Berlin-Mitte, 26. Apr. 1961. V.: Dr. med. dent. Martina. Ki.: 2 Kinder. BV.: Vater Chir. Dr. Wolfgang Buch. S.: 1979 Abitur, 1979-81 Grundwehrdienst, 1981-86 Stud. Zahnmed. an d. Humboldt-Univ. Berlin, 1990 Diss. K.: 1986-91 Zahnarzt in Poliklinik, 1986-88 Militärzahnarzt b. d. Jagdfliegern d. NVA, 1988-90 in einer Poliklinik, seit 1991 Ndlg., spez. Kindersprechstude m. Life-TV. M.: Segelsport Dt.-Brit. Yacht Club DBYC. H.: Segeln, Familie.

Büch Christa Dipl.-Ing. *)

Büch Erwin Dipl.-Ing. Dipl.-Informatiker *)

Buchal Detlev

B.: Vorst. Bereich Produktmarketing. FN.: Dt. Telekom AG. DA.: 53113 Bonn, Friedrich-Ebert-Allee 140. www.telekom.de. G.: Kiel, 20. Feb. 1945. S.: Stud. Rechtswiss. K.: 1973 Ref. u. Syndikus d. Dt. Sparkassen- u. Giroverb. e.V. in Bonn, 1980 Ltr. d. Landesbank Schleswig-Holstein in Kiel, 1984 Ltr. u. Ltr. d. Abt. Girozentralen d. Dt. Sparkassen- u. Giro-Verb. e.V., 1988 Gschf. d. GZS in Frankfurt u. später Spr. d. Gschf., 1992-96 Vorst.d. Gschf. u. AufsR.-Vors. f. d. Euro Cad Service GmbH, seit 1996 Vorst.-Mtgl. d. Dt. Telekom f. d. Bereich Produktmarketing.

Buchali Andre Dr.

B.: Chefarzt. FN.: Klinik f. Strahlentherapie d. Ruppiner Kliniken GmbH. DA.: 16816 Neuruppin, Fehrbelliner Str. 38. a.buchali@ruppiner-kliniken.de. G.: Berlin, 27. Apr. 1965. V.:

*) Biographie www.whoiswho-verlag.ch oder beigefügte CD-ROM

Petra. BV.: Urgroßvater OBgm. in Schwerin. S.: 1983 Abitur, 1983-85 Pflegedienst orthopäd. Klinik Charité Berlin u. Wehrdienst, 1985-91 Stud. Med. Humboldt-Univ. Berlin, 1991 Staatsexamen u. Prom., 1997 FA f. Strahlentherapie. K.: 1991-92 Ass.-Arzt f. Strahlentherapie an d. Charité, 1992-94 tätig b. AIP in Heilbronn, 1994-97 wiss. Mitarbeiter an d. Charité u. b. 2000 OA, seit 2000 Chefarzt an d. Klinik f. Strahlentheapie in Neuruppin als einer d. jüngsten Chefärzte Neuruppin. P.: über 20 Publ. u.a.: "Virtuelle Simulation-erste klin. Ergebnisse bei Patienten m. Prostatakarzinom" (1998), "Impact of the Filling Status of the Bladder and Rectum on their Integral Dose Distribution and the Movement of the Uterus during Fractionated Irradition of Gynecological Cancer" (2000), "Virtual Simulation in Patients with Breast Cancer" (2001). M.: ESTRO, DEGRO, onkolog. Arbeitskreis u. Vorst.-Mtgl. d. Vereins z. Qualitätssicherung in d. Radiologie. H.: Hochgebirge, Sport.

Buchau Erhard Dipl.-Ing.

B.: Elektroing., Patentanwalt, zugelassener Vertreter b. europ. Patentamt, Schwerpunkt: Elektrotechnik u. Maschinenbau. DA.: 91058 Erlangen-Tennenlohe, Hutgraben 25. erhard.buchau@t-online.de. G.: Tilsit, 5. Juni 1934. V.: Gisela, geb. von Rieth. Ki.: Michael (1961), Birgitta (1964). El.: Erich u. Erna, geb. Samel. S.: 1953 Abitur Boizenburg/Elbe, 1955 Westabitur in Köln, 1955-60 Stud. Elektrotechnik an d. TH Aachen, Abschluss: Dipl.-Ing., 1966 Patentanw.-Prüf. in München.
K.: 1960-71 b. Siemens in Erlangen, 1971-74 f. Siemens in New York/USA, zuletzt Abt.-Bev., 1974-93 Siemens/KWU in d. Kernreaktor-Technik, Patentwesen/Vertragswesen, seit 1993 freiberufl. Patentanw. M.: VDI, Kerntechnische Ges. (KTG), Universitätsbund Erlangen-Nürnberg, CSU, Schützengemeinschaft Erlangen-Tennenlohe. H.: Schießen, Hobby-Komponist, Malerei.

Büchau Joachim *)

Buchbender Claus Dr. med. *)

Buchbender Helga Edith Dr. med. *)

Buchberger Dietmar Dr. med.
B.: Ltr. Bereich Wiss. FN.: Deutscher Generikaverband. DA.: 10179 Berlin, Littenstr. 10. PA.: 16761 Nieder-Neuendorf, Dorfstr. 64 A. G.: Graz, 13. Dez. 1957. V.: Susanne, geb. Schmiel. Ki.: Henry (1994), Anne (1998). S.: 1976 Abitur, 1977-83 Stud. Meteorologie FU Berlin, 1982-88 Med.-Stud. FU Berlin, 1983 Dipl.-Meteorologe, 1988 Med. Staatsexamen, 1992 Prom. z. Dr. med. K.: 1984-88 wiss. Mitarb. Inst. f. Meteorologie FU Berlin, 1988-91 Ass.-Arzt Innere Abt. Humboldt-KH, 1990-91 zusätzl. wiss. Mitarb. Inst. f. Physiologie FU Berlin, seit 1991 ct-Arzneimittel, seit 1998 Dt. Generikaverband. P.: Die Auswirkung d. Wetters auf d. Häufigkeit d. Rettungseinsätze d. Berliner Feuerwehr, Can true maximal 02-uptake be evaluated from measurement at submaximal exercise in the age group 12 to 17 years, Cold and ischemic heart disease, Wenn Luft u. Wetter krank machen (1994), Gesundheitshandbuch (1995), u.a. Vorträge. E.: Silb. Feuerwehr- u. Katastrophenschutz-EZ, 1985 10-jähr. Jubiläum. M.: Johanniter-Unfall-Hilfe, Marburger Bund, Dt. Metorologische Ges. H.: sammeln Schiffe, Eisenbahn, Reisen. (H.R.)

Buchberger Erhard Dipl.-Ing. *)

Buchberger Lorenz

B.: Gschf. FN.: Buchberger it-Technologie. DA.: 12099 Berlin, Komrurstr. 18. l.buchberger@buchberger-it.de. www. buchberger-it.de. G.: Groß-Ostheim, 6. März 1967. El.: Harry u. Diana, geb. Auge. S.: 1985 Abitur, 1985-89 Stud. Informatik TU Berlin, Vordipl. K.: 1989-92 selbst. EDV-Berater u. Softwareentwickler f. Clipper-Programme, 1992 Aufbau v. Netzwerken, 1989-2000 Herstellung v. Rechnern aus Standardkomponente, 2000 Grdg. d. Buchberger it-GmbH f. Vertrieb v. Compaq-Rechnern. H.: Workaholic.

Buchborn Eberhard Dr. med. Prof. *)

Buchecker Helga Dr. med. *)

Büchel Bernhard Dr. *)

Büchel Eberhard

B.: RA. DA.: 52078 Aachen, Freunder Landstr. 34. G.: Aachen, 14. Nov. 1950. V.: Adelgunde, geb. Haas. S.: 1970 Abitur, 1970-72 Bundeswehr - Lt. d. Res., 1972-79 Stud. Rechtswiss. Univ. Köln, 1979 1. Staatsexamen, Referendariat OLG Köln, tätig in LG Kreisverw. Aachen, 1981 2. Staatsexamen. K.: 1981-84 freier Mitarb. einer RA-Kzl. in Baesweiler, 1985 Eröff. d. Kzl. in Aachen m. Tätigkeitsschwerpunkt Familien- u. Verkehrsrecht. M.: Aachener StadtR., seit 1994 Vorst. d. Stadtteile Kornelimünster u. Walheim. K.: Kirchenmusik, Astronomie.

Büchel Karl Heinz Dr. Drs. h.c. Prof. *)

Büchel Pia *)

Bücheler Egon Dr. hab. Prof.
B.: Arzt, Radiologe, Dir. FN.: Radiologische Klinik Univ.-KH Eppendorf. DA.: 20246 Hamburg, Martinistr. 53. G.: Köln, 12. Okt. 1934. V.: Elke, geb. Otto. Ki.: Claudia, Jens. El.: Hubert u. Elisabeth, geb. Adolphs. S.: 1954 Abitur Siegburg, 1954-59 Med.-Stud. Univ. Bonn, Hamburg u. Zürich, 1960 Prom. z. Dr. med. K.: 1961-65 Radiolog. Ausbild. Univ.-Klinik Bonn, 1968 Habil., 1971 Prof. Univ. Bonn u. Hamburg, 1966-74 Univ.-Klinik Bonn, zuerst Ass.-Arzt, dann OA, parallel seit 1971 Lehrstuhl f. Radiologie Univ. Hamburg, 1974 Dir. Radiolog. Klinik Univ.-KH Eppendorf u. Lehrbeauftragter f. Radiologie. BL.: seit 1984 Organisator d. Kongresses "Interdisziplinäre Gespräche in d. Radiologie", Hrsg. d. Zeitschrift "Aktuelle Radiologie". P.: über 240 Publ. in intern. med. Fachzeitschriften, Mitautor u. Hrsg. v. Lehrbücher f. Med.-Studenten u. Ärzte u.a. "Einführung in d. radiolog. Diagnostik" (1959), "Ganzkörper-Computertomographie" (1981),

*) Biographie www.whoiswho-verlag.ch oder beigefügte CD-ROM

"Real-Time-Sonographie d. Körpers" (1983), "Radiolog. Diagnostik d. Verletzungen v. Knochen u. Gelenken" (1993). H.: mod. Malerei, Literatur. (K.H.)

Bücheler Joachim Dr. rer. nat.

B.: Gschf. Ges. FN.: Ponte Press Verlags-GmbH. DA.: 44892 Bochum, Stockumer Str. 148. G.: Stuttgart, 1. Apr. 1940. V.: Dr. Margarete, geb. Reich. Ki.: Thomas (1984). S.: 1960 Abitur, 1960-68 Stud. Med. Univ. Tübingen u. Freiburg, Chemie Univ. Dortmund, Dipl.-Chemiker. K.: 1964-70 wiss. Mitarb. für Forsch.-Gruppe Präventivmed. in Freiburg, 1971-77 wiss. Mitarb. d. Arb.-Gruppe für Hirnforsch. am Max-Planck-Inst. in Köln, 1979-80 wiss. Ass. am Inst. f. organ. Chemie d. Univ. Dortmund, 1980-84 Prom. Max-Planck-Inst. f. Strahlenchemie in München, 1985-90 wiss. Mitarb. am Krebsforsch.-Zentrum in Heidelberg, 1989 Mitgrdg. u. Gschf. d. wiss. Verlages Ponte Press in Heidelberg u. seit 1991 Bochum m. Zweitsitz in Bonn m. Schwerpunkt wiss. Bücher, Kongreßberichte, Zeitschriften im Bereich Med. BL.: 25 J. wiss. Krebsforsch. P.: zahlr. Art. z. Thema Krebsforsch. u. allg. Chemie in Fachzeitschriften. M.: Ges. Dt. Chemiker.

Büchelhofer Andreas Dr.
B.: Vorst.-Vors. FN.: Home Order Television AG. DA.: 85737 Ismaning, Münchener Str. 101h. G.: Wien, 11. März 1963. V.: Alexandra Grieble. Ki.: Jana (1999). El.: Norbert u. Erika. S.: Matura Maschinenbau HTL Wien, BWL-Stud. WU Wien, 1989 Spons., 1992 Prom. K.: Ass. am Inst. f. Absatzwirtschaft b. Prof. Scheuch an d. WU Wien, danach b. Prof. Karmasin, Gallup-Inst., tätig, 1993-95 Marketingltr. d. ORF-Werbung, ab 1995 Marketingltr. v. H. O. T. Home Order Television, seit 1996 Gschf., seit 1999 Vorst.-Vors. BL.: Aufbau d. ersten 24stündigen Shoppingsenders im dt.-sprachigen Raum. P.: Buchbeiträge u. Art. im Fachbereich Marketing. H.: Sport bes. Skifahren (Skilehrer), Snowboarden, Windsurfen, Tennis.

Büchelhofer Robert Dr.
B.: Vorst.-Mtgl. FN.: Volkswagen AG. DA.: 38436 Wolfsburg. G.: Hollern/Österr., 23. Juli 1942. Ki.: 3 Kinder. S.: 1961-66 Stud. an d. WU Wien, Abschluß Dipl.-Kfm. K.: 1967 im Management b. Ford Motor Company in Sbg., 1969 Wechsel zu British Leyland Austria KG, zuletzt als Vertriebsdir. tätig, 1977 Einstieg b. BMW, zunächst b. BMW Austria GmbH Sbg als Mtgl. d. Geschäftsführung, 1981 Vors. d. Geschäftsführung f. d. Grdg. d. Tochterges. BMW Motoren GmbH Steyr, 1985 in d. BMW-Zentrale München, b. 1986 Ltg. d. Beteiligungszentrale d. BMW AG, 1986 stellv. Vorst.-Mtgl. d. BMW AG, 1987 o.Vorst.-Mtgl., seit 1994 als Ges. d. TASA Intern. Unternehmensberatung tätig, seit 1995 Vorst.-Mtgl. d. Volkswagen AG, Geschäftsbereich Vertrieb u. Marketing.

Buchenau Walter *)

Buchenrieder Meinhard Dipl.-Ing. *)

Bucher Ewald Dr. *)

Bucher Gerhard
B.: 2. Bgm. d. Stadt Kaufbeuren, Amtmann b. Bayer. Staatsministerium f. Ernährung, Landwirtschaft u. Forsten, Landwirtschaftsamt Kaufbeuren. DA.: 87600 Kaufbeuren, Kaiser-Max-Str. 1. PA.: 87600 Kaufbeuren-Kemnat, Am Buch 3. G.: Baisweil, 1. Feb. 1945. V.: Afra, geb. Dempfle. Ki.: Gerhard (1967), Wolfgang (1970), Helmut (1972), Angela (1985). El.: Philipp u. Johanna. S.: 1959-62 Berufsschule, 1965-66 Ldw.-Schule. K.: 1968-71 Ang. d. Landeskuratoriums f. tierische Veredelung, ab 1972 Aufnahme in d. Mittleren Dienst, Bereich Tierzucht, 1980-82 Ausbild. f. gehobenen Dienst, bayer. Staatsministerium m. Abschlußprüf., dzt. Titel: Amtmann. M.: CSU, seit 1984 Stadtrat in Kaufbeuren, seit 1996 Amt d. 2. Bgm. d. Stadt Kaufbeuren, seit 1991 1. Vors. Spielvereinigung Kaufbeuren, 1987 Gründer d. Theaterver. Burgspiel Kemnat u. 1. Vors., Grdg.-Mtgl. d. Mundartkreises Ostallgäu. H.: Fußballspielen, Skifahren, Akkordeonspielen, Jugendaustausch m. Limoges/Frankreich.

Bucher Harro *)

Bucher Hermann

B.: Heilpraktiker. FN.: Naturheilpraxis. DA.: 77955 Ettenheim, C.-H.-Jäger-Str. 2. PA.: 77975 Ringsheim, Sonnhalde 14. G.: Tettnang, 28. Mai 1951. V.: Jutta, geb. Nikendei. Ki.: Patrick (1981), Rebecca (1985), Selina (1998). El.: Katharina Bucher. S.: 1970 Wirtschaftsabitur Friedrichshafen, 1970-72 Bundeswehr, Lt. d. Res., 1973-78 Volkswirtschaftsstud. Albert-Ludwig-Univ. Freiburg, 1978 Vw. Münsterstal-Staufen, 4 J. Heilpraktikerausbildung b. Herrn Wanninger. K.: 1980 Heilpraktikerprüfung b. Gesundheitsamt Freiburg, 1983 Gemeinschaftspraxis Brunn-Schulte Wissing, 1984 selbst. in Ettenheim. P.: Fachzeitschriften, 12 J. VHS Seminare. E.: Ausbildung im Erwachsenenalter v. Hedwig Rösch in Freiburg, Ergebnis einer jahrl. aufopfernden Pflege. M.: nat. Heilpraktikerverb., Karate Club 3 Dan, eigene Band Oldie Musik, Gitarre u. Gesang. H.: Sport, Musik, Lesen.

Bucher Klaus *)

Bucher Luzie Renata Remualda

B.: Masseurin, Psychotherapeutin (Krankengymnast) in eigener Praxis. DA.: 75053 Gondelsheim, Bruchsaler Str. 14. PA.: 75015 Bretten, Werkhausg. 3. G.: Gleiwitz/Oberschlesien, 25. Juni 1964. Ki.: David Lukas. El.: Raimund Bucher u. Edith, geb. Mrzyglod. S.: 1979-82 Hauswirtschaftlich Sozialpädagogische Berufsfachschule in Freiburg z. Erlangung d. FH-Reife, 1985 Ausbildung z. Masseurin u. med. Bademeisterin. K.: 1986-87 Praxisjahr, Anerkennungspraktikum z. staatlich geprüften u. anerkannte Masseurin u. Bademeisterin, 1991 Einweisung in Reiki, Heilbehandlung 1.Grad, 1992 2. Grad, 1993-94 Ausbildung z. AURI-Spezialistin, chinesische Heilkunst, 1987-2000 beschäftigt b. d. Rechbergklinik in Bretten

*) Biographie www.whoiswho-verlag.ch oder beigefügte CD-ROM

(früheres Kreis-KH), 2000-2001 Ausbildung z. Physiotherapeutin, Abschluss durch Staatsexamen z. staatlich geprüften u. anerkannten Physiotherapeutin, seit 2000 eigene Praxis f. physikalische Therapie in Gondelsheim, 2001 Fortbildungskurs f. manuelle Lymphdrainage u. physikalische Oedemtherapie, 2001 sanfte Chiropraktik m. Atemutilisation nach Mutzhas (SCAM). H.: Tanzen, Lesen.

Bucher Ursel Dr. med. *)

Bücher Martin Dir.
B.: Betriebswirt, Ltr. d. Filialdirektion Süd-West, Direktor. FN.: Bankgesellschaft Berlin AG, Berliner Bank. DA.: 10715 Berlin, Uhlandstr. 97. PA.: 10115 Berlin, Elisabethkirchstr. 17- martin.buecher@berliner-bank.de. G.: Neuss, 11. Mai 1964. V.: Kirsten, geb. Diehl. El.: Dipl.-Ing. Fritz Johannes u. Margot, geb. Küpper. BV.: Paul Bücher bekannter niederrhein. Maler in Düsseldorf - Stadtmuseum Hilden - Schwester Eva Bücher, Malerin, Grafikerin u. Bildhauerin. S.: 1984 Abitur Neuss, 1984-86 Banklehre b. d. Dresdner Bank in Düsseldorf, 1987-88 Bundeswehr Wuppertal, 1988-92 Stud. Bankbetriebswirt an d. Bankak. Düsseldorf u. Wuppertal. K.: 1986 Betriebsreserve b. d. Dresdner Bank, 1988-89 Ltr. Kreditabteilung Dresdner Bank in Benrath, 1990 Baufinanzierung Dresdner Bank Düsseldorf, 1991 stellv. Filialltr. Dresdner Bank Merseburg, 1992 Begutachter Großkredite Dresdner Bank Düsseldorf, 1993-94 Ltr. Dresdner Bank, Filiale Zeitz, 1995 Bereichsltr. Privatkundenbetreuung Dresdner Bank Halle, 1996 Ndlg.-Ltr. u. Vollidr. Geschäftsbereich Privat- u. Immobilienkunden Berliner Bank Leipzig, 1997 Ndlg.-Ltr. Ost, zuständig f. d. neuen Bdl. Sachsen, Sachsen-Anhalt, Thüringen Privat- u. Firmenkunden, seit 1999 Ltr. d. Filialdirektion Private Vermögensanlagen d. Niederlassung Berliner Bank d. Bankges. Berlin AG, Berlin/Brandenburg Süd/West, seit 2001 ebenfalls Direktor f. d. Private Banking d. Bank in Berlin. P.: Publ. in d. Presse. E.: Ehrenmed. d. Bundeswehr. M.: Präs. Lions "Leipziger Ring" 1998, Zonen Chairman Leipzig/Leipzig Land 1999, Charge de Presse der Chaine des Rotisseurs Baillage Sachsen, 2. Vorst.-Mtgl. im Mtgl.-Ver. "Zeitzer Kindedorf", Charge des Mission du Chain des Rotisseurs Baillage Sachsen. H.: Beruf, Lesen, Squash, Natur, Kunst, Reisen (Italien), gute Küche u. gute Weine.

Bücherl Siegfried Dr. med. dent.

B.: Zahnarzt m. eigener Praxis u. Dentallabor. DA.: 92526 Oberviechtach, Nunzenriederstr. 15. PA.: 92526 Oberviechtach, Dreifaltigkeit 10. G.: Regensburg, 12. Apr. 1951. V.: Hildegard, geb. Hartmann. Ki.: Katharina (1983) und Verena (1988). S.: 1971 Abitur in Metten b. Deggendorf, 1971-73 Ltg. d. Erweiterungsbaues d. väterl. Praxis, 1973-78 Stud. Zahnmedizin an d. Friedrich-Alexander-Universität in Erlangen, 1978 Staatsexamen u. Prom. K.: 1978-80 Bundeswehr, Ltr. v. 5 Zahnstationen in Luttmersen, Roding, Regen, Pfreimd u. Oberviechtach, 1980 Ausbildung in Praxis f. Kieferchirurgie, 1981 Einstieg in d. väterl. Gemeinschaftspraxis, Fortbildung in Chirurgie, Kieferorthopädie, Homöopathie, Elektroakupunktur, Kinesiologie, seit 12 J. amalgamfreie Praxis, Behandlung nach ganzheitlichen Gesichtspunkten u. speziell nach Mondphasen. P.: regelmässige Veröff. in zahnmedizinischen Fachzeitschriften, Fernsehsendung im BR 3 über d. Mondphasenbehandlung (1997). M.: seit 1982 aktiv in d.

Standespolitik, Bezirksgruppen-Vorsitzender v. Freien Verband dt. Zahnärzte, 2. Stellv. d. Landesvorsitzenden v. Bayern, Vorst.-Mtgl. b. zahnärztlichen Bezirksverband d. Oberpfalz, ferner Delegierter d. KZBV u. BLZK, seit 1993 Vorst.-Mtgl. in d. Kassenzahnärztlichen Vereinigung Bayerns u. Referent d. Wirtschaftlichkeitsprüfung. H.: Jagen im eigenen Revier, Jagdhorn blasen, Pflanzenaufzucht f. d. eigenen Garten, Skifahren.

Bücherl Wolfram Dr. med. dent. *)

Buchert Frank R. *)

Buchert Inge *)

Buchert Jens

B.: Dipl. Industrial Designer. FN.: Designer Buchert. DA.: 30455 Hannover, Salzhemmendorfer Str. 11. G.: Leverkusen, 20. März 1958. V.: verh. Ki.: 2 Kinder. S.: 1977 Allg. HS.-Reife, 1978-79 Stud. Elektrotechnik TU Braunschweig, 1979-85 Stud. Industrial Design HBK Braunschweig,1985 Dipl. K.: 1984 Designbüro Firma oCo design, Münster, seit 1985 freiberufl. Tätigkeit als Produktdesigner: Design v. elektrotechnischen Artikeln und Konsumgütern, Entwicklung v. Gebrauchsmustern, Modellbau; stellv. Schulelternratsvors. P.: Eintragung Gebrauchsmuster 1998, IF Jahrbuch für Industriedesign 2000. E.: Dipl. 1985, Ausz. Industrie Forum Design Hannover: Product Design Award 2000.

Buchhammer Victor Dipl.-Ing.

B.: Gschf. FN.: Alwa Import u. Export GmbH. DA.: 75180 Pforzheim, Ludwigspl. 20. alwa-export@gmx.de. G.: Kasachstan, 3. März 1953. V.: Katharina, geb. Wiesner. Ki.: Friedrich (1975), Victor (1976), Alexander (1983), Christian-Jacob (1999). El.: Friedrich u. Irene. S.: 1968-72 Lehre als Baumaschinenmechaniker, 2 J. Wehrdienst, Ausbilder f. Baumaschinen. K.: 1974-76 Arb. m. Bagger u. Kran, 1976-80 Ltr. einer Reparaturwerkstatt f. Baumaschinen, 1976-81 Ausbild. z. Baumaschinening. an d. HS, 1981-83 Werkstattltr. Ldw.-Maschinen, 1983-90 Ing. b. Ldw.-Betrieben, 1990 Umzug nach Russland, Ndlg.-Ltr. einer dt. Firma, 1994 Umsiedlung nach Deutschland u. Grdg. einer eigenen Firma, Alwa Im- u. Export in Pforzheim. BL.: 1981 Dipl. m. Ausz. als Baumaschinening., Dipl. in Deutschland anerkannt.

Buchheim Karin *)

Buchheim Lothar-Günther Dr. h.c. Prof.
B.: Schriftsteller, Maler, Verleger, Fotograf. PA.: 82340 Feldafing, Biersackstr. 23. www.buchheimmuseum.de. G.: Weimar, 6. Feb. 1918. V.: Diethild, geb. Wickboldt. Ki.: 2 Kinder. K.: s. 2001 Ltr. Buchheimmuseum. P.: Bücher: "Tage u. Nächte steigen a. d. Strom" (1941, Neuaufl. 1979 u. 1987),

*) Biographie www.whoiswho-verlag.ch oder beigefügte CD-ROM

Buchheim

"Jäger im Weltmeer" (1943), Standartwerke über d. dt. Expressionismus: "D. Künstlergemeinsch. Brücke" (1956), "D. Blaue Reiter u. d. Neue Künstlervereinig. München" (1959), "Graphik d. dt. Expressionismus" (1959), etc., "D. Boot" (1973), "U-Boot-Krieg" (1976), "Staatsgala" (1977), "Mein Paris, e. Stadt vor dreißig Jahren", (1977), "D. Tropen v. Feldafing" (1978), "D. Luxusliner" (1980), "U 96 - Szenen a. d. Seekrieg" (1981), "D. Segelschiff" (1982), "D. U-Boot-Fahrer" (1985), "D. Museum i. d. Wolken" (1986), "Zu Tode gesiegt - vom Untergang d. U-Boote", (1985), Malerbuch (1988), "Die Festung" (1995), Neuauflage "Jäger im Weltmeer" (1997), Filme: "D. Boot" (1981), "Selbstbeschreibung" (1978), "Konvoi ins Kattegatt" (1981), "D. Segelschiff" (1981), "Buchheims bunte Sammlerwelt" (1985), "Der Abschied" (2000). E.: 1983 BVK, 1985 Ehrendr. d. Univ. Duisburg, 1986 Gr. BVK, 1988 Bayer. VO, 1992 Ehrenbürger von Chemnitz, 1993 Ernst-Hoferichter-Preis, München, 1996 Gr. VK mit Stern des VO d. Bundesrep. Deutschland, 1998 Bayer. Maxiliansorden.

Buchheim Peter *)

Buchheim Stephan *)

Buchheit Alexander *)

Buchholtz Stefan Dr. med. dent. *)

Buchholz Andreas

B.: selbst. Rechtsanwalt. FN.: Kzl. Menge, Vockenberg, Noack & Partner. DA.: 37075 Göttingen, Robert-Koch-Str. 2. G.: Braunschweig, 13. Juni 1960. V.: Christina Prasuhn-Buchholz. El.: Horst u. Erika. S.: 1980 Abitur Celle, 1980-82 Bundeswehr, 1982-88 Stud. Rechtswiss. Freiburg u. Göttingen, 1988-91 Referendarzeit, 1988 1. u. 1991 2. Examen. K.: 1991-93 ang. RA, 1993 Richter in Göttingen u. Duderstadt, seit 1994 selbst. RA. P.: Art. in Fachzeitschriften. M.: s. 1993 CDU, Kreisparteigericht, Dt.-Vietnames. Komitee, Mittelstandsver, Landesparteigericht. H.: Fotografie, Reisen, Beruf.

Buchholz Andreas Dipl.-Ing.

B.: Geschäftsführer. FN.: Buchholz / Wördemann Consulting GmbH & Co. KG. DA.: 61348 Bad Homburg, Ferdinandstr. 18. G.: Köln, 17. Feb. 1963. S.: 1982 Abitur, 1982-83 Bundeswehr, 1983-88 Stud. Maschinenbau TH Aachen m. Abschluß Dipl.-Ing. K.: 1989-94 Produktmanager der Firma Procter & Gamble, 1994 Grdg. d. Firma buchholz/wördemann advertising m. Welt u. daraus Modellentwicklung m. Marktstrategien, 1999 Merger mit White Lion International AG. BL.: Patent f. "B/W Modell". P.: "Was Siegermarken anders machen" (1998), "Der Wachstumscode für Siegermacher" (2000). H.: Kulturreisen, Tauchen, Wassersport, Skifahren.

Buchholz Axel

B.: Chefredakteur, stellv. Hörfunkdir. FN.: Saarländ. Rundfunk. DA.: 66100 Saarbrücken, Funkhaus Halberg. G.: Berlin, 10. Sep. 1939. V.: Rita, geb. Schahn. El.: Walter u. Hilda. S.: 1958 Abitur Berlin, b. 1962 Stud. Rechtswiss. FU Berlin u. Univ. d. Saarlandes. P.: Mithrsg. u. Co-Autor "Radio-Journalismus", Mithrs. u. Co-Autor "Fernseh-Journalismus", div. Taschenbücher zu Medien, Politik, Gesundheit. M.: Dt. Journalistenverb. H.: Sportabz., Radwandern, Bergwandern.

Buchholz Detlef Ing. *)

Buchholz Dietmar Dipl.-Ing.

B.: Oberbürgermeister d. Stadt Löbau. FN.: Stadtverwaltung Löbau. DA.: 02708 Löbau, Altmarkt 1. PA.: 02708 Lawalde, Weberg. 6. G.: Ebersbach, 14. Sep. 1954. V.: Ramona. Ki.: Bianca (1981), Marcel (1988). S.: 1971-73 Lehre als Klempner/Installateur in Zittau, 1973-75 Grundwehrdienst bei der NVA in Kleinmachnow. K.: 1975-77 Klempner/Installateur b. Robur in Zittau u. b. Lautex in Schönbach, 1977-81 Klempner/Installateur b. Lautex, 1981 -86 Fernstud. an d. Ingenieurschule f. Maschinenbau in Bautzen, Abschluss: Ing. f. allg. Maschinenbau, 1987-90 Gruppenleiter Instandhaltung b. Lautex in Neusalza-Spremberg, 1991-94 techn. Ltr. b. d. ABS Spreequelle, 1994 Anerkennung seines Ingenieurabschlusses z. Dipl.-Ing. durch d. Kultusministerium, 1994 Wahl z. Bgm. d. Gem. Lawalde u. b. 2001 Bgm. in Lawalde, ab 2001 Oberbürgermeister in Löbau. M.: Vors. d. Fremdenverkehrsvereines Lawalde, Kleintierzüchterverein Lawalde, Vorst.-Mtgl. im Tourismusverband Oberlausitz.

Buchholz Edwin H. Dr. rer. pol. Prof.

B.: HS-Lehrer. FN.: Ruhr-Univ. Bochum. PA.: 53424 Remagen, Waldburgstr. 47. G.: Neu-Tarutino, 20. Jan. 1930. V.: Wilma, geb. Niederreiter. Ki.: Udo Thorsten, Urs Holger. El.: Albert u. Klara. S.: 1950 Abitur, Stud., 1952 I. Dienstprüf., 1958 Dipl.Vw., 1963 Prom. K.: 1968 Habil., 1971-77 wiss. Berater d. Vorst. d. Zahnärztekam. u. Kassenzahnärztl. Ver. in Nordrhein, 1977-84 Dir. d. BVerb. d. Ortskrankenkassen, 1972 apl. Prof. Univ. Tübingen, 1975 Umhabil., 1985 vorzeitiger Ruhestand, 1986/87 Ordinarius Univ. Witten-Herdecke, 1988/89 Fellow Prof. Univ. Stanford/USA, 1995 Gastvorl. Lommonosov Univ. Moskau, 1992-99 Experte f. internat. Org. zur Reform d. Sozial- u. Gesundheitswesen in Staaten Osteuropas, Zentralasiens u. Afrikas. P.: zahlr. Veröff. M.: Ver. f. Socialpolitik, Dt. HS-Verb. H.: Sammeln v. Weihnachtskrippen f. die jetzt schon größte Krippensammlung d. Welt.

Buchholz Erich Dr. jur. habil. Dr. sc. jur. Prof.

B.: Wissenschaftler u. RA. DA.: 12435 Berlin, Am Treptower Park 44. G.: Berlin, 8. Feb. 1927. V.: Dr. Irmgard, geb. Thomas. Ki.: Wolfgang (1955), Rainer (1956), Sabine (1960). S.: FLAK-Helfer, Reichsarb.-Dienst, Soldat, 1945 Reifevermerk, 1945 Abitur, 1946-68 tätig bei Rechtsbeistand u. Dienstanwärter Finanzamt Alexander, 1948-52 Stud. Rechtswiss. Humboldt-Univ. Berlin, 1952 1. jur. Examen. K.: 1952 Ass. am Inst. f. Strafrecht an d. Humboldt-Univ. Berlin, 1953 Aspirantur, 1956 Diss., 1957 Doz., 1963 Habil., seit 1965 Vertreter d. DDR bei versch. UNO-Kongressen, 1966-68 Dekan, 1971 Dr. sc. jur., 1972-90 Ltr. d. Strafrechts an d. Humboldt-Univ. Berlin, 1973-90 Vors. d. wiss. BeiR. b. Min. f. HS- u. Fach-

*) Biographie www.whoiswho-verlag.ch oder beigefügte CD-ROM

schulwesen f. Rechtswiss., 1976-80 Dekan, 1990 v. DDR-Min. f. HS-Wesen Zusage f. d. Emeritierung, 1990 Zulassung z. RA m. Tätigkeitsschwerpunkt Prozesse z. Rechtsbeugung, Verteidigung v. DDR-Politikern u. DDR-Grenzsoldaten, ab 1996 RA f. Menschenrechtsbeschwerden b. Europ. GH in Straßburg. BL.: maßgebl. beteiligt an Rückfallproblematik in d. letzten DDR-Strafrechtsnovelle. P.: versch. Publ. im Ausland in Ost u. West, Buch "Sozialist. Kriminologie" (1974), ca. 100 Aufsätze. M.: 1970-90 Association de Droit Pénal u. d. Societé Intern. de Defense Sociale, Vereinig. Demokrat. Juristen d. DDR u. nach d. Vereining. d. Dt. Einheit, seit 1991 Vereinig. Berliner Strafverteidiger. H.: Wassersport, Motorboot fahren, klass. Musik.

Buchholz Frank
B.: Koch, selbständig. FN.: Frank Buchholz foodconcept. DA.: 55053 Mainz, Postfach 23 01 43. Frank@frank-buchholz.de. www.frank-buchholz.de. G.: Dortmund, 21. Apr. 1967. S.: Lehre Koch Restaurant Goldschmieding Castrop Rauxel. K.: Koch im Restaurant Rino Casati in Köln u. im Restaurant Robert Späth in Chesaring-Gstaad/CH, Koch in d. Käfer-Stuben in München, Landhaus Scherrer in Hamburg, Restaurant Tantris in München, Restaurant Marquesi in Mailand, Restaurant Tristan in Palma de Mallorca, Souchef im Grand Hotel Esplanade in Berlin, Maitre de Cuisine in Landhaus zu d. Roten Forellen in Ilsenburg, Maitre des Cuisine Restaurant Bückenkeller in Frankfurt am Main, Doz. f. Essen u. Kunst an d. Schiller-Schule in Frankfurt/Main, dzt. Inh. u. Gschf. v. Frank Buchholz foodconcept u. Gschf. d. Gusto-Meisterschule in Unna. P.: Autor v.: "Goethes erotische Liebesspeisen", "Mit Frank Buchholz kochen", "Herzblatt. Das Kochbuch", "Die jungen Wilden kochen", "Soup-Cult". (Re)

Buchholz Franziska Dipl.-Ing. *)

Buchholz Fred *)

Buchholz Gerhard *)

Buchholz Gerlinde Dipl.-Soziologin *)

Buchholz Hanns J. Dr. Prof. *)

Buchholz Hans-Günter Dr. phil. Dr. habil. Drs. h.c.
B.: em. o.Univ.-Prof. PA.: 35428 Langgöns, Espenstr. 10. G.: Fürstenwalde, 24. Dez. 1919. V.: Maria, geb. Mohr. Ki.: Renate, Wolfram, Gabriele, Stephan, Esther-Maria, Cornelia. El.: Paul u. Anna. S.: 1938 Abitur, Stud. in Amerika, Univ. Kiel u. Münster. 1949 Prom., 1. u. 2. Staatsexamen. K.: Habil., WissOR. am Dt. Archäolog. Inst. Berlin, Priv.Doz. Freie Univ. Berlin, Prof. Univ. Saarbrücken, o.Prof. u. Dir. d. Archäolog. Inst. d. Univ. Gießen, 1971 Gastprof. Univ. München. BL.: Archäol. Ausgrabungen in Zypern. P.: 290 Veröff. E.: Das Deutsche Kreuz in Gold, Phönixorden/Griechenl., Dr. h.c Athen, Dr. h.c. Johannina, Festschr. f. H.-G.B. zum 80 Geburtstag, hrsg. v. P. Aström u. D. Sürenhagen (2000). M.: Ehrenmtgl. d. Archäolog. Ges. zu Athen, o.Mtgl. d. Dt. Archäolog. Inst., Vors. d. Dt. Orientges. (1986-89), Society for the Promotion of Hellenic Studies, Inst. f. Advanced Studies/Princeton, N.J., o.Mtgl. d. Akad. d. Wiss. Göteborg u. Stockholm, Beirat d. Schliemann-Ges., Mtgl. d. Österr. Archäol. Inst.

Buchholz Hermann Dipl.-Kfm.
B.: selbst. RA u. Steuerberater. DA.: 22765 Hamburg, Friedensallee 48. PA.: 20255 Hamburg, Ottersbekallee 3. G.: Hamburg, 21. Aug. 1945. Ki.: Nele (1978), Marte (1980). El.: Theodor u. Magdalene. S.: 1966-69 Kfm. Lehre in Hamburg, 1966-68 Wehrdienst, 1969-73 Stud. Rechtswiss. u. BWL in Hamburg. K.: 1974-76 Referendar, 1976-79 Gschf. Bund d. Steuerzahler Hamburg, s. 1977 selbst. RA, s. 1980 selbst.

Steuerberater, s. 1985 vereid. Buchprüfer. F.: Form Data Steuerberatungsges. mbH Hamburg; Form Lex GmbH Steuerberatung Parchim. M.: Vorst. Bund d. Steuerzahler Hamburg e.V. H.: Literatur, Schach. (S.F.)

Buchholz Horst

B.: Schauspieler. FN.: c/o Agentur Nicolai. DA.: 12161 Berlin, Goßlerstr. 2. G.: Berlin, 4. Dez. 1933. V.: Myriam Bru (Schausp.). Ki.: Christopher (Schauspieler), Beatrice. S.: Ausbild. b. Marlise Ludwig. K.: 1948 Erste Bühnenrolle in Erich Kästners "Emil und die Detektive", ab 1950 erste Theaterengagements in Berlin u.a. am Tribüne-Theater, am Schiller Theater und am Schloßpar-Theater, 1952 Erste Filmrolle als Statist in "Die Spur führt nach Berlin", Auszug a. d. Filmographie: 1955 Marianne de ma jeunesse / Marianne, Regine, Himmel ohne Sterne, 1956 Die Halbstarken, 1957 Herrscher ohne Krone, Die Bekenntnisse d. Hochstaplers Felix Krull, Monptit, Robinson soll nicht sterben, Endstation Liebe, 1958 Auferstehung, Nasser Asphalt, Tiger Bay, 1959 Totenschiff, 1960 Fanny, Die glorreichen Sieben, 1961 Eins, zwei, drei, 1963 Neun Stunden zur Ewigkeit, Nackte, 1963 Im Reich d. Kublei-Khan, 1966 Jonny Banco - Geliebter Taugenichts, 1968 Astragal, 1970 Astragal, 1972 Callboy, 1973 Great Waltz, aber Johnny!, 1975 Frauenstation, 1976 Serie Derrick (a. i. d. folg. Jahren), 1977 Raid on Entebbe, 1978 Avalanche Express, Nur drei kamen durch, Abenteuer in Atlantis, 1979 Victor Charlie ruft Lima Sierra, 1982 Aphrodite, 1983 Alte Liebe hat ihren Preis, Wenn ich mich fürchte, 1984 Emerald, 1986 Crossings, Fräulein von damals, 1988 Und die Geigen verstummen, 1990 Bei Berührung Lebensgefahr, 1991 Iron Eagle III, 1992 Sylter Geschichte - Comeback in Kampen, 1993 In weiter Ferne, so nah, 1995 Clan d. Anna Voss, 1996 Feuervogel, Geisterstunde - Fahrstuhl ins Jenseits, 1997 Kleine Unterschiede, 1998 Vita e bella, Dunckel, Mulan, Schrekkensfahrt d. Orion Star, 2000 Heller als d. Mond. E.: 1956 Bundesfilmpreis (f. Soldat Mischa in: Himmel ohne Sterne) u. Preis Jg. Generation d. Stadt Berlin, 1957 u. 1958 Bambi-Preis, 1984 Bundesfilmpreis. H.: Malen, Golf. Sprachen: Englisch, Französisch, Spanisch, Italienisch, Russisch.

Buchholz Horst

B.: Wirtschaftsjournalist, Bankdir. i.R. PA.: 14193 Berlin, Gneiststr. 8. G.: Berlin, 19. Feb. 1925. V.: Hannelore, geb. Dammasch. Ki.: 2 Kinder. S.: 1942 Abitur, 3 Jahre Kriegsmarine, zuletzt U-Bootfahrer. K.: 1946-50 "Nachrichten f. Außenhdl." als Volontär, Redakteur, 1951-61 "Berliner Wirtschaft" Wirtschaftsjournalist und stellv. Chefredakteur sowie Korrespondent d. Stuttgarter Zeitung, 1961-92 Berliner Bank in einer Reihe ltd. Funktionen zuletzt als Gen.-Bev. u. Mtgl. d. erweiterten Vorst., 1987-90 Vorst.-Vors. d. Allg. Privatkunden Bank AG Hannover, 1992-97 Berater d. Vorst. d. Berliner Bankges. AG. BL.: Doz. an d. Bankak., Präs. d. Marketing Clubs Berlin, Mtgl. in einer Reihe v. Aussch. d. Bundesverb.

---

*) Biographie www.whoiswho-verlag.ch oder beigefügte CD-ROM

Dt. Banken, Vors. d. AufsR. d. Bohr-, Brunnenbau u. Wasserversorgungs AG. P.: zahlr. Leitart. u. Kommentare z. Wirtschafts- u. Währungspolitik.

Buchholz Jörg Dr. iur.

B.: Notar. FN.: Notare Dr. Buchholz u. Hüren. GT.: Delegierter d. Union d. lat. Notariats in d. Kmsn. d. europ. Angelegenheiten. DA.: 47441 Moers, Haagstr. 4. G.: Konstanz, 11. Jan. 1959. V.: Margit, geb. Schweig. Ki.: Linda (1985), Sarah (1988). El.: Dr. Erich u. Gisela. S.: 1977 Abitur, Jurastud. im Saarland. K.: 1983 Rechtsreferendar OLG Zweibrücken u. wiss. Ass., 1986 wiss. Mitarb. am Centre d'Etudes Juridiques Francaises, 1989 Prom., Notariatsanw., 1993 Notar in Moers. M.: Lions Club. H.: Tennis, Fotografie. Sprachen: Französisch, Englisch, Niederländisch.

Buchholz Josef *)

Buchholz Klaus Dr. med. *)

Buchholz Klaus *)

Buchholz Leonhardt Dr. med. MedR.
B.: Chefarzt d. Chir., ltd. Chefarzt. FN.: Kreis-KH Schleiz. DA.: 07907 Schleiz, Berthold-Schmidt-Str. 7-9. PA.: 07907 Schleiz, Stolpenstr. 10. G.: Tiefenbach, 19. Nov. 1940. V.: Helge, geb. Bornkessel. Ki.: Ines (1964), Erike (1968). El.: Hermann u. Martha. S.: 1959 Abitur, 1959-66 Stud. Humanmed. FSU Jena. K.: 1966-71 FA-Ausbild. Chir. Univ.-Klinik Jena, 1970 Prom., 1972-84 OA Kreis-KH Bernburg, 1979-82 Unfallchir. Halle, ab 1984 Chefarzt Kreis-KH Schleiz. M.: Dt. Ges. f. Chir., Dt. Ges. f. Unfallchir. H.: Musik, Wandern.

Buchholz Manfred Dr. rer. nat. *)

Buchholz Martin
B.: Journalist, Schriftsteller, Kabarettist. DA.: 12203 Berlin, Moltkestr. 50. G.: Berlin, 12. Mai 1942. V.: Harriet, geb. Eder. Ki.: Boris, Sven. El.: Martin u. Edith. S.: 1961 Abitur K.: 1961-63 Volontariat b. Abend, Redakteur, Reporter für Spiegel, Stern, Heute, Mithg. d. Berliner Extra-Dienst, Feuilleton-Chef Die Neue, Wortchef bei Pardon, Wissenschaftsressort-Leiter bei Konkret, seit 1983 Kabarettist mit Solo Progr. b.d. Berliner Wühlmäusen. P.: Drehbuch f. Die Faust in der Tasche m. Manfred Krug, Bücher: Die Deutsche Verfassung, Wir sind was volkt. H.: Beruf (B.K.)

Buchholz Matthias
B.: Küchenchef. FN.: Restaurant first floor im Hotel Palace Berlin. DA.: 10787 Berlin, Budapesterstr. 45. G.: Remagen, 19. Mai 1967. El.: Eduard u. Renate Kirsch, geb. Schmidt. S.: 1983 Mittlere Reife, 1983-86 Kochlehre im Restaurant "Schießhaus" Hanau. K.: 1986-88 Koch im "Restaurant an d. Rehwiese" Berlin, 1989-90 Schuh's Restaurant im Schweizer Hof Hannover, 1990-92 Wilhelm Brückenkeller Frankfurt, 1993-95 Sous-Chef im "Schießhaus" Hanau, 1995-96 Logenhaus Berlin, seit 1996 Restaurant first floor, zunächst Sous-Chef u. ab 1999 Küchenchef. BL.: Sternekoch - Aufnahme in d. Garde d. Sterneköche. P.: Coautor "Die 100 besten Köche Deutschlands" u. "Die Deutschen Sterneköche", Kochbuch (Co-Autor) Magie der Küche von Jan Bartelsmann. E.: Koch d. Jahres 2000. H.: Sammeln histor. u. neuer Kochbücher, Basteln m. gastronom. Utensilien.

Buchholz Michael *)

Buchholz Reinhard
B.: Botschafter. FN.: Botschaft der Bundesrepublik Deutschland in Guinea. DA.: Conakry/Rep. du Guinee, 2c Boulevard, Kaloum. diplogerma@biasy-net. www.amb-allemagne-gn. G.: Aalen/Baden Württemberg, 1947. V.: Sibylle Knapp. Ki.: 3 Söhne. S.: 1966 Abitur, 1967-69 Bundeswehr, 1969-74 Stud. Sozialwiss. in Nürnberg, Nantes u. Paris, Abschluss Dipl.-Sozialwirt. K.: 1974-77 Forscher am Inst. f. Ethno-Soziologie d. Univ. Abidjan an d. Elfenbeinküste, 1977 Eintritt in d. Auswärtige Amt, 1979-80 Ltr. d. Aussiedlungsgruppe in Rechtsabteilung d. Auswärtigen Amtes, 1980-83 Kulturreferent u. später Pressereferent d. Botschaft Jakarta, 1983-85 stellv. Ltr. d. Wirtschaftsabteilung d. Botschaft Belgrad, 1985-88 Ungarn- u. CSSR-Referent in d. Politischen Abt. d. Auswärtigen Amt, 1988-91 stellv. Ltr. d. Wirtschaftsabteilung d. Botschaft Paris, 1991-94 stellv. Ltr. d. Referats f. verteidigungspolitische Fragen d. europäischen Einigung in d. Politischen Abt. d. Auswärtigen Amtes, 1994-97 Botschafter in d. Zentralafrikanischen Republik Bangui, 1997 designierter Botschafter in d. Republik Kongo, d. Amt wegen durch Bürgerkrieg bedingter Schließung d. Botschaft nicht angetreten, 1997 Vertreter d. Botschafters u. Ltr. d. Wirtschaftsabteilung d. Botschaft Seoul, seit 2001 Botschafter in d. Republik Guinea in Conakry. H.: Geschichte, Tennis, Motorflug.

Buchholz Walter Peter *)

Buchholz Wolfgang *)

Buchholz Wolfgang Dr. jur. *)

Buchholz Wolfgang Karl Dr. med. *)

Buchholz-Özkan Sylvia

B.: RA, Inh. FN.: Sozietät Sylvia Buchholz-Özkan & Birgit Tänzler-Kolbe. DA.: 44787 Bochum, Viktoriastr. 39. mail @bochumer-anwaeltinnen.de. www.bochumer-anwaeltinnen.de G.: Bochum, 31. Jän. 1956. V.: Mathar Özkan. Kl.: Bora (1982), Filiz (1983). S.: 1974 Abitur, 1974-81 Stud. Jura, 1981 1. Staatsexamen, Referendariat, 1984 2. Staatsexamen, 1985 Zulassung z. RA. K.: 1985 Aufbau d. eigenen Kzl., seit 1986 in Sozietät m. Frau Tänzler-Kolbe. M.: ZC Zonta Club Bochum. 1. Vors. d. Organ. berufstätiger Frauen, TABO, Anw.-Ver. Bochum. H.: Lesen, Reisen.

Buchhorn Bernd
B.: RA in eigener Kzl. DA.: 26122 Oldenburg, Schloßplatz 24. G.: Oldenburg, 20. Juli 1960. V.: Doris, geb. Rose. Ki.: 2 Kinder. S.: 1982 Abitur in Oldenburg, 1982 Stud. Rechtswiss. Univ. Heidelberg u. Münster, 1991 1. Staatsexamen, Referendariat OLG Oldenburg, 1995 2. Staatsexamen. K.: 1995 freier Mitarbeiter in einer Anwaltskanzlei in Oldenburg, seit 1996 RA in eigener Kzl. in Oldenburg, Tätigkeitsschwerpunkt Privates Baurecht u. Arbeitsrecht.

---

*) Biographie www.whoiswho-verlag.ch oder beigefügte CD-ROM

Büchin Frank Dipl.-Kfm. *)

Buchkremer Hansjosef Dr. phil. o.Prof. *)

Büchl Stephan Dr. med. *)

Buchler Johann Walter Dr. rer. nat. *)

Büchler Hans-Joachim Dr. h.c. Univ.-Prof. *)

Büchler Ilona *)

Büchler Klaus Jürgen *)

Büchler Markus August Dipl.-Musiker Dipl.-Psych.
B.: Psychotherapeut, Mitinh. FN.: denkmalklinik d. algamedGmbH Ludwigsburg. DA.: 88131 Lindau i. Bodensee, Zitroneng. 10-12. G.: Schwäbisch-Gmünd, 28. Aug. 1948. Ki.: 4 Kinder. BV.: Familie d. "Teutschen Modisten" u. Mikropraphen Pichler im 17. Jhdt. in Linz/A. S.: Stud. Schlagzeug Musik-HS Stuttgart m. künstl.-akadem. Solisten-Diplom, Komposition bei J. A. Riedl, umfangreiche Konzerttätigkeit, Instrumentalmethodik-Lehrauftrag Musik-HS Trossingen u. glz. Stud. Psychol. Tübingen. K.: 1984 Ltr. d. Erziehungsberatungsstelle im Lkr. Ravensburg, Lehrauftrag an d. FH f. Sozialarb. in Weingarten, 1986 Ndlg. Verhaltenstherapeut in Ravensburg, seit 1990 Supervisor d. kassenärztl. Bundesvereinigung, seit 1992 tätig in Gemeinschaftspraxis m. Prof. Dr. Alfred Plewa, 1999 Aufbau einer privaten Kleinst-Klinik für 'zieloffen-multimodulare Wochenende-Marathon Gruppen-Verhaltenstherapie' auf d. Bodensee-Insel Lindau. P.: Veröff. z. Thema "Musik u. ihre Psychologien", Aufsätze in Zeitschriften u. als Bücher.

Buchmann Antonia
B.: Zahnärztin in eigener Praxis. DA.: 30823 Garbsen/Havelse, Otto-Erhardt-Str. 21. G.: Hamburg, 13. März 1965. V.: Michael Ispan (Zahnarzt). Ki.: Cara Isabelle (1998), Alessia Manon (2001). El.: Dipl.Ing. Joachim Buchmann u. Renate, geb. Wenzel. S.: 1984 Abitur, 1984 Stud. Anglistik, Germanistik, Linguistik u. amerikan. Literatur Univ. Hamburg, 1986 Stud. Zahnmed., 1993 Examen. K.: 1994 Ausbildungsassistenz in Lohnde, Hannover u. Havelse u. Mitte 1996 Übernahme d. Praxis in Havelse. H.: Lesen, klass. Musik, Aquarellmalerei.

Buchmann Dietmar *)

Buchmann Elke

B.: Hotelfachfrau, Mitinh. FN.: Buchmann's Restaurant. DA.: 76133 Karlsruhe, Mathystr. 22-24. www.buchmannsrestaurant.com. G.: Feuchtwangen, 27. Okt. 1961. V.: Günter Buchmann. Ki.: Dominic (1996). El.: Gerhard u. Lieselotte Jakubith. S.: 1978 Mittlere Reife, 1978-81 Ausbild. z. Hotelfachfrau Rothenberg ob d. Tauber. K.: 1981-82 Restaurant Kopenhagen in Berlin, 1982-87 Restaurant Giraffe, Restaurant Relais u. Castell Berlin, 1988-91 Restaurantltr. im Restaurant Merkurius Baden-Baden, 1991-95 stellv. Restaurantltr., Restaurant Oberländer Karlsruhe, 1995-2000 Babypause, seit 2000 Mitinh. d. Buchmann's Restaurant. M.: DEHOGA, Tierschutzverb.

Buchmann Günter

B.: Inh., Gschf. FN.: Buchmann's Restaurant. DA.: 76133 Karlsruhe, Mathystr. 22-24. G.: Judenburg/Österr., 22. März 1962. V.: Elke, geb. Jakobith. Ki.: Dominic (1996). S.: 1978 Mittlere Reife, 1978-81 Lehre als Koch im Hotel Erzherzog Johann Graz. K.: 1981-86 Jungkoch im Hotel Kempinski Berlin, 1985-88 Chef de Part im Hilton München, 1988-89 Sous-Chef im Restaurant Giraffe Berlin, 1989-91 Baden-Baden Varnhalt, Restaurant Merkurius, Meisterbrief, 1991-2000 Küchenchef in d. Oberländer Weinstube, seit 2000 selbst. m. Restaurant Buchmann's Karlsruhe. E.: 1994 1 Michelin Stern, 3 Kochmützen m. Ambition zu 4 im Bertelsmann Restaurant + Hotel Guide, Marcellino's Deutschland Restaurant Report 2001, Michelin 3 Bestecke. M.: Hotel- u. Gaststättenverb., Ver. Europ. Köche, Prüf.-Aussch. f. Lehrlinge b. d. IHK. H.: Sohn, Kochbücher lesen.

Buchmann Jörg Dipl.-Ing.

B.: Gründer u. Mtgl. d. Geschäftsltg. FN.: ISTRON AG Wertpapier Hdl.-Bank Fullservice-Provider f. d. Online Wertpapierhdl. DA.: 90471 Nürnberg, Lina-Ammon-Str. 9. joerg.buchmann@planetinterkom.de. G.: Treysa, 26. Dez. 1962. V.: Nicole, geb. Schuh. El.: Wingolf u. Hilde. S.: 1979 Mittlere Reife Baunatal, 1979-82 Lehre als Maschinenbaumechaniker Firma AEG Telefunken Kassel, 1982-83 Fachabitur Elektrotechnik FOS Kassel, 1983-91 Stud. Nachrichtentechnik GHS Paderborn m. Abschluß Dipl.-Ing. K.: 1991-96 tätig in d. Firma Siemens AG in Erlangen, zuletzt Ltg. Kompetenzcenter Multi Media, 1997-99 tätig in d. Siemens AG in München, zuletzt Vertriebsltr. f. Bayern, 1999 Grdg. d. ISTRON AG. H.: Mountainbiken, Segeln, Snowboarden.

Buchmann Peter *)

Buchmann Stefan Dr. med.

B.: FA f. Kinderheilkunde u. Jugendmedizin, FA f. Kinder- u. Jugendpsychiatrie u. Psychotherapie in eigener Praxis. DA.: 14197 Berlin, Aßmannshauser Str. 11 a. PA.: 10827 Berlin, Großgörschenstr. 36. G.: Dornreichenbach, 18. Sep. 1952. V.: Elke, geb. Wittkamp. El.: Otto u. Ingeborg. S.: 1971 Abitur, 1971-72 Zivildienst, 1973-79 Stud. Päd. Univ. Münster m. Dipl.-Abschluß, 1979-85 Stud. Med. Univ. Münster u. Berlin, Approb., 1985-93 FA-Ausbildung Kinderheilkunde, 1987 Prom., 1997 FA f. Kinder- u. Jugendpsychiatrie, 1997 Zusatz-

*) Biographie www.whoiswho-verlag.ch oder beigefügte CD-ROM

bezeichnung Psychotherapeut. K.: 1997-98 Ltr. d. kinder- u. jugendpsychiatr. Dienstes, seit 1998 ndlg. Kinder- u. Jugendpsychiater u. Therapeut m. Schwerpunkt Entwicklungsstörungen wie Autismus, Psychose, Border Line-Störungen, kindl. Depression, Aufmersamkeitsdefizit-Syndrom, Hyperaktivität u. Drogenmißbrauch.

Buchner Ernst Peter *)

Buchner Klaus Dr. Prof. *)

Buchner Martin *)

Buchner Max *)

Buchner Ursula *)

Büchner Ernst-Eberhard Prof. *)

Büchner Eve-Maren
B.: Moderatorin. FN.: c/o ntv. DA.: 10117 Berlin, Taubenstr. 1. G.: Finsterwalde, 25. Jan. 1973. V.: Uli Stein. S.: Mittlere Reife, Ausbild. z. Kosmetikerin, über 2.Bild.-Weg Abitur in Köln, BWL-Stud., Nebenjobs in d. Marktforsch. u. im Auktionhaus. K.: 1996 Umzug nach Hamburg, Programmansagerin b. PREMIERE, Hospitanz b. d. Tagesthemen u. d. Tagesschau, Praktikum b. SPIEGEL TV, 1997 Umzug nach Berlin, Moderatorin b. "blitz" u. "17:30", freie Mitarb. in d. blitz-Redaktion, 1998-2000 Moderatorin d. Promi- u. Showformates "Blitzlicht", s. 2000 Moderatorin bei ntv. E.: New Faces Award.

Büchner Georg Dr. iur. *)

Büchner Heino *)

Büchner Hermann Dr. iur. *)

Büchner Kay Dipl.-Ing. *)

Büchner Klaus *)

Büchner Michael Dr. sc. oec.
B.: Dipl.-Wirtschaftler, Steuerberater. DA.: 10243 Berlin, Blumenstr. 49. G.: Lauenstein, 7. Aug. 1950. V.: Daniela, geb. Hauck. Ki.: Alexander (1979), Matthias (1983). El.: Dr. Johannes u. Ursula, geb. Bauer. S.: 1969 Abitur Zittau, 1970-78 Stud. Vw. in Berlin, Forsch.-Stud., Prom. A - Dr. oec. K.: 1978-89 wiss. Mitarbeiter u. Doz. im Bereich Wirtschaftswiss., Prom. B - Dr. sc. oec., 1990-95 Mitarb. einer Steuerberatungsges. in Berlin-West, Ausbild. z. Steuerberater, 1995 Steuerberaterprüf., 1996 selbst. Steuerberater in Berlin, 1997 Büroeröff. in Berlin-Friedrichshain, Ausbild.-Betrieb. P.: ca. 10 wirtschaftswiss. Publ. M.: Steuerberaterverb. Berlin-Brandenburg. H.: Musik, Konzerte, Literatur, Touristik.

Büchner Richard Dipl.-Kfm. *)

Büchner Thomas Dr. Prof.
B.: Prof. f. Innere Med. u. Hämatologie. FN.: Zentral-Klinikum Münster. DA.: 48129 Münster, Albert-Schweitzer-Str. 33. G.: Berlin, 22. Sep. 1934. V.: Edith, geb. Reis. Ki.: Thomas (1965), Wolfgang (1966), Nikolaus (1967). El.: Prof. Franz u. Elisabeth, geb. Nölke. S.: 1954 Abitur Freiburg, Stud. Med. Freiburg, München, Innsbruck u. Wien, 1959 Examen. K.: Med. Ass. in Freiburg, München u. Münster, Diss. Pathologie Freiburg, 1963 wiss. Ass. an d. med. Univ.-Klinik in Münster, 1970 Habil., seit 1972 Prof. f. Innere Med. u. Hämatologie an d. Univ. Münster; Arb.: DNA-Synthese an Chromosomen, Raster-Elektronenmikroskopie v. Chromosomen, Entzündungszellen aus d. BLut, Flow Cytometrie v. Leukämiezellen, seit 1994 Ltr. d. Funktions-Bereichs Leukämieforsch an d. Univ. Münster. P.: zahlr. intern. Veröff. u. Tagungsvorträge, Chairman Symposium Acute Leukemias I-IX in Münster, b. Symposium "Transplantation in Hematology and Onkology" (Seit 1987). E.: 1970 Theodor-Frerichs-Preis d. Dt. Ges. f. Innere Med., Förderungen d. DFG, BMTF/BMBF, Dt. Krebshilfe u. d. Ind. M.: American Society of Hematology, American Society of Clinical Onkology, American Association for Cancer Research.

Büchner Uwe Dr. med. *)

Buchner-Mehitarian Gundula *)

Buchrucker Armin-Ernst DDr. Prof. *)

Buchrucker Hasso
B.: Botschafter. FN.: Botschaft d. BRD. DA.: HU-1143 Budapest, Stefánia ut 101-103. PA.: HU-1118 Budapest, Kelenhegyi ut 27. G.: Hannover, 15. März 1935. V.: Christine. Ki.: Ernst (1975), Sophie (1976), Georg (1979). El.: Ernst u. Charlotte, geb. Wittstock. BV.: Mjr. Ernst Buchrucker, 1923 Putsch bei Küstrin als Befehlshaber d. "Schwarzen Reichswehr". S.: 1949 Mittlere Reife Fribourg, 1953 Abitur Bonn, 1957 Master of Arts Oxford (Rechtswiss.), 1958 Banklehre Madrid, 1962 1. Jurist. Staatsexamen, 1964 Bundeswehr, 1966 2. Jurist. Staatsexamen, 1967 Attaché-Ausbild. d. Auswärtigen Amtes Bonn. K.: 1968 Generalkonsulat New York, 1969 Dt. Vertretung b. d. VN, 1973 Kulturattaché Botschaft Tel Aviv, 1977 Harvard Center for Intern. Affairs, 1978 Auswärtiges Amt: stellv. Referatsltr. Mittlerer Osten, 1979 Auswärtiges Amt: stellv. Referatsltr. Naher Osten, 1982 Botschafter in Mosambik, 1985 Auswärtiges Amt: Referatsltr. f. Personal, 1990 Bundespräsidialamt: Ltr. Auslandsabt., 1994 Bundespräsidialamt: Ltr. Auslandsabt. u. stellv. Chef, z.Zt. Botschafter in Budapest. E.: 1992 Falken-Orden, 1992 Kgl. Victoria-Orden, 1993 Orden d. Aufgehenden Sonne, 1993 EZ f. Verd. um d. Rep. Österr., 1994 Orden d. Weißen Rose v. Finnland, 1995 Kronen-Orden.

Buchs Brunhilde Dipl.-Bw. *)

Büchs Hubertus Dr. med. dent. *)

Büchs Jürgen Dipl.-Ing.

B.: Städtebauarchitekt. FN.: PBS Planungsbüro Büchs Speyer, Stadtplanung u. Arch. DA.: 67346 Speyer, St. Guido-Str. 14. G.: Berlin, 19. Aug. 1938. V.: Ursula, geb. Staab. Ki.: 3 Kinder. El.: Egon u. Johanna. BV.: Vater war MinR., Notar und Jurist in Schlesien u. im Justizmin. v. Preußen. S.: 1959 Abitur Berlin, 1960-68 Stud. industrielle Formgebung HS f. bild. Künste Berlin u. Stud. Arch. TU Berlin mit Abschluß 1968 Dipl.-Ing. K.: 1968-70 Mitarb. in Arch.- u. Ing.-Büro in Berlin, 1970-76 Mitarbeiter u. Ges. d. Speerplan GmbH in Frankfurt/Main u. Übergang z. Städtebau, seit 1977 eigenes Büro m. Baultg. Stadtplanung in Rheinland-Pfalz, Hessen u. Baden-Württemberg. E.: als Dienstleister d. Kommunen vielfach anerkannt. M.: Architektenkam. Rheinland-Pfalz, Vereig. Stadt-, Regional- u. Landesplanung. H.: Musik, handwerkl. Arbeiten u. Formgestaltung.

*) Biographie www.whoiswho-verlag.ch oder beigefügte CD-ROM

Büchs Jutta *)

Büchse Peggy
B.: Profi-Langstreckenschwimmerin, Studentin. FN.: c/o PSV Rostock e.V. DA.: 18059 Rostock, Damerower Weg 25. PA.: p.A. Christian Batsch, 18239 Hanstorf, Ahornweg 27. G.: Rostock, 9. September 1972. V.: Thomas Hellriegel, Triathlet (Freund). S.: Sport- u. Englisch, Jus-Studium. K.: 1987 Junioren-EM 400m Freistil/1., 1991 EM/9., 1994 WM 25km/7., Team/3., 1995 EM 25km/1.,5km/2., 1997 EM 25km/1., 1998 WM Perth 5km/1., DM/3., 1999 EM Istanbul 5km/3, 2001 WM Fukuoka/1. + 2. BL.: Ostsee-Überquerung von Trelleborg nach Rostock m. Teamkollegen v. PSV Rostock (Guiness-Buch der Rekorde). (Re)

Büchsel Manfred *)

Büchsel Reinhard Dr. med. Prof. *)

Büchsenschütz Frank Ing.

B.: Gschf. FN.: AGNOS Büro Remscheid. DA.: 42897 Remscheid, Ringstr. 77. PA.: 42897 Remscheid, Henkelshof 1-3. G.: Wuppertal, 9. Juli 1938. S.: 1955 Mittlere Reife, 1955-58 Lehre, 1961 Techniker Ing.-Schule Wuppertal. K.: 1961-78 Konstruktion, Entwicklung u. Arbeitsplatzgestaltung sowie Rationalisierung im Maschinenbau, seit 1978 selbst. Unternehmensberater. F.: AGNOS-Unternehmensberatung und AGNOS-SCHIFFKO Innovative Maritime Systeme. P.: 1994 Fachaufsatz in einem Wirtschaftsmagazin einer überregionalen Tageszeitung. H.: Fliegerei, Histor. Technik, Oldtimer, Segeln.

Buchsteiner Ilona Dr. phil. Prof.
B.: Ltr. Thünenforsch.-Stelle. FN.: Univ. Rostock. DA.: 18055 Rostock, A.-Bebel-Str. 28. PA.: 18190 Sanitz, Ribnitzer Str. 13i. G.: Damgarten, 9. Juli 1948. V.: Andreas Buchsteiner. Ki.: Christine, Martin, Hannes. El.: Erwin u. Gisela Ballwanz. S.: 1968 Abitur, 1968-73 Stud. Geschichte, Germanistik u. Päd. Univ. Rostock. K.: 1973-76 wiss. Aspirantin, 1977 Prom., 1977-88 wiss. Ass., 1988 Habil., 1988-92 Ltr. d. Abt. Wissenschaftspublizistik d. Univ., 1992-96 wiss. OAss., 1995 Prof. f. Neuere Geschichte u. Agrargeschichte, 1996-98 Doz., 1999 Ltr. d. Thünenforsch.-Stelle. BL.: Entwicklung einer Datenbankgestützten Untersuchung f. d. Transformationsprozess d. dt. Adels u. 18. b. 20.Jhdt., Wiederaufnahme d. histor. Thünenforsch. an d. Univ. Rostock. P.: 1993 Großgrundbesitz in Pommern, 1999 Thünen u. d. Jahr 1848, 2000 Thünenschriften. E.: 1981 René Kuczynski Preis f. Nachwuchswissenschaftler. M.: Thünenges., Volkssolidarität. H.: Lesen, Garten, Fahrradfahren.

Buchta Herbert KommR. Dir. Ing.
B.: Gschf. FN.: Colas Bauchemie GmbH. DA.: 8010 Graz, Johann Fux Gasse 26. PA.: A-8043 Graz, Unterer Plattenweg 68. G.: Wien, 10. Dez. 1939. V.: Margarete, geb. Stadtegger. Ki.: Edith (1966), Dipl.-Ing. Martin (1969), Dipl.-Ing. Günter (1970). El.: Friedrich u. Luise, geb. Pomassl. BV.: Grafen v. Riesenegg Vorarlberg. S.: HTL f. Maschinenbau TGM Wien, 1958 Abschluß als Maschinenbauing. K.: 1958-62 Konstrukteur Maschinenbaufirma im Dampfkesselbau Wien, 1962-66 Ltr. eines Konstruktionsbüros v. Stahlhallen in Wien, 1967

Shell Wien Colas, b. 1971 Verkäufer, b. 1975 Beratungsing. f. Schmiermittel, Verkaufsltr. f. d. Colasgeschäft Österr., seit 1979 Berufsgruppenobm. d. Emulsionsind. in Österr., 1984 Gschf. d. Colas in Österreich, seit 1997 Area-Manager für Deutschland in Österr., seit 1998 zusätzl. Gschf. Colas Deutschland, seit 1999 1. Vors. d. Dt. Berufsvertretung. M.: ständiges Mtgl. d. Normungsinst. Österr., FGS Österr. H.: Reisen, Tennis, Enkelkinder. Sprachen: Englisch.

Buchta Horst Prof. *)

Buchter Sigrid *)

Buchwald Bodo

B.: Anlage- u. Wirtschaftsberater. FN.: Tema-B Telekommunikations u. Marketing Beratungs GmbH. DA.: 42285 Wuppertal, Heinkelstr. 8. G.: Helmstedt, 17. März 1948. V.: Brigitte. Ki.. Bianca (1975). S.: 1968 Abitur. K.: 1970-94 IBM-Programmierer-Systemanalytiker-Vertrieb. P.: Britisch Telekom. H.: Tanzen.

Buchwald Hans Dr. phil. Prof. *)

Buchwald Hans-Ulrich

B.: Maler, Grafiker. FN.: Atelier Buchwald. G.: Breslau, 1925. V.: Hella, geb. Feyerabend. Ki.: Gundel, Luise, Marianne. S.: 1940 Meisterschule d. Handwerks Breslau, Fach Gebrauchsgrafik, 1943-47 Arbeits- u. Militärdienst, amerikan. Kriegsgefangenschaft, 1947 priv. Malschule b. Irene u. Josef Apportin/ Hameln, 1948 Reisestipendien d. Kunstkreis nach Marokko u. Schweden. K.: 1949 Aufnahme in d. Kunstver. "Arche" Hameln, Förd. d. Hans Seutemann/Hameln, 1950-52 Stud. an d. Werkkunstschule Hannover, 1951 Beginn m. Holzschnitzen, 1956 Bühnenbilder am Stadttheater Hildesheim, seit 1956 Grafiker in d. prähistor. Abt. im Landesmuseum Hannover, 1963 Beginn m. figürl. Terrakotten b. d. Keramikerin A. Kindermann in Wellie, 1969 Grdg. d. Scharniertheaters Maskenbau u. Figurinenbau, 1991 entstehen viele hundert Masken/Figurinen, 1975 Jurymtgl. d. "Xxlon" in Fribourg/ Schweiz, 1980 Beginn d. freiwilligen Bilder m. Acrylfarben, b. 1980 Entstehung eines umfangreichen Werkes aus Ölbildern/Aquarellen, b. 1990 über 60 Produktionen f. d. Schar-

*) Biographie www.whoiswho-verlag.ch oder beigefügte CD-ROM

Buchwald

niertheater Hannover. P.: Ausstellungen: 1960 Städt. Museum Göttingen, 1963 Bund Bild. Künstler Hannover, 1964 Märk. Museum, 1965 Kunstkreis Hameln, 1969 Bund Bild. Künstler Hannover, 1980 Funkhaus Hannover, 1979 Galerie Meiborssen/Steintor, 1984 Orangerie Herrenhausen, 1985 Künstlergilde Esslingen, 1988 Galerie Kühl/Hannover, 1990 Präs. d. Edt.-Lebensretter in d. Galerie Kunst d. Zeit/Leipzig, 1991 Xylon-Museum/Schloss Schwetzingen, div. Ausstellungsbeteiligungen, intern. Ausstellungseröff., viele TV-Sendung/Theater-Aktionen b. Ausstellungen/Straßentheater. E.: Förderpreis d. Niedersächs. Kunstpreises. M.: Intern. Holzschneiderver. "Xylon" Schweiz.

Buchwald Joachim

B.: Betriebswirt, Gschf. Ges. PA.: 26127 Oldenburg, Feldstr. 48. G.: Prisser, 23. Feb. 1955. V.: Anke, geb. Höfelmeier. Ki.: Jan-Niklas (1988). El.: Fritz u. Hilde, geb. Vieregge. S.: 1972 Abitur Dannenberg, 1972-74 Banklehre, 1977-79 Ausbild. z. Sparkassenbetriebswirt. K.: 1974-91 Sparkasse Lüchow-Dannenberg als Abt.-Ltr., Abt.-Dir., stellv. Vorst.-Mtgl., 1991-96 Sparkasse Altmark West Vorst.-Mtgl., seit 1997 selbst., Grdg. Kb projekt GmbH in Oldenburg als Gschf. Ges., Grdg. v. Tochterunternehmen Antara GmbH Hausverw. u. Vermietung, Antharis GmbH Immobilien Vermittlung, Sprecher d. Kuratorium freie Walldorfschule Oldenburg. H.: Wassersport, Skifahren.

Buchwald Manfred *)

Buchwald Olav

B.: Betriebswirt, Raumgestaltermeister. FN.: Beese Raumgestaltung. DA.: 10627 Berlin, Bismarckstr. 38. G.: Berlin, 30. Juli 1968. V.: Daniela. S.: 1986 Mittlere Reife Neukölln, 1986-89 Lehre Raumausstatter Firma Patent Hochler, 1994 Raumausstattermeister, 1997 Betriebswirt d. Handwerks BDH. K.: seit 1989 b. Firma Beese, 1996 Einrichtung Bildungszentrum d. Handwerkskammer, seit 1998 Mitarbeit i. Ehefrau, 1999 Übernahme d. Betriebes, spezialisiert auf. Raumausstattungen u. Einrichtungen, 1999 Einrichtung d. Büros d. franz. Botschafters, 2001 Einrichtung Tonstudio 4, Raum m. d. größten Mischpult d. Welt, in Potsdam-Babelsberg, daneben auch exclusive Polstermöbel u. ihre Aufarbeitung. E.: Gewinn d. Wettbewerbs "Schick m. Geschick" (2001). H.: Segeln, Skifahren.

Buchwald Ralph Henrik Dipl.-Ing.

B.: Unternehmer, Inh. FN.: Restaurant "Wasserwelt". DA.: 10557 Berlin, Altonaer Str. 20. PA.: 10551 Berlin, Wilhelmshavener Str 31. diplingralphbuchwald@hotmail.de. G.: Berlin-Hermsdorf, 5. Feb. 1969. El.: Dipl.-Ing. Horst-Eberhart u. Helga, geb. Henrici. S.: 1986 engl. Abitur in Scipton auf einer engl. Privatschule, 1988 dt. Abitur in Berlin, 1988-94 Stud. Fahrzeugtechnik an d. TU Berlin, Dipl.-Ing. K.: 1 J. selbst., Gutachterbüro in Berlin, parallel d. Stud. Finanzierung d. Stud. immer in d. Gastronomie tätig, 1990 Gschf. im Restaurant "Atlantik", Eröff. d. ersten eigenen Cocktailbar in Schöneberg "Coulou-Bar", Betreiber einer Diskothek in Berlin - Bachstraße, seit 1995 Eröff. d. 2. Cocktailbar in Schöneberg "Mr. HU", seit 1996 Eröff. eines Friseursalons gemeinsam m. Partnern, seit 1997 Eröff. Studentencafe u. Restaurant in Moabit "Pro Mo", seit 1999 Eröff. Restaurant "Wasserwelt" m. gesunder frischer euro-asiat. Küche, zusätzl. seit 1998 wiss. Ass. an d. TU Berlin - Lehraufträge, Seminartätigkeit. E.: sportl. Erfolge. M.: Sportver. H.: Ultraleichtfliegen, Skifahren.

Buchwald Rico *)

Buchwald Werner *)

Buchwalder Barbara *)

von Buchwaldt Friedrich *)

Buchwitz Jörg Dipl.-Ökonom

B.: Steuerberater. DA.: 39124 Magdeburg, Moritzstr. 2c. El.: Alfred u. Hildegard, geb. Strehlau. S.: 1984-87 Berufsausbild. m. Abitur/Abschluss als Zootechniker in Lichtenfelde, 1987-92 Stud. Betriebswirtschaft an d. MLU Halle, Dipl.-Ökonom. K.: seit 1992 Angestellter b. d. GOB Steuerberatungs GmbH m. Sitz in Aschersleben/Ndlg. Burg, 1998 Steuerberaterprüfung m. Zulassung d. Min. d. Finanzen Sachsen-Anhalt z. Steuerberater.

Buck Detlev

B.: Schauspieler, Regisseur. FN.:c/o Above the Line Agentur f. Autoren, Regisseure u. Schauspieler GmbH. DA.: 80336 München, Goethestr. 17. G.: Bad Segeberg, 1. Dez. 1962. Ki.: Bernadette Sophie (1986). El.: Herbert u. Ingrid, geb. Freiherrin v. Steinbeck. S.: Abitur Bargteheide, Zivildienst in Alsterdorfer Anst. in Hamburg, Lehre als Ldw. in Schleswig-Holstein, prakt. J. auf d. Loock-Hof v. Sickertshofen b. Dachau. K.: Was sein muß, muß sein (1982), Erst d. Arb. u. dann? (1984), 1985-89 Stud. Dt. Film- u. Fernsehak. Berlin, 1986-88 zahlr. Kurzfilme, Es gräbt (1985/86), Normal bitte (1986), Gesichter (1986), Eine Rolle Duschen (1987), Worauf wir abfahren (1987), Was drin ist (1987), Schwarzbunt Märchen (1988), Hopnick (1989/90), Solinger Rudi (1990), Karniggels (1990), 1991 Grdg. Boje-Buck Filmproduktion GbR in Berlin, Kinderspiele (1991/92), Wir können auch anders (1992), Männerpension (1995), Sonnenallee(1999). E.: 1985 Publikumspreis f. "Erst d. Arb. u. dann?", 1986 Gr. Kulturpreis f. "Erst d. Arb. u. dann?", 1987 Kodak-Nachwuchspreis f. "Eine Rolle duschen", 1989 3. Preis f. "Schwarzbunt Märchen", 1990 Otto Sprenger Preis f. "Erst d. Arb. u. dann?" u. "Hopnick", 1992 Nachwuchsregiepreis f. "Karniggels", 1992 Preis d. Dt. Filmkritik f. "Karniggels", 1993 lobende Erwähnung d. Jury f. "Wir können auch anders", 1993 Leserpreis d. Berliner Morgenpost f. "Wir können auch anders", 1993 Filmband in Silber f. "Wir können auch anders", Filmband inGold f. d. Drehbuch v. "Wir können auch anders", 1994 Gold. Filmspule, 1995 Filmpreis d. Stadt Hof, 1996 Nominierung f. d. Dt. Filmpreis f. "Männerpension".

Buck Friedhelm *)

Buck Harald M.A. *)

Buck Manfred Dr. rer. nat. *)

Buck Sabine

B.: Kauffrau, Gschf. Ges. FN.: Spedition Buck GmbH. DA.: 28197 Bremen, Ludwig-Erhard-Str. 45. G.: Obenaltendorf, 28. Juli 1955. Ki.: Julia (1982). El.: Hackbarth Manfred u. Christa, geb. Meybohm. S.: 1971-73 Lehre z. Einzelhandelskauffrau in Stade, Ausbildung in Abendkursen f. Güter Nah- u. Fernverkehr. K.: 1981 Grdg. Transporte Henry Buck in Drochtersen b. Stade als Inh., 1985 Grdg. Sped. Buck GmbH

---

*) Biographie www.whoiswho-verlag.ch oder beigefügte CD-ROM

als Gschf. Ges., 1990 Eröff. Zweigniederlassung in Werder/Potsdam, 2000 Firmenverlegung ins GVZ Bremen, Schwerpunkt: flüssige Lebensmittel, Fuhrpark m. antiseptischen Tankauflegern f. Lebensmittel. H.: Lesen.

Buck Udo Dr. rer. nat. Prof. *)

Buck Volker Dr. Prof.

B.: Univ.Prof. d. Physik. FN.: Univ. Essen. DA.: 45141 Essen, Universitätsstr. 3-5, FB 7. volker.buck@uni-essen.de. G.: Helmstedt, 21. Nov. 1944. V.: Dorothea, geb. Lönnecke. Ki.: Iris, Bettina, Hinrich. El.: Herbert u. Dr. med. Elisabeth. BV.: Familienchronik 1648. S.: 1964 Abitur Dassel, 1964-67 Stud. Physik in Göttingen, 1967 LMU, 1970 Dipl. in Göttingen bei R. Hilsch, 1974 Prom., Habil. K.: 1974-79 wiss. Ass., 1980-85 Stuttgart b. Prof. Peters, seit 1985 Univ. Essen. P.: Angew. Physik - Beiträge zu Physik dünner Schichten "Raumfahrt-Tribologie" Handbuch. E.: 1990-92 Dekan Fachbereich Physik, 1992-94 Prodekan, 1997-2000 Prorektor d. Univ. Essen. M.: D.P.G., D.G.M., DGPT, GFT, APP. H.: Chorsingen, Fotografie.

Buck Walther

B.: RA. DA.: 95444 Bayreuth, Ludwigstr. 26. PA.: 95448 Bayreuth, Schlehenbergstr. 9. G.: Erlangen, 16. Dez. 1945. V.: Christa-Maria, geb. Sperling. Ki.: Henning, Christian. El.: Notar Dr. Heinz u. Friedel, geb. Fluhrer. S.: 1965 Abitur, b. 1970 Stud. Rechtswiss. Erlangen, Berlin u. Würzburg, 1. u. 2. Jur. Staatsexamen. K.: b. 1973 Referendariat Würzburg, s. 1974 Rechtsanwalt in Bayreuth f. Straßenverkehrs- u. Strafrecht, ADAC Syndikus f. Ba.yreuth M.: Arbeitsgemeinschaft Verkehrsrecht im Dt. Anwaltsverein, Corpsstudent, Bavaria Erlangen u. Borussia Berlin. H.: Jagd.

Bück Ursula Dr.

B.: FA f. Psychotherapeutische Med., selbständig. DA.: 45138 Essen, Jürgengang 38. ursulabueck@cityweb.de. G.: Schaffhausen/Schweiz, 14. Jan. 1943. V.: verh. Ki.: Matthias (1971), Stephan (1974), Philipp (1977). BV.: Vater Arthur Rich Ordinarius f. Systematische Theologie an d. Univ. Zürich, Gründer d. Sozialethischen Inst. an d. Univ. Zürich. S.: 1962 Abitur, 1962-69 Stud. Med. in Zürich, schweiz. Staatsexamen, 1970 Diss., 1971 Amerikan. Staatsexamen (ECFMG), 1974 deutsche Approb. K.: 1970-73 Ass.-Ärztin in KH in Deutschland u. d. USA, 1974-76 Ass.-Ärztin in einem Psychiatrischen KH in Deutschland, 1977-78 Sozialpsychiatrischer Dienst, ab 1977 berufsbegleitende Weiterbildung z. Psychoanalytikerin am Alfred-Adler-Inst. e.V. in Düsseldorf, Abschluss. Psychoanalytikerin (DGIP), 1980-83 Ass.-Ärztin in einer Fachklinik f. Suchtkranke, seit 1987 in eigener Kassenärztl. Praxis, seit 1990 ndlg. in Essen, 1995 FA f. Psychotherapeutische Med., Praxis f. Psychotherapeutische Med. u. Psychoanalyse. BV.: v. d. DGPT/DGIP anerkannte Lehranalytikerin u. Supervisorin. P.: Klinische Beiträge in d. Fachzeitschrift "Zeitschrift f. Individual Psychologie". E.: Henry-E.-Siegerist-Preis (1971). M.: DGIP, DGPT, DGPM. H.: Musik (Klavierspiel, Chorgesang), Wandern, Radfahren, Natur.

Bucka Hans Dr. rer. nat. Prof.

B.: em.Prof. d. TU Berlin. PA.: 14195 Berlin, Garystr. 92. G.: Dresden, 24. Jan. 1925. V.: Margrit, geb. Schreyer. S.: K.: Martin (1956), Christoph (1961). S.: Stud. Physik in Jena u. Göttingen, 1955 Prom. z. Dr. rer.nat., OAss. an d. Univ. Heidel-

berg, 1961 Habil., visiting associate Prof. an d. Columbia Univ. New York. K.: 1962 Ordinarius Berlin, seither an d. TU Berlin am Inst. f. Strahlungs- u. Kernphysik in zahlr. Funktionen u.a. Dir., Gschf., seit 1992 Emeritierung, Tätigkeit an d. TU m. Vorlesungen, Seminaren u. Doktorandenbetreuung. BL.: Erfinder d. Intensitätspumpen b. Natrium, Mitbegründer d. europ. Group of atomic physics. P.: "Atomkerne u. Elementarteilchen" (1973), "Nukleonenphysik" (1981), zahlr. Art. in nat. u. intern. Fachzeitschriften. M.: Europ. Physikal. Ges., Dt. Physikal. Ges., Studienstiftung d. Dt. Volkes. H.: Italien, italien. Sprache, Bratsche- u. Geigespielen.

Buckan Elisabeth *)

Bucke Wolfgang Dr.

B.: Pharmazeut, Inh. FN.: Apotheke am Rehgraben. DA.: 14558 Bergholz-Rehbrücke, Zum Springbruch 1 c. G.: Bremen, 3. Juni 1966. El.: Erich u. Helga. S.: 1985 Abitur, 1985-90 Stud. Pharmazie FU Berlin, Approb. K.: 1991-97 wiss. Mitarb. an d. FU Berlin, Prom., seit 1997 Inh. d. Apotheke am Rehgraben. P.: Diss.: "Liposomen z. Behandlung v. Mykobakterieninfektionen", div. Publ. in Fachzeitschriften. M.: Prüf.-Aussch. f. PKA in d. Apothekerkam. d. Landes Brandenburg, stellv. Vorsitz Bundesverband Aktiver Apotheker - BAA. H.: Hund, Squash, Kochen, Fotografieren.

Buckel Heinz Dipl.-Kfm.

B.: StadtR. u. Gschf. i. R. PA.: 76829 Landau, Im Steingebiß 43. G.: Landau, 12. Jän. 1929. V.: Else, geb. Bevier. Ki.: Christine (1960), Matthias (1963), Annette (1965) und Sabine (1967). E.: Willi u. Emma, geb. Liar. S.: 1950 Abitur, 1950-53 Stud. BWL an der Univ. Mainz u. München m. Abschluß Dipl.-Kfm. K.: 1954 Ltr. d. Rechnungswesen in d. Großdruckerei G. H. Fix GmbH in Landau, ab 1955 Prok., 1975 Gschf. u. zeitweise Gschf. mehrer Firmen, 1991 Verkauf d. Unternehmens u. b. 1994 Co-Gschf., seit 1994 im Ruhestand; Funktionen: seit 1968 Sekr. u. seit 1994 Vors. d. Karl-Fix-Stiftung, Initiator u. Bauleiter d. Karl + Edith Fix Hauses-Stadtbibliothek Landau. E.: zahlr. Ausz. f. ehenamtl. u. kommunalpolit. Arbeiten u.a. Ehrennadel d. Landes Rheinland-Pfalz (1980), Freiherr-v.-Stein-Plakette (1988), BVK am Bande (1989), Theodor Heuß-Med. d. FDP (1994), Ehrenplakette d. Stadt Landau (2000). M.: langj. AR d. Volkbank Landau, Vorst.-Mtgl. u. zeitw. Vors. d. AOK Landau als Arbeitgebervertreter (1964-93), Vors. d. Kirchbauvereins e.V., 30 J. Prebyster u. 12 J. Mtgl. d. Landessynode, 6 J. Vors. d. Finanzausschuß, seit 1964 FDP-Stadtrat u. Fraktionsvors. d. FDP/FDL, Ehrenvors. d. FDP Landau, Lionsclub. H.: Wandern, Lesen, Theater, Konzerte, Reisen, Salzburger Festspiele.

Bücken Wilfried *)

*) Biographie www.whoiswho-verlag.ch oder beigefügte CD-ROM

Buckenauer Angela *)

Bücker Friedel Dipl.-Ing. *)

Bücker Klemens Dipl.-Ing. *)

Bücker Rüdiger Klaus B. Dr. rer. pol. Prof. *)

Bücker Stefan Dipl.-Geograf *)

Bücker Tobias
B.: Profi-Reitsportler (Pony-Zwei- u. Pony-Vierspännerführer), Ind.-Kfm. FN.: c/o Dt. reiterl. Vereinigung. DA.: 48231 Warendorf, Frhr.-von-Langen-Str. 13. G.: 26. März 1975. K.: seit 1988 aktiv im Fahrsport, DM (Pony-Vierspänner): 1995 Goldmed., 1993 u. 1996 Silbermed., 1997 u. 1998 Bronzemed., 1999 4. Pl., 1994 10. Pl.; DM (Pony-Zweispänner), 1995 u. 1997 Goldmed. Mannschaft, EM (Pony-Vierspänner): 1995 u. 1997 Goldmed. Mannschaft, 1995 Silbermed. Einzelwertung, 1999 Bronzemed. Mannschaft, 1997 u. 1999 5. Pl. Einzelwertung; 1994 CAI-P Windsor/6., 1995 Mannschaft/1., Einzelwertung CAI-Windsor/3., 1995 Preis d. besten Gespannfahrer(1995), 1996 CAI-P Wolfsburg/2., 1996 CAI-P Breda/1., 1997 CAI-P Breda/2., 1998 CAI-P Riesenbeck/3., 1998 CAI-P Breda/5., 1999 CAI-P Emsdetten/6., 1999 CAI-P Riesenbeck/8., 1999 CAI-P Breda/5.

Bücker Walter Dipl.-Vw.
B.: Dir. FN.: Arbeitsamt Nienburg. DA.: 31582 Nienburg, Verdener Str. 21. G.: Osnabrück, 11. Juni 1938. V.: Margot, geb. Hackbarth. Ki.: Anja (1969), Nicola (1974). S.: 1958 Abitur, 1958-63 Stud. Wirtschaftswiss. Univ. Münster m. Abschluß Dipl.-Vw., 1964 Wirtschaftsreferendariat, 1967 2. Staatsexamen Düsseldorf. K.: 1971 Abteilungsleiter im Arbeitsamt in Emden, seit 1973 Dir. im Arbeitsamt in Nienburg m. Schwerpunkt berufl. Weiterbildung, Betratung u. Betreuung v. Jugendlichen u. Vermittlung v. Arbeitsstellen. M.: Rotary Club Nienburg u. 1992-93 Präs., Sportclub. H.: Tennis, Reisen, Literatur.

Bücker Wolfram *)

Buckert Hans Dipl.-Kfm.
B.: Wirtschaftsprüfer, Steuerberater, Gschf. Ges. FN.: advoc Steuerberatung Buckert & Kollegen; advoc Revision GmbH Wirtschaftsprüf.-Ges. DA.: 90489 Nürnberg, Bauvereinstr. 10-12. advoc@t-online.de. G.: Gunzenhausen, 6. Okt. 1950. V.: Ulrike, geb. Stowasser. Ki.: Sebastian (1981), Thomas (1987). El.: Hans u. Emilie. S.: 1970 Abitur Gunzenhausen, 1972-77 Stud. Betriebswirtschaft Friedrich-Alexander-Univ. Erlangen-Nürnberg, 1977 Dipl.-Kfm. Nürnberg. K.: 1977-80 wiss. Ass. b. Prof. Schick/Fak. d. Univ. Erlangen-Nürnberg, 1980-84 Ang. in einer Steuerkzl. in Nürnberg, 1984 Bestellung z. Steuerberater in Nürnberg, 1990 Bestellung z. Wirtschaftsprüfer in Nürnberg, seit 1985 selbst. in d. jetzigen Kzl.; 1985-97 Lehrbeauftragter d. Wirtschafts- u. Sozialwiss. Fak. d. Univ. Erlangen-Nürnberg f. d. Steuerrecht. M.: Prüf.-Aussch. f. Steuerberater OFD Nürnberg. H.: Musik (Jazz, Rock, J. S. Bach), aktiver Schlagzeuger, auch Keyboard, Bass u. Gitarre, komponiert selbst., Joggen, gemütliches Motorradfahren.

Buckesfeld Dieter *)

Bücking Hans-Günther
B.: freiberufl. Kameramann, Regisseur. PA.: 81925 München, Flemingstr. 110. Ki.: Anna (1986). El.: Hans u. Lieselotte, geb. Haake. S.: 1969 Abitur, Lehrausbild. z. Elektrotechniker, 1974-76 Stud. Bildhauerei HdK Hildesheim u. Braunschweig. K.: seit 1976 b. Film, zunächst Lichtbühne, Kameraass., 1982/83 Auslandsaufenthalt in d. USA, Zusammenarb. m. Michael Ballhaus, seit 1983 Kameramann, 1991 Buch, Kamera u. Regie f. "Einmal Arizona", ca. 25 Kinofilme u. 20 Fernsehspiele, Ausz. a. d. Filmographie: 1985 Richy Guitar, 1987 Der gläserne Himmel, 1988 Jenseits von Blau, 1990 Nie im Leben, 1991 Gudrun, Einmal Arizona auch Buch, Regie, 1992 Kein Pardon, 1993 Justiz, 1994 Freundinnen, 1997 Die Cellistin, Das Todesspiel, 1998 Widows-Erst die Ehe, dann das Vergnügen, 1998 Solo für Klarinette, 1999 Die Häupter meiner Lieben, Regie und Kamera. E.: 1988 Dt. Kamerapreis f. "Der gläserne Himmel", 1991 1. Preis d. 7. Intern. Filmfestivals in Portugal f. "Nie im Leben". H.: Skifahren, Tauchen, Tochter. (Re)

Buckmann Günter

B.: Kaufmann, Unternehmer. FN.: Buckmann Bauzentrum GmbH & Co KG. DA.: 28239 Bremen, Ritterhuder Heerstr. 44. zentrale@buckmann-bauzentrum.de. G.: Bremen, 18. Juni 1939. Ki.: Sonja (1961), Ingo (1965), Monika (1972). El.: Heinrich u. Hermine, geb. Borgmann. S.: Mittlere Reife, Ausbildung z. Küper, 1957 Abschluss Kaufmannsgehilfenbrief in Bremen, 1957-66 kfm. Ang. Stephani Sped. Bremen, seit 1966 selbständiger Fuhrunternehmer, Übernahme eines Bremer Fuhrunternehmens, Grdg. Günter Buckmann Fuhrbetrieb als Inh., 1969 Eröff. Baustoffhandel in Bremen als Inh. Buckmann Baustoffe, 1998 Umwandlung d. Buckmann Baustoffe in Buckmann Bauzentrum GmbH & Co KG als Gschf. Ges., seit 1985 Ges. d. Nowebau, Ges. d. SBG, seit 1993 Mitinh. d. Buckmann Baustoffe GmbH & Co KG in Reichenberg b. Dresden, 1998 Grdg. Buckmanns Vermögensverwaltungs GmbH als Gschf. Ges. M.: Mtgl. Bund Norddeutscher Baustoffhändler (BDB), Ver. Bremer Baustoffhändler, Verb. Güterkraftverkehr, Einkaufsverband Nowebau GmbH & Co KG, b. 2000 im AufsR., seit 2001 FDP. H.: Schach.

Bückmann Detlef Dr. Prof. *)

Bückmann Helga

B.: Heilpraktikerin. DA.: 48155 Münster, Wolbeckerstr. 54. G.: Münster, 21. Aug. 1955. V.: Martin Bückmann. Ki.: Esther. El.: Josef u. Magdalena, geb. Vollrath. S.: 1976-79 Ausbildung z. Krankenschwester in Münster, 1990-93 Stud. Med. an d. WWU in Münster, 1993-96 Ausbildung z. Heilpraktikerin. K.: 1997 ndlg. Heilpraktikerin in Münster, 1996-99 Ausbildung in d. traditionellen Chin. Med. b. Dr. Run Cun Zhang u. weitere Ausbildung in d. klass. Homöopathie, Iris-Diagnostik u. Wirbelsäulentherapie. M.: Heilpraktikerverband, FVDH (Freier Verband Deutscher Heilpraktiker). H.: Garten, Lesen, Reisen.

Bückmann-Kampen Maria *)

Bückner Susanne *)

*) Biographie www.whoiswho-verlag.ch oder beigefügte CD-ROM

Bucksch Wolfgang

B.: RA, Fachanw. f. Arbeitsrecht, Gschf. Partner. FN.: Rechtsanwälte Hoffmann Liebs Fritsch Ruhe. DA.: 40474 Düsseldorf, Kaiserswerther 119. G.: Bodenburg/Bad Salzdetfurth, 2. Mai 1955. Ki.: Manuel (1985), Melina (1993). S.: 1974 Abitur, 2 J. Bundeswehr, 1976-82 Jurastud. Göttingen, nebenbei Betriebswirtschaft an d. FU Hagen, 1982 1. Staatsexamen. K.: 1982-85 wiss. Mitarb. am Inst. f. Arbeitsrecht d. Univ. Göttingen, 1983-86 Referendariat, 1986 2. Staatsexamen, 1986 Zulassung als RA, ab 1992 Fachanw. f. Arbeitsrecht. P.: Mitautor "Der GmbH Gschf.". M.: Arge d. Fachanw. f. Arbeitsrecht im DAV, Dt. Arbeitsgerichtsverb. H.: Kino, Theater, Malerei, Laufen.

Buckup Klaus-Uwe Dr.

B.: Dipl.-Geophysiker, Inh. FN.: DBM-Dr. Buckup Bohrlochmessungen. DA.: 39126 Magdeburg, Hohenwarther Str. 2. G.: Bautzen, 23. Mai 1941. V.: Ludmilla, geb. Selzowa. Ki.: Inna (1970), Philipp (1973) und Maximilian (1973). BV.: Großvater Georg Buckup - Kunstmaler. S.: 1959 Abitur, Praktikum ECM Bitterfeld, 1960-65 Stud. Moskau. K.: 1965 in versch. Positionen im Bereich Bohrlochmessung u.a. im Ausland tätig, 1970-71 Konsultant f. nat. Erdölorgan. im Mittlere Osten, 1972 Lektor d. VR China, 1977-84 tätig bei Petrobaltik in Danzig, 1971 Prom. in Moskau, seit 1990 selbst. m. Grdg. d. Firma DBM Dr. Buckup; Projekte: weltweite Einsätze u.a. in Frankreich, Irak, Polen, Lybien, Polen, USA, Kroatien, Kiew u. Athen, Vorträge in Helsinki, Genf, Leipzig, Bratislava, Athen u. USA. BL.: Patent f. Impuls Neutronsystem. P.: wiss. Arb. z. Thema Geräteentwicklung. E.: 1999 Finale d. europ. Innovationspreis f. hervorragende Leistung z. Wasserversorgung. M.: DGG, BVMW, DBG, Ehrenlektor u. Mtgl. d. SPWLA. H.: Familie, Beruf.

Buckup Michael

B.: Journalist, Pressesprecher. FN.: Niedersächs. Staatskzl. DA.: 30169 Hannover, Planckstr. 2. michael.buckup@stk.niedersachsen.de. G.: Hamburg, 18. Apr. 1952. V.: Gabriele, geb. Würpel. Ki.: Annika (1980), Leif (1984). El.: Reinhold u. Carla, geb. Schumacher. S.: 1971 Abitur Hamburg, Stud. Theaterwiss. u. Germanistik. K.: Regieass. am Theater in Hamburg, 1974-78 FU Berlin, Abschluss: M.A., Stage Manager an d. Schaubühne am Hallenschen Ufer, 1981 Regieass. Staatl. Schauspielbühnen Berlin, 1983-85 Chefdramaturg am Stadttheater Lüneburg, ab 1985 freier Journalist intern. (DPA, die WELT, NBC/New York, NDR), div. Rundfunkfeatures, TV-Veröff., 1990 Wechsel an d. Landesfunkhaus Niedersachsen in Hannover, 1998 Pressesprecher d. Min. d. Justiz f. Europa-Angelegenheiten, 2000 Pressesprecher im Justizmin., seit 2001 im Referat Grundsatzfragen d. ges. Wandels in d. Niedersächs. Staatskzl. M.: Gewerkschaft IG Medien, SPD, Civi-

tan Intern., seit 1990 Vorst.-Mtgl. Special Olympics Deutschland, 1. Vors. EHC Adendorf. H.: Eishockey, Computertechnik, Arab. Länder.

Budach Helmut Max Friedrich

B.: Dipl.-Ing.-Ökonom, Steuerberater. FN.: Steuerberatung Freund & Partner. DA.: 03172 Guben, Gasstr. 8. PA.: 03172 Guben, Deulowitzer Str. 69. G.: Germersdorf, 17. Juni 1940. V.: Ina, geb. Seidel. Ki.: René (1963). El.: Emil u. Elfriede. S.: 1956-59 Lehre m. Abschluss z. Industriekaufmann im Volkseigenen Betrieb (VEB) Gubener Wolle, 1960-63 Stud. an d. Fachschule f. Ökonomie in Rodewisch, 1960-62 im Direktstudium, 1963 im Fernstudium, 1963 Abschluss als Finanzökonom. K.: 1963 Tätigkeit im VEB Polstermöbelwerk Cottbus im Bereich betriebswirtschaftl. Analysen, 1963-66 Chemiefaserwerk Guben, Ltr. d. Abt. Finanzplanung, 1965-71 Fernstudium an d. TU Dresden u. an d. TH Merseburg, Abschluss als Dipl.-Ing.-Ökonom, 1968-90 Projektleiter im Chemiefaserwerk Guben, seit 1990 Ltr. d. Ndlg. Guben d. Steuerberatungsges. Freund & Partner, 1990 Steuerberaterprüfung durch d. Oberlandesfinanzdirektion NRW, 1994 Berufung z. Steuerberater. BL.: 1971 Gründungsmtgl. d. Arge Philatelie im Chemiefaserwerk Guben, 1980-90 Mtgl. d. Bezirksvorstandes Cottbus d. Philatelistenverbandes im Kulturbund d. DDR, 1990 amtierender Vors. d. Bezirksvorstandes d. Philatelistenverbandes, nach Umstrukturierung z. Landesverband d. Philatelie Brandenburg Mtgl. d. Landesvorstandes b. 1992. E.: Johannes-R.-Becher-Medaille in Gold. H.: Philatelie.

Budach Karin

B.: Musiklehrerin, Pianistin. DA.: 28213 Bremen, Busestr. 75. wbudach@suub.uni-bremen.de. http://musikschule.bremen.de/Kollegen/budach.html. G.: Gumbinnen/Ostpr., 30. Nov. 1942. V.: Dr. phil. Wolfgang Budach. Ki.: Rolf (1970). El.: Alfred u. Hildegard Kersten. S.: m. 7 Jahre l. Klavierunterricht, frühe Erfolge in Schulkonzerten, Stud. u.a. bei Jens Rohwer Lübeck, 1966-69 Stud. Klavier b. Robert Henry Hamburg, 1988 Meisterkurs Vitalij Margulis. K.: seit 1981 Konzerttätigkeit, auch m. Kammermusik u. Liedbegleitung, div. CD-Aufnahmen, seit 1965 Lehrtätigkeit an d. Musikschule Bremen u. an Univ. Bremen. H.: Blumen.

Budach Klaus

B.: Fachwirt d. Grundstücks- u. Wohnungswirtschaft, Niederlassungsleiter. FN.: BONUM HAUS Immobilien GmbH. DA.: 13591 Berlin, Seegefelder Weg 433. PA.: 13591 Berlin, Torweg 165A. Kbudach@gmx.de. G.: Germersheim, 2. Juni 1967. V.: Ramona, geb. Renner. Ki.: Nicole (1988), Ricardo León (1991). El.: Heinrich u.Ursula, geb. Bickel. BV.: alter Adel aus d. Odenwald - von Bickel. S.: 1973-78 Internat Schloß Krauchenwies, 1978 Übersiedlung nach Berlin, 1983-86 Ausbildung z. EDV-Kfm. b. d. Berliner Wasserbetrieben.

*) Biographie www.whoiswho-verlag.ch oder beigefügte CD-ROM

Budach Siegbert Dr. med.
B.: ndlg. Zahnarzt. DA.: 15230 Frankfurt/Oder, Zehmepl. 13. PA.: 15236 Frankfurt/Oder, Hinter den Höfen 13. G.: Beeskow/Mark, 28. Nov. 1957. V.: Tatjana, geb. Tintschewa. Ki.: Alexander (1982), Anthony (1988). El.: Heinz u. Magdalena. S.: 1976 Abitur in Halle (Saale), 1977-81 Stud. Zahnmed. Plowdiv/Bulgarien. K.: 1981-90 Zahnarzt in d. Fachpoliklinik Frankfurt/Oder, 1986 Fachzahnarztausbild. f. alg. Stomatologie, 1987 Prom., seit 1991 ndlg. Arzt m. eigener Praxis. M.: Zahnärztekam., Dt. Akad. f. Akupunktur u. Aurikulomedizin. H.: Musik, Lesen, Reisen, Garten.

Budach Tatjana Dr. med.
B.: Kinderzahnärztin. DA.: 15230 Frankfurt/Oder, Zehmepl. 13. PA.: 15236 Frankfurt/Oder, Hinter den Höfen 13. G.: Grabrowo/Bulgarien, 22. Nov. 1958. V.: Siegbert Budach. Ki.: Alexander (1982), Anthony (1988). S.: 1976 Abitur Garbrowo/Bulgarien, 1977-81 Stud. Zahnmed. HS Plowdiv/Bulgarien, seit 1982 in Deutschland. K.: 1983-90 Kinderstomatologe in d. Fachpoliklinik Frankfurt/Oder, 1987 Abschluß Fachzahnarztausbild. Frankfurt/Oder, 1987 Prom., seit 1991 ndlg. Zahnarzt. M.: Zahnärztekam., Dt. Akad. f. Akupunktur u. Aurikulomedizin. H.: Lesen, Reisen, Garten, Musik.

Budach Volker Dr. Prof. *)

Budahn Rita
B.: FA f. Lungen- u. Bronchialheilkunde, Allergologin. DA.: 17192 Waren, H.-Beimler-Str. 42 c. G.: Stettin/Polen, 16. Nov. 1940. V.: Volkard Budahn. Ki.: Andreas (1969), Matthias (1973). El.: Kurt u. Gertrud Reetz, geb. Volkmann. S.: 1960-66 Stud. Med. Rostock. K.: 1966-68 Ärztin in Stavenhagen, 1969-78 tätig in d. Intensivtherapie u. glz. b. 1978 FA-Ausbild. f. Anästhesie, 1978-94 in d. Klinik Ammsee, 1981 FA f. Lungenheilkunde, 1985-94 OA an d. Klinik Ammsee, seit 1994 ndlg. Ärztin. M.: Bundesverb. f. Pneumologie, Ärztebund Dt. Allerologen. H.: Lesen, Weiterbildung.

Budavari Franz *)

Budde Andrea
B.: Mediatorin, RA, Fachanw. f. Arb.-Recht. DA.: 50668 Köln, Domstr. 81. G.: Arnsberg, 28. Nov. 1958. El.: Meinhard u. Lieselotte Budde. BV.: Großvater Prof. Max Budde-Chirurg. S.: 1977 Abitur, b. 1980 Ausbild. Krankenpflege, tätig als Gem.-Krankenschwester, ab 1981 Stud. Jura. K.: Referendariat in Bremen, 1989 Examen, 1990-91 wiss. Mitarb. b. Prof. Dr. U. Mückenberger, 1991 Ausbild. Mediatorin, 1991-93 jur. Ref. f. Arb.- u. Soz.-Recht d. AGAB e.V. in Bremen, 1993-95 jur. Ref. d. ev. Kirche im Rheinland, Ref. im Gleichstellungsmin. Nordrhein-Westfalen, seit 1995 ndlg. RA, 1996 Zusatzqualifikation in Mediation an d. Harward School of Low, 1996 Grdg. d. Bundesverb. f. Mediation f. Wirtschafts- u. Arb.-Recht e.V. u. dort Vorst.-Mtgl., 1997 Grdg. d. Inst. f. faires Konfliktmanagement u. Mediation in Köln. M.: Aussch. f. außerrechtl. Konflikbeilegung im Dt. Anw.-Ver.

Budde Burkhard *)

Budde Burkhardt Dr. med.

B.: FA f. Chir. DA.: 48143 Münster, Berliner Pl. 24-28; 48161 Münster, Gartenstraße 210-214. PA.: 48161 Münster, Drechslerweg 38. G.: Berlin, 18. Nov. 1940. V.: Gisela, geb. Berling. Ki.: Christian (1969), Hendrik (1972). El.: Prof. Dr. Ludwig u. Erika. S.: 1962 Abitur Spierkoog, 1962-68 Stud. Med. WWU Münster u. Heidelberg, 1968 Staatsexamen u. Prom. K.: 1968-69 Ass. an d. Univ.-Klinik u. d. Chir. an d. Univ. Münster, 1969-74 chir. Weiterbild. an d. chir. Abt. d. Raphaelsklinik, 1974 FA f. Chir., seit 1974 ndlg. Arzt in Münster spez. f. ambulante Operationen, Proktologie u. Durchgangsarzt. P.: Veröff. in d. lokalen Presse zu Berufspolitik u. im Rahmen d. ärztl. u. berufspolit Fortbild. E.: Silb. Ehrennadel d. Hartmann-Bundes, Silb. Ehrenbecher d. Hartmann-Bundes, Gold. Ehrennadel u. Silb. Ehrenbecher d. Ärztekam. Westfalen-Lippe. M.: Vorst.-Mtgl. d. Ärztekam. Westfalen-Lippe, 1. Vors. d. Verw.-Bez. d. Ärztekam. Münster, seit 1975 2. Vors. d. Ärzteverw. Münster, seit 1975 1. Vorst. d. ärztl. Notdienst in Münster, seit 1975 beratender Arzt d. kassenärztl. Vereinig., Vors. d. Beschwerdeaussch. d. kassenärztl. Vereinig., Mtgl. d. Vertreterverw. d. kassenärztl. Vereinig., Kammerverw. d. Dt. Ärztetages, Verw.-Aussch. d. Ärzteversorgung Westfalen-Mitte, über 30 J. Hartmannbund, seit 1991 Bez.-Vors. d. Hartmann-Bundes Münster, Vorst.-Mtgl. d. Landesverb. Westfalen-Lippe d. Hartmann-Bundes. H.: Jagd, Tennis.

Budde Friedrich Fritz

B.: Unternehmer, selbständig. FN.: Budde Planung u. Ausführung; Broyhan-Haus. DA.: 30453 Hannover, Holzstr. 2/ Ecke Bauweg; 30159 Hannover-Altstadt, Kramerstr. 24. G.: Hannover, 23. Apr. 1941. V.: Brigitte, geb. Hagemann. Ki.: Frank, Maximilian. S.: 1959-66 Lehre im Heizungs- u. Sanitärbereich Hannover, anschl. Meisterschule mit abgelegter Prüfung. K.: 1967 Gründung. Sanitär- und Heizungsfirma Budde & Meyer gemeinsam m. Partner in Hannover, seit 1977 alleiniger Gschf. Ges. d. Unternehmens, 1986 Eröff. d. Broyhan-Haus in d. Altstadt Hannover. P.: Veröff. in d. Presse u. exklusiven Stadtmagazinen, VARTA-Führer. M.: Innungsmtgl., Dt. Rugby-Club, DEHOGA, Verkehrsverein, Tennisverein Schwarz/Weiß Hannover, Borussia Hannover. H.: Tennis, Golf, Fussball, Rugby.

Budde Gerhard
B.: RA. DA.: 60433 Frankfurt/Main, Eschersheimer Landstr. 364. G.: Frankfurt/Main, 12. Feb. 1965. El.: Gerhard u. Elke, geb. Meyer. S.: 1982 Mittlere Reife, 1982-84 Justiziaranwär-

*) Biographie www.whoiswho-verlag.ch oder beigefügte CD-ROM

ter Amtsgericht Frankfurt, 1984-88 Bmtr. Amtsgericht Frankfurt, 1988 Abitur Abendschule, 1988-93 Stud. Jura an der Univ. Frankfurt, 1993-96 Referendar, 1996 2. Staatsexamen. K.: seit 1996 selbst. RA m. Schwerpunkt Strafrecht. E.: 1996 Römerplakette Frankfurt in Bronze f. 12 Jahre Mtgl. d. Stadtteilparlament. M.: 1993-97 Vors. d. Stadtbez.-Verb. d. CDU Frankfurt-Praunheim, Lenkungsaussch. d. Frankfurter Arb.-Kreises d. CDU-Juristen, Dt. Anw.-Ver. H.: Lesen, Antiquitäten, Ahenenforschung.

Budde Holm
B.: RA. DA.: 01277 Dresden, Bodenbacher Str. 30. PA.: 01277 Dresden, Bodenbacher Str. 30. G.: Freiberg, 18. Okt. 1968. V.: Isabell, geb. Gminder. El.: Dipl.-Ing. Jochen u. Lucia, geb. Kaudelka. S.: 1988 Abitur, Lehre Instandhaltungsmechaniker, Wehrdienst, 1991-95 Stud. Rechtswiss. TU Dresden, 1. Staatsexamen, 1995-97 Referendariat LG Chemnitz, 2. Staatsexamen. K.: 1998-99 tätig als RA, seit 1999 selbst. m. Tätigkeitsschwerpunkt Arb.-, Bank-, Bau- u. Mietrecht. H.: Literatur, Sport, Reisen.

Budde Jürgen Dr. Dipl.-Chemiker
B.: selbst. Apotheker u. Lebensmitteltechniker. DA.: 64283 Darmstadt, Neckarstr. 14. PA.: 64285 Darmstadt, Novalisstr. 6. G.: Nürnberg, 4. Apr. 1940. V.: Christa, geb. Falch. Ki.: Cornelia (1972), Susanne (1974). El.: Dr. Hans u. Charlotte, geb. Schultz. S.: 1960 Abitur, Stud. Pharmazie u. Chemie Darmstadt, Marburg u. Stuttgart, 1965 Staatsexamen, 1967 Dipl., 1970 Prom., 1971 Examen Lebensmitteltechnologie. K.: 1972-77 tätig in d. Apotheke Merck, seit 1977 selbst. Apotheker in Darmstadt, seit 1977 lebensmittelchem. Untersuchungslabor m. Schwerpunkt Beratung u. Gutachten f. Lebensmittel- u. Spielwarenind. M.: Lions Club Mathildenhöhe, U.I.L.I., BLL, Fachaussch. d. GDZH. H.: Kochen, Tennis, Skifahren.

Budde Jürgen Dr. med. Dipl.-Kfm. *)

Budde Katrin
B.: Min. FN.: Min. f. Wirtschaft u. Technologie. DA.: 39116 Magdeburg, Wilhelm-Höpfner-Ring 4. www.sachsen-anhalt.de. G.: Magdeburg, 13. Apr. 1965. Ki.: 2 Töchter. S.: 1983 Abitur, 1983-84 Praktikum im SKL (Schwermaschinenbau-Kombinat Karl Liebknecht), 1984-89 Stud. an d. TH Magdeburg (Dipl.-Ing. f. Arbeitsgestaltung). K.: 1989-90 wiss. Mitarb. im Unternehmen FER (Forschung, Entwicklung, Rationalisierung), 1989 Grdgs.-Mtgl. d. Stadtverbandes d. SPD Magdeburg, seit 1990 Mtgl. d. Landtages v. Sachsen-Anhalt, wirtschaftliche Sprecherin d. SPD-Fraktion, seit 1994 stellv. Vors. d. SPD-Fraktion u. Vors. d. Ausschusses f. Wirtschaft, Technologie u. Europaangelegenheiten d. Landtags v. Sachsen-Anhalt, seit 1996 Mtgl. im Landesvorstand d. SPD, seit 1998 stellv. Vors. d. Landesverb. d. SPD Sachsen-Anhalt, seit 2001 Min. f. Wirtschaft u. Technologie d. Landes Sachsen-Anhalt. (Re)

Budde Klaus Dr.-Ing. habil. Prof.
B.: Regionalltr. Sachsen-Anhalt/Thüringen. FN.: Haus d. Technik e.V. Essen/Außeninst. d. RWTH Aachen Zweigstellen Halle/Merseburg/Erfurt. DA.: 06118 Halle/Saale, Köthener Str. 33a. PA.: 06749 Bitterfeld, Joseph-Haydn-Str. 17. G.: Freiberg/Sachsen, 10. März 1935. V.: Renate, geb. Taffelt. Ki.: Claudia (1961). El.: Dr. rer. pol. Paul u. Charlotte. S.: 1954 Abitur, 1954-55 Vorpraktikum z. Stud., 1955-60 Stud. an d. Bergak. Freiberg. K.: 1960-65 wiss. Ass. am Inst. f. Brikettierung d. Bergak. Freiberg, 1965 Prom. z. Dr.-Ing., 1965-68 wiss. Mitarb. u. später Ltr. d. Abt. Kohleveredlung im Wiss.-Techn. Inst. d. Braunkohle Halle/Saale, 1968-71 stellv. Dir. f. Wiss.-Entwicklung u. später amt. Dir. f. Forsch. am Dt. Brennstoffinst. Freiberg, seit 1971 o.Prof. m. Lehrstuhl f. d. Gebiet "Reaktionstechnik", 1971-91 Ltr. d. Wiss.-Bereiches Reaktionstechnik u. stellv. Dir. d. Sekt. Verfahrenstechnik, 1977 Prom. B, ab 1991 Regionalltr. Sachsen/Anhalt u. Thüringen, Haus d. Technik e.V. Essen Außeninst. d. RWTH Aachen, Zweigstellen Halle/Saale, Merseburg u. Erfurt. P.: 67 Veröff., 106 Vorträge, 33 Patente, 97 Gutachten zu Prom.-Arb. E.: 1979 verdienter Techniker, 1984 Nationalpreisträger f. Wiss. u. Technik II. Kl. M.: b. 1991 VDI, b. 1991 DECHEMA. H.: Alpiner Skisport, Surfen..

Budde Klaus Jürgen

B.: Gschf. FN.: Feminanz Finanz- u. Vers.-Makler. DA.: 48153 Münster, Friedrich-Ebert-Str. 99. PA.: 49324 Sendenhorst, West I 13. G.: Bonn, 15. März 1955. V.: Heike, geb. Klein. Ki.: Jules, Stephan, Marina, Yannick. El.: Heinz u. Irmgard, geb. Everke. S.: 1977-83 Stud. Romanistik u. Linguistik WWU Münster, 1984-88 Stud. Bw. WWU Münster. K.: 1989 selbst. Finanzdienstleister in Münster m. Schwerpunkt Finanz- u. Vers.-Makler; Funktion: Fachübersetzer f. versch. Fachliteratur. H.: Literatur, Theater, Börse, Sport.

Budde Norbert *)

Budde Rainer *)

Budde Rainer Dr. Dir. *)

Budde Rolf Dr. med. *)

Buddeberg Karsten *)

Buddecke Wolfram Dr. Prof. em.
B.: Univ.-Prof. FN.: GH Univ. Kassel. PA.: 34454 Arolsen, Zum Bicketal 14. G.: Greifswald, 16. Okt. 1926. V.: Dr. Elke, geb. Riemer. Ki.: Julia, Maximilian. El.: Dr. Werner u. Maria. S.: Stud. Göttingen, Marburg, Tübingen, 1958 Prom. K.: 1961-67 wiss. Ass./AkR. Univ. Karlsruhe, 1967-69 Visiting Prof. Cairo Univ., 1969-72 WissR., 1969 Habil., 1973 Prof. f. dt. Literaturwiss. GH Univ. Kassel, seit 1992 emeritiert. P.: Bücher u. Aufsätze z. Literaturgeschichte, Gegenwartsdramatik, Literaturverfilmung u. Medientheorie. E.: 1958 Fakultätspreis d. Georg August-Univ. Göttingen. M.: Dt. Germanistenverb., Intern. Ver. f. German. Sprach- u. Literaturwiss., Dt. HS-Verb.

Buddemeier Heinz Dr. phil. Prof. *)

Buddenberg Helmuth Dr. rer.pol. Dipl.-Kfm.
B.: AufsR.-Vors. FN.: NCR GmbH, Augsburg u. AT & T Global Information Solutions Deutschland GmbH. DA.: 86156 Augsburg, Ulmer Str. 160. G.: Bünde, 5. Mai 1924. V.: Hildburg, geb. Röhr. El.: Friedrich u. Anna. S.: Gymn. Dresden u. Freiburg, Univ. Hamburg u. Kiel. K.: 1949 Eintritt b. d. Dt. BP AG, 1954 Prok., 1959 Ltg. d. Bereiche Betriebswirt-

*) Biographie www.whoiswho-verlag.ch oder beigefügte CD-ROM

schaft u. Rechnungswesen, 1960 Dir., 1965 stellv. Vorst. Mtgl., 1967 Vorst.Mtgl., 1972 stellv. Vorst. d. Vorst., seit 1976 Vors. d. Vorst., AufsR.-Vors. NCR GmbH, Augsburg u. AT & T Global Information Solutions Deutschland GmbH, Frankfurt. P.: Rettet die Umwelt. E.: BVK. H.: Sport, Politik, Geschichte.

Freiherr von Buddenbrock Dietrich *)

Freiherr von Buddenbrock Hettersdorf Sebastian *)

Buddensieg Tilmann Dr. phil. Prof.

B.: em. Prof. Univ. Bonn, Hon.-Prof. Humboldt-Univ. Berlin. PA.: 10629 Berlin, Giesebrechtstr. 11. G.: Berlin, 21. Juni 1928. Ki.: Tobias, Dipl.-Ing. Sedina, Laura, Felix, Lionel. El.: Dr. phil. Hermann u. Sophia, geb. Diehl. S.: 1948 Abitur Walddörfer Schule Hamburg-Volksdorf, 1948-55 Stud. Kunstgeschichte, Archäologie, Phil. u. Germanistik Heidelberg, Hamburg, Köln, München u. Paris, 1955 Prom. z. Dr. phil. über Basler Altarbild von Kaiser Heinrich II. K.: 1956-57 Volontär am Museum f. Kunst u. Gewerbe Hamburg, 1962-65 Ass. am Kunsthistor. Inst. d. FU Berlin, 1965 Habil., 1968 o.Prof. Kunsthistor. Inst. FU Berlin, 1978 o.Prof. f. Kunstgeschichte Rhein. Friedrich Wilhelms-Univ. Bonn, 1987 Ausstellungsplanung "Wissenschften in Berlin" zur 750-Jahresfeier (4-bändig), 1992-99 Beirat KPM, 1993 em., seit 1995 Hon.-Prof. Humboldt-Univ. Berlin, Deutsche u. Berliner Architekturgeschichte u. Design im 19. u. 20. Jahrhundert, 2000-2001 Projekt "Nietzsche in Italien - Architektur und Bildende Kunst". P.: zahlr. wiss. Beiträge z. Frühchristl. u. Frühmittelalterlichen Kunst , Bücher: Industriekultur, Peter Behrens u. d. AEG 1907-1914 (1979), 4. Aufl. 1993, "Die nützlichen Künste - 125 Jahre VDI" (Berlin 1981), Villa Hügel. Das Wohnhaus Krupp in Essen (1984), "Keramik in der Weimarer Republik 1919-1933" germanisches Nationalmuseum Nürnberg (1985), Festschrift: "Hülle und Fülle" mit Einband von Christo (Reichstagsverhüllung) Alfter 1993, Berliner Labyrinth. Preuß. Raster v. Schinkel b. z. Reichstag (1994), Nietzsche and "An Architecture of our Minds" (Getty 1999), Berliner Labyrinth Neu besichtigt (1999); seit 1997 Mitarbeit an Harenberg "Museum der Malerei", Beitrag in "Dem Deutschen Volke" Bouvier-Verlag Bonn, "Das Reichstagsgebäude von Paul Wallot", Berlin Offene Stadt", Ausstellungskatalog "Unter den Linden" 1977, Buch "Wilhelm Wagenfeld 1900-1990" im Verlag Hatje Cantz 2000, Interviews zum Berliner Stadtschloß in Berliner Zeitung 2.3.2000 und zum Potsdamer Stadtschloß in Die Welt 23.11.1996, über Museuminsel Berlin in Der Spiegel 2000. E.: 1954/55 Boursier du Gouvernement Francais Paris, 1957-60 Junior Fellow Society of Fellows Harvard Univ., 1960-62 Stipendiat d. Dt. Forsch.-Gemeinschaft Italien, 1969 Visiting Scholar The Warburg Inst. London, 1974 Fellow King´s College Cambridge, 1985/86 Fellow Wiss.-Kolleg Berlin, 1989/90 Fellow Getty Inst. for the History of Art and the Humanities Santa Monica. M.: 1968-72 Kuratorium d. Bibliotheca Hertziana Rom, Dt. Ver. f. Kunstwiss., 1968-72 Vors. d. Verb. Dt. Kunsthistoriker, Fachgutachter Alexander v. Humboldt-Stiftung, ab 1991 Vors. d. Künstler. BeiR. d. Kgl. Porzellanmanufaktur Berlin GmbH, 1992 Mtgl. d. Kuratoriums d. "Villa Stuck" München, seit 1992 Gutachter d. Senatsverw. f. Stadtentwicklung u. Um-

weltschutz Berlin, 1992 Mtgl. d. Stiftung Einstein Forum Potsdam, Mtgl. d. Arch.-Fak. Technions in Haifa. H.: Sammeln von Alltagskunst, Flohmarkt, Wassersport. (B.K.)

Buddensiek Dirk

B.: Vorst.-Vors. FN.: Aperto Multimedia AG. DA.: 10115 Berlin, Chausseestr. 5. G.: Stadthagen, 11. März 1965. El.: Wilhelm u. Felicitas. S.: 1986-89 Stud. Wirtschafting.-Wesen TU Berlin, Dipl.-Wirtschaftsing. K.: 1990 Marketingredakteur b. priv. Rundfunksender 93,4 RS2, 1991-94 Etatdir. b. Scholz & Friends Berlin, 1995 Mitgründer u. Gschf. d. Aperto Multimedia GmbH, 2000 Umwandlung d. GmbH in eine AG u. Vors. d. Vorst. P.: zahlr. Fachpubl. z. Multimediathematik. E.: 2000 Dt. Multimediapreis. M.: Verb. Dt. Wirtschaftsing., Dt. Multimediaverb. H.: Musik.

Buddrus Andreas *)

Buddruss Georg Dr. phil. Dr. h.c. Prof. *)

Budeit Hans-J. Dipl.-Ing.

B.: Architekt. DA.: 44137 Dortmund, Wilhelmstr. 41. G.: Kassel, 12. Apr. 1927. V.: Anita, geb. Schierbaum. Ki.: Gisela (1958). S.: 1944 Luftwaffenhelfer/Arbeitsdienst Militär, 1945-47 Lehre als Tischler in Magdeburg, Gesellenpruf., 1947-48 HS f. Baukunst u. Bild. Künste in Weimar, Stud. Arch., Abitur, 1948-50 Stud. TH Dresden, 1950-5 Stud. TH Berlin, Dipl. K.: 1953-54 Tätigkeit in Arch.-Büros in Düsseldorf, Mönchengladbach, s. 1955 selbst. Architekt in Dortmund, Wettbewerbe, Planungen u. ausgeführte Bauten Theater, Konzertsäle, Stadthallen- u. andere öffentl. Bauvorhaben, Reisen mit Schwerpunkt Islam in d. Länder d. Nahen Ostens bis Afghanistan, autodidakt. Beschäftigung mit Fotogr. u. Design. P.: 4 Kunstbücher - Burgund - Türkei - Backstein-Bayr. Dorfkirchen. E.: zahlr. Wettbewerbspreise. M.: Bund Dt. Architekten - BDA. H.: Fotografie, Kunstgeschichte, klass. Musik, Literatur, Theater.

Budek Josef

B.: Vorst.-Vors. FN.: ASTAK e.V. Forsch.- u. Gedenkstätte Normannenstraße. DA.: 10365 Berlin, Ruschestr. 103 Haus 1. V.: Kay West (Malerin u. Lyrikerin). El.: Helmut u. Margot. BV.: Großvater Emil Budek - Erfinder d. Tageslichtentwicklungskasette. S.: Berufsaubild. Laborant, ABF-Abitur, Ltr. d. Studentenclubs u. Univ. Halle-Wittenberg, Stud. Theater- u. Musikwiss. Humboldt-Univ. Berlin. K.: Regieass. an Opernhaus in Leipzig, Dramaturg, Redakteur, Szenarist im DDR-Fernsehen, Dramaturg d. Sendereihe "Erlesenes", Vorlesungen über Semiotik u. Farbdramaturgie, 1972 wiss. Mitarb. d. Musiktheater im Min. f. Kultur, nebenberufl. Theaterkritiker, 1978 Ausstieg aus d. DDR-Karriere u. freiberufl. Autor, Einstufung als Dissident u. Betätigungsverbot im Bereich Kultur,

*) Biographie www.whoiswho-verlag.ch oder beigefügte CD-ROM

tätig als Gelegenheitsarb., Mitarb. d. Friedensbewegung, 1983 Verhaftung, 1984 Entlassung in d. BRD, Gschf. d. NGL, tätig im Projektmanagement, Autor u. Ref. in d. polit. Bildarb., seit 1996 Vors. d. ASTAK. BL.: ehrenamtl. tätig in d. Gedenkstätte f. d. Opfer d. Staatssicherheit d. DDR (ehem. Stasi-Zentrale), Vorträge u. Führungen f. Besucher aus Ost u. West, die sich f. d. Wahrheit d. SED-Diktatur u. d. Stasi interessieren. P.: Filmszenarien, Theaterstücke, Erzählungen, "LAV-Letzte außerwiss. Verglimpfung v. DDR-Wortpraxis" (1996), "Referent Hase", Erz. (2000). H.: Fliegen, Flugsimulation, Arbeit an d. Ausstellung z. Thema polit. System d. DDR u. Stasi, Arbeit an Roman über eine deutsche Familie in drei Generationen.

Budell Berthold Dr. rer. nat. *)

Budelmann Bernd-Ulrich Dr. rer. nat. habil. Prof. *)

Büdenhölzer Manfred
B.: RA. FN.: Büdenhölzer & Partner. DA.: 53757 St. Augustin, Hennefer Str. 5. G.: Gebhardshain, 7. Dez. 1942. V.: Annegret, geb. Lauer. Ki.: Stefanie (1977). El.: Alfons u. Maria, geb. Käuser. S.: 1964 Abitur Marienstadt, 1964-66 Zeitsoldat Panzergrenadiere, 1966 Lt. d. Res., 1966-71 Stud. Rechtswiss. in Bonn, 1971 1. Staatsexamen. K.: 1971-72 Zentrale Kreditbank Bonn, 1972-76 Referendariat OLG-Bez. Köln, LG u. StA Aachen, 1976 2. Staatsexamen, 1976 Mitarb. b. Dr. Dr. Westerwelle in Bonn, seit 1977 Ndlg. als 1. RA in St. Augustin. M.: Vorst. Allg. Sportver. St. Augustin, Bonner Anw.-Ver. H.: Gartenarb., Fußball, Squash, klass. Musik, Theater, Oper, Konzerte, Bergwandern.

Budenz Herbert
B.: Schriftsetzer, Inh. FN.: B.K.W. Werbeagentur. DA.: 36037 Fulda, Langebrückenstr. 36. PA.: 36137 Großenlüder, Georg-Otterbein-Str. 6. budenz@fulda-online.de. G.: Fulda, 21. Mai 1952. S.: Mittlere Reife, Lehre z. Schriftsetzer. K.: 18 J. ang. Grafikdesigner u. Ltr. d. Grafikabt., 1989 selbst. in Großenlüder, 1993 Umzug nach Fulda, Werbeagentur m. Schwerpunkt Printmedien. E.: Ausz. f. d. Stadt Fulda aufgrund eines Design f. d. Darstellung d. Gesamtbildes d. Stadt. H.: seit 25 J. Jäger m. eigener Hochwildjagd in Fulda-Lüdermund.

Buder Adolf

B.: Goldschmiedemeister, Inh. FN.: Juwelier Adolf Buder. DA.: 88214 Ravensburg, Bachstr. 16. G.: Ravensburg, 20. Apr. 1936. V.: Jutta, geb. Eigner. Ki.: Gabriele (1963), Hans Adolf (1966). BV.: Gottfried Buder - 1832 Betriebsgründer. S.: Mittlere Reife, Lehre Goldschmied Schwäbisch-Gmünd, glz. staatl. höhere Fachschule f. Fassen u. Umgang mit Edelsteinen u. Gravieren. K.: seit 1956 tätig im elterl. Betrieb in Ravensburg, 1960 Meisterprüf., Übernahme d. elterl. Betriebes m. Goldschmiedewerkstatt u. Juweliergeschäft m. Schwerpunkt Entwurf u. Herstellung eigener Kollektionen als Unikatschmuck, spez. Ringe m. Edelsteinen in exclusiver Fassung, jährl. Herstellung d. "Gold. Reichsapfels" f. d. Schützenkönig v. Ravensburg. M.: Schützengilde RV, Altstadt Forum. H.: antike Kunst u. Mythologie, Baukunst u. Malerei d. Mittelalters, Klass. Musik.

Buder Carmen

B.: Gschf. FN.: Reisebüro Holiday Express. DA.: 03044 Cottbus, Gerhart-Hauptmann-Str. 15. holidayexpresscb@gmx.de. www.holidayexpressweb.de. G.: Spremberg, 18. Feb. 1973. V.: Axel Buder. El.: Reinhard u. Brigitte Rulka. S.: 1989 Mittlere Reife in Weißwasser, 1989-92 Lehre Datenverarbeitungskauffrau Forschungsinstitut wiss.-techn. Werk Weißwasser. K.: 1992 tätig im Reisebüro Interspar in Weißwasser u. 1995 Umfirmierung z. Holiday Express Reisebüro u. ab 1997 Gschf., 2000 Eröff. d. Filiale in Cottbus. H.: Skifahren, Wandern, Meeresangeln.

Buder Ernst-Erich *)

Buder Oliver-Sven
B.: Profi-Leichtathlet (Kugelstoßen). FN.: c/o TV Wattenscheid. DA.: 44866 Bochum, Hollandstr. 95. G.: Erlabrunn, 23. Juni 1966. S.: Ausb. z. Industriekfm. K.: Disziplin: Kugelstoßen, Größte Erfolge: 1990 EM/2., Hallen-EM/3., 1991 WM/4., DM/1., DMH/1., 1992 DM/1., 1993 EC/4., DM/1., DHM/1., 1994 WC/4., EC/4., DM/1., DHM/1., 1995 WM/6., EC/2., DM/1., DHM/1., 1996 OS/5., DM/1., DHM/1., Hallen-EM/3., 1997 WM/2., Hallen-WM/4., EC/1., DM/1., DHM/1., 1998 EM/2., Hallen-EM/1., WC/3., EC/2., DHM/1., DHM/1., 1999 DM/1., WM/2., 2000 DHM/1., OS Sydney/8. H.: Motorrad fahren, Lesen, Musik, Pferde.

Budesheim Gerald *)

Budich Mikael Dr. *)

Budig Klaus *)

Budig Klaus-Peter Dr. sc. techn. Dr. h. c. Prof. *)

Budig Robert *)

Budimann Humphrey
B.: Präs. FN.: Concept/Comp. & Analyse Ing.-Büro. DA.: 30159 Hannover, Escherstr. 14. G.: Indonesien, 5. Mai 1955. El.: Eddy u. Dewi, geb. The. BV.: Urgroßvater - Prinz d. Insel Madeira/Indonesien im 17. Jhdt. S.: 1977 Stud. Wirtschaftsmath. Univ. Hannover, 1987 Dipl.-Math. K.: tätig in versch. Firmen in d. EDV-Branche, seit 1991 selbst. m. Erstellung hochwertiger Hardware u.a. f. d. Univ. Hannover; Funktion: Priv.-Doz. an versch. Bild.-Ak. P.: Veröff. in Fachzeitschriften u. Fachbüchern. M.: Schachclub Hannover. H.: Schach, Tanzen, Kochen.

Budinger Hugo Ernst *)

Budinger Wolfgang *)

Budnik Ralph H.-W. Dr.
B.: Kieferorthopäde. DA.: 23879 Mölln, Bauhof 2. drralphbudnik@gmx.de. G.: Hameln, 4. Mai 1943. Ki.: Melanie (1975), Sebastian (1978), Lydia (2000). BV.: Gottfried Budnik, Schuhfbk. in Graudenz/Westpreußen. S.: 1964 Abitur Hameln, 1964 Volontär im zahntechn. Labor Albrecht in Hameln, 1965-71 Stud. Zahnmed. in Hamburg, Physikum, 1968-76 Prom. K.: 1971-72 Ass. d. Prothet. Abt. d. Univ.-Klinik Hamburg-Eppendorf, 1972-75 Kieferorthopäd. Inst. d.

*) Biographie www.whoiswho-verlag.ch oder beigefügte CD-ROM

Gesundheitsbehörde Hamburg, KH St. Georg, 1975 FA-Anerkennung, 1976 Praxiseröff. in Mölln, Schwerpunkte: Behandlung m. d. Begg-Technik, Behandlung m. Herbst-Scharnieren, Ausbild.-Berechtigung f. d. Weiterbild. z. Kieferorthopäden. M.: Ratzeburger Segelver., Begg-Society (EBSO), Dt. Ges. f. Kieferorthopädie (DGKFO). H.: Wassersport, Schwimmen, Segeln, Rudern, Paddeln, Garten.

Budweg Anselm Dr. med. *)

Budzinski Klaus *)

Budzisch Harald Dipl.-Ing. *)

Buecheler Kurt Hermann Prof. *)

Büechl Franz Dir. *)

Bueker Hannagret

B.: Unternehmerin, Inhaber. FN.: Agentur f. Musiktheater u. Konzerte In- u. Ausland. DA.: 30419 Hannover, Fuhsestr. 2. buekervoice@t-online.de. www.buekervoice.de. G.: Hannover, 23. Juli 1931. El.: Wilhelm u. Dorothea, geb. Jordan. BV.: Prof. Dr. Wilhelm Jordan Univ. Hannover im 19. Jhdt. S.: 1940 Mittlere Reife Hannover, 1949-50 Höhere Handelsschule Hannover. K.: 1950-59 Chefsekr. f. d. Geschäftsltg. in d. Dresdner Bank Hannover, 1953-58 Privatstud. Musik u. Gesang b. Prof. Alma Brunotte in Hannover, 1959-62 Auslandsaufenthalt in Wien/Österr. u. dort tätig als Künstlersekr. f. d. Ehepaar Christa Ludwig u. Walter Berry, 1962-63 Aufenthalt in London/England Sprachkurs, 1964-78 tätig b. d. Konzertdion. Hans Ulrich Schmid in Hannover Prokura u. Verantwortung f. d. Lyric Department, 1978 Endg. d. eigenen Agentur in Hannover f. d. Vermittlung v. Vocalsolisten, Oper u. Konzert intern., u.a. Christa Ludwig, Walter Berry, Nicolai Gedda, Hans Sotin, Janet Baker, Ivonne Minton, Helen Donath usw. M.: Grdg.-Mtgl. Verb. Dt. Opernagenturen e.V., Verb. Dt. Konzertagenturen e.V. H.: Fotografie, Sport, Golf, Wandern.

van Buer Jürgen Dr. Dr. h.c. Prof.

B.: Univ.-Prof. f. Wirtschaftspäd. F.: Inst. f. Wirtschafts- u. Erwachsenenpäd. Humboldt-Univ. GT.: Ltr. Inst. Beruf Bild. Forsch. Berlin. DA.: 10177 Berlin, Geschwister-Scholl-Str. 7.; 13465 Berlin, Am Rosenanger 16. van. buer@rz.hu-berlin.de. G.: Haltern, 1949. S.: 1969-73 Stud. Romanistik Univ. Münster, 1 J. Aufenthalt in Rom, Abschluß M.A. Univ. Göttingen. K.: 1972-80 Ang. in Projekten z. Lehr-Lern-Forsch. m. Prom. z. Dr. phil., 1980-92 Doz. an d. Univ-GS-Siegen, 1989 Habil., 1991-92 Vertretung Lehrstuhl Schulpäd. u. Medienpäd. Univ. Kiel, seit 1992 Ruf an Humboldt-Unv. Berlin, 2001 Grdg. Inst. Beruf Bild. Forsch. Berlin. BL.: ab 1992 an d. HU Umorientierung Studiengang Wirtschaftspäd. P.: Berufsbild.-Bericht Land Berlin, Sammelband über Bildungscontrolling

im Peter Lang Verlag 2000, Berufl. Bild. im Wandel 2001, Mitautor: Berichterstatter in d. Berufsbild.-Forsch. im Peter Lang Verlag 2001, Aziskolai terkeles tulelese in Ungarn (1999), über ihn: im Band über Prof. d. Wirtschaftspäd. v. Frau Lisop Univ. Frankfurt. E.: 1995 Ehrenmed. d. Bessenyei-HS in Nyiregihaza/Ungarn, 1996 Ehrenmtgl. Ungar. Ak. d. Wiss. Komitat SSB, 1997 Dr. h.c. d. WU Sofia. M.: Dt. Ges. f. Erziehungswiss. H.: Fotografie, Bilder malen, mod. Grafik.

Buerschaper Wolfgang
B.: Masseur u. med. Bademeister, selbständig. DA.: 30627 Hannover, Warburghof 14. G.: Hildesheim, 16. Sep. 1957. Ki.: Tassia (1981). BV.: alteingesesene Dorfbewohner in Borsum seit d. 13. Jhdt. S.: 1974 Ausbildung Krankenpfleger städt. KH Hildesheim, 1976 Ausbildung Masseur u. med. Bademeister Bad Lauterberg u. Salzgitter Bad, Abschluß m. Ausz. K.: seit 1980 selbständig. M. Massagepraxis in Hannover, Zusatzqualifikation in Fußreflexzonenmassage, Krankengymnastik u. Rückenschule, 2000-02 Ausbildung z. Heilpraktiker an d. Wilh.-Rehberg-Heilpraktikerschule in Wunstorf. H.: Malerei.

Bues Rosemarie *)

Buettner Gernot *)

Bufe Ralf H. Dipl.-Oec.
B.: Vorst.-Vors. FN.: Pfleiderer AG. DA.: 92318 Neumarkt, Ingolstädter Str. 51. G.: Gera, 1948. V.: verh. Ki.: 1 Kind. S.: Ausb. z. Dipl.-Oec. u. Ind.-Kfm. K.: 1979-82 Kienbaum Unternehmensberatung, Gummersbach, 1983-90 Agfa Gaevert AG, München, zul. Dir. Marketing u. Vertrieb Magnetband, 1991 Pepsi-Cola GmbH, Offenbach Gschf., 1992-99 Metallgesellschaft AG, Frankfurt a. Main, Gschf. Sachtleben-Chemie GmbH, Duisburg, danach Vors. d. Gschf., Vorst. d. Dynamit Nobel AG, Troisdorf, Vorst. Metallgesellsch. AG, Frankfurt/Main, s. 1/2000 Pfleiderer AG, 1-3/2000 stellv. Vorst.-Vors., s. 4/2000 Vorst.-Vors.

Buff Bernd Dipl.-Ing. *)

Buff Elmar Dr. med. dent. *)

Buga Abidin Dipl.-Ing.
B.: Elektroingenieur, Gastronom, selbständig. FN.: Restaurant Kapadokya. DA.: 28207 Bremen, Hastedter Heerstr. 283 - 285. G.: Türkei, 3. März 1966. V.: Sibel. Ki.: Ezgi (1991), Emre (1992). El.: Muharrem u. Gülsen. S.: 1981 Gymnasium in Istanbul, seit 1981 in Bremen, 1983-87 Lehre z. Elektroinstallateur, 1987-88 Berufsaufbauschule, 1988-89 Fachabitur Bereich Elektrotechnik, 1990-95 Stud. Elektrotechnik an d. HS f. Technik in Bremen, 1995 Abschluss Dipl.-Ing., 1996-98 Stud. Lehramt Univ. Bremen, 1998-99 Ausbildung im Gastgewerbe, Ausbildereignungsprüfung, 2000 Prüf. z. Restaurantfachmann. K.: während d. Stud. Kellnertätigkeiten, 1996 Eröff. d. Türkischen Restaurants Kapadokya in Bremen als Inh. M.: DEHOGA, VSR. H.: Musiker (Sazspielen).

Bugany Reinhard Curt *)

Bugar Peter *)

Bugarski Cornelia *)

Büge Brigitte
B.: Modedesignerin. FN.: Brigitte Büge Collection GmbH. DA.: 20144 Hamburg, Grindelberg 79; 22607 Hamburg, Beselerpl. 9. info@brigitte-buege.de. www.brigitte-buege.de. G.: Saalfeld, 14. Feb. 1951. V.: Manfred Büge. Ki.: Melanie (1973), Benita (1976). El.: Rolf u. Annelies Deckert, geb. Paatz. S.: 1969 Abitur, 1969-71 Ausbild. z. Schneider. K.:

*) Biographie www.whoiswho-verlag.ch oder beigefügte CD-ROM

1971-73 Kostümschneiderin am Theater in Rudolstadt, 1975-79 Designstud. in Berlin, Dipl.-Designerin, 1979-84 selbst. Schneiderin in Gera, 1984 Ausreise nach Hamburg, 1984-85 Lehrerin an d. Modeschule Mellow in Hamburg, 1986 Grdg. eines eigenen Modeateliers in Hamburg-Othmarschen, 1993 Beginn der Brigitte Büge Collection am Beseler Platz in Hamburg-Othmarschen, 1999 Eröff. d. 1. eigenen Modeboutique, 2x jährl. Vorstellung d. eigenen Kollektion auf Messen, Produktion ausschließlich in Deutschland. P.: Veröff. in d. Zeitschrift Sabrina-Kids verantwortl. für d. gesamten Teil d. Kindermode wie Schnittmuster etc. H.: Reisen, Lesen, Schwimmen.

Bugenhagen Peter Udo *)
Büger Joachim

B.: Apotheker, Gschf. FN.: Apotheker Schreier + Büger GmbH. DA.: 90419 Nürnberg, Adam-Kraft-Str. 61. G.: Nürnberg, 12. Sep. 1956. Ki.: Pauline (1998). El.: StR. Kurt u. Maria, geb. Kunder. S.: 1976-82 Stud. Pharmazie an d. Friedrich-Alexander-Univ. in Erlangen, 1982 1. Staatsexamen. K.: 1982-83 Praktikum in d. Altstadt-Apotheke in Nürnberg, 1983 Staatsexamen Pharmazie, 1983-90 Apotheker u. stellv. Apothekenltr. in d. Altstadt-Apotheke in Nürnberg, 1990 Grdg. d. Software- u. Dienstleistungsfirma u. Gschf. BL.: Erfinder d. Fernreise-Impfberatung per Computer. P.: Autor zu d. Themen Reise-Medizin u. Apotheken-Marketing in versch. Pharmazeut. Zeitungen, Reisemed., Vortragsreihen f. Apothekenkam. u. Apothekenverb., Reisemed., Vortragsreihen f. Laien im Name versch. Apothekerkam., Vorträge z. Thema Apotheken-Marketing, Mitinitiator d. Apotheken Marketing-Konzepts PRIMA Programm-Autor versch. Apothekenspezifischer Software. H.: Tochter, Tennis, Volleyball.

Büger-Blanchard Oliver

B.: Gschf. FN.: PS Werbung. DA.: 48653 Coesfeld, Borkener Str. 136-138. info@ps-inter.net. www.ps-inter.net. G.: Coesfeld, 13. August V.: Marie-Laure Blanchard. Ki.: Charlyn (1993). El.: Helmut u. Gisela. S.: 1987-90 Ausbild. z. Bürokfm., 1990-93 Kolleg-Schule in Münster, 1993 Abitur, 1993-95 Studium Wirtschaftswiss. an d. Westfäl. Wilhelms-Univ. Münster. K.: seit 1995 selbst., Grdg. d. Firma Print-Shop in Coesfeld, Schwerpunkte u.a. Digitaldruck, Textildruck, seit 1999 Grdg. d. Full-Service-Agentur ps Werbung m. Partner Jochen Hollemann, Schwerpunkt u.a. Konzeptionierung, Satz Layout, Grafik u. Design, Internet Präsentation, Direktmarketing, seit 2000 Grdg. d. Firma inPunkto Marketing m. Jochen Hollemann. BL.: Zuerkennung d. Landesreg. als Ausbilder in d. Bereich Mediendesign. H.: Musik, Literatur.

Buggenhagen Marianne *)
Buhl Charlotte Elisabeth

B.: Gschf. Ges., Inhaber. FN.: Buhl Gastronomie Personal Service GmbH. DA.: 86637 Wertingen, Augsburger Str. 1. G.: München, 10. Sep. 1949. V.: Hermann Buhl. S.: Ausbild. Steuerfachgehilfin. K.: 1 J. tätig als Steuerfachgehilfin 1971 Abitur, b. 1976 Stud. Naturwiss. an d. LMU München, Eintritt in den Bayr. Schuldienst, 1978 2. Staatsexamen, b. 1986 Studienrätin an versch. Gymn. in Bayern, 1986 Eintritt in die Firma d. Ehemannes, 1986-93 Betreiber einer Gastronomie im Augsburger Messezentrum u. in d. Kongreßhalle, glz. ab 1990 Aufbau d. Personal Service GmbH m. Schwerpunkt Gastronomiefachleute, Personalvermittlung u. Hostessenagentur, Grdg. v. 20 Ndlg. in Deutschland.

Buhl Christian

B.: RA. GT.: jurist. Berater d. Mieterver. "Berliner Mietergemeinschaft". DA.: 10245 Berlin, Gärtnerstr. 17. G.: Walsrode, 16. Jan. 1967. El.: Horst u. Marianne, geb. Griesmeier. S.: 1986 Abitur Walsrode, 1986-88 Berufsausbild. z. Ind.-Kfm. b. Wolf Walsrode AG, 1988-94 Stud. Rechtswiss. in Göttingen, 1. Staatsexamen, 1994-97 Referendariat in Berlin - 2. Staatsexamen. K.: Zulassung z. RA, kurzzeitig freier Mitarb. eines Mieterver. in Berlin, seit 1998 selbst. m. eigener Kzl. in Berlin-Friedrichshain, Tätigkeitsschwerpunkte: Mietrecht, Sozialrecht - Betreuungen, Arbeitsrecht, Familienrecht. H.: Musizieren m. lateinamerikan. Schlaginstrumenten, Campen.

Buhl Heike Dr. med.

B.: Ärztin f. Energetische Med. nach W. Reich. DA.: 12247 Berlin, Leonorenstr. 24. G.: Münster, 3. Sep. 1955. El.: Prof. Dr. Hansjürgen Buhl u. Sigrid Scheiter. S.: 1974 Abitur, 1977-78 Stud. Rechtswiss. a. Vw. Univ. Würzburg u. Albert-Ludwigs-Univ. Freiburg, 1976-78 freie Mitarb. b. d. Badischen Zeitung, 1978-80 Stud. Rechtswiss. u. Humanmed. Albert-Ludwigs-Univ. Freiburg, 1980-85 Stud. Humanmed. FU Berlin, 1985 Approb. als Ärztin, 1986 Prom., 1985-88 Stud. Phil. FU Berlin. K.: 1985-93 Ärztin f. Energetische Med. nach W. Reich im Ströme-Zentrum Berlin in Zusammenarb. m. Psychologen, 1988 Ndlg. als Ärztin, 1993 zusammen m. Claudia Hueck Grdg. d. Praxis f. Energetische Med. P.: 1983-98 u. seit 2000 Mithrsg. d. Wilhelm Reich Zeitschrift "emotion", seit 1993 Fachveröff. u. intern. Vorträge, Veröff. in d. Wilhelm-Reich-Zeitschrift "emotion" (11/1994), "bukumatula" (4/1995), "Ich" (2/1995, 1/1997), "Energie u. Charakter" (12/1995, 1/1996, 1/1996), "Energy and Character"

*) Biographie www.whoiswho-verlag.ch oder beigefügte CD-ROM

(11/1997, 9/1999), "Wiss. v. Lebendigen" (1999), "Lebensenergie-Med." (2000). M.: seit 1987 Vorst.-Mtgl. u. seit 1999 2. Vors. d. Wilhelm-Reich-Ges., seit 1996 Mtgl. d. Zentrums f. Orgontherapie Berlin. H.: Lesen, Reisen, Musik, Katzen.

Buhl Herbert Dr. *)

Buhl Norbert *)

Buhl Ralf

B.: Bez.-Ltr. FN.: LBS Landes-Bausparkasse. DA.: 23879 Mölln, Hauptstraße 22. buhlmoelle@t-online.de. G.: Wanne-Eickel, 11. Feb. 1958. V.: Brigitte, geb. Obladen. BV.: Hermann Buhl Bergsteiger. S.: 1975-77 Fachoberschule, FH-Reife, 1977-79 Ausbildung z. Vers.- u. Finanzierungsfachwirt. K.: seit 1981 in div. Führungspositionen in d. Finanzdienstleistung im gen. Bereich, 1994 Bez.-Ltr. d. LBS in Mölln, 1985-95 parallel als Sportjournalist f. d. westl. Teil Schleswig-Holstein. M.: 1985-95 Fußballtrainer auf Bez.- u. Kreisebene, Sprecherausch. d. LBS-Außendienstorgan., Arge Schleswig-Holstein LBL u. LBS-Immobilien. H.: Neue Medien, Computer, Internetgestaltung, Sport, Literatur.

Buhl Wolfgang Dr.
B.: Redakteur. PA.: 90482 Nürnberg, Schnaittacher Str. 10. G.: 15. Apr. 1925. V.: Renate, geb. Thume. El.: Fritz u. Elsa. S.: Univ. Erlangen-Nürnberg, 1950 Prom. K.: 1953-63 Red. Nürnberger Nachrichten, 1963-78 Ltr. Abt. Wort Studio Nürnberg d. Bayer. Rundfunks, 1978 Ltr. d. Studios Nürnberg d. Bayer. Rundfunks, 1978 Lehrauftrag an d. Univ. Erlangen-Nürnberg, 1985 Hon.-Prof. f. Publizistik, seit 1990 freier Autor. P.: zahlr. Veröff., u.a. Fränkische Klassiker (1971), Karfreitagskind (Roman), (1949). M.: P.E.N., Erich Kästner-Ges.

Bühl Arthur A.

B.: Unternehmer, Inh. FN.: bs - service Detektei - Auskunftei. DA.: 22335 Hamburg, Alsterkrugchaussee 449. G.: Stuttgart, 27. März 1961. Ki.: Jennifer (1980), Arthur jun. (1989). S.: Mittlere Reife. K.: 1979-81 Lagerarb. u. Lagerltr., 1981 selbst. m. eigenem Kurierdienst in Partnerschaft mit dem Vater, parallel erste Erfahrungen als Detektiv, 1981 selbst. Detektiv in Hamburg, seit 1985 im Hdls.-Register, Schwerpunkt: Recherchen f. Banken, Anw. u. im Bereich d. Wirtschaftskriminalität. BL.: mehrmals Dt. Meister u. 2-facher Dt. Meister im Lock-Picking einer besonderen Art Schlösser ohne Gewaltanwendung zu öffnen, 1997 Dt. Meister u. Blitzmeister, 1998 Blitzmeister, 1999 2-facher Dt. Meister. M.: BDD, Präs. v. Verb. Weibl. Detektive Nord- u. Westdeutschland, VPräs. u. Grdg.-Mtgl. Sportfreunde Sperrtechnik Deutschland e.V. H.: Volleyball, aktiver Spieler in d. Mannschaft d. Bez.-Amtes Hamburg-Nord.

Bühlbecker Hermann Dr. rer. pol. Prof.

B.: Alleinges., Vors. d. BeiR. d. Unternehmensgruppe Lambertz. FN.: Aachener Printen- u. Schokoladenfbk. Henry Lambertz GmbH & Co KG. DA.: 52072 Aachen, Borcherstr. 18. G.: Aachen, 7. Juni 1950. V.: Dominique, geb. Valleè. Ki.: Shiraz (1996). El.: Hermann u. Rosemarie, geb. Bühlbecker. S.: 1970 Abitur u. Stud. Wirtschaftswiss. an d. Univ. Erlangen/Nürnberg, 1974 Dipl.-Kfm., 1976 Prom. z. Dr. rer. pol. K.: 1976 Eintritt in d. Firma Henry Lambertz Aachen als Ass. d. Geschäftsführung, 1977 Gschf. u. persönl. haft. Ges. d. Firma Henry Lambertz Aachen, 1982 Mtgl. d. Vorst. d. Fachsparte Gebäck innerhalb d. Bundesverb. d. Dt. Süßwarenind., seit 1990 Mtgl. d. Vollversammlung d. IHK Achen f. d. Bereich Nahrungs- u. Genußmittel, 1992 Alleinges. u. Vors. d. BeiR. d. Unternehmensgruppe Lambertz, 1994 Kauf d. Firma Lebkuchen Weiss in Neu-Ulm u. Nürnberg, 1999 Kauf d. Printen- u. Lebkuchenfbk. Kinkartz u. a. Nürnberger Lebkuchenfbk. Haeberlein-Metzger, 1998 Mtgl. d. Wirtschaftssenats d. Bundesverb. mittelständ. Wirtschaft (BVMW), 2000 stellv. Vors. d. Bundesverb. d. Dt. Süßwarenind. u. Vors. d. Fachbereichs Feine Backwaren, Aufbau eines intern. Firmenkonsortiums m. 7 Produktionsstätten im In- u. Ausland. P.: zahlr. Veröff. in nat. u. intern. Fachzeitschriften, Vorträge v. nat. Gremien. E.: 1988 Gold. Uhr d. Verb. Süßwaren Groß- u. Außenhdl. H.: Sport (Tennis, Golf, Squash).

Bühler Berthold
B.: Koch. FN.: Residénce. DA.: 45219 Essen, Auf der Forst 1. info@hotel-residence. K.: gehört bereits seit 1991 zu d. Spitzenköchen Deutschlands, Rang 2 d. Restaurant Hitliste Nordrhein-Westfalen, Zweitrestaurant "Benedikt" umbenannt in "Püree". E.: Spitzenkoch (2002), ausgezeichnet m. 2 Michelin Sternen u. 3 Varta Mützen. (Re)

Bühler Eugen Dipl.-Ing. *)

Bühler Heinz Dr. iur.
B.: Kurator. FN.: Dt. Stiftung f. intern. Entwicklung (DSE). DA.: 10787 Berlin, Rauchstr. 25. P PA.: 53129 Bonn, Karthäuser Str. 10. G.: Eislingen/Fils, 30. Apr. 1939. V.: Dr. phil. Agathe, geb. Herzendorf. Ki.: Stefan (1964), Simon (1966). El.: august u. Theresia. S.: 1958 Abitur, 1958-62 Stud. Rechtswiss. Tübingen, München, Bonn u. Köln, 1962 1u. 1966 2. Staatsexamen, 1966-67 Gerichtsass. Stuttgart-Bad Cannstatt, 1967-68 Stud. ENA/Paris. K.: 1968 Gerichtsass. LG Stuttgart, 1969-73 Projektltr. entwicklungspolit. Projekt Ruanda, 1973-77 Ltr. Entwicklungsprojekt Äthiopien, 1977-87 Bundesmin. f. wirtschaftl. Zusammenarb. Bonn, 1987-93 Exekutivdir. AufsR. d. Asiat. Entwicklungsbank Manila/Philippinen, seit 1993 gewählter Kurator DSE Berlin. M.: RundfunkR. Dt. Welle, AufsR. d. Stiftung Michael, Rotary Club, Ges. d. Freunde d. DAAD, Vorst. d. Intern. Inst. f. Journalismus. H.: Wandern, Tauchen, Theater.

Bühler Herbert Dipl.-Ing. Prof.
B.: Arch.; Dekan d. FB Arch. an d. FH Münster; Inh. e. Planungsbüros. DA.: 81241 München, Landsbergerstr. 484. PA.: 81479 München, Echterstr. 24. G.: Ulm, 15. Juli 1941. El.: Alois u. Lene. S.: 1961-66 Arch.-Stud. TU München, 1964-66 stud. Hilfskraft am Inst. f. Hochbaukonstr. u. Baustoffkunde der TU. K.: Mitarb. u. Projektltg. Arch. b. Prof. Franz Hart, 1966-71 Wiss. Ass. am Inst. f. Hochbaukonstr. d. TU Mün-

*) Biographie www.whoiswho-verlag.ch oder beigefügte CD-ROM

chen, 1972 eig. Arch.-Büro mit Prof. Frid Bühler, 1975-76 Lehrbeauftr. d. FH Rosenheim, 1976 Prof. FH Münster, 1978-80 Konstr.-Berater d. Stahlbauabt. d. Bayer. Berg-Hütten u. Salzwerke AG, 1984-90 Dekan d. FB Arch. d. FH Münster. P.: Ausstellungen: 1988 Arch.-Kammer Stuttg. - Vorbildl. Bauten, Handel/Gewerbe, 1989 München - Galerie/Christl. Kunst, 1991 New York - FRAA/AIA, 1993 Buenos Aires - 5. Intern. B. f. Arch. E.: 1983 BDA-Preis Bayern, 1984 Fassadenpreis d. Stadt Augsburg (Kotta Haus), 1986 Ziegeldach im Städte- u. Wohnungsbau (Bundesmin. f. Bauwesen u. Städtebau), 1989 IAKS Award Intern. Ausz. beste Sport- u. Freizeiteinr. M.: Vors. d. Ständigen Konferenz der Dekane in NRW, Brandenburg. Landeskomm. f. HS durch Wissenschaftsmin. Enderlein, Vors. in mehreren Pressgerichtsgremien in NRW.

Bühler Ingrid
B.: Friseurmstr. FN.: Ingrid´s Frisurenecke. DA.: 80687 München, Reutterstr. 27. G.: München, 16. Juni 1962. S.: 1977 HS-Abschluß, 1977-80 Lehre in München, 1988 Mstr.-Prüf. K.: seit 1990 selbst., seit 1993 Behandlung m. neuartiger Lasertechnik z. Strukturverbesserung d. Haares. H.: Hinterglasmalerei, Skifahren, Reisen.

Bühler Jörg *)

Bühler Jörg *)

Bühler Klaus *)
Künstlername: Billy Bühler.

Bühler Klaus
B.: Ref. f. polit. Bild., MdB. DA.: 11011 Berlin, Platz d. Republik 1. PA.: 76646 Bruchsal, Alter Unteröwish. Weg 11. G.: Bad Sachsa, 16. Jan. 1941. V.: Franziska Theresia, geb. Bellm. K.: Olaf Klaus (1966), Wolfram Maria (1968). S.: VS, hum. Gymn. Bruchsal, Stud. Heidelberg u. Karlsruhe. K.: b. 1974 als Realschullehrer tätig, 1974-76 Ltr. d. Außenstelle Heidelberg f. d. Rg.-Bez. Karlsruhe d. Landeszentrale f. polit. Bild., 1965-75 Kreisvors. JU, 1968 StadtR., 1971 Kreisverordneter, 1973 Mtgl. Regionalversammlung Mittlerer Oberrhein, MdB s. 1976, Mtgl. d. Parl. Versammlungen d. Europarates u. d. WEU s. 1987. H.: Lesen, Reisen. (Re)

Bühler Reglint Dipl.-Sängerin, Dipl.-Musikpäd. *)

Bühler Renata *)

Bühler Rosemarie
B.: Malerin/Designerin, Inh. FN.: erbé. PA.: 53332 Bornheim-Walberberg, Franz-von-Kempis-Weg 56. rosemarie-buehler@kunstarena.de. www.kunstarena.de/rosemarie-buehler/. G.: Köln, 17. Dez. 1938. V.: Dr. Enno. Ki.: Anja (1965), Petra (1971). El.: Dr. Franz u. Maria Domhof. S.: 1957 Abitur, 1957-59 Stud. an d. Päd. HS Köln, Staatsexamen. K.: 1959-82 Schuldienst (Kunst u. Musik), 1982 freischaff. Tätigk., 1986 Geschäftseröff., Messe- u. P.: Seidenmalerei in Vollendung, Muster über Muster, Lexikon d. Seidenmalerei, Seidenmalerei u. Modedesign, Handbuch d. Seidenmalerei. E.: 1996 2. Preis im Grand Concours de la Soie in Avignon. M.: GEDOK (Gem. d. Künstlerinnen u. Kunstfreunde), Arb. in öffentl. Besitz,- Rathaus Kerpen. H.: Gesang (Klassik u. Jazz). (R.S.)

Bühler Stefan
B.: Bodypiercer, Inh. FN.: Generation X. DA.: 66133 Saarbrücken, Kaiserstr. 111 a. info@poke-of-pain.de. www.poke-of-pain.de. G.: Saarbrücken, 19. Juli 1965. El.: Dieter u. Irmgard, geb. Brodinger. S.: 1981 Mittlere Reife, Lehre Fliesenleger, Flugzeuglackierer d. Lufthansa in Frankfurt, Ausbild. z. Vers.-Kfm. m. IHK-Abschluß, 1995-98 Ausbild. Heilpraktiker, Abschluß m. Ausz. staat. Inst. f. Gesundheit. K.: b. 1996 tätig als Fliesenleger, 1992 Kontakt zu Piercing, in d. USA,

seit 1993 regelm. Weiterbild. in Daytona Beach, bei Paul King in San Francisco, Fakir Musafa u. Cold Steel in London, seit 1993 nebenberufl. Piercingarb. in Scheidt, 1996 Eröff. d. Studios f. Piercing, 1998 Eröff. d. Studios Generation X f. alle Piercingarten u. Branding-Bereich m. Strom-Laser-Impuls-Technik, Materialien v. Titan, Gold u. Platin. BL.: Exclusivrechte f. hYd Edelkollektion. M.: APP-Association of professional Bodypiercing in d. USA. H.: Motorradfahren, Musik.

Bühler Ursula
B.: Heilpraktikein in eigener Praxis. DA.: 50937 Köln, Nikolausstr. 112. ursula.buehler@freenet.de. http://people.freenet.de/schwoerer.buehler. G.: Köln, 25. Apr. 1961. El.: Josef Bühler u. Rosemarie, geb. Teschner. S.: 1980 Abitur, 1982 Abschluß Versicherungskauffrau, 1985 Versicherungsfachwirt, 2000 Abschluß Heilpraktikerin. K.: Heilpraktikein in Gemeinschaftspraxis Schwörer + Bühler in Köln, seit 1990 Gruppenleiterin (Teamleader) in d. Versicherung Axa. BL.: Dorn-Therapeut. H.: Wohnmobil fahren, Angeln, Lesen, Musik, Musizieren, PC.

Bühler Winfried Dr.
B.: em o.Prof. f. Klass. Philol. PA.: 80797 München, Stauffenbergstr. 7/VIII. G.: Münster, 11. Juni 1929. V.: Ria, geb. Fisser. Ki.: Diethard. El.: Ottmar u. Maria. S.: Hum. Gymn., Univ. Bonn u. München, 1957 Dr. phil. K.: 1962 Habil., 1962-66 Priv.Doz. Univ. München, 1966-67 Assoc. Prof. Univ. of California Los Angeles, 1967-91 o.Prof. f. Klass. Philol. an d. Univ. Hamburg, em. E.: Präs. d. Joachim-Jungius-Ges. d. Wiss. Hamburg 1982-85. M.: o. Mtgl. Ak. d. Wiss. in Göttingen, Corr. Fellow of the British Academy, korr. Mtgl. d. Bayer. Ak. d. Wiss., Mtgl. Joachim Jungius-Ges. f. Wiss. Hamburg. H.: Musik, Tennis.

Bühler Wolfgang Dr. *)

Bühling Bodo *)

Bühling Reiner
B.: RA. FN.: Kanzlei Bühling & Rogge. DA.: Hamburg, Albert-Einstein-Ring 15. G.: Hamburg, 7. Dez. 1937. V.: Brigitte. BV.: Neffe v. Max Schmeling. S.: 1957 Abitur in Hamburg, 1957-61 Stud. Rechtswiss. in Hamburg u. Freiburg, 1962-66 Referendar in München, 1966 Examen. K.: 1966-70 tätig als ang. RA b. einem Wirtschaftsprüfer in Hamburg, seit 1971 eigenes Rechtsanwaltsbüro in Kombination rechtliche Beratung, Steuerberatung, Insolvenzrecht, Steuerrecht, Ausbilder, auch im Steuerrecht. H.: Sport, Tennis, Radfahren, Lesen.

Bühling Ulrich *)

Buhlke Bernd *)

Buhlke Günter Dipl.-Kfm. *)

Buhlmann Heiner *)

Bühlmeyer Thomas Dipl.-Ing. *)

Buhmann Bernd Dr. *)

*) Biographie www.whoiswho-verlag.ch oder beigefügte CD-ROM

Buhmann Jobst Dr. iur. *)

Buhmann Robert Dipl.-Ing. (FH)

B.: Gschf. FN.: AAB Aufzugs-Anlagen Beratungs GmbH. DA.: 85702 Unterschleißheim, Einsteinstraße 8. PA.: 81249 München, Grabenfleckstr. 10. aab-buhmann@t-online.de. www.aab-aufzuege.de. G.: München, 31. März 1968. V.: Claudia, geb. Schibelhut. Ki.: Anna Magdalena (2001). El.: Erich und Hannelore, geb. Schirmer. S.: 1987-88 Bundeswehr, 1988 Maschinenbaustud. an der FH München, Schwerpunkt Konstruktionstechnik u. -methodik, 1995 Dipl.-Ing. K.: 1995 Geschäftsführung d. AAB Aufzugs-Anlagen Beratungs GmbH gemeinsam m. Alexander Leonhardt. P.: Liftreport u. Messeviewberichte. M.: VFA Interlift e.V., IAEE Intern. Assoc. of Elevator Engineers, VDI, Vors. d. IAF Ingenieure f. Aufzugs- + Fordertechnik e.V. H.: Wasserski, Segeln, Skifahren, Bayer. Blasmusik m. d. B-Klarinette u. Es-Klarinette spielen.

Buhmann Ulrich *)

Bühmann Wolfgang Dr. med.
B.: FA f. Urologie. DA.: 31582 Nienburg, Marienstr. 15. Dr.W.Buehmann@telemed.de. G.: Nienburg, 27. Jän. 1958. V.: Cornelia, geb. Paysan. Ki.: Frederik (1983). S.: 1976 Abitur, 1976-77 Stud. Physik FU Berlin, 1977-84 Stud. Med. FU Berlin, 1981 1. Staatsexamen, 1983 2. Staatsexamen, 1984 3. Staatsexamen, 1984 Prom. K.: 1984-85 Ass.-Arzt an d. chir. Klinik am KH Eutin, 1986 an d. chir. Klinik an KKH Neustadt; 1986-87 wiss. Mitarb. an d. urolog. Klinik d. MHH Hannover. s. 1988 Schiffsarzt weltweit, 1988-92 Ass.- u. OA an d. urolog. Abt. d. Städt. Kliniken Delmenhorst, s. 1992 ndgl. Urologe in Nienburg u. Belegarzt an KH Nienburg m. Schwerpunkt Blasenentleerungsstörungen u. Erektile Dysfunktion. P.: div. Veröff. in Fachzeitschr. M.: Dt. Ges. f. Chir., Dt. Ges. f. Urologie, Berufsverb. d. Dt. Urologen, Berliner Urologen Ges., Vereinig. Norddt. Urologen, Ärztekam. Niedersachsen, Kassenärztl. Vereinig. Niedersachsen, Vors. d. Jazz Club Nienburg v. 1957 e.V., Vors. Stiftungsrat Bürgerstiftung Landkreis Nienburg. Gschf. Ges. Medinet(r)P.netz Nienburg.

Bühner Bernd Lothar *)

Bühner Rolf Dr. *)

Bühner Thomas
B.: Unternehmer, Gschf. FN.: GECO Kfz-Vermittlungsagentur. DA.: 82008 Unterhaching, Witneystr. 1. G.: Mannenberg, 9. März 1959. V.: Helen, geb. Moodly. Ki.: Nikitta (1991), Daniel (1995). El.: Adolf Bühner u. Margarethe Hüttner. BV.: Großvater Georg Hüttner war Schuldir., Vorfahren haben d. Ort Mannenberg gegründet, eigenes Familienwappen. S.: 1973-76 Lehre z. Ind.-Kfm., Kfm. Berufsschule. K.: 1977-86 Einkäufer f. Materialwirtschaft Daimler-Benz, 1979-80 Bundeswehr, seit 1986 selbst. Unternehmer (GECO = German Connection), Import, Export u. Vermittlung v. Neu- u. schwer zu beschaffenden Luxusfahrzeugen aus USA u. Canada. M.: BfI, Rotarier. H.: Reisen, speziell Abenteuerreisen, Kunst- u. Antiquitäten, Sport (Skifahren, Wasserski, Mountainbike), Motorradfahren (eigene Harley-Davidson).

Bühner Wolfgang Dipl.-Ing. *)

Buhr Christine

B.: RA. DA.: 86916 Kaufering, Donnersbergstr. 25. G.: Neuwied, 25. Apr. 1959. Ki.: Julian (1987). El.: Dipl.-Kfm. Lothar u. Lieselotte Buhr, geb. Monreal. S.: 1980 Abitur in Landsberg/Lech, 1980-85 Studium Jura LMU München, 1985 1. Staatsexamen, 1986 Stipendium London School of Economics, 1986-90 Referendariat OLG München. K.: 1984-87 wiss. Mitarb. am Inst. f. Rechtsphil. u. Rechtsinformatik, 1990-95 selbst. RA, 1995 Mitarb. einer großen RA-Kzl. in Augsburg, seit 1997 selbst. RA-Kzl. in Kaufering m. Schwerpunkt Familienrecht. M.: Dr. Juristenbund, Arge Familienrecht, Arb.-Kreis Trennung u. Scheidung in Landsberg/Lech. H.: Hunde Pascha u. Purzel, Reiten.

Buhr Gerhard Hans Peter Dr. *)

de Buhr Hermann Dr. Prof. *)

de Buhr Karlheinz Dr. med. *)

Buhr Michael Dr. med. *)

Buhr Rüdiger

B.: RA. DA.: 50939 Köln, Weißhausstr. 21. G.: Köln, 14. Dez. 1958. El.: Kurt u. Elisabeth, geb. Staude. S.: 1979 Abitur, 1979-87 Stud. Jura in Köln u. Lausanne, 1991 2. Staatsexamen. K.: seit 1991 Anw. in Köln, seit 1995 eigene Kzl., Tätigkeitsschwerpunkt: Strafverteidigung. M.: Studentenverbindung Germania Lausanne, AG Strafrecht im DAV, Blaue Funken Kölner Funkenartillerie 1870 e.V. H.: Golf, Hund, Karneval.

Buhrandt Axel *)

Buhre Traugott
B.: Schauspieler. PA.: 21521 Aumühle, Kuhkoppel 1a. G.: Insterburg, 21. Juni 1929. K.: spielte zunächst an Wanderbühnen, weitere Stationen u.a. in Köln, Bremen, Stuttgart, Frankfurt/Main, Zürich, Bochum, Hamburg u. b. 1985 b. d. Sbg. Festspielen, Auszug a. d. künstlerischen Schaffen a. Schauspieler: Ende der Vorstellung 24h (1970), Gelegenheitsarbeit einer Sklavin (1973), Haus ohne Hüter (1975), Derrick - Eine Nacht im Oktober, Tannerhütte (1976), Alles unter Kontralle (1982), Is was Kanzler (1983), Mit meinen heissen Tränen - Schubert (1985), Der Theatermacher, Winckelmanns Reisen (1990), Dieter Gütt - Ein Journalist (1991), Spreebogen, Wilder Thymian (1994), Peanuts - Die Bank zahlt alles, Die Versuchung - Der Priester und das Mädchen, Ein starkes Team: Erbarmungslos, Trip (1995), Dumm gelaufen (1997), Rosa Roth - Jerusalem Reise in den Tod, Tatort - Bildersturm, Alles Bob, Drei Gauner, ein Baby und die Liebe (1998), Vor dem Ruhestand i. d. Regie v. Klaus Peymann am Burgtheater, Ein Mann steht auf (1999), Das Ende der Paarung (2000).

*) Biographie www.whoiswho-verlag.ch oder beigefügte CD-ROM

Bühren Ludger Dipl.-Ing. *)

Bühren Volker Dr. med. Prof.
B.: ärztl. Dir. FN.: Berufsgen. Unfallklinik Murnau. DA.: 82418 Murnau, Prof.-Küntscher-Str. 8. G.: Celle, 18. Sep. 1952. V.: Dr. med. Astrid, geb. Klages. Ki.: Katharina (1978), Niklas (1981). El.: Willi u. Edith, geb. Grunwald. S.: 1971 Abitur Celle, 1971-77 Stud. Humanmed. Med. HS Hannover, 1975/76 Auslandsstud. London u. Edinburgh, 1977 Approb., 1978 Prom. K.: 1978-83 Chir. Weiterbild. Hannover, 1982-83 Expeditionsarzt b. d. Antarktisexpedition Ganovex III, 1983-93 Ausbild. in Unfallchir. an d. Chir. Univ.-Klinik Homburg/Saar, 1984 FA-Anerkennung, 1985 OA, 1988 Forsch.-Aufenthalt Univ. of Oklahoma Health Science Center Oklahoma/USA, 1989 ltd. OA, 1989 Habil., 1991 komm. Dir. Chir. Univ.-Klinik Homburg/Saar, 1993 ärztl. Dir. d. Berufsgen. Unfallklinik Murnau. P.: über 250 wiss. Veröff. in nat. u. intern. Fachzeitungen u. Buchpubl., Bühren 1995 Gefäßverletzungen in Rüter, Trentz, Wagner: Unfallchir., Verlag Urban&Schwarzenberg, München-Wien-Baltimore; Bühren, Potulski 1987, Expeditionsarzt in d. Antarktis - Eine notfallmed. Herausforderung; Bühren, Trentz 1989, Intraluminäre Ballonblockade d. Aorta b. traumatischem Massivblutung; Bühren, Henneberger, Trentz 1990, Repositionstechniken bei Luxationen u. Frakturen, Bühren, Marzi 1992, Strategie d. Versorgung d. Mehrfachverletzten - Pathophysiologische Aspekte, die Behandlungsstrategien beeinfl. M.: Dt. Ges. f. Chir., Dt. Ges. f. Unfallchir., Shock-Society USA, Intern. Soc. of Surgery, Lions Club. H.: Musik, Sport (Rudern, Mountainbike).

Bührens Petra Juliane

B.: Kauffrau. FN.: Raumausstattung Petra Bührens. DA.: 22299 Hamburg, Winterhuder Marktpl. 17. G.: Königsee, 27. März 1945. V.: Wolfgang Schütte. El.: Otto Hugo Max und Johanna Rosemann. S.: 1961 Mittlere Reife. K.: 1961-65 Tätigkeit in der Buchhandlung Leo Roski in Mitterfelden, 1965 Mannequin in Salzburg, 1966 Umzug nach Hamburg, 1967 Grdg. d. heutigen Geschäftes. H.: Malen, Musik (Jazz).

Buhrfeind Johann Friedrich Hermann *)

Bührich Monika *)

Bührig Angelika

B.: Steuerberaterin, selbständig. DA.: 28832 Achim, Verdener Str. 51. stb.a.buehring @t-online.de. www.steuerberater-in.de/buehring. G.: Wietze, 18. Mai 1947. V.: Bernd Bührig. Ki.: Daniela (1976). El.: Franz Jahner u. Angelika, geb. Schäfer. S.: 1963 Mittlere Reife in Winsen/Aller, 1963-65 Ausbildung z. Industriekauffrau in Wietze u. Hamburg. K.: 1963-65 DEA Hamburg, 1968-72 Bauunternehmen in Wietze, 1972-76 Ltr. d. Finanzbuchhaltung Firma Tetenal Hamburg-Norderstedt, 1979 Bestellung z. Steuerberaterin, seit 1979 selbständig, Eröff. d. Steuerberatungskanzlei in Achim, Tätigkeitsschwerpunkt Gestaltungsberatung betriebliche u. private Investitionen, Gesellschaftsformen und steuerliche Auswirkungen, unentgeltliche u. entgeltliche Übertragungen v. Vermögenswerten, Vermögensplanung, Existenzgründung, Ausbildung im Dualen System z. Betriebswirt.

Bührig Karin Dipl.-Ing. *)

Bühring Hannes *)

Bühring Karl-Heinz *)

Bühring Malte Dr. med. Prof.
B.: Chefarzt. DA.: 14109 Berlin, Königstr. 63. PA.: Berlin-Hermsdorf, Lotosweg 72. G.: Münster, 8. Jan. 1939. V.: Dorothea, geb. Wischeropp. Ki.: Katharina (1966), Irina (1967), Cordelia (1969). El.: Ernst Friedrich u. Annemarie, geb. Sommer. BV.: Hermann Sommer Univ.-Kurator in Greifswald u. Halle gest. 1945. S.: 1958 Abitur, 1958-59 Grundwehrdienst, 1959-65 Med.-Stud. Univ. Berlin, Tübingen u. München, Examen u. Prom., 1967 Approb. K.: 1967-69 Inst. f. Arbeitsphysiologie u. Rehabilitationsforsch. in Marburg, 1969-71 Naturheilkundeklinik Bad Berleburg L.R. Grottke-Inst. f. Physiotherapie Bad Berleburg, 1971-89 Univ.-Klinik Frankfurt/Main, Abt. f. Physikal.-Diätet. Therapie, Zentrum Innere Med., 1985 Habil., 1989 Berufung an d. FU Berlin, Univ.-Klinik Benjamin-Franklin, Abt. Naturheilkunde u. gleichzeitig Chefarzt d. Internistischen Abt. im KH Berlin-Moabit, Inh. d. einzigen Lehrstuhls f. Naturheilkunde in d. BRD. P.: Hrsg. eines Lose-Blatt-Werkes Naturheilverfahren u. unkonventionelle med. Richtungen, Mtgl. d. Schriftltg. einer Med. Zeitschrift Forschende Komplementärmed., Naturheilkunde, Grundlagen, Anwendungen (1997), UV-Biologie u. Heliotherapie (1992), Mithrsg. d. Gegenstandskatalog f. Prüf.-Fragen (1996). M.: 1996 Grdg.-Präs. d. European Society for Classical Natural Medicine Berlin, Gutachtertätigkeit f. Krankenkassen, Bundesreg. u. mehrere andere Organe, Konzeptionierung u. Formulierung v. Prüf.-Fragen f. d. med. Staatsexamen Bereich Naturheilkunde, Ehrenmtgl. d. poln. Ges. f. Balneologie, korresp. Mtgl. d. Schweizer Ges. f. Balneologie u. Physikal. Med., 1988-89 Präs. d. Dt. Ges. f. Physikal. Med. H.: Med.-Geschichte, antike Naturphil.

Bühring Rolf Dr. med. vet.

B.: prakt. Tierarzt. DA.: 13055 Berlin, Neustrelitzer Str. 43. S.: Abitur m. Berufsausbild. in Rinderzucht Drebkow, Militärdienst, Stud. Vet.-Med., Fachtierarzt f. Tierhygiene. K.: stellv. Amtstierarzt Landkreis Fürstenwalde, b. 1993 wiss. Oberass. am Inst. f. Tierhygiene u. Humboldt-Univ. Berlin, Forsch.-Stud. zu hygienischen Problemen d. Tier-Umwelt-Beziehung, insbes. über Wirksamkeit v. Reinigung u. Desinfektion in d. Tierhaltung, sowie zu Fragen d. Tierkörperbeseitigung, Prom., seit 1993 ndlg., Kleintierpraxis. P.: Art. in Fachzeitschriften.

Bühring Ulger *)

Bühringer Heinz *)

Bührle Werner Manfred *)

---

*) Biographie www.whoiswho-verlag.ch oder beigefügte CD-ROM

Bührmann Christina *)

Bührnheim Dieter *)

Buhse Hans-Joachim *)

Bujara Martin Johannes
B.: Pianist, Ltr. FN.: Kreismusikschule Wolfenbüttel. DA.: 38300 Wolfenbüttel, Harzstr. 2 - 3. kvhs-wf@ikw.de. www.lk-wolfenbuettel.de. G.: Salzgitter, 12. Juni 1959. V.: Gabriele, geb. Maul. Ki.: Franziska (1995), Leonard (1997). El.: Stefan u. Maria, geb. Müller. S.: 1978-82 Studiengangseminar an d. Staatl. HS f. Musik u. Theater in Hannover m. Abschluss Dipl.-Prüf. als Instrumentallehrer, 1982-83 Studiengang Ausbildungsklassen m. Abschluss Konzertleiterprüfung, 1983-88 Studiengang Soloklassen m. Abschluss Konzertexamen in d. Klasse v. Prof. Karl-Hein Kämmerling, seit 1964 Klavierunterricht b. Nina Iwascheff-Blochina. K.: 1984-2001 Hauptamtlicher Musiklehrer an d. Städt. Musikschule Salzgitter, seit 2002 Ltr. d. Kreismusikschule Wolfenbüttel. P.: Rundfunkaufnahmen f. d. NDR u. WDR, seit 1977 Solist, Liedbegleiter u. Kammermusiker in Deutschland, USA, England, Finnland u. Russland konzertiert. E.: mehrfach 1. Preisträger b. Wettbewerb v. Grotian-Steinweg u. "Jugend musiziert" (1966-78), Stipendiat d. "Oskar u. Vera Ritter-Stiftung" (1972). M.: Rotary-Club Salzgitter-Wolfenbüttel-Vorharz. H.: Familie, Musik, Politik, Literatur.

Bujnoch Josef Dr. phil.
B.: StDir. a.D. PA.: 48157 Münster, Vennemannstr. 5. G.: Troppau, 31. Jan. 1915. V.: Dr. Berta, geb. Müller. Ki.: Hildegard, Adalbert. El.: Ferdinand u. Auguste. S.: 1934 Reifeprüf., 1934-36 Stud. Phil. u. Kath. Theol. in Olmütz, Stud. klass. Philol. u. Geschichte an d. Dt. Univ. in Prag, 1940 Prom. K.: 1939-40 im Höheren Schuldienst am Dt. Stephansgymn. in Prag, 1940-45 Univ.Bibl. Prag, 1940-46 Kriegsdienst, 1946-47 Höherer Schuldienst Plön, 1947-49 Collegium Augustinianum in Gaesdonck, seit 1949 im Höheren Schuldienst d. Landes Nordrhein-Westfalen in Geldern u. 1951-77 in Krefeld, 1949 Studienassessor, 1953 StR., 1965 OStR., 1970 StDir. P.: Erstübersetzungen slawischer Geschichtsquellen aus Altslav., Griech., Lat., Alttschech. ins Deutsche, in: Slav. Geschichtsschreiber Bd. 1, 3, 10, 11, Verlag Styria Graz Wien Köln zw. 1958/1988, seit 1989 lt. Auftrag Herder-Inst. Marburg Übersetzungsarbeit aus Latein, ins Deutsche d. Königsaaler Chronik (Chronicon Aulae Regiae) d. Zisterzienserabtes Peter von Zittau (1316-1338), Ausgabe Prag 1884 in Fontes rerum Bohemicarum Band IV. M.: Kath. Dt. Studentenverbindung Nordgau-Prag seit 1934, Histor. Kmsn. d. Sudetenländer seit 1978, Görres-Ges. z. Pflege d. Wiss. seit 1982, ordentl. Mtgl. d. Sudetendeutschen Akad. d. Wiss. u. Künste in München laut Urkunde vom 20. Mai 1995.

Bukenberger Götz *)

Büker Emil
B.: Gschf. FN.: E. BÜKER Rohrtechnik GmbH. DA.: 40668 Meerbusch, Josef-Tovornik-Str. 8. PA.: 40668 Meerbusch, Berliner Str. 8. Bueker-Rohrtechnik@t-online.de. G.: Hamm, 7. Sep. 1932. V.: Anneliese. Ki.: Sabine, Arno. S.: 1947-51 Schmiede- u. Schlosserlehre, Weiterbild. Kunstschmied. K.: tätig in Metallberufen u. Weiterbild. z. Maschinenbauing. an d. Abendschule in Dortmund, 1957 Schweißfaching., 1962-78 selbst. Hdl.-Vertreter f. Schweißtechnik, Gassicherheitsarmaturen u. Rohrbearbeitungsmaschinen, glz. Fachreferententätigkeit bei d. BG Hütten- u. Walzwerke in Essen, Vorträge in Industriefirmen u. Lehranstalten d. DVS über Unfallverhütung beim Umgang mit techn. Gasen, 1979 Grdg. d. Firma E. BÜKER ROHRTECHNIK, Schwerpunkt: Rohr-Bearbeitungsmaschinen, Druckprobenverschlüsse, Spezialbrenner u. Rohr-Montagerüstungen; P.: Aufsätze in techn.-wiss. Fach-

schriften, Vorträge über Lebensphilosophie, Humanethik u. Tierschutz,Gesellschafts- u. Kommunalpolitik, 1969 Gründungs.-Ratsherr der Stadt Meerbusch, 4. Jan. 1979 Ermordung d. 16-jährigen Sohnes Rainer durch einen Mitschüler, 1981-88 gemeinsam mit Ehefrau Anneliese: Aufbau u. Ltg. d. Hilfsorganisation WEISSER RING im Raum Düsseldorf, Begleitung von Opfern krimineller Gewalt u. Grdg. einer Selbsthilfegruppe v. Gewaltopfern. E.: 1999 TÜV-Zert. ISO 2001. M.: Grdg.-Mtgl. d. FORUM GEGEN GEWALT e.V., Mtgl. SCHOPENHAUER-Ges., CUSANUS-Ges., HEINE-Ges., Forschungsges. "Q.C". H.: Geisteswissenschaften, Literatur, Schriftstellerei, Tanz.

Bukowiecki Sandro *)

Bulach Dorit Helga *)

Bulach Edwin J.
B.: RA, Fachanw. f. Steuerrecht. FN.: Bulach & Partner GbR. DA.: 06112 Halle, Merseburger Str. 51. G.: Sigmaringen, 16. Apr. 1946. V.: Karin. S.: 1966 Abitur, Jurastud. Tübingen, Examen in Tübingen, 1971 Referendarzeit in Ravensburg, München u. Stuttgart. K.: 1975-94 RA in Schramberg/Schwarzwald, 1976 Grdg. d. eigenen Kzl., ab 1984 RA u. Steuerberater in Kzl. Bulach, Mayer & Partner, 1994 Grdg. d. Büros Halle d. Sozietät Bulach, Elser, Nowak & Partner Halle-Tettnang, seit 1997 firmierend unter Bulach & Partner GbR. P.: Seminartätigkeiten zu Baurecht, Aufsätze f. Bauind. über Baurecht. M.: AG Baurecht d. Dt. Anw.-Ver., seit 1999 aufgenommen in d. Schlichter- u. Schiederichterliste nach d. SOBau, Hallescher Anw.-Ver. H.: Tennis, Garten.

Bulach Karin
B.: Volljurist, RA. FN.: Bulach & Partner GbR. DA.: 06112 Halle, Merseburger Str. 51. G.: Herrenberg, 8. Feb. 1962. V.: Edwin J. Bulach. S.: 1980 Abitur Nagold, Jurastud. in Tübingen, 1987 Referendarzeit in Rottweil. K.: 1991-92 Mitarb. d. Gerling-Konzerns in Freiburg im Bereich Vermögensschadenhaftpflicht d. Steuerberater, b. 1994 Geschäftsbereichsltr. d. Landsiedlung Baden-Württemberg GmbH in Stuttgart Bereich Personal, Rechtsabteilung, allgemeine Verwaltung u. Buchhaltung, 1994 Mitbegründer d. Büro Halle/Saale. d. überörtl. Sozietät Bulach, Elser, Nowack & Partner Halle-Tettnang, seit 1997 firmierend unter Bulach & Partner Halle/Saale, Tätigkeitsschwerpunkt: Arbeitsrecht, Familienrecht, Ges.-Recht. P.: Fortbild.-Maßnahmen, Vorträge, Referentin zu d. Themen Ges.-Recht, GbR, Arbeitsrecht, Betriebsverfassungsrecht. M.: Hallescher Anw.-Ver., Arbeitsgruppe Familienrecht d. dt. Anw.-Ver. H.: Tennis, Garten.

Bülck Horst Günter
B.: Vorst., ehem. Min. f. Wirtschaft, Technologie u. Verkehr. FN.: Holsten Brauerei AG. DA.: 22765 Hamburg, Holstenstr. 224. www.holsten.de. G.: Neumünster, 17. Okt. 1953. Ki.: 2 Kinder. S.: 1974 Abitur Neumünster, 1974-76 Wehrdienst, 1976-81 Stud. BWL Univ. Hamburg. K.: 1981-83 Referent im Controlling d. Otto Wolff AG Köln, 1983-86 Wiss. Mitarb. am Inst. f. Unternehmensrechnung u. Controlling d. Univ. d. Bundeswehr Hamburg, 1986-87 Abt.-Ltr. im Controlling d. BATIG Ges. f. Beteiligungen mbH Hamburg, 1987-90 Bereichsltr. Controlling u. Betriebswirtschaft d. BATIG Ges. f.

*) Biographie www.whoiswho-verlag.ch oder beigefügte CD-ROM

Beteiligungen mbH, 1990-93 Hauptabt.-Ltr. Controlling d. British American Tobacco Germany, 1993-95 Finanzvorst. d. Empresas CCT AG in Santiago de Chile, 1995-98 Finanzvorst. d. British American Tobacco Germany u. d. umstrukturierten BATIG Holding Hamburg, 10/1998-2000 Min. f. Wirtschaft, Technologie u. Verkehr, 2000-2001 Vorst. ce Consumer Electronic AG., s. 2001 Vorst. d. Holsten Brauerei AG. H.: Segeln, Reisen. (Re)

Bülck Peter *)

Bulcke Paul
B.: Vorst.-Vors. FN.: Nestlé Deutschland AG. DA.: 60523 Frankfurt, Lyoner Str. 23. www.nestle.de. G.: Roeselare (Belgien), 1954. V.: verh. Ki.: 3 Kinder. S.: 1972-76 Stud. Wirtschaftsingenieurswesen (Dipl.-Wirtschaftsing.) Univ. Leuven (Belgien), 1976-77 Post Graduate in Management, Univ. Gent (Belgien). K.: 1977-79 Finanzanalyst Scott Graphics International, Bronem (Belgien), s. 1979 Nestlé Gruppe, Vevey (Schweiz), 1979-80 Marketing Trainee b. Nestec S.A. (Spanien, Schweiz, Belgien), 1980-96 Marketing-, Vertriebs- u. Divisions-Funktionen b. Nestlé Peru, Ecuador u. Chile, 1996-98 Marktchef Nestlé Portugal, 1998-2000 Marktchef Nestlé Tschechien u. Slowakei, s. 10/2000 Vorst.-Vors. Nestlé Deutschland AG.

Bulczak Kazimierz *)

Bulgrin Gerhard *)

Bülhoff Michael

B.: Geschäftsführer. FN.: Praxis f. Sprach-, Sprech- u. Stimmtherapie Michael Bülhoff. DA.: 46045 Oberhausen, Helmholzstr. 112. buelhoff1@aol.com. G.: Essen, 22. Okt. 1954. V.: Dr. med. Deniz Bülhoff. Ki.: Clara (1987), Thomas (1990) und Simon (1995). El.: Heinrich u. Alwine. S.: 1973 Fachabitur Essen, 1974-77 Stud. in Siegen u. Essen Sozialpäd. + Abschluß Dipl.-Sozialpäd., 1978-84 Stud. Essen u. Köln, Dipl.Päd. + Abschluß Dipl.-Sprachheilpädagoge. K.: s. 1976 Sprachtherapeut. Tätigkeit, 1984-86 Ausweitung d. berufl. Tätigkeit in Köln, 1986 Grdg. einer Praxis z. Behandlung aller Sprach-, Sprech- u. Stimmstörungen, weitere Schwerpunkte: Stottertherapie, Aphasie-Therapie; Konsiliartätigkeit. M.: Wissenschaftl. Beirat u. AG Aphasieforsch. u. Rehabilitation, 15 J. Landesvorsitzender Berufsverband, Vorstand im RC Oberhausen. H.: Kunstsammler, aktiver Hausmusiker, Bogenschießen, Zen-Meditation.

Bulich Carl Johannes Mathias Dr. *)

Bulirsch Roland Dr. rer. nat. Prof. *)

Bulirsch Walter *)

Bulkowski Reinhard Horst *)

Bull Bruno Horst *)

Bull Christa *)

Bull St. Clair Tarquin *)

Bulla Frank *)

Bulla Monika Dr. med. Prof.
B.: o.Prof. f. Kinderheilkunde. FN.: Univ. Münster. DA.: 48149 Münster, Waldeyerstr. 22. PA.: 48147 Münster, Rudolf-von-Langen-Str. 3. G.: Berlin-Schöneberg, 2. Juli 1941. El.: Prof. Dr. iur. Gustav-Adolf u. Gertrud, geb. Becker. S.: 1962 Abitur Freiburg, 1962-67 Stud. Humanmed. Univ. Freiburg, 1967-69 Med.-Ass. Univ. Köln, Approb., 1974 FA f. Kinderheilkunde, 1980 Habil. K.: 1969-82 Ass.-, dann OA Univ.-Kinderklinik Köln, Aufbau d. Station f. Kinderdialyse u. d. Nierentransplantationsambulanz, seit 1982 o.Prof. Univ. Münster u. OA Univ.-Kinderklinik Münster, Spezialgebiet: pädiatrische Nephrologie; Ltr. Kinderdialysezentrum u. Kindernephrolog. Ambulanz. P.: zahlr. Publ. z. Niereninsuffizienz im Kindesalter. E.: 1981 Volhardt-Preis, ehem. Präsidiumsmtgl. im Kuratorium f. Dialyse u. Nierentransplantation e.V. M.: Dt. Ges. f. Kinderheilkunde, ESPN, APN, IPNA. H.: Katzen, Pflanzenzucht, Opernmusik, Archäologie.

Bulle Wilhelm
B.: Ehrenamtl. Vorst.-Vors. FN.: Nordmilch eG. DA.: 27404 Zeven, Industriestraße. www.nordmilch.de.

Buller Bern-Dietrich Dr. Prof. *)

Bullermann Alfred Dipl.-Designer
B.: Schmiedemeister, Dipl.-Metallgestalter, Inh. FN.: Atelier Eisenzeit. DA.: 26169 Markhausen, Hauptstr. 31. G.: Cloppenburg, 9. Feb. 1961. V.: Anja, geb. Kahle. Ki.: Erik (1996). El.: Alfred u. Laura, geb. Plate. S.: 1978 Ausbild. Schmied, 1986 Meisterprüf., 1986-87 FOS f. Gestaltung Cloppenburg, 1987-91 Stud. Produktdesign Fachrichtung Metallgestaltung FH Hildesheim/Holzminden. K.: seit 1986 freischaff. Metallgestalter in Markhausen, m. Schwerpunkt individuelle Metallgestaltung nach Kundenwünschen, 2000 Grdg. d. Design- u. Planungsbüro Bullermann in Partnerschaft m. d. Ehefrau; Funktion: bes. Engagement in d. Aus- u. Weiterbild. v. Metallkünstler nat. u. intern. P.: Ausstellungen u. Beteiligungen im In- u. Ausland (seit 1991) u.a. Schmiedeweltkongress in Aachen (1986), Organ. u. Planung d. Weltkongresses in Cloppenburg (2000, im Global House d. Venusfalle auf d. Expo in Hannover (2000), wiss. Experiment Eisenverhüttung aus heim. Raseneisenerz u. Torf (1999). M.: 1995-2000 JFGS, seit 1997 BABA, seit 2000 ABANA.

Bullert Klaus L. Dipl.-Ing.*)
Künstlername: Claudio di Bramante

Bülles Uwe *)

Bülling Detlef *)

Bülling Heribert *)

Bulling-Schröter Eva-Maria Elisabeth
B.: umweltpolit. Sprecherin d. PDS-Fraktion, Mtgl. DA.: 11011 Berlin, Platz der Republik 1, 11011 Berlin, Jägerstr. 67. G.: Ingolstadt, 22. Feb. 1956. S.: 1974 Eintritt DKP Dt. Kommunist. Partei. K.: 1974-79 Telefonistin, Verkäuferin, Arb. im Maschinenbau u. Automobilind., daneben SDAJ, Soz. Dt. Arbeiterjugend, 1979-81 Umschulung als Betriebsschlosserin im Audi-Werk, daneben Mitbegründerin d. Friedensbewegung, 1983-85 beschäftigt bei IG Bau-Steine Erden, seit 1985 Schlosserin Firma Rieter in Ingolstadt, 1990 Austritt aus DKP u. Eintritt in PDS, Mitbegründerin PDS-Landesverb. Bayern, ab 1993 Landesvorst. PDS Bayern, seit 1994 Mtgl. Dt. Bundestag, 1994-95 o.Mtgl. Petitionsaussch., 1995-98 o.Mtgl. Umweltaussch., seit 1995 umweltpolit. Sprecherin d. PDS-Gruppe, seit 1998 d. PDS-Fraktion, 1998 Wiederwahl, daneben auch zuständig f. Tierschutz, seit 1995 stellv. Mtgl. Ldw.-

*) Biographie www.whoiswho-verlag.ch oder beigefügte CD-ROM

Aussch., seit 1998 wiss. BeiR. "Koordination gegen Bayer-Gefahren" Düsseldorf. P.: Art. Im Neuen Deutschland, Donaukurier, versch. Fach- u. Parteizeitungen. E.: 1998 Umweltpolit. Preis d. Ökolog. Plattform d. PDS. M.: PDS, IGM, Ver. d. Verfolgten d. Nationalsozialismus/Bund d. Antifaschisten VVN/BdA, Tierschutzbund, Tierversuchsgegner, Freidenker, Netzwerk e.V., Dt.-Südamerikan. Parlamentariergruppe, Dt.-Tschech. Parlamentariergruppe. H.: Lesen, Kriminalromane, feminist. Literatur, mod. Musik. (Re)

Bullinger Martin Dr. jur. Dr.h.c. (Dijon) *)

Bullmann Hans Udo Dr. rer. soc.
B.: MdEP. FN.: Europabüro. DA.: 60311 Frankfurt/Main, Fischerfeldstr. 7-11. G.: 8. Juni 1956. K.: polit. Werdegang: 1975 Eintritt in d. SPD, Mitarbeit in d. Arbeitsgemeinschaft d. JungsozialistInnen, zuletzt als Juso-Landesvors., seit 1991 Mtgl. im Vorst. d. SPD-Unterbezirks Gießen sowie d. SPD-Landesvorst. Hessen, seit 1999 Mtgl. d. Europ. Parlaments, Mtgl. im Aussch. Wirtschaft u. Währung, stellv. Mtgl. im Aussch. Beschäftigung u. soz. Angelegenheiten, Mtgl. Paritätische Versammlung AKP-EU; bis 1999 Doz. u. Jean-Monnet-Prof. f. Europastudien an d. Univ. Gießen. M.: ver.di, Arbeitskreis Europ. Integration, in- u. ausländ. Berufsverb.

Bullmann Maik
B.: Profi-Ringer. PA.: 15326 Lebus, Schlehenweg 17. G.: Frankfurt/Oder, 25. Apr. 1967. K.: 1986 JEM/3., 1987 JWM /3., 1988 Olympiateilnehmer, 1989 EM/2., WM/1., 1990 WM /1., 1990 EM/2, Militär-WM/1., 1991 EM/4., WM/1., 1992 EM/1., Olympiade/1., 1993 WM/2., 1994 WM/3., 1995 EM /2., Militär-WM/1., 1996 EM/2., Olympiade/3., 1997 Militär-WM/2., WM/4., 1998 FILA Test-Tournament/2., WM/14., 1999 EM/9, WM/12., 2000 Olympisches Qualifikationsturnier/13. E.: Ringer des Jahres 1990, 1991 u. 1992.

Bulmahn Edelgard

B.: Bundesmin. f. Bildung u. Forschung, MdB, StR. a.D FN.: Bundesmin. f. Bildung u. Forschung. DA.: 53175 Bonn, Heinemannstr. 2. www.bmbf. de. G.: Minden, 4. März 1951. V.: Prof. Dipl.-Ing. Dr. Joachim Wolschke-Bulmahn. El.: Ernst u. Herta. S.: 1972 Abitur, 1972-73 Kibbuz Bror Chail Israel, 1973-78 Stud. polit. Wissenschaften u. Anglistik T.U Hannover, 1978 1. u. 1980 2. Staatsexamen. K.: 1980-87 StR., ab 1987 MdB, seit 1998 Bundesmin. f. Bildung u. Forschung. P.: zahlr. Aufsätze u. Beiträge in Fachzeitschriften z. Forschungspolitik. M.: 1969 SPD, GEW, AW, TV Die Naturfreunde. H.: Lesen, Musik.

von Bülow Andreas Dr. jur.
B.: RA, RR a.D., Bundesmin. a.D. PA.: 53129 Bonn, Eschelachstr. 14. G.: Dresden, 17. Juli 1937. V.: verh. Ki.: 4 Kinder. S.: Hum. Gymn. Heidelberg, 1956-60 Stud. Rechtswiss. Heidelberg u. München, 1960 1. u. 1964 2. Jur. Staatsprüf., Studienaufenthalte in Frankreich u. USA, Stipendiat Friedrich Ebert-Stiftung u. Stiftung Volkswagenwerk. K.: 1966 Eintritt höh. Verw.-Dienst Baden-Württemberg, 1969-94 Mtgl. d. Dt. Bundestages, 1976-80 Parlamentar. Staatssekr. b. Bundesmin. d. Verteidigung, 1980-82 Bundesmin. f. Forsch. u. Technologie. P.: "Gedanken z. Weiterentwicklung d. Verteidigungsstrategien in West u. Ost" (1984), "Die eingebildete Unterle-

genheit" (1985), "Das Bülow-Papier" (1985), "The Conventional Defense of Europe" (1986), "Bundeswehrstruktur d. 90er Jahre" (1986), Im Namen des Staates" (1998).

Bülow Clemens Dr. techn. Dipl.-Ing.

B.: Gschf., Dipl.-Ing. FN.: Julius Schulte Söhne. DA.: 40223 Düsseldorf, Fruchtstr. 28. clemens.buelow@t-online.de. G.: Düsseldorf, 20. Jän. 1961. V.: Dr. Ingeborg, geb. Stratmann. Ki.: Viktoria, Donata. BV.: Friedrich Schulte - Betriebsgründer. S.: 1980 Abitur, 1980-84 Stud. Maschinenbau TU Darmstadt, 1985-86 Stud. Management f. Ing. TU Wien, 1986-88 Stud. Papiering.-Wesen TU Darmstadt, 1988-90 Prom. an TU Graz. K.: 1988-90 Ass. d. Vorst. d. Papierfbk. Hamburger AG bei Wien, 1994 Seminar BWL f. Ing. am USW Schloß Gracht; Mitarbeit bei versch. Arbeitskreisen d. Verbandes Deutscher Papierindustrie (VDP). P.: Fachvorträge bei TAPPI u.a. Stofftechnik in Atlanta (1989), "Biolog. Abwasseraufbereitung bei Papierfbk." in Seattle (1991), "Wasserkreislauf-Management" (1994), in Jakarta "Strateg. Umweltmanagement bei d. Papierprod." in Graz (1990). H.: Sport, Oldtimer, Lesen.

von Bülow Detlev Dr. agr.

B.: Unternehmensberater, Gschf. Ges. FN.: bm Management Partner GmbH. DA.: 80807 München, Ingolstädter Str. 5. dvbuelow@bm-muenchen.de. www.bm-muenchen. de. G.: Kiel, 30. Okt. 1959. V.: Uta Maria, geb. Priemer. Ki.: 2 Kinder. S.: 1978 Abitur Kiel, 2 J. Bundeswehr, Res.-Offz., 1980-82 Ausbild. z. Ldw., anschl. Stud. d. Agrarwiss.: 1982-84 Univ. Bonn u. 1984-87 TU München-Weihenstephan, 1987 Abschluss als Dipl.-Ing. K.: Projektltg. u. Erarb. einer Fallstudie f. Malawi/Afrika f. d. Bundesmin. f. wirtschaftl. Zusammenarb. unter Betreuung v. Prof. Dr. Winfried v. Urff u. Prof. Dr. Hermann Priebe z. Thema Optimierung d. wirtschaftl. Situation über Verbesserung d. Agrar-Außenhdls., wiss. Ass. an TU München-Weihenstephan u. anschl. Diss. z. Dr. agr., parallel dazu ab 1989 freier Mitarb., ab 1991 fester Mitarb. (Geschäftsbereichsltr.) u. ab 1995 Partner b. HBS Consulting Partners GmbH München, 1997 Grdg. d. eigenen Firma gemeinsam m. Dipl.-Kfm. Rolf Petzold. P.: ca. 25 Veröff. z. Thema EU-Binnenmarkt in nat. u. intern. Medien. H.: Jagd, Arch. u. Arch.-Geschichte, Geschichte, Sport, Wein.

von Bülow Eberhard *)

Bülow Egon Dipl.-Vw. *)

Bülow Evelyne C. *)

von Bülow Gabriele *)

von Bülow Harald *)

---

*) Biographie www.whoiswho-verlag.ch oder beigefügte CD-ROM

Bülow Hartwig Dr. med. Prof. *)

von Bülow Henning Peter Stefan *)

Freiherr von Bülow Hilmer *)

Bülow Holger *)

Bülow Horst *)

von Bülow Klaus Dr. med.
B.: FA f. HNO-Chir. DA.: 19057 Schwerin, Kieler Str. 31a. G.: Schwerin, 15. Feb. 1962. V.: Dr. Marion. Ki.: Konrad, Anne. El.: Dr. Werner u. Helga. S.: 1970 Abitur, Wehrdienst, 1972-78 Stud. Humanmed. Rostock. K.: 1978-93 Klinikum Schwerin, seit 1993 ndlg. HNO-Arzt f. Akupunktur u. Chirotherapie. H.: Sport (Marathon), Lesen, Jagd, Theater.

von Bülow Vicco Dr. h.c.

PS. Loriot. B.: Cartoonist, Schriftsteller, Reg., Schauspieler. PA.: 82541 Ammerland, Höhenweg 19. G.: Brandenburg, 12. Nov. 1923. V.: Romi, geb. Schlumbom. Ki.: Bettina, Susanne. El.: Johann-Albrecht und Charlotte. S.: Gymn. Berlin und Stuttgart, 1947-49 Kunstakad. Hamburg. K.: s. 1949 Werbegrafik, s. 1950 Cartoons für den Stern, 1953 bis heute Bücher im Diogenes Verlag, Zürich: Großer Ratgeber, Tagebuch, Heile Welt, Dramatische Werke, Möpse und Menschen, Loriot, u.a. Gesamt-Auflage ca. 5 Millionen, s. 1955 Cartoons für QUICK, humoristische Werbegraphik (SCHARLACHBERG, usw.), s. 1967 Satirische Prosa, 1967-72 TV-Serie CARTOON (Autor und Hauptdarsteller), Zeichentrickproduktion CARTOON, STANWELL, u.a., 1971 Entwurf des TV-Hundes WUM für die AKTION SORGENKIND, 1973 Ausstellung im Wilhelm Busch Museum, Hannover, 1974 TV-Sendung TELECABINET, 1975 Text zu "Karneval der Tiere" von Camille Saint-Saens, s. 1976 TV-Serie LORIOT I - IV (Autor, Hauptdarsteller, Regisseur), 1979 "Versuch eines Dirigates" der Berliner Philharmoniker anlässlich des Bundeskanzlerfestes, 1980 Politische Satire für TV-Sendereihe REPORT, 1983 TV-Sendung "Loriots 60. Geburtstag", Text zu "Peter und der Wolf" von Serge Prokofieff, 1984 Rede zur Verleihung des Erich-Kästner-Preises für Literatur, 1985 Ausstellung und Feier im Dom zu Brandenburg, Inszenierung der "Dramatischen Werke" im Stadttheater Aachen (Regie), 1985/86 Inszenierung der Oper "Martha" an der Staatsoper Stuttgart (Regie, Bühnenbild, Kostüm), 1988 Premiere des Spielfilms "Ödipussi" in Berlin (Autor, Regisseur, Hauptdarsteller), Inszenierung der Oper "Freischütz" anlässlich der Ludwigsburger Schlossfestspiele (Regie, Bühnenbild, Kostüme), TV-Sendung "Loriots 65. Geburtstag", 1990 1. Auftritt mit dem Scharoun-Ensemble in Berlin mit dem "Karneval der Tiere", 1991 Premiere des 2. Spielfilms "Pappa ante portas" (Autor, Regie, Hauptrolle), 1992 "Der Ring an einem Abend" (Wagner "Ring des Nibelungen" in einer neuen Fassung für Erzähler, Sänger und Orchester) Mannheim, TV-Sketch anlässlich Heinz Rühmanns 90. Geburtstag, Reclam-Bändchen "Menschen, Tiere und Katastrophen", 1995 Lesung mit Walter Jens in der Bayerischen Akademie der Schönen Künste - "Briefwechsel Friedrich II - Voltaire" 1996 Thomas Mann-Lesung im Jüdischen Gemeindezentrum in Frankfurt, Lesung mit Walter Jens "Friedrich II - Voltaire" i. d. Münchner Kammerspielen. P.: BV/Cartoon-Bände (1954-73, GA etwa 3 Mill.), Auf den Hund gekommen, Der gute Ton, Für den Fall, Reinhold das Nashorn, Der Weg zum Erfolg, Der gute Geschmack, Neue Lebenskunst, Nimm's leicht, Umgang mit Tieren, Loriots großer Ratgeber, Loriots heile Welt, Loriots Tagebuch, Loriots dramat. Werke, Möpse u. Menschen, 1994 Sehr verehrte Damen und Herren. E.: 1968 Adolf Grimme-Preis (Ehrende Anerkennung), 1969, 1977 u. 78 Gold. Kamera, 1972 Rose D´or de Montreux, Stern des Jahres von der "Münchner Abendzeitung", 1973 A.-Grimme-Preis in Silb., Gold. Europa u. Gold. Schallplatte, 1974 Karl-Valentin-Orden, 1974 Gr. BVK, 1976 Dt. Schallplatten-Preis, 1980 Bayer. VO, 1982 Preis der deutschen Schallplattenkritik, 1984 Erich-Kästner-Preis, 1985 Kasseler Lit.preis, 1986 Telestar-Preis WDR, 1988 Bambi, Bayer. Filmpreis, 1989 Dt. Bundesfilmpreis, 1989 Ernst-Lubitsch-Preis, 1991 VO d. Landes Berlin, Goldene Leinwand der Gilde Deutscher Filmkunsttheater, 1993 Ehrenbürger d. Stadt Brandenburg u. d. Gemeinde Münsing, 1993 Mtgl. d. Bayer. Akad. d. schönen Künste, 1995 Bayer. Maximiliansorden f. Wiss. u. Kunst, 1996 RTL-Fernsehpreis Goldener Löwe, 1998 Gr. VK m. Stern d. VO d. Bundesrep. Deutschland, 1999 Oberbayerischer Kulturpreis, 2001 Till-Eulenspiegel-Satirepreis, 2001 Ehrendr. D. Bergischen Univ. Wuppertal. M.: 1979 P.E.N., 1997 Akad. d. Künste, Berlin. H.: klassische Musik, naive Bilder Anf. d. 19. Jhdts. (Re)

Graf Bülow v. Dennewitz Axel *)

Bulst Neithard Dr.
B.: Univ.-Prof. FN.: Univ. Bielefeld. DA.: 33501 Bielefeld, Postfach 100131. PA.: 33619 Bielefeld, Trakehnerweg 8. nbulst@geschichte.uni-bielefeld.de. G.: Berlin, 14. Juli 1941. V.: Helga, geb. Beer. AL.: Wenzel Friedrich. El.: Prof. Dr. Walther u. Dr. Marie Luise. S.: Stud. Univ. Heidelberg, Gießen, Kiel, Lyon, Staatsexamen, Prom. K.: Ass. Univ. Heidelberg, Habil., Privatdoz. Univ. Heidelberg, Prof. Univ. Bielefeld. P.: Untersuch. zu d. Klosterreformen Wilhelms v. Dijon (962-1031), Bonn 1973, Die franz. Generalstände v. 1468 u. 1484, Sigmaringen 1992. M.: Soc. nat. des antiquaires de France, Société de L´Histoire de France; Historische Kommission f. Westfalen, Im Editorial Board von: Medieval Prosopography (Kalamazoo), French Hist. (Oxford); Bürgertum. Beiträge zur europäischen Gesellschaftsgeschichte (Göttingen) u. Textes et traditions (Paris).

Bultez Leo *)

Bultmann Fritz OStDir.
B.: Schulltr. FN.: Gymn. Harksheide. DA.: 22844 Norderstedt, Falkenbergstr. 25. G.: Bremen, 10. Dez. 1937. V.: Hella, geb. Rundshagen. Ki.: Andrea (1967), Barbara (1970). El.: Fritz u. Dora. S.: 1957 Abitur Bremen, 1957-61 Stud. Schulmusik an d. Musik-HS Hamburg - Examen, 1961-63 Stud. Germanistik u. Musikwiss. an d. Univ. Hamburg, parallel Kompositionsstud. an d. Musik-HS, 1964-66 Referendazeit in Hamburg. K.: 1966-68 Studienassessor in Hamburg, 1968-73 StR. Hamburg, 1973-85 stellv. Schulltr./StDir. am Gymn. in Hamburg, seit 1985 Schulltr. am Gymn. Harksheide. M.: seit 1972 Chorltg. Kodály-Chor Hamburg. H.: Musik, Chor, Segeln.

Bultmann Martin Dipl.-Ing.
B.: Architekt. DA.: 53229 Bonn, Am Bolzpl. 25. G.: Königsberg, 12. Sep. 1937. V.: Elke. Ki.: 4 Kinder. S.: 1957 Abitur Berlin, 1957-60 Stud. Hochbau FH Berlin m. Abschluß Dipl.-Ing., 1958-60 Stud. Theol. u. Missionswesen Kolding/Dänemark. K.: 1966-67 tätig in einem Arch.-Büro, 1972-78 tätig im Univ.-Bauamt Erlangen, 1978-98 im Bundesverteidigungsministerium in Bonn m. Schwerpunkt Grundsatz- u. Baulenkungsaufgaben f. Bauten d. Sanitäts- u. Gesundheitswesens, Dienst- u. Verwal-

tungsgebäuden, Marineschulen, seit 1999 selbst. Architekt; Projekte: 1967-72 Klinikbauten d. Med. Univ.Klinik Erlangen, Wohngebäude, 1972-78 Mitarb. am BKH Erlangen. M.: seit 1976 Bayer. AK, seit 1987 AK NW, 1989-98 AK Krankenhaus i. Hochbauausschuß d. ARGEBAU. H.: Malen, Musik, Reisen, Literatur.

Bültmann Hans *)

Bültmann Herbert Dr. iur.
B.: Präs. FN.: Finanzgericht Berlin. DA.: 13357 Berlin, Schönstedtstr. 5. G.: Berlin, 23. Sep. 1938. V.: Marietta, geb. Wenzel. Ki.: Dr. Oliver (1968), Dr. Simona (1969), Clarissa (1987). El.: Erwin u. Gertrud, geb. Brandt. S.: 1957 Abitur, 1957-61 Stud. Jura an d. FU Berlin, 1. Staatsexamen, 1961-66 Referendariat, 2. Jur. Staatsexamen, 1970 Prom. z. Dr. iur. K.: 1966 Gerichtsassessor, 1969 Landgerichtsrat, 1972 Regierungsdir. im Justizprüfungsamt, 1973 Senatsrat im Justizprüfungsamt, 1977 Vizepräs. d. Justizprüfungsamtes, 1978 Richter am Oberverwaltungsgericht Berlin, 1982 Vors. Richter am Oberverwaltungsgericht Berlin, seit 1990 Präs. d. Finanzgerichtes Berlin. BL.: Lehrbeauftragter an d. FU Berlin, Ltr. d. Arbeitsgruppe Referendare Land Berlin, nebenamtl. Prüfer f. beide jur. Staatsexamen. P.: Mitarbeit an 2 jurist. Gesamtdarstellungen über nichteheliche Lebensgemeinschaften u. Nebentätigkeitsrecht. H.: Tanzsport u. Leichtathletik, Preuß. Geschichte.

Bültmann Horst
B.: Vorst. FN.: Lufthansa Service Holding AG. GT.: AufsR.-Vors. LSG Lufthansa Service Nordost GmbH u. Mtgl. d. Konzerntarifkommission d. dt. Lufthansa AG. DA.: 65830 Kriftel, Am Holzweg 26. www.lsg-skychefs.com. G.: Brackwede/Bielefeld, 29. Feb. 1944. V.: verh. Ki.: ein Kind. S.: städt. Handelsschule Bielefeld, Mittl. Reife, Ausb. z. Ind.-Kfm. K.: Berufsstart b. d. Reinhard Tweer GmbH i. Verkauf, 1966 Wechsel z. Scholz&Bickenbach n. Frankfurt, i. s. Jahr z. Lufthansa (Ber. Kfm. Verwaltung), danach Gruppen-Ltr. Rechnungsprüfung, Ass. d. Gschf. u. Ltr. Fachaufsicht Personaldienste u. stellv. Abt.-Ltr., 1985 Ltr., 1993 Prokura, 1996 Gschf./Arbeitsdir. Lufthansa, 1998 Ber. z. Mtgl. d. Vorst.

von Bültzingslöwen Siegfried

B.: Gschf. Ges. FN.: Orthopädietechnik S. v. Bültzingslöwen GmbH. DA.: 47059 Duisburg, Am Unkelstein 8; 47057 Duisburg, Mülheimer Str. 76. G.: Bad Honnef, 18. Juli 1952. Ki.: Claudia (1973), Dirk (1980). El.: Konrad u. Mathilde, geb. Heinemann. BV.: Das Geschlecht d. von Bültzingslöwen kommt aus d. Thüringischen u. geht zurück b. z. 11. Jhdt., es steht im Zusammenhang m. d. Ort Bilsingsleben in Thüringen, Vorfahren standen in Diensten d. Habsburger. S.: 1966-70 Lehre als Orthopädietechniker, 1970-71 Bundeswehr. K.: 1971-84 Orthopädietechniker, 1980 Meisterprüf. als Orthopädietechnikermeister, seit 1984 Grdg. eines eigenen Unternehmens d. Orthopädietechnik S. v. Bültzingslöwen GmbH. BL.: Herstellung v. Myo-elektr. Armprothesen. P.: Referate u. Fachkommentare z. Thema "Myo-elektr. Armprothesen", Vorträge z. Thema "Dynamische Fuß-Orthese", Fachkommentare zu d. Themen: Dekubitus, Prophylaxe u. Therapie, Venenleiden, Enterale Ernährung. M.: Bundesinnungsverb. f. Orthopädietechnik. H.: Wassersport, Tennis, Radfahren.

Bulva Josef
B.: Pianist. PA.: MC- 98 000 Monaco, Chateau Perigord, I-A-30 - 283. G.: Brno/CSFR, 9. Jan. 1943. El.: Franz u. Maria. S.: 1956-61 Konservatorium Brno/Bratislava, 1961-65 Akad. d. Künste Bratislava. K.: ab 1963 staatl. Solist in d. CSFR, 1972 Emigration, seit 1978 Luxemb. Staatsangehörigkeit. BL.: Intern. anerkannt als Interpret d. Virtuosen Literatur. P.: Konzerte in d. ganzen Welt, 29 Schallplatten, unzähl. Rundfunku. Fernsehpubl. M.: Präs. d. ALYPIOS-Vereinigung, Ehren-Präs. d. CEPA. H.: kulturpolitische Arbeit, Sammeln moderner Bilder sowie alter Silberobjekte, Interesse für Autosport.

Bulwien Hartmut Dipl.-Geogr.
B.: Unternehmensberater, Marktforscher, Vors. d. Vorst. d. BULWIEN AG. DA.: 80331 München, Oberanger 38. G.: Leverkusen, 11. Aug. 1944. V.: Eva-Brigitte, geb. Scheibler. S.: 1966 Abitur, 1966-73 Stud. Geographie Bochum u. München. K.: 1976-83 Projektltr. Unternehmensberatung, 1983 Grdg. d. Münchener Inst., Schwerpunkt: Immobilienmarkt u. Finanzdienstleistungen, seit 1989 Doz. an d. European-Business-School Östrich-Winkel, DIA Freiburg, BA u. ADI sowie Lehrbeauftragter an d. TU München. P.: zahlr. Veröff. in nat. Fachzeitschriften. M.: BVM, SRL, DVAG, BfW, Grdgs.-Mtgl. u. Präs. d. Gif e.V. Ges. f. immobilien. Forschung. H.: Reisen, Fotografieren, Tennis. (D.B.-K.)

Bumann Axel Dr. Prof. DDS PhD

B.: FA f. Kieferorthopädie, FA f. Oralchir., Prof. in Harvard u. Los Angeles. FN.: Gemeinschaftspraxis f. Kieferorthopädie. DA.: 10119 Berlin, Mulackstraße 24. info@meoclinic.de. G.: Itzehoe, 23. März 1960. Ki.: Philipp (1986), Sebastian (1987). El.: Ernst u. Jutta. S.: 1979 Abitur Itzehoe, Wehrdienst b. d. Marin in Kiel, 1980-85 Stud. Zahnmed. an d. Christian-Albrechts-Univ. Kiel u. an d. Univ. Zürich, Dipl., 1988 Prom. z. Dr. med. dent. K.: 1986-89 FA-Ausbild. an d. Univ. Kiel - FA f. Oralchir., 1989-92 FA-Ausbild. an d. Univ. Kiel - FA f. Kieferorthopädie, 1991 Habil., 1993 Gastprof. am Dept. of Prventive Dental Science Winnipeg/Canada, 1994 Gastprof. am Dept. of Orthodontics Vancouver/Canada, seit 1997 Gastprof. am Dept. of Orthodontics d. Harvard School of Dental Medicine u. im Laboratory of Skeletal Disorders d. Children's Hospital d. Harvard Medical School Boston, 1998 Gastprof. am Musculoskeletal Research Laboratory d. School of Medicine d. Boston Univ. Boston, 2000 Prof. am Dept. of Orthodontics d. Univ. of Southern California Los Angeles, seit 2001 Übersiedlung nach Berlin, freie Ndlg. in d. Gemeinschaftspraxis f. Kieferorthopädie Berlin/Mitte, Konsiliararzt d. Meoclinic Berlin. P.: Farbatlas d. Zahnmed. (in 5 Sprachen), insgesamt mehr als 650 Publ., Beiträge, Poster, Abstracts, Vortragstätigkeit. E.: 12 nat. u. intern. Forsch.-Preise u.a. 1990, 1994 u. 1996 Kemptener Award d. German Assoc. of Craniomandibular Disorders, 1995 "W.J.B. Housen Research Award" d. European Orthodontic Society. M.: AAAO, ALOA, Intern. Assoc. of Dental Resarch, Dt. Ges. f. Kieferheilkunde, Dt. Ges. f. Zah-, Mund- u. Kieferheilkunde, Dt. Ges. f. Kieferorthopädie. H.: Forsch. in d. Molekularbiologie an d. FU Berlin.

Bumann-Zarske Nicole
B.: RA. DA.: 10551 Berlin, Wiclefstr. 16-17. G.: Berlin, 9. Aug. 1961. V.: Werner Bumann. El.: Siegfried u. Anny Zarske. BV.: mütterl. seits Großvater Otto Schaefer Marlé - Op-

*) Biographie www.whoiswho-verlag.ch oder beigefügte CD-ROM

ernsänger an d. MET u. Mailänder Scala. S.: 1979 Abitur, 1980 Cambridge-Examen FU Berlin als Engl.-Dolmetscher Berlin, 1980-85 Stud. Jura FU Berlin, 1. Staatsexamen, 1982-83 Stud. Ägyptologie FU Berlin, 1986-89 Referendariat, 2. Staatsexamen u. Zulassung z. RA. K.: selbst. RA m. Schwerpunkt Straßenverkehrstraf-, Straßenverkehrs-, Straf-, priv. Bau- u. Architektenrecht. P.: Beiträge in regionalen Fachzeitschriften. M.: Anw.-Kam., Berliner Anw.-Ver., Tierschutzver., Domäne Dahlem. H.: Lesen, Geschichte, Archäologie, alternative Heilmethoden.

Bumiller Manfred Dipl.-Kfm. Dipl.-Vw. *)

Bumm Peter Dr. med. Dr. med. habil. Prof.
B.: Chefarzt d. HNO-Klinik. FN.: Zentralklinikum Augsburg. PA.: 86356 Neusäß, Höhenstr. 10a. G.: München, 8. Juli 1938. V.: Marianne, geb. Ilgner. Ki.: Klaus, Martin, Thomas. El.: Dipl.-Ing. Hermann u. Maria. BV.: Prof. Dr. Ernst Bumm Gynäkologe Berlin, Prof. Dr. Anton Bumm Psychiater München, Franz Bumm Präs. d. Gesundheitsamtes Berlin. S.: Abitur Kolleg St. Blasien, Südschwarzwald, hum. Gymn. Stud. München, Berlin, Düsseldorf. K.: Ass. I. Physiol. Inst. Erlangen, HNO-Ass. Univ.Klinik Würzburg, Univ. HNO-Klinik Erlangen, seit 1976 OA Univ. Erlangen, 1978 ltd. OA Univ. HNO-Klinik Kiel, ab 1983 Chefarzt d. HNO-Klinik Zentralklinikum Augsburg. BL.: 1977 Habil. m. d. P.: 60 wiss. Veröff. E.: 1979 Anton von Tröltsch-Preis durch d. Präsidium d. Dt. Ges. f. HNO-Heilkunde. Kopf- und Halschir. M.: Mtgl. d. Dt. Ges. f. HNO-Heilkunde. Mtgl. d. ADANO, Mtgl. d. intern. Politzer society.

Bünck Bernhardt *)

Bund Elmar Dr. Prof.
B.: Univ.-Prof. DA.: 79085 Freiburg, Platz der Alten Synagoge. G.: Konstanz, 13. März 1930. V.: Ilse, geb. Wais. Ki.: Annette, Karin. El.: Alfred u. Gertrud. S.: 1949-53 Univ. Freiburg, 1957-59 Univ. Florenz u. Rom, 1955 Dr. iur. K.: 1957 Assessor, 1963 Priv.Doz., 1968 apl. Prof., 1969 Prof. P.: Jurist. Logik u. Argumentation (1983), Einführg. in d. Rechtsinformatik (1991), zahlr. weitere Veröff. M.: Ges. f. Informatik, Dt. Ges. f. Mykologie. H.: Mykologie, Musik.

Bund Joachim

B.: selbst. Zahntechnikermeister. DA.: 54295 Trier, Kreuzweg 8 a. G.: Trier, 12. März 1954. V.: Alice, geb. Weber. Ki.: Alexander (1987), Kristina (1990). El.: Alfred u. Gerda, geb. Steffes. S.: 1974-78 Ausbild. Zahntechniker, 1978-86 Weiterbild. versch. Betriebe In- u. Ausland, 1986 Meisterprüf. K.: 1986-89 tätig in d. Geschäftsltg. d. elterl. Betriebes, 1989 Übernahme d. Betriebes u. Grdg. d. GmbH. F.: seit 1991 GDS GmbH, seit 1992 Grunewald-Zahntechnik in Gerolstein. M.: Zahntechnikerinnung, div. örtl. Ver. H.: Tennis, Leichathletik.

Bund Karlheinz Dr. rer. pol. Dr.-Ing. *)

Bund-Stolle Barbara *)

Bundschuh Eva-Maria Kammersängerin *)

Bundschuh Wolf-Michael *)

Bundt Horst Dr. med. *)

Bundt Joachim Otto Dr.
B.: LM-Chemiker, Prok., Ges. FN.: Chem. Laboratorium Lübeck GmbH. DA.: 23569 Lübeck, Hochofenstr. 23-25. G.: Lüneburg, 31. Aug. 1960. V.: Telse, geb. Kammerer. Ki.: Annika (1990), Henrik (1992). El.: Horst u. Ilse. S.: 1980 Abitur Lüneburg, 1981-86 Stud. Lebensmittelchemie Univ. Hamburg, 1986 1. Staatsprüf., 1986 Praktikum im Hdls.-Labor "Dr. Wiertz, Dipl.-Chem. Eggert, Dr. Jörissen" in Hamburg, 1987 Praktikum an d. Chem. u. Lebensmitteluntersuchungsanst. in Hamburg, 1988 2. Staatsprüf., 1991 Prom., Diss.: Bestimmung von Mineralölinhaltsstoffen und deren Abbauprodukten im Boden unter besonderer Berücksichtigung aromatischer Verbindungen. K.: 1988-91 wiss. Mitarb. b. Prof. Dr. Dr. H. Steinhart am Inst. f. Biochemie u. Lebensmittelchemie d. Univ. Hamburg, 1992-93 wiss. Mitarb. b. Prof. Dr.-Ing. R. Stegmann an d. TU Hamburg-Harburg, 1993 ang. b. Chem. Laboratorium Lübeck GmbH (CLL), 1994 Prok. v. CLL, 1994 öff. bestellter u. vereid. Sachv. f. Untersuchungen v. Lebensmitteln. P.: Quantitative alteration of readily volatile petroleum components in water pollution by simulated weather factors and a rapid column chromatographic separation of the aromatic petroleum fraction (1987), Bestimmung v. gesundheitl. relevanten Metallen und essentiellen Spurenelementen in Humanmilch v. Hamburger Frauen (1989), Structure-type separation of Diesel fuels by solid phase extraction and identification of the two- and three-ring aromatics by capillary GC-mass spectrometry (1991), Determination of polycyclic aromatic sulfur hetero-cycles (PASH) in Diesel fuel by higherperformance liquid chromatography and photodiode-array-detection (1992), Mineralölanalytik v. Bodenkontaminationen (1993), Methods for the Determination of Mineral Oil Hydrocarbons in Soil Materials for the Evaluation of Remediation Measures, in: Treatment of Contaminated Soil (Ed: R. Stegmann), Berlin 2001. H.: Fotografieren, Aquarellmalerei.

Bünemann Hans Dr. rer. nat. *)

Bünemann Stephan Albert *)

Buness Claude *)

Bungardt Thomas Dr.

B.: RA, Psychotherapeut. FN.: TBS Trennungsberatung. DA.: 35037 Marburg, Uferstr. 11. PA.: 35119 Rosenthal, Berliner Straße 17. G.: Frankfurt/Main, 20. Nov. 1947. V.: Olga. Ki.: Michael (1994). El.: Dr. Karl u. Sigrun. S.: 1967 Abitur Frankfurt/Main, 1968-70 Bundeswehr, OLt. d. Luftwaffe, 1970-78 Stud. Jura, Soz. u. Psych. Frankfurt, 1978-80 Auslandsaufenthalt, 1980-83 Referendar Darmstadt u. Zulassung z. Anw. K.: 1984-2000 Grdg. versch. Inst. u.a. Gestaltinst. Marburg 1993, 2000-2001 Grdg. d. Trennungsberatungsstelle Marburg. P.: 1983 Dr.-Arb., Grdg. d. Gestaltzeitung als Chefredakteur. E.: Sportabz., DLRG. M.: Tennisver. Marburg. H.: Tennis, Schreiben.

Bungart Dieter *)

Bungart Hans-Ralf *)

*) Biographie www.whoiswho-verlag.ch oder beigefügte CD-ROM

Bungart Klemens Dr. med. *)

Bunge Gustav P. A. E. Dr. med. *)

Bunge Hans-Joachim Dr. rer. nat. habil. Prof. *)

Bunge Johannes Dietrich David *)

Bunge Jörg
B.: Meister f. Anlagen u. Instandhaltung, Gschf. FN.: Rüdiger & Bunge Klimatechnik GbR, Rüdiger & Bunge Klimatechnik GmbH. DA.: 15230 Frankfurt/Oder, Buschmühlenweg 58. G.: Frankfurt/Oder, 7. Juli 1959. V.: Sylvia Bunge, geb. Klingenberg. Ki.: Elisabeth (1983), Alexander (1986). El.: Fritz u. Marlene. S.: 1976-78 Lehre z. Kfz-Schlosser im Kraftfahrzeuginstandsetzungsbetrieb Frankfurt/Oder m. Facharbeiterabschluss, 1978-80 Militärdienst in d. NAV. K.: 1978 Kfz-Schlosser b. d. Skoda-Werkstatt Firma Junghans in Frankfurt/Oder, 1984-91 Meister f. Anlagen u. Instandhaltung, 1988 Meisterabschluss, 1991 Grdg. u. Ltg. d. Firma Rüdiger & Bunge Klimatechnik GbR, 2000 zusätzl. Grdg. d. Klimatechnik Rüdiger & Bunge GmbH, 1997 Abschluss Bw. d. Handwerks. M.: Bundesverband Mittelständische Ind. BVMW, Schützengilde 1406 e.V. Frankfurt/Oder. H.: Schießsport, Skisport, Camping.

Bunge Markus
B.: Musiker. PA.: 5020 Salzburg, Franz-Ofner Str. 16A. G.: Malente, 24. Juli 1961. V.: Barbara. El.: Herbert u. Silvia. S.: Gymn., 1978 Realschulabschluß, 1972-78 Musik-HS Lübeck, 1978-82 Ausbild. z. Orgelbauer, 1982-88 Stud. Ev. Kirchenmusik HS f. Musik u. darstell. Kunst Mozarteum Sbg., Orgelstud. b. S. Klinda, 1985 Stipendiat d. Österr. Min. f. Wiss. u. Forsch. Wien, 1988 Dipl. K.: vom 6.-10. Lebensj. Privatunterricht f. Klavier, während d. Semesterferien Briefträger u. Musikkritiker b. versch. Tageszeitungen, Teilnehmer d. 1. Intern. Orgelak. im Dom zu Altenberg, Mstr.-Kurse, Konzerte b. zahlr. intern. Festspielen, Rundfunk- u. Fernsehproduktionen, Vorlesungen u. Vorträge über alle Bereiche d. histor. u. mod. Orgelbaus, 1988-93 Kantor u. Organist d. Johanneskirche in Ruhpolding, seitdem an d. Christuskirche Salzburg, seit 1994 auch Orgelsachverständiger d. Evang.-Luth. Kirche in Bayern. M.: Ges. d. Orgelfreunde. H.: Zeitung lesen, Horowitz-Klavierspiele, darstell. Kunst (Malerei), Mascherl sammeln, Reisen in unbekannte Länder, außergewöhnl. Ausstellungsobjekte. (M.W.)

Bunge Martina Dr.
B.: Sozialwissenschaftlerin, Sozialmin. FN.: Ministerium f. Soziales. DA.: 19055 Schwerin, Werderstr. 124. G.: Leipzig, 18. Mai 1951. Ki.: Olaf (1970), Harald (1972). S.: 1969 Abitur m. Berufsausbild. zum Facharbeiter f. Betriebs- u. Verkehrsdienst der Deutschen Reichsbahn (DR), b. 1973 bei der DR tätig in d. Elektron. Datenverarb., zugleich Sonderstud. z. techn. Assistent f. Math., 1973-78 Fernstud. Marxismus-Leninismus a. d. Karl-Marx-Universität Leipzig, Ast. Rostock.. K.: b. 1975 Lehrerin, 1975-1986 tätig an d. Univ. Rostock, zugleich Prom., b. 3/1989 Habil. über Aspirantur a. d. Akademie f. Gesellschaftswissenschaften i. Berlin, 1990-91 Mitarbeiterin d. Bundesvorstandes d. PDS Berlin, 12/1991-1998 wiss. Mitarb. f. Sozialpolitik d. Bundestagsgruppe d. PDS in Bonn, 1990 Mitbegründerin d. Interessengemeinschaft Arb., Gesundheit u. Soz. d. PDS, 1997-1999 stellv. Landesvors. d. PDS Mecklenburg-Vorpommern, seit 1998 Sozialmin. v. Mecklenburg-Vorpommern. BL.: 1960-1967 Musikschule/Klavier bei Pianistin Frau Maiwald, 1/1990 als Mitglied im Bundesvorstand der PDS in Berlin- Begleitung der Ausarbeitung d. Einigungsvertrages bis 2/1991. M.: 1980-1990 SED, seit 1990 PDS, "Gesellschaft zum Schutz für Bürgerrechte und Menschenwürde e.V.". H.: Grünpflanzen, Fahrrad und Ostsee, Klavier spielen, "Grünen Tee trinken" - als Ritual.

Bunge Michael Dipl.-Ing.
B.: Architekt, Inhaber., Gschf. FN.: Arch.-Büro Michael Bunge. GT.: freie Mitarb. Arch.-Büro Krause Kassel. DA.: 34131 Kassel, Kuhbergstr. 21. michael.bunge@t-online.de. G.: Halle/Saale, 4. Jan. 1947. V.: Gabrielle, geb. Kuntz. Ki.: Franziska (1982). El.: Prof. Kurt u. Gerda, geb. Günther. S.: 1967 Abitur Kassel, 1967-75 Stud. Arch. TH Darmstadt. K.: 1975-77 Ang. Arch.- u. Planungsbüro Baunatal/Kassel, 1977-2000 selbst., Grdg. u. Gschf. d. Arch.-Büros, 1979-81 freie Mitarb. b. Prof. Dr. Steidler, 1983-87 wiss. Ass. b. Prof. Herzog u. Prof. Nikulic Gesamt-HS Kassel, 1987-2000 wiss. Ass. b. Prof. Herzog/b. Prof. Petzinka - Lehrstuhl f. Entwerfen u. Gebäudetechnologie TH Darmstadt, 1990-92 Gastprof. HS f. Kunst u. Design Halle. BL.: "Documenta Urbana" m. Otto Steidler. P.: Entwürfe zu "Documenta Urbana". E.: 1991 3. Preis Wettbewerb Feuerwehrstützpunkt/DRK-Station Kaufung, 1991 Wettbewerb Museum in Korbach, 1992 2. Preis Wettbewerb Kassel-Philosophenweg. M.: Samariterbund, Ehrenmtgl. d. Förderkreises d. Freunde d. Burg Gebischestein Halle. H.: Verfassungsgeschichte, Tischtennis.

Bungenstock Ulrich *)

Bünger Siegfried Dr. habil. em. Prof.
B.: Historiker. PA.: 13125 Berlin-Karow, Straße 34 Nr. 16. G.: Parchim/Mecklenburg, 1. Sep. 1929. Ki.: 3 Kinder. S.: 1949-54 Stud. Geschichte in Rostock u. Berlin, Dipl.-Historiker. K.: 1954-60 wiss. Ass. u. 1961-68 wiss. Mitarb. an d. Humboldt-Univ. zu Berlin, 1960 Prom., 1966 Habil., 1968 Doz. f. Allg. Geschichte d. Neuzeit u. neuesten Zeit, 1979 Berufung z. a.o.Prof. an d. Humboldt-Univ., seit 1994 im Ruhestand. BL.: Forsch. auf d. Gebiet d. Geschichte Großbritanniens im 19. u. 20. Jhdt. P.: zahlr. Fachbeiträge sowie Autor v.: Friedrich Engels u. d. brit. sozialist. Bewegung 1981-1985 (1962), Die sozialist. Antikriegsbewegung in Großbritannien 1914-1917 (1967), Co-Autor: Geschichte Großbritanniens v. 1918 b. z. Gegenwart (1988).

Bungert Hans-Martin
B.: Gschf. FN.: Freizeitcenter Fun 2000. DA.: 23562 Lübeck, Osterweide 12. G.: Lübeck, 15. Aug. 1945. V.: Sava, geb. Alexis. BV.: Wilhelm Bungert Tennisspieler. S.: 1962-65 Ausbild. z. Konditor in d. Konditorei Frank in Lübeck. K.: saisonal an d. Ostseeküste als Konditor gearb., 1965-67 Konditor im Kurhaus Helgoland, 1967-68 Koch u. Konditor auf d. Seebäderschiff Wappen v. Hamburg, 1968 Konditor u. Koch im Kurhaus Wyk auf Föhr, 1968-80 Konditor u. Küchenchef an d. Autobahnraststätte Münsterland West, ausgeschieden als 1. Gschf., 1981 Ausbildereignungsprüf. in Schopfheim, 1981-83 selbst. m. d. Hotel Sonnenbichl in Häusern im Schwarzwald, 1983-86 Gartenrestaurant Vogelnest in Freiburg, 1986-87 Gschf. d. Osteria de Vino in Neutraubling, 1987-89 Pächter d. Möbelhauses Seidel, 1989-91 Koch u. Küchenchef im Restaurant Eurorasttal, 1991-93 Gschf. d. Autobahnraststätte Illertissen, 1993-96 Koch in d. Stadtküche Lübeck, seit 1997 Gschf. v. Fun 2000. H.: Reisen, Schwimmen.

Bungert Holger *)

Bungert Klaus *)

*) Biographie www.whoiswho-verlag.ch oder beigefügte CD-ROM

Bungert-Ponick Helga

B.: Gschf. FN.: Garten-Hotel Ponick. DA.: 50858 Köln-Weiden, Königsberger Str. 5-9. G.: Köln, 4. Apr. 1949. V.: Jürgen Bungert. Ki.: Daniela (1973), Anke (1976). El.: Gerhard u. Gerda Ponick. S.: 1968 Abitur, 1968-69 Hotelfachschule Reichenhall. K.: 1969-71 tätig im Hotel Königshof u. Esso-Motor-Hotel, 1971 Übernahme d. elterl. Hotelbetriebes. M.: DEHOGA. H.: Familie, Töchter, Reisen, Tennis, Skifahren, Lesen.

Bunje Dirk *)

Bunjes Irmin
B.: Cafehausbesitzerin. DA.: 80333 München, Augustenstr. 74. G.: Pfaffenhofen, 30. Dez. 1918. V.: Albert Bunjes. Ki.: Klaus, Dr. Reinhard, Michaela. El.: Georg u. Helene Reisinger. S.: 1936 Abitur München, 1936-44 Stud. Med. München. K.: 1947 Eröff. eines Tabakladens in München, 1948 Eröff. d. 1. Cafe Jasmin im Künstlerhaus in München, 1952 Eröff. d. 2. Cafe Jasmin in München als Künstlercafe f. Stars wie Heinz Rühmann, Gerd Fröbe, Rudolf Prack, Sonja Ziehmann u.v.m. P.: Veröff. in SZ u. AZ. H.: Lesen, Fotoalben v. Ufa-Stars sammeln.

Bunk Ingo Dipl.-Ing. *)

Bunk Karin E. Dipl.-Ing. *)

Bunke Erich Dr. *)

Bunkenburg Ulrich *)

Bunn Friedrich Karl Dr. *)

Bünner Axel *)

Bünner Hans-Peter *)

Bunny Soermed Dipl.-Ing. *)

Bunsen Hartmut Dipl.-Ing.
B.: Dipl.-Ing. f. Konstruktiven Ing.-Bau, Gschf. Ges. FN.: Messeprojekt GmbH. DA.: 04356 Leipzig, Messe-Allee 1. PA.: 04229 Leipzig, Rödelstr. 1. G.: Falkenburg, 5. Nov. 1940. V.: Lebensgefährtin: Ursula Duphorn. Ki.: Raimo (1970), Anke (1973). El.: Horst u. Herta, geb. Birkholz. S.: 1958 Abitur Wismar, 1958-60 Armee, 1960-70 Stud. konstruktiver Ing.-Bau an d. HS f. Bauwesen Leipzig, 1970 Dipl. K.: 1960-70 Leistungssportler an d. DHfK Bereich Rudern, 1965 DDR-Meister im Achter, 1970-90 Investbaultr., Techn. Dir., Produktionsdir. DEWAG Leipzig, 1990 Gründer u. 2. Gschf. d. Messebaufirma "Orbital Fair Intern. GmbH", " Leipzig, 1991 Grdg. u. Gschf. Ges. "Messeprojekt GmbH" Leipzig, 1993 Grdg. u. Hauptges. d. Innenausbaufirma "INUMA GmbG", 1996 Kauf u. Gschf. d. Firma designunion GmbH Leipzig, 1999 Kauf u. Gschf. d. Firma MesseVision GmbH Jena. BL.: Messeprojekt ist zertifiziert nach DIN EN ISO 9001. P.: Dipl. E.: Messeprojekt ist zertifiziert. M.: Vollversammlung d. IHK, Vorst.-Mtgl. Unternehmerverb., Marketing Club Leipzig, Ruderklub, FAMAB. H.: Rudern.

Bunsmann Ulrich Dietrich Clemens *)

Bunsmann Walter Joseph Maria Dipl.-Ing. *)

Bünsow Axel *)

Bunte Hermann-Josef Dr. iur. Prof. *)

Bunte Michael Dr. Dr. *)

Bunte Reinhold Joseph

B.: Meister im Gartenlandschaftsbau. DA.: 33102 Paderborn, Klöcknerstr. 23. G.: Paderborn, 7. Jan. 1963. El.: Stephan u. Agnes. S.: 1982-85 Ausbild. in d. Baumschule Pieper in Bünde, 1983-86 Ausbild. als Landschaftsgärtner m. Absolvierung d. Meisterprüfung 1990 u. Erhalt d. Meisterbriefes. K.: Meister Landschaftsgärtner im elterl. Betrieb, 2000 Übernahme d. Betriebes, M.: Zentralverb. Gartenbau, Fachverb. Garten- u. Landschaftsbau u. Sportplatz, Kreisver. d. Gärtner im Kreis Paderborn e.V. H.: Beruf, Musik, Reisen, Informationen.

Bunte Ursula M.A. *)

Bünte Carl August *)

Buntenbach Annelie
B.: Setzerin, MdB. FN.: Dt. Bundestag; Satzbau Bielefeld GmbH. DA.: 11011 Berlin, Platz der Republik; 10117 Berlin, Luisenstr. 32-34; 33602 Bielefeld, Viktoriastr. 41. G.: Solingen, 24. Feb. 1955. El.: Hans u. Herta, geb. Bott. S.: 1973 Abitur Opladen,, 1973-78 Stud. Neuere Geschichte u. Phil. Univ. Bielefeld, 1978 1. Staatsexamen. K.: 1978-82 versch. Tätigkeiten über Nachkriegsgeschichte Univ. Bielefeld, 1982 Eintritt Grüne/Bunte Liste Bielefeld, 1983-85 Referendariat am Städt. Gymn. Bielefeld, 1985 2. Staatsexamen, 1984 Grdg. selbstverwalteter Satzbetrieb Satzbau GmbH Bielefeld, 1984-89 Mtgl. StadtR. Bielefeld u. Landesarge Antifaschismus, seit 1994 Mtgl. Dt. Bundestag, 1994-99 o.Mtgl. Aussch. Arb. u. Soz., seit 1994 stellv. Mtgl. Innenaussch., zuständig f. Themenbereich Rechtsextremismus, 1999 Aussprache gegen Bombardierung d. NATO im Kosovo-Krieg, Mtgl. d. Enquetekommission "Globalisierung". F.: Ges. Satzbau GmbH Bielefeld. P.: viele Zeitungsinterviews. M.: Die Grünen, IG Medien. H.: Lesen, Kriminalromane, Wandern, mod. Musik, Frankreichreisen. (Re)

Büntgen-Hartmann Udo Dipl.-Ing.
B.: Bauing., Gschf. FN.: Vollack Ind.- u. Verw.-Bau GmbH & Co. G.: Sinzig, 1955. S.: 1973-79 Stud. Bauing.-Wesen m. Dipl. an d. FH Aachen, 1979-81 Stud. Wirtschaftsing. m. Dipl. an d. FH Pforzheim. K.: 1981-85 Statiker Höcker Ing.-Büro Königswinter, 1985-89 Vertriebsing. Munte Bauunternehmung Köln, 1989-91 Vertriebsing. Greschbach Karlsruhe, 1991 Vollack Ind.- u. Verw.-Bau GmbH & Co, Gschf. in Wesseling, Gschf. in Castrop Rauxel, Gschf. in Meerbusch, Gschf. Ges. d. Vollack Management Karlsruhe. M.: BVMW. H.: Oldtimer.

Bünting Karl-Dieter Dr. phil. Univ.-Prof. *)

Buntrock Erhard *)

*) Biographie www.whoiswho-verlag.ch oder beigefügte CD-ROM

Buntrock

Buntrock Peter Dr. *)

Buntrock Peter Dr. Prof. *)

Buntrock Wolfgang Dipl.-Ing.
B.: Landschaftsarchitekt, Land-Art-Künstler, selbständig. DA.: 30451 Hannover, Limmerstr. 2 D. G.: Hamburg, 9. Dez. 1957. S.: 1976 Abitur, Bundeswehr, 1978 Stud. Gartenbau TU Hannover m. Abschluß Dipl.-Ing. K.: ang. Architekt in versch. Architekturbüros in Hannover, seit 1988 freischaff. Landschaftsarchitekt u.a. f. d. Stadt Garbsen, Neustadt, Landeskirchenamt, Wohnungsbaugesellschaft, Allianz Hauptverwaltung in Berlin u.a.m., seit 1996 Land-Art-Künstler im Team Frank Schulze; Funktion: Lehrtätigkeit f. Landschaftsarchitektur, Land-Art-Seminare an d. Univ. Hannover u. bei Fortbildungsmaßnahmen. P.: Fotoausstellungen in Hamburg, Münster u. Aachen, Kunstinstallationen m. natürl. Materialien in d. freien Landschaft u.a. in Norwegen, Werke u. Fotos als ästhet. Bilder, Publ. in Fachzeitschriften, Katalogen u. in d. Presse. E.: 1. Preise bei div. Wettbewerben d. Stadt Hannover u.a. Innenhofwettbewerb (2001). H.: Singen, Gitarre spielen, Laufen, Schwimmen, Yoga.

Bunzel Hans-Peter *)

Bunzendahl Eugen Dipl.-Mathematiker
B.: Programmierer, Inh. FN.: Bunzendahl-Software. DA.: 37085 Göttingen, Hannah-Vogt-Str. 1. info@bunzendahl-software.de. www.ackerblick.de. G.: Göttingen, 7. März 1964. El.: Albert u. Margret. S.: 1982 Abitur Hannover-Münden, 1983-86 Stud. Lehramt an Gymn. Univ. Göttingen, Stipendium d. Konrad-Adenauer-Stiftung, 1986-87 Stud. Math. Univ. Heidelberg, 1988 Stud. Math. u. Informatik, 1988 Dipl.-Vorprüf., 1992 Dipl.-Prüf. K.: 1992-96 Programmierer u. Projektltr. bei PPS/EDV in Göttingen. BL.: 1996 Ackerschlagkartei f. Ldw. mit Antragstellung zur EU-Agrarförderung (seit 1997 einziges v. d. LwK Niedersachsen zugelassenes Programm dieser Art), Entwicklung v. optimierenden Warenwirtschaftsprogrammen unter Berücksichtigung d. innerbetrieb. Prozessabläufe, 1998 Entwicklung einer mehrsprachigen Software zur Erfassung v. Daten zu Allergieerkrankungen (Einsatz in mehr als 50 europ. Kliniken). P.: "Acker-Blick", "WinAllDat/IVDK". H.: phil. Literatur, Musik, Sport.

Burandt Raimund

B.: Vers.-Makler, Vorstand. FN.: Burandt & Wagner Finanzmakler AG. DA.: 89081 Ulm, Auchertwiesenweg 10. PA.: 87727 Babenhausen, Griesbachstr. 41. burandt-wagner@t-online.de. G.: Danzig/Polen, 21. Apr. 1955. V.: Beatrix, geb. Eberle. Ki.: Gabriele (1978), Benjamin (1983), Melanie (1986), Marcel (1987), Naomi (2000). El.: Heinz u. Elisabeth. S.: Kellnerlehre im Hotel Stift Lindau, Bundeswehr. K.: 1976 Gschf. Assistent, Hotel Fürstenhof, Bad Bertrich, Gschf. Hotel Zahner, Saarbrücken, 1977 nach zahlr. Schulungen u. Weiterbild.-Seminaren selbst. als unabhängiger Vers.-Makler, 1998 Mitwirkung bei d. Gestaltung d. Versich. Produktes IBU-Berufsunfähigkeitsversicherungspolice d. Nürnberger Vers., 1998 Grdg. d. Finanzmakleragentur gemeinsam m. Udo Wagner, zunächst als GbR, Umfirmierung in eine AG z. 1.1.2002 vorgesehen. H.: Tennis, Sport, Musik.

Burat Wolfgang *)

Burbach Werner-Erwin Dipl.-Ing. *)

Burchard Torsten *)

Burchardi Armin sen. *)

Burchardt Konrad
B.: Dir. FN.: Frantour FTS GmbH. PA.: 30916 Isernhagen, Lise-Meitner-Str. 31. G.: Raaren/Stadt Aachen, 27. Okt. 1951. V.: Gabi. Ki.: Simon (1976). El.: Hermann u. Marianne. S.: 1972 Abitur, 1972-73 Jurastud. Univ. München, 1973-85 Bundeswehr, aktiver Dienst: Hptm., 1983-86 Stud. an d. Jurist. Fak. Toulouse, Abschluß Luftfahrtsrecht u. Wirtschaftsrecht. K.: 1987-90 RB Medipyrénées, Prom. f. Nordeuropa u. Nordamerika, 1990-93 selbst. im Marketingbereich Touristik, 1993-95 Einkauf Mittelmeer Jahn-Reisen, seit 1996 Dir. b. Frantour. H.: Pferde, Radfahren, Tennis, Wandern, gut Essen.

Burchardt Lothar Dr. Prof. *)

Burchardt Michael Dr. Prof.

B.: Prof. f. Öff. Finanzwirtschaft. FN.: FH f. Wirtschaft Berlin. DA.: 10825 Berlin, Badensche Straße 50/51. mburchar@fhw-berlin.de. G.: Berlin, 18. Juni 1942. V.: Rita Fathi Afshar. El.: Prof. Dr. Paul u. Gerda, geb. Wachowski. BV.: Vater Prof. Dr. Paul - 1. Vizepräs. d. Steuerberaterkammer Berlin (über 20 J. lang), Präs. d. Ehrengerichtshofs d. Rechtsanwälte b. Kammergericht Berlin; Verdienstkreuz am Bande d. VO d. BRD (1978) u. Verdienstkreuz 1. Kl. d. VO d. BRD (1987). S.: 1961 Abitur Berlin, 1961 Stud. Betriebswirtschaft a. d. FU Berlin, 1963-64 Volontärzeit b. Dresdner Bank AG Hamburg, 1964-67 Stud. FU Berlin, 1967 Dipl.-Abschluss. K.: 1968 Teilzeitass. am Inst. f. Sozialpolit. Forsch. d. FU Berlin, 1968 wiss. Ass. d. Wiss. Beratungskmsn. d. Senats v. Berlin, 1969-71 Ass. am Inst. f. Sozialpolit. Forsch. d. FU Berlin, 1968-71 freier Mitarb. d. Wirtschaftsprüfers u. Steuerberaters W.A. Liefering Berlin, 1970 Prom. z. Dr. rer. pol., 1971-77 Ass.-Prof. am FB 10 d. FU Berlin, seit 1977/78 Prof. f. Öff. Finanzwirtschaft a. d. FHW Berlin. P.: Monographien: Öff. Leasingfinanzierung in Berlin (1970), Mikrotheorie. Eine einführung m. einem Kompendium mikrotheoret. Fachbegriffe (1986), Leichter Studieren. Wegweiser f. effektives wiss. Arb. (2000), Marxistische Wirtschaftstheorie - m. einem Anhang zu Leben u. Werk v. Karl Marx (1997), zahlr. Aufsätze in Fachzeitschriften u.a. Die Stellung d. einzelnen Bankengruppen am Geldmarkt (1973). E.: Würdigung d. Publ. "Die Stellung d. einzelnen Bankengruppen am Geldmarkt" als eine d. wichtigsten v. 6000 im J. 1973 erschienen wirtschaftswiss. Fachaufsätze. H.: klass. Musik, Klavier spielen, Sport (Laufen, Tennis, Skifahren, Skaten).

Burchardt Ulf Dr. med. habil. Prof. *)

Burchardt Ulla
B.: Dipl.-Päd., MdB. DA.: 11011 Berlin, Platz d. Republik 1. G.: Dortmund, 22. Apr. 1954. V.: verh. Ki.: 2 Töchter. S.: 1972 Abitur, 1972-77 Stud. Päd., Sozialwiss. u. Psych. Bochum u. Bielefeld, 1977 Dipl.-Päd. K.: 1977-78 Jugendbild.-Ref., seit 1979 Ref. in d. Erwachsenenbild., 1976 SPD,

*) Biographie www.whoiswho-verlag.ch oder beigefügte CD-ROM

Mtgl. Unterbez.-Vorst. Dortmund u. Bez.-Vorst. Westl. Westfalen. M.: ÖTV, SJD - Die Falken, Greenpeace, Dt. Vereinigung d. Schöffinnen u. Schöffen, Dt. Hausfrauenbund, AWO, Frauen helfen Frauen e.V. Dortmund. (Re)

Burck Hans-Christian Dr. med. Prof. *)

Burck-Lehmann Uta Dr. med. Priv.-Doz. *)

Burckas Cristina C. Lic. psych.
B.: Psychoanalytikerin. DA.: 79106 Freiburg, Tennenbacher Str. 44. cburckas@t-online.de. G.: Buenos Aires, 19. Mai 1940. S.: 1958 Abitur, b. 1977 Stud. Psych. in Argentinien. K.: jahrelange Erfahrung im öffentl. Gesundheitsbereich u. in eigener Praxis in Buenos Aires, Argentinien, Mitarbeiterin u. Dozentin am Inst. f. Psychotherapie u. Medizinische Psychologie d. Psychosomatischen Klinik d. Univ. Heidelberg, seit 1989 eigene Praxis in Freiburg in deutscher u. spanischer Sprache, Interkulturelle Tätigkeit in Feld d. Psychoanalyse innerhalb v. Europa u. Südamerika. P.: versch. Veröff. zur psychoanalytischen Praxis in deutscher, spanischer u. französischer Sprache. M.: Grdg.-Mtgl. d. Assoz. f. d. freudsche Psychoanalyse (AFP), Mtgl. u. Weiterbild.-Doz. am Inst. f. Psychoanalyse u. Psychotherapie in Freiburg (DPG). H.: Reisen, Kultur, Literatur, das Leben.

Burckhard Jörg *)

Burckhardt Arno *)

Burckhardt Jürgen Richard Latour Dr.
B.: Vorst.-Mtgl., Staatssekr. a.D., RA. FN.: Friedrich Ebert Stiftung. DA.: 53170 Bonn, Godesberger Allee 149; 10785 Berlin, Hiroshimastr. 17. G.: Greifswald, 12. Feb. 1936. V.: Inge, geb. Wolf. Ki.: Jeróme (1959), Markus (1967). El.: Werner u. Dora, geb. Sander. S.: 1954 Abitur Greifswald, 1955 2. Abitur Berlin-West, 1956-61 Stud. Rechts- u. Staatswiss. FU Berlin u. Bonn, 1961 1. Staatsexamen, 1962-66 Referendariat, 1966 2. Staatsexamen, wiss. Ass., 1969 Prom. K.: 1969-82 Eintritt in Bundesmin. f. Wiss., 1979 Min.-Dir., 1971-74 Ltr. Min.-Büro Klaus v. Dohnany, 1982-84 Ltr. Büro Bundesgsch. SPD Peter Glotz, 1984-87 Staatssekr. im Hess. Wiss.-Min., seit 1987 Eintritt in Friedrich Ebert Stiftung, ab 1989 Gschf. Vorst.-Mtgl., 1999 Eröff. d. neuen Stiftungshauses in Berlin. BL.: ab 1969 Mitarb. an Entwicklung d. Bild.-Min. P.: FES. M.: SPD, ÖTV. H.: klass. Musik, Literatur.

Burckner Clara *)

Burczyk Daniel

B.: selbst. Steinmetz- u. Bildhauermeister, staatl. geprüfter Steintechniker. FN.: Daniel Burczyk. DA.: 38229 Salzgitter, Peiner Str. 85. G.: Braunschweig, 11. Nov. 1965. Ki.: 2 Kinder. El.: Heinrich u. Sabine. S.: 1986 Fachabitur, 3 J. Ausbild. z. Steinmetz b. d. Firma Dellner u. Hüser b. d. Obermeister d. Steinmetzinnung Hans-Peter Molle in Braunschweig, anschl. Geselle, 1990 Zivildienst im KH Salzdahlumer Straße Braunschweig, 1991 Steinmetzgeselle im Ausbild.-Betrieb, 1996 Technikerausbild. u. Meisterprüf. an d. Steinmetzschule Königslutter. K.: 1998 Übernahme d. jetzigen Betriebes. H.: Zeichnen, Musik (Klavierspielen, Singen), Leben u. Sterben im phil. Bereich.

Burczyk Klaus Dr. rer. nat. Prof. *)

Burda Aenne

B.: Verlegerin. FN.: Verlag Aenne Burda GmbH & Co KG. DA.: 77652 Offenburg, Am Kestendamm 2. G.: Offenburg, 28. Juli 1909. V.: Senator Dr. Franz Burda (verst. 1986). Ki.: Franz, Frieder, Dr. Hubert. S.: Mittlere Reife in Klosterschule, kfm. Lehre. K.: seit 1949 Gründerin u. Ltr. d. Verlages Aenne Burda GmbH & Co Modezeitschrift in Offenburg, Hrsg. d. Zeitschrift "Burda Moden", seit 1987 auch in russ. Sprache. E.: 1974 Großes BVK, 1984 Bayer. VO, 1979 Ehrenring u. 1989 Ehrenwürde d. Stadt Offenburg, 1989 Fugger-Med., 1990 Karl-Valentin-Orden, 1994 Gold. EZ d. Landes Salzburg, 2001 GBVK mit Stern. H.: Malen. (Re)

Burda Herbert *)

Burda Hubert Dr. Dr. h.c.

B.: Verleger, Vorst.-Vors. FN.: Hubert Burda Media Holding GmbH & Co. KG. DA.: 81925 München, Arabellastr. 23. www.burda.de. G.: Heidelberg, 9. Feb. 1940. V.: Maria, geb. Furtwängler. V.: Felix (+), Jacob. El.: Senator Dr. Franz u. Aenne. S.: Abitur, Stud. Kunstgesch., Archäol. u. Soz. in München 1960-65, Prom. u. 2. Dr. phil. ("Die Ruinen in d. Bildern Hubert Roberts") in München 1965. K.: Praktika in d. USA (Time, TV Guide, Young & Rubicam); Verlags-Ltr. Bild + Funk 1966, Gschf. Ges. d. Burda GmbH 1973, Chefred. BUNTE 1975-85, seit 1986 Alleininh. d. Burda GmbH. F.: Dr. Hubert Burda Holding GmbH & Co KG, München; Burda GmbH, Offenburg; Burda Farben GmbH & Co KG, Schwerin B (alle 100%); Elle Verlag GmbH, München; BurdaNews Druck GmbH, Darmstadt; NewsBurda Verlag GmbH & Co KG, Berlin; NewsBurda Druck GmbH, Vogelsdorf; Magazin Verlag Berlin GmbH & Co KG, Berlin; Thüringer Zeitschriften Verlag GmbH & Co KG, Erfurt - (alle 50%); Verlag Aenne Burda GmbH & Co, Offenburg (25%). E.: Stellv. Vors. d. Dt. Journalistenschule in München u.a. 2000 Printmedienpreis d. bay. Landesreg., 2001 Ehrendoktorwürde der Ben-Gurion-Univ. Israel. M.: Mitgründer Europ. Publisher Council. H.: Tennis, Golf, Schi. (Re)

Burda Matthias M. Dipl.-Ing.

B.: Dipl.-Wirtschaftsing., Architekt. FN.: Architekturbüro Burda. Büro Burda. DA.: 65187 Wiesbaden, Niederwaldstr. 6. Wiesbaden@architekturbuero-burda.de. www. architekturbuero-burda.de. El.: Reinhard u. Renate. S.: 1984 Abitur Bremen, 1984 Stud. Architekturbüro, FH Rheinland-Pfalz Abt. Koblenz, 1988 Dipl.-Ing., 1988 Stud. Wirtschaftsing.-Wesen FH f. Technik Esslingen, 1989 Dipl.-Wirtschaftsingenieur, 1989-90 Wehrdienst. K.: 1990 Ass. d. Geschäftsleitg. eines mittelständ. Wohnbauunternehmens, Bauträger m. angeschlossenem Arch.-Büro, 1992 Wohnbau Wager Esslingen, 1992 Ass. d. Geschäftsltg. eines mittelständ. Bauträgers u. Projektentwick-

*) Biographie www.whoiswho-verlag.ch oder beigefügte CD-ROM

Burda

lungsunternehmens, 1993 IC-Bau u. Beratung GmbH; Domarus Projektentwicklungs GmbH & Co. Wiesbaden, 1993 Projektzielmanagement einer AG f. Grundbesitz u. Vermögensverw., 1994 Dr. Jürgen Schneider AG Königstein, 1994 Gschf. Ges. einer Bauträger GmbH, 1996 Burda GmbH Wiesbaden, 1996 Gutachter f. Gebäudeschäden u. Versicherungen, Gutachter f. Wertermittlungen v. bebauten u. unbebauten Grundstücken u. Projektsteuerung, Architecture-Management, Beratung, Generalplanung.

Burdack Gabriela Dipl.-Ing.
B.: Dipl.-Ing. f. Anlagenbau, Gschf. Ges. FN.: BAB Container & Recycling GmbH. DA.: 04317 Leipzig, Dauthestr. 23. G.: Leipzig, 2. Mai 1960. Ki.: Katrin (1984). El.: Klaus (Betriebsdir. d. Dienstleistungskombinates Markranstädt) u. Ilse, geb. Neuhäuser. S.: 1976-78 Lehre Maschinenbauzeichner, 1978-79 Vorbereitungslehrgang auf Stud., 1979-83 Stud. Ing.-HS Köthen, 1983 Dipl.-Ing. f. Anlagenbau. K.: 1984 Projektant, Chemieanlagenbau Leipzig, 1984-87 Hausfrau u. Mutter, 1987-94 Mitarb. in Buchhaltung u. Techn. Mitarb. d. GF, Gschf., Ltr. d. Deponie (ATG mbH), 1994 Grdg. d. Unternehmens BAB. P.: Dipl. H.: Saunieren, Wandern, Oper.

Burdack Roland Dipl.-Ing.
B.: Gschf. Ges. FN.: Ingenieurgesellschaft W33 mbH. GT.: 2001 Vortragstätigkeit in China z. energiesparender Gebäudetechnik, organisiert durch d. chinesische Architektenkammer. DA.: 10999 Berlin, Waldemarstr. 33. burdack@w33-berlin. de. G.: Berlin-Zehlendorf, 17. März 1969. V.: Janine, geb. Lenz. S.: 1987 Abitur, 1987-92 Stud. Energietechnik an d. TFH Berlin, Abschluss Dipl.-Ing. K.: 1992-96 Projektleiter in einem Ingenieurbüro in Aachen, 1996 Mitbegründung d. Ingenieurbüros W33 in Berlin, seitdem Gschf. f. Technische Gebäudeausrüstung, Referenzobjekte: Dt. Botschaft in Tokio, Spanische Botschaft in Berlin, City-Light-House in Berlin, Verwaltungsgebäude d. Schering Mexican in Mexico-City. H.: Segeln, Reisen.

Burdenski Dieter *)

Burdenski Hubert

B.: Architekt. FN.: Arch.-Werkstatt Freiburg Amann-Burdenski. DA.: 79098 Freiburg, Poststr. 2. burdenski@architekturwerkstatt-freiburg. de. www.architekturwerkstatt-freiburg.de. G.: Schönau, 9. Juni 1954. V.: Karin Eble. El.: Werner u. Lioba, geb. Rotzinger. S.: 1970-73 Schriftsetzerlehre, Schriftsetzer b. Musterungsbefehl, 1974 Schriftsetzer Berlin, 1/2 J. nach Nepal, Indien, Sri Lanka, zurück als Schriftsetzer in Berlin, 1979 Abitur im 2. Bild.-Weg Berlin, 1981-86 Stud. Arch. an d. TU Berlin, Abschluss: Dipl.-Architekt. K.: 1988 zurück nach Freiburg, seit 1989 selbst., 1990 Architekturwerkstatt m. Herrn Amann, 1992 Fortbildung ökologisches Bauen, 1994 Fortbildung im Bereich solares u. energetisches Bauen bis zum Passivhaus, seit 1996 Beratung v. Komunen, Wirtschaft u. Architekten in d. Entwicklung u. Prozessbegleitung v. Baugruppenprojekten, 1998 Fortbildung Projektmanagement, Coaching, Konfliktmanagement, 1999 Fortbildung Mediation. P.: Veröff. in regionaler u. überregionaler Presse, Bücher Bauen in d. Gruppe, "Stadterweiterung Rieselfeld", "Baugemeinschaften", ein mod. Weg zu Wohneigentum, Ind.-Bau. M.: Dt. Werkbund, Arch.-Kam., Tennisclub. H.: Südfrankreich (Provence), Tennis, Tanzen, Schwimmen, Fahrradfahren, Skifahren.

Burdenski Wolfhart Eberhard Dr. jur.

B.: Fachanwalt f. Sozialrecht. PA.: 60435 Frankfurt, Am Hohlacker 61. G.: Königsberg, 12. Apr. 1915. V.: Dr. med. Gudrun. Ki.: Dr. Siegfried, Dr. Wolfhart, Dr. Jürgen. El.: Herrmann u. Cordula. S.: Abitur, Collegium Friderciacianum (Kant' s Schule), Stud. Univ. Königsberg, Referendar, Dr. iur. utr. K.: Amtsgerichtsrat, LSozialgerichtsrat, Senatspräs. am LSG in Hamburg, BRichter am BSozialgericht, RA. Assessor, Amtsgericht in Hamburg. P.: zahlr. Veröff. E.: EK I. M.: Dt. Richterbd., Ver. d. BRichter b. BSozialgericht, Frankfurter Anw.Ver., Weißer Ring.

Burdinski Kurt Gerhard Dr.
B.. Tierarzt in eigener Praxis. DA.: 23896 Nusse, Lindenweg 4. G.: Lübeck, 21. Apr. 1937. V.: Marianne, geb. Welge. Ki.: Tanja (1963), Lutz (1964), Marc (1967). S.: 1955 Abitur Hannover, 1955-61 Stud. Vet.-Med. Berlin u. Hannover, 1961 Prom. K.: 1961 Ass. in einer Tierarztpraxis in Großgoltern u. b. 1964 in Ratzeburg, seit 1964 ndlg. Tierarzt in Nusse. P.: 2 Veröff. in Fachzeitschriften. M.: Landesvors. d. Bundesverbades d. praktizierenden Tierärzte, Bauverein Zarentiner Kirche, TSV Nusse. H.: Natur, Tiere.

Büren Holger *)

Bürenkemper Michael *)

Buresch Herwig *)

Burfeind Uwe *)

Burfeind Wulf F. *)

Bürfent Peter Jakob *)

von der Burg Bruno *)

Burg Ewald Dr.

B.: RA, Notar, Fachanw. f. Arbeits-Steuerrecht. FN.: Kzl. Dr. Ewald Burg. DA.: 59423 Unna, Hertinger Str. 51. G.: Kesice/Polen, 19. März 1949. V.: Carola, geb. Fechner. Ki.: Stefanie (1978), Christine (1982). El.: Ewald u. Alwine. S.: 1965 Abitur, 1965-66 Bundeswehr Ahlen u. Unna, 1966-69 Jurastud. Ruhr-Univ. Bochum, 1969-71 Stud. Maximilian-Univ. München, 1971 1. Staatsexamen, 1971-75 Referendarzeit, 2. Staatsexamen. K.: erste Tätigkeit als Rechtsvertreter d. dt. Gewerkschaftsbundes in Arnsberg, nach 6 Monaten als Berufungsvertreter nach Hamm versetzt, 1983 Prom., seit 1983 ndlg. RA, Tätigkeitsschwerpunkt: Arbeits- u. Steuerrecht. P.: Fahnenflucht § 16 d. Wehrstrafgesetzbuches (1980), Nachschlagewerk d. Bundesarbeitsgerichts (AP) § 9 d. Lohnfortzahlungsgesetz. M.: TV Unna, Arbeitsgerichtsverb. H.: Sport, Tennis, Gymnastik, Joggen.

*) Biographie www.whoiswho-verlag.ch oder beigefügte CD-ROM

Burg Günter Dr. med. Prof.
B.: Dir. FN.: Dermatolog. Univ. Klinik Zürich. DA.: CH-8091 Zürich, Gloriastr. 31. PA.: CH-8124 Maur/ZH,Heldenstr. 14. G.: Mayen, 5. Feb. 1941. V.: Dr. Doris, geb. Nicklas. Ki.: Andreas, Thomas. El.: Peter u. Maria. S.: Stud. in Bonn u. Marburg. K.: seit 1969 Dermatolog. Klinik d. LMU München, 1972 Teaching Ass. New York Univ. Medical Center, 1975 Habil., 1980 Extraordinarius, 1988 Ordinarius. P.: über 250 Zeitschriften- u. Buchbeiträge. M.: Mtgl. u. korr. Mtgl. in über 20 in- u. ausländ. Fachges.

von Burg Heinz *)

Burgard Eric Reiner Martin
B.: Zahnarzt in eigener Praxis. DA.: 40210 Düsseldorf, Graf-Adolf-Str. 100. G.: Uccle/Belgien, 11. Nov. 1963. V.: Ingrid, geb. Ossieur. Ki.: Alicia (1995). El.: Dr. rer. pol. Hermann. S.: 1983 Abitur in Brüssel, anschl. Stud. an d. E.S.O.R.I.B.-European School of oral rehabiht. Implantologie and Biomaten, 1989 Approb., Sprachen Französisch, Niederländisch, Italienisch, Englisch u. Deutsch. K.: Zahnarztassistent u.a. b. Dr. Werth in Kirkel u. Dr. Arenz in Saarbrücken, seit 1991 selbständig, 1993 Master Implantologie, spezialisiert auf Zahnersatz. H.: Basteln, Elektronik (legte selbst Elektrovernetzung in d. Praxis).

Burgard Gunther Matthias Dr. med.
B.: Chefarzt u. Träger. FN.: Lutrina-Klinik. DA.: 67655 Kaiserslautern, Karl-Marx-Str. 33. G.: Homburg/Saar, 15. Jan. 1957. V.: Dr. med. Birgit, geb. Müller. Ki.: Caroline (1986), Matthias (1989). S.: 1976-82 Stud. Med. Univ. Heidelberg u. Univ. Homburg. K.: 1982-91 FA-Ausbild. f. Chir. u. Unfallchir. in Kaiserslautern, 1991-94 ndlg. Chirurg in Zweibrücken, 1994 ndlg. Chirurg in Kaiserslautern als Chefarzt u. Träger d. Lutrina-Klinik. BL.: Erfinder d. Minimal-invasiven Hämorrhoiden-Operation u. d. erforderl. Spezialgerätes, Hernien- u. Varizenoperationen, Mitentwicklung in d. med. biophysikal. Inst. d. Univ. d. Saarlandes in Homburg eines Vektorballistokardiographen z. dreidimensionalen Messung d. Rückstoßkräfte d. Herzens z. Untersuchung v. Herzklappenerkrankungen. P.: zahlr. Publ. im Rahmen d. Diss., u. mehrere Vorträge auf chir. u. koloproktolog. Kongressen. M.: Verb. d. Dt. Koloproktologen d. Dt. Ges. f. Chir. H.: Musik, klassisches Piano, Schott. Dudelsack, Hochseesegeln im Mittelmeer und Atlantik.

Burgard Horst Dr. *)

Burgardt Robert *)

Burgartz Frank Dipl.-Ing. *)

Burgbacher Ernst
B.: MdB, Tourismuspolitischer Sprecher d. F.D.P.-Bundestagsfraktion. FN.: Dt. Bundestag. DA.: 10117 Berlin, Dorotheenstr. 93, Wahlkreisbüro: 79098 Freiburg i. Br., Kaiser-Joseph-Str. 223. G.: Trossingen, 28. Mai 1949. Ki.: Christof (1980), Matthias (1982). S.: 1968 Gymn. Trossingen, Abitur, 1968-74 Stud. Math. (Lehramt) u. Politikwiss. Univ. Tübingen u. Freiburg, 1974 Staatsexamen, 1974-75 Referendariat im Studienseminar Rottweil, 2. Staatsexamen. K.: 1965 Eintritt Jungdemokraten, 1969 vor Regierungswechsel Eintritt in FDP, seit 1975 Lehrer am Gymn. am Deutenberg, Villingen-Schwenningen, 1984-89 Kreisvors. d. FDP Tuttlingen, Vors. Landesfachausschuß Europapolitik; Städtepartnerschaft mit Cluses/Frankreich, seit 1992 Bezirksvors. FDP-Südbaden, seit 1993 Mtgl. d. Landesvorst.; seit 1993 Mtgl. Landesvorstand, Engagement f. Europapolitik, seit 1994 Kandidat Bundestagswahl, seit 1996 Kreistagsmtgl., seit 1998 MdB; Tourismuspolitischer Sprecher d. FDP; o. Mtgl. Tourismusausschuß; Obmann d. FDP-Fraktion, stellv. Mtgl. EU-Ausschuß, stellv. Mtgl. Petitionsausschuß, daneben stellv. Vors. d. Deutsch-Französischen Parlamentariergruppe, seit 1999 Präs. d. Arbeitsgemeinschaft d. Volks.verbände e.V. (AVV). (Re)

Burgdorf Christine *)

Burgdorf Ernst B. F. *)

Burgdorf Märten Dr. *)

Burgdorff Torsten Dipl.-Ing. *)

Burgemeister Bernd *)

Bürgener Rudolf *)

Burger Alexander *)

Burger Anneliese *)

Burger Armin
B.: Dipl.-Wirtschaftler, wiss. Ref. f. Wirtschaft, Technologie u. Europaangelegenheiten d. CDU-Fraktion im Landtag v. Sachsen-Anhalt. DA.: 39104 Magdeburg, Am Dompl. 6/9. PA.: 13187 Berlin-Pankow, Wilhelm-Kuhr-Str. 3. Burger@cdu.lsa-lt.lsa-gw.lsa-net.de. G.: Berlin-Pankow, 19. Nov. 1938. V.: Regina, geb. Hofeld. Ki.: Astrid (1959), Adrian (1964). BV.: Vater Prof. Dr. phil. Alexander Burger (1904-91) war Physiker, Meteorologe u. langjähriger Ltr. d. Arbeitsgruppe "Radioaktivität u. Staub" im Inst. f. Meteorologie d. FU Berlin, Großvater Reinhold Burger (1866-1954) Glasinstrumentenmachermstr., 1903/04 Erfinder d. Thermosflasche, 1927 Erfinder eines Kaltluft-Rotstrahl-Apparates "Frigisolair". S.: 1962 Abitur, 1962-65 Abendstud. z. wiss.-techn. Ass. f. Sozialwiss. an d. Dt. Ak. d. Wiss. zu Berlin, 1968-73 Fernstud. HS f. Ökonomie Berlin, 1973 Dipl.-Wirtschaftler. K.: 1952-55 Lehre als Feinmechaniker, 1955-62 Hilfstechnologe b. Apparate- u. Gerätebau R. Burger & Co. in Berlin, 1962-69 wiss.-techn. Ass. Dt. Ak. d. Wiss. zu Berlin, 1969-90 wiss. Mitarb. am Dt. Wirtschaftsinst. (DWI), 1990 Mitarb. b. Diskussionskreis Mittelstand d. CDU/DA-Fraktion d. ehem. Volkskam. d. DDR, seit 1990 Mitarb. b. Wirtschaftler. CDU/CSU, wiss. Ref. f. Wirtschaft u. Technologie sowie Bundes- u. Europaangelegenheiten. M.: s. 1973 Mtgl. d. CDU, stellv. Ortsgruppenvors., s. 1963 Mtgl. d. Gem.-KirchenR., d. Kreissynode Pankow, 1967-92 Mtgl. d. Berliner Stadtsynodalverb. H.: Lesen v. schöngeistiger Literatur, Klavierspielen. (B.K.)

Burger Astrid *)

Burger Bernhard *)

Burger Birgit *)

Burger Christa
B.: Galeristin, selbständig. DA.: 80333 München, Fürstenstr. 8. Galerie.Christa.Burger@t-online.de. www.muenchner-galerien.de. G.: Steinach a. d. Saale, 1. Juni 1953. El.: Hans u. Maria Burger. S.: 1969 Mittlere Reife in Gemünden, 1969-72 Dolmetscherausbildung f. Englisch, Französisch u. Spanisch in Würzburg, 1973-74 Stud. d. Französischen Wirtschaftssprache in Paris u. Tätigkeit als Übersetzerin, 1975-77 Abitur auf d. 2. Bildungsweg, 1977-85 Stud. Amerikanischen Kulturwiss., Amerikanischen u. Französischen Literatur in Freiburg u. LMU-München sowie 1979-80 in Kanada m. Stud. nordamerikanischen Indianersprachen wie Nihtnat. K.: 1985-86 Projektmitarbeiterin in d. Herbert-Quandt-Stiftung f. intern. kulturellen Austausch in München, 1987-89 Redaktionsassistentin b. d. Frauenzeitschrift ELLE, 1990-97 selbständige Lekto-

*) Biographie www.whoiswho-verlag.ch oder beigefügte CD-ROM

Burger

rin u. Übersetzerin, ab 1992 ehrenamtliche Organisation v. Ausstellungen, 1997 Eröff. d. Galerie Christa Burger in München m. b. dato 30 Ausstellungen im Bereich Junge Kunst. P.: Ausstellungen v. Adidal Abou-Chamat, Tina Bara, Frank Bauer, Diana Kingsley, Erik van Lieshout, Irene Naef, Sigrid Nienstedt, Olu Oguibe, Andrew Phelps, Cameron Rudd, Anne Schneider, Ágnes Szépfalvi; Artikel in d. Welt, Spiegel, Camera Austria, Art, GQ, Reiseführer Dumont + Stadt München, Messeteilnahmen Art Frankfurt, Art Forum Berlin, Art Miami/USA, Viennart/Wien. M.: Initiative Münchner Galerien, Kunstverein München, Kunstraum e.V. München, Bürgerhaus Seidlvilla. H.: Möbeldesign, Grafikdesign, Reisen.

Burger Karl-Heinz
B.: Direktor f. Deutsch, Geschichte u. Sozialkunde. FN.: Claviusgymnasium Bamberg. DA.: 96047 Bamberg, Kapuzinerstr. 29. G.: Bamberg, 2. Dez. 1943. V.: Alice, geb.Büttner. Ki.: Pascal (1982). S.: 1963 Abitur in Bamberg, 1963-69 Stud. Univ. Erlangen. K.: 1969-71 Referent, seit 1971 am Claviusgymnasium Bamberg, Dir. f. Deutsch, Geschichte u. Sozialkunde. M.: Bürgerverein, Historischer Ver., Universitätsbund, Ltr. d. regionalen Arbeitskreises Oberfranken. H.: Sammeln v. Filmprogrammen, Theater.

Burger Klaus Dr. *)

Burger Klaus Dipl.-Ing. *)

Burger Laurenzius Dr. rer. pol. *)

Burger Martin Dr. med.
B.: Arzt f. Allg.-Med. DA.: 48149 Münster, Hüfferstr. 8. Burger-M@t-online.de. www.docmuenster.de. G.: Lippstadt, 7. Aug. 1955. V.: Elisabeth Liebl (Ärztin f. Allg.Med.). Ki.: Christina (1980), Stefan (1982), Veronika (1985), Jochen (1988). El.: Friedrich u. Marianne, geb. Derichsweiler. BV.: Gerhard Pilgrum (gest. 1593) Bgm. v. Köln. S.: 1974 Abitur, 1974-82 Stud. Med. Univ. Münster. K.: 1982-84 Ass.-Arzt in Vincent Hospital in Coesfeld, 1984-85 Ass.-Arzt in KH Hiltrup, 1986 Ass.-Arzt im Maria-Josef-Hospital in Greven, 1987 Praxis-Ass., seit 1987 selbst. Arzt, seit 1993 in Gemeinschaftspraxis m. Schwerpunkt Psychosomatik u. Therapie v. Drogensucht, Vorst.-Mtgl. im PTI: Psychosomatisch-Therapeut. Inst. in Münster, Weiterbildung in Ressourcenorientierter Psychotherapie. M.: Mitgründer u. Vors. d. Ver. z. Förderung d. Therapie abhängig Kranker. H.: Triatlon, Schifahren, Schwimmen, Bergwandern, Musik, Fotografieren, Reisen, Spiritualität.

Burger Michael *)

Burger Norbert *)

Burger Peter *)

Burger Peter *)

Burger Peter *)

Burger Petra *)

Burger Reinhard Dr. Prof.
B.: VPräs. FN.: Robert-Koch-Institut. DA.: 13353 Berlin, Norduferr 20. burgerr@rki.de. G.: Rossdorf, 27. Mai 1949. V.: Dr. Regine. Ki.: Klaus, Axel. S.: 1969-76 Stud. Biologie, Med. Mikrobiologie u. Immunologie, 1974 Dipl.-Biologe, 1976 Prom. z. Dr. rer. nat. K.: 1975-77 wiss. Mitarbeiter am Inst. f. Med. Mikrobiologie u. im Sonderforschungsbereich 107 d. Dt. Forschungsgemeinschaft, 1977-79 Research Fellow Lab. of Immunology NIAID National Inst. of Health Bethesda/USA, 1979-83 wiss. Mitarbeiter am Inst. f. Med. Mikrobiologie d. Univ. Mainz, 1982 Habil., 1983-87 Prof. f. Immunologie Fak. f. Theoret. Med. Univ. Heidelberg, Ltr. d. Sektion "Molekulare Immunologie" d. Inst. u. Ltg. d. Labors f. Plasmaprotein-Diagnostik, div. Arbeitsaufenthalte in Labors im Ausland, 1987-98 Ltr. d. Abt. Immunologie, Dir. u. Prof. am Robert-Koch-Inst., seit 1989 Prof. f. Immunologie im Fachbereich Humanmed. d. FU Berlin, seit 1998 Ltr. d. Abt. Infektionskrankheiten Robert-Koch-Inst. Berlin, seit 1997 stellv. Dir. d. Robert-Koch-Inst., seit 2001 VPräs., seit 1993 Vors. d. Arbeitskreises Blut d. Bundesministeriums f. Gesundheit. P.: Autor u. Mitautor v. Veröff. auf d. Gebiet d. Immunologie, insbes. auf d. Gebieten Komplement, Anaphylatoxine u. Differenzierungsantigene auf lymphoiden Zellen sowie Infektionen durch Blut u. Blutprodukte, Mitwirkung in div. nat. u. intern. Sachverständigengremien z. Erstellung v. Empfehlungen, Stellungnahmen u. Richtlinien im Bereich d. Immunologie u. Transfusionsmed., eingeladener Redner oder Vors. b. zahlr. Symposien u. Fachveranstaltungen. M.: Dt. Ges. f. Immunologie, Dt. Ges. f. Hygiene u. Mikrobiologie, American Association of Immunologists,Robert Koch Stiftung, Berliner Mikrobiolog. Ges., Berliner Med. Ges., Dt. Ges. f. Transfusionsmed. u. Immunhämatologie, American Association of Blood Banks, Ges. f. Natur- u. Heilkunde.

Burger Stefan

B.: Künstler, Galerist, Inh. FN.: Galerie Pinselfbk. im Nürbanum Nürnberg. DA.: 90461 Nürnberg, Allersbergerstr. 185/A7. PA.: 90461 Nürnberg, Allersbergerstr. 185/A7. G.: Schwandorf, 1. Dez. 1960. V.: Dr. Gabriela Hofmann. Ki.: Constantin (1988), Nikolaj (1989). El.: Herbert Burger u. Olivia Süß. BV.: Georg Burger Maler 1901. S.: 1980 Ausbild. z. Gärtner in Schwandorf. K.: 1980-81 Bootsmann b. d. Reederei Bayer. Lloyd in Regensburg, 1983-86 Stud. an d. Ak. d. Bild. Künste in München b. Prof. Gerd Dengler, 1987 Studienaufenthalt an d. Ecole des Beaux-Arts in Angers/Frankreich, 1988 Studienaufenthalt in Schwandorf, Arbeitsaufenthalt in Monterosso al Mare/Italien, seit 1989 in Mittelfranken m. zahlr. Einzel- u. Gruppenausstellungen, 1999 Eröff. Atelierhaus Pinselfbk. Burger gemeinsam mit G. Hofmann, seit 2000 Eröff. d. Galerie Pinselfbk. im Nürbanum Nürnberg. P.: Nürnberger Nachrichten, Abendzeitung, Süddt. Zeitung, Mittelbayer. Zeitung Regensburg.

Burger Udo Dipl.-Vw. *)

Burger Wolfgang Dr. *)

Burger Wolfram Dr. med. Privatdozent
B.: Kardiologe. FN.: St. Georg Krankenhaus, Abt. f. Interventionelle Kardiologie. DA.: 04129 Leipzig, Delitzscher Str. 141. G.: Nürnberg, 5. Nov. 1955. V.: KhetKhet, geb. Htway. Ki.: Stephanie (1991), Alexandra (1993), Nicole (1995). El.: Dipl.-Ing. Rudolf u. Margarete. S.: 1975 Abitur Gymn. Fridericianum Erlangen, 1976-82 Stud. Med. Univ. Erlangen-Nürnberg, 1983 Prom. Univ. Freiburg i. Br., 1995 Habil. f. Innere Med., J.W. Goethe-Univ. Frankfurt/Main. K.: 1983-84 Huntington Medical Research Institutes, Pasadena/Californien, 1984-96 Tätigkeit in d. Kardiologie d. Zentrums d. Inneren Medizin, Univ.-Klinik Frankfurt/Main, 1991 Arzt f. Innere Medizin, 1992 Teilgebietsbezeichnung Kardiologie, 1995-96 Oberarzt am Zentrum d. Inneren Medizin, seit 1996 Mtgl. d.

---
*) Biographie www.whoiswho-verlag.ch oder beigefügte CD-ROM

Kardiologischen Gemeinschaftspraxis Drs. Burger, Kneissl, Rehberg, Rothe, Leipzig. P.: zahlr. Veröff. in div. Fachzeitschriften. H.: Skilaufen, Violine.

Bürger Arno Dipl.-Ing. *)

Bürger Axel Dipl.-Ing.

B.: Dipl.-Ing.(FH) f. Bauwesen, Beratender Ing. m. Bauvorlageberechtigung, Sachv. f. Schäden an Gebäuden, Inh. FN.: Ing.- u. Sachv.-Büro. DA.: 09130 Chemnitz, Heinrich-Schütz-Str. 50. isbbuerger@aol.com. www.isbbuerger.de. G.: Karl-Marx-Stadt, 4. Jan. 1955. Ki.: Manuel Laupp (1998). El.: Bauing. Erhard u. Gudrun, geb. Schwarze. S.: 1973 Abitur Karl-Marx-Stadt, 1973-75 Armee, 1975 Facharb. Betonbau, 1975-79 Stud. Ing.-HS f. Bauwesen Cottbus Fachrichtung Wohnungs- u. Ges.-Bau, 1979 HS-Ing. f. Bauwesen, 1980 Dipl.-Ing. f. Bauwesen, Fernstud. an d. Ing.-HS Cottbus, seit 1984 Bauvorlageberechtigung, 1992-93 Fernlehrgang, Abschluß Kalkulator, 1997-98 Sachv. f. Schäden an Gebäuden, 2000 Sachkundeachweis Holzschutz, 2001 öff. bestellter u. vereid. Sachv. "Schäden an Gebäuden". K.: 1978-82 Technologe Projektvorbereitung Ges.-Bau Wohnungsbaukombinat Karl-Marx-Stadt, 1982-90 Entwicklungsing. Ges.-Bau, Gruppenltr. Ges.-Bau, Kombinatsltg. WBK, 1990-93 Kalkulator in neugegründeter Baufirma in Chemnitz, 1992-94 Doz. im Baugewerbe f. Bild.-Träger in Chemnitz für d. Umschulung v. HS-Kadern in d. Baugewerbe, Lehrfächer Baupreise u. Bautechnologie, 1994-97 Ing. f. Ausschreibung u. Bauleitung, renommierter intern. Planungsges. Baubetreuung v. Großvorhaben, seit 1998 selbst. als freier Ing. u. Sachv., Gutachter f. Bauschäden u. Grundstücksbewertung, Bauplanung, Bauleitung, Grdg. d. eigenen Büros in Chemnitz. P.: Ing.-Arb., Dipl. "Ermittlung und Bewertung des Aufwandes für Baustelleneinrichtungen". M.: Beratender Ing. b. d. Ing.-Kam. Sachsen, Mtgl. im Landesverb. Sachsen d. öff. bestellten u. vereid. Sachv. e.V., DHBV-Sachv.-Kreis. H.: Sport (aktiver Tischtennisspieler), klass. Musik, Natur, Wandern.

Bürger Beate

B.: Erzieherin, Ang. FN.: Kinderarche gGmbH Fürth. DA.: 01640 Coswig, Wettinstr. 6c. G.: 2. Aug. 1968. V.: Matthias Bürger. Ki.: Anina (1990), Anna (1993). El.: Klaus u. Monika Stenzel, geb. Bier. S.: 1975-85 Politechn. Oberschule, b. 1989 Fachschulstud. z. Grundschullehrer. K.: ab 1989 Lehrer, 1990 Babypause, ab 1990 Anfang - Lebensgemeinschaft m. Heimkindern, Familienwohngruppe, 1998 Stud. Sozialpäd. P.: mehrere Veröff. in d. Presse, Teilnahme z. Umstrukturierung d. Volksbild. im Bereich Heimerziehung zu DDR-Zeiten. E.: 1993 "Hansa-Mercur Preis" Kinderschutzpreis. H.: Grdg. Babyschwimmkurs, Malerei (Öl u. Kreide), Literatur, Theater, Opern.

Bürger Bernhard Dipl.-Kfm. Dipl.-Ing. *)

Bürger Christa Dr. Prof.

B.: Prof. FN.: Univ. Frankfurt. PA.: 28209 Bremen, Hans-Thoma-Str. 25. G.: 20. Mai 1935. V.: Peter. S.: 1961 u. 1965 1. u. 2. Staatsexamen, 1973 Prom. K.: 1965-73 StR. in Bonn, Erlangen u. Bremen, seit 1973 Prof. in Frankfurt. P.: Textanalyse als Ideologiekritik (1973), Der Ursprung der bürgerlichen Institution Kunst (1977), Tradition und Subjektivität (1980), Leben, Schreiben (1990), Das Denken des Lebens (2001).

Bürger Claudia

B.: Arzthelferin, selbst. Heilpraktikerin. DA.: 37083 Göttingen, Hauptstr. 42a. G.: Göttingen, 28. Juli 1965. V.: Thomas Bürger. Ki.: Patrick (1989), Kevin (1992). El.: Claus-Jürgen u. Minna Regine Wilde, geb. Gerke. S.: 1981 Mittlere Reife, 1981-83 Ausbild. als Arzthelferin Praxis Dr. Olschinka, Orthop Göttingen. K.: 1983-85 Arzthelferin b. Dr. Olschinka, 1985-92 Arzthelferin in der Standortverw. Göttingen, 1995-98 Ausbild. z. Heilpraktikerin - Paracelsus Schule Göttingen, 1996-98 klass. Homöopathieausbild., 1998-99 Reflexzonentherapieausbild. Stuttgart, seit 1999 selbst. als Heilpraktikerin, Ausbild. in Dorn-Therapie bei Frau Flemming in Bad Sassendorf. H.: Naturheilkunde, Heilmagnetismus.

Bürger Erich Dr.-Ing. habil. Prof.

B.: HS-Lehrer i. R. PA.: 09127 Chemnitz, Am Schösserholz 46. Erich.Buerger@t-online.de. www.testlesen.de/leseproben/BuergerGoethe. G.: Gorsleben, 27. Mai 1928. V.: Johanna, geb. Nathanael. Ki.: Bernd (1954), Peter (1960). El.: Otto u. Dora. S.: 1942-45 Lehre Metallflugzeugbauer, 1950 Abitur, 1950-54 Stud. Feinwerktechnik TU Dresden, 1957 Prom., 1969 Habil. K.: 1945-47 Werkzeugmacher in Kölleda, 1954-57 Ass. an TU Dresden, 1958-63 Chefkonstrukteur-Dir. f. Forsch. b. Robotron in Karl-Marx-Stadt, 1963-93 HS-Lehrer, Fachrichtungsltr., Inst.-Dir., Lehrstuhlinh. an TH u. TU Chemnitz, seit 1993 i. R. BL.: 1969 Berufung z. o.Prof., ab 1985 parallel z. wiss. Arb. tätig als Autor u. Erzählungen u. Romanen. F.: Gschf. Ges. d. "Ersten Sächs. Tierfriedhof" Neukirchen/Chemnitz. P.: 140 Veröff. in Fachzeitschriften über Computeranwendung, Konstruktion, Robotertechnik u. CAD; Autor d. "Technik-Wörterbuch Informatik" (1980), "Technik-Wörterbuch-Robotertechnik" (1986), Autor v. "Laß uns einen besseren Ort suchen" (1992), "Ein Lebensbild v. G. A. Bürger" (1995), Prosaband "Liebling Franzi" (1998), "Bürger Goethe und die Frauen" Historischer Roman (2000), "Sexrüde" - Heitere Erzählungen (2001). E.: 1978 Goldene Ehrennadel d. Urania, 2000 Literaturpreis d. Sächsischen Staatsministeriums, Preisträger d. Sächsischen Landeszentrale. M.: VDI, Vors. d. 1. Chemnitzer Autorenver. H.: Tiere, Literatur, journalistische Tätigkeit.

Bürger Ewald *)

Bürger Franz C. Dipl.-Vw.

B.: Freiberuflicher Unternehmensberater u. Projektleiter. DA. u. PA.: 91154 Roth, Parkstr. 1a. G.: München, 21. Dez. 1954. Ki.: Ricarda Helene (1983). El.: Dr. Karl M. u. Gertraud, geb. Heubach. S.: nach techn. Lehre Abitur i. 2. Bild.-Weg, 1979-84 Stud. Volkswirt. u. Rechtswiss. Univ. Passau, Abschluß Dipl.-Vw. K.: 1985-86 Seminarltr. i. Erwachsenenbild. b. berufl. Fortbild.-Zentrum d. Bayr. Arbeitgeberverb. in München., 1986-88 Tätigk. i. Marketingbereich d. DATEV e.G. in Nürnberg, 1988-90 Leitungsaufg. in DV-Bereich d. Konzernhauptverw. d. Wacker-Chemie GmbH in München, 1990-91 ltd. UN-Berater b. Faber-Castell Consulting GmbH. in Stein/Nürnberg, 1991-97 selbst. UN-Berater in Fürth, 1998-2000 Gschf. d. MERITO CONSULTING GmbH, seit 2000 freiber. Unternehmensberater u. Projektleiter in Roth. P.: zahlr. Veröff. z. d. Themen Personalführung, Strategieentw. Informationsverarb.

*) Biographie www.whoiswho-verlag.ch oder beigefügte CD-ROM

Bürger

Bürger Franz J. Dipl.-Ing. *)

Bürger Franz-Josef Dipl.-Ing. *)

Bürger Gabriele Ruth *)

Bürger Gerd Dr.-Ing. Prof.

B.: freischaff. Architekt. DA.: 01259 Dresden, Berthold-Haupt-Str. 109. G.: Radeberg, 24. Mai 1944. S.: 1962 Abitur Radeberg, 1962-63 Lehre als Maurer, 1963-64 Geselle auf einer Baustelle, 1964-70 Stud. Arch. an d. TU Dresden, 1970 - 72 Aspirantur, 1973 Prom. K.: 1972-89 Bauak. d. DDR, Inst. f. Wohnungs- u. Ges.-Bau, 1989 Doz. an d. HS f. Bauwesen Cottbus, 1992 Prof. Baukonstruktion, Bausanierungen FH Lausitz in Cottbus, 1991 Grdg. d. eigenen Arch.-Büros in Dresden. M.: VdA. H.: Beruf.

Bürger Gerd
B.: Sprecher d. Vorst. FN.: Dorint AG. DA.: 41003 Mönchengladbach, Kaldenkirchner Str. 2. PA.: 40733 Hilden. G.: Berlin, 24. Okt. 1941. V.: Gisela, geb. Krank. Ki.: Claudia, Catharina. S.: Gymn., 1961 Abitur, 1961-63 Banklehre BHI Berlin, 1964-68 Stud. BWL FU Berlin, Dipl.-Kfm. K.: 1968-78 Banktätigkeit Wertpapier/Finanzanalysen, 1971-73 Thyssen AG, 1973-74 Kalksandsteinind., 1974-93 Gschf. Firma Techn. Unie Deutschland, 1993 Dorint AG. M.: 1991 Lion Club Düsseldorf Hofgarten, BeiR. Dresdner Bank NRW, versch. BeiR.-Funktionen, Hdls.-Richter b. Kam.f.Hdls.-Sachen LG Düsseldorf. H.: Golf, Skifahren.

Bürger Heinz Dieter *)

Bürger Klaus Dipl.-Ing. *)

Bürger Klaus Georg Martin Dr. med. Prof. *)

Bürger Manfred
B: Heilpraktiker, selbständig. DA.: 79114 Freiburg, Krozinger Str. 11. PA.: 79211 Denzlingen, Brandenburger Str. 24. Manfred.Buerger@aol.com. www.buergerheilpraktiker.de. G. Freiburg, 28. Jan. 1952. V.: Nejla, geb. Uysal. Ki.: Jasmin-Clara (1993), Victoria (1999). El.: Georg u. Lea, geb. Nann. BV.: Von Gottfried August Bürger. S.: 1974 Fachhochschulreife, 1974-76 Stud. d. Nachrichtentechnik, 1980 Abschluss staatl. anerkannter Altenpfleger, 1980 Diplom Heilpraktiker, 1987-93 Ausbildung in therap. Hypnose m. anschließender Mitgliedschaft d. Ges. f. therapeutische Hypnose (GtH), 1993-96 Akupunkturausbildung in Deutschland u. Peking m. Diplom d. Pekinger Univ.Klinikums Jinxianqiao Hospital, 1998-2001 Stud. d. TCM- u. Klass. Akupunktur m. Diplom d. Arbeitsgemeinschaft f. klass. Akupunktur u. traditionelle chinesische Medizin e.V. - Ausbildungszentrum Süd, seit 1977 Stud. d. tibetischen Buddhismus als persönl. Schüler v. ehrwürdigen Geshe Rabjampa Lama Sherab Gyaltsen Amipa Rimpoche. K.: seit 1982 selbständiger Heilpraktiker in Freiburg/Weingarten. BL.: seit 1984 Lehrtätigkeit sowie Vorträge in: Fußreflexzonenmassage, Bach-Blütentherapie, Autogenes Training, Kinesiologie, BrainGym u. Personality-Leadership-Kurse, seit 2000 Seminarleiter u. Ernährungsberater f. Trennkost nach d. Konzept d. Schule f. Fitneß u. Ernährung. H.: Schwimmen, Radfahren, Bogenschießen.

Bürger Michael Dipl.-Ing.

B.: Architekt. FN.: Arch.-Büro Gronem & Bürger. DA.: 13156 Berlin, Uhlandstr. 51. G.: Görlitz, 29. Okt. 1949. V.: Renate, geb. Wünsche. Ki.: Stefanie (1974), Juliane (1978). S.: 1969-73 Arch.-Stud. an der TU Dresden, Dipl.-Ing. K.: 1974-90 Architekt in Frankfurt/Oder u. Berlin, seit 1991 freischaff. Architekt. M.: Arch.-Kam. H.: Musik, Reisen, Kunst.

Bürger Peter
B.: Prof. FN.: Univ. Bremen. PA.: 28209 Bremen, Hans-Thoma-Str. 25. G.: Hamburg, 6. Dez. 1936. V.: Christa, geb. Müller. El.: Dr. Fritz u. Elsbeth. S.: 1955 Abitur, Stud. Germanistik, Romanistik u. Phil. in Hamburg u. München, 1959 Prom., 1960 u. 1963 Staatsexamen. K.: Lektor f. dt. Sprache in Lyon, Studienreferendar in Hamburg, Ass. in Bonn, 1970 Habil., seit 1971 Prof. f. franz. Literaturwiss. u. allg. u. vergl. Literaturwiss. an d. Univ. Bremen. P.: Der französische Surrealismus (1971, 2. Aufl. 2000), Studien zur französischen Frühaufklärung (1972), Theorie d. Avantgarde (1974),Vermittlung - Rezeption - Funktion (1979), Zur Kritik der idealistischen Ästhetik (1983), Prosa der Moderne (1988), Das Denken d. Herrn (1992), Die Tränen d. Odysseus (1993), Das Verschwinden des Subjekts (1998), Ursprung des postmodernes Denkens (2000), Das Altern der Moderne (2001).

Bürger Siegfried

B.: selbst. Orgelbaumeister. DA.: 38108 Braunschweig, Köterei 14. G.: Braunschweig, 18. Okt. 1940. V.: Lydia, geb. Purkop. Ki.: Dorothea (1967), Katharina (1968). El.: Robert u. Charlotte. BV.: Gottfried August Bürger Bibl. in Wolfenbüttel an d. Ernst-August-Bibl. S.: Tischlerlehre, Orgelbauerlehre. K.: 1960 Geselle in einem Orgelbaubetrieb in Braunschweig, 1969 Meisterprüf., 1972 selbst. m. 2 weiteren Kollegen, 1973 zurück in d. alte Firma als Geselle, 1980 alleinige Grdg. d. 2. Orgelbauerfirma, 1989-92 Planungsarb., Entwurf u. Ausführung d. Orgelbaus f. d. Bugenhagenkirche in Braunschweig. M.: seit 1990 Meisterprüf.-Aussch. d. Musikinstrumntenmacherinnung Hannover, seit 1985 im Aussch. f. Lehrlingsstreitigkeiten, 1988-94 im Kirchenvorst. H.: Posaune im Kirchenchor, Singen im Chor.

Bürger Stephan
B.: Gschf. FN.: Under Colour GmbH. DA.: 40211 Düsseldorf, Schinkelstr. 40. sbuerger@undercolour.de. G.: Winz-Niederwenigern, 23. Mai 1967. El.: Rolf u. Heidemarie, geb. Padberg. S.: 1986 Abitur Duisburg, 1986-89 Lehre Fotograf Duisburg, 1989-91 Zivildienst. K.: 1991 freier Grafiker in d. Agentur Beck & Beck in Duisburg, danach selbstständiger Fotodesigner, 1993 Grdg. d. Firma Under Colour in Solingen u. 1994 Umzug nach Düsseldorf m. Schwerpunkt Illustration, Druckvorstufe f. Werbeagenturen u. Makro-Fotografie; Funktion:

*) Biographie www.whoiswho-verlag.ch oder beigefügte CD-ROM

Internet Hardcoreprosa:www.nacktundzurliebegezwungen.de. P.: Kinderbuchtext (1992). H.: Fotografieren, Funktionsmodellbau, Literatur, Angeln, Joggen.

Bürgerhoff Burkhard *)

Bürgermann Horst Fritz

B.: Ges. FN.: Horst Bürgermann Sani-Therm GmbH. DA.: 44789 Bochum, Oskar-Hoffamann-Str. 103-105. G.: Dortmund, 16. Nov. 1933. V.: Ilse, geb. Marcincik. Ki.: Sabine (1955), Susanne (1962). El.: Fritz u. Ida. S.: 1948-51 Lehre Gas- u. Wasserinstallateur u. Klempner. K.: 1951-61 Geselle, 1961 Meisterprüf. z. Gas- u. Wasserinstallateurmeister u. Klempnermeister, 1961-66 techn. Ltr. d. Sanitär- u. Klempnerabt. d. Firma Köller & Co in Bochum, seit 1966 selbst. mit Sanitär- u. Heizungsbetrieb u. Klempnerarb., 1979 Grdg. d. GmbH. BL.: Stiftung v. "Von Werkstatt zu Werkstatt", berufl. Bild. in Osteuropa, Verw. d. Stiftung "Jugend Dritte Welt", seit 1996 Vors. d. StiftungsR. M.: Innung f. Sanitär- u. Heizungstechnik Bochum, 15 J. Lehrlingswart, seit 1969 Vorst.-Mtgl. u. seit 1989 Obermeister d. Innung. H.: Tennis, Radfahren, Skifahren.

Burgesmeir Michail Ralph *)

Burgey Thilo

B.: Hochbautechniker, Vorstand. FN.: Terra Tec ad2net AG. DA.: 50933 Köln, Aachener Str. 370. G.: Grünstadt, 29. Juni 1974. El.: Manfred u. Gabriele, geb. Bodensteiner. S.: 1996-98 Ausbildung z. Hochbautechniker. K.: 1996-97 Regionalleiter d. MyService.com Corp., 1997-99 Gschf. Ges. d. Dynart-Tech GbR, seit 1999 Vorst. Marketing & Sales d. TerraTec ad2Net AG. M.: Junge Union. H.: Tennis, Golf.

Burggraf Nikolaus *)

Burghard Klaus Dr. med. *)

Burghard Rainer Dr. med. Prof.

B.: Chefarzt. FN.: Kinderklinik Memmingen; DRK-Kinderklinik Siegen. DA.: 87700 Memmingen, Klinikum Memmingen. G.: Osnabrück, 4. Apr. 1949. V.: Gisela, geb. Linke. Ki.: Wiebke (1973), Peter (1976), Anna-Marie (1978). El.: Waldemar u. Helga. S.: 1967 Abitur Osnabrück, Stud. Humanmed. in Köln, Heidelberg, Gießen u. Hamburg, 1974 Staatsexamen, 1976 Prom. z. Dr. med., Wehrdienst, Ausbild. z. Kinderarzt in Braunschweig, Univ. Ulm. K.: 1980-81 wis. Ausbild. u. Forsch.-Tätigkeit an d. Med. HS Hannover, 1982-89 OA Univ.-Kinderklinik Marburg, 1987 Habil., 1993 apl.Prof., 1989-2001 Chefarzt d. Kinderklinik, Sozialpädiatr. Zentrum Memmingen, ab 2001 Chefarzt DRK-Kinderklinik Siegen. M.: Kmsn. f. Struktur u. Weiterbild. d. Ak. f. Kinderheilkunde Köln, Vorst. d. Süddt. Ges. f. Kinderheilkunde u. Jugendmagazin, Vorst. d. Arge ltd. Kinder-KH-Ärzte Bayern. H.: Lesen, Geschichte, Radwandern.

Burghard-Wörfel Christel *)

Burghardt Christoph Dr. rer. nat. *)

Burghardt Gisela *)

Burghardt Gunnar Dipl.-Ing.

B.: Geschäftsführer. FN.: WABU GmbH Röntgenmedizintechnik. DA.: 13125 Berlin, Schwanebecker Chaussee 5-7. wabu-roentgen@t-online.de. www.roentgen-wabu.de. G.: Berlin, 11. Okt. 1954. V.: Ulrike, geb. Waszily. Ki.: 2 Kinder. BV.: Vater Chir. Prof. Dr. med. Horst Burghardt ärztl. Dir. d. Charité. S.: 1973 Abitur Berlin, 1973-77 Stud. Elektrotechnik/Elektronik an d. TU Dresden, 1977 Dipl.-Ing. Elektrotechnik u. Feinwerktechnik. K.: 1977-90 Transformatoren u. Röntgenwerk Berlin TUR, ab 1983 Kundendienstltr., 1990 Grdg. Röntgen u. Med.-Technik Wabu GmbH, ab 2000 auch Halbleiterdetektoren. M.: Mitbegründer Fachverb. d. Röntgendienstleistungsbetriebe FRD. H.: Computertechnik.

Burghardt Majbrit

B.: Hotel - Gastronomie, Inh. FN.: Majbrit's Bastelstübchen. DA.: 22081 Hamburg, Stückenstr. 55. G.: Kalunborg/DK, 25. Aug. 1962. V.: Fred Burghardt. Ki.: Ejner (1980), Daniel (1987). El.: Willy u. Doris Nielsen. S.: 1977 Ausbild. z. Hotel - Gastronomie. K.: Erziehungspause, Tätigkeit im Bereich Hotel - Gastronomie, 1983-93 Tätigkeit b. Otto-Versand Hamburg, b. 1994 Pause durch Krankheit, 1995-96 Empfangsdame in einem Hotel in Hamburg, 1996-97 Verkäuferin in Hamburg, 1997 selbst. m. Majbrit's Bastelstübchen in Hamburg, Seminare f. d. Bemalen v. Keramikfiguren u. Herstellung v. Keramiken.

Burghardt Olaf

B.: Gschf. FN.: Olaf Burghardt Canapé Gourmet Service. DA.: 30926 Seelze, Wunstorfer Str. 76. G.: Langenhagen, 15. Feb. 1966. V.: Bettina, geb. Anderson. Ki.: Raven (1995), Gina (2000). El.: Karl Heinz u. Rita, geb. Wetzel. S.: 1985 Abitur, 1987 Lehre Versicherungskaufmann Haftpflichtverband Dt. Ind., Abschluß m. Ausz., Bundeswehr. K.: 1988 tätig in versch. med.-techn. Firmen u.a. im Bereich Marktforschung u. Analyse, Ref. auf Ärztekongressen u. Seminaren, 1997 Grdg. d. Firma Canapé Gourmet Service in Seelze m. Auswahl v. kunstvollen Angeboten deutschlandweit einzigartig; Funktion: Ref. in Banken, Firmen wie Siemens, Coca Cola u. Mercedes Benz. P.: lfd. Publ. u.a. in Gourmetführern. E.: Ausz. bei versch. Gourmet-Tests. M.: Sportverein SG Letter. H.: Radfahren, Spaziergehen, Badminton, Skifahren, Automodellbau.

Burghardt Roland Dr.

B.: FA f. Allgemeinmedizin in eigener Praxis. DA.: 17034 Neubrandenburg, Kranichstr. 41a. G.: Neustrelitz, 22. Juli 1957. V.: Andrea, geb. Wilhelm. Ki.: Anja (1982), Martin (1985). El.: Karl u. Eva. S.: 1976 Abitur in Neubrandenburg, 1976-79 NVA, 1979-85 Stud. Med. an d. EMU Greifswald, Abschluss Dipl.-Med. K.: 1985-90 Ausbildung z. FA f. Allgemeinmedizin am Bezirks-KH Neubrandenburg, seit 1990

*) Biographie www.whoiswho-verlag.ch oder beigefügte CD-ROM

Burghardt Ulrich Dipl.-Ing.

B.: Gschf. Gesellschafter. FN.: dp dokuplan gmbh. DA.: 45899 Gelsenkirchen, Braukämperstr. 113. ulrich.burghardt@dp-dokuplan.de. www.dp-dokuplan.de. G.: Duisburg/Homberg, 24. Juli 1953. V.: Ulrike, geb. Gehnen. Ki.: Katrin (1986), Stefan (1989). El.: Fritz u. Edith, geb. Klug. S.: 1968-72 Lehre z. Starkstromelektriker, 1973 FH-Reife Duisburg, 1973-74 Bundeswehr, 1974-76 Stud. an d. Gesamthochschule Duisburg Elektrotechnik, 1976-80 FH Düsseldorf Automatisierungstechnik, Abschluss: Dipl.-Ing. K.: b. 1989 ang. Dipl.-Ing. b. d. BBC AG, zuletzt als Projektltr., 1989-98 Neumann+ Stallherm GmbH als Projektltr., b. 1994 Qualitätsmanagement intern u. extern, 1998 Mitgründung d. Firma dp dokuplan gmbh. M.: VDE. H.: Musik, Fotografie, Tanzen, Garten.

Burghardt Walter
B.: Mtgl. d. Vorst. FN.: OBAG Aktiengesellschaft. DA.: 93049 Regensburg, Prüfeninger Str. 20. www.obag.de. G.: Teisendorf, 1. Jan. 1941. K.: 1990 Vorst. d. Energieversorgung Nordthüringen AG, 1994 Vorst. d. TEAG Thüringer Energie AG, seit 1995 Vorst. d. OBAG Aktiengesellschaft.

Burghart Anton *)

Burghart Heinz
B.: Publizist, Chefred. i. R., Präs. FN.: Bayer. Ak. f. Fernsehen. DA.: 82031 Grünwald, Bavariafilmpl. 2c. G.: Fürth, 25. Dez. 1925. S.: Stud. Germanistik, Kunst- u. Zeitungswiss. K.: seit 1950 Münchner Merkur, seit 1964 BR-Fernsehen, seit 1983 Ltr. Programmbereich Bayern-Inform, Chefred. Fernsehen d. Bayer. Rundfunks, 1993-90 Präs. d. Bayer. Ak. f. Fernsehen in München, seit 2001 Ehrenpräs. P.: Fernsehspitzen (1986), Heimat im Oberland (1987), Rathaus, Umwelt, Bürgernähe (1990), München - Meine Stadt (1992), Medienknechte - Wie die Politik das Fernsehen verdarb (1993), "Bayern! Deine Franken" (1998). E.: Bayer. VO, Kommunale Verd.-Med. in Gold, BVK 1. KL., Verfassungsmed. in Gold, Med. "München leuchtet", Konrad-Adenauer-Preis in Gold.

Burghart Toni *)

Burghartswieser Max *)

Burghaus Hermann J. Dr. rer. pol. Dipl.-Kfm. *)

Burghof Ansgar Dr.
B.: Gschf. Ges. FN.: Zöller-Kommunikation Agentur f. Öff.-Arb. DA.: 30175 Hannover, Hindenburgstr. 38. G.: Bremen, 29. Apr. 1948. V.: Annegret, geb. Fischer. Ki.: Kathrin (1981). S.: Mittlere Reife, 1968 Abitur Neuss, 1970 Bundeswehr, Stud. Publizistik, Soz., Politikwiss. u. Ethnologie, 1974 Spons., 1976 Prom. K.: während d. Stud. tätig als Journalist f. versch. Medien, 1978 Redakteur f. Kommunalpolitik d. NRZ Düsseldorf Süd, 1980-83 Pressesprecher u. persönl. Ref. d. Senators f. Bauwesen d. freien Hansestadt Bremen, b. 1997 Chefredakteur d. Fachzeitschrift f. Kommunalpolitik im Vorwärts-Verlag in Bonn u. Berlin, glz. ab 1992 Gschf. d. gesamten Verlags f. d. Bereiche Öff.-Arb. u. Konzeptentwicklung f. gr. u. kl. Unternehmen; Kunden: BKA, Condor Films Zürich, Dt. Post AG, Nord LB, Presse- u. Informationsdienst d. Bundesreg., VAW, Volkswagen AG u.a.m. P.: div. Veröff., Lehrauftrag f. Sozialwesen an d. FHS Magdeburg, regelm. Seminare u. Vorträge auf Kongressen d. Friedrich-Ebert-Stiftung. M.: Bundespressekonferenz, SPD, Presseclub Hannover, IG Medien. H.: Reisen, Lesen, Tennis.

Burghoff Reinhard

B.: Fotograf, Unternehmer selbständig. FN.: Foto-Studio Burghoff. DA.: 29378 Wittingen, Fulau 2. info@fotoburghoff.de. www.fotoburghoff.de. G.: Waltrop, 13. Nov. 1949. V.: verh. K.: seit 1968 selbständiger Unternehmer, 1974 Abitur auf dem zweiten Bildungsweg auf dem Westfalen Colleg in Dortmund, 1984 Eröff. d. Fotofachgeschäfte in Bodenteich u. Wittingen, 1988 Eröff. d. Fotofachgeschäftes in Gifhorn, 1994 Eröff. d. Fotofachgeschäftes in Lüchow. M.: FDP, Hegering Nord. H.: Jagd, Lesen, Alternativmedizin, Kochen.

Burghold Ingrid *)

Burghuber Josef
B.: Kühlmaschinenmechaniker, selbständig. FN.: Kälte-Klima-Lüftung Josef Burghuber. DA.: 66482 Zweibrücken, Ixheimer Str. 127. PA.: 66482 Zweibrücken, Richard-Wagner-Str. 1. G.: Wels/Österreich, 16. März 1939. V.: Therese, geb. Polewka. Ki.: Peter Mainka (1947). El.: Josef u. Maria, geb. Wagner. S.: 1953-57 Ausbildung z. Kühlmaschinenmechaniker m. Abschluss, 1957-58 Österr. Bundesheer. K.: 1958-59 in Bregenz, 1959-60 in Wien, 1960 in Lörrach, 1961-62 in Basel, 1962-63 in Bremerhaven, 1964-68 in Zweibrücken, jeweils im erlernten Beruf tätig, seit 1968 selbständig durch Eröff. d. Betriebes in Zweibrücken, Montage u. Reparatur v. Kälte- u. Klimaanlagen. BL.: Montage d. Kälteanlagen d. Globus-Handelshäuser in Saarbrücken u. Zweibrücken. M.: 1. Vors. Kegelring Zweibrücken. H.: Kegeln.

Burgkhardt Michael Dr. med.

B.: FA f. Urologie u. prakt. Arzt. DA.: 04299 Leipzig, Gletschersteinstr. 34. G.: Pößneck, 20. Juni 1945. V.: Dr. Christine, geb. Petri. Ki.: Constanze (1973), Alexander (1976). El.: Dr. Hans u. Liselotte, geb. Heß. BV.: Urgroßvater Prof. Carl Seffner - Schöpfer d. 2. Bach-Denkmals u. d. Goethe-Denkmals in Leipzig. S.: Abitur, 1964-68 Hilfspfleger, 1968-75 Stud. Med. Univ. Leipzig, Approb., 1981 FA f. Urologie Univ. Leipzig. K.: 1982-83 ärztl. Ltr. d. Schnellen med. Hilfe in Pößneck, 1983-86 Allg.-Mediziner an d. Poliklinik Ost in Leipzig u. b. 1990 ärztl. Dir., 1990-91 Grdg. u. Ltg. d. Landesrettungsschule Sachsen, 1991-93 ärztl. Dir. d. Rettungsdienst in Leipzig, seit 1993 ndlg. Arzt m. Schwerpunkt Allg.-Med. u. Urologie. P.: ca. 120. Fachpubl. im Bereich Notfallmed., zahlr. Vorträge im In- u. Ausland. M.: Vors. d. KVDA Landesverb. Sachsen e.V., Vors. d. Aussch. f. Notfall- u. Katastrophenmedizin d. sächs. Landesärztekam., Fraktionsvors. d. Bürgerfraktion im StadtR. zu Leipzig. H.: Notfallmedizin, Medizingeschichte, Tauchen, Countrymusik.

Burgmeier Franz *)

Burgo Bettina

B.: Kauffrau, Inh. FN.: Opal Hotel. DA.: 30880 Laatzen, Kronsbergstr. 53. info@hotel-opal.de. www.hotel-opal.de. G.: Hameln, 7. Nov. 1972. V.: Andreas Burgo. El.: Fred u. Karin Matthies. S.: b. 1991 Ausbildung Arzthelferin Bad Münder. K.: b. 1996 Arzthelferin in versch. Praxen, 1997 Einstieg in d. Baugewerbe d. Ehemannes u. tätig im Bereich Marketing u. Organ., glz. Umschulung z. Kauffrau in Hameln, div. Fortbild.-Seminare, seit 1999 Inhaber d. Opal Hotel in Laatzen m. prominenten Gästen u.a. Nina Hagen, Bob Gelndof, viele intern. Künstler. P.: Veröff. in d. Tagespresse, Ausrichtung u. Organ. v. Tagungen u. Kongressen. H.: Schutzkunde-Ausbildung m. gr. Erfolge u. div. Auszeichnungen, Besuch v. Ausstellungen, Reitsport.

Burgschmidt Ernst Dr. Univ.-Prof. *)

Burgsmüller Claudia *)

Burgtorff Hanns F. *)

Burgwinkel Hans Ing. *)

Burhenne Klaus *)

Burhenne Wolfgang Ewald Dr. Dr. h.c.
B.: Gschf. FN.: Interparlamentarische Arge (IPA). DA.: 53175 Bonn, Godesberger Allee 108-112. G.: Hannover, 27. Apr. 1924. V.: Dr. Francoise, geb. Guilmin. Ki.: Raphaella (1975). El.: Adolf u. Dr. phil. Claire, geb. Ditges. BV.: Großvater Ltr. d. Kgl. Hannoverschen Orchesters, Vater Kgl. Spezialkommissar f. d. Wiederaufbau in Ostpreußen, Mutter eine d. ersten Frauen in Deutschland m. Prom. S.: 1941 Soldat, 1942 verwundet im Lazarett Dachau, nach Konzentration KZ-Häftlingen Verurteilung, Konzentrationslager Dachau, Danzig-Matzkau u. Chlum, 1980 Dr. of Laws h.c. Univ. Bhopal/Indien, 1987 Dr. of Laws h.c. d. Pace Univ. New York. K.: 1945 Forstaufsicht u. Forststud., 1945-48 freiberufl. Berater versch. Firmen, 1948-49 Referent i. Bayer. Staatsmin. f. Ernährung, Ldw. u. Forsten, ausgeschieden aus Protest gegen Politik u. Militärreg., 1949-51 Berater Bayer. Landtag, 1949-53 Redaktion im BL-Verlag, 1951 HS f. Polit. Wiss. in München, 1952 Grdg. d. Interparlamentar. Arge IPA, seit 1953 gewählter Gschf., 1950 1. dt. Vertreter z. 1. Gen.-Versammlung d. Intern. Union of Conservation of Nature and Natural Resources (IUCN), in Brüssel; Vors. Rechtsausschuß, seit 1994 verantwortl. f. d. Verbindung v. IUCN/CEL z. System d. Vereinten Nationen, 1969 Grdg.-Mtgl. Intern. Council of Environmental Law (ICEL), seither Executive Governor, weltweite Tätigkeit. BL.: 2. in 3000 Meter Lauf. P.: viele Veröff. über Parlamentsrecht u. intern. Umweltrecht, Denkmalrecht u. EDV-Recht. E.: 1991 intern. Umweltpreis d. Vereinten Nationen, 1987 Gr. BVK, Better World Society-Prix zusammen m. Lech Walesa u. S. Shriver, 1997 ELI-Preis (Washington). H.: Gebirgsjagd, Bergsteigen, Geschichtsliteratur.

Burian Christian *)

Burian Jürgen *)

Burian Peter Dr. phil.
B.: Univ.-Prof. f. Mittlere u. Neuere Gesch. a. d. Univ. Köln a.D. PA.: 50931 Köln, Bachemer Str. 103. G.: Mähr.-Ostrau, 7. Aug. 1931. El.: Dipl.-Ing. Anton u. Felicitas. BV.: Edmund Arnold (1837-93), im Stab v. Kaiser Maximilian I. v. Mexiko. S.: Gymn., Univ. Köln, Tübingen, Wien, 1960 Prom. Köln. K.: 1961 Wiss. Angest. Herder-Inst., Marburg, 1965 Wiss. Ass. Univ. Köln, Habil. Köln 1973, 1973 Privatdoz., 1976 apl. Prof, 1980 Prof., alles Univ. Köln. P.: Die Nationalitäten in "Cisleithanien" u. d. Wahlrecht d. Märzrevolution 1848-49, Graz 1962, Aufsätze i. dt., am. u. japan. Zeitschr. u. Sammelbänden. M.: Hist. Komm. d. Sudetenländer, Heidelberg-München 1970, Johann-Gottfried-Herder-Forschungsrat, Marburg 1979, Collegium Carolinum, München 1987.

Burian Wolfgang Dr. med. *)

Büring Malte Dr. med. Prof. *)

Burk Udo *)

Burk Ursula *)

Bürk Gisela

B.: Gschf. FN.: Bürk Datentechnik - Zeitdienst GmbH. DA.: 78025 VS-Schwenningen, Bürkstraße 30-32. G.: Schwenningen, 23. Mai 1934. El.: Hermann u. Paula Bürk, geb. Koch. BV.: Johannes Bürk 1855 Grdg. d. Bürk-Uhrenfabrik, Kommerzienrat Richard Bürk Uhrenfabrikant, Kommunalpolitiker, Förderer der Jugend, Andreas Koch Trossingen Grdg. d. Koch-Harmonikafabrik, Dr. h.c. Carl Koch Saurierausgrabungen in Trossingen. S.: 1951-52 Höhere Handelsschule Calw. K.: 1952-84 Eintritt in elterl. Firma, Prokura, 1984 Grdg. d. Firma Bürk Datentechnik - Zeitdienst GmbH. F.: Ges. Bürk Datentechnik-Zeitdienst GmbH. M.: Heimatver., Reitver. H.: Literatur, Musik.

Burkard Katja
B.: Moderatorin Mittagsjournal "Punkt 12". FN.: c/o RTL. DA.: 50858 Köln, Aachener Str. 1036. G.: Bad Marienberg, 21. Apr. 1965. V.: Hans Mahr (Lebensgefährte). KI.: Marie-Therese (2001). S.: 1984 Abitur, 1984-87 Stud. Germanistik u. Politikwiss. Univ. Mainz u. Univ. Köln. K.: 1987 Redaktionass. dpa Köln, 1987-89 Volontariat Bastei Verlag Bergisch Gladbach, 1989-91 Redakteurin b. "Gold. Gesundheit", 1991-92 Redakteurin b. "teuto Tele" Bielefeld, 1992-93 Redakteurin u. Reporterin b. "teuto Tele" Essen, 1993-96 Reporterin f. Nachrichtenredaktionen RTL Köln (v. "Punkt 7" b. z. "Nachtjournal"), ab 1995 Moderatorin im Wechsel m. 2 Kolleginnen u. Wochenendausgaben d. "RTL aktuell"-Hauptnachrichten, 1996 erstmals Moderation b. "Punkt 12", seit 1997 Hauptmoderatorin d. RTL-Mittagsjournals "Punkt 12". H.: Fitneß-Training, Inline-Skating, Skifahren, Tennis, Wasserski, Yoga, Backgammon.

Burkard Martin
B.: Gschf. FN.: DATEX Computersysteme Karlsruhe GmbH. DA.: 76149 Karlsruhe, Am Sandfeld 17a. mburkard@datex.de. www.datex.de. G.: Karlsruhe, 15. Apr. 1959. V.: Christi-

*) Biographie www.whoiswho-verlag.ch oder beigefügte CD-ROM

ne, geb. Bressler. El.: Kurt u. Anneliese. S.: 1979 Abitur Karlsruhe, 1979-80 Wehrdienst, 1980-86 Stud. VWL Heidelberg. K.: 1986 Grdg. d. eigenen Firma Burkard EDV Karlsruhe, 1991 Umwandlung in DATEX Computersysteme Karlsruhe GmbH. F.: Frey Software GmbH Pforzheim. H.: Reisen, Lesen.

Burkard Stefan Dipl.-Vw.
B.: stellv. Verw.-Dir. FN.: Klinikum Fulda. DA.: 36043 Fulda, Pacelliallee 4. PA.: 36148 Kalbach, Siedlungsweg 4. stefan.burkard@klinikum-fulda.de. G.: Fulda, 30. Aug. 1964. V.: Kerstin, geb. Braun. Ki.: Fabian (1991), Karolina (1994), David (1997). S.: 1983 Abitur, 1984-89 Stud. VWL m. Abschluß Dipl.-Vw. K.: 1990 ang. Dir.-Ass. am Klinikum Fulda, seit 1998 stellv. Verw.-Dir. u. Mtgl. im Vorstand; Funktionen: seit 1996 freiberufl. Doz. an d. Fachhochschule Fulda im Fachbereich Pflege u. Gesundheit. F.: Gschf. d. Klinikum-Fulda-Service GmbH. M.: KH-Direktoren Deutschland, KH-Konferenz Fulda-Bad Hersfeld.

Burkart Jens Dipl.-Bw.

B.: Unternehmensberater, Inh. FN.: BUT Unternehmensberatung GmbH. DA.: 24376 Kappeln, Am Hafen 1. but.burkart@t-online.de. www.b-u-t.de. G.: Flensburg, 26. Apr. 1948. V.: Susanne, geb. Wermter. Ki.: Frederike, Catarina. S.: 1966 Abitur in Rothenburg, 1966-69 Lehre Groß- u. Außenhdl.-Kfm Stade, 1969-70 Bundeswehr, 1970-73 Stud. Bw. Rosenheim. K.: 1973-82 Gschf. d. Firma H. B. Lorentzen in Kappeln, 1982-88 freiberufl. Doz. f. Marketing u. BWL, 1988 Grdg. der Firma BuT Unternehmensberatung GmbH, 1998 BUT Schweden-Immobilien, 4 J. Stadtvertreter, Vors. Wirtschaftskreis, seit 1984 Doz. an BH. M.: TSV Kappeln, Lions Club Kappeln. H.: Radfahren, Insel Föhr, Tischtennis.

Burkart Matthias Dipl.-Ing. *)

Burkart Werner
B.: Botschafter FN.: Dt. Botschaft DA.: MK-91000 Skopje, Ul Dimitrija Chupovski 26. wburkart@unet.com.mk. G.: 1. Mai.1948, Freiburg/Br. V.: verh. Ki.: 1 Kind. S.: 1967 Abitur, 1975 erste jur. Staatsprüfung, 1977 zweite jur. Staatsprüfung, 1977/78 Ecole Nationale d´Administration i. Paris, K.: 1978/79 Tätigkeit i. d. Industrie, 1979-81 Vorbereitungsd. f. d. höh. Ausw. Dienst, anschl. Verw. i. Bonn, Ankara, Paris u. Brüssel (NATO-Vertretung), 1994-97 stellv. Ltr. d. Organisationsref., 1997-99 stellv. Vertr. b. d. WEU i. Brüssel, s. Juni 1999 Botsch. i. Skopje.

Burkart Wolfgang Christof Dr. med. Dr. rer. nat. *)

Bürkel Holger Dr. Prof.
B.: Zahnarzt. DA.: 77966 Kappel-Grafenhausen, Leonard-Likow-Str. 3. PA.: 77955 Ettenheim-Münchweier, Am Kirchberg 18. G.: Gengenbach, 8. Juni 1941. V.: Friedericke, geb. Blust. Ki.: Lenzi, Hannes, Cacerila, Anuschka. BV.: Maler Bürkel - bedeutender Maler in München. S.: 1958 Abitur, Stud. Zahnmed., 1968 Approb. Freiburg, 1969 Prom. K.: seit 1970 ndlg. Zahnarzt in Kappel, seit 1973 Implantatbehandlungen u. regelm. Kurse in eigener Praxis; Funktionen: seit 1991 Prof. an d. Univ. New York u. d. Univ. Chengdu in China, seit 1998 Prof. an d. Univ. Tiflis, Georgien u. d. zahnärztl. Ak. in

St. Petersburg, Vors. d. Förderkreis zahnärztl. Implantologie, seit 1978 Fortbild.-Kurse an versch. Univ. wie Medre y Maestro in der Dominikan. Rep., Sydney, Pretoria, Chendung, Tiflis, Budapest, Cordoba, Vorträge bei nat. u. intern. Veranstaltungen in Amsterdam, Kyoto, Kapstadt, München, Durban, Western Cape, Bombay, New-Dehli u.a.m., Eröff. d. 1. Lehrstuhls in China. BL.: Durchführung v. Linkow-Bükel Seminars f. orale Implantologie in St. Petersburg. P.: Veröff. im zahnärztl. Journal "Dentise". E.: Ehrenbürger d. Stadt St. Petersburg u. d. Stadt Alta Gracia in Argentinien. M.: Präs. d. Dt. Ges. f. zahnärztl. Implantologie u. seit 1975 Präs., seit 1989 Präs. d. elect from European Union for Clinicians in Implant Dentistry, seit 1976 Asio in d. Schweiz, Ehrentgl. d. kuban. Ges. f. orale Implantologie, seit 1987 Active Member d. American Academy of Implant Dentistry, seit 1988 wiss. Ges. f. funktionsbez. Zahn-, Mund- u. Kieferheilkunde, Aussch. d. Academy Advaned Oral Rec. and Estetics in d. USA, BDZI. H.: Landwirtschaft, Schreinerei.

Burkert Walter Dr. phil. Dr. h.c. Prof.
B.: Philologe, Prof. f. Klass. Philol. PA.: CH-8610 Uster, Wildsbergstr. 8. G.: Neuendettelsau/Mfr., 2. Febr. 1931. V.: Maria, geb. Bosch. Ki.: Reinhard, Andrea, Cornelius. El.: Dr. phil. Adolf u. Luise, geb. Großmann. S.: Univ. Erlangen, Stud. Klass. Philol., Phil., Geschichte, 1955 Prom., 1961 Habil. K.: seit 1966 Prof. f. Klass. Philol., 1969-96 Univ. Zürich, Spez. Arb.-Geb. Religion, Philol. P.: u.a. "Homo Necans" (1972), "Griechische Religion" (1977), "The Orientalizing Revolution" (1992), "Biologische Grundlagen der Religion" (1998). E.: 1982 Carl-Friedrich-Gauss-Med., 1990 Balzan-Preis, Dr. h.c. d. Univ. Toronto, Freiburg, Oxford, Chicago.

Burket Guido
B.: selbst. Kfm., Gärtner, Gschf. Ges. FN.: hydrokultur & design guido burket. DA.: 82031 Gründwald, Josef-Sommer-Str. 19. G.: Neuss, 27. Jan. 1965. El.: Uwe u. Helga. S.: 1982 Mittlere Reife Neuss, 1982-84 Gärtnerlehre, 1984-87 Ausbild. z. Bürokfm. K.: 1987-89 Volontariat u. Verkauf in versch. Gartenbaubetrieben in Bayern u. Baden-Württemberg, seit 1989 selbst.: fachmänn. Beratung u. Ausführung v. individueller Objektbegrünung b. Fernsehsendern, Hotels, Banken, Computerfirmen, Büros, Anw.-Kzl., Arztpraxen m. Hydro- u. Erdpflanzen. H.: Sport, Marathon (Teilnahmen u.a. in Berlin 1997-99, Hamburg, Florenz, Köln, Frankfurt, Regensburg), Musik.

Burkhard Barbara *)

Burkhard Gedeon
B.: Schauspieler. FN.: c/o Elisabeth v. Molo. DA.: 80634 München, Nymphenburger Str. 154. G.: München, 3. Juli 1969. V.: Ana Maljevic (Lebensgefährtin). El.: Wolfgang u. Elisabeth, geb. v. Molo. BV.: Urgroßvater väterlicherseits Alexander Moissi, 1. Jedermann b. d. Salzburger Festspielen, Großvater mütterlicherseits Konrad v. Molo, er produzierte u.a. "Ludwig II", "1, 2, 3". K.: steht seit d. 10. Lebensj. v. d. Kamera, , wichtigste Arb. als Kinderschauspieler: "Blut u. Ehre - Jugend unter Hitler", "Allein gegen d. Mafia", Hauptrollen in 2 erfolgreichen Kinofilmen d. letzten J. "Kleine Haie" u. "Abgeschminkt", Auszug a. d. Filmographie: 1979 Tante Maria, 1980 Blut und Ehre - Jugend unter Hitler, 1981 ... und ab geht

*) Biographie www.whoiswho-verlag.ch oder beigefügte CD-ROM

die Post, 1984 Nordlichter - Geschichten zwischen Watt und Wellen, 1986 Nur für Busse, 1987 Der Passagier - Welcome to Germany, Der Fahnder, 1989 Zauberlehrling, Zwei Frauen, 1990 Dornröschen, Drehort Pfarrhaus, Neue Abenteuer mit Black Beauty, 1991 Das Collier, 1992 Kleine Heie, 1993 Abgeschminkt!, Begegnung i. Regen, Mein Mann i. mein Hobby, Sommerliebe, 1994 Affairen, Verliebt, Verlobt, Verheiratet/Flitterwochengeschichten, Kommisar Rex, Alleine gegen die Mafia, Soko 5113, 1995 Wem gehört Tobias, 1996 Polizeiruf 110, Magenta - Verführerische Unschuld, The Brylcreem Boys, 1996 Which way to Oz?, 1997 2 Männer, 2 Frauen - 4 Probleme!?, s. 1998 Darsteller i. d. Serie "Komissar Rex", 1998 Gefährliche Lust - Ein Mann in Versuchung, 2002 "Yu". E.: 1992 Bayer. Filmpreis - Bester Darsteller "Kleine Haie", 1999 Romy a. bester Schauspieler. (Re)

Burkhard Heinz *)

Burkhard Ulrich *)

Burkhard Walter *)

Burkhardt Albert G. Prof. *)

Burkhardt Ansgar *)

Burkhardt Bernd *)

Burkhardt Hans Dr. med. *)

Burkhardt Helmut Dir. *)

Burkhardt Joachim Dr. phil.
B.: Schriftsteller, Journalist. PA.: 14055 Berlin, Angerburger Allee 5. G.: Borna, 21. Jan. 1933. El.: Dr. iur. Rudolf u. Hildegard, geb. Scholl. S.: Stud. Theol., Publizistik u. Germanistik. K.: zuletzt Ltr. d. Stabsstelle Koordination d. Dt. Welle tv in Berlin. P.: zahlr. Romane, Erzählungen, Hörspiele, literar. Sachbücher, Bühnenwerke, Fernsehfeature- u. -dokumentationen, u.a.: Zum Beispiel im Juni, Roman (1965), Der Kommödiant, Erzählung (1969), Potsdam (UA Stuttgart 1991), Johannistag, Schauspiel (UA Heilbronn 1994), Ein Film f. Goethe, lit. Sachbuch (1993), FS: Das Klassikprojekt 1982-1993 (Dok. Fernsehbiografien v. Schiller u. Goethe). Lit. Sachbuch: Die grössere Wirklichkeit - Ein Beitrag zum religiösen Bewußtsein (1999, 2. Aufl. 2001).

Burkhardt Jürgen *)

Burkhardt Otto *)

Burkhardt Rosemarie *)

Burkhardt Thomas Dipl.-Med.
B.: ndlg. FA f. Allg.-Med. FN.: Praxisgemeinschaft Dipl.-Med. Michaela Burkhardt - Dipl.-Med. Thomas Burkhardt. GT.: seit 1976 Liberal-Demokrat. Partei Deutschlands, seit 1990 FDP, 1990-94 StadtR. in Naumburg, 1. Stellv. d. GemR.-Vors., Vors. d. Kultur- u. Sozialaussch., seit 1999 StadtR. in Naumburg, 1. Stellv. d. GemR.-Vors., Mtgl. Betriebsaussch. Naumburger Bäder. DA.: 06618 Naumburg, Jakobstr. 26. G.: Naumburg, 27. Nov. 1958. V.: Dipl.-Med. Michaela. Ki.: Alexander (1986). S.: 1977 Abitur Schulpforta, 1977-79 Grundwehrdienst, 1979-85 Med.-Stud. MLU Halle, 1986 Approb. z. Arzt/Dipl.-Med. K.: 1986-90 FA-Ausbild. Kreis-KH/Poliklinik Naumburg, 1990 Anerkennung als FA f. Allg.-Med., 1986-90 Hon.-Doz. f. Neurologie/Psychiatrie an d. Med. Fachschule Merseburg Außenstelle Naumburg, ab 1990 freiberufl. Tätigkeit als FA f. Allg.-Med. in freier Ndlg. H.: Malerei, Tischlern.

Burkhardt Walter H. Dr. o.Prof.
B.: em. o. Prof., Gschf. Dir., Abt.Ltr. FN.: Inst. f. Informatik d. Univ. Stuttgart. DA.: 70565 Stuttgart, Breitwiesenstr. 20. G.: Stuttgart, 6. Mai 1928. V.: Ursula, geb. Gross. Ki.: Barbara, Susan. El.: Heinrich u. Pauline. S.: 1954 u. 1958 Dipl. u. Dr. rer. nat. in Physik Univ. Stuttgart. K.: 1958-61 Daimler-Benz AG Stuttgart, 1961-64 IBM Deutschland World Trade u. Data Systems Division, 1965-66 UNIVAC Div. Sperry Rand Corp New York, 1966-69 RCA Corp. Information Systems Division Cherry Hill New York, 1968-74 Univ. of Pittsburgh, ab 1974 Univ. Stuttgart; Dir. DPM Computer New York. P.: über 50 wiss. Veröff. M.: Inst. of Electrical and Electronics Engineers Long Beach, Assoc. for Computing Machinery New York, Ges. f. Informatik Bonn.

Burkhart Dagmar Dr. Prof.
B.: Univ.-Prof. f. Slavistik am Slavischen Seminar. FN.: Univ. Mannheim. DA.: 68131 Mannheim, Schloß EW 323. PA.: 22299 Hamburg, Ulmenstr. 8 B. slav@rumms.uni-mannheim.de. G.: Erding b. München, 14. Febr. 1939. V.: Bernd Jäckel. El.: Martin u. Eleonore Burkhart. S.: 1958 Abitur, 1958-61 Dolmetscherinst. d. Univ. Heidelberg, 1961-67 Stud. Univ. München m. Prom., Preis d. Südosteuropa-Ges. K.: 1968-69 Red. im Kindler-Verlag, 1969-72 Forsch.Stipendium d. Dt. Forsch.Gemeinschaft, 1973-78 Tätigkeit als Übersetzerin u. in d. Erwachsenenbild. u.a. als Doz. f. "Deutsch als Fremdsprache" am Goethe-Inst., 1978-81 wiss. Ass. am Osteuropa-Inst. d. FU Berlin, 1981-85 HS-Ass. d. FU Berlin, 1983 Habil. im Fach Balkanologie, 1985 Erweiterung d. Venia legendi u. d. Fach Slavist. Literaturwiss., 1985-95 Prof. an d. Univ. Hamburg, seit 1995 Lehrstuhl f. Slavistik in Mannheim. P.: 10 Monographien u. Editionen, ca. 100 wiss. Aufsätze zu d. Fachgebieten Slav. Literaturwiss., Balkanlog. u. Folklore. H.: Reisen. (E.We.)

Burkhart Martin Richard

B.: Zahnarzt, selbständig. DA.: 61381 Friedrichsdorf, Prof.-Wagner-Str. 10. zahnarzt-m.burkhart@telemed.de. G.: Ulm, 26. Juni 1961. V.: Christine, geb. Braun. Ki.: Clara (1996), Mona (1998). El.: Werner u. Ruth. S.: 1980 Abitur Oberursel, 1981-82 Stud. Biologie an der Univ. Kiel, 1983-84 Stud. Biologie Univ. San Diego USA, 1985 Stud. Biologie an der Univ. Kiel, 1986-92 Stud. Zahnmed. Kiel, 1993 Staatsexamen, 1993-95 Ass. in Zahnarztpraxen Dortmund u. Wiesbaden, 1995 Ndlg. in d. neu gegründeten eigenen Praxis in Friedrichsdorf. BL.: ehrenamtl. Tätigkeiten: Vorträge zu d. Themen "Vorbeugung" u. "Kinderzahnheilkunde" u. Ausbildungsreihen zu Fragen d. Ernährung b. d. ev. Elterninitiative "Mütter- u. Familienzentrum" Friedrichsdorf, Vorträge b. d. Kath. Kirche Köppern, Vorträge u. Dia-Reihen zu d. Themen "Alterszahnheilkunde" u. "Pflegehinweise" im Rahmen einer Betreuung eines Altenheimes in Oberursel f. Personal u. Be-

*) Biographie www.whoiswho-verlag.ch oder beigefügte CD-ROM

wohner, Vorträge "Zahnarzt" u. "Zahnarzthelferin" b. Verein Friedrichsdorf z. Ausbildung v. Jugendlichen im Fachbereich Zahnheilkunde. P.: Buch "BEN-Ü Bedürfnisentsprechende Nachsorge f. Übergewichtige" (1995), Diss. "Sozialmedizinische Betreuung übergewichtiger Kinder" (2002), Berichterstattungen in d. regionalen Presse zu d. ehrenamtl. Tätigkeiten. E.: 1983-84 Fullbright-Stipendium. M.: Freier Verband Dt. Zahnärzte, Dt. Ak. f. Akupunktur, ZAGH. H.: Laufen, Windsurfen, Mountainbike.

Burkhart Norbert Dkfm.

B.: VPräs.; Vorst.-Vors. FN.: Deutsche Bank AG; paybox austria AG. DA.: 1080 Wien, Lange G. 30. nb-norbert-burkhart@yahoo.de. www.paybox.de. G.: Lindenberg/D, 15. Juli 1968. Ki.: Celina (1996), Dominik (1998). El.: Hans-Dieter u. Sieglinde. S.: Abitur, Stud. Wirtschaftswiss. Univ. Hagen u. Univ. Konstanz, 1992 Abschluß Dipl.-Kfm. K.: 1992-95 Marketingleiter d. Firma Zumtobel Staff AG in Dornbirn u. Usingen, 1995-98 Ltr. d. Produktmanagement bei Eurocard in Frankfurt, 1998-99 Ltr. d. Produktmanagement d. Dt. Telekom AG in Bonn, seit 1999 VPräs. d. Dt. Bank AG u. 1999-2000 Gschf. d. PAGO GmbH in Köln u. seit 2001 Vorst.-Vors. d. paybox austria AG, erfolgr. Markteinführung d. Unternehmens paybox in Österr.-eine strateg. Beteiligung d. Mobilkom Austria. P.: regelm. Fachbeiträge z. Thema Zahlungsverkehr m. Schwerpunkt Euro-Umstellung. H.: Reisen, Kochen, Weine.

Bürkle Franz Xaver

B.: Küchenchef. FN.: Restaurant Nahetal-Klinik. DA.: 55543 Bad Kreuznach, Burgweg 14. G.: Baden-Baden, 2. Jan. 1948. Ki.: Marc, Dirk. S.: Lehre Koch Steigenberger Badischer Hof Baden-Baden, Küchenmeisterprüfung, Ausbildung Diätkoch. K.: Koch im Europäischen Hof in Baden-Baden, Wittelsbacher Hof in Oberstdorf, Kurhaus Kasino in Bad Neuenahr, Airport Hotel in Frankfurt/Main, Hotel Brielhof in Hechingen u. am Passagierschiff T. S. Bremen, dzt. Küchenchef im Restaurant Nahetal-Klinik in Bad Kreuznach. P.: Kochbuch "Dessert - v. locker-leicht bis süß u. cremig". E.: Goldmedaillen auf Fachausstellungen 1. Kategorien, Goldene Kochmütze (1979), Erfolge bei namhaften Koch- u. Rezeptwettbewerben. H.: Sammeln von (alten) Kochbüchern und Speisekarten. (Re)

Bürkle Friedrich *)

Bürkle Horst W. Dr. Prof.

B.: Univ.-Prof. em.,Theologe. PA.: 82319 Starnberg, Waldschmidtstr. 7. G.: Niederweisel, 9. Juni 1925. V.: Dorothea Renate, geb. Geißler. Ki.: Britta, Anja. El.: Alfred u. Hanna. S.: Stud. Theol. u. Phil. Univ. Bonn, Tübingen, Köln u. New York. K.: 1964 Priv.Doz. Univ. Hamburg, 1965-68 Gastdoz. an d. Univ. v. Ostafrika in Kampala/Uganda, seit 1968 o.Prof. an d. Univ. München, 1973-75 Prorektor d. Univ. München, 1978-85 Vors. d. Fachgr. Religions- u. Missionswissenschaft d. Ges. f. Theologie, Gastprofessuren in Seoul, Kyoto, z. Zt. Innsbruck. P.: Dialog mit dem Osten (1965), Missionstheologie (1979), Indische Beiträge zur Theologie der Gegenwart (1966), Einf. in d. Theologie d. Religionen (1977), (Hg.) Grundwerte menschlichen Verhaltens in den Religionen (1993), Der Mensch auf der Suche nach Gott - die Frage der Religionen. AMATECA. Lehrbücher z. Katholischen Theologie. Bd. III (1996), (Hg.) Die Mission d. Kirche. AMATECA. Lehrbücher z. Katholischen Theologie, Bd. XIII (2001),

Bibliographie in: Die Weite des Mysteriums, Christliche Identität im Dialog. Festschrift zum 75. Geburtstag (2000), hg. v. K. Krämer u. A. Paus, zahlr. Beiträge in wiss. u.a. Zeitschriften, Mitherausgeber d. Lexikons f. Theologie u. Kirche, der Reihe "Religionswissenschaft", Frankfurt, New York, Paris u.a. sowie d. Intern. Kathol. Zeitschrift Communio. E.: Souveräner Malteser-Ritter-O., Päpstlicher Silvester-Orden. M.: Rotary Intern., Wiss. Ges. f. Theol., Intern. Assoc. for the History of Religions, GMtgl. d. Academia Scientiarium et Artium Europaea, Görres-Gesellschaft, Collegium Philosophicum d. Forschungsinstituts f. Philosophie, Hannover. H.: Schifahren, Wandern.

Bürkle Peter H.

B.: RA. FN.: Bürkle & Partner. GT.: AufsR.-Vors. metec AG, Mitges. IHG Remseck u. Stuttgart. DA.: 70173 Stuttgart, Königstr. 80. PA.: 70178 Stuttgart, Tübinger Str. 19B. G.: Stuttgart, 13. März 1940. Ki.: Elisa. S.: 1959 Abitur, b. 1965 Stud. Rechtswiss. Tübingen u. Berlin, Referendariat, 2. Staatsexamen. K.: 1969 Zulassung z. RA, 1970-79 Kzl. Prof. Dr. Lichtenstein, Partner, 1980 eigenes Büro m. Partner. P.: Gedichte, Musik. M.: Anw.-Ver. H.: Musik, Reiten.

Bürkle Rainer J.

B.: Dir., General Manager. FN.: The Ritz-Carlton Schlosshotel Berlin. DA.: 14193 Berlin, Brahmsstr. 10. www.ritzcarlton.com. G.: Baden-Baden, 20. Juli 1961. V.: Irene. Ki.: Moritz (1996). El.: Herbert u. Edeltraude. S.: 1976-79 Lehre als Koch u. Koch in d. Traube (Taubach), Adler, Hinterzarten, 1981-83 Bundeswehr, 1983-85 Küchenmeister Palace-Hotel Montreux, 1991 USA-Cornell-Univ., Stud. Hotelmanagement, anschließend Ritz-Carlton-Gruppe in Boston, Cleveland, Palm Beach, Maui-Hawaii, Naples. K.: 1985-91 als Meisterprüfung nach England, Barclay, Claridges zuletzt F&B Dir., ab 1998 nach d. Übernahme d. Schlosshotel vier Jahreszeiten durch Ritz-Carlton Dir. u. General Manager. E.: Ritz-Carlton Naples Mobile-Fire-Star-Award (1998), Fire-Diamond-Award Ritz-Carlton-Berlin (2000, 2001). M.: Chaine des Rotisseur. H.: Skifahren, Schwimmen, Golf.

Bürkle-Franz Andrea

B.: selbst. Krankengymnastin. DA.: 77799 Ortenberg, Offenburger Str. 20. G.: Offenburg, 29. März 1968. V.: Michael Franz. El.: Karl Johann u. Maria Bürkle. S.: 1988 Abitur, Stud. Engl., Geschichte u. Geographie Univ. Freiburg, 1990 Praktikum KKH Lahr, 1995 Brüggertherapeutin, 1996 manuelle Therapie. K.: 1995-97 tätig in d. Praxis Sutter-Vlug in Friesenheim, seit 1997 selbst., Zusatzausbild. in Orthopädie, Lymphdrainage, Osteopathie u. Myofascial. M.: DRK. H.: Reisen, Freizeitsport.

Bürklin Wilhelm Philipp Dr. rer. pol. Prof.

B.: Prof. f. Politikwiss. u. Mtgl. d. Geschäftsfrg. FN.: Bundesverb. dt. Banken. DA.: 10178 Berlin, Burgstr. 28. G.: Neckarbischofsheim-Helmhof, 27. Feb. 1949. V.: Wilma, geb. Prüß. Ki.: Elske (1973), Lasse (1978), Sarah (1979), Julian (1981). El.: Wilhelm u. Renate, geb. Rügner. S.: 1971 Abitur Heidelberg, 1971-77 Stud. Wirtschaftswiss., Politikwiss. u. Pol. Univ. Mannheim, 1977 Dipl.-Hdls.-Lehrer. K.: 1977-80 persönl. Referent v. Rektor Prof. Rudolf Wildenmann, 1980-84 Ass. v. Prof. Wildenmann, 1983 Prom., 1984-91 Univ. Kiel, 1989 ISEAS Singapur u. Hongkong, Taiwan, Südkorea, 1991

*) Biographie www.whoiswho-verlag.ch oder beigefügte CD-ROM

Habil., 1991-92 Lehrstuhlvertretung Univ. Mainz, seit 1992 C4-Prof. Univ. Potsdam, 1993-94 Grdg.-Dekan der Wirtschafts- u. Sozialwiss. Fak., seit 1997 Beurlaubung Univ. Potsdam, 1997-99 Gschf. Ges. f. Bankpublizität mbH Köln, seit 2000 Mtgl. Geschäftsfrg. Bundesverb. dt. Banken. P.: Bücher: "Grüne Politik", "Die vier kleinen Tiger", "Eliten in Deutschland", "Das Superwahljahr 1994". M.: ehem. Vorst. Dt. Ges. f. Politikwiss., APSA, ZUMA e.V. H.: Hochseesegeln, Tauchen, Literatur, Malerei, klas. Musik.

Burkmüller Wolfgang *)

Burmann Volker *)

Bürmann-Plümpe Angela Dr. med. *)

Burmeister Anja *)

Burmeister Edda

B.: Friseurin, Inh. FN.: Friseursalon Edda Burmeister. DA.: 23843 Bad Oldesloe, Hegenstr. 2. G.: Bad Oldesloe, 14. Okt. 1949. V.: Hans-Joachim Burmeister. Ki.: Dennis (1980). S.: 1966-69 Ausbild. z. Friseurin b. Robert Köster in Bad Oldesloe. K.: b. 1973 Salonltr. in der Lehrfirma, 1973-81 Friseurin bei Peter Polzer in Hamburg, 1986 berufsbegleitend Meisterschule, 1987 Meisterprüfung, 1987 selbst. mit eigenem Salon in Hamburg. H.: Familie, Job.

Burmeister Hannelore Dr. med. *)

Burmeister Herbert Dr. *)

Burmeister Klaus *)

Burmeister Rainer
B.: Geschäftsstellenltr. FN.: D.A.S. Vers.; Victoria Lebens- u. Krankenvers.; Victoria Vereinsbank Bausparen. DA.: 19205 Gadebusch, Freiheit 10. G.: Gadebusch, 4. Juni 1955. V.: Brunhilde. Ki.: Mandy (1977), Marco (1981). S.: 1962-71 Polytechnische Oberschule, 1971-73 Ausbild. Agrochemiker. K.: 1973-74 tätig im agrochem. Zentrum in Gadebusch, 1974-79 tätig im VEB Kraftverkehr Schwerin in Gadebusch, 1979-90 VEB Forstwirtschft, seit 1990 selbst. Versicherungsfachmann m. Schwerpunkt persönl. Kundenbetreuung, individuelle Beratung u. Schadensregulierung. H.: Familie, Garten.

Burmeister Ralf Peter
B.: Versicherungsfachmann, Unternehmer. FN.: Allianz Versicherungs AG. DA.: 17033 Neubrandenburg, Tilly-Schanzenstr. 15. G.: Neubrandenburg, 20. Dez. 1966. Ki.: Christin (1995). El.: Erika Kliemann, geb. Heinze. S.: 1985 Abitur in Neubrandenburg, 1985-90 NVA. K.: 1990-93 Mitarb. b. d. Allianz Versicherungs AG, seit 1996 eigene Agentur. H.: Segeln, Surfen.

Burmester Dieter Dipl.-Ing. *)

Burmester Erich *)

Burmester Gerd Dr. med. Prof.
B.: Dir. d. Med. Klinik mit Schwerpunkt Rheumatologie u. Klinische Immunologie; Univ.-Klinkum Charité d. Humboldt Univ. zu Berlin. DA.: 10117 Berlin, Schumannstr. 20-21. G.: Hannover, 30. Nov. 1953. V.: Ilona, geb. Gehrig. Ki.: Annika, Kristin. S.: 1972 Abitur, 1972-78 Stud. d. Med. Hochschule Hannover, 1978 Prom., 1978-80 Grundwehrdienst als Truppenarzt, 1980-82 Postdoctoral Fellow a. d. Rockefeller Univ. New York, 1982-88 Ausbild. z. Arzt f. Innere Med., Akad. Rat auf Zeit am Institut u. Poliklinik f. Klin. Immunologie u. Rheumatologie. K.: 1988 Ernennung z. OA d. Med. Klinik III. d. Univ. Erlangen-Nürnberg, 1989 Abschl. - Habilit. Friedrich-Alexander-Univ. Erlangen-Nürnberg, 1990 Berufung z. Univ. Prof., 1993 Beruf. z. Univ. Prof. (Charité), seitdem Dir. d. Med. Klinik m. Schwerpunkt Rheumatologie u. Klin. Immunologie, 1995-97 Prodekan d. Med. Fak. Charité d. Humboldt-Univ. zu Berlin. P.: mehr als 200 wiss. Beitr. in Zeitschriften u. Büchern. E.: Stipendienpreis d. Ges. d. Freunde d. Med. Hochschule Hannover f. d. beste Diss. d. Jahres 1976-77, Ausbildungsstip. d. Dt. Forschungsgem., Preis d. Therapiewoche Karlsruhe (1991) f. d. Arbeit: "Die Therapie d. chronischen Polyarthritis mit monoklonalen Antikörpern gegen T-Helfer-Lymphozyten", Bruno-Schuler-Preis d. Dt. Ges. f. Rheumatologie 1992 f. d. Arb.: " Gestörte Immunantwort oder Evasion: Die Lyme Arthritis als Modell f. chronisch persistierende Arthritiden", Preis d. Fachschaft Med. f. d. beste Lehre SS 1996, Förderpreis d. Sandoz-Stiftung f. therapeutische Forschung f. d. Projekt "In vivo Protektion v. künstl. Knorpeltransplantaten b. rheumatoider Arthritis durch Transfer v. Genen d. TGF-ß-Superfamilie" 1996,1. Preis. d. Rhone-Poulenc Forschungspreises f. Neuromuskuläre Erkrankungen d. Dt. Ges. f. Muskelkranke e.V. 1997 (gem. m. Dr. rer. nat. B. Stuhlmüller), o. Mtgl. d. Berlin-Brandenburgischen Akad. d. Wiss. 1997, Jan van Breemen Preis d. Niederländ. Ges. f. Rheumatologie 1998. M.: American College of Rheumatology, Dt. Ges. F. Rheumatologie, (Präs. 2001-2002), Ges. f. Immunologie, Dt. Krebsges. H.: Tennis, amerikanische Literatur d. Gegenwart, Musik, Theater, Konzerte, Kunst. (B.K.)

Burmester Gerhard *)

Burmester Helmut Dr.
B.: Vorst.-Vors. FN.: VAW aluminium AG. DA.: 53117 Bonn, Georg-von-Boeselager-Str. 25. K.: bis 1999 Vorst.-Vorst. KLÖCKNER & Co. AG, seit 1999 bei VAW aluminium AG.

Burmester Kay
B.: Dipl.-Kommunikationsdesigner. FN.: Erica. DA.: 20099 Hamburg, Böckmannstr. 15. G.: Soltau, 17. Apr. 1967. S.: 1982-84 Berufsfachschule Technik Soltau, 1984-86 Fachoberschule Technik Soltau, Praktika: 1988-89 Titelressort b. d. Zeitschrift Stern, 1990 im Fotostudio Holger Scheibe Hamburg, 1989-96 Stud. Kommunikationsdesign an d. Muthesius-HS Kiel, Dipl.-Kommunikationsdesigner. K.: 1998-99 Fachmann f. Crossmedia an d. Ak. f. elektron. Publizieren, 1993-99 selbst. freier Fotograf, 1999-2000 in d. Grafik b. Elephant Seven GmbH, 2000 freier Multimediadesigner, 2000 Grdg. d. Firma Erica Hamburg Agentur f. mod. Kommunikation, Auslandsaufenthalte: 1986-87 Südafrika, 1991-92 Mittelamerika. P.: ab 1994 Veröff. u.a. in den Zeitschriften: GEO, Saison, Stern, Fit for Fun, Hattrick, Yoyo, Young Miss, Sports, Amica. H.: Bildhauerei, Malen.

Burmester Siegfried Dipl.-Kfm. *)

Burmester-Henning Catrin *)

Burnus Hendrik *)

Buroh Hartmut *)

Burose Rainer *)

---

*) Biographie www.whoiswho-verlag.ch oder beigefügte CD-ROM

Burr Andreas

B.: Elektroinstallateur, Gschf. Ges. FN.: Burr Sonderanlagenbau GmbH & Co KG. DA.: 31275 Lehrte, Gewerbestraße 19 A. aueburr@t-online.de. www.switch-gmbh.de. G.: Hannover, 5. Juli 1964. V.: Dagmar, geb. Schönberg. Ki.: Bennet (1996), Chiara (1998). El.: Rudolf u. Brigitte, geb. Heldt. S.: 1980 Mittlere Reife, 1980-83 Ausbildung z. Elektroinstallateur Hannover, 1984-85 Bundeswehr. K.: 1985-99 Abteilungsleiter d. Elektrofertigung b. der Firma Kone Aufzüge Hannover, 1989 Grdg. d. Firma A. u. E. Burr Sonderanlagenbau in Hannover m. Bruder, 1999 Umzug d. Firma nach Lehrte u. 2000 Umfirmung zu Burr Sonderanlagenbau GmbH & Co KG, 1999 Grdg. d. Firma Switch GmbH in Lehrte 1989 Grdg. d. Firma Burr Geräte-Software in Gehrden. M.: IHK, Berufsgenossenschaft, Sportverein. H.: Fitness, Radfahren, Surfen.

Burr Edgar

B.: Fernmeldeelektroniker, Gschf. Ges. FN.: Burr Sonderanlagenbau GmbH & Co KG; Switch GmbH. DA.: 31275 Lehrte, Gewerbestraße 19 A. aueburr@t-online.de. www.switch-gmbh.de. G.: Hannover, 31. Jan. 1961. V.: Anja, geb. Milkowski. Ki.: Vanessa (1998). El.: Rudolf u. Brigitte, geb. Heldt. S.: 1977 Mittlere Reife Bad Nenndorf, 1977-80 Ausbildung z. Fernmeldeelektroniker Hannover. K.: 1980-85 tätig b. d. Firma Siemens Hannover, 1985-99 Wechsel z. Firma Kone Aufzüge Hannover, 1989 Grdg. A. u. E. Burr Sonderanlagenbau m. Bruder, 1999 Umzug d. Firma nach Lehrte u. 2000 Umfirmung z. Burr Sonderanlagenbau GmbH & Co KG, 1999 Grdg. d. Firma Switch GmbH in Lehrte. M.: IHK, Berufsgenossenschaft. H.: EDV, Formel Eins, Gesellligkeit m. Freunden.

Burr Klaus *)

Burre Heinz *)

Burret Gerhard Dr. rer. pol. Dipl.-Vw.

B.: Wirtschaftsprüfer, Steuerberater. FN.: Dr G. Burret - Dr. M. Burret Wirtschaftsprüfer, Steuerberater. GT.: 1980-95 Landesvors. d. Inst. d. Wirtschaftsprüfer Rheinland-Pfalz, Mtgl. d. VerwR. d. Inst. d. Wirtschaftsprüfer, 1981-84 BeiR.-Mtgl. d. Wirtschaftsprüferkam., 1984-96 Vorst.-Mtgl. d. Wirtschaftsprüferkammer Deutschland, 1981-99 Landespräs. d. Wirtschaftsprüferkam. Rheinland-Pfalz, 1990-93 VPräs. d. Wirtschaftsprüferkammer, 1996-99 Präs. d. Wirtschaftsprüferkam., 1996-99 Vors. d. BeiR. d. Wirtschaftsprüferkam. DA.: 67059 Ludwigshafen, Theaterpl. 10. G.: Klingenmünster, 29. Okt. 1927. V.: Rosemarie, geb. Frank. Ki.: Mario, Anette, Corinna. S.: 1947 Abitur, 1947-52 Stud. Wirtschaftswiss. in Heidelberg, 1951 Dipl.-.Vw., 1952 Dr. rer. pol. K.: 1952-54 Ang. b. Treuhandver., 1952 selbst. in Bad Dürkheim, 1956 Steuerberaterexamen, 1960 Wirtschaftsprüfer, 1972 Ndlg. in Ludwigshafen. E.: 1994 BVK 1. Kl. M.: Inst. d. Wirtschaftsprüfer, Wirtschaftsprüferkam., Steuerberaterkam., Lions Club Bad Dürkheim u. Deidesheim, Golfclub Bad Griesbach. H.: moderne Kunst, Golf, Theater.

Bursch Martin *)

Bürsch Michael Peter Karsten Dr. iur.

B.: Jurist, MdB. FN.: Dt. Bundestag. DA.: 11011 Berlin, Platz der Republik 1; Wahlkreisbüro: 24226 Heikendorf, Bergstr. 30. michael.buersch@mdb.bundestag.dpb.de. G.: Stettin, 3. Juni 1942. Ki.: David (1980). S.: 1953-62 Hebbel-Gymn. Kiel, Abitur, 1962-64 Stud. Rechtswiss. Univ. Kiel, 1964-65 Univ. Freiburg, ab 1966 daneben Werkstudent; Hrsg. d. ASTA-Zeitung "Skizze", 1966-67 Stud. Political Sciences, Lawrence-Univ. in Lawrence bei Kansas City, 1966/67 1. Staatsexamen, 1970-73 Referendariat Oberlandesgericht Schleswig u. Hamburg, 1973 2. Staatsexamen in Hamburg. K.: 1973-74 wiss. Ass. Strafrecht an d. Univ. Kiel, 1974 Prom. b. Prof. Hans Hattenhauer über Verfassungsgeschichte "Revolution u. Reaktion im deutschen Kleinstaat 1848-53", 1974 Eintritt in SPD, 1975 Presse- u. Informationsamt d. Bundesregierung, Bundespresseamt, Inlandsabt., Auslandsabt., u.a. f. Auswärtiges Amt in Deutsche UNO-Vertretung New York, 1979 Büroltr. v. Regierungssprecher Bölling u. Kurt Becker, 1982-83 Bundespresseamt Auslandsabt., 1984-87 pers. Referent b. Bundeskanzler a.D. Helmut Schmidt, u.a. Innenpolitik, Justiz, Presse, 1988-93 Staatssekr. f. Bundesangelegenheiten d. Landes Schleswig-Holstein, 1992-93 auch f. Europaangelegenheiten, 1992 Grdg. Gesprächskreis: "Strukturreform d. öff. Verwaltung" in Friedrich-Ebert-Stiftung, 1993-97 Berater f. Verwaltungsreform in Bonn u. Essen (St. Gallen Consulting), seit 1997 Mtgl. d. Dt. Bundestages, o.Mtgl. Rechtsausschuß, 1998 Wiederwahl als Direktkandidat Plön/Neumünster (51%), o.Mtgl. Innenausschuß, Experte d. SPD f. Verwaltungsreform, stellv. Mtgl. Rechtsausschuß. M.: SPD, ÖTV. Vors. Stiftung "Rettet die Lange Anna" (Helgoland). (Re)

Burska Ottmar Dipl.-Vw. *)

Burski Dirk

B.: Friseur, Inh. FN.: "Wasser & Welle". DA.: 10119 Berlin, Schönhauser Allee 174. G.: Bad Kreuznach, 30. März 1970. S.: 1986-88 Lehre Friseur Frankfurt/Main, Köln u. London. K.: 1989-98 Angest. b. Starfriseuren wie Heinz Schlicht, Wolfgang Zimmer u. Seiler in Berlin, seit 1998 selbst. M.: Handwerkskam. H.: Haare schneiden, Parties feiern.

Burstedde Volker Dr. med. *)

Burth Jürg
B.: Choreograph, Ballettmeister, Regisseur. FN.: Theater des Westens. DA.: 10623 Berlin, Kantstr. 12. PA.: 10628 Berlin, Wielandstr. 17. G.: Zürich, 28. Feb. 1944. El.: Willi u. Hedwig. S.: 1962-66 Lehrersem. Küsnacht, s. 1962 Tanzausbild. am Opernhaus Zürich, b. Rosella Hightower in Cannes, an d. Martha Graham Schule in New York u. an d. Juilliard School. K.: 1964-66 1. Engagem. am Stadttheater Basel, 1967-69 klass. Tänzer Opernhaus Köln, 1969 Tänzer in Lar Lubovitch Companie New York, 1970-75 Mitbegründ. Tanz Forum Köln, Solotänzer u. Choreograph in d. 1. Dt. Modern Dance Kompanie im Leitungsteam m. Helmut Baumann, Jochen Ulrich u. Gray Veredon, 1975-80 Stellv. Ballettdir. u. Chefchoreogr. Opernhaus Zürich, 1975 Gründ. d. Choreostudios Zürich, 1980-84 freischaff. Choreogr. Dt. Oper Berlin, National Ballet Amsterdam, Oper Wiesbaden, Helsinki, Wiener Staatsoper u.a., 1980-84 Doz. New York Univ. u. Choreogr. am Brooklyn College, s. 1984 o.g. Pos. am Theater d. Westens, Co-Regie m. Helmut Baumann: Kurt-Weill-Revue, Lage aux Folles, Cabaret, u.a.; eig. Musicals: Unter d. Regenbogen, Bombenstimmung. Eine Ufa-Revue, u.a.; Zus.-Arb. m. Choreogr. Kurt Joos, Christopher Bruce, Glen Tetley, Hans van Maanen, u.a.; s. 1970 Bühnenbild u. Kostüme f. eig. Choreogr. u. Inszenier. H.: Malen (s. 1972 Ausstell. in CH u. BRD), Skilaufen, Wandern. (E.S.)

Burtschell Günter *)

Burtscher Thomas *)

Bury Hans Martin
B.: MdB, Sprecher d. SPD-Bundestagsfraktion f. Post u. Telekommunikation. FN.: Deutscher Bundestag. DA.: 11011 Berlin, Platz d. Republik 1. G.: Bietigheim-Bissingen, 5. Apr. 1966. S.: 1985 Abitur, 1985-88 Stud. Betriebswirtschaft, Berufsakad. Stuttgart u. Mosbach, 1988 Abschl. Dipl.-Betriebswirt (BA). K.: 1988-90 Vorst.-Ass. d. Volksbank Ludwigsburg eG, 1988 Eintritt in d. SPD, 1989-91 Vors. d. Juso-Kreisverbandes Ludwigsburg, 1989-90 StadtR. in Bietigheim-Bissingen, seit 1990 Mtgl. d. Dt. Bundestages, o. Mtgl. d. Ausschusses f. Wirtschaft u. Technologie, stellv. Mtgl. im Finanzausschuß, 1992-94 Sprecher d. Gruppe junger Abgeordneter d. SPD-Bundestagsfraktion ("Youngsters"), 1994-98 Sprecher d. SPD-Bundestagsfraktion f. Post u. Telekommunikation, seit 1995 Mtgl. d. Regulierungsrates b. Bundesmin. f. Post u. Telekommunikation, seit 1988 Sprecher d. SPD-Bundestagsfraktion f. Wirtschaft u. Technologie, Mtgl. d. Beirates d. Regulierungsbehörde f. Telekommunikation u. Post, Mtgl. d. Verwaltungsrates d. Dt. Ausgleichsbank. M.: Aktionskreis Finanzplatz, amnesty intern., Eurosolar, Gewerkschaft Handel, Banken u. Versicherungen. (Re)

Bury-Kaiser Gisela *)

Burzlaff Hans Dr. o. Prof. *)

Burzlaff Manfred *)

Busam Gertraud *)

Busch Alexander *)

Busch Axel Dipl.-Ing. Prof.
B.: Stadtplaner u. Architekt. DA.: 10715 Berlin, Badensche Str. 29. PA.: 14165 Berlin, Gertraudstr. 16. G.: Luckenwalde, 1940. V.: Dipl.-Päd. Ruth, geb. Hoppe. Ki.: Robert (1967), Henning (1969). S.: 1958 Abitur, 1958-60 Lehre als Betonbauer, 1960-62 Arch.Stud. TU Dresden, 1962-66 Arch.Stud. TU Berlin, 1964/65 Washington Univ. St. Louis/USA, 1966 Dipl.-Ing. TU Berlin, 1968 Master of Architecture and Urban Design. K.: 1967-71 Freie Planungsgruppe Berlin, 1967/68 Lehrauftrag TU Berlin, 1971-72 Beigeordneter Sachv. d. United Nation Development Programme, seit 1972 Prof. f. Stadtplanung u. Städtebau an d. Udk Berlin (1981/82 Fachbereichssprecher FB 2, 1988-90 Vors. d. Konzils), seit 1972 freiberufl. als Stadtplaner tätig, seit 1984 Partner im Büro TOPOS, Projekte: Entwicklungsplanung Stadt Geseke (Berlin 1970), Moabiter Werder (1984), Rahmenbedingungen u. Potentiale f. d. Ansiedlung oberster Bundeseinrichtungen in Berlin (1991), Theaterstadt Potsdam Schiffbauergasse (1991), Städtebaul. Rahmenplanung Alter Markt Potsdam (1998), URBAN II Luckenwalde (seit 1999). P.: Fachart. u. div. Publ. v. Projektberichten. M.: 1979-87 Mtgl. d. SachvBeiR. f. Raumordnung u. Landschaftspflege Berlin, 1987-89 BeiR. f. Stadtgestaltung Berlin, Stadtforum Berlin, SRL, Dt. Werkbund Berlin, Dt. Ak. f. Städtebau u. Landesplanung (DASL).

Busch Brita

B.: Gschf., Inh. FN.: Busch-College. DA.: 47800 Krefeld. Uerdinger Str. 225. G.: Weimar, 8. Juni 1942. Ki.: Frank, Inka, Jan, Nico. S.: 1959 Wirtschaftsabitur. K.: 2 J. Englandaufenthalt als Übersetzerin, b. 1963 Übersetzerin b. intern. Unternehmen, Ltr. eines Übersetzungsbüros, b. 1968 eigenes Büro in Lüneburg, b. 1974 eigenes Büro in Krefeld, Doz. f. Engl. u. Fachbereichslt. f. d. Sparten Sprachen, Lern- u. Arbeitstechniken, seit 1982 wieder selbst., ab 1989 Busch-College. H.: Lernen, Tennis, Reisen, Sprachen, mod. Kunst.

Busch Dominicus *)

Busch Frank *)

Busch Friedhelm *)

Busch Friedrich W. Dr.
B.: Univ. Prof., HS-Lehrer. FN.: Univ. Oldenburg, Inst. f. Erziehungswiss., Sprecher d. Interdisziplinären Forschungsstelle Fam. Wiss. DA.: 26111 Oldenburg, Ammerländer Heerstraße 114-118. PA.: 26180 Rastede, Schilfweg 5. friedrich.busch@uni-oldenburg.de. www.member.uni-oldenburg.de/friedrich.busch/index.htm. G.: Bocholt, 5. Juli 1938. V.: Prof. Dr. Adelheid. Ki.: Markus, Barbara. S.: 1959 Abitur, 1960-63 Stud. a. d. Pädag. Hochschule Westfalen-Lippe, 1966-70 Zweitstud. Ruhr.-Univ. Bochum, 1970 Prom. z. Dr. phil. K.: 1963-67 Lehrer a. Grund u. Hauptschulen. 1970-74 Lehrstuhlvertr. a. d. PH Niedersachsen, Abt. Oldenburg, 1974 Univ.-Prof. a. d. Univ. Oldenburg. 1976-79 Rektor-Stellvertr., Vizepräs. d. Univ. Oldenburg, 1991-93 Grdg.-Dekan d. Fak. Erz.-Wiss. d. TU Dresden, Vors. d. Integrations-Kmsn. Dresden, seit 1995 Hon.-Prof. f. Histor. Bildungsforschung TU Dresden; Ltr. d. Arbeitsstelle Bildungsforschung. BL.: 1981-83 Präs. d. Ass. f. Teacher Education i. Europe. P.: Familienerziehung in der Bundesrepublik Deutschland u. der DDR (Düsseldorf 1972 u. Berlin 1980), Lehren und Lernen in der Lehrerausbildung (zus. mit K. Winter), (Oldenburg 1981), Perspektiven gesellschaftlicher Entwicklung in beiden deutschen Staaten (Oldenburg 1988), Aspekte der Bildungsforschung. Studien und Projekte der Arbeitsstelle Bildungsforschung (Oldenburg 1996), Intellektualität und praktische Politik (zus. mit H. Schwab), (Oldenburg 2001). E.: Verdienstmedaille d. Universitäten Thorn (Polen) u. Helsinki (Finnland). M.: Dt. Ges. f. Erziehungswiss., Komm. f. Vergl. Erziehungswiss., Komm. f. Historische Pädagogik, Ass. f. Teacher Education i. Europe.

*) Biographie www.whoiswho-verlag.ch oder beigefügte CD-ROM

Busch

Busch Hannelore *)

Busch Hans-Gerg Dipl.-Verw.-Wirt
B.: OBgm. d. Stadt Halberstadt. DA.: 38820 Halberstadt, Dompl. 16. G.: Wolfsburg, 11. Feb. 1952. V.: Kerstin, geb. Kiese. Ki.: Morenike (1979), Laura (1986), Maximilian (1988). S.: 1973 HS-Reife Höhere Handelsschule, 1978-81 Stud. FHS f. allg. Verw. m. Dipl.-Abschluß. K.: 1981 tätig in d. Landesverw. Niedersachen in Hannover, 1991 Ref. im Innenmin. Sachsen-Anhalt in Magdeburg, 1993 Reg.-Dir., 1994 Kämmerer u. stellv. OBgm. in Halberstadt, seit 1996 OBgm. in Halberstadt. M.: AufsR.-Vors. d. Stadtwerke Halberstadt u. d. Städt. Wohnungsges., Finanzaussch. d. Dt. Städtetages, Kuratorium d. Halberstädter Cecelienstiftes, Lions-Club. H.: Literatur, Skifahren.

Busch Hans-Heino Dipl.-Ing. Prof.
B.: Prof. f. Baubetrieb. FN.: Bergische Univ. GH Wuppertal. PA.: 40239 Düsseldorf, Faunastr. 27. G.: Berlin, 11. Okt. 1925. V.: Ursula, geb. Pyczak. El.: Johannes u. Auguste. S.: 1947 Abitur, 1947-53 TU Berlin. K.: 1954-69 Bauind., 1970 BauR., 1973 Prof. M.: VDI.

Busch Hans-Peter Dr. med. Dr. med. dent. *)

Busch Heinz-Jürgen
B.: Gschf. Ges. FN.: Busch u. Partner GmbH u. Vorst. "best intention" VersicherungsMakler-Service AG. GT.: Doz. Bild.-Werk IHK Bochum u. Leipzig, Handwerkskam. Dortmund u. Leipzig, Fortbild.-Maßnahmen f. Vers.-Makler d. "best intention". DA.: 44879 Bochum, Im Ostholz 25-25a. Busch@b-i.de. G.: Bochum, 11. Sep. 1952. El.: Verw.-OAmtsR. Heinrich u. Sophie. S.: 1972 Abitur, 1973-79 Stud. Germanistik u. Sportwiss. Bochum, 1979-80 Fußballehrerlehrgang dt. Sport-HS Köln. K.: 1980-82 Referendariat Wuppertal II, 1978-83 Trainer u. Management SG Wattenscheid 09, seit 1983 selbst. im Vers.-Wesen, seit 1987 Vers.-Makler, 1990 Grdg. v. Busch u. Partner GmbH. BL.: 1982 Trainer d. dt. B-Jugendmeisters SG Wattenscheid 09, Versorgungswerke d. Allg. Berufsverb. d. Selbst. e.V. u. d. Unternehmerverb. Wirtschaft-Initiative 90 e.V., Topkonzepte f. kundenorientierte Vers.-Makler d. "best intention". F.: 100% an Busch u. Partner GmbH, 90% an "best intention" VersicherungsMaklerService AG. P.: Trainingsplanung im Sportspiel Fußball unter Berücksichtigung einer empir. Untersuchung m. Trainern d. 1. u. 2. Fußballbundesliga (1979), Die besten Vers.-Lösungen f. Friseure (1995), 99% aller Betriebe sind falsch versichert (1997/98). M.: Grdg.-Vors. d. Unternehmerverb. Wirtschaft-Initiative 90 e.V., Präs. d. Allg. Berufsverb. d. Selbst. e.V., Vorst. d. "best intention" Vers.-Makler-Service AG, Wirtschaftsjunioren IHK Bochum, SG Wattenscheid 09, VfL Bochum. H.: Sport, Fußball.

Busch Hermann *)

Busch Ilse *)

Busch Jan
B.: Steuerfachgehilfe, Mitinh. FN.: Prisma Baubetreuung GmbH. DA.: 23843 Bad Oldesloe, Ratzeburger Str. 19. info@prisma-baubetreuung.de. G.: Bad Oldesloe, 13. Feb. 1966. V.: Beate, geb. Grygeo. Ki.: Philipp (1996), Lara (1997). S.: 1982 Mittlere Reife, 1982-85 Lehre z. Steuerfachgehilfen b. Harms Bad Oldesloe, 1985-86 Bundeswehr. K.: 1986-89 Steuerfachgehilfe b. Kühne Wirtschaftsprüfer, 1989-94 Buchhaltungsltr. b. Soex Textil Bad Oldesloe, 1995 Grdg. Prisma Baubetreuung. H.: Motorrad, Squash, Tennis.

Busch Jörg *)

Busch Jürgen
B.: RA. FN.: Mannheimer Swartling. GT.: juristischer Mitarbeiter in d. "Nordischen Botschaften". DA.: 10117 Berlin, Mauerstr. 83/84. jbu@msa.se. G.: Frankfurt/Main, 15. Sep. 1961. V.: Kajsa. Ki.: 2 Töchter. S.: 1980 Abitur in Frankfurt/Main, 1980-81 Wehrdienst, 1981-83 Banklehre b. d. BHF Bank, Abschluss Bankkaufmann, 1983-89 Stud. Rechtswiss. in Freiburg, 1989 1. Staatsexamen, 1989 kurzzeitig Bankkaufmann b. d. BHF Bank, 1990-92 Referendariat in Berlin, 1992 2. Staatsexamen. K.: 1992-95 ang. Anwalt in d. schwedischen Kzl. Mannheimer Swartling, 1995 Arbeitsaufenthalt in Schweden, seit 1999 Partner d. schwedischen Kzl. Mannheimer Swartling, Tätigkeitsschwerpunkt Kartellrecht, Unternehmenskäufe, Etablierungsfragen. P.: Buchbeitrag Energiekartellrecht im Handbuch d. Energierechts. M.: Gemeindekirchenrat d. Auenkirchengemeinde Berlin/Wilmersdorf (1995-2000), Segelclub. H.: Laufen z. jeder Jahreszeit, erfolgreiche Segelregattateilnahmen, Skifahren.

Busch Jürgen *)

Busch Manfred *)

Busch Manfred *)

Busch Martin PD Dr. med.
B.: ltd. Arzt f. Strahlenheilkunde. FN.: Krankenhaus St. Georg. DA.: 20099 Hamburg, Lohmühlenstr. 5. G.: Göttingen, 21. Okt. 1955. V.: Heike, geb. Rollenbeck. Ki.: 2 Söhne. S.: 1976 Abitur in Göttingen, 1976-82 Stud. Med. in Homburg/Saar u. Essen, 1982 Approb. Dr. med., 1983-87 Weiterbildung z. FA f. Frauenheilkunde, 1988-93 Weiterbildung z. FA f. Strahlenheilkunde, 1999 Habil. K.: 1993-2000 OA am Klinikum in Großhadern, seit 2000 ltd. Arzt im Hermann-Holthusen-Inst. im KH St. Georg. P.: über 100 Beiträge in versch. Fachzeitschriften, Kongressen, Bänden u. Büchern. M.: DRG, DEGRO, ESTRO, ASTRO. H.: aktiver Musiker, Oper, Konzerte, Reisen.

Busch Martina
B.: RA. DA.: 12165 Berlin, Schloßstr. 48A. G.: Brake/NS, 18. März 1960. Ki.: Nicolas (1997). S.: 1980-86 Stud. Rechtswiss. an d. Univ. Konstanz u. TU Berlin, 1. Jur. Staatsexamen, 1987-90 Referendariat in Berlin, 2. Jur. Staatsexamen. K.: 1990 Zulassung als RA u. seither in Bürogemeinschaft m. d. Kollegen Zimmermann u. Pfalzer tätig, Tätigkeitsschwerpunkte: Zivilrecht, Familienrecht. M.: Berliner Anw.-Ver. H.: eine Reihe sportl. Aktivitäten.

Busch Michael
B.: Gschf. FN.: Thalia Holding GmbH. DA.: 58099 Hagen, Kabeler Str. 4. PA.: 40629 Düsseldorf, Am Gartenkamp 59. G.: Düsseldorf, 26. Apr. 1964. V.: Elke. Ki.: Isabel (1994), Tassilo (1997). El.: Wilhelm u. Karin. S.: 1984 Abitur, 1985-87 Ausbild. z. Groß- u. Außenhdls.-Kfm. Mannesmann Hdl. AG, 1985-88 Stud. Wirtschaftswiss. an der FU Hagen, 1988-91 Stud. VWL an der Univ. zu Köln, Dipl.-Vw. K.: 1991-93 Consultant Knight Wendling Consulting GmbH, 1993-94 Beteiligungs-Controller, Douglas Holding AG, seit 1995 Mtgl. d. Geschäftsltg. Buchhdlg. Phönix-Montanus GmbH, seit 1998 Gschf. Buchhdlg. Phönix-Montanus GmbH, seit 2001 Gschf. Thalia Holding GmbH. H.: Tennis, Skifahren, Laufen, Lesen.

Busch Michael *)

Busch Olaf K. Dipl.-Jurist *)

Busch Peter *)

*) Biographie www.whoiswho-verlag.ch oder beigefügte CD-ROM

Busch Peter Architekt AKS

B.: Bauing. Ing. (grad) Hochbau, Architekt, Inhaber. DA.: 66424 Homburg, Kaiserstraße 28, internet: http://www.busch-architekt.de., e-mail: peter-busch@t-online.de. G.: Ladenburg/Neckar, 5. Jan. 1945. V.: Ursula, geb. Golinska. Ki.: Dominique (1968), Steven (1982), David (1984), und Robin (1991). S.: Lehre als Bauzeichner im Büro Rolf Heine Pirmasens m. Abschluß, Ing.-Schule f. Bauwesen Kaiserslautern, Hochbaustudium, 1968 Abschluß Ing. (grad.). K.: 1968 freier Mitarb. in versch. Arch.-Büros, ab 1969 selbst. mit Büro in Merzalben, 1981-88 Sozietät (Bonn+Busch) in Homburg, seit 1989 alleiniger Inh. d. Arch.-Büros in Homburg, 1991-96 weitere Büros in Chemnitz u. Berlin. H.: Fahrradfahren, Lesen.

Busch Ralf Dr. Prof.
B.: Museumsdir., Ltr. FN.: LArchäologie in Hamburg. FN.: 21149 Hamburg-Harburg, Museumspl. 2. G.: Berlin, 1. Juni 1942. V.: Annette, geb. Raupach. Ki.: Katharina, Alexander. El.: John u. Liselotte. S.: 1965 Abitur, 1965-73 Stud. in Göttingen u. Wien, 1973 Dr. phil. K.: 1967 Archivar in Bovenden, 1971 Bodendenkmalpfleger in Göttingen, 1974 Kustos u. 1978 OKustos am Braunschweig. LMuseum, 1987 Dir. d. Hamburger Museums f. Archäologie u. d. Geschichte Harburgs - Helms-Museum-Hamburg-Harburg. P.: zahlr. Veröff. z. Vorgeschichte u. Kunstgeschichte Niedersachsens. M.: Leo Baeck-Inst. New York, World Congress of Jewish Studies, Archäolog. Kmsn. v. Niedersachsen, korr. Mtgl. d. Dt. Archäologischen Inst., Lessing-Ak. Wolfenbüttel, 1.Vors. d. Griffelkunst-Vereinigung Hamburg-Langenhorn. H.: zeitgenössische Kunst, jüdische Kulturgeschichte.

Busch Ronald

B.: Restaurantltr. FN.: Clichy. DA.: 30161 Hannover, Weißekreuzpl. 31. clichy@clichy.de. www.clichy.de. G.: Bremen, 8. Mai 1960. V.: Holger Hagestedt. El.: Dipl.-Ing. Günter u. Gitta, geb. Meyer. S.: 1978 Mittlere Reife Bremen, 1978-83 Ausbild. z. Hotelkfm. Parkhotel Bremen, anschl. Tournant, Portier u. Commis de Range, 1981-82 Wehrpflicht Bundesmarine. K.: 1983-85 Chef de rang "Jürgenshof" Bremen, Betriebsleiter.-Ass. Churrasco Steak-Restaurant GmbH Düsseldorf, 1985-88 Restaurant-Manager, Night-Auditor u. Night-Manager CP Hotel Bremen Plaza, 1988-89 Reservierungsltr. u. stellv. Empfangschef Bremen Marriott Hotelmanagement GmbH Hamburg, 1989-90 Empfangschef Maritim Hotel Nürnberg, 1991-94 Sachbearb. Siemens AG Anlagentechnik Erlangen, Einkaufssachbearb., Versandltr. u. Projektsachbearb. Telefunken electronic GmbH Nürnberg, Personal-Disponent ISK GmbH Personaldienstleistungen Nürnberg, Kellner "Oma's Küche" Nürnberg, 1994-96 Oberkellner Gastwirtschaft Wichmann Hannover, 1996 Oberkellner u. Restaurantltr. Clichy Hannover. P.: Veröff. in Fachzeitschriften. E.: eines d. besten franz. Restaurants in Deutschland. H.: Lesen, Oper, Reisen.

Busch Roswitha Dr. rer. pol.
B.: selbst. Steuerberaterin. DA.: 50670 Köln, Mohrenstr. 31. G.: Nürnberg, 8. Apr. 1938. S.: 1958 Abitur. K.: 1958 Eintritt in d. gehobene Finanzverw., tätig als Sachbearb., 1967 Beginn m. d. Stud. VWL in Kiel u. Köln, Prom. z. Dr. rer. pol in Köln, seit 1975 Ndlg. als Steuerberaterin. M.: 14 Jahre lang Schatzmeisterin d. Dt. Juristinnenbundes, Dt. Steuerjur. Ges.

Busch Silvia

B.: Unternehmerin, Inh. FN.: Cafe Eckstein. DA.: 10437 Berlin, Pappelallee 73. G.: Berlin, 22. Feb. 1967. V.: Ekkehard Busch. El.: Dieter u. Gerda Mohr. S.: 1985 Abitur Berlin, 1985 Praktikum, 1985-87 Stud. Heizung-Sanitär-Klimatechnik an d. TU Berlin, 1987-94 Wechsel z. Stud. Lebensmitteltechnologie, Dipl.-Ing. f. Lebensmitteltechnologie. K.: 1994-95 Hilfe im elterl. Betrieb, daneben Neuorientierung, 1995 tätig in Filmproduktionsfirma, 1996 Erwerb Cafe Eckstein - Inh. E.: als Gaststätte in versch. Reiseführern erwähnt. M.: Reitver. H.: Reiten, Kochen, Essen, Freunde.

Busch Stephan
B.: RA. DA.: 40547 Düsseldorf, Niederkasseler Str. 16. G.: Bochum, 7. März 1967. BV.: mütterl. seits alte Künstlerfamilie. S.: 1986 Abitur, 1986-87 Bundeswehr-Stabsdienst, Stud. Rechtswiss. Univ. Bochum, 1993 1. Staatsexamen, 1994-96 Referendariat Bochum u. Hamburg, 1996 2. Staatsexamen. K.: 1996-97 Assesor d. ARAG Vers. in Düsseldorf, 1997 Zulassung z. RA, 1998 Grdg. d. eigenen Kzl. m. Schwerpunkt Arb.-, Straf- u. Verkehrsrecht. M.: DAV. H.: Literatur, Skifahren, Bike, Schwimmen.

Busch Thomas Dr. phil. *)

Busch Thomas *)

Busch Thorsten *)

Busch Thorsten Dipl.-Betriebswirt *)

Busch Ulrich
B.: Sprecher d. Geschäftsltg., Gschf. FN.: WISTA-Management GmbH. DA.: 12489 Berlin, Rudower Chaussee 17. G.: Siegen, 15. Nov. 1939. V.: Margaretha, geb. Reimann. Ki.: Peter (1962). El.: Wilhelm u. Wilhelmine. S.: Stud. Wirtschaftswiss. München. K.: seit 1980 ständiger Lehrbeauftragter TU Berlin, 1966 Ltr. d. Organ. eines Inst. d. Max-Plank-Ges. München-Garching, 1969 Ltr. d. Organ. u. Datenverarb. in mehreren Firmen eines europ. Elektrokonzerns, 1980 Dir. d. Zentralbereichs Informationssysteme eines schwed. Maschinenbaukonzerns, 1985 Gschf. einer intern. Wirtschaftsprüf.-, Steuerberatungs- u. Management-Consulting-Ges., 1989 Gschf. einer Software-Entwicklungsges. f. künstl.-intelligente Software, 1992 Sprecher d. Geschäftsführung einer Berliner Landesges. z. Entwicklg. d. größten dt. Wiss. u. Wirtschaftsstandortes. P.: Autor v. 3 Fachbüchern, 33 Fachveröff.

Busch Ulrike *)

Busch Werner M. *)

*) Biographie www.whoswho-verlag.ch oder beigefügte CD-ROM

Busch Werner Dr. med.

B.: Zahnarzt für Allg. Stomatologie. DA.: 15907 Lübben/Spreewald, Baderg. 2/3. G.: Lichtenstein, 16. Sep. 1939. V.: Dr. med. Regina, geb. Heine. Ki.: Torsten, Kathrin. S.: 1953-61 Lehre z. Maschinenschlosser u. prakt. Tätigkeit, 1961-64 Abiturabschluß u. Stud. Humboldt-Univ. Berlin. K.: 1964 1. J. Med. Praktikum an d. Berliner Charitee, 1970 Staatsexamen z. Zahnarzt, 1970-80 Zahnarzt in d. Polikliniken Lübben u. Luckau, seit 1983 Dr. med., 1980-90 Chefarzt u. Ltr. d. Poliklinik Lübben, seit 1990 ndgl. Zahnarzt in Lübben. H.: Malerei.

Busch Wolfgang *)

Busch Wolfgang Dr. *)

Büsch Andreas
B.: Gschf. Ges. FN.: Büsch Optik GmbH. DA.: 21614 Buxtehude Zwischen den Brücken 2. G.: Hamburg-Harburg, 25. Apr. 1959. V.: Susanne, geb. Fillbach. Ki.: Maxim (1992), Constantin (1994), Gloria (1998) und Victoria (1998). S.: Lehre als Augenoptiker, Arb. in versch. Firmen, 1988-90 Stud. Fachschule f. Augenoptik u. Fototechnik in Berlin. K.: Abschluß als staatl. geprüfter Augenoptiker, Augenoptikermeister, danach Arbeit in Hamburg, seit 1991 selbst. in Buxtehude. M.: Rotary Club. H.: Jagd.

Büsch Christoph W. *)

Büsch Karin *)

Busch-Petersen Nils *)

Buschan Ulrich Walter Eberhard *)

Buschbaum Yvonne
B.: Profi-Leichtathletin - Disziplin Stabhochsprung. FN.: c/o DLV. DA.: 64289 Darmstadt, Alsfelder Str. 27. G.: Ulm, 14. Juli 1980. K.: sportl. Erfolge: 1997 Dt. B-Jugendmeisterin, 1998 u. 99 Dt. Jugendmeisterin, 1998 Teilnahme HEM, 1999 WM-Teilnahme, 1999 Junioreneuropameisterin, 1998 JWM /4., 2000 Dt. Hallenmeisterin, 1998 DHM/3. u. 1999/4., 1999 u. 2000 Dt. Meisterin, 1998 EM/3., 2000 Olymp. Spiele/6. H.: Sport.

Buschbeck Malte
B.: Chefred. FN.: Frankenpost Verlag GmbH. DA.: 95028 Hof, Poststr. 9/11. PA.: 95158 Kirchenlamitz, Grünlahweg 6. G.: Stettin, 27. Nov. 1939. V.: Stephanie, geb. Dübell. Ki.: Marlene, Bettina, Fabian, Anna. El.: Dr. med. habil. Herbert u. Hilde, geb. Gauß-Lindenberg. S.: Abitur Bad Herzburg, seit 1960 Stud. Kommunikations- u. Zeitungswiss., Phil. u. Soz. LMU München. K.: seit 1963 Journalist b. d. Süddt. Zeitung, 1985-90 Chef v. Dienst b. d. Süddt. Zeitung, seit 1990 Chefred. d. Frankenpost. E.: 1976 Theodor Wolf-Preis, 1994 BVK. M.: Vorst.-Mtgl. d. Initiative Tageszeitung, stellv. Vors. d. Förderges. d. FHS Hof. H.: Musik, Schifahren, Garten.

Buschbeck Michael
B.: Chefkoch. FN.: Restaurant "Buschbeck's". DA.: 14057 Berlin, Trendelenburgstr. 14. buschbecks@freenet.de. G.: Nordenham, 27. Juni 1965. V.: Ariane, geb. Appelstiel. El.: Dieter u. Gisela, geb. Meischen. S.: 1985 Abitur Oldenburg,

1985-88 Wehrdienst, 1987-89 Kochlehre im Sporthotel. K.: 1989-92 Übersiedlung nach Berlin, tätig in verschiedenen namhaften Hotels u. Restaurants u.a. "Excelsior", Filmbühne am Steinplatz, Pallace u.v.m., parallel Stud. d. Lebensmitteltechnologie an d. TU Berlin ohne Abschluß, 1993-98 Küchenchef im Restaurant "Weier's" Uhlandstraße, seit 1998 Eröffnung "Buschbeck's" gemeinsam m. Ehefrau Ariane. E.: Erwähnung in Magazinen. H.: Hund - Pointer, Natur, Motorradfahren.

Busche Frank Dipl.-Soz.-Päd. *)

Busche Georg Dr. med. dent.

B.: FA f. Oralchir. u. Implantologie. DA.: 52062 Aachen, Theaterpl. 9-11. G.: Gütersloh, 28. Okt. 1959. V.: Jolanthe Offer. Ki.: Kristin (1991), Lars (1992). S.: 1976 Mittlere Reife, b. 1979 Ausbild. Techniker, 1981 Abitur Bielefeld, Stud. Zahnmed. Münster, Berlin u. Aachen, Staatsexamen, FA-Ausbild. Oralchir. Univ.-Klinik Aachen, 1989 Prom., 1991-92 Weiterbild. div. Praxen Deutschland u. Skandinavien.Ehefrau (Kieferorthopädin) K.: 1992 Eröff. d. Praxis gemeinsam mit d. Ehefrau (Kieferorthopädin). P.: Ref. u. Kursltr. im Bereich Implantologie v. nat. u. intern. Gremien. M.: Round Table Deutschland u. 1999-2000 Präs. H.: Fliegen - Pilot, Wandern, Lesen, Tauchen.

Busche Wolfgang Dipl.-Ing. *)

Buschendorf Heidemarie Dipl.-Ing. *)

Buschenhagen-Herzog Jutta
B.: Gschf., Verlagsleiterin. FN.: hör + lies Verlag GmbH. DA.: 14050 Berlin-Westend, Ebereschenallee 7. G.: Züllichau, 29. Aug. 1943. V.: Ulli Herzog. Ki.: Tatjana. El.: Gerhard u. Lieselotte Stahlberg, geb. Raschke. S.: 1959 Mittlere Reife, 1959-61 Kfm. Ausbild., 1962-64 Ausbild. z. Tontechnikerin. K.: 1965-72 Programmtechnikerin b. SFB-Fernsehen, 1972 Techn. Ltg. in einem Ton-Studio u. einer Schnellkopierabteilung eines Audio-Cassetten Kopierwerkes, ab 1976 redaktionelle Leitung u. Aufbau d. Kinderhörspielprogrammes Label KIOSK, Erfolgsserien "Benjamin Blümchen" u. "Bibi Blocksberg" u. "Bibi u. Tina", Audio u. Videocassetten. P.: div. Veröff. v. Kassetten u. Zeichentrickfilmen. M.: Soroptimistin. H.: Beruf, Reisen, Kunst.

Buscher Lore *)

Büscher Achim Erich Rolf Dr. med. *)

Büscher Dieter Dr. med.
B.: Ltr. d. Unfallchir. FN.: Urban-Klinikum. DA.: 10967 Berlin, Dieffenbachstr. 1. G.: Wipperfürth, 22. Apr. 1947. V.: Kerstin, geb. Lansse. Ki.: Oliver (1977), Carola (1979), Alex-

*) Biographie www.whoiswho-verlag.ch oder beigefügte CD-ROM

ander (1998). El.: Rolf u. Anneliese, geb. Peters. S.: 1966 Abitur Bad Godesberg, 1966-69 Stud. Med. Bonn, 1968-72 klin. Stud. Med. Bonn, Hamburg u. Berlin, 1972 ärztl. Prüf. m. Ausz., 1972-73 med. Ass. Klinikum Westend d. FU Berlin, 1973 Approb. K.: 1973 wiss. Ass. am Klinikum Westend d. FU Berlin, 1976 Ass.-Arzt d. chir. Abt. d. Schloßparkklinik in Berlin, 1979 Prom., 1979 Ass. d. Unfallchir. am Virchow-KH in Berlin, 1979 FA f. Chir., 1980 OA d. Abt. Unfallchir., 1983 FA f. Unfallchir., ab 1983 ständiger Vertreter d. Chefarztes, 1985 radiolog. Weiterbild., 1986 Strahlenschutzverantwortl. d. Abt. f. Unfallchir. d. RVK Berlin, 1986 OA d. Abt. Unfallchir., 1990 Zusatzbezeichnung Sportmed., 1991 Erwerb d. Fachkunde im Strahlenschutz f. Röntgendiagnostik im Bereich Chir. u. Unfallchir., 1993 Zusatzbezeichnung Chirotherapie, 1994 OA d. Abt. Orthopädie u. Traumatologie am Urban-KH, 1996 OA d. Unfallchir. am Urban-KH, 1996 Vertreter d. Chefarztes, 1999 Zusatzbezeichnung f. Tauch-hyberbare Med., 1999 Ltr. d. Abt. f. Unfall-, Hand- u. Wiederherstellungschir. u. Ltr. d. Abt. physikal. Therapie am Urban-KH, seit 1999 Ltr. d. Unfallchir. m. Schwerpunkt Atrhoskopie, Schulter- u. Handchir., 2000 Zusatzbezeichnung physikal. Therapie. P.: div. Art., Diss.: "Die Wirkung v. Dextran 60 u. hämatokritidentischem Blut auf d. systemischen Kreislauf v. laparotomierten Patienten am 1. u. 10. postoperativen Tag". M.: Bund Dt. Chirurgen, DGU (Deutsche Ges. f. Unfallchirurgie), Bund Berlin-Brandenburger Chirurgen. H.: Segeln, Sport.

Büscher Gerd-Hermann Dr. med.

B.: HNO-Arzt. DA.: 45127 Essen, Porschekanzel 2-4. G.: Gronau, 10. Dez. 1963. V.: Birgit, geb. Thun. Ki.: Franziska (1993) und Frederike (1994). El.: Erwin und Elisabeth, geb. Ewing. S.: 1983 Abitur, 1983-90 Stud. Med. Aachen, 1990 Approb. K.: 1990-92 tätig am AIP-Marienhospital in Gelsenkirchen, 1992-94 FA-Ausbild. f. HNO in Solingen u. Düsseldorf, seit 1995 ndlg. HNO-FA m. High-Tech-Ausstattung unter Nutzung modernster techn. Möglichkeiten, Homöopathie u. Akupunktur. M.: Dt. med. Ges., HNO-Berufsverb., Grdg.-Mtgl. Medikamente f. Ghana. H.: Umwelt, handwrkl. Tätigkeiten, Joggen, Radfahren, Badminton.

Büscher Hans

B.: Versicherungskaufmann, Rechtsbeistand. DA.: 51067 Köln, Bergisch Gladbacher Str. 449. G.: Köln, 7. Juli 1936. S.: 1956 Abitur, 1956-59 Ausbildung als Versicherungskaufmann, 1972 Ernennung z. Rechtsbeistand u. Rentenberater. K.: seit 1972 tätig als Rechtsbeistand u. Rentenberater.

Büscher Klaus Dipl.-Ing.

B.: Dipl.-Entsorgungsing. FN.: Kreutz Ind.-Wärmetechnik GmbH. DA.: 58708 Menden, Am Schlehdorn 1. kreutz-wanson@t-online.de. www.wanson.de. G.: Unna, 29. Mai 1963. V.: Diedlinde, geb. Bonsels. Ki.: Lisa (1988), Marius (1994), Noel (1997). El.: Ludwig u. Lucia. S.: 1980 Mittlere Reife, 1990-92 FH-Reife Abendgymn. Unna, 1992-97 Stud. Entsorgungstechnik/Maschinenbau an d. FH Gelsenkirchen, Dipl.-Entsorgungsing., 1980-82 Tischlerlehre b. d. Bau- u. Möbelschreinerei Engelhardt in Unna, 1982 Abschluß d. Lehre, 1983-95 Zeitsoldat b. d. Bundeswehr, 1988 Ausbildernachweis, Meisterprüf., 1993-95 Ausbild. z. Wirtschaftsberater b. Allg. Wirtschaftsdienst u. Aufbau d. eigenen Unternehmens

VDI. H.: Sport, Surfen.

im Franchisesystem AWD. K.: 1997 freiberuflicher Ingenieur im Bereich Entsorgungs- u. Schwimmbadtechnik, 1997-2000 Techn. Support u. Projekting. in d. Gasanlaysetechnik b. d. Firma SERVOMEX, 2000-01 Projektleiter b. d. Kreutz Ind.-Wärmetechnik, 2001 Gschef. d. Kreutz Ind.-Wärmetechnik, ab 2001 Inh. BL.: Generalimporteur f. Firma Babcock Enterprise-Wanson; Patent (Analysenmeßgerät. Bestimmung leicht abbaubarer Substrate unter anoxischen Bedingungen). M.:

Büscher Michael

B.: Friseurmeister, Inh. FN.: Coiffeur-Team Michael Büscher. DA.: 33605 Bielefeld, Osnigstr.aße 3. G.: Bielefeld, 8. Okt. 1958. V.: Petra, geb. Pfeiffer. Ki.: Sissy (1988). El.: Willy u. Eleonore. S.: 1976-79 Ausbild. Friseur. K.: 1979-82 Friseur in London, Paris, Schweiz u. Deutschland, 1982 Meisterschule u. Meisterprüf., 1982-84 Gschef. im elterl. Betrieb, 1984 Gründung d. 1. Geschäftes in Bielefeld, 1990 u. 99 Eröff. v. weiteren Geschäften in Bielefeld. M.: Dir. d. Harley-Davidson-Clubs Bielefeld. H.: Skifahren, Tennis, Motorsport, Tiere - m. Berner Sennenhunden auf Ausstellungen.

Buschfeld Hans Prof. *)

Büschgen Hans E. Dr. rer. pol. Prof. *)

Büschgens Hans *)

Buschhoff Udo *)

Buschhoff Walter *)

Busching Claudia *)

Büsching Fritz Dr.-Ing. Prof. *)

Büsching Hans-Joachim *)

Buschkowsky Heinz *)

Büschl Günter Dipl.-Ing. *)

Buschle Ilka *)

Buschlinger Gerold Dr. *)

Buschlinger Ulrike *)

Buschmaas Heinrich *)

Buschmann Fred Dr. med. *)

*) Biographie www.whoiswho-verlag.ch oder beigefügte CD-ROM

Buschmann Hans-Jürgen Dipl.-Ing. *)

Buschmann Heinrich K. Ing. *)

Buschmann Heinrich Dr.-Ing. *)

Buschmann Heinz Dr. *)

Buschmann Helmut A. Dipl.-Informatiker
B.: Gschf. FN.: FRZ Rechenzentrum GmbH. DA.: 30559 Hannover, Rothwiese 5. G.: Lübbecke, 19. Juni 1949. V.: Gisela, geb. Finke. Ki.: Irina (1971). S.: 1971 Fachabitur Herford, 1971-75 Stud. Informatik Univ. Paderborn m. Dipl.-Abschluß. K.: 1975-78 techn. Ass. an d. TU Braunschweig, 1978-90 Vertriebsltr. d. Firma Siemens in Hannover, 1990 kfm. Ltr. d. FRZ, ab 1993 Mtgl. d. Geschäftsltg. u. seit 1999 Gschf. d. FRZ Rechenzentrum in Hannover. P.: Veröff. in Fachorganen d. Logistikbranche. M.: Dt. Logistik Ak., ZZG. H.: Tennis, Radfahren, Fernreisen, Segeln.

Buschmann Peter *)

Buschmann Rolf-Werner Dipl.-Ing. *)

Buschmann Rüdiger Dipl.-Kfm.

B.: Steuerberater, Inh. FN.: Rüdiger Buschmann Steuerberatungs GmbH. DA.: 54295 Trier, Druckenmüllerstr. 23 A. buschmann-stb@datevnet.de. G.: Trier, 8. Okt. 1963. V.: Iris, geb. Schuster. Ki.: Laura (1994), Carla (1998), David (2000). S.: 1983 Abitur, 1983-90 Lehre Bankkfm. u. Stud. BWL an Univ. Saarland. S.: 1990-96 tätig in einer Wirtschaftsprüf.-Ges. in Luxembourg, 1995 Steuerberaterprüf. u. nebenberufl. eigenes Büro, 1997 Grdg. d. Steuerberater GmbH. E.: Vors. d. Musikver. Welschbillig, Verb.-GemR. Trier-Land. H.: Saxophon u. Klarinette spielen, Inlineskating, Mountain-Biking.

Buschmann Werner Hugo Dr. med. Prof. *)

Buschmeyer Jan Ingo *)

Buschschulte Antje
B.: Schwimmerin. FN.: c/o DSV. DA.: 34132 Kassel, Postfach 420140. G.: Berlin, 27. Dez. 1978. El.: Wolfgang u. Sybille Buschschulte. S.: Abitur, Stud. Biologie. K.: 1993 JEM 100m Rücken/1., 4x100m Lagen/1., 1994 DM 100m Rücken/3., 200m Rücken/3., 1995 EM 5. 100m Rücken, WC gesamt 3. Pl. (Rückenwertung), 1996 OS Atlanta. 3. 4x 100 Freistil, 6. 100m Rücken, 6. 4x 100 Lagen, 1997 EM Sheffield 1. 200 m Rücken (Deutscher Rekord),1997 Europameisterin 100m Rücken, Europameisterin 4x100m Freistil, Europameisterin 4x200m Freistil, Europameisterin 4x100m Lagen, Silbermed. 200m Rücken, 1998 WM Perth 100m Rücken/4., Kurzbahn EM Sheffield 100m Rücken/2., 1999 EM Istanbul 100m Freistil, Kurzbahn-EM Lissabon. 1. 200 Rücken, 2. 100 Rücken, 2000 WM (Kurzbahn) Athen 1. 200 Rücken (Deutscher Rekord), 1. 50 Rücken, 2. 4x100 Freistil, 3. 100 Rücken, DM Berlin (Olympiaquali.) 1. 100 Rücken, 200 Rücken, 100 Freistil, 100F (Deutscher Rekord), OS Sydney 3. 4x200 Freistil, 2001 WM Fukuoka 50 m Rücken/2., 4x100m Kraul/1., 100m Rücken/3., 200m Rücken/5. H.: Miniaturelefanten, Skifahren, Inlineskating. (Re)

Buschtöns Michael
B.: Betriebsltr. FN.: Mercedes-Center Lueg. DA.: 45894 Gelsenkirchen-Buer, Nordring 12. G.: Herne, 19. Jan. 1965. V.: Misada, geb. Mahmotovic. S.: 1992 Fachoberschulreife Aachen, 1992 Meisterprüf. Aachen, 1993-94 BWL-Stud. Abendschule. K.: seit 1984 b. Lueg, 1984 Kfz-Lehre, 1987 Gesellenprüf., 1987-91 Kfz-Monteur in Gelsenkirchen-Buer, 1992 Kfz-Meister, 1993 interne Qualifikation in Betriebsltg. Essen, 1994-95 stellv. Betriebsltr. u. Kundendienstberater Gelsenkirchen-Buer, 1995-97 Ass. techn. Ltg. Bochum, 1997 Center-Koordinator Bochum, seit 2000 hauptverantwortl. Betriebs/Teamltr. m. Handlungsvollmacht Merces Lueg Gelsenkirchen-Buer. H.: Garten, Schwimmen, Radfahren, Reisen.

Buschulte Winfried Karl Johannes Dr.-Ing. Prof.
B.: Wissenschaftler i. R. PA.: 74196 Neuenstadt, Herzog-Friedrich-Str. 14. WBuschulte@t-online.de. G.: Hamm, 10. Aug. 1929. V.: Edith, geb. Deters. Ki.: Dr.-Ing. Thomas (1960), Dr. med. Jürgen (1961), Dipl.-Ing. Rainer (1962). El.: Karl u. Elisabeth. S.: TH Braunschweig, 1956 Dipl.-Ing. K.: Abt.Ltr., Komm. Inst.Ltr. f. Chem. Raketenantriebe in DFL, 1973, Prom., 1976 Hon.Prof. BL.: über 100 Patente zu Raketentechnik, Ölbrennern u. Pumpen. P.: über 100 wiss. Veröff. E.: 1966 Johann Maria Boykow-Preis, 1984 Technologie Transfer-Preis d. BMFT. M.: VDI, DGLRR. H.: Tennis, Videografieren, Futurologie.

Buse Gerhard Dr. Prof. *)

Buse Wilfried *)

Buseck Dorothea Dipl.-Ing. *)

Buseck Klaus *)

Buselmaier Werner Dr. rer. nat. habil. Prof.
B.: Prof. f. Allg. Humangenetik u. Anthropologie. DA.: 69120 Heidelberg, Im Neuenheimer Feld 328. PA.: 68535 Edingen-Neckarhausen, Main-Neckar-Bahn-Str. 57. G.: Mannheim, 5. Sept. 1946. V.: Stefanie, geb. Pfister. Ki.: Marcus Daniel. El.: OIng. Heinrich u. Else. S.: Dipl.Biologe, 1973 Prom. K.: 1978 Habil., 1981 Prof. Univ. Heidelberg. P.: ca. 90 Veröff. Biologie für Mediziner (8. Aufl. 1998), Humangenetik (2. Aufl. 1998), Weltbild Kolleg Abiturwissen Biologie (5. Aufl. 2000) Weltbild, Chromosomen, Gene, Mutation (1995), Biologie (2. Aufl. 1998). E.: 1981 Hans Nachtsheim-Preis d. Ges. f. Anthropologie u. Humangenetik, 1995 Auszeichnung durch d. Ärztekammer Antalga, Türkei, 2000 Landesverdienstmedaille in d.Türkei, 2001 Ernennung zum Visiting Professor f. Human Biology and Genetic d. Univ. Mostar (BiH). M.: Ges. f. Humangenetik, Ges. f. Versuchstierkunde.

Busemann Andreas Dipl.-Kfm. *)

Busemann Frank
B.: Profi-Leichtathlet (Zehnkampf), Bankkaufmann, Student. FN.: TSV Bayer 04 Leverkusen. DA.: 51377 Leverkusen, Kalkstr. 46. PA.: 58454 Witten, Pflugweg 97. G.: Recklinghausen, 26. Feb. 1975. S.: Abitur, Bankkaufmannlehre, Studium d. Wirtschaftswissensch. K.: 1993 DM 110m Hürden/3., 1994 JWM 110m Hürfen/1., 1995 DHM 60m Hürden/1., DM 110m Hürden/5., Dt. Juniorenmeisterschaften Zehnkampf/1., 1996 Europacup/1., 1996 OS Atlanta Zehnkampf/2., 1997 WM/3., U23-EM/1., WM/3., 2000 OS Sydney/7. BL.: Junioren-Hallen-Weltrekord 60m H. 7,67/1994. E.: 1996 Sportler des Jahres. H.: Sport, Börse.

Büsener Frank *)

*) Biographie www.whoiswho-verlag.ch oder beigefügte CD-ROM

Busenkell Michaela Maria

B.: Chefredakteurin. FN.: Redaktion a-matter. DA.: 80335 München, Dachauer Str. 36. PA.: 80637 München, Orffstr. 50. michaelabusenkell@a-matter.com. www.a-matter. com. G.: Schleswig, 7. Mai 1962. V.: Markus Link. El.: Sebastian Jakob Busenkell u. Antje Trinke, geb. Timm. BV.: Hans Timm - Baumeister. S.: 1981 Abitur, 1981-83 Aufenthalt Monaco und Spanien, 1984 Praktikum Schreinerei, 1984-92 Stud. Arch. TU München. K.: 1988-89 Mitarbeit in d. Architekturgalerie München, 1992 Diplomarbeit "Theater für Erfurt" bei Prof. Friedrich Kurrent, Lehrstuhl f. Entwerfen, Raumgestaltung u. Sakralbau, 1992-96 freiberufl. Architektin in versch. Büros in München u. Leipzig, 1996-99 Volontärin / Redakteurin bei d. Fachzeitschrift AIT - Architektur, Innenarchitektur, Technischer Ausbau, 1999 Entwicklung d. Online-Mediums-a-matter, architecture and related als Architektur-Fachmagazin f. internat. u. zeitgenössische Architektur im Internet; Publikationen in deutscher u. englischer Sprache, Schwerpunkt: jüngere Architekten, experimentelle Bauten, Projekte im Grenzbereich v. Architektur, Kunst, Medien, ab 1999 Chefredakteurin / Editorial Director von a-matter, Sponsor: Sedus Stoll AG, Managing Director: Dorothea Scheidl. BL.: Idee u. Konzeptentwicklung f. ein internationales Online-Architekturmedium, das v. Unternehmen Sedus Stoll AG als Kulturprojekt gesponsert u. als Marketing- u. Imageinstrument eingesetzt wird. P.: zahlr. Artikel zu zeitgenössischer Architektur; digitale Dokumentation d. Ausstellung "digital real", d. Deutschen Architektur Museum in a-matter (2001), Organisation u. Leitung v. Architektur-Exkursionen nach Barcelona, Vorarlberg u. Norwegen (1997-1999), Architektur-Workshop f. junge Architekten (1998), Moderation d. AIT-Diskurses in Chicago (1998). E.: 1992 Döllgast-Preis d. TU München, 2000 Förderung f. Künstler, Architekten, Neue Medien im Rahmen d. Atelierförderungsprogramms d. Landeshauptstadt München (2000). H.: zeitgenössische Architektur, Literatur, Kunst u. Kultur, Reisen.

Buser Barbara

B.: Tänzerin, Ballettass., Choreographin. FN.: Theater-Hof. DA.: 95030 Hof, Kulmbacher Str. 5. PA.:95119 Naila, Philipp Heckel-Str. 10. G.: Niederdorf/Schweiz, 20. Apr. 1967. El.: Ernst u. Annemarie. S.: 1984 Vorgymn., 1984-89 Ballettstud. Theatertanzschule St. Gallen b. Marianne Fuchs. K.: 1989-90 Gastvertrag Ballett St. Gallen, 1990-91 Ballett Schweizer Kammerballett Basel, 1992-94 Ballett u. Choreographie Theater Stralsund, 1994-95 Gastvertrag Ballett St. Gallen, seit 1995 in Hof, Auftritte u.a. "Jazz Ballettabend", "West Side Story", "Cabarett", "I Do, I Do", "Sweeny Tord", "Oliver", "La Cage Aux Fonnes", "Carousee", versch. Operetten. H.: Lesen, Musik, Segeln, Skiballett.

Büser Helmut *)

Büsges Wilhelm *)

Bushe Karl-August Dr. med. Dr. h.c. o.Prof. *)

Bushoff Klaus Prof. *)

Bushuven Siegfried Dr. M.A. *)

Busik Andreas Daniel

B.: Projektmanager. FN.: Leine-Immobilien. DA.: 30163 Hannover, Ferdinand-Wallbrecht-Str. 35. G.: Goslar, 12. Apr. 1954. Ki.: Vanessa (1977). El.: Dipl.-Ing. Johannes u. Marianne. S.: FOS f. Ing.-Wesen Technik Braunschweig, 1975 FHS-Reife, Praktikum Firma Emil Hahne Goslar u. Arch.-Büro d. Vaters, 1977 Bundeswehr, Stud. Unternehmensberatung FHS f. Prod.- u. Verfahrenstechnik Hamburg. K.: 1978-79 Repräsentant d. Firma Lüder Baurina in Hamburg, Grdg. d. Firma B & V Immobilien GmbH in Vieneburg u. 1982 Verkauf d. Firma, 1982 Vertriebsltr. d. Firma Hermann Krieghoff in Walkenried, 1983 Hdlg.-Bev., 1985 Vertriebsmitarb. d. Firma Weno-Massivhäuser in Hamburg, 1986-88 tätig bei d. Dt. Ges.-Bank, danach selbst. m. Grdg. d. Firma Leine Immobilien m. Schwerpunkt Umbauten, Sanierung, Immobilienvermittlung u. Finanzierungvermittlung. M.: Stiftung Denkmalschutz. H.: Tennis.

Büsing Bernhard

B.: Bildhauer. DA.: 27751 Delmenhorst, Bremer Str. 251. G.: Delmenhorst, 16. Mai 1939. S.: 1959 Abitur, 1959-60 Stud. Kunstgeschichte Univ. Kiel, 1960-64 Stud. derzeitige Kunstschule Bremen, 1967-70 Stud. PH Bremen. K.: 1964-67 tätig als Grafiker, seit 1970 Lehrer u.a. f. Kunsterziehung in Bremen, seit d. Schulzeit künstl. tätig als Maler, seit 1978 Bildhauer u. Maler m. Schwerpunkt mytholog. Themen in vollplast. Form in Analogie zu Wachstumsvorgängen, größere Stelen als Hauptwerk in Keramik, Bronze u. Eisen, seit 1977 Ausstellungsbeteiligungen, seit 1980 Einzelausstellungen. P.: Einzelausstellungen: Haus Coburg in Delmenhorst, Kunstver. Osterholz, Palais Rastede u.a.m. M.: BBK, Kunstver. Osterholz, Gerhard Marx Haus in Bremen, Ver. Dt. Sprache, Agenda Delmenhorst. H.: Tischtennis.

Büsing Ingo

B.: Gschf. FN.: Mea Culpa tv production GmbH. DA.: 10965 Berlin, Kreuzbergstr. 9. PA.: 10249 Berlin, Pintschstr. 18. ingo.buesing@meaculpatv.de. G.: Melle/Osnabrück, 22. Mai 1961. V.: Tanja Deuerling. El.: Werner u. Renate, geb. Schrader. S.: 1982 Abitur Osnabrück, 1982-91 Stud. Medienwiss. an d. TU Berlin, Dipl.-Medienberater. K.: ab 1986 prakt. Erfahrungen in Universitären Filmprojekte, Populist. Texte f. Tageszeitungen in Berlin, ab 1987 eigene Filme im Offenen Kanal, Studentische Hilfskraft b. RIAS-TV, Nachrichtenredaktion, 1988 Filmische Begleitung einer Berliner Band nach Memphis/USA, 1989 erste freie Autorenschaft f. RIAS-TV, Jugendredaktion, 1991-93 Grdg. v. "Machwerk" als GbR m. 2 weiteren Journalisten, 1993 Dt. Wellt TV-Redakteur in d. Jugendredaktion X-press Redakteur/Producer, 1994-97 Redakteur d. Magazins 100 Grad, 1997 Mea Culpa, zunächst Redakteur, 1998 Redaktionsltr., 1999 Producer, seit 2000 Gschf.,

*) Biographie www.whoiswho-verlag.ch oder beigefügte CD-ROM

bekannteste Produktion d. Unternehmens war "Liebe Sünde". E.: 2-fache (1993 u. 1994) Nomonierung v. X-press f. d. Music-Award. H.: Populärkultur.

Buske Bert *)

Buske Konrad Dr. Dipl.-Ing. *)

Busmann Peter Dipl.-Ing. *)

Buß Douglas Justin Ferdinand Dipl.-Wirtschaftsmath.

B.: Steuerberater, Inhaber. FN.: BUSS Steuerberatungsgesellschaft. DA.: 10115 Berlin, Chausseestr. 101; 26639 Wiesmoor, Hauptstr. 169. G.: Berlin, 8. Apr. 1969. El.: Hans Reinhard u. Jutta Gabriele, geb. Hornung. S.: 1988 Abitur, 1988-94 Stud. Mathematik, Jura u. BWL TU u. FU Berlin, 1994 Dipl.-Math. oec. K.: 1995-97 Prüf.-Ass. bei Revisor Treuhand GmbH, Oldenburg u. dazwischen KPMG München, 1997-99 Prüf.-Ass. der Berliner Revisions AG, 1999 Steuerberaterexamen, 1999 Grdg. d. BUSS Steuerberatungsges. m. Schwerpunkt Unternehmenssteuerrecht f. mittelgr. Betriebe. M.: Steuerberaterverb., Golfclub Wiesmoor. H.: klass. Konzerte, Oper, Golf.

Buß Hinrich Dr.

B.: Landessuperintendent f. d. Sprengel Göttingen; Vors. d. Ev. KH Göttingen-Wende e.V. DA.: 37075 Göttingen, Von-Bar-Str. 6. G.: Selverde, 7. Apr. 1937. V.: Edda, geb. Srba. Ki.: Karsten (1964), Johanna (1971). El.: Hermann u. Johanna, geb. Waten. S.: 1957 Abitur Leer, 1957-62 Stud. Theol. Bethel, Heidelberg, Tübingen u. Göttingen, 1. theol. Examen. K.: 1963-66 Repetent am Gerhard-Uhlhorn - Konvikt in Göttingen, 1967 Prom. an d. Univ. Göttingen u. 2. theol. Examen, 1967-71 Pastor d. Gem. Dransfeld, 1971-75 Doz. am Religionspäd. Inst. in Loccum, 1975-83 Dir. am Predigerseminar an St. Michael in Hildesheim, seit 1993 Landessuperintendent f. d. Sprengel Göttingen. M.: Vors. d. Ev. KH Göttingen-Wende e.V., BischofsR. d. ev.-luth. Landeskirche Hannover, Synode d. Ev. Kirche in Deutschland. H.: Garten, Fußball, Tischtennis, Sport.

Buß Klaus

B.: Min. FN.: Innenmin. Schleswig-Holstein. DA.: 24105 Kiel, Düsternbrooker Weg 92. klaus.buss@im.landsh.de. www.schleswig-holstein.de. G.: Schlawe, 1942. Ki.: 1 Sohn. S.: 1961 Abitur, Wehrdienst, Stud. Rechtswiss. Freiburg u. Kiel. K.: 1972 RA, ab 1974 Notar in Eckernförde, seit 1963 SPD, 1970 Ratsversammlung Eckernförde, 1978-84 u. ab 1986 Vors. d. SPD-Rathausfraktion, 1978 ehrenamtl. StadtR. d. Dezernat Finanzen, Wirtschaft u. Verkehr, 198798 Bgm. d. Stadt Eckernförde, 1998-2000 Min. f. Ländl. Raum, Ldw., Ernährung u. Tourismus, seit 2000 Innenmin. MdBR. M.:

seit 1974 Mtgl. im VerwR. d. Kreis- u. Stadtsparkasse Eckernförde u. seit 1979 Mtgl. im AufsR. d. Gemeinn. Wohnungsunternehmens Eckernförde eG. (Re)

Buß Klaus *)

Buß Martin *)

Buß Michael Dr. jur.

B.: RA. DA.: 65187 Wiesbaden, Biebricher Allee 37. www.rechtsanwalt-buss.de. G.: 14. Juli 1964. V.: Rosinete, geb. Gomes. Ki.: Luisa-Mikaela (1999). S.: 1983 Abitur Wiesbaden, 1984 Praktikum Hotel Nassauer Hof Wiesbaden, 1985 Praktikum RA-Kzl. Reinhold Giegerich Wiesbaden, 1986-91 Stud. Rechtswiss. Univ. Mainz, 1991 1. Staatsexamen, 1991-94 Referendariat LG Wiesbaden, 1994 2. Staatsexamen, 1994-95 Stud. Engl. Univ. of Western Australia Perth u. Praktikum Anw.-Kzl. Perth/Australien. K.: 1986-90 tätig in d. Publikumsbetreuung b. Hess. Rundfunk in Frankfurt/Main, 1991-94 Korrekturass. bei Alpmann & Schmidt, Dr. v. Mannstein in Mainz, 1992-93 Korrekturass. am Lehrstuhl f. öff. Recht d. Univ. Mainz u. 1993 an d. Univ. Marburg, 1995 Doz. f. Strafrecht Mainz u. Frankfurt/M., 1995-97 wiss. Mitarb. am Lehrstuhl f. Zivil- u. Insolvenzrecht d. Univ. Potsdam, seit 1998 selbst. RA in Wiesbaden m. Tätigkeitsschwerpunkt Wohnungseigentums-, allg. Vertragsrecht u. Beratung bei Führerscheinentzug, sowie GmbH-Recht, 2001 Prom.; Funktion: seit 1999 Doz. an d. VHS Wiesbaden. H.: Marathonlauf.

Buss Otto Michael *)

Buß Reiner *)

Buss Werner *)

Buss Wolfgang E. *)

Freiherr von dem Bussche Albrecht *)

von Busse Bernhard Dipl.-Ing. *)

Busse Carola Dipl.-Ing.

B.: Inh. Architekturbüro. FN.: Arch.-Büro "An d. Wachsenburg". GT.: Inh., Baugesell. "An d. Wachsenburg". DA.: 99310 Holzhausen, Am Burgrain 18. G.: Erfurt, 19. Apr. 1960. Ki.: Maria Vera Katharina (1985). El.: Karl u. Vera Hötzel. BV.: Großeltern Herta u. Adolf Teichmüller, Großeltern Anna u. Reinhold Hötzel. S.: Mittlere Reife, Lehre als Bauzeichnerin, Stud. z. Bauingenieur f. Hochbau (Dipl.Ing. FH), Freie Architektin. K.: 1981-89 Planung u. Bauleitg. v. denkmalgeschützten Wohnhäusern-Fachwerkgebäuden in teilweise nebenberufl. Tätigkeit, 1981-85 tätig als Spezialbauprojektantin i. einem Büromaschinenwerk i. Erfurt, 1985-89 Erziehungsurlaub, 1989 Erteilg. d. Gewerbegenehm., 1990 freisch. Archit., Gründg. d. Architekturbüros mit 10 Mitarb. BL.: 1973 Deutsche Meisterin (Ost) i. Sportakrobatik, 1983-85 Eigene Komplettsan. eines Fachwerkhofes aus dem 17 Jhd. M.: Gemeinderat d. Wachsenburggem., Vors. Fremdenverkehrsverein "Thüringer Burgenland Drei Gleichen" (Ortsteil Holzhausen/Bittstädt), Fördervereinsmitg. R. Bosch Schule, Fördervereinsmitg. Museum Arnstadt. H.: Tanzen (Deut. Tanzabz. i. Gold), Tauchen, Skifahren.

*) Biographie www.whoiswho-verlag.ch oder beigefügte CD-ROM

Busse Felix *)

Busse Fritz *)

Busse Hans-Jürgen Dr. rer. pol. Dipl.-Vw. Prof. *)

Busse Harald Dipl.-Phys.

B.: Patentanwalt. DA.: Osnabrück. G.: Osnabrück, 20. Juni 1968. El.: Dr. Volker u. Annemarie. S.: 1987 Abitur, 1987-88 Bundeswehr, 1988-95 Stud. Physik, Dipl.-Phys. K.: 1985-98 Ausbild. z. Patentanw. in Kzl. Busse & Busse, 1998-99 Ausbild. Dt. Patentamt u. Bundespatentgericht München, 1999 Patentassessorexamen, selbst. Patentanw. in Osnabrück. H.: Golf, Fotografieren, Fahrradfahren.

Busse Heinrich-Gustav Dr. rer. nat. Prof.
B.: Prof. FN.: Biochem. Inst. d. Med. Fak. Christian Albrechts-Univ. zu Kiel. DA.: 24098 Kiel, Olshausenstr. 40. PA.: 24118 Kiel, Rudolf-Höber-Str. 1. G.: Celle, 10. Okt. 1938. S.: Stud. Techn. Physik u. Molekularbiologie. K.: 1977 Habil., 1982 Prof. an d. Univ. in Kiel. P.: Räumliche Strukturbildung bei chemischen Reaktionen, Biologische Morphogenese. M.: Ges. f. Zellbiologie. H.: Privatflugzeugführer.

Busse Holger Otto Dr. med. Prof. *)

Busse Isis-Sabrina

B.: Reiseverkehrskauffrau. DA.: 30655 Hannover, Pinkenburger Str. 1. G.: Hannover, 20. Dez. 1963. Ki.: Georg Sebastian, Christian Ludwig. S.: 1983 Abschluß Freie Waldorfschule Hannover. K.: 1983 Au-Pair in New York, 1983-85 Praxisgehilfin bei d. Mutter, 1985-88 Ausbild. z. Reiseverkehrskauffrau in Hannover, 1988-89 Ang. eines Reisebüros, seit 1989 selbst. mit eigenem Reisebüro gemeinsam mit dem Ehemann; Funktionen: seit 1996 Mtgl. im Rat der Landeshauptstadt Hannover m. Schwerpunkt Wirtschaft, Schulen, Kultur u. Frauenp., 1999 stellv. CDU Kreisvors. E.: Ausz. bei Jugend musiziert. M.: CDU, Pinkenburger Kreis. H.: Lesen, Musizieren, Garten.

Busse Jochen
B.: Schauspieler u. Kabarettist. FN.: c/o RTL. DA.: 50855 Köln, Aachener Str. 1063. www.autogrammsammlung.de. S.: Abitur, priv. Schauspielunterricht. K.: 1960 Debüt in d. Kammerspielen, Schauspieler auf Deutschen Bühnen, 1976-91 Kabarettist in d. Lach- u. Schließges., danach vermehrt Film- u. TV-Prod. u.a. als überkluger Krimi-Ass. in d. Serie "Mordkommission".

Busse Martin Dr. med. habil. Prof. *)

Busse Michael
B.: Industriemeister, Inh., Gschf. FN.: Manfred Neumann GmbH Metalldrückerei u. Blechbearbeitung. DA.: 10999 Berlin, Wiener Str. 10. info@metall-drueckerei.de. www.metalldrueckerei.de. G.: Berlin, 10. Nov. 1958. V.: Ramona, begitte. S.: Lehre z. Feinmechaniker b. Siemens AG Berlin, 1979 Gesellenprüfung, 1986-88 Meisterlehrgang d. IHK Berlin m. Abschluss Industriemeister, 1988-93 REFA-Lehrgänge im REFA-Ausbildungszentrum Berlin. K.: 1979-82 Feinmechaniker b. Siemens AG u. d. Vacuumschmelze AG Berlin, 1982-87 Mechaniker, Fehlerabsteller u. Servicetechniker b. versch. Firmen, 1987-89 Rotaprint GmbH Berlin, Schlosser in d. Maschinen-Qualitätskontrolle, ab 1988 stellv. Meister d. Endkontrolle u. Vorfertigung, ab 1989 zusätzl. als Arbeitsvorsteher u. Disponent, 1989-90 Hübner Elektromaschinenbau Berlin, 1990-92 Riedel & Tietz GmbH Jersey Strickerei Berlin, 1993-94 Beratertätigkeit über d. REFA-Verband Berlin, b. Toben Backwaren, b. Bär & Ollenroth u. b. Berliner Luft, 1994-96 Mitarbeit b. Aufbau eines Restaurantbetriebes "Familienunternehmen", 1996-98 Huebner GmbH, 1998 Mechaniker b. Manfred Neumann GmbH Metalldrückerei, Kauf d. Betriebes. BL.: Qualifikationen in 10 J. Abendstudium erworben, Kauf eines Betriebes m. uraltem Gewerk - seit 25 v.Chr.- heute Herstellung v. nahtlosen Hohlkörpern f. Lampenindustrie, Industriebedarf u. Haushalt sowie als weltweite Exportartikel. H.: Turniertanz.

von Busse Michael *)

Busse Paul *)

Busse Peter *)

Busse Peter Dipl.-Vw.

B.: Steuerberater, vereid. Buchprüfer. FN.: Steuerkzl. Peter Busse. DA.: 79183 Waldkirch, Steinmattestr. 8. PA.: 79261 Gutach, Simonswälderstr. 76. stb.busse@web.de. G.: Bordenau, 16. Feb. 1950. V.: Petra, geb. Fleig. Ki.: Philip (1979), Pascal (1981). BV.: Großmutter Maria Beier. S.: 1968 Abitur in Waldkirch, Stud. Vw. in Freiburg, 1974 Dipl.-Vw. K.: Ass. in Steuerberaterpraxis, 1978 Steuerberaterprüf. b. Finanzmin. in Stuttgart, weiterbeschäftigt in Freiburg, seit 1980 Ldw. Buchstelle, ab 1980 selbst. als Gschf. Ges., 1987 vereid. Buchprüfer, seit 1988 in Waldkirch. M.: Steuerberaterkam., Wirtschaftsprüferkam., Bund d. vereid. Buchprüfer, Tennisclub, Förderver. Schwarzwaldzoo Waldkirch. H.: gutes Essen u. Trinken, Tennis, Fußball, mod. Musik.

Busse Peter *)

Busse Rudi Franz Eckhart Dr. med. Prof. *)

Busse Sabine
B.: Fachzahnärztin. DA.: 12487 Berlin, Groß-Berliner-Damm 71. PA.: 18375 Ostseebad Prerow/Darß, Bergstr. 18. G.: Guben, 4. Aug. 1951. V.: Kurt-Friedrich Busse. Ki.: Carolyn (1979). El.: Joachim u. Ruth Starick, geb. Schulz. BV.: Großvater Willy Schulz (1900-1979) reiner Kommunist v. 1. Aktivist v. Guben. S.: 1957-69 Politechn. Oberschule u. Fach-

---
*) Biographie www.whoiswho-verlag.ch oder beigefügte CD-ROM

verkäuferin für Lebensmittel, 1970-75 Stud. Zahnmedizin an der Ernst-Moritz-Arndt Univ. Greifswald, Examen als Zahnärztin, Dipl.-Stomatologe, 1975-80 Facharzt-Ausbild. in Guben, Examen z. FA. K.: 1980-82 weiterhin in Guben, 1982-89 Fernseh-Poliklinik Berlin-Adlershof, 1989-91 Außenstelle DEFA-Kopierwerk d. Poliklinik (Berlin-Johannisthal), ab 1991 in der gleichen Räumen als ndlg. Zahnärztin, Spezialgebiet Prothetik. H.: Freizeitsport.

Busse Volker Dipl.-Ing. *)

Busse Volkmar Dipl.-Ing.
B.: Freier Architekt. FN.: Busse & Partner Projektsteuerer Architekten Ingenieure. DA.: 10439 Berlin, Seelower Str. 4. busse@busse-partner.de. www.busse-partner.com. G.: Karlsruhe, 11. Nov. 1960. El.: Dipl.-Vw. Gerhard u. Ursula, geb. Reschke. BV.: Urgroßvater mütterlicherseits Elias Niebergall Berlin, Mundartdichter Stück "Der Datterich", das Stück wurde 2mal verfilmt mit bedeutenden Darstellern. S.: 1982 Abitur Ettlingen, 1982-83 Stud. Geophysik an d. TH Karlsruhe, 1983-84 Zivildienst im KH, 1985 Baupraktikum, 1987-94 Arch.-Stud. Karlsruhe, 1994 Dipl.-Ing. Architekt. K.: 1985-88 v. u. während d. Stud. im Büro Baltin & Voegele Karlsruhe, ab 1986 eigenes Büro, 1994 nach Berlin, 1994-97 Projektltg. u. Projektsteuerung Wiederaufbau KH Belzig f. Thiede, Meßthaler u. Klösges in Düsseldorf, 1997 Rekonstruktion Gründerzeitvilla Villa Müller in Lichterfelde u. Objektüberwachung Gesundheitszentrum Neukölln, seit 1997 Koordinierung d. Planungsges. Dorotheenblöcke, Abg. Büros Jakob-Kaiser-Haus d. Dt. Bundestages in Berlin, Koordinierung v. 5 Arch.-Büros: Von Gerkan Marg u. Partner in Hamburg, Busmann + Haberer in Köln, Schweger + Partner in Hamburg, v. d. Valentin in Köln, de Architekten Cie in Amsterdam, seit 1999 daneben IT f. d. Baubereich, Entwicklung d. Datenbank Ceck-Site!, Software f. Qualitätsmanagement, Umprogrammierung v. CAD-Daten f. ein GIS-System. E.: 1994 Anerkennungspreis f. Hinterhofwettbewerb in Karlsruhe. M.: VDI, AG Bau, Architektenkammer Berlin, Europa Union Landesverb. Berlin, Ges. Historisches Berlin, Badischer Kunstverein Karlsruhe. H.: Segeln, klass. Musik, Geschichte d. Altertums.

von Busse Waltraud *)

Büsse Cathrin

B.: Unternehmerin, selbständig. FN.: Designmanagement Berlin. DA.: 13591 Berlin, Hamburger Str. 28b. dm-berlin@t-online.de. G.: Hannover, 22. Mai 1967. V.: Bauingenieur Björn Krienitz. Ki.: Melanie (1989). El.: Helmut Büsse u. Christel, geb. Möller. S.: 1974-86 Abitur Waldbröl, 1986-91 Stud. Innenarchitektur an d. FH Lippe Abt. Detmold, Dipl.-Ing. Innenarchitektur, Einrichtung eines Börsencafés, Volks- u. Raiffeisenbank Waldbröl. K.: 1992-95 Anstellung b. d. Suter + Suter GmbH Düsseldorf, 1995-99 KBV-KH Beratungs- u. Versorgungsgesellschaft, 1995 KH Friedrichshain Berlin, 1995 Jekaterinenburg Moskau, Kaliningrad, 1997 Fachklinik Hilchenbach, 1998 Fachklinik Haus Allgäu, 2000 eigenes Innenarchitekturbüro Designmanagement, 2000 Fachklink Bad Dürkheim, 2000 Fachklinik Hilchenbch, 2000 Fachklinik Wolletz, 2001 Fachklinik Haus Falkenstein.

Busse v. Colbe Walther
Dr. Dr. h.c. Dr. h.c. Prof. *)

Büsselberg Ursula *)

Büssem Thomas Dr. med. *)

Bussemeier Elke *)

Büsser Kurt Dr. *)

Bußfeld Annette *)

Bussfeld Klaus Dr.
B.: Vorst. FN.: RWE Plus AG. DA.: 45128 Essen, Huyssenallee 2. www.rwe.com. G.: Arnsberg/Westfalen, 4. Juni 1957. S.: Stud. Rechtswiss. Münster, Lausanne, Genf u. Tübingen, 1972 1. jur. Staatsexam., 1976 2. jur. Staatsexam. K.: 1972-76 wiss. Mitarb. am Lehrstuhl Öffentliches Recht Univ. Tübingen, 1976 Staatskanzlei d. Landes NW, 1978-81 tätig i. Büro d. Min.-Präs. NW, 1981-86 Ltr. Planungsgruppe im Min. f. Landes- u. Stadtentw. NW, 1986-90 Oberstadtdir. d. Stadt Gelsenkirchen, 1996-2000 Vorst.-Mtgl. zuständ. f. Auslandsprojekte/Informationsverarb. RWE Energie AG, s. 10/2000 Vorst.-Mtgl., Auslandbeteil., intern. Aktivitäten d. RWE Plus AG. (Re)

Bußhoff Heinrich Dr. *)

Büssing Otto
B.: Maurermeister, Inh. FN.: Büssing Bauunternehmen & Zimmerei GmbH. DA.: 49377 Langförden, Heideweg 6. G.: Langförden, 11. Mai 1934. V.: Magdalena, geb. Wübbeler. Ki.: Dipl.-Ing. Markus (1962), Dipl.-Ing. Burkhard (1963), Rosi (1970). El.: Anton u. Maria, geb. Themann. S.: 1948-51 Lehre Maurer Goldenstedt. K.: 1951-57 Geselle, 1957 Meisterprüf., seit 1958 selbst. m. Grdg. d. Büssing Baugeschäfts in Vechta-Langförden, 1980 Grdg. d. Firma Büssing Bauunternehmen & Zimmerei GmbH m. Schwerpunkt Hochbau, seit 1970 Ges. d. Betonwerk Frischbeton GmbH in Lohne, seit 1980 Ges. d. Bauzentrum Burjorst in Lohne. E.: 1999 St. Sabastianus EK. M.: Brudermeister d. Bruderschaft Holtrup, seit 1951 Kolpingfamilie Langförden, Bund d. histor. Dt. Schützenbrüderschaft e.V. in Köln.

Bussler Wolfgang Dr. rer. nat. *)

Bußmann Barbara Dipl.-Ing. *)

Bußmann Dirk *)

Bußmann Friedhelm Dr. *)

Bussmann Joachim *)

Bussmann Klaus Dr. phil. Prof. *)

Bußmann Maria
B.: FA f. Anästhesiologie. FN.: Ambulantes Operationszentrum. DA.: 33330 Gütersloh, Carl-Miele-Str. 10. G.: Verl, 29. Mai 1955. V.: OSTR, Land- u. Forstwirt Eberhard Bußmann. Ki.: Johannes (1981), Christine (1983). El.: Hans Wester-

---

*) Biographie www.whoiswho-verlag.ch oder beigefügte CD-ROM

Ebbinghaus u. Hedwig Venker-Metarp. S.: 1974 Abitur, 1974-81 Medizin-Studium, Staatsexamen. K.: 1981-83 Ass.-Ärztin für Anästhesie Josef-Hospital Warendorf, 1984-87 Anästhesistin in Krankenanstalt Bethel Gilead Bielefeld, 1986 Fachärztin für Anästhesie, 1987-88 Anästhesistin St. Anna KH Verl, 1989 Gründung Ambulantes OP-Zentrum mit gleichzeitigem Neubau der jetzigen Praxis. H.: Beruf, Familie.

Bussmann Michael
B.: Filialltr. FN.: Getränke Oase. DA.: 59071 Hamm, Lange Reihe 43. PA.: 59071 Hamm, Quittenweg 19. G.: Hamm, 15. Jän. 1958. V.: Martina, geb. Sewing. Ki.: Eva (1985), Eric (1987), Melanie (1989). S.: 1978 Abitur, 1978-82 Ausbild. Bankkfm. K.: 1982-86 Bankkfm., 1986-97 tätig als Vers.-Makler, seit 1997 Filialltr. im Getränkeeinzelhdl. M.. Tischtennisver. ASV Hamm. H.: Tischtennis, Freizeit m. d. Familie.

Bussone Gennaro
B.: Gschf. FN.: Bussone GmbH. DA.: 81371 München, Thalkirchner Str. 126. bussone@t-online.de. G.: München, 14. Feb. 1965. V.: Marilena. Ki.: Giuseppina, Laura, Carmine-Gennaro. El.: Carmine u. Giuseppina. S.: 1981-84 Ausbildung im väterl. Betrieb als Groß- u. Außenhandelskaufmann in München. K.: 1984-92 Tätigkeit im väterl. Betrieb, seit 1992 Gastronom d. Restaurant O'Segunizz (Gassenjunge) in München, seit 1992 Führung d. Firma Bussone in München, 1994 Feinkosthandel, 1994 Cafe Bussone u. Verkauf ital. Backwaren, seit 2001 GmbH. P.: SZ, AZ, TZ, Prinz, Internet Yahoo-Bussone.de, Fernsehberich "Der Bayrische Italiener" (27. Feb. 2000), BR3 Citivolk "Gesichter einer Stadt" (2001). H.: Italien, Familie, Radfahren, Musik.

Bustani Kutaiba Dipl.-Ing.
B.: Sicherheitsingenieur, beratender Ing. f. Projekt-Management, Dolmetscher u. Übersetzer. FN.: Kutaiba Bustani Tiefbohrtechnik - Projekt-Management. GT.: 1972-74 wiss. Mitarbeiter Univ. Heidelberg, Lagerstättenkunde, 1980 wiss. Mitarbeiter TU Clausthal Erölgeologie u. tertiäre Erdölgewinnung, 1992-96 freiberufliche Tätigkeit beratender Ing. DA.: 30169 Hannover, Hildesheimer Str. 84a. G.: Damaskus, 9. Feb. 1939. Ki.: Chaled, Anas. El.: Saifiddin u. Najieh, geb. Kateb. BV.: Vater Dr. med. Saifiddin Bustani war Leibarzt d. Königs Faisal in Bagdad/Irak u. Staatssekretär im Gesundheitsministerium, sowie Autor v. Fachbüchern über Politik u. Wirtschaft. S.: 1957 Abitur in Damaskus, 1959-63 Stud. Berbau, Fachrichtung Erdöl- u. Tiefbohrtechnik an d. TU Clausthal m. Vorprüfung, 1964-68 Weiterstudium an d. RWTH Aachen m. Dipl., 1992-96 fachbezogene Fortbildung, u.a. Lehrgang z. CAD-Konstrukteur b. Siemens-Nixdorf Informationssysteme AG in Hannover. K.: 1968-69 Bohringenieur b. Firma Dt. Schachtbau u. Tiefbaugesellschaft mbH, 1969-72 tätig als Projektingenieur b. d. General Petroleum Company in Damaskus/Syrien (Wehrdienstzeit), 1974-75 Bohringenieur u. stellv. Betriebsleiter Bayern b. Mobil Oil AG in Celle, 1975-76 Verkaufsleiter Firma Hüdig KG in Celle, 1976-80 tätig b. Firma Hermann v. Rautenkranz, ITAG in Celle als Bohringenieur, Projektleiter u. Ltr. d. Wasserbohr-Abt., 1980-84 Ltr. d. Fachbereiches Tiefbohrtechnik Projektmanagement FirmaKBB Kavernen- Bau- u. Betriebs GmbH in Hannover, 1986 Produkt-Manager MGF Maschinen- u. Gerätebau Fernthal GmbH in Neustadt/Wied-Fernthal, 1988-89 Vermessungsingenieur Samtgem. Wathlingen, 1989-89 technischer Ltr. WaBo Wathlinger Bohrung Brunnenbau OHG in Wathlingen, 1996-97 Abteilungsdirektor u. Projektleiter b. GPC Global Project Consult GmbH in Rostock, seit 1997 freiberufliche Tätigkeit, Projekt-Management, Tiefbohrtechnik u. Tiefbautechnik; parallel Lehrer f. Mathematik u. Physik, 1969 am Gymnasium Georgianum in Lingen, 1973-74 Robert-Koch-Gymnasium in Clausthal, 1976-77 Dt. Bohrmeister-Schule in Celle, 1985-88 Privatschule in Celle. Trift in Celle; 1978-85 Doz. f Arabisch an d. VHS in Celle, vereidigter Dolmetscher u. Übersetzer für deutsch/arabisch in Deutschland u. Syrien, sowie Sicherheitsingenieur. P.: Mitautor im Fachbuch "Handbuch d. Gasversorgungstechnik" f. Kavernenbohrtechnik. M.: Schach-Club Hannover u. Celle (viele Meisterschaften u. Preise, u.a. Sieger u. Clubmeister 1993, Schach-Blitz-Meister in Clausthal 1994, 2. - 4. Pl. Vormeister-Turnier 1995), Tennis-Club. H.: Schach, Tennis.

Bustorff Birger *)

Butalikakis Verena
B.: Bez.-Stadträtin f. Gesundheit u. Umweltschutz, Staatssekretärin. FN.: Senatsverwaltung f. Gesundheit u. Soziales. DA.: 10969 Berlin, Oranienstr. 106. G.: Berlin, 26. März 1955. V.: Petros. Ki.: Chris (1983), Tony (1989). El.: Joachim u. Waltraud Maaß. S.: 1973 Abitur, 1974-78 Stud. a. Päd. HS Berlin, 1980 2. Staatsexamen. K.: 1978-92 Lehrerin u. stv. Dir. d. Grundschule Berlin-Charlottenburg, 1987 Bez.-Verordnete, 1990 stv. Franktionsvors. d. CDU i. Berlin-Schöneberg, 1992 Bez.-Stadträtin, s. 1996 Staatssekretärin. H.: Lesen, Reisen. (E.S.)

Bütefür Udo

B.: Kfm. FN.: Bad Hersfelder Dessous Bütefür & Hensel GmbH. DA.: 36251 Bad Hersfeld, Friedewalder Str. 34h. PA.: 35251 Bad Hersfeld/OT Kohlhausen, Am Baumgarten 16. bhdessous@gmx.de. G.: Bönen, 19. Mai 1946. V.: Brigitte, geb. Monecke. Ki.: Boris (1973), Pascal (1976). El.: Hans u. Katharina, geb. DalSanto. S.: 1963 Mittlere Reife, 1963 Lehre z. Textileinzelhdls.-Kfm. b. Firma Grüter & Schimpff in Hamm, 1968 Bundeswehr. K.: 1969 Firma Grüter & Schimpff Hamm, 1971 Ausbild.-Reisender u. Firma Nestle Frankfurt, 1973 Verkaufsltr. Süddeutschland u. Firma Rosy-Paris Paris, 1975 Grdg. d. Firma Bad Hersfelder Dessous Unter d. Eichen 2 Bad Hersfeld gemeinsam m. Horst-Peter Hensel, als eigene Dessous-Marke wurden weltweit "Amboretti"-Dessous eingeführt u. erfolgreich vertrieben, 1980 Übernahme d. Anteile d. H-P Hensel, 1989 Verlegung u. damit Vergrößerung d. Firmensitzes nach Friedewalder Str. 34h in Bad Hersfeld, 1994 Exclusiv-Vertrieb d. israel. Bade- u. Strandmode "Gottex" f. d. BRD u. Österr. übernommen, 1996 Eintritt d. Sohnes Boris in d. Firma, 1997 Eintritt d. Sohnes Pascal, 1999 Einführung d. Marke "Gattina" als eigene Bademäntel- u. Homewaremode, 2000 Feier d. 25-jährigen Firmenjubiläums. P.: zahlr. Berichte in d. Fachpresse bzgl. d. Firmenprodukte u.a. in d. "Textilwirtschaft", "Die Linie", "Die Dessous-Mode intern." (1995), "Spiegel". M.: seit 1988 AufsR. Raiffeisenbank Bad Hersfeld-Asbach, seit 1994 stellv. Vors., seit 2001 AufsR.-Vors. H.: Wandern, Schwimmen.

---

*) Biographie www.whoiswho-verlag.ch oder beigefügte CD-ROM

Butenandt Otfrid Dr. med. Prof. *)

Butenschön Arne
B.: Gschf. FN.: Chambrair GmbH. DA.: 22045 Hamburg, Ahrensburger Str. 150. G.: Hamburg, 12. Okt. 1967. V.: Annette, geb. Keil. El.: Rolf u. Brigitte, geb. Hummel. BV.: Dr. Christoph Keil Gschf. Vorst. Bundesverb. Dt. Vers.-Makler. S.: 1984-87 Kochlehre in Hamburg, 1987-89 div. Fortbild. an d. Abendschule. K.: 1987 im Service b. Restaurant Jörg Müller Sylt, 1989 Manager Gastronomie "Sea Cloud" Segelyacht, 1989-90 Bundeswehr in Eckernförde, 1990-91 sämtl. Positionen b. Chambrair, seit 1991 Gschf. M.: ab 1988 Feinschmeckerver. Frankreich - Confrerie des Maitres de la Table et Freres en Gueule, Verb. d. Köche, ab 1995 Hamburger Weinkonvent. H.: Weine, Kochen, Schiffahrt.

Butenschön Irene *)

Butenuth-Gabriel Claudia-Gloria *)

Büter Hermann *)

Büter Pitt *)

Büter Tanja M.A. *)

Buterfas Ivar Hanno Paul *)

Buthe Markus
PS.: Mark Brain B.: DJ, Produzent, Inh. Mark Brain Office + Management, Inh. MB - Event Performance. DA.: 33102 Paderborn, Gustav-Schultze-Str. 48. mail@markbrain.de. www.markbrain.de. G.: Paderborn, 30. Jan. 1978. El.: Johannes u. Barbara. S.: 1993-96 Lehre Einzelhdl.-Kfm. Fachelektronik, Licht- u. Tontechnik. K.: seit 1996 Kfm., seit 1997 selbstst. in Paderborn m. Schwerpunkt Künstlermanagement, Booking im House u. Techno Bereich, 1998 Bundeswehr. BL.: 1996 Sieger d. Granini DJ-Newcomer Contest, internat. erfolgr. DJ ohne Single-Veröff. P.: "Stonehenge" (2001), "Union Crowd Theme" (2000), "Step Tech" (2000), "Basepower (4 the music)" (2000), Remixe für "Powell - I am ready" (2001), "Badlands - Let them know", "The Groove Town Gang - Ain't to mountain high enough". E.: Ausz. d. Verb. Offroad Kids e.V., d. Missionar. Dienst Berlin e.V., Danksagung f. Unterstützung, Abz. in Gold f. Leistung im Truppendienst d. Bundeswehr, Ausz. d. Schützenschnur in Gold f. Schiesleistungen im Truppendienst d. Bundeswehr, Abz. VDST Tauchsportabzeichen. M.: Ju-Jutsu (Verleihung des 3. Kyu., Träger des grünen Gurtes). H.: Musik produzieren, Platten auflegen, Hochleistungssport, Tauchen.

Büthe Till *)

Büthe Wolfgang
B.: Steuerberater. FN.: Wolfgang Büthe Steuerberater. DA.: 30657 Hannover, Kramerstr. 17. G.: Algesdorf, 9. Nov. 1951. S.: 1967 Ausbild. in einer gr. Steuerberatungssozietät in Hannover. K.: ab 1970 Steuerfachangest. in d. Sozietät, 1976/77 Steuerbev.-Prüfung, Wechsel in RA Kanzlei Dr. Kapp, Ebeling u. Partner m. eigener Steuerabt.,1980 Steuerberaterprüf. u. Wechsel zu einer Steuerberaterin,Seminare, 1982 Grdg. einer Sozietät, 1984 Übernahme d. Sozietät, parallel ständig Fortbild.-Seminare. M.: Steuerberaterverb., Kammermtgl., Tennisver. H.: Tennis, Reisen (Hongkong, Thailand, Südafrika, Amerika, Karibik), Formel I, engl. Sportwagen, Design (Kunst & Art).

Buthmann Angela
B.: Augenoptiker, selbständig. FN.: Fachgeschäft f. Augenoptik Buthmann. DA.: 03172 Guben, Frankfurter Str. 22. buthmannoptik@gmx.de. Ki.: Stephanie (1980). S.: 1974 Mittlere Reife Guben, 1974-77 Lehre zum Facharbeiter für Augenoptik im volkseigenen Betrieb Hauswirtschaftliche Dienstleistungen in Guben, 1977-80 Fachschule für Augenoptik "Hermann Pistor" Jena, 1980 Abschluss als Augenoptikerin. K.: 1980-82 Augenoptikerin im volkseigenen Betrieb Hauswirtschaftl. Dienstleistungen Guben, 1982 Grdg. d. eigenen selbständigen Unternehmens Augenoptikerfachgeschäft, 1982 Eintragung in d. Handwerksrolle. H.: Sport, Reisen.

Bütje Jan Rainer *)

Bütow (Buzz`z) Burkhard
B.: selbständiger Cartoonist u. Flimrezensent, Dipl.-Grafikdesigner. DA.: 28209 Bremen, Georg-Gröning-Str. 38. G.: Kolberg/Pommern, 14. Aug. 1943. Ki.: Sarah (1971). El.: Max u. Hilda, geb. Krüger. S.: 1965 Stud. Grafik an d. Kunstschule Bremen, Akademie f. Bildende Künste in Stuttgart u. HS f. Bildende Künste in Hamburg, 1969 Abschluss Dipl.-Grafikdesigner. K.: 1969-75 Art-Dir. u. Filmkritiker, bis 1998 Cartoonist b. d. Wochenzeitung "DIE ZEIT" in Hamburg, seit 1971 selbständiger Grafik-Designer, Cartoonist u. Filmrezensent in Bremen, 1973-75 Lehrbeauftragter f. Ideenfindung u. kreatives Training an d. HS f. Künste Bremen, 1992-2001 Rundfunkarbeit Radio Cartoons, Radio Bremen 2. P.: Die Zeit, Punch, Svenska, Dagbladet, Sounds, div. Tageszeitungen u. Fernsehen v. Radio Bremen. H.: Literatur, Film.

Bütow Christian Dipl.-Ing. *)

Bütow Detlef
B.: Gschf. FN.: Sächsische Binnenhäfen Oberelbe GmbH. DA.: 01067 Dresden, Magdeburger Str. 58. PA.: 01157 Dresden, Mühlenblick 12. G.: Annaberg, 10. Sep. 1947. V.: Birgit, geb. Otto. Ki.: Miriam (1978), Stefan (1982). El.: Hans u. Ilse. S.: 1964-66 Lehre als Vollmatrose b. d. Dt. Seereederei, 1968-72 Stud. Seefahrtsschule Wustrow/ Warnemünde, Abschluß HS-Ing. f. Schiffsführung. K.: ab 1972 Tätigkeit b. d. Dt. Seereederei, 1975 Patent Kapitän auf Große Fahrt, seit 1986 Hpt.-Dispatcher, Produktionsdirektor f. d. Häfen Dresden, Riesa, Torgau u. Meißen, seit 1990 Gschf. BL.: Betreiber d. Hafens in Dresden, Torgau u. Riesa, Umschlagplatz f. Wasser, Straße u. Schiene. M.: Bundesverb. d. öff. Binnenhäfen, Vors. d. Sächs. Hafen- u. Verkehrsver., Gemischter Aussch. Deutschland-Tschechien. H.: Lesen, Schwimmen, Tauchen.

Bütow Heinz Jürgen Dipl.-Kfm. *)

Bütow Ingrid *)

Butscher Hans Dr. paed. Prof. *)

Butschkau Helmut *)

*) Biographie www.whoiswho-verlag.ch oder beigefügte CD-ROM

Butschkau Margret Dr. med.

B.: FA f. Frauenheilkunde u. Geburtshilfe u. Naturheilverfahren. DA.: 23843 Bad Oldesloe, Mommsenstr. 12. G.: Flensburg, 5. Juli 1961. El.: Alfred u. Hedwig Butschkau, geb. Marquardt. S.: 1980 Abitur, 1980 Krankenpflegepraktikum AK Altona Hamburg, 1981 Stud. Med. Univ. Gießen u. Univ. Kiel, 1986 2. Staatsexamen, 1987 Approb. K.: 1987-88 Ass.-Ärztin d. Gynäk. im KKH Preetz, 1988-89 Stationsärztin an d. Kieler Univ.-Kinderklinik, 1989 Diss. u. Prom., 1990-94 Stationsärztin d. Gynäk. am KKH Segeberg u. 1994-95 am Fr.-Ebert-KH in Neumünster, 1995 Stationsärztin m. Schwerpunkt Diagnostik u. Therapie onkolog. Patienten, seit 1993 div. Praxisvertretungen, 1996 FA-Anerkennung, 1997 Zusatzbezeichnung f. Naturheilverfahren, Kurse u. Hospitationen im Bereich Ultraschall an d. Univ. Wien, Hamburg u. Freiburg, ab 1998 Ausbild. in alternativen Therapiemöglichkeiten, Akupunktur u. Homöopathie, 1998 Eröff. d. Praxis in Bad Oldesloe. M.: Berufsverb. d. Frauenärzte, Dt. Zentralver. f. homöopat. Ärzte, Kneippscher Ärzteverein. in Bad Wörishofen, Akkordeon-Orchester Schleswig-Holstein e.V. H.: Akkordeon spielen, Lesen.

Butt Jörg

B.: Fußballprofispieler. FN.: Bayer 04 Leverkusen. DA.: 51373 Leverkusen, Bismarckstr. 122. www.bayer04.de. G.: 28. Mai 1974. K.: Spieler in d. Vereinen: Hamburger SV, VfB Oldenburg, TSV Großenkneten u. Bayer 04 Leverkusen; Erfolge: UEFA Champions League-Teilnahme m. d. HSV, Aufstieg in d. 2. BL m. VfB Oldenburg. H.: Lesen, Wasserski, Skifahren, Beachvolleyball, Kino. (Re)

Butt Rainer

B.: Autor, Journalist. DA.: 22339 Hamburg, Hummelsbütteler Kirchenweg 79. G.: Bremerhaven, 19. Mai 1957. V.: Birgit Radow. Ki.: Merle (1994). El.: Wilfried u. Margit, geb. Alting. S.: Abitur Bremerhaven, 1976-82 Lehramtsstud. an d. Univ. Bremen, 1982 1. Staatsprüf., 1983-85 Referendariat am Wiss. Inst. f. Schulpraxis u. Lehrerbild. in Bremen, 1985 2. Staatsprüf. K.: 1985-88 verantwortl. Redakteur d. Zeitschrift "Jugendpolit. Blätter", 1988/89 freier Journalist f. Print- u. Hörfunkmedien, 1989-92 Arb. b. OK Radio in Hamburg, zunächst in freier, dann in fester Stellung als Reporter, Moderator u. Redakteur v. Dienst, ab 1990 Doz. an d. Kommunikationsak. Hamburg, seit 1992 ang. Polizeireporter b. Radio Hamburg, 1996 Erziehungsurlaub, Tätigkeit als Drehbuchautor. P.: zahlr. Drehbücher: "Polizeiruf 110: Der Fremde" (1997), "Lisa Falk: Zeugin d. Anklage" (1998), "Ein Starkes Team: Zerstörte Träume" (1999), "Polizeiruf 110: Über d. Dächern v. Schwerin" (1999), "Die Zielfahnder: Die Falle" (1999). M.: VDD, TUS Alstertal. H.: Gitarre spielen, Fitness.

Buttchereit Klaus B. Dipl.-Ing. *)

Butte Jürgen Dipl.-Psych.

B.: Psycholog. Psychotherapeut. FN.: Psychotherapeut. Praxis. DA.: 59555 Lippstadt, Marktstr. 17. G.: Bremen, 16. Juli 1948. V.: Dipl.-Psych. Sabine Reh. Ki.: Nico (1976), Timo (1979), Robin (1981), Mona (1986). El.: Adam u. Herta. S.: 1968 Abitur Bremen, 1968-75 Stud. Psych. u. Soz. an d. Univ. Kiel, 1975 Dipl.-Psych. K.: 1975-82 Doz. an d. VHS Kiel, d. Hebammenausbild.-Stätte d. Univ.-Frauenklinik Kiel u. d. Dithmarscher Landesschule Meldorf, sozialpäd. Betreuer b. Berufsfortbild.-Werk d. DGB in Linden b. Heide, Dipl.-Psych. an d. Psychiatr. Klinik Rickling, d. Fürsorgeeinrichtung "Ev. Jugendgemeinschaftswerk" in Büsum u. d. Übergangseinrichtung f. Alkoholiker "Die Kette" in Hennstedt b. Heide, 1979 Erlaubnis z. Ausübung d. Heilkunde durch d. Kreis Dithmarschen, 1981-82 Gschf. d. Ver. "Der Anker" in Heide, 1982 Umzug nach NRW, 1982-96 Dipl.-Psych. an d. Westfäl. Klinik f. Psychiatrie Benninghausen, 1997-99 Dipl.-Psych. am Westfäl. Pflege- u. Förderzentrum Benninghausen, 1987-95 ehrenamtl. Gschf. b. Ver. f. betreutes Wohnen in Lippstadt, Aufbau eines bedarfsgerechten Versorgungssystems f. geistig u. psychisch behinderte Menschen im Kreis Soest m. d. betreuten Wohnen, einer psychosoz. Kontaktstelle, einer Tagesstätte f. psych. behinderte u. einem Wohnheimverb. f. geistig behinderte Menschen, 1985-88 Fort- u. Weiterbild. in Verhaltenstherapie b. d. DGVT, 1990 Anerkennung als Klin. Psychologe/Psychotherapeut v. BDP, 1997-98 Ergänzungsqualifikation in Verhaltenstrhapie b. AFKV, 1999 Approb. als Psychol. Psychotherapeut, seit 1996 in einer eigenen psychotherapeut. Praxis tätig. M.: Ver. d. Kassenpsychotherapeuten. H.: Literatur.

Büttel Hannelore *)

Büttemeyer Rolf Dr. med. *)

Buttenschön Thomas

B.: Heilpraktiker. DA.: 12159 Berlin, Handjerystr. 38. G.: Berlin, 10. Juli 1949. V.: Brigitte Cremer. El.: Max u. Lieselotte Gärtner. BV.: Großvater August Buttenschön Inh. einer gr. Gärtnerei u. dreier Geschäfte in Berlin. S.: 1966-68 Ausbild. techn. Zeichner, 1973 Abitur, 1974-76 Ausbild. als Schriftsetzer, Mercator. K.: 1976-91 Ang., 1979-83 eigene Therapie in psychoanalyt. orient. Gruppe, Gestalttherapie (b. 1990), Ausbild. in NLP u. Hypnose b. Thieß Stahl, Gundel Kutschera u. Robert Dills, seit 1994 Heilpraktiker, 1995 Ndlg. in eigener Praxis, Weiterbild. in Körperarb., Massage, Fußreflexzonentherapie, Augendiagnose, Homöopathie, Vollwerternährung. P.: seit 1999 Hrsg v. "NaPs", Zeitschrift f. Naturheilkunde u. Psych. H.: Keyboard spielen, Musik, Lesen, Theater.

Butter Thomas Matthias Dipl.-Ing. *)

*) Biographie www.whoiswho-verlag.ch oder beigefügte CD-ROM

Butter-Berking Evelyn *)

Butterbrodt Ralf
B.: Vermögensberater, Lebensmittelkfm., Kfz-Schlosser, Inh. FN.: Agentur f. Dt. Vermögensberatung. DA.: 09112 Chemnitz, Henriettenstr. 6. G.: Karl-Marx-Stadt, 23. Aug. 1962. V.: Kathrin, geb. Eichhorn. Ki.: Erik (1983), Tina (1987). El.: Erich u. Ingeborg, geb. Kaltofen. S.: 1979-81 Lehre als Kfz-Schlosser in Karl-Marx-Stadt, 1981-84 Armee, 1990 Lebensmittelkfm., 1995 Prüf. als Vermögensberater an d. Dt. Akad. f. Vermögensberatung Frankfurt/Main, seit 1991 ständige Weiterbild. im Bereich Vermögensberatung. K.: 1984-88 Verw.-Ang. b. Rat d. Kreises Karl-Marx-Stadt, ab 1990 stellv. Marktltr., 1991 selbst. Vermögensberater als Autodidakt, 1992 Vermögensberater m. Abschlußprüf., 1992 Grdg. d. eigenen Agentur, Inh. in Chemnitz. BL.: Betreuung v. 600 Familien im Raum Chemnitz, stellv. Jugendltr. "Clement Gottwald" Karl-Marx-Stadt, Ordnungsgruppenltr., Ltr. f. Schülergruppen, Kabrettltr., Soundtechniker, Bühnenbildner, Zusammenarb. m. Radio PSR in Leipzig, Sponsorentätigkeit im Sportbereich u. Behindertenvereine. M.: CC DVAG, Unternehmerstammtisch in Chemnitz. H.: Lesen, Radfahren, Bergwandern, Kabarett u. Konzerte.

Butterhof Heribert F. *)

Butters Gernot Eckardt Dipl.-Ing. *)

Büttgen Walter *)

Büttgenbach Michael
B.: Gschf. Ges. FN.: ClinicCare GmbH. DA.: 28259 Bremen, Huchtinger Heerstr. 5. G.: Bremen, 1. Okt. 1962. V.: Diana, geb. Avak. Ki.: Jacqueline (1987), Marcel (1990), Amanda-Aileen (1997). El.: Peter u. Bärbel. S.: 1982 Abitur, Ausbild. Einzelhdl.-Kfm. spez. f. Med.-Technik. K.: 1988 ltd. Ang. u. VPräs. d. Firma Medipart, Aufbau d. Vertriebs v. Med.-Technik in d. Sowjetunion u. Zentralasien, 1998 Grdg. d. Firma ClinicCare GmbH als Gschf. Ges. m. Vertrieb d. gesamten Spektrums d. Med.-Technik, Aufbau d. Marktes in Indonesien, Indien, China u. Deutschland. H.: Familie, Fußball.

Büttinghaus Jutta *)

Buttkus Burkhard Dr. Dir. Prof.
B.: Leitender Wissenschaftler f.d. Bereiche Geophysik, Meeres- u. Polarforschung, Präs. d. Dt. Ges. f. Geophysik. FN.: BGR-Bundesanstalt f. Geowissenschaften u. Rohstoffe. GT.: seit 1974 Lehrbeauftragter an d. TU Clausthal, Gastreferent an intern. Kongressen. DA.: 30655 Hannover, Stilleweg 2. PA.: 30916 Isernhagen, Lilienweg 32. buttkus@bgr.de. G.: Königsberg, 6. Mai 1940. V.: Christel, geb. Franke. Ki.: Tim (1969), Imke (1972). El.: Fritz u. Hilda, geb. Possoch. S.: 1960-62 Militärdienst (Reserveoffizier), 1962-68 Stud. Geophysik an d. TU Clausthal, Dipl., 1968-72 Forscher u. Ass. am Inst. f. Geophysik d. TU Clausthal, 1972 Prom. K.: seit 1972 wiss. Mitarbeiter d. Bundesanstalt f. Geowissenschaften u. Rohstoffe (BGR), 1972-78 Forschungswissenschaftler, 1978-80 u. 1984-85 Berater d. Nationalen Malaysischen Ölgesellschaft Petronas im Bereich Kohlenwasserstoff-Exploration im Auftrag d. BGR, 1980-91 Ltr. d. BGR-Referate "Theoretische Geophysik u. Seismologie" (1980-89) u. "Angewandte Seismik" (1989-91), 1991-99 Ltr. d. BGR- Unterabteilung "Terrestrische geophysikalische u. geologische Forschung", 1997-99 kom. Dir. d. Leibniz-Instituts f. "Geowissenschaftl. Gemeinschaftsaufgaben" (GGA), seit 1999 an d. BGR Leiter d. Abt. "Geophysik, Meeres- u. Polarforschung", berufl. Tätigkeit umfaßt seismische Studien d. Erdkruste u. d. kohlenwasserstoffbezogene Forsch. u. Erkundung in Südostasien, im südl. Afrika u. Südamerika. P.: Verfasser d. Lehrbuches "Spectral Analysis and Filter Theory in Applied Geophysics" (2000) u. anderer Fachpubl. M.: seit 1980 Mtgl. d. Kuratoriums Gräfenberg, seit 1999 Mtgl. d. Forschungskollegiums Physik d. Erdkörpers e.V. (FKPE), seit 2001 Präs. d. Dt. Geophysik-Ges. f. d. Periode 2001-2003, Mtgl. im Präsidium d. Alfred-Wegener-Stiftung, Mtgl. d. National Scientific Committee on Antarctic-Research (SCAR). H.: Sport, Radfahren, Wandern, Skilaufen, Gartenarbeit.

von Buttlar Kraft-Christoph *)

Buttler Harald Dr.-Ing. *)

Buttler Thomas *)

Büttner Angelika Dipl.-Ing. *)

Büttner Beate

B.: Kosmetikerin, Inh. FN.: Kosmetik Schlachtensee. DA.: 14129 Berlin, Dubrowstr. 43. G.: Berlin, 16. Feb. 1953. Ki.: Markus (1974) und Patrick (1976). El.: Günter u. Ursula Eppers. S.: 1969-71 Ausbild. Beschäftigungstherapeutin Wald-KH Berlin, 1971-72 Praktikum. K.: 1972-83 Beschäftigungstherapeutin im Humboldt-Krhs. in Berlin, glz. 1981-83 Ausbild. z. Kosmetikerin u. Fußpflegerin in Berlin, seit 1984 selbst. m. Kosmetikstudio in Berlin m. zahlr. Zusatzleistungen, Haus- u. Seniorenheimbesuchen; Zusatzausbild.: 1991 Heilpraktikerin, 1993 Shiatsu-Therapeutin u. 1999 Ayurveda. M.: Berufsverb. d. Heilpraktiker. H.: Hund, Haus, Garten, Autofahren.

Büttner Christine

B.: Musikpädagogin, Autorin, Musikschulleiterin. FN.: Musi-Kuss Musizierschule e.V. GT.: 1985 Grdg. Salonorchester "Göttinger Nostalgiker". DA.: 37083 Göttingen, Reinhäuser Landstr. 55. christine.buettner@t-online.de. www.musi-kuss.de. G.: München, 19. Aug. 1951. V.: Hermann Büttner. Ki.: Christian (1979), Michael (1982). El.: Artur u. Elisabeth Schladitz, geb. Darsow. S.: 1970 Abitur München, 1970-76 Stud. Physik München u. Göttingen. K.: 1976-90 Mutterschutz u. Musikunterricht, 1990 Grdg. d. Musi-Kuss Musizierschule, derzeit 4 Filialen, gelernte Instrumente: Blockflöte, Klavier, Cello, Klarinette. BL.: 1994 Grdg. d. Ver. "Frauen f. Frauen": Hilfe f. Menschen in Kriegsgebieten - heißt heute: "HOPE e.V.", umfangreiche Hilfslieferungen f. Kinder in Bosnien u. a. Ländern. P.: "Hören + Spielen" (1989), "Musik ist Liebe" (1991), "Die lustige Tonleiter" (1994), "Musik ist Leben" (1996), "Welches Instrument soll ich spielen?" (2001). E.: 1970 Landessiegerin "Jugend forscht" (Mathematik) in München, 1996 "Frau des Jahres" in Göttingen. M.: Bundesverb. Dt. Privatmusikschulen "Bdpm" seit 1989 im Vorst. H.: Skifahren, Malen, Dichten, Musik, Astrologie.

Büttner Claus-Dieter *)

*) Biographie www.whoiswho-verlag.ch oder beigefügte CD-ROM

Büttner Detlef
B.: Kriminalbmtr., Insp.-Ltr., Kriminaloberrat. DA.: 12101 Berlin, Tempelhofer Damm 12. G.: Berlin, 4. Feb. 1945. Ki.: 2 Kinder. S.: 1963 Abitur Berlin-Spandau, 1966-70 Stud. Math. u. Physik FU Berlin, ab 1971 Ausbild. z. Kriminalpolizisten, div. Fachlehrgänge, 1974 Abschluß Fachlehrgang f. d. gehobenen Dienst, 1981-83 Ausbild. f. höheren Dienst in Berlin u. an d. Polizeiführungsak. Hiltrup. K.: 1963-65 Freiwilliger b. d. Bundeswehr, Res.-Offz.-Laufbahn, ausgeschieden als Lt., seit 1971 b. d. Kriminalpolizei in Berlin, zunächst mittlerer Dienst, ab 1975 stellv. Kommissariatsltr. in d. Dion. Tiergarten-Charlottenburg, ab 1975 Kriminalkommissar, 1978 Oberkommissar, 1977 Hauptkommissar, ab 1979 Ltr. d. Kommissariats Wohnungseinbruch, ab 1984 Insp.-Ltr. Charlottenburg-Tiergarten, 1984 Kriminalrat, seit 1987 Ltr. Raubinsp. b. Landeskriminalamt BKA, 1988 Kriminaloberrat, Ltr. versch. Sonderkmsn. H.: Faustballspiel, Philatelie.

Büttner Dieter Dipl.-Ing.

B.: öff. bestellter u. vereid. Sachv. f. Bewertung bebauter u. unbebauter Grundstücke, selbständig. DA.: 06110 Halle/Saale, Franckestr. 3. G.: Heinersdorf, 11. Juni 1939. V.: Giesela. Ki.: Olaf (1964), Thoralf (1969). S.: 1957 Abitur, Praktikum, 1958-63 Stud. Vermessungswesen TU Dresden m. Abschluß Dipl.-Ing. K.: 1964-92 ltd. Funktionen im staatl. Vermessungswesen, 1975-77 Arbeitsaufenthalt im Südjemen, seit 1992 freier Sachv., 1993-94 Weiterbildung, seit 1998 öff. bestellter u. vereid. Sachv. f. Wohn-, Gewerbe- u. Industriegrundstücke, Land- u. Forstwirtschaften, Verkehrs- u. Beleihungswertvermittlung. M.: Landesverbände Sachsen-Anhalt im DVW u. VSI, IK-SA, Umlegungsausschuß d. Stadt Halle. H.: Garten.

Büttner Dietrich Dr. phil. nat. *)

Büttner Edgar *)

Büttner Eveline

B.: RA, selbständig. FN.: Anwaltskanzlei Eveline Büttner. DA.: 90765 Fürth, Östliche Waldringstr. 3c. evelinebuettner@web.de. G.: Fürth, 20. Juli 1971. V.: Uwe Dürr. El.: Bernhard u. Martha Büttner. S.: 1990 Abitur Fürth, 1990-96 Stud. Rechtswiss. Friedrich-Alexander-Univ. Erlangen, 1995-98 Stud. BWL an d. FU Hagen, 1996/96 1. Staatsexamen, 1996-98 Referendarzeit OLG Nürnberg u. Fürth, 1997/98 2. Staatsexamen. K.: 1998 Anwaltszulassung, seit 1998 selbst. m. eigener Kzl. in Nürnberg, seit 1999 in Fürth. M.: DAV. H.: Reisen, Kunst (Malerei), Lesen (Literatur), Hund.

Büttner H.-Ulrich Mag. Dipl.-Immobilienwirt *)

Büttner Hans M.A.
B.: MdB, Journalist. DA.: 11017 Berlin, Platz der Republik 1, 85049 Ingolstadt, Esplanade 1. G.: Ingolstadt, 18. Okt. 1944. V.: Gerda, geb. Biernath. Ki.: Vera (1972), Olaf (1976). El.: Hans u. Elisabeth. BV.: Schriftsteller Horst Biernath. S.: Abitur, Stud. Zeitungswiss., Politik u. Geschichte Bonn, M.A. K.: Volontariat Zeitung/Zeitschrift, Red. b. div. Publ.-Organen, b. 1978 Bundessekr. dju, 1979-81 Entwicklungsberater in Sambia, DGB-Kreisvors. in Ingolstadt, 1982-89 verantwortl. Red. d. Zeitschrift "Soziale Sicherheit", AiB-Verlag Köln, seit 1963 SPD, versch. örtl. u. bezirkl. Parteifunktionen, seit 1990 MdB, seit 1999 Bez.-Vors. Südbayern. P.: Fetich Eigentum, Mitautor "Wie privat ist Grund u. Boden?", "Pressefreiheit", div. Beiträge in Zeitungen u. Fachzeitschriften. M.: AWO, Verein gegen Vergessen - für Demokratie e.V. H.: Lesen, Radfahren, Wandern, Fußball. (Re)

Büttner Hartmut
B.: Fleischermstr., MdB. FN.: Deutscher Bundestag. DA.: 11011 Berlin, Platz der Republik 1. G.: Kolenfeld, 2. Jan. 1952. V.: verh. Ki.: 3 Kinder. S.: Mittlere Reife Abendrealschule Hannover, Abendgymn. Hannover, 1976 Fleischerstr.-Prüf. v. d. Handwerkskam. Hamburg. K.: selbst. Fleischermstr., Inh. einer Fleischerei m. Partyservice, 1969 Eintritt in d. JU, 1970 Eintritt CDU, 1980-83 Landesvors. JU Niedersachsen, 1984-90 Bez.-Vors. d. MIT Niedersachsen, seit 1988 stellv. Landesvors. MIT Niedersachsen, 1974-90 Ratsherr d. Stadt Garbsen, seit 1985 Fraktionsvors., seit 1990 CDU in Schönebeck, Sachsen-Anhalt, Mtgl. d. Bundesvorst. d. CDU/CSU Mittelstandsvereinig., Vorst.-Mtgl. d. Diskussionskreises Mittelstand, Landesgruppenvors. d. CDU-Sachsen-Anhalt im Bundestag, Mtgl. d. Parlamentarischen Kontrollgremiums (PKG) zur Kontrolle d.Geheimdienste (1. Halbjahr 2000 Vorsitzender). E.: 1998 BVK. (Re)

Büttner Herbert Dr. *)

Büttner Horst *)

Büttner Joachim

B.: Trainer, Berater, BDVT. FN.: COTRAIN Beratung u. Schulung. DA.: 91027 Lauf, Gartenäckerstr. 5. G.: Lauf, 31. Jan. 1959. Ki.: Maximilian (1988), Damaris (1990). El.: Ing. Helmut u. Barbara. S.: Lehre als Hotelkfm. im Hotel Silberhorn in Fischbach, Stud. BWL an d. DAA. K.: b. 1985 Tätigkeit im Grand Hotel Nürnberg, nach d. Stud. 1988-91 Gschf. d. Ver. "Christen im Beruf" e.V., 1991-93 Verkaufsltr. b. d. Firma Compana EDV-Systemhaus, 1994 Geschäftsführer u. Leiter Training b. d. Unternehmensberatung Prof. Dr. Tiebel & Partner GmbH, 1994 Begrdg. d. selbst. Existenz durch Management Buy Out. P.: zahlr. innerbetriebl. Publ. f. d. Auftraggeber. M.: BDVT, GPM, Vorst.-Mtgl. b. Rumänienhilfswerk "Ein Herz f. Rumänien e.V.", Vorst. b. ESRA AIR, Christl. Flieger e.V. H.: Musik hören (Flamenco), erlebnisorientiertes Managementtraining.

Büttner Joachim Kurt Alfred *)

---

*) Biographie www.whoiswho-verlag.ch oder beigefügte CD-ROM

Büttner Lars

B.: Dipl.-Gartenbauing., Alleininh. FN.: Baumschule Büttner. GT.: Mtgl. im GemR. v. Brettin. DA.: 39307 Brettin, Am Bahnhof 13. baumschule-buettner@t-online.de. www.baumschule-buettner.de. G.: Genthin, 21. Okt. 1967. V.: Dipl.-Päd. Petra, geborene Schmidt. Ki.: Arne (1996). El.: Gartenbauing. Helmut u. Margot, geb. Hanuse. S.: 1986 Abitur Genthin, bis 1988 Grundwehrdienst b. d. Armee, 1988-93 Stud. Gartenbau an d. Humboldt-Univ. Berlin. K.: 1992 selbst. m. einer Baumschule in Brettin. M.: Bund Dt. Baumschulen. H.: Computer, Gärten.

Büttner Matthias
B.: Kellner, ehem. Inh. d. Restaurant Ludwig. PA.: 13055 Berlin, Konrad-Wolf-Str. 77. G.: Leipzig, 11. Mai 1970. El.: Peter u. Brigitte, geb. Richter. S.: 1986 Lehre Kellner, 198 Ausreise in d. BRD. K.: 1989 tätig in einem Café, 1993 Kellner im Restaurant Filou in Berlin, 1997 tätig in d. Blackwell GCM-Werbeagentur, 1997 Barmixer im Westin Grand Hotel in Berlin, 1998 Eröff. d. eigenen Restaurant. H.: Spaziergänge m. d. Hund.

Büttner Oskar Dr.-Ing. habil. Prof. em.
B.: freischaff. Architekt u. Honorarprof. PA.: 99425 Weimar, Alfred-Ahner-Str. 3. G.: Saalfeld/Saale, 17. Sep. 1930. V.: Dipl.-Ing. Christiane, geb. Kuhn. Ki.: Dr.-Ing. Alfred (1964), Ing. Christian (1970). El.: Alfred u. Emmy. BV.: in 4. Generation tätig im Bauwesen: Zimmerleute, Flößer, Holzhändler. S.: 1945-48 Zimmermannslehre, 1948-49 Bauabt. VEB Maxhütte Unterwellenborn, 1949-52 Stud. Ing.-Schule Erfurt, 1952 Bauing. Hochbau, 1953-57 Stud. Fak. Arch. an HAB Weimar, 1957 Dipl.-Ing., 1958-96 tätig an HAB Weimar, 1963 Prom. (summa cum laude), 1969 Habil., 1974-75 Zusatzstud. u. Lehrtätigkeit an TU Krakau, TU Breslau, TU Warschau, TU Danzig (Polen), 1982 u. 1988 Lehrtätigkeit an TU Havanna, TU Santa Clara u. TU Camagüey (Kuba). K.: 1952-53 Bauführer auf Baustelle Rennanlage VEB Maxhütte Unterwellenborn, 1953 Projekt Sprungschanze Schmiedefeld /Thür., 1953-76 Nebentätigkeit Industriebauprojekte f. VEB Industr.-Bau Jena, 1957-58 Projekt Wohnungsbauten im VEB HOPRO Gera, seit 1958 HAB Weimar/BAUHAUS-UNI. Weimar, 1982 Doz., 1986 außerord. Prof., 1992 Univ.-Prof., Projekte u. Realisierung: Sport- u. landw. Bauten, Sanierung v. Wohnhäusern in Thür., 1966-72 maßgebl. Mitarbeit an Entw., Projektierung u. Realisierung v. Raumstabwerken in Stahl, kranlose Hubmontage, u.a.: Eisstadion in Halle/Saale u. Dresden, Messehalle in Suhl, Handwerkerzentrum in Gotha, Messestand auf MM Leipzig, 25 EDV Rechenzentren, 1975-81 Leiter Entw.-Gruppe, Fak. Arch./HAB Weimar, 1978-79 Mitautor Staffelhaus/Plattenbauweise WBS 70, VEB WBK Erfurt, 1987-90 Proj. v. Raumstabwerken in Holz u. Betongeschoßdecken mit Holzbewehrung, seit 1991 freischaff. Architekt, seit 1994 Gutachter f. öff. Bauten, seit 1996 Honorarprof. an d. BAUHAUS-Uni. Weimar u. an d. FHS Magdeburg. BL.: Mitinh. v. 12 DDR Patenten u. 3 Auslandspatenten. P.: nat. u. intern. Vorlesungen/Veröff., 10 wiss. Forschungsarbeiten (1961-90), Autor u. Mitautor v. 27 Aufsätzen in nat. u. internat. Fachzeitschriften, seit 1965 Autor u. Mitautor v. 14 Sachu. Fachbuchveröff. u.a. in Frankreich, Schweiz, Rußland, Polen, Ungarn, Bulgarien, Bundesrep. Deutschland, z.B. Diss.: "Parkplätze u. Großgaragen/Bauten f. d. ruhenden Verkehr", Habil.: "Hubverfahren im Hochbau", 2 Bde. "Metalleichtbauten", 2 Bde. "Bauwerk-Tragwerk-Tragstruktur". E.: Ehrendipl. d. TH Krakau u. TU Santa Clara (Kuba), Ehrennadel d. KdT, 2 x Aktivist. M.: Leiter KdT-Arbeitskreis "Ruhender Verkehr", Bez. Erfurt (1967). H.: Fotografie, Baugeschichte, Veröff. über Baubionik.

Büttner Rainer *)

Büttner Romeo *)

Büttner Rudolf Dr. Prof. *)

Büttner Stefan *)

Büttner Ute *)

Büttner Uwe Dipl.-Ing. *)

Büttner Willi
B.: Feinmechaniker, Bgm. FN.: Großgemeinde St. Kilian. DA.: 98553 Erlau, Alte Poststr. 4. buergermeister@gg-sanktkilian.de. www.gg-sankt-kilian.de. G.: Hirschbach, 11. Apr. 1942. V.: Christine, geb. Funk. Ki.: Jens (1974). BV.: Albert Büttner, Schwager d. Vaters in d. 30er J. ebenfalls Bgm. in Hirschbach. S.: 1956-59 Lehre Feinmechaniker in Feinmeßzeugfabrik Suhl. K.: 1960-89 Firma Christoph Funk, später VEB Meßgeräte u. VEB Kombinat Wohnkultur als Feinmechaniker u. stellv. Bereichsleiter, 1990 Delegierung als amtierender Bgm. in d. Gde. Hirschbach, b. d. ersten freien Wahlen, 1990-91 Bgm. in Hirschbach, seit 1991 Bgm. in Großgemeinde St. Kilian, unter seiner Ltg. hat sich d. Großgemeinde St. Kilian m. d. Gemeindeteilen Altendambach, Breitenbach, Erlau, Hirschbach u. St. Kilian zu einer d. finanzwirtschaftlich stärksten Gemeinden im Landkreis Hildburghausen entwickelt, dem sie seit 1995 angehört. BL.: seit 1991 Intern. Hirschbach-Treffen, Erfahrungen d. Entwicklung d. Großgemeinde auch in d. Thüringer Kommunalordnung Eingang gefunden, Verdienst auch d. Kommunalberaters Georg Hans Jerabek, Bgm. a.D. v. d. Konrad-Adenauer-Stiftung. M.: Thüringer Landkreistag, Kreistag, seit 40 J. Freiwillige Feuerwehr, Feuerwehrverein e.V., Anglerverband e.V., Volkssolidarität Regionalverband Suhl e.V. H.: Angeln, Radfahren, Wandern, Skifahren, Skat.

Büttner Wolfgang Dipl.-Ing.
B.. Gschf. FN.: Wärme Welle GmbH & Co KG. DA.: 90469 Nürnberg, Regenbogenstr. 17. PA.: 91580 Petersaurach, Bahnhofstr. 2 b. waermewelle@t-online.de. www.waermewelle.de. G.: Ansbach, 26. Jän. 1963. El.: Hans u. Martha, geb. Käser. S.: 1983 Stud. Chemieing.-Wesen Erlangen, 1990 Dipl.-Ing. K.: 1991-97 techn. Ltr. f. Umwelt- u. Haustechnik in d. Firma Helios in Nürnberg, Ndlg.-Ltr. in Leipzig u. Aufbau u. Bau d. Blockheizkraftwerks u. eine d. größten Trinkwasseraufbereitungsanlagen in Leipzig, 1997-99 Projektltr. f. haustechn. Anlagen f. d. Firma Helios u.a. m. einer d. größten Solaranlagen im Raum Oberasbach, 2000 Grdg. d. Firma Wärme Welle GmbH & Co KG; Projekt: Heizungsbau in Schloß Cadolzburg. H.: Lesen, Pflanzen, Skifahren.

Büttner-Frank Brigitte *)

Büttner-Janz Karin Dr. med.
B.: Chefärztin Orthopädische Klinik. FN.: KH Berlin-Hellersdorf, örtlicher Bereich Krankenhaus Kaulsdorf, Akademisches Lehrkrankenhaus d. Charité. DA.: 12621 Berlin, Myslowitzer Str. 45. PA.: 12621 Berlin, Reetzer Weg 61. G.: Hartmannsdorf, 17. Feb. 1952. Ki.: Eiko (1979). El.: Guido u. Martha Janz, geb. Lindorf. S.: 1971 Abitur, 1971-78 Stud. Med. HUB. K.: 17 Medaillen im Turnen bei d. Olymp. Spielen, Welt- u. Europameisterschaften, 2x Gold bei Olymp. Spielen, 1x Gold bei Weltmeisterschaften, 4x Gold bei Europameisterschaften,

*) Biographie www.whoiswho-verlag.ch oder beigefügte CD-ROM

1972 Janz-Salto am Stufenbarren, 1980-87 Stationsarzt, 1988-90 OA Orthop. Klinik d. Charité, seit 1990 Chefarzt Orthop. Klinik Berlin-Hellersdorf, örtlicher Bereich Krankenhaus Kaulsdorf, seit 1992 Priv.-Doz. HUB. BL.: Miterfinder d. künstl. Bandscheibe, mehrfache Patentinh. P.: Buch "The Development of the Artificial Disk SB Charité" (1992). E.: Ehrenpreis d. IOC f. hervorragende akademische u. sportliche Leistungen. M.: Ehrenmtgl. d. Amerikanischen Orthopädischen Ges. f. Sportmed., Dt. Ges. f. Orthopädie u. Traumatologie, Berufsverband d. Ärzte f. Orthopädie e. V., Berliner Orthopädische Ges. e.V. H.: klassische Musik, Wirtschaft, Sport. (I.U.).

Butz Birgit

B.: Krankenschwester, Inh. FN.: Offenburger Zahnpflegestudio. DA.: 77652 Offenburg, Okenstr. 1a. PA.: 77770 Durbach, Almhöhe 4. G.: Ediger/Mosel, 5. Juni 1958. V.: Dr. Wolfgang Butz. Ki.: Sarah Katharina (1983), Philipp Alexander (1986). El.: Franz u. Christine Zimmer, geb. Treis. S.: Mittlere Reife, 1973-75 Berufsfachschule Geisenheim/Rheingau, 1976-79 Ausbild. als Krankenschwester im Mutterhaus d. Borromäerinen in Trier/Mosel, examinierte Krankenschwester. K.: 1979-80 Krankenschwester im OP f. Chir., Unfallchir., Augenheilkunde u. Gynäkologie d. Kreis-KH Wangen/Allgäu, 1980-83 Krankenschwester im OP d. Zahn-, Kiefer- u. Gesichtschir. d. Univ. Freiburg Univ.-Klinik f. Zahn-, Mund-, Kiefer- u. Gesichtschir. Freiburg, seit 1985 Krankenschwester/Stuhlass., Buchführung Zahnarztpraxis Dr. Wolfgang Butz, 1997 Eröff. d. Offenburger-Zahnpflege-Studio Offenburg. M.: 1995 Grdg. v. Förderver. d. Waldbachschule - 1, 4 J. Vors., 1995 Grdg. d. Kinder u. Jugendtreff TRAM (Treff am Mühlbach) - noch im Vorstand tätig. H.: Skifahren, Schwarz-Weiss-Fotografie m. entwickeln, Lesen, Radfahren.

Butz Hans Jürgen *)

Butz Heinz *)

Butz Jochen Dipl.-Kfm. *)

Butz Manfred Dipl.-Bw.

B.: Unternehmensberater. FN.: EUCON. DA.: 79112 Freiburg, Gewerbestr. 19. group@doelco.de. G.: Sulzburg, 21. Apr. 1952. V.: Petra, geb. Mitschke. Ki.: Nadine, Oliver. El.: Johann u. Hilda, geb. Eckert. S.: FH Freiburg, Stud. Pforzheim, nebenbei Tätigkeit als Ind.-Betriebswirt, 1987 Abschluss in Biberach/Riss. K.: 2 J. Ndlg.-Ltr. im kfm. Bereich b. Dt. Asphalt Freiburg, 1990 Wechsel zu Firma Doelco (heute EUCON), anfangs in Teilzeit Gschf. d. Firma. P.: PR- u. Öff.-Arb., Existenzgründungsberatung, spezialisiert auf Franchise-Nehmer Fachvorträge v. Innungen u. Baupubl., Verkaufseminare f. d. Bereich Handwerk u. Dienstleistung, entwirft u. gestaltet Bedienungsanleitungen u. Werbe-Prospektmaterial, Theoret. Schulungsveranstaltungen v. Lizenzenehmern u. Pflege d. Internets, kfm. Betreuung v. Franchise-Nehmern, Fachbeiträge f. versch. Medien. H.: Musik, Sport allg.

Butz Michael-Andreas Dr. *)

Butz Tilman Dr. rer. nat. habil. Prof.

B.: Physiker, Prorektor f. Forsch. FN.: Univ. Leipzig. DA.: 04103 Leipzig, Linnéstr. 5. G.: Göggingen, 24. Nov. 1945. V.: Renate. Ki.: Raphaela, Florentin. S.: 1964 Abitur Augsburg, 1964-66 Bundeswehr, 1966-72 Stud. Physik TU München, 1972 Dipl., 1975 Prom. K.: 1975-84 wiss. Ass. TU München, 1984-86 wiss. Ang. an Walter-Meißner-Inst. f. Tieftemperaturforsch. d. Bayer. Ak. d. Wiss., 1985 Habil., 1986-91 Heisenberg-Stipendium, Forschungsaufenthalte: Uppsala, Grenoble, Nantes, Genf, Konstanz, Bayreuth, Groningen, Kopenhagen, Stanford, Saarbrücken, seit 1993 in Leipzig: Prof. f. Experimentalphysik, Fachbereichsltr., nach Neugrdg. d. Fak. Dekan, 1994-96 Prodekan, 1997-2000 Prorektor f. Forsch., Aufbau eines Beschleunigerlabors. P.: 170 Publ. in Fachzeitschriften, Hrsg. Nuclear Spectroscopy in Charge Density Wave Systems, Autor "Fourier - Transformation f. Fußgänger". M.: Vertrauensdoz. Studienstiftung des Dt. Volkes, Dt. Physikal. Ges., Dt. Ges. f. Biophysik, Wiss. BeiR. im Inst. f. Oberflächenmodifizierung, WGL. H.: Amateurfunker.

Butz Werner G. K.

B.: Gschf. Ges. FN.: A. Benno Ulrich GmbH Lacksysteme Leime Schleifmittel. DA.: 22159 Hamburg, Neusurenland 2. G.: Wiedenborstel, 3. Okt. 1947. V.: Margrit Vernetta, geb. Peters. Ki.: Mona (1975), Marc-André (1980). El.: Gustav u. Anna, geb. Bennert. S.: 1962-65 Ausbild. als Ind.-Kfm. in d. Weberei Becker & Bernhard in Langenfeld, parallel 1962-64 weitere Schulausbild., 1965-67 versch. Stationen als kfm. Ang., 1967-68 Soldat. K.: 1969-72 Einkaufsltr. in einem Großhdl. f. DIN- u. Normteile, 1973-76 Temperol Werke Chem. u. Lackfbk. Hamburg, zunächst im Verkauf, dann Einkaufsltr. u. Handlungsbev., parallel Aus- u. Weiterbild. im chem.-techn. Bereich, 1976-91 Maxpeters GmbH Ing.-Unternehmen f. Anlagenkomponenten z. Stahlherstellung u. Stahloptimierung, Sachbearb. im Einkauf, Lehrlingsausbilder f. Ind.-Kaufleute, 1980 Einkaufsltr. u. Handlungsbev., ab 1988 Gesamtprok. d. in Klöckner Stahltechnik Hamburg umebenannte u. z. Klöckner Gruppe gehörenden Unternehmens, seit 1992 selbst. durch Kauf d. Firma Ulrich & Co, Umstellung d. Unternehmens z. Großhdl. sowie d. Erweiterung d. Produktpalette m. d. Schwerpunkten: Lacksysteme, Leime u. Schleifmittel, 2000 Kauf eines Geschäftsbereiches d. H. Hermann Rohrert GmbH & Co Osnabrück, Weiterführung ab 2001 als mabRotert GmbH m. d. Bereichen Lacksysteme, Leime, Schleifmittel u. Ind.-Zubehör. H.: Hunde, schnelle Autos, klass. Musik, Heimwerken in Haus u. Garten.

Butz Wolfgang Dr. med. dent.

B.: Zahnarzt. GT.: 1982 Pilotenschein Segelflug, 1986 Pilotenschein Motorflug, 1993 Urkunde d. BRD, Berechtigung Blind/Nachtflug (IFR), 1996 Luftfahrerschein f. Berufsluftfahrzeugführer (CPL). DA.: 77652 Offenburg, Okenstr. 1a. PA.: 77770 Durbach, Almhöhe 4. wobirg@t-online.de. G.: Emmendingen, 26. Juni 1953. V.: Birgit, geb. Zimmer. Ki.: Christian-Wolfgang (1974), Sarah-Katharina (1983), Philipp-Alexander (1986). S.: 1972 Abitur Rotteckgymn. Freiburg, 1972-73 Bundeswehr, 1973-78

*) Biographie www.whoiswho-verlag.ch oder beigefügte CD-ROM

Butz

Stud. Biologie u. Chemie an d. Univ. Freiburg, 1978 1. Staatsexamen Biologie, 1978 1. Staatsexamen Chemie, 1978-79 wiss. Arb. in Organ. Chemie m. Prüf. 1979, 1979-83 Stud. Zahnheilkunde an d. Klinik d. Univ. Freiburg, 1983 Staatsexamen f. Zahnheilkunde, Approb. als Zahnarzt, 1984 Prom. z. Dr. med. dent. K.: 1984 Ass.-Arzt in Bühl/Baden, seit 1. Feb. 1985 freie Praxis in Offenburg. BL.: nat. u. intern. Fortbild. m. Zertifizierung, Bestätigung durch d. Landesärztekam. F.: Praxisgemeinschaft m. Dr. Claus Führer. M.: 1986 Aufnahme in d. Kaltlochges. zu Offenburg v. 1864, 1988 VPräs. d. Kaltlochges., 1990-93 Präs. d. Fliegergruppe Offenburg e.V., 1993-95 StadtR. zu Offenburg Parteilos. H.: Fliegen, Sport, klass. Musik (Klavier).

Butzer Juliane *)

Butzin Friedhelm Reinhold Dr. rer. nat. *)

Butzkamm Wolfgang Dr. Prof. *)

Butzke Frank Dipl.-oec. *)

Butzke Rainer Ing. *)

Butzlaff Marlies

B.: selbst. Regieass. DA.: 14471 Potsdam, Geschwister-Scholl-Str. 59. G.: Magdeburg, 24. Juni 1960. V.: Olaf Rütz. Ki.: Paul (1979), Frieda (1988). El.: Kurt u. Waltraut Butzlaff. S.: 1979 Abitur, 1979-80 tätig bei Vers., 1981-82 Volontariat DEFA-Studio f. Spielfilme Potsdam. K.: 1982 Regieass. bei DEFA-Studio f. Spielfilme, 1987-92 Stud. Regie an d. HS f. Film u. Fernsehen in Potsdam, Mitwirkung bei über 70 Filmen f. Kino u. Fernsehen u.a.1982 "Olle Henry" 1991 "Das Land hinter d. Regenbogen", 1994 "Die Putzfraueninsel", 1998 "Jimmy the kid", 1994 "Imken, Anna u. Marie"m 1996 "Das andere Leben d. Herrn Kreins" u. "Matulla u. Busch". M.: Bundesverb. f. Film- u. Fernsehregisseure. H.: Fotografieren, Reisen, Aquaristik, versch. Haustiere.

Butzmann Frank
B.: Profi-Segler, Clubmanager. FN.: c/o Dt. Segelverb. DA.: 22309 Hamburg, Gründgensstr. 18. G.: 18. Dez. 1958. K.: Starboot (Steuermann), Verein: Seglerhaus am Wannsee, Erfolge: Olympia 1996/10., WM 1996/10., 1998/7., EM 1997/2., 1998/8., DM 1997/1., Kieler Woche 1997/1., 1998/2.

Buuck Erhardt *)

Buurmann Jasper Dr. *)

Buwitt Dankward
B.: MdB, Kfm. FN.: Angermann Intern. Immobilien Consultants GmbH. DA.: 11011 Berlin, Platz d. Republik 1. PA.: 12307 Berlin, Wünsdorfer Str. 68. G.: Berlin, 6. Juli 1939. V.: Christine, geb. Kurz. Ki.: Alexandra (1970), Katja (1972). El.: Gerhard u. Dorothea, geb. Bonus. S.: Realschule, 1954-57 kfm. Lehre. K.: Betriebsass., 1959-65 Automobilverkäufer, 1963-71 ltd. Ang. chem. Ind., 1971 selbst. Handelsvertreter, 1975 Mtgl. d. Berliner Abg.-Hauses, 1984-89 Vors. d. CDU Fraktion im Berliner Abg.-Haus, 1989-91 gschf. Vors. d. CDU Fraktion, ab 1990 MdB, stellv. Vors. d. Finanzaussch. d. Dt. Bundestages. H.: Skifahren, Tennis, Wandern. (Re)

Bux Martin Dipl.-Ing. *)

Buxbaum Engelbert Dr. *)

Buxbaum Otto Dr.-Ing. Prof. *)

Buxhoidt Frank *)

Buyken-Wilkitzki Adeltraud Mathilde Dr. med. *)

Buyten Rüdiger Joachim
B.: Syndikus, RA. FN.: Grundeigentümer Versicherungen. PA.: 20251 Hamburg, Husumer Str. 7. G.: Miltenberg, 2. März 1953. V.: Schahin, geb. Nadjmabadi. Ki.: Bijan (1986), Djuna (1989). El.: Hans-Joachim u. Johanna. S.: 1972 Abitur Wertheim, 1974-79 Stud. Freiburg, 1979 1. Jur. Staatsexamen. K.: 1980-82 Referendariat Kammergericht Berlin, 1982 2. Jur. Staatsexamen, 1982-87 selbst. in Berliner Sozietät, 1988 Zulassung LG Hamburg u. Hanseat. OLG, 1987-99 Syndicus Albingia Versicherungen Gewerbe-Industrie Ressort, 1993 Prokura, 1999 Vorst.-Mtgl. Grundeigentümer Versicherungen. P.: "Produkthaftung in d. Unternehmenspraxis". H.: Karate, Tennis.

Buzády Tibor Dr. *)

Buzkan Yasmine

B.: Friseurmeisterin, Inh. FN.: Friseur-Salon Haar-Spitze. DA.: 46147 Oberhausen, Forststr. 50. G.: Duisburg, 19. Juni 1972. El.: Muammar u. Doris Buzkan. S.: 1988 FOS-Reife, 1988-91 Lehre Friseurin Duisburg. K.: 1991-98 Gesellin in Duisburg, 1998 Meisterprüf., seit 1999 selbst. Friseurmeisterin. M.: IG Oberhausen-Schlachtendorf. H.: Schwimmen, Spazierengehen, Literatur, Beruf.

Buzrigh Abdelmagid Ali Dr. rer. pol.

B.: Diplomat. FN.: Volksbüro d. Libysch-Arabischen Volks-Dschamarihja. DA.: 53173 Bonn, Beethovenallee 12A. PA.: 53175 Bonn, Turmstr. 6A. G.: Suk-Giuma b. Tripolis/Libyen, 20. Juni 1949. V.: Bahira N. Abushwereb. Ki.: Khalid (1990), Leila (1997). El.: Ali Buzrigh u. Fatima Muntasser. S.: 1972-82 Stud. polit. Wiss. u. Anglistik Univ. Sbg., 1982 Prom. K.: seit 1982 Auswärtiger Dienst Libyen, 1983-85 Stab d. Außenmin., 1985-89 Ausbild. am Inst. of Intern. Relations in Tripolis, 1990-91 Volksbüro in Neu-Dehli/Indien, 1. Sekr., Ltr. Abt. f. polit. u. wirtschaftl. Angelegenheiten, 1991-92 ständige Mission b. d. Vereinten Nationen in Genf, 1992-98 Außenmin. Tripolis,Teilnahme an Konferenzen in Dakar, New York, Genf, Paris, Rom, Wien, Kyoto, 1993 f. National Committee for Outer Space Teilnahme Konferenz Dakar, seit

---

*) Biographie www.whoiswho-verlag.ch oder beigefügte CD-ROM

1998 in Deutschland, BotschaftsR., Informationsabt. H.: klass. Musik, Mozart, Beethoven, Tschaikowsky, Jazz-Musik, klass. arabische Musik, Literatur, Oscar Wilde, Charles Dickens, Tolstoj.

Byerly Frederick *)

Byg Frede *)

de Byl Franz *)

Byl Michael *)

Bzdok Josef Ing. *)

Cabell Thomas

B.: Grafiker, Designer, Gschf. FN.: Munichfirst GmbH. DA.: 80803 München, Herzogstr. 21. info@munichfirst.de. G.: Freiburg, 1. Feb. 1964. El.: Dr. Rainer u. Dr. Brigitte, geb. Hussmann. K.: 1981-91 Geschäftsführer d. Münchner Prominenten-Diskothek "P1", Organ. von Veranstaltungen etc., 1991-93 selbst., Eröff. eines Restaurants "American Bar", klass. Cocktailbar, Inh., 1993-95 Gschf. in div. Münchner Lokalen, 1996-98 Ausbild. z. Informationsdesigner (Grafiker) an d. Münchner Media-Design-Ak., ab 1998 Grdg. einer Werbeagentur: CP Grafik München, Inh., parallel dazu Gschf. im Münchner Restaurant "Cafe Blue", ab 2000 Grdg. d. Munichfirst GmbH Gschf., Erstellung eines Münchner City-Guides sowie Werbegestaltung u. -auftritte f. Firmen, ab 2000 Eröff. d. Münchner Ladengeschäftes FERRUM XXI Design, Anfertigung u. Verkauf v. handgefertigten Möbeln u. Accessoires aus Eisen. H.: Joggen, Tennis, Segeln, Schwimmen.

Cabral Goncalo Guimaraes Velho *)

Cabrita Helder
B.: Küchendir., Executive Head Chef. FN.: Inter-Continental - forum Hotel Schweizerhof. DA.: 30175 Hannover, Hinüberstr. 6. helder_cabrita@interconti.com. www.forum-hotel-schweizerhof.de. G.: Sintra/Portugal, 28. März 1965. V.: Tanja, geb. Deutschmann. Ki.: Vivian Jaqueline (1993), Lydia Lyn (1995). El.: José Agostinho u. Hortense. S.: 1970 Auswanderung v. Portugal nach Frankfurt/Main, portugies. Abitur an einer Schule d. Portugies. Botschaft, b. 1984 Lehre z. Koch im Börsenkeller in Frankfurt, div. Praktika. K.: 1985-86 Comis b. Demi Chef Canadian Pazifik Hotel in Frankfurt, Teilnahme an intern. Meisterschaften, b. 1988 in Berlin "Hotel Berlin" als Chef de partie u. ESPLANADE Gourmet-Restaurant "Harlekin" als Demi chef, b. 1992 Sous chef, b. 1993 Küchenchef im Brandenburger Hof in Berlin, b. 1994 Meisterschule Berlin, b. 1995 Küchenchef im Gourmet-Sterne Restaurant "Harlekin", als 2. Küchenchef im Rockendorfer-Gourmet-Sterne Restaurant in Berlin, b. 1996 b. Hemingway/Rockendorf im Grunewald als selbst. Küchenchef übernommen, b. 1997 "Rossos, Lobster & Meer" in Berlin als Küchenchef, div. Praktika in Hamburg u. Paris in versch. Sterne-Restaurants, 1997 Inter-Continental - forum Schweizerhof als Küchendir. P.: ständig Presseveröff. E.: div. Teilnahme an nat. Kochwettbewerben u. Ausz. H.: Motorradfahren, Squash, sportl. Aktivitäten (Fußball, Handball, Schwimmen, kulinarische Genüsse, Lesen.

Cacuci Dan Gabriel Dr. Dr. h.c. Prof. *)

Caesar Cajus Julius

B.: Dipl.-Ing, Forstamtm., MdB. FN.: CDU. DA.: 11011 Berlin, Platz d. Republik 1. PA.: 32689 Kalletal, Brunsberg 9. cajus-julius.caesar@bundestag.de. www.cajus-caesar.de. G.: Rinteln, 22. Jan. 1951. V.: Gudrun, geb. Kronshage. Ki.: Cajus Julius (1973), Christian (1976), Anna Jurina (1993). El.: Cajus Julius Caesar (1925), Else geb. Nagel (1921). BV.: Forstmann in 5. Generation. S.: Mittlere Reife/Fachhochschulreife, Ausbild. z. Revierförster, Dipl.-Ing. K.: 1974-78 Revierförster in Lage, 1978 Revierförster b. Landesverb. Lippe, 1980-98 Revierleiter Kalletal, seit 1998 MdB, seit 1999 zudem Abg. Landesverbandsversammlung Lippe, seit 1969 Mtgl. d. CDU, 1980-85 Gemeindeverbandsvors. JU Kalletal, 1985-90 Gemeindeverbandsvors. CDU Kalletal, seit 1990 Kreisvors. CDU Lippe, seit 1992 Mtgl. d. CDU-Bezirks. P.: "Große Küstentanne Abies Grandis" (Allgm. Forstzeitschrift), u.a., Focus, Bildzeitung. M.: Bund Deutscher Forstleute (BDF), u.a. 1975-82 Landesjugendltr. NRW, Heimatbund Lippe (BHU-Verb.), Sportverein TuS Langenholzhausen, Schutzgem. Deutscher Wald (SDW), Kulturverein Westorf, Ehrenmtgl. Feuerwehr, Deutscher Jagdschutzverb. (DFV), Sportverein Germania Westorf, Zieglerverein, Deutscher Jagdschutzverein (VJV), Gesangsverein "Stilles Tal". H.: eigene Bewirtschaftung v. Waldparzellen, Doppelkopf, Fußball. (Re)

Caesar Norbert Dipl.-Kfm. *)

Caesar Rolf Julius Erich Dr. Prof. *)

Caesar Rudolf Dr. med. Prof. *)

Cagnolati Wolfgang M.S. (USA) *)

Cahn von Seelen Udo
B.: Vorst.-Vors. FN.: Energie-Aktiengesellschaft Mitteldeutschland (EAM). DA.: 34131 Kassel, Montevierdistr. 2. (V.). www.eam.de.

Cakir Ergün
B.: Unternehmer. FN.: Erdmännchen, Tief- u. Strassenbau GmbH, Garten- u. Landschaftsbau Steinsetzarb. DA.: 13581 Berlin, Spandauer Burgwall 30-34. PA.: 10589 Berlin, Osnabrücker Str. 3. G.: Sürmene, 5. Okt. 1971. V.: Kevser. KI.: 16.12.00 Geburt d. Zwillinge Hasan u. Hüseyin. El.: Remzi u. Hacire. K.: 1987-89 Bauhelfer, 1989-91 Obst- u. Gemüsehdl., 1991 selbst. m. Garten- u. Landschaftsbau als Familienunternehmen, 1992 1. Mitarb., 1998 Grdg. d. Firma Erdmännchen Tief- u. Straßenbau, erstes Büro in Berlin-Tempelhof, Umzug nach Berlin(/Spandau auf neues Betriebsgelände. M.: Trabzonspor Türkei (Fußball). H.: Fußball.

Calandri Rainer
B.: Softwareentwickler, Inh., Gschf. DA.: 22761 Hamburg, Stresemannstr. 342. G.: Ströbitz/Brandenburg, 21. Apr. 1947. V.: Anna-Maria. S.: 1961-64 Ausbild. z. Kommunikationstechniker, 1964-66 Bundeswehr. K.: 1966-68 Kommunikationstechniker, parallel Abendrealschule m. Mittlerer Reife, 1968-78 Grdg. u. Ltg. d. Buchversandes in Siegen, 1978-82 Grdg. u. Ltg. einer Offsetdruckerei in Kiel, während dieser Phase intensive Beschäftigung m. Software-Entwicklung, seit

*) Biographie www.whoiswho-verlag.ch oder beigefügte CD-ROM

Calandri

1982 Grdg. u. Ltg. Softwarehaus Cebus GmbH Kiel, 1995 Verlegung d. Firmensitzes nach Hamburg. H.: Fliegen m. Instrumenten-Fluglizenz.

Calder Clement *)

Calehr Hallym Dr. med. Prof. h.c. *)

van Calker Jule-Erina Dipl.-Ing.

B.: Architektin, Heilpraktikerin, Reiki-Meisterin, Referent d. Universal Live Church, Feng Shui-Beraterin, freiberuflich. DA.: 14129 Berlin, Altvaterstr. 2. jule-erina.vancalker@t-online.de. G.: Münster, 20. Apr. 1946. El.: Prof. Dr. Jan u. Bernhardine van Calker. S.: 1964 Ausbildung z. diplomierten Krankenschwester am Diakonieverein Bielefeld, danach Abitur auf d. 2. Bildungsweg, div. Fortbildungen, 1975 Stud. Architektur in Kiel, Dipl.-Ing. Architekt. K.: Hinwendung z. antroposophischen Architektur, Architektin f. Waldorfschulen u. -kindertagesstätten, 1980 Architektin in Frankfurt/Main - Beschäftigung m. Baubiologie u. Radiästhesie u. Feng Shui, bis 1980-82 Architektin in versch. Berliner Büros, seit 1982 selbständige Architektin in Berlin - Verbindung Kunst-Mensch-gesunde Bauweise u. Gesundheit, parallel seit 1980 Ausbildung z. Heilpraktikerin, 6 J. Stud. d. Theologie an d. Kirchl. HS Berlin, Reiki-Ausbildung b. d. japanischen Großmeisterin Phyllis Lei Furumoto in d. USA, seit 1994 freiberufl. Heilpraktikerin in Berlin, seit Anfang 1986 Ausbilderin f. Reiki in allen Graden, radiästhetisch-geomantisches Feng Shui u. Psychotherapie, Kinesilogie, Familienstellen u. Hellinger, Bewußseins-Training, in dieser Verbindung auch bildhauerisch tätig. BL.: 1986 erste u. einzige heimlich lehrender Reiki-Meister in d. ehem. DDR, lehrt heute als eine d. ersten dt.-europ. Reiki-Meister in Deutschland u. anderen Ländern u. integriert dabei ihre vielfältigen Ausbildungen, therapiert u.a. mittels Heilung durch Gebet u. d. Hinentwicklung z. Allereinfachsten. M.: IFFS Intern. Forum Feng Shui e.V., DGV, Ges. f. Geobiologie e.V., The Reiki Alliance, Masters Education Programm. H.: Bildhauerei.

Call Daniel

B.: Schauspieler, Autor, Regisseur. FN.: c/o Volkstheater Rostock. DA.: 18057 Rostock, Doberaner Straße 134-135. G.: Aachen, 3. September 1967. S.: Abitur, Stud. Theaterwiss., Philosophie, Geschichte, Hospitanzen am Almeida Theatre London, Triplex Theatre New York. K.: nach verschiedenen Auslandsaufenthalten (Paris, Spanien) Ass. d. Regie u. Dramaturgie am Stadttheater Aachen, Dramaturg am Jungen Theater Göttingen, am Landestheater Parchim, am Renaissancetheater Berlin, seit 1996 freier Autor u. Regisseur in Berlin, Dramen u.a. Der Teufel kommt aus Düsseldorf (1996), Die Rippe in d. Krippe (1996), Wetterleuchten (1997), Im Einvernehmen (1998), Tricket (1999), Tumult auf Villa Shatterhand (19997), Not am Mann (1999), Ehepaar Schiller (1999), Cuba Libre (2000), Don Joan in Chicago, Film u. Fernsehen: mehrere Drehbüchern f. d. Dokumentarreihe "50 J. Niedersachsen", Drehbuch f. d. Kinofilm "Die Lovely Boys", TV-Zweiteiler "Das Nest", Inszenierungen u.a. Das Mißverständnis, Maria Stuart, In d. Einsamkeit d. Baumwollfelder, Der Talismann, Das Restpaar, Wetterleuchten, Sugar Dollies, Effis Nacht, seit 2000/2001 fester Regisseur am Volkstheater Rostock. (Re)

Callea Antonio

B.: Immobilienmakler, Inh. FN.: AKUSS Service Immobilien. DA.: 24107 Kiel, Sukoring 1. akuss@web.de. www. AKUSS.de. G.: Herne, 23. Jan. 1974. V.: Sünje, geb. Sassenscheid. S.: 1991-95 Ausbild. Zahntechniker Hamm, 1995 Sekundarabschluß II. K.: 1995 Zahntechniker in Laboren in Hamm u. Kiel, 1996-97 Ausbild. z. Immobilienmakler in Hamburg, 1996-97 Zahntechniker in Neumünster, seit 1998 selbst. m. d. Firma AKUSS Service Immobilien m. Schwerpunkt Vermittlung v. Mietmöbeln, Immobilien u. Grundstücken f. Firmen u. Private. H.: Hund, Natur, Schwimmen.

Calleja-Cancho Rogelio Dr. med. *)

Callenberg Friedrich Dr. med. *)

Calles Horst Viktor

B.: Landschaftsarchitekt BDLA. FN.: Landschaftsarchitekten Calles · De Brabant. DA.: 50859 Köln, An der Ronne 48 A. PA.: 50859 Köln, An der Ronne 48. calles-de-brabant@t-online.de. G.: Köln, 19. Juni 1939. V.: Maren, geb. Seibert. Ki.: Petra Maria (1962), Andrea Franzi (1964), Torsten Horst Victor (1965). El.: Victor (war einer d. ersten freien Landschaftsarch. im Westen Deutschlands) u. Luise, geb. Fingerhut. S.: bis 1955 Humboldt-Gymn. Köln, 1955-57 Stud. Gartenarch. an d. Fachhochschule Weihenstephan, 1958-61Stud. Landschaftsarch. an d. Hochschule d. Bild. Künste Kassel bei Prof. Matern, daneben Forststud. in Hannovers-Münden u. Stud. Städtebau an d. Univ. Köln bei Prof. Ley u. Stud. Städtebau an RWTH Aachen bei Prof. Kühn. K.: 1961 Eintritt in väterl. Planungsbüro Victor Calles (gegr. 1926), viele Tagebauplanungen f. Rheinisches Braunkohlerevier, seit 1969 Rekultivierungen u.a. Fortuna Garsdorf mit Kasterer See, Tagebau Frimmersdorf, Sport- u. Spielplätze wie Stadion Altenkirchen, 1997 Übergabe d. Büros an die Kinder: Arch. Torsten Horst Victor, Arch. Andrea Franzi u. Schwiegersohn Luc De Brabant. P.: Rheinbraun Surface Mining, 1997, Buch: "Garten- u. Landschaftsplanung 1920 - heute" 1982. E.: Preis f. Garten u. Landschaftsbau Köln, Gewinn v. Wettbewerben: 1. Preis Gesamtfriedhof Flieden bei Fulda, 1. Preis f. naturnahe Gestaltung am Knüchelsdamm in Bergheim, 1. Preis Ortskirchenverbindung Swisttal-Odendorf. M.: Studentenverbindung Rheno-Guestfalia Hann-Münden im CV. H.: Kochen international, Irland-Reisen.

Callhoff Herbert Prof. *)

Callway Eric

B.: Gen.-Consul. FN.: British General Consulat. DA.: 60323 Frankfurt/Main, Triton-Haus Bockenheimer Landstr. 42. G.: Harrow/England, 30. Jän. 1942. KI.: 2 Söhne. K.: 1960 Eintritt ins britische Außenministerium (FCO), 1963-66 New Delhi, 1966-70 Georgetown, Guyana, 1970-72 Zweiter Sek-

*) Biographie www.whoiswho-verlag.ch oder beigefügte CD-ROM

retär, FCO, 1972 RAF Staff College, Bracknell, 1973-77 Britische Vertretung , Vereinte Nationen, Genf, 1977-79 Erster Sekretär, FCO, 1979-80 Abgeordneter zum britischen Verteidigungsministerium, 1980-81 FCO, 1981-84 Erster Sekretär (Handel), Ost-Berlin, 1984-88 Erster Sekretär (Handel), Stockholm, 1988 Abgeordneter zum britischen Entwicklungsministerium (Overseas Development Administration), 1989-94 FCO, 1994-97 stellv. Hochkommissar (Generalkonsul), Karachi, seit 1997 britischer Generalkonsul in Frankfurt. M.: Frankfurter Ges. f. Handel, Ind. u. Wissenschaft.

Calmund Reiner
B.: Vereinsmanager. FN.: c/o Bayer Leverkusen. DA.: 51349 Leverkusen, Postfach 120/140. G.: Frechen, 23. Nov. 1948. V.: Sylvia Häusler (Freundin). Ki.: Andrea (1958), Sandra (1972), Marcel (1982), Rene (1986), Maurice (1992). S.: Lehre z. Außenhdls.-Kfm., Stud. Betriebswirtschaft, 1990 Abschluß. K.: m. 18 J. endet d. Karriere als Fußballspieler b. Verein Frechen 20 nach einem Sportunfall, m. 19 J. Trainer b. Frechen 20, Tätigkeit i. d. Abt. Personalkoordination Ausland d. Bayer AG, seit 1976 hauptamtl. Vorst.-Mtgl. b. Bayer 04 Leverkusen, Manager d. Lizenzspielerabt. H.: Reisen. (Re)

Caló Roberto *)

Calsow Dietlinde
B.: Kostümbildnerin, Kostümdir. i. R. FN.: Dt. Oper Berlin. PA.: 10629 Berlin-Charlottenburg, Giesebrechtstr. 22. G.: Berlin, 7. Juni 1935. El.: Rudolf u. Erika Calsow. S.: 1956 Abitur, 1958-63 Stud. Bühnenbild u. Kostüm b. Prof. Willy Schmidt an d. HS d. Künste Berlin, 1956-58 Schneiderlehre in Berlin. K.: während d. Stud. Tätigkeit b. einem Berliner Modegestalter u. erste Aufträge f. Kostümbearb. b. Theatern z.B. 1959 Musterkostüme f. Bayreuter Festspiele, seit 1964 Dt. Oper Berlin, zunächst Volontärin, 1965-68 Ass., ab 1968 stellv. Kostümdir., seit 1979 Kostümdir., Ltg. d. Kostüm- u. Ausstattungsbereichs, freiberufl. Kostümbildner. Arb. f. Theater, Gastspiele u. Ausstellungen. Z. 2001 im Ruhestand, seit 2001 Lehrtätigkeit an d. Techn. Univ. Berlin. P.: Rappresentazione di Anima e di Corpo. Das Spiel v. Seele u. Körper" (1994), "Sommernachtstraum" (1985), d. 750-J.-Feier d. "Opernsternstunde", 1995 Ur-Aufführung d. Ballettes "Die Schneekönigin" (Christian Andersen) an d. Dt. Oper Berlin, "MATTHÄUS-PASSION" Premiere 1999 Szenisch-optische Gestaltung: Götz Friedrich, Günther Uecker, Dietlinde Calsow. H.: Kunstausstellungen, Gestalten m. Blumen, Musik, Literatur, Gespräche, Kochen.

Calugaru Adina-Maria Dipl.-Ing.

B.: Architektin, Inh. FN.: AMC Planungsbüro. DA.: 80689 München, Willibaldstr. 201. PA.: 80689 München, Georginenstraße 16. amcplanungs@freenet.de. G.: Campina/Rumänien, 9. Juni 1941. El.: Prof. Dipl.-Ing. Victor u. Virginia de Anca. S.: 1959 Abitur, 1959-66 Stud. Bauwesen u. Arch. TH Klausenburg. K.: 1966-69 Ass. an d. TH Klausenburg, 1969-71 Gaststud. an d. TU München z. Anerkennung d. Dipl. in Deutschland, 1969-74 glz. Bauzeichnerin in d. Firma Eternit in München, 1974-78 Architektin im Arch.-Büro Koch in Feldkirchen, 1978-80 Architektin im Arch.-Büro Roemmich & Partner in München u. zuständig f. KH-Bau, 1980-83 Aufenthalt im Irak u. tätig f. d. Firma Dorsch Consults, zuständig u.a. f. d. Bau d. U-Bahn in Bagdad, 1983-84 Architektin im WRBA-Arch.-Büro in München, 1984-87 Architektin f. d. U-Bahnbau in Kairo f. d. Firma Dragages de Traveaux de Marselle, 1987-91 Architektin f. d. KH-Bau in Djakarta/Indonesien, 1991-94 Architektin im Arch.-Büro Pappe in München u. zuständig f. Ind.-Bauten, Hotels u. Golfanlagen, 1994-97 Architektin im Arch.-Büro Annaberger in München, seit 1997 selbst. m. Grdg. d. Firma AMC Planungsbüro in München m. Schwerpunkt Zusammenarb. m. franz. Arch.-Büro Apponio, Planung, Bau u. Vertrieb v. Hotels, exclusive Ferienresorts an d. Cote d'Azur sowie Aufbau d. Infrastruktur, Erstellung eines Hotels auf d. Kapverdischen Inseln. BL.: Erlenen v. 13. Sprachen. P.: Veröff. v. Gedichten. M.: Dialyse Ver. e.V. München, Mozartver. München, Kulturgemeinschaft Katakombe in München, Arch.-Gruppe Salzburg, Fördermtgl. d. Ballettgruppe Béjart in Lausanne, Unterstützung d. Dorfgemeinschaft Ehervar in Ungarn. H.: Reisen, Malen, Klavier spielen, Bergsteigen, Sprachen lernen.

Calver Alan *)

Camaro Alexander Prof. *)

Cambeis Gerhard *)

Camby Balder Dipl.-Ing. *)

Camci Mete Dr. med.

B.: Arzt. GT.: wiss. BeiR. d. Zeitschriften Vasomed u. Medizin im Bild. DA.: 50670 Köln, Aachener Str. 312. G.: Zonguldak/Türkei, 4. Juli 1958. V.: Sabine, geb. Homrighausen. Ki.: Rana, Nicolas. El.: Muharrem u. Ulviye, geb. Tuna. S.: 1979 Abitur, 1979-86 Stud. Humanmed. in Aachen, 1986 Approb. als Arzt, 1986-89 chir. u. gefäßchir. Ausbild. b. Prof. Dr. S. v. Bary Kreis-KH Würselen, 1987 Diss., 1988 Zusatzbezeichnung Sportmed., 1989-91 internist. Ausbild. b. Prof. J. Kindler im Kreis-KH Würselen, 1990 Arzt f. Allg.-Med., 1995 Zusatzbezeichnung Phlebologie. K.: seit 1991 ndlg. Allg.-Arzt in d. angiolog. Gemeinschaftspraxis Dr. Bulling. Dr. Camci, Dr. Halasa. M.: Vorst.-Mtgl. in d. Dt. Liga z. Bekämpfung v. Gefäßkrankheiten, Dt. Ges. f. Phlebologie, Gefäßliga e.V., Dt. Ges. f. Angiologie. H.: Sport, Marathonlauf.

Camenzind Max
Dr. rer. nat. Dipl.-Phys. apl.Prof.
B.: OAstronomieR., Gruppenltr. theor. Astrophysik. FN.: Landessternwarte Königstuhl. PA.: 89151 Neckargemünd, Herrenweg 26. m.camenzind@lsw.uni-heidelberg.de. www. lsw. uni-heidelberg.de. G.: Luzern/Schweiz, 6. Okt. 1944. V.: Dipl.-Krankenschwester Martina, geb. Gräfe. Ki.: Sven (1981), Tessa (1985). El.: Balz u. Agnes, geb. Schürmann. BV.: Prof. Louis Bel bekannter schweizer Kunstmaler. S.: 1965 Abitur, 1965-70 Stud. Theoret. Physik Univ. Bern, 1 Sem. Univ. Madrid, 1970 Dipl.-Phys., 1973 Prom. z. Dr. rer. nat. K.: 1970-75 wiss. Ang. Univ. Berlin, 1973 Prom. z. Dr. rer. nat., 1976-78 Physikal. Inst. Univ. Hamburg, 1978-84 Post Doc Univ. Zürich Inst. f. Theoret. Physik, 1984-86 Gastwissenschaftler MPI f. Astrophysik Garching seit 1986 Landessternwarte Heidelberg, 1992-98 Ltr. d. Abt. Quasare u. Jets, Sonderforsch.-Bereich Galaxien, 1994-2000 Ltr. d. Forsch.-Gruppe "Jets junger Sterne" im DFG-Schwerpunktprogramm "Physik d. Stern-Entstehung", seit 1999 Gruppenl-

*) Biographie www.whoiswho-verlag.ch oder beigefügte CD-ROM

tr. im Sonderforsch.-Bereich Galaxien in jungen Universen, Projekte: Quasare in jungen Universen, hochrotverschobene Radiogalaxien. BL.: Erforschung d. Jets d. Quasar u. junger Sterne u. d. Akkretion auf Quasare, Computersimulation, Kooperation m. Moskau. P.: seit 1986 viel zitierte Grundlagenarb. zu Mechanismen d. Jeterzeugungen u. relativist. Magnet-Hydrodynamik, ca. 75 ref. Publ., Referent auf intern. Kongressen. M.: Astronom. Ges. H.: Computerei, Skifahren, Tennis, Sport.

Camerer Walther Dr. med. *)

Cames Norbert

B.: Künstler, Illustrator, Lithograph. DA.: 41065 Mönchengladbach, Sophienstr. 29. G.: Mönchengladbach, 1. Sep. 1953. Ki.: Alice (1975), Sarah (1987). S.: 1968-71 Lehre als Lithograph. K.: 1975-81 Allround-Kreativer b. d. Agentur Grey, seit 1981 freiberuflicher Künstler, realistische u. lyrische Malerei, abstrakter Expressionismus, Lehrbeauftr. FH-Aachen. P.: Veröffentl. in mehreren Kunstbüchern. M.: Paul-Klinger-Ver., BKK. H.: Kyudo.

Cametti Maritta *)

Camilli Sandro M.
B.: Mtgl. d. Geschäftsltg. FN.: DTZ Zadelhoff GmbH. DA.: 70182 Stuttgart, Wilhelmstr. 12. PA.: 78048 VS-Villingen, Sperberstr. 25/1. sandro.camilli@dtz.de. G.: Villingen, 30. Mai 1964. Ki.: Valentino (1992), Marco (1996). El.: Renato u. Annemarie, geb. Schifferdecker. BV.: Wilhelm Schifferdecker. S.: 1982 Mittlere Reife, 1982-83 priv. Hotelfachschule Tegernsee, 1986 Abitur Königsfeld, 1987-91 Stud. Immobilienwirtschaft FH Nürtingen. K.: seit 1991 tätig in d. DTZ Zadelhoff GmbH, seit 1993 Prok. u. seit 2001 Mitgl. d. Geschäftsltg. P.: Büromarktberichte. H.: Klavier spielen, Narro-Zunft in Villingen, Geschichte.

Cammann Karl-Heinz Dipl.-Ing. *)

Cammas Jean-Jacques *)

Cammaus Maria-Helena *)

Cammenga Heiko Karl Dr. rer. nat. Prof.
B.: Prof. FN.: Inst. Phys. Theor. Chemie TU Braunschweig. DA.: 38106 Braunschweig, Hans-Sommer-Str. 10. PA.: 38104 Braunschweig, Johanniterstr. 7a. agcammenga@tu-bs.de. G.: Bremen, 30. Juli 1938. V.: ingrid, geb. Potthoff. Ki.: Anne, Jörg. El.: Karl u. Henriette. S.: 1957 Abitur am Friedrich-Paulsen-Gymn. in Niebüll, 1957-62 Stud. Chemie, Physik u. Mineralogie TH Braunschweig u. TH Helsinki, 1967 Prom. K.: 1970-71 Gastdoz. in Rochester N.Y./USA, 1973 Verleihung d. venia legendi in physikal. Chemie, 1974 Univ.Doz., seit 1977 Prof. f. Physikal. Chemie. P.: Verfasser bzw. Mitverfasser v. 5 Buchpubl., Evaporation Mechanisms of Liquids, Naturwerkstein in der Denkmalpflege, Methoden der Thermischen Analyse, Steinmetzpraxis, Bauchemie, ca. 175 Publ. in Fachzeitschriften. E.: 1987 Preis d. Schweiz. Ges. f. Thermoanal. u. Kalorim. M.: Ges. Dt. Chemiker, Dt. Bunsenges. f. Physikal. Chemie, IUPAC (pers.), Ges. f. Therm. Analyse, Intern. Confederation for Thermal Analysis, HS-Verb., Forsch.Kreis d. Ernährungsind., Braunschweig. HS-Bd. H.: wiss. Fotografie, Segeln.

Cammerer Walter Friedrich Dr. rer. nat. *)

de la Camp Rüdiger Dr. med.

B.: Internist, Rheumatologe. FN.: Internist. Praxisgemeinschaft. DA.: 91056 Erlangen, Möhrendorfer Str. 1c. ruediger.dela.camp@t-online.de. www.de-la-camp.de. G.: Bad Laasphe, 2. Jan. 1950. V.: Kristine, geb. Roth. Ki.: Vera (1982), Anne (1986). El.: Dr. med. Theodor u. Ingeborg, geb. Viering. BV.: Namensherkunft: Einwanderer aus Spanien (über Holland, Stade u. Hamburg), Ev. Bürgerrecht. S.: 1968 Abitur Laasphe, 1968-74 Stud. Humanmed. Philipps-Univ. Marburg, Staatsexamen, 1975 Approb. K.: 1974 Med. Ass. Odebornklinik, 1975 Med. Ass. Stadt-KH Bad Oeynhausen, Innere u. Chir. Abt., 1975-76 Zivildienst Arzt b. d. Luftrettung Köln, 1976-77 Ass.-Arzt Diabetesklinik Bad Oeynhausen, 1977-78 Radiolog. Weiterbild./Ass.-Arzt im Kreis-KH Herford, 1978-79 Ass.-Arzt am Inst. f. Anästhesiologie u. Intensivmed. d. Stadtklinik Baden-Baden, 1979-82 Ass.-Arzt Med. Klinik d. Stadtklinik Baden-Baden u. am Staatl. Rheuma-KH Baden-Baden, 1980 Prom. z. Dr. med., 1983 Anerkennung als Internist u. Rheumatologe in Erlangen, Anerkennung Zusatzbezeichnung Physikal. Therapie. BL.: seit 1983 Ltr. einer fliegerärztl. Untersuchungsstelle, 1984 Anerkennung Fachkundennachweis f. Ärzte im Luftrettungsdienst, 1986 Anerkennung Teilgebietsbezeichnung Rheumatologie, seit 1995 stellv. Vors. d. Rheumazentrums Erlangen, Vorst.-Mtgl. d. Bayer. Berufsverb. d. intern. Rheumatologen, Mtgl. Prüf.-Aussch. Rheumatologie d. Bayer. Landesärztekam. P.: 1980 Diss. "Katamnistische Untersuchungen über d. Therapieerfolg v. Heilverfahren", 1983-86 versch. Untersuchungen u. Publ. z. Thema "Endoskopischer Nachweis Gastroduodenaler Läsionen b. NSAR-behandelten Rheumakranken" sowie "Klin. Befunddokumentation b. entzündl. rheumatischen Erkrankungen". M.: Dt. Ges. f. Rheumatologie, Bundesberufsverb. Dt. Rheumatologen, Bundesberufsverb. d. Bayer. Internist. Rheumatologen, Bundesberufsverb. Dt. Internisten, Luftsportgruppe Sulzbach-Rosenberg e.V. H.: Motorsegeln (Flugschein PPL-B), klass. Musik, Jazz, EDV/Computertechnologie.

Campe Wolfgang Dr. med.
B.: FA f. Allg.-Med. DA.: 49080 Osnabrück, Arndtstr. 22. PA.: 49082 Osnabrück, Selinghof 11. wolfgang.campe@dgn.de. G.: Osnabrück, 19. Mai 1954. V.: Sybille, geb. von Bar. Ki.: Lena-Sabrina (1982), Wolf-Julian (1984), Kim-Norina (1991). S.: 1973 Abitur, 1973 Stud. Med. Univ. Münster, 1979 Approb., 1980 Prom., 1980-81 Wehrdienst - Truppenarzt d. Stabskompanie Münster. K.: 1981-82 Ass.-Arzt d. Chir. am Ev. KH in Münster, 1983 tätig d. Gynäk. an d. Raphaels Klinik in Münster, 1983-87 tätig in d. Kinderkeilkunde u. in d. Inneren Abt. am St. Franziskushospital Münster, 1989 FA f. Allg.-Med., 1987 Übernahme d. Praxis in Osnabrück m. Schwerpunkt Gastroenterologie. M.: med. Ges. Osnabrück, Berufsverb. d. Allg.-Mediziner Kirchenvorst. d. Lutherkirche Osnabrück, Kirchenkreistag Osnbabrück. H.: Musik, Theater.

*) Biographie www.whoiswho-verlag.ch oder beigefügte CD-ROM

Freiherr v. Campenhausen Axel Dr. iur. Prof.
B.: Prof. d. Rechte, Präs. Klosterkammer Hannover a.D., Ltr. Kirchenrechtl. Inst. d. EKD. PA.: 30559 Hannover, Oppenbornstr. 5. G.: Göttingen, 23. Jan. 1934. V.: Sabine, geb. v. Schultzendorff. Ki.: Balthasar (1965), Aurel (1967), Moritz (1969), Jutta (1970). El.: Hans Frhr. v. Campenhausen Prof. f. Theol. u. Dorle, geb. v. Eichel. S.: 1953 Abitur, Hum. Gymn. in Heidelberg, Stud. d. Rechte in Heidelberg, Göttingen, Köln, Bonn, Paris, London, 1960 Prom., 1967 Habil. Göttingen. K.: 1967-69 Doz. Univ. Göttingen, 1969 Ltr. Kirchenrechtl. Inst. d. Ev. Kirche in Deutschland, 1969-79 o.Prof. f. Öff. Recht u. Kirchenrecht an d. Univ. München, 1976-79 Staatssekr. im Niedersächs. Min. f. Wiss. u. Kunst, 1979-99 Präs. d. Klosterkammer Hannover, seit 1979 Hon.Prof. an d. Jur. Fak. d. Univ. Göttingen. P.: Staat und Kirche in Frankreich (1962, franz. Aufl. 1964), Erziehungsauftrag und staatliche Schulträgerschaft (1967), Staatskirchenrecht (3. Aufl. 1996), Gesammelte Schriften (1995), Kirchenrecht u. Kirchenpolitik (1996), Seifert / v. Campenhausen (Hrsg.), Hdb. d. Stiftungsrechts (2. Aufl. 1999), Allgem. Hannoverscher Klosterfonds u. Klosterkammer Hannover (1999), zahlr. Veröff. in Handbüchern, Sammelbänden, Festschriften, gschf. Hrsg. d. Zeitschrift f. ev. Kirchenrecht, Mithrsg. des Ecclesiasticum: Beiträge z. ev. Kirchenrecht u. z. Staatskirchenrecht, Mithrsg. d. Rhein. Merkur. M.: Rotary Club Hannover, Vors. d. Bundesverb. Dt. Stiftungen. H.: Sammeln von Chodowiecki-Stichen, Briefmarkensammeln, Jagd. Sprachen: Englisch, Französisch. (L.v.W.)

Freiherr von Campenhausen Otto
B.: Richter, Landgerichtspräs. a. D., Präs. i. R. FN.: Kirchenamt d. Evang. Kirche. PA.: 29525 Uelzen, Hambrock 3. G.: Burg Schwarzenfels, 7. Febr. 1932. V.: Edelgart, geb. v. Kannewurff. Ki.: Katja, Hans-Rudolf, Ingeborg, Irmela. El.: Dr. Balthasar u. Brigitte. S.: Hum. Gymn., Abitur, Stud. in Marburg u. Kiel. K.: Justizdienst in Schleswig-Holstein, 1961 Staatsanw., 1964 RgR. im Justizmin., 1965 AmtsgerichtsR. in Geltorf, 1972 Amtsgerichtsdir. in Eckernförde, 1975 VPr. d. LG Kiel, 1980 Präs. d. LG Itzehoe, ab 1989 Kirchenverwaltung. E.: BVK 1 Kl. M.: Lions-Club Eckernförde, Lions-Club Itzehoe. H.: Recht, Theol., Soziales, Musik, Literatur.

Camphausen Christiane *)

Campi Gigi *)

Campi Paolo *)

Campignier Peter *)

Campinge Josef Dr. *)

Camus Philippe
B.: Co-Chief Executive Officer. FN.: European Aeronautic Defence and Space Company (EADS). DA.: 81663 München, Postfach 80 11 09. www.eads.net. G.: Paris, 28. Juni 1948. S.: 1967-71 Stud. École Normale Supérieure Paris, 1970 Dipl. in Wirtschaft u. Finanzen Inst. f. polit. Wiss. Paris, 1971 Dipl. in Physik École Normale Supérieure, 1980 Abschlußprüf. Versicherungsmath. K.: 1972-82 Ltr. f. Sonderaufgaben d. Hinterlegungs- u. Konsignationszentralamtes, 1982-92 Gschf. d. Gen.-Dion. d. Firmengruppe Lagardère u. Vors. d. Finanzaussch. d. Firmengruppe Matra, 1987-93 AufsR.-Vors. d. Bank Arjil, seit 1992 Vorst.-Vors. v. ARCO KG d. Lagardère Groupe, 1993-98 Gschf. d. Lagardère Groupe u. Vors. d. Finanzaussch., seit 1996 Mtgl. d. Rates d. Finanzmärkte, seit 1997 Mtgl. d. VerwR. d. Bank Crédit Lyonnais, Vors. d. Aussch. d. Risiken u. Buchprüfung, Mtgl. d. VerwR. v. CERUS, seit 1998 Mitgschf. v. Lagardère SCA, seit 1999 zusätzl. Gschf. d. Firmengruppe Aérospatiale Matra u. dann Vorst.-Vors., seit 2000 Co-Chief Executive Officer d. EADS. M.: VerwR. d. Inst. f. Sachv. u. Zukunftsforsch., 1989 Aviation Week Aerospace Laureate.

Canali Erich *)

Canali Tatiana Dr. lit. phil. *)

Canaris Volker Dr. phil. *)

Canavan Margarete Elisabeth.
B.: Steuerberaterin, selbständig. DA.: 61231 Bad Nauheim, Burgallee 20. G.: Frankfurt, 25. Mai 1937. BV.: Vater Fritz Hahner u. Großvater Otto Hahner Gründer u. Inh. d. 1. Frankfurter Breutenfabrik "Offenbacher Pfeffernüsse". S.: 1956-58 Lehre Industriekauffrau Firma Verglöst Bad Nauheim, 1963-74 versch. Kurse d. DAG, 1974 Steuerbevollmächtigtenprüfung. K.: 1958-60 Aufenthalt in Kanada u. tätig in d. Verw. d. Royal-Alexandra-Hospitals in Edmonton, 1960-61 Empfangssekretärin im Grödel-Sanatorium in Bad Nauheim, 1961-63 Aufenthalt in Malaysia, 1963-73 Steuerfachgehilfin in versch. Firmen, 1974 Eröff. d. Büros in Bad Nauheim m. Schwerpunkt Beratung v. ldw. Betrieben, 1986 Steuerberaterprüfung, seit 2001 Schwerpunkt Betreuung u. Beratung v. Privatpersonen. M.: Steuerberaterkammer Hessen, Stauerberaterverband Hessen, Mittelständ. Bund Düsseldorf, Kantorei Friedberg. H.: Singen, klass. Musik.

Canavesi Mario
B.: Senior Vice President. FN.: Nissan Europe N.V. DA.: NL-JS Amsterdam, Johan Huizingalaan 400. www.nissan-europe.com. G.: Zürich, 1. Okt. 1942. V.: verh. S.: Ausbild. in Betriebswirtschaft m. Schwerpunkt Werbung. K.: 1963-68 Tätigkeit b. d. Werbeagentur Lintas in Frankfurt u. Essen, 1969 Eintritt in d. Dion. Werbung, 1978-91 Ltr., seit 1994 Renault Italia S.p.A., 1997-2000 Vorst.-Vors. Dt. Renault AG, seit 2000 Senior Vice President b. Nissan Europe N.V.

Canbaz Faruk
B.: geprüfter Restaurator f. Möbel u. Orientteppiche, Inh., Gschf. DA.: 30559 Hannover/Kirchrode, Lange Feldstr. 60. G.: Cumra/Türkei, 10. Jan. 1952. V.: Yasemin, geb. Güla. Ki.: Ozan (1975), Berkan Ege (1997). S.: 1971 Fachabitur Izmir/Türkei, 1971-73 Arch.-Stud. Türkei, 1973 Studienaufenthalt in d. BRD. K.: 1974-76 Deutschsprachenstud. in Hannover, 1976-82 Restaurator in einem Fachgeschäft f. Antikmöbel u. Orientteppiche in Hannover, 1983 Prüf. f. Restaurator b. d. Handwerkskam. Hannover m. Abschluß z. geprüften Restaurator, 1983 selbst. m. eigenem Laden u. Werkstatt in Hannover. P.: Veröff. in Fachzeitschriften u. Magazinen. E.: div. Ausz. M.: Dt.-Türk. Ver., IHK, Handwerkskam. H.: Arb., Teppichmusterentwürfe, Sammeln v. kleinen Antikwerken, Sammlung v. Osman. Orden, sammeln v. Antikteppiche.

Cancar Drago
B.: Maschinenbauer, Inh. FN.: CID Creative Identity Design. DA.: 86152 Augsburg, Pilgerhausstr. 21. G.: 1. Apr. 1965. V.: Anastasia, geb. Georgitsas. Ki.: Elena, Sofia. S.: 1983-86 Ausbild. z. Maschinenbauer, 1991-94 Stud. Maschinenbau, 1994-96 Ausbild. z. Bauzeichner (Hochbau), 1997-98 Fachausbild. z. DTP-Multimedia-Designer, 1999-2000 Ausbild. d. Ausbilder. K.: 1986-91 Monteur Firma MAN-Roland (Druckmaschinen AG), 1986-97 selbst. Tätigkeit als Einrichtungsdesigner 3D-Designer, 1998-99 selbst. f. DTP-Produktionen, seit 1999 selbst. CID Creative Identity Design Multimedia-Service & Werbeagentur. P.. div. Publ. u.a. in "Schöner wohnen" u. "Wohndesign". H.: Portraitmalerei, Aktmalerei in Öl u. Kohle, Fitness, Skifahren, Waldlaufen.

Candidus Wolfram Arnim *)

---

*) Biographie www.whoiswho-verlag.ch oder beigefügte CD-ROM

Canestrini Maurizio

B.: selbst. Gastronom. FN.: Ristorante Pinocchio. DA.: 78462 Konstanz, Untere Laube 47. G.: Bagno di Romagna, 23. Nov. 1947. V.: Sylvia. Ki.: Olivia (1974), Michelangelo (1989). El.: Mario u. Laura. S.: 1969 Emigration nach Berlin. K.: 1970 Koch im "Ilgattopardo" in Berlin, 5 J. selbst. m. Bruder b. "Di Stefano", 1974 1. Restaurant in Padrino geführt, 1979 Eröff. "La Gondola" in Berlin, 1980/81 Eröff. "Pinocchio" in Eutin, 1987 Eröffnung "Pinocchio" in Konstanz, 1999 Eröff. "Osteria Passatempo" in Konstanz. BL.: Herr Canestrini, ein Kanadier u. ein Engländer entwickelten d. tiefgefrorene Pizza, d. später Dr. Oetker aufkaufte, 1968 Liedkomposition "Cavallino d'Argento" in Bangnacavallo. E.: "Feinschmecker" unter d. 150 besten Italiern, "Svoir Vivre" unter d. 150 besten Italienern, "SAT 1" unter d. 10 besten Köchen in Deutschland ausgewählt, "Persönlichkeiten v. Bodensee" (1992), "Barolo Spers". H.: Gedichte schreiben, Kochen, kostbare ital. Weine, exclusive Krawatten.

Canet Didier

B.: Konditor, Inh. FN.: Aux Delices Normands GmbH; Cafe-Creperie. DA.: 14169 Berlin, Berliner Str. 49; 14057 Berlin, Neue Kantstraße 26; 10719 Berlin, Pfalzburger Str. 76; 14195 Berlin, Ihnestr. 29. G.: Normandie/Frankreich, 22. Dez. 1960. El.: Alfred u. Ingrid. S.: Ausbild. z. Konditor. K.: Tätigkeit in versch. Delikatess-Bereichen in Südfrankreich, 1988 Übersiedlung nach Berlin, 1988-95 Repräsentant f. d. Unternehmen "Le notre" in Deutschland KaDeWe u. in Hamburg, seit 1995 selbst. m. Aux Delices Normands GmbH in Berlin-Zehlendorf m. Produktion fast aller Art. nach franz. Rezept aus biolog. Grundstoffen, 1997 Eröff. d. 2. Geschäftes in d. Kantstraße, 1999 Eröff. d. 3. Geschäftes in d. Pfalzburger Straße, 1999 Eröff. Cafe u. Creperie in d. Ihnestraße Berlin, in Planung - Betrieben eines ökolog. Bauernhofes m. Holzbackofen in Stahnsdorf b. Berlin. BL.: Pionier auf d. Gebiet d. Delikatessenhersteller auf ökolog. Basis. E.: Wettbewerbsbeteiligungen im Konditorbereich. M.: Bäckerinnung, Club des Affaires. H.: Sport, Kino, Lesen.

Caninenberg Hans *)

Canisius Peter P. Dipl.-Ing. Prof.

B.: Präs., AufsR. FN.: UNESCO Inst. f. Informationstechnologie im Bildungswesen, Moskau. DA.: 117292 Moscow, Russia, Kedrova Str. 8. PA.: 51109 Köln, Europaring 46. p. cansisius@netcologne.de. G.: Peine, 17. Okt. 1929. V.: Renate, geb. Peschko (Bürgerm' in Stadt Köln). Ki.: 2 Ki. S.: Bauing. Wesen Karlsruhe, 1960 Dipl. K.: 1961-68 wiss. Mitarb. BAnst. f. Wasserbau, BAnst. f. Straßenwesen, 1968-94 zul. StV. Präs. P.: zahlr. Veröff. E.: GrBVK, DIN-Ehrennadel.

Cannova Michele *)

Freiherr v. Canstein Philipp

B.: Kunsthistoriker, Maler, Grafiker, Schriftsteller. DA.: 40667 Meerbusch, Hoher Graben-Weg 75. G.: Beuron, 1. Mai 1928. Ki.: Raban (1963), Annette (1965). S.: 1945 Notabitur Bad Buchau, 1928 Begegnung m. Kirchenmaler Hirth in Bad Buchau, 1946 1. Ausstellung, Volontär in einer Druckerei, 1950 Stud. Werkkunstschule Düsseldorf u. Staatl. Kunstak. Düsseldorf, Schüler v. O. Coestre, Herberholz, Otto Pankok u. H.G. Lenzen. K.: Freier Mitarb. als Illustrator b. versch. Tageszeitungen u. Buchverlagen, seit 1955 ständige Ausstellungen, seit 1983 freischaff. Künstler in Meerbusch. M.: seit 1985 Gremiumsmtgl. d. Künstlergruppe "Kunst aus Meerbusch". H.: neue Geschichte. (R.E.S.)

Cantaragiu Vladimir D. Dipl.-Ing.

B.: Ruheständler, Beratungen f. Vertretungen. DA.: 38226 Salzgitter, Heckenstr. 8. G.: Bukarest, 8. Juli 1931. V.: Dr. med. dent. Eliza. BV.: Großvater Constantin Ionescu-Savantu, einer d. Begründer d. Sozialdemokrat. Partei in Ploiesti Rumäniens, 1950 v. Kommunisten verhaftet u. 1953 verstorben i. Gefängnis Gheria. S.: 1950 Stud. Feinmechanik, Maschinenbau u. Optik TU Bukarest. K.: 1955 Chefing. f. Maschinenprototypen d. Konservenind. im Lebensmittelmin., 1956 ltd. techn. Dir. d. Techn. Abt. f. Investitionen u. Maschinenbau im Min. d. Konservengen.-Dion., 1969 als Berater d. Min. u. Gen.-Dir. f. Investitionen u. intern. Zusammenarb., Mtgl. d. Kmsn. f. Zusammenarb. m. d. sozialist. Ländern im Bereich d. Konserven- u. Lebensmittelind., Maschinen sowie d. Verpackungsind., Mtgl. d. Delegation f. Kontakte m. d. BRD im Bereich Verpackung, Lebensmittel, Maschinen, 1972 kurz v. d. Benennung z. Staatssekr. aus Rumänien über d. Libanon u. Italien nach Deutschland geflüchtet, 1973 Firma Züchner in Seesen, Ltr. d. Logistik, Mtgl. d. Vorst. d. techn. Kmsn. d. Metallverpackungsverb. in Düsseldorf, Mtgl. d. dt. Delegation b. EG-Vorsitzende d. NR5 Kommission bei Dachverb. in Brüssel SEFEL u. parallel Mtgl. d. DIN-Aussch. u. d. ISO-Aussch. f. Metallverpackungen, 1991 in d. Ruhestand u. zeitweise Berater f. d. Firma FABA in Italien u. Rumänien. BL.: Besitzer einer Sammlung Skulpturen u. Gemälden v. einem d. größten u. bedeutendsten Bildhauer/Maler Rumäniens, Ion Vlad, aber auch weitere Bilder v. anderen berühmten Malern. P.: über 50 Art. bezügl. d. Verpackungen u. Maschinen f. d. Konservenind. in d. "NV", Studien f. Inst. u. Firmen im Bereich d. Metallverpackungen, Buch über Stufentrockner f. Obst u. Gemüse (1959), Buch über Großvater C. Ionescu-Savantu. M.: vors. in d. kulturellen u. religiösen dt./rumän. Ver. e.V. in Salzgitter. H.: umfangreiche Sammlung an alten Stichen über Rumänien u. klass. Briefmarken, Philatelist. Arge Rumäniens.

Canters Hans-Peter *)

Cantzler Roland *)

Cantzler Wilhelm Georg Robert Ing. *)

Canzler Joachim *)

Canzler Rolf E.

B.: Patentanw. am Dt. u. Europ. Patentamt. FN.: Kzl. Canzler u. Bergmeier. DA.: 85055 Ingolstadt, Friedrich-Ebert-Str. 84. G.: 20. Dez. 1930. V.: Adelheid, geb. Küppers. S.: 1949 Abi-

*) Biographie www.whoiswho-verlag.ch oder beigefügte CD-ROM

tur Chemnitz, 1949-50 Ausbild. Maschinenschlosser, 1950-52 Stud. Maschinenbau TH Darmstadt, 1952-56 Stud. Maschinenbau u. Textiltechnologie TH Stuttgart u. Forsch.-Inst. Reutlingen d. Univ. Stuttgart m. Abschluß Dipl.-Ing. K.: 1956-58 Lehrass. u. Betriebsing. an d. Textiling.-Schule Reutlingen, Ltr. f. techn. Anlagen, 1958-61 Ausbild. z. Patentanw. u. später Ltr. d. Patentabt. u. Prok. in d. Firma Schubert u. Salzer Maschinenfabrik AG Ingolstadt, seit 1991 selbst. Patentanw., seit 1996 in Sozietät m. H. Patentanw. W. Bergmeier, u.a. tätig f. Bauind., Behälterbau, Saunabau, Baustoffe u. Armaturen, intern. Schiedsgerichtsverfahren u.a. in Frankreich u. Brasilien. P.: Veröff. in Fachzeitschriften, Dipl.-Arb., Festschrift z. 100-jährigen Bestehen d. Dt. Patentamtes. M.: langj. Mitarbeit b. Dt. Normenausschuß DIN Textilnorm, 1963-76 Präs. d. Landessektion Dt. d. Intern. Föderation v. Wirkerei- u. Strickfachleuten, 40 J. Alpenver., Vors. d. HeimbeiR. Heime Auhof d. Rummelberger Anstalten, gesetzl. Betreuer f. ein behindertes Kind. H.: Bergsteigen, Wassersport, Schwimmen, Surfen, Segeln - intern. Sportbootsführerschein.

Capeling-Alakija Sharon
B.: Ltr., Executive Co-Ordinator. FN.: United Nations Volunteers (Freiwilligenprogramm d. Vereinten Nationen). G.: Saskatchewan/Kanada, 6. Mai 1944. Ki.: 3 Söhne. S.: Stud. Univ. v. Saskatchewan in Saskatoon, 1998 Dr. h.c. K.: 1967-89 CUSO Canadian Univ. Service Overseas, 1. Auslandsreise nach Barbados als Freiwillige Entwicklungshelferin, Entwicklungshelferin in Tansania, Reisen in bislang 90 Länder auf allen Kontinenten, 1982-89 Dir. Westafrika Region d. CUSO, 1989-94 Dir. United Nations Development Fund for Women UNIFEM, 1994-97 Dir. Abt. f. Evaluierung u. strategische Planung, UNDP, seit 1997 Ltr. United Nations Volunteers Zentrale in Bonn. P.: Harvard Intern. Review über UNIFEM. M.: Board North-South Inst. in Ottawa/Kanada, Daimler-Benz Foundation Kolleg on Organizational Learning in Ladenburg. H.: Literatur, Geschichte, Engl. Sprache, Filme, Basketball, Schwimmen, Tanzen.

Capellmann Kurt *)

Capellmann Nadine
B.: Profi-Dressurreiterin. FN.: c/o Dt. reiterl. Vereinigung. DA.: 48231 Warendorf, Frhr.-von-Langen-Str. 13. K.: größte sportl. Erfolge: 1982 DM junge Reiter/2., 1983 DM Junge Reiter/1., 1984 EM Junge Reiter Mannschaft/1., Einzel/2., 1985 DM Junge Reiter/1., EM Junge Reiter Mannschaft/1., Einzel/3., 1992 DM/6., Preis d. Nationen CHIO Rotterdam/1., 1993 Preis d. Nationen CHIO Rotterdam/1., 1994 DM/3., 1995 WC-Finale Los Angeles/10., Grand Prix Kür Wiesbaden/1., 1996 DM/4., Grand Prix Special Aachen Hallenturnier/1., 1997 EM Mannschaft/1., Einzel/4., DM/2., Grand Prix u. Grand Prix Special Aachener Hallenturnier/1., Grand Prix Kür Bad Salzuflen/1., Dressur-Derby Hamburg/3., Preis d. Nationen CDIO Aachen/1., 1998 WM Mannschaft/1., Einzel/7., DM/2., Grand Prix Special Münster Hallenturnier/1., Grand Prix u. Grand Prix Special München/1., Grand Prix Frankfurt/1., Preis d. Nationen CDIO Bad Aachen/1., 1999 Grand Prix u. Grand Prix Special Aachener Hallenturnier/1., Grand Prix Special Dortmund/1., Preis d. Nationen/1., Grand Prix CHIO Aachen/1., Grand Prix u. Grand Prix Kür Balve/1., Grand Prix Kür CDI Wattens/AUT/1., Grand Prix u. Grand Prix Special Turnier d. Sieger in Münster/1., DM/1., EM Mannschaft/1., Einzel/4., 2000 OS Sydney Mannschaft/1.

Capiraso Antonio
B.: Gschf. FN.: Ristorante Al Sarago. DA.: 10777 Berlin, Regensburger Str. 1. G.: Neapel, 27. Nov. 1959. S.: 1974-77 Hotelfachschule Sorrento, Aufenthalte in d. Schweiz, England u. Deutschland. K.: 1977-79 Demi-Chef am Grill im Hotel Kempinski in Berlin, 1981 Eröff. d. Hotels in Rimini, 1985-88 Gschf. d. Restaurant "Puccini" an d. Dt. Oper in Berlin, 1988-91 Inh. d. Restaurant Da Antonio im ehem. Ritz in Berlin, 1991 Eröff. d. Restaurant Papageno an d. Dt. Oper in Berlin, 1995 Eröff. d. Restaurant Parlamento in Kreuzberg, 1998 Eröff. d. Restaurant Cavalcanti, 1999 Eröff. d. Restaurant Al Sarago. E.: 1989 Ausz. d. Gault-Milleu, 1989 Erwähnung im Michelin, gute Kritiken d. Fachpresse u.a. VIF Gourmet Journal. H.: Lesen, Skifahren, Tennis, schnelle Autos.

Capitain Gisela

B.: Galeristin. FN.: Galerie Capitain. DA.: 50674 Köln, Aachener Str. 5. info@galerie-capitain.de. G.: Selb, 8. Mai 1952. El.: Herbert u. Emilie Capitain. S.: 1971 Abitur, 1971-75 Stud. Phil., Ausbild. Lehramt. K.: 1978 Zusammenarb. m. Martin Kippenberger, 1983-85 Tätigkeit in einer Galerie, seit 1986 eigene Galerie in Köln (zeitgenöss. Kunst d. 80iger u. 90iger J.), Nachlaßverw. Martin Kippenberger. M.: Freunde d. Museum Ludwig Köln.

Cappellari Ciro
B.: Filmregisseur, Kameramann, Drehbuchautor. PA.: 10789 Berlin, Nürnberger Str. 16. G.: Buenos Aires, 10. Sep. 1959. V.: Anka Schmid - Cappellari, Regisseurin (gesch.). Ki.: Iocco Orlando (1994), 2. Kind mit Lebensgefährtin Nancy Rivas, Lucio Angel Capellari (1996). EL.: Antonio Alberto u. Susanna Poza. BV.: Papst Gregor XVI (Mauro Cappellari). S.: 1978 Abitur. K.: 1978-80 Fotograf in Patagonien (Süd-Argentinien), 1981-84 Reisen nach Italien u. BRD, Fotograf in München, 1984-89 Stud. an d. dt. Film- u. Fernsehakademie Berlin (DFFB), s. 19889 Kameramann, Drehbuchautor u. Filmregisseur in BRD, Schweiz, Frankerich u. Argentinien. BL.: 1994 Oscar - Preisträger. P.: zahlr. Kurz- u. Abendfüllende Filme als Autor, Regisseur u. Kameramann. E.: Preise d. Festivals Trieste/Italien u. Göteborg/Schweden. M.: Bundesverb. Kamera. H.: Schi, Gitarre. (A.K.)

Cappeller Claudia Dipl.-Ing.
B.: Architekt, Inh. FN.: Arch.-Büro Cappeller. DA.: 06114 Halle, Rathenaupl. 8. G.: Berlin, 17. März 1955. V.: Dr. med. Wolf Armin Cappeller. Ki.: Riccarda (1989). El.: Johannes u. Ilse Denicke. BV.: Urgroßvater Boström war Philosoph. S.: 1972 Abitur Wiesbaden, Stud. Arch. als Stipendiar d. Stiftung d. Dt. Volkes an TH Darmstadt, 1981 Dipl. K.: 1982 Arch.-Büro in München, Ass. an d. HS München, 1988 Stud. Kanad. Holzbau, 1988 USA Boston MIT Massachusetts Inst. of Technology, 1989 Ass. an HS Müchen, 1992 selbst. in München, 1996 Umzug nach Halle, 1998 Gastprof. 1b GhK Kassel ebenso an HTWK Leipzig. M.: Dt.-Kanad. Ges. H.: Musikzirkel, Literatur, bild. Kunst.

Caprasse Axel *)

Car Gernot Erich Dipl. Arch. Ing. *)

Carballo Roberto *)

Carbone Francesco *)

Card June *)

---
*) Biographie www.whoiswho-verlag.ch oder beigefügte CD-ROM

Cardauns Burkhart Dr. Prof.
B.: o. Prof. f. klass. Philologie. FN.: Univ. Mannheim. PA.: 50259 Brauweiler, von-Schilling-Str. 32. G.: Gelsenkirchen, 18. Juli 1932. El.: Dr. med. Franz u. Dr. med. Martha. BV.: Prof. Dr. Hermann Cardauns, 1847-1925, Großvater, kath. Publizist. S.: Aloysius-Kolleg Bad Godesberg, Inst. a. d. Rosenberg St. Gallen (Abitur), Stud. klass. Philologie Univ. Köln, Tübingen, München, 1958 Prom. Köln, 1959 Staatsexamen. K.: 1959 Ass. Univ. Erlangen, 1967 Habil. Erlangen, 1967 dort Doz., 1969 WissR. Univ. Mannheim, 1974 dort o. Prof. P.: Varros Logistoricus über d. Götterverehrung (Curio de cultu deorum) 1960, M. Terentius Varro, Antiquitates Rerum Divinarum (Ausg. u. Erkl. d. Fragmente) 1976, Stand u. Aufgaben d. Varroforsch. (Bibliogr. 1935-80) 1982, Marcus Terentius Varro. Einführung in sein Werk, 2001. M.: Mommsen-Ges., Socio del Centro di Studi Varroniani, Rieti/Italia.

Cardenas Carbajal Ruben Martin Dr. *)

Cardinal Peter Dr.-Ing. Prof.
B.: Prof. FN.: FH Aachen. DA.: 52064 Aachen, Goethestr. 1. G.: 13. Mai 1938. V.: Heide, geb. Dürholt. Ki.: Nina (1968), Tim (1972), Nils (1973). S.: 1959 Abitur Wuppertal, 1959-65 Stud. Maschinenbau u. Fertigungstechnik RWTH Aachen, Dipl.-Ing. K.: 1965-68 Entwicklungsing. Firma Schloemann-Simag AG Düsseldorf, 1968 wiss. Ass. am Inst. f. Werkstoffkunde RWTH Aachen, 1974 Prom. z. Dr.-Ing., 1974-79 wiss. Mitarb. an d. RWTH Aachen, ab 1979 Prof. an d. FH Aachen. P.: Mitautor eines Fachbuches f. Werkstoffkunde u. versch. wiss. Publ. im In- u. Ausland. E.: 1974 Borchers-Plakette f. d. Diss. M.: VDI. H.: Lesen, Fotografieren, Reisen.

Cardona Manuel Dr. h.c. Prof. *)

Cardoso Rodolfo E.
B.: Profifußballspieler. FN.: HSV. DA.: 22525 Hamburg, Sylvesterallee 7. www.hsv.de. G.: 17. Okt. 1968. K.: Spieler bei d. Vereinen Estudiantes de la Plata, Boca Juniors Buenos Aires, Hamburger SV, Werder Bremen, SC Freiburg, FC Homburg, AC Azul u. seit 1999 b. HSV; Erfolge: 180 Bundesligaspiele, 43 Bundesligatore, 8 Länderspiele. (Re)

Carevic Juan *)

Carignani Paolo
B.: Generalmusikdir. FN.: Oper Frankfurt. DA.: 60311 Frankfurt/Main, Untermainanlage 11. pressereferat.oper@stadt-frankfurt.de. www.oper-frankfurt.de. G.: Mailand, 1961. S.: Stud. Orgel, Klavier u. Komposition am Giuseppe-Verdi-Konservatorium, Stud. Orchesterdirektion m. Alceo Galliera. K.: 1999-2004 Generalmusikdir. d. Oper Frankfurt u. Künstlerischer Ltr. d. Konzerte d. Frankfurter Museumsorchester in d. Alten Oper, nach Dirigenten v. Konzerten, Recitals u. Opern b. ital. Opernfestivals, wie z.B. am "Festival die Due Mondi" v. Spoleto, am "Rossini Opera Festival" v. Pesaro, am "Sferisterio" v. Macerata, am Festival di "Valle d'Istria" v. Martina Franca u. an d. Opernhäusern v. Rom, Neapel, Bologna, Genua u. Palermo hat er in d. letzten Jahren immer häufiger im europ. Ausland dirigiert, wie u.a. an d. Wiener u. d. Münchner Staatsoper, d. Concertgebouw in Amsterdam, d. Opernhaus Zürich, d. Dt. Oper Berlin, d. Bastille v. Paris, d. Gran Teatre del Liceu v. Barcelona, d. Norske Operaer v. Oslo u. d. Toulouser Capitole, nebem d. Museumsorchester u. zahlr. ital. Orchestern auch f. smyphonische Konzerte m. d. Detroit Symphony Orchestra, d. Jungen Dt. Philharmonie, d. Göteborg Symphony-Orchester, d. Dt. Symphonie-Orchester Berlin, d. Rundfunkorchester Köln, f. d. nächsten Jahre Einladungen v. Opernhäusern u. Orchestern in San Francisco, Detroit, d. Londoner Covent Garden, v. München, Berlin, Zürich, Wien, Palermo, Mailand, Tokyo. (Re)

Cario Uwe

B.: Gschf. Ges. FN.: Gewürz- & Küchenland GmbH. GT.: Inh. d. TUC Tonbearb. Uwe Cario (Tonträgerestellung), Bandleader d. Bands "Life-Song" und "Happy". DA.: 06618 Naumburg, Michaelisstr. 15. G.: Naumburg, 10. Mai 1954. Ki.: 2 Kinder. S.: 1973 Abitur, Lehre zum Fahrzeugschlosser, umfangreiche kulturpolit. Tätigkeit, Stud. im Kulturbereich. K.: seit 1990 Gründer u. Inh. d. o.g. Firma. H.: Musik.

Cario Wolf-Rainer Dr. med. Prof. *)

Carius Achim
B.: RA, Gschf. FN.: Wirtschaftsverb. Kopie u. Medientechnik; Reprografie Verlags u. Beratungs GmbH; Föderation Europ. Reprografie Verb.; FMI Fachverb. Mikrografie u. Informationsverarb. DA.: 60322 Frankfurt/Main, Fürstenbergstr. 151. PA.: 65388 Schlangenbad, Mühlstr. 5. G.: Wiesbaden, 4. Juni 1954. El.: Volker u. Luise-Charlotte. BV.: Großvater war Mtgl. im Dt. Reichstag. S.: Abitur, Stud. Univ. Mainz, 1. Jur. Staatsexamen, LG Wiesbaden, 2. Jur. Staatsexamen. K.: RA in Kzl. Banzer + Partner Oberursel, 1990 Gschf. Fachverb. Reprografie Frankfurt, 1991 Gschf. Föderation Europ. Reprografie Verb. Frankfurt, Gschf. d. FMI Fachverb. Mikrografie u. Informationsverarb., Gschf. Wirtschaftsverb. Kopie u. Medientechnik. E.: Ehrenbrief d. Landes Hessen. M.: 1987-89 DeutschlandR. d. Jungen Union, 1981-93 Kreistag Rheingau-Taunus-Kreises, seit 1977 Gem.-Vertretung Schlangenbad, seit 2001 Vors. d. CDU-Wirtschaftsrates Rheingau. H.: Dt. Geschichte, Bauarch.

Carius Ronald T. Dipl.-Biologe *)

Carl Fritz *)

Carl Kurt
B.: Einzelhdls.-Kfm., Inh. FN.: Immobilien- u. Vers.-Makler Kurt Carl. GT.: Moderator v. Modeschauen, Events u. Ges. Veranstaltungen, regional u. überregional. DA.: 76228 Karlsruhe, Hörgelstr. 18a. G.: Karlsruhe, 4. März 1941. V.: Brunhilde, geb. Hempfe. Ki.: Anette (1962). El.: Emil u. Maria, geb. Hasselbach. S.: 1955 Mittlere Reife, 1955-58 Lehre als Einzelhdls.-Kfm. K.: 1958-59 Ang. d. Firma Tuchmüller Karlsruhe, 1959-77 Gschf. d. Inkassobüros Cassinex, 1977-82 Außendienstmitarb. d. Basler Vers., seit 1982 selbst. als Mehrfachgeneralagent, seit 1986 Vers.-Makler u. Immobilienmakler. P.: Auftritte in Fernsehsendungen als Moderator (regional) u. Erwähnung in zahlr. Presseart. M.: Grdg.-Mtgl. d. größten Tennisver. in Baden-Württemberg, TC Grötzingen. H.: Tennis, Ski fahren, Geselligkeit m. Freunden, Wandern in Südtirol, Fußball, Basketball.

---

*) Biographie www.whoiswho-verlag.ch oder beigefügte CD-ROM

Carl Ursula

B.: Gschf. Dir. FN.: Atlantic Hotel Airport. DA.: 28199 Bremen, Flughafenallee 26. G.: Hamburg, 22. Feb. 1958. El.: Friedrich Eduard u. Ursula Marianne Carl, geb. Götte. BV.: Großvater Dr. Friedrich Carl Oberfinanzpräs. Bremen/ Norddeutschland. S.: 1978 Abitur Bremen, b. 1980 Stud. Betriebswirtschaft, b. 1982 Ausbild. z. Hotelkauffrau in Bremen Queenshotel. K.: 1986-91 Ltr. d. Reservierung im Atlantic Hotel Kempinski Hamburg, 1986-91 Investitionsberatung für mittelständ. Unternehmen, Ass. d. Geschäftsltg. d. Dt.-Amerikan. HK Chicago/USA, Personalmanagement u. Marketing, Ass. d. Geschäftsltg., Günter A.C.S. in Bremen, seit 1997 Gschf. Dir. Atlantic Hotel Airport u. seit 1998 Gschf. d. Flughafen Gastronomie GmbH Bremen. M.: Vorst. Union v. 1801, Kaufmännischer Verein Bremen, Zonta Intern., Aussch. Förd. d. Wirtschaftsjunioren d. HK Bremen. H.: Golf, Tennis, Segeln.

Carl-Zeep Astrid Dr. rer. nat. Dipl.-Psych.

B.: Chairman, Gschf. FN.: IVE Research Intern. GmbH. DA.: 20144 Hamburg, Grindelberg 5. G.: Deutsch-Eilau, 1. Okt. 1940. Ki.: 2 Kinder. S.: Gymn., Stud. Psych. Hamburg u. Düsseldorf, Prom. K.: 1969 Basic Marketing Research im Unilever-Konzern, 1972 Gschf. IVE Research Intern. GmbH, 1995 Chairman. P.: Marktforsch.-Publ. H.: Garten, Familie.

Carlberg Michael Dr. Prof. *)

Carle Thomas

B.: Filmregisseur, Drehbuchautor. FN.: Filmproduktion Thomas Carle. DA.: 60316 Frankfurt/Main, Burgstr. 29. tcfilm@t-online.de. G.: Frankfurt/Main, 26. Nov. 1952. V.: Sung Hyung Cho. S.: 1971 Abitur Usingen, 1971-76 Stud. Politikwiss. u. Romanistik Univ. Frankfurt, 1976 1. Staatsexamen, 1977-78 Deutschlehrer in Paris im Rahmen eines Austauschprogrammes f. Lehramtstudenten, 1979-84 Ausbildung z. Filmregisseur Dt. Film- u. Fernsehakademie Berlin, 1984 Abschlussfilm "the sound of freedom". K.: 1984 Grdg. d. Thomas Carle Filmproduktion Frankfurt, 1993 Spielfilm "Männer auf Rädern", 1994 Dokumentarfilm "Last exit Hanau", seit 1998 nebenbei Realisierung eigener Spielfilm-Drehbücher m. ökologischen Themen, Terrorismus, Beziehungen zwischen Deutschen u. Amerikanern, 2001 Spielfilm-Drehbuch z. Thema Doppelgänger. BL: seit 1994 Lehrtätigkeit als Lehrbeauftragter an Filmakademien u. Univ. u.a. Filmschule Zelig Bozen, Dt. Film- u. Fernsehakademie Berlin, Fachbereich Medienwiss., HS f. Gestaltung Offenbach, Univ. Tübingen, Fachbereich Medienwiss., Fernsehdramaturgie, Dokumentarfilmpraxis, Bildgestaltung. Berichterstattung im ZDF über d. Arbeit in d. Sendung "Doppelpunkt vor Ort". E.: 1984 f. d. Dokumentarfilm "The sound of freedom", Preis d. Dt. Filmkritik Oberhausen, Preis d. Weltbundes d. Demokratischen Jugend Leipzig, Preis f. d. besten Dokumentarfilm b. Münchner Dokumentarfilmfest, Adolf-Grimme-Preis f. Spielfilm "Männer auf Rädern" (1994). M.: Filmhaus Frankfurt e.V., Filmbüro d. Landes Hessen. H.: Radsport, Kino.

Carlen Christian J.

B.: Gschf. Deutschland u. Zentraleuropa. FN.: Mary Kay Cosmetics GmbH. DA.: 82178 Puchheim, Lilienthalstr. 5. PA.: 85055 Ingolstadt, Herderstr. 18b. G.: Ludwigshafen, 20. März 1961. V.: Rosalie Goldstein-Deppersschmidt. Ki.: Maurice (1995). El.: Theo Ignaz u. Brigitte. S.: 1976-79 Lehre z. Kon-

ditor, 1980-82 Lehre z. Groß- u. Außenhdls.-Kfm., 1982-86 Mittlere Reife am 2. Bild.-Weg., FH-Reife, 1986-89 Studium Oecotrophologie mit Schwerpunkt Wirtschaft an d. FH Trier., K.: 1989-90 HS-Absolventenprogramm b. ALDI, Filialltr., Bez.-Ltr., 1990-93 Vertrieb b. Ferrero, Bez-, Gebietsltr., Keycount-Management, 1993-98 AVON Kosmetiks, Verkaufsltr. Baden-Württemberg, regionaler Verkaufsltr. Süddeutschland, 1998 Gschf. b. Mary Kay Cosmetics GmbH. H.: Laufen (ca. 80-100km/Woche), Wettkämpfe Halbmarathon u. 10.000m, Ballsport (Tennis, Badminton).

Carlini Alessandro *)

Carlino Pasquale

B.: Gastronom Porta Brandenburgo. DA.: 10117 Berlin, Wilhelmstr. 87/88. G.: Palma di Montechiaro, 17. Juni 1954. V.: Silke, geb. Jean. Ki.: Florian (1974), Giancarlo (1990), Alessandra (1993). S.: Mittlere Reife. K.: 1970 Tellerwäscher Grand Hotel München, 1972 Empfangschef Pallace-Hotel München, 1973-77 Chef de rang in Arosa u. Fichtelgebirge, 1977 Gschf. in Ristorante Berlin, seit 1979 selbst., 1993 Eröff. Porta Brandenburgo. P.: E.: 1994 Ristorante d. Woche gekürt v. Radio RTL. M.: Hotel- u. Gaststätteninnung. H.: Essen u. Reisen. (H.R.)

Carlowitz Otto Dr.-Ing. Prof.

B.: Univ.-Prof., Gschf. FN.: CUTEC Inst. GmbH. DA.: 38678 Clausthal-Zellerfeld, Leibnizstr. 21 + 23. G.: Bremen, 24. Juni 1949. El.: Otto u. Lore. S.: 1968 Abitur Bremen, 1968-69 Bundeswehr, 1970-76 Stud. Maschinenbau u. Verfahrenstechnik TU Clausthal, 1976 Dipl.-Ing., 1984 Prof. Dr.-Ing. K.: 1978-80 OIng. Inst. f. Wärmetechniken u. Ind.-Ofenbau, 1980-84 Ing. u. Hauptabt.-Ltr. Firma Kleinewefer energie- u. umwelttechn. Anlagenbau Krefeld, 1984-2000 FH Wolfenbüttel, Doz. f. Verfahrenstechnik, mehrfach VPräs. u. Projektltr. f. FuE u. Technologietransfer, Aufbau u. Ltg. d. AGIP im MWK, 2000 Gschf. Clausthaler Umwelttechnik Inst. GmbH. P.: Veröff. über versch. Themen. H.: Musik, Malerei, Modellbau.

Carls Jochen

B.: Friseurmeister, Gschf. Ges. FN.: Trio Hair & Company. DA.: 30159 Hannover, Holzmarkt 1. trio-hair@t-online.de. www.trio-hair.de. G.: Flensburg, 22. Okt. 1965. V.: Karina Christiane, geb. Heinke. Ki.: Emma-Luna (1998). S.: 1982 Mittlere Reife Flensburg, 1982-85 Lehre z. Friseur in Hamburg, 1985-86 Friseur, 1986-87 Bundeswehr. K.: 1987-88 Friseur in Wien, 1989-95 Friseur in Stuttgart, 1991 Meisterschule mit Abschluss Meisterbrief in Heidelberg, 1995 Grdg. d. Friseursalons Trio Hair & Company m. Olaf Schulz u. Frank Freyer in Hannover, 1995 Grdg. einer Friseurschule in Hannover, Ausbild. v. Friseuren u. Friseurinnen u. Training, 1999 Eröff. d. Friseursalons im alten Rathuas, 2000 Eröff. Trio Hair in Ha-

*) Biographie www.whoiswho-verlag.ch oder beigefügte CD-ROM

meln, 2001 Eröff. Trio Hair in Braunschweig u. Hildesheim u. Vergrößerung d. Friseurak. P.: div. Veröff., Fernsehauftritte. E.: Teilnahme an nat. u. intern. Wettbewerben m. Ausz. M.: Sportver., Friseurinnung. H.: Garten, Sport, Fußball.

Carlsen Björn

B.: Gschf. FN.: Björn Carlsen Med.-Technik. DA.: 22149 Hamburg, Wilmersdorfer Str. 36. info@bjoern-carlsen.de. G.: Hamburg, 13. Feb. 1966. S.: 1985 Abitur, 1985-88 Krankenpflegerausbild., 1988-90 Zivildienst. K.: 1990-97 Mitarb. u. Ausbildungsltr. b. Rettungsdienst Kreis Pinneberg, parallele Tätigkeit beim Auslandsrückholdienst Falck, 1997-01 Ndlg.-Ltr. b. Firma Falck Medico AG, 2001 eigenes Unternehmen. H.: Computer, Angeln, Kajakfahren.

Carlsen Thomas

B.: Sinologe, Übersetzer. FN.: LocalTeam GbR. DA.: 22459 Hamburg, Rebhuhnweg 18. G.: Witzenhausen, 11. Juni 1959. V.: Petra, geb. Otterbein. S.: 1979 Abitur, 1982-90 Stud. Sinologie u. neuere dt. Literatur an der Univ. Hamburg, Mag. K.: b. 1991 versch. Tätigkeiten in versch. Berufen, 1993 freiberufl. Tätigkeit als Übersetzer f. Fachtexte u. Literatur 1997, Grdg. d. heutigen Firma m. Partner. H.: Literatur, Phil., Wellenreiten.

Carlsson Folker *)

Carlsson Gunnar Dipl.-Ing.

B.: Dipl.-Ing. Architekt, Unternehmer, selbständig. FN.: Architekturbüro Carlsson. DA.: 24937 Flensburg, Heinrichstraße 16. info@architekt-carlsson.de. G.: Flensburg, 15. Juli 1945. S.: 1962 Abitur, 1963-65 Studiumspraktikum in Flensburg, 1966-69 Stud. Hochbau an d. FH Eckernförde. K.: 1969-70 ang. b. Architekten in Flensburg, 1971-87 Tätigkeit im Büro Asmuss u. Partner, seit 1987 selbständig mit eigenem Büro in Flensburg. M.: Architektenkammer Schleswig-Holstein, FSC Flensburger Segel Club. H.: Reisen, Segeln.

Carmo Bento Ribeiro Alberto do.

B.: Botschafter. FN.: Botschaft von Angola. DA.: 10179 Berlin, Wallstr. 58. botschaft@botschaftangola.de. G.: Luanda/Angola, 21. Dez. 1941. V.: verh. Kl.: 5 Kinder. S.: 1958-61 Studium an der Techn. Univ. "Instituto Superior Tecnico" Lissabon, 1961 Deutsch-Zertifikat d. Goethe-Instituts Achenmühle bei Rosenheim, 1961-65 Studium an der Rheinisch Westfälischen Techn. Hochschule in Aachen. 1965 Dipl.-Ing. K.: 1965-68 Vertriebs- und Applikationsingenieur EAI Electronic Associates in Aachen, 1968-75 Dir. Telekommunikationsdienst des nationalen Befreiungskampfes, 1975-78 Staatssekr. f. Komm., Bereich: Post, Telekommunikation und zivile Luftfahrt, 1978-82 Vize-Vors. f. die gem. Kommission f. wirtschaftl. Zusammenarbeit mit Italien, 1978-80 Minister f. Industrie und Energie, Bereich: verarbeitende Industrie, Geologie, Bergbau und Erdöl, 1980-84 Industrieminister, Bereiche: verarbeitende Industrie, Geologie und Bergbau, 1980-86 Abgeordneter der Nationalversammlung, 1984-89 Dozent für Fernmeldetechnik an der Univ. v. Angola. 1989-90 Botschafter Angolas bei den Verhandlungen für die Unabhängigkeit, 1990-93 Botschafter in Namibia, 1994-2000 Botschafter in Zimbabwe, s. 2000 Botschafter in der BRD. BL.: Portugiesisch, Franz., Span., Englisch und Deutsch fließend. (Re)

Carnetto Tomaso *)

Caro Thomas Dr.-Ing. *)

Carow Hans-Joachim *)

Carpendale Howard

B.: Sänger, Entertainer, Schauspieler. FN.: bureau Dieter Weidenfeld. DA.: 80636 München, Maximilian-Wetzger-Str. 5. Weldenfeld@okay.net. G.: Durban/Südafrika, 14. Jan. 1946. Kl.: Wayne. S.: Abitur, Stud. Vw., nach einigen Sem. Abbruch. K.: Sänger in Nightclubs, Grdg. d. ersten eigenen Band, 1963 erste Schallplatte "Endless Sleep", m. 19 J. nach England, um Profi-Cricketspieler zu werden, Tournee als Leadsänger einer Beatband durch Deutschland, Schallplattenvertrag, erste Erfolge, 1970 Sieg bei d. Dt. Schlagerfestspielen m. "Das schöne Mädchen v. Seite 1", seither 13 Goldene Schallplatten, über 30 Titel in d. Charts, darunter "Deine Spuren im Sand", "Tür an Tür mit Alice", "Nachts, wenn alles schläft", "Hello aigain", "Laura Jane", nebenher Hauptrollen in TV- u. Spielfilmen (z.B. 1984 Spielfilm "Niemand weint für immer", 1994 TV-Serie Matchball), vor allem auch erfolgreich als Konzertkünstler mit zahlr. Tourneen. (Re)

Carpenter Richard *)

Carpus Günter Dipl.-Ing. *)

Carrell Rudi

B.: Schauspieler, Quizmaster, Moderator. FN.: c/o RTL. GT.: beratende Funktionen bei RTL "Comedy Schule". DA.: 50858 Köln, Aachener Str. 1036. G.: Alkmaar/Holland, 19. Dez. 1934. V.: Simone Felischak Ki.: Alexander, Annemieke, Carolin. S.: Banklehrling. K.: Zauberkünstler, Puppenspieler, Bauchredner, s. 1953 Entertainer, Quizmaster u. Moderator b. "Rudi-Carrell-Show", "Am laufenden Band", "Rudis Tageshow", "Unterm Regenbogen", "Die verflixte Sieben", "Rudis Urlaubsshow", "Herzblatt", "7 Tage-7 Köpfe". P.: Gib mir mein Fahrrad wieder (1979). E.: 1979 u. 80 Bambi-Preis, 1983 Gold. Kamera Hörzu, 1985 BVK 1. Kl., 2001 Ehrenrose v. Montreux. (Re)

*) Biographie www.whoiswho-verlag.ch oder beigefügte CD-ROM

Carrelli Claudio Dr.

B.: Dir. FN.: EURESCOM GmbH. DA.: 69118 Heidelberg, Schloß-Wolfsbrunnenweg 35. PA.: 69118 Heidelberg, Schloß-Wolfsbrunnenweg 29. carrelli@eurescom.de. www.eurescom.de. G.: Rom, 18. Apr. 1941. V.: Alessandra, geb. Bevilaqua. Ki.: Marco (1970). El.: Anton u. Eleonora, geb. Laliccia. S.: 1959 Abitur Lyceo Vittorio Emanuele, Stud. Elektroing.-Wesen Univ. Neapel, 1965 Prom., 1965-66 Forsch.-Ass. Aerospace Dept. Princeton Univ. USA, 1967 Postgrad. Fortbild. Telekommunikation ISPT Ro, 1983-84 Fortbild. CEDEP Paris, 1989/90 Fortbild. ISTUD Stresa Italien. K.: 1967-73 verantwortl. Forscher im Bereich Vermittlungsstellen, Forsch.- u. Studienzentrum f. Telekommunikation CSELT Turin, 1973-94 SIP Italien, 1973-78 Ltg. v. Feldversuchen f. Vermittlungssysteme f. Telekommunikationsnetze, 1978-83 Ltr. d. Software-Abt., 1983-88 Dir. d. Abt. Software u. Vermittlungssysteme, 1989-93 Exekutiv-Dir. F&E, 1993-94 Exekutiv-Dir. Marketing, Bereich Unternehmenskunden, 1994-95 Telecom Italia Exekutiv-Dir., 1995-98 Telecom Italia, Exekutiv-Dir. Intern. Relat., seit 1998 Dir. Europ. Inst. for Research + Strategic Studies in Telecommunications EURESCOM GmbH Heidelberg. P.: zahlr. Fachbeiträge in intern. Magazinen, Koordinator, Hrsg. Co-Autor d. Sonderberichts über "A European Way for the Information Society" d. EU (2000). M.: 1981-84 2x Vors. CCITT SGX Genf (1985-88 u. 1989-92), 1987-90 Vors. d. GAP Brüssel d. EU-Kmsn. 1989-92 ehrenamtl. IBM-Berater im NSTIC, seit 1995 Mtgl. d. Lenkungsausch. d. Information Society Forum (ISF) d. EU-Kmsn., seit 1996 Vors. ISF, 1996 Vors. d. ETNO u. Vors. d. Lenkungsausch. H.: Segeln, Golf, Skifahren, Lesen.

Carrière Bern Dr. *)

Carrière Mareike

B.: Schauspielerin. FN.: c/o Agentur Charade Berlin. DA.: 10629 Berlin, Mommsenstr. 55. G.: Hannover. V.: Gerd Klement. S.: Schauspielschule Lübeck, Abitur, Stud. Pariser Sorbonne, Ausbild. z. Atemtherapeutin am Middendorf-Inst., Berlin. K.: Film + TV (Auswahl) Taugenichts, Der zweite Atem, Flamme empor, Yerma, Tatort, Felix Krull, Großstadtrevier, Die zweite Haut, Praxis Bülowbogen, Schuldig auf Verdacht, Die Schule am See, Das Mädchen aus der Fremde.

Carrière Mathieu

B.: Schauspieler. FN.: c/o Agentur Schäfer. DA.: 50670 Köln, Hansaring 6. G.: Hannover, 2. Aug. 1950. V.: Bettina Proske (Freundin). Ki.: 1 Tochter. S.: 1969 Abitur, ab 1972 Stud. Phil. in Paris. K.: Seit 1966 Filme, Auszug a. d. Filmographie: Der junge Törless (1966), Gates to Paradise (1967), La Maison des Bories (1969), Bluebeard (1972), Il n'y a pas de fumée sans feu (1973), India Song (1975), Bilitis (1976), Les indiens sont encore loin (1977), La pitié dangereuse (1979), L' Associé (1980), La passante de Sans-Souci (1982), Die flambierte Frau (1983), Le neveu de Beethoven (1984), Beethoven's Nephew (1985), Johann Strauss (1987), Cérémonie d'amour (1988), Die Tänzerin (1989), Malina, Ungeduld des Herzens (1990), Alta società, Erfolg (1991), Christopher Columbus - The Discovery, Nur eine kleine Affäre, Freunde fürs Leben, Schloss Hohenstein (1992), Böses Blut (1993), Zwischen Nacht und Tag, Das Mädchen Rosemarie, Zwischen Nacht und Tag (1995), Doppelter Einsatz - Wunder auf Bestellung, Avvocato delle donne (1) (1996), Desert of Fire (1997), Tatort - Manila (1998). E.: 1970 Darstellerpreis Karlsbad.

Carroll Mary

B.: Gschf., Inh. FN.: Titelbild GmbH, Language Consultancy, Cinetitel. DA.: 10711 Berlin, Joachim-Friedrich-Str. 37. G.: Sydney, 10. Feb. 1950. El.: Michael u. Kathleen Carroll. S.: 1967 Abitur, 1967-70 Stud. Teachers Colleg f. Engl. u. Franz m. Abschluß f. höheres Lehramt. K.: Reisen über Indonesien b. nach Europa z. Studium der Völker u. Kulturen, Lehrerin i. England, 1973-77 Lehrerin am Schulkollegium in Düsseldorf, 1978 Unterrichtstätigkeit u. freiberufl. Übersetzerin, Stud. Lateinamerikanistik u. Anglistik an d. FU Berlin, 1980 Grdg. d. Firma Language Consultancy m. Übersetzungen in 40 Sprachen in Wort u. Bild, 1991 Gründung d. Titelbild GmbH m. Schwerpunkt techn. Bereich, Prod. u. techn. Umsetzung f. Film, Video u. DVD. F.: Mitinh. d. Firma Cinetitel GbR f. Laser-Untertitelung. P.: Mitautorin d. "Subtitling", Lehrbuch z. Untertitelung (1998), Vorträge u. Aufsätze anläßl. d. Tagung Sprachen u. Medien. M.: SteuerungsbeiR. d. Tagung Sprachen u. Medien, BDÜ, ESIST. H.: Reisen, Segeln, Lesen, Filme.

Carstens Claus Dr. Prof. *)

Carstens Ernst-Ulrich

B.: Elektromechanikermeister, Gschf. Ges. FN.: Wicaru Sondermaschinen u. Anlagenbau GmbH. DA.: 27283 Verden, Im Burgfeld 5. G.: Visselhövede, 3. Sep. 1955. V.: Christina, geb. Schwarz. Ki.: Marius (1989), Daria (1993). El.: Ernst u. Herta, geb. Michaelis. S.: 1971-74 Ausbildung z. Elektroinstallateur in Verden, 1974-82 Bundeswehr als Zeitsoldat Flugabwehrinstandsetzung, 1982-83 Meisterschule f. Elektromechanikermeister. K.: 1983 Elektromechanikermeister b. Schrader Sondermaschinenbau in Verden, seit 1991 selbständig, Übernahme d. Firma Schrader, Umbenennung in Wicaru Sondermaschinen u. Anlagenbau GmbH als Gschf. Ges. H.: Garten.

Carstens Heiko Dipl.-Ing. *)

Carstens Holger *)

Carstens Manfred Theodor Arthur

B.: MdB, Sparkassenbetriebswirt. FN.: CDU. DA.: 11011 Berlin, Friedrichstr. 83. PA.: 49685 Emstek. manfred.carstens@bundestag.de. G.: Molbergen Kreis Cloppenburg, 23. Febr. 1943. V.: Johanna, geb. Kurre. Ki.: 3 Kinder (1 Sohn, 2 Töchter). S.: 1957-59 2 J. Mittlere Handelsschule Cloppenburg, 1959-62 Sparkassenlehre Landessparkasse zu Oldenburg in Cloppenburg, Abschluß. K.: 1962-66 Sparkasse Cloppenburg, 1966 2 Sem. Sparkassenfachschule Hannover, Sparkassenbetriebswirt, 1967 Führungsnachwuchs Oldenburg i. d. Sparkasse Oldenburg, 1967 danach Kommissarischer Ltr. Landessparkasse in Lohne Krs. Veschta, 1968-72 Ltr. Sparkasse Emstek Zweigstellenltr., 1968 Senior im Verband Kolpingfamilie, 1963 mit 20 J. im Land Oldenburg stellv. Landessenior, 1964 Landessenior, CDU Eintritt, 1969/70 CDU - Vors. Emstek Grdg. Junge Union, 1971-80 stellv. Kreisvors. CDU Cloppenburg, seit 1980 Kreisvors. CDU Cloppenburg, seit 1985 CDU - Landesvors. Oldenburg, Mtgl. Bundesvorst.

Carstens

CDU u. Landesvorst. d. CDU in Niedersachsen, seit 1972 mit 29 J. jüngster MdB in Direktwahl (98 über 62%), 1972-89 o.M. Haushaltsausschuß, 1974 Vors. EU - Unterausschuß, Ende 70er-89 Kontaktman d. Fraktion zur kath. Kirche, 1982-89 Hauspd. Sprecher d. CDU/CSU BT Fraktion u. 1982-89 AG Haushalt, 1989-93 parlamentar. Staatssekretär im Bundesfinanzmin., 1993-97 Sts. im Bundesverkehrsmin., 1997-98 parl. Sts. im Innenmin., seit 1998 Haushaltsausschuß. BL.: Einsatz f. Firmen in schwierigen Zeiten zur Rettung v. Arbeitsplätzen. E.: 1983 BVK I. Klasse, anläßlich Seligsprechung Adolf Kolping Empfang durch Papst Johannes Paul II. als deutsches Delegationsmtgl. H.: früher Fußball, Tischtennis, lange Wanderungen, klass. Musik, Österreichreisen. Sprachen: Englisch.

Carstens Veronica Dr. med. *)

Carstensen Christiane

B.: Informationsdienstlerin. FN.: Search, Agentur f. Recherche, Content, PR. DA.: 33602 Bielefeld, Karlstr. 20. carstensen@sarching.de. www.woman-in-web.de; www.owlfreelancer.de. G.: Bad Eibling, 5. Aug. 1968. V.: Frank Carstensen. Ki.: Ella (1993), Paula (1996), Ben (1999). El.: Peter u. Gudrun. S.: 1987 Abitur Seelingstadt, 1987 Stud. Sinologie Bochum, 1990 Studienaufenthalt in Tai-Peh, 1991-95 Stud. Sinologie, 1991-92 Ausbild. z. Kommunikationswirtin an d. Werbefachschule Essen. K.: 1997 Grdg. v. Search m. Andrea Rüffel, Recherche, Informationsportfolios f. Web-Sites, Firmen u. Newsletter, 1999 Grdg. v. woman - in - web, Informationsdienst f. Frauen im Job, 2000 Datenbank OWL-Freelancer, regionale Datenbank f. Marketing. P.: div. Veröff. im Internet. M.: Webgirls, freie informelle Zirkel (Managerinnenkreis). H.: Lesen, Kunst, Theater, Garten.

Carstensen Geert Uwe *)

Carstensen Henrik *)

Carstensen Jens

B.: Komponist, Musiker, Inh. FN.: Q-tip-Musik. DA.: 28205 Bremen, Schierker Str. 13. G.: Goslar, 21. Feb. 1959. S.: 1978 Abitur Bremerhaven, 1982-87 Stud. Musik. Sport Univ. Oldenburg. K.: 1991 Grdg. d. Firma Jens Carstensen Musik Produktion. BL.: Arb. im Bereich Neuer, Konkreter, Elektronischer u. Experimenteller Musik. Klanginstallation, Komposition, Produktion v. Künstlertonträgern u. Covern, eigene Veröff.: "X-Code-X: Soll'n nach Zwölfe Laufen", "Musik f. Langsaiten", "Stadtgesang Bremerhaven", "4 Tapeten f. Nietzsche, Weimar", "Stahlstein: Pulverturm Oldenburg", "materialklang", "ORTEN", "SONAR'1-'5".

Carstensen Peter

B.: MdB, Vors. Ausschuß f. Ernährung, Landwirtschaft u. Forsten. FN.: CDU. DA.: 11011 Berlin, Platz d. Republik 1. PA.: 25884 Nordstrand, Elisabeth-Sophien-Koog 11. phcarstens@nordstrand.de. www.Nordstrand.de. G.: Nordstrand (Insel), 12. März 1947. V.: Marie, geb. Richter (verw.). Ki.: Stefanie (1971), Anja-Christina (1973). El.: Thomas u. Cäcilie, geb. Harder. S.: 1957-66 Hermann Tast Gymn. Husum, Abitur, 1966 1 Semester Chemie / Jura Univ. Kiel, 1966-67 Landw. Lehre Beschendorf / Ostholsten, 1967-73 Stud. Landwirtschaft Univ. Kiel, Examen u. Pflanzenbau, Dipl.-Landwirt, 1973-74 Winterschnitter, 1974-76 Referendar, 1976 2. Staatsexamen, Assessor. K.: 1976-83 Landwirtschaftl. Schule Bredstedt, Landw. Lehrer u. Landw. Berater bei Landw. Kammer SCH Bredstedt, 1971 CDU Eintritt, Jugendarbeit Nordfriesland, Umweltarbeit, 1976-83 Gschf. Kreislandjugendverband, auch Vors. Kreisjugendring Nordfriesland, Landaschftspflege Initiator u. Grdg. Naturschutzverein Mittl. Nordfriesland e.V., seit 1983 MdB, Wahlkreis 002 Nordfriesland / Dithmarschen Nord, 1983-87 Mtgl. gl. Ausschuß Forschung + Technologie, u. neugegründet Umweltausschuß, u.a. nachwachsende Rohstoffe, Regenerative Energien, Naturschutz, Fischerei, Landwirtschaft w.a. Stromeinspeisegesetz Windenergie, seit 1987 per. Agrarausschuß, seit 1994 Vors. Ausschuß f. Ernährung, Landwirtschaft u. Forsten. P.: Husumer Nachrichten, FAZ. E.: BVK, Hamburger Preis f. Jugendpolitik. M.: Landesjagdverband, Landsmannschaft Trogolodytia im GG, ehem. (x) (xx) (xxx) J. Partien, Golfverein Apeldör, Nordstrander Wassersportverein, Feuerwehrverband Nordstrand (inaktiv), Geflügelzuchtverein Husum. H.: Jagen, Fischen, Segeln, Computer. (Re)

Cartano Werner *)

Carthaus Robert Dr. med. dent.

B.: Zahnarzt. DA.: 41460 Neuss, Büchel 39-41. G.: Düsseldorf, 18. Mai 1958. V.: Yvonne, geb. Schmitz. El.: Dr. Paul Peter u. Dr. Gerti. S.: 1978 Abitur, Wehrdienst, Stud. Jura Bonn, Stud. Zahnmed. Bonn, 1986 Staatsexamen, 1996 Prom. K.: 1986-88 Ass.-Arzt, 1988 Erwerb d. elterl. Praxis m. Schwerpunkt Implantologie, Rehabilitation durch Zahnersatz u. Homöopathie; Funktionen: Gutacher f. Krankenkassen u. kassenäztl. Vereinig., 1991-97 Pressesprecher d. Neusser Zahnärzte, 1992-95 Berufsschullehrer. P.: Vorträge u.a. f. d. "Ver. Anw. f. Ärzte". H.: Segeln, Sport, gut Essen.

Cartus Christian

B.: Betriebsleiter. FN.: R.O.S.A. GmbH. DA.: 96052 Bamberg, Memmelsdorfer Str. 75. G.: Trier, 9. Mai 1966. V.: Heike. Ki.: Anne (1994), Lukas (1995). S.: 1982 Mittlere Reife, 1982-85 Ausbildung Maschinenschlosser Firma Laeis Werke, 1985 FOS f. Technik Trier, 1986-88 Zivildienst Caritasverband Trier, 1988-91 Ausbildung Ergotherapeut Merzing. K.: 1991-93 tätig am LKH Calw-Hirsau, 1993-97 Ltr. d. Ergotherapie in Bad Wildbad, 1997-2001 tätig im Behindertenheim Rabenhof in Ellwangen u. Stg. Stud. an d. Dt. Ordens FHS m. Abschluß Dipl.-Bw. f. Sozialmanagement, seit 2001 Betriebsleiter d. Firma R.O.S.A. GmbH in Bamberg. M.: FFW Bamberg. H.: Feuerwehr, Reisen, Malen.

Casati Guerino *)

Casdorff Claus Hinrich

B.: Journalist. PA.: 50858 Köln, Frankenstr. 68. G.: Hamburg, 6. Aug. 1925. V.: Ursel, geb. Zehnpfenning. Ki.: Stephan-Andreas, Caroline-Henriette. K.: Verhaft. u. Inhaftiert. durch d. GeStapo 1942, Kriegsteilnahme u. Gefangensch., Mitarb. b. NWDR 1947-56, Chef d. Hörfunk- u. Nachrichtenabt. d. WDR 1956-63, Moderator b. WDR-Fernsehen s. 1961, Ltr. d. Kölner Red. d. ARD Magazins REPORT 1963-65, Ltr. d. Magazins Monitor s. 1965, Ltr. d. Programmgruppe Innenpolitik u. stv. Chefred. d. WDR-FS 1977-82, Moderator b. Sdgn. "Ich stelle mich" u. "Schlag auf Schlag", Beauftr. d. Intendanten f. Regionalisierung u. Dezentralisierung sowie Ltr. Programmbereich IV, Chefred. d. FS Landesprogramme s. 1. Juli 1982. P.: "Das Kreuzfeuer" (1972), "Weihnachten 45" (1982), "Demokraten-Profile unserer Rep." (1983). E.: 1979 BVK 1. Kl., 1991 VO d. Landes NRW.

Casdorff Stephan-Andreas *)

---

*) Biographie www.whoiswho-verlag.ch oder beigefügte CD-ROM

Caselitz Jörg Dr. med. Prof.

B.: Ltr. d. Pathologie. FN.: AKH Altona. DA.: 22763 Hamburg, Paul-Ehrlich-Str. 1. G.: Uetersen, 21. Juli 1949. Ki.: Christian (1982), Frederik (1984). El.: Prof. Dr. med. F. H. u. Liselotte, geb. Vagts. S.: 1968 Abitur Uetersen, 1968-74 Med.-Stud. Marburg, Portiers/Frankreich u. Hamburg, 1975 Prom. K.: b. 1974 Med. Ass. im Kreis-KH Heide, 1975-76 Med. Ass. im UK Eppendorf, 1976-77 Stabsarzt Bundesmarine, 1977-87 Abt. Path. in Eppendorf, 1984 Habil., 1987 komm. Übernahme d. Path. am AKH Altona, 1988 Ltr. d. Path. am AKH Altona, seit 1984 Studienaufenthalte z. Weiterbild. an d. Univ. Göttingen, London, Cambridge u. Minneapolis. P.: ca. 100 Veröff. in Fachzeitschriften, Buch: Das Pleomorphe Adenom. H.: Literatur, Sprachen, klass. Musik, Malerei.

Casjens Günther
B.: Vorst. FN.: Hapag-Lloyd AG Hamburg. DA.: 20095 Hamburg, Ballindamm 25. www.hapag-lloyd.de. G.: Marienhafe/Norden, 16. Mai 1950. S.: 1966-67 HASCH Emden, 1968-70 Schiffahrtslehre in Emden b. Schulte & Bruns. K.: 1970-73 Befrachtung b. Schulte & Bruns in Emden, 1974-75 Frachtabt. Ostasienkonventioneller Dienst Hapag-Lloyd AG, 1976-78 Ltr. Trio Tonnage Centre in London, 1979-82 Ltr. Ostasien-Operating in Hamburg, 1983-85 Fahrtenltr. Ostasienfahrt in Hamburg, 1987 Dir. f. Nordamerika, seit 1990 Vorst.

Caspar Monella *)

Caspar Reiner Dr. rer. nat. Dipl.-Math.

B.: Unternehmer, Inh. FN.: nexnet GmbH. DA.: 13507 Berlin, Am Borsigturm 12. reiner.caspar@nexnet.de. www.nexnet.de. G.: Delitzsch, 18. März 1951. Ki.: 4 Kinder. S.: 1969 Abitur, 1969-73 Stud. Math. Univ. Leipzig, 1973 Dipl.-Mathematiker, 1985 Prom. TU Magdeburg. K.: 1974-91 tätig im EDV-Bereich d. Dt- Bahn, 1991-93 Mitaufbau d. Hauptstadtrepräsentanz d. CSC Ploenzke in Berlin, 1993-96 Prokurist d. C & L Unternehmensberatung GmbH in Berlin, 1996-99 tätig in d. Firma Seebauer & Partner GmbH in Berlin, 1998 Mitarb. in Billing-Gremien d. Telekommunikation, seit 2000 Geschf. Ges. d. nexnet GmbH als Clearinghouse d. Telekommunikation. E.: 1990 5. Pl. d. Eisenbahnerauswahl d. intern. USIC-Meisterschaft im Tischtennis in Frankreich, Teilnahm an DDR-Mannschaftsmeisterschaften, 3 x DDR-Mannschaftmeister. M.: TSG Oberschöneweide. H.: Sport, Tischtennis.

Caspar Rolf Dr. phil. *)

Caspari Andreas
B.: Dipl.-Sozialpädagoge, freiberufl. Fotodesigner. FN.: Atelier f. künstlerische Fotografie. DA.: 28203 Bremen, St.-Pauli-Str. 38. andreas-caspari@t-online.de. www.andreascaspari.com. G.: Gummersbach, 24. Apr. 1966. El.: Egon u. Ingrid, geb. Postler. S.: 1982-86 Ausbildung z. Energiegeräteelektroniker in Gummersbach, 1987-88 Zivildienst, 1988/89 Fachoberschule Technik in Gummersbach, 1989-91 Betreuer einer Behinderteneinrichtung in Lübeck, 1991-95 Stud. der Sozialpädagogik in Bremen, Abschluss: Dipl.-Sozialpädagoge. K.: 1995-96 Arbeit in einem Gerontopsychiatrischen Wohnheim in Bremen, 1996-98 Dipl.-Sozialpädagoge Psychiatr. Wohnheim in Bremen, Stud. d. künstler. Fotografie seit d. 14. Lebensjahr, 1988-89 Bildjournalist, seit 1999 selbständiger Fotodesigner, Illust-

rationen v. Büchern u. Zeitschriften u.a. 1996 Enneagramm, Türen z. Gebet, 1999 Enneagramm, 9 Gesichter d. Seele, regelmäßige Illustrationen in d. Fachzeitschrfit Ennea Forum, Fachzeitschrift d. Ökomenischen Arbeitskreises Enneagramm e.V., Ausstellungen in Bremen, Hamburg, Berlin, München, Aktfotografie-, Portrait-Mode, individuelle Schönheit u. Ausstrahlung, seit 1999 Doz. f. Fotografie VHS Bremen. H.: Ausdauersport, Literatur.

Caspari Angelika
B.: Gschf. FN.: Caspari & Partner Unternehmens-, Projekt- u. Organ.-Beratung. DA.: 20148 Hamburg, Mittelweg 22. G.: Hamburg, 1953. S.: Ausbild. f. d. gehobenen Verw.-Dienst d. Freien u. Hansestadt Hamburg, Stud. BWL u. Soz./Ökonomie HS f. Wirtschaft u. Politik Hamburg m. Abschluß Dipl.-Betriebswirt u. Dipl.-Soz.-Ökonomin, Weiterbild. in Umsetzung system. Theorie in d. beratende Praxis Inst. f. System. Studien Hamburg. K.: ang. b. Vers.-Makler Jauch & Hübener in Hamburg, Auslandsaufenthalt in London durch berufl. Kooperation, wiss. Mitarb. an d. HS f. Wirtschaft u. Politik, Lehrtätigkeit in Betriebs- u. Ind.-Soziologie an d. FHS f. Finanzen in Hamburg, Beratung v. Existenzgründern/innen, Teambetrieben, Ver. u. Beschäftigungsträgern b. d. Johann-Daniel-Lawaetz-Stiftung in Hamburg, seit 1993 Gschf. d. Caspari & Partner in Hamburg m. Unternehmensberatung, Organ.-Entwicklung, Planung, Existenzgrdg., Kontrolle u. Steuerung u.v.m. F.: Ges., Planung u. Umbau einer alten Papierfbk. zu einem Wohnprojekt. P.: Hrsg. eines Branchenbuches f. selbst. Frauen - Region Nord, Mitautorin im Buch "Beschäftigung f. d. Region" (1990). M.: Vorst.-Frau "Schöne Aussichten-Verb. selbst. Frauen e.V.", Elternratsvors. einer Hamburger Gesamtschule, Inst f. system. Studien Hamburg. H.: Literatur, Skifahren, Malen, Radfahren, Campen in Irland, Kochen, Auseinandersetzung mit Wirtschafts- u. Sozialpolitik.

Caspari Fritz Dr. phil. Prof.

B.: Diplomat u. Prof. FN.: Univ. zu Köln u. Auswärtiges Amt. PA.: 53173 Bonn, Denglerstr. 82; 2 Park Hall, Crooms Hill, Greenwich London SE 10 8HQ GB. G.: Baden/CH, 21. März 1914. V.: Elita, geb. Galdós Walker. Ki.: Hans Michael (1945, 1980 verst.), Conrad (1952), Elisabeth (1954) und Andrea (1956). El.: Dr.-Ing. Eduard u. Elli, geb. Klussmann. BV.: Johann Jacob Nöggerath - 1. Prof. d. Mineralogie u. Geologie in Bonn, Prof. Eduard Schönfeld - Astronom u. Dir. d. Stern-

---

*) Biographie www.whoiswho-verlag.ch oder beigefügte CD-ROM

Caspari

warte Bonn, beide Rektoren d. Univ. Bonn. S.: 1932 Abitur, 1932 Sprachstud. London, 1932-33 Stud. Rechtswiss. Univ. Heidelberg, 1933-36 Cecil Rhodes Stipendium Univ. Oxford Stud. Wirtschaftswiss. u. Politologie, 1934 Dipl. of Economics and Political Science, 1936 Master of Letters in Neuere Geschichte. K.: 1936-37 Doz. am Southwestern College, Memphis (Tennessee), 1937-39 Univ. Hamburg, 1939 Promotion, 1939-43 Doz. f. Geschichte u. Deutsche Literatur am Scripps College in Kalifornien, 1943-46 Newberry Library in Chicago, 1946-1954 Ass. Prof. f. Geschichte, Univ. of Chicago, 1954 tätig im Auswärtigen Amt in Bonn, 1955-58 Ltr. d. Ref. zuständig f. Großbritannien, Irland u. Commonwealth, 1958-63 BotschaftsR. I. Klasse in London, 1963-68 Stellvertr. Ständiger Beobachter u. Gesandter bei d. Vereinten Nationen in New York, 1968 Ministerialdirigent, 1968-69 Ltr. d. Unterabt. f. d. Dritte Welt u. d. UNO, 1969-74 Ministerialdir. u. stellv. Chef d. Bundespräsidialamts, 1974-79 Botschafter in Portugal, 1954 Lehrauftrag, 1955 Honorarprof. an d. Univ. zu Köln, 1990 Ausz. m. d. Goldenen Dr.-Brief d. Univ. Hamburg. P.: "Humanism and the social order in Tudor England" (1954, 69 u. 1988 Deutsche Ausgabe), "Erlebnisse eines Botschafters in Portugal, 1974-79". E.: Gr. BVK, Knight Commander d. Kgl. Victoria-Ordens, Großritter d. Hl. Sylvester, u.a.m. M.: Deutsche Gesellschaft f. Auswärtige Politik, Deutsch-Engl. Gesellsch., Schweizer Alpenclub, Grémio Literário (Lissabon), Oxford Society, Boodle´s (London), Renaissance Society of America. H.: Kunstgeschichte.

Caspari Gabriele *)
Caspary Axel

B.: selbst. Geomant, Inh. FN.: GENIUS LOCI - BÜRO F. GEOMANTIE&FENG SHUI. DA.: 90489 Nürnberg, Rudolphstr. 18a. genius.loci@gmx.de. G.: Bad Homburg, 18. Juli 1965. V.: Gabriele Stier. Ki.: Johannes (1984), Lisa (1985). El.: Gerhard u. Irmgard. S.: b. 1988 ldw. biolog. dynam. Lehre in Bad Vilbel, 1989 1 Jahr Berufspraxis, 1989-91 Stud. Biologie u. Phil. an der Univ Tübingen. K.: 1990-95 selbst. Ldw. b. Leipzig, Biolog.-Dynam. Ldw. Gemischbetrieb mit Ackerbau, Milchvieh, Milchverarb., Gemüse u. Direktvermarktung, 1996-97 Ang. im Naturkostgroßhdl. "pax an" in Engstingen bei Reutlingen, 1997-99 Geomantie Ausbild. bei Hagia Chora-Schule f. Geomantie in Mühldorf-Inn, parallel 1997-99 Berufserfahrung im Immobilien- u. Finanzbereich, 1999 Grdg. des Büros für angew. Geomantie & Feng Shui-Beratung im Privat- u. Gewerbl. Bereich f. Gestaltung v. Lebens- u. Arbeitsräumen. BL.: Doz. b. Hagia Chora-Schule in Mühldorf-Inn. H.: Beruf, Kunst, Phil., Natur, zeitgemäße Methoden d. außersinnl. Wahrnehmungen, Europ. u. Chin. Astrologie.

Caspary Petra *)
Caspary Ralf *)
Caspary Roland Alfred

B.: Dipl.-Vw., Vorst.-Mtgl. FN.: Filmförderungsanst. BAnst. d. Öff. Rechts. DA.: 10787 Berlin, Budapester Str. 41. PA.: 55122 Mainz, Dijonstr. 61. G.: Nohfelden, 5. Aug. 1931. V.: Ursel, geb. Emmerich. Ki.: Bettina, Roman. El.: Hugo u. Paula. S.: Dipl. rer. pol. Univ. Mainz. K.: 1958-62 Ref. Freiwillige Selbstkontrolle d. Filmwirtschaft Wiesbaden, 1963-67 Hpt.Gschf. Verb. Dt. Film- u. Fernsehprod. e.V. Wiesbaden, seit 1968 Vorst. Filmförderungsanst. Berlin. P.: zahlr. Art. in "Film und Recht". E.: Ritter d. Ordens f. Kunst u. Literatur d. franz. Rep., BVK am Bande. M.: Dt. UNESCO-Kmsn. Bonn, Dt. Filmpreiskmsn. d. BInnenmin. Bonn. H.: Garten, Rennsport.

Caspary Ulrich *)
Casper Carl Michael

B.: Gschf. Ges. FN.: Runze & Casper Verlagsservice OHG; Runze & Casper Werbeagentur GmbH. GT.: stellv. AufsRV. d. Telefactory Berlin. DA.: 10119 Berlin, Linienstr. 214. casper@runze-casper.de. www.runze-casper.de. G.: Liesborn, 14. Jan. 1952. V.: Dr. Birge E. S.: 1973-81 Stud. Germanistik, Geschichte u. Phil. an d. FU Berlin, M.A. K.: 1981 Grdg. d. Agentur zusammen m. Andreas Runze. BL.: Organ. u. Durchführung "Schaustelle Berlin", Messeauftritt d. Länder Berlin-Brandenburg auf d. MIPIM Cannes, Konzeptionen u. Arb. u.a. f. Berliner Festspiele, Berliner Philharmoniker, Dt. Histor. Museum. P.: zahlr. Fachbeiträge, verlegt d. Magazin d. Berliner Senatsverw. f. Stadtentwicklung "Foyer". H.: Hochseesegeln.

Caspers Gottfried *)
Caspers-Merk Marion

B.: MdB. FN.: SPD. G.: Mannheim, 24. Apr. 1955. V.: verh. S.: 1970-74 Ludwig Franck Gymn., Abitur, 1974 Stud. Politikwiss., Germanistik, Freiberg ab 1. Sem. TU Berlin, 1980 Mag. Artium, über Verständigungsprobleme. K.: 1980-90 Gemeinderätin in March, 1980-90 Lehrbeauftragte FH f. öffentl. Verwaltung in Kehl, zuletzt DFG - Forsch. über Kommunalpol. in BW, 1990 MdB, Wahlkreis Lörich - Mühlheim, auch grenzüberschreitende Regionalpol., 1994 Wiederwahl, seit 1996 stellv. SGk - Bundestagsvors., 1998 Direktwahl, 1990 Landesvorst. BW d. SGK, o.M. Umweltausschuß zust. Abfallbereich Nachhaltige Entwicklung, stv. M. Auswärtiges Mitgl., spez. Internat.Umweltpolitik, u.a. Agenda 21 Umwelt, 1992 Teilnahme an Rio - Konferenz, 1997 Teilnahme Nachfolgekonferenz in New York, seit 1994 Vors. Dt. - irische Parlamentariargruppe, seit 1996 Mtgl. im Fraktionsvorstand. P.: Aufsätze zu Umweltfragen "Sustainatsbility challenge and opportunity", 99 Bergham - Busch Edit office, zahlr. Aufsätze zu Umweltpol. Themen, "Ökologische Briefe", "Zukünfte". M.: Vors. DRK Efringen - Kirchen, Naturfreunde Lörrach, IG BCE. H.: Lesen, ökol. Gärtnern, mod. Kunst. (Re)

Cassalette Peter *)
Casse-Schlüter Doris Prof.

B.: Prof., Inh. FN.: FH Aachen Fachbereich Design; Grafik-Design-Büro in Aache. DA.: 52064 Aachen, Boxgraben 100; 52070 Aachen, Wilhelmstr. 14. G.: Essen, 12. März 1942. S.: 1958 Mittlere Reife Essen, 1958-60 Lehre als Lithografin, Gesellenprüf., 1960-86 Folkwangschule, Gestaltung, ab 1965 Folkwangschule: 1-jähriges Praktikum als Trickfilm-Gestalterin u. anschl. Meisterschülerin b. Prof. Emil Zander u. Prof. Hermann Schardt, 1967 Abschluß Dipl.-Designerin. K.: Eröff. d. eigenen Design-Büros in Essen m. Schwerpunkt Grafikdesign, 1985 Verlegung d. Büros nach Aachen, 1985 Prof. f. Kommunikationsdesign / Graphik Design / Hypergraphic an d. FH Aachen. P.: Veröff. in dt. u. europ. Fachzeitschriften u. Fachbüchern. E.: 1982 Toulouse Lautrec-Med. in Gold f. d.

"Bonn-Plakat", 1977 Goldmed. v. Art-Dir.-Club f. ein dt. Typo-Plakat in New York, 1985 Gewinn d. Design-Programms d. Kieler Woche, 1994 u. 1996 Forschungsaufträge d. BMFT (Bundesmin. f. Forschung u. Technologie), 1998 Gewinn d. Design-Programms d. Kreises Aachen, 2000 Gewinn d. visuellen Erscheinungsbildes u. d. Designprogramme "aachen 2000" u. "stadtaachen", über 90 Preise u. Ausz. in nationalen u. internat. Wettbewerben. M.: DW, AGD, BDG, IIID, Dt. Plakat-Forum e.V. Essen. H.: Zeichnen, Fliegen, Musik, Literatur.

Cassens Johann-Tönjes Dr. iur. *)

Castan Bernd
B.: Gschf. FN.: Castan Golf GbR. DA.: 22453 Hamburg, Groß Borsteler Str. 17-23. G.: Hamburg, 29. Aug. 1964. S.: 1981-84 Ausbild. z. Kessel- u. Behälterbau in Firma Blohm u. Voss Hamburg, 1984-86 Bauschlosser in Firma Andreas Metallbau Hamburg, 1986-87 Wehrersatzdienst in d. Hamburger Werkstätten f. Behinderte. K.: 1987-90 Mitarb. f. Golfschlägerherstellung u. Reparatur in Firma Golf-House Hamburg, 1990-92 Firma Golf-Technik Hamburg, 1992 Grdg. d. Firma Castan Golf m. d. Bruder Horst Castan in Hamburg, seit 1993 erster eingetragener Handwerksbetrieb im Golfschlägerbau in Hamburg, 2000 Eröff. eines Pro-Shop im Golf-Club an d. Pinnau, Quickborn-Renzel, Servicecenter f. Reparatur Callaway Golf Ltd. Deutschland, Holland, Österr. M.: Golf-Club Sittensen e.V., GC A. d. Pinnau e.V. H.: Golf, Mountainbike, Musik, Pferde.

Castan Horst
B.: Gschf. FN.: Castan Golf GbR. DA.: 22453 Hamburg, Groß Borsteler Str. 17-23. G.: Hamburg, 13. Jni 1961. V.: Doris, geb. Bumann. Ki.: Till (1994). S.: 1979-82 Ausbild. z. Dreher b. Blohm u. Voss Hamburg. K.: 1983 Mitarb., 1983-85 Zivildienst im Altenheim in Hamburg-Altona, 1985-87 Dreher in Firma Logopack-Systeme in Hartenholm, 1988-90 Umschulung z. Maschinenbautechniker an d. Grone-Schule in Hamburg, 1990-92 Firma Golf-Technik, 1992 Grdg. d. Firma Castan Golf m. d. Bruder Bernd Castan in Hamburg, seit 1993 erster eingetragener Handwerksbetrieb in Golfschlägerbau in Hamburg, 2000 Eröff. eines Pro-Shop in Golf-Club an d. Pinnau, Quickborn-Renzel, Servicecenter f. Reparatur Callaway Golf Ltd. Deutschland, Holland, Österr. M.: Golf-Club Königshof Sittensen. H.: Golf, Musik.

Vicomte de Castelbajac Stéphane *)

von Castelberg Christian Battista
B.: Regisseur. G.: Zürich, 27. Jan. 1955. V.: Gabriele Schilter. S.: 1973 Abitur, 1981 Dipl.Naturwiss. ETH Zürich, 1982-84 Volontariat bei SF DRS, 1987 Regieklasse am American Film Institute, AFI in Hollywood. K.: 1984-87 u. 1989-92 Redaktion u. Regie bei SF DRS, 1993 Regie "Tatort" (ARD), 1995 Regie "Lautlose Schritte" (ZDF), 1998 Regie "Die Mörderin" (ZDF) u. "Nicht ohne meine Eltern" (ZDF), 1999 Regie "Abschied im Licht" (ZDF) u. "Commissario Brunetti": "Vendetta" (ARD), 2000 Regie "Commissario Brunetti": "Venezianische Scharade" (ARD).

Freiherr von Castell Ernst Johannes Maria Dr. iur. can. *)

Castell Klaus Ulrich Dr.

B.: Patentanw. FN.: Patentanw.-Kzl. Liermann-Castell. DA.: 52349 Düren, Gutenbergstr. 12. PA.: 80638 München, Kratzerstraße 23. G.: Freising, 19. Juli 1961. V.: Dr. Bettina. Ki.: Robin (1991), Charlotte (1995). El.: Dr. Horst u. Renate Müller. S.: 1980 Abitur Wertheim, 1980/81 Bundeswehr, Stud. TU München, 1981-87 Dipl.-Ing. f. Brauwesen u. Getränketechnologie. K.: 1987 Direktionsassistenz für eine Brauerei, 1990 Diss., versch. Patente z. Behandlung v. Geruchsemissionen b. Brauereien, Ausbild z. dt. u. europ. Patentanw. in München, anschl. Partner in einer Patentanw.-Kzl. in Reutlingen, ab 1994 Übernahme d. Patentanw.-Kzl. Liermann in v. Herrn Dipl. Phys. Martin Reuther als Partner. P.. Veröff. in nat. u. internat. Fachzeitschriften. M.: VDI, Ltg. d. Arbeitskreises gewerbl. Rechtsschutz.

Castell Rolf
B.: Staatsschauspieler. PA.: 81679 München, Sternwartstr. 13. G.: München, 28. Mai 1921. V.: Ingeborg. Ki.: Michael, Stephan. S.: Abitur, Stud. Theaterwiss., Schauspielunterricht. K.: 1948 Debüt a. d. Stadt. Bühnen München, 1950-53 a. d. Münchner Kammerspielen, ab 1954 am Bayer. Staatsschauspiel München (heute noch Gastspieler), zahlr. Kinofilme. P.: Kinofilme u.a.: "Der Wüstenfuchs", "Feuerwerk", "Es geschah am 20. Juli", "Flühlingsmanöver", TV u.a.: "Kleider machen Leute", "Tatort", "Der Alte", "Derrick", "Wie würden Sie entscheiden?". E.: 1983 Gold. Verd.Med. d. Bayer. Rundfunks.

Castellani Michael Dipl.-Kfm. *)

Castellanos de Küter Noemi

B.: selbst. Unternehmensberaterin. DA.: 14199 Berlin, Kissingerstr. 67. noemi-castellanos@t-online.de. G.: Berlin, 7. Mai 1967. V.: Stefan. El.: Edgar u. Eva-Maria. BV.: Großonkel d. Mutter Karl Liebknecht, Otto Liebknecht Persil-Erfinder, d. Stammbaum mütterlicherseits läßt sich b. Martin Luther zurückführen. S.: 1985 Abitur Bolivien, 1985-90 Reno Nevada, Stud. Intern. Affairs, franz. Literatur, 1990 BA u. 6 Monate Tätigkeit in d. USA. K.: 1990-92 Entwicklung PR- u. Marketingstrategie Amerikan. Lotterieges. Bolivien, 1992 Wechsel nach Frankreich, 1993 MBA, ab 1994 Belitz-Sprachschulen Berlin, Aufbau d. Firmenbetreuung, Aufbau d. gesamten Büroorgan. u. Business Development, 1996 kurzfristige Tätigkeit als Headhunter ebenso kurzfristig zu einem Telekomunikationsunternehmen abgeworben worden, 1997-99 Viatel Executive Manager Germany, kompletter Neuaufbau d. dt. Organ. u. Vertriebsstruktur kompl. Business Development incl. aller erforderl. Verhandlungen, 1999 eigene Unternehmensberatertätigkeit, erste feste Kunden in Start-up-Unternehmen, zusätzl. EPSON. M.: MC-Berlin, Amerikan. HK Berlin, Amerikan. intern. Honour Society (USA), Intern. Women's Club Berlin. H.: Sprachen, Singen.

*) Biographie www.whoiswho-verlag.ch oder beigefügte CD-ROM

Castellaz Walburga

B.: Reiseverkehrskauffrau, Gschf. FN.: Reisebüro Castellaz. DA.: 42285 Wuppertal, Rudolfstraße 158. reisebuero.castellaz@t-online.de. G.: Münster, 13. Apr. 1954. V.: Hans Castellaz. Ki.: Melanie. S.: 1971 Mittlere Reife Münster, 1971-74 Ausbildung z. Groß- u. Außenhdls.-Kfm. b. d. Spar-Zentrale in Münster. K.: 1974-77 Groß- u. Außenhdls.-Kfm. bei d. Firma H&G Röger in d. Abt. Verkauf u. Export, 1984 Übernahme d. Reisebüros und gleichzeitig Ausbildung z. Reiseverkehrskauffrau, 1986 Abschluss, 1996 Eröff. eines 2. Reisebüros in Wuppertal-Ronsdorf. M.: IHK, Kegelver., Schützenver. H.: Reisen, Kegeln, Schreiben v. Lyr. Gedichten f. d. Privatbereich.

Castello Maurizio *)

Caster Rudolf *)

Castor Martin Theodore *)

Castorf Frank

B.: Reg., Int. FN.: Volksbühne am Rosa-Luxemburg-Platz. DA.: 10178 Berlin, Linienstr. 227. G.: Berlin, 17. Juli 1951. Ki.: Corinna (1976), Nadja (1979), Rosa (1992), Leon (1993), Rene (2001). El.: Werner u. Uli. S.: 1970 Abitur, 1972-76 Stud. Theaterwiss. Humboldt-Univ. Berlin. K.: 1976-79 Dramaturg in Senftenberg, 1979-81 Reg. in Brandenburg, 1981-85 Oberspiellltr. in Anklam, 1985-88 freiberufl. Reg. in Gera, Karl-Marx-Stadt, Halle u. Frankfurt/Oder, 1988 Regieass. Volksbühne u. Dt. Theater in Berlin, 1989/90 Inszenierungen in Köln, Basel, München u. Hamburg, 1991/92 Reg. am Dt. Theater Berlin, seit 1992 Int. d. Volksbühne am Rosa-Luxemburg-Platz, 1998 "Krähwinkelfreiheit" (Wr. Burgtheater), 1999 "Richard II" (Berl. Volksbühne), 1999 "Die Dämonen" f. d. Wiener Festwochen, "Die Tochter der Luft", 2001 "Die Erniedrigten und die Beleidigten" f. d. Wr. Festwochen E.: 1992/93 Theater d. Jahres, 1993 Kritikerpreis d. Berliner Zeitung, 1993 Friedrich-Luft-Preis f. "Rhein.Rebellen" als beste Berliner Inszenierung d. Jahres 1992, 1994 Kortner-Preis, Mtgl. d. Ak. d. Künste Berlin, Ak. d. Darstell. Künste Frankfurt/Main. M.: Förderver. "Ver. d. Ratten", Sonnenuhr e.V. H.: Spaß haben, Geld verdienen und die Welt verändern.

Castorf Werner Dipl.-Kfm. *)

Castritius Jürgen Dr. med. dent. *)

Castro Dietmar Dipl.-Ing. Prof. *)

de Castro René

B.: Goldschmiedemeister, Schmuckdesigner, Dir. FN.: Cartier-Joaillers. DA.: 80539 München, Maximilianstr. 29. G.: Curacao, 11. Mai 1951. S.: 1967-75 Goldschmiedeschule u. FHS f. Design Pforzheim. K.: seit 1975 b. Cartier München. H.: Squash, Tennis, Skifahren, Reisen.

Castro Violetta *)

Castronari Christine

B.: Heilpraktikerin. DA.: 10825 Berlin, Bozener Str. 3. G.: Brockwitz, 1. Sep. 1928. Ki.: 4 Kinder. S.: 1944 Mittlere Reife Dresden, 1946 Ausbild. z. Krankenschwester mit Staatsexamen. K.: danach bis 1950 als Kinderkrankenschwester

tätig, anschl. bis 1954 in Berlin als Krankenschwester in Spezialklinikbereich tätig, nach einem Studium im ärztlichen u. Forschungsbereich, Herzkatheder, Osillographie bis 1957 tätig, 1957 Wechsel nach Westberlin,Tätigkeit als Krankenschwester u. ab 1969 als Oberschwester in d. Neugeborenen- u. Frühgeburtenpflege im Urban-KH in Berlin-Kreuzberg, Teilnahme einer Arbeitsgruppe f. Integration von sozialschwachen, kinderreichen und ausländischen Bevölkerungsgruppen, 1983 Heilpraktikerausbildung mit d. Überprüfung 1985, seit 1986 ndgl. Heilpratikerin in Berlin Schöneberg m. Schwerpunkt: Allergien, Mykosen, Stoffwechselstörungen, Schmerztherapie, Krebstherapie, Vega-Test, Funktionen: Doz. an d. Heilpraktikerschule, Referent. M.: Verb. Dt. Heilpraktiker, NPSO-Rudolf Sienerstiftung, Vega Grieshaberstiftung. H.: Familie, Lesen, Musik, Konzerte, Studienreisen.

Castrop Helmut Dr. phil. habil. B.Litt. Prof. *)

Castrup Hans Joachim Dr. Prof.

B.: Chefarzt. FN.: KH Düsseldorf-Benrath. DA.: 40593 Düsseldorf, Urdenbacher Allee. G.: Hamburg, 17. Okt. 1940. El.: Prof. Dr. Hans u. Ruth, geb. Kuckelke. S.: Gymn., 1960 Abitur, 1960-65 Med.-Stud. in Freiburg/Br., Hamburg u. Köln, 1965 Prom. K.: 1968-71 wiss. Ass. b. Prof. Dr. M. Eder u. Prof. Dr. R. Fischer am Pathol. Inst. d. Univ. Köln, ab 1972 chir. Tätigk. als wiss. Ass. an d. Klinik u. Poliklinik f. Allgemeinchir. d. Univ. Göttingen b. Prof. Dr. H.-J. Peiper, 1977 FA-Anerk., 1977 Habil. f. d. Fach Chir., 1979 Studienreise d. d. USA, ab 1980 Oberarzt d. Klinik u. Poliklinik f. Allgemeinchir. d. Univ. Göttingen, 1982 Ern. z. apl. Prof., s. 1985 Chefarzt d. Chir. am KH Düsseldorf-Benrath, wiss. Schwerpunkt: Magenchir., Leber- u. Gallenwegschir., stadiengerechte chir. Behandl. maligner Weichteiltumoren, chir.-gastroenterol. Onkologie, operative Therapie d. Peritonitis.

Casula Pietro

B.: Autolackierer, Inh. FN.: Auto-Design & Fahrzeuglackierung. DA.: 41460 Neuss, Floßhafenstr. 12. G.: Carbonia/Sardinien, 5. Mai 1948. S.: 1968 Abitur, 1968-69 Wehrdienst, 1969 Med.-Stud. Mailand. K.: 1971 nach Deutschland, 1971-72 Lehrstelle b. FORD Autolackieren, 1973-80 m. einer Musikgruppe aufgetreten u. Solosänger, 1980 Meisterschule f. Lackierer, 1982-86 Stud. Wirtschaftswiss. Univ. Köln, Düsseldorf u. Hagen, seit 1998 selbst. F.: Reisebüro Sardinia Travel Intern. Köln. M.: Präs. d. Bewegung Movimento per la Sardegna, Ital. Bürgervertretung in NRW, PRO Qualifizierung. H.: Sprachen, Reisen, Musik.

Caswell Chris J. B.Sc. F.C.A.

B.: Managing Dir., European Financial Manager. FN.: Corning GmbH, Corning Europe Inc. DA.: 65189 Wiesbaden, Abraham-Lincoln-Str. 30. PA.: 64409 Messel, Vor der Höhe 8. G.: Solihull/England, 12. Jan. 1951. V.: Walburga, geb. Schenk. Ki.: Jessica, Julia. El.: Lawrance u. Lucy. S.: Stud. Univ. Nottingham, 1972 B.Sc. K.: Price Waterhouse (Chartered Accountant) Wirtschaftsprüfer 1975, 1976 Mobil Oil Corp. New York, 1979 Bluebell Corp. North Carolina, Brüssel Europa-Hauptquartier, 1981 Division Controller Deutschland, Österr., Dänemark, Malta, 1984 Corning Keramik, Katalysator Einführung u. Entwicklung in europ. Automobilbau, Großinvestitionen, Aufbau Corning Werk Kaiserslautern,

*) Biographie www.whoiswho-verlag.ch oder beigefügte CD-ROM

Controller, 1988 zusätzl. Finanzmanager f. Europa. M.: Inst. f. Chartered Accountants e.V., American Chamber of Commerce. H.: Tauchen, Segeln. (Ch.Z.)

Cat Osman
B.: Inh., Gschf. Ges. FN.: Osman Cat GmbH. DA.: 97424 Schweinfurt, Rudolf-Diesel-Str. 29. G.: Nevsehir/Türkei, 26. Dez. 1956. V.: Sefika, geb. Arabulan. Ki.: Yasemin (1977), Ömer-Faruk (1982), Hatice-Kübra (1984), Furkan (1988). El.: Celal u. Nazik, geb. Elma. S.: 1973-76 Ausbild. als LKW-Mechaniker. K.: 1976-79 Tätigkeit in d. Ausbild.-Firma 1979-82 Fahrer im Fernverkehr (EG-Länder), Reisebusverkehr (EG-Länder), Baumaschinengeräte, 1982 Grdg. d. Firma Osman Cat GmbH m. Schwerpunkte Transporte in d. Nahen Osten in eigener Regie (Import-Export). BL.: Berater f. Existenzgründer, Soz. Engagement (Hilfstransporte f. Kroatien, Bosnien, Türkei). F.: seit 1991 Termo Trans Istanbul. P.: Fachart. in d. überregionalen Presse u. Fachpresse, Aktivitäten im Zusammenhang m. d. Gesetz: Änderung d. Arbeitserlaubnisverordnung f. ausländ. Kraftfahrer außerhalb d. EU. M.: 1997 Ver.-Gründer u. Vors. d. Dt.-Türk. Unternehmerver. Unterfranken Schweinfurt, TITAB, Grdg.-Mtgl. u. im Vorst. Bayer. Transportunternehmerverb. (LBT) e.V. München. H.: Natur, Soz. Engagement.

Catacchio Marion
B.: Gschf., Mitinh. FN.: Linda Schuhsalon C. OHG; Nina Schuhe. DA.: 60313 Frankfurt/Main, Goethestr. 7. PA.: 63303 Dreicheich-Buchschlag, Hubertusweg 15. G.: Eschwege, 9. Juli 1944. V.: Gaetano. Ki.: Claudia (1978), Nina (1980), Marco (1984). El.: Hans u. Eva. S.: 1959 Abschl., 1959-62 Lehrling Kaufhof DOB. K.: 1963-69 Substitutin Kaufhof, 1968 Eröffn. 1. Schuhgsch. "Il Capriccio", weit. M.: HK, Einzelhandelsverb., Golfclub Neuhof. H.: Familie, Lesen, gut Essen, Golf. (C.R.)

Catchpole Peter
B.: Schulltr., Trainer. FN.: express englisch Private English School & Übersetzungsdienst. DA.: 68165 Mannheim, Augustaanlage 17. G.: Plymouth/England, 12. Feb. 1949. S.: 1967 Abitur Plymouth/England, 1967 Umweltforsch.-Inst., Univ. Leicester, Math. u. Astronomie, Stud. Angew. Benehmenswiss., Umweltforsch.-Inst., Allg. Management u. Training-Management, Nordafrika-Rundreisen, Jugendsozialpäd. in London, Management-Training f. junge Leute in Plymouth, 1982 Management-Training b. IBB u. Aufbau d. eigenen Schule in Deutschland, 1987 Grdg. d. Schule. M.: Europa Union Deutschland Rheinland-Pfalz, London Chamber of Commerce an Industry Examinations Board. H.: Oldtimer, Kleinreisen, Garten, Hund, Kunst, Theater.

Catello (Keidel) Sven

B.: Zauberkünstler, Dipl.-Mathematiker. FN.: Sven Catello & Dario. DA.: 85049 Ingolstadt, Holzmarkt 3. sven.catello@bigfoot.de. G.: 8. Juli 1967. El.: Dipl.-Ing. Jürgen Keidel u. Waltraud, geb. Achberger. S.: 1986 Abitur Ingolstadt, 1986-87 Grundwehrdienst, 1987-96 Stud. Mathematik an d. Kath. Univ. Eichstätt, 1996 Dipl.-Mathematiker. K.: 1988-92 u. 1995-96 Programmierer bei d. Deutschen Aerospace, Lehrbeauftrgter f. Mathematik im Studienkreis; Judo als aktiver Wettkämpfer, Übungsleiter, Kampfrichter u. Abteilungsleiter d. SG DJK Ingolstadt sowie Prüfungsbeauftragter d. Bez. Oberbayern u. Südbayern; seit 1980 Beschäftigung m. Zauberkunst, seit 1997 Profi-Zauberkünstler, 1996 Dt. Meister Zauberkunst f. Kinder, 1996 Österr. Meister, 1997 3. Platz WM Großillusionen. P.: seit 1997 Organisator d. Ingolstädter Zaubertage. E.: 1994 Bayer. Meister Judo-Kata u. jüngster Träger d. 5. Dan Judo in Bayern. H.: Kultur, Reisen.

Catenhusen Wolf-Michael
B.: StR. a.D., MdB. DA.: 11011 Berlin, Platz d. Republik 1. PA.: 48157 Münster, Breslauer Str. 71. G.: Höxter, 13. Juli 1945. V.: Lore, geb. Thedick. Ki.: Wolfram, Inga. El.: Wolfram u. Ursula. S.: 1965 Abitur, Stud. Latein, Geschichte u. Sozialwiss. Univ. Göttingen u. Münster, 1. u. 2. Staatsexamen. K.: 1971/72 Mitarb. am Inst. f. vergleichende Städtegeschichte Münster, seit 1977 StR. am Gymn. Arnoldinum Burgsteinfurt, 1968 Eintritt SPD, 1970-74 versch. Funktionen b. d. Jungsozialisten, 1975-85 Vors. d. SPD Münster, Vors. d. Enquete-Kmsn. "Chancen u. Risiken d. Gen-Technologie" d. 10. BT, 1987-94 Vors. Aussch. f. Forsch., Technologie u. Technikfolgenabschätzung, 1994-98 Parlamentarischer Gschf. d. SPD, seit 1995 Mgtl. d. SPD-Parteivorst., s. 1980 MdB, seit Okt. 1998 Parlamentarischer Staatssekretär bei d. Bundesministerin f. Bildung u. Forschung. M.: ÖTV, AWO, Reichsbund. (Re)

Caterbow Elisabeth
B.: Gschf. FN.: Aqua Bed MC Wasserbetten GmbH. DA.: 90491 Nürnberg, Äußere Sulzbacher Str. 159/161. PA.: 90419 Nürnberg, Riesenschritt 9. G.: Fürsfenfeldbruck, 22. Dez. 1949. V.: Alexandra (1972). S.: Mittlere Reife, Ausbild. Amtsgericht Fürstenfeldbruck. K.: 2 J. Tätigkeit Innendienst b. versch. Vers.-Ges., 27 J. Unternehmensgruppe Hebel AG Emmering b. Fürstenfeldbruck, Bereich Marketing, Ltg. d. Zentralsekretariats, seit 1999 Gschf. Aqua Bed MC Wasserbetten GmbH. P.: fachspez. Publ., Dt. Zeitungen. H.: Tanzen, Radfahren, Glassammeln.

Catranis Alexandros Dr. iur. Prof.
B.: Diplomat. DA.: 53179 Bonn, An der Marienkapelle 10. PA.: 1256 Athen, Lesvou 15. G.: Athen, 21. Aug. 1953. V.: Ismini Kriari-Catranis. Ki.: Constantin (1987), Aristides (1990). El.: Constantin u. Olympia. S.: 1971 Abitur Athen, 1971-76 Stud. Rechtswiss. Univ. Athen, 1976 Dipl., 1977 Prüf. z. RA, 1976-80 Prom.-Stud. Univ. München, 1980 Prom. z. Dr. iur. 1980-81 wiss. Mitarb. am Lehrstuhl f. Intern. Wirtschaftsrecht b. Prof. Böckstiegel Univ. Köln, 1981-83 Wehrpflicht b. Heer, 1983 RA in Nationalbank, seit 1983 im Diplomat. Dienst, 1983-84 Diplomatenschule Athen, 1984-89 Direktorat f. Intern. Wirtschaftsbeziehungen im Außenmin., 1989-92 Direktorat Türkei u. Zypern, 1991 6 Monate NATO-Defence College Rom als Diplomat, 1992 Direktorat f. Balkan, 1992-95 Studiendir. Diplomat. Ak., 1993 Lehrgänge an Eipa-Maastricht/NL, 1994-95 Direktorat f. Europa, zuständig f. Rußland u. Zentralasien; seit 1995 Botschaft in Bonn, 1995-98 BotschaftsR., seit 1998 Gesandter BotschaftsR., seit 1986 Doz. f. Intern. Wirtschaftsbeziehungen u. Außenpolitik in Europa, Nat. Zentrum f. Öff. Verw. Athen, 1988 Lecturer f. intern. Organ. Panteion-Univ. f. polit. u. soz. Wiss. Athen, seit 1995 Ass.-Prof. f. Intern. Wirtschaftsrecht, intern. Wirtschaftsorgan., Völkerrecht, Europarecht. P.: Bücher: Diss. (1981), "Intern. Wirtschaftskrise u. d. Verschuldung d. 3. Welt" (1993), Die Zukunft des Mittelmeerraumes aus d. Sicht Griechenlands (1998). M.: Dt. Juristentag, Dt. Ges. f. Auswärtige Politik, Südosteuropages., American Society of Intern. Law, Griech. Ges. f. Völkerrecht u. Intern. Beziehungen. H.: Schwimmen, Theater, Oper, Literatur (Shakespeare u. Heinrich Mann), Musik (Beethoven), Gitarrespielen.

*) Biographie www.whoiswho-verlag.ch oder beigefügte CD-ROM

Cattaneo Lorenzo
B.: Stellv. d. Geschäftsltg. FN.: Geisel Hotels. DA.: 80335 München, Karlspl. 25. PA.: 81479 München, Becker-Gündahl-Str. 28. G.: Cividale/Italien, 13. Juni 1940. V.: Marianne, geb. Hatje. Ki.: Marco (1972). S.: 1958 Abitur, Hotelfachschule in Pesano/Italien, Abschluß Hotelfachmann. K.: Kellner in Leysin, Cannes, Luxemburg, Schottland, 3 J. OSteward auf Kreuzfahrtschiff, 5 J. Direct. Ass. Bahamas, 1970 Atlantik Hotel Hamburg in div. Management-Funktionen, 1979 1 Sem. in Cornell New York, seit 1982 b. Geisel Hotels. P.: div. Art. in Fachzeitschriften. E.: Botschafter d. HK Friaul, 1989 amtierender Präs. d. Fogolar Fürlang Bayern e.V. M.: E.S.V. München. H.: Wildwasserfahren, Bergsteigen. (E.B.)

Cattarius-Kiefer Ute Dr. med.

B.: Chefärztin. FN.: Krankenanstalten Gilead gGmbH. DA.: 33617 Bielefeld, Grenzweg 10. G.: Welchweiler, 25. Juli 1955. V.: Klaus Kiefer. El.: Armin u. Heidi Cattarius. S.: 1974 Abitur, 1974 Stud. Mathematik u. Physik, 1975-81 Stud. Med., Staatsexamen, 1981 Approb., 1988 Prom., 1981-89 FA-Ausbild. Chir. u. Kinderchir. K.: 1989-92 FOÄ d. Kinderchir. an d. Univ.-Klinik Mainz, 1992-98 ltd. OÄ d. Kinderchir. am Kinder-KH auf der Bult in Hannover, s. 1998 Chefärztin d. Krankenanstalten Gilead gGmbH m. Schwerpunkt angeborene Fehlbildungen, Kinderurologie, Kindertraumatologie, Analatresien. M.: Dt. Ges. f. Kinderchir., Dt. Ges. f. Verbrennungschir. H.: Kochen, Freunde, Fotografieren, Literatur.

Cattepoel Jan Dr. jur.

B.: RA u. Justiziar d. FDA. DA.: 55128 Mainz, Dantestraße 7. jan.cattepoel@main-rheiner.de. G.: Krefeld, 22. März 1942. V.: Helga, geb. Siefert. Ki.: Constantin, Joachim. El.: Dr. Dirk u. Lore. S.: 1962 Abitur, Stud. Rechtswiss., Phil. u. Soz., 1968 1. Staatsexamen, 1972 Promotion, 1973 2. Staatsexamen. K.: wissenschaftl. Ass. am Inst. f. Rechtsgeschichte an d. Univ. Marburg, 1977-81 Evaluationsbeauftragter an d. Univ. Trier, 1982-87 RA in Trier, 1985-87 wiss. Mitarb. am Kuratorium Unteilbares Deutschland, 1988-89 Zusatzausbild. z. EDV-Berater b. GIB in Mainz, 1990 EDV-Doz. in Mainz, 1991-92 Doz. f. EDV u. Recht in Jena u. Saalfeld, 1992-93 jur. Berater d. Sächs. Landesamtes z. Regelung offener Vermögensfragen, seit 1993 RA in Mainz. F.: seit 2000 Gschf. d. Firma Medienstudio 2000 GmbH. P.: über 20 Veröff. u.a. "Dämonie u. Ges.", "Anarchismus". E.: 1995 Preisträger in d. Dt. Abt. d. intern- Literaturpreises "Mons Aegrotorum" d. Stadt Montegrotto/Italien. M.: seit 1995 Vors. d. FDA Rheinland-Pfalz, seit 1988 Justiziar u. Mtgl. d. Präsidiums d. FDA auf Bundesebene.

Cattien Christoph Dr. jur.
B.: RA, Inh. FN.: RA-Kzl. Dr. Cattien·Kropp·Schawe·Schalinske·Lutze·Wernicke & Partner, Rechtsanwälte · Wirtschaftsprüfer · Steuerberater. DA.: 03046 Cottbus, Taubenstr.

37. G.: Cottbus, 17. Dez. 1967. El.: Claus u. Christine. BV.: Vorfahren waren Tuchfabrikanten, Juristen u. Mediziner; Cattien aus Frankreich stammend. S.: 1986 Abitur, 1986-89 Wehrdienst, 1989-93 Stud. Jura Berlin, 1993 1. jur. Staatsexamen, 1994-96 Referendariat, 1996 2. Staatsexamen, 1997 Diss. K.: 1996 Eröff. d. Anw.-Kzl. in Cottbus m. Partnern; Lehrbeauftragter an d. BTU Cottbus; seit 2000 Inhaber d. Firma Dr. Cattienopp ·Schawe·Schalinske Lutze ·Wernicke & Partner, Rechtsanwälte · Wirtschaftsprüfer Steuerberater· Kropp·Schawe·Schalinske·Lutze·Wernicke & Partner, Rechtsanwälte · Wirtschaftsprüfer · Steuerberater mit Standorten in Cottbus, Düsseldorf u. Zossen.P.: Dr.-Arb.: "Abwassergebühren in d. neuen Bdl." (1998). M.: Unternehmerverb. d. Landes Brandenburg. H.: Deutsche Geschichte, Römisches Recht, Astronomie.

Causemann Jochen *)

Cavalar Johannes

B.: RA. FN.: Cavalar RA-Kzl. DA.: 36037 Fulda, Kanalstr. 54. PA.: 36037 Fulda, Löherstr. 28. G.: Ludwigshafen, 25. Juni 1963. V.: Hella, geb. Goi. S.: Abitur, Bundeswehr in Speyer, Stud. Rechtswiss. in Mannheim u. Berlin, 1. jur. Staatsprüf., Referendarzeit in Hessen, 2. Staatsexamen. K.: RA in Kzl. Rocholl u. Dr. Müller in Fulda, 1998 b. Hutzel & Partner, 1999 Eröff. d. eigenen Kzl., Tätigkeitsschwerpunkt: Erbrecht, Vermögensnachfolge u. priv. Baurecht, Steuerrecht. BL.: Abhaltung arbeitsrechtl. Seminare, Schulungen im Bereich Wirtschaft, gewerbl. Rechtsschutz u. Wettbewerbsrecht, Zusammenarb. m. Creditreform; 1999 zusammen m. d. Bgm. v. Fulda u. Vertreter v. Jerusalem Grdg. d. MAI e.V: (Dt.-Jüdisches Inst. f. d. Dialog d. Jugend u. d. Wiss. d. heiligen Landes). M.: Anw.-Ver., Post-Sportver. Fulda. H.: Badminton, Musik, Klavier u. Kirchenorgel.

Cavalzani Giovanni *)

Caven Marion

B.: selbst. RA. DA.: 49078 Osnabrück, Rheiner Landstr. 74. G.: Osnabrück, 29. März 1960. V.: Kerry. Ki.: Anabelle (1989). El.: Günter u. Helene Babette Niehaus, geb. Mühleis. BV.: Großvater Bernhard Mühleis Gründer d. Bauges. S.: 1980 Abitur Osnabrück, ab 1980 Stud. Rechtswiss. Osnabrück, 1986 1. Staatsexamen, 1986-89 Referendarzeit am Amtsgericht Wilhelmshafen und OLG Oldenburg, 1989 2. Staatsexamen. K.: 1990 Zulassung als RA u. Eröff. d. eigenen Kzl. in Osnabrück, Schwer-

*) Biographie www.whoiswho-verlag.ch oder beigefügte CD-ROM

punkt Familienrecht. F.: alleinige Ges. d. Bauunternehmens Mühleis GmbH & Co KG, 49078 Osnabrück, Rheiner Landstr. 74. M.: Golfclub Varus, Ostercappeln/Venne. H.: Golf.

Cavic Branko Dr. stom.

B.: Zahnarzt. DA.: 67346 Speyer, Bebelstr. 31a. G.: Belgrad, 21. Mai 1961. V.: Christiane, geb. Schmitt. Ki.: Marco. El.: Dr. stom. univ. Belgrad Mioljub u. Danica Cavic, geb. Savic. S.: 1983 Abitur am Friedrich-Magnus-Schwerd Gymn. in Speyer, 1983-89 Stud. Zahnmed. an d. Univ. Belgrad, 1989 Prom. K.: 1989-92 Ass. in d. Praxis d. Vaters in Lingenfeld, seit 1992 ndlg. Zahnarzt in Speyer, f. alle Fachbereiche d. Zahnmedizin. H.: Boote, Tauchen, Ballsportarten, Radfahren, Computer.

Cawi Marie-Luise
B.: Werbefachwirt, Inh. FN.: Agentur Foto-Modelle "Cawis Models". DA.: 80336 München, Schwanthaler Str. 13; 90491 Nürnberg, Kohlbuckweg 11. G.: Nürnberg, 20. Juli 1961. V.: Thomas Cawi. Ki.: Katharina (1990), Gian Carlo (1990). El.: Andreas u. Elisabeth Heckel, geb. Hölzlein. S.: Grundschule, Mittlere Reife, Ausbild. Werbefachwirt sowie Programmierer. K.: 1 J. Programmierer, 1983 Grdg. Cawi Computer Models in Nürnberg, 1995 Grdg. Filiale Foto-Models Agentur München. BL.: 1993 u. 1994 Gala zu Gunsten d. Aids-Stiftung in Nürnberg. H.: Skifahren, Surfen.

Cayemitte-Rückner Naomie

B.: FA f. Anästhesie. DA.: 22297 Hamburg, Alsterdorfer Str. 226a. G.: Haiti, 4. Aug. 1952. V.: Dr. med. Rene Rückner. Ki.: Marsell (1984), Daniell (1986). El.: Jean u. Luise Cayemitte. S.: 1971 Abitur Haiti, 1971-77 Med.-Stud. Haiti, Prom., 1977-79 Bereich Anästhesie KH Haiti, 1980 Stipendium Deutschland. K.: 1980-81 Anästhesistin Städt. KH Heidelberg, 1980-84 ang. Anästhesistin Städt. Klinik Fulda, 1984 Umzug nach Köln, 1985 FA-Prüf. im Bereich Anästhesie in Düsseldorf, 1985 Umzug nach Hamburg, 1985-89 Vertretungsärztin im Bereich ambulanter Anästhesie, parallel dazu Weiterbild. im Bereich Schmerztherapie u. Akupunktur, 1989 Ndlg. als FA f. Anästhesie am heutigen Standort, Schwerpunkte: Schmerztherapie, traditionellen chin. Med. u. Akupunktur. M.: Dt. Ges. z. Stud. d. Schmerzen u. in d. intern. Ges. f. chin. Med., dort auch Doz. H.: Malen (Ausstellung 1987 m. d. Schwerpunkt Seidenmalerei in Hamburg), Yoga, Fitness.

Cazor Eberhard *)

Ceacmacudis Elena Dr. med. dent.
B.: Zahnärztin. DA.: 22307 Hamburg, Fuhlsbütteler Str. 257. Info@Dr-Ce.de. www.Dr-Ce.de. G.: Braila/Rumänien, 13. Apr. 1953. Ki.: Stefano (1984). El.: Dr. med. Panaiotis u. Ceacmacudis Maria, geb. Iatidu. BV.: Großvater Constantinos Ceacmacudis war Theaterint. b. Staatstheater in Rumänien

S.: 1960-68 Grundschule Nr. 5 in Braila, Rumänien, 1968-72 Lyzeum, 1971 Abitur in Rumänien, 1974-74 Hartnackschule (Fremdsprachenschule) in Berlin, 1974-76 13. Schuljahr, Abitur, Studienkolleg Univ. Hamburg, 1976-81 Stud. Zahnmed. in Hamburg, 1981 Examen, 1981 Prom. K.: 1982 Bestallung als Zahnarzt, 1981-84 Ass. Ärztin i. versch. Zahnarztpraxen in Italien, Amerika, Schweiz u. i. Hamburg, seit 1984 selbst. in eigener Praxis. P.: 1981 "Renale Lysozymreabsorption nach Aminoglykosidbehandlung" Univ. Hamburg, 1984 "Nephrotoxic Effects of Aminoglycoside Treatment on Renal Protein Reabsorption and Accumulation" Nephron 37: 113-119. M.: Ges. f. Implantologie. H.: Beruf.

Cebulla Beate Dr. med. *)

Cebulla Rainer Dipl.-Ing. *)

Cecchettini Giancarlo
B.: Gastronom. FN.: Ristorante "Tivoli". DA.: 81927 München, Stalzingstr. 21. G.: Colbordo Pesaro/Italien, 15. Okt. 1942. Ki.: Ario, Maria-Chiara. El.: Giuseppe u. Emma Diletia. S.: Hotelfachschule Rimini u. Lausanne. K.: seit 1962 in München, Mitarbeiter im Hotel Bay. Hof, danach Übernahme d. Geschäftsltg. div. bekannter ital. Restaurants in München, seit 1969 in München m. 5 namhaften ital. Restaurants vertreten, 1977 Eröff. Tivoli Bogenhausen, 1980 Geschäftsltg. Restaurant Il Mulino, 1989-93 Cocktailbar u. Restaurant Il Tivolino München, 1993 Neueröff. Restaurant Tivoli Bogenhausen, seit 1998 Gschf. d. Firma GASTRO GmbH, Beratung Gaststätten u. Restaurants. M.: Abg. d. ital. HK. H.: Skifahren, Tennis, Schwimmen, Sonne.

Cechura Reinhard *)

Ceciliato Luigi R. Prof.
B.: Inh., Gschf. FN.: CCM Creative Communication & Marketing GmbH. GT.: Ital. Inst. f. Außenhdl. DA.: 61348 Bad Homburg, Ferdinandstr. 19. G.: Rovigo/Venecia, 6. Juni 1940. V.: Marina. Ki.: Raffaella, Emanuele, Giulia-Teresa. S.: 1953-59 Kunststud. Malerei u. Bildhauerei Istituto statale d'Arte Padua, 1959-62 Kunstak. Venedig. K.: 1964-82 Kreierung u. Werbetätigkeit in Werbeagenturen, Creativdir., Artdir. Düsseldorf, Mönchengladbach u. Frankfurt, 1982-85 Graphikdesigner Rom, 1985 Grdg. CCM: Imagewerbung, Kreierung v. Kampagnen u. Verpackungsdesign f. Konzerne, Einführungskommunikation. P.: Ausstellungen in Venedig, Padua, Moskau, Rom, Mönchengladbach. H.: dramat. Tenor, klass. Musik, ital. Lyrik, Venedig.

Ceglarek Peter
B.: Gschf. Ges. FN.: ABUSD Sicherheitsunternehmen. DA.: 20148 Hamburg, Mittelweg 15.. G.: Hildesheim, 20. Juni 1955. El.: Karl u. Thekla, geb. Becker. S.: 1973 Abitur Hildesheim, 1973-75 Ausb. z. Vers.-Kfm. Iduna Nova, 1977-79 Ausb. z. Personalfachwirt. K.: 1973 Erkennungsdienst Polizei Hildesheim, 1976-79 Militärpolizei, 1979-81 Einsatzltr. i. Überwachungsuntern., s. 1982 Geschf. Ges. Fa. ABUSD. F.: Allg. Bewachungs- u. Sicherheitsunion Dresden. P.: zahlr. Presseveröffentl. z. Thema Sicherheit. E.: 1974 1. Platz d. Niedersachsen-Meisterschaft. i. Karate. M.: Bundesverb. Dt. Wach- u. Sicherheitsunt., Verb. f. Sicherheit i. d. Wirtsch., Norddt. Ar-

---

*) Biographie www.whoiswho-verlag.ch oder beigefügte CD-ROM

beitsgem. Sicherheit, CDU. H.: Shotokan, Kendo, Scotch Terrier, Esoterik, Psychologie, Geisteswissenschaften, Philos. Studien, Sportschütze. (G.B.)

Cejnar Stephan Dr. med. *)
Celebi Erhan

B.: Gschf. FN.: Restaurant Malete. DA.: 10115 Berlin, Chausseestr. 131. G.: Berlin, 10. Juli 1980. El.: Ismail u. Müskinaz. S.: 1995 Mittlere Reife Berlin. K.: 1996 Tätigkeit im Servicebereich d. Restaurants Malete, seit 1999 Geschäftsführer im Restaurant Malete, 1999-2000 Inhaber d. Cocktailbar in Berlin-Friedrichshain. E.: TOP-TEN in Berlin, Marcellinos, Hauptstadtmagazine. H.: Sauna, Fitness, gesunde Lebensweise.

Celesnik Klaus *)
Celik Toran

B.: Gschf. FN.: C & K Immobilien GmbH. DA.: 45136 Essen, Rellinghauser Str. 185. G.: Kaysere/Türkei, 1. Juni 1964. V.: Nuruper. Ki.: Fatich, Gueben. El.: Nusa u. Dürdane. S.: 1981 Abitur Türkei. K.: 1981 Einreise in die BRD, 1983-85 Vers.-Makler in Essen u. Mettmann, 1985-91 tätig in einer Immobilienges. in Mettmann, 1992-95 selbst. mit Lebensmittelgeschäften in Velbert u. Mettmann, 1995-96 tätig im Bereich Auslandsimmobilien f. türk. Mitbürger mit dt. Finanzierung, 1996 Grdg. d. Immobilienges. C & K in Essen f. klass. Immobilien u. Bauträgerges. H.: Sänger u. Gitarrist, Tennis, Tischtenis, Fußball, Natur, Umweltschutz.

Celiktürk Mahmut *)
Cengiz Hasan Dipl.-Ing.
B.: Architekt, Unternehmer. FN.: Arch.-Büro Cengiz. DA.: 51143 Köln, Lülsdorfer Str. 225A. G.: Yelken b. Sivas/Trkei, 4. Jan. 1956. V.: Güllizar, geb. Karabolut. Ki.: Thailan (1980), Helin (1982), Mehtap (1986). BV.: Großvater d. Ehefrau: Komponist u. Sänger Karabolut. S.: 1974 Abitur Ankara, 1974-75 Dt.-Kurs Studienkolleg Köln, 1976 Baupraktikum b. Grüner & Bilfinger, 1977-81 Arch.-Stud FH Köln, 1981 Dipl.-Ing. Arch., 1981-83 Abendstud. Tropentechnologie an FH Köln. K.: 1981-83 Ass. b. Prof. Fleck u. Prof. Faupel im Entwurfsbereich, 1983-85 Arch. Gotthard in Refrath, 1985-86 Wehrdienst in d. Türkei, seit 1986 selbst. Architekt in Köln, Freier Bausachverst. u. Wertermittler; Bauträger überwiegend Sanierung denkmalgeschützter Häuser in Köln. P.: viele Art. in Hürriyet. E.: 1985 1. Preis Grundschule Refrath. M.: SPD Köln-Porz, alevitische Gem. Köln, Arch.-Kam. NRW, Arch.-Kam. Ankara, Mtgl. Verband Freier Bau- u. Bodensachverst. e.V. in Düsseldorf. H.: Mittelstreckenlauf, Volksmusik, SAZ-Spielen, Bleistiftzeichnen, Reisen in d. GUS-Staaten.

Cereghini Fabrizio *)
Cerfontaine Dieter

B.: Gschf. FN.: Haus d. Immobilie. DA.: 72108 Rottenburg/Neckar, Dörnle 21. G.: Tübingen, 21. Jan. 1963. S.: 1979-82 Lehre als Maler u. Lackierer, Gesellenprüf. K.: 1983-86 Polier bei Daimler-Benz AG Sindelfingen, 1986-87 Umstieg in d. Vers.-Branche, 1987 Allfinanz Schwerpunkt Immobilien, ab 1991 Grdg. d. Firma Haus d. Immobilien, Bauträger, Immobilienvertrieb, Hausverw., Finanzierungen, z.Zt. Gschf. u. Ges. H.: Sport, Lesen.

Cerina Mario *)
Cerjak-Richter Susanne

B.: Unternehmensberaterin. FN.: SCR Services & Consulting GmbH. DA.: 47877 Willich, Hülsdonkstr. 130. scr@scr-consulting.de. www.scr-consulting.de. G.: Hilden, 3. Aug. 1964. V.: Dirk Richter. S.: 1983 Abitur Meerbusch, 1983-85 Ausbild. Ind.-Kauffrau, 1986-87 Stud. Wirtschaftswiss. in Saarbrücken, 1987-93 Dipl.-Vw. in Essen. K.: 1993-99 Ltg. d. Rechnungswesens SYLVAN Learning Systems, Meerbusch, 1999 selbständig als Unternehmensberaterin, Schwerpunkt: Betreuung Amerikan. Firmenndlg. im Bereich Rechnungs-, Verw.- u. Personalwesen. H.: Schach, Reisen.

Cerny Harald
B.: Profifußballspieler. FN.: TSV München von 1860. e.V. DA.: 81510 München, Postfach 90 10 65. tsv1860@sports-and-bytes.de. www.tsv1860.de. G.: Wien/A, 13. Sep. 1973. V.: Katharina. K.: Spieler bei d. Vereinen: FC Tirol, Admira Wacker, Bayern München, ASV Hinterbrühl u. seit 1996 bei TSV München v. 1860. (Re)

Cerny Martin Dipl.-Ing. *)
Cerny Otti

B.: Immobilienmaklerin, Inh. FN.: Immobilien Baubetreuung. DA.: 90935 München, Pulverturmstr. 23c. G.: Gangkoven, 20. Jan. 1948. V.: StDir. Klaus Cerny. Ki.: Paul (1975), Thomas (1977), Ingrid (1978). El.: Karl u. Ottilie Huber, geb. Königbauer. S.: 1964-67 Ausbild. z. Bankkauffrau Raiffeisenbank Marklkoven, 1967-70 Bankhaus Merck-Fink & Co München, 1990 Ausbild. z. Immobilienmaklerin b. d. IHK. K.: 1971-75 Anlagenberaterin d. Bayer. Landesbank in d. Wertpapierberatung, 1972-73 parallel Börse Frankfurt Börsenabt., seit 1990 Immobilienbüro f. Vermittlung v. Wohnungen, Häuser, Gewerbeobjekte u. Grundstücke. H.: Natur, Schwimmen, Familie, Musik, Arch., Malerei.

Cerny Roman Dr.
B.: selbst. HNO-FA. DA.: 64283 Darmstadt, Rheinstr. 7. G.: Olmütz, 9. Feb. 1960. V.: Renate, geb. Boblach. El.: Ladislav Dr. med., Doc., DrSc. (HNO-Chefarzt) u. Eva. S.: 1979 Abitur, Med.Stud. Univ. Olmütz, 1985 Med. Staatsexamen, 1985 Prom. K.: 1986-90 Univ.-HNO-Klinik, 1988 HNO-FA 1. Grades, 1990-91 HNO-Klinik Frankfurt/Main, 1991-93 HNO-Klinik Wiesbaden, 1993 Dt. FA HNO, 1994 Ausbild. Homöopathie/Naturheilverfahren, 1994 Univ.-HNO-Klinik Mainz, 1994 Ausbild. Stimm u. Sprachstörungen, 1995 Übernahme HNO-Praxis Dr. Neubert Darmstadt; Klassische Homöopathie, Naturheilverfahren, Ambulante Operationen. P.: Cerny R., Bekarek V. (1990) Tonsillolith. Acta Universitatis Palackianae Olmucensis 126: 267-274, (1991) Ein Beitrag zu d. Problematik posttraumatischen retropharyngealen Haematome. Cesk Otolaryngol 40, Cerny R., Steriovska H. (1991) Bilokulares Lipom d. Halsregion. Laryng Rhinol Otol 70, (1993) Morbus Madelung, Cerny L., Cerny R. (1993) Pleomorphes Adenom d. Kieferhöhle. M.: HNO-Ges., Verb. f. Naturheilverfahren, Wurftauben-Club Wiesbaden, Tschech. Homöopath. Ges., Dt. Ärzteges. f. Akupunktur. H.: Tontaubenschießen, Jagd, Sport allg., Fotografieren. Sprachen: Englisch, Tschechisch, Russisch, Spanisch.

Cerveny Günther Dipl.-Ing. *)

Cervós-Navarro Jorge Dr. Dr. h.c. mult. Prof. *)

Cerwek Hans *)

Cerych Dorothea *)

Cesar Marko

B.: Gschf. Ges. FN.: CR Corporate Fashion Systme f. Unternehmensbekleidung GmbH. DA.: 81669 München, Franziskanerstr. 26. M.Cesar@CR-Corporate-Fashion.de. www.cr-corporate-fashion.de. G.: Ljubljana/Slowenien, 8. Juni 1945. V.: Jutta, geb. Schaletzki (Tochter v. Reinhard Schaletzki, Spieler d. Dt. Fußballnationalmannschaft). El.: Jakob u. Ana. S.: 1960-63 Lehre als Schneider im väterl. Betrieb in Ljubljana. K.: 1963-66 Geselle im väterl. Betrieb, 1966-72 Modellmacher in d. Ind. Firma Kindler München, 1972 Meisterschule f. Schneider Müller & Sohn in München, Abschluss Meisterbrief als Herrenschneider, 1972-75 Produktionstechniker d. Firma Jobis, Tochterfirma d. Seidensticker Konzerns Bielefeld, 1976-77 2-jähr. Stud. als REFA-Techniker d. Betriebswiss. in Ulm, 1977-81 selbst. Betriebsltr. d. Firma Univern Textil, Tochterfirma d. Heinzelmann Konzerns in Reutlingen, 1982-89 Produktionsltr. f. Konfektion Firma Etienne Aigner München, 1989-92 Produktionsltr. m. Prokura b. Firma Dürr Design München, 1992 Übernahme d. Firma Nicole Dürr Design u. Umfirmierung in CR Corporate Fashion Systeme f. Unternehmensbekleidung GmbH München, Design, Produktion u. Logistik v. Unternehmensbekleidung. M.: Golfclub Bled/Slowenien. H.: Golf, Skifahren.

Cesarz Michael Dipl.-Ing. Architekt Prof.
B.: Mtgl. d. Geschäftsltg. FN.: Peek & Cloppenburg KG, Düsseldorf. GT.: Professor an d. Fachhochschule Riedlingen am Lehrstuhl f. Facility Management. DA.: 40212 Düsseldorf, Berliner Allee 2. PA.: 47447 Moers, Schmiedeg. 20. G.: Walsum, 3.Okt. 1960. V.: Martina, geb. Rinke. S.: 1979 Abitur, Bundeswehr, 1980-88 Stud. Architektur an RWTH Aachen, 1988 Dipl. als Architekt. K.: 1983-87 Krankenhausbau b. Prof. Poelzig, Duisburg u. Goebgens, Aachen, 1987-91 Geschäftsltg. eines Unternehmens zur EDV-Schulung f. Architekten, 1991-2000 Gschf. u. Inh. zweier Architekturbüros zur Umsetzung besonderer Immobilienkonzepte u. Kostenmanagement, mehrere Beiratsmandate. BL.: Umbau Kernkraftwerk Kalkar in einen Freizeitpark. E.: 1994-99 Vizepräs. d. Golf- u. Countryclubs Kalkar. M.: diverse Architektenkammern.

Cevela Vaclav Dipl.-Ing.
B.: Architekt. DA.: u. PA.: 81477 München, Geigenbererstr. 37. G.: Tisnov, 26. Feb. 1940. El.: Josef u. Anna. S.: 1957 Abitur Trebic, 1957-63 Stud. Arch. TH Brünn, 1963 Dipl. K.: 1962-68 div. Geschäftsprojekte, Scenen-Bild Architekt Fernsehen Brünn, 1968-71 Arch.-Büro Behnisch & Partner in München, Mitarbeit im Olympia Bauzentrum Abteilung Sporthalle, s. 1977 freischaff. Arch., 1981-93 mehrere exkl. Privatbauten im Großraum München, DH-Villa Lenggries, 16 DHH Eichenau. H.: s. 1975 Bayrische Arch.-Kammer, seit 1991 Soc. of. Czech. Arch. H.: Musik, Klavierspielen u. Komponieren, Malen, Grafik, Esoterik, Literatur, Psychologie.

Ceyhun Ozan
B.: staatl. anerkannter Erzieher, MdEP. FN.: Europ. Parlament. DA.: 65428 Rüsselsheim, Ferdinand-Stuttmann-Str. 13. ruesselsheim@ceyhun.de. G.: Adana/Türkei, 10. Okt. 1960. Ki.: 2 Söhne. S.: 1979 Abitur, Germanistikstudium Hacettepe Univ. Ankara, 1982 Einwanderung in d. BRD, seit 1982 in Rüsselsheim, 1987 Abschluß d. Ausbild. z. staatl. anerkannten Erzieher. K.: 1987-89 Mtgl. d. Landesvorst. d. GRÜNEN in Hessen, 1989-91 Mtgl. d. Bundesvorst. d. GRÜNEN, seit 1993 Kreistagsabg. d. Partei Bündnis 90/Die Grünen im Landkreis Gross-Gerau, 1990-92 wiss. Mitarb. f. Migrations- u. Asylpolitik d. Gruppe v. Bündnis 90/Die Grünen im Dt. Bundestag, 1992-98 Referatsltr. im hess. Sozialmin., seit 1995 Sprecher d. BAG-Migranten u. Flüchtlinge d. Partei Bündnis 90/Die Grünen, seit 1997 stellv. Vors. d. "Interkulturellen Rates in Deutschland e.V.", Grdg. v. SOS-Rassismus Deutschland, Grdg.-Mtgl. u. seit 1995 Vorst.-Sprecher d. Ver. "Immi-Grün - Bündnis d. neuen InländerInnen e.V.", seit 1998 Mtgl. d. Europ. Parlaments, Mtgl. im Aussch. f. Grundfreiheiten u. innere Angelegenheiten u. stellv. Mtgl. im Petitionsausch. u. Mtgl. d. Türkei-Delegation d. Europ. Parlaments, 2000 Wechsel zur SPE. (Re)

Chaber Günther *)

Chaborski Wolfgang
B.: FA f. Familienrecht, selbständig. DA.: 80469 München, Rumfordstr. 5. ra.w.chaborski@t-online.de. G.: Holstenhofen/Westfahlen, 17. Okt. 1954. V.: Barbara. Ki.: Valeska (1982). El.: Wilhelm u. Gerda, geb. Holzschnitzer. S.: 1974-77 Technikerausbildung in d. Anlagenfertigungsproduktion, 1977 Abitur in Essen, 1977-85 Stud. Jura an d. Ruhr-Univ. in Bochum, 1987-89 Referendariat. K.: seit 1990 selbständiger RA in München, 1995 eigene Kzl. am Reichenbachplatz in München, 1997 FA f. Familienrecht durch d. Anwaltskammer in München als einer d. ersten 100 FA in München, Anwalt f. Nat. u. Intern. Scheidungsrecht, Unterhaltsrecht, Erbrecht u. Arzthaftungsrecht, sowie juristische Fachberatung u. Aquirierung v. ausländischen Spitzenkräften. P.: TZ "Korrektur in Figur, Frau stirbt" (2000), Süddeutsche Zeitung "Tod b. Fett-

---

*) Biographie www.whoiswho-verlag.ch oder beigefügte CD-ROM

absaugen" (2001), Münchner Merkur "Schönheits-OP, 45jährige tot". M.: Dt. Anwaltsverein, Arge f. Erb- u. Familienrecht. H.: Tauchen, Wandern, Bergsteigen, Reisen.

Chabrié Helga *)

Chabrié Ritva
B.: Dipl.-Kauffrau, Kfm. Dir. FN.: Altonaer Kinder-KH. DA.: 22763 Hamburg, Bleickenallee 38. G.: Oullu/Finnland, 31. Jan. 1949. El.. Taimi u. Antti Chabrié. S.: 1969 Abitur, 1969-74 Stud. Betriebswirtschaft Wirtschafts-HS Helsinki, Stipendium an d. HS in Barcelona, Stipendium an d. HS in Wien. K.: Kfm. Tätigkeit b. American Express in Frankfurt/Main, 1977 Repräsentantin d. Finn. Geschäftsbank in Frankfurt/Main, 1978-80 Planerin in d. EDV Abt. u. im Bereich Controlling b. d. Firma MAN Roland Maschinenbau in Offenbach/Main, 1980-87 Ltr. d. Abt. Controlling b. d. Firma Votex GmbH, 1987-90 stellv. kfm. Ltr. u. im Bereichscontrolling b. d. Firma Ikoss GmbH in Stuttgart, 1990-93 Ltr. d. Abt. Controlling, Personalwesen, EDV, Prok. u. Mtgl. d. Geschäftsltg. b. d. Firma Köllmann in Wiesbaden, seit 1993 kfm. Dir. im Altonaer Kinder-KH. M.: Ltr. versch. Arbeitsgruppen im KH, BeiR.-Mtgl. im Verb. d. Verw.-Dir. Hamburg, VerwR.-Mtgl. d. Quandt GmbH Hamburg, Rechnungsprüferin im Verb. d. KH v. Hamburg, Vorst.-Vors. d. Ges. d. Kinder-KH u. Kinderabt. in Deutschland e.V. H.: Tennis, Ski alpin, Wandern.

Chaccour Eva-Maria Diplom-Psychologin

B.: psych. Psychotherapeutin. DA.: 40545 Düsseldorf, Kaiser-Friedrich-Ring 6. G.: Gelsenkirchen, 3. Aug. 1962. S.: 1981 Abitur, 1982-84 Ausbild. Krankenschwester, 1984-92 Stud. Psych. Univ. Düsseldorf, 1992 Dipl.-Abschluß. K.: seit 1992 selbst. Psychologin m. Schwerpunkt Behandlung v. Depressionen, Angststörungen, psychosomat. Erkrankungen, lösungsorientierte Kurzzeittherapie u. Provokative-Therapie. P.: versch. Auftritte im Rundfunk u. TV, Vorträge u. Fortbild.-Seminare f. Heilberufe. H.: Lesen.

Chae Gue-Chun *)

Chahal Harjinder

B.: Restaurantinhaber. FN.: Taj Mahal - The Indian Tandoori Restaurant. DA.: 30175 Hannover, Hinüberstr. 21. harjinderchahal@web.de. www.tajmahal-online.de/Sidhu/Amrinder. G.: Amrala/Indien, 24. Okt. 1965. V.: Jaswinder. Ki.: Singh Julian (2001). El.: Mohinder u. Hardev, geb. Kang. S.: 1981 Gouverment-High-School in Morinda, danach Gouverment-Higher-Secondary-School in Phillaur/Indien, 1982 Abitur, parallel aktiver Leistungssportler im Volleyball in d. Schulmannschaft, u.a. Teilnahme an d. Bundesland- u. Univ.-Meisterschaft, Bundeslandmeister u. Vize-Univ.-Meister, 1982 D.A.V.-College in Chandigarh/Indien, 1. Collegejahr im Wirtschaftsbereich, Ökonomieabschluss, 1983 Gouverment-College in Ludhiana/Indien, Weiterführung d. Collegejahres, parallel 1984 Aufstieg in d. Junior-Mannschaft u. b. d. Indischen Nationalmannschaft Goldmedaille gewonnen, "O. Bundeslandmeister" u. Silbermedaille b. d. Nationalmeisterschaft. K.: 1986 Ausreise nach Hannover, div. Jobs in d. Gastronomie u.a. als Kellner u. Barkeeper, später auch als Gschf., 1992 Eröff. d. Taj Mahal in Hannover (Palast d. Krone) = eines d. sieben Weltwunder, Indische Lehmofen-Spezialitäten. P.: ständige Veröff. in Fachzeitschriften u. Magazinen, regionale Presse. H.: Gäste verwöhnen, Tanzen, gut Essen gehen, Reisen, Kino, Stadtbummel, Schwimmen, Internet.

Chahed Bechir Dipl.-Ing.

B.: Industrieller, Inh. FN.: Clina Heiz- u. Kühlelemente GmbH. DA.: 13453 Berlin, Lübarser Str. 40-46. G.: Mahdia/Tunesien, 10. Jän. 1947. V.: Renate, geb. Langosch. Ki.: 2 Kinder. BV.: alte tunes. Gelehrtenfamilie. S.: 1974-80 Stud. Energie- u. Verfahrenstechnik FU Berlin m. Abschluß Dipl.-Ing. K.: 1982 Entwicklung eines Heiz- u. Kühlsystems auf d. Basis d. Kapillartechnik u. Ausbau b. z. industriellen Serienreife, 1990 Prod. d. 1. Prototyps u. s. 1994 Massenfertigung. BL.: Inh. mehrerer Patente. P.: Beiträge in Fachpubl. E.: 1995 Goldmed. d. Interklima in Paris.

Chalati Faruk *)

Chaloupka Peter Dr. med. dent. *)

Chalupsky Peter Dr. phil. *)

Chami Khoder *)

Chan Lie Mie Dr. med.
B.: Ärztin. DA.: 20148 Hamburg, Magdalenenstr. 57. G.: Nanking, 20. Dez. 1941. V.: Too Keung Chan. Ki.: Andrew (1968), Danny (1976). BV.: Eltern waren bedeutende Ärzte in China u. Indonesien. S.: 1960 Abitur Jakarta, 1961 Abitur Hamburg, 1962 Stud. Med. Univ. Hamburg. K.: Ass. am UKE, Frauenklinik Finkenau u. AK Barmbek in Hamburg, 1966 Prom., Ass.-Ärztin am AK Barmbeck, zuletzt OA, 1979 Eröff d. Praxis in Hamburg m. Schwerpunkt Akupunktur u. traditionelle chines. Med. P.: "China Famous Femals for Beijing Intern. Women's Congress" (1995). H.: Schwimmen, Musik, Tennis.

Chandra Prakash Dr. Prof. *)

De Change Margaretha Anna Elisabeth Dr. phil. rel.
B.: Fachlehrerin im Schuldienst, Orientalistin, Malerin, Galeristin. FN.: Galerie de Change. DA.: 45136 Essen, Werrastr. 8. www.galerie-dechange.de. El.: Dr. jur. Hans u. Anna Katharina De Change. BV.: Jeanne d' Arc, Oscar de Change - Modeschöpfer, königl. württemberg. Hoflieferant in Stuttgart, Stammbaum geht zurück b. 1281 b. auf Jacobus de Cambio d. i. Jacques de Change - Gouverneur v. Besancon u. Inh. d. Bureau de Change. S.: 1966 Abitur u. glz. Berlitz-School of Languages m. Dipl. in Franz. u. Span., 1966-79 Stud. Orientalistik, Islamkunde, Romanistik, Geographie u. Päd. Bochum, Istanbul u. Kiel, M.A. Kiel, 2001 Prom. USA. K.: 1970-79 während d. Studiums Lehrerin f. türk.-dt.-Unterricht f. Türken, 1980-87 Lehrerin f. türk.-dt. Unterricht an d. Gewerbl. Schulen der Stadt Essen, 1987-92 Türkisch für Türken als

Muttersprache an d. ARS Duisburg, seit 1992 Lehrerin f. Türk. u. Kunst a. d. Zeche Zollverein Weltkulturerbe der UNESCO - Richard-Schirrmann-Realschule (Hein, Schulleiter) in Essen, Funktionen: 1982-87 Kursltr. f. Türkisch an d. VHS Mülheim/Ruhr, 1985-87 Türk. f. Manager im Ind.-Betrieb Didier in Essen. BL.: Sprachen: Türk., Osman.-Türk., Kirgisisch, Arab. u. Persisch, Beschäftigung m. Weiterbildung in d. Kunst d. Orients: islam. Miniaturmalerei u. Kalligraphie, osman.-türk. Fayancen- u. Porzellanmalerei, arab.-geometr. Design, seit 1976 wiss. osman.-türk. Handschriftenforsch. über Persien u. Irak im 17. Jhdt. aus Evliyâ Çelebi Seyahatnamesi. P.: intensive Studien in Ölmalerei (seit 1990), nat. u. intern. Ausstellungen. H.: Malerei, Sprachen.

Chaparyan Yvonne
B.: Friseurmeisterin, Visagistin. FN.: Capalua. DA.: 30159 Hannover, Lange Laube 19. PA.: 30169 Hannover, Hildesheimer Str. 86. G.: Herzberg/Elster, 10. Mai 1974. S.: Ausbildung z. Friseurin b. Friseurmeister Hartmut Segebarth, Teilnahme an Niedersächsischen Meisterschaften, 1994 3. Pl. Landesentscheid, zahlr. Schulungen u. Seminare, Gesellenprüfung, 1997 Ausbildung Farb- u. Stilberater in Hamburg, 1997 Meisterschule Hannover, Abschluss Meisterprüfung: Friseurmeisterin, Salontrainerin. K.: 2000 Eröff. v. Capalua, 2001 zusätzl. Ausbildung z. Visagistin an einem priv. Kosmetikcollege in Hamburg u. z. Associate Paul Mitchell in Ingenheim/Seeheim. BL.: seit 2002 Gastdoz. f. Paul Mitchell in versch. Salons. P.: Veröff. in versch. Fachmagazinen. M.: Friseurinnung, Fitnessclub Hannover. H.: Sport, Ölmalerei, Lesen (Psychologie).

Char Li-Meng *)
Char Shing Fong

B.: Gastronom, Inh. FN.: Restaurant Nanking. DA.: 28195 Bremen, Hankenstr. 20-22. G.: Hong Kong, 29. Apr. 1962. Ki.: Daniel (1991). El.: Sa Wing u. Kwai Lan. S.: 1977 Realschule Bremen. K.: Eintritt in d. elterl. China Restaurant in Bremen, intern. Ausbild. im Bereich Gastronomie, 1978-96 Ang. im elterl. Restaurant, 1996 Eröff. d. brasilian. Restaurant Rodizio u. b. 1998 Inh., 1997 Eröff. d. Western Salon, 1998 Eröff. d. Little Italie, 1998 Initiator u. Gestalter d. Restaurant Kartoffelhaus, 1999 Eröff. d. Coctailbar La Habana u. Mitinh. in Bremen. E.: Gold. Ehrennadel d. DEHOGA. M.: Initiative Schlachte u. Hankenstraße in Bremen d. DEHOGA, 1999 Fachverb. Bremen e.V. H.: Gastronomie.

Charalambakis Nikolas Dr. med. dent. *)

Charchulla Manfred
B.: Kfz-Mechaniker, Inh. FN.: Windsurfing-Charchulla. DA.: 23769 Fehmarn, Südstrand. windsurfing-charchulla@t-online.de. www.surfmuseum.de. G.: Wittenberge/Elbe, 30. Jan. 1939. V.: Beatrix Coppius. Ki.: Marco (1986). S.: 1953-68 Seefahrt auf Frachtschiffen u. Tankern m. Steuermannspatent auf allen Weltmeeren, 1968-70 Kfz-Mechaniker in Braunschweig. K.: 1970-71 Chief-Ing. auf einem Zubringerschiff d. South-Eastern-Drilling-Company Texas im persischen Golf, 1972-74 Stud. an d. Teutloff-Schule Braunschweig, Kunststofftechniker, 1974-79 WMT-(Helea)-Lippstadt, 1980 Windsurfing-Schule auf Fehmarn eröff. BL.: 1976 erste Überquerung d. Ärmelkanals m. seinem Zwillingsbruder Jürgen, 1978 erste Überquerung d. Skageraks m. einem Tandem-Surfbrett, 1979 Überfahrt v. Culebra nach San Juan (Puerto Rico) m. d. Surfbrett (22 Stunden unentwegt surfen), intern. bekannt durch viele Regatten in Deutschland u. im Ausland, 1986 Grdg. d. "Steel-Twins", Schwerpunkt Steel-Musik aus d. Karibik, Holzmusik m. Quadro-Mandoline oder Knopfakkordeon m. E-Bass. M.: Nautischer Ver. Vogelfluglinie auf Fehmarn, Grdg. d. Surf-Museumsver. intern. e.V. (1968). H.: Wind- u. Brandungssurfen, Kite-Surfing, Malen, Handwerken, Tellofahren.

Charifi Mohsen Dr. *)

Charissé Volker
B.: RA. DA.: 55116 Mainz, Große Bleiche 28. G.: Mainz, 29. Mai 1935. V.: Inge, geb. Kersten. Ki.: Caroline, Dr. Peter. El.: Dr. rer. pol. Hans u. Maria. S.: 1956 Abitur Mainz, 1956-63 Stud. Rechtswiss. Freiburg u. Mainz, 1963 1. u. 1966 2. Staatsexamen, 3. J. Referendarzeit. K.: b. 1968 Tätigkeit in Anw.-Kzl. in Wiesbaden, seit 1968 selbst. Anw. M.: Chorps Borussia Greifswald. H.: Heimwerken, Wandern, Wein.

Charlier Rudi Heinrich Eduard *)

Charlton Eric Mark

B.: Gschf., Inh. FN.: Charlton u. Wilkesmann. DA.: 42855 Remscheid, Ibacher Str. 99. pharmtrans@chwilk.de. www.chwilk.de. G.: Newcastle upon Tyne/England, 23. Jän. 1949. S.: 1966 Abitur St. Cuthberts, 1966-70 Stud. Germanistik u. Anglistik Univ. Newcastle upon Tyne/England. K.: 1970-71 Ass.-Lehrer an der Hermann-Lietz-Schule in Buchenau, 1971-72 Fachübersetzer in d. Firma C.H. Boehringer, 1972-73 Angestellter in einem Übersetzungsbüro in London, 1973-75 Fachübersetzer d. Firma Bayer AG in Leverkusen, 1975-77 tätig f. d. Nachrichtendienst d. brit. Verteidigungsmin. in London, 1977-83 Leiter der Firmengruppe NEI Parsons, 1983-84 freier Mitarb. d. techn. Sprachendienstes (TSD) in Köln, 1984 Grdg. d. Firma Charlton u. Wilkesmann m. Schwerpunkt Übersetzungen v. wiss. Arb. versch. Art spez. im med. Bereich. H.: Literatur, Musik, alternatives Wissen, Fitness.

Charpentier René *)
Charrier Rolf Dipl.-Ing. *)
Chatzidimitriadis Stefanos *)
Chauchot Regina *)

Chawiche Ibrahim Dr.
B.: FA f. Urologie in eigener Praxis. DA.: 29525 Uelzen, Veeßer Str. 64. G.: Beirut/Libanon, 24. Juli 1951. V.: Susanne Vollmer-Chawiche. Ki.: Christian (1988), Ulrike (1990). El.:

*) Biographie www.whoiswho-verlag.ch oder beigefügte CD-ROM

Chawiche

Nachle u. Salwa Khabbaz. S.: 1969 Abitur in Beirut, 1970-77 Stud. Humanmedizin in Sagrb, 1985 Prom. K.: 1977-81 Stationsarzt in einem KH in Beirut, 1981-85 FA-Ausbildung Urologie im Ev. KH in Siegen, 1985-89 Funktionsoberarzt im Städtischen Klinikum Braunschweig, seit 1990 Ndlg. m. eigener Praxis als Urologe in Uelzen. H.: Schwimmen, Radfahren, Politik.

Chelius Klaus Dr. med. *)

Chelminski Leszek Dr.

B.: Tierarzt. FN.: Tierarztpraxis. DA.: 13409 Berlin, Residenzstr. 26A. G.: Cieszyn/ Teschen in Polen, 2. Aug. 1958. V.: Dipl.-Ing. Katarzyna Sobocinska. Ki.: Malgorzata (1984), Sebastian (1990). S.: 1977 Abitur Teschen, 1977-84 Stud. Vet.-Med. in Olsztyn/ Allenstein, 1984 Approb. als Tierarzt, 1996 Prom. K.: 1984-88 Arzt in staatl. Praxis in Teschen, zuständig f. Kleintiere, 1988 nach West-Berlin, 1989-90 Hospitant b. Prof. Trautvetter an d. FU Berlin, 1991 1/2 J. Führung Praxis v. Dr. Karl Diner, 1992-93 dt.

fachl. Nachprüf., 1993-95 Ass. Praxis v. Dr. Meyer-Golling, 1995 Kauf d. Parxis u. seither selbst. P.: Diss. "Biostimulierende Wirkung von Selen bei der Mästung der Broiler". M.: seit 2000 Vorst.-Mtgl. Dt.-Poln. Med. Ges. Sitz Berlin. H.: Sport, Tennis, Reisen, Literatur, Kakteenzucht.

Chelmis Sabine

B.: Kommunale Frauenbeauftragte. FN.: Frauenbüro d. Stadt Kassel. DA.: 34112 Kassel, Obere Königsstr. 8. frauenbeauftragte@rathaus.kassel.de. G.: Cottbus, 13. Nov. 1942. Ki.: Katharina-Melissa (1970). El.: Dr. Gerhard u. Dr. Dorothea Marckwort, geb. Michovius. BV.: Herr Jannowitz, der Erbauer der Jannowitz-Brücke in Berlin sowie der schwäbische Dichter Justinus Kerner. S.: 1964 Abitur Herford, 1964-71 Stud. Linguistik, Germanistik u. Theaterwiss. in Köln u. Berlin, Abschluss: Mag., 1971-74 wiss.

Ass. an d. Berliner FU f. Linguistik, 1974-76 Sozialwiss. Stud. i.e.S. im Rahmen einer Grad. Förd., 1977-78 Kontaktstud. Weiterbild. an d. Univ. Bremen. K.: 1971-78 Doz. in d. Erwachsenenbild., 1979-80 Weiterbild. Büros Nord d. Landesamtes f. Weiterbildung in Bremen, 1979-85 Gastdoz. b. d. AWO f. d. Qualifizierung d. Erzieher f. frühkindl. Erziehung u. Arb. in Bremen, Zielgruppe Frauen, "Bremer Frauenwoche" an d. Univ. Bremen, 1982-85 berufenes Mtgl. d. Fachausch. f. frühkindl. Erziehung d. AGJ u. Mtgl. Frühkindl. Erziehung als Deutschnationales Komitee für Erziehung im frühen Kindesalter, 1982-85 Bremen, Zentralstelle f. d. Verwirklichung d. Gleichberechtigung d. Frau, Bereich "Gewalt gegen Frauen", seit 1986 Frauenbeauftragte d. Stadt Kassel. BL.: 1997-2000 akkreditierte Trainerin in d. Feldenkrais Methode. P.: Zeitschrift Literatur, Wiss. u. Linguistik. Bericht über ein sozio-linguist. Grundkursexperiment (1972), Die Betreuung ausländ. Kleinkinder in Krippen, Tagespflegestellen u. b. Verwandten (1982), Gewalt gegen Frauen. Eine empirische Regionalstudie d. brem. Zentralstelle f. d. Verwirklichung d. Gleichberechtigung d. Frau, Gründerinnen u. Unternehmerinnen in d. Region Kasssel. Entspricht d.

Förderangebot ihrem Bedarf? (2000). M.: Grdg.-Mtgl. d. Unternehmerinnen Forums Nordhessen e.V. H.: Schwimmen, gutes Essen, Natur, Sprache u. Gespräch.

Chen Michael Ming-Hao *)

Chen Robert Dr. rer. nat. *)

Chen Theodor Dr. *)

Chen Xia-Yun

B.: Heilpraktikerin. DA.: 34130 Kassel, Schanzenstr. 88a. G.: Beijing, 10. Mai 1950. El.: Muesha Liao u. Haiyun Chen. S.: 1968 HS-Reife, 1980-87 Stud. traditionellen chin. Med. in Beijing, Abschluss: Ärztin. K.: 1987-88 Stationsärztin in Beijing KH f. TCM, 1988 Übersiedlung nach Deutschland, in Hannover u. Darmstadt gelebt, 1993-94 Mitbegründerin in Bad Oeynhausen d. Ambulanz f. TCM, seit 1994 Heilpraktikerpraxis in Kassel. H.: Kunst, Kultur, Lesen.

Cherchi Paolino *)

Cherdron Eberhard Dipl.-Vw.

B.: KPräs. FN.: Evangel. Kirche der Pfalz, Landeskirchenrat. DA.: 67346 Speyer, Domplatz 5. PA.: 67346 Speyer, Hans-Purrmann-Allee 20. evkpfalz@speyer.she.de. G.: Speyer, 7. Nov. 1943. P.: Aufsätze. M.: Vors. d. Arge d. Ev. Jugend in d. BRD u. Berlin-West.

Cherebetiu Celestin *)

Cherebetiu Mircea *)

Cherqui May Valerie Dipl.-Ing. *)

Cherrier Walter Dr. dent. *)

Cherubim Dieter Dr. phil. habil. Prof.

B.: HS-Lehrer. FN.: Univ. Göttingen. DA.: 37073 Göttingen, Käte-Hamburger-Weg 3. PA.: 38100 Braunschweig, Am Windmühlenberg 3. G.: Dresden, 22. Jan. 1941. V.: Brigitte, geb. Aue. Ki.: Melanie, Katharina. El.: Wolfram u. Lieselotte. S.: 1960-68 Stud. klass. Philol. u. Germanistik München u. Marburg, Staatsexamen in Latein u. Griechisch 1967 u. Deutsch 1968, 1971 Prom. K.: 1968-70 wiss. Hilfskraft am Dt. Sprachatlas in Marburg, 1970-71 wiss. Ass., 1971-79 wiss. Ass. am Lehrstuhl f. Germanist. Linguistik d. TU Braunschweig, 1980 Habil., 1980-84 Prof. TU Braunschweig, 1984 Berufung nach Göttingen. P.: zahlr. Veröff. zur historischen Sprachwiss., ling. Pragmatik u. Geschichte d. Sprachwiss. M.: Dt. Ges. f. Sprachwiss., GAL e.V., Dt. Germ. Verb., Intern. WissR. d. IdS Mannheim.

Chesi Paolo

B.: Einzelhandelskaufmann, Messerschmiedemeister. FN.: Gebr. Chesi Stahlwaren Waffen. DA: 90403 Nürnberg, Bindergasse 14. www.chesi.de. G.: Nürnberg, 5. Okt. 1958. V.: Antonella Collini. Ki.: Silvia (1989), Martina (1991), Raffaele (1996). El.: Angela, geb. Villi. BV.: Großvater Paul Chesi Gründer d. Firma 1902. S.: 1975 Mittlere Reife Nürnberg, 1977 Abschluss Einzelhandelskaufmann, 1988 Abschluss Messerschmiedemeister. K.: 1987 nach dem Tod d. Vaters Übernahme d. Geschäftes. H.:

Wandern, Radfahren, Bergsteigen.

Chevalier Bernd Dipl.-Ing. *)

Chevillotte Ivan Georges Frédéric *)

Chhatwal Gurdeep-Singh Dipl.-Kfm.

B.: Gschf. Ges. FN.: T & C Hdls. u. Beratungs GmbH. DA.: 46284 Dorsten, Bismarckstr. 72. gsc@tc-company.de. www.tc-company.de. G.: Essen, 21. Dez. 1969. El.: Dipl.-Ing. Kuldeep u. Lukhvinder-K. S.: 1989 Abitur Dorsten, 1990-95 BWL-Stud. Univ. Münster, Abschluß Dipl.-Kfm. K.: 1996 6 Monate f. West-LB in Singapur im Bereich Marketing, 1996 Grdg. d. Unternehmens T & C in Dorsten. M.: Marketing Alumni Münster, Indo-German Cultural Assoc. H.: Tennis, Reisen.

Chiabudini Tino Dipl.-Ing. *)

Chiamulera Barbara *)

Chianura Antonio *)

Chiari Thomas *)

Chiesura Marco
B.: kfm. Ltr., Prok. FN.: Heinz Berger Maschinenfabrik GmbH & Co. DA.: 42349 Wuppertal-Cronenberg, Kohlfurter Brücke 69. berger@wtal.de. www.heinzberger.de. G.: Wuppertal, 4. Mai 1968. S.: 1987-90 Lehre als Industriekaufmann, 1990-96 Stud. Informatik, Abschluss Dipl.-Bw. K.: VWA a. d. Technischen Akademie in Wuppertal u. gleichzeitig seit 1994 kfm. Ltr. u. Prok. b. d. Firma Berger in Wuppertal. H.: Lesen, Tennis.

Chilla Christoph *)

Chinbuah Cora
B.: Gschf. FN.: intermedia filmvertrieb Menck & Co Nfg. Cora Chinbuah. DA.: 20259 Hamburg, Bellealliancestr. 54. G.: Hamburg, 7. Aug. 1949. Ki.: Nina (1972), Sara (1979). El.: Bodo und Edith Menck. S.: MR, Stud. Werbewirtschaftl. Ak. Hamburg, 2 J. Englandaufenthalt - Sprachstudien. K.: Bis 1980 in d. Werbewirtschaft gearb., seit 1981 Inh. u. Gschf. d. intermedia filmvertrieb Menck & Co. P.: Beiträge in Fachzeitschriften.

Chirico Cosimo *)

Chittka Werner *)

Chlebusch Günter
B.: Graveurmeister. FN.: Stempel-Ludwig, Inh. Günter Chlebusch. DA.: 23911 Einhaus, Am Bringenbusch 2. PA.: 23911 Einhaus, Am Bringenbusch 2. G.: Ratzeburg, 23. Sep. 1942. V.: Ursula, geb. Brandt. Ki.: Nicolas (1973), Corinna (1975). El.: Hans u. Anna-Sophia Martha Ludwig. S.: 1958-60 Handelsschule Mölln, 1960-63 Ausbild. Graveur, elterl. Betrieb Lübeck. K.: tätig in allen Bereichen im elterl. Betrieb, 1976 Meisterprüf. in Flensburg, 1995 Übernahme d. Betriebes m. Schwerpunkt Gravuren aller Art auf Edelmetalle, Schilder aus Kunststoff, Messing, Aluminium, Siegel u. Stempel aller Art u.a.m. M.: Obermeister Innung Graveure, Metallbildner u. Galvaniseure Schleswig-Holstein, Sitz Bad Olderloe, passiv FFW Einhaus. H.: Radfahren, Musik, Haus u. Garten.

Chlosta Udo *)

Chlumsky Peter Dipl.-Ing. *)

Chmelka Jens Uwe Dipl.-Ing. *)

Chmiel Alexander

B.: Schreiner, selbständig. FN.: Montagebau Chmiel. DA.: 87656 Germaringen, Ringofenweg 2. G.: Kaufbeuren, 12. Feb. 1968. V.: Lebenspartnerin: Christine Forster. El.: Bruno u. Isolde Chmiel, geb. Halder. BV.: Familienchronik reicht zurück bis ins 18. Jhdt. S.: Lehre zum Schreiner, Testoperator, Bundeswehr, Berufsaufbauschule m. anschl. Berufspraktika in d. Region Allgäu. K.: seit 1990 selbständig m. Grdg. d. Firma Montagebau Chmiel: Einbauten v. Küchen, Fußböden, Innenraumgestaltung, Büro- u. Praxisräume sowie Ausstellungs- u. Wohnbauprojekte, Bau d. avantgardistisch anmutenden Eigenheims m. integriertem Büro-, Ausstellungs- u. Werkstatträumen nach eigenen Plänen, Entwicklung ökologisch orientierter u. richtungsweisender Heizelemente sowie statischer Grundeinheiten (Gebrauchsmusterschutz). H.: Segelfliegen, Motorradfahren, Skifahren.

Chmielus Ruffin
B.: Gschf. FN.: Baustoff Brandes GmbH. DA.: 31228 Peine, Dieselstr. 1. PA.: 31224 Peine, Kastanienallee 27b. ruffin_chmielus@brandes.i-m.de. www.brandes.i-m.de. G.: Alzey, 31. Aug. 1951. V.: Ursula, geb. Plasa. Ki.: Nicole (1973), Dominique (1979). El.: Rufin u. Magdalena, geb. Böhm. S.: 1968 Mittlere Reife Mainz, b. 1970 Lehre z. Groß- u. Außenhandelskaufmann in Mainz b. d. Firma Beyer Baustoffe. K.: 1970-72 Steuerberater in Alzey u. Mainz als Steuergehilfe, 1972-76 Zeitsoldat b. d. Bundeswehr u. als Lt. ausgeschieden, 1976-87 Ltr. d. Rechnungswesen u. Verantwortlich f. d. Einkauf b. Beyer Baustoffe in Mainz, 1987-2000 Einkaufsleiter b. d. Interbaustoff in Bad Nauheim, seit 2000 Gschf. d. Baustoff Brandes GmbH in Peine. P.: Buch "Mehrwert durch Beschaffungsmarketing". M.: Schützengilde v. 1597 Peine, MTV Turnvater Jahn Peine. H.: Sport, Städtereisen, klass. Musik.

Chmilewski André

B.: Kfm., Inh. FN.: ideas & more. GT.: Inh. v. I.D. Reisen. DA.: 06886 Lutherstadt, Bürgermeisterstr. 8. G.: Wittenberg, 26. Jan. 1969. El.: Dipl.-Ing. Harald u. Charlotte, geb. Wilknitz. S.: 1988 Abitur Rostock. K.: 1989-93 Tätigkeit in d. Promotion u. Marketing für Philipp Morris in Deutschland, seit 1993 Gründer u. Inhaber d. o.g. Firma. M.: DRV, ADMV, Freundeskreis Dt.-Indones. Kulturbeziehungen. H.: Reisen, Tiere, Menschen.

---

*) Biographie www.whoiswho-verlag.ch oder beigefügte CD-ROM

Chocholouc Gertrud

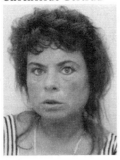

B.: Filialltr. FN.: Buchhdlg. Phönix Montanus. DA.: 45472 Mülheim/Ruhr, Humboldtring 21. PA.: 45472 Mülheim/ Ruhr, Schieferstr. 18. G.: Freiburg, 13. Juni 1956. El.: Leo u. Hedwig Chocholouc. S.: 1973 Mittlere Reife, 1974 Höhere Handelsschule, 1974-76 Ausbild. z. Buchhändlerin - Buchhdlg. Herder in Freiburg. K.: 1977 ang. Buchhändlerin - Buchhdlg. Herder in Freiburg, 1978-83 Gschf. Buchhandlung. Verdong in Essen, 1983-84 ang. Buchhändlerin - Steinsche Buchhdlg. in Werl, seit 1984 b. d. Buchhdlg. Montanus, b. 1987 in Gelsenkirchen, b. 1990 in Hildesheim, b. 1992 in Kaiserslautern, seit 1992 Filialltr. in Mülheim/Ruhr.

Chociwski Ninomysl *)

Cholet Jean-Louis

B.: Fotograf, selbständig. FN.: Action press, Presse-Agentur, Foto-Reportagen, Foto-Archiv GmbH & Co KG. DA.: 22529 Hamburg, Kollaustraße 64-66. action@actionpress.de. www. actionpress.de. G.: Perpignan, 4. Feb. 1949. Ki.: Jerom (1971), Isabell (1989). S.: 1965-76 techn. Schule Toulouse, 1967-72 franz. Militär, 1972 Ausbildung staatl. geprüfter Physiotherapeut. K.: 1976 selbständiger Physiotherapeut in Hamburg, 1981-91 weltweit tätig als Bildberichterstatter u. Fotograf, seit 1991 selbständiger Studiofotograf, seit 2000 Art-Dir. d. Firma Action press. M.: DJV. H.: Fotografieren.

Chollowa Hans-Dieter

B.: Maschinenbaumeister, Inh. FN.: Schlüschen Chollowa Metallbau. DA.: 21357 Bardowick, Am Entenmoor 5. PA.: 21357 Bardowick, Am Entenmoor 4. chollowa@schlueschen-mtb.de. www.schlueschen-mtb.de. G.: Lüneburg, 11. Okt. 1947. V.: Doris, geb. Scholz. Ki.: Valeska (1975), Bianca (1979). El.: Richard u. Luise, geb. Schlüschen. S.: 1963-66 Lehre Maschinenbauer, b. 1968 Berufsaufbauschule Hamburg, bis 1970 Technikerschule Nordheim, 1970 Meisterschule Lüneburg, 1970-71 Bundeswehr. K.: 1972 Meister in d. Firma Schlüschen u. 1987 Übernahme d. Betriebes m. Schwerpunkt Bauschlosserei, Kunstschmiede u. Blechbearb. M.: Prüf.-Aussch. d. HwK, 2. Vors. d. Vorst. d. DVS, stellv. Obermeister Innung Metall Lüneburg, Bardowicker Schützenver., Junghandwerk Lüneburg. H.: Beruf, Ferienhaus an d. Ostsee, Haus u. Garten.

Chop Hans-Georg *)

Chopra Deepak

B.: Präs., Gschf. Ges. FN.: CWG Water Technology GmbH. DA.: 68219 Mannheim, Besselstr. 21. PA.: 68259 Mannheim, Schwanenstr. 2G. G.: Simla/Indien, 8. Aug. 1956. V.: Marion. Ki.: Rebecca (1980), Rouven (1986). El.: Harbinder Singh u. Paramjit. S.: 1961-71 Schule in Chandigarh/Indien. K.: 1971-74 Pilot, 1974-76 Radio Operator, 1977 Indien, 1978 Deutschland, 1980-87 Chem. Firma, seit 1988 selbst., 35 Unternehmen weltweit. P.: Fachart. in Fachzeitschriften, eigene Fachschulungen, eigene Bücher. H.: Reisen, Beruf, Familie.

Chopra Subhash Ing. *)

Chotjewitz Peter O. *)

Chow Chi-Man

B.: Gastronom, Inh. FN.: Chinarestaurant Lotus. DA.: 49080 Osnabrück, Herderstr. 40. G.: Hui Jung, 7. Juni 1954. V.: Wai Han Chow. Ki.: Chi Yeung (1989), Chi Hang Chow (1990). S.: 1971-74 Ausbild. in d. Gastronomie in China, 1974 Übersiedlung nach Deutschland. K.: Koch u. Kellner in verschiedenen Chinarestaurants in Köln, Bielefeld u. München, seit 1979selbst. Eröff. des 1. Chinarestaurants Lotus in Osnabrück als Inh., 1987 Eröff. 2. Chinarestaurant in Osnabrück Lotusgarten, 1988 Lotusgarten in Münster, später Essen, Bielefeld, Duisburg u. Bad Essen, 1992 Eröff. Japan- u. Chinarestaurant Cow's Garten in Osnabrück, 2000 Eröff. Lotus in Bad Rotenfelde. H.: Sport, Reisen, Leute kennenlernen.

Chowanetz Rudolf Dipl.-Päd. *)

Chrapa Michael Dr. phil.

B.: Vorst.-Vors. FN.: Fokus Forsch.-Gemeinschaft f. Konflikt- u. Sozialstudien. DA.: 06126 Halle/Saale, Falladaweg 9. G.: Seehausen, 9. Mai 1950. V.: Dr. Bärbel, geb. Schönherr. Ki.: Alexander (1972), David (1976), Julia (1977). El.: Hans u. Dorothea, geb. Krüger. S.: Abitur, 1969 Lehre Chemielaborant, 1969-73 Stud. Chemie TH Leuna-Merseburg m. Dipl.-Abschluß. K.: 1973-74 Ass., 1975-78 tätig im Jugendverb., 1978-81 gesellschaftspolitische Weiterbild., 1982-86 Aspirantur an der Ak. f. Ges.-Wiss. m. Abschluß Dipl.-Ges.-Wissenschaftler, 1986 Prom., 1987-90 wiss. Mitarb. am Inst. f. Jugendforsch. in Leipzig, 1991 Grdg. d. Inst. Fokus u. seither Vorst.-Vors. m. Schwerpunkt Jugend-, Frauen- u. Konfliktforsch.; Funktionen: Wahlforscher, Lehrauftrag an d. FH Merseburg u. Magdeburg. P.: Veröff. in "Utopie Kreativ", Forsch.-Projekte z. d. Themen: Kriminalität u. Sicherheit, Mod. Drogen- u. Suchtprävention, Junge Rechte u. Polit. Landschaften. M.: Intern. Netzwerk EUROPREF, IG Alternativen Zukunftsmsn. H.: Literatur, Pfeife rauchen.

Chrappek Monika *)

Chrissidis Nikolaos

B.. Großhdls.-Kfm., Gschf. Ges. FN.: Chrissidis GmbH. DA.: 10553 Berlin, Beusselstr. 44n-q. G.: Saloniki, 27. Juni 1960. Ki.: 3 Kinder. El.: Panajotis u. Maria, geb. Tsitiridou. S.: Ausbild. Kaufmann, 1980-82 Wehrdienst. K.: 1982 Übersiedlung nach Deutschland, Tätigkeit in Bauunternehmen u. in d. Gastronomie, 1985-88 selbst. Eröff. eines Restaurants, 1989

*) Biographie www.whoiswho-verlag.ch oder beigefügte CD-ROM

Grdg. eines Großhdls. f. Fleisch, Lebensmittel u. griech. Weine. M.: Ver. z. Pflege d. griech. Nationalkultur, Tennisver. "Blau-Gold". H.: Tennis, Musik, Gesang, traditionelle griech. Tänze.

Christ Dieter H. Dipl.-Kfm. *)

Christ Gunter *)

Christ Günter Dr. *)

Christ Karl Dr. phil. Dr. h.c. Prof.
B.: em. Univ.-Prof. PA.: 35037 Marburg, Rotenberg 26 1/2. G.: Ulm, 6. Apr. 1923. V.: Gisela, geb. Hartmann. Ki.: Thomas, Susanne, Elisabeth. El.: Karl u. Rosa. S.: 1948-54 Stud. Univ. Tübingen u. Zürich. K.: 1959-65 Doz. f. Alte Geschichte Univ. Marburg, 1965-1988 Ordinarius f. Alte Geschichte Univ. Marburg. P.: zahlr. Veröff. u.a. Neue Profile d. alten Geschichte (1990), Geschichte d. römischen Kaiserzeit (1992, 4. Aufl. 2002), Caesar (1994), Hellas (1999), Römische Kaiserzeit (2001). E.: EK I u. II. M.: korr. Mtgl. Dt. Archäolog. Inst. 1957, Histor. Kommission f. Hessen 1966, Accademia di Scienze morali e polit. Napoli 1984, Istituto Lombardo, Milano 1993. H.: klass. Musik.

Christ Karl-Heinz *)

Christ Manfred Dr. med. *)

Christ Paul Wilhelm Dr. med. Prof. *)

Christ Rudolf *)

Christ Thilo

B.: PR-Fachwirt BAW, Selbständig. FN.: TC Communications. DA.: 81909 München, Postfach 81 09 25. PA.: 81927 München, Knappertsbuschstr. 18. Thilo.Christ@TC-Communications.de. www.tc-communications.de. G.: Stuttgart, 11. Okt. 1966. El.: Rudolf u. Gabriele Christ. S.: 1986 Abitur Stuttgart, 1986-88 Bundeswehr, 1986-90 Stud. Informatik an d. Univ. Stuttgart, 1990-93 Stud. BWL an d. Univ. Tübingen. K.: 1993-95 Hiller, Wüst & Partner Esslingen, PR-Agentur, Trainee, parallel dazu Stud. an d. BAW (Bayer. Ak. d. Werbung München), Abschluss: PR Fachwirt BAW, 1995-97 Junior Berater b. Text 100 GmbH München, ab 1997 Senior Berater, ab 2000 General Manager m. Prokura d. Münchner Geschäftsstelle v. Text 100 GmbH Hauptsitz London m. 25 Geschäftsstellen weltweit,a b 2001 selbst. mit TC Communications PR-Agentur. P.: div. Veröff. in Fachpubl. u. Thema strategische Kommunikation. H.: Tauchen, Motorradfahren.

Christ Wolfgang Dipl.-Kfm. *)

Christahl Manfred Dr. rer. nat. Dr. Ing.
B.: Unternehmensberater, selbständig. FN.: Bercon Consulting GmbH. DA.: 20253 Hamburg, Eppendorfer Weg 180. chri.hh@t-online.de. www.bercon.com. G.: Oldenburg/Holstein, 29. Jan. 1946. S.: 1964-67 Lehre Lacklaborant, 1968-71 Stud. Nuklearchemie an d. FH Jülich b. Aachen, 1971-76 Stud. Chemie an d. TH Aachen, Abschluss: Dipl.-Chemiker, 1976-79 Stud. Maschinenbau, 1981 1. u. 1982 2. Prom. K.: 1981-82 wiss. Ang. an d. TH Aachen, 1982-94 in d. Ind. tätig, Marketing + Vertrieb, Geschäftsleitung in Pharma- u. Chemieindustrie u. Medizin.- Technik in Frankfurt, Wuppertal, Hamburg u. München, 1994 selbständig als Unternehmensberater. P.: div. Veröff. in Fachzeitschriften. M.: GdCh. H.: Musik, Reisen, Malen.

Christall Brigitte Dipl.Ing. (FH) *)

Christbaum Wilhelm *)

Christel Karl-Heinz *)

Christen Erwin Werner Carl *)

Christen Fridolin Dipl.-Ing. *)

Christen Ilona
B.: Produzentin, ehem. Talk-Show-Moderatorin. FN.: c/o RTL Television GmbH. DA.: 50858 Köln, Aachener Str. 1036. G.: Saarbrücken, 26. Mai 1951. V.: Ambros Christen. S.: 1966 Ausbildung zur Fotokauffrau in Saarbrücken, 1969 Ausbildung zur Filmcutterin beim Saarländischen Rundfunk (ARD), 1972 Ausbildung zur Bildmischerin beim Saarländischen Rundfunk (ARD), 1972 Zwei Jahre Sprech-Erziehung bei Professor Pitsch (ARD). K.: 1973 Erste Ansagerin Deutschlands mit Brille (ARD), 1976 Neun Jahre freiberufliche Tätigkeit in allen erlernten Berufen beim Saarländischen Rundfunk im Bereich Fernsehen und Hörfunk, z. B.: Co-Moderation der Hörfunksendung "Spielbox" mit Manfred Sexauer, 1983 Beginn der Mitarbeit beim ZDF in den Redaktionen Kultur/Aktuelles/ Unterhaltung als Moderatorin, 1986 Sieben Jahre Moderation ZDF-Fernsehgarten, 77 Sonntage Open-Air und live, 105 Minuten, in diesen Jahren erfolgreichste Sendung des ZDF (bis zu 80%% MA), 1993 Beginn der dreijährigen Exklusiv-Mitarbeit bei RTL, 13. September 1993 Start der täglichen RTL-Talkshow "IlONA CHRISTEN", 08/1999 Beendigung d. Karriere als Talkmasterin, Tätigkeit als Produzentin.

Christen Jörn-Hinrich *)

Christen Klaus Jürgen *)

Christen Teodor Dipl.-Ing. *)

Christenhusz Thomas

B.: Innenarchitekt, Gschf. FN. Christenhusz Einrichtungen. DA.: 48308 Senden, Bahnhofstr. 73. G.: Münster, 9. Feb. 1955. V.: Kerstin, geb. Zappei. Ki.: Lara (1994). El.: Werner u. Gerda. S.: 1973-76 Ausbild. z. Bankkfm. in Münster, 1976-78 Schule in Münster m. Abschluß Fachabitur, 1978-84 Stud. Innenarch. an d. FHS in Mainz, Dipl.-Designer. K.: 1984-93 Verkaufsltr. im elterl. Betrieb E.H. Christenhusz seit 1881, seit 1993 Gschf., 1996 Umfirmierung in Christenhusz Einrichtungen GmbH. P.: Art. in Fachmedien. E.: Mtgl. d. Prinzengarde d. Stadt Münster v. 1896. M.: CDU, Burschenschaft "Arminia auf d. Burgkeller Jena". H.: Lesen, Tennis, Fußball, Reisen, Kunst.

Christensen Erik Martin Dr. phil.
B.: o.Prof. f. Neuere Skandinavistik. FN.: Humboldt-Univ. zu Berlin. DA.: 10099 Berlin, Unter den Linden. PA.: DK-7900 Nyk. Mors, Flade klit 16. G.: Sonderborg/Dänemark, 5. Apr.

*) Biographie www.whoiswho-verlag.ch oder beigefügte CD-ROM

Christensen

1931. V.: Sabine Renner C. Ki.: Peter Sophus (1971), Jens (1992), Soren (1993), Marius (1997). El.: Aage M.C. u. Eva M. S.: Odrup Gymn., 1949 Abitur, Stud. Univ. Kopenhagen u. Aarhus, 1962 M.A. Aarhus, 1972 Prom. habil. Odense. K.: 1949-55 Kfm. Det Østasiatiske Kompagni, Kopenhagen/New York/Cali (Kolumbien) sowie Importadores Aliados, Cali, 1962-68 Amanuensis Aarhus Univ., 1968-73 Abt.leit. Odense Univ., 1973-94 o.Prof. Freie Univ. Berlin, seit 1996 emeritiert, Gastvorträge international. P.: Ex. auditorio. Kunst og ideer hos Martin A. Hansen (1965), Om Ibsens Vildanden (1969, m. Lars Nilsson, auch engl.), Verifikationsproblemet ved litteraturvidenskabelig meningsanalyse (1971, auch engl.), Henrik Ibsens realisme: illusion katastrofe anarki (1985), Henrik Ibsens anarkisme: de samlede vaerker (1989), Georg Brandes, Berlin als dt. Reichshauptstadt (hg. m. H.-D. Loock), 1989 - Vollst. Bibliogr. 1943-90 in Uriasposten (DK) 11/1990. E.: 1961 Goldmed. Univ. Aarhus. Sprachen: Dänisch, Schwedisch, Norwegisch, Deutsch, Englisch, Französisch, Spanisch.

Christensen Helmuth Dr. iur. *)

Christensen Jörgen *)

Christensen Niels *)

Christensen Ute *)

Christenson Andrea-Kathrin Mag. rer. soc. oec. M.B.A. *)

Christer Wilfried *)

Christfreund Matthias Dipl.-Ing. *)

Christiaanse Kees Dipl.-Ing. Prof.

B.: Univ.-Prof. f. Arch. u. Städtebau. FN.: TU Berlin. DA.: 10623 Berlin, Straße des 17. Juni 152. PA.: NL-3006 AC Rotterdam, P.O. Box 4140. G.: Amsterdam, 14. mai 1953. V.: Veronika, geb. Brezinka. Ki.: Christopher (1991), Jakob (1995), Simon (1998). El.: Willem u. Greta, geb. Timmer. S.: 1971 Abitur Veendam, 1971-88 Arch.-Stud. TU Delft. K.: 1980-89 Büro f. Stadtarch. in Rotterdam, seit 1983 Ges., 1989 Eröff. eines eigenen Arch.-Büros in Rotterdam, 1991 Eröff. d. Zweigbüros ASTOC in Köln, 1993-96 Ltr. d. Amtes f. Staatsgebäude im Min. f. Raumordnung Den Haag, 1996 Univ.-Prof. an d. TU Berlin. BL.: Entwicklung einer neuen Entwurfsmethodik im Städtebau z.B. in d. ehem. Hafengebieten in Amsterdam, Rotterdam u. Hamburg. P.: ca. 100 städtebaul. Projekte sowie Beiträge in Fachpubl., Monografie "Kees Christiaanse". E.: 1991 1. Duisburger Arch.-Preis, 1992 Berlage Fahne. M.: Ehrenmtgl. d. BDA, GestaltungsbeiR.-Mtgl. Daimler Chrysler, 1988-91 Präs. d. Intern. Forums of Young Architects. H.: Segeln, Skifahren, Bergsteigen.

Christiaens André A. Dr. *)

Christian Fred E. *)

Christian Ingeborg Dr. iur.

B.: Rechtsanwältin, Fachanwältin f. Familienrecht. DA.: 20354 Hamburg, Jungfernstieg 44. G.: Hamburg, 17. März 1946. El.: Alfred u. Rita Christian, geb. Mühlig. S.: 1965 Abitur, 1965-69 Jurastud., 1969 1. u. 1973 2. Staatsexamen. K.: 1969-73 Referendariat, seit 1971 Doz. f. Familienrecht speziell Unterhaltsrecht, 1973-78 RA in Anw.-Kzl., seit 1978 selbst. RA. P.: Mitautorin "Alternativkommentar ZPO", Aufsätze im "Der Amtsvormund", "Zentralblatt f. Jugendrecht". M.: Anw.-Senat b. Bundesgerichtshof, Dt. Familiengerichts-

tag, Wiss. Ver. f. Familienrecht e.V., ARGE Familienrecht im DAV, Hamburger Tierschutzver. H.: Hund, Golf, Theater, Musik.

Christian Manfred *)

Christian Manfred *)

Christian-Rauhut Petra

B.: Cutterin. FN.: Video-TV Schnittstudio. DA.: 20144 Hamburg, Kleiner Kielort 10-12. G.: Berlin, 27. Juni 1958. V.: Carsten Rauhut. Ki.: Rafaela u. Isabel (1993). El.: Hans u. Renate Gottschlag. S.: 1978 Abitur Hannover, 1979 Ausbild. b. Norddt. Rundfunk z. Cutter-Ass. m. Abschluß. K.: 1981-84 Ang. b. Norddt. Rundfunk, 1984 Wechsel z. Fernsehsender SAT 1, dort b. 1988 Cutterin, 1988 selbst. als Cutterin u. b. versch. Sendern zuständig f. Ind.- u. Imagefilme f. namhafte Firmen, Tätigkeit f. Norddt. Rundfunk, SAT 1 u. Premiere u.a. die Fernsehspielfilme "Die Außenseiter" f. Pro 7, "Totalschaden" f. d. Norddt. Rundfunk u. "Gegen d. Strom" Norddt. Rundfunk. H.: Kino, neuzeitl. Literatur lesen, Restaurieren v. alten Möbeln.

Christians Karlheinz *)

Christians Kurt J. *)

Christiansen Gerhard *)

Christiansen Hans-Georg Dipl.-Ing. *)

Christiansen Klaus-Detlef

B.: Gschf. FN.: Zehlendorfer Schützengilde. PA.: 14163 Berlin, Altkanzlerstr. 1. G.: Berlin, 9. Juni 1940. V.: Gabriele, geb. Lehmann. Ki.: Kirsten (1966), Jasmine (1980), Marc-Andreé (1991). El.: Hans u. Ilse, geb. Sattler. S.: 1959 Mittlere Reife, 1960-61 Handelsschule, 1961-62 Berufsausbildung z. Großhandelskaufmann. K.: 1962-67 Mitarbeiter in 2 Unternehmen d. Wohnungswirtschaft, 1971-98 Mitarbeiter d. Berliner Verkehrsbetriebe (BVG). BL.: fast 25 J. Gschf. d. Zehlendorfer Schützengilde e.V. P.: zeichnet seit vielen J. inhaltlich u. organisatorisch f. d. Vereinszeitung verantwortlich. H.: Schießen, Segeln, Basteln.

Christiansen Olaf Herbert Hansen Dipl.-Kfm. *)

Christiansen Petra

B.: Grafikerin. FN.: Christiansen Werbung Design. DA.: 25436 Tornesch, von-Helms-Str. 18. s.christiansen@weissbach.net. G.: Pinneberg, 30. März 1963. S.: 1980-83 Ausbild. z. Schauwerbegestalterin in Hamburg. K.: 1983-90 Tätigkeit in versch. Firmen u. Agenturen als Dekorateurin u. Grafikerin, 1989 Fachabitur an d. Fachoberschule f. Grafik u. Gestaltung in Hamburg, 1990-91 Aufbau d. Werbeabt. in d. Firma Steger Badekosmetik - Produktgestaltung, Messebau u. Produktentwick-

*) Biographie www.whoiswho-verlag.ch oder beigefügte CD-ROM

lung, 1990 Grdg. d. Werbeagentur Christiansen in Tornesch, Werbung f. Printmedien, Internetauftritte, Illustrationen, seit 1998 Lehrerin im Bereich Musik u. Darstellung in Hamburg. H.: Malen, Kochen, Haus u. Garten, Hund.

Christiansen Sabine

B.: Moderatorin. FN.: c/o MedienKontor GmbH. DA.: 10787 Berlin, Budapester Str. 40. G.: Preetz, 20. Sept. 1957. El.: Günther und Rosemarie Frahm, geb. Lemke. S.: 1975 Abitur Preetz, Dt. Lufthansa-Ausbild., Sprachen f. fliegendes Personal, Journalist. Ausbild., 1983 Volontariat NDR Hamburg. K.: Freie Mitarbeit beim NDR, Red. Landesprogramm Hamburg, 1988 ARD aktuell, seit 1987-97 Moderatorin d. ARD-Nachrichtensendung "Tagesthemen", seit 1997 Leitung der ARD-Sendung "Sabine Christiansen", ab 1998 Talkshow "Sonntags" (ARD). P.: 1994 "Hoffnung hat viele Gesichter. Begegnungen v. Tibet bis Sizilien", 1999 "Tendwende". E.: Sonder-Bambi, Silb. Camera, Goldene Camera,1992 Bayrischer Fernsehpreis, 1995 Besondere Ehrung d. Adolf-Grimme Preises, 1997 Fleurop-Lady,1999 "Deutsche Frau des Jahres", 2001 Bambi f. Mod., Courage Preis. Deutsche Unicef-Botschafterin, Vorstandsmitglied d. Stiftung "Bündnis für Kinder - Gegen Gewalt", Mitglied v. "REPORTER OHNE GRENZEN", Mitglied im Ehrenkommitee Special Olympics Deutschland e.V.. H.: Lesen, Sport. (Re)

Christiansen Uwe Dr. rer. pol. *)

Christiansen Wolrad *)

Christier Holger Dr. phil.
B.: Oberstudienrat. PA.: 22143 Hamburg, Warnemünster Weg 28d. G.: Hamburg, 12. Apr. 1948. V.: Margrit. Ki.: Carsten. El.: Otto u. Anneliese. S.: Abitur, Stud. Germanistik, Geschichte, 1975 Prom. K.: 1978-82 Mtgl. d. Bezirksvers., Hamburg, 1982 Mtgl. d. Hamburger Bürgerschaft, 1997 Vors. SPD-Bürgerschaftsfraktion. P.: Sozialdemokratie u. Kommunismus. Die Politik d. SPD u. d. KPD i. Hamburg 1975. E.: viele Jahre ea. Richter. M.: Arbeiterwohlfahrt, Rotes Kreuz, Dt. Hilfsgem. H.: Lesen, klass. Musik, Sport.

Christmann Günther *)

Christmann Peter *)

Christmann Thomas *)

Christmeier Frank-Daniel
B.: Kfz-Meister, Gschf. FN.: Kohn GmbH DA.: 90441 Nürnberg, Erlenstr. 30. PA.: 90451 Nürnberg, Pappenheimer Str. 96. h.kohngmbh@t-online.de. G.: Nürnberg, 23. Jan. 1964. V.: Christine,geb. Roth. Ki.: Sascha (1990), Jan (1997). El.: Hanspeter u. Bärbel. S.: b. 1987 Lehre z. Kfz-Mechaniker b. Firma Kohn in Nürnberg. K.: 1989-91 Kfz-Mechaniker b. Firma Kohn in Nürnberg, 1991 Meisterprüf. z. Kfz-Meister b. d. IHK Nürnberg, 1991-93 Kfz-Meister b. d. Firma Kohn, ab 1993 Mitgschf. b. d. Firma Kohn, ab 1997 alleiniger Gschf. d. Firma Kohn. H.: Handball, Skifahren, Familie.

Christof Heiko *)

Christoff Daniel *)

Christoffer Edwin *)

Christoforidis Nikolaos

B.: Koch, Inh. FN.: Restaurant Alexander der Große. DA.: 59425 Unna, Hermannstr. 52. G.: Katerini/Griechenland, 22. Okt. 1971. V.: Sotiria Stathaki. Ki.: Eleni (1996). El.: Iannois u. Sultana. S.: im Alter v. 13 J. erste Berufstätigkeit in einer Taverne in Korinos/Griechenland, 1989-91 3 J. Küchenhilfe in Stuttgarter Restaurant Poseidon, gelernt b. Chefköchen Thomas u. Evi Markutis. K.: 1991-92 Chefkoch im Poseidon, 1992 Wehrdienst in Griechenland, 1993 Argentin. Restaurant Churasco in Stuttgart, 1994 Restaurant Hermes in Dorsten, 1995 Restaurant El Greco in Freiburg, 1996-98 Restaurant Alexander d. Große, seit 1998 Inh. BL.: Engagement f. Kindergärten in Unna, durch Spenden u. Einnahmen v. Weihnachtsmarkt. E.: Urkunde über beste griech. Küche u. Service innerhalb v. Baden-Württemberg. H.: Sport.

Christopeit Andreas
B.: Gschf. FN.: Fach-KH Neckargemünd GmbH. DA.: 69151 Neckargemünd, Im Spitzerfeld 25. PA.: 74909 Meckesheim, Schatthäuser Str. 33. G.: Köln, 14. Mai 1959. V.: Martina, geb. Schenk. Ki.: Tobias (1984), David (1989). S.: 1976 Mittlere Reife, 1978-81 Bundeswehr - Ausbilder Sanitätsdienst, glz. Rettungsdienst d. DRK Murnau, 1980 Ausbild. Verw.-Fachang. Berg. Studieninst. Wuppertal, 1982-85 Ausbild. Krankenpfleger St.-Markus-KH Frankfurt, 3 Mon. Ausbild.-Ltr. Arb.-Samariterbund Hessen. K.: 1977 tätig im Rechnungswesen u. Rettungsdienst d. Arb.-Samariterbundes e.V., 1985-86 Krankenpfleger f. Rückenmarkverletzte an d. BG-Unfallklinik in Frankfurt/Main, 1986-87 Ausbild. Stationsltr., 1986-88 stellv. Stationsltr. d. Unfall-, Hand- u. Neurochir. Station u. b. 1992 Stationsltr., 1989-92 Abendstud. BWL an d. Hess. Verw.- u. Wirtschaftsak. in Frankfurt/Main, 1992-93 Dion.-Ass. u. Organisator d. BG-Unfallklinik, 1994-95 stellv. Verw.-Dir. d. Ostseeklinik Damp GmbH, seit 1995 Gschf. d. Fach-KH Neckargemünd GmbH, seit 1999 zusätzl. Gschf. d. Kurpfalz-KH in Heidelberg, seit 2001 Verwaltungsdirektor d. Orthopädischen Univ.-Klinik Stiftung Friedrichsheim in Frankfurt am Main, Funktion: Lehraufträge an d. Berufsak. Mannheim u. d. FH Heidelberg f. d. Bereich KH-BWL. P.: viele Vorträge u.a. f. d. VKD u. d. Inst. f. Gesundheit u. Systemforsch. Kiel z. Thema Gesundheitsgesetzgebung u. Qualitätssicherung. M.: SPD, Arb.-Samariterbund Hessen e.V., DPV Hessen, Rheinland-Pfalz, Saarland, Thüringen e.V., VKD. H.: Bergsteigen, Skifahren, Skitouren, Fotografieren, Neufundländer-Hund.

Christopeit Joachim Dr.
B.: Vorst.-Sprecher. FN.: AVIA MINERALÖL AG. DA.: 81675 München, Einsteinstr. 169. G.: Berlin, 16. Dez. 1936. S.: 1956 Abitur, 1967 Assessor, 1966 Dr. iur., 1960-66 Ass. Inst. f. Bankrecht Univ. Köln. K.: 1967-70 OFinanzdion. Düsseldorf, 1970-76 Hermes Kreditvers. AG Hamburg, 1976-80 Finanzdir. Steinmüller Gummersbach, seit 1980 Sprecher d. Vorst. AVIA MINERALÖL AG München u. VerwR. EURA-VIA Zürich; VerwR. EURAVIA AG Zürich, Gschf. OTG Iol Trading GmbH München.

*) Biographie www.whoiswho-verlag.ch oder beigefügte CD-ROM

Christoph

Christoph Carola
B.: Friseurmeisterin, selbständig. FN.: Friseursalon Christoph. DA.: 03044 Cottbus, Friedrich-Ebert-Str. 19. G.: Altdöbern, 11. Feb. 1952. V.: Jörg Christoph. Ki.: Judith (1973), Ricarda (1978). El.: Rudi u. Annefriedel Freudenberg. S.: 1968-70 Friseurlehre an d. Produktionsgenossenschaft d. Handwerks PGH "Ihr Friseur" in Cottbus m. Facharbeiterabschluss, 1977 Meisterprüfung. K.: 1970-79 Friseurin u. Lehrlingsausbildnerin in d. PGH "Ihr Friseur" in Cottbus, 1979-90 Friseurmeisterin u. stellv. Betriebsleiterin im Volkseigenen Betrieb VEB Hauswirtschaftliche Dienstleistungen in Cottbus, 1990-94 nach d. Privatisierung d. Betriebes z. Bischoff CCC & Co KG Umfirmierung tätig als Friseurmeisterin u. Lehrlingsausbildnerin, 1994-97 Salonleiterin in d. Friedrich-Ebert-Straße in Cottbus, 1997 Übernahme d. Salons als Inh. u. Ltr. d. Salons in Cottbus. BL.: 1974 u. 1975 jeweils Bezirksmeisterin im Schaufrisieren. E.: Silberne Handwerkernadel. H.: Kunst.

Christoph Christine

B.: Heilpraktikerin. FN.: Naturheilpraxis Christine Christoph. DA.: 33604 Bielefeld, Hartlager Weg 29. G.: Bielefeld, 13. Dez. 1964. El.: Johannes u. Ilse Bockstette. S.: 1985 Abitur, 1986-91 Stud. Germanistik, Anglistik u. Geschichte, 1991-94 Ausbild. u. Abschluß an Paracelsusschule Hannover m. Zertifikat Heilpraktikerin. K.: 1995-96 Tätigkeit im Beruf in Bielefeld u. Hannover, 1997 Grdg. d. eigenen Praxis und Dozent an VH Hannover f. d. Bereich Naturheilverfahren, Gesundheitspflege u. Körperarb., gleichzeitig zahlr. Zusatzausbild. f. klass. u. mod. Naturheilverfahren. H.: Beruf, Reisen, klass. u. mod. Musik, Tennis, Leichtathletik, Kochen.

Christoph Cordula Dr. med. *)

Christoph Daniel Dr. med. dent. Dr. med. stom. Prof.
B.: Zahnarzt. DA.: 47228 Duisburg, Langestr. 132. G.: Kronstadt/Rumänien, 17. Aug. 1937. V.: Dr. Anna. Ki.: Daniel (1977), Roland (1980). S.: 1954 Abitur Kronstadt, 1955-61 Stud. Zahnmed. Klausenburg, 1961 Prom. z. Dr. med. stom., 1970-71 Weiterbild. als Kieferorthopädie Univ.-Klinik Wien. K.: 1971-82 Lehrstuhl f. Kieferorthopädie Neumarkt/Siebenbürgen, seit 1982 in Deutschland ndlg. Zahnarzt, erst in Düsseldorf u. dann in Duisburg. P.: Veröff. z. Thema Fluoridierung - Kariesprophylaxe durch Fluor, Veröff. z. Thema Funktions-Kiefer-Orthopädie, wiss. Arb. E.: 1975 jüngster Univ.-Prof. Rumäniens. M.: Europa-Union. H.: Angeln, klass. Musik u. Blues.

Christoph Heinz Ewald *)

Christoph Holger
B.: Elektriker, Inh. FN.: Elektro Holger Christoph. DA.: 04416 Markkleeberg, Hauptstr. 130. PA.: 04416 Markkleeberg, An der Waage 6. G.: Leipzig, 20. Dez. 1963. V.: Heike, geb. Thieme. Ki.: Benjamin (1989). El.: Ing. Jürgen u. Gisela. S.: 1980 Elektrikerlehre. K.: 1980-82 Elektriker GBL, 1983-88 Elektriker Firma Schürbel, 1988-90 Elektriker Firma Friedrich, 1990 Grdg. d. Familienunternehmens, Elektriker in o.g. Firma, seit 1999 Inh. in o.g. Firma f. Installationen v. Elektroanlagen, Verkauf v. Elektrowaren u. Installationsmaterial. M.: LVB e.V. H.: Zierfischzucht, Tennis.

Christoph Ingeborg Dr.

B.: RA. DA.: 10318 Berlin, Heiligenberger Str. 18. G.: Berlin, 27. Juli 1936. V.: Dr. Karl-Heinz Christoph. Ki.: 2 Kinder. El.: Fritz u. Gertrud Koletzki. BV.: Schriftsteller Fred Endrikat. S.: 1955-59 Jurastud. MLU Halle, Dipl.-Jurist. K.: 1959-65 Justitiarin in versch. Ind.-Betrieben, 1965-67 Zentrales Vertragsgericht Berlin, 1967-69 Justitiarin in einem Forsch.-Inst., 1969-74 Min. f. Wiss. u. Technik, 1972 Prom. z. Dr. iur., 1974-87 Bauak., 1987-91 Ak. d. Wiss., seit 1990 zusammen m. ihrem Gatten als RA m. eigener Kzl. in Berlin tätig, Tätigkeitsschwerpunkte: Grundstücksrecht, Arbeitsrecht. P.: zahlr. jur. Fachbeiträge z. auftragsgebundenen Forsch. M.: Berliner Anw.-Ver. H.: Memoirenliteratur.

Christoph Karl-Heinz Dr.

B.: RA. DA.: 10318 Berlin, Heiligenberger Str. 18. G.: Breslau, 26. Nov. 1933. V.: Dr. Ingeborg. Ki.: 2 Kinder. El.: Erich u. Elisabeth. S.: 1952-56 Jurastud. MLU Halle, Dipl.-Jurist. K.: 1956-59 wiss. Ass. an d. Univ. Halle, 1960-65 Ltr. d. Rechtsabt. in einem Ind.-Unternehmen, 1967 Prom. z. Dr. iur., 1965-90 Jurist in Zentralen d. Reg.-Stellen d. DDR vornehml. in d. Gesetzgebung z. sozialkulturellen Bereich u. z. Umweltschutz, seit 1990 zusammen m. seiner Frau als RA m. eigener Kzl. in Berlin tätig, Tätigkeitsschwerpunkt: Alterssicherung im Zusammenhang m. d. Wiedervereinigung. P.: zahlr. jur. Fachbeiträge u. Fachbücher u.a. Das Rentenüberleitungsgesetz, Kommentare z. Landeskulturgesetz d. DDR u. z. Regelung d. Reinhaltung d. Luft. M.: Berliner Anw.-Ver. H.: Literatur, Musik.

Christoph Otto *)

Christophe Bernd
B.: Dipl.-Betriebswirt, Vorstand. FN.: WEIGL Management AG. DA.: 90451 Nürnberg, Lechstr. 08. G.: Bernburg/Saale, 11. Jan. 1945. S.: Ausbild. Ind.-Kfm. Bereich Maschinenbau, Stud. Betriebswirtschaft FH Dortmund, Dipl.-Betriebswirt. K.: 2 J. Mineralölind., 8 J. Maschinenbau-Export, 15 J. Opto-Elektron. Ind.; aktives Mtgl. d. wiss. Kuratoriums d. Forsch.-Gem. f. Logistik e.V. TU Hamburg-Harburg. M.: Bundesver. f. Logistik e.V. Bremen, Rotary Club Quickborn. H.: Golf, Oper, Violin-Konzerte, Theater, Kunst.

Christopher Bernd Dipl.-Ing. *)

Christophersen Ulrich Dipl.-Ing. *)

Christophersen Willi Dipl.-Ing. *)

Chrobog Jürgen
B.: Botschafter. FN.: Dt. Botschaft in d. USA. DA.: USA-Washington D.C. 20007-1998, 4645 Reservoir-Road N.W. www.germany-info.org. G.: Berlin, 28. Feb. 1940. V.: Dr. Magda Gohar-Chrobog. Ki.: 3 Kinder. S.: Stud. Freiburg, Aix-en-Provence u. Göttingen. K.: RA in einer Anw.-Kzl. in Hannover, seit 1972

---

*) Biographie www.whoiswho-verlag.ch oder beigefügte CD-ROM

im Außendienst, 1972 Praktikant b. d. ständigen Mission b. d. Vereinten Nationen New York, 1973 im Außenamt, 1977 stellv. Delegationsltr. u. Wirtschaftsberater Singapur, 1980 Sprecher d. ständigen dt. Delegation b. d. EG in Brüssel, 1983 2. Sprecher d. Dt. Außenamtes, 1984-91 Sprecher u. Ltr. d. Presseabt. d. Außenamtes, 1990-91 auch Außenmin., 1991 Polit. Dir. d. Dt. Außenamtes in Bonn, Ltr. d. Polit. Generaldirektoriums, seit 1995 Botschafter in d. Vereinigten Staaten in Washington.

Chrobok Reiner Pawel Stefan Dr. phil. *)

Chrobok Richard Dr. med. *)

Chromik Winfried Dipl.-Ing.

B.: freischaff. Architekt. FN.: Arch.-Büro Chromik. DA.: 64297 Darmstadt, Troyesstr. 13. Architekt.W.Chromik@t-online.de. G.: Ratibor/Oberschlesien, 11. Dez. 1940. V.: Frauken, geb. Hauck. Ki.: Caterine (1972), Jörg (1975). El.: Georg u. Edith, geb. Kühnel. S.: 1959 Abitur, 1962-66 Stud. FH Darmstadt, 1966 Examen. K.: 1966-71 ang. Architekt, seit 1971 eigenes Arch.-Büro m. Schwerpunkt: Wohnungs- u. Ind.-Bau. E.: mehrere Wettbewerbsausz. M.: Ambassador-Club Darmstadt, Bruderschaft St. Christoph. H.: Triathlon, Kunstsammeln, Schach.

Chrubassik Rolf

B.: Kompl. FN.: RC Banken-Software KG. DA.: 21614 Buxtehude, Bahnhofstr. 48/50. G.: Hamburg, 9. Okt. 1946. V.: Renate, geb. Ostwald. Ki.: Karen (1967), Anke (1971). El.: Heinz u. Gertrud. S.: 1964-67 Ausbild. Bankkfm. Dresdner Bank Hamburg, 1968-69 Bundeswehr. K.: 1970-88 Bankkfm. d. Berenbank in Hamburg, seit 1988 selbst. E.: 1964 Peter Zenger-Preis f. Schülerzeitung. M.: seit 1989 Rotary Club. H.: Kunst, Bilder, Literatur, Joggen.

Chudalla Anita *)

Chudy Horst

B.: Friseurmstr. FN.: Frisiersalon Chudy. DA.: 10719 Berlin, Fasanenstr. 65. G.: Bochum, 4. Mai 1954. El.: Otto u. Ursula. S.: 1968-71 Friseurlehre. K.: 1971-74 Friseur in Bochum u. Ausbild. b. Vidal-Sassoon, seit 1974 Friseur in Berlin, Mstr. Schule, 1977 Jüngster Mstr. Berlins, selbst., seit 1991 Salon Fasanenstraße. BL.: frisiert f. alle gr. Modemacher, f. Modeu. Fachzeitschriften (Vogue, Madame, Cosmopolitan). E.: Ausz. v. anerkannten Schulen (Paris, London, New York). H.: Frisieren, Gartenarch., ausgefallene Gehölze, Sport. (R.P.)

Chung Mark

B.: Musikverleger, Musiker, Komponist, Inh. FN.: Freibank Musikverlag Mark Chung. DA.: 20459 Hamburg, Ditmar-Koel-Str. 26. G.: Leeds/England, 3. Juni 1956. Ki.: Tai (1978), Lilith (1994). El.: Dr. med Hugh u. Hannelore, geb. Manhardt. BV.: Großvater Patrick Chung - bekannter Immobilienbes. im Karibikraum. S.: 1977 Abitur, 1978-81 Stud. Informatik Univ. Hamburg. K.: Seit 1981 in d. Musikbranche, Mtgl. d. Berliner Gruppe Einstürzende Neubauten als Musiker u. Komponist, zahlr. Auftritte, Schallplatten, Theater- u. Ballettmusik, Zusammenarb. m. TV u. Rundfunk, 1985 Grdg. eines Musikverlages in London, 1987 Hamburg; Musiker u. Komponist Musikband Einstürzende Neubauten. H.: Musik, Familie. (K.H.)

Chung Kwong-Yong

B.: Gastronom, Inh. FN.: China Restaurant Mandarin. DA.: 28213 Bremen, Schwachhauser Heerstr. 208. G.: Malaysia, 9. März 1950. V.: Rita Chung-Israel. Ki.: Thomas (1976). S.: 1969 Abitur, 1972 Einreise in die BRD. K.: Tellerwäscher in einem Chinarestaurant am Bremer Bhf., Ausbild. im Bereich Gastronomie, seit 1980 selbst. m. Eröff. d. China Restaurant Mandarin gemeinsam m. d. Ehefrau. H.: Familie.

Church Gabriele Dipl.-Ing.

B.: Architektin, Inh. FN.: arch. & medien. DA.: 04229 Leipzig, Brockhausstr. 25. G.: Esslingen, 15. Aug. 1961. V.: Jürgen Meier. El.: Murray u. Jessie Church. S.: 1980 Abitur Essen, Arch.-Stud. an d. TH Darmstadt. K.: 1983 Arch.-Assoc. in London, Tätigkeit in div. Arch.-Büros im Bereich Stadtgestaltung in England, 1989 Dipl., 1909 freie Mitarb. in div. Arch.-Büros u.a. in Stuttgart, Dresden, Arch.-Büro Link in Leipzig, 1992 Gschf. Ges. v. KCH-Kern, Church, Hettlich, Projekt u. Bauplanungs GmbH, 1994 Grdg. v. Arch. & Bauplanung b. Business als alleinige Inh., seit 1997 gemeinsame Projekte m. Medienkünstler Jürgen Meier, 1998 Weiterbild. im ökolog. Bauen u. Planen am EIPOS Dresden. M.: Künstlerver. Leipzig. H.: Gartenarb., Lesen.

Chvatal Günter *)

Chybych Sebastian

B.: RA. FN.: Anwaltssozietät Chybych & Oschlies. DA.: 10787 Berlin, Nürnberger Str. 67. chybych-oschlies@yahoo.de. G.: Krefeld, 11. Juli 1966. S.: 1985 Abitur Hugo-Eckener-Gymnasium Berlin, 1986 selbständiger Anlageberater f. Wertpapiere, 1986-95 Stud. Rechtswiss. FU Berlin, 1995 1. Staatsexamen. K.: 1 J. in d. Kzl. Peters, Referendariat b. Kammergericht u. bei RA Peters u. RA Oschlies, 1999 2. Staatsexamen, seit 1999 RA m. Schwerpunkt Straf-, Zivil-, Bau-, Wertpapier- u. Anlagen-

---

*) Biographie www.whoiswho-verlag.ch oder beigefügte CD-ROM

Chybych

recht. F.: AR-Vors d. Quirinus AG in Berlin. M.: ehemal. Spieler im Handball bei Blau-Weiß in d. Landesliga. H.: franz. Weine, Squash.

Chylek Jan Rudolf Dipl.-Ing.
B.: Architekt. DA.: 82152 Planegg, Kraillinger Str. 1. PA.: 82131 Stockdorf, Paul-Keller-Str. 20. architekt-chylek@t-online.de. www.architekt-chylek.de. G.: Mährisch-Ostrau, 17. Jan. 1943. V.: Helga Johanna, geb. Rahnfeld. Ki.: Friederike (1979), Alexander (1983). El.: Rudolf u. Helena, geb. Vokas. BV.: Großeltern spielten im Orchester d. deutschen Theaters in Brünn unter Leos Janacek. S.: 1960 Abitur, 1961-67 Architektur u. Städtebau. K.: 1967-68 sofort nach d. Stud. emigriert nach Wien, Einladung z. Salzburger Sommerak. b. Jakob Bakema, danach einige Monate b. Anton Schweighofer gearb., 1968-69 nach München u. b. d. Architekten Hans & Herbert Korn gearb., 1969-71 Arch.-Büro Jakob Haider in Gauting, seit 1971 selbst., eigenes Arch.-Büro. E.: 1975 eine Ausz. v. Bund d. Archiekten (BDA). H.: Beruf, Skifahren, Bergwandern, Reisen.

Ciacci Claudio Dipl.-Ing. *)

Ciancio Mario *)

Cibelius Werner *)

Cibis Hans-Georg *)

Cibrowius Marc

B.: Küchenchef. FN.: Atelier im Dom Hotel. DA.: 50667 Köln, Domkloster 2a. G.: Mülheim/Ruhr, 29. Aug. 1966. S.: 1987 Fachabitur, 1987-89 Ausbild. z. Koch, 1995 Küchenmeisterprüf. K.: 1991-93 Schloss Hugenpoet Essen, 1993-95 Schlosshotel Kronberg, 1998-99 Küchenchef Sportschloss Velen/Münster, 1999-2000 Küchenchef Traube Tonbach, seit 2000 Küchenchef Domhotel Köln. H.: Tennis, Jogging.

Cichocki Olaf *)

Cicholas Bernd

B.: Gschf. Ges. FN.: Ärzte-Wirtschafts-Zentrum. DA.: 50931 Köln, Stadtwaldgürtel 58. G.: Krefeld, 3. Apr. 1952. V.: Rita, geb. Kox. S.: 1974 Fachabitur, 1975-80 Stud. BWL an d. FH Mönchengladbach. K.: seit 1976 selbständige Finanzberatung (Dt. Ärzteversicherung), s. 1989 Grdg.-Ges. u. Gschf. Ärzte-Wirtschafts-Zentrum in Köln. M.: Fördermtgl. Domspitzen e.V. H.: Brauchtumspflege, Literatur.

Cichon Josef Dr.

B.: RA. FN.: Dr. Cichon u. Partner. DA.: 80639 München, Johann-von-Werth-Str. 1. PA.: 82229 Hechendorf/Pilsensee, Höhenweg 5. ci@kanzlei.cichon.de. G.: Bärdorf, 8. Feb. 1934. V.: Doris, geb. Schuster. Ki.: Gordon (1972), Caroline (1973), Florian (1984). El.: Paul u. Agnes. S.: 1954 Abitur Regensburg, 1954-58 Jurastud. an d. LMU München, 1958 1. Staatsexamen, 1958-62 Referendariat, 1960 Prom. z. Dr. iur., 1962 2. Staatsexamen. K.: 1962-99 Gschf. d. Steuerberaterkam. München, seit 1962 selbst., Grdg. einer Anw.-Partnerschaft Dr. Cichon u. Partner München, seit 1999 Syndikus in d. Steuerberaterkam. München, Nebenerwerbslandwirt u. Berufspilot a. D., Pensionst u. Gschf. d. Parkhotels Schwabing Betriebs GmbH u. Treuhänder d. ODBG - Olympiadorf Betriebs GmbH. P.: Mithrsg.: "B. Handbuch d. Steuerberatung". E.: Ehrenpandur d. Treukfestspiele v. Waldmünchen, Inh. d. goldenen "Lederarschorden". M.: Landesvors. d. VFD Ver. d. Freizeitreiter u. -fahrer in Deutschland e.V., Vorst.-Mtgl. im Ver. d. Freunde d. Mongolei. H.: Reiten, Fliegen, Segeln, Tauchen, Gartenbau, Pferde-, Ziegen- u. Bienenzucht, Kulturreisen.

Cichon Rüdiger Dipl.-Ing. *)

Cichos Michael

B.: Gschf. FN.: CIA Mediahaus. DA.: 20099 Hamburg, An der Alster 48. G.: Hamburg, 4. Apr. 1958. El.: Franz u. Maria-Charlotte, geb. Grüner. S.: 1977 Abitur, b. 1979 versch. Tätigkeiten in unterschiedl. Berufszweigen, 1979-82 Ausbild. z. Werbekfm. K & M Werbeagentur Hamburg, 1983 Stud. BWL Univ. Hamburg. K.: 1983-86 Concept Media Hamburg, 1986-87 Mediaberater in d. Abt. Marketing-Service Jahreszeiten-Verlag Hamburg, 1988-90 Mediaplaner Initiative Media Hamburg, 1990 G.F.M.O. Hamburg, 1990-91 Medialtr. Initiative Media Hamburg, 1991-93 J. Walter Thompson Hamburg, seit 1994 CIA Mediahaus in Hamburg, zunächst Medialtr., seit 1995 Gschf. H.: Musik (Jazz), Lesen, Natur.

Cichy Gisela *)

Ciechoradzki Manfred
B.: Ballettmeister. FN.: Ballettschule Blaue Brücke DA.: 72072 Tübingen, Friedrichstr. 19. G.: Düsseldorf, 1. März 1949. V.: Elvira, geb. Grimm. Ki.: Katja (1980). S.: ab 1960 Statist Theater Magdeburg, 1965-67 Lehre Schweißer. K.: 1967-69 Tanzeleve am Theater Halberstadt u. ab 1970 am Theater Greifswald, 1970-73 Mtgl. d. Erich Weinert Ensemble in Berlin, 1973 staatl. Prüf. an d. staatl. Ballettschule Berlin, 1975-77 Halbsolist am Theater Eisleben, 1978 Balletttänzer in Eisenach, seit 1979 stellv. Ballettmeister u. Solotänzer am Theater Bernburg, 1980 Halbsolist am Theater Frankfurt/Oder, 1982-85 stellv. künstl. Ltr. d. größten Kinder-Tanz-Ensemble d. DDR im Auftritten im DDR-Fernsehen, seit 1985

*) Biographie www.whoiswho-verlag.ch oder beigefügte CD-ROM

Ballettmeister an d. Ballettschule in Tübingen u. Rottenburg m. Schwerpunkt Nachwuchsarb. f. d. Ballett. P.: intern. Auftritte m. Kindern. E.: Preise bei intern. Wettbewerben. H.: Tanz.

Ciecior Gabriele Dipl.-Soz.-Päd. *)

Cierpinski Dietrich *)

Ciesielski Steffen C. Dipl.-Bw.

B.: Gschf. FN.: KPM - Königl. Porzellan-Manufaktur Berlin GmbH. DA.: 50667 Köln, Am Hof 1. PA.: 50676 Köln, Paulstr. 20. G.: Querfurt, 19. Okt. 1960. El.: Kurt u. Erna. S.: 1977-79 Lehre Möbeltischler, 1986-89 Ausbild. Keramiker, Meisterprüf. K.: 1987-89 selbst. Keramiker in Berlin, 1989-91 tätig in d. Prod. d. KPM in Berlin, 1992-97 BetriebsR.-Vors. d. KPM u. glz. tätig im Pilotprojekt m. europ. Manufakturen u. Frauenhofer Inst. Berlin "Wirtschaftlichkeit d. Manufakturen", 1994-97 Stud. z. Dipl.-Bw. an d. TU Berlin, seit 1998 tätig in Vertrieb u. Marketing, Mitaufbau d. KPM-Galerie am Kurfürsten Damm, seit 1999 Gschf. d. KPM-Galerie in Köln u. Eventmanagement "Darstellung d. Manufakturprodukte". P.: "KPM - Priv. Rechtsformen u. ihre Zielsysteme" (1997). E.: Gast b. Fest d. Bundespräs. in Berlin (2000). M.: seit 1992 AufsR.Mtgl. d. KPM. H.: angew. Kunst, Wandern.

Ciesinger Insa *)

Cieslar-Rakus Dr. med.

B.: FA f. Phoniatrie u. Pädaudiologie, selbständig. GT.: 1996-98 Lehrtätigkeit an d. Logopädischen Schule Darmstadt. DA.: 60489 Frankfurt/Main, Rödelheimer Landstr. 141. cieslar-rakus@gmx.de. www.gmx.de. V.: Edward Rakus. Ki.: Leschek (1979), Zbigniew (1982). S.: 1976 Abitur Wisla/Polen, 1976-82 Stud. Med. an d. Med. Akademie Kattowitz, 1982-83 Praktikum am Schlesischen KH Teschen. K.: 1983-86 Ärztin im Sanatorium f. Kinder u. Jugendliche m. Atemwegserkrankungen in Istebna, 1986 Weiterbildung u. Spezialisierung im HNO-Bereich am Schlesischen KH Teschen, Abschluss: Arzt f. Otolaryngologie, 1987-88 HNO-Ärztin im Sanatorium Istebna, 1988-89 HNO-Ärztin am KH in Teschen, 1989 Spätaussiedlung nach Deutschland, 1989-91 Anpassungsstudium an d. HNO-Klinik d. Univ. Frankfurt, 1991 Stipendium d. Otto-Behneke-Stiftung, 1992 Anerkennung als Ärztin, 1993 Tätigkeit b. HNO-Arzt Dr. Schiffmann Frankfurt als Ärztin, 1993-98 Ärztin an d. neugegründeten Klinik f. Phoniatrie u. Pädaudiologie an d. Univ.-Klinik Frankfurt, 1997 Prom. im Fachbereich Humanmed., 1998 FA f. Phoniatrie u. Pädaudiologie, 1999 Neugründung d. einzigen Phoniatrisch-Pädaudiologischen Praxis im Rhein-Main-Gebiet, Zusammenarbeit m. Kinderärzten, HNO-Ärzten u. d. Univ.-Klinik Frankfurt. BL.: Untersuchungen v. Sängern d. Opernhauses Frankfurt, ehrenamtl. Tätigkeit b. d. Freien Ev. Kirche. P.: Beiträge in Fachzeitschriften, Vorträge u. Referate b. Kongressen u. an Kliniken, Veröff. v. Vorträgen in Kongressberichten, Berichterstattung in d. Frankfurter Rundschau über d. Praxis, Veröff. über d. Arbeit in koreanischer Zeitschrift. E.: Stipendium d. Otto-Beheneke-Stiftung (1991). M.: Berufsverband f. Phoniatrie u. Pädaudiologie, Freie Ev. Kirche. H.: Garten, Angeln, Kochen, Radfahren.

Cifuentes Horacio *)

de Cillia Gundula*)
Künstlername: Gundel Thomann.

Cimala Waldemar
B.: RA. DA.: 53332 Bornheim, Johann-Philipp-Reis-Str. 9. www.net-vocat.de. G.: Bunzlau, 16. Dez. 1954. V.: Gerdemie, geb. Wingerath. Ki.: Daniel (1991). S.: 1973 Abitur, 1973-75 Bundeswehr, 1975-79 Jurastud. Bonn, 1980 1. u. 1983 2. Staatsexamen. K.: Referendarzeit in Köln, 8 J. ang. Anw., seit 1990 selbst. H.: Weinkenner.

Cimbal Dietmar Theo Dr. Dr. sc.

B.: wiss. Ltr. FN.: Inst. f. Bioenergetik u. Revitalisierung. DA.: 38707 Altenau, Marktstr. 2 a. PA.: 38707 Altenau, Am Schwarzenberg 9. G.: Scheibenberg, 22. Jän. 1938. V.: Irmengard. Ki.: René (1976), Katharina (1980). S.: 1956 Abitur, b. 1961 Stud. Physik Univ. Leipzig, b. 1967 Stud. Vet.-Med. Univ. Leipzig. K.: 1956-61 tätig ind. Forsch.-Gruppe Biophysik am Inst. f. Biophysik in Leipzig m. Abschluß Dipl. u. Prom., tätig in d. Forsch.-Gruppe Biokybernetik am Vet.-Med.-Inst. in Leipzig, 1967-91 Honorardoz. an d. Univ. Berlin, Univ. Rostock u. Univ. Halle u. glz. b. 1971 Ltr. d. Bereichs Leistungsphysik u. Biokybernetik an d. Ak. d. ldw. Wiss. in Berlin, b. 1972 Ltr. d. Forsch.-Gruppe Bioklimatologie, danach Ltr. d. Forsch.-Gruppe Biorhythmik d. Univ. Halle-Wittenberg, danach b. 1978 Dir. f. Forsch u. später f. Ausbild. an d. Ing.-HS in Beichlingen, b. 1990 Mtgl. d. tierärztl. Gemeinschaftspraxis in Großottern u. zuletzt Ltr., 1990 Aufbau d. Inst. in Altenau m. Schwerpunkt ganzheitl. Diagnostik u. Behandlung, Analyseverfahren. Einschätzung d. Wirksamkeit u. Effizienz d. alternativmed. Verfahren, Kotodama-Klangtherapie, Feng Shui; Funktionen: Mitarb. im Forsch.-Projekt z. Analyse u. Bewahrung Shamanist. Wissens. BL.: Mitentwicklung d. PC-Programmen z. Analye v. biolog. Rhythmen u. biolog. Zeitstrukturen, Mitentwicklung d. Fermeßverfahren, Systemanalyse informationeller Strukturen in d. biolog.-techn. Systemen. P.: über 150 wiss. Art., 2 Bücher. H.: Harmonie d. Schöpfung erleben u. anderen zugänglich zu machen.

Cimiotti Emil *)

Ciniero Stefano *)

Ciortea Michael Dr. med.
B.: Sportmediziner, Orthopäde. DA.: 80331 München, Sonnenstr. 27. G.: Rumänien, 1935. V.: Emilie. Ki.: Marius (1965). S.: 1954 Abitur, Stud. Sportmed., FA f. Sportmed. K.: b. 1970 Ang. im Hochleistungssportzentrum f. Sport, 1970 Betreuer v. Dynamo Bukarest u. d. Nationalmannschaft, 1980

*) Biographie www.whoiswho-verlag.ch oder beigefügte CD-ROM

Ciortea

in Bamberg am Klinikum Hamm, 1984 Übernahme d. orthopäd. Praxis in München f. Naturheilverfahren, Sportmed. u. Chirotherapie, seit 1996 Schmerztherapie u. Akupunktur. P.: div. Veröff. in Rumänien. M.: Vereinig. Süddt. Orthopäden, Dt. Ges. z. Stud. d. Schmerzes.

Cipra Uwe Ing.

B.: Elektromechaniker, Inh. FN.: Segelschule Cipra. DA.: 23970 Wismar, Klußer Damm 1. G.: Wismar, 12. Feb. 1969. V.: Katrin, geb. Nowotny. Ki.: Matti (1993), Finja (1995). El.: Wolfgang u. Irmgard. S.: 1985-88 Ausbild. z. Elektromechaniker, 1988-91 Maschinenbaustud. an d. Ing.-Schule Rostock f. Schiffbautechnik. K.: 1991 Maschinenbauing. m. einer Dipl.-Arbeit zum Thema "Konstruktion f. Spannvorrichtungen f. Förderbänder", 1991-93 Schiffsführer u. Segellehrer an d. Hanseatischen Yachtschule Glücksburg, seit 1993 selbst. m. eigener Segelschule in Wismar, Schwerpunkte: Ausbild. f. alle Segel- u. Motorbootscheine, Angebot v. Segeltörns im Ostseeraum in d. skandinav. Länder, Angebot v. Wassersportbekleidung u. Boots- u. Yachtausrüstung. M.: Yachtclub Wismar 61 e.V., Club d. Kreuzerabt., Dt. Seglerverb. H.: Segeln, Inline-Skating, Skilanglauf, Ski alpin.

von Ciriacy-Wantrup Ludwig

B.: ehem. Vorst. Baureal AG. PA.:12589 Berlin, Waltersdofer Weg 33. www.baureal.de. G.: Bonn, 11. Juni 1959. V.: Susanne, geb. Korth. Ki.: Stefanie (1981). S.: 1977-79 Berufsausbild. z. Sparkassenkfm. K.: 1979-90 Berliner Sparkasse, parallel dazu Fachstud. Bankbetriebswirtschaft, 1990-93 ltd. Funktion in einer Unternehmensberatungsges., seit 1994 Gschf. Ges. div. Immobilienunternehmen, 1999 Hauptaktionär u. Vorst. d. Baureal AG. BL.: Fusion versch. Immobilien GmbHs z. Baureal AG, Sportmäzen f. Tennis, Sportschießen u. Eishockey. F.: AufsR. d. Seepark AG. H.: Schach, Tennis, Rotwein.

Cirik Nicola

B.: Reiseverkehrskauffrau. FN.: N & K Reiseservice - TUI ReiseCenter. DA.: 82008 Unterhaching, Parkstr. 29. G.: München, 21. Mai 1970. V.: Kenan Cirik. Ki.: Christopher-Kaan (1996). El.: Josef u. Monika Datz, geb. Stanek. S.: 1987 Mittlere Reife, parallel dazu eine Ausbild. z. Bürogehilfin, IHK-Prüf., 1987-89 Wirtschaftsoberschule. K.: 1989-90 Bürokauffrau bei einer Computerfirma, 1990-91 Fachoberschule Rosenheim, 1991-93 Sekr. in d. Sportredaktion d. Bayer. Fernsehens, 1993 Umzug z. Ehemann in d. Türkei, 1994 Einstieg in d. Reise- u. Touristikbranche u. gemeinsam m. Ehemann als Reiseltr. gearb., 1995-97 Reservierungsltr. b. BDS-Flugreisen in München, seit 1997 gemeinsam m. Ehemann Reisebüro in Unterhaching gegründet. E.: 1983 Bronzemed. b. d. Münchener Schüler-Leichtathletikmeisterschaften. M.: Städtepartnerschaftskreis Unterhaching. H.: Lesen, Reiten, Schwimmen, Musik (Klavier spielen), Singen, Tanzen.

Cirik Kenan

B.: Reiseverkehrskaufmann, Inh. FN.: N & K Reiseservice - TUI ReiseCenter. DA.: 82008 Unterhaching, Parkstr. 29. G.: Oberhausen, 21. Apr. 1968. V.: Nicola, geb. Datz. Ki.: Christopher-Kaan (1996). El.: Sadik u. Gülüzar. S.: 1987 Abitur. K.: 1987-88 Einstieg in Tourismusbranche in Istanbul, 1989-92 div. Tätigkeiten b. versch. Reiseveranstaltern in Alanya, Büroltg. u. Prüf. z. ltd. verantwortl. Dir., 1992-93 Militärdienst, 1993-95 Betreuung v. Hotels als Reiseltr., 1995 in Deutschland b. einem Reiseveranstalter in München begonnen, Reservierungszentrale, Büroltr., durch d. Konkurs d. Reiseveranstalter zusammen m. Ehefrau 1997 Eröff. d. eigenen Reisebüros. M.: Spielver. Unterhaching, Städtepartnerschaftskreis. H.: Schwimmen, Musik, Tanzen, Lesen.

Ciszewski Carola

B.: Physiotherapeutin, Profi-Handballerin, Nationalteam-Spielerin. FN.: c/o HC (VfB) Leipzig. DA.: 04109 Leipzig, Jahnallee 59. G.: Merseburg, 1. Juni 1968. K.: 149 Länderspiele, 303 Länderspieltore, 1991 Länderspiel-Debüt gegen Spanien in Sparbu, BSG Wismut Schneeberg, seit 1982 HC (SC/VfB) Leipzig, sportl. Erfolge: 1993 Weltmeister, 5. Pl. WM 1995, 1994 Vizeeuropameister, 1992 Olympia/4. in Barcelona, 1990 3. Pl. A-Weltmeister m. d. DDR, 1992 IHF-Pokalsieger m. HC (SC) Leipzig, 1989 DDR-Meister m. HC (SC) Leipzig. H.: Musik, Disko.

Citron Brunhilde *)

Ciunis Marc

B.: Gastwirt, Kfm. FN.: Ciu's die Bar. DA.: 20095 Hamburg, Ballindamm 15. G.: Hamburg, 14. Dez. 1964. V.: Melitta, geb. Müller. Ki.: Philipp (1993). El.: Peter u. Helga, geb. Noak. S.: 1980 Mittlere Reife Hamburg, 1980-82 Ausbild. zum Restaurantfachmann im Landhaus Scherrer in Hamburg, 1983 Sommersaison als Barkeeper auf Sylt. K.: 1983-84 Presseclub in Bonn, 1985 Umzug nach Sylt, b. 1987 ang. b. "Karlchen", 1987 Gründung der ersten Cocktailschule Deutschlands in Hamburg, 1987-91 Barkeeper u. Bereichsltr. in d. Bar Meier-Landsky, 1991 Eröff. d. Bar Cenario in Hamburg-Eppendorf zusammen m. einem Partner, 1991 Grdg. d. Firma APS, 1993 Trennung v. Partner, b. 1998 d. Bar Cenario alleine betrieben, 1998 Grdg. u. Eröff. d. Bar Cius, 2000 Grdg. einer Cocktailschule in Hamburg. E.: 2000 3. Pl. b. Wettbewerb World Bar Tenders Challenge. H.: Umgang m. Menschen, Skifahren, Familie.

Claas Günther Dr. h.c.

B.: Fabrikant. PA.: 33428 Harsewinkel, Am Rövekamp 1. G.: Harsewinkel, 23. Sept. 1931. El.: Franz u. Christine. S.: Abitur, Stud. F.: Präzi-Flachstahl GmbH Everswinkel, Max Frost KG, Kommanditaktionär und Aufsichtsratsmtgl. d. Claas KGaA, Harsewinkel, Mitinh. u. Geschäftsführer Claas Guss GmbH & Co KG, Bielefeld. E.: Großkreuz al Merito Ritteror-

*) Biographie www.whoiswho-verlag.ch oder beigefügte CD-ROM

den v. Hl. Grabe zu Jerusalem. M.: DRK, Ritterorden v. Hl. Grabe zu Jerusalem, Lions-Club Bielefeld-Ravensberg. H.: Landwirtschaft, Jagd.

Claas Helmut *)

Claasen Kirsten

B.: Inst.-Ltr. FN.: CR-Sprach-Schulungen. DA.: 90459 Nürnberg, Aufseßpl. 19/4OG. kclaasen@aol.com. G.: Berlin, 1. Juni 1959. Ki.: Sascha (1983), Tamara (1991). BV.: mütterl. seits 1. Berliner Kaufhaus Böhme um 1900; Reichskanzler Bismarck. S.: 1978 Abitur, 1978-82 Stud. Marseille u. Aix-en Provence, Fremdsprachendipl. f. Lehramt. K.: seit 1982 selbst. Fremdsprachenlehrerin f. Franz., Engl. u. Dt. f. Ausländer, 1986 Grdg. d. CR-Fremdsprachenschule f. Priv.- u. Firmenkunden. E.: Oree Chefin d. Tages v. Charivari, Zertifikat DIN EN ISO 9002. M.: ehemal. Mtgl. d. Bundesnationalmannschaft im Schwimmen. H.: Reisen, Schwimmen, Literatur, Fitness, Kochen, Kollagen anfertigen.

Claassen-Schmal Barbara *)

Claehsen Herbert Dr.
B.: Rechtsanwalt. FN.: Ev. Kirche in Deutschland. GT.: Vors. d. Jakobi-Stiftung. DA.: 30419 Hannover, Herrenhäuser Str. 12. G.: Düsseldorf, 26. Juli 1938. V.: Margrit, geb. Noell. Ki.: Rolf, Bernd, Max, Florian. P.: Praxiskommentar zum EKD-Datenschutzgesetz.

Claes Manfred Anton Bruno

B.: RA. FN.: RA-Büro Claes + Claes. DA.: 33098 Paderborn, Westernstraße 28. kanzlei@claes-ra.de. www.claes-ra.de. G.: Paderborn, 23. Juli 1951. V.: Gesa Elisabeth, geb. Abel. Ki.: Catharina (1991), Leonard (1995), Stephan (1998). El.: Anton und Johanna. S.: 1972 Abitur Bad Driburg, 1972-74 Bundeswehr, 1974-80 Jurastud. WWU zu Münster, 1. Staatsexamen, 1981-83 Referendarzeit in Paderborn, 1982 Wahlstation in Bangkok b. Claus Ilg. K.: 1983-88 ang. RA in Kzl. Wessel, 1988-93 Sozietät m. RA Loriz, 1993 Wechsel Frau Claes statt Herr Loriz, Tätigkeitsschwerpunkt: Zivilrecht, Scheidungsrecht, Insolvenzrecht, Ges.-Recht. M.: RA-Kam., DAV. H.: Familie, Garten.

Claesges Ulrich Dr. phil. *)

Claessen Peter *)

Clahsen Anette Elisabeth
B.: RA u. Fachanwältin f. Familienrecht. DA.: 52070 Aachen, Augustastr. 21. PA.: 52074 Aachen, Am Backes 26. G.: Simmerath-Strauch, 30. Juni 1963. V.: Dr.-Ing. Frank Müller. S.: ab 1982 Stud. Rechtswiss. Bonn, 1986 Studienaufenthalt in Hamburg, 1988 1. Staatsexamen, 1989-92 Referendariat am LG Wuppertal u. Düsseldorf sowie in freier Kzl. in Düsseldorf, 1992 2. Staatsexamen. K.: ab 1992 ang. RA u. Zulassung z. Anw. b. LG Düsseldorf, ab 1993 Umzug nach Aachen, freie Mitarb. in Kzl., seit 1994 selbst. in Aachen. M.: aktives Mtgl. in "Dt. Juristinnenbund", Arge Familienrecht in Dt. Anw.-Ver. (DAV), BeiR.-Mtgl. im VIA Verein f. Integration durch Arbeit e. V. H.: Literatur, Schifahren, Film.

Clahsen Jörn *)

Clamer Harry W. Dr. *)

Clarenz Reiner *)

Clarfeld Gerd

B.: Ltr. d. Bereiche Schule, Bildung-Beratung u. Sport im Kreis Gütersloh. DA.: 33334 Gütersloh, Herzebrocker Str. 140. PA.: 33619 Bielefeld, Wildhagen 16. gerd.clarfeld@gt-net.de. G.: Iserlohn, 30. Juli 1945. V.: Mechthild, geb. Vogel. Ki.: Tobias und Daniel (1974), Markus (1978). El.: Hans u. Ursula. BV.: Prof. Dr. Alexander Pfänder - Prof. f. Phil. in München. S.: 1964-66 Ausbild. Verw. Bez.-Reg. Detmold, 1966-69 Stud. Lehramt f. Primar- u. Sekundarstufe Paderborn, Münster u. Bielefeld, 1970 Referendariat Bielefeld. K.: 1971-73 Lehrer in versch. Schulformen f. Dt., Math., Kunst u. Kath. Raligion, Personalvertreter- u. Sprecherfunktionen, 1972 Ltr. d. Bildung-Beratungsstelle d. Kreis Gütersloh, 1974 Ausbau zum integrierten Beratungsdienst f. d. Bereiche Schulpsych., Bildung-Beratung u. Planung, 1984 Gremienarb. im Bereich d. kommunalen Spitzenverb., Durchführung v. Projekten u. Modellen in Bildung u. Weiterbildung auf Landes- u. Bundesebene, 2. Vors. d. AK Schulpsych., 2. Vors. d. AK Bildung- u. Weiterbildung-Beratung; Funktionen: Ref., Moderator u. freier Mitarb. f. d. Bereich Weiterbild. u. Qualifizierung, Moderator in d. Verw.-Modernisierung d. Kreisverw. Gütersloh im Bereich Personalentwicklung u. Führungsfragen. H.: Fotografie.

Clark Richard *)

Clarke James Andrews *)

Clarkson Harold *)

Clarkson Michael *)

Clasen Dietmar
B.: Finanzberater, Gschf. FN.: IIT Investitions Treuhand GmbH. DA.: 40822 Mettmann, Hasseler Str. 15. iit.clasen@t-online.de. G.: Mülheim/Ruhr, 4. Okt. 1936. V.: Karin, geb. Sauerland. Ki.: André (1964), Oliver (1967). BV.: mehrere Generationen selbständige Kaufleute. S.: Abitur, Lehre b. d. Commerzbank AG in Essen. K.: 2 J. Börsenmakler in Düsseldorf, 1961-62 Merchantbank J.H. Schröder Wagg London, 1962-63 b. J.P. Morgan in New York, 1963-64 Credit Lyonnaise Paris, Aufbau Auslandskonsortialabteilung f. d. Commerzbank, 1966-69 Übernahme einer Filiale d. Commerzbank AG, 1969-73 selbst. als Vermögensberater in Zusammenarb.

*) Biographie www.whoiswho-verlag.ch oder beigefügte CD-ROM

Clasen

mit den Privatbankhäusern Trinkaus Düsseldorf, Warburg Hamburg u. Oppenheim Köln, 1975-77 Errichtung u. Leitung einer d. größten Betonfertigteilfabriken im Iran, 1978-80 Aufenthalt in USA, 1979-85 insgesamt 25 Filme vermarktet u.a. Die unheimliche Begegnung der Dritten Art, Kramer gegen Kramer, 1986 Immobilieninvestitionen in New York, 1981-85 Übernahme d. Firma Optimatik-Energiesparsysteme, 1987-89 Investitionen für 3 Anleger in gewerbl. Immobilien in Frankfurt und Hamburg, ab 1989 Containerschifffahrt in Zusammenarbeit m. d. Conti-Reederei, 1994-98 Immobilieninvestitionen in Holland, Deutschland Ost u. West. H.: Golf, Architektur, Garten.

Clasen Herbert *)

Clasen Klaus

B.: Gschf. FN.: NTC Power Systems for your Independence. DA.: 22926 Ahrensburg, Kurt-Fischer-Str. 39. G.: Hamburg, 11. Juli 1955. Ki.: Jana (1990). El.: Helmut Clasen. S.: 1971-75 Lehre Elektroinstallateur Firma Willhöft Ahrensburg. K.: b. 1978 tätig in d. Firma Elekro Willhöft, 1978-79 Meisterschule u. Meisterprüf. in Oldenburg, 1980-89 Ltr. d. Kundendienst in d. Firma Schröder Ersatzstromanlagen GmbH in Ahrensburg u. b. 1990 Mitges. u. Gschf., 1990-94 Vertriebsbeauftragter f. d. norddt. Raum d. Firma Merlin in Bremen u. 1991-93 Gebietsverkaufsltr. in Berlin, 1994-95 Vertriebsltr. f. Deutschland, seit 1995 selbst. m. Elektroinstallationen, Ankauf d. Firma Elektro Willhöft, 1996 Grdg. d. Firma Notstrom-Technik Clasen GmbH, 1998 Grdg. d. Firma Elektro-Willhöft GmbH. P.: Veröff. v. Fachart. "Stromversorgung f. Fernsehsender". M.: Mitgrdg. d. DFN. H.: Badminton, Lesen.

Clasen Wolfgang *)

Clasing Tatjana

B.: Schauspielerin u. Sängerin. DA.: 45130 Essen, Isabellastr. 31. G.: Hamburg, 8. Feb. 1964. V.: Thomas Goritzki. El.: Tito Sabal u. Urte Clasing. S.: 1983 Abitur, 1983 Gewinn d. Gesangswettbewerbes Berlin, 1983 Förderpreis d. Deutschen Bühnenvereins f. "Die beste Darstellung", 1983 Stipendium Schauspielschule Hamburg. K.: ab 1985 Arbeiten im Musiktheater an verschiedenen Opernhäusern, u.a. am Theater d. Westens Berlin, Theater & Philharmonie Essen, Rollen u.a. "Sally Bowles" aus 'Cabaret', "Anita" aus 'West Side Story', "Eliza Doolittle" aus 'My Fair Lady', zwei Soloprogramme: "Alone Together" und "That's Life" (ein Abend mit Big Band), Arbeiten im Sprechtheater an verschiedenen Schauspielhäusern, u.a. am Staatstheater Stuttgart, Schauspielhaus Hamburg, Schauspiel Essen, Rollen u.a. "Marie" aus 'Woyzeck', "Varja" aus 'Der Kirschgarten', "Marie" aus 'Was Ihr wollt', diverse Drehbeiten zu Fernsehfilmen, Tatorts etc., in Arbeit eine neue Serie für d. ARD. P.: CD "That's life". E.: Aalto - Preis. H.: Musik, Literatur.

Classen Carl Joachim Dr. phil. o.Prof. *)

Claßen Carsten M. Dipl.-Ing. *)

Classen Egbert Dipl.-Ing. *)

Classen Hans-Georg Dr. med. Prof. *)

Classen Herbert *)

Claßen Karla J. *)

Claßen Manfred Dr. Prof. *)

Claßen Norbert

B.: Küchenmeister, Gastronomieltr. FN.: "Der Gartensaal". DA.: 30159 Hannover, Rathaus, Trammplatz 2. norbert.classen.10@hannover-stadt.de. G.: Hückelhoven, 7. Jan. 1957. V.: Urte, geb. Schmidt. Ki.: Jan-Niklas (1987), May-Britt (1990). El.: Gottfried u. Adele, geb. Caron. BV.: Urgroßvater Wilhelm Claßen war Bgm. in Hückelhoven. S.: 1973 Lehre z. Koch im Sterne-Restaurant "Schwarzenbruch" Stollberg-Aachen, 1976-77 Bundeswehr. K.: 1978 Wechsel nach Stuttgart in d. Hotel Stuttgart Intern. als Comi u. später Demi-Chef Soucier, 1981-82 Chef de partie im Hotel "Knothe" in Sindelfingen, Chef Soucier Steinberger Hotel Quellenhof Aachen, gemeinsam. m. Küchenchef Michael Görres 1983 Schein "Stern" erkocht, Steigenberger Berufsfachschule Bad Reichenhall, 1985 Meisterprüf., 1986 stellv. Küchenchef/Sous Chef Hotel Intercontinental Düsseldorf, 1988 Wechsel z. Hotel Intercontinental Hannover als Küchenchef, div. Gourmet-Ausz., 1994 Ltr. d. Mensen in Hannover, 1999 Wechsel z. Stadt Hannover als Gastronomieltr., Ltr. d. Gemeinschaftsverpflegung u. zusätzl. Eröff. d. "Gartensaals" im neuen Rathaus. P.: viele Veröff. in TV, Rundfunk, Fachzeitschriften, nat. Presse. E.: Mensa in Hannover ausgezeichnet durch "Stern" u."Focus" Platz 1. f. Essen u. Geschmack. M.: Vorst. v. Vor. d. Köche Hannover, Angelschein ASV Braunschweig. H.: Fliegenfischen (Irland, Schottland, Norwegen), Golf, Tennis, alte Angelbücher sammeln.

Clauder Wolfgang

B.: Inh., Ges. FN.: Clauder Fischfeinkost GmbH. DA.: 58455 Witten, Pferdebachstr. 5-9. G.: Cuxhaven, 14. Dez. 1946. V.: Margret, geb. Wutkies. El.: Edmund u. Hannelore, geb. Klake. S.: 1962-65 Ausbild. Großhdls.-Kfm. in d. Fischind. Cuxhaven, 1965-67 b. d. Handelsmarine. K.: 1967-71 Tätigkeit im elterl. Betrieb Fischfeinkost Edmund Clauder, 1971-76 Verkaufsleiter in d. Brotindustrie, 1976-85 Ausbau d. gesamten

*) Biographie www.whoiswho-verlag.ch oder beigefügte CD-ROM

Wuppertal-Elberfeld. H.: Motorboot.

Vertriebes im elterlichen Betrieb, 1986-87 Wechsel in d. Einzelhdl. als Fischverkäufer, seit 1988 selbst., Inh. eines Fischfeinkostgeschäftes in Witten, anfängl. im Fischverkaufshänger, danach i. e. Verkaufsraum, d. nächste Vergrößerung Verkaufsgeschäft. Restaurantbetrieb, später m. eigener Fischräucherei, danach weitere Filialen in Bochum u. Gelsenkirchen, Übertragung d. Filialen an d. Sohn u. an d. Bruder, weitere Geschäftseröff.: Wuppertal-Barmen, Wuppertal-Steinbeck u.

Claudius Matthias *)

Claus Andreas
B.: Zahnarzt. DA.: 65474 Bischofsheim, Bismarckstr. 8. AndreasClaus1a@web.de. G.: Mainz, 31. März 1962. El.: Dr. Norbert u. Eva, geb. Hofmann. BV.: Urgroßvater, Gerichtspräs. Oberlandesgericht in Darmstadt, Ahne, Gotthelf Leberecht Glaeser, bekannter Maler aus Darmstadt. S.: 1981 Allg. HS-Reife, 1981-82 Stud. Physik Köln u. Mainz, Kurse in med. Fächern, 1982 Stud. Humanmed., 1985 Ärztl. Vorprüf., 1986 Stud. Zahnheilkunde, 1989 Staatsexamen d. Zahnheilkunde. K.: 1990-93 Ausbild.-Ass. b. Dr. A. Sanal in Mörfelden, seit 1993 eigene Praxis in Bischofsheim. F.: seit 1996 Inh. BC-Cargo Services Mainz GmbH, seit 2001 Teilhaber u. Gschf. d. Firma Rheindienst Spedition & Schiffahrtsges. mbH. M.: Dt. Rotes Kreuz Bischofsheim. H.: Reisen, Reiseberichte, Tennis, Tiere, Lesen allg.

Claus Anneliese *)

Claus Bärbel

B.: RA u. Notarin. DA.: 30161 Hannover, Sedanstr. 6. G.: Breslau, 2. Okt. 1940. V.: Hans-Henning Claus. Ki.: 3 Kinder. S.: 1960 Abitur Salzgitter, 1960 Stud. Rechtswiss. Univ. Göttingen, 1965 1. Staatsexamen, Referendariat OLG Celle, 1968 2. Staatsexamen u. Zulassung z. RA. K.: 1968 tätig in d. Kzl. d. Ehemannes m. Tätigkeitsschwerpunkt Familienrecht, seit 1973 Notarin, 1982-86 Lehrauftrag an d. Univ. Hannover, 1982-90 Mtgl. d. Landesjustiz-Prüf.-Amtes, bis 1990 Vorst. d. Anwaltsvereins in Hannover, danach RundfunkR. d. NDR Hamburg, Familiengerichtstag Brühl e.V. u. d. Arge Familienrecht. E.: 1993 u. 99 eine d. besten Scheidungsanwälte im Focus. H.: Kunst, Kultur, Lesen, Sport, Skifahren, Tennis, Golf.

Claus Bert H. F. Dipl.-Psych.
B.: Verhaltenstherapeut-Supervisor-Coach. DA.: 76189 Karlsruhe, Heidenstückerweg 30. www.bert-claus.de. G.: Heidelberg, 14. Feb. 1948. Ki.: Michaela (1979), Alexander (1983). El.: Heinrich u. Helma, geb. Brückl. S.: 1970 Abitur, 1970-76 Stud. Psych. in Heidelberg, Verona u. Stockholm, Abschluß

Dipl.-Psych. K.: 1976-78 Ausbilder v. Psychologen b. d. BfA in Stuttgart, 1978-90 Psychologe an der Reha-Klinik Langensteinbach, zuständig f. d. Paraplegiologie, ab 1979 in d. Psychosomat. Abt., 1981 Abschluß d. Ausbild. zum Verhaltenstherapeuten, 1983 Lehrtherapeut u. Supervisor, zeitw. i. d. AKM in Heidelberg, ab 1986 Forsch.-Aufträge f. das Bundesmin. f. Arb. u. Sozialordnung, Betriebs R.-Tätigkeit, seit 1990 selbst. m. eigener Praxis in Karlsruhe. P.: "Diagnose, Intervention u. Prävention b. Lernproblemen Erwachsener", div. Veröff. auf d. Gebiet d. Erwachsenenbild. M.: BDP, DGVT, Kassenärztl. Ver. H.: Malen, Musik, Klavier spielen.

Claus Christiane

B.: Dipl. Ökonom f. Binnenhandel, Gschf. FN.: Studentenwerk Leipzig. DA.: 04109 Leipzig, Goethestr. 6. G.: Mölln, 12. Sep. 1956. V.: Roland Claus. Ki.: Torsten (1977), Thomas (1979), Cathleen (1981). S.: EOS Neubrandenburg, 1975 Abschluß d. Abitur Handelshochschule Leipzig, 1975-80 Erwerb d. Diploms. K.: 1980-89 Mitropa - Bezirksbetrie - Leipzig: 1980-82 Kontobuchhalterin, 1982-84 Wirtschaftskontrolleurin, 1984-88 Fachdir. Handel/Stellv. Betriebsdirektor, 1988-89 Direktor d. Betriebsteils Leipzig Hauptbahnhof, 1989-91 Univ. Leipzig: 1989 stellv. Ltr. Zentralmensa, 1989-90 persönl. Verwaltungsdirektor, 1990-91 Geschäftsführung Studentenwerk Leipzig, seit 1991 Geschäftsführerin d. Studentenwerkes Leipzig, Gesellsch. Tätigkeiten: seit 1992 Ltr. Arbeitskreis Betriebsorganisation sächs. Studentenwerke, 1993-97 Vorstandsmitglied d. Deutschen Studentenwerkes, 1994-98 Mitglied des Beirats für Ausbildungsförderung des Bundesministeriums für Bildung u. Forschung.

Claus Detlef
B.: Dipl.-Jurist, RA in eigener Kzl. DA.: 14467 Potsdam, Friedrich-Ebert-Str. 112. G.: Gera, 19. Juni 1948. V.: Christa, geb. Busch. Ki.: Gunnar (1970). El.: Hans u. Gisela. S.: 1967 Abitur, 1967-70 Offiziersschule d. Nationalen Volksarmee d. DDR, 1973-74 Stud. Rechtswiss. an d. Akademie f. Staat u. Recht d. DDR in Potsdam-Babelsberg, 1974-79 Fernstud. Jura an d. Humboldt-Univ. zu Berlin. K.: 1970-79 Offiziersdienst b. d. Grenztruppen d. DDR, 1972-73 Mitarbeiter d. Kreisverwaltung Gera, 1974-79 Richter am Kreisgericht Gera, 1979-85 Justitiar in Gera, zwischenzeitl. 3-monatiger Aufenthalt in d. UdSSR, 1985-86 Rechtsanwaltsass. b. versch. Rechtsanwaltskanzleien in Potsdam, Zulassung als RA, 1990 Eröff. einer eigenen Kzl., Tätigkeitsschwerpunkte: Familien- u. Scheidungsrecht, Verkehrsordnungswidrigkeitsrecht, einschl. Recht d. Schadensregulierung, Strafrecht. H.: Hundeliebhaber, Lesen, Fotografieren.

Claus Eberhard *)

*) Biographie www.whoiswho-verlag.ch oder beigefügte CD-ROM

Claus Gunter
B.: Physiotherapeut. FN.: Gemeinschaftspraxis. DA.: 26871 Papenburg, Russelstr. 21. G.: Jena, 19. Juni 1956. V.: Elena, geb. Bohlen. Ki.: Stefanie (1983), Mareike (1985), Alexander (1991). El.: Horst u. Lisa. S.: 1976 Abitur Papenburg, 1976-77 Wehrdienst Sanitäter, 1977-79 Ausbild. z. Physiotherapeuten an d. Univ.-Klinik Essen, 1979-80 Anerkennungsj. Univ. Münster, 1983-86 Ausbild. z. manuellen Therapeuten, 1985-87 Ausbild. z. Brüg. K.: 1980-82 ltd. Krankengymnast an d. Orthopäd. Klinik Univ. Münster, ab 1982 selbst. Physiotherapeut. BL.: 1986/87 Lehrkraft f. manuelle Therapie Ak. Soltau. H.: Segelfliegen, Motorflug, Segeln, Lesen.

Claus Joachim *)

Claus Jochen

B.: Personalberater, Inh. FN.: Profile d. Wirtschaft. DA.: 44789 Bochum, Dr.-Moritz-David-Str. 4. jochenclaus@profile-der-wirtschaft.de. G.: Magdeburg, 24. Mai 1941. V.: Iris, geb. Neitzel. Ki.: Anna (1984), Julia (1988). S.: 1961 Abitur, 1961-63 Lehre Ind.-Kfm., 1963-69 Stud. Rechtswiss. Marburg u. Bonn, 1. Staatsexamen, 1969-71 Referendariat, 2. Staatsexamen. K.: 1971-78 Justitiar d. Firma Mineralöl Bomin in Bochum, 1978-84 zuständig f. Recht u. Personal d. Firma Signode in Dinslaken, 1984-90 zuständig f. Recht u. Personal d. Firma Granini in Bielefeld, 1990 Grdg. d. Unternehmens- u. Personalberatung Profile d. Wirtschaft in Bochum. P.: Bericht in "Die Welt". H.: klass. Musik, Literatur, Biologie, Astronomie.

Claus Jürgen Dr. sc. agrar.
B.: Dipl.-Agraring., Gschf. FN.: Landeskontrollverb. f. Milchwirtschaft Niedersachsen/Bremen e.V. DA.: 27283 Verden, Grebenstr. 19. j.claus@t-online.de. G.: Hildesheim, 26. Juli 1958. V.: Ilse, geb. Obermeyer. Ki.: Katharina (1974). El.: Hans Claus u. Marie-Luise, geb. v. Bogen. BV.: Großvater Gen.-Lt. v. Bogen. S.: 1968 Abitur Bad Honnef, 1968-69 ldw. Praktikum in Soest, 1969 Stud. Agrarwiss. Univ. Göttingen, 1973 Abschluss Dipl.-Agraring., 1976 Prom. z. Dr. sc. agrar. K.: 1976-84 HS-Ass. Univ. Kiel, 1984-98 ldw. Rechenzentrum in ltd. u. gschf. Funktion, seit 1998 Landeskontrollverb. f. Milchwirtschaft Niedersachsen/Bremen als Gschf., Berater u. Gutachter f. ldw. Organ. u. Mitarb. in nat. u. intern. Fachgremien. P.: ca. 50 wiss. Veröff. in Fachzeitschriften im Bereich Tierzucht. M.: Dt. Ges. f. Züchtungskunde. H.: Tennis, Sport allg.

Claus Karlheinz Dipl.-Ing. *)

Claus Maik Ing. oec. Hptm. *)

Claus Manfred Ing. *)

Claus Mathias
B.: Dipl.-Kommunikationswissenschaftler, Pressesprecher. FN.: Schering AG. DA.: 13342 Berlin, Müllerstr. 178. PA.: 14532 Kleinmachnow, Kleine Wende 10B. G.: Bochum, 4. Aug. 1955. V.: Vera, geb. Fradkina. Ki.: Stanislaw (1979), Daniel (1993), Anton (1996). El.: Hans-Gerd u. Gisela, geb. Schulte. S.: HS, 1970-72 Druckerlehre, 1972-77 Betriebstätigkeit, 1978 Abitur, Stud. Kommunikationswiss. FU u. HdK. K.: 1983-84 Filmproduzent, 1984-85 Konzeption f. d. 750-Jahrfeier Berlin, 1985 Schering AG. H.: Hörspielautor, Fachliteratur, Biographien, Laufen.

Claus Oliver Peter *)

Claus Reinhard *)

Claus Roland Dipl.-Ing. oec.
B.: MdB, Vors. d. PDS-Bundestagsfraktion. FN.: PDS Partei des Demokratischen Sozialismus. DA.: 11011 Berlin, Platz der Republik, Wahlkreisbüro: 06108 Halle, Blumenstr. 16. G.: Hettstedt, Kreis Mansfelder Land, 18. Dez. 1954. Ki.: Andrea (1972), André (1980). S.: polytechn. Oberschule Hettstedt, Erweiterte Oberschule Hettstedt, 1971-73 Spezialklassen Mathe, Technik, Wirtschaft an TH Merseburg, 1973 Abitur, 1973-76 Stud. Mathe u. Datenverarbeitung in d. Wirtschaft, TH Merseburg, Überspringen d. 1. Studienjahrs, 1976 Dipl.-Ing. oec. K.: 1976-77 Tätigkeit f. FDJ, 1977-89 FDJ, u.a. Festivalvorbereitung Berlin, 1978-81 TH Merseburg, stellv. FDJ-Sekretär u. FDJ-Sekretär, 1981-83 Kultursekretär FDJ Bezirksleitung Halle, 1983-87 1. Sekretär FDJ Bezirksleitung Halle (Bezirkschef), 1987-88 1 Jahr Parteihochschule ZK d. SED, Berlin, 1988-89 Zentralrat d. FDJ, Abteilungsleiter (Organisation) u. Studentensekretär, 1989 Wahl z. 1. Sekretär d. SED-Bezirksleitung Halle (Bezirkschef), 1990 Bezirksvors. d. PDS, 1990 Wahl in Volkskammer, PDS, 1990-97 Landesvors. PDS Sachsen-Anhalt, 1990-98 Landtagsabgeordneter Sachsen-Anhalt; 1994 auf Landespressekonferenz Vorschlag d. ""Magdeburger Modells"", seit 1998 MdB, o.Mtgl. im Ältestenrat, o.Mtgl. im Ausschuß f. Geschäftsordnung, Wahlprüfung u. Immunität u. stellv. Mtgl. im Rechtsausschuß, 1. Parlamentarischer Gschf. PDS-Fraktion, seit Okt. 2000 FR-Vors.

Claus Thomas M. Gerhard Dipl.-Soz. *)

Claus Uwe *)

Clausen Heinz Dipl.-Ing. *)

Clausen Lars Dr. Dipl.-Kfm.
B.: Univ.-Prof. FN.: Inst. f. Soz. Christian-Albrechts-Univ. Kiel. PA.: 24098 Kiel, Olshausenstr. 40. lclausen@soziologie.uni-kiel.de. G.: Berlin, 8. Apr. 1935. V.: Prof. Dr. Bettina, geb. Feddersen. Ki.: 1 Kind. S.: Jürgen u. Rosemarie. S.: 1955 Abitur, Stud., 1960 Dipl.-Kfm. Univ. Hamburg, 1963 Dr. sc. pol. Univ. Münster. K.: 1967 Habil. (Soz.), 1963 Forsch.Ass. Sozialforsch.Stelle Dortmund, 1964 Research Affiliate Univ. of Zambia, ab 1965 wieder Dortmund, 1968 Doz. Univ. Münster, 1970 o.Prof. f. Soz. Univ. Kiel, 1996-97 Fellow, Wissenschaftskolleg Berlin, 2000 Emeritierung, Mtgl. Schutzkommission Bundesinnenmin. P.: Elemente einer Soziologie der Wirtschaftswerbung (1964), Industrialisierung in Schwarzafrika (1968), Jugendsoziologie (1976), Tausch (1978), Siedlungssoziologie (1978), Einführung in die Soziologie der Katastrophen (1983), Zu allem fähig: Versuch einer Sozio-Biographie zum Verständnis des Dichters Leopold Schefer (1985), Produktive Arbeit, destruktive Arbeit (1988), Krasser sozialer Wandel (1994), zahlr. Aufsätze. E.: 1982 BVK am Bande, 1998 BVK 1. Kl., seit 1978 Präs. d. Ferdinand-Tönnies-Ges., 1993-94 Vors. d. Dt. Ges. f. Soz. M.: Gewerkschaft Erziehung u. Wiss. (Re)

Clausen Marlies *)

Clausen Nils Helge *)

*) Biographie www.whoiswho-verlag.ch oder beigefügte CD-ROM

Clausen Peter

PS.: Pit B.: Taucher, Unternehmer. FN.: Pits Tauchbasis u. Institut f. Meeres- u. Gewässerforschung. DA.: 28357 Bremen, Blocklander Hemmstr. 36a. info@pits-tauchbasis.de. www.pits-tauchbasis.de. G.: Celle, 18. April 1965. V.: Lebenspartnerin: Alexandra Ziese. Ki.: Tasya (1991). El.: Jan u. Waltraud, geb. Tessmann. BV.: Seefahrerfamilie seit Jahrhunderten. S.: 1988 Fachabitur in Bremen, 1988-90 Stud. Architektur FH Bremen. K.: 1988 erster Taucherschein, verschiedene Auslandsaufenthalte, Inh. einer Maklerfirma in Kanada, Bergungstaucher in Südamerika, Brasilien, Karibik, Domenikanische Republik, Kanarische Inseln, Tauchguide im Mittelmeer, 1991 Tauchlehrerausbildung (PADI) in Karlsruhe, 1992-93 Basenleiter auf d. Insel Elba, seit 1993 selbständig, Grdg. v. Pits Tauchbasis in Bremen als Inh., Ausbildung v. Piloten v. ERNO Raumfahrttechnik u. Ausbilder f. d. Extrem Tieftauchbereich u. Sporttauchen, 1994 Tauchausbildung u. Diveguide im Roten Meer Segelschiff Akasia Shady, 1995-96 Lehrlizenzen f. d. Extrem-Tieftauchbereich b. IANTD, b. 1996 3000 gelockte Tauchgänge, 1997 Forschungstauchausbildung b. d. Kampfschwimmern in Rostock, 1998 Mitaufbau ITD Intern. Tek Diver u. Zertifizierung z. Kursdirektor, Sicherungstaucher b. Filmaufnahmen b. NDR u. ZDF, 1998 Grdg. u. Präs. v. Inst. f. Meeres- u. Gewässerforschung e.V., 1999 Kursdirektor Protec Professional Technical Diving, Ausbilder u. Ausstellungen aller Lehrlizenzen im Tauchbereich, Lizenz f. elektronisch gesteuerte Kreislaufgeräte b. Dr. Max Hahn. H.: Westernreiten, Motorradfahren.

Clausen Susanne

B.: EDV-Trainerin, Inh. FN.: EDVTREFF. DA.: 27798 Hude, Schulweg 13 b. susanne.clausen@edvtreff.de. www.edvtreff.de. G.: Neumünster, 2. Okt. 1956. V.: Volker Clausen. Ki.: Sven (1979), Freya (1986), Björn (1988). El.: Gerhard u. Ingrid Gätke, geb. Ahrens. S.: 1975 Abitur, Stud. Math. u. Physik f. Lehramt an Gymn. Univ. Hamburg, 1. Staatsexamen, 1984 2. Staatsexamen. K.: 1985-90 Lehrerin in d. Erwachsenenbild. in Hamburg u. b. 1997 in Bremen u. Oldenburg, seit 1998 selbst. m. Grdg. d. EDV-Treff m. Schulungen, Beratung, Service u. Vertrieb in Hude. H.: Lesen, Garten.

Clausen Volker *)

Clausen Wolfgang *)

Clausing Hans *)

Clausnitzer Hermann Dipl.-Agr.-Ing. *)

Clauss Andreas *)

Clauss Annette Dr. *)

Clauß Cris *)

Clauß Gisela

B.: Mtgl. d. Landtages. FN.: Landtag Sachsen. GT.: Landesvorsitzende d. Paneuropaunion Sachsen. DA.: 01099 Dresden, Bernhard-von-Lindenau-Pl. 1. PA.: 01217 Dresden, Stadtgutstr. 29. giselaclauss@t-online.de. G.: Dresden, 11. Apr. 1949. Ki.: Sebastian (1976), Cornelius (1983). El.: Elisabeth Clauß. S.: 1968 Facharbeiter m. Abitur, 1969-73 Stud. Architektur an d. TU Dresden, Dipl. K.: 1973-76 Architektin in Dresden u. Berlin, 1977-83 versch. Tätigkeiten im Bauwesen, 1986-90 Haushaltsbearbeiterin in einer Jugendherberge in Dresden, 1990-95 Landesgeschäftsführerin d. Frauenunion Sachsen, 1995 Abg. d. CDU im Sächsischen Landtag. BL.: Mitwirkung als Architektin am Palast d. Rep. in Berin, Mitaufbau d. Blockhauses Dresden. P.: div. Veröff. in d. CDU-Presse. M.: Ausschuss f. Verfassung u. Recht, Ausschuss Bauen, Wohnen u. Verkehr, Ausschuss Wiss., HS, Kultur u. Medien, Ortsbeiratsmtgl. H.: Sammlung erzgebirgischer Holzfiguren, Sammlung alter Kinderbücher, Lesen, Kunst, Kultur.

Clauss Heinz *)

Clauß Holger Dr. *)

Clauss Michael D. *)

Clauß Wilfried Dr. Ing.

B.: Vorst.-Mtgl. FN.: Drees & Sommer AG. DA.: 50832 Köln, Max-Planck-Str. 37 b. G.: Sindelfingen, 9. Apr. 1956. V.: Manuela, geb. Stadtmüller. S.: 1975 Abitur, 1975-77 Bundeswehr - Oblt. d. Res., 1977-83 Stud. Bauing.-Wesen TH Stuttgart, 1980-81 Stud. Univ. of Calgary/Kanada, 1983 Dipl.-Ing. K.: 1984-88 Forsch.-Ass. bei Prof. Drees, 1988 Prom., ab 1989 Projektmanager bei Drees & Sommer Ingenieurges., 1990 Gschf. d. DS-Consult, einem Drees & Sommer Tochterunternehmen für technisch-wirtschaftl. Unternehmensberatung, seit 1994 Gschf. u. seit 1998 gschf. Ges. d. Drees & Sommer GmbH Köln, Schwerpunkte: Projektmanagement v. Großbauvorhaben, Projektentwicklung, Generalplanung, Facility Management u. Objektbetreuung, seit 1998 Mtgl. d. Vorstandes d. Drees & Sommer AG, wesentliche Projekte: IKB Dt. Industriebank AG, Düsseldorf, LVA Landesversicherungsanstalt Westfalen, Münster, Oberbergischer Kreis, Gummersbach, RTL Television, Köln, Delphi Automotive Center, Wuppertal, Kunden-Service-zentrum DB Cargo d. Dt. Bahn AG, Duisburg, Rheinmetall Immobilien Management GmbH, Düsseldorf, VFL Borussia Mönchengladbach, Flughafen Lódz/Lask, Polen, Space Park, Bremen, Erweiterung Messe Essen, Audi AHM in Györ, Ungarn - Produktionshalle f. Motoren. P.: Diss. als Buch über "Kosten

*) Biographie www.whoiswho-verlag.ch oder beigefügte CD-ROM

d. Instandhaltung d. Baubestandes d. BRD". E.: Ausz. f. d. Unternehmen: 1999 Best Practice v. IPQ u. FAZ. M.: VDI, WirtschaftsR. d. CDU, BDU. H.: Golf, Hund.

Clauss-Hasper Margarete Dr. iur.
B.: RA. FN.: Dr. Hasper, Dr. Clauss-Hasper. DA.: 70182 Stuttgart, Kernerstr. 48. PA.: 70327 Stuttgart, Fellbacher Str. 48. G.: Esslingen, 8. Juli 1948. V.: Dr. iur. Ulf Hasper. Ki.: Claus Hannes (1982), Laura (1986). El.: Albert u. Maria Clauss. S.: 1967 Abitur, 1967-69 Jurastud. Tübingen, 1969-73 Stud. Freiburg, 1973 1. u. 1976 2. Staatsexamen, 1973 wiss. Ass. Univ. Freiburg, 1974-76 Ref. in Stuttgart, 1980 Prom. K.: 1976-81 ang. RA, seit 1981 selbst. RA, Sozietätsmtgl. m. Schwerpunkt Familienrecht. P.: Minderung v. Schadenersatzansprüchen Deliktunfähiger (Diss.), Veröff. im familienrechtl. Bereich. M.: DJB, 1993-2000 Landesvors. Baden-Württemberg d. Dt. Juristinnenbundes. H.: Tennis, Malen. (D.S.)

Claußen Angelika Dr. med. *)

Claußen Bernhard Dr. phil. habil. Prof.
B.: Dipl.-Päd., Univ.-Prof. FN.: Univ. Hamburg. DA.: 20146 Hamburg, Von-Melle-Park 8. G.: Hamburg, 7. Apr. 1948. S.: 1968 Abitur, Stud. Erziehungs- u. Sozialwiss., 1971 1. u. 1974 2. Staatsprüf. f. d. Lehramt an VS u. Realschulen. K.: 1974 Doz., 1977 Prof. an d. Univ. Hamburg. P.: zahlr. Monographien, Sammelwerke, Zeitschriftenaufsätze, Beiträge zu Sammelwerken u. Lexikonartikel aus d. Bereich d. Didaktik d. Polit. Bild., z. polit. Sozialisation u. auf d. Felde einer demokrat. polit. Kultur. E.: mehrere Ehrenämter in wiss. u. kulturpolit. Ver. M.: zahlr. wiss. sowie polit. Ver. v. nat. u. intern. Rang. H.: Film, Musik, Circus.

Claussen Carlos *)

Claussen Carsten Peter Dr. Prof. *)

Claussen Claus-F. Dr. med. Prof. *)

Claussen Georg W. *)

Claussen Hartwig

B.: Bestatter, Unternehmer, selbständig. FN.: Büsumer Beerdigungsunternehmen GbR v. 1905. DA.: 25761 Nordseeheilbad Büsum, Deichstr. 8. G.: Büsum, 19. Sep. 1947. V.: Gisela, geb. Spreitzer. Ki.: Kerstin, Christiane, Nicole. S.: 1961-64 Lehre als Kfz-Mechaniker. K.: 1964-70 Ang. im väterlichen Betrieb, ab 1970 Übernahme Büsumer Beerdigungsunternehmen GbR v. 1905, 1970-97 Übernahme d. väterl. Betriebes, 1997 Grdg. d. Firma City-Bus-Betrieb Claussen. M.: seit 1993 Gemeindevertreter, 1. Vors. im Verkehrsausschuss, seit 1981 1. Vors. ITAGA Interessengemeinschaft Büsumer Taxifahrer u. Gastwirte e.V. H.: Reisen.

Claußen Heinz Helmut
B.: OStDir., Dir. FN.: Erwachsenenschule d. Freien Hansestadt Bremen. PA.: 28329 Bremen, Vahrer Str. 244A. G.: Bremen, 9. Febr. 1929. V.: Edith. Ki.: Cornelia, Birgit, Annette. El.: Gerhard u. Martha. S.: Abitur, Stud. Germanistik u. Anglistik, 1. u. 2. Staatsexamen. K.: Studienass., OStDir., 1972 Vizepräs. im Landessportbund Bremen, 1978-98 Präs., 1974-98 Vors. d. Sportförderaussch., 1998 Ehrenpräs., 1978-88 2. Vors. im "Bundesring d. Abendgymn.", 1980-85 2. Vors. u. 1985-92 Vors. d. Rundfunkrates v. Radio Bremen, 1986-92 Vors. d. Finanz- u. Organ.-Aussch. v. Radio Bremen, 1986 2. AR-Vors. d. Radio-Bremen-Werbung. P.: Zeitschriftenveröff. E.: Ehrung durch d. Senat d. Freien Hansestadt Bremen 1996, Ehrung durch d. Stadtpräs. v. Danzig. M.: Fachmitgliedschaft Engl., SPD, GEW, DGB, 1974-98 Mtgl. im Landesbeirat f. Sport u. Dep. f. Sport. H.: Ski, Tennis, Fotografie.

Claussen Karl Eduard *)

Claußen Martin Dr. Prof.
B.: Abteilungsleiter f. Klimaforschung, Prof. f. Theoretische Klimatologie. FN.: Potsdam-Institut für Klimafolgenforschung e.V., FU Berlin. DA.: 14412 Potsdam, Telegrafenberg Postfach 601203. martin.claussen@pik-potsdam.de. www.pikpotsdam.de/~claussen. G.: Fockbek, 6. Nov. 1955. V.: Dorothea, geb. Schröder. Ki.: Nora (1988), Jacob (1991). El.: Werner u. Anita, geb. Finke. S.: 1974 Abitur, 1974-75 Wehrdienst, 1975-80 Stud. an d. Univ. Hamburg, Hauptfach Meteorologie, Nebenfächer Ozeanographie u. Strömungsphysik, 1981 Diplomarbeit, 1982-84 Doktorarbeit, 1991 Abschluss d. Habil. K.: 1985-91 Wiss. Ang. am GKSS-Forschungszentrum, 1991-96 Wiss. Ang. am Max-Planck-Inst. f. Meteorologie, seit 1996 Ltr. d. Abt. Klima-System am Potsdam-Inst. f. Klimafolgenforschung verbunden m. einer S-Professur f. Theoretische Klimatologie an d. FU Berlin, z. d. Abt. gehören d. AG: Klimaanalyse u. -szenarien, Klimasystemmodellierung, Ozeanmodellierung. BL.: zahlr. Forschungsprojekte m. renommierten Kooperationspartnern realisiert, gilt auf seinem Gebiet weltweit als Kapazität, Mitakteur in nat. u. intern. wiss. Gremien, Gutachter f. namhafte Zeitschriften, Forschungsinstitute u. akademische Gremien (Dissertationen, Berufungskommissionen). P.: zahlr. Veröff. u.a.: "Estimation of areallyaveraged surfaces fluxes" (1991), "Modeling biogeophysical feedback in the African and Indian Monsoon region" (1997), "Modeling global terrestrial vegetation - elimate interaction" (1998), "Simulation of an abrupt change in Saharan vegetation at the end of the mid-Holocene" (1999), "Biogephysical versus biogeochemical feedbacks of large-scale land-cover change" (2001), z.T. in Koautorenschaft. E.: u.a. Stipendiat d. Studienstiftung d. Dt. Volkes, geehrt m. einem Promotionsstipendium d. Max-Planck-Ges., Förderpreis d. Dt. Meteorologischen Ges. f. Diss. M.: nat. u. intern. weltweit in hochrangigen Wiss. Gremien, Vorsitzender Dt. Meteorologischen Gesell. Zweigverein Berlin u. Brandenburg. H.: Familie, Bumerangs (auch Theorie), Schiffahrtsgeschichte.

Claussen Matthias Dr. med.
B.: Ges. FN.: Dr. Claussen Software GmbH, Privatabr. Software, med. Informatik. DA.: 22301 Hamburg, Sierichstr. 54. Claussen@uke.uni-hamburg.de. G.: Hamburg, 5. Jul. 1955. V.: Cornelia, geb. Wundt. Ki.: Natalie (1985), Florin (1988). BV.: Urgroßvater - Pastor St. Michaelis Kirche zu Hamburg. S.: 1975-77 Med. Stud. Univ. Hamb., 1977-81 klinische Fächer Albert Ludwig Univ. Freiburg, 1981-82 Univ. Hamb., 1982 Appr. Arzt, Prom. K.: 1982-83 Neonatol. Intensivstat., 1983-85 Auslandsstip. d. Dt. Forsch.-Gemeinsch. Los Angeles UCLA Crump Inst. Medical Engineering, 1985-90 Kinderklinik d. Univ.-KH Eppendorf (UKE), 1987 Zusatzbezeichn. Med. Informatik, 1990-93 Epidemiologische Studie, 1993-2000 wiss. Mitarb. des IMDM im UKE (Inst. f. Mathematik u. Datenverarb. in d. Med.), 1997 Zertifikat Epidemiologie d. GMDS, seit 2001 in einem Stabsstelle Dokumentation u. Ertragversicherung im UKE. P.: Berater u. Entwickl. v. Modularer Klinik Software. P.: s. 1983 zahlr. intern. wiss. Publikat. i. Kongreßbänden, Intern. Vorträge. E.: 1974 Bgmstr.-Kellinghusen-Prämie f. hervorr. Leistungen i. Griech., Mathem., Physik am Johanneum. M.: Stellv. Mtgl. im akad. Senat d. Univ. Hamburg. H.: Malen, Chor-Musik, Segeln, Schilaufen, positives Denken, Tanzen.

*) Biographie www.whoiswho-verlag.ch oder beigefügte CD-ROM

Claussen Matthias *)

Claussen Uwe Dr.-Ing. Prof. *)

Claussen-Finks Ulf *)

Claußnitzer Martina Dr. med. *)

Cleef Christine Dipl.-Ing. *)

Cleemann Dieter *)

Clef Ulrich *)

Cleff III.

mershof. H.: Golf.

Clemen Gisela Dr. med.

gene Praxis. H.: Klavierspiel.

Clemens Adolf Prof. *)

Clemens Angelika
B.: Kosmetikmeisterin, selbständig. DA.: 14480 Berlin, Konrad-Wolf-Allee 51. G.: Glindow, 17. Sep. 1945. V.: Dieter Clemens. Ki.: Catrin (1964), Sascha (1970), Jörn (1972). S.: 1961 Mittlere Reife, 1962-64 Ausbildung Stenotypistin, 1978-80 Ausbildung Kosmetikerin. K.: 1964-78 Sekr. bei versch. Behörden u. in Betrieben, 1984 Meisterprüfung. Kosmetikerin, 1985 Eröff. v. 6 Kosmetiksalons in versch. Großbetrieben in Potsdam, Konkurs d. Salons als Ergebnis d. Wende, 1991 Eröff. v. 2 Kosmetikstudios in Potsdam. H.: Reisen, Familie.

Clemens Günter

B.: freiberufl. Maler. DA.: 96052 Bamberg, Siechenstr. 35. www.cleff3.de. G.: Bamberg, 23. Nov. 1947. El.: Erich Cleff d. Jüngere u. Irmtraud. BV.: Großvater Prof. Erich Cleff d. Ältere (1881-1961) Kunsthandwerker u. Metailleur. S.: Lehre als Dekorateur, Maler, Ausbild. b. Vater, Autodidakt. Ausbild. Malerei. K.: seit 1975 freiberufl. Maler in Bamberg, spez.: expressiv-gestische Malerei, Portraitmalerei, Portraits: Günter Strack, Wolfgang Wagner Bayreuth, Prof. Dr. Roman Herzog. M.: Golfclub Gut Lei-

B.: FA f. Orthopädie, Spezialisierung Chirotherapie u. Akupunktur. DA.: 04349 Leipzig, Lidicestr. 5. PA.: 04277 Leipzig, Prinzenweg 5. G.: Leipzig, 10. Apr. 1941. V.: Christof Clemen. Ki.: Robert (1967), Heidrun (1969). El.: Heinz u. Lisbeth. S.: 1959 Abitur, 1960-66 Humanmed.-Stud. Univ. Leipzig. K.: 1966-67 Pflichtass. am Bez.-KH Dösen, 1968-72 FA-Ausbild. an Städt. Orthopäd. Klinik Leipzig, ab 1972 FA f. Orthopädie in Leipzig, 1988-92 Tätigkeit in Bez.-Klinik d. Bauarb. Leipzig, seit 1992 ei-

B.: Bankkaufmann, Betriebswirt VWA. FN.: Könemann pressegrosso. GT.: Prüfungsausschuss f. Grosshandelskaufleute b. SIHK. DA.: 58091 Hagen, Delsterner Str. 92. PA.: 58091 Hagen, Schlössersbusch 4a. g.clemens@koenemann.de. G.: Schwerte, 2. Juli 1943. V.: Elke, geb. Müller. Ki.: Christopher (1977). El.: Oskar u. Maria, geb. Ballmann. S.: 1960-63 Lehre als Bankkaufmann in Dortmund, 1963-64 Bundeswehr. K.: 1964-68 Tätigkeit als Bankkaufmann in Dortmund, parallel Stud. Betriebswirtschaft an der Wirtschaftsakademie in Dortmund, 1969-70 ltd. Position in Armaturenfabrik,1971 Ass. d. Vertriebsleiters der Firma Könemann in Hagen, 1972 i. d. Geschäftsleitung d. Unternehmens m. Schwerpunkt: Vertrieb, Marketing, Logistik im Bereich Vermarktung v. Zeitungen, Zeitschriften, Romanen. M.: 1. Vors. im Tennisverein. H.: Rotwein, Tennis.

Clemens Hans-Ulrich *)

Clemens Herbert Willi Dipl.-Ing.

B.: selbst. Architekt. FN.: Architekturbüro Clemens. DA.: 30539 Hannover, Bockmerholzstr. 18. G.: Schöneiche/ Kreis Niederbarnim, 10. Okt. 1937. V.: Anneliese, geb. Steinbock. Ki.: Markus (1964), Alexander (1966), Henrike (1973). BV.: Hugenotten aus Frankreich. S.: Stud. Arch. TU Dresden, 1964 Abschluß Dipl.-Ing., Fachrichtung Industriebau. K.: seit 1969 selbst., Banken, Industriebau, Verwaltungsbau, Rechenzentrum. BL.: Sport, Rudernationalmannschaft DDR. H.: Arbeit, Jagd.

Clemens Julian *)

Clemens Jürgen

B.: Kfz-Meister. DA.: 89081 Ulm, Dornstedter Weg 6. G.: Krefeld, 5. Sep. 1960. V.: Inge, geb. Haas. S.: 1975-78 Lehre Kfz-Mechaniker, 1978-80 Bundeswehr. K.: 1981 tätig im elterl. Betrieb, 1986 Meisterprüf., 1998 Übernahme d. elterl. Kfz-Betriebes u. Erweiterung um Motor-Tuning.

Who is Who - eine weltweite Idee

*) Biographie www.whoiswho-verlag.ch oder beigefügte CD-ROM

Clemens

Clemens Karl Udo

B.: selbst. Immobilienmakler. DA.: 75172 Pforzheim, Zerrennerstr 20. PA.: F-67470 Wintzenbach, 7 Rue Michel Ange. G.: Pforzheim, 22. Aug. 1941. V.: Hannelore, geb. Behrendt. Ki.: Jaqueline (1968). El.: Alma Clemens, geb. Wendel. S.: 1956-59 Lehre Koch Hotel Ruf Pforzheim. K.: 1959-61 Kellner in d. amerikan. Kaserne in Karlsruhe, 1961-62 Kellner in Spanien, 1962-67 Vertriebsinsp. im Heinrich Bauer Verlag in Stuttgart u. b. 1974 Organ.-Ltr., seit 1975 selbst. Immobilienmakler in Pforzheim. M.: 20 J. Motorjachtclub Au am Rhein davon 6 J. Vorst. H.: Malen in Öl.

Clemens Thomas Johannes

B.: Bankfachwirt, Filialltr., Ltr. Finanzzentr. FN.: Dt. Bank 24 AG. DA.: 53721 Siegburg, Markt 21. PA.: 50169 Kerpen, Gymnier Str. 6. thomas.clemens@db.com. G.: Kerpen, 30. Nov. 1964. V.: Britta, geb. Schädler. Ki.: Christina (1994), Kathrin (1997). El.: Hans-Ludwig u. Maria, geb. Köllen. S.: 1984 Abitur, daneben ehrenamtl. Jugendarb. in St. Josef in Kerpen, 1985-93 Pfarrjugendltr., 1984-85 Wehrdienst, seit 1985 Dt. Bank, 1985-87 Banklehre in Köln, 1987 Bankkfm., 1990-92 Bankakademie Köln/Frankf., 1992 Bankfachwirt. K.: 1987-93 Filiale Köln-Weiden, 1993-94 Bezirksfördergruppe Dt. Bank Köln u. Kreditausbild. in Filiale Köln-Braunsfeld u. Zentrale Köln, 1994 Juniorenkreis Zentr. Köln, 1995 Compex-Marketingplanspiel, 1994-95 stellv. Filialltr. in Bergisch-Gladbach Bensberg, 1995 Ausbilder-Eignungsprüfung IHK, 1995-97 stellv. Ltr. in Köln-Mülheim, seit 1997 Filialltr. in Siegburg, seit 1998 Ltr. Finanzzentr. Siegburg. E.: 1989 Bronz. Ehrennadel d. Bundeswehr. M.: PfarrgemR. St. Josef in Kerpen. H.: Kinder, Laufen, Schwimmen, Fotografieren.

Clemens Volker

B.: Gschf. Ges. FN.: Förde-Finanzen-Kontor FFK GmbH f. Investmentberatung. DA.: 24937 Flensburg, Robert-Koch-Str. 33. ffk.clemens@t-online.de. www.ffk24.de. G.: Flensburg, 22. März 1960. V.: Gabriele, geb. Schmidt. Ki.: Tanja, Melanie, Katrin. S.: 1977-80 Lehre Einzelhandelskaufmann, 1988-92 Bundeswehr, 1981-83 FHS-Reife. K.: 1981-83 Fachkaufmann f. Büroorganisation, 1990-98 selbständig m. d. Finanzdienstleistungsfirma tecis AG in Hamburg, 1990-94 Stud. z. Finanzfachwirt in Hamburg, 1998 Grdg. d. Firma Förde-Finanz-Kontor u. 2000 Umfirmierung z. GmbH. BL.: Ausbildermanagement in d. Firma tecis GmbH. E.: EK d. BW in Bronze (1990). H.: Geschichte, Motorradfahren.

Clement Gerhard Heinrich *)

Clement Helga

B.: Gastronomin, selbständig. FN.: Gasthof "Zur alten Post". DA.: 85599 Parsdorf, Dorfplatz 3. G.: Glais/Südtirol, 16. Okt. 1962. S.: Mittlere Reife in Bruneck/Südtirol. K.: tätig in d. Gastronomie und im Hotelwesen in Südtirol, 1983 tätig in Deutschland im Gasthof Schlammerl, Gasthof Altschütz, im Baldhammer Hof, 1988 Gastromanagerin in d. alten Post in Parsdorf, 1989 Wiedereröffnung d. historischen Gasthofes "Zur alten Post" u. Führung b. dato. P.: Beiträge im Ebersberger Kurier, Hallo u. Kasblattl. H.: Lesen, Musik.

Clement Ruth Lilly Klara *)

Clement Ute Dipl.-Psych.

B.: Beraterin. DA.: 69120 Heidelberg, Kussmaulstr. 10. PA.: 69120 Heidelberg, Werderstr. 47. uteclement@aol.com. www.uteclement.de; www. systemiker.de. G.: Mannheim, 14. Dez. 1958. V.: Prof. Dr. Ulrich Clement. Ki.: Hannah (1992), Sophia (1995). El.: Willi u. Dora Hartmann, geb. Schmitt. S.: 197 Abitur, 1977-79 Lehre Bankkfm. Dt. Bank Mannheim, Auslandsaufenthalte u.a. Indien, 1979-80 Stud. Wirtschaftspäd. Univ. Nürnberg-Erlangen, 1980-88 Stud. Psych. Univ. Heidelberg m. Dipl.-Abschluß, berufsbegleitend ab 1990 Ausbild. systemische Familientherapie u. -beratung. K.: 1988-90 wiss. Ass. an d. Univ. Heidelberg u. Mitarb. im Forsch.-Projekt "Frauen in Führungspositionen", Erarb. v. Gutachten f. d. Bundestag, 1990-95 Ltr. f. Führungskräfte u. interne Personalentwicklung, sowie zuständig f. interkulturelles Management in d. Firma Daimler Benz AG Holding, seit 1995 selbst. Beraterin f. systemische Organ.-Entwicklung, interkulturelle Kompetenz f. Vermittlung v. Navigationskompetenz; Funktion: seit 1998 tätig im Bereich Beraterqualifizierung am Zentrum f. systemische Forsch. u. Beratung in Heidelberg. P.: div. Fachbeiträge u.a. "Mythos Kultur - Erfahrung in einer transnationalen Projektberatung" (2000), Mitautorin d. Buchbeitrags "Interkulturelles Coaching". H.: Indien.

Clement Wolfgang

B.: Ministerpräs. DA.: 40213 Düsseldorf, Mannesmannufer 1a. www.nrw.de. G.: Bochum, 7. Juli 1940. V.: Karin. Ki.: 5 Kinder. S.: VS, Gymn., 1960 Abitur, 1960-65 Stud. Rechtswiss. Westfäl. Wilhelms-Univ. Münster, parallel Semester-Volontariat u. Red. d. Westfäl. Rundschau in Dortmund, 1965 1. Jur. Staatsexamen OLG Hamm. K.: 1965-67 Rechtsref. OLG Hamm, 1967-68 wiss. Ass. am Inst. f. Prozeßrecht d. Univ. Marburg, ab 1968 Red. d. Westfäl. Rundschau Dortmund, ab 1969 Ressortltr. Politik d. Westfäl. Rundschau Dortmund, 1973-81 stellv. Chefred. d. Westfäl. Rundschau Dortmund, 1981-86 Sprecher d. Parteivorst. d. SPD Bonn, 1985-86 stellv. BGschf. d. SPD Bonn, 1987-88 Chefred. b. d. Hamburger Morgenpost Hamburg, seit Jan. 1989 Chef d. Staatszkl. d. Landes NRW Düsseldorf, von 1990-95 Min. f. bes. Aufgaben u. Chef d. Staatszkl. d. Landes NRW, s. 1991 MdBR, s. 10/1993 MdL NRW, 7/1995-5/98 Min. f. Wirtschaft u. Mittelstand, Technologie u. Verkehr, s. 5/98 Ministerpräs. v. NRW. M.: s. 1.10.1993 Mtgl. d. Landtags (MdL) des Landes Nordrhein-Westfalen. (Re)

Clemm Nils Dr. iur. Prof.

B.: Rechtsanwalt u. Notar. FN.: Schön, Nolte, Finkelnburg & Clemm. DA.: 10719 Berlin, Kurfürstendamm 29. PA.: 14193 Berlin, Dachsberg 15. G.: Berlin, 23. Febr. 1941. V.: Claudia, geb. Jokisch. Ki.: Catrin (1965), Martin (1969). El.: Carl u. Hildegard, geb. Andersson. BV.: Urgroßvater Carl Clemm, Mitbegründer d. BASF u. "Zellstoff-Waldhof", Großonkel Albert Bassermann, Schauspieler. S.: 1960 Abitur Berlin, 1960-62 Chemiestud. TU Berlin, 1963-67 Jurastud. Berlin, 1967 1. Jur. Staatsexamen, 1969 Prom. z. Dr. iur. K.: 1970 Grdg.-Mtgl. d. Fachbereiches Rechtswiss. an d. FU Berlin, 1971 2. Jur. Staatsexamen, Zulassung als RA, 1972 Syndikus eines Bauträgerunternehmens, 1972 Lehrauftrag Wirtschaftsrecht an d. FU Berlin, 1973 Grdg. d. Anw.Sozietät, 1981 Notar, 1983 Lehrauftrag f. Dt. u. Intern. Bauvertragsrecht TU Berlin, 1988 Hon.Prof. an d. TU Berlin f. Dt. u. Intern. Bauvertragsrecht; seit 1984 Fernsehrout f. Aktion Sorgenkind. P.: 1988 "Bauvertragsrecht", ca. 10 Aufsätze u. Bücher in "Der Betrieb" u. "Baurecht", Mithrsg. d. Zeitschrift "Baurecht". M.: Intern. BAR-Assoc., RA-Kam., Dt. Anw.Ver. H.: Tennis, Golf, Wassersport.

*) Biographie www.whoiswho-verlag.ch oder beigefügte CD-ROM

Clepe Dorin *)

Cleve Johannes *)

Clever Bernd *)

Clevers Margit *)

Clobes Kurt

B.: Gastronom, Inh. FN.: Hotel u. Gaststätte Zur Spitze. DA.: 34560 Fritzlar, Marktpl. 25. G.: Naumburg, 5. April 1945. V.: Hannelore, geb. Umbach. Ki.: Stefan, Andreas. El.: Hella Clobes. S.: 1959-62 Lehre Maler. K.: 1962-69 Übernahme des Betriebes d. Großvaters, 1968-71 Übernahme d. Lindenkruges in Istha, 1971-78 Übernahme d. Rolandstube in Fritzlar u. b. 1983 d. St. Georg-Stube in Fritzlar, seit 1983 Inh. d. Hotel u. Gasthauses Zur Spitze.

Clös Bernd

B.: Vermögensberater. DA.: 42389 Wuppertal, Langerfelder Str. 122. G.: Wuppertal, 30. Mai 1946. V.: Martina, geb. Grupps. Ki.: Franziska (1992), Sonja Maren (1995). S.: 1963-66 Ausbild. z. Ind.-Kfm. bei P.A. Lückenhaus GmbH & Co KG, 1966-67 Wehrdienst. K.: 1968 Ass. d. Verkaufsltr., 1969-73 Weiterbild. u. Einstieg in d. EDV, 1973-81 EDV-Ltr. b. Firma P.A. Lückenhaus GmbH & Co KG in Wuppertal, seit 1981 selbst. Vermögensberater, danach Weiterbild. z. geprüften Vermögensberater BDA u. BWA, seit 2000 Direktionsleiter - Dt. Vermögensberatung. M.: Bundesverb. Dt. Vermögensberater e.V., ehem. Ltr. NRW d. Schutzgemeinschaft gegen unlautere Baufinanzierung e.V. H.: Kultur- u. Studienreisen.

Clüsserath Carsten

B.: Gschf: FN.: Accent Studio. DA.: 66121 Saarbrücken, Eschberger Weg 1. G.: Demmin/Pommern, 18. Nov. 1943. El.: August u. Dora. BV.: Vater August Clüsserath bedeutender Maler. S.: 1961-64 Ausbildung z. Fotograf b. Foto Hoffmann Völklingen. K.: 1964-67 Reprofotograf b. d. Druckerei Ottinger in Saarbrücken, 1967-73 Werbefotograf b. Werbefarby in Saarbrücken, 1973-80 Grdg. d. M+D Marketing + Design, 1980 Grdg. d. Accent Studios. H.: Fotografieren.

Clüver Bernd
B.: Sänger. DA.: c/o Nord-Management, 26121 Oldenburg, Tangastr. 13a. G.: Hildesheim, 10. Apr. 1948. K.: Texter, Rundfunkmoderator, Erster Erfolg 1973 m. d. Titel "Der Junge m. d. Mundharmonika", weitere Titel "Der kl. Prinz", "Das Tor z. Garten d. Träume", "Bevor du einschläfst", "Der ganz normale Wahnsinn", "Dich hat d. Himmel geschickt", u.a.

Coates Gloria Ann *)

Coban Martin

B.: Ges., Gschf. FN.: BEC Ges. f. Produktmanagement mbH. DA.: 47443 Moers, Franz-Haniel-Str. 83. mcoban@bec.gmbh. de. www.bec-gmbh.de. G.: Essen, 16. Feb. 1968. El.: Metin u. Ursula, geb. Hesse. S.: 1987 Abitur Essen, 1987-89 Ausbild. z. Groß- u. Außenhdls.-Kfm. b. Stinnes, 1989-92 kfm. Ang. u. simultan Weiterbild. z. Hdls-. u. Verkehrsass. K.: seit 1992 Mitges. Firma BEC u. Gschf. H.: Musik (Schlagzeuger), alte Möbel, Kunst, darstell. Malerei, Kultur u. Arch.

Coban Ümit *)

Coblenz August Dipl.-Ing.

B.: Beratender Ingenieur, Gschf. Ges. FN.: CSK Ing.-Ges. mBH Beratende Ing. im Bauwesen. DA.: 44137 Dortmund, Königswall 38-40. G.: Jülich, 25. Mai 1931. V.: Ellen, geb. Kanitz. Ki.: Martina (1960), Axel (1964). S.: 1951 Abitur Jülich, Praktikum, 1951 Stud. Bauing.-Wesen, Konstruktiver Ing.-Bau an d. RWTH Aachen, 1957 Dipl. K.: 1957-65 Fried. Krupp Maschinen- u. Stahlbau Rheinhausen, zuletzt Abteilungs-Ltr. Hochbau, 1959 Schweißfaching., 1965-69 Firma Rheinstahl Union Brückenbau Dortmund, Hauptabt.-Ltr. Konstruktion u. Entwicklung, seit 1970 selbst. beratender Ing., 1970 Prüfing. f. Baustatik, Fachrichtung Stahlbau, 1981 f. Fachrichtung Massivbau, 1976 öff. bestellter Sachv. f. Stahlkonstruktionen insb. Krane u. Kranbahnen, 1996 staatl. anerkannter Sachv. f. Stahlbau u. Massivbau, 1980 Sachv. d. TAB f. d. Wuppertaler Schwebebahn. P.: Die zweiseitig gelagerte Platte, Fachveröff., Vorträge, Seminare. M.: Verb. Beratender Ing., Verb. d. Prüfing., Landesvorst. NRW, Intern. Ver. Brücken-Hochbau, Vorst.-Mtgl. Dt. Stahlbauverb., Ing.-Kam. Bau NW, ehem. Mtgl. Eintragungsaussch., Vors. d. Schlichtungsaussch., Mitarb. in versch. Aussch., Dt. Aussch. f. Stahlbau, Lenkungsaussch. Fachbereich 08 DIN, langj. Obm. eines DIN-Aussch., Mitarb. in versch. DIN-Aussch. tätig in versch. Preisgerichten. H.: Tanzen,Tennis, Fotografie, Philatelie.

Cobré Stephan *)

Coburg Adolf Johannes Dr. med. Prof. *)

*) Biographie www.whoiswho-verlag.ch oder beigefügte CD-ROM

Cochrane Winston Alexander
B.: Botschafter. FN.: Botschaft v. Neuseeland. DA.: 10117 Berlin, Friedrichstr. 60/Atrium. nzemb@t-online.de. www. immigration.gov.nz. G.: Invercargill/Neuseeland, 10. Aug. 1940. V.: Veronika. Ki.: Tanya, Camilla. S.: Stud. an d. Univ. Canterbury, Master of Arts-Grades. K.: ab 1964 Tätigkeit im Außenmin., 1964 Konsularabt., 1964-65 Verteidigungsabt., 1965 2. Sekr. d. Neuseeländ. Hochkommissariats in Singapur, 1996 Bestellung in d. Staatsdienst-Kmsn. in Wellington, 1970 1. Sekr. an d. Neuseeländ. Botschaft in Bangkok, 1973 stellv. Dir. d. Wirtschaftsabt. d. Min. f. Auswärtige Angelegenheiten in Wellington, 1975 Berater an d. Neuseeländ. Botschaft in Moskau, 1977 stellv. ständiger Repräsentant b. d. Neuseeländ. Mission b. d. Vereinten Nationen in Genf, 1978 Bestellung an d. Verteidigungsmin. in Wellington, 1981 Min. u. stellv. Missionschef in Rom, 1983-87 Generalkonsul in New York, 1987-91 Botschafter in Riyadh, 1992-94 Dir. d. Nahost- u. Afrikaabt. d. Min. f. Auswärtige Angelegenheiten u. Außenhdl. in Wellington, 1995-98 Dir. d. Abt. f. Süd- u. Südostasien in Wellington, seit 1998 Botschafter in Bonn/Berlin.

Cocimano Leonardo Alfredo *)

Codina-Koch Michael

B.: Kfm. im Einzelhdl. FN.: Comic Galerie. DA.: 34117 Kassel, Opernstr. 15. G.: Kassel, 24. März 1962. El.: Josef Codina-Rodriguz u. Else Koch. S.: 1980 Fachabitur Kassel, Stud. Maschinenbau, 1980 Lehre als Orgelbauer Werkstatt Bosch Sandershausen. K.: schon immer Sammler aus Leidenschaft für Comics, Verkauf über Flohmärkte und spezielle Comicbörsen, 1978 Eröff. d. ersten Ladenlokals in Kassel, nach Trennung v. Geschäftspartner 1996 Umzug in d. heutige Geschäft Comic Galerie, 1997 Eröff. M.: Kassler Herkules Baseball Ver., Hessenmeister u. 2. Bundesliga, Chorsingkreis Dittershausen. H.: Konzerte, Liederabende.

Codjambopoulo Phedon Michael Dr. *)

Codreanu-Windauer Silvia Dr.
B.: Ltr. FN.: Außenstelle d. Bayr. Landesamtes f. archäolog. Denkmalpflege. DA.: 93047 Regensburg, Keplerstr. 1. codreanu-blfd@donau.de. G.: Kronstadt, 19. Juli 1955. Ki.: Ute u. Elke (1989). El.: Ing. Mircea u. Eva Codreanu, geb. Marko. S.: 1974 Abitur Dt. Gymn. Kronstadt, 1974-77 Stud. Geschichte u. Anglistik Univ. Hermannstadt, 1977 Ausreise in d. BRD, 1977-81 Stud. Archäol. u. Kunstgeschichte Univ. München, 1981-87 Stud. mittelalterl. Archäol. u. Prom. Univ. Bamberg. K.: seit 1987 Ang. b. Bayr. Landesamt f. Denkmalpflege, seit 1993 Ltg. d. Außenstelle in Regensburg. BL.: Beteiligt an d. Entdeckung d. rom. Atriernis d. Regensburger Doms bei Ausgrabungen 1984, 1995-98 Ausgrabungen d. mittelalterl. Jugendviertels u. Entdeckung einer Synagoge m. d. größten mittelalterl. Goldschatz. P.: Mag.-Arb.: "Roman. Schmuckfußboden in d. Klosterkirche Benediktbeuren" (1982), Diss.: "Bajuwar. Gräberfeld v. Pliening" (1997), Art. im Monumental: "Die mittelalterl. Synagoge Regensburg" (1998). M.: div. archäolog. u. histor. Ver., Vorst.-Mtgl. d. Dt. Ges. f. Archäol. d. Mittelalters u. d. Neuzeit. H.: Familie, Garten, Reisen.

Coelsch Jochen
B.: Vorst. FN.: Dt. Renault AG. DA.: 50321 Brühl, Kölner Weg 6-10. www.renault.de. G.: Köln, 5. Dez. 1957. Ki.: 1 Kind. S.: 1977-80 Lehre Ind.-Kfm. b. d. Klöckner Humboldt Deutz AG, 1980-84 Stud. BWL in Köln, Dipl.-Kfm. K.: 1985-92 Ford Europa, 1992-95 Ltr. Kundendienst u. Teileförd. Dt. Renault AG, 1995-99 Ltr. Teile- u. Zubehör-Marketing weltweit Renault S.A., Dir. Marketing leichte Nutzfahrzeuge weltweit Renault S.A., 1999 Vorst. Qualität u. Kundendienst Dt. Renault AG.

Coenders Ulrike *)

Coenen Matthias Ch. Dr. rer. nat. Dr.-Ing. *)

Coenen Siegfried Dr. iur. *)

Coenen Uschi
B.: Journalistin. DA.: 50735 Köln, Amsterdamer Str. 234. G.: Baden-Baden, 11. Aug. 1943. El.: Helga Distelmann. S.: 1965 Mittlere Reife Wuppertal. K.: 1964-78 tätig f. Neue Revue, Kölner Express, TV Hören u. Sehen, Echo d. Frau, Goldene Blatt, 1997 selbst. Journalistin f. Show u. Fernsehen, Berichterstattung über Prominente. H.: Radfahren, Tennis, Skifahren.

Coenenberg Adolf G. Dr. Dr. h.c. Prof. *)

Coeppicus Volker *)

Coerper Herbert
B.: Richter. FN.: OLG Nürnberg. DA.: Nürnberg, Fürther Straße. PA.: 90571 Schwaig, Max-Reger-Str. 8. G.: Oettingen, 27. Apr. 1935. V.: Maria, geb. Heckel. Ki.: Susanne (1966), Wolfgang (1970). El.: Heribert u. Marie. BV.: Abst. in gerader Linie v. Galeottus Martius, geb. 1427 in Narni geo. 1487, bed. hum. Gelehrter am Hofe d. ung. Königs Matthias Corvinus. S.: 1954 Abitur, Stud. Rechtswiss. FU Erlangen, 1958 1. u. 1962 2. Jur. Staatsexamen. K.: Tätigkeit b. d. Justiz, Richter am OLG. BL.: 1982 Initiierung d. Sonntagskonzerte d. Nürnberger Symphoniker, 1983 Treffpunkt Colosseum, bes. Konzertreihe d. Nbg. Symphoniker (u.a. workshop-Konzerte), 1986 Ausbau d. Serenadenhofes am Dutzendteich, alljährlich dort Open-air-Konzerte. E.: 1991 BVK am Bande. M.: seit 1982 1. Vors. d. Fränk. Landesorchester e.V. (Rechtstr. d. Nbg. Symphoniker), 1979-90 Mtgl. d. Kultur-, Sozial- u. WirtschaftsbeiR. d. Stadt Nürnberg, seit 1986 VerwR.-Mtgl. d. mittelfränk. Medienbetriebs GmbH, seit 1998 AufsR. d. Epiq N.V. in Tessenderlo, Belgien. H.: Musik, Konzerte, Geschichte, Literatur, Malerei. (C.B.)

Coesfeld Günter

B.: Gschf., Inh. FN.: Coesfeld PKW + LKW Reparaturen Meisterbetrieb d. Kfz-Innung. DA.: 49090 Osnabrück, Klöcknerstr. 25. PA.: 49090 Osnabrück, Buchholzstr. 29. G.: Osnabrück, 27. Nov. 1948. V.: Barbara, geb. Gottschlich. Ki.: Sandra (1968), Lars (1970). El.: Heinrich u. Elfriede. S.: 1964-67 Lehre Kfz-Mechaniker, 1969-70 Bundeswehr. K.: ab 1967 tätig als Kfz-Mechaniker, 1973-80 kfm. tätig im Außendienst d. Textilbranche, 1978-80 Meisterprüf., 1980 Grdg. d. Firma f. PKW u. LKW Reparaturen in Osnabrück. H.: Beruf, Familie.

Coesfeld Marina *)

Coester Ernst Dr. phil. *)

Coester-Waltjen Dagmar Dr. jur. Prof.
B.: Ordinariat f. bürgerl. Recht u. Privatrecht sowie Rechtsvergleichung. FN.: Universität München. DA.: 80539 München, Veterinärstr. 5. ls.cw@jura.uni-muenchen.de. www.jura-uni-muenchen.de. G.: Celle, 11. Juli 1945. V.: Prof. Dr. Michael Coester. Ki.: David (1978), Constantin (1985). El.: Dr. Kurt Waltjen u. Thea, geb. Sarstedt. S.: 1964 Abitur, 1964-68 Stud. Jura Freiburg, Kiel u. München, 1971 Prom. Kiel. K.: 1972-82 Ass. an d. Univ. Augsburg, München, 1974/75 LL.M. (Univ. of Michigan), 1982 Habil. an d. jur. Fakultät München u. Lehrbefähigung f. bürgerl. Recht, Zivilprozessrecht, intern. Privatrecht u. Privatrechtsvergleichung, 1983 Prof. an d. Univ. Konstanz, 1983-88 Prof. an d. Univ. Hamburg u. seit 1988 an d. Univ. München, Gastprof. in New York, Oxford, Nanjing. P.: Diss.: "Die Stellung d. überlebenden Ehegatten im irischen Erbrecht" (1972), Habil.: "Intern. Beweisrecht" (1983), Künstliche Fortpflanzung und Zivilrecht", "Lehrbuch d. Familienrechts" (1994), "Übungen im IPR u. Rechtsvergleichung", über 200 Veröff.

Cohausz Helge B. Dipl.-Ing. Dr. *)

Cohen Max *)

Cohn Esra
B.: Vers.-Kfm., Inh. FN.: E. Cohn Vers. DA.: 40213 Düsseldorf, Kasernenstr. 23. G.: Haifa, 21. März 1940. V.: Lisa, geb. Hazan. Ki.: Ronald, Tom. El.: Hans u. Grete, geb. Cohen. BV.: Stammbau m. 1735 m. familieneigenem Friedhof in Anrath. S.: 1957 Abitur Haifa, 1958-60 Militär, 1960-64 Lehre Vers.-Kfm. Züricher Vers. Düsseldorf u. London. K.: 1964 Grdg. d. Importfirma f. Mobil- u. Fertighäuser in Düsseldorf, 1980 Einstieg in d. väterl. Betrieb; Funktionen: seit 40 J. ehrenamtl. tätig f. d. jüd. Gem. Düsseldorf. P.: regelm. Veröff. in regionaler u. überregionaler Presse. M.: Christil.-jüd. Ges., Bnei Bnith, Vorst.-Vors. d. Jüd. Ges. Düsseldorf, Vorst.-Mtgl. d Jüd. Gem. Nordrhein. H.: Weinsammlung, Golf, Konzerte, klass. Musik.

Cohn Frank

B.: Gschf. Ges. FN.: Cohn Ges. f. Kopier- u. Werbetechnik mbH. DA.: 74076 Heilbronn, Fügerstr. 3. PA.: 74388 Talheim, Möricke Weg 9. G.: Berlin, 27. Jan. 1957. El.: Gerhard u. Helga. S.: Mittlere Reife, 1975 Ausbildung z. Großhdls.-Kfm., Fachschulreife. K.: 1981 selbständig im AD Vertrieb Kopierer, danach Spezialisierung Digital-Technik Druck, Farbe, Kopie. M.: IHK Heilbronn. H.: Tennis, Fußball, Skifahren, HEC-Fan.

Cohn Peter Michael Gardenier Dr. med.
B.: FA f. Allg.-Med. DA.: 80798 München, Hiltenspergerstr. 35. pmcohn1@aol.com. G.: Tel Aviv/Israel, 12. Aug. 1943. V.: Elisabeth, geb. Straubinger. Ki.: Claudia (1966), Georg (1967), Eva (1970), Daniel (1975), Philipp (1978), Isabelle (1991), Thobias (1993). El.: Dr. med. Georg u. Imogen. BV.: Mutter Imogen Cohn war d. 1. Fernsehsprecherin d. dt. TV-Geschichte auf d. Funkausstellung in Berlin 1927. S.: 3 J. Ausbild. z. Fotografen, b. 1963 Bundeswehr, 1974 Abitur am

Abendgymn., b. 1985 Med.-Stud. an LMU München. K.: während d. Stud. Tätigkeit als Krankenpflegehelfer im Klinikum Rechts d. Isar, nach Stud. Ass.-Arzt b. Prof. Nepomuk Zöllner in med. Poliklinik, Erlernung d. Akupunktur, 1989 Praxiseröff. in München als Allg.-Med. u. Hausarzt, Spezialgebiete: klass. schulmed. Schmerztherapie u. Neuraltherapie b. Wirbelsäulenschäden, Akupunktur. P.: Dr.-Arbeit "Einfluss d. Therapieeinstellung auf d. Erfolg d. Therapie, speziell bei Alkoholikern" (1986).
M.: Dt. Ak. f. Akupunktur. H.: Fotografie, Reisen, Surfen, Tauchen.

Cohn-Bendit Daniel
B.: Publizist. DA.: 60329 Frankfurt, Niddastr. 64. G.: Montauban/Frankreich, 4. Apr. 1945. Ki.: 1 Sohn. S.: 1966 Abitur, Stud. Soz. Univ. Nanterre Paris, Studentenrevolte, ab 1968 Fortsetzung d. Stud. in Frankfurt/Main. K.: Buchhändler, Kindergärtner, Mitbegründer u. Hrsg. d. "Pflasterstrand", Journalist u. Publizist, seit 1984 Mtgl. d. GRÜNEN, 1989-97 StadtR. in Frankfurt/Main, Dezernent f. multikulturelle Angelegenheiten, 1994-99 Mtgl. d. Europ. Parlaments. P.: 1992 Heimat Babylon m. Thomas Schmid, 2001 Der große Basar.

Cohnen Detlef *)

Cohnen Georg Dr. med. Prof. *)

Cohnen Karl *)

Cohrs Carsten *)

Cohrs Oliver Dipl.-Math.

B.: Gschf. FN.: Omnica Unternehmensbetreuung GmbH & Co KG. DA.: 34117 Kassel, Kurt-Schumacher-Straße 13. oc@omnica.de. www.omnica.de. G.: Varel, 29. Nov. 1966. V.: Heike Osterloh. El.: Peter u. Marlis, geb. Sadzio. S.: 1986 Abitur, 1986-93 Stud. Math. TU Clausthal-Zellerfeld. K.: 1993-95 Zusammenarb. m. d. Firma Quathamer Dienstleistungsunternehmen, 1995 Grdg. der Firma Omnica u. seit 1998 Gschf. M. Schwerpunkt IT-Dienstleistungen, Schulung u. Verkauf. M.: KAZ im KUBA

Hope gAG. H.: Filme, Sport, Golf.

Cohrs Peter *)

Cohrs Thomas Dipl.-Ing. *)

Cohrs Uwe Dipl.-Ing. *)

Cohrt Christian
B.: Gschf. Ges. FN.: August Cohrt Getränke GmbH & Co KG; Aqua D'or Deutschland GmbH; econnex AG. DA.: 24116 Kiel, Eichkamp 1-9; 24116 Kiel, Dänische Str. 15. emailcohrt@cohri.de. www.aquador.de. G.: Kiel, 9. Okt. 1962. V.: Gesche, geb. Zöllhau. Ki.: Christopher (1992), Fabi-

*) Biographie www.whoiswho-verlag.ch oder beigefügte CD-ROM

Cohrt

an (1994). El.: Dieter u. Sybill, geb. Ahrens. BV.: Großvater August Cohrt Firmengründer. S.: 1984 Abitur, 1984-85 Bundeswehr, 1985-87 Stud. BWL Kiel, 1987-89 Lehre Bankkaufmann Kiel. K.: 1989 Eintritt in d. elterl. Betrieb, 1998 Grdg. d. Firma Aqua D'or, ab 2001 Gschf. d. elterl. Betriebes, 2001 AR-Vors. d. Firma econnex AG, seit 2002 Gschf. Ges. d. Firma August Cohrt Getränke GmbH & Co KG. F.: seit 1991 Gschf. d. Firma Sonja Getränke GmbH in Stralsund, seit 1991 Gschf. d. Firma GGV Greifswalder Getränke Vertrieb Hauke u. Cohrt GmbH.

Colbatzky Friedrich Matthias *)

Colberg Burkhard *)

Coldewey Jochen *)

Colditz Rupert *)

Colditz Uwe
B.: Modellbauer, Unternehmer. FN.: Zimmervermietungsagentur. DA.: 09235 Burkhardtsdorf, Obere Hauptstr. 53. G.: Stollberg/Erzgebirge, 30. Juli 1960. Ki.: Mario (1987). El.: Hans-Joachim u. Ursula, geb. Oelsker. BV.: Großvater Johannes Colditz, Bgm. in Meinersdorf m. eigener Bäckerei, Grdg. 1925, Übernahme durch Vater Hans-Joachim 1970-74, dann PGH-Gründungs-Mtgl. u. Vorst.-Mtgl.; Großvater Konrad Oelsker, eigene Strumpffabrik in Homersdorf, Familienunternehmen in drei Generationen, Gründer Urgroßvater Luis. S.: 1976-78 Lehre als Modellbauer (Holzmodellbau) in d. Stahlgießerei Borna. K.: 1978-94 Modellbauer in d. Gießerei Modellbau GmbH in Chemnitz, seit 1991 Inh. d. Zimmervermietungsagentur in Burkhardtsdorf, 1994 Restaurator in d. Holzklinik Burkhardtsdorf, 1994-99 Tischlerei in versch. Tischlereien in Burkhardtsdorf, Schwerpunkte Individuelle persönliche Betreuung, nat. u. intern. Gäste. H.: Handwerkliche Tätigkeiten im Zusammenhang m. Holz u. Restaurierungsarbeiten.

Coleman MacGregor of Inneregny Charles *)

Coletti Contès Ursula *)

Cölfen Anja Dr. med. vet. *)

Cölfen Elisabeth

B.: freiberufl. Journalistin. DA.: 47228 Duisburg, Schrootenstr. 26. G.: Duisburg-Rheinhausen, 14. Juli 1968. Ki.: Bonny-Julia (1987). El.: Gerhard u. Marianne Cölfen. S.: 1992 allgemeine HS-Reife Abendgymn. Duisburg, 1992-93 Mag.-Stud. Kunstgeschichte, Archäol., Theater-, Film- u. Fernsehwiss., 1993-99 Mag.-Stud. Germanistik, Computer-Linguistik, Linguistik d. Englischen. K.: während d. Stud. Hilfskraft an d. Univ. GH Essen, freiberufl. Journalistin, Grafik- u. WWW-Designerin, Übersetzerin f. Engl.-Dt., Mitarb. am Projekt MILESS a d. Univ. GH Essen, Vorträge an d. Univ. GH Essen u. Univ. in Bonn u. Koblenz. P.: "Linguistik im Internet" (1997), "Lernpäckchen z. Ethymologie", div. Aufsätze. M.: LAUD-Linguistik Agency e.V. H.: Computer, Grafik, Kunst.

Collatz Jürgen Dr. rer. biol. hum. *)

Collatz Marion *)

Cöllen Michael *)

Collet Traudel *)

Collett Leslie Ann *)

Collignon Jetta *)

Collin Dietmar

B.: Assessor, Gschf. FN.: Collin Consult. DA.: 90461 Nürnberg, Allersbergerstr. 185/L1. info@collin-consult.de. www.collinconsult.de. G.: Trier, 31. Jan. 1959. El.: Heinfried u. Irml. BV.: Großvater Dr. Hans-Jörg Kohlbecher. S.: 1980 Bundeswehrdienst, b. 1981 Jurastud. Albert-Ludwig-Univ. Freiburg, b. 1986 Jurastud. an d. Friedrich-Alexander-Univ. Erlangen/Nürnberg, 1986-89 Referendarzeit in Bamberg als Jurist mit Abschluss Assessor. K.: 1989-91 RA b. Dr. Sußner & Partner in Erlangen, RA speziell Ges.- u. Vertragsrecht, 1991 Ass. d. Geschäftsltg. b. Firmengruppen Dräxlmeier in Vilsbiburg/Landshut, 1991-92 Betriebsltr. d. just in time Kabelwerkes VS Dräxlmeier GmbH in Ergenzingen/Stuttgart, 1992-94 Projektltr. f. Dräxlmeier f. Fertigungssysteme just in time Kabelsatzsysteme, 1994-98 Gschf. d. Farbenwerke Heinrich Distler in Rednitzembach, ab 1998 Gschf. d. Collin Consult Unternehmensberatung als Gschf., Beratung u. EDV Projektierung, parallel 1999-2000 Gschf. d. Softmatic Nürnberg GmbH, EDV Systeme f. Prozeßorientierte Fertigung. H.: Segeln, Motorradfahren.

Collinet Dieter *)

Collingro Herbert *)

Collmann Hans-Jürgen Dr.

B.: OStA. FN.: Staatsanwaltschaft Offenburg. DA.: 77654 Offenburg, Moltkestr. 19. PA.: 77799 Ortenberg, Schloßblick 14. juergen.collmann@freenet.de. G.: Auw-Bitburg, 15. März 1944. V.: Jutta, geb. Lürig. Ki.: Björn (1975), Verena (1982). S.: 1959-62 Lehre Verw., 1966 Mittlere Reife 2. Bild.-Weg, Abitur Saarbrücken, Stud. Rechtswiss. Saarbrücken u. Freiburg, 1970 1. jur. Staatsexamen, Ass. u. Prom. Kriminologie Univ. Freiburg, 2. Staatsexamen. K.: 1975 Richter am LG Karlsruhe, StA. in d. StA. Offenburg, 1989-90 OStA. in d. Gen.-StA. Karlsruhe, 1991 OStA. u. stellv. Behördenltr. d. StA. Offenburg. P.: Geschichte und Problematik einer Internationalen Kriminalstatistik (1973). M.: Kiwanisclub Offenburg, 2. Vors. d. Ver. f. soziale Rechtspflege in Offenburg, Kath. Studentenverbindung Falkenstein. H.: Tennis, Kegeln.

Collmann Peter Dipl.-Ing. *)

---

*) Biographie www.whoiswho-verlag.ch oder beigefügte CD-ROM

Collmer Jürgen K.

B.: Metzgermeister u. Gastronom, selbständig. FN.: Gasthaus u. Metzgerei "Zur Sonne". DA.: 75015 Bretten - Diedelsheim, Schwandorfstr. 34. G.: Bretten, 21. Jan. 1964. V.: Andrea, geb. Gehrig. Ki.: Sabrina (1990), Stephan (1992). El.: Ingrid, geb. Stein. S.: 1979-82 Lehre z. Metzger im elterlichen Betrieb, 1986-87 Bundeswehr. K.: 1982-85 beschäftigt im elterl. Betrieb, 1987 Meisterprüfung von den Metzgerinnung Mannheim-Heidelberg u. 1987-97 wieder im elterl. Betrieb tätig, 1997 Übernahme d. elterl. Metzgerei u. d. 75 J. alten traditionsreichen Gasthauses "Zur Sonne". M.: aktiver Tischtennisspieler d. TSV Diedelsheim, u.a. Badischer Jugendmannschaftsmeister, Mtgl. d. RSC Bretten Radsportclub, Mtgl. d. Ski-Klub Kraichgau. H.: Tanzen.

von Cölln Frauke-Rothert *)

Colmant Hans Joachim Dr. Prof. *)

Colombo Manfred Dipl.-Ing. *)

Colsman Albrecht Dr.
B.: Gschf. FN.: Pfeifer & Langen. DA.: 50933 Köln, Linnicher Str. 48.

Colsman Rolf Dipl.-Kfm. *)

Comberg Hans-Ulrich Dr. med. *)

Comes Franz Josef Dr. rer. nat. *)

Comes Klaus Dipl.-Ing. *)

Comesaña M. Jesús *)

Commer Michael *)

Comperl Klaus D. *)

Compes Achim Dr. iur. *)

Compes Peter Const. Dr.-Ing. Univ.-Prof. *)

Comtesse Klaus *)

Con Garcia Isidro

B.: Gschf. Ges. FN.: Isidro Con Garcia Industrielackierung GmbH. DA.: 42551 Velbert, Stahlstr. 6-8. geschaeftsfuehrung@con-gracia.de. G.: Granada, 20. Feb. 1943. V.: Angeles Pelegrina, geb. Arias. Ki.: Imaculata, Angele, Miguel, Beatric S.: 1961-62 Ausbild. Pilot Militärak. Leon. K.: 3 Mon. tätig in Velbert, danach versch. Jobs in Spanien, 1964-66 tätig in d. Firma Carl Fuhr in Velbert u. nebenberufl. in einer Lohnlackiererei, 1966-72 Ang. d. Firma Irmgard Graul Lohnlackiererei u. Metallverarb., zuletzt Meister, 1972 Grdg. d. Firma m. Partner in Velber u. seit 1972 Alleininh., 1990 Grdg. d. 2. Betriebes in Steißlingen, 1997 Eröff. d. Werks II in Velbert, Firma gilt als namhafter Zulieferer f. führende Automobilhersteller. BL.: Neuentwicklung eines Verfahren um Teile nach d. Lackieren galvanisieren zu können. H.: Motorradfahren.

Condé Udo Walter *)

Condipodaro Salvatore *)

Conen Peter Dr. iur. *)

Conen Peter Dipl.-Ing. *)

Conin Harald L. *)

Conlon James
B.: Chefdirigent der Opéra National de Paris FN.:Opéra National de Paris DA.: F-75012 Paris, 120, rue de Lyon. G.: New York City, 18. März 1950. V.: Jennifer Ringo. Ki.: Luisa (1989), Emma (1996). El.: Joseph M. Conlon, Angeline, geb. Leibinger. S.: 1965-68 High School of Music and Art New York, 1968-72 Julliard School, off. Debut m. Boris Gudonov, 1971 i. Spoleto. K.: 1983 - 1991 Chefdirigent des Rotterdamer Philharmonischen Orchesters, seit 1979 Leiter des Cincinnati May Festivals Operndebuts: 1976: Met, 1979: Royal Opera Covent Garden, 1982: Opera de Paris, 1988 Chicago Lyric Opera, 1993: La Scala; Konzerttätigkeit: Debut: New York Philharmonic Orchestra, Gastdirigent aller großen Orchester i. Europa (Berliner Philharmoniker, Dresdner Staatskapelle, London Philharmonic, London Symphony, Orchestre de Paris, Orchestre National des France) und in den USA (Chicago, Boston, Cleveland, Philadelphia), 1989-1990 Chefdir. d. Oper d. Stadt Köln 1990-2002 Generalmusikdir. d. Stadt Köln, s. 1996 Chefdirigent der Opéra National de Paris. P.: zahlr. Schallplattenaufnahmen. E.: Legion d´Honneur.

Connemann Hubertus Johannes Dipl.-Kfm. *)

Conrad Alfred *)

Conrad Alfred Peter Dr. med.

B.: FA f. Innere Med., Kardiologie "Klinische Geriatrie". DA.: 59556 Lippstadt, Quellenstr. 68. mail@dr-conrad-lippstadt.de. G.: Essen, 13. Nov. 1949. V.: Dr. med. Bernhardine, geb. Raßmann. Ki.: Janine, Marcel, Sophie. El.: Peter u. Maria, geb. Sarfeld. S.: 1968 Abitur Essen, 1968-75 Med.-Stud. Univ. Mainz u. Bonn, 1975 Staatsexamen u. Prom., 1976 Approb. K.: 1976-78 Ass.-Arzt/Abt. Innere Med. u. Psychiatrie an d. Psychosomat. "Rhein Klinik" in Bad Honnef, 1978-82 wiss. Ass. an d. Med. Univ.-Klinik in Homburg/Saar, 1982 FA f. Innere Med., 1982-83 Wehrpflicht als Stabsarzt, 1983-88 wiss. Ass. u. Funktions-OA an d. Kerckhoff-Klinik d. Max-Plank-Ges. in Bad Nauheim, 1986 FA f. Kardiologie, 1988-96 ltd. OA an d. Herz-Kreislauf-Klinik in Bad Berleburg, 1996-99 Chefarzt/Innere Abt. an d. Weserberglandklinik Höxter, 2001 ndlg. Kardiologe in Lippstadt. P.: Fachliteratur. M.: Dt. Ges. f. Innere Med., Berufsverb. Deutscher Internisten, Dt. Ges. f. Schlafforschung und Schlafmedizin, Dt. Ges. f. Kardiologie. H.: Sport, Klavier, Literatur.

*) Biographie www.whoiswho-verlag.ch oder beigefügte CD-ROM

Conrad

Conrad Björn
B.: Hotelfachmann, Gschf. Ges. FN.: AllerBest Catering & Partyservice GmbH. DA.: 30173 Hannover, Eintrachtweg 2. info@allerbest-catering.de. www.allerbest-catering.de. G.: Solingen, 28. Okt. 1970. V.: Ina Mann. El.: Dr. Frank Peter u. Ingrid, geb. Schiltsky. S.: 1988-91 Wirtschaftsgymnasium Hannover, 1991-92 Praktikum Hotel Schweizerhof in Hannover als Hotelpage, 1992-94 Ausbildung z. Hotelfachmann im Hotel Schweizerhof in Hannover. K.: 1987-91 ang. Koch im Bistro "Crocodile" in Burgwedel, 1994 Auslandsaufenthalt in d. Dominikanischen Republik u. London, 1994-95 Direktionsassistent im Hotel Bargenturm in Lüneburg u. parallel Direktionsassistent Brasserie Maxim in Hamburg, 1995 Ausrichten v. Großveranstaltungen im Großraum Hannover u.a. Grüner Pelikan, Veranstaltungsleiter b. Großgastronom Rainer in Aulich-Hannover, 1997 tätig b. Stella Musical Company als Foyerleiter "Starlight Express" Bochum, Neueröffnung "Joseph and the Amazing technicolor dreamcoat" u. Foyerleiter im Colosseum Essen, 1998 gastronomischer Ltr. b. Swiss Gastro Restaurant-Management GmbH in Bad Salzuflen, 1998-2000 tätig in d. Erlebnisgastronomie Kesselsdorfer Passagen GmbH Dresden als Costcontroller u. Einkaufsleiter, parallel in d. Betriebsleitung Gastronomie als Stellv. d. Betriebsdirektion, 1998-2000 im Auftrag d. Firma Food & Art Hannover tätig b. d. CEBIT u. Industriemesse Hannover, Messe-Catering u. komplette Ausstellerbewirtung d. Halle 4 u. 6, Ausrichten v. Großveranstaltungen b. 1300 pax, 2001 Grdg. d. AllerBest Catering & Partyservice GmbH in Hannover. M.: Fitneß-Studio Physical Park. H.: Sport (Fitneß, Tennis, aktiv im Motocross/Rallye), erfolgreiche Teilnahme an Wettkämpfen, Rennen, Auszeichnungen, Preise u. Pokale.

Conrad Claus Dr. *)

Conrad Gabriele *)

Conrad Gerlinde *)

Conrad Hans Joachim *)

Conrad Heribert

B.: Gschf., Inh. FN.: Härterei Aribert Conrad GmbH. DA.: 58640 Iserlohn-Sümmern, Heckenkamp 26-28. G.: Iserlohn, 7. Feb. 1953. V.: Antje, geb. Maifort. Ki.: Jasmin-Ivon. El.: Aribert u. Charlotte, geb. Hissing. S.: 1967-71 Berufschule Werkzeugmacher, 1975-76 Wehrdienst. K.: ab 1973 tätig im väterl. Betrieb, seit 1990 Gschf. u. Inh. P.: Veröff. in Spiegel-Reportage über d. Betrieb. M.: Schützenver., Reit- u. Fahrver. H.: Pferde.

Conrad Jo *)

Conrad Klaus Dr. Prof. *)

Conrad Kurt Ing. grad. *)

Conrad Marc
B.: Gschf. FN.: Typhoon Networks AG. DA.: 50354 Hürth, An der Hausenkaule 22. G.: Luxemburg Stadt, 7. Okt. 1960. V.: Bernadette, geb. Uttenweiler. Ki.: Teresa (1990), Cosima (1992), Benedict (1994). El.: Joseph u. Catherine. S.: 1971-79 Athenée Royale Luxemburg, 1980-83 Univ. Libre de Bruxelles. K.: 1984-86 Red. RTL plus, 1987-88 Chef v. Dienst in d. Nachrichtenred. v. RTL plus, 1988-90 persönl. Ref. d. Gschf. u. Programmdir. Dr. H. Thoma, 1990 Bereichsltr. Zentrale Dienste u. Programmplanung, 1990 Prok., 1992-1998 Programmdir. 1994 -1998stellvertr. Geschf., ab Jan. 1999 eigene Produktionsfirma "typhoon Networks ag" (Kinofilm: "Das Experiment", TV-Movie "Berlin - Abschnitt 40", Comedy-Show "Freitag Nacht News"), Jurymitglied Deutscher Fernsehpreis, 1999 Mtgl. d. Verwaltungsrats d. Highlight Communications AG (Schweiz). P.: Die Mutter meines Mannes (TV-Movie), Mein Morgen (Daytime Magazin), Kurt Krömer (Comedy), 3. Halbzeit (Comedy Show). E.: Chevalier de l'Ordre de la Couronne de Chêne, Luxemburg. H.: Literatur, Lesen v. Drehbüchern, Lebensqualität. (A.K.)

Conrad Margit
B.: FA f. innere Med., Ministerin f. Umwelt u. Forsten. FN.: Ministerium für Umwelt und Forsten. DA.: 55116 Mainz, Kaiser-Friedrich-Str. 1. www.rheinland-pfalz.de/020landesregierung/top2.stm. G.: Kusel/Rheinland-Pfalz, 30. Sep. 1952. V.: verh. Ki.: 1 Kind. S.: 1972 Abitur in Kusel, 1972-81 Stud. Med. u. Soziologie an d. Univ. d. Saarlandes, 1981 Approb. als Ärztin, 1982-86 FA-Ausbildung in d. Inneren Med. in Völklingen u. Fachkundennachweis f. Notfallmedizin, 1986 USA-Stipendium d. German Marshall Fund Program. K.: 1987-90 Mtgl. d. Dt. Bundestages, dort tätig im Aussch. f. Umwelt, Naturschutz u. Reaktorsicherheit, im Haushaltsausschuss u. d. Enquetekommission "Gefahren v. Aids u. wirksame Wege zu ihrer Eindämmung", 1990-91 Mtgl. d. rheinlandpfälzischen Landtages, Vors. d. Ausschusses f. Arbeit u. Frauen, sowie Vors. d. Ausschusses f. Wirtschaft u. Kultur, 1991-2001 Bgm. d. Landeshauptstadt Saarbrücken, davon 1991-99 Dezernentin f. Umwelt, Gesundheit u. Recht, seit 2000 Dezernentin f. Finanzen, Beteiligungen, Gesundheit u. Recht, zusätzl.: Verbandsvorsteherin d. Zweckverbandes Kommunale Entsorgung, Verbandsvorsteherin d. Zweckverbandes ÖPNV im Stadtverband Saarbrücken, 2001 z. Staatsministerin f. Umwelt u. Forsten Rheinland-Pfalz ernannt.(Re) M.: seit 1978 Mtgl. d. SPD.

Conrad Peter

B.: Dipl.-Med., FA f. Orthopädie/Naturheilverfahren. DA.: 12621 Berlin, Uckermarkstr. 70. peter.conrad@gmx.de. G.: Schönborn/Niederlausitz, 21. Okt. 1957. V.: Barbara, geb. Meter. Ki.: 3 Kinder. S.: 1976 Abitur Elsterwerda, 1976-79 Wehrdienst, 1979-84 Stud. Med. Univ. Greifswald, daneben Mitaufbau Tischtennisverein d. Univ., 1984-85 Pflichtassistent an der Charité, 1985 Approb. K.: 1985-91 Ausbildung z. FA f. Orthopädie an d. Charité b. Prof. Zippel, FA-Prüfung in Leipzig, ab 1990 Vorbereitung d. eigenen Praxisgründung, ab 1991 parallel Praxisvertretungen Orthopädie u. Chir. in Phillipsburg u. Bielefeld, auch Stammvertreter in Berlin, seit 1993 eigene Praxis, konservative Orthopädie, Naturheilverfahren, Akupunktur, 1995 Dipl.-Prüfung in Akupunktur, seit 1997 auch Bioresonanztherapie, Mitarbeit d. Ehefrau als Bioresonanztherapeutin in d. Praxis. BL.: Parasitenbehandlung b. chronischen Krankheiten. M.: Berufsverband Orthopädie, Schmerztherapeutisches Kolloquium, Dt. Akademie f. Auriculomedizin, Intern. med. Arbeitskreis Bioresonanztherapie, Eintracht Innovatisches Tischtennis, Verein Märkischer Eigentums- u. Grundstücksbesitzer. H.: Haus u. Garten, Basteln, Aquaristik, Bioresonanz im Aquarium.

---

*) Biographie www.whoiswho-verlag.ch oder beigefügte CD-ROM

Conrad Rainer

B.: VPräs., Vors. d. KEF. FN.: Bayerischer Oberster Rechnungshof. DA.: 80535 München, Kaulbachstr. 9. rainer.conrad@orh.bayern.de. G.: München, 30. Nov. 1940. S.: 1960 Abitur Augsburg, 1960-61 Bundeswehr, 1962-66 Stud. Jura an d. LMU München u. FU Berlin, 1. Staatsexamen, 1966-69 Referendariat in München, 1970 Assessorexamen. K.: 1970 Eintritt in d. Bayer. Staatsministerium d. Finanzen München, Hilfsreferent, 1975-79 Referent in der Haushaltsabteilung, 1979 Wechsel in d. Bayer. Oberstem Rechnungshof m. versch. Tätigkeitsbereichen, Mtgl. d. Kollegiums, 1992 Ltr. d. Abt. f. Finanzverwaltung - Wirtschaft, Verkehr u. Technologie - Staatsbetriebe u. Staatsbeteiligungen - Steuer, seit 2000 VPräs. d. Bayer. Obersten Rechnungshofs. BL.: 1999 u. 2000 Ausstellungen d. eigenen Gemälde in einer Galerie u. d. Zoologischen Staatssammlung München. P.: div. Veröff. in Fachpubl. zu d. Themen "Rechnungshof" u. "Rundfunkfinanzierung". M.: seit 1985 KEF Kmsn. z. Ermittlung d. Finanzbedarfs d. Rundfunkanstalten Mainz, seit 1992 stellv. Vors., 1994 u. 1966 Vors. H.: Malen.

Conrad Rainer *)

Conrad Rainer Carl *)

Conrad René

B.: Küchenchef, Küchenmeister. FN.: Hotel Madison; Restaurant Facil. DA.: 10785 Berlin, Potsdamer Str. 3. PA.: 10117 Berlin, Charitéstr. 4. rc1965@freenet.de. G.: Wildeshausen, 16. Nov. 1965. V.: Sabine, geb. Schneppenheim. Ki.: Mona (1991), Leon (1994). K.: Koch u.a. im Rino Casati Köln, Il Ristorante Hamburg, Am Karlsbad Berlin, Scarpati Wuppertal, Kaiserstuben Berlin u. zuletzt b. Viehhauser im Presseclub Berlin, seit 2001 Küchenchef im Restaurant Facil. E.: unter d. 10 besten Trendrestaurants, Nominierung z. "Aufsteiger d. Jahres", Feinschmecker, 15 Punkte im Gault Millau. H.: Fotografie, Schach, Miles Davis.

Conrad Stefan *)

Conrad Thomas *)

Conrad Ulrich

B.: freischaff. Bildhauer. PA.: 27726 Worpswede, Hans am Ende Weg 23. G.: Bacharach, 28. Okt. 1930. V.: Margot (Grafikerin). Ki.: Michael, Johannes, Gyde, Tilmann. El.: Gottfried u. Johanna (Jugendherbergseltern). S.: Herm.Lietz-Schule, 1945-46 Landwirtschaft, 1946-47 Tischlerlehre, 1948-52 Stud. Bildhauerei Kunstschule Mainz, 1952 Meisterkl. Prof. Emy Roeder. K.: 1954 Internatslehrer u. Erzieher in Varenholz, seit 1954 freischaff. Bildhauer in Worpswede, arbeitet figürlich, Aufträge f. Kirchen, Krankenhäuser, Schulen, größere Arbeiten 1981 Stute m. Fohlen, lebensgroß, in Verden, 1985 Steigender Hengst, überlebensgroß, in Celle, 1989 Edelstahlskulptur Mensch u. Technik u.a. figürliche Groß- u. Kleinplastiken in Bronze, Stein, Holz, Metall, 1974/75 Entwurf, Planung u. künstler. Ausführung d. kath. Kapelle in Worpswede, daneben erfolgreich im Erfinden und Gestalten neuer Trensen- u. Kandarengebisse für Reit- u. Fahrpferde (Markenzeichen KK). P.: div. Ausstellungen im gesamten Bundesgebiet. E.: 1962 Förderpreis d. Senats d. Stadt Bremen, 1969 Goldmedaille d. Biennale in Ancona. M.: Die Grünen, Bund Bild. Künstler, Reitverein Worpswede. H.: Reitsport.

Conrad Ursula *)

Conrad Walter

B.: Vorst.-Mtgl. FN.: Schlittenhunde-Sport-Club Thüringen e.V. PA.: 98529 Suhl-Mäbendorf, Mühlg. 13. G.: Suhl, 15. Nov. 1957. V.: Karin, geb. Scholz. Ki.: Denny (1977). El.: Jürgen. S.: 1974 Mittlere Reife, 1974-77 Lehre Elektriker Wohnungsbaukombinat Suhl, 1977-78 Wehrdienst, 1986-87 Feuerwehrschule Hoyerswerda. K.: 1978-85 Elektriker im Wohnungsbaukombinat, seit 1985 tätig bei d. Berufsfeuerwehr Suhl; frühes Interesse f. Huskys, seit 1992 Mtgl. d. Schlittenhunde-Sport-Clubs Thüringen, Vorst.-Mtgl. u. Zugwart u. verantwortl. f. Ausstattung v. Rennen; sportl. Erfolge: 1.- 4. Plätze bei Rennen in Thüringen, DM u. EM.

Conrad Wolfgang Dr. phil.

B.: selbst. Projektkoordinator. V.: Ingrid, geb. Welfonder. Ki.: 2 Söhne. S.: 1966 Abitur, 1966-72 Stud. Soz., Phil. u. Kunstgeschichte Univ. Münster. K.: 1972-77 Ass. im Fach Wirtschaftssoz. an d. Univ. Münster, 1977-87 selbst. im Bereich Erwachsenenbild. u. Bild.-Beratung, 1987-96 beratende u. konzeptionelle Tätigkeit f. versch. Unternehmen, seit 1996 Projektkoordinator f. d. Frankonia Wohnbau GmbH & Co KG m. Schwerpunkt Entwicklung u. Koordination v. Projekten im Bereich Städtebau u. Stadtsanierung; Projekt: Entwicklung d. Händlerviertels d. Stadt Halle. P.: Ressentiment, Göttingen 1974, Elementare Soziologie (m. Wolfg. Streeck), Hamburg 1976, div. Publ. zur Rolle der Gewerkschaften, USA 1978-86 M.: Vorst.-Mtgl. d. AK. f. Marketing Sachsen-Anhalt, Marketingclub Halle, Rotary Club. H.: Pferdesport, Literatur.

Conrad-Kreml Claudia *)

Conradi Eberhard Dr. med. Prof. *)

Conradi Erich Johannes *)

Conradi Helmut *)

Conradi Johannes Wolfgang Peter *)

Conradi Peter Dipl.-Ing. *)

Conradi Torsten Dipl.-Ing. *)

Conrads Erich Dipl.-Vw. *)

Conrads Joachim

B.: selbst. RA. DA.: 30159 Hannover, Georgspl. 10. G.: Meschede/Ruhr, 8. Aug. 1950. V.: Daniela, geb. Flame. S.: 1969 Abitur Hannover, 1969-70 Bankpraktikum in Hannover, 1970-75 Stud. Phil., Soz. u. Politologie an d. Univ. Hannover, Heidelberg, Marburg, 1974-80 Stud. Rechtswiss. Univ. Hannover m. Referendariat Abschluß, 1980 2. Staatsexamen. K.: 1980-81 Ass. eines Vorst.-Vors. in d. Großind., 1981 Ndlg. u. Eröff. e. eigenen Anw.-Kzl. in Hannover, 1984 Eintritt d. Ehefrau Daniela Conrads in d. Kzl., Tätigkeitsschwerpunkte: Wirtschaftsrecht, Business-Angle, Zusammenarb. m.

---

*) Biographie www.whoiswho-verlag.ch oder beigefügte CD-ROM

nat. u. intern. Venture KG. F.: div. Beteiligungen an nat. u. intern. Ges. P.: div. Veröff. M.: Anw.-Kam., div. berufl. Mtgl. in Organ. nat. u. intern. H.: Hundeliebhaber, Sport.

Conrads Norbert Dr. phil. Prof. *)

Conradt Dirk

B.: Gschf., Unternehmer. FN.: Conradt Consult KG Software-Entwicklung, Projektierung. DA.: 24937 Flensburg, Holm 42. dirkconradt@conradtconsult.de. www.conradtconsult.de. G.: Flensburg, 12. Feb. 1960. V.: Susanne, geb. Fahl. Ki.: Daniel Niklas. S.: 1979 Abitur Flensburg, 1980-88 Stud. Dipl.-Informatiker prakt. Mathematik, 1979-80 Bundeswehr. K.: seit 1989 selbständig m. Conradt Consult KG. H.: Fotografieren, Eisenbahn.

Conradt Max Dr. *)

Conrady Karl Otto Dr. phil. Prof. *)

Consbruch Ralf

B.: Psychologe. DA.: 33615 Bielefeld, Roonstr. 56. G.: Bielefeld, 5. Mai 1945. El.: Eberhard u. Margot. BV.: Ahnentafel b. ins 14. Jhdt., namhafte Schloßherren, Bgm. u. ltd. Persönlichkeiten. S.: 1964 Abschluß Höhere Handelsschule, 1964-66 Lehre Einzelhdl.-Kfm. K.: 1966-82 tätig im elterl. Porzellangeschäft, 1980-86 Ausbild. z. Heilpraktiker f. Psychotherapie, 1981-85 Gschf. einer Gaststätten Ges., 1985 Grdg. d. Praxis f. Psychotherapie, seit 1999 beratender Psychologe m. Schwerpunkt Ehe, Partnerschaft, Sexualität u. Hynposetherapie. H.: Sport, Schwimmen.

Consmüller Martin *)

Consoir Elstrud
B.: Heilpraktikerin. DA.: 41751 Viersen, Lange Str. 57. G.: Wegberg, 23. Jän. 1943. S.: 1960 Mittlere Reife, 1964-66 Praktikum Franziskus-KH Mönchengladbach, Abschluß Dipl.-Physiotherapeutin. K.: 1968-72 tätig in d. Orthpädie d. Rhein. Landesklinik Süchteln, 1972 selbst. Physiotherapeutin, 1980-85 Heilpraktikerausbild. in Duisburg u. Bonn, Ausbild. in Homöopathie in Baden/A u. Bad Brückenau sowie in Naturheilkunde in Freudenstadt, seit 1986 selbst. Heilpraktikerin m. Schwerpunkt Naturheilkunde, Psychotherapie, Med.-Produktberatung, Vitalothek, Allerologie, Blutlabor, Irisdiagnostik, Raycomp PS 1000, Compenstherapie, Magnetfeldtherapie, Ausleitungsverfahren, Blüten- u. Edelsteintherapie. BL.: BioptronMed. Produkte Beratung. P.: Buchautorin. M.: Dt. Ärztebund Rheinland-Pfalz. H.: Musik, Reisen.

Constabel Silke Dipl.-oec.

B.: selbst. Steuerberaterin. DA.: 39112 Magdeburg, Am Fuchsberg 6. PA.: 39128 Magdeburg, Am Kräuterwinkel 3. G.: Zerbst, 27. Juni 1964. V.: Michael Constabel. El.: Rolf u. Elke, geb. Müller. S.: 1981-84 Ausbild. Zootechniker m. Abitur Lichterfelde, 1984-88 Stud. Land- u. Nahrungsgüterwirtschaft Bernburg m. Abschluß Dipl.-Agrarökonom. K.: 1988-90 Mitarb. in d. Abt. Ökonomie im LPG Pflanzenprod. in Gehrden, 1990-95 Ang. in versch. Steuerbüros, 1994 Steuerberaterprüf., 1995 Bestellung z. Steuerberaterin u. Gschf. Ges. d. CF Steuerberatungs GmbH in Magdeburg, 1999 Grdg. d. eigenen Steuerberatungsbüros. M.: Steuerberaterverb. Niedersachen/Sachen-Anhalt, Reitver. Gehrden u. Umgebung e.V. H.: Reiten.

Consten Jochen
B.: Kfm. FN.: Parkhotel Haus Vennemann. DA.: 48157 Münster-Handorf, Vennemannstr. 6. G.: Dortmund, 7. Sep. 1952. V.: Barbara, geb. Müller. Ki.: Jasmin (1975), Nadine (1976). S.: 1969 Mittlere Reife, 1969-72 Lehre als Kellner im Parkhotel Bremen. K.: 1972 Sommersaison als Demi-Chef de Rang Hotel Beatus am Thuner See, 1972-73 Chef de Rang im Esso Motor Hotel in Bremen, 1973-74 Wehrdienst b. d. Marine, 1974-76 1. Oberkellner im Crest-Hotel in Bremen, 1976-78 Hotelfachschule Hamburg m. Abschluß als staatl. geprüfter Betriebswirt Bereich Hotel u. Gaststätte, 1978-80 Restaurant- u. Bankettltr. im Crest-Hotel Bremen, stellv. Hoteldir. im Crest Hotel in Lüdenscheid u. Hagen, seit 1983 Pächter d. Hauses: Parkhotel Haus Vennemann in Münster-Handorf.

Contenius Hartmut
B.: Redakteur. FN.: Hannoversche Allgemeine. DA.: 50559 Hannover, August-Madsack-Str. 1. G.: Bad Reinerz/Schlesien, 27. Dez. 1941. V.: Wernhild, geb. Wassmuth. Ki.: Corinna (1971), Bettina (1974). El.: Rudolf u. Annemarie, geb. Neuman. BV.: Großvater - LG-Präs. in Schlesien. S.: 1961 Abitur Helmstedt, 2 J. Volontär HAZ Hannover, Stud. Politikwiss. Bonn u. Berlin, Abschluß Dipl.-Politologe. K.: während d. Stud. 1963/64 Chefredakteur d. Bonner Studentenzeitung AKUT, seit 1968 Redakteur d. HAZ m. Schwerpunkt Gewerkschaftsfragen u. polit. Parteien, als Ressortltr. zuständig f. "Blick in d. Zeit". P.: div. Veröff. M.: Dt. Journalistenverb. H.: Geschichte, Politik, Sport, Wandern.

Contestabile Berardo *)

Contreras-Valero Juan *)

Contzen Ulrike
B.: Ärztin f. Naturheilverfahren. FN.: U. Contzen-Dr. med. V. Rosenbach-ärztl. Praxisgemeinschaft. DA.: 12205 Berlin, Freiwaldauer Weg 36. G.: Berlin, 13. Feb. 1969. V.: Stephan Contzen. Ki.: Dorothea (1999). El.: Ulrich Ernst u. Astrid Ruska. BV.: Großvater Ernst Ruska - 1986 Nobelpreisträger f. Physik. S.: 1987 Abitur, 1988-95 Stud. Med. Erlangen u. FU Berlin, Staatsexamen, 1994 Heilpraktikerausbild. K.: 1995 Ass.-Ärztin in d. Abt.-Naturheilverfahren am Krhs. Moabit, seit 1998 selbst. in Gemeinschaftspraxis mit Schwerpunkt

*) Biographie www.whoiswho-verlag.ch oder beigefügte CD-ROM

Kinesiologie, Akupunktur, neue punktuelle Schmerz- u. Organtherapie, Homöopathie u. Neuraltherapie, Ausbild. in Akupunktur u. Kinesiologie; Funktionen: seit 1998 Kurse an d. VHS. P.: Diss., Art. in d. Fachzeitschrift "Natur aktiv". E.: 8 J. im Endkonzert d. Jugendwettbewerbes Steinway & Sons an d. HdK. M.: Dt. Ärzteges. f. Akupunktur, Zentralverb. d. Ärzte f. Naturheilverfahren, Hartmannbund. H.: Klavierspielen, Radfahren, Inlineskating.

Conze Hartmut *)

Conzelmann Ewald Karl Dr. med. *)

Conzelmann Martin *)

Conzen Friedrich G. jun.
B.: Gschf. Ges. FN.: Conzen KG. GT.: AR-Mtgl. d. Rhein. Bahnges. AG. DA.: 40549 Düsseldorf, Schanzenstr. 56. G.: Düsseldorf, 22. Mai 1946. V.: Barbara, geb. Joseph. Ki.: Friedrich Georg (1975), Cäcilie Claudia (1977), Florian Gregor (1986). El.: Friedrich G. u. Edeltrude. S.: Gymn. Düssell., Höhere Handelssch. in Bad Honnef. K.: Auslandsaufenth., Banklehre in Düssell., Bundeswehr (Mjr. d. Res.), stellv. Vors. d. Einzelhandelsverb. Düssell., Vors. d. Rahmen- u. Leistenindustrie, Präs. Nordrhein End. M.: Rotary Club Düsseld. H.: Kommunalpolitik (Stadtrat). (R.E.S.)

Conzen Friedrich (Fritz) G. Dr. h.c.
B.: Kfm. FN.: F. G. Conzen. DA.: 40213 Düsseldorf, Bilker Str. 5. PA.: 40009 Düsseldorf, Poststr. 2-3. G.: Düsseldorf, 2. Apr. 1913. V.: Edeltrude, geb. Pfreundschuh. Ki.: Verena, Mechthild, Ursula, Brigitte, Friedrich Georg. El.: Adolf u. Eleonore, geb. Wehner. S.: 1932 Abitur, Stud.Betriebswirtsch., Kunstgesch. Bonn u. München. K.: 1941 Übern. d. Fa. F. G. Conzen, Ehrenpräs. Hauptgem. d. Dt. Einzelhdls. Köln, IHK Düsseldorf, Dt.-Franz. HK Paris, Präs. d. Ges. z. Förd. d. Inst. f. Handelsforsch. an d. Univ. Kön, BeiR. Dresdner Bank AG Düsseldorf, Vorst. Haus u. Grund. E.: Gr. BVK m. Stern, Gr. Silb. EZ f. Verd. um d. Rep. Österr., Ordre National du Mérite, Komturk. m. Stern. M.: Ritter d. Ordens v. Hl. Grab zu Jerusalem, Stifterverb. f. d. Dt. Wiss.

Conzen Joachim Dipl.-Kfm. *)

Conzen Michael Alexander Dr. med. *)

Coogan Jenny *)

Cooper Andrew
B.: Gastronom, Gschf. FN.: ACA Food & Beverages Gastronomie GmbH. DA.: 30926 Seelze, Am Kalkofen 21; 30161 Hannover, Raschpl. 6, 30449 Hannover, Schwarzer Bär 1. mail@coopers.de. www.coopers.de. G.: Dublin/Irland, 24. Apr. 1970. El.: J.B. u. Evelyn. S.: 1987 1. Abitur, 1988 2. Abitur, b. 1989 Ausbild. K.: danach b. Mac Kennas Electric, 1989 nach Hannover, Barkeeper in d. Discothek "Music Hall", versch. Open-Air-Veranstaltungen geplant, parallel im Klim Bim als Küchenhelfer und Barkeeper tätig, später

Teilhaber, 1993-97 Gschf. v. Leo's Restaurant im Zoo Hannover, danach Übernahme d. Irish Harps in Hannover 1998, 1997 Konzeptentwicklung American Diner and Sportsbear "Coopers" u. viele USA-Aufenthalte, 2000 Eröffnung v. "Coopers" in Hannover m. intern. Crew (USA, England, Irland, Südamerika). P.: div. Veröff. beider Objekte in TV, Szene-Magazinen, Tagespresse. H.: Menschen kennenlernen Squash, Fußball, Boxen, Schreiben u. Lesen.

Cooper Birgit *)

Coordes Carsten Dipl.-Ing. *)

Coordes Karin Dr. med. *)

Coordes Volkmar Dr. med. *)

Coors Viola

B.: Steuerfachfrau. FN.: Viola Coors Lohn- u. Finanzbuchhaltung. DA.: 22399 Hamburg, Rehdersweg 18A. G.: Hamburg, 7. Dez. 1962. V.: Thomas Coors. S.: 1979-81 Ausbild. z. Einzelhdls.-Kauffrau in Firma Kaufhof AG. K.: 1981-82 Mitarb. in einer Immobilienfirma in Hamburg, 1983-86 Mitarbeit in einem Steuerberatungsbüro in Hamburg-Bergstedt, b. 1989 Ausbild. z. Steuerfachgehilfin, b. 1995 im Ausbild.-Betrieb als Steuerfachgehilfin, seit 1995 selbst. tätig als Lohn- und Finanzbuchhalterin in Hamburg-Poppenbüttel. M.: BBH. H.: Reiten, Sportkutschfahrten, Hunde (Dalmatiner).

Cooter Manfred James Leopold Dipl.-Kfm. *)

Copf Franz Alexander Dr. med. *)

Copuroglu Saadet
B.: Modedesignerin, Geschäftsinh. FN.: VIVACE Damenmode an d. Oper. DA.: 30159 Hannover, Theaterstr. 1. G.: Izmir/Türkei, 20. März 1952. Ki.: Näsli (1974). S.: Berufsschule Schneiderei, b. 1968 Ausbild. z. Damenschneiderin. K.: selbst. Maßschneiderin, 1972 nach Münster, b. 1993 Schneiderin in Hannover, parallel Stud. Modedesign an d. staatl. Privatschule (Fachl. Ausbild. f. Damenschneiderei u. Modedesign), 1996 Abschluss als Modedesignerin, gleichzeitig selbst. m. exclusiver Designer-Boutique/Atelier in Hannover (Kenzo, Armani, Cambio), parallel Modedesignerin f. eigene Entwürfe. P.: Organ. v. Modenschauen m. vielen Veröff. in d. Presse. E.: div. Ausz. als eine d. besten Boutiquen weltweit. M.: Berufsgen., IHK. H.: Reisen in d. Süden, Wandern, Schwimmen, Tennis, Kunst.

Coqui Helmuth Dipl.-Ing. *)

---

*) Biographie www.whoiswho-verlag.ch oder beigefügte CD-ROM

Corazolla Paul
B.: Maler, Grafiker. PA.: 12161 Berlin, Wilhelmshöher Str. 4. G.: Berlin, 21. Juni 1930. V.: Toshie, geb. Nanjo. El.: Paul Graener u. Margarete Corazolla. BV.: Grafen v. Königsmark. S.: 1946 Begabtenabitur, 1946-52 Stud. Malerei, Grafik u. Kunstgeschichte in Berlin. K.: seit 1952 freiberufl. tätig, öff. Aufträge: Glasfenster an Kirchen u. öff. Gebäuden, Wandmalerei, Glasmalerei, Grafik, 1979-82 Lehrtätigkeit FH f. Maltherapie, Mtgl. Lit. Komm. d. dtsch. Bischofskonf., 1983-95 Ltr. Kunstamt Tiergarten. P.: Veröff. im Verlag Haus Altenberg, Autor "Stationen d. Liebe", Werkmonografie Paul Corazolla. E.: nationale u. internat. Auszeichnungen. M.: 1970/71 1. Vorsitzender Berufsverb. Bild. Künstler Berlin (BBK), 1979-82 1. Vors. d. Ver. Berliner Künstler, 1988 Mitbegründer d. Guardini-Stiftung, 1990 Mitbegründer d. "Künstlerhaus Berlin", Mtgl. im BeiR. d. Karl Hofer-Ges., Mtgl. d. Bischöfl. Kunstkmsn. f. d. Bistum Berlin, Mtgl. Rat d. Künste für Berlin. H.: Beruf. (H.G.)

Cordalis Costa
B.: Sänger, Komponist, Entertainer. DA.: 72250 Freudenstadt, Rippoldsauerstr. 32. G.: Ellatia/Griechenland, 1. Mai 1946. V.: Ingrid. Ki.: Lukas, Angeliki, Eva. S.: Abitur, Stud. Musik, Germanistik u. Phil., ausgebildeter Sänger u. Komponist, Gitarre, Bouzouki, Klavier, Posaune. K.: 1968 1. Single "Du hast ja Tränen in d. Augen", größte Hits: "Steig in d. Boot", "Anita", "Die süßen Trauben hängen hoch", "S.O.S.", "Carolina komm", "Shangri la", "Die Blumen d. Nacht", "Pan"; gemeinsam m. Sohn Lucas Single "Viva La Noche". P.: 23 LP's, 50 Singles. E.: 3 Gold. LP'S, Gold. Europa d. Europawelle Saar, Gold. Label d. Fachzeitschrift "musik-informationen", Bester Sänger d. J., Gold. Stimmgabel d. Europawelle Saar, Gold. Stimmgabel anläßlich d. "Tag's d. dt. Schlagers". H.: Langlaufen, Tiefseetauchen, Tennis, Radfahren, Eishockey, Hunde.

Cordes Christiane M.A.

B.: BiblR., Fachbereichsltr. Kultur u. Sport d. Stadt Oldenburg. DA.: 26121 Oldenburg, Peterstr. 1. G.: Meppen, 29. Okt. 1961. V.: Volker Marnowsky. Ki.: Paul (2000). El.: Heinrich u. Maria, geb. Bräsken. S.: 1981 Abitur Meppen/ Emsland, Stud. FH Köln, Dipl.-Bibl. an öff. Bibl., 1985 Examen, Stud. Geschichte, Politik u. Soz. Univ. Bonn u. Hannover, 1991 Examen, 1992-94 Referendariat z. Höheren Bibl.-Dienst in Köln, 2. Staatsexamen, Abschluss: M.A. K.: während d. Stud. Tätigkeit in d. Univ.-Bibl. Hannover, 1994-2000 Ltr. d. Stadtbibl. in Oldenburg, seit 2001 Fachbereichsltr. Kultur u. Sport d. Stadt Oldenburg. M.: 1996-2001 Vorst. im dbv.

Cordes Dieter
B.: Grafiker. PA.: 21039 Hamburg, Neuengammer Hausdeich 251. G.: Hameln, 24. Sep. 1938. V.: Silvia, geb. Bothmann. Ki.: Marcus (1970), Vanessa (1983). El.: Otto u. Mimmi. S.: VS, 1953-59 Lehre als Drucker, Schriftsetzer u. Tiefdrucker, 1961-65 Stud. Grafikdesign Werkkunstschule Hannover, Abschluß Dipl.-Designer. K.: 1963-65 freier Mitarbeiter b. NWDR Fernsehen Hannover, 1965-66 Werbegrafik, Ausstellungsgestaltung u. Messebau b. Rosenthal AG Selb, ab 1967 Grafikdesigner b. Europa Carton AG Hamburg, 1968 Art-Dir., 1976 Creativedir., 1986 Ltr. d. Inst. f. Packagingdesign b. Europa Carton AG, 1990 Grdg. d. Identity Inst. f. Corporate Design GmbH, ab 1993 Geschf. d. Identity GmbH u. d. IfP Inst. f. Packungsgestaltung GmbH. BL.: 1988/89 u. 1991/92 Lehraufträge FHS Hamburg, 1990 Lehrauftrag HS d. Künste Berlin, 1989 PLM Verpackungsseminar in Malmö, 1990 u. 1991 Management Circle Frankfurt/Main; 1979-92 aktiv an 5 Segel-WM teilgenommen. P.: Packungen müssen Produkte verkaufen (1982), Consumer and Export Packaging (1984), Kriterien f. d. Entwicklung v. Produktausstattungen (1987). E.: 1995 AHT Award. M.: SC 4 Segelclub Vierlande Hamburg. H.: Snowboard, Rennradfahren, Segeln.

Cordes Eckart *)

Cordes Eckhard Dr. rer. pol.
B.: Vorst. FN.: DaimlerChysler AG. DA.: 70567 Stuttgart, Epplestr. 225. www.daimler-chrysler.com. G.: Neumünster, 25. Nov. 1950. S.: Stud. BWL Univ. Hamburg, 1974 Dipl.-Kfm., Prom. z. Dr. rer. pol. K.: 1976 Trainee Daimler-Benz AG, 1977-81 Dion.-Ass. Pkw-Werk Sindelfingen, anschl. Ltg. Investitionsplanung d. Werkes, 1983 Produktcontrolling f. neue Nutzfahrzeugprojekte v. Daimler-Benz AG Stuttgart, 1986 als Dir. Ltg. d. Buchhaltung u. Controlling d. Mercedes-Benz do Brasil in Sao Paulo, 1989 Dir. Controlling Daimler-Benz-Tochter AEG Frankfurt, 1994 Mtgl. d. Direktoriums m. Generalvollmacht Stuttgarter Daimler-Benz-Zentrale, 1996 stellv. Vorst.-Mtgl., 1997-2000 o.Vorst.-Mtgl. f. Konzernentwicklung + IT-Management, seit 2000 o.Vorst.-Mtgl. f. d. Nutzfahrzeug-Geschäft.

Cordes Friedrich Arnold *)

Cordes Gerhard *)

Cordes Heinz-Jürgen *)

Cordes Karin
B.: Modistenmeisterin, Inh. FN.: Bräuer-Hüte. DA.: 04249 Leipzig, Dieskaustr. 193. G.: Cottbus, 6. Mai 1942. V.: Jürgen Cordes. Ki.: Solveig (1970), Malte (1977). S.: Lehre z. Putzmacherin. K.: Tätigkeit im Familienbetrieb, seit 1989 Inh. d. o.g. Firma, 1986 Modistenmeisterin. BL.: seltenes Handwerk. H.: Literatur.

Cordes Klaus-Peter Dr. rer. pol. Dipl.-Kfm. Dipl.-Volkswirt *)

Cordes Peter *)

Cordes Peter Rudolf *)

Cordes Renate Ingrid

B.: Fachwirt d. Grundstücks- u. Wohnungswirtschaft. FN.: PR Privatgrund Verwaltungs GmbH. DA.: 59302 Oelde, Warendorfer Str. 43. G.: Recklinghausen, 9. Feb. 1948. V.: Joachim Cordes. Ki.: Katrin, Anna-Bel. El.: Willi u. Agnes, geb. Lenz. S.: 1961-64 Lehre als Bankkauffrau. K.: 1964-68 Bankkauffrau, 1978 freie Mitarbeiterin als Häuservermittlerin, 1988 selbständige Unternehmerin, Grdg. der Firma "Renate Cordes Immobilien" in Oelde u. d. Firma Privatgrund Verw. GmbH.

Cordes Volker Dr. med. Dr. med. dent. *)

---
*) Biographie www.whoiswho-verlag.ch oder beigefügte CD-ROM

Cording Ralf *)

Cordsen Joachim *)

Cordts Jürgen *)

Cordts Torsten *)

Cordua Klaus-Otto Dipl.-Ing. *)

Corijn Johannes M. *)

Corkovic Milan *)

Corman Gilbert Dr. med. *)

Cornand Peter Paul *)

Cornehl Sigrid *)

Cornehl Ulrich Dipl.-Ing.
B.: Architekt, Inh. FN.: Arch.-Büro Cornehl. DA.: 22303 Hamburg, Mühlenkamp 37a. G.: Hamburg, 7. Apr. 1969. El.: Hans u. Dr. Christa. S.: 1988 Abitur Hamburg, 1988-90 Res.-Offz. Bundeswehr, 1990-92 Stud. Maschinenbau an d. TU München, 1992-97 Arch.-Stud. in München, Abschluß als Dipl.-Ing. K.: 1997 Übernahme d. väterl. Büros. M.: seit 1980 Norddt. Regattaver., seit 1988 Golfclub am Sachsenwald, seit 1983 THC Klipper, seit 1998 Übersee-Club Hamburg e.V. H.: Segeln, Golf, Ausstellungen aller Art, klass. Musik/Oper, Vorträge z.B. im Übersee-Club e.V.

Cornelissen Josef Dr. iur.
B.: Hpt.Gschf. i. R. d. BVerb. Dt. Kornbrenner e.V. u. Gschf. i. R. d. Arge Dt. Agraralkoholerzeuger u. -bearb. FN.: BVerb. Dt. Kornbrenner e.V. PA.: 59425 Unna-Mühlhausen, Heerener Str. 45c. G.: Essen, 20. Juni 1934. V.: Barbara, geb. Eckle. Ki.: 2 Kinder. S.: Abitur, 1. u. 2. Jur. Staatsexamen, Prom. K.: seit 1964 b. BVerb. Dt. Kornbrenner, seit 1973 Gschf., seit 1977 Hpt.Gschf., seit 1982 Gschf. d. Arge Dt. Agraralkoholerzeuger u. -bearb., seit 1985 Vors. d. Ver. f. Heimat u. Natur Mühlhausen/Uelzen, seit 1990 Vors. d. Naturschutzbundes Deutschland Kreisverb. Unna e.V., in dieser Eigenschaft Verfasser d. Bücher "Mühlhausen/Uelzen - Geschichte, Natur u. vieles andere" (2. Aufl. 1989), "Haus Heyde bei Unna" (1998). P.: zahlr. Fachaufsätze u. Beiträge.

Cornelius Gert Dr. *)

Cornelius Ingeborg *)

Cornelius Karsten *)

Cornelius Peter
B.: Künstler, Sänger, Gitarrist, Komponist, Texter, Produzent, Multiinstrumentalist. DA.: A-3002 Purkersdorf, Linzerstr. 13. G.: Wien, 29. Jan. 1951. V.: Ulrike. S.: Banklehre, 1968 Bankkfm. K.: m. 6 J. erster Cellounterricht, 1968 Engagement b. Musical "Hair", Gastspiele in Hamburg u. Berlin, 1970 Grdg. d. 1. Band, 1973 1. LP, gewinnt b. "Show Chance" mit d. Titel "I leb in ana Wolk´n", 1974 weitere LP, 1975 3. LP, 1979 Beginn d. Zusammenarb. mit Produzenten Michael Cretu, 1980 LP "Der Kaffee ist fertig", LP "Zwei", 1981 LP "Reif für die Insel", 1982 LP "Bevor I geh", große Tournee durch Dtl., Österr., Schweiz, 1983 LP "Fata Morgana", große Tournee durch Dtl., Österr., Schweiz, umzug nach München, 1984 LP "Süchtig", 1985 große Tournee durch Dtl., Österr., Schweiz, 1986 LP "Gegen den Strom", 1987 LP "Cornelius 87", 1988 LP "Sensibel", Umzug nach Purkersdorf Ö., 1989 LP "Jahreszeiten", 1990 LP "In Bewegung", 1992 LP "Cornelius & Cretu", 1993 LP "Lieber heut als morgen", 2001 LP "Lebenszeichen", dzt. Arb. an d. neuesten CD´s im hauseigenen Studio. H.: Sammlen v. Gitarren, Tennis, Cafehäuser, Verbringen unverplanter Freizeit, seriöse Reportagensend.

Cornelius Peter *)

Cornelius Rolf Dipl.-Psych. *)

Cornelius-Hahn Reinhardt O. *)

Cornelssen Dierk

B.: Gschf. FN.: IIT Ges. f. Innovative Informationstechniken mbH. DA.: 76275 Ettlingen, Ferdinand-Porsche-Str. 9. PA.: 76307 Karlsbad, Eyachstr. 23. info@iit-gmbh.de. www.iit-gmbh.de. G.: Kaiserslautern, 31. Jan. 1944. V.: Brigitte, geb. Krauss. El.: August u. Hertha. BV.: August Cornelssen Präs. d. Dt. Weininst. in Mainz. S.: 1965 Abitur Wiesbaden, 1965-67 Wehrdienst Luftwaffe, 1967-69 Stud. Jura u. BWL. K.: 1969-71 Ang. b. Nixdorf Frankfurt, 1971-72 Kienzle Frankfurt, 1972-84 Firma Mai EDV Stuttgart, 1984-97 Gschf. Ges. Firma CDT Ettlingen, seit 1997 Gschf. Ges. Firma IIT GmbH Ettlingen. F.: Mehrheitsges. einer EDV-Firma. H.: Tauchen, Skifahren, Reisen, Briefmarken.

Cornely Karlheinz Dipl.-Kfm.

B.: KH-Dir. i.R. FN.: NSA Hdl. u. Vertrieb. DA.: 50226 Frechen, Werner-Erkens-Str. 46. G.: Weiden/Köln, 2. Feb. 1931. V.: Margot. Ki.: Dominik, Manuel, Daniel, Oliver. El.: Hans u. Klara. S.: 1951-54 Stud. Wirtschafts- und Sozialwiss. Köln. K.: 1954-77 Ang. in d. Gewinnungsind. u. Organ.-Beratung, seit 1979 Dir. d. St.-Katharinen-Hospitals in Frechen. M.: Grdg.-Mtgl. d. Hospizes Frechen u. Unthkana (Förd. Körperbehinderter in Indien), Kinderschutzbund, Förderver. St. Severin Frechen, KH-Förderver. St. Katharinen. H.: Musik, Literatur, Religion, Phil.

Corral Castro Alberto

B.: Dir. FN.: Chanel. DA.: 40212 Düsseldorf, Königsallee 30. PA.: 50674 Köln, Dasselstr. 79. G.: Remscheid, 14. Nov. 1970. El.: Crisanto u. Maria, geb. Castro. S.: 1987 Mittlere Reife, Lehre Schaufenstergestalter Remscheid. K.: 1990-93 Einkäufer f. Kinder- und Damenmode, 1993-97 Betreiber d. Agentur ACC Fullservice, seit 1997 bei Chanel, seit 2001 Directeur Chanel Düsseldorf. P.: Veröff. in RTL und WAZ. H.: Musik, Sport, Essen, Weine, Lesen, Reisen.

*) Biographie www.whoiswho-verlag.ch oder beigefügte CD-ROM

Correia Gilbert
B.: Künstler, Inh. FN.: Art Galerie Correia. DA.: 58095 Hagen, Hochstr. 110. G.: Algarve/Farro, 24. Okt. 1964. El.: Manuel Philipp u. Maria, geb. Horta. S.: 1986 Abitur Iserlohn, 1986-92 Stud. Elektronik, 1992 Dipl.-Ing. K.: 1992-98 H.I.W. - CAD Computer, 1998-99 G.B.R. versch. Kunsthäuser übernommen, Spezialfach Fachkunst - Rahmen-Accessoires-Kunst-Galerien. F.: Elektrofirma. P.: Ausstellungen, Zeitungsart. H.: Museum, Musik, Orgelspielen.

Correll Werner Dr. Prof.
B.: o. Univ.-Prof. f. Psych. FN.: Univ. Gießen. GT.: Berater f. Politik u. Wirtschaft. PA.: 35305 Grünberg, Am alten Turm 16. G.: Wasseralfingen, 29. Juni 1928. V.: Erika. Ki.: Cathrin (1969). El.: Friedrich u. Katharina. S.: Stud. Univ. Tübingen, 1957 Prom. K.: 1957-58 Ass. Frankfurt, 1957-58 u. 1958-63 Doz. Württemberg u. Flensburg, seit 1961 Prof., seit 1964 Prof. in Gießen, mehrj. Forschungstät. USA u.a. Harvard Univ. P.: "Motivation und Überzeugung" (1999, 10. Aufl.), "Menschen durchschauen" (1999, 17. Aufl.), "Lernpsychologie" (1985), "Verstehen und Lernen" (1991, 2. Aufl.). H.: Schwimmen, Bergsteigen, Golf.

Corso Claudio *)

Corsten Günter *)

Corsten Ralf Dr.
B.: Vorst.-Vors. FN.: Touristik Union Intern. GmbH & Co KG (TUI) Hannover. DA.: 30625 Hannover, Karl-Wiechert-Allee 23. www.tui.com. G.: Berlin, 21. Feb. 1942. S.: 1960 Abitur, Stud. Rechtswiss. u. BWL in München u. Kiel. K.: 1968 Gschf. d. Kempinsiki Intern. Hotel Consulting GmbH München, 1972 Wechsel als Gschf. Ges. z. Continental Hotel Consultans GmbH (CHC) München, Management- u. Beratertätigkeiten f. Hotelunternehmen, Reiseveranstalter u. Tourismusmin. in Europa, Afrika, Asien u. Amerika, 1990 Vorst. d. Dt. Interhotel AG Berlin, ab 1992 Spr. d. Vorst. d. TUI, seit 1994 Vorst.-Vors. verantw. f. d. Ber. Hotelbeteiligungen, Konzernfunktionen.

Corsten Severin Dr. phil. Prof. *)

Corterier Fritz Dipl.-Kfm. *)

Corterier Helmut Dr. *)

Corth Carola

B.: Gschf. Ges. FN.: Möbelhaus Corth GmbH & Co KG. DA.: 38640 Goslar, Breite Str. 30-31. info@corth.de. www.corth.de. G.: Goslar, 12. Feb. 1973. V.: Dipl.-Kfm. Sebastian, geb. Wolf. El.: Wolfgang u. Elke Corth, geb. Wieland. S.: 1992 Abitur, b. 1997 Stud. BWL Univ. Lüneburg. K.: seit 1997 tätig im elterl. Möbelhaus u. seit 1998 Gschf. Ges. M.: Wirtschaftsjunioren Harz, Golfclub Lüderburg. H.: Golf, Schwimmen.

Coselli Roberto
B.: Gschf. Ges. FN.: Inter-Klassik GmbH. DA.: 10117 Berlin, Friedrichstr. 150.152, Maritim proArte Hotel. robert.coselli@interklassik.de. G.: Potsdam, 2. Juli 1955. V.: Cornelia, geb. Pfeiffer. Ki.: Michael (1978). El.: Renate Coselli. S.: 1970

Mittlere Reife, 1970-73 kfm. Lehre Einzelhandel. K.: 1973-83 tätig in versch. Branchen im Hdl., 1983-89 Empfangschef in Jugend-Tourist-Hotel in Werder, 1989-91 Mitarbeiter in d. Rezeption u. stellv. Empfangschef im Grand Hotel in Berlin und bis 1994 Concierge, seit 1994 selbständig m. Grdg. d. Firma Inter-Klassik GmbH in Berlin, 1994 Eröff. d. Filiale im Estrel Hotel in Berlin, 1998 Eröff. d. Filiale im Dussmann-Kaufhaus in Berlin, 1999 im Pro Markt am Kurfürstendamm, 2000 im Europe Center in Berlin u. 2001 Eröff. d. 6. Filiale in Sony-Center am Potsdamer Platz m. Schwerpunkt intern. Hotel- u. Berlingästebetreuung u. Begleitung sowie Ausstattung v. Firmenevents. P.: Erwähnung in namhaften Hauptstadtmagazinen, Art. in Tageszeitungen. H.: Reisen, Videofilmen.

Coskun Oral Dipl.-Ing. *)

Cosmann Oliver
B.: Tischlermeister, Inh. FN.: Oliver Cosmann Tischlerei. DA.: 22529 Hamburg, Osterfeldstr. 16. G.: Hamburg, 19. Juni 1959. Ki.: 2 Kinder. S.: 1979 Abitur Benefeld, 1979-81 Ausbild. Groß- u. Außenhdl.-Kfm. Hamburg, 1982-83 Bundeswehr, 1983-85 Ausbild. Tischler Timmendorfer Strand. K.: 1986-89 Tischler u. Restaurator in d. Firma Rangoni-Basilio SRL in Florenz, 1989 Meisterschule in Bad Wildung u. Meisterprüf., 1990 Grdg. d. Firma Oliver Cosmann Tischlerei m. Schwerpunkt Idee, Planung, Bauen u. Restaurieren, tätig u.a. f. Donghia Möbel u. Tobias Grau Lampen. H.: Golf.

Cosmar Evelyn Heidemarie Dominique

B.: FA f. Augenheilkunde. DA.: 59192 Bergkamen, Louise-Schröder-Straße 20. G.: Mainz, 11. Apr. 1967. V.: Thomas Cosmar. Ki.: Deborah Alexandra, Louis Carl. El.: Hans-Jürgen u. Gabriele, geb. Köppel. S.: 1986 Abitur Dülmen, 1986-93 Med.-Stud. an d. Westfäl. Wilhelms-Univ. in Münster. K.: 1993 Prakt. Tätigkeit im Johannis Hospital in Dortmund, 1995 Ass.-Ärztin, 1998 FA-Prüf., seit 1999 selbst. Augenärztin in Bergkamen. M.: Ak. f. ärztl. Fortbild., BVA. H.: Tanzen, Skifahren, Tennis, Lesen.

Cossa Sylvia *)

Costabel Christiane A. Dipl.-Ing.
B.: Ltr. FN.: Stadt Braunschweig, Umweltamt. GT.: seit 1992 Prüferin in d. Abt. Landespflege d. Oberprüfungsamtes f. d. höheren technischen Verwaltungsbeamten in Frankfurt/Main. DA.: 38118 Braunschweig, Petritorwall 6. christiane.costabel@braunschweig.de. www.braunschweig.de. G.: Wolfenbüttel, 12. Apr. 1955. El.: Heinz Costabel u. Gertrud, geb. Reetz. S.: 1974 Abitur in Wolfenbüttel, 1974-81 Stud. Fachrichtung Landespflege an d. Univ. Hannover m. Abschluß Dipl.-Ing. f. Landschaftspflege, 2000 Aufbaustudiengang Verwaltungsbetriebswirtschaft f. Führungskräfte. K.: 1978-80 wiss. Hilfskraft am Inst. f. Landesplanung u. Raumforschung, 1981-82 dipl. wiss. Kraft am Inst. f. Landesplanung u. Raum-

*) Biographie www.whoiswho-verlag.ch oder beigefügte CD-ROM

forschung u. zusätzl am Inst. f. Landschaftspflege u. Naturschutz, 1982 freie Mitarbeiterin in einem Landschaftsarchitektenbüro in Hannover, 1983-85 Verwaltungsreferendarin b. d. Bezirksregierung Hannover, Fachrichtung Landespflege, 1985 Abschluß m. großer Staatsprüfung u. seitdem Landesassessorin, 1985-86 technische Ang. b. d. Naturschutzbehörde d. Landkreises Osterholz, 1986-88 Ltr. d. Abt. f. Naturschutz, Landschaftspflege u. Regionalplanung d. Landkreises Osterholz, 1989-90 Ltr. d. Planungsamtes d. Landkreises Osterholz, seit 1990 Ltr. d. Umweltamtes d. Stadt Braunschweig m. d. Aufgabenbereichen Umweltplanung u. -vorsorge, Naturschutz, Wasser- u. Immissionsschutz, sowie Abfallrecht. H.: Reisen, Lesen.

Costabel Ulrich Dr. med. Prof.
B.: Chefarzt FN.: Ruhrlandklinik Essen-Heidhausen. DA.: 45239 Essen, Tüschener Weg 40. G.: Schramberg, 31. Jan. 1949. V.: Prof. Dr. Josune Rotaeche. El.: Dr. Armin u. Ingeborg, geb. Rasche. S.: 1968 Abitur, 1968-74 Stud. Med. Freiburg u. Kiel, 1974 Staatsexamen Freiburg, 1975 Amerikan. Staatsexamen, 1975 Approb. u. Prom. Patholog. Inst. d. Univ. Freiburg, 1986 Habil. Innere Med. Freiburg, 1988 Umhabil. Univ. Essen, 1986 FA f. Innere Med. Pneumologie u. Allergologie. K.: 1974 Med.-Ass. an d. Med. Univ.-Klinik in Freiburg, 1975 Med.-Ass. an d. Univ.-Nervenklinik Freiburg, 1975-76 Bundeswehr-Truppenarzt, 1977-78 wiss. Ang. am Patholog. Inst. d. Univ. Freiburg, 1978-85 wiss. Ass. an d. Med. Univ.-Klinik Freiburg, 1985-87 OA d. Abt. Pneumologie d. Med. Univ.-Klinik Freiburg u. seit 1987 Chefarzt, seit 1994 apl. Prof. an d. Univ. Essen. E.: 1968 Victor-von-Scheffel-Preis d. Dt. Scheffel Ges., 1987 Karl-Hansen-Gedächtnispreis d. Dt. Ges. f. Allergie u. Immunitätsforsch., 1992 Fellowship d. Japan. Society d. Univ. Kyoto f. Prom., 1994 Sarkoidoso-Forsch.-Preis d. Dt. Sarkoidose Vereinig. M.: Dt. Ges. f. Innere Med., Dt. Ges. f. Pneumologie, Arb.-Gruppen: Bronchoalveoläre Lavage, Qualitätssicherung i. d. Bronchiologie, Diagnost. Vorgehen bei diffusen Lungenparenchymerkrankungen, seit 1994 Vors. d. WATL, Süddt. Ges. f. Pneumologie, Rhein.-Westfäl. Vereinig. f. Lungen- u. Bronchialheilkunde, seit 1992 BeiR.-Mtgl. d.Ges. f. Lungen- u. Atmungsforsch. Bochum, Dt. Ges. f. Allergie- u. Immunitätsforsch., Dt. Ges. f. Zytologie, seit 1987 SEPCR, seit 1988 SEP, seit 1990 European Respiratory Society, seit 1990 American Thoracic Society, American College of Chest Physians (seit 2000 Internationaler Regent for Germany) u. seit 1995 VPräs., WASOG Gutachter u. Hrsg. f. wiss. Zeitschriften wie: European Respiratory Journal - 1995-99 Chef-Editor, Sarcoidosis, Tubercle and Lung Disease, Allergo Journal. H.: Skifahren, Lesen, klass. Musik.

Costabél Heiner
B.: Konzertpianist. FN.: Concerti Costabél. DA.: 70565 Stuttgart, Schopenhauerstr. 39. PA.: 70565 Stuttgart, Schopenhauerstr. 39. G.: Zainingen, 26. Jan. 1947. Ki.: Mirjam (1986), Hannah (1989). El.: Heinz u. Doris, geb. Rösler. S.: 1966 Abitur am Ev.-theol. Seminar in Urach, 1966-75 Musikstud. Staatl. HS f. Musik Stuttgart, Hauptfach Klavier b. Prof. Horbowski, 1972 Stud. b. Claudio Arrau, Chile. K.: 1975-82 Doz. f. Klavier Musik-HS Stuttgart, ab 1982 freischaff. Konzertpianist, Begleiter u. Kammermusiker in d. BRD, Österr. u. Schweiz, 1988 Schleswig-Holst.-Musikfestival; Zusammenarb. m. Orchestern u. Ensembles v. Weltrang, Konzertreisen in ganz Europa m. über 100 Auftritten pro Saison, zahlr. Rundfunkaufnahmen u. div. Fernsehauftritte. BL.: Entwickl. e. elektr. angetriebenen Raupengerätes f. d. hochrangige Alleintransport e. Konzertflügels, auch über Treppen. E.: 1964 1. Preis Wettbewerb "Jugend musiziert" im Fach Kammermusik, 1965 1. Preis Wettbew. d. Tonkünstlerverb. im Fach Klavier u. 1. Preis b. Adolf-Mann-Wettbew., 1973 Preisträger Wettbew. d. Museumsges. Ulm.

Cöster Otto *)

Costrau Walter *)

Counil Bernard

B.: Gschf. FN.: Counil GmbH Gastronomie d. Stadthalle am Schloß, Aschaffenburg m. Restaurant Glockenspiel. DA.: 63739 Aschaffenburg, Schloßpl. 1. G.: Creil/Oise (Frankreich), 12. Apr. 1950. V.: Christa, geb. Wagner. Ki.: Frederic (1982), Sophie (1984), Moritz (1986). El.: Jaques u. Huguette, geb. Moulin. S.: 1963-67 College m. Abschluß Mittlere Reife, 1967-71 Fachoberschule für Elektrotechnik Creil/Frankreich. K.: 1971 Elektrotechniker b. d. Firma Ascinter-Otis Paris, 1972 Franz. Armee, ltd. DG Sergeant, 1973-82 Firma Bremshey Nördlingen, 1982-84 BECO-Beleuchtungstechnik in Fellbach b. Stuttgart, zuletzt Gesamtbetriebsltr., Produktion, 1984-91 Pächter Restaurant Biergarten "Rotochsenkeller" Nördlingen, 1985-91 gleichzeitig Pacht d. Hotel Schützenhof in Nördlingen, 1991-95 Pachtübernahme d. Hotel-Restaurant Herzogskelter Güglingen b. Heilbronn, seit 1994 Gastronomie d. Stadthalle am Schloß Aschaffenburg m. Restaurant Glockenspiel. M.: BHG Bayer. Hotel- u. Gatstättenverb. H.: Sport (Basketball), Lesen, Musik, Basteln, Hobbykoch, Briefmarken.

la Cour Johannes *)

de l'Homme de Courbière Volker Dr. phil.

B.: Publizist, Vorst.-Vors. FN.: CONDOMI AG. GT.: Gschf. KOMED. DA.: 50823 Köln, Venloer Str. 231b. G.: Schleswig, 13. Jan. 1959. El: René u. Anne-Liese, geb. Gumprich. BV.: Gen.-Marschall René Guillaume de l'Homme de Courbière Verteidiger d. Festung Graudenz gegen Napoleon. S.: 1978 Abitur Mülheim/ Ruhr, 1978-79 Stud. Univ. Nantes/ Frankreich, 1979-83 Stud. Univ.-GH Duisburg, 1983 Examen, 1986 Prom. K.: 1987-90 Ltr. Amt f. Presse u. Öff.-Arb. d. Ev. Stadtkirchenverb. Köln, 1990-92 Chefredakteur Zeitschrift "Innovatio" Bonn, 1992-93 Chefredakteur Launch "Insight Kommunikation", seit 1993 Firma Condomi, 1995-2001 Gschf. Komed GmbH, seit 1997 eigene Fbk. in Erfurt, 1998 Tochterges. in Wien Condomi, Condomi Ltd. in London, 1998 Neugrdg. Condomi AG, seit 1998 Vorst.-Vors., 1999 Börsengang in Frankfurt, 2000 Kauf d. Marktführers in Polen UNIMIL, Stellv. Vors. d. AufsR d. UNIMIL S.A., seit 2001 Mtgl. d. AufsR d. TON-ART AG, Düsseldorf. P.: Buch "Auf d. Suche nach d. Homo Bertelmannensis" (1996), Buch "Erfolgreiche Medienmacher in Europa" (1994), Fernseh- u. Zeitungsinterviews. M.: Vorst.-Vors. Freundeskreis d. Christl. Presse-Ak. Frankfurt. H.: Kochen, intern. Küche, Lesen, Romane u. Biografien, Waldhornspielen, Tennis.

Courtois Horst Dr. oec. publ. Univ.-Prof. *)

*) Biographie www.whoiswho-verlag.ch oder beigefügte CD-ROM

Coutris Constantin
B.: Architekt. FN.: Arch.-Büro Coutris. DA.: s.u. PA.: 50374 Erftstadt, Haus Buschfeld 12. G.: Athen, 31. Juli 1954. V.: Margot, geb. Becker. Ki.: Julia (1990). El.: Georgios u. Angela, geb. Kapetenaki. S.: 1972/74 FH-Schule Leverkusen, 1974 Fachhochschulreife, 1974-79 Stud. Arch. FH-Köln, 1979 FH-Abschluß Dipl.-Ing. Arch., 1979-81 Stud. Arch. u. Städtebau RWTH Aachen. K.: 1979-80 freie Mitarbeit b. Arch. Büro Prof. Vossbeck-Erlen, Wettbewerbe: Volksbank Groß Gerau, Landratsgebäude Bad Ems, Ev. Gemeindezentrum Hamm/Sieg, 1980-82 freie Mitarbeit b. Arch. Büro Drinhausen, Projekte: Wohn- u. Geschäftshaus in Troisdorf, Wettbewerbe: Progymnasium Bensberg, Fußgängerzone Troisdorf, 1982-83 freie Mitarbeit b. Arch. Nikolaus Rosini, Projekte: Schloß Saarbrücken, Altenzentrum Köln-Kalk, 1983 Einbürgerung, seit 1984 Grdg. d. eigenen Büros, div. Wohnungsbauprojekte, div. Wettbewerbe: Burgberg Bad Münstereifel m. Prämierung, Künstlerwohnung Köln-Rath, Villa in Frankenforst. Jugendzentrum in Waldbröl, Messebau f. IAA Frankfurt m. Prämierung, soz. Wohnungsbau Köln-Porz, 2 Großprojekte f. Griech. Firmen in Deutschland, Sozialpsychiatr. Zentrum Köln-Ehrenfeld. BL.: 1 J. Auslandsreferent d. ASTA Köln. P.: Veröff. in "Häuser", "Schöner Wohnen", Titelbild "Raum u. Wohnen" (1989), erwähnt in: Ulrich Timm "Wohnhäuser unter Glas" (1986 Callwey Verlag). M.: seit 1987 Mtgl. d. Arch.-Kam. NRW. H.: klass. Musik, klass. Gitarre, Sammeln geom. Malerei.

Covaci Stefan Dr. rer. nat.
B.: Vorstand, Chief Executive Officer. FN.: agentscape AG. DA.: 10553 Berlin, Kaiserin-Augusta-Allee 10 - 11. s.covaci@agentscape.de. G.: Bukarest, 23. Jan. 1955. Ki.: 1 Tochter. S.: 1973 Abitur in Bukarest, 1987 Prom. Dr. rer. nat. K.: 1979 Dipl.-Ing. d. Elektronik- u. Fernmeldetechnik am Polytechnischen Inst. in Bukarest, 1985-90 Honorarprofessor u. in d. Forschung tätig am Forschungsinstitut f. Informatik in PC-Technik in Bukarest, 1990 Übersiedlung nach Berlin u. wiss. Mitarbeiter am GMD - Fokus, 1993-98 Honorarprofessor an d. TU Berlin, Fachbereich Informatik, 1994-97 Abteilungsleiter Netzwerkmanager u. globale Kollektivitätsdienste, 1997-99 Dir. d. Intelligent Mobile Agents Center of Competence innerhalb d. GMD, seit 1999 Vorst. d. Firma agentscape AG u. Berater f. Telekom u. Projektleiter in strategischen Studien f. "EURESKOM-Institut". BL.: Grdg. d. Firma agentscape AG nachdem er sich mehr als 20 J. in versch. Positionen m. d. Entwicklung u. Realisierung von Kommunikations- u. Agententechnologien befasst, engagiert in intern. Kommissionen f. d. weltweite Standardisierung v. Agententechnologien - Software Agents, natürlichsprachige u. sozialintelligente Mensch-Maschine-Schnittstellen v. professionellem Interesse. H.: Klavierspielen, Kunst, Reisen.

Covic Zlatko

B.: Hotelfachmann, selbständig. FN.: Madison Café Bar Restaurant. DA.: 66482 Zweibrücken, Poststr. 11. G.: Split/Kroatien, 9. Okt. 1964. El.: Ante u. Maria, geb. Barac. S.: 1982-83 Hotelfachschule Tegernsee, Abschluss als Hotelfachmann, 1983-84 Wehrdienst in Jugoslawien. K.: 1984-88 Tätigkeit im elterl. Gastronomiebetrieb in Zweibrücken, 1988 Übernahme d. elterl. Betriebes eines Jugoslawischen Restaurants, 1997-99 Tätigkeit in einem Gastronomiebetrieb in Pirmasens, 1999 Eröff. d. Madison in Zweibrücken Cocktailbar/Bistro. BL.: Events z.B. Australische Woche m. australischen Speisen, Ausstellungen versch. regionaler Künstler im Bistro. M.: DEHOGA. H.: Beruf (Kochen), Skifahren, Reisen.

Cox Heinrich Leonard Prof.
B.: Univ.-Prof. FN.: Volkskundl. Seminar Univ. Bonn. DA.: 53113 Bonn, Am Hofgarten 22. PA.: 53359 Rheinbach, Zur Tomburg 18. cox@uni-Bonn.de. G.: Geleen/NL, 15. Aug. 1935. V.: M.A. Anita, geb. Leick. El.: Peter Heinrich u. Elisabeth, geb. Mainz. S.: 1955 Abitur, 1955-57 Wehrpflicht, 1957 Lt., 1959 OLt., 1957-63 Stud. Germanistik Univ. Nijmegen, 1961-63 Univ. Bonn, 1964-65 wiss. Mitarb. ATLAS d. dt. Volkskunde, 1965-67 wiss. Mitarb Nijmegen. K.: 1967-69 C3-Prof. f. Volkskunde Univ. Nijmegen, 1969-75 Ordinarius f. Dt. Sprache u. Literaturgeschichte d. Mittelalters Univ. Utrecht, seit 1975 Prof. f. Volkskunde Univ. Bonn, seit 1985 daneben 1. Sprecher Intern. Europ. Arbeitsgruppe f. Ethnokartographie. E.: korresp. Mtgl. Kgl. Belg. Ak. d. Wiss. Niederländ. Abt., Ehrenmtgl. Koninklijke Vlaamse Commissie f. Volkskunde, Intern. Grand - Ducal, 1997 BVK 1. Kl. durch Sts. Lieb. M.: mehrere Ges. H.: Reiten, klass. Musik, Trompete, Klarinette, Oboe, Reisen in Naturparks in d. Westen d. USA.

Cox Rainer

B.: RA. DA.: 10627 Berlin, Wilmersdorfer Str. 115-116. G.: Wernigerode, 4. Aug. 1953. V.: Gabriele. Ki.: Melanie (1986), Stefan (1991). El.: Gerhard u. Elsa. S.: 1972 Abitur Wolfsburg, 1972-83 Stud. Jura Berlin, Auslandsstation Melbourne/Australien, 2. Staatsexamen. K.: 1983-94 RA in d. Sozietät Cox u. Zimmermann, seit 1994 selbst. Kzl. m. Schwerpunkt Arb.-, Familien- u. Verkehrsrecht. M.: Steglitzer Tennis-Klub. H.: Tennis, Tischtennis. Sprachen: Englisch.

Cox William Dr. rer. pol.
B.: Gschf. Ges. FN.: Cox Communications Consultants GmbH. DA.: 55743 Idar-Oberstein, Paulinenstr. 15. wcox@01019freenet.de. www.mba.de. G.: Dortmund, 25. Sep. 1956. V.: Rozangela. Ki.: Lee (1996). BV.: Vater William Henry Cox Militärberater in Deutschland. S.: 1974 Abitur, 1976-84 Boston Univ., Harvard Univ., Georgetown Univ., Unif. Freiburg, Abschlüsse B.A. u. M.A., London School of Economics, Abschluß Dr. (PhD). K.: 1983-85 Mitarb. b. Burson-Marsteller Frankfurt, Intern. Hill & Knowlton Hamburg, 1985-87 Hill & Knowlton Frankfurt u. Zürich, 1987 Grdg. u. Ltg. d. Firma Cox Communications Consultants GmbH Frankfurt, 1991 Umzug nach Idar-Oberstein. BL.: m. 26 J. jüngster Gschf. d. Firma Hill & Knowlton m. weltweit ca. 60 Büros, Grdg. d. FIBA-Stiftung. P.: "Die besten MBA-Programme in Europa" (2000), "The Best European Business Schools" McGraw-Hill, New York 2000), ca. 400 Artikel in d. Wirtschaftspresse. M.: Club of London, School of Econ. H.: Fitneß, Philosophie.

Cox Wim *)

von Crailsheim Hanns-Jürgen *)

Craiss Jürgen Ing. *)

*) Biographie www.whoiswho-verlag.ch oder beigefügte CD-ROM

Cram Kurt Georg Dr. phil.
B.: ehem. Verleger. PA.: 14109 Berlin, Braschzeile 12-14. G.: Berlin, 2. Jan. 1920. V.: Gisela, geb. Hanckel. Ki.: Georg-Martin, Hans-Robert, Renate. El.: Herbert u. Clara. S.: Schiller-Gymn. Berlin-Lichterfelde, Univ. Göttingen, 1952 Prom., 1955-58 School of Business Administration New York USA. K.: 1963-97 persönl. haftender Ges. d. W. de Gruyter & Co Berlin, 1971-97 Präs. W. de Gruyter New York, 1980-97 Gschf. Arthur Collignon GmbH Berlin, 1981-97 Gschf. d. J. Schweitzer Verlag KG - Walter de Gruyter Berlin. P.: "ludicium belli. Zum Rechtscharakter d. Krieges im Dt. Mittelalter" (1955), Vom Tagelied zum Kalkulationsbuch. Walter de Gruyters Anfang als Verleger. In: Anne-Katrin Ziesak: Der Verlag Walter de Gruyter 1749-1999. De Gruyter, Berlin, New York 1999, Old Shatterhand, die Zensur und die Herausgeberlehre, Ein Kapitel aus dem Leben des Verlegers Walter de Gruyter. In: "Buchhandelsgeschichte" 2000/3. E.: BVK 1. Kl. M.: 1965-68 Vorst.-Mtgl. d. Börsenver. d. dt. Buchhdls.

Cramer Amei
B.: Chefred., Journal. FN.: Trend Medien Verlag GmbH. DA.: 70174 Stuttgart, Herdweg 20. PA.: 70199 Stuttgart, Wannenstraße 32. G.: Heilbronn, 15. Jan. 1958. Ki.: Max (1985). El.: Fritz u. Ursula, geb. Knorr. S.: 1977 Abitur in Stuttgart, 1977-79 Volontariat a. Journal. in Stuttgart. K.: 1979 freie Journal. in Paris, 1980 Grdg. d. Presseagentur aip in Stuttgart als Gschf. Ges., Chefred., seit 1995 Verlagsleiterin d. Trend Medien Verlag, Stuttgart u. Lachen (Schweiz). M.: Deutscher Journalistenverb. Stuttgart, Schweizer Journalistenverb.

Cramer Axel
B.: Kfm., Inh. FN.: Axel Cramer Möbelklassiker. DA.: 22587, Hamburg, Blankeneser Hauptstrasse 123. G.: Hamburg, 9. Apr. 1966. El.: Karl u. Jutta, geb. Kirchenknopf. S.: 1984 Mittlere Reife Kiel, 1987-88 Ausbild. z. Kfm. K.: 1987-88 Ein- u. Verkäufer in einem Antiquitätengeschäft auf Sylt, 1988-92 b. einem Antiquitätenhändler in Dänemark, Rückkehr nach Hamburg, 1991 Filialltn., 1992-94 Eröff. eines kl. Geschäftes innerhalb d. elterl. Unternehmens in Schleswig-Holstein, 1994 Eröff. Axel Cramer Möbelklassiker.

Cramer Christoph
B.: prakt. Tierarzt. DA.: 13158 Berlin, Hertzstr. 16. G.: Güstrow, 30. Apr. 1967. Ki.: Katrin, Yasper. S.: 1983 Ausbild. Zootechniker m. Abitur Velgast, 1986-89 NVA - Marinefunker, Stud. Vet.-Med. Humboldt-Univ. Berlin, 1995 Staatsexamen, 2000 Diss. K.: 1995 Ass.-Arzt einer Praxis. 1996 Eröff. d. Praxis m. Schwerpunkt Röntgen, Ultraschall, Akupunktur, Bachblüten-Therapie Homöopathie, Naturheilverfahren u.a.m. H.: Sport.

Cramer Dietmar Dr.

B.: Steuerberater, Wirtschaftsprüfer. FN.: Cramer & Cramer. DA.: 58097 Hagen, Pettenkofer Str. 19. PA.: 58256 Ennepetal, Berninghauser Str. 20. dc@cramer-steuerberatung.de. www.cramer-steuerberatung.de. G.: Hagen, 26. Apr. 1966. V.: Bettina, geb. Bock. Ki.: Louisa (1995), Lavinia (1998). El.: Rudi u. Adeltraud. S.: 1985 Abitur Ennepetal, 1985-86 Bundeswehr in Celle, 1986-91 Stud. Univ. zu Köln, 1994 Prom. K.: 1995 Steuerberater, 1996 Steuerberater, 1991-95 tätig b. Arthur Andersen Wirtschaftsprüf.-Ges., 1995-98 ang. b. Cramer, Hill, Dr. Fricker, seit 1999 Grdg. Cramer & Cramer, Teilhaber in beiden Sozietäten, Tätigkeitsschwerpunkt: Grdg.-Beratung, Wirtschaftsprüf., Erbregelung, Unternehmensberatung. M.: Steuerberaterkam., Wirtschaftsprüferkam., seit 2001 1. Vors. Wirtschaftsjunioren Hagen/Ennepetal-Ruhr. H.: Skifahren, Surfen, Joggen.

Cramer Elisabeth *)

Cramer Friedrich Dr. rer. nat. Prof.
B.: em. Dir. FN.: Max Planck-Inst. f. experimentelle Med. PA.: 37075 Göttingen, Hermann-Rein-Str. 3F. cramer@em.mpg.de. cramer://www.mpiem.gwdg.de/user/cramer/index.html. G.: Breslau, 20. Sept. 1923. V.: Deniz, geb. Kurtoglu. El.: Dr. Johannes u. Ilse. S.: 1942 Abitur, Stud. Chemie in Breslau u. Heidelberg, 1949 Prom. K.: 1950-58 wiss. Ass. an d. Univ. Heidelberg, 1953 Habil., 1953-54 Gastdoz. in Cambridge, 1959 Prof. TH Darmstadt, ab 1962 Dir. Max Planck-Inst. f. experimentelle Med. P.: 500 wiss. Veröff. in Fachzeitschriften, Bücher: Chaos und Ordnung (1988), Am engl., ital., chin., rumän. u. japan., Der Zeitbaum (1993), Spiel der Synapsen (1994), Kindheit, Jugend, Krieg - Erinnerungen (1995), Gratwanderungen (1995), Symphonie des Lebendigen (1996), Wie Hiob leben - Erinnerungen (1999). E.: 1976-80 Vors. d. Biol.-med. Sekt. d. Max Planck-Ges., 1990 Bayerischer Staatspreis f. Literatur. M.: Göttinger Ak. d. Wiss., Heidelberger Ak. d. Wiss., Poln. Ak. d. Wiss., EMBO, Honorary Fellow der American Society of Biological Chemists. H.: Zeichnen, Malen.

Cramer German *)

Cramer Hannelore Dr. med. *)

Cramer Heike Dr. med. *)

von Cramer Heinz
B.: Schriftsteller, Regisseur. PA.: I-00100 Rom, Via Titta Scarpetta 1. G.: Stettin, 12. Juli 1924. El.: Wilhelm u. Jenny, geb. v. Samson-Himmelstjerna. S.: Abitur, Musikstud. Boris Blacher. K.: 1947-52 Reg. RIAS Berlin, b. 1950 Kritiker "Die Welt", lfd. Rundfunkinszenierungen, Lyriker, Librettist, Übersetzer, Hörspiel- u. Drehbuchautor, Reg. P.: "San Silverio" (1955), "Die Kunstfigur" (1958), "Leben wir im Paradies" (1964), "Der Paralleldenker" (1968). E.: 1960 Preis d. Jungen Generation, 1964 Georg-Mackensen-Literaturpreis, 1968 DAG-Fernsehpreis in Gold. M.: seit 1966 P.E.N.-Zentrum d. BRD. H.: Reisen, Schwimmen, Schiffsmodellbau.

Cramer Helmut *)

Cramer Johannes Dr. Ing. Prof.
B.: freier Architekt; Univ.-Prof. an d. TU Berlin. DA.: 60316 Frankfurt/Main, Bornheimer Landstr. 58. G.: Heidelberg, 8. Nov. 1950. V.: Brigitte, geb. Thiele. El.: Friedrich u. Marie Luise, geb. Erdel. S.: 1969 Abitur Göttingen, 1969-75 Stud. Arch. TH Darmstadt, 1980 Prom. K.: 1980-83 wiss. Mitarb. am Dt. Archäolog. Inst. in Istanbul, 1987 Habil. an d. Univ. Hannover, 1987-89 Heisenberg-Stipendium, 1989-97 Prof. f. Baugeschichte an d. Univ. Bamberg, seit 1997 Prof. f. Stadtbaugeschichte an d. TU Berlin; seit 1977 selbst. m. Arch.-Büro in Frankfurt/Main u. Berlin m. Schwerpunkt Denkmalpflege; Funktionen: 1983/84 Consulted f. d. UNESCO in d. Türkei, zahlr. Auslandsprojekte. BL.: in d. 70-er J. Entwicklung d. Wärmebildmessung u. 1. Energieuntersuchungen in histor. Gebäuden, Instandsetzung d. Doms in Speyer, Planung u. Sanierung d. Museumsinsel in Berlin, seit 1993 Untersuchung aller thüring. mittelalterl. Kirchen u. Anwendung d. Methodik auf d. Kirchen in Rom. P.: Handbuch d. Bauaufnahme (1984), "Bauausstellung" (1984), "Bauforsch. u. Denkmalpflege" (1987), "Farbigkeit im Fachwerkbau" (1991), "Dächer in Thüringen" (1996) u.a.m. E.: Heisenberg-Stipendi-

---

*) Biographie www.whoiswho-verlag.ch oder beigefügte CD-ROM

um, Museumspreis d. ostdt. Sparkassenstiftung Naumburg. M.: Architektenkam. Hessen, Ges. f. baugeschichtl. Forsch., Dt. Werkbund, div. Förderver. H.: Sammeln von modischem Schmuck, Reisen, Fotografie.

Cramer Michael StR. *)
Cramer Sonja *)
Cramer Steffen Ulrich Peter Dr. jur.
B.: RA in eigener Kzl. DA.: 60433 Frankfurt/Main, Eschersheimer Landstr. 526. G.: Tübingen, 25. März 1964. V.: Susanne, geb. Burkhardt. Ki.: Lara (1994). El.: Prof. DDr. Peter Cramer. S.: 1984 Abitur Berchtesgarden, 1984-85 Bundeswehr, 1985-90 Stud. Rechtswiss. Univ. Freiburg, 1990 1. Staatsexamen, 1990-93 Referendariat, 1993 2. Staatsexamen u. Zulassung z. RA. K.: 1992-95 wiss. Mitarbeiter bei Prof. Dr. Gunter Widmaier in Karlsruhe, 1995-99 Mitarbeit in d. Kzl. Schiller & Kollegen in Frankfurt, 1995 Prom., 1999 Eröff. d. Kzl. in Frankfurt/Main m. Tätigkeitsschwerpunkt Straf-, Wirtschafts-, Umwelt- u. Steuerrecht, strafrechtl. Revisionen u. Gutachten; Funktionen: Ref. bei Spezialehrgängen d. Bundes- u. Landeskriminalamtes, Sachv. f. Gerichte. P.: Prom.: "Strafprozessuale Verwertbarkeit ärztl. Gutachten aus anderen Verfahren" (1995), Mitherausgabe d. "Anwaltshanduch-Strafrecht", wiss. Beiträge in Fachzeitschriften. M.: Dt. Strafverteidiger e.V. H.: Strafrechtswissenschaft.

Cramer Udo *)
Crämer Eckart *)
Cranz-Borchers Christl
B.: ehem. Profi-Skirennläuferin. PA.: 87534 Oberstaufen, Steibis. G.: Brüssel/Belgien, 1. Juli 1914. K.: s. 1936 Sportlehrerin, 1932 Start d. Rennläuferkarriere, 1. Weltklasseläuferin im alpinen Skilauf, 1934 WM Slalom u. in d. Kombination/1., 1935 WM Salom u. Komb./1., 1936 OS in d. Kombination/1. 1937 WM Slalom, Abfahrtslauf u. in d. Kombination/1., 1938 Slalom u. in d. Kombination/1., 1939 Slalom, Abfahrtslauf u. in d. Kombination/1. P.: zahlr. Bücher über d. Skisport.

Crass Peter *)
Crato-Todtenhöfer Erika Dr.

B.: Analytikerin u. Apothekerin. DA.: 36039 Fulda, Adalbertstr. 30. G.: Rastenburg/Ostpreußen 22. Okt. 1937. V.: Dr. Horst Crato. Ki.: Susanne (1965-95), Gisela (1966), Annette (1967), Charlotte (1969). El.: Dr. Erwin u. Hertha Todtenhöfer, geb. Klinger. BV.: Salzburger Abstammung. S.: 1945 Flucht nach Mecklenburg, 1949 Flucht in d. Westen, 1959 Abitur, 1959-66 Stud. d. Pharmazie mit Praktikum. K.: 1968-94 Leitung d. Linden-Apotheke in Burghaun/Fulda anfangs als Pächterin, dann als Eigentümerin; 1984 Prom. in Pharmaziegeschichte Univ. Marburg, 1990-97 Psych.-Stud. am C.G. Jung-Inst. Zürich, Abschluss m. Dipl. P.: 1984 Diss. "Philipp Phoebus u. seine Pharmacopoea Europaea 1869 als Vorläufer d. Europäischen Arzneibuchs 1969", 1978 Buchveröff. "Geschichte d. Apotheke in Burghaun", 1996 Dipl.-Thesis "Vom Ursprung des Lebens - Eine Vision d. Hildegard v. Bingen". M.: DGAP, IAAP.

von Craushaar Jörg
B.: Vorst.-Vors. i. R. FN.: Wella AG. DA.: 64274 Darmstadt, Berliner Allee 65. www.wella.com. G.: 13. Aug. 1938. V.: verh. Ki.: 2 Söhne. S.: Gymn., Kfm. Lehre. K.: 1959-60 Außendienstmitarb. Deutsche Olivetti AG, Frankfurt, Wella AG, 1960 Nachwuchskraft f. Führungsaufgaben Trainee Deutschland, 1963 Marketing- u. Verkaufsass. Wella Österreich, 1966 Auslandseinsätze in Dänemark, Großbritannien u. Italien, 1967 Marketing- u. Verkaufsltr. Wella Österreich, 1971 Verkaufsdir. Wella Österreich, 1975 Mitgschf. Wella Österreich, 1980 Gschf. Wella Österreich, 1988 Gschf. Wella Italien, 1995-2000 Vors. d. Vorst. d. Wella AG.

Crazzolara Helmut Dr. Dipl.-Ing.

B.: selbst. Patentanw. FN.: Bartels u. Partner Patentanwälte. DA.: 70174 Stuttgart, Lange Str. 51. G.: Nellingen a. F., 14. Dez. 1961. V.: Marion, geb. Ulrich. Ki.: Claudio (1993), Cosma Allegra (1996). El.: Ludwig Franz u. Elisabeth Hermine, geb. Möhwald. S.: 1981 Abitur, 1981-82 Zivildienst, 1982-87 Stud. Elektrotechnik an d. Univ. Stuttgart. K.: 1988 Entwicklung Halbleitertechnologie bei der TELEFUNKEN electronic GmbH in Heilbronn, 1989-93 Wiss. Mitarb. am Inst. f. Halbleitertechnik d. Univ. Stuttgart, 1994-95 Patentabteilung d. IBM Deutschland GmbH, 1996 Deutsches Patent- u. Markenamt u. Bundespatentgericht München, seit 1997 freiberufl. Patentanwalt. E.: Anton- u. Klara-Röser-Preis f. besondere wiss. Leistungen auf d. Gebiet d. Elektrotechnik. M.: GRUR, AIPPI. H.: Philosophie, Hirnforschung, Kosmologie.

Crebert Peter *)
Credé Norbert
B.: wiss. Ltr. FN.: Museen d. Landeshauptstadt Schwerin, Stadtgeschichtsmuseum. DA.: 19055 Schwerin, Große Moor 38.. PA.: 19055 Schwerin, Lehmstr. 10. G.: Hannover, 20. Jän. 1953. V.: Christine, geb. Rehberg. El.: Günter u. Ruth, geb. Hildebrand. S.: 1972 Abitur, b. 1974 Stud. Sozial- u. Politikwiss. Univ. Göttingen, b. 1980 Stud. Politikwiss., Germanistik u. Päd. Univ. Hannover, 1. Staatsexamen. K.: 2 J: versch. Jobs, 1982-84 Referendar u. Lehramt an Gymn. in Wilhelmshaven, 1984 2. Staatsexamen, 1984-87 wiss. Mitarb. am Küstenmuseum in Wilhelmshaven, 1987-89 Stipendiat z. Forsch.-Arb, z. Stadtgeschichte v. Wilhelmshaven u. Stud. Geschichte in Oldenburg, b. 1991 Museumsberater, 1991-98 Museumsdir. d. Stadtgeschichtl. Museums, seit 1991 Aufbau d. Stadtgeschichtl. Museums, seit 1998 Wiss. Ltr. d. Stadtgeschichtsmuseums Schwerin. P.: "Die Synagoge in Wilhelmshaven" (1988), "Die Tagesmeldungen d. geheimen Staatspolizeistelle Wilhelmshaven v. 1940-43" (1993), "Mecklenburger Adel im Widerstand gegen Hitler" (1994), "Burgfreiheit, Bahn u. Alter Garten Geschichte eines Platzes in Schwerin" (1999), Zwischen Normalität u. Vertreibung. Aspekte jüdischen Lebens in Mecklenburg im Mittelalter u. in der frühen Neuzeit (1999) u.a.m. M.: Museumsverb. MV e.V., Dt. Museumsbund e.V., Vorst.-Mtgl. d. Stadtgeschichts- u. Museumsver. Schwerin e.V., Vorst.-Mtgl. d. Ver. jüd. Geschichte u. Kultur e.V., Nordwestdt. Univ.-Ges. Wilhelmshaven e.V., Mecklenburger Geschichts- u. Altertumsver. e.V. H.: Literatur, Konzerte.

Creed Marcus *)

Cremanns Arno *)

Cremer Alfred *)

Cremer Elke *)

Cremer Gertrud Dr. rer. nat. Prof. *)

Cremer Hans Wolfgang *)

Cremer Markus *)

Cremer Peter Dr. med. *)

Cremer Reiner *)

Cremer Richard *)

Cremer Walter *)

Cremers Gabriele Emilie *)

Cremers Hartwig Dr. jur.
B.: Kanzler. FN.: Univ. d. Saarlandes. DA.: 66123 Saarbrücken, Im St.-Johanner Stadtwald. kanzler@uni-sbr.de. G.: Berlin, 9. Sep. 1940. V.: Dr. Anna Luise, geb. Reinhold. Ki.: Florian (1969), Daniel (1971). El.: Albert u. Dorothee, geb. Thierfelder. S.: 1959 Abitur Tübingen, 1959-64 Stud. Jura Univ. Tübingen u. Berlin, 1964 1. u. 1968 2. Staatsexamen, 1973 Prom. K.: 1971-72 tätig in d. Verw. d. Univ. Düsseldorf, seit 1982 Kanzler d. Univ. d. Saarlandes in Saarbrücken.

Creutzburg Reiner Dr. rer. nat. Prof.

B.: Prof. f. Algorithmen u. Datenstrukturen. FN.: FH Brandenburg. DA.: 14776 Brandenburg, Magdeburger Str. 53. PA.: 14776 Brandenburg, Jacobstr. 5. G.: Wismar, 25. Dez. 1953. V.: Dr. Britta, geb. Ahnfeldt. Ki.: Marcus (1989). El.: Theo u. Sylvia, geb. Franck. BV.: Nikolaus Creutzburg - Prof. f. Geografie u. Geologie in Freiburg, Harald Creutzburg - Komponist u. Organist in Riga. S.: 1972 Abitur, b. 1976 Stud. Univ. Rostock, 1985 Promotion K.: 1976-86 wiss. Mitarb. Univ. Rostock, 1985-89 wiss. Mitarb. Ak. d. Wiss. d. DDR, 1987-90 Abt.-Ltr. Intern. Labor f. Bildverarb., 1990-92 wiss. Mitarb. Univ. Karlsruhe, ab 1992 Prof. FH Brandenburg. BL.: 2 Patente f. Bildverarb. u. parallele Datenspeicher. F.: Vorst.-Sprecher Inst. f. Netze u. Multimedia Brandenburg (INM) e.V. P.: zahlr. Veröff. zu digitaler Bildverarb., paralleler Speicherung u. Signaltransformationen u.a. "Memory architecture u. parallel Access" (1994), "Recent Issues in pattern analysis and recognition" (1989), "Spectral techniques-theory and applications". M.: Ges. f. Informatik, Rotary-Club Brandenburg. H.: Lesen, klass. Musik, Geschichte, Fossilien.

Creutzmann Uwe
B.: Journalist, Verleger. FN.: C-Press Agentur u. Verlag GbR. DA.: 12459 Berlin, Wilhelminenhofstr. 83-85. info@c-press.de. www.c-press.de. G.: Lyck/Kreis Königsberg, 15. Feb. 1944. V.: Dorle, geb. Henning. Ki.: Uta (1968), Nico (1971). S.: seit 1948 inBerlin, 1964 Abitur u. Ausbild. Maschinenschlosser, 1964-65 Armee, 1965-71 Stud. Biologie, Ldw., Pflanzenschutz an d. Humboldt-Universität Berlin, 1971 Staatsexamen und Dipl.-Ldw. K.: 1971-73 Leiter Abt. Pflanzenproduktion im Berliner Stadtgut Deutsch-Wusterhausen, seit 1974 im Verlagswesen, 1974-89 Redakteur b. Bauernecho, Fachjournalist, 1985 Ressortltr. Wirtschaft, ab 1989 erster freigewählter Chefredakteur auf dem Gebiet d. DDR, 1990 Umbenennung in Dt. Landblatt, Eintritt in d. FAZ-Zeitungsgruppe, 1990-92 Chefredakteur, 1990 Mtgl. Präsidium DPD, 1990 Delegierter b. Vereinigungsparteitag d. CDU Deutschlands in Hamburg, 1991 wegen journalist. Tätigkeit Austritt aus d.

CDU, 1992-94 Ressortchef Beilagenredaktion Neue Zeit, 1994 durch Ehefrau Grdg. d. C-Press Agentur, 1995-97 freier Journalist, 1995-98 daneben Chefredakteur Agro, seit 1995 Entwicklung Stadtmagazin Süd-Ost, 1998 Grdg. C-Press Agentur u. Verlag, Gschf. Ges., ab 2001 Stadtmagzin KulTour in Charlottenburg u. Wilmersdorf, ab 2001 Wirtschaftsbrief Tempelhof/Schöneberg, ab 2001 Jahresmagazin Wirtschaftsstandort Süd-Ost. BL.: 1995 erste Profiagentur im Südwesten v. Berlin nach d. Wende, Schöpfung neuer Journale. F.: seit 2000 Alleininh. Firma TCS Tourist Consult Berlin Südost in 12555 Berlin, Lüdersstr. 10. P.: seit 1995 Hrsg. Sport u. Freizeit, Portrait über ihn in Berliner Morgenpost 2/2001, viele Art. im Dt. Landblatt u. in d. Neuen Zeit. M.: Dt. Journalistenverb., Polizeisportver. Berlin, Yachtclub Berlin-Grünau, Pressesprecher im Köpenicker Sportclub. H.: Fußball, Wassersport, klass. Musik, Oldies, Rock'n Roll, Musik u. Tanz, Geographie, Reisebeschreibungen USA u. Kanada, Politik, Zeitgeschichte.

Creuzburg Harry Alfred Dr. iur. *)

Crieé Carl Peter Dr. med. Prof.

B.: Chefarzt d. Pneumologie, Schlaflabors u. Beatmungstechnik. FN.: Evangelisches Krankenhaus Weende. DA.: 37120 Bovenden-Lenglern, Pappelweg 5. criee@ekweende.de. G.: Potsdam, 2. Jan. 1949. V.: Christa. Ki.: 2 Töchter. El.: Klaus u. Hildegard, geb. Pest. S.: 1968 Abitur Berlin, 1968-74 Stud. Med. FU Berlin, K.: 1974-75 med. Ass. am Klinikum Steglitz u. am Städt. Wenckerbacher KH in Berlin, 1975 Approb., 1975 Amerikan. Examen ECFMG, 1975-78 Ass.-Arzt am KKH in Bovenden-Lenglern, 1978-87 Arzt in d. Abt. Kardiologie an d. med. Klinik d. Univ. Göttingen, 1983 FA f. Innere Med. u. Teilgebietsbezeichnung Lungen- u. Bronchialheilkunde, 1984 OA f. Pulmonologie, 1981-87 Vorst.-Mtgl. u. am Zentrum f. Innere Med. d. Univ., 1985-87 Mtgl. d. Konzils u. stellv. Mtgl. d. Senats d. Univ. Göttingen, 1985-87 Mtgl. d. Ethikkmsn. d. med. Fakultät, 1986 FA f. Kardiologie, seit 1987 1. OA u. stellv. Chefarzt am KKH an d. Lieth in Bovenden u. glz. Lehrauftrag an d. med. Fakultät d. Univ. Göttingen, 1990 zusätzl. Ltr. d. Abt. f. Innere Med. u. d. Beatmungsstation am KKH an d. Lieth, seit 1995 Ltr. d. Abt. Beatmungsmed. u. Schlaflabor an d. med. Klinik Ev. KH Göttingen, seit 1996 Ltr. d. Abt. Pneumologie, Beatmungsmed. u. Schlaflabor, 1990 apl.Prof. an d. Univ. Göttingen. P.: "Die Atempumpe-Atemmuskulatur u. intermittierende Selbstbeatmung" (1995).

*) Biographie www.whoiswho-verlag.ch oder beigefügte CD-ROM

E.: E. K. Frey Preis (1991). M.: Sekr. d. Sektion non-invarsive ventilatory support d. European Respiratory Society (1993) u. seit 1995 Chairman, seit 1995 gschf. Vorst.-Mtgl. u. Schatzmeister d. Dt. Atemwegsliga e.V., Vors. d. Arge Heimbeatmung u. Respiratorentwöhnung e.V. (1997-2001). H.: Skilanglauf, Schach.

Criée Frank

B.: Immobilienmakler. FN.: Georg Criée. DA.: 30159 Hannover, Georgstraße 16. crieecriee.de. www.criee. de. G.: 5. Feb. 1921. V.: Else, geb. Hahn. Ki.: Ralph (1959). El.: Georg u. Gertrud, geb. Müller. BV.: Oiere Criée - 1913 n. Deutschland eingewander-durfte nach Ausnahmegenemigung d. preuss. Königs eine Dt. Frau heiraten. S.: Kriegsdienst. K.: 1945 Einstieg in d. elterl. Bertieb, 1985 Grdg. d. Tochterfirma Criée Hausverw. GmbH f. Gewerbeimmobilien u. 1968 Übernahme des Betriebes. P.: lfd. Veröff. im Rahmen d. Unternehmens. E.: Med. f. Verd. um d. Berufsstand, EZ, Ehrennadel. M.: 5 J. Vors. d. Immobilienbörse Hannover, Ehrenmtgl. d. Landesverb. Niedersachsen u. d. Bez.-Verb. Hannover, FIABCI, RDM, Mietver., Immobilienbörse Hannover, Haus- u. Grundeigentümerver. Hannover, Segelver., seit 1980 Imkerver. H.: Segeln, Imkerei.

Criée Ralph Dipl.-Ing.

B.: Immobilienmakler, Gschf. FN.: Criée Hausverw. GmbH. DA.: 30159 Hannover, Georgstr. 16. info@criee-hausverwaltung.de. www.criee-hausverwaltung. de. G.: Hannover, 28. Okt. 1959. El.: Frank u. Else, geb. Hahn. BV.: Pierre Criée - 1813 nach Deutschland eingewandert - durfte m. Außnahmegenemigung d. preuss. Königs eine Dt. Frau heiraten. S.: Stud. Bauing—Wesen FH Hildesheim, Abschluß m. Ausz. als Jahrgangsbester, b. 1986 Lehre Kfm. f. Grundstücks- u. Wohnungswirtschaft Hildesheim. K.: Einstieg in d. elter. Betrieb, 1985 Grdg. d. Criée Hausverw. GmbH m. Schwerpunkt Gewerbeimmobilien, 1988 Prok. u. 1999 Übernahme d. Betriebes. P.: lfd. Veröff. im Rahmen d. Unternehmens. M.: seit 1992 Richter an d. Kam. f. Hdl.-Sachen, Ring Dt. Makler, Schatzmeister u. Vorst. d. Landesverb. Niedersachsen, FIABCI, Mitver., Immobilienbörse Hannover, Haus- u. Grundeigentümerver. Hannover, Golfclub. H.: Golf, Segeln.

Criegee Jürgen Dr. jur.

B.: RA. FN.: Kanzlei Eckert, Dörsam, Klette & Kollegen. DA.: 69115 Heidelberg, Sofienstr. 17, PA.: 69190 Walldorf, Matthias-Grünewald-Str. 3. juergen_criegee@t-online.de. G.: Marburg, 21. Juli 1934. V.: Maria, geb. Fisher. Ki.: Dagmar (1964). El.: Prof. Dr. Rudolf u. Marianne Henze. BV.: Vater bekannter Chemieprof. an d. Univ. Karlsruhe. S.: 1954 Abitur Karlsruhe, 1954-58 Stud. Jura Univ. Tübingen, München u. Berlin, 1958 1. u. 1963 2. Staatsexamen, 1965 Prom. Univ. Tübingen, K.: 1964-74 tätig in d. Steuerverwaltung d. Landes Baden-Württemberg, 1971 Oberregierungsrat u. zuletzt stellv. Ltr. d. Finanzamtes Villingen-Schwenningen, 1974-78 Bgm.

d. Stadt Walldorf, seit 1998 RA in d. Kzl. Eckert, Dörsam, Klette & Kollegen in Heidelberg m. Tätigkeitsschwerpunkt Verwaltungs- u. Erbrecht. BL.: 3 Amtsperioden Bgm.; Projekte: Stadtsanierung, Straßenbau, Förderung d. Software-Entwicklung (SAP) u. d. öffentl. Personenverkehrs. P.: Entwurf d. Kommunalwahlprogramms d. Landes-FDP (1994). E.: Ehrenbürger d. Stadt Walldorf (1998). M.: seit 1964 FDP, seit 1978 Kreistag Rhein-Nekkar-Kreis u. seit 1983 Fraktionsvors., FDP-Landtagswahlkandidat (1996-2001), stellv. Landesvors. d. Vereinigung Liberaler Kommunalpolitiker, langj. Mtgl. d. Schulausschuß d. D. Städtetages, 1. Vors. d. Förderverein f. diakon. u. soziale Aufgaben Walldorf e.V., Grdg.-Mtgl. u. Altpräs. d. Rotary Club Schwetzingen-Walldorf, Grdg.-Mtgl. d. 3 Partnerschaftsvereine Waldorfs, div. örtl. Vereine. H.: Paddeln, Schwimmen, Wandern.

Crimmann Berthold Dr.-Ing. *)

Crisand Manfred *)

Crist Christina Dr. phil. *)

Cristea Ion Dr. Dr. med.
B.: FA f. Anästhesiologie, prakt. Arzt. DA.: 20537 Hamburg, Borgfelder Str. 83. G.: Bukarest/Rumänien, 30. Aug. 1930. V.: Mya, geb. Cosac. Ki.: Doina (1965). S.: 1949 Abitur, 1949-55 Med. Fak. Bukarest, 1958-61 Anästhesieausbild. in Bukarest. K.: 1955-58 Landarzt, 1961-79 Ass.-Prof. f. Anästhesie, 1980-82 OA AK Barmbeck Hamburg, 1982-89 OA Albertina KH Hamburg, seit 1990 eigene Praxis. P.: "Leitfaden f. Anästhesie", "Akute u. Chron. Schmerz-Therapie", "Spinale u. Peridurale Anästhesie", einige Art. in engl. u. franz. Fachpubl. M.: seit 1982 Academy of Sciences, Dt. Ges. f. Anästhesie. H.: Philatelie, Röm. Geschichte.

Cristofolini Peter
B.: Berater f. Verkaufsförderung. DA.: 45259 Essen, Am Hagenbusch 5. G.: Prag, 21. Feb. 1939. V.: Veronika, geb. Strauf. Ki.: Stella (1970), Cora (1971), Nina (1973). El.: Alfred u. Aenne, geb. John. S.: 1956 Mittlere Reife, 1956-62 Lehre Werbefotograf, Werkkunstschule, Werbefachschule u. Verkaufsfachschule Hannover. K.: 1960-62 Ass. in Werbeagentur, 1962-64 Werbeberater, 1964-67 Verkaufsförderungsberater, 1967 Grdg.d. Agentur "anbiet-technik Service f. Verkaufsförderung" GmbH & Co. KG. F.: 1970-75 Beteiligung an d. Firma Training & Training Essen. P.: Verkaufsförderung in d. Praxis (1972), Beispielhafte Verkaufsförderung (1976), Verkaufsförderung-Strategie u. Taktik (1979), Mitarb. an versch. Standard-Marketingwerken, zahlr. Beiträge in Art. in intern. Fachzeitschriftten. E.: Ehrennadel u. Silb. Ehrennadel d. Bundes Dt. Verkaufsförderer u. Trainer e.V. M.: seit 1980 Vorst.-Mtgl. u. seit 1998 Ehrenpräs. d. Marketing-Club Essen e.V., Bund Dt. Verkaufsförderer u. Trainer e.V., Kuratorium Dt. Plakat Museum, Wilhelm-Busch-Ges. H.: Sammeln v. moderner Kunst, Fotoapparaten u. alten Uhren, Reiten, Wandern, Wilhelm Busch.

Crivellari Michele
B.: Gastronom, selbständig. FN.: Italienisches Restaurant Al Gambero. DA.: 27283 Verden, Ostertorstr. 10. G.: Chioggoia/I, 8. Dez. 1964. V.: Angela, geb. Töllner. Ki.: Patrick (1990), Filip (1994). El.: Giorgio u. Angela, geb. Bellomo. S.:

*) Biographie www.whoiswho-verlag.ch oder beigefügte CD-ROM

1978/79 priv. Schule Mestre/I, 1980 Ausbildung Gastronomie elterl. Restaurant Lilienthal. K.: Eröff. d. ital. Restaurants Al Gambero in Rotenburg u. 1984 in Verden u. seit 1988 alleiniger Inh. H.: Sport.

Crnomut Dusan Dr. med.*)
Crnomut Dusan Dr. med.

Croissant Michael Prof. *)

de la Croix Rolphe
B.: Reg., Theaterltr., Reg. PA.: 76227 Karlsruhe, Pfinztalstr. 24. G.: Berlin, 15. Dez. 1925. V.: Angela, geb. Koschel. S.: 1941 Mittlere Reife, 1942 Ldw.-Prüf., 1943-45 Reichsarb.-Dienst, Soldat, 1946-48 Schule d. Dt. Theaters Berlin. K:: 1948-53 versch. Theater in Berlin, 1953-56 Torturmtheater Sommerhauen, seit 1956 Mtgl. d. Theaters Die Insel Karlsruhe, 1961-62 Landestheater Linz/Donau, 1971-82 Mtgl. d Theaters Altstadt Stuttgart, 19791-84 Gesamtltg. d. Heidenheimer Musiktheaters, Arb. f. Fernsehen, Hörfunk u. Film, über 250 klass. u. mod. Rollen u.a. General Harras in "Teufels General", "Oberst Pickering in "My Fair Lady", Tod in "Jedermann", über 200 Inszenierungen. E.: div. Ausz.

Crombach Gerhard *)

Crombach Theodor *)

Cromberg Hans-Ekhardt Dr.

B.: Wirtschaftsberater, Mentaltrainer. FN.: Ak. f. kreative Persönlichkeitsentwicklung und Verkaufsmethodik. DA.: 58093 Hagen, Haßleyer Str. 12a. dr.cromberg@web.de. G.: Hagen, 23. Nov. 1936. V.: Gerda, geb. Leisten. Ki.: Frank (1970), Ulrike (1973). El.: Dr.-Ing. Otto u. Jutta. S.: 1957 Abitur Hagen, 1957 Praktikum Vorhaller Tempergießerei, Volontär, 1957-69 Stud. München, Lausanne, Freiburg und Erlangen, 1969 Prom. in Basel. K.: 1970-73 Ass.-Gschf. im großväterlich gegründeten Betrieb in Hagen, 1974 1/2 IMD Harvard business school, 1974-95 beratende Tätigkeit f. verschiedene Unternehmen in HH, Hamm, Sauerland, 1993 Grdg. d. APV f. kreative Persönlichkeitsentwicklung u. Verkaufsmethodik. P.: IHK (1999), Briefe an die Bundespräsidenten 1998, 1999:per Adresse Westfalenpost, ausführliche Vorstellung d. APV in der Westfalenpost 1999. M.: Marketing Club Hagen, Freundeskreis der Fernuniv. Hagen, IMD-Alummi, AvD. H.: Reisen, Skilaufen, Wandern, Radfahren, klassische Musik, Literatur.

Crome Erhard Dr. rer. pol. habil.
B.: Politik- u. Sozialwissenschafter, Gschf., HS-Lehrer. FN.: GSFP Ges. f. sozialwiss. Forsch. u. Publizistik mbH & Co KG; Berliner Debatte Wiss.-Verlag. DA.: 10439 Berlin, E.-Weinert-Str. 19. PA.: 12435 Berlin, Am Treptower Park 54. crome@berlinerdebatte.de. www.berlinerdebatte.de. G.: Berlin, 12. Feb. 1951. V.: Petra, geb. Mellies. Ki.: Marcus (1974), Cornelia (1977), Daniela (1981), Eva (1986). El.: Dr. Wolfgang u. Ingeborg, geb. Stolte. S.: 1969 Abitur, 1971-76 Stud. Inst. für Intern. Beziehungen in Potsdam-Babelsberg, Dipl.-Politikwissenschafter. K.: 1976-89 wiss. Ass. u. OAss. am gleichen Inst. m. Schwerpunkt Osteuropa, 1980 Prom., 1987 Habil., seit 1990/91 Univ. Potsdam, zugleich Grdg. "Berliner Debatte" zunächst als Zeitschrift, später als GmbH, s. 1995 werden d. Verlag u. d. GSFP getrennt geführt. P.: zahlr. Zeitschriftenaufsätze z. intern. Politik u. zu Transformationsproblemen in Osteuropa, Initial 9 (1998) 2/3 "DDR - Perzeptionen", "In Tempore Belli" Welttrends 23, Sommer 1999, Initial 11 (2000), "Berliner Debatte", "Berliner Perspektiven - Ein Essay", Der "Gulasch-Kommunismus" als sozio-kulturelles Gefüge in Kultursoziologie Band 1 (2000). M.: WeltTrends e.V. Potsdam, Berliner Debatte Initial e.V. H.: Kommunikation im Wiss.-Bereich sowie zwischen Wiss. u. Öff., eigene publiz. Beiträge f. "Das Blättchen", "Freitag", klass. Musik.

Cromm Gerd W.

B.: Gschf. FN.: Boge Kompressoren. DA.: 33739 Bielefeld, Lechtermannshof 26. PA.: 44267 Dortmund, Untermarkstr. 59 a. G.: Frankfurt/Main, 28. Mai 1942. V.: Bärbel, geb. Gesing. Ki.: Peter (1965). S.: 1960-62 Ausbild. Betriebsschlosser, 1962-63 FHS-Reife, 1963-66 Stud. Maschinenbau Dortmund m. Abschluß Dipl.-Ing. K.: 1966-81 Verkaufsing. u. Verkaufsltr. d. Dt. Babcock AG, 1981-84 Vertriebsleiter der Firma Boge Kompressoren, 1984-87 Gschf. Ges. d. Firma Flottmann Werke in Herne, 1987-92 Gschf. d. Ecoriz-Werke in Herne, seit 1992 Gschf. d. Firma Boge Kompressoren. H.: Tennis, Golf.

Cromme Gerhard Dr. iur.
B.: AufsR-Vors. FN.: ThyssenKrupp AG. DA.: 40211 Düsseldorf, August-Thyssen-Str. 1. www.thyssenkrupp.com. G.: 25. Feb. 1943. Ki.: 4 Kinder. S.: Stud. Rechtswiss. u. Vw. Münster, Lausanne, Paris u. Harvard, 1969 Prom. K.: 1971 Unternehmensgruppe Compagnie de Saint-Gobain, zuletzt stellv. Gen.-Delegierter f. d. BRD u. Vors. d. Geschäftsführung VEGLA/Vereinigte Glaswerke GmbH Aachen, 1986 Vorst.-Vors. Krupp Stahl AG Bochum, 1989 Vorst.-Vors. d. Fried. Krupp GmbH, 1999-2001 Vorst.-Vors. d. ThyssenKrupp AG, seit 2001 AufsR-Vors. d. ThyssenKrupp AG, weitere AufsR-Mandate (Mtgl. d. AufsR): ABB AG, Allianz AG, Deutsche Lufthansa AG, E.ON AG, Ruhrgas AG, Suez, Thales, Volkswagen AG.

Cron Bodo *)

Cronauer Andy Caroline *)

Crone Michael Dr. *)

Cronenberg Dieter-Julius
B.: VPräs. d. Dt. Bundestages a.D. PA.: 59759 Arnsberg, Friedrich-Naumann-Str. 1a. G.: Neheim, 8. Febr. 1930. V.: Marie-Luise, geb. Riecks. El.: Dipl.-Kfm. Franz-Julius u. Lucie. S.:

*) Biographie www.whoiswho-verlag.ch oder beigefügte CD-ROM

Cronenberg

1951 Abitur, 1951-52 Stud. Hautes Etudes Commerciales Lausanne/Schweiz, 1952 Faculté de droit Aix-en-Provence Frankreich, 1952-53 sowie 1955-56 Stud. Rechts- u. Staatswiss. Fak. Univ. Münster, 1954-55 Vorst.-Mtgl. VDS, 1958 1. Jur. Staatsprüf. K.: Volontärzeit in versch. Unternehmen, ab 1960 Tätigkeit in d. Fa. Julius Cronenberg oH, Mitinh. d. Fa. Julius Cronenberg oH u.a. mittelständ. Unternehmen, 1961 FDP, zeitweilig Orts- u. Kreisvors., 1969 stellv. Bez.-Vors., 1973 Wahl in d. Landesvorst., 1974 Bez.-Vors., ab 1969 Fraktionsvors. in Neheim-Hüsten, 1975-77 Frakt.-Vors. im Rat d. Stadt Arnsberg, 1976 MdB, 1979-84 stellv. Vors. FDP-Bundestagsfraktion, 1984-94 VPräs. d. BT, Mtgl. des Beirates Deutsche Bank AG. M.: Vors. d. Mitgliedervertretung d. Gothaer Vers.-Bank VVaG, Vors. d. Mtgl.-Vertr. Gothaer-Lebensversicherung a.G., Göttingen.

Cronjaeger Bernd Dipl.-Ing. *)

Crönlein Joachim Dr. *)

Cröpelin Jan
B.: Bankkfm., Filialltr. FN.: Dt. Bank 24. DA.: 19348 Perleberg, Bäckerstr. 10. jan.croepelin@db.com. www.deutschebank24.de. G.: Schwerin, 2. Sep. 1968. V.: Ramona, geb. Gerds. Ki.: Laurice Madeline (2000). El.: Dipl.-Ing. Heinz u. Dipl.-Ing. Frauke, geb. Müller. S.: 1986 Abitur Schwerin, 1987-89 Grundwehrdienst b. d. Armee, b. 1991 Stud. Humanmed. an d. Med. Ak. in Magdeburg, b. 1993 Lehre z. Bankkfm. b. d. Dt. Bank Schwerin Filiale Ludwigslust. K.: ab 1993 in d. Dt. Bank Filiale in Plau am See, ab 1995 stellv. Filialltr., ab 1999 Filialltr. in d. Dt. Bank 24 Filiale in Wittenberge. E.: Herdermed., Lessingmed., 1982-85 in d. DDR-Volleyball Juniorennationalmannschaft, Vizemeister u. DDR-Meister im Ver. Sportclub Traktor Schwerin. H.: Familie, Volleyball, Amerika, Wassersport.

Cropp Wolf-Ulrich DDr. rer oec. h.c. *)

Crott Ernst-Dieter *)

Crott Karin Dr. med. *)

Crowell Robert Dipl.-Ing.
B.: freier Architekt. FN.: Arch.-Büro Crowell & Kollia-Crowell. DA.: 76137 Karlsruhe, Pulitzstr. 22. crowell-architects@t-online.de. G.: Morehead City N.C./USA, 6. Dez. 1948. V.: Barbara, geb. Kollia. Ki.: Robert-Alexander (1990), Helena-Lucia (1994). El.: Robert Josslyn u. Mary, geb. Hommel. S.: 1966-69 Stud. Univ. of Washington College of Arts and Sciences Seattle Washington, Fachrichtung Geolog. Ozeanographie, 1969-72 Auslandsaufenthalt in GB, Libanon, Zypern u. Griechenland, 1972-82 Univ. Karlsruhe Fachrichtung Arch., 1982 Dipl.-Ing. K.: 1974-76 wiss. Hilfskraft am Inst. f. Baugestaltung, Baukonstruktion u. Entwerfen Prof. Büchner, 1976-77 "d. p. intern." Karlsruhe in Zusammenarb. m. "Studio Albini-Helg" Mailand, 1977-82 wiss. Hilfskraft am Inst. f. Baugestaltung u. Entwerfen Prof. F. Haller, Seminarltg., 1982-84 Mitarb. d. Arch.-Büros A. Bedal Karlsruhe, 1984 Architektengemeinschaft Bedal-Crowell Karlsruhe, 1985 Grdg. d. Arch.-Büros Kollia-Crowell u. Crowell in Karlsruhe. M.: ab 1985 Arch.-Kam. Baden-Württemberg, ab 1986 Arbeitskreis f. Hausforschung e.V. H.: Segeln.

Crüger Reinhart Berthold
B.: Schulleiter i. R. G.: Berlin, 1. Nov. 1928. V.: Karin, geb. Godau. Ki.: Bettina (1958), Ralf-Jörg (1959). El.: Rudolf u. Gertrud, geb. Ehrlich. BV.: Familienstammbaum bis vor Beginn d. 30-jährigen Krieges, in mehreren Generationen Pfarrer u. Schulleiter, Johann Crüger, Kirchenkomponist u. Organist in Berlin (1598-1662). S.: 1947 Abitur, 1948-51 Studium Pädagogik. Hochschule Berlin, 1951-53 Referendarzeit, 1954 2. Staatsexamen. K.: 1951-67 Lehrer in mehreren Zehlendorfer Schulen, Hauptfächer: Englisch, Deutsch u. Geographie, Mitarbeit in d. Schulsenatskommission f. d. Schulfach "Wirtschaftskunde", 1967-85 Schulleiter in Tempelhof; Zwangsverpflichtung in d. Braune HJ wegen regimekritischer Äußerungen, 10 Tage Haft u. Ausmusterung wegen "Wehrunwürdigkeit", nach d. Krieg als Jugendlicher Helfer der West-Alliierten: Ausladen v. Flugzeugbooten in d. Zeit d. legendären Luftbrücke, ab 1948 aktive Beteiligung an illegaler Verlagerung an Pädagogischen HS aus d. damaligen sowjetischen Besatzungszone nach Lankwitz. P.: als Zeitzeuge d. Luftbrücke zahlr. Interviews, Talkshows u. Portraits in Presse, Funk u. Fernsehen auch d. Auslands z.B. im B1-Fernsehen, d. Dt. Welle, im Tagesspiegel u. d. Berliner Zeitung. M.: Zeitzeugenbörse Berlin, Referent bzw. Gesprächspartner über d. Widerstand in d. Nazizeit sowie d. Luftbrücke. H.: Fernreisen, antiquarische Souvenirs, Archivierung, Deutsche Filmgeschichte.

Crüsemann Andreas Rudolf Dipl.-Bw.
B.: Distriktltr. FN.: CinemaxX AG. DA.: 10787 Berlin, Voxstr. 3. G.: Essen, 11. Nov. 1966. V.: Ayda, geb. Dindic. Ki.: Constantin (1995), Sophia (1997). El.: Rolf u. Ilse, geb. Schinner. S.: 1985 Allg. HS-Reife, 1985-88 Ausbild. Bankkfm. Dresdner Bank Essen, 1988-89 Bundeswehr, 1990-93 nebenberufl. Stud. m. Abschluß Dipl.-Bw. an d. VWA – Verw. u. Wirtschaftsak. Essen. K.: 1989-93 Die Krawatte andreas R. Crüsemann Essen: Gründer u. Inh. zweier Einzelhdls.-Geschäfte, sowie eines Großhdls. f. Herrenoberbekleidung, insbes. Accessoires, 1994-96 Theaterltr. v. CinemaxX Essen GmbH, 1996-99 Grdg.-Gschf. Essen Marketing GmbH Essen, 1999 alleinige Geschäftsführung OASE im Weserpark GmbH & Co KG Bremen, seit 1999 Berliner Filmtheaterbetriebe Knapp GmbH & Co, Theaterltr. d. Filmfestspielhauses CinemaxX am Potsdamer Platz Berlin, alleinige Betriebsltg. d. Flagschiff-Kinos d. CinemaxX-Gruppe u. Hauptspielortes d. Intern. Filmfestspiele Berlin "Berlinale", seit 2002 Distriktltr. Ost CinemaxX AG, Führung v. 8 Multiplex-Filmtheatern u. div. traditionellen Lichtspielhäusern in Ostdeutschland. P.: Vortragstätigkeit zu Themen - Marketing, Stadtmarketing. M.: FDP, BeiR. Einzelhdls.-Verb., Mtgl. im Einzelhdls.-Aussch. d. IHK b. 1999, b. 1996 Jungunternehmerverb. "Jump" in Essen, Roundtable Berlin. H.: Schreiben v. Romanen u. Gedichten, Golf.

Crüsemann Rolf R. Ing. *)

Crusius Anica *)

Crutzen Paul Josef
Dr. phil. Dr. Dr. h.c. mult. Prof.
B.: Prof. f. Meeresbiologie, Dir. FN.: Max Planck-Inst. f. Chemie Mainz. DA.: 55020 Mainz, Postfach 3060. PA.: 55122 Mainz, Am Fort Gonsenheim 36. G.: Amsterdam, 3. Dez. 1933. V.: Terttu, geb. Soininen. Ki.: Ilona, Sylvia. El.: Josef u. Anna. S.: 1973 Prom. (Meterol.) Univ. Stockholm, Schweden. K.: 1973-74 Ass. Univ. Stockholm, Schweden, 1974-77 Wissenschaftler u. 1977-80 Forschungsdir. NCAR, Boulder/USA, 1977-80 wiss. Dir. am National Center for Atmospheric Research Boulder USA, seit 1980 Dir. d. Abt. Luftchemie am MPI f. Chemie Mainz u. wiss. Mtgl. d. Max Planck-Ges. P.: u.a. Schwarzer Himmel, m. J. Hahn (1985), Chemie d. Atmosphäre: Bedeutung f. Klima u. Umwelt, m. T.E. Graedel (1994),

*) Biographie www.whoiswho-verlag.ch oder beigefügte CD-ROM

Clouds, Chemistry and Climate, m. V. Ramanathan (1995), Atmosphere, Climate and Change, m. T. E. Graedel (1995). E.: 1986 Dr. h.c. York Univ., Canada, 1989 Tyler Preis f. Umwelt, 1991 Volvo Umweltpreis, 1992 Dr. h.c. Univ. Catholique de Louvain, Belgien, 1993 Hon.-Prof. an d. Johannes Gutenberg-Univ. Mainz, 1994 Dr. h.c. Univ. of East Anglia, Norwich, England, 1994 Dt. Umweltpreis, 1994 Max-Planck-Forsch.preis (m. Dr. M. Molina), 1995 Nobelpreis f. Chemie, 1995 Global-Ozone-Ausz. f. herausragende Beiträge z. Schutz d. Ozonschicht d. UNEP, 1996 Minni Rosen-Ausz. f. hohe Verd. im Sinne d. Menschheit, Ross. Univ., New York, 1996 The Louis J. Battan Author's Award d. American Meterolog.

Cruz-Ramirez Petra
B.: Dir. FN.: Fremdenverkehrsamt d. Dominikan. Rep. G.: Santo Domingo, 12. Aug. 1969. El.: Pedro u. Luisa. S.: 1973-89 Dipl.-Ing. Informatik, Abschluß. K.: 1990-91 tätig in Tourismus Agentur in Punta Cana, 1991-95 tätig in Club Mediterraneé in d. Organ. u. Verw. in Punta Cana, Guadeloupe, Bahamas, 1995-96 tätig in Hotelfach, Organ. in Miami, 1996-97 tätig im Min. f. Tourismus in Santo Domingo, seit 1997 Dir. d. Fremdenverkehrsamtes d. Dominikan. Rep. E.: Ausz. f. bes. Verd. v. Min. f. Tourismus d. Dominikan. Rep. M.: DRV, CT Corps Touristic, Arge Karibik. H.: Reiten, Polospiel, Tennis, Windsurfen, Tauchen.

Csiszar Csaba *)

Csomos Geza Dr. med. *)

Csukas Stefan Dipl.-Ing.

B.: Gschf. FN.: A + C Plastic Kunststoff GmbH. DA.: 52249 Eschweiler, In der Krause 58. G.: Komarom/Ungarn, 24. Jän. 1932. V.: Maria, geb. Ferwagner. Ki.: Stefan (1957), Petra (1959), Martina (1960). El.: Dr. Istvan u. Anna. S.: 1950 Abitur, 1951-56 Stud. TU Budapest m. Abschluß Dipl.-Ing. K.: 1956 Übersiedlung nach Deutschland, 1957-62 Projekting. f. Transport-Anlagen im Otto-Wollf-Konzern u. b. 1965 in d. Firma Buckau Wolf, 1965-70 Projekting. in d. Firma DEMAG AG, 1970 Gdg. u. Gschf. d. Firma Aldo-Plastik GmbH in Alsdorf, 1978 Grdg. d. Firma A + C Plastic Kunststoff GmbH in Eschweiler. M.: IHK Außenhdl.-Aussch. H.: Schach, Skifahren, Tennis.

von Cube Felix Dr. rer. nat. Prof.
B.: Erziehungswissenschaftler, Inh. DA.: 69117 Heidelberg, Neckarstaden 4. www.BioLogik.de. G.: Stuttgart. 13. Nov. 1927. K.: 1963 a.o. Prof., 1968 Ord. PH Berlin, 1970 PH Rheinland-Abt. Bonn, ab 1974 an d. Univ. Heidelberg Prof. f. Erziehungswiss., 1997 Grdg. d. Prof. von Cube & Koll. GmbH - BioLogik d. Führung u. Fortbildung; Vorträge, Workshops u. In-HouseSeminare f. Führungskräfte, Prozessbegleitung vor Ort, Entwicklungen v. Fortbildungskonzepten. P.: Allg. Bild. oder produktive Einseitigkeit (1960), Was ist Kybernetik (1967), Gesamtschule - aber wie? (1972), Recht in d. Ges. (1978), Fordern statt Verwöhnen (1986), Besiege deinen Nächsten wie dich selbst - Aggression im Alltag (1988), Gefährliche Sicherheit - Die Verhaltensbiologie d. Risikos (1990), Lust an Leistung (1998).

von Cube Manuela
B.: Innenarchitektin. G.: Bern, 8. Aug. 1945. V.: Sergej von Cube. Ki.: Verena (1968), Katharina (1970). El.: Albrecht Fürst von Urach Graf von Württemberg u. Ute, geb. Waldschmidt. BV.: um 1400 Graf Eberhard im Barte v. Württemberg, um 1800 Wilhelm Herzog v. Württemberg, um 1900 König v. Württemberg, gesamter regierender europ. Hochadel u.a. Elisabeth v. England, König Baudouin v. Belgien, König Ludwig v. Bayern, Kaiserhaus in Wien. S.: 1964 Abitur, 1965-69 Stud. Innenarch. Kunstak. Stuttgart. BL.: Organ. u. Ausrichtung v. Verkaufsausstellungen v. Gemälden, Plastiken u. Kunstgegenständen aus eigenem Familienbesitz. M.: Baltische Ritterschaft Region Württemberg, Württemberger Adelsver., Dt.-Amerikan. Frauenclub, Stuttgarter Prominentenkikker. H.: Kultur, Kunst, Sprachen, Antiquitäten, Tennis, Skifahren, Radfahren, Schwimmen, Wandern. (U.B.)

Cujad Ralf *)

Culas Jean-Marc

B.: Gschf. FN.: Ballooning 2000 Baden-Baden GmbH. DA.: 76534 Baden-Baden/Steinbach, Dr.-Rudolf-Eberle-Str. 5. jculas@aol.com. www.ballooning2000.de www.oldtimer-meeting.de www.zeppelin2000.de. G.: Aix en Provence, 22. Juli 1946. V.: Ute, geb. Kirchner. Ki.: Marc (1971), Annabelle (1974). El.: Jean-Marc u. Denise-Charlotte. S.: 1965 Abitur, 1965-66 Notarschule (Ausbild. zum Notar), 1967-68 Soldat im Pressebüro Baden-Baden bei General Massu. K.: 1969 Ang. in Dt.-Franz. Büro, 1970-72 Redakteur b. Hrsg. d. dt.-franz. Kulturjournals "La Gazette Baden-Baden", 1972-79 Redakteur b. Badischen Tagblatt, verantwortl. f. d. Beilage "Nachbarland Elsaß", parallel dazu Eröff. u. Führung eines "Weinkontors in Baden-Baden, Erteilung v. Kochkursen auf d. VHS, 1980 Erhalt d. Lizenz (Flugschein) als Ballonfahrer, 1981 Grdg. d. Firma Jean-Marc Culas m. Unterstützung d. Stadt Baden-Baden, 1993 Grdg. d. Ballooning 2000 Baden-Baden GmbH. BL.: 1993 Veranstaltung auf d. Rennbahn Iffezheim m. 93 Ballons, Abstellung d. offiziellen Europarekords (Eintrag in Guinnes Buch d. Rekorde). P.: 1990 Buch Romantic Ballooning Jean-Marc Culas Baden-Baden, 2000 Intern. Oldtimer Meeting Baden-Baden, 2001 zahlr. Pressearb. in d. Weltpresse. E.: Eintrag in d. Guinnes Buch d. Rekorde. M.: Dt. Ballonverb., Franz. Ballonverb., Dt.-Franz. Ges. Baden-Baden. H.: alte Autos, Weine u. Gastronomie, Musik, Reisen.

Culkowski Guido

B.: Gschf. Ges. FN.: car akustik GmbH. DA.: 31812 Bad Pyrmont, Solbadstr. 26. PA.: 31812 Bad Pyrmont, Hauptstr. 43. G.: Bad Pyrmont, 24. Mai 1968. V.: Christiane, geb. Kanne. Ki.: Cedric (1996). S.: 1985-87 Lehre als Einzelhdls.-Kfm. in Pytron-Elektrotechnik, 1987-90 Tätigkeit im Ausbild.-Betrieb, 1989-90 Bundeswehr. K.: 1991-93 Elektro-Pytron Verkaufsltr., 1993 freier Vermittler beim Vers.-Makler Vermond, 1994 Car Akustik Hameln im Verkauf, 1995-96 Eröffnung und

*) Biographie www.whoiswho-verlag.ch oder beigefügte CD-ROM

Ltg. Filiale f. car akustik in Bad Pyrmont, 1996 selbst. Übernahme car akustik Bad Pyrmont. M.: Sportver. SC Rot-Weiß Thal. H.: Fußball, Familie.

Cullen Michael S. *)

Culoso Pippo

B.: Gastronom, Unternehmer. FN.: Trattoria "Alba". DA.: 81925 München, Oberföhringer Str. 44. G.: Taormina/Italien, 24. März 1938. V.: Inge, geb. Pisnach. S.: Hotelfachschule in Lausanne m. Abschluss. K.: tätig in versch. Hotels in Rom, Venedig, Paris u. London, 1957-60 Butler b. Lady Bailey in Leeds Castle, Maidstone/Kent/England, sowie auf d. Bahamas, 1960-61 Aufenthalt in New York, 1961-63 Militärdienst in Italien, 1963-65 Hotel Bayerischer Hof in München, tätig im Service, 1965-74 Geschf. in versch. italienischen Speiserestaurants in München, 1974-81 selbständig, Eröff. d. italienischen Speiserestaurants "Da Pippo" in München-Gern als Inh., 1981-94 Wechsel m. d. Mühlbauerstraße nach München-Bogenhausen, 1994-96 Privatier, 1996-97 Übernahme d. italienischen Restaurants "Spago" in München als Inh., seit 1997 Eröff. d. italienischen Restaurants "Alba" in München-Bogenhausen als Inh. P.: zahlr. Veröff. in Fachzeitschriften z. Thema Gastronomie, Mitautor versch. vorwiegend italienischer Gourmet-Kochbücher. M.: Chaine des Rotisseurs, München. H.: Golf u. Kochen.

Cummerow Ulrich

B.: Vers.-Makler, Gschf. FN.: Cummerow & Partner GmbH. DA.: 22047 Hamburg, Friedrich-Ebert-Damm 160A. G.: Hamburg, 2. März 1945. V.: Ulietta, geb. Salge. Ki.: Virginia (1978), Claudio (1989). El.: Paul u. Ilse. S.: 1965 Abitur Hamburg. K.: 1965-68 Banklehre b. d. Vereinsbank Hamburg, 1968-70 GSG 7, 1970-78 Prok. Gerlin-Global-Bank Hamburg, 1978-81 Gschf./Prok. GCO Lübeck, seit 1981 selbst. Vers.-Makler. F.: Cummerow & Partner GmbH Hamburg. M.: Club zu Bremen Fremdenverkehrsamt Hamburg. H.: Tiere, Reiten. (C.K.)

Cunis Barbara Dipl.-Ing.

B.: Architektin, Inh. DA.: 28203 Bremen, Fedelhören 51. G.: Bremen, 5. Sep. 1947. El.: Dipl.-Ing. August u. Brunhilde Cunis, geb. Nothdurft. S.: 1964-67 Lehre als Bauzeichnerin, 1967 HS-Reife HS für Künste in Bremen, 1971 Dipl.-Ing. Architektin. K.: 1971-82 in versch. Arch.-Büros in Bremen, seit 1983 selbständig u. Eröff. d. eigenen Arch.-Büros. E.: 1994 Stadtbildpreis der Stadt Wilhelmshaven f. das Objekt am Börsenplatz u. Mozartstraße. M.: seit 1988 BDA, 1988-98 im Vorst. d. BDA, seit 1988 Mtgl. im Vorst. d. Freundeskreises d. HS f. Künste, seit 1992 1. Vors. d. Freundeskreises.

Cunis Reinmar Dr. rer. pol. *)

Cuntz Christian Friedrich *)

Cüppers Paul Dipl.-Ing.

B.: Gschf. FN.: Cüppers u. Lovich GmbH. DA.: 30938 Burgwedel, Schulze-Delitzsch-Straße 17D. PA.: 38461 Danndorf, Amselweg 3. G.: Augsburg, 28. Feb. 1943. V.: Barbara, geb. Milke. Ki.: Joachim (1968), Ingrid (1970, Andreas (1980). El.: Paul u. Irmgard, geb. Kiesling. S.: 1962 Abitur Solingen, 1962-67 Stud. Maschinenbau, 1967 Dipl. K.: tätig in d. Dt. Soley Werken v. IBM als Betriebsass. u. ltd. Systemberater d. Geschäftsstelle in Braunschweig, 1996 Grdg. d. Firma Cüppers u. Lovich GmbbH in Langenhagen m. Schwerpunkt Personalvermittlung f. Fach- u. Führungskräfte. BL.: Pionierarb. in d. EDV b. IBM. H.: Gartenbau, Geschichte.

Curdas Manfred Dipl.-Ing. *)

Curilla Peter *)

Curilla Wolfgang

B.: Senator d. Freien u. Hansestadt Hamburg a.D. G.: Hamburg, 14. Aug. 1942. V.: Karin, geb. Uhe. S.: 1962 Abitur, 1962-67 Jurastud. Univ. Hamburg, 1967 1. u. 1972 2. Jur. Staatsexamen. K.: 1968-72 Gerichtsreferendar Hamburg, seit 1972 RA, 1964 Eintritt in d. SPD, 1968-70 Mtgl. d. Kerngebietsaussch. d. Bez.-Versammlung Hamburg-Nord, 1970-97 Mtgl. d. Hamburg. Bürgerschaft, seit Juni 1978 Senator f. Bez.-Angelegenheiten, Naturschutz u. Umweltgestaltung, 1985 Senator d. Umweltbehörde, 1986 Präses d. Justizbehörde, 1991-93 Präses d. Finanzbehörde.

Curis Marijo

B.: Elektromeister, Inh. FN.: Elektrounternehmen Marijo Curis. DA.: 90763 Fürth, Benno Strauß-Straße 53. G.: Okoli/Kroatien, 2. Mai 1951. V.: Durda. Ki.: Mihaela (1976), Daniel (1978). El.: Mihajlo u. Dragica. S.: 1966-69 Lehre als Elektroinstallateur Zagreb, 1986 Meisterprüf. an d. Handwerkskam. Nürnberg. K.: 1969-75 Elektriker Firma Monter Zagreb, 1975-94 Baultr. in Nürnberg, 1995 Grdg. d. Unternehmens. M.: Elektroinnung. H.: Segeln, Fußball, Angeln.

Curland-Rothschuh Margot

B.: Pianistin, Klavierlehrerin. PA.: 10707 Berlin, Bayerische Str. 23. G.: Berlin, 21. Okt. 1914. V.: Hans R. (1900-80). El.: Elsa u. Rudolf Curland (Vater umgekommen im KZ Theresienstadt). S.: 1930 Abschluß am Lyzeum in Berlin, 1930-33 Vorber. z. HS-Stud. im Fach Klavier, 1933 Aufnahmeprüf. bestanden, aber wegen jüd. Herkunft Studiums- u. Berufsverbot b. 1945. K.: 1933-38 tgl. 8-stünd. Klavierübungen zu Hause, 1938 Emigration n. London, 1939 Rückkehr n. Berlin, 1940-45 Büroarbeit, 1946 Stud. am Konservat. Petersen in Berlin m. Abschl. als Privatmusiklehrerin (1949) u. als Konzertpianistin, gleichz. Lehrtätigk. an versch. Berliner Musikschulen, s. 1946: regelm. Klavierabende u. Klavierkonzerte (vorw. in Berlin), 1946/47 u. in d. 70er u. 80er Jahren Rundfunkprod. b. RIAS, WDR, NDR, SFB, 1949/50: Konzerte in Berlin, Nürnberg u. Schwerin u.a. m. d. Mozart-Orch., d. Berliner Symphon. Orch. u. d. Kammerorch. Neukölln, 1955-68: enge Zusammenarb. m. e. Konzertdirektion., s. 1979 wieder regelm. Klavierabende. M.: VdMK, GEDOK. H.: Musik hören, Klavierspielen, Lesen, Anhören v. Vorträgen ü. Psychol. u. Philos. ((M.N.)

Curländer Lieselore

B.: Bgm. der Stadt Vlotho. DA.: 32602 Vlotho, Lange Str. 60. PA.: 32602 Vlotho, Oeynhausener Str. 13a. G.: Schnathorst, 6. Nov. 1956. V.: Wilhelm Curländer. Ki.: Ralf (1970), Carmen (1974), Jana (1985). El.: Helmut u. Sophie. S.: 1975 Abitur, 1975-82 Stud. Juristenausbild., Staatsexamen. K.: 1982-83 Anw. m. Schwerpunkt Ges.- u. Arbeitsrecht, 1983-86 Tätigkeit in Finanzverw. m. Stud. Bundesfinanzak., 1986-92 Ltr. d. Rechtsamtes d. Stadt Herford, 1992-95 Ltr. d. Amts f. Umwelt-, Recht- u. Bauverw., 1995-99 Fachbereichsltr. Recht u. Ordnung d. Stadt Herford, 1999 Wahl z. hauptamtl. Bgm. d. Stadt Vlotho. H.: Beruf, Literatur.

Currle Fritz Herbert *)

Curter Maria *)

Curth Ingo *)

Curth Jens *)

Curth Klaus Ing. *)

Curth Rudolf Theodor *)

Curth Torsten *)

Curti Andrea *)

Curtze Christiane Dipl.-Pharm. *)

Cutler Gerda *)

Cuypers Hans *)

Cwajgart Gregor-Johann

B.: Zahnarzt. DA.: 46147 Oberhausen, Dudelerstraße 21. PA.: 46147 Oberhausen, Lönsstraße 1. G.: Gedingen/Polen, 20. Apr. 1957. V.: Joanna, geb. Radomanzcyk. Ki.: Anne-Maria (1997). El.: Dr. med. Jan u. Hanna. S.: 1976 Abitur Gedingen/Polen, 1976-78 Stud. Med. in Danzig/Polen, 1978-80 Stud. Zahnmed., Prom. K.: 1981-86 Ass.-Arzt in einer Privatpraxis in Düsseldorf, 1986 Vorbereitung z. Ndlg., Kurse d. Ak. Praxis u. Wiss., 1987 Ndlg. in Oberhausen-Schmachtendorf als selbst. Zahnarzt, Schwerpunkt: Parodontologie, 1987-99 Führung d. o.g. Praxis. P.: Dr.-Arb. E.: Silb. Nadel v. d. Ak. Praxis u. Wiss. M.: Ak. Praxis u. Wiss. in Düsseldorf. H.: Elektronik, Musik, Auto (Jaguar).

Cwielag Corinna

B.: Ltr. FN.: BUND Schwerin. DA.: 19053 Schwerin, Zum Bahnhof 20. G.: Magdeburg, 26. Aug. 1967. V.: Peter Cwielag. El.: Horst u. Marion Meyer. S.: 1986 Abitur, 1986-88 Stud. Leipzig. K.: 1988 Ausstieg auf d. Land, 1988-94 Handweberin Kunsthandwerk, 1990-96 Bürgerinitiative z. "Schutz d. Langenhägener Seewiesen u. gegen eine Mülldeponie in Augzin", seit 1995 BUND, seit 1996 Landesgschf. BL.: Engagement gegen die Ostseeautobahn, Engagement gegen die Transrapid, Entwicklung v. Konzepten f. d. Verbesserung d. Schienennetzes in MV, Schutz d. Alleen in MV, Verhinderung d. Neubaus v. Massentierhaltungsanlagen. P.: Potential und Grenzen der Windenergietechnik, Der Ostseeexpress, Alleenpatenschaften. H.: Radfahren, Segeln, Wandern.

Cyganek Jürgen *)

Czaia Uwe *)

Czaika Ann Margreth Dr. *)

Czaja Dieter Dr. med. *)

Czaja Mario

B.: Mtgl. d. Berliner Abgeordnetenhauses. GT.: Prok. b. Krone Management & Technologie GmbH Potsdam. DA.: 12623 Berlin, Hultschiner Damm 24. mczaja@gmx.de. www. marioczaja.de. G.: Berlin, 1975. S.: Abitur. K.: 1989-90 JU Köpenick, 1993 Grdg. JU Hellersdorf, Kreisvorstand CDU Mahlsdorf, 1995 Kandidat Abgeordnetenhaus u. BVV, 1999 Wahl in d. Abgeordnetenhaus, WK Mahlsdorf-Kaulsdorf, 2001 Wiederwahl in d. Abgeordnetenhaus, im Wahlkreis v. Gregor Gysi PDS. M.: CDU, AG 13. August. H.: Joggen, Squash.

Czaplenski Uwe

B.: Dezernent. FN.: Gesundheits- u. Umweltamt Bez. Eimsbüttel. GT.: 1999 u. 1993 Referent f. Umweltthemen in Düsseldorf. DA.: 20139 Hamburg, Grindelberg 66. uwe.czaplenski@eimsbüttel.hamburg.de. G.: Bad Bevensen, 22. Mai 1956. V.: Helga. Ki.: Marco, Miriam, Hendrik. S.: 1972-75 Lehre als Werkzeugmacher b. Rollei, 1989-91 Ausbild. u. Abschluss Umweltmed., 1976-78 Berufsfachschule Technik-Naturwiss., 1978-82 FH Biologieing. u. Dipl.-Biologieing., 1983 Abschluss. K.: 1975-76 Werkzeugmacher b. Rollei, 1983-85 Biologieing. im Bauamt/Bauprüfstelle Hamburg, 1985 Mitbegründer d. Gesundheits-Umwelt-Ämter u. Ltr. dieser Abt., seit 1996 stellv. Dezernent d. o.g. Abt., seit 1999 Dezernent. M.: VDI. H.: Garten, Angeln.

Czapski Albert *)

Czapski Peter *)

Czarkowski Ulrich Dipl.-Ing. *)

Czarnecki Michael Dr. med. dent. *)

Czarnetzki Burkhard

B.: Berater f. Unterrichts-Medien d. Inst. f. Sprachen u. Kommunikation. FN.: IKS e.V. DA.: 30159 Hannover, Lützowstr. 7. iks.hannover@t-online.de. www.iks-hannover.de. G.: Berlin, 8. Nov. 1949. V.: Marion, geb. Hülsing. Ki.: Mania Elisa (1980), Akira Joe (1983), Amily Aki (1986). BV.: Feldherr Czarnetzki unter König Adolf im 16. Jhdt. S.: 1970 Abitur, 2 Sem. Stud. Math. Univ. Bielefeld, 1971 Praktikum Sender Freies Berlin, 1973 Stud. Math. u. Physik FU Berlin, 1978-82 Ausbild. Keramiker u. kunsthandwerkl. Designer in Japan,

*) Biographie www.whoiswho-verlag.ch oder beigefügte CD-ROM

Czarnetzki

1990-92 Stud. Aboriginal Cultre Australien, 1994 EDV-Schulung Berufsfortbild.-Werk d. DGB Hannover, 1998 Kursltr.-Qualifikation f. ausländ. Arb.-Nehmer Goethe-Inst. e.V. München EDV-Training Dt. Ang.-Ak. e.V. Hannover. K.: 1982 Bau d. Töpferwerkstatt in Sisui/Japan, 1982-90 freischaff. Kunsthandwerker u. Designer in Japan, Ltg. v. Keramikkursen u. 2 J. Aufenthalt in Australien, 1992-93 tätig in einem Zahntechniklabor in Deutschland, 1993-99 Dolmetsch f. Japan. u. Engl. f. d. Dt. Messe AG in Hannover u. versch. Reiseges. in Hamburg, Frankfurt u. Berlin, 1994 Zusammenarb. m. d. 12 & 12 Verlag in Oberursel, seit 1994 Berater am Inst. f. Sprachen u. Kommunikation in Hannover u. Ref. am Goethe-Inst. in München. P.: Ausstellungen in Japan (1982-90), Ausstellungsbeteiligungen in Galerien u. Museen in Japan, Veröff. über kunsthandwerkl. Schaffen in Japan. E.: 1988 Förderpreis f. Kunsthandwerk d. Gouverneurs d. Präfektum Kumamoto, 1989 Ausz. f. hervorragende Arb. im Museum f. bild. Kunst d. Stadt Fukuoka. M.: ISK e.V. H.: Gitarre, Klavier u. Keyboard spielen.

Czarnojan Ulf

B.: Mitinh., Gschf. FN.: GWS Gießen-Wiesecker Schule f. angew. Informatik u. BWL GmbH. DA.: 35396 Gießen, Wingert 18. gws@scm.de. www.gws-giessen.de. G.: Seebad Heringsdorf, 26. Feb. 1955. El.: Hans-Dietrich u. Ingeborg. S.: 1975 Abitur Marburg, 1975-77 Bundeswehr, 1977-84 Stud. Marburg, Lehramt Gymn., 1984 1. Staatsexamen, 1984-86 Referendariat, 1986 2. Staatsexamen, Abschluss: Gymn.-Lehrer für Sport u. Geografie, 1987-88 Weiterbild. z. EDV-Organisator GFBA Gießen. K.: 1990 Programmierer in Gummersbach, 1991-94 Doz. an d. DVS Schule Gießen, 1995-97 Gschf. d. DVS Gießen, 1998 Aufsplittung d. Unternehmens: DVS - Privatschule u. Firmenschulungen, GWS Gemeinn. Schule, Zusammenarb. m. d. Arbeitsamt, Gschf. d. GWS. BL.: Lehrgang u. Prüf. z. Microsoft MCP. M.: IHK-Prüf.-Ausch. "Informatik-Kaufleute" u. im IHK-Prüf.-Aussch. "Bilanzbuchhalter", Tischtennisvr. TCC Schönstadt. H.: Tischtennis, Joggen, Sport, Musik.

Czech Christa *)

Czech Jochen

B.: Gschf. FN.: Czewo Full Filling Service GmbH. DA.: 93073 Neutraubling, Hartingerstr. 10. PA.: 93093 Donaustauf, Jahnstr. 19. G.: Liegnitz, 13. Apr. 1934. V.: Christa, geb. Hellmich. Ki.: Andreas (1956), Christian (1958), Manuel (1959), Alexander (1964), Stephan (1966). El.: Franz u. Marta. S.: chem. Ausbild. N.: Versuchslabor b. d. Süd-Chemie in Moosburg, 1957 Chem. Fbk. Regensburg u. später Ltg. d. Aufwendungstechn. Abt. z. Prod. v. Heydogen, selbst. m. d. Herstellung v. Sprayprod., 1963 Grdg. Dzewo-Aerosole, 1984 Neutraubling, Grdg. folgender Firmen: Donau-Aerosole Wien, Dt. Aerosole München, Butler Vertrieb München-Wien, Wirtz Babyhygiene Mayen, Czewoplast Neutraubling, Czewo Data Neutraubling, Arcos Bad Schmiedeberg/Lipzig, Liquipak Zülpich, Vario Products USA New York, Dt. Aerosol Prag u. AVA Formenbau Budapest. BL.: Erfinder eines Spenders f. Zahnpasta. M.: Marketingclub Regensburg, Gesangsver., CSU, WirtschaftsbeiR. d. Union e.V. H.: Familie, Tennis, Jagd.

Czech Oliver *)

Czech Renate *)

Czech Romuald

B.: Gschf. FN.: Tischlerei "HANSA "GmbH Meisterbetrieb. DA.: 18057 Rostock, Elisabethstr. 2. G.: Rostock, 10. März 1965. V.: Karin. Ki.: Stephen (1985), Franziska (1986), Lukas (1996). El.: Joachim u. Rosemarie. S.: 1981-83 Ausbild. z. Tischler. K.: 1983-89 Tischler, 1989 1/2 J. Bausoldat in PGH, 1990 Neugrdg. d. Betriebes u. Meisterprüf. M.: KirchengemR. H.: Skat, Familie, Angeln, Reisen, Sammeln von Holzelefanten.

Czech Siegmund *)

Czechmann André *)

Czekalla Gotthard *)

Czekalla Sonja *)

Czekalla-Heinemann Monika

B.: Gschf. FN.: MC Mode Monika Czekalla. DA.: 50996 Köln, Hauptstr. 63/67. G.: Hindenburg, 12. Okt. 1945. V.: Dr. Rudolf Heinemann. K.: 1968-78 Ang. in führenden Damen- u. Herrenmodegeschäften in Berlin, 1978-87 Vertretung der Firma San Remo, 1988 Eröff. d. Damenmodegeschäftes in Rodenkirchen u. 1995 Eröff. d. Damenschuhgeschäftes, 1999 Eröffn. d. Dessous-Geschäftes in Rodenkirchen. M.: Einzelhdl.-Verb. H.: Yoga, Literatur, Kulinarisches.

Czelenski Johann

B.: Gschf. u. Inst.-Ltr. FN.: IFB Inst. f. Berufsbild. DA.: 76135 Karlsruhe, Kriegstr. 216 a. G.: Petzler/A, 30. März 1946. V.: Helga, geb. Bott. Ki.: Vera (1969). N.: Handelsschule Burg, 1961-64 Lehre Ind.-Kfm., 1966-67 Wehrdienst. K.: 1967-74 kfm. Ang., 1969-72 Abendschule, 1974-76 Stud. Bw. Fachschule f. Bw. in Karlsruhe m. Abschluß geprüfter Bw., 1976-80 Ltr. e. Heizungsbaufirma, 1980-87 Organ. u. Ausbild.-Ltr. b. berufsbild.-Werk d. DGB, seit 1987 selbst. m. d. Inst. f. Berufsbild. Fachschule f. Augenoptik Karlsruhe IFB als staatl.

---

*) Biographie www.whoiswho-verlag.ch oder beigefügte CD-ROM

anerkannte Schule. BL.: IFB-größte priv. Fachschule in Europa. F.: Ges. eines Optikergeschäftes in Karlsruhe. M.: CDU. H.: Sport.

Czempiel Ernst-Otto Dr. phil. o.Prof.
B.: em. o.Prof. FN.: Hess. Stiftung Friedens- u. Konfliktforschung in Frankfurt. PA.: 35039 Marburg, Erfurter Str. 14. Sanner@hsfk.de. G.: Berlin, 22. Mai 1927. V.: Christa, geb. Dahlhoff. El.: Franz u. Annie. S.: Gymn., Abitur. Stud. d. engl. Sprache, Dolmetscher-HS Berlin 1947, 1948-54 Stud. d. Neueren Geschichte, Anglistik u. Phil. Berlin u. Mainz, 1955 Forsch.Aufenthalt in Frankreich u. Spanien, 1956 Prom. K.: 1957-64 wiss. Ass. am Lehrstuhl f. Wiss. Politik TH Darmstadt, 1964 Habil., 1964-66 Doz. f. Politikwiss. TH Darmstadt, 1966-70 Prof. f. Intern. Politik u. Außenpolitik Univ. Marburg, 1970-92 Prof. f. Intern. Politik u. Außenpolitik J.W. Goethe-Univ. Frankfurt. P.: Internationale Politik. Ein Konfliktmodell (1981), Machtprobe. Die USA und Sowjetunion in den achtziger Jahren (1989), Weltpolitik im Umbruch. Das internationale System nach dem Ende des Ost-West-Konflikts (1993), Die Reform der UNO. Möglichkeiten u. Mißverständnisse (1994), Friedensstrategien. Eine systematische Darstellung außenpolitischer Theorien von Machiavelli bis Madariaga, 2., aktualisierte u. überarbeitete Aufl., Opladen/Wiesbaden 1998, Kluge Macht. Außenpolitik für das 21. Jahrhundert (1999). M.: Dt. Ver. f. Polit. Wiss., Dt. Ges. f. Politikwiss., Intern. Studies Assoc.

Czenski Renata Hilma *)

Czeranowsky Günter Dr. Prof.
B.: HS-Lehrer, WissOR. FN.: Univ. Hamburg. DA.: Hamburg, von-Melle-Park 5. PA.: 22926 Ahrensburg, Schlehenstieg 14. G.: Tollmingen, 10. Dez. 1942. V.: Cathi, geb. Wienecke. Ki.: Ulrich, Christoph, Susanne. El.: Hermann u. Anneliese. S.: Abitur, Kfm. Lehre, Stud. BWL. K.: nach d. Dipl. Examen Ass. am Lehrstuhl von Prof. DDr. H. Jacob Univ. Hamburg, Prom., WissOR. an d. Univ. Hamburg. P.: u.a. Programmplanung bei Auftragsfertigung (Wiesbaden 1974), Betriebsbereitschaftsplanung und Auftragsgrößenselektion (Wiesbaden 1984). M.: Verb. d. HS-Lehrer für Betriebswirtschaft. H.: Briefmarken, Tennis, Wandern, Umweltschutz.

Czerlinsky Heiko Dr. med.

B.: ndlg. FA f. Chirurgie. DA.: 12205 Berlin, Drakestr. 29a. dr.h.czerlinsky@t-online.de. G.: Berlin, 1. Feb. 1955. V.: Dr. med. Gabriele, geb. Jauch. Ki.: Sophie (1992), Nicolas (1997). El.: Horst u. Lieselotte. S.: 1973 Abitur Berlin, 1975-77 Ausbildung z. MTA an d. Landeslehranstalt f. medizinisch-technische Berufe, 1978-84 Stud. Humanmed. an d. FU Berlin, Staatsexamen. K.: 1985-95 Arzt am Klinikum Steglitz, 1987 Prom. zum Dr. med., 1992 FA f. Chirurgie, seit 1995 freie Niederlassung m. Schwerpunkt: Proktologie u. Phlebologie. BL.: Spezialisierung auf Farbdublexsonografie - Anwendung d. franz. CHIVA-Methode z. venenerhaltenden u. blutflusskorrigierenden Behandlung v. Venenleiden. P.: Veröff. zu Lebererkrankungen, Kombinationsbehandlungen m. Medikamenten, Diss.: "Das Verordnungsmuster v. Psychopharmaka b. akuten psychiatrischen Krankheitsbildern an d. psychiatrischen Universitätsklinik". M.: Dt. Ges. f. CHIVA, Dt. Phlebologische Ges., Berufsverband d. Coloproktologen, Berufsverband d. ndlg. Chirurgen, Berufsverband d. ambulanten Operateure. H.: Marathon laufen, Radfahren, Steinbildhauerei, Zeichnen - m. Ausstellungen.

Czernetzki Leonhard

B.: Musiker, 1. Konzertmeister. FN.: Orchester d. Musikal. Komödie/Oper Leipzig. DA.: 04177 Leipzig, Dreilindenstr. 30. PA.: 04430 Leipzig-Burghausen, Schkeuditzer Str. 30. G.: Grottkau, 1. März 1936. V.: Roselind, geb. Abthoff. Ki.: Stephan (1963). S.: 1951-54 Stud. Violine Konservatorium Sondershausen, 1954-60 Musikstud. Fach Violine b. Prof. Ehlers Musik-HS Franz Liszt Weimar. K.: seit 1960 1. Konzertmeister d. o.g. Orchesters. P.: Kompositionen: Kammeroper "Der Spazierstock" (1980), "Sieben kl. Stücke f. Streichorchester". E.: Titel "Kammervirtuose". M.: Vorst.-Mtgl. d. Förderver. "Freunde u. Förderer d. Musikal. Komödie Leipzig e.V.". H.: Komposition, Computermusikkompositionen.

Czerney Peter Dr. rer. silv. *)

Czernik Peter Dipl.-Ing. *)

Czerny Heribert Dipl.-Ing. *)

Czerwenka Hans *)

Czerwensky Gerhard Dr. rer. pol. *)

Czerwonatis Gerd *)

Czichon Günther Dr.-Ing. *)

Czichon Michael *)

Czichos Günter *)

Czichos Horst Dr.-Ing. Dr. h. c. Prof. *)

Czichos Reiner Dr. *)

Czichos Siegbert *)

Czieschinski Ursula *)

Cziesielski Erich Dr. rer. nat. Prof. *)

Czieslik Joachim Dr. med.
B.: ndlg. FA f. Allgemeinmed. u. Naturheilverfahren. DA.: 26122 Oldenburg, Staustr. 1. djcmail@gmx.net. www.aerzteoldenburg.de. G.: Leuscheid, 24. März 1951. V.: Brigitte, geb. Hoever. Ki.: Maraike (1992), Anna-Lena (1994). El.: Hans-Joachim u. Annegret, geb. Becker. S.: 1971 Abitur Hamburg, Stud. Philosophie u. Theologie an d. HS St. Georgen Frankfurt, 1973 Examen Philosophicum, 1973-78 Stud. Med. u. Theologie an d. Univ. Tübingen. K.: 1979 Ass.-Arzt Chirurgische Klinik Esslingen, 1980 Prom., 1983 im Hamburg KH Großsand, 1984-85 Allgemeinpraxis in Hamburg, 1985 Ausbildung Naturheilverfahren u. Psychotherapie, 1987-92 ndlg. Prakt. Arzt in Ostfriesland Landarztpraxis, 1993 Eröff. Praxis f. Allgemeinmed. u. Naturheilverfahren in Oldenburg, seit 1994 FA f. Allgemeinmed. u. Naturheilverfahren. P.: Vortragstätigkeit f. d. kath. Erwachsenenbildung Oldenburg. M.: Zentralverband d. Ärzte f. Naturheilverfahren (ZÄN), Intern. med. Ges. f. Neuraltherapie nach Hunéke, Ärzteges. f. Erfah-

*) Biographie www.whoiswho-verlag.ch oder beigefügte CD-ROM

rungsheilkunde, Dt. Ges. f. Hypnosethrapie, Dt. Ges. f. Thymustherapie, Grdg.-Mtgl. d. Gesundheitsnetzwerk Oldenburg. H.: Tennis, Lesen, Musik.

Czihal Erik Dr. med.

B.: ärztl. Dir. FN.: Kreiskliniken Aschersleben-Staßurt ak. Lehr-KH d. Univ. Magdeburg. DA.: 06449 Aschersleben, Eislebener Str. 7 A. e.czihal@kkl-as.de. G.: Aschersleben, 29. Dez. 1949. V.: Dr. Sieglinde. Ki.: Michael (1980), Thomas (1983). El.: Dr. Erich u. Dorothea, geb. Killinger. S.: 1968 Abitur, 1968-74 Stud. Med. med. Ak. Magdeburg, 1974 Approb., 1974-79 FA-Ausbild. Klinik f. Innere Med. med. Ak. Magdeburg, 1975-77 Militär-Militärarzt, 1975 Dipl. biochem. Inst., 1979 FA-Prüf. K.: 1979-82 FA an d. Klinik f. Innere Med. d. med. Ak. Magdeburg, 1982 Prom. an d. Med. Akademie Magdeburg, 1982-85 FA-Ausbild. f. Radiologie an d. Univ. Halle, 1986 FA-Prüf., seit 1986 Chefarzt der Röntgenabteilung am KKH Aschersleben, 1992-96 ärztl. Dir. am KKH Aschersleben, seit 1999 ärztl. Dir. d. Kreiskliniken Aschersleben-Staßfurt. M.: Verb. d. ltd. KH-Ärzte in Deutschland, Berufsverb. d. Radiologen, Dt. Röntgenges., Marburger Bund, b. 2000 Fachkommission f. internist. Röntgendiagnostik d. Ärztekammer Sachsen-Anhalt, Vorst.-Mtgl. d. Golfclub Schloß Meisdorf. H.: Theater, Computer, Sport, Golf.

Czinzoll-Fuß Martina Helga *)

Cziommer Axel Dipl.-Phys. *)

Czirr Meiko

B.: selbst. Grafik-Designer. FN.: MC-design. DA.: 33607 Bielefeld, Weissenburger Str. 25. G.: Bielefeld, 9. Juli 1964. Ki.: Maximilian (1991). El.: Klaus u. Uta. S.: 1984 Abitur Bielefeld-Sennestadt, 1984-85 Bundeswehr, 1986-92 Grafik-Design-Stud. an d. FH Bielefeld. K.: 1986 Arb. u. Praktika in diversen Druckereien, Werbeagenturen und Lackiereien, Fertigung v. Displays, Schildern, Transparenten und Plakaten, Erwerb der 1. Airbrush-Anlage, Bezug eigener Atelier-Räumlichkeiten, 1987

1. Illustrations-Aufträge, 1989 Bezug d. Atelier- u. Büro-Räumlichkeiten in Bielefeld, 1992 Erweiterung/Modernisierung d. DTP-Anlage, 1979 erneute Erweiterung d. Dienstleistungsfächers: DTP-Netzwerk, 1995 Dienstleister f. Illustrationen. BL.: 1. Airbrush-Design-Lackierung eines kpl. Show-Truck-Gespannes m. Fantasy Motiven fast ausnahmslos d. 1. Preis b. Prämierungen auf Festivals. P.: 1987 1. Fernseh-Beitrag über Design-Lackierungen. E.: 1985 Ausz. f. d. "Erste Wachanweisung d. Bundeswehr in Comic-Form". H.: Motorradfahren, Malerei, Tischlern.

Czischke-Sabata Margarethe *)

Cziupka Michael

B.: Steuerberater. DA.: 50827 Köln, Karl-Bosch-Str. 33. G.: Köln, 20. Okt. 1955. El.: Herbert u. Ottilia. S.: 1972-74 Höhere Handelsschule, 1974-78 Ausbild. Steuerfachgehilfe. K.: 1976-78 Steuerfachgehilfe, 1979-84 Stud. Wirtschaftswiss., Dipl.-Ökonom, 1985-89 ang. Wirtschaftsprüfer, 1989 Steuerberaterexamen, seit 1989 Steuerberater. M.: Steuerberaterverb., Kam. H.: aktiver Schachspieler, Wandern, Spaziergänge.

Czmok Volker Dipl.-Ing. *)

Czok Karl Dr. habil. em.Prof.

B.: Rentner/Historiker. G.: Görlitz, 12. März 1926. V.: Charlotte. Ki.: Monika, Bernhard, Thomas. S.: 1949 Abitur, Stud. Geschichte u. Germanistik Univ. Leipzig. K.: 1953 Ass., 1956 Prom., 1963 Habil., 1966 Prof., 1973 Mtgl. d. Kmsn. intern. pour l'histoire des villes, 1974 korresp. Mtgl. f. d. Österr. Ges. f. Stadtgeschichte, 1976 Mtgl. d. Sächs. Ak. d. Wiss. zu Leipzig, 1987 Emeritierung, 1991 Mtgl. d. Rehabilitationskmsn. d. Univ., 1992 Prof. neuen Rechts Univ. Leipzig. P.: 20 Bände "Jahrbuch f. Regionalgeschichte" als ltd. Redakteur (1966-69), Die Stadt u. ihre Stellung in d. Weltgeschichte, August d. Starke, Nikolaikirche - offen f. alle, 300 wiss. Beiträge.

Czopnik Wolfram Dr. med.

B.: Chefarzt. FN.: Ev. Amalie Sieveking Krhs. DA.: 22359 Hamburg, Haselkamp 33. wolfram.Czopnik@hamburg. de. G.: Hadamar/Limburg, 8. Juni 1947. V.: Karin, geb. Niemann. Ki.: Sebastian (1976), Christian (1989). El.: Dr. med. Walter u. Ruth, geb. Piechulla. S.: 1966 Abitur, 1966-73 Med. Studium Univ. Gießen und Kiel, 1973-75 Med.-Ass., 1976 Prom. K.: 1975-76 Path. Abt. AK Barmbek, 1976-79 Gyn. Abt. am Ev. Amalie Sieveking Krhs., 1979-80 AK-Wandbek u. Facharztausbildung z. Gynäkologen,

1981 OA Ev. Amalie Sieveking Krhs, 1995 Chefarzt. BL.: Mitbegründer v. "Ihre Frauenkliniken konfessioneller Krankenhäuser Hamburgs". P.: "Wirbelsäulenveränderungen bei Unterschenkelamputierten". E.: Preis d. UNICEF f. ihn u. sein Team als erstes "stillfreundliches Krhs." in Dt. M.: DEGUM, Verb. d. ltd. Krhs.-Ärzte, Dt. Geburtshülfliche Ges. zu Hamburg, Berufsverb. d. Frauenärzte Dt., Dt. Ges. f. Gynäkologie u. Geburtshilfe, Prüf.-Kmsn. Ärztekam. Hamburg, Rotary-Club Ahrensburg. H.: Alpinski, Schwimmen, Radfahren.

Czubaszek Jürgen Dipl.-Kfm. *)

Czubek Claus *)

Czudaj Dagmar *)

Czudaj Harald

B.: Profi-Bobfahrer, Dipl.-Sportlehrer. FN.: c/o Dt. Bob- u. Schlittensportverb. DA.: 83471 Berchtesgaden, An der Schießstätte 6. PA.: 01561 Naunhof, Parkstr. 14. G.: Wermsdorf, 14. Feb. 1963. K.: aktiv. s. 1974, 1987 WJM Vierer/2., 1988 EM Zweier/5., 1989 EM Vierer/2., EM Zweier/4., WM Vierer/4., DDR-Meister Vierer, 1990 WM Zweier/2., WM Vierer/2., 1991 WM Vierer/3., DM Zweier/1., DM Vierer/1., 1992 EM Vierer/1., Olympia Vierer/1., DM Vierer/1., DM Zweier/4., 1993 WM Vierer/2., DM Vierer/1., 1994 Olympia Zweier/1., DM Vierer/2., 1995 WM Zweier/6., WM Vierer/3., EM Vierer/3., DM Zweier/3., DM Vierer/1., 1996 EM Vierer/

*) Biographie www.whoiswho-verlag.ch oder beigefügte CD-ROM

10., DM Vierer/3., 1979 EM Vierer/3., DM Vierer/1., 1998 EM Vierer/1., WC Vierer/1., Olympia Vierer/8., DM Vierer/ 1., 1997/98 WC/1., 1998/99 WC Vierer/4., WM Vierer/11., 1999 EM Vierer/3., WC Vierer/4., DM Vierer/1., 2000 DM Vierer/3. H.: Olympia.

Czudaj Peter *)

Czurda Elfriede
B.: freie Autorin. PA.: 10589 Berlin, Bonhoefferufer 15. G.: Wels/Österr., 1946. S.: Stud. Kunstgeschichte u. Archäol. Salzburg u. Paris, 1974 Prom. K.: 1974 erste Publ., seit 1982 bei Rowohlt, 1975/76 Gen.-Sekr., 1977-84 VPräs. d. Grazer Autorenversammlung, Wien 1977-82 Lektorin d. "edition neue texte", Linz, ab 1990 div. Gastdozenturen, zuletzt in Japan u. U.S.A. P.: Diotima od d. Differenz d. Glücks (1982), Signora Julia (1985), Kerner (1987), Die Giftmörderinnen (1991), Das Confuse Compendium (1992), Glüx (1995), Buchstäblich: Unmenschen (1995), Die Schläferin (1997), Gemachte Gedichte (1999).

Czybik Uwe

B.: Dipl.-Verw. (FH), Polizeibeamter, Inh. FN.: Beathoven Music Entertainment GmbH. DA.: 34281 Gudensberg, Oberg. 5. Beathoven@t-online.de. www.beathoven.de. G.: Gudensberg, 13. Juli 1964. El.: Reinhard u. Ursula, geb. Stüssel. S.: 1981 Mittlere Reife, 1981-84 Ausbild. Polizei. K.: 1984-87 Polizeidienst am Flughafen Frankfurt/Main, 1987-90 tätig im Bereich Personen- u. Objektschutz in der Innenstadt Frankfurt/Main, 1990-98 tätig bei d. Autobahnpolizei Kassel, 1998-2000 Stud. an d. Verwaltungsfachhochschule, ab 2000 Polizeioberkommissar bei d. Autobahnpolizei Baunatal, ab 1998 nebenberufl. tätig als Disjockey u. Moderator, ADTV-Tanzpartys, Oldieabende, Schlagerpartys, ab 1998 Moderator d. Deutschen Verkehrswacht im Programm "Kind und Verkehr". M.: GDP, Berufsverband DJ, TSV Obervorschütz, Gudensberger Schwimmgemeinschaft. H.: Laufen, Schwimmen, Wintersport, Inliner, Tanzen.

Czybulka Detlef Dr. iur. habil. *)

Czychowski Christa

B.: Kauffrau. FN.: Galerie Signatur. DA.: 48143 Münster, Spiekerhof 25. G.: Friedland, 9. Dez. 1941. Ki.: Christian, Michael, Martina, Daniela. El.: Wilhelm u. Ida Tschiedel. S.: 1958 Abitur Münster, 1958-60 Ausbildung z. Auslandskorrespondentin (Engl., Franz.). K.: 1960-75 Sachbearbeiterin an d. Export- u. Importfirma, 1975-76 Ausbildung z. Vertriebsrepräsentantin, 1976-88 Außendienst im Bereich Mode u. Accessoires, 1988-94 Außendiensttätigkeit im Kunstbereich, 1994 selbständig, Grdg. d. Großhandelsfirma f. Bilderrahmen, 1999 Inh. d. Galerie Signatur in Münster. H.: Lesen, Theater, Kultur.

Czygan Franz-Christian Dr. phil. Dr. h.c. Prof.
B.: Univ.-Prof., Vorst. FN.: Inst. f. Botanik u. Pharm. Biologie d. Univ. Würzburg. PA.: 97082 Würzburg, Julius-von-Sachs-Pl. 2. G.: Königsberg/Pr., 25. Okt. 1934. V.: Isolde, geb. Wehner. Ki.: Michael (1963), Martin (1965), Markus (1967). El.: Wilhelm u. Gertrud. S.: 1960 Pharm. Staatsexamen, Stud. Biologie u. Biochemie, 1963 Prom. K.: 1967 Habil., 1967 Priv.Doz. f. Botanik u. Pharmakognosie, 1972 o.Prof. u. Ruf ab d. Lehrstuhl f. Pharm. Biologie d. Univ. Würzburg, bis 2000 Dir. d. Inst. f. Botanik u. Pharm. Biologie d. Univ. Würzburg, seit 2000 emeritiert, seit 1996 Gastprof. an d. Univ. Kalingrad (früher: Königsberg Pr.). P.: über 260 Veröff. in naturwiss. Zeitschriften, 5 Bücher, Mithsg. d. Zeitschrift f. Phytotherapie. E.: 2000 Dr. h.c. d. Univ. Kaliningrad.

Czymoch Hans *)

Czyperek Hanna Dr. med. *)

D'Amico Nicola *)

D'Arelli Leonardo Antonio *)

D'Atri Nicola

B.: Hotelfachmann, Koch, Inh., Gschf. FN.: Ristorante Villa d'Atri. DA.: 80807 München, Knorrstr. 85. G.: Foggia, 10. Okt. 1951. V.: Anna, geb. Esposto. Ki.: Jovanni (1976), Franziska (1979), Roberta (1986), Mauricio (1987). El.: Jovanni u. Francesca. BV.: Gilseppe Gastronom 1800. S.: 1965-68 Hotelfachschule in Anzio/Italien, 1968-69 im elterl. Betrieb in Foggia, 1969 nach München. K.: 1996-74 in d. gehobenen intern. Gastronomie in Deutschland tätig, 1974 selbst. m. eigenem Restaurant in München. M.: Köche aus Deutschland e.V. H.: Tennis, Lesen v. Kochbüchern, Weine, Italien Reisen u. - Winzer aus Toscana, Piemont, Trentino, Friaul u. Apolien.

d'Avis Rita

B.: RA. FN.: Tigges Rechtsanwälte. DA.: 40212 Düsseldorf, Steinstr. 4. Ki.: 1 Sohn. S.: 1979 Abitur, 1979-83 Stud. Rechtswiss. in Köln, 1986 2. Staatsexamen. K.: 1987-99 selbst. RA, seit 1999 Partnerin in Kanzlei Bender - Zahn - Tigges, Schwerpunkt Wirtschaftsrecht, Franchiserecht, Vertriebsrecht, Wettbewerbsrecht. P.: Doz. f. Wettbewerbsrecht d. Düsseldorfer Ak. f. Marketing-Kommunikation e.V., Vorträge u. Workshops zum Franchiserecht. M.: Dt. Franchiseverb.

D'Ettorre Oliver Raphaele *)

D'Onofrio Angelika *)

Daase Gustav Dipl.-Ing. Prof. *)

*) Biographie www.whoiswho-verlag.ch oder beigefügte CD-ROM

Dabac Mladenka S. *)

Dabelstein Heino *)

Dabelstein Petra *)

Daberkow Lutz
B.: Dipl.-Theaterwissenschaftler, Regisseur Oper, Schauspiel, künstl. Ltr. u. Gschf. FN.: H.M.H. Kunstforum e.V. DA.: 12683 Berlin, Frankenholzer Weg 2-4. G.: Magdeburg, 7. Okt. 1946. El.: Hans u. Lotte. S.: 1965 Abitur, 1966-69 Wehrdienst, 1969-73 Regieass. u. Aufnahmeltr. im Dt. Fernsehfunk, 1973-77 Stud. Theaterwiss. Theater-HS "Hans Otto" Leipzig, Dipl. K.: 1977-78 freiberufl. Red. f. Opernsendungen in d. damaligen Red. "Musik" Dt. Fernsehfunk, 1979-84 wiss. Mitarb. für d. Bereich Musiktheater an versch. Berliner Theaterinst. (freiberufl. Regiearb.), 1984-88 Reg. u. Chefdramaturg d. Stadttheaters Eisenach (zahlr. Inszenierungen - Musiktheater, Schauspiel, "Freischütz", "Zigeunerbaron", Kabale & Liebe", "Zerbrochener Krug"), 1988-89 Chefdramaturg am Theater Meiningen, 1989-90 Intendant d. "Volkstheaters Halberstadt", 1991 Regiearb., Projektltr. v. anlaufenden Theaterproj., Vorles. zur Theater- u. Operngeschichte d. 19. + 20. Jhdt., Moderation v. Opernkonzerten, Rethorikseminaren etc., 1993 Ltr. d. Abt. Darstell. Kunst im Berliner Künstlerklub "Die Möwe", 1995 Gschf. d. Theaterver. "H.M.H.-Kunstform e.V.". H.: Sammeln v. Ton- u. Videodokumente über Opern u. Theatergeschichte sowie Zeitgeschichte, Großes Engagement f. Tierschutzproblematik.

Daberkow Marion

B.: Schnittdirektrice, Gschf. FN.: schnitt + service GmbH. DA.: 90763 Fürth, Amalienstr. 16A. info@schnitt-und-service.de. www.schnitt-und-service.de. G.: München, 7. Apr. 1968. S.: 1987 Abitur, 1988-91 Ausbildung im Damenschneiderhandwerk m. Gesellenprüfung in Atelier D. Wohlfarth in München, 1995 Ausbildung z. Schnittdirektrice b. d. Fachschule Müller & Sohn in München, 1995 Fachseminar Qualitätsmanagement u. Produktionsvorbereitung u. Fachseminar Arbeitssystemgestaltung. K.: 1995-96 Schnittdirektrice b. d. Firma Huber Sportmoden GmbH in Grafing, 1996-97 CAD-Anwendungstechnikerin u. Schulungsleiterin b. d. Firma Gerber Technology GmbH München, 1998 Grdg. d. Firma Schnittservice Marion Daberkow, 1999 Grdg. d. Firma schnitt + service GmbH. F.: seit 2000 Firma rent a clerk GmbH. H.: Motorradfahren, Biken, Studienreisen, Hobbybotanikerin, Mango- u. Pflanzenzucht, Kochen u. Lesen.

Dabringhausen Reiner Michael Kurt *)

Däbritz Erhard Ing. *)

Däbritz Sven *)

Dachsel Marica *)

Dacol Werner *)

Dademasch Siegfried Dr. med. vet.

B.: prakt. Tierarzt. DA.: 18057 Rostock, Waldmeisterweg 1. G.: Klöden, 3. März 1929. V.: Erika. El.: Otto u. Frieda. S.: 1945 Mittlere Reife, 1949 Abitur, 1950-55 Stud. Vet.-Med. in Leipzig. K.: 1956-59 eig. Praxis in Rostock, 1959-75 Zwangsverstaatlichung, 1976-80 Tätigkeit im Verw.-Dienst, 1981-90 Tierklinik Rostock, seit 1990 Neugrdg. d. eigenen Praxis. M.: 1990 DVG e.V., 1991 Bund praktizierender Tierärzte e.V. H.: Fotografie, Garten, Tiere.

Dadfar Azam Dr. med. *)

Dae-Joon Yoo Dr. med. *)

Daecke Sigurd Dr. theol. Univ.-Prof.
B.: em. Prof. f. Ev. Theol. FN.: Inst. f. Ev. Theol. RWTH Aachen. G.: Hamburg, 22. Nov. 1932. V.: Rosemarie, geb. Seeger. Ki.: Dirk Martin (1969), Nils Christian (1972). El.: Dr. Herbert u. Maria. S.: 1952 Abitur, Univ. Tübingen, Göttingen, Hamburg, 1957 u. 1959 1. u. 2. Theol. Examen, 1967 Prom. K.: 1959 Pfarrer, 1959 wiss. Ass. Univ. Hamburg, 1961 Theol. Red. b. Dt. Allg. Sonntagsblatt Hamburg, 1963 Pastor an d. Hpt.Kirche St. Michaelis in Hamburg, 1964 Red. d. RADIUS Stuttgart, 1967 Red. an d. Monatsschrift Ev. Kommentare Stuttgart, 1970 Chefred. d. Ev. Kommentare, 1972 o.Prof. f. Ev. Theol. an d. PH Aachen, 1980 Univ.-Prof. f. Ev. Theol. an d. RWTH Aachen, seit 1972 u.a. ständiger Mitarb. d. Zeitschrift Ev. Kommentare. P.: Teilhard de Chardin und die evangelische Theologie (1967), Der Mythos vom Tode Gottes (1969), Hg.: Kann man Gott aus der Natur erkennen? (1990), Hg.: Naturwissenschaft und Religion (1993), Hg.: Ökonomie contra Ökologie (1995), Hg.: Gut und Böse in der Evolution (1995), Hg.: Jesus von Nazareth und das Christentum (2000), Hg.): Gottesglaube - ein Selektionsvorteil? Religion in der Evolution (2000) u. weitere Bücher, ca. 150 Aufsätze u. Artikel. E.: 1967 Straßburg-Preis d. Stiftung F.V.S. M.: Wiss. Ges. f. Theol. H.: Segeln, Schifahren.

Daehne Ralf-Dieter Dipl.-Ing. *)

Daehre Karl-Heinz Dr. *)

Daelen Ulrike *)

Daerr Eberhard Dr. med. *)

Daerr Hans-Joachim
B.: Botschafter. FN.: Dt. Botschaft in Pakistan. DA.: PK-Islamabad/Pakistan, Ramna 5 Diplomatic Enclave. PA.: 11020 Berlin, Botschaft Islamabad. G.: Frankenstein, 22. Dez. 1943. V.: Anne-Alexa, geb. Renault. Ki.: Adrian (1974), Rafael (1975). El.: Dr. Eberhard u. Katharina, geb. Wingenfeld. S.: 1962 Baccalauréat Paris, 1962-64 Bundesmarine, 1964-69 Studium Jura u. Japanologie in Tübingen, Bonn u. Berlin. K.: 1970 Eintritt in d. Auswärtigen Dienst, Auslandsverwendungen in Belgien, Japan (2x), Nigeria, letzte Inlandsverwendung: 1995-98 stellv. polit. Dir. M.: DGAP Berlin, IISS London. H.: Tennis, Tauchen, Reisen, Fremdsprachen.

*) Biographie www.whoiswho-verlag.ch oder beigefügte CD-ROM

Daetz Dirk
B.: ndlg. Zahnarzt. DA.: 24937 Flensburg, Nikolaikirchhof 5. dirk.daetz@t-online.de. G.: Flensburg, 25. März 1955. V.: Gabi, geb. Beer. Ki.: 4 Kinder. El.: Bode u. Gisela. S.: 1975 Abitur, 1975 Zivildienst, 1976-82 Stud. Orhus. K.: 1982-85 Ass. in Flensburg u. Hamburg, seit 1985 ndlg. Zahnarzt in Flensburg; Funktionen: Regattaltr. d. Frühjahrswoche in Flensburg, Inh. d. Ind.-Museums Kupfermühle u. d. Museums Kobbermölle.

Dagdalen Tekin

B.: Gschf. FN.: Dagdalen GmbH. DA.: 46284 Dorsten, Halternerstr. 86. G.: Agri/Türkei, 1. Jan. 1966. V.: Nuray. Ki.: Yaren Bahar (1997), Seen (2000). El.: Gülbahar u. Karabey. S.: 1985 Abitur Marl, 1986 Studium Elektrotechnik Universität Bochum, 1986-89 Stud. Elektrotechnik FH Bochum b. Vordipl. K.: 1991 Einstieg in die Gastronomie Imbiss in Dorsten, 1998/99 Hotel Restaurant Yasmine. M.: Mitgründer u. 1. Vorsitzender des Dt.-Türk. Freundeskreis e.V. K.: kulturelle Arbeit., Fußball, Folklore, soz. Engagement.

Dahas Mustapha *)

Daheim Hansjürgen Dr. rer. pol. Prof.
B.: Prof. f. Soz. FN.: Univ. Bielefeld. DA.: 33501Bielefeld. G.: Essen, 16. Dez. 1929. V.: Elisabeth, geb. Küsters. Ki.: Claudia, Marius. El.: Hans u. Therese. S.: Beethoven-Gymn. Bonn, 1950-52 Stud. Theolog. Univ. Bonn, 1952-57 Stud. Betriebswirt., Soz., Sozialpol. Univ. Köln, 1955 Dipl., 1957 Prom. K.: 1958-66 wiss. Referent, Inst. f. Mittelstandsforsch, Köln, 1966 Habil. f. Soz. in Köln, 1966-69 Research Ass., Univ. of California, Berkeley, 1967-79 o. Prof. d. Soz., Univ. Regensburg, 1979-95 Prof. f. Soz., Univ. Bielefeld, 1990-96 Dir. Inst. z. Erforschg. soz. Chancen, Köln, 1995 Emeritus, 1971-72 Visiting Prof., Univ. of Calgary, 1977 Univ. of Connecticut, Storrs, 1992 Univ. Oita. P.: Der Beruf in d. Mod. Ges. (1967), Soz. d. Arbeit u. d. Berufe, m. U. Beck u. M. Brater (1980), Bleibe- u. Rückkehrperspektiven korean. Arbeitsemigranten i. d. BRD, m. J.H. Choe (1986), Soziologie d. Arbeitsges., m. G. Schönbauer (1993), König-Festschr. 1973, hg. m. G. Albrecht u. F. Sack, Sozialisationsprobl. arb. Jugendlicher, 1978, hg. m. Heid u.a. M.: Dt. Ges. f. Soz., Am. Sociolog. Ass.

Dahesch Keyvan *)

Dahhan Hani Dr. med. univ.
B.: FA f. Allg.-Med. DA.: 91056 Erlangen, Am Europakanal 10. praxis.dahhan@t-online.de. G.: Aleppo/Syrien, 5. Aug. 1951. V.: Nahla-Kausar Bouchi. Ki.: Ali u. Mohamed (1975), Ibrahim (1990). El.: Ali u. Nabiha, geb. Waez. S.: Erlangen Aleppo u. Studienkolleg München, seit 1969 in Erlangen, 1972-79 Stud. Humanmed. Friedrich-Alexander-Univ. Erlangen, Med. Staatsexamen, 1980-84 Univ. Wien, Prom. z. Dr. med., Prom. z. Dr. med. dent. K.: 1985-86 KH d. Barmherzigen Schwestern Linz/Österr., Abt. Chir. u. Gynäkologie u. Innere Med., Orthopädie, 1977-88 Ärztl. Tätigkeit in versch. Arztpraxen Bayreuth, Nürnberg, Passau, 1987 Städt. Klinik Euskirchen b. Köln, Abt. Orthopädie, seit 1988 Ndlg. in Erlangen, Allg. Arztpraxis. M.: Hausärztever., Vors. d. Islam. Religionsgem. Erlangen, Christl. Islam. Arge Erlangen, Islam. Religionsunterrichtsver. Erlangen. H.: Sport (Schwimmen, Jogging, Radfahren), Sammeln (alte Münzen, Briefmarken/ D).

Dahl Helge Dipl.-Ing. *)

Dahl Jürgen Dr. med. *)

Dahl Ludwig Dr. *)

Dahl Thomas

B.: Gschf. Ges. FN.: Friedrich Dittmann GmbH. DA.: 20259 Hamburg, Eppendorfer Weg 77. G.: Hamburg, 24. März 1954. V.: Sabine, geb. Plochl. Ki.: 1 Tochter. S.: 1969-71 kfm. Berufschule, 1971-74 kfm. Ausbild. Grundstücks- u. Wohnungswirtschaft, 1974-75 Bundeswehr. K.: seit 1975 kfm. Mitarbeiter d. Firma Dittmann, seit 1985 Prok., 1990 Grdg. d. Firma Friedrich Dittmann GmbH u. seither Gschf. Ges. mit Schwerpunkt Verw., Baubetreuung u. Verkauf v. Immobilien jeder Art. M.: seit 1990 RDM, seit 1998 Ver. Hamburger Hausmakler v. 1898. H.: Vereinstätigkeit.

Dahl Winfried Dr. rer. nat. Dr.-Ing. e.h. Prof. *)

Dahlbender Giselher *)

Dahlberg Brita Cornelia *)

Dahlberg Monika
B.: Schauspielerin. PA.: 83646 Bad Tölz, Rehgrabenstr. 6/1/2 G.: Pommern, 30. Apr. 1936. K.: 1954 1. Bühnenengagement an d. Bühnen d. Landeshauptstadt Kiel, später i. Film als Schauspielerin tätig, Ausz. a. d. Filmographie: Gruss und Kuss vom Tegernsee, Die Lindenwirtin vom Donaustrand (1957), Mein Schatz ist aus Tirol (1958), Mandolinen und Mondschein, Mein Schatz, komm mit ans blaue Meer (1959), Schön ist die Liebe am Königsee (1960), Isola Bella, So liebt und küsst man in Tirol (1961), Muss i denn zum Städtele hinaus (1962), Ferien vom ich (1963), Onkel Filser - Allerneueste Lausbubengeschichten (1966), Die Lümmel von der ersten Bank - 1. Teil - Immer Ärger mit den Paukern - 1. Teil (1968), Die Lümmel von der ersten Bank - 5. Teil - Wir hau'n die Pauker in die Pfanne (1970), Das Glöcklein unterm Himmelbett, Mädchen beim Frauenarzt (1970), Die Lümmel von der ersten Bank - 6. Teil - Morgen fällt die Schule aus (1971), Die Lümmel von der ersten Bank - 7. Teil - Betragen ungenügend (1972), Der Edelweisskönig (1975), Polizeiinspektion 1 (1981), Zur Freiheit (1988), Der Hund des Gärtners (1998/ Bühnenstück).

Dahle-Leyerer Wendula Dr. Prof. *)

Dahlem Konrad Dr. med.
B.: FA f. Hals-Nasen-Ohren-Heilkunde. DA.: 30169 Hannover, Hildesheimer Str. 46. Praxis.Dr.Dahlem@t-online.de. www.laserdoc.de. G.: Aschaffenburg, 10. Mai 1952. V.: Kazuko, geb. Yamazaki. Ki.: Melanie Michiko (1980), Sebastian Sadashi (1981), Inga Tamiko (1983), Kilian Konrad Kenjiro (1987). S.: 1970 Abitur, 1 J. Stud. Phil. Univ. Frankfurt, Zivildienst in d. USA, 1973-79 Stud. Med. Marburg u. Hannover, 1977 Stipendiat d. DAAD Univ. Chiba/Japan, 1980 Prom. K.: Ass.-Arzt d. neurochir. Abt. in Hannover (Prof.

*) Biographie www.whoiswho-verlag.ch oder beigefügte CD-ROM

Dahlem

Samii), ab 1981 Hals-Nasen-Ohren-Klinik (Dr. Osterwald), 1985 FA-Anerkennung, 1986 Austauscharzt in Hiroshima, danach Ndlg. in Hannover als Hals-Nasen-Ohren-Arzt, seit 1992 Belegarzt d. Sophienklinik in Hannover, seit 1993 simultan tätig in OP-Ambulanz, Marienstraße, Durchführung funktioneller HNO-Chir., Schnarchoperation, Nasen- u. Ohr-Korrekturen, seit 1996 ästhet. plast. Laserchir., Lidplastiken, Laser-Resurfacing u. Peeling v. Gesicht u. Hals. P.: div. wiss. Veröff. H.: Radfahren, Schwimmen, Sauna, Bergwandern.

Dahlen Klaus *)

Dahlen-Friedlaender Ciliane Prof.
B.: Schauspielerin, Autorin, Univ.-Prof. FN.: HS d. Künste Berlin (HdK). DA.: 10623 Berlin, Hardenbergstraße. PA.: 12163 Berlin, Gritznerstr. 27. El.: Rudolf Eßer u. Helene Busch. S.: Lyzeum Bremen u. England, Mtgl. d. Theaterkinderballetts am Bremer Stadttheater, später Staatstheater, b. 1939 Stud. Literatur u. Schauspiel in England, ab 1939 Sprachstud. am Dolmetscherinst. d. Hdls.-HS Leipzig u. Stud. an d. priv. Schauspielschule Bremen, 1941 Schauspielexamen in München. K.: ab 1940 Arb. am Bremer Schauspieltheater als Kleindarstellerin, Souffleuse, Garderobiere u. ab 1941 Schauspielerin ebenda u. am Schillertheater Berlin, Schauspielerin an Gastspielbühnen, Tournee durch Polen, krankheitsbedingtes Ende u. Schauspieler. Karriere, nach Kriegsende Dolmetscherin, publizist. Arb. f. Zeitungen u. Zeitschriften, Kulturarb. im Centre Cultural Francaise in Berlin-Wedding u. im British Center Berlin, Theaterinszenierungen, Arb. f. Funk, Film, Fernsehen, Kulturarb. an einer Berliner VHS, Öff.-Arb. in d. Kulturabt. d. SPD in Bonn u. Berlin, 1969/70 Lehraufgaben an d. staatl. Max-Reinhardt-Schule in Berlin-West, Priv.-Doz. HdK, Initiatorin v. Revue u. Musical, 1986 Emeritierung. P.: "Minna v. Barnhelm" (1986), "Die jüd. Frau v. Brecht" (1988). M.: div. Gremienarb., Ak. Senat d. HdK Berlin. H.: Verfassen v. Lyrik, Inszenierungen.

Dahlenburg Ralf *)

Dahler Ralf

B.: Gschf. FN.: ditis Systeme GmbH & Co. KG. DA.: 89522 Heidenheim, Carl-Schwenk-Str. 4-6. PA.: 89522 Heidenheim, Normannenweg 13. Dahler@Dahler.de. G.: Heidenheim, 19. Apr. 1964. V.: Iris, geb. Kociorski. Ki.: Patrick (2000). El.: Karl-Otto u. Marie-Luise, geb. Klockner. S.: 1985 Abitur, 1985-88 Lehre als Ind.-Kfm., 1988-89 Bundeswehr. K.: 1988-90 PC Benutzerservice Firma Voith, 1990-91 Vertriebsltr. Projekt Comp. Systeme, 1991-92 Ltr. d. Auftragsverw. u. Kfm. Export Abwicklung, seit 1989 Schulungen im EDV-Bereich, 1992 selbst. IT-Trainer/IT-Consultant f. Firmen d. Region, 2001 Vors. d. Geschäftsführung ditis Systeme GmbH & Co. KG. BL.: über 13.000 Schulungsteilnehmer geschult. M.: seit 2001 Wirtschaftsjunioren Ostwürttemberg. H.: Sporttauchen (PADI Master Scuba Diver), Skifahren.

Dahlhaus Birgit Dipl.-Ing. *)

Dahlhaus Ulrich Dr. med.
B.: FA f. Frauenheilkunde u. Geburtshilfe, selbständig. DA.: 24061 Flensburg, Apenrader Straße 4. dahlhaus@arzt-flensburg.de. G.: Iserlohn, 16. Oktober 1944. S.: 1965 Abitur

Schwerte, 1965-72 Stud. Med. u. Sportmed., Med. Jahr in Mainz u. Münster, 1972 Prom. K.: 1974 Ass., 1974-78 FA an d. Univ.-Frauenklinik Münster, 1978 Übernahme d. Praxis in Flensburg, ab 1978 Belegbetten in der Fördeklinik Flensburg. F.: Norvita, Norddeutsche Vitalstoff GmbH & Co KG, Institut f. Orthomolekulare Medizin GmbH & Co KG. M.: FSC Flensburg, seit 1978 Tennisclub Glücksburg, Burschenschaft Sarabia Mainz. H.: Segeln, Tennis, Jagd, Musik, Modelleisenbahn.

Dahlhoff Bernd Dr.-Ing. *)

Dahlhoff Günther *)

Dahlick Burkhard *)

Dahlkamp Franz J. Dr. phil. Prof. *)

Dahlmann Alfred Dr. iur. *)

Dahlmann Dieter Dr. *)

Dahlmann Horst *)

Dahlmann Olaf R. *)

Dahlmeier Paul-Gerhard *)

Dahlström Hermann Norbert
B.: Ges. u. Mtgl. d. Unternehmensltg. FN.: Freudenberg & Co. DA.: 69469 Weinheim, Lützelsachsener Str. 24. G.: 3. Aug. 1936. K.: Ges. u. Mtgl. d. Unternehmensltg. d. Freudenberg & Co. M.: Europ. Vliesstoffverb. EDANA, Präsidium Gesamttextil, Kulturkreis BDI, BeiR. Dresdner Bank AG u. Mannheimer Vers.-AG, Außenwirtschaftsbeir. Bundesmin. f. Wirtschaft, Außenwirtschaftsaussch. BDI, AR Freudenberg Far Eastern Spunweb Company Taipei, Taiwan.

Dahm Albert Josef Karl Dr. theol. Priv.-Doz. *)

Dahm Anke

B.: Wirtschaftsberaterin, Inh. FN.: Wirtschaftsberatung Anke Dahm. DA.: 44803 Bochum, Werner Hellweg 49. G.: Bochum, 4. Juni 1964. El.: Dieter u. Ingrid Dahm, geb. Feuerstein. S.: 1981-84 Ausbild. z. Steuerfachgehilfin. K.: 1984-90 Steuerfachgehilfin, 1990-94 Ltg. d. Finanzbuchhaltung in einem Computerunternehmen, 1994-97 Finanzbuchhaltung b. d. Familien- und Krankenpflege Bochum, 1997 Gründung d. Wirtschaftsberatungsges. in Bochum. BL.: Tätigkeit in versch. Tierschutzorgan., aktiv in Menschenrechtsorgan. u.a. Amnesty Intern. M.: BVBBC. H.: Arabischer Ausdruckstanz, Tanzen, Reisen um andere Kulturen kennen zu lernen, Schnorcheln.

*) Biographie www.whoiswho-verlag.ch oder beigefügte CD-ROM

Dahm Axel *)

Dahm Helmut Dr. habil. Prof. *)

Dahm Jochen *)

Dahm Karl Heinz Dipl.-Fw. *)

Dahm Klaus *)

Dahm Klaus Friedrich Heinrich Dr.med. Prof. *)

Dahm Michael *)

Dahmen Benno *)

Dahmen Franz Josef *)

Dahmen Günter Dr. med. Prof. *)

Dahmen Helmut

B.: Geschäftsstellenltr., stellv. Gschf. FN.: BMC Software GmbH. DA.: 40880 Ratingen, Kaiserswerther Straße. 115. helmut_dahmen@bmc.com. www.bmc.com. G.: Holzheim, 8. Sep. 1955. V.: Birgit, geb. Herkenrath. Ki.: Sabina, Sebastian, Annika, Benedikt, Frederike. S.: 1975 Abitur Neuss, 1975-80 Studium Informatik Düsseldorf. K.: 1980-87 Systemprogrammierung, Datenbankorgan., Datenmodellierung b. d. Colonia-Vers. Köln, 1987 Systemberater b. d. Softwarehersteller ESC European Soft Company Düsseldorf, 1989 techn. Dir. d. ESC GmbH, Aufbau einer techn. Organ. für Deutschland, Österreich u. Schweiz, 1992 Namensänderung d. Unternehmens in Boole & Babbage Europe, 1992 Ernennung z. European Marketing Dir., 1996 Wechsel zu Boole & Babbage Switzerland als Managing Dir., 1998 Gschf. d. Boole & Babbage Deutschland GmbH Ratingen, 1998 Übernahme d. Boole & Babbage Deutschland GmbH, 1999 stellv. Gschf. u. Geschäftsstellenltr. v. BMC Software. H.: Familie, Sport.

Dahmen Karl *)

Dahmen Renate *)

Dahmen Udo *)

Dahmen Volker *)

Dahmer Ingelore
B.: Studiendir. i. R. PA.: Dahmer & Dörner Reprotechnik GmbH. DA.: 20097 Hamburg, Spaldingerstr. 130. G.: Stettin, 18. Jan. 1942. S.: 1960-63 Lehre z. Industriekauffrau. K.: 1963-64 kfm. Ang. in einer Buchhandlung in Detmold, 1964-65 Buchhalterin b. Del Mod in Bochum, 1965 Heirat u. Umzug nach Hamburg, 1966-80 Sachbearbeiterin b. einer Vers., 1980 Grdg. d. Firma Dahmer & Dörner, Anfertigung v. Reproduktionen, Scans, Proofs m. erfolgreicher junter Fachcrew. H.: Fitness, Konzerte, Oper, Reisen.

Dahms Gerhard Dipl.-Ing. *)

Dahms Hellmuth Günther Dr. phil.
B.: Studiendir. i. R. PA.: 72074 Tübingen, Böblinger Str. 9. G.: 19. Apr. 1918. V.: Charlotte, geb. Maján. El.: Max Ewald u. Elisabeth. S.: Stud. Phil., Geschichte u. Germanistik Berlin u. Tübingen. K.: Soldat, Journalist, Verlagsltr., Doz., Dir. an höheren Schulen. P.: "Geschichte d. Neuen Welt" (1951), "Geschichte d. Ver. v. Amerika" (1953), "Roosevelt und d. Krieg" (1958), "Der Span. Bürgerkrieg" (1963, 1991), "Dt. Geschichte im Bild" (1969, 1991), "Francisco Franco" (1974), "Grundzüge d. Geschichte d. Ver. Staaten" (1991, 4. Aufl. 1998), "Die Geschichte d. Zweiten Weltkrieges" (1983), Der Zweite Weltkrieg in Text und Bild (1989, 5. Aufl. 1999), Wiedergeburt im Schatten großer Mächte. Ein Kapitel litauischer Geschichte (Festschrift f. K. Hornung (1993). E.: Professeur-conseiller, Orden de Isabel la Católica, Ehrenbürger v. New Orleans. M.: Military Society of Ireland.

Dahms Jürgen *)

Dahn Elke

B.: Konzertsängerin, staatl. geprüfte Gesangs- u. Klavierpädagogin. DA.: 45133 Essen, Fendelweg 10. G.: Bad Bentheim, 3. Juli 1951. Ki.: Boris-Oliver (1964). S.: 1960 Mittlere Reife, ab 1960 Stud. Musik-HS Essen, Saarbrücken und Mannheim-Heidelberg, 1970 Klavierexamen, 1973 Gesangsexamen bei Prof. Leni Neuenschwander, 1973 Konzertreifeprüf. K.: ab 1973 Klavierlehrerin Musik-HS Saarbrücken, 1980 Konzerttätigkeit Thuner Festspiele, 1981 Konzerttätigkeiten b. Prof. Paul Lohmann in Dänemark, 1984 Klavierlehrerin Städt. Ak. f. Tontechnik Darmstadt, 1992-97 Lehrtätigkeit f. Gesang u. Stimmbildung Univ. Essen, zwischenzeitl. Konzertreisen inkl. in Österr., Italien, Schweiz u. Dänemark. M.: Soroptimisten Deutschland. H.: Züchten v. Doggen, Malen.

Dähn Danielle *)

Dähn Horst Dr. habil. Prof. *)

Dähn Kay

B.: Fahrzeuglackierer, Inh. FN.: Herbert Dähn GmbH. DA.: 22297 Hamburg, Hindenburgstr. 169. G.: Hamburg, 25. Okt. 1960. V.: Birgit, geb. Clausen. Ki.: Christoph (1987), Bettina (1990). S.: 1976-79 Ausbild. z. Fahrzeuglackierer. K.: 1979-82 Lackierer, 1982 Meisterprüfung in Hamburg, 1982-90 Tätigkeit im elterl. Betrieb, seit 1991 selbst. Übernahme d. elterl. Betriebes Herbert Dähn Karosseriefachbetrieb u. Autolackiererei Hamburg. M.: Vorst.-Mtgl. in d. Maler- u. Lackiererinnung Hamburg, Vorst.-Mtgl. d. Bundesfachgruppe d. Fahrzeuglackierbetriebe. H.: Motorradfahren, Bogenschießen.

Dähne Gernot Dipl.-Kfm.
B.: Gschf. FN.: Dähne Verlag, DeDeNet. DA.: 76275 Ettlingen, Am Erlengraben 8. gd@daehne.de. www.daehne.de. G.: 12. Feb. 1965. S.: 1986 Abitur, 1987-93 Stud. BWL Univ. Bamberg, ab 1993 Weiterbild. IVW, AMF, Vertrieb u. Marketing. K.: 1987-88 tätig in einer RA-Kzl., 1988-90 tätig in einem Verlag in Bamberg, 1990-91 tätig in einer Promotions-Agentur in Bamberg, 1993-96 Anzeigenltr. im Dähne-Verlag in Ettlingen u. ab 1996

*) Biographie www.whoiswho-verlag.ch oder beigefügte CD-ROM

Gschf., ab 1996 Gschf. d. DeDeNet in Ettlingen. F.: Dähne Verlag, DeDeNet GmbH, Mixpress B.V., Mark@Zoo GmbH. P.: Hrsg. versch. Zeitschriften, Bücher, CD Rom's u. Videos. M.: Tennisclub Schöllbronn. H.: Tennis, Skifahren, Tauchen.

Dähne Ilja

B.: Inmobilienmakler, Auktionator. FN.: Dähne Immobilien & Versteigerungen. DA.: 38440 Wolfsburg, Stresemannstr. 12. G.: Itzehoe, 20. Aug. 1968. S.: 1985 Mittlere Reife Itzehoe, b. 1988 Kfm. Ausbild. in Itzehoe, b. 1990 Zivildienst. K.: selbst. Unternehmer in Itzehoe, seit 1992 Immobilienmakler in Wolfsburg, 1997 Erteilung d. Erlaubnis als Auktionator tätig zu werden, Geschäftsbereich: Wolfsburg, Braunschweig, Hannover u. Sylt. H.: Tennis, Autos, Antiquitäten, Papageien.

Dähnert Gerd *)

Dahnke Walter Joachim
B.: Malermeister, Inh. FN.: Dahnke Malermeister. DA.: 04416 Markkleeberg, Hauptstr. 91. G.: Leipzig, 22. Nov. 1939. V.: Brunhilde. K.: Katrin (1965), Tino (1970), Claudia (1971). S.: 1954-56 Malerlehre, 1956-61 Malertätigkeit, 1961-63 Wehrdienst. K.: 1963-75 Maler in d. PGH Markkleeberg, 1975-87 Ltr. d. PGH Zwenkau, seit 1987 Inh. u. Gründer d. o.g. Firma. H.: Wandern, Reisen.

Dahrendorf Frank
B.: Rechtsanwalt. FN.: Dr. Weiland und Partner. DA.: 10117 Berlin, Friedrichstr. 150. G.: Berlin, 26. Mai 1934. S.: Stud. Rechtswiss. Hamburg, München u. Frankfurt/Main. K.: RA in Hamburg, 8 J. StaatsR. Hamburg, 1978-79 Justizsenator d. Freien u. Hansestadt Hamburg, 1981 Senator f. Inneres Berlin, 1988-91 Präs. d. DRK Hamburg, 1991-94 Vorst.-Sprecher Verb. d. Konsumgen. Berlin, 1992 stellv. Vors., seit 1993 stellv. Vors. d. Medienrats d. Medienanstalt Berlin Brandenburg.

Dahrendorf Ralf Lord Dr. phil. Drs. h.c. Prof. *)

Dai Bei Yan

B.: Kräuterkundlerin, Unternehmerin, selbständig. FN.: LOTUS Naturheilzentrum. DA.: 10823 Berlin, Eisenacher Str. 52. daibeiyan@aol.com. G.: Zhejang, 5. Jan. 1955. V.: Mun Soong Swee. Ki.: Chin Hou, Chin Jong. S.: 1973-77 Ausbildungz. Behandlung u. Gebrauch v. Kräutern in traditioneller Chin. Med., 1977-78 Stud. Diagnosebehandlung in Allg. Chin. Med. K.: 1978-80 Ass. im KH in China, 1980 Übersiedlung in d. Niederlande, 12 J. im Unternehmen d. Ehemanes tätig, 1985-96 Akupunkturausbildung in China, 1990-93 Grdg. eines Akupunkturzentrums u. Kräutervertriebs, 1994-96 Kräuterverantwortliche im Asia-Supermarkt Berlin, seit 1997 Grdg. d. Lotus Naturheilzentrums. M.: TCM-Ges., Verbindung zu allen chin. Ärzten in Deutschland. H.: Kochen, gesunde Küche, Fotografie, Schreiben.

Daiber Karl-Fritz Dr. phil. Prof.
B.: Prof., Pfarrer i. R., bis 1996 Professur f. Prakt. Theologie an d. Philipps-Univ. Marburg u. Ltr. d. Pastoralsoz. Arbeitsstelle d. Ev.-Luth. LKirche Hannovers. PA.: 30419 Hannover, Böttcherstr. 4. G.: Ebingen, 6. Aug. 1931. V.: Margarete Gaier. P.: Grundriß der Praktischen Theologie als Handlungswissenschaft (1977), Diakonie u. kirchl. Identität (1988), Predigt als rel. Rede (1991), Religion unter den Bedingungen der Moderne (1995), Religion in Kirche und Gesellschaft (1997), weitere Einzelveröff. u. zahlr. Aufsätze z. Prakt. Theologie u. Religionssoziologie.

Daiber Klaus

B.: FA f. Allgemeinmedizin, selbständig. DA.: 50677 Köln, Bonner Str. 14. G.: Köln, 30. März 1965. El.: Karl u. Ursula, geb. Kanne. S.: 1984 Abitur, 1984-86 Lehre Kfz-Mechaniker, 1987-93 Studium Maschinenbau u. Med. RWTH Aachen, 1993 med. Staatsexamen, 1993-96 Ausbildung Chir. u. Orthopädie. K.: 1997-99 Arzt im Bereich Allgemeinmedizin, Innere Med. u. Naturheilkunde, seit 1999 ndlg. FA f. Allgemeinmedizin u. Naturheilkunde in Köln. M.: Ver. f. Sportmedizin, Verb. Naturheilverfahren, Verb. biolog. Med. H.: Sport, Autos, Tiere.

Daiminger Helene

B.: Rektor, Lehrerin. FN.: Karl-Marx-Schule. PA.: 27578 Bremerhaven, Hagebuttenweg 14. G.: Bremerhaven, 11. Nov. 1936. V.: Hans Daiminger. Ki.: Hannes (1964). El.: Waldemar u. Otilie Taeger. S.: 1957 Abitur Bremerhaven. K.: seit 1960 Lehrerin f. Deutsch, Franz. u. Engl. an Lehrerfortbild.-Inst., dzt. Rektorin. BL.: bereits als Schülerin aktiv Theater in verschiedenen Laiengruppen, 1981 Gründung Kabarettgruppe "Die Müllfischer", regelm. abendfüllende Programme mit überwiegend bürgernahem Programm, mit ausschließlich eigenen Texten, schreibt eigene Theaterstücke, welche v. Laiengruppen in wechselnder Besetzung aufgeführt werden, gr. Erfolge u.a. "Der Freiheitskampf d. Nordfriesen - Keine leichte Beute", "Eiswette 97", Piratenspektakel auf d. "Seuten Deern" u. d. "Hanse Kogge". P.: "Geschichten u. Rezepte v. d. Waterkant" (1993). M.: "Thieles Garten".

Dais Christina
B.: Schauspielerin, Moderatorin, Gschf. FN.: Künstleragentur CD Promotion Team. DA.: 68723 Schwetzingen, Albert-Schweitzer-Str. 4 a. cd-promotion@t-online.de. G.: Heidelberg, 18. Aug. 1957. V.: Werner Dais. Ki.: Sebastian (1987), Constantin (1990). El.: Karl u. Anna-Maria, geb. Blatzheim. BV.: Romi Schneider; Onkel Dr. Otto Rose Erfinder d. Polyäthylen u. AR-Vors. bei BASF. S.: 1976 Mittlere Reife, 1977-78 Engl. Inst., glz. Schauspiel- u. Gesangausbildung u. Sprachunterricht Studio Irene Haller Heidelberg, 1980-82 Ausbildung Übersetzein f. Engl. Inst. Mawritzi. K.: 1978-80 tätig f. d. Firma Federal Electric ITT, 1983-85 Groß- u. Außenhandelskauffrau im Tapetenverlag TAP Schönau, 1985-

---

*) Biographie www.whoiswho-verlag.ch oder beigefügte CD-ROM

86 Musik-Promotion bei Tiedemann in Hamburg, seit 1986 selbständig m. Grdg. d. CD-Promotion Team m. Schwerpunkt Show- und Entermaint Conceptions wie Firmen-Events f. SAP, Heidelberger Druckmaschinen, BASF, Porsche, Siemens, Mercedes und DTM; seit 1990 Schauspielerin u. Moderatorin f. TV, Theater u. Rundfunk, seit 1992 Mtgl. im Ensemble d. Oststadt-Theaters in Mannheim. P.: Rollen in: "Der Mond scheint auch f. Untermieter", "Alpha Team" (2001), "Tatort" (1999, 2000 u. 2001). E.: 1. Goldwind-Dancing-Queen (1980/81), Miß Süddeutschland u. 5. Pl. bei d. Endausscheidung (1981), Gold. Tanzabzeichen. M.: IVCDT, Wirtschaftsjunioren, Büttenrednerin Feuerio e.V. H.: Reiten, Skifahren, Fallschirmspringen, Tanzen, Motorrafahren, Golf.

Däke Karl Heinz Dr. rer. pol.

B.: Präs. FN.: Bund d. Steuerzahler e.V. Geschäftsstelle Berlin. GT.: Vors. d. Carl-Brauner-Inst. DA.: 10969 Berlin, Charlottenstr. 82. presse@steuerzahler.de. G.: Neuenburg, 25. Feb. 1943. V.: Prof. Dr. Barbara Camilla Tucholski. El.: Wilhelm u. Gertrud, geb. Kolwes. S.: 1963 Abitur Delmenhorst, 1964-69 Stud. Vw. in Köln - Dipl.-Vw. K.: 1969-75 Vorst.-Ass. b. Bund d. Steuerzahler NRW, 1975 Doktorant - Wahl in d. Vorst. d. Bundes d. Steuerzahler NRW, Prom. z. Dr. rer. pol., 1978 stellv. Vors. d. Landesverb. Bund d. Steuerzahler NRW, 1989-95 Vors. d. Landesverb. Bund d. Steuerzahler NRW, seit 1994 Präs. d. Bundes d. Steuerzahler Wiesbaden, seit 1998 Geschäftsstelle Berlin. P.: Diss. "Einflußmöglichkeiten auf d. Rationalität steuer- u. finanzpolit. Entscheidungen", Recht d. Steuerzahlers v. A-Z "Finanzpolitik ohne Wandel?", Vorträge, Aufsätze, Fernsehauftritte Editorien d. Bundes d. Steuerzahler. E.: versch. Ehrenmed. f. Leistungen im Steuerrecht. M.: VPräs. d. Europ. Steuerorgan., VPräs. d. Welt-Steuerzahlerverbundes WTI. H.: Segeln, Haus u. Garten, Kunst, b. 1994 Tenor im Oratorienchor.

Dakhil Majeed Dr. *)

Daldrup Thomas Dr. Prof. *)

Daldrup Ulrich Dr.

B.: Gschf. Ges. FN.: GFE Aachen. DA.: 52070 Aachen, Grüner Weg 13. G.: Porta Westfalica, 27. Sep. 1947. V.: Elfi, geb. Herrny. Ki.: Michael (1976), Danielle (1979). El.: Franz u. Marianne. S.: Abitur, Stud. Chemie u. Wirtschaftsaufbaustud., 1976 Prom. z. Dr. rer. nat. K.: 1969 Procter and Gamble, 1970 Banque Lambert Brüssel, 1972 Preussag AG Hannover u. Rabat, 1972-74 O.D.I. d. Ind.-Min. Rabat/Marokko, 1974-78 Abt.-Ltr. Africa Asien Bureau Köln, 1977 stellv. Gschf. u. Ges., 1979 Grdg. GFE Aachen; seit 1984 Doz. ITT d. FH Köln. P.: zahlr. Studien u. Bücher, Wirtschaftsführer, Regionalentwicklungsstudien. M.: b. 1987 Gen.-Sekr. d. Dt.-Marokkan. Ges., seit 1986 Beauftragter d. Handwerkskam. Rhein/Main f. intern. Partnerschaftsprojekte, 1987-89 Vorst.-Mtgl.

Dt. Chemiker Aachen, seit 1988 zusätzlich Politikberater d. Rg. v. Mauritius, seit 1991 Mtgl. d. Vorst. d. Wirtschaftsver. Nordrhein-Westfalen, seit 1994 Bürgermeister d. Stadt Aachen, seit 1993 Vors. d. CDU Aachen, H.: Sport, Segeln, Tennis. (A.K.)

Dalecki Christian Dipl.-Ing. *)

Daleiden Kristin

B.: Dipl.-Pädagogin, Pferdewirtin, Gschf. FN.: Dt. Rotes Kreuz Kreisverband Worms e.V. DA.: 67547 Worms, Eulenburgstraße 12. PA.: 67549 Worms, Schoppstr. 8a. kristin.daleiden@chefmail. de. www.kristin-daleiden.de. G.: Bonn, 1. Dez. 1956. El.: Gero Daleiden u. Gabriele, geb. Strahl. BV.: Vater ehem. Ltr. d. Fonds Agraire d. EU Brüssel. S.: 1976 Abitur Brüssel, 1977-79 Lehre als Pferdewirtin, Schwerpunkt Reiten Westfälische Reit- u. Fahrschule Münster, 1979-80 Kfm. Ausbildung an d. privaten Handelsschule Sabel, 1980 Stud. Jura, Pädagogik u. Wirtschaftswiss. an d. Univ. Münster, 1988 Abschluss Dipl.-Pädagogin, Fachdidaktik, Wirtschaftswiss., 1980-88 parallel z. Stud. tätig als Pferdewirtin (Ausbildung v. Reitern u. Pferden). K.: 1978-89 ehrenamtl. Mtgl. d. DRK, aktiv in d. Erwachsenenbildung, Bezirksleiterin d. Jugendrotkreuz (5 Kreisverbände), Mtgl.d . Kreisvorst. als Kreisbereitschaftsleiterin u. Ltr. d. Öffentlichkeitsarbeit, 1989 stellv. Gschf. DRK-Kreisverband Hannover-Stadt, seit 1997 Gschf. DRK-Kreisverband Worms. BL.: 1990-91 Organisation v. Hilfsgütertransporten nach Rußland u. Rumänien. P.: regelmäßig Beiträge in Fachzeitschriften u. Leserbriefe besonders zu Frauenfragen u. soz. Problemen. E.: nat. u. regionale Preise im Dressur-, Spring- u. Military-Reiten (Turniere b. 1977), Goldene Ehrennadel d. Dt. reiterl. Vereinigung. M.: seit 1978 DRK, ehrenamtlicher Bezirksbürgermeister Hannover-Mitte (1991-97), engagiert in d. Drogen- u. Obdachlosenpolitik. im Bürgerdialog, Vors. AsF Arge sozialdemokratischer Frauen Hannover, Schöffin, ehrenamtl. Richterin Verwaltungsgericht Hannover, ab 1997 aktiv in d. AsF Worms, Mtgl. Sozialu. Jugendhilfeausschuss Stadt Worms, Psychiatriebeirat, Ltg. d. AK Wirtschaft u. Soziales d. lokalen Agenda 21 u. d. AK Armut, Fraktionsvors. SPD-Ortsbeirat Worms-Neuhausen (1998), Dt. reiterl. Vereinigung. H.: Katzen, Badminton, Krimis u. Comics.

Dalferth Claus *)

Dalheimer Axel

B.: Gschf. Ges. FN.: KdH + P GmbH. DA.: 50674 Köln, Lindenstr. 20. G.: Köln, 5. Sep. 1967. V.: Natascha, geb. Samir. Ki.: Moritz (1999). El.: Günter Dalheimer u. Brigitte Höhmann, geb. Franke. S.: 1986 Abitur Köln, 1986-92 Stud. Informatik. K.: seit 1992 Gründungsges. und Gschf. d. KdH + P Werbeagentur in Köln u. Ndlg. in München u. Hamburg.

*) Biographie www.whoiswho-verlag.ch oder beigefügte CD-ROM

Dalheimer Rolf Dr.-Ing. Prof.
B.: Präs. d. FH Hamburg. DA.: 22085 Hamburg, Winterhuder Weg 29. PA.: 22391 Hamburg, Farmsener Weg 26. G.: Grevenbroich, 31. März 1940. V.: Arch. Dipl.-Ing. Marianne, geb. Faulseit. Ki.: Per (1969), Finn (1971). El.: Hermann-Reinhold u. Hermine. S.: 1959 Abitur, 1959-66 Stud. Maschinenbau Hannover. K.: Div. Praktika während d. Stud. in Oldenburg, Bremen, New York b. AEG, Bremer Vulkan, The Silent Hoist And Crane Company, 1966-71 wiss. Mitarb. u. Abt.-Ltr. am Inst. f. Umformtechnik Stuttgart, Univ. Stuttgart 1970 Prom., 1971-74 Prodekan an d. Hamburger FH, 1974-75 VPräs. d. FH, 1975-2000 Präs. P.: div. Publ. über "Fertigungstechnik" u. "Die Entwicklung d. HS in Deutschland", 1977 Mitverfasser u. Hrsg. "Lehrbuch d. Umformtechnik", div. Vorträge v. d. VDI u. d. Rektorenkonferenz. E.: Ehrenmed. d. Hamburger Handwerkskam., Förderpreis d. Univ. Stuttgart, Aufbaumed. d. TU Hamburg-Harburg, Medaille f. Wiss. u. Kunst d. Hansestadt Hamburg. M.: Vorst. in d. KH Ditze Stiftung. H.: Segeln, Handwerken, Literatur. (S.F.)

Dalichow Bärbel Dr. phil. *)

Dalitz Joachim *)

Dalitz Sabine
B.: RA. DA.: 53332 Bornheim, Bonner Str. 82. ra-dalitz@t-online.de. G.: Köln, 9. Juni 1965. V.: Elmar Dalitz. Ki.: Paul (1997). El.: Christian u. Helga Schiffers. S.: 1985 Abitur, 1985-87 Lehre z. RA-Gehilfin, 1987-92 Stud. Rechtswiss. Univ. zu Köln, 1992 1. Staatsexamen, 1993-95 Referendariat im LG-Bez. Darmstadt, 1995-96 Beschäftigung in d. RA-Kzl. Eßer u. Partner in Aachen, zunächst im Rahmen d. Referendariats-Wahlstation, 1996 2. Staatsexamen. K.: 1996 selbst. Berufsbetreuerin, 1998 Gründung einer RA-Kzl., Tätigkeitsschwerpunkt: Betreuungs- u. Pflegevers.-Recht, später noch Erwerbsunfähigkeitsrentenrecht u. Schwerbehindertenrecht u. Verkehrsunfall m. Personenschäden, seit 2000 Bürogemeinschaft m. RA David Frinken. BL.: seit 1993 ehrenamtl. Engagement in Behinderten- u. Betreuungsver. H.: Fahrradfahren, Tennis.

Dall Carl Dipl.-Kfm.

B.: Unternehmensberater. DA.: 24103 Kiel, Rathausstr. 4. G.: Flensburg, 29. Feb. 1920. V.: Lisa, geb. Denecke. Ki.: Ulf, Christian, Sonja, Sabine. S.: Abitur Kiel, Stud. Wirtschafts- und Sozialwissenschaften Kiel und Königsberg. K.: 195659 Großbetriebsprüfer d. Finanzamt Elmshorn, 1959-67 Ref. im Finanzministerium Schleswig-Holstein, 1967-74 Ltr. d. bw. Großref. im Wirtschaftsmin. d. Landes Schleswig-Holstein, 1975-84 Mtgl. d. Vorstands d. Wirtschaftsaufbaukasse Schleswig-Holstein AG u. AufsR.-Vors. d. Bmtn.-Bank, seit 1985 selbst. Unternehmensberater d. Mittelstandsvereinig. u. Mtgl. d. Landesvorst. d. Bundes d. Selbst. M.: Mittelstandsvereinig. d. CDU.

Dall Karl
B.: Schauspieler, Komiker, Entertainer, Showmaster. FN.: c/o Ute Show Show-Organ. DA.: 10625 Berlin, Schillerstr. 7. G.: Hamburg, 1.Feb. 1941. V.: Barbara. K.: Kulissenschieber, Schriftsetzer u. Kneipenclown in Berlin, 1967 Grdg. d. Gruppe Insterburg & Co, seit 1979 selbst. u. Solokomiker auf d. Bühne u. im Fernsehen, Moderator b. RTL/SAT 1, Auszug a. d. Filmographie: 1980 "Panische Zeiten", 1984 "Gib Gas ich will Spaß", "Das verrückte Strandhotel", "Sunshine Reggea auf Ibiza", 1985 "Drei u. eine halbe Portion", 1987 "Die Senkrechtstarter", 1988 "Starke Zeiten", 1998 "Hans im Glück", TV u. a. 1984-97 Talk- u. Unterhaltungsshows: "Karl's Kneipe", "7 Tage - 7 Köpfe", "Jux & Dallerei", "DALL-AS", "Verstehen Sie Spaß", 1995 "Sylter Geschichten". P.:

Dall'Asta Eberhard Dr. sc. pol. *)

Daller Thomas *)

Dallibor Klaus *)

Dallinger Karl-Heinz *)

Dallmann Gerd *)

Dallmann René *)

Dallmann Rudi-Lutz

B.: RA, Notar. DA.: 13507 Berlin, Berliner Str. 103. G.: Hamburg, 9. Feb. 1939. Ki.: 1 Tochter. El.: Dr. Rudi u. Margarete. S.: 1957-63 Jurastud. Berlin u. Hamburg, 1. Staatsexamen, 1963-64 Auslandsaufenthalt in Asien, 1964-67 Referendariat, 2. Staatsexamen. K.: 1968 Zulassung als Anw., Anw. in versch. Kzl., 1969 Eröff. d. eigenen Kzl. in Berlin, 1978 Zulassung als Notar, Schwerpunkt: Erbrecht, Ehe- und Güterrecht, Ges.-Recht. M.: Ver. f. Erbrechtsforsch., Berliner Anw.-Ver., Bundesverb. d. Mittelständ. Wirtschaft. H.: Jazz.

Dallmayr Günter *)

Dallmeier Dieter *)

Dallmeier Martin Dr. phil. *)

Dallmer Thomas *)

Dalman Mehmet
B.: Mtgl. d. Vorst. FN.: Commerzbank AG. DA.: 60261 Frankfurt/Main, Kaiserplatz. www.commerzbank.de. G.: Phasoulla/Zypern, 7. Apr. 1958. V.: verh. Ki.: 2 Kinder. S.: Stud. Intern. History and Social Administration in London, Abschluss BA u. MA. K.: 1986-89 Ltr. d. OTC Equity Sales Trading Desk b. Nikko Securities Europe in London, 1990-95 Ltr. d. Bereiches Europäische Aktien b. Crédit Lyonnais Securities in London u. Tokio, 1995-97 b. d. Deutsche Morgan Grenfell Capital Markets in Tokio, General Manager zuständig f. Großkundengeschäft Japan, Korea, Taiwan u. Südostasien, seit 1997 tätig b. d. Commerzbank AG in Frankfurt als Ltr. d. Zentralen Geschäftsfeldes Securities, seit 2001 Mtgl. d. Vorst. in Frankfurt/Main. (Re)

Dalmeyer Norbert *)

Freiherr v. Dalwigk Reinhard Dr. *)

Freiherr von Dalwigk zu Lichtenfels Joachim

Franz Maria Thomas Johannes Dipl.-Ing. *)

*) Biographie www.whoiswho-verlag.ch oder beigefügte CD-ROM

van Dam Nikolaos Dr.
B.: Botschafter d. Niederlande. DA.: 10117 Berlin, Friedrichstr. 95. nlgovbln@bln.nlamb.de. www.dutchembassy.de. G.: Amsterdam, 1. Apr. 1945. V.: Marinka geb. Bogaerts. Ki.: 3 Söhne, 1 Tochter. S.: Stud. Politik u. Sozialwiss. Univ. Amsterdam. K.: 1970-75 Lehrauftrag f. mod. Geschichte d. Mittleren Osten an d. Univ. Amsterdam, 1977 Prom., 1975- Eintritt in d. Dienst d. Min. f. Auswärtige Angelegenheiten, 1980-83 1. Botschaftssekr. d. Niederländ. Botschaft in Beirut, 1983-85 Geschäftsträger an d. Niederländ. Botschaft in Tripolis, 1985-88 stellv. Ltr. d. Referats Afrika- u. Mittelostpolitik d. Ministeriums f. auswärtige Angelegenheiten d. Niederlande, 1988-91 Botschafter in Bagdad, 1991-96 Botschafter in Kairo u. b. 1999 in Ankara, seit 1999 Botschafter d. Niederlande in Berlin. P.: "De vrede die niet kwam. Twintig jaar diplomaat in het Midden-Oosten" (1998), "The struggle for Power in Syria. Politics and Society under Asad in the Ba'th Party" (1997). E.: 1983 Ritter im Orden v. Oranien Nassau, 1991 Offizier im Orden v. Oranien Nassau.

Damaschke Ralf Otto
B.: Verkaufskonsultant. FN.: Ralf Damaschke EVORA Regionalcenter Hamburg. DA.: 22041 Hamburg, Am Neumarkt 30. G.: Lauenburg, 14. Juli 1957. Ki.: Kai (1981), Markus (1985), Denise (1985), Tobias (1996). S.: 1973-76 Ausbild. z. Offsetdrucker in d. Firma Dammaschke & Co in Büchen m. Abschluß. K.: 1976-80 Drucker, 1980-99 Übern. d. elterl. gastronom. Betriebes in Lauenburg, 1999 Restaurant/Pension verpachtet u. Start in d. heutige Firma; Position: 5/99 Verkaufsltr., 9/99 Vertriebsltr., 1/00 Pacesetter, 5/00 Verkaufskonsulent, 7/00 Regionalcenterltr., Schwerpunkt: hochwert. Kosmetik- u. Wellnessartikel.

Damaschke Sabine Dipl.-Ing.
B.: selbst. Architektin. DA.: 40625 Düsseldorf, Friedingstr. 17. G.: Mannheim, 14. Okt. 1955. Ki.: Clara (1990). S.: 1974 Abitur Essen, 1976-83 Stud. Arch. RWTH Aachen, 1980 Studienaufenthalt USA, 182/83 Dipl. bei Prof. Gottfried Böhm. K.: 1979-82 Lehrtätigkeit am Lehrstuhl f. Baugeschichte u. Denkmalpflege, 1983 freie Mitarb. bei Prof. Gottfried Böhm, 1984-88 tätig im Arch.-Büro Boss + Damaschke, seit 1988 selbst. Arch.-Büro m. Schwerpunkt Baugeschichte u. Denkmalpflege, Wohnungs- u. KH-Bau, Hotelbau, Innenarch., Design, Möbelbau u. energet. Raumberatung nach Feng Shui. P.: "Arztpraxen" (1995), "Apotheken" (2000), Vorstellung v. Arb. in "Schöner Wohnen", Bericht in AIT (1998). H.: Kunst, Zeichnen u. Gestalten v. Skulpturen, Antiquitäten, Art Deco, Gemälde.

Damaske Tanja
B.: Profi-Leichtathletin (Speerwurf), Psychologie-Studentin. FN.: c/o OSC Berlin. DA.: 10829 Berlin, Priesterweg 8. G.: Berlin, 16. Nov. 1971. S.: Kinder- u. Jugend-Sportschule in Schwerin, Stud. Psych. Humboldt-Univ. K.: größte sportl. Erfolge: 1990 Junioren-WM/1., 1993 Universiade/2., DM/4., 1994 EM/6., DM/2., 1995 WM/6., DM/1., 1996 Grand-Prix/1., EC/3., DM/4., 1997 WM/3., EC/3., DM/1., 1998 EM/1., EC/1., DM/1., 1999 DM/1., EC/1., 2000 DM/1., OS Sydney/Teilnahme.

Damau Jürgen Dr. iur. Prof. *)

Dambach Kurt A. Prof. Senator E.h. *)

Damberg Manfred Dr. rer. nat. *)

Dambleff-Uelner Ursula Dipl.-Ing. *)

Damerow Alexander Dr. med. *)

Damerow Max-Dieter

B.: Rechtsanwalt, Notar, Steuerberater. PA.: 31303 Burgdorf, Papenkamp 16. G.: Kolberg, 1. Nov. 1937. V.: Erika, geb. Manteuffel. Ki.: Kerstin (1967). El.: Max u. Johanne, geb. Golombek. BV.: Onkel mütterlicherseits war Reichsbankrat. S.: 1958 Abitur Bad Salzgitter, Jurastud. FU Berlin, Stud. Betriebswirtsch. u. Vw. FU Berlin. K.: seit 1968 selbst. RA, ab 1973 Notar, 1980 Steuerberaterexamen b. Finanzmin. Hannover. P.: Dt. Jagdrechtstag, Steuerrechtl. u. jagdrechtl. Themen. M.: 1961/62 Vorst.-Mtgl. eines corpsstudentischen Verb. Berlin, Freimaurer. H.: Loge, Jagd.

Damjakob Paul *)

Damm Annelott
B.: Kammersängerin. FN.: Leipziger Opernhaus. DA.: 04109 Leipzig, Augustuspl. 12. PA.: 01662 Meißen, Rauhentalstr. 117. G.: Meißen, 3. Sep. 1945. V.: Roland Damm. Ki.: Ines, Alexander. El.: Johann u. Charlotte. S.: 1964 Abitur, 1969 Gesangsstud. Musik-HS Dresden, 1972 Aspirantur. K.: 1978 Opernsängerin an d. Landesbühnen Radebeul, seit 1978 Opernsängerin am Leipziger Opernhaus, wichtige Partituren: Hänsel in "Hänsel u. Gretel", Carmen in "Carmen", Dorabella in "Cosi fan tutte", Octavian in "Der Rosenkavalier", Azucena in "Der Troubadour" u.v.a., Oratorienfach u.a. Matthäus-Passion, Weihnachtsoratorium, Messias. P.: Rundfunkaufnahmen in Dresden, Leipzig u. Berlin, Auslandsgastspiele u.a. in Italien, Frankreich und Spanien, Fernsehaufzeichnungen. E.: Preisträgerin b. Intern. Musikwettbewerbes "Prager Frühling" im Fach Gesang u. b. Intern. Gesangswettbewerb in Montreal. H.: Garten, Hunde, Sport.

Damm Christian *)

Damm Gudrun Erika *)

Damm Hagen M. Dipl.-Ing.
B.: Betriebswirt, Unternehmensberater, selbst. DA.: 26135 Oldenburg, Uferstr. 36. G.: Treysa, 20. Sep. 1953. V.: Annegret, geb. Bopp. El.: Wilhelm u. Ilse, geb. Bopp. S.: 1972 Fachabitur Elsfleth, 1973-76 Stud. Dipl.-Wirtschaftsingenieurwesen f. Seeverkehr FH Oldenburg, 1984-86 Stud. Bw. DAV Bremen. K.: 1970-84 Kapt. auf gr. Fahrt z. See, 1986-90 techn. Ltr. einer Lebensmittelspedition in Bremen, seit 1990 selbständiger Organisationsberater f. Logistik, Qualitäts- u. Umweltmanagement im Dienstleistungssektor spez. f. Sped., seit 1991 freiberufl. tätig u.a. als Ltr. d. DAV Bremen, Beratungsservice u. Qualitätsmanagement, personenzertifizierter TQM u. UM, Auditor, Ref. im QM-Seminaren d. DAV u. DLA, Ref. d. QM-Themen auf Logistikkongressen u. Tagungen. P.: Veröff. z. Thema QM, Mitautor d. Buches "Einführung v. Qualitätsmanagement im Dienstleistungsbereich", 250 Qualitätsmanagementhandbücher. H.: Golf.

Damm Hans-Heinz Dr. *)

von Damm Hans-Wilhelm
B.: Vorst.-Vors. FN.: BKK BV. DA.: 45128 Essen, Kronprinzenstr. 6. G.: Bad Harzburg, 15. Sep. 1936. V.: Ursula. Ki.: Mathias (1972), Christian (1974), Julie (1977). El.: Jürgen u. Christa. S.: 1955 Abitur Braunschweig, 1955-59 Jurastud. Göttingen u. Freiburg, 1959 1. u. 1965 2. Staatsexamen. K.: 1959-65 Referendarzeit, 1965-69 Ass. an d. Bergak. Clausthal-Zellerfeld, 1969 Ein-

*) Biographie www.whoiswho-verlag.ch oder beigefügte CD-ROM

tritt als Personalltr. Volkswagen Konzern Wolfsburg, seit 1991 Organ.-Mtgl. d. VW-Konzerns. E.: 1985 BVK. M.: Rotary Club, 1977-79 Vors. d. Wirtschaftsjunioren Heilbronn. H.: Golf.

Damm Hugo *)

Damm Jens Christoph Mag.

B.: wiss. Mitarbeiter. FN.: Arbeitsstelle Politik Chinas u. Ostasiens, Otto-Suhr-Institut Freie Universität Berlin. DA.: 14195 Berlin, Ihnestr. 22. PA.: 14197 Berlin, Laubacher Str. 16. jensdamm@gmx.net. G.: Mainz-Mombach, 24. Dez. 1965. V.: Partner: Yutsai Chang. El.: Klaus u. Maria. S.: 1985 Abitur, 1985-87 Zivildienst DJH Koblenz, 1987-94 Stud. in Trier, 1989-91 an d. Cheng-Kung Univ. Tainan: Mag. Sinologie u. VWL. K.: 1992-94 Lehrer f. Deutsch als Fremdsprache, 1994-96 Linguarama Fremdspracheninstitut Hamburg, 1996-99 Linguarama Fremdspracheninstitut Berlin, Betreuung d. Abt. Deutsch als Fremdsprache, 1996-2000 Übersetzungen/Dolmetschen Chinesisch-Deutsch, 1999 Doz. f. Wirtschaftschinesisch an d. Ak. am Müggelsee in Berlin, 1997-2000 Lehrbeauftragter an d. FU Berlin, Ostasiatisches Seminar: Lektürekurse, EDV f. Sinologen, Ausstellungsvorbereitungen, Editionsmitarbeit, ab 2000 Mitarbeiter d. Taipeh-Vertretung in Deutschland. BL.: Asienaufenthalt, speziell Taiwan, Lektor f. Wirtschaftschinesisch, Webmaster f. Sinologie an d. FU Berlin. P.: bisher 10 Veröff. u.a. Kuer vs. Tongzhi - Diskurse d. Homosexualität oder das Entstehen sexueller Identitäten im globalisierten Taiwan u. im postkolonialen Hongkong (2000), The WWW in China and Taiwan: The Effects of Heterogenization and Homogenization in a Glocal Discourse (2001). M.: Bündnis 90/Die Grünen, seit 1999 Verordneter d. BVV Tempelhof-Schöneberg. H.: Radtouren, Lesen, PC.

von Damm Jürgen *)

Damm Klaus

B.: Künstler, Corporate Identity-Berater. FN.: ArtOfVision Agentur f. Kommunikation & Gestaltung. DA.: 53343 Wachtberg/Bonn, Konrad-Adenauer-Str. 77a. G.: Bergheim/Köln, 28. Nov. 1949. V.: Claudia Manon. Ki.: 2 Kinder. El.: Dr. Heinz u. Erika. S.: 1968 Abitur Bonn, Stud. Germanistik u. Musikwiss. in Bonn und Bochum, künstlerische Ausbild. b. Hans-Jürgen Schlieker, Stud. an d. Folkwang-HS f. Musik, Theater und Tanz b. Nicolaus A. Huber u. Dirk Reith, 1979 Abschluß im Fach Instrumentalkomposition u. 1982 im Fach elektron. Computerkomposition, 1989 Weiterbild. z. Musikschulltr. d. Verb. dt. Musikschulen, 1994 geprüfter Public Relations Berater an DAPR. K.: 1978-86 freie künstler. Tätigkeit, Unterricht in Komposition u. Querflöte, 1982-84 Softwareentwurf u. Programmierung f. algorithmische Kompositionen, 1985-86 freiberufl. Softwareentwicklungen, 1986-92 Musikschulltr. d. Musikschule Euskirchen, seit 1992 freischaff. künstler. Tätigkeit: Gedichtsgraphiken, elektron. Graphiken, Lyrikzyklen, seit 1994 selbst. CI- u. Kommunikationsberater, seit 1998 Umfirmierung in ArtOfVision, seit 1995 Doz. an

d. Steuer- u. Wirtschaftsak. Bonn, an DAA Bonn u. Media Köln. BL.: Gestaltung d. strategischen Teil d. HS-Entwicklungsplans d. Folkwang-HS, v. Internet-Präsenzen, Teilnahme an Wettbewerb in 2000 m. www.psychiatrium.de u. m. psychiatr. Infobroschüren. P.: Folkwang. Die Integration d. Künste (1994). APscore manual (1989), Wissen über bits u. bytes. Gegenmusik - Probleme d. Computer-Komposition, im Musik-Texte (1984), Rundfunkproduktionen eigener Kompositionen b. d. WDR, interdiszipl. künstler. Arb. (Graphik, Lyrik, Musik). M.: Kommunikationsverband.de, PR-Ak. Freiburg, GEMA. H.: Standardtanz (Projekt b. James Saunders), Typographie.

Damm Norbert *)

Damm Peter Prof.

B.: Solohornist d. Sächs. Staatskapelle Dresden. Hon.-Lehrbeauftragter HS f. Musik C.M. v. Weber Dresden. DA.: 01067 Dresden, Theaterplatz. PA.: 01326 Dresden, Anzengruberweg 4. G.: Meiningen, 27. Juli 1937. V.: Hildegard, geb. Noll. Ki.: Mechthild, Beate, Uta. S.: 1951-53 Fachschule f. Musik Weimar, 1954-57 HS f. Musik Weimar, Staatsexamen m. Dipl. K.: 1957-59 Solohornist Orchester d. Bühnen d. Stadt Gera, 1959-69 Solohornist Gewandhausorchester Leipzig, seit 1969 Solohornist Sächs. Staatskapelle Dresden, seit 1959 intern. Auftritte in europ. u. außereurop. Ländern. P.: Hrsg. v. Literatur f. Horn, Art. f. versch. Fachzeitschriften, 25 Schallplatten. E.: 1975 Nationalpreis, 1972 Kunstpreis, 1995 Fritz-Busch-Preis, 1998 Kunstpreis d. Landeshauptstadt Dresden. M.: IHC, Ehrenmtgl. d. Bayer. Hornges. u. d. Intern. Horn Society, Präs. d. Intern. Instrumentalwettbewerbes f. Blasinstrumente Markneukirchen. H.: Fotografieren, Wandern.

Damm Peter M. H.

B.: Gschf., Architekt. FN.: Rauh-Damm-Stiller-Partner. DA.: 45529 Hattingen, Schleusenstr. 5. rdspartner@t-online. de. G.: Bochum, 1. Aug. 1952. V.: Rita, geb. Buss. Ki.: Arne (1984), Kira (1988). El.: Kurt u. Elsa, geb. Orfgen. S.: 1971-74 Stud. Arch. GHS Essen, 1974 Abschluß Dipl.-Ing., 1975-79 Stud. Arch. RWTH Aachen, 1979 Dipl.-Ing. K.: 1974-84 Mitarb. im Büro Rauh + Rauh KH-Planung, seit 1985 Mitinh. d. Büros Rauh-Damm-Stiller-Partner u. seit 1995 Gschf. d. Rauh-Damm-Stiller-Partner Planungs GmbH. E.: div. Ausz. f. Bauten. M.: BDA. H.: Reisen.

Damm Siegfried

B.: Gschf. FN.: Damm Auto Service. DA.: 89079 Ulm, August-Nagel-Str. 14. G.: Ulm, 25. Juni 1958. V.: Petra. Ki.: 3 Kinder. El.: Siegfried u. Hildegard. S.: 1974-77 Lehre Kfz-Elektr., 1977-78 Geselle, 1978-80 Bundeswehr. K.: 1980-83 Geselle, 1985 Kfz-Meisterprüf., 1986-87 Meister b. Mercedes, 1987-90 Betriebsltr. b. VW, 1990 Grdg. d. eig. Unternemens, 1991 Bau einer eig. Werkstatt, Spezialgebiet: CHIP-Tuning, Fahrwerkstechnik, mehrere Artikel in Fachpubl. über Motor-Tuning. M.: Ulmer Motorsport Club: Sportltr. H.: Motorsport, Rallyefahren, alte Motorräder.

*) Biographie www.whoiswho-verlag.ch oder beigefügte CD-ROM

Damm Sven Dipl.-Bw.
B.: freier Doz., Bankkfm., Inh. FN.: Wirtschaftsberatung Sven Damm Steuer- u. Buchhaltungsservice Management- u. Unternehmensberatung. DA.: 08056 Zwickau, Lutherstr. 17. PA.: 08058 Zwickau, Friedrich-Engels-S:tr. 17. www.wbdamm.de. G.: Rodewisch, 25. Sep. 1965. V.: Annett, geb. Thiel. Ki.: Maria (1988), Olivia (2000). El.: Christian u. Sylvia, geb. Müller. S.: 1982 Mittlere Reife, 1982-85 Bankkfm. m. Abitur Staatsbank d. DDR Torgelow, 1985-87 Grundwehrdienst, 1987-90 Stud. Päd. in Zwickau, 1995-99 Stud. BWL an d. AKAD in Lahr, 1999-2001 Erweiterung d. Stud. Marketing u. Psych., Spezialisierung Finanz- u. Unternehmensberatungsbereich, 2001 Dipl.-Bw. K.: 1990-97 Kundenberater b. Abt.-Ltr. Kredite f. Banken in Sachsen, ab 1997 selbst. m. eigener Wirtschafts- u. Unternehmensberatung in Zwickau. BL.: seit 1997 Priv.-Doz. f. Dipl.-Bankfachwirte b. Bankak. in Frankfurt, Sparkassenverb., Dt. Ang. Ak., Dt. Ang.-Gewerkschaft-BAW sowie f. d. Qualifizierung v. Führungskräften. P.: Dipl. M.: Vorst.-Mtgl. Handballver. "SV Sachsen 90" in Werdau, Schützenver. Zwickau. H.: Sport allg. (Volleyball, Skifahren), Familie.

Damm-Fiedler Jutta

B.: freiberufl. Grafikerin. DA.: 04105 Leipzig, Waldstr. 23. G.: Leipzig, 22. Jan. 1937. V.: Jochen Fiedler. Ki.: Grit (1966), Falk (1974). S.: Lehre als Gebrauchswerberin, 1956-59 Stud. an d. Fachschule f. angew. Kunst Berlin-Oberschöneweide. K.: bis 1961 Hinwendung d. Gestaltung von Drucksachen, seit 1970 vorwiegend Plakatgestaltung u. Erkundung fotograf. Möglichkeiten, Mtgl. im Verb. Bild. Künstler DDR, erste Teilnahme an Ausstellungen u. Plakatwettbewerben, 1975 Grdg. d. Gruppe PLUS, ab Mitte d. 70er J. Teilnahme an den bedeutenden nat. u. intern. Ausstellungen, erste Personalausstellungen im In- u. Ausland, seit Ende d. 70er J. Konzentration auf d. Arb. f. Auftraggeber kultureller Inst., eigene Aufträge u. Realisierung in eigener Siebdruckwerkstatt, 1990-97 Übernahme d. Gesamtgestaltung f. d. Oper Leipzig, Lehrauftrag an d. FH f. Technik, Wirtschaft u. Kultur Leipzig, 1991-95 Vorst.-mtgl. im Verb. d. Grafikdesigner (VGD), 1997 Personalausstellung in Brno. E.: 1. Preis d. III. Intern. Bachfestes d. DDR, 1976 Kunstpreis d. Stadt Leipzig f. d. gesamte Plakatschaffen.

Dammann Arne *)

Dammann Ernst D. theol. Dr. phil. habil. *)

Dammann Heinrich *)

Dammann Jo-Alexander *)

Dammann Klaus Dr. *)

Dammann Klaus Dr. iur. Prof. *)

Dammann Wolf *)

Dammann-Ellendorf Birgit

B.: Kauffrau, Inh. FN.: Dammann Orientteppiche. DA.: 49377 Vechta, Große Str. 107. G.: Vechta, 10. März 1965. El.: Georg u. Marianne Dammann, geb. Lehmann. S.: 1981 Berufsbild.-J. Agrar Vechta, 1981-84 Ausbild. Buchhdl.-Kauffrau. K.: 1985 Ang. d. Persian GmbH in Vechta, seit 1996 selbst. m. Eröff. d. Firma Damann Orientteppiche mit Schwerpunkt Orientteppiche versch. Ursprungsländer u. Einrichtungsaccessoires. H.: Gestalten, Sport, Reiten.

Dammaschk Lutz *)

Damme Bernd Dipl.-Ing.
B.: Gschf. Ges. FN.: Lacos Computer Service GmbH. DA.: 07937 Zeulenroda, Friedrich-Ebert-Str. 39. PA.: 07937 Langenwolschendorf, Unteres Dorf 16. G.: Dresden, 30. Jan. 1952. V.: Gudrun, geb. Großmann. Ki.: Thomas (1974), Michael (1976), Stefan (1981). El.: Helmut u. Ingeborg. S.: 1970 Abitur m. Berufsausbild. Ldw., 1970-74 Stud. Ökonomie u. Technologie in d. Tierprod. KMU Leipzig. K.: 1974-90 Prod.-Ltr. Ldw.-Betrieb, seit 1990 Gschf. b. Lacos Computer Service GmbH. P.: Mais GmbH Leipzig. P.: regelm. Veröff. in ldw. Fachzeitschriften. M.: Ortsvors. v. Gewerbeverb. Zeulenroda. H.: Fotografie, Literatur, Musik.

Damme Frank Dipl.-Ing. *)

Damme Jutta Prof. *)

Dammeier Wilhelm *)

Dammermann Klaus *)

Dammermann Till
B.: Gschf. Ges. FN.: S.E.T. Software GmbH u. Telesoft GmbH. DA.: 30163 Hannover, Listerstr. 15. info.dammermann@set-software.de. www.set-software.de. G.: Dahme, 5. Nov. 1955. V.: Simone, geb. Klingberg. Ki.: Tim, Isabel, Maja. BV.: Prof. Dr. Friedrich Dahl Zoologe. S.: 1972 Mittlere Reife Hamburg, 1972-73 Praktikum, 1973-75 kfm. Ausbildung Hamburg. K.: 1976-78 Programmierer einer Firma in Hamburg, 1979-81 freiberufl. Programmierer in Hamburg, 1981 Grdg. d. Firma Telesoft GmbH in Hamburg u. später Verlegung nach Hannover, 1992 Grdg. d. Firma S.E.T. Software GmbH in Hannover. M.: IHK, Tennisverein. H.: Tennis, Sport, Laufen, Reisen.

Dammertz Viktor Josef Dr. iur. can.
B.: Bischof v. Augsburg. DA.: 86152 Augsburg, Hoher Weg 18. G.: Schaephuysen, 8. Juni 1929. El.: Wilhelm u. Engeline, geb. Schepens. S.: 1950 Abitur Moers, 1950-57 Stud. Phil. u. Theol. Münster, Innsbruck u. Rom, Abschluß m. d. Lizenziat in d. Theol., 1953 Eintritt in d. Noviziat d. Missionsbenediktiner d. Erzabtei St. Ottilien/Oberbayern, 1954 1. Profeß, 1957 Feierl. Profeß, 1957 Priesterweihe in St. Ottilien, 1957-60 Stud. kanonisches Recht an Kanonist. Inst. d. Univ. München, 1962 Dr. iur. can. K.: 1960-75 Gen.-Sekr. d. Benediktinerkongregation v. St. Ottilien, 1975 Erzabt. v. St. Ottilien u. Präses d. Kongregation v. St. Ottilien, 1977 Abtprimas d. weltweiten Benediktinischen Konföderation m. Sitz in Rom, 1992 Ernenn. z. Bischof v. Augsburg, 1993 Bischofsweihe, 1994 Vors. d. Kmsn. "Geistl. Berufe u. kirchl. Dienste" d. Dt. Bischofskonferenz, 1994 Mtgl. d. vatikan. "Kongregation f. d. Inst. d. geweihten Lebens u. f. d. Ges.

*) Biographie www.whoiswho-verlag.ch oder beigefügte CD-ROM

Dammertz

d. apostolischen Lebens", 1996 Wiederberufung z. Berater d. "Päpstl. Rates f. d. Interpretation v. Gesetzestexten". P.: "Christus folgen". E.: Bayer. VO, BVK 1. Kl., Chevalier de la Légion d'honneur.

Dammeyer Jürgen
B.: RA. FN.: Kzl. Doehring - Rechtsanwälte, Steuerberater. DA.: 30175 Hannover, Hindenburgstr. 40. kanzlei@anwalt-koehring.de. www.anwalt-koehring-hannover.de. G.: Hannover, 25. Mai 1965. V.: Frauke, geb. Rettstadt. Ki.: Valentin (1997). El.: Heinrich u. Else. S.: 1985 Abitur, 1986 Stud. Biologie u. Chemie an d. Univ. Hannover, 1987 Wechsel z. Fak. d. Rechtswiss., während d. Stud. viele Auslandsaufenthalte (USA, Spanien, Griechenland, Italien), 1993 1. Staatsxamen, Referendarzeit in Hannover, 1995 2. Staatsexamen. K.: Anw. in einer Kzl. in Hannover, 1997 selbst. RA, 1999 Sozius u. Grdg.-Mtgl. d. Kzl. Doehring - Rechtsanwälte, Steuerberater in Hannover, Tätigkeitsschwerpunkt: Strafrecht, Gewerbemiet- u. Pachtrecht, ständig Besuch v. Fachseminaren deutschlandweit, Gastdoz. versch. öff. Einr.. H.: Familie, Tennis, Squash, Autos.

Dammeyer Manfred Dr. Prof. *)

Damrath Helmut Dipl.-Ing. Prof.
B.: Ltd. Baudir. a.D. PA.: 29556 Suderburg, Am Tannrähm 3. G.: Allenstein, 12. Juni 1917. V.: Marianne, geb. Gibbels. Ki.: Dr.-Ing. Joachim (1949), Architekt Jörg (1951). El.: Bruno u. Agnes. S.: Abitur, Stud. TH Danzig, USA (Kriegsgefangenschaft), TH Hannover. K.: Ing.Büro Friedrich Koblenz, Doz. Ing.Schulen Koblenz u. Siegen, 1959-71Dir. d. Ing. Akad. f. Wasserwirtschaft u. Kulturtechnik in Suderburg, 1974-76 Rektor d. Fachhochschule Nordostniedersachsen. P.: Fachbuch "Wasserversorgung" 4. b. 9. Auflage. E.: BVK am Bande. M.: 1964-74 Obm. f. Berufsvor- u. Ausbild. im Kuratorium f. Kulturbauwesen.

Damrau Diana

B.: Opernsängerin, lyr. Koloratursopran. FN.: Agentur Hannagret Bueker. DA.: 30419 Hannover, Fuhsestr. 2. G.: Günzburg, 31. Mai. El.: Rainer u. Sybille, geb. Mayer. BV.: Paul Kuen (Kammersänger). S.: 1990-95 Gesangsstud. an d. HfM Würzburg b. Carmen Hanganu, 1995 Opern- u. Konzertexamen m. Auszeichnung, künstler. Weiterbildung u. Rollenstud. b. Hanna Ludwig in Salzburg. K.: 1995-98 Stadttheater Würzburg, 1998-2000 Nationaltheater Mannheim, s. 2000 Frankfurter Opernhaus, zahlr. Gastspiele u.a.: Deutsche Oper Berlin, Staatsoper München, Staatsoper Wien, Govent Garden London, Staatsoper Hamburg, Staatstheater Hannover, wichtige Rollen: Königin der Nacht (Zauberflöte), Zerbinetta (Ariadne auf Naxos), Sophie (Rosenkavalier), Gilda (Rigoletto), Liederabende, Oratorien u. Konzerte (intern.). E.: 1991 Stipendiatin d. Dt. Bühnenverb., 1991/92 Meisterkurse b. Edith Mathis in Hamm u. Hanna Ludwig (Intern. Sommerakad. Salzburg), 1993 Stipendiatin d. Richard-Wagner-Verb., Preisträgerin einiger Wettbewerbe u.a. 1996 2. Preisträgerin d. Mozartfest-Gesangwettbewerbs Würzburg, 1999 2. Preisträgerin d. 7. Intern. Mozartwettbewerbs Salzburg, Arnold-Petersen-Preisträgerin d. J. 1999, Nachwuchssängerin d. J. 1999 (Opernwelt). M.: Tonkünstlerverb., Richard-Wagner-Verb. Würzburg. H.: Reiten, Reisen, Tanzen, fremde Kulturen u. Religionen. Sprachen: Englisch, Französisch, Spanisch, Italienisch.

Dams Manuela

B.: Goldschmiedin, Inh. FN.: DAMS Goldschmiede Am Schwarzen Kloster. DA.: 79098 Freiburg, Rathausg. 44. G.: Düsseldorf, 8. Juni 1960. El.: Udo u. Roswitha Dams, geb. Kümmel. S.: Mittlere Reife Freiburg, Ausbildung Goldschmiedin, Berufs- u. Kunstgewerbeschule Basel, 1992 Meisterprüf. Freiburg. K.: selbst. Goldschmiedin m. Schwerpunkt restaurieren v. antikem Schmuck, Schmuckentwürfe nach mod. Stil in alter Technik. P.: Veröff. in Fachzeitschriften. E.: 1. Preis b. Regio Wettbewerb. M.: Handwerkskam., Goldschmiedinnung. H.: Jugendstil, Beruf, Kunst, Antikschmuck.

Dams Theodor J. Dr. Dr. h.c. Prof. *)

Dancker Gerhard *)

Dancker Kurt *)

Dancker Peter Dr. Prof. *)

Danckert Peter Wilhelm Dr.
B.: RA, Notar, MdB FN.: Dt. Bundestag. DA.: 11011 Berlin, Platz d. Republik 1. G.: Berlin, 8. Juli 1940. Ki.: 4 Kinder. S.: 1959 Abitur Berlin, Stud. Rechswiss. Berlin u. München, 1967 Prom., 1967 2. Jur. Staatsexamen. K.: seit 1968 RA, seit 1978 Notar, Doz. an d. Dt. Anw.-Ak., seit 1975 Mtgl. d. SPD, langj. Abt.-Vors., Mtgl. d. Kreisvorst., Landesparteidelegierter, seit 1998 MdB M.: Arbeiterwohlfahrt, Volkssolidarität, Märkisches Kinderdorf, Strafrechtsaussch. d. Bunds-RA-Kam. (Re)

Danckwerts Dankwart Dr. sc. pol. Prof.
B.: em.Univ.-Prof. FN.: Rhein-Ruhr-Inst. d. Gerhard-Mercator-Univ. Duisburg. DA.: 47057 Duisburg, Heinrich-Lersch-Str. 15. PA.: 47057 Duisburg,Nettelbeckstr. 9. G.: Hamburg, 14. März 1933. S.: 1951 Mittlere Reife, 1951-54 kfm. Lehre Hamburg, 1954-63 Stud. Nationalökonomie u. Soz. Hamburg u. Münster, 1963 Prom. Münster. K.: 1963-65 tätig im DFG, 1965-67 in d. Entwicklungshilfe in Chile, 1967-69 Mitarb. bei Prof. Schelsky in Dortmund, 1969-70 PlanungsbeiR. d. Landes Nordrhein-Westfalen, 1970 Soziologe am Inst. f. Sozialpäd., ab 1973 Inh. d. Lehrstuhls f. Soz. im Sozialpäd. an d. Gerhard-Mercator-Univ. in Duisburg, 1998 emeritiert. P.: Veröff. m. Schwerpunkt: Wohlfahrtverb., Sozialpolitik, Arb.-Soz. u. Studien über Karl Marx. M.: DES, Dt. Ges. f. Erziehungswiss., Bund demokrat. Wissenschaftler/innen.

Danco Fritz Dipl.Vw. *)

Dane Hendrik Dr.
B.: Botschafter. FN.: Dt. Botschaft Reykjavik/Island. DA.: IS-101 Reykjavik, Laufasvegur 31. embager@li.is. G.: Köln, 1938. S.: 1954-58 Caracas/Venezuela, 1959-65 Stud. an d. TH Aachen u. Univ. Erlangen-Nürnberg, Dipl.-Kfm., 1970 Prom. z. Dr. rer. pol. K.: 1970 Eintritt in d. Auswärtiger Amt, 1971 Attaché an d. Ständigen Vertretung d. BRD b. d. Vereinten Nationen Genf, 1973-76 Ltr. d. Wirtschaftsdienstes am Generalkonsulat Bombay/Indien, 1976-80 Ltr. d. Hdls.-Förderungsstelle d. Botschaft in Moskau, 1980-83 Referent im Referat f. Deutschland als Ganzes u. Berlin in Bonn, 1983-86 Referent an d. Ständigen Vertretung b. d. NATO in Brüssel, 1986-90 stellv. Referatsltr. f. Südostasien, Australien, Neuseeland u. Pazifik in Bonn, 1990-93 stellv. amtie-

*) Biographie www.whoiswho-verlag.ch oder beigefügte CD-ROM

render Generalkonsul Sao Paulo/Brasilien, 1993-97 Stellv. u. ab 1995 Ltr. d. Dienststelle d. Auswärtigen Amtes in Berlin, seit 1998 Dt. Botschafter in Luanda/Angola, seit Juni 2001 Dt. Botschafter in Reykjavik/Island.

Danek Manfred *)

Danella Utta
B.: Schriftstellerin. FN.: c/o Franz-Schneekluth Verlag. DA.: 80636 München, Hilblestr. 54. G.: Berlin, 18. Juni 1920. S.: Studium d. Theaterwissensch. u. Geschichte. K.: arbeitete als Mannequin, Chansonsängerin und Schauspielerin, bevor sie sich der Schriftstellerei zuwandte, dan. Tätigkeit als Journalistin, 1965 Veröffentlichung d. Erstlingsromans"Alle Sterne vom Himmel", i. d. Folge zahlr. Familien- u. Ges.-Romane. P.: u.a.: Alle Sterne v. Himmel (1956), Stella Termogen oder d. Versuchungen d. Jahre (1960), Der Maulbeerbaum (1964), Jovana (1969), Niemandsland (1970), Der blaue Vogel (1973), Der dunkle Strom (1977), Der Schatten d. Adlers (1981), Jacobs Frauen (1983), Jungfrau im Lavendel (1984), Begegnungen m. Musik (1985), Der schwarze Spiegel (1987), Der blaue Vogel (1988), Das Hotel im Park (1989), Gestern oder die Stunde nach Mitternacht, Gespräche mit Janos, Quartett im September (1990), Alle Töchter aus guter Familie, Regina auf den Stufen (1991), Familiengeschichten, Meine Freundin Elaine (1992), Im Sommer des glücklichen Narren (1993), Der Mond im See (1994), Ein Bild von einem Mann (1997), Die andere Eva, Niemandland (1998), Die Frauen des Talliens, Der Maulbeerbaum (2000).

Dangelmaier Wilhelm Dr.-Ing. habil. *)

Dangelmayer Horst *)

Dangmann Peter

B.: Unternehmer. FN.: Creditreform Gütersloh Dangmann KG & Fulda KG. DA.: 33330 Gütersloh, Münsterstr. 7. G.: Fulda, 7. Juli 1938. Ki.: Rosita (1974), Philipp (1976). El.: Wilhelm u. Clara Valeska. S.: 1954-57 Ausbildung u. Abschluss z. Hotelkfm. K.: 1957-59 Auslandsaufenthalt in Engl. u. Frankr., 1959-67 Tätigkeiten im Hotelgewerbe als Dir.-Ass. u. Gschf., 1968 Gschf. u. persönl. haft. Ges. d. Creditreform Gütersloh Dangmann KG, 1985 Gschf. d. Creditreform Fulda Dangmann KG. M.: Vors. Humanitas e.V., Intern. Lions Club, Old Table. H.: Musik, Bauernhof m. Ldw.

Daniel Dimitri Dr. med.

B.: Prakt. Arzt, FA f. Chir. FN.: Praxisgemeinschaft Lauenburg. DA.: 21481 Lauenburg, Weingarten 19. daniel@daniemed.de. www.daniemed.de. G.: Korinth/Griechenland, 27. Aug. 1935. V.: Brigitte, geb. Hitzler. Ki.: Constantin (1968), Christine (1973). El.: Tierarzt Constantin u. Lefka. S.: 1954 Abitur Korinth, 1955-57 Stud. Phil. u. Med. in Wien, 1957-63 Med.-Stud. in Erlangen, Staatsexamen, 1963-64 als Arzt Offz. d. griech. Marine. K.: 1965-70 Ass. b. Prof. Julius Hackethal in Lauenburg, 1969 Prom., 1970-73 OA im Hafen-KH Hamburg, Approb. u. FA-Anerkennung, 1975 als Chefarzt Nfg. v. Prof. Hackethal, 1975 ndlg. als Allg.-Med. u. Unfallarzt. BL.: m. Julius Hackethal einer d. ersten m. Hüft- u. Kniegelenksplastiken. H.: Wassersport, Klavier spielen, Musik.

Daniel Gerhard

B.: Apotheker, Flottenapotheker d. R. FN.: Buersche Alte Apotheke. DA. u. PA.: 45894 Gelsenkirchen, Hochstr. 21. G.: Gelsenkirchen, 12. Sep. 1946. V.: Cornelia, geb. Webel. Ki.: Catharina (1976), Alexa (1979), Victoria (1980). El.: Erich u. Hedwig. S.: 1966 Abitur, 1966-68 Praktikantenzeit in einer Apotheke, 1969-72 Stud. Pharmazie in Kiel. K.: 1970-72 Apotheker im väterl. Betrieb, 1973-75 Bundeswehrzeit als Apotheker, 1973 Apotheker im väterl. Betrieb, 1976 Übernahme d. Buerschen Alten Apotheke als Pächter, 1992 Besitzer d. Buerschen Alten Apotheke. M.: Altherrenvorst. d. Corps-Palaiomarohia-Masovia Kiel u. Vors. d. AHU d. Corps Palaiomarohia in Halle, Vorst. d. Trägers d. PTA Schule Gelsenkirchen, Castrop-Rauxel u. Paderborn, Vorst. d. Kunstver. Gelsenkirchen-Buer, 2. Vors. Apothekerverb. Westfalen-Lippe. H.: Corps, Reisen, Geschichte, Segeln, Golf.

Daniel Herbert Gustav Karl Dr. Prof. *)

Danielowski Jürgen
B.: OBgm. v. Göttingen. FN.: Stadtverwaltung. DA.: 37070 Göttingen, Hiroshimapl. 1-4. stadt@goettingen.de. www.goettingen.de. G.: Bad Landeck, 1945. Ki.: 1 Tochter. S.: 1965 Abitur, b. 1969 Stud. Rechtswiss., 1. Staatsexamen, Umzug nach Göttingen, Referendarzeit in Südniedersachsen u. Tätigkeit als wiss. Mitarb. a. d. Univ. Göttingen, 1973 2. Staatsexamen. K.: Richter u. Staatsanw. in d. Niedersächs. Justiz, 1993 OStaatsanw. nach Mühlhausen, seit 1979 Mtgl. d. CDU, 1986 Wahl in d. Ortsrat Groß Ellershausen/Hetjershausen/ Knutbühren, Mtgl. im Rat d. Stadt, im Kreistag u. erneut im OrtsR., 1996 Ortsbgm. v. Groß Ellershausen/Hetjershausen/ Knutbühren, Mtgl. d. Rates, 1999 Vors., Vors. im Verw.- u. Sportausch. u. im AufsR. d. Stadtwerke Göttingen AG.

Daniels Hans Dr. rer. pol.
B.: Notar. FN.: Dr. rer. pol. Hans Daniels, Dr. iur. Karl Daniels Notare. DA.: 53111 Bonn, Münsterstr. 20. G.: Düsseldorf, 11. Dez. 1934. V.: Ursula, geb. Blanke. Ki.: Zoe (1967), Florian (1968), Severin (1970), Esther (1974). El.: Wilhelm (1956-69 OBgm. in Bonn) u. Hedwig, geb. Mosler. S.: 1952 Abitur Bonn, 1952-57 Stud. Math., VWL u. Jura in Bonn, LMU München u. Inst. de Hautes Etudes Intern. in Genf, 1955 1. u. 1959 2. Jur. Staatsprüf., 1957 Prom. K.: 1955-56 Ass. b. Prof. Friesenhahn Univ. Bonn, 1955-59 Referendar OLG Bez. Köln, 6 Monate b. Dt.-Franz. HK, dt. Vertretung b. OECD Paris, 1955 Eintritt in d. CDU, 1957 Vors. JU Bonn, 1961-99 Ratsmtgl., seit 1962 Notar in Bonn, 1970-83 Mtgl. Landtag NRW, 1974 Vors. CDU-Fraktion im Rat d. Stadt Bonn, 1975-94 OBgm. v. Bonn, 1989 Mtgl. Bundestagsabg., b. 1994 stellv. Präs. Dt. Städtetag, 1994-99 Vors. Kulturaussch. Stadt Bonn. P.: FAZ-Beilage. E.: viele in- u. ausländ. Orden u.a. Ehrenlegion, Gr. BVK, Landesorden NRW. M.: Rotary Club, Vorst.- Mtgl. Caritas. H.: Fußballspielen, Bergwandern.

*) Biographie www.whoiswho-verlag.ch oder beigefügte CD-ROM

von Daniels Herbert Dr. med. *)

Daniels Karl Dr. iur. *)

Daniels Karlheinz Dr. phil.
B.: o.Prof. FN.: Univ. Bonn. DA.: 53117 Bonn, Römerstr. 164. PA.: 53359 Rheinbach, Landskronweg 17. G.: 23. Nov. 1928. V.: Eva, geb. Schrankel. Ki.: Dieter (1957), Karen (1969). El.: Karl u. Josefine. S.: 1952 Abitur, 1960 Prom. K.: 1966 Habil. Univ. Stockholm, seit 1968 o.Prof. Univ. Bonn, 1989 Prof. Univ. Thessaloniki, 1992 Prof. Univ. Athen. P.: Substantivierungstendenzen in der deutschen Gegenwartssprache (1963), Über d. Sprache (1966), Mensch und Maschine (1981), Konzepte emotionellen Lernens in der Deutsch-Didaktik (1985). M.: AB Dialog e.V.

Daniels Katharina *)

Daniels Klaus Dipl.-Ing. o.Prof. *)

Daniels Rolf Dr. med. *)

Daniels Wolfgang *)

Daniels-Wiesmann Antje
B.: Notarin. DA.: 53113 Bonn, Prinz-Albert-Str. 14. G.: Recklinghausen, 18. Sep. 1937. V.: Dr. Karl Daniels. Ki.: Julia (1977), Anne (1981). El.: Dr. Ernst u. Annie Wiesmann, geb. Bertling. BV.: Dr. Ernst Wiesmann RA u. Notar in Recklinghausen. S.: 1957 Abitur Recklinghausen, 1957-62 Stud. Rechtswiss. Univ. Bonn, 1958 LMU München, 1959 Stud. Univ. Genf, 1960 Stud. Zivilrecht Univ. Bonn, 1962 1. u. 1969 2. Staatsexamen. K.: 1969-70 wiss. Referentin SPD-Bundestagsfraktion Martin Hirsch, 1970-71 Assessorin b. Dr. Becker in Dülken, 1972-77 Notarin in Ründeroth, 1977-83 Notarin in Bonn-Beuel, 1983-85 Kindeserziehung, 1986-93 Vertreterin v. Notar Dr. rer. pol. Hans Daniels, seit 1993 Wiederaufbau eigener Kzl. P.: Interview in Weltbild 1989. M.: Juristinnenbund, Dt. Juristentag,SPD, Hoffnung f. d. Leben e.V. H.: Kirche, Firmbegleitung, Ökumene, mod. Kunst, Skifahren, Schwimmen, alternative Lebens- u. Wohnformen, Reisen in Mittelmeerländer, Frauenfragen.

Danirt Arzu
B.: Gschf. FN.: Reisebüro DENIZ Reisen. DA.: 30159 Hannover, Georgstr. 3. denizreisen@t-online.de. G.: Hannover, 29. März 1981. El.: Hüseyin u. Güldane Danirt, geb. Kiraz. S.: 2001 Abitur, 2001-2002 Praktikum VHG Hannover, ab 2002 Stud. techn. Redaktion FH Hannover. K.: 1997 Einstieg in d. elterl. Reiebüro u. seit 2000 Gschf. E.: sportl. Ausz. im Taek-Won-Do. H.: Fotografie, Hunde, Tanzen, Lesen.

Danis Constantin Dr. med. *)

Dankenbring-Seiffert Ingrid *)

Dankerl Norman
B.: Red.-Ltr. FN.: Amberger Nachrichten, Mittelbayr. Zeitung. DA.: 92224 Amberg, Marienstr. 8. PA.: 92224 Amberg, Speckmannshofer Str. 45. G.: Amberg, 1. Feb. 1953. V.: Barbara, geb. Erras. El.: Johann u. Betty. K.: 1975-77 Volontär b. d. MZ, seit 1977 Redakteur, 1996-99 Red.-Ltr. in Amberg, seit 2000 Redakteur u. freiberufl. Journalist u. Autor. BL.: 1996 Theaterstück Menschenmuseum. P.: versch. Buchbeiträge u. Bücher u.a. Amberg - der andere Führer, Lesebuch f. Amberger u. d. Rest d. Welt, Am Ende d. Regenbogens, Wassertor (Roman). E.: 1995 Autorenpreis d. Turmtheaters Regensburg, 1996 Kulturförderpreis. M.: Presseclub Regensburg. H.: Skifahren, Wandern, Reisen.

Dankert Birgit Mag. art. Prof. *)

Dankert Dietrich Dipl.-Ing. *)

Dankert Helmut
B.: Gschf. Ges. FN.: Max Kiene GmbH Germany. DA.: 20097 Hamburg, Oberhafenstr. 1. G.: Hamburg, 9. Mai 1942. V.: Barbara, geb. Rohde. Ki.: Karsten, Nils. K.: Gschf. Ges. d. Firma Max Kiene GmbH Germany in Hamburg. F.: VPräs. INC Intern. Tree Nut Council 43201 Reus-Spain, Calleboule 4.

Dankert Reinhard
B.: parlamentar. Gschf. FN.: SPD Landtag Schwerin. DA.: 19053 Schwerin, Lenné Str. 1. G.: 27. Okt. 1951. V.: Jutta. Ki.: Chris, Andreas, Annett, Torsten, Stefanie, Günther, Lieselotte. S.: 1968-71 Lehre Schiffselektriker Neptun Werft Rostock, Schiffselektriker, 1972-76 Studium Elektrotechnik Univ. Rostock. K.: 1976-83 Inst. f. Meerestechnik, 1983-90 Forsch.- u. Entwicklungsing. Univ. Rostock, 1990-91 Referendar f. Arbeitnehmerfragen, 1991-94 Organ.-Sekr. DGB Rostock, seit 1994 LAbg. H.: Musik, Fußball.

Dankiewicz Janusz Dr.

B.: Prakt. Arzt. Inh. DA.: 58089 Hagen, Siemensstr. 39. V.: Therese, geb. Libera. Ki.: Ivana. El.: Jan u. Maria, geb. Rucinha. K.: 1968-69 Volontär u. 1969-71 Ass. Med. Ak. in Wroclaw (Breslau) Inst. f. Innere Krankheiten, Klinik f. Endokrinologie, 1971 Dr. Kurklinik Nr. 1 in Duszniki Zdrój (Bad Reinerz), Ltr. d. Klin. Zentrums f. Wiss. u. Forsch. in Duszniki Zdrój (Bad Reinerz), Inst. f. Innere Krankheiten d. Med. Ak. in Wroclaw (Breslau), 1971 I. Grad d. Spezialisierung im Bereich f. Innere Krankheiten, 19974 II. Grad d. Spezialisierung im Bereich Innere Krankheiten, Zusammenarb. m. d. Ärztegruppe d. Klinik f. Endorkinologie, Inst. f. Innere Krankheiten d. Med. Ak. in Wroclaw (Breslau), Teilnehmer an Kongressen u. Konferenzen d. Wiss. sowie Sitzungen u. Diskussionsveranstaltungen d. Ges. Poln. Internisten sowie d. Poln. Ärzteges. b. Inst. f. Innere Krankheiten d. Med. Ak. in Wroclaw (Breslau). P.: Mitautor einiger Wiss.-Arb. H.: Reisen, Musik, Gedichte.

Dann Hanns-Dietrich Dr. rer. soc. Prof. *)

Dann Klaus
B.: Schlossermeister, Gschf. Ges. FN.: Gebr. Dann GmbH. DA.: 87437 Kempten, Benzstr. 5. G.: Breslau, 22. Jan. 1940. V.: Gabriele, geb. Ostler. Ki.: Jürgen (1969), Cornelia (1976). El.: Erwin u. Käthe, geb. Rink. BV.: Vater Erwin war Obermeister d. Schlesischen Schlosserinnung. S.: Lehre z. Schlosser, Stud. über d. zweiten Bildungsweg Maschinenbau in Konstanz, 1964 Meisterprüfung. K.: seit 1969 selbständig im elterl. Betrieb Firma Erwin Dann durch Übernahme d. Ltg. gemeinsam m. Bruder Peter und Umfirmierung in Gebrüder Dann GmbH Stahl- u. Metallbau. M.: seit 1973 Obermeister d. Metallinnung Kempten, seit 1976 Vorst.-Mtgl. d. Fachverbandes Bayern, seit 1995 Landesinnungsmeister u. Vizepräsident d. Bundesverbandes, seit 2001 Präs. d. Bundesverbandes Metall, seit 1980 im AR d. Allgäuer Volksbank, Jurymitglied d. Bundesinnovationspreises d. Handwerkskammern. H.: Fussball, Tennis, Skifahren.

Dannath Peter
B.: Ltr. d. Regionalzentrums. FN.: Hamburg Münchener Krankenkasse. DA.: 10969 Berlin, Axel-Springer-Str. 51-52. PA.: 13403 Berlin, Hechelstr. 4. G.: Neumünster, 17. Feb.

*) Biographie www.whoiswho-verlag.ch oder beigefügte CD-ROM

1951. El.: Karl-Friedrich u. Gisela Erna. S.: 1968-71 SOFA (Soz. Fachang.), Abschluss, 1971-73 Grundwehrdienst. K.: 1973 Barmer Ersatzkasse Neumünster, 1973-78 Einsatz im Bundesgebiet als Krankheitsvertreter, 1978-83 Beförd. z. Zweigstellenltr. Wyk auf Föhr, 1984-86 stellv. Bez.-Geschäftsführer in Delmenhorst, ab 1986 Wechsel z. Hamburg-Münchener Krankenkasse Hauptvertretung Spezialsachbearb. Kuren, ab 1989 DV. Koordinator, ab 1995 Revisionsdienst m. ständiger Reisetätigkeit, 1998 Übernahme d. Regionalzentrums Berlin als Ltr., 1999 feste Berufung in d. Position. H.: Schwimmen, Sauna, Spazieren gehen.

Dannbacher Jutta *)

Danneberg Horst Dipl.-Kfm. *)

Danneberg Rolf
B.: ehem. Profi-Leichtathlet. PA.: 61118 Bad Vibel, Samlandweg 2. G.: Hamburg, 1. März 1953. K.: Größte sportl. Erfolge: war 1984 Olympiasieger im Diskuswerfen, 1980, 1988 u. 1989 Dt. Meister, 1987 Weltmeister.

Dannecker Walter Dr. *)

Dannehl Adolf Dr. h.c. Dr.-Ing. habil. Prof. *)

Dannemeyer Manfred Dipl.-Vw. *)

Dannenberg Jörg Dipl.-Ing.
B.: Dipl.-Ing. f. Gerätetechnik, Ltr. Rechenzentrum. FN.: Hochschule f. Kunst u. Design "Burg Giebichenstein" Halle/Saale. DA.: 06108 Halle/Saale, Neuwerk 1. dannenberg@burg-halle.de. G.: Halle/Saale, 18. Feb. 1968. V.: Katrin. Ki.: Paul (1998). S.: 1986 Abitur Halle, Tätigkeit als Elektroniker, 1987-92 Stud. Gerätetechnik an d. FSU Jena. K.: 1992-93 Mitarbeit an einem Projekt d. DECOS m. Prof. Albrecht an d. HS f. Kunst u. Design "Burg Giebichenstein", seit 1994 an d. o.g. HS, seit 1996 Aufbau u. Ltr. d. Rechenzentrums d. HS, Sicherstellung d. techn. Voraussetzungen, Bindeglied f. Designer d. HS u. Technik, unkonventionelle Lösungen. M.: DFN. H.: Familie.

Dannenberg Peter *)

Dannenberg Peter
B.: Int. FN.: Hamburger Symphoniker. DA.: 20355 Hamburg, Dammtorwall 46. G.: Potsdam, 21. Mai 1930. V.: Susanne, geb. Nieß. S.: 1950 Abitur Kiel, 1950-56 Jurastud. m. Staatsexamen in Schleswig. K.: 1957-65 Red. in Kiel, 1965-69 freier Journalist, 1969-74 ltd. Musikred. b. d. WELT, 1974-77 ltd. Musikred. b. d. Stuttgarter Zeitung, 1977-87 Chefdramaturg d. Hamburger Staatsoper u. Ltr. d. opera stabile, 1987-90 stellv. Operndir. in Frankfurt/Main, 1990-95 Gen.-Int. d. Bühnen Kiel, seit 1995 Int. d. Hamburger Symphoniker. P.: Robert Schumann (1979), Das kleine Schumannbuch (1980), Gaukler u. Primadonnen (1981), Helden u. Chargen (1982), Immer wenn es Abend wird (1983), Die Hamburgische Staatsoper 1678-1945 u. 1945-88 (1988, 1989). E.: 2000 Biermann-Ratjen-Medaille. M.: Vors. d. Alexander-Zemlinsky-Fonds bei d. Ges. d. Musikfreunde in Wien.

Dannenfeld Jens

B.: Küchenmeister, Gschf. Ges. FN.: Dannenfeld Restaurant GmbH. DA.: 38122 Braunschweig, Frankfurter Str. 4. G.: Uelzen, 24. Jan. 1965. V.: Melanie, geb. Schwital. El.: Gerhard u. Siegrid. S.: 1981 Mittlere Reife Uelzen, Ausbild. z. Koch im Kurhaus Bad Bevensen. K.: Koch 1984 Kempinski Berlin, 1985 Savoy London, 1986 Lenzerheide/ Schweiz, 1987 Steigenberger Hotel Berlin, 1988 Lanzarote, 1998 Tanres München, 1991 Meisterprüf., 1993 Waltershof Kampen auf Sylt, selbst. m. d. Restaurant Brabanter Hof in Braunschweig u. seit 1998 m. Dannenfeld's Restaurant in Braunschweig m. ARTmax. P.: Kochbuch "Die Rezepte d. Jeunes Restauranteurs d'Europe" (2000). M.: Ausch. d. Prüf.-Kmsn. f. d. Gastgewerbe d. IHK Braunschweig, Jeunes Restaurateurs d'Europe.

Danner Helmut *)

Danner Olaf *)

Dannert Horst *)

Dannert Peter F.
B.: Buchhändler, Gschf. Ges., Kompl. FN.: Gleumes & Co KG Grosso Buchhdlg. Verlag. DA.: 50674 Köln, Hohenstaufenring 47/51. DA.: 50674 Köln, Hohenstaufenring 47/51. webmaster@landkartenhaus-gleumes.de. www.landkartenhaus-gleumes.de. G.: Essen, 12. Feb. 1944. K.: Dominik (1967), Natalie (1974). S.: 1966 Abitur, Bundeswehr, Ltr. d. Res., Buchhandels-Ausb. K.: 1968 Eintritt Gleumes & Co, 1972 Prokura, 1974 Kompl., Pers. Alleingschf. Ges. M.: Börsenver. d. Dt. Buchhdls., Ver. d. Verlage u. Buchbinder i. NRW. H.: Sport, Tennis, Segeln.

Dannhauer Frank *)

Dannheim Clemens Dipl.-Informatiker

B.: Gschf. Ges. FN.: Objective Software GmbH. DA.: 81377 München, Luise-Kiesselbach-Pl. 35. PA.: 85635 Höhenkirchen, Marchwartweg 2 clemens.dannheim@objective.de. www.objective.de. G.: Lünen, 12. Aug. 1960. Ki.: Katja (1997). El.: Gustav u. Hildegard, geb. Dux. S.: 1979 Abitur FOS Dortmund, 1979-84 Stud. Informatik FHS Dortmund. K.: 1984-87 Entwicklungsing. d. Firma Rohde & Schwarz GmbH in München, 1987-95 Produktmanager im Bereich Produktentwicklung in d. Firma Softlab GmbH in München u. d. Abt.-Ltr. f. Produktentwicklung, 1988-92 glz. Stud. Phil. an d. Univ. München, seit 1995 selbst. m. Grdg. d. Firma Objective Software GmbH f. Unterstützung in d. strateg. sowie operativen Organ.- u. IT-Beratung, Software-Entwicklung u. -einführung, Unternehmenssteuerung, Revisions- u. Personalberatung, 1995-96 Aufbau eines Consulting-Teams m. eigenem Büro f. d. Firma Informix in Moskau. P.: Veröff. in Fachzeitschriften zu d.

*) Biographie www.whoiswho-verlag.ch oder beigefügte CD-ROM

Dannheim

Themen IT-Solution u. E-Commerce. M.: Fliegerclub Jesenwang in Fürstenfeldbruck, BDU. H.: Fliegen, eigenes Motorflugzeug, Tennis, leidenschaftl. Vater.

Dannheimer Dieter *)

Dannheiser Claus *)

Dannöhl Peter *)

Dannowski Andreas Michael *)

Dannowski Hans Werner

B.: Stadtsuperintendent i.R., Präs. v. Interfilm Paris/Zürich. DA.: 30559 Hannover, Kaiser-Wilhelm-Str. 18. G.: Petershagen/Berlin, 22. Juni 1933. V.: Edith, geb. Ruddies. Ki.: Christoph (1965). BV.: mütterlicherseits Abstammung d. Hugenotten/Ostpreußen (Frankreich/Schweiz). S.: 1945 Flucht u. Ankunft in Ramelsloh/Nordheide, 1953 Abitur Hamburg-Harburg, 1953-54 Postinsp.-Anw., 1954-59 Stud. Theol. in Bethel, Unv. Hamburg, Karl-Univ. Heidelberg u. Georgia-Augusta-Univ. Göttingen. K.: 1959-60 Vikariat in Aurich-Oldendorf/Ostfriesland, 1960-61 Predigerseminar in Pullach/München, 1962-63 Studieninsp. im Ulhorn-Konvikt Göttingen, 1964-69 Gem.-Pastor in St. Marien/Göttingen, 1969-74 StDir. im Predigerseminar Imbshausen b. Northeim, 1974-80 Superintendent d. Kirchenkreises Hannover-Linden, 1980-85 parallel Lehrauftrg an d. Georgia-Augusta-Univ., 1980-98 Stadtsuperintendent an d. Marktkirche in Hannover, seit 1998 im Ruhestand, 1985-92 parallel Filmbeauftragter d. Rates d. Ev. Kirche in Deutschland, seit 1988 Präs. v. Interfilm (Europe and Global). P.: viele Veröff. zu d. Problemen v. Kirche in d. Großstadt, Kirche u. Film, Kirche u. bild. Kunst, b. Interfilm/Jury-Bestimmung u. Filmwochen-Seminare u. Symposien intern., Hrsg. v. mehreren Predigtbänden, Hrsg. d. Zeitschrift f. Gottesdienst u. Predigt, Verfasser eines Kompendium d. Predigtlehre (1985), Verfasser eines Hannover-Buches "Dann fahren wir nach Hannover" (1999), Verfasser d. Buches (zus. m. O. Negt, "Königsbergs"/Kaliningrad. Eine Reise in d. Stadt Kants u. Hamanns" (1998). E.: div. Ausz. u. Preise u.a. 1999 Inh. d. Stadtplakette Hannover, 2001 Stadtkulturpreis. M.: 1980 Mitgründer u. Vors. d. Konferenz d. Stadtsuperintendenten, 1983 Mitgründer d. Museums-Gottesdienste. H.: bild. Kunst, Oper, Film, Literatur, Spaziergehen, Reisen.

Dansard Karl Dr.med. *)

Dansard Walter Dipl.-Ing. *)

Dantzer Soenke *)

Dantzer Ulrich Dipl.-Wirtsch.-Ing. *)

Danulat Jürgen Dipl.-Ing.

B.: Gschf. Ges. FN.: Optek-Danult GmbH. DA.: 45143 Essen, Emscherbruchallee 2. G.: Nürnberg, 4. Okt. 1956. V.: Mecky, geb. Wester. El.: Dieter Danulat. S.: 1976 Abitur Mettmann, 1976-85 Stud. Wirtschaftsing.-Wesen TU Berlin, 1983-84 Ass. am BIH Berlin, 1984 tätig in d. Geva Datentechnik in Berlin, 1985-86 Prok. v. Geva Datentechnik in Aachen, seit 1987 Gschf. Ges. d. Firma Optek-Danulat GmbH m. Schwerpunkt opt. Messgeräte z. Prozessüberwachung v. Konzentration, Farbe u. Trübung d. chem. Ind., Brauereien u. Biotechnologie. F.: HAT Beteiligungsges. in Mettmann, Optek Danulat Inc. Wi. in d. USA. H.: Motorradfahren, Gokart, Skifahren.

von Danwitz Jürgen *)

Dany Alfons Dipl.-Ing.

B.: Gschf. Ges. FN.: Strategy Analytics GmbH. DA.: 81241 München, Landsberger Str. 394. G.: Koblenz, 29. Apr. 1959. V.: Monika, geb. Sander. El.: Herbert u. Gertrud Dany. S.: 1974-77 Ausbild. z. Radio- u. Fernsehtechniker m. Abschluß, parallel dazu Berufsfachschule, Abschluß Mittlere Reife, 1977-79 Fachoberschule, Abschluß Fachabitur, 1979-83 Stud. Nachrichtentechnik an d. FH Koblenz, Dipl.-Ing. K.: 1983-86 Sales- u. Marketing-Manager b. Siemens AG im Halbleiterbereich München, 1986-90 Ltr. Vertrieb Süddt. Bauelemente b. Philips Semiconductor München, 1990-92 Vertriebsltr. Deutschland f. "Ultratronic" in Herrsching, 1992-93 Vertriebsltr. b. Motorola, Produktmarketing f. Analog-Produkte weltweit, 1993-96 Vertriebsltr. Marktforsch. b. "BIS-Strategic Decisions", 1996 Grdg. d. Firma Strategy Analytics GmbH. M.: Verb. Dt. Ing. H.: Tanzen, Wassersport (Tauchen), Schifahren, Radfahren, Triathlon.

Dany Willibrord *)

Danz Ulrich *)

Danzer Josef *)

Danzer Ludwig W. Dr.

B.: Mathematiker, em. Prof. FN.: Univ. Dortmund. PA.: 44227 Dortmund, Stortsweg 9. danzer@math.uni-dortmund.de. G.: München, 15. Nov. 1927. V.: Dr. Petja, geb. Karanova. Ki.: Ulrich, Corinna, Ursula, Daniel. El.: Dr. Paul u. Helene. S.: 1946-51 Stud. Univ. München, 1951-52 Studienreferendar in München. K.: 1952-56 Studienass., StR. Eichstätt, 1956-59 Ass. f. Math. Forsch.Inst. Oberwolfach, 1959-63 Ass. b. M. KNESER in München/Göttingen, 1960 Prom., 1963 Habil., 1960-61 Visiting Ass. Prof. Univ. of Wash. Seattle, 1965 Wiss. Rat Univ. Göttingen, ab 1969 o.Prof. Univ. Dortmund, 1986, 1995 u. 1999 Gastprof. Center for Advanced Study in Math. Chandigarh (Indien), 1993 emeritiert. P.: 40 Aufsätze in math. u. phys. Fachzeitschriften. M.: DMV, ÖMG, LMS, DGK, DAV. H.: Fotografieren, Bergwandern.

Danzer Robert

B.: Heilpraktiker, selbständig. FN.: Naturheilpraxis. DA.: 87700 Memmingen, Hinter Gerberg. 2. G.: Memmingen, 3. Apr. 1967. Ki.: Katharina Victoria (1996). S.: 1988 Abitur in Memmingen, Zivildienst an d. Univ.-Klinik Freiburg als Pfleger u. in einem Behindertenwohnheim in Memmingen, Ausbildung z. Heilpraktiker in Kempten. K.: seit 1995 selbständig als Heilpraktiker m. eigener Naturheilpraxis in Memmingen, Schwerpunkt klass. Homöopathie, manuelle Chirotherapie in Verbindung m. Akupunktur, Ltr. v. Fort- u. Weiterbildungsseminaren f. Ärzte u. Kollegen. M.: seit 1993 im Roten Kreuz. H.: Musik, Freizeitsport, Malen.

Danzer Sonja Maria *)

Danziger David *)

Danziger Günther

B.: Volljurist, Vorsteher. FN.: Bundesvermögensamt Leipzig. DA.: 04103 Leipzig, Seeburgstr. 5-9. G.: Geislingen, 22. Mai 1956. V.: Heike. Ki.: Maximilian (1992), Lisa (1993), Lucas (1996), Marie (2000). S.: 1976 Abitur Geislingen, Wehrdienst, 1978-83 Stud. Rechtswiss. Univ. Tübingen, 1. Staatsexamen, Referendarzeit Ulm, 2. Staatsexamen. K.: 1987-91 RA in Günzburg, 1991 Referent bei d. OFD Nürnberg, 1991-

*) Biographie www.whoiswho-verlag.ch oder beigefügte CD-ROM

95 Referent bei d. OFD Chemnitz, 1993-95 Lehrbeauftragter an d. Univ. Leipzig, seit 1995 ehrenamtl. Richter am Sozialgericht Leipzig, seit 1995 Vorsteher d. Bundesvermögensamtes Leipzig z. Verwaltung u. Verwertung bundeseigener Vermögenswerte im RB Leipzig, seit 1996 Regierungsdir. P.: Mitteilungen in d. Medien u. d. Presse u.a. z. Erbschaftsvermögen d. Bundes. M.: MGV Geislingen-Waldhausen. H.: Literatur, Sport.

Dao Thi Hien

B.: Damen-, Herren- u. Uniformschneiderin, Inhaberin FN.: Atelier Dao. DA.: 50676 Köln, Mauritiussteinweg 72. kontakt@atelier-dao.de. www.atelier-dao.de. G.: Haiphong/Vietnam, 19. Apr. 1954. Ki.: PhamDao Viet Khanh, Pham Thai Dien Chi. El.: Dao Van Tuc u. Dao Thi Thao. S.: Damen- u. Herrenschneiderin. K.: 1999 Eröff. Atelier Dao, Maßanfertigung v. histor. u. zeitgenöss. Uniformen, Karnevals-, Abend- u. Bühnenkostüme, Damen- u. Herrenbekleidung, Restaurierung u. Konservierung oriental. Knüpf- u. Wirkteppiche u. Tapisserien im eigenen Atelier m. Rekonstruktionen v. Struktur, Mustern u. Farben.

Dapont Rita

B.: Gschf. FN.: MVM Hans Gschwendtner KG Metall-Verwertung München. DA.: 85764 Oberschleißheim, Hirschplanallee 6. r.gschwendtner@debitel.net. G.: München, 18. Jan. 1951. Ki.: Johannes (1982). BV.: Vater Hans Gschwendtner Gründer MVM Hotel Vitalis München, Kaska GmbH, Mitges. Firma Hetzel & Co Nürnberg. S.: 1966-68 Ausbild. z. Hotelkauffrau im elterlichen Betrieb in München, Abschluss v. d. IHK München. K.: 1968-75 Hotelkauffrau im elterl. Betrieb München, 1975-80 Hotelkauffrau in versch. gastronom. Betrieben, 1980 Eintritt in d. Firma MVM Oberschleißheim, Gschf., ab 1992 persönl. haft. Ges. Recycling v. Altkabel u. Metallgroßhdl. P.: Veröff. in Fachzeitschriften. M.: VDM Verb. dt. Metallhändler e.V., seit 1994 Ltg. d. Kabelzerleger-Arbeitsaussch., seit 1997 im vorst., 2000 Grdg. d. Clubs d. "Metal Motor Bikers" Interessengemeinschaft v. Motorradfahrern im VDM. H.: Motorradfahren, Golf, Skifahren, Rollerskaten.

Dapprich Jürgen Dr.

B.: Zahnarzt, selbständig. GT.: Vorträge über Funktionstherapie u. Totalprothetik im In- u. Ausland. DA.: 40212 Düsseldorf, Graf-Adolf-Str. 25. PA.: 40667 Meerbusch, Hindenburgstr. 29. G.: Dortmund, 18. Jan. 1942. V.: Helga, geb. Schiffer (Ratsfrau). Ki.: Christian (1973). El.: Prof. Dr. Gerhard u. Hildegard, geb. Kleinschmidt. BV.: Vater am Bundessozialgericht in Kassel. S.: 1962 Abitur in Kassel, 1962-68 Stud. Zahnmed. in Frankfurt u. Würzburg, 1968 Examen, 1968-70 Wehrdienst als Stabsarzt, 1970 Prom. K.: 1970-72 Ass. in Düsseldorf, 1972 1/2 J. auf d. Panamericana v. Alaska n. Panama gereist, s. 1973 eig. Praxis, spez. Funktionsanalyse

u. Therapie, Kiefergelenkserkrankungen, Parodontologie, Mentor d. Studiengruppe "Totalprothetik", Tinnitus-Patienten aus ganz Deutschland, 1996 Mitbegründer d. Tinnitus-Therapie-Zentren in Düsseldorf u. Krefeld, als einziges ambulantes Zentrum v. d. Kassen anerkannt. P.: Diss.: Bestimmung v. Lymphozythenarten b. Herzkathedern (1970), Veröff. in DZZ, Quintessenz, ZMK, Zahnarzt-Magazin, Buch: Totalprothetik (2000), pos. Rezensionen aus Deutschland, Österreich, Schweiz u. Dänemark. E.: Aufnahme als Fellow in d. Intern. College of Dentists (2001). M.: Neue Gruppe, International Academy of Gnathology, Kunstverein, Düsseldorfer Yacht Club. H.: Segeln, Fotografieren, Multimediashows v. Bergwandern u.a. Mount Everest, Nanga Parbat, Kilimandjaro, Kunst, Klavierspielen.

Darazs Günter H.

B.: Dipl.-Betriebswirt. FN.: GDUM-Systemkonzept/Ganzheitl. Dynam. Unternehmens Management. DA.: 54389 Sinzing, Wachtelweg 5. G.: Wien, 17. Mai 1943. Ki.: Bianca (1973). S.: 1957-59 Lehre Kfm.-Gehilfe Konsumgen. Schwäbisch Hall, 1965 Grundlehrgang f. Führungskräfte Schule d. Konsumgen. Hamburg, 1969-70 Stud. Inst. f. Betriebswirtschaft Nürnberg m. Abschluß prakt. Betriebswirt DAA, 1982 Dipl.-Abschluß FHS Nürnberg, 1964-66 Bilanzbuchhalterausbild. K.: 1959-63 kfm. Ang. d. Konsumgen. Schwäbisch Hall, 1963-64 Wehrdienst als Fallschirmjäger in Nagold, 1965-67 im Rechnungswesen u. Ltr. d. Großraumladen in d. Konsumgen. Heilbronn, 1970-90 tätig als Ass., Systemspezialist, Verkaufsbeauftragter, Spezialist f. Vertriebsprogramme u. ab 1978 Vertriebsltr. in d. Firma IBM Deutschland GmbH in Münster, 1983-90 in d. Firma Mannesmann als Gschf. f. Region Mitte, Vertriebsdir. f. Inland u. Geschäftsltr. f. Vertrieb v. Computersystemen im In- u. Ausland, 1990-96 Sprecher d. Vorst. d. Matth. Hohner AG in Trossingen, seit 1996 selbst. Unternehmensberater u. Initiator d. Vital AG, seit 1999 Gründer u. Vorst. d. GDUR - Mittelstands-Rating AG Frankfurt. P.: Wie ihr Unternehmen die Führung gewinnt, Proaktives Marketing, Unternehmensführung Live, Klang d. Welt, Taschenbuchreihe - Fit for Business, div. Ref., Vorlesungen u. Beiträge an versch. FH, Ak., in Fachzeitschriften u. Unternehmen.

Darázs-Máté Maria

B.: Kunstmalerin, selbständig. FN.: Atelier Maria Darázs. DA.: 81541 München, Brecherspitzstr. 3. PA.: 81735 München, Adolf-Bayer-Damm 22. G.: Szekszard/H, 12. Juli 1934. V.: Imre Máté - Schriftsteller u. Publizist. Ki.: Imre (1957), Piri (1963), Jolán (1967), Lilie (1969), Judith (1973). El.: Dr. Edmunt Dárazs u. Paula, geb. Schultheiß. BV.: Heinrich Schulheiß Ev. Theologe. S.: 1952-56 Stud. HS d. bild. Künste Budapest, 1956-58 Stud. ak. d. bild. Künste München. K.: 1958-77 freiberufl. Künstlerin in München, 1977 Eröff. d. Ateliers in München u. glz. Ausstellungen in Südfrankreich, Österr. u. d. USA; Schwerpunkt: reiche, harmon. Farben m. sicheren Pinselein-

*) Biographie www.whoiswho-verlag.ch oder beigefügte CD-ROM

gefangene Stimmungen, Portrait, Landschaften, Malerei in Öl, Aquarell, Tusche, Rötel, Fresko. P.: "franco-hungaro Farbpoesie" (1988), "Sie hat sich in d. Kunstwelt einen festen Platz geschaffen" (2000). H.: Wandern, Natur, Garten, Schwimmen.

Darboven Hans-Jürgen *)

Darboven Herbert
B.: Gschf. Ges. FN.: J. J. Darboven KG, Idee Kaffee - Kaffeerösterei. DA.: 22113 Hamburg, Pinkertweg 13. G.: Harburg-Wilhelmsburg, 20. Juni 1933. V.: Helga, geb. Clausdorff. Ki.: Arndt (1962), Behrendt (1965). El.: Herbert u. Anne. S.: Oberschule, kfm. Lehre b. Schepeler Feinkost Frankfurt. K.: b. 1953 Volontär b. Stücker u. Zessinger Bern, 1955 Eintritt in Firma Darboven als kfm. Ang., 1957 Broker im Teehdl. London, 1958 Pflanz- u. Erntetätigkeit auf einer Kaffeeplantage in Costa Rica, seit 1960 Ges. d. J. J. Darboven. F.: Tochterges. Burckhoff & Eiles München, Warca Mulhouse Frankreich, Brosio Straßbourg. P.: Intern. Fachvorträge in Schulklassen. M.: Dt. Hotel- u. Gaststättenverb., Brillat Savarin-Stiftung. H.: Jagd, Geschäft.

Darilek Ilka

B.: Bäckerin, Unternehmerin, selbständig. FN.: Bäckerei Strangmann; Darilek & Semrau GbR. DA.: 27809 Dötlingen, Hauptstr. 20. G.: Lüneburg, 13. Mai 1971. V.: Erich Darilek. Ki.: Alica (1999). El.: Dipl.-Ing. Wolfgang Semrau u. Ilona, geb. Horstmann. S.: 1988-91 Lehre z. Bäckerin in Sandkrug. K.: 1991-92 Gesellin im Lehrbetrieb Tönnies, 1992-97 Bäckerin in der Achimer Stadtbäckerei, seit 1998 selbständige Unternehmerin d. Bäckerei Strangmann in Neerstedt, 1998 Eröff. Ladengeschäft Huntlosen, 2000 Eröff. Filiale in Sandkrug, 2001 in Kirchhatten als Inh. m. Ehepartner Erich Darilek. H.: Reiten.

Darmstadt Christel Dr. phil.
B.: Unternehmerin, selbständig. FN.: Studio f. Farbe & Architektur. DA.: 44797 Bochum, Löwenzahnweg 13. info@dr-christel-darmstadt.de. www.dr-christel-darmstadt.de. G.: Mönchengladbach, 4. März 1937. V.: Dr. Helmut Darmstadt. El.: Peter u. Meta Essers. S.: 1958 Abitur, 1958-62 Inspektorenausbildung b. d. Stadt Mönchengladbach, 1962 Hausfrau, 1969 Stud. Kunstgeschichte, Kunstpäd. u. Andragogik. Univ. Bochum u. Dortmund, 1972 1. Staatsexamen u. Vordipl., 1975 Dipl. in Andragogik. K.: 1975-77 Tätigkeit in d. Sozialakademie, 1977 Grdg. d. Studios f. Farbe u. Architektur, 1982 Prom. BL.: durchgeführte Lehraufträge an d. TU Dresden u. d. Europ. Fortbildungszentrum f. handwerkl. Denkmalpflege u. umweltschonendes Bauen in Schloß Raesfeld, Kreis Borken. P.: Buchveröff. "Historismus u. Jugendstil - Wittener Bürgerhäuser d. Jahrhundertwende" (Witten, 1973), "Aus Liebe z. Stadt - Fassaden ABC" (Essen, 1975), "Krefeld - Alte Häuser, neuer Glanz" (Krefeld, 1978), "Fassaden gestalten m. Farbe" (Bochum, 1984, 4. Aufl. 1994), "Häuser instand setzen - stilgerecht u. behutsam" (Düsseldorf, 1994), zahlr. Beiträge in Fachzeitschriften. E.: zahlr. sanierte, historische Objekte u. Siedlungen wurden m. regionalen u. überregionalen Preisen ausgezeichnet, Intern. Ausz.: Lohnhalle d. Zeche Friedrich-Heinrich Kamp-Lintfort, Europa-Nostra Dipl. 1987 f. d. authentische Rekonstruktion d. Jugendstilfassung; Heilig Kreuz Kirche Gelsenkirchen, Europa-Nostra Dipl. 1996 f. d. Freilegung u. Restaurierung d. expressionistischen Gewölbeausmalung sowie d. darauf bezogenen Neufassung, Neobarocker Bahnhof Hamm f. d. bemerkenswerte Rekonstruktion eines bedeutenden Bahnhofs, Europa Diplom 2001. M.: BDB, DFZ, seit 1986 Sonderberaterin f. d. Bereich "Farbe an u. in histor. Gebäuden" im "Bundesarbeitskreis f. Altbauerneuerung" Berlin, Kortum-Ges. Bochum, Dt. Akademikerinnen Bund, Karl-Miescher-Stiftung Riehen/Schweiz. H.: Kunstgeschichte, Reisen.

Darnstädt Anke *)

Darr Lutz-Hagen *)

Darr Petra
B.: Qi-Mag. Feng Shui- u. Einrichtungs-Beraterin, Inh. FN.: Raumharmonie Petra Darr. DA.: 06686 Starsiedel, Kiefernallee 23. info@fengshui-germany.de. www.fengshui-germany.de und www.raumharmonie.com. G.: Schmalkalden, 3. Juni 1963. El.: Gerhard u. Anita Darr. S.: 1980-82 Lehre als Sekr., 1983-85 Stud. d. Kulturwissenschaft in Meissen. K.: 1985-93 kulturwiss. Tätigkeiten, 1991 Kfm. Ausbild., seit 1993 Inh. d. eigenen Firma im Bereich Raumgestaltung, 1998 Dipl. im Feng Shui; Geschäftsu. Wohnungsberatung, Informationsveranstaltungen zu Feng Shui u. Farbgestaltung sowie energetische Arbeit zur Raumklärung. M.: Wirtschaftsjunioren Leipzig e.V., seit 2000 Mtgl. d. Vollversammlung d. IHK Leipzig. H.: Natur erleben, Joggen.

Därr Wolfgang Dr. med. Prof.
B.: Chefarzt III. Innere Abt. FN.: KH im Friedrichshain. DA.: 10249 Berlin, Landsberger Str. 49. PA.: 96052 Bamberg, Luitpoldstr. 10. G.: Chemnitz, 3. Feb. 1945. V.: Dr. med. Brigitte, geb. Albert. Ki.: Vivian, Roland. El.: Ing. Gerhard u. Elisabeth, geb. Schaarschmidt. S.: 1965 Abitur, 1965-66 Wehrdienst, 1966-71 Med.-Stud. Krefeld, K.: 1972 Med.-Ass. Krefeld, b. 1977 wiss. Ang. am Physiolog.-Chem. Inst. Köln, 1978-79 Forsch.-Aufenthalt Houston/Texas, 1980-81 Univ.-Klinik Heidelberg, 1981 Univ.-Klinik Hamburg, 1983 Hammersmith Hospital London, 1984-95 Univ.-Klinik Hamburg-Eppendorf, seit 1995 Chefarzt d. III. Inneren Klinik im KH im Friedrichshain Berlin, 1987 FA f. Innere Med., 1989 FA f. Nephrologie, 1991 FA f. Gastroenterologie, 1987 Habil., 1993 Univ.-Prof. P.: ca. 50 Originalarb. u. Kurzarb. in Intern. Zeitschriften u. Büchern. E.: 1976 Ernst Klemk-Stipendium, 1983 Theodor Frerich-Preis. M.: Dt. Hochseesegelverb. Hansa, Dt. AG f. Nephrologie. H.: Segeln, Skifahren, Schach, Bild. Künste, Malen, Musik.

Darrelmann Hans *)

Darscheid Karl Dipl.-Kfm. *)

Darski Thomas *)

Dartsch Hans Joachim Walter
B.: Ing. f. Fernmeldetechnik i.R. PA.: 03042 Cottbus, Hüfnerstr. 64. G.: Dissenchen, 1. März 1936. V.: Renate, geb. Fügner. Ki.: Uwe Peter (1963), Gabriele (1964). BV.: Großvater Werkmeister in d. Waggon- u. Maschinenfabrik AG in Görlitz. S.: 1954 Abitur Cottbus, 1954-58 Lehre Signal- u. Fernmeldewesen Dt. Reichsbahn Cottbus. K.: 1958-60 Fernmeldemonteur d. RFT Cottbus, 1960-63 Stud. Fernmeldetechnik d. Ingenieurschule Mittweida, 1963-64 Montageingenieur d. VEM in Cottbus, 1964-68 Ing. im GRW Teltow, 1967-72 Fernstudium Jura m. Abschluß Dipl.-Jurist, 1968 Justitiar im Kraftwerk Vetschau, Vorbereitung d. Kraftwerksbaus Lippendorf, Thierbach u. Boxberg/Sibirien, 1971 Hauptabteilungsleiter d. GRW Teltow, 1972-88 Vertragsabwicklung f. d. Verkauf v. Anlagen d. Kraftwerke Boxberg u. Jänschwalde, seit 1978 Generalbevollmächtigter d. Kombinates, 1988-89 Delegierter d. Mansfelder Generallieferant Metallurgie, 1989 tätig im Bergbau-Aufbereitungskombinat Kriwoi Rog/Sowjetunion, 1990-96 Hauptabteilungsleiter f. Service u. Montage im ABB Cottbus. H.: Reisen, Philatelie, Bergwandern.

---
*) Biographie www.whoiswho-verlag.ch oder beigefügte CD-ROM

Dartsch Manfred

B.: Inh., Gschf. Ges. FN.: DABE GmbH Geflügelschlachterei. DA.: 49661 Cloppenburg, Telgen Sand 33. G.: Cloppenburg, 28. Jan. 1952. V.: Walburga, geb. Thesken. Ki.: Sven (1981), Yvonne (1982), Timo (1988). El.: Aloisius u. Irmgard, geb. Schüttfort. S.: 1967-70 Ausbild. z. Kfz-Mechaniker Cloppenburg, Bundeswehr. K.: 1972-74 Montagetechniker, Fort- und Weiterbildung durch Abendschulen im kfm. u. technischen Bereich, 1974 Eintritt in d. Familienbetrieb Aloisius Dartsch Geflügelschlachterei u. Aloisius Dartsch Verpachtungsunternehmen in Bethen als Mitarb., 1978 Grdg. d. DABE GmbH Geflügelschlachterei als Mitges., 1993 Prok., 1994 Gschf., 1995 Übernahme d. Aloisius Dartsch Verpachtungsunternehmen als Inh., Schwerpunkt: Schlachtung v. Truthähnen. H.: Motorradfahren, Bootfahren.

Darup Klaus Dr. med. *)

Dasch Wolfgang Dr.

B.. techn.-wiss. Berater, Inh. FN.. Consulting Dr. Dasch. DA.: 24118 Kiel, Schauenburger Str. 116. wd@dasch.de. www.dasch.de. G.: Landsthal, 22. Sep. 1950. V.: Andrea, geb. Braig. S.: 1970 Abitur Bremen, 1970-71 Ausbild. Flugzeuggerätemechaniker, 1971-77 Stud. Chemie Univ. Kiel, 1983 Prom. K.: 1977-82 wiss. Ang. am Inst. f. physikal. Chemie d. Univ. Kiel, 1983-85 wiss. Ang. am Lehrstuhl f. Meerestechnik am Inst. f. angew. Physik d. Univ. Kiel, 1985-87 wiss. Ang. der Firma Eschweiler & Co in Kiel, 1987 Ref. f. Meerestechnik in d. Firma Krupp MaK in Kiel, 1988-90 wiss. Betreuer v. Forsch. u. Entwicklung in d. Firma Fibronix, Faseropt. Systeme u. Sensoren GmbH in Kiel, 1991-92 selbst. im Bereich Meßtechnik z. Erfassung physikal.-chem. Parameter u. Umweltdaten, 1992-97 wiss. Mitarb. an d. TU Hamburg-Harburg, 1996-97 Teilzeitkraft u. glz. Grdg. d. Firma Consulting Dr. Dasch im Innovations- u. Technologie-Zentrum, 196 Präsentation d. neuentwickelten Meßsystems "Nautsonde" auf d. Messe "Schiff-Maschine"-Meerestechnik" in Hamburg. M.: Motorsegewart in Kiel-Holtenau. H.: Segelfliegen.

Dascher Ottfried Dr. phil. Prof. *)

Dasenbrock Thomas Dipl.-Ing.
B.: Dipl.-Bauing., Dipl.-Wirtschaftsing., Unternehmer. FN.: Dasenbrock GmbH. DA.: 49377 Vechta, Vechtarer Marsch 9. dasenbrock@gmx.de. www.dasenbrock-gmbh.de. G.: Vechta, 27. Aug. 1962. V.: Bettina, geb. Henseler. Ki.: Bernhard (1997), Hauke (2001). El.: Hans u. Anni, geb. Neddermann. S.: 1981 Fachabitur in Lohne, 1981 Bundeswehr, 1981 Stud. Bauing.-Wesen FH Bremen, 1984 Abschluss: Dipl.-Ing., Stud. Wirtschaftsing. FH Bielefeld, 1986 Abschluss: Dipl.-Wirtschaftsing. K.: 1987-91 Trainee ASI Wirtschaftsberatung in Münster, 1988 Aufbau eines Wirtschaftsberatungsbüros f. ASI in Bremen als Wirtschaftsberater, 1991 Dt. Bank Bremen, 1 J.

Traineeausbild., 1992-94 Firmenkundenberater d. Dt. Bank in Bremen, 1994 Eintritt in d. elterl. Unternehmen in Langförden Dasenbrock GmbH Rohrleitungs- u. Kabelbau, Spezialtiefbau als Gschf. Ges., 1997 Umzug d. Firma nach Vechta, 1998 Gründung d. 1. Zwg.-Ndlg. in Wildeshausen, seit 1997 Dasenbrock Horizontalbohrtechnik. P.: Veröff. in Fachzeitschriften z. Horizontalbohrtechnik. M.: 1. Vorsitzender freie Wählergemeinschaft mittendrin Politik f. Wildeshausen www.mittendrin.net. H.: Fun-Sport, Golf.

Daske Martin *)

Dassau Horst *)

von Dassel Ludolf Karl-Henning

B.: Kfm., Ldw. FN.: Ludolf von Dassel GmbH - Mazda Vertragshändler. DA.: 37574 Einbeck, Altendorfer Tor 7b. PA.: 37586 Dassel, Rittergut-Hoppensen. G.: Erkelsdorf, 23. Jan. 1942. V.: Sabine, geb. Beier. Ki.: Ariane (1964), Claudia (1965), Christina (1967), Rainald (1974), Anna-Katharina (1980), Caroline (1981), Ludolf (1985), Johannes (1988). El.: Rainald u. Deata, geb. v. Voigt. BV.: Rainald v. Dassel, ca. 1068-1112 Reichskanzler u. Bischof v. Köln. S.: 1956 Lehre z. Ldw. auf Kloster Höckelheim Northeim, 1958 Ldw.-Lehranstalt Hameln, Abschluß: Landbau Ass. K.: 1960 Eintritt in d. elterl. Ldw.-Betrieb in Hoppensen, 1963 Bundeswehr, 1965 Eintritt in d. Firma d. Schwiegervaters "Autozubehör, Motortechnik - Ing. Erich Miksch", 1976 Eröff. d. Firma "Ludolf von Dassel GmbH" in d. Elbinger Straße in Einbeck, 1976 Mazda Vertragshändler, 1980 Verlegung d. Firma Altendorfer Tor 7b, 1993 Um- u. Anbau d. Verkaufsfläche u. Büro, 1996 Grdg. d. Firma "Sabine von Dassel - Chrysler Vertretung" m. d. Ehefrau in d. Altendorfer Tor 7a, 1998 Erbe d. Ldw. Betriebes "Rittergut Hoppensen", Betrieb (Ldw.) verpachtet, Wald wird selbst verwaltet. BL.: 1995 aus Anlaß einer Fahnenweihe in Hunnesrück (OT Dassel) Vorbereitung, Planung, Durchführung u. Befehlsgebung eines "Gr. Zapfenstreiches" m. allen 16 Feuerwehren Dassel. P.: div. Aufsätze im Bereich Brandschutz in d. Regionalpresse. E.: Feuerwehr-EZ Silber 1995, Gold 2000, 1996 Ehrennadel d. Dt. Feuerwehrverb. in Silber, EZ d. Poln. Feuerwehr: Orden "Für Frieden u. Freundschaft" in Gold 1992. M.: seit 1972 Feuerwehr, 1. Hauptbrandmeister, seit 1991 Stadtbrandmeister d. Stadt Dassel m. 16 Feuerwehren, Jägerschaft Dassel, seit 1982 Kirchenkreistag, seit 1988 Vors. d. Finanzaussch., Kirchenvorst. Gem. Hoppensen, seit 1998 Patron, Präs. d. Familienver. d. Familie v. Dassel (eigenes Wappen), StadtR. Dassel, OrtsR. Hoppensen. H.: Jagd, Wald, Lesen.

Dässel Günter *)

Dassen Bernhard Maria *)

*) Biographie www.whoiswho-verlag.ch oder beigefügte CD-ROM

Dassler

Dassler Dirk *)

Daßler Frank Dr.-Ing.

B.: Gschf. Ges. FN.: Ingenieurbüro Dr. Daßler & Partner. GT.: VDI-Mtgl., Gastdozent an d. FH Zwickau FB E-Technik, Jugendschöffe am Amtsgericht Zwickau. DA.: 08058 Zwickau, Lessingstraße 4. die.stromer@t-online.de, frank.dassler@t-online.de. www.die-stromer.de. G.: Greiz, 16. Jan. 1965. V.: Elisabeth, geb. Langer. Ki.: Paul (1994). El.: Ing. Erich u. Marianne. S.: 1981 Mittlere Reife, 1981-84 Berufsausbildung z. BMSR-Techniker, 1984-85 Wehrdienst, 1985 Vorkurs an d. HS Zwickau u. technisches Abitur, 1986-90 Stud. an d. TH Zwickau Fachrichtung Elektroautomatisierungstechnik u. 3 Sem. an d. Friedrich-Schiller-Univ. Jena (Mathematik u. Pathologische Physiologie), 1990 Abschluss als Dipl.-Ing., 1997 Prom. z. Dr.-Ing., 1999 Fernstudium Psychologie. K.: wiss. Ass. an d. TH Zwickau, von 1990-2000 Arbeitskreisleiter f. Studenten u. Jungingenieure im VDI, 1992 tätig an d. Univ. of Glamorgan in GB, Organisation d. Studentenaustauschs, seit 1995 selbstst. m. Ingenieurbüro u. seit 1996 in jetziger Form als Partnerschaftsgesell. m. Matthias Heidemann, Tätigkeitsschwerpunkte Elektroanlagenplanung, Steuerungstechnik, Medizintechnik, Automatisierungstechnik, Schulung u. Ausbildung sowie Beratung u. Entwicklung f. Hard- u. Software, EDV-Schulungen, Meisterausbildung, Unternehmensberatung u. -schulungen in Sozialkompetenz u. Selbstmanagement. M.: Vorst.-Mtgl. im Förderverein VHS, Faschingsverein - Elferratsmtgl. H.: Familie, Sauna, Garten.

Dassler Frank A.
B.: RA. FN.: Anwaltskanzlei Dassler. GT.: div. AufsR.-Posten vorwiegend in Sportartikel- u. Medienunternehmen. DA.: 91074 Herzogenaurach, Cadolzburger Str. 6. info@dassler-law-etc.de. G.: Nürnberg, 14. Juni 1956. V.: Sabine, geb. Dickmann. El.: Armin A. u. Gilberte. BV.: Großvater Rudolf Dassler war d. PUMA Gründer/Intern. Sportartikelkonzern, verwandt m. d. ADIDAS-Gründer-Familie. S.: 1977 Abitur Wiesentheid, 1977-83 Stud. Rechtswiss. a. d. Univ. FAU Erlangen, 1983 1. Jur. Staatsexamen, 1983-85 Referendarzeit OLG Nürnberg, 1988 2. Jur. Staatsexamen Nürnberg, 2001 Master of Intern. Commercial LAW/U.C. Davis. K.: 1985-87 PUMA USA-Gschf., seit 1989 eigene RA-Kzl. in Herzogenaurach. M.: Grdg.-Präs. Rotary Club Herzogenaurach. H.: Golf, Triathlon, Jazz.

Dassow Klaus-Dieter Prof. *)

Dast Helmut *)

Daston Lorraine Jenifer Dr. Prof. *)

Datené Gerd Peter Victor Dipl.-Ing.
B.: Verhaltens- u. Managementtrainer. FN.: ttt team - training & transfer. DA.: 47906 Kempen, Rosenstr. 28. G.: Düsseldorf, 28. Juli 1948. El.: Josef u. Elisabeth. S.: 1965 Mittlere Reife Düsseldorf, 1965-68 Ausbild. z. techn. Zeichner, 1969-72 Stud. Versorgungstechnik FHS Köln u. TU Berlin, Dipl.-Ing., 1972/73 Wehrdienst. K.: 1974-78 Ing. u. Training-Manager in Kleve, 1978-79 Sales Trainer Europe b. Firma Clark, 1979-80 ang. in Unternehmensberatung in Düsseldorf, 1980 selbst. als Unternehmensberater u. Grdg. d. Firma ttt team - training & transfer, 1987-95 Firma Datené, Sydow & Partner GmbH,

Gschf., seit 1980 freier Mitarb. b. I.M.E., seit 2001 Partner d. Trainer AG Neu-Anspach. P.: Buch "Burnout als Chance", Fachpresse. M.: BDVT, Trainer-Gruppe 8. H.: Hunde, Motorflug, Musik, Kuluturreisen.

Dathe Brunhild *)

Datzmann Johann *)

Dau Andreas Dipl.-Ing. *)

Dau Jochen *)

Daub Ernst-Rüdiger
B.: Gschf. Ges. FN.: Daub Data Plus GmbH. DA.: 10179 Berlin, Legiendamm 2. G.: Oppeln, 8. Sep. 1943. Ki.: Tilo (1981). El.: Karl u. S.: 1963 Abitur Bad Godesberg, 1965-67 Stammhauslehre b. Siemens, 1967/68 Informationsj. Paris, 1970-74 Stud. BWL TU Berlin. K.: 1968-70 Siemens Vertrieb EDV, 1975-80 Aufbau d. Satzrechenzentrums Hoppenstedt u. Entwicklung d. Software, seit 1980 selbst. in Nürnberg u. Berlin, 1983 Grdg. SimWare Software GmbH. P.: div. Veröff. in Fachzeitschriften. M.: Mittelstandsver. H.: Reisen, Skifahren, Schwimmen, Laufen. (El.S.)

Daub Norbert Dipl. Ing. *)

Daube Heinz Dr.-Ing. *)

Daube Wolfgang Dr. jur. *)

Daubenbüchel Rainer Dr. iur. *)

Dauber Maria *)

Daubertshäuser Klaus
B.: Vorst.-Mtgl. (Personennahverkehr), ORR a.D., Ind.-Kfm. FN.: Deutsche Bahn AG. DA.: 60326 Frankfurt, Stephensonstr. 1. PA.: 35435 Wettenberg, Rodheimer Str. 33. www.bahn.de. G.: Krofdorf-Gleiberg, 16. Okt. 1943. V.: Gabriele, geb. Stoffel. KI.: Kai, Antje, Kira Kim. EL.: Ernst u. Emmi. S.: HASCH, Mittlere Reife, kfm. Berufsschule, weitere Lehrgänge u. Seminare mit d. Schwerpunkt BWL u. VWL, Personalwesen, Arbeits- u. Sozialrecht, Lehre z. Ind.-Kfm., 1962 Kfm.-Gehilfenprüf. K.: 1963-64 Wehrdienst, kfm. Sachbearbeiter, Handlungsbev., 1973-76 Ref. b. d. Hess. Landesreg., 1976 Direktwahl in d. Dt. Bundestag, Mitarb. im Verkehrsausschuß, 1980 Wahl z. verkehrspolit. Sprecher d. SPD-Bundestagsfraktion, gleichz. Vors. d. Arbeitsgruppe Verkehr d. SPD-Bundestagsfraktion. M.: IG Metall, Mtgl. in versch. Vereinen, Verb. u. Organ., 1980-93 Mtgl. d. Verwaltungsrates d. Dt. Bundesbahn u. ab 1991 auch d. Dt. Reichsbahn.

Däubler Eva Dr. *)

Däubler Frank Dr. *)

Däubler Wolfgang Dr. iur. Prof. *)

Däubler-Gmelin Herta Dr.
B.: Bundesministerin d. Justiz, RA, MdB. DA.: 10117 Berlin, Jerusalemer Str. 24-28. www.bmj.bund.de. G.: Preßburg, 12. Aug. 1943. V.: verh. Ki.: 1 Tochter, 1 Sohn. S.: Stud. Rechtswiss. u. Vw. Tübingen u. Berlin. K.: RA in Stuttgart, seit 1965 Mtgl. SPD, seit 1988 stellv. Bundesvors., seit 1972 MdB,

*) Biographie www.whoiswho-verlag.ch oder beigefügte CD-ROM

Daubmann Volker *)

1980-83 Vors. Rechtsaussch., seit 1983 stellv. Vors. d. SPD-Fraktion, Vorsitzender AK VII, seit 1998 Bundesministerin d, Justiz. E.: 2001 Narrenpreis d. Breisgauer Narrenzunft. M.: Kam. f. Sozialordnung d. EKD, World Women Parliamentarians for Peace, Parliamentarians for Global Action, ÖTV, AWO, Naturfreunde, Marie Schlei-Stiftung, Kuratorium "Lebenshilfe", Schirmherrin d. DCCV, Selbsthilfeverb. "Muskelkranke in Baden-Württemberg e.V.", Epilepsie-Selbsthilfegruppen Baden-Württemberg e.V. (Re)

Dauch Wolfgang A. Dr. med. Prof.

B.: Chefarzt. FN.: AKH Eilbeck-Zentrum f. Schwerst-Schädel-Hirnverletzte. DA.: 22051 Hamburg, Friedrichsberger Str. 60. G.: Frankfurt/Main, 15. Sep. 1949. S.: 1968 Abitur, 1968-70 Bundeswehr - Sanitätsdienst, 1970-77 Stud. Med. Frankfurt/Main, 1977 med. Staatsexamen, 1977 Prom. K.: 1977-78 Med.-Ass. in Frankfurt, 1978 Approb., 1978-79 Ass.-Arzt am Psychiatr. LKH Heppenheim, 1980-94 wiss. Mitarb. d. Neurochir. Klinik u. Poliklinik d. Univ. Marburg, ab 1988 OA u. stellv. Klinikltr., 1987 FA f. Neurochir., 1991 Habil. an d. Univ. Marburg, 1991 Priv.-Doz. f. Neurochir. an d. Univ. Marburg, seit 1994 Chefarzt am Zentrum f. Schwerst-Schädel-Hirnverletzte am AKH Eilbeck in Hamburg, 1997 Zusatzbezeichung Rehabilitationswesen, seit 1997 apl.Prof. M.: Dt. Ges. f. Neurochir., Dt. Ges. f. Neurotraumatologie u. klin. Neurophysiologie, Arge f. neurol. Intensivmed., Intern. Vereinig. f. Assessment in d. Rehabilitation, European Society of Chronobiology.

Daude Uwe

B.: Einrichtungsltr. FN.: Bugenhagen Berufsbildungswerk Diakonie-Hilfswerk Schleswig-Holstein. DA.: 23669 Timmendorfer Strand, Strandallee 2. bbw@bugenhagen.de. G.: Marienau, 23. Feb. 1944. V.: Carina, geb. Cheroni. Ki.: Denise (1972), Christian (1973), Patrick (1978). BV.: Prof. Paul Daude war um d. Jhdt.-Wende Jurist. S.: 1964 Abitur Uruguay, 1966-73 Psych.-Stud. in Uruguay, Dipl., parallel Fernstud. in München, 1969 Sprachlehrerdipl. K.: 1969-74 Sprachlehrer in Uruguay, Dt. Schule Montevideo, Goethe-Inst., 1974 Einwanderung nach Deutschland, Deutsch als Fremdsprache an d. American International School Düsseldorf, 1975-81 Psychologe an d. Bergischen Diakonie Aprath, 1981 Ltr. d. Psycholog. Dienstes am Bugenhagen Berufsbild.-Werk Timmendorfer Strand, seit 1991 Ltr. d. Berufsbildungswerks. BL.: Aufbau v. Kooperationen m. anderen Einrichtungen in Schleswig-Holstein, seit 1990 intern. Kooperationen u. Teilnahme an europ. Programmen. M.: Lions Club Lübecker Bucht, Dt.-Amerikan. Ges. Lübeck, Förderver. ONPLI. H.: Reisen nach Lateinamerika u. Südeuropa, Mediterrane Küche.

Dauderstädt Klaus Matthias *)

Dauenhauer Erich Dr. Prof.

B.: Univ.-Prof. PA.: 76829 Landau, Im Fort 7. G.: Rodalben, 9. März 1935. V.: Bärbel, geb. Forster. Ki.: Ute, Sigrun. El.: Oskar u. Emilie. S.: Gymn. in Speyer, Stud. Univ. München u. Erlangen-Nürnberg. K.: Schuldienst, Funktionsstelle a. e. Stud.-Seminar, o. Prof. P.: "Berufsbildungspolitik" (4 Aufl. 1997), 6 Romane: ...und kamen nach Santo Domingo, Die Abordnung, Helles Geleit, Herrenhaut u. Armenseele, Endläufe, Namenlose Überfahrt, Hrsg. d. wiss. Schriftenreihe "Beruf, Wirtschaft, Humankapital" (1984ff), Herausgeber d. Literaturzeitschrift WALTHARI (1984ff), "Weisheitliche Lebensführung" (3. Aufl. 1999), "Wege u. Irrwege in 3. Jahrtausend" (7. Aufl. 1998), Online-Zeitschrift: www.walthari.com (1998ff.).

Dauer Hans G. Dr. med.

B.: Hautarzt und Allergologe in eigener Praxis. DA.: 50667 Köln, Wallrafplatz 1. dr.dauer@onlinemed.de. G.: Neustadt an d. Weinstraße, 5. Mai 1960. V.: Britta, geb. Haupt. Ki.: Annabelle (1997), Christian (2001). El.: Dr. Hans Joachim u. Hilde, geb. Völker. S.: 1979 Abitur, 1979-81 Stud. Kunstgeschichte Frankreich, 1981-82 Stud. Med. Univ. Dijon/F u. ab 1982 Univ. Köln, 1988 Staatsexamen, 1988-89 tätig in d. Anästhesie, Univ.-Klinik Köln u. Schmerzambulanz sowie wiss. Tätigkeiten m. Tumorkranken, 1991 Prom., 1989-94 FA-Ausbildung f. Haut- u. Geschlechtskrankheiten u. Allerologie. K.: 1994 ndlg. Hautarzt u. Allerologe in Leverkusen, 1999 Kauf d. Praxis in Köln m. Schwerpunkt Haar- u. Kopfhauerkrankungen sowie Antiagingmedizin; Funktionen: Berater u. Sellingtraining f. Kosmetikerinnen, Pressearbeit f. d. Verband Kölner Hautärzte u. d. Berufsverband Dt. Dermatologen. P.: konstant vertreten in Funk u. Fernsehen, div. Veröff. M.: Vorst.-Mtgl. d. Kölner Hautärzte, Obm. d. Berufsverband Dt. Dermatologen, Antiaging Ak., German Society for antiaging medicine, Ärzteverband Dt. Allerologen, Prinzengarde Köln Corps a la suite. H.: Familie, gut Essen u. Trinken, gute Zigarren, Golf, mod. Kunst.

Dauer Joachim

B.: Immobilienkaufmann, selbständig. FN.: IVG Immobilien Verwaltungsgesellschaft Lehmann. DA.: 38100 Braunschweig, Poststraße 9. PA.: 38124 Braunschweig, Rominstenstr. 8. igv-lehmann@t-online.de. G.: 12. Apr. 1938. Ki.: Thorsten (1966), M.A. Antje (1967). BV.: Cousine 2-ten Grades Elfriede Abbe Enkelin v. Ernst Abbe d. Gründer der Zeiss-Werke. S.: 1960 Abitur, b. 1962 Lehre Bankkaufmann Dresdner Bank Braunschweig, 1962-65 Stud. BWL Univ. Hamburg. K.: b. 1967 Ver-

*) Biographie www.whoiswho-verlag.ch oder beigefügte CD-ROM

Dauer

kaufsberater d. Firma Dynamit Nobel, 1968-70 kfm. Ltr. d. Lackfabrik H. Müller in Braunschweig, 1971-74 Dir. f. Norddeutschland d. ENNIA Vers. aus Holland, 1974 Ass. d. Geschäftsleitung d. Bauregie Lehmann KG in Braunschweig, 1977 Gschf. Ges. d. Domus Immobilien GmbH, 1990 Kauf d. IVG Immobilien Verwaltungsgesellschaft Lehmann. M.: seit 2001 Bezirksbürgermeister v. Stöckheim-Leiferde, Bundesverband d. freien Wohnungswirtschaft, div. örtl. Vereine, Kurator d. Konrad-Dauer-Stiftung Wolfbüttel. H.: Segeln.

Dauerer Peter Dr. *)

Daugs Bernhard

B.: Tiefbautechniker, Brunnenbauermeister, Gschf. Ges. FN.: Bernhard Daugs Brunnenbau-Brunnensanierung GmbH. DA.: 14059 Berlin, Königin-Elisabeth-Str. 59. G.: Berlin, 1. Apr. 1945. V.: Renate, geb. Heilemann. S.: 1962 Mittlere Reife Berlin, 1962-65 Lehre als Brunnenbauer b. Firma Pollems GmbH & Co KG. K.: 1965-67 Brunnenbau b. d. Firma Kraelius in Schweden, 1967-70 Brunnenbauer b. d. Firma Lohde in Berlin, Abend- Meisterschule - Prüfung 02/70 Brunnenbauermeister, 1972-74 Direktstud. z. Tiefbautechniker in Osnabrück u. Maurermeister, 1975-84 Berater u. Ausbilder, Projektsteuerer in versch. afrikan. Ländern im Rahmen d. staatl. u. kirchl. Entwicklungshilfe, Mtgl. einer Expertengruppe z. Beratung d. Wassermin., ländl. Wasserversorgung vorwiegend in Burkina Faso, Somalia u. Kenia, seit 1985 selbst. Firma Brunnenbau-Brunnensanierung, seit 1990 Grdg. d. GmbH. BL.: 10 J. Entwicklungshelfer in Afrika unter schwierigen Bedingungen. P.: Art. über Afrikaeinsatz. M.: BdB, DVGW, div. Fachgemeinschaften, Segelclub. H.: Segeln, Reisen.

Daul Gregor *)

Daum Edmund Dr. Dipl.-Ing. *)

Daum Frank *)

Daum Hanne
B.: Dipl.-Polit., Vors. d. PersonalR. d. Sender Freies Berlin (SFB), Journalistin. DA.: 14052 Berlin, Masurenallee 8-14. PA.: 14052 Berlin, Frankenallee 14. G.: Pfungstadt/Hessen, 12. März 1950. El.: Franz u. Käthe Daum. S.: 1966 Mittlere Reife, 1966-69 Ausbild. z. Buchhändlerin in Darmstadt, Arb. im Beruf u. Besuch d. Abendgymn., 1973 Abitur, 1974-81 Stud. Germanistik u. Polit. Wiss. FU Berlin, Dipl.-Politologin. K.: seit 1979 freie Mitarb. f. SFB, 1979-87 Vortragstätigkeit f. d. Dt. Ak. Austauschdienst, 1982-90 Red. f. SFB-Videotext u. Mitarb. Hörfunk "Kultur aktuell": Kultur-, Wiss. u. HS-Berichterstattung, seit Dez. 1990 PersonalR.Vors. d. SFB. P.: Aufsätze zu Fragen d. Medien-, Gewerkschafts- u. Hochschulpolitik. M.: Mtgl. d. Rundfunkrates (beratend) u. stimmberechtigt d. Verwaltungsrates, Sendernes Freies Berlin, seit 1988 Vors. bzw. Mtgl. d. Gschf. Vorstands u. Senderverbandes d. IG Medien im SFB, Mtgl. d. ver.di-Gewerkschaftsrates. H.: Literatur, Musik, Theater, Kunst. (D.R.)

Daum Roland Dr. Prof. *)

Daum Siegfried *)

Daume Hajo Joachim *)

Daume Willi Dr. h.c. Prof. *)

Däumer Peter
B.: Centermanager u. Prok. FN.: Modecenter u. Allianz Immobilien GmbH. DA.: 41460 Neuss, Breslauerstr. 8. G.: Lüdenscheid, 20. März 1941. V.: Claudia, geb. Ronig. Ki.: Silke. S.: 1959 Facharbeiter Werkzeugmacher, 1961-71 Bundeswehr - Oberfeldwebel d. R. Verwaltungslehrgang, 1969 Fachabitur (Abendschule), 1971-74 Stud. BWL staatlich geprüfter Betriebswirt, 1974 Stud. Ak. f. Orga Giessen. K.: 1974-76 Gschf. Immobilien GmbH in Hamm, seit 1976 bei d. Allianz Immobilien GmbH, seit 1993 ltd. Ang. (Prok.), 1989 Übernahme d. Leitung Rheincenter Neuss. P.: Veröff. in Fachmedien. M.: stellv. Vors. im Interessenverbund d. Mode-Centren e.V. - 10 Mode-Centren in Deutschl.-IMC, 1. Vors. in der Interessengemeinschaft Imotex e.V. H.: Reisen, Familie, Tennis, Schwimmen.

Däumichen Klaus Dr. Dr. Prof. *)

Daumiller Sophie Dr. med. *)

Däumler Klaus-Dieter Dipl.-Vw.
B.: Prof. FN.: FH Kiel. DA.: 24149 Kiel, Sokratesplatz 2. PA.: 24119 Kronshagen, Abelweg 4. G.: Freudenstadt, 17. Dez. 1943. S.: Abitur, Stud. Tübingen u. Kiel. K.: Univ.Ass., wiss. Mitarb. am Inst. f. Weltwirtschaft, Doz. Wirtschaftsak. Kiel, Doz. FH Kiel, Prof. FH Kiel. P.: Betriebl. Finanzwirtschaft (7. Aufl. Berlin 1997), Investitionsrechnung - Leitfaden f. Praktiker (4. Aufl. Berlin 1996), Grundlagen d. Investitions- u.Wirtschaftlichkeitsrechng. (10. Aufl. Berlin 2000), Anwendung von Investitionsrechnungsverfahren in d. Praxis (4. Aufl. Berlin 1996), Finanzmathemat. Tabellenwerk, 4. Aufl. Berlin 1998), Co-autor: J. Grabe. Kostenrechnung 1, Grundlagen (8. Aufl., Berlin 2000), Kostenrechnung 2, Deckungsbeitragsrechnung (6. Aufl., Berlin 1997), Kostenrechnung 3, Plankostenrechnung (6. Aufl., Berlin 1998), Kostenrechnungs- u. Controllingslexikon (2. Aufl., Berlin 1997).

Daun Dietmar Karl

B.: Gschf. FN.: D&S Konstruktions GmbH. DA.: 59227 Ahlen, Anton-Bruckner-Str. 18. G.: Hamm, 26. Jan. 1961. V.: Heike, geb. Kosczielnik. Ki.: Lisa, Julia. El.: Berndt Reichenbach u. Gerda Löhwer. S.: 1978-81 Lehre als Beton- u. Stahlbetonbauer, 1981-82 Mittlere Reife in Dortmund, 1982-83 Bundeswehr. K.: 1983-86 ang. Beton- u. Stahlbetonbauer, 1986-89 Lehre als Werkzeugmacher in Ahlen, 1989 ang. Werkzeugmacher in Ahlen, paralleler Lehrgang f. Konstrukteur, 1993 Konstrukteur, 1998 selbst. Konstrukteur. H.: Surfen.

Dauner Klaus Dr. iur. *)

Daus Evelin Dipl.-Ing. *)

Dausch Dieter Dr. med. Prof.
B.: Belegarzt d. Klinik St. Marien in Amberg u. ndgl. Augenarzt. DA.: 92224 Amberg, Bahnhofstr. 19. PA.: 92242 Hirschau, Kommerzienrat-Dorfner-Str. 15. G.: Hirschau, 25. April 1941. V.: Dr. med. Burglinde, geb. Ruthrof. Ki.: Eva (1973), Sabine (1976). El.: Dr. med. Georg und Elisabeth,

*) Biographie www.whoiswho-verlag.ch oder beigefügte CD-ROM

geb. Pötzinger. S.: 1960 Abitur, 1960-66 Stud. Univ. Erlangen, 1967 Prom. K.: 1966-68 Med.-Assistent am Amberger St. Marien-KH, 1968-73 Univ.-Augenklinik Erlangen, 1973-82 OA d. MH in Hannover, 1977 Habil., seit 1982 Augenarztpraxis u. Belegabt. in Amberg u. an d. Augenlaserklinik in Nürnberg. P.: ca. 70 Publ. u. Buchbeiträge im Bereich Behandlung d. grünen Star, lichtchirurg. Behandlung v. Kurz-, Über- u. Stabsichtigkeit. E.: 1993 Verleihung d. franz. Verdienstkreuz "Croix d'Or du Mérite et Dévouement Francais", Mtgl. im Dt. Orden. M.: Präs. d. (E.L.E.O.S.) Europ. Excimer-Laserges. in Straßburg, DOG (Dt. Ophtalmologische Ges.), AAO (American Academy of Ophthalmology), ISRS (Intern. Society of Refractive Surgery), ASCRS (American Society of Cataract and Refractive Surgery. H.: Musik, Sport.

Dausch Helmut Dipl.Vw. *)

Dausel Hans Dr. med. *)

Dauses August Dr. Prof. *)

Dausien Werner *)

Daut Christian Dipl.-Ing. *)

Daut Heike
B.: Apothekerin. FN.: Apotheke am Papenberg. DA.: 17192 Waren, Rosa-Luxemburg-Str. 20b. G.: Borna, 5. Sep. 1969. V.: Matthias Daut. El: Konrad u. Annerose, geb. Ehemann. S.: 1988 Abitur Borna, 1 J. Lehre z. Apothekenfacharb. K.: Apothekenfacharb. u. Weiterbild. z. Pharmazieing., 1990-96 Stud. u. Praktikum z. Apothekerin, 1996 Eröff. d. Apotheke. M.: Tennisver. Waren e.V. H.: Tennis, Klavier - Hausmusik, Skifahren, Lesen.

Daut Jürgen Dr. med. Dr. phil. Dr. med. habil.
B.: Univ.-Prof. FN.: Inst. f. Normale u. Pathologische Physiologie d. Univ. Marburg. DA.: 35037 Marburg, Deutschhausstr. 2. PA.: 35037 Marburg, Sybelstr. 15. daut@mailer.uni-marburg.de. G.: Bad Dürkheim, 1. Juni 1948. Ki.: Sophie (1992), Simon (1996), Selma (1999). S.: 1966-69 Stud. Univ. Heidelberg, 1969-70 Univ. College London, 1970-72 Techn. Univ. München, 1972-73 Univ. München, Med. Staatsex. Univ. München, 1973 Prom., 1974 Dr. med. Med. Fak., Univ. München. K.: Rhodes Stipendium, Balliol College, Oxford 1974-75, Med. Ass., Klinikum Großhadern, Univ. München, 1975-76, Approb. als Arzt, 1977, Wiss. Ass. Physiologisches Inst. d. Techn. Univ. München, 1977-84 u. 1989-94, Prom. Dr. phil., Univ. Oxford, 1980, Habil. Dr. med. habil., Techn. Univ. München, 1983, Heisenberg Stipendium, 1984-89, Apl. Prof., Techn. Univ. München, 1991-94, Univ.-Prof. (C4) Univ. Marburg seit 1994, 1999-2000 Prodekan d. Med. Fak. d. Univ. Marburg. P.: The living cell as an energy-transducing machine, in: Biochimica et Biophysica Acta 895, 41-62, 1987, Hypoxic dilation in coronary arteries is mediated by ATP-sensitive potassium channels, in: Science 247, 1341-1344, 1990.

Daut Manfred *)

Daut Winfrid *)

Daute Horst *)

Dauter Sabine

B.: selbst. Geschäftsinh. FN.: Handarbeitsstube Moosen. DA.: 83083 Moosen am Simsee, Kranzbichlstr. 4. G.: Merseburg, 6. Feb. 1935. Ki.: Thomas (1967), Christian (1969). BV.: Pommern, Posen waren Dorfschlzen m. gr. Gütern. S.: 1953 Abitur Tölz, 1954 Sprachschule in München, Übersetzerin m. Dipl. f. Engl. u. Span. K.: 1954-61 Vorst.-Sekr. Firma Osram, 1961-75 f. Firma Osram in Argentinien, ab 1967 Hausfrau, nach 14 J. zurück nach Moosen, 1977 Eröff. d. Geschäftes u. bis heute Führung, Entwurf v. Stickmustern, Tischdecken selbst genäht u. Sondergrößen, seit 12 J. Filiale in Rosenheim, 3 J. im Kunsthdl. in Galerie Gebhardt in München. M.: Soroptimist Club Prien. H. Beruf, Malerei, Fremdsprachen u. Interesse f. Sprachen.

Dauth Heinz *)

Dauth Martin *)

Dautzenberg Dirk
B.: Schauspieler, Reg. PA.: 26388 Wilhelmshaven, Masurenstr. 32. G.: Meiderich, 7. Okt. 1921. El.: Wilhelm u. Margarete, geb. Hettkamp. S.: Immermannschule Düsseldorf und Hess. Landesmusikschule Darmstadt. K.: seit 1943 Bühnentätigkeit u.a. Mainz, Baden-Baden, Kiel, Wuppertal, Köln, Frankfurt/Main, Berlin, Düsseldorf u. Ruhrfestspiele Recklinghausen, ab 1962 freischaff., ca. 240 Bühnen-, weit über 250 Fernseh- u. ca. 30 Filmrollen, Gastreg. b. d. Komödie im Marquardt in Stuttgart. E.: 1991 Adolf-Grimme-Preis in Silber. H.: Bildhauerei.

Dautzenberg Herbert Ch. A. Dr.-Ing. *)

Dautzenberg Leo
B.: MdB, Dipl.-Betriebswirt u. Gschf. FN.: Deutscher Bundestag, Neuphone Handels GmbH in Übach-Palenberg. DA.: 11011 Berlin, Platz der Republik, Wahlkreisbüro: 52525 Heinsberg, Altes Amtsgericht, Sittarder Str. 1. G.: Gillrath, Kreis Heinsberg, 4. Feb. 1950. S.: 1966 Mittlere Reife an Handelsschule, 1966-69 Banklehre Kreissparkasse Geilenkirchen - Heinsberg, seit 1968 Mtgl. Junge Union u. CDU, 1970-74 BWL Stud. FH Mönchengladbach, speziell Revision u. Treuhandwesen, Steuerlehre u. Finanzwiss., Vorst. RCDS FH Niederrhein, 1974 Betriebswirt grad., 1974-79 Aufbaustud. Univ. Köln, Wirtschaftswiss. u. Bankbetriebslehre, Stipendiat Konrad-Adenauer-Stiftung. K.: 1969-70 Kreissparkasse Geilenkirchen, 1973-74 Wirtschaftsprüfungsges., 1973-84 Kreisvors. Junge Union Kreis Heinsberg, seit 1973 CDU-Kreisvorstand, 1977-85 stellv. Landesvors. Junge Union Rheinland, 1979-84 Kreistag Heinsberg, seit 1980 ehrenamtl. AufsR.-Vors. Gemeinnütziger Bauverein Heinsberg, 1980-98 MdL NRW, 1990-98 Vors. Haushalt- u. Finanzauschuß, seit 1990 Direktwahl Kreis Heinsberg, seit 1981 Mtgl. Landesvorstand Rheinland d. CDU, später NRW, 1990-95 Mtgl. Verwaltungsrat d. Westdeutschen Landesbank, seit 1998 MdB, Direktwahl Kreis Heinsberg (49,2%), o.Mtgl. Finanzausschuß, stellv. Mtgl. Petitionsausschuß, 1998 Präs. Euregiorat Maas-Rhein f. zwei Jahre, seit 1989 freiberuflich Gschf. Neuphone Handels GmbH. (Re)

*) Biographie www.whoiswho-verlag.ch oder beigefügte CD-ROM

Dautzenberg Michael *)
Däuwel Jürgen *)
David Claus J. Dr.-Ing.

B.: Zimmermann. PA.: 24105 Kiel, Reventloualle 7. G.: Süderbrarup, 30. Juni 1931. V.: Christa, geb. Schwerdtfeger. Ki.: Franke (1963), Silke (1965), Heike (1967). El.: Nicolaus u. Magda, geb. Jessen. S.: 1948 Mittlere Reife Lunden, 1948-51 Zimmermannslehre Flensburg, Abitur im Abendstud. m. HS-Reife, 1951-54 Ing.-Schule f. Bauwesen Hamburg, 1957 Staatsexamen, 1960 Prom. K.: 1960-62 Ang. b. Firma Giese Kiel, zwischenzeitl. Seniorpartner b. freischaff. Ing.-Büro f. Grundbau in Kassel, zurück z. Firma Giese u. Aufstieg z. Ndlg.-Ltr., 1963 selbst., 1995 Übergabe an Hamburger Firma u. weiterhin ständiger Berater. P.: Veröff. während Stud. am Lehrstuhl f. Grundbau u. Bodenmechanik, TU Hannover, Fachvoträge. M.: VBI, Vors. d. Landesverb. Schleswig-Holstein, Arch.- u. Ing.-Kam. Schleswig-Holstein. H.: Reisen, Arch. versch. Kulturen, Musik (Klassik, Jazz), Golf.

David Eberhard

B.: OBgm. FN.: Stadtverwaltung Bielefeld. DA.: 33602 Bielefeld, Niederwall 25. info@bielefeld.de. www.bielefeld.de. G.: Bielefeld, 17. Mai 1942. Ki.: 2 Kinder. K.: KirchenverwR. u. b. 1999 Ltr. d. Gem.-Amtes Brackwede, 1969 Einstieg in d. Kommunalpolitik als Mtgl. d. Rates d. Gem. Senne 1, seit 1972 Mtgl. d. Rates d. Stadt Bielefeld, 1979-89 Bez.-Vorst. v. Senne, 1989-94 letzter ehrenamtl. OBgm. d. Stadt Bielefeld, seit 1999 1. direkt v. d. Bürgerinnen u. Bürgern gewählter OBgm. u. Chef d. Verw.

David Fritz Friedrich Josef Ottmar

B.: Amtsltr. f. Wirtschaft u. Verkehr, Tourismus, kulturelle Angelegenheiten, Landkreispartnerschaften, Pfalzreferent. FN.: Landratsamt Starnberg. DA.: 82319 Starnberg, Strandbadstr. 2. wirtschaft.verkehr@lra-starnberg.de. www.starnberg.de. G.: Budweis, 10. Juni 1936. V. Anneliese Fernbacher. Ki.: Florian Franz Xaver, Dipl.-Ing. BV.: Großvater Franz Xaver Reitterer, Gründer u. Inhaber d. größten südböhmischen Druckerei u. Verlagsanstalt "Moldavia", Hrsg. d. dt.sprachigen "Budweiser Zeitung", Schriftsteller, Gründer d. Österr. Bauernbundes in Böhmen u. d. Dt.-Österr. Handwerker-Bundes, Mtgl. d. böhm. Landtages. S.: 1954 Abitur Mühldorf am Inn, 1954-57 Ausbildung gehobener nichttechn. Verwaltungsdienst Altötting, 1957 Abschluß Dipl.-Verwaltungswirt. K.: 1957-60 Personalleiter u. Ltr. d. Gesundheitswesen im Landratsamt Bechtesgaden, 1960-61 tätig im Bereich Innere Sicherheit u. Ordnung in d. Reg. v. Oberbayern in München, 1961-62 Ltr. d. Personal- u. Haushaltsangelegenheiten d. Univ.-Klinik München in d. Hochschulabteilung im Bayr. Kultusministerium, seit 1962 Amtsleiter f. Wirtschaft u. Verkehr, Tourismus, kulturelle Angelegenheiten, Landkreispartnerschaften u. Pflazreferent im Landratsamt Starnberg. BL.: Mitarbeit an d. Grdg. d. "Gesell. z. Förderung d. Wirtschafts- u. Beschäftigungsentwicklung im Landkreis Starnberg mbH" u. b. 2001 Gründungsgeschäftsführer. P.: Art. in versch. Fachzeitschriften z. Thema Verkehrsrecht, Beiträge im Heimat-Jahrbuch Bad Dürkheim. E.: EZ in Gold d. Dt. Verkehrswacht, Ausz. d. ADAC f. bes. Verd. im Bereich Verkehrssicherheit. M.: Vorbundrat d.Münchener Verkehrs- u. Tarifverbundes, Ausländerbeirat d. Landkreis Starnberg, stellv. Vors. d. Kreisverkehrswacht Starnberg, Vors. d. IG f. Fremdenverkehr Starnberger See e.V., seit 1966 CSU u. stellv. Orts- u. Kreisvors. d. CSU Starnberg, 1967 CSU-Kreisvorst., Ehrenmtgl. d. Jungen Union, Landesvorst. Südbayern d. Kultwerks f. Südtirol e.V., Vorst.-Mtgl. d. BRK-Kreisverbandes Starnberg, Ehrenmtgl. d. Sportverein Söcking. H.: Fotografieren, Filmen, Schreiben, Journalistik.

David Hans

B.: Rhetorik- u. Managementtrainer, Inst.-Ltr. FN.: Hans David Institut f. Rhetorik u. Management-Training. DA.: 38100 Braunschweig, Am Fallersleber Tore 6. G.: Berlin, 29. Okt. 1949. V.: Eugenia, geb. Konstova. Ki.: Jonathan (1988), Anastasia (1990), Arkon (1995), Aramis (1998). El.: Hans u. Erika, geb. Köhrich. S.: 1970 Abitur auf d. 2. Bild.-Weg in Berlin, Stud. Germanistik, Politik und Psychol. an d. FU Berlin u. Univ. Braunschweig. K.: seit 1975 selbständig in Braunschweig, Schwerpunkte: Rhetorik, Präsentation, Management - Training in namhaften Firmen im In- u. Ausland, Verhandlung nach Harvard, Kundenorientierung sowie Körpersprache in Deutsch u. Engl., Selbst- u. Zeitmanagement, Konfliktmanagement, NLP, Ausbild. v. Rhetoriktrainern, Ferienseminare in Kanada. BL.: Yoga Leher, Doz. f. versch. Bild.-Träger. P.: Bücher "Sprich damit ich Dich sehe", Lehrbuch d. ganzheitl. Rhetorik, "Die Welt d. Yoga", Veröff. in Fachzeitschriften. H.: Kanu fahren in Kanada, Naturerfahrung, Musik.

David Horst

B.: Betriebswirt, Gschf. Ges. FN.: Horst David GmbH. DA.: 85375 Neufahrn, Lohweg 29. PA.: 85375 Neufahrn, Auweg 80. hdavidgmbh@cs.com. G.: Essen, 17. Aug. 1942. V.: Marianne, geb. Pohl. Ki.: Kornelia (1968), Michaela (1974), Claudia (1978), Komala (1985). S.: 1956-58 Handelsschule, Mittlere Reife, 1958-60 Lehre als Ind.-Kfm. b. Firma Schwering & Hasse Lüdge, Abschluss. K.: 1960-62 Einkaufssachbearb. in Lehrfirma, 1963-64 Bundeswehr, 1965-68 Einkaufssachbearb. im Stahlhochbau, 1968-69 Einkaufsltr. b. Firma Theurer-Aufzüge München, 1969 Übernahme durch Firma Otis-Elevator Company, 1969-71 Ltg. Materialwirtschaft u. kfm. Ltg., 1968-72 parallel dazu Abendstud. d. Betriebswirtschaft an d. Verw.- u. Wirtschaftsak. München, Abschluss: Betriebswirt, 1972-76 Ltg. Materialwirtschaft u. Personal Firma Hasler AG Deutschland (heute ASCOM), 1976-92 Firma Hispano Schweitenkirchen b. München, Gschf. Transformatorenfertigung m. Auslandsfertigungen in Singapore u. Slowenien sowie Lohnfertigern in Korea, 1992 selbst. Einzelunternehmen Horst David Neufahrn, seit 1995 als Horst David GmbH Neufahrn, Lohweg 29. M.: CSU, Ortsvors. in Neufahrn, 1978-85 Bayer. Metallind., Tarifausssch. u. Arbeitsrecht. H.: Reisen, Schwimmen, klass. u. mod. Musik, Bergwandern.

David Michael

B.: Gastronom, Hotelier. FN.: Hotel Kastanienhof.. DA.: 45475 Mülheim/Ruhr, Dimbeck 27. G.: Mülheim/Ruhr, 4. Dez. 1976. El.: Adrian Kurptiz u. Sabine David. S.: 1993 Mittlere Reife, 1993-96 Hotelfachschule in Essen. K.: seit

*) Biographie www.whoiswho-verlag.ch oder beigefügte CD-ROM

David Nicole
B.: Managerin. FN.: Golf Club auf d. Wendlohe e.V. DA.: 22457 Hamburg, Oldesloer Str. 251. G.: Bad Oldesloe, 14. Feb. 1970. El.: Gerd Werner u. Christel David, geb. Lange. S.: 1986 Mittlere Reife Scharnebeck, 1986-88 Ausbild. als Bekleidungsfertigerin Lucia AG in Lüneburg, 1988-90 weitere Ausbild. z. Damenschneiderin in Lüneburg. K.: 1990 ltd. Ang. Roy Robsen Herrenoberbekleidung, 1991-93 Sekr. Golf Anlage Schloß Lüdersburg, 1993 ltd. Sekr. im Golf Club Peiner Hof Pinneberg, 1993-94 Geschäftsltg. einer Sportgastronomie in Lüneburg, 1994-99 Sekr.-Ltg. Golf Club Peiner Hof, berufsbegleitende Ausbild.: 1997 z. DGV Golfclubsekr., 1998 z. DGV Golfbetriebswirtin, 1999 Übernahme d. Golfmanagment Golf Club auf d. Wendlohe, 2000 Austragungsort d. PGA+++ Tour. +++Challenger. M.: seit 1998 VPräs. d. Golf Managerverb., Regionalkreis Nord. H.: Golf, Hund.

David Wolfgang

B.: Steuerberater, vereidigter Buchprüfer. DA.: 66117 Saarbrücken, Metzer Str. 9. PA.: 66119 Saarbrücken, Stieringerstraße 23. G.: Sulzbach, 3. Juni 1947. V.: Stefanie, geb. Debrand-Passard. Ki.: Sibylle (1977), Andrea (1990). El.: Rudolf u. Irmgard, geb. Morgott. S.: 1969-73 Abendstud. Wirtschaft an d. FH d. Saarlandes, Dipl.-Betriebswirt. K.: 1966-71 Finanzverwaltung, 1969-71 Sachbearb. f. Bilanzu. Steuerangelegenheiten b. d. Gudbrod Werken GmbH Bübingen, 1971-76 Prüf.-Ltr. b. d. W+St Wirtschafts u. Steuerberatungs GmbH Wirtschaftsprüf.- u. Steuerberatungsges. in Dillingen, 1975 Bestellung z. Steuerbev., 1981 Bestellung z. Steuerberater, 1976-81 Steuerbev. in eigener Praxis, 1981-92 Steuerberater in eigener Praxis, 1988 Bestallung als vereid. Buchprüfer, 1988-92 vereid. Buchprüfer in eigener Praxis, seit 1992 Seniorpartner in d. Steuerberatungs- u. Wirtschaftsprüf.-Ges. Wolfgang David u. Rolf Birk, seit 1995 Doz. f. Steuerrecht b. Landessportverb. f. d. Saarland, 2000 Lehrbeauftragter an d. Univ. d. Saarlandes. M.: seit 1976 Ritter Skullfix von Soll u. Haben - Schlaraffe, 1. Vors. Wanderruderkameradschaft Saarbrücken, 2. Vors. u. Kassenwart Ruderbund Saar e.V., seit 1992 Vertreter d. Dt. Ruderverb. in d. Tour Intern. Danubien Konferenz (TID), 1999 Präs. d. TID, Mtgl. im Ausschuss Wanderrudern d. Dt. Ruderverb. H.: Sportsegler (Skipper).

Dávid Pál
B.: Orchester- u. Kammermusiker. FN.: Bad. Staatskapelle Karlsruhe am Staatstheater. DA.: 76003 Karlsruhe, Baumeisterstr. 11. PA.: 76228 Karlsruhe, Am Berg 15. G.: Budapest, 13. Jan. 1941. V.: Selma, geb. Heider. Ki.: Krisztina, Csilla, Patrick, Pascal. S.: 1964 Musikfachschule Budapest. K.: 1 J. Orchesterarb. als Geiger b. staatl. Symphonie-Orchester d. DDR in Schwerin, 1964-72 Violinist d. Nat. Philharmonie in Budapest, seit 1972 b. d. Bad. Staatskapelle in Karlsruhe als Geiger, Kammermusiker u. päd. tätig, Erteilung v. Priv.-Unterricht. M.: Dt. Orchestervereinig., Dt. Tonkünstlerverb. H.: Musik, Malerei.

David-Körner Gitta *)

David-Soto Josette

B.: Inh., Gschf. FN.: eurodoc München. DA.: 81241 München, Bäckerstr. 10. gerard. soto@ munich.netsurf.de. www.eurodoc-muc.de. G.: Paris, 20. Jan. 1950. V.: Gerard Soto. Ki.: Aline (1990). S.: 1960-65 Collège in Paris, 1965-68 Lycée technique Paris. K.: 1968-70 Projektleitung in d. Techn. Dokumentationsfirma des Bruders Claude David Hamburg, 1970-73 Projektltg. eurodoc München, Techn. Dokumentation, ab 1973 selbst. m. eigener Firma im Bereich Technische Dokumentation in Hamburg, ab 1975 Grdg. einer Zweitfirma f. Techn. Dokumentation in Bremen, seit 2000 zurückverlegt nach Hamburg, ab 1988 Grdg. d. Firma Cadolog München, Beratung u. Vertrieb v. Software f. Dokumentationen, ab 2000 Gschf. d. Firma eurodoc München Techn. Dokumentation. H.: Tiere, Natur.

Davidis Florian Thomas *)

Davidoff Michail Slavtschev Dr. Prof.

B.: Prof. für Anatomie, Dr. med., Dr. d. med. Wiss. FN.: Univ.-Klinik Hamburg-Eppendorf, Anatomisches Institut. DA.: 20246 Hamburg, Martinistraße 52. PA.: 22297 Hamburg, Bebelallee 136. G.: Sofia/Bulgarien, 18. Juli 1940. V.: Angelina Nikolai (1946-1995). Ki.: Slavtscho Michailov (1971). El.: Prof. Dr. med. dent. Slavtscho Michailov u. Irmgard Fischer. S.: 1947-58 Grund- u. Oberschulausb. Sofia, 1960-66 Stud. Med. an d. Universität Sofia. K.: 1967-74 Wiss. Mitarb. an d. bulg. Ak. d. Wiss. u. Ass. an d. Lehrst. f. Anatomie u. d. Lehrst. f. Histologie d. Med. Fak. in Sofia, 1968 Mtgl. d. Ges. f. Anatomie, Histologie u. Embryologie in Bulgarien, 1969-70 Fortbildg. am Inst. f. Anatomie Würzburg u. Mtgl. d. Histochemischen Ges. in Deutschland, 1972 Mtgl. d. Anatom. Ges. in Deutschland, 1971-75 Schatzmeister u. 1975-89 Schriftführer d. Ges. f. Anatomie in Bulgarien, 1974 Habil. u. Doz. f. Anatomie, Hostologie u. Embryologie, 1974-82 Doz. am Laboratorium f. Regenerationsforschung d. Bulg. Ak. d. Wiss. Sofia, 1978-79 u. 1980-81 Gastprof. am Inst. f. Anatomie d. Univ. Würzburg, 1982 Prof. f. Anatomie, Histologie u. Embryologie an d. Bulg. Ak. d. Wiss., 1985 Mtgl. d. Dt. Ak. d. Naturforscher "Leopoldina", 1985-86, 1986-87, 1988-89, 1990-93 Gastprof. am Inst. f. Anatomie an d. Univ. Hamburg, 1989 Prof. u. stellv. Dir. am Inst. f. Zellbiol. u. Anthropol. d. Bulg. Ak. d. Wiss., 1989 Korresp. Mtgl. d. Bulg. Ak. d. Wiss., 1993 Berufung z. Univ.-Prof. an d. Univ. Hamburg u. Prof. C3 a. L. Z. am Inst. f. Anatomie, 1998-2002 Präs. d. Anatomischen Ges., 2000 kommiss. Dir. d. Inst. f. Mikrosk. Anatomie d. Anat. Inst. Hamburg. P.: 140 Monogr., Buchbeiträge u. Orig. in versch. Zeitschriften. E.: 1999 Ehrenmtgl. d. Rumän. Anatomischen Ges., 1999 Ehrenmtgl. d. Bulgar. Anatom. Ges.

Dawedeit Axel F. *)

---

*) Biographie www.whoiswho-verlag.ch oder beigefügte CD-ROM

Däweritz

Däweritz Roland *)

Dawid Barbara Dr. med. dent. *)

Dawid Edwin Johann Dr. med. dent. *)

Dawidowitsch Bruno

im Vorstand.

B.: Gschf. FN.: Josef Wiedemann GmbH. DA.: 81829 München, Stahlgruberring 42. G.: Dachau, 9. März 1952. V.: Annette. Ki.: Stefan (1985), Sabine (1986). S.: 1966-69 Lehre Ind.-Kfm. K.: 2 J. Ang. im Lehrbetrieb, 1971 Ass. d. Ndlg.-Ltr. in d. Baumaschinenbranche, 1973-75 Wareneingangsltr., 1975-85 Warengruppenltr. Werkzeuge, 1982 HBV, seit 1985 tätig in d. Firma Wiedemann - seit 1992 in d. Geschäftsführung, seit 1996 alleiniger Gschf. M.: seit 25 J. Mitarbeit im Fußballverein - davon 16 J. Jugendltr, ab 1998

Dawidowski Monika *)

Dawirs Peter H. *)

Dawo Udo *)

Dawurske Marion *)

Dax Jürgen *)

Gräfin Pilati von Thassul zu Daxberg-Borggreve Kristina *)

Daxner Michael Dr. Dr. Prof. *)

Day Christian *)

Day Wolfgang Manfred *)

De Agostini Enrico *)

De Bernardi Ricardo Umberto Enrico *)

De Beukelaer Frank Dr. med.

B.: FA f. Neurologie. DA.: 10627 Berlin, Kantstraße 104. G.: Antwerpen, 1952. S.: 1970 Abitur Antwerpen, Stud. Philosophie u. Med. Löwen u. Gent, 1980 Prom. K.: b. 1986 Ausbild. Neurologie, bis 1992 OA Neurophysiologie Minden, 1992-95 Behandlungszentrum f. Folteropfer, Berlin, seit 1993 freie Praxis, Schwerpunkt Neurophysiologie, Neuropsychologie, Traumatologie.

De Bruyn Heinrich *)

De Facci Giorgio *)

De Faria Derval *)

De Feo Enzo *)

de Groot Luc(as) Prof. *)

De Haan Claudia
B.: Dipl.-Politologin, Dozentin. DA.: 13439 Berlin, Dannenwalder Weg 70c. G.: Berlin, 1955. V.: verh. S.: 1976 Abitur Berlin, 1976-81 Stud. d. BWL u. Politischen Wiss., Dipl.-Politologin. K.: 1981-87 Abt.-Ltr. EDV im Leasingunternehmen, 1988 Fortbild. im Marketing Bereich, 1989-90 Unternehmensberaterin, seit 1990 Dozentin u. Trainerin f. Kommunikation, Marketing, Personalwesen u. Organisation. P.: zahlr. Publ. im Sportbereich, PR u. Sponsoring im Sport. M.: ehrenamtl. Pressesprecherin d. Landesruderverbandes Berlin, Marketing-Club Berlin. H.: Sport, besonders Rudern.

De Haen Imme Dipl.-Päd.

B.: Ltr. FN.: Ev. Medienak.; Ev. Journalistenschule. DA.: 10623 Berlin, Jebensstr. 3. idh @ev-medienakademie.de. G.: Berlin, 21. Feb. Ki.: 2 Töchter, 2 Söhne. S.: Abitur auf d. 2. Bild.-Weg, Stud. Erziehungswiss., Psych. und Soz. in Frankfurt, Dipl.-Päd., 4 J.Doppelstud. als Grundstufenlehrerin mit Abschluss. K.: Übersiedlung nach Heidelberg, 10 Jahre freiberufliche Journalistin b. Jugendinst., Durchführung v. Seminaren an Bild.-Stätten, 1980 Übersiedlung nach Berlin, 3 J. Projektarb. an einem der größten Modellprojekte zu "Türk. Kindertagesstätten - Ausländ. Kinder im Kindergarten", 1983 6 Wochen Projektarbeit in Nicaragua, 1984 5 J. bundesweite Tätigkeit f. d. Gemeinschaftswerk d. Ev. Publizistik m. d. Grdg. einer Beratungsstelle Medienpäd., Grdg. u. Vorst. d. Ges. f. Medien- u. Kommunikationskultur, seit 1989 Ltr. d. Ev. Medienak. u. Aufbau d. Ev. Journalistenschule, seit 2001 Ltr. beider Einrichtungen in Berlin, parallel über d. gesamte Zeit journalist. im Hörfunk tätig, Einzelcoaching, Kommunikationstraining, Zusatzausbild.: Gestalttherapie. P.: "Aber d. Jüngste war d. Allerschönste", Hrsg. "Hören u. Sehen", Hrsg. "Medienpäd. u. Kommunikationskultur", Hrsg. d. Reihe "Einsichten" d. Ev. Journalistenschule, Dokumentationen über Fernreisen im Hörfunk. M.: GMK, Dt. Ges. f. Publizistik u. Kommunikationswiss., Inst. f. Kommunikationsökologie. H.: Laufen, Wandern, Aufbau eines Hofes im Havelland.

De Jonge Mia Dipl.-Ing. *)

de l'Or Jean-Pierre Dipl.-Ing. Architekt
B.: Architekt. FN.: Jean-Pierre de l'Or Architekten. DA.: 10178 Berlin, Dickensenstr. 41. mail@delor-architekten.de. G.: Mannheim, 5. Juni 1963. S.: 1982 Abitur Mannheim, 1982-84 Stud. Arch. TU Berlin, 1984-89 Stud. Arch. München. K.: 1989-90 tätig in New York, danach Firma Siemens in München, 1990-95 tätig in Büro Prof. Sawade, 1995-96 Lehrauftrag f. Städtebau u. Entwurf an d. TU Berlin, seit 1996 selbst. Architekt.

De Lotto Pietro Attilio Dr. *)

De Neef Regina *)

*) Biographie www.whoiswho-verlag.ch oder beigefügte CD-ROM

Deak Laszlo Zoltan Dr. Ing.

B.: Dipl.-Ing. f. Maschinenbau u. techn. Phys., selbständig. FN.: Ingenieurbüro Dr. Deak. DA.: 81369 München, Johann Clanze Str. 43. G.: Szolnok/ Ungarn, 5. Dez. 1937. Ki.: Dr. med. Agnes (1969). El.: Ing. Sandor u. Vilma, geb. Bordas. BV.: Deak - alte Adelfamilie. S.: Gymn. 1956 Abitur, 1956-63 Stud. an d. Univ. Miskolc/ Ungarn, Abschluss: Dipl.-Ing. f. Maschinenbau, Fach.-Ing. f. techn. Physik. K.: 1964-68 Forschungsstelle bei d. ungar. Akad. für Wiss. in Budapest, Laser mit großen Leistungen, Hochfrequenz-Fotogr. 1968-69 Ober-Ing. Ges. Inst. m. tech. Aufgaben, 1970-72 Öl u. Gas AG, Revisor im techn. Bereich, 1973-74 Nagold/Schwarzwald Projekt-Ing. b. Teufel GmbH, 1974-75 Sprachkurs im Goethe-Institut Phys. u. Mathe. Berlin, 1975-82 Forschung u. Entwicklung Alpine AG, Partikel Mess., 1983-84 Stud. Computertechnik, EDV Schule u. Siemens in München, parallel 1978 Flugzeugführer u. Grdg. einer Flugzeugvermittlungs GmbH in München u. Ing. Büro Dr. Deak in München. BL.: 1. Behandlung v. einer Kranken m. Laser in Budapest, Prof. Dr. Mester, 1966 Eintrag im Gold. Buch d. med. Univ. in Budapest, 8 Patentanmeldungen, Vorträge an Univ. P.: Wiss. Veröff. u. Artikel. E.: 1978 Ritter, Lazarus Orden, Helsinki, 1991 Ritter St. Silvester Vatikan, v. Johannes Paul II. pont. Max, 1992 Pour le Merite Gold. v. USA, f. Rumänienhilfe, Pro Caritate 1993 Reg. Ung., 1994 Lazarus Großkreuzauszeichnung, 1994 Sonderbotschafter in Budapest, 1998 World-Cup - caritative Anerkennung World Mercy Fund, Dublin. M.: Dt.-Ungar. Akademiker Gruppe e.V. in München, Präsidentschaft im Ugarnverein 1886 e.V., Barmherzigkeit Deutschland e.V., Lazarus Stiftung Deutschland. H.: Fliegen, Politik, Naturliebe, Lesen, klass. Musik.

Dean Clifford *)

Debatin Hans-Joachim Dr. med.

B.: FA f. Orthopädie. DA.: 76131 Karlsruhe, Essenweinstr. 7. debetin-karlsruhe@t-online. de. G.: Karlsruhe, 26. Nov. 1956. V.: Penelope-Anne, geb. Robinson. Ki.: Maximilian (1994). El.: Gerhart u. Brigitte. S.: 1978 Abitur, 1978-80 Ausbild. Bankfm. BW-Bank Karlsruhe, 1980-84 Stud. Sport u. Biologie Univ. Heidelberg, 1984-91 Stud. Med. Univ. Berlin, Ulm und Freiburg, 1991 Prom. K.: 1991-93 Praktikum an d. Unfallklinik St. Vincentius KH in Karlsruhe, 1994-98 Arzt in d. orthopäd. Praxis Dr. Herzberger in Karlsruhe, 1998-2000 Arzt an d. orthopäd. Univ.-Klinik in Heidelberg, seit 2000 ndlg. FA f. Orthopädie und Sportmed.; Funktion: Mannschaftsarzt d. Karlsruher SC, SG-Post-Südstern, HSG-Kronau in Bad Schönborn u. d. Bad. Handballver., med. Ltr. d. Breitling Paarzeitfahren u. Radprofis in Karlsruhe, d. intern. Hallenleichtathletik Meeting in Karlsruhe u. d. 1995 d. Basketball-EM. L.: staatl. geprüfter Ski- u. Tennislehrer. P.: Kommentare zu Staatsexamen Med. (1989-91), Ref. an Oberschulämtern f. Therapie bei Verletzungen im Schulsport, Ref. b. Sportverb. f. sportmed. Aspekte. M.: Lionsclub, Tennisclub, Skiclub. H.: Skifahren, Lesen.

Debatin Helmut Dr. iur. Prof. *)

Debelius Helmut

B.: Autor, Verleger. FN.: IKAN Unterwasserarchiv. GT.: s. 1975 freier Mitarbeiter am Senckenberg Museum Frankfurt. DA.: 65933 Frankfurt/ Main, Waldschulstr. 166. ikanuw@aol.com. G.: Frankenberg, 11. März 1947. S.: 1966 Abitur Frankenberg. K.: 1966-90 Polizeibeamtenlaufbahn in Wiesbaden, seit 1973 Tauchen u. Unterwasserfotografie in allen Meeren d. Erde, zunächst Mittelmeer, dann Ind. u. Paz. Ozean, ab 1975 Veröff. v. Beiträgen in Fachzeitschriften, ab 1983 Buchveröff., 1990 Grdg. d. Unternehmens IKAN Unterwasserarchiv Frankfurt. BL.: Entdeckung einiger unbekannter mariner Arten, d. v. div. Wissenschaftlern nach ihm benannt wurden u.a. Centropyge debelius oder Lysmata debelius, 1992 Berufung z. Sachv. f. Meeresfische durch d. Bundesmin. f. Umwelt- u. Naturschutz, Mtgl. d. IUCN Commission on Species Survival f. d. Lebensraum Korallenriff. P.: regelmäßige Vorträge in d. 70iger u. 80iger Jahren auf intern. Kongressen u.a. USA, England, regelm. Veröff. v. Artikeln in Fachzeitschriften z. Themenkreis Tier, Aquarium, Natur u.a. in d. Titel "Das Tier", "Tauchen", "UWF", "PM" u. "Natur" (1975-93), 1. Buchveröff. "Gepanzerte Meeresritter" (1983), ab 1993 Veröff. e. Buchserie aus d. Ber. d. Bestimmungsbücher über d. maritimen Lebensraum, gegl. i. reg. Führer u. Tiergruppenführer, Buchveröff. in div. Sprachen. M.: Dt. Tauchsportverband. H.: Tauchen, Unterwasserfotografie.

Debelius Jörg Dr. iur.

B.: Gschf. FN.: Deutscher Verband technisch-wissenschaftlicher Vereine. DA.: 40239 Düsseldorf, Graf-Recke-Str. 84. dnk@vdi. de. G.: Königsberg, 12. Aug. 1941. S.: 1961 Abitur, Jurastud. Marburg u. Genf, 1966 1. Staatsex., Prom., 1967-70 Referendarzeit, 1970 2. Staatsexamen. K.: 1970 anw. Tätigkeit, Justitiar b. VDI, dann Gschf. Vorst.-Mtgl. d. Dt. Verb. techn.-wiss. Ver. dvt. P.: versch. Veröff. z. Thema Technik u. Recht.

Debes Helga

B.: RA, Notarin. FN.: Kanzlei Clifford Chance Pünder. DA.: 10787 Berlin, Katharina-Heinroth-Ufer 1. helga.debes@cliffordchance.com. G.: Verden, 12. Sep. 1940. V.: Klaus-Heinrich Debes. S.: 1960 Abitur, 1960-64 Stud. Germanistik, Theologie u. Kunstgeschichte in Göttingen u. Berlin, 1964-70 Stud. Rechtswiss. an d. FU Berlin, 1971 1. u. 1975 2. Jur. Staatsprüfung. K.: 1976 Zulassung als RA, 1976-81 ang. RA in versch. Kanzleien, 1981 Grdg. d. eigenen Kzl., 1992 Eintritt als Partner in d. Kzl. Pünder Volhard Weber u. Axster (jetzt Clifford Chance Pünder), Tätigkeitsschwerpunkt: Privates Baurecht, Immobilienrecht, Architektenrecht. P.: Mitautorin "Immobilien, Recht u. Steuern - Handbuch f. d. Immobilienwirtschaft" (1999). M.: Verein d. Freunde d. Nationalgalerie, Kaiser-Friedrich-Museumsverein, Verein d. Freunde d. Preuß. Schlösser u. Gärten, Dt. Anwaltsverein. H.: Kunstgeschichte, Malerei.

Debiel Rudolf Dr. phil. Prof.

B.: Schauspieler, Dramaturg, Regisseur, Medienpädagoge. G.: Porselen/Kreis Heinsberg, 9. Feb. 1931. V.: Dr. Gisela, geb. Bartunek. Ki.: Beate (1962), Tobias (1963), Stefanie (1965). S.: 1951 Abitur, Stud. d. Philol., kath. Theol., Phil., allg. Sprachwiss., Psych. u. Kunstgeschichte Univ. Bonn, 1956 Prom. z. Dr. phil. K.: Regieassistenz b. Erwin Piscator, Theaterlaufbahn als Schauspieler, Dramaturg, Regisseur; Cheflektor, Dramatug u. Produzent f. Fernsehspiel beim Westdt. Rundfunk; Schauspieler in Fil-

*) Biographie www.whoiswho-verlag.ch oder beigefügte CD-ROM

Debiel

men v. Rolf Hädrich, Peter Beauvais, Eberhard Itzenplitz, Dieter Wedel, Rolf von Sydow, Tom Toelle; seit 1975 Prof. f. Medienpädagogik (Ästhetik u. Kommunikation) an d. Kath. Fachhochschule Nordrhein-Westfalen, 1991 Emeritierung, 1995 Grdg. d. Freien Literaturbühne Köln.

Debiel Stefan
B.: RA. FN.: Dr. Jürgen Pabst u. Stefan Debiel Rechtsanwälte. DA.: 40476 Düsseldorf, Roßstr. 49. G.: Düsseldorf, 9. Sep. 1958. S.: 1979 Abitur Emmerich, 1979-81 Zivildienst, 1981-87 Stud. Rechtswiss. in Passau, 1992 2. Staatsexamen. K.: 1987-89 Vertrieb v. Bauherrenmodellen als Kapitalanlage, 1991-92 Ltg. d. Ndlg. einer RA-Kzl. in Lübeck f. Immobilien- u. Wirtschaftsrecht, 1993-94 ang. RA in Essen, seit 1995 selbst., Schwerpunkt Oldtimerrecht, Wirtschafts-, Vertrags- u. Vers.-Recht. P.: redaktionelle Beiträge z. Oldtimerrecht in Fachzeitschriften. H.: Oldtimer, Kochen u. Essen, Weinkenner.

Debo Christian *)

Debsi Suhail Dr. med. *)

Debus Arnold E. A.
B.: Werbefotograf, Inh. FN.: Studio A.D. DA.: 80939 München, Anton-Ditt-Bogen 8. studio-ad-debus@t-online.de. www.studio-ad.de. G.: San Francisco, 6. Mai 1955. V.: Margit Koch. Ki.: Sebastian (1991), Sarah (1993). El.: Harald u. Maria, geb. Bauer. S.: 1975-79 Stud. Maschinenbau- u. Fahrzeugtechnik an d. TH München. K.: 1980 freiberufl. Ass. d. Fotografie, parallel 1981-83 Ausbild. z. Fotografen in Fotostudio in München, 1984-85 Auslandsaufenthalt als Freelancer in USA, New York, San Francisco, Frankreich, Provence, Nordafrika, Tunesien, Algerien u. Marocco für Stilleben u. Werbung, 1988 selbst. m. eigenem Fotostudio m. Werbung f. Auto-, Motorradind., Mode u. Sport., 1990-95 Fremdenverkehr f. Bayern u. Franken Produktion d. Werbeaufnahmen. E.: 1994 Fotokalenderwettbewerb v. Kodak, Ausz. m. BMW-Motorrad Kalender. H.: Fotografie, Motorradfahren, Wüsten Relais, Reisen, Arch., Design, Kunstmalerei.

Debus Constanze *)

Debus Dieter Dr.-Ing. *)

Debus Elke Lydia Dr. rer. nat. *)

Debus Friedhelm *)

Debus Friedhelm Dr. phil. Prof. *)

Debus Horst *)

Debus Manuel

B.: Fachtherapeut f. Rhehabilitative Med. u. Osteopraktik, Inh. FN.: Praxis f. physikal. Therapie u. Massage. GT.: 1982 Grdg. d. Dt. Triathlon Verb. e.V. als 1. Vorst., Beendigung 1984 als Präs. da kein Funktionär sondern Sportler. DA.: 90459 Nürnberg, Aufseßpl. 19. G.: Nürnberg, 14. Nov. 1948. V.: Margit, geb. Kugler. Ki.: Michael (1968), Melanie (1975). El.: Klaus u. Liane. S.: b.1965 Handelsschule in Nürnberg, b. 1968 Ausbild. als Bürokfm. b. Quelle AG, 1968-69 Bundeswehr b. z. Oberstleutnant, b. 1971 FH f. Textil u. Betriebswirtschaft in Nagold/ Schwarzwald, Abschluss: Textilbetriebswirt. K.: b. 1981 ltd. Ang. in versch. gr. Textilfirmen, 1981-86 Eintritt ins elterl. Unternehmen m. Textileinzelhdl., parallel seit 1982 Karriere als Triathlonprofi, 1. Deutscher als Ironman in Hawaii 1983, 1984, 1985, 1987, 1988-89 zusätzl. Konditionstrainer b. d. Ice Tiggers in Nürnberg, 1989 Autounfall m. Genickbruch, 1990-94 Massageschule, med. Bademeister, Praktikum, seit 1995 Eröff. d. eigenen Praxis m. Methoden v. Dr. Bauermeister in München, Osteopraktik. H.: Lesen, Sport aktiv, Triathlon, Reiten.

Debusmann Wieland Dr. med. dent. *)

Decamilli José Leopoldo Dr. Prof. *)

Dechamps Bruno Dr. phil. *)

Dechamps Claudius Dr. *)

Dechant Günther *)

Dechant Rudolf *)

Dechantsreiter Erwin *)

Decher-Rasche Heike Dipl.-Ing.
B.: Architektin, selbständig. DA.: 31737 Rinteln, Dingelstedtwall 40. he.de.ra@t-online.de. G.: Beelen, 12. Dez. 1959. V.: Stephan Rasche. Ki.: Leonhard (1992), Benedict (1995). BV.: Großonkel Baltersee diente unter Graf Luckner. S.: 1975 Abitur, 1979-85 Stud. Architektur Univ. Hannover, 1985 Dipl.-Abschluß m. Ausz., versch. Studienarbeiten u. Praktika. K.: 1985-86 freie Mitarbeiterin im Architekturbüro Dipl.-Ing. H. Nedden in Hannover, 1986-93 Mitarbeit im Büro Manhardt + Wollin in Hannover u. zuständig f. überregionale Projekte wie Dialysezentrum Braunschweig, Hanseatische Wertpapierbörse in Hamburg, Berlin u. Hannover, EFH Rinteln u.a., 1994-97 freie Mitarbeiterin im Büro Mannhardt + Wollin u. zuständig f. Projekte wie Klink f. Nerven- u. Hochdruckkrankheiten in Hannover, Dt. Börse AG in Frankfurt, HK in Hamburg, Akut-Rheumaklinik u. AKH in Bad Brückenau, 1999 Lehrauftrag an d. FHS Hannover. M.: Vors. d. Schulelternbeirats, Stadtelternrat, Sportverein Vereinigte Turnerschaft Riteln. H.: Musizieren, Philosophie, Segeln, Fotografieren.

Dechert Andrea *)

Decho Fritz *)

Deck Bernd *)

Deck Uli *)

Deckardt Rainer Dr. med. *)

Deckart Harald F. Dr. med. habil. OMR Prof.
B.: Nuklearmediziner in eigener Nuklearmedizinisch-Internistische Praxis. GT.: 1979-83 Präs. d. Ges. f. Nuklearmedizin d. DDR, 1985-87 Vizepräsident Europ. Nucl. Med. Soc., 1988-93 Vorst.-Mtgl. Europ. Nucl. Med. Assoc. (Task Group Organisator), seit 1992 Vors. d. Tumorzentrums Berlin-Buch, seit 1965 Mtgl. d. Ges. f. Nuklearmedizin, Mtgl. d. European Thyroid Assoc. (ETA). DA.: 13187 Berlin, Mendelstr. 19. drdeckart@hotmail.com. G.: Olbernhau/Erzgebirge, 5. Aug. 1933. V.: Dr. Eva. Ki.: Dr. Maximiliane (1964), Dr. Boris-Alexander (1965), Dr. Eva (1971), Friederike, MBA (1977), David, MBA (1978). El.: SanRat Dr. Frithjof u. Hildburg. S.: 1952 Abitur, 1952-57 Stud. Humanmedizin u. Kunstgeschichte an d. Martin-Luther-Univ. Halle-Wittenberg, 1958 Prom. Dr. med., 1973 Habil. K.: 1972-1996 Dir. d. Klinik f. Nuklearmedizin u. Endokrinologie im Klinikum Berlin-Buch, 1978-

*) Biographie www.whoiswho-verlag.ch oder beigefügte CD-ROM

82 Doz. d. Akademie f. Ärztliche Fortbildung Berlin, 1982 Prof. Lehrstuhl f. Nuklearmedizin, 1982-95 Kursdirektor int. Lehrgänge f. Entwicklungsländer der IAEA, Wien, seit 1996 eigene Nuklearmedizinisch-Internistische Praxis. BL.: in- u. ausländische Patente im Bereich d. Radiopharmazie. P.: "Die Schilddrüse" (1972), "Nuklearmedizin in Theorie u. Praxis" (1973/79), "Nuklearmedizin. Symposien Reinhardsbrunn" (1983), "Die Schilddrüse-akt.-funkt.-morphol. Diagnostik" (1984), "Thyroid Carcinoma. Autoimmune Orbitopathy" (1990), "Lanthanoids in Clinical Therapy" (1996), Artikel u. Beiträge in Fachzeitschriften, Mitherausgeber bzw. Redaktionsbeirat int. Fachzeitschriften (Radiol. diagn., Eur. J. Nucl. Med., Nucl.Med. Commun. u.a.), Vortragstätigkeit im In- u. Ausland, Mitverfasser v. Publ. u.a. über die Geschichte d. Nuklearmedizin in d. DDR. E.: Rud.-Virchow-Preis (1974), Walter-Friedrich-Preis (1980), Purkinje Med. (1986), Georg de Hevesy-Rud. Schönheimer Med. (1987). M.: Lionsclub Berlin, Chaine des Rôtisseurs, Goethe-Ges. Weimar, Berliner Goethe-Ges. H.: Philatelie, Numismatik, Ahnenforschung, Pharmazie-Medizin-Geschichte, Kunstgeschichte/Architektur.

Deckart Wolfgang *)

von der Decken Christoph Dr. iur. *)

von der Decken Dix *)

Decken Uwe
B.: Theaterdirektor. FN.: Allee Theater, Kammeroper u. Theater für Kinder. DA.: 22765 Hamburg, Max-Brauer-Allee 76. G.: Hamburg, 29. Nov. 1941. V.: Barbara, Autorin u. Kostümbildnerin. Ki.: Jana Jasmin (1980). S.: 1957-60 Lehre z. Kameramann. K.: 1967 Anmietung d. Theatergebäudes, 1968 Grdg. d. Theaters f. Kinder, 1996 Grdg. d. Kammeroper. P.: Presseberichte, Fernsehen. E.: Silberne Maske d. Hamburger Volksbühne (1991), Pegasus Preis f. d. Spielzeit 1990-2000.

Decker Christine Dr. med. *)

Decker Claudia *)

Decker Franz-Paul Dr. h.c. Prof. *)

Decker Frauke *)

Decker Friedrich Dipl.-Maler *)

Decker Gabi
B.: freischaff. Sängerin, Schauspielerin, Autorin, Moderatorin, Kabarettistin. PA.: 13509 Berlin, Borsigwalder Weg 74. G.: Ratingen, 5. Juli. S.: Reiseverkehrskauffrau, 1977 Lehrabschluß. K.: kurze berufl. Tätigkeit in Braunschweig, gleichzeitig Karriere als Sängerin in einer Band, ab 1981 Jazz-Sängerin in Piano-Bar in Berlin, ab 1984 Moderatorin bei. Rundfunk: RTL, SFB-Nachtexpreß, Produzentin f. Gags (RTL), schreibt Texte f. Moderatoren u. Live-Showprogramme f. Künstler, 1991 Mike Krüger-Show, 1992/93 Autorin f. ZDF-Hitparade, 1994 1. Solo-Programm "Ich war so gerne Chauvinist", 1994 eigenes Kabarett-Programm, 1997 2. Solo-Programm "Klassentreffen", 2001 3. Solo-Programm "Casting". H.: Flohmärkte, Goldschmieden, Nähen.

Decker Hans-Heiner Dr. med. *)

Decker Hermann *)

Decker Jürgen

B.: Kfm., Hdls.-Fachwirt, Gschf. FN.: Winzerkeller Hex v. Dasenstein eG. DA.: 77876 Kappelrodeck-Waldulm, Burgunderweg 1. PA.: 77855 Achern, Im Wegscheid 20. G.: Oberkirch, 31. Jan. 1973. V.: Barbara, geb. Hodapp. El.: Franz u. Helga, geb. Panther. S.: 1989 Mittlere Reife, 1989-92 kfm. Ausbild. Autohaus Autogallerie, 1993-96 Winzergen. Waldulm Innendienst, 1996-98 Kappelrodeck, Vertriebsleiter Außendienst, 1998-2000 Hdls.-Fachwirt Ausbild. K.: seit 1998 Gschf. Vorst. P.: Winzerkeller Hex v. Dasenstein eG, überregionale Presse. M.: Techn. Hilfswerk Ausbilder, aktiver Bergungstaucher, Bad. Weinbauverb., Dt. Sektkellerei, Dt. Weinbauverb., Bad. Gen.-Verb., Weinwerbezentrale bad. Winzergenossenschaften, Ortenauer Weinwerbung e.V., Weinland Baden GmbH (Ges.) Freiburg. H.: Beruf, Wein, Kurzurlaube in Bayern-Allgäu m. Frau, Tennis, Tauchen.

Decker Karl Dr. rer. nat.
B.: o.Univ.-Prof. em. FN.: Inst. Biochem. u. Molek. Biol. Univ. Freiburg. PA.: 79199 Kirchzarten, Maria-Theresia-Str. 14. G.: München, 14. Febr. 1925. V.: Eva-Maria, geb. Hopf. Ki.: Susanne, Thomas, Sheila. El.: Dr. Albert u. Mathilde. S.: Hum. Gymn., Stud. Univ. München, 1955 Prom. K.: 1955 Ass., 1961 Habil., 1962 Umhabil., 1961 OAss., 1964 WissR., 1968 o.Prof., 1970-71 Dekan d. Med. Fak. Freiburg, 1975-79 Prorektor f. Forsch. P.: ca. 300 Originalarb. u. Handbuchbeiträge in intern. Zeitschriften. M.: Dt. Ak. d. Naturforscher Leopoldina Halle, Ak. d. Wiss. zu Berlin, Hon. Memb. Amer. Soc. Biochem. Mol. Biol., Vitamin Soc. of. Japan.

Decker Karl-Viktor Dr. phil. *)

Decker Margarita

B.: FA f. HNO. DA.: 84048 Mainburg, Abensberger Str. 33. G.: Maisk/Kasachstan, 6. Apr. 1946. Ki.: Elvira (1972), Alexej (1976). El.: Jakob und Nadeschda Froese. S.: 1964 Abitur, 1964 Stud. Med. Kasachstan, 1970 Approb. K.: 1971-86 Ärztin in Rußland, seit 1980 FA f. HNO, 1986-93 FA f. HNO am KH Pawlodar, 1993 Einreise nach Deutschland, 1994 Einführung in d. Dt. Med. am MIBEG Inst., 1994 HNO-Ärztin am Klinikum Fulda, 1997 Dt. FA-Prüf., seit 1998 ndgl. Fachärztin u. Belegärztin f. HNO-Heilkunde in Mainburg m. Schwerpunkt HNO, Tinnitus, Homotoxikologie, Akupunktur u. Hörgeräteverordnungen. M.: Hartmann Bund. H.: Städtetouren, Schwimmen, Natur, Italien u. Spanien.

*) Biographie www.whoiswho-verlag.ch oder beigefügte CD-ROM

Decker Martin

B.: Tischlermeister, Inh. FN.: Schreinerei Decker. DA.: 79369 Wyhl, Lützelbergstr. 15. PA.: 79232 March, Schwabeng. 1. www.feng-shui-freiburg.de. G.: Ottenhöfen, 3. Sep. 1964. V.: Walburga, geb. Köllinger. Ki.: Jennifer (1994), Marcel (1995). S.: 1980-83 Lehre Schreiner. K.: Schreiner in verschiedenen Betrieben u. Erfahrungen im Ber. Schnitzen, Jagdschrankbau, Treppenbau, Edelholztüren, ganzheitlicher Moebelbau, 1986-88 kfm. Ausbild. u. tätig im Bereich Innenausbau u. Schiffsausbau, 1993 Meisterpruf., tätig im Bereich Prod. u. Berater am Oberrrhein u. im Schwarzwald; nebenberufl. Berater f. Feng Shui. P.: Veröff. im Regio-Magazin. M.: Handwerkskam.

Decker Michael Dipl.-Ing. *)

Decker Michael Caspar

B.: freischaff. Pianist. DA.: 41751 Viersen-Dülken, Werner-Heisenberg-Str. 12. G.: Mönchengladbach, 7. März 1961. V.: Antje Fieguth. Ki.: Lea (1987), Lara (1990), Clemens (1992), Lucia (1996). El.: Willy u. Rosemarie, geb. Gluch. S.: 1980 Abitur, 1981-84 Klavierstud. bei Ernst Grimm, Köln, 1984 Wechsel zu Vitalij Margulis, Freiburg; Musikwissenschaft bei Josef Mertin, Wien u. Julius Alf, Düsseldorf, 1984-89 Stipendiat d. Cusanuswerkes, 1989 Priv. Stud. London. K.: 1990-92 Doz. bei Kammermusik-Kursen am Osaka College of Music, seit 1990 Konzerte u. Vorträge in div. Ländern Europas, 1991 Grdg. d. CD-Labels "MEMPRO", 1996 zwei Auftritte beim Bundespräsidenten, 2000 4. Japanreise sowie Gründung des "Bach-Choral-Chor Dülken", Repertoire von Bachs "Kunst der Fuge" über Klangcollage mit Musik d. Asmat / Indonesien bis zu Uraufführungen u. zum Jazz, Musikcabarett. P.: Texte f. Programmhefte u. CDs, Aufnahmen b. WDR, SWF, ZDF, ABC (Japan). H.: Jugendstil, Kochen, Familienpolitik. Sprachen: Englisch.

Decker Sieghard Dr. med. Prof. *)

Decker Silke

B.: Floristin, Unternehmerin, selbständig. FN.: Blumen-Galerie. DA.: 76131 Karlsruhe, Rintheimer Str. 92. PA.: 76500 Weingarten, Forlenweg 1. G.: Karlsruhe-Durlach, 12. Aug. 1973. V.: Hans-Joerg Decker. El.: Otto Lange u. Gertrud, geb. Baier. S.: 1989 Mittlere Reife, 1989-92 Lehre als Floristin b. Blumen Kirchmeier in Weingarten. K.: 1992-94 Floristin b. Blumen-Rausch in Karlsruhe-Durlach, 1993 Gschf. d. Betriebes, 1994-95 Flora Nova Helmsheim, kreative Floristik, 1995 Übernahme d. ehem. Blumenhaus Viellieber, Neueröffnung als Blumen-Galerie, spezialisiert auf moderne Floristik, Dekorationen b. Festen u. Veranstaltungen, Belieferung v. Firmen, Hydrokulturbepflanzung, 1996 Ausbildereignungsprüfung. P.: Floristik-Abende. H.: Tennis.

Decker Thomas *)

Deckers Bernhard Dipl.-Ing. *)

Deckers Hans *)

Deckert Christian Ernst Günther Dr. med. *)

Deckert Joachim Dipl.-Ing. Prof. *)

Deckert Lutz Dr. *)

Declair Michael Dr. med. dent. *)

Declair Mirjana *)

Dedecius Karl Dr. phil. h.c. mult. Prof.

B.: Hrsg., Essayist u. Übersetzer. PA.: 60528 Frankfurt/ Main, Reichsforststr. 16. G.: Lodz/Polen, 20. Mai 1921. V.: Elvira, geb. Roth. Ki.: Octavia, Clemens. El.: Gustav u. Martha, geb. Reich. S.: Abitur, Kriegsdienst u. 7 J. Gefangenschaft. K.: wiss. Red. u. OAss. Dt. Theater-Inst. Weimar, seit 1953 Ang. Allianz AG Frankfurt, Hrsg., Essayist u. Übersetzer, 1979-89 Gründer u. Dir. d. Dt. Poleninst. Darmstadt. P.: "Poln. Profile" (1975), "Zur Literatur u. Kultur Polens" (1981), "Von Polens Poeten" (1988), "Lebenslauf aus Büchern u. Blättern" (1990), "Wörterbuch d. Friedens" (1993), Panorama d. poln. Lit. d. 20. Jhds" (1995-99), Hrsg. d. Polnischen Bibliothek 1982-2000 (50 Bde., Frankfurt a. Main). E.: 1961 Ehrengabe Kulturkreis Bundesverb. d. Dt. Ind. u. Intern. Übersetzerpreis poln. P.E.N.-Club, 1967 Übersetzerpreis Dt. Ak. f. Sprache u. Dichtung, 1968 Übersetzerpreis Polish Inst. of Arts and Sciences New York, 1976 Godlewski-Preis d. Exilpolen Zürich, 1979 Literaturpreis d. Poln. Autorenverb. Warschau u.a., 1974 L´ordre du Merite Culturel d. poln. Min. f. Kultur u. Kunst Warschau, 1985 Wieland-Übersetzerpreis, 1986 Hess. Kulturpreis, 1997 Andreas Gryphius Preis d. Künstergilde, 1989 Komandoria d. VO d. Rep. Polen, 1990 Friedenspreis d. Dt. Buchhdls. u.a., 1992 Ehrenbürger d. Stadt Lodz u. 1996 d. Stadt Prock, 1994 BVK m. Stern. M.: 1967 P.E.N.-Zentrum BRD, 1969 o.Mtgl. Bayer. Ak. d. Schönen Künste, 1977 o. Mtgl. d. Dt. Ak. f. Sprache u. Dichtung Darmstadt u. a. wiss. Ges.

Dedeoglu Mavisel *)

Dedeoglu Mehmet *)

Dederichs Erich Reiner

B.: Dipl.-Päd., Gschf. FN.: Dt. Brauer-Bund e.V. DA.: 53175 Bonn, Annabergerstr. 28. G.: Stolberg, 21. März 1949. V.: Ingeborg, geb. Jutz. BV.: Vater Reiner Dederichs, ehemaliger Chefredakteur Kölner Stadtanzeiger. S.: 1967 Abitur Bergisch-Gladbach, 1967 Stud. Köln, 1973 1. Staatsexamen, 1973 Dipl.-Päd., 1974-75 Zivildienst b. Arbeiterwohlfahrt, 1976 2. Staatsamen. K.: 1975-79 Referent b. AWO, stellv. Gruppenltr. Ausländerfragen, 1979-92 Presse- u. Informationsamt d. Bundesreg, Inlandsabt., seit 1992 Dt. Brauer-Bund u. Ges. f. Öff.-Arb. d. Dt. Brauwirtschaft e.V., seit 1992 Mtgl. Alkohol-Komitee u. Kommunikationskomitee d. europ. Brauerbundes CBMC, 1998-99 Doz. Bundesak. f. öff. Verw. P.: Beiträge in Fachzeitschriften, Beitrag in "Bierkultur an Rhein und Maas" (1998). M.: seit 2000 Vizepräs. Bier Convent Intern., Golf u. Countryclub Heckenhof. H.: Golf, Wandern, Musik, Krimis.

Dedic Alexander *)

Dr. Deecke, geb. Hoppe, Christian

B.: FA f. Hautkrankheiten, Allergologie u. Phlebologie. DA.: 10365 Berlin, Ruschestr. 103. dr.hoppe@berlin.de. G.: Göteborg/Schweden 13. März 1954. V.: Isabell Deecke. Ki.: Ferdinand (1988), Cosima (2000). S.: 1973 Abitur i. Solbacka/ Schweden, 1973-74 Wehrdienst u. Königl. Leibgarde i. Stockholm, 1974-75 Stud. d. Theologie u. Germanistik i. Uppsala, 1975-77 Stud. d. Rechtswiss. i. Heidelberg, 1977-84 Medizinstud. i. Heidelberg, 1984-88 Ausbildung z. FA f. Hautkrankheiten i. Kassel u. Lemgo. K.: 1988-90 OA a. d. Hautklinik Lemgo, 1990 Ndlg. als Arzt in Lemgo, s. 1997 Praxis in Berlin m. d. Schwerpunkten: Hautkrankheiten, Allergologie u. Phlebologie.

*) Biographie www.whoiswho-verlag.ch oder beigefügte CD-ROM

Deecke Lüder Dr. med. o. Univ.-Prof.
B.: Vorst. d. Neurolog. Univ.-Klinik. GT.: o. Prof. Univ. Wien f. klin. Neurologie u. Ltr. Ludwig-Boltzmann-Inst. f. Funkt. Hirntopographie. H DA.: 1090 Wien, Währinger Gürtel 18-20. PA.: 1190 Wien, Himmelstr. 44. G.: Lohe Dithmarschen Holstein, 22. Juni 1938. V.: Dr. Gertraud, geb. Flinspach. Ki.: Ulf, Volker, Arved. El.: Dr. Hermann u. Hildegard. S.: Gymn. Ernestinum Celle, 1958 Reifeprüf., Physikstud. Univ. Hamburg, 1960-66 Med. Stud. Hamburg, Freiburg u. Wien, 1966 Prom. Freiburg. K.: 1966-67 Med.-Ass. Heilbronn, Hamburg (AKH Barmbek), 1967-70 Ass. d. Neurolog. Klinik d. Univ. Ulm, 1970-71 Forsch.-Aufenthalt in Toronto, 1972-74 Ausbild. in klin. Neurologie an d. Univ. Ulm, ab 1973 OA d. Abt. Neurologie, 1974-75 Ausbild. in d. klin. u. poliklin. Psychiatrie d. Prof. Gerd Huber (Weißenau), 1974 Habil,. FA-Anerkennung, 1974 f. Neurologie, 1975 f. Neurologie u. Psychiatrie, 1978 OA d. Neurolog. Ambulanz in Ulm, ab 1981 OA d. Neurolog. Bettenklinik d. Univ. Ulm. P.: E.: Wiss.-Preis d. Stadt Ulm u. Reisner-Preis Wien. M.: Dt. Ges. f. Neurologie, Dt. EEG Ges., Dt. Physiol. Ges., Dt. Ges. f. Luft- u. Raumfahrtmed., Aerospace Medical Assoc., Eur. Brain and Behav. Society, Eur. Neurosci. Assoc., Ges. Österreich. Nervenärzte u. Psychiater, Wr. Ver. d. Nervenärzte u. Psychiater, Eur. Soc. for Clin. Investigation, Österreich. Ges. f. Tropenmed., Österreich. Ges. z. Bekämpfung d. Muskelkrankheiten, Österreich. Ges. f. Neuroimaging, Österreich. Sekt. d. Int. Liga gegen Epilepsie u.a. H.: Wandern, Radfahren, Skifahren, Sammeln v. blauem Glas.

Deecke Markus

B.: Dipl.-Designer, Gschf. Ges. FN.: Deecke u. Sinell - Unternehmensberatung f. Visuelle Kommunikation. DA.: 10623 Berlin, Savignyplatz 5. G.: Hamburg, 17. Apr. 1958. Ki.: 1 Kind. BV.: Hermann Deeck. Abgeordneter d. 1. Dt. Reichstages (Paulskirche). S.: 1979 Abitur Hamburg, 1979-82 Berufsausbild. zum Tischler, 1983-88 Stud. visuelle Kommunikation an d. HdK Berlin. K.: seit 1986 Zusammenarb. mit Stefan Sinell in d. Bereichen Corporate Design, Veranstaltungs- u. Ausstellungsdesign, 1990 Grdg. d. gemeinsamen Agentur. P.: seit 1994 EM d. Profigolfer, Tennisturniere am Rothenbaum Hamburg, BMW Sportsponsoring, Neven-du Mont-Haus Köln, Provinzial Hauptverw. Düsseldorf. H.: Hockey, Reisen.

Deecke Thomas Dr. phil. *)

Deeke Ilse Dipl.-Päd.
B.: Gschf. Ges. FN.: Profi IT-Technik & Weiterbild. GmbH. DA.: 29633 Munster, Am Exerzierpl. 12-14. PA.: 21357 Bardowick, Heereskamp 8. G.: Winse/Luhe, 31. Jän. 1941. Ki.: Anne-Christiane (1963), Michael (1964). El.: Karl Deeke u. Lisa Sprengel, geb. Hellmann. S.: Gymn. Lüneburg, 1958-59 Handelsschule Lüneburg, Fachschule f. Arzthelferin Hamburg. K.: b. 1964 tätig im Falk-Verlag in Hamburg, 1979-84 Stud. Erziehungswiss. an d. Univ. Lüneburg, 1971-73 priv. Handelsschule in Bremerförde, 1973-76 Diakonin in Bremerförde, 1973-77 Ausbild. z. Religionspädagogin in Falkenburg, 1976-81 Diakonin in Ökon. Zentrum Lüneburg, 1981 Aufbau d. Ev. Familienbild.-Stätte in Uelzen u. Doz. bei d. EKD in Stein, seit 1992 freiberufl. tätig als Unternehmensberaterin,

Doz., 1997 Eröff. einer therapeut. Praxis in Hamburg u. Bardowick, ab 1998 freier Bild.-Träger in Munster u. Grdg. d. Job-Centers in Soltau, 1999 Grdg. d. Profi IT-Technik & Weiterbildung GmbH, 2000 Eröffnung d. IT Akad., Ergänzungsschule f. IT- u. Multimedia-Berufe in Munster, Eröff. Call Communication Center in Munster, IT-Center, 2000 Angebot v. Web Design & Multimedia. P.: "Situationen Alleinerziehender in d. BRD". M.: feffa. H.: Fitness, Reisen, Lesen, Fallschirmspringen, Antiquitäten aufarbeiten, Blumen züchten.

Deeken Harald
B.: Dir. FN.: Amtsgericht Papenburg. DA.: 26871 Papenburg, Hauptkanal li. 28. G.: Burgsteinfurt, 26.Juli 1952. V.: Annegret, geb. Drunkenmölle. Ki.: Henning (1981), Insa (1984). S.: 1971 Abitur Burgsteinfurt, 1971-76 Jurastud. Münster u. Göttingen, 1. Staatsexamen, 1976-79 Referendariat Staatsanw., LG Verden, Kzl., Niedersächs. Städtetag, Bez.-Reg. Hannover, OLG Celle, 2. Staatsexamen. K.: 1979 LG Oldenburg, 1980 LG Leer, 1981 Staatsanw. Oldenburg, 1982 Richter auf Lebenszeit in Leer, 1993 Mtgl. d. Prüf.-Amtes f. 2. Staatsexamen f. Zivilrecht, 1994 OLG Oldenburg Familiensenat, 1999 OLG Oldenburg Referat "Verw.-ab.", 2000 Dir. in Papenburg zuständig f. Jugendstrafsachen. BL.: 1967-70 Kapellmeister d. bekannten Schulorchesters Arnoldinum, Entwicklung v. Formularen z. Erleichterung d. Praxis, Experte in Familienrecht, Stellungnahmen zu Gesetzvorhaben im Familienrecht. M.: Richterbund, Ostfries. Trompetenensemble (Barock- u. Kirchenmusik), "Barock u. Klassik" Ihrhove, 1982-84 Vors. d. Stadtorchesters Westerstede. H.: Musik, Lesen.

Deeken Jonny

B.: Kfm., Inh. FN.: Sicherheitstechnik Deeken. DA.: 26160 Bad Zwischenahn, Reihdamm 33. G.: Wilhelmshaven, 9. Jan. 1952. V.: Lilia, geb. Fritz. S.: 1967-70 Lehre z. Tischler in Hannover. K.: 1971-73 Seefahrt u.a. MS Europa, 1973-76 Schaustellergehilfe Autoskooter, 1976-80 Tischler in Bad Zwischenahn, seit 1980 selbst. im Gebrauchtmöbelhdl. u. Antiquitäten, Antiquitäten Deeken in Bad Zwischenahn als Inh., Schwerpunkt: Schließanlagen (innerhalb 24 Stunden Bau einer Schließanlage b. zu 100 Zylindern). M.: Partnerkreis d. Schlüsseldienste Bremen/Ostfriesland.

van Deenen Bernd Dr. agr. Prof. *)

Deerberg Hans-Joachim *)

Deerberg Karin
B.: Kauffrau, Inhaberin. FN.: K. Deerberg Im- u. Export. DA.: 26121 Oldenburg, Brommystr. 9. Karin@tabakexpo.de. G.: Goslar, 17. Jan. 1942. Ki.: Derek Carlton Warner (1968). El.: Karl u. Christa Ressmeyer, geb. Karden. S.: 1959 Abschluß Austin High School Paso/Texas, 1960 Fachschule f. Fremdsprachen, Abschluß Dolmetscherexamen in Bad Harzburg. K.:

*) Biographie www.whoiswho-verlag.ch oder beigefügte CD-ROM

Deerberg

b. 1694 Dolmetscherin u. Korrespondentin in Deutschland, 1964-71 Kanadaaufenthalt, Ausbild. z. Immobilienmaklerin, Kinderziehung, 1971-81 Vorst.-Ass. in einem Großunternehmen in Sost, 1982 Mitaufbau d. Deerberg Systeme Schifffahrt in Oldenburg, als Ges., kfm. u. techn. Aquisition b. 1986, 1987-90 Koopind. AG Hamburger Unternehmensbereiche als Exportltr. in Hamburg, seit 1991 selbst. Grdg. d. Firma Warner Oldenburg, als Ges., Export Osteuropa, Marketingberatung b. 1996, 1994 Grdg. Deerberg u. Partner Limited in Moskau als Ges. u. 2. Gschf. Import u. Vertrieb v. Konsumgüntern b. 1996, seit 1996 K. Deerberg Im- u. Export u. Vertrieb in Oldenburg, Ausfuhr v. Rohstoffen u. Halbfertigprodukten nach Osteuropa, als Inh. H.: Politik, Kunst, Reisen, Innenarchitektur.

Dees Arnold

B.: Gschf. Ges. FN.: Otto Halbenz GmbH & Co Vers. DA.: 33609 Bielefeld, Herforder Straße 309. arnold.dees.@halbenz.de. G.: Bielefeld, 12. Aug. 1951. V.: Annegret, geb. Zikelski. Ki.: Phillipp (1978), Nina Isabel (1980). El.: Hans-Richard u. Annelore. S.: 1970-73 Ausbild. u. Abschluß z. Bankkfm. K.: 1973-75 Tätigkeiten in Möbelind. u. Hdl., 1975-79 Eintritt in d. elterl. Unternehmen Polstermöbelfabrikation, 1979-84 Eintritt und Vertriebs- u. Fachausbildung Allianz-Versicherung, 1984-88 Transatlant. Lebensvers. Hamburg als Direktionsbevollmächtigter, 1988-98 Bereichsleiter Gerling-Konzern, 1992 Prokura, 1996 Abt.-Direktor Gerling, 1998 Eintritt in Otto Halbenz GmbH & Co als Gschf., 2000 Gschf. Ges. Otto Halbenz GmbH & Co. H.: Beruf, Familie, Skifahren, Segeln.

Deese Uwe

B.: Gschf. FN.: megacult marketing for the masses GmbH. DA.: 50825 Köln, Maarweg 149-161. G.: Dortmund, 19. September 1961. V.: Manuela Andel. El.: Franz u. Brunhilde, geb. Wollenhaupt. S.: 1980-83 Stud. Kommunikationswiss. mit Abschluss Mag. K.: K.: 1983-85 Redakteur b. d. Ruhr-Nachrichten, 1985-86 Amerika-Aufenthalt u. Redakteur DLF m. Radio-Sendung: TV-Stars u. 60iger J., 1986-89 Chefredakteur d. Magazine Kubik u. Shark, seit 1994 Grdg.-Ges. d. Werbeagentur Megacult Promotion- u. Eventmarketing GmbH. P.: Jugendmarketing: Jugend u. Jugendmacher (Metropolitan Verlag). H.: Fußball, Kunst, Popkultur.

Deffner Siegfried Josef

B.: 1. Bgm. d. Stadt Gersthofen. DA.: 86368 Gersthofen, Rathauspl. 1. PA.: 86368 Gersthofen, Carl-Orff-Weg 4. G.: Gersthofen, 12. Nov. 1945. V.: Petra, geb. Lutz. Ki.: Wolfram, Franziska, Elisabeth. El.: Markus u. Walburga, geb. Hasmiller. K.: Übernahme d. elterl. Betriebes u. b. 1977 geprüfter Ldw.-Meister, nebenbei Abitur am Abendgymn., Jurastud. in Augsburg, 1. u. 2. Staatsexamen, Berufsbild.-Recht, Datenschutz

u. Jagdrecht b. Ldw.-Min. in München, einige Monate im Baurecht b. d. Reg. v. Schwaben in Augsburg, seit 1984 Bgm. der Stadt Gersthofen. M.: stellv. CSU-Fraktionsvors. Kreistag Augsburg, AufsR.-Vorsitzender der Güterverkehrszentrum GmbH, VerwR.-Mtgl. d. KSK Augsburg, VerwR.-Mtgl. d. Bayer. Kommunalen Prüf.-Verb., stellv. Verb.-Vorsitzender d. Abwasserzweckverb. Schmuttertal, stellv. Verb.-Vors. d. Wasserzweckverb. Loderberg-Gruppe. H.: Sport, Skifahren, Joggen, Fernreisen.

Defterli Gülbeden *)

Degant Alfred

B.: Generalagent. FN.: Allianz. DA.: 89264 Weißenhorn, Hauptstr. 12. G.: Weißenhorn, 25. März 1949. V.: Roswitha. Ki.: 2 Söhne. El.: Andreas u. Anni. S.: 1966-69 Kfz-Lehre, 1969-71 Bundeswehr. K.: 1975 Ausbild. Allianz z. Bez.-Ltr., 1980 Generalagent. E.: WUSV Stufe 2. M.: Vorst. im Weißenhorner Hundesportver., Teilnehmer Dt. Meisterschaft, WM, Mtgl. Dt. Nationalmannschaft. H.: Hundesport, Reisen, Skifahren.

Degel Ingeborg Helene Dr. med.

B.: FA f. Allg.-Med. DA.: 63073 Offenbach-Bieber, Von-Brentano-Str. 14. V.: Dr. Josef Degel. Ki.: Erland (1988). El.: Dipl.-Ing. Michael-Peter u. StR. Helene Degel. S.: 1981 Abitur, 1981-88 Med.-Stud. LMU München. K.: 1987-90 Mitarb. im Inst. f. chir. Forsch. d. LMU, 1989 Ass.-Ärztin f. Urologie der Universitäts-Klinik Frankfurt, 1990 Experimentelle Prom. z. Thema "Immunologische Überwachung v. Patienten nach Nierentransplantation", 1990 Ass.-Ärztin in Allg.-Chir. d. Städt. Kliniken Offenbach, 1991 Mitarb. als Ärztin in einer Kardiolog. Praxis in Hanau, 1992 Ndlg. als FA f. Allg.-Med., Schwerpunkte: ambulante Chir., Kardiologie, Onkologie, Diabetesberatung, Ernährungsberatung; Betreuung v. Altersheimen. P.: Prom. M.: Kardiolog. Arbeitskreis Offenbach, Onkolog. Arbeitskreis Offenbach, Hausärzteverb. H.: Familie, Tiere (Katzen).

Degen Bernd *)

Degen Dieter

B.: Ltr. FN.: Berufskraftfahrer Fachschule Verb. anerk. Berufskraftfahrer e.V. PA.: 46236 Bottrop, Freiherr-v.-Stein-Str. 1. G.: Weibern/Mayen, 9. Sept. 1938. V.: Gerda, geb. Vehling. El.: Otto u. Katharina. S.: 1953-56 Steinmetz, Stein-

*) Biographie www.whoiswho-verlag.ch oder beigefügte CD-ROM

metz Fachschule Mayen. K.: 1977 Berufskraftfahrer DEKRA Essen, 1980-84 Sachbearb. Verkehrs- u. Rechtsfragen, VaB e.V., 1985 Ausbildereignungsprüf., 1986 Ltr. d. Berufskraftfahrer Fachschule VaB e.V. Essen, seit 1984 Bundesvors. Bundesverb. anerk. Berufskraftfahrer e.V. (VaB). E.: 1985 ausgezeichnet v. Daimler-Benz f. 1,000.000 km unfallfreies Fahren. H.: Sprachen: Englisch, Italienisch, Französisch.

Degen Gerhard Dipl.-Ing. *)

Degen Peter Jochen
B.: Journalist, Redakteur. FN.: Südwestrundfunk Studio Kaiserslautern. DA.: 67657 Kaiserslautern, Fliegerstr. 36. PA.: 67731 Otterbach, Waldstr. 4. peter-jochen.degen@swr.de. www.swr-online.de. G.: Kaiserslautern, 24. Apr. 1945. V.: Martha Müller-Degen. Ki.: Sven (1972), Torben (1982). El.: Peter-Paul u. Margarete. S.: 1966 Abitur Kaiserslautern, 1966-67 Volontariat b. d. Rheinpfalz Kaiserslautern. K.: 1967-68 Redakteur Ltg. d. Lokalteils b. d. Rheinpfalz Kaiserslautern, 1968-70 Sportredaktion b. tz München, 1970-74 Südwestfunk Mainz, Produktionsleitung, Aufbau d. Pressestelle, Mitarbeit in d. Sportredaktion, 1974 Moderation d. 1. Fernsehsendung "Wo man singt", 1975-78 Aufbau d. Aktuellen Studios in Kaiserslautern f. Hörfunk u. Fernsehen als Studioleiter Bereich Sport u. Unterhaltung, 1978-84 Aktuelle Berichterstattungen f. Hörfunk u. Fernsehen aus d. Außenstudio Kaiserslautern, 1985-90 verstärkte Tätigkeit im Unterhaltungsbereich Rundfunk, seit 1987 Übernahme d. Sendung "Wir bei Euch", ab 1991 Ausbau d. Regionalprogramms SWR 4, eigenes Musikarchiv, eigene Musikauswahl f. Sendungen, häufige Berichterstattungen f. d. Fernsehen, eigene Sendungen u.a. "Drei in einem Boot", "Treffpunkt", Sportmagazin "Flutlicht", Berichte v. Karnevalsumzügen, Rheinland-Pfalz-Tagen u.ä., ca. 80 Sendungen pro Jahr f. d. ARD u. SWF 1. u. 3. Programm, seit 1999 nach d. Fusion weiterhin Fernsehen u. im Hörfunk "Wir bei Euch" als verantwortlicher Redakteur u. Moderator. BL.: seit 1989 Mtgl. u. Frontmann b. Altenglaner Katastrophen-Orchester, einer Musikergruppe v. 11 Leuten in d. Tradition d. Wandermusikanten, viele Auftritte u.a. b. d. Mainzer Fassnacht im Fernsehen, ARD, SAT, RTL, viele Auslandsreisen USA, Türkei, Spanien u. Italien. F.: Martha-Reisen Otterbach. E.: 1. Preis d. Dt. Verbraucherzentrale f. d. Fernsehbeitrag "Der Tom macht d. Geschäft" (1973), August-Becker-Medienpreis (1991). M.: Dt. Journalistenverband, VPräs. Badisch-Pfälzische Sportpresse, 1. FC Kaiserslautern, KVK Karnevals-Verein Kaiserslautern, Tennisclub Otterbach, Marinekameradschaft Lahnstein. H.: Musik (Geige u. Schlagzeug), Musik sammeln u. hören, Lesen (Biografien), Fußball.

Degen Rolf Dr. med. Prof.
B.: FA, Abt.-Ltr. FN.: Epilepsie-Zentrum Bethel. PA.: 33619 Bielefeld, Telgter Str. 42. G.: Chemnitz, 25. Juli 1926. V.: Dr. Hanna-Elisabeth, geb. Schulz. Ki.: Dr. Heike Eckard, Dr. Angela Plöger. El.: Paul u. Petronella. S.: 1946 Abitur, 1947-54 Med.-Stud., 1954 Prom., 1964 Habil., 1976 Prof. Univ. Münster. K.: b. 1973 Ltr. d. Abt. f. Neuropädiatrie Univ. Kinderklinik Leipzig, bis 1991 Ltr. d. EEG-Abt. u. Anfallsambulanz f. Kinder d. Epilepsiezentrums Bethel, seit 1994 Praxis f. epileptische Patienten. P.: zahlr. Veröff. u.a. Epilepsy, Sleep and Sleep Deprivation (2. Aufl. 1991) (Mit-Hrsg.), The Lennox-Gastaut-Syndrome (1988) (Mit-Hrsg.), Die zerebr. Anfallsleiden (1988), Praxis d. Epileptologie (1991, 2. Aufl. 1993), Benign localized and generalized epilepsies of early childhood (1992) (Mit-Hrsg.), epileptische Syndrome im Kindes- u. Erwachsenenalter - Differentialdiagnose (1998), Epilepsien u. epileptische Syndrome im Kindes- u. Erwachsenenalter - Elektroenzephalographie (1999). E.: seit 2001 Ehrenmtgl. d. Dt. Sektion d. Int. Liga gegen Epilepsie. M.: Dt. Ges. f. Kinderheilk., Dt. Ges. f. Klin. Neurophysiol., Dt. Sekt. d. Intern. Liga gegen Epilepsie, Dt. Ges. f. Neuropädiatrie. H.: klassische Musik, Psychologie.

Degener Gloria *)

Degenhard Maic
B.: Gschf. Ges. FN.: juka dojo Fitness-Center Degenhard GmbH. DA.: 22309 Hamburg, Gründgenstr. 26. G.: Hamburg, 14. Mai 1966. V.: Andrea, geb. Igla. Ki.: Darius (1995). El.: Manno u. Helga, geb. Schicke. S.: 1981-85 Ausbild. Feinmechaniker, 1985-86 Berufsaufbauschule, 1986 Mittlere Reife, 1986-89 Techn. Gymn. Hamburg, 1989 Abitur, 1989-93 Stud. Betriebswirtschaft Lüneburg, 1993-94 Stud. Maschinenbau. K.: 1995 Grdg. d. Firma juka dojo Fitness-Center Degenhard GmbH. M.: DSSV, HK, Malteser Hilfsdienst. H.: Familie, Lesen, Fitnesstraining.

Degenhardt Christine Dr. med. dent. *)

Degenhardt Dietmar *)

Degenhardt Franz Josef Dr. iur. *)

Degenhardt Johannes-Joachim
B.: Erzbischof v. Paderborn, Kardinal. DA.: 33098 Paderborn, Domplatz 3. G.: Schwelm, 31. Jan. 1926. S.: Theol.-Stud. Paderborn, München, Münster u. Würzburg. K.: Studentenpfarrer Päd. HS Paderborn u. Bez.-Dekan Hochstift Paderborn, seit 1968 Titularbischof u. Weihbischof in Paderborn, 1973 Kapitularvikar, seit 1974 Erzbischof v. Paderborn, s. 2001 Kardinal. P.: Lukas - Evangelist d. Armen (1966), Ein Segen sollt ihr sein - Zu Ehe, Familie, Erziehung (1984), Ermutigung z. Glauben (1989). M.: Vors. d. Kmsn. Schule u. Erziehung d. Dt. Bischofskonferenz.

Degenhardt Siegfried *)

Degenhart Annemarie

B.: Kunstmalerin. DA.: 89081 Ulm, Seidlheck 18. www.Kunstplattform.de. Ki.: Sabine Helder-Degenhart, dipl. Konzertflötistin (lebt in Frankreich) u. Ingo Degenhart, Dipl.-Ing. Architekt. El.: Fritz Herkströter, Lüftlmaler (Fresco). K.: Aquarelle, Aquarell Kinder-u. Erwachsen-Portraits, Öl, Radierungen u. Lithographien entstanden in Münchener, Pariser u. eigenen Werkstätten, Neuere Arbeiten: Objekte mit Bronze u. Glas; Ankäufe u.a. Museum Ulm, Kulturamt Tübingen, Ratiopharm Ulm; zahlr. Grafikauflagen u. Portraitaufträge, spez. Kinderportraits. P.: Einzel- u. Gruppenausstellungen im In- und Ausland u.a. Edwin-Scharff-Haus Neu-Ulm, Schranne Laupheim, Galerie i. Durchgang Merckle Arzneimittel Blaubeuren, Kunstverein Mannheim, Kunstverein Salzgitter, Bodenseemuseum Friedrichshafen, Ulmer Museum, Interkunst Wien, 500 Jahre Graphik, Ulm, ART Basel, ART FAIR Los Angeles and New York, Kunstmesse Utrecht, 4 Jahre A. Degenhart-Kunstkalender, 1975-1978 Starczewski-Verlag. E.: 1976 internat. AWMM-Preis, Dtsch. Künstlerinnen d. 20 Jh., WHO'S WHO Internat. ART 87/88, WHO IS WHO Bundesrep. Deutschland.

Degenhart Günther J. *)

Degenhart Magnus *)

Degenkolbe Andreas *)

Degenring

Degenring Mahi *)

Deges Eduard Dipl.-Ing. FH *)

Deggau Otto *)

Degkwitz Eva Gertrud Dr. rer. nat. *)

Degle Peter Alexander *)

Degler Christine Vera Dipl.-Psychologin *)

Degner Klaus Dr. med. dent. *)

Degner Lars

B.: Werbekaufmann, Vors. FN.: 1. Karate Dojo FUJIWARA Suhl e.V. DA.: 98711 Schmiedefeld/R., Marktstraße 10. lars-degner@gmx.de. G.: Berlin, 15. Jan. 1971. El.: Detlef u. Thea Haase, geb. Lindenlaub. S.: 1989 Abitur, 1990-91 Zivildienst, 1993-95 Ausbildung zum Werbekaufmann, 1992 Trainerlizenz, 1996 Kampfrichterlizenz. K.: 1996-98 selbständig als Werbekaufmann, 1998-2000 Mitarbeiter in Sicherheitsfirma, s. 2000 Mitarbeiter im öffentlichen Dienst. BL.: aktiver Judoka v. Jugend an, betreibt seit 1990 m. Verbandsgründung d. Dachverbandes SHOTOKAN KARATE Verband Deutschland e.V., Sitz Bad Schwartau, m. Erfolg Karate als Sportler u. Trainer zugleich in Suhl u. im Ver. "FUJIWARA Rennsteig" e.V. in Schmiedefeld, seit 1990 Teilnahme an Dt. Meisterschaften, vordere Plätze im Kata-Einzel, 1999 1. Pl., b. intern. Vergleichen 1. Pl. im Kata-Team 1998 in Frankreich, 1999 in St. Petersburg u. 1999 Europameister in Polen, seit 1996 Mtgl. d. Nationalmannschaft d. Dachverbandes, seit 1998 im Besitz 2. Dan, 2001 Vergleich m. Karate-Sportlern aus Wales/England u. d. Niederlande in Bad Oldesloe. M.: Gründungs-Mtgl. 1. Karate FUJIWARA Suhl e.V., "FUJIWARA Rennsteig" Schmiedefeld e.V., Gründungs-Mtgl. "SHOTOKAN KARATE" Verband Deutschland e.V. H.: Fotografieren, Besuch v. Messen u. Ausstellungen.

Degott Paul

B.: selbständiger RA. FN.: Paul Degott Rechtsanwalt. DA.: 30159 Hannover, Osterstr. 40. info@degott.de. G.: Rubenheim, 27. Feb. 1951. V.: Dipl.-Päd. Ilse, geb. Dunkhase. Ki.: Mariele (1992). El.: Emil u. Maria, geb. Kessler. S.: 1971 Abitur Zweibrücken, 1971-72 Bundeswehr, 1972-77 Stud. Rechtswiss. Univ. d. Saarlandes Saarbrücken und Univ. Gießen, 1977 1. Staatsexamen, 1977-80 Referendariat am Amtsgericht Friedberg/Hessen, Staatsanw. Gießen, Reg.-Präs. in Darmstadt, Finanzamt Frankfurt-Stiftstraße, RA Gießen, 1980 2. Staatsexamen. K.: 1980-97 Justitiar f. d. TUI Gruppe, seit 1992 Syndikus-RA in Hannover, seit 1997 Eröff. d. eigenen Kzl. in Hannover, Tätigkeitsschwerpunkte: Recht d. Touristik, Reiserecht, Beförderungsrecht, AGB Recht, Wettbewerbsrecht, Arbeitsrecht, ehrenamtl. Tätigkeit im Prüf.-Aussch. d. IHK z. Reiseverkehrskfm. P.: Hrsg. u. Autor d. Zeitschrift RechtsBrief Touristik im IWW Verlag bundesweit, zahlr. u. regelmäßige Veröff. in Fachzeitschriften u. Publ.-Zeitschriften wie Welt am Sonntag, Fremdenverkehrswirtschaft intern., Abenteuer u. Reisen usw. u. Mitautor in Fachbüchern. M.: Dt. Ges. f. Reiserecht, RA-Kam., Anw.-Ver. Hannover, Dt. Anw.-Ver. H.: Fliegen (Motorfliegen), Fahrradfahren, Reisen.

Degünther Eva Josephine *)

Degwert Rüdiger Dr. med.

B.: Arzt, Chirotherapie. DA.: 70193 Stuttgart, Hauptmannsreute 62. G.: 12. Sep. 1959. El.: Conrad u. Margot, geb. Klug. S.: Abitur Neckarsulm, Studium Univ. Freiburg. K.: Famulant u.a. Prof. Klümper, Freiburg u. Dr. Müller-Wohlfahrt, München, Fachgebiet Orthopädie u. Sportmed., 7 1/2 Jahre tagsüber Bundeswehr, abends in d. Praxis v. Dr. Müller-Wohlfahrt, 1986-90 Sportbetreuung d. FC Bayern Kunstturner, 1986-93 Sportbetreuung d. Nationalmannschaft Kunstturnen d. Herren, 1986-93 Vereinsarzt d. SpVgg Unterhaching, 1988-98 Vereinsarzt d. Stuttgarter Kickers, seit 1989 Tennisturnierarzt in Filderstadt, 1994 Eröff. d. individuellen beruhigenden orthopäd. u. sporttraumatologisch orientierten Praxis in d. Heidehofstraße in Stuttgart, Umzug i. e. gleichgestaltete Praxis in d. Hauptmannsreute, u.a. auch Betreuung v. Tänzern d. Staatsballetts, Eiskunstläufern u. Tennisspielern.

Dehe Hans Günther

B.: Gschf. Dir. a.D., Assessor. PA.: 55543 Bad Kreuznach, Kaiser-Wilhelm-Str. 14. G.: Koblenz, 2. Nov. 1921. V.: Margarete, geb. Weber. Ki.: Hanna Lanz-Dehe (1945), Ulrich Dehe (1949). El.: Hans u. Emmi. S.: Reifeprüf., Univ.-Abschluß Rechts- u. Wirtschaftswiss. K.: LBmtr. Rheinland-Pfalz (RgR.), Gschf. Dir. d. Landkreistages Rheinland-Pfalz in Mainz a.D. P.: zahlr. Buch- u. Zeitschriftenaufsätze. E.: 1977 BVK II. Kl. am Band, 1985 BVK I. Kl.

Deheé Patrix Michel *)

Dehler Klaus Dr. med.

B.: Internist. PA.: 82340 Feldafing-Garatshausen, Am Anger 3. G.: Erlangen, 15. Sept. 1926. V.: Ruth, geb. Lessing. K.: 1954-66 MdL Bayern, 1964-67 Landesvors. d. FDP Bayern, 1984-92 stellv. Vors. d. KVB, heute Ehrenvors., Ehrenvors. d. Marburger Bundes in Bayern. E.: VO d. Freistaates Bayern, Großes BVK, Humboldt-Med.-d. Bundesverb. d. Freien Berufe, Paracelsus-Med. d. dt. Ärzteschaft, EZ d. Bayer. Landeszahnärztekam., Ehrenzeichen d. Bayerischen Landestierärztekammer.

Dehler Peter.

B.: Schauspieldir. FN.: Mecklenburgisches Staatstheater Schwerin. DA.: 19010 Schwerin, Postfach 111006. G.: 1963, Leipzig. S.: Ausb. d. Elektromonteur, ab 1986 Stud. a. d. Hochschule f. Schauspiel "Ernst Busch". K.: ber. während s. Ausbild. Sänger u. Gittarist b. einer Rockband, neben s. Hochschulausb. Insz. v. mehreren Stücke, z. B.: Ich sehe was, was Du nicht siehst, Wächter, Beißkorb und König Quak, s. 1990 Regisseur u. Hausautor a. Mecklenburgischen Staatstheater Schwerin, Insz. d. eig. Stücke Glatze, S.O.S.-Breakfast with the devil, Prost Brüder, Sprachlos u. a., außerd. Insz. i. Nürn-

*) Biographie www.whoiswho-verlag.ch oder beigefügte CD-ROM

berg, Frankfurt, Potsdam, Cottbus u. Berlin., s. d. Spielzeit 1999/2000 Schauspieldir. a. Mecklenburgischen Staatstheater Schwerin.

Dehler Wolfgang *)

Dehm Thorsten

B.: selbst. RA. FN.: Rechtsanwälte Th. Dehm u. K. Visel. DA.: 75172 Pforzheim, Westliche 61. G.: Pforzheim, 13. Mai 1966. El.: Heinz-Peter und Benita. S.: 1983 1 J. KFM Wirtschaftsberufsschule, 1987 Abitur, 1987-92 Stud., 1992 1. Staatsexamen, 1993-95 Referendar LG Karlsruhe, 1995 2. Staatsexamen. K.: 1996 eigene Kzl. in Pforzheim. BL.: Landesjugendltr. DRK BW, Lehrbeauftragter BA HDH. M.: Anw.-Ver., DRK.

Dehm Wolfgang M. *)

Dehmel Bernt

B.: Mitges. FN.: Ambulantes Therapie Zentrum. DA.: 12357 Berlin, Alt Rudow 34. G.: Berlin, 11. Mai 1950. V.: Monika, geb. Krüger. Ki.: Martina (1975), Franziska (1983). S.: 1967 Mittlere Reife, 1967-71 Lehre Elektromechaniker. K.: 1971-75 tätig als Radio- und Fernsehmechaniker, 1975-95 selbst. Kfm. u. Fernsehmechaniker, 1995-97 im Ruhestand, 1997-2000 kfm. Ang. in d. Physiotherapie, 2000 Grdg. d. Ambulanten Therapie Zentrums; Funktionen: polit. Tätigkeiten. H.: Beruf, Motorradfahren, Fotografie, Computer, Tiere, Hunde.

Dehmel Hannelore Dipl.-Ing.

B.: freibeufl. Beratende Ing., Inh. FN.: Ing.-Büro f. Elektrotechnik, Beratung, Planung, Bauüberwachung. DA.: 18147 Rostock, Langenort 10. G.: Eisleben, 13. Okt. 1954. V.: Ing. Gerhard Dehmel. Ki.: Sabine (1975), Ines (1978). El.: Hans-Jürgen u. Margarete Kriszik. S.: 1973 Abitur, 1973-77 Stud. TU Dresden mit Abschluß Dipl.-Ing. K.: 1977-95 tätig in versch. Betrieben, seit 1995 selbst., seit 1999 Sackundige f. künstl. Beleuchtungsanlagen. M.: seit 1986 FDP, seit 1996 Ing.-Kam. M-V. H.: Lesen, Garten, Reisen, Kultur.

Dehmel Katrin Ing.-Päd. *)

Dehmel Werner *)

Dehmel Wolfgang R. *)

Dehmer Ulrich Kurt

B.: prakt. Arzt, Badearzt, Akupunkturarzt DA.: 63619 Bad Orb. G.: Bad Orb, 24. Apr. 1956. Ki.: Paulina (1991), Marius (1993). El.: Paul (Architekt) u. Eva. S.: 1976 Abitur Gelnhausen, Med.-Stud. Gent (Rijksuniv.) u. Heidelberg (Ruprecht Univ.), 1987 Approbation. K.: Ass. d. Chir. in Offenbach, 1988 Ausbildung zum Notarzt, 1 J. Notarzttätig. am Kreiskrankenhaus in Schlüchtern, weitgefächerte Ausbildung in versch. Spezialgebieten, 1989-92 Chir. Ass. u. Stationsarzt in Lohr, soziales Engagement in Krisengebieten (Türkei, Jugoslawien, Rußland, s. 1992 prakt. Arzt u. Badearzt in Bad Orb mit zunehmender Hinwendung zu naturheilkundlichen Verfahren, insb. Neuraltherapie, Akupunktur, etc., 1999 Gründung d. Gesundheitszentrum AN GUAN: Anti-Aging-Med.: Hormon- u. Lasertherapie. H.: Jagd, Tauchen, Skifahren, Bergsteigen, Fallschirmspringen.

Dehmers Udo

B.: Trainer f. asiat. Kampfkünste, Inh. FN.: Kampfkunstschule Jin Long. DA.: 42289 Wuppertal, Lenneper Str. 60. Udo.Dehmers@t-online.de. G.: Wuppertal, 22. Juli 1956. V.: Birgit, geb. Zerreßen. S.: Ausbild. Fernmeldemonteur. K.: 1972 Beginn mit Judo, Taekwondo u. Karate, 1973 Moo Pai Kung-Fu, seit 1975 tätig als Trainer u. Durchführung v. Lehrgängen im In- u. Ausland u.a. bei Polizei u. BGS, 1981 Nord Shaolin Kung-Fu und Chan Shaolin Si, 1981-91 erfolgreiche Teilnahme an versch. Meisterschaften, 1995-97 u. 99 Aufenthalte im Shaolin Kloster in China, 1994 Eröff. d. Kampfkunstschule Jin Long, 1997 Fachlehrerlizenz, 1998 Grdg. d. System Wushu-Shaolin Gongfu. E.: Faust- u. Großmeister in Nord Shaolin Kung-Fu. M.: Gründer u. Präs. d. Deutsche Wushu-Shaolin Gongfu Association, Lehrbeauftragter u. Landestrainer d. BFAK. H.: Sport.

Dehn Astrid *)

Dehn Georg

B.: Astrologe, Schriftsteller. FN.: Edition Araki. GT.: Praxis f. Analytische Astrologie. DA.: 04109 Leipzig, Mendelssohnstraße 7. georg_dehn@ yahoo.de. www.araki.de. G.: Eich, 26. Jan. 1954. Ki.: Fabian (1998). El.: August Gg. Heinrich u. Else, geb. Seibert. BV.: Reichsgraf Conrad Detlev A. v. Dehn - Geheimer- und Staatsminister 1688-1753. K.: 1970 Organisation d. ältesten dt. Open Air Rockfestivals in Eich, 1978 Grdg. einer alternativen Buchhandlung in Worms, 1979 Gründer d. Wohn- u. Arbeitsprojekts "Fabrik", 1982 1. Grüner Stadtrat in Worms, 1982 Autor d. Romans "Zwischen d. Leben", 80er J. Mitherausgeber eines Stadtmagazin in Worms, viele Studienreisen im arabischen Raum, seit 1986 Hrsg. u, Autor "Buch Abramelin", seit 1998 in Leipzig als Astrologe (Partnerschaftsastrologie, Gesundheit, Krisenmanagement), Schriftsteller u. Verleger

*) Biographie www.whoiswho-verlag.ch oder beigefügte CD-ROM

(Esoterik mit wiss. Anspruch, Astrologie, Magie, Belletristik), 2000 längere berufl. Aufenthalt in Australien, 2001 Berufung in wiss. Beirat d. Academia Pansophica. M.: " Minerva zu d. Drei Palmen" i.O. Leipzig, Mensa, Dt. Astrologenverband. H.: alte Sprachen.

von Dehn Hans-Georg Dr. med.

B.: Kinderarzt, Sportmed. DA.: 42327 Wuppertal-Sonnborn, Sonnborner Str. 108-110. PA.: 42329 Wuppertal, Ehrenhainstr. 58e. G.: Hapsal/Estland, 18. Nov. 1938. V.: Marlies, geb. Klein. Ki.: Dipl.-Ing. Holger (1972), Rüdiger (1981). El.: Dr. med. Friedrich u. Ilse, geb. Lemm. S.: 1959 Abitur, 1959-60 Wehrdienst, ab 1960 Med.-Stud. Münster, 1968 Prom., 1969 Approb. K.: 1970-73 Ausbild. z. FA f. Kinderheilkunde in Kinderklinik in Krefeld, seit 1974 ndlg. Kinderarzt m. Zusatzausbild. Sportmed. M.: jahrel. Obm. d. Kinderärzte, Organ. d. kinderärztl. Notfalldienstes in Wuppertal, Mtgl. vieler pädiatr., sportmed. Verb. u. Organ. H.: Sport, Familie, Reisen.

Dehn Ingeborg *)

Dehn Peter *)

Dehne Birger Dipl.-Kfm. *)

Dehne Gerald Dr. *)

Dehne Hannelore Dipl.-Psych.

B.: selbst. Psychologin. DA.: 40223 Düsseldorf, Suitbertusstr. 35. G.: Bonn, 2. Aug. 1951. V.: Rolf Dehne. Ki.: Bodo, Linda. El.: Walter und Elisabeth, geb. Meyer. S.: Abitur Brühl, 1970-73 Ausbild., Studium Psych. Köln. K.: seit 1985 tätig beim AK Hilfe f. Legastheniker e.V. Köln, 1999 Eröffnung d. psych. Praxis i. Düsseldorf. P.: Veröff. u. Vorträge zu Legasthenie u. Prä- und Perinatalpsychologie. M.: I.S.P.P.M., G.W.G. H.: Lesen, Theater, Musik.

Dehne Heinz-Wilhelm Dr. agr.

B.. Univ.-Prof. FN.: Inst. f. Pflanzenkrankheiten d. Univ. Bonn. DA.: 53115 Bonn, Nußallee 9. PA.: 53125 Bonn, Charles-Wimar-Str. 15. G.: Ahnsen, 3. Aug. 1950. S.: 1969 Abitur, 1969-70 ldw. Praktikum, 1970 Stud. Agrarwiss. Univ. Bonn, 1972 Pflanzenprod. u. Phytomed. u. Mitarb. elterl. Betrieb, 1074 Dipl.-Ing., 1972 Prom. K.: 1975-77 wiss. Ass. am Inst. f. Pflanzenkrankheiten u. Pflanzenschutz in Hannover, 1978 wiss. Mitarb. in Hannover, 1987 Habil., 1987-94 tätig am Pflanzenschutzzentrum d. Bayer AG in Monheim, ab 1988 verantwortl. f. Fungizide, Obst-, Gemüse- u. Weinbau u. Sonderkulturen, 1984 Forsch.-Aufenthalt an d. Univ. Lexington in Kentucky, 1996-99 Vors. d. Dt. Phytomed. Ges., 1995-97 Vors. der Europ. Foundation f. Plant Pathology, seit 1997 Vorst. d. VDL, seit 1996 Kooperation m. d. Univ. Tel Aviv, seit 1994 C4-Prof. an d. Univ. Bonn u. Geschäftsführer d. Inst. f. Pflanzenkrankheiten. BL.: ca. 600 Weltpatente über fungzionale Wirkstoffe. P.: Crop prod. and Crop protection (1994), Hrsg. der Zeitschrift Pflanzenkrankheiten u. Pflanzenschutz, Vortrag über Mykorizian in New Orleans, ca. 100 Publ., Hrsg. d. Tagungsband Reinhardsbrunnensymposium über Fungizide (1981). E.: Julius-Köhn-Preis d. DPG. M.: Phytomed. Ges., VDBiol., American Phytopath. Soc. APS. H.: Tennis, Gartenarbeit, Reisen.

Dehnel Wolfgang Dipl.-Ing. (FH)

B.: Werkzeugmacher, MdB. DA.: 11011 Berlin, Platz d. Republik 1. G.: Schwarzenberg/Erzgebirge. Bez. Chemnitz, 11. Feb. 1945. V.: verh. Ki.: 2 Kinder. S.: Oberschule, Abitur, Abschluß d. Lehre als Werkzeugmacher, Ing.-Stud. TH Chemnitz, Außenstelle Breitenbrunn, Ing. f. Technologie d. Maschinenbaues. K.: 1966-67 Wehrdienst. Bis 1969 Werkzeugmacher, b. 1975 Technologe, dann Gruppenltr., seit Jan. 1990 Ltr. d. Fertigungstechnologie d. Formenbau GmbH Schwarzenberg, seit 1976 Mtgl. CDU, 1980-90 Mtgl. Stadtparlament Schwarzenberg, Einbringer d. Städtepartnerschaft u. d. Polit. Fragestunde, 1989-90 Teilnehmer an d. Montagsdemonstrationen, Mitinitiator d. Willenserklärung sowie d. Forderung d. Länderbild., seit Febr. 1990 Vors. Kreisverb. CDU Schwarzenberg, seit 1990 MdB. (Re)

Dehnen Heinz Dr. Prof. *)

Dehner Kurt Dipl.-Kfm.

B.: Gschf. FN.: REWE Markt Dehner Kurt OHG. DA.: 97199 Ochsenfurt, Marktbreiter Str. 54. G.: Ochsenfurt, 5. Nov. 1949. V.: Elfi, geb. Belschner. Ki.: Isabell, Matthias. El.: Fritz und Johanna, geb. Beck. BV.: Fritz Dehner sen. Gründer der Lebensmittelgroßhdlg. Fritz Dehner & Co Ochsenfurt. S.: 1969 Abitur Marktbreit, 1969-71 Bundeswehr, 1971-77 Stud. BWL Julius-Maximilian-Universität Würzburg. K.: 1977-93 Gschf. d. Firma Dehner Supermarkt GmbH Ochsenfurt, seit 1993 Gschf. d. REWE-Markt Dehner OHG Supermarkt. BL.: 10 J. ElternbeiR.-Mtgl. Gymn. Marktbreit. M.: FCO. H.: Sport, Reisen, Lesen.

Dehnhard Aurelia

B.: Gschf. Ges. FN.: MKB Metallguß GmbH. DA.: 85072 Eichstätt, Industriestr. 18. www.m-k-b.de. G.: 10. Juli 1965. El.: Willi u. Elke, geb. Grünwald. S.: 1980 Mittlere Reife Eichstätt, 1980-83 Lehre als Bankkauffrau Sparkasse Ingolstadt, 1983-85 Sprachenschule Engl. u. Ital. K.: 1985 Ass. d. techn.-wiss. Dir. MSD Pharmakonzern, 1989 Wirtschaftsak.

*) Biographie www.whoiswho-verlag.ch oder beigefügte CD-ROM

Bad Harzburg, 1989 Eintritt in MKB als Ass. d. Gschf., 1995 Gschf. Ges. gemeinsam mit Mutter, seit 2001 Hauptges. u. alleinige Gschf., 2. Standort Wülfershausen/Saale, Zertifiziert ISO 9002. M.: Ehrenrichter Finanzgericht München, IHK Eichstätt, Vorst. Wirtschaftsjunioren, Vorst. Eichstätter Unternehmen, VPräs. Lions Club Eichstätt. H.: Reiten (Dressur und Springen), Reitlehrerin.

Deichmann Anett

B.: Gschf. FN.: Cafe Kaiser. DA.: 06484 Quedlinburg, Finkenherd 8. G.: Hohenmölsen, 20. Jan. 1967. Ki.: Jennifer (1987). El.: Klaus Scheibe u. Julianna Knoche, geb. Erfurth. S.: 1983-85 Ausbild. Restaurantfachfrau. K.: 1985-89 tätig in versch. gastronom. FDGB-Einrichtungen, 1990-96 Restaurantfachfrau im Café "Zum Roland" i. Quedlinburg, 1997-99 Innendienstmitarbeiter bei der Deutschen Post, seit 1999 Gschf. des Cafés Kaiser. H.: Musik, Tanzen, Reisen.

Dehnhardt Volker

B.: selbst. Fotografenmeister. DA.: 37269 Eschwge, Forstg. 17. G.: Waldkappel 4. Okt. 1960. V.: Marina, geb. Lack. Ki.: Mike (1982). El.: Heinz u. Hildegard, geb. Weneroth. S.: 1975-78 Lehre Bäcker. K.: 1978-85 Geselle, 1985-8 Umschulung Fotograf, 1988-92 ang. Fotograf, 1992 Meisterprüf., seit 1992 selbständig in Waldkappel, 2000 Eröff. d. Geschäftes in Eschwege. M.: Schützenver. Bischhausen, Prüf.-Aussch. d. Fotografeninnung Rheinhessen. H.: Familie, erotische Fotos.

Dehning Gerhard

B.: Architekt, öff. bestellter u. vereid. Sachv. f. d. Maurerhandwerk, Maurermeister, Alleininh. FN.: Baugeschäft Gustav Dehning. GT.: seit 1972 Mtgl. d. Meisterprüf.-Kmsn. f. d. Maurerhandwerk. DA.: 21391 Reppenstedt, Von-Seelen-Weg 17. G.: Lüneburg, 5. Mai 1939. V.: Marita, geb. Harms. Ki.: Michael (1964), Oliver (1969), Frank (1971). El.: Gustav u. Thea, geb. Cordes. S.: 1955 Mittlere Reife Lüneburg, b. 1958 Maurerlehre in Lüneburg, b. 1961 Grundwehrdienst b. d. Bundeswehr. K.: ang. Maurergeselle im Ausbild.-Betrieb in Lüneburg, ab 1962 Postengeselle, ab 1964 im Betrieb d. Vaters als Gschf., 1965-67 Meisterschule in Lüneburg, ab 1967 Maurermeister, 1970-72 2. Landesvors. Niedersächs. Junghandwerkerbund, 1972-76 1. Vors. Niedersächs. Junghandwerkerbund u. 2. Bundesvors. v. Bundesverb. Junghandwerk, 1976-96 Obermeister d. Innung d. Bauhandwerks u. stellv. Kreishandwerksmeister, 1987 Übernahme d. Bauunternehmens v. Vater. P.: Veröff. in regionalen Zeitungen u. Fachzeitschriften. E.: 1993 Silb. Verd.-Med. v. Zentralverb. d. Dt. Baugewerbes, 1996 Ehrentaler d. Lüneburger Handwerks, ab 196 Ehrenobermeister d. Innung d. Bauhandwerks Lüneburg, 1994 Handwerkerpreis d. Lüneburger Handwerks, 1976 Gold. Ehrennadel d. Bundesverb. d. Jugendhandwerks. M.: Fördermtgl. d. Junioren d. Handwerks Lüneburg. H.: Beruf, Reisen, Natur.

Dehr Gunter Dr. rer. pol. *)

Dei-Anang Kwesi Dr. med. Priv.-Doz. *)

Deibert Günter *)

Deichmann Christel Dipl.-Ing.

B.: MdB. DA.: 11011 Berlin, Platz d. Republik 1. PA.: 19075 Holthusen. G.: Holthusen, 29. Aug. 1941. Ki.: 3 Kinder. S.: Oberschule, Abitur, Laborantin b. d. chem. Werken Buna, Fachschule f. Chemie Berlin, Dipl.-Ing. K.: Ang. im Geolog. Landesamt Mecklenburg-Vorpommern, Sachbearb. f. chem. Analytik, b. 1990 parteilos, 1990 Eintritt SPD, Mtgl. d. Gem.-Vertretung Holthusen/Amtsausssch. Stralendorf, Mtgl. im Bundesvorst. d. Dt. Landschaftspflegeverbände, Mtgl. Landesvorst. MV d. AuF, Mtgl. im Bundesparteirat d. SPD, Mtgl. im Fraktionsvorst. d. SPD-Bundestagsfraktion, Bgm. v. Holthusen, 1994 MdB, Schriftführerin. M.: ÖTV, Ver. "Miteinander" Holthusen. (Re)

Deichmann Günther Dipl.-Ing. Ök. Elektro-Ing.

B.: Geschäftsführender Ges. FN.: Linda Waschmittel GmbH. DA.: 19061 Schwerin, August-Horch-Str. 1. linda-mv@t-online.de. www.linda-mv.de. G.: Kothendorf, 7. Jan. 1941. V.: Erika, geb. Lortz. Ki.: Roberto (1963), Birgit (1970). S.: 1955-56 auf dem Bauernhof in Kothendorf der Eltern gearb., b. 1959 Lehre b. Elektromeister Koop z. Elektroinstallateur in Schwerin, 1960-61 Grundwehrdienst b. d. Armee, 1962-65 Stud. z. Elektroing. auf d. Ing.-Schule Wismar. K.: 1966-78 b. WirtschaftsR. d. Bez. Schwerin, danach Betriebsdir. b. VEB Keramik Schwerin, ab 1980 Kombinatsdir. d. VEJ Kombinat Linda Schwerin, ab 1990 vorläufiger Gschf. d. Linda Waschmittel GmbH Schwerin, ab 1991 Gschf. d. Linda Waschmittel GmbH Schwerin, 1991 Kauf d. Unternehmens gemeinsam m. Peter Willöper. E.: Sportleistungsabz. in Gold u. Silber. M.: Mtgl. d. Vollversammlung d. IHK, Außenwirtschaftsausssch. d. DIHT. H.: Tennis, Inlineskaten, Fahrradfahren, Schwimmen.

Deichmann Jörn

B.: Gschf. FN.: Deichmann Bedachungen GmbH. DA.: 42699 Solingen, Opladen Str. 75. deichmann.dach@t-online.de. www.bergisch-online.de/deichmann/. G.: Hilden, 27. Mai 1965. V.: Jutta. Ki.: Jan-Marvin (1993). El.: Hans u. Ilse. S.: 1980 Mittlere Reife in Leichlingen, 1980-82 Lehre z. Dachdecker, 1982-1985 Geselle in d. Dachdeckerei Deichmann in Solingen, 1985-87 Bundeswehr u. Meisterschule in Mayen, 1987 Abschluss z. staatl. anerkannten Fachleiter für Dach-, Wand- u. Abdichtungstechnik. K.: seit 1997 Gsch. Ges. d. Fir-

*) Biographie www.whoiswho-verlag.ch oder beigefügte CD-ROM

Deichmann

ma Deichmann GmbH in Solingen. M.: Verband d. Dachdecker-Innung, zweiter Vors. im Hundeverein DVG Solingen-Wald. H.: Autos, Hunde.

Deichsel Dieter *)

Deicke Andreas Dr. med. *)

Deicke Sabine
B.: selbst. RA. DA.: 10405 Berlin, Prenzlauer Allee 180. G.: Berlin, 8. März 1940. V.: Günther Deicke. Ki.: Susanne (1965), Mathias (1967). El.: Helmut u. Ruth Bock. S.: 1958 Abitur Berlin, 1958-60 Lehre als Buch- u. Kunsthändlerin. K.: 1960-65 Buch- u. Kunsthändlerin b. Verlag d. Nation, 1965-71 freischaff. u.a. als Kinderhörspielautorin b. Berliner Rundfunk, 1972 Wahl als Schöffe - Tätigkeit am Gericht, 1972-76 Jurastud. Humboldt-Univ. Berlin, Dipl.-Jurist, 1976 Praktikum b. Kollegium d. RA in Berlin, 1977-90 Zulassung als Anw. u. tätig im Kollegium d. RA, 1990 RA in überörtl. Sozietät zwischen Hamburg u. Brüssel, seit 1991 selbst. als Einzelanw., Schwerpunkte: Familienrecht, Erbrecht, Strafrecht, Vers.-Recht. BL.: 20 J. Stadtverordnete d. Mag. v. Berlin als Kulturabg. u. Ltg. d. Untersuchungsausssch. "Untersuchung v. Korruption u. Amtsmißbrauch auf d. Gebiet d. DDR". M.: 1989/90 Dt. Juristinnenbund d. BRD e.V., Berliner Anw.-Ver., 1991-93 Mitarb. in d. Verfassungskmsn., Mitbegründer d. dt.-ungar. Ges. Berlin/Brandenburg. H.: bild. Kunst - auch als Sammler, Musik, Theater.

Deicken Kerstin
B.: Groß- u. Außenhdls.-Kauffrau, Inh. FN.: B.I.X.X. Kinderfachgeschäft. GT.: Mtgl. im OrtschaftsR. in Fürstensee. PA.: 17235 Neustrelitz, Markgrafenweg 9. G.: Schwedt, 11. Juni 1974. V.: Sven Deicken. Ki.: Eric (1996). El.: Peter u. Birgit Behrens, geb. Prahl. S.: 1991-94 Lehre z. Groß- u. Außenhdls.-Kauffrau in Berlin. K.: 1994-98 Tätigkeit im Elektrofachhdl. in Neubrandenburg, seit 1998 Kinderfachgeschäft B.I.X.X. M.: Vorst.-Mtgl. im Initiativkreis Innenstadt Neustrelitz e.V. H.: Motorrad fahren, Familie.

Deider Gereon Dr. jur. *)

Deike Christoph

B.: RA. FN.: Fricke, Deike & Ellrich RAe. DA.: 44787 Bochum, Grabenstr. 38-42. christoph.deike@gmx.de. G.: Bochum, 26. Jan. 1966. El.: Dr. Heinrich-Karl u. Ilse Charlotte. S.: 1985 Abitur, 1985-87 Stud. Med. Univ. Bochum, 1987-88 Wehrdienst, 1988-95 Stud. Rechtswiss. Univ. Bochum, 1. Staatsexamen, 1996-98 Referendariat LG Bochum und Wahlstation Sacramento, 2. Staatsexamen, 1998 Zulassung z. RA. K.: seit 1998 ndlg. RA m. Tätigkeitsschwerpunkt Wohnungseigentums-, Erb- u. allg. Zivilrecht. BL.: Patenschaft f. ein Kind in Chile. M.: RA-Kam., Dt.-Amerikan. Juristenvereinig. H.: Literatur, Reisen, Musik.

Deike Jörg Dr. med. dent. *)

Deike Rainer *)

Deike Wolfgang *)

Deil Johann
B.: Ostud.-Dir. u. Ltr. FN.: Simpert-Kraemer-Gymn. DA.: 86381 Krumbach, Jochnerstr. 30. PA.: 89264 Weißenhorn, Reichenbacher Str. 76. G.: Witzighausen, 30. Sep. 1946. V.: Barbara, geb. Kling. Ki.: Heidrun (1978), Doris (1979), Johannes (1990). El.: Hans u. Ottilie, geb. Ziegler. S.: Abitur Neu-Ulm, Stud. Math. u. Physik TU München, Staatsexamen. K.: 1974-80 StudR. am Gymn. Weißenhorn, 1980-86 Mitarb. im Kulturmin. in München, seit 1986 Schulltr. d. Simpert-Kraemer-Gymn. in Krumbach. P.: regelm. Publ. über Heimatkunde u. Heimatliteratur im Heimatmagazin. M.: Rotary Club Krumbach. H.: Kunst sammeln.

Deilmann Clemens
B.: Inh., Designer. FN.: Clemens Deilmann Creation. DA.: 10827 Berlin, Feurigstr. 19. G.: Wittingen, 29. Mai 1966. El.: Dr. med. Franz u. Ilse, geb. Wisniewski. S.: 1982-83 High School, Dipl. Massachusetts USA, 1985 Abitur Fritz-Karsten-Schule Berlin, 1986-88 Ausbild. zum Bekleidungsschneider in Berlin mit Auszeichnung, 1987 Schnittschule Seeger Berlin mit Dipl., 1988-91 Stud. zum Modedesigner "Parsons School of Design" in Paris mit Dipl. u. Auszeichnung, 1990 "Central-Saint-Martins", Lehrgang zu Textildruckverfahren u. Entwickl. v. Drucken, Zertifikaten in London; zusätzl. Ausbild. 1984-86 Privatunterr. in figürl. Zeichnen u. freier Kunst bei Sabine Klempke u. Hans Noll in Berlin, 1986-88 "Die Etage" Schule f. angew. Kunst Berlin, Prakt. 1986 "MFB Brodda", Mantel- u. Kostümzwischenmstr. Berlin, 1990 "Maison de Jean-Charles de Castelbajac", 1991 "Maison de Ted Lapidus" Paris. K.: 1988 Ass.-Designer "Collection Clasen" Berlin, 1989 freiberufl. Ass.-Designer "Collection Clasen" Berlin, Trendanalysen u. Design in Paris f. "Blusen Neumann" Berlin, 1990 Entwurf u. Realis. v. Hochzeitskleidern in Paris, 1991-93 "Ellesse USA", durch gewonnenen "Reebok Wettbewerb", Prakt., dann Festeinstell. zur Neuentwickl. einer Damen-Streetwear-Kollektion und einer Basis-Kollektion f. Herren in N.Y., 1994 Eröffn. d. eigenen Modeateliers u. Boutique Berlin. P.: div. Art. im In- u. Ausland v. Berlin, Paris, USA, Indien usw. E.: 1988 Ausbild. mit Dipl., 1991 Auszeich. zum Besten Designer d. Jahrganges in Paris, 1991 Reebok-Wettbewerb gewonnen. M.: Tennis-Club "Weiß-Rot-Neuköln". H.: Beruf, Tennis, Surfen, Skifahren. (B.K.)

Deilmann Hans-Carl *)

Deilmann Harald Dipl.-Ing. Prof.

B.: Architekt. DA.: 48143 Münster, Prinzipalmarkt 13. G.: Gladbeck, 30. Aug. 1920. V.: Elsbeth, geb. Schole. Ki.: Thomas (1950), Andreas (1951), Cordula (1954). El.: Wilhelm u. Else, geb. Müller. S.: 1930-38 Gymn. Wesel u. Münster. 1938 Reichsarb.-Dienst, 1939 Kriegsdienst Frankreich u. Rußland, 1941 Panzertruppe Wunsdorf u. Berlin, 1942 21. Panzerdivision Nordafrika, 1943-46 Kriegsgefangenschaft USA, 1946-48 Stud. Arch. TH Stuttgart m. Dipl.-Abschluß. K.: 1948-49 Praxis in Münster, 1949-51 wiss. Ass. an d. TH Stuttgart, 1951-63 freiberufl. Architekt in Münster, 1963-69 Ruf auf d. Lehrstuhl f. Gebäudekunde u. Entwerfen d. Univ. Stuttgart, 1969-95 Prof. f. Bauplanung u. Städtebau an d. Univ. Dortmund, 1985 Emeritierung, seit 1985 freiberufl. Architekt. BL.: 1200 städtebaul. Planungen u. Gebäudeentwürfe, Planung d. japan. Nationaltheaters in Tokyo. P.: über 300 Veröff. E.: 1962 gr. Preis f. Baukunst d. Landes NRW, 1996 Ruf an d. Ak. d. Künste Berlin, 1971

BVK 1. Kl., 1977 gr. BVK. M.: 1969 Ruf an d. Ak. f. Städtebau u. Wohnungswesen, 1970 Verb.-Mtgl. d. intern. Verb. f. Städtebau u. Wohnungswesen. H.: Architektur, mod. Kunst, Aquarellmalen, Zeichnen, Reisen.

Deimann Björn
B.: Zahntechnikermeister, Gschf. FN.: CREATIV Dental-Labor kuntze + deimann GmbH. DA.: 30926 Seele-Letter, Uferstr. 18 A. G.: Minden, 21. März 1969. El.: Pflegeeltern Joachim Rasche u. Ruth, geb. Rose. S.: 1985-89 Lehre Zahntechniker Dentallabor Pape Hanover, Zivildienst Altenpflege, 1992 Wirtschaftsabitur Hannover. K.: 1993-96 Zahntechniker in versch. Labors in Hannover, 1997 Meisterprüfung, 1997 Meister im Zahntechniklabor in Burgdorf, 1998 Grdg. d. Dental-Labor Creativ kuntze + deimann GmbH. M.: Tennisverein Letter. H.: Tennis, Schlagzeug spielen in d. Band Moriaty's Falling, Skifahren.

Deimann Ulrike Lieselotte
B.: Kauffrau, Unternehmerin. DA.: 30938 Burgwedel, Lönsweg 12. bauer.wermke@t-online.de. www.akupunkturbedarf.de. G.: Burgwedel, 25. Okt. 1953. V.: Peter Deimann. Ki.: Uta (1983), Phil (1984). El.: Walter u. Inge Rittstieg. S.: 1969 Mittlere Reife in Burgdorf, 1969 - 70 Höhere Handelsschule in Burgdorf, 1970-71 Ausbildung z. Dolmetscherin u. Auslandskorrespondentin f. Englisch u. Spanisch an d. Berlitz School in Hannover. K.: 1971-72 tätig als Abteilungssekretärin d. Bundesanstalt f. Geowiss. in Hannover, 1972-73 Fortbildung z. Dipl.-Sekretärin in Mannheim, 1972-75 Wechsel z. Dt. Messe-u. Ausstellungs AG in Hannover als Fremdsprachige Büroassistentin, 1975-80 Wechsel z. Dt. Wellkam GmbH nach Großburgwedel als Sekretärsachbearbeiterin, 1980-81 Sekretärin d. Geschäftsleitung Firma Pumpenboerse KG in Burgwedel, 1982-83 Sachbearbeiterin Firma Innoplan GmbH, 1983-84 Gschf. d. Firma Innoplan GmbH in Burgwedel, 1982-85 tätig in d. Handelsvertretung d. Ehemannes Peter Deimann in Burgwedel als Sachbearbeiterin, 1986 Übernahme d. Firma Bauer & Wermke in Burgwedel u. Eröff. einer Reisebuchhandlung in Burgwedel, Schwerpunkte Vertrieb v. Naturheilkunde-Produkten nat. u. intern. P.: div. Veröff. in Fachzeitschriften. M.: Börsen Ver. e.V., Tennis Club u. Golf Club Burgwedel, örtliche Ver. u. Organisationen. H.: Tennis u. Golf spielen, Astrologie, Reisen, Geselligkeiten m. Freunden.

Deimel Hubertus Dr. *)

Deimel Ingrid Dipl.-Psych. *)

Deimer Axel Dr. med.

B.: FA f. Allg.-Med. DA.: 85055 Ingolstadt, Nürnberger Str. 97. G.: Minden, 26. Dez. 1952. V.: Gabi, geb. Wendlinger. Ki.: Felix (1990), Marlin (1993). El.: Dr. Albert u. Ellinor, geb. Schön. S.: 1971 Abitur, 1971 Stud. Ldw. Göttingen, 1972 Stud. Med. Göttingen, 1978 Abschluß m. Ausz., 1981 Prom. K.: 1979 Ass. d. Pathologie i. Ingolstadt, 1979-80 Stabsarzt d. Luftwaffe, 1981-83 tätig in d. Inneren Med. am KH Ingolstadt, 1984 in d. Chirurgie am KH Dachau, 1985 FA f. Allg.-Med. d. LMU München, seit 1985 ndlg. FA m. Schwerpunkt Herz-, Kreislauf-, Stoffwechsel- u. Magen-Darm-Erkrankungen, Proktologie, Gesundheitsmed., Ernährung, Naturheilverfahren u. Akupunkt. M.: Vors. d. Hospitzver. H.: Sportfahrschulen v. Imola b. z. Polarkreis, Joggen, Radfahren, Skifahren, Reisen.

Deimer-Schütte Petra *)

von Deimling Otto Dr. rer. nat. *)

Dein Rolf Dr. med. *)

Deinbeck Albert *)

Deinert Wilhelm Johann Martin Dr. phil.
B.: freier Schriftsteller. PA.: 80801 München, Wilhelmstr. 18. G.: Oldenburg, 29. März 1933. S.: Stud. Germanistik, klass. Philol. u. Kunstgeschichte in Münster, Freiburg u. München. K.: bis 1963 Lehrauftrag f. Dt. Literatur u. Sprache an d. Univ. München, dann freiberufl. Schriftsteller. P.: zahlr. Veröff., Lyrik, lyrisch-dialogische Großformen, Aufsätze zur Literatur u. Kunst, experimentelle Formen, Missa Mundana. Epizyklische Gänge (1972), Mauerschau. Ein Durchgang (1982), Über d. First hinaus. Ein Anstieg (1990), Das Silser Brunnenbuch. Ein Engadiner Glasperlenspiel u. lyrischer Umgang (1998), Sandelholz und Petersilie, Eine Umkehr. Lyrisch-epische Stationen (2002). E.: 1981 u. 1983 Turmschreiber d. Rilke-Turms in Muzot, 1984 Stipendium d. Palazzo Barbarigo in Venedig, 1984 Ehrengabe d. Stiftung z. Förd. d. Schrifttums, 1986 Ehrengast d. Villa Massimo in Rom u. Villa-Waldberta-Stipendium d. Stadt München, 1991 Stip. d. Casa Baldi in Olevano Romano. M.: Bd. Naturschutz, Membre d´Honneur de la Fondation Antonio Machado 1994.

Deininger Heinz K. Dr. med. Prof. *)

Deininger Mathias
B.: Augenoptikermeister, Hörgeräteakustiker, selbständig. FN.: Deininger Augenoptik u. Hörgeräte. DA.: 64625 Bensheim, Bahnhofstr. 8. G.: Bensheim, 20. März 1961. El.: Peter u. Gertrud, geb. Hinlang. BV.: Leonhard Deininger Landrat v. Regensburg. S.: 1979 Mittlere Reife, 1979-82 Lehre als Augenoptiker u. anschl. Lehre Hörgeräteakustik im elterl. Betrieb, 1988-92 berufsbegleitende Fachschule f. Augenoptik München, 1992 Augenoptikermeister. K.: seit 1979 tätig im elterl. Betrieb, seit 1992 Mitinh. d. Betriebes m. eigener Werkstatt, 1997 Ausübungsberchtigung Hörgeräteakustik, Schwerpunkt: handwerkliche Beratung. E.: Wahl unter d. 10 besten Verkäufern in Bensheim b. König-Kunde-Spiel 1998, 2. Platz beim "Jack Gawthorn" Gedächtnis-Hundeschlittenrennen in d. Eskimo-Hundeklasse am 21. und 22.01.1995, 6. Platz beim "Gold Rush Trail" Hundeschlittenrennen (von Quesnel nach Wells und zurück) am 27.01.1995. M.: 5 J. im Gehilnenprüfungsausschuss d. Augenoptikerkammer, Unterstützung d. CBM-Entwicklungshilfe d. Christoffel-Blinden-Mission. H.: 7 J. Leistungssport Karate, heute Angeln, Hundeschlittenrennen, Champignonzucht, Bonsai, seit Februar 2001 in Ausbildung z. Bonsai-Meister.

Deininger Oskar Dipl.-Ing. *)

Deininger Werner Dr.
B.: Gschf. FN.: Entelechon. DA.: 93051 Regensburg, St.-Veit-Weg 2. PA.: 93053 Regensburg, Nothaftstr. 10a. www.entelechon-com. G.: 5. Aug. 1967. V.: Eva-Maria, geb. Holland. Ki.: Anna Sophia (1999), Jonas Vincent (2001). El.: Richard Siegfried u. Marianne Wölfle, geb. Brugger. S.: 1986 Abitur Kempten, 2 J. Bundeswehr, b. 1988 Ausbildung z. Reserveoffizier in Mittenwald/Garmisch, 1988 Stud. Biologie an d.Univ. Regensburg, 1994 Dipl., 1998 Prom. K.: 1999 Angebot d. Skripp Inst. in La Jolla/Santiago abgelehnt, m. Herrn

*) Biographie www.whoiswho-verlag.ch oder beigefügte CD-ROM

Deininger

Fischer u. Prof. Dr. Hegemann als Firmeninhaber 1/2 J.Konzept f. Grdg. d. jetzigen Firma entworfen u. diese Juli 1999 eröff. u. seither Gschf.

Deinlein Adam Paul Dr. iur. *)

Deinlein Manfred

B.: RA. FN.: RA-Kzl. Deinlein, Saffer, Pfuhlmann. DA.: 96052 Bamberg, Heiliggrabstr. 13C. G.: Scheßlitz, 22. Juli 1963. El.: Franz u. Gunda, geb. Landvogt. S.: 1982 Abitur, 1982-84 Theol.-Stud. Bamberg, 1984-89 Stud. Rechtswiss. Univ. Erlangen, 1989 1. Staatsexamen, 1989-92 Referendarzeit OLG Nürnberg, 1992 2. Staatsexamen. K.: seit 1992 freier Mitarb. in Nürnberger RA-Kzl., 1992-94 RA in Kzl. Wagner u. Deinlein Bamberg, seit 1994 eigene RA-Kzl., seit 1999 in Sozietät m. 2 weiteren Kollegen, Schwerpunkt: Familienrecht, priv. Baurecht, allg. Zivilrecht; 1992 Grgd.-Mtgl. u. Schatzmeister "Gesellschaft Junger Juristen", seit 1992 Grdg.-Mtgl. u. 1. Vors. "Lustige Metzenhüpfer", Kreisvorst. d. SPD Bamberg-Land, 2. Vors. Ortsver. Scheßlitz d. SPD zu. seit 1998 im StadtR. M.: Ver. f. Bauwesen in Franken e.V., Dt. Anwalt Ver., Kunstver. e.V. Bamberg, Imkerver. Scheßlitz, seit 1983 SPD. H.: Musik u. Kunst, Tanzen.

Deipenbrock Raphael

B.: freiberufl. RA. FN.: Rechtsanwälte Deters & Deipenbrock. DA.: 39112 Magdeburg, Klausener Straße 44. rae-deipenbrock@t-online.de. www.RechtsanwaelteDeipenbrockundPartner.de. G.: Lüdinghausen, 16. Juni 1962. V.: Jacqueline, geb. Sauereissig. Ki.: Tabhita (1992), Leandra (1994). El.: Helmuth u. Marianne. S.: 1980 Abitur, 1980-82 Ausbildung Tierarzthelfer Tierklinik Hochmoor, Bundeswehr, 1983-88 Stud. Rechtswiss. Univ. Münster, 1988 1. Staatsexamen, 1989-91 Referendariat Hamm, Johannisburg IHK, 1992 2. Staatsexamen u. Zulassung z. RA. K.: 1992 Eröff. d. überörtl. Sozietät in Magdeburg m. Tätigkeitsschwerpunkt Immobilien-, Bau- u. Wirtschaftsrecht u. Zulassung am OLG Naumburg, Kooperation m. RA u. Notaren in Frankfurt/Main u. Berlin. BL.: mitverantwortl. f. Investitionsvorhaben in d. Region u. Aufbau v. Kontakten zu d. USA u. Südafrika. P.: 2001 Gründungsges. d. Akademie f. darstellende Künste Magdeburg. P.: Fachbeiträge z. Thema "Tierärztl. Haftungsrecht". M.: Anwaltsverein. H.: Jagd, Tennis, Bauen und Garten.

Deiring Carola Mag. *)

Deischl Ulrich *)

Deisel Jörg

B.: Vorst.-Vors. u. Mtgl. d. Vorst. FN.: Dynamit Nobel AG. DA.: 53840 Troisdorf, Kaiserstr. 1. www.dynamit-nobel.com. G.: Karlsruhe, 1954. S.: 1975-80 Stud. Allgemeine Elektrotechnik an d. TH Bochum m. Abschluss Dipl.-Elektroingenieur. K.: 1981-98 tätig b. Pilkington Automotive Europe in Mailand, darunter 1995-97 als Alleingeschäftsführer d. Flachglas Automotive GmbH Witten u. zuletzt als Strategic Development Director im Executive Board v. Pilkington Automotive Europe in Mailand, 1998 Übernahme d. Vors. d. Vorst. d. Dynamit Nobel-Tochtergesellschaft CeramTec AG in Plochingen u. gleichzeitig Mtgl. d. Vorst. d. Dynamit Nobel AG. (Re)

Deisenberger Jakob *)

Deisenroth Hans Henning

B.: Justitiar, Bereichsltr. im Ressort Recht. FN.: Linde AG. DA.: 65189 Wiesbaden, Abraham-Lincoln-Str. 21; 82049 Pullach, Dr.-Carl-von Linde-Str. 6-14. PA.: 65388 Schlangenbad, Georgsweg 47; 81479 München, Hofbrunnstr. 1A. G.: Bad Hersfeld, 27. Okt. 1948. V.: Angela, geb. Rose. Ki.: Justin (1987). El.: Karl A. u. Hildegard, geb. Weber. S.: 1968 neusprachl. Abitur, 1968-69 Bundeswehr (Luftwaffe), 1970 Bankpraktikum b. Commerzbank AG, 1977 Referendarexamen Univ. Mainz, 1981, Assessorexamen Landgericht Wiesbaden. K.: 1979-80 Lehrauftrag bei Berufsfortbildungswerk GmbH, 1981 Zulassung als RA, 1981 Linde AG, in Rechtsabteilung,Tätigkeitsschwerpunkte: Allgemeine Rechtsberatung auf d. Gebieten Flurförderzeuge, Anlagenbau u. Technische Gase; Justitiariat (Gesellschaftsrecht insb. Aktienrecht); Unternehmenserwerb i. In- u. Ausland. M.: Rechtsausssch. d. IHK Wiesbaden, VDMA, Dt. Juristentag, Sportvereinsvorst. für 7 Jahre. H.: Sport (Tennis, Volleyball, Reiten, Windsurfen, Snowboard- u. Skifahren, Bergsteigen), Musik (Cello u. Gitarre), Theater.

Deiseroth Ulrich *)

Deisig Wolfgang

B.: Designer, Inh. FN.: Deisig Design. DA.: 10178 Berlin, An der Spandauer Brücke 8. deisig@deisig-design.de. G.: 10. März 1946. Ki.: 2 Kinder. S.: 1970 Abschluß Industrial Design Stud. K.: 1970-71 Mitarb. b. Colani, 1971 Grdg. d. eigenen Studios Deisig-Design, erfolgreiche intern. Tätigkeit als Produktdesigner. E.: zahlr. nat. u. intern. Auszeichnungen und Ehrungen, u.a.: Bundespreis für gute Form (1979), Gute Ind.-Form (1976, 1979), Design Innovation (1990, 1991), Smau-Award, Italien, Janus de l'Industrie, Frankreich (1996), ION-Award, Niederlande (1995), 1. Designpreis Office & Quality (1994), IBD-Award, USA (1986), G-Mark Award, Japan (1988), Produkte ausgewählt f. d. Cooper-Hewitt-Museum, New York. H.: Bild. Kunst, Musik (Klassik, Jazz), spielt Kontrabass.

Deising Michael *)

Deisinger Karl-Heinz *)

Deisler Sebastian Toni

B.: Fußballprofi, Nationalteam-Spieler. FN.: c/o DFB DA.: 60528 Frankfurt/Main, Otto-Fleck-Schneise 6. G.: Lörrach, 5. Januar 1980. EL.: Kilian und Gabi. K.: Länderspieldebut: 23. Februar 2000 gegen d. Niederlande, bisherige Vereine: FV Lörrach, 1995-1999 Borussia Mönchengladbach, s. 1999 Hertha BSC Berlin. (Re)

*) Biographie www.whoiswho-verlag.ch oder beigefügte CD-ROM

Deißler Bernd-M. Dr.

B.: FA f. Allg.-Med. DA.: 67547 Worms, Ludwigspl. 5. G.: Heidelberg, 18. Juli 1944. V.: Ursula, geb. Brechtelsbauer. Ki.: Johannes, Tobias. El.: Willi und Magda. S.: nach d. Abitur am humanist. Gymn. in Heidelberg, Stud. Med. Heidelberg und Erlangen, 1972 Staatsexamen u. Prom., 1972-77 Chirurg. Ausbildung - Naila u. Ludwigshafen. K.: seit 1977 ndlg. Arzt f. Allgemeinmed. mit Schwerpunkt klassische Homöopathie und med. Hypnosetherapie nach Milton Erickson in Worms, seit 1991 Lehrbeauftragter f. Homöopathie an d. Johann Wolfgang Goethe-Univ. Frankfurt am Main. M.: 1989-95 1. Vors. d. homöopath. Ärzte Saarland, Hessen u. Rheinlandpfalz. H.: Lesen.

Deiters Ludwig Dr.-Ing. Prof. *)

Deittert Hubert

B.: MdB. DA.: 11011 Berlin, Platz der Republik; Wahlkreisbüro Gütersloh, Moltkestr. 56. PA.: 33397 Rietberg, Güterslohr Str. 137. G.: Rietberg, 21. März 1941. El.: Friedrich u. Gertrud, geb. Schoppengerd. S.: 1955-58 ldw. Lehre elterl. Betrieb, 1958-60 ldw. Fachschule Wiedenbrück. K.: 1960 Übernahme d. elterl. Ldw. m. Tierhaltung, Milchkühe u. Mastschweine; seit 1964 Mtgl. d. CDU, 1967 Schöffe am LG Bielefeld, 1970 Kreisvorst. d. CDU Wiedenbrück, 1975 Rat d. Stadt Rietberg, 1977-97 Bgm. d. Stadt Rietberg, 1994 Kreisvors. d. CDU Gütersloh, 12 J. in d. Kreisstelle d. Ldw.-Kam. Münster, Mtgl. d. Rechnungs- u. Prüf.-Aussch. d. Ldw.-Kam. Münster, 1994 Wahl in d. Bundestag, 1998 Wiederwahl u. Sprecher im Petitionsaussch. d. CDU/CSU. P.: Veröff. in: Die Glocke, Neue Westfäl., Westfalenblatt. E.: 1997 Silb. Raiffeisenmed., 1998 Gold. EZ d. Bundeswehr als Zivilist z. Pflege d. Partnerschaft d. Sanitätsbataillon Hamm. M.: seit 1964 CDU, Sportver. Grün-Weiß Verensell, St. Benediktus Bruderschaft Verensell, DRK. H.: Wandern, Radfahren, klass. Theater. (Re)

Del Barba Roberto *)

Del Bello Mauro Armando *)

Deland Peter *)

Delander Curt *)

Delank Bernd Dipl.-Ing. *)

Delank Christiane M.B.A. *)

Delank Heinz-Walter Dr. med. Prof. *)

Delbrück Josef Dr. iur. *)

van Delden Heiko *)

Delf Freifrau v. Wolzogen u. Neuhaus Hanna Dr. phil. *)

Delfosse Wolfgang

B.: Metallbaumeister. FN.: Metallbau Delfosse. DA.: 53115 Bonn, Kirschallee 8. www.delfosse.de. G.: Bonn, 28. Juli 1946. V.: Ingeborg, geb. Schmitz. Ki.: Markus, Barbara, Christiane.

El.: Heinrich und Margarethe. BV.: Metallbau Schlosserei Delfosse gegründet 1869 v. Heinrich Delfosse, Franz Gütt Baumeister in Süddeutschland. S.: 1961-64 Ausbild. z. Schlosser im elterlichen Betrieb, seit 1969 Schlossermeister. K.: s. 1986 selbständig durch Übernahme des elterl. Betriebes. BL.: 1995 weltweit erster Bau einer Metall-Glas-Konstruktion f. d. Orgel in d. Friedenskirche in Duisburg, Bau einer Edelstahlkonstruktion m. Holzverkleidung als Intarsie in d. Willibrordi-Dom in Wesel, Rekonstruktion u. Restauration v. Kandelaber, Denkmal in Metall f. d. ehem. Synagoge in Bonn-Poppelsdorf, Edelstahl-Brunnen. P.: Beiträge in Orgelführer Deutschland (1998) u. in d. Zeitschrift Hephaistos in 2000. E.: 1964 Sieger d. Handwerks im Kammerbereich im Leistungswettbewerb d. Handwerks, 1980 Abz. d. Techn. Hilfswerks in Gold m. Kranz. K.: b. 1985 stellv. Bereitschaftsführer im Techn. Hilfswerk, Vors. d. Gesellenaussch. d. Innung f. Metalltechnik, Förderver. Poppelsdorfer Geschichte, Initiative Campus "P" f. d. Verbesserung d. Univ.-Standortes Bonn, Kirchenvorst. in St. Sebastian Kirche Bonn.

Delfs Hans-Joachim *)

Delfs-Nehring Renate *)

von Delft Anja

B.: Dipl.-Grafikdesigner, Inh. FN.: Av.D Deko & Design. DA.: 21335 Lüneburg, Wallstr. 49. G.: Lüneburg, 21. Okt. 1967. V.: Stefan, geb. Reese. Ki.: Henri (1999). El.: Wolfgang u. Erika von Delft, geb. Kathmann. S.: 1988 Abitur Hamburg, b. 1991 Ausbild. z. Schauwerbegestalter in Lüneburg, 1991-94 Stud. Grafikdesign an d. Kunst-HS in Hamburg. K.: 1993 selbst. in Lüneburg, Schwerpunkt: Grafikdesign. BL.: Werbung v. Burger King in Lüneburg. M.: Bund d. Steuerzahler. H.: Sport, Malen, Zeichnen, Fotografieren.

von Delft Stefan *)

von Delft Udo J. sen. *)

Delheid Johannes Dr. iur. *)

Deligöz Ekin

B.: Studentin, MdB. FN.: Deutscher Bundestag. DA.: 11011 Berlin, Luisenstr. 32-34. ekin.deligoez@bundestag.de. www.ekin.de. G.: Tokat/Türkei, 1971. Ki.: Sinan. S.: Abitur Weißenhorn, Studium Verw.-Wiss. an d. Univ. Konstanz. K.: zweimal FakR., Konferenzass. b. d. Organ. d. Weltbürgermeistergipfels in Berlin während d. UNO-Klimakonferenz 1995 Redakteurin im Radiosender Free FM-Türkisch, Tätigkeiten in Rathäusern & Kulturinst. - insbes. am Goethe-Inst. Ankara, s. 1998 MdB (Die Grünen). (Re)

---

*) Biographie www.whoiswho-verlag.ch oder beigefügte CD-ROM

Delikat Axel Erich *)

Delius Friedrich Christian *)

von Delius Valtin Dipl.-Ing.
B.: freier Landschaftsarchitekt. DA.: 90425 Nürnberg, Bielefelder Str. 3. G.: Nürnberg, 1. Juli 1940. V.: Lydia, geb. Oswald. Ki.: Stefanie (1966), Felix (1968). El.: Oliver u. Annemarie, geb. Schulze. BV.: Rudolf v. Delius Dichter u. Philosoph; Margarete v. Delius, geb. Rice Künstlerin. S.: Lehre Gärtner, 3 Sem. Stud. BWL München, ab 1964 Stud. Landschaftspflege TH Freising u. Weihenstephan. K.: Vorarb. im elterl. Betrieb in Nürnberg, 1968-71 Büroltr. im Arch.-Büro Bödecker in Düsseldorf, seit 1971 selbst. als freier Landschaftsarchitekt b. 1978 in Düsseldorf u. danach in Nürnberg. BL.: federführende Betreuung b. Großprojekten, Gastvorlesungen an versch. Univ. P.: Art. in versch. Gartenfachbüchern u. Gartenfachzeitschriften. M.: BDLA, IFLA, Ehrenmtgl. div. Golfclubs. H.: Golf, Wasserskifahren., Jazz.

Delker Georg Dipl.-Wirtsch.-Ing.
B.: Gschf. Ges. FN.: Friedrich Delker GmbH & Co. KG. DA.: 45141 Essen, Manderscheidtstr. 20. G.: Essen, 21. Dez. 1961. V.: Ute, geb. Wehofen. Ki.: Robin (1992), Marvin (1993). El.: Friedrich u. Magdalena. S.: 1981 Abitur, 1981 Zivildienst, 1982-88 Stud. Wirtschaftsing.-Wesen TU Karlsruhe. K.: seit 1988 tätig im elterl. Betrieb m. techn. Großhdl. f. Werkzeuge, Maschinen u. Ind.-Bedarf. E.: Beirat Nordwest Handel AG, Beirat FDM. M.: FDM, BME, Wirtschaftsvereinig. Groß-, Außenhdl. u. Dienstleistungen e.V., Nordwest Hdl. AG, Schalke 04. H.: Tennis, Squash, Fußball.

Delkeskamp Claus Dipl.-Kfm.
B.: Pers. haft. Ges. Delkeskamp KG. DA.: 49638 Nortrup, Hauptstr. 7. M.: Mtgl. d. Vollversammlung d. IHK Osnabrück Emsland.

Dell Wilhelm Dipl.-Kfm. *)

Dellbrügge Georg-Hermann Ph. D. Yale *)

Dellbrügge Hans-Joachim Dr. med. *)

Dellen Richard Dr.-Ing. Prof.
B.: Prof. FN.: FH Münster. DA.: 45659 Recklinghausen, Auf der Höhe 10. G.: Dorsten, 29. Jan. 1954. V.: Dr. med. Hedwig Dellen. S.: Abitur, 1972-77 Stud. Konstruktiver Ing.-Bau RUB Bochum, Dipl.-Ing., 1985 Prom. K.: 1977-79 Baultg. in Firma Falke Paderborn, 1979-85 wiss. Ass. GH Essen b. Prof. Dr. Kuhne, 1986-91 Ltg. Abt. Oberbaultg. Bergbau AG Lippe, Bereichsltr. Firma Montalith (Ruhrkohle Umwelt), seit 1991 Prof. FH Münster Fachbereich Bauing.-Wesen Fachgebiet Baubetrieb, Mitveranstalter Münsteraner Baubetriebstag, seit 1994 Gschf. in Ing.-Büro. F.: Inst. f. Baubetrieb u. Bauwirtschaft, Recklinghausen. P.: Qualitätsmanagement f. Bauunternehmer u. Planer (1996), Qualitätsmanagementsysteme (1997), Beurteilungen v. Einheitspreisen b. VOB-Verträgen, Quovadis, Baubetrieb (2001).

Deller Peter
B.: Dipl.-Kommunikationsdesigner, Gschf. Ges. FN.: Konzept Design Werbeagentur GmbH. DA.: 63739 Aschaffenburg, Löherstr. 9. PA.: 60433 Frankfurt/Main, Birkenholzweg 20. G.: Gladbach, 14. Okt. 1959. V.: Sabine, geb. Nitschke. Ki.: Pablo, Ahmalen. El.: Eberhard u. Gerlinde. S.: 1979 Abitur,

1980-81 Zivildienst in d. Kath. HS-Gem. Würzburg, ab 1981 Stud. an d. FH für Gestaltung in Würzburg, 1985 Abschluß Dipl.-Kommunikationsdesigner. K.: 1986-89 Grafiker in Werbeagentur Sommer & Goßmann in Aschaffenburg, 1989-91 Art Dir. b. Peter Reincke Direktmarketing GmbH, 1991-94 selbst. freier Grafiker, Gastdoz. in d. Ak. f. Gestaltung u. Denkmalpflege in Ebern, 1995 Grdg. d. Werbeagentur Konzept Design GmbH. H.: Tennis, Segeln, Musik - Querflöte, Gitarre, Reisen, Konzerte, Theater.

von Dellingshausen Christoph H. *)

Freiherr von Dellingshausen Stephan
B.: Unternehmensberater, selbständig. DA.: 28359 Bremen, Redderstr. 30. dellingshausen-consulting@t-online.de. G.: Breslau, 28. Okt. 1942. V.: Christel, geb. Oltmann. Ki.: Bettina, Susan, Tania. El.: Ewert u. Helene Gräfin v. Zedlitz-Trützschler. BV.: Großvater Eduard Freiherr von Dellingshausen, letzter Ritterschaftshauptmann von Estland 1902-1918, Urgroßvater Carl Robert Graf v. Zedlitz-Trützschler, preußischer Kultusminister. S.: 1960 Mittlere Reife u. Lehre als Physiklaborant, 1962-65 Stud. Physik an d. FH Wedel. K.: 1960-62 Laborant Kernforschungsanlage in Jülich, 1965-69 ERNO Raumfahrttechnik in d. Projektplanung, 1969-76 tätig in d. Markenartikelindustrie, Unternehmensplanung u. Handelsberatung f. versch. Unternehmen, seit 1977 selbständiger Unternehmens- u. Personalberater. P.: Herausgeber d. Familiengeschichte d. Familie von Dellingshausen. M.: CDU, Deputierter f. Wirtschaft in Bremen (1995-99), Parteivorsitzender d. Ortsverbandes Bremen/Horn Lehe (1990-98), seit 1994 Vors. Interessenverband Airport Bremen e.V. H.: Genealogie.

Dellmann Hansjörg Dr. *)

Dellmann Manfred *)

Dellwig Giudo *)

Dellwing Herbert *)

Delmas Gertrud
B.: Fachlehrerin, Inh. FN.: Asdonk Schule. DA.: 30179 Hannover, Vahrenwalder Str. 311. info@asdonk-schule.de. www.asdonk-schule.de. G.: Wittlich, 23. Apr. 1954. V.: Marc Delmas. Ki.: Johanna (1995). S.: 1973 Abitur Koblenz, 1973-76 Stud. Sozialpäd., Sozialpflege u. Erziehung FHS Koblenz. K.: 1976-77 tätig in d. USA, 1977-78 Umschulung z. Masseurin u. med. Bademeisterin in Wittlich, 1978-79 Praktikum in Trier, 1980-82 Ausbild. z. Fachlehrer f. Lymphdrainage u. Oedemtherapie an d. Feldbergklinik m. Dipl.-Abschluß, 1982-85 Fachlehrerin am Lehrinst. in Feldberg, 1985-92 freiberufl. tätig in England, 1992-98 Fachlehrerin f. Lymphdrainage in Frankreich, 1998 Übernahme d. Asdonk Schule in Hannover m. Schwerpunkt Lymphdrainage u. Oedemtherapie; Funktion: Doz. f. Lymphdrainage u. Oedemtherapie an Fachschulen in d. Schweiz u. in Italien. P.: div. Veröff. in Fachzeitschriften. M.: VDB, Dt. Ges. f. Lymphologie. H.: Fechten, Lesen, Garten, Reisen.

Delonge Franz Josef *)

*) Biographie www.whoiswho-verlag.ch oder beigefügte CD-ROM

Delor Andreas
B.: freiberufl. Architekt. DA.: 10555 Berlin, Elberfelder Str. 18. PA.: 14199 Berlin, Cunostr. 108. G.: Jena, 7. Nov. 1939. V.: Ute, geb. Rohde. Ki.: Katherina (1966), Alexander (1969), Tatjana (1972). El.: Wilhelm Delor. BV.: Prof. Machtemess - Architekt u. Stadtplaner. S.: Mittlere Reife, Ausbild. Möbeltischler, 1958-63 Stud. Arch. u. Innenarch. Werkkunstschule Düsseldorf. K.: 1963-65 freier Architekt in Italien, 1965-89 freier Architekt bei Prof. Dipl.-Ing. Ewald Bubner in Berlin u. Dietrich Garski in Berlin, seit 1990 selbständiger Architekt m. Schwerpunkt Symbiose v. Arch. u. Innengestaltung. M.: Architektenkam. Berlin. H.: Design, Herstellung anspruchsvollen Spielzeugs, zeitgenn. Gebrauchsgegenstände, Bildhauerei.

Delorko Ratko *)

Delorme Heiko Dr. med. vet.

B.: Tierarzt. DA.: 48153 Münster, Münstermannweg 11. www.dr-delorme.de. G.: Neukirch, 25. Juni 1943. Ki.: Kai-Anton, Andre, Anna-Lina. El.: Hugo u. Olga, geb. Almstedt. S.: 1959-62 Ausbild. Steward Nord.-Dt. Lloyd Bremen, 1962-65 Ausbild. Ind.-Kfm. Bremen, 1968-71 HS-Reife, 1971-76 kfm. tätig, 1976-82 Stud. Vet.-Med. tierärztl. HS Hannover, 1982 Prom. K.: seit 1983 ndgl. Tierarzt f. Kleintiere u. Pferde, Weiterbild. in Homöopathie u. Akupunktur; Funktion: Prüfer d. Tierärztekam. f. Zusatzbezeichnung Homöopathie u. Akupunktur. P.: Aufsätze in Fachliteratur. M.: ÖDP, IAVH, ATF, GGTM, DVG, PRO ASYL, Greenpeace, PLAN INTERNATIONAL u.a. H.: Tennis, Antiquitäten, Literatur, u.a.

Delorme Karl *)

Delp Ludwig Dipl.-Vw. Dr. iur. Prof. *)

Delseit Elisabeth *)

Demacker Jürgen *)

Demandt Alexander Dr. Prof.
B.: o.Prof. f. Alte Geschichte. PA.: 14163 Berlin, Bülowstr. 33. G.: Marburg, 6. Juni 1937. V.: Barbara. Ki.: Acis (1966), Naia (1968), Philipp (1971). BV.: Dr. Karl E. Demandt, hess. Landeshistoriker. P.: "Metaphern f. Geschichte. Sprachbilder und Gleichnisse im hist.-polit. Denken" (1978), "Der Fall Roms. Die Auflösung d. röm. Reiches im Urteil d. Nachwelt" (1984), "Ungeschehene Geschichte. Ein Traktat über d. Frage: Was wäre geschehen, wenn ..." (1986, 3. Aufl. 2001), "Die Spätantike" (HdA III 6) (1989), "Deutschlds. Grenzen i. d. Geschichte" (1991), "Macht u. Recht" (1990), "Theodor Mommsens Röm. Kaisergeschichte" (1992), Endzeit? Die Zukunft der Geschichte (1993), Der Fall Spengler. Eine kritische Bilanz, hrsg. v. A. Demandt u. J. Farrenkopf (1994), Mit Fremden leben. Eine Kulturgeschichte von der Antike bis zur Gegenwart (1995), Das Privatleben der römischen Kaiser (1996), Das Attentat in der Geschichte, Hrsg. v. A. Demandt (1996), Vandalismus. Gewalt gegen Kultur (1997), Die Kelten (1998), Geschichte d. Spätantike. Das Römische Reich von Diocletian bis Justinian, 284 bis 565 n. Chr. (1998), Stätten des Geistes. Große Universitäten Europas von der Antike bis zur Gegenwart, Hrsg. v. A. Demandt (1999), Hände in Unschuld. Pontius Pilatus in der Geschichte (1999), Sternstunden der Geschichte (2000, 3. Aufl. 2001). H.: Exlibris.

Demandt Friedhelm *)

Demandt Hansjürgen *)

Demandt Karin Dr. med.
B.: Frauenärztin. FN.: Frauenärztl. Gemeinschaft. DA.: 33330 Gütersloh, Eickhoffstr. 20. G.: Waldbröl, 2. Aug. 1957. V.: Dr. med. Uwe Demandt. Ki.: Marie-Sophie (1988), Charlotte (1991). El.: Karlheinz u. Ruth Radloff. S.: 1977 Abitur, 1978-84 Med.-Stud. K.: 1984-90 Tätigkeit im Ev. Johannes-KH Bielefeld, 1987 Prom., 1989 Ausbild. als FA f. Frauenheilkunde, 1990 Grdg. einer Gemeinschaftspraxis Dr. Seulen u. Frau Dr. med. Demandt, 1996 Verlagerung u. Vergrößerung d. Praxis an jetzigen Standort, gleichzeitig Erweiterung um Dr. med. Borgmann-Demel. M.: Forsch.-Gruppe Akupunktur, Berufsverb. d. Frauenärzte. H.: Singen, Vokalensemble Herzebrock, Tennis, Literatur.

Demandt Norbert Dr. med.

B.: Internist, Diabetologe DDG. DA.: 24103 Kiel, Alter Markt 11. norbert.demandt@t-online.de. G.: Liesborn, 24. November 1963. V.: Anja, geb. Helmbrecht. El.: Paul u. Paula Maria. S.: 1983 Abitur Lippstadt, 1983-90 Med.-Studium an d. Westfäl. Wilhelms-Univ. Münster, 1986-90 Studentendienst auf d. Intensivtherapiestationen d. Klinik u. Poliklinik f. Anästhesiologie d. Univ.-Klinik Münster, 1986-89 Tutor am Inst. f. Physiologie d. Univ. Münster, 1989-90 Klin.-prakt. J. im St. Johannisstift Paderborn, 1990-91 Arzt im Praktikum in d. Inneren Abt. d. Kreis-KH Eckernförde b. Chefarzt Priv.Doz. Dr. HG Lehrtz, 1991 Prom. K.: 1991-97 Ass.-Arzt in d. Inneren Abt. d. Kreis-KH Eckernförde, 1994 Einsatz f. d. Ärztekomitee "Ärzte f. d. Dritte Welt" auf Mindanao/Philippinen, 1996 Einsatz f. dieses Komitee in Cali/Kolumbien, 1997 Anerkennung als Arzt f. Innere Med., 1997 Ass.-Arzt in d. Chir.-Phlebolog. Praxis Dr. Stritecky in Kiel, 1998 Ndlg. in Gemeinschaftspraxis (Diab. Schwerpunktpraxis) in Kiel, 1998-2001 Teilnahme am Projekt "Versorgungsprozess Diabetes". M.: Schleswig-Holstein. Diabetes Ges., Dt. Diabetes Ges., Europ. Diabetes Ges., Amerikn. Diabetes Ges., BDI. H.: Sport allg., Reisen, Lesen.

Demann Nikolaus *)

Demarest Rick
B.: Gschf. FN.: Radio 7 Hörfunk GmbH + Co. KG. DA.: 89073 Ulm, Gaisenbergstr. 29. G.: Albany/USA, 13. Juli 1953. V.: Susanne. Ki.: Eva Maria (1990), Justin (1995), Damian (1997). K.: 1968-72 Moderator f. einen Army Sender, 1973-77 Tätigkeit b. AFN, 1977-90 Ltr. d. Radio Liberty, 1990-98 freier Mitarb. b. div. Privatsendern, 1998 Gschf. b. Radio Energy, derz. Gschf. b. Radio 7 i. Ulm. H.: Familie, Beruf, gelegentl. Drehbücher schreiben.

Demartschek Johann Georg *)

*) Biographie www.whoiswho-verlag.ch oder beigefügte CD-ROM

Dembek Christoph
B.: RA. DA.: 46145 Oberhausen, Postweg 145. G.: Oberhausen, 30. Sep. 1962. Ki.: Marcel Christopher (1994). El.: Paul u. Maria, geb. Bürgers. S.: 1983 Abitur, 1984-90 Stud. Rechtswiss. Bayreuth, wirt.-wiss. Zusatzausbild., 1990-93 Referendariat Coburg, Kulmbach u. Bayreuth. K.: 1993-96 wiss. Ass. f. Strafrecht u. Strafprozess in Bayreuth, 1996-98 Vers.-Jurist d. Debeka in Düsseldorf, seit 1998 freiberufl. RA u. Doz. in Oberhausen m. Schwerpunkt Multimediarecht. P.: Vorträge z. Thema priv. Einnahmen- u. Ausgabenplanung. M.: Selbsthilfegruppe f. Angehörige psychisch Erkrankter d. Diakonie Oberhausen. H.: Konzerte, Veranstaltungen, Sport.

Dembizcki Rudolf *)

Dembski Michael *)

Demel Walter *)

Demele Ernst Dipl.-Ing. *)

Demeler Ulrich Dr. med. Prof.

B.: FA u. Prof. f. Ophthalmologie, Chefarzt. FN.: Augenklinik ZKH St.-Jürgen-Straße. DA.: 28205 Bremen, St.-Jürgen-Straße. G.: Dortmund, 20. März 1942. V.: Dr. med. Mona, geb. Saad. Ki.: Ramsis Leonard (1999). El.: Dr. med. Walter u. Edith, geb. Sack. S.: 1961 Abitur Ludwigsburg, Med.-Stud. Freiburg, München, Wien u. Hamburg, 1968 Staatsexamen, 1969 Med.-Ass. in Ludwigsburg u. Waibingen, 1970 Prom., 1970 Ophthalmologieausbild. Univ.-KH Eppendorf/Hamburg, 1973 Ernennung z. OA, 1974 Habil. K.: 1981 Berufung z. Chefarzt d. Augenklinik ZKH St.-Jürgen-Straße Bremen, 978 Ernennung z. ltd. OA, seit 1980 Prof. f. Ophthalmologie, 1981 Berufung z. Chefarzt d. Augenklinik ZKH St.-Jürgen-Straße Bremen, 1991-94 Ärztl. Dir. d. ZKH, seit 1983 Konsultationen u. OP's in d. Golfstaaten speziell Barain, Dubai u. Saudi Arabien. P.: 120 Publ. nat. u. intern. Zeitschriften, 150 Schriften auf nat. u. intern. Kongressen weltweit. M.: 1994 im Vorst. DOG, OOC, IOMSG, EIIC, seit 200 Präs. d. DGII AAO, College of Ophthalmologists, ASCRRS, Schatzmeister d. Bremer Eiswette, seit 1981 Rotary Club Hansa, Dt.-Arab. Ges. H.: Billiard, Cello spielen, klass. Musik.

Demerath Jörg *)

Demerath Monika

B.: Kfm., Inh. FN.: "Ambiente", M. Demerath. DA.: 66538 Neunkirchen, Bahnhofstr. 43. PA.: 66450 Bexbach, Leharweg 1. G.: Bexbach, 21. Nov. 1941. V.: Hermann Demerath. Ki.: Christine (1961), Michael (1962), Barbara (1963), Sandra (1972). El.: Alois u. Anna Lill, geb. Renner. S.: 1954-57 Kfm. Lehre, Abschluss mit Kfm.-Gehilfenbrief. K.: 1985-88 nach Mutterschaftspause Doz. f. kreatives Gestalten an d. VHS Bexbach, 1989 Eröff. einer Boutique f. Seidenfloristik u. Geschenke in Bexbach, Kurse f. Seidenfloristik, 1997 Verlagerung d. Geschäftes nach Neunkirchen m. Vergrößerung u. Erweiterung d. Angebotspalette um d. Glas- u. Keramikbereich f. höchste Ansprüche. H.: Beruf, Reisen.

Demeter Veronika *)

Demissieur Thomas

B.: Auktionator. FN.: Auktionshaus im Rohrhof Thomas Demessieur. DA.: 47807 Krefeld, Anrather Str. 224. G.: Solingen, 17. Juni 1958. S.: 1978 Abitur, 1978-86 tätig im öff. Dienst, 1986-90 Stud. Bw. GHS Wuppertal m. Abschluß Dipl.-oec. K.: 1990 selbst. Antiquitätenhändler mit Antiquitäten aus d. 18. Jhdt. u. niederländische Altmeister-Gemälde, 1995 Repräsentant d. Kunstgallerie Koller in Zürich, 1996 Grdg. des Auktionshauses im Rohrhof. P.: Art. über Weltkunst, "Deutsche Barock-Möbel d. 18. Jhdt." M.: RKV, C.I.N.O.A. H.: Sport.

Demir Hasan *)

Demir Zaffer *)

Demiris Constantin Dipl.-Ing. *)

Demirkan Renan
B.: Schauspielerin. FN.: c/o PMC. DA.: 50933 Köln, Alter Militärring 8A. G.: Ankara, 12. Juni 1955. Ki.: Ayse (1987). S.: m. 7 J. nach Deutschland. K.: Der große Bellheim (1983) m. Mario Adorf, 1989 Durchbruch in d. ARD Serie Reporter, autobiograph. Erstlingswerk "Schwarzer Tee mit drei Stück Zucker" (1991) wurde ein Bestseller, 1994 Roman "Frau m. Bart"; Zahn um Zahn (1985), Für immer jung (190), Eureka (1992), Blank Meier Jensen (1992), Verliebt, verlobt, verheiratet (1994), Inzest - Ein Fall f. Sina Teufel (1995), Der Alte - Die Spur d. Todes (1996), Reise in d. Nacht (1997), P.: 1999 "Es wird Diamanten regnen vom Himmel". E.: Goldene Kamera, Grimme-Preis.

Demirovski Agusch

B.: Konstrukteur, Inh. FN.: Konstrukto Ing.-Büro. DA.: 72622 Nürtingen, Mönchstr. 45/1. G.: Skopie, 26. Juli 1970. S.: 1985-90 Berufsfachschule m. Abschluß Bautechniker. K.: 1992-97 Bauzeichner in versch. Ing.-Büros in d. BRD, seit 1997 selbst. Konstrukteur in Burladingen m. Büro f. Konstruktion u. Planung, 2000 Eröffnung des Büros Konstrukto speziell für CAD, Baustatik u. Ing.-Bau. H.: Computer-Software.

Demiröz Demir *)

*) Biographie www.whoiswho-verlag.ch oder beigefügte CD-ROM

Demisch Karl-Dieter Dr.
B.: Jurist, Gschf. FN.: MMG Messe München GmbH. DA.: 81823 München, Messegelände. demisch@messe-muenchen. de. www.messe-muenchen.de. G.: Stettin, 3. Juni 1936. V.: Angela, geb. Soli. Ki.: Natalie (1966), Tobias (1971). El.: Hans-Joachim u. Elisabeth, geb. Stricker. S.: 1957 Abitur Wuppertal, 1957-61 Stud. Jura Univ. Bonn, Zürich u. München, Examensabschluss in München u. Zürich, Referendariat, Zulassung z. Anw., versch. jurist. Tätigkeiten b. einer Vers., d. Dt.-Schweiz. HK Zürich sowie einer Münchner Rechtsanwaltskanzlei, 1968 Prom. z. Dr. iur. K.: 1966 Eintritt in d. MMG Münchner Messe u. Ausstellungs GmbH München, Sachbearbeiter f. Recht, Personal u. Verwaltung, 1968 Prok. b. d. MMG, ab 1977 Prok. b. d. MWM Mode-Woche-München GmbH, Tochterges. d. MMG, seit 1981 Gschf. d. MMG, seit 1983 Gschf. d. MWM Mode-Woche-München GmbH. E.: Verdienstkreuz am Band d. BRD (1983), Gold. EZ d. Rep. Österr. (1986), Medaille "München leuchtet" (1986), BVK 1. Kl. (1988), Cavaliere dell'Ordine al Merito della Repubblica Italiana (1992). M.: Golfclub Ancona/Sirolo. H.: Golf, Segeln, Skifahren, Skilanglaufen.

Demisch Klaus Wilhelm Dr. Prof. *)

Deml Marianne *)

Deml Wolfgang
B.: Dipl.-Wirtschaftsing., Vorst.-Vors. FN.: BayWa AG. DA.: 81925 München, Arabellastr. 4. S.: 1972 Dipl.-Wirtschaftsing. FH München. K.: VPräs. Dt. Raiffeisenverb. e.V., Mtgl. im gschf. Präsidium, AufsR.-Vors. RKW Süd GmbH, RWV Tirol rGenmbH, BHSS GmbH, Bayerische Futtersaatgut GmbH; AufsR.-Mtgl. Dt. Raiffeisen-Warenzentrale GmbH, Bavaria Schiffahrts u. Sped AG, Bayer. Raiffeisen- u. Volksbanken Verlag GmbH, Vorst.-Vors. d. BayWa AG.

Demleitner Elisabeth Ing. *)

Demleitner Klaus

B.: Dipl.-Math., Gschf. FN.: Merck Finck Invest Kapitalanlageges. mbH. DA.: 80333 München, Maximilianspl. 5. klaus.demleitner@mfinvest. de. G.: Bruchsal, 14. Mai 1954. V.: Christine, geb. Amann. Ki.: David (1991), Claudia (1997). El.: Albert u. Elisabeth, geb. Dengler. S.: 1973-80 Math.-Studium an d. Eberhard-Karls-Univ. in Tübingen. K.: 1980-86 Referent Wertpapierabt. Allianz Lebensvers. AG, 1986-89 Ltr. Organ. u. Technik d. Allianz Kapitalanlageges. mbH Stuttgart, 1990-92 Ltr. d. Kundenbetreuung d. Reinhardt GmbH Frankfurt (SER) EDV, 1992-94 Innenltr. im Bereich Asset Management v. Merck Finck & Co München, 1994-95 Ltr. Administration v. Merck Finck Asset Management GmbH & Co München 1995 Dir. v. Merck Finck Invest Kapitalanlageges. mbH München, seit 1996 Gschf. v. Merck Finck Invest m. Verantwortung für die Ressorts, Allg. Ges.-Aufgaben, Innenbereich, Fondsverw., Rechnungswesen, Controlling, Risikomanagement. H.: Familie.

Demling Otto *)

Demme Helmut Dr. *)

Demmel Anton *)

Demmer Dieter *)

Demmer Edgar H. *)

Demmer Erik

B.: Badplaner, Designer, Berater. FN.: Völkel-Badobjekte. DA.: 80638 München, Dall' armistr. 67. G.: Catrin Benedikt. S.: 1985 Abitur, 1986-89 Ausbild. z. Gas- und Wasserinstallateur, Gesellenbrief, 1989 Ausbild. im Arch.- und Designbüro Andreas Weber München, 1990 Ausbild. im Büro Dieter Sieger Arch. u. Design Schloß Harkotten Sassenberg, 1990-93 Ausbild. z. Einzelhdls.-Kfm. b. d. Firma Völkel-Badobjekte München, K.: seit 1993 selbst. Badplaner u. Designer. P.: div. Art. in Fachmagazinen u. in "Steintime", "Il Bagno". E.: Ausz. 1997 f. Waschtischobjekt POLLUX 1: ISH-Messe Frankfurt, Design-Plus, 1998 f. Waschtischsifon POLLUX: Roter Punkt d. Designzentrum NRW, f. Waschtischobjekt POLLUX 1: "Good Design 1998" Chicago Atheneum USA, f. Sifon POLLUX: Intern. Designpreis Baden-Württemberg Design Center Stuttgart, iF-Design Award 1999 Ind. Forum Design Hannover.

Demmerle Michael *)

Demmin-Siegel Nicola
B.: Gschf., Inh., Fernsehjournalistin, Produzentin. FN.: 3 D Team Redaktion Konzeption TV-Produktion. DA u. PA.: 12207 Berlin, Devrientweg 24. G.: Köln, 7. Febr. 1958. V.: Andreas Siegel. El.: Dr. rer. pol. Jürgen u. Helga Demmin, geb. Paries. S.: 1978 Abitur, 1978-80 Stud. Theaterwiss. LMU München, 1980-85 Stud. Kommunikationswiss., Werbepsych., Kunstgeschichte LMU München. K.: 1985 freier Journalistin Australien, 1985-86 Red. u. Moderatorin TV Weiß Blau München, 1986-87 freie Red. f. Australienkurier u. Die Woche, 1987 freie Red. u. Moderatorin AV Audiovision Ingolstadt, 1987-89 Red. TELE 5, 1989 Grdg. 3 D Film, ges.-polit. Beiträge f. TV-Sender, Image-Clips. P.: Fernsehbeiträge, Sendekonzepte f. Magazinsendungen. H.: Beruf. (D.B.-K.)

Demnitz Niels *)

Dempe Stephan Dr. med.

B.: FA f. Innere Med. u. Homöopathie. DA.: 12247 Berlin, Elisabethstr. 24. dempe@ web. de. G.: 24. Aug. 1951. V.: Anneliese, geb. Kunkel. Ki.: Ines (1988), Kerstin (1990). El.: Heinrich u. Ingeborg, geb. Schütz. BV.: Siegfriede Dempe - Yogalehrerin in Weimar. S.: 1971 Abitur, 1971-73 Pflegehelfer versch. KH, 1973 Stud. Chemie FU Berlin, 1973-80 Stud. Med. Univ. Bochum u. FU Berlin, Approb. u. Prom., 1987 FA für Innere Medizin, 1990-92 Ausbildg. Akupunktur Dt. Ges. f. Akupunktur u. Aurikolomed., A-Dipl. in Ohr- u. Körperakupunk-

---

*) Biographie www.whoiswho-verlag.ch oder beigefügte CD-ROM

tur, 1994-95 Ausbild. Homöopathie. K.: 1980-87 Ass.-Arzt d. Infektionsabt. am Klinikum Charlottenburg d. FU Berlin u. 1987-88 OA, seit 1988 ndgl. Arzt f. Innere Med. u. Homöopathie. H.: Fotografieren, Reisen.

Dempewolf Gerhard

B.: Gschf. FN.: B5 Werbehaus - Gruppe f. kommunikative Werbung GmbH. DA.: 30659 Hannover, Rendsburger Str. 14. gdempewolf@b5-werbehaus.de. www.b5-werbehaus.de. G.: Bennemühlen, 27. Apr. 1946. V.: Maike, geb. Jörgensen. Ki.: Thomas (1978), Lena (1982). BV.: 1627 erstmalig erwähnte Müller m. eigener Mühle im Braunschweigischen. S.: b. 1965 Lehre als Schauwerbegestalter, parallel Abendschule Grafikdesign an d. Werkkunstschule, Abschluß als Grafikdesigner. K.: 1. J. Praxis u. Lehre z. Werbekfm. b. 1969, Tätigkeit in d. Schauwerbung als Substitut, später Werbeltr. f. gr. Fashion-Abt. im Bereich Marketing & Werbung, 1978 selbst. u. Grdg. einer Agentur f. Gebrauchswerbung "Dempewolf Full-Service", 1982 Werbeagentur - Umfirmierung, Grdg. div. Tochterges. (Bluehouse, Mediamaster, Fair-Consult), 1990 Grdg. B5 Werbehaus - Gruppe f. kommunikative Werbung GmbH, 1984-91 Präs. Bundesdt. Schauwerber e.V. P.: zahlr. Veröff. in Fachzeitschriften. M.: Kommunikationsverb., Famap-Dt. Public Relation Ges., Havanna Club Hamburg u. Hannover. H.: Skifahren, Segeln (Segelyacht), Tennis, Kunst (Bronzen, Bilder), eigene B5 Art-Edition m. jährl. 100 begrenzten Werken.

Demps Laurenz Dr. phil. habil. Prof.

B.: Univ.-Prof. FN.: Humboldt-Univ. zu Berlin. DA.: 10099 Berlin, Unter den Linden 6. G.: Berlin, 24. Juli 1940. V.: Dipl.-Dolmetscherin Ruth, geb. Friedrichs. Ki.: Alexandra (1976), Stefan (1980). S.: 1961 Abitur Berlin, 1961-66 Stud. Geschichte u. Kunstgeschichte an d. HU Berlin, 1967-70 Prom.-Stipendium, 1970 Prom. z. Dr. phil. K.: 1970-82 Ass. u. ab 1972 OAss. am Inst. f. dt. Geschichte an d. HU Berlin, 1982 Habil., 1983 Doz. f. Berlin-Brandenburg. Territorialgeschichte, s. 1988 Prof. an d. HU Berlin. P.:

Autor u. Mitautor v. über 30 Werken z. Berlingeschichte u. eine Vielzahl v. Publ. z. Dt.-Preuss. u. Berliner Geschichte u.a. "Berlin wird Weltstadt", "Der Gendarmenmarkt", "Die Wilhelmstraße", "Der Invalidenfriedhof". M.: Vorst. "Dombauver." u. "Förderver. Invalidenfriedhof", Beirat d. Stiftung "Topographie des Terrors" sowie Beirat d. "Stiftung Stadtmuseum Berlin", Kuratorium d. Stiftung Denkmalschutz Berlin sowie d. Expertenkommission "Historische Mitte Berlin".

Demsat Jens

B.: Regionaldir.-Ltr. FN.: Regionaldir. f. Dt. Vermögensberatung AG. DA.: 23701 Eutin, Freischützstr. 5. G.: Hansestadt Lübeck, 23. Aug. 1960. V.: Susanne, geb. Heick. Ki.: Nadine (1987), Alina (1992). El.: Rolf u. Elisabeth, geb. Ulbrich. S.: 1977 Mittlere Reife Lübeck, 1977-79 Ausbild. z. Einzelhdls.-Kfm. Lebensmittel REWE Leibbrand, 1979-80 Bundeswehr. K.: 1980-86 Filialltr. d. REWE Leibbrand in versch. Supermärkten in Schleswig-Holstein u. Hamburg, interne Aus- u. Weiterbild., Ausbildereignungsprüf., 1985 nebenberufl. Einstieg in d. Dt. Vermögensberatung, ab 1985 hauptberufl. in d. Vermögensberatung, 1987 geprüfter Vermögensberater BDV, 1990-91 geprüfter Vermögensberater BWA, 1986 Agenturltr., 1988 Generalagentur u. Büro in Ratzeburg, 1992 größere Räume in Ratzeburg, 1997 Eutin, 1999 Erweiterung der Büroräume, Betreuung 3 weiterer Büros in Wismar, Malchin u. Kaltenkirchen, 2000 weitere Außenstellen in Ahrensbök u. Grimmen. M.: Bundesverb. Dt. Vermögensberater. H.: Geldanlagen, Laufen, Fachliteratur.

Demski Eva *)

Demtröder Klaus Dipl.-Ing.

B.: Architekt. FN.: Arch.-Büro Klaus Demtröder. DA.: 22149 Hamburg, Pfarrstr. 13. G.: Attendorn, 7. März 1934. V.: Renate, geb. Noodt. Ki.: Nikola (1965), Till (1967). El.: Karl u. Karla. S.: 1952 Mittlere Reife, 1952-55 Tischlerlehre, 1955-57 Tischlergeselle, 1957-60 Werkkunstschule Hildesheim, 1957-60 Erwerb d. Tischlermeisterschaft u. d. Innenarchitekturdipl., 1960-65 HS-Stud. an d. HS f. bild. Künste Hamburg, 1965 Dipl.-Ing. K.: 1965-72 Architekt u.a. b. Prof. Bernhad Reichow, seit 1972 freiberufl. Architekt m. Schwerpunkt Wohnungsbau. E.: Entwurf u. 1. Preis für das Kirchenzentrum Köln-Bocklemünd-Mengenich 1967. M.: Berufsverb. Vereinigung Freischaft. Architektes e.V. Deutschland (VFA), 1993-2000 1. Vors. d. Landesgruppe Nord d. VFA, seit 2000 Wechsel in d. 2. Vorsitz, Architektenkam. Hamburg. H.: 1963-99 Chormitglied d. Kantorei St. Jacobi Hamburg, Lesen, Reisen, Fotografieren, Holzarbeiten.

Demtrøder Till *)

Demuth Dietmar

B.: Trainer. FN.: FC St. Pauli von 1910 e.V. DA.: 20359 Hamburg, Auf dem Heiligengeistfeld. info@fcstpauli.de. www.fcstpauli.de. G.: Querfurt, 14. Jan. 1955. V.: verh. Ki.: 2 Kinder. K.: Spieler in d. Vereinen: Offenbacher Kickers, TuS Osdorf, FC St. Pauli, Bayer Leverkusen, SV Lurup u. VFL Wolfsburg, seit 1999 Trainer bei FC St. Pauli v. 1910. (Re)

Demuth Hans Jürgen *)

Demuth Hans-Ulrich Dr. rer. nat.

B.: Dipl.-Biochemiker, Vorst. FN.: probiodrug AG. DA.: 06120 Halle/Saale, Weinbergweg 22 (Biozentrum). hans-ulrich.demuth@probiodrug.de. G.: Halle, 27. Feb. 1953. V.: Dr. Cornelia. Ki.: Philip (1978), Franziska (1981). El.: Dr. Wilfried u. Lilly. S.: 1971 Abitur in Halle, 1971-73 Wehrdienst, 1973-77 Stud. d. Biochemie an d. MLU Halle-Wittenberg, Abschluss Dipl., 1977-81 Forschungsstudium an d. MLU Halle-Wittenberg, 1981 Prom., 1990 Habil., Gastaufenthalte an d. Univ. Kansas 1983 u.

1986, sowie an d. Univ. v. Uppsala in Schweden. 1991-94 Oberass. an d. MLU Halle-Wittenberg, 1994-97 Abteilungsleiter Wirkstoff-Biochemie am Hans-Knöll-Inst. in Jena, seit 1996 Mitbegründer u. Gschf. d. Firma probiodrug GmbH, seit 2001 Vorst. d. probiodrug AG f. Wirkstoffforschung, Wirkstoffdesign, Arzneimittel- Forschung, -Entwicklung u. -Herstellung inbesonders f. altersbedingte Erkrankungen wie Diabetes, neuronale u. Immunerkrankungen. BL.: zahlr. Patente. P.: viele Veröff. in nat. u. intern. Zeitschriften z. Enzym- u.

Metabolismusforschung, sowie Immunologie. M.: Dt. Ges. f. Biochemie u. Molekularbiologie, Dt. Diabetischen Ges., Am. Chem. Soc., Amercian Diabetes Association, Europaen Association for Study Diabetes, Protein Soc. H.: Literatur, Musik, Sport, Skifahren.

Demuth Klaus-Henning *)

Demuth Markus *)

Demuth Reinhard Dr. Prof.
B.: Rektor. FN.: Univ. Kiel. DA.: 24118 Kiel, Olshausenstr. 40. www.uni-kiel.de. S.: Stud. Chemie, Geographie u. Sport f. Lehramt Univ. Karlsruhe u. Freiburg, 1. Staatsexamen. K.: wiss. Mitarb. f. anorgan. Chemie u. Kernchemie an d. TU Darmstadt, 1972 Prom., Referendariat, 1974 2. Staatsexamen, 1975-85 tätig im hess. Schuldienst, 1978 Habil. an d. TU Darmstadt, 1985 Prof. f. Chemie u. ihre Didaktik an d. PH Kiel, 1999 Prof. f. Didaktik d. Chemie am Inst. f. Päd. d. Naturwiss. an d. Univ. Kiel, 1996-99 Prorektor u. seit 2000 Rektor d. Univ. Kiel. M.: mehrere J. Senat u. Konsistorium d. PH Kiel, 1994 Dekan f. Erziehungswiss. (Re)

Denami Rocco

B.: Hotelfachmann, Inh. FN.: Ital. Spezialitätenrestaurant La Locanda. DA.: 81539 München, Heimgartenstr. 14. G.: San Constantinio Calabro, 1. März 1958. V.: Roswitha, geb. Martin. Ki.: Raffaele (1991). El.: Raffaele u. Caterina. S.: 1972-75 Hotelfachschule Vibo Valentia. K.: 1976-76 tätig in einem Hotel in Sizilien, 1976-77 Militärdienst, 1977-78 tätig im Robinson-Club Calabrien, 1978-79 im Steigenberger Parkhotel in Düsseldorf, 1979-80 im Robinson-Club in Calabrien, 1980-84 Küchenchef in einem Restaurant in Garmisch-Partenkirchen, seit 1985 selbst. m. d. Restaurant La Locanda in München. M.: Bayr. Gaststättenverb., FC Sportfreunde München, Kiser München e.V. H.: Krafttraining, Fußball.

Denard Michael
B.: Ballettdir. FN.: Dt. Staatsoper Berlin. DA.: 10109 Berlin, Unter den Linden 7. G.: Dresden, 5. Nov. 1944. S.: 1962 Abitur, parallel Tanzausbild. K.: 1965-89 Pariser Oper, seit 1969 Solotänzer, 1972-89 1. Solotänzer, 1989/90 "Ring"-Tournee-Sprecher, seit 1992 Dt. Staatsoper Berlin, 1992-93 künstler. Ltr., seit 1993 Ballettdir. P.: Bücher "Danse l'Oiseau de feu Ballet de Maurice Béjart" (1979), "Le Geste et la Vox" (1981), "L'interpréte et la création". E.: seit 1990 Ritter d. Franz. Ehrenlegion. H.: Beruf, Singen, Theaterspielen, Opern.

Denck Alf-Rico *)

Denck Dieter Dr. med.
B.: Frauenarzt. DA.: 39576 Stendal, Wendstr. 30. PA.: 39576 Stendal, Grüner Weg 12. G.: Stendal, 8. Juli 1958. V.: Dipl.-Geologe Martina, geb. Sperling. Ki.: Maria (1988), Paul Christian (1993). El.: Dr. med. Günter u. Eva-Maria, geb. Böttger. S.: 1977 Abitur Stendal, b. 1980 Zeitsoldat, 1980-86 Stud. Humanmed. an d. Ernst-Moritz-Arndt-Univ. Greifswald. K.:

1986-92 FA-Ausbld. an d. Landesfrauenklinik in Magdeburg, 1991 Prom., 1993 ndlg. in eigener Praxis, Schwerpunkt: Brustdiagnostik u. Mammographie u. Mammasonographie. BL.: Mitaufbau d. Zentrums f. Reproduktionsmed. an d. Landesfrauenklinik in Magdeburg. P.: Veröffentlichungen. in Fachzeitschriften u.a. in d. "Gebfra". E.: Meister in Leichtathletik b. d. kl. DDR-Meisterschaften 1984. M.: Vorst.-Mtgl. DRK Östl. Altmark. H.: Familie, Sport, Garten.

Dencker Friedrich Dr. iur. Prof. *)

Dencker Klaus Peter Dr. Prof.
B.: ltd. Reg.-Dir. FN.: Kulturbehörde d. Freien Hansestadt Hamburg. DA.: 20354 Hamburg, Hohe Bleichen 22. G.: Lübeck, 22. März 1941. V.: Gisela, geb. Böckmann. S.: Andreas (1976), Angelika (1978). El.: Friedrich u. Charlotte, geb. Wegener. S.: Stud. Dt. Literaturwiss., Japanologie u. Phil. Univ. Hamburg. K.: 1965-74 Ass. u. Lehrbeauftragter an d. Univ. Erlangen-Nürnberg, 1974-75 freier Autor u. Filmemacher, 1975-85 Redakteur u. Filmemacher b. SR/Fernsehen, seit 1985 Mitarb. in d. Kulturbehörde Hamburg u. f. Medientheorie u. -praxis an d. Univ. Trier. P.: intern. Ausstellungen d. Visuellen Poesie (seit 1970), Produzent v. Dokumentar- u. Experimentalfilmen f. ARD u. ZDF, Bücher: "Textbilder-Visuelle Poesie intern." (1972), "Der junge Friedell" (1977), "Deutsche Unsinnpoesie" (1978), "Wortköpfe-Visuelle Poesie" (1969-91), "Visuelle Poesie aus Japan" (1997), u.a.m. E.: div. Preise u. Stipendien, 1972 Kulturpreis d. Stadt Erlangen, 1982 Förderpreis zum Kunstpreis Berlin d. Ak. d. Künste, Ehrenbürger d. Stadt New Orleans. M.: Dt. Schriftstellerverb., Jazzband "Jazzbreeze". H.: Gitarre, Banjo, Tennis.

Denda Manfred Dipl.-Ing. *)

Dendl Isabella L.

B.: Sport-Heilpraktikerin in eigener Praxis. DA.: 88131 Lindau, Badstr. 11. www.isabell-dendl-at-online.de. G.: Klagenfurt/A, 3. Apr. 1943. Ki.: Wolfgang (1963), Felix (1973-88). El.: Josef u. Margaretha Hecker. S.: 1960 Matura Graz, Ausbildung Industriekauffrau u. Steuergehilfin, 1989 Ausbildung und Ernährungsberaterin Prof. Brucher, Heilpraktikerausbildung u. 1991 Examen, Ausbildung orthomolekulare Med. Prof. Ohlenschläger, 6 Mon. Praktikum USA. K.: seit 1991 ndlg. Heilpraktikerin m. Schwerpunkt Sauerstofftherapie, Regenerationstherapie u. orthomolekulare Med. P.: bundesweit Vorträge über orthomolekulare Med., zahlr. Berichte u. Beiträge in d. Fachpresse u. regionalen Zeitungen. M.: seit 1992 Golfclub Weißensberg, Verband Freier Heilpraktiker. H.: Beruf, Golf.

Dendorfer Maria *)

Denecke Christian *)

---
*) Biographie www.whoiswho-verlag.ch oder beigefügte CD-ROM

Denecke Hans-Jürgen *)

Denecke Herbert *)

Denecke Manfred

B.: Bioanalytiker, Gesundheitsberater. FN.: InForm Gesundheitszentrum Handorf GmbH. DA.: 48157 Münster, Ludwig-Wolker-Straße 6. G.: Lüdenscheid, 18. Okt. 1946. V.: Jutta, geb. Bergenroth. Ki.: Michaela (1965), Nicola (1967), Julian (2001). S.: 1962-65 Ausbildung z. techn. Zeichner, 1966-98 Offizier d. Bundeswehr, während dieser Zeit ausgebildeter Trainer A in Leichtathletik, autodikt. Studium v. Bioenergetik und Biosensorik. K.: Vereinstrainer Leichathletik TSV Handorf, Verbandstrainer FLV Westfalen, Bundestrainer im Dt. Leichtathletikverband, beschäftigt m. bioenergetischer Analytik d. menschlichen Organismus, Forschung u. Entwicklung eines neuartigen Bioanalyseverfahrens z. bioenergetischen Störfeldanalytik d. menschlichen Organismus auf d. Grundlage v. Bioresonanzschwingungen, 1988 Grdg. eines gesundheitsorientierten Fitness- u. Gesundheitszentrums in Münster-Handorf, 1995 Änderung i. Inst. f. bioenergetische Störfeldanalytik u. Störfeldbeseitigungstherapien im Gesundheitszentrum Handorf, Ernährungs- u. Gesundheitsberatung, Dokumentation v. Krankheitsentwicklungen auf d. ursächlichen Grundlage bioenergetischer Störfelder. P.: Mitarbeit an d. Buch "Bioresonanz u. Radionik". M.: Unabhängige Gesundheitsberatung Deutschland e.V. (UGB), Natur u. Medizin e.V., Vereinigung z. Förderung d. Schwingungsmedizin e.V. H.: Naturforschung, Sport, Fotografieren.

Denecke Maria *)

Deneke Oliver *)

Deneke Volrad Dr. rer. pol. h.c. Prof.

B.: Hptgschf. d. Bundesärztekammer u. d. Dt. Ärztetages a.D. PA.: 53177 Bonn, Axenfeldstr. 16. G.: Wernigerode, 8. März 1920. V.: Erna Elisabeth, geb. Grumbrecht. Ki.: Gabriele (1943), Dr. Jochen (1945), Pflegekind Reinhild verh. Merz. El.: Dr. phil. Günther u. Käthe. S.: 1938 Abitur in Davos. K.: 1940 Buchhdlsgehilfe, 1941-42 Wirt.-journalist, 1945-48 fr. Publizist, 1947-48 Doz. a. d. evang. Bibliothekssch. i. Göttingen, 1948-51 Chef v. Dienst, stv. Chefredakt. d. Aachener Nachrichten, ab 1951 Bonner Korresp. versch. Zeitungen, 1951-55 Bonner Korresp. Zeitungen u. Ztschr., 1955-64 Chefred. d. Dt. Ärzteblattes, MdB i. d. 4. Legislaturperiode, 1969-71 Bundesgschf. d. FDP, 1971-74 Hptgschf. d. Hartmannbundes, Verb. d. Ärzte Deutschl. e.V., 1974-84 Hptgschf. d. Bundesärztekammer u. d. Dt. Ärztetages, 1981-95 Dir. Inst. f. Freie Berufe Univ. Erlangen-Nürnberg, 1961-92 Lehrtätigkeit Düsseldorf, Erlangen u. Mainz, div. Ehrenstellen; seit 1975 Prof. P.: zahlr. Bücher u.a.: Buch zur Geschichte des Hartmannbundes (2000), selbst. Publ., Zeitschr.-aufsätze, Vorlesungen u. Beitr. in Schriftenreihen, Handbüchern, Sammelw. u. Anthologien a. wirt., soz. rechtl. u. med. Geb. E.: Gr. BVK, BVK m. Stern u. Schulterband, VO NRW, Cavaliere Uffiziale d. Werk.-Ord. d. Hg. Paul Italien, EZ d. dt. Ärzteschaft, Hartmann-Thieding-Med. d. Verb. d. Ärzte Dtld., Hartmannbund, Vesalius-Med. f. Verd. um d. ärztl. Fortbild. i. Augsburg, Ludw. Sievers-Preis, 1996 Ehrendoktor in Lüneburg. M.: Ehrenpräs. d. Bundesverb. d. freien Berufe, Ehrenmtgl. d. GMIS d. Vereinigung ehem. MdB, Bundesverb. d. Schriftsteller. Ärzte, Dt. Apoth. u. Ärztebank, 1963-65 Mtgl. Dt. Bundestag, ab 1984 freiberuflicher Fachjournalist. H.: Wissenschaft, Sammlungen v. Zeitungen u. Zeitschriften d. 17. u. 18. Jahrhunderts, Sammeln v. Skatspielen, Schwimmen, Wandern.

Denell Olaf

B.: RA in eigener Kzl. DA.: 06842 Dessau, Askanische Str. 44. G.: Dessau, 31. Okt. 1958. V.: Cathrin, geb. Galetzki. Ki.: Sabrina (1986). El.: Horst u. Helga, geb. Müller. S.: 1977 Abitur, 1977-78 Praktikum DHW Rodleben u. Ausbildung Facharbeiter d. chem. Ind., 1978-82 Studium Humboldt-Univ. Berlin m. Abschluß Dipl.-Jurist. K.: 1982-83 Justiziar im Raum Cottbus, 1983-85 Wehrdienst, 1985-90 tätig im Agrarbetrieb Cobbelsdorf-Fläming u. nebenberufl. Fachstudium u. Agraringenieur, 1990 Zulassung z. RA u. Eröff. d. Kzl. in Dessau m. Tätigkeitsschwerpunkt Umstrukturierung in d. Ldw., Arbeits- u. allg. Zivilrecht. H.: Jagd, Naturschutz.

von Denffer Dietrich Dr. rer. nat. habil. *)

Dengel Frank-Rolf *)

Dengl Josef

B.: Gschf. Ges. FN.: CNA Computer Network Administration. DA.: 85435 Erding, Kirchg. 3. G.: Freising, 6. Nov. 1964. El.: Balthasar u. Hedwig, geb. Harrer. BV.: Michael Dengl Grundbesitzer u. ehem. 1. Bgm. d. Gem. Franzheim. S.: Ausbild. z. Agrartechniker, Gesellenbrief, Ausbild. z. EDV-Kfm. K.: stellv. Betriebsltr. d. Catering-Unternehmens GBB, div. Weiterbild. z. CNE Certified Network Engineer bzw. MCSE, 3 1/2 J. Betriebsltr.GBB, 1992-95 Abt.-Ltr. d. Tochterges. UCB Unternehmensberatung Controlling u. Beteiligungen, 1995 Grdg. d. CNA GmbH. H.: Computer.

Dengler Erich *)

Dengler Eugen Dipl.-Ing. *)

Dengler Gerhard Dr. Prof. em.

B.: Hochschul-Prof., Journalist. PA.: 13156 Berlin, Kleine Homeyerstr. 20. G.: Reinhausen, 24. Mai 1914. V.: Gerda, geb. Koch. Ki.: 2 Söhne. El.: Prof. Alfred u. Elsbeth, geb. Lade. BV.: G.F. Grotefend (1775-1853) Entzifferer der Assyrischen Keilschrift. S.: 1934 Abitur, 1934-35 Stud. Zeitungswiss. an d. Univ. München, 1935-37 Wehrdienst, 1937-39 Stud. Zeitungswiss. Berlin, Prom. z. Dr. phil. K.: b. 1943 Einsatz an d. Ostfront zuletzt als Hptm., erlebte d. Kapitulation b. Stalingrad, anschl. russ. Kriegsgefangenschaft, 1944 Besuch d. zentralen Antifachschule in Moskau u. Mitarb. d. National Komitees Freies Deutschland, 1945 Rückkehr nach Deutschland u. Redakteur d. Sächs. Volkszeitung Dresden, 1946 Chefredakteur Leipziger Volkszeitung, 1948 Chefredakteur d. DEFA Wochenschau "Der Augenzeuge", 1950-59 Redaktion "Neues

*) Biographie www.whoiswho-verlag.ch oder beigefügte CD-ROM

Deutschland", 1954-59 erster ND-Korrespondent in Bonn, 1960-68 Mtgl. u. VPräs. d. Präsidiums d. NationalR. d. DDR, 1968-79 Doz. am Inst. f. Intern. Beziehungen d. Ak. f. Staat u. Recht Potsdam-Babelsberg, 1978 Berufung z. Prof., 1979 Emeritierung. P.: Autor "Die Bonner Masche" (1960), "Zwei Leben in einem - Memoiren I" (1989), "Viele Beulen in Helm - Memoiren II". E.: Gold. Feder d. Journalistenverb. d. DDR. H.: eine Vielzahl v. Gremien u. ges. Organ.

Dengler Ingeborg *)

Dengler Reinhard Dr. med. Prof.

B.: Vorst.-Mtgl. d. Ressort Krankenversorgung. FN.: Med. HS Hannover. DA.: 30625 Hannover, Carl-Neuberg-Str. 1. dengler.reinhard@MH-Hannover.de. G.: Plattling, 12. Aug. 1947. V.: Helene, geb. Beham. Ki.: Eva (1977), Julius (1979), Matthias (1988). El.: Dr. Oswald u. Anna. BV.: Matthias Dengler - Rentmeister im 19. Jhdt. am Hofe d. Fürsten v. Metternich. S.: 1967 Abitur München, 1967-73 Stud. Med. Univ. u. TU München. K.: 1973-74 med. Ass. f. Chir., Innere Med. u. Frauenheilkunde, 1973 Prom. an d. TU München, 1974 amerikan. Staatsexamen u. Approb., 1974 ang. Ass.-Arzt an d. Neurolog. Klinik d. TU München, 1975-76 Wehrdienst am Bundeswehr-KH in Koblenz, 1977 wiss. Ass. am physiolog. Inst. d. TU München, 1978 klin. Ausbild. an d. Neurolog. Klinik d. TU München, 1980 FA f. Neurol., 1982 OA, 1983 Habil., 1984 Priv.-Doz., 1986 Forsch.-Aufenthalt a. d. Univ. v. Alberta in Kanada, 1986 an d. Neurolog. Klinik d. TU München, 1988 VPräs. d. Dt. EEG-Ges., 1989 C3-Prof. an d. Neurolog. Klinik d. Univ. Bonn, 1992 C4-Prof. f. Neurol. an d. Med. HS Hannover u. Dir. d. Abt. Neurol., seit 1993 Mtgl. versch. ak. Gremien d. MHH u. Vors. d. klin. Sektion III, 1996-99 Mtgl. d. Scientific Committee d. Motoneuron Association, ab 1997 Mtgl. d. Gutachterkmsn. f. ALS-Forsch. d. Dt. Ges. f. Muskelkranke, 1977 Intern. Delegate d. Dt. Ges. f. klin. Neurophysiologie, 1999 Associate Editon f. Amyotrophic Lateral Sclerosis in London, 1999 stellv. Vors. d. wiss. BeiR. d. Dt. Ges. f. Muskelkranke, 2000 Mtgl. d. Kmsn. DRG d. Dt. Ges. f. Neurol., 2001 Vorst.-Sprecher d. MHH u. Vors. d. wiss. BeiR. d. Dt. Ges. f. Muskelkranke; Gutachter f.: Dt. Forsch.-Gemeinschaft, BMBF, Dt. Stiftung f. Querschnittlähmung, DGM, Dt. Dystonieges., Dt. Ges. f. klin. Neurophysiologie u. Hedonpreis, Organ. v. nat. u. intern. Kongressen u. Tagungen. E.: 1987 Richard Jung Preises d. Dt. EEG-Ges., Mithrsg. d. Jahrbuches f. Neurol. (1988-94), "Corticosteroides and Neurimuscular Transmission" (1979), "Quantitative Analysis of single motor units in basal ganglia disorders" (1986), "Alberation of sensomotor integration in musician's cramp" (2000), "Dysport of biological availability" (2001). M.: seit 1987 BeiR. d. Z.EEG.-EMG, seit 1997 BeiR. u. Aktuelle Neurol., regelm. Gutachter f. versch. Fachmagazine, seit 1999 Associate Editor f. Amyotrophic lateral sclerosis and other motor neurone disease, DGN, ENS, EMG, AAEM, DGM u. ab 1999 stellv. Vors., MODIS, Society for Neuroscience. H.: Musik, Cello spielen, Tennis, Laufen.

Deninger Johannes Dr. Prof. *)

Deninger-Polzer Gertrude Dr. Prof. *)

Denis Michael Dipl.-Kfm. *)

Denizart Kathrin *)

Denk Karl Franz

B.: Funeralmaster - Betattermeister. FN.: TrauerHilfe DENK. DA.: 81541 München, St.-Bonifatius-Str. 8. G.: München, 14. Sep. 1930. V.: Ute, geb. Pichler. Ki.: Prof. Dr. Michael, Nicola, Karl-Albert. El.: Karl u. Else. S.: Gymn., HASCH, 1950-60 Kunstschule München. K.: 1949 Einstieg in d. elterl. Betrieb, 1961 geprüfter Bestatter, 1964-69 Stud. BWL Dt. Ak. Bad Godesberg, würdige Trauerfeiern u. Bestattungen u.a. d. Min.-Präs. Strauss u. Goppel u. vieler Prominenten z.B. Prof. W. Messerschmitt, Dr. Horst Jannot, Heinz Rühmann, Luise Ulrich. P.: Forum (1992) - Bestattung u. Kirche, "Musik bei Trauerfeiern" 1996. M.: zahl. Verb. u. Ver. u.a. Vizepräs. d. BDB (Bundesverband Dt. Bestatter e.V.), seit 1961 Vizepräs. d. Landesfachverb. Bestattungsgewerbe, seit 1961 stellv. Vors. Bestatterverband Bayern e.V., Vorst.-Mtgl. d. HWK f. München u. Oberbayern. H.: Malen, Musik, Wandern, Bergsteigen.

Denk Markus Dipl.-Ing.

B.: Gschf. Ges. FN.: mellow message Medienproduktion GmbH. DA.: 04107 Leipzig, Riemannstr. 29b. denk@mellowmessage. de. www.mellowmessage.de. G.: 30. Mai 1975. S.: 1995 Abitur in Straubing. K: 1993-96 Vorst. d. KLJB Altenkirchen, 1995-2000 Stud. d. Medientechnik in Mittweida, Abschluss Dipl.-Ing., 1996-97 . Ltg. d. "EMMI - Elektronische Medienanalyse" in Mittweida, 1996-98 versch. Praktika u. Regieassistenzen b. ARTE/ZDF, SAT 1 u. Bayer. Fernsehen, 1999 Grdg. d. mellow message Medienproduktion GmbH in Leipzig: Multimedia Konzeption Consulting, Internetauftritte, Webdesign, 2- u. 3D Animation CD-Rom, DVD, Videos. BL.: Veranstalter d. 1. Leipziger Medien-Volleyballturnieres "Mellow-Beach-Cup". E.: Bronze b. Art-Directors-Cup Multimedia (1999), Online-Award f. d. beste Webseite in d. Kategorie Nutzen (2001). M.: DMMV, KLJB. H.: Literatur, Sportschiessen, Natur.

Denk Peter J. A. Dipl.-Ing. Maschinenbau

B.: Gschf. FN.: Denk Engineering GmbH. GT.: Konstruktion und Design von Einspurfahrzeugen und Carbonbauteilen. DA.: 79102 Freiburg, Brombergstr. 2. denk.engineering@t-online.de. www. scottusa.com. G.: Stuttgart, 1966. Ki.: Luca (1999). El.: Rudolf u. Sieglinde, geb. Walter. S.: 1986 Abitur, 1990 Bürokaufmann, 1995 Diplom Maschinenbau. K.: 1991-94 nebenberufl. tätig f. d. Pacific Cycles Taiwan, 1992-97 Aufbau u. Führung d. Firma Hot Chili Bicycles, 1997 Verkauf v. Hot Chili, seit 1996 Leitung d. Entwicklung f. Firma Scott USA in Sun Valley/USA. BL.: 1990 erstes vollgefedertes Rad mit mittlerem Drehpunkt, Gewinn a. Worldcup DH in Nevegal mit Hot Chili, 1997 Entwicklung d. G-Zero Drehpunktes, 1999 Entwicklung d. Scott Strike als erstes vollgefedertes MTB unter 2 kg aus Carbonfaser, 2001 Entwicklung d. leichtesten Rennradrahmens d. Welt mit 970 Gramm, d. höchstem jemals gemessenen STW-Wert, versch. Patente zur Fahrwerkstechnik. F.: Linzenzgeber f. d. Firma Rock Shox USA, U-Turn Patent. P.: Veröff. in Fachzeitschriften z. Thema Fahrwerkstechnik. E.: Urkunde Bike d. J. 1996-2000 in versch. Ländern, div. weitere Auszeichnungen. H.: Radfahren, Motorradfahren, Reisen.

Denk Rolf Dr. Prof.

B.: FA f. Haut- u. Geschlechtskrankheiten, Allergologie, Umweltmedizin. DA.: 65428 Rüsselsheim, Oberg. 65. G.: Düsseldorf, 28. Juni 1958. V.: Dr. Brigitte, geb. Einsiedel. Ki.: Dr.

---

*) Biographie www.whoiswho-verlag.ch oder beigefügte CD-ROM

Barbara (1958), Dr. Michael (1967). S.: 1955 Abitur Düsseldorf, 1955-60 Med.-Stud. Marburg, Düsseldorf u. Freiburg. K.: 1960-62 Med. Ass., 1962 Prom., 1962-74 Univ.-Klinik Mainz, 1969 Habil., 1972 apl. Prof., 1974 selbst. Hautarzt. P.: "Dermatolog. Differential Diagnose" in 4 Sprachen übersetzt, zahlr. Fachpubl. M.: Ehrenvors. d. Interessengem. z. Bekämpfung d. Fluglärms.

Denkeler Kurt *)

Denkena Hans-Hinrich

B.: Prokurist. FN.: Hass + Hatje GmbH Bauzentrum. DA.: 23843 Bad Oldesloe, Lily-Braun-Str. 2-8. oldesloe@hasshatje.de. G.: Pinneberg, 10. März 1954. V.: Adelgunde, geb. Urbanski. Ki.: Marc (1991), Leona (1994). S.: 1968-70 Handelsschule, 1970-73 Lehre als Groß- u. Außenhdls.-Kfm., 1977-81 Bundeswehr u. Hdls.-Fachwirt. K.: 1973-77 kfm. Ang. b. Hass + Hatje, 1981-86 kfm. Ang. b. Hass + Hatje, seit 1990 Prokurist b. Hass + Hatje. H.: Familie, Haus u. Garten, Sport, Schwimmen.

Denkena Manfred

B.: Kfm., Inh. FN.: Reformhaus Sasel. DA.: 22393 Hamburg, Saseler Markt 12. G.: Pinneberg, 8. Jan. 1950. V.: Ruth, geb. Boldt. Ki.: Jannette (1967). S.: 1966-70 Ausbild. z. Büchsenmacher in Firma Nönnchen Pinneberg, 1970-78 Bundesgrenzschutz in Lübeck - Polizeimstr., 1977-80 Umschulung z. Reformwarenkfm. in Firma Reuter Pinneberg. K.: 1980 Weiterbild. zum Ernährungs- u. Diätberater an d. Reformhausfachak. Bad Homburg, 1981 Kauf u. Übern. d. Reformhauses Sasel in Hamburg, 1988 Mitbegründer u. im Vorst. d. IWG Interessen- u. Werbegemeinschaft Saseler Gewerbebetreibender e.V., seit 1997 1. Vors. d. IWG Einzelhdl., Freiberufler u. Handwerker. M.: Ver. z. Förd. d. Einzelhdls. e.V. H.: Segeln, Gartenarb.

Denker Hans-Jürgen Dr. med. *)

Denker Jens

B.: Kfz-Meister, Gschf. Ges. FN.: Jens Denker GmbH & Co KG. DA.: 27793 Wildeshausen, Harpstedter Str. 34. denker@opel-denker.de. www.opel-denker.de. G.: Wildeshausen, 10. Mai 1963. V.: Hanna, geb. Sassen. Ki.: Pia (1995). El.: Klaus u. Margret. S.: 1979-82 Ausbildung z. Kfz-Mechaniker in Nordenham, 1982 Australienaufenthalt. K.: 1983-86 Kfz-Mechaniker b. Mercedes Benz Bremen, 1986-87 Meisterprüfung, 1987-89 Kfz-Meister BMW München, 1989 Auslandsaufenthalt Amerika und Australien, 1990 Eintritt in d. väterl. Unternehmen Opel Denker in Wildeshausen, 1996 Übernahme Opel Denker als Gschf. Ges. H.: Reisen, Motorradfahren, Segeln.

Denker Johannes Dipl.-Ing. *)

Denkert Herbert *)

Denkert Ralf Dr.-Ing.

B.: Unternehmer, Inh. FN.: Ing.-Büro Dr.-Ing. Ralf Denkert. DA.: 44801 Bochum, Markstr. 77. G.: Osterode/ Harz, 15. Feb. 1953. V.: Renate, geb. Wiedhoeft. Ki.: Maren, Jörn. S.: 1972 Abitur, 1975-81 Stud. Bauing.-Wesen Univ. Hannover. K.: 1983-87 wiss. Mitarb. Lehrstuhl Wassertechnik u. Umwelttechnik II, Siedlungswasserwirtschaft Prof. Möller, 1988 Prom: "Einflüsse auf die Leistungsfähigkeit u. Wirtschaftlichkeit einer prozeßgesteuerten Dekantier-Zentrifuge zur Überschußschlammeindickung", 1987-90 Mitarb. Firma KHD Köln, seit 1990 selbst. BL.: Optimierung z. Abwasserreinigung u. Klärschlammbehandlung, spez. Untersuchung z. Klärschlammeindickung u. Entwässerung, Weiterentwicklung eines Verfahrens z. optimierten Klärschlammkonditionierung. F.: seit 1990 Dr. Denkert Aqua Engineering. P.: ca. 30 Veröff. u. Vorträge. E.: 1988 Förderpreis Innovation. M.: ATV, Greenpeace. H.: Sport, Skifahren, Wandern.

Denkewitz Peter *)

Denkhaus Gert Günther

B.: Verb.-Gschf. FN.: Bundesverb. Zeitarb. Personal-Dienstleistungen e.V. DA.: 53113 Bonn, Prinz-Albert-Str. 73. G.: Rostock, 16. Aug. 1947. BV.: Friedrich Drenckhahn, Prof. f. Math. u. Päd. in Kiel u. Flensburg. S.: 1966 Abitur, 1966-69 Lehre Luftverkehrskfm. Dt. Lufthansa Deutschland u. New York, 1969-74 Stud. Rechtswiss. Hamburg u. Mitarb. Lufthansa, 1974 1. Staatsexamen, 1974-77 Referendariat Hamburg, 1977 2. Staatsexamen. K.: 1977-79 Trainee bei d. Dt. Bank Zentrale in Frankfurt, Hamburg u. Düsseldorf, 1979-85 Gschf. d. Bundesverb. d. Dt. Taxigewerbes, 1980 Überführung d. Verb. nach Bonn u. ab 1982 Hauptgschf., 1985-87 ltd. Gschf. d. Bundesverb. d. Vers.-Kaufleute in Bonn, seit 1988 Hauptgschf. d. Bundesverb. Zeitarb. Personal-Dienstleistungen e.V., 1992 Berufung in Vorst. u. Präsidium; Funktionen: seit 1993 stellv. Vorst.-Mtgl. d. Arb.-Geber Bundesvereinig. Köln, seit 1993 Mtgl. d. Vertreterversammlung d. Verwaltungs-BG, seit 1994 Gschf. d. Bundesverb. Personalvermittlung e.V., 1997 Berater d. Dt. Arb.-Geber bei der ILO-Konferenz f. d. Konvention 181 u. glz. ab 1980 RA in Bonn. P.: Mithrsg. v. "Zeitarb." (1994). M.: Aktionsgemeinschaft wirtschaftl. Mittelstand, Deutsch Public Relations Ges. H.: Wandern.

Denkl Hellmut Rainer Dr. jur. *)

Denkler Horst Dr. Prof. *)

Denkmeier Günther *)

Dennemarck Peter *)

---

*) Biographie www.whoiswho-verlag.ch oder beigefügte CD-ROM

Denner Achim Dr.

DGSS. H.: Sport.

B.: Gschf. FN.: FPZ Forsch. u. Präventionszentrum GmbH. DA.: 50667 Köln, WDR Arkaden Auf der Ruhr 2. G.: Sparwiesen, 31. Aug. 1960. V.: Ina, geb. Braun. Ki.: Sebastian, Katharina. El.: Hans u. Elfriede, geb. Unruh. S.: 1979 Abitur Göppingen, 1983-87 Stud. an d. Dt. Sport-HS Köln m. Abschluss als Dipl.-Sportwissenschaftler, 1995 Prom. K.: 1993 Grdg. d. FPZ Forsch.- u. Präventionszentrums in Köln. E.: Richard-Merten-Preis 1998, Vorst.-Vors. d. FPZ Stiftung. M.: Spine Society of Europe,

Denner Joachim

B.: staatl. geprüfter Augenoptiker, Inh. FN.: Augenoptik Denner. DA.: 14169 Berlin, Clayallee 339. PA.: 14165 Berlin, Kunzendorfstr. 4. G.: Berlin, 24. Mai 1949. V.: Susan. Ki.: Florian (1998). El.: Erna u. Horst Denner. S.: 1964 Mittlere Reife, 1965-68 Lehre Augenoptiker väterl. Betrieb. K.: b. 1971 Geselle i. väterl. Betrieb, 1971-73 Meisterschule an d. Höheren Fachschule f. Optik u. Fototechnik in Berlin, 1973 Meisterprüf., 1999 Übernahme d. Betriebes m. Schwerpunkt Augenprüfung, Kontaktlinsenanpassung, Sehilfen f. Schwachsichtige, elektron. Lesegeräte u.a.m. P.: Titelblätter u.a. 2 x v. Unterwasser, Tauchen (1999). E.: Preise f. Unterwasserfotografie. H.: Tauchen, Unterwasserfotografie, Reisen nach Philippinen, Malediven, Rotes Meer u. Komoren.

Denner Karsten Dr. sc. med. *)

Denner-Brückner Bettina *)

Dennert Manfred Dr. rer. nat. *)

Dennewitz Ekkehard *)

Dennhardt Hans Dr.-Ing. Prof. *)

Dennhardt Holger Götz

B.: Zahnarzt, Gschf. FN.: FIZ GmbH. GT.: 1994 Pilotenausbildung u. Grdg. d. Charterfluggesellschaft SDS in Landshut, z.Zt. 3 Flugzeuge, 2000 erweitert auf Charteryacht z.Zt. 1 Yacht. DA.: 84036 Landshut, Innere Münchener Str. 17. PA.: 84036 Landshut, Bussardstr. 32d. dennhardt.holger@t-online.de. www.forimp.de. G.: Meran, 24. Apr. 1961. V.: Jaqueline, geb. Hoffmann. Ki.: Benjamin (1984), Susan (1988). El.: Günther und Rosemarie. S.: 1979 Abitur Nordhausen/Harz, 1979-86 Stud. Med. u. Zahnmed. in Jena, Tübigen u. Perugia/Italien, 1986-88 Harvard Univ. in Boston (DMD), 1988-90 Stud. Med. u. Zahnmed. in Tübingen. K.: 1990 Ass.-Zahnarzt in Praxis Frohneberg Reutlingen, 1992 ndlg. in Landshut, 1996 Studienaufenthalt in Harvard, 1999 Grdg. d. FIZ. P.: Vorträge über Microchirurgie im In- u. Ausland. M.: AOPA, DGZMK, DGP, GAK, BDIZ, AAP, GOI, BAO. H.: Sport, Kinder, Fliegen, Motorrad.

Dennhardt Wolf Rüdiger Dr. med. Prof. *)

Dennhofer-Nossack Elke *)

Dennog Lars

B.: RA. FN.: Rechtsanwälte Kramer Dennog Porst. DA.: 90403 Nürnberg, Vordere Ledergass. 16-20. rae_krdt@t-online.de. G.: Bremen, 30. Apr. 1965. El.: Arnold u. Helga. S.: 1984 Abitur Bremen, 1986-93 Stud. Rechtswiss. Friedrich-Alexander-Univ. Erlangen, 1993 1. Jur. Staatsexamen, 1993-95 Referendarzeit in Nürnberg, 1995 2. Jur. Staatsexamen. K.: 1996 Anwaltszulassung Nürnberg, 1996-2000 selbständig als Einzelanwalt in Nürnberg, seit 2000 Grdg. d. Sozietät. M.: Anwaltsverein Nürnberg-Fürth. H.: Motorradrennsport, Motorradreisen, Technik/Maschinenbau, spielt Posaune, Geschichte, Politik.

Denschlag Anette

B.: Gschf. FN.: Anettes Brautmoden. DA.: 67551 Worms, Backhausg. 16. www.brautmoden-worms.de. G.: Worms, 13. März 1958. V.: Erich Denschlag. Ki.: Mattias (1982), Stefan (1983). BV.: Präs. Eisenhower. S.: 1972-74 Lehre Apothekengehilfin. K.: 1974-83 tätig in einer Apotheke, 1984-85 Werbedame der Firma Belheimer Bier, 1985 Eröffn. eines Secondhand-Ladens, 1997 Eröffnung d. Firma Anettes Brautmoden. H.: Tanzgruppe, Familie.

Denschlag Dieter

B.: Kfm., Unternehmer, selbständig. FN.: ISD Immobilien-Service Denschlag. DA.: 67547 Worms, Neumarkt 7. denschlag@denschlag.de. www.denschlag.de. G.: Worms, 13. Juli 1943. V.: verh. S.: 1958-61 Lehre als Groß- u. Außenhandelskaufmann, 1972-74 Stud. BWL, Abschluss Bw., 1973-74 Begleitstudium ADA (Ausbildung z. Ausbilder). K.: tätig in versch. Unternehmen, 1967-72 jüngster Handlungsbevollmächtiger eines Großkonzerns f. Spezialbauteile, Vertrieb Süddeutschland, parallel z. Stud. Ass. d. Gschf., ZBV-Mann, seit 1974 selbständig als Handelsvertreter f. d. Bausparkasse Schwäbisch Hall, seit 1978 zusätzl. Beginn d. Immobilien-Service Denschlag in Worms, Ausbildung z. geprüften Bewertungssachverständigen f. bebauten u. unbebauten Grundbesitz. E.: Kammermedaille IHK Rhein-Hessen. M.: Vorst.-Mtgl. VDM-Landesverband Rheinland-Pfalz, einige J. stellv. Landesvorsitzender, seit Anfang d. 80er J. Mtgl. im IHK-Prüfungsausschuss, Vors. d. Prüfungsausschusses f. Bürokaufleute, Vollversammlungs-Mtgl. IHK Rhein-Hessen. H.: Familie u. Beruf, Reisen in ferne Länder, fremde Kulturen, Lesen.

Denschlag Johannes Otto Dr. rer. nat. Prof. *)

Denso Jochen *)

---

*) Biographie www.whoiswho-verlag.ch oder beigefügte CD-ROM

Densow Ulrich

B.: Apotheker. FN.: Adler Apotheke. DA.: 41236 Mönchengladbach-Rheydt, Hauptstr. 67. G.: Köln, 5. Mai 1964. V.: Alexandra, geb. Queck. El.: Dr. med. Werner u. Amerose. S.: 1983 Abitur, 1983-84 Bundeswehr, 1984-87 Bankkfm.-Lehre, 1987-92 Stud. Pharmazie an d. Heinrich-Heine-Univ. Düsseldorf. K.: 1992-94 Praktikum u. Vertretung in versch. Apotheken, 1995-98 Apotheker in d. Apotheke v. Dr. Munscheid Düsseldorf, 1999 Übernahme d. Adler-Apotheke. H.: Pflanzenwelt.

Deny-Jahnke Barbara *)

Denz Wolfgang Ernst *)

Denzer Gilbert

B.: Prok. FN.: Baywobau Baubetreuung GmbH. DA.: 80469 München, Geyerstr. 32. PA.: 85551 Heimstetten, Bussardring 2. info@baywobau.de. www. baywobau.de. G.: Holzkirchen, 30. Apr. 1958. V.: Sabine, geb. Frötsch. El.: Gilbert u. Ingeborg. S.: 1974 Mittlere Reife, 1974-77 Lehre Ind.-Kfm. Firma Signalbau Huber München, 1977-79 Bundeswehr. K.: 1979-81 Gruppenltr. f. Statistik in d. Firma Prager Kartonagen in München, 1981-84 Berater im Team Vers.-Dienst f. Ärzte in d. Bayr. Vers.-Kam. in München, 1984-87 selbst. m. Grdg. d. Firma WKI Wirtschaftsberatungs GmbH f. Kapital- u. Immobilienanlagen als Gschf. Ges., 1987 Ltr. d. Immobilien-Service in d. Firma Baywobau GmbH in München u. ab 1991 Ltr. d. Vertriebs, 1990 Hdlg.-Bev., 1994 Prok. u. seit 1999 verantwortl. f. d. gesamten Vertrieb, PR u. Marketing. P.: zahlr. Veröff. in Fachzeitschriften u. Tagszeitungen zu Themen rund um Immobilien. E.: 1994 TÜV-Zertifikat als 1. Wohnbau-Unternehmen. M.: Verb. Dt. Wohnungsunternehmer, Tennisver. Heimsteten e.V. H.: Skifahren, Kochen, Tennis, Malen.

Denzer Karl-Josef *)

Denzer Kurt Dr. phil.

B.: Stud.-Dir. FN.: Christian-Albrechts-Univ. zu Kiel, Arb.-Gruppe Film. DA.: 24105 Kiel, Breiter Weg 10. G.: Berlin, 4. Aug. 1939. V.: Dr. Stephanie, geb. Fürst. El.: Kurt u. Lilly. S.: 1960 Abitur Detmold, Stud. Dt., Latein u. Phil. Innsbruck u. Kiel, 1968 1. Examen, 1971 Prom. u. 2. Examen Kiel. K.: 1970-81 Lehramtstätigkeit am Gymn. Neumünster, seit 1979-88 Abt.-Ltr. f. kulturelle Betreuung im Studentenwerk Schleswig-Holstein, seit 1987 an d. Christian-Albrechts-Univ. zu Kiel, Grdg. u. Ltg. d. Arb.-Gruppe Film d. Christian-Albrechts-Univ. zu Kiel; Funktion: Dokumentarfilmregisseur versch. Filme, Grdg. u. Ltg. d. CINARCHEA. P.: Filme: "Die Welt d. Wikinger", "Vom Baum z. Einbaum", "Das Haithabu Schiff", "Mit Shangri La auf Wikinger-Kurs", "Wer befreite Helgoland?" u.a. E.: Bundesverd.-Med., zahlr. Preise u. Ausz. auf intern. Filmfestivals. M.: Gewerkschaft, SPD, Grdg.-Mtgl. versch. kultureller Organ. H.: Skifahren, Tennis, Reisen.

Denzler Franz *)

Denzler Georg Dr. theol. *)

Denzler Reiner *)

Deparade Klaus Dr.-Ing.

B.: Vorst.-Vors. FN.: Avacon DA.: 38350 Helmstedt, Schöninger Str. 10. PA.: 30989 Gehrden, Waldstr. 19. G.: Hildesheim, 9. Juni 1938. V.: Elke, geb. Frühbrodt. Ki.: René Burkhard, Nicole Gerhild. El.: Adolf u. Karla. S.: 1956 Abitur Buenos Aires, Stud. Elektrotechnik TU Braunschweig u. Hannover, 1967 Dipl.-Ing., 1974 Prom. K.: 1970-79 Gschf. Verb. d. Energie-Abnehmer VEA, 1978-79 Inst. f. Energieeinsparung IfE, 1979-91 Ltr. Hpt.Abt. Energiewirtschaft d. Hastra, 1990-91 Geschf. VDEW-Lds.Grp. Niedersachsen-Bremen, 1991-94 Vorst.-Mitgl. d. OTEV u. EWO, 1994-95 Vorst.-Mtgl. d. TEAG, 1995-99 Vorst.-Mtgl. d. HASTRA, seit 1999 Vorst.-Mtgl. u. seit 2001 Vorst.-Vors. d. Avacon AG, AufsR-Vors. SVO Energie, Celle, AufsR-Mtgl.: WEVG Wasser- u. Energievers. GmbH, Salzgitter; Harzwasserwerke GmbH, Hildesheim; BKB Braunschweigische Kohlenbergwerke AG, Helmstedt; Beirats-Mtgl.: VNG Verbund-Netz Gas AG, Leipzig; Ruhrgas AG, Essen. P.: Netz- und Anschlußkosten in der Elektrizitätswirtschaft der Bundesrepublik Deutschland (1975), Energiekosten senken (1977), über 100 Fachveröff. E.: Leistungsabz. d. Bundeswehr in Gold. M.: Vorst.-Rat VDEW, VDE, VDI, Lions Club Jena. H.: klass. Musik, histor. Literatur, Familienforschung.

Depenbrock Manfred Dr.-Ing. *)

Depenheuer Frank Dr. iur. *)

Depmeier Barbara *)

Depner Hans-Adolf Dipl.-Ing.

B.: Gschf. FN.: Wasserverb. Peine. DA.: 31226 Peine, Horst 6. PA.: 38176 Wendeburg, Grasgarten 36. G.: Bargfeld, 19. März 1938. V.: Christine, geb. Kellner. Ki.: Gerald (1963), Martin (1967), Carolin (1990). S.: 1956 Mittlere Reife, 1956-61 Praktikum u. Ing.-Stud. "Wasserwirtschaft" an d. FH in Suderberg. K.: 1961-90 Land Niedersachsen, 2 J. Ausbild. f. d. wasserwirtschaftl. u. ing.-bautechn. Verw.-Dienst in Celle u. Lüneburg, 7 J. Fachdezernat Wasserwirtschaft b. d. Bez.-Reg. Braunschweig, 20 J. Staatl. Amt f. Wasser u. Abfall in Braunschweig, davon 14 J. geschäftsltd. Bmtr. u. Beauftragter f. d. Haushalt, 1990 stellv. Gschf. b. Wasserverb. Peine, seit 1991 Gschf. d. Wasserverb. Peine. M.: TB Bortfeld, BTC Bortfeld BWK u. hier Bundesdeligierter, Kuratoriumsmtgl. im Norddt. Wasserzentrum. H.: Fußball, Tennis.

Depnering Wilfried *)

Deppe Erich Dr.

B.: Vors. d. Vorst. FN.: Stadtwerke Hannover AG. DA.: 30449 Hannover, Ihmepl. 2. G.: Hannover, 1939. S.: 1960-63 Stud. Wirtschaftswiss. Univ. Hannover u. Köln, 1968 Prom. z. Dr. rer. pol. K.: Steuerberater, 1974 Stadtkämmerer d. Landeshauptstadt Hannover, seit 1974 AufsR. d. Stadtwerke Hannover AG, 1979-82 Vors., seit 1985 kfm. Direktor u. Vors. d. Vorst. d. Stadtwerke Hannover AG, 1998 Vizepräsident d. Bundesverb. d. Gas- u. Wasserwirtschaft e.V. (BGW).

*) Biographie www.whoiswho-verlag.ch oder beigefügte CD-ROM

Deppe Lothar Karl Wilhelm Dr. *)

Deppe Simone

B.: Gschf. FN.: Cosito Marketing u. Vertrieb. DA.: 59227 Ahlen, Differdinger Str. 25A. G.: Hamm, 12. Okt. 1969. V.: Jörg Deppe. Ki.: Tobias. El.: Josef u. Hedwig, geb. Doliva. S.: 1986-89 Lehre als Einzelhandelskauffrau in Neubekkum. K.: 1990-92 Marketingbereich bei einer Softwarefirma, gleichzeitig Fortbildung: Verkaufspsychologisches Studium in Bekkum, 1998 selbständiger Gschf., Grdg. des Cosito Marketing u. Vertrieb in Ahlen . P.: Arbeit am Buch über Glioblastom-erkrankte Kinder. E.: Auszeichnung im Musikbereich. M.: Inst. f. Wirtschaft u. Finanzen. H.: Musik, Musizieren an versch. Instrumenten.

Deppe Wilhelm Dipl.-Ing. *)

Deppe-Wolfinger Helga Dr. *)

Deppen Jürgen

B.: Hotelkfm., Inh. FN.: Rasthaus-Motel Hockenheimring West. DA.: 68766 Hockenheim, Raststätte West 1. PA.: 65597 Hünfelden 5, Am Zollhaus 14. rasthaus.hockenheimring. west @t-online.de. G.: Bremen, 26. Juni 1941. V.: Ingeborg, geb. Faust. Ki.: Christian (1964), Christine (1975), Henning (1978). El.: Karl Johann Emil und Alma-Gesine, geb. Warnken. S.: Mittlere Reife, 1959 Abschluß Handelsschule. K.: 1959-62 tätig im großelterl. Möbeleinzelhdl., 1962-64 Ausbild. z. Hotelkfm. in Hamburg, 1965-66 Rezeptionist im Hotel Commodore in Paris u. Sprachstud. Franz., 1966 tätig im Hotel Colombi in Freiburg, 1967-68 Ass. u. Banqueting Manager im Kensington Palace Hotel in London, 1968/69 Ass. u. Manager in d. Esso-Motor-Hotels in Heidelberg, Sindelfingen u. Hannover, 1970-77 Produktmanager u. Verkaufsltr. in Deutschland, Österr., Schweiz u. Benelux-Ländern f. d. US-Konzern Keys-Fibre, 1978-79 Gschf. d. Domopark GmbH, 1979-86 Bertriebsltr. u. Prok. d. Gastronomie u. Air Catering am Flughafen in Köln-Bonn, 1986/87 Verkaufsltr. f. Großkücheneinrichtungen d. Firma AMF in Wiesbaden, 1988-93 Betriebsltr. im Autobahnrasthaus u. Motel Fernthal West, seit 1993 selbst. Betreiber d. Autobahnrasthaus u. Motel Hockenheimring West. M.: ehrenamtl. Richter am Arb.-Gericht Mannheim, Vorst.-Mtgl. d. DEHOGA Rhein-Neckar-Kreis. H.: Hochseesegeln, Schwimmen, Tennis.

Deppert Wolfgang Dr. rer. nat. *)

Depping Heinrich August Friedrich *)

Depping Peter

B.: Tischlermeister, selbständig. FN.: Tischlermeister P. Depping. DA.: 31737 Rinteln, Am Hang 18. G.: Rinteln, 21. Okt. 1965. V.: Andrea, geb. Schwarz. Ki.: Alina (1995). S.: 1982 Berufsschulzentrum Rinteln, Abschluß I Berufsschule für Technik, 1983 Ausbild. Holzmechaniker Almena. K.: 1987-90 Tischler der Firma Assmus Ladenbau in Rinteln, danach Tischler bei d. Grundstücksgemeinschaft Rohlfs, 1995-96 Ausbildung am Berufsbildungszentrum in Hildesheim m. Abschluß Tischlermeister, 1997 Gründung der Tischlerei in Bösingfeld-Extertal mit Schwerpunkt Sonderanfertigungen, 1999 Grdg. d. Firma DDH Holzbearbeitungs-Technik GmbH in Rinteln, Firmenname geändert auf Depping Holzbearbeitungs-Technik.

BL.: Entwicklung eines einzigartigen lösbaren Treppenstufen-Befestigungssystems v. Holz auf Beton u. Patentanmeldung. E.: Innovationspreis d. Nds. Handwerks (1998), Innovationspreis f. Treppenstufen (2000). M.: FFW Friedrichwald. H.: Familie, Edelhölzer im künstl. Bereich.

Depping Uwe Dipl.-Bw.

B.: Steuerberater, selbständig. DA.: 31737 Rineln, Unter der Frankenburg 22. G.: Rinteln, 2. Nov. 1958. V.: Maike, geb. Hannemann. Ki.: Geena (1998). El.: Wilhelm u. Margarete, geb. Wehrmann. S.: 1974-76 Berufsfachschule f. Wirtschaft Rinteln, bis 1985 Ausbildung Mittlerer Dienst Firma Hameln, Ausbildung Steurerass. u. Sekr., glz. 1980-83 Abendschule m. Fachabitur, Studium BWL FHS Ludwigshafen, 1988 Examen; 2002 Fluglizenz in Sichtflug. K.: 1989 tätig in einer Steuer- u. Wirtschaftsprüfungskanzlei in Berlin, 1990 Betreuung v. mittelständ. Ind. u.a. RA u. Ärzte, 1998 Steuerberaterprüfung u. Grdg. d. Kzl. in Rinteln m. Schwerpunkt Apotheker, Ärzte u. mittelständ. Ind., Einzelhandel u. KG. M.: Wassersportverein Rinteln, Kanuverein Rinteln, Karateverein, DLRG, Fliegerclub Nettgau. H.: Urlaub, Familie, Fliegen.

Deppisch Bernhard *)

Deppner Klaus *)

Dera Robert

B.: Bundesvors. FN.: Verkehrsgewerkschaft GDBA. DA.: 60325 Frankfurt/Main, Westendstr. 52. G.: Mainz, 30. Nov. 1939. Ki.: Sabine, Susanne. El.: Alexander u. Anna. S.: Elektromechanikerlehre, Elektromeister b. d. Bundesluftwaffe, FHS-Reife, 1973 Dipl.-Verw.-Betriebswirt b. d. Dt. Bundesbahn. K.: Vors. d. DBB Tarifunion, stv. Bundesvors. DBB Beamtenbund u. Tarifunion. P.: zahlr. Veröff. E.: 1994 BVK. M.: CDA, im AufsR. BHW u. DEVK, 1. Vors. d. DBB Tarifunion, im AufsR Hetz AG.

*) Biographie www.whoiswho-verlag.ch oder beigefügte CD-ROM

Derbe Klaus Dipl.-Betriebswirt
B.: Gschf. Ges. G.: Schmidt, 24. Juli 1944. V.: Heike, geb. Butz. S.: Stud. BWL FH Krefeld-Mönchengladbach. K.: 10 J. tätig im GFK Nürnberg als wiss. Mitarb. u. zuletzt Hauptabt.-Ltr., 2 J. Group-Product-Manager d. Firma Krups in Solingen, 3 J. Marketing u. stellv. Ltr. u. zuletzt Gschf. d. Popp-Gruppe in Neumarkt, selbst. Unternehmensberater. M.: Golfclub Puschendorf. H.: Golf.

Dereli Seyfettin Dr. med. *)

Derenbach Roswita *)

Deres Karl *)

Derevianko Vladimir
B.: Ballettdirektor FN.: Sächs. Staatsoper (Semperoper). DA.: 01067 Dresden, Theaterpl. 2. G.: Omsk, 15. Jan. 1959. V.: Paola Belli. Ki.: Maxim (1991), Alexandra (1994). El.: Ilja u. Nina. S.: 1971 Ak. Moskauer Ballettschule d. Bolschoi Theaters. K.: 1977 Eintritt in d. Kompanie d. Ballettensembles d. Bolschoi u. bald 1. Solotänzer, 1983 Übersiedlung nach Westeuropa als Gastsolist b. allen wichtigen Festivals u. Ballettcompagnien d. Welt, 1993 Auftritte b. Gastspiel d. Burger. Staatsballett in d. Semperoper, seit 1994 Ballettdir. d. Balletts d. Sächs. Staatsoper, 1995 Comeback am Bolschoi in Moskau, Hauptrollen u.a. "Nußknacker", "Giselle", "Coppelia", "Romeo u. Julia", extra kreierte Ballette u.a. "Paganini", "Die faszinierenden Klänge", "Feuervogel", "Rot u. Schwarz","Mazapegul", "Der Nachmittag eines Fauus", "Don Quixote". E.: viele intern. Ausz. u. Ehrungen u.a. 1978 in Varna/Bulgarien Goldmed. u. "Grand Prix", 1994 "Benois de la Dance", 1995 in Kiew "Tersicore d'oro" f. d. besten europ. Tänzer d. J. H.: Reisen, Lesen, Gespräche u. Menschen.

Dériaz Philippe Dipl.-Ing. *)

Derichs F. Leo

B.: RA. FN.: Rechtsanwälte Derichs & Collegen. DA.: 52349 Düren, Schenkelstr. 9. G.: Düren, 2. Apr. 1933. V.: Ute, geb. Preiss. Ki.: Andreas (1966), Nicola (1968), Dirk (1976). S.: 1953 Abitur, 1953-57 Stud. Rechtswiss. in Köln, 1. Staatsexamen, Referendarzeit OLG Köln, 1962 2. Staatsexamen. K.: ab 1962 Sozius in Praxis Wilhelm A. Cremer Düren, seit 1981 alleiniger Praxisinh., Schwerpunkt: öff. u. priv. Baurecht, Kommunale Beratung, Beratung v. Bauherren, Bauunternehmern, Statikern. F.: 1972-94 Alleinges. d. Firma Math. Dierdorf Nachf. GmbH & Co. KG, einer nur d. Fachpapiergroßhandel beliefernden Papierverarbeitungsfabrik, z. Zt. der Übernahme schon in 3. Generation in d. Familie. P.: 2 Fachbücher z. WEG, 2 Fachbücher z. Erschließungsrecht, Mitautor: Zeitschrift f. WEG-Recht, ständiger Mitarb. b. d. Zeitschrift "Baurecht" u. Zeitschrift f. Miet- u. Raumrecht (ZMR). M.: 1. Vors. Haus & Grund Düren e.V. Düren, Vorst.-Mtgl. Haus & Grund Rheinland e.V. Köln. H.: Reisen (Europa u. Randländer).

Derix Elisabeth *)

Derks Karin Dipl.-Bw.

B.: Steuerberater. FN.: Steuerberaterbüro Karin Derks. DA.: 47051 Duisburg, Kardinal-Galen-Str. 26-28. k.derks-steuerrater@t-online.de. G.: Göttingen, 17. Juli 1945. V.: Rolf Derks. El.: Otto u. Ruth Hülstermann, geb. Loewe. S.: 1960-62 Handelsschule, 1963-66 Lehre Steuerfachgehilfe, 1967-70 Stud. Betriebswirtschaft in Bochum, Schwerpunkt Steuern. K.: 1966-72 Steuerfachgehilfin u.a. in väterl. Kzl., 1973-81 tätig in d. Steuerberatersozietät Müller & Partner, 1981-89 Prok. d. Steuerberatungs- u. Wirtschaftsprüf.-Ges. Dr. Ferschen GmbH, seit 1989 selbst., Grdg. d. eigenen Kzl. M.: Steuerberaterverb., Reitver. Seytlitzkamp e.V., Reitver. Dongeratshof e.V. H.: Reiten, Wandern.

Derksen Elke

B.: Einzelhdls.-Kauffrau, Bürokauffrau, Inh. FN.: Dipl. Design Studio SAM 7. DA.: 47533 Kleve, Briener Str. 43. design-studio@sam7.de. www.sam7.de. G.: Kleve, 3. Januar 1958. El.: Theo u. Jutta Derksen, geborene Schrickel. S.: 1973-75 Ausbild. zur Einzelhdls.-Kauffrau, 1980-81 Umschulung z. Bürokauffrau, 1995-97 Fachschule f. Grafik und Design GraTeach in Kamp-Lintfort. K.: 1975-80 Verkäuferin, 1982-95 Sekr. bei d. Fa. Spectro GmbH in Kleve, 1998-99 freiberufliche Grafikerin Regionalzeitung Schwanen-Report, seit 1999 selbst. in eigener Werbeagentur, Grdg. m. Partnerin Sabine Held d. Dipl. Design Studio SAM 7. M.: Allianz Dt. Grafikdes. (AGD). H.: Lesen, Schießsport, Jazz-Dance.

Derler Andreas

B.: Küchen- u. Servicemeister, Unternehmer, selbständig. FN.: Nymphenburger Hof. DA.: 80335 München, Nymphenburger Straße 24. www. nymphenburgerhof.de. G.: Tyrnau/ Steiermark, 1. Okt. 1958. V.: Yolanda, geb. Chacon Galindo. Ki.: Marisa (1975), Mayra (1985), Milena (1991), Melanie (1999). El.: Josef u. Rita. S.: 1974-78 Ausbildung Kellner im Gasthof Weissenbacher Frohnleiten. K.: 1979-80 Lausanne Palace Hotel in d. Schweiz, 1980-82 Hotel Mont Cervin in Zermatt, parallel 1982 Meisterprüfung in Graz, 1983-87 Gschf. im Restaurant Bogenhauserhof in München, seit 1987 Gschf. im Nymphenburger Hof m. größter Weinauswahl aus Österreich in München. P.: Varta. H.: Tennis, Bergsteigen, Natur, Radfahren, Kultur, Deutsch-Österr. Küche u. Weine.

Derlig Eberhard
B.: Kulturwissenschaftler, Kulturamtsltr. d. Stadt Teltow, künstler. Ltr. FN.: "Teltowkanal" - lokaler FS-Sender. GT.: Ltr. d. Bürgerhauses Teltow, spez. d. Jugendkunstschule,

*) Biographie www.whoiswho-verlag.ch oder beigefügte CD-ROM

Media pool. DA.: 14513 Teltow, Potsdamer Str. 48. PA.: 14513 Teltow, Ruhlsdorfer Straße 128. info@teltowkanal.de. G.: Forst/Lausitz, 22. März 1942. V.: Elke, geb. Mudra. Ki.: Ralf, Olaf, Fabian. El.: Richard und Margarete, geborene Leopold. S.: 1956-61 Lehre z. Theaterdekorateur an d. Komischen Oper Berlin, 1961-79 Kulturoffz. d. NVA in Potsdam, 1972-76 Fernstud. Kulturwiss. in Meißen, 1976-79 externes Stud. Regie an d. HS für Film und Fernsehen in Potsdam/Babelsberg. K.: 1979-86 amt. Ltr. d. Kulturhauses "Hans Marchwitza" in Potsdam, seit 1986 Kulturamtsltr. d. Stadt Teltow, seit 1995 Künstler. Ltr. d. lokalen Kabelfernsehsenders "TeltOwkanal" m. 3 weiteren Sendern "tv-lu" Ludwigsfelde, luck-tv" Luckenwalde, "sabinchen-tv" u. "Jüterbog-tv, Jüterbog. BL.: bedeutender Kulturoffz. d. NVA - Organ. v. Großveranstaltungen im Kulturbereich, enge Verbindung z. Singebewegung, Filmproduzent u. Regisseur, er fuhr 1991 u. 1992 m. einem "Trabi" d. Route Berlin-Kapstadt, 14600 km in 6 Wochen. P.: Gründer d. "Teltower Stadtblattes" - Glossen u. Art. unter Pseudonym. E.: mehrere preisgekrönte Filme, Goldmed. an d. Arbeiterfestspiele, 1986 Hauptpreis d. Intern. Filmfestivals in Odessa m. d. Beitrag "40 J. Hiroshima", Theodor-Körner-Preis, Kunstpreis d. Stadt Teltow. M.: seit 1996 Ortsvors. d. FDP, Förderver.-Mtgl. "Teltower Rübchen" u. "Stahndorfer Friedhof", Regisseur d. "Märkischen Kammerbühne", Städtepartnerschaftskomitee. H.: Fernsehen, Garten, Teiche, bild. Kunst.

Dernbach Anja
B.: RA in eigener Kzl. DA.: 10439 Berlin, Wichertstr. 68. rain.dernbach@gmx.de. G.: Neuruppin, 22. Aug. 1972. S.: 1991 Abitur, 1991/92 Stud. Sportwiss. Leipzig, 1992-96 Stud. Jura Humboldt-Univ. Berlin, Referendariat Berlin. K.: 2000 Eröff. d. Kzl. m. Tätigkeitsschwerpunkt Zivilrecht, spez. Miet-, Arbeits- u. allg. Insolvenzrecht. BL.: während d. Schulzeit Leistungssportlerin in d. Leichtathletik. M.: Sportclub Berlin. H.: Sport, Karate, Musik, Kino.

Dernbecher Egon Dipl.-Designer

B.: Gschf. FN.: Ateliergemeinschaft Dernbecher-Schmidtke-Werbung-Gestaltung-3D. DA.: 66740 Saarlouis, Titzstr. 19 b. www.designds.de. G.: Völklingen, 19. Jän. 1942. V.: Monika, geb. Hiller. Ki.: Julia (1971). S.: 1956-59 Ausbild. Werkzeugmacher Arbed Saarstahl Völklingen, 1964-65 Mittl. Reife Abendschule, 1965-69 Stud. Design Werkkunstschule Saarbrücken, Dipl.-Abschluß m. Ausz. K.: 1959-65 Werkzeugmacher in d. Firma Arbed Saarstahl, ab 1969 in d. Werbeabt. d. Firma Arbed Saarstahl, 1987 Grdg. einer GmbH m. 3 Teilhabern, seit 1988 selbst. m. Design-Atelier, 1995 Eröff. d. Ateliers in Saarlouis; Funktionen: techn. Ltr. d. Saarland Tage z. Tag d. Dt. Einheit in Saabrücken in Zusammenarb. m. d. Staatskzl., Beteiligung an d. gr. archäolog. Ausstellung "Unterwegs z. Gold. Vlies", Gestaltung v. 3 Objekten f. d. Landratsamt in Saarlouis, Umsetzung neuer Museumskonzepte f. d. Römische Villa in Nenning mit ausgeklügeltem Beleuchtungssystem u. computeranimierten Trickfilmen um in d. röm. Lebenswelt eintauchen zu können. E.: Aufnahme in d. Buch Graphis-Design. H.: Beruf.

Derner Jens C. Dr. rer. nat. *)

Dernescheck Michael

B.: Gschf. Ges. FN.: DERNO Marketing & Werbung GmbH. DA.: 30519 Hannover, Landwehrstr. 36. G.: Hannover, 4. Mai 1966. V.: Evelyn, geb. Fischer. Ki.: Sara (1995). S.: 1983 Mittlere Reife Hannover, 1983-86 Ausbild. z. Dekorateur in Hannover. K.: 1986-88 tätig im Messe- u. Ausstellungsbau europaweit f. namhafte Firmen, 1988-91 2. Berufsausbild. z. Werbekaufmann in Hannover, 1991-93 ang. Werbekfm. in verschiedenen Werbeagenturen u. Unternehmen im Raum Hannover, 1991-92 nebenberufl. Berufsausbild. z. Fachkfm. in Hannover, 1994 Grdg. d. eigenen Firma DERNO Marketing & Werbung GmbH in Hannover. M.: IHK, Berufsgen. H.: Gartengestaltung, Nordsee, Natur.

Dernick Rudolf Dr. rer. nat. Prof. *)

Derow Reinhard

B.: Dipl.-Psychologe i. R. PA.: 90402 Nürnberg, Norikerstr. 19. reinhard.derow@t-online.de. G.: Berlin, 3. Sep. 1935. V.: 1. Ehe: Dr. Theresa Derow-Chung, gest. 1984, 2. Ehe: Maria, geb. Meixensperger. Ki.: Alexandra (1973), Elisabeth (1975), Dominik (1991). El.: Bruno u. Anna. S.: 1957 Abitur Bad Wurzach, 1957-63 Stud. Psych. Univ. Tübingen m. Dipl.-Abschluß. K.: 1963-64 Praktikum bei Arbeitsämtern in Baden Württemberg, 1964-69 Tätigkeit im Arbeitsamt Ravensburg u. 1969-2000 im Psychologischen Dienst d. Hauptstelle d. Bundesanstalt f. Arbeit, Nürnberg, Qualifizierung z. Psychologen f. Arbeits-, Betriebs- u. Organisationspsychologie, Mtgl. im BDP; u.a. Planung u. Konzeption zentraler Fortbildungsprojekte u. Optimierung d. Fachkompetenz unterschiedlicher Zielgruppen v. Fachkräften (z.B. Einweisung neu eingestellter Psychologinnen u. Psychologen, Fortbildung z. psychologisch-techn. Assistenzkraft; fortlaufende Fortbildung u. a. Arbeitsamtspsychologen/Arbeitsamtspsychologinnen u. a. Förderung d. psychologischen Beratungskompetenz u.a.m.); Förderung interkultureller Kompetenz, fachliche Kommunikation via Internet, computerunterstütztes Lehren u. Lernen, psychologische Beratung im Internet, öffentliche Anerkennung psychologischer Beratungskompetenz bei Diplompsychologen; Beratungs-Forschung. M.: BDP. H.: Philosophie, vernetztes Denken, interkulturelle Interessen, Beratungs- u. Psychotherapieforschung.

Derra Ralph Dr. rer. nat. *)

*) Biographie www.whoiswho-verlag.ch oder beigefügte CD-ROM

Derrer Erhard
B.: Sozialoberamtsrat, Ltr. FN.: Justizvollzugsanst. DA.: 31303 Burgdorf, Peiner Weg 33 B. G.: Traunstein, 13. März 1939. V.: Heidrun, geb. Kaiser. Ki.: Gabriele (1966), Brigitte (1967). S.: 1953 Mittlere Reife Oettingen, b. 1956 Lehre z. Bankkfm. in Oettlingen/Nördlingen. K.: b. 1960 ang. b. d. Dresdner Bank in Koblenz, 1960-64 Ausbild. z. Diakon im Stephansstift in Hannover, 1964-67 Ausbild. z. Dipl.-Sozialarb./Sozialpäd. in d. Ev. FH Hannover, 1967 Mitarb. im Heim f. schwer erziehbare Jungendl. Backhausenhof in Burgdorf, ab 1970 stellv. Ltr., 1975-85 Ltr., ab 1986 Mitarb. d. Justizvollzugsanstalt Burgdorf als Vollzugsltr., ab 1991 stellv. Ltr. d. JVA, ab 1993 Ltr. d. JVA Burgdorf. M.: Diakoniegemeinschaft d. Stephansstifts Hannover, Förderverein d. JVA Burgdorf e.V., Tennisverein Grün-Gelb Burgdorf, TSV Burgdorf, Verein d. Lebenshilfe e.V. Burgdorf, Vereinigung d. Leiter-/innen d. Einrichtungen d. Justizvollzuges d. Landes Niedersachsen e.V. H.: Briefmarken, Faustball, Lesen, Musik, Sauna, Studienreisen, Tennis, Theater, Wohnwagen.

Dersch Hubert

B.: Sped.-Kfm., Inh., alleiniger Gschf. FN.: Dersch Transporte GmbH. DA.: 90431 Nürnberg, Wittekindstraße 29. G.: Untergriesbach, 14. Sep. 1938. V.: Erika, geb. Hüttinger. Ki.: Angelina (1962), Oliver (1964), Kai-Manfred (1972). S.: b. 1953 Lehre in d. Metallverarb. in Passau. K.: b. 1957 Hochkranfahrer in Kirchheim/Teck b. Bauunternehmen, 1958-60 Vertreter beim Verlag f. Buch & Wissen in München, ab 1961 in Nürnberg, 1962-65 b. AEG Nürnberg, Gebietsvertreter f. Oberfranken u. - pfalz, 1965-73 selbst. als Gastwirt in Nürnberg "Trinkstube", 1974-75 Fahrer b. d. Nürnberger-Nachrichten, ab 1975 selbst. als Transportunternehmen f. Lebensmittel u. Zeitungen b. d. N-N in Nürnberg, tätig f. Lebensmitelmärkte u. Konzerne. H.: Motorrad fahren.

Derschau Christoph *)

Derstappen Jo *)

Derstroff Thomas

B.: RA, selbständig. DA.: 66482 Zweibrücken, Jakob-Leyser-Straße 1. PA.: 66482 Zweibrücken, Möwenstr. 3. raderstroff@aol.com. G.: Zweibrücken, 31. Jan. 1956. V.: Roswitha, geb. Flick. Ki.: Bettina (1987). El.: Hermann u. Cäcilia, geb. Denk. BV.: Urururgroßvater Bürgermeister v. Winkel und Gründer des Weinhauses Derstroff & Cie, in Winkel/ Rheingau, m. eigenem Hauswappen (Weimarker: Winkler Hasensprung). S.: 1973 Mittl. Reife, 1973-74 Polizeischule Wittlich, 1974-75 Polizeischule Mainz, 1977 Abitur Wiesbaden, parallel Polizeidienst, 1977-78 Polizeimeisterschule in Enkenbach, Abschluss als Polizeimeister, 1980-87 Stud. Rechtswiss., b. 1980 parallel z. Polizeidienst, 1987 1. Jur. Staatsexamen, 1987-91 Referendariat b. OLG Zweibrücken, 1991 2. Jur. Staatsexamen. K.: 1973-74 Polizeidienst in Wittlich, 1975-77 Hauptwachtmeister b. Polizeipräsidium Mainz, 1978-80 Polizeimeister b. Verkehrsunfalldienst in Mainz, 1991-92 Mitarbeit in einer Anwaltskanzlei in Pirmasens, 1993-98 selbständiger RA in versch. Bürogemeinschaften, seit 1998 selbständiger RA m. eigner Kzl., zugelassen b. Amts- u. Landgerichte, Tätigkeitsschwerpunkte: Erbrecht, Familienrecht, Verkehrsrecht, Mietrecht. M.: Dt. Anwaltsverein, Anwalts-Suchservice, TV Zweibrücken-Ixheim, Schulelternbeirat d. Helmholtz-Gymnasium Zweibrücken. H.: Fotografieren, Internet, Ägypten.

Derszteler Mauricio Dr. *)

Derwald Walter *)

Derwall Josef (Jupp)
B.: Dipl.-Sportlehrer, ehem. Bundestrainer d. dt. Fußballnationalmannschaft. PA.: 66386 St. Ingbert, Preußenstr. 5 G.: Würselen, 10. März 1927. K.: Karrrierestart a. aktiver Profi-Fußballer, bestritt 1954 2 Länderspiele, ab 1970 Trainer d. Dt. Fußballbundes, 1978-84 Nfg. v. H. Schön als Bundestrainer, wurde m. d. Auswahl d. Dt. Fußballbundes 1980 Europameister, 1982 VWeltmeister, 1984-88 Fußballtrainer d. Galatasaray in Istanbul/Türkei, Erfolge m. Galatasaray: zwei Meisterschafts- u. zwei Pokalsiege, dan. i. Ruhestand. BL.: 1997 Patenschaft f. das Projekt "Kids mit Köpfchen". E.: 1985 Orden Mérite et Dévonement Francaise, 1989 Bundesverdienstkreuz 1. Klasse, Doktorwürde (h.c.) d. Hacetepe Universität Ankara/ Türkei.

Desch Gunter Dr. med. *)

Desch Heijo *)

Desch Manfred *)

Déschan Niels *)

Déschan Roy

B.: Pferdewirt, Inh. FN.: Reitschule Schmitz. DA.: Bötzow, Dorfaue 3. PA.: 16761 Henningsdorf, Lindenring 19 B. G.: Berlin, 12. Juni 1968. V.: Yvonne, geb. Wiechmann. El.: Dorothea Schlake. S.: 1987 Abitur, 1987-89 Militär-Ak. Kamenz, 1989-90 ldw. Praktikum f. Viehwirtschaft, 1990 Studium Agrarwiss. Humboldt-Univ. Berlin, 1992-95 Ausbild. Pferdewirt Hamburg, 1995-99 Stud. Agrarwirtschaft. K.: während d. Stud. a. e. Reiterhof tätig, 1997 Übernahme d. Reitschule Schmitz u. Einmietung m. d. Schulpferden auf d. Reiterhof, 1999 vollständige Übernahme incl. Reitschule, 2001 Umzug nach Bülow u. Erweiterung um Pferdezucht u. Eigenfutter-Prod. P.: "Methode z. Bewegungsanalyse v. Pferden". E.: Vizemeister "Springreiten", 6. Pl. bei d. Landesmeisterschaft in Berlin-Brandenburg. H.: Spring- u. Dressurreiten.

Deschner Karlheinz Dr. phil.
B.: Schriftsteller. PA.: 97437 Haßfurt/Main, Goethestr. 2. G.: Bamberg, 23. Mai 1924. V.: Elfi, geb. Tuch. Ki.: Katja, Bärbel, Thomas. El.: Karl u. Grete, geb. Reischböck. K.: Kirchenkritiker, Essayist, Aphoristiker u. Literaturkritiker. P.: "Die Nacht steht um mein Haus" (1956), "Talente, Dichter, Dilettanten" (1964), "Warum ich aus der Kirche ausgetreten bin" (1970), "Abermals krähte d. Hahn" (1997), "Nur Lebendiges

*) Biographie www.whoiswho-verlag.ch oder beigefügte CD-ROM

schwimmt gegen d. Strom" (1985), "Kriminalgeschichte d. Christentums" (1986-2002, 7 Bde.), "Was ich denke" (1994), "Ärgernisse" (1994), "Oben ohne" (1997. E.: Ehrenmtgl. Bund f. Geistesfreiheit Nürnberg, Ehrenmtgl. Intern. Bund d. Konfessionslosen u. Atheisten Berlin, 1988 Arno Schmidt-Preis, 1993 Alternativer Büchnerpreis, 1993 Intern. Humanist Award, 2001 Erwin Fischer-Preis, 2001 Ludwig Feuerbach-Preis. M.: P.E.N.-Zentrum BRD.

Deschner Klaus Dipl.-Kfm. *)

Desinger Dina Dorothea Dr.

B.: ndgl. FÄ f. Allg.-Med. DA.: 85049 Ingolstadt, Harderstr. 27. G.: Magdeburg, 18. Juli 1945. V.: Heinrich Ferdinand Desinger. El.: Gerhard Heinz und Dina Anna Berta Meyer, geb. Sieg. S.: 1965 Abitur Viersen, 1965-71 Med.-Stud. an d. Med. Akad. Düsseldorf, Univ. Köln, TU München, ärztliche Prüfung 1971 TU München, 1972-73 Med.-Ass. am Klinikum re. d. Isar, Schwabinger KH, Privatklinik Dr. Riefler, 1973 Approb., 1974 Prom. am Max Planck-Inst. f. Biochemie, München, 1974 Referentin f. Hygiene, Seuchen u. Impfwesen b. Senator f. Gesundheit u. Umweltschutz in Berlin. K.: 1975-78 Anästhesiol. Inst. Univ. München, 1978-80 Anästhesia Kinderchir. Klinik im Haunerschen Kinderspital Univ. München, 1980 Facharztanerkennung f. Anästhesie, 1981-82 Chir. Haunersches Kinderspital, 1982 3. Med. KH Harlaching, 1982-83 Kardiologie Dt. Herzzentrum München, 1983 Anerkennung als Allg.-Ärztin, 1984 Deutsches Akupunkturzentrum Waldbrunn/Odenwald, seit 1985 ndgl. FÄ f. Allg.-Med. in Ingolstadt.

Desnitsky Ivan *)

Desogus Raffaele *)

Deß Albert

B.: MdB, Agrarpolitischer Sprecher d. CSU-Landesgruppe. FN.: Deutscher Bundestag. GT.: Vors. d. Deutsch-Brasilianischen Parlamentariergruppe, Vorst.-Vors. Bayernland e.G. in Nürnberg, Landwirtschaftsmeister mit eigenem Betrieb. DA.: 10111 Berlin, Platz der Republik 1, Wahlkreisbüro: 92318 Neumarkt in d. Oberpfalz, Weinberger Str. 18. www.albert-dess.de. G.: Berngau, 17. April 1947. V.: Maria. Ki.: Martin, Maria, Christa, Albert. S.: VS, Berufsschule, Ldw. Fachschule, Ldw.-Gehilfenprüf., Ldw.-Mstr. K.: Nebenerwerbsldw., Arb. in Hdl. u. Ind., 1972-77 Gschf. einer bäuerl. Gen., 1977 selbst. Vollerwerbslandwirt, seit 1979 ldw. Lehrmstr., 1966-72 Maschinenringvors., seit 1967 Ortsobm. u. 1977 stellv. Kreisobm. d. Bayer. Bauernverb., seit 1972 GemR., seit 1978 KreisR., 1984-96 2. Bgm. u. bis 1996 stellv. LandR., seit 1990 Vors. AR Milchwerke Regensburg, seit 1983 Mtgl. Hpt.-Aussch. ldw. Fachschulabsolventen, 1963 Mtgl. JU u. CSU, 1974-82 JU-Ortsvors., seit 1981 Mtgl. CSU-Kreisvorst., seit 1984 CSU-Ortsvors., seit 1987 Bez.-Vors., seit 1989 stellv. Landesvors. Arge Ldw. d. CSU Bayern, 1994-2000 Agrarpolitischer Sprecher der CSU-Landesgruppe im Bundestag, s. 1990 MdB, seit 2000 Verbraucher- u. Agrarpolitischer Sprecher d. CSU-Landesgruppe, seit 5 J. Mtgl. im Fraktionsvorst. d. CDU/CSU-Fraktion, seit 1998 o.Mtgl. d. Ausschusses f. Verbraucherschutz, Ernährung u. Landwirtschaft, stellv. Mtgl. im Umweltausschuß, stellv. Vors. d. AG Kommunalpolitik in d. Gesamtfraktion CDU/CSU, seit 1997 Mtgl. im Parteivorst. d. CSU, Landesvors. d. CSU-Arbeitsgemeinschaft Landwirtschaft, seit 24 J. Kreisrat im Landkreis Neumarkt in d. Oberpfalz, Kreisobmann d. Bayerischen Bauernverbandes, daneben: AufsR-Vors. Milchwerke Regensburg, seit 1995 Vorst.-Vors. Bayernland e.G., Präs. Gesellschaftsversammlung Bayernland Sterzing GmbH in Italien. E.: BVK. M.: Deutsch-Brasilianische Ges., Vorst.-Mtgl. Lateinamerikazentrum, Sportgemeinschaft Deutscher Bundestag. H.: Motorradfahren, Fahrradfahren, Briefmarkensammeln, Lernen v. Portugiesisch als Autodidakt. (Re)

Deß Wolfgang Dipl.-Ing. *)

Dessau Jürgen *)

Dessauer Guido W. C. Dr. techn. Prof. *)

Dessauer Philipp Josef Dr. iur. *)

Dessel Thomas *)

Deßloch Norbert *)

Desweemèr Nicole

B.: Tanzlehrerin, Ltr., Inh. FN.: ADTV-Tanzschule Desweemèr. DA.: 88212 Ravensburg, Burgstraße 7. tanzschule@desweemer.de. www.desweemer.de. G.: Ravensburg, 29. Jan. 1965. V.: Jaroslav Desweemèr. Ki.: Sinah (1992), Michelle (1996). El.: Kurt u. Sigrid. S.: Mittlere Reife, 1982 Ausbild. zur Tanzlehrerin u. Tanzsport-Trainerin. K.: seit 2001 Ausbilder, 1995 Tanzschule v. Vater übernommen, seit 2001 ebenfalls in Weingarten, mit 8 Jahren erstes Tanzturnier, 1979 6. d. WM im Freestyle, versch. Male Landesmeister im Turniertanz, 1980 Österr. Vizemeister im Rock'n Roll, 1988 2. Pl. im Deutschland-Cup Freestyle Formation, 1990 Süddt. Meister, Auftritte in div. Fernsehshows u. Sendungen v. ARD u. ZDF, Prüferin u. Wertungsrichterin, seit 1985 Teilnahme am traditionellen Ravensburger Trommlerball. H.: Skifahren, Familie.

Detampel Hans A. *)

Deter Christhard Dipl.-Ing. *)

Deter Ina *)

Deterding Elisabeth

B.: Oberin, Gschf. FN.: Rotes Kreuz KH Kassel Gemeinn. GmbH. GT.: Vors. d. DRK-Schwesternschaft Kassel e.V. DA.: 34121 Kassel, Hansteinstr. 29. deterding@rkh-kassel.de. G.: Mönchengladbach, 23. Mai 1952. V.: Eugen Deterding. El.: Martha u. Martha Molls, geb. Mack. S.: 1972 Abitur Mönchengladbach. K.: 1972 Beitritt zur DRK-Schwesternschaft Bonn e.V., 1972-75 Ausbildung zur Krankenschwester an d.

*) Biographie www.whoiswho-verlag.ch oder beigefügte CD-ROM

Deterding

Krankenpflegeschule d. Univ.-Kliniken Bonn, 1975-79 Stationsschwester in d. Univ.-Kliniken Bonn, 1979-80 Unterrichtsassistentin im Eduardus-Krankenhaus in Köln-Deutz, e. Gestellungsfeld d. DRK-Schwesternschaft Bonn e.V., 1980-81 Weiterbildung zur Unterrichtsschwester an d. Fortbildungsak. für Gesundheitshilfe Köln-Hohenlind GmbH, 1981-84 Unterrichtsschwester an d. Univ.-Kliniken Bonn, 1984-86 Pflegedienstltg. a. d. Univ.-Kliniken Bonn, seit 1987 Oberin und Mitglied d. DRK-Schwesternschaft Kassel e.V. u. Pflegedienstleiterin im Roten Kreuz Krankenhaus Kassel, Mitglied d. Kuratoriums d. Roten Kreuz Krankenhauses Kassel, seit 1992 Gschf. d. Roten Kreuz Krankenhaus Kassel Gemeinnützige GmbH. M.: Ver. d. Förderer d. Kasseler Hospitals e.V., Hospiz Ver. Kassel e.V., Aufsichtsratsmitglied in d. schwesternschaftseigenen Alterszusatzversorgung i. DRK, Verwaltungsratsmitglied in einer anderen Krankenhaus GmbH i. DRK. H.: Lesen (Biographien, Histor. Romane), Reisen.

Deterding Ernst-Michael Dipl.-Ing. *)

Deterding Regine

B.: RA. FN.: Kzl. Deterding. DA.: 95028 Hof, Weißenburgstraße 11. regine.deterding@t-online.de. G.: Essen, 8. Juni 1966. El.: Alfred u. Margarete Deterding. BV.: weitläufig verwandt m. Sir Henry Deterding (Gründer v. Shell). S.: 1985 Abitur Essen-Borbeck, Stud. Rechtswiss. Univ. Bochum, 1991 1. Staatsexamen, 2 1/2 J. Referendarzeit, 1994 2. Staatsexamen. K.: Rechtsschutzsekretärin b. DGB Rechtsschutz, 1996 HBV Essen, anschl. b. DGB in Hof, 1998 ndlg. RA in Hof, Tätigkeitsschwerpunkt: Arbeitsrecht, Sozialrecht, Sozialvers.-Recht, Fachanw. f. Sozialrecht beantragt. M.: WWF. H.: m. d. Hund spazieren gehen, m. Windows Colour arb.

Detering Klaus Dr. phil. Prof. *)

Deters Hedwig
B.: Kfm., Inh. FN.: Kzl. GT.: Doz. f. Rechtskundeunterricht, sowie Seminare z. unterschiedlichen Themen. DA.: 38100 Braunschweig, Steintorwall 7a. webmaster@anwaeltindeters.de. www.anwaeltindeters.de. G.: Wippingen/Emsland, 5. Juni 1959. S.: 1979 Abitur in Sögel, 1979-85 Stud. Rechtswiss. an d. Univ. Bielefeld u. Göttingen, 1985-89 Referendariat am OLG Braunschweig, 1990-91 Juristin u. Innenrevisorin b. Arbeiterwohlfahrtsbezirksverband in Braunschweig, seit 1991 als Anwältin tätig, seit 1991 als Rechtsanwältin zugelassen, Tätigkeitsschwerpunkt Familien- u. Erbrecht. M.: DAV. H.: Lesen, Musik.

Deters Heinrich *)

Deters Lothar F.
B.: Kfm., Inh. FN.: Modehaus Deters. DA.: 44137 Dortmund, Hansastr. 61. G.: Steinfeld, 29. Apr. 1945. V.: Christina. Ki.: Philipp, Nicholas, Alexa. El.: Heinrich-Anton u. Magret. BV.: Heinrich-Anton Deters - 1935 Firmengründer. S.: 1964-67 Lehre Einzelhdl.-Kfm., 1967-69 Textil-FHS Nagold m. Abschluß Textil-Bw. K.: 1969 Übernahme d. elterl. Betriebes m. exclusiver Mode renomierter Modedesigner aus Italien u. Frankreich., 1990 Eröff. d. Hermes u. Rena Lange Shop. H.: Familie, Kochen, Skifahren.

Deters Walburga
B.: Choreografin, Unternehmerin. FN.: Deters Promotion. DA.: 26203 Wardenburg, Gorch-Fock-Straße 15. walburga.deters.@ewetel.net. www.meressaliving-dolls.de. G.: Plettenberg, 21. Aug. 1955. S.: 1972-75 Stud. Bewegungspädagogik an d. Hartwig-Weber-Schule in Oldenburg, 1975 Staatsexamen, 1975-79 Besuch v. Tanz- u. Ballettschulen Tanzprojekt München Deutsche Oper, Jessica Ivanson, 1980-81 Tanzausbildung Jazz, Modern Dance u. Musical an d. Alwin Aegly School New York u. Frank Hatchet New York, Black Jazz-Tanzausbildung. K.: 1981-83 Solistin b. Kalliroi Ortmann in München, 1983-85 Doz. an d. Hartwig-Weber-Schule in Oldenburg, 1984-88 Eröff. d. Ballettschule Tanzforum in Oldenburg als Inh., 1988 Grdg. d. Werbeagentur Deters Promotion, Schwerpunkt Inszenierungen im Sales Promotion-Bereich als Inh., 1985 u.a. Inszenierung Meressa Living Dolls, 2000 Inszenierung u. Kostümdesign d. Expo Nauten f. d. Stadt Wilhelmshafen.

Detharding Herbert
B.: AufsR. FN.: Wintershall AG. DA.: 34119 Kassel, Friedrich-Ebert-Str. 160.

Dethardt Heinz-Gerhard *)

Dethlefs Hans Peter
B.: Apotheker, Inh. FN.: Löwen-Apotheke Oldenburg. DA.: 26135 Oldenburg, Bremer Str. 35. G.: Oldenburg, 21. Apr. 1965. V.: Cordula, geb. Heike. Ki.: Marten (1995), Gero (1996), Björn (2000). El.: Hans u. Ortrud, geb. Goens. BV.: Urgroßvater Bernhard Lamp, Gründer d. Löwen-Apotheke als Zweigapotheke d. Ratsapotheke 1901 Oldenburg. S.: 1984 Abitur Oldenburg, Bundeswehr, Zivildienst, 1987 Stud. Pharmazie Univ. Braunschweig, 1991 3. Staatsexamen. K.: 1991-93 KH-Apotheke St. Georg Hamburg als Apotheker, 1994 Eintritt in d. väterl. Apotheke, d. Löwen-Apotheke in Oldenburg in Familienbesitz seit 1901, 1994 Übergabe 4. Generation als Pächter, 1999 als Eigentümer, seit 2001 ea Pharmazierat d. Bez.-Reg. Weser-Ems. M.: Gem.-KirchenR. H.: Familie, Chorgesang im Lamberti Chor Oldenburg.

Dethlefs Sven Erik Dipl.-Ing.
B.: Architekt. DA.: 22765 Hamburg, Julius-Leber-Str. 23. G.: Hamburg, 17. Sep. 1959. El.: Jürgen Detlev Alerta u. Elke. S.: 1978 HS-Reife, Praktikum Arch.-Büro Spyra u. Zech Hamburg, Stud. Arch. HS f. bild. Künste Hamburg, 1982 Vordipl., 1983 Designkl. Prof. Rosenbusch m. Abschluß, 1984 Ästhetik-Vorlesungen bei Prof. Lüthje, 1985 Stud. Kunstak. Düsseldorf. K.: 2 J. Mitarb. im Büro Haus Rucker u. Co in Düsseldorf, 1987 Mitarb. im Büro Spyra u. Zech in Hamburg, 1988 Abschluß d. Stud. m. Dipl.-Arb., u. d. "black box", Abschluß d. Stud. m. Dipl.-Arb., u. seither selbst. Planer in Hamburg, 1991 Eintragung in d. Architektenliste Hamburg; Projekte: 1987 Umbau d. Eingangs- u. Empfangsbereichs d. Werbeagentur Mc Cann Erickson in Hamburg, 1989 Entwicklung d. Leuchtkonzepts f. Niedervoltstrahler, 1990 Bau d. Einkaufszentrum in Bützow, 1991 Umbau d. Ausstellungsgebäudes zu Präsentationsräumen f. Modegroßhändler in Hamburg, 195 Umbau d. Suzuki-Werkstätte in Blankensee, 1996 Bau d. Nahversorgungszentrums in Hannover u.v.m. P.: Teilnahme an div. Wettbewerben u.a.: Neubau einer Stadtvilla am Alsterufer, Ideenwettbewerb Ge-

*) Biographie www.whoiswho-verlag.ch oder beigefügte CD-ROM

denkstätte Berliner Mauer, "Klagemarkt/Nikolai-Friedhof", Neugestaltung Lübecker Markt, Starterhaus 1997 u.a.m.; Veröff. d. städtbaul. Konzepts im Hamburger Abendblatt, Morgenpost u. Bild-Zeitung sowie im Journal N3; Vorlesungen an d. HS f. bild. Künste in Hamburg. H.: Klavierspielen, Reisen.

Dethlefsen Jürgen *)

Dethloff Burkhard
B.: selbst. Orthopädieschuhmacher. DA.: 18057 Rostock, Magaretenstr. 12. G.: Rostock, 5. Aug. 1957. V.: Ilona, geb. Henning. El.: Hans-Jürgen u. Hilde. S.: 1974-76 Lehre z. Koch, 1976-79 Armee. K.: 1979-84 Koch u. Küchenleiter, 1985-87 Qualifizierung z. Orthopädieschuhmacher, 1992 Meistertitel, seit 1993 selbst. M.: Landesinnung für Orthopädieschuhtechnik, Bundesinnung.

Dethloff Nina Dr. Prof. LLM.
B.: Dr. Prof. FN.: Rhein. Friedrich-Wilhelms-Univ. Bonn. G.: Hamburg, 1958. S.: 1976-82 Stud. Rechtswiss. in Hamburg, Genf u. Freiburg, 1983-84 Stud. als Fulbright-Stipendiatin z. Master of Laws. K.: 1984-86 u. 1987-91 wiss. Mitarb. am Inst. f. ausländ. u. intern. Privatrecht d. Univ. Freiburg, 1986-87 Beraterin b. d. Federal Trade Commission in Washington D.C., 1987 Zulassung als Attorney at Law, 1990 Prom., 1991-96 wiss. Ass. am Inst. f. ausländ. u. intern. Privatrecht d. Univ. Freiburg, 1996-99 Stipendium d. Dt. Forsch.-Gemeinschaft, 2000 Habil., seit 2001 Univ.-Prof. f. Bürgerl. Recht, Intern. Privatrecht, Rechtsvergleichung u. Europ. Privatrecht an d. Rhein. Friedrich-Wilhelms-Univ. Bonn. P.: Einverständliche Scheidung. M.: Jurist. Ver.

Detjen Claus
B.: Publizist. FN.: Viadrina Verlag. DA.: 85051 Ingolstadt, Parkstr. 4. G.: Würzburg, 24. Mai 1936. V.: Ursula, geb. Vogel. S.: Univ. Basel u. München, Redaktionsvolontariat. K.: 1979-90 Mtgl. d. CDU/CSU-Medienkommission, 1982-85 Gschf. d. Anstalt für Kabelkommunikation in Ludwigshafen/Rh., 1985-90 Haupt-Gschf. d. Bundesverb. Dt. Zeitungsverleger, 1991-98 Hrsg. d. "Märkische Oderzeitung", Vors. d. Geschäftsführung Märk. Verlags- und Druckhaus GmbH & Co.KG, Frankfurt/Oder. P.: zahlr. Veröff. zur Kommunikations- u. Medienentwickl. sowie zur deutschen Einheit. E.: Verdienstorden d. Rep. Polen, BVK, Ehrensenator der Europa-Univ. Viadrina Frankfurt/Oder. M.: Kuratorium d. Stiftung Lesen, Mtgl. Goethe-Inst. Inter Nationes e.V., Mitglied Stifterrat Theodor-Wolff-Preis, Mitglied. Wertekommission d. CDU Deutschland.

Detken Helmut H. *)

Detlefsen Klaus *)

von Detmering Wolf-Dieter *)

Detmers Albert Dipl.-Bw.
B.: Gschf. Ges. FN.: Mestemacher Getreide-Vollwertkost GmbH. GT.: "panem et artes" Künstler gestalten jedes J. Brotdosen, 7. Edition. DA.: 33332 Gütersloh, Am Anger 16. PA.: 32105 Bad Salzuflen, Obernbergstr. 33. info@mestemacher.de. G.: Bielefeld, 14. Aug. 1949. V.: Prof. Dr. Ulrike. Ki.: Christine, Albert. BV.: Fritz Detmers, 1904 Firmengründer, Brotfrischdienst f. Hdl. in d. Region. S.: 1966 Mittlere Reife Bad Salzuflen, 1966-68 Höhere Handelsschule in Herford,

1969-71 Ausbild. z. Bankkfm. Dt. Bank Hannover, 1971-74 Stud. z. Dipl.-Bw. FH Bielefeld. K.: 1974 Einstieg als Gschf. mit Bruder Fritz Detmers in der elterl. Firma Detmers Brot, 1985 Umwandlung in Detmers Getreide-Vollwertkost GmbH, zusätzl. Übernahme d. Firma Mestemacher, z. Unternehmensgruppe gehört d. Firmengruppe Modersohn's Mühlen- u. Backbetrieb GmbH. P.: Kochbuch, spez. z. Pumpernickel. M.: Vorst. d. Ver. westfälische Küche. H.: zeitgenössische Kunst, Kunstsammler, Tennis, Reisen.

Detring Renate *)

Dette Gerhard Dr. phil.
B.: Gen.-Sekr. FN.: Dt. Akad. f. Sprache u. Dichtung. DA.: 64287 Darmstadt, Alexandraweg 23. PA.: 64380 Rossdorf, Fasanenweg 12. G.: Lüneburg, 11. Nov. 1940. Ki.: 2 Söhne. S.: 1960 Abitur, 1961-67 Stud. Germanistik, klass. Philol. u. Musikwiss. Göttingen, Hamburg u. Wien. K.: seit 1968 Lehrbeauftragter d. Univ. Göttingen, seit 1971 Ltr. d. Presse- u. Informationsbüros d. Univ. Göttingen, seit 1977/78 wiss. Mitarb. Herzog-August-Bibl.Wolfenbüttel, seit 1978 Gen.-Sekr. d. Dt. Akad. f. Sprache u. Dichtung Darmstadt, seit 1980 zusätzl. Gschf. d. Dt. Literaturfonds e.V. Darmstadt. P.: Literatur- u. Musikkritiker f. versch. Zeitungen.

Dette Hans-Georg Dipl.-jur.
B.: RA. DA.: 39110 Magdeburg, Niederndodeleber Str. 14A. G.: Stendal, 22. Jän. 1930. V.: Heidi, geb. Stüdemann. Ki.: 6 Kinder. El.: Albert u. Erna, geb. Hasse. S.: 1945 kfm. Lehre, 1948-52 Stud. Jura Potsdam, 1955 Dipl.-Abschluß. K.: 1956-569 Doz. f. Militärjuristen, 1960-61 StA in Berlin, 1962-66 Doz. f. Zivilrecht an d. Ak. Potsdam, 1967-88 Wirtschaftsjustiziar im Schiffbau Rostock, 1988 schwere Krankheit, 1996 Grdg. d. eigenen Kzl. m. Schwerpunkt Verkehrs-, Bau- u. Vertragsrecht in Magdeburg. U. Zulassung z. RA. M.: RA-Kam. Sachsen-Anhalt. H.: Kunsthandwerk.

Dettendorfer Georg *)

Detterbeck Anna *)

Dettinger Ernst Martin

B.: Innenarchitekt. FN.: Ernst Martin Dettinger Innenarchitekt DWB BDIA VDID. DA.: 82166 Gräfelfing, Maria-Eich-Str. 52 A. G.: Reutlingen, 6. März 1929. V.: Gertrud, geb. Gossner, verstorben 1991. Ki.: Christiane (1958), Martin (1960), Ellen (1963). S.: Stud. Grafik, Lehre Schreiner, Stud. Arch. TH München. K.: tätig in versch. Werkstätten, Stud. an d. Staatl. Ak. d. bild. Künste in Stuttgart, 1956 Dipl. als Innenarchitekt, s. 1957 selbst. Büro in München. Schwerpunkt Design-Aufgaben f. d. Möbelind., Ausstellungen, Architektur/Innenarchitektur, 1968 Berufung in d. DWB, zahlr. Bauten im In- u. Ausland. P.: Objekte in d. Neuen Sammlung München, Museum f. Ind.-Form,

*) Biographie www.whoiswho-verlag.ch oder beigefügte CD-ROM

Designsammlung d. Württemberg. Landesmuseums, Int. Designzentrum in Berlin, Larsen-Design-Collection in New York/ USA. E.: Intern. Award USA, Intern. Dupont Design Award, Intern. Business Design Award, Preisträger d. Danner Stiftung f. gestaltendes Handwerk. M.: Dt. Werkbund, Verb. Dt. Ind.- Designer, BDIA.

Dettinger Willi Dr.-Ing. Prof. *)

Dettki Joachim Dipl.-Ing.

B.: selbst. Architekt u. Wertgutachter. DA.: 14050 Berlin, Eschenallee 32. www.dettki.info. G.: Flensburg, 8. Februar 1961. V.: Cornelia Leschke. El.: Georg u. Brigitte. S.: 1981 Lehre, ab 1986 Stud. Arch. FHS Kiel. K.: 1988 Mitarb. im Fachgebietsausschuss Fachgebietskonvent, 1989 Studentische Hilfskraft am Inst. für Baukonstruktion und Zusammenarbeit m. dem Arch.-Büro Baum/Evert/Grundmann in Oldenburg, 1990 Zusammenarb. m. d. Arch.-Büro Wyszecki in Berlin, 1991 Dipl.-Architekt, 1991 Teilnahme am städtebaul. Ideenwettbewerb d. FHS Kiel, danach Teilnahme an div. intern. Wettbewerben, 1995 Zusammenarb. m. d. Arch.-Büro Odebrett in Berlin, 1997 Zusammenarb. m. d. Arch.-Büro Heerwagen/Lohmann/Uffelmann in Berlin, Zusammenarb. m. d. Arch.-Büro Fahrman in Jüterborg, Co-Housing, Detailplanung Mexikanische Botschaft in Berlin 2000, Detailplanung Olympiastadtion Berlin 2001. BL.: Wertgutachten u. Feuchteschutzgutachten, Planung aller Bauphasen unter ökolog., ästhetischen u. wirtschaftl. Aspekten. M.: BDB, DAZ, Grdg.-Mtgl. d. Freud-Lacan-Ges., Teilnahme an Studienreisen nach Holland, Italien u. GUS Staaten, Teilnahme an div. Sommerakad. (Malen u. Zeichnen). H.: Kunst, Fotografie, Sport, Reisen.

Dettlaff Hilmar *)

Dettling Anneliese

B.: Unternehmerin, Inh. FN.: Agentur Anneliese Dettling Tagungen, Veranstaltungen. DA.: 68199 Mannheim, Rosenstraße 76. a.d@hotelagentur-anneliese-dettling.de. www.hotelagentur-anneliese-dettling.de. V.: Bernd Dettling. Ki.: Daniela (1978), Alexandra (1981). S.: 1969 FHS-Reife. K.: 1969 tätig am Fernmeldeamt Mannheim, 1972-76 tätig in d. Postgewerkschaft, 1976-78 Promotorin in d. Ges. f. Feriendörfer, seit 1978 selbst. Hotelagentur zur Vermittlung v. Tagungsorten. H.: Malen, Organisation u. Moderation v. Kirchenkonzerten.

Dettling Jürgen

B.: Redakteur, Inh. FN.: Swingin pictures Fernseh- u. Video Prod. Jürgen Dettling. DA.: 79106 Freiburg, Guntramstr. 48. swingin-pictures@online.de. www.swingin.pictures.de. G.:

Stuttgart, 16. März 1953. V.: Brigitte, geb. Koerner. Ki.: Anna (1983), Laura (1987), Max (1990). El.: Hubert u. Christel, geb. Britsch. S.: 1972 Abitur Crailsheim, Stud. Pulizistik, Theaterwiss., Politik u. Germanistik Stuttgart, 1980 Staatsexamen. K.: Doz. f. Dt. f. Ausländer, 1985-91 Fernsehredakteur b. Süddt. Rundfunk in Stuttgart, 1991-97 Fernsekorrespondent f. d. SDR u. SWF i. Freiburg, 1997 Grdg. d. TV- u. Videoprod. in Staufen u. sp. in Freiburg. P.: "Konrad Kujau - Ich war d. Fälscher v. Führer" (1989), "Laufen, Pilgern, Weiterkommen - Mit schwer erziehbaren Jugendlichen auf d. span. Jakobusweg" (1998). E.: 1999 Caritas-Journalistenpr.. M.: BeiR. d. Bundesverb. Ausländ. Adoptiveltern. H.: Kochen, zeitgen. Musik, Kino, Fotografieren.

Dettloff Werner Rainer Dr. theol. *)

Dettmann Dietrich Dr. med.

B.: FA f. Allg.-Med., Tropenmed. FN.: Catholic Hospital Nord Kinangop. DA.: Ke-North Kinangop/Kenya, P.O.Box 88 G.: Havelberg/Brandenburg, 24. März 1940. El.: Walter u. Selma. S.: 1960 Abitur, 1960-66 Med.-Stud. Kiel, Bern u. Marburg, 1966 Prom. K.: 1966-68 Med.-Ass., 1968 Approb., 1968-69 Sondereinsatz in Biafra-Krieg, 1970-73 Landpraxis in Holstein, 1974-79 Missionsarzt in Nigeria, 1979-81 Prakt. Arzt, 1981 Praxisgrdg. München, ab 1999 erneute Missions-Arbeit in Afrika. P.: zahlr. Vorträge über ärztl. Entwicklungshilfe u. Missionsarb. M.: Dt. Tropenmed. Ges., förderndes Mitgl. f. ärztliche Mission Tübingen. H.: Sprachen, Musik, Schweigemeditation, Bergtouren. (D.B.-K.)

Dettmann Otfried *)

Dettmar Hans Dipl.-Kfm.

B.: Gschf. Partner. FN.: NewMark Finanzkommunikation GmbH. DA.: 60486 Frankfurt am Main, Robert-Mayer-Str. 48-50. PA.: 65779 Kelkheim, Hunsrückstr. 7. hans.dettmar@newmark-gruppe.de. G.: Zorge, 25. Feb. 1948. V.: Carola, geb. Rühle. Ki.: Stephan (1969), Sascha (1973). El.: Carl u. Alida. S.: 1969 Abitur Goslar, 4 J. Bundesmarine (FK d. R.), Volontariat b. d. Goslarschen Zeitung, Sportjournalist, 1974 Stud. BWL u. Publizistik, 1979 Dipl. K.: 1979-84 Pressesprecher b. d. Niedersächs. Landesreg., 1984-90 Ref. f. Intern. Presse- u PR-Arb. Dt. Bank Frankfurt, 1991-92 Ltr. Öff.-Arb. u. Investor Relations Linotype-Hell Eschborn, 1992-94 Dir., Ltr. Kommunikation u. Vw. BfG Bank AG Frankfurt, 1994-98 Direktor Kommunikation, Allgemeiner Wirtschaftsdienst (AWD) Hannover, seit 1999 NewMark. BL.: Mitbegründer Intern. Bankers Forum (IBF) Frankfurt. P.: div. Fachart. u. Aufsätze in d. Fachpresse Wirtschaft u. Publizistik. M.: Lions Club Hannover-Calenberg, CDU, Bundeswehrverb. H.: Sprachen: Englisch, Holländisch, Französisch.

Dettmer Hans-Dieter *)

Dettmer Kurt *)

Dettmering Christoph

B.: selbst. Restaurator. DA.: 60386 Frankfurt/Main, Salzschlirfer Str. 18. cd@dettmering-restaurator.de. G.: Frankfurt, 5. Juni 1963. V.: Dr. Tanja. Ki.: Paul Jakob, Julian-Karl. S.: Abitur, Stud. Theol., Lehre Schreiner, 1993 Meisterprüf. Tischlerhandwerk, Stipendium Venedig, öff. vereid. u. bestellter Sachver. K.: seit 1993 selbst. H.: Kunst, Musik, Skifahren, Surfen, Theater, Literatur.

Dettmering Frank

B.: Tontechniker, Unternehmer, selbständig. FN.: Sunshine Sonnenstudio. DA.: 38300 Wolfenbüttel, Cranachstraße 51. PA.: 31185 Söhlde, Lange Reihe 10C. frank.dettmering@t-online.de. G.: Peine, 12. Nov. 1965. El.: Wilfried und Susanne, geb. Krüger. S.: 1985 Abitur Peine, b. 1986 Grundwehrdienst b. d. Bundeswehr, 1986-89 Studium Lehramt f. Grund- u. Hauptschule Musik, Physik u. Chemie an d. TU Carolo-Wilhelmina in Braunschweig, 1987-89 Ausbildung z. Tontechniker b. d. Dt. Grammophon in Hannover in d. Nachtzeit. K.: danach b. ILFA in Hannover in d. Produktion, ab 1989 Ass. d. Geschäftsleitung parallel z. Stud., 1993-99 Betriebsleiter b. d. Firma Borkowski Wurst- u. Schinkengroßhandel in Braunschweig, 1997 Eröff. d. 1. eig. Sonnenstudios in Braunschweig-Stöckheim u. Grdg. d. Sunshine GmbH, 1997 kaufte d. GmbH d. Hälfte d. Braunschweiger Schlachthofes, 1999 Eröff. d. Sunshine Sonnenstudio in Wolfenbüttel, 1999 Grdg. d. Firma Löwenbau in Braunschweig, seit 2000 selbständig beratender Betriebswirt. F.: seit 2001 MHD Maschinen, Handel u. Dienstleistungen in Söhlde. P.: Veröff. in d. Fachzeitungen. M.: Freiwillige Feuerwehr Steinbrück, Schützengilde v. 1497 e.V. zu Peine, Corps d. Bürgersöhne Peine. H.: Musik, Bauen, Autos, Motorradfahren, Motorboot.

Dettmering Peter Dr.

B.: Arzt f. Psychiatrie, Psychotherapie, Psychoanalyse. DA.: 22880 Wedel, Reepschlägerstraße 26. G.: Oldenburg, 25. Mai 1933. V.: Gisela, geb. Barz. Ki.: Cornelia (1964). S.: 1952 Abitur Hamburg, 1952-59 Med.-Stud. Univ. Hamburg, 1959 Staatsexamen. K.: 1959-61 Assistenz-Zeit, 1961 Prom., 1962-68 Assistent Univ.-Nervenklinik Tübingen, 1968-71 OA an d. Landesnervenklinik Berlin, 1971-76 Ltr. d. Sozialpsychiatr. Dienstes Berlin-Charlottenburg, 1978-87 Ltr. d. Sozialpsychiatr. Dienstes Hamburg-Eimsbüttel, seit 1987 ndlg. als analyt. Psychotherapeut in Wedel. P.: 10 Bücher u.a. 1969 Dichtung u. Psychoanalyse, 1994 Die Adoptionsphantasie, 1997 Kinder + Hausmärchen d. Gebr. Grimm, 1998 Formen d. Grandiosen, 2000 Das Vermüllungssyndrom Theorie + Praxis, 2002 Lyrik 1952-2001 (Übers. aus d. Englischen u. Französischen), mehr als 100 Einzelveröff., div. Talkshows in Österr. u. Deutschland. M.: seit 1973 Dt. P.E.N.-Club, seit 1975 DPV. H.: Schriftsteller, Filme u. Spielfilme.

Dettmers Tennessee

B.: RA. FN.: Dettmers Manske Weinhardt - Rechtsanwälte Steuerberater. DA.: 10707 Berlin, Kurfürstendamm 48-49. kanzlei@dmw-berlin.de. www .dmw-berlin.de. G.: Berlin, 30 Dezember

1963. V.: verh. Ki.: 1 Tochter. S.: 1985-91 Jurastudium FU Berlin, erstes Staatsexamen, 1991-95 Referendariat, zweites Staatsexamen. K.: Zulassung als Rechtsanwalt und seither mit eigener Kanzlei. tätig, Tätigkeitsschwerpunkte: Steuerstraf-, Gesellschafts- und Unternehmenssteuerrecht, FA für Steuerrecht. F.: Geschf. Röver & Granobs WP Ges. Berlin mbH. M.: Arge Fachanw. für Steuerrecht, Berliner Anw.-Ver. H.: Rudern.

Detzel Peter Dr. rer. nat.

B.: Dipl.-Biologe. FN.: Gruppe für ökologische Gutachten. DA.: 70599 Stuttgart, Bernhauser Str. 14. G.: Ravensburg, 22. Nov. 1954. V.: Marina, geb. Pipitone. Ki.: Anja, Michael. El.: Josef u. Maria, geb. Wilhelm. S.: 1973 Abitur Ravensburg, 1975 Stud. Biol. b. Prof. Ammermann Univ. Tübingen, 1983 Dipl. K.: 1982/83 Gutachter i. Behörd. Naturschutz, Volontärzeit Staatl. Museum f. Naturkunde Stgt., 1986-88 Landesanstalt f. Umweltschutz Baden-Württemberg, Prom. "Ökofaunistische Analyse d. Heuschreckenfauna Baden-Württemberg", 1988 Grdg. Gruppe f. ökol. Gutachten (Gutachten, Planung, Beratung, Forschung), dib ökol. u. faunistische Untersuchungen u. Pflegepläne. P.: Wiss. Publ. z. Thema Insektenkunde i. Fachzeitschriften, i. M.: 1. Vors. Dt. Ges. f. Orthopterologie. H.: Bergwandern, Afrika. (E.K.).

Detzel Wilfried Dr.

B.: Steuerberater. FN.: Dr. Detzel u. Partner Steuerberater- u. Rechtsanwalt-Sozietät u. DDU Dr. Detzel Unternehmensberatungs GdbR. DA.: 67159 Friedelsheim, Hauptstr. 75. PA.: 67159 Friedelsheim, Gartenweg 5. G.: Karlsruhe, 25. Febr. 1934. Ki.: RA, Fachanwalt f. Steuerrecht Stefan (1962), Steuerberater, Dipl.-Kfm. Georg (1965), Unternehmensberater, Dipl.-Wirtschaftsinformatiker Christian (1987).

Deubel Stefan Dipl.-Ing. (FH) *)

Deubert Hans Hermann *)

Deubig Bernhard J.

B.: OBgm. FN.: Stadtverw. Kaiserslautern. DA.: 67653 Kaiserslautern, Willy-Brandt-Pl. 1. stadt@kaiserslautern.de. www.kaiserslautern.de. G.: Speyer, 13. Juni 1948. Ki.: 2 Kinder. S.: Jurastud. Saarbrücken u. Freiburg. K.: 1975-83 Richter am LG Kaiserslautern u. Pressereferent f. d. LG-Bez., danach Pfälz. OLG Zweibrücken, 1984-89 StadtR., seit 1989 Bgm. d. Stadt Kaiserslautern. Baudezernent, 1992-98 außerdem Lehrbeauftragter f. Bauplanungs- u. Baurodnungsrecht i. d. FH Kaiserslautern, seit 1999 1. stellv. Vors. d. Bez.-Tages Pfalz, seit 1999 OBgm. d. Stadt Kaiserslautern. M.: Präs. d. Sportver. DJK S.G. Eintracht Kaiserslautern e.V., Vorst.-Mtgl. u. Justitiar d. Roten Kreuzes Kaiserslautern u. stellv. Vors. d. Ver. "Hilfe f. Slavjanovo e.V. Kaiserslautern".

Deufert Ingeborg *)

Deuflhard Peter Dr. Prof.

B.: Präs. FN.: Konrad Zuse-Zentrum f. Informationstechnik Berlin. DA.: 14195 Berlin, Takustr. 7. G.: Dorfen/Oberbayern, 3. Mai 1944. V.: Amelie, geb. Böck. Ki.: Florian (1987), Carolin (1988), Valerie (1990), Marie (1992). El.: Dr. Karl Ludwig u. Charlotte, geb. Reese. S.: 1954-63 Gymn., 1963-68 Stud. Reine Physik TH München, 1968 Dipl., 1969 Wechsel

---

*) Biographie www.whoiswho-verlag.ch oder beigefügte CD-ROM

z. Math., 1972 Prom. K.: 1969 wiss. Ang. Math. Inst. TH München,1 969-73 wiss. Ass. Math. Inst. Univ. Köln, 1973-78 OAss. TU München, 1977 Habil., 1978 Lehrstuhl Numer. Math. Univ. Heidelberg, 1981 RPI New York, 1985 Lehrstuhl Numer. Math. FU Berlin, 1986 Lehrstuhl f. Scientific Computing FU Berlin, VPräs. u. seit 1987 Präs. d. Konrad Zuse-Zentrum Berlin. BL.: Rechenfortschritte b. d. optimalen Steuerung v. Raumfahrzeugen (1972-77), führend im Chem. Computing (Anlagenbau, Verbrennungsforsch., Polymerchemie) seit 1980. P.: Hrsg. "Impact of Computing in Science and Engineering" (1989-94), Mithrsg.: Annals of Numerical Mathematics, J.C. Baltzer, Basel/Schweiz; Journal of Computational Mathematics, Science Press, Beijing; Journal of Computers & Mathematics with Applications, Pergamon Press, Oxford, New York, Seoul, Tokio; Numerische Mathematik, Springer International; Bücher: "Modelling of Chemical Reaction Systems" (1981), "Numerical Treatment of Inverse Problems in Differential and Integral Equations" (1983), "Large Scale Scientific Computing" (1985 u. 1987), wiss. Monographien "Newton Techniques for Highly Nonlinear Problems - Theory and Algorithms" (in Vorber.), "Numerische Mathematik I. Eine algorithmisch orientierte Einführung" (1991), Numerische Mathematik II. Integration gewöhnlicher Differentialgleichungen (1994), Numerical Analysis. A. First Course in Scientific Computation (1995), Veröff. in intern. math. u. naturwiss. Fachzeitschriften, bes. über math. Methoden f. hochnichtlineare Probleme, steife u. differentiell-algebraische Systeme, adaptive Multilevel-Methoden f. partielle Differentialgleichungen sowie in intern. naturwiss. Zeitschriften insbes. über chem., med. u. elektron. Computing, Mitverfasser v. ca. 50 Algorithmen u. Software-Programmen, seit 1974 Vorträge auf Tagungen in d. USA, NL, China, Russland, Polen, GB, Schweden, Italien, Frankreic,h, Kanada, Schweiz u. BRD. E.: Gerhard Damköhler-Med. 1994, Dr. h.c. Univ. Geneve 2000. M.: SIAM, DMV. H.: Geschichte.

Deumeland Klaus Dieter Laird of Camster

B.: Schriftsteller, Hochschullehrer, Dir. FN.: I.U.R. PA.: 12347 Berlin, Britzer Damm 13. G.: Berlin, 17. Mai 1940. V.: Young-Hae Yu. El.: Deumeland Gerhard u. Johanna. BV.: Friedrich Sesselmann, Kanzler d. Mark Brandenburg u. Bischof v. Lebus. S.: Abitur am Arndt-Gymn. in Berlin Dahlem, Stud. Rechtswiss. u. polit. Wiss. Freie Univ. Berlin, Ref.-Examen, Assessorexamen. K.: Ass. Univ. München, RA, tätig bes. im Geb. Verfass.-, Straf- u. Hochschulrecht, Verteidiger d. Künstlers Joseph Beuys, Mitgl. d. wiss. Beirates d. IWT Univ. Kaposvar, Hochschullehrer u.a. PH Berlin, Mitarb. Sammlung "Schulze, Rechtsprechung zum Urheberrecht", Mitbegr. d. "Freien HS f. Kreativität u. interdisziplinäre Forsch. e.V.", Kandidat d. Ak. Senats Univ. Osnabrück f. Amt d. Univ. Präs. P.: über 180 Publikationen in acht Sprachen, u.a. Hochschulrahmengesetz (Kommentar) (1979/85), Werksymbiose - Joseph Beuys und Sook Hee Won (1996), XVI Congreso Mundial de la Assoc. Intern. de Ciencias Politicas (1995), Academic degrees and the Church in Federal Germany (1995), Schmerzensgeld für die Verletzung der Menschenrechte im Gerichtsverfahren (1995), Beratungshilfe auch f. Ausländer (1993), Befangenheit und unfaires Gerichtsverfahren bei unwahrem Sachvortrag eines Richters (1993), Berufungsverfahren f. Professoren nach dem HRG (1991), Urheberrecht und Entwicklungsländer (1990), Fighting for Human Rights (1996),Perspektiven von Krieg u. Frieden nach d. deutschen Wiedervereinigung (1997), Autobahnbau mit Umweltschäden nach gebrochenem Recht (1998), Verspätete Beachtung des Benachteiligungsverbotes von Ehe und Familie (1999), Gedanken zur Rentenreform (2000), Prozessvertretung durch Hochschullehrer vor dem Gerichtshof d. EU in Luxemburg (2001), Einblick in die Rechtssituation des freischaffenden Künstlers (2001). H.: Briefmarken.

Deuring Hans Dipl.-Ing. *)

Deuring Johann Heinrich *)

Deus Bernd Robert *)

Déus Paul Markus

B.: selbst. Restaurator. DA.: 55743 Idar Oberstein, Tiefensteiner Str. 361 b. G.: Birkenfeld, 30. Jan. 1964. S.: 1980 mittlere Reife, 1980-83 Lehre Möbelschreiner, 1988-89 Meisterschule, 1989 Prüf. Restaurator Dt. Inst. f. Denkmalpflege Fulda, 1990 Europ. Ausbild.-Zentrum f. Handwerker im Denkmalschutz Venedig, 2001 Studienaufenthalt in Moskau, erlernen v. Techniken in d. Ikonen-Restaurierung. K.: 1985-88 ang. als Antiquitätenschreiner, 1990-91 ang. als Ebenist u. Ausbild. franz. Handwerkstechniken in Paris, 1992 im Staatsmuseum in Windhoek in Namibia, seit 1994 selbst. Restaurator mit eigener Werkstatt. BL.: erstmalige Erstellung einer Dokumentation d. histor. Möbel im Staatsmuseum in Windhoek/Namibia. M.: Handwerkskam. Idar Oberstein. H.: Antiquitäten, Motorräder, Bücher.

Deus-von Homeyer Ulrich *)

Deuschle Michael *)

Deusen Katharina *)

Deuser Joachim Dipl.-Kfm.

B.: Unternehmensberater im Gesundheitswesen, Gschf. FN.: time pro med GmbH. GT.: Studiengangskoordinator. DA.: 10961 Berlin, Mehringdamm 43. jdeuser@praxismanager.de. G.: Erlangen, 29. Okt. 1971. V.: Regine, geb. Laubner. Ki.: 1 Kind. El.: Dr. med. Heinz u. Dr. med. Adelheid, geb. Geltenpoth. S.: 1991 Abitur Neuenbürg, 1991-92 Rettungshelfer b. DRK KV Pforzheim, 1992-98 Stud. BWL an d. Univ. Lüneburg, 1997-98 b. The Fox Group in Redlands/ Kalifornien, 1998 Dipl.-Kfm. K.: ab 1992 während d. Stud. selbständig, 1992 Grdg. d. time pro med Unternehmensberatung GmbH, seit 1998 in Vollzeit, bundesweite BWL-Beratung v. Arztpraxen m. Schwerpunkt Reorganisation, Personalmanagement, Refinanzierung, 2001 Akkreditierung d. 1. MBA Programms im Gesundheitswesen in Lüneburg. BL.: 1996 Gründer u. Initiator d. studentischen Unternehmensberatung UNICON Contact & Consult e.V. P.: "Physician Hospital Organizations - Kooperation v. niedergelassenen Ärzten u. Krankenhäusern" (1999), "M.B.A. f. d. Doktor - Darstellung d. Studiengangs Praxismanagement u. integrierte med. Versorgung" (2001), Engpasskonzentriertes Management - Wie Sie durch Nutzensteigerung Ihre Liquidität und Mitarbeitermotivation erhöhen (2001). M.: Alumni Lüneburg. H.: Langstreckenlauf, Literatur, Musik.

Deusinger Ingrid Martha Dr. phil. Prof. *)

Deuss Walter Dr. iur.

B.: Präs. d. Bundesarbeitsgemeinsch. d. Mittel- u. Großbetriebe, Vorst.-Vors. FN.: Karstadt Quelle AG. G.: Frankfurt/ Main, 1. Mai 1935. S.: Abitur, Banklehre, Stud. Rechtswiss. K.: 1985-2000 Vorst.-Vors. d. Karstadt Quelle AG, bereits 1969 stellvertr., dann o. Vorst.-Mtgl. d. Karstadt AG (Chef d. Finanz- u. Rechnungswesens), Präs. d. Bundesarbeitsgem. d.

Mittel- u. Großbetriebe d. Einzelhandels, div. Aufsichtsratmandate. M.: 1991 Präs. d. Bundesarge d. Mittel- u. Großbetriebe d. Einzelhdls. e.V. (BAG) Köln.

Deussen Peter *)

Deussen Reiner Dr. rer. pol.
B.: Wirtschaftsprüfer, Steuerberater. DA.: 58095 Hagen, Körnerstr. 84. Dr.Deussen@Deussen.de. www.Deussen.de. G.: Hagen, 8. Okt. 1958. V.: verh. Ki.: 1 Kind. S.: 1979 Abitur Lüdenscheid, 1979-84 Stud. BWL in Münster, 1989 Prom. K.: 1990 Steuerberaterexamen, 1994 Wirtschaftsprüferexamen, seit 1991 selbst. in Sozietät mit Dr. Heinz Deussen (gest. 1992). P.: Unternehmenssteuern (2000), Jahresabschluss (2001). H.: Segeln.

Deussing Werner *)

Deutelmoser Neithard

B.: Gschf. Ges. FN.: Deutelmoser Verwaltungs u. Immobilien GmbH. DA.: 14193 Berlin, Trabener Str. 85. hausverwaltung@deutelmoser.de. G.: Berlin, 23. Feb. 1941. V.: Brigitte, geb. Bedel. Ki.: Matthias (1971). El.: Hans u. Maria, geb. Hobusch. BV.: Großv. Oberst d. Kaiserlichen Armee. S.: 1960 Abitur, 1960-62 Berufsausb. Bankkaufmann, 1962-67 Stud. Jura u. Wohnungswirtschaft. K.: 1966 Unternehmensgründung. M.: CDU, seit 1962 Wirtschafts- u. Mittelstandsvereinigung, seit 1978 Ehrenamt d. Schatzmeisters, Dt.-Israel. Ges. H.: Lesen (Sachbücher, Biografien).

Deutrich Hans-Jürgen *)

Deutsch Elmar
B.: ehem. Vorst.-Vors., Consultant. FN.: Dow Deutschland Inc. DA.: 65824 Schwalbach, Am Kronenberger Hang 4. www.dow.com. G.: Bonn, 15. Nov. 1943. S.: Gymnasium, Lehre als Industriekfm. K.: 1967 Export-Abteilung Vereinigte Deutsche Metallwerke in Frankfurt, seit 1971 b. Dow; 1974 Marketing Manager, Geschäftsbereich Kunstoffe der Dow Europe in Horgen/Schweiz, danach verschiedene leitende Positionen im Verkauf in Stuttgart und Düsseldorf, 1981 Ernennung zum General Sales Manager für Dow in Deutschland, 1983 Wechsel zu Dow USA in Midland/Michigan als Vize Präs., 1986 Rückkehr zu Dow Europe in Horgen als Vize Präs. für die Verkaufsorganisation, 1991Ernennung zum Vorst.-Vors. d. Dow Deutschland Inc., 2001 in Ruhestand, freiberuflich tätig als Consultant. M.: im Präsidium d. Verbandes d. Chem. Industrie, im Vorstand d. Verbandes d. kunststofferzeugenden Industrie, AufR. Dt. Gesellschaft f. Kunstoff-Recycling, Beirat d. Dresdner Bank, u.v.a. (Re)

Deutsch Günter
B.: Dachdecker- u. Zimmerermeister, öffentlich bestellter u. vereidigter Sachv. im Dachdeckerhandwerk. GT.: seit 1975 öff. bestellter u. vereidigter Sachv. f. d. Dachdeckerhandwerk, seit 1975 Mtgl. im Meisterprüfungsausschuss f. d. Dachdeckerhandwerk b. d. Handwerkskammer d. Saarlandes, seit 1975 Doz. f. d. Meistervorbereitungskurse im Dachdeckerhandwerk in d. Bereichen Fachkunde u. Kalkulation b. d. Handwerkskammer d. Saarlandes. DA.: 66352 Großrosseln, Robert-Koch-Str. 9. guenter.deutsch@t-online.de. G.: Saarbrücken, 24. Jan. 1933. V.: Liliane, geb. Schiffmann. Ki.: Rüdiger (1956), Rainer (1960), Gerd (1962), Hilmar (1968), Tanja (1971). El.: Wilhelm u. Johanna, geb. Ganseuer. S.: 1947-50 Ausbildung z. Dachdecker im elterl. Betrieb in Dorf im Warndt, 1962-64 Meisterschule im Dachdeckerhandwerk/GTZ b. d. Handwerkskammer in Saarbrücken, 1983-86 Meisterkurse im Zimmererhandwerk b. d. Handwerkskammer d. Saarlandes in Saarbrücken, 1985 Meisterbrief im Zimmererhandwerk. K.: 1950-58 Geselle im elterl. Betrieb, 1958-68 Bauleiter in einem Baubetrieb m. Bedachungen in Karlsruhe, 1968 selbständig durch Eröff. eines Dachdeckerbetriebes in Dorf im Warndt, 1992 Eröff. zweier Filialen in Leipzig u. Cottbus, d. durch d. Söhne Rüdiger u. Gerd geleitet wurden, seit 1985 wurden in allen Bereichen zusätzl. eigene Firmenabteilungen durchgeführt, 1998 Übergabe d. drei Betriebe an d. Söhne Rüdiger, Rainer u. Gerd. BL.: 1968-72 Mtgl. d. Dt. Nationalmannschaft im Pistolenschießen (olympisch Schnellfeuer) - 30x qualifiziert f. d. DM, häufig unter d. ersten 10 Plätzen, 1972-82 Ltr. d. Leistungszentrums Schießen Saar-Pfalz an d. Sportschule d. Saarlandes, lizenzierter Trainer (B) in Dt. Schützenbund in Wiesbaden. M.: b. 2000 Vorst.-Mtgl. d. Dachdeckerinnung im Saarlandes, Zentralverband d. Dt. Dachdeckerhandwerks in Köln, Vors. in 3 Ausschüssen, in 2 DIN-Ausschüssen d. Dachdeckerhandwerks in Berlin f. nat. u. intern. Normung, ABB Ausschuss Blitzschutzbau in Blitzschutzforschung, Vors. im Arbeitskreis Blitzschutz an Dach u. Wand, seit 2001 Vors. d. Haus- u. Grundbesitzervereins Großrosseln, Vors. d. Schützenvereins "Gut Schuß Dorf im Warndt" (1959-89), heute Ehrenoberschützenmeister. H.: sportliches Pistolenschießen in 5 Disziplinen, über 50x Saarlandmeister.

Deutsch Hans Robert *)

Deutsch Helmut Prof.

B.: Prof. f. Orgel. FN.: Staatl. HS f. Musik Freiburg. GT.: Konzertorganist. PA.: 79199 Kirchzarten, Keltenring 78. G.: Saarlouis, 20. Nov. 1963. V.: Ulrike, geb. Wardenberg. Ki.: Matthias (1992). El.: Helmut u. Irmgard, geb. Windhausen. S.: Mittlere Reife, Stud. HS f. Musik Saarbrücken, 1985 B-Examen Kirchenmusik, 1986 Dipl. f. Priv.-Musikerzieher, Zivildienst, 1990 Kantorenexamen, 1992 Konzertreifediplom f. Orgel. K.: freiberufl. Musiker mit weltweiten Konzerten, Doz. an versch. Meisterkursen in Deutschland, Italien, Frankreich, Rußland, Südkorea u. a. Ukraine, Rundfunkaufnahmen m. Orgelmusik aller Stilepochen, CD-Einspielungen m. Werken v. Couperin, Mozart, Marchand u. Liszt, seit 2000 Auftrag d. Kyoto Concert Hall f. Orgeltranskription d. 2. Sinfonie v. Jean Sibelius, Mtgl. d. Jury bei intern. Orgelwettbewerben, seit 2000 Prof. f. Orgel an d. Staatl. HS f. Musik in Freiburg. P.: (Auswahl) "Les Préludes" von Liszt (Bärenreiter). E.: 1989 1. Preis Walter-Gieseking-Wettbewerb Saarbrücken, 1991 Preistr. Internat. Orgelwettbewerb "Dom zu Speyer", 1993 Internat. Liszt-Preis Budapest. M.: UNICEF. H.: Wandern.

Deutsch Henry H.
B.: Friseurmeister, Inh. FN.: Hair Design Henry Deutsch. DA.: 22393 Hamburg, Stormarnpl. 4. G.: Hamburg, 17. Mai 1961. V.: Birgit, geborene Friedrich. Ki.: Nathalie (1989). S.: 1977-80 Ausbildung z. Friseur bei Peter Oltmann Hamburg

Deutsch

K.: 1980-84 Tätigkeit in versch. Friseursalons in Hamburg, 1984 Meistersch. Hamburg u. Erlangung d. Meistertitels, 1984-88 ang. Friseurmeister bei Christel Umlauf, 1988 Gründung u. Eröffnung d. eigenen Salons in Hamburg, 1991 Eröffnung eines weiteren Geschäftes Hair Design Henry Deutsch GmbH Rügen, 1994 als Geschäftsführer u. 1996 Teilhaber aus d. weiterhin bestehenden Geschäft auf Rügen zurückgezogen, Schwerpunkte d. Hamburger Salon: Farb- u. Schneidetechniken. M.: Tischtennisver. SC Poppenbüttel. H.: Computer, Tischtennis.

Deutsch Martin Dr.-Ing. *)

Deutsch Oliver
B.: Direktor. FN.: Park Hotel Ahrensburg. DA.. 22926 Ahrensburg, Lübecker Str. 10a. G.: Preetz/Plön, 14. Okt. 1961. V.: Brigitta, geb. Ebermann. S.: 1980-82 Lehre Hotelfach im Intercontinental Hamburg. K.: 1983 Bar im Inter Conti, 1984 Bundesmarine, 1985 stellv. Bar-Chef Grand Hotel München, 1986 Management Trainings-Programm Penta Hotel Nürnberg, 1987 stellv. Wirtschaftsdir. Grand Hotel Nürnberg, 1988 Wirtschaftsdir., 1988/89 Kurse f. d. Food and Beverage Management in London, 1990-92 Wirtschaftsdir. Dom Hotel Köln, 1993-95 Dir. Park Village Golf Hotels u. Ferienclub in Stromberg/Bingen am Rhein, 1995 Dir. d. Park Hotels in Ahrensburg. H.: Fußball, Reisen, Hotelerie.

Deutsch Sibylle Dr.

B.: Unternehmensberaterin. FN.: Dr. Sibylle Deutsch Unternehmensberatung. DA.: 30159 Hannover, Odeonstr. 19. G.: Berlin, 30. Mai 1959. V.: Karl-Heinz Ziessow. BV.: 15. Jhdt. Mutterstammlinie: ital. Vorfahren/Mailändische Grafen. S.: 1979 Abitur Hameln, Studium Literatur- und Sprachwiss. Univ. Hannover, Stud. Politik- u. Sozialwiss., Psych., Phil. u. Math. in Hamburg u. München, 1984 Mag. K.: parallel z. Stud. wiss. Ass. an Univ., Ethik-Seminare/Schulungen an VHS u. Univ., 1990 Leiterin Unternehmensberaterfirma, Aufbau d. Abt. Führungskräfteentwicklung, 1993 Ltr. d. Öff.-Arb. f. Niedersachsen, 1994 Ltr. f. Öff.-Arb. u. Pressesprecherin im Min., 1996 selbst. Unternehmens- u. Kommunikationsberatung, Öff.-Arb., parallel Doz. d. Univ. Hannover. P.: div. Veröff. innerhalb d. Univ.-Magazine f. Verw.- u. Rechtspflege, Veröff. auch in russ. Fachzeitschriften, parallel 2000 Projekt m. Choreographie konzipiert: Überzeugen in d. Öffentlichkeit, Modellprojekt gemeinsam m. Niedersächs. Verb., Fachbereich "Ing.-Wiss." ins Leben gerufen. M.: Trainerverb. Deutschland, VDU, Grdg.-Mtgl. Frauen & EXPO, Grdg.-Mtgl. Ingenieurinnen-Netzwerk Oldenburg. H.: Lesen, Musik, Segeln, Kino, Theater.

Deutsch Ursula
B.: Heilpraktikerin. DA.: 16816 Neuruppin, Gerhart-Hauptmann-Str. 45. G.: Neuruppin, 21. Aug. 1952. V.: Reinhard Deutsch. Ki.: Markus (1977). S.: 1969-70 Ausbild. Lebensmittellaborantin. K.: 1970-72 tätig als Lebensmittellaborantin, 1971 Abitur an d. VHS, 1972-76 Stud. Päd. HS in Köthen, 1976 Abschluß Dipl.-Pädagogin f. Biologie u. Chemie, b. 1988 tätig als Lehrerin, 1991-93 tätig b. einem Finanzberater, 1993-95 Ausbild. an d. Heilpraktikerschule Deutsche Paracelsus-Schulen f. Naturheilverfahren GmbH in Berlin, 1995 Eröffnung d. Heilpraktikerpraxis m. Ohrakupunktur, Cranio-Sakral-Osteopathie, Ayurvedische Massagen, Eigenbluttherapie, Bachblütentherapie u. Entspannungstherapien. H.: Malen, Konzerte, Reisen.

Deutsch Volker Dr.-Ing. Prof. *)

Deutsch Wolfram *)

Deutschendorf Heinz *)

Deutscher Drafi
B.: Sänger, Komponist, Texter. FN.: c/o Berkovics Promotion, Production u. Show Service GmbH. DA.: 50674 Köln, Roonstr. 78. G.: Berlin, 9. Mai 1946. K.: Komponist u. Texter u.a. "I'm a Believer" d. Popgruppe Monkees, Sänger von u.a. "Solitary Man", "Soolaimon", "Cherry, Cherry", "Sweet Caroline", "Keep Smiling", "Cinderella Baby", "Marmor, Stein u. Eisen bricht" (Gold. Schallplatte 1967), "Mama Leone". E.: 1967 Gold. Schallplatte, "Schlagerdiament 1998" v. RTL.

Deutscher Lothar Dipl.-Ing. *)

Deutscher Wolf-Michael Dr. med.

B.: FA f. HNO, Allergologie, Stimm- u. Sprachstörungen. FN.: Dr. Deutscher Dr. Strauß Hals-Nasen-Ohrenärzte. DA.: 85049 Ingolstadt, Theresienstr. 29. G.: Reutlingen, 1959. V.: Regina. Ki.: Isabell (1988), Verena (1993). El.: Wolfgang und Bärbel. S.: 1979 Abitur München, 1/2 Jahr Pettenkofer Inst./Labor, 1980 Bundeswehr, 1980 Med.-Stud. in Regensburg, 1982 Med.-Stud. LMU München, 1986 Prom. z. Dr. med., danach noch einmal 5 Monate Bundeswehr als Stabsarzt. K.: 1987 HNO-Arzt Klinikum München Großhadern, 1992 FA f. HNO, 1993 1/2 J. Stimm- u. Sprachabt. Univ.-Klinik München, 1993 ndlg. FA in Ingolstadt, seit 1996 gemeinsam m. Dr. Strauß. H.: Ausdauersport (Laufen), EDV.

Deutschland Jutta *)

Deutschler Friedebert
B.: selbst. Rechtsanwalt u. Notar in Sozietät m. jg. RA. DA.: 30159 Hannover, Kokenstr. 5. G.: Thale/Harz, 22. März 1927. V.: Hilde, geb. Reichert (Lehrerin). Ki.: Gudrun (1960), Sigrun (1962), Yorck (1966). S.: freiwillig Offiz.-Bewerber, 1945 Abitur, 1945 Dolmetscher b. d. Engländern, 1947 Virusinfektion, 1949 2. Abitur-Päd. Hochsch. Hannover, ab 1949 Jurastud. Univ. Marburg (Werkstudent). K.: während d. Stud. längere Zeit 1. Vors. d. WUS - Marburg, aktives Mtgl. d. bürgerkundl. Arbeitskreises, 1953/54 Vertr. d. Studentenschaft b.

*) Biographie www.whoiswho-verlag.ch oder beigefügte CD-ROM

Disziplinargericht d. Univ. Marburg, 1954 1. Staatsexamen, Tätigkeit b. EAM - Marburg, ab 1955 Referendar b. Gerichten in Duderstadt und Hannover, Amtsanwaltsvertreter STA-Stade, Kreisverw. Springe, Verw.-Hochsch. Speyer, OLG Celle, 1958 2. Staatsexamen, anschl. Anwaltsassessor, 1959 Zulassung als selbst. Rechtsanwalt in Hannover, 1971 Ernennung zum Notar, 1965-84 Ausbildung v. Referendaren. E.: 24x gold. Sportabz., 28x gold. Fisch im Schwimmen. M.: Hannover Bristol Ges., The Friendship Force, Sportver. Hannover. H.: Musik, Theater, Kegeln, Reisen (ehem. Sowjetunion, übrig. europ. Ausland, USA).

Deutschmann Gerhard
B.: Lehrmeister (Maurer), Inh. i. R. FN.: Baufirma Gerhard Deutschmann. G.: Blasdorf, 5. Mai 1938. V.: Brigitte, geb. Vogel. Ki.: Marion (1963), Hagen (1964), Jana (1966). S.: 1952-55 Maurerlehre, 1955-59 Maurergeselle, 1959-62 Ausbild.-Einrichtung f. Lehrmeister, Abschluß: Handwerksmeister als Maurer u. Lehrmeister. K.: 1962-63 als Lehrmeister in d. Berufsausbild. tätig, 1963-65 Wehrdienst, 1966-72 Reinvestor in d. Kohle u. Energiewirtschaft Cottbus, 1972-80 Baultr. b. d. Staatl. Forstwirtschaft, seit 1980 selbst. m. eigener Baufirma, nach 1989 Bauleistungen einschließl. Trockenbau, seit 2001 im Ruhestand. M.: örtl. Baukmsn. H.: Sport (Volleyball).

Deutschmann Marianne
B.: Heilpraktikerin. DA.: 26871 Papenburg, Friederikenstr. 50. G.: Leer, 17. Juni 1951. V.: Horst Deutschmann. El.: Hinrich u. Gisela Brunken. S.: 1968-69 Ausbild. z. Arzthelferin, 1989-94 Heilpraktikerstud. Paracelsus Inst., 1992 Prüf. z. Physioakupunkttherapeutin. K.: 1970-81 Arzthelferin in Hannover, 1981-85 Sekr. Nürnberg u. Darmstadt, 1986-90 Chefsekr. Reederei Aschendorf, seit 1991 Vollzeit u. seit 1996 m. Praxiseröff. Teilzeit Verw.-Ang. u. Heilpraktikerin, Lehrberechtigung Physioakupunkttherapie, Lehrberechtigung Tuina (TCM), Doz., Augenakupunktur nach Prof. Boel, manuelle Ther. n. Dorn. M.: Grdg.-Mtgl. u. Gschf. Dt. Verb. f. Physiopraxis, Dt.-Niederländ. Kammerchor Papenburg. H.: Musik, Bonsai, Große Münsterländer.

Deutschmann Martina *)

Deutschmann Mathias
B.: freiberuf. Kabarettist u. Autor. FN.: c/o Agentur Klaus Meier. DA.: 79102 Freiburg/Breisgau, Scheffelstraße 42. G.: Betzdorf/Sieg, 16. Sept. 1958. EL: Walter u. Elisabeth, geb. Isenböck. S.: 1977 Abit., 1988 Studentenkabarett in Freiburg. K.: politisches Kabarett seit "Strauß Kanzler werden wollte" ("Mit Ratten und Schmeißfliegen führt man keine Prozesse."), 1968 Demonstrant gegen Kultusminister Bernhard Vogel in Betzdorf an der Sieg, 1980-83 Studentenkabarett Schmeißfliege, 1984 Zusammenarbeit mit Kay Lorentz als Autor für das Düsseldorfer Kom(m)ödchen, glz. aktuelles monatliches Szenekabarett mit Volkmar Staub in Freiburg, als Bußprediger zusammen mit einer Laienspielschar im Dezember 1984 wird in einem Anti-Kaufrauschhappening in der Freiburger Fußgängerzone von der Polizei "in Gewahrsam genommen", eine Woche später wird die Wiederholung mit verkleinertem Ensemble unter den Augen der Polizei, 1985 Entschluß, Solo-Kabarettist zu werden, erstes Programm "Blinder Alarm" mit der Under Cover Combo, klassischer Kabarettstil mit Brecht-Songs, Mehring-Chansons und verschärfter Conférence, 1986 "Eine Schnauze voll Deutschland", Entw. eines an Wolfgang Neuss geschulten Improvisationsstiles, 1988/89 zum 40jährigen Jubiläum "Einer flog über's Grundgesetz", Übernahme des Managements, 1989 Umzug n. Berlin, der Fall der Mauer schlägt sich im Programm "Amokoma" (mit Christian Kunert) nieder, Januar 1990 deutsch-deutsche Irritationen mit dem "Solo für Deutschmann", März 1990 DDR-Tournee, 1991 Kunstpause, 1992 "Das kleine Fegefeuer", Beginn einer erfolgreichen Zusammenarbeit mit dem Regisseur und "Coach" Ulrich Waller, 1993 Rauswurf aus dem Morgenmagazin des ZDF durch den Intendanten Stolte, September 1993 Uraufführung "Diderot und das dunkle Ei" von H. M. Enzensberger, Dezember 1993 Premiere von "Wenn das der Führer wüßte ... ein Bericht zur Lage der Nation", Januar bis April 1994 ARD-Nachschlag. E.: 1992 Deutscher Kabarettpreis des Burgtheaters Nürnberg, 1994 Deutscher Kleinkunstpreis. H.: Schach. (I.U.)

Deutschmann Reiner
B.: Dipl.-Lehrer, Beigeordneter Stadt Kamenz, Betriebsleiter "Kulturbetrieb Lessingstadt Kamenz". DA.: 01917 Kamenz, Pulsnitzer Str. 11. PA.: 01917 Kamenz, Prietitzer Str. 19. G.: Kamenz, 29. Juni 1953. V.: Sabine, geb. Petrasch. Ki.: 2 Kinder. El.: Erich u. Hildegard. S.: 1972 Abitur Kamenz, 1972-74 Wehrdienst, 1974-78 Stud. an d. Humboldt-Univ. zu Berlin, Dipl.-Lehrer f. Geographie u. Geschichte. K.: 1978-80 Lehrer in Hermsdorf b. Dresden, 1980-89 Lehrer in Kamenz, 1989 Stadtrat f. Kultur, ab 1990 Beigeordneter in d. Stadt Kamenz, 1990-94 Mtgl. Kreistag, Mtgl. Stadtverordnetenversammlung, Amtsleiter f. Kultur, 1998 Betriebsleiter Kommunale Eigenbetrieb "Kulturbetrieb Lessingstadt Kamenz". M.: Gründungspräsident Rotary Club Kamenz, FDP Vors. d. Landesfachausschusses Kultur d. FDP Sachsen, Gründungs- u. Ehrenmtgl. d. Karnevalclubs KKC e.V., Vorst.-Mtgl. Thonberger Tennisclub Kamenz e.V., Lessinger Geschichtsverein e.V., Förderverein Lessingschule, Verein ehemaliger Lessingschüler. H.: Wein, Reisen in. mediterranen Bereich, Jugendstil.

Deutschmann Siegfried *)

Deutz Detlef
B.: Generalagent. FN.: DKV Vers. DA.: 27570 Bremerhaven, Georgstr. 6. PA.: 28757 Bremen, Vegesacker Heerstr. 68A. G.: Aachen, 22. März 1954. V.: Angelika. Ki.: Oliver (1976), Eva-Marie (1982). BV.: Urgroßvater Deutz Schuhfabrikant in Aachen. S.: b. 1972 Lehre als Karosseriebauer, 1972-76 Bund Stabsunteroffz. K.: Freiberufler u. Ausbild. z. Vers.-Fachmann BMV Bausparkasse Wüstenrot, 1979-82 eigene Immobilienfirma in Bremen, danach Mehrfachagent Immobilien u. Vers., seit 1989 DKV Hauptvertretung in Bremerhaven m. Landkreis Cuxhaven u. Generalvertretung in Bremen Nord Vegesack. BL.: Sponsor f. Jugendfußballver. CV Lehe. E.: ausgezeichnet im Sternclub d. DKV 50. beste Verkäufer - unter d. ersten drei im norddt. Raum. M.: Mercedes Fan, Reisen, Wochenendgrundstück im Stetener Forst, Inlineskaten.

Deutz Oliver-Gerhard *)

Deutzer Uli *)

Devantier Steffi *)

Devatara
B.: Heilpraktikerin, Sexualtherapeutin. FN.: Diamond Lotus Lounge. DA.: 10829 Berlin, Bautzner Straße 3. diamondlotus@t-online.de. www.diamond-lotus.de. G.: Geesthacht, 28. April 1968. V.: Andro. Ki.: Felix (1992), Jil (1998)l, Peter (1999). El.: Gerd und Dorothea Elisha. S.: 1987 Abitur, 1987-88 Reise nach Afrika (Tanzen lernen, Naturmedizin, Trommeln), Sprachen, Tantra, 1988-91 Heilpraktikerausbildung,

*) Biographie www.whoiswho-verlag.ch oder beigefügte CD-ROM

Devatara

Ausbildung z. holistischen Therapie- u. Sexualtherapeutin Berlin, 1991-94 Reisen nach Nepal u. Sri Lanka z. Weiterbildung, Ayurveda u. traditionelle alternative Heilmethoden, Massage- u. Sexualtherapeutin, 1993 Examen zur Heilpraktikerin, 1992-94 Stud. Indiologie, indische Kunstgeschichte u. Phil., 1999-2001 Stud. Med. an d. HU Berlin. K.: 1994 Eröff. d. eigenen Praxis innerhalb einer existierenden Praxis Antinous-Institut, Kauf einer Insel (Teilhaberschaft) im Amazonasdelta u. Aufbau einer ökologischen Tantra-Dorfgemeinschaft (Lebenspark-Projekt), 2000 Umbenennung in Diamond Lotus Lounge, Tantra-Ausbildung u. Selbsterfahrung, Sexualtherapie, Massageausbildung. H.: Tanzen (Lateinamerikanisch, Paartanz), Yoga.

Devedzic Samir *)

Devens Stephan Dr. med. dent. *)

Deventer Alfons Dipl.-Ing.

B.: Architekt. FN.: Deventer + Partner Projektsteuerung. DA.: 80686 München, Westendstr. 177. PA.: 80689 München, Agricolastraße 78a. deventer@deventer-partner.de. www.deventer-partner.de. G.: Meschede, 5. Apr. 1944. V.: Jutta, geb. Jacobi. Ki.: Jan (1977), Tobias (1980). S.: 1965 Abitur Meschede, 1965-67 Bundeswehr, 1967-72 Stud. Arch. an d. TU München, Abschluss: Dipl.-Ing. K.: 1972-81 Architekt in versch. Münchner Arch.-Büros, 1981-91 BABAG München, Projektltr. im Bereich Projektsteuerung, 1984 Prok., 1988 Gschf., 1991 selbst., Grdg. d. Firma Deventer + Partner Projektsteuerung, Inh. P.: div. Veröff. in Kommunalzeitungen u. Fachzeitschriften zu Themen d. Projektmanagements u. Bauabwicklung. M.: Bayer. Arch.-Kam., DVP Dt. Verb. d. Projektsteuerer, GPM Ges. f. Projektmanagement. H.: Tennis, Tanzen, Fahrradfahren.

Deventer Dirk *)

Devic Edin

B.: Mtgl. d. Vorst. FN.: Diagenics AG. GT.: CFO d. Diagenics International Corp. in Boston, USA. DA.: 40212 Düsseldorf, Grünstr. 23. e.devic@diagenics.info. www.diagenics.info. G.: Sarajevo, 3. Juli 1968. S.: 1987 Abitur Düsseldorf, 1987-90 Ausbildung b. amerikan. Investmentbank Graystone Nash AG in Düsseldorf, 1990 Bankkaufmann. K.: 1991-94 IBB Intern. GmbH, 1994-96 Westhouse AG, Berater des Vorst., Tätigkeit in New York, Zürich, Düsseldorf, London, 1998-99 CCM AG in Düsseldorf, Dir. Bereich Devisenhandel, seit 1999 Vorst. L.A. Pharma Inc. in Los Angeles, 2001 CFO bei d. Diagenics Intern. Corp. USA, seit 2001 Mtgl. d. Vorst. d. Diagenics AG, 2001 Erwerb von Patenten wie Diacordon-GPBB. BL.: Grdg. d. HOIK e.V. E.: seit 2000 Vorst. d. HOIK e.V. Humanitäre Organisation f. Intern. Kinderhilfe e.V. in Neuss. M.: HOIK. H.: Musik, Klavierspielen, besonders Brahms, USA-Reisen.

Devrient Gudrun

B.: staatl. anerkannte Altenpflegerin, selbständig. FN.: Wohnstift am Schlosspark. DA.: 61348 Bad Homburg, Vor dem Untertor 2. info@wohnstift.net. www.wohnstift.net. G.: Essen, 1. Nov. 1941. V.: Dipl.-Kfm. Philipp Devrient. Ki.: Birgit (1963), Heike (1965). S.: 1957 Mittlere Reife, 1957-59 Lehre Fleischfachverkäuferin Krupp'sche Konsumanstalten Essen, 1971-73 Ausbildung Altenpflegerin Ev. Einrichtung Theodor-Fliedner-Werke Mülheim/Ruhr m. Abschluß staatl. anerkannte u. examinierte Altenpflegerin. K.: 1973-76 Altenpflegerin in d. Theodor-Fliedner-Werken in Mülheim/Ruhr, 1976-79 Ltg. d. Theodor-Fliedner-Hauses in Katzenellenbogen, 1980-81 Altenpflegerin d. ASB Sozialstation in Niedernhausen, 1981-91 Pflegedienstleiterin im Hochtaunusstift in Neuansbach, 1990/91 Heimleitungslehrgänge b. Bundesverband Privater Altenheime in Berlin, 1992-98 Inh. d. Hochtaunusstift in Neuansbach u. d. Wohnstiftes in Bad Homburg, 1994 Kauf d. Hauses in Bad Homburg, 1996 Eröff. d. Wohnstift Devrient in Bad Homburg u. 1999 Umbenennung in Wohnstift am Schloßpark. F.: 1986-88 Inh. d. Altenwohn- u. Pflegeheimes in Vellmar. P.: regelm. Veröff. in d. regionalen Presse. M.: Bundesverband priv. Altenheime. H.: Lesen, Bakken, Sport.

Dew John Roland

B.: Generalintendant der Oper Dortmund. FN.: Oper Dortmund. DA.: 44137 Dortmund, Kuhstr. 12. K.: seit 1972 intern. Opernregisseur m. Inszenierungen in Berlin, Hamburg, London, Houson, Zürich, Prag u. Wien, mehrj. Zyklus in Bielefeld, entartete Oper (Oper d. 20er J.). P.: u.a. gesamter Mozart-Zyklus (Leipzig), Hugenotten (Berlin), Historia v. Dr. Faustus (Hamburg), La Favorita (Wien).

Dewan Shafiqul *)

Dewberry Mike Steven *)

Dewender Karl Josef Bernhard *)

Dewes Cornelia-Ingeborg

B.: Arzt f. Allg.-Med. DA.: 66130 Saarbrücken, Hohlweg 39. G.: Saarbrücken, 8. Dez. 1957. El.: Dipl.-Chem. Ewald u. Dr. med. Ingeborg. S.: 1974-77 Inst. auf d. Rosenberg St. Gallen/Schweiz, 1977 Abitur, 1977-79 Ausbild. als MTA am staatl. Inst. f. Hygiene u. Infektionskrankheiten Saarbrücken. K.: 1979-80 MTA in d. Praxis meiner Mutter in Fechingen u. im Zentrallabor St. Arnual, 1980-82 Stud. Chemie u. Werkstoffwiss. Univ. d. Saarlandes, 1982-84 Stud. Humanmed. Univ. Hamburg, 1984 ärztl. Vorprüf., 1984 Med.-Stud. Univ. d. Saarlandes, 1987 2. Abschnitt d. ärztl. Prüf., 1987-88 Prakt.

*) Biographie www.whoiswho-verlag.ch oder beigefügte CD-ROM

Jahr an d. Caritas Klinik St. Theresia Rastpfuhl Saarbrücken, 1988 3. Abschnitt d. ärztlichen Prüfung, 1988-90 Ass.-Ärztin d. Chir. Ev. KH Saarbrücken, 1990-93 Innere im Ev. KH, 1992-93 Weiterbildungs-Zeit für Kassenarztzulassung, ab 1993 Gemeinschaftspraxis als Kassenärztin, 1995 Urkunde f. FA d. Allg.-Med., 1996 Anerkennung zur Homöopathie. M.: WWF, Naturbund, Golfclub. H.: Reiten, Golf, Klavierspielen, Reisen, Essen, Skifahren.

Dewes Hans Dr. med. *)

Dewes Michael *

Dewes Richard Dr.
B.: MdL, Innenmin. a.D. FN.: Landtag Thüringen. DA.: 99096 Erfurt, Arnstädter Str. 51. PA.: 07422 Rottenbach-Solsdorf, Ortsstr. 49. G.: Marpingen-Alsweiler, 1942. S.: Abitur, Stud. Rechtswiss. u. Kath. Theol. Univ. Saarbrücken u. Tübingen, Staatsexamen, 1976 Diss. Prom. K.: RgR. in d. Baden-Württemberg. Wiss.Verw., Richter am Arbeitsgericht Karlsruhe, 1985-90 u- wieder seit 1999 MdL, Mtgl. d. Fraktionsvorst. d. Landtags, Vors. d. Untersuchungsaussch. "Aquadrom" u. stellv. Vors. im Aussch. f. BAngelegenheiten u. bes. Aufgaben sowie Vors. d. entsprechenden Fraktionsarbeitskreises, 1990-91 Berufung z. Staatssekr. im Min. f. Frauen, Arbeit, Gesundheit u. Soziales, 1991-94 Staatssekretär i. saarländ. Innenministerium, 1994-99 Innenminister d. Freistaates Thüringen, seit März 1996 Landesvors. SPD Thüringen.

Dewitz Gerhard *)

Dewitz Hans-Detlef Dr. med.

B.: Orthopäde. DA.: 10715 Berlin, Bundesallee 48B. schultz-dewitz@gmx.de. G.: Berlin, 19. Dez. 1963. V.: Manuela, geb. Schultz. El.: Detlef u. Friederika, geb. Kopf. BV.: Familienwappen ca. 1200 aus Burg Stargard, d. "Wappen m. d. 3 Kelchen". S.: 1982 Abitur Berlin, 1982-89 Med.-Stud. FU Berlin, 1989-91 Diss., 1991 Dr. med. K.: 1989-90 Arzt im Praktikum im Bethel-KH, 1990 Approb., ab 1990 FA-Weiterbild., 1990-91 in Bad Lippspringe, 1991-94 Vestische Orthopäd. Klinik Herten/Westfalen, 1994 in Damp 2000, 1994-95 Funktions-OA in Ahrenshoop, 1995 FA f. Orthopädie in Rostock, 1995-96 OA in Teutoburger Wald Klinik in Bad Lippspringe, seit 1997 eigene Praxis in Berlin. P.: Diss. "Chemosynoviorthesen m. Varicocid b. d. Chronischen Polyarthritis. M.: Berufsverb. f. Orthopädie, Berliner Sportärzteblund, Dt. Ak. f. Akupunktur, Gesundheitspolit. Gesprächskreise, Mtgl. Vertreterversammung KV Berlin, FDP Ortsverb. Wilmersdorf, Mtgl. im Bez.- u. Landesaussch., seit 2001 Mtgl. Bezirks. Versammlung (BVV) Charlottenburg Wilmersdorf von Berlin, Beisitzer Vorst. FDW. H.: Politik, Skifahren, Laufen, Kunst, Jazz.

von Dewitz Michael A.

B.: RA, selbständig. DA.: 80805 München, Dreschstr. 13. RA.Michael.v.Dewitz@t-online.de. G.: München, 12. Apr. 1950. El.: Detlef u. Waltraut Carmen, geb. v. Kaufmann-Asser. BV.: Familie v. Dewitz zurückreichend b. ins 13. Jhdt. S.: 1969 Abitur München, 1969-74 Stud. Jura an d. Univ. Regensburg, 1974 1. Staatsexamen, 1974-77 Referendarzeit u. 2. Staatsexamen. K.: 1978-80 Anw. bei RA Brunner in Erding, 1980-83 Anw. b. Nath, Fingerhut u. Partner in München-Schwabing, 1983-98 selbständiger Anw. m. Partner, ab 1999 freier RA u. vereidigter Buchprüfer. M.: seit 1983 Münchner Anwaltsverein e.V. H.: Sportschütze, Sportpilot, Afrika- u. Amerikareisen.

Dexel Thomas Dr. Prof. *)

Dexheimer Fritz

B.: RA. DA.: 69412 Eberbach, Friedrich-Ebert-Str. 21. PA.: 69412 Eberbach, Adolf-Eiermann-Str. 14. G.: Weinheim, 7. Juni 1950. V.: Heidrun,. Ki.: Oskar (1985), Charlotte (1990). El.: Oskar u. Else. S.: 1970 Abitur Rimbach/Odenbach, 1974-78 Jurastudium in Heidelberg, 1978 1. Jur. Staatsexamen, 1978-81 Referendarzeit in Heidelberg, 1981 zweites Jur. Staatsexamen. K.: 1981-82 Anw.-Tätigkeit in Kanzlei in Weinheim, 1983 Übernahme und Ausbau einer RA-Kanzlei in Eberbach, 1985 Anstellung eines RA in eigener Kzl., 1989 Anstellung eines weitere RA, Zulassung b. d. LG in Heidelberg u. Mannheim u. b. OLG in Karlsruhe, Schwerpunkt: Zivilrecht, Familienrecht, Arbeitsrecht, Mietrecht. M.: seit 1985 1. Vors. im Eberbacher Hausu. Grundbesitzerver. e.V. H.: sportl. Aktivitäten, Lesen.

Dexheimer Hermann *)

Dey Karlheinz Dipl.-Sportlehrer

PA.: 45478 Mülheim an d. Ruhr, Langensiepenstr. 52. G.: Mülheim an d. Ruhr, 29. Sep. 1946. V.: Vera, geb. Kempf. El.: Heinz u. Ingeborg. S.: 1963 Mittlere Reife, 1963-65 Lehre Ind.-Kfm. Firma Stinnes Mülheim, 1965-69 Stud. Sport Univ. Mainz. K.: 1969-74 Schuldienst am Steinbart-Gymn. in Duisburg, ab 1974 Schuldienst an d. kfm. Schulen in Mülheim an d. Ruhr; Funktionen: 1969-73 Honorartrainer für Kugelstossen b. Dt. Leichtathletikverband u. d. LG Essen, seit 1973 Trainer d. Mehrkämpferinnen bei Viktoria Mülheim an d. Ruhr. E.: 1963 u. 64 Dt. Meister im Kugelstoßen, Teilnahme an 6 Länder-

*) Biographie www.whoiswho-verlag.ch oder beigefügte CD-ROM

kämpfen d. Juniorennationalmannschaft. M.: seit 1955 Fußballver. MSV 07 Mülheim an d. Ruhr u. seit 1980 Kassier u. VVorst.-Mtgl. H.: Sport, Tennis, Reisen.

Dey Wilhelm Dipl.-Ing. *)

Deycke Karl Ludwig Dr. med.
B.: Arzt f. Allg.-Med. u. Allergologie. DA.: 30625 Hannover, Kirchröderstr. 97. G.: Hannover, 13. Jan. 1954. V.: Birgit, geb. Gudowski. Ki.: Philipp (1981), Alexander (1987), Johannes-Maximilian (1995). El.: Karl u. Hertha, geb. Bernhardt. BV.: Urgroßvater Karl Ludwig Deycke Großkfm. u. Reeder in Hamburg, b. ihm ging Heinrich Schliemann, d. später Troja ausgrub, in d. Lehre, Großvater Georg Deycke, Arzt, entdeckte als 1. ein Mittel gegen Lepra, m. d. Namen: "Nastin" 1905, Prof. Georg Deycke bekam zusammen m. Prof. Rieder v. Kaiser d. Auftrag d. Militär-KH "Guelhane" in d. Türkei aufzubauen (1903-1907), KH existiert heute noch u. ist heute d. Med. HS d. Türk. Armee, jetzt in Ankara. S.: 1973 Abitur Hannover, 1978-84 Med.-Stud., 1987 Prom. K.: seit 1988 ndlg. Arzt f. Allg.-Med. m. Zusatzbezeichnung Allergologie, seit 1992 betriebsärztl. u. vers.-med. tätig f. d. "Hannover Rück"-Vers. M.: Allergologenverb. Köln. H.: Golf, Wandern, klass. Musik, Sprachen: Englisch.

Deyda-Jeretin Nina *)

Deyerler Adolf

B.: Kfm. Ang., Lagerleiter. FN.: Ullein GmbH. DA.: 90402 Nürnberg, Gleissbühlstr. 12-14. PA.: 91161 Hilpoltstein, Meckenhausen A47. G.: Meckenhausen, 22. Aug. 1952. V.: Elisabeth, geb. Haubner. Ki.: Ines (1982), Manuel (1986). El.: Karl u. Theresia. S.: Lehre als Großhandelskaufmann b. Firma Kussberger. K.: Übernahme d. Firma u. 1980 Lagerist, 1980-86 stellv. Lagerverantwortlicher b. Firma Bronner (Renault), 1986 wieder zurück z. Firma Kussberger (Renault) bis 1998 u. Stellv., seit 1999 verantwortlicher Lagerleiter. M.: TSV Meckenhausen, 16 J. Jugendarbeit, 4 J. Seniorenarbeit, 2 J. Abteilungsleiter d. Tennisabteilung, Feuerwehrverein passiv, Krieger- u. Reservistenverein Meckenhausen, 3 J. Reservistenbetreuung u. während d. Zeit 2 J. 2. Vorst. Ski- u. Wanderurlaub Meckenhausen. H.: Fußball aktiv, ab 1966 Tennis aktiv, Kartenspielen, Schafkopf, 1995/96 Organisator Landkreis Lauf, Meckenhausen.

Deyhle Albrecht Ludwig Dr. rer. pol. *)

Deymann Coco *)

Di Florio Rino
B.: Gastronom, Inh., Gschf. FN.: Ristorante Petit Europe GmbH. DA.: 10827 Berlin, Langenscheidtstr. 1. G.: Italien, 2. Apr. 1953. S.: 1971-73 Ausbild. an d. Gastronomieschule in Italien - Barkellner, Gastronom. K.: Tätigkeit in versch. Hotels, 1973 Übersiedlung nach Berlin, ang. im Service d. Petit Europe in Berlin, 1973-77 verschiedene Praktika in Pizzerias in Berlin, 1976-78 selbst. m. eigener Pizzeria in Berlin - verkauft, 1986-89 Pächter einer Pizzeria in Berlin-Schöneberg, seit 1990 selbst. m. Ristorante Petit Europe GmbH gemeinsam m. Bruder Sergio. H.: Fußball, Fahrradfahren, Hunde.

Di Florio Sergio
B.: Gastronom, Mitinh., Gschf. FN.: Ristorante Petit Europe GmbH. DA.: 10827 Berlin, Langenscheidtstr. 1. PA.: 10551 Berlin, Stromstr. 23. G.: Italien, 25. Feb. 1961. V.: Daniela, geb. Dobereit. Ki.: Bianca (1992). S.: Übersiedlung nach Berlin. K.: 1977-90 gastronom. Tätigkeiten in versch. Ristorantes in Berlin - Service u. Küche, seit 1990 gemeinsam m. Bruder Rino Gschf./Inh. d. Ristorante Petit Europe GmbH. H.: Formel I, Boxen, Teakwando, Joggen.

Di Gioacchino Paolo

B.: Hotelfachmann, Inh. FN.: Ital. Spezialitätenrestaurant La Locanda. DA.: 81539 München, Heimgartenstr. 14. G.: Alanno Pescara, 28. Sep. 1957. Ki.: Yolanda (1999). El.: Jolande u. Donato. S.: 1971-74 Hotelfachschule Pescara. K.: 1974-75 tätig in einem Hotel in Wording/England, 1975 in einem Hotel in Italien, 1976 Ang. eines Restaurant in Garmisch-Partenkirchen, 1979-80 Militärdienst in Italien, 1980-82 tätig im Hotel Post in Garmisch-Partenkirchen u. b. 1983 selbst. m. Partner, seit 1985 selbst. m. d. Restaurant La Locanda in München. P.: div. Art. in Fachzeitschriften. M.: Bayr. Gaststättenverb. H.: Teakwando, Fitness, Skifahren.

Di Lieto Leonardo Dipl.-Ing. *)

Di Nardo Dante *)

Di Renzo Michael *)

Diakumakos Spiridon Dipl. oec.

B.: Gschf. Ges. FN.: Paladion Immobilien GmbH. DA.: 26131 Oldenburg, Kaspersweg 47a. spiros.paladion@gmx.net. G.: Griechenland, 20. Mai 1963. V.: Lebenspartnerin: Heidi Albers. El.: Sotirios u. Garyfalia. BV.: Evagelos Rogakos Gouverneur Nordöstl. Teil Griechenlands u. Staatssekretär Ministerium f. Staatssicherheit Griechenland. S.: 1981 Abitur Athen, Deutschkurse in Athen u. Hamburg, 1983 Stud. Mathematik, Informatik, Ökonomie und Sozialwiss. an d. Univ. Oldenburg, 1990 Abschluss Dipl. oec. K.: 1986 Grdg. Exportfirma Diakumakos in Oldenburg, Autos u. Bauelemente, 1989 Umwandlung in Diakumakos GbR, 1991 Doz. Organisation, Marketing, Betriebswirtschaft in d. neuen Bundesländern, 1996 Grdg. Paladion Immobilien GmbH als Gschf. Ges. in Oldenburg, Bauträger im Wohnungsbau. H.: Fliegen (PPL-A), Segeln, Tauchen.

Dialer Kurt Rudolf Dr. phil. Univ.-Prof.
B.: Chemiker. PA.: 81739 München, Spalatinstr. 41. G.: Zell am See, 15. Sept. 1920. V.: Gertrud, geb. Vierrath. Ki.: Harald (1970), Irmela (1972). El.: Dr. Felix u. Margherita. S.: Stud. Univ. Innsbruck u. Wien. K.: 1948-52 Chemiker Hoffmann-La Roche Basel, 1953-56 Priv.Dozent TH Hannover, 1956-64 Farbwerke Hoechst Frankfurt, 1964-70 Ordinarius TH Stutt-

gart, ab 1970 TU München, seit 1988 Emeritus. P.: Chemische Reaktionstechnik (1975), Grundzüge der Verfahrenstechnik und Reaktionstechnik (1986). M.: div. Fachmtgl.

Diallo-Meischner Dagmar Ellen

B.: Friseurmeisterin, Inh. FN.: Coiffeur Oasis. DA.: 14513 Teltow, Rheinstr. 7 c. G.: Berlin, 12. Aug. 1953. V.: Alpha Soulymane Diallo. Ki.: Carolina (1973), Rebeca (1982), Lilia-Henriette (1984). El.: Walter u. Ellen Vormelchert. S.: 1970-73 Lehre Friseurin Berlin. K.: 1973-89 Friseurin in einem Salon in Berlin, 1989-98 Ang. im öffentlichen Dienst u. glz. Weiterbild. im Bereich Sozialpäd., 1998 Meisterprüf., seit 1999 selbst. in Teltow u. Eröff. eines 2. Salons in Groß Glienicke. M.: Innung d. Friseure. H.: Salsa tanzen, Kreativität, Psychologie.

Diamanti Heidi *)

Diaz Fortuny
B.: Jurist, Dir. FN.: Span. Botschaft, Presseabteilung. DA.: 10785 Berlin, Schöneberger Ufer 89-91. G.: Tarragona, 5. Feb. 1957. V.: Teresa, geb. Guelbenzu. Ki.: Julia (1993). El.: Faustino u. Dolores. S.: 1974 Abitur, 1974-81 Stud. Rechts- u. Politikwiss. Univ. Madrid. K.: 1987-88 Präsidialkzl. Madrid, 1988-92 Span. Fremdenverkehrsamt London, ab 1992 Span. Fremdenverkehrsamt Berlin. P.: Art. z. Tourismusmarkt. E.: Dipl. f. intern. Beziehungen d. Inst. f. Intern. Bez. Madrid. M.: Span. Inst. f. Verw., Tennisclub Tarragona. H.: Tennis, Golf.

Dibaba Terfa
B.: Dipl.-Päd., Gschf. FN.: Hilfsorganisation d. Oromo Relief Association in d. BRD e.V. DA.: 27753 Delmenhorst, Ströhenweg 14. hora@t-online.de. G.: Dembi Dollo Wollega/ Oromo/ Äthiopien, 6. Jan. 1940. V.: Arfasse Gamada. Ki.: Yaret (1969), Benjamin (1970), Talile (1979). El.: Lata Dibaba u. Chawake Alabe. S.: 1956-66 HS-Reife Wingate Secondary School Addis Abeba/Äthiopien, 1963-66 Stud. Päd. u. Erziehungswiss. Päd. HS Göttingen, 1973-75 Stud. Erwachsenenbildung Univ. Osnabrück, Abschluss: Dipl.-Päd. K.: 1960-62 Lehrass. in Aira Wollega Äthiopien, 1966-67 Lehrer in Hannover, 1967-70 Schulleiter in Aira Wollega, 1970-73 Ltr. d. Handwerkerschule Buno Bedelle Äthiopien, 1976-77 Generalmanager d. Massenmedien d. lutherischen Ev. Kirche Mekane Jesus, 1977-79 Dir. f. Entwicklung u. Kommunikation, Dienst d. Ev. Kirche Mekane Jesus, 1979 Flucht aus polit. Gründen nach Deutschland, 1979-88 Doz. im Lutherstift Falkenberg/Deutschland, 1985 Grgd. d. Hilfsorganisation d. Oromo Relief Association in d. BRD e.V. (ORA) als Gschf. M.: Ges. f. bedrohte Völker. H.: Sport, klass. Musik.

Dibelius Günther Dr.-Ing. Prof. *)

Dibelius Günther Dr.-Ing. Dr. techn. e.h. (EHT) o.Prof. *)

Dibke Thomas Dipl.-Ing.
B.: Ltr. Geschäftsbereich f. Katadyn Produkte AG. FN.: Partner in Katadyn Holding AG. DA.: CH-8304 Wallsellen, Birkenweg 4. G.: Schwandorf, 12. Okt. 1962. V.: Erika. Ki.: Sabrina u. Samantha (1991). S.: 1981 Abitur Erding, 1981-88 Stud. Verfahrenstechnik München. K.: 1989 Verfahrenstechniker in München, alle Bereiche Verkauf, Planung, Projektierung, Montage u. Inbetriebnahme, Schwerpunkt Vertrieb in div. Unternehmen als Vertriebsltr., seit 1995 b. Katadyn, seit 1997 Gschf. H.: Kochen, Schifahren.

Dichgans Christa
B.: Malerin. PA.: 10629 Berlin, Mommsenstr. 33. G.: Berlin, 6. Apr. 1940. V.: verh. Ki.: 1 Sohn. El.: Hans u. Christa Dichgans. BV.: Vater Hans Dichgans CDU-Politiker 1970-80, Mtgl. d. Europaparlaments u. Europ. Kmsn. S.: 1961-66 Stud. HfBK Berlin, Meisterschülerin b. Prof. Fred Thieler, 1964-67 Stipendium Studienstiftung d. Dt. Volkes, 1966-67 DAAD-Stipendium New York. K.: 1967-68 Aufenthalt in Rom, seit 1971 freischaff. Malerin, 1971-72 Villa Romana Florenz, 1984-88 Assistent v. Georg Baselitz HdK Berlin, seit 1989 auch Bronzeplastiken. P.: Einzelausstellungen in Deutschland, USA, Frankreich, Italien, u.a. (seit 1967), wichtigste Werke: "Deutschland" (1976), "Der jüngste Tag" (1976), "New York" (1980), "Rußland" (1995).

Dichmann Rolf Dr. med.
B.: Internist, Pulmologe, Allergologe. DA.: 58452 Witten, Theodor-Heuss-Str. 3. G.: Könnern, 4. Okt. 1948. V.: Petra, geb. Tucholski. Ki.: Manuel (1973), Nadine (1976), Markus (1987), Dandy (1988), Francis (1993). El.: Dr. Alfred u. Margarete. S.: 1967 Abitur, 1969-74 Med.-Stud. Med. Ak. Magdeburg. K.: 1974-78 Ass. Innere Abt. Kreis-KH Burg, 1978-80 Bez.-Lungenklinik Lostau, 1979 FA f. Innere Med., 1980 Zusatzbezeichnung Pulmologie, 1980-91 Ltr. d. Lungenabt. Kreispoliklinik Genthin, 1998 Übersiedlung, 1989-90 Praxisvertretungen in Memmingen, 1991 Allergologie, seit 1990 ndlg., seit 1995 ärztl. Vortragstätigkeit zum Thema Anti. (Akademie f. ärztl. Fortbildung). BL.: Gründer u. Ltr. einer Rettungsstelle in Genthin, Mitwirkender an d. 3. Studienreform in d. ehem. DDR, Gesundheitserziehung. V.: div. Veröff. über Lungenfibrosierungen. M.: Hartmannbund, Berufsverb. d. Pneumologen, Berufsverb. d. Internisten. H.: Kraftsport, Jogging.

Dichtl Gisela

B.: Kauffrau, Inh. FN.: Reflections. DA.: 80799 München, Adalbertstr. 35. www.reflections-muc.de. G.: Bad Reichenhall, 5. Sep. 1942. El.: Alois u. Ottilie. S.: 1959 Mittlere Reife, 1959-62 kfm. Ausbild. Modeeinzelhdl. Poschi Moden. K.: 1962-63 Au Pair in Paris, 1963-67 Abt.-Sekretärin der Firma Euro-Control in Brüssel, 1967-68 im Büro u. im Verkauf bei Yves St. Laurent in München, 1968-71 Ausbild. zur Übersetzerin für Franz. an der Dolmetschschule in München, ab 1974 selbst. m. Boutique im Wolkenhaus, ab 1978 Boutique i d. Siegesstraße, seit 1985 Hdl. m. Art Deko u. Modeschmuck, 1990-95 Ausstellungen u. Verkauf auf antiken Messen, 1995 Grdg. d. Firma Reflections m. Verleih u. Verkauf v. Antikschmuck u. Bekleidung an Theater u. Film. H.: Antikmärkte besuchen, Reisen.

Dichtl Hanni *)

Dichtl Hedwig K. *)

Dichtl Susanne *)

Dichtl Thomas Gerhard *)

*) Biographie www.whoiswho-verlag.ch oder beigefügte CD-ROM

Dichtl Werner Otto *)

Dick Alfred *)

Dick Elvira
B.: Pflanzenfärberin, Filzkünstlerin. FN.: Atelier f. Pflanzenfarben. DA.: 69190 Walldorf, Finkenweg 4. PA.: 69190 Walldorf, Hauptstr. 7. G.: Heidelberg, 1943. V.: OStR. Gernot Dick. Ki.: Monika (1962), Jörg (1965), Julia (1977). El.: Kurt u. Ella Beuerle, geb. Fischer. S.: 1951 Mittlere Reife, Höher Handelsschule. K.: b. 1977 kfm. Tätigkeit bei der Post u. als Verw.-Ang. d. Ev. Kirche, seit 1967 künstler. tätig, 1978-82 Malkurse b. Pieter Sohl Heidelberg, Beteiligung b. Ausstellungen u. Aquarellbildern Heidelberg u. Böblingen, 1982-87 Auslandsaufenthalt Madrid, Pflanzenfärberei, Weberei Talleres de San Pablo Pradena, 1989 Eröff. d. eigenen Werkstatt in Walldorf, freie künstler. Arb., Farbentwicklung, Beratung, Projekte, 1990 Ind.-Projekt m. BLAAS-Leinen Feldkirchen/Österr., 1992/93 "Haute-Nature" Projekt mit Strumpffirma HUDSON, 1994 Umzug in größeres Atelier, Herstellung größerer Filzteile, 1999 erneuter Umzug in schönere Räume. BL.: 1991-92 Lehrtätigkeit freie Walldorfschule Heidelberg, seit 2000 farbl. Gestaltung v. Räumen. P.: 1990 Mitarb., Teilnahme u. div. eigene Ausstellungen u.a. Pflanzenschauhaus u. CARITAS Mannheim (1990), "Grünes Klassenzimmer" Landesgartenschau Pforzheim (1991), GEDOK Heidelberg (1993), Kulturver. Pegasus Plaidt (1995), Kunstver. Rosenheim (1997), "Messe-Opening" Neue Messe München (1998). M.: Mitbegründerin Frauenkulturwerkstatt Wiesloch, 1979 Teilnahme intern. Filzertreffen Landquart/Schweiz. H.: Arb., Reisen (Südeuropa).

Dick Hans-Dieter

B.: Schlosser, Inh. FN.: Dick Schlosserei u. Metallbau. DA.: 04277 Leipzig, Triftweg 73. www.schlosserei-dick.de. G.: Leipzig, 6. Juli 1959. El.: Hans und Christa. BV.: Vater - Betriebsgründer u. Patentinhaber f. Infrarot-Durchlauföfen. S.: Lehre Bau- u. Kunstschlosser väterl. Betrieb. K.: Geselle in versch. Betrieben, KLW-Fahrer d. NVA in Delitzsch, 1980 Abendstud. an d. Ing.-Schule Roßwein u. Stahlbauing., Abschluß als Beststudent, 1987-89 Meisterstud. bei der Handwerkskam., Sonderlehrgang z. Schweißing. b. Zentralinst. f. Schweißtechnik in Halle, 1993 Nachdiplomierung, 1994 europ. Schweißer. BL.: Sicherheitsunternehmen v. LKA registriert. P.: Ausstellung v. Kunstschlössern auf Messen. M.: Innung, bild.-polit. Ausch. H.: Internet, Computer.

Dick Klaus Dr. theol. *)

Dick Matthias *)

Dick Peter *)

Dick Wilfriede *)

Dick Wolfgang Dr. med. Dr. h.c. Prof. *)

Dick Wolfgang Dr. med.
B.: ndlg. Kinderarzt. FN.: Kinderärztl. Gemeinschaftspraxis. DA.: 33102 Paderborn, Elsenerstr. 88. PA.: 33104 Paderborn, Ziethenweg 57. G.: Graz/A, 9. Februar 1944. V.: Marlis, geb. Marx. Ki.: Daniela (1975), Norman und Sebastian (1978). El.: Wilhelm u. Josephine. S.: 1964 Abitur Aachen, 1964-71 Stud. Med. Univ. Köln, 1968 Physikum. K.: ndlg. Kinderarzt in Paderborn m. Schwerpunkt allg. Pädiatrie, Laser-Akupunktur, Behandlung d. hyperkinet. Syndroms. P.: ca. 30 Publ. in versch. Fachzeitschriften, Vorträge. M.: OTD. H.: Keyboard-, Klavier- u. Akkordeonspielen, Golf, Tennis, Fußball.

Dicke Michael *)

Dickel Gerhard Dr. rer. nat. Prof. *)

Dickel Hans-Friedrich *)

Dickel Johannes *)

Dickemann Christa
B.: Immobilienkauffrau, selbständig. DA.: 75038 Oberderdingen, Bissinger Str. 39. dickemann@t-online.de. G.: Flehingen, 14. Feb. 1950. V.: Peter Dickemann. Ki.: Jürgen (1972), Torsten (1978). El.: Anna Stäb, geb. Asperger. S.: 1965-68 Lehre Industriekauffrau EGO Oberderdingen. K.: 1968-75 Sekr. u. Prok. d. Firma EGO, 1975-90 Hausfrau u. Mutter, 1990 Eröff. d. Firma Christa Immobilien m. Schwerpunkt Verkauf u. Vermietung v. Immobilien u. Mietverwaltung, 1991 Eröff. d. Büros f. d. Lohsteuerhilfeverein e.V. in München. M.: ca. 30 J. Kirchenchor. H.: Familie, Garten, Wandern.

Dickenscheid Werner Dr. rer. nat. *)

**Dickertmann Dietrich
Dr. rer. pol. Dipl.-Kfm. Prof.**
B.: HS-Lehrer. FN.: Univ. Trier. DA.: 54286 Trier. PA.: 54296 Trier, Kreuzflur 111. G.: Verden, 11. Dez. 1941. V.: Renate, geb. van der Lip. Ki.: 2 Kinder. S.: Abitur, kfm. Lehre, Bankkfm., Stud. BWL, Dipl.-Kfm., Prom. K.: 1974 Habil. P.: rund 200 Veröff. u.a.: Finanzierung v. Eventualhaushalten durch Notenbankkredit (1972), Öffentliche Finanzierungshilfen (1980), Instrumentarium d. Geldpolitik (4. Aufl. 1984), m. A. Siedenberg; Grundlagen u. Grundbegriffe der Volks- u. Finanzwirtschaft (1986), m. K.D. Diller; Gewährleistungen und Hermes-Bürgschaften des Bundes (1995), Erhebung und Zerlegung einer gemeinsamen Straßenbenützungsgebühr für Nutzfahrzeuge (1998), Finanzwissenschaft - eine Einführung (2000), m. W. Piel, S. Gelbhaar, Beihilfenbericht d. Europäischen Union (2001) m. A. Leiendecker. E.: 2001 Goldene Ehrennadel d. HWK Trier. M.: Ver. f. Sozialpolitik, Mtgl. m. Finanzwiss. Ausch. d. Ver. f. Sozialpolitik, List-Ges. e.V., Dt. Sektion d. Intern. Inst. f. Verwaltungswiss., Wiss Beirat z. Umweltökonom. Gesamtrechnung b. BMin f. Umwelt, Naturschutz u. Reaktorsicherheit (Vors. 1992-95), Wiss. Beirat b. Ges. f. öffentl. Wirtschaft.

Dickertmann Rolf R.

B.: Gschf. Ges. FN.: Creativ Werbemittel GmbH. DA.: 33615 Bielefeld, Crüwellstr. 2. PA.: 33619 Bielefeld, Waltgerweg 15. creativ@creativ-team.de. www.creativ-team.de. G.: Bielefeld, 11. Nov. 1940. V.: Wiltrud, geb. Nordmeyer. Ki.: Wolf Christian (1973), Ann-Beatrix (1975). El.: Herbert u. Charlotte. BV.: Firma Gebr. Dickertmann Bielefeld. S.: 1956 Mittlere Reife Bielefeld, 1956-58 Höhere Handelsschule, 1958-60 Ausbild. z. Ind.-Kfm. Anker Werke Bielefeld. K.: 1960-63 Ankerwerke in Liverpool u. Hamburg, 1963-64 Schiffsbefrachtung in

*) Biographie www.whoiswho-verlag.ch oder beigefügte CD-ROM

Madrid b. Unimar/Neptun Line, 1965 Schiffsabfertigung Kapstadt, 1966-70 Ostmann Gewürze, Laufbahn b. z. Gschf., 1971-73 Gschf. Ges. b. "Fleisch f. alle", 1974-85 Marketing u. Vertrieb b. Hellma Zuckerwürfel, Entwicklung d. Portionsmilchdosen f. Nestle (Alleinvertrieb f. Deutschland) u. Portionspackungen f. andere Produkte, 1985-86 Gschf. f. Florimex u. Kenia-Flowers Spaniengeschäft, 1988-90 Bereichsltr. PBS b. Hertie u. Gschf. v. Funny Papers GmbH, Berlin (Berliner Kette), 1990 Gschf. v. Jakob Werbemittel GmbH, 1993 Übernahme v. Henri Schwarz OHG Markenvertretung, 1993 Creativ Werbemittel, weltweiter Import v. Werbemitteln u. Vertrieb an d. Gewerbe. M.: PSI, IHC. H.: Reisen, Golf, Tennis.

Dickhaus Claus-Jürgen Dr. med.

B.: Nervenarzt, Spezialgebiete: Forensischen Psychiatrie, MS. Morbus Parkinson. DA.: 41460 Neuss, Oberstr. 121. PA.: 41460 Neuss, Oberstr. 121. G.: Leipzig, 4. Juni 1940. V.: Ina Maria, geb. Ehrler. Ki.: Carl-Philip (1974), Johannes-Fabian (1980). El.: Dr. Carl u. Lieselotte. S.: 1961 Abitur, 1 1/2 J. Wehrdienst, Med.-Stud. über ein Stipendium b. d. Bundeswehr. K.: FA-Ausbildung in Neurologie und Psychiatrie durch d. Bundeswehr an d. Univ. Düsseldorf, 1970 Prom., Sanitätsoff. bis 1980, Oberstarzt d. R., 1980-87 Ltr. d. Gesundheitsamtes d. Stadt Solingen, 1981-82 Ausbild. z. Arzt d. Öff. Gesundheitswesens, 1987 Praxis übernommen. M.: Mtgl. u. Förderer d. Univ. Düsseldorf, Ges. Erholung Neuss. H.: Seereisen.

Dickhaut Günter *)

Dickhoff Theo *)

Dickht Jürgen

B.: Gschf. FN.: River Line Schifffahrts GmbH & Co KG. DA.: 10117 Berlin, Unter den Linden 35. G.: Baden-Baden, 11. Jan. 1945. V.: Christiane, geb. Mohr. Ki.: Maren (1991), Verena (1996). S.: 1961-64 Lehre Elektromaschinenbauer. K.: 1964-65 tätig als Elektromaschinenbauer, 1970-73 Stud. a. d. TH Bremen, 1965-69 Marine, 1969-70 Techniker f. Telefonanlagen in d. Firma Siemens, 1973-75 Projektmanager für Radaranlagen im Bremen, 1975 Grdg. marine elektronic schiffahrtsausrüstung GmbH, 1978 Grdg. d. Ndlg. in Duisburg, 1987 Grdg. d. Ndlg. in Berlin u. Umbennung in Maritech GmbH, 1994 Verkauf d. Firmen Maritech u. marineelektronik, 1995-97 Entwicklung u. Bau d. Veranstaltungsschiffs "La Paloma"- wird f. Veranstaltungen gechartert. M.: BdS. H.: Binnenschifffahrt.

Dickmann Barbara *)

Dickmann Christian Dipl.-Psychologe. *)

Dickmann Heinz-Werner *)

Dickmann Herbert Dr. iur. utr. *)

Dickmann Ines

B.: Redakteurin. FN.: Redaktionsbüro f. Kunst u. Kultur. DA.: 50931 Köln, Bachemer Str. 68. indick@t-online.de. G.: Stuttgart, 19. Juni 1959. El.: Helmut u. Hildegard, geb. Hör. S.: 1978 Abitur Frechen, 1978-81 Kfm. Ausb. Hotel- u. Gaststättengewerbe, 1981-87 Stud. Kunstgeschichte, Theater-, Film- und Fernsehwiss. FU Berlin u. Köln. K.: 1987-99 Tätigkeit in Verlagen u. Kunsthdl., seit 1999 Redaktionsbüro f. Kunst u. Kultur. H.: Sport, Reisen, Krimis.

Dickmann Matthias Bernhard

B.: Gschf. Ges. FN.: Hamburger Gebäckfbk. GmbH. DA.: 25524 Itzehoe, Jahnstr. 16. G.: Hamburg, 8. Jan. 1960. V.: Martina, geb. Zaworski. Ki.: Melanie (1997), Monika (1998). El.: Gerd u. Lisa, geb. Jacob. S.: 1979 Fachabitur, 1979-81 Ausbild. z. Ind.-Kfm. Kemm Hamburg, 1981-82 Bundeswehr in Pinneberg - Ausbilder b. d. Luftwaffe. K.: 1982 Assistent d. Produktionsleitung Kemm Hamburg, 1986 Gesamtbetriebsleiter. Kemm Hamburg, 1990-95 Gschf. Kemm Hamburg, 1995 Grdg. HGF Hamburger Gebäckfbk. GmbH, 1996 Grdg. Cookies World GmbH, 1997 Kauf Weese Gebäckfbk. GmbH. H.: Skifahren, Wasserski.

Dickmann Walter *)

Dickopp Gerhard Dr.-Ing. o.Prof. *)

Dickow Norbert Dipl.-Ing. *)

Dictus Karl-Heinz *)

Diddens Brigitte *)

Diebel Wilfried *)

Diebelius Otto

B.: Ass. iur., Vorst. FN.: Beteiligung im Baltikum AG Ges. f. Unternehmensbeteiligungen u. Immobilienanlagen in d. Ländern Estland, Lettland, Litauen. DA.: 18055 Rostock, Strandstr. 20. G.: Bonn, 29. März 1968. El.: Dr. Otto u. Ingrid. S.: 1987 Abitur Brüssel, 1987-93 Stud. Rechtswiss. Kiel, 1993 1. u. 1995 2. Jur. Staatsprüf. K.: 1998 Tätigkeit als RA Gründeraktion Alleinvorst. d. Beteiligungen im Baltikum AG.

Diebels Wolf-Dieter Dr. Ing. *)

Dieck Georg Dr. med.

B.: Psychiater, Neurologe u. ärztlicher Psychotherapeut. DA.: u. PA.: 04109 Leipzig, Manetstr. 19. G.: Etzoldshain, 16. März 1935. Ki.: 2 Kinder. S.: 1953 Abitur Merseburg, 1954-59 Stud. Med. Univ. Leipzig, 1959 Prom., 1960-64 FA-Ausbild. Nervenklinik Chemnitz, 1965 FA f. Neurol. u. Psychia-

*) Biographie www.whoiswho-verlag.ch oder beigefügte CD-ROM

trie. K.: 1966-71 wiss. Ass. f. Neurol. u. Psychiatrie an d. Univ. Leipzig, 1971-79 Gründer u. Abt.-Ltr. d. Abt. Psychotherapie BKH Dösen, 1979-95 Gründer u. Abt.-Ltr. d. Abt. Psychotherapie an FKH u. SKH in Altscherbitz, 1981 FA f. Psychotherapie, seit 1995 niedergelassener ärztlicher Psychotherapeut, seit 1997 niedergelassener FA f. Neurol. u. Psychiatrie u. FA f. psychotherapeut. Med. m. Schwerpunkt tiefenpsychologisch fundierte Psychotherapie, Verhaltens-Therapie, Sugestivverfahren u. Freizeitgestaltung. P.: Vorträge z. Thema Partner- u. Familientherapie, Suggestivverfahren, Psychopantomine u. psychotherapeutisches Rollenspiel, Psychodrama. M.: Sächsischer Weiterbildungskreis f. Psychotherapie, BPM, BVDN, BVVP. H.: Kunst, Kultur, Musik, Sport, Klavier spielen.

tom Dieck Heindirk Dr. rer. nat. Dr. h.c. Prof. *)

van Dieck Ingo *)

Dieck Klaus *)

Dieckerhoff Werner *)

Dieckersmann Reiner *)

Dieckert Jürgen Dr. phil. Prof.
B.: HS-Lehrer. DA.: 26131 Oldenburg, Postf. 2503. PA.: 26131 ldenburg, Kaspersweg 107a. juergen.dieckert@uni-oldenburg.de. G.: Gumbinnen, 10. Juni 1935. V.: Barbara, geb. Zigan. Ki.: Jochen, Ulrich, Kurt Georg, Susanne. El.: Kurt u. Christel. S.: Abitur, Stud. Germanistik, Leibeserziehung, Referendarexamen, Assessorexamen, Stud. Päd., Soz., Prom. K.: 1960-68 AkR. Univ. Saarbrücken, seit 1968 Prof. f. Sportwiss. Univ. Oldenburg, 1980-83 Gastprof. Univ. Santa Maria Brasilien, 1962-66 Jugendwart d. Dt. Turner Bds., 1970-74 Präsidial-Mtgl. d. Dt. Sportbds., Ressort Breitensport Trimm-Aktion, 1990-2000 Präs. d. Dt. Turner-Bundes. BL.: 1956 Dt. Juniorenmstr. im Dt. Zwölfkampf. P.: 22 Buchveröff., ca. 200 Beiträge, 6 FS-Filme. E.: 1986 Sportverdienstorden Brasiliens, 1997 BVK, 2000 DTB-Ehrenpräs. M.: Berufsständ. Ver. in d. BRD u. in Brasilien. H.: Kunst, Foto.

Dieckheuer Gustav Dr. Prof.
B.: Prof., Rektor a.D. FN.: Westfäl. Wilhelms-Univ. Münster. DA.: 48149 Münster, Schloßpl. 2. G.: Kamen, 20. Okt. 1940. V.: Christa, geb. Brühne. Ki.: Maren (1977). El.: Gustav u. Maria. S.: 1955-58 Kfm. Berufsschule Unna, 1958 Kfm. Gehilfenprüf., 1958-67 Einzelhdls.- u. Ind.-Kfm., 1967 Abitur, 1967-71 VWL-Stud. Univ. Münster, 1971 Abschluß Dipl.-Vw., 1973 Prom. z. Dr. rer. pol., 1976 Lehrbefugnis f. VWL an d. Univ. Münster. K.: 1971-73 Verwalter eines wiss. Ass.-Stelle, 1973-78 wiss. Ass. am Lehrstuhl f. VWL Univ. Münster, 1978 Univ.-Doz. Univ. Münster, 1979-89 Lehrstuhlinh. f. Allg. VWL Univ. Bamberg, seit 1989 Dir. d. Inst. f. ind. wirtschaftl. Forsch. u. d. Forsch.-Stelle f. allg. u. textile Marktwirtschaft Univ. Münster, 1994-98 Rektor d. Univ. Münster. P.: Wirkung u. Wirkungsprozeß d. Geldpolitik (1975), Staatsverschuldung u. wirtschaftl. Stabilisierung. Eine theoret. Analyse u. eine ökonometrische Studie z. d. BRD (1978), Intern. Wirtschaftsbeziehungen (1995), Makroökonomie. Theorie u. Politik (1998), Beiträge z. angew. Mikroökonomik (1995), Theoret. Untersuchungen z. Wirkungsverzögerung d. Geldpolitik (1974).

Dieckhof Rolf Dipl.-Ing.
B.: freiberuflicher Architekt. DA.: 26133 Oldenburg, Ludwig-Freese-Str. 7. rolf.dieckhof@nwn.de. G.: Bielefeld, 7. Juli 1959. V.: Christine Papin. Ki.: Rieke (1998). El.: Dipl.-Vw. Manfred u. Elfriede, geb. Pranger. S.: 1979 Abitur in Oldenburg, 1979-80 Bundeswehr, 1981-83 Maurerlehre in Oldenburg, 1983-88 Stud. Architektur FH Oldenburg, Abschluss Dipl.-Ing. K.: 1988-2000 ang. Architekt in Bad Soden, Frankfurt u. Bremen, 2001 Gschf. Bauunternehmen Stigge in Rastede, seit 2002 freiberuflicher Architekt in Oldenburg, Tätigkeitsschwerpunkt Einfamilienhäuser, Wohnungs- u. Gewerbebau, An- u. Umbauten. M.: Architektenkammer Niedersachsen, Bund Dt. Baumeister. H.: Joggen.

Dieckhoff Dieter *)

Dieckhoff Katrin Christiane Anneliese *)

Dieckmann Andrea

B.: RA. DA.: 20249 Hamburg, Am Andreasbrunnen 3. G.: Hamburg, 2. April 1957. V.: Michael Franziskus Marie Dieckmann. El.: Uwe u. Hildegard Flau, geb. Rühl. S.: 1976 Abitur, 1976-82 Stud. Rechtswiss. Univ. Hamburg, 1982 1. Staatsexamen, 1982-85 Referendariat Hanseat. OLG, 1985 2. Staatsexamen u. Zulassung z. RA. K.: 1986-87 Dr.-Stud. in Wien, 1988-95 RA in d. Kanzlei Flau u. Uhlendorf in Hamburg, 1995-99 selbständig in Düsseldorf mit Tätigkeitsschwerpunkt Familien-, Erb- u. Arb.-Recht, zusätzl. Immobilienmaklerin f. d. Firma Engel & Völkers, 1999 Eröff. d. Kanzlei in Hamburg. M.: Lions Club Düsseldorf, Dt.-Ameikan. Frauenclub Hamburg e.V., Intern. Club Düsseldorf. H.: Literatur, Theater, Musik, Yoga, Golf, Malerei.

Dieckmann Bärbel
B.: OBgm. FN.: Stadtverwaltung Bonn. DA.: 53111 Bonn, Altes Rathaus, Markt. stadtverwaltung@bonn.de. www.bonn.de. G.: Leverkusen, 26. März 1949. V.: Jochen Dieckmann. Ki.: 4 Kinder. El.: Paul u. Marianne Pritz, geb. Rathje. S.: 1967 Abitur, Stud. Phil., Geschichte u. Sozialwiss., 1972 1. u. 1974 2. Staatsprüf. f. Lehramt an Gymn. K.: 1975-94 Mtgl. Landesschulbuchkmsn. polit. Bild., SPD, 1983-86 stellv. Vors. d. SPD-Unterbez.-Aussch. Bonn, Mtgl. d. ParteiR. d. SPD, 1992 Mtgl. d. Komm. Bild.-Politik b. SPD-Landesvorst., 1984-93 sachkundige Bürgerin in versch. kommunalpolit. Aussch., b. 1995 Lehrerin am Ernst-Moritz-Arndt-Gymn. Bonn, zuletzt als StDir., seit 1994 OBgm. d. Stadt Bonn, seit 1999 Präs. d. Dt. Sektion d. RGRE, seit 2001 Mtgl. im Parteivorst. d. SPD. P.: Schulbücher Politik/Sozialwiss. (1981).

Dieckmann Gert Dr. med. *)

Dieckmann Hans Dr. med. *)

Dieckmann Jens
B.: RA. FN.: Becher & Dieckmann. DA.: 53111 Bonn, Münsterpl. 5. G.: Bonn, 1. Mai 1967. S.: 1988-96 Jurastud., 1. u. 2. Staatsexamen Bonn. K.: seit 1997 eigene Kzl. in Bonn. H.: Sport.

Dieckmann Jochen
B.: Justizminister. FN.: Justizministerium d. Landes Nordrhein-Westfalen. DA.: 40190 Düsseldorf, Martin-Luther-Platz 40. G.: Bad Godesberg, 8. Sept. 1947. V.: RA. Ki.: 4 Kinder. S.: 1971 u. 1975 jurist. Staatsexamen nach Studium in Bonn, Freiburg u. Köln. K.: 1975-81 Jurist bei der Stadtverwaltung Bonn (Rechtsamt, Büro, Oberstadtdirektor), 1981-82 Kommunalpolitischer Referent b. SPD-Bundestagsfraktion, 1982-96 Kommunalpolitische Mandate in Bonn, 1992-99 b. Deutschen

Städtetag/Städtetag NRW: 1982-89 Referent f. Baurecht u. Bodenpolitik, 1989-90 Beigeordneter u. Dezernent f. Stadtentwicklung, Wohnen u. Verkehr, 1990-99 Hauptgeschäftsführer u. geschf. Präsidialmtgl. des DST sowie geschf. Vorst.-Mtgl. d. Städtetags NRW, 1995-99 Generalsekretär des Rates d. Gemeinden u. Regionen Europas (RGRE) / Deutsche Sektion, Lehrbeauftragter a. d. Deutschen Hochschule f. Verwaltungswissenschaften i. Speyer, s. 1999 Justizminister d. Landes Nordrhein-Westfalen. P.: Veröff. u. a. zu Fragen d. Baurechts, d. Stadtentwicklung, d. Verwaltungsorganisation, d. Kommunalrechts u. d. Rechtspolitik, Mithrsg. v. Schriftenreihen u. Fachzeitschriften. M.: 1992-96 Präs. d. Dt. Bibliotheksverbandes (DBV), o.Mtgl. d. Dt. Akad. f. Städtebau u. Landesplanung (DASL), korr. Mtgl. d. Dt. Akad. f. Raumforschung u. Landesplanung (ARL). (Re)

Dieckmann Johann

B.: Dipl.-Päd., Prok., Ges. FN.: Werkstättenverbund gGmbH z. Qualifizierung, Beschäftigung u. Strukturentwicklung. DA.: 26125 Oldenburg, Haseler Weg 36. G.: Mittelstenahe, 9. Aug. 1951. Ki.: Miriam (1980). El.: Klaus und Alwine, geb. Tiedemann. S.: 1968-72 Lehre z. Ldw., Mittlere Reife Hildesheim, 1974-77 Entwicklungshelfer in Ecuador Dt. Entwicklungsdienst, 1979 HS-Reife, Stud. Univ. Oldenburg, 1999 Dipl.-Päd. K.: 1985 freiberufl. Motivationslehrgänge für Arbeitslose Papenburg, Leer und Emden, 1990 Päd. Ltr. u. Prok. f. einen priv. Bild.-Träger in Magdeburg, Osterberlin, 1994 Betriebsltr. d. Betriebsteiles Weg - Neue Personaldienste d. Werkstättenverbund gGmbH z. Qualifizierung, Beschäftigung u. Strukturentwicklung, seit 1998 Mitges. u. Prok. M.: seit 1980 SPD, seit 1996 Ortsver.-Vors. Schwei/Landkreis Wesermarsch. H.: Golf, Fahrradfahren.

Dieckmann Jörg

B.: Dipl.-Fotodesigner, Fotograf. FN.: Jörg Dieckmann Fotodesign. DA.: 33613 Bielefeld, Mellerstr. 2. PA.: 33605 Bielefeld, Stettiner Straße 15. info@dieckmann-fotodesign.de. G.: Bassum, 22. Okt. 1961. V.: Jutta, geb. Prante. Ki.: Juliane (1996), Jo-Lennart (1998). El.: Karl-Heinz u. Marianne. BV.: Urgroßvater war schon Fotograf. S.: 1978 Mittlere Reife, 1979-83 Ausbildung zum Zahntechniker, Zivildienst, 1985-89 Zahntechniker in einem Dentallabor, 1990-91 Fachoberschule f. Gestaltung Bielefeld, 1991-96 Stud. Fotodesign in Dortmund u. Bielefeld, Dipl. an d. FH f. Gestaltung in Bielefeld. K.: 1991-96 Ass. b. Fotografen, Auftraggeb. f. Printmedien, 1996 Eröff. d. eigenen Studios als Fotograf, Arbeitsgebiet: Ind. u. Werbung, People u. Arch., Ausstellung: intern. Fototage Herten. P.: div. Fachveröff. H.: Familie.

Dieckmann Michael *)

Dieckmann Rudolf

B.: Gschf. FN.: Ing.-Büro Rudolf Dieckmann. DA.: 60318Frankfurt/Main, Weberstr. 58. G.: Gießen, 3.September 1945. V.: Gerlinde, geb. Schaffert. Ki.: Sarah, Jan. S.: 1968 Abschluß d. Stud. d. Vermessungswesens FH Frankfurt/Main. K.: Vermessungsing., Stud. Geographie u. VWL., 1970-75 V.I.P. Prof. Leibbrand Frankfurt/Main, 1975-88 Ing.-Büro Klasner Frankfurt/Main, seit 1989 selbst.

Dieckmann Wolfgang

B.: Dir. FN.: Relexa Hotel. DA.: 60439 Frankfurt/Main, Lurgiallee 2. PA.: 56357 Gemmerich, Im Lerchenfeld 11. hogaplan@t-online.de. G.: Bünde, 21. Feb. 1957. V.: Iris, geb. Correll. Ki.: Jan (1980), Jörn (1982), Julian (1994). El.: Karl u. Margot. S.: 1972-74 Handelsschule Osnabrück, 1974-76 Höhere Handelsschule Herford. K.: 1978 Empfangskassierer im Inter-Continental Hotel in Düsseldorf, 1978-79 Ltr. d. Buchhaltung im Hotel Nikko in Düsseldorf, 1980-83 Gschf. Ges. d. Elsterterrassen Restaurationsbetriebs GmbH, 1982-83 Gschf. Ges. d. Bünder Gastronomiebetriebe Dieckmann OHG, 1983-89 Ltr. d. Gastronomie im Hotel Schloß Auel in Lohmar-Wahlscheid, 1989 F&B Manager im Scandic Crown Hotel in Bonn u. 1990 zusätzl. stellv. Dir., 1991 Werbung u. Marketing in d. Hauptverw. in Koblenz d. Scandic Crown Hotels, 1991-93 Dir. d. Scandic Crown Hotel in Frankfurt City, 1993 Hoteldir. d. mag-Hotel in Mainz, 1994-96 gschf. Hoteldir. im Best Western Wings Hotel, seit 1996 Dir. d. relexa-Hotel in Frankfurt; seit 1998 Inh. v. HogaPlan Analyse Konzeption. Unternehmensberatung f. d. Hotellerie. M.: seit 1991 Wirtschaftsclub Rhein-Main e.V., seit 1996, Termin- u. Programmkmsn. im Wirtschaftsclub, seit 1999 BeiR.-Mtgl. d. IHA, IHA-Hotelverb. Deutschland, Ges. z. Förderung d. dt. intern. Hotels mbH, Sitz: Bonn, 1999 erneute Wiederwahl z. BeiR. d. progros GmbH, seit 1999 Vors. d. ERFA Rhein-Main, 1999 BeiR. d. FAC, Frankfurter Automobilclub. H.: Bergwandern, Radfahren, Familie, Haus, Garten.

Dieckmann von Laar Günther-August *)

Dieckmann-Andernach Elke *)

Diedam Josef Uwe

B.: Gschf. FN.: FRN-Product Marketing GmbH. DA.: 33100 Paderborn, Klingenderstr. 22. G.: Paderborn, 19. März 1964. S.: 1982 FHS-Reife Paderborn, 1982-86 Ausbild. Landmaschinenmechaniker, 1988 Fachabitur Paderborn. K.: 1989-92 selbst. tätig im Bereich Event Marketing, 1992-95 Bereichsltr. f. Messen u. Veranstaltungen u. seit 1996 Gschf. d. FRN-Product Marketing GmbH. E.: Eintragung in Gold. Buch d. Stadt Paderborn anläßl. d. Dt. Meister- u. Pokaltitels d. Paderborner Baseballclubs, 1998 u. 99 Dt. Pokalsieger, 1999 Dt. Meister. M.: 1. Vors. d. Untouchable Baseballclubs e.V., Bundesvereinig. f. Logistik, FME, Wirtschaftsjunioren Deutschland.

Diedenhofen Ralf *)

Diederich Georg Dr.

B.: Institutsdirektor. DA.: 19057 Schwerin, Lankower Str. 14-16. PA.: 19065 Pinnow, De Hellbarg 30. g.diederich@hti-schwerin.de. www.hti-schwerin.de. G.: Schwerin, 17. Dez. 1949. V.: Astrid. Ki.: Mathias, Stefan, Markus. S.: 1968 Abitur, 1973 Dipl.-Chem., 1990 Dr. rer. nat. K.: bis 1990 tätig in

Diederich

Industrie u. Gesundheitswesen d. DDR, 1989 aktiv in d. Bürgerbewegung, 1990 Eintritt in d. CDU, 1990 Regierungsbevollmächtigter, 1990-92 Innenminister M-V, 1990-94 MdL, seit 1996 Direktor d. Heinrich-Theissing-Institutes Schwerin, seit 1998 Leiter d. Thomas-Morus-Bildungswerkes Schwerin. P.: Aus den Augen, aus dem Sinn. Die Zerstörung der Rostocker Christuskirche 1971, Bremen/Rostock, 1997; Jugendweihe in der DDR. Geschichte und politische Bedeutung aus christlicher Sicht, Schwerin, 1998 (MA); Nationale Front und SED-Kirchenpolitik 1949-1961, Schwerin, 1999; Geduldet - verboten - anerkannt. Katholische Schulen in Mecklenburg, Rostock 2000 (MHg.).

Diederich Helmut Dr. rer. pol. *)

Diederich Jörg

B.: Koch, Besitzer. FN.: Restaurant "Zum Lindenhof". DA.: 34132 Kassel, Altenbaunaer Str. 72. PA.: 34132 Kassel, Carlo-Mierendorff-Str. 14a. G.: Kassel, 18. Feb. V.: Claudia, geb. Hoffesommer. Ki.: Daniel (1985), Bastian (1989). El.: Wolfgang u. Lissy, geb. Zicklam. BV.: 1752 Bierausschank, 1974 Karl u. Irmgard Hoffesommer Grdg. des heutigen Lokals. S.: 1974 Lehre als Koch im Cafe Däche u. danach b. 1977 im Schloßhotel, 1977 Bundeswehr. K.: 1979 Koch im Restaurant Calvados, seit 1980 im Restaurant "Zum Lindenhof", Koch, 1999 Übernahme d. Lindenhofs. M.: seit 1974 Verb. d. Köche, Kochclub Kassel, Gesangsver., Sportver. H.: Beruf, Kochen, Familie.

Diederich Jürgen Dr. *)

Diederich Klas Dr. Prof. *)

Diederich Nils Dr. rer. pol. Univ.-Prof. *)

Diederichs Bernd A. *)

Diederichs Claus Jürgen Dr.-Ing. Prof. *)

Diederichs Peter Dr. med. Dipl.-Psych. Prof. *)

Diedert Peter *)

Diedrich Hans Jürgen *)

Diedrich Heide Helga

B.: Einzelunternehmerin. FN.: Friseur, Bio-Kosmetik, Massagen - med. Fußpflege. DA.: 13156 Berlin, Hermann-Hesse-Str. 64A. G.: Sensburg, 21. Sep. 1943. V.: Lutz Diedrich. Ki.: Beate (1963), Elena (1969), Anne (1982). El.: Fritz u. Ursula, geb. Schimmelpfennig. BV.: im 19. Jhdt. 3 Brüder aus Holland nach Deutschland ausgewandert (ursprüngl. Name: Van Schimmelpfeng), Vorfahren d. bekannten Schimmelpfennig Dedektei, aus d. Linie d. 2. Bruders ging ein Kunstmaler hervor, Großmutter v. Frau Diedrich war Erzieherin in d. Berliner Ullstein Familie. S.: 1960 Mittlere Reife, 1960-62 Stud. an d. Med. Fachschule, Kinderkrankenschwester, 1970-72 Stud. an d. KMU Leipzig, Fachinsp. f. Lebensmittel u. Ernährungshygiene, 1989-91 Ausbild. in d. Sektoren: Massage, Fußpflege u. Bio-Kosmetik. K.: 1962-70 Kinderkrankenschwester im Klinikum Berlin-Buch, gleichzeitig f. mehrere J. Betreuung eines blinden Akademikers, 1972-82 tätig in d. Hygieneinspektino Pankow: Ltr. d. Fachbereiches Kommunalhygiene u. Kindereinrichtungen, 1982-85 Dir. d. Kreiskulturhauses Berlin-Pankow, 1986-90 Ltr. d. Personalwesens - ambulante Med. Betreuung - b. Bez.-Amt Berlin-Weißensee, 1991 Unternehmensgrdg. M.: Dt. Rotes Kreuz, Elternsprecherin in d. Schulen d. Töchter. H.: Lesen, Natur, eigene Malerei.

Diedrich Lutz Karl Friedrich *)

Diedrich Manfred

B.: Vors. d. Gschf. FN.: Delphi Automotive Systems Deutschland GmbH. DA.: 42369 Wuppertal, Reinshagenstr. 1. www.delphiauto.com.

Diedrich Norbert

B.: Ndlg.-Ltr. FN.: Europart WFZ GmbH. DA.: 33709 Bielefeld, Grafenheiderstr. 100b. PA.: 32657 Lemgo, Ferkenfeld 13. www.europart.net. G.: Kalletal, 14. Jan. 1954. V.: Monika, geb. Kunzelmann. Ki.: Manuel (1994). El.: Georg u. Inge. S.: 1970 Mittlere Reife, 1970-72 Ausbild. Einzelhdls.-Kfm.,. K.: 1974-81 Einzelhdls.-Kfm. b. Asemissen Kfz-Teile Bielefeld, 1981-90 b. Unicardan Antriebstechnik Bielefeld, 1990 ergebnisverantwortl. Ndlg.-Ltr. b. Europart WFZ techn. Hdl., Innen- u. Außendienst, Vertrieb, Nutzfahrzeuge. M.: Sportver. H.: Sohn, Fußball, Garten, Fernreisen (Australien).

Diedrich Peter Dr.-Ing.

B.: Gschf. Ges. FN.: PUBLIC Datentechnik. DA.: 14059 Berlin, Philippistr. 10. G.: Duderstadt, 28. Juli 1956. Ki.: 1 Kind. S.: 1972-75 Ausbild. als Elektroinstallateur Duderstadt, 1977 Fachoberschule Duderstadt, 1977-86 Stud. Elektrotechnik FH Hannover u. Berlin, 1992 Prom. z. Dr.-Ing., 1993-94 Zusatzqualifikation TFH Berlin. K.: 1981 Ing. f. Projektierung Hannover, 1986-91 wiss. Mitarb. Inst. f. Berg- u. Hüttenwesen TU Berlin, seit 1992 Grdg. d. eigenen Firma Systemhaus - individuelle Lösungen f. Gewerbetreibende im IT-Bereich, Vertrieb u. techn. Support. BL.: 1997-98 Adreß-CD f. Türkei erstellt u. produziert, Consulting u. Planung u. Realisierung d. Internet Cafés "Waschpalast". H.: Segeln, Tennis, Kampfsport, Sport, Malen, Musik.

Diedrichs Helmut Dipl.-Ing. *)

Diedrichs Klaus *)

Diedrichs Uwe

B.: Zahnarzt. DA.: 41468 Neuss-Grimlinghausen Cyriakus Pl. 9. PA.: 41468 Neuss, Heribertstr. 23. G.: Witten, 24. Apr. 1964. V.: Dr. Gabriele, geb. Nolten. Ki.: Max (1989), Fritz (1991), Paula (1993). El.: Helmut u. Gisela. S.: Stud. Zahnmed. Univ. Düsseldorf, 1988 Staatsexamen. K.: 1988-90 ang. Zahnarzt, 1990-91 Sanitätsoffz. d. Luftwaffe, s. 1991 ndlg. Zahnarzt mit Schwerpunkt bio-ästhetische Restaurationen und Prophylaxe, seit 2001 Gschf. d. audima GmbH, Neuss. P.: Fachjournalist d. "Phillip Journal/dental-praxis", Hrsg. d. "Zahnarzt-Newsletters dental insight", Moderator v. Fortbild.-Veranstaltungen, Pressekonferenzen u. Ind.-Events d. Dentalbranche, zahlr. Beiträge in Fachzeitschriften. M.: Dt. Ges. f. Zahn-, Mund- u. Kieferheilkunde, Dt. Ges. f. Prothetik u. Werkstoffkunde, Dt. Ges. f. Ästh. Zahnheilkunde, AG Dentale Technologie, Zahnärztl. Arb.-Kreis Kempten. H.: Skifahren, Beach-Volleyball.

Diefenbach Christa *)

---

*) Biographie www.whoiswho-verlag.ch oder beigefügte CD-ROM

Diegeler Manfred
B.: Heilpraktiker, Inh. FN.: Naturheilpraxis Diegeler. DA.: 49377 Vechta, Pirolstr. 17a. manfred.diegeler@ewetel.net. www.praxis-diegeler.de. G.: Wurzen, 31. Juli 1943. V.: Ilse, geb. Lüters. Ki.: Melanie (1970). S.: 1958-61 Lehre Maschinenbau, 1961-73 Luftwaffe, 1972 Lehre z. med. Bademeister u. Masseur in Bad Lauterberg, nebenbei Beginn Heilpraktikerausbild. in Wunstorf. K.: 1974 Zulassung als Heilpraktiker, 1976/7 Akupunktur in China gelernt, 1975 Eröff. d. Praxis, 18-monatige Chiropraxisausbild. b. H. Kunze in Hannover. P.: seit 1996 Vorträge als Arbeitskreisltr. d. ACON. M.: 1989 Grdg.-Mtgl. d. Golfclubs Vechta, dzt. Spielführer, seit 1988 VPräs. d. Karnevalsclub.

Diegelmann Jan *)

Diéguez Anamaria
B.: Boschafterin d. Rep. Guatemala. DA.: 53173 Bonn, Zietenstr. 16. PA.: Guatemala 01014, 3 A. Av. 17-02, Zona 14. G.: Guatemala City, 6. Feb. 1952. El.: Armando Diéguez Pilon u. Luz Arevalo de Diéguez. BV.: Domingo Diéguez Sekr. d. Unabhängigkeitsakts v. 1821. S.: 1971-72 Univ. Rafael Landivar in Guatemala City, 1972-74 Stud. Soz. Univ. Complutense Madrid, 1975-79 Stud. Agraring. Univ. de San Carlos Guatemala City. K.: 1983 Mexiko City, 1984-93 Botschaft v. Guatemala in Mexiko, 1988 Univ. Iberoamericana Mexico City, 1988-92 Soz.-Stud. an gleicher Univ., 1991 Diplomatenexamen, 1993-98 Botschafterin in Venezuela, seit 1998 Botschafterin in Deutschland. BL.: 1996 Mitwirkung an Friedensverhandlungen. E.: Orden del Libertador en el grado de Gran Cordon (Venezuela). H.: Literatur, klass. Musik, New Age Musik.

Diehl August
B.: Schauspieler. FN.: c/o die agenten Marie-Luise Schmidt & Beate Wolgast GmbH. DA.: 10119 Berlin, Auguststr. 34. news@die-agenten.de. www.die-agenten.de. G.: Berlin, 1976. BV.: Vater Hans Diehl, Schauspieler. S.: Abitur, Studium an der HS f. Schauspielkunst "Ernst Busch". K.: Ausz. a. d. Arbeiten: Film: 23 - nichts ist so wie es scheint (1997), Die Braut (1998), Entering Reality (1998), Kalt ist der Abendhauch (1999), Love - The Hard Way (2000), Anatomie (2001); Theater: Nach Hause (1997), Höllenangst (1998), Don Carlos (1998), Gesäubert (1998/99), Das Leben - ein Traum (1999), Die Möwe (2000), Roberto Zucco (2001), Der Jude von Malta (2001). E.:1998 Bester Nachwuchsschauspieler (Treffen der Schauspielschulen, München, 1999 Bayerischer Filmpreis für den besten Nachwuchsdarsteller für den Film "23", 1999, Deutscher Filmpreis für den besten Hauptdarsteller für "23", 2000 European Shooting Star 2000, 2001 O.-E.- Hasse-Preis, 2001 Alfred -Kerr-Preis für die Darstellung des Konstantins in "Die Möwe", 2001 Ulrich Wildgruber-Preis. (Re)

Diehl Bernd Willi Karl-Heinz Dr. rer. nat.

B.: Gschf. FN.: Spectral Service Laboratorium f. Auftragsanalytik GmbH. DA.: 50825 Köln, Vogelsanger Straße 250. diehl@spectralservice.de. www.spectralservice.de. G.: Wippershain, 14. Aug. 1960. Ki.: Lukas, Elise. El.: Heinrich und Annida, geb. Weiß. S.: 1979 Abitur Bad Hersfeld, 1979-88 Chemiestud. Phillips-Univ. Marburg. K.: 1988-91 Abt.-Ltr. NMR Spectrometrie u. am Pflanzenschutz-Forsch.-Zentrum Monheim d. Bayer AG, seit 1990 Gschf. Ges. d. Spectral Service GmbH. P.: NMR Spectroscopy in Drug Development and Analysis (1999). M.: I.L.P.S., A.O.C.S. H.: Malerei, Schriftstellerei.

Diehl Hanna Wilhelmine *)

Diehl Hans
B.: Schauspieler. FN.: c/o Agentur Goldschmidt Renate Landkammer. DA.: 10711 Berlin, Damaschkestraße 33. www.kinotv.com. S.: Stud. HS f. Musik u. darstellende Kunst Frankfurt/Main. K.: Theaterschauspieler an: Schaubühne Berlin, Düsseldorfer Schauspielhaus, Residenztheater München, Burgtheater Wien, Thalia Theater Hamburg, Staatstheater Stuttgart u. Maxim Gorki Theater in Berlin; Filmrollen in: "Tödlicher Wind" (1998), "Der Laden" (1997), "Der König v. St. Pauli" (1997), "Der Schattenmann" (1995), "Antigone " (1992), "Transit" (1991), "Das Boot ist voll" (1981) u.a.m. (Re)

Diehl Hildebrand
B.: OBgm. FN.: Stadtverw. Wiesbaden. DA.: 65183 Wiesbaden, Schloßpl. 6. pressereferat@wiesbaden.de. www.wiesbaden.de. G.: Wiesbaden, 2. Juli 1939. S.: Berufsausbild. z. Verlagsbuchbinder, Meister m. handwerkl. u. industrieller Meisterprüf. K.: b. 1989 selbst. Verlagsbuchbinder, Übergabe d. Betriebes an d. Sohn, polit. Arb.: seit 1972 Mtgl. im Stadtparlament, 1977-89 Fraktionsvors. d. CDU-Fraktion, ab 1989 Bgm., seit 1997 OBgm. d. Stadt Wiesbaden.

Diehl Jürgen Dipl.-Ing. *)

Diehl Lothar *)

Diehl Manfred

B.: selbst. Steuerberater. DA.: 30457 Hannover, Poggendiek 43 I. manfred.diehl@diehl-steuerberater.de. www.diehl-steuerberater.de. G.: Hildesheim, 8. Sep. 1951. V.: Dorothee, geb. Wilkening. El.: Richard u. Wilma. S.: 1967 Mittlere Reife, 1967-70 Ausbildung Steuerfachgehilfe Hannover, 1971-72 Bundeswehr. K.: 1972-82 Steuerfachgehilfe u. Steuerbev. einer Steuerberatungsges. in Hannover, 1977 Steuerbev.-Prüf. in Münster, 1990 Steuerberaterprüfung in Hannover, 1982 Eröff. d. Kzl. in Laatzen u. 1984 in Hannover m. Schwerpunkt Beratung u. Betreuung v. kl. u. mittelständ. Unternehmen, Finanzbuchhaltung, Lohnbuchhaltung, Jahresabsabschlüsse u. Steuererklärungen. M.: Steuerberaterkam., Verb. steuerberatende Berufe Niedersachsen u. Sachsen-Anhalt. H.: Reisen, Musik, Geselligkeit.

Diehl Matthias
B.: FA f. Allg.-Med., Chirotherapie. DA.: 55120 Mainz, Am Lemmchen 31b. matthias.diehl@telemed.de. ww.praxismdiehl.de. G.: Mainz, 20. Juli 1960. V.: Eva, geb. Seyfried. Ki.: 2 Kinder. El.: Dr. Josef u. Anneliese. S.: 1980 Abitur, 1980-87 Med.-Stud., Staatsexamen, 1989-95 Bundeswehr/Oberstabsarzt. K.: 1995 FA f. Allg.-Med., 1997 Praxiseröff. als Allg.-Med., 2000 Weiterbild. z. Chirotherapeuten/Abschluss, seit 2000 Werksarzt. M.: Dt. Ges. f. Manuelle Med.

Diehl Mike
B.: Moderator. FN.: ZDF/Redaktion Chart Attack. DA.: 55100 Mainz, Postfach 4040. G.: Ober-Ramstadt, 9. Okt. 1968. S.: Ausbild. z. Verw.-Ang. K.: Moderator "Partyline" u. "CHART ATTACK", 3x Moderator "Power Vision - Die Fete" u. "Power Vision - Hot Summer Night", gemeinsam m. Nanni (Ex-Sängerin d. Dance-Projekts "activate") als "No Limit!", Single "When I dream of You". H.: Snowboard.

---

*) Biographie www.whoiswho-verlag.ch oder beigefügte CD-ROM

Diehl Rainer Dipl.-Ing. *)

Diehl Ralph *)

Diehl Rolf

B.: Berater u. Coach für Führungskräfte, Unternehmer, Freiberufler. FN.: PRO.FILE Rolf Diehl Zentrum f. Lebensgestaltung u. Führungserfolge. DA.: 28816 Stuhr (Bremen-Brinkum), Feldstraße 24. G.: Halver, 8. November 1940. V.: Erika, geb. Schmidt. Ki.: Peter (1963). S.: 1956-59 Ausbildung zum Gastronomen. K.: 1960-61 selbst. m. Gastronomiebetrieb in Bremen, 1961 Übernahme Restaurant in Bremen-Schwachhausen, Erweiterung m. Packhauskeller im Schnoortheater, Party-Service u. Feinkostgeschäft, 1981 Verkauf d. Geschäftes, ab 1981 in Achim b. Bremen, Grdg. PRO.FILE Rolf Diehl, 1991 Umzug nach Stuhr (Bremen-Brinkum). BL.: Zentrum m. aktueller Technik f. pers. Entwicklung, 80 informative Multi-Media-Präsentationen z. Erweiterung d. Wissens, Seminare/Coaching: Life-Design/Selbstführung f. Meisterschaft im Leben, Führungs-Design u. Profil-Design, Angebot einmalig auf d. Welt. P.: Veröff. v. 4 Büchern z. Thema Führung u. persönl. Entwicklung. M.: Marketing Club.

Diehl Thomas Dr.-Ing. E.h.
B.: Vors. d. Vorst. FN.: Diehl Stiftung & Co. DA.: 90478 Nürnberg, Stephanstr. 49.

Diehl Volker Dr. Prof. *)

Diehl Wolfgang *)

Diehl Wolfgang *)

Diehr Frank

B.: Betriebsleiter. FN.: Pannekoekschip Admiral Nelson GmbH. DA.: 28195 Bremen, Weserpromenade Schlachte, Anleger 1. pannekoekschip@hotmail.com. G.: Halle, 27. Okt. 1968. El.: Udo u. Hannelore, geb. Schulz. S.: 1985-87 Lehre zum Einzelhandelskaufmann Edeka Halle. K.: 1987-88 Einzelhandelskaufmann Getränkemarkt in Bielefeld, 1988-89 Servicekraft einer Gaststätte in Bielefeld, 1990 Servicekraft u. stellv. Restaurantleiter im Seglerheim in Wilhelmshaven, 1993-94 Service Bierkrüger Bremen, 1995-97 selbständig, Eröff. 2 Reisebüros in Bremen, 1997-98 Schichtleitung Alex Bremen, 1998-99 Ass. d. Geschäftsleitung Restaurant Magelan in Bremen, 1999-2000 Gschf. Theatro d. Kaffeehaus in Bremen, 2000 Pannkoekschip Admiral Nelson in Bremen an d. Schlachte als stellv. Gschf., seit 2001 Betriebsleitung. H.: Schwimmen, PC.

Diehr Hans-Joachim *)

Dieing Werner

B.: Gschf. Ges. FN.: Inst. f. Communication & Marketing Research. DA.: 68159 Mannheim, H 16. G.: Leutkirch, 6. Jan. 1964. V.: Claudia, geb. Muff. Ki.: Clara (1996). El.: Karl u. Elisabeth. S.: 1983 Abitur Rottweil, 1983 Stud. Polit. Wiss, Päd., Psych. u. VWL Univ. Mannheim, 1986 Stipendium Indiana Univ. Bloomington/USA, 1988 Ann Arbor Univ. Michigan/USA, Master of Marketing Research, 1988 Univ. Mannheim, 1989 Mag. K.: 1988 freier Mitarb. b. Südwestfunk, Kommunikation f. Dr. Max Kon, ZEUS Zentrale f. Europ. Umfrage Sozialforsch., 1989 Ass. d. Geschäftsltg. im Inst., Studienltr. f. Konsumgüter, 1993 selbst. Inst. f. Communication & Marketing Research, Fusion m. d. Geschäft d. Ehefrau. P.: zahlr. Veröff. E.: Stipendium v. Mannheim u. d. Organ. DAAD Deutschland f. Univ. Indiana, Stipendium Indiana Univ. f. d. Michigan Univ. in Ann Arbor. M.: BVM, ESSOMAR. H.: Familie, Beruf.

Dieke Silvio Herbert

B.: Florist, Inh. FN.: Blumenhaus Dieke. DA.: 42879 Remscheid, Kölner Straße 75. G.: Brescia/Italien, 14. Apr. 1934. V.: Annegret, geb. Meister. Ki.: Silvio, Meike, Michael, Christian. El.: Hans u. Elisabeth, geb. Metzler. S.: 1951-54 Lehre Gärtner, 1954-56 Lehre Florist Wuppertal. K.: 1956 Gärtner in versch. Betrieben, 1957-59 tätig im Vertrieb von Schnittblumen, s. 1959 selbst. u. Aufbau versch. Filialen mit Schwerpunkt Blumenauswahl. E.: Auszeichnung f. 20 u. 40 jähr. Jubiläum. M.: versch. Floristenverb. H.: Tennis, Segeln, Orgel spielen.

van Dieken Frerich Prof. *)

Diekmann Achim Dr. Prof.
B.: Präs. FN.: Weltverb. d. Automobilhersteller (OICA). DA.: 60325 Frankfurt/Main, Westendstraße 81. PA.: 61250 Usingen, Hardtstr. 1. G.: Stettin, 12. Apr. 1930. V.: Ingeborg, geb. Schneider. Ki.: Daniela (1961), Christiane (1964), Christian (1977). El.: Fritz u. Hildegard. S.: 1949 Abitur Stuttgart, Sprachstud., Stud. VWL Tübingen, 1972 Prom. K.: seit 1986 Lehrauftrag Univ. Köln f. Straßenverkehr u. Automobilind., 1991 Hon.-Prof., b. 1995 Gschf. d. Verb. d. Automobilind. P.: zahlr. Veröff. in d. Wirtschafts- u. Verkehrspolitik. M.: Vors. d. VerwR. d. DAT. H.: Garten, Bergwandern, Fahrradfahren, Schi fahren, klass. Musik.

Diekmann Christoph Dr.-Ing. *)

Diekmann Corinna Dipl.-Päd.
B.: Gschf., Inh. FN.: CM Fair Services Congress- u. Messeservice. DA.: 30826 Garbsen, Molkereistr. 40. CMFAIRSERVICES@t-online.de. G.: Soest, 12. Jän. 1972. El.: Johann-

*) Biographie www.whoiswho-verlag.ch oder beigefügte CD-ROM

Heinrich und Christel Diekmann, geb. Rosenbaum. S.: Abitur. K.: 1991 freie Mitarb. u. Moderatorin bei Hellweg-Radio in Soest, glz. Balletttänzerin u. Chorsängerin, Stud. Päd. an der Universität Braunschweig, 1997 Dipl.-Abschluß, glz. ab 1992 tätig auf intern. Messen in div. Bereichen wie Chefhostess, Moderatorin u. Produktpräsentation, seit 1998 selbst. m. Schwerpunkt Dienstleistungen u. Personalvermittlung, Promotion u. Service auf intern. Ebene, Zusammenarb. m. Künstlerunternehmen u. persönl. Fotograf f. Set-Card. P.: Veröff. in Szene- u. lokalen Magazinen. H.: Reiten, Hip Hop-Tanzgruppe m. Liveauftritten, Fitness, Surfen, Lesen.

Diekmann Cornelia *)

Diekmann Hartmut *)

Diekmann Horst Dipl.-Ing. *)

Diekmann Josef *)

Diekmann Karl-Heinz

B.: Unternehmer. FN.: Bielefelder Atelier Maßhemdenmanufaktur. DA.: 33602 Bielefeld, Mauerstraße 8. G.: Bielefeld, 13. Nov. 1936. V.: Dr. Mechthild Passmann. S.: 1957 Abitur, 1957-60 Techn. Lehre in d. Bekleidungsind., 1961-62 Kfm. Volontär in d. Bekleidungsind., 1963-65 Ing.-Stud. an der FH Niederrhein. K.: 1965-86 Betriebsltr. u. Prok., 1986 Grdg. der eigenen Firma Bielefelder Atelier Maßhemdenmanufaktur. H.: Beruf, Literatur.

Diekmann Reinhard Dipl.-Agraring.

B.: Projektltr. FN.: LEG Landesentwicklungsges. NRW mbH. DA.: 33699 Bielefeld, Detmolder Str. 596-598. PA.: 33829 Borgholzhausen, Hesselteicherstr. 62. diekmanr@leg-nrw.de. G.: Erpen, 27. März 1939. V.: Marianne, geb. Horstmann. Ki.: Karsten. El.: Hermann u. Maria, geb. Ermshausen. S.: 1956-62 Ausbild. als Ldw. m. Abschluss Dipl.-Agraring., 1 Jahr Auslandspraxis in der Schweiz. K.: 1962-66 Zuchtberater b. Hyline & Hybro holländ. Ndlg. in Deutschland, 1966-72 Produktionsltr. in d. Zuchtbetrieb in Steinhagen, 1972 Sachbearb. b. d. LEG im Bereich Entwicklung d. ländl. Raumes, seit 1985 Abt.- u. Projektltr. b. d. LEG in Münster. M.: CDU. H.: Schwimmen, Wandern.

Diekmann Ursula Dr. med. vet.

B.: Tierärztin i.R. PA.: 14482 Potsdam, Wollestr. 63. G.: Solingen, 30. Jan. 1934. El.: Heinrich und Maria Diekmann. S.: 1953 Abitur Potsdam, 1953-59 Stud. Vet.-Med. an d. Humboldt-Univ. Berlin, Approb. z. Tierärztin. K.: 1960 Pflichtass., 1962 Prom. z. Dr. med. vet., 1961-63 tätig b. tierärztl. Lebensmittelüberwachung, 1963-90 Hygienetierarzt u. stellv. Ltr. d. Bez. Potsdam, 1972-74 Abschluß Fachtierarzt Hygiene in d. Nahrungsgüterwirtschaft, 1990-94 Hygienetierarzt b. Vet.-Amt Potsdam/Land, seit 1994 im Ruhestand. E.: 1966 als 1. Frau d. Bez. Potsdam VetR., alle Ehrennadeln d. Wiss.-Ges. f. Vet.-Med. M.: Wiss.-Ges. f. Vet.-Med. H.: Garten, Fotografieren, Konzerte, Kunstgeschichte.

Diekmeyer Klaus-Wilhelm

B.: RA, Notar. FN.: Diekmeyer & Kollegen Rechtsanwälte. DA.: 33602 Bielefeld, Niederwall 43. PA.: 33602 Bielefeld, Falkstr. 3. G.: Bielefeld, 15. Sep. 1938. V.: Claude, geb. Freidel. Ki.: Philipp (1967), Frederic (1969), Sebastian (1974). El.: Wilhelm u. Herta. S.: 1958 Abitur, 1958-62 Stud. Rechtswiss., 1. Staatsexamen, 1964-60 Referendariat, 1967 2. Staatsexamen. K.: 1967 Zulassung z. RA u. Fachanw. f. Steuerrecht, Eintritt in d. väterl. Kzl., 1977 Übernahme d. Kzl. u. Berufung z. Notar, 1988 Vors. d. AufsR. d. Volksbank Bielefeld, 1992 Verlagerung u. Vergrößerung d. Sozietät an jetzigen Standort. H.: Haus, Familie, Kunst, Geschichte, Franz. Literatur, sportl. Aktivitäten.

Diekow Frank

B.: Kfm., Gschf. FN.: Frank Diekow GmbH Hdls.-Ges. DA.: 45136 Essen, Weserstr. 86. G.: Lübeck, 3. Sep. 1950. V.: Monika, geb. Wittmann. Ki.: Nicola (1982). El.: Dr. Kurt u. Charlotte, geb. Walter. S.: 1967-70 Lehre als techn. Kfm. in Essen, 1970-71 Bundeswehr. K.: 1971-78 kfm.-techn. Gebietsltr. eines Hamburger Unternehmens, 1978-81 Produktmanager eines intern. Unternehmens, 1983 Grdg. d. Hdls.-Agentur Frank Diekow GmbH als Exklusiv-Vertrieb v. techn. Zubehör u. Bekleidung f. Motorräder, 1993 Eröff. eines Showrooms in

*) Biographie www.whoiswho-verlag.ch oder beigefügte CD-ROM

Diekow

Essen, seit 2001 Ges. d. Firma Cypacc GmbH in Bochum Großhdl. f. techn. Motorradzubehör u. Bekleidung. H.: Engl. Roadster, Tennis.

Diekow Hennig

B.: Rechtsanwalt u. Notar. DA.: 10719 Berlin, Fasanenstr. 30. PA.: 14129 Berlin, Potsdamer Chaussee 47e. G.: Lübeck, 8. Nov. 1946. El.: Dr. Kurt u. Charlotte, geb. Walter. S.: 1957-66 Gymn. Johanneum zu Lübeck u. Humboldt-Schule Essen, 1966 Bankpraktikum Dresdner Bank in Essen, 1966-71 Stud. d. Rechtswiss. Ruhr-Univ. Bochum u. FU Berlin, 1972 1. u. 1975 2. Staatsexamen in Berlin. K.: 1975-78 Abt.Ltr. GEMA (Ges. f. Musikal. Aufführungsrechte) Gen.Dir. Berlin, 1979 RA in Kzl. Prof. Dr. Nordemann & Partner, seit 1989 selbst. RA u. seit 1989 Notar; sängerische Tätigkeit seit 1957, Lübecker Knaben-Kantorei, Kammerchor Ernst Senff Berlin, Berliner Vokalensemble, (umfangreiche Vortragstätigkeit u. Interessenvertretung d. Chöre in d. Öffentlichkeit), vielfache Konzertreisen u.a. in ganz Westeuropa, USA, Israel. M.: Anw.Ver. Berlin, Tennisver. 1899 e.V. Blauweiss, Dt.-Franz. Ges. Berlin. H.: Musik, sprachl. u. sportl. Gebiet. (G.V.)

Diekow Siegfried

B.: Inh., Geschäftsführender Gesellschafter. FN.: SDM Siegfried Diekow Managementberatung GmbH. DA.: 76597 Loffenau, Grenzerstr. 1 u. 3. sdm-diekow@sdm-diekow.com. www.sdm-diekow.com. G.: Potsdam, 1. Juli 1944. Ki.: Alexandra (1970). S.: 1965 Abitur, 1965-67 Bundeswehr, 1967-70 Päd. Stud. an der Päd. HS Regensburg der Univ. München. K.: 1970-89 IBM Deutschland: Vertrieb, Ausbild., Marketing, 1989-91 Vertriebsmanager DAT AG Köln, Mitglied der Geschäftsleitung Gesamt Prokura, seit 1991 selbst. Managementberatung, seit 1999 Aufs.R. Vors. d. Woodmark AG, ab 12/01 Aufs.R. d. Woodmark AG, Gschf. UNITAS Management Consulting Group EWIV Loffenau, ab 1.1.2001 SDM Siegfried Diekow Managementberatung GmbH. P.: zahlr. Fachveröff. M.: Förderkreis "Stud. u. Praxis e.V." d. Univ. Ulm, Mittelstandsver. Rastatt, Bundesverb. d. Logistiker. H.: Schach, Fachliteratur, Turniertanz, Fahrradfahren.

Diel Alfred

B.: Journalist. PA.: 63538 Großkrotzenburg, An der Hexeneiche 8. G.: Mainaschaff, 10. Apr. 1924. V.: Maria, geb. Römmelt. Ki.: Roland, Brunhilde. S.: Abitur. K.: 1946-57 Red. Main-Echo Aschaffenburg, 1957-59 Red. Nürnberger Nachrichten, 1959-68 Red. Main-Post Würzburg, 1968-84 Pressechef d. Kreisverw. Main-Kinzig. P.: Schach in Deutschland (1977), 8x8=64 (1979), Die Schachweltmeister (1979), Das Spiel der Könige (1983), Der Bayerische Schachbund - Aufbruch in das dritte Jahrtausend (2000). E.: Gold. Ehrennadel d. Dt. u. d. Bayer. Schachbund, Bundesverdienstorden. M.: Freimaurerloge zu den drei Sternen im Odenwald, Michelstadt-Erbach, Offz. d. Abendlandordens v. Hl. Martin Wien. H.: Schach, Reisen.

Diel Armin *)

Diel Herbert Dr. rer. pol. Dipl.-Kfm. *)

Diel Willi

B.: Bgm. a.D., Dipl.Verwaltungswirt Bad Ems. PA.: 56130 Bad Ems, Auf der Hardt 54. G.: Koblenz, 10. Mai 1928. V.: Anneliese, geb. Klein. Ki.: Heike Christine (1966). El.: Alois u. Katharina. S.: Sozialak. Dortmund. K.: BB-Bmtr., Stadtinsp., Bgm. E.: Bundeswehr-EK in Gold, BVK I. u. II. Kl., Ehrenbürger: Verb. Gem. Bad Ems Cosne suz Loire (Frank.). M.: mehrmals Mtgl. d. Bundesversamml., 1982-2001 Vors. d. DRK-Kreisverb. Rhein-Lahn, 1956-2001 Mtgl. d. Kreistages Rhein-Lahn seit 1956, 1994-2001 1. Kreisbeigeordn. 1994, Mtgl. d. Landtages Rheinland-Pfalz 1963-75, SPD-Mtgl. seit 1946, Arbeiterwohlfahrt seit 1948. H.: Literatur, Musik, Malerei, Wandern, Schwimmen.

Diel Wolfgang *)

Diele Ralf *)

Dielen Werner Dipl.-Ing. *)

Dielitzsch Christoph Dr.-Ing. habil. Prof. *)

Dielmann Rolf *)

Diem Manfred

B.: Offz. d. Bundeswehr, 1. Bürgermeister von Sontheim. DA.: 87776 Sontheim, Hauptstr./Rathaus. G.: Memmingen, 4. Mai 1948. V.: Gundi, geb. Staedele. Ki.: Stefanie (1984), Elisabeth (1988). El.: Xavier und Anna. S.: Mittlere Reife, Lehre z. Elektromechaniker, Bundeswehr, Berufssoldat, FH-Reife, Stabsoffz. im Jagdbombergeschwader 34 Allgäu Memmingerberg. K.: Funktion: PR-Öff.-Arb., seit 1982 ehrenamtlich 1. Bgm. d. Gem. Sontheim. M.: CSU, Mitbegründer d. "Sozialfond d. Gem. Sontheim" 1985. H.: Sport, Musik (Blaskapelle).

Diemann Ekkehard Dr. rer. nat. *)

Diemann Karl-Heinz *)

von Diemar Othmar *)

Diembeck Christina *)

Diemer Achim *)

Diemer Annette *)

Diemer Hans Peter Dr. med. Prof. *)

Diemers Renate

B.: MdB, Frauenreferentin. DA.: 11011 Berlin, Platz d. Republik 1. PA.: 45721 Haltern-Lippramsdorf, Erzbischof-Buddenbrock-Str. 23. G.: Werdohl, 8. Apr. 1938. V.: Helmut Diemers. S.: VS, Ausbild. Großhdls.-Kauffrau. K.: 1957-63 Sachbearb. u. selbst. Verkaufssachbearb. Fa. Hugo Stines Werdohl, Tätigkeit in Polit. Gremien, ab 1972 Frauenreferentin CDU Westfalen-Lippe, Landesgschf. d. CDU in NRW, seit 1963 CDU, seit 1990 MdB. BL.: Schaffung v. Möglichkeiten z. Weiter- u. Ausbild. f. Frauen. P.: div. Beiträge in Fachorganen. M.: Parlamentar Ges., Kinderschutzbund, div. Frauenorgan. H.: Reisen. (Re)

Dieminger Walter Dr. rer. techn. Prof. *)

---

*) Biographie www.whoiswho-verlag.ch oder beigefügte CD-ROM

Diemon Beate

B.: Dipl.-Designerin. FN.: Diemon Design. DA.: 48165 Münster, Hohe Geest 215. diemondesign@t-online.de. G.: Münster, 6. Juni 1966. El.: Bernhard u. Elisabeth, geb. Bünker. S.: 1985 Abitur Münster, 1985-91 Stud. Design an d. FH Münster, Dipl. K.: 1991 Tammen GmbH Osnabrück Unternehmensberatung, 1992-95 Peter Peters & Freunde in Münster, Tätigkeit als Artdirektorin, Illustratorin, Ausbilderin, 1995 Grdg. v. Diemon Design in Münster. P.: European regional design annual (1997), Ausstellungen: Gemeinschaftsausstellung in d. Torhausgalerie Münster, Thema: Aktfotografie, Ausstellung im Klingspormuseum Frankfurt, Thema: Michael Kohlhaas, Gemeinschaftsausstellung im Literaturverein Münster, Thema: Illustrationen zu Gedichten v. Norwegischen Autoren, Ausstellung Stadttheater Münster, Thema: "Galilei" v. Berthold Brecht, Ausstellung im Foyee d. Westfäl. Ferngas-AG in Dortmund.

Dienel Werner Martin *)

Dienemann Marco

B.: freiberuflicher RA. FN.: Sozietät Raabe & Dienemann. DA.: 06114 Halle, Mühlweg 46. G.: Halle, 8. Apr. 1965. V.: Birgit, geb. Aland. Ki.: Lucas (1994). El.: Peter u. Christa, geb. Simke. S.: 1983 Abitur, Wehrdienst, 1985-89 Stud. Rechtswiss. MLU Halle-Wittenberg, Dipl., 1. Staatsexamen. K.: 1989 stellv. Kombinatsjustitiar, 1989 Justitiar b. d. VAKA, 1990 Anw. in Heidelberg, 1991-9 Anw. in der Kanzlei Patze & Neumeister Halle, 1995 Fachanw. für Arbeitsrecht, seit 1999 Inh. einer eigenen Kzl. m. Christian Raabe, Schwerpunkt: Arbeitsrecht, Familien-, Erb- u. Verkehrsrecht. M.: Hallescher Anw.-Ver., ISUV e.V., Unabh. Betreuungsverein Halle-Saalkreis, Arge Familienrecht im Dt. Anw.-Verein, USV. H.: Volleyball.

Diener Ernst Günter

B.: Betriebswirt, Gschf. Ges. FN.: Comnet Holding, Comnet Digital, Comnet Service, VMH Medien Hdls. GmbH Osnabrück - Freudenstadt/ Schwarzwald. GT.: Repräsentant b. United Towns Agency for North-South Cooperation New York (UNO) ECOSOC. DA.: 49090 Osnabrück, Pagenstecherstr. 143. PA.: 49088 Osnabrück, Am Turmhügel 21. G.: Stadtallendorf/ Marburg, 17. Juli 1950. V.: Elke, geb. Haindl. Ki.: Kai-Uwe (1976). S.: 1966-69 Lehre zum Bankkfm. Volksbank Homberg Berg, 1970-82 Bundeswehr, 1972 Abitur, 1973-76 Stud. BWL an d. Bundeswehrschule Darmstadt, grad. Betriebswirt. K.: b. 1982 Bundeswehr Logistik, techn. Truppe, Nachschub - selbst. Einheit, Komp.-Chef, als Hptm. d. Res. ausgeschieden, 1982-86 Gschf. f. Ind.-Anlagenbau im Rhein/Main-Gebiet f. Berlin, Dortmund, Rüsselsheim, 1986 priv. Kabelnetze in Deutschland realisiert, Grdg. d. o.g. Firmen. M.: Ver. d. Mittelstandes, CDU, Traditionsver. d. Bundeswehr. H.: Lesen.

Diener Günther *)

Diener Klaus

B.: Küchenmeister, Inh. FN.: Domklause. DA.: 06618 Naumburg, Herrenstr. 8. PA.: 06618 Naumburg, Lepsiusstr. 91. G.: Bad Bibra, 4. März 1956. V.: Sonja. Ki.: Nicole. S.: 1972-74 Kochlehre, 1976-78 Küchenmeister. K.: 1980-92 Küchenmeister im Ratskeller Naumburg, 1986-91 Stud. Betriebswirtschaft b. Herbert Pilz, Dipl.-Bw., seit 1992 Inh. d. Domklause Naumburg. H.: Autofahren.

Diener Marja-Liisa

B.: Unternehmerin, Inh. FN.: Moda di M. exclusive Mode. DA.: 67067 Ludwigshafen, Bürgermeister-Horlacher-Str. 92. G.: Tampere/Finnland, 26. Feb. 1939. Ki.: Karin, Kerstin. S.: 1958 Abitur Tampere, 1975-84 Stud. Germanistik u. Geografie in Mannheim. K.: 1985 Grdg. eines Großhdls. f. Finnland, 1986 Gründung d. eigenen Geschäftes Moda di M. H.: Theater, Skifahren, Oper, Schlittschuhlaufen.

Dienhold Hans-Dieter *)

Dienst Karl Dr. theol. Prof. Prof. h.c. *)

Dienstbier Walter *)

Dienstl Erika

B.: VPr. Dt. Sportbd. u. Ehrenpräs. Dt. Fechterbd., Vorst.-Mtgl. Stiftung Sporthilfe. PA.: 52222 Stolberg, An der Waldmeisterhütte 23. G.: Aachen, 1. Febr. 1930. El.: May Heinrich u. Maria. S.: Gymn., Ind.Kfm. K.: aktive Fechterin u. Wehrkämpferin, 1970-86 VPr. d. Dt. Fechterbd., 1986-2000 Präs. Dt. Fechterbd., ab 2000 Ehrenpräs., 1972-82 Vors. d. Dt. Sportjugend, ab 1974 Vorst.-Mtgl. d. Stiftung Sporthilfe, ab 1982 VPr. d. Dt. Sportbd. H.: Sport, Musik, Literatur, Kochen.

Diepenbrock Detlev Dipl.-Ing.

B.: freischaff. Architekt, Inh. FN.: Arch.-Büro Diepenbrock & Partner. DA.: 27777 Ganderkesee, Birkenweg 21. G.: Bückeburg, 18. Apr. 1951. V.: Dipl.-Ing. Architekt Christine, geb. Friedemann. Ki.: Micha (1973), Alice (1977), Jan-Philip (1982). El.: Leonhard u. Margot, geb. Stratmann. S.: 1969 Abitur Bremen, 1969 Stud. Arch. TU Berlin, 1976 Abschluß Dipl.-Ing. K.: 1976-78 Projektig. f. schlüsselfertiges Bauen in Delmenhorst, seit 1979 selbst. und Eröff. Arch.-Büro in Delmenhorst,

*) Biographie www.whoiswho-verlag.ch oder beigefügte CD-ROM

Diepenbrock

seit 1981 Inh. in Ganderkesee, 1990 Grdg. CADAMBAU als Inh. Hardware u. Software u. Schulung f. Arch. u. Bau, Schwerpunkte Gewerbebau u. Pflegeheimbau. E.: Auszeichnung f. behindertengerechtes Bauen. M.: Ver.-Ltg., Bund Ev. Freikirchl. Gem. Nord/Westdeutschland, seit 2000 Grdg.-Mtgl. d. ADIP-Gruppe, Gideon Bund Intern. H.: Jazz-Musik, mod. Malerei, Fotografie.

Diepenbrock Stefan *)

Diepenbrock Wulf Dr. agr. Prof. *)

Diepgen Eberhard

B.: Landesvors. d. CDU, ehem. Regierender Bürgermeister v. Berlin. FN.: CDU Landesverb. Berlin. DA.: 10179 Berlin, Wallstr. 14A. G.: Berlin, 13. Nov. 1941. V.: Monika, geb. Adler. Ki.: Anne, Frederik. El.: Erik u. Erika. S.: 1960 Abitur, 1960-67 Stud. Rechtswiss. FU Berlin, 1972 2. Jur. Staatsexamen. K.: 1972 RA, 1962 ASta-Vors. u. 1965/66 stellv. Vors. d. Verb. Dt. Studentenschaften (VDS), seit 1962 Mtgl. d. CDU, 1971 Mtgl. d. Abg.-Hauses v. Berlin, 1980 Vors. d. CDU-Frakt. d. Abg.-Hauses v. Berlin, seit 1971 Mtgl. d. Landesvorst. d. Berliner CDU, 1981 stellv. Landesvors., 1983 Landesvors. d. Berliner CDU, 1984-89 MdBR u. 1991-2001 u. 1984-89 u. 1991-2001 Reg. Bürgerm. v. Berlin, Kuratoriumsvors. d. Otto-Benecke-Stiftung e.V. u. Schirmherr d. Dt. Rheuma-Liga. E.: Silb. Ehrenschild Reichsbund d. Kriegsopfer, Behinderten, Sozialrentner u. Hinterbliebenen 1985, Gr. VK d. VO d. BRD 1987, Gr. VK mit Stern d. VO d. BRD 1994. (Re)

Diepold Klaus Dr.

B.: Techn. Dir. FN.: Intern. Digital Technologies GmbH. DA.: 85373 Ismaning, Fraunhoferstr. 9. G.: München, 16. Nov. 1961. V.: Monika. Ki.: Benjamin (1981), Sinha (1988). El.: Johann Rudolf u. Elsbeth. S.: 1981 Abitur, 1981-86 Stud. Elektrotechnik TU München, 1968 Stud. Inst. f. Nachrichtentechnik Univ. d. Bundeswehr, 1988 Ass. TU in München, Lehrstuhl f. Netzwerk- u. Schaltungstechnik, 1992 Prom. K.: 1993 Forsch.-Ing. f. Rundfunktechnik im Bereich Digitales Fernsehen, 1994 Wechsel zu TAURUS Media Beta Technik, seit 1995 b. IDT als Techn. Dir. H.: Musik, Jazz, Fußball, Fitness.

Diepold Peter Dr. Prof.

B.: Prof. em. FN.: Humboldt-Univ. Berlin. DA.: 10099 Berlin, Geschwister-Scholl-Str. 7. G.: Reichenbach, 22. Jan. 1938. S.: Stud. d. VWL u. d. Ev. Theol., Dr. theol. K.: 1967-75 Ltr. d. Theol. Stifts Göttingen, 1975-93 Prof. f. Wirtschaftspäd. in Göttingen, s. 1993 Prof. f. Pädagogik u. Informatik. P.: zahlr. Veröff. M.: Dt. Ges. f. Erziehungswiss., Ges. für Informatik, Association for Computing Machinery, Rotary. H.: Musizieren, Bergwandern, Ligurien.

Dier Gerhard Dipl.-Ing. (FH)

B.: Gschf. Ges. FN.: Fußboden Dier GmbH. DA.: 54292 Trier, Engelstr. 1. PA.: 54329 Konz, Im Weerberg 9. G.: Trier, 26. März 1952. V.: Gabriele, geb. Sauder. Ki.: Tanja (1975), Stefanie (1978), Marvin (1992), Daniel (1994). El.: Vitus und Elisabeth. S.: 1968 Mittlere Reife Trier, 1 1/2 J. Praktikum im Bereich Raumausstattung im Großraum Koblenz, b. 1974 FH f. Arch. in Trier, Abschluss: Dipl.-Ing. (FH). K.: 1974 Einstieg in d. elterl. Unternehmen Firma Vitus Dier als kfm.u. techn. Ltr., 1981 Umwandlung in GmbH und seither Gschf. M.: Innung d. Parkett u. Bodenleger, div. Ver. H.: Tennis, Tiere, Labrador.

Dier Lisanne *)

Diercks Gerd Dr. med. *)

Diercks Ivo

B.: Zahnarzt, selbständig. FN.: Zahnarztpraxis Diercks. DA.: 24143 Kiel, Karlstal 31. ivo.diercks@t-online.de. G.: Stralsund, 4. Juni 1966. El.: Dieter u. Inge, geb. Alpers. S.: 1986 Abitur Kiel, 1986-92 Stud. Zahnmed. an d. Christian-Albert-Univ. in Kiel, 1992-93 Prom., 1992 Approb., 1993-94 Bundeswehr b. d. Marine in Flensburg. K.: 1994-95 Ass.-Zeit in Hamburger Praxis, 1995 Kassenzulassung f. Kiel, 1998 Übernahme d. Praxis in Kiel. BL.: Lehrerschein f. Kitesurfen u. Snowboard. F.: Imprint. H.: Kitesurfen, Snowboard, Windsurfen.

Diercks Karl-Heinz *)

Diercks Klaus *)

Diercks Willy Dr. phil.

B.: Landesgschf. FN.: Schleswig-Holsteinischer Heimatbund. DA.: 24113 Kolfsee, Hamburger Landstr. 101. PA.: 24837 Schleswig, Stadtweg 59-61. G.: Jübek/Kr. SL, 15. Jan. 1945. V.: Anna-Karin, geb. Jensen. Ki.: Jens-Willem (1972). El.: Otto u. Anna. S.: 1964 Abitur, 1964-72 Stud. Deutsch, Engl., Phil. u. Päd. Hamburg u. Kiel, Staatsexamen. K.: 1972-88 Wiss. Ass. u. Mitarb. an CAU Kiel, 1977 Prom., 1988-90 dialektolog. Untersuchungen z. Niederdt. in Schleswig, 1990-93 Projekt "Niederdt. u. Skandinavien" an Univ. Hamburg, seit 1994 Landesgschf. Schleswig-Holsteinischer Heimatbund, Funktionen: Betreuung u. Unterricht v. amerikan. Gaststud., tätig in Pflege u. Förderung v. Niederdt. Sprache. P.: Diss.: Empirische Untersuchungen z. Stilkompetenz v. Grundschulkindern (1979), Niederdt. in d. Stadt Schleswig (1994), Kindheit u. Jugend in Schleswig-Holstein (1991), Flüchtlingsland Schleswig-Holstein (1997). M.: Beirat Niederdt. b. Schleswig-Holsteinischen Landtag, Kurat. f. d. Niederdt.-Zentren. H.: Musik, Literaturwerkstatt-Autorenbetreuung, Topographie der Dörfer und Städte Schleswig-Holsteins.

Dierenfeld Heinz

B.: Fraktionsführer. FN.: CDU Stadtvertretung der Landeshauptstadt Schwerin. DA.: 19055 Schwerin, Puschkinstr. 19. G.: Wittenberge, 8. Sep. 1940. V.: Marlies, geb. Krüger. Ki.:

---

*) Biographie www.whoiswho-verlag.ch oder beigefügte CD-ROM

Thomas (1966), Susann (1970). S.: 1955-58 Lehre Bau- und Möbeltischler, 1971-76 Fernstudium Gschf. CDU Kreisgeschäftsstelle. K.: 1958-71 Tischler, 1980-90 stellv. Bez.-Vorsitzender der CDU, 1990-92 Referent f. Organ. und Verw. b. Landesverb. d. CDU, 1992-93 Kirchenkreisverw. als Bauing., 1993-96 Bauamtsltr. im Bauamt Bützow, 1997-2001 selbst. Sachv. f. Grundstückswerke, gleichzeitig Fraktionsgschf. d. CDU b. z. heutigen Tag. H.: Literatur, Modelleisenbahn.

Diergarten Anne-Marie *)

Diergarten Friedrich *)

Dierich Peter Dr.-Ing. habil. Dr. oec. Dr. h.c. Prof. *)

Dierick Ulrike Prof. *)

Dierkes Christian Dipl.-Ing. *)

Dierkes Josef *)

Dierkes Kai-Uwe Ulrich *)

von Dierkes Peter Dr.
B.: Dr. phil., Vorst.-Vors. FN.: Berliner Stadtreinigungsbetriebe BSR. DA.: 12103 Berlin-Tempelhof, Ringbahnstr. 96. G.: Innsbruck/Österr., 30. Juli 1941. V.: Gudrun, geb. Grainer. Ki.: Michaela (1981). S.: Schule in Innsbruck, später Don-Bosco-Internat Wien, 1963 Abitur, Stud. Chemie, Phil. u. Psych. Univ. Innsbruck, 1971 Dipl.-Chem., 1973 Prom zum Dr. phil. K.: Arb. in d. Kernenergieind. Österr. u. Deutschland: b. 1978 b. Gemeinschaftskernkraftwerk Tullnerfeld (GKT), 1979-90 b. d. Dt. Ges. z. Wiederaufbereitung v. Kernbrennstoffen (DKW) Hannover, 1990-93 stellv. Vors. d. Geschäftsführung R+T-U im Bereich Entsorgung b. RWE, 1993/94 Sprecher d. V. und Vorst.-Mtgl. d. Entsorgungsfirma ALBA AG & Co KG, seit 1995 Vorst.-Vors. d. BSR. P.: zahlr. Veröff. M.: Rotary Club, BDE, PhDG. H.: wissenschaftliche Literatur, Skifahren, Schach.

Dierkes Wolfgang Dr. *)

Dierking Heinrich Dipl.-Ing. *)

Dierking Jürgen

B.: Literaturwissenschaftler, Übersetzer, Autor. DA.: Bremer Literaturkontor, 28203 Bremen, Villa Ichon, Goethepl. 4. PA.: 28209 Bremen, Carl-Schurz-Str. 52. G.: Bremen, 1. Sep. 1946. v.: Monika Klüver. El.: Adolf u. Gertrud, geb. Wurthmann. S.: 1966 Abitur Bremen; Ziviler Ersatzdienst Tübingen, Stud. (Germanistik, Geschichte, Philosophie, Anglistik, Romanistik, Pädagogik) in Tübingen, München u. Hamburg, Staatsexamen. K.: Privatschullehrer in Hamburg, wiss. Mitarb. d. Univ. Bremen, Lehrbeauftragter in Bremen u. Hamburg, Literaturvermittler, seit 1992 wiss. Mitarb. im Bremer Literaturkontor, 1994 Grdg. d. Übersetzer/innen-Treffs u. 1995 d. Friedo-Lampe-Ges., Redakteur d. Literaturzeitschrift "Stint". P.: seit 1981 regelmäßig Aufsätze, Radio-Features u. Übersetzungen aus d. Engl. u. Franz. in Büchern, Zeitschriften u. Rundfunksendern, Herausgebertätigkeit, zuletzt erschienene Übersetzungen: Charles Baxter, "Schattenspiel" (1999), Sujata Bhatt, "Nothing is Black, Nothing Nothing" (1998), Sherwood Anderson, "Das triumphierende Ei" (1997), Sherwood Anderson, "Pferde und Männer" (1996). E.: 1999 Arbeitsstipendium d. niedersächs. MWK, 1990 Autorenstipendium d. Bremer Senats, 1989 Resident Fellowship d. Newberry Library Chicago.

Dierks Christian *)

Dierks Manfred Dr. phil. Prof. *)

Dierksmeier Horst Dr. iur.
B.: RA u. Notar. FN.: Dr. Dierksmeier, Dr. Putzo, Kampmann & Partner GbR. DA.: 48143 Münster, Servatiipl. 9. PA.: 48155 Münster, Hegerskamp 86. G.: Bonn, 18. Okt. 1936. V.: Heidi, geb. Funke. Ki.: Stefan (1968), Jochen (1970), Markus (1976). El.: Hermann & Frieda, geb. Beise. S.: 1957 Abitur Lüdinghausen, 1957-61 Stud. Rechtswiss. Univ. Würzburg, München, Münster, 1. Staatsexamen, 1961-65 Referendariat, 2. Staatsexamen, 1966 Prom. K.: 1965-66 Richter LG Dortmund, 1966-68 ang. RA Kzl. Dr. Gross & Zapp Münster, seit 1968 Partner, seit 1976 auch Notar, Schwerpunkt: Fachanw. f. Arbeitsrecht, Vers.-, Erb- u. allg. Zivilrecht. P.: 1966 Diss. "Nicht-rechtsfähige kommunale Zusammenschlüsse". M.: seit 1983 Vorst.-Mtgl. RA-Kam. Hamm, DAV, AG Anw.-Notariat u. AG Verkehrsrecht, UIA, Fachaussch. Arbeitsrecht d. RA-Kam. Hamm, b. 1995 ZPO/GVG-Aussch. d. BRAK. H.: Reisen, Wandern, Fotografieren.

Diermann Ralf Joachim Dipl.-Ing. *)

Diers Heinrich *)

Diers Wilfried F. Dipl.-Betriebswirt

B.: Gschf. Ges., Bioforscher, Informatiker. FN.: VERDE(r) & HYDER(r) Forschung u. Beratung GmbH. DA.: 26125 Oldenburg. G.: Oldenburg, 1952. V.: verh. Ki.: 1 Kind. S.: 1968-71 Lehre zum Groß- u. Außenhdl.-Kfm. Oldenburg, 1971-74 berufsausb. Ausbild. zum Programmierer, 1987-91 Stud. Betriebswirtschaft mit Diplomabschluß Wirtschaftsakad., Fachausbild. Informatik In- u. Ausland. K.: 1972 ADV Orga i. Rechenzentrum, 1973-86 Öff. Dienst im Rechenzentrum, 1980-90 Informatikdozent f. versch. Programmsprachen, 1986-90 Aufbau u. Ltr. d. Rechenzentrum Siemens Brake, seit 1990 selbst. in d. Bioforschung im Lebensmittel- u. Agrarbereich, Geruchsneutralisierung, emissionsfreie Tierhaltung, Umweltregenerierung, Entw. Arzneimittel, Therapiekonzepte, Mikroorganismen, Lebensmittel u. Hygienetechnik, Entw. d. HYDER(r) u. VERDE(r) Produkte, Entw. VERDE(r)-Systeme therapiebegl. u.a. gegen Krebs, Neurodermitis, Rheuma etc., Inh. v. Patenten, Gebrauchsmustern u. Handelsmarken. M.: Wiss. Beirat Europäische Natur- u. Gesundheitsges. H.: Golf.

*) Biographie www.whoiswho-verlag.ch oder beigefügte CD-ROM

Diersch Eberhard *)

Diersche Rudolf *)

Diesch Bodo

B.: Unternehmer, Inhaber FN.: Fitness Company Bremen. DA.: 28215 Bremen, Plantage 11. G.: Köln, 21. Sep. 1965. El.: Horst u. Ute, geb. Karduk. S.: 1986 Abitur Bremen. K.: 1987 Grdg. d. City Sportstudio in Bremen, 1987-92 Ref. f. Kraftsport b. DSB f. krankengymnast. Ausbild., 1992 Eröff. d. Multifunktionsanlage Badminton/Squash in Baden Baden u. 6 weitere Anlagen, 1997 Grdg. der Firma Die Habermann GbR Bauunternehmen f. Erstellung v. Mehrfamilienobjekten; seit 1980 aktiver Windsurfer u. Teilnahme an WC u. Windsurfercup. H.: Segeln, Surfen.

Diesch Jörg Dr. med. *)

Diesch Jutta

B.: Krankengymnastin, Inh. FN.: Physiotherapiezentrum Friedrichshafen. DA.: 88046 Friedrichshafen, Eckenerstr. 3. G.: Tübingen, 21. Mai 1960. V.: Dr. med. Rupert Diesch. Ki.: Rupert (1991), Sophia (1992), Benedikt (1996), Theresa (1998). El.: Dr. Alfons u. Maria Hecker. BV.: Familienchronik reicht zurück b. ins 16. Jhdt. S.: 1980 Abitur Ravensburg, 1981-84 Ausbildung z. Krankengymnastin. K.: beschäftigt in versch. Kliniken auf Neurologie- u. Orthopädiestationen sowie b. stationären operativen Behandlungen, Wechsel in unterschiedl. Klinikbereiche, Stud. Med. an d. Univ. Ulm, Abbruch aus familiären u. wirtschaftl. Gründen, weitere Stationen: Orthopäd. Klinik Stuttgart, Univ.-Klinik Ulm-Michelsberg in d. Entwicklungsneurologie, Ausbildung z. Physiotherapeutin u. Sportphysiotherapeutin, 1993 selbständig m. Eröff. d. Praxis u. Physiotherapiezentrum in Friedrichshafen in einem Ärztehaus, Fort- u. Weiterbildung: Chirotherapie u. Osteopathie. BL.: b. 1978 aktive Eiskunstläuferin u. Teilnehmerin an Württembergischen Meisterschaften, Ballett-Tänzerin, 1986-88 physiotherapeut. Betreuerin d. Dt. Soling-Nationalmannschaft. M.: ZVK. H.: Segeln, Snowboarden, Schwimmen, Wasserski, Tauchen, handwerkl. Arbeiten, Tanzen, Sprachen.

Diesel Andrea *)

Diesel Angelika *)

Diesel Horst Dipl.-Ing. *)

Diesener Gabriele *)

Diesener Gerald Dr. sc.
B.: Gschf. Ges. FN.: Leipziger Univ.-Verlag GmbH. DA.: 04317 Leipzig, Oststr. 41. G.: Magdeburg, 1. Dez. 1953. V.: Dr. Angelika, geb. Neumann. Ki.: Christoph (1979). El.: Hermann u. Charlotte Diesener. S.: 1972 Abitur, 1972-74 Wehrdienst, 1974-79 Stud. Geschichte Univ. Leipzig, 1983 Prom., 1987 Habil. K.: 1984-87 Aspirantur an d. Univ. Leipzig, 1987-91 OAss. f. Geschichte an d. Univ. Leipzig, 1991-93 stellv. Fachbereichsltr. f. Geschichte an d. Univ. Leipzig, 1993-95 Lehr- u. Forsch.-Tätigkeit an d. Univ. Freiburg u. Univ. Turin, 1996 Mitarb. am Inst. f. Kultur- u. Universalgeschichte e.V., seit 1996 Gschf. Ges. d. Leipziger Univ.-Verlages, 1997-2000 Mitarb. am Zentrum f. Zeithistor. Forsch. in Potsdam. F.: Gschf. d. AVA Ak. Verlagsanst. P.: ca. 30-35 Veröff. z. Themen d. Historiographie u. z. Dt. Geschichte d. 20. Jhdt. in Fachzeitschriften u. Tagungsbänden, u.a.v.: Karl Lamprecht weiterdenken (1993), Propaganda in Deutschland (1996). E.: 1988 Förderpreis "Alfred Meusel" f. Geschichtswiss. M.: 1992-2001 Vors. d. Karl Lamprecht Ges. Leipzig. H.: Joggen, Reisen, Literatur, Musik.

Dieser Hartwig Dr. Dipl.-Ing. *)

Diesing Freya *)

Diess Karl Walter *)

Diessl Alexander *)

Dießmer Edith *)

Diestel Andreas *)

Diestelkamp Bernhard Dr. jur. *)

Diestelmann Dirk
B.: Elektrotechnikermeister, Gschf. Ges. FN.: Elektrotechnik Schwarz GmbH. DA.: 38108 Braunschweig, Im Holzmoor 10C. info@elektrotechnik-schwarz.de. www.elektrotechnik-schwarz.de. G.: Braunschweig, 1. Juli 1967. V.: Andrea Schwarz. S.: 1982-85 Lehre z. Bäcker in Braunschweig, 1985-89 Zeitsoldat b. d. Bundeswehr, während d. Bundeswehrzeit Ausbildung z. Bürokaufmann. K.: ab 1991 ang. Bürokaufmann b. d. Firma Jürgen Schwarz Elektrotechnik GmbH, später Berufsausbildung z. Elektrotechniker, b. 2001 berufsgleitend Meisterschule, ab 2001 Elektrotechnikermeister, seit 2002 Gschf. Ges. d. Firma Elektrotechnik GmbH in Braunschweig. H.: Motorradfahren.

Diestelmann Karl-Heinz *)

Diestelmann Reinhold
B.: Gschf. Ges. FN.: Diestelmann Anlagen & Verw. GmbH & Co KG Haus-, Grundstücks- u. Vermögensverw.; Diestelmann & Weidemann Anlagen u. Bau Dienstleistungs GmbH & Co KG Gewerbehof, Garagenhof, Hebebühnenverleih. DA.: 99086 Erfurt, Lagerstr. 23/24. PA.: 99096 Erfurt, Gustav-Freytag-Str. 46. G.: Heubach b. Masserberg, 31. März 1924. V.: Annerose, geb. Weidemann. Ki.: Reinhard (1948), Martin (1951), Florian (1967), Christoph (1969). El.: KirchenR. Richard u. Flora, geb. Kuhn. BV.: Pastoren b. Michael Prätorius. S.: 1942-45 Offz.-Laufbahn, 1952 Hdls.-Kfm. IHK Berlin, 1986-90 Stud. Geschichte Univ. Bremen. K.: 1945-52 Kfm., Papiergroßhändler in Braunschweig,, 1952 Segelfluglehrer, Hdls.-Vertreter in Braunschweig u. Bremen, 1976-83 stellv. LandR. in Osterholz, 1983 Bundestagskandidat d. F.D.P. in Verden/Osterholz, ab 1990 Reprivatisierung d. Betriebes v. Schwiegervater "Kernchen & Co" - 1. Stahlbetonunternehmen in Thüringen - zu einer GmbH & Co KG. E.: Silb. Ehrenmed. d. Niedersächs. Luftsportverb. M.: Präs. Lions Club "Thuringia" in Erfurt, Melwin Jons Fellow. H.: Wandern, Reisen unter histor. Gesichtspunkten.

Diestler Harald *)

Dietel Arno Wilhelm Dipl.-Ing. *)

Dietel Clauss Prof.
B.: Dipl.-Formgestalter. DA.: 09130 Chemnitz, Amselsteig 23. G.: Glauchau/Sachsen, 10. Okt. 1934. V.: Maria, geb. Quellmalz. Ki.: Carolin (1963), Anne (1965), Susanne (1974). S.: Lehre als Maschinenschlosser, b. 1956 Stud. Kraftfahrzeugtechnik in Zwickau, b. 1961 Stud. Dipl.-Formgestalter HS f. Bild.- u. Angewandte Kunst Berlin-Weissensee. K.: s. 1961 Zentrale Entwicklung/Konstruktion KFZ.-Bau Karl-Marx-Stadt, s. 1963 freischaffend, 1967-75 Lehrauftrag als Honorarkraft HS f. industrielle Formgestaltung Halle Burg Giebichenstein, 1978-90 Fachschule f. angewandte Kunst Schneeberg, 1984 Prof., 1986-90 Dir. Fachschule f. angewandte Kunst Schneeberg, s. 1990 freischaffend mit L. Rudolph Berlin, Gera, D. v. Amende/Ulm. BL.: Grundentwurf PKW Wartburg 353, Gestaltung Zweiräder SIMSON, Geräte Heliradio, Robotron, Textilmaschinen Diamant, Multifon SWINGLINE, architekt. bzg. Kunst u.a. WASSERWAND, LICHTLEITERN Hotel MERCURE Chemnitz. P.: Vorlesungen, Vorträge u. Texte zu Gestaltungsthemen. E.: 1976 u. 1986 Kunstpreis d. Gewerkschaften im Kollektiv, 1978 Kunstpreis, 1980 Nationalpreis, 1984 Designpreis DDR, 1992 Sächs. Staatspreis f. Design. M.: 1974-81 VPräs. Verb. Bild. Künstler DDR, 1981 Rücktritt aus Protest gegen Staatl. Ltg. Formgestaltung, 1988-90 Präs. Verb. Bild. Künstler DDR, Grdg.-Mtgl. Lions-Club Chemnitz, DWB, Chemnitzer Künstlerbund, BBK, 1999 Mitgründer Marianne Brandt-Ges. Chemnitz. H.: Wandern, Kulturgeschichte.

Dietel Manfred Dr. Prof.
B.: FA f. Pathologie, Ärztlicher Dir. FN.: Charité Universitätsklinikum Med. Fakultät d. Humboldt-Univ. Berlin. DA.: 10117 Berlin, Schumannstr. 20-21. G.: Hamburg, 10. Sep. 1944. V.: Marion, geb. Paris. Ki.: Alexander (1963), Moritz (1976). El.: Prof. Dr. Hans u. Magda, geb. Rüting. S.: 1968-74 Stud. Med. in Hamburg u. ärztliches Staatsexamen. K.: 1975 Med. Ass. am AKH Altona, 1976 Approb., 1976 Wiss. Ass. am Pathologischen Inst. d. Univ.-KH Epperdorf, 1977 Prom. z. Dr. med, 1981 Habil., Arzt f. Pathologie, Hochschul-Assistent am Inst. f. Pathologie, 1983 Studienaufenthalt in Mailand, 1984 C3-Prof. auf Zeit Univ. Hamburg, 1985 Ltr. Seminar d. Intern. Academy of Pathology, 1989 o.Prof. u. Dir. d. Inst. f. allgemeine Pathologie u. Pathologische Anatomie in Kiel, 1993 Dir. d. Inst. f. allgemeine Pathologie u. Pathologische Anatomie d. Charité Humboldt-Univ. Berlin, 1997 Dekan d. Med. Fakultät d. Humboldt-Univ. Berlin, 2001 Ärztlicher Dir. d. Charité. P.: Membrane vesicle formation due to acquired mitoxantrone resistance in the human gastric carcinoma cell line (1990), Telemicroscopy via the internet (1998). E.: Paul Martini-Preis (1981). M.: EORTC u. Intern. Society of Endocrinologie (1988), Med.-Ausschuss d. Wissenschaftsrates d. BRD (1990), Dt. Krebshilfe u. Zellbank f. maligne Kindertumore (1994). H.: Segeln, klass. Musik, Sammeln alter Mikroskope.

Dieter Hermann H. Dr. Prof. *)

Dieter Ludwig *)

Dieter Werner Dipl.-Ing. *)

Dieterich Christian
B.: Datenverarbeitungskaufmann, Vorst.-Vors. FN.: DCSI AG. GT.: Verwaltungsrats-Vors. Visuelle Software AG, Zug. DA.: 74076 Heilbronn, Lessingstr. 17 - 19. christian.dieterich@dcsi.de. www.dcsi.de. El.: Gerhard u. Dr. med. Gertrud. S.: 1991-94 Ausbildung z. Datenverarbeitungskaufmann, 1995-96 Bundeswehr. K.: 1994 Grdg. v. Christian Dieterich Computer-Systeme, 1995-96 parallel z. Wehrdienst Weiterführung d. Firma, ab 1999 Dieterich Computer Systeme Informationsmanagement, IT-Dienstleister m. Entwicklung spezieller Lösungssoftware, 2000 Umwandlung in DCSI AG, Business Information Technology, Systemhaus, Internet-Service u. de.domain-Verwaltung, ISP/ASP/ECP, Sondersoftwareprojekte, 2001 Entwicklung d. Geldscheinprüfsystems "Casino Game Secure Solution", speziell im Bereich Apotheken, Ärzte u. Med. deutschlandweit. M.: Wirtschaftsjunioren, DE-NIC. H.: Sportschiessen, Mountainbike, Laufen.

Dieterich Gerhart Dipl.-Ing. *)

Dieterich Hans J. Dr. med. Univ.Prof. *)

Dieterich Rainer Dr. phil. habil. Prof. *)

Dieterich Volker Dipl.-Ing. (FH) Dipl.-Vw. *)

Dieterich Wolfgang Dipl.-Bw. (FH)

B.: Tourismusdir. d. Stadt Ulm/Neu-Ulm. DA.: 89073 Ulm, Neue Str. 45. unt@tourismus.ulm.de. G.: Vaihingen, 15. Okt. 1964. V.: Petra, geb. Schweizer. Ki.: 1 Sohn. S.: 1983 Abitur, 1983-84 Bundeswehr, 1985-89 Stud. FHS Heilbronn, 1989-90 Stud. England, Holland u. Frankreich. K.: 1990-94 Verkehrsamtsltr. Hornberg/Schwarzwaldbahn, seit 1995 Tourismusdirektor d. Stadt Ulm/Neu-Ulm. H.: Musik, Literatur, Tennis.

Dieterle Anke *)

Dieterle David-Jens *)

Dieterle Johannes Dipl.-Ing.
B.: Dipl.-Ing., Patentanw. FN.: Herrmann-Trentepohl, Grosse, Bockhorni & Partner. DA.: 04109 Leipzig, Zimmerstr. 3. G.: Leipzig, 19. Sep. 1941. V.: Dipl.-Ing. Agn. Espich. El.: Elisabeth (1985). S.: 1958 Mittlere Reife, 1958-61 Lehre z. Uhrmacher, 1961-64 Stud. Feinwerktechnik Glashütte, 1965-68 Stud. d. Patenting. Patentamt Berlin, TH Magdeburg. K.: 1965-69 Tätigkeit b. d. C. Lorenz AG, 1969-82 Ltr. Patent- u. Lizenzabt. b. RFT Leipzig, 1983-85 stellv. Ltr. d. Patentabt. b. IfE Leipzig, 1985-90 stellv. Ltr.d. Patent- u. Lizenzabt. ZIM Leipzig, seit 1990 Patentanw. in op. Sozietät; Lehrtätigkeit zu Fragen d. gewerbl. Rechtsschutzes HTWK Leipzig. P.: Veröff. zu Fragen d. intern. u. nat. Patentschutzes. M.: Intern. Föderation d. Patentanw., Dt. Ver. f. gewerbl. Rechtsschutz, Europ. Patentinst., Sächs. Patentanw.-Ver., Rotary Club Leipzig. H.: Klavierspielen, Philatelie, Schi fahren, Restaur. hist. Uhren.

Dieterle Peter Dr. med. Prof.
B.: Chefarzt. DA.: 85521 München, KH Neuperlach. PA.: 85521Riemerling, Forststr. 39 b. G.: Leisnig, 8. März 1935. V.: Barbara, geb. von Kutzschenbach. Ki.: Florian, Christoph. S.: Gymn. Tegernsee, Stud. München, 1960 Prom. 1960. K.: 1970 Habil., 1976 apl. Prof. P.: Diabetes (Hdb. Inn. Med.), Diät f. Zuckerkranke, Aufs. in: Hoppe Seylers Z. Physiol Chem., Nervenarzt, Horm. Met. Res., Klin. Wschr. Münch.

*) Biographie www.whoiswho-verlag.ch oder beigefügte CD-ROM

med. Wschr., Dt. Med. Wschr., Diabetologia, Z. klin. Chemie, Med. Klin., Pharmacol. Clin. M.: Dt. Ges. Inn. Med., Bayer Ges. Internisten, Dt. Ges. Endokrinologie, Dt. Diabetes-Ges., Europ. Ges. Diabetologie.

Dieterle Roland Prof.

B.: Architekt, Inh. FN.: Dieterle Arch. Konzepte. DA.: 80637 München, Ruffinistr. 16. roland.dieterle@t-online.de. G.: Donaueschingen, 26. März 1953. V.: Ruth, geb. Hellinger. Ki.: Jonas (1988), Lea (1989), Nora (1994). S.: 1972 Abitur, 1972-74 Bundeswehr, 1974-82 Stud. Arch. TU Karlsruhe, 1982 Abschluß Dipl.-Ing., glz. 1977-78 Praxis Arch.-Büro Atelier 5 Bern. K.: 1982-83 Architekt im Arch.-Büro Prof. O. M. Ungers in Frankfurt u. Köln u. b. 1985 im Arch.-Büro Prof. H. Mohl in Karlsruhe, 1985-2000 Ltr. d. Arch., Technik u. corporate Design d. Firma Siemens Immobilien Management in München, 1985-88 Computerfbk. in Poing, 1989-90 Betriebszentrum Zoetermeer/NL, seit 1994 versch. Fbk.-Projekte u. 1. Wohnsiedlung in China, 1996-97 Chipfabriken in Portugal, Projekte in Ungarn, Tschechien, Ägypten, Türkei, Belgien u. Argentinien u. städtebaul. Studien weltweit, seit 1999 Prof. an d. HS f. Technik in Stuttgart, 1994-2000 Forsch.-Arb. z. Wiederaufbau d. Stadt Royan/F, seit 2000 Dir. d. Projektentwicklung d. Firma Siemens Industrial Building Consultants in München, Newcastle/GB u. Singapore, Entwicklung d. innovativen Loftbüros f. Start-up Unternehmen am Flughafen München, 2001 Entwurf u. Projektmanagement d. Siemens Headquarters in Singapore, seit 1985 Entwurf u. Realisierung v. ganzheitl. gestalteten Wohnprojekten gemeinsam m. d. Ehefrau. P.: versch. Veröff. in Dt. u. franz. Fachzeitschriften z. Thema Wiederaufbau d. Stadt Royan, "Der Beitrag d. Arch. z. Erscheinungsbild d. Unternehmens" (1990), "Dokumentation Betriebszentren Zoetermeer" (1991), "Siemens-Corporate Design-Manuale z. Arch., Innenarch. u. Gebäudegrafik" (1994), "Management-Know-How" (2000). E.: 1980 Weinbrennerm. in Karlsruhe, 1980 Rudolf Lodder-Preis in Hamburg, 1991 Grand Prix d'Architecture Rhéhan in Den Haag, 1994 Corporate Design Award in Hannover, 1999 Innovationspreis d. FAZ, 2000 1. Preis im intern. Arch.-Wettbewerb f. Headquarter Beijing. M.: BDA. H.: Skifahren, Segeln, Reisen, Fotografieren.

Diethmar Renate

B.: Kauffrau, Inh. FN.: Diethmar's Kauffhaus. DA.: 30161 Hannover, In der Steinriede 7. G.: Eimbeckhausen, 23. Aug. 1944. Ki.: Karsten (1963), Petra (1968). El.: Georg u. Frieda Lemke, geb. Hattendorf. S.: 1959-62 Lehre Lebensmittelverkäuferin Eimbeckhausen. K.: 1965-66 tätig in Varta Entwicklungslabor in Stöcken, 1966-68 tätig in d. Firma Blitz-Blank in Hannover, 1970-74 tätig in d. Gastronomie, 1974 Eröff. d. Geschäftes in Hannover, 1992 Grdg. u. Eröff. d. Dithmar's Kaufhaus "Das etwas andere Kaufhaus" in Hannover m. Schwerpunkt Verkauf v. Gebrauchsgegenständen wie Garderobe, Wäsche, Möbel, Porzellan, Bücher u.a.m. P.: Veröff. in regionalen Zeitschriften. H.: Lesen, Flohmarkt, Auktionen.

Diethrich Hermann

B.: RA u. Notar. DA.: 10717 Berlin, Güntzelstr. 50. G.: Philippsburg, 24. Juli 1935. El.: Landolin u. Klara. S.: 1955 Abitur Offenburg, 1955-61 Stud. Jura Freiburg u. FU Berlin,

Politikwiss. Dt. HS f. Politik Berlin, erstes Staatsexamen Freiburg, 1961-65 tätig b. versch. RA Berlin, 1965-69 Referendariat Berlin, zweit. Staatsexamen Berlin. K.: seit 1969 RA, selbst. Kzl. mit Schwerpunkt Zivil-, Erb-, Verkehrs-, Ausländerrecht, seit 1979 Notar. BL.: bereits während des Stud. Auftritte in Rechtsstreitigkeiten bei Entschädigungs- u. Wiedergutmachungsfällen. M.: Tennisclub Blau-Weiß m. Pokalturnieren im VIP-Tennis. H.: Tennis.

Dietl Anton Dr. rer. nat. Prof. *)

Dietl Hans Dr. med. *)

Dietl Harald

B.: Schauspieler. PA.: 81679 München, Amberger Str. 11. G.: Altenburg/Thüringen, 18. Apr. 1933. K.: Debütierte an d. Städt. Bühnen Augsburg, weitere Engagements u.a. in München, Wien, Stuttgart u. Berlin, zahlr. Rollen im Film u. Fernsehen u.a. in "Die Supernasen", "Tatort", "Derrick", "Mein Freund Harvey", "Die Krimistunde", war während d. Krieges als polit. Berichterstatter u.a. in Vietnam.

Dietl Helmut

B.: Filmregisseur. FN.: Diana Filmproduktion. DA.: 80801 München, Ainmillerstr. 33. V.: Tamara Duve (Lebensgefährtin). Ki.: Sharon (1970), David (1980). S.: Abitur, Stud. Theaterwiss. u. Germanistik. K.: Regieass. an d. Münchner Kammerspielen, 1973 Fernsehdebüt u. Durchbruch m. d. Münchner Geschichten, berühmt durch Vorabendserien u.a. 1979 Liebesgeschichten, das 1986 Monaco-Franze, 1985 Kir Royal, 1992 Schtonk, 1997 Rossini oder o. mörderische Frage, wer m. wem schlief, 1999 Late Show. E.: Adolf Grimme Preis in Gold f. Einzelfolge aus "Kir Royal" (1987), Telestar (1987), Bambi (1987), Filmband in Gold f. "Schtonk" (1992), Filmpreis in Gold f. "Schtonk" als besten Film d. Jahres (1992), Drehbuchpreis f. "Rossini" (1996), Ernst-Lubitsch-Preis f. "Rossini" (1997), Bayer. Filmpreis f. "Rossini" (1997), Filmband in Gold f. "Rossini" (1997), Videopreis (1998).

Dietl Inge *)

Dietl Johannes Dr. med. Prof. *)

Dietl Max

B.: Unternehmer, Inh. FN.: Max Dietl Haute Couture GmbH & Co KG. DA.: 80333 München, Residenzstr. 16. G.: München, 21. Juli 1964. V.: Inge, geb. Krulich. Ki.: Vanessa (1987), Alisa (1990). El.: Max u. Traudl, geb. Bücherl. S.: 1983 Abitur München, 1983-85 Banklehre Bayer. Hypotheken- u. Wechselbank, 1985-91 Stud. BWL LMU München. K.: 1991 Übernahme d. väterl. Modehauses. M.: Bayer. Oldtimer-Club, "Filser". H.: Mode, Oldtimer, Sport (Skifahren, Joggen, Tennis, Bergsteigen, Wassersport), Musik (Klavier).

Dietl Peter

B.: Mtgl. im Landtag Thüringen. DA.: 99706 Sondershausen, Ulrich v. Hutten-Str. 18. PA.: 99706 Sondershausen, Vor dem Jechator 4. G.: Saaz, 10. Jan. 1942. V.: Erika, geb. Rosenstiel. Ki.: Beate. El.: Franz u. Ilse. S.: 1960 Abitur, 1960-66 Stud. TH f. Chemie Leund m. Abschluß m. Dipl.-Ing. K.: 1966-74 stellv. Dir. eines Kaliwerks, 1974-76 Entwicklungshelfer im Algerischen Bergbau, 1976-80 Dir. eines Kaliwerks in Sondershausen

*) Biographie www.whoiswho-verlag.ch oder beigefügte CD-ROM

u. in Bleichenrode, 1980-86 Auslandsabt. im Schachtbau Nordhausen, 1986-90 Mtgl. u. letzter Vors. d. Rates d. Kreises Sondershausen, seit 1990 Mtgl. d. Thüringer Landtages. BL.: 2 Patente im Bereich d. Kaliind. F.: Inh. eines Getränkegroßhdls. in Sondershausen. P.: wiss. Veröff. in Fachzeitschriften. M.: PDS, Parlamentar. Kontrollkmsn., Feuerwehrver., Rotes Kreuz, Karnevalclub, Vors. d. kommunalpolit. Forums, Innenpolit. Sprecher. H.: Literatur, Gartenbau, Musik.

Dietl Robert
B.: Schauspieler, Reg. PA.: 19787 Berlin, Kurfürstenstr. 82. G.: Salzburg, 7. Aug. 1932. Ki.: Robert (1952). S.: Max Falkenberg-Schule, Aufnahmeprüf. Mozarteum Sbg., 1947-49 Schauspielseminar Mozarteum Sbg. K.: 1. Engagement Schauspielhaus Düsseldorf, danach Schiller- u. Schloßparktheater Berlin, anschl. Düsseldorf u. Landestheater Hannover, Residenztheater München, Buenos Aires "Theatro Allemagne", Landestheater u. SWF Baden-Baden, ab 1959 Berlin Festwochen Theater in d. Nürnberger Straße, danach Wien, Zürich u. Hamburg, Filme: "Schachnovelle", "Der Leutnant u. sein Richter", "Meines Vaters Pferde", "Abrahams Gold", TV-Serie "Feuer u. Flamme", Synchron: "Ein Käfig voller Helden", 590 Vorstellungen Theater d. Westens. P.: eigene Lyrik. H.: Musik (Klassik b. Pop), Eisenbahnen, Elefanten, Antiquitäten.

Dietl-Beissel Maria *)

Dietle Achim

B.: Masseur u. med. Bademeister, Inh. FN.: Massagepraxis Dietle. DA.: 76199 Karlsruhe, Am Rüppurrer Schloß 3 d. PA.: 76189 Karlsruhe, Wattkopfstr. 17. G.: Karlsruhe, 20. Apr. 1958. V.: Angelika, geb. Hörner. Ki.: Saskia (1981), Selina (1988). El.: Werner u. Gerlinde, geb. Sommer. S.: 1973-76 Lehre Einzelhdl.-Kfm. Firma CoOp, 1976-77 Massageschule, 1978-80 Praktikum m. Abschluß staatl. geprüfter Masseur u. med. Bademeister. K.. 1980-82 tätig in d. Praxis d. Vaters, seit 1982 selbständig m. Massagepraxis, 1993/94 Reiki-Ausbild. u. 1999 Meistergrad; Funktion: 1990-91 Betreuer d. Bundesligaschwimmer in Karlsruhe. H.: Briefmarken sammeln, Radfahren, Didgeridoo spielen.

Dietlein-Rauschenbach Birgit

B.: Apothekerin, Inhaberin FN.: Apotheke im alten Bahnhof. DA.: 88131 Lindau-Oberreitnau, Bodenseestr. 30. G.: Lindau, 24. Mai 1970. V.: Krischan Rauschenbach. El.: Karl u. Renate Dietlein. S.: 1990 Abitur Lindau, 1990-95 Stud. Pharmazie an d. LMU München. K.: b. 2000 Tätigkeit in verschied. Apotheken in München, nach Kauf u. Umbau d. alten Bahnhofgebäudes in Lindau-Oberreitnau 2000 eigene Apotheke. H.: Gartenarbeit, Fort- und Weiterbild., Lesen, Theaterspielen i. e. Lindauer Spielgruppe, Teilnahme an Lesungen.

Dietrich Albert Dr. Prof. *)

Dietrich Andrea Dr.med.

B.: FA f. Chir. G.: München, 23. März 1965. El.: Norbert u. Ingrid Dietrich. S.: 1980 Ausbild. Skilehrerin, 1984 Abitur, 1984-85 Aufenthalt Italien, 1985-92 Stud. Med. Univ. München, 1993-94 AiP Städt. KH Harlaching, 1994 Approb. K.: 1994-95 Ass.-Ärztin in e. orthopäd. Gemeinschaftspraxis in München, 1995 Zulassung z. prakt. Ärztin, 1995-99 Stationsärztin in d. chir. Abt. am KKH Lindau, 1998 Prom., 1999-2001 Stationsärztin u. Unfall- und Allg.-Chir. am städt. KH Friedrichshafen, 2001 FA f. Chir., 1995 Zusatzbezeichnung Sportmed. u. 1997 Chirotherapie, seit 2001 Funktionsoberärztin am KKH Lindau. M.: MTV v. 1879 München, Golfclub Mosslebay in Südafrika. H.: Skifahren, Golf, Radfahren, Fitness.

Dietrich Barbara *)

Dietrich Bernd *)

Dietrich Charlotte *)

Dietrich Christa *)

Dietrich Cornelia
B.: Dipl.-Med., ndlg. FA f. Allg.-Med. GT.: Betreuung v. Senioren- u. Altenpflegeheimen. DA.: 06108 Halle/Saale, Alter Markt 4. PA.: 06126 Halle/Saale, Cloppenburger Str. 22. G.: Halle/Saale, 15. Aug. 1959. V.: Hendrik Sieckert. Ki.: Julia-Maria (1984). El.: Wolfgang u. Gisela Dietrich. S.: 1977 Abitur Münster, 1979-86 Stud. Humanmed. Halle-Wittenberg. K.: 1986-90 FA-Ausbild., 1990 FA f. Allg.-Med., seit 1992 ndlg. FA f. Allgemein-Medizin, kl. Chir., Geriatrie und Pädiatrie. P.: Vortragstätigkeit Geriatrie. H.: Reisen.

Dietrich Dietmar

B.: Gschf. FN.: Getriebewerk Pirna GmbH. DA.: 01796 Pirna, Dresdner Str. 46. PA.: 01796 Struppen/OT Nauendorf, Lindenweg 30. G.: Heidenau, 26. Mai 1939. V.: Renate, geb. Rudolph. Ki.: Kerstin (1961), Frank (1964). S.: 1955-59 Stud. an d. Ing.-HS f. Elektroenergie in Zittau, 1959 Ing. f. Kraftwerkstechnik. K.: 1959 Energieversorgung Dresden, 1960-89 Wärmeing. Heizkraftwerk Pirna, 3 J. Kesseling., 10 J. Haupting., ab 1974 Betriebsltr., 1989 techn. Dir. Sanatorium Bad Gottleuba, 1990 Betriebsltr. Getriebewerk Pirna, 1990 Gschf. Getriebewerk Pirna GmbH, 1991 Kauf d. Firma v. Treuhand, Inh. u. Gschf. d. Firma, Schwerpunkte: Achsgetriebe f. Multicar, neue CNC-Maschinen 1998 in Zusammenarb. m. TU Dresden, Forsch.-Projekt.

Dietrich Dirk
B.: selbst. Musikalienhdl. FN.: DDD Music Freiburg. GT.: Internet-Shop professionell Service- u. Vertriebsfirma Domaine music-center-german.de. DA.: 79106 Freiburg, Zollhallenstr. 2.

*) Biographie www.whoiswho-verlag.ch oder beigefügte CD-ROM

Dietrich

info@ddd-music-de. G.: Heidelberg, 16. März 1964. El.: Edeltraud,geb. Strauss. S.: 1 J. Austauschschüler in USA, 1983 Abitur Freiburg, Zivildienst, Stud. Geographie, Geisteswiss., Sport u. Politikwiss. K.: 1989 Grdg. d. Firma DDD Music Freiburg. P.: Schallplatte (Band hiess Tess), Titel: "Ich will nur leben", DDD - music Freiburg. H.: Sport allg., Music allround.

Dietrich Eckhard Paul Jakob

B.: Werkzeugmachermeister, Betriebsleiter. FN.: KMI Dietrich. GT.: ehrenamtl. Tätigkeit als Kirchbaumeister und Präsbyteriumsmitglied in d. Ev. Kirchengemeinde Schaffhausen. DA.: 66787 Wadgassen, Goethestr. 7; 6352 Großrosseln-Nassweiler, Am Hirschelheck 10-12. PA.: 66787 Wadgassen, Goethestr. 7. G.: Ludweiler, 4. Okt. 1947. V.: Ingrid Erika, geb. Ulmer. Ki.: Christina (1969), Lars (1977). El.: Paul u. Lydia, geb. Meyer. S.: 1962-65 Ausbildung z. Werkzeugmacher b. Firma Micro Präzis in Völklingen, 1996 Sonderlehrgang f. Werkzeugmachermeister b. d. Handwerkskammer d. Saarlandes, 1996 Werkzeugmachermeister. K.: 1966-68 Polizeibeamter d. Bundesgrenzschutzes, 1968-75 Gruppenführer d. Montage b. Firma Micro Präzis Völklingen, 1975-81 Werkmeister b. Firma Ernst Haaf München, 1981-85 Montage- u. Kundendienstleiter Deutschland b. Firma Fahrzeugbau Brose Coburg, 1985-93 Betriebsleiter b. Firma Industrietechnik Haaf, seit 1993 selbständig durch Aufbau eines Vorrichtungs- u. Maschinenbaubetriebes in Großrosseln, hier Betriebsleiter. BL.: 1981-93 Verbesserung d. Arbeitsablaufs u. d. Kundenservices sowie Nachwuchsförderung durch Aufbau neuer Lehr- u. Praktikastellen in Firma Fahrzeugbau Brose Coburg u. Firma Haaf Industrietechnik. H.: Volleyball, Fußball, Handball.

Dietrich Ellen *)

Dietrich Eva *)

Dietrich Fred

B.: Schriftsteller. PA.: 81677 München, Mühlbaurstr. 34. G.: Zürich, 11. Okt. 1921. V.: Marianne, geb. Bauernfeind. S.: Abitur. K.: Seemann, Bauer, Gauner u. Verlagsltr., Schriftsteller. P.: Fachbeiträge, Cartoons, Spiele, Jugendbücher, Sachbücher, Fernsehserien, Beiträge Hörfunk, Übersetzung v. Theaterstücken. E.: Gen.Sekr. Dt. Motoryachtverb. 1956-83. M.: MOV, Bayer. Bauernverb.

Dietrich Fridolin Dipl.-Kfm.

B.: Gschf. FN.: Keysselitz GmbH Beratungsagentur f. Corporate Identity. DA.: 80337 München, Lindwurmstr. 122. fridolin_dietrich@yahoo.de. G.: München, 15. Feb. 1962. El.: Prof. Dr. Heinz u. Dr. Gisela. S.: 1982 Abitur München, 1982-88 BWL-Stud. LMU München, Dipl.-Kfm. K.: 1988-90 Ass. d. Geschäftsltg. b. Behringer & Söhne GmbH, 1991 stellv. Abt.-Ltr. Bereich Merchandising b. Bavaria Film, 1992-96 Marketing Dir. b. Estee Lauder München u. New York, 1997-98 b. d. Kirch-Gruppe zuletzt Dir. f. Digitales TV, s. 1998 Gschf. d. jetzigen Firma. H.: Reisen weltweit, Bergsteigen, Mountainbiken, Schifahren, Organisationspsych.. Sprachen: Engl., Franz., Italien.

Dietrich Gabriele *)

Dietrich Gerhardt *)

Dietrich Gisela *)

Dietrich Günter Dipl.-Ing. *)

Dietrich Hannelore

B.: Inh. FN.: Agentur Hannelore Dietrich Theater-Fernsehen-Film. DA.: 80538 München, Pilotystr. 2. G.: Berlin, 9. Juni 1942. El.: Waldemar u. Hildegard, geb. Siegel. S.: Abitur, Stud. Germanistik, Theaterwiss., Publizistik u. Psych. FU Berlin, nebenbei Mitarb. in d. Studentenbühne, Regieass., Ass. v. Erik Ode. K.: 1966-68 Dramaturgin Städt. Bühnen Bielefeld, b. 1971 Dramaturgin Schauspielhaus Bochum, Agentin ZBF Frankfurt, seit 1973 München, ab 1980 Tätigkeit f. eine Agentur, seit 1981 eigene Agentur. M.: Verb. Dt. Schauspielagenturen. H.: Reisen, Lesen, Tennis, Kunst, Architektur, Fernsehen. (G.H.)

Dietrich Hella (D'Al-Michael)

B.: Inhaberin. FN.: Film- u. Bühnencosmetologen-Schule. DA.: 60313 Frankfurt/Main, Goethestraße 11. helladietrich @aot.Tv. www.aot.tv. G.: Bitterfeld, 20. Juli 1950. V.: Tarantino di Flumeri (virtueller Figurenspezialist, Maskenbildner). Ki.: Jens, Artur Al-Michael (AOT TV Creative Director). El.: Artur u. Ursula Dietrich (beide Eltern Maskenbildner u.a. Marlene Dietrich). S.: 1966 Wirtschaftsabitur Esslingen, 1966 Make-up-Artistry Jean D'Athene Frankreich, 1966-68 Theaterpraktikum u. Sprachschule in London, 1969-72 Abschluss US-Cosmetologist u. Stage Make-up-Graduate, anschl. Praktikum bei Filmproduktionen u. bei Printmedien z.B. Fresno Bee, 1973 Besuch d. Kosmetikschule sowie d. Vidal-Sassoon-Hairdresserschool. K.: 1974-77 Make-up-Artist u. VIP-Service in Teheran, 1978 Eröff. d. Mega-Art-Make-up-Studios in Frankfurt, Artur Dietrich Leiter d. Masken-Studios, 1979 erste deutsche Film- u. Bühnencosmetologen-Schule als Maskenbildnerausbildungszentrum, 1999 Erweiterung zur Ideengestaltung f. Film Fernsehen u. d. Werbung, 2000 Trendsetter zum Jahr 2000 (Arabella Pro 7), 2001 Zusammenschluss zu AOT; Förderung junger Talente. M.: V.C.V., Berufsverband f. Visagisten u. Maskenbildner, AFI American Film-Institut.

Dietrich Herbert Dipl.-Ing. *)

Dietrich Hildegard Dr. med. *)

Dietrich Horst

B.: Kunstmaler u. Grafik-Designer, Kulturunternehmer, Gschf. FN.: FABRIK Horst Dietrich GmbH. DA.: 22765 Hamburg, Barmerstr. 36. G.: Hamburg, 14. Feb. 1935. V.: Katharina, geb. Vogt. Ki.: Juska (1974), Halina (1976), Jasper (1979). El.: Horst u. Maria-Louise, geb. Groß. S.: 1959-67 Stud. Malerei u. Grafik Hamburg. K.: 1967-71 freischaff. Maler, Aufenthalte in Frankreich, Schweden, Dänemark, div. Jobs, 1971 Grdg. zusammen m. Arch. Friedhelm Zeuner ein Kultur- u. Kommunikationszentrum FABRIK Hamburg-Altona, nach 3 J. alleinhaftender Unternehmer u. Ltr. d. FABRIK, ab 1978 Gschf. Ges. P.: Ausstellungen in Kopenhagen, Montreal, Paris, Berlin, Frankfurt u. Hamburg, Hrsg. d. Buches "Fantasie u. Alltag. Die Geschichte d. Hamburger FABRIK" (1991). E.: 1993 Max Brauer-Preis d. Stiftung F.V.S. zu Hamburg f. bes. Verd. f. d. Kulturleben Hamburgs. H.: Segeln, Leben auf dem Lande.

*) Biographie www.whoiswho-verlag.ch oder beigefügte CD-ROM

Dietrich Inken

B.: Apothekerin, Inhaberin FN.: Heinrich-Mann-Apotheke. DA.: 14478 Potsdam, Johannes-R.-Becher-Str. 65 b. G.: Berlin, 8. April 1966. V.: Frank Dietrich. El.: Hilmar und Uta Zander. BV.: Vater war bedeutender Wirtschaftsmanager bei AEG. S.: 1985 Abitur, 1986-92 Stud. Pharmazie FU Berlin, Approb. K.: 1992-93 Ang. d. Apotheke "Zum Phönix", 1993-96 Ang. d. Kaiser-Wilhelm-Apotheke in Berlin, seit 1996 Inh. d. Heinrich-Mann-Apotheke in Potsdam. M.: Pressesprecherin d. Apotheker in Potsdam, Potsdamer Golfclub. H.: Joggen, Tauchen, Skifahren.

Dietrich Isabell *)

Dietrich Jean Louis
B.: Gschf. FN.: Franz. Informations-Zentrum Ind. u. Technik (FIZIT). DA.: 60594 Frankfurt/Main, Walter-Kolb-Str. 9-11. G.: Dambach-la-Ville, 10. Mai 1938. V.: Gudrun, geb. Bäkker. Ki.: Françoise (1965), Thierry (1966), Alain (1969). El.: Alexis u. Marie. K.: 1957-62 VS-Lehrer u. Militärdienst in Frankreich, 1962-63 Vertreter einer franz. Schuhexportgruppe in d. Bundesrep., 1963-64 Dolmetscher, 1964-69 Franz.-Lehrer u. Übersetzer an einer priv. Sprachschule, 1969-75 Techn. Übersetzer, 1975-84 selbst. als Dolmetscher, Übersetzer u. Sprachlehrer, seit 1984 Gschf. d. FIZIT, seit 1977 Präs. Club des Affaires de la Hesse e.V., seit 1985 Vorst.-Mtgl. d. Franz. IHK in BRD (CCFA). E.: Ritter d. Franz. VO, Ritter d. Ehrenlegion. M.: Dt.-Franz. Ges., Club des Alsaciens de Francfort et environs.

Dietrich Jens Dipl.-Ing. *)

Dietrich Johannes Dr. med. *)

Dietrich Jürgen Dr. *)

Dietrich Karl-Wilhelm Dipl.-Ing.

B.: Gschf. FN.: Seeger + Dietrich Engineering GmbH. DA.: 33334 Gütersloh, Waltemaths Feld A 1 a. G.: Gütersloh, 15. Feb. 1943. V.: Marlies, geb. Müllenhoff. Ki.: Angela (1967), Tanja (1970). S.: 1959-62 Berufsschule u. Abschluß z. Betriebsschlosser, 1961-63 Fachschulreife, 1963-66 Stud. an Staatlicher Ing.-Schule f. Maschinenbau, Abschluß Ing. grad. u. HS-Reife. K.: 1966 Eintritt in die Firma Miele Gütersloh, 1966-67 Bundeswehr, 1967-93 Tätigkeit in Firma Miele, 1982 Dipl.-Ing. d. FH Hagen, 1993 Grdg. d. jetzigen Firma als Ing.-Büro f. Energie- u. Umwelttechnik. H.: Chorsingen (Ev. Kirchenchor, Männerchor), Wandern, Bergwandern, Radtouren.

Dietrich Karsten Dr. med.
B.: FA f. Kinderheilkunde. DA.: 29525 Uelzen, Hoefftstr. 32. G.: Otterndorf, 13. Feb. 1966. S.: 1985 Abitur Hermannsburg, b. 1993 Stud. Humanmed. an d. Med. Univ. zu Lübeck. K.: 1994-95 Arzt im Praktikum im Stadt-KH in Wolfsburg, 1995 Tätigkeit in Univ.-Hospital in Butare/Rwanda, 1996-99 FA-Ausbild. im AKH in Celle, 1996 Prom., seit 1999 eigene Praxis in Uelzen, 1999-2000 Zusatzstud. Praxismanagement u. Praxismarketing an d. FH Hannover Zentralen Einrichtung f. Weiterbild. (ZEW) m. Abschluß "Praxismanager" (PM). M.: Berufsverb. d. Ärzte f. Kinderheilkunde u. Jugendmed., Arge f. Tropenpädiatrie. H.: Klavier, Chormusik, Segeln, Fotografieren, Jagd.

Dietrich Klaus M. Dr. o.Prof. *)

Dietrich Manfried Leonhard Georg Dr. phil.
B.: Prof. FN.: Westfäl. Wilhelms-Univ. Münster. DA.: 48143 Münster, Schlaunstr. 2. PA.: 48341 Altenberge/Münster, Droste-Hülshoff-Str. 9B. G.: Yüankiang/China, 6. Nov. 1935. V.: Gisela, geb. Bergerhoff. Ki.: Hans-Werner, Annemarie. El.: Hans u. Maria. S.: American Highschool Kunming/China, Hum. Gymn. Amberg, Stud. Theol. in Neuensettelsau, Theol. u. Orientalistik in Tübingen. 1958 Prom. K.: 1969 Habil., 1971 Prof. in Hamburg, s. 1974 in Münster, Mitinh. d. UGARIT-Verlag Münster. P.: 12 Monographien, ca. 300 Art. in Fachzeitschriften, Nachschlagelesewerken. M.: Pr. d. Forsch.Gruppe f. Anthropologie u. Religionsgeschichte e. V., Dt.-Ostasiat. Ver. f. Forschung über Religion, Anthropologie und Kultur. H.: Reisen, Fotografie, Chorgesang.

Dietrich Marc *)

Dietrich Norbert
B.: geprüfter Finanzkfm. FN.: Finanzfachberatung Dietrich & Partner. DA.: 39340 Haldensleben, Bornsche Str. 97. K.: ab Ende 1990 Ausbild. z. Finanzkfm. u. Selbst., Arbeitsschwerpunkt: Finanzstrategien u. Risikomanagement.

Dietrich Peter *)

Dietrich Peter *)

Dietrich Peter *)

Dietrich Peter Otto Dipl.-Ing. *)

Dietrich Pia

B.: Kosmetikerin, Inh. FN.: Pia Dietrich Cosmetic. DA.: 76344 Eggenstein, Schweriner Str. 4a. G.: Possendorf, 21. Juni 1960. V.: Gunter Dietrich. Ki.: Lars (1979), Nicole (1982). El.: Manfred Schmiescheck u. Margitta Rosenthal. S.: 1977 Mittlere Reife, 1977-79 Ausbild. z. Kosmetikerin. K.: 1979-81 Kosmetikerin in Dresden, Babypause, 1985-96 Kosmetikerin in Dresden, 1990-92 Ang. in d. Waldklinik Dobel, 1992-96 Kosmetikerin in Karlsruhe-Neureut, seit 1997 selbst. m. eigenem Inst., Schwerpunkt Haut u. Gesundheit, Kosmetik, Körperbehandlung, Fußreflexzonenmassage. H.: Sport, Fitness, Musik.

Dietrich Reinhard *)

Dietrich Richard J. Dipl.-Ing.
B.: Architekt. FN.: Arch.-Büro Bay AK. DA.: u. PA.: 83278 Traunstein, Bergwiesen. G.: München, 29. Dez. 1938. V.: Eva. Ki.: Konstanze (1971). S.: 1960 Abitur Bonn, 1960-68 Arch.-Studium TU München and University of S. Calif. Los

*) Biographie www.whoiswho-verlag.ch oder beigefügte CD-ROM

Dietrich

Angeles (Bauingw.). K.: 1967/69 Mitarbeit bei Konrad Wachsmann, seit 1969 selbst. m. Büro in München, s. 1974 auch in Bergwiesen. BL.: Entwicklung u. Realisierung v. alternativen, ökolog. und energiesparenden Bauweisen, u.a. Metastadt-System u. Öko-Solar-Haus d. LH München, seit 1977 auch zahlr. Brücken. P.: Veröff. zu Arch., Städtebau u. Ing.-Bau, Gastvorlesungen an div. Univ. in d. BRD, USA u. Japan, 1998 Buch "Faszination Brücken", München. E.: 1970 Grand prix intern. d'urbanisme et d'architecture, Cannes, 1989 Europ. Holzbaupreis, Paris, 1998 Aust. s. Brücken im Dt. Museum, München u. 1999 im Dt. Architektur-Zentrum, Berlin, 2000 mit 2 Arb. in d. Ausst. "Architektur d. 20. Jh." im Dt. Architektur Museum, Frankfurt.

Dietrich Sigmund *)

Dietrich Sonja

B.: Gastwirtin. FN.: Bankepeter Trotz-Theater. DA.: 79117 Freiburg, Schwarzwaldstr. 93. G.: Freiburg, 19. Okt. 1954. Ki.: Bastian, Benjamin, Jennifer. El.: Leopold Schneider und Anne Reiter. S.: Lehre als Bürokauffrau. K.: 9 J. Tätigkeit im väterl. Betrieb, 24 J. selbst. Tankstellenbetreiber m. Ehemann, m. 42 J. selbst. Bankepeter Trotz-Theater. E.: 2000 Kleinkunst Initiativpreis v. Kultur-Förderkreis d. Wirtschaft Präs. Dr. Seidel. H.: Lesen, Kinder, Kater Oskar.

Dietrich Stefan *)

Dietrich Theodor *)

Dietrich Thomas M. Dipl.-Ing.

B.: freier Landschaftsarchitekt. DA.: 10963 Berlin, Tempelhofer Ufer 22. G.: Berlin, 4. Nov. 1950. S.: 1968-71 Ausbild. Landschaftsgärtner, 1971-74 Stud. Landschaftsarch. FH Berlin m. Abschluß Dipl.-Ing. K.: 1974-83 Landschaftsarchitekt in versch. Büros, seit 1983 freier Landschaftsarchitekt; Funktionen: seit 1985 Lehrauftrag an der FH Berlin; Projekte: Außenanlage d. Berliner Neubaugroßprojekte Wasserstadt Oberhavel, Jüd. Gymnasium in Berlin Mitte, Mitarb. d. Parks Potsdamer Pl. in Berlin. E.: 1984 1. Preis Lohmüleninsel, 1991 1. Preis S-Bhf. Teltower Damm, 1993 1. Preis KH Marzahn, 1994 1. Preis Max-Reinhardt-Gymn. M.: Schinkel Aussch., Wettbewerbsaussch. d. Architektenkam. Berlin, BDLA. H.: Malen.

Dietrich Urs

B.: Textildrucker, Kostümdesigner, Ltr. FN.: Bremer Theater. DA.: 28203 Bremen, Goethepl. 1. G.: Visp/Schweiz, 1958. S.: 1981-85 Stud. an d. Folkwang-HS in Essen Abt. Tanz. K.: Mitarbeit im Folkwang-Studio in Essen, 1984 Kreation seines ersten Solos "Hiob", 1986 6-monatiger Studienaufenthalt in New York, 1988 erste Gruppenchoreographie "Das kalte Gloria", seit 1988 freischaffender Tänzer u. Choreograph, Kreation zahlr. Soloarbeiten u. Gruppenchoreographien m. Gastspielen in Europa, Asien u. Südamerika, 1991 Auftritt b. ImPulsTanz '91 zusammen m. Susanne Linke in "Affekte, Effekte", 1994-96 Ltg. d. Bremer Tanztheaters gemeinsam m. Susanne Linke, 1996 Solo Performance b. ImPulsTanz '96 "Da war plötzlich ..." - Herzkammern, 1997-2000 Gastchoreograph am Bremer Tanztheater, seit 2000/01 Ltr. d. Bremer Tanztheaters. E.: Kurt-Jooss-Preis d. Stadt Essen. (Re)

Dietrich Walburga

B.: Raum- und Objektdesignerin. DA.: 86150 Augsburg, Beethovenstraße 16. G.: Donauwörth, 20. Okt. 1964. El.: Martin u. Walburga Dietrich. BV.: Vater Martin Dietrich Erfinder und Konstrukteur. S.: 1983 Fachabitur, b. 1987 Stud. Blochererschule München. K.: tätig in div. namhaften Arch.-Büros, 1994 Gründung des eigenen Büros, Schwerpunkt: energetische Aspekte und harmon. Wohnen, 1996 Studium Feng Shui am Kushi Inst. of Northern Europe bei Ronald Chin in Amsterdam, Intern. Aufträge im Bereich Innenarch. u. Feng Shui. E.: 1998 Gewinnerin d. weltweit ersten Feng Shui Wettbewerbes b. intern. Feng Shui Kongress in Starnberg.

Dietrich Wolf Dr. Prof.

B.: Univ.-Prof. FN.: Roman. Seminar d. Univ. Münster. DA.: 48143 Münster, Bispinghof 3 a. dietriw@uni-muenster.de. G.: Mülheim/Ruhr, 9. Okt. 1940. V.: Marta, geb. Kreppel. Ki.: Sebastian (1971), Julia (1972), Johannes (1975), Agnes 1983). El.: Dr. Herbert Dietrich u. Anneliese, geb. Steil. S.: 1960 Abitur, kfm. Lehre, 1961 Studium Romanistik u. Latein Frankr. u. Tübingen, 1967 Examen. K.: 1967 Ass. an der Univ. Tübingen, 1971 Promotion, 1973 Habil., Gastprof. in Spanien, seit 1973 Dir. d. Roman. Seminar der Univ. Münster. P.: "Der periphrastische Verbalaspekt in den roman. Sprachen" (1973), "Bibliografia da lingua portuguesa do Brasil" (1980), "El idioma chiriguano Gramática, textos, vocabulario" (1986), "More Evidence for an intern. Classification of Tupi-Guarani Languages" (1990), "Einführung in d. span. Sprachwiss." (2000), "Griech. u. Roman. Parallelen u. Divergenzen in Entwicklung, Variation u. Strukturen" (1995), "Einführung in d. franz. Sprachwiss." (1997), 60 Aufsätze z. roman. u. amerindischen Sprachwiss. E.: Festschrift z. 60. Geburtstag: Linguistica romanica et indiana (2000). M.: DRV, DHV, DLV, DIV, SLR, AIL, ALFAL, SSILA, GELIAL. H.: Astronomie, Beruf.

Dietrich Wolfgang Dr. med. *)

*) Biographie www.whoiswho-verlag.ch oder beigefügte CD-ROM

Dietrich Wolfgang *)

Dietrich-Bethge Andrea Dr. med. *)

Dietrich-Mohamed Tanja

B.: Ergotherapeutin, Inh. FN.: Praxis f. Ergotherapie. DA.: 23743 Grömitz, Am Markt 4. G.: Volkmarsen, 2. Mai 1970. V.: Alaa Mohamed. S.: 1988 FH-Reife, 1989-92 Ausbild. z. Ergotherapeutin. K.: 1992-93 Neurologie in d. Fachklinik Coppenbrügge, 1993-95 Psychiatrie Gut Neuhof in Petershagen, 1995-97 Geriatrie im Altenheim in Obernkirchen, 1997-99 Doz. an d. Therapeut. Lehranst. Stadthagen b. Hannover, 2000 Eröff. d. Praxis in Grömitz, 2001 Eröff. einer 2. Praxis in Heiligenhafen. M.: Verb. d. Ergotherapeuten. H.: Lesen, kreativ tätig sein, Reisen, Kino.

Dietrich-Natterer Adelindis *)

Dietrichstein Friedrich

B.: FA f. Innere Med., FA f. Radiologie, Naturheilverfahren, Homöopathie, Privatpraxis. DA.: 90408 Nürnberg, Uhlandstr. 26. S.: 1960 Staatsexamen, Medizinalass. am Städt. KH Forchheim/Ofr. K.: 6 Monate Tätigkeit am KH f. Naturheilweisen München-Höllriegelskreuth, 4 J. Ass.Arzt Städt. Krankenanstalten Bremen, Zentralkrankenhaus St. Jürgenstr. 1964-68, davon 2 J. an d. internistischen homöopath.-biolog. Klinik mit Psychotrapie, 2. J. an d. Prof. Hans-Meyer-Klinik u. Zentralinst. f. Röntgenologie, Strahlenheilkunde u. Nuclearmed., 1968-72 als Ass.Arzt an allen radiologischen Einrichtungen u. Univ.-KH Erlangen, anschl. 2 weitere J. Radiologie am Strahleninst. d. Städt. Krankenanstalten Nürnberg, 1975-77 Fachkrankenhaus f. Innere Med. in Ebermannstadt; Praxisausrichtung: Schulmed. u. "Besondere Therapierichtungen", Homöopath. Akupunktur (Homöosiniatrie), Biolog. Tumorbehandlungen, (MORA (=Bioresonanz), z. Diagnostik u. Therapie, auch z. Allegietestung u. Allergiebehandlung, in Kombination mit Indumed-Magnetfeld nach d. 5-Elemtlehre, auch Kombiniert mit Psychotherapie, BE-T-A (Bioelektronische Terrain-Analyse = BEV nach Prof. Vincent) zur gasanalytischen Bestimmung u. Berechnung d. Gesundheitszustandes bzw. Prognose u. Therapiekontrole, Behandlung v. Durchblutungsstörungen (Chelattherapie, Plaquextherapie, Thrombophlebin-Therapie, Anoxiebehandlung m. REDOXIN), Konstitutions-Therapie nach Bernhard Aschner.

Dietsch Francis

B.: Friseur. DA.: 66115 Saarbrücken, Breitestraße 45 G.: Frankreich, 8. Juni 1953. V.: Uta, geb. Ludwig. El.: Wernet Francis und Mathilde. S.: 1967-70 Lehre als Friseur. K.: 1970-72 Friseur im Haarhaus Saarbrücken, 1972-73 Wehrdienst in Mittelfranken, 1973-74 wieder im Haarhaus Saarbrücken, 1974-76 Außendiensttätigkeiten, 1980 wieder Friseur, 1981 Meisterprüfung, 1981 Grdg. des eig. Friseursalons, 2000 Ausbild. zum Haartherapeuten, Schwerpunkt: Beratung bei Haarproblemen, Haare einweben, Beratung im Falle einer Transplantation. M.: Vorst. in d. Bürgerinitiative für besseres Leben in Ostsaarbrücken. H.: Tennis.

Dietsch Volkmar Günther
Dr. phil. Lic. phil. M.A.

B.: wiss. Mitarbeiter. FN.: Univ. d. Saarlandes, FR 4.4-Slavistik. DA.: 66041 Saarbrücken, Postf. 15 11 50. G.: Leipzig, 23. März 1937. V.: Helga, geb. Schäfer. Ki.: Peter (1976). El.: Dr. Günther u. Christa, geb. Wildhagen. BV.: Großvater Prof. Dr. Karl Wildhagen, Verfasser v. Wörterbuch in 2 Bd. Engl.-Dt., Dt.-Engl. S.: 1951 Schriftsetzerlehre in Leipzig, 1953 Flucht in d. BRD, Lehre in Stuttgart, 1955 Gesellenprüf. als Schriftsetzer, 1955-57 Abendgymn. d. VHS Stuttgart, 1 J. Sonderkl. am Eberhard-Ludwigs-Gymn. Stuttgart, 1958 Abitur, Tätigkeit als Schriftsetzer, Stud. Deutsch, Russ., Philosophie JWG-Univ. Frankfurt, Stud. Slavistik, Germanistik, Kunstgesch. Georg-August-Univ. Göttingen. K.: 1962 wiss. Hilfskraft am Seminar f. Slav. Philol. in Göttingen, 1964 wiss. Ass. ebenda, 1966 M.A., 1967 Stipendiat Karls-Univ. Prag, 1968-70 Aufbaustud. Reformuniv. Konstanz, 1966/1969/1972 Kunsthistor. Studienaufenthalte in Italien, 1970 wiss. Ass. Inst. f. Slavistik u. Balkanologie d. Univ. d. Saarlandes, 1971 Mitarb. eines Forsch.-Projektes Univ. Konstanz, 1974 Lizentiatenprüf., 1976 Prom. z. Dr. phil., 1977-80 wiss. Mitarb. Univ. d. Saarlandes, 1980-82 Habil.-Stipendium DFG, 1981 Forsch.-Aufenthalte in Paris, Moskau u. Leningrad, 1984 Kunsthistoriker in d. staatl. Denkmalpflege, 1986-98 Lehrauftrag f. Osteurop. Kunst d. 20. Jhdts. Univ. d. Saarlandes, 1993-2000 Referatsltr. Saarland-Mitte in d. Prakt. Denkmalpflege d. Staatl. Konservatoramtes, 1995/99 Lehrauftrag HS d. bild. Künste Saar, 2000 Abordnung an d. Univ. d. Saarlandes. P.: Der Anfang von "Sorocinskaja jarmarka" (Erz. v. N. V. Gogol'; 1976), Epigonal oder autonom? Nonkonformistische russische Malerei als Problem der Kunstkritik (1979), Interdependenzen v. histor. Diskurs u. Geschichtskonzeption (1981), Porträt eines Unbekannten. P. N. Filonov (1982), Die Haut des neuen Lebens. Zur Formation des Konstruktivismus in Rußland (1985), Über d. Moskauer Künstler Il'ja Kabakov (1990), Benedikt Livsic - eine 'Schlüsselfigur' der russischen Avantgarde (1991), Architektur und Denkmalpflege (1999). M.: Dt. Werkbund Saarland, Förderkreis f. Studierende Univ. d. Saarlandes aus mittel- u. osteurop. Ländern u. Vors. H.: Musik (Klavier). Sprachen: Tschechisch, Russisch, Englisch.

Dietsche Franz *)

Diettrich Frank Dipl.-Bildhauer

B.: freischaff. Bildhauer, Inh. FN.: Frank Diettrich Dipl.-Bildhauer + Steinmetzfirma. DA.: 09221 Neukirchen, Feldstr. 16. G.: Chemnitz, 10. Okt. 1939. V.: Hannelore, geb. Jammer. Ki.: Dipl.-Vw. Verena (1978). El.: Hanns u. Alice, geb. Kunze. BV.: Mutter - Opernsängerin u. Pianistin; Vater - berühmter Bildhauer in Chemnitz - Werke Käthe-Kollwitz-Portait in Bronze ausgestellt in d. städt. Kunstsammlung Chemnitz, OdF-Mahnmal, Bombenopferdenkmal in Chemnitz div. Portraitplastiken. S.: 1953-57 Lehre Steinbildhauer, 1957-61 Stud. Plastik HS f. bild. Künste Dresden, 1962 Dipl.-Bildhauer, 1964-65 Armee, ab 1967 zahlr. Studienreisen UdSSR, Bulgaren, CSSR u. Polen, 1975-76 Meisterschüler Ak. d. Künste Berlin, div. Bildhauersymposien. K.: ab 1977 freischaff. Bildhauer in Chemnitz, ab 1991 neben d. freien Kunst tätig im Bereich Restaurierung denkmalgeschützter Gebäude in Zusammenarb. m. Natursteinbetrieben u. Architekten, 193 Grdg. d. eigenen Steinmetzbetriebes m. Schwerpunkt Denkmalpflege; Funktionen: freier Natursteinachv.; Beispiel: 1981 Wilhelm-Pieck-Denkmal in Werbellinsee, 1988 Stenatssaaleingang. TU Chemnitz, Gedenkstein f. d. Erfinder Georg Baumgarten in Chemnitz-Rabenstein, zahlr. Portraits- u. Gartenplastiken, Brunnen in vesch. Städen, Rekonstruktion d.

*) Biographie www.whoiswho-verlag.ch oder beigefügte CD-ROM

Diettrich

Denkmals f. d. an d. franz. Front Gefallenen in Chemnitz, Rekonstruktion d. Naturfassade d. Dt. Bank in Chemnitz, Stadvillen, histor. Wassertum Limberg-Oberfrohna, 1994 Länderübergang Deutschland-Polen BAB + Görlitz, 1994 Plastikgruppe f. d. Elbebrücke in Torgau, VdN-Denkmal in Annaberg-Buchholz, 1971 Brunnen "Junges Paar" in Chemnitz, 1995 Altmarktbrunnen in Annaberg-Buchholz, 1983 Männerportrait in Bronze - im sächs. Kulturbesitz, 1988 Usbekischer Teetrinker u.a.m. BL.: 70-jähr. Tradition als Bildhauer m. eigener Werkstatt, 1953-57 Radsportler d. Amateure d. SC Motor Diamant Karl-Marx-Stadt. P.: Ausstellungen: Bergbaumuseum Freiberg, Erzgebirgsmuseum Annaberg (1976), "Pablo Neruda" in Klub d. Intelligenz (1977), "Bauerkriegsgedenkstätte" in Bad Frankenhausen (1980), "Kleine Galerie" in Burgstätt (1985), "Villa Stern" in Neukirchen (1994), "Galerie Lehár" in Wien u. "Reflexion 2000" im Wasserschloß Klaffenbach (1996), "Galerie-Art-Frum" (1997)., div. Ausstellungsbeteiligungen u.a. Alte Nationalgalerie Berlin, Kunstausstellung d. DDR-Dresden, UNESCO-Berlin u.a.m. E.: 1981 Nationalpreis d. DDR, 1968 Johannes-R.-Becher-Med. in Bronze in Bronze u. 1976 Silber. M.: seit 1996 Ges. d. bild. Künstler Österr. im Kulturhaus Wien, UNESCO-Organ AIAP, Handwerkskam. Chemnitz, Rotary Intern. Stollberg. H.: Beruf, klass. Musik, Katze.

Diettrich Heinz. Dr. med. habil. Prof. *)

Dietz Albrecht Dr. rer. pol. Dipl.-Kfm. Prof. *)

Dietz Andreas Dr. med. habil.
B.: Priv.-Doz., HNO-Arzt, OA, Ltr. d. Onkologie. FN.: HNO-Univ.-Klinik Heidelberg. GT.: wiss. Gutachter f. Berufsgen. DA.: 69120 Heidelberg, Im Neuenheimer Feld 400. PA.: 69118 Heidelberg, Mühldamm 11. andreasdietz@med.uni-heidelberg.de. www.uni-heidelberg.de. G.: Darmstadt, 25. Nov. 1962. V.: Gudrun, geb. Müller. Ki.: Christine (1993), Sophie (1995), Fabian (1997), Konstanze (2001). El.: Dipl.-Bw. Dr. oec. Helmut u. Claudia, geb. Esper-Müller. S.: 1982 Abitur, 1982-83 Grundwehrdienst, 1984-90 Med.-Stud. Semmelweis-Univ. Budapest/Ungarn u. Justus-Liebig-Univ. Gießen, 1990 PJ u. Staatsexamen, 1991 Prom. K.: 1991-92 Ass.-Arzt HNO-Univ.-Klinik Heidelberg, 1992 Approbation, 1992-95 wiss. Ass. HNO-Univ.-Klinik Heidelberg, 1995 FA f. HNO-Heilkunde, OA a. d. HNO-Univ.-Klinik Heidelberg, 1997 Ltr. d. Sekt. Onkologie, 2000 Habil., Ernennung z. Priv.-Doz. f. HNO-Heilkunde Univ. Heidelberg, 2000 Zusatzbezeichnung "Plast. Operationen", 2001 Anerkennung "Spezielle HNO-Chir.". P.: über 75 wiss. Publ. in nat. u. intern. Fachzeitschriften u. Buchbeiträge, Reviewer "HNO", "Anticancer Therapy". M.: Dt. Ges. f. HNO-Heilkunde, Kopf- u. Halschir., Dt. Ges. f. Schädelbasischir., Dt. Ges. f. Plast. u. Wiederherstellungschir., DKG, AG Krebsepidemiologie d. GMDS u. DGSMP, Hartmannbund, Berufsverb. Dt. HNO-Ärzte, 1998-99 Vors. d. onkolog. AK d. Tumorzentrums HD/MA, 2000 Grdg.-Mtgl. d. Virtuellen Fak. d. Med., Sprecher FB HNO. H.: Familie, Beruf, Musik (Klavier, Schlagzeug), Malen, Sport (Fahrradfahren).

Dietz Angelika-Regine Dr. med.
B.: FA f. Neurochir. u. Allg.-Med., Psychosomat. Med., Diabetologin DDG, Umweltmedizin, Naturheilverfahren, Akupunktur, Homöopathie, Chirotherapie, Osteopathie. DA.: 30159 Hannover, Alexanderstr. 3. G.: Berlin, 26. Jan. 1940. BV.: Großvater Herbert Hein war Bauing., hat d. Brükke u. Kwai gebaut, Vater Ludwig Dietz Dirigent, Mutter Ruth Dietz Pianistin. S.: 1956 Abitur, 1956-58 Musikstud. (Hauptfach Violine) in Hannover, Med.-Stud. an d. Georg-August-Univ. Göttingen, 1980 Prom. Thema: Morphologische Untersuchungen f. Frage d. neuronalen Regeneration d. Rückenmarks. K.: b. 1988 FA-Ausbild. Neurochir. MHH/Seesen/Ravensburg,

1989 Eröff. einer allg.-med. Praxis in Goslar, s. 1999 Privatpraxis i. Hannover, Schwerpunkte: Osteopathie u. Akupunktur, Homöopath. Med., Schmerztherapie u. Stoffwechseltherapie, parallel Spezialausbild. an Ak. in Hessen f. Psychosomat. Med., Univ.-Doz. f. Osteopathie Philadelphia/USA. P.: Veröff. in internat. Biolog.-Med. Magazinen. E.: Reckewegpreis 1999 (Thema: Möglichkeiten e. Lymphtherapie bei diabetischer Polyneurotherapie. M.: Ärzte f. Naturheilverfahren, Biolog. Krebstherapie, Verb. d. Dt. Osteopathen. H.: Kammermusik als Geigerin, Malen (Aquarelle), Philosophie.

Dietz Armin Andreas Dr.
B.: Prof., Chefarzt, Leiter. FN.: Int. Abt. d. Kreiskrankenhauses. PA.: 84489 Burghausen, Max-Planck-Str. 2. G.: Schweinfurt, 17. Okt. 1941. V.: Gudrun. El.: Dr. Sebastian u. Theresia. S.: Hum. Gymn., 1969 Med. Stud. K.: 1969-72 Zeitsoldat Flugmed. Inst. d. Luftwaffe, Fürstenfeldbruck. 1972-79 Ass., dann Oberarzt an d. Med. Poliklinik d. Univ. Würzburg, seit 1979 Ltr. d. Internen Abt. d. Kreiskrankenhauses Burghausen. P.: Kardiologie, Interne Med., Arbeits-, Flug-, Sportmedizin, Geriatrie, über 80 Publ., u.a. Buch "Ewige Herzen". M.: Dt. Ges. f. Kardiologie, Humboldt Ges. u.a.m. H.: Sport, Literatur.

Dietz Axel Dipl.-Ökonom
B.: Vorst.-Mtgl. FN.: Wella AG. DA.: 64274 Darmstadt, Berliner Allee 65. www.wella.de. G.: 1960. S.: Dipl.-Ökonom. K.: 1985 Philip Morris, München, 1994 Marketing Vice President Europe Tchibo GmbH, 1996 Vice President Marketing R.J. Reynolds Intern., Genf, 11/1999 Vorst.-Mtgl. (Marketing) Wella AG.

Dietz Franz

B.: Unternehmer. FN.: EPA DIRECT Ges. f. Direktwerbung mbH. DA.: 93055 Regensburg, Osterhofener Str. 10. info@epa-direct.com. www.epa-direct.com. G.: Regensburg, 25. Okt. 1954. V.: Hannelore, geb. Böhm. Ki.: Tanja (1978), Markus (1981). S.: 1971 Mittlere Reife, 1971-74 Lehre als Pharmakaufmann b. Otto Stumpf AG in Regensburg, 1974 Bundeswehr. K.: 1978 EPA Unternehmensberatung als Programmierer, 1979 Firma übernommen m. Teilhaber Franz-Josef Tratzl. M.: Dt. Direktmarketing Verband (DDV). H.: Familie, Haus, Garten, Reisen.

Dietz Günter Dr. Prof. *)

Dietz Fritz Wilhelm
B.: Heilpraktiker. DA.: 90461 Nürnberg, Allersberger Str. 72. PA.: 90461 Nürnberg, Lohengrinstr. 21. G.: Berlin, 19. März 1929. V.: Elfriede, geb. Sternberg (med. techn. Assistentin). Ki.: Dipl.-Kfm. Andreas (1958). El.: Fritz Wilhelm u. Gertrud, geb. Kube. BV.: Schornsteinfegerdynastie Dietz in Berlin. S.: 1939-45 Oberschule, 1945 Wehrdienst, Segelflugschein B 1944, Ausbild.

*) Biographie www.whoiswho-verlag.ch oder beigefügte CD-ROM

Dietz Hans-Peter

Rundfunkmechaniker, Technikerausbild., Staatl. Ing.-Schule Berlin, Ausbildung "Betriebswirt", HP-Ausbild., versch. Fort- u. Weiterbild. K.: 1951-92 versch. Tätigkeiten in d. Ind., seit 1992 Heilpraktiker. BL.: Entwicklung einer komb., metaphysischen u. energetischen Therapie (K O M E T H). P.: div. Vorträge. M.: Freie Heilpraktiker e.V. Düsseldorf, Vorst.-Mtgl. Vorstadtver. Bürgerver. Luitpoldhain-Dutzendteich, Ver. Dt. Sprache e.V. H.: Wandern.

B.: Bankkfm., Inh. FN.: Hans-Peter Dietz behördl. zugelassener Buchmacher. DA.: 20099 Hamburg, Steintorweg 8. G.: Hamburg, 13. Sep. 1940. V.: Karin, geb. Lösch. Ki.: Daniela (1965). El.: Willy u. Maria, geb. Biermayr. S.: 1956 Mittlere Reife, 1956-59 Ausbildung z. Bankkfm. in Hamburg. K.: 1959-65 Tätigkeit i. elterl. Unternehmen, 1965 Grdg. d. eigenen Unternehmens, parallel d. Unternehmen d. Eltern als Gschf. b. 1975 weitergeleitet, nur Pferdewetten. BL.: 3 J. Gschf. Vorst. Dt. Buchmacher Verb., 2 J. Beisitzer. M.: Dt. Buchmacher Verb. H.: Tennis, Surfen, Gartenarb.

Dietz Heinrich Georg Dr. phil. Dr. iur.

B.: Präs. FN.: Thüringer Rechnungshof. DA.: 07407 Rudolstadt, Bürgstr. 1. G.: Bamberg, 25. Mai 1941. V.: Franziska (1974), Jessika (1977), Hans (1982). El.: Wilhelm u. Katharina. S.: 1960 Abitur, 1960-68 Stud. Philol. Bamberg, Bonn u. Würzburg, 1966-70 Stud. Rechtswiss. Würzburg, 1. Staatsexamen, 1968 Dr. phil., 1977 Dr. iur. K.: 1970-76 wiss. Ass. Univ. Würzburg, 1976-78 jurist. Referendariat in Würzburg, 2. Staatsexamen, 1978-80 RA in Würzburg u. Laufen an d. Salzach, ab 1979 im öff. Dienst d. Landes Rheinland-Pfalz: RegR., ORegR., Reg.-Dir., 1987-91 Stadtverw.-Dir. in Kaufbeuren/Allgäu, 1992-94 Innenmin. d. Landes Thüringen als MinR. u. ltd. MinR., 1994 Abg. im Thüringer Landtag, seit 1995 wieder RA, s. 2000 Präs. d. Thüringer Rechnungshofes. P.: div. histor. u. jurist. Fachaufsätze in Fachzeitschriften. E.: 1968 Preis d. Oberfrankenstiftung f. Diss. M.: CDU, Dante-Ges. H.: Kirchenmusik, Schwimmen, Bergwandern, verfaßt seit 30 J. Lyrik.

Dietz Heribert Wilhelm *)

Dietz Horst Dr.

B.: Vorst.-Vors. FN.: Asea Brown Boveri AG (ABB). DA.: 68140 Mannheim, Gottlieb-Daimler-Str. 8. www.abb.de. G.: Halle/Saale, 17. Juni 1942. S.: Abitur, Stud. Elektrotechnik an d. TU Stuttgart, Auslandsaufenthalt in Südafrika, 1968 Dipl.-Ing. K.: 4 J. Ass. an d. TU Stuttgart, Prom., versch. berufl. Ltg.-Positionen in d. elektro-keram. Ind., zuletzt b. Hoechst Ceram Tec., 1987 zu BBC Deutschland, Vorst. d. Calor Emag AG Ratingen, 1988 Vorst.-Vors. dieser ABB Ges., ab 1990 f. d. Aufbau d. Mittelspannungs-Schaltanlagengeschäfts v. ABB in d. neuen Bdl. verantwortl., Grdg. d. Calor Emag Mittelspannungstechnik GmbH in Ferch, 1993 Präs. u. Landesvors. d. ABB in Korea, 1997 Vorst.-Vors. d. Dt. ABB in Mannheim, seit 2000 zusätzl. Vorst.-Bereich Gebäudeausrüstung.

Dietz Horst Dipl.-Ing. *)

Dietz Klaus Dr. phil. Prof. *)

Dietz Martina *)

Dietz Matthias Dipl.-Ing.

B.: Architekt BDA. FN.: Arch.-Büro Dietz. DA.: 96049 Bamberg, Gaustadter Hauptstr. 109a. G.: Erlangen, 28. Dez. 1957. V.: Dr.-Ing. Birgit, geb. Kramer. Ki.: Stefanie (1982), Florian (1985), Johanna (1988), Jakob (1993). S.: 1976 Abitur Bamberg, 1976-82 Stud. Arch. TU München, Abschluß Dipl.-Ing. K.: 1982-86 Tätigkeit im Arch.-Büro von Werz, Prof. Ottow, Bachmann, Marx, seit 1987 Ang. im Arch.-Büro Georg u. Mathias Dietz, seit 1986 eingetragen in die Bayer. Architektenliste, s. 1988 Partner im Arch.-Büro, seit 1992 alleiniger Inh. d. Arch.-Büros. BL.: 2. u. 3. Dt. Jahrgangsmeister Schmetterlingsschwimmen sowie mehrfacher Bayer. Meister, 1995 Marathonteilnahme in New York. E.: 1999 1. Preis b. beschränkten Realisierungswettbewerb "Bild.-Haus d. Erzdiözese Bamberg", 1998 BDA-Preis Franken, 1999 Bayer. Denkmalschutzmed., 1999 Denkmalpflegepreis d. Oberfrankenstiftung. M.: seit 1999 BDA, seit 1996 Lions Club Bamberg. H.: Schifahren, Zeichnen, Reisen.

Dietz Monika Dr. med. *)

Dietz Peter Dipl.-Ing. *)

Dietz Peter Dr. Dr.-Ing. Prof.

B.: Rektor, Univ.-Prof. FN.: Fritz-Süchting-Inst. f. Maschinenwesen d. TU Clausthal. DA.: 38678 Clausthal-Zellerfeld, Robert-Koch-Str. 32. G.: Darmstadt, 27. Mai 1939. V.: Elsbeth. Ki.: Margit, Martin, Stefan. El.: Prof. Dr.-Ing. habil. Heinrich u. Dorothea. S.: 1958 Abitur Rüsselsheim, 1958-64 Stud. Allg. Maschinenbau TU Darmstadt, 1964 Dipl.-Ing., 1971 Prom. K.: 1964-71 wiss. Ass. Inst. f. Maschinenelemente u. Konstruktionslehre TH Darmstadt, 1966-72 nebenberufl. Doz. f. Maschinenbau d. FH Darmstadt, 1971-74 Doz. Inst. f. Maschinenelemente u. Konstruktionslehre TH Darmstadt, 1974-76 Vorst.-Ass. Pittler-Maschinenfbk. AG Langen, 1976-80 Abt.-Ltr. d. Entwicklung f. Ein- u. Mehrspindel-Drehautomaten, Bereichsltr. f. zentrale Aufgaben d. Pittler-Maschinenfbk. AG, seit 1980 Univ.-Prof. u. Dir. d. Inst. f. Maschinenwesen TU Clausthal, 1983-84 Dekan d. Fachbereiches Maschinen- u. Verfahrenstechnik TU Clausthal, seit 1987 Prof. hon. d. TU Liaoning Fuxin China, 1989-91 Dekan Fak. f. Bergbau, Hüttenwesen u. Maschinenwesen, seit 1990 Doz. hon. d. Univ. Misael Saracho Tarija Bolivien, 1995-97 Prorektor f. Forsch. u. HS-Entwicklung TU Clausthal, seit 1996 Rektor TU Clausthal. BL.: 12 Patente; Gastprof.: Univ. of Wales Cardiff, Escuela Superior de Ingenieros Zaragoza, Universidad de Guadalajara Mexiko. P.: mehr als 150 Publ. E.: 1995 Dr. h.c. d. TU Tbilissi Georgien.M.: ANP, Brit. Royal Soc. of Visiting Professors, seit 1997 Vors. d. AG Technologietransfer u. Innovationsförd. Niedersachsen, 2000 Vors. d. Normenausss. Akustik, Lärmminderung u. Schwingungstechnik (NALS) im DIN u. VDI. H.: Skifahren, Musik.

*) Biographie www.whoiswho-verlag.ch oder beigefügte CD-ROM

Dietz

Dietz Rainer Dipl.-Ing. *)

Dietz Roswitha Dr. med. MR *)

Dietz Werner Dipl.-Ing.

B.: Architekt. FN.: Ges. f. Wohnungsbau u. Baubetreuung mbH. DA.: 50674 Köln, Brüsseler Str. 37. G.: Köln, 7. Aug. 1939. Ki.: Michael (1963), Jens (1965), Daniela (1969), Annabelle (1986), Jeanine (1988). El.: Arch. Dipl.-Ing. Walter u. Fine, geb. Schnorrenberg. S.: Mittlere Reife, Maurer, Zimmermann, Ing.-Schule FH Köln. K.: Arch., 1966 Gschf., ab 1986 Alleininh. d. Firma; Erstellung über 1000 Miet- u. Eigentumswohnungen, zusätzl.: Umstrukturierung d. alten Industrieparks Heckert GmbH in ITC Chemnitz, Ansiedlung v. innovativen Dienstleistungsunternehmen, 1995 Gschf. P.: Beiträge im Arch.-Verlag "Im Zeichen d. Domes". M.: Arch.-Kam. NRW, Kölner Klub f. Luftsport e.V., ehem. Vorst.-Mtgl. H.: Kochen, Luftsport, Bodybuilding, Bergsteigen, Skifahren, Kinder. (P.P.)

Dietz Werner Dipl.-Kfm. *)

Dietz Xaver

B.: Sicherheitsing., Gschf. Ges. FN.: DURANGO autotech Produktions GmbH. DA.: 85049 Ingolstadt, Ochsenmühle 11. x.dietz@durango.de. G.: Ingolstadt, 16. Juli 1954. V.: Maria-Luise, geb. Schabenberg. Ki.: Simon (1981), Lena (1984). El.: Bauing. Hermann u. Hedwig, geb. Koppenhofer. S.: 1972 Mittl. Reife, Fachoberschule in Ingolstadt, 1974 Fachabitur, 1/2 J. Bundeswehr, 1975 Stud. Elektrotechnik u. Nachrichtentechnik FH München, 1979 Dipl.-Ing. K.: 1980-84 Entwicklungsing. Medizintechnik b. Firma Lohmeier in München, 1984-88 Ltg. d. Med.-Techn. am Klinikum Ingolstadt, b. 1991 Sicherheitsing. am Klinikum Ingolstadt nach 2-jähriger Zusatzausbild., 1979 Grdg. Firma DURANGO auto-tech, 1992 Gschf. Ges. u. Umwandlung in eine Holding, Firma DURANGO auto-tech Ingolstadt, Firma DURANGO med.-tech Ingolstadt, Firma DURANGO auto-tech Pilsen, Firma DURANGO elektrik, Firma DURANGO grafik. BL.: Patente: elektr. Urin-Mengen-Mess-Gerät, Infrarot A Bestrahlungsgerät z. Wärmetherapie m. direkt Leuchtdioden, 880 Nanometer Kamera f. Hochsicherheitsbereiche. P.: Veröff. in Fachzeitschriften. M.: Vors. CSU in Vohburg/Donau. H.: Segeln (BR Schein), Politik, Reisen.

Dietz-Imhoff Hannelore

PS.: bürgerl. Name: Dietz-Imhoff Hannelore. B.: Sängerin, Gesangspädagogin. FN.: Studio f. Gesang Bell Imhoff, Frankfurt. DA.: 60528 Frankfurt, Waldstr. 28. G.: Frankfurt/Main, 24. Feb. 1947. Ki.: 1 Tochter, 1 Sohn. El.: Hans u. Felicitas Imhoff. S.: 1966 Abitur Frankfurt, 1967-73 Stud. Gesang an d. Musik-HS Frankfurt b. Prof. Helmut Krebs u. d. Komposition b. Prof. Ulrich Engelmann, Stud. Improvisation b. Prof. Klaus Billing, ständiger Gasthörer am Musikwiss. Inst. d.

Universität Frankfurt, 1973 Bühnenreifeprüfung d. Opernschule. K.: ab 1973 Konzertsängerin, ständige Auftritte im In- u. Ausland m. klass. Musik, Liederabende in vielen Sprachen, zahlreiche Konzerttourneen, persönl. Schwerpunkt: Musik nach 1900 u. Arbeit "Neue Musik", wobei d. Arbeit m. lebenden Komponisten z.B. Cage, Kagel, Schnebel im Vordergrund standen, viele Konzerte m. d. Gruppe "Musica Negativa" und der "Gruppe Neue Musik", u.a. auch Wandelkonzerte in Kirchen, seit 1969 Anschluss an d. intern. Gruppe "Musica Negativa" m. Heinz Klaus Metzger u. R. Riehn u. an d. im deutschsprachigen Raum tätige "Gruppe Neue Musik" Frankfurt, 1990-92 Mitarbeit beim Belcanto-Ensemble Frankfurt unter D. Spohr, seit 1996 Lehrtätigkeit als Gesangspädagogin, Grdg. d. Studio f. Gesang Bell Imhoff Frankfurt; Konzerte, Liederabende u. Kirchenmusik mit klass. Literatur u. Schwerpunkt Musik d. 20. Jahrhunderts europaweit; Teilnahme an zahlr. Festivals (Graz, Berlin, Venedig, Oslo, Darmstadt u.v.m.). P.: lfd. Mitschnitte d. Auftritte f. Rundfunk u. Fernsehen im In- u. Ausland, zahlr. Tonträgerveröff., Beteiligung an d. Veröff. "Klavierstücke Theodor Adorno" (2001), Veröff. eigener Kompositionen "Vertonte Gedichte" (2002). M.: Schützenkorps Frankfurt e.V. (Wettkampf-Schütze), Dt. Rotes Kreuz, Johanniter. H.: Malen, Bildhauerei.

Dietze Frank Dr. Ing. *)

Dietze Frank Dipl.-Ing. *)

Dietze Friedhelm Dr. sc. med. Prof. em.

B.: Internist. PA.: 13089 Berlin, Straße 2. G.: Borstendorf/Sachsen, 18. Mai 1931. V.: Erna, geb. Langguth. Ki.: Iris (1967). S.: 1947-49 Berufsausbildung z. Möbeltischler, als Sieger im Berufwettbewerb im Studium f. Berufschullehrer, das im Anschluss folgte, 1953-56 Erwerb d. Hochschulreife (Abitur), 1956-62 Stud. d. Humanmed. an d. Humboldt-Univ. Berlin, 1962 Prom. z. Dr. med. u. Ausbildung an d. Charité. K.: 1968 FA f. Innere Med., 1974 Prom. z. Dr. sc. med., 1978 HS-Doz. f. Innere Med., 1981 o.Prof. f. Innere Med. u. Krankenpflege; Betreuung v. Doktoranden (Dr. med. u. Dr. rer. cur.) u. Habilitanden, Moderator v. Geriatrie-fortbildung. BL.: 1981 Begründer d. Universitäten Unikats "Diplomkrankenpflege" a. d. Humboldt-Univ. Berlin, Ordinarius bis zur Emeritierung. P.: ca. 200 wiss. Publ. in nat. u. intern. Fachzeitschriften, über 100 Fachvorträge, Hrsg. v. "Jahrbücher f. Medizin" u. "Jahrbücher f. Krankenpflege". E.: 1976 Medizinalrat, 1986 Obermedizinalrat. M.: in nat. u. internat. bis zur Emeritierung medizinischen Fachgesellschaften. H.: Philatelist.

Dietze Heike Dipl.-oec. *)

Dietze Horst *)

Dietze Klaus *)

Dietze Peter *)

Dietze Peter *)

Dietze Ronald *)

---

*) Biographie www.whoiswho-verlag.ch oder beigefügte CD-ROM

Dietzel Alexander Dipl.-Kfm. *)

Dietzel Armin Ernst Dr.
B.: Bibl.-Dir. i. R. PA.: 26131Oldenburg, Lerigauweg 12. G.: Bayreuth, 10. Juni 1926. V.: Gretchen, geb. Müller. Ki.: Ursula (1955), Barbara (1956), Andreas (1960), Martin (1963). El.: Emil u. Elsa. S.: Gymn., Stud. ev. Theol. u. Bibl.-Wiss. K.: 1954-56 Rep. u. Ass. a. d. Ev.-theol. Fak. Mainz, 1956-58 Bibl.-Ref. UB Erlangen u. BSB München, 1958-68 Bibl., zuletzt ORegBRat UB Erlangen, 1968-88 Ltr. LB Oldenburg. P.: Die Gründe d. Erhörungsgewißheit nach d. Schriften d. Neuen Testaments (Ev.-theol. Diss. Mainz 1955), Beten im Geist (Theol. Z. Basel 13, 1957, 1-21), Hrsg. u. Nachw.: Martin Luther: De klene Katechismus ... Oldenburg 1599, Neudr. Oldb. 1970, Mitarbeit: O. Pülz, A. Dietzel u. G. Bauer: Die deutschen Handschriften der UB Erlangen, Erlg. 1970, Schriften d. Landesbibliothek Oldenburg (1-14 1986), Das Gebet vom Alten zum Neuen Bund, Oldenburg 2001. E.: Verdienstmed. d. Oldenburg. Landschaft. H.: Theol. in Kirche u. Gemeinde, Lat., griech. u. hebr. Spr.

Dietzel Franz Dr. med. Prof.
B.: ltd. Med.-Dir. u. Chefarzt. FN.: Inst. f. Strahlentherapie u. Nuklearmed. am Klinikum Bayreuth. DA.: 95445 Bayreuth, Preuschwitzer Str. 101. PA.: 95445 Bayreuth, Lahnstr. 8. G.: Bayreuth, 24. Juli 1939. V.: Margot. Ki.: Kerstin, Swenja, Karen. S.: 1958 Abitur Bayreuth, 1958-61 Stud. u. Physikum in Erlangen, Med.-Stud. Justus-Liebig-Univ. Gießen, 1964 Staatsexamen, Prom. K.: b. 1972 Ass.-Arzt d. Radiologie in Gießen, ab 1972 OA d. Wilhelm-Conrad-Röntgen-Klinik in Gießen, ab 1975 OA der d. Nuklearmed. Univ. Gießen, 1977 Habil., 1978 Priv.-Doz. an d. Univ. Gießen, 1978 Chefarzt am Städt. KH Bayreuth (heute Klinikum), 1982 Hon.-Prof. an d. Univ. Gießen, zusätzl. Ltg. d. Inst. f. Nuklearmed. in Bayreuth, FA f. Strahlentherapie u. Nuklearmed. BL.: seit 1978 Lehrtätigk. u. Vorlesungstätigkeit an d. Univ. Gießen, ab 1984 Begründung d. Strahlentherapie-Klinik in Bayreuth. P.: ca. 120 Veröff., 2 Bücher "Tumor u. Temperatur" (1976), "Thermo-Radio-Therapie" (1978). E.: 1978 Wiss.-Preis d. Univ. Münster, Prof. f. Nuklearmed. Univ. Gießen. M.: Dt. Röntgenges., Dt. Ges. f. Radio-Onkologie, Dt. Ges. f. Nuklearmed. H.: Natur, Wandern.

Dietzel Fred Dr.-Ing. *)

Dietzel Hans-Gerhard Dipl.-Ing. *)

Dietzel Kurt Ing. *)

Dietzel Wilhelm
B.: Staatsmin. f. Umwelt, Landwirtschaft u. Forsten. FN.: Hess. Min. f. Umwelt, Landwirtschaft u. Forsten. DA.: 65189 Wiesbaden, Mainzer Str. 80. PA.: 34474 Diemelstadt-Neudorf. G.: Neudorf, 23. Juli 1948. Ki.: 3 Kinder. S.: VS, Ldw. Fachschule, 1969 Gehilfenprüf., 1973 Meisterprüf. K.: selbst. Ldw., seit 1987 VPräs. d. Hess. Bauernverb., Vors. d. Ldw. Sozialvers. Kassel u. d. Landesagraraussch., seit 1974 Mtgl. d. CDU, 1972 OrtsbeiR. in Neudorf, 1977 Stadtverordneter in Diemelstadt, z.Zt. Fraktionsvors. d. CDU, 1981 Kreistagsabg. in Waldeck-Frankenberg, 1994-99 MdB, seit 1999 Staatsmin. f. Umwelt, Landwirtschaft u. Forsten in Hessen. (Re)

Dietzmann Joachim Dipl.-Ing. *)

Dietzsch Birgit Dr. *)

Dietzsch Franka
B.: Profi-Leichtathletin (Diskuswurf), Sparkassenang. FN.: c/o Dt. Leichtathletik-Verb. DA.: 64293 Darmstadt, Julius-Reiber-Str. 19. PA.: 17036 Neubrandenburg, Humboldtstr. 3. G.: Wolgast, 22. Jan. 1968. K.: größte sportl. Erfolge: 1992

OS/12., 1993 DM/2., WM/8., 1994 DM/2., EM/9., 1995 WM/7., DM/2., 1996 DM/2., 1997 DM/1., JWM/2., EC/2., 1998 DM/1., WC/1., EC/1., 1999 WM/1., DM/1., EC/3., 2000 OS Sydney/6.

Dietzsch Steffen Dr. Prof.
B.: Prof. f. Phil. FN.: Inst. f. Phil. d. Humboldt-Univ. zu Berlin. DA.: 10099 Berlin, Unter den Linden 6. PA.: 10249 Berlin, Petersburger Pl. 3. G.: Chemnitz, 21. Aug. 1943. V.: Birgit. Ki.: Caroline (1976), Benjamin (1979). El.: Gaëtano Esposito u. Ruth Dietzsch. S.: 1959 Mittler Reife, 1959-61 Ausbild. Chemiefacharb. m. Abitur, 1961-65 tätig in d. chem. Ind., 1965-73 Stud. Phil., Geschichte u. Ökonomie Leipzig-Univ., Prom. K.: 1973-91 tätig an d. Ak. d. Wiss. im Bereich Edition, 1991-93 am Inst. f. Phil. d. Univ. Marburg, 1993-98 Prof. f. prakt. Phil. an d. Fernuniv. Hagen, 1998 Vertretungen an d. Univ. Leipzig, seit 1999 wiss. Mitarb. an d. Humboldt-Univ. in Berlin im Bereich prakt. Phil., Kant. Dt. Idealismus, mod. Kulturphil. u. phil. Edition, seit 1999 Präs. d. Schelling-Forsch.-Stelle in Berlin. P.: Mithrsg. d. Dt. Zeitschrift f. Phil. (1985-90), Mithrsg. d. Vierteljahresschrift "System u. Struktur" (1992). Prom. z. Thema "Zeit u. Geschichte-Untersuchung z. Identitätsphil. d. frühen Schellings" (1973), Habil. zu "Geschichte im Dt. Idealismus" (1986), "Dimensionen d. Transzendental-Philosophie" (1990), "Fort-Denken mit Kant" (1996), "Kulturgeschichte der Lüge" (1998), "Wider das Schwere" (2002), Editionen im Bereich Dt. Idealismus, Dt. Romantik u. mod. Gegenwartsphil. M.: Allg. Ges. f. Phil. in Deutschland, Kant-Ges., Spinoza-Ges., Goethe-Ges. H.: Bücher.

Diewald Franz X.

B.: Bildhauermeister. DA.: 93143 Nittenau, Schillerstr. 11. G.: Beutelsbach, 18. Juli 1941. V.: Maria Elena, geb. Balagad. Ki.: Franzelena (1982), Arcelita (1986). El.: Ludwig und Karolina, geb. Hindler. S.: 1955-59 Holzbildhauerlehre in Aidenbach. K.: b. 1964 Holzbildhauer, 1964-73 selbst. Bildhauer, 1966 Holzbildhauermeister, 1973-83 Ausbilder u. Holzbildhauermeister in Nittenau, s. 1983 selbst. im eigenen Atelier, seither fertigt er ausschließl. Unikate. M.: seit 1983 Ltr. Nittenauer Sänger, mehrere regionale Ver. H.: Sportschießen, Singen, Familie.

Diewald Ingrid *)

Diewald Manfred *)

Diez Wolfgang
B.: Vorst.-Vors. FN.: Evobus GnbH vorm. Karl Kässbohrer Fahrzeugwerke GmbH. DA.: 89077 Ulm, Kässbohrerstr. 13.

Diez Wolfgang *)

Diezel Andreas *)

Diezinger Norbert Friedrich
B.: Architekt. FN.: Diezinger & Kramer. DA.: 85072 Eichstätt, Römerstraße 23. G.: Bamberg, 14. März 1952. V.: Margarethe, geb. Wendlig. Ki.: Jakob (1983), Clemens (1986), Vincent (1989). S.: 1969 Mittlere Reife Bamberg, 1969-72

*) Biographie www.whoiswho-verlag.ch oder beigefügte CD-ROM

Diezinger Fachoberschule 1972-73 Bundeswehr, 1973-77 Stud. Arch. Univ. Würzburg und Schweinfurt, 1977-82 Stud. Arch. Univ. Stuttgart m. Abschluss Dipl.-Ing. K.: 1982-87 gearb. b. Prof. Karl Josef Schattner m. sehr intensiver Erfahrungssammlung in allen Bereichen d. Arch.-Berufs, 1985 Aufnahme in die Arch.-Kam., seit 1997 selbst., 1996-98 Lehrauftrag an d. FH Regensburg. E.: u.a. Dt. Natursteinpreis f. eine Friedhofsanlage in Enkering. M.: BDA, Preisrichter im Bez.-Wettbewerbsaussch. Oberbayern. H.: Familie, Skifahren, Mountainbiken.

Diezmann Regina Dr. phil. *)

Dige Hans Henrik
B.: Abt.-Dir. f. Immobilienfinanzierung. FN.: DZ Bank Deutsche Genossenschaftsbank AG. DA.: 20354 Hamburg, Stephanspl. 10. PA.: 22926 Ahrensburg, Grödestieg 2. G.: Kopenhagen/DK, 13. Juni 1959. V.: Viebke. Ki.: Maj-Britt (1983), Morten (1986). El.: Alice. S.: 1980 Abschluß Höhere Handelsschule Haderslev, b. 1982 Ausbildung Bankkaufmann Faellesbanken, 1983-84 Weiterbildung Bankbereich. K.: 1984 stellv. Ltr. d. Sydbank in Vojens/DKr einer Firmengruppe in d. Zentrale in Aabenraa, 1988 stellv. Filialltr. d. Sydbank in Hamburg, 1993 Außendienstmitarbeiter d. Württembergischen Hypothekenbank in Hamburg u. 1995 stellv. Abt.-Dir. d. Ndlg. in Hamburg, seit 1999 Dir. u. Ltr. d. Ndlg. in Württemberger Hypothek in Hamburg. M.: ehrenamtl. tätig f. d. Jugend im Badmintonverband Hamburg, ehemal. Vors. d. Wirtschaftsjunioren Ahrensburg-Südost-Holstein. H.: Badminton, Familie.

Digeser Andreas Dr. Prof.
PA.: 79650 Schopfheim, Meisenweg 6. G.: Breslau, 13. Juli 1925. S.: Abitur, Univ. (Angl., Roman., German.), 1. u. 2. Staatsexamen, Prom. K.: 10 J. Gymn.Lehrer (Engl., Franz., Dt.), zuletzt OStR., seit 1965 o.Prof. f. Englisch (Linguistik, engl. u. amerik. Lit., Fremdspr.-didaktik), PH Freiburg-Lörrach-Freiburg, Gastprof. Univ. of North Carolina, Greensboro, USA, 1983, Dt. als Fremdsprache; Stetson Univ., DeLand, Florida, USA, 1990, Mod. engl. u. amer. Lit. P.: 'Lese-Erschwernis oder neue Syntax. Der funktionale Wert der Großbuchstaben', in: Groß- oder Kleinschreibung? ed. A. Digeser (1974), 96-129; Phonetik und Phonologie des Englischen, 1978; Fremdsprachendidaktik u. ihre Bezugswissenschaften. Einf., Darst., Kritik, Unterr.-modelle, 1983; 'Dialogstrukturen in Eugene O'Neills Long Day's Journey Into Night', in: Eugene O'Neill 1988: Deutsche Beiträge..., ed. U. Halfmann, 1990; 'Sprachl. Herausforderungen in der Zukunft der Europ. Gemeinschaft', in: Muttersprache 1994, 285-296; 'Franglais in Frankreich und Fremdwörter in Deutschland' in: Neusprachl. Mitteilungen, 1995, 4-7; 'Eine Standard-Anfängerlektion im Wandel...', in: Englisch 1996, 121-125, weitere Beiträge in Fachzeitschriften, Rezensionen. M.: Lehrplankomm. Engl., Kultus-min. Bad.-Württ. 1975-80, Ges. f. dt. Sprache, Wiesbaden, Internat. Arbeitskreis f. Orthographie beim Inst. f. dt. Sprache, Mannheim. H.: Literatur (bes. Drama), Vergleichende Orthographie, Musik, Fotografie. Sprachen: Englisch, Französisch.

Dihle Albrecht Gottfried Ferdinand
B.: em. Prof. d. Klass. Philol. PA.: 50968 Köln, Schillingsrotter Platz 7. G.: Kassel, 28. März 1923. V.: Marlene, geb. Meier. Ki.: Franziska, Stefanie, Andreas, Barbara, Katharina. S.: 1934-40 Gymn. Göttingen, 1941-45 Univ. Freiburg u. Göttingen, 1946 Dr. phil. Univ. Göttingen. K.: 1950 Habil. Univ. Göttingen, 1956 Prof. Univ. Göttingen, 1958 Prof. Univ. Köln, 1974 Prof. Univ. Heidelberg, Gastprof. in Cambridge, Harvard, Berkeley u.a. P.: Griechische Biographie (1956), Goldene Regel (1962), Griech. Literaturgeschichte (1967), Homer-Probleme (1970), The Theory of Will (1982), Griech. u. lat. Literatur d. Kaiserzeit (1989), Die Griechen und die Fremden (1994) u.a. E.: 1982 Dr. theol. h.c. (Univ. Bern), Dr. phil. h.c. Univ. Athen, D. litt. h.c. (Sidney), 1994 Orden pour le mérite f. Wiss. u. Künste, 1997 Österr. EZ f. Wiss. u. Kunst. M.: Rhein-Westfäl. Ak. d. Wiss. 1966, Heidelberger Ak. d. Wiss. 1974, Inst. de France (Ac. d. Inscr.) 1986, Am. Acad. A. and Sciences 1993, Acad. Europ. 1990, Ak. d. Wiss. Göttingen 1995.

Dikau Joachim Hans Hermann Dr. rer. pol.
B.: Prof. f. Erziehungswiss. PA.: 14129 Berlin, Rolandstr. 6. G.: Königsberg, 3. Aug. 1929. V.: Jutta, geb. Walbert. El.: Adolf u. Emma. S.: 1946-49 Kfm. Lehre, 1952-54 Abiturkurs im Braunschweig-Kolleg, 1954 Abitur, 1954-59 Stud. Hamburg u. FU Berlin. K.: 1949 Lehrabschlußprüf. Kfm. Ang., 1959-61 Vorbereitungsdienst Lehramt., 1959 Dipl.Hdl.Lehrer, 1961 Assessor, 1963 wiss. Ass. an d. FU Berlin, 1968 AkR. an d. TU Berlin, 1971 o.Prof. an d. PH Berlin, 1974 o.Prof. an d. FU Berlin, 1997 Emeritierung. P.: Wirtschaft und Erwachsenenbildung (1968), Mitbestimmung in der Wirtschaft (1980), Weiterbildungsaufgaben der Hochschulen (1982), Berufsausbildung ausländischer Jugendlicher in Berlin (1984), Der AUE an der Schnittstelle zwischen tertiärem und quartärem Ausbildungsbereich (1996), Hochschule als Raum lebensumspannender Bildung (2002). E.: Festschrift: In Bewegung. Dimensionen der Veränderungen von Aus- u. Weiterbildung; Hrsg. v. A. Fischer / G. Hartmann (1994). M.: Dt. Ges. f. Erziehungswiss., Arbeitskreis universitäre Erwachsenenbild. e.V.

Dilbat Gerhard *)

Dilcher Gerhard Dr. iur. *)

Dilcher Hans-Ulrich *)

Dilg Peter Dr. Prof. *)

Dill Cato Dr. jur.

B.: RA u. Notar. FN.: Holthoff-Pförtner. DA.: 10117 Berlin, IHZ Friedrichstr. 95. berlin@holthoff-pfoertner.de. G.: Essen, 29. Okt. 1957. V.: Annette, geb. Plötner. Ki.: Benita (1988), Dario (1991). S.: 1976 Abitur in Bochum, 1976-81 Stud. Jura u. VWLin Freiburg, 1981 1. jur. Staatsexamen, 1982-85 Referendariat u. 2. jur. Staatsexamen, Zulassung als RA. K.: 1985 als RA in d. Sozietät Wellmann Dill & Partner, Berlin, 1986-95 Gschf. einer Steuerberatungsges. in Berlin, 1996 Bestallung zum Notar, 2000 Partner in d. Kzl. Seufert, Berlin, seit 11/2000 Partner in d. Kzl. Holthoff-Pförtner, Tätigkeitsschwerpunkte: Grundstücks-, Immobilien-, Gesellschafts-, Steuer- u. Erbrecht; ehrenamtliche Funktionen: u.a. Vorst. d. Max-Liebermann-Ges. Ak. d. K. P.: "Das Bezogen unlauteren Wettbewerb in Südamerika" sowie versch. Fachbeiträge in Fachpubl. M.: Deutsch-Spanische, Deutsch-Argentinische u. Deutsch-Brasilianische Juristenver. H.: Wassersport, Familie, Tennis, Musik, Kochen.

---

*) Biographie www.whoiswho-verlag.ch oder beigefügte CD-ROM

Dill Claus-Michael Dr.
B.: Vors. d. Vorst. FN.: AXA Colonia Konzern AG Köln. DA.: 50670 Köln, Gereonstr. 71. www.axa.de. G.: Northeim, 7. Feb. 1954. S.: Abitur, Stud. VWL in Darmstadt u. Mainz, Dipl.-Vw., Prom. K.: 1981-87 Unternehmensberatung Frankfurt, 1987-95 Schweizer Rück-Gruppe Zürich u. München, 1995-99 Mtgl. d. Holding-Vorst. Gerling-Konzern Köln, ab 1999 Mtgl. d. Vorst. u. seit 1999 Vors. d. Vorst. d. AXA Colonia Konzern AG Köln.

Dill Hans-Otto Dr. phil. habil. em. Prof.

B.: Prof. f. Lateinamerikan. Literaturen, VPräs. d. Lateinamerika-Forums Berlin. PA.: 10243 Berlin, Pillauer Straße 5. G.: Berlin, 4. Juli 1935. V.: Gerta Stecher. Ki.: Michael (1958). El.: Otto u. Charlotte, geb. Müller. S.: 1954 Abitur Anklam, 1954-59 Stud. Romanistik an d. HU Berlin, 1968 Prom. z. Dr. phil., 1975 Habil., 1981 o.Prof. f. hispanoamerikan. Literaturen an d. HU Berlin. K.: 1959-61 Übs. u. Journ., 1961-75 Ass. u. OAss. b. Rita Schober u. Waldo Ross am Romanischen Inst. d. HU Berlin, 1975 Doz. f. kubanische Literatur an d. HU Berlin, 1986-90 Gastprof. an d. Georg-August-Univ. Göttingen, 1990 3-monatige Gastprof. an d. USP Sao Paulo, 1990-91 1. gewählter Gschf. Dir. d. Inst. f. Romanistik an d. HU Berlin, 1992 Vorruhestand, emeritiert, 1992-95 Lehrauftrag an d. HU Berlin z. Geschichte d. lateinamerikan. Literatur, z. hispanoamerikan. Lyrik d. 20. Jhdt., z. Romanentwicklung d. 19. u. 20. Jhdt. in Lateinamerika, 1994 Lehrauftrag zu einem Seminar über Góngora u. Sor Juana an d. Univ. Hamburg, 1994 Gastseminar z. span. u. hispanoamerikan. Barockliteratur an d. Univ. de la Plata Argentinien, Teilnahme an Kongressen u. Colloquia in Berlin, Frankfurt/Main, Budapest, Prag, Havanna, Caracas, Mexico, Veracruz, Paris, Madrid, Cantania, Lima, Trujillo/Pero, Gastvorlesungen u. -vorträge an vielen Univ. Deutschlands, Spaniens, Lateinamerikas, Italiens u. Frankreichs. P.: El ideario literario y estético de José Marti (1975), 7 Aufsätze z. lateinamerikan. Literatur (1975), Garcia Márquez: Die Erfindung v. Macondo (1993), Lateinamerikan. Wunder u. kreolische Sensibilität (1993), Lateinamerikan. Literatur im Überblick (1999). E.: 1975 Premio Casa de las Américans f. d. Monografie (Essay) El ideario literario y estético de José Marti, 1985 Premio Plural (Mexico) f. d. Essay Cien años de soledad o grandeza y miseria del criollo, 1994 Ehrenmtgl. d. Nicolás-Guillén-Stiftung, 1994 Ernennung z. huesped ilustre v. Camaguey Cuba, 1995 Ausz. m. d. venezolanischen Orden Andrés Bello 1. Kl. m. Ehrenband durch d. damaligen Präs. Caldera, 1998 Ernennung z. huesped ilustre d. Stadt Trujillo/Peru, 1999 Ausz. m. d. kubanischen Orden Por la cultura national. M.: Dt. Romanistenver., Dt. Hispanistenver., Ver. d. Freunde d. Ibero-Amerikanischen Inst. preuss. Kulturbesitz, Leibniz-Sozietät, Lateinamerika-Forum Berlin. H.: Klavier, Malerei, bild. Kunst, Oper.

Dill Ingrid Dr. rer. nat.
B.: Dipl.-Biologin, im. FN.: Umweltmykologie GbR. DA.: 10587 Berlin, Salzufer 12. PA.: 12205 Berlin, Potsdamer Str. 31 A. mail@umweltmykologie.de. G.: Würzburg, 30. Nov. 1952. El.: Dipl.-Ing. Alfons u. Elfriede Dill. S.: 1971 Abitur, 1971-78 Stud. Biologie TU Braunschweig m. Dipl.-Abschluß, 1985 Prom. K.: 1979-84 wiss. Mitarb. d. Abt. Botanik u. mikrobiolog. Chemie an d. TU Berlin, 1981 Forsch.-Reise nach Südchile f. mikrobiolog. und chem. Analyse des palo podrido-selektiven Ligninabbau in d. Regenwäldern Südchiles, 1985-88 wiss. Mitarb. an d. TU Berlin, 1988-91 Laborltr. d. Abt. Mikrobiologie am Inst. Fresenius GmbH in Taunusstein, 1991-97 wiss. Ass im Fachbereich Ökologie d. Mikroorganismen. TU Berlin, Forschungs-Projekt

Pilzallergene und Gutachterin für Schimmelpilze und Hausschwamm, 1993-94 kommisar. Ltr. d. Fachgeb., seit 1997 freiberufl. Sachv. f. Schimmelpilze u. holzzerstörende Pilze, 1998 öff. Bestellung u. Vereid. durch d. IHK Berlin z. Sachv. für Schimmelpilze, Hausschwamm u. andere holzzerstörende Pilze, 1999 Grdg. d. Firma Umweltmykologie Dr. Dill u. Dr. Trautmann GbR m. Schwerpunkt Nachweis u. Beurteilung v. mikrobiellen Belastungen: Gutachten, Laborservice, Beratung, Weiterbild. u. Auftragsforsch.; Vorträge u. Ausbildung von u.a. Baubiologen. P.: Dill, I. and G. Kraepelin (1986): Palo podrido: Model for extensive delignification of wood by Ganoderma applanatum, Dill, I. und G. Kraeplin (1988): Der Abbau von Lignin/Cellulose durch Weißfäule-Pilze: Einfluß spezif. ökolog. Faktoren, Dill, I. and B. Niggemann (1996): Domestic fungal viable propagules and sensitization in children with IgE mediated allergic diseases, Dill, I., C. Trautmann and R. Szewzyk (1997): Massenentwicklung von Stachybotrys chartarum auf kompostierbaren Pflanztöpfen aus Altpapier, Dill, I. (1999): Indikation und Interpretation von Schimmelpilzmessungen in Innenräumen. H.: Wandern, Lesen.

Dill Peter *)

Dill Winfried Dr. med.

B.: FA f. Allg.-Med. u. Geburtshelfer. DA.: 55129 Mainz, Neue Mainzer Str. 80. G.: Mainz, 26. Juni 1946. V.: Claudia, geb. Stöhr. Ki.: 4 Kinder. El.: Dr. Josef u. Elisabeth, geb. Jung. S.: 1959-65 Kath. Priester-Internat in Mainz, 1969 Abitur, Bundeswehr, 1969 Med.-Stud., 1975 Staatsexamen und Prom. K.: 1975-81 Med Ausbild. (Allg. Med., Orthopädie, Gynäkologie, Geburtshilfe, Innere Medizin), 1981 Praxiseröff. als Allg.-Med. H.: aktiver Taubenzüchter, Archäologie.

Diller Hans-Jürgen Dr. phil. Prof. *)

Diller Justus Dr. rer. nat. *)

Diller Karl
B.: Lehrer, MdB. DA.: 11011 Berlin, Platz d. Republik 1. PA.: 54411 Hermeskeil, Schulstr. 82. G.: Kaiserslautern, 27. Jan. 1941. V.: verh. Ki.: 1 Tochter. S.: 1961 Abitur, 1961-63 PH Landau. K.: 1963-79 Lehrer, 1969-70 Ass. in England, seit 1968 Mtgl. SPD, Mtgl. d. Landesvorst., Mtgl. Kreistag Trier-Saarburg u. Mtgl. Stadt- u. Gemeinderat Hermeskeil, 1979-87 MdL Rheinland-Pfalz, s. 1987 MdB. M.: GEW, AWO, ai, BeiR. FH Rheinland-Pfalz, Trier, VerwR. Kreissparkasse Trier-Saarburg, Vorst. d. Regionalen Planungsgemeinschaft Trier. (Re)

Diller Werner F. Dr. med. habil. Prof.
B.: Ltr. d. Inst. f. Röntgendiagnostik u. Nuklearmed., Ärztl. Abt. FN.: Bayer AG Leverkusen. PA.: 51373 Leverkusen, Elisabeth-Langgässer-Str. 8. G.: Bautzen, 2. Dez. 1929. V.: Karin, geb. Pommerenke. Ki.: 3 Kinder. El.: Prof. Dr. Hans u. Hedie. S.: ORealschule, Abitur, Med.Stud. in Erlangen, Heidelberg u. Cor-

*) Biographie www.whoiswho-verlag.ch oder beigefügte CD-ROM

nell, Weiterbild. in Pharmakologie, Inn. Med. u. Röntgenologie. K.: ab 1963 Ltr. d. Inst. f. Röntgendiagnostik u. Nuklearmed. d. Ärztl. Abt. d. Bayer AG Leverkusen, 1974 Habil., 1978 apl. Prof., s. 1995 i. R. P.: Radiolog. Untersuchungen zur verbesserten Frühdiagnose von industriellen Inhalationsvergiftungen mit verzögertem Wirkungseintritt (1974), Arbeitsmedizin in den EG-Ländern (1976). E.: Baader-Preis 1974, Agfa-Gevaert-Preis 1976. M.: Dt. Röntgenges., Dt. Ges. f. Arbeitsmed., Verb. d. Werksärzte. H.: klass. Musik.

Dillinger Andre
B.: Gschf., Unternehmer. FN.: Commendo-Consult, Unternehmensberatung. DA.: 28086 Bremen, Postfach 110632. dillinger@commendo-consult.de. www.commendo-consult.de. G.: Dessau, 9. Aug. 1972. V.: Sandra, geb. Liborius. Ki.: Leander Paul (2000). S.: 192-95 Ausbildung z. Steuerfachassistent f. wirtschaftliche Berufe in Bremen. K.: 1995-98 Grdg. d. Firma Netware GmbH in Bremen als Gschf. Ges., 1998-99 Unternehmensberater einer Unternehmensgruppe, seit 1999 selbständig als Unternehmensberater u. Grdg. d. Firma Commendo-Consult Unternehmensberatung f. Management u. Kommunikation in Bremen, 2000 Eröff. Regionalbüro in Delmenhorst als Gschf. u. Inh. P.: in Fachzeitschriften z. Thema Positionierungsmarketing u. Unternehmensnachfolge. M.: Ver. Multi Medial, 2002 Grdg. d. Expertengemeinschaft Best-Start f. d. gewerbliche Wirtschaft. H.: Wein, Fotografie u. Astronomie.

Dillmann Jochen

B.: Kriminaloberrat a.D.; Sicherheitsbeamter, Autor. PA.: 65589 Hadamar, Reisstr. 67. dillmann.mdu@t-online.de. www.die-spuerhunde-de. G.: Kirchen, 11. Nov. 1950. V.: Marlies, geb. Kaiser. K.: Carsten (1977-98 tödl. verunglückt). El.: Walter u. Lieselotte, geb. Müller. S.: 1981/82 Führungsakademie d. Polizei. K.: 1969-88 Polizeidienst in Hessen, zuletzt Kriminaloberrat i. Bundeskriminalamt. EL.: Vorst. d. Weißer Ring e.V., 1978-88 Aufbau d. Kriminalitätsoperhilfe im Land Hessen, seit 1989 Vorst. d. Lebenshilfe Limburg. P.: Veröff. zu Kriminalitätsthemen in Fachzeitschriften spez. Mafiaformen, 19. u. 20. Jhdt., Publ. m. Schwerpunkt "Leben nach d. Tode u. Trauerverarbeitung" (seit 1999). M.: Weißer Ring, Lebenshilfe. H.: Menschen in schwierigen Situationen helfen.

Dillmann Reinhold

B.: Einzelhandelskfm., selbständig. FN.: MARC OLIVER Internationale Herrenmode. DA.: 66482 Zweibrücken, Fruchtmarktstraße 19. PA.: 66482 Zweibrücken, Blumenstr. 10. G.: Walsheim, 17. Okt. 1944. V.: Franziska, geb. Koch. Ki.: Marc (1964), Oliver (1967), Timon (1977), Arline (1979). El.: Rudolf u. Elise, geb. Schäfer. S.: 1960 Mittlere Reife Gymn. Landau, 1960-63 Lehre Einzelhandelskaufmann. K.: 1963-64 Ltr. d. Abt. Maßkonfektion im Kaufhaus Nägele in Ludwigshafen, 1964-70 stellv. Abteilungsleiter d. Herrenkonfektion d. Firma Sinn in Zweibrücken, 1970-74 Gschf. Firma Herrenmoden am Schloß u. Hosen-Tom in Zweibrücken, seit 1974 selbständiger Herrenausstatter m. intern. Herrenmode in Zweibrücken; Funktionen: 1976-96 Modellberater d. Firma Nikolaus Boll Herrenmode-Konfektion in Grossostheim, seit 1975 Veranstalter v. Fashion-Trend-Symposien im Haus u. Modeschauen in Zweibrücken; Neuapostol. Kirche als Seelsorger, 1970-75 Trainer f. d. Leichtathletikverband Pfalz. BL.: Selbstgestaltung d. Werbung. P.: "Offenbarung 16" (2001). H.: Langstreckenlauf, romant. Lyrik.

Dillmann Marlies

B.: Gschf. FN.: MD-Unternehmensberatung. DA.: 65589 Hadamar, Reisstr. 67. dillmann.mdu@t-online.de. G.: Hadamar, 28. März 1952. V.: Jochen Dillmann. K.: Carsten (1977-98 tödl. verunglückt). El.: Berthold Kaiser u. Rosel, geb. Steinebach. S.: autodidakt verschiedene Tätigkeiten. K.: seit 1978 tätig i. d. Vermittlung und im Handel. m. Immobilien, s. 1982 Unternehmensber. u. intern. Vermittlung u. Unternehmensverkäufen, 1993-98 Projektentw. i. Florida/ USA. H.: Familie, Tiere, Wildschafzucht.

Dillon John J.
B.: Tänzer, stellv. Gschf. FN.: "Baccarat" Kristall GmbH. DA.: 10719 Berlin, Kurfürstendamm 42. G.: Limerick/Irland, 22. Jan. 1961. V.: Gerd Schoder. Ki.: John Dillon, Noreen O'Grady. K.: 1978-90 Tänzer (Intern. Brasilian Ballet Company, Vienna Oper u. Theater Company, Broadway Musical Company New York, Friedrichstadtpalast Berlin), 1990-91 Bellman Hotel Palace Berlin, 1991-93 Concierge, 1993-94 Head Concierge, 1994-95 Study Trip Hongkong, 1995-97 Training in Hotel Management ABZ Berlin Hotel am Kurfürstendamm, 1996-97 Hotel Practicum Schloßhotel Vier Jahresz. Berlin, 1997-99 Head Concierge Schloßhotel Vier Jahreszeiten/Ritz-Carlton Schloßhotel Berlin, 1999 Training als Teaching Instructor in Hotel Management (AEVO) IHK Berlin, 2000 Sprachschule, seit 2000 Head Concierge Kempinski Hotel Bristol Berlin, seit 2001 stellv. Gschf. "Baccarat Kristall GmbH". BL.: 12 J. Solotänzer intern. Ensembles, heute noch in eigener Show m. eigener Gruppe jährl. auf Kreuzfahrten auf Tournee, war 1. u. einz. "Weiße" d. v. Intern. Brasilian Ballet d. Ehrendipl. f. Choreographie u. Tanz erhielt, hohes soz. Engagement f. Kinder m. schwierigen Kindern u.d. Gruppe "Foster parents", beherrscht 14 Sprachen - Guinessbuch d. Rekorde. P.: zahlr. intern. Bühnen- u. TV-Shows. E.: Ehrendipl. f. Choreographie u. Tanz d. Intern. Brasilian Ballet Company, 1990 jüngster Chefconcierge in Deutschland. H.: Reisen (USA).

Dils Franziska

B.: Steuerberaterin. FN.: Steuerberatung Dils. DA.: 54293 Trier-Ehrang, Gotenstr. 1. G.: Trier-Ehrang, 6. Apr. 1948. V.: Franz-Josef Dils. Ki.: Doris (1969), Stefan (1982). El.: Johann u. Franziska Lentes, geb. Krämer. S.: 1962-64 Handelsschule Villingen, 1964-66 Kfm. Lehre in Groß- u. Außenhdl. Trier. K.: 1966-79 Kfm. Ang., Bilanzbuchhalter, 1979 selbständige Steuerbev., 1985 Steuerberaterin. M.: Steuerberaterkam., Steuerberaterverb. H.: Reisen, Musizieren, Englisch, Französisch.

*) Biographie www.whoiswho-verlag.ch oder beigefügte CD-ROM

Dimanski Barbara

B.: Dipl.-Designerin, Dipl.-Kunstpäd., freiberufl. Grafikdesignerin. DA.: 06118 Halle, Frohe Zukunft 1A. jobadima@aol.com. G.: Halle, 17. September 1960. V.: Joachim Dimanski. Ki.: Anna-Magdalena, Albrecht Maximilian. S.: 1979 Abitur Bitterfeld, 1979-83 Stud. Kunstpäd. in Erfurt, Dipl., 1983-86 Lehrerin in Jena/Lobeda, 1986-87 Arbeit im Verl. Herman Böhlaus Nachf./Weimar, 1989 Studium Gebrauchsgrafik an der HS f. Kunst u. Design Burg Giebichenstein Halle, 1993 Dipl. K.: 1993-94 freiberufl. u. Lehrauftrag an d. Burg Giebichenstein, 1994-99 neben d. Tätigkeit als wiss.-künstl. Mitarb. an d. Burg Giebichenstein freiberufl. Arb., Ausstellungen u. Beteiligungen: 1991 Ausstellung in d. Hall-Bau GmbH, 1991/94 Beteiligung an Ausstellungen in d. Galerie Marktschlößchen Halle, 1994 Landeskunstausstellung Sachsen-Anhalt, 1994 Beteiligung an Kalligraphie-Ausstellung im Opernhaus Halle, 1994 Ausstellung in d. Dt. Bank Halle, 1996 Petersberg, Halle, Dessau, 1998 Eisleben Plakate, 1998 Briefmarkenausstellung, Franckesche Stiftungen Halle, 1990 Beteiligung an einem Fotografie-Workshop im Tessin/Schweiz, 1991 u. 1995 Studienaufenthalte in England. E.: 1991 1. Preis Signet-Wettbewerb f. d. Halleschen Kunstver., 2. Preis im Signet-Wettbewerb f. ein Projektvorhaben d. Bundesmin. f. Bild. u. Wiss., 2. Preis f. d. Gestaltung d. Slogans "Fremde brauchen Freunde" d. Bundesausländerbeauftragten, 1992 1. Preis im Signet-Wettbewerb f. d. Bund Dt. Klavierbauer, 1. Preis im Signet-Wettbewerb f. Projekt "Straße d. Romantik" d. Landes Sachsen-Anhalt, 1993 1. Preis f. Plakat "Dt.-Amerikan. Kulturtage", 1994 5. Preis Signet-Wettbewerb f. d. dt. Präsidentenschaft in d. Europ. Union, 1. Preis f. Plakat "Tage d. Poln. Kultur in Sachsen-Anhalt", 1995 1. Preis f. Umweltplakat, 1996 1. Preis f. Plakat z. Sachsen-Anhalt-Tag, 1. Preis Signet u. Plakat Bachfest Köthen, 1997 1. Preis Signet-Wettbewerb Moritzburg, 1. Preis Briefmarke Franckesche Stiftungen, 1998 1. Preis Briefmarke "Dominikus-Ringeisen-Werk Ursberg", 1. Preis Briefmarke "Für uns Kinder", 3. Preis Plakatwettbewerb "48. Händel-Festspiele 1999", 1. Preis schönste Briefmarke "Blockausgabe dt. Kindermarke" (1999), 2001 1. Preis f. Plakat z. Sachsen-Anhalt-Tag. M.: Berufsverb. bild. Künstler, Unterstützung d. Freundeskreises d. Hospizver. Halle. H.: Klavier, Literatur, Beruf, Kalligrafie.

Dimanski Joachim *)

Dimbath Bernhard Dipl.-Ing.

B.: selbst. Dipl.-Ing. f. Bauwesen. DA.: 81377 München, Waldfriedhofstr. 76. V.: Margret, geb. Walter. Ki.: Antonia (1978), Franziska (1980), Veronika (1982). El.: Werner u. Ursula. S.: 1969 Abitur, 1969-71 Bundeswehr, 1971-76 Stud. Bauing.-Wesen TU München. K.: 1976-81 ang. Baultr. im Brücken- u. Hochbau, 1982-87 Projektltr. f. intern. Ing.-Büro m. Baustellenbetreuung im In- u. Ausland, seit 1987 selbst. m. eigenem Ing.-Büro f. Bauwesen, Projektsteuerung, Bauüberwachung u. Realisationsorgan., Kostenkontrolle u. Kostenmanagement; seit 1995 freier Sachv. f. Schäden an Gebäuden, Gutachter f. Priv. u. Gerichte; Projekte: zentraler Omnibusbhf. in Calw, Arcade in München, Friedrich Schiller-Gym. in Eisenberg u.a.m. E.: 1964-66 Sieger d. Dt. Meisterschaften im Schwimmen. M.: seit 1991 Vorst. d. Alpin.-Skiclub Arzmoos v. 1912. H.: Bergwandern, Skiwandern, Segeln.

Dimitriou Dimitrios

B.: Gastronom. FN.: Restaurant Zorbas. DA.: 85221 Dachau, Mittermeierstr. 57. G.: Kiparissos, 12. Jan. 1948. V.: Eleni. Ki.: Grigorios (1975), Chrissoula (1976). El.: Grigorios u. Chrissoula. K.: 1959-63 gearb., 1963-66 Tätigkeit in Deutschland, 1966-68 Militärzeit in Griechenland, 1968-73 Tätigkeit in Deutschland, 1974 selbst. mit Lebensmittelgeschäft, 1978 Eröff. Lokal in Karlsfeld, 1983 Übernahme d. jetzigen Lokals. H.: Familie.

Dimitrov Liuben

B.: Künstler, Diplom-Konzertpianist d. Genova & Dimitrov Piano Duos. DA.: 31749 Auetal, Ortheide 15. mail@piano-duo.com. www.piano-duo.com. G.: Russe/Bulgarien, 12. Okt. 1969. V.: Aglika Genova. El.: Stefan u. Malina. S.: 1987 Abitur Musikgymn. als bester Pianist, Stud. Solo-Klavier Prof. J. u. K. Ganev HS Sofia m. Ausz. u. Diplom, Meisterklasse-Stud. Prof. Wladimir Krajnew in d. HMT Hannover als Diplom-Konzertpianist d. Genova & Dimitrov Piano Duos abgeschlossen. K.: als Solist Grdg. d. Genova & Dimitrov Piano Duos, einziges Klavierduo, das alle internat. Prestige-Klavierduo-Wettbewerbe gewann, Auftritte in Europa, Amerika, Asien u. Afrika. P.: Gastspiele b. renommierten internat. Festivals, mehrere Funk- u. Fernsehauftritte, TV-Filme: "Two pianos - One Passion" (CBS TV, USA), G&D live in Bulgarien" (BNR-BNT, Bulgarien), CDs: 7, darunter - Schostakowitsch-Complete Piano Duo Works (CPO Classics), "Bulgarien Impressions" (CPO), "Genova & Dimitrov Piano Duo" (Gega New Classics), "Konzerte f. Klavierduo v. Schnittke u. Martinu" Radiophilharmonie-Orchester. NDR, Dir. Eiji Que (CPO), "Complete Piano Duo Works of J. Chr. Bach" (CPO). E.: Genova & Dimitrov sind "das erfolgreichste junge Klavierduo" (IPDF New York - Tokyo), Nominierung d. jungen Künstler d. Jahres 99, Bester Pianist d. Jahrgänge während d. Schul- u. Stud.-Zeit. M.: Ehrenmtgl. d. Intern. Piano Duo Association Tokio-Japan. H.: Wandern, Natur.

Dimke Peter Dr. phil. *)

Dimpfel Wilfried Dr. Prof. *)

Dinca Andrea *)

Dincher Bernd Wilhelm Dipl.-Ing. Arch. AKS *)

Dincher Jürgen *)

von Dincklage Hans-Bodo

B.: Werbefachmann, Gschf. FN.: SFB Werbung GmbH. DA.: 14057 Berlin, Kaiserdamm 80-81. G.: Görlitz, 9. Apr. 1929. K.: 1954-57 Ltr. v. Dienst Fernsehen/SFB, seit 1970 Gschf. d. SFB Werbung GmbH Berlin, Vors. d. Fremdfilmauswahlkmsn. d. ARD-Werbung. E.: 1983 BVK. am Bande.

Dinescu Mariana Dr. med.

B.: Ärztin f. Allg.-Med. u. Betriebsmed. DA.: 27755 Delmenhorst, Düsternortstr. 114. www.dr.dinescu.de. G.: Bukarest, 31. Mai 1949. V.: Dipl.-Ing. Constantin Dinescu. Ki.: Andre (1975). El.: Traian u. Constanza Musulan. S.: 1967 Abitur, 1967 Stud. Med. Univ. Bukarest. K.: 1974-80 prakt. Ärztin in Bukarest, 1981 Flucht in d. BRD, 1983-89 Betriebsärztin d.

*) Biographie www.whoiswho-verlag.ch oder beigefügte CD-ROM

Stadtwerke Bremen, 1985 Anerkennung als Betriebsärztin, 1991 FA-Anerkennung f. Allg.-Med., seit 1991 ndlg. Ärztin in Delmenhorst m. Schwerpunkt Allg.-Med. u. Betriebsmed. M.: Verb. d. Allg.-Mediziner u. Betriebsmediziner. H.: Malerei, klass. Musik, Literatur, Kunst.

Dinescu Violeta Prof.
B.: Komponistin. PA.: 26133 Oldenburg, Presuhnstr. 39. violeta.dinescu@uni-oldenburg.de. G.: Bukarest, 13. Juli 1953. S.: 1977 Abitur. K.: 1978-82 Dozentur Musikschule G. Enescu Brukarest, 1986-90 Lehrauftrag Musiktheorie HS f. Kirchenmusik Heidelberg, 1989-91 Lehrauftrag Musiktheorie HS f. Musik Frankfurt/Main, 1990-94 Doz. f. Tonsatz an d. Akad. f. Kirchenmusik in Bayreuth, seit 1996 Prof. f. Angew. Komposition an d. Univ. Oldenburg. P.: zahlr. Kompositionen u.a. "Hunger u. Durst" (Oper 1985), "Der 35. Mai" (Kinderoper 1986), "Eréndira" (Oper 1992), "Schachnovelle" (Oper 1994), "Effi Briest" (Ballett 1998), L'Ora x (Orchester 1995), Tabar (vier Schlagzeuger u. Orchester 2000), Schattenspiegel (Orchester 2000). E.: zahlr. intern. Preise u. Ausz. u.a. 1983 Grand Prise f. Composition USA, 1986 I.A.M. Preis Kassel, 1989 1. Preis v. Bucchi Italien, C.-M.-v.-Weber-Preis Dresdner Festspiele, 1988 Preis d. Stadt Baden-Baden. H.: Sport, Literatur, Math.

Ding Dunja

B.: Landschaftsarchitektin, Inh. FN.: landschaft & form Planungsbüro Dunja Ding. DA.: 79219 Staufen, Albert-Hugard-Str. 25. landschaft-form@t-online.de. G.: Heidelberg, 31. Mai 1963. V.: Werner Hirnd. El.: Erhard u. Anneliese Ding, geb. Barth. S.: 1982 Abitur Weinheim, Berufsfindungszeit, 1986-88 Gärtnerlehre, 1989-93 Stud. Master of Art in Sheffield/GB. K.: Planung u. Ausführung v. Parkanlagen u. Privatgärten in England u. Belgien, 1993-99 Tätigkeit in versch. Büros füf Landschaftsarchitekten, seit 1999 selbst. m. eigenem Planungsbüro f. Privatgärten, Außenanlagen, Beratung, Planung u. Baultg. P.: regelmäßige Vorträge, Veranstaltungen, Exkursionen u. Seminare zu versch. Gartenthemen, Vorträge VHS, Baumschule Brossmer Ettenheim. M.: Arch.-Kam., BDLA. H.: Lesen, Tanzen, Kochen.

Ding Rolf *)

Ding Steven Xianchun Dr.-Ing. Prof. *)

Dingel Elli *)

Dingeldein Elvira Dr. med. vet.
B.: Geschäftsbereichsltr., Ges. FN.: Coripharm Medizinprodukte GmbH & Co. DA.: 64807 Dieburg, Lagerstr. 11-15. G.: Königsberg/Ostpreußen, 8. Apr. 1940. El.: Bernhard u. Ida Dombrowski. S.: 1960 Abitur, 1965 Staatsexamen, 1967 Prom. K.: Praktikantenzeit an d. Univ. Gießen, 1967 Battelle-Inst. Frankfurt/Main, 1972 zu Merck Darmstadt, Schwerpunkt Forsch., Bio-Materialien, 1994 Grdg. d. Coripharm in Dieburg. P.: Einheilung einer porösen Hydroxylaptit-Keramik biolog. Herkunft im spongiösen Knochenlager v. Kaninchen (1994), Methotrexate loaded bone cement - in vitro and in vivo studies (1998), Bacteriological studies in patients treated with gentamicin-PMMA-beads (1981), MIC determination, disc sensitivity testing and analysis of regression in cefazedone and cefazolin (1979), Bactericidal activity of Cefazedone (1979). M.: Europ. Soc. of Biomaterials, Grdg.-Mtgl. Orthop. Res. Soc., Chir. AK Biomaterial. H.: Literatur, Gartengestaltung, Kochen, Fotografieren, Reisen.

Dingeldein Hans *)

Dingeldey Werner Dipl.-Ing. *)

Dinger Gunter

B.: Gschf. Ges. FN.: Dinger's Gartencenter Köln GmbH & Co KG. DA.: 50829 Köln, Goldammerweg 361. G.: Dresden, 29. Juli 1936. V.: Karla, geb. Fechtner. Ki.: Helga (1965), Christian (1966). El.: Kurt u. Martha. S.: 1953 Mittl. Reife, 1953-55 Lehre Gärtner. K.: 1955-60 Wanderj., 1960 Eintritt in d. elterl. Gartenbaubetrieb, 1963 Meisterprüf., 1970 Übernahme des elterl. Betr. u. Ausbau. M.: 8 J. Präs. d. Gärtnerverb. Deutschland, 4 J. Präs. d. Intern. Gärtnerverb. H.: Reisen, Golf.

Dingerkus Hanno *)

Dingermann Theodor Dr. Prof.
B.: Ordinarius f. Pharmazeut. Biologie. FN.: Univ. Frankfurt/Main. DA.: 60439 Frankfurt/Main, Marie-Curie-Str. 9. PA.: 91077 Neunkirchen, Uttenreutherstr. 5. Dingermann@em.uni-frankfurt.de. G.: Kevelaer, 10. Juli 1948. V.: Gertrud, geb. Ruffen. Ki.: Felix (1982). El.: Karl u. Margarethe, geb. van Betteraey. S.: Gymn., 1968 Abitur, 1970-72 Apothekerpraktikant in d. Clemens Apotheke Krefeld-Fischeln, 1972 Pharmazeut. Vorprüf., ab 1973 Stud. Pharmazie am Inst. f. Angew. Chemie d. Univ. Erlangen, 1975 1. u. 1976 2. Pharmazeut. Staatsexamen, 1976 approb. Apotheker, 1980 Prom., 1980-82 postdoc Yale Univ. New Haven. K.: ab 1982 wiss. Ass. Arbeitsgruppe Biochemie d. Univ. Erlangen-Nürnberg, 1985 AkR. a.L., 1990 AkOR., Lehrtätigkeit am Inst. f. Physiolog. Chemie d. Univ. Erlangen-Nürnberg, 1987 Habil., 1987 Lehrbefugnis f. d. Fachgebiet Biochemie u. Molekularbiologie, 1990 Lehrstuhl f. Pharmazeut. Biologie d. Johann Wolfgang Goethe-Univ. Frankfurt/Main, seit 1991 C4-Prof. u. Gschf. Dir. am Inst. F.: Phenion GmbH & Co KG Socratec CSC. P.: Internal control regions for transcription of eucaryotic tRNA genes (1987), Landmarks for integration of mobile genetic elements (1989), RNA polymerase III catalyzed transcription can be regulated in Saccharomyces cerevisiae by the bacterial tetracycline repressor-operator system (1992), Chefred. "Die Pharmazie". E.: 1990 Ria-Freifrau-von-Fritsch-Preis. M.: Aussch.-Vors. "Biotechnolog. hersttellte Arzneimittel", ständiges Mtgl. d. Arzneibuchkmss., 1996-2000 Vize-Präs. d. DPhG (Dt. Pharmazeutisch Ges.), 1998-2000 VPräs. d. Johann Wolfgang Goethe-Univ. Frankfurt, 2000-2004 Präs. d. DPhG (Dt. Pharmazeutisch Ges.), Ges. Chemiker (GDCh), Ges. f. Biochemie u. Molekularbiologie (GBM), American Ass. of the Advancement of Science (AAAS), Dt. Pharmazeutische Ges. (DPhG), Frankfurter Ges. f. Handel, Industrie u. Wissenschaft.

Dinges Hermann Dr. rer. nat. *)

Dinges Walter A. *)

Dingfelder Henner *)

---

*) Biographie www.whoiswho-verlag.ch oder beigefügte CD-ROM

Dingiludis Evangelos *)

Dingler Georg *)

Dingwort-Nusseck Julia Dr. *)

Dinh Truc Son
B.: Gastronom, selbständig. FN.: Asiarestaurant Goldener Bambus. DA.: 01169 Dresden, Amalie-Dietrich-Pl. 6. G.: Nghä An, 1. Jan. 1960. S.: 1976-78 Lehre in der Erdölförderung in Vietnam, 1978-79 Deutschlehrgang in Neubrandenburg, 1979-81 Zerspanerlehre in Neubrandenburg. K.: 1981-82 Zerspaner in Neubrandenburg, 1982-84 tätig als Zerspaner im Fahrzeugwerk Ludwigsfelde, 1984-90 Sprachmittler in Elsterberg, 1990-92 Mitarbeiter f. Ex- u. Import, 1992-98 Gaststättenleiter, seit 1998 selbständig als Inh. d. Asiarestaurants Goldener Bambus. F.: Inh. eines Gemüsegeschäftes. H.: Autorennen, Reisen.

Dinkelacker Wolfgang *)

Dinkelmann Siegfried Willy *)

Dinse Helmut Norbert Dr.

B.: Schulltr., OStDir. FN.: Paul-Gerhardt-Schule. DA.: 37586 Dassel (Solling), Paul-Gerhardt-Str. 1-3. G.: Roßwein/Sachsen, 20. Okt. 1945. V.: Dr. Brigitte, geb. Panzram. Ki.: Nicole (1969), Melanie (1971), Judith (1979), Rebekka (1989). El.: Bruno u. Else, geb. Schmidt. S.: 1966 Abitur, 1966 Wehrdienst SaZ 2, 1968 Volontariat in d. Werbebranche, 1968-70 regelmäßige Tätigkeiten im Bereich d. eisenschaft. Ind. als Werkstudent, 1968 Stud. Germanistik, Geographie, Phil., Päd., Soz. u. Geschichtswiss. an d. Univ. Bochum, 1971-73 Graduiertenförd. d. Landes NRW, 1971-73 Forsch.-Ass. im Bereich d. Jiddistik, 1973 Prom. K.: 1973 Lehrkraft an e. gr. Internatsschule in Dassel, 1976 Jdl.-Gymn. Jaderberg, ab 1977 stellv. Schulltr. u. ab 1979 Schulltr., 1995 Schulltr. an d. Paul-Gerhardt-Schule m. Internat in Dassel. BL.: 1959 Niederrhein. Schülermeister im Leichtathletik-Dreikampf, 1961-63 Westdt. Jugendauswahl Handball, 1967-69 Spieler b. TB Oberhausen in d. Handball-Oberliga, 1973-78 Handballjugendtrainer v. VTB Altjuhrden. P.: Vorträge u.a. "Systematische Umweltbild. als Prozeß wertorientierter Erziehung" (2000), Aufsatz "Sorgsam wirtschaften in d. Schule - Umweltbild. an d. P-G-S Dassel", 2 Bücher "Die Entwicklung d. jiddischen Schrifttums im dt. Sprachgebiet" (1974), "Einführung in d. jiddische Literatur" (1978). E.: seit 1966 jedes J. als "Umweltschule in Europa" durch d. Kultusmin. in Verbindung m. Umweltmin. Niedersachsen u. DGU. M.: Rotary Einbeck-Northeim, Goethe-Ges. zu Weimar, Förderver. Gleimhaus Halberstadt, 1978-90 Ratsherr in Varel/Friesland, seit 1998 Vorst.-Mtgl. Kirchenkreistag Einbeck, seit 2000 Vorst.-Mtgl. EID. H.: Bergwandern, Literatur, Musik (Keyboard, Schlagzeug, Akkordeon-Klassik).

Dinse Monika M.D.
B.: RAin. DA.: 12045 Berlin, Sonnenallee 124. G.: Schobüll b. Flensburg, 22. Juni 1954. S.: 1975 Abitur AVS Flensburg, 1976-82 Stud. Rechtswiss. FU Berlin, 1982 1. Staatsexamen, 1982-85 Referendariat, Wahlstation in San Francisco/USA, 1985 2. Staatsexamen, 1986-87 Fortbildung z. Personal- u. Wirtschaftsass., 1991-92 Dale Carnegie Kurse, 2000 Silva Mind Control. K.: 1985-86 1 J. in Südamerika, v. allem in Brasilien u. Argentinien, seit 1988 RA in Berlin, Aufbau einer eigenen Kzl., Tätigkeitsschwerpunkte: Familienrecht, Verkehrsrecht, Arbeitsrecht, Strafrecht. M.: ehem. Rechtsaussch. American Football Verb. Berlin. H.: Tanzen, Schwimmen, klass. Musik, Reisen, Tiere, Esoterik, Reiki.

Dinser Hans-Dieter *)

Dinslage Herwarth Dr. med. *)

Dinslage Peter Dipl.-Ing.

B.: Sachv. f. Straßenverkehrsunfälle sowie Kfz-Schäden u. -Bewertung. DA.: 51107 Köln, Heumarer Mauspfad 19. G.: Warstein, 12. Sep. 1954. El.: Karl-Heinz u. Sonja, geb. Schatthauer. S.: 1974 FH-Reife, 1976-79 Stud. Fahrzeugtechnik FH Köln m. Abschluss Dipl.-Ing. K.: Ass. b. d. Arbeits- u. Forsch.-Gemeinschaft Verkehrsunfälle, Ang. im Sachv.-Büro Dr. Burckhardt in Freiburg, seit 1985 selbst. Kfz-Sachv., seit 1986 öff. bestellter u. vereid. Sachv. f. Straßenverkehrsunfälle sowie f. Kfz-Schäden u. -Bewertung. H.: Motorradfahren, Kunst.

Dinstuhl Klaus-Jürgen *)

Dinstühler Peter
B.: Ges., Gschf. FN.: IS Industrial Services GmbH. DA.: 90408 Nürnberg, Nordring 26. PA.: 90425 Nürnberg, Albert Ortmann-Str. 40. G.: Dachelhofen, 9. Juni 1951. V.: Birgit, geb. Ley. Ki.: Jens-Peter (1978), Ina (1981). El.: Franz-Georg u. Rosa-Maria. S.: 1968 Mittlere Reife Gummersbach, 1968-71 Lehre Starkstromelektriker b. d. Firma Steinmüller in Gummersbach, Stud. an d. Gesamt-HS Siegen, 1975 Dipl.-Ing. f. Elektrotechnik. K.: 1975-78 Mitarb. b. ZSI Ing.-Ges. in Gummersbach, 1978 Techn. Ltr. Elektrotechnik, 1979 Regionalltr. Bayern, 1986 Gschf. v. ZSI, 1990 Grdg. d. Firma IS GmbH in Nürnberg. BL.: Erfindung u. Entwicklung. d. Dienstleistung "Ind.-Anlagen - Verlagerung". F.: Inh. u. Gschf.: ISA Anlagenbau GmbH Nürnberg; IS Inc. Atlanta Georgia USA. M.: Vorst. d. Jägerges. "Brauner Hirsch" in Nürnberg e.V., Verb. mittelständischer Unternehmen. H.: Jagd, Fischen, Golf.

Dinter Peter *)

van Dinther Bernd Dipl.-Kfm.
B.: Vorst. Finanzen. FN.: MBD Fashion AG. DA.: 45879 Gelsenkirchen, Schevenstr. 19. bernd.vandinther@joye-fun.de. www.joye-fun.de. G.: Bochum, 27. Sep. 1956. V.: Regina, geb. Nowak. Ki.: Viktoria-Luise (1990), Moritz (1993). S.: 1976 Allg. HS-Reife Bochum, 1976-77 Bundeswehr, 1977-81 Stud. Wirtschaft in Bochum, 1981-86 Stud. Jura in Bochum, 1986-87 Stud. Wirtschaft Essen, 1987-90 Rechtsreferendar LG Essen, 1990 2. Jur. Staatsexamen, Dipl.-Kfm. K.: 1991-93 Mitarb. in d. Prüf.-Abt. Ernst & Young, 1993-94 Ass. d. Geschäftsltg. Tischschmidt-Gruppe, 1994-99 Kfm. Ltr., seit 2000 Vorst. Finanzen MBD Fashion AG. M.: 1981-88 Deutschlandrat d. Jungen Union. H.: Ev. Kirche, alte Autos, Ldw. auf eigenem Hof.

Dippacher Bärbel *)

*) Biographie www.whoiswho-verlag.ch oder beigefügte CD-ROM

Dippel

Edler und Ritter von Dippel Dietmar *)

Dippel Horst Dr. Prof.
B.: Historiker. DA.: 34109 Kassel, Univ. Kassel, FB 08. PA.: 37130 Gleichen, Am Westerberg 8. hdippel@uni-kassel.de. G.: Düren, 30. Apr. 1942. V.: Gudrun, geb. Lückert. Ki.: Nicolette, Isabel, Virginia. El.: Arnold u. Lina. S.: Abitur, Stud. Univ. Köln, Heidelberg u. Göttingen, 1970 Prom. K.: 1970-80 Mitarb. an versch. Univ. u. Forsch.Inst., 1980 Habil. 1980-81 Vertretungsprof. FU Berlin, 1988-89 Univ. Kassel, 1981-90 Priv.Doz., 1990-92 Prof. Univ. Hamburg, 1983-92 Lehrbeauftragter Univ. Göttingen, Heisenberg-Stipendiat, 1990-92 Gastprof. Univ. Leipzig, seit 1992 Prof. f. British and American Studies Univ. Kassel. P.: Germany and the American Revolution (1977), Individuum und Gesellschaft (1981), Die Amerikan. Revolution (1985), Die Anfänge d. Konstitutionalismus in Deutschld. (1991), Die amerikanische Verfassung in Deutschl. im 19. Jhdt. (1994), Geschichte d. USA (1996, 4. Aufl. 2001), Georg-Forster-Studien Iff. (1997ff), Executive and Legislative Powers in the Constitutions of 1848-49 (Hg.) (1999), zahlr. Aufsätze. M.: Mtgl. mehrerer histor. Ges. u.a. Georg-Forster-Gesellsch. (Vorsitzender).

Dippel Martin Dr. jur. *)

Dippel Pavel

B.: staatl. geprüfter Dipl.-Musiklehrer, Inh. FN.: Musikschule-Shop Dippel. DA.: 42899 Remscheid, Gertenbachstr. 33. www.musiculedippel.de. G.: Prokopiews/ Sibirien, 1. Jän. 1961. V.: Lilija, geb. Patzer. Ki.: Andree (1980), Valentin u. Wladimir (1984). S.: 1980 Stud. Musik-HS Prokopiewsk, Abschluß Musiklehrer f. alle Tasteninstrumente, 1991 Dipl.-Anerkennung als Musiklehrer in Düsseldorf. K.: 1980-85 m. 3 gr. Bands in Prokopiewsk gearb., 1985 musikal. Ltr. einer Band in Namangan u. Ltr. versch. gr. Tourneen durch ganz Rußland, 1990 Einreise in d. BRD, 1991-95 freier Mitarb. in versch. Musikschulen, 1995 Grdg. d. Musikschule in Remscheid m. Unterricht f. alle Tasteninstrumente, Violine, Klarinettem Gitarre u. Saxophon, 1998 Eröff. d. Musikshops f. Noten, Zubehör u. Instrumente. H.: Musik, Billard spielen.

Dippell Jürgen Dr. med. Prof.
B.: Dir. FN.: Clementiner Kinder-KH. DA.: 60316 Frankfurt, Theobald-Christ-Str. 16. G.: Alsfeld, 20. Juni 1938. V.: Dr. Annette, geb. Fritze. El.: Karl u. Elisabeth. S.: 1958 Abitur Alsfeld, Med.-Stud. Frankfurt u. München, Prom. K.: 2 1/2 J. in d. Path. b. Prof. Rotter, 1975 Habil., 1972 FA f. Kinderheilkunde, 1981 Präs. d. Kindernephrologie. M.: Intern. Ges. f. Kindernephrologie. H.: Rennradfahren, Klavierspielen.

Dippold Rainer Dr. Ing. *)

Dippold Rüdiger
B.: freischaff. Konzertpianist. PA.: 96049 Bamberg, Paradiesweg 39A. G.: Bamberg, 16. Okt. 1957. V.: Arntrud, geb. Jäger. Ki.: Severin (1995), Sofie (1997). S.: 1976-79 Stud. Kirchenmusik Fachak. Regensburg, 1979-83 Stud. Klavier und Klavierkammermusik Musik-HS Würzburg, weiterer Unterricht bei Elza Kolodin Freiburg, Tamás Vásáry London u. Roberto Szidon Düsseldorf. K.: intern. Konzerttätigkeit, 1983-96 Lehrauftrag Univ. Bamberg, Ltr. d. studienvorbereitenden Abteilung d. Kreismusikschule. BL.: Initiator u. Ltr. der Bamberger Klaviernacht u. d. Konzertreihe Burgebrach, bes. Klarheit u. Ausdrucksstärke beim Klavierspiel. P.: Orgelwerke für d. Konzertflügel, themat. Klavierabende, Liederbearbeitungen, CD-Prod.: Bach, Boellmann-Transkriptionen. H.: Kunstgeschichte, historische Gartenanlagen, Kochen.

Dirala Diego Dipl-Kfm. *)

Dirala Fritz Wilhelm *)

von Dirke Armin *)

Dirker Arno Josef *)

Dirkers Detlev Dr. rer. pol. Prof.

B.: Gschf. Ges. FN.: Lang/Dirkers Agentur f. PR u. Werbung. DA.: 49078 Osnabrück, Lotterstr. 111. team@lang-dirkers.com. www.lang-dirkers.de. G.: Hasbergen, 1. Apr. 1960. Ki.: 2 Kinder. S.: 1978-81 Ausbild. Sparkassenkfm., 1984-85 Hochschulreife, 1985-90 Stud. Medienwiss., Literaturwiss. u. Kunstgeschichte an d. Univ. Osnabrück, 1987-88 Gaststud. Medien u. Journalistik an der Universität Bielefeld, 1988-89 PNL in London, 1990 Abschluß Mag., 1991-94 Stipendium d. Hans-Böckler-Stiftung, Prom. K.: 1985-87 Korrespondent b. dpa, 1987-93 freier Journalist f. versch. Rundfunkanstalten u. Tageszeitungen, seit 1992 Drehbuchprod. f. versch. Filmprod.-Firmen, 1992 Grdg. d. Büros. f. Presse- u. Öff.-Arb., 1995 Grdg. d. Agentur Lang/Dirkers f. PR u. Werbung, 1995 Grdg. d. Verlags f. Medien u. Kommunikation. P.: Veröff. v. Video- u. Buchpubl. M.: DPRG. H.: Segeln.

Dirks Hans-Peter Dr.
B.: Arzt f. Innere Med. u. Arzt f. Lungen- u. Bronchialkunde, Allergologe. DA.: 30161 Hannover, Lister Meile 13. PA: 30173 Hannover, Bischofsholer Damm 60. G.: Babenhausen/ Schwaben, 23. Apr. 1946. V.: Dr. Waltraud, geb. Bischofs. Ki.: Katrin, Arne. S.: 1966 Abitur, 1966/67-72 Stud. Göttingen/Erlangen, 1973 Prom. K.: Bakteriologie, Innere Med. in Westerstede, Pneumologie u. Onkologie Heidelberg u. Göttingen, 1985 Praxiseröff. P.: Veröff. wiss. Arb. M.: SEP Basel, BdP, BDI, Ndt. Ges. f. Lungen- u. Bronchialheilkunde, AID. H.: Segeln, Surfen, Musik.

Dirks Heinz-Martin *)

Dirks Reinhard
B.: Vorst. FN.: Neckermann Versand AG. DA.: 60386 Frankfurt/Main, Hanauer Landstr. 360. G.: 7. Mai 1947. K.: Vorst. Einkauf Hartwaren/Heim- und Haustextilien/Import/Umweltschutz Neckermann Versand AG. (Re)

*) Biographie www.whoiswho-verlag.ch oder beigefügte CD-ROM

Dirksen Ulrike

B.: Gschf. Ges. FN.: CAFE extrablatt. DA.: 58095 Hagen, Friedrich-Ebert-Platz 9. G.: Emsdetten, 28. Feb. 1964. El.: Josef u. Hedwig Dirksen, geb. Berning. S.: 1980 Mittlere Reife, 1980-83 Ausbild. Ind.-Kauffrau. K.: 1983-85 Ind.-Kauffrau einer Finanzbuchhaltung, 1995-97 Betriebsltr. im Cafe Extrablatt in Münster, s. 1997 selbst. m. Übernahme d. Cafe Extrablatt in Hagen und Grdg. des Cafes u. Bistros. H.: Freizeit mit d. Familie, Badminton.

Dirksmöller Albrecht *)

Dirksmöller Hermann jun. *)

Dirlmeier Ulf Dr. phil. Prof. *)

Dirmeier Josef *)

Dirmeier Walter Dr.-Ing. *)

Dirschedl Renate Maria *)

Dirscherl Carolin *)

Dirscherl Klaus Dr. *)

Dirschinger Renate

B.: Gschf. Ges. FN.: Emporio Exclusive Mode GmbH. DA.: 65183 Wiesbaden, Wilhelmstr. 38. kontakt@emporio-exclusive-mode.de. www. emporio-exclusive-mode.de. G.: Hechingen, 22. März 1952. V.: Enno Dirschinger. Ki.: Alexander. El.: David u. Waltraud Docker. K.: seit 1975 selbst. im Import u. Vertrieb d. Textilbrache, Aufbau eines Prod. v. Damenoberbekleidung in Italien, 1978-84 Eröff. eines Ladengeschäftes in Spanien, 1986 Eröffnung d. Geschäftes in Wiesbaden, 1989-96 Eröff. eines Geschäftes in Frankfurt/Main u. 1990-99 in Offenbach, 1993 Verkauf d. Prod. in Italien, 2000 Eröff. d. neuen Geschäftes in Wiesbaden. M.: ehrenamtl. Richterin am Arb.-Gericht, Krebshilfe. H.: Familienleben, Tanzen, Reisen.

Dirschka Joachim *)

Dirschwigl Alois W. *)

Dirting Elmar Dipl.-Ing. *)

Disch Wolfgang K. A. Dipl.-Kfm. *)

Discher Paul Gerhard

B.: Agenturinhaber. FN.: DKV Deutsche Krankenversicherung AG. DA.: 35390 Gießen, Ludwigspl. 4. discherdkv@aol.com. www.kdv.org/orga/p-discher. G.: Herborn, 16. Juni 1957. V.: Irene, geb. Esser. Ki.: 1 Sohn, 1 Tochter. S.:

1973-75 Lehre z. Elektromechaniker Henrich KG Hörbach, 1976-78 Bundeswehr. K.: 1978 Elektromechaniker Firma Format Küchenhersteller Haiger, 1979-84 Tätigkeit im Berich Qualitätssicherung zuständig f. Elektrik b. Firma Buderus Burg, 1984-86 stellv. Lagerleiter b. Firma Minuva Mercedes-Nutzfahrzeuge Herborn, 1986-90 Tätigkeit im Außendienst der Hamburg-Mannheimer Versicherung m. eig. Agentur in Herborn, 1986-88 Abendgymnasium Gießen m. Abschluss Abitur, 1988-90 Ausbildung z. Bürokaufmann b. d. DAG, 1990-92 Einkaufsleiter b. Firma Müller Schaltanlagen Hörbach, 1990-92 Ausbildung z. Fachkaufmann Einkauf u. Materialwirtschaft b. d. IHK, nebenbei eigene Versicherungsagentur, 1992-96 Tätigkeit f. d. Signal Versicherung, seit 1996 Versicherungsfachmann b. d. DKV Dt. Krankenversicherung AG, ab 1997 m. eigener Agentur in Gießen, 1998 Eröff. d. Büros, 2000 Umzug u. Vergrößerung d. Agentur. BL.: ltd. Teilnahme an Weiterbildungsseminaren im Fachbereich u. im Bereich Unternehmensführung. P.: Beiträge in Fachzeitschriften u. in d. örtl. Zeitungen, Berichterstattung über d. Agentur u. d. Internet-Auftritt in d. örtl. Presse. E.: zahlr. Ausz. d. Versicherungsunternehmen. M.: Bundesverband Dt. Versicherungskaufleute. H.: Beruf.

Disko Werner Gerhard Dr. *)

Disl Uschi

B.: Profi-Biathletin, Bankkauffrau/PHMin. beim BGS. FN.: c/o Dt. Skiverband. DA.: 82152 Planegg, Hubertusstr. 1. PA.: Autogrammadressen: A- 6345 Kössen, Moserbergweg 6, 83623 Dietramszell, Groß-Eglsee 16. G.: Dietramszell, 15. Nov. 1970. K.: betrieb bis 1986 Langlauf, danach Biathlon; größte sportl. Erfolge: 1991 WM Staffel/3., WC Gesamt/4., DM Einzel/1., 1992 OS Staffel/2., WM Team/2., WC Gesamt/5., 1993 WM Staffel/4., WC Gesamt/16., 1994 Olympische Spiele Einzel/3., Staffel/2., WM Team/4., WC Gesamt/4., 1995 WM Einzel/1., Sprint/2., Team/2., WC Staffel/2., DM Sprint/1., 1996 WM Team/1., Staffel/1., WC Gesamt/2., 1997 WM Staffel/1., WC Gesamt/2., DM Sprint/1., Staffel/1., 1998 OS Einzel/3., Staffel/2., WC Gesamt/2., Biathlon-Trophy Gesamt/1. Gesamtwertung 1998/99/3., 1999 WM Staffel/1., 2000 WM Oslo Staffel/2., Verfolgung/2., 2002 OS Salt Lake City/2., Staffel/1. H.: Billard, Lesen, Kajakfahren, Radfahren, Essen. (Re)

Disse Eva Sybille Dr. *)

Dissel Wilhelm-Wolfgang

B.: Musikschuldir. DA.: 59227 Ahlen, Homannsweg 9. G.: Dortmund, 21. Sep. 1946. Ki.: Sebastian, Frederik. El.: Richard u. Luise, geb. Henzlik. S.: 19061 Organist u. Kinderchorltr. in Dortmund, 1963-66 Lehre als Bankkfm. in Dortmund, 1963-67 Sud. am Konservatorium in Dortmund, 1967-75 Stud. an d. HS f. Kirchenmusik/Landeskirchenmusikschule in Herford. K.: 1968 Orgelmusik innerhalb eines Konzertes d. LKMW in Willingen, 1969 hauptamtl. ev. Kantor in Ahlen, 1970 Übernahme Vokalchor Ahlen, Dahlke-Chor, Ahlen, 1971 Debut m. d. 4. Orchestersuite u. d. Weihnachtsoratorium v. Johann Sebastian Bach m. d. "Dt. Bachsolisten" innerhalb d. Kulturgeschichte Ahlen, intern. Orgeltage in Ahlen, Organist in Leipzig, Orgellehrer, 1972 Kirchenmusik m. Prof. Ehmann und dem Chor der Landeskirchenmusikschule und

*) Biographie www.whoiswho-verlag.ch oder beigefügte CD-ROM

Orgelmusik v. H. Bornemann u. S. Scheidt, 1973 Übernahme MC Cäcilia, 1974 ADC Chordirektor, 1974-82 Doz. an d. FH Bielefeld im Bereich Medienpäd. u. Heilpäd., 1976 Organist in Japan Tournee, 1978 Fortbild. "Spieltherapie" im Berufsverb. der Heilpäd., 1979 Musikschuldir. Haltern, 1979-81 Kinderchor Lippramsdorf, 1980 Aufnahme d. Musikschule in d. VdM, 1985 Grdg. u. Ltg. d. Städt. Chor. Haltern, 1987 Förderpreis f. Halterner Musikschule, 1993 Teilnahme der "Chorgemeinschaft Dissel", 1994 Aufführung m. d. Kölner Ballettak. "Ein Sommernachtstraum" u. "Die erste Walpurgisnacht" v. Felix Mendelssohn-Bartholdy. M.: Arbeitskreis Musik d. Kulturseskr., Verb. d. Dt. Musikerzieher u. konzertierender Künstler. H.: Lesen.

Disselbeck Hartmut Dipl.-Ing. *)

Disselhoff Johann-Eugen Dr.

B.: Kinderarzt. DA.: 77654 Offenburg, Wilhelmstr. 7. G.: Waldshut, 20. Juni 1943. V.: Silvia, geb. Garlonska. El.: Dr. Hans Dietrich (Ethnologe) u. Dr. Johanna, geb. von Freydorf. BV.: Markgrafen von Baden, Dichter August Disselhoff. S.: 1963 Abitur, 1963-65 Bundeswehr, 1965-70 Med.-Stud. Freiburg, 1970 Staatsexamen, 1972 Approb. u. Prom. K.: 1978 FA-Anerkennung f. Kinderheilkunde, Ass.-Arzt in mehreren Kliniken Berlin, Kork, Stuttgart, seit 1979 eigene Praxis. BL.: 1975 1 Jahr Südamerika. P.: 3 wiss. Publ. M.: Berufsverband d. Kinder- u. Jugendärzte, Liga gegen Epilepsie, Arbeitsgemeinschaft Kinder- u. Jugendgynäkologie, Deutsche EEG-Ges., Ärzte gegen den Atomkrieg (IPPNW). H.: Drachenfliegen, Segeln, Mountainbiken, Inlineskaten, Skisport.

Dißmann Jochen Dipl.-Kfm.

B.: Dipl.-Kfm., Inh. FN.: Dissmann GmbH. DA.: 33609 Bielefeld, Blomestr. 22. dissmann@dissmann.com. www.dissmann.com. G.: Gütersloh, 7. Apr. 1956. Ki.: Daniel (1987), Dominik (1991). El.: Helmut u. Brunhilde. S.: 1976 Abitur Solling, b. 1978 Bundeswehr, Stud. BWL an d. Westfäl. Wilhelms-Univ. Münster, 1984 Dipl.-Kfm. K.: b. 1987 Controlling b. HDW in Kiel, 1988 Einstieg in d. elterlichen Druckveredelungs-Unternehmen als Gschf. der Dissmann GmbH in Bielefeld, 1990 Anteile d. GmbH erhalten, seit 1999 alleiniger Firmeninh. P.: Veröff. über meisterhaftes Holographiewerk u. intern. Ausz. f. ein Holographiebuch, Mitbegründer d. Arbeitskreises Hologram-Techniken u. neue Medien, Herstellung d. Umschlages d. EXPO 2000-Buches, Design d. Douglas-Card. E.: 1. Preis in Berlin, 1995 AHT-Award für innovative Medien.

Distl Anton *)

Distler Armin Dr. med. Prof. *)

Distler Heinz Xaver

B.: Maler- u. Lackierermeister. FN.: Heinz Distler Malerbetrieb. DA.: 91052 Erlangen, Luitpoldstr. 81a. heinzomat@t-online.de. G.: Erlangen, 24. Apr. 1961. V.: Magdalena, geb. Daum. Ki.: Kai (1980), Jasmin (1994), Niklas (1995). El.: Lothar u. Monika, geb. Riese. BV.: Urgroßvater väterlicherseits Konrad Georg Distler (1880-1954), Schuhmachermeister an d. Südl. Stadtmauerstraße in Erlangen. S.: Mittlere Reife, 2 1/2 J. Ausbild. Maler u. Lackierer Firma Scholten Malerbetrieb Erlangen, 1986 Meisterprüf. K.: Gesellentätigkeit und Meister in versch. Malerbetrieben, seit 1987 selbst. m. eigenem Malerbetrieb. F.: INKU-Ges. Stuttgart-Echterdingen. M.: Innungsmtgl., Turnver. (TV) 1848 Erlangen. H.: Motorradfahren, Sport (Faustball).

Ditges Johannes Dr. Prof.

B.: Wirtschaftsprüfer, Steuerberater. FN.: ADW Prof. Dr. Ditges & Partner Wirtschaftsprüf.-Ges. Steuerberatungs GmbH. DA.: 04356 Leipzig, Walter-Köhn-Str. 1d. G.: Rees/Niederrhein, 20. Mai 1951. V.: Dr. Gisela Laakmann-Ditges, geb. Laakmann. Ki.: Thomas, Ruth, Kristin, Charlotta. S.: 1969 Fachabitur Wesel, 1969-71 Ausbild. d. Großhdls.-Kfm., 1971-74 FH-Stud. BWL (Betriebswirt), 1974-76 HS-Stud. (Dipl.-Ökonom). K.: 1977-81 Tätigkeit in d. Zentralabt. Revision u. Ausland b. Thyssen Hdls.-Union AG Düsseldorf, 1981-92 Wirtschaftsprüfer u. Steuerberater, ab 1989 stellv. Gschf. b. Dr. Lauter & Fischer GmbH Wirtschaftsprüf.-Ges. Köln, gleichzeitig Generalbevollmächtigter d. BDO Dt. Warentreuhand AG Wirtschaftsprüf.-Ges. Hamburg, 1981 Bestellung z. Steuerberater, 1984 Bestellung z. Wirtschaftsprüfer, 1990 Prom. z. Dr. rer. pol., seit 1992 selbst. Wirtschaftsprüfer u. Steuerberater. P.: Diss.: Steuerplanung im Konkurs. M.: Vors. d. Finanz- u. Steuerausssch. d. IHK zu Leipzig, Prüf.-Ausssch. Sächs. Staatsmin. f. Wirtschaft u. Arb. f. Wirtschaftsprüfer u. vereid. Buchprüfer im Freistaat Sachsen. H.: Tennis, zeitgenöss. expressionist. Kunst, Bergwandern.

Ditges Rudolf Dipl.-Ing. *)

Dithmar Reinhard Dr. Prof. *)

Dithmar Thomas Dr. jur.

B.: RA, Partner. FN.: Sozietät Dithmar-Westhelle-Assenmacher-Zwingmann. DA.: 99096 Erfurt, Charlottenstr. 7. ef@dithmar-westhelle.de. www.dithmar-westhelle.de. G.: Kassel, 12. Okt. 1962. V.: Claudia, geb. Treiber. Ki.: Alexandra (1997), Caroline (1999). El.: Dr. Ulrich u. Marianne, geb. Klose. BV.: Vater Träger d. BVK u. Gründer d. Kzl., Großvater Karl Dithmar Dir. am LG Kassel; Großvater Kurt Klose Bankdir. in Hamburg; Stammbaum b. ins 16. Jhdt. S.: 1981 Abitur, 1981-83 Stud. Phil. Lakeland College Wisconsin/USA, 1984 Bachelor of Arts, 1983-89 Stud. Rechtswiss. Univ. Göttingen, Tübingen u. Genf, 1. Staatsexamen, 1989-90 Referendariat Kzl. Feddersen Laule Scherzberg Hamburg, 1990-91 Referendariat OLG Hamburg, 2. Staatsexamen. K.: 1994-95 Assesor d. Wirtschafts- u. Steuerberatungs-Ges. C & L Deutsche Revision AG in Hamburg, seit 1996 selbstständiger RA u. Insolvenzverwalter in d. Sozietät Dithmar-Westhelle-Assenmann-Zwingmann in Erfurt, 1999 Prom., seit 2001 Fachanwalt f. Insolvenzrecht; Funktion: Lehrauftrag f. Insolvenzrecht an d. FH Schmalkalden. P.: Mitarbeit an Vertragstheorie. M.: Arge Insolvenzrecht u. Sanierung im DAV,

*) Biographie www.whoiswho-verlag.ch oder beigefügte CD-ROM

Thüringer AK f. Unternehmens- u. Insolvenzrecht e.V., Dt.-Amerikan. Juristenvereinigung, Dt.-Israel. Ges. H.: Joggen, amerikan. Literatur im Original.

Ditko Peter H. *)

Ditrich Oswald Dr. med. *)

Ditschar Harald *)

Ditscherlein Gerhard Dr. med. Prof.
B.: Pathologe, em. Univ.-Prof. FN.: Univ.-Klinikum Charité, Med. Fak. d. Humboldt-Univ. zu Berlin, Inst. für Pathol. "Rudolf-Virchow-Haus", Campus Mitte. PA.: 12587 Berlin, Lindenallee 18b. G.: Greiz/Thür., 28. April 1932. V.: Margrid, geb. Protz. Ki.: Karsten (1963), Dietmar (1967). El.: Georg u. Frieda, geb. Querfeld. S.: 1950 Abitur, 1950-51 Zimmererlehre, 1951-57 Med.-Stud. Jena, 1959 Prom. K.: 1959-97 in d. Charité tätig, 1964 FA f. Pathol., 1969 Habil., 1979 Doz., seit 1986 Professur, 1990-94 Prodekan f. Lehre, Hauptgebiet Nierenerkrankungen u. Transplantationen. P.: über 150 Publ., darunter Monografien u. Buchbeiträge E.: 1975 Rudolf-Virchow-Preis. M.: Dt. Ges. f. Pathol., Ges. f. Nephrologie, Intern. Academy of Pathology. H.: Garten. (I.U.)

Dittberner Hugo Dr. *)

Dittberner Wolfgang *)

Ditterich Franz C.
B.: Vorst.-Vors. FN.: Concordia AG. DA.: 50668 Köln, Oppenheimstr. 9. G.: München, 15. Juli 1962. S.: 1982 Abitur, 1982-83 Bundeswehr, 1983-92 Stud. Rechtswiss. Passau, München u. Salzburg. K.: ab 1988 im Bereich Management u. Technologieberatung d. Firma MTEC in Regensburg, u. Unternehmensberatung UBM in München - d. heutigen Mercer Management Consulting u. bei RISK Control AG in München, tätig in d. Bayer. Hypotheken u. Wechselbank in d. Zentrale in München u. ab 1994 in d. Zentrale f. Risikomanagement, 1996-98 Abt.-Ltr. f. Risk- u. Firmenmanagement in d. Berliner Bank in Berlin, ab 1997 Risk-Management f. intern. Projektfinanzierung u. Auslandsdirektfinanzierung, seit 1998 tätig in d. Concordia Bau u. Boden AG als Finanzvorst. u. 2000 Vorst.-Vors. u. zuständig f. Zentralaufgaben u. Value-Management sowie USA-Engagements, 2000 Umbenennung in CBB Holding AG; Funktionen: 1995 Doz. f. gewerbl. Sonderfinanzierungen an d. FH Rosenheim, 1994-95 Doz. f. allg. BWL in d. Bankak.

Dittert Katrin *)

Dittke Klaus
B.: Rechtsanwalt. FN.: Sozietät Dittke, Schweiger, Kehl und Partner; Tamino Steuerberatungsgesmbh, beide in 40479 Düsseldorf, Rosenstr. 14. DA.: 40479 Düsseldorf, Rosenstr. 14. PA: 40882 Ratingen, Witthauweg 30. G.: Düsseldorf, 20. Sept. 1955. V.: Maria Teresa, geb. Hontiveros. El.: Hans Günter u. Sigrid. S.: 1975 Abitur, 1975-82 Stud. Jura in München u. Köln, 1982 1. Staatsexamen. K.: 1982-85 Referendariat Düsseldorf, 1985 2. Staatsexamen, Jur. Ausb. in RA-Sozietät in New York, seit 1985 RA, zugelassen seit 1991 b. d. OLG Düsseldorf, Spezialgebiet Wirtschaftsrecht. P.: "Zulassung gem. 111 g StPO m. Rückwirkung" in Wistra 6/91, 209 ff.; Nachwort zu "Bei Anruf Börsenhai", Campus Verlag. M.: Düsseldorfer Museumsver., Freundeskreis d. Stadtmuseums Düsseldorf e.V., Düsseldorfer Anw.Ver., RA-Kam. Düsseldorf, Prinzengarde der Stadt Düsseldorf "Blau-Weiss" e.V. 1927. H.: Literatur, Sport, Musik. (R.E.S.)

Dittloff Hildegard Martha Agathe Dr. med. *)

Dittloff Rainer Dipl.-Ing. *)

Dittmann Doris Dr. *)

Dittmann Helmut
B.: RA. DA.: 51103 Köln, Kalker Hauptstr. 229-231. G.: Schloß Neuaus, 13. Sep. 1950. V.: Zerrin. Ki.: Alex (1982), Steffi (1986). El.: Gerhard u. Regina. S.: 1971 Abitur Mettmann, 1971-72 Bundeswehr, 1972-78 Stud. Jura Köln, 1. Staatsexamen, 1982 2. Staatsexamen Düsseldorf. K.: seit 1982 selbst. RA m. Tätigkeitsschwerpunkt Familienrecht. H.: Tennis, Bridge.

Dittmann Jochen

B.: selbst. Versicherungsfachmann. FN.: Bayrische Beamtenkrankenkasse - Versicherungsdienste fi. Sachsen. DA.: 08056 Zwickau, Crimmitschauer Str. 12. PA.: 08144 Hirschfeld, Teichstraße 9. G.: Kirchberg, 7. Juni 1950. V.: Lebenspartner: Christine Lippert. Ki.: René (1975), Heiko (1977), Christian (1984). El.: Elsa. S.: 1967 Mittl. Reife, 1967-69 Stahlbauschlosserlehre, 1970-73 Bundeswehr, 1973-76 Schlosser b. Fa. Wismut in Cainsdorf. K.: seit 1976 Berufskraftfahrer Kreis-KH Kirchberg, s. 1989 Verkehrsmstr., Fuhrparkltr. u. Transportbetriebstechn., seit 1992 nebenberuflich f. HMI Versicherungen tätig, danach hauptberufl., 1994-95 Weiterbildung z. Versicherungsfachmann, seit 1996 Vertreter f. d. BKK m. Schwerpunkt priv. Krankenvers.. H.: Holzgestaltung, künstler. Tätigkeiten, Zeichnen, Lesen, Gartenarbeit.

Dittmann Jürgen Dr. phil. habil. Prof. *)

Dittmann Klaus *)

Dittmann Lorenz Dr. phil. Prof.
B.: Kunsthistoriker, o.Prof. em. f. Kunstgeschichte. FN.: Univ. d. Saarlandes. PA.: 66121 Saarbrücken, Mecklenburgring 31. G.: München, 27. März 1928. V.: Marlen, geb. Nebendahl. El.: Lorenz u. Violanda. S.: Univ. München, 1955 Prom. K.: 1965 Habil., 1977-96 o.Prof. an d. Univ. d. Saarlandes Saarbrücken. P.: Die Farbe bei Grünewald (1955), Stil - Symbol - Struktur - Studien zu Kategorien der Kunstgeschichte (1967), Farbgestaltung u. Farbtheorie in d. abendländ. Malerei (1987), Die Wiederkehr der antiken Götter im Bilde. Versuch einer neuen Deutung (2001), zahlr. Aufsätze z. neuzeitl. u. mod. Malerei u. zu kunsthistor. Interpretationsproblemen in Fachpubl.

Dittmann Ralf

B: selbst. Prakt. Arzt. DA.: 31787 Hameln, Breiter Weg 5. PA.: 31789 Hameln, Bgm.-Droese-Str. 18. G.: Kiel, 22. Mai 1959. V.: Renate, geb. Gromzik. Ki.: Angelo (1981), Gina-Rosa (1983), Frederico (1990). El.: Dr. med. Manfred u. Dr. med. Edeltraut, geb. Schulz. S.: 1978 Abitur, b. 1980 Krankenpflegerausbild., b. 1983 Stud. Naturheilkunde. K.: b. 1985 Ass. Dr. Kropp, 1985 Eröff. Naturheilkundepraxis u. Beginn Stud. Humanmed. b. 1993, b. 1995 Ass. am KH Wilhelmstraße Hameln, 1995 Er-

*) Biographie www.whoiswho-verlag.ch oder beigefügte CD-ROM

Dittmann

öff. d. Arztpraxis, 1985-95 Vorlesungstätigkeit in Naturheilkunde, seit 1998 "Doctor on Duty", British Medical Centre, Hameln. M.: Kassenärztl. Ver., Ärztekam., TC Hameln. H.: Klavier, Wandern, Jogging, Motorrad. Sprachen.: Englisch, Latein, Altgriechisch.

Dittmann-Abstein Beate *)

Dittmann-Placek Edeltraut Dr. med.

B.: FA f. Frauenheilkunde u. Geburtshilfe. DA.: 31785 Hameln, Sedanstr. 6. G.: Buchholz b. Stettin, 19. Mai 1931. V.: Zbigniew Placek. Ki.: Peter (1955), Ralf (1959), Ingo (1962), Kerstin (1968). S.: 1951 Abitur Kiel, 2 Sem. Studium Sport, 1952-58 Stud. Med. Kiel, 1958 Staatsexamen und Prom. Kiel. K.: b. 1975 Hausfrau u. Mutter, 1975 med. Ass.-Zeit im Kreis-KH Hameln, 1976 Approb., 1976-81 FA-Ausbild. im Kreis-KH Hameln, seit 1981 ndlg. FA f. Frauenheilkunde u. Geburtshilfe in Hameln. E.: Gold. Tanzabz. M.: Förderver. f. Fahrzeuggeschichte Hameln. H.: Tanzen.

Dittmar Andreas Dr. med.

B.: Arzt. FN.: Gemeinschaftspraxis DDr. med. Geno Kynast u. Dr. med. Andreas Dittmar. DA.: 10967 Berlin, Hermannpl. 5. G.: Mühlhausen, 4. Nov. 1950. V.: Jutta, geb. Lemke. Ki.: Simon (1982), Tobias (1984). S.: 1971 Abitur Berlin, 1971-80 Stud. Phil. u. Publizistik FU Berlin, 1980-87 Stud. Med. FU Berlin, wiss. Arbeit über Physiologie Inst. f. Physiologie, 1987 Approb. u. Prom., FA-Ausbildung Allgemeinmedizin u. Physikal. Therapie, Ausbildung Osteopathie Deggendorf. K.: 1991 Eröff. d. Praxis m. Schwerpunkt Orthopädie u. physikal. Therapie m. Patienten aus vielen Ländern und allen sozialen Schichten. P.: Interwies über Asthmatherapie in nt-v u. SAT1. M.: Schmerztherapeut. Kolloqium, Motoryachtclub Deutschland. H.: Segeln, Tennis, Restaurieren v. Oldtimern.

Dittmar Bonne Dipl.-Ing. *)

Dittmar Friedrich Dr. med. Prof. *)

Dittmar Harald H. *)

Dittmar Horst *)

Dittmar Lutz-Peter

B.: Gschf. FN.: Dittmar ABC-Hdl. GmbH. DA.: 13127 Berlin, Hauptstr. 22. G.: Berlin, 14. Sep. 1961. V.: Kerstin, geb. Kasimir. Ki.: Doreen (1986), Dominik (1988). El.: Manfred u. Helga. BV.: Großvater Dr. Ludwig Dittmar - Chemiker. S.: 1978-81 Lehre Kfz-Schlosser, Ausbild. Berufskraftfahrer, 1981-82 Bundeswehr. K.: b. 1984 tätig in d. Firma Autotrans in Berlin, 1984-89 Kraftfahrer bei EMK techn. Konsumgüter, 1989-90 bei BHG u. b. 1991 bei d. Firma Kamphenkel, seit 1991 selbst. Hdl.-Vertreter f. Küchen, Küchen- u. Türrenovierungen, 1996 Grdg. d. GmbH m. Schwerpunkt Küchenrenovierung u. -ergänzungen, Einbauküchen, 3D-Computerplanung, Küchen u. Möbel aus Venedig, 1998 Eröff. d. Filiale.

Dittmar Martin Ing. grad.

B.: RA, Önologe. DA.: 63450 Hanau, Akademiestr. 4. dittmarm@ra-dittmar.de. G.: Jena, 27. Okt. 1943. V.: Christiane, geb. Weyer. Ki.: Lavina (1977), Laura (1980), Lucas (1982), Lars (1986). El.: Dipl.-Vw. Herbert und Dipl.-Vw. Margarete. S.: Mittlere Reife Kassel, 2 1/2 J. Winzerlehre, Verw. d. hess. Staatsweingüter in Eltville, Berufsausbild. als Winzer, 6 Sem. Stud. Weinbau u. Kellerwirtschaft an d. Hess. Lehr- u. Versuchsanst. Geisenheim m. Abschluß zum Ing. grad. f. Weinbau/Önologe, Abitur auf d. 2. Bild.-Weg, anschl. tätig auf d. Weingut Baron v. Gleichenstein Oberrottweil/Kaiserstuhl, Weinbauinspektor z.A. Reg.-Präsidium Freiburg, Stud. Rechtswiss. Gießen, Justus-Liebig-Univ. u. Joh. Wolfgang-Goethe-Univ. Frankfurt/Main, 1. jur. Staatsexamen, Referendariat Amts- u. LG Hanau, 2. jur. Staatsexamen in Wiesbaden. K.: eigene RA-Kzl. in Hanau, dann Sozietät, Tätigkeitsschwerpunkt: Familienrecht, Strafrecht, Arbeitsrecht, Sozialrecht, Lebensmittelrecht. M.: Burschenschaft Alemannia zu Gießen, Vors. d. Kirchenvorst. d. Ev. Christuskirche in Hanau, Ltr. d. Schlichtungsstelle d. Ev. Kirche u. Kurhessen u. Waldeck, stellv. Präses d. Kreissynode d. Kirchenkreise Hanau, stellv. Vors. d. Lebensgestaltung e.V. H.: Veranstaltung v. Weinproben, Rennradfahren.

Dittmar Peter *)

Dittmar Steffen Dipl.-Ing. *)

Dittmar Uwe

B.: Fluglehrer, Gschf. FN.: Fliegerschule Uwe Dittmar GmbH. DA.: 91330 Eggolsheim, Hauptstr. 28. Pa.: 91330 Eggolsheim, Schießbergstr. 30. uwe.dittmar@t-online.de. www.fliegerschule-dittmar.de. G.: Bamberg, 15. Nov. 1947. V.: Isabel, geb. Seiler. Ki.: Ben (2001). S.: 1965 Abitur, 1967-68 Fliegerausbildung, Privatpilotenlizenz, 1968 Erwerb d. Fahrlehrerlizenz. K.: ab 1970 selbständig m. eigener Fahrschule b. 1986, 1981 Fluglehrerlizenz, 1987 Grdg. d. Flugschule in Eggolsheim, 1994 Erweiterung d. Flugschule z. Ausbildung v. Hubschrauberpiloten, 1999 Ausbildung z. Berufshubschrauberführer. BL.: 1980 Grdg. d. ersten Theorieschule f. Privatpiloten in Deutschland. H.: Schach, Tennis, Gleitschirmfliegen, Segeln.

Dittmer Andreas

B.: Profi-Kanu-Rennsportler/Canadier, Bankkfm., Sparkassenbetriebswirt. FN.: c/o Dt. Kanuverb. DA.: 47003 Duisburg, Postfach 10 03 15. G.: Neustrelitz, 16. Apr. 1972. K.: 1989 JWM C2/500m/1., C2/1000m/2.; 1991 WM C4/500m/3., 1993 WM C1/10000m/3., C2/500m/3., C4/500m/6.; 1994 WM C2/1000m/1., C2/500m/5.; 1995 WM C2/500m/3., C2/1000m/3.; 1996 Olympische Spiele C2/1000m/Gold, C2/500m/4.; 1997 WM C1/1000m/1., C1/500m/5., 1998 WM C1/500m/2., C1/1000m/3., C1/200m/6.; 1999 WM C1/1000m/2., C1/500m/3., C1/200m/4.; 1991-99 31x Dt. Meister, 2000 EM C 1/200m/2., C1/500m/2., C 1/1000m/2. H.: Skilanglauf, Angeln, Segeln auf d. Müritz.

---

*) Biographie www.whoiswho-verlag.ch oder beigefügte CD-ROM

Dittmer Anno Dr. med. Prof.
B.: ehrenamtl. Ltr. d. Kinderschutzberatung, Stadtverordneter Cottbus 1990-98. PA.: 03050 Cottbus, Lindenweg 6. Anno. Dittmer@t-online.de. G.: Berlin-Charlottenburg, 6. Dez. 1926. V.: Dr. Christa, geb. Haak. Ki.: Anno (1953), Matthias (1954), Peter (1958), Mareike (1973). El.: Dr. med. Anno u. Dr. med. Lisbeth. S.: 1943-45 Luftwaffenhelfer, Arb.-Dienst u. Wehrmacht, 1946 Abitur Jena, 1946-51 Stud. Med. Univ. Jena, Approb., 1971 Habil. K.: 1952-56 FA-Ausbild. in Potsdam, Prom. an d. Berliner Charité, 1959 Abschluß FA f. Kinderheilkunde, 1956-72 Aufbau u. Ltg. eines Eiweißlabors in d. Charité-Kinderklinik, 1972-92 Chefarzt d. Kinderklinik am Cottbuser KH; 1975 Honorardoz. an d. Akad. f. Ärztl. Fortbildg. Berlin, 1977 Honorarprof. P.: über 50 wiss. Veröff. m. d. Schwerpunkt Soz.-Entwicklung d. Kindes, Arzneimittelverordnung f. d. Kindesalter (5. Aufl. 1994). M.: Vors. d. Kinderschutzbundes-Ortsverb. Cottbus, Vizepräs. d. Dt. Liga f. das Kind Berlin, Präs. d. Rotary-Club Cottbus, 1998/99 Grdgs.-Mtgl. d. FDP-Ost. H.: Literatur, eigene literarische Arbeit, Philosophie, Sozialwissenschaft.

Dittmer Hans Otfried Dr. phil.
B.: Heilpraktiker. PA.: 34399 Oberweser-Gottstreu, Untere Str. 20. chief@radionik.net. G.: Kassel, 22. Aug. 1952. V.: Anneliese. Ki.: Katharina, Alexander, Martina. El.: Dr. phil. Hans u. Dr. med. Elisabeth. S.: Hum. Abitur, Stud. Theol., Dr. d. Religions-Philosophie. K.: Hrsg. eines dt.-amerik. Literaturmagazines 1977, selbst. Verleger, entdeckte 1977 d. Liebe z. Naturheilkunde, 1984 Heilpraktiker, ab 1985 eigene Praxis, Spezialgebiet heute: Bio- kybernetik + Resonanztherapie. P.: div. Bücher unter Pseudonym, zahlreiche Veröff. in Fachzeitschriften, 7 Fachbücher unter eigenem Namen. E.: Master of Public Health, Doctor of Metaphysics, Senator d. First National Univ. (BVI). M.: Grieshaber-Akademie (Arbeitskreis f. Funktionelle Medizin), D. H.: Wiederentdeckung zum Teil vergessener Heilweisen und Prüfung auf Anwendbarkeit.

Dittmer Hartmut Dr. *)

Dittmer Heinz-F.
B.: Gschf. Ges. FN.: WMI Werzeug u. Maschinenbau Industriebedarf OHG. DA.: 28816 Stuhr, Henleinstr. 17. info@wmi-form.de. www.wmi-form.de. G.: Daverden, 30. Okt. 1932. V.: Christa, geb. Helms. Ki.: Dipl. oec. Wolfgang (1955), Nicole (1972). El.: Johann u. Alma, geb. Köhlert. S.: 1950 Mittlere Reife in Kelzen, 1950-54 Ausbildung z. Werkzeugmacher in d. Bremer Silberwarenfabrik. K.: 1954-60 Werkzeugmacher in Bremer Industriebetrieben, seit 1960 selbständige Grdg. d. Firma Heinz F. Dittmer Werkzeug- u. Maschinenbau Bremen als Inh., 1966 Umzug d. Firma nach Heiligenrode, 1988 Umfirmierung Dittmer GmbH u. Dittmer Industrieprodukte GmbH als Gschf. Ges. b. 1995, 1974 Grdg. d. WMI Industriebedarf als Inh., 1999 Umwandlung WMI Werkzeug u. Maschinenbau Industriebedarf OHG, Tätigkeitsschwerpunkt Konstruktion 2D/3D, Produktentwicklungen, Formen f. Gummi- u. Kunststoffverarbeitung. H.: Musik, Akkordeon u. Orgel.

Dittmer Karin *)

Dittmer Michael Dipl.-Ing. *)

Dittmer Wilhelm Gustav Dr. iur. Prof. *)

Dittmer Wolfgang Dipl.-Kfm.
B.: Unternehmer, selbständig. FN.: Dittmer Produktvermarktung, DPV-Media. DA.: 27753 Delmenhorst, Nutzhorner Str. 29 - 32. wo.dit@t-online.de. www.dittmer-produkte.de. G.: Bremen, 12. Dez. 1955. V.: Ramona, geb. Barthel. Ki.: 4 Kinder. El.: Heinz Friedel u. Christa, geb. Helms. S.: 1972-73 Höhere Handelsschule in Delmenhorst, 1973-76 Wirtschaftsgymnasium Delmenhorst, 1976-82 Stud. BWL an d. Univ. Augsburg u. Köln, 1982 Abschluss Dipl.-Kfm. K.: 1982-84 Ang. in einer Leasinggesellschaft in Düsseldorf, 1984-88 Gschf. u. Prok. im väterl. Unternehmen f. Maschinenbau in Stuhr, seit 1988 selbständig im Maschinenbau, Grdg. Firma Dittmer Produktvermarktung als Inhaber in Delmenhorst, seit 2000 DPV-Media Bereich Multimedial. M.: Mitbegründung u. ehrenamtliche Tätigkeiten Help Children e.V. Lübeck. H.: Sport u. Musik.

Dittmers Ralf *)

Dittner Mathias *)

Dittrich Alois Eduard *)

Dittrich Erich *)

Dittrich Frank
B.: Profi-Eisschnelläufer, Bankkfm. FN.: c/o Eissportver. Chemnitz e.V. DA.: 09114 Chemnitz, Wittgensdorfer Str. 2a. V.: Corinna. Ki.: Tillmann. K.: Erfolge: Olympia-Vierter 1992 (5.000m), Olympia-Sechster 1994 (10.000m), 5.000m-Sieger b. Mehrkampf-WM 1995, 1996 WM-Dritter 10.000m, 1997 WM-Dritter 5.000m, 1998 Mehrkampf-DM-Zweiter, 1998 WM Calgary 10.000m/3., 1999 EM Vierkampf Heerenveen Gesamt/8., WM Allround Hamar Gesamt/10., WC Gesamt 5.000/10.000m/4., Einzelstrecken-WM Heerenveen 5.000m/5., 10.000m/3. H.: Autos, Musik, Reisen.

Dittrich Gerhard

B.: Betriebswirt - WI, selbst. Immobilienkfm. FN.: G. Dittrich Immobilien RDM. DA.: 58706 Menden, Kaiserstr. 17-19. PA.: 58708 Menden, In den Hesserlen 8. dittrich@rdm.de. www.immobilien-dittrich.de. G.: Oberkirchen, 3. Okt. 1947. V.: Gerda, geb. Westig. Ki.: Markus (1974), Alexander (1985), Jovana (1987). S.: 1961-63 Ausbild. in d. Gastronomie, 1964-65 Ausbild. z. Hotel- u. Gaststättenfachmann an der Hotelfachschule Bad Wiessee. K.: 1965-72 berufstätig in versch. Hotel Restaurants u. seit 1968 als Gschf., seit 1972 selbst. Maklergewerbe angemeldet, Tätigkeitsschwerpunkt: Immobilienvekauf u. Vermietung v. Privat-, Gewerbe- u. Ind.-Objekten, 1981-83 Stud. z. Betriebswirt an d. Wirtschaftsak. f. Wirschaftsinformatik, Examen Betriebswirt WI, seit 1987 Sachv. Gutachter f. bebaute u. unbebaute Grundstücke. E.: Ehrenamtl. Gutachter d. Gutachterausschusses f. Grundstückswerte im Märkischen Kreis. M.: seit 1997 1. Vors. d. Ring Dt. Makler (RDM) Bez.-Verb. Süd-Westfalen, Vorst. d. Landesverb. NRW, seit 1998 Präs. d. Immobilien- u. Hypothekenbörse e.V. Dortmund. H.: Jagd, Freizeit m. Familie.

Dittrich Gotthard Dipl.-Ing. *)

Dittrich Kerstin *)

Dittrich Klaus-Eberhard *)

Dittrich Norbert *)

---

*) Biographie www.whoiswho-verlag.ch oder beigefügte CD-ROM

Dittrich Paul
B.: Dipl.-Ökonom, Wirtschaftsprüfer, Steuerberater, Mtgl. d. Vorst. FN.: Berliner Revisions AG. GT.: Schatzmeister d. CVJM-Ostwerk Berlin-Brandenburg e.V. DA.: 10711 Berlin, Katharinenstr. 17. G.: Melsungen, 10. Jan. 1961. S.: 1983-88 Stud. Wirtschaftswiss. an d. Gesamt-HS Kassel, Dipl.-Ökonom. K.: 1988-95 Treuhand-Ver. AG zunächst als Prüf.-Ass. später dann Prok., ab 1995 Berliner Revisions AG zunächst als Prok. u. seit 1998 Mtgl. d. Vorst. F.: Gschf. Brauch u. Partner Steuerberatungs GmbH, Gschf. Brauch u. Heitz WP GmbH. M.: Inst. d. Wirtschaftsprüfer e.V. H.: Marathonläufer.

Dittrich Paul-Heinz Prof. *)

Dittrich Rainer Dr. med. vet.

B.: Tierarzt. DA.: 38304 Wolfenbüttel, Adersheimer Str. 71. G.: Braunschweig, 20. Juli 1948. V.: Susanne, geb. Thumb. Ki.: Karl Valentin (1986), Leonard (1988). S.: 1966 Abitur, b. 1967 Bundeswehr, 1968-74 Stud. Biologie u. Politikwiss., Staatsexamen f. Lehramt an Gymn., 1974-80 Studium Vet.-Med. Tierärztl. Hochschule Hannover, glz. Gymn.-Lehrer, 1980 Approb. K.: bis 1986 Vertretungen in versch. Tierarztpraxen, 1983-86 u. 1991-96 auch Fleischbeschautierarzt f. d. Stadt Braunschweig, 1986-91 Gemeinschaftspraxis in Nordrhein-Westfalen, 1991 Eröff. eigener Tierarztpraxis in Wolfenbüttel. M.: SV Fümmelse. H.: Fußball, Freunde.

Dittrich Sarina *)

Dittrich Thomas *)

Dittrich Volker *)

Dittrich Walter Richard Lothar Dr. rer. nat. Prof. *)

Dittrich Wolfgang Dipl.-Ing. *)

Dittrich Wolfgang Dr. phil. *)

Dittrich Wolfgang K. R. DDr.-Ing. habil. *)

Dittschlag Olaf

B.: selbst. Arzt f. innere Med. u. Naturheilverfahren. DA.: 30539 Hannover, Anecampstr. 8. PA.: 30952 Ronnenberg, Gergarten 8. G.: Celle, 3. März 1960. V.: Christine, geb. Meußer. Ki.: Johannes (1994), Julius (1997). El.: Dr. Werner u. Lydia, geb. Krause. S.: 1979 Abitur Celle, b. 1986 Stud. Humanmed. MedHS Hannover, Wehrdienst als Luftwaffenarzt im Aufklärungsgeschwader in Leck, 1988 Auslandsaufenthalte. K.: b. 1995 Ausbild. z. FA f. Innere Med. im Robert-Koch-KH in Gehrden, Weiterbild. z. Arzt f. Naturheilkunde im Rahmen d. Naturheilkunde, Schwerpunkt Akupunktur. BL.: Besuch des russ. Gebiets Perm/Ural, f. Zwecke d. Umweltprojektes für umweltgeschädigte Kinder. M.: Arbeitersamariterverb., Internistenverb. H.: Fotografieren, Tennis, Fußball.

Dittus Erich Dr.
B.: Dipl.-Vw., Ehren-Hauptgschf. PA.: 89231 Neu-Ulm, Grüntenweg 44. G.: Sigmaringen, 6. Jan. 1930. V.: Ilse, geb. Thomas. El.: Leonhard u. Emma. S.: 1949 Abitur, 1953 Dipl.-Vw., 1956 Dr. rer. oec. K.: Betriebsberater im Handwerk, Dir.Ass. IHK Ref., stellv. RKW-LGruppen-Gschf., bis 1995 Hpt.Gschf. d. Handwerkskam. Ulm. P.: zahlr. Aufsätze, Broschüren, Jahresberichte d. HK. E.: BVK 1. Kl. M.: CV, Lions-Club Ulm/Neu-Ulm, Komtur mit Stern d. Ritterordens v. Hl. Grab zu Jerusalem.

Ditzel Alfred Dipl.-Ing.

B.: Unternehmer. FN.: Ing.-Büro Alfred Ditzel GmbH. DA.: 97769 Bad Brückenau, Jägerstr. 24. G.: Bad Brückenau, 15. Oktober 1955. El.: Heinrich u. Irene, geb. Müller. S.: 1974 FH Frankfurt, 1974 Stud. Hochbauing. in Frankfurt m. Abschluss als Dipl.-Ing. 1979. K.: 1979-84 Ing. in d. größten Ing.-Büro Beck, Gravert u. Schneider in Frankfurt, 1984 selbst. m. eigenem Büro, Prüf. als Baubiologe Fachplaner Brandschutz, Sicherheitskoordinator absolv. H.: Geisteswissenschaften.

Ditzel Eva Dipl.-Bw.
B.: Gschf., Inh. FN.: Helmut Ditzel GmbH Kerzen u. Wachswaren. DA.: 66265 Heusweiler, Trierer Straße 145. G.: Saarbrücken, 11. Feb. 1956. V.: Arno Schmidt. Ki.: Ulrich (1993), Elena (1995). El.: Dipl.-Kfm. Helmut u. Elisabeth, geb. Brehm. S.: 1975 Abitur, 1975-79 BWL-Stud. an d. FH Saarbrücken, Abschluss: Dipl.-Bw. K.: 1979-82 Prok. im elterl. Betrieb (Bodenpflegemittel), 1982 Gschf. im elterl. Betrieb u. Übernahme desselben, seit 1978 Schwerpunkte: Herstellung v. Bodenpflegemitteln u. Kerzen, 1989 Betriebserweiterung, vollautomatische Kerzenherstellung, seit 1983 nur noch Kerzenproduktion: Designerkerzen, Schwimmkerzen, Siebdruckkerzen u. Verlagerung auf Spezialartikel f. Taufe, Kommunion, Hochzeit, Firmen- u. Vereinsjubiläen m. neuer Foto-Kerzendruckmaschine. BL.: Herstellung v. Unikaten auf Kundenwunsch. M.: Tennisclub Blau-Weiß Niedersalbach. H.: Goldschmiedearb., Tennis, Fotografieren, Reisen.

Ditzel Peter W. *)

Ditzel Thomas *)

Ditzen-Blanke Joachim Dr. iur.
B.: Verleger u. Herausgeber d. Nordsee-Zeitung in Bremerhaven. FN.: Nordsee-Zeitung GmbH. DA.: 27576 Bremerhaven, Hafenstr. 140. PA.: 27580 Bremerhaven, Brinkmannstr. 3a. G.: Bremen, 13. Dez. 1925. V.: Roswitha, geb. Jung. Ki.: Tom, Jutta. El.: Kurt u. Marie. S.: 1947 Abitur, Stud. Rechtswiss. u. Vw. in Würzburg u. Kiel. K.: bis 1954 RA am LG u. OLG in Bremen, bis 1965 Gschf. Berg. Einzelhdl.Verb. e.V. u. Berufsförder.Ver., zugleich Gschf. d. Berg. Treuhdls.Ges. (seit 1961), 1956-64 StadtR. in Remscheid, 1961-63 2. Bgm. in Remscheid, 1962-63 Sozialrichter am Sozialgericht in Düsseldorf, 1963-67 Finanzrichter in Düsseldorf, seit 1970 Hrsg. d. Nordsee-Zeitung in Bremerhaven, 1976-2000 ehrenamtl. Richter b. LArbeitsgericht in Bremen, Rotarier.

*) Biographie www.whoiswho-verlag.ch oder beigefügte CD-ROM

Ditzow Jürgen
B.: Finanzanalyst, Gschf. FN.: Finanz-Inform GmbH. DA.: 40591 Düsseldorf, Otto Hahn Str. 39. PA.: 40591 Düsseldorf, Lise-Meitner-Str. 5. G.: Recklinghausen, 29. Feb. 1956. V.: Regina, geb. Best. Ki.: Andreas (1983), Thomas (1987). El.: Karl-Heinz u. Edelgard, geb. Bukarz. S.: 1976 Fachabitur, 1977-82 Stud. Betriebswirtschaft Hagen, 1976-77 Stud. Elektrotechnik Bochum, 1972-75 Elektrikerlehre. K.: ab 1977 nebenberufl. Vermögensberatung, ab 1982 selbst. Vermögensberater in Düsseldorf. M.: Verband Verbraucherorientierter Versicherungs- u. Finanzmakler, Vorstand im Bau- u. Immobilien Ratgeber e.V. Bad Münstereifel. H.: Musik. (S.G.)

Diwell Margret

B.: RA. DA.: 12205 Berlin, Drakestr. 58. G.. Hamburg, 28. März 1951. V.: Lutz Diwell. Ki.: Judith (1981), Sarah (1982), Johanna (1985). El.: Dr. Albert u. Ursula Schröder. BV.: Onkel Dr. Gerhard Schröder - viele J. Min. unter Adenauer. S.: 1971 Abitur, 1971-75 Stud. Jura Tübingen, 1. Staatsexamen, 1975-78 Referendariat Tübingen, 2. Staatsexamen. K.: 1978-80 RegR. z.A. in Berlin, 1980-86 RegR. in Berlin, 1987 Zulassung als RA u. seither selbst., seit 1998 Fachanwalt für Familienrecht mit Schwerpunkt Familien-, Arb.- u. Erbrecht. P.: "Kindertrennungs- u. Geschiedenenunterhalt" (1998), Aufsätze in "Familie-Partnerschaft-Recht". M.: Familienrechtskms., Anw.-Gericht Berlin, DAV, Berliner Bachak. H.: Singen, Segeln, Skifahren.

Dix Brigitte Dr. *)

Dix Kai-Uwe
B.: Tierarzt. FN.: Praxis f. Klein- u. Heimtiere. DA.: 10435 Berlin, Choriner Straße 44. G.: Altdöbern, 5. Feb. 1963. V.: Christa Müller. Ki.: Max, Felix. El.: Dr. med. vet. Werner Dix. S.: 1981 Abitur Calau, 1981-84 Wehrdienst NVA, 1984-85 Erwachsenenqualifizierung, Facharb. f. Rinderzucht m. Abschluss, 1985-89 Stud. Tiermed. an d. Univ. Leipzig, daneben 1987-89 b. Prof. Elze in d. Tierärztl. Geburtshilfe, 1989 Ausreise aus d. DDR, 1990-92 Beendigung d. Stud. an d. FU Berlin, 1991 Tierarztpraxis in Schottland b. Dr. Keith in Kelso, 1992 Staatsexamen. K.: 1992-93 Mitarb. in d. väterl. Praxis in Calau, 1993-97 Tierarzt in Laubheim, Aachen, Siegenburg, Luxemburg, Schweiz, seit 1987 Ndlg. m. eigener Praxis in Berlin, Kleintierpraxis m. biolog. Tiermed. u.a. Misteltherapie. BL.: Betreuung d. Kinderbauernhofs Prenzlauer Berg e.V. P.: Veröff. in Wandzeitung "Fall d. Woche". M.: Tierver. Stimme d. Tiere in Spandau. H.: Philosoph. Literatur.

Dix Ulrich Emil Dr. phil. *)

Dix Wolfgang Paul Michael
B.: Oberregierungsrat. FN.: IT-Management. DA.: 10119 Berlin, Brunnenstr. 188-190. PA.: 14641 Börnicke, Titzowerstr. 27. wolfgang.dix@senwfk.verwalt-berlin.de. G.: Berlin, 4. Juni 1948. V.: Angela, geb. Kaulfuß. Ki.: Eric (1967). El.: Gerhard u. Gerda, geb. Brasas. S.: 1967 Abitur, 1967-70 Verwaltungsinspektoranwärter Bezirksamt Kreuzberg. K.: 1970-72 Inspektor im Bezirksamt Kreuzberg, 1972-74 Standesamt Kreuzberg u. Charlottenburg, 1974-78 Mitarbeiter im Umweltbundesamt, seit 1978 im Senatsdienst, 1978-88 Senatsverwaltung f. Wiss. u. Forschung, ab 1996 Senatsverwaltung f. Wiss., Forschung u. Kultur, Referatsleiter Innere Dienste u. IT-Stelle, seit 2001 wegen d. gewachsenen Dimension ausschließl. im IT-Management verantwortl. BL.: Mitarbeiter d. Ersten Dt. Umweltforschungskataloges, zahlr. Fachinformationssysteme auch f. nachgeordnete Einrichtungen wie FH, Berufsakademien u. Messen mit aufgebaut. M.: zahlr. Arbeitskreise im Land Berin, 2 J. Mtgl. d. Forschungsgemeinschaft Kammera-München z. BTX-Einführung, seit 1997 im IT-Koordinierungsausschuss d. Landes Berlin, AG Verwaltungsreform. H.: Forsten.

Djafari Nasser *)

Djavanbakht Esfandiar Dr. med.

B.: FA f. Frauenheilkunde, Psychotherapie und Zytologie. DA.: 53129 Bonn, Aloys-Schulte-Straße 24. PA.: 53125 Bonn, Gebrüder-Wright-Str. 14. G.: Rascht/Iran, 1. Apr. 1934. V.: Ursula, geb. Kirschsiefen. Ki.: Azizollah (1965), Piruz (1966). El.: Azizollah und Anice Delami. BV.: Vater Stammesoberhaupt des Amarlu-Stammes, Mutter aus altpersischer Dynastie Asodi-Delami. S.: 1954 Abitur Teheran, 1954-55 Stud. Kunstgeschichte Teheran, 1955-56 Sprachstud. Univ. Köln, 1956-64 Med.-Stud. Bonn, 1962-67 Doppelstud. Psych. u. Ausbild. Psychotherapie, Abschluß: Zusatzbezeichnung Psychotherapie. K.: 1964-66 Med.-Ass. Univ. Bonn, 1965 Diss., 1966-68 wiss. Ass. Univ.-Frauenklinik Bonn, 1969-70 Gynäkologie Johanniter KH Bonn, 1970-71 Staatsarzt, Zytologieabschluß am Gesundheitsamt Köln, 1971-75 Gynäkologie Johanniter KH, 1974 FA f. Gynäkologie u. Geburtshilfe, seit 1975 Ndlg. als Arzt. BL.: Verbindung m. med. Anthropologie u. Psych. d. Religionen. P.: Fernsehinterviews in Wien über Bluttransfusionen b. Zeugen Jehovas, über: Ethik u. Religionsethik b. Intern. Ges. f. Anästesiologie (1980). M.: DGadMPP, DGPGG, Allg. Ärztl. Ges. f. Psychotherapie V., Dt. Ges. f. Zytologie, Intern. Ges. f. Tiefenpsych. H.: Med. Anthropologie, Religionspsych., Konzeption d. Hl. Schrift, früher Fußball u. Volleyball.

Djokic Konstantin
B.: Bischof. FN.: Serbisch Orthodoxe Diözese f. Mitteleuropa. DA.: 81739 München, Putzbrunner Str. 49. kanzlei@serbisch.diozese.org. www.serbische-diozese.org. G.: Gornje Crnljevo/Bosnien, 26. Juni 1946. S.: 1967 Dipl. an d. Theol. Fak. Belgrad. K.: 28. März 1970 Mönch, 28. März 1970 Diakon, 29. März 1970 Priester, 1985 Protosynkellos, 1991 Archimandrit, seit 1991 Bischof f. Mitteleuropa. (Re)

Djordjevic-Müller Maja
B.: Arch. DA.: 70372 Stuttgart, Nauheimer Str. 40. PA.: 70393 Stuttgart, Bottnanger Steige 6. G.: Belgrad, 13. Mai 1951. V.: Siegfried Müller. S.: 1970 Abitur Stuttgart, Arch.-Stud. Stuttgart, 1977 Dipl. K.: 1977-83 freie Mitarb. im Arch.-Büro Stuttgart u. Ludwigsburg, seit 1983 Bürogemeinschaft m. Siegfried Müller, seit 1992 Bürogemeinschaft m. Arch. Werner Krehl. E.: Erste Preise b. Wettbewerben. M.: 1988-94 Landesvorst. BDA Baden-Württemberg.

Djorkaeff Youri
B.: Profifußballspieler. FN.: 1. FC Kaiserslautern. DA.: 67690 Kaiserslautern, Fritz-Walter-Str. 1. www.fck.de. G.: Lyon, 9. März 1968. Ki.: 3 Kinder. K.: Spieler in d. Vereinen: FC Grenoble/F, RC Strasbourg/F, AS Monaco, FC Paris Saint Ger-

*) Biographie www.whoiswho-verlag.ch oder beigefügte CD-ROM

main/F, Inter Mailand u. seit 1999 b. 1. FC Kaiserslautern; Erfolge: Weltmeister m. d. franz. Nationalmannschaft, Europameister m. d. franz. Nationalmannschaft. (Re)

Djuritschek Michael

B.: Fotodesigner, Inh. FN.: MD-Studios Werbefotografie Mode-People-Food-Ind.-Arch. DA.: 90530 Wendelstein, Richtweg 41 a. md@djujo.de. www.djujo.de. G.: Nürnberg, 30. Juni 1964. V.: Ina, geb. Stein. Ki.: Steven (1993), Amy (1996). El.: Paul u. Ingeborg. S.: 1982 Mittlere Reife Feucht, 1982-85 Lehre Fotograf Fotostudio Gradert Nürnberg. K.: 1985-87 tätig in d. Vogelsänger-Studios i. Eching, 1989-91 tätig in d. Quelle-Fotostudios in Fürth, seit 1991 selbst. in Wendelstein. H.: Sport, Lesen, Skateborden, Inlineskaten, Mountainbiken, Kiting.

Dlubis Frank Dipl.-Ing. *)

Dlugay Georg *)

Dlugosch Günter *)

Dlugosch Volker

B.: RA. FN.: Rechtsanwälte Dlugosch, Feller, Mielke, Becker. DA.: 86899 Landsberg, Hauptplatz 153. G.: Ulm/Donau, 28. Juni 1947. V.: Claudia. Ki.: Frieder (1985), Lea (1987), Tim Emil (1994). El.: Franz u. Loni. BV.: weitläufig Familie Kässbohrer. S.: 1967 Abitur Landsberg, 1967 Stud. Politik, Geschichte u. Germanistik in Tübingen, 1968 Wechsel zu Jura, 1970 Wechsel nach München, 1973 1. Staatsexamen, 1974 Referendarzeit in Landsberg, 1977 2. Staatsexamen. K.: 1981 Einstieg als Sozius in diese Kzl., 1984 durch Tod d. Partner alleinige Führung, ab 1995 Sozietät m. Kollegen, 1998 Fachanw. f. Familienrecht. H.: Aquarellmalerei, sinnvolles Basteln, Schach spielen.

Dluzniewski Jürgen

B.: selbst. Autor, Reg., Komponist, Maler. GT.: Sprecher, Moderator in div. Radiosendungen. DA.: 12161 Berlin, Wilhelmshöher Str. 14. G.: Speyer/Rhein, 8. Okt. 1960. Ki.: Jana Alina (1994). El.: Peter u. Erika, geb. Weiß. S.: 1979 Abitur Speyer, 1980 Stud. Kunsterziehung Staatl. Ak. d. Bild. Künste Stuttgart, Stud. Kunstgeschichte Univ. Stuttgart, 1986 Staatsexamen. K.: ab 1982 neben d. Stud. Regieass. u. Aufnahmeltr. b. Süddt. Rundfunk Stuttgart, 1984-88 Regieass. b. Heinz v. Cramer, seit 1988 freier Autor (Feature, Hörspiele, Krimis, Kindersendungen, Rätselserien, Drehbücher, Liedtexte) u. Reg. (Feature, Hörspiele, Krimis, Filme). P.: Musikkomposition z. Hörspiel "Nord-West-Passage", "Der Messdiener" (1992), Komposition z. Theaterstück "Prinz v. Homburg" (1988), "Das dt. Mannsbild - Eine Charakterstudie m. Stärke" (1994), "Das Geräuscherätsel" (1992), "Abende in d. Villa Diodati" (1995). E.: 1992 Ehrung f. "Wie weit ist es noch nach Amerika oder Der Traum d. 12. Oktober". H.: Leben.

Dluzniewski Paul Dipl.-Ing.

B.: Architekt. FN.: Seipelt u. Dluzniewski-Architekten. DA.: 10963 Berlin, Tempelhofer Ufer 36. G.: Lodz/Polen, 22. Mai 1957. S.: 1979-85 Studium Arch. TU Berlin m. Abschluß Dipl.-Ing. K.: 1985-89 Architekt in versch. Büros, seit 1989 freier Architekt in Bürogemeinschaft; Projekte: Goethe-Institut in Jarkarta u. Kiew, denkmalpflegerische Gutachten u. Umbauten v. U-Bahnhöfen in Berlin, innovative Großwohnanlagen.

Dmoch Volker

B.: Gschf. Ges. FN.: DMOCH Werbeagentur GmbH. DA.: 20099 Hamburg, An der Alster 30. volker@dmoch.de. www.dmoch.de. G.: Büchen, 7. Mai 1954. Ki.: Patenki.: Anne-Kristin Nürnberger (1995), Johanna-Victoria Grätz (1998). El.: Dietrich u. Lotte Dmoch, geb. Burmeister. S.: Gymnasium Schwarzenbek, 1974-75 Praktikum in d. BILD-Werbeabt. Hamburg sowie der Maschinenfbk. Tuchenhagen in Büchen, 1975-80 Ausbild. als Werbefm. in d. Mittelstands-Werbeagentur marke & slogan Hamburg, anschl. Beratung u. Produktion, 1979-80 Marketingstud. an d. WAH Hamburg, Abschluss als Werbewirt Marketing. K.: 1981-86 Kontakter/Etatdir. in d. Werbeagentur William Wilkens, 1987-90 Management Supervisor D&H, Saatchi & Saatchi Direkt Hamburg, ab Febr. 1990 Geschäftsführung, 1991 Gschf. SARAU + PARTNER Direktmarketing u. Verkaufsförd., ab Juli 1991 Gschf. Ges. SARAU + DMOCH Werbeagentur für Direktmarketing u. Verkaufsförder., ab Januar 1995 Gschf. Ges. DMOCH Werbeagentur Hamburg, alle Leistungen einer Full-Service-Agentur: Konzeption, Kreation, strategische Planung f. Werbe-, Dialogmarketing-, Verkaufsförderungs-Aktivitäten, Vertriebsplanungen u. Internet-Auftritte, Social Marketing, Ev. Jugendhilfe Hamburg. M.: A. Paul Weber Ges. e.V., Prüf. -Aussch.-Vors. F. Werbekaufleute b. d. HK Hamburg. H.: Tennis, Golfurlaub, Freunde, soziales Engagement.

Dobat Jürgen Dipl.-Kfm. *)

B.: Steuerberater, vereid. Buchprüfer, Gschf. FN.: Nobiles Steuerberatungs GmbH. DA.: 25421 Pinneberg, Fahltskamp 35. PA.: 25494 Borstel-Hohenraden, Kummerfelder Str. 7. G.: Bremen, 1. Feb. 1955. V.: Anke, geb. Erpel. Ki.: Sven (1987), Corinna (1988), Finn Sören (1990), Jan Flemming (1994). El.: Hartmut u. Margarete. S.: 1974 Abitur, 1974-79 Stud. Betriebswirtschaft Univ. Hamburg, 1979 Dipl.-Kfm., 1984 Steuerberaterexamen, 1989 vereid. Buchprüfer. K.: seit 1979 in Steuerberatungskzl. tätig, 1984 Eröff. d. eigenen Steuerberatungsbüros, 1990 Einstieg Nobiles Steuerberatungs GmbH, seit 1992 Gschf. H.: Familie, Sport, Kino. (K.H.)

*) Biographie www.whoiswho-verlag.ch oder beigefügte CD-ROM

Dobat Martin
Dipl.-Betriebswirt Dipl.-Soz.-Pädagoge *)

Döbbecke Ingolf

B.: Kfm., Vorst. FN.: OEMUS MEDIA AG. DA.: 04229 Leipzig, Holbeinstr. 29. G.: Leipzig, 14. Juni 1972. El.: Dipl.-Ing. Hartmut u. Christina, geb. Kunert. S.: 1990 Abitur Leipzig, Stud. Informatik Leipzig, Ausbild. in d. Informatik auf med. Gebiet b. medicom. K.: seit 1998 Gründer u. Inh. m. 4 weiteren Ges. BL.: Ltg. einer Verlagsges. m. über 25 Titeln auf med.-pharm. Gebiet. M.: Oldtimerclub Leipzig e.V. H.: Oldtimer, Hund.

Döbbeler Axel *)

Döbbeler Wolfgang Dipl.-Kfm. *)

Döbbeling Martin *)

Dobbelstein Karl-Heinz *)

Dobberke Claus *)

Dobbert Hans Dr. rer. nat. OPharmR. *)

Dobe Jens *)

Dobe Karsten *)

Dobe Ulrich

B.: PR-Berater, Inhaber FN.: UDOBE PR-Agentur. GT.: Gschf. Ges. d. SCHMIDTz-KATZE Film u. Fernsehproduktion GmbH. DA.: 06108 Halle/Saale, Große Ulrichstr. 19-21. G.: Halle/Saale, 4. Jan. 1957. V.: Dipl.-Lehrerin Regina. Ki.: Florian (1981). S.: Elektronikerausbild. K.: 1979 Gründungsmitglied d. Gruppe "Horch", 1990 Medienreferent d. SDP Halle, 1991-95 Öff.-Arb. u. Kreisaufbau d. DGB in Halle, 1995-96 Aubild. z. PR-Berater an d. Dt. Ak. f. Public Relation Wiesbaden, seit 1996 Gründer u. Inh. d. o.g. Firma f. Veranstaltungsmarketing. P.: Zusammenarb. u. Produktionen f. ZDF, SAT, Eurosport usw., werbl. Betreuung d. MDR, Jugendsendung Milchbar. M.: Marketing Club Halle. H.: Naturliebhaber, Musik.

Dobé Reinhard *)

Döbel Michael *)

Döbele Hedwig
B.: Gschf. FN.: Galerie Döbele GmbH. DA.: 01309 Dresden, Pohlandstr. 19. G.: Fürth/Odenwald, 24. Dez. 1940. V.: Johannes Döbele. Ki.: Markus (1966), Ursula (1969), Susanne (1972). El.: Karl u. Magdalena Wiedmann. S.: 1956 Abschluß Wirtschaftsoberschule, Handelsschule Ravensburg, 1958-60

Sprachstud. Schweiz. K.: 1956-58 tätig im kfm. Bereich, 1960-67 im Soz.-Bereich im Landratsamt Schwäbisch-Gmünd, 1977-90 Eröff. d. Galerie Döbele in Ravensburg, Mitarb. u. Führung, Austellungen d. Künstler d. damaligen DDR auf intern. Messen, 1987 Inhaberin d.Nachlasses v. Max Ackermann, 1990-94 Umzug u. Eröff. d. Galerie Döbele in Stuttgart hier Mitges. und Gschf., 1995 Eröffnung d. Galerie in Döbele Dresden. P.: ca 20 Ausstellungskataloge u. Hrsg. einer Künstlermonografie "Ernst Hassebrank" (1981). M.: Soroptimist-Club. H.: Kochen, Literatur, Reisen, Wandern, Umgang mit anderen Menschen.

Freiherr von Dobeneck Hans-Günther *)

Doberauer Wolfgang Dr. iur. *)

Döbereiner Wolfgang Ernst *)

Doberitzsch Ines
B.: Textilverkäuferin, Inh. FN.: "Inez" Kostümverleih. DA.: 04509 Delitzsch, Kohlstr. 13. G.: Wolfen, 15. Sep. 1965. V.: Ulf Doberitzsch. Ki.: Jana (1985), Kirstin (1989). El.: Fred u. Monika Kellner. S.: 1982-84 Ausbild. Textilverkäuferin. K.: 1984-90 tätig als Textilverkäuferin, 1990 Ausbild. in Schönheitspflege, seit 1991 selbst., 1992 Eröff. d. Nagelstudios, seit 1996 umfangr. Kostümverleih m. Fertigung v. Kostümen jeder Art u. eigenen Modellen spez. aus d. 16. Jhdt. P.: Teilnahme am Delitzscher Peter-Paul-Fest m. Landsknechtkostümen. H.: Garten.

Doberschütz Carsten *)

Dobert Annette *)

Döbertin Ansgar

B.: Tonmeister u. Produzent. FN.: Live://Audio Multimedia Tonprod. DA.: 22765 Hamburg, Behringstr. 28 a. G.: Hamburg, 21. Mai 1960. V.: Angela, geb. Schüllenbach. Ki.: Jonas (1989), Hannah (1992), Jakob (1996). El.: Winfried u. Ursula, geb. Garsche. S.: 1980 Abitur, 1980-82 Zivildienst, 1982-87 Stud. histor. u. systemat. Musikwiss. u. Phil. Saarbrücken u. Hamburg, 1988-89 StudiumTontechnik School of Audio-Engineering m. Dipl.-Abschluß Frankfurt/Main. K.: 1989-92 Tonmeister in d. Creative Studios, 1993-97 Tonmeister d. Firma Voice Control u. Aufbau d. Werbestudios, 1997 Grdg. d. Firma Live://Audio Multimedia Tonprod. in Hamburg m. Funk- u. Fernsehwerbung f. Agenturen, Filmprod. u. Tonträgerind., Hörbuchprod. f. namhafte Dt. Verlage, Musikprod., Multimedia- u. Tonprod. f. d. Unterhaltungsind. u. Dienstleistungsunternehmen. M.: Verb. Dt. Tonmeister e.V. H.: Musik.

Döbertin Winfried Dr. phil. *)

*) Biographie www.whoiswho-verlag.ch oder beigefügte CD-ROM

Dobiasch Inna
B.: Innenarchitektin, selbständig. GT.: seit 1991 Doz. an d. FH Rosenheim f. Innenarchitektur, 1994-96 Doz. an d. Blocherer Schule f. Innenarchitektur, seit 2002 berufene Prof. an d. FH Hildesheim f. d. Lehrstuhl Innenarchitektur, Vortragende Doz. f. Siemens AG in München. DA.: 80333 München, Amalienstr. 15. inna@dobiasch.de. www.inna-dobiasch.de. G.: Würzburg, 24. Juni 1950. El.: Günter u. Helene Heidenreich. S.: 1964-67 Kfm. Ausbildung im elterl. Unternehmen. K.: 1967-73 tätig in d. elterl. Firma in Karlstadt b. Würzburg, 1974-76 Bühnenbildnerin am Stadttheater Würzburg u. tätig in d. Grafikabteilung d. Univ. Würzburg, 1976 Abitur, 1977-82 Stud. Innenarchitektur an d. FH in Rosenheim, 1982-91 Innenarchitektin f. Intern. Messen u. Ausstellungen f. BMW zusammen m. Helmut Schmeiser, Planung v. Restaurants u. Hotels f. Dr. Kaupp & Kuffler, Shops u. Show, Kaufhausetagen f. d. Modebranche f. Mattias Turner in München u. New York, seit 1991 selbständige Innenarchitektin in München, Studien in Japan: Tokio - Osaka - Kyoto. P.: "Die Farben d. Architektur" (1996), "Läden" (Ausg. 1996 - 99), "Innenarchitektur Interior Design" (2000), "Die Poesie des Raumes" (2001), Artikel in AZ, Messe Frankfurt, Marketingberater, Textilwirtschaft, VFA-Profil, Architekturmagazin. H.: Reisen, Malerei u. Kunst.

Dobl Petra Dr. *)

Dobler Anna
B.: Unternehmerin, Inh. FN.: DEA-Tankstelle Dobler GmbH. DA.: 73033 Göppingen, Stuttgarter Str. 80. G.: Vaskut/Ungarn, 18. Juli 1941. V.: Georg Dobler. Ki.: 2 Kinder. S.: 1955-57 Handelsschule. K.: 1957-66 Ang. einer Bank, seit 1966 Inhaber einer Tankstelle u. bis heute 3 Tankstellen. H.: Familie, Lesen, Musik.

Dobler Carl Dipl.-Ldw. *)

Dobler Hans-Gerhard

B.: Verleger, Journalist, Hrsg. FN.: Gildefachverlag GmbH & Co KG. PA.: 31061 Alfeld-Rollinghausen, Bruchhausstr. 57A. H.G.Dobler@faxvia.net. G.: Alfeld/Leine, 25. November 1918. V.: Ilse, geb. Kamm. Ki.: Sabine (1949), Hans-Christian (1951). BV.: Großvater Grdg. d. Druckerei. S.: Mittlere Reife, Potsdam Abitur auf d. Offz.-Schule, Kadettenschule, Wehrdienst, 1937 Lt. d. Panzertruppe - Kaiserjäger, viele J. in Wien stationiert, nach d. Krieg als Hptm. zurück. K.: 1947 Grdg. Gildeverlag, 1952-55 med. Publ. u. danach Motorpress, 1958 Zeitschrift "automobil", "Kleinwagen" u. "kraftrad", Taschenbuchreihe "motorkatalog", später Zeitschriften zusammengefaßt als "Automobil-Illustrierte", 1967 Erwerb d. Zeitschrift "rallye u. racing", Gewerbearchiv u. Wirtschaft u. Verw. u. ein umfangreiches Fauchbuchprogramm, 1973-75 Grdg. "Back Journal". E.: 1984 BVK am Bande, 1985 Handwerkzeichen in Gold, Inh. d. Gold. ADAC- u. d. Gold. DMV-Sportabz. M.: 1969-75 Vorst.-Mtgl. d. Fachgruppe Fachzeitschriften im VDZ, 1971-75 stellv. Vors., 1971-74 Vorst. u. 1968-75 Ehrenmtgl. Delegiertenversammlung d. VDZ, seit 1973 sozialpolit. Aussch. d. VDZ, Präs. d. Landesgruppe Niedersachsen d. Allg. Schnauferl-Clubs. H.: Reise, Nordsee.

Dobler Henning Dipl.-Ing. *)

Döbler Bianka
B.: Gschf. u. Inh. FN.: Bi Design. DA.: 12524 Berlin, Grünauerstr. 33. adwork-agency@t-online.de. www.bi-design.de. G.: Prenzlau, 26. Okt. 1963. Ki.: Philip (1990). S.: 1980 Abschluß Max Leu Oberschule Pasewalk, 1980-83 Ausbild. Kinderkrankenschwester in Templin u. Kreis-KH Pasewalk. K.: 1983-84 in KH-Pasewalk, 1985-90 Diplomatenklinik Berlin/DDR, 1990-91 Kindererziehung, 1991-2000 Kinderkrankenschwester im St. Josef KH Tempelhof, auch Hauskrankenpflege, seit 2000 Fingernageldesign, seit 2000 Geschäftsinh. Unternehmerin Firma Bi-Design, Nageldesign, Grafikstudio, Werbeagentur, Grafikagentur, Vorgängerfirma gegr. 1991 Übernahme CompuMedia, 1994 Eröffnungswerbung Tollhaus, 1996-99 Zeitung Schauplatz und Schau Mal für Lichtenberg. H.: Arbeit, Sport, Fitneß, Stepdance, Skifahren.

Döbler Christian *)

Döbler Leonhard Roland Heinrich Dr. med. *)

Döbler Rudolf
B.: Musiker, Orchestervorst. FN.: Rundfunk-Sinfonieorchester Berlin RSB. PA.: 10555 Berlin, Krefelder Str. 20. rudolfdoebler@t-online.de. G.: Achern, 10. Aug. 1966. S.: 1985 Abitur Sasbach, ab 1972 Blockflöte u. bayr. Hausmusik, 1975-77 Flötenunterricht b. Josef Paschek SWF Baden-Baden, 1977-85 Flötenunterricht an d. Musikschule Achern, auch Piccolo, 1978 Konzertreise (bayr. Hausmusik) nach Abu Dhabi auf Einladung eines arab. Scheichs, 1985-86 Stud. Orchestermusik an d. Staatl. HS f. Musik Freiburg bei William Bennett, 1986-91 Stud. an d. Staatl. HS f. Musik Karlsruhe bei John Wright, Abschlussprüf.: Orchestermusik, 1986-90 aktive Teilnahme an Meisterkursen b. André Jaunet in Thun, bei Alain Marion in Nizza, bei Robert Dick u. Geoffrey Gilbert in Ettlingen, bei James Galway in Luzern, bei Michel Debost in Assisi u. bei William Bennett in Bobbio u. Tisbury, 1994 Meisterkurs bei William Bennett in London, 1999 Meisterkurs bei William Bennett in Little Boockham/UK. K.: 1986-90 Konzerte m. Duo Flöte/Klavier im In- u. Ausland, u.a. mehrfache Tourneen auf Einladung d. Goethe-Inst. nach Marokko, 1986-91 Konzert als Solist u.a. m. d. Baden-Badener Philharmonie, sowie versch. namhaften Kammerorchestern, 1991-92 1. Soloflötist am Landestheater Dessau, 1992-93 1. Soloflötist b. Philharmon. Orchester Hagen, seit 1993 stellv. Soloflötist b. Rundfunk-Sinfonieorchester Berlin (RSB), seit 1993 u.a. Solorezitals mit Neuer Musik, seit 1994 Erforsch. d. neuen Klangmöglichkeiten d. Kingma-Viertelton-Klappensystems, 1995-97 Flötist d. Ensembles Musikfbk. NRW, seit 1996 Soloflötist d. Kammersymphonie Berlin, ab 1996 Erarb. v. durchkomponierten Soloprogrammen (F)light and (Fl)air, "Ein Hauch v. Zeit", seit 1999 Mtgl. d. "14 Berliner Flötisten" unter d. künstler. Ltg. v. Andreas Blau, 1999 Grdg. eines Flötenduos mit Robert Pot (NL), ab 2000 Vors. d. Orchestervorst. d. RSB. P.: versch. CD's im Musikverlag, Edition Abseits bzw. Acord. E.: Ausz. b. Landesmusikwettbewerb Jugend musiziert. H.: IYENGAR-Yoga, Philosophie.

Döbler Wilhelm *)

Doblhofer Karl Dr. *)

Dobra Anica
B.: Schauspielerin. FN.: c/o Agentur Alexander. DA.: 81679 München, Lamontstr. 9. G.: Belgrad/Jugoslawien, 3. Juni 1963. Ki.: Mina. S.: 4 J. Schauspielakademie Belgrad, nebenbei Stud. Jazz u. klass. Ballett sowie Gesang u. Chorsingen. K.: 1988 Engagement a. Theater "Atelier 212" i. Belgrad, Darstellerin klassischer Rollen i. Shakespeare u. Tschechov-Stücken, seither Ensemblemitglied, Auszug a. d. Filmographie: 1986 Walking on the Water, 1987 Vec vidjeno, Arbeiterleben, 1988 Leben mit dem Onkel, Balkan Express II,

---
*) Biographie www.whoiswho-verlag.ch oder beigefügte CD-ROM

1989 Wanderungen, Rosamunde, 1990 Spieler, Nie im Leben, 1991 Wildfeuer, 5 Zimmer, Küche, Bad, 1992 Das Grau d. Himmels; 1993 Tito i ja, Black Bomber, 1994 Frauen sind was Wunderbares, 5 Stunden Angst, Wachtmeister Zumbühl, 1995 Honigmond; Schlag 12, 1996 Geisterstunde, 1997 Schimanski, Frau zu sein bedarf es wenig, 1998 Anwalt Abel-tödliche Gefahr, Das merkwürdige Verhalten geschlechtsreifer Großstädter z. Paarungszeit; Weekend m. Leiche; Bin ich schön?, 2000 Erleuchtung garantiert. E.: 1987 Ausz. als beste Schauspielerin f. "Vec vidjeno (Dejavu)" b. jugos. Filmfestival, 1990 Bayer. Filmpreis als beste Nachwuchsdarstellerin f. ihre Rolle im Film "Rosamunde", 1991 Bundesfilmpreis f. "Wildfeuer".

Dobras Werner
B.: Stadtarchivar i. R., Kreisheimatpfleger. PA.: 88131 Lindau, Schneeberggasse 2. G.: Festenberg/Schlesien, 18. Mai 1935. V.: Luise. Ki.: Roland (1955), Dr. Wolfgang (1960). El.: Franz u. Frieda. S.: Hum. Gymn., HS f. Archivwesen Marburg, 1956-63 Bundeswehr. K.: 1963-66 Archivarausbild., 1963 Bundesarchiv Koblenz, 1968 Stadtarchiv u. Stadtbibl. Lindau, i. R. seit 1998. P.: Fachautor f. Geschichte, Botanik u. Pharmaziegeschichte sowie viele andere Buchveröff. u. Vorträge, u.a. Lindau im 19. Jhdt, Wenn der ganze Bodensee zugefroren ist, Plaudereien vor dem Bücherschrank, Die Geschichte der Bodenseeschiffahrt um Lindau, Daheim im Landkreis Lindau. E.: 1997 Verdienstmed. d. Landkreises Lindau. M.: Intern. Bodensee-Geschichtsver., Botan. Ges. Regensburg, Ges. f. Geschichte d. Pharmazie. H.: Wandern, Lesen.

Dobratz Hansi *)

Dobrescu Gabriel Dr. med. *)

Dobrescu Irina Margareta Dr. med. *)

Döbrich Norbert

B.: Hotelkfm. FN.: Gastronomiefachhdl. Döbrich & Kohl GmbH. DA.: 37431 Bad Lauterberg, Sebastian-Kneipp-Promenade 53-55. PA.: 37431 Bad Lauterberg, Am Schinderköpfchen 4. doebrich-kohl@t-online.de. www.gastro-dk.de. G.: Osterode, 28. Jan. 1964. V.: Astrid, geb. Stepputat. Ki.: Lisa Marie (1997), Anna Sophie (2000). El.: Horst u. Heide, geb. Graf. S.: 1980 Mittlere Reife, 1980 Priv. Hotelfachschule Tegernsee, 1982 verkürzte Ausbildung zum Hotelkfm. im Hetzel-Hotel am Schluchsee m. Abschluß. K.: 1984 Tätigkeit im elterl. Betrieb Weinhotel. "Weinstuben" in Bad Sachsa, 1985 Ltg. d. Kontrollbüros "Europ. Hof" in Heidelberg, 1986 Kontrollbüro "Riad" Saudi Arabien, 1987 Grundwehrdienst Bundeswehr, 1988 Ausbilder u. Restaurantltr. im Kurhotel Riemann in Bad Lauterberg, 1990 Wirtschaftsdir. im Panoramik Hotel Bad Lauterberg, 1993 Übernahme d. Firma "Exclusiv Hotel Service" in Braunschweig gemeinsam m. Michael Kohl u. Verlegung d. Firma nach Bad Lauterberg u. Oderstr. 2, 1998 Umfirmierung d. Firma in GmbH Dörich & Kohl, 1998 Verlegung d. Firma in d. Sebastian-Kneipp-Promenade 53-55, 1998 ein mod. 3-D Planungszentrum f. Großküchen wird in Betrieb genommen, 2000 Kundendienst f. E-Geräte wird eingerichtet. M.: Harzer Köche e.V., stellv. Mtgl. d. Prüf.-Kmsn. f. gastgewerbl. Berufe d. IHK Hannover-Hildesheim, SVL Bad Lauterberg (Sportver.), EC Altenau (Eishockey). H.: Fußball, Tennis, Eishockey, Ski (Abfahrt).

Döbritz Wilhelm *)

Dobritzsch Elisabeth *)

Dobrunz Sigrid

B.: Einzelhdls.-Kauffrau, Inh. FN.: Tischzeit Accessoires u. Mode. DA.: 23669 Timmendorfer Strand, Strandallee 73/b. G.: Rantum auf Sylt, 18. Mai 1947. Ki.: Tillmann (1978), Anne (1984). S.: 1961-63 Ausbild. z. Einzelhdls.-Kauffrau in Niebüll. K.: 1963-66 Bürokauffrau in Versandschachterei in Niebüll, 1967-72 Vertrieb u. Werbung b. d. Dt. Grammophon Ges. Hamburg, 1972-82 Erzieherin Hansestadt Hamburg, 1982-84 Ausbild. zur Erzieherin an d. Erzieherfachschule in Hamburg, Examen, 1990-93 Stud. an d. HS f. Wirtschaft u. Politik, Abschluß Dipl.-Sozialwirtin, 1994-98 sozialpäd. Familienhilfe Hamburg-Eimsbüttel, 1998 stellv. Verbundltr. in Hamburg, Arb. in Hamburg-Billstedt, Leitungstätigkeit, sozialpäd. Familienhilfe, Betreuung v. Jugendwohnungen, Kinderhäuser, ambulante Betreuung, 1998 Übernahme v. "Tischzeit". H.: Kultur- u. Städtereisen, Freude am Gestalten u. Einrichten.

von Dobschütz Detlef Dr. theol. *)

Dobson Cathy

B.: Gschf. FN.: Spectrum Strategy Consultants Deutschland GmbH. DA.: 40212 Düsseldorf, Steinstraße 11. cathy.dobson@spectrumstrategy.com. www.spectrumstrategy.com. G.: Marple, 31. Mai 1963. V.: Christopher Hamley. Ki.: Madeleine, Nathan, Alice. El.: Sydney u. Margaret Dobson. BV.: John Maurice Dobson Spieler des Fußballclub FC Solingen 1910-14. S.: 1982-87 Cambridge Univ., B.A., 1985-86 Stud. Univ. Utrecht, 1985 Cambridge Certificate of Competent Knowledge in Modern Greek. K.: 1987-89 Business Analyst Booz Allen & Hamilton London, 1989-90 Senior Business Analyst Booz Allen & Hamilton London, 1990 Associate Booz Allen & Hamilton London, 1990-92 European Staffing Manager Booz Allen & Hamilton London, 1992 Lead Associate Booz Allen & Hamilton Düsseldorf, 1992-94 Telecommunications Analyst Deutsche Bank Research Frankfurt, 1994-95 Vice President Telecommunications Dt. Bank Research Frankfurt, 1995 Head of Corporate Development & Intern. Relations RWT Telliance AG Essen, 1996-97 Head of Strategic Planning RWE Telekommunikation GmbH & Co b.h.OHG Essen, 1997-98 Head of Service Strategy and Business Development o.tel.o GmbH Essen, seit 1999 Gschf. Spectrum Strategy Consultants Deutschland GmbH. M.: Intern. Institute of Communications, GTWN, DVFA. H.: Restaurierung alter Gebäude.

Dobson Michael
B.: ehem. Vorst.-Mtgl. Dt. Bank AG. G.: London, 13. Mai 1952. S.: 1965-70 Eton College, General Certificate of Education, 1970-73 Trinity College Cambridge, Master of Arts - Modern Languages. K.: 1973-75 Investment Research Depart-

---

*) Biographie www.whoiswho-verlag.ch oder beigefügte CD-ROM

ment Morgan Grenfell, 1975-78 Investment Manager, 1978-80 Morgan Grenfell Inc. New York, 1980-84 Head of European Investment in London, 1984-8 Chief Executive Morgan Grenfell Inc. New York, 1986-88 Chief Executive Morgan Grenfell Asset Management, 1988-89 Deputy Chief Executive Morgan Grenfell Gropu plc, Chairman Morgan Grenfell Asset Management Ltd., seit 1989 Group Chief Executive Dt. Morgan Grenfell Group plc, seit 1995 Chief Executive Dt. Morgan Grenfell, seit 1996-2000 Vorst.-Mtgl. Dt. Bank AG.

Doch Bernd-Peter *)

Dochow Jörg *)

Dochow Manfred Dipl.-Ing. *)

Döcke Manfred Dipl.-Vw.

B.: Gschf. FN.: TQM Concept Marketing GmbH. DA.: 21037 Hamburg, Ochsenwerder Landscheideweg 232. TQM-GMBH @t-online.de. G.: Hamburg, 29. Juni 1940. V.: Ute, geb. Geerken. Ki.: Thorsten Maximilian (1966), Markus Claudius (1969). S.: 1960 Abitur, 1960-62 Bundeswehr, 1962-68 Stud. VWL Universität Hamburg, Abschluss: Dipl.-Vw. K.: 1968 Unilever, 1972 Produktmanager, 1988 Total Quality Manager, 1993 Grdg. TQM C.M. GmbH. P.: Mitautor v. "Total Quality Management". M.: Kultur-Fördervereine. H.: Geschichte, Garten, Möbel restaurieren.

Dockerill Wolfgang Dipl.-Kfm. *)

Dockter Karl-Heinz *)

Dockter Klaus-Dieter *)

Docter Hartmut W. Dipl.-Vw.

B.: Gschf. Ges. FN.: Solida Consult GmbH. DA.: 60431 Frankfurt/Main, Kleinschmidtstr. 15. PA.: 60431 Frankfurt/Main, Kleinschmidtstr. 15. G.: Frankfurt/Main, 6. Apr. 1940. V.: Ingrid, geb. Scheiderer. Ki.: Steffen (1978). S.: 1960 Abitur Frankfurt/Main, 1961-67 Stud. Vw. Frankfurt u. Marburg, 1968-70 Ausbild. Allianz Vers. K.: 1971-73 Bez.-Dir. ARAG Rechtsschutz, 1974-77 Gschf. Apartotels Melia GmbH, seit 1978 Gschf. Solida Consult GmbH, seit 1985 Gschf. Alleinges. H.: Tischtennis, Tennis, Münzen, Telefonkarten.

Dodenhoff Katrin *)

Dodenhoff Wilhelm Johann Dr. iur. Prof.

B.: Jurist. PA.: 27726 Worpswede, Im Schluh 29, 14195 Berlin, Messelstr. 43. G.: Sottrum, 10. Jan. 1920. V.: verw. 2001. Ki.: Karin (1946), Jutta (1952), Carsten (1956). E.: Heinrich u. Katharina. S.: Abitur, Stud. Rechts- u. Staatswiss. Univ. Hamburg, Vanderbilt Univ. in Nashville (USA), 1. u. 2. Jurid. Staatsexamen, Prom. z. Dr. iur. K.: 1953 Gerichtsassessor, 1954 Vw.GerichtsR., 1959 OVw.GerichtsR., 1963 BRichter, 1975 Vors. Richter am BVw.Ger., seit 1967 Mtgl. d. Staatsgerichtshofes d. Freien Hansestadt Bremen, seit 1979 Stellv. d. Präs., seit 1973 Hon.Prof.; 1988 Errichtung d. KKGS-Stiftung Berlin mit d. Zweck, hochbegabten Berliner Kindern d. Studium an Berliner Hochschulen zu ermöglichen. P.: Stiftungen als Impulse zur gesellschaftspolitische Neuordnungen (1970), Verhalten der Gesellschaft zum Verbrechen und zur Strafe (1971), Rechtsprechung des Bundesverwaltungsgerichts,

Sammel- und Nachschlagwerk sowie Leitsätze des Bundesverwaltungsgerichts (seit 1967) und Bundesbaurecht (seit 1975), Abhandlungen und Aufsätze in Fachzeitschriften. E.: 1987 Gr. VK d. VO d. BRD. M.: Mtgl. d. Gemeinsamen Prüfungsamtes f. d. Gr. Jur. Staatsprüf. (Hamburg), Mtgl. d. Justizprüfungsamtes Berlin, Vorsitzender d. AufsR. d. gemeinn. Bmtr.Wohnungsver. Bremen. H.: Reiten, Ballonfahren, Jagen, Wandern, Skatspielen, Lesen (Geschichte u. Politik).

Doderer Klaus Dr. phil. Prof. em.

B.: Literaturwissenschaftler. PA.: 64287 Darmstadt, Rodinghweg 5. G.: Wiesbaden, 20. Jan. 1925. V.: Ingrid, geb. Flössner. Ki.: Claudia, Christiane, Beatrix. S.: 1945-52 Stud. Germanistik, Phil., Kunstgeschichte u. Päd. Univ. Marburg, 1953 Prom., Lehrerexamen. K.: ab 1954 Lektor Univ. Birmingham/GB, VS-Lehrer, Ass. u. Doz., Darmstadt, 1963-90 Prof. u. Dir. d. Inst. f. Jugendbuchforsch. d. Univ. Frankfurt/Main. P.: Die Kurzgeschichte in Deutschland (1953), Fabeln- Formen, Figuren, Lehren (1970), Lexikon d. Kinder- u. Jugendliteratur (Bd. I - IV, 1975-82, Reprint 1995), Über Märchen f. Kinder v. heute (1983), Walter Benjamin u. d. Kinderliteratur (1988), Literar. Jugendkultur (1992), Geschichte des Kinder- u. Jugendtheaters (1995), Reisen in erdachtes Land (1998), Erich Kästner (2002). E.: 1983 Friedrich-Bödecker-Preis, 1987 Intern. Brüder-Grimm-Preis Osaka.

Dodge Frank Sumner

B.: Cellist, Ltr. FN.: Spectrum Concerts Berlin. DA.: 10823 Berlin, Eisenacher Straße 53. G.: Boston, 3. Jan. 1950. El.: George u. Martha, geb. Nichols. S.: 1968-72 New England Conservatory of Music BM Degree, 1973-75 Yale Univ. Graduate School of Music, MM Degree, Spez. Cello-Ausbild. b. Aldo Parisot, Eberhard Finke, Mstislav Rostropovitch, Pierre Fournier, Maurice Gendron. K.: Solist, Ensemblemtgl. u. Dirigent in mehreren Orchestern, 1969 Grd. u. Mtgl. v. Strawbery Banke Chamber Music Festival, 1974-75 New Haven Symphony, 1978-80 Stanford Symphony, 1978-81 New York City: Opera Orchestra of New York, Orchestra of our Time, St. Lukes Chamber Ensemble, 1984-85 Orquesta Y Coro Nacionales De Espana, 1985 Scottish Chamber Orchestra, 1983-95 Berliner Philharmon. Orchester, seit 1987 Gründer u. Mtgl. v. Spectrum Concerts Berlin, Prod. zahlr. Schallplatten, Rundfunksendungen, CD´s, Gründer der American Music Week Berlin 1990 u. 2000. P.: Art. f. amerikan. Zeitungen u. Zeitschriften. E.: zahlr. Stipendien, Ausz. u. Ehrungen weltweit u.a. 1987 Ernst v. Siemens-Musikpreis. M.: European Chimay Foundation, Koussevitzky Music Foundation.

Döding Günther *)

Döding Wolfgang

B.: Gschf. FN.: Gewerkschaft Nahrungs Genuss Gaststätten Verw.-Stelle Bremen. DA.: 28195 Bremen, Bahnhofstr. 3-4. G.: Gehlenbeck/Lübbecke, 30. November 1945. V.: Gerda, geb. Struckmeier. Ki.: Ramona (1968). El.: Hermann und Dorothee, geb. Hucke. S.: 1960-63 Lehre z. Bierbrauer u. Mälzer Barre Bräu in Lübbecke u. Brauer b. 1971, 1971 Sozialakademie in Dortmund. K.: 1972 Gewerkschaftssekr. d. NGG in Ausbild., Verw.-Stelle Hagen, 1972 Gewerkschaftssekr. Verw.-Stelle Bünde/Westfalen, Lübbecke u. Minden, 1976 NGG Verw.-Stelle Bremen als Gewerkschaftssekr., 1977 Gschf. d. NGG Bremen. M.: seit 1962 SPD. H.: Lesen.

*) Biographie www.whoiswho-verlag.ch oder beigefügte CD-ROM

Doebele Marc Dipl.-Ing. *)

Doebele Ulrich Dipl.-Ing. *)

Doehlemann Max

B.: Komponist, Musiker, Musikwissenschaftler, Lizenzexperte. FN.: Musikstudio. DA.: 10587 Berlin, Cauerstr. 21/22. www.max-doehlemann.de. G.: Hamburg, 21. Dez. 1970. V.: Esther Barth. Ki.: Leonard (1999). El.: Prof. Dr. Martin u. Heidi. BV.: Onkel Artur Wendt Konzertmeister in Mainz. S.: 1990 Abitur Münster, 1990-91 Zivildienst Ver. f. Soziale Betreuung durch Musik München, auch Klavierspielen in SBM-Gruppe, 1991-95 Stud. klass. Komposition an Musik-HS München, Abschluss mit Dipl., 1996-98 Musik-HS Hanns Eisler Berlin, Stud. Orchesterdirigieren, auch b. 80 Folgen "Marienhof" in München. K.: 1997 Kompositionen u. musikal. Ltr. Berliner Ensemble z. 99. Geburtstag, 1997-98 Korepetitor Komische Oper Berlin, 2000 Film Musicalman, Filmfestspiele Hof, 2000 Musik f. Theaterstück "Hamlet - Eine Sexkomödie" v. Rosa v. Praunheim, auch Aufbau d. eigenen Musikstudios. BL.: Gutachten z. DaeWoe-Werbung f. Lizenzeprozesse d. Kzl. Dr. Prinz in Hamburg. E.: 1996 Gewinn Franz Josef Reinl Komponistenpreis in Wien f. Klavierkonzert. H.: Sport, Joggen.

Doehler Olaf Dipl.-Ing. *)

Doehler Peter Dipl.-Kfm. *)

Doehnel Karl-Armin Dr. med.
B.: Hautarzt, Allergologie. GT.: seit 1993 Ltr. d. Arbeitskreises Dermatologie im KV Bez. Braunschweig, seit 2000 Vorst. d. Facharzttever. im Bez. Braunschweig. DA.: 38100 Braunschweig, Casparistr. 5-6. G.: Braunschweig, 5. Nov. 1952. V.: Apothekerin Annette, geb. Stegmann. Ki.: Karl-Enno (1986), Karl-Eiko (1991). El.: Dr. med. Karl-Rudolf u. Opernsängerin Eleonore, geb. Schütz. BV.: Johann Justinus Doehnell aus Gotha war Leibarzt Peter d. Großen. S.: 1974 Wilhelm-Gymn. Braunschweig Abitur, b. 1976 Zeitsoldat b. d. Bundeswehr, b. 1977 Studienaufenthalt in Triest, 1978-85 Stud. Humanmed. an d. Univ. Padua/Italien, 1985 Prom. K.: ab 1986 Chir. Tätigkeit am Herzogin-Elisabeth-Heim in Braunschweig, b. 1988 Innere Abt. d. Vincenz-KH Braunschweig, 1988-91 Dermatolog. Klinik in Davos, 1991-93 wiss. Ass. an d. Dermatolog. Klinik d. TU München, seit 1992 FA f. Dermatologie, 1992 Zusatzbezeichnung Allergologie, 1993 ndlg. m. eigener Praxis in Braunschweig, Schwerpunkte: Onkologie, Allergologie, Allergolog.-Immunolog. Spezialabor, kosmet. Chir., Dermatochir. BL.: 1982 Wiedergründer d. Natio Germanica an d. Univ. Padua (Dt. Ak. Vertretung). H.: Jagd, Reiten.

Doehring Carl *)

Doehring Karl Dr. iur. Dr. h.c. Dr. h.c. Prof.
B.: em. o.Prof. f. öff. Recht u. Völkerrecht Univ. Heidelberg, em. Dir. am Max Planck-Inst. f. ausländ. öff. Recht u. Völkerrecht. PA.: 69121 Heidelberg, Mühltalstr. 117c. G.: Berlin, 17. März 1919. V.: Dr. Eva-Maria, geb. Borchart. El.: Walter und Clara. S.: 1937 Abitur, 1937-48 Militär- u. Kriegsdienst, 1948-51 Stud., 1957 Prom. K.: 1962 Habil., 1962 Priv.Doz., 1963 wiss. Mtgl. d. Max Planck-Ges., 1964 Hon.Prof., 1969 o.Prof., 1980 Direktor am Max Planck-Inst. P.: Die Pflicht des Staates zur Gewährung diplomatischen Schutzes (1957), Die allgemeinen Regeln des völkerrechtlichen Fremdenrechts und das deutsche Verfassungsrecht (1962), Das Selbstbestimmungsrecht der Völker als Grundsatz des Völkerrechts (1974), Das Staatsrecht der Bundesrepublik Deutschland (1984), Allgem. Staatslehre (2. Aufl. 2000), Völkerrecht (1999). E.: EK II, BVK I.Kl., 1981-85 Präs. d. Dt. Ges. f. Völkerrecht. M.: seit 1971 Associe, seit 1979 Member de l'Inst. de Droit Intern., seit 1962 Ver. d. Dt. Staatsrechtslehrer u. Dt. Ges. f. Völkerrecht. H.: Golf.

Doehring Matthias
B.: RA, selbständig in eigener Kzl. DA.: 30175 Hannover, Hindenburgstr. 40. kanzlei@doehring.de. www.anwalt-doehring.de. G.: Göttingen, 3. Jan. 1958. V.: Sabine. Ki.: Katharina (1983), Sandra (1987). S.: 1977 Abitur in Niedersachsen, 1977-79 Bundeswehr, 1979-86 Stud. Geschichte, Politologie, Rechtswiss. u. Sozialwiss. an d. Universität Hannover, 1986 2. Staatsexamen, 1986 Zulassung als RA b. Landgericht Hannover, 1986-98 tätig als selbständiger RA u. Mitges. einer Anwaltssozietät in Hannover, 1998 Grdg. d. eigenen Anwaltssoziet. Kzl. Doehring m. 16 Anwälten u. 2 Steuerberatern in Hannover, Tätigkeitsschwerpunkte Arzthaftungsrecht, Gesellschaftsrecht u. Wirtschaftsstrafrecht. BL.: Dozent f. diverse Anwaltsseminare (seit 1997). P.: diverse Veröff. in Fachzeitschriften u. im Internet. M.: Anwaltskammer, Dt. Anwaltsverein, Anwaltsverein Hannover, Arge d. Strafverteidiger, div. Sportvereine, Vors. Tennisclub. H.: Squash, Kampfsport, Tennis, Reisen, Musik, Gitarre spielen.

Doench Lars Dr. med. *)

Doenicke Alfred Dr. med. Prof. *)

Doenitz Volker Dipl.-Ing.
B.: Oberbgm. FN.: Stadtverw. Gotha. DA.: 99867 Gotha, Hauptmarkt 1. G.: Freudenstadt, 20. Aug. 1942. V.: Jutta, geb. Wauschkuhn. Ki.: Steffen (1966), Constance (1968). El.: Fritz u. Margot. S.: 1961 Abitur, 1961-63 Lehre Elektromonteur, b. 1965 Elektromonteur, 1965-68 Stud. Ing.-Schule f. Elektrotechnik Berlin-Velten, Dipl.-Ing. f. Elektrotechnik, 1968-70 Stud. Berlin-Velten, Dipl.-Ing. f. Automatisierungstechnik. K.: 1968-90 Projekting. u. später Abt.-Ltr. f. Elektroprojektierung b. Engineering Gotha GmbH, 1990-94 BetriebsR.-Vors. dieses Betriebes, s. 1994 1. direktgewählter Oberbgm. Gothas. M.: Grdg.-Mtgl. d. SPD d. Stadt Gotha. H.: Alpines Wandern, Tennis, Skifahren.

Doepfert Werner *)

Doepke Hermann *)

Doerfler Walter Dr. med.
B.: o. Prof. f. Genetik. FN.: Inst. f. Genetik Univ. Köln. PA.: 50931 Köln, Weyertal 121. G.: Weissenburg, 11. Aug. 1933. V.: Helli, geb. Schleich. Ki.: Markus. El.: Dr. Hermann u. Hermine. S.: Oberschule, 1952 Abitur, Med. Stud. Erlangen, Hamburg u. München, 1958 Staatsexamen, 1959 Prom. München. K.: 1959-60 Intern. Mercer Hospital Trenton N.J./USA, 1958/59 u. 1961 Med. Ass. Univ. Kliniken München, 1961 Approb. München, 1961-63 Wiss. Mitarb. Max Planck-Inst. f. Biochemie München, 1961 ECFMG d. Americ. Med. Assoc., 1996 Facharzt Med. Genetik, 1963-66 Postdoctoral Fellow Dept. Biochem. Stanford Univ., 1966-71 Assistant & Associate Prof., 1971-78 Adjunct Prof., Rockefeller Univ. New York, 1971-72 Gastprof. Uppsala-Univ. Uppsala/Schweden, seit 1972 o.Prof. Univ. Köln, 1998 Prof. em. activ, 1978 Gastwiss. Stanford-Univ. Stanford/Calif., 1986 Gastprof. Princeton Univ. Princeton N.J., 1993 Gastprof. Stanford-Univ., 1999 Gastprof. Princeton Univ. Princeton, N.J., seit 1978 Sprecher d. SFB 74 u. s. 1990 d. SFB 274 d. Dt. Forsch.-Gemeinschaft, 1988 Kawasaki Med. School Japan, 1990 Akad. Nauk Rußland, Moskau, 1985-91 Senator d. Dt. Forsch.-Gemeinsch. P.: ca.

380 Veröff. in Fachzeitschriften u. Büchern, The Mol. Biol. of Adenoviruses, Bd. 1-3, 1983-84, Develop. Molec. Virol., Bd. 8, 1986, The Mol. Biol. of Baculoviruses, 1986; The Molecular Biol. of the Cell, 1992; Malignant Transform. by DNA Viruses, 1992; Virus Strategies, 1993; The Molecular Repertoire of Adenoviruses, Bd. 1-3 1995, Viren, 1996, Foreign DNA in Mammelian Systems, 2000, Viren, 2002, Adenoviruser: Model and Vectors in Virus Host Interactions, 2002, The Modular Structure of Genomes, 2002. E.: 1998 Leopoldina, 1984 Robert Koch-Preis, 1981 Aronson-Preis, 1969-71 Career Scientist, City of New York, 1959-60 Ventnor Foundation. M.: Rotary Intern. H.: Linguistik, Geschichte, Musik.

Doergé Werner Prof. *)

Doering Manfred
B.: Grafiklehrer, Malermeister, Gemälderestaurator. DA.: 35037 Marburg, Bismarkstr. 11. G.: Hallein-Salzburg, 18. Nov. 1945. Ki.: Martin (1977), Maike (1983). El.: Adolf u. Sophie. S.: 1962-64 Malerlehre in Marburg. K.: 1964-66 Kirchenmaler, Gemälderestaurator, 1967-68 Bundeswehr Marburg, 1968-71 Meisterschule München, Malermeister/Restaurator, 1971-76 selbst. Grafikdesigner im Werbebereich, 1976-2001 Grafiklehrer Berufsschule Kassel. H.: Schwimmen, Bildhauerei, Malerei.

Doering Renate Dipl.-Vw. Prof. *)

Doerk Hartmut
B.: Journalist, Gschf. FN.: action press. DA.: 22529 Hamburg, Kollaustraße 64-66. G.: Berlin, 9. Feb. 1938. V.: Traudl, geb. Fischer. Ki.: Katharina (1965), Alexandra (1967). S.: 1963-65 Volontariat Cellesche Zeitung. K.: 1965-68 Reporter d. Bild-Zeitung in Hannover, 1968-70 Nachrichten-Chef von Praline in Hamburg, 1970 Grdg. d. Presse- u. Bildagentur action press in Hamburg.

Doermer Christian-Michael *)

Doermer Hans-Heinrich
B.: selbst. Fotografenmeister. DA.: 39340 Haldensleben, Am Markt 10. G.: Haldensleben, 12. Feb. 1947. V.: Gertrud, geb. Drasche. Ki.: Hans-Thomas (1971), Kristin. El.: Hans u. Marie-Luise, geb. Verbarecken. S.: 1963-64 Lehre Fotolaborant väterl. Betrieb, b. 1966 Fotograf väterl. Betrieb, b. 1968 Armee. K.: ang. Fotograf im väterl. Betrieb, 1972-73 Meisterschule in Magdeburg, 1975 Übernahme d. Betriebes, 1993 Eröff. d. Filiale mit Schwerpunkt Fotos von Klassentreffen b. Hochzeiten u. Werbefotos. M.: Handwerkskam. Magdeburg, Vorsitzender d. Gesangsver., Männerchor Liederkranz. H.: Sammeln v. Fotoapparaten, Sport.

Doerner Jürgen *)

Doerr Hans Wilhelm Dr. med. Prof.
B.: Lehrstuhl f. Med. Virologie. FN.: Univ. Frankfurt. DA.: 60596 Frankfurt/Main, Paul-Ehrlich-Str. 40. G.: Arnstadt, 15. Jan. 1945. V.: Silvia, geb. Middeldorf. Ki.: Andrea (1979), Simon (1982). S.: 1964 Abitur Heidelberg, Med.-Stud. Heidelberg, Kiel u. München, 1971 Prom. K.: 1972 Hygiene-Inst. d. Univ. Freiburg, 1977 Abt. Virologie Hygieneinst. d. Univ. Heidelberg, 1978 FA f. Laboratoriumsmed., Habil., 1980 FA f. Med. Mikrobiologie u. Infektionsepidemiologie, 1981 Prof. f. Med. Virologie Heidelberg, 1984 Lehrstuhl am Zentrum f. Hygiene u. Univ. Frankfurt BV auf dem Gebiet d. Virussicherheit, - Diagnostik u. Therapie. H.: Geschichte, mod. Literatur.

Doerr Hermann *)

Doerr Rudi H. *)

von Doetinchem de Rande Jan *)

Doetsch Georg *)

Doetsch Peter Dr.-Ing. *)

Doetz Jürgen
B.: Vorst. FN.: ProSiebenSat.1 Media AG. DA.: 85774 Unterföhring, Medienallee 7. www.prosiebensat1.de. G.: Heidelberg, 9. Okt. 1944. S.: 1964 Abitur, OLt. d. Res., Volontariat b. Tageszeit., 1966-71 Stud. polit. Wiss. u. Soziol. in Heidelberg. K.: 1971 Pressesprecher d. Kultusministers Bernhard Vogel, 1976 stellv. Pressesprecher d. LReg. (MinR.), 1983 Gschf. d. PKS Programm Ges. f. Kabel u. Satelliten, 1985 Gschf. d. SAT1, 1990 Gschf. VPräs. VPRT Bonn, seit 2000 Vorst. d. ProSiebenSat.1 Media AG. P.: zahlr. Broschüren u. Artikel z. Entwickl. d. privaten Rundfunks in Deutschl. H.: Politik, Geschichte, Sport. (Re)

Dogantekin Hayro *)

Döge Claus-Detlev Dipl.-Ing.

B.: Dipl.-Ing. f. Informationstechnik, Dipl.-Bauing., Reisekfm., Inh. FN.: Reiseagentur Leipzig. DA.: 04157 Leipzig, Landsberger Str. 81. G.: Borna, 28. Feb. 1950. V.: Gabriele. Ki.: Kathy (1978), Nadja (1985). S.: 1968 Abitur Borna, Stud. Infotechnik an d. TU Dresden, 1972 Dipl. K.: Objekting. f. Automatisierung v. Erdgasleitungen, 1975 Fortsetzung der Tätigkeit in der Ukraine, 1979 VEB Polygraph, 1981 Projektltr., 1981-86 Fernstud. an d. TU Dresden, 1986 Dipl. f. Konstruktiven Hochbau, 1985 Bereichsltr., 1988 Dir. des Kombinats, 1989 nebenberufl. Verkauf v. Reisen, Grdg. d. Reiseagentur Leipzig, 1990 Grdg. einer Computerfirma "ComCon Computer Concept GmbH", 1992 nach Abgabe d. Computerfirma Einstieg ins Reisegeschäft, 1995 Eröff. d. 2. Geschäftes am Sonnenwall, 2000 Eröff. d. 3. Geschäftes im Gohliser Park. M.: 1. Leipziger Golfclub, Dt. Reisebüroverb. DRV. H.: Klavierspielen, Biographien sammeln.

Dogru Serkan

B.: Gründer d. Firma Planet Lifestyle+Fitness GmbH in Augsburg. PA.: 86316 Friedberg, Alte Bergstr. 23A. G.: Adana/Türkei, 18. Aug. 1969. V.: Karin, geb. Bodenmüller. Ki.: Denise Serin, Celina Vanessa. S.: 1979 Umzug nach Deutschland, Mittlere Reife, Banklehre. K.: 1989 1. Kontakt z. Fitness-Branche, zahlreiche Aus- u. Fortbildungen, Gesundheits- u. Fitnessbetreuer, erfolgreiche Führungspositionen im Dienstleistungssektor, Referent/Presenter/Ausbilder auf int. Fitness- und Gesundheitskongressen u.a. f. d. Firmen REEBOK Deutschland GmbH, SAFS&BETA, BODYLIFE etc., seit 1994 ltd. Funktion in Sportstudios in d. BRD, 1999 Eröff. des eigenen Studi-

---

*) Biographie www.whoiswho-verlag.ch oder beigefügte CD-ROM

os. BL.: 1998 unter d. TOP TEN d. Europ. Presenter/Referenten. P.: Autor/Mitautor v. Fitness-/Gesundheitsspezifischen Handbüchern. H.: Familie, Freunde, Musik, Sport.

Dogrul Erdal Dipl.-Ing. *)

Dogs Sven

B.: Dipl.Designer. FN.: Dogs Design. DA.: 33602 Bielefeld, Falkstraße 5c. dogsdesign@aol.com. www.dogs-design. de. G.: 20. Mai 1974. V.: Michaela, geb. Rohr. El.: RA Wulf u. Carola. S.: 1991-93 Ausbildung z. Raumausstatter b. exklusiven Inneneinrichter, 1995-96 Fachabitur Fachrichtung Gestaltung, 1996-2000 FH f. Design in Münster (Westf.) unter Prof. Heinrich Brumack Glastechnik, Prof. Hirzel Produktgestaltung (3D u. Technik). K.: 1993-94 Kreuzfahrtschiffe über Fremdfirma f. d. Meyer-Werft eingerichtet, während d. Stud. div. erfolgreiche Wettbewerbe: Assima (Taschen), Paradiek Cologne (eigene Produktlinie), Raab Karcher u.a. Aktuelle Produkte z.B. Glasleuchtenkollektion f. Wofi-Leuchten d. auf d. nächsten Messe vorgestellt werden, Vertritt einen ganz modernen Stil. E.: wurde in seinem 5. Lebensj. in d. Henry Nannen Stiftung Emden aufgenommen u. in d. unterschiedl. Techniken ausgebildet. H.: Design, Reisen.

Dogs Wilfried Dr. med. *)

Döhl Friedhelm Dr. Prof. *)

Dohland Bernhard *)

Dohle Kurt
B.: Gschf. FN.: Dohle Handelsgruppe. DA.: 53721 Siegburg, Alte Lohmarer Str. 59.

Döhle Jens Adolf Dipl.-Chem. *)

Döhle Jochen *)

Dohler Johannes

B.: Dir. FN.: VHS Beckum. DA.: 59269 Beckum, Paterweg 10. info@vhs-beckum.de. G.: Cochem, 19. Mai 1945. V.: Gabriele, geb. Miller. Ki.: Anne, Christine, Sonja. El.: Theodor u. Wilhelmine, geb. Schmitt. S.: 1964 Abitur Trier, Stud. Romanistik u. Anglistik Univ. Münster, Frankreich u. England, 1971 Referendariat. K.: 1973-77 StudR. an d. Gesamtschule in Kölm, 1977-79 Ltr. d. Fremdsprachenbereichs der VHS Beckum, s. 1979 Dir. d. VHS Beckum. H.: Lesen, PC.

Döhler Claus Dipl.-Ing. *)

Döhler Heinz *)

Döhler Klaus Dieter Dr. rer. nat. Prof.
B.: Gschf. FN.: Haemopep Pharma GmbH Hannover. DA.: 30625 Hannover, Feodor Lynen Str. 5. G.: Weilburg/Lahn 29. Dez. 1943. V.: Ursula Han-Hua, geb. Fang. El.: Richard u. Emma. S.: 1964-69 Stud. d. Biologie u. Chemie Univ. Marburg, 1969-72 Stud. Psych., Biologie u. Psychobiologie Univ. of California in Berkeley u. in Irvine, sowie an d. California State Univ. in Fresno, Kalifornien, USA, 1971 Bachelor of Arts Degree in Psychologie an d. California State Univ. in Fresno, 1972 Master of Arts Degree in Biologie an d. California State Univ. in Fresno, 1972-74 Diss. m. endokrinologischem Thema am Max-Planck-Inst. f. Biophysikalische Chemie in Göttingen, 1974 Prom. z. Dr. d. Naturwiss. an d. Univ. Göttingen. K.: 1974-78 wiss. Mitarb. u. Laborltr. in d. Abt. Klin. Endokrinologie d. Med. HS Hannover, 1975 2-monatiger Forschungsaufenthalt am Department Cellular Biology, Mathilda and Terrence Kennedy Inst. of Rheumatology in London, England, Erlernung e. hochsensitiven cytochemischen Bioassays f. humanes TSH, 1978 Habil., 1978-80 Wiss. Mitarb. u. Laborltr. in d. Abt. Physiologische Chemie d. Tierärztl. HS Hannover, Aufbau e. Hormonlabors, 1980-81 12-monatiger Forschungsaufenthalt am Brain Research Inst. u. am Department of Anatomy d. Univ. of California School of Medicine in Los Angeles, California, USA, 1981 1-monatiger Forschungsaufenthalt am Department of Psychobiology d. Univ. of California in Irvine, California, USA, 1981-84 Wiss. Mitarb. u. Laborltr. in d. Abt. Klin. Endokrinologie d. Med. HS Hannover, 1983 Ernennung z. außerplanmäßigen Prof. an d. Med. HS Hannover, 1985-1989 Wiss. Ltr. d. Bissendorf Peptide GmbH, Wedemark, verantw. f. d. Durchführung klin. Prüfung u. f. d. Überwachung toxikologischer Studien, 1989-1993 Dir. d. Bereichsltr. f. Pharmazeutische Entwicklung u. Prod. d. Pharma Bissendorf Peptide GmbH, Hannover, seit 1993 Gschf. d. Haemopop Pharma GmbH, Hannover, verantw. f. d. Geschäftsabwicklung u. f. d. Koordination d. Abt. Pharmazeutische Entwicklung, Herstellung, Qualitätskontrolle, Med. u. Zulassungen, 1995-96 zusätzl. Gschf. d. Pegasus Pharma Arzneimittelherstellung GmbH, Hannover. P.: ca. 150 Veröff. in wiss. Zeitschriften u. Büchern, Hrsg. "Progress in Neuropeptide Research" (1989). E.: 1977 Schöller Junkmann-Preis d. Dt. Ges. f. Endokrinologie, 1979-84 Heisenberg Stipendium, 1985-87 Editorial Board d. Zeitschrift "Neuroendocrinology", 1985 The American Biographical Inst. Research Board of Advisors. M.: Dt. Ges. f. Endokrinologie, The Endocrine Society (USA), The European Neuroendocrine Assoc., Sigma Xi the Scientific Research Society, Vors. b. d. Hannov. Ges. z. Förderung d. Krebsforschung. H.: Tennis, Rotarier.

Döhler Marina

B.: Dipl.-Stomatologin, Fachzahnärztin f. Allg. Stomatologie, selbständig. DA.: 98527 Suhl, Schleusinger Str. 18. G.: Ebersbach, 11. Okt. 1953. V.: Thomas Döhler. Ki.: Franziska (1981). El.: Hildegard Träger. S.: 1970 Mittlere Reife, 1970-73 Lehre als Zahntechniker, 1973-75 Abitur in der Abendschule, 1975-81 Stud. Zahnmed. an d. Humboldt-Univ. Berlin u. Medizinische Akademie Dresden. K.: 1981-86 Zahnärztin in d. Poliklinik Senftenberg, 1986 Abschluss Fachzahnarztausbildung, 1986-90 Zahnärztin in d. Poliklinik Schleusingen, 1991 Eröff. d. eigenen Praxis. M.: seit 1992 Dt. Akademie f. Akupunktur u. Aurikulo Med. H.: Wandern, Hund, Hasen.

*) Biographie www.whoiswho-verlag.ch oder beigefügte CD-ROM

Döhler Rolf Dipl.-Ing. *)

Dohm Gaby
B.: Schauspielerin. PA.: 81675 München, Trogerstr. 17. G.: Salzburg, 23. Sept. 1943. V.: Adalbert Plica. Ki.: Julian. El.: Will u. Heli Dohm. K.: Zahlr. klass. Rollen an Theatern, z.B. Düsseldorf u. München, weibl. Hauptrolle in d. ZDF-Serie Schwarzwaldklinik, 1999 "Der Paradiesvogel". E.: Preise als beste Schauspielerin f. Yvonn-Prinzessin v. Burgund, mehrere TZ-Rosen, 1986 Golden. Kamera Hörzu, 1986 Ital. TV-Preis Il Gatto (Gold. Katze).

Dohm Heinz Dr. med. *)

Dohmann Ingo

B.: Gschf., Inh. FN.: Ingo Dohmann GmbH. DA.: 33334 Gütersloh, Isselhorster Straße 403. G.: Gütersloh, 2. Apr. 1951. S.: 1966-69 Lehre Elektriker Firma Miele. K.: 1970-74 Elektriker im Außendienst u. Elektroniker, 1974-76 Stud. Elektrotechnik an d. FHS Bielefeld m. Abschluß Techniker, seit 1974 selbst. m. Grdg. d. Firma Dohmann GmbH elektron. Sondergerätebau in Gütersloh. F.: Prok. d. IDE GmbH. P.: Veröff. in versch. Fachzeitschriften z. Thema Prozessorschaltungs- u. Hochgeschwindigkeitsdatenerfassung. M.: Luftsportver. H.: Fliegen, Segeln.

Dohmann Rüdiger Dr. med. *)

Dohmen Gertrud *)

Dohmen Horst-Josef *)

Dohmen Horst-Wilhelm

B.: Gastronom. FN.: Restaurant Aquarium. DA.: 52076 Aachen, Diepenbenden 61. G.: Alsdorf, 7. Jan. 1943. V.: Gabriele. Ki.: Sarah (1963), Hedda (1965), Jörg (1966), Frank (1971), Dirk (1975). El.: Hermann u. Marianne. S.: Fachoberschulreife, 1956-59 Lehre als Bauzeichner m. Abschluss, 1959-63 Studium d. Bauing.-Wesens an d. FH Aachen. K.: 1963-88 Baultr. b. einer Aachener Baubehörde, parallel z. Berufsausübung 1974 Übernahme d. Restaurant "Aquarium" in Aachen, ab 1988 volle Integration in d. Restaurant, 1996 Kauf des Objektes von d. Stadt Aachen, seither kontinuierlicher Ausbau d. Restaurants. H.: Reisen, Lesen, Arch., Antiquitäten.

Dohmen Rudi *)

Döhmen Burkhard Leonhard Dipl.-Ing.
B.: Architekt, Inhaber FN.: Burkhard Döhmen Architekten und Designer. DA.: 41189 Mönchengladbach, Adolf Kempken Weg 35. G.: Mönchengladbach, 8. März 1962. V.:

Dipl.-Grafikdesignerin Mechthild, geb. Goertz. Ki.: Hannah (1998), Jonathan (2000). El.: Leonhard u. Christa. S.: 1982 Abitur Viersen-Dülken, 1983-86 Ausbild. z. Tischlergesellen Schreinerei G. Mende Viersen-Dülken, 1985-92 Arch.-Stud. RWTH Aachen. K.: freier Mitarb. in versch. Arch.-Büros, 1992 Dipl.-Arch. an d. RWTH Aachen, 1992 freie Mitarb. im Büro Horst M. Fischer Aachen, 1994 freie Mitarb. im Büro Busmann & Haberer Köln, seit 1994 eigenes Arch.-Büro. H.: Gleitschirmfliegerei.

Döhmen Heinz Dipl.-Ing. Prof. *)

Döhmer Tronje Dieter Hagen

B.: RA, selbständig. DA.: 35390 Gießen, Bleichstr. 34. trodi.ha@t-online.de. www. kanzlei-doehmer.de. G.: Wetzlar, 8. Juli 1956. Ki.: 3 Töchter. El.: Siegfried u. Erika. S.: 1976 Abitur Wetzlar, 1976-81 Stud. Rechtswiss. Justus-Liebig-Universität Gießen, 1981 1. Staatsexamen, 1981-85 Referendariat und Zivildienst, 1985 2. Staatsexamen u. Zulassung als RA. K.: 1985 Eintritt in Anwaltssozietät in Gießen, 1994 Übernahme als Einzelkzl., Tätigkeitsschwerpunkte: Strafrecht, Arbeitsrecht, Versicherungsrecht. F.: Beteiligung an Internet-Dienstleister MS 2000 (MORE SERVICE 2000) GmbH Gießen. P.: seit 1995 regelmäßige Beiträge in "Auto mobil" z. Verkehrsrecht, Aufsätze f. Fachzeitschriften u. im Internet u.a. "Die Fiktionen d. § 5a VVG, ZfS 97, 281", "Transparenzgebot" (1999), "Das Transparenzgebot im Privatversicherungsrecht" (1999). E.: Auszeichnung b. d. Stiftung Warentest als einer d. führenden Internet-Portale. M.: Dt. Anwaltsverein, AR GE Verkehrsrecht, ARGE Versicherungsrecht, Förderverein d. Justus-Liebig-Univ. Gießen. H.: Sport, Musik, Literatur, Internet.

Dohmes Johannes
B.: Botschafter. FN.: Botschaft der Bundesrepublik Deutschland im Königreich Dänemark. DA.: 2100 Kopenhagen, Stockholmsgade 57. G.: Krefeld, 8. Jan. 1940. V.: Ursula, geb. Neusius. Ki.: 2 Töchter, 1 Sohn. S.: Abitur, 1959-65 Stud. VWL u. Politische Wiss. an d. Univ. Köln, 1963 Abschluss Dipl.-VW. K.: 1965 Eintritt in d. Auswärtigen Dienst als Attaché, 1966 Dt. Botschaft Paris, ständige Vertretung d. Bundesrepublik Deutschland b. d. NATO in Paris, 1967-68 Dienststelle Berlin d. Auswärtigen Amts, Bundespräsidialamt Bonn, 1968-69 Auswärtiges Amt, Politische Abt., Osteuropareferat, 1969-72 Wirtschaftsreferent u. ab 1970 Ständiger Vertreter d. Botschafters an d. Dt. Botschaft Lomé/Togo, 1972-73 Auswärtiges Amt, Pressereferat, 1973-77 Persönlicher Referent d. Staatssekretärs im Auswärtigen Amt, 1977-80 Wirtschaftsreferent an d. Dt. Botschaft in Athen/Griechenland, 1980-84 Wirtschaftsreferent an d. Dt. Botschaft Washington D.C./USA, 1984-87 Auswärtiges Amt, Referatsleiter f. europäische u. intern. Wirtschafts- u. Währungspolitik, Wirtschaftsgipfel, IWF u. OECD, 1987-89 Kommission d. Europäischen Gemeinschaften, Kabinettchef v. Vizepräs. Dr. Karl-Heinz Narjes, 1989-92 Ständige Vertretung d. Bundesrepublik

---

*) Biographie www.whoiswho-verlag.ch oder beigefügte CD-ROM

Deutschland bei d. Europäischen Gemeinschaften in Brüssel, Gesandter, Ltr. d. Politischen Referates, 1992-94 Europäisches Parlament in Brüssel/Straßburg, Kabinettdirektor d. Präs. Dr. Egon Klepsch, 1994-96 Auswärtiges Amt, Chef d. Protokolls, 1996-97 Auswärtiges Amt, Ministerialdirigent, Grundsatzfragen d. Europäischen Union, 1997-2001 Ständiger Vertreter der Bundesrepublik Deutschland b. Europarat in Straßburg, seit 2001 Botschafter d. Bundesrepublik Deutschland im Königreich Dänemark.

Dohms Peter Dr.
B.: Staatsarchivdir. PA.: 40668 Meerbusch, Am Kamberg 9. G.: Göttingen, 10. Mai 1941. V.: Wiltrud, geb. Schneider. Ki.: Jan. El.: Kaspar u. Elly. S.: Abitur, 1. u. 2. Staatsexamen, Prom. K.: Beamtenlaufbahn. P.: Geschichte des Klosters und Wallfahrtsortes Eberhardsklausen an der Mosel (1968), Flugschriften in Gestapo-Akten. Mit einem Literaturbericht und einer Quellenübersicht zu Widerstand und Verfolgung im Rhein-Ruhr-Gebiet 1933-1945 (1977), Die Inventare der Schlösser und Gärten zu Brühl (1978), Lobberich. Die Geschichte einer niederrheinischen Gemeinde von den Anfängen bis zur Gegenwart (1981), Eberhardsklausen. Kloster - Kirche - Wallfahrt. Von den Anfängen bis in die Gegenwart (1985), Aufsätze zu archivfachl. Fragen, Aufsätze zur Stadtgeschichte von Meerbusch, zur rheinischen Kirchengeschichte u. zur Studentenbewegung, Die Mirakelbücher des Klosters Eberhardsklausen (1988), Peter Dohms (Hrsg.), Meerbusch. Die Geschichte d. Stadt u. d. Altgemeinden v. d. Ursprüngen bis z. Gegenwart (Meerbusch 1991), Die Wallfahrt nach Kevelaer z. Gnadenbild d. "Trösterin d. Betrübten": Nachweis und Geschichte d. Prozessionen v. d. Anfängen bis z. Gegenwart; m. Abbildung d. Wappenschilder (P. Dohms, W. Dohms, V. Schroeder, 1992), Rheinische Katholiken unter preußischer Herrschaft. Die Geschichte d. Kevelaer-Wahlfahrt im Kreis Neuss (P. u. W. Dohms, 1993), P. Dohms (Hrsg.), Die Pfarrkirche St. Stephanus zu Lank, Meerbusch 1994, Nievenheim. Die Geschichte des Kirchenspiels, Dormagen 1996, (P. Dohms und Heinz Pankalla, Hrsg.), Die Kevelaerwallfahrten des Jülichen Landes, Köln 1997 (P. u. W. Dohms), P. Dohms (Hrsg.), Landleben und Brauch, Meerbusch 1998, P. Dohms (Hrsg.), Klausener Pilgerbuch. Mit einer Einführung in die Geschichte des Wallfahrtsortes und die Kunstgeschichte der Kirche, Trier 2001.

Dohn Dagobert J. *)

Dohn Hanno Dr. agr.
B.: Sportfunktionär. FN.: LK Rheinland. DA.: 53115 Bonn, Endenicher Allee 60. PA.: 53604 Bad Honnef, Ölbergstr. 9. G.: Breslau, 15. Dez. 1939. V.: Mareikke, geb. Bertram. Ki.: Peter (1982). El.: Dr. iur. Günter u. Elfriede, geb. Baier. S.: 1959 Abitur Coesfeld, 1959-60 Bundeswehr Lt. d. Res., 1960-62 ldw. Praktikum, 1962-66 Stud. Univ. Bonn, 1966 Dipl.-Landwirt, 1966-68 Referendariat Bonn, 1968 2. Staatsexamen, 1971 Prom. K.: seit 1964 im Rhein. Pferdestammbuch u. Verb. d. Reit- u. Fahrver. Rheinland, seit 1971 Bmtr. in d. LK u. stellv. Gschf. beider Ver., seit 1973 Gschf. d. Verbände u. d. Ref. d. LK, seit 1996 Ref.-Ltr. f. Tierzucht d. LK u. bundesweit Vorträge, Richter auf nat. Zuchtschauen u. Reitturnieren, seit 1970 intern. offizieller Spring- u. intern. Vieseitigkeitsrichter d. FEI, seit 1998 Ltr. intern. FEI-Richterseminare, u.a. Tokyo, Warendorf, Mtgl. div. Gremien d. Dt. reiterl. Vereinig., Vorst.-Mtgl. pers. Mtgl. FN, BeiR. f. Ernennung v. Reitmeistern, Vors. d. Springaussch. Dt. Richter-Vereinig., seit 1996 Grdg.-Mtgl. u. Vorst.-Mtgl. d. ISJC. F.: Gestüt Hövel in Bad Honnef-Aegidienberg. P.: Hrsg. Rheinland Reiter-Pferde (seit 1976), Mitautor Pferdeland am Rhein (1982), Mitautor Dt. Pferdezucht (1994). E.: 1968 Rheinland-Pfälz. Meister in Vielseitigkeit. H.: Reiten, Reisen.

Dohn Irma *)

Döhn Uwe Georg Dr. phil. *)

Dohnal Harry
B.: Pflegedienstltg. FN.: Theresien-KH Bad Kissingen. DA.: 97688 Bad Kissingen, Steinstr. 2. info@theresienkrankenhaus.com. www.theresienkrankenhaus.com. G.: Werneck, 29. Juli 1968. V.: Carmen, geb. Schulz. Ki.: Lena (1994), Leon (1997), Sophia (1997). El.: Willy u. Elvira. S.: Mittlere Reife, 1985-88 Ausbild. Krankenpfleger Klinik Michelsberg Münnerstadt. K.: 1988-94 Schichtltg. d. Intensivstation an d. Rhönklinik in Bad Neustadt, 1990 Stationsltr.-Lehrgang am BFZ in Frankfurt/Main. 1990-92 Weiterbild. in Anästhesie u. Intensivmed. als Fachkrankenpfleger, seit 1995 Pflegedienstltg. am Theresien-KH in Bad Kissingen; Funktion: 1993-98 freiberufl. Referent d. Firma Coloplast GmbH; zur Zeit Fernstud. zum Qualitätsmanager f. Dienstleister u. Gesundheitswesen. M.: DJK Windhausen, FSV Hohenroth, Mazda MX-5-Club. H.: Sauna, Skifahren, Reisen, MX-5.

von Dohnanyi Klaus Dr.
B.: Erster Bgm. d. Hansestadt Hamburg i. R. PA.: 20249 Hamburg, Heilwigstr. 5. G.: Hamburg, 23. Juni 1928. Ki.: Johannes, Jakob, Babette. El.: Hans u. Christine. S.: Stud. Rechtswiss. Univ. München, 1950 Dr. jur., MPI f. Int. Privatrecht (1951-52), Columbia, Stanford u. Yale, LL.B. 1953 Yale. K.: 1952-54 New Yorker Anw.-Firma u. Ford Motor Company, 1954-60 Ford Werke AG Köln, s. 1957 SPD, 1960-68 Wirtschafts- u. Sozialforsch.-Inst. INFRATEST, 1968-69 Sts. im Bundeswirtschaftsmin., 1969-74 Sts. u. Bundesminister im Bundesmin. f. Bild. u. Wiss., 1976-81 Staatsmin. u. parlam. Staatssekr. im Auswärt. Amt, 1969-81 MdB, 1981-88 Erster Bgm. u. Präs. d. Senats d. Freien u. Hansestadt Hamburg. P.: Jap. Strategie im Ausland (1969), Notenbankkredite an den Staat? (1986), Hamburg - Mein Standort (1986), Deutsches Wagnis (1990), Brief an die Deutschen Demokratischen Revolutionäre (1990), Im Joch des Profits? Eine Deutsche Antwort auf Globalisierung (1999, 2. Aufl.). E.: 1988 Theodor Heuss-Med., Humanitarian Award v. B'nai B'rith. M.: seit 1995 Mtgl. d. Club of Rome.

Döhner Hans-Jürgen Dipl.-Ing. Prof. *)

Döhnert Harald

Döhnert Michael
B.: Vorst. FN.: Lidl & Schwarz Stiftung & Co KG. DA.: 74172 Neckarsulm, Rötelstr. 35. (V.).

Dohr Erhard *)

Dohr Gerhard Paul Dr. rer. nat. Prof. *)

Dohr Heinz Dr. iur. *)

Dohr Helmut *)

Dohr Paul Gerhard Dr. Prof.
B.: Geophysiker. DA.: 30159 Hannover, Postkamp 16. G.: Hannover, 24. Juli 1924. V.: Irmgard, geb. Mötje. El.: Paul u. Hertha, geb. Meister. S.: 1943/44 Luftwaffenhelfer, 1944-45 Einzug z. Wehrmacht/Dt. Infanterie, parallel Schulkurse (Deutsch, Math., Physik), 1946 Abitur/HS-Reife, 1947 Hilfsarb., parallel Stud. an d. TH Hannover, 1947-49 Stud. Physik an d. Univ. Hannover, b. 1952 Stud. Geophysik Georgia-Augusta-Univ. Göttingen, Diplomexamen. K.: seit 1952 b. d.

*) Biographie www.whoiswho-verlag.ch oder beigefügte CD-ROM

Dohr

Firma Seismos in Hannover, 1954 Prom. z. Dr. rer. nat., b. 1958 Geophysiker b. Seismos, dann z. Preussag AG als Geophysiker/Abt.-Ltr., b. 1989 Abt.-Dir., ab 1970 Lehrauftrag an d. Univ. Hamburg, ab 1980 Prof. am Geophysikal. Inst. P.: Autor d. Buches "Applied Geophysics", Hrsg. von 2 v. 24 Bänden d. Handbuches "Geophysical Exploration", mehr als 40 Publ. in Fachzeitschriften. M.: Lions Club Hannover, Dt. HS-Verb., SEG, EAGE, Dt. Geophysikal. Ges., Dt. Geolog. Ges., DGMK, div. Tierschutzver. H.: Tiere/Hunde (Irish-Setter), Astronomie, Astrophysik, Landschaft, Wandern, Reisen, guter Wein.

Dohr Wolfgang Michael Dr. med. dent. *)

Döhrer Monika Rosalinde
B.: Gschf. FN.: Kosmetik Monika Döhrer Shop, Farm und Studio. DA.: 77815 Bühl-Weitenung, Kirchstr. 9. Kosmetik-Monika@doehrer.com. G.: 20. März 1947. V.: Eckhart Döhrer. Ki.: Sylvia, Gabriele, Claudia. El.: Wilhelm u. Rosa Ekkerle, geb. Eberle. S.: 1961-64 Hauswirtschaftliche Berufsschule Steinbach, 1975 Kosmetikschule Karlsruhe u. Ausbild. Fußpflege, 1982 Ausbild. Fußreflexzonen u. Lymphdrainage Karlsruhe. K.: seit 1979 selbst., seit 1987 zusätzl. Farb- u. Stilberatung. P.: Veröff. im Bad. Tagblatt, Tage d. offenen Tür. M.: IHK, Verb. d. Kosmetikerinnen, div. örtl. Ver. H.: Wandern, Bergsteigen, Tanzen, Radfahren, Schwimmen.

Döhring Burgel *)

Döhring Wilfried Dr. med. Prof.
B.: FA f. Innere Med. u. Radiologie, Lehrstuhl f. Diagnost. Radiologie, Dir. FN.: Klinik f. Diagnost. Radiologie am Univ.-Klinikum. DA.: 39120 Magdeburg, Leipziger Str. 44. PA.: 39112 Magdeburg, Brunnerstr. 15a. G.: Ulbargen, 13. Sep. 1940. V.: Dr. med. Gisela. Ki.: Silke, Wilko, Axel. S.: 1961 Reifeprüf., ab 1961 Stud. Johannes-Gutenberg-Univ. Mainz, 1965 Aufnahme in d. Studienstiftung d. dt. Volkes, 1967 Studienabschluß u. ärztl. Prüf., 1967 Prom. z. Dr. med., 1970 Dipl.-Vorprüf. in Physik. K.: 1970-71 wiss. Ass. am Physiol. Inst. Univ. Mainz, 1971-72 Med.-Ass., 1972 Approb. als Arzt, 1972-78 wiss. Ass. Med. HS Hannover, 1977 Habil. Innere Med., 1978 FA f. Innere Med., 1978-81 wiss. Ass. am Institut f. klin. Radiologie an d. Med. HS Hannover, 1981 AkOR. u. OA an d. Med. HS Hannover, 1982 apl.Prof., 1983 FA-Anerkennung f. Radiologie, 1985 Habil. Radiolgin. E.: 1987 Ehrenmtgl. d. Franz. Radiolog. Ges., 1993 Lehrstuhl f. Diagnost. Radiologie d. O.v.G.-Univ. Magdeburg. H.: Kajaksport.

Dohrmann Hans-Jürgen *)

Dohrn Jürgen *)

Dohrn Klaus P. D. Dr. med. habil. *)

Dohrn Lothar *)

Dohrn Max-Jürgen A. Dr. iur. *)

Dohrn Verena
B.: freischaffende Publizistin u. Historikerin. DA.: 30167 Hannover, Blumenhagenstr. 5. dohrn@t-online.de. G.: Hannover, 25. Juli 1951. V.: Henning Dohrn. Ki.: Anna-Larissa (1976), Marva-Milena (1981). El.: Gerhard u. Elisabeth Oehlschlger, geb. Wilkening. S.: 1970 Abitur Großburgwedel, 1970-77 Stud. Wiss. d. dt. Literatur u. Sprache, Geschichte an d. Univ. Hannover, 1977 Staatsexamen, 1977-84 Aufbaustud. Slavistik an d. Univ. Berlin, Göttingen, Bochum u. Bielefeld, 1986 Prom. K.: 1987-93 freie Autorin u. Journalistin f. d. NDR, Radio Bremen, WDR u. f. d. Zeitschrift Die neue Ges. Frankfurter Hefte, 1993-95 Forsch.-Projekt d. Dt. Forsch.-Gemeinschaft an d. Univ. Göttingen, 1995-97 freischaff. Publizistin, 1997-99 Forsch.-Projekt d. Dt. Forsch.-Gemeinschaft an d. Univ. Bremen, ab 1999 freischaff. Publizistin u. Historikerin in Hannover, seit Okt. 2000 Leiterin d. Editionsprojektes. P.: zahlr. Veröff. in Fachzeitschriften z. Geschichte u. Kultur d. osteurop. Judentums, Autorin d. Bücher: Die Literaturfabrik. Die frühe autobiograph. Prosa V.B. Sklovskijs - ein Versuch z. Bewältigung d. Krise d. Avantgarde (1987), Reise nach Galizien Frankfurt/Main (1991), Baltische Reise Frankfurt/Main (1994), Ltr. d. Editionsprojektes: Simon Dubnow: Erinnerungen ab 2000 am SimonDubnow-Inst. in Leipzig. M.: Verb. d. Osteurop.-Historiker, Salomon-Birnbaum-Ges. für Jiddisch in Hamburg e.V., Freunde Liberaler Jüd. Gem. Hannover. H.: Sport, Wandern, Radfahren, Tango.

Dohrn-van Rossum Cornelia *)

Dohse Christoph
B.: Grafiker, Typograf u. Buchgestalter. FN.: Atelier Dohse. DA.: 72764 Reutlingen, Uhlandstr. 56. christoph.dohse@t-online.de. G.: Vaihingen/Enz, 29. März 1951. V.: Andrea, geb. Tochtermann. Ki.: Emil (1996), Theo (1998). El.: Reinhard u. Anneliese, geb. Weyandt. S.: 1973 Abitur, 1974-79 Stud. PH Karlsruhe, Ausbildung z. Werklehrer, 1980-81 Zivildienst, 1981-82 Gaststud. Kunstak. Karlsruhe, 1983-85 Schriftsetzerlehre in Tübingen, 1986-87 Gaststud. Kunstak. Stuttgart bei Prof. Günter Jacki. K.: 1987 Grdg. d. Atelier Dohse in Reutlingen, 1988 Literaturpfad Reutlingen, seit 1989 Vors. d. Forum Typografie AK Baden-Württemberg, 1999/2000 Gastdoz. Typografie an d. Lazi Akad. Esslingen u. Lehrer f. Typografie an d. Kunstakad. Karlsruhe, 2001 Lehrer f. Typografie an d. Fachschule f. Informationsdesign Reutlingen. P.: Reihe "Boßo" seit 1988, "Koma" - Broschüre z. Rechtschreibreform (1988). E.: div. Ausz. b. Fachwettbewerben im Bereich DTP, Typografie, Fotografie. M.: Forum Typografie Deutschland, Allianz Deutscher Designer. H.: Alpen, Landkarten, Architektur.

Doil Rudi

B.: Rektor. FN.: Vennhofschule. DA.: 33689 Bielefeld, Wintersheide 32. PA.: 33813 Oerlinghausen, Julius-Leber-Straße 2. rudi.doil@owl-online.de. G.: Otterstedt, 17. Juli 1939. V.: Hedwig, geb. Müller. Ki.: Barbara (1967), Svenia (1972). El.: Karl u. Emma. S.: 1959 Abitur, 1959-62 Studium Lehramt Bielefeld. K.: 1962-69 Lehrer an verschiedenen Schulen in Wanne-Eickel, seit 1969 Lehrer an der Vennhofschule, 1970 Konrektor u. seit 1978 Rektor. M.: 1978-95 Vorstands-Mtgl., Geschäftsführer und Mitgründer des SLV/NW u. seit 1995 stellv. Vors., 2000 stellv. Vors. d. ASD, Redaktion d. Beihefte d. Fachzeitschrift Päd. Führung im Luchterhand Verlag. H.: Garten, Sport, Politik.

---

*) Biographie www.whoiswho-verlag.ch oder beigefügte CD-ROM

Doino Vito Salvatore
B.: Gastronom, Inh. FN.: Ristorante "Il Borgo". DA.: 80797 München, Georgenstr. 144. G.: Bella Potenza/Italien, 20. Apr. 1962. V.: Carmen, geb. Geiler. Ki.: Gianluca (1995). El.: Vincenzo u. Rosa, geb. Scavone. S.: 1976-79 Fachoberschule Bereich Mechanik m. Abschluss, 1979-81 Ausbild. im Hotelfach in Nizza, 1981-84 Ausbild. im Restaurantbereich im Hotel Ambassador München. K.: 1984-90 Ober im Restaurant Gattopardo München, ab 1990 selbst., Eröff. d. ital. Spezialitätenrestaurants "Il Borgo" München, Inh. E.: 1998 Ausz. "Italia a Tavola nel Mondo" f. bes. Gastfreundlichkeit. H.: Schwimmen, feines Essen u. Trinken.

Dokter Norbert

B.: gschf. Ges., Inh. FN.: Ind.-Bedarf TEG GmbH. DA.: 35576 Wetzlar, Altenberger Str. 6. G.: Burgsolms, 19. November 1956. Ki.: Dennis (1980), Eric (1981). El.: Horst u. Gertrud, geb. Weber. S.: mittlere Reife, 1971-74 Lehre Starkstromelektriker Hessische Berg- u. Hüttenwerke AG. K.: 1974-77 in d. Elektroabt. d. Buderus-Werke-AG in Wetzlar tätig, 1977 Eintritt in d. väterl. Betrieb, 1984-86 u. 1990-93 Inh. v. Gaststätten in Solm u. Wetzlar, 1992 Übernahme d. Firma TEG u. seither Gschf. Ges.

Dolata Uwe Dipl.-Vw. *)

Dolce Rodolfo Federico Francesco Dr. *)

Dold Albrecht Dr. Dr. h.c. Prof.
B.: o.Prof. f. Math. FN.: Univ. Heidelberg. PA.: 69151 Neckargemünd, Türkenlouisweg 14. G.: Triberg, 5. Aug. 1928. V.: Yvonne, geb. Samplonius. El.: Burkhard u. Anna. S.: 1948-54 Stud. Univ. Heidelberg. K.: 1953-56 Ass. Univ. Heidelberg, 1956-58 Ass. Inst. for Advanced Study Princeton, 1958-60 Doz. Univ. Heidelberg, 1960-62 Assoc. Prof. Columbia Univ. New York, 1962/63 o.Prof. Univ. Zürich, ab 1963 o.Prof. Univ. Heidelberg. P.: zahlr. Veröff. M.: Dt. Math.Ver., American Math. Society, Société Math. de France, Schweiz. Math. Ges., Heidelberg. Akad. Wissensch., Dt. Akad. Leopoldina, Academia Mexicana de Ciencias.

Dolde Klaus-Peter Dr. iur. Prof. *)

Doldi Hans

B.: Gschf. FN.: DER-Reisebüro Hamm GmbH & Co KG. DA.: 59065 Hamm, Nordstr. 7-9. G.: Augsburg, 21. Nov. 1945. V.: Annemarie. S.: 1962 Mittlere Reife, 1962-64 Ausbildung zum Reisebürokaufmann in Augsburg, 1964-65 Bundeswehr. K.: 1965-76 Abteilungsleiter., stellv. Büroltr. in Stuttgart, 1976 Prok. d. "Heinrich von Werth", 1978 Begabtenabitur am Ak. Institut, 1978 Vordiplom an der Univ. Freiburg Fach Psych. u. Phil., 1979 Ltr. DER-Reisebüro in Hamm. M.: Mitgründ. d. "DERPART", seit 1998 ges. Sprecher, VPräs. DRV Dt. Reisebüroverb., EU-Sprecher in d. Dt. Touristikbranche. H.: Astronomie, Phil., Sport.

Doldinger Klaus
B.: Jazzmusiker. PA.: 82057 Icking, Ulrichstr. 64. G.: Berlin, 12. Mai 1936. K.: 1952 Mitbegründer d. Amateur-Dixieland-Band "Feetwarmers", spielte ab 1961 in eigenen Jazzgruppen, zahlr. Tourneen, Teiln. an Jazz Festivals, seit Anfang d. 70er Jahre Fernseh- u. Filmkomponist ("Das Boot", "Die unendliche Geschichte", "The Balance of Happiness" u.a.).

Doldinger Wolf-Dieter Dr. *)

Dolejsi Jiri *)

Dölemeyer Hans-Joachim Dr. jur.
B.: Steuerberater, Wirtschaftsprüfer, Fachanwalt f. Steuerrecht. DA.: 61381 Friedrichsdorf, Im Dammweg 29. G.: Mülheim/Ruhr, 21. Feb. 1942. El.: Hans u. Ruth, geb. Langenbach. S.: 1962 Abitur, 1962-65 Ausbild. z. Bankkfm., 1965-68 BWL- Stud. u. Stud. Rechtswiss. Münster, Tours/Frankreich, Genf, Kiel, 1968 I. u. 1990 II. Staatsexamen. K.: 1972 Steuerberaterprüf., 1975 Prom., 1987 Wirtschaftsprüferexamen, 1992 Fachanw. f. Steuerrecht, Ass. an d. Univ. in Genf, 1970-72 Ang. in einer Wirtschaftsprüf.-Ges., 1972-73 kfm. Ltr. eines Ind.-Betriebes, seit 1973 selbst. Steuerberater, seit 1992 Büro in Florida/USA. P.: Israel Law and Business Guide, "Israel-Germany Double Taxation Treaty" (1995), "Erbfolge, Güterrecht u. Steuer in dt.-brasilian. Fällen" (1994). M.: Polytechn. Ges., Genf Ges., ASU, Wirtschaftsjunioren in Frankfurt, Vors. Kuratorium Chopin-Ges., Verein d. Freunde d. Nationalgalerie, The Palm Beach Yacht Club, South Coast Society, Kommission Steuern, Haushalt, Finanzen im Wirtschaftsrat, Steuerausschuß IHK Frankfurt am Main, Prüfungsausschuß f. Wirtschaftsprüfer u. vereid. Buchprüfer. H.: Golf, Segeln, Musik, Kunst sammeln.

Doleschal Reinhard Dr. Prof.
B.: Prof. FN.: FH Lippe u. Höxter. DA.: 32657 Lemgo, Liebigstr. 87. www.FH-Lippe.de. G.: Warstedt, 5. Jan. 1949. Ki.: 1 Tochter. S.: 1972 Abitur Wolfsburg, 1972-78 Stud. Sozialwiss. Univ. Hannover m. Abschluß M.A. K.: 1978-81 wiss. Mitarb. in versch. Forsch.-Projekten in Hannover, 1981-91 wiss. Mitarb. an d. GHS in Paderborn, 1987 Prom. an d. Univ. Hannover, 1991-94 Projektltr. u. stellv. Abt.-Ltr. f. Ind.-Entwicklung am Inst. f. Arb. u. Technik in Gelsenkirchen, 1994-2001 Gschf. d. TBS Niedersachsen e.V. m. Schwerpunkt Unternehmensentwicklung, Personalführung, Projektltr. f. d. NRW Wirtschaftsmin. f. d. Automobilzulieferung in China, Forsch.-Aufenthalte in Südamerika, Südostasien u. Europa. P.: zahlr. Publ. in Fachzeitschriften u. Büchern, Bücher u.a.: "Just-in-Time Konzepte u. Betriebspolitik" (1990), "Wohin läuft d. VW?" (1982), Branchenreport Automobilzulieferind. in Nordrhein-Westfalen" (1993), "Automobilindustrie in Brasilien" (1988), "Gruppenarbeit" (1999), Vorträge zu Automobilind. u. neue Technologien auf intern. Kongressen. M.: Alpenver. H.: Segeln, Bergsteigen, Gartenarbeit.

Dolezil Jan Dr. med. *)

Dolezol Theodor *)

Dolezych Karen
B.: Vers.-Kauffrau, Inh. FN.: Kaminland "Kompetenz in Kaminöfen". DA.: 45355 Essen, Altendorfer Str. 494. www.kaminland-nrw.de. G.: Breslau, 29. Okt. 1942. V.: Franz-Otto Dolezych. Ki.: Silke (1965), Gregor (1971). S.: 1961 Abitur, 1961-64 Lehre z. Vers.-Kauffrau, 1971 Ausbild. b. Dt. Sportbund, Erwerb v. Trainerscheinen. K.: 1972-89 Sportlehrerin an einer Grundschule, 1989-96 Repräsentantin d. World Wild-

---

*) Biographie www.whoiswho-verlag.ch oder beigefügte CD-ROM

life Fund, 1996 Übernahme d. Geschäftes "Kaminland" auf d. Frintroper Straße in Essen, 1999 Umzug z. Altendorfer Straße in Essen, Eröff. d. Studios Kaminland "Kompetenz in Kaminöfen", Ausstellung v. Kreationen (Kaminöfen u. Zubehör) d. Designer/Künstlerwerkstätten: Akantus, Peter Sieger, Günter Matten. H.: Sport (Ski fahren, Rennradfahren, Kajak).

Dolezyk Peter *)

Dolff Peter Dr. rer. pol. Prof.

B.: Unternehmer. FN.: Dolff AG & Co KG. DA.: 40477 Düsseldorf, Prinz-Georg-Straße 7. peter.dolff@dolff.de. G.: Walenburg/Breslau, 7. Jan. 1944. V.: Gertie, geb. Frigge. Ki.: Dr. med. Andrea (1971), Dipl.-Kfm. Jan-Peter (1973). S.: 1965 Abitur Osnabrück, 1965-69 Stud. BWL an d. Univ. Münster, 1969 Dipl.-Kfm. K.: 1969-79 wiss. Ass. u. Doz. am Inst. f. Kreditwesen d. Univ. Münster, 1972 Prom. z. Dr. rer. pol., 1972-79 Gschf. Ass. am Inst. f. Kreditwesen d. Univ. Münster, 1979-82 Dir. d. Nord-LB Hannover, 1982-85 in d. Phase d. Sanierung, Finanzvorstand d. Pelikan AG Hannover, 1985-91 Generalbevollmächtigter u. Mtgl. d. Geschäftsleitung Merck Finck & Co Privatbankiers, 1990 Übernahme v. Merck Finck & Co durch Barclays Bank London, 1991 persönl. haftender Ges. Merck Finck & Co, 1993 Ltg. d. Gesamtbank, 1994 Hon.-Prof. an d. Univ. Witten/Herdecke, Ausscheiden b. Merck Finck & Co, seither b. Dolff AG & Co KG. M.: Rotary Club Düsseldorf, Vors. d. AR: Köster Bau AG & Co Osnabrück, Phywe Systeme GmbH Göttingen, Phonet AG Hilden, Läufer AG Hannover, Vors. d. Beirates Lucas-Nülle GmbH Köln, Mtgl. d. Beirates Widex, Peters GmbH Düsseldorf, Vors. d. Verwaltungsrates IHR Platz GmbH & Co. KG Osnabrück.

Dolge Veronika *)

Dolgner Angela Dr. phil.

B.: Kunsthistorikerin, Dipl.-Ing. Architekt, Ltr. d. Hochschularchivs. FN.: Burg Giebichenstein Hochschule f. Kunst u. Design Halle. DA.: 06118 Halle/Saale, Hermesstr. 5. dolgnera@burg-halle.de. G.: Burgstädt, 30. Juli 1955. V.: Prof. Dr. Dieter Dolgner. El.: Horst Weber u. Gerda, geb. Schellenberger. S.: Abitur Chemnitz, Ausbildung z. Mechaniker, 1980-85 Stud. Architektur an d. HS f. Architektur u. Bauwesen in Weimar. K.: 1980-82 Projektierg. Metallleichtbaukombinat Plauen, 1983-87 wiss. Ass. am Inst. f. Kunstgeschichte d. MLU Halle-Wittenberg, seit 1987 wiss. Mitarbeiter an o.g. Hochschule, seit 1988 Ltr. d. Hochschularchivs (seit 1997 einschließlich Kunst- u. Designsammlung d. Hochschule), 1989 Prom. z. Dr. phil., seit 1990 Vorsitzender d. Förderkreises d. Staatl. Galerie Moritzburg Halle e.V. P.: Bücher: "Die Bauten der Univ. Halle-Wittenberg im 19. Jhdt.", "Herbert Post. Schrift-Typographie-Grafik" (1997), "Walter Funkart. Vom Bauhaus zur Burg Giebichenstein" (mit Ute Brüning, 1996), Reihe: Historische Bauten d. Stadt Halle (mit Dieter Dolgner), Mitautor v. "Burg Giebichenstein. Die hallesche Kunstschule von den Anfängen bis zur Gegenwart" (1993), nahezu 100 weitere Veröff. z. Architektur u. Kunst-/Designgeschichte im XIX. u. XX. Jhdt. M.: Verband d. Archivarinnen u. Archivare, Hallescher Kunstverein e.V., Freundes- u. Förderkreis d. o.g. Hochschule. H.: Turnen, Wintersport, Bildungsreisen.

Döling-Rhinow Brigitte Ursula Dorothé *)

Dolinski Bruno-Johannes *)

Dolinski Gitta *)

Dölitzsch Detlef

B.: Veranstaltungsmanager, Unternehmer. FN.: DD Promotion & Show. DA.: 04420 Markranstädt, Lilienthalstraße 37. www.ddpromotion.de. G.: Leipzig, 3. Dez. 1967. V.: Lebenspartner: Romy Ritter. Ki.: Tony Ritter. El.: Manfred u. Edeltraud. S.: Ausbildung z. Modellbauer. K.: Modellbauer, 1980 Ausbildung als Diskjockey, seit 1980 Diskjockey, 1991-95 Organisator zahlreicher Veranstaltungen u. Events, seit 1995 selbständiger Gründer u. Inh. Agentur f. Beratung, Organisation u. Durchführung v. Veranstaltungen aller Art, Events, Marketingevents eigene Technik. E.: Genehmigung z. Künstlervermittlung. M.: BVMW, IFSU, BVD. H.: Modellbau.

Dolke-Ukat Dipl.-Psych.

B.: Dipl.-Psychologin, Inh. FN.: Psycholog. Praxis. DA.: 58332 Schwelm, Untermauerstr. 17. G.. Hagen, 16. Aug. 1962. V.: Ingo Franz Robert Ukat. Ki.: Isabell (2000). El.: Karl-Heinz u. Annedore Dolke, geb. Meyer. S.: 1982 Abitur Hagen, 1982-88 Stud. Psych. Univ. Münster. K.: 1988-93 ang. Tätigkeiten Univ, Rehaklinik, Modellprojekt Berlin-Ost, seit 1993 freiberufl. tätig, seit 1997 eigene Praxis, 1985-87 Ausbildung Gesprächspsychotherapie, ehrenamtl. Tätigkeit im Kinderschutzbund Münster, seit 1988 Übersetzungen u. Dolmetscher. BL.: NLP 1986-91 Master, 1994-98 Klin. Hypnose, Verhaltenstherapie, 1995-2001 Familienaufstellungen, 1991 Approb., Tätigkeiten: Psychotherapie-Seminare, Coaching-Supervision. P.: Übersetzung zahlr. Bücher. H.: Reisen, Schreiben, Leichtathletik, Singen, Musik, Lesen.

Dolkeit Torsten Dipl.-Ing.

B.: Inh., Gschf. FN.: mtw Med.-Technik GmbH. DA.: 12489 Berlin, Freystrader Weg 48. mtw@medtech.de. G.: Berlin-Köpenick, 22. Juni 1959. V.: Michaela, geb. Uhl. Ki.: Eyline, Scarlett. BV.: Vater Chir. Dr. med. Klaus Dolkeit Chefarzt Chir. u. ärztl. Dir. KH Angermünde. S.: 1977 Abitur Angermünde, 1977-82 TH Ilmenau, Stud. Gerätetechnik, Feinmechanik, Optik, Elektronik, 1982 Dipl.-Ing. K.: 1982-85 Funkwerk Köpenick, Entwicklung Mobilfunktechnik, 1985-89 Ak. d. Wiss. Berlin, Zentrum Wiss. Gerätebau ZWG als Forsch.-Ing., optische Interferometrie, 1989 Grdg. d. Firam Torsten Dolkeit Med.-Geräteservice, ab 1990 als GmbH in Grdg., Med.-Technik f. d. nidlg. Arzt. BL.: Mitinh. v.

*) Biographie www.whoiswho-verlag.ch oder beigefügte CD-ROM

Patenten z. optischen Messtechnik, Mitentwicklung Echtzeitinterferometer EIF 130. H.: Segelfliegen, Basteln an ital. Motorrädern, Reisen nach Umbrien u. poln. Ostseeküste, Masurische Seenplatte, daneben 3 Häuser gebaut.

Dölken Bettina Dipl.-Kauffrau MBA

B.: Managementberaterin. FN.: Soft Skills(r) Bettina Dölken Managementberatung. DA.: 50858 Köln, Gertrudenhofweg 26. B.Doelken@t-online.de. G.: Dinslaken, 5. April 1963. V.: Werner Spinner. Ki.: Johanna Dölken. El.: Julius u. Anni Dölken. S.: 1982 Abitur Dinslaken, 1982-87 BWL-Stud. Univ. Münster, 1987 Dipl.-Kauffrau. K.: 1987-91 Dipl.-Kauffrau, zunächst als Trainee, dann als Junior Produktmanager u. als Produktmanager f. rezeptfreie Arzneimittel (z. B. Alka-Seltzer(r)), zuletzt Projektmanager New Business weltweit, 1991-93 Auslandsaufenthalt in USA u. Ausbild. z. Master of Business, lizensierte MBTI-Trainerin u. NLP-Master Practitioner, 1993 Forsch.-Projekt Change Management, seit 1994 selbst. Tätigkeit als Managementberaterin. E.: Beta Gamma Sigma USA Ehrenges. BWL. M.: APT, DGAT. H.: Familie, Tennis, Skifahren, Radfahren, Reiten.

Doll Anna *)

Doll Diethelm *)

Doll Karl-Heinz *)

Doll Marcus *)

Doll Margarethe *)

Doll Peter *)

Doll Ronald

B.: Fotograf, Inh. FN.: Image Com. DA.: 21035 Hamburg, Edith-Stein-Pl. 5. G.: Kempten, 30. Mai 1958. El.: Anton und Helga, geb. Harnisch. S.: 1977 Abitur Meerbusch, 1977-85 Studium Theol. K.: 1985-87 Systemberater bei einer Computerfirma, 1987-88 verschiedene Tätigkeiten z.B. als Bühnentischler am English Theatre of Hamburg, 1988-90 Ausbild. z. Fotografen, 1990 Gründung. der Firma Image Com Werbeagentur Hamburg. H.: Bergwandern.

Döll Alfred *)

Döll Burkhardt Dipl.-Ing. Dr.-Ing.

B.: Gschf. FN.: PROJECT CONSULT Dr.-Ing. Burkhardt Döll. GT.: öff. bestellter u. vereid. Sachverständiger f. Siedlungswasserwirtschaft, Lehraufträge TH Karlsruhe u. FHS Regensburg (1990-95), Lehrer ATV Baden-Württemberg (1992-98). DA.: 67098 Bad Dürkheim, Bruchstraße 54a. dr.doell@t-online.de. G.: Zella-Mehlis, 22. April 1954. V.: Dr. rer. nat. Michaela, geb. Götz. Ki.: Desiree, Adrienne. S.:

1973 Abitur Germersheim, 1973-78 Stud. Bauing.-Wesen in Karlsruhe, 1978 Dipl.-Ing., 1986 Promotion z. Dr.-Ing. K.: 1980-85 freiberufl. Tätigkeit als Dipl.-Ing., 1986-91 Ltr. d. Unternehmenssparte Ing.-Bau u. Umweltplanung d. EBB GmbH (TÜV Bayern) in Regensburg, 1991-93 Ltg. d. Zentralen Technik GKW Ing. in Mannheim, 1993-97 Gschf. Ges. d. IBW GmbH in Bad Dürkheim, 1997 selbst. als Beratender Ing. Bauwesen Wasser u. Infrastruktur m. eigenem Team PROJECT CONSULT.

P.: mehrere Veröff. in Fachzeitschriften. M.: Abwassertechn. Ver., Kam. d. beratenden Ing., Verb. unabhängiger beratender Ing. u. Consulting, Lions Club Bad Dürkheim. H.: Kunst, Musik, Tennis, Motorradfahren, Kochen, gutes Essen.

Döll Evelin *)

Doll-Hegedo Hannelore Sophie Charlotte *)

Doll-Tepper Gudrun M. Dr. phil. Prof.

B.: Univ.-Professorin. FN.: Inst. f. Sportwiss. FU Berlin. DA.: 14195 Berlin, Schwendenerstr. 8. PA.: 14163 Berlin, Urselweg 10. G.: Berlin, 5. Okt. 1947. El.: Werner u. Margot Tepper, geb. Rudolph. S.: 1961-67 Askanisches Gymn. Berlin-Tempelhof Abitur, 1967-72 Stud. Leibeserz., Anglistik, Erziehungswiss. FU Berlin, 1985 Dr.phil. K.: 1972-77 wiss. Ass. an d. Inst. f. Leibeserziehung u. Sportmed. FU Berlin, 1977-90 Therapeut. Arb. m. bewegungsgestörten Kindern, 1978-96 Ak. Rätin u. Lektorin an d. Inst. f. Sportwiss. FU Berlin, 1994 Habil. u. Priv.-Doz., seit 1996 Univ.-Prof. f. Sportwiss. an d. Inst. f. Sportwiss. FU Berlin. P.: ca. 200 nat. u. intern. Veröff. u.a. "Palaestra", "Adapted Physical Activity Quarterly" (1989), "IFAPA Newsletter" (1990-93), "Physical Education Review" (1994), "Sport Science Review" (1996). M.: Vorst. d. Dt. Sportlehrerverb. LV Berlin, Kuratorium "Stiftung Dt. Rollstuhlsport", Kmsn.-Vors. "Behindertensport" d. Dt. Sportbundes, Dt. Ges. f. Erziehungswiss., Dt. Verb. d. Gesundheitssport u. Sporttherapie e.V., Dt. Ver. f. Sportwiss. e.V., Aktionskreis Psychomotorik e.V., seit 1997 Präs. d. Intern. Council of Sport Science and Physical Education (ICSSPE), Past President d. Intern. Federation of Adapted Physical Activity (IFAPA), Präsidiumsmtgl. d. Assoc. Intern. des Ecoles Supérieures d'Education Physique (AIESEP), Vors. d. Intern. Paralympic Committee Sport Science Comitee (IPCSSC), Jurymtgl. d. IOC President's Prize (Samaranch), Invited Fellow d. European College of Sport, Leitung v. intern. Kongressen (IFAPA, AIESEP, IPC). H.: Sport, Politik, Reisen.

Dollacker Dieter Dipl.-Ing. *)

Dollar Dolly

B.: Schauspielerin. FN.: c/o ZBF Hamburg. DA.: 22039 Hamburg, Jenfelder Allee 80. G.: München, 12. Juli 1962. K.: wurde v. Carl Spiehs f. d. Film "Popcorn u. Himbeereis" entdeckt, weitere Filme "Cola, Candy, Chocolate", "Arabische Nächte", "Flitterwochen", "Das verrückte Strandhotel", "Eis am Stiel", im Fernsehen in "Monaco-Franze - Der ewige Stenz", 2001 Drehbuch "Kinder, Kinder", 2001 "Der Schatz im Silbersee" Karl-May-Festspiele in Bad Segeberg. P.: 2 LP's "Come a little bit closer", "I mog koa Bier". (Re)

---

*) Biographie www.whoiswho-verlag.ch oder beigefügte CD-ROM

Dölle Kristine Dipl.-Grafikdesignerin
B.: Gschf. Ges. FN.: In Signo Studio f. Design & Kommunikation GmbH. DA.: 22765 Hamburg, Borselstr. 16. kdoelle @in-signo.de. G.: Lübeck, 24. Feb. 1970. El.: Peter Dölle und Edeltraut Biermann, geb. Erdmann. S.: Ausbild. Schauwerbegestalterin Firma Karstadt AG Lübeck, 1989-92 Stud. Grafikdesign Werkkunstschule Lübeck m. Dipl.-Abschluß. K.: 1992-99 tätig in versch. Werbe-Agenturen u. Design-Agenturen in Hamburg, 1999 Grdg. der eigenen Firma m. Schwerpunkt Entwicklung von Werbekampagnen, Produkt- und Packungsdesign, Internetseiten, Prospekte u.a.m. H.: Reiten, Belletristik, Beruf.

Dölle Reinhard *)

van Döllen Horst *)

van Döllen Klaus *)

Dollhopf Gerd
B.: Dipl.-Fotodesigner, selbständig. DA.: 90478 Nürnberg, Harsdörffer Pl. 9. gerddollhopf@web.de. G.: Amberg, 2. Aug. 1963. V.: Svitlana, geb. Kishamutdinova. El.: Günter u. Erika. S.: 1982 Abitur, 1982-87 Stud. FH f. Fotodesign Dortmund, 1987 Dipl.-Abschluß Bereich Industriefotografie, 1989-94 Stud. Grafikdesihm Ak. d. Bildenden Künste Nürnberg. K.: seit 1987 selbständig bzw. freiberufl. tätig, u.a. Art Dir. u. Werbeleiter f. Fotografie in d. Ind., Fotograf u. Fotodesigner f. Werbe-, Ind.- Arch.- u. Reportagefotografie, Layouts, Fotos u. Texte f. Kalender, Bücher, Kataloge, Plakate, künstl. Konzeptionen u. Ausstellungsdesign, sowie Videoproduktionen, Computergrafik u. Bildbearbeitung per EDV; Funktion: Priv.-Doz. f. Fotografie, Kunst u. Design. P.: jährl. Fotoausstellung im Zeltner-Schloß in Nürnberg, künstl. Ausstellungen im In- u. Ausland u.a. in Polen, Ukraine, Mazedonien u. Schottland, Buchproduktionen u. Bildbände, "Vernäht m. d. Wind" (1993). H.: Interaktion v. Kunst, Neue Medien, Grafik u. Design.

Dollinger Hans *)

Dollinger Horst Peter 'Senator' Prof. *)

Dollwett Manfred *)

Dollwetzel Ernst
B.: Schauspieler, Moderator, Sänger. PA.: 12435 Berlin, Karl-Kunger-Str. 2. G.: Mesju, 2. Jan. 1958. El.: Erich u. Sonja, geb. Schumacher. S.: Oberschule, 1977 Abitur, Ausbild. als Maschinenbauer, 1980-83 Schauspielstud. HS f. Schauspielkunst "Ernst Busch" Berlin. K.: 1983-89 Theater d. Jungen Generation Dresden, Gastverträge in Staatsoperette, 1989-99 Volkstheater Bautzen, Freiburg, Döbeln, Solo-Theater- u. Chansonabende, Live-Gala-Moderationen, 1989-91 Fernsehmoderator, ab 1992 Fernseh- u. Rundfunkmoderator versch. Magazine u. Sendungen b. MDR, ORB, Süd-West-Funk, B1, SFB, NDR, WDR, versch. Kino- u. Fernsehrollen u.a.: "Das Mädchen vom Plakat", "Polizeiruf 110", "Gute Zeiten - Schlechte Zeiten", "US-Dollar", "Die Cleveren", versch. Hörspiele, Synchronsprecher, eigene CD, Live-Moderationen bei Galas, Firmenpräsentationen, auf Kreuzfahrtschiffen, z.B. auf "MS Europa" d. weltbesten Kreuzfahrtschiff. H.: Fitness-Training, Schwimmen, Skaten, Abfahrtsskilauf, Lesen, Musik.

Dolniak Peter Dr. med.
B.: FA f. Anästhesiologie, spezielle Schmerztherapie, Sportmed. FN.: Praxis f. Schmerztherapie. DA.: 13347 Berlin, Antonstr. 2. G.: Posen, 22. Dez. 1952. V.: Jolanta, geb. Piatek. Ki.: Dominik (1972), Oliver (1984). El.: Dipl.-Ök. Tadeus und Maria, geb. Krysztofiak. BV.: Urgroßvater mütterlicherseits Lubicz, Historiker, Schriftsteller. S.: 1969 Abitur Posen,

1971-77 Studium Med. an d. Med. Ak. Posen, 1982 Approb. K.: 1976-80 Ass.-Arzt u. FA-Ausbild. Inst. f. Anästhesiologie u. Intensivmed., 1980 FA-Anerkennung Posen, Übersiedlung nach Berlin, 1981-89 Anerkennung d. Approb. u. FA-Anerkennung Anästhesist am Martin-Luther-KH u. Paul-Gerhard-Stift, KH Berlin in d. Abt. Anästhesiologie u. Intensivmed., 1989 Auslandstätigkeit in d. Niederlanden, KH Doetinchem, Abt. Anästhesiologie u. Intensivmed., Zusatzbezeichnung Sportmed. d. Ärztekam., Zusatzbezeichnung spezielle Schmerztherapie d. Ärztekam., 1990 Ndlg. in Berlin als Allg.-Med. m. d. Schwerpunkt Schmerztherapie. M.: div. berufsbezogene Verb. u. Ges. H.: Tennis, Film, Literatur.

Dölp Reiner Dr. med. Prof. *)

Dölves-Jonas Kirsten
B.: Dipl.-Stomatologin in eigener Praxis. DA.: 12234 Frankfurt/Oder, Maxim-Gorki-Str. 2. G.: 13. Okt. 1961. V.: Hans-Heinrich Jonas. Ki.: Victoria-Patricia (1984), Nastasia-Victoria (1988). S.: 1980 Abitur in Halle-Wittenberg, 1980-85 Stud. Zahnmedizin am Staatl. Wolgograder Med. Inst. im Wolgograd, Abschluss Dipl.-Stomatologin, 1985 Approb. K.: 1985-90 tätig als Zahnärztin in d. Fachpoliklinik f. Stomatologie Frankfurt/Oder, Ausbildung als FA f. Kinderzahnheilkunde in Frankfurt/Oder, 1990 FA-Abschluss, 1991 Eröff. d. eigenen Zahnarztpraxis in Frankfurt/Oder, spezialisiert z. zahnmedizinischen u. kieferorthopädischen Betreuung v. Kleinkindern u. behinderten Kindern, regelmäßige med. Betreuung in Kinderheimen. H.: Beruf.

Dölz Gerhard Friedrich
B.: freischaff. Maler u. Keramiker. PA.: 07318 Saalfeld/Saale, Franz-Schubert-Str. 6a. G.: Tauschwitz, 8. Juli 1926. V.: Eleonore, geb. Keuscher. Ki.: Alexander (1947), Christian (1951), Wolfgang (1953). El.: Arno u. Helene. S.: 1943 Graf. Fachschule Pößneck. K.: b. 1949 Militärdienst u. Kriegsgefangenschaft, 1950 Priv.-Stud. Malerei Bonn, ab 1952 Ndlg. als Kunstmaler in Saalfeld, 1954 Grdg. d. Werkstatt f. künstl. Keramik. m. 3 Kollegen, 1958 alleinige Grdg. einer Keramikwerkstatt m. Wandgestaltungen in Kunsthallen, Kulturhäusern, Betrieben, KH u. Hotels, Stud.-Reisen nach Bulgarien, Jugoslawien, Schweiz, Italien, Marokko, Vorderasien, Mongolei u. Rußland, Baumeisterschüler v. Heinz Boesemann f. rustikale Keramik, Malerewi expressiv, stark farbig, starke Anlehnung an d. französ. Malerei. P.: Museumsankäufe in Malerei u. Keramik, Aufträge f. diplomat. Korps, Doz. f. Malerei in Saalfeld u. Meisterklasse Keramik, viele Ausstellungen in Kanada, Syrien, Frankreich, Schweden, Sowjetunion u. vielen Großstädten. E.: 1968 Faenca Italien, 4. Kunstausstellung d. DDR, 1970 Dipl. in Zopot, Kunstpreis d. Bez. Gera, Dipl. in Gdansk u. Moskau, Johannes-R.-Becher-Med. in Gold u. viele andere Ehrungen. M.: Zentralvorst. Bild. Kunst b. Kulturbund. H.: Skilaufen, Schwimmen.

Dölz Klaus D. *)

Dolze Dieter *)

Dolzer Rudolf Prof.
B.: Min.-Dir. a.D., Prof. FN.: Inst. f. Intern. Recht Univ. Bonn. DA.: 53113 Bonn, Adenauerallee 24. rdolzer@jura.uni-bonn.de. G.: Asang Sudetenland, 20. März 1944. V.: Elma,

geb. Fatheuer. Ki.: Edda (1978). El.: Johann u. Justine, geb. Hofer. S.: 1963-65 Stud. Soz. u. Rechtswiss. Univ. Tübingen, 1965-66 Fulbright-Stipendium Gonzana Univ. Spokane Washington, Bachelor of Arts, 1966-69 Stud. Rechtswiss. Univ. Heidelberg, 1969 1. Staatsprüf., 1969-70 Prom., 1971-72 Stud. Harvard Law School, LL.M., 1971-75 Referendarzeit OLG-Bez. Karlsruhe, 1975 2. Staatsexamen, 1975-77 Stud. u. Diss. Harvard Law School. K.: 1977-89 wiss. Referent Max-Planck-Inst. f. ausländ. u. öff. Recht u. Völkerrecht, 1980-89 Mtgl. Editorial Committee Encyclopedia of Public Intern. Law, 1981-85 gewählter Vertreter wiss. Mitarb. in d. Geisteswiss. Sekt. u. im WissR. d. Max-Planck-Ges., 1982-85 Mtgl. Forsch.- u. Planungsaussch. d. Senats d. Max-Planck-Ges., 1984 Habil., 1984-85 Gastprof. an d. Jur. Fak. d. Univ. Michigan Ann Arbor USA, 1987 Gastprof. Jur. Fak. d. Cornell Univ. Ithaca USA, 1989-96 Inh. d. Lehrstuhls f. dt. u. ausländ. öff. Recht, Völkerrecht u. Europarecht an d. Univ. Mannheim, 1990-92 Prorektor Univ. Mannheim, 1991-94 Mtgl. BeiR. d. Globalen Umweltfonds, 1990-94 Mtgl. d. Enquete-Kmsn. "Schutz d. Erdathmosphäre" d. dt. Bundestages, 1995 Gastprof. am Massachusetts Inst. of Technology, 1992-96 Min.-Dir. im Bundeskanzleramt, seit 1996 Prof. an d. Jur. Fak. d. Univ. Bonn, Schwerpunkt Völker- u. Europarecht, Verfassungsrecht, seit 1996 Mtgl. d. wiss. Direktoriums d. Dt. Ges. f. Auswärtige Politik, seit 1997 Mtgl. d. A. Board d. Instituto de Empresa, Madrid, seit 1998 Mtgl. d. Direktorats d. Intern. Development Law Institute, Rom, Mtgl. d. Enquete-Kommission "Globalisierung d. Weltwirtschaft" d. Bundestags (seit 2000), Gastprof. am Massachusetts Institute of Technology, Cambridge, USA (2000). H.: Sport, Fußball, Wandern.

Domack Harry Dr. med.

B.: FA f. Augenheilkunde. FN.: Gemeinschaftspraxis Dr. Domack, Dr. Best. DA.: 97421 Schweinfurt, Roßbrunner Str. 12. G.: Georgsmarienhütte, 28. Apr.1957. V.: Ingrid, geb. Miele. El.: Fritz u. Ottilie, geb. Greisler. S.: 1976 Abitur Osnabrück, 1976-77 Stud. Physik u. Math. FU Berlin, 1977-83 Stud. Humanmed. FU Berlin, 1983 Med. Staatsexamen, Approb., 1988 Prom. z. Dr. med. K.: 1983-97 Sportmed., 1984-87 Neurochir. Univ.-Klinik, 1987-91 Ass.-Ausbild./Prüf. f. Augenheilkunde, 1992-96 ltd. OA Dr. Horst-Schmidt-Klinik Wiesbaden, seit 1996 Ndlg. m. eigener Praxis f. Augenheilkunde in Schweinfurt, Belegarzttätigkeit am Leopoldina-KH Schweinfurt u. Augenlaserklinik Nürnberg. BL.: Sportmed. im Bereich Augenheilkunde. P.: Veröff. Fachzeitschriften "Augenspiegel", "Der Opthalmologe", "German Journal of Ophthalmology". M.: DOG, BVA, Retinolog. Ges., MOG, Sportärzteverb., ASCRS, Dt. Amateurradioclub DARC, Motorflugclub Haßfurt, Univ.Segelklub Ulm (USCU). H.: Segeln, Fliegen, Amateurfunk.

Domagalla Herbert Paul Ernst Max *)

Domagk Götz Friedrich Dr. med. Prof. *)

Doman Christa *)

Domaratius Klaus Dipl.-Ing. *)

Domaratius Vera *)

Domarus Max Dr. phil. *)

Domasch Johannes Dipl.-Ing. *)

Domaschke Bernd *)

Dombach Bernward Giselher Dr. rer. nat.

B.: Gschf. Ges. FN.: Scinet Bioproducts GmbH. GT.: Vorst. d. GEDcom AG in Braunschweig, DA.: 38124 Braunschweig, Mascheroder Weg 1B. PA.: 38126 Braunschweig, Bergiusstr. 12. gdombach@scinet.de. www.scinet.de. G.: Braunschweig, 1. Juli 1958. V.: Dipl.-Designerin Gabriele, geborene Wierzbowski. Ki.: Hagen (1990), Freya (1993). El.: Bernward u. Karin, geb. Jeschke. S.: 1977 Abitur Braunschweig, b. 1979 Zeitsoldat b. d. Bundeswehr, b. 1985 Stud. Biologie an d. TU Carolo Wilhelmina in Braunschweig,1985-89 Prom. z. Dr. rer. nat. K.: 1989-90 b. Arthur D. Little Intern., Inc. in Wiesbaden, 1990-92 Rotterdam School of Management m. Abschluss Master of Business Administratoin, 1992 b. BASF in Ludwigshafen, 1993-94 wieder b. Arthur D. Little Intern., Inc. in Wiesbaden, 1995 b. Gemini Consulting in Bad Homburg, 1996 b. CSC Index in München, 1998-99 PA Consulting Group, 1997 Grdg. d. Scinet GmbH in Braunschweig, 2000 Grdg. d. GEDcom AG in Braunschweig. FN.: GEDcom AG in Braunschweig. P.: Veröff. in Fachzeitschriften u. Fachbüchern. M.: Dt. Burschenschaft, Golfclub Braunschweig. H.: Jagd, Golf.

Dombek Bernhard Dr. iur.

B.: Rechtsanwalt u. Notar, Präs. d. Bundesrechtsanwaltskammer. DA.: 10719 Berlin, Meinekestr. 13; 53113 Bonn, Joachimstr. 1. G.: Berlin, 5. Feb. 1939. V.: Ingeborg, geb. Rakete. Ki.: Paul (1986). El.: Bernhard u. Ruth, geb. Schwientek. S.: 1960 Abitur, 1960-64 Stud. Jura FU Berlin, 1. jur. Staatsexamen, 1968 2. jur. Staatsexamen u. Prom. zu einem rechtssoziologischen Thema. K.: 1965-68 Referendar in Berlin, 1966-69 Ass. an. d. FU Berlin, 1968 Zulassung als RA, 1978 Zulassung als Notar, spezialisiert: Erbrecht, Ges.recht, Zivilrecht, Berufsrecht, seit 1999 Präs. d. Bundesrechtsanwaltskammer. P.: Mithrsg. d. jur. Fachzeitschriften "Jur. Rundschau" u. "Neue Justiz", div. Artikel in Zeitungen u. Zeitschriften. M.: seit 1974 Mtgl. d. Justizprüfungsamtes Berlin, seit 1977 Vorst.-Mtgl. d. RA-Kam. Berlin, seit 1981 Mtgl. d. Ausschusses Berufsordnung d. BRA-Kam., 1989-99 Präs. d. RA-Kam. Berlin, 1991-99 Vizepräs. d. BRA-Kam., 1992-99 Pressesprecher d. BRA-Kam., seit 1995 Vors. d. Aussch. Werbung d. Satzungsversammlung b. d. BRA-Kam., seit 1999 Präs. d. BRAK. H.: Musik, Reisen, Theater.

Dombkowski Otto *)

von Dombois Gabriele

B.: Lehrerin, ehrenamtl. Vors. FN.: Dt. Ev. Frauenbund e.V., Landesverband Nordrhein. DA.: 50999 Köln-Rodenkirchen, Rembrandtstr. 2. G.: Bochum, 20. Juli 1930. V.: Achim v.

*) Biographie www.whoiswho-verlag.ch oder beigefügte CD-ROM

Dombois (Ob. Studiendir.). Ki.: Astrid (1956), Frieder (1958), Thekla (1961), Henning (1963), Bettina (1964). El.: Dr. Hans u. Liselotte Bethge, geb. Weber. BV.: mütterlicherseits Fam. Scheffer, Hess. Kanzler Reinhard Scheffer, seitens d. Ehemanns Präsident d. Preuss. Staatsbank Adolf v. Dombois. S.: 1951 Abitur Leverkusen, 1951-53 Lehrerausbildung f. Volksschule, Päd. Akad. Kettwig, 1953 1. u. 1955 2. Staatsexamen. K.: 1953-58 Lehrerin in Opladen u. Remscheid-Lennep, 1961-66 Teilzeitlehrerin Dt. Schule Kairo, 1968-75 Dt. Schule Kapstadt, 1976-85 Irmgardisgymn. Köln, Presbyterin u. Synodale i. d. Ev. Luth. Kirche am Kap u. i. Ev. Kirche im Rheinland, 1988-92 Leitungskreis d. Ev. Frauenarbeit i. Rheinland, 1992-96 Vors. dort, 1977 Vors. d. Schulpflegschaft Gymn. Rodenkirchen, seit 1984 Vors. d. Dt. Ev. Frauenbundes, Ortsverband Köln e.V., verb. m. ehrenamtl. Vorsitz d. Kinder- u. Jugendeinrichtung "Gertrud-Bäumer-Haus"; 1985 Eintritt in CDU, seit 1994 1. stellv. Vors. Bezirksvertr. Rodenkirchen, seit 1986 im Vorstand Ev. Arbeitskreis d. CDU Köln u. Bezirk Mittelrhein, seit 1999 Bezirksvorsteherin im Kölner Stadtbezirk 2 (Rodenkirchen). P.: Mitwirkung Dokumentation "Engagement im Ehrenamt". E.: 2000 VK am Bande d. VO d. Bundesrep. Deutschland. H.: Klavier, Cembalo, Blockflöten, Literatur, Theologie, Kunst.

Dombrowski Harald Dr. *)

Dombrowski Jürgen *)

Dombrowski Martina Dr.

B.: Chefärztin d. Abt. f. Gynäkologie u. Geburtshilfe. FN.: Evangelisches Waldkrankenhaus Spandau. DA.: 13589 Berlin-Spandau, Stadtrandstr. 555. G.: Dortmund, 12. Mai 1957. V.: Architekt Carl-Georg Lütcke. Ki.: Henriette Lütcke (1986), Linus Lütcke (1988). S.: 1976 Abitur in Marburg, 1976-82 Stud. Med. an d. FU Berlin, parallel Tutorin in Physiologie, 1982 Examen u. Approb., 1985 Prom., 1997-98 Ausbildung f. operative Gynäkologie. K.: seit 1983 tätig im Waldkrankenhaus, FA-Ausbildung, dazwischen 6 Mon. im KH Moabit, 1987 gynäkologische Onkologie, 1990 FA f. Gynäkologie, seit 1991 ltd. OA u.a. gynäkologische Onkologie u. operative Gynäkologie, parallel Geburtshilfe b. komplizierten Geburten u. Teilnahme an Studien f. d. Behandlung d. Brustkrebses u. gynäkologischer Krebserkrankungen u.a. b. Cervix-Carzinom, spez. b. Behandlung d. Mammakarzinom, seit 2001 kommissarische Ltg. u. Chefärztin. M.: Prüferin f. d. FA-Prüf. b. d. Ärztekammer, Arbeitskreis Ärztinnen gegen Brustkrebs e.V. H.: Skifahren, Architektur, Besuch v. Kunstausstellungen, Lesen, Reisen in d. Toscana, nach Umbrien u. Venedig.

Dombrowski Rainer Dipl.-Ing.

B.: Architekt, Gschf. Ges. FN.: FOM Future Office Management GmbH. GT.: Ges., Gschf. u. AufsR. f. insgesamt 6 Unternehmen d. Baubranche. DA.: 69126 Heidelberg, Haberstr. 3. dombrowski@fom-hd.de. www.fom-hd.de. G.: 25. Aug. 1948. Ki.: 2 Kinder. El.: Kurt u. Viktoria, geb. Schifferling. S.: 1969 Abitur, 1970-72 Z2 Bundeswehr, NATO-Hauptquartier Holland, 1973 Arch.-Stud. Univ. Stuttgart u. München, Abschluss Dipl.-Ing. Arch. K.: während d. Stud. tätig im Immobilienbereich, 1979 Eintritt als Architekt in d. Firma Dombrowski Massivhaus Wohnungsbau GmbH, Übernahme d. Geschäftsführung, 1983 Grdg. u. Gschf. d. Ges. f. Gewerbe- u. Sonderbau (GGS), 1991-93 Entwicklung u. Realisation d. ersten Gewerbegebietes in Dessau m. RA Reinhard Walter, 1997 Grdg. v. FOM Future Office Management GmbH m. Reinhard Walter, 1997-99 Realisierung d. SAP-PartnersPorts Walldorf, 2000 Realisierung d. Microsoft-Hauptverw. m. IT-Zentrum München-Unterschleißheim, 2000 Übernahme d. Internetanbieters Winwalk AG. BL.: 1997-99 Entwicklung u. Realisation d. größten IT-Standorts in Deutschland f. ca. 100 SAP-Partnerfirmen in Walldorf. M.: 1988-90 Vorst. d. Wirtschaftsjunioren Heidelberg, Grdg.-Mtgl. d. Elbe-Mulde Wirtschaftsförd.-Ges. Dessau, Dt.-Engl. Ges., Auslands-HK London. H.: Beruf.

Dombrowsky Rainer Dipl. rer. oec. Ing. *)

Domdey Karl Heinz Dr. habil. Dr. sc. o.Prof.

B.: Präsidiumssprecher. FN.: Intern. Wiss. Vereinig. Weltwirtsch. u. Weltpolitik e. V. PA.: 12526 Berlin, Waltersdorfer Str. 51. iwvww@t-online.de. G.: Breslau, 3. Nov. 1926. V.: Dr. Stella, geb. Unger. El.: Karl u. Elisabeth. S.: 1945-48 Stud. Wirtsch.Wiss. u. Rechtswiss. Univ. Jena u. Univ.Halle-Wittenberg, 1949 Prom. Univ. Halle-Wittenberg, 1958 Dr. habil., HUB, 1971 Dr. sc. (Weltwirtschaft) HUB. K.: 1962 Prof. m. Lehrauftr. Univ. Rostock, 1964 Prof. m. v. L. an HS f. Verkehrswesen Dresden, 1969-91 o. Prof. f. Weltwirtsch. u. Ltr. d. Lehrstuhls Weltwirtsch./Außenwirtsch. an HUB, 1990/91 Dir. d. Inst f. Weltwirtsch., Europa- u. Überseewirtsch, FB Wirtsch.Wiss. HUB, seit 1991 (nach Emeritierung) Dir. d. Forsch. Inst IWVWW, Berlin, Herausgeber d. "Berichte" d. Forschungsinst. d. IWVWW. P.: über 50 Bücher u. Broschüren, über 1000 Beitr. in Sammelbänden u. v. a. E.: Laszlo Radvanyi-Forschungspreis d. Sektion Wirtsch.-Wiss. d. HUB, Ehrenvors. d. Intern. Ges. f. Weltwirtschaft, Berlin, Ehrenpromotionsurkunde zum 50 Jubiläum Univ. Halle-Wittenberg, Ehrenmtgl. d. IWVWW, Berlin. M.: Verein f. Sozialpolitik, München, Dt. Ges. für Auswärtige Politik, Berlin, ARGE, Hamburg.

Domeier Hajo Dipl.-Ing. *)

Domeier Marcel

B.: Dipl.-Grafik-Designer, freier Maler u. Grafiker in Hannover. DA.: 30559 Hannover, Bünteweg 24. www.marceldomeier.de. G.: Einbeck, 25. Aug. 1962. V.: Larissa. El.: Wolfgang und Hildegard Anna Schmidt, geb. Kocijan-Bozic. BV.: Urgroßvater Alexander Schmidt, bedeutender Baumeister in Riga u. Petersburg, Domeier = "Domänen Meier" (Titel von Kaiser verliehen). S.: 1982 Abitur Einbeck, Praktikum b. d. Firma K&W Beyer KG Einbeck, 1983 Grafik-Design-Stud. an d. FH Hannover. K.: 1984 Teilnahme an einer Gruppenausstellung zum Wettbewerb "Papier auf Papier" im Leopold-Hoesch-Museum Düren, Mitarb. am Fernsehsenderkonzept "Hallo Niedersachsen" f. d. NDR-Fernsehen, 1985 1. Preis im Gestaltungswettbewerb "Forsch.-Land Niedersachsen" d. niedersächs. Forsch.-Min.,

2. Preis u. Ausz. im Plakatwettbewerb "Hiroshima mahnt: Stoppt d. Rüstungswahnsinn.", 1986 Sonderplakat z. 250. Geburtstag d. Georg-August-Univ. Göttingen, wiss. Illustrationen f. d. Kestner-Museum Hannover, 1987 1. u. 2. Preis f. Entwürfe eines Europa/Niedersachsen-Signets f. d. niedersächs. Min. f. Bundes- u. Europaangelegenheiten, 1988 Signet z. Thema dt.-chin. Freundschaft, Abschluß d. Stud. m. einer Dipl.-Arb. z. Thema "Tranquilin, ein Psychopharmakon in d. Werbung", Eintritt in d. B&B Werbeagentur in Hannover als Grafik-Designer, später Arb. als Art-Dir., seit 1999 Aufnahme d. Arb. als freier Maler u. Grafiker in Hannover. BL.: Entwicklung einer einzigartigen Zeichen- u. Maltechnik. P.: Tagespresse/Radio/TV. H.: Fotografie, klass. u. zeitgenöss. Literatur.

Domel Günter Dr.

B.: Vers.-Kfm., Diplom-Journalist, Lehrer. DA.: 12621 Berlin-Kaulsdorf, Heerstraße 11. maria.domel@feuersozietaet. de. www.feuersozietaet.de/ maria.domel. G.: Dresden, 8. Feb. 1941. V.: Dipl.-Ing. Maria Domel e. Kfr. Ki.: Dirk (1970), Jörg (1976). S.: 1960-62 Lehrerstud. in Dresden, 1962-64 Lehrer, 1964-70 Jugendarbeit, 1970-74 Fernstud. Journalistik in Leipzig, 1970-81 stellv. Chefredakteur Verlag Junge Welt, 1976-81 Aspirantur in Leipzig, 1981 Prom. K.: 1981-90 hauptberufl. im Journalistenverb. d. DDR, stellv. Gschf. d. Berliner Verb., ab 1974 nebenberufl. Vers.-Vermittler, 1982-90 Berufung in d. Zentralen BeiR. f. Vers. d. Bürger b. d. Staatl. Vers. d. DDR, 1982-90 nebenberufl. Doz., Lehrbeauftragter an d. Sekt. Journalismus in Leipzig, 1982-90 Hon.-Doz. Betriebsak. Verlage u. Buchhdl. Berlin, 1982-90 Hon.-Doz. VHS Berlin-Friedrichshain, 1990 nach d. Wende wiss. Mitarb. im neugegründeten Min. f. Tourismus d. DDR, 1990-92 Direktionsbeauftragter Feuersozietät Berlin-Brandenburg als zweitälteste Vers. in Deutschland, seit 1991 Gründer d. Ratgeber-Verlages m. eigener Kundenzeitung "Vorteil" als Unikat, seit 1992 freiberufl. Vers.-Vermittler. F.: 1990 Grdg. d. Generalagentur durch d. Gattin Dipl.-Ing. Maria Domel e. Kfr. P.: Diss. "Zur journalist. Darstellung sozialer Erfahrungen in d. Massenmedien" (1981), fester Autor im Handbuch d. Vers.-Vermittlers im Verlag Moderne Ind. M.: seit 1992 Fachausch.-Mtgl. d. Ver. z. Förd. d. Vers.-Wissenschaft an d. 3 Berliner Univ. H.: Schreiben, Reisen nach Norwegen u. in d. Karibik, Pilze sammeln.

Domes Jürgen Otto Dr. phil. o. Prof. *)

Domesle Jörg Dipl.-Bw.
B.: Gschf. Ges. FN.: 3 w GmbH. DA.: 81379 München, Tölzer Str. 4. domesle@poster.de. www.poster.de; www.postershop.com. G.: Regensburg, 25. Juni 1966. V.: Susanne, geb. Kunzfeld. El.: Beno u. Renate. S.: 1985 Abitur Landschulheim Schloß Ising am Chiemsee, 1985-86 Wehrdienst, 1987-90 Lehre techn. Zeichner Firma Stahlbau Domesle GmbH Maxhütte-Haidhof, Abschluß m. Ausz., 1990-96 Stud. BWL Univ. Regensburg, 1993 Stud. Portsmouth/GB, 1996 Abschluß Dipl.-Bw. K.: 1992-94 während d. Stud. Grdg. d. Firma Jörg Domesle Vertriebs GmbH in Regensburg u. a. Produktführung u. Vertrieb v. Jello Shot, 1994-95 Umwandlung in Firma Jello Shot Marketing u. Vertriebs GmbH u.

Augsburg als Gschf. Ges.., 1995-97 Berater bei d. Markteinführung d. Wodkas Kremlyovskaya. Firma Kremlyovskaya Getränkehdl. GmbH in München, 1997 Grdg. d. Firma 3 w GbR in München f. Vertrieb von Kunstdrucken, Grafiken u. Postern über d. Internet an Privatkunden weltweit, 2000 Umfirmierung z. 3 w GmbH u. seither Gschf. Ges. E.: Bester E-Commerce Newcomer Deutschlands, poster.de als 1. onlineshop m. TÜV-Qualitätssiegel ausgez. H.: Radfahren, Boxen, Snowboarden, Fußball.

Domestic Mato *)

Dömges Siegfried Dipl.-Ing. *)

Domgörgen Ruth *)

Domhan Markus *)

Domig Bernd Dipl.-Ing. *)

Domin Hilde *)

Domine Frank Dipl.-oec. *)

Dominik Klaus Dr. sc. *)

Dominke Petra Karola Elisabeth *)

Domjahn Andrea

B.: Gschf. Ges. FN.: eldom gmbh. DA.: 66130 Saarbrücken, Saarbrücker Straße 29. a.domjahn@eldom.de. G.: Altenkessel, 21. Feb. 1971. El.: Wilhelm u. Inge, geb. Rupp. S.: 1987 Mittlerer Bildungsabschluss, 1989 Fachabitur Wirtschaft an d. Höheren Handelsschule Saarbrücken, 1989-91 Ausbildung z. Industriekauffrau b. Firma EAB GmbH in Saarbrücken, 1995 Weiterbildung zur Betriebswirtin des Handwerks. d. Handwerkskammer d. Saarlandes, Abschluss als Betriebswirtin HW. K.: 1991-93 Industriekauffrau b. Firma EAB GmbH in Saarbrücken, 1993-95 Chefsekretärin im Architekturbüro Severin in Bous, 1995 selbständig durch Grdg. d. Firma eldom gmbh Elektrotechnik, kreative Beleuchtung, Planung v. Elektro- u. Lichtanlagen. M.: Vorst. im Forum junger Handwerksunternehmer, EIBA/Brüssel. H.: Malerei, Tiffany, Lesen.

Domjan Werner *)

Domke Helmut Dr. sc. nat.
B.: Ref.-Ltr. f. GUS, Baltikum, Südosteuropa u. Entwicklungspolitik. FN.: Min. d. Justiz u. f. Europaangelegenheiten. DA.: 14473 Potsdam, Heinrich-Mann-Allee 107. PA.: 14467 Potsdam, Ludwig-Richter-Str. 31. G.: Schönau, 11. Juni 1943. Ki.: Andreas (1968). S.: 1961 Abitur, 1961-66 Stud. Physik Univ. Rostock, 1966 Staatsex. H.: 1966-90 wiss. Mitarb. am Astrophysikal. Observatorium in Potsdam, 1972 Prom. an d.

---

*) Biographie www.whoiswho-verlag.ch oder beigefügte CD-ROM

Univ. Leningrad, 1976-90 Mtgl. d. Synode d. Bundes d. Ev. Kirche d. DDR, 1978-90 synodales Mtgl. d. Konferenz d. Ev. Kirchenleitungen i. d. DDR, 1982 Prom. Dr. sc. nat., 1988/89 Del. Ök. Versammlung Dresden u. Basel, 1989 Mtgl. d. Neuen Forums, 1990 Staatssekr. im Min. f. Auswärtige Angelegenheiten d. DDR, 1990 Mtgl. d. SPD, 1990-94 Bev. d. Min.-Präs. d. Landes Brandenburg f. d. Westgruppe d. sowjetruss. Streitkräfte u. Konversion, 1994-95 Projektkoordinator am Astrophysikal. Inst. Potsdam, seit 1996 Ltr. d. Ref. GUS u. Mittelosteuropa II im Min. d. Justiz, Bundes- u. Europaangelegenheiten. BL.: intern. Kontakte in d. Friedens- u. Abrüstungsbewegung seit 1981, Frage d. "Versöhnung u. Verständigung m. Russland" als wichtiges Anliegen. F.: stellv. Vors. d. Freundeskreis d. Bundesak. f. Sicherheitspolitik, Ltr. d. AK Brandenburg d. Dt. Atlant. Ges. P.: 40 wiss. Publ. in intern. Fachzeitschriften, Vorträge, Beiträge zu Fragen d. Abrüstug u. Konversion. M.: SPD, Dt. Ges. f. Auswärtige Politik. H.: Sport, Leichtathletik, Musik.

Domke Michael Dr. med. *)

Domke Sigrid
B.: Versicherungsfachfrau, Handelsvertreterin, selbständig. FN.: Signal-Iduna-Gruppe. DA.: 03044 Cottbus, Virchowstr. 3. G.: Schlichow, 3. Sep. 1950. V.: Dieter Domke. Ki.: Thomas (1976), Cornelia (1980). S.: 1969 Abitur in Cottbus, 1969-73 Stud. an d. Bergakademie Freiberg, Abschluss Dipl.-Ing. f. Geotechnik. K.: 1973-77 tätig als Planungsingenieurin in d. Wasserwirtschaftsdirektion Cottbus b. Ministerium f. Wasserwirtschaft d. DDR, 1976 Erziehungsjahr, 1978-92 Planungsingenieurin f. Baugrund im Volkseigenen Betrieb VEB Projektierung Wasserwirtschaft Cottbus, 1992-95 Umschulung z. Versicherungsfachfrau, selbständige Handelsvertreterin für die Generali Vers., 1993 Prüf. b. BWV Berufsbildungswerk d. dt. Versicherungswirtschaft e.V. z. Versicherungsfachfrau, seit 1995 selbständige Handelsvertreterin b. d. Signal-Iduna-Gruppe. M.: VGV e.V. H.: Reisen.

Dömland Heinz-Dieter Dipl.-Ing. *)

Dömland Holger
B.: Gschf. Ges. FN.: GPG Gesellschaft f. Projektmanagement u. Grundbesitzverwaltung mbH; H & H Hausverwaltung GmbH. DA.: 30159 Hannover, Luisenstr. 4. G.: Burgwedel, 13. Mai 1964. S.: 1983 Abitur Burgwedel, 1983-85 Ausbildung z. Steuerfachgehilfe in Hannover, 1985-89 Bundeswehr/Marine. K.: 1989-91 Steuerfachgehilfe u. Weiterbildung z. Bilanzbuchhalter in Hannover, 1991-93 Kfm. Ltr. in Hannover, 1993-96 Wechsel z. einer Immobilienbauträger Ges. als Kfm. Ltr. in Hildesheim, 1996-98 selbständiger Unternehmensberater im Bereich Finanzen u. Kfm. Organisation, 1998 Grdg. d. Firma GPG Ges. f. Projektmanagement u. Grundbesitzverwaltung mbH in Hannover, 1999 Übernahme d. Firma H & Hausverwaltung in Saarstedt, 2000-2001 Fortbildung z. geprüften Immobilienfachwirt in Flensburg. M.: Ring Deutscher Makler. H.: Segeln, Reisen, Motorradfahren.

Domma Alfons *)

Dommach Afrodite *)

Dommach Hermann Dr.
B.: MinisterialR. als Mtgl. d. Bundesrechnungshofes. FN.: Bundesrechnungshof. DA.: 53048 Bonn, Postfach 12 06 03. G.: Gotha, 1. März 1936. V.: Antje-Karin, geb. Harneit. Ki.: Bettina, Dirk. El.: Johannes u. Gertrud. S.: 1957 Abitur, 1957-61 Stud. Rechtswiss. FU Berlin u. Univ. Heidelberg 1961 1. jur. Staatsexamen, 1964 Stud. an d. Hochschule f. Verw.-HS Speyer, 1965 2. Staatsexamen, 1986 Prom. K.: 1965-76 Bmtr. d. Höheren Dienstes in d. Finanzverw. d. Landes Rheinland-Pfalz, 1965-76 Ausbild. z. Steuerjuristen u.a. an d. Bundesfinanzak. Sieg-

burg, 1976 Eintritt b. Bundesrechnungshof u.a. persönl. Ref. d. Präs. d. Bundesrechnungshofes Frankfurt, 1991 Aufbauhilfe in Thüringen, Landesrechnungshof Erfurt u. Rudolstadt, 1993-2001 tätig als Prüfungsgebietsltr. im Bereich Wirtschaft, Bundesschuld b. Bundesrechnungshof Frankfurt/Main; nebenamtl. Doz. an d. Bundesakad. f. öff. Verw. in Brühl b. Köln, u. an d. Akademie f. öff. Verw. d. Freistaates Sachsen in Meißen sowie an d. Fachhochschule f.Technik u. Wirtschaft Berlin. P.: Mithrsg. u. Autor "Kommentar z. Haushaltsrecht", "Kommentar z. Haushaltsrecht d. Landes Thüringen", veröff. z. Geschichte d. Finanzkontrolle, Haushalts- u. Zuwendungsrecht. E.: 1993 BVK.

Dommaschk Eberhard Richard

B.: Heilpraktiker. FN.: Naturheilpraxis - Inst. DA.: 34119 Kassel, Friedrich-Ebert-Str. 18. G.: Heiligentad, 26. Juli 1932. V.: Ingeborg. Ki.: 1 Tochter. El.: Artur u. Elsa. S.: 1950 Abitur, 1951-53 Fliegerschule, 1957 professionelle Band in Unterhaltungsmusik und Stud. Heilpraktiker in Hannover, 1979 Abschluß, 1976 Hongkong m. Abschluß Master of Akupunktur. K.: Assistent b. Dr. Issels Schwerpunkt Krebs, Ass. b. Dr. Ollendick Hypertheorie, seit 1980 in Kassel, Lehrauftrag f. Ozontherapie, Zusammenarb. m. Prof. Ardenne u. Prof. Krokousski in d. Krebsarb., wiss. Mitarb. in d. Städt. Kliniken, Spezialisierung auf Ozontherapie. H.: Musik, Landschafts- u. Raumgestaltung, Fliegen.

Dommer Hans Eyke *)

Dommer Rolf *)

Dommermuth Ralph Dipl.-Kfm. *)

Domnik Claus Dipl.-Kfm.
B.: Industriekaufmann, Gschf. Ges. FN.: Casa Natura. DA.: 28195 Bremen, Knochenhauerstr. 18/19. info@casanatura.de. www.casanatura.de. G.: Oyle, 13. Okt. 1957. V.: Uta, geb. Evers. Ki.: Katharina (1983), Johannes (1986). S.: 1978 Abitur in Verden, 1978-84 Lehre z. Industriekaufmann, 1980-84 Stud. BWL FH Osnabrück, 1984 Abschluss Dipl.-Kfm. K.: 1984-88 Pharmaindustrie ICE Heidelberg im Aussendienst, 1988-91 Produktmanagement Winthrop Hamburg, 1991-95 Roha Arneimittel Bremen, Projektmanagement, seit 1995 selbständig, 1997 Eröff. d. Casa Natura Handels-GmbH, 1. Naturerlebnisladen in Deutschland, als Gschf. Ges. H.: Segeln, Astronomie.

Domres Bernd Dr. Prof. *)

Domrös Evelin *)

Domrös Manfred R. J. Dr. Dr.h.c.
B.: o.Univ.-Prof. PA.: 55127 Mainz, Kirschblütenweg 16. physische.geographie@geo.uni-mainz.de. www.geo.uni-maiht.de/domroes. G.: Essen, 7. März 1940. V.: Gisela, geb. Knippscheer. Ki.: Joachim (1967), Martin (1969), Jörg (1974). El.: Willi u. Elfriede. S.: Gymn., Abitur, Univ. Münster, Bonn, 1965 Dr. rer. nat. E.: 1965-72 wiss. Ass. Univ. Heidelberg, 1972 Dr. habil. u. Prof., 1972-74 Prof. u. Abt.Ltr. Inst.Dir. Geograph. Inst. Techn. HS Aachen, ab 1974 o.Univ.-Prof. u. Inst.Dir. Geograph. Inst. Univ. Mainz. P.: über 100 Fachbeiträge auf d. Gebieten d. Klimatologie u. Ökologie sowie an-

*) Biographie www.whoiswho-verlag.ch oder beigefügte CD-ROM

gew. Entwicklungsländergeographie Asiens. E.: Ehrenprof. d. Academia Sinica, Beijing, China (1988), Ehrendoktor Dr. h.c. d. University of Peradeniya, Sri Lanka (1997).

Domröse Angelica *)

Domsch Michel Eckard Dr. Univ.-Prof. *)

Domsch Stephan Dipl.-Kfm. *)

Domschat Peter *)

Domschke Sigurd Dr. med. Prof. *)

Domschke Steffen
B.: Dipl.-Mathematiker, Dezernent. FN.: Landratsamt Kamenz. DA.: 01917 Kamenz, Macherstr. 55. G.: Dresden, 31. Okt. 1953. V.: Martina. Ki.: Holger (1978), Anne (1980). El.: Gerhard u. Renate. S.: 1972 Abitur in Dresden, 1972-74 Wehrdienst, 1974-79 Stud. Mathematik in Karl-Marx-Stadt, Abschluss Dipl.-Mathematiker. K.: 1979-90 Gruppenleiter EDV-Projektierung im Behälterglaskombinat Bernsdorf, 1990 Wahl in d. Kreistag Kamenz f. d. DSU, seit 1990 Dezernent im Landratsamt Kamenz f. Finanzen, Umwelt u. Schulverwaltung. M.: CDU, Alpenverein.

Domsky Waltraut Ing. *)

Donat Andrea
B.: Chefredakteurin. FN.: Radio 98,5. DA.: 44787 Bochum, Westring 26. cr.radio98.5@cityweb.de. G.: Mülheim, 8. Mai 1959. S.: 1978 Abitur Dorsten, ab 1978 Mag.-Stud. Münster, 1990 Abschluss Stud. Phil. m. MA. K.: 1988-89 Doz. am Dolmetscher Inst. in Münster, 1990-91 Textberaterin einer wirtschaftsrechtl. Praxis, 1992 Hosp. u. freie M. bei Radio NRW, bis 1994 Volontariat bei Welle West, übern. als Redakteurin, CvD, 1995 kommissar. Chefredakteurin, 1997 CvD bei Ruhrwelle in Bochum, seit 1998 Chefredakteurin v. Radio 98.5 (früher: Ruhrwelle). M.: DJV, VdC. H.: Lesen, Reisen, Theater, Kino.

von Donat Christoph

B.: RA. FN.: von Donat + Quardt Rechtsanwälte. DA.: 10623 Berlin, Kantstraße 149. vonDonat-Quardt@t-online.de. G.: Luxemburg, 29. März 1963. El.: Marcell und Edda, geb. Baroness v. d. Brüggen. S.: 1982 Abitur Brüssel, 1982-85 Stud. Rechtswiss. in Freiburg, 1985-86 Stud. Rechtswissenschaft in Aix en Provence - Maîtrise, 1986-89 Studium Rechtswiss. in Bonn, 1. Staatsexamen, 1989-92 Referendariat am Kammergericht, 2. Staatsexamen. K.: 1992-94 jurist. tätig b. d. Treuhandanst. Berlin als EG-Referent, 1995 Zulassung z. RA, selbst. m. eigener Kzl., Berater d. Treuhandnachfolgeges. zu EG-Recht, seit 1998 in Sozietät m. RA Gabriele Quardt, Tätigkeitsschwerpunkt: Europarecht, Wettbewerbsrecht, Beihilferecht, Ges.-Recht. P.: Urteilsanmerkung in EuZW 13/2001, Vorträge, Aufsätze. M.: ADEK, TAC. H.: Fotografie.

Donat Peter Dr. habil.
B.: Kfm., Inh. FN.: Büro f. Marketingberatung. DA.: 04299 Leipzig, Cheruskerstraße 2. G.: Leipzig, 30. Juli 1945. V.: Gisela. El.: Werner und Christa Eggener. S.: Maschinenbaulehre, 1965-70 Studium Vw. in Leipzig. K.: 1974-80 Aspirant

Handelshochschule Leipzig, 1978 Prom., 1988 Habil., 1970-90 wiss. Mitarb. u. Ltr. Forsch.-Abt. am Inst. f. Marktforsch. Leipzig, 1990-94 Ndlg.-Ltr. Ostdeutschland A.C. Nielsen Marketing Research GmbH, seit 1994 Sales Manager b. A.C.N., seit 1996 Doz. f. Markt- u. Meinungsforsch./ Marketing/Vertrieb b. versch. priv. Bild.-Trägern, 1995-2001 Gschf. Ges. tema Leipzig, Ges. f. Telefonmarketing u. Marketing Consulting, seit 1999 IHK zertifizierter Gästeführer. P.: Hon.-Doz. f. Markt- u. Meinungsforsch. H.: Stadtgeschichte, Geschichte, klass Musik, Schwimmen.

Donat Tobias Ing. *)

Donath Dirk Dr.-Ing. Univ.-Prof.
B.: HS-Lehrer, Arch. FN.: Bauhaus Univ. Weimar, Fak. Architektur. DA.: 99423 Weimar, Belvederer Allee 1. PA.: 99425 Weimar, Leibnizallee 19. G.: Leipzig, 3. Apr. 1961. V.: Karina Loos. Ki.: Franz (1988), Max (1991), Moritz (1994). S.: 1979 Abitur, 1981-86 Stud. Informatik u. Arch. Bauhaus Univ. Weimar. K.: 1986-89 Aspirant, wiss. Ass. HAB Weimar, 1988 Prom., ab 1990 Ltr. d. Bereiches Computergestütztes Planen Bauhaus Univ. Weimar, 1990 freiberufl. Arch. in Arch.-Gemeinschaft Nitschke & Donath in Weimar, ab 1991 EDV-Verantwortl. d. Arch.-Kam. Thüringen, 1992 Univ.-Prof., seit 1993 versch. Auftragsforsch. P.: zahlr. Veröff. u.a. Computergestützte Bauplanung (1994), Computer u. Arch.-Computereinsatz in frühen architekton. Entwurfsphasen (1994). M.: ECAADE, versch. Förderver. H.: Familie, Fotografie, Zeichnen, Oldtimer.

Donath Günter *)

Donath Helen *)

Donath Klaus *)

Donath Michaela

B.: Dipl.-Soz.-Päd., Heilpraktikerin. DA.: 33602 Bielefeld, Renteistraße 6-8. G.: 1. Okt. 1965. V.: Armin Grants. Ki.: Maximilian (1992). El.: Friedhelm u. Annelie Donath, geb. Röhricht. S.: 1988 Fachabitur Bielefelder Fachoberschule Rosenhöhe, 1990-95 Stud. Päd. an d. FH Bielefeld, Dipl., 1995-98 Ausbild. z. Heilpraktikerin an der Dt. Paracelsus Schule in Bielefeld. K.: 1989-95 Modell für Designermodenschauen in Berlin u. Düsseldorf, Make-up Modell f. Make-up-Designer, Tätigkeit in d. Geronto-Psychiatrie in Bethel Bielefeld, 1998-2000 Ass.-Zeit b. versch. Heilpraktikern, 2000 Aufbau einer eigenen Praxis f. Naturheilverfahren, Irisdiagnose u. Sauerstofftherapie. BL.: Patin v. 2 Kindern aus Mittelamerika. P.: vielfältige Vortragstätigkeit über aktuelle Naturheilverfahren. M.: Fachverb. dt. Heilpraktiker. H.: Sport, Natur.

*) Biographie www.whoiswho-verlag.ch oder beigefügte CD-ROM

Donath Volker Dipl.-Ing. *)

Donatius Christa *)

Donau Lutz Dipl.-Ing. *)

Donauer Pirmin

B.: Gschf. FN.: Donauer & Probst Rohrsanierung GmbH & Co KG. DA.: 68307 Mannheim, Amselstr. 3. donpro@t-online.de. www.rohrsanierung-donpro.de. G.: Obermohr, 4. Mai 1961. V.: Karin, geb. Dietrich. Ki.: Christian (1982), Annika (1985). S.: 1976-79 Lehre als Heizungs- u. Lüftungsbauer, 1979 Gesellenprüf. K.: 1979-84 Heizungsbauer, 1984 Meisterprüf., 1984-94 Techn. Leiter in Rohrsanierungsbetrieb, 1994-95 selbst. in Ebersheim, 1995 Gründung d. Donauer & Probst GmbH zusammen mit Herrn Christopher Probst, 1996 Umzug nach Mannheim, 1997 Grdg. GmbH & Co KG, 1999 Dt. Botschaft in Paris saniert. P.: 1994 Entwicklung eines Rohrsanierungssystems f. Trinkwasserleitungen in Zusammenarb. Firma GEVI(r) (patentiert). H.: Motorradfahren.

Dönch Annette Dipl.-Ing.

B.: Steuerberaterin. FN.: Steuerbüro Annette Dönch. DA.: 15236 Frankfurt/Oder, Puschkinstr. 53. G.: Bartmannshagen, 5. Juli 1959. S.: 1976-78 Ausbild. z. Verkehrskauffrau, 1979-82 Stud. Ing.-Fachschule f. Transporttechnologien in Gotha, Abschluß: Ingenieur für Transporttechnologie. K.: 1982-84 Mitarb. f. Vertragsgestaltung im Verkehrskombinat Suhl, 1984-90 verantwortlich f. Transportbilanzierung im Verkehrskombinat Frankfurt/Oder, 1991 Weiterbildung z. Steuerberater, 1996 nach Examen: geprüfter u. bestellter Steuerberater, 1996 selbst. Eröff. eines eigenen Steuerbüros in Frankfurt/Oder. M.: Steuerberaterverb. Berlin/Brandenburg, Steuerberaterkam. H.: Reisen, Lesen.

Dönch Karl Prof.
B.: Kammersänger. PA.: A-1090 Wien, Währinger Str. 78. G.: Hagen, 8. Jan. 1915. K.: m. 21 J. Debüt in Görlitz als Dr. Bartolo in Rossinis "Barbier", seit 1974 Wr. Staatsoper, seit 1975 Ehrenmtgl., ab 1973 Dir. d. Wr. Volksoper, Stammhäuser: Wien u. New York, zahlr. Gatspiele Mailand, Paris u. Berlin. E.: zahlr. Ausz.

Donder Reinhard *)

Dondl Peter Dr. Dipl.-Kfm. *)

Dondorf Wolfgang Dipl.-Ing. *)

Donges Juergen B. Dr. Prof.
B.: Dir. FN.: Inst. f. Wirtschaftspolitik, Univ. Köln. DA.: 50931 Köln, Robert-Koch-Str. 41. G.: Sevilla/Spanien, 24. Okt. 1940. V.: Maria-Cruz Gutiérrez. S.: Dt. Gymn. Madrid, kfm. Lehre in Heidenheim, Stud. d. Vw. an d. Univ. d. Saarlandes, Saarbrücken Dipl.Vw., 1969 Prom. K.: 1969-89 Inst. f. Weltwirtsch., Kiel, 1972 Ltr. d. Abt. Entwicklungsländer, 1983 Stellv. d. Präs. u. Ltr. d. Abt. Wachstum u. Strukturpolitik. P.: Protektion u. Branchenstruktur d. westdt. Wirtschaft (1972), La Industrialización en España (1976), Außenwirtschafts- u. Entwicklunspolitik (1981), Mehr Strukturwandel f. Wachstum u. Beschäftigung (1988), Marktöffnung u. Wettbewerb (1991), Deregulierung am Arbeitsmarkt u. Beschäftigung (1992), Deutschland in d. Weltwirtschaft (1995), Perspectivas de la Unión Monetaria Europea (1998), Die Rolle des Staates in der globalisierten Welt (1998), Allgemeine Wirtschaftspolitik (2001). E.: Bernhard-Harms-Med. 1991, Komturkreuz d. Spanischen Zivilverdienstordens 1992, Ludwig-Erhard-Preis f. Wirtschaftspublizistik 1996. M.: Vorst. d. Atlantik Brücke, Bonn/Hamburg, s. 1988, wiss. BeiR. d. Frankfurter Inst. f. wirtschaftspol. Forschg. (Kronberger Kreis), s. 1991, wiss. BeiR. b. Inst. for Intern. Economics, Washington seit 1975, Wiss. Direktorium d. Foschungsinst. d. Dt. Ges. f. Auswärtige Politik, Berlin, s. 1994, wiss. BeiR. Inst. of Global Economics, Seoul, s. 1993, wiss. BeiR. IWF-Inst. f. Wirtschaftsforschung, Halle/Saale, s. 1994, wiss. BeiR. Inst. de Estudios Económicos, Madrid, s. 1984, korr. Mtgl. d. Königl. Spanischen Akad. d. Wirtschafts- u. Finanzwiss., Barcelona, s. 1995, Mtgl. d. Sachverständigenrates z. Begutachtung d. gesamtwirtschaftlichen Entwicklung ("Fünf Weisen") s. 1992, seit 2000 Vors., seit 1986, Mtgl. d. Ges. f. Wissenschafts- u. Soz.wiss. seit 1975, d. American Economic Assoc. seit 1968, d. Royal Economic Society seit 1974, d. European Economic Association, seit 1986, Mtgl. im Rotary Club Köln seit 1990 (fr. Kiel 1984).

Dönges Alexandra
B.: Tierärztin in eigener Praxis. DA.: 61169 Friedberg, Friedberger Str. 43 a. G.: Bad Nauheim, 1. Juni 1970. V.: Markus Fugger. Ki.: Jonathan (1999). S.: 1989 Abitur Friedberg, 1989 Praktikum Tierarztpraxis Rosbach, 1990-96 Stud. Vet.-Med. Univ. Gießen, 1996 Staatsexamen. K.: 1997 Eröff. d. Kleintierpraxis in Friedberg auch Hausbesuche; Funktionen: Betreuung d. Zirkus Renz im Winterquartier, 2001 Betreuung d. Alligatorenfarm in Friedberg. M.: Wirtschaftsgenossenschaft Dt. Tierärzte, örtl. Hundeverein. H.: Beruf, Familie.

Dönges Günter *)

Dongus Gerhard
B.: Rundfunk- u. Fernsehsprecher, Schauspieler. PA.: 70327 Stuttgart, Jägerhalde 93A. www.gerhard-dondus.de. G.: Stuttgart, 19. Okt. 1937. V.: Natalie, geb. von Staden. Ki.: Alexander, Angela, Mario, Irina. S.: Mittlere Reife, Lehre Werkzeugmacher, Schauspielschule, Ausbild. in Sprecherziehung. K.: 1965-72 Theaterengagement: Tübinger Zimmer- u. Landestheater, Reutlinger "Theater in d. Tonne", Komödie im Marquardt Stuttgart, Theater d. Altstadt Stuttgart, Württemberg. Staatstheater Stuttgart, Freilichtbühne Schwäbisch Hall, Tourneen durch Holland u. Belgien m. d. "Schwarzwälder Passion", 1965 freier Mitarb. b. Süddt. Rundfunk als Schauspieler u. Sprecher in Hörspielen, Feature u. Radioessays, 1967 Sprecher SDR-Fernsehen f. "Landesschau aktuell", Abendschau Baden-Württemberg u. Sprechertätigkeit in Dokumentarfilmen, Synchrontätigkeit, seit 1972 auch ständig Tätigkeit als Nachrichten- u. Programmsprecher b. SDR-Hörfunk, als Schauspieler ehemals SDR/SWR Stuttgart, jetzt im Vorruhestand, weitere Tätigkeit als Schauspieler an Stuttgarter Bühnen. H.: klass. Musik, Literatur, naturnahe Gartengestaltung. (E.K.)

Donhauser Gerd Dr. *)

Donhauser Heinz

B.: Friseurmeister. FN.: Friseur Donhauser OHG. DA.: 90762 Fürth, Nürnberger Str. 69. G.: Fürth, 5. Mai 1943. V.: Gerdi. Ki.: Silke (1968). El.: Josef u. Grete, geb. Friedrich. S.: 1960 Friseurlehre in Nürnberg Breite Gasse Michael Stich, b. 1962 Gesellenj. als Friseur. K.: ab 1962 im elterl. Betrieb, 1965 Meisterprüfung in Nürnberg, 1970 Übernahme des elterl. Betriebes, 1968 Bayer. Meister in München, 1970 Bayer. Meister in Fürth. BL.: 1972 Prinzenpaar Heinz und Gerdi Donhauser, 1974 Silbermed. f. creative Modefrisuren in Stuttgart, 1976 Goldmed. f. mod. Schnittfrisuren in Wiesbaden, erfolgreiche Arb. b. d. Lehrlingsausbild., Lehrlinge erzielten 1. u. 2. Pl. b. Bayer. Meisterschaften, wurde beauftragt wertvolle Informationen b. Berufsmessen abzugeben, 2001 Ehrenurkunde f. d. Ausbild. d. Auszubildenden im Friseurhandwerk v. Bayer. Staatsmin. H.: Tennis, Skifahren, Malen.

Gräfin Dönhoff Tatjana

B.: Gschf. FN.: brain drain communication projects & management. DA.: 22767 Hamburg, Altonaer Poststr. 13 a. G.: München, 31. Dez. 1959. El.: Stanislaus Graf Dönhoff u. Isabella Gräfin Wolff Metternich. BV.: Dr. rer. pol. Marion Gräfin Dönhoff - Mithrsg. v. d. ZEIT. S.: 1978 Abitur Sacré Coeur St. Adelheid Bonn, 1979-80 Ausbild. Verlagskauffrau f. Zeitungen u. Zeitschriften Kölner Stadtanzeiger u. Express Köln, 1980-86 Stud. polit. Wiss., Journalistik u. Geschichte Univ. Hamburg m. Dipl.-Abschluß. K.: während d. Stud. Freie Mitarbeit b. Stern, 1986-90 ang. Redakteurin u. Reporter b. Stern, 1989-90 Stipendium in Philadelphia/USA, Reporter "PHILADELPHIA INQUIRER", 1990-93 Senior Reporter bei "The European" in London, 1993-94 freie Autorin in London, 1994-95 Chefreporter u. Beraterin d. Chefredakteurin "Gala", 1995 Redaktionsleitung "Oskar's", 1995 Stage b. Nachrichtensender n-tv. Berlin, 1996-98 Chefreporter und Beraterin d. Chefredakteurs v. "Max" in Hamburg, seit 1998 selbst. als freie Autorin m eigenem Pressebüro in Hamburg, 1999 Grdg. d. brain drain communication projects & management. P.: div. Publ. in in- u. ausländ. Zeitungen u. Zeitschriften. M.: IJP, DESANET. H.: Reiten, Fotografie, Oldtimer, mod. Kunst, Architektur.

Donicht Jürgen Peter *)

Dönicke Frieder *)

Donnelly William *)

Donner Conny

B.: Innenarchitektin, Modedesignerin, freiberuflich. PA.: 12167 Berlin, Sedanstr. 25. G.: Adelschlag, 20. April 1957. El.: Berthold u. Paula Donner. S.: 1978 Abitur Eichstätt, 1978-83 Stud. Innenarchitektur an d. FH Rosenheim, Dipl.-Ing., 1983-87 Stud. Modedesign an d. FH Pforzheim, Abschluss als Modedesignerin. K.: freiberuflich f. versch. Firmen u. Privatkunden als Innenarchitektin tätig, Designerin m. Entwürfen f. Privatkunden in d. Modebranche, innenarchitektonisch im Raum Pforzheim, 1991-98 freiberuflich Innenarchitektin f. ein Planungsbüro u. Privatkunden in Nürnberg, 1998 Übersiedlung nach Berlin, freiberufl. u.a. f. "WIENER WERKSTÄTTEN" als Innenarchitektin tätig, parallel Malerin u. Musikerin, seit d. 7. Lebensjahr eng m. d. Musik verbunden, Ausbildung in Gesang u. Gitarre, seit vielen Jahren in Bands m. öff. Auftritten in Süddeutschland, seit 1995 Sängerin d. Band "Red Roses" u. d. "Gerald Mann Band" in Berlin, 2000 erste Ausstellung m. eigenen Bildern in Berlin. P.: Demo-CD's, Vernissagen. H.: m. offenen Augen durch d. Welt zu gehen.

Donner Klaus Karsten

B.: Filialltr. FN.: Obsidian, Optik u. Hörakustik-Service. DA.: 12627 Berlin, Alice-Salomon-Pl. 1. G.: Nauen, 6. Jan. 1956. V.: Ute, geb. Harz. Ki.: Janin (1979). El.: Gerhard u. Brigitte Donner. S.: 1972 Mittlere Reife, 1972-74 Facharb. Elektromechanik, 1974-76 Armee, 1976-79 Stud., Dipl.-Ing. für Geräte und Anlagen der Nachrichtentechnik. K.: 1979-91 Prüfingenieur bzw. Prüftechnologie in einem Produktionsbetrieb, 1991-93 Vertriebsbeauftrager f. Telekommunikationsanlagen, 1993 Abteilungsltr. f. Fernmelde-, Alarm- u. Brandmeldetechnik, seit 1994 techn. Betriebsltr.

Donner Peter Alfred Dr. rer. nat. Prof.

B.: Ltr. d. Fachgebietes Proteinchemie. FN.: Schering AG. GT.: Lehraufträge an d. FU Berlin Fachbereich Med., Prüf.-BeiR. f. Ärzte. DA.: 13342 Berlin, Müllerstr. 178. peter.donner@schering.de. G.: Mylau, 4. Apr. 1948. V.: Jutta Ackermann. El.: Alfred u. Gerda. S.: 1965 Mittlere Reife Rheinfelden, 1965-68 Ausbild. z. Chemielaboranten b. d. Firma Ciba-Geigy AG in Grenzach, 1969 FH-Reife Berlin, 1969-72 Chemieing.-Stud. an d. TH Berlin, Ing. grad., 1972-74 Stud. Biochemie an d. FU Berlin, 1975 Dipl. in Biochemie, 1978 Prom. z. Dr. rer. nat., 1994 Habil., 1999 apl.Prof. an d. FU Berlin. K.: 1979-84 wiss. Ang. am Max-Planck-Inst. f. molekulare Genetik in Berlin, 1984-90 Ltr. einer wiss. Arbeitsgruppe in d. Pharma-Forsch. d. Firma Schering AG in Berlin, seit 1990 Ltr. d. Abt. Proteinchemie d. Firma Schering AG in Berlin, seit 2001 Mtgl. d. AufsR. d. Firma DIREVO in Köln. BL.:

Geburtstage der Woche

Auf unserer Website - wöchentlich ca. 1500 Biographien von bedeutenden Persönlichkeiten aus Deutschland und Österreich, teilweise mit Foto

www.whoiswho-verlag.ch

*) Biographie www.whoiswho-verlag.ch oder beigefügte CD-ROM

Mitarbeit an d. Entwicklung eines Medikaments - Protein aus d. Speichel der Vampirfledermaus Desmodus rotundus - löst Blutgerinnsel auf. P.: Nuclear localization and DNA-binding of the transforming gene product of avian myelocytomatosis virus (Nature 1982), Structural features mediating fibrin selectivity of vampire bat plasminogen activators (J. Biol. Chem., 1995), Identification of tissue transglutaminase as the autoantigen of celiac disease (Nature Medicine, 1997). M.: Dt. Ges. f. Biochemie u. Molekularbiologie. H.: seit 1976 Jazzband (Banjo), Fotografieren.

Donner Ralf *)

Donner Ulrich Dr.-Ing. *)

Donnerberg Jan Dipl.-Päd. *)

Donnerstag Jürgen Dr. Prof. *)

Donnes Michael *)

Donsbach Rainer *)

Donsbach Wolfgang Dr. phil. Prof.
B.: Univ.-Prof. u. Gschf. Dir. d. Inst. f. Kommunikationswiss. d. TU Dresden. DA.: 01069 Dresden, Mommsenstr. 13. G.: Bad Kreuznach, 9. Nov. 1949. El.: Hans Willi u. Erna. S.: 1968 Reifeprüfg., 1969-75 Stud. Publizistikwiss., Politikwiss., Ethnologie u. Soz. Univ. Mainz, 1975 Mag.-Examen, 1981 Prom. z. Dr. phil., 1989 Habil. K.: 1977 wiss. Ass. Univ. Dortmund, 1978-82 wiss. Mitarb. Univ. Mainz, 1982-93 AkR u. OR. Univ. Mainz, 1988 Managing Editor wiss. Fachzeitschrift "Intern. Journal of Public Opinion Research", 1991-92 C3-Prof. P.: Legitimationsprobleme d. Journalismus (1982), Medienwirkung trotz Selektivität (1991), Täter oder Opfer - d. Rolle d. Massenmedien in d. amerikan. Politik (1993), Journalismus versus journalism - ein Vergleich z. Verhältnis v. Medien u. Politik in Deutschland u. in d. USA (1993). E.: 1982 Hanns Seidel-Preis, 1988 Research Fellow am Human Sciences Research Council Pretoria, 1994/95 Präs. d. World Association for Public Opinion Research, 1992 Präs. d. Sektion Sociology and Social Psychology des Intern. Association for Mass Communication Research, 1989/90 Fellow am Gannett Center for Media Studies d. Columbia Univ. New York. M.: DGesPKw, ICA, IAMCR, AAPOR, WAPOR, AEJMC, APSA. H.: Reisen, Skifahren, Radfahren. (B.K.)

Dontenvill Christian *)

Dotschev Ivan Dipl.-Med.

B.: FA f. Chirurgie, selbständig. DA.: 10969 Berlin, Mehringpl. 12. i.dontschev@unilinknet.de. G.: Sofia/Bulgarien, 13. April 1951. V.: Rayna (1951). El.: Dontscho u. Stefana. S.: 1969 Abitur Sofia, 1969-75 Stud. Med. an d. Med. Akademie d. Universität Sofia, Abschluss: Prom., 1975-77 Wehrpflicht. K.: 1977-84 Arzt in versch. KH Sofias, 1984 FA f. Chirurgie an d. Med. Akademie d. Univ. Sofia, 1984-89 l. OA Allgemeinchirurgie u. Unfallklinik an Univ.-Klinikum d. Med. Akademie Sofia, 1989 Übersiedlung nach Deutschland, 1990-91 Chirurg, OA am St. Joseph-KH in Potsdam, 1991-94 Arzt am Ev. KH Jüterbog, 1992 erneute FA-Prüfung f. Chirurgie in Deutschland, 1994-96 OA im Johanniter-KH Treuenbrietzen, s. 1996 freie Ndlg.

in Berlin, zusätzl. Operationen im Elisabeth-Diakonissen-KH, Weiterbildung ästhetische Chirurgie b. Prof. Mank. P.: erfolgreiche Kongreßbeiträge in Bulgarien, jährl. Journal d. Intern. Med. Ges. Bulgariens. M.: Dt. Ges. d. Ästhetischen Chirurgie, Bund ndlg. Chirurgen Deutschlands, AG - ANC, Bund Dt.-Ausländischer Ärzte Berlin, Stiftung Fußchirurgie, Ges. z. Förderung einer naturwiss.-physiolog. begründeten Akupunkur, World Society of Aesthetic Surgery, Intern. Med. Ges. Bulgariens. H.: Autorennen, Entwicklung, Sport, Weiterbildungen.

Doose Amir Jürgen
B.: Heilpraktiker, selbständig in eigener Praxis. DA.: 80539 München, Königinstr. 35A. muenchen@heilpraxis-juergendoose.de. www.heilpraxis-juergen-doose.de. G.: Kiel, 15. Juli 1951. S.: 1970 Abitur in Hildesheim, 1970-72 Ersatzdienst in versch. sozialen Einrichtungen, Kinderheimen u. Sozial-Asylen, 1972-76 Stud. f. d. höhere Lehramt an d. Univ. Göttingen f. Deutsch u. Sozialslehre, 1977-78 Begegnungen m. Dr. med. Berndt an d. Fachschule f. alternative Med. in Berlin, 1978-81 Wechsel nach München, an d. Josef-Angerer-Schule, 1981-82 Assistenzzeit f. Homöopathie b. Ravi Roy, Ausbildung z. Atemtherapie b. Herta Richter, Atemtherapieschulung b. Prof. Ilse Nittendorf in Berlin. K.: 1982-83 Eröff. d. Heilpraxis in München, 1995 Einzug ins heutige Therapiezentrum am Englischen Garten, 1989 Ethel Lombardi Schulung in energetischer Heilbehandlung, Ausbildung als systematischer Familientherapeut, weitere Schulungen b. Bernd Hellinger u. Jakob Schneider, Spezialisierung im Feld d. Energetischen Heilbehandlung, Homöopathische Konstitutionsmittel, Analyse v. Astralkörpern. BL.: Schüler b. hunter Beaumont u. Fritz Pears. P.: Fachartikel, Fernsehsendungen in TV-München, Bayern 3, Fernsehen im Mittagsmagazin b. SAT 1, Arabella Kiesbauer z. Thema Sexualität, versch. Vorträge. M.: Forum d. klass. Homöopathie, Ltr. d. Sufi-Ordens München. H.: Reisen, Kunst, Meditation.

Doose Marion

B.. Unternehmerin, Mitges., Gschf. FN: CDVI Immobilien und Beteiligungen in Deutschland u. d. USA; CDV Unternehmensberatung, Vermögensberatung; CDV of Florida Inc. DA.: 24116 Kiel, Uhlandstr. 1. G.: Kiel, 28. Aug. 1961. V.: Uwe Doose. El.: Hans-Hermann u. Erika Voss, geb. Wulf. S.: 1980-82 Lehre Bankkauffrau. K.: 1982-93 Bankang., berufsbegleitende Ausbild. z. Bankfachwirt an d. Wirtschaftsak. Kiel, 1994 selbst. Grdg. d. obigen Firmen. H.: Tennis, Schwimmen.

Döpfner Mathias Dr.
B.: Vorst.-Mtgl. FN.: Axel Springer Verlag AG. GT.: AufsR Schering AG. DA.: 10888 Berlin, Axel-Springer-Str. 65. G.: Bonn, 15. Jan. 1963. V.: Ulrike, geb. Weiss. Ki.: 1 Sohn. El.: Prof. Dietrich u. Gudrun. BV.: Kardinal Julius Döpfner. S.: 1982-87 Stud. Musikwiss., Germanistik u. Theaterwiss. an d. Univ. Frankfurt/Main u. Boston/MA, 1988 Arthur f. Burns Stipendiat in San Francisco. K.: 1988-90 Gschf. d. Agentur Kulturkonzept München, 1990 Prom. z. Dr. phil., 1990-92 BENELUX-Korrespondent f. d. FAZ in Brüssel, 1992 Wechsel zu Gruner + Jahr als Ass. d. Vorst. Axel Ganz, 1993 Ass. d. Vorst.-Vors. Gerd Schulte-Hillen, 1994 Chefredakteur d. Wochenpost Berlin, 1996 Chefredakteur Hamburger Morgenpost Hamburg, 1998-2000 Chefredakteur DIE WELT Berlin, s. 07/2000 Vorst. d. Axel Springer Verlages. P.: zahlr. Leitart.,

Rezensionen, Reportagen und Interviews, Buchveröff. u.a. "Neue Dt. Welle - Kunst oder Mode" (1983), "Erotik in d. Musik" (1986), "Musikkritik in Deutschland" (1991), u. "Brüssel" (1993). E.: 1992 Axel-Springer-Journalisten-Preis, 1999 European Publishers Award. M.: Präsidiumsmtgl. d. Dt. Komitees d. Peres Centre for Peace, Kuratoriumsmtgl. Intern. Journalisten Programme IJP, Selection Committee d. Arthur-F.-Burns-Stipendiums. (Re)

Dopheide Angelika *)

Dopp Heiner *)

Dopp Kristiane *)

Döpp Erhard
B.: selbst. Fahrzeugdesigner u. -Restaurierung. DA.: 35418 Buseck-Beuern, Burghain 25. G.: Frankenberg, 30. Mai 1953. S.: 1971 Lehre Werkzeugmacher Firma Viessmann, 1980 Meisterprüf. K.: 1980-83 selbst. mit Vertrieb in d. Heizungsbranche in Frankfurt/Main, 1983 in d. Firma Wirtz Heiztechnik in Saarbrücken, 1986 selbst. in d. Branche Verw.-Vermietung-Immobilien, 1987 Beginn m. Kfz.-Veredelung u. Auto-Design in eigener Werkstatt, seit 1990 selbst. m. Restaurierungen v. deutsch-engl. u. amerikanischen Oldtimer ab Baujahr 1955, Aufbau v. Customcars u. Lowrider. P.: Veröff. z. Arb. im dt.-sprachigen Raum.

Doppel Karl Dr. phil. Prof.

B.: Mathematiker, Univ.-Prof. FN.: FU Berlin, Inst. f. Math. I; TU Wien. DA.: 14195 Berlin, Arnimallee 2-4. G.: Wien, 14. Dez. 1941. V.: Helga, geb. Reif. Ki.: Julia (1973), Sebastian (1978), Anna (1981). S.: 1964 Matura auf 2. Bild.-Weg an Mittelschule f. Arb. u. Ang. in Wien, 1964-65 Abiturientenkurs Lehrerbildungs-Anst. Krems, Lehrbefähigung für Grundschule, 1965-70 Stud. Math. u. Physik Univ. Wien, 1970 Prom. z. Dr. phil. K.: 1971-72 1 1/2 J. Ass. b. Prof. Edmund Hlavka, 1972-77 b. Prof. Hans Hornis an d. TU Wien, 1973-74 Beurlaubung z. Univ. Hannover b. Prof. Horst Tietz m. DFG-Stipendium, 1974 Gast an d. Univ. Dortmund b. Prof. Klaus Habetha, 1974-77 Habil. in Math., 1974-75 Doz. in Wien, Vertretung v. Prof. Karl Präcker an d. Univ. f. Bdk. Wien, 1975 Beurlaubung z. Vertretung v. Prof. Alexander Dinkus FU Berlin, 1977 Ruf an d. FU Berlin, 1979 1 Sem. Gastprof. Univ. of Southern California in Los Angeles, 1983 1 Sem. Gastprof. Univ. Minneapolis, 1987 1 Sem. Univ. of Delaware at Newark u. Gastprof. am Courant-Inst. an d. Univ. of New York. E.: 1973 Förderpreis d. Theodor-Körner-Stiftungsfonds. H.: Tennis, Modellbahnbasteln, Musizieren, Klavierspielen, Mozart.

Doppelfeld Volker
B.: AufsR.-Vors. FN.: BMW AG. DA.: 80788 München, Petuelring 130. www.bmwgroup.com. G.: Hamburg, 4. März 1936. S.: 1956 Abitur, Stud. Rechts- u. Wirtschaftswiss. in Köln u. Münster, 1962 1. u. 1966 2. Jur. Staatsexamen. K.: 1963-66 Referendarzeit München, daneben einjähriges Praktikum im Finanzwesen b. BMW AG u. Tätigkeit in einer Anw.-Kzl., 1967-69 Ass. d. Hauptgschf. eines überregionalen Wirtschaftsverb., 1969 Eintritt in d. BMW AG, Mitarb. in d. Revision, später in d. Unternehmensplanung, 1972 Leiter d. Hauptabt. Unternehmensplanung, 1975 Ltr. d. Bereichs Unternehmensplanung, Produktplanung, Revision, Vorst.-Angele-

genheiten, 1979 Vors. d. Gschf. d. BMW Motoren GmbH Steyr/Österr., 1981-99 Vorst.-Mtgl. d. BMW AG Finanz- u. Betriebswirtschaft, seit 1999 AufsR.-Vors. d. BMW AG.

Doppelmayer Fritz *)

Doppenberg Mark *)

Döpping Michael

B.: Dipl.-Pharmazeut, Apotheker. FN.: Scheele-Apotheke. GT.: 2000 TÜV geprüfter Schadstoffgutachter. DA.: 01796 Pirna, Breite Straße 24. G.: Gotha, 21. Aug. 1965. V.: Grit. Ki.: Franz (1997), Therese (1999). El.: Bernd u. Brigitte. S.: 1984 Abitur, 1984-87 Armeezeit, 1987-92 Studium Pharmazie u. experim. Pharmakologie, Toxikologie an Ernst-Moritz-Arndt-Univ. in Greifswald, 1992 Abschluss Dipl.-Pharmazeut. K.: 1992-93 Pharmaziepraktikum in Wetterstein Apotheke in Nürnberg, 1993 Approbation als Apotheker, 1993 ang. Apotheker in Apotheke Dresden Leuben, 1993 Grdg. d. eigenen Scheele-Apotheke in Pirna, 1998 Fachapotheker f. allg. Pharmazie, anerkannte Ausbild.-Stätte f. Fachapotheke. BL.: 2000 Diss. z. Thema "Pharmazeut. Betreuung v. Hypertoniepatienten in einer öff. Apotheke". M.: seit 1999 Arge d. Umweltapotheker, seit 1993 Sächs. Landesapothekenkam., Sächs. Apothekerverb. H.: Familie, Lesen, Musik.

Doppler Erika *)

Doppler Heinrich Dr. rer. pol.

B.: Bevollmächtigter d. Vorst. FN.: Asea Brown Boveri AG. DA.: 10117 Berlin, Unter den Linden 21. G.: Wien, 17. Nov. 1946. V.: Irmelin, geb. Retzki. Ki.: 1 Tochter. S.: 1966-71 Stud. Jura Saarbrücken u. Bonn, 1. Staatsex., 1971-75 Prom.-Stud. Wirtschaftswiss. Bonn, Prom. K.: 1973-74 Ass. d. MdB Detlef Kleinert u. MdB Dr. Burkhardt Hirsch, 1975-76 wiss. Mitarb. am Inst. f. Zivilrecht in Bonn, 2. jur. Staatsex., 1977-79 RegR. im Hess. Wirtschaftsmin., 1979-87 tätig in d. BR-Verw. in Bonn im Bereich Wirtschaft, Verkehr, Agrar u. Presse, zuletzt Stv. Sekr. d. Finanzausch., 1987 MinisterialR. d. Landesvertretung Hessen in Bonn, 1991-95 Ständ. Vertr. d. Bevollmächtigen d. Landes Mecklenburg-Vorpommern b. Bund u. Dienststellenltr. d. Landesvertretung in Bonn, seit 1995 Bevollmächtigter d. Vorst. d. Asea Brown Boveri AG. BL.: Experte f. Wirtschaftsbez. nach China u. Südostasien. F.: seit 1999 Gschf. d. ABB Kraftwerke AG in Berlin, 1999-2000 Bevollmächtigter d. Vorst. d. ABB Alstom Power u. Ltr. d. Büros in Berlin. P.: Fachbeiträge z. Thema Bund- u. Länderbeziehungen des Finanzausgleich. M.: Rotary Club, Vorst. d. Verb. Metall- u. Elektroind. in Berlin-Brandenburg, Vorst. d. BDI Energieaussch. H.: Tennis, Golf, Radfahren.

Doppstadt Joachim Dipl.-Kfm.
B.: Wirtschaftsprüfer u. Steuerberater, Gschf. Ges. FN.: BTP Treuhand Prüf.- und Beratungsges. DA.: 80539 München, Schackstraße 2.. G.: Ratingen, 25. Mai 1955. V.: Claudia. Ki.:

*) Biographie www.whoiswho-verlag.ch oder beigefügte CD-ROM

Doppstadt

Vanessa (1990). S.: 1973 Abitur, 2 J. Bundeswehr, 1975-80 BWL-Stud. Essen, Dipl.-Kfm. K.: 1981 Prüf.-Ass. in München, 1985 Steuerberaterexamen, 1989 Wirtschaftsprüferexamen, seit 1994 selbst. m. Kollegen, Schwerpunkt Stiftungsrecht. F.: BTR Beratung u. Treuhand Ring GmH, Verb. v. 18 WP-Büros in Deutschland. P.: Dt. Steuerrecht Festschrift. H.: Golf, Musik, Klavier spielen.

Dora Wolfgang *)

Dorandt Ilse *)

Dorau Gernot *)

Dorband Immo Dipl.-Ing. *)

Dörbaum Hans-Dieter

B.: OBgm. d. Stadt Mühlhausen. DA.: 99974 Mühlhausen/Thür., Ratsstr. 19. PA.: 99974 Mühlhausen/Thür., Joachim-von-Burck-Str. 4. G.: Mühlhausen, 29. Juni 1945. Ki.: Philip (1986), Daniel (1998). El.: Hans-Georg u. Agnes. S.: 1962 POS 10. Kl. Bischofferode. K.: 1964 Chemiefacharb. im Kaliwerk Sondershausen, 1967 Laborant im Kaliwerk Bischofferode, 1971 Ausbild. z. Dipl.-Fachlehrer Päd. HS Mühlhausen, b. 1990 an Joh.-Becher-Schule, Polytechn. Zentrum Mühlhausen, 1990-94 Bgm. in Mühlhausen, seit 1994 OBgm. BL.: 20 J. erfolgr. päd. Arb., seit 1990 an Entwicklung d. geschichtsträchtigen Stadt Mühlhausen mitgewirkt. M.: Hilfe f. Kinder v. Tschernobyl, HS-Ver., Ver. z. Erhaltung d. trad. Handwerks. H.: Computertechnik, Psych., Lesen, Schwimmen.

Dorberth-Krauß Karin *)

Dorén Peter Nils *)

Dören Martina Dr. med. Univ.-Prof.

B.: Univ.-Prof. Frauenforschung und Osteologie. FN.: Freie Universität Berlin, Fachbereich Humanmedizin-Klinisches Forschungszentrum. DA.: 12203 Berlin, Klingsorstr. 109a. doeren@cipmail.ukbf-fu-berlin.de. G.: 1959. S.: 1978 Allg. HS-Reife, 1978-84 Stud. Humanmed. an der Westfäl. Wilhelms-Univ. Münster, 1984 Approb. als Ärztin, 1985 Weiterbildung z. Ärztin f. Gynäkologie u. Geburtshilfe, 1985 Dr. med. K.: 1992 Anerkennung als Ärztin f. Frauenheilkunde u. Geburtshilfe, 1995 OA d. Klinik u. Poliklinik f. Geburtshilfe u. Frauenheilkunde d. Westfäl. Wilhelms-Univ. Münster, 1996-97 Ltr. d. Bereiches Endokrinologie u. Reproduktionsmedizin an d. Klinik u. Poliklinik f. Geburtshilfe u. Frauenheilkunde d. Westfäl. Wilhelms-Univ. Münster, 1996 venia legendi f. d. Fach Frauenheilkunde u. Geburtshilfe, 1997-98 Honorary Visiting Prof. am King's College, Department of Obstetrics & Gynecology Menopause Clinic London, seit 1997 Diplomate d. Faculty of Family Planning and Reproductive Health Care of the Royal College of Obstetricians and Gynaecologists, seit 1998 Honorary Visiting Prof. am King's College, Department of Family Planning London, 2000 C3-Prof. Frauenforschung u. Osteologie an d. FU Berlin Fachbereich Humanmed. P.: Autorin v. zahlr. Veröff., Autorin d. im deutschsprachigen Raum auflagenstärksten Monografie zu Hormonsubstitution: Hormonsubstition in Klimakterium u. Postmenopause - Vorschläge z. individuellen Therapie (1998). M.: Grdgs.- bzw. Vorst.-Mtgl. v. Fachges. (European Menopause and Andropause Society, Deutsche Menopause Ges.).

Dörenberg Christa *)

Dorenburg Christian

B.: Einzelhdls.-Kfm. FN.: Unternehmensgruppe Christian Dorenburg C.D. Exclusiv Immobilien. DA.: 10719 Berlin, Uhlandstr. 30. PA.: 12353 Berlin, Bitterfelder Weg 93-95. G.: Berlin, 10. Jan. 1962. V.: Simone. Ki.: Alexander (1980). El.: Dipl.-Ing. Wolfgang u. Ursula. S.: 1981 Abitur, 1981-84 Lehre als Einzelhdls.-Kfm. im elterlichen Betrieb, 1984-88 Stud. Betriebswirtschaft an d. FHW Berlin, Dipl.-Kfm. K.: 1985-94 Übernahme d. Geschäftsführung d. 7 elterl. EDEKA-Einzelhdls.-Geschäfte neben d. Stud. u. schrittweise Übernahme d. elterl. Betriebe, ab 1988 parallel Tätigkeit als Immobilienkfm. u. EDEKA-Geschäftsführm, ab 1993 schrittweiser Verkauf d. Läden, ab 1994 ausschließl. Immobilienverkauf, 1995-96 Immobilienhdl. v. ausschließl. Fremdimmobilien, 1996 beginnende Projektentwicklung v. Spezialimmobilien, ab 1998 Eintritt in d. intern. Immobilienhdl., Haupttätigkeitsfeld USA u. Spanien im klass. Stil, 1999 Projektentwicklung in Spanien, Schwerpunkt Seniorenresidenzen.

Dorendorf Detlev Dipl.-Bw.

B.: Gschf. FN.: BLF Dorendorf GmbH & Co KG. DA.: 42553 Velbert, Milchstraße 15. G.: Witten, 28. Mai 1956. V.: Martina, geb. Bossow. K.: Alina (1994), Luisa (1995). El.: Bruno u. Margot. S.: 1976 Abitur, 1977-78 Bundeswehr, 1978-83 Stud. BWL an d. Ruhr-Univ. Bochum m. Examen z. Dipl.-Bw. K.: 1984-86 im elterl. Betrieb - Vertrieb v. Lebensmitteln - tätig, 1986-95 Grdg. d. Firma Sinus, Herstellung u. Vertrieb bundes- u. europaweit v. vegetarischen Lebensmitteln, während d. Zeit Mitgründung u. Führung d. Firma Trend Food (Vertrieb v. tiefgekühlten Lebensmitteln) u. gleichzeitig Verkaufsdirektor d. Service Bund GmbH, 1995 Ausstieg aus d. Firmen, seit 1995 Weiterführung d. elterl. Unternehmens als Gschf., seit 1999 Aufbau d. Gesamtunternehmens BLF Frischdienst, zusammen m. Volker Bleckmann (Bleckmann GmbH & Co KG, Einmahl GmbH & Co KG, Dorendorf GmbH & Co KG, BLF Logifood GmbH & Co KG, FZ Frischdienstzentrale Zülpich GmbH). H.: Freizeit m. Familie.

Dorendorf Hartwig *)

*) Biographie www.whoiswho-verlag.ch oder beigefügte CD-ROM

Dorendorf Uwe
B.: Vers.-Fachmann. FN.: VGH Vers. GT.: Vors. d. MIT Lüneburg. DA.: 29459 Clenze, Mühlstr. 5. G.: Dannenberg/Elbe, 4. Juni 1960. Ki.: Heinrich-Velten (1997). El.: Günter u. Gerda, geb. Lewald. S.: b. 1983 Bmtr. b. Bundesgrenzschutz. K.: 1983 Tätigkeit und Ausb. in der Vers.-Branche, seit 1998 selbst. in Lüneburg m. eigenem Büro f. d. VGH. M.: BVR, TUS Reppenstedt, Golfclub Schloß Lüdersburg. H.: Golf, Klavier spielen, Jagd.

Dörfel Karl *)

Dörfelt Hansbodo Dipl.-Ing. *)

Dorfer Manfred *)

Dörfer Werner Paul *)

Dorff Gerth Dr. *)

Dörffel Falk-Hendrick *)

Dörffer Werner
B.: Gärtner, selbständig. FN.: Garten- u. Landschafts-Bau GmbH. DA.: 30989 Gehrden, Ditterker Weg 3. G.: Ostrpr., 25. Aug. 1931. V.: Ursula, geb. Bade. Ki.: Joachim (1958), Klaus (1959). S.: 1946-49 Lehre z. Gärtner in Güstrow. K.: 1949-53 tätig als Gärtnergeselle in Rostock/Oranienburg u. Münster, 1953 Übersiedlung nach West-Deutschland, Umzug nach Hannover, 1957 Grdg. d. Firma Garten- u. Landschafts-Bau Dörffer in Benthe/Ronnenberg, 1965 Umzug und Vergrößerung nach Gehrden, 1987 Umfirmierung z. GmbH, Anlage u. Gestaltung von Gärten, 1999 Übergabe d. Firma an d. Söhne. P.: ständige Veröff. in d. regionalen Presse. E.: Viele Auszeichnungen u. Ehren-Urkunden f. Mitgliedschaften u. 40jähriges Firmenjubiläum. M.: Mitbegründer d. Verbandes Garten- u. Landschafts-Bau Niedersachsen/Bremen, Schützenverein Gehrden, Gesangsverein u. Freiwillige Feuerwehr Gehrden, Kegel-Club (Vors. 1980-90). H.: Kegeln (viele Preise u. Pokale erkegelt, u.a. Wanderpreis v. Verband Garten- u. Sportplatzbau Niedersachsen/Bremen e.V.), Schiessen.

Dörflein Barbara *)

Dörfler Christian *)

Dörfler Hans Dr. med. Prof. *)

Dörfler Karl-Günter
B.: Betriebswirt u. Vers.-Makler. DA.: 33719 Bielefeld, Am Schnatbach 55. kg.doerfler@ertragsforum.de. G.: Bremen, 3. Januar. 1939. V.: Ingeborg, geb. Schwiefert. Ki.: Regina (1961), Anna-Verena (1965). El.: Alfred und Johanna. BV.: Paul Gerhard. S.: 1955 Mittlere Reife, 1955-57 Ausbild. Ind.-Kfm. Firma Martin Brinkmann, Ass. d. Betriebsdir. d. Firma Brinkmann, 1980-82 Ausbild. an d- FHS Ludwigshafen u. d. Vertriebswirtschaftsak. Wiesbaden m. Abschluß BWA. K.: 1958-60 Einkäufer d. Firma Europa Karton, 1960-86 Leiter Einkauf + Werk d. Firma Sonnen-Bassermann in Schwetzingen, 1986-90 Ressortltr. f. Prod. in d. Firma Granini Werke in Bielefeld, 1990 selbst. Unternehmensberater m. Schwerpunkt Generationswechsel, Altersvorsorge u. Rhetorik, ab 2000 tätig m. Partnern. F.: Kreatives Ertrags-Forum. M.: Kath. Kirche d. Gem. Heepen, Christl. Freimaurerorden. H.: Musik, Natur, Familie.

Dörfler Reinhard Dr. iur. *)

Dörfler Werner Dipl.-Bw. *)

Dörflinger Bernd Dr. med.

B.: FA f. Radiologie, Klinikleiter, Nuklearmediziner, selbständig. FN.: Klinik f. Diagnose. DA.: 80798 München, Augustenstr. 119. diagnoseklinik-muenchen@t-online.de. www.diagnoseklinik-muenchen. de. G.: Karlsruhe, 3. Nov. 1943. V.: Barbara. Ki.: Julia (1972). El.: Josef und Ida. S.: 1963 Abitur Karlsruhe, 1958-63 Klavierstudium Musikhochschule Karlsruhe, 1963-71 Stud. Med. Heidelberg, Staatsexamen und Promotion Univ. Heidelberg. K.: 1971-77 Medizinalassistent Klinikum Steglitz FU-Berlin, 1977-78 Klinikum Großhadern d. LMU München als wiss. Ass. d. Nuklearmed. Klinik, 1978-90 Radiologe mit eigenem Röntgeninstitut in München, 2001 Grdg. d. Diagnoseklinik München, Vorreiter in Deutschland f. minimal invasive mikrochir. Operationen, sowie bahnbrechende, kaum belastende Vorsorgeuntersuchungen m. d. neuesten High-Tech Geräten in Europa. BL.: Vater d. mod. Vorsorgeuntersuchungen ohne Beeinträchtigung d. Patienten. P.: Autor: Sorge vor - Lebe länger (1992). M.: Präs. d. dt. Ges. f. Vorsorgemedizin u. Früherkennung (DGVF) e.V. H.: Klavierspiel.

Dörflinger Oliver
B.: Raumausstattermeister, selbständig. DA.: 90762 Fürth, Nürnberger Str. 59. info@o-doerflinger.de. www.raumausstattung-franken.net. G.: Nürnberg, 11. März 1968. V.: Susanne, geb. Kamenz. Ki.: Pia (1992), Linda (1993). El.: Günter u. Monika. S.: 1983-86 Lehre Raumausstatter elterliches Betrieb Nürnberg, 1993 Meisterprüfung Forchheim. K.: ab 1986 Ang. im elterl. Betrieb in Nürnberg, 1993 Eröff. des Geschäftes in Fürth. H.: Tiere, Hunde, Pferde, Reptilienhaltung, Sport, Skifahren.

Dörflinger Thomas
B.: Redakteur, MdB. FN.: Dt. Bundestag. DA.: 11011 Berlin, Platz d. Republik 1. G.: Tiengen, 27. Aug. 1965. S.: 1975 Allg. HS-Reife u. Großes Latinum, 1986 Praktikum i. Lokalredaktion Waldshut d. Südkurier, 1986-92 Stud. Geschichte u. Politikwiss. an d. Univ. Konstanz, M.A. K.: 1992 Praktikum b. RTL Radio Baden-Württemberg Stuttgart, 1992-93 Volontariat RTL Radio Südbaden Waldshut-Tiengen, 1993-94 Redakteur u. Redaktionsltg. RTL Radio Südbaden, 1995-97 wiss. Mitarb. f. Bundesmin. Claudia Nolte MdB, 1997-98 Redakteur f. "Schwarzwälder Bote"; Funktionen: 1978-84 Mtgl. d. Jungen Union, 1984 Eintritt in d. CDU, 1986-92 versch. Funktionen auf Ortsebene, seit 1995 Mtgl. d. Kreisvorst., seit 1998 MdB. (Re)

Dorfmüller Joachim Dr. phil. habil. Prof.
B.: HS-Lehrer, Organist, Pianist, Kirchenmusikdir., Präs. d. Dt. Edvard Grieg-Ges. e.V. FN.: Univ. Münster. DA.: 48149 Münster, Philippistr. 2. PA.: 42289 Wuppertal, Ringelstr. 22. G.: Wuppertal, 1938. V.: Ursula, geb. Petschelt. Ki.: Birte (1978), Helge Christian (1980), Ann-Kristin (1986). S.: Abitur, Stud. Schul- u. Kirchenmusik, Musikwiss., Altphilol., Geographie, Phil. u. Päd. Köln u. Marburg. K.: seit 1959 Organist an d. Lutherkirche Wuppertal-Barmen, 1965 u.a. 1969 Philolog. Staatsexamina I (Köln) u. II (Düsseldorf), 1967 Prom. z. Dr. phil., 1971 Dipl. f. Orgel in Köln, b. 1978 OStR. am Städt. Gymn. Wuppertal-Barmen, 1972-79 Doz. am Kirchenmusikal. Seminar Wuppertal, 1976-84 Univ. Duisburg, 1982

*) Biographie www.whoiswho-verlag.ch oder beigefügte CD-ROM

Dorfmüller

Habil., 1983-98 Doz. f. Künstler. Orgelspiel an d. Musik-HS Köln, seit 1984 Univ. Münster mit Forsch.- u. Lehrschwerpunkt Histor. Musikwiss., 1987 Prof., 1990 Kirchenmusikdir., 1992 Studiendir. i. H., 1995 Präs. d. Dt. Edvard Grieg-Ges. e.V., 1998 Forsch.-Stipendiat d. Norweg. Ak. d. Wiss. BL.: 1973 Grdg. d. Wuppertaler Orgeltage, 1987 an d. Univ. Münster Grdg. d. "Ak. Orgelstunde", seit 1964 über 2300 Konzerte zumeist als Organist u. Pianist in 21 Ländern, 40 LPs/CDs u. viele Funkaufnahmen, über 120 Uraufführungen. P.: 8 Bücher, darunter: Studien zur norweg. Klaviermusik d. 20. Jh. (1967), Zeitgenössische Orgelmusik (1984), Wuppertaler Musikgeschichte (1995), über 500 Fachaufsätze, Editionen u. Bearbeitungen im In- u. Ausland, Gastvorträge in HS u. Univ. u.a. Berlin, Bremen, Dresden, Düsseldorf, Frankfurt/Main, Leipzig, Lissabon, München, Oslo, Rostock, Salzburg, Tokio u. Uppsala. E.: 1991 Kulturpreisträger d. Landschaftsverb. Rheinland ("Rheinlandtaler").

Dorfner Bernd *)

Dörge Friedrich Wilhelm Dipl.Vw. *)

Dörge Monika

PS.: Katharina Kleinschmidt. B.: Film-Kopien-Fertiger. FN.: Monika Dörge Negativschnitt. DA.: 14052 Berlin, Reichsstr. 78. G.: Berlin, 15. Juli 1953. V.: Rolf Dörge. Ki.: Bernd (1985), Martin (1987). El.: Josef und Theresa Wottke, geb. Kapitza. S.: 1969-72 Ausbild. als Film-Kopien-Fertiger bei Firma Illge Berlin, 1976 Weiterbildung für Negativschnitt ARRI-München. K.: 1972-76 Ang. bei Firma Illge, Filmentwicklung f. d. aktuellen Bereich, 1976-85 Contrast-Film Berlin, 1985-86 Familienpause, Heimarb. f. d. gleiche Firma: Negativschnitt, 1987 Eintritt d. Firma Arri München, Umfirmierung in ARRI-Contrast, 1987-93 Familienpause, 1993-95 Wiedereintritt in d. Firma ARRI-Contrast-Flim (Halbtagstätigkeit), 1995-2000 Vollzeit, seit 2000 selbst. m. eigener Firma f. Negativschnitt. H.: Reisen.

Dörge Sven

B.: Dachdeckermeister, Bausachv., Bodengutachter, Inh. FN.: Sven Dörge Dachdeckermeister. DA.: 38644 Goslar-Grauhof, Am Gräbicht 26. G.: Bad Harzburg, 29. Aug. 1967. V.: Swantje, geb. Scherfenberg. Ki.: Ronaldo-Carlo (1998), Svenja (1994). El.: Karl Hermann Otto u. Rosemarie, geb. Bock. S.: 1985-86 Berufsgrundbild.-J. in Bad Harzburg, 1986-88 Berufsausbild. z. Dachdecker im väterl. Betrieb in Goslar. K.: ang. Geselle im väterl. Betrieb, 1992-93 Meisterschule, 1993 Meisterprüf., ang. Meister im väterl. Betrieb, 1997 selbst. in Goslar-Grauhof. M.: Schlaraffen, Reitverein Paterhof, div. Sportver., MTV Goslar, CDU.

Dörge Ulrich

B.: System Analyst. FN.: diverse. DA.: 10999 Berlin, Paul-Lincke-Ufer 14A. ulrich@doerge.com. G.: Osterode, 28. Dez. 1957. Ki.: David (1991), Daniel (1993). El.: Willi u. Christa-Maria. S.: 1976 Abitur Osterode, diverse Spezialausbildungen. K.: 1977-82 Entwicklung v. Software f. Fertigungsgetriebe, 1982-84 Mitarbeit an Telex-Netz in Saudi-Arabien, 1984-85 Mitarbeit an Entwicklung UNIX-System bei AT&T Bell Laboratories, New York, seit 1985: Betreuung von strategischen Projekten u. Produkten f. d. Computerindustrie u. Grossbanken, massgebliche Beteiligung an grossen EDV-Projekten im In- u. Ausland, u.a. für AT&T, Bell Laboratories, Dresdner Bank, EMC, ICL, MPI, Telekom, VEBA, Vodafone u.v. m.; Spezialist f. hochverfügbare Computersysteme, Entwicklung v. Systemlösungen. P.: Ausstellungen als Maler in Riyadh, New York u. Deutschland. H.: Autos, Segeln, bild. Kunst.

Dörgeloh Anita

B.: Unternehmerin. FN.: Dörgeloh-Lines Reederei. DA.: 28844 Weyhe, Dreyer Str. 55. G.: Bad Neuenahr/Ahrweiler, 18. Juni 1953. V.: Hans-Joachim Dörgeloh. Ki.: Marco (1975), Nadine (1977). El.: Rudolf und Anna Hansen. S.: 1969 Mittlere Reife, 1969-72 Hotelfachlehre. K.: ab 1972-74 im elterl. Weingut m. Gastronomie tätig u. Übernahme d. Betriebes, 1974-95 Mitarb. im Baustoff-Betrieb d. Ehemannes, 1996 Eröffnung der Dörgeloh Lines Reederei, exkl. Restaurantbetrieb d. MS "Deichgraf" auf d. Weser. M.: Präs. d. Jummelage Weyhe/ Coulaines, im Aussch. d. Weyher Gewerberinges, Malteser-Hilfsdienst, Tierschutzver., Golfclub Syke, Sportclub Weyhe. H.: Tennis, Golf, Gartenarbeit, Handarbeit, Lesen, Skifahren.

Dörgeloh Hans-Joachim *)

Dorhs Carsten

B.: freiberufl. Koch u. Foodstylist. FN.: c/o VOX-Kochduell. DA.: 50829 Köln, Richard-Bard-Str. 6. www.carsten-dohrs.de. G.: Hofgeismar, 20. Apr. 1969. S.: Lehre Koch Maritim Golf & Sport Hotel Timmendorfer Strand. K.: Koch im Restaurant Bühler Höhe in Bühl, Hotel Waldhorn in Ravensburg, Hotel Residence in Essen, Hotel Brandenburger Hof u. Hotel Residence in Essen, Küchenchef auf d. Segelschiff Sea Cloud u. im Henzek's Restaurant in Mülheim/Ruhr, dzt. freiberufl. Koch u. Foodstylist u. Betreiber einer Menü-Kochschule. P.: Kochduell: Pfiffige Kartoffelrezepte", "Let's cook together", "Die Original Heinz-USA-Küche", "Food for Fun", "Kellog's Knusperlust". (Re)

Dorigoni Günter *)

Döring Annemaria

B.: Goldschmiedemeisterin. FN.: Gold- u. Silberschmiede Döring. DA.: u. PA.: 22869 Schenefeld, Blankeneser Chaussee 174. G.: Innsbruck/Österreich, 13. Mai 1955. Ki.: Paul Enzo (1993). S.: 1970-74 Fachschule f. Gürtler, Gold- u. Silberschmiede in Steyr/Österreich, 1974 Gesellenprüf. K.: 1974-86 Goldschmiedin in Hamburg, 1986 Meisterprüf., seit 1988 selbst. in Hamburg-Nienstedten als Goldschmiedemeisterin. H.: Goldschmiedearb., Sport.

*) Biographie www.whoiswho-verlag.ch oder beigefügte CD-ROM

Döring Erwin *)
Döring Falk R. Dr. phil. *)
Döring Frank *)
Döring Hans-Joachim
B.: Gschf. FN.: W. & O. Bergmann GmbH. & Co. KG. DA.: 40211 Düsseldorf, Wielandstr. 27.

Döring Heinrich Dr. Prof. *)
Döring Horst Ing. *)
Döring Hubertus
B.: Ltr. d. Straßenverkehrsamtes d. Stadt Kassel. DA.: 34112 Kassel, Friedrichsstr. 36. G.: Kassel, 11. Nov. 1941. V.: Gisela, geb. Heeren. Ki.: Angela, Stefan. El.: Georg u. Elisabeth, geb. Henkes. S.: 1964 Abitur Melsungen, 1964-69 Jurastud. in Marburg u. Berlin, 1. Staatsexamen, 1969-73 Referendariat in Kassel, 2. Staatsexamen. K.: seit 1974 b. d. Stadt Kassel, 1974-93 Justitiar b. Rechtsamt d. Stadt Kassel, seit 1993 Amtsltr. d. Straßenverkehrsamtes d. Stadt Kassel. BL.: vorgeschlagen f. d. BVK. M.: Kreisjagdberater, Vors. d. Bez.-JagdbeiR. d. Oberen Jagdbehörde, stellv. Bez.-Jagdberater, Kreisvors. d. Hessenjäger, Vors. Disziplinaraussch. d. Landesjagdverb., 1977-82 Vors. d. SV 1890 Kassel-Nordshausen, 1982-85 2. Vors. d. SV 1890 Kassel-Nordshausen, 1977-87 Vorst. d. Raiffeisenverb. Kassel Süd, 1987-96 AufsR. d. Raiffeisenbank Kurhessen, 1972-76 Vors. d. Verw.-Aussch. Nordshausen, 1986-90 rechtskundiger Beisitzer d. Disziplinarkam. d. Bundesverw.-Gerichts Kassel, Jägerprüf.-Aussch. H.: Jagd, Skifahren.

Döring Ilona Jutta Hannelore

B.: Ingenieurökonomin, Unternehmerin, selbständig. FN.: Holiday Land Dörings Reiseladen. DA.: 18435 Stralsund, Heinrich-Heine-Ring 120c. doerings-reiseladen@holidayland.de. www.holidayland.de. G.: Rostock, 6. Jan. 1954. V.: Reinhard Döring. Ki.: Jana (1976), Thomas (1977). El.: Rolf Schack u. Helga Kosubek, geb. Rakow. S.: 1972 Abitur Havel, b. 1975 Stud. z. Ingenieurökonomin an d. Ingenieurschule für Verkehrstechnik in Dresden. P.: 1975-77 Planer bei d. Dt. Reichsbahn in Rostock, 1979-83 Kaderltr. an d. Betriebsschule d. Dt. Reichsbahn in Stralsund, 1983-87 Kaderltr. im Reichsbahnamt Stralsund, 1987-90 Ltr. d. Filiale d. Reisebüros d. DDR in Stralsund, 1991 Eröff. d. 1. Reisebüros, 1996 Eröff. d. 2. Reisebüros Holiday Land Dörings Reiseladen. H.: Haus u. Garten, Handarbeiten.

Döring Jörn Dipl.-Ing. *)
Döring Karl-Ahlrich *)
Döring Klaus Dr. med.
B.: FA f. Innere Med., Inh. FN.: Privatpraxis f. Innere Med. GT.: Ausbilder im Rahmen d. Ultra-Schall-Diagnostik am Klinikum Wetzlar, freier Mitarbeiter als Notarzt im Landkreis Gießen u. Lahn-Dill, Gutachter in Sozialgerichtsverfahren, Arbeitsunfähigkeitsbegutachtung u. in d. Verkehrsmed., Zusammenarbeit m. d. Inst. f. medizinische Begutachtung (IMB) Bochum. DA.: 35398 Gießen-Kleinlinden, Bürgermeister-Jung-Weg 17. dr.klaus.doering@telemed.de. www.privatpraxis-dr-doering.de. G.: Darmstadt, 11. Okt. 1956. V.: Justine, geb. Heusel. Ki.: Charlotte Johanna (1982), Simon Felix (1987). BV.: Onkel Dr. med. Helmut Luft ehem. Chefarzt in Hofheim. S.: 1975 Abitur Darmstadt, 1975-77 Stud. Mineralogie TH Darmstadt, 1974-77 Mitarb. b. DRK Bereitschaftsdienst Darmstadt, 1977-79 Zivildienst, 1979-85 Stud. Humanmed. in Tübingen, Göttingen u. Gießen, 1985 Studienabschluss, Approb. K.: 1986-93 Ass.-Arzt in d. Rehabilitationsklinik f. Herz- u. Gefäßkrankheiten Klinik Wetterau d. BfA Bad Nauheim, 1993 Diss., 1994-99 Ausbild. an d. Med. Klinik II Wetzlar, ab 2000 Eröff. einer Privatpraxis f. Innere Med. BL.: Ausbild. im Bereich Sozialmed. an d. Ak. Bad Nauheim, Fachkundenachweis Rettungsdienst Hess. Ak. f. ärztl. Weiterbild., 1999 FA-Prüf. Innere Med., Weiterbild. in Sportmed. Inst. f. Sportmed. Univ. Frankfurt, Weiterbild. z. Tauchmed. nach GTÜM, Ausbilder v. Tauchlehrern u. Übungsltr. in d. Herz-Lungen-Wiederbelebung, Weiterbild. Reisemed. am Centrum f. Reisemed. (CRM) Düsseldorf, Auslandseinsatz in d. Schweiz, Weiterbild. z. ltd. Notarzt. P.: 1983-87 Autor b. Mediscript-Verlag z. Thema Klin. Chemie u. Examensfragen-Sammlung, Bücher: "Klin. Chemie - kommentierte Prüf.-Aufgabe" (1985), "Klin. Chemie" (1986), 2001 Fernsehauftritt Talkshow "Fliege" ARD. E.: 2001 Fortbild.-Zertifikat d. Landesärztekam. Hessen. M.: BDI, PBV, DEGUM, Arbeitskreis Ultraschall am Klinikum Wetzlar, TSV Kleinlinden, Grün-Weiß Gießen. H.: Tauchen, Tischtennis, Tennis, Tanzen, EDV.

Döring Klaus Wolf Dr. phil. Prof. *)
Döring Lothar Dr.
B.: Gschf. FN.: Landeskontrollverb. Leistungs- u. Quaitätsprüf. Sachsen-Anhalt e.V. DA.: 06118 Halle/Saale, Angerstr. 6. G.: Riesa, 26. Apr. 1953. V.: Renate. K.: Franziska (1979). S.: 1972 Abitur, 1977 Dipl.-Agraring. HS Bernburg. K.: 1977-90 Ltr. im VEB Tierzucht Halle, seit 1990 Gschf. des Landeskontrollverb. f. Leistungs- u. Qualitätsprüf. Sachsen-Anhalt e.V. F.: Gschf. d. LKV Agro-Tier-Service GmbH, Vorst.- u. AufsR.-Vors. d. VIT Verden e.V., RZV GmbH u. VIT-PCS GmbH Paretz. P.: Diss. A. H.: Hundesport.

Döring Manfred

B.: staatl. anerkannter Fitness-Trainer, Untern. FN.: Fitness-World. DA.: 89233 Neu-Ulm, Hausener Str. 34/2. G.: Memmingen, 27. März 1967. Ki.: Melissa, Sabrina. El.: Götz u. Ingrid. S.: 1983-87 Lehre Gasu. Wasserinstallateur, 1987-90 Geselle. K.: parallel ab 1983 Ausbild. z. staatl. anerkannten Fitness-Trainer, 1992 Prüf., 1990-91 Zivildienst, 1991-94 Teilhaberschaft, 1994 vollständige Übernahme des Fitness-Studios. H.: Fitness, Musik, Schach.

Döring Michael *)

---

*) Biographie www.whoiswho-verlag.ch oder beigefügte CD-ROM

Döring

Döring Patrick
B.: Prok. FN.: AGILA Haustier Krankenvers. AG. DA.: 30159 Hannover, Breite Str. 6-8. doering@agila.de. G.: Stade, 6. Mai 1973. S.: 1992 Abitur Warstade-Hemmor, Stud. Wirtschaftswiss. an d. Univ. Hannover, 1997 Abschluss: Dipl.-Ökonom. K.: 1999 Ass. d. Vorst. Wert Garantie techn. Vers. AG Hannover, seit 2001 Prok. d. AGILA Haustier Krankenvers. AG, parallel seit 1991 Mtgl. d. FDP u. d. Jungen Liberalen, 1994-97 stellv. Bundesvors. Junge Liberale, 1996-2000 Mtgl. Landesvorst. FDP Niedersachsen, seit 2000 Mtgl. Landesgeschäftsführung FDP Niedersachsen, seit 2000 stellv. Vors. Bundesfachaussch./Aufbau polit. Jugendaustausch Deutschland/Nordamerika, seit 2001 StadtR. d. Landeshauptstadt Hannover. P.: versch. Fachveröff. in tierärztl. Fachmagazinen/Praxis-Management/-Organ. M.: Dt.-Atlant. Ges., Sportver., Golf-Club Burgdorf/Ehlershausen. H.: Golf, Jazz (Klarinette u. Saxophon spielen).

Döring Rainer *)

Döring Rolf J. *)

Döring Thomas Dipl.-Ing.

B.: Architekt, Unternehmer. FN.: Döring u. Wittler OHG. DA.: 28832 Achim, Noldeweg 3. doering.wittler@t-online.de. G.: Bremen, 28. Nov. 1950. V.: Ursula, geb. Butt. Ki.: Anna (1993), Stefan (1986). El.: Adolf u. Resi, geb. Homann. S.: 1966-69 Lehre z. Betonbauer in Bremen, 1969-70 Bundeswehr Wehrdienst als Unteroffizier d. Luftwaffe, Stud. Architektur FOS Bremen, 1975 Abschluss Dipl.-Ing. Architektur. K.: 1975 Eintritt in den elterl. Betrieb Innenarchitektur u. Ladenbau Döring u. Sembach in Bremen als Architekt, seit 1977 eigene Produktion Tischlerei Ladenbau in Weyhe, ab 1980 Gschf. d. GmbH, 1981 Umfirmierung Wescho-Nord Döring u. Sembach GmbH als Gschf. Ges. b. 1997, 1997 Grdg. d. Döring u. Wittler OHG in Achim als Inh., Schwerpunkt Innenarchitektur, Ladenbau spezialisiert auf Bäckereien, Konditoreien u. Cafes. M.: seit 1992 Rotaryclub Achim, während d. Stud. Initiator u. Mitbegründer d. RCDS an d. HS f. Technik Bremen. H.: Motorflug, PPL-A-Lizenz, Tennis, Skifahren.

Döring Uwe
B.: Ltr. Business Area u. Sprecher d. SerCon. FN.: Sercon Service & Consulting. DA.: 30627 Hannover, Hannoversche Str. 149. G.: Dresden, 21. Mai 1959. V.: Kathrin, geb. Peters. Ki.: Julia (1981), Frederic (1986). El.: Prof. Dr. Dietmar u. Ingrid, geb. Voigt. S.: 1975-79 Stud. Sport u. Math. FHS Dresden. K.: b. 1985 Lehrer an d. 123. Oberschule in Dresden, tätig in einem Prod.-Betrieb, Studienanerkennung u. glz. Ausbild. am Control-Data-Inst. in Saarbrücken u. 1990 Abschluß Wirtschaftsinformatiker Datenbanken, 1989 Programmierer d. Firma Coritel-Informatik in Frankfurt u. 1990 im Tochterunternehmen Anderson-Consulting, 1992 Senior-Consultant d. Anderson-Consulting, 1994 Projektltr. d. Firma SerCon-IBM Service Company in Hamburg, 1995 Aufbau d. Außenstelle in Hamburg u. b. 1997 Bereichsltr., 2000 Ltr. d. Geschäftsbereichs Nord, seit 2001 Ltr. d. Business Area, Business anabling u. System Management. P.: Fachvorträge auf Kongressen, Messen u. Tagungen. H.: Sport, Musik, mechan. Uhren sammeln, Uhrenbörse.

Döring Uwe Heinz *)

Döring Walter Dr.
B.: Wirtschaftsminister d. Landes Baden-Württemberg. DA.: 70174 Stuttgart, Theodor-Heuss-Str. 4. G.: Stuttgart, 15. März 1954. V.: Karin Agreiter. S.: Abitur Schwäbisch Hall, Stud. Geschichte u. Anglistik Tübingen, Prom. z. Dr. phil. K.: 1982-85 Unterricht am Gymn. in d. Taus in Backnang, 1985-88 Gymn. b. St. Michael in Schwäbisch Hall, seit 1981 Kreisvors. d. FDP/DVP-Kreisverb. Schwäbisch Hall/Crailsheim/ Limpurger Land, seit 1983 Mtgl. d. FDP-Landesvorst., 1985-88 u. seit 1995 Mtgl. d. FDP-Bundesvorst., seit 1984 Mtgl. d. GemR. d. Stadt Schwäbisch Hall, 1984-96 Mtgl. d. Kreistags d. Landkreises Schwäbisch Hall, seit 1988 Mtgl. d. Landtags v. Baden-Württemberg, 1988-96 Vors. d. FDP/DVP-Landtagsfraktion, seit 1996 Wirtschaftsmin., seit 1996 MdBR. (Re)

Döring Werner Siegfried Dr. Prof. *)

Döringer Fritz Philipp Mag. rer. publ. *)

Döringer Petra *)

Dorissen Bernhard *)

Dörk Wolfgang
B.: Holzmodellbauer, Inh. FN.: HWD Modellbau - Tischlerei Wolfgang Dörk. DA.: 23970 Wismar, Tonnenhof-Haffeld. G.: Bonburg/Sachsen-Anhalt, 19. Jan. 1956. V.: Cosima, geb. Clasen. Ki.: Stefan (1980), Frank (1982), Hannes (1988). El.: Ewald u. Marga. S.: 1972-74 Ausbild. z. Holzmodellbauer in Bernburg, 1974-75 NVA. K.: 1977 Modellbauer b. MTW Wismar, 1984 Ltr. Modellbau, 1989 parallel Abendschule in Ind.-Meister f. Holztechnik, 1990 Eintragung in d. Handwerksrolle als Meister f. Modellbau und Tischlerei, seither selbst. H.: Sport allg., Tischtennis.

Dörken Bernd Prof. Dr.-med. *)

Dörken Joachim Dr.

B.: Ltr.; ndlg. Frauenarzt. FN.: Frauenklinik Dr. Kramer. DA.: 33604 Bielefeld, Lipper Hellweg 10. G.: Greifswald, 16. Dez. 1940. V.: Dr. Brigitte, geb. Köhl. Ki.: Susanne (1969), Bettina (1972). El.: Günther u. Ilse, geb. Palm. S.: 1960 Abitur, 1961 Offz.-Ausbildung, 1967 STud. Med. Freiburg, Innsbruck, Kiel und München, 1. Staatsexamen. K.: 1968 med. Ass. in München, Rinteln u. Bielefeld, 1970-75 FA-Ausbild. f. Gynäk. u. Geburtshilfe an d. städtischen Frauenklinik in Dortmund und 1975-78 OA, 1978-85 tätig in Gemeinschaftspraxis m. Dr. Kramer u. Ltr. d. Dr. Kramer Frauenklinik in Bielefeld m. kooperativem Belegsystem, seit 1992 Gemeinschaftspraxis m. Frau Dr. Bresser. H.: Literatur, Tennis, Golf, Segeln.

Dörken Uwe Rolf
B.: Mtgl. d. Vorst. FN.: Dt. Post AG. DA.: 53175 Bonn, Heinrich-von-Stephan-Str. 1. www.postag.de. G.: 1959. S.: 1979 Ausbild. z. Bankkfm. Dt. Bank, 1981 Stud. BWL St. Gallen Business School, 1985 Master of Business. K.: 1979 Dt. Bank AG, 1986 McKinsey & Co Senior Engagement Manager, 1991 Dt. Bundespost Postdienst, Bereichsltr. Intern. Post, seit 1999 Mtgl. d. Vorst. Dt. Post AG, seit 2001 Chairman.

*) Biographie www.whoiswho-verlag.ch oder beigefügte CD-ROM

Dörken Friederich Hartmut Volker Dipl.-Ing.
B.: Architekt. DA.: 45219 Essen, Volckmarstr. 36 a. G.: Kettwig, 25. Sep. 1935. V.: Helga, geb. Knüfermann. Ki.: Rainer (1965), Karin (1970). S.: 1960 Bauing., Dipl.-Ing. Arch. AK NW, Univ. Essen. K.: Mitarb. der Arch.-Büros Prof. Dr. Hans Schwippert, Bauassesor Loy, Dr. Seidensticker, Reg. Baurat Pegels, 1970-90 freier Mitarb. d. Arch.-Büros Kubitza, seit 1970 eigenes Arch.-Büro; Projekte: Wettbewerbe u.a. Rathäuser Essen u. Düsseldorf, Gemeindezentren, Kirche Andernach, Gymn. Krefeld; eigene Bauten: Ein- u. Mehrfamilienhäuser, Geschäftshäuser, Bürobauten. BL.: Begründer der Eigenschaftsevolutionstheorie. P.: Die Schöpfung war programmiert, div. Fachveröff. u. Gebrauchsmusterpatente.

Dörlemann Johannes *)

Dormann Jürgen
B.: Vorst.-Vors. FN.: Aventis S.A. GT.: AufsR.-Mtgl. der IBM Inc. Armonk NY, 1998 Verw.R.-Mtgl. d. ABB Asea Brown Boveri AG Zürich, AufsR.-Mtgl. d. Allianz AG München. DA.: F-67917 Strasburg, Cedex 9. www.aventis.com. G.: Heidelberg, 12. Jan. 1940. V.: verh. Ki.: 4 Kinder. S.: 1959-63 Stud. VWL Köln. K.: 1963 Management Trainee Hoechst AG, 1965- 1972 Abt. Verkauf Fasern, 1973 Zentr. Direktionsabt., 1975 stellv. Ltr. d. Zentr. Direktionsabt., zuständig f. dt. u. ausländische Tochterges. der Hoechst AG, 1980 Ltr. d. Zentr. Direktionsabt., 1984 stellv. Vorst.-Mtgl. D. Hoechst AG, 1986 Vorst.-Mtgl. d. Geschäftsbereich Spezialchemikalien, Farbstoffe und Nordamerika, 1987 zuständig f. Finanz- und Rechnungswesen, Informatik und Komm., 1994 Vorst.-Vors. d. Hoechst AG, 1997 zusätz. f. d. Bereiche Managemententw. u. Unternehmenskomm., s. 1999 Vorst.-Vors. d. Aventis. M.: Mtgl. d. Präsidiums d. Verb. der Chemischen Industrie (VCI), Mtgl. d. Präsidiums CEFIC Brüssel. (Re)

Dormann Susanne Christine Dipl.-Bw.

B.: Gschf. FN.: Max's Film Vertriebs GmbH. DA.: 14050 Berlin, Lindenallee 45. sdormann@aol.com. www.maxs. se. G.: Duisburg, 14. Jan. 1965. Ki.: Linus (2000). El.: Günter u. Ursula, geb. Gorn. S.: 1981 Mittl. Reife, 1981-84 Berufsausbildung Milchwirtschaftliche Laborantin, 1994-98 Fernstudium BWL, 1995-97 ergänzendes Stud. an d. TFH. K.: 1984-87 Tätigkeit im Ausbildungsberuf, 1987-94 Vertriebsleiterin in e. Lebensmittelbetrieb, 1996-97 Managementtätigkeit f. e. schwedisches Untern. i. Deutschland, seit 1997 ltd. Mitarbeiterin b. Max's, zuerst Vertriebsleiterin, jetzt Gschf., Feb. 2002 Gründung eines eigenen Consulting-Unternehmens. BL.: 1996-97 administrativer Aufbau d. Vertriebssystems eines schwedischen Unternehmens, wesentl. Anteil an d. Plazierung d. Unternehmens Max's in Deutschland. P.: Veröff. d. Forschungsarbeiten an d. TFH zu Fragen d. Verpackungstechnologie unter Betreuung v. Prof. Dr. Löschau. M.: Studenten- u. Frauenbeauftragte, seit 1995 BDVI. H.: Segeln, Reiten, Weiterbilden.

Dormanns Christa Dr.
B.: RA. PA.: 40213 Düsseldorf, Mannesmannufer 7. G.: Düsseldorf, 5. Mai 1934. S.: 1954 Abitur Düsseldorf, 1954-58 Stud. Sprachen in Genf, Rechtswiss. in Bonn, München u. Köln, 1958 1. Staatsexamen, 1961 Prom., 1969 2. Staatsexamen. K.: seit 1971 RA,1978 Fachanw. f. Steuerrecht, 1987 vereid. Buchprüfer, Schwerpunkt Steuer- u. Wirtschaftsrecht.

P.: Fachaufsätze. M.: WirtschaftsR. d. CDU e.V., Dt.-Franz. Kreis e.V., Ges. f. Christl.-Jüd. Zusammenarb. e.V. H.: Sport, Literatur, Malerei, Musik, Geschichte.

Dormehl-Sawczuk Rosel Dr.

B.: Zahnärztin, selbständig. DA.: 90762 Fürth, Rosenstr. 8. G.: Gießen, 9. Juni 1954. V.: Dr. Gregor Sawczuk. Ki.: Borys (1983), Anna-Katherina (1986). S.: 1973 Abitur Giessen, 1973-79 Stud. in Würzburg. K.: 1980-89 Ausbildungsass. bzw. freie Mitarbeiterin in Bad Windsheim und Nürnberg, s. 1990 eigene Praxis. H.: Lesen, Basteln, Reisen.

Dormeyer Andreas

B.: Tattoo-Artist, Inh. FN.: Tattoo-Piercing-Studio, A. Dormeyer im MTS-City-Sound. DA.: 26122 Oldenburg, Baumgartenstr. 12b. G.: Oldenburg, 2. März 1969. Ki.: Keanu (2000). El.: Manfred und Marianne Koring, geb. Friedrichs. S.: 1986-89 Lehre zum Schlosser in Edewecht, 1989-93 Schlossergeselle. K.: 1988 erste Tätowierarb., seit 1995 selbst. und Eröff. Tattoo-Studio in Oldenburg als Inh., Schwerpunkt u.a. Tribals, Kelten. H.: Video, 8mm-Filme, Kino, Zeichnen.

Dormeyer Detlev Dr. theol. Lic. theol. Prof. *)

Dormoolen Peter *)

Dorn Dieter
B.: Kfm., Gschf. Ges. FN.: Dieter Dorn GmbH. DA.: 06184 Ermlitz/Oberthau, Ammendorfer Str. 41. dieterdorngmbh@t-online.de. G.: Brandenburg/Havel, 6. Apr. 1943. V.: Christina. Ki.: Dipl.-Kfm. Karsten (1971). S.: Stud. Sportpädagogik an d. DHfK Leipzig, Abschluss Dipl. K.: 1992 Grdg. u. Gschf. d. Firma Dieter Dorn GmbH f. Arbeitsschutz- u. Industrieartikel, Arbeitsschutzartikel v. "Kopf b. Fuss", Sicherheitstechnik, Zusammenarbeit m. zahlr. öffentl. Einrichtungen d. Region Leipzig-Halle.

Dorn Dieter
B.: Regisseur, design. Intendant. FN.: Bayrisches Staatsschauspiel. DA.: 80075 München, Postfach 10 01 55. www.staatstheater.bayern.de. G.: Leipzig, 31. Okt. 1935. S.: Abitur, bis 1956 Stud. Theaterwiss. an d. Theater-HS in Leipzig, 1956-58 Schauspielausbild. b. Hilde Körber u. Lucie Höflich an d. Max Reinhardt-Schule in Berlin. K.: 1958-65 Schauspieler, Dramaturg u. Reg. in Hannover, 1968-70 Reg. in Essen u. Oberhausen, 1971 Reg. am Dt. Schauspielhaus Hamburg, 1972-75 Burgtheater Wien u. Staatl. Schauspielbühnen Berlin, 1976-83 Oberspielltr. an d. Münchner Kammerspielen, seit 1983 Int. d. Münchner Kammerspiele, 1974, 1982 u.1986 Salzburger Festspiele, zahlr. Insz. u.a. Der Menschenfreund (Hamburg), Lessing: Minna von Barnhelm (München), Shakespeare: Ein Sommernachtstraum,

*) Biographie www.whoiswho-verlag.ch oder beigefügte CD-ROM

Dorn

Was ihr wollt (München), Botho Strauß: Groß u. klein (München), Thomas Bernhard: D. Jagdgesellschaft (Berlin), D. Ignorant u. d. Wahnsinnige (Berlin), D. Macht d. Gewohnheit (Salzburg), Letzte Insz.: Tankred Dorst: Merlin o. d. wüste Land, Goethe: Iphegenie auf Tauris (München), Torquato Tasso (Salzburger Festspiele), Georg Büchner: Leonce u. Lena, Dantons Tod, Peter Weiss: D. neue Prozeß, Shakespeare: Troilus u. Cressida (München), J. W. Goethe: Faus I (München), Heinrich v. Kleist: D. zerbrochene Krug (Salzburg); Operninsz.: Mozart: D. Entführung aus d. Serail (1979 Staatsoper Wien), R. Strauß. Ariadne auf Naxos (1979 Slzb. Festsp.), Peter Michael Hamel: E. Menschentraum (1981 Staatstheater Kassel UA), Alban Berg: Wozzeck (1982 Bayer. Staatsoper München), Mozart: Cosi fan tutte (1984 Ludwigsburger Festsp.) u. Figaros Hochzeit (1987 Ludwigsburger Festsp.), Faust-Film (1988 München), Botho Strauß: Besucher (1988 UA) u. Sieben Türen (1988 UA), Samuel Beckett: Glückliche Tage (1990), Tankred Dorst: Karlos (1990 UA), R. fliegende Holländer (1990 Bayreuther Festsp., Dirig. Giuseppe Sinopoli), Botho Strauß: Schlußchor (1991 UA), Shakespeare: König Lear (1992), Arthur Kopit: Road to Nirvana (1992 dt. EA), Wolfgang Amadeus Mozart: Cosi fan tutte (1993), Euripides "Hekabe", ab 9/2001 Int. d. Bayrischen Staatsschauspiels. E.: 1972 Josef-Kainz-Med. d. Stadt Wien, 1973 Theaterpreis Verb. dt. Kritiker, 1977 Münchner Künstler des Jahres 1976, 1994 kultureller Ehrenpreis d. Landeshauptstadt München. M.: 1979 Mtgl. Akad. d. Künste Berlin u. Bayer. Akad. d. Schönen Künste, seit 1986 Dir. Abt. Darst. Kunst.

Dorn Dietmar *)

Dorn Emmi Dr. Prof. *)

Dorn Ferdinand

B.: Dipl.-Leasing u. Finanzierungswirt, Hauptaktionär, Vorst. FN.: Nürnberger Leasing AG. DA.: 90482 Nürnberg, Ostendstr. 198. info@kfz-leasing.de. www.kfz-leasing.de. G.: Nürnberg, 5. Nov. 1963. El.: Ferdinand u. Rosemarie, geb. Bruchof. S.: BWL-Stud. an d. Univ. Freiburg, 1992 Abschluss Dipl.-Leasing u. Betriebswirt. K.: 1987-92 Übernahme d. väterl. Vers.-Unternehmen, 1989-92 Gründer d. Nürnberger Leasing AG, Vorst. u. Hauptaktionär. P.: aufgeführt als Spezialisten d. Leasing Welt in FAZ u. Handelsblatt. M.: Nürnberger Wirtschaftsjunioren, 1. Vorst. b. d. Dt. Pfadfinderschaft St. Georg Bayern (DPSG). H.: Asien, Jugendarb., Natur.

Dorn Gertrud *)

Dorn Helmut Dr. jur. *)

Dorn Ilona *)

Dorn Johannes Ing. *)

Dorn Jürgen

B.: selbst. Kaufmann. FN.: Radsport Dorn. DA.: 86156 Augsburg, Ulmer Str. 116. G.: Augsburg, 1. Aug. 1974. El.: Peter und Therese, geb. Buchwieser. S.: Ausbild. z. Techn. Zeichner MAN Augsburg. K.: 7 J. tätig im Beruf b. MAN, 5 J. Mitarb. Radsport Staib, 1998 Übernahme d. Geschäftes. P.: div. Veröff. in d. Lokalpresse. M.: 1. Vorst. Bike Team Neusäß. H.: Radfahren, Krawattendesign, Fotografieren.

Dorn Norwin Dipl.-Chemiker *)

Dorn Walter H. *)

Dorn Wolfgang *)

Dorn Wolfgang *)

Dorn Wolfgang Georg Arno Dr. med. *)

Dorn Wolfram *)

Dorn-Zachertz Ingrid Dipl.-Kfm. *)

Dornach Bernd W. Dr. *)

Dornbach Dietz Dipl.-Kfm. *)

Freiherr v. Dörnberg Ernst-Adrian Dr. *)

Freiherr von Dörnberg Hans-Friedrich *)

Dornbrach Costoula *)

Dörnbrack Uwe

B.: Wirtschaftsprüfer, Steuerberater, RA, Fachanwalt für Steuerrecht. FN.: LKC Heinze & Kollegen. DA.: 14050 Berlin, Ahornallee 36. uwe.doernbrack@lkc-wp.de. G.: Korchenbroich, 26. Oktober 1961. El.: Wolfgang und Rita. S.: 1981 Abitur, 1981-82 Wehrdienst, Reserveoffiziersanwärter, 1982-84 Berufsausbildung Bankkaufmann, 1984-89 Stud. Jura, 1. Staatsexamen, 1990-93 Referendariat, 2. Staatsexamen, 1996 Steuerberaterprüfung, 1998 Zulassung als Wirtschaftsprüfer. K.: ab 1983 Mitarbeiter, Ass. d. Seniorpartners in d. Sozietät LKC München, seit 1996 Mtgl. d. selben Sozietät dauerhaft in Berlin, Tätigkeitsschwerpunkte: Anlageberatung, Nachlassplanung, Unternehmenskäufe/-verkäufe, intern. Steuerrecht sowie kommunale Unternehmen. M.: Juror in Start-up-Wettbewerben in Berlin u. Brandenburg, Mtgl. d. Aussch. f. Steuern u. Recht b. d. IHK Frankfurt/Oder, Rotary Club Berlin-Humboldt. H.: Sport (Marathonlauf).

Dornburg Andreas N. Dipl.-Ing.

B.: Centerltr. FN.: Daimler Crysler Vertriebs GmbH Ndlg. Ostsee Center Schwerin. DA.: 19057 Schwerin, Bremsweg 4. PA.: Pinnow b. Schwerin. andreas.dornburg@mercedes-benz.de. G.: Bochum, 2. Sep. 1965. V.: Apothekerin Elke, geb. Gießler. El.: Reinhold u. Margitta, geb. Schleß. S.: 1982-85 Lehre z. Kfz-Mechaniker in Dortmund, 1986 Abitur Dortmund, 1986-87 Grundwehrdienst b. d. Bundeswehr, 1987-91 Stud. Maschinenbau an d. TH Dortmund, 1989 Praxissem. in Ann Arbor an d. Univ. of Michigan/USA. K.: 1991 Beginn in d. Mercedes-Benz Führungsnachwuchsgruppe in Stuttgart, 1996 Ltr. Kundendienst d. Mercedes-Benz Ndlg. in Hamburg, seit 2000 Centerltr. d. Daimler Crysler Vertriebs GmbH Ndlg. Ostsee Center Schwerin. M.: VDI, Unternehmerverb. Mecklenburg Schwerin, Schweriner Yachtclub. H.: Wassersport, Musik, Familie.

Dornbusch Wolfgang Dipl.-Ing. *)

Dornemann Michael Dr. rer. pol. Dipl.-Kfm.
B.: ehem. Vorst.-Mtgl. d. Bertelsmann AG, ehem. Chairman u. Chief Executive Officer d. Bertelsmann Music Group (BMG). FN.: Bertelsmann AG, Bertelsmann Music Group (BMG). DA.: 33335 Gütersloh, Carl-Bertelsmann-Str. 270, 1133 Avenue of the Americas, N.Y. 10036 USA. PA.: 80805 München, Dreschstr. 13. G.: Frankfurt, 3. Okt. 1945. V.: Maryann. S.: Abitur, Stud. Betriebswirtschaft Frankfurt u. TU Berlin, Dipl.-Kfm., Prom. Dr. rer. pol. K.: 1970 Eintritt IBM, 1973-77 IBM Europ. Zentrale Paris, 1977-78 BMW, 1978-82 The Boston Consulting Group, 1982 Eintritt Bertelsmann AG Unternehmensbereich Druck- u. Ind.-Betriebe, 1983 Unternehmensbereich Musik, Film, Fernsehen, 1985 Aufbau d. Stabsbereichs "Zentrale Unternehmensentwicklung", Vorst. d. Bertelsmann AG, 1987 als Vorst.-Mtgl. d. Bertelsmann AG Berufung z. Co-Chairman u. President of Operations d. Bertelsmann Music Group (BMG) New York, 1989-2000 Chairman u. President sowie CEO d. Bertelsmann Music Group (BMG) New York, Ltr. d. Produktlinie BMG Entertainment.

Dörnemann Leo *)

Dorner Axel

B.: selbst. Architekt. FN.: d k architekten. DA.: 70191 Stuttgart, Knollstr. 1. ad@dk-architekten.de. G.: Friedrichshafen, 27. Jan. 1964. El.: Edmund und Maria, geb. Greissing. S.: 1980-83 Ausbild. z. Groß- u. Außenhdls.-Kfm., 1983-84 Schule, Berufskolleg z. FH-Reife, 1984-86 Ausbildung in Heizungsbau und Lüftung, 1986-87 Gesellentätigkeit, 1988-93 Stud. Arch. in Stuttgart. K.: seit 1993 Arch.-Büro in Stuttgart, seit 2000 d k architekten m. Elmar König als Partner. BL.: versch. Preise, 1996 f. ein Haus Preise bekommen, Preise: Umbau in Weil d. Stadt. P.: zahlr. Veröff. in Bauzeitung u. Fernsehen. H.: Musik (Gitarre) in Bands.

Dörner Claus Silvester *)

Dörner Günter Dr. med. Dr. h.c. Prof.
B.: Dir. FN.: Univ.-Klinikum Charité Med. Fak. d. Humboldt-Univ. zu Berlin Inst. f. Experimentelle Endokrinologie. DA.: 10098 Berlin, Schumannstr. 20/21. PA.: 13187 Berlin, Kavalierstr. 19c. expendo@charite.de. G.: Hindenburg, 13. Juli 1929. V.: Hildegard, geb. Pesalla. El.: Ludwig u. Erna. S.: 1948 Abitur, 1948-53 Med.-Stud. Humboldt-Univ. zu Berlin, 1953 Prom., 1959 Habil. K.: 1953 Ass. Innere Klinik Charité, 1954-56 Ass.-Arzt Gynäkologie Fürstenberg/Oder, 1956/57 Inst. f. Path. Berlin-Buch, seit 1957 Charité Inst. f. Exper. Endokrinologie, 1957-59 Ass., 1960 Doz., seit 1962 Dir. d. Inst., seit 1964 Prof. BL.: Begrd. d. funktionellen Teratologie, der Lehre prä- u. frühpostnatal entstandener, lebenslanger Fehlfunktionen, Nachweis v. Hormonen, Neurotransmittern u. Zytokinen während kritischer Entwicklungsphasen als Organisatoren u. in unphysiologischen Konzentrationen als Teratogene des Gehirns u. damit auch des Neuroendokrinoimmunsystems, Begrd. d. Neuroendokrinoimmunprophylaxe. P.: "Endocrinology of Sex" (1974), "Hormones and Brain Differentiation" (1976), Systemic Hormones, Neurotransmitters and Brain Development (1986), ca. 300 Originalarb. in nat. u. intern. Fachzeitschriften, über 50 Beiträge in Lehr- u. Handbüchern, 1975-92 Chefred. d. Zeitschrift "Endokrinologie" bzw. Exp. Clin. Endocrinol. E.: 1964 Nationalpreis f. Entwicklung v. Hormonpräparaten. M.: Leopoldina, Intern. Ak. f. Sexualforsch., Intern. Ges. f. Neuroendokrinologie, Intern. Ges. f. Psychoneuroendokrinologie, Intern. Ges. f. Entwicklungsneurowiss., Weltassoc. f. Sexologie, Ehrenmtgl. d. Dt. Ges. f. Endokrinologie und der Ungar. Ges. f. Endokrinologie. H.: Sport. Musik.

Dörner Heinrich Dr. iur. Prof. *)

Dörner Lothar Dipl.-Finanzwirt

B.: Steuerberater. DA.: 42659 Solingen, Eichenstr. 145. ldoerner@t-online.de. G.: Solingen, 18. Juni 1938. V.: Erika, geb. Wostbrock. Ki.: Dirk. El.: Adolf und Johanne, geb. Bertram. S.: Höhere Handelsschule Solingen. K.: 1958 Eintritt in d. gehobenen Dienst d. Finanzverw., 1961 Prüfung z. Steuerinsp., b. 1965 tätig im Finanzamt Solingen f. d. Bereich Großbetriebsprüf., 1966 Eintritt in d. Steuerberatersozietät Jakobs und ab 1984 Ltg. mit Schwerpunkt Unternehmensberatung u. Beratung zu Fragen d. Ges.-Rechts. E.: mehrf. Club- u. Stadtmeister im Tennis. M.: Steuerberaterverb., Steuerberaterkam., Steuerberaterver., DATEV, Solinger Tennisclub 1902. H.: Tennis, Philatelie, Schwimmen.

Dörner Michael Dipl.-Ing.

B.: Architekt. FN.: ADD Architekten Dörner + Döls. DA.: 58300 Wetter, Hauptstraße 20. G.: Fulda, 22. März 1951. V.: Rosemarie, geb. Hain. Ki.: Eva Maria (1981), Marc-Christopher (1989), Jessica (1992). El.: Jakob u. Anneliese, geb. Bickert. S.: 1968 Mittlere Reife Witten, 1972 Abitur, 1972-74 Bundeswehr, Entlassung als Offz., 1974-75 fachbezogenes Praktikum, 1975-83 Stud. Arch. an der FH in Hagen, während des Stud. berufstätig im Familienbetrieb in d. Gastronomie. K.: 1983-85 freiberufl. Tätigkeit als Dipl.-Ing. in einem Arch.-Büro, 1985-90 selbst. m. eigenem Arch.-Büro, seit 1990 Grg. einer Architektengemeinschaft m. Partner Jürgen Döls, seit 1999 Mitbegründer u. Gschf. d. Bauträgerges. ADD Projecting GmbH. H.: Modelleisenbahn, Freizeitsport.

Dörner-Jaramillo Sibilla
B.: Heilpraktikerin, Reiki-Meister-Lehrerin, selbständig. DA.: 50354 Hürth-Efferen, Bodelschwinghstr. 2. G.: Gaulshütte/Kaster, 5. Okt. 1953. V.: Lebensgefährte: Martinez Riack. Ki.: Thomas (1975), Vincent-Andre (1987), Maria-Lisa (1995), Jean-Paul (1998). El.: Christian Dörner u. Maria Katharina, geb. Schmitz. S.: 1970 Mittlere Reife Frechen, 1970-71 Wochenpflegeschule St. Hildegardis-KH Köln m. Examen als staatl. geprüfte Wochenpflegerin, 1971-73 Schule f. MTA St. Elisabeth-KH Köln m. Examen als staatlich geprüfte MTA, 1993 neben d. Ausbildung z. Heilpraktikerin, getrennte Ausbildung zur Reiki-Meister-Lehrerin, getrennte Ausbildung Grad 1 u. 2 b. Dieter Schule Nümbrecht, danach Ausbildung bei Gertrud Walter Bonn. K.: 1973-77 MTA im klinischen Labor des St.

*) Biographie www.whoiswho-verlag.ch oder beigefügte CD-ROM

Franziskus-Hospitals in Köln, 1977-89 Leiter d. Hämatologischen Labors der Med. Klinik Köln, Erforschung von Leukämieerkrankungen, 1979-82 Wechsel ins Immunologische Labor der Med. Klinik Köln, Erforschung d. physiologischen Veränderungen d. Menschen, 1991-93 nebenberufl. Ausbildung z. Heilpraktikerin in Abendschule i. Dt. Paracelsus-Schule in Köln , 1993 freie Reiki-Meister-Lehrerin neben d. Tätigkeit als Heilpraktikerin, 1997-98 Überprüfung d. Zulassung als Heilpraktikerin, seit 1998 eigene Praxis in Hürth, Schwerpunkte: Akupunktur, Neuraltherapie, Phytotherapie, 2000 Ausbreitung d. Praxis auf Kosmetik, med. Bachblütentherapie, Meditationsseminare. H.: Yoga, Lesen, Fortbildung.

Dornheim Frank

B.: RA. DA.: 55116 Mainz, Bilhildisstr. 13. info@dornheimlaw.de. G.: Duisburg, 16. Mai 1953. V.: Ingrid, geb. Puth. Ki.: Nina (1988), Patrik (1991). S.: 1971 Abitur Bad Ems, 1971-77 Jurastudium Univ. Mainz, 1. Staatsexamen, bis 1979 Referendar, 1980 2. Staatsexamen. K.: 1980-84 RA in Frankfurt/Main, 1984 Eröff. d. eigenen RA-Kzl. in Mainz. H.: aktives Mtgl. im Mainzer Automobil Club (MAC).

Dornieden Manfred Dr. *)

Dornier-Tiefenthaler Martine

B.: RA. DA.: 82225 Seefeld, Postfach 1243. G.: 21. Aug. 1954. V.: Conrado Dornier. Ki.: 4 Kinder. S.: Stud. Rechtswiss. LMU München, 1982 Zulassung z. Anwaltschaft. K.: s. 1983 selbständige RA , spez. Gesellschaftsrecht, 1982-91 Rechtsvertreterin d. Schwiegervaters, Prof. Claudius Dornier, 1989-91 AufsR Dornier GmbH, 1989-05/96 AufsR. Mercedes-Benz AG, s. 2001 AufsR. AUA. M.: Grdg.-Mtgl. Freunde u. Förderer d. Literaturhauses München e.V.

Dorniok Hans Dr. med. *)

Dornis Monika *)

Dornis Rudolf

B.: Filmproduzent u. Kameramann, selbständig. FN.: viea, visual information, eduaction and advertising Filmproduktion Rudolf Dornis. DA.: 30161 Hannover, Holscherstr. 6. dornis.e-r@gmx.de. G.: Erfurt, 16. Dez. 1939. V.: Ewe, geb. Dickow. Ki.: Dino (1963), Daniel (1966). BV.: väterlicherseits Hugenotten. S.: 1958 Praktikum Intern. Film-Union, Remagen, 1959 UFA, Düsseldorf, Ausbildung zum Trickkameraassistent. K.: 1962 Assistent u. Schwenker b. ZDF, 1966 Kameramann der AGIR - Werbefilm, 1971 selbständiger

Kameramann und Produzent, Grdg. d. Firma Viea Filmproduktion m. Schwerpunkt Werbefilme, TV-Spots, Dokumentarfilme, Beiträge f. deutsche u. ausländische Fernsehanstalten, Fotografie, 1993-2000 Kameramann d. TVN Fernsehproduktion Hannover. E.: viele Ausz., Urkunden u. Dipl. u.a.: Löwe in Bronze, Cannes, Auszeichnungen auf Dokumentarfilmfestspielen in Krakau und Leipzig, Nominierung zum Bundesfilmpreis (1988). M.: a.g.dok Hamburg. H.: Fotografieren des Umfeldes von Stierkämpfen, 2000 Ausstellung im Spanischen Konsulat, Hannover.

Dornscheidt Werner Matthias

B.: Vorsitzender d. Geschäftsführung, Honorarkonsul von. Finnland. FN.: Leipziger Messe GmbH. DA.: 04356 Leipzig, Messe-Allee 1. G.: Düsseldorf, 10. Apr. 1954. V.: Mechthild, geb. Axer. Ki.: Benjamin Matthias (1977), Simon-Martin (1981). BV.: Vater Hermann Dornscheidt - Stadtdir. v. Düsseldorf. S.: 1970-72 Lehre Hotelfkm. b. Firma Stockheim, 1972-74 Fachoberschule, Abschluss Fachabitur, 1975-79 Stud. BWL, FH Aachen, 1979 Dipl.-Betriebswirt. K.: 1979 z. Messe Düsseldorf, 1979-81 Messe Düsseldorf Auslandsmessen, Middle East, 1981-84 Tochterges. Intern. Messe Marketing Ges., 1986 Abt.-Ltr. Messen, Schwerpunkt USA, 1986-90 Abt.-Ltr. CMA-Messebeteiligungen weltweit u. Eigenveranstaltungen in Osteuropa, 1990-99 Stellv. d. Gschf. NOWEA Intern. GmbH, 1997 President of Düsseldorf Trade Shows North America, 1998-99 Mtgl. d. Vorstandes d. Brünner Messe AG, seit 1999 Sprecher d. Geschäftsführung d. Leipziger Messe GmbH, seit 2000 Gschf. einiger Tochterges. d. Leipziger Messe, seit 2001 Honorarkonsul von Finnland. M.: Rotary Club Brühl in Leipzig, Marketing Club Leipzig, Wirtschaftsclub Leipzig, AufsR.-Mtgl. d. Handelshochschule Leipzig, Beirat Südost d. Dresdner Bank. H.: Tennis, Rudern, Wirtschaftsliteratur.

Dorobek Rüdiger

B.: RA in eigener Kzl. DA.: 90419 Nürnberg, Frommannstr. 14. r.dorobek@t-online.de. www.ra-wkdk.de. G.: Düsseldorf, 6. Jan. 1954. V.: Eva, geb. Becker. El.: Georg u. Edith. S.: 1973 Abitur in Lohr am Main, 1973-75 Bundeswehr Hammelburg, jetzt Oberleutnant d. Reserve, 1975-80 Stud. Rechtswiss. Bay. Julius-Maximilians-Univ. Würzburg, 1980 1. jur. Staatsprüfung Würzburg, 1981-83 Referendariat am Landgericht Würzburg, HS f. Verwaltungswiss. in Speyer, Kzl. Bisset, Boehmke & Mc Blain in Kapstadt/Südafrika, 1983 2. jur. Staatsprüfung in Würzburg u. München, Anwaltszulassung. K.: 1983-85 tätig b. Rechtsanwälte Nied, Klembt & Kollmann-Jehle in Würzburg, 1986-92 Syndikus in zentraler Rechtsabteilung b. Diehl GmbH & Co in Nürnberg, seit 1992 selbständig m. eigener Kzl. in Nürnberg. M.: Deutsch-südafrikanische Juristenvereinigung Ars Legis e.V., Dt. Anwaltverein, Nürnberg-Fürther Anwaltverein, Golf-Club Abenberg. H.: Golf, Reisen, Sport, Fussball - ehem. Bayernliga-Spieler.

*) Biographie www.whoiswho-verlag.ch oder beigefügte CD-ROM

Dorow Paul R.
B.: Gschf. Ges. FN.: KLIMANO Vertriebs GmbH Bauteile d. Klimatechnik. DA.: 25377 Kollmar, Kleine Kirchenreihe 5. G.: Elmshorn, 25. Sep. 1947. El.: Friedrich u. Hildegard, geb. Tietz. S.: 1963-66 Ausbild. z. Elektromechaniker, 1966-68 Bundeswehr, 1968-69 Praktikum im Elektronikbereich b. d. Firma Valvo/Philips, 1969-71 Technikerschule Berlin f. Meß- u. Regelungstechnik. K.: 1971-73 Projektltr. Meß- u. Regelungstechnik b. d. Firma ITT, 1973-84 Innendienst/Projektltg. b. d. Firma SCS Stäfa Controlsystem, ab 1977 stellv. Büroltr., 1985 Grdg. d. Firma KLIMANO Vertriebs GmbH. M.: förderndes Mtgl. v. Greenpeace, Interessengemeinschaft Bauernhaus e.V. H.: Fotografie, Engagement f. d. Erhalt alter Bausubstanz.

van Dorp Matthias H. M.
B.: Galerist, Inh. FN.: Galerie van Dorp. DA.: 23566 Lübeck, Goerdelerstr. 14. G.: Den Haag, 28. Feb. 1951. V.: Evelyn Kühner. El.: Antoinette Gerarda u. Nic van Dorp. S.: 1969 Abitur, 1969-71 Stud. Jus Univ. Leiden. K.: 1972-73 div. Jobs u. Aufenthalt in England, Schweiz u. Dänemark, 1974-76 Reiseltr. d. Firma Neckermann, 1978-79 Ass. d. Geschäftsltg. bei einem Veranstalter f. Angel- u. Jagdreisen, 1979-81 Ltr. d. Abt. Gruppenbuchung d. GTS Finnjet-Linien, 1981-87 Bez.-Verkaufsltr. d. Reederei Norddeutschland, 1987-93 Unterhaltungschef u. Showmaster an Bord d. Finnjet, 1994-98 Geschäftsstellenltr. f. d. Immobilien einer Bausparkasse, 1999 Eröff. der Galerie u. Planung d. Kunstausstellung f. seine Geschwister-hauptberufl. Künstler. H.: Pop-Musik, Lesen, Literatur.

Dörr Christoph Joachim *)

Dörr Claudia *)

Dörr Dieter Dr. Prof. *)

Dörr Franz J. Dipl.-Ing. *)

Dörr Hans Günther *)

Dörr Horst *)

Dörr Hubert *)

Dörr Ingo *)

Dörr Jürgen Dipl.-Kfm. *)

Dörr Karl Heinz
B.: Kammermusiker i.R. PA.: 42857 Remscheid, Franzstr. 1. G.: Malente, 31. Dez. 1925. V.: Bärbl, geb. Junge. El.: Heinrich u. Ella, geb. Gange. S.: m. 12 J. Geigenunterricht, 1940 Ausbild. Flötist Militärmusik Schleswig-Holstein-Schule. K.: 1943 Mitglied d. Musikkorps Standarte Feldherrnhalle in Berlin, Soldat an der Ostfront, 1945 amerikanische Gefangenschaft und Flucht aus dem Lager Herford nach Malente, ab 1945 Musiker in verschiedenen Kurorchestern und Big-Bands, 1951 Mitgründer der Eutiner Sommerspiele mit Ulla Schönig, Geigenunterricht bei einem Kieler Konzertmeister, Aushilfskraft am Kieler Opernhaus, Geiger im Kurorchester Wyk, 1. Geiger im Stadttheater Rheydt u. gleichzeitig 5 Jahre Unterricht bei Professor Zitzmann, 1959 Geiger im Remscheider Sinfonieorchester, Musiker f. d. Bratsche in einem Quintett, 1964 1. Bratschist am Duisburger Theater, 1965-90 Bratschist am Wuppertaler Opernhaus, seit 1990 im Ruhestand. M.: musikalischer Leiter des Johann Strauß Orchesters. H.: Fotografieren, Musik.

Dörr Karl-Heinz

B.: Friseurmeister, Spielzeugmacher im Bereich Puppen und Bären, Unternehmer. FN.: Puppenklinik-Atelier - Puppen- und Bären-Bastelparadies Karl-Heinz Dörr. GT.: seit 1972 neben Friseurtätigkeit in der Puppenklinik gearb. DA.: 66126 Saarbrücken-Altenkessel, Beethovenstr. 21. puppen-doerr@t-online.de. www.puppen-doerr.de. G.: Saarbrücken, 28. Nov. 1942. V.: Monique, geb. Wolf. Ki.: Ulrich (1962), Guido (1965). El.: Karl u. Käthe, geb. Fuchß. S.: 1955-58 Friseurlehre. K.: 1958-63 Friseurgeselle, 1964 Meisterprüfung im Friseurhandwerk in Saarbrücken, b. 1967 tätig im elterl. Friseurbetrieb, 1967 Übernahme d. Betriebes, 1982 Verkauf d. Friseurbetriebes u. Übernahme d. v. d. Eltern 1945 gegründeten Puppenklinik, heute werden nicht nur Puppen- u. Bärenreparaturen aller Art ausgeführt, sondern es werden auch hochwertige Puppen (Porzellan-, Stoff- u. Papiermachee-Puppen), z. B. Hummelpuppen nach alten Vorlagen selbst hergestellt sowie Material f. Bastler bereitgehalten, Versand v. Puppenteilen/Material europaweit. BL.: heute größte Puppenklinik Deutschlands, Mtgl. d. Fachjury d. "Eurodoll" Bregenz - Wettbewerb f. Puppen- u. Bärenkünstler, jährlich 6 - 7mal Teilnahme an Puppen- u. Bärenausstellungen. M.: IHK, Handwerkskammer d. Saarlandes, Kanu-Club Saarbrücken. H.: Beruf, Kanu fahren, Hunde, Modelleisenbahn.

Dörr Kurt

B.: Dipl.-Verw.-Wirt, Gschf. Vorst.-Mtgl. FN.: Bau- u. Sparver. Ravensburg eG. DA.: 88212 Ravensburg, Reichlestr. 21. www.bsv-rv.de. G.: Tübingen, 29. Dez. 1945. V.: Angelika, geb. Bartel. Ki.: Annika (1971), Philipp (1980). El.: Ernst u. Emilie. S.: Mittlere Reife, FH, Stud. Haigerloch zum Dipl.-Verw.-Wirt. K.: 1968 Gem.-Insp. i. Gärtringen, Wechsel nach Dettenhausen/ Tübingen als Oberinsp. bis 1978, ab 1978 Bgm. in Dettenhausen, 1995 Eintritt in d. Bau- u. Sparver. Ravensburg eG als Gschf. Vorst.-Mtgl. P.: Veröff. z. Thema "Zukunftsweisende Altenarbeit". M.: Rotes Kreuz, Ehrenkdt. d. FFW Dettenhausen, Förderver. "Wernerhof", Förderver. "Mehlsack", Tennisclub Ravensburg, Sportver. Ravensburg. H.: Tennis, Fahrradfahren, Joggen, Bergwandern, Skilaufen.

Dörr Leonhard *)

Dörr Margarete Prof. *)

Dörr Maruta
B.: Erzieherin, Inh. FN.: Maruta Dörr Ideen in Stoff. DA.: 79100 Freiburg, Lorettostr. 54. PA.: 79111 Freiburg, Mettackerweg 36. mail@maruta-doerr.de. www.maruta-doerr.de. G.: Freiburg, 16. Feb. 1963. V.: Bernardin Dörr. El.: Atis u. Edite Teichmanis, geb. Vidzirkste. S.: Mittlere Reife Freiburg, Ausbild. als Erzieherin in Freiburg, 6 Mon. Aupair in Westport/Connectiut Nähe New York. K.: 11 J. Verkäuferin im Einzelhdl., seit 1996 selbst., Autodidaktin, Design, Entwürfe

*) Biographie www.whoiswho-verlag.ch oder beigefügte CD-ROM

v. spezieller Kleidung, Ausstellungen m. eigenen Modells in Freiburg u. Umgebung. P.: Internet. M.: IHK. H.: Reisen, Design.

Dörr Peter *)

Dörr Ralf
B.: Verlagsltr. FN.: Langenkämper Fachverlag f. Unterricht u. Schulverw. DA.: 59063 Hamm, Werler Str. 267. PA.: 59069 Hamm, Bernhard-Rüter-Str. 23. doerr@langenkaemper.de. G.: Stuttgart, 10. Aug. 1961. El.: Lothar u. Ursula, geb. Walzer. S.: 1980-83 Lehre als Schriftsetzer in Stuttgart, 1983-84 FH-Reife am 2. Bild.-Weg, 1984-86 Bundeswehr, 1986-90 Stud. Druck- u. Verlagswirtschaft an d. FH in Stuttgart. K.: 1990-96 Verlagshersteller in Publ. Verlag, seit 1996 Verlagsltr. in Fachverlag f. Unterricht u. Schulverw. in Hamm. H.: Skifahren, Oldtimer, Radsport.

Dörr Richard M.A.

B.: Gschf. Ges. FN.: Gaststättenbetriebsgesellschaft UNDINE mbH. DA.: 66121 Saarbrücken, Bismarckstr. 129. G.: Gunzenhausen, 24. März 1963. V.: Mireille Micaud. Ki.: Sebastian (1998). El.: Georg und Emilie. BV.: Onkel Dr. Friedrich Dörr Kirchenliederdichter u. Philosoph. S.: 1983 Abitur in Nürnberg, 1983-87 Stud. Germanistik u. Romanistik an d. Friedrich-Alexander Univ. Nürnberg, 1988 Fortführung d. Stud. an d. Univ. d. Saarlandes, 1991 Abschluss als M.A. K.: 1987-88 Auslandsaufenthalt in Dijon/Frankreich als Fremdsprachenassistent am Gymnasium Lycée Mont Chapet, 1988-91 zeitgleich z. Stud. Jobtätigkeit in d. Gastronomie, 1991-95 div. Tätigkeiten u. Aneignung fachspezifischer Erfahrungen im Gastronomiebereich, 1995 Übernahme d. Restaurants UNDINE m. Biergarten in Saarbrücken zusammen m. späterer Ehefrau Mireille Micaud. M.: DEHOGA. H.: Sport, Wein/Bordeaux, Lesen.

Dörr Rudolf *)

Dörr Ulrich *)

Dörr Ulrich *)

Dörrbecker Werner Georg Dipl.-Betriebswirt

B.: Geschäftsstellenltr. FN.: MLP-Finanzdienstleistungen AG. DA.: 33104 Paderborn, Schloßstraße 61. PA.: 34613 Schwalmstadt, Carl Bantzer Str. 7. G.: Merzhausen, 18. Jän. 1960. V.: Inge, geb. Schütz. Ki.: Paul-Leonhard (1999). S.: 1975 Mittlere Reife Schwalmstadt, 1975-79 Ausbildung u. Tätigkeit Bankkfm., 1979-80 Abitur FOS Schwalmstadt, 1980-83 Stud. Betriebswirtschaft FH Fulda. K.: 1983 Controller d. ausländ. Tochterges. d. Firma Fresenius AG in Bad Homburg, USA-Aufenthalt in Kalifornien, seit 1985 tätig bei MLP zunächst Kundenberater in Marburg, seit 1990 Geschäftsstellenltr. in Paderborn m. Schwerpunkt: Beratung v. Unternehmen im Bereich betriebl. Altersversorgung; Projekte: Entwicklung d. DFB/VdV-Versorgungswerk, seit 2000 Vorst.-Mtgl. u. Sprecher d. Vorst. d. DFB/VdV-Versorgungswerks e.V. BL.: Entwicklung innovativer Konzepte f. d. betriebl. Altersversorgung. P.: Vorträge im Bereich Finanzdienstleistungen u. betriebl. Altersversorgung. M.: Rotary Club Bad Driburg. H.: USA-Reisen, Sport (Fußball, Tennis, Golf).

Dörre Ute

B.: Gschf. Ges. FN.: ambiente-Einrichtungen GmbH. DA.: 10707 Berlin, Kurfürstendamm 188. G.: Wilster, 15. April 1951. V.: Dittmar Dörre. El.: Alfred und Marianne Tiedemann, geb. Karsten. S.: Mittlere Reife, b. 1972 Ausbild. Einrichtungsberaterin elterl. Einrichtungshaus Wilster. K.: Einrichtungsberaterin der Firma ASKO Finnland Möbel in Hamburg, Rückkehr in den elterl. Betrieb, 1986 Grdg. d. eigenen Einrichtungshauses in Berlin.

Dörrenbächer Christoph Hans Dipl.-Kfm. *)

Dörrenbächer Peter *)

Dörrenberg Eduard H.
B.: Gschf. Ges. FN.: Schulz & Braun GmbH, Frowein & Co GmbH. DA.: 40229 Düsseldorf, Ludwigshafener Str. 16. PA.: 40239 Düsseldorf, Hompeschstr. 9. G.: Rengsdorf/Neuwied, 21. März 1945. V.: Marina, geb. Lucas. Ki.: Alice (1976), Irene (1980). BV.: Jos. Kaiser, Gründer d. Fa. Kaiser's Kaffee Geschäft. S.: Gymn., 1966 Abitur, 1966-68 Bundeswehr, 1968-74 Stud. Techn. Betriebswirtschaft, 1975 Dipl. rer. pol. K.: 1975-84 versch. Funktionen in div. Firmen d. Werkzeug- u. Maschinenbaus, 1984 Eintritt als Gschf. Ges. in d. Werkzeugfbk. Schulz & Braun GmbH u. 1988 zusätzl. in d. Werkzeug- u. Maschinenfbk. Frowein, Frowein & Co GmbH, seit 1988 alleiniger Ges. beider Firmen. M.: ASU Bonn, Automobilclub AvD, Land- u. Golf-Club Hubbelrath, Rochusclub Düsseldorf, Corps Alemannia Karlsruhe, Ind.Club Düsseldorf, BeiR. Gerling Konzern Köln. H.: Tennis, moderne Kunst.

Dörrie Doris
B.: Filmregisseurin, Autorin, Produzentin. FN.: c/o Cobra Film. DA.: 80803 München, Römerstr. 26. cobra-film@t-online.de. G.: Hannover, 26. Mai 1955. V.: Martin Moszkowicz (Freund). Ki.: Carla (1989). S.: Abitur a. einem humanist. Gymnasium, Schauspiel- u. Filmstudium am Drama Department d. University of Pacific i. Stockton (Californien), anschl. Studium a. d. New School of Social Research i. New York, 1975 Studium a. d. Hochschule f. Fernsehen u. Film i. München. K.: Neben d. Studien i. d. USA u. a. als Kellnerin u. Filmvorführerin i. Goethe-Haus i. New York tätig, 1975 Filmkritikerin f. d. Süddeutsche Zeitung, 1976 zus. m. Wolfg. Berndt Dreh d. Dokumentarfilms ""Ob's stürmt oder schneit", 1978 Abschlußfilm a. d. HFFM "Der erste Walzer", anschl. fr. Mitarbeiterin b. versch. Fernsehanstalten: f. d. ZDF Dreh d. Kinderfilms "Paula aus Portugal", f. d. Redaktion Schule u. Familie d. Bayr. Rundf. Dokumentarfilme u.a. "Von Romantik keine Spur" u. "Katharina dazwischen", f. d. WDR "Mitten ins Herz", 1984 Kinofilm "Im Inneren d. Wals", 1985 Durchbruch m. "Männer", 1986 Tragikkomödie "Paradies", 1987 "Ich und Er", s. 1987 Veröffentl. v. Kurzgeschichten u. Erzählungen - Kurzgeschichtensammlung "Für immer und ewig", 1988 "Geld", 1991 "Happy Birthday Türke", 1993 "Keiner

*) Biographie www.whoiswho-verlag.ch oder beigefügte CD-ROM

liebt mich", 1997 "Bin ich schön?", 1999 "Erleuchtung garantiert", 2001 Inszenierung "Cosi" (Oper Berlin). P.: 2000 "Was machen wir jetzt". E.: Filmband in Gold u. Silber, Gold. Spazierstock b. Festival d. Filmkomödie in Vevey/Schweiz, 1984 Max-Ophüls-Preis, 1999 Bayrischer Filmpreis. (Re)

Dörrie Ulrich

B.: Teilhaber. FN.: Dörrie * Priess Zeitgen. Kunst. DA.: 20459 Hamburg, Admiralitätstr. 71. G.: Thuine, 22. Dez. 1958. El.: Wolfgang u. Renate, geb. Dautert. BV.: mütterlicherseits Arthur Schopenhauer. S.: 1978 Abitur, 1978-81 Stud. Kunstgeschichte, Theaterwiss., klass. Archäol. u. Phil., FU Berlin, Universität Osnabrück, 1981-83 Stud. Kunstgeschichte Univ. Hamburg. K.: 1982/83 Mitarb. d. Buchhdlg. Welt Hilka Nordhausen, 1984-87 Gschf. v. "weltbekannt" e.V., seit 1987 Teilhaber d. Galerie Dörrie * Priess; Funktionen: 1988/98 Initiator d. Projekts "Kulturzentrum Fleetinsel", 1990-99 Mtgl. d. Vorst. d. Sprechgremien d. Arge Hamburger Galerien, 1994/95 Kurator v. "dagegen-dabei". F.: Fleetinsel Gästewohnungen GbR in Hamburg, "dagegen-dabei" Dokument zu Kunstprojekten. P.: Hrsg. d. Publ. "dagegen-dabei" (1998). M.: Freunde d. Kunsthalle e.V., Arge Galerien in Hamburg. H.: Kochen, Kunst, Reisen.

Dörrler-Naidenoff Nadejda Dr. med. *)

Dorry Fariborz Dr. med.
B.: Schmerztherapeut, ndlg. Arzt. FN.: Praxisgemeinschaft. DA.: 66953 Pirmasens, Herzogstr. 8. dr.fariborzdorry@t-online.de. G.: Teheran, 12. Aug. 1963. V.: Anne-Kathrin, geb. Brexius. Ki.: Jasmin (1994), Daria (1997), Cathy-Ann (1999). El.: Fereydun u. Katayoun, geb. Bastni. S.: 1983 Abitur Pirmasens, 1983-89 Stud. Humanmed. an d. Univ. d. Saarlandes Homburg, Staatsexamen. K.: 1992-97 Med.-Ass. Anästhesie m. FA-Ausbild. z. Anästhesisten in d. Caritas Klinik Saarbrücken, 1997-99 Zusatzausbild. z. speziellen Schmerztherapeuten in d. Schmerzklinik an gleichen Klinik, 1999 Ndlg. als Schmerztherapeut in Praxisgemeinschaft m. einem Physiotherapeuten, 1990 Prom. z. Dr. med. P.: 1990 Prom.: klin. u. anamnestische Langzeituntersuchungen nach "Marshall-marchetti-Kants-Operation" mit Hilfe von Fibrinkleber. M.: Schmerztherapeut. Colloquium e.V., Deutsche Ges. zum Stud. des Schmerzes, Dt. Ärzteges. f. Akupunktur, Sportver. Einöd, Schwimmclub Blieskastel. H.: Familie, Sport allg., Musik (klass. u. klass. persische Musik).

Dörsam Edith Margarete *)

Dorsch Christine Dr. med.
B.: FA f. Psychiatrie u. Psychotherapie in eigener Praxis. DA.: 96050 Bamberg, Nürnberger Str. 53. G.: Bamberg, 13. März 1966. El.: Ludwig u. Kunigunde. S.: 1985 Abitur in Bamberg, 1985-92 Stud. Univ. Erlangen, 1992 FA-Ausbildung Nervenklinik St. Getreu Bamberg, 1998 FA-Prüf. f. Akupunktur u. Homöopathie, Naturheilverfahren. K.: selbständig als FA f. Psychiatrie u. Psychotherapie in Bamberg. H.: Golf, Joggen, Lesen.

Dorsch Klaus-Dieter Dipl.-Ing. *)

Dorsch Lotte

B.: Dipl.-Hdls.-Lehrer, Inhaberin. FN.: Werbeberatung Lotte Dorsch. DA.: 90766 Fürth, Vacher Straße 56. G.: Fürth, 17. November 1924. V.: Dr. Albert Dorsch. Ki.: Conny (1956). S.: 1941-42 Arbeitsdienst in Arnstein/Schweinfurth, dan. 1942 Kriegshilfsdienst in Oberdachstetten/Ansbach in der Munitionsfbk., 1943-44 Stud. Vw. u. BWL in d. Hindenburg HS in Nürnberg z. Dipl.-Hdls.-Lehrer, 1945-46 Univ. Erlangen z. Hdls.-Lehrer. K.: ab 1947 Übernahme d. väterl. Ind.-Vertretungen Otto Weiß in den graphischen Gewerbe, 1984-94 Kontakt m. Werbeabt. d. Ind., 2000 Grdg. d. Werbeberatung Lotte Dorsch. BL.: März 2001 1. CD, April 2001 2. CD, Ende 2001 3. CD. H.: Phil., Klavier, Dichtung.

Dorsch Maik Thorsten Dr. med. dent. *)

Dörsch Manfred Godiam

B.: Lebensdesign-Trainer, freiberufl. Tätigkeit. DA.: 90461 Nürnberg, Freyjastraße 11. G.: Nürnberg, 19. März 1964. V.: Martha, geb. Hoffmann. El.: Wilhelm u. Agnes, geb. Markl. S.: Stud. an d. FH, Dipl.-Vw. K.: Tätigkeit im Bereich EDV, seit 1990 freiberufl. Tätigkeit. BL.: Kooperation m. Kollegen im Bereich ganzheitl. Entwicklung, zusammen m. R. Schweizer: Angebot eines honorarfreien Spezialprogrammes f. Süchtige (Insel Ibiza), Referent auf Messen u. Kongressen z. Thema "Glücklich und erfolgreich leben". P.: Hrsg. u. Autor d. Zeitschrift "Glücklich leben", Aufnahme u. Produktion v. eigenen Entspannungs-Meditations- u. Selbsthilfe-CD. H.: Natur, neues Kennenlernen, Musik hören u. Musik machen.

Dörschel Jens Dipl.-Ing. *)

Dorschfeldt Eberhard *)

Dorschner Heinz Oskar Dr.-Ing. *)

Dörschner Dietrich Dipl.-Ing. *)

Dorsheimer Jochen Dipl.-Kfm. *)

Dörsing Peter *)

Dorst Hans-Rüdiger Dr. oec. Dipl.-Ing. *)

Dorst Tankred *)

Dörste Peter Dr. med. *)

Dorstenstein Christa
B.: Kinderkrankenschwester, Inh. FN.: Dorstenstein GmH. DA.: 97421 Schweinfurt, Neutorstr. 31. G.: Heltau, 12. Nov. 1950. V.: Johann Prowald Dorstenstein. Ki.: Michael (1969), Elfi (1970), Hans-Jörg (1973), Marie Luise (1975). El.: Kurt und Henriette, geb. Grundbecher. S.: Abitur in Rumänien und

*) Biographie www.whoiswho-verlag.ch oder beigefügte CD-ROM

Dorstenstein

Deutschland, 1980-83 Lehre z. Kinderkrankenschwester. K.: seit 1990 m. einer Buslinie Rumänien-Deutschland selbst. H.: Basteln, Seiden- u. Aquarellmalerei. Kartenlegen.

Dörtelmann Klaus R. H. *)

Dortschack Karl-Heinz *)

Dorusch Wolfgang *)

Baron Döry-Jobaháza Ludwig Dr. *)

Dos Reis Martins Rui
B.: Weingroßhändler für Wein aus Portugal, selbständig. DA.: 80797 München, Schleissheimer Str. 198. info@weinlandportugal.de. www.weinlandportugal.de. G.: Azambuja/Portugal, 20. Nov. 1938. V.: Ute. Ki.: Christina, Isabell. S.: 1956 Abitur in Lissabonn/Portugal, 1956-59 Stud. Publizistik für Film u. Fernsehen an d. Akademie Paris, 1959 Wehrdienst in Portugal, 1960-64 Stud. BWL an d. LMU München. K.: 1964-75 Gschf. f. Technische Geräte in München, 1975 Grdg. d. Weinhandels, 1977 Grdg. d. ALMEX GmbH, 1996 Grdg. d. Port ALMEX in Portugal, Grdg. d. Betha Bomba in Portugal als Gschf. Ges. P.: SZ, TZ, Fachzeitschriften f. Wein. H.: Reisen, die Algarve, Lesen, Gutes Essen.

Dosch Peter

B.: Radio- u. Fernsehtechniker, Inh. FN.: Fernseh-Dosch. DA.: 82041 Deisenhofen, Bahnhofstr. 14 a. G.: Deisenhofen, 10. Feb. 1954. V.: Brigitte, geb. Laurenz. El.: Peter u. Martha. S.: 1968-71 Lehre Ind.-Kfm., 1971-74 Ausbild. Radio- u. Fernsehtechniker, 1974-75 Berufsaufbauschule München. K.: 1975-78 tätig als Fernsehtechniker, 1979-80 Meisterschule u. Meisterprüf., ab 1980 ang. Meister, seit 1981 selbst. in Deisenhofen. M.: Tennisclub Deisenhofen. H.: Tennis, Motorradfahren, Italienisch sprechen, Computer.

Dosch Wolfgang
B.: Sänger, Dramaturg, Regisseur. FN.: Staatsoperette Dresden. GT.: Prof. am Konservatorium d. Stadt Wien. DA.: D-01307 Dresden, Wägnerstr. 1. PA.: A-1060 Wien, Münzwardeing. 5. G.: Wien, 26. Apr. 1958. El.: HofR. Dr. Friedrich u. Gertraud. S.: Matura, Stud. Gesang u. Schauspiel am Konservatorium d. Stadt Wien, Opernregie an d. Wr. Musik-HS, Theaterwiss., Musikwiss. u. kulturelles Management Univ. Wien, Diss. K.: 1979 Debut am Raimundtheater Wien, in d. Folge Baden, Landestheater Linz, Städt. Bühnen Regensburg, Stadttheater St. Gallen, Theater an d. Wien, Wr. Staatsoper, Oper Leipzig, Opernhaus Chemnitz u. Halle, Nationaltheater Mannheim, Volkstheater Rostock u. seit 1991 Festengagement an d. Staatsoperette Dresden, umfangreiches Repertoire, Konzerte u.a. im Wr. Musikver., Gr. Konzerthaussaal, Hamburger Musikhalle, Kölner u. Dresdner Philharmonie, Gendarmenmarkt Berlin, Tonhalle Zürich, zahlr. Inszenierungen in Deutschland, Österr. u. Schweiz, Festivalmitwirkungen z.B. Wr. Festwochen, Operettensommer Bad Ischl, Seefestspiele Mörbisch, Dresdner Musikfestspiele, Warschauer Herbst, Athenes Festival, zahlr. Soloprogramme u. eigene Serien wie "Sonntagsmatineen m. Wolfgang Dosch". Wr. Urania. P.: Publ. f. d. Wr. Johann Strauß-Ges., Wr. Volksoper, versch. Zeitschriften u. Theater, Rundfunk-, Fernseh- u. Schallplattenaufnahmen, Juror: Wettbewerb Wr. Operette u. Ralph Benatzky-Chanson-Wettbewerb Hamburg. E.: Robert Stolz-Med. M.: Wr. Johann Strauß-Ges., Jura Soyfer-Ges., Dresdner Operettenforum, Gründer u. Präs. d. "Wr. Ges. f. Operette", Vorst. d. "Wiener Franz Lehar Ges.". H.: Operette, Reisen, Segeln.

Dösch Rudolf E.
B.: Mtgl. d. Vorst., Mtgl. d. Geschäftslg. FN.: Bankhaus Hermann Lampe KG. DA.: 60323 Frankfurt/Main, Freiherr-vom-Stein-Str. 65. G.: Frankfurt, 15. Juli 1947. V.: Helgard. S.: 1965 Mittlere Reife, 1965-68 Banklehre b. Commerzbank Frankfurt. K.: 1968-85 Bankhaus Gebr. Bethmann Frankfurt, 1986-94 Bankhaus Trinkaus + Burkhard Düsseldorf, seit 1995 Frankfurter Bankgesellschaft von 1899 AG u. seit 1998 Bankhaus Hermann Lampe KG. M.: Mtgl. d. Vorst. d. Carl v. Rothschildschen Stiftung (Carolinum). H.: Golf.

Döscher Hinrich Dipl.-Ing. agr.
B.: Gschf. FN.: Landvolkkreisverb. Hannover e.V. DA.: 30453 Hannover, Wunstorfer Landstr. 11. G.: Köhlen, 23.Mai 1941. V.: Elisabeth, geb. Schmidt. Ki.: Christine (1971), Ulrike (1974), Anke (1976). El.: Martin Döscher u. Marie, geb. Schröder. S.: 1955-59 ldw. Ausbild. Köhlen u. Brunsbrock, 1959-61 ldw. Fachschule Bremerhaven, 1962-63 Ev. Nds. Heimvolkshochschule Hermannsburg, 1963-64 Berufsaufbauschule Ebstorf, 1964-66 Stud. Landvolk-Schule Celle m. Abschluß Dipl.-Ing.-agr. K.: 1966-68 Sachbearb. b. Niedersächs. Landvolk Kreisverb. in Celle, b. 1970 stellv. Gschf. u. ab 1970 Gschf., 1997 Mitgrdg. u. Gschf. d. Landvolkkreisverb. Hannover e.V. m. Schwerpunkt Betreuung u. Beratung im Bereich Rechtsberatung; Funktionen: b. 1999 Vors. d. ländl. Erwachsenenbild. Burgdorf e.V. u. Sprecher d. Beratungsbez. Hannover, Mtgl. d. Vorst. d. Ländl. Erwachsenenbildg. in Niedersachsen e.V., b. 1996 Vorst.-Mtgl. d. Ver. Niedersächs. Lutherischen HVHS in Hermannsburg, b. 1990 Vorst.-Mtgl. d. Altherren Verb. d. Albrecht Thaer Schule in Celle. P.: div. Veröff. E.: Gold. Ehrennadel d. Niedersächs. Landvolkverb. M.: Vors. d. Haus u. Grund Burgdorf u. Umgebung e.V., Ver Nds. Evgl. HVHS Hermannsburg e.V., Altherren Verb. Albrecht Thaer Schule in Celle. H.: Radfahren, Wandern, Lesen.

Dose Günter Karl

B.: Intendant, Geschäftsführer FN.: Kellertheater Hamburg. DA.: 20355 Hamburg, Johannes-Brahms-Pl. 1. G.: Heidmühlen/ Holtein, 14. Apr. 1930. V.: Monika, geb. Giegeler. Ki.: Hannelore (1954), Wolfgang (1957). El.: Werner und Hertha, geb. Rath. S.: 1945-48 Kfm. Lehre. K.: 1948-59 Kfm. Ang., 1969-76 Gschf. "Alles f. d. Heimwerker", 1976-79 Gschf. in Holzhdlg. Hamburg, 1979-96 Außendienst v. Holzhdlg., ab 1961 Ltg. Ensemble Kellertheater, seit 1970 Ltg. v. Kellertheater, seit 1996 hauptberufl. Ltr. u. Regisseur. M.: Ver. z. Förd. d. Kultur d. kleinen Bühnen Hamburg. H.: Theater.

Dose Hanna Dr. phil. *)

Dose Klaus Dr. phil. nat. *)

Dose Normann *)

Dose Thomas *)

Dose Uwe *)

*) Biographie www.whoiswho-verlag.ch oder beigefügte CD-ROM

Dosenbach Fred H.

B.: Geschäftsführer PA.: 10785 Berlin, Einemstraße 20c. fred.doschenbach@deininger.de. G.: Passau, 4. Sep. 1940. V.: Rita, geb. Vecsey. Ki.: Jutta (1963), Dirk (1965), Tim 1967), Nico (1980), Ronny (1981), Yannic (1991). S.: 1960-64 Stud. Math., Physik u. BWL an d. Univ. Basel u. Stuttgart. K.: 1964-94 IBM Deutschland Zentrale Stuttgart, Bereich Personalentwicklung, Aus- u. Fortbild., ab 1970 Doz. in Führungskräfteschulung, ab 1977 Ltr. Aus- u. Weiterbild., Projekte v. Vorst.-Vors., 1994-96 selbst. in Stuttgart, 1997-99 Personalentwicklungsltr. in einem Unternehmen m. 6000 Mitarb. in Berlin, seit 1. Jan. 2000 Gschf. d. Deininger GmbH f. Berlin, Personalberatung, Ausbild. in Interviewtechnik f. Wirtschaftsmanager, Managmentaudit, daneben Doz. b. ASD in Heidelberg u. Bild.-Zentrum IHK München. BL.: 1970 Mitgründer d. 1. Assessment Centers in Deutschland. P.: "Bildungskrise" (1995). M.: ehem. aktiv im LandesschulbeiR. Baden-Württemberg, Arbeitgeberverb. Aussch. Allg.-Bild., b. 2000 Vorst. Arge f. Bild.- u. Begabtenforsch. Stuttgart, Ver. Berliner Kaufleute. H.: Langstreckenlauf 100 Kilometer, Besuch v. Konzerten.

Doser Timo *)

Döser Alfons *)

Döser Wulf H. Dr. iur. M.C.L. *)

Doss Hansjürgen

B.: selbst. Arch. BDA, MdB. DA.: 11011 Berlin, Platz d. Republik 1. PA.: 55131Mainz, An der Favorite 18. G.: Münster, 9. Aug. 1936. V.: verh. Ki.: 3 Kinder. S.: RG, kfm. Lehre in Mainz, Schreinerpraktikum in London, FH Mainz, 1959 Innenarch., 1 J. USA, HS f. Bild. Künste Frankfurt, 1963 Arch. K.: 1963-65 Bürogemeinschaft f. Arch. u. Baustatik in Marburg/Lahn, seit 1965 selbst. Arch. in Mainz, 1965 CDU, Mtlg. Landesvorst. Rheinland-Pfalz, stellv. Bundesvors. d. Mittelstandsver. d. CDU/CSU, Vors. "Beirat Freie Berufe", Landesvors. Mittelstandsver. d. CDU Rheinland-Pfalz, 1979-81 StadtR. in Mainz, 1981 MdL Rheinland-Pfalz, Vors. Diskussionskreis Mittelstand d. CDU/CSU-Fraktion, s. 1981 MdB. (Re)

Doßler Michael *)

Doßmann Klaus *)

Dost Andreas Robert Peter

B.: selbständiger Tischlermeister. DA.: 13581 Berlin, Staakener Straße 24. G.: Berlin, 29. Mai 1967. V.: Corinna, geb. Powlowski. Ki.: Julian (1997). El.: Peter und Christa, geb. Rohde. S.: 1983-85 diverse Jobs, 1985-88 Lehre Tischler, 1995 Meisterprüfung K.: 1988-95 Tischler in verschiedenen Betrieben unter anderem Einbauküchenmonteur für die Firma Quelle, 1995-98 Betriebsleiter einer Tischlerei in Charlottenburg, s. 1998 selbständig mit Schwerpunkt Möbel- und Innenausbau; Projekte: Stiftung Schlösser u. Gärten, Mitgestaltung großer Ausstellungen u.a. "Arch. d. 20. Jhdt." im Neuen Museum. H.: Sohn, Garten.

Dost Dieter

B.: Schauspieler, Autor u. Regisseur. DA. u. PA.: 12157 Berlin, Begastraße 9. G.: Berlin, 12. Sep. 1936. V.: Bano, geborene Chark-Handaz. Ki.: Peter (1982), Jessica (1986). K.: 1949 Kinderkomparse DEFA, 1951-52 Page in ADLON, 1954/57 Betonbaulehre, Eisenflechterpolier im Energy Atomic Busher Iran, 1956-57 Komparserie, 1969-73 Legion Entrangere Korsika u. Nordafrika, 1973-79 Iran Eisenflechter im größten Atomkraftwerk, 1980 Togo Zementfbk., 1980-81 Saudi Arabien Djidda - Meerwasseranl. gebaut, 1981-82 Stuntman f. Auto Crash u. Double, 1982-83 b. Ida Ehre Privatschauspielerunterricht, ab 1982 in div. Serien mitgespielt z. B. "Weiße mit Schuß", "Praxis Bülowbogen", "Hase und Igel", "2 alte Gauner", "3 Otto-Filme", "Das Spinnennetz", "scoop", Hauptrollen: "Salziger Hund", "Vaterland", "Müller hebt ab", mehrmals im "TATORT" mitgespielt; div. Fernsehwerbung, außerdem Moderator u. Red. M.: ALPD - Bundespressesprecher. H.: kocht gerne, sammelt Münzen, Briefmarken u. Telefonkarten.

Dostal Adrian W. T. Dipl.-Kfm. *)

Dostal Paul

B.: selbst. Frauenarzt. DA.: 70173 Stuttgart, Königstr. 62. PA.: 79437 Stuttgart, Rilkeweg 75. www.gyn.de/dostal. G.: Prag, 7. Juni 1953. V.: Kitty, geb. Crepl. Ki.: David (1980). El.: Libor u. Eva, geb. Wacha. BV.: Gogela, bekannter Biologe u. Entdecker versch. Pflanzen in Böhmen. S.: 1972 Abitur Brünn, 1972-79 Med.-Stud. in Brünn, 1981 Abschlussexamen in Erlangen. K.: 1997 selbst. in Aalen, 1998 selbst. in Stuttgart. BL.: entwickelte Internet-Schulung f. Gynäkologen. P.: Vorträge f. Gynäkologen über Internet u. Einsetzbarkeit in diesem Fachbereich. M.: Berufsverb. d. Gynäkologen. H.: Kreativität im PC u. Internet.

Dostál Dobromil *)

Dostler Monika

B.: Heilpraktikerin f. klass. Homöopathie, in eigener Praxis. DA.: 88410 Bad Wurzach, Willis 4. G.: Leutkirch, 3. Jan. 1963. V.: Norbert Dostler. Ki.: Isabelle (1991), Raphael (1993), Alexander (1994). El.: Reinhold Grotz u. Theresia, geb. Kathern. S.: Mittlere Reife, Vorpraktikum z. Ausbildung z. Krankenschwester in einem Heim f. schwererziehbare Kinder, 1981-84 Ausbildung z. Krankenschwester in d. missionsärztlichen Klinik in Würzburg. K.: 1986 Auslandsaufenthalt in Indien u. tätig im St. Elisabethen-KH in Ravensburg, 1988-91 Ausbildung z. Heilpraktikerin an d. Josef-Angerer-Schule in

*) Biographie www.whoiswho-verlag.ch oder beigefügte CD-ROM

Dostler

München u. zeitweise Assistenz b. Hannelore Fischer-Riska, seit 1991 selbständig m. eigener Naturheilpraxis zunächst in Leutkirch u. seit 1996 in Bad Wurzach-Willis, vertritt ausschließlich d. klass. Homöopathie u. d. Augendiagnose u. tritt dabei vehement f. mehr Toleranz f. d. klass. Homöopathie ein. H.: Reiten, Freizeitsport, sammelt Fallgeschichten u. Bilder v. Kindern, Psychologie.

Dostthaler Sepp
B.: Profi-Bobfahrer, Musikpädagoge, selbst. Musiker. PA.: 83075 Bad Feinbach, Dettendorf 6. G.: Brannenburg, 9. Jan. 1965. K.: 1988 WJM/1. Vierer, 1989 Bayer. Meister Zweier, DJM/2. Zweier, 1990 Bayer. Meister Zweier, 1991 DJM/1. Zweier, WJM/2. Vierer, 1992 DM/1. Zweier, EM/3. Zweier, 1993 EM/3. Zweier, EM/6. Vierer, 1994 DM/1. Zweier, Olympia/12. Zweier, 1995 EM/4. Zweier, DM/6. Zweier, DM/6. Vierer, 1996 WM/7. Zweier, EM/3. Zweier, WC/3. Zweier, DM/2. Zweier, 1997 EM/2. Zweier, WC/2. Zweier, DM/1. Zweier, 1998 DM/2. Zweier, EM/5. Zweier, 1999 EM/4. Zweier. H.: Musik.

Dötsch Klaus-M. *)

Dötsch Peter Dipl.-Kfm.

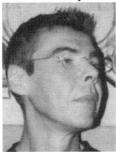

B.: Inh., Ges. FN.: Der Dötsch. Die Pflege-Profis OHG. DA.: 90491 Nürnberg, Erlenstegenstr. 1. PA.: 90491 Nürnberg, Thumenberger Weg 48. G.: Auerbach/Oberpfalz, 10. April 1957. El.: Rudolf u. Margareta. S.: 1978 Abitur Nürnberg, 1980-84 Stud. Univ./WISO Nürnberg, Dipl.-Kfm. K.: 1984-86 Tätigkeit im elterl. Betrieb chem. Reinigungen, seit 1987 selbst. m. eigenem Unternehmen, 5 eigene Ndlg. im Raum Nürnberg. H.: Klavierspielen, Kunst, Malen (Öl), Antiquitäten.

Dott Frank

B.: Gschf. FN.: WCS Computer-Service GmbH. DA.: 4689 Gelsenkirchen, Stumer Feldstraße 21. G.: Essen, 5. März 1970. El.: Rolf-Herbert und Ursula. S.: 1992 Fachabitur, 1990-92 Lehre Kfz-Mechaniker Gelsenkirchen. K.: 1 Jahr ang. Kfz-Mechaniker, 1993-94 Weiterbild. im Bereich Elektrotechnik u. Elektronik, 1994 Einstieg in den elterlichen Betrieb WCS Branchensoftware f. Kfz-Bereich u. seit 1998 Gschf., 1998 zusätzl. Grdg. d. Pflegedienstes P.T.G. f. ambulante häusl. Krankenpflege. M.: Grdg.-Mtgl. d. Gelsenkirchener Tafel, Verb. d. freien Sozialdienste Gelsenkirchen. H.: EDV-Spielkonolen, Schreiben v. Artikel über Video-Spiele in Fachzeitschriften.

Dott Minka *)

Dött Marie-Luise
B.: Unternehmerin, MdB. FN.: Bundeshaus. DA.: 11011 Berlin, Platz der Republik; 37671 Höxter, Marktstr. 11; 46045 Oberhausen, Gewerkschaftsstr. 47-49. PA.: 37671 Höxter, Marktstraße 11. G.: Nordhorn, 20. Apr. 1953. V.: Wolfgang Dött. Ki.: Volker (1977). El.: Karl-Heinz u. Irene Duhn, geb. Knoll. S.: 1972-74 Ausbild. Edelsteinexpertin, Diamantgutachterin in Idar-Oberstein u. Lehre z. Einzelhdls.-Kauffrau in Würzburg. K.: seit 1974 Eintritt in d. Geschäft, Mitinh. Goldschmiede Wolfgang Dött in Höxter, 1984 Eintritt CDU, StadtR. Höxter, stellv. Bez.-Vors. MIT/WIV Ostwestfalen-Lippe, Grdg. MIT Höxter, Kreisvors. MIT, Landesvorst. NRW MIT u. Bundesvorst. d. MIT, 1997-99 Landesvorst. d. CDU, s. 1998 MdB, Wahlkreis Oberhausen, o.Mtgl. Umwelt, Naturschutz, Reaktorsicherheit, stellv. Mtgl. Finanzaussch., Vorst. Parlamentarierkreis Mittelstand. P.: Zeitungsinterviews im Westblatt, Neue Westfälische. M.: Kinderschutzbund, Unternehmerfrauen im Handwerk, BKU, Goldringverb. H.: Fahrradfahren, Lesen, Phil., Oper, Musical, Märchen f. Erwachsene, Initiierung v. Höxter als "Hänsel u. Gretel"-Stadt an d. Deutschen Märchenstraße. (Re)

Dotterer Waldemar Dr. med. dent. *)

Dotterweich Jochen *)

Dotterweich Marlies Elisabeth Margarete *)

Dotterweich Volker Dr. *)

Dotzel Anton-Kurt *)

Dotzenrath Cornelia Dr. med. Priv.-Doz.

B.: Chefärztin. FN.: Kliniken St. Antonius, II Chir. Klinik, Zentrum f. endokrine Chir. DA.: 42107 Wuppertal, Hardtstr. 46. G.: Düsseldorf, 18. Dez. 1956. El.: Dipl.-Vw. Dr. Wolfgang u. Hildegard Dotzenrath, geb. Krüll. S.: 1975 Abitur Mettmann, 1975-83 Stud. Med. Univ. Lüttich u. Essen, Approb. K.: 1983-2000 tätig in d. Abt. Allg.- u. Unfallchir. d. Univ. Düsseldorf, 1984 Prom., 1990 FA f. Chir., 1994 OA, 1995 FA f. Unfallchir., 1995-97 Liese Meitner-Stipendium u. Forsch.-Aufenthalt in Stockholm, 1997 Habil. u. Priv.-Doz., 2000 FA f. Viszeralchir., seit 2000 Chefärztin f. Chir. an d. Kliniken St. Antonius, II. Chir. in Wuppertal, Schwerpunkt Schilddrüsenchir. P.: ca. 50 wiss. Veröff. u.a.: "Long-term Biochemical Results after Operative Treatment of Primary Hyperparathyroidism Associated with Multiple Endocrie Neoplasia Types I and IIa: Is a More or Less Extended Operation Essential?", "Parathytoid carcinoma: problems in diagnostics and for radical surgery ecen in recurrent disease", "Is there any consensus in diagnostc and operative strategy with respect to medullary thyroid cancer?", "Malignant endocrine tumors in patients with MEN 1 disease". M.: Verb. d. IAES, wiss. BeiR. d. Zeitung Medizin. Klinik, Dt. Ges. f. Chir., Dt. Ges. f. Endokrinologie. H.: Golf, Lesen, Reisen.

Dotzler Gerhard Dr. *)

Doubacis Antoine
B.: Gschf. FN.: T Network TextileNetwork OHG; T & T Graphics GmbH. DA.: 47805 Krefeld, Diessemer Bruch 170-172. G.: Athen, 24. Juli 1967. S.: 1987-89 Fachoberschule für Textilmustergestaltung, 1989 Weiterbildung in Griechenland. K.: 1990-98 bei der Firma EAT Kempen verantwortlich für Produktentwicklung und Schulung, später Schulungen und

*) Biographie www.whoiswho-verlag.ch oder beigefügte CD-ROM

tileNetwork OHG. H.: Reisen.

Produktentwicklungen weltweit vorgenommen, Schwerpunkt: CAD-Syteme f. Entwicklung v. Webetiketten in d. Textilind., 1993 Grdg. d. T & T Graphics GbR, 1998 Änderung in eine GmbH, 1998 als CAD-Berater f. d. Firma EAT in Hongkong, später in Seoul, Shanghai, Taipeh tätig, Bereich Webetiketten der Textilind., 1999 Ausbau d. T & T Graphics GmbH Krefeld im Internet-Bereich, 2000 Erweiterung b. Softwarelösungen im Online-Anwendungsbereich f. d. Textilind., 2001 Grdg. d. Tex-

Doubek Anna
B.: Chefredakteurin. FN.: TM3 Fernsehen GmbH & Co KG. DA.: 82031 Grünwald, Bavaria Almpl. 7. S.: Kfm. Ausbild. K.: 1974-75 Hospitanz b. Südt. Rundfunk in Stuttgart, 1975-80 Südwestfunk Mainz, 1981-92 ZDF Mainz, 1992-93 Vox Köln, 1993-95 RTL plus Köln, seit 1995 TM3 München-Grünwald.

Graf Douglas Christoph Dr. phil.
B.: Kunsthistoriker, Gschf. FN.: Sotheby´s Deutschland GmbH. DA.: 60323 Frankfurt/Main, Liebigstr. 27B. G.: Konstanz, 13. Juli 1948. V.: Bergit. Ki.: Markus (1967), Celina (1974), Marie-Katherine (1985), Ludwig (1986), Leopold (1989). El.: Ludwig u. Edith, geb. Strackl. BV.: Feldmarschall Robert Graf Douglas, Begründer d. Schwed. Linie, 1830 Einheirat in d. großherzogl. bad. Familie, Begründung d. süddt. Linie Carl Graf Douglas. S.: 1970 Abitur, 1970-83 Stud. Kunstgeschichte, Geschichte, Archäologie, Volkskunde Univ. Freiburg, Florenz, Palermo u. Braunschweig, 1983 Diss. K.: 1975 Grdg. Schätzungen u. Katalogisierungen v. Kunstsammlungen, 1980 Experte im Silberdepartement o. Sotheby´s London, 1986 Gschf. v. Sotheby´s Deutschland GmbH, Mtgl. d. Londoner Vorstand v. Sotheby´s, verantwortlich f. Sotheby´s Deutschland, Skandinavien, Österreich u. Osteuropa, s. 1996 eigenes Kunstberatungsuntern. in Frankfurt/Main, 1989 Lehrauftrag f. Kunstgeschichte Univ. Frankfurt/Main. F.: Forstwirtschaftl. Besitz in Süddeutschland. P.: H.: Kunstsammeln, Jagd. (G.K.)

Doulkeridis Kyriakos *)

Douroumis Christos Dipl.-Kfm.

B.: Gschf. Ges. FN: AGRA Außenhdls. GmbH. DA.: 81371 München, Implerstr. 11. agra. gmbh@t-online.de. G.: Messini/Griechenland, 6. Jan. 1958. V.: Silke, geb. Barthelmai. Ki.: Aristoteles-Nikolaus (1990), Georgios-Alexandros (1992), Anastasia-Eleni (1995). El.: Nikolaus und Anastasia. S.: 1976 Abitur Messini, 1976-77 Sprachschule f. Ausländer an d. Univ. München, Aufnahmeprüf. am Studienkolleg München z. Erreichung d. Allg. HS-Reife, 1977-78 Stud. Wirtschaftswiss. am Studienkolleg, 1979-84 Stud. Betriebswirtschaft an d. LMU München, Abschluss: Dipl.-Kfm., 1982-84 parallel Stud. Rechtswiss. an d. LMU München, 1984-85 Besuch zweier Seminare in Griechenland,

Fachrichtung: Organ. v. Marketingaktivitäten in Auslandsmärkten. K.: 1985 Grdg. u. Mitinh. Firma Afoi Douroumis Griechenland, Export v. größtenteils eigenen ldw. Produkten nach Deutschland, 1987 Grdg. u. Inh. Firma Christos Douroumis München, Koordination d. Verkaufsaktivitäten in Deutschland, 1988-89 Militärdienst in Griechenland, 1990-92 Grdg. Rötzer & Douroumis Fruchthdls. GmbH München m. dt. Partner, Gschf. Ges., 1992 Grdg. u. Gschf. Ges. AGRA Außenhdls. GmbH München, 194 Grdg. u. Gschf. Ges. AGRA Trans GmbH Intern. Transporte GmbH München, Ausweitung d. Verkaufsaktivitäten auf Frankreich, Holland, Italien, Tschechien u. Lettland sowie Einrichtung eines Lagerbetriebes, 2001 Erweiterung d. Aktivitätsfeld auf industrielle Verarb. v. frischem Obst u. Gemüse in tiefgefrorenem Zustand. P.: versch. Veröff. in Fachmagazinen z. Thema Fruchthdl. M.: seit 1997 Präs. d. FC Hellas (Fußballclub) München. H.: Lesen (Bereich Antropologie, Psych. u. Politik), Fußball.

Doutiné Heike Dr. phil.
B.: Autorin. PA.: 22609 Hamburg, Ohnhornstr. 26. G.: Hamburg, 3. Aug. 1946. V.: Sascha. El.: Dr. Carl Louis u. Dr. Friedel Emilie. S.: Gymn., Stud. Politik u. Geschichte, 1. u. 2. Staatsexamen, Prom. K.: seit 1965 Schriftstellerin, 1974-85 StR. P.: In tiefer Trauer (1965), Das Herz auf der Lanze (1967), Deutscher Alltag, Meldungen über Menschen (1972), Berta (1974), Wir Zwei (1979), Die Meute (1979), Der Hit (1982), Blumen begießen, bevor es anfängt zu regnen (1986), Im Lichte Venedigs (1987), Die Tage d. Mondes (1991), Neue Gedichte Vertonung: N. Linke 1996: Friedenskantale (Auftrag Körberstiftung) - HH, 1999: Rosen-Oratorium (für Berlin), Rosen-Gedichte und andere Gesänge (2001) Gedichte, Friedensgebet f. Bonn (Beethoven - Hall) Beethoven-Orchester (2002). E.: Roman-Preis d. Neuen Literar. Ges., Ford-Foundation u. 2 Gastprof. an d. Univ. of Southern California, Los Angeles. M.: Freie Ak. d. Künste. H.: Bilder-Ausstellungen, Spaziergehen, Lesen.

Douwes Friedrich Dr. med. Prof.
B.: Prof. an d. Semmelweis-Univ. Budapest, Arzt f. Innere Med., Ärztl. Dir. FN.: St. Georg Fachklinik - Zentrum f. Onkologie, Immunologie u. Umweltmed. DA.: 83043 Bad Aibling, Rosenheimer Str. 6-8. G.: Ostfriesland, 27. Mai 1942. V.: Dr. Ortrun. Ki.: Katrin (1969), Urs (1972). El.: Dr. Theodor u. Elisabeth, geb. Rude. BV.: Großvater kaisertreuer Offizier im 1. Weltkrieg, Großmutter geb. Jakobs v. Jakobs Kaffee. S.: 1962 Abitur, Med.-Stud. Marburg, Heidelberg, Detroit u. Zürich, 1964 Bell School Cambridge, 1967 Prom. K.: KH Bad Hersfeld, 1 1/2 J. Philadelphia Hahnemann Univ. u. Philadelphia General Hospital, 1970-79 Ass. in Göttingen, FA-Aubild. f. Innere Med., 1979 Chefarzt u. ärztl. Dir. b. 1987 in Sonnenbergklinik, 1987-91 Grdg. Veramedklinik in Brannenburg u. Meschede, Dir., 1991 Grdg. St. Georg Klinik Bad Aibling, seit 1990 Prof. an d. Semmelweis-Univ. Budapest. E.: 1974 Krebspreis d. Dt. Ges. f. Onkologie f. Diagnose-Test, 1996 Köhnlechner Preis f. Arbeitsentwicklung - Hyperthermie. P.: sakrale Kunstsammlung, Sport, Skifahren, Wassersport, Musicals.

Dovérn Rainer *)

Dowerk Herwig
B.: Dir. FN.: Kooperative Gesamtschule Neustadt am Rübenberge. DA.: 31535 Neustadt am Rübenberge, Leinstr. 85. G.: Benthiem, 16. Juli 1951. V.: Christiane, geb. Enger. El.: Georg u. Adele, geb. Böve. S.: 1970 Abitur, Stud. Deutsch, Sport u. Geografie PH Osnabrück, 1973 Examen m. Ausz. K.: Lehrer an d. Grund- u. Hauptschule Gildehaus, 1976 Fachseminarleiter f. Sport f. Lehrerausbildung an staatl. Ausbildungsseminar Nordhorn, 1974 Mtgl. im Stadtrat in Bad Bentheim, 1979 Jahrgangsleiter an d. integrativen Gesamtschule Mühlenberg u. Aufbau d. theaterpäd. Zentrums in Mühlberg, 1992

*) Biographie www.whoiswho-verlag.ch oder beigefügte CD-ROM

Dowerk

Ltr. u. Aufbau d. integrativen Gesamtschule List in Hannover, seit 2001 Dir. d. Kooperativen Gesamtschule in Neustadt am Rübenberge; Funktionen: Vorst. d. Landesverband f. Schul-Theater u.organisation landesweiter Schultheatertreffen, Ref. in d. Lehrerfortbildung am Inst. f. Theaterpädagogik, Ltr. einer Reihe v. Theatergruppen, Grdg. eines erfolgreichen Lehrer-Kabaretts m. landesweiten Auftritten. P.: Veröff. in Fachzeitschriften u. Büchern. M.: Gewerkschaft. H.: Kochen, Joggen, Lesen, Literatur.

Dowids Gerd
B.: Musikinstrumentenbauer, selbständig. FN.: Meisterbetrieb für Metallblasinstrumente. DA.: 80339 München, Gollierstr. 70. G.: Kronstadt/Rumänien, 14. Aug. 1961. S.: 1983-86 Ausbildung z. Metallblasinstrumentenbauer, 1991 Meisterprüfung. K.: 1986-91 tätig als Metallblasinstrumentenbauer in München, seit 1993 selbständig im Metallblasinstrumentenhandwerk mit d. Spezialisierung f. Trompeten f. Berufsmusiker, Sonderanfertigungen v. Trompeten, sowie weltweiter Export v. Trompeten f. Opernhäuser. BL.: Einziger Blasinstrumentenbauer in München. P.: TZ, SZ, AZ, Filmbericht d. Japanischen Fernsehens, sowie d. Koreanischen Fernsehens. H.: Familie, Opernbesuche.

Downer Dieter *)

Doyé Peter Prof. *)

Drabben Karin Dipl.-Ing.
B.: Landschaftsarchitektin. FN.: PlanFormArt. DA.: 47051 Duisburg, Salvatorweg 10. www.planformart.de. G.: Kempen, 17. Mai 1964. El.: Wilhelm u. Christine, geb. Hansen. S.: 1983 Abitur, 1983-85 Lehre als Friedhofsgärtnerin, 1986-89 Stud. Landespflege. K.: 1985-88 Gärtnergesellin, 1989-96 Tätigkeiten in versch. Planungsbüros u. Ausführungsfirmen, seit 1996 selbständige Landschaftsarchitektin, seit 2001 selbst. im Network Marketing "Network 21". F.: seit 2001 Integralis p.p., Deutschland/Niederlande. P.: "Landschaftsarchitektur LA" (2001). M.: BDLA, Architektenkammer. H.: Saxofon in einer Band, Westernreiten.

Drabik Romana Dr. med.
B.: ndlg. Arzt f. Innere Krankheiten. DA.: 46537 Dinslaken, Augustastr. 48. www.lepra-tuberkulose.de. G.: Teschen, 11. Juli 1936. V.: Dipl.-Ing. Arkadius Drabik. S.: 1954 Abitur Teschen, 1954-62 Stud. an d. Med. Ak. in Hindenburg, Abschluss m. Dipl. K.: 1962-63 Ärztin im Praktikum d. Städt. KH in Tichau/Oberschlesien, 1964-67 Fachausbildung f. Innere Med. Städt. KH Tichau, anschließend Univ.-Klinik Hindenburg-Kattowitz 1967-70 u. Univ.-Klinik Breslau 1970-72, 1972 FA f. Innere Med., 1973-74 Stationsärztin im Kreis-KH in Kelheim/Bayern, 1974 Dt. Approb. in München, seit 1974 ndlg. FA m. eigener Praxis in Dinslaken, 1982 Prom. z. Dr. med. BL.: seit 1976 ehrenamtl. Lepra-Arbeit, Ärztin gemeinsam m. Gatten in d. Lepragebieten in Afrika u. Indien, seit 1990 arbeitet u. erforscht sie d. Leprosorien d. Sowjetunion u. kann als führende Expertin auf diesem Gebiet in d. BRD angesehen werden, organisiert div. Hilfsgütertransporte in d. Gebiet d. Sowjetunion u. Asiens, Schulungen u. Weiterbildungsmaßnahmen auf diesem Fachgebiet f. russ. Ärzte, hält Vorträge, arbeitet in Zusammenarbeit m. d. DAHW am Aufbau v. Präventionen in diesem Gebiet speziell in d. Leprosorien d. Sowjetunion u. ihren Folgestaaten.

Drabsch Jürgen
B.: RA. PA.: 10178 Berlin, Rochstr. 9. G.: Velten, 7. Sep. 1941. V.: Gisela, geb. Danz. Ki.: Angela (1963), Ingo (1967). El.: Harry u. Gertrud. S.: 1962-67 Jurastud. Humboldt-Univ. Berlin u. Martin-Luther-Univ. Halle. K.: 1967-90 Justitiar u.a. b. d. Dt. Reichsbahn u. im Kombinat Rationalisierungsmittel,

1990 Zulassung z. RA u. Eröffnung der eigenen Kzl. P.: jurist. Beiträge in Tageszeitungen. H.: Kriminalliteratur, Kriminalromane sammeln.

Drache Heinz
B.: Schauspieler, Regisseur. G.: Essen, 9. Feb. 1923. V.: Rosemarie, geb. Nordmann. Ki.: Christian, Angelika, Nicole. S.: Gymn. Essen u. Mülheim, Abitur, keine Schauspielausbild. K.: 1943-45 Mtgl. Schauspielhaus Nürnberg u. Düsseldorf, 1946 Dt. Theater Berlin, 1947-54 Düsseldorf, s. 1954 freigast. u.a. Berlin, Wien, München, Hamburg, Frankfurt u. auf Tourneen, Bühne: Snob, Räuber, Helden, Plötzlich u. unerwartet, Ornifle, Hokuspokus, Ein idealer Gatte, Ländliche Werbung, Minna Magdalena, Duett für eine Stimme, Halb auf d. Baum, Film: Rest ist Schweigen, Die Frau am dunklen Fenster, Die Zinker, Das indische Tuch, Der Hexer, Neues vom Hexer, Bittere Kräuter, Fernsehen: Das Halstuch, Der Snob, Tatort. E.: 1962 Otto von Bravo.

Drache Willi *)

Drack Norbert *)

Draeger Volkmar Dr.-Ing. *)

Draf Wolfgang Dr. med. Univ.-Prof. *)

Dräger Dieter Dr.
B.: Vorst.-Vors. FN.: RWE-DEA AG f. Mineraloel u. Chemie. GT.: 1998-2000 Vorst.-Vors. d. Mineralölwirtschaftsverb. e.V. DA.: 22297 Hamburg, Überseering 40. www.rwedea.de. G.: Berlin, 14. Jan. 1939. Ki.: 3 Kinder. S.: 1956-60 Stud. Rechtswiss., 1960-66 Jurist. Referendardienst u. Prom. K.: 1967-68 RA in Hamburg, 1968-72 Rechtsabt. d. Rheinpreussen AG, Tochterges. d. Dt. Texaco AG heute RWE-DEA AG f. Mineralöl u. Chemie, 1972-77 persönl. Ref. d. Vorst.-Vors. d. Dt. Texaco AG, 1977-78 kfm. Gschf. d. Caltex Deutschland GmbH, Beteiligungsges. d. Dt. Texaco AG, 1979-81 Vorst.-Mtgl. d. Dt. Texaco AG, s. 1997 Vorst.-Vors. d. RWE-DEA AG f. Mineralöl u. Chemie, s. 1998 zugleich Vorst.-Vors. DEA Mineraloel AG.

Dräger Jörg Dr.
B.: Senator, Präses. FN.: Behörde f. Wissenschaft u. Forschung. DA.: 22083 Hamburg, Hamburger Str. 37. G.: Darmstadt, 1. Jan. 1968. S.: 1987 Abitur Hamburg, 1990 Vordiplom in Physik m. Nebenfach Betriebswirtschaft Univ. Hamburg, 1993 Master of Science (M.Sc.) in Theoretischer Physik Cornell Univ. New York, 1996 Doctor of Philosophy (Ph.D.) in Theoretischer Physik Cornell Univ. New York. K.: 1987 Lehrtätigkeit in Hamburg, 1992-93 Lehrtätigkeit Cornell Univ., 1993-95 Projektmanagement Cornell Univ., 1995-96 Forschungsassistenz Cornell Univ., 1996-98 Unternehmensberatung Roland Berger Strategy Consultants Frankfurt, 1999-2001 Geschäftsführung Northern Institute of Technology Hamburg, seit 2001 Senator f. Wissenschaft u. Forschung. P.: wiss. Artikel in Physikalischen Fachzeitschriften (1995-96), Lehrbuch Physik Cambridge Univ. Press (1997). (Re)

Dräger Lisa
B.: techn. Zeichnerin. PA.: 23558 Lübeck, Finkenberg 41. V.: Dr. Heinrich Dräger. Ki.: Hartwig (1948), Johanna (1951), Marianne (1954), Matthias (1956). S.: 1938 Prima-Reife Itzehoe, 1938 Praktikum Mara v. Freyhold Kinderhaus "Frisia", 1938-40 Pflichtj. Haus Marck, 1940-41 Ausbild. tech. Zeichnerin Berlin, Berufsfachschule für techn. Zeichnerinnen. K.: b.

*) Biographie www.whoiswho-verlag.ch oder beigefügte CD-ROM

1945 tätig im Betriebsbüro d. Drägerwerke, 1945 Praktikum u. Lehre Spinnen u. Weben bei Hildegard v. Soosten in Oelixdorf; seit 1986 Initiatorin vieler geimeinn. Projekte wie Weltkulturgut Hansestadt Lübeck e.V. E.: Stiftung d. Siegels f. d. Med. HS, Ausz. m. d. Med. d. Universität, 1980 Med. d. Finn. Univ., 1981 BVK für Erinnerungsstätte f. TM u. HM im Drägerhaus, 1984 Denkmünze in Gold d. Gemeinn., seit 1990 5 x Senatsplakette. M.: über 50 Vereine u. Organisationen.

Dräger Theo Dkfm.
B.: Vorst.-Vors. FN.: Drägerwerk AG. DA.: 23542 Lübeck, Moislinger Allee 53/55. www.draeger.com. G.: 1938. K.: s. 1997 Vorst.-Vors. Drägerwerk AG.

Dräger Thomas Dr.
B.: Geschäftsführer. FN.: Lufthansa Cityline GmbH. DA.: 51147 Köln, Heinrich Steinmann Str. K.: 1984 jurist. Mitarbeiter d. Bereiches Tarifpolitik b. Lufthansa, 1989-92 Ltr. Abt. Personal- und Sozialdienst Kabine in Frankfurt, anschl. Hauptabt.ltr. d. operativen Managements Bereich Kabine, 3 Jahre Dir. f. Personal und Verwaltung b. Ameco Beijing (dt.-chin. Joint Venture zw. Lufthansa und Air China) in Peking, 1997 Dt. Bahn AG als Ltr. Tarifpolitik und Mitbestimmung, s. 2001 Gschf. d. Lufthansa Cityline GmbH und zuständig f. die Ressorts Personal und Sozialwesen sowie Kaufmänn. Verwaltung. (Re)

Drägert Michael *)

Dragojevic Dusan Dr. med. *)

Dragon Norbert Viktor Dr. rer. nat. Prof.
B.: Univ.-Prof. C3. FN.: Institut f. Theoretische Physik Universität Hannover. DA.: 30167 Hannover, Appelstr. 2. dragon@itp.uni-hannover.de. www.itp.uni-hannover.de/~dragon. G.: Iserlohn, 4. Jan. 1948. V.: Barbara, geb. Knaack. Ki.: Ralf (1980), Michael (1982), Julia (1987), Anna (1994). S.: 1966 Abitur in Iserlohn, 1967-69 Bundeswehr, 1970-74 Stud. Physik an d. Univ. Karlsruhe m. Abschluss Dipl.-Physiker, 1974-77 Wiss. Hilfskraft u. Stipendiat an d. Univ. Karlsruhe am Inst. f. Theoretische Physik, 1977 Prom., 1985 Habil. K.: 1977-79 Wiss. Mitarbeiter am Inst. f. Theoretische Physik an d. Univ. Karlsruhe, 1979-85 Wiss. Ass. an d. Univ. Heidelberg am Institut für Theoretische Physik, 1986-88 Doz. an d. Univ. Hannover, seit 1988 C3-Prof. an d. Univ. Hannover am Inst. f. Theoretische Physik, Schwerpunkte Quantenfeldtheorie. P.: zahlr. Veröff. in Fachzeitschriften u. Buchbeiträge. M.: Dt. Physikalische Ges. H.: Segeln, klass. Musik, Klavier.

Dragon Thierry *)

Dragunski Mark
B.: Profi-Handballspieler. FN.: DHB. DA.: 44139 Dortmund, Strobelallee 56. G.: Recklinghausen, 22. Dez. 1970. V.: verh. S.: Lehre z. Maurer. K.: 1991-92 Eintracht Hagen, 1993-97 TUSEM Essen, 1997-98 TuS Nettelstedt, seit 1998 TUSEM Essen, 56 Länderspiele - 108 Tore, 2001 Supercup-Gewinner u. Teilnahme an d. WM, 2002 Vizeeuropameister, Länderspiel-Debüt im DBH-Trikot 1994 gegen Marokko in Balingen, Position Kreis. H.: Musik, Familie. (Re)

Draheim Heinz Dr. h.c. Dr.-Ing. Prof. *)

Draheim Marita *)

Draheim Rudolf

B.: Maler. DA.: 12099 Berlin, Colditzstr. 28-30. PA.: 10625 Berlin, Leibnizstraße 35. G.: Dembno, 15. Jan. 1941. V.: Christiane Ölyerhoeck-Franz. El.: Dir. Gustav R. u. Edda G., geb. Kolbe-Uphagen. BV.: Johann Uphagen (1621-1701), Ernst P.H. Kolbe Maler (1876-1945). S.: 1975 Abitur, 1974-75 Stud. Physik u. Chemie Univ. Hamburg, 1975-83 Stud. Germanistik, Theater- u. Religionswiss. FU Berlin. K.: 1979 Mitbegründer d. Medusa Verlages Berlin u. d. Galerie Nalepa f. mod. Kunst Berlin, 1984 freiberufl. Maler, künstler. Mitarb. am interdisziplinären Forsch.-Projekt Overture Berlin, 1990 Lehrauftrag an d. HS d. Künste Berlin, künstlerische Mitarbeit am Pilotprojekt Teachware f. Handwerk Berlin, 1995 Hon.-Doz. am Zentrum f. Aus- u. Weiterbild. Potsdam, 1999 Käthe Dorsch Stiftung Förderstipendium. P.: "Ölbilder" (1985) u. (1988), "Berliner Elegie" (1993), "Caminos" (1994), "Geborgenheit der Farbe", Lyrik zu den Bildern v. J. David Noetzel; Ausstellungen im In- u. Ausland. H.: Malen.

Drahn Friedrich-Wilhelm

B.: selbst. Kaufmann im med.-techn.-Bereich. FN.: Sanitätsgeschäft Rudolf Drahn. DA.: 30159 Hannover, Georgstr. 8A. G.: Hannover, 19. Juni 1933. Ki.: Michaela, Cornelia. El.: Rudolf u. Erna. S.: Besuch d. Tellkampfschule Hannover, 1949-52 Ausbild. im elterl. Betrieb als Kfm. K.: Kfm. in verschiedenen Unternehmen in Deutschland, 1956 Übernahme d. elterl. Betriebes, Spezialisierung auf Kompr.-Str., Mieder, Einlagen usw., Gliederung d. Betriebes in Hdls.-Zweig u. Handwerkszweig. M.: DRC v. 1884 Han. Innung f. Orthopädie-Technik. H.: Reisen, Rudern, Lesen.

Dralle Werner *)

Drangosch Andreas *)

Dransmann Friedhelm Dr. *)

Drape Heinz-Detleff *)

Draschba Clemens Dipl.-Ing.
B.: Dipl.-Ing. f. Produktionstechnik, Gschf. Ges. FN.: SIPOC GmbH. DA.: 28199 Bremen, Am Deich 61/62. info@sipoc.de. www.sipoc.de. G.: Bremen, 10. Feb. 1965. El.: Erich und

---

*) Biographie www.whoiswho-verlag.ch oder beigefügte CD-ROM

Skifahren, Boßeln, Radfahren.

Drasdo Michael
B.: Rechtsanwalt. DA.: 41460 Neuss, Büchel 12-14. G.: Düsseldorf, 4. Juni 1958. V.: Inge Geloudemans. S.: 1978 Abitur, b. 1983 Stud. Jura Köln, Stud. Betriebswirtschaft Düsseldorf. K.: 1984-87 Referendarzeit, seit 1987 Ndlg. in Neuss m. Schwerpunkt Wohnungswesen u. Grundstücksrecht; Schiedsgerichtstätigkeit; Referent auf zahlreichen wiss. Veranstaltungen u. Seminaren. P.: Gewerbl. Vorschriften f. Wohnungsunternehmen, Immobilienmakler u. Anlagevermittler (1996), Teilzeit-Wohnrechtegesetz, Kommentar (1997), Der Fachverwalter (1996 ff.), Der Verw.-BeiR. nach d. Wohnungseigentumsgestz (1995), Verw.-Vertrag u. -vollmacht (1996), Der Verw.-BeiR nach d. Wohnungseigentumsgesetz (2001), Die Eigentümerversammlung nach WEG (2001), über 100 Aufsätze in Fachzeitschriften, Hrsg. von Fachzeitschriften. M.: Bundesverb. d. Deutschen Immobilienwirtschaft. H.: Literatur, Geschichte, Golf.

Draser Ludwig Dipl.-Ing.

B.: Inh. FN.: ANDEC Filmtechnik. DA.: 10967 Berlin, Hasenheide 9. PA.: 12101 Berlin, Manfred-von-Richthofen-Str. 12. G.: Berlin, 26. Mai 1959. El.: Ing. Karl u. Maria. S.: b. 1977 Realschule, 1975-77 Ausbild. z. Elektrogerätemechaniker, 1977-79 Ausbild. z. Energieelektroniker, 1979 Fachabitur, 1980 Praktikum, Stud. FH Köln, 1984 Dipl.-Ing. K.: seit 1984 selbst. m. Fa. Andec Ing. Ludwig Draser. M.: Bund junger Unternehmer. H.: Tanzen. (E.S.)

Draß Josef *)

Drautzburg Friedel *)

Drawe Horst Georg Friedrich Dr. rer. nat.
B.: wiss. Chemiker.FN.: Kernforsch.-Anlage Jülich. DA.: 52428 Jülich, Postfach. PA.: 52428 Jülich, Neußer Str. 51. G.: Berlin, 2. Jan. 1932. El.: Friedrich u. Charlotte. S.: 1954 Staatsexamen, 1960 Dipl.Chem., 1963 Prom. K.: 1960-68 Chemiker in Berlin, seit 1968 wiss. Mitarb. d. KFA Jülich. P.: Angewandte Strahlenchemie, 55 Publ. in Fachzeitschriften. H.: Reisen, Literatur.

Drawert Jürgen *)

Inge, geb. Wischeropp. S.: 1984 Abitur, Wehrdienst, 1985 Praktika als Wirtschaftsing. Lloyd Dynamowerke Bremen, Bereich EDV-Programmierung, 1986 Stud. Produktionstechnik Univ. Bremen, 1995 Abschluss Dipl.-Ing. f. Produktionstechnik. K.: 1995-96 Unternehmensberatung f. Produktionstechnik u. Simulation f. eine Unternehmensberatung in Wien, 1996 Grdg. Sipoc GmbH als Gschf. Ges. P.: Dipl.-Arb.: Optimierung, Simulierter Produktionsprozesse Fachzeitschriften f. wirtschaftl. Fabrikbetrieb (1996). H.: Tauchen,

Drawert Wolfgang F. *)

Draxler Gerhard Dipl.-Bw.

B.: Unternehmer, Inh. FN.: Draxler Miele Küchen & Hausgeräte. DA.: 50667 Köln, Kolumbastr. 3. G.: Geislingen, 21. Aug. 1964. V.: Judith, geb. Rond. Ki.: Isabel (2000). S.: 1985 Abitur, 1985-88 Stud. BWL u. Hdl.-Marketing. K.: 1988-94 Filialltr. in versch. WMW-Filialen in Deutschland, 1994-98 Ltr. d. Verkaufsgalerie d. KPM in Köln, 1998 Eröff. d. Geschäftes als Miele-Vertragshändler mit individueller Planung v. hochwertigen Küchen f. jeden Geschmack. P.: Lebensart u. Qualität.

Drayss Ernst Ludwig *)

Drebes Klaus Karl Richard Dr. Prof.
B.: Hochschullehrer i. R. PA.: 13187 Berlin, Wolfshagener Str. 73. drebes.sen@t-online.de. G.: Berlin, 29. Okt. 1933. V.: Siegrid, geb. Bachmann. Ki.: Jan-Sören (1960). El.: Walter u. Anni-Mine, geb. Olschewski. BV.: Ururgroßonkel väterlicherseits Prof. Andreas Christian Gerlach, Ltr. einer Tierärztlichen HS Mitte d. 19. Jhdt. S.: 1952 Abitur, 1952-55 Lehrerstudium Mathematik u. Physik Humboldt-Univ. Berlin, 1958-60 Stud. Sprachheilpädagogik, 1963-65 Aspirantur, 1968 Prom. K.: 1955-58 Lehrertätigkeit davon 1 J. an einer Sonderschule, 1960-73 Lehrer, stellv. Dir. u. Dir. an 2 Berliner Sprachheilschulen, 1973-86 Wiss. Oberassistent im Bereich d. Humboldt-Univ. zu Berlin, 1986-96 Prof. an d. Magdeburger TU Otto-von-Guericke im Bereich Lehrerbildung, seit 1994 nebenberuflich als Doz. an d. Humboldt-Univ. zu Berlin, Lehrerausbildung f. Sonderschulen, sowie f. Heilpädagogik an einer privaten Fachschule in Thüringen. BL.: Lehrer u. Schüler aus "Normalschulen" m. d. Besonderheiten in behinderter Kinder vertraut machen, Forschungen zu kooperativen u. kommunikativem Unterricht: Das Lernen zu lehren wichtiger als nur Stoffvermittlung. P.: mehr als 30 Veröff. u.a. Erziehung u. Bildung Sprachgestörter (1990), Pädagogik in d. DDR (Ko-Autor 1994). M.: in zahlr. wiss. Gremien u. Verbänden integriert z.B. Fachbeirat Pädagogik b. Ministerium f. Volksbildung d. DDR, Dt. Ges. f. Erziehungswiss. H.: PC-Arbeit, Wandern.

Drebing Frank

B.: Gschf. FN.: Autohaus Kalweit GmbH, Honda Vertragshändler. DA.: 37081 Göttingen, Anna-Vandenhoeck-Ring 1. info@honda-kalweit.de. www. honda-kalweit.de. G.: Hannoversch-Münden, 31. Jan. 1957. V.: Stefanie, geb. Klüger. Ki.: Charlotte (1980), Joelle (1998). El.: Gustav u. Inge, geb. Nehme. S.: 1974 Mittlere Reife in Hannoversch-Münden, 1974-79 Stud. d. Landwirtschaft in Bamberg, Abschluss als staatlich geprüfter Wirtschafter, gleichzeitig Ausbildung als Reiter, 1983-85 Umschulung z. Bürokaufmann b. BMW-Autohaus Drebing in Hannoversch-Münden, Abschluss Kfm. K.: 1979-83 Reitlehrer in Bad Marienberg u. Dahn/Pfalz, 1985-2001 Verkaufsleiter im Autohaus Drebing

*) Biographie www.whoiswho-verlag.ch oder beigefügte CD-ROM

in Hannoversch-Münden, seit 2001 Gschf. im Autohaus Kalweit GmbH in Göttingen. E.: Kreismeister Göttingen im Springreiten (2001). M.: Gschf. Verkehrswacht Hannoversch-Münden, Reitgemeinschaft Pegasus Göttingen. H.: Reiten

Drechsel Erhard Dr. med. Dipl.-Phys. *)

Drechsel Gottfried *)

Drechsel Helga *)

Drechsel Reiner Dr. rer. pol. Prof. *)

Drechsel Tobias

B.: Gschf. FN.: Hörgeräte Stengel GmbH. DA.: 02826 Görlitz, Schützenstr. 17. G.: Görlitz, 10. Sep. 1976. El.: Fritz u. Sigrid. S.: 1995-2000 Lehre als Hörgeräteakustiker. K.: 2000 Hörgeräteakustiker in Firma Hörgeräte Steugel GmbH, 2001 Grdg. d. Firma Hörgeräte Stengel GmbH, 2001 Beginn d. Ausbildung z. Hörgeräteakustikermeister. M.: Musikschulverein, Niederschlesisches Kammerorchester. H.: Musik, Cellospielen.

Drechsel Ulf-Brün *)

Drechsel Uwe

B.: Int. FN.: Theater Hof. DA.: 95030 Hof, Kulmbacher Str. 5. PA.: 95028 Hof, Schloßg. 7. G.: Tauber Bischoffsheim, 26. Juni 1946. V.: Anne, geb. Böttcher. Ki.: Tatjana (1979), Manuela (1979). El.: Carl u. Ruth. S.: 1966 Abitur, 1966-73 HS Hannover, Abschluß Dipl.-Reg. f. Musiktheater. K.: 1973-74 Regieass. Hildesheim, 1974 Regieass. Staatsoper Hannover, 1975-83 1. Spielltr. d. Staatsoper Hannover, 1975-95 künstler. Ltr. d. Niedersächs. Kammeroper, 1993-95 stellv. Int. in Hannover, seit 1995 Int. in Hof, viele Gastinszenierungen im In- u. Ausland. E.: 1987 Preis d. Dt. Bühne. M.: Dt. Bühnenver. e.V. H.: Videofilmen, Literatur, Reisen.

Drechsel-Grau Gottlieb

B.: Apotheker, Inh. FN.: Löwen-Apotheke. DA.: 34127 Kassel, Holländische Str. 140. G.: Kassel, 5. Okt. 1959. V.: Andrea, geb. Okel. Ki.: Juliane (1992), Alexander (1994). El.: Moritz u. Lisbeth, geb. Franke. S.: 1977 Abitur, 1978-81 Stud. Pharmazie in Marburg, 1981 2. Staatsexamen, 1982 3. Staatsexamen. K.: 1983-86 Vertretung in diversen Apotheken, seit 1987 selbst. H.: klass. Musik, Sport.

Drechsler Carola Dr. med. *)

Drechsler Fritz *)

Drechsler Georg Dipl.-Ing.

B.: Vorstandsvors. FN.: BSAG Bremen Straßenbahn AG. DA.: 28199 Bremen, Flughafendamm 12. G.: Karlsruhe, 14. Juli 1949. V.: Veronika, geb. Müser. Ki.: Philipp (1973), Eva (1976), Jakob (1979). El.: Prof. Dr. phil. Julius u. Elisabeth. S.: 1968 Abitur Köln, 1968-74 Stud. Bauing.-Wesen TH Karlsruhe, Dipl.-Ing. K.: 1971-74 Triebwagenführer Stadtwerke Karlsruhe-Verkehrsbetriebe u. d. Albtal-Verkehrs-Ges., 1974-75 Dion.-Ass. in d. Betriebsltg. Karlsruher Verkehrsbetriebe, 19975-77 Referendar bei der Dt. Bundesbahn, Abschluß Gr. Staatsprüf. f. d. höheren techn. Verw.-Dienst, 1977-97 Verkehrsbetriebe Karlsruhe, Albtal-Verkehrsges. u. Karlsruher Verkehrsverb. als Dir., Prok., Oberster Betriebsltr., Ltr. d. Hauptabt. Planung, Bau, Betrieb, seit 1997 Vorst. d. Bremer Straßenbahn AG, seit 2000 Vorstandsvors. u. Vorst. f. Technik u. Marketing, Betriebsltr. BOStrab, BOKraft u. EBO, Gschf. d. Bremer Versorgungs u. Verkehrs GmbH, Gschf. d. Consult Team Bremen GmbH, Gschf. u. Betriebsltr. d. Weser Bahn GmbH, Betriebsltr. d. BgA, AufsR.-Mtgl. d. Verkehrsverb. Bremen/Niedersachsen, AufsR.-Mtgl. u. Betriebsltr. d. Delbus GmbH Delmenhorst. P.: div. Publ. u. Vorträge nat. u. intern. M.: Gremien des Verb. dt. Verkehrsunternehmen (VDV), HK, Berufsgen. H.: Rudern.

Drechsler Gerd Dr. phil. *)

Drechsler Hans-Alexander Dipl.-Verw.-Wirt

B.: Bgm. i.R., stellv. LR i.R. PA.: 29525 Uelzen, Eckermannstr. 37. G.: Danzig, 26. Okt. 1923. Ki.: Ulrike (1957). El.: Dipl.-Ing. Walter u. Else, geb. Bernatzke. BV.: 2 Staatsräte im Fürstentum Schwarzburg-Sondershausen, einer davon August Henning Drechsler. S.: 1943 Abitur, 1943-44 Stud. TH Danzig, 1945 Soldat. K.: 1950 Eintritt bei d. Dt. Bundespost, 1951-54 Ratsmtgl. v. Grabau, 1057-2001 im Rat d. Stadt Uelzen, 1960-63 Besuch d. Verw.- u. Wirtschaftsak. Lüneburg, 1963 Postamtmann d. Dt. Bundespost, 1963-86 Abg. im Landtag Niedersachsen, 1964-75 1. stellv. LR, 1964-91 Mtgl. im Kreisaussch., 1964-81 SPD-Fraktionsvors., 1979-81 Bgm. d. Stadt Uelzen. BL.: Mitgrdg. u. langj. Vors. d. interm. Partnerschaftskomitees Uelzen-Bois-Guillaume. E.:1973 BVK am Bande, 1977 VK 1. Klasse d. VO d. BRD, 2001 VK 1. Klasse d. Niedersächs.VO. M.: VerwR. d. Sparkasse Speyer, Reichsbund, DRK, Schützengilde Uelzen, seit 1949 SPD, Postgewerkschaft u. 1957-65 Vors. im Kreis Uelzen. H.: Lesen.

Drechsler Heike

B.: Profi-Leichtathletin. FN.: c/o ABC Ludwigshafen. DA.: 67061 Ludwigshafen, Erich-Reimann-Str. 38. PA.: 76187 Karlsruhe, Dürkheimerstr. 14. G.: Gera, 16. Dez. 1964. V.: Alain Blondel. Ki.: Toni (1989). S.: Stud. Päd. K.: Disziplin: Weitsprung. Größte sportl. Erfolge: 8 x DDR Meisterin i. 200m Lauf, 1983 WM/1., EC/1., 1985 WC/1., 1986 Hallen-EM/1., EM/1., 1987 WM/3., Hallen-EM/1., EC/1., 1988 Olympiade/2., Hallen-EM/1., 1990 EM/1., 1991 WM/2., Hallen-WM/2., EC/1., DM/1., 1992 OS/1., Grand-Prix Gesamt/1., WC/1., DM/1., 1993 WM/1., EC/1., 1994 Hallen-EM/1., EC/1., EM/1., 1995 EC/1., DM/1., 1997 WM/4, 1998 EM/1., WC/1., DM/1., 1999 DM/1., 2000 OS/1. Weitsprung. E.: ARD-Sportlerin des Jahres 1998.

Drechsler Michael Dipl.-Ing. *)

---

*) Biographie www.whoiswho-verlag.ch oder beigefügte CD-ROM

Drechsler Ralf
B.: Videoeditor, Ges. FN.: Das Werk. DA.: 60326 Frankfurt/ Main, Schmidtstr. 12. G.: Stuttgart, 3. März 1960. El.: Willy u. Sigrid, geb. Kurz. S.: 1980 Gymn. Stuttgart, 1980-82 Bundeswehr, 1982-86 Stud. Medientechnik in Stuttgart. K.: 1986-90 Videoeditor ECG TV Studio, 1990-93 Bibo Harryartist, 1993 Mitbegründer d. Firma Bildwerk GmbH. P.: Einstein (1986, Kurzfilm), Carol Cayne (1988, Musikvideo), The Mix (1990, Trailer), Zuckerhut (1990, Kurzfilm). E.: Goldene Palme v. Cannes. H.: Wildwasserkanu, Skifahren.

Drechsler Siegfried *)

Drechsler Werner *)

Drechsler Wolfgang
B.: RA, FA f. Arbeitsrecht, Gschf. FN.: Unternehmerverband Südhessen e.V. DA.: 64283 Darmstadt, Adelungstr. 32. RA.Drechsler@t-online.de. www.ra-drechsler.de. G.: Diez, 28. Juli 1951. V.: Regina, geb. Lütyens. Ki.: Johanna (1985), Max (1988), Luise (1991), Sophie (1993), Charlotte (1995). El.: Josef u. Rita. S.: 1970 Abitur, 1970-72 BW-Reserveoffz., Jurastud. Mainz, 1978 1. u. 1980 2. Staatsexamen. K.: 1980-82 Trainee bei BDA, 1982 RA/Syndikus im Verb., 1986 Zulassung FA f. Arbeitsrecht, 1994 Gschf. Unternehmerverb. Südhessen e.V. M.: seit 1989 FDP, GemR. Gau-Bischofsheim. H.: Schi, Kayak, Triathlon.

Drechsler Wolfgang Dr. Prof.
B.: Physiker. FN.: MPI f. Physik. DA.: 80805 München, Föhringer Ring 6. PA.: 81827 München, Birkhahnweg 50a. G.: Hagen, 26. Febr. 1934. V.: Karin. Ki.: Rodion. S.: 1954 Abitur, Stud. Physik in Bonn, Zürich, Bristol u. Heidelberg, 1960 Dipl. Univ. Bonn, 1963 Prom. Univ. Heidelberg. K.: 1965 u. 1967-68 wiss. Mitarb. b. CERN Genf, 1968/69 Gastwissenschaftler am Inst. f. Math. Sciences Madras, 1969 Intern. Centre for Theoretical Physics Trieste, 1970 Stanford Linear Accelerator Center Stanford, seit 1970 wiss. Mitarb. am MPI f. Physik u. Astrophysik in München, 1971 Habil., 1975 Priv.Doz. an d. Univ. München, 1981 apl. Prof. an d. Univ. München, zahlr. Gastvorlesungen. P.: zahlr. Veröff. M.: Dt. Physikal. Ges.

Dreckmann Carsten
B.: selbst. RA. DA.: 22041 Hamburg, Schloßstr. 6. office@raewandsbek.de; cdreckmann@gmx.de. G.: Gut Rohlfshagen, 22. Sep. 1945. Ki.: Ivo (1978), Leonie (1980), Max (1983). El.: Dipl.-Ldw. Walter u. Erika, geb. von Marklowski. S.: 1966 Abitur Bad Oldesloe, 1966-73 Jurastud. Hamburg u. Tübingen, 1967-69 Bundeswehr, 1. Staatsexamen, 1973-75 Referendarzeit Hamburg, 2. Staatsexamen. K.: 1975-81 wiss. Mitarb. Hamburger Notariat, Tätigkeitsschwerpunkt: Grundstücks- u. Erbrecht, 1981-83 RA in Lübeck, seit 1983 Partner Dr. Walter Höcker (ausgeschieden), Michael Pommerening, Carsten Dreckmann u. Gabriele Hempel Hamburg-Wandsbek, Tätigkeitsschwerpunkte: Erb-, Grundstücks-, Bau- u. Mietrecht, Ärzterecht. M.: Gründer u. Vorst.-Mtgl. Reit- u. Fahrver. Hof Treudelberg. H.: Golf, Jagd, Pferde, Jazz.

Drecoll Henning Dr. *)

Dreeke Frank *)

Dreekötter Elisabeth *)

Drees Alfred Dr. med. Prof. *)

Drees Gerhard Dr.-Ing. Prof. *)

Drees Wolfgang Dipl.-Kfm.

B.: selbst. Steuerberater. FN.: Steuerberaterkzl. Drees. DA.: 49661 Cloppenburg, Mühlenstr. 41. G.: Köln, 6. Nov. 1965. V.: Anne, geb. Simer. Ki.: Verena (1996). El.: Heinz u. Hannelore, geb. Pilwat. S.: 1985 Allg. HS-Reife Cloppenburg, Wehrdienst, Stud. BWL Univ. Oldenburg, 1991 Dipl.-Kfm. K.: 1991-97 Steuer- u. Wirtschaftsprüf.-Ass. in versch. Wirtschafts- u. Steuerbüros im Südoldenburger Raum, seit 1998 Steuerberater, 1999 Eröff. eigene Steuerberatungspraxis in Cloppenburg. P.: regelmäßige Kolumnen in d. Münsterländ. Tageszeitung. H.: Musik, Gitarrist in versch. Orchestern im Südoldenburger Raum, Motorradfahren.

Dreesen Fritz Georg *)

Dreesen Thomas Dipl.-Ing.
B.: Architekt, ltd. Ang. FN.: Braun & Schlockermann u. Partner. DA.: 60322 Frankfurt/Main, Hansaallee 2. G.: Hürth-Hermühlheim, 4. Feb. 1959. S.: 1979 Abitur Heusenstamm, 1980 Baupraktikum Firma Hoch- u. Tiefbau Brückmann Heusenstamm, 1980-88 Arch.-Stud. TH Darmstadt. K.: 1983 Ausgrabungstätigkeit Dt. Ak. Austauschdienst Milet/Türkei, 1984 Mitarb. Arch.-Büro ABB Frankfurt, 1984-88 Hilfswiss. Mitarb. Fachgebiet Baugeschichte TH Darmstadt, 1985 Mitarb. Arch.-Büro Campbell Design Group Darmstadt - St. Louis/USA, 1986 ICOMAS-Stipendium USA - Bauaufnahme v. 2 Ausstellungshallen Dallas/Texas, 1988 Dipl. TH Darmstadt, 1988-95 freie Mitarb. Arch.-Büro Braun & Schlockermann u. Partner Frankfurt, 1996-98 ltd. Ang. Arch.-Bro Braun & Schlockermann u. Köhler Frankfurt, 2000-2001 BDA Mtgl., Partner.

Dreeßen Jan

B.: Gschf. Inh. FN.: Wilhelm Kamradt GmbH. DA.: 22869 Schenefeld, Blankeneser Chausee 176. janhinerk@web.de. www.kamradt-gmbh.de. G.: Schenefeld, 17. Apr. 1967. El.: Hermann u. Antje. S.: 1984-87 Ausbild. z. Schlosser. K.: 1987-90 ang. Schlosser, 1991-92 Schlossermeisterprüfung und Schweißfachmann. BL.: 1992 Teilhaber einer OHG, 1993 Gschf. Ges. d. "Wilhelm Kamradt GmbH", parallel Abschluss des "Betriebswirts im Handwerk", 1999 alleiniger Gschf., 2000 Verkauf eines Betriebsteils u. Schwerpunktverlagerung auf Berufs- und Arbeitskleidung. H.: Motorsport: Trailfahren, Radfahren.

Dreessen Klaus Dr. *)

Dreessen Petra
B.: Kauffrau, Inh. FN.: Bauelemente u. Ofenstudio Petra Dreessen. DA.: 21493 Schwarzenbek, Uhlenhorst 2. G.: Hamburg, 10. Apr. 1955. S.: 1972-77 Stud. Geige, Klavier, Musikpäd. u. Komposition HS f. Musik u. darstellende Kunst Hamburg. K.: 1978-80 Musiktherapeutin im LKH Heiligenhafen u. priv., 1980-82 Schriftstellerlehrgang am IFS in Hamburg, 1980-85 privater Musikunterricht, 1984 Weiterbildung in d.

*) Biographie www.whoiswho-verlag.ch oder beigefügte CD-ROM

Suggestopädie in Bremen, 1985-87 Umschulung z. Kauffrau im Groß- u. Außenhdl. an der staatl. Handelsschule m. Wirtschaftsgymn. in Hamburg, 1987-88 kfm. Ang. d. Firma Baustoff Recycling, 1988-92 Importsachbearb. d. Metall-Chemie Hdl. GmbH, 1992-93 Ausbildereignungsprüfung an d. Abendwirtschaftsschule in Hamburg, 1993-94 tätig in der Tischlerei W. Dreessen in Ahrensburg, 1995-96 tätig im Holzhdl. Garbrecht in Grabau, seit 1997 selbst., seit 2000 m. Ofenstudio m. Schwerpunkt Beratung, Planung u. Design. BL.: 1985 Anmeldung d. Patentes f. Recycling-Box. M.: Arche 2000, Malteserhilfsdienst, Klezmer Ges. Berlin. H.: Musik, Natur, Philosophie, Malen, Gründung d. Musikgruppe Lemoshl, kulturelle Veranstaltungen im Ofenstudio, musikal. Leitung "Klezmerfest 2000 in Hamburg.

Dreetz Ekkehard Dr.-Ing. Prof.
B.: Prof. FN.: Fachhochschule Hannover f. Elektronische Meßtechnik. GT.: seit 1999 Ltr. d. Arbeitskreises Informationstechnik im Hannoverschen Bezirksverein d. VDI, seit 1994 Mtgl. in d. AG 15 (Zuverlässigkeit d. DGQ). DA.: 30459 Hannover, Ricklinger Stadtstr. 120. ekkehard.dreetz@etech.fh-hannover.de. www.fh-hannover.de. G.: Altena/Westfalen, 6. Sep. 1954. S.: 1973 Abitur in Gummersbach, 1973-75 Bundeswehr, 1975-81 Stud. Elektrotechnik an d. FU Berlin m. Abschluss Dipl.-Ing., 1989 Prom. Dr.-Ing. K.: 1981-88 wiss. Mitarbeiter an d. TU Berlin am Inst. f. allgemeine Elektrotechnik, Schwerpunkt Meßtechnik, 1988-96 tätig b. d. Firma Krone AG Kommunikationssysteme in Berlin, seit 1996 Prof. an d. FH Hannover f. Elektrische Meßtechnik, Schwerpunkte Modellgestützte Meßtechnik, Digitalverfahren, Qualitätsmanagement. P.: div. Veröff. in Fachzeitschriften über d. Firma, Modellgestützte Meßtechnik u. Fehlerklassifikation. M.: VDI, VDE, IEEE, DGQ, HLB. H.: Segeln, Tennis.

Dreetz Stefan

B.: Gschf. Ges. FN.: Büromöbel-Top GmbH. DA.: 60386 Frankfurt/Main, Dieburger Str. 36. G.: Altena, 2. Okt. 1958. El.: Friedrich Karl u. Hannelore. S.: 1978 Abitur Berlin, 1979-82 Studium Theaterwiss. in Berlin. K.: seit 1983 selbst. Kfm. in d. Büromöbelbranche, mehrere Filialen. H.: Natur, Schwimmen, Musik, Film.

Drefahl Jens
B.: freiberufl. Architekt. FN.: Architekturbüro Jens Drefahl. DA.: 10634 Berlin, Am Hang 9. G.: Hanau, 24. März 1947. Ki.: Antje (1966), Meike (1971). El.: Heinz u. Herta. S.: 1966-69 Stud. Architektur in Frankfurt/Main. K.: 1969-72 Architekt in versch. Architekturbüros, Planungschef, seit 1972 freischaff. Architekt im Raum Frankfurt, seit 1978 beratender

Sachv. f. Dacheindeckungen, Abdichtungen u. Dachbegrünung, 1981-89 Inh. "Begrünte Dächer" als Ausführungsfirma f. Dachbegrünungen, 1995 öff. bestellter u. vereid. Sachv. f. Dachabdichtung u. Dachbegrünung, dzt. Schiedsgutachten f. priv. u. gewerbl. Wirtschaft, baubegleitende Qualitätssicherung b. Großbaustellen, Seminare in Verwaltungsakademien, Schulungen v. Sachv., außergerichtl. Konfliktbereinigung. BL.: zahlr. Patente auf Entwicklung ökonomischer und ökologischer Dachsanierungsverfahren, Dichtungsschutz- u. Kontrollsysteme sowie Begrünungsverfahren. P.: Fachbuch "Dachbegrünung", "Das Blumenhügeldach", Artikel in Fachzeitschriften. E.: erfolgreiche Wettbewerbsteilnahmen. H.: Sport, Wandern, Fliegen.

Dreger Johannes *)

Dregger Alfred Dr. iur.

B.: Ehrenvors. d. Hessischen CDU. PA.: 36039 Fulda, Elisabethenstr. 1. G.: Münster, 10. Dez. 1920. V.: Dagmar, geb. Hillenhinrichs. Ki.: Wolfgang, Meinulf, Burkard. El.: Alfred u. Anna. S.: Hum. Gymn., 1946-49 Stud. Rechts- u. Staatswiss., 1950 Dr. iur., 1953 Gr. Jur. Staatsprüf., 1939-45 Wehrdienst, zuletzt Hptm. u. Bataillonskommandeur. K.: 1954-56 Ref. in Verb., 1956-70 OBgm. v. Fulda, 1965-70 Präs. bzw. VPräs. d. Dt. Städtetages, 1970-83 Vorst.-Mtgl. eines Unternehmens d. Energieversorgung, 1967-82 Landesvors. d. hess. CDU, s. 1982 Ehrenvors. d. Hessischen CDU, seit 1969 Mtgl. Bundesvorst., 1977-83 stellv. Bundesvors., seit 1977 Mtgl. Präsidium d. CDU Deutschlands, 1962-72 MdL Hessen, zuletzt Fraktionsvors. u. Oppositionsführer, seit 1972 Mtgl. Vorst. CDU/CSU-Fraktion, 1976 stellv. Vors., 1982-91 Vors. d. CDU/CSU-Bundestagsfrakt., s. 11/1991 Ehrenvors. d. CDU/CSU-Bundestagsfrakt. BL.: Verfechter d. Deutschen Einheit s. d. Teilung; Abbau d. atomaren Kurzstreckenraketen v. 1988 an. P.: neuestes Buch: Mein Blick nach vorn, Naumann Verlag 2000. E.: EK I, Verwundetenabz. in Silber, Nahkampfspange u. Infanterie-Sturmabz., 1977 Gr. BVK, 1980 Stern dazu, 1984 Schulterband, 1985 Großkreuz, 1990 Konrad-Adenauer-Freiheitspreis. M.: CDU, Ges. f. Auswärtige Politik, Rhönklub. H.: Natur, Kunst, Wandern, Reiten, Kunstgeschichte.

Dregger Burkard LL.M.
B.: RA. FN.: Dregger Rechtsanwälte. DA.: 10587 Berlin, Einsteinufer 63-65. dregger@dregger.de. www.dregger.de. G.: Fulda, 7. Juni 1964. V.: Petra, geb. Danner. Ki.: Theresa Anna (2000), Gereon Alfred (2001). BV.: Vater Dr. Alfred Dregger - Ehrenvors. d. CDU/CSU-Bundestagsfraktion. S.: 1983 Abitur Fulda, 1983-84 Wehrdienst, Lt. d. Res., Stud. Dt. u. Europ. Recht 1984-86 in Freiburg, 1986-87 Univ. Genf/Schweiz, 1987 London School of Economics and Political Science, 1987-89 Universität Münster, 1989 erstes Staatsexamen OLG Hamm, 1990-94 Referendariat in Frankfurt, 1991-92 b. Baker

*) Biographie www.whoiswho-verlag.ch oder beigefügte CD-ROM

McKenzie i. Dallas/USA, 1991-92 Stud. des amerikanischen und intern. Rechts: Southern Methodist Univ. Dallas/ USA, 1992 Master of Laws, 1994 zweites Staatsexamen. K.: seit 1995 eigene Kzl. in Berlin, Zivilrecht, Ges.-Recht, Vertragsrecht, priv. Baurecht, seit 1998 Mtgl. Vorst. Initiative Hauptstadt Berlin e.V., seit 1998 Aufbau Anw.-Netzwerk Integra Legal Intern. M.: CDU Berlin-Wilmersdorf, Berliner Anw.-Ver., Initiative Hauptstadt Berlin. H.: Deutsche und Europ. Geschichte, spez. Heiliges röm. Reich dt. Nation, Zeitgeschichte, Tennis, Joggen, Skifahren, Cat-Segeln.

Dreher Anton
B.: Gschf. FN.: Rambeck Bootsvertrieb u. Yachthafen GmbH. DA.: 82319 Starnberg, Schnittbauerweg 4. B.: Bad Reichenhall, 2. März 1942. V.: Christl. Ki.: Anton jun. (1968). S.: 1959 Mittlere Reife Starnberg, 1959-62 Bootsbaulehre mit anschließendem Stahlschiffbaupraktikum , 1964-66 Schiffbau-HS in Bremen m. Dipl.-Abschluß. K.: 1966 Einstieg in d. 1883 gegründete Rambeck Bootswerft, 1968 deren Übernahme, im Laufe d. Zeit d. Produktionsbetrieb umstrukturiert wie Hafenvergrößerung, Zubehörgeschäft etc., seit 1993 Sohn Anton jun. nach einer Bootsbaulehre m. Banklehre im Geschäft tätig. E.: 1994 Handwerkszeichen in Gold, 2001 BVK am Bande. M.: Zentralverb. Dt. Handwerk, Schlichtungsmtgl. d. IHK. H.: Segeln, Golf.

Dreher Burkhard Dr.
B.: Vorst., Min. f. Wirtschaft in Brandenburg a.D. FN.: VEW AG. DA.: 44139 Dortmund, Rheinlanddamm 24. www.vew. de. G.: Preussisch-Holland, 3. Dez. 1944. Ki.: 1 Kind. S.: 1964 Abitur, 1964-69 Stud. Vw. in Berlin, Abschluß Dipl.-Vw. K.: 1969-78 wiss. Tätigkeit am Dt. Inst. f. Wirtschaftsforsch. in Berlin, 1978-85 Referatsltr. u. stellv. Abt.-Ltr. in d. Senatskzl. d. regierenden Bgm. v. Berlin, 1985-93 Beigeordneter, ab 1992 Stadtdir. in d. Stadt Dortmund, 1991-92 Abordnung in d. Staatskzl. Brandenburg als Gschf. d. Wirtschaftsförderungsges. d. Landes Brandenburg, 1993-94 Oberstadtdir. d. Stadt Bochum, seit 1963 Mtgl. d. SPD, seit 1985 Mtgl. d. ÖTV, Okt. 1994-99 Min. f. Wirtschaft, Mittelstand u. Technologie d. Landes Brandenburg, Okt. 1994-99 StvMdBR, ab 09/99 im Vorstand der VEW AG.

Dreher Ernst Ing. grad. *)

Dreher Frank D.

B.: Gschf. FN.: publicity gmbh agentur f. werbung u. public relations. DA.: 12555 Berlin, Dornröschenstr. 23. G.: Berlin, 22. Nov. 1950. El.: Günther u. Brigitte, geb. Vogel. S.: 1966 kfm. Lehre Firma ANZAG. K.: tätig in d. Firma ANZAG, 1970 tätig im Vertrieb d. Firma Rank Xerox, 1974 Ass. bei Polygram in Hamburg u. 1985 in Canada, 1986-89 Vertriebsltr. d. Firma Eurotape, 1986-89 Initiierung d. Einführung v. Video bei Buchverlagen u.a. Reiseführer, 1989 freier Produzent in d. USA im Bereich Film, seit 1993 Gschf. d. Werbeagentur Publicity GmbH spez. f. CD-Rom-Prod. F.: Gschf. v. K2 Filmprod., Gschf. d. FDNF Radtouristik f. Radler. H.: Wassersport, Reisen, Fotografieren.

Dreher Johann Georg
B.: Botschafter. FN.: Dt. Botschaft in Kopenhagen. DA.: DK-2100 Kopenhagen, P.B. 2712. tyskeamba@email.dk. www. tyskeambassade.dk. G.: Dresden, 1. März 1936. Ki.: 3 Kinder. S.: Stud. Geschichte, Romanistik u. Polit. Wiss. Heidelberg u. Freiburg. K.: 1965 Eintritt in den Auswärtigen Dienst, im Ausland Verwendungen an d. Botschaften Dublin u. Lusaka, sowie an d. NATO-Vertretung in Brüssel u. b. d. KSZE-Abrüstungskonferenz in Stockholm (KVAE), seit 1997 Dt. Botschafter in Dänemark.

Dreher Josef

B.: Schlossermeister. FN.: Kunstschmiede Dreher. DA.: 76532 Baden-Baden, Wilhelm-Drapp-Str. 30. drehermetallbau @t-online.de. G.: Malsch/ Heidelberg, 17. Dez. 1928. V.: Gabriele, geb. Edelmann. Ki.: Michael. S.: 1943-45 Lehre z. Drogist, 1946-49 Schlosserlehre. K.: 1949-52 Geselle, 1952 Meisterprüfung Schlossermeister, 1953 Betrieb gegründet, 63 Lehrlinge, 8 Meister ausgebildet. P.: Fachzeitschriften, örtl. Presse. M.: Fachverb., Schlosserinnung. H.: Tennis, Schach.

Dreher Manfrid Dr.-Ing. *)

Dreher Martin Dr. Prof.
B.: Univ.-Prof. f. Geschichte d. Altertums. FN.: Otto-von-Guericke-Univ. Magdeburg Inst. f. Geschichte. DA.: 39104 Magdeburg, Virchowstr. 24. PA.: 39175 Biederitz, Hainholzstr. 5. martin.dreher@gse-w.uni-magdeburg.de. www.uni-magdeburg.de/iges/home/dreher.htm. G.: Karlsruhe, 20. März 1953. V.: Dr. Ute Großmaas. S.: 1972 Abitur, 1972-77 Stud. Univ. Marburg, 1977-78 Staatsexamen für d. Lehramt Geschichte/Sozialkunde/Phil. Univ. Marburg, 1982 Prom., 1980-84 Aufenthalt in Italien. K.: 1984 wiss. Mitarb. am L.-Wenger-Inst. f. Rechtsgeschichte Univ. München, 1985 Ass. am Lehrstuhl f. Alte Geschichte Univ. Konstanz, 1991 Habil., 1992 HS-Doz. f. Alte Geschichte, seit 1996 Univ.-Prof. an d. Otto-von-Guericke-Univ. Magdeburg, seit 1998 Gschf. Dir. Inst. f. Geschichte. P.: zahlreiche Monographien, Aufsätze in Fachzeitschriften, Lexikonart., Hrsg. antiker Texte, u.a. Sophistik u. Polisentwicklung (1983), Hegemon u. Symmachoi. Untersuchungen z. 2. Athenischen Seebund (1995), Athen u. Sparta (2001). M.: Mommsen-Gesellschaft, Verb. d. Historiker Deutschlands, Assoc. Intern. d'Epigraphie grecque et latine (A.I.E.G.L.), Freunde d. Griech. u. Hellenist. Rechtsgeschichte, Alte Geschichte f. Europa (AGE). H.: Musik, Kunstgeschichte, Reisen, Sport.

Dreher Ralf Michael Dr. *)

Dreher Reiner *)

Dreher Uwe *)

Dreher Walther Dr. Prof. *)

Dreher Zwanhild
B.: Friseurmeisterin, Filialleiterin. FN.: Essanelle Hair-Group AG Filiale Frankfurt/Oder. DA.: 15230 Frankfurt/Oder, Karl-Marx-Str. 192. PA.: 15232 Frankfurt/Oder, Mühlenweg 18. G.: Frankfurt/Oder, 27. Okt. 1959. V.: Karsten Dreher. Ki.: Steffen (1980), Anne (1982), Berit (1986). El.: Hans u. Jenny Rösler. S.: 1976-78 Lehre als Friseurin mit Abschluss in d. Produktionsgenossenschaft des Handwerks (PGH) Figaro Frankfurt/Oder. K.: 1978-82 Friseurin in d. PGH Figaro in Frankfurt/Oder, 1982-84 Ausbildung als Kinderpflegerin am Bezirkskrankenhaus Frankfurt/Oder, 1984-89 tätig in d. Kinderkrippe "Hilde Coppi" in Frankfurt/Oder, 1990-96 Friseurin in d. PGH Figaro Frankfurt/Oder, 1991-94 Meisterlehrgang, Abschluss als Friseurmeisterin, 1996-2000 Lehrausbilderin im Christl. Jugenddorf-Werk Deutschland (CJD) in Seelow, seit 2000 Filialleiter d. Firma Esanelle Hair-Group AG in Frankfurt/Oder. E.: 1. Pl. Sonderklasse b. d. Friseurmeisterschaften d. Friseurinnung Brandenburg-Süd (1993). H.: Gesellschaftstanz, Literatur.

Dreher-Edelmann Gabriele Renate

B.: selbst. Krankengymnastin. DA.: 76532 Baden-Baden, Hafnerweg 2. G.: Berlin, 5. April 1937. V.: Josef Dreher. Ki.: Michael. El.: Reinhold und Irmgard Edelmann, geb. Wilke. S.: 1958 Abitur, 1960-62 KG-Schule f. Krankengymnastik Berlin. K.: seit 1964 selbst. Krankengymnastin in Baden-Baden, seit 1971 Kurse f. d. Jugendbild.-Werk u. d. VHS, Kursltr.-Fortbild. an d. staatl. Sportak. in Ludwigsburg u. Doz. an d. VHS f. d. süddt. Raum. P.: Vorträge f. d. Forum Gesundheitsbild. für Schulen (seit 1980), Ref. d. d. VHS-Verb., Buch "Gymnastik f. Wirbelsäule" (2. Aufl. 1999), "HWS" (1992), Video "Wirbelsäulengymnastik" (1996). M.. BDR. H.: Tennis, Ninjo, Bergwandern, Bücher.

Dreher-Ramelow Ingeborg *)

Drehmann Boris
B.: Maschinenbaumeister. FN.: ZFM - Hamburg. DA.: 21279 Appel, Grauener Dorfstr. 23 G.: Hamburg, 8. Juli 1969. S.: 1985 Mittlere Reife, 1985-88 Ausbild. Kfz-Schlosser VW-Werkstatt Hamburg, 1988-90 Bundeswehr. K.: 1990-92 Schlosser d. VW-Werkstatt in Hamburg, glz. 1992-94 Weiterbild. z. Maschinenbauer an d. Abendschule, 1994 Meisterprüf., seit 1995 Maschinenbaumeister ind. Firma ZFM in Hamburg. H.: Fußball, Schwimmen.

Drehmel Günter Dipl.-Ing. *)

Drehmel Michael *)

Dreibach Burchard Dipl.-Vw. *)

Dreibholz Christoph *)

Dreibus Heinz
B.: Gschf. Dir. d. Landkreistag Rhld.-Pfalz. DA.: 55116 Mainz, Deutschhauspl. 1. PA.: 55129 Mainz, Am Hechenberg 20. G.: Mainz-Hechtheim, 17. Jan. 1938. V.: Gerlind, geb. Kapp. Ki.: Dr. iur. Alexandra. El.: Heinrich u. Anna, geb. Fürst. S.: Abitur, 1957-62 Stud. Rechts- u. Staatswiss., Volkswirtschaftslehre, 1962 1. jur. u. 1966 2. jur. Staatsexamen. K.: Ref. im Innenminist. Rhld.-Pfalz, 1969-70 Kreisverw. Mainz-Bingen Dezernent, 1970-85 stellv. Gschf. u. seit 1985 Gschf. d. Landkreistag Rhld.-Pfalz, 1970 Lehrbeauftr. an d. DH f. Verwaltungswiss. Speyer, 1979 Stadtrat-Mtgl. v. Mainz, stellv. Frakt.Vors. 1985-89 u. seit 1989 Frakt.Vors. d. CDU, Vorst.-Mtgl. kommunaler Arbeitgeber- verb. Rhld.-Pfalz, Mtgl. d. Senats d. HS v. Verw.-Wiss. Speyer. P.: Kommunalgesetz f. Rhld.-Pfalz, Handbuch d. kommunalen Wiss. u. Praxis. H.: Geschichte, Musik, Politik. (O.M.)

Dreidoppel Peter *)

Dreier Anneliese Hermine *)

Dreier Maximilian *)

Dreier Wilfried K.-H.

B.: Vermögensberater, Finanzkfm. FN.: Wilfried K.-H. Dreier e.K. DA.: 27732 Delmenhorst, Postfach 1223. G.: Bremen, 31. Jan. 1938. V.: Rosita, geb. Tomalik. Ki.: Simone (1972). El.: Wilhelm u. Marie, geb. Müller. S.: 1956 Mittlere Reife Bremen, 1956-59 Lehre z. Schiffsmakler Bremen. K.: 1960 Schiffsmakler für e. Bremer Firma in Brake, 1960-62 Schiffsmakler in Hamburg Linienfahrt, 1962-69 Schiffsmakler, Abt.-Ltr., Handlungsbev. bei Gottfried Steinmeyer & Co Bremen, s. 1969 selbst. u. Grdg. Wilfried Dreier Branchmanager f. IOS-Investment in Bremen, 1970 Aufbau Bonnfinanz AG f. Vermögensberatung u. Vermittlung v. Norddt. Bereich m. eigener Agentur, Gen.-Agentur Geschäftsstelle Delmenhorst b. Bremen, 1981-98 Dir.-Ltr. f. Bonnfinanz, seit 1998 Gen.-Repräsentant m. Vermögensberatungspraxis in Delmenhorst. M.: Vorst. Hockey-Club Delmenhorst e.V. v. 1904, Präs. Kegelclub Scharfe Kante Bremen. H.: Fußball, Kegeln, Tennis, Reisen.

Dreier Edler v. Neuweiler Markus A.
B.: Bundesvors., Oberregierungsrat in Berlin. FN.: Dt. Bildschirmtext Journalisten PA.: 45131 Essen, Grugaplatz 5. G.: Essen, 1. Mai 1962. V.: Stefanie Dreier - Kehrenberg, Dipl.-Finanzwirtin. EL.: Antonius u. Ingrid. BV.: Prof. Dr. Johannes, Gründer u. ehem. Leiter v. Gymn. u. Konvikt i. Werl, Eduard, ehem. Oberbürgerm. v. Erlange. Georg Spieker, Verbandspräs. d. Jagdverb. f. Westfalen. Hugo V. Fischer ehem. Präs. d. Einzelhandelsverbandes Bochum, Träger d. Bundesverdienstkr. erster Klasse, Gründer d. Dedro Dortmund, S.: Abitur, Hochschulstud. K.: Bundesvors. d. Dt. Bildschirmtext Journalisten, seit 1982 Aufsichtsratsvors. d. Essener Jugendpresse. M.: Dt. Bildschirmtext Journalisten, Grdg.-Mtgl. Förderkreis Schüler- u. Lehrlingsbildung. H.: Golf Club Essen Heidhausen.

Dreikorn Kurt Dr. med. Prof. *)

Dreilich Frank
B.: Versicherungsfachmann, Hauptvertreter. FN.: ÖSA Öffentliche Versicherung Sachsen-Anhalt. DA.: 39539 Havelberg, Lindenstr. 22. www.oesa.de. G.: Havelberg, 22. Juni 1966. S.: b. 1985 Lehre z. Maschinen- u. Anlagenmonteur in Nauen im VEB Landtechnische Industrieanlagen. K.: 1985-92 Maschinen- u. Anlagenmonteur VEB Landtechnische Industrieanlagen in Havelberg, 1992-93 Ang. für den Bereich ÖSV-Versicherungen in d. Kreissparkasse Havelberg, ab 1993 Hauptvertreter f. d. ÖSA in Havelberg, seit 1995 Versicherungskaufmann. P.: Veröff. in d. Regionalpresse. M.: Freizeit Havelberg e.V. H.: Motorradfahren, Fußball.

*) Biographie www.whoiswho-verlag.ch oder beigefügte CD-ROM

Dreilich Herbert *)

Dreilich Klaus Dipl.-Ing. *)

Dreis Horst *)

Dreischmeier Peter *)

Dreismann Heinz Dr. *)

Dreiss Uwe Dr. iur. Dipl.-Ing. M.Sc. Prof. *)

Dreißigacker Hans-Ludwig Dr.-Ing. *)

Dreist Thomas Dipl.-Ing.

B.: Unternehmer, selbständig. FN.: Dreist & Partner. DA.: 40231 Düsseldorf, Schweidnitzer Str. 39. G.: Krefeld, 7. Apr. 1954. V.: Sigrid Gill. S.: 1977 Fachabitur Krefeld, 1977-78 Praktikum Schreinerei Possberg & Kiefer Düsseldorf, 1978-86 Stud. Innenarchitektur FH Düsseldorf m. Dipl., parallel 1979/80 Stud. Kunstgeschichte in Frankreich, 1981 1/2 J. Stud. Italien Univ. Pisa/Italien. K.: 1986 fr. Mitarbeiter im Büro Prof. Bitsch Düsseldorf, 1986 Einrichtugn firma Lucas GmbH Belgien, Niederlande, Düsseldorf, 1987 Firma Lungwitz & Partner Düsseldorf, 1991 selbständig m. Büro Lindenstr. 168 Düsseldorf, 1996 Umzug in Schweidnitzer Straße, ab 1998 m. Partner. M.: Architektenkammer, Bund dt. Innenarchitekten, Tennisverein Gerresheim. H.: Ölmalen, Lesen.

Dreiucker Heidi *)

Dreksler Jacky *)

Drenckhahn Hans-Heinrich
B.: Kfz-Meister, Unternehmer. FN.: Autohaus Drenckhahn. GT.: seit 1990 Obermeister d. Kfz-Innung Ludwigslust Hagenow, 1993 Berufung in d. Meisterprüfungsausschuss d. Kammerbezirk Schwerin, seit 1994 im Vorst. d. Kreishandwerkerschaft Ludwigslust, Vorst.-Mtgl. d. Landesverband d. Kfz-Gewerbes Mecklenburg-Vorpommern. DA.: 19273 Neuhaus/Elbe, Alte-Molkereistr. 1. hdrenckhahn@t-online.de. G.: Neuhaus/Elbe, 9. Jan. 1942. V.: Helga, geb. Bockhorn. Ki.: Ulrich (1968), Sibylle (1971). S.: 1956-59 Lehre z. Kfz-Schlosser in Neuhaus im elterl. Betrieb. K.: 1959-63 ang. Kfz-Schlosser, seit 1963 Kfz-Meister (jüngster Kfz-Meister im Bez. Schwerin), 1964 Übernahme d. elterl. Betriebes. E.: Silberne Handwerkernadel. M.: Schützenverein Neuhaus. H.: Wassersport.

Drepper Kraft Dr. agr. Dr. med. vet. *)

Drepper Uwe *)

Dresch-Fritzsch Rosi
B.: Bildhauerin u. graf. Designer. FN.: DF Dresch-Fritzsch Werkstatt f. Kunst u. Steine. DA.: 97359 Schwarzach, Bamberger Str. 1. G.: Schwarzach, 22. März 1952. V.: Joachim Fritzsch. Ki.: Jessica (1981). El.: Hans u. Helga Dresch. BV.: Hans Dresch - Bildhauer u. ehemal. Bgm. v. Schwarzach. S.: 1972 Gesellenprüf. Bildhauer, 1973 Fachabitur, 1973-74 Stud. FH Würzburg f. Gestaltung und Grafik-Design, 1974-78 Stud. Freie Kunst GHS Kassel mit Abschluß Dipl.-Designerin. K.: während d. Stud. wiss. Hilfskraft b. Dr. Wolfgang Kemp, selbst. als Bildhauerin f. Stein, Holz u. Bronze, Arbeit f. Kommunen, Verb., Kirchen, gewerbliche u. private Auftraggeber; Projekte: Restaurierung d. Immaculata-Brücke, Bildstökke, Ausstellung d. Innung auf d. Gartenschau Würzburg. M.: Steinmetz- u. Bildhauerinnung Würzburg, SV Schwarzbach, SV Sommerach. H.: Literatur, Psychologie, Musik, Sport.

Drescher Bernd *)

Drescher Burkhard Ulrich
B.: hauptamtl. OBgm. FN.: Stadtverw. Oberhausen. DA.: 46045 Oberhausen, Schwartzstr. 72. pr@oberhausen.de. www.oberhausen.de. G.: Neuss, 7. Juni 1951. V.: Jeanette, geb. Schmitz. Ki.: Jan (1978), Arne (1981). El.: Georg u. Helene, geb. Hennig. S.: 1965-68 Lehre als Chemielaborant Farbenfbk. Bayer AG in Dormagen, 1971-75 Weiterbild. z. Chemotechniker, 1973-75 Abendkurse z. Vorbereitung d. Begabtenprüf. z. Zulassung z. HS-Stud., 1975 Begabtensonderprüf., Stud. Wirtschaftswiss. u. Politik an d. Päd. HS Rheinland in Neuss, 1978 1. Staatsexamen. K.: 1968-71 Chemielaborant b. Farbenfbk. Bayer AG in Dormagen, 1973-76 Chemotechniker b. d. Bayer AG in Dormagen, 1978-80 Referendarzeit an versch. Schulen d. Sekundarstufe I, 2. Staatsexamen, 1980-87 Tätigkeit an d. Realschulen Heiligenhaus, Grevenbroich, Kaarst, 1987-89 Wahl z. Beigeordneten d. Stadt Grevenbroich, Stadtkämmerer u. Dezernent f. Wirtschaftsförd., 1990 Stadtdir. d. Stadt Oberhausen, 1991-97 Oberstadtdir. d. Stadt Oberhausen, 1997-99 1. hauptamtl. OBgm. d. Stadt Oberhausen. P.: "Rathaus ohne Ämter" (1996), div. Art. z. Thema Projektmanagement, Privatisierung öff. Dienstleistungen u. Verw.-Modernisierung. M.: seit 1972 SPD, Mtgl. im SPD-Bez. Niederrhein, ÖTV, seit 1972 AWO, Förderver. Friedensdorf. H.: Sport, Fitneß, Tennis, Laufen, Fahrradfahren.

Drescher Carlos

B.: RA. DA.: 20357 Hamburg, Kampstr. 7. G.: Bremen, 25. März 1956. S.: 1975 Abitur Hamburg, 1976-77 Zivildienst in d. Altenpflege, 1978-80 Ausbildung z. Bankkfm. b. d. Dt.-Südamerikan. Bank in Hamburg, Abschluß, 1981-86 Stud. Rechtswiss. Univ. Hamburg, 1986 1. Staatsexamen, 1986-90 Referendarzeit in Hamburg, 1990 2. Staatsexamen u. Zulassung z. Anw. K.: 1991-93 ang. Anw. in d. Sozietät Brinkmann & Partner in Köln, 1993-96 ang. Anw. in d. Kzl. Dr. Weiland & Partner in Hamburg, seit 1997 selbst. Anw. m. d. Partner Dieter Priem, Schwerpunkte: ausländ. Erbrecht, Immobilienrecht, Arbeitsrecht, Ges.- u. Strafrecht. H.: Tennis, Segeln, Laufen.

Drescher Christfried *)

Drescher Herbert Dr. rer. pol. *)

Drescher Joachim *)

Drescher Karl-Heinz
B.: Dipl.-Grafiker i.R. PA.: 10117 Berlin, Am Zirkus 3. G.: Quirl, 7. Okt. 1936. V.: Cesarina, geb. Wolf-Ferrari. Ki.: Stefano (1971), Alessandro (1976). S.: 1955 Abitur, 1955-60 Stud. Gebrauchsgrafik HS f. industrielle Formgestaltung Burg Giebichenstein. K.: 1960-62 freischaffender Grafiker in Halle/Saale, 1962-99 Theatergrafiker im Berliner Ensemble m. Schwerpunkt Plakat, Buch u. Ausstellungen. P.: Ausstellungsbeteiligungen im In- u. Ausland, Plakate in in- u. ausländ. Sammlungen u. in zahlr. Veröff. gewürdigt, Mitwirkung an div. Filmprojekten; Mitherausgeber v. "Die Plakate d. Berliner Ensembles 1949-89" (1992). H.: Schach.

Drescher Klaus
B.: Chefdisponent, stellv. Dir. FN.: Oper Leipzig; Musikal. Komödie Leipzig. DA.: 04177 Leipzig, Dreilindenstr. 30. PA.: 04229 Leipzig, Könneritzstr. 3. G.: Berlin, 13. Februar 1935. V.: Gisela, geb. Grohmann-Groß. Ki.: Kerstin (1957). El.: Gustav u. Käthe. S.: 1953 Abschlußpruf. z. Inspizient Theater Gera. K.: 1952-53 Ass. b. d. Regie u. Dramaturgie am Theater Zwickau, 1953-54 Regieass., Inspizient u. Schauspieler am Theater d. Stadt Greiz, 1954-56 Elbe-Elster-Theater Lutherstadt, 1956-57 Regieass. u. Inspizient am Kleist-Theater Frankfurt/Oder, 1957-66 Ltr. d. künstler. Betriebsbüros am Kleist-Theater Frankfurt/Oder, 1966-75 Ltr. d. künstler. Betriebsbüros f. Oper, Operette, musikal. Ballett, Schauspiel- u. Kindertheater in Leipzig, 1975-91 Chefdisponent am Leipziger Theater, 1992 Chefdisponent u. stellv. Dir. d. musikal. Komödie, mehrfache Gastspiele in Wiesbaden (Maifestspiele), Sizilien, Jugoslawien, Frankreich, Portugal, Wales, CSSR, Bulgarien, Polen, Belgien, Cuba, Mongolei m. Ballettensemble, Gesamtorgan. d. Gastspiele. H.: Reisen, Sport.

Drescher Susanne

B.: Bankfachwirtin, Bankfachwirtin, Ltr. FN.: Sparda-Bank Berlin eG, Geschäftsstelle Weimar. DA.: 99423 Weimar, Schopenhauerstr. 2a. G.: Berlin-Lichtenberg, 4. Apr. 1974. El.: Dipl.-Ökonom Wolfgang und Gisela Drescher, geb. Schulze. S.: 1990-93 Ausbild. z. Bankkauffrau Sparda-Bank Berlin, 1998 Abschluß als berufsbegleitendes Stud. z. Bankfachwirtin an d. Bankakademie in Berlin, 1999 Einungsprüfung (IHK) zur Ausbilderin v. Lehrlingen. K.: 1993-99 Marktbetreuerin d. Kreditabt. d. Sparda-Bank Berlin eG/HV, seit 1999 Leiterin d. Geschäftsstelle Weimar. BL.: jüngste Geschäftsstellenltr. b. d. Sparda-Bank. H.: Kunst u. Kultur, Theater, Konzerte, klass. Musik.

Dreschler Wolfgang *)

Dreschmann Peter Dr.-Ing. *)

Dresen Erich *)

Dresen Markus Franziskus
B.: Werbekaufmann, selbständig. FN.: dresenfunke werbeagentur GmbH. DA.: 40549 Düsseldorf, Hansallee 159. dresenfunke@t-online.de. G.: Köln, 24. Dez. 1965. V.: Christina, geb. Burmester. Ki.: Jaqueline (1995), Maria (1998). S.: 1987 Abitur, 1987-89 Lehre Werbekaufmann Werbeagentur Dietmar Smolka Köln. K.: 1989-94 Kontaktass., Juniorkotakter u. Etat-Dir. in der Firma Menzendorf + Partner Werbeagentur GmbH, 1995-96 Etat-Dir. in d. Firma Publics MCD Werbeagentur GmbH in München, 1996-97 Etat-Dir. in d. Firma Heithausen + Partner GmbH f. Kommunikation in Düsseldorf, seit 1998 selbständig m. d. Firma dresenfunke werbeagentur GmbH in Düsseldorf. H.: Familie, Inlineskating.

Dreses Georg-Wilhelm Dipl.-Ing. *)

Dreske Gerd F. W. Dipl.-Phys. *)

Dress Andreas Walter Martin Dr. Prof. *)

Dressel Bertram Dr.-Ing. habil.
B.: Gschf. FN.: Technologie Zentrum Dresden GmbH. DA.: 01217 Dresden, Gostritzer Str. 61-63. dressel@tzdresden.de. G.: Meerane, 12. März 1955. V.: Martina, geb. Türk. Ki.: Jeanette (1985). El.: Hans u. Ruth. S.: 1973 Abitur Glauchau, 1973-75 Armee, 1975-80 Stud. Verfahrenstechnik TU Dresden, 1982 Prom. z. Dr.-Ing. K.: 1982-90 Ass. an d. TU Dresden, 1990 Mtgl. Projektteam z. Aufbau d. Technologie Zentrum Dresden, 1990 Grdg. GmbH u. Gschf. P.: Prom., Habil., insgesamt 37 Aufsätze in Fachzeitschriften, "Der Start v. 35 Unternehmen auf 360 Quadratmeter - Aufbruch z. Technopark" (1997). E.: Karl-Marx-Stipendium. M.: Vorst.-Vors. d. Bundesverb. d. Technologie- u. Gründerzentren, ADT e.V., stellv. Vors. im Aussch. "Technologie" d. IHK Dresden, Lions Club. H.: Haus, Garten, Fotografie, Beruf, Natur.

Dressel Gerd *)

Dressel Harald

B.: freier Journalist. PA.: 98527 Suhl, Goethestraße 16. G.: Oberrod, 4. Mai 1937. Ki.: Petra (1959), Jens (1961). El.: Berta Dressel. S.: 1951-53 Lehre Werkzeugmacher Geschwister-Scholl-Schule Suhl, 1956-57 Offiziershochschule d. KVP Plauen, 1958-59 Fernstudium u. Sonderreifeprüfung, 1960-65 Ausb. Redakteur, 1964-65 Stud. HS f. mat. Politik. K.: 1957-58 Sachbearbeiter b. Rat d. Bez. Suhl, 1958-60 Journalist, 1960-61 Ref. b. VEB Sport-Toto, 1961-63 Bezirkssekretär d. Dt. Kulturbundes, 1963-66 freischaff. Journalist, 966-90 Ltr. d. Bezirksredaktion d. Thüringer Neuesten Nachrichten in Suhl u. Mtgl. d. Kollegiums im Weimar, glz. Reporter im Berliner Pressebüro u. im Ausland u.a. in Mexico, Kuba, CSSR, Ungarn u. Polen, 1990 Herausgeber u. Chefredakteur am Zeitungsverlag "Die Neue", 1990-96 Galerist f. Kunst u. Antiquitäten in Suhl u. Meiningen, seit 1996 im Ruhestand u. seither Arbeit am Sachbuch über Suhler u. Zella-Mehliser Waffen; Funktionen: Gutachter f. alte Kunst u. Antiquitäten f. Händler, Gerichte u. Privatpersonen, seit d. Jugend Briefmarkensammler, Ordensträger u. Programmen u. Notenalben gemeinsam mit dem Volksliedsänger Herbert Roth. P.: "Städtemonographie Suhl u. Umgebung" (1962), "Herbert Roth-sein Schaffen-seine Mitstreiter" (1976), "Anthologie Auskünfte z. Zeit" (1988). M.: seit 2001 Vorst.-Mtgl. d. Förderverein Waffenmuseum Suhl. H.: Schreiben, Sammeln.

Dressel Harry Ing. *)

Dressel Horst *)

Dressel Johann B. *)

*) Biographie www.whoiswho-verlag.ch oder beigefügte CD-ROM

Dressel

Dressel Jürgen Ing.
B.: Sprecher d. Geschäftsltg. FN.: Plauener Gardine GmbH & Co. DA.: 08523 Plauen, Leuchtsmühlenweg 15. PA.: 08236 Ellfeld, Damaschkestr. 3. G.: Chemnitz, 8. Feb. 1944. V.: Liane, geb. Seifert. Ki.: Dunia (1971), Daniela (1974). El.: Siegmund u. Hildegard, geb. Benich. BV.: 3. GenerationStricker, Inh. v. Stickerei u. Stickereihdl. Schädlich u. Dressel. S.: 1960-62 Lehre Gardinenweber Firma Plauener Gardine, 1963-65 Meisterstud. Karl-Marx-Stadt, 1965 Meisterprüf., 1967 Lehrmeisterabschluß, 1967-72 Fernstud. Ing.-Schule Reichenbach, 1972 Textiling. K.: 1964-65 Meister in d. Firma Plauener Gardine, 1966-67 Lehrmeister, 1967 Forsch- u. Entwicklungsing., 1976-90 Abt.-Ltr. f. Erzeugnisentwicklung u. Gestaltung, 1990 gschf. Dir., 1991 Gschf. f. Verkauf, 1995 Gschf. f. Prod. u. Verkauf, seit 1999 Sprecher d. Geschäftsltg. P.: Ing.-Arb. E.: Banner d. Arb. Stufe III, mehrfacher Aktivist. M.: Förderver. Spitzenmuseum, VDI, Vollversammlung Regionalverkehr d. IHK Plauen. H.: Garten, Reisen, Kegeln.

als Nachrichtenreporter, Nachrichtensprecher, Theaterkritiker, Aufnahmeltr., Regieass., Lektor f. TV-Filme, 1977-81 Fernsehred. bei SFW Baden-Baden, 1981-84 Showred. b. ZDF Mainz, seit 1984 freier TV-Produzent für alle Sender (u.a. "Wetten, daß", "Na Sowas", "Verstehen Sie Spaß?", "Lottoshow"), Inszenierung v. zwei Kinofilmen: Komödie "Zärtl. Chaoten II", Musikfilm "Keep On Running", Autor und Regisseur für "Event"-Gestaltung, 1968-78 Auftritte als Rockmusiker u. Folksänger. H.: Gitarre, Mundharmonika, Windsurfen, Gesellschaftsspiele sammeln.

Dreßel Ursula *)

Dressen Hans Walter *)

Dreßen Karl Josef *)

Dreßen Peter *)

Dressen Peter
B.: DGB-Kreisvors., MdB. DA.: 11011 Berlin, Platz d. Republik 1. PA.: 79312 Emmendingen-Wasser. G.: Freiburg, 9. Sep. 1943. Ki.: 3 Töchter. S.: Kfm. Lehre, Weiterbild. z. Betriebswirt an d. Ak. Meersburg. K.: 1972-80 SPD-Unterbez.-Gschf., 1980-94 DGB-Kreisvors. v. Freiburg u. Breisgau, seit 1982 alternierender Vors. d. AOK Emmendingen u. d. Verw.-Aussch. d. Arbeitsamtes Freiburg, seit 1993 Mtgl. im Berufsbild.-Aussch. d. IHK Freiburg, d. Univ.-BeiR. d. Univ. Freiburg im Wirtschaftsber. d. Stadt Freiburg, alle Ämter außer Funktionen b. d. AOK m. Eintritt in d. Bundestag niedergelegt, seit 1968 Mtgl. d. SPD, 1971-94 StadtR. d. Kreisstadt Emmendingen, 1973-85 Mtgl. d. Kreistages d. Landkreises Emmendingen, seit 1994 MdB. M.: seit 1970 Mtgl. d. IG Metall, AWO, förd. Mtgl. d. Fußballbez-Ligaver. SV Wasser. (Re)

Dreßler Günter
B.: Kammersänger. PA.: 01326 Dresden, Karpatenstr. 27. G.: Eibau, 23. Juli 1927. V.: Rosemarie, geb. Berger. Ki.: Christoph, Ulrich. S.: 1944 Gesellenprüf. als Bäcker, 1946-49 nebenber. Instrumentalist in Tanzband, 1950-51 Berufschor, 1951-56 Musikstud. am HFB Berlin, Hauptfach Gesang b. Prof. Adelheid Müller-Hess, 1956 Staatsexamen. K.: 1956-59 Baß am Stadttheater Görlitz, 1959-64 Baß an Landesbühne Sachsen, 1964-92 Sächs. Staatsoper Dresden, Fach Charakter- u. Spielbaß, 1972 Ernenn. zum Kammersänger, Tourneen mit Ensemble in zahlr. europ. Großstädten. H.: Segeln. (H.W.)

Dreßler Holger *)

Dressler Holm
B.: TV-Produzent u. Reg., Gschf. Ges. FN.: HDTV Entertainment Holm Dressler Television GmbH. DA.: 80639 München, Notburgastr. 10. G.: Hannover, 13. Dez. 1949. V.: Jutta. E.: Hilmar u. Helga. BV.: Eduard Leonhardi Landschaftszeichner, Museum in Dresden im Familienbesitz. S.: 1967-70 Lehre als Bankkaufmann., 1973 HS-Reife auf 2. Bild.-Weg. K.: 1973 Kabelhelfer bei NDR Hannover, 1973-77 freie Tätigkeit

Dressler Jana Maria Dr.

B.: Zahnärztin, Oralchirurgie, Akupunktur. DA.: 65934 Frankfurt-Nied, Nieder Kirchweg 22. G.: Jägerndorf, 10. Feb. 1948. V.: Dipl.-Ing. Joachim Dressler. Ki.: Monika Maria. El.: Karl u. Elisabeth Müller. BV.: Großvater mütterlicherseits Bgm. in Schlausewitz. S.: 1966 Abitur, 1966-67 Praktikum an Klinik in Jägerndorf, 1967-73 Med.-Stud. Univ. Olmütz, 1972-74 Med.-Stud. Goethe-Univ. Frankfurt, Examen. K.: 1975-77 Ass.-Zeit, 1977-82 tätig b. Prof. G. Frenkel Univ.-Klinik Frankfurt, ab 1982 eigene Praxis in Frankfurt. P.: div. Vorträge über Krebsvorsorge, div. Veröff. in Fachzeitschriften u. Zeitungen. M.: Präs. I.S.M.D.R., BDO, Kuratorium f. d. Tagungen d. Nobelpreisträger in Lindau e.V., KVDA, NPA, Arbeitskreis d. Jugendsozialpflege Frankfurt, Golfclub Brünn. H.: Klavierspiel, Gesang, Tennis, Schwimmen, Golf, Rezitation.

Dressler Jochen Dr. med. Dr. med. habil. Prof. *)

Dressler Otto
B.: bild. Künstler, Verfremder. PA.: 85665 Moosach, Osteranger 6. G.: Braubach, 1. Nov. 1930. V.: Hildegard Agnes, geb. Langemeijer. El.: Otto u. Berta. S.: Steinmetzlehre, Werk- u. Kunstschule Wiesbaden. K.: Ausstellungen u. Kunstaktionen in 230 Städten Europas u. USA. P.: "Kunstergreifung", "UNSER LAND", "Der Zweck heiligt die Verfremdung", "Verfechter der deutlichen Kunst". E.: BVK 1. Kl. M.: Intern. Künstler Gremium, Dt. Künstlerbd., Ges. Bild. Künstler Österr., Künstlerhaus Wien, BVerb. Bild. Künstler, (ehem. 1. Bundesvors.), Freie Ak. d. Künste Mannheim.

Dressler Peter
B.: Elektrosignalschlosser, Inh. FN.: Peter Dressler Wand- u. Eckgestaltung. DA.: 13086 Berlin, Streustr. 28. PA.: 13059 Berlin, Kröpeliner Str. 15. www.regale-moebel.de. G.: Tornow/Berlin, 16. Aug. 1951. V.: Brigitte, geb. Sauvant. Ki.: Marco (1987), Christian (1988). E.: Karl u. Gertraud, geb. Mirring. S.: 1966-68 Lehre als Elektrosignalschlosser. K.: 1968-89 Prüffeldmechaniker, Einrichter, zuletzt Elektronikfacharb. im EAW-Berlin-Treptow, 1971-74 NVA, zuletzt

*) Biographie www.whoiswho-verlag.ch oder beigefügte CD-ROM

Unteroffz., ab 1971 Singe-Bewegung in d. DDR, ab 1974 Singe-Club Werner Seelenbinder d. Kombinats EAW-Berlin-Treptow, ab 1986 eigene mobile Diskothek mit Partner, Veranstaltungen, 1988 nebenberufl. Herstellung von kleinhandwerkl. Holzregalen, Verkauf auf Märkten, 1989 arbeitslos, 1990 Entwicklung e. eig. Schmuckregalsystems, 1991 wendebedingte Selbständigmachung mit Schmuckregalen aus Holz, individuelle Anfertigung, Verkauf über eigenes Ladengeschäft in Berlin-Weißensee als Kunsthandwerk u. Geschenkart., 1992 Herstellung v. großflächigen Bücherregalen in handwerkl. Qualität in eigener Werkstatt, 1998 Umzug in neue Räume, ab 1999 Zusammenarb. m. Firma InVido Schrank- u. Regalsysteme nach Maß, Hdl. u. Service, einziger Berliner Partner d. Unternehmens. M.: in d. DDR-Zeit aktiv in d. versch. Ges. Ver. aus ges. Interessen, Kultur- u. Jugendarbeit. H.: Musik, Mode.

Dreßler Rolf-Achim *)

Dreßler Rudolf

B.: Dt. Botschafter i. Israel. FN.: Dt. Botschaft Tel Aviv. DA.: IL-64731 Tel Aviv, Daniel Frisch Street/19th floor. ger_emb@netvision.net.il. www.germanemb.org.il. G.: Wuppertal, 17. Nov. 1940. V.: Doris Müller. Ki.: Simone (1961), Tim (1996). El.: Rudolf und Lina, geb. Reckewitz. S.: 1955-58 Lehre Schriftsetzer Drucker, 1955 Eintritt in IG Druck, 1958/59 Umschulung Metteur bei Südkurier Konstanz, anschl. Umschulung Linotypesetzer, daneben ehrenamtl. Gewerkschaftsarbeit, später Weiterbildung bei IG Druck u. Papier als Vorbereitung f. Hochschule f. Wirtschaft u. Politik Hamburg. K.: 1961-81 Linotypesetzer Westdeutsche Rundschau Wuppertal bis Aufkauf, dann Westdeutsche Zeitung, anschl. Düsseldorfer Nachrichten, 1969-81 BetriebsR.-Vors., auch nach Fusionierung z. Westdeutschen Zeitung, ab 1971/72 Gesamtbetriebs R.-Vors., 1973-84 Wahl in d. Hauptvorst. IG Druck u. Papier, 1969 Eintritt in d. SPD, 1970 Vors. Ortsverein Wuppertal-Oberbarmen, 1971 Unterbezirksvorstand SPD-Wuppertal, 1979 Bundestagswahl Wahlkreis 69, Aufstellung als Kandidat, 1980-2000 MdB, 1980 stellv. Sprecher Arbeitsgruppe Arbeit u. Sozialordnung, 4/82-10/82 durch Kanzler Schmidt Berufung z. Parlamentarischen Staatssekr. im Arbeitsministerium, nach d. Regierungswechsel zurück in d. Fraktion, auch Vors. Arbeitsgemeinschaft ausländischer Arbeitnehmer, 1987 stellv. Vors. d. SPD-Bundestagsfraktion, 1991 Vors. Arbeitsgruppe Israel, 1998 stellv. Mtgl. Gesundheitsausschuß, Ausschuß Arbeit u. Sozialordnung, Vermittlungsausschuß, gem. Ausschuß f. Krisenzeiten, 1984 Mtgl. Parteivorstand SPD, 1984-2000 Bundesvors. AfA Arbeitsgemeinschaft f. Arbeitnehmerfragen, 1991 Mtgl. Päsidium SPD, s. 2000 Botschafter Deutschlands in Israel. P.: "Sozialplan nach Betriebsverfassungsgesetz 1972" f. Betriebsräte, Mithrsg. "Jenseits falscher Sachzwänge", "Schwarzbuch zur Wirtschaftskriminalität" (1987). E.: VO d. BRD, VO 1. Kl. d. BRD, Gr. VK d. BRD. M.: IG Medien, AWO Wuppertal, Governor of the Board of the Univ. of Haifa, ehrenamtl. Vorst. Bonner Rednerschule, Jurymtgl. "Goldenes Mikrophon". H.: klass. Musik, früher Akkordeonspieler, Geschichte u. Zeitgeschichte, Tennis, früher Fußball u. Leichtathletik. (Re)

Dreßler Thomas Dr.-Ing.

B.: Ltr. des Bauzentrums West. FN.: Balfour Beatty Rail GmbH. DA.: 45131 Essen, Girardetstr. 2-38. G.: Wermsdorf, 14. Juli 1955. V.: Sieglinde, geb. Menzel. Ki.: Alexander. El.:

Heinz u. Marga, geb. Münch. S.: 1974 Abitur Leipzig, 1974-78 Stud. an d HS f. Verkehrswesen. K.: 1978-83 Ass. an d. HS in Dresden, 1983 Prom., 1983-86 Dt. Reichsbahn, Inst. f. Eisenbahnwesen, 1986-89 Reichsbahn u. Min. f. Verkehr als Büroltr. d. stellv. Min., 1990-94 Gruppenltr. b. d. Dt. Reichsbahnzentrale, 1994-97 Abt.-Ltr. d. DB Netz AG Region Essen, 1997-2001 Abt.-Ltr. b. DB Netz AG Ndlg. West, 2001 Ltr. d. Bauzentrums West. P.: Fachaufsätze f. versch. Zeitschriften d. Bahn. M.: V.D.I. H.: Segeln, Tauchen, Kultur, Kunst.

Dreßler Ulrich *)

Dreßler Ute Dipl.-Med.

B.: FA f. Kinderheilkunde. FN.: Gemeinschaftspraxis. DA.: 04209 Leipzig, Lützner Str. 193. G.: Quedlinburg, 28. Jan. 1960. V.: Dipl.-Med. Michael Dreßler. El.: Hans-Friedrich und Gisela Hoffmann, geb. Herden. S.: 1978 Abitur Quedlinburg, prakt. J., 1979-85 Stud. Humanmed. an d. Med. Ak. Magdeburg, Dipl. K.: 1985-90 FA-Ausbild. z. FA f. Kinderheilkunde in Luckau, Cottbus u. Leipzig, seit 1991 ndlg. in Gemeinschaftspraxis in Leipzig. H.: Blumen, Literatur, Musik, Zwergkaninchen.

Dreßler-Schröder Renate Dr.-Ing. habil.

B.: Gschf. FN.: Höft, Wessel & Dr. Dreßler GmbH. DA.: 04349 Leipzig, Am Schenkberg 10. G.: Chemnitz, 4. Juli 1944. V.: Prof. Dr. Wolfgang Schröder. S.: 1960 Mittlere Reife Annaberg-Buchholz, 1962 Stickereifacharb.-Lehre in Plauen im väterl. Betrieb Bärenstein. K.: 1964 tätig im Familienbetrieb, Abitur an d. VHS, 1965-70 Stud. Textiltechnik TU Dresden, 1970-80 wiss. Ass. TH Karl-Marx-Stadt,1977 Diss., ab 1980 OAss. f. Forsch. an d. TH Karl-Marx-Stadt, 1983 Habil., 1983-91 Abt.-Ltr. im VEB Zentrales Projektierungsbüro d. Textilind. Leipzig, ab 1991 Grdg. d. Firma Höft, Wessel & Dr. Dreßler GmbH, 1996 Grdg. d. Firma Espig + Partner GbR, 1996/97 Zertifikat "QM-Beauftragte" u. "Qualitätsauditorin". P.: über 40 Veröff. u. wiss. Einzelarb., etwa 30 nat. u. intern. Fachvorträge. M.: IHK zu Leipzig, Sprecherin d. Arbeitskreises Forsch. u. Entwicklung d. IHK zu Leipzig, ehrenamtl. Richterin b. d. Kam. f. Hdls.-Sachen d. LG Leipzig. H.: Tennis, Schifahren.

Dreste Hans Udo *)

Dreszik Monika Dipl.-Ing. *)

---

*) Biographie www.whoiswho-verlag.ch oder beigefügte CD-ROM

Dreusicke

Dreusicke Thomas *)

Dreuw Anna Gertrud *)

Drevenstedt Arvid *)

Drevermann Dieter *)

Drewes Detlef *)

Drewes Hans Jörg Dr. med.

B.: FA f. Innere Med. DA.: 45329 Essen, Altenessener Str. 525. PA.: 46514 Schermbeck, Lütgefeld 40g. G.: Seefeld, 16. Nov. 1944. V.: Ulrike, geb. Bocks. Ki.: Kristina (1977). El.: Wilhelm u. Margarethe. S.: 1965 Abitur Essen, 1965-71 Stud. Humanmedizin Essen u. Münster, 1971 Approb. K.: 1971-73 Kruppkrankenanst., 1973-74 Stabsarzt b. d. Bundeswehr, 1974-76 Univ.-Klinikum Essen, 1976-79 St. Josefs-KH in GE-Horst, FA-Anerkennung f. Innere Med., 1979 Ndlg. als Internist in Altenessen. BL.: Medical Partner e.V. Förderver. z. ganzheitl. Med., Forsch.-Arb. auf d. Gebiet d. ganzheitl. Med. P.: Seminare über ganzheitl. Med. M.: Dt. Akupunkturges. München, Ges. f. Biolog. Tumortherapie, Dt. Bioresonanzges. Homberg. H.: Westernreiten.

Drewes Ingo Dipl.-Bw.

B.: Bankfachwirt, Unternehmer, selbständig. FN.: FID Finanzen-Immobilien-Dienstleistungen. DA.: 25746 Heide, Schleswiger Str. 15. f-i-d@t-online.de. www.f-i-d.de. G.: Heide, 21. Aug. 1963. V.: Dipl.-Bw. Nathalie, geb. Pley. Ki.: Denise (1995), Danny-Ray (1997), Dean (1999), Dustin (1999). El.: Dipl.-Ing. Walter u. Annelise, geb. Hackbarth. S.: 1984 Abitur, 1984-85 Bundeswehr, 1985-86 Stud. BWL Univ. Kiel, 1986-89 Lehre als Bankkaufmann, 1990-92 Bankfachwirt in Kiel mit Abschluß, 1992-97 berufsbegleitendes Stud. d. BWL u. Bankwirtschaft. K.: 1989-92 Tätigkeit im Wertpapiergeschäft, 1993-97 Orga-Leiter einer Bank, seit 1998 selbständiger Makler u. Finanzberater. M.: VDM. H.: Politik, Kinder.

Drewes Jürgen *)

Drewes Otto *)

Drewes Robert O. *)

Drewes-Schmidt Herbert
B.: Kfm. FN.: Drewes-Schmidt GmbH Kunststoff-Vertrieb. DA.: 45768 Marl, Femstr. 15. G.: Witten/Ruhr, 24. Feb. 1938. V.: Marlene, geb. Bothe. Ki.: Susanne (1965), Hans (1968). S.: 1954 Handelsschulabschluss, 1956 Fahrschluss Kfm.-Gehilfe, 1961 Betriebswirt VA. K.: 1962 Firma Drewes in Haßlinghausen, 1963 Prok., 1964 Adoption durch Firmeninh., 1969 Gschf. Stewing Kunststoffbetrieb GmbH, 1974 selbst. Kunststoffvertrieb in Dorsten, 1989 Handelsgeschäft in Marl (Brüggeweg), seit 1998 Handelsgeschäft in Marl (Femstraße). M.: seit 1985 Teninsclub TC Marl 33, seit 1975 Männergesangsver. Witten, seit 1985 Vorst. Kirchenchor Marl-Lenkerbeck, seit 2000 Fachwart f. Tennis b. Stadtsportbund Marl. H.: Tennis, Golf, Singen.

Drewing Lesley Dr. *)

Drewnicki Robert *)

Drewniok Frank *)

Drews Alfred Artur *)

Drews Anita

B.: Gschf. Ges. FN.: Kinderinsel GmbH. DA.: 10115 Berlin, Eichendorffstr. 17. PA.: 12047 Berlin, Am Maybachufer 27. adrews@kinderinsel.de. www.kinderinsel.de. G.: Nürnberg, 1. Feb. 1964. Ki.: Anton Dustin (1989). El.: Johannes Oberhof u. Anni Drews, geb. Fränkel. S.: 1986-89 Lehre Köchin Berufsamt Schöneberg. K.: 1987 Praktikum im Hotel Schweizer Hof u. im Restaurant Mövenpick, 1993 Mittlere Reife an d. VHS Neukölln, 1995-97 Umschulung z. Kauffrau f. Bürokommunikation im Forum Berufsbild., 1996-97 Praktikum in Tränenpalast Veranstaltungs GmbH u. in d. Stattauto Car-Sharing GmbH, 1985-89 Managerin d. eigenen Band "Eu-met", 1989 Köchin im Restaurant Senso Unico, 1992 Köchin im Restaurant Torso u. 1992-93 in d. Kita Kotti e.V., 1997 Organ. eines Benefizkonzertes zugunsten obdachloser Jugendlicher, 1997-98 Durchführung d. Weltmusikreihe "Diaspora" im Kulturamt Treptow, 1998 Vorbereitung d. Projekts Kinderinsel, versch. Weiterbild. im Bereich Existenzgrdg. u. Bw., seit 2000 Gschf. d. Kinderinsel GmbH m. Rund-um-d.-Uhr-Betreuung f. Kinder in 12 Sprachen unter d. Motto "Erlebnis ohne PC u. Gameboy". F.: Kinderinsel mobil. P.: Art. anläßl. d. Eröff. d. Kinderinsel. H.: Reisen, Musik, Familie, Sprachen.

Drews Bodo *)

Drews Gerhart Dr. rer. nat. habil. Prof.
B.: Univ.-Prof. FN.: Albert Ludwigs-Univ. DA.: 79104 Freiburg, Inst. Biolog. Schänzlestr. 1. PA.: 79249 Merzhausen, Schloßweg 27b. Gerhart.Drews@biologie.uni-freiburg.de. G.: Berlin, 30. Mai 1925. V.: Christiane, geb. May. El.: Wilhelm u. Hilma. S.: 1943 Abitur, 1947-51 Stud. Univ. Halle, 1953 Prom. K.: 1953 wiss. Ass. Botan. Inst. Univ. Halle, 1953-60 wiss. Mitarb. u. Arbeitsgruppenltr. Inst. f. Mikrobiologie u. exp. Therapie d. Ak. Wiss. Jena, 1960 Habil., 1961 Doz. Univ. Freiburg, 1964-93 Ordinarius f. Mikrobiologie in Freiburg, mehrmals Aufenthalte in d. USA, vieljähr. Tätigk. als Dekan d. Fak. f. Biologie, Gutachter in vielen nat. u. internat. Förderungsorganisationen, 1970-93 Editor in chief v. Arch. Microbiol. P.: ca. 300 Veröff. in intern. Fachzeitschriften über Struktur, Funktion und Biogenese des bakt. Photosyntheseapp., Coeditor u. Autor: Biology of the Prokaryotes, Thieme Vlg. Stuttg. E.: 1997 Dr. honoris causa Univ. Buenos Aires, Heisenberg Med. A. v. Humboldt Stiftung. M.: mehrjähr. Mtgl. editoral board J. Bacteriol., Eur. Cell Biol., Mtgl. nat. u. internat. mikrobiolog. Ges. H.: klassische Musik.

Drews Helga *)

*) Biographie www.whoiswho-verlag.ch oder beigefügte CD-ROM

Drews Ingeborg
B.: Malerin, Grafikerin, Schriftstellerin, Übersetzerin. DA.: 50678 Köln, Titusstr. 12. G.: Köln, 26. Juli 1938. S.: 1957-60 Stud. Malerei u. Grafik Kölner Werkschulen, 1960-61 Stud. Malerei Paris, Diplom Univ. Köln Psychiatrie/Kunsttherapie. K.: 1961-62 Tätigkeit als Übersetzerin u. Auslandskorrespondentin in London, 1975-81 Stud. Kölner Werkschule/FHS Kunst u. Design, 1983-86 Ausstellung "Emigranten" in d. Zentralbibl. Köln, Teilnahme an Grafikmesse in Bilbao/Spanien, Ausstellungen in Köln, Hamburg, Wien, Poznan, New York, 1990 Einzelausstellung in d. Galerie Handwerkskam. Köln, Multimedia Galerie Köln u. Bonn-Bad Godesberg, Portraits in : Dt. Bibliothek Frankfurt u. Bibliothèke Nationale de France, Paris, Marbacher Literaturarchiv, Satire Blätter in Expo St. Just/Limoges, Frankreich, Sommer 1997, 1998, 1999, 2000, 2001 und 2002. P.: Fünf paradiesische Geschichten (1981), Am Rande d. Stunden (1989), Malerei, Grafik, Aphorismen (1990), 1999 Grupello-Verlag Band: "Die gewöhnliche Sternstunde", Sendungen d. Gedichte in Englisch u. Spanisch, Deutsche Welle, in Deutsch: WDR, NDR, DLF, weitere Gedichte in Anthologie Rauner-Stiftg, Essay über Romanische Kirchen, Greven-Verlag, Beiträge über Kunst in KUNST ZEIT u. "Neues "Rheinland", div. Rundfunksendungen WDR, Deutschlandfunk, Dt. Welle u. Radio Lubljana, Gedichte in Anthologien, Buch im Bachem-Verlag Köln, Hrsg. Prof. Jürgen Bennack: "Rheinische Miniaturen". Diss.: "Über Kitsch und Psyche" (Uni Köln, 2000), Beiträge Feuilleton über Ulrich Rückriem, Gisela Holzinger, Bernhard Paul (Zirkus Roncalli), 2001. Performance mit Gert Dudek u. Ali Hauraud: Lyrik u. Jazz (Kunstkabinett Knauf, 2002), Lesungen im Schloß Brühl, Ausstellung in Rathaus-Galerie: "Der Rhein" (Fotos). E.: 1988 Preis d. bulgar. Künstlerverb. f. Grafik u. Satire, 1990 Literaturpreis "Dormagener Federkiel", 1999 1. Preis i. SATYRYKON f. satirisches Foto, Legnica/Polen, erneut 2001 Preis in Legnica u. Ausstellung. Foto: "The Union of the Cows, BSB".

Drews Jürgen *)

Drews Lutz Dr. med. *)

Drews Michael Thimo
B.: Gschf. Ges., selbst. Kaufmann/Rohkaffee-Importeur. DA.: 20457 Hamburg, Brook 2. G.: Hamburg, 3. Okt. 1963. El.: Robert (Kaufmann) u. Gerda, geb. Bendig. BV.: Familienursprünge gehen zurück bis ins 11. Jhd. S.: 1987-89 Ausbild. z. Groß- u. Außenhandelskfm. b.d. Fa. Bernhard Rothfos AG, glz. Besuch d. Wirtschaftsakad. K.: 1989 Übernahme im Angestelltenverhältnis b. d. Fa. Bernhard Rothfos AG/Hamburg als Ass. d. Senior Traders Rohkaffeeimport/Kolumbien, Wechsel zur S.K.N. del Tolima Ltd./Bogots/Kolumbien, 1989-91 Tecnico Cafetero b. d. Fa. S.K.N. del Tolima M.: Dt. Kaffeeverb., Trand fair, IFOAM, Demeter. H.: Reisen, Angeln, Karate, Lesen.

Drews Norbert Dipl. med. *)

Drews Norbert Hermann Albert
B.: RA u. Landwirt. DA.: 14195 Berlin-Dahlem, Thielallee 20. PA.: 14195 Berlin-Dahlem, Thielallee 20 u. 16928 Schönebeck/Priegnitz, Gutshof. G.: Georgenburg/Ostpreußen auf Trakehnergestüt, 15. Okt. 1940. V.: Ingeborg, geb. Bley. Ki.: Herzchirurg Thorsten (1967). El.: Herbert (ev. Pfarrer) u. Elvira, geb. Markowski. BV.: Großvater Hermann Markowski war Bez.-Dir. eines Lebensversicherers in Königsberg/Ostpr., Großvater Albert Drews - Schuldirektor, Großmütter stammen aus landwirtschaftlichen Betrieben, unter d. Vorfahren väterlicherseits gab es viele Juristen. S.: 1960 Abitur Sophie-Scholl-Schule Berlin-Schöneberg, 1960 Stud. Rechtswiss. u. VWL in Berlin u. Saarbrücken, daneben aktiv im Ver. Dt. Studenten VDSt, erstes Staatsexamen in Saarbrücken, Referendariat b.

Kammergericht Berlin mit Wahlstation bei Vorsorge Lebensvers. AG heute Ergo AG, zweites Staatsexamen. K.: 1969-92 Bundesaufsichtsamt f. d. Versicherungswesen BAV, Regierungsdirektor, Referatsleiter, 1992 aus familiären Gründen ausgeschieden, 1992-93 RA in Sozietät, seit 1993 selbst. RA, Schwerpunkte: Versicherungsrecht u. Versicherungsaufsichtsrecht; daneben seit 1993 Beirat Bruderhilfe u. Beirat Familienfürsorge Leben; seit 1993 jur. Treuhänder in d. Kranken- u. Lebensversicherung, auch Vortragstätigkeit f. VdST (AH) zuständig f. Beitragsverfahren. P.: zahlr. Aufsätze zu vers.-rechtl. Fragen u. z. Vertretertätigkeit in d. Krankenvers. M.: Lions Club Intercontinental Berlin, Studentenkorporation, Vereinigung d. Treuhänder i. d. Privat. Krankenversicherung, Dt. Verein f. Versicherungswissenschaft, BeiR.-Mtgl. zweier Vers., Jurist. Treuhänder bei Kranken- u. Lebensvers. H.: Lesen, Philosophie (Kant), alte Uhren, Geschichte, Architekturgeschichte, preußische Geschichte, 30-jähriger Krieg, Landwirtschaft.

Drews Rosemarie Dr. med. *)

Drews Uschi *)

Drews Wolfgang *)

Drews-Bernstein Charlotte *)

Drexel Ruth
B.: Schauspielerin, Regisseurin, Interimsintendantin FN.: Münchner Volkstheater presseabteilung@muenchner-volkstheater.de. G.: Vilshofen, 12. Juli 1930. K.: spielte u.a. 1955/56 am Berliner Ensemble v. Bertolt Brecht, in Wuppertal, Stuttgart, Darmstadt u. Düsseldorf, Fernsehen u.a. in "Münchner G´schichten", "Tatort", "Der Alte", "Derrick", "Monaco-Franze - Der ewige Stenz", "Scheibenwischer", "Zur Freiheit", "Der Bulle von Tölz", 1988-98 Int. a. Münchner Volkstheater, 1999 -2002 Interimsintendantin a. Münchner Volkstheater. E.: 1983 Ludwig-Thoma-Med. d. Stadt München, München leuchtet 1995, 1999 Dt. Fernsehpreis (Kategorie Beste Schauspielerin-Serie).

Drexler Jochen Dipl.-Ing.

B.: selbst. Architekt. FN.: Drexler + Partner Architekten. DA.: 80639 München, Hubertusstr. 22. G.: Karlsruhe, 20. September 1942. V.: Brigitte, geb. Penkwitt. Ki.: Anne Christine (1969), Michel (1975). El.: Adolf und Theresia. S.: 1963-65 Stud. Bauing.-Wesen TU Karlsruhe, 1965-69 Stud. u. Dipl. d. Arch. an d. TU München. K.: 1969-70 Mitarb. an den Olympiabauten im Büro v. Prof. Behnisch, 1971 Mitarb. im Arch.-Büro v. Gagern München, 1973 Grdg. d. eigenen Arch.-Büros in München, 1993 Grdg. d. ATEC GmbH, 1994 Erweiterung d. Büros u. Umzug in d. Hubertusstr. 22 in München, Grdg. d. ATEC Systemhaus GmbH u. APSIS Software GmbH. P.: div. Veröff. in Fachzeitschriften. H.: Joggen, Tennis, Schifahren.

---
*) Biographie www.whoiswho-verlag.ch oder beigefügte CD-ROM

Drexler Jürgen

B.: Gschf. Ges. FN.: Drexler Consulting GmbH; ESG Eisenbahn u. Sonderwagen Betriebs GmbH. DA.: 86156 Augsburg, Kobelweg 4. PA.: 86157 Augsburg, Hessenbachstr. 27a. G.: Gießen, 10. Juni 1968. El.: Hans u. Hannelore, geb. Häusler. S.: Mittlere Reife, Kochlehre Hotel Gregor Augsburg. K.: Koch b. d. Marine auf d. Fregatte "Augsburg", Restaurant "Zum Alten Fischertor" Augsburg, seit 1992 selbst., Berater f. Schienenfahrzeugtechnik, 1994 Grdg. d. Drexler Consulting, 1979 Grdg. d. ESG. P.: div. Publ. in d. Lokalpresse. E.: 1988 Goldmed. f. d. Kochclub Augusta Augsburg.

Drexler Sabine Erika *)

Drexler Wolfgang *)

Dreyer Angelika *)

Dreyer Arend Dr. *)

Dreyer Arndt *)

Dreyer Brigitte *)

Dreyer Carsten Dipl.-Ing.

B.: Gschf. Ges. FN.: Dreyer Immobilien GmbH. DA.: 29410 Salzwedel, Burgstr. 36. PA.: 29413 Dähre, Eickhorst 4. dreyer-salzwedel@t-online.de. G.: Salzwedel, 19. Okt. 1961. V.: Silvia, geb. Jäckel. Ki.: Christoph (1989). S.: 1989 Abitur Salzwedel, 1981-86 Stud. Nahrungsgüterwirtschaft u. Lebensmitteltechnologie an der Humboldt-Univ. in Berlin. K.: b. 1988 k. VEB OGS in Salzwedel als wiss. Mitarbeiter, ab 1988 ökonomischer Dir. b. VEB OGS in Salzwedel, 1990 Grdg. d. Firma Dreyer Immobilien GmbH, Schwerpunkte: Hausverwaltung, Immobilien Verkauf u. Vermietung. M.: Rotary Club Salzwedel. H.: d. Beruf, d. Firma.

Dreyer Detlev *)

Dreyer Doris *)

Dreyer Ernst-Jürgen Dr. *)

Dreyer Gisela Prof. *)

Dreyer Heiko *)

Dreyer Heinz Dr. agr. Dipl.-Ing. *)

Dreyer Inge Dr. lit. h.c. Prof. *)

Dreyer Joachim Dr. rer. nat.

B.: AufsR.-Mtgl. FN.: debitel AG. DA.: 70567 Stuttgart, Schelmenwasenstr. 37. www.debitel.com. G.: Jägerndorf, 19. November 1942. V.: Annegret, geb. Horn. Ki.: Mirjam (1971), Felix (1973), Julia (1980). El.: Wilhelm u. Gertrud, geb. Rossiwal. S.: 1962 Abitur Bremen-Vegesack, 1962-64 Bundeswehr, 1964-69 Stud. d. Physik Gießen, 1969 Abschl.-Diplom, 1971 Prom. i. physik. Chemie Univ. Bonn. K.: 1970-73 Wiss. Ang. Kernforschungsanlage Jülich, 1973-87 Vertr.-Ltr. Fa. Dornier Friedrichshafen, ab 1987 Ltr. Synergieprojekte Fa. Daimler Stuttgart, 1991-2000 Vorst.-Vors. debitel AG, Mitbegr. u. Vors. d. Verb. d. Anbieter v. Mobilfunkdiensten (VAM), seit 2000 AufsR.-Mtgl. BL.: Patente im Bereich Medizintechnik. P.: zahlr. wiss. Veröff. in Fachzeitschriften. M.: Physikalische Ges. Braunschweig. H.: Klavierspiel, sportl. Wandern.

Dreyer Lutz Univ.-Prof. *)

Dreyer Manfred Dr. med. Prof. *)

Dreyer Marlies Dipl.-Stomatologin *)

Dreyer Ninon Chr. *)

Dreyer Paul Uwe Prof. Dr. h.c.

B.: Maler. PA.: 70197 Stuttgart, Solitude 19. G.: Osnabrück, 22. Sept. 1939. V.: Ortrud, geb. Rechlin. Ki.: Benjamin. El.: Dipl.-Ing. Heinrich u. Lieselotte. S.: Abitur, 1958-61 FH Hannover, 1961-62 HS d. Künste Berlin. K.: seit 1972 Prof. an d. Staatl. Ak. in Stuttgart, Rektor d. Staatl. Ak. d. Bildenden Künste Stuttgart v. 1987-1991, 1992-97 1. Vors. d. Dt. Künstlerbundes e.V. Berlin, seit 1962 Ausstellungen im In- u. Ausland in bedeutenden Galerien u. Museen; seit 1998 erneut Rektor d. Staatl. Ak. d. Bildenden Künste Stuttgart. E.: 1970-71 Villa Massimo-Preis Rom, 1986 1. Preis d. Süd-West LB, Stuttgart, 1998 Kunstpreis d. Landschaftsverb. Osnabrück, 1998 Ehrenmed. d. Dailés Akad. in Vilnius/Litauen, 1998 BVK um Bande d. Bundesrep. Deutschland, 1999/2000 Ernennung z. "Doctor honoris causa" d. Akad. f. Kunst u. Wiss., Vilnius/Litauen.

Dreyer Peter

B.: Kfm., Gschf. Ges. FN.: Stahlhdl. Wolf & Dreyer GmbH. DA.: 22885 Barsbüttel, Industriestr. 10. G.: Hamburg, 19. Mai 1954. Ki.: Tina (1980). S.: 1985 Mittlere Reife Bad Oldesloh, 1972-74 Ausbild. Groß- und Außenhdls.-Kfm. Firma Possehl GmbH Lübeck. K.: b. 1977 Tätigkeit im erlernten Beruf im gleichen Unternehmen, 1977-79 Groß- u. Außenhdls.-Kfm., Verkauf Stahlhdl. Krupp AG Hamburg, 1979-93 Außen- u. Innendienstmitarb. m. Handelsbev. Firma Possehl GmbH Lübeck, 1986 Wechsel in Ndlg. Hamburg, seither Ndlg.-Ltr. u. Prok., 1993 Mitgründer Firma Stahlhdl. Wolf & Dreyer GmbH Barsbüttel, seither Gschf. Ges. u. Mitinh. H.: Tennis, Familie.

Dreyer Siegmar Dipl.-Designer

B.: Dipl.-Designer, Inh. FN.: Dreyer Design + Cartoon. DA. u. PA.: 38704 Liebenburg, Alte Dorfstr. 11. sd@dreyercartoon.de. www.dreyercartoon.de. G.: Goslar, 31. Okt. 1960. V.: Petra, geb. Koch. Ki.: Daniel (1991), Florian (1993), Benjamin (1994). S.: 1980 Abitur, b. 1982 Bundeswehr, bis 1987 Stud. HBK Braunschweig. K.: bis 1995 freier Mitarbeiter in

*) Biographie www.whoiswho-verlag.ch oder beigefügte CD-ROM

versch. Werbeagenturen in Hamburg, bis 2000 in Goslar, seit 2001selbst. in Liebenburg, selbst. m. Schwerpunkt: Cartoon-Characters, Comics. H.: Familie, Beruf.

Dreyer-Daweke Uwe *)

Dreyer-Eimbcke Oswald *)

Dreyhaupt Franz Joseph Dr.-Ing. Prof. *)

Dreyling Hubert

B.: RA. DA.: 10787 Berlin, Bayreuther Str. 8. hubert.dreyling@berlin.de. G.: Wiedenbrück, 5. Aug. 1946. V.: Susanne, geb. Wasser. Ki.: Julia, Florian. S.: Stud. Jura Univ. Bochum u. FU Berlin, 1. u. 2. Staatsexamen. K.: 10 J. freier Mitarb. d. Berliner Strafverteidigers Scheid u. nach dessen Tod Übernahme d. Kzl. BL.: Bewältigung d. DDR-Vegangenheit m. strafrechtl. Mitteln, Verteidiger u.a. in d. Verfahren gegen Harry Tisch u. Erich Mielke u. im 1. Mauerschützenprozess.
P.: Interwies in Zusammenhang m. d. geführten Prozessen. M.: FDP, Ver. Berliner Künstler. H.: Kunst, Malerei, Literatur.

Driendl Johannes Dr. iur. Dr. phil.

B.: RA. DA.: 95444 Bayreuth, Maximilianstr. 29. G.: München, 27. März 1946. V.: Ursula, geb. Vogel. El.: Konrad. S.: 1965 Abitur München, Stud. in Innsbruck, 1985 Prom. z. Dr. phil., Stud. in München, Regensburg u. Freiburg, 1979 Prom. z. Dr. iur. K.: 5 J. Ass. f. Strafrecht b. Prof. Jescheck, Redaktionschef d. Zeitschrift f. d. gesamte Rechtswiss. (ZSZW), anschl. Referent am Max-Planck-Inst. f ausländ. u. intern. Strafrecht, nach wiss. Streit m. Prof. Jescheck Zerstörung d. wiss. Karriere sowohl in Rechtswiss. wie auch in Phil., 1984 Beginn als RA in Bayreuth, speziell als Strafverteidiger. P.: "Dauer v. Straverfahren", "Bagatellekriminalität", "Staatsanw. im ausländ. Recht", "Karl Marx u. d. Kriminologie", "Menschenwürde im abendländ. Denken". M.: Vors. d. Tierschutzver., Vorst. Weißer Ring, Vorst. v. Haus- u. Grundbesitz, Christl.-Jüd. Ges., Vors. d. CSU - Ortsverb. St. Georgen Hammerstadt. H.: Bücher schreiben, b. philosoph. Werken wurden Bilder v. d. Frau gemalt.

von den Driesch Paul *)

Driesen Dirk
B.: Gschf. FN.: driesen & partner Agentur f. creative Communication GmbH. DA.: 40211 Düsseldorf, im Wehrhahn-Center, Oststr. 10. S.: 1966 Abitur in Düsseldorf, 1966-70 Stud. W.I.S.O. Univ. u. Akademie. Kommunikationsfachmann. K.: 1970-74 Henkel in Düsseldorf, Product Management, 1974-76

Advertising- and Sales Manager b. Helena Rubinstein, 1976-90 Ltd. Positionen in Werbeagenturen Grey, DDB, BBDO, s. 1990 selbst. i. eigener Agentur, Werbung zB. F. Bayer, VW, L`Orèal Paris, 1999 Eingliederung i. internat. Network "Hakuhodo". P.: Psych. Buch "Son Mago", Thriller "Doppelmord fürs Leben" b. Edition Fischer, div. Bücher über VW New Beetle, Lupo, Bora u.a., Beiträge i. Fachzeitschriften. E.: div. Awards im Art Direktors Club, Lions Cannes, Deutscher Verkaufsförderungspreis/Silber 2001. H.: Kunst, Öl-Grafiken, Fotografie, Bücher schreiben.

Driesen Rolf Dipl.-Ing. *)

Driessen Ewald *)

Driessen Hedwig Dr. med. *)

Drießen Ilya *)

Drießen Karl-Heinz *)

Drießen Michael Dr. med. vet.

B.: Tierarzt. FN.: Tierarztpraxis Dr. Bettina Bachem-Driessen - Dr. Michael Driessen. DA.: 45357 Essen-Frintrop, Donnerberg 22. dres. driessen@t-online.de. G.: Flensburg, 20. Dez. 1958. V.: Dr. Bettina Bachem. Ki.: Sven-Markus (1990), Saskia-Katharina (1993). S.: 1978 Abitur Flensburg, 1978-80 Sanitätsdienst in Hamburg, als Fähnrich entlassen, z.Zt. Oberstabsarzt Veterinär d. Res., 1980-85 Stud. an d. Tierärztl. HS Hannover, 1985 Approb. z. Tierarzt, 1987 Prom. z. Dr. med. vet. K.: 1988 gemeinsame Eröff. d. Tierärztl. Praxis m. d. Ehefrau in Essen. P.: Doktorarb.: Die Haustiere in Bauernregeln u. Sprichwörtern, eine Untersuchung nach wiss. Gesichtspunkten. M.: Tierärztekam. Westfalen, Bürgerschützenver. Essen-Frintrop. H.: Tennis, Computer.

Driest Burkhard
B.: Schriftsteller, Schauspieler, Regisseur. FN.: PMC GmbH. DA.: D-50933 Köln, Alter Militärring 8A. G.: 28. Apr. 1939. K.: Gastrollen im TV mit d. Regisseuren Reinhard Hauff, Peter Zadek, R. W. Fassbinder, Vadim Glowna, Bernd Schadewald, Mark Schlichte, Christiane Balthasar, Nick Lyon, Filme: Die Verrohung des Franz Blum (1974), Stroszek (1976), Cross of Iron (1977), Schußfahrt (1980), Endstation Freiheit (1980), Querelle (1982), Smaragd (1983), Der Havarist (1984), Kir Royal (1986), Taxi nach Kairo (1987), The democratic terrorist (1992), Die Männer vom K3 - zu hoch gepokert (1994), Es (1995), Sieben Monde (1998), Drehbucharbeiten: Zündschnüre (1974), Die Verrohung des Franz Blum (1974), Paule Pauländer (1976), Hitler´s Son (1978), Endstation Freiheit (1980), Querelle (1982), Annas Mutter (1984), Sanfte Morde (1997), Schande (1998), Theaterstücke: Judit

*) Biographie www.whoswho-verlag.ch oder beigefügte CD-ROM

(1998), Regiearbeiten: Annas Mutter (1984); Doz. an d. Dt. Film- u. Fernsehakad. in Berlin (Drehbuchklasse), Falco meets Amadeus (2000).

Drieven Hans Dieter *)

Drillisch Hans Jochen *)

Dringenberg Rainer Dr. rer. soc. Prof. *)

Drischmann Jörg

B.: Gschf. FN.: as-agenda GmbH Ges. f. Werbung Kommunikation Veranstaltung. DA.: 10245 Berlin, Rotherstr. 21. www.AD-AGENDA.COM. G.: Berlin, 24. Dez. 1954. V.: Dipl.-Päd. Petra, geb. Engel. Ki.: Katja (1982), Paul (1987), Willy (1994). El.: Werner u. Adele. S.: 1975-80 Stud. am Institut f. Intern. Beziehungen Potsdam-Babelsberg, Dipl.-Staatswissenschaftler. K.: 1980-90 im diplomat. Dienst im Min. f. auswärtige Angelegenheiten, 1983-88 Presseattaché Kabul/Afghanistan, 1989-90 2. Berufsausbild. z. PR-Berater DAPR, 1991-95 Werbeagentur Flaskamp GmbH Berlin, 1995 Grdg. d. eigenen Agentur ad-agenda zusammen m. Klaus Schneider. BL.: Entwicklung v. strateg. Kommunikationskonzepten. E.: "Gold. Pfeiler 19992 d. DPRG in d. Kategorie Event. M.: DPRG - Dt. Public Relations Ges. e.V., Märkischer Presse- u. Wirtschaftsclub. H.: Ballett, klass. Musik, Fußball.

Drissler Günter *)

Driver André *)

Driver Winfried Dr. Dipl.Vw. *)

Drixler Erwin Dr. Dr.-Ing.
B.: Ltr. Bau - Verw.-Amt., Doz. FH Karlsruhe. DA.: 77652 Offenburg, Hauptstr. 75-77. PA.: 77654 Offenburg, Fuchshalde 49. G.: Ingelfingen, 28. Mai 1961. V.: Pia, geb. Fuchshal. Ki.: Anja (1989), Karin (1991), Thomas (1995). El.: Andreas u. Berta, geb. Baier. S.: 1981 Abitur, 1981-82 Bundeswehr, 1982-88 Stud. Vermessungswesen Karlsruhe, 1993 Prom. K.: seit 1993 Stadt Offenburg, 1995 Ltr. d. Bau - Verw.-Amt, 1999 Ltr. Bereich Fach Bauservice. BL.: Doz. FH Karlsruhe,1990 3 Monate Grönlandexpedition. P.: Fachzeitschriften. M.: Dt. Ver. f. Vermessungswesen, Greenpeace, stellv. Vors. Gutachterausschuß d. Stadt Offenburg, Vors. Walldorf Kindergarten, AufsR. d. Walldorfschule Offenburg. H.: Organ., Kindergarten, Sport, Briefmarken.

Driza Andreas Ing.
B.: Bergführer, Fotograf, Gschf. FN.: Club Montée Outdoor Zentrum Hallein b. Salzburg u. Montée Incentives München. DA.: 83404 Ainring, Geppingerstr. 2. club@montee.com. www.montee.com. G.: Wien, 17. Sep. 1962. El.: Dipl.-Ing. Karl u. Edith. S.: HS, HTL Maschinenbau u. Betriebstechnik Wien, Stud. Informatik u. Datentechnik Univ. Wien. K.: ÖBIG Wien, Pro Data Wien, 1985 Firma ACS-AIA im Techn. Softwarebereich f. d. Autoherstellung München, nach Abschluß d. Intern. Bergführerprüf. Grdg. d. Alpinschule "Club Montée" München, Erweiterung eines Raftingunternehmen u. Outdoor-Trainingszentrums f. Incentives, Sport-Events u. Management-Trainings in Hallein bei Salzburg, 1990 1. Gleitschirmflug u. Mt. Kinabalu in Borneo/Malaysia, 1. Riverrafting Touren in Kinabalu Nationalpark, Sport-, Natur- u. Abenteuererreisen in ganz Malaysia, seit 1991 Rad- u. Mountainbiketouren in Hongkong, Inseln u. Land China, seit 1991 Tauchreisen z. geschützten Korallenstöcken im Südostasiat. Raum, Erweiterung d. Reisen auf Korea, Indonesien, Philippinen, Andamanen; Seminartätigkeit gemeinsam m. Therapeuten z. Thema "Klettern als Selbsterfahrung"; Montée Incentives und Events in ganz Mitteleuropa f. Konzerne (IBM, Siemens, HP, BMW). P.: "Menschliche Instinkte", "Muster", journalist. tätig in Sport- u. Abenteuerreiseberichte f. dt.-sprachige Medien.

Drmic Iva *)

Drobil Peter *)

Drobnig Ulrich Dr. iur. Prof. *)

Drobny Regina

B.: Unternehmerin, Inh. FN.: HAPPI Med Atlantis. DA.: 22393 Hamburg, Stadtbahnstr. 32 A. G.: Hamburg, 27. Dez. 1956. Ki.: Jaron, Colm-László. El.: Felix u. Lilian Drobny. S.: 1976 Abitur. K.: 1986-89 tätig im Außen- u. Innendienst eines med. Fachhdl., seit 1989 selbst. m. Ärztebedarfshdl. u. Ladengeschäft f. Körper, Geist & Seele. H.: Das Leben, Beruf.

Drochner Michael Dipl.-Ing. *)

Droege Alexandra Dipl.-Biologin *)

Droemont Louis
B.: Profi-Reitsportler (Pony-Vierspännerfahrer), Altpapierhändler. FN.: c/o Dt. reiterl. Vereinigung. DA.: 48231 Warendorf, Frhr.-von-Langen-Str. 13. G.: 24. Sep. 1965. K.: seit 1985 aktiv im Fahrsport, DM (Pony-Vierspänner): 1988 u. 1989 5. Pl., 1999 7. Pl., 1994 8. Pl., 1997 13. Pl., 1996 14. Pl.; EM (Pony-Vierspänner): 1997 u. 1999 8. Pl. Einzelwertung; 1996 Preis d. besten Gespannführer/1., 1997 CAI Windsor/5., 1997 CAA-P Donaueschingen/1., 1997 CAI-P Waregem/8., 1998 CAI-P Strassen/2., 1998 CAI-P Riesenbeck/6., 1999 CAI-P Riesenbeck/5., 1999 CAI-P Deurne/2., 1999 CAI-P Donaueschingen/1. H.: Feldhockey.

Droese Volker Arthur Dr. med. dent.

B.: Zahnarzt. DA.: 52074 Aachen, Melatener Str. 81 a. G.: Remscheid, 24. Feb. 1964. El.: Siegfried u. Irene. S.: 1983 Abitur, 1983-84 Bundeswehr - Maat d. Res., 1984-91 Stud. Zahnmed. RWTH Aachen, Staatsexamen, Prom. magna cum laude. K.: 1991-93 Ass-Arzt einer Praxis u. ab 1993 Partner, 1995 Übernahme Praxis in Aachen m. Schwerpunkt ästhet. Zahnheilkunde u. Prothetik. P.: Veröff. z. Thema Kieferorthopädie in nat. u. intern. Fachzeitschriften. E.: 1977 und 78 Westdt.

*) Biographie www.whoiswho-verlag.ch oder beigefügte CD-ROM

Vizemeister im Florettfechten, 1978 Sportler d. Jahres in RS, Leistungsmed. in Bronze d. Bundeswehr. M.: DJV, Corps-Saxonia-B. H.: Tauchen, Jagd, Wasserskifahren, Literatur.

Drogan Hans-Georg *)

Dröge Franz Dr. phil. Prof. *)

Dröge Manfred *)

Dröge Wulf Dr. med. Prof.
B.: Ltr. d. Abt. Immunovchemie d. Tumorimmunologie-Programms. FN.: DKFZ. DA.: 69120 Heidelberg, INF 260. w.droege@dkfz-heidelberg.de. G.: Hamburg, 17. Dez. 1939. V.: Bettina, geb. Hummel. Ki.: Sabrina (1988). S.: 1958 Abitur, 1958-64 Stud. Chemie u. Biochemie Univ. Hannover u. Freiburg, 1964 Dipl. in Chemie, 1964-67 Prom. Max-Planck-Int. f. Immunbiologie Freiburg, 1967-68 Post-Doc-Stipendium Freiburg, 1968-71 Postdoctoral Fellow Harvard Univ. Cambridge, U.S.A. K.: 1971-72 wiss. tätig am Max-Planck-Inst. in München u. b. 1976 am Inst. f. Immunology Basel, 1974 Habil., seit 1976 Prof. an d. Fakultät f. Biologie an d. Univ. Heidelberg u. Ltr. d. Abt. Immunchemie am DKFZ Heidelberg, 1977 Mitgrgd. u. 1977-80 u. 83-86 gschf. Dir. d. Inst. f. Immunolgie u. Genetik, seit 1996 Prof. f. Zellbiologie u. Immunologie an d. Univ. Heidelberg u. Ltr. d. Abt. Immunologie am DKFZ Heidelberg; Forsch.-Schwerpunkte: Tumorimmunologie, Redoxphysiologie, Immunpathologie v. HIV- u. Krebserkrankungen, Entwicklung v. Therapien. BL.: seit 1987 Forsch. z. Nachweis d. Cystein-Mangels in d. HIV-Infektion u. z. Rekonstruktion d. immunolog. Reaktion durch Cysteinsupplementierung. P.: über 250 Publ. in intern. Zeitschriften, Reg. auf intern. Kongressen. M.: Ges. f. Immunologie, European Association for Cancer Research, American Association of Immunologists, British Society for Immunology, Society for Free Radical Research. H.: Musik, Malerei.

Drogla Reinhard Dipl.-Ing. *)

Drogula Karl-Heinz Dr. med.

B.: Arzt f. Orthopädie, Chirotherapie, Phys. Therapie, Inh. d. West-Klinik Dahlem, d. KH Neustadt b. Coburg u. d. KH Döbeln. FN.: West-Klinik Dahlem. DA.: 14195 Berlin, Schweinfurtherstr. 43-47. G.: Mittenwalde i. M., 14. Juni 1925. V.: Dr. med. Irene, geb. Rosenthal. Ki.: Inez (1953), Sandra (1961). S.: ab 1945 Stud. Med. in Kiel, Physikum, 1952-54 Staatsexamen u. Prom an d. Christian-Albrecht-Univ. in Kiel., Mtgl. d. Entnazifizierungsausschusses d. Lehrkörpers d. Kieler Univ. K.: nach d. Studium Pflichtassistenten- u. Assistenzeit in Hamburg, Neumünster u. Glückstadt an d. Elbe, ab 1965 Ass.-Arzt u. OA an d. Univ.-Kliniken Oskar-Helene-Heim, Freie Univ. Berlin u. an d. Univ.-Klinik Gießen, 1963 vorübergehend Tätigkeit als Fürsorgearzt f. Orthopädie d. Bezirkes Berlin-Neukölln, 1964 Eröffnung einer Orthopäd. Facharzt-Praxis in Berlin-Charlottenburg, bis 1996 in Preetz, 1970-81 OA an d. orthopäd. Univ.-Klinik in Berlin u. Giessen. P.: wiss. Arb. z. Wirbelsäulen-Pathologie u. -therapie sowie Mineralstoffwechsel d. Knochen. E.: 1993 Gold. Stadtmedaille d. Stadt Neustadt b. Coburg, 1997 BVK am Bande, 1998 Eintragung in d. Gold. Buch d. Stadt Döbeln. M.: 1959-71 Bezirksverordneter u. Deputierter in Berlin-Charlottenburg, gesundheitspolitischer Sprecher u. Abgeordneter im Abgeordnetenhaus v. Berlin, insgesamt über 16 J., Grdgs.-Mtgl. d. DGMM (Dt. Ges. f. Manuelle Med.), Chorotherapie - zweimaliger Präs. dieser wiss. Ges. u. Ehrenmtgl., Vors. d. Verbandes d. Berliner Privatkrankenanstalten u. Präs. d. Bundesverbandes Dt. Privatkrankenanstalten in Bonn. H.: Skilaufen, Gartenarbeit. (E.S.)

Droitsch Lutz *)

Droll Dagmar *)

Droll Wolfgang Dr. med. *)

Drolshagen Britta
B.: RA. DA.: 53474 Bad Neuenahr-Ahrweiler, Ehlinger Str. 14. G.: Rheinbach, 19. Sep. 1969. El.: Arnold u. Anna-Marie Drolshagen. S.: 1989 Abitur Euskirchen, 1989-94 Stud. Rechtswiss. Univ. Bonn, 1994 1. Staatsexamen, 1994-96 Referendar in Aachen, RWTH Aachen u. prakt. Tätigkeit b. einem Anw., 1996 2. Staatsexamen. K.: 1997 Zulassung als RA, selbst. RA in einer RA-Bürogemeinschaft in Aachen m. eigenem Büro, Schwerpunkt: Mietrecht, Straßenrecht, Handels- u. Ges.-Recht, Mediatorin. H.: Reiten, Segeln.

Drommer Wolfgang Dr. med. vet. Prof. *)

Drommershausen Rainer *)

Dronzella Carina *)

Dropmann Martin Dr.-Ing.
B.: selbst. Patentanw., European Patent Attorney. FN.: Anw.-Sozietät Dropmann. DA.: 50672 Köln, Kaiser-Wilhelm Ring 13. PA.: 50858 Köln, Marsdorferstr. 11. G.: Münster, 18. Nov. 1962. V.: Petra, geb. Lompa. Ki.: Katharina (1996), Clemens (1997). El.: Dr. Klaus u. Hildegard. S.: 1982 Abitur, Wehrdienst, Stud. Maschinenbau RWTH Aachen, 8 Mon. Aufenthalt Prof. Kolff Salt Lake City/USA, 1989 Abschluß Stud. u. 1993 Prom. RWTH Aachen. K.: während d. Prom. Lehrauftrag an d. FH Aachen, Ausbild. z. Patentanw., seit 1996 ndlg. als Patentanw. in Köln. M.: Wirtschaftsjunioren Köln. H.: Reiten, Bergsteigen.

Dröscher Gisela *)

Dröscher Joachim Dipl.-Betriebswirt. *)

Dröscher Vitus B.
B.: Tierschriftsteller, Journalist. PA.: 20249 Hamburg, Loogepl. 10. G.: Leipzig, 15. Okt. 1925. V.: Helga, geb. Oppermann. Ki.: Lutz, Nicola, Ariane, Till. El.: Dr. Gustav u. Frida, geb. Blase. S.: 1948-52 Stud. Zoologie, Psych. u. Elektrotechnik TH Hannover. K.: 1952-54 Ing. Atlas-Werke AG Bremen, seit 1954 Tierschriftsteller u. Journalist, ständiger Mitarb. div. Zeitschriften sowie b. einigen Rundfunksendern. P.: "Magie d. Sinne im Tierreich" (1966), "Die freundl. Bestie" (1968), "Sie töten uns sie lieben sich" (1974), "Überlebensformel" (1979), "Nestwärme" (1982), "Wie menschl. sind Tiere?" (1988), "Weiße Löwen müssen sterben" (1989), "Die Friedenspolitik d. Tiere" (1991), Übersetzungen in 17 Sprachen. E.: 1965 Theodor-Wolff-Preis, Ehrenmtgl. d. Deutschl. Albert-Schweitzer-Ver. u. Argentinien. M.: stellv. Vors. Rette d. Elefanten Afrikas E.- Initiator u. Ltr. d. Sven-Simon-Wettbewerb Jugend schützt Umwelt - Schirmherr d. Aktion Fischadlerschutz, Freie Ak. d. Künste Hamburg.

Drosdek Arthur Josef Dr. iur. *)

Dröse Burkhard *)

*) Biographie www.whoiswho-verlag.ch oder beigefügte CD-ROM

Drösel Jürgen *)

Drößler Angelika *)

Drößler Gerd *)

Drößler Günter Erwin
B.: Physiotherapeut, Mentaltrainer, Bürokfm., Kaufhausdetektiv u. Berufsdetektiv. FN.: Praxis f. Krankengymnastik u. Massage. DA.: 89335 Ichenhausen, Ludwigstr. 4. PA.: 86470 Thannhausen, Schweizer Straße. G.: Ichenhausen, 20. Mai 1959. V.: Eva Maria, geb. Fendt. Ki.: Nina Desiree (1992), Mario Marcel (1995). El.: Rudolf u. Margarethe. S.: Lehre Bürokfm., Ausbild. Masseur u. med. Bademeister, Ausbild. Kaufhaus- u. Berufsdetektiv, 1976 Mittlere Reife, Ausbild. Physiotherapeut u. Seminarltr. f. autogenes Training, tibetan. Vitalübungen, Rückenschule, manuelle Therapie, Lymphdrainage, Ausbild. Hypnosepraktiker. K.: Physiotherapeut m. Schwerpunkt Hypnose, Abbeten, Handauflegen, autogenes Training, AT-Oberstufe, Rückenschule, tibetan. Vitalübungen, Manualtherapie, Lymphdrainage, Taoismus, Schamanismus, Mentaltraining u. Mystiker, 1996 Reiki Meister-Lehrer, 11 tibetanische Vitalübungen. M.: A.M.O.R.C., Alter myst. Orden v. Rosenkranz. H.: Hypnose, Abbeten, Handauflegen, Taoismus, Schamanismus.

Drößler Karl Dr. Prof.
B.: Biologe, Lehrstuhlinh. f. Tierphysiologie. DA.: 04103 Leipzig, Talstr. 33. PA.: 04277 Leipzig, Am Bogen 21. G.: Hohengandern, 16. Feb. 1937. Ki.: Heike, Kerstin. El.: Karl u. Hedwig. S.: 1955-58 Stud. DHFK, Dipl.-Sportlehrer, 1958-69 Leistungssportler, Lehrer, Stud. Biologie Univ. Leipzig. K.: 1970 Ass. Sekt. Biowiss. Univ. Leipzig, 1974 Prom. z. Dr. rer. nat., 1974-81 OAss., 1981-82 b. Prof. J. Turk Univ. London, 1984 Habil., 1985 a.o.Doz., 1985-93 Doz., 1991-93 komm. Leiter d. Fachbereiches Biowiss., 1993 o.Prof. f. Tierphysiologie, 1993-96 Dekan d. Fak. f. Biowiss., Pharmazie u. Psych., seit 1993 Lehrstuhlinh. f. Tierphysiologie, seit 1997 Dir. d. Sächs. Institutes f. Angewandte Biotechnologie e.V. (SIAB). P.: über 60 Publ. in wiss. Fachzeitschriften, 12 Patente, Mitarb. in versch. Standardwerken, Bücher: "Wörterbuch d. Immunologie" 3. Aufl, "Comment reconnaitre les Champignons". E.: 1985 Gottfried-Wilhelm-Leibnitz-Preis d. Univ. Leipzig. M.: Dt. Immunologie u. Zoolog. Ges., 1. Präs. d. VFB Leipzig nach d. polit. Wende. H.: Fußball.

Drost Hans Christian *)

Drost Udo

B.: Maschinenbautechniker, Niederlassungsleiter. FN.: HTH mbH Bremen. DA.: 28832 Achim, Rehland 7. hth-bremen@t-online.de. www.hth-gruppe.de. G.: Papenburg, 12. Nov. 1960. El.: Heinrich u. Anna, geb. Hockmann. S.: 1978-82 Ausbildung z. Gas-Wasserinstallateur u. Klempner, 1986-88 Technikerschule in Emden, Abschluss staatlich geprüfter Maschinenbautechniker, 1990-91 Fortbildung z. Vertriebsorientierten Mitarbeiter im Innen- u. Außendienst in Papenburg. K.: 1982-86 Gas- u. Wasserinstallateur in Papenburg, 1988-89 Techniker im Kälte- u. Klimabereich in Bremen, 1991-2000 Techniker im Lüftungsbereich Firma Wildebor in Weener/Ems, 2000 Aufbau u. Niederlassungsleiter Firma HTH Haustechnische Handesgesellschaft mbH Bremen in Achim. H.: Angeln, Musik.

Drost Wolfgang Dr. phil. Prof.
B.: HS-Lehrer. PA.: 57076 Siegen, Im Hainchen 1. G.: Danzig, 16. Aug. 1930. V.: Dorotea, geb. Döhner. Ki.: Andreas (1964), Cornelia (1966), Sebastian (1968). El.: Willi u. Erna. S.: Städt. Gymn. Danzig, Gelehrtenschule d. Johanneum Hamburg, Uhlandgymn. Tübingen, Univ. Tübingen, Paris, Leeds, Perugia, Sant-Ander. K.: 1960 u. 1966-69 Wiss. Ass. Univ. Tübingen, 1960-66 Lektor f. Dt. Sprache Univ. Florenz, 1969 Prof. Univ. Stuttgart, 1973 Prof. Univ.-GH Siegen. P.: Strukturprobleme des Manierismus in Literatur und bildender Kunst (1977), Vicenzo Giusti, Die Dramatischen Werke (1980), Fortschrittsglauben und Dekadenzbewußtsein im Europa des 19. Jahrhunderts (1986), Anthologie critique de Mai 1968 (1986 m. J. Eichelberg), La Fontaine dans l'univers des arts (1990), Th. Gautier, Exposition de 1859 (1992 m. U. Henninges), Die französische Kultur im Spiegel der Medaille 1870-1918 (1994), Janmot-Précurseur du symbolisme (1994, Mithrsg.), Paris unter deutscher Besatzung (1995, Mithrsg.), Rilkes Kunstverständnis (1996 Ausstellungskatalog, Rilke), Colour, Sculpture, Mimesis. A 19th-Century Debate (1996 Ausstellungskatalog Colour of Sculpture), Entsprechungen in belgischer Kunst u. Literatur: Von Khnopff zu Rodenbach (1997 Kapp, Bilderwelten), Metamorphosen der Antike: Th. Gautier (1998, Pichon, Indirekte Kommunikation), Töpffer et Baudelaire esthéticiens (1998, Propos töpfférians), Über das Fragment (1999, Mithrsg.), Literary Views on Barbizon Landscape-Painting (1999, Barbizon), Standpunkte zum Verständnis deutsch-polnischer Probleme (1999, Mthrsg.), Baudelaires Fleurs du Mal Unveröff. Illustrationen von Muyden (Festschrift Krömer, 2000), Baudelaire: Une Charogne (Festschrift Brockmeier 2000), Danzig - Eroberung, Zerstörung, Flucht (mit Eva Drost), Siegen 2000, "Künstlerblicke auf Barrikadenkämpfe (Kunst der Nationen, 2000). M.: Lions Intern., Ehrenvors. d. Aktions-Gemeinsch. z. Förd. wiss. Proj. an d. Univ. Siegen. H.: Numismatik, Radierungen.

Droste Dao Dr. rer. nat.
B.: Installationskünstlerin. FN.: Atelier Galerie DAO. DA.: 69214 Eppelheim, Wasserturmstr. 56. Dao.Droste@t-online.de. www.daodroste.de. G.: Saigon/Vietnam, 25. Feb. 1952. V.: Dr. Holger Droste. Ki.: Bao-Nghi (1977), Jasmin Linh-Ly (1983). El.: Nguyen Duc Long u. Nguyen Thi Ngoc. S.: franz. Schulausbild. Malschule b. Malerin To Phuong, 1971-83 Stud. Chemie Heidelberg, Prom. mit Ausz. K.: seit 1985 freischaff. Malerin, Bildhauerin in Heidelberg-Eppelheim (2000). P.: zahlr. nat. u. intern. Ausstellungen, Veröff. in SWR, SW 3, Kunstforum, Lufthansa Magazin, Neue Keramik, Keramik Magazin, Allgemeines Künstler-Lexikon Saur, Bd. 29 (2001), Revue de la Céramique et du Verre, Katalog Dao Droste-Das Tao (2000), Katalog Open-E.: 1 Preis d. Plakatwettbewerbs d. Stadt Heidelberg, Thema: Ausländerrat (2001). M.: BBK, GEDOK. H.: Skifahren, Surfen, klassische Musik.

Droste Joachim Dr.
B.: Zahnarzt. DA.: 58636 Iserlohn, Laarstr. 2-4. G.: Bielefeld, 1. Nov. 1946. S.: 1965 Abitur, 1967 Stud. Zahnmed. Münster, 1972 Examen, 1973-76 Wehrdienst - Stabsarzt d. Luftwaffe. K.: 1976 Ass.-Zahnarzt in Münster, 1978 Eröff. d. Praxis. G.: Inh. d. EBG Wirtschaftsberatungsges. P.: Veröff. in d. Zeitung Arzt-Wirtschaft. M.: Lions Iserlohe-Letmathe. H.: Segeln.

Droste Manfred Dr. phil.
B.: Verleger. PA.: 40474 Düsseldorf, Niederrheinstr. 6b. G.: Düsseldorf, 27. Mai 1927. V.: Gisela, geb. Roeber. Ki.: 5 Kinder. El.: Heinrich u. Gertrud. S.: Stud. Geschichte, Germani-

stik, Kunstgeschichte, Phil., Vw., Ethnologie u. Völkerrecht Univ. Göttingen, Prom. K.: Red.-Volontär Handelsblatt u. Der Mittag, 1953-58 Gschf. Dt. Bücherbund, seit 1954 Werbeltr., Prok., 1959 Gschf. Ges. Droste-Verlag, Ratsherr d. Stadt Düsseldorf, Ges. d. Rhein.-Berg. Druckerei u. Verlags GmbH (Rhein. Post), Ges. d. Düsseldorfer Pressevertrieb GmbH & Co, Inh. d. Reisebüros Droste. P.: Der Ruhrbergbau in Staat u. Ges. 1850-1918 (1954).

Droste Matthias *)

Droste Peter Mark Dipl.-Ing.
B.: VPräs., General Manager. FN.: Compaq Computer GmbH. DA.: 86509 Dornach, Humboldtstr. 8. www.compaq.de. G.: 1947. S.: Dipl.-Ing. Nachrichtentechnik. K.: 1972-90 versch. Managementpositionen b. d. Nixdorf Computer GmbH Berlin, zuletzt Gschf. d. Unternehmensbereichs PC-Produkte, 1990 VPräs. Technical Support b. Compaq, VPräs. Engineeering and Quality v. Compaq Computer EMEA, VPräs. NSIS f. d. Enterprise Applications Organ., seit 1999 VPräs. u. General Manager d. Compaq Computer GmbH.

Droste Volker Dr.-Ing.

B.: Architekt BDA. FN.: Droste Droste & Urban Architekten BDA. DA.: 26121 Oldenburg, Auguststr. 2. ddu-architekten.bda@t-online.de. www.droste-urban.de. G.: Oldenburg, 26. Apr. 1957. V.: Rita Fischer. Ki.: Diana (1993), Britta (1997). El.: Ing. Wilhelm u. Erika, geb. Heinemann. S.: 1976 Abitur Oldenburg, 1976-79 Arch.-Stud. FH Oldenburg, Ing. grad., 1979-84 Arch.-Stud. Uinv. Hannover, Dipl.-Ing. K.: seit 1976 Mitarb. im väterl. Arch.-Büro Droste in Oldenburg u. in div. anderen Arch.-Büros, 1981-84 wiss. Hilfskraft/Tutor am Inst. f. Bau- u. Entwicklungsplanung Univ. Hannover, 1985-90 wiss. Mitarb. am Inst. f. Bau- u. Entwicklungsplanung, 1986-93 Lehrauftrag an d. Univ. Hannover, 1991 Prom. z. Dr.-Ing., seit 1991 Arch.-Büro Droste Droste & Urban Partnerschaft m. Wilhelm Droste u. Helmut Urban, seit 1998 GbR m. Helmut Urban. P.: Veröff. v. Art. in Arch.-Fachzeitschriften. E.: Teilnahme an div. Wettbewerben. M.: 1993 Berufung in d. BDA, seit 1995 Mtgl. d. Vertreterversammlung d. AKN, Aussch.-Mtgl. Berufsbild. u. Berufsausübung, seit 1996 Landeswettbewerbsaussch., Kuratorium d. Stiftung z. Förd. d. berufl. Nachwuchses d. Architekten, 1999 Hon.-Prof. H.: Segeln.

Droste Werner
B.: Promotor, selbständig. FN.: COMM Tour Reise GmbH. DA.: 59065 Hamm, Sedanstr. 4. info@commtour.de. www.commtour.de. G.: Hamm, 8. Apr. 1969. S.: 1984-87 Lehre Friseur. K.: 1989-92 freiberufl. Promotor f. versch. Werbeagenturen, 1992-97 tätig im Reisegewerbe in Hamm, 1997 Grdg. d. Firma Comm Tour GmbH m. Schwerpunkt Reisevermittlung in d. Musikindustrie. M.: Dt. Reisebüroverband. H.: Sport.

Droste Wiglaf *)

Drosten Robert Dipl.-Kfm. *)

Drouin Herbert R.L. Dr.-Ing. *)

Drouvé Heinrich Dipl.-Ing. *)

Droysen-Reber Dagmar Dr. phil. Prof. *)

Drozak Jacek Dr. *)

Drozd Rainer Hans

B.: Lehrer, Rektor. FN.: Berndt-Ryke-Grundschule Berlin-Spandau. DA.: 13599 Berlin, Daumstr. 12-16. PA.: 14089 Berlin, Grimmelshausenstr. 30. G.: Nossen, 24. Apr. 1946. V.: Petra, geb. Rost. Ki.: Claudia (1968). El.: Johann u. Ingetraut, geb. Eichholz. S.: 1964 Facharb., Maschinenbauer, 1967 Staatsexamen, 1976 Dipl. K.: b. 1980 Lehrer Oberschule Freiberg/Sachsen, 1969-71 Grundwehrdienst NVA in Mühlhausen/Thüringen, 1980 Ausreiseantrag in d. BRD, 2 J. Heizer VEB Armaturenwerk Freiberg, 1982 Ausreise, 1983 Bmtr. auf Widerruf, Referendar: Math., Deutsch, Sachkunde, Werken, 1985 2. Staatsprüf., anschl. Spüler im Cafe u. Hilfsarb. in einer Fbk. in Westberlin, 1985-89 Lehrer in d. JVA Tegel in Berlin-West, 1990 ergänz. Staatsprüf. TU Berlin: Wirtschaft/Arbeitslehre, seit 1989 Konrektor, 13. Grundschule in Berlin-Spandau, b. 1993 komm. Schulltr. u. ab Okt. 1993 Rektor, 1987-93 freiberufl. Tätigkeit als Deutschdoz. an d. Carl Duisberg Ges. e.V. (CDG) in Berlin, verstärkte Öffnung v. Schule nach außen.

Druba Matthias LL.M.

B.: RA. FN.: Kzl. Schwarz Kurtze Schniewind Kelwing Wicke. DA.: 10719 Berlin, Kurfürstendamm 220. Matthias.Druba@SKSWBLN.de. www.skskw.de. G.: Berlin, 3. Juni 1965. V.: Christa, geb. Kargl. Ki.: Henriette (1992), Lorenz (1996). S.: 1983 Abitur Berlin, 1984-89 Stud. Rechtswiss. FU Berlin, 1989 1. Staatsexamen, 1989-90 George Washington Univ. in Washington D.C., 1990 Master of Laws. K.: 1990 f. Senat v. Berlin in Ost-Berlin in Leitstelle Justiz b. Mag.-Verw. f. Inneres, 1990 6 Wochen Referendariat, 1991 als jüngster Referatsltr. b. d. Zentrale d. Treuhand, zuständig f. d. PDS, 1992-94 Referendariat, seit 1992 Mitarb. in Kzl. Schwarz, 1994 2. Staatsexamen, 1994 Zulassung als Anw., Schwerpunkt öff. Baurecht, Immobilienrecht, 1998 Fachanw. f. Verw.-Recht. P.: in Washington Thesis z. LL.M. über vergleichende Betrachtung z. Telekommunikationsrecht (Fernsehen). E.: in Stud. u. in USA Stipendiat d. Studienstiftung d. Dt. Volkes. M.: Dt. Anw.-Ver., Dt.-Amerikan. Juristenver., Bundesver. Öff. Recht BOER, Kaiser-Friedrich-Museums-Ver., Ver. z. Hilfe f. krebskranke Kinder e.V. Berlin-Brandenburg, Diakon. Einrichtung Oberlin-Stift Potsdam-Babelsberg. H.: ältere Geschichte, dt. Geschichte, klass. Musik, Klavierspielen, Oper, Joggen.

Drube Elke *)

Drube Hans Dr. med. *)

*) Biographie www.whoiswho-verlag.ch oder beigefügte CD-ROM

Drube Peter Dipl.-Ing.

B.: freier Architekt. DA.: 04279 Leipzig, Helenenstr. 21. G.: Dassow, 1. Dez. 1941. V.: Edeltraut. Ki.: Achim, Silvia, Sandra. BV.: Stammbaum b. 1630. S.: Lehre Zimmermann Lübeck, 1959 Ing.-Schule f. Hochbau Neustrelitz, 1960 NVA. K.: 1962 Architekt im Hochbau f. versch. Betriebe u.a. im Erdölverarb.-Werk in Schwedt, 1973 Ing. f. Hochbau an d. Univ. Leipzig u.a. Planung d. eigenen Objekte f. d. Univ. wie Straße d. Krankenhäuser, Baultr. d. Hauptgebäudes d. Univ., 1979 postgraduartes Stud. Sanierung an d. TU Dresden, seit 1990 selbst. Architekt m. Schwerpunkt Wohnungs-, Villen- u. Hotelbau u.a.: Hotel Marks in Zingst, Ferienhäuser auf Vitte u. Hiddensee. P.: Fachbuch "Sanierung v. Hausbalkendecken". M.: Verb. d. Architekten. H.: Basteln, Lesen, Kochen.

Drück Patricia Dr. phil.

B.: Ausstellungskuratorin, Kunsthistorikerin. FN:. lothringer 13/halle. DA.: 81667 München, Lothringer Str. 13. PA.: 81543 München, Oefelestr. 11. halle@lothringer13.de. www.lothringer13. de. G.: Bonn, 25. Feb. 1969. El.: Peter Drück u. Doris, geb. Miller. S.: 1988 Abitur Ulm, 1988-95 Stud. Mittlere u. Neuere Kunstgeschichte sowie Neuere d. Literatur u. Klass. Archäologie an d. LMU München, Mag., 1995 Internship Program, Curatorial Department Solomon R. Guggenheim Museum New York, 2001 Prom. z. Dr. phil. K.: 1992-93 Mitarbeiterin Galerie Mosel & Tschechow München, 1993 Sprengel Museum Hannover, Assistenz Vorbereitung Ausstellung "Konstruktion/Zitat", 1995-96 Volontariat im Lektorat sowie Mitarbeit an d. ADAC-Reiseführer-Redaktion München im Prestel-Verlag München, 1996-98 freie Ausstellungsprojekte im Bereich zeitgenöss. Kunst, Presse- u. Öffentlichkeitsarbeit, 1997-98 Ausstellungsforum FOE 156 München, Ausstellungskonzeption- u. realisation, kuratorische Tätigkeit, 1997-99 Galerie Barbara Gross München, Betreuung v. Sammlern u. Künstlern, Ausstellungsvorbereitung, PR- u. Öffentlichkeitsarbeit, 1997-99 Goethe-Institut München, Zentralverwaltung, Bereich Ausstellungen, eigenständige Ausstellungskoordination, seit 2000 Ausstellungskuratorin d. lothringer 13 Ort f. aktuelle Kunst u. neue Medien München. P.: Veröff. in Fachpubl. u. Ausstellungskatalogen z. Thema "Zeitgenöss. Kunst. Schwerpunkt Fotografie" sowie wiss. Veröff. z. Thema "Die Porträts v. Thomas Ruff im Kontext ausgewählter Beispiele". M.: Vorst.-Mtgl. im Akademie-Verein München. H.: Literatur, Film, Theater, Tanz u. Ballett.

Druckenmüller Alexander Dipl.-Kfm. *)

Drucklieb Uwe *)

Drude Gerhard Dr. agr.

B.: OBiblR. d. Univ.-Bibl. a.D. PA.: 12163 Berlin, Muthesiusstr. 34. G.: Helmstedt, 7. Nov. 1928. V.: verw. Ki.: Götz (1961), Clemens (1963), Susanne (1965). El.: Heimbert u. Hanna. S.: Stud. in Hannover, Prom. K.: wiss. Ass. Inst f. Obstbau Gießen, Bibl.Ref. Univ.Bibl. d. TU Berlin, seit 1969 wiss. Bibl.Dienst, insbes. Ltg. d. Abt. Gartenbaubücherei d. Univ.-Bibl., seit 1991a. D. P.: versch. Veröff. M.: Ges. f. Bibl.Wesen u. Dokumentation d. Landbaues. H.: Umweltphilatelie, Familiengeschichte.

Drueker Siegfried L. *)

Drüen Hans-Wilhelm Dipl.-Ing. *)

Drüg Dieter Dipl.-Ing. *)

Drugowitsch Otto *)

Drühmel Jörg *)

Drühmel Wolfgang *)

Drukarczyk Jochen Dr. rer. pol. Dr. h.c.

B.: o.Prof. FN.: Univ. Regensburg, Wirtschaftswiss. Fak. DA.: 93040 Regensburg, Postfach 93040. PA.: 93080 Pentling, Rehfeld 12. G.: Stettin, 2. Nov. 1938. Ki.: Oliver Dennis, Laura Sarah. El.: Hans u. Else. S.: 1949-58 Gymn. Frankfurt, 1961-66 Univ. Frankfurt. K.: 1966-69 Ass. Univ. Frankfurt, 1972-75 Doz. Univ. Frankfurt, ab 1975 Prof. Univ. Regensburg, 1980-83 Rufe an d. Univ. Trier, Augsburg, Linz, 1981-83 Visiting Prof. am Europ. Inst. f. Unternehmensführung (INSEAD) Fontainebleau, Gastprof. an ESC Nantes, ESC Bordeaux, ESC Le Havre, Université Bordeaux, Aston University, Univ. Linz. BL.: Preis d. Ind. u. HK Frankfurt f. d. beste Diss. d. J. 1969, Ehrenprom. d. European Business School. P.: Investitionstheorie und Konsumpräferenz (Berlin 1970), Theorie und Politik der Finanzierung (2. Aufl., München 1993), Finanzierung (8. Aufl., Stuttgart 1999), Unternehmen und Insolvenz (Wiesbaden 1987), Unternehmensbewertung (3. Aufl., München 2001), ca. 100 wiss. Aufsätze. M.: Ver. f. Socialpolitik, Verb. d. HS-Lehrer f. Betriebswirtschaft e.V., European Finance Assoc. H.: Segeln, Langlaufen, Skifahren.

Drüke Heiner Dr. jur. *)

Drüke Josef

B.: Küchenmeister, Inh. FN.: Zum Blauen Vogel. DA.: 26123 Oldenburg, Donnerschweer Str. 125. G.: Höxter, 18. Sep. 1950. El.: Josef u. Margot, geb. Zmuda. S.: 1965-68 Lehre Koch Bad Dreburg. K.: 1969-72 Koch in Düsseldorf u. d. Schweiz, 1973-74 Koch u. stellv. Küchenltr. in Höxter u. Bad Dreburg, 1974-76 Ausbild. z. Betriebswirt an d. Hotelfachschule in Dortmund, 1976-77 Ausbild. z. Abt.-Ltr. in Einzelhdl. in d. Kaufhalle in Köln, 1977-82 Betriebsltr. d. Betriebsrestaurants d. Firma Otto Wolf v. Amerungen u. d. Börsenrestaurant in Essen, 1982 Sprachaufenthalt in England, 1983-88 tätig im Kaufhallenrestaurant Fego in Oldenburg, 1988 Gschf. einer Imbißkette in Oldenburg, 1989-91 Restaurantltr. in d. Metro in Freiburg, 1990 Küchenmeisterprüf. in Oldenburg, 1993 Prüf. z. Diätkoch, 1991-96 Küchenltr. eines Altenheims in Oldenburg, 1998 Übernahme d. Vogels-Imbiss in Oldenburg, 2000 Erweiterung u. Eröff. d. Schnellrestaurant u. Grill u. dt. bürgerl. Küche Zum Blauen Vogel. M.: Engagement in d. Kath. Kirche, Green Peace, Grdg. einer Fahrradtransportgruppe in Oldenburg, Patenschaft f. ein ind. Kind, 1996-97 BeiR. d. Aktion Stefanie e.V. in Oldenburg. H.: Lesen, Sport, Kommunikation.

Drumm Hans Jürgen Dr. rer. pol. Prof.
B.: Prof. f. Betriebswirtschaftslehre. FN.: Univ. Regensburg, Inst. f. Betriebswirtschaftslehre. DA.: 93040 Regensburg. PA.: 93051 Regensburg, Karl-Stieler-Str. 47. juergen.drumm@wiwi.uni-regensburg.de. G.: Saarbrücken, 6. Mai 1937. V.: Renate, geb. Braun. Ki.: Katrin (1967), Corinna (1971). El.: Karl u. Lonny. S.: Stud. an d. Univ. Saarbrücken, Hamburg, FU Berlin, 1964 Dipl.-Kfm., 1968 Prom. K.: 1964-66 wiss. Mitarb. am Inst. f. Ind.Forsch. d. FU Berlin, 1968-71 wiss. Mitarb., später wiss. Ass. am Inst. f. Ökonometrie u. Unternehmensforsch. d. Univ. d. Saarlandes, 1972 Habil., 1972-74 WissR. u. Prof. an d. Univ. d. Saarlandes, seit 1974 o.Prof. f. Betriebswirtschaftslehre an d. Univ. Regensburg m. d. Schwerpunkten Organ., Personalwesen, Unternehmensplan., 1975-77 Prodekan, 1977-79 Dekan, 1993-95 stv. Vors. d. Verb. d. Hochschullehrer f. Betriebswirtsch. e.V., 1994-96 Sen. d. Univ. Regensburg. P.: Personalplanung - Planungsmethoden und Methodenakzeptanz (1983, 3/88), Individualisierung d. Personalwirtschaft (1989), Personalwirtschaftslehre (4. Aufl. 2000), Die europ. Herausforderung (1990), Gründungsmanagement (mit M. Dowling) (2001), zahlr. Aufsätze in Zeitschriften, zahlr. Beiträge in versch. Handbüchern u. in versch. Sammelbänden. M.: Rotary International, Maximilian-Ges., Schmalenbach-Ges., Dt. Ges. f. Betriebswirtschaft, Verb. d. HS-Lehrer f. Bertriebswirtschaft, Dt. Ges. f. Operations Research, Ges. f. Wirtschafts- u. Sozialwiss., Ver. f. Sozialpolitik.

Drumm Karl *)

Drummen Helmut
B.: RA. FN.: Rechtsanwalt Drummen. DA.: 52062 Aachen, Monheimsallee 8. G.: 19. Dez. 1961. V.: Annette, geb. Lindenberg. Ki.: Katia (1988), Malte (1992), Till (1994), Arne (1997), Wiebke (2000). El.: Herbert u. Felicitas. S.: 1981 Abitur Stolberg, 1981-82 Wehrpflicht, 1982-88 Stud. Rechtswiss. an d. Univ. Bonn u. Münster, 1984-85 Auslandsaufenthalt z. Stud. d. Rechtswiss. an d. Univ. Lausanne/Schweiz, 1989 1. Staatsexamen, 1989-92 Referendariat b. OLG Köln, LG, Verw.-Gericht, Staatsanw. Aachen u. Kreis Aachen, während d. Tätigkeit als Referendar freie Mitarb. in d. Rechtsabt. d. Firma PRYM Stolberg, 1992 2. Staatsexamen. K.: Tätigkeit in elterl. Notariat in Stolberg, 1993 ang. Anw. in einer größeren RA-Kzl. in Düren,1997 Eröff. einer eigenen RA-Kzl. in Aachen, 2001 Ernennung z. Fachanw. f. Familienrecht, Schwerpunkt: Erbrecht, Verkehrsrecht. P.: "Basisformulare f. d. Anwaltskzl." (2000), "Fristentabelle f. d. Notarpraxis" (1994), "Geburtentabelle für Notare" (2002). M.: stellv. Vors. Mittelstandsver. Stolberg, DAV, Dt. Forum f. Erbrecht, Arge Familien- u. Erbrecht d. DAV, Arge f. Verkehrsrecht im DAV, Dt. Juristentag. H.: Tennis, Literatur.

Drummer Bernhard Dr. med.

B.: Arzt f. Chirurgie, ltd. Arzt. FN.: Euromed Clinic; Belegärztliche Privatklinik. DA.: 90763 Fürth, Europa-Allee 1. bdrummer@euromed.de. www.eurochirurgie. com. G.: Forchheim, 7. Mai 1962. V.: Karin, geb. Lauer. Ki.: Laura (1990), Ferdinand (1992). El.: Josef u. Margareta. S.: 1981 Abitur Forchheim, 1982-83 Stud. Chemieingenieurswesen in Erlangen, 1983-89 Stud. Humanmed. an d. Friedrich-Alexander-Univ. Erlangen-Nürnberg, 1991 Approb. u. Prom. z. Dr. med., 1996 Anerkennung als Chirurg in München. K.: 1989-99 Städt. KH Forchheim, Arzt im Praktikum, Ass.-Arzt Chir., OA, zuletzt OA Chir., 1999-2000 OA Chir. Klinikum im Hof, seit 2000 ltd. Belegarzt Chir. Euromed Clinic Fürth, seit 2001 gleichzeitig Vereinsarzt b. 1. FC Nürnberg. BL.: Entwicklung laparoskopischer Operationsinstrumente, Referenzchirurg f. laparoskopische Chirurgie. M.: Dt. Ges. f. Chir., Berufsverband d. dt. Chirurgen, DEGUM. H.: Fußball, Reiten, Angeln, Tauchen, Skifahren, Snowboarden, Musik (spielt Schlagzeug, Trompete, Gitarre, Keyboard).

Drummer Florian

B.: Werbekfm., Inh. FN.: Creative Service Florian Drummer. DA.: 10961 Berlin, Wilmsstr. 21A/B. creativeservice@t-online.de. www.creative-drummer.de. G.: Bad Kreuznach, 19. Nov. 1960. El.: Gerd u. Edith, geb. v. Dall' Armi. S.: 1977 Mittlere Reife, 1979-83 Ausbild. Erzieher, 1983 Einschulung Werbekfm. K.: 1983-90 Horterzieher, 1989-90 Konzept, Gestaltung, Organ. u. Durchführung d. Kinderfestes f. d. Lufthansa, 1990 Ang. in verschiedenen Veranstaltungsagenturen, 1991-93 techn. Ltr. einer Dekorationsbühne d. Messebau GmbH, ab 1993 Prod. u. Vertrieb v. Kitsch-Kunst-Art. u. Dekorationen in versch. Bars, 1995 Ausbildereignungsprüf. u. versch. Projekte wie 1996 Intern. Festspiele in Berlin, 1996-97 Olaten Hollywood, 1997 Estrel Residence Congress Hotel, 1998 Imiagination Ltd. London, seit 1996 selbst. M.: Unterstützung d. Click e.V. H.: Sport, Fitness.

Drummer Johannes

B.: Psychoanalytiker. DA.: 10627 Berlin, Windscheidtstr. 12. jodrummer@t-online.de. G.: München, 13. Mai 1948. Ki.: Jann-Deborah (1985). El.: Gerd u. Edith, geb. Thurn-v.-Dall' Armi. S.: 1969 Abitur, Aufenthalt Frankreich, 1970-77 Stud. Psych. FU Berlin m. Abschluß Dipl.-Psychologe, b. 1980 psychiatr. Ausbild. f. Kinder u. Jugendliche, 1980-90 Ausbild. Psychoanalytiker Inst. f. Psychotherapie IFP. K.: seit 1980 ndlg. Psychoterapeut u. Psychoanalytiker in Berlin, 1990 schamanische Erfahrungen in Mexico, 1992-98 regelm. Workshops in Mexico u. Brasilien m. Sven Doehner, Dr. Marcos Callia u. mexican. Heilern, ab 1996 Ausbild. in einem schaman. spirituellen Weg z. Bewußtseinsöffnung; Funktionen: Seminar u. Workshop im IS-Berlin, Grdg. d. ISB in Berlin. M.: DGAB, IAAP, IS-Berlin. H.: Beruf.

Drünert C. Rudolf *)

Drunkenmölle Rosemarie Dr. med. *)

Druschel Frank
B.: Dir. FN.: RIAS Kammerchor. DA.: 10117 Berlin, Charlottenstr. 56. G.: Schwäbisch Hall, 14. Dez. 1966. V.: Ann, geb. Druyts. El.: Dieter u. Ingrid. BV.: Vater Dieter Druschel, Komponist, hat Erwachsenenbild. u. d. "Betriebshilfsdienst" als Hilfsorgan. f. Ldw. aufgebaut. S.: 1987 Abitur, 1987-89 Zivildienst b. d. "Musikal. Jugend Deutschlands", 1989-96

*) Biographie www.whoiswho-verlag.ch oder beigefügte CD-ROM

Stud. Kulturpäd. an d. Univ. Hildesheim, Praktika u. Praxiseinsätze. K.: seit 1994 Management d. Studio Vocale Karlsruhe, weiterhin b. d. Festtagen Alter Musik in Stuttgart engagiert, 1996 Grdg. u. Aufbau d. eigenen Agentur f. CD-Produktionen u. f. d. Vermittlung v. Künstlern, seit 1998 Dir. d. RIAS Kammerchores. P.: Beiträge, Redaktion z. Chor-Programm, z. Jubiläumsband anläßl. d. 50. Jahrestages d. Kammerchores. M.: ROC. H.: klass. Musik, Theater (Oper), Natur, Gesang.

Druschke Dirk Dipl.-Ing. *)

Druse Olaf *)

Druxes Herbert Dr. rer. nat. Prof. *)

Drygas Hilmar Dr. rer. nat.
B.: HS-Lehrer, Prof. PA.: 34327 Körle, Berliner Str. 14. G.: Wigandsthal, 21. Okt. 1937. V.: Gertraud, geb. Rumpf. El.: Gerhard u. Erna. S.: Gymn., Stud. Math., Physik, Wirtschaftswiss. Univ. Heidelberg, 1963 Dipl.Math., 1968 Prom. K.: 1964-65 Ass. Univ. Göttingen, wiss. Mitarb. Studiengruppe f. Systemforsch. Heidelberg, 1965-71, 1969-70 Gastprof. Univ. Leuven/Belgien, 1972 Habil., 1972-74 wiss. Mitarb. SFB 21 Univ. Bonn, 1974 Prof. Univ. Marburg, 1974 Prof. Univ. Frankfurt, seit 1976 Prof. Univ. Gesamt-HS Kassel, 1979 Visiting Prof. New Delhi/Indien, 1982 Visiting Prof. Univ. Pittsburgh/USA, 1991/92, VW-Akad.-Stip., Gastprof. Univ. Dortmund. BL.: 1957 Bad. Jugend-Schachmstr., 1969 Mstr. Univ. Leuven, 1969 Klubmstr. Heidelberger Schachklub 1879. P.: The coordinate-free approach to Gauss-Markov estination (1970), 40 Arb. in Zeitschriften d. Ökonometrie u. Statistik. M.: Biometric Society, DMV, GMÖOR, Dt. Stat. Ges., Ver. f. Sozialpolitik. H.: Schach.

Drzenski Rainer *)

Drzyzga Johannes Christian Dipl.-Ing.
B.: Erfinder u. Forscher, Schwerpunkt Magnetfeld- u. Lasertechnik. FN.: Alpha Electronics GmbH. DA.: 20354 Hamburg, Neuer Jungfernstieg 7. V.: Anna, geb. Mnich. Ki.: Monika. S.: Ausbild. Energieumwandl. u. Maschinenbau. K.: seit 1983 tätig in d. Forsch. u. Entwicklung v. nebenwirkungsfreier Therapiemethode, die weltweit eingesetzt wird bei Osteoporose, Arthrose, Durchblutungsstörungen u. Schmerztherapie, seit 1998 Einrichtung v. Lizenz-Zentren.

Dschumagulow Apas Dr.-Ing. habil.
B.: a.o. u. bev. Botschafter d. Kirgisischen Rep. in Deutschland. FN.: Botschaft d. Kirgisischen Rep. GT.: Botschafter d. Kirgisischen Rep. in Schweden, Norwegen, Dänemark, Vatikan. DA.: 10585 Berlin, Otto-Suhr-Allee 146. V.: Aigul-Toktogul Alymgaeva. Ki.: Danijar (1962), Sergei (1964), Ermek (1982), Saltanat (1962), Nourlan (1970). El.: Tschokoev u. Tolbasehi Kisi Sonun. S.: 1952-58 Moskauer Inst. f. Erdölchemie u. Gasind. Gupkin-Univ., 1958 Ing.-Geologe, 1966-68 Doktorarb., 1998 Habil. K.: 1958-59 Arb. an d. Ak. d. Wiss. in Moskau, 1959-60 ltd. Geolog d. Erdölfelder Tschangi-Tasch d. Verw. Kirgisneft, 1960-61 Ltr. d. wiss. Zentralforsch.-Labors, 1961-62 ltd. Geologe f. Tiefbohrung, 1962-73 ltd. Ing. f. d. Erdölgewerbe f. Verw. Kirgisneft, 1973-79 Ltr. d. Abt. f. Ind. u. Verkehr d. Zentralkomitees d. Kommunist. Partei d. Kirgisischen Rep. (KPKR), 1979-86 Sekr. d. Zentralkomitees d. KPKR im Bereich Wirtschaft, 1985-86 1. Sekr. d. Gebietskomitees d. KPKR im Gebiet Issik Kul, 1986-91 Vors. d. MinR. d. Kirgisischen Rep., 1991-93 Ltr. d. Verw. im Gebiet Tschui, 1993-98 Premiermin. d. Kirgisischen Rep., seit 1998 Botschafter in Deutschland, seit 1998 Botschaft b. Hl. Stuhl, seit 1999 Botschafter in Schweden, Norwegen, Dänemark. BL.: 1999 als Premiermin. d. Kirgisischen Rep. Teilnehmer am Prozeß d. Überwindung d. Krise d. Rep. während Umwandlung v.

Wirtschaft v. Kommandosystem auf d. Marktwirtschaft u. b. Herstellung eines günstigen Investitionsklimas. P.: Buch: Öl- u. Gaswesen in uralten Deltas (1987), mehr als 50 wiss. Arb. E.: Orden "Rote Fahne d. Arb.", "EZ", Jubiläumsmed. "Für tapfere Tätigkeit" anläßl. d. 100. Geburtstages v. Lenin, "Manas-Orden d. 1. Kl.", Staatspeis d. Kirgisischen SSR f. Wiss. u. Technik, 1994 Titel "Verdienstvoller Arb. d. Ind. d. Kirgisischen Rep.". M.: Ehrenmtgl. Ost-West Ak. Bruchsal, Ehrenmtgl. Intern. Ing.-Ak., Ehrenprof. d. Kirgisischen Staatl. Päd. Inst., Gewerkschaftsbund v. Kirgistan, Ges. v. Freunden v. Kirgistan. H.: Sport, Skifahren, klass. Musik u. Volksmusik, Spielen v. Volksmusikinstrumenten, Fachliteratur u. wiss. Literatur, histor. Romane, Wandern.

Dshanelidse Otari *)

Dshunussowa Claudia *)

Du Mont Michael Dr. oec.
B.: Unternehmensberater, selbständig. FN.: Versicherungs-Kontor Du Mont. DA.: 50996 Köln, Theodor-Körner-Str. 7. G.: Köln, 1. Juli 1965. V.: Maria, geb. Ferrera Agostinho. Ki.: Henrik. El.: Heinrich Josef u. Helga, geb. Stolarz. S.: 1985 Abitur, 1986-93 Stud. Bw. m. Abschluß Dipl.-Kfm., 1998 Prom. K.: 1993-98 Unternehmensberater, 198 Übernahme d. elterl. Versicherungskontors.

Duas Hans-Joachim *)

Dubbel Siegfried
B.: Galerist, Antiquitätenhändler, selbständig. FN.: Galerie & Antiquitäten Gut Rocholz. DA.: 58285 Gevelsberg, Rocholzallee 37-39. www.galerie-gut-rocholz.de. G.: Wuppertal, 23. Apr. 1949. V.: Christel, geb. Leveringhaus. Ki.: Thorsten (1970), Stefan (1972). El.: Matthias u. Käthe. S.: 1963-66 Ausbildung z. Kfz-Mechaniker. K.: parallel 1966 Einstieg in d. Antiquitätenhandel, 1980 Miete dieser Räumlichkeiten, 1996 Grdg. d. Galerie, 2000 Hinzunahme Standesamt. P.: Saur allgemeines Künstlerlexikon, Band 11 (1995), Eintrag über Birnschein. H.: Kunst.

Dubbeldam Pieter Dipl.-Ing. *)

Dübber Ulrich Dr. *)

Dubberke Gerd Dr. med. dent. *)

Dubberke Jutta *)

Dubbers-Albrecht Eduard *)

Dubbick Nils S. *)

Dube Gerhard *)

Dube Wolf-Dieter Dr. Prof. *)

Dube-Heyning Annemarie Dr. phil.
B.: Kunsthistorikerin, Galeristin, selbständig. DA.: 81679 München, Schumannstr. 3. G.: Mannheim. Ki.: Peter u. Dr. phil. Kathrin. El.: Dkfm. Harry u. Käte Heyning. S.: Abitur, Stud. Kunstgeschichte u. Archäologie in Heidelberg, Leipzig u. Göttingen, 1956 Prom. K.: 1956-58 Forschungsgemeinschaft, 1960-61 Erstellung eines Werkverzeichnisses f. Ernst Ludwig Kirchner, 1962-87 Erstellung mehrerer wiss. Werke über Ernst Ludwig Kirchner, seit 1987 Führung d. Galerie in München.

Dübgen Peter A. Dr. Dipl.-Kfm. *)

Dubiella Horst *)

Dubinski Axel *)

Dubois Gilles
B.: RA u. Avocat à la Cour, Conseiller du Commerce Extérieur. FN.: CMS Bureau Francis Lefebvre, Avocats. DA.: 40210 Düsseldorf, Immermannstr. 15. G.: Budapest, 2. Mai 1951. V.: Elvira, geb. Feilen. Ki.: Nadine, Yannick. BV.: alteingesess. Landgeschlecht aus d. Normandie. S.: 1970 Baccalauréat ès-lettres, 1970-71 Militär franz. Streitkräfte - Hptm. d. Res., 1972-80 Stud. Sprach- u. Rechtswiss. Frankfurt, Mainz, Strassburg u. Grenoble, 1980 Abschluß Licence ès-lettres 1. Jur. Staatsexamen, 1980-83 Referendariat OLG Frankfurt mit Abschluß 2. Staatsexamen. K.: 1983 Zulassung z. RA, 1983-87 RA in d. Kzl. Heide, Ihle & Zätzsch (Coudert Schürmann seit d. Fusion Coudert Brothers und Schürmann & Partner am 1. Jan. 2000) in Frankfurt, 1988-90 RA in d. Kzl. Schürmann & Partner (Coudert Schürmann seit d. Fusion Coudert Brothers u. Schürmann & Partner am 1. Jan. 2000) in Frankfurt u. Paris, seit 1990 RA u. Avocat bei CMS Bureau Francis Lefebvre, Avocats, in Düsseldorf u. Paris; Lehrauftrag d. rechtswiss. Fakultät an d. Univ. Münster. P.: Veröff. z. Thema Wirtschaftsrecht. E.: Med. du Mérite Européen. M.: DIS, ASA, Kanad.-Dt. Juristenvereinig., ehem. Vorst.-Mtgl. d. Club des Affaires de la Hesse e.V. in Frankfurt, ehem. Vorst.-Mtgl. d. Club des Affaires en Rhénanie du Nord Westphalie e.V. in Düsseldorf, 1985-89 Attaché parlementaire im Europaparlament in Strassburg. H.: Segeln.

Dubois Irmtraud Dipl.-Ing. *)

Dubois-Voß Elke Dipl.-Ing.

B.: selbst. Architektin. FN.: Dubois & Partner GbR Freie Architekten u. Diplomingenieure. DA.: 68623 Lampertheim, Alicenstr. 23. Dubois Partner@t-online.de. G.: Mannheim, 6. Sep. 1947. Ki.: Katja (1969), Björn (1978). S.: 1964 Mittlere Reife, 1964-66 Bauzeichnerlehre, 1966-70 Ing.-Stud. in Darmstadt u. Karlsruhe, 1970 Dipl.-Ing. grad. K.: 1970-83 ang. Architektin, 1983 selbst. als freie Architektin. M.: Arch.-Kam., 2. Vors. Männergesangver. 1840 Lampertheim, Ver. Stadtmarketing Lampertheim. H.: Radwandern, Singen im Chor.

Dubokovic-Kienzler Steffi *)

Dubrau Dorothee Dipl.-Arch. *)

Dubslaff Eckhard
B.: Vorst. FN.: VEAG Vereinigte Energiewerke AG. DA.: 10115 Berlin, Chausseestr. 23. www.veag-ag.de. G.: Berlin, 19. Sept. 1939. S.: Lehre Elektromonteur Kraftwerk Lauta, Stud. Zitta, Ing. f. Kraftwerke, 1971-76 Fernstud. BWL, Dipl.-Ing. K.: 1973-85 Werk- bzw. Betriebsdir. Kraftwerk Boxberg, 1985-87 Aufbaultr. im Energiekombinat Potsdam, 1987 stellv. Gen.-Dir. d. Energiekombinats Magdeburg, 1988-90 stellv. Gen.-Dir. f. Wärmeversorgung d. Energiekombinats Potsdam, 1990 Vorst.-Vors. d. ehem. Energiekombinats Potsdam, bis 1991 nach Übernahme d. Anteile durch PreussenElektra Vorst d. MEW AG, 1991-96 Hauptabteilungsltr. Kraftwerksbetrieb d. VEAG, s. 1996 Vorst. f. d. Bereich Kraftwerke d. VEAG.

Duchene Horst

B.: Immobilienmakler u. Unternehmer. FN.: Immobilien Horst Duchene. DA.: 66292 Riegelsberg, Feldstr. 4. G.: Quierschied, 28. Dez. 1958. V.: Petra, geb. Steffan. El.: Karl u. Marianne, geb. Brösch. BV.: Abstammung v. d. Hugenotten. S.: 1974-78 Ausbildung z. Maschinenschlosser b. ZF Getriebe in Saarbrücken. K.: 1978-81 Maschinenschlosser in Ausbildungsfirma, seit 1981 Maschinenschlosser b. Saarbergwerke AG, heute DSK b. Vollzeit, 1998 Eröff. d. Immobilienbüros in Riegelsberg m. Ehefrau Petra. BL.: 1994-97 in autodidaktischer Manier u. d. Seminare d. IHK, sowie d. Bergingenieurschule d. Kenntnisse als Immobilienmakler erworben; Engagement f. d. "Elterninitiative krebskranker Kinder" (Organisation großer Tombolas, Straßenfeste u. Spendensammlungen in Riegelsberg), sowie f. d. SOS-Kinderdörfer. M.: DRK. H.: Sport, Schwimmen, Lesen, Hund.

Ducho Fritz Dr. med. *)

Duchoslav Jiri
B.: Ballettmeister. FN.: Ballettschule Duchoslaw. DA.: 95444 Bayreuth, Kulmbacher Str. 6. PA.: 95158 Kirchenlamitz, Epprechtstein 2. duchoslav.ballett@t-online.de. G.: Chomutov/Tschechien, 31. Jan. 1937. Ki.: Yvetta (1966), Marguerita (1983), Matthias (1985). S.: 1952 Abschluß d. Mittelschule (Mittlere Reife), Lehre als Flugzeugmechaniker in d. Flugzeugfbk. Avia in Prag, 1957 Militärausb., ca. 2 1/2 J., anschließende Einstellung in d. Flugzeugfbk. Avia, nebenbei Nebenstud. z. Sportlehrer u. Trainer Sportinst. Tyrsch in Prag u. in d. Privat-Schule d. Doz. d. Prager Konservatoriums Madame Stepankova u. d. damaligen Solotänzers v. Nationaltheater in Prag als Ballettänzer, 1961 Prüfg. K.: 1961 1. Engagement, zuerst als Tänzer dann als Solotänzer am Nationaltheater in Usti nad Labem (Ausig an d. Elbe), weitere Engagements als Solotänzer: 1964 Cottbus (ehem. DDR), 1966 Biel in d. Schweiz, 1967 Bielefeld BRD, 1968 weitere 6 J. in Frankfurt am Main, die letzten 4. J. mit d. Ballett - Dir. John Neumeier, in dieser Zeit Besuch d. Hochschule f. darst. Kunst-Abt. Ballett in Frankfurt, 1974 Solotänzer u. Ass. d. Ballettmeisters in Freiburg, ab 1975 Ballettmeister, 1976-82 Ballettmeister am Stadttheater Hof in Bayern, hier mit Unterstützung d. Musikdir. d. Hofer Symphoniker Herrn Herbig unter Intendant Herr Gnekov - Aufbau einer neuen Ballettgruppe, zwischendurch wieder als Solotänzer an versch. Theatern gastiert wie: Berlin, Basel, Staatstheater Wiesbaden, Luxemburg, Lyon, Beteiligung in Frankfurt - Wiesbaden usw., solistische Mitwirkung an Festspielen d. DDR - Zeit "Ostseewochen", auch in Festspielen in Augsburg u. 6 J. in Bayreuth, da Beteiligung an d. Verfilmung d. "Tannhäusers", ab 1982 eigene Ballettschule m. Spielleiter u. Regisseur Birken, Aufbau einer eigenen Schauspiel-Ballett-Gruppe mit angeschlossener Ballettschule in Mitwitz bei Kronach u. im Sportzentrum in Bayreuth, Unterstützung v. d. Städten Bayreuth, Coburg u. Kronach, Schwerpunkt: Kindertheater für u. in d. Schulen, f. Altersheime, Behinderteninst. f. d. Gefängnisse, seit 1994 eigenes Ballettstudio in Kulmbacher Str. 6, 95445 Bayreuth. M.: Bonsai Club, Berufsverb. Tanzpäd. H.: Bonsaibäume, Malerei, Ballett, klass. Musik.

Dücker Gertrud Franziska Dr. Prof.
B.: em. Univ.-Prof., Zoologin. DA.: 48149 Münster, Hüfferstr. 56. G.: Coesfeld, 9. Febr. 1928. El.: Bernhard u. Gertrud. S.: 1949 Abitur, Stud. Zoologie, Botanik u. Chemie Univ. Mün-

---

*) Biographie www.whoiswho-verlag.ch oder beigefügte CD-ROM

ster, 1956 Dr. rer. nat. K.: 1957-62 wiss. Ass. am Zoolog. Inst. d. Univ. Münster, 1962-70 Kustodin/OKustodin, 1965 Habil., 1965-70 Priv.Doz., seit 1970 Prof. u. Ltr. d. Abt. f. Verhaltensforsch., seit 1993 i. R. P.: 96 Veröff. in wiss. Zeitschriften. M.: Dt. Zoolog. Ges., Dt. Ornitholog. Ges., Etholog. Ges., Dt. Naturforscher u. Ärzte, Med.-Naturwiss. Ver., HS-Verb. H.: Malerei, fremde Kulturen.

Dücker Heinz-Jürgen Dr. med.
B.: Augenarzt. DA.: 25436 Uetersen, Marktstr. 13. G.: Mönchengladbach, 16. Feb. 1950. V.: Monika, geb. David. El.: Heinrich u. Gertrud. S.: 1969 Abitur Düsseldorf, 1969-73 Med.-Stud. Bonn, 1973-78 Med.-Stud. Kiel, 1978 Examen Univ. Kiel, 1978-83 Dr. K.: 1978-79 Med.-Ass. Augenheilkunde b. Prof. Böke u. Innere Med. bei Prof. Weißbecker, Kiel, 1978-83 Doktorant bei Prof. de Decker Abt. Orthoptik u. Plepotik d. Universtitätsaugenklinik Kiel, 1979-80 Flugmed. Inst. d. Luftwaffe Fürstenfeldbruck, 1980-83 Facharztausbildg. bei Prof. Papst AK Barmbek Hamburg, seit 1983 ndlg. Augenarzt in Uetersen, seit 1990 Belegarzt im KH St. Andreasbrunnen in Hamburg. P.: 1982 z. Pathogenese d. Pseudoexfoliationssyndroms. M.: seit 1973 Ak. Segelver. in Kiel, seit 1994 Ver. Menschen helfen Menschen in Uetersen, seit 1997 Golfclub Gut Haseldorf/Prinz Schöneich-Karolath. H.: Golf, Segeln, Tennis, Schach, klass. Musik.

Dücker Helmut *)
Dücker Michael Dr. med. *)
Dücker Silvia Dr. med. *)

Dückert Thea Dr.
B.: wiss. Ang., MdB. FN.: Dt. Bundestag. DA.: 11011 Berlin, Platz d. Republik 1. G.: Berlin, 1950. S.: Dipl.-Vw. K.: z.Zt. Ltr. d. Kooperationsstelle HS - Gewerkschaften an d. Carl-v.-Ossietzky-Univ. Oldenburg, 1986-94 LAbg., 1990-94 Fraktionsvors. während d. rot/grünen Koalition in Hannover, 1994-95 Landesvors., seit 1998 MdB. (Re)

Duckstein Ralf-Dieter *)
Duckwitz Edmund Dr.
B.: Botschafter. FN.: Deutsche Botschaft Den Haag/Niederlande. DA.: NL-2517 EG Den Haag, Groot Hertoginnelaan 18-20. ambduits@euronet.nl. G.: Bremen, 8. März 1949. Ki.: 3 Kinder. S.: 1967 Abitur Bremen, 1967-68 Wehrdienst, Lt. d. Res., Stud. Rechtswiss. in Heidelberg u. Genf, 1973 1. Jur. Staatsexamen. K.: wiss. Mitarb. am Max-Planck-Inst. f. ausländ. öff. Recht u. Völkerrecht in Heidelberg, Jur. Vorbereitungsdienst am LG in Mannheim, 1975 Prom. Dr. Jur. iur., 1976 2. Jur. Staatsprüf., 1976 Eintritt in d. Auswärtigen Dienst, Tätigkeiten an d. Botschaft Belgrad, im Auswärtigen Amt, als Ständiger Vertreter d. Botschafters in Manila, als stellv. Referatsltr. im Grundsatzreferent f. Europ. Integration, 1992-96 Botschafter in d. Dominikan. Rep., 1996-99 Min.-Dirigent u. stellv. Ltr. d. Abt. f. Außen-, Sicherheits- u. Entwicklungspolitik im Bundeskanzleramt, seit 1999 Botschafter in Venezuela.

Duckwitz Wolfgang *)

Dücomy Andreas
B.: ZTM, Inh. FN.: al dente - Zahntechn. Laboratorium. DA.: 23568 Lübeck, Travemünder Allee 4. info@ad-aldente.de. www.ad-aldente.de. G.: Bochum, 21. Juli 1962. El.: Peter u.

Rosemarie. S.: 1979-83 Ausbild. z. Zahntechniker. K.: 1983-87 Arb. in verschiedenen Laboren im Ruhrgebiet, 1987-88 Amsterdam/NL, 1988-89 Schwäbisch-Gmünd, 1989-90 Meisterschule in Freiburg, 1990-91 selbst., freiberufl. als Zahntechnikermeister in London tätig, 1991-93 Gütersloh, 1994 Wechsel nach Rom, anschl. nach Lübeck. H.: Taekwando, Gocart fahren, Rennsport.

Duczek Horst Dipl.-Ing. *)

Duda Albert Dr. Prof.

B.: Prof. FN.: TU Berlin. DA.: 13355 Berlin, Ackerstr. 76. PA.: 10179 Berlin, Fischerinsel 6. G.: Beuthen O/Schl., 11. Mai 1932. V.: Dr. med. Dora Zimmermann. Ki.: Dr. med. Elisabeth Rowe (1955). El.: Erich u. Johanna, geb. Koch. S.: 1950 Abitur, 1950-56 Stud. Bauing.-Wesen u. Teilstud. Flugzeugfestigkeit TH Dresden. K.: 1956-65 wiss. Mitarbeiter u. ltd. Mitarbeiter d. Deutschen Bauakademie, u.a. persönl. Ref. d. Präs. Prof. Kurt Liebknecht, Ltr. d. Baumechaniklabors, Beauftragter f. d. Aufbau d. Inst. f. Ing.-theor. Grundlagen, wiss. Arbeit am Lehrstuhl f. Elastizitätstheorie d. Moskauer Lomonossow Univ. bei Prof. A. A. Iljuschin, 1966-81 ltd. Mitarbeiter im Min. f. Bauwesen d. DDR, verantwortl. f. d. Ing.-theor. Grundlagenforschung, Wissenschaftsorganisation u. Bauinformation, 1976 Habil. (Dr. sc. techn.) an d. TU Dresden, seit 1981 HS-Lehrer, 1983 a.o.Prof. f. Techn. Mechanik, seit 1992 Projektleiter im WIP an d. TU Berlin. BL.: Spezialist f. Festigkeitsberechnungen im Leichtbau, geschichtete Konstruktionen, Schalentheorie u. Reifenmechanik, Initiator u. Koordinator v. entspr. internat. Projekten, Übersetzer u. Hrsg. mehrerer russ. Grundlagenwerke d. Festkörpermechanik u. angew. Mathematik. M.: Korresp. Mtgl. d. Bauakademie d. DDR, Ltr. d. Plenums-AG Baumechanik, Redaktionsmtgl. d. Zeitschriften "Uspechi mechaniki" (1978-92), "Technische Mechanik" (1980-92), "Mechanics of Composite Materials". H.: Radwandern, klass. Musik, Architektur, Philosophie.

Duda Gernot *)
Duda Gunther Dr. med.
B.: Internist. PA.: 85221 Dachau, Thomas-Schwarz-Str. 47. G.: 10. Nov. 1926. V.: Barbara, geb. Tiebel. Ki.: Adelheid, Brigitte, Ulrich, Volkher, Almut. S.: Univ. Stud. P.: Gewiß man hat mir Gift gegeben! Die Krankheiten Mozarts (1958), Mozart, die Dokumentation seines Todes (1966), Mozarts Tod 1791-1971 (1971), Der Streit um Mozarts Totenmaske (1984), Im Banne religiösen Wahns - die Jugendsekten (1979), Schicksalsstunden deutscher Geschichte (1981), Ein Kampf f. Freiheit u. Frieden - Ludendorffs Tannenbergbund 1925-1933 (1997), Ketzerfeld in Deutschland (1999), Erbgutnutzung u. Sittengesetz - Menschenwürde (2001).

*) Biographie www.whoiswho-verlag.ch oder beigefügte CD-ROM

Duday Joachim *)

Duddeck Heinz Dr.-Ing. Dr.-Ing. E.h. Prof. *)

Dudeck Joachim Dr. med. Prof.
PA.: 35423 Lich, Goethestr. 5. G.: Breslau, 15. Okt. 1932. V.: Dr. Theresita, geb. Pohl. Ki.: Rolf Dieter (1959), Karina Uta (1961). S.: 1951 Abitur Leipzig, 1951-53 tätig im Entwicklungslabor f. Fernmeldetechnik Leipzig, 1953-59 Stud. Med. Leipzig u. Heidelberg, Staatsexamen, 1962 Prom. K.: 1960-69 wiss. Ass. u.a. am physiolog. Inst. in Erlangen, am Inst. f. med. Statistik u. Dokumentation in München u. an d. med. Klinik in Mainz, 1969 Habil., seit 1970 Dir. d. Inst. f. med. Informatik d. Univ. Gießen m. Schwerpunkt med. Statistik, med. Informatik, u. klin. Epidemiologie, 1978 tätig am Inst. f. Med. Informtik in Tübingen, Grdg. u. Ltg. d. HL7-Benutzergruppe in Deutschland, 1997-99 Mtgl. d. Board of Directors HL7 in d. USA. P.: "Biosignalverbreitung b. EKS's", "Anwendung wissensbasierter Funktionen bei d. Behandlung v. Patienten", "Klin. Epidemiologie", "Anwendung v. Kommunikationsstandars in d. med. Einführung v. XML bei med. Problemstellungen"; Buchervöff.: "Basisdokumentation f. Tumorkranke" (1994), "HospitalInformations Systems" (1995), "New Technologies in Hospital Informations Systems" (1997). M.: 1981-2001 Vors. d. Dt.-Türk. Ärztever. Gießen, AMIA, GMDS, Biometr. Ges., Ges. f. biomed. Technik. H.: klass. Musik.

Dudeck Lothar *)

Dudeck Volker Dr. sc. phil. Doz.
B.: Dir. FN.: Städtische Museen Zittau. DA.: 02763 Zittau, Klosterstr. 3. PA.: 02763 Zittau, Töpferberg 3. G.: Sohland/Spree, 31. Okt. 1947. V.: Julia. Ki.: Tatjana (1973), Jan (1977). S.: 1962-66 Abitur Bautzen m. Berufsausbildung z. Landmaschinen- u. Traktorenschlosser, 1966-72 Stud. an d. Humboldt-Univ. zu Berlin, Fachrichtung Geschichte u. Kunstgeschichte, Dipl.-Historiker. K.: 1972-75 Ass. an d. Ingenieur-HS in Zittau, 1975 Prom. z. Dr. phil., 1975-85 Oberass. u. 1985-90 Hochschuldoz. an d. Ingenieur-HS in Zittau, 1989 Prom. z. Dr. sc. phil., 1990 Dir. d. Städtischen Museen Zittau. BL.: Dauerausstellung d. Großen Zittauer Fastentuches v. 1472 in d. "Kirche z. heiligen Kreuz" in Zittau, Vorbereitung u. Durchführung d. Ausstellung "Weltmacht Geist - Das Haus Habsburg u. d. Oberlausitz 1526-1635". P.: Zittau so wie es war (1993), Die Zittauer Bibel (1990),Der Zittauer Ring - Phantasievoller Städtebau d. 19. Jhdt. (2000), Das Große Zittauer Fastentuch (1997), Zittau u. seine Fastentücher - ein historischer Exkurs, in Riggisberger Berichte 4/1996. M.: Vorst.-Mtgl. im Sächsischen Museumsbund, Vorst.-Mtgl. im Zittauer Geschichts- u. Museumsverein, Oberlausitzer Ges. d. Wiss. zu Görlitz, Rotary Club Dreiländereck Oberlausitz. H.: Fotografieren.

Dudek Philippe Henry Guy
B.: Litograph, Fotograf, Inh. FN.: Werbemanagement Philippe Dudek. DA.: 79104 Freiburg, Burgunder Str. 1. PA.: 79104 Freiburg, Hebsekerstr. 6. dudek@dudek-werbemanagement. de. G.. Mulhouse, 30. März 1955. V.: Christine Kühn. Ki.: Charlotte (1995), Simone (1997). El.: Heinrich u. Margarete, geb. Amlehn. S.: 1968 Mittlere Reife Freiburg, Ausbildung graph. Zeichnen, Litograph, Fotograf, 1972 Schausem. an d. Kunstak. in Basel, Graph. Zeichnen, Bundeswehr. K.: seit 1980 selbst., Schwerpunkte Bereich CI / CD - Mittelstand, Marketing, Werbung. M.: IHK, Bürgerver. Freiburg-Herdern. H.: Computer, Natur- /Pflanzenkunde.

Dudek Walter Dipl.-Päd. Dipl.-Ing. *)

Dudek Zbigniew *)

Dudenhausen Joachim Wolfram Dr. Prof. *)

Dudenhöffer Gerd
B.: Komödiant, Kabarettist. FN.: c/o Handwerker Promotion. DA.: 59423 Unna, Burgstr. 30. office@handwerker-promotion.de. G.: Bexbach, 1949. S.: 1966-69 Stud. Grafik u. Design in München. K.: 1971-81 tätig als Grafiker in versch. Werbeagenturen, teilweise auch selbständig. P.: Auftritte u.a. in d. TV-Serie "Familie Heinz Becker", "Tach Herr Doktor" (1999), sowie zahlr. CD's, Videos u. Bücher. E.: Saarländischer Verdienstorden (1996), Goldene Europa (1997). (Re)

Dudman Paul R. *)

Dudszus Alfred Dr.-Ing.

B.: em.Prof., Forscher, Entwicklungsing., Gschf. Ges. FN.: IBMV Maritime Innovations GmbH. DA.: 18147 Rostock, Langenort 10 Haus 15. G.: Waldkerme, 5. Jan. 1928. V.: Traude, geb. Bartels. Ki.: Dr. med. Kirsten (1953), Dr. med. Jens (1962). El.: Gustav u. Ida. S.:1945 Abitur/Maschinenbauer, 1947-51 Faching. Wismar, 1954 Schiffbauing. im Abendstud. Wismar, 1955 Schweißfach, Ing. im Schweiß. Inst. Halle. K.: 1951-61 Werft Wismar als Maschinenbaultr. u. Chefkonstrukteur, 1955-61 parallel Fernstud. TU Dresden, Dipl.-Ing. Maschinenbau, 1961-63 Techn. Dir. VVB Schiffbau Rostock, 1965-72 Gen.-Dir. Schiffbau, 1973-93 o.Prof. an d. Univ. Rostock, Gschf. Ges. f. IBMV Maritime Innovations GmbH. BL.: 60 Patente. P.: 10 Fachbücher "Das gr. Buch d. Schiffstypen". E.: 1968 1. Nationalpreis f. Wiss. u. Technik. M.: Schiffbau Ges. STG, Redaktion Schiff u. Hafen.

Dudziak Jörg
B.: Berater f. Marketing, Werbung u. Kommunikation. FN.: "Excite". DA.: 28205 Bremen, Osterdeich 110. dudziak@excite-online.de. www.excite-online.de. G.: Bremen, 15. Apr. 1965. Ki.: Ewa (1995), Jurek (1997). El.: Hubert u. Ruth, geb. Meier. S.: 1985 Abitur, 1987-89 Ausbild. z. Werbetechniker. K.: 1990 Trainee in einer Werbeagentur in Bremen, 1991-92 Atelierltr. d. Agentur, seit 1992 selbst., Grdg. d. Werbeagentur Due, Agentur f. Werbung u. Öff.-Arb., 2000 Grdg. d. Firma Excite Ideen f. Marketing, Werbung & Kommunikation als Inh. H.: Hochseesegeln.

Dué Siegfried Dipl.-Ing.

B.: Blechschlosser, Inh. FN.: Dué Planungs- u. Ing.-Büro f. d. Bauwesen. DA.: 44787 Bochum, Hellweg 21-23. G.: Breslau, 13. Mai 1943. V.: Hannelore, geb. Rittel. Ki.: Jasmin (1976), Pascal (1978). El.: Alfred u. Gerda. S.: 1957-60 Lehre als Blechschlosser, 1967-68 Bundeswehr, Ausbild. zum Kfz-Mechaniker, 1968-71 Stud. z. Stahlbauing. K.: 1962-66 Blechschlosser b. Mannesmann, 1962-66 in d. Arbeitsvorbereitung b. Krupp tätig, parallel FZ-Reife, 1971-79 Prüfing. f. Baustatik b. d. Firma Prof. Reinitzhuber & Silvio v. Spiess, 1977 Grdg. u.

*) Biographie www.whoiswho-verlag.ch oder beigefügte CD-ROM

Aufbau d. eignen Unternehmens in Herbede, 1983 Grdg. eines Bauträgerunternehmens Treugrund Herbede GmbH, 1991 Umzug m. beiden Unternehmen nach Bochum, 1992 Treugrund Herbede liquidiert. M.: VDI, Ing.-Kam. f. d. Bauwesen, Ver. beratender Ing. H.: Reisen, Tennis, Segeln.

Duensing Christoph
B.: RA, Gschf. FN.: Dt. Beamtenbund Nds. DA.: 30159 Hannover, Große Packhofs Str. 28. G.: Hannover, 7. Dez. 1937. V.: Karin, geb. Dörge. Ki.: Catrin (1964), Constanze (1966). El.: Friedrich u. Ilse, geb. Ubbelohde. S.: 1957 Abitur Nienburg, 1957-61 Stud. Rechtswiss. Univ. Göttingen u. Freiburg, 1962 1. Staatsexamen, 1962-66 Referendariat Niedersächs. Justizdienst, 1966 2. Staatsexamen. K.: 1967-71 Mitarb. in versch. Anw.-Kzl. in Hannover, 1974-2000 Gschf. d. Dt. Beamtenbund Nds., 1986-2000 Schriftltr. d. Verb.-Zeitung "Beamte Warte", "dbb-niedersachsen", ab 1984 Bild.-Ltr. d. Bild.- u. Sozialwerks Niedersachsen, ab 1986 Vors. d. Einigungsstelle f. Personalangelegenheiten b. niedersächs. Min. f. Ldw. u. Forsten, seit 1994 ständiger Vertreter d. Beamtenbundes in niedersächs. Gremien f. Verw. Reform: im Staatssekr.-Aussch. u. ab 1999 niedersächs. Beauftragter f. Stadtmodernisierung. P.: Hrsg. d. jährl. Dt. Bmtn.-Jahrbuches, regelm. Veröff. im DBB Niedersachen. M.: CDU, Sportver. H.: klass. Musik, Kirchenmusik, histor. Literatur.

Duensing Georg Dr. *)

Duerr Hans Peter Dr. Prof.
B.: Schriftsteller. PA.: 69118 Heidelberg, Köpfelweg 45. G.: Mannheim, 6. Juni 1943. V.: Annette, geb. Primm. Ki.: Janina, Alisa, Janis. El.: Paul u. Elisabeth. S.: Stud. Univ. Wien u. Heidelberg, Prom. K.: Habil., Prof. f. Ethnol. u. Kulturgesch. an d. Univ. Bremen, seit 1999 wieder freier Schriftsteller in Heidelberg. P.: Ni Dieu - ni mètre (1974), Traumzeit (1978), Satyricon (1982), Sedna oder Die Liebe zum Leben (1984), Nacktheit und Scham (1988), Intimität (1990), Obszönität u. Gewalt (1993), Frühstück im Grünen (1995), Der erotische Leib (1997), Gänge und Untergänge (1999), Die Schrecken der Moderne (2002), Die Tatsachen des Lebens (2002), zahlr. Sammelbände.

Duerr Rolf
B.: Schriftsteller. PA.: 14199 Berlin, Wangerooger Steig 10. G.: Berlin, 20. Dez. 1933. V.: Ellen, geb. Buchert. Ki.: 2 Kinder. El.: Dagobert u. Hannah. S.: 1953 Abitur, Stud. Germanistik, Roman. FU Berlin, Freib./Br., Toulouse. K.: Doz. d. Goethe-Inst., 1966-72 Ltr. d. Sprachabt. d. Goethe-Inst. Rom, 1977-95 Studienkolleg f. ausld. Studierende, FU Berlin. P.: Ist Krosigk e. Faschist, Roman (1978), V. Tobias u. and. Männern, Gedichte (1981), Hrsg. d. Werke v. Ewald Traugott Dombski (1837-1912), (1987), 1988 Moralische Geschichten (1988), Dädalos fliegt über das Labyrinth (1989), Das Glück von Mouderay (2001). M.: Gewerksch. Erzieh. u. Wiss. (GEW), Verb. dt. Schriftsteller (VS), 1995-99 Vors. d. Neue Ges. f. Lit. (NGL), H.: Malerei.

Dues Jutta Lidwine Clara Dr. med.
B.: Hautärztin. DA.: 13507 Berlin Berliner Str. 2. G.: 20. Jan. 1965. V.: Klemens Walter Dues. Ki.: Werner. El.: Bodo u. Mechthild, geb. Bohmert. BV.: Urgroßvater Heinrich Markers hatte eine Schuhfbk. S.: 1984 Abitur Borken, 1984-85 Lehre Datenverarb.-Kfm. b. Nixdorf Computer AG Paderborn, 1985-91 Stud. Humanmed. an d. Justus-Liebig-Univ. Gießen u. Julius-Maximilians-Univ. Würzburg, 1990-91 Prakt. J.: Innere Med.: Kantonales Spital Uznach/Schweiz, Chir.: Missionsärztl. Klinik Würzburg, Dermatologie: Case Western Reserve Univ. Cleveland/USA, 1991 Approb. K.: 1992-93 Arzt im Praktikum Univ.-Hautklinik Köln, 1993-95 Ass.-Ärztin Univ.-Hautklinik Köln, FA-Anerkennung f. Haut- u. Geschlechtskrankheiten, 1994 Dr. med., 1996 Praxisvertretungen, Weiterbild. Naturheilverfahren Brüder-Klinik Lahnstein, 1997 Ndlg. in Berlin als Gemeinschaftspraxis, Spezialgebiet: Naturheilverfahren, Homöopathie, Allergologie, ambulante OP's, Proctologie, Schwerpunkt Kinder. H.: Lesen, Sport.

Duesing Brigitte

B.: Apothekerin, Inh. FN.: Sonnen-Apotheke. DA.: 33102 Paderborn, Riemekestr. 12. G.: Retsch, 29. Juli 1939. V.: Dr. Karl Peter Duesing. Ki.: Barbara, Dorothea. El.: Georg u. Maria Grunenberg. BV.: Leo Hoenig - bekannter Viehzüchter in Ostpreußen; Dr. Karl Grunenberg - Prominentenarzt in Berlin in d. 20er-J. S.: 1957 Abitur Meppen, 1960-65 Stud. Lebensmittelchemie Aachen, 1972-75 Stud. Pharmazie Univ. Bonn. K.: 1976 Grdg. d. Sonnen-Apotheke in Paderborn, 1993-95 Zusatzausbild. z. Kosmetikerin spez. f. Akne u. Neurodermitis. P.: Vorträge wie "Probleme m. Nägeln, Haut u. Haaren?", "Die Bedeutung v. Zink u. Biotin f. Gesundheit u. Schönheit", "Welchen Stellenwert hat Zink in d. Aknebehandlung heute" (1998), div. Vorträge zu Hautproblemen. M.: Engagement f. musikal. Martinee m. Ellen Kohlhaas u. Monika Gutmann, Dt.-Franz. Ges. H.: Tanzen.

Dufek Günther Franz

B.: Kfm., Inh. FN.: Naturerzeugnisse Günter Dufek. DA.: 77855 Achern-Gamshust, Oststr. 4. G.: Marktredwitz, 23. März 1944. V.: Helga, geb. Fröhlich. El.: Hubert u. Franziska, geb. Schmidt. BV.: Großvater - Kriegsheld. S.: 1958-62 Lehre Hotelkfm. Hotel Reichsadler Bayreuth u. Rosenthal-Casino Selb, Ausbild. in Küche, Service, Rezeption u. Journalführung, 1966 Abschluß. K.: tätig in versch. Hotels wie Kempinski in Berlin, Bayrischer Hof in München, Royal Ascot Club in England, Hotel Inn on the Park in Toronto u. M.S. Bremen d. norddt. Lloyd, 1974 Ausbild. in d. Steinschleiferei Rudolf Schupp im Idar-Oberstein, danach tätig f. 2 Gold- u. Juwelenhändler in Pforzheim, 1980 tätig im Vertrieb v. Gesundheitsart. f. eine schweizer Firma in Italien, seit 1991 Herstellung u. Vertrieb v. Heimtextilien. E.: Ausz. f. Lebensrettung eines Panzerführers aus d. brennendem Panzer in Bayreuth, Jugendmeister im Boxen. M.: Acherner Hexenzunft e.V., Kameradschaftsbund, ehemal. Kriegsteilnehmer u. Soldaten e.V. H.: Radfahren, Schreiben an einem Buch, Bodybuilding, Schlagzeuger einer Band, Eskimo Schnitzeien, Boxen, Sgeln.

von Düffel John
B.: Schriftsteller. FN.: c/o DuMont Buchverlag. DA.: 50735 Köln, Amsterdamer Str. 192. G.: Göttingen, 1966. S.: Prom. Erkenntnistheorie. K.: Tätig als Theater- u. Filmkritiker, Hörspielautor u. Übersetzer, Schauspieldramatur Theater Basel, Autor u. Dramaturg Schauspielhaus Bonn. P.: Solingen, Das schlechteste Theaterstück der Welt, Die Unbekannte mit dem Fön, Pulp & Fiction, Saurier-Sterben, Vom Wasser, Ego (2001). E.: 1998 Ernst Willner-Preis f. Klagenfurter Ingeborg Bachmann-Wettbewerbs, aspekte-Literaturpreis.

---
*) Biographie www.whoiswho-verlag.ch oder beigefügte CD-ROM

Duffner Christof
B.: Profi-Skispringer, Sportsoldat, Werkzeugmacher. FN.: c/o DSV. DA.: 82152 Planegg, Hubertusstr. 1. PA.: 78141 Schönwald, Ludwig-Uhland-Str. 3. G.: 16. Dez. 1971. K.: größte sportl. Erfolge: 1992 DM/ Mannschaft/1., Skiflug-WM Harrachov/5., 1993 DM Mannschaft/2., Großschanze/2., 1994 Skiflug-WM Planica/4., OS Lillehammer Team/1., Großschanze/11., 1995 WM Thunder Bay Mannschaft/2., 1995/96 WC Kulm/2, Harrachov/3., Skiflug-WC/3., Vierschanzentournee/5., 1996 Skilflug-WM Kulm/5., 1997 DM Mannschaft/2., WM Trondheim Mannschaft/3., 1997/98 WC-Gesamt/38, 1999 WM Ramsau Mannschaft/1., DM Normalschanze/2. H.: Motorrad, Sport.

Dufkova-Dufek Jarmila Dr. med. Prof. *)

Dufner Julius Dr. rer. nat. Prof. *)

Dufour Marie-Jeanne
B.: GMD, Musikerin, Dirigentin. FN.: Das Meininger Theater. DA.: 98617 Meiningen, Bernhardstr. 5. G.: Gümligen,12. März 1955. S.: 1974 Matura, 1974-78 Musikstud. Bern u. Zürich, Abschlußdipl. K.: 1. Oper in Zürich, Ass. u. Dirigentin Opernhaus Zürich, 1989-92 1. Kapellmeister u. stellv. GMD, dann kommissar. GMD in Wiesbaden, wieder freischaff., seit 1995 GMD in Magdeburg; Gastdirigent Deutsche Oper Berlin, Hamburg. Staatsoper, Concertgebow Amsterdam, 1. Frau an einem Staatstheater in dieser Position, ab Spielzeit 2000/2001 Musikalische Leiterin d. Internat. Opernstudios (IOS) am Opernhaus Zürich. H.: Bergsteigen, Skifahren.

Dugall Berndt *)

Duge Christoph *)

Dugge Eckart Dr. med. *)

Duggen Finn *)

Duhm Jochen Dr. med. Prof. *)

Duhme Marion *)

Dühmke Eckhart Dr. med. Prof.
B.: Ordinarius f. Strahlentherapie, Dir. d. Klinik u. Poliklinik f. Strahlentherapie u. Radioonkologie. FN.: Ludwig-Maximilian-Univ. München. DA.: 81312 München, Marchioninistr. 15. PA.: 82327 Tutzing, Waldschmidstr. 8D. G.: Berlin, 22. Juli 1942. V.: Eva, geb. Bagge. Ki.: Anna Katharina (1972), Elisa Maria (1974), Rudolf Martin (1976), Victoria Christina (1977). El.: Prof. Dr. rer. nat. Martin u. Christa. S.: Wilhelm-Gymn. Braunschweig, 1962 Abitur, 1962-65 Med.-Stud. Philipps-Univ. Marburg/Lahn, 1965-68 Christian-Albrechts-Univ. Kiel, 1968 Staatsexamen, K.: 1968-69 Ass. Univ.-Frauenklinik Kiel, 1969 Inst. f. Pathol. Braunschweig, 1969-70 Med. Univ.-Klinik Tübingen, 1970 Unfallklinik Stadt-KH Braunschweig, 1969 Prom., 1970 Approb., 1970-74 Radiologische Fachausbild. Univ. Kiel, 1974 Anerkennung z. FA f. Radiologie, seither in d. Strahlentherapie tätig, 1975-85 OA Univ. Kiel, 1980 Habil., seit 1981 Besuche nordamerik. Strahlentherapiezentren u.a. New York, Washington, Houston, Stanford, Balitmore, San Francisco, Los Angeles, Philadelphia u. Toronto, 1985 Ordinarius f. Strahlentherapie d. Georg-August-Univ. Göttingen, Ernennung z. Prof., seit 1988 Arzt f. Strahlentherapie, Dir. d. Klinik u. Poliklinik f. Strahlentherapie, seit 1993 Ordinarius u. Dir. d. Med. Fak. LMU München. P.: zahlr. Veröff. in nat. u. intern. wiss. Fachzeitschriften u. Buchpubl. u.a. 1974 "Erkrankungen der thorakalen Aorta (außer Fehlbildungen)", 1980 "Medizinische Radiographie mit schnellen Neutronen", 1985 "Fraktionierte homogene Ganzkörperbestrahlung vor Knochenmarktsplantationen", 1990 "The TCDO-Enhanced Radiotherapeutic Effect on Hypoxic Malignant Tumors in vitro and in vivo." M.: zahlr. nat. u. intern. wiss. Ver. u.a. Dt. Röntgenges., Dt. Krebsges., European Society of Therapeutic Radiology and Oncology, American Society of Clinical Oncology, American Society for Therapeutic Radiology and Oncology. H.: Skifahren, Segeln.

Dührkopp Guido *)

Duin Albert W.

B.: Elektrotechniker, prakt. Betriebswirt, Gschf. Ges. FN.: induktor GmbH Ringkernelemente. DA.: 81243 München, Bodenseestr. 228. aduin@induktor.de. G.: Emden/Ostfriesland, 15. Sep. 1953. V.: Christiane, geb. Maier. Ki.: Alexander (1991), Julius (1995), Marie-Theres (1997). S.: 1969-73 Lehre Elektromechanik b. d. Dt. Bundesbahn in München m. Abschluss, 1973-75 Bundeswehr, Flugzeugfunktechnik Fürstenfeldbruck. K.: 1975-77 Niederfrequenztechniker Braun Nizo München, 1977-79 Fachschule f. Elektrotechnik München, Abschluss als staatl. geprüfter Elektrotechniker, 1979-81 Entwickler f. Induktivitäten Firma Talema Germering, 1981-83 Abt.-Ltr. f. induktive Bauelemente Firma Sedlbauer GmbH München, parallel Ausbild. z. prakt. Betriebswirt, 1983 selbst. Gschf. Ges. induktor GmbH, 1990 Grdg. Tochterges. in Ungarn induktor Danubius Kft. Tata/Ungarn, 1993 Grdg. Tochterges. in Indonesien p.t. induktorindo utama Djakarta/Indonesien, 1994 Grdg. d. Firma D+S Kft. Kunststoffspritzerei Tata/Ungarn, 1999 Grdg. induktor USA LLC Bridgeport/Coneticut, Vertrieb in Gesamtnordamerika. P.: Vorträge über wirtschaftl. Möglichkeiten in Indonesien. M.: OAV Ostasiat. Ver. Köln. H.: Skifahren, Käfer-Cabriofahren, Leben.

Duin Franz

B.: Bgm. d. Stadt Wildeshausen. DA.: 27793 Wildeshausen, Am Markt 1. G.: Leer/ Ostfriesland, 7. Jan. 1946. V.: Elsa, geb. Pawloski. Ki.: Torsten (1969), Martina (1976). El.: Fanz u. Frieda, geb. Groenefeld. S.: 1959-62 kfm. Ausbild. Leer/ Ostfriesland, 1962-65 Polizeibmtr., gehobener Dienst FH Landespolizeischule Niedersachsen, 1973 Dipl.-Verw.-Wirt K.: 1979-87 Fachlehrer an d. Landespolizeischule f. Staats- u. Strafrecht, 1987-96 stellv. Polizeichef d. Stadt Delmenhorst, 1991 Aufbauarb. in Sachsen-Anhalt FH Aschersleben Polizei u. Verw., 1996-99 Ltr. d. Autobahnpolizei Delmenhorst, seit 1999 1. hauptamtl. Bgm. in Wildeshausen. M.: General d. Wildeshauser Schützengilde v. 1403, 1981-99 Fraktionsvors. d. SPD im Wildeshauser StadtR. u. Mtgl. d. Kreistages Oldenburger Land, 1990-98 Bez.-Vorst. Weser/Ems d. SPD, 1996-98 Vors. d. Sozialdemokraten Gemeinschaft f. Kommunalpolitik (SGK) u. b. heute Mtgl. d. Landesvorst. H.: polit. Wiss., aktiver Ruderer, Boule-Spieler, Bergwandern, Radfahren.

Duin Garrelt
B.: RA, MdEP. FN.: SPD-Europabüro Weser-Ems. DA.: 26721 Emden, Ringstr. 44. S.: Stud. Jura. u. Ev. Theol. in Bielefeld u. Göttingen. K.: RA, Juso-Bez.-Vors. u. Juso-Landes-

*) Biographie www.whoiswho-verlag.ch oder beigefügte CD-ROM

Duin

vors. u. später Mtgl. im Bez.-Vorst., Mtgl. d. Europakmsn. im Bez. Weser-Ems, SPD-Ortsvereinsvors. u. Mtgl. d. GemR. (Re)

Duinker Jan Cornelis Dr. rer. nat. Prof. *)

Duis Harro K.E. *)

Duisberg Ingo *)

Düker Jürgen DDr. med. dent. Prof. *)

Dulas Pierre *)

Dulce Hans-Joachim Prof. Dr. med.
B.: Consulting, ehem. Ärztl. Dir. d. Klinikums Benjamin Franklin d. Freien Univ. Berlin. FN.: International Hospital Projecting Consult Berlin. DA. u. PA.: 12249 Berlin, Marchandstr. 9. G.: Berlin, 6. Juni 1927. V.: Dr. med. Maja, geb. Ritter. Ki.: Klaus Michael, Astrid, Christian, Matthias, Stephan. El.: Walter u. Hertha, geb. Kienast. BV.: Urgroßvater Ehrenbürger d. Stadt Oranienburg. S.: 1945 Hochschulreife Paulsen Oberschule Berlin, 1946-51 Med.Stud., 1951 Prom. über Blutkrankheiten u. Osteoporose, 1952 Approbation. K.: 1952-68 wiss. Ass. FU, 1953-56 Chemie Stud., 1959 Habil. über Knochenstoffwechsel, 1964 FA f. Laboratoriumsmedizin, 1965 ordentl. Prof. an FU, 1. Lehrstuhl f. klinische Chemie in ganz Deutschland, 1971-72 Ltg. Plasmaphoresestation Berlin, 1971 große Andenexpedition nach Chile z. Höhenmedizinischen Untersuchungen z. Ernährung, Stoffwechsel u. Leistungen, Studie zur Astronautenernährung, 1979 Projektierung FU-Blutbank Berlin, 1969-95 Dir. d. Inst. f. Klin. Chemie d. Univ.Klinikum Steglitz, 1986-88 Dekan, 1988-95 Ärztl. Dir. d. Klinikums Benjamin Franklin d. freien Univ., s. 1995 International Hospital Projecting Consult Berlin, 1996 v. Berliner Senat f. Deutsch-Indonesisches Krankenhausprojekt betraut. BL.: Grdg. zweier Biochemischer Institute u. Mitarbeit b. Neuordnung d. Gesundheits- u. Krankenhausfinanzierungsgesetzes. P.: ca. 120 wiss. Veröffentl. in Fachpresse, Autor: "Klinisch-Chemische Diagnostik", gesundheits- u. berufspolit. Veröff. E.: 1960 1. Karl Thomas-Preis. M.: Dt. Ges. f. Lab. Medizin, Berufsverb. d. Laborärzte, Vorst. d. Dt AG f. med. Zusammenarbeit, Hufeland Ges., Deleg. d. Berliner Hartmannbundes, Förderkreis f. Berlin Museum e.V., Tennisclub Blau-Weiß Berlin, Wirtschaftsrat der CDU. H.: Tennis, Wassersport, Bergsteigen. (E.S.)

Dülfer Burkhard *)

Dulitz Joachim Ing. oec.

B.: selbst. Glasermeister. DA.: 03172 Guben, Kirchstr. 8. G.: Guben, 25. Dez. 1942. V.: Christa, geb. Jacob. Ki.: Heike (1964), Holger (1977). El.: Ilse Tille. S.: 1957-60 Lehre elterl. Glasereibetrieb, 1963-64 Wehrdienst, 1964-65 Abschluß 10. Kl. nachgeholt, 1967 Meisterprüf., 1968-73 Fernstud. Ing.-Fachschule f. Glastechnik Weißwasser m. Abschluß Ing. oec. f. Glastechnik. K.: 1976 Übernahme d. mütterl. Glasereibetriebes, 1991 Erweiterung um Bilderverkauf u. Einrahmung, 1992 Eröff. d. Prod.-Stätte f. Leichtmetallbau. E.: Gold. Ehrennadel d. Handwerkes f. 30 erfolgr. J. als Meister. M.: Stellv. Innungsobermeister Glaserinnung, Vollversammlung d. Handwerkskam. Cottbus. H.: Skilaufen.

Dulk Markus
B.: freischaff. Maler. PA.: CH-8004 Zürich, Feldstr. 122. G.: Arbon/Schweiz, 26. März 1949. El.: Georges u. Maria, geb. Schweizer. S.: 1967 Handelsdipl. Trogen/Schweiz, 1967-68 Hdls.Kfm., 1969 Irlandaufenthalt, 1970-72 Stud. an d. Kunstgewerbeschule Zürich, 1973-79 Stud. d. Malerei an d. HdK Berlin, 1975-77 Istituto Svizzero Rom. K.: seit 1973 freischaff. Maler in Berlin, seit 1989 Bühnenbildarb., zahlr. Ausstellungen im In- u. Ausland. P.: 1976 "Briefe aus ...", Katalog z. Ausstellung, Galerie E. u. F. Buchmann St. Gallen, 1983 u. 1986 "Markus Dulk", Katalog z. Ausstellung Anton Meier Genf, 1978 "Hölderlin lesen" Kunstver. St. Gallen.

Dulka Ramona *)

Düll Holger *)

Dullenkopf Michael *)

Düllmann Christian *)

Düllmann-Michels Elfi *)

Dulog Lothar Georg Dr. Prof. *)

Dulz Thomas Christian *)

Dumberth Norbert *)

Dümcke Cornelia *)

Dümig Benedikt
B.: Gschf. FN.: Pretty KG. GT.: Wirtschaftsbeirat d. Stadt Bamberg, Mitgründer d. Ind.- u. Handelsgremiums, seit 1991 Vors. d. Einzelhandelsverband Oberfranken. DA.: 96047 Bamberg, Lange Str. 23. G.: Bamberg, 1. Apr. 1959. V.: Dorothea, geb. Henn. Ki.: Christian (1986), Carolin (1987). S.: 1979 Abitur in Bamberg. K.: 1980-83 Praktikum als Handelsfachwirt in München u. Darmstadt, 1983 Eintritt in d. elterl. Geschäft, 1991 Übernahme d. Firma Pretty KG in Bamberg als Gschf. H.: Tennis, Fotografie.

Dumitrescu-Kuhn Luminita Prof. *)

Dumke Klaus Dr. *)

Dumke Michaela

B.: Dipl.-Hotelbetriebswirtin, Gschf. FN.: City-Hotel. DA.: 30159 Hannover, Limburgstr. 3. cityhotelh@aol.com. www. cityhotelhannover.de. G.: Hannover, 25. März 1970. E.: Rüdiger u. Margrit, geb. Berberich. S.: 1986 Mittlere Reife Hannover, 1986-87 Berufsfachschule f. Ernährung in Hannover, 1987-90 Ausbildung z. Hotelfachfrau in Hotel Seminaris in Lüneburg. K.: 1990 Gästehaus Petersberg in Königswinter, 1991 Hotel Allgäustern in Sonthofen, 1991-92 Hotel Falknerhof in Ötztal/Österreich, 1992 Hotel Jerez auf Ibiza, 1993-95 Congresshotel am Stadtpark in Hannover, 1995-97 Hotelfachschule Hannover m. Abschluss z. staatl. geprüften Dipl.-Hotelbetriebswirtin, 1997-2000 stellv. Gschf. d. City Hotels in Hannover, 2000-2001 Hotelmanagerin City Hotel Flamme in Hannover, seit 2001 Gschf. d. City Hotels in Hannover. BL.:

*) Biographie www.whoiswho-verlag.ch oder beigefügte CD-ROM

Schwerpunkte: Management, Marketing, Organisation, 1996-99 Orts- u. Stadträtin in Seelze. H.: Kultur, Kunst, Wintersport, Dekoration.

Dumler Bettina *)

Dümler Rudolf *)

Dummer Rudolf Dipl.-Ing. *)

Dumont Sky
B.: Schauspieler. FN.: c/o ZBF-München. DA.: 80802 München, Leopoldstr. 19. G.: Buenos Aires, 20. Mai 1947. V.: Mirja Becker. Ki.: Justin, Tara Irasema Sophie (2001) K.: Erstes Bühnenengagement am Schiller-Theater in Berlin, weitere Stationen: Bayer. Staatsschauspiel u. Kleine Komödie München sowie auf Tourneen, Filme u.a. "Boys from Brazil", "Avalanche Express", "Wind nach Westen", "Otto - Der Film", im Fernsehen u.a. in "Die Kameliendame", "Tatort", "Derrick", "Der Alte", "Die Krimistunde", "Sterne fallen nicht v. Himmel", 1999 Hollywood-Produktion "Eyes wide shut" m. Tom Cruise, 2001 "Der Schuh des Manitu".(Re)

Dumont du Voitel Roland Dr. *)

Dümpelmann Ernst Dipl.-Kfm. *)

Dumrath Ullrich Dipl.-Ing.
B.: Uhrmachermeister, selbständig. FN.: Uhren & Schmuck Eugen Dumrath. DA.: 16816 Neuruppin, Friedrich-Ebert-Str. 12. G.: Bad Grund, 17. Apr. 1948. V.: Renate, geb. Kolbow. Ki.: Jürgen, (1968), Cornelia (1970), Jaqueline (1970). El.: Hans-Werner u. Ursula, geb. Kühne. BV.: in 7. Generation Uhrmacher seit 1902 in Neuruppin. S.: 1966 Abitur, 1966-71 Stud. techn. Chemie u. Berufspädagogik TU Dresden m. Abschluß Dipl.-Ing., 1984 Uhrmachermeisterprüfung. K.: 1971-82 Berufsschullehrer an d. kommunalen Berufsschule in Neuruppin u. glz. Ausbildung z. Uhrmacher, 1982 Übernahme d. väterl. Geschäftes u. Eröff. eines 2. Geschäftes in Neuruppin. M.: Vors. d. Arge z. Belebung d. Innenstadt u.a. m. Organ. v. 10 Open Air Großveranstaltungen jährl., Stadtparlament d. SPD (1990-93), Wählergemeinschaft Pro Neuruppin. H.: alte Uhren.

Dumstorf Manfred

B.: Unternehmer, Inh. FN.: Mega Bowling GmbH & Co KG DA.: 49661 Cloppenburg, Albert-Einstein-Str. 5. G.: Cloppenburg, 25. Sep. 1947. V.: Margret, geb. Brüggen. Ki.: Nina (1973), Irena (1976). S.: 1966-68 Lehre Textiltechniker Nordhorn. K.: 1968-70 Verkaufsltr. d. Gardinenfbk. Unland in Sedelsberg, seit 1970 selbst. m. Eröff. v. Einzelhdl.-Geschäften f. Stoffmeterware u.a. Restdrucke in Cloppenburg u. Ütesen, Bad Oldesloh u. Eröff. d. Benetton Einzelhdl.-Geschäfte u.a. in Cloppenburg, Nordhorn, Vechta u. Lohne, Grdg. d. Bene Textilien GmbH & Co KG als Gschf. Ges., Eröff. d. Konfektionshäuser Nexxt in Cloppenburg, Lohne u. Vechta, Grdg. d. Nexxt Mode GmbH & Co KG als Gschf. Ges., 1998 Eröff. d. Mega Bowling GmbH & Co KG als 1. Bowlingcenter m. Bowling, Diskoshow in Deutschland, 1999 Eröff. d. 2. Bowlingcenter in Lingen. E.: mehrfacher Kreismeister im Einzel u. Doppel im Tennis. M.: 1970-77 Vorst.-Mtgl. div. Tennisver., Spieler d. Landesligamannschaft. H.: Golf.

Duna Philipp *)

Duncker Elmar *)

Dunemann Fred-Rainer

B.: Ges. FN.: F. Dunemann OHG. DA.: 37520 Osterode, Am Röddenberg 10. G.: Osterode, 12. Aug. 1949. V.: Birgit, geb. Lienemann. Ki.: Andrè (1972). El.: Friedel u. Gerda, geb. Waldmann. S.: 1967 Mittlere Reife, b. 1969 kfm. Ausbild. Osterode, b. 1971 Bundeswehr - Luftwaffe, Ausbild. Vers.-Kfm. Allianz. K.: seit 1973 Mitinh. d. väterl. Firma m. Schwerpunkt Vers. u. Finanzdienstleistungen. P.: Chronik über d. älteste Fest in Dorste (1992), Veröff. in d. Mtgl.-Zeitschrift d. Haus- u. Grundeigentümerver. Osterode. M.: RDM, BKK, Stadthalter v. Osterode in d. alten Pankgrafschaft v. 1381 Berlin, Vors. d. Haus- u. Grundeigentümerver. Osterode. H.: Vereinstätigkeit, Griechenland, Musik, Literatur.

Dung Albert *)

Düngel Harry Dr. oec. *)

Düngel Michael *)

Dunger Sylke
B.: Dipl.-Kauffrau, selbst. Steuerberaterin. GT.: Hon.-Doz. an versch. Privatschulen. DA.: 04357 Leipzig, Mockauer Str. 95. PA.: 04316 Leipzig, Buchenweg 31. G.: Leipzig, 26. März 1968. V.: Dipl.-Ing. Haiko Dunger. Ki.: Christian (1987). S.: 1984 Mittlere Reife, 1984-86 Lehre z. Wirtschaftskauffrau in Taucha, 1986-91 Stud. Betriebswirtschaft FH Magdeburg u. FTW Zwickau, Dipl.-Kauffrau. K.: 1986-90 Sachbearb. im VEB Agrotechnik Taucha, 1991-98 Ang. in Steuerkzl., seit 1998 Steuerberaterin. H.: Literatur, Familie, Squash.

Dunger-Löper Helga *)

Freiherr von Dungern Camill Dipl.-Kfm.
B.: Pers. haft. Ges. FN.: Bankhaus C. L. Seeliger. DA.: 38300 Wolfenbüttel, Lange Herzogstr. 63. G.: Landsberg, 10. Dez. 1944. V.: Camilla, geb. von Loesch. Ki.: Caroline (1970), Cinderella (1971), Celestina (1974), Cecil (1978), Cesalie (1981), Cosimo (1985). El.: Camill u. Dr. iur. Mechthild, geb. Semper. S.: 1964 Abitur Hannover, Bundeswehr, 1966-68 Banklehre in d. Niedersächs. Landesbank Hannover, 1967 Stud. Betriebswirtschaft in Genf, Göttingen u. Hamburg, 1973 Dipl.-Kfm. K.: 1974 Beginn in d. Westbank Hamburg, Zuständigkeitsbereich Betriebswirtschaft, 1977-86 Übernahme d. Filialltg. in Göttingen, 1986 Wechsel u. Übernahme d. Hauptfiliale in Hannover, 1977 Erweiterung d. Aufgabengebiete als Ndlg.-Ltr., ab 2000 in obig. Pos. H.: Jagd, Reiten, Sport.

Dunham Tony *)

*) Biographie www.whoiswho-verlag.ch oder beigefügte CD-ROM

Düning Dirk

B.: Steuerberater. DA.: 33689 Bielefeld, Elbeallee 87. PA.: 33813 Oerlinghausen, Oetenhauserstr. 4. dueweba@t-online.de. G.: Bielefeld, 4. Aug. 1956. V.: Gerda, geb. Overbeck. Ki.: Kathrin (1984), Nils (1990). S.: 1975 FH-Reife Bielefeld, 1975-78 Ausbild. z. Steuerfachgehilfen in Bielefeld, 1981 Anerkennung als Steuerberater. K.: 1978-81 Steuerfachang., 1981 Eröff. d. eigenen Steuerberaterbüros, 1984 Erweiterung durch Herrn Wehking u. 2000 durch Herrn Bascheck, kfm., steuerl. und betriebswirtschaftl. Beratung. M.: TSV Sportver. Oelringhausen, seit 1995 im Vorst. d. Handballabt. H.: Handball, Fahrradfahren.

Dunisch Martin Dipl.-Ind.-Des. *)

Dunk Oliver

B.: Journalist, Medienberater, Inh. FN.: Part of Success media Advice Management Consulting GmbH, Public Relations. DA.: 10117 Berlin, Kleine Hamburger Str. 16. G.: Berlin, 24. Juli 1963. Ki.: 1 Kind. S.: 1979-82 Lehre Ind.-Kfm. Firma Rietschel & Henneberg. K.: 1978-82 Moderator u. Reporter f. d. Schülersendung "Flick Flack" im Radio RIAS, 1980-85 Reporter/Moderator d. "Treffpunkt" im RIAS, 1981-87 Moderator v. Magazinen im SFB, 1986-87 glz. freier ARD-Korrespondent in Berlin u. d. EUREKA-TV, 1987-96 Moderator u. ltd. Redakteur bei Radio Hundert,6, 1988-98 bei "Wir in Berlin" bei SA.1 Berlin, ab 1992 Redaktionsltr. d. Regionalreport f. Berlin-Brandenburg, ab 1996 Chefredakteur d. "Deutschland-Report", 1998-99 Chefredakteur bei TV-Berlin, 2000 Grdg. d. Part of Success GmbH m. Schwerpunkt PR-Betreuung, Kommunikation, PR, Entwicklung v. Kommunikationskonzepten, regelm. Gastmoderator seit 2001 bie F.A.Z. Das Businessradio; seit 1994 Doz. d. Berliner Journalistenschule, Medienakad. Leipzig. P.: "Medienmacher Heute" (1998), Veröff. über TV-Redaktionsalltag (1998), Berlin, wo es am schönsten ist - Spandauer Vorstadt (2001), Verlag Bostelmann & Siebenhaar. M.: Lions Club Berlin-Gendarmenmarkt, DJV, DPRG, Bundesverb. mittelständ. Wirtschaft im UnternehmerR. Berlin-Brandenburg. H.: Lesen, mod. Kunst, Joggen.

Dunke Heinz *)

Dunkel Dag *)

Dunkel Hans-Jürgen Dr. *)

Dunkel Karl-Friedrich

B.: Gschf. Ges. FN.: Seilerei Rse GmbH. DA.: 19055 Schwerin, Werderstr. 74. G.: Schwerin, 6. Feb. 1952. V.: Helga, geb. Oldenburg. Ki.: Hendryk (1974), Peter (1979). El.: Rudi u. Gisela, geb. Rose. S.: 198-71 Lehre Seiler elterl. Betrieb Schwerin, 1971-72 Wehrdienst. K.: 1972 Eintritt in d. elterlichen Seilerbetrieb u. 1983 Übernahme. P.: Veröff. in "Angel Woche". M.: Meeresangelverein Langeland e.V., TSV Lübesse. H.: Tauchen, Angeln, Fußball.

Dunkel Olaf Dipl.-Ing.

B.: Gschf. FN.: imk GmbH. DA.: 59073 Hamm, Frielicker Weg 50. dunkel@imk.com. www.imk.com. G.: Abeche/Tschad, 18. Jan. 1968. V.: Regine, geb. Sommer. El.: Robert u. Doris, geb. Färber. S.: 1987-89 Bundeswehr, 1989-97 Stud. Chemietechnik an d. TU Dortmund. K.: 1993-98 Tätigkeit b. d. Consulting Firma f. Explosionsschutz u. Anlagensicherheit in Hamm, 1996 Grdg. d. Firma imk. M.: Golfclub. H.: Fliegen, Tauchen.

Dunkel Peter F. Dr. *)

Dünkel Horst Helmut *)

Dünkel Volker *)

Dünkel Werner Dipl.-Ing. *)

Dunkelberg Oliver Dr. *)

Dunkelmann Wolfgang *)

Dunker Cornelia *)

Dunker Hans Dipl.-Ing. *)

Dunker Heinz-Joachim Dipl.-Ing. *)

Dunker Norbert Dipl.-Ing. *)

Dunker Werner Dr. med. *)

Dunker Wilhelm Heinrich Hubert

B.: Kfm., Inh. FN.: Wilhelm Dunker Bau- u. Brennstoffe. DA.: 37534 Osterode, Uferstr. 5. G.: Eisdorf, 1. Okt. 1937. V.: Ursula, geb. Hoffmann. Ki.: Karin (1961), Christine (1962), Wilhelm (1969). El.: Wilhelm u. Luise, geb. Fricke. BV.: Wilhelm Dunker - Gem.-Vorst. in Eisdorf. S: 1952-55 Lehre Maurer Firma Lassow Osterode. K.: 1955-58 Geselle in versch. Betrieben u. glz. Ausbild. z. Einzelhdl.-Kfm. an d. Abendschule,1959 Eröff. d. Baustoffhdl., ab 1960 zusätzl. Heizölhdl., 1963 Übernahme d. elterl. Betriebes. H.: IWO Hamburg, Mitgrdg. d. Eisdorfer Heimatstube-Museum. H.: Geschichte.

Dunker-Rothhahn Hannelore Dr. med. *)

Dunkhorst Peter

B.: Dipl.-Ökonom, Vorst. Phonetrans AG. FN.: QUM Consult GmbH Beratung f. Management-Systeme. DA.: 20457 Hamburg, Bei den Mühren 66 u. 24768 Rendsburg, Kieler Str. 211. PA.: 21358 Mechtersen, Bruchweg 4. dunkhorst@phonetrans.com. G.: Osnabrück, 14. Juli 1958. V.: Sabine, geb. Koch. Ki.: Bernd (1978). El.: Ewald u. Inge, geb. Brockfeld.

S.: 1977 Abitur, 1977-79 Bundeswehr - Luftwaffe, 1979-82 Bmtr. auf Zeit u. Stud. FH f. Verw. u. Rechtspflege Hannover, 1982 Abschluß Dipl.-Verw.-Wirt. K.: 1982-88 Ltr. d. Ausländerbehörde in Osnabrück u. glz. Fernstud. Wirtschaftswiss. m. Abschluß Dipl.-Ökonom, 1988-92 Facility Manager in d. Firma Digital Equipment in Hamburg, 1993 Grdg. d. Firma QUM Consult in Hamburg m. Schwerpunkt Qualitätsmanagement ISO 9000 in Dienstleistungsunternehmen, 2000 Grdg. d. Firma Phonetrans AG in Rendsburg m. Schwerpunkt Lösungen f. mobile Datenübertragung. P.: Handbuch Qualitätsmanagement in d. öff. Verw. (1998), Handbuch ISO 9001: 2000 QM praxisgerecht einführen (1999). M.: Golfclub St. Dionys. H.: Golf.

Dunkl Karl Josef *)

Dunlop Jason Andrew Dr.

B.: Arachnologe, Wissenschaftler, Kurator. FN.: Spinnen Museum für Naturkunde, Inst. f. Systematische Zoologie d. Humboldt-Univ. Berlin. DA.: 10115 Berlin, Invalidenstr. 43. jason.dunlop@rz.hu-berlin.de. G.: Basingstoke/GB, 7. Mai 1970. El.: Andrew u. Alison, geb. Roberts. S.: b. 1988 The Lindsey Comprehensive School in Cleethorpes, 1988-91 Stud. Zoologie Univ. of Leeds, 1991 Bachelor of Science. K.: 1991-94 PhD über Trigonotarbida Univ. of Manchester, 1994-97 Postdoc, Unterstützung durch NERC, seit 1997 in Berlin, Kurator f. Spinnentiere u. Tausendfüßler. P.: The early history and phylogeny of the chelicerates. M.: Intern. Arachnologische Ges., Member of Committee, Palaeontological Assoc. U.K., British Arachnological Society. H.: Lesen, Mittelalterl. Geschichte.

Dünnebacke Hans Georg *)

Dünner Hans-Wilhelm Dipl.-Vw. *)

Dünning-Breymeier Christl *)

Dünninger Eberhard Dr. *)

Dünnleder Werner Dipl.-Ing. *)

Dunst Bruno Gustav Karl *)

Dunst Erwin *)

Düntzer Gerhard G. *)

Düntzsch Gabriele Veronika *)

Duong A-Ban
B.: Gastronom. FN.: China-Restaurant HAO. DA.: 90475 Nürnberg-Altenfurt, Löwenberger Str. 45. PA.: 90475 Nürnberg, Altenfurter Str. 26d. G.: Binh Thuan/Vietnam, 15. Mai 1957. V.: Ai mai Trieu-Duong. Ki.: Kuo Hsin (198), Guo Liang (1990). El.: Ngoc Phong u. Shi Ying. BV.: ein Onkel war General in Vietnam. S.: 1975 Abitur Vietnam, 1975 Med.-Stud. in Vietnam begonnen, aus polit. Gründen abgebrochen, 1977 Flucht aus Vietnam u. 1978 Übersiedlung nach Deutschland, Dt. Sprachenschule, Gastronomiekurse. K.: seit 1985 selbst. Gastronom, Eröff. v. 8 Lokalen u. anschl. Verkauf, dzt. Besitzer v. 2 Lokalen unter d. Namen "HAO" (Chines. für Reichtum). E.: wiederholte lobende Erwähnung d. Lokale in d. örtl. Presse. M.: Sportver., Nürnberg-Chines. Gastronomiever., 2 J. Vors. d. 1. FCN-Tennisclubs. H.: Aquaristik: Seewasseraquarium.

Duplitzer Imke
B.: Profi-Fechterin/Degen, Soldatin. FN.: c/o Dt. Fechterbund. DA.: 53117 Bonn, Am neuen Lindenhof 2. G.: Karlsruhe, 28. Juli 1975. El.: Uwe u. Ilse Duplitzer. S.: 1992-95 Stud. HS Bonn, Soldat Bundeswehr Sportfördergruppe. K.: größte sportl. Erfolge: 1992 WM Mannschaft/2., 1993 WM Mannschaft/2., 1994 WC-Turnier Kattowitz/Polen/1., 1996 WC-Turnier Sevilla/Spanien/1., 1997 Militär WM/1., WM Mannschaft/2., 1998 WC-Turnier Tauberbischofsheim/1., EM Mannschaft/1., 1999 WM Einzel/11., EM Einzel/1., Mannschaft/4., WC-Turnier Legnano/Italien/1., WC-Turnier Ipswich/Großbritannien/1., 2000 ÖS Mannschaft/6., Einzel/10. H.: Kochen, Motorradfahren.

Düpre Frank *)

Dupuis Heinrich Dr. Prof. *)

Dupuis Michel
B.: Gastronom, selbständig. FN.: Literatur Kaffee Haus Dukatz. DA.: 80333 München, Salvatorpl. 1. www.dukatz.de. G.: Paris/F, 6. März 1950. S.: 1968 Hotelfachschule Lycee hotellerie Paris, 1970 Militär Frankreich. K.: 1971-79 tätig in versch. namhaften Restaurants in Paris, 1980-83 tätig im Restaurant Aquitaine u. im Preysing Keller in München, 1983-95 Partner im Restaurant Glockenbach v. Karl Lederer, 1997 Eröff. d. Restaurant Dukatz. P.: Veröff. in: SZ, TZ u. AZ. E.: unter d. 10 Top Restaurants in München, Ausz. unter d. 5 besten Restaurant im Michelin, Ausz. d. Stadt München f. d. schönste Gästeterrasse in München. H.: Musik, franz. Küche, Natur.

Durak Cengiz
B.: Kfm., Geschäftsltr. FN.: yimpas GmbH. DA.: 59065 Hamm, Willy-Brandt-Pl. 3. cdurak@yimpasonline.de. G.: Dinar, 3. Mai 1971. V.: Döndu, geb. Badem. Ki.: Fatih, Yasin, Bünjamin-Rasim. El.: Rasim u. Zelia, geb. Badem. S.: 1985-89 Lehre als Betriebselektriker in Hanau, 1989-91 Lehre als Chemielaborant in Hanau, 1991-93 Ausbild. z. Ind.-Kfm. K.: 1993-97 Vertriebsmitarb. m. weiterer Ltg.-Übernahme im Bereich Telekommunikation, 1995-99 BWL-Stud. an d. Goethe-Univ. Frankfurt, 2000 Kfm., stellv. Gschf. d. yimpas GmbH in Hamm. M.: Schützenver. H.: Tennis.

Dürbaum Otmar *)

Dürbeck Thomas Dr. *)

Durben Maria-Magdalena Dr. h.c. *)

Dürbusch Friedrich-Wilhelm *)

*) Biographie www.whoiswho-verlag.ch oder beigefügte CD-ROM

Durchlaub Thomas Dr. Prof. MBA

B.: RA. FN.: Haas & Partner. DA.: 44787 Bochum, Grabenstr. 12. G.: Mannheim, 21. Okt. 1966. V.: Bärbel, geb. Bauch. Ki.: Felix Magnus (1998). S.: 1986 Abitur, 1986-91 Stud. Rechtswiss. Univ. Bochum, 1. Staatsexamen, 1992 Prom., 1992-94 wiss. Mitarb. d. Univ. Bochum, 1992-95 Referendariat u. 2. Staatsexamen, 1997 MBA d. Univ. of Wales, 1997 Fachanw. f. Steuerrecht. K.: 1995-97 ang. RA d. Kzl. Bruckhaus-Westrick-Stegemann, seit 1997 Partner d. Kzl. Haas & Partner m. Schwerpunkt Unternehmenssteuerrecht, Unternehmenskäufe u. -umstrukturierung, Strukturierte Finanzierungen, seit 1999 a.o.Prof. f. Steuerrecht. P.: "Zur Steuerpflicht d. Gewinne aus d. Veräußerung v. Privatvermögen" (1993). M.: Vorst.-Mtgl. d. Arge Fachanwälte f. Steuerrecht e.V., Vorst.-Mtgl. d. DA e.V., stellv. Vors. d. Ver. z. Förderung d. Steuerrechtspflege an d. Univ. Bochum, Dt. Steuerjurist. Ges., Intern. Fiscal Association. H.: Musik, Film.

Durczok Marian Dr. med. dent.

B.: Zahnarzt. DA.: 47138 Duisburg, Emericher Str. 105. G.: Gorzyce/Polen, 15. Dez. 1946. V.: Christiana, geb. Wija. Ki.: Michael (1974), Maria (1985), Natalie (1989). El.: Alfons u. Jadwiga, geb. Adamezyk. S.: 1964 Abitur, 1965-67 Stud. Lehramt HS Ratibor, 1969-74 Stud. Zahnheilkunde Med. HS Kattowitz, 1974 Dipl. m. Ausz. K.: Praktikum in d. väterl. Praxis, 1979 82 FA-Anerkennung f. Zahnheilkunde, 1967 Lehrer im Bild.-Zentrum in Ratibor, 1968 Praktiium im KH Widzislaw, 1974-88 Zahnarzt im Verb. d. Gesundheitsdienstes in Wodzislaw, ab 1982 zusätzl. selbst. Praxis in Gorzyce, 1989-91 Ass.-Zahnarzt bei einem Zahnarzt in Bottrop, 1991 in einer Geimeinschaftspraxis in Bottrop, 1988 Einreise in d. BRD u. seither selbst. Praxis. P.: regelm. Art. in poln. Fachzeitungen. M.: Zahnärztekam., ZID. H.: klass. u. mod. Musik, Gitarre spielen, Fotografie.

Durdik-Gergely Eva *)

Düren Rudolf Michael Dr. Prof. *)

Dürer Peter A. *)

Dureuil Christoph Dipl.-Ing. *)

Durian Ariane

B.: Dipl.-Betriebswirtin, Gschf. Ges. FN.: Connect Personal-Service GmbH Zeitarb. DA.: 76133 Karlsruhe, Moltkestr. 65. PA.: 76227 Karlsruhe, Weiherstr. 17. G.: Karlsruhe, 30. Okt. 1960. El.: August Gottlob u. Gudrun Durian. S.: 1978-80 kfm. Berufsschule Stuttgart, 1982-83 Ludwig Erhard Schule Karlsruhe, Ausbild. als Bürokauffrau. K.: 1981-82 Sachbearb. Arbeitsamt Karlsruhe, 1983-88 Stud. FHS f. Wirtschaft Pforzheim, 1988-90 Personaldisponentin, seit 1990 Connect Personal-Service GmbH, Gschf. Ges. M.: Förderver. d. Förderer u. Absolventen d. FHS Pforzheim e.V.

Dürichen Lutz *)

Durigon Sergio *)

During Thomas

B.: Fleischermeister, Gschf. FN.: Fleischerei During GmbH. DA.: 03172 Guben, Frankfurter Str. 25. G.: Guben, 30. Dez. 1967. V.: Anett, geb. Laste. Ki.: Alexander. El.: Siegfried u. Karin. S.: 1984 Mittlere Reife, 1984-86 Lehre Facharbeiter f. Fleischverarbeitung Fleischkombinat Eisenhüttenstadt. K.: 1986 u. 1988-90 Facharbeiter im Fleischverarbeitungsbetrieb Forst in Guben, 1986-88 NVA, 1990 Meisterprüfung an d. Bayr. Fleischerfachschule in Landshut, 1990-97 Meister im Fleischverarbeitungsbetrieb in Guben, 1989 Übernahme d. Betriebes durch d. Vater im Zuge d. Privatisierung, 1997 Übernahme d. väterl. Betriebes. H.: Motorradfahren.

v. Düring Hasso Dipl.-Kfm. *)

Dürkes Hanns-Peter *)

Dürkop Herbert *)

Dürkop Klaus A. Dipl.-Ing.

B.: Ges. u. Beiratsvors. FN.: WESER Bauelemente Werk GmbH, Postfach 1740, 31727 Rinteln. DA.: Weser S.A., F-37130 Langeais, Mazieres-de-Tourrain, Weser Bourgogne, S.A.R.L., Z.A. Rozelay, F-71420 Perrecy-Les Forges, Weser Iberica S.A., E-01429 Herena / Alava. PA.: Weser Aquitaine, F-47400 Tonneins, The Drift 19. G.: Duisburg, 3. Dez. 1936. V.: Waltrud, geb. Böhnke. Ki.: Frank, Timm. El.: Dipl.-Ing. Fritz u. Marta. S.: 1958 Abitur, 1963 Dipl.-Ing. K.: Volontär b. versch. intern. Konzernen im In- u. Ausland, Ass. d. Geschäftsltg. d. Beton u. Monierbau AG Düsseldorf, Gschf. Ges. WESER Bauelemente Werk GmbH Rinteln. F.: AufsR.-Vors. d. WESER S.A., WESER Iberica S.A., Weser Aquitaine S.a.r.L., Weser Bourgogne S.A.R.L., Z.A. Rozelay, F-71420 Perrecy-Les Forges. P.: Publ. in Fachzeitschriften. E.: stellv. Vors. d. Fachverb. Beton- u. Fertigteilind. Nord e.V., Burgwedel, Ehren-Vorst.Vors. Fachver. Faserbeton Heidelberg, Güteauss. d. Güteschutzverb. Nord e.V., Wirtschaftsausch. d. I.H.K. Stadthagen, Vorst. d. Unternehmerverb. Niedersachsen e.V. Hannover.

Dürler Axel B. Dr. med. *)

Dürlich Beate K.

B.: Heilpraktikerin, Therapeutin u. Reiki-Meisterin, selbständig. FN.: Heilpraxis Dürlich. DA.: 10555 Berlin, Bochumer Str. 24. G.: Dresden, 30. Jan. 1964. Ki.: Felix (1990), David-Maria (1991). S.: 1982 Abitur, 1982-83 Schneiderlehre, 1982-84 Abendstudium Malerei u. Grafik an d. HS f. bildende Künste Dresden, 1984-88 Stud. Modedesign in Berlin, 1987-96 Ausbildung in versch. alternativen Heilmethoden u. Therapierichtungen d. tiefenpsychologisch fundierten Psychotherapie, Schülerin v. Osho. K.: 1988-93 Modedesignerin im Modeinstitut Berlin, 1987-94 nebenberufl. als Lebensberaterin durch Me-

*) Biographie www.whoiswho-verlag.ch oder beigefügte CD-ROM

dialität u. Hellsichtigkeit tätig, Heilpraktikerschule Berlin, Prüf. als Heilpraktikerin, seither als Heilpraktikerin tätig, Schwerpunkte: ganzheitl. Lebenshilfe durch Medialität u. Hellsichtigkeit, Reinkarnations- u. Regressionstherapie, Reiki-Einweihungen u. -Behandlungen, Bachblüten. BL.: Durchführung v. Ausbildungszyklen z. Training d. eigenen Medialität u. Hellsichtigkeit in Deutschland u. Spanien, Dozententätigkeit in versch. Bildungseinrichtungen. M.: Dachverband f. Geistiges Heilen Deutschland, ehrenamtl. Mitarbeit im Arbeitskreis Frauen u. Gesundheit. H.: Nähen, Musik, Bergsteigen.

Dürmuth Andreas

B.: Gschf. FN.: PC-Spezialist. DA.: 14467 Potsdam, Hegelallee 15. andreas_duermuth@pcspezialist.de. G.: Torgau, 8. Nov. 1961. Ki.: Katrin (1998). El.: Ernst u. Anna, geb. Henke. S.: 1978 Mittlere Reife, 1978-80 Lehre Elektromonteur Elektroanlagenbau Torgau. K.: 1980-83 Montage im Inland spez. f. PCK Schwedt, 1983-87 ltd. Elektromonteur f. Aufbau ausländ. Anlagen im Flachglaswerk Torgau, 1986-87 Wehrdienst, 1987-89 Elektromonteur f. d. Flachglaswerk Torgau, 1989-92 tätig als Eisverkäufer, 1992-94 Ausbild. z. Kommunikationselektroniker in Torgau, 1994-95 Elektroniker einer PC-Firma in Leipzig, seit 1997 selbst. m. d. Firma PC-Spezialist. H.: Radsport, Spazieren gehen.

Dürnberger Helmut *)

Durniok Manfred
B.: Produzent u. Regisseur. FN.: Manfred Durniok, Produktion f. Film u. Fernsehen. DA./PA.: 13409 Berlin, Hausotterstr. 36. Info@ManfredDurniokProduktion.de. G.: Berlin, 2. Mai 1934. El.: Dr. jur. Ernst u. Charlotte, geb. Schmidt. S.: Abitur, Jura Stud. u. Politkwiss., Harvard Univ. Cambridge. K.: Film u. Fernsehproduktionen im In- u. Ausland. P.: Bücher: "People", "Bangkok", "Berlin - Kriegsende", "Das war d. DDR". E.: über 50 Ausz. darunter "Oscar" f. "Mephisto", BVK, EZ d. Rep. Österr. Ehrenbürger v. Tennessee u. Peking (29. Sept. 1999). M.: Havard Club, Exeklusiv-Komitee d. Electronic-Cinema-Festivals Tokio/Montreal. H.: Film, Fernsehen, Medien, Antiquitäten, ferne Kontinente, Kultur. (I.U.)

Dürr Christa-Maria
B.: freiberufliche PR- u. Fundraising-Beraterin, Dipl. oec. troph. DA.: 28209 Bremen, Hermann-Allmers-Str. 32. chrisduerr@aol.com. G.: Menz, 15. Aug. 1946. V.: Dr. met. vet. Ulrich Michael Dürr. Ki.: Dr. med. vet. Binke (1974), Felix (1976). El.: Prof. Dr. Gustav Comberg u. Erika, geb. Scherer. S.: 1966 Abitur Hannover, 1966-70 Stud. Hauswirtschafts- u. Ernährungswiss. Gießen, 1970 Dipl., 1973 Prom., 1991 Univ. of Southampton The European Postgraduate Summer Course in Public Health Nutritional Epidemiology, 1992 Berufsbildungsinstitut Bremen Fortbildung z. PR-Beraterin, Fachkraft f. Informationsdesign u. Advertising, 1992 Topcom Agentur f. Communication GmbH Liederbach/Frankfurt, Entwicklung v. PR-Konzepten, Text, Organisation, 1992 Ogilvy & Mather Advertising, Bombay Konzeption einer Kampagne gegen Kinderarbeit in Indien. K.: 1971-72 Dipl.-Oekotrophologin in Versuchsprojekt z. Erzeugung u. Verwendung v. Grünalgen in Bangkok/Thailand d. Dt. Förderungsges. f. Entwicklungsländer, 1974-76 freie redaktionelle Mitarbeiterin b. d. univer druck + verlags ag in Schlieren/Zürich, fachjournalistische Bearbeitung u. Betreuung d. Ernährungsaufklärungsprojektes "Life Code", 1977-86 freiberufl. Bearbeitung d. Themen "Ernährung u. Hund u. Katze", Mitarbeit in Fachbüchern, 1984-88 freie Mitarbeiterin in d. Kleintierklinik Dres. Rosenhagen/Dürr, Praxismanagement, Organisation, Verwaltung, 1996 Referentin f. Spendenwerbung u. Mittelbeschaffung b. terre hommes Osnabrück, Systematisierung u. konzeptionelle Weiterentwicklung d. Spendenwerbung im Rahmen neugeschaffenen Referates, Konzeption, Gestaltung u. Abwicklung v. Mailings, Aufbau d. Legatwerbung, Vorbereitung f. Stiftungsgründung, Konzeption u. Betreuung bundesweiter Fundraising Kampagnen, 1996-97 Referentin f. Großspenderwerbung, Betreuung b. terre hommes, Aufbau u. Pflege d. Großspendenbereichs, Legatwerbung u. Beratung, Bewerbung d. Stiftung u. Planung, 1998 freiberufl. PR- u. Fundraising-Beraterin, Seminare, Moderation, Kommunikationskonzepte, Aufbau f. KIDAT, Datenbank u. Beratungsunternehmen im Bereich Kinderarbeit u. Sozialverträgliche Geldanlagen, ehrenamtl. Tätigkeit: 1982-90 Mitarbeit b. d. entwicklungspolitischen Kinderhilfsorganisation "terre des hommes", Arbeitsgruppenleitung, Koordination u. Ständige Arbeitungruppe, Vorstandstätigkeit im "Bremer Informationszentrum f. Entwicklung u. Menschenrechte", 1990-93 Organisation u. Moderation v. Seminaren, Erstellung v. Diaserien, Ausstellungen, Broschüren; Auslandsaufenthalte: Thailand (2 J.), Malaysia, Indonesien, Nepal, Sikkim, Birma, Kenya, Tanzania, Simbabwe, Japan, Indien (seit 1983 jährlich 4-5 Wochen), USA (5x m. je 4 Wochen). M.: seit 2000 Mtgl. im ASB-Rettungshundezug Bremen. H.: Reiten, Fitness, Kunsthandwerk, Volkskunst.

Dürr Christian *)

Dürr Gerhard Dr. med. Dipl.-Ing. *)

Dürr Hans-Peter Emil Dr. Prof. *)

Dürr Heinz
B.: Stiftungskommissar. FN.. Carl-Zeiss-Stiftung. GT.: AufsR-Vors. Dürr AG u. Krone GmbH, AufR.-Mtgl. Preussag AG, Benteler AG, Alp Transit Gotthard AG, Stinnes AG, bis 2000 AufR.-Mtgl. Mannesmann AG. DA.: 10117 Berlin, Charlottenstr. 57. G.: Stuttgart, 16. Juli 1933. V.: verh. Ki.: 3 Töchter. S.: Abitur, prakt. Ausbild. als Stahlbauschlosser 1954-57 Stud. TU Stuttgart. K.: 1957-80 Fa. Otto Dürr, Stuttgart, zuletzt als alleinzeichnungsberechtigter Gschf., 1975-80 Vors. d. Verb. d. Metallind. Baden-Württemberg e.V. u. in dieser Eigenschaft Mtgl. d. Präsidiums v. Gesamtmetall, 1980-90 Vorst.-Vors. d. AEG AG Berlin in Frankfurt/Main, 1986-90 Vorst.-Vors. d. Daimler Benz AG, 1990 Vorst.-Vors. d. Dt. Bundesbahn, 1991 Vorst.-Vors. d. Dt. Reichsbundesbahn, 1994-97 Vorst.-Vors. d. Dt. Bahn AG, 1997-99 AufsR.-Vors. d. Dt. Bahn AG. E.: zahlr. Ehrenämter, u.a.: AufsR.-Vors. d. Partner f. Berlin Ges. f. Hauptstadt-Marketing mbH, Vorst.-Vors. d. Freunde u. Förderer d. Dt. Theaters u. d. Kammerspiele e.V. Berlin, Präs. Dt. Verkehrsforum. H.: Lesen, Theater, Musik, Golf.

Dürr Martin Dr.
B.: RA, Attorney-At-Law New York. FN.: Cannawurf & Perpelitz Sozietät. DA.: 10777 Berlin, Nollendorfstr. 28. G.: Pforzheim, 15. Okt. 1961. E.: Werner u. Lieselotte, geb. Kirchenbauer. S.: 1981 Abitur, 1982-89 Stud. Rechtswiss. Heidelberg, 1989 u. 1992 2. Staatsexamen, 1994-95 Stud. London u. New York, 1994 Prom. K.: 1989-92 Referendariat in Berliner Bundeskartellamt, EG-Kmsn. u. Wirtschaftsunternehmen in New York, 1990 Zulassung z. RA, seit 1992 RA m. Schwerpunkt dt.-amerikanische Rechtsverkehr, Wirtschafts-, Ges.- u. Erbrecht. P.: "Nebenabrede im Ges.-Recht", div. Aufsätze z. Thema Ges.-, Umwelt- u. Verfassungsrecht. M.: Dt.-Amerikan. Juristenver. e.V. H.: Musik, Kunst, Literatur, Sport, Lesen, Reisen.

*) Biographie www.whoiswho-verlag.ch oder beigefügte CD-ROM

Dürr

Dürr Peter *)

Dürr Rudi *)

Dürr Susanne

B.: Heilpädagogin, Praxisinh. FN.: Praxis f. Heilpäd. Susanne Dürr. DA.: 44793 Bochum, Kohlenstr. 181. G.: Lüdenscheid, 19. März 1955. V.: Udo Weinberger. Ki.: Daniela (1976), Christopher (1980). S.: 1973 Fachoberschulabschluss, 1973-76 Stud. in Dortmund, Abschluss: Dipl., 1977-78 Anerkennungsj. b. d. vereinigten Kirchenkreisen. K.: 1978-86 ehrenamtl. Tätigkeit u.a. Aufbau eines Sorgentelefons f. Kinder u. Jugendl., 1986-90 schwerbehindertes Kind in Tagesbetreuung und Mitarb. in einer Heilpäd. Praxis, 1990-91 Sozialpäd. Betreuung v. Aussiedlerfamilien, 1991-93 Doz. f. heilpäd./sozialpäd. Themen in Leipzig, 1993-95 Gschf. in d. Praxis f. Heilpäd. Bochum, 1995 Übernahme d. Praxis. H.: Musik.

Dürr Thomas Friedemann *)

Dürr Walther Dr. Prof.
B.: nebenamtl. Editionsleiter d. Neuen Schubert-Ausgabe. PA.: 72076 Tübingen, Haußerstr. 140. walther.duerr@oe.uni-tuebingen.de. G.: Berlin, 27. Apr. 1932. V.: Vittoria, geb. Bortolotti. El.: Dagobert u. Hannah. S.: 1950 Abitur, Univ. FU Berlin, Univ. Tübingen Musikwiss., Germanistik u. Romanistik, 1956 Prom. K.: 1957-62 Lektor Univ. Bologna, 1962-65 Lektor u. Ass. Univ. Tübingen, seit 1965 Editionsltr. Neue Schubert-Ausgabe (seit 1997 nebenamtl.), 1977 Hon.Prof. Univ. Tübingen. P.: Franz Schuberts Werke in Abschriften: Liederalben und Sammlungen (1975), Das deutsche Solollied im 19. Jahrhundert (1984), Zeichen-Setzung: Aufsätze zur musikalischen Poetik (1992), Reclams Musikführer: Franz Schubert (1991), Sprache u. Musik (1994), Schubert-Handbuch (1997), zahlr. Aufsätze. M.: Ges. f. Musikforsch., Intern. Ges. f. Musikwiss.

Dürr-Knittel Petra *)

Dürrast Jörg Dr.
B.: Zahnarzt. FN.: Gemeinschaftspraxis Dr. Gudrun Sommerfeld Dr. Jörg Dürrast. DA.: 12439 Berlin, Brückenstr. 3. G.: Berlin, 5. Feb. 1944. V.: Lebenspartnerin Dr. Gudrun Sommerfeld. Ki.: Katja (1971), Franziska (1973), Christian (1977), Sophie (1989). S.: 1962 Abitur, 1962-63 Vorpraktikum Charité, 1963-68 Stud. Zahnmed. an d. Humboldt-Univ. Berlin Charité, 1968 Approb., 1969 Prom. K.: 1968-73 5 J. FA-Ausbild. in Belzig u. Mecklenburg auf d. Lande, 1973 Fachzahnarzt, b. 1987 in Mecklenburg, 1987-90 in Berliner Ambulatorium, seit 1990 eigene Praxis zusammen m. Partnerin. M.: ZM, Portrait in Berliner Zeitungen. H.: Radfahren, Alpinski, Bootswandern, Reisen nach Schweden u. Dänemark.

Dürre Annett Dipl. pharm.
B.: Apothekerin. FN.: Elfen-Apotheke. DA.: 39110 Magdeburg, Große Diesdorfer Str. 186/187. G.: Markranstädt, 9. Apr. 1971. V.: Ronald Dürre. Ki.: Sophia (1995). El.: Dipl.-Ing. Manfred u. Edeltraut Kinne, geb. Germann. BV.: Onkel

Apotheker Konrad Riedel Adler-Apotheke in Wolmirstedt. S.: 1989 Abitur Leipzig, 1989-90 Praktikantin an d. Zentral-Apotheke in Leipzig, 1990-94 Stud. Pharmazie an d. MLU Halle-Wittenberg, 1995 Dipl., 1996 Approb. als Apothekerin. K.: Verwalter in "Glückauf-Apotheke" in Westeregeln b. Magdeburg, 1997 Grdg. d. Elfen-Apotheke in Magdeburg u. seither Inh. M.: Landesapothekerver. e.V. Sachsen-Anhalt. H.: Klavier spielen, Chorgesang.

Dürre Roland M. Dipl.-Informatiker *)

Dürre Ronald M.A.

B.: Sachgebietslr. FN.: Kulturamt d. Landeshauptstadt Mageburg. DA.: 39104 Magdeburg, Schönebecker Str. 128. G.: Gardelegen, 19. Juli 1970. V.: Partnerin Annett Kinne. Ki.: Sophia (1995). El.: Reinhold u. Ingrid, geb. Benesch. BV.: Univ.-Prof. Dr. Gerda Haßler - Prof. f. Linguistik an d. Univ. Potsdam. S.: 1978-85 Unterricht Klavier, Trompete, Musiktheorie, Musikschule Stendal, 1989 Reifeprüf., 1988-89 Musikschule Wernigerode m. Abschlußprüf. für Oberstufe im Fach Klavier m. Ausz., 1990-91 Kompositionsunterricht in Musikschule Georg-Philipp-Telemann in Magdeburg, 1990-96 Stud. Musikwiss u. Italianistik Univ. Halle-Wittenberg, Spons., 1993-94 Stud. Inst. f. Musikwiss. Univ. Wien, 1994-95 Stud. Universitá di Palermo. K.: 1996-97 freiberufl. Fachlehrer f. Klavier u. Kreismusikschule Aschersleben-Staßfurt, Musikwissenschaftler bei d. ständigen Konferenz Mitteldt. Barockmusik e.V. u. am Zentrum f. Telemann-Pflege u. -Forsch. in Magdeburg sowie Anfertigung v. Autographenauszügen u. Partitureinrichtungen, seit 1997 Sachgebietslr. f. Soziokultur, bild. Kunst, Film, Literatur u. Bühnenwesen im Kulturamt Magdeburg. P.: Teilnahme an zahlr. fachspezifischen Seminaren, Symposium " Musikleben u. Musikerziehung in Deutschland", Ref. "Die Kasseler Schule v. Ludwig Spohr im bild.-theoretischen Kontext d. 19. Jhdt.", Mitautor v. "Europa stellt sich vor" Thema: "Nationalismus u. Provinzialismus im musikalischen Kontext. Musik als Instrument nationaler Sozialisation"! E.: Teilnahme am Kompositionskurs v. "Jugend musiziert" in Weikersheim. M.: 1987-89 Rundfunk-Jugendchor Wernigerode, 1992-95 Univ.-Chor Halle, 1993-94 Jeunesse-Chor in Wien, seit 1992 Dt. Tonkünstlerverb. Sachsen-Anhalt, seit 1997 Freundeskreis d. Univ.-Chores Halle e.V. H.: Klavier u. Trompete spielen, Musik, Fitness, Theater, Kino, Literatur.

Dürre Wolfgang Dipl.-Ing.
B.: Freier Bausachverständiger. DA. u. PA.: 18055 Rostock, Lange Str. 14. G.: Magdeburg, 28. März 1928. V.: Annemarie, geb. Schulteß. Ki.: Thomas (1957), Kerstin (1963). El.: Friedrich u. Elsbeth. S.: 1945-47 Maurerlehre Firma F. Dürre, 1948-51 Stud. Hochbauing. Staatl. Ing.-Schule Magdeburg,

*) Biographie www.whoiswho-verlag.ch oder beigefügte CD-ROM

1970-71 Stud. Faching. f. Arbeitsgestaltung. K.: Baultr., Architekt, Prüf.-Ing., Sachv., Hauptprüfingenieur Funktionssicherheit, Sachv. f. Schäden an Gebäuden. BL.: Erarb. v. Normen u. Vorschriften z.B. TGL 10724 Arbeitsräume, Wärmeschutz, Veröff. über Bauhygiene, Auslandseinsätze z.B. Moskau u. Paris, Weiterbild. v. Praxiskadern. E.: Oberingenieur, E.-Abbe-Med., Med. f. Verd. im Brandschutz. M.: KDT/VIW, KB IG Bau- u. Kunstdenkmale. H.: Studienreisen, Literatur.

Dürrschmidt Uwe *)

Dürrson Werner Dr.
B.: Schriftsteller. PA.: 88499 Neufra/Donau, Schloß. G.: Schwenningen/Neckar, 12. Sept. 1932. S.: Kindheit im Krieg, 1949 Handwerkslehre in Stuttgart, erste Gedichte, 1953 Stud. Musik in Trossingen, 1957 externes Abitur, Reisen durch Europa, in d. USA u. nach Südafrika, Stud. Literaturwiss. in München u. Tübingen, 1962 Prom. K.: Lehrtätigkeit an d. Univ. Poitiers/Frankreich b. 1968, anschließend b. 1978 in Zürich, freier Schriftsteller in Oberschwaben u. Paris. P.: 13 Gedichte, 1965, Schattengeschlecht, 1965, Flugballade, 1966, Drei Dichtungen, 1970, mitgegangen mitgehangen, Gedichte 1970-75, 1976, "Werner Dürrson liest Lyrik und Prosa", LP 1978, Schubart-Feier, Eine deutsche Moritat, 1980, Schubart, Christian Friedrich Daniel, Drama, 1980, Zeit-Gedichte, 1981, Stehend bewegt, ein Poem, 1982, Der Luftkünstler, dreizehn Stolpergeschichten, 1983, Das Kattenhorner Schweigen, Gedichte, 1984, Feierabend, Gedichte, 1985, Wie ich lese? Aphoristischer Essay 1986, Blochaden, Sprüche u. Zusprüche, 1986 Kosmose Gedicht in zwölf Vorgängen, 1987, Ausleben, Gedichte aus zwölf Jahren, 1988, Abbreviaturen, 1989, Katzen-Suite, 1989, Werke in vier Bänden (Lyrik u. Prosa), Ausgewählte Gedichte, 1995, Stimmen aus d. Gutenberg-Galaxis - Essays zur Literatur, 1997, Der verkaufte Schatten - Rumän. Elegien u. Tagebuch 1997, Pariser Spitzen, Gedichte, 2000, Übersetzungen a. d. F. I. u. E. E.: 1951 Lyrikpreis d. Südwestpresse, 1973 u. 1983 Dt. Kurzgeschichtenpreis, 1978 Literaturpreis d. Stadt Stuttgart, 1979-80 Gast d. Kunststiftung Baden-Württemberg, 1980 Schubart-Preis, Arb.Stipendium d. Kultusmin. Nordrhein-Westfalen, 1984 Arbeitsstipendium d. Landes Baden-Württemberg, 1985 Literaturpreis d. Stadt Überlingen, 1991/92 Stip. d. Dt. Literaturfonds, 1992 BVK, 1997 Ehrengabe d. Dt. Schillerstiftung Weimar, 2001 Eichendorff-Preis. M.: Dt. Schriftstellerverb., P.E.N.-Zentrum d. BRD u. Association intern. d. Critiques littéraires, Paris.

Dursch Friedrich

B.: Owner Manager. FN.: Graphisches Atelier Dursch GmbH. DA.: 90513 Zirndorf, Nürnberger Str. 29a. dursch-advertising@t-online.de. www.dursch-advertising.de. G.: Fürth, 1. Juli 1947. V.: Agnes, geb. Weber. Ki.: Heike (1966). S.: 1960-63 Lehre als Lithograph, 1968-72 2. Berufsausbildung als Graphiker. K.: 1972-79 Tätigkeit in div. Agenturen, seit 1980 selbständig in obiger Firma, seit 1994 Agentur in Miami Florida. H.: Golf, Tennis.

Dürschinger Peter Dipl.-Ing.
B.: Architekt, selbständig. FN.: dürschinger architekten. DA.: 90762 Fürth, Königswarther Str. 20. duerschinger@t-online.de. G.: Fürth, 18. Apr. 1956. V.: Brunhilde, geb. Görgner. Ki.: Johannes (1985), Christoph (1988). El.: Georg u. Maria. S.: 1976 Abitur, 1976-78 Bundeswehr - Lt. d. Res., 1978-82 Stud. Arch. FH-GSO Nürnberg, 1982 Dipl.-Ing., 1982-84 Stud. Arch. Ak. d. schönen Künste Florenz/I, 1985-88 Ausbildung gehobener Dienst Univ.-Bauamt Erlangen. K.: seit 1988 selbständiger Architekt m. Schwerpunkt europaweite Wettbewerbe, Großprojekte, Hoch- u. Städtebau; Projekte: Berg Isel-Stadion, Gen.-Dion. Business Tower d. Nürnberger Vers., Audimax Bayreuth, Polizeidirektion Fürth. E.: BDA-Preis Franken (1999), Architekturpreis d. Stadt Fürth (2000), Wettbewerbserfolge f. Großprojekte. M.: BDA, Bezirks-Wettbewerbsausschuss Mittel- u. Oberfranken, Bayr. Architektenkammer, Vors. d. Baukunstbeirat Fürth. H.: Fußball, Gitarre spielen, Malen, Motorsport, Fotografieren, Modellbau.

Durst Angelika
B.: Gastwirtin. FN.: Restaurant "Keglerheim". DA.: 58285 Hagen, Hagener Str. 78. G.: Wuppertal, 19. Feb. 1957. V.: Karl-Heinz Durst, geb. Weber. El.: Karl u. Luise, geb. Gessner. S.: 1971-78 tätig in d. elterl. Gaststätte in Bopfingen. K.: 1978-81 berufstätig im Horten-Restaurant in Schwäbisch Gmünd, 1981-85 berufstätig zuerst als Serviererin u. später als Restaurantltr. im Kaufhof-Restaurant, 1985-89 tätig in einem Büro f. Herstellung v. Autoschlössern, 1989-93 berufstätig b. d. Firma WAP in Neresheim, Zusammenbau v. Staubsaugern u. Hochdruckreinigern, 1993-95 selbst., Grdg. einer Steinbrecherfirma in Holland, 1995-97 selbst. Wirtin d. Speiselokals "Die Sonne" in Hainsfarth, seit 1998 Wirtin d. Gaststätte "Keglerheim" in Gevelsberg, Bundeskegelbahnen, Partyservice. M.: Hotel- u. Gaststättenverb. H.: Hund.

Hübners blaues Who is Who - für die Kommunikation von heute

Als Nachschlagewerk von höchster Aktualität ist Who is Who
ein unentbehrlicher Helfer für persönliche Begegnungen und berufliche Kontakte

*) Biographie www.whoiswho-verlag.ch oder beigefügte CD-ROM

Durst Franz Josef Dr. Dr. h.c. mult. Prof.
B.: Ordinarius f. Strömungsmechanik. FN.: FAU Erlangen-Nürnberg. DA.: 91058 Erlangen, Cauerstr. 4. PA.: 91094 Langensendelbach, Eichenstr. 12. G.: 6. Dez. 1940. V.: Heidi, geb. Ballheimer. Ki.: Bodo (1965), Heiko (1972). S.: Abitur, 1961-67 Stud. Luftfahrttechnik TH Stuttgart, 1967 Dipl.-Ing. K.: 1967 wiss. Mitarb. am Inst. f. Thermodynamik d. Luft- u. Raumfahrt an d. TH Stuttgart, 1967-68 Stipendium d. Stiftung Volkswagenwerk, Studium in London, 1968 M.Sc. d. Univ. of London, 1968 Diploma of Imperial College London, 1968-72 Research Ass. Univ. of London, 1972 Forsch.-Aufenthalt Univ. of Minnesota/USA, 1972 Ph.D. Univ. London, 1972-82 Projektltr. Univ. Karlsruhe, 1973-82 Abt.-Ltr. Inst. f. Hydromechanik Univ. Karlsruhe, 1974-82 Projektltr. BMFT-Forsch.-Projekte, 1976 Forsch.-Aufenthalt Univ. of Toronto, 1977 Privatdoz. Univ. Karlsruhe, 1977-82 Projektltr. BMB-BMVg-RüFo-3-Projekte, 1978 Prof. Univ. of Arizona, 1978 Regents Prof. Univ. of California, 1978 Prof. Univ. Karlsruhe, 1982 Prof. Friedrich-Alexander-Univ. Erlangen-Nürnberg, Forsch.-Aufenthalte USA, Japan, Frankreich, China, 1980-85 Ltr. IAHR-Section, 1990-99 Vorst.-Vors. d. Applikations-Technikzentrums f. Energieverfahrens-, Umwelt- u. Strömungstechnik Sulzbach-Rosenberg, 1993-95 Dekan d. Techn. Fak. d. FAU Erlangen-Nürnberg; Mitwirkung bei folgenden Firmengründungen: 1985 Invent ENT GmbH, 1988 Invent Computing GmbH, 1990 Flumesys GmbH, 1997 Invent FCS GmbH, seit 1997 Gschf. d. Invent FCS GmbH. P.: 1987-99 Mithrsg. d. Zeitschrift "Particle and Particle Systems Characterization" Weinheim, über 300 Publ. in Bereichen d. Strömungsmechanik, insb. LDA- u. PDA-Meßtechnik, exper. u. numer. Strömungsmechanik, Verbrennungstechnik, gilt als Erfinder d. Phasen-Doppler-Anemometrie u. d. Porenbrennertechnik. E.: 1968 Unwin Price London, 1973 Lawrence G. Straub Award, 1979 Arthur Thomas Ippen Award, 1980 The American Society of Mechanical Engineers Centennial Award, 1987 D.Sc. Univ. London, 1991 Dr. h.c. IST Lissabon, 1992 Max Planck-Forsch.-Preis, 1997 Italgas-Preis, 1997 Tezla-Med., 1999 Dr. h.c. Univ. Sarajewo, 1999 Aufnahme als Foreign Fellow in d. National Academy of Science of India. H.: Sport, moderne Literatur, Geschichte der Philosophie.

Durst Jürgen Dr. med. apl. Prof. *)

Durst Rolf Hugo

B.: Mtgl. d. Geschäftsltg. FN.: E. Kurz & Co Druckerei u. Reprografie GmbH. DA.: 70182 Stuttgart, Kernerstr. 5. PA.: 70439 Stuttgart, Münchinger Str. 25A. G.: Stuttgart, 6. Apr. 1940. V.: Bianka, geb. Schmidt. Ki.: Uwe (1965), Sylvia (1968), Sabine (1976), Monika (1979). El.: Hugo jun. u. Marianne. BV.: Hugo Durst sen. u. Eugen Kurz Firmengründer 1905. S.: Lehre z. Lichtpauser, Kfm. Lehre. K.: Techn. Ind.-Kfm., 1954 Einstieg in d. elterlichen Betrieb, Durchlauf sämtl. Stationen d. Unternehmens, 1965 Eintritt in d. Geschäftsltg., seit 1965 Mtgl. d. Geschäftsltg., seit 1966 Vorst.-Mtgl. im Fachverb. Reprografie, seit 28 J. im Prüf.-Aussch. d. IHK, 9 J. Vors. d. ASB Esslingen, 4 J. Vorst.-Mtgl. ASB Stuttgart, seit 6 J. stellv. Vors. d. Städt. Orchesters Kornwestheim, seit 23 J. in d. Tarifkommission d. Fachverb. Reprografie, seit 14 J. Verhandlungsführer, Grdgs.-Mtgl. Dt. Hilfsdienst, seit 1969 Mtgl. E.: 1993 Ausz. b. Intern. Druckschriftenwettbewerb f. Satz d. Magazins "OZON" d. Umweltmin. Baden-Württemberg. H.: 6 J. im Rettungshundezug d. ASB Stuttgart, 9 J. im Sanitätsdienst, digitale Fotografie.

Durst Theodor Dr. med.

B.: Allg.-Med. DA.: 42659 Solingen, Schützenstr. 60. G.: Neuss, 15. Jan. 1939. V.: Ursel Bianca, geb. Lauterjung. Ki.: Jan Patrick, Guun Maren. S.: 1959 Abitur Neuss, 1959-62 Bundeswehr, OLt. d. Res., 1960 Med.-Stud. Univ. Münster und Heidelberg, 1967 Staatsexamen, 1967-68 Ass.-Arzt an d. Univ.-Strahlenklinik in Heidelberg, 1968 Prom. K.: 1968-69 Johanne Etiene-KH Neuss, 1970 als Med. z. Heeresamt Köln als Truppenarzt, 1970-72 stellv. ltd. Sanitätsoffz. in Köln, 1973-76 Referent im Sanitätsdienst im Bundesmin. d. Verteidigung, 1976-78 Arzt im Bundeswehr-KH Hamm, 1978 Eröff. d. Praxis als Allg.-Med. in Solingen. M.: Vorst. d. Kassenärztl. Ver. Solingen, seit 1997 Vors. d. Ärztekam. Solingen, Landesärztekam. Nordrhein, 2001 Wiederwahl in beiden Kam., Hartmannbund. H.: b. 1996 Tennis, Golf.

Dursun Nevzat Dipl.-Ing. *)

Durth Walter Dr. Prof. *)

Durukan Yener *)

Durussel Jean-Christophe

B.: Gschf. Ges. FN.: ID plus GmbH Konzept u. Realisation f. Medien- u. Gastronomieunternehmen. DA.: 81379 München, Hofmannstraße 7. PA.: 80689 München, Gesslerstr. 4. idplus@camelot.de. www.idplus.de. G.: Paris, 14. Juni 1959. V.: Susanne, geb. Marko. Ki.: Anais (1998). El.: Bernhard u. Claudine. S.: 1978 Abitur, 1978-79 freier Hörer an versch. Kunstschulen Paris, glz. 1977-79 Mitarb. im väterl. Innenarch.-Büro Paris. K.: 1979-80 Ang. im Arch.-Büro Calsat DPLG in Paris, 1981-86 Fotoreporter d. Filipacchi-Hachette Presse Gruppe in Paris, 1982-83 Wehrdienst als Fotoberichterstatter, 1986-88 Kulissenbauer d. Firma Filmhaus in München u.a. 1988 Studioltr., 1988-92 selbst. u. freiberufl. tätig im Modellbau m. Schwerpunkt Werbespots u.a. f. Candy & Co, Commerzbank-Roboter, Telekom-Rockkonzert u. VW Golf II, Set-Design f. Werbefilme, Konzept, Organ. u. Baultg. f. Veranstaltungen u. Möbeldesign, seit 1992 Konzept, Entwurf u. Realisierung v. Bühnenbildern, Einrichtung u. Möbel div. Art, Filmkulissen u. Teilprod., TV-Studios u.a. f. "Arabella Kiesbauer", "Tabaluga TV" u. "Die Reporter". Veranstaltungen, Events u. Firmenjubiläen, Messestände, Restaurants, Bars, Gastronomie u.a. "Sausalitos Kette, Sushi + Soul, Le Sud", 1999 Grdg. d. Firma ID plus GmbH in München spez. f. Konzept u. Realisation f. Medien- u. Gastronomieunternehmen, Prod. u. Vertrieb v. selbstentworfenen Einrichtungsgegenständen u. Komplettorgan. v. Events, 2000 Eröff. d. franz. Feinschmecker-Restaurants "Le Sud" in München als Teilhaber. E.: div. Ausz. f. Projekte. H.: Malerei, Reisen, Weine sammeln.

Durutovic Branislav *)

*) Biographie www.whoiswho-verlag.ch oder beigefügte CD-ROM

Dusch Rolf *)

Duscha Heidi Dipl.-Ing. *)

Duscha Ingrid *)

Duscha Klaus Dr.-Ing. *)

Duscha Rolf Christian *)

Duschek Karl *)

Duschek Peter *)

Duschl Georg *)

Duschl Helmut Dr. med. dent. *)

Duschner Sabine Dr. med. vet.
B.: prakt. Tierärztin. FN.: Tierarztpraxis Dr. Duschner. DA.: 90530 Wendelstein, Johann-Höllfritsch-Str. 9. G.: Nürnberg, 3. Sep. 1970. El.: Hans-Werner u. Linde Duschner. S.: 1990 Abitur Nürnberg, 1990-96 Stud. Vet.-Med. Univ. München, 1997 Approb. in München, 1999 Prom. z. Dr. med. vet. K.: 1996-97 Hospitanz/Tierklinik Nürnberg, 1997-99 Ass.-Ärztin in einer Tierarztpraxis in Altdorf, seit 2000 eigene Praxis in Wendelstein. M.: DCN Dachshundeclub Nordbayern, IPZV Island Pferdezuchtverb. H.: Naturwiss., Chemie, klass. Musik.

Dusella Gerhard

B.: Ind.-Mechaniker, Inh. FN.: Franken Computer IT- u. EDV-Schulung. DA.: 90453 Nürnberg, Katzwanger Hauptstr. 50. g.dusella@frankencomputer.de. www.dusellagerhard.de; www.frankencomputer.de. G.: Nürnberg, 26. Feb. 1971. V.: Silvia, geb. Dehn. El.: Bert u. Renate. S.: 1987-91 Lehre z. Ind.-Mechaniker Berufsbild.-Zentrum Nürnberg, 1992-93 Bundeswehr. K.: 1995-97 Umschulung z. Kommunikationselektroniker Berufsförd.-Werk Nürnberg, 1998 Computer-Netzwerktechnik BFI Nürnberg, 1998-2000 Commerzbank Frankfurt als Datenverarb.-Koordinator, seit 2000 selbst. m. eigenem Geschäft in Nürnberg. BL.: 1987 CVJM/Dt. Vicemeister im 800m-Lauf. H.: Raumfahrt allg., Astronomie, EDV/Computer, Gitarre spielen, Fußball.

Düsing Klaus Dr. Prof. *)

Düsing Lutz-Rainer *)

Düsing Mechtild
B.: RA u. Notarin. FN.: Meisterernst, Düsing, Manstetten. DA.: 48151 Münster, Geiststr. 25. 2. PA.: 48149 Münster, Hittorfstr. 8. www.meisterernst. de. G.: Lennestadt, 29. Sep. 1944. V.: Djahan Bahrainian. Ki.: Helena (1982), Gustav (1984), Walter (1985). El.: Walter u. Rosa Düsing, geb. Rommeswinkel. S.: 1964 Abitur Gelsenkirchen, 1964-69 Stud. Kunstgeschichte, Germanistik, u. Archäol., später Stud. Rechtswiss. Univ. Münster u. München, 1. jur. Staatsexamen, 1969-73 Referendariat OLG Hamm, 2. Staatsexamen. K.: seit 1973 ndlg. RA in Münster, 1976 tätig in Sozietät, seit 1983

Notarin, Fachanw. f. Verw.-Recht; Schwerpunkt Hochschulrecht u. Hochschul-Zulassungsprozesse, Verfahren vor EuG, EuGH u. Bundesverfassungsgericht, Marktordnungsrecht. P.: "Milch-Quoten Ratgeber f. Juristen u. Landwirte" (1987), "Vertrauensschutz im Marktordnungsrecht" (1998), "Pächterschutz und Milchreferenzmenge" (1998), "Zum Verwendungsersatzanspruch d. Pächter nach BGB § 591" (1990), "Die Zusatzabgabe im Milchsektor" (2001). M.: 1989-97 Vorst. d. Bez.-Vertretung Münster-Mitte, SPD-Mtgl., Dt. Juristinnenbund, Dt.-Israel. Juristenvereinig., Kunstver. Münster, Verfassungsrechtsausschuss d. Dt. Anwaltsvereins. H.: Klavierspielen, mod. Kunst, mod. Romane.

Düsing Rüdiger Dr. med. *)

Düsing Volker Dipl.-Ing.

B.: selbst. Architekt. DA.: 39606 Osterburg, Straße d. Friedens 12. G.: Osterburg, 25. Juni 1956. Ki.: Thomas (1978, Franziska (1985), Louisa (1995). El.: Walter u. Helga, geb. Lieberum. S.: 1975 Abitur, 197579 Stud. Arch. TH Leipzig. K.: b. 1990 Bauplaner in Osterburg, seit 1990 selbst. Architekt m. Schwerpunkt Gewerbe- u. Ind.-Bau; Projekte: Glaswerke in Osterburg u. Prietzer, Planungen f. d. Dt. Bahn AG z.b. Mitarb.-Restaurants im Norddt. Raum. P.: Veröff. in Fachzeitschriften. M.: BDB, Architektenkam. Sachen-Anhalt, seit 1992 AufsR.-Mtgl. d. Volksbank Osterburg-Wendland e.G. H.: Sport, Beruf.

Duspiva Wolfgang Dr. med. Prof.

B.: Chefarzt. FN.: Klinikum Ingolstadt Chirurg. Klinik II. DA.: 85049 Ingolstadt, Krumenauer Str. 25. G.: Heidelberg, 25. Juli 1941. V.: Dr. Ingrid, geb. Versen. Ki.: Katharina (1967), Lisa (1978), Jan (1980). El.: Prof. Dr. Franz. S.: 1960 Abitur Freiburg, Stud. Med. Freiburg, Heidelberg, Innsbruck u. Wien, 1965 Staatsexamen Heidelberg, med. Ass. Heidelberg, Landau, Düsseldorf u. Duisburg, 1967 Prom. Heidelberg, 1968 Approb., Truppenarzt b. Bundeswehr. K.: 1969 Ass. am patholog. Inst. d. TUM, 1969 FA-Ausbild. in Chir. an d. chir. Klinik d. TUM, 1975 FA f. Chir., 1977 Habil., 1978 Teilgebiet Unfallchir. u. 1980 plast. Chir., seit 1979 OA d. Klinik in München m. Schwerpunkt Mikrochir. u. Unfallchir., seit 1982 Chefarzt d. Unfallchir. Stadt. KH Ingolstadt, seit 1990 Chefarzt d. II. chir. Klinik am Klinikum Ingolstadt; Funktion: seit 1984 apl.Prof. an d. TU München. P.: zahlr. Publ. Mono-

*) Biographie www.whoiswho-verlag.ch oder beigefügte CD-ROM

graphie "Rekonstruktive Mikrogefäßchir." (1980). E.: 1976 1. Preis f. beste wiss. Ausstellung auf d. Dt. Chirurgenkongress, 1977 Erich Lexer-Preis f. Wiederherstellungschir. M.: Dt. Ges. f. Chir., Dt. Ges. f. Unfallchir., Bayr. Chirurgen-Vereinig., Dt.-sprachige Arge f. Mikrochr. d. Nerven u. Gefäße. H.: Skifahren, Wassersport.

Düssel Karl *)

Düsselberg Barbara *)

Dussmann Peter
B.: Vorst.-Vors., Kfm. FN.: DUSSMANN AG & Co.KGaA. DA.: u. PA.: 10117 Berlin, Friedrichstr. 90. www.dussmann.de. G.: Rottweil a. N., 5. Okt. 1938. V.: Catherine von Fürstenberg. Ki.: Angela (1981). El.: Karl Max u. Elisabeth, geb. Wäschle. S.: 1949-55 Leibnitz-Gymn. in Rottweil a. N., 1955-58 Lehre Einzelhdls.-Kfm., Buchhandlung, F. K. Wiebelt in Villingen. K.: 1963 Grdg. d. Unternehmens Peter Dussmann Heimpflegedienst, 1966-2000 Gschf. Ges. d. umfirmierten Unternehmens P. DUSSMANN GMBH & CO. KG, seit 2001 Vorst.-Vors. d. DUSSMANN AG & Co.KGaA. E.: BVK.

Dussoye Ramish
B.: Inh., Ges. FN.: DU.ST Werbung & Promotion GbR. DA.: 10999 Berlin, Waldemarstr. 37. PA.: 13583 Berlin, Schulzenstr. 5. ramish@dusties.de. www.dusties.de. G.: Berlin-Tempelhof, 16. Jan. 1971. El.: Bhagwattee-Prasad u. Ulrike Regine, geb. Augst. BV.: Großvater "Moisadar" auf Mauritius. S.: 1991 Abitur Berlin-Neukölln, 1991-93 Stud. Anglistik u. Politologie an d. TU Berlin, ab 1993 Stud. f. Lehramt Biologie u. Politologie an d. TU Berlin u. Humboldt-Univ., 1996 Zwischenprüf. Biologie b. Prof. Dr. Günther Tembrock. K.: 1995 Joke-Bewerbung auf eine Anzeige einer Promotion-Agentur (Chesterfield), daraus wurde d. Chesterfieldman, daraus eines anstehenden Auftrages wurde in einer "Nacht-und-Nebel-Aktion" d. Firma DU.ST gegründet, 1997 Mitarb. b. einer Produktion v. "Wolke Sieben" (Mediabolo), 1998 Eröff. d. Firma DU.ST Werbung m. Humor, Spielen u. Geist u. Sprache, 1998-99 SAT 1 Kandidatenbetreuung. M.: Greenpeace. H.: Kochen, Schwimmen.

Dust Manfred
B.: Gschf. FN.: Biologisch NaturProdukte. DA.: 30161 Hannover, Raschpl. 9a; Raschpl. 11k; Raschpl. 11a; Lindener Markt 12; Stephanusstr. 10; Hannover-Döhren, Querstr. 16; Hannover, Calenberger Str. 21; Hannover-Linden, Limmerstr. 58; Hannover-List, Rambergstr. 13. biologisch-naturprodukte@t-online.de. G.: Dingelstedt, 22. Juni 1948. V.: Heike, geb. Hilmer. BV.: Vorfahren stammen aus Schweden, zurückverfolgbar b. z. 30-jährigen Krieg. S.: 1964 Mittlere Reife, b. 1967 Lehre z. Industriekaufmann b. Kali-Chemie, Stud. BWL an d. Förderakademie d. Bundesregierung, 1971 Abschluss: Dipl.-Bw. K.: Ass. d. Gschf. in d. Auslandsabteilung b. Bahlsen Hannover, 1977 Aufbau d. Exports weltweit, 1978 Exportmanager, Betreuung v. über 40 Ländern, 1983 Grdg. einer Export-Import-Firma, parallel Eröff. d. Naturkost-Ladens in Hannover gemeinsam m. Ehefrau, 1985 Eröff. Filiale v. Biologisch NaturProdukte Hannover, 1986 Vergrößerung d. Unternehmens, deutschlandweit einzigartiges Konzept, Aufteilung in 4 Teile: Natur-Bekleidung-Schuhe, Natur-Kosemtik, Kinder- u. Erwachsenenladen, Lebensmittel, 1995 u. 1998 Eröff. weiterer Filialen in Linden u. Calenberger Neustadt, 2000 Übernahme d. Vollkornbäckerei in Linden, 2001 Eröff. Biosupermarkt in Hannover-Linden. P.: div. Veröff. in Fachmagazinen, Interviews f. TV u. Radio. M.: Vors. d.Werbe- u. Interessensgemeinschaft Raschplatz/Passarelle. H.: Psychologie u. Menschen, Dart spielen, Kreativität.

Düsterbehn Godela Dr. med.
B.: Ärztin f. Radiolog. Diagnostik/Neuroradiologie. DA.: 17489 Greifswald, Pappelallee 1. G.: Vechta, 29. Dze. 1937. El.: Pastor Olaf u. Hanna Düsterbehn, geb. Rabes. BV.: Vater

Olaf Düsterbehn Rudolf-Koch-Schüler - Kirchenfenstergestalter. Großvater Heinrich Düsterbehn Konzertmeister in Oldenburg um 1900. S.: b. 1966 Stud. Humanmed. Münster und Tübingen, 1966 Prom. K.: b. 1970 Neurologie u. Psychiatrie, 1970-91 Mitarb. u. Chefärztin in d. Neurochir. in Oldenburg, 1972 FA f. Neurologie und Psychiatrie, 1976 FA f. Neurochir., 1984 FA f. Radiologie, seit 1993 Kernspintomografie in Greifswald m. 1,5 Tesla-Gerät. M.: Radiolog. Ges., Europ. Neuroradiolog. Ges. H.: Beruf, Hausmusik, Lesen: Geschichte u. Biografien, Kurzbild.-Reisen.

Düsterberg-Eissing Beate *)

Düsterloh Diethelm August Detlev Dr. *)

Dustmann Jost H. Dr. rer. nat. Prof.
B.: Ltd. wiss. Dir., a.D., Ltr. PA.: 29227 Celle, Ligusterweg 8. G.: Bünde, 17. Mai 1935. V.: Susanne, geb. Fleck. Ki.: Christian, Andreas, Martin. S.: 1957-63 Univ. Göttingen u. Innsbruck, 1963 Prom. K.: 1964-75 wiss. Ass. in Celle, 1967-68 u. 1970-72 Biochem. Forsch.Arb an d. Univ. v. California, 1975 Habil., 1975 Ltr. d. Nds. LInst. f. Bienenforsch., 1980 apl. Prof. Tierärztl. HS, 1995 Vors. d. Arb.-Gem. d. Inst. f. Bienenforsch. e.V., 1995 Ehrenimkermstr. d. Dt. Imkerbundes, seit 2000 im Ruhestand. P.: zahlr. Veröff. E.: 1989 Lehzen Med. (höchste Ausz. d. Nieders. Bienenzucht), 2000 Verdienstkreuz 1. Kl. d. Verdienstordens d. Bundesrep. Deutschland. M.: Dt. Zoolog. Ges., Ges. Dt. Naturforscher u. Ärzte, IUSSI, seit 1982 wiss. Beirat f. Honigfragen im Dt. Imkerbund. H.: Klavier- u. Orgelspiel, Botanisieren, Fotografieren.

Dutiné Gottfried Dr.-Ing.
B.: Vors. d. Gschf. FN.: Alcatel Deutschland GmbH. DA.: 70435 Stuttgart, Lorenzstr. 10. www.alcatel.de.

Dutschke Cornelia *)

Dutschke Dieter Dipl.-Ing. *)

Dutta Piyali *)

Duttenhofer Joachim Dr. *)

Duttiné Thomas Dipl.-Ing.
B.: Vers.-Kfm. FN.: DEVK Gen.-Agentur. DA.: 10318 Berlin, Ehrenfelsstr. 9. thomas.dutine@ad.devk.de. G.: Berlin, 3. März 1962. V.: Dipl.-Ing. Ulrike, geb. Krauß. Ki.: Caroline (1987). El.: Wolfgang u. Elisabeth. S.: 1978-80 Lehre Elektromonteur Deutsche Reichsbahn, 1980-82 NVA, 1983-84 HS-Reife, 1984-89 Stud. Verkehrselektrotechnik HS f. Verkehrswesen Dresden m. Abschluß Dipl.-Ing. K.: 1989 Überwachungsing. im Bahnstromwerk Berlin, 1990 tätig f. DEVK, seit 1991 selbst. als Vers.-Insp. f. d. DEVK, 1994 tätig in d. Beratungsstelle Berlin-Marzahn, 2000 Eröff. v. weiteren Beratungsstellen in Berlin-Karlshorst. M.: Vorst.-Mtgl. f. Finanzen, Vorst. u. Schatzmeister d. Kinderchor Canzonetta e.V. H.: Kinderchor.

Duttler Herbert *)

Duttlinger Benedikt *)

*) Biographie www.whoiswho-verlag.ch oder beigefügte CD-ROM

Duttmann Bernd *)
Düttmann Jürgen Dipl.-Ing. *)
Dutz Karl Heinz

B.: Psychologischer Psychotherapeut. FN.: Psychologische Praxisgemeinschaft Dutz & Hirsch. DA.: 90408 Nürnberg, Bucher Str. 98. Karl-Heinz.Dutz@t-online.de. G.: Windischeschenbach, 9. Sep. 1949. V.: Gabriele, geb. Arneth. Ki.: Rieke (1981), Lena (1985), Anne (1987). El.: Rudolf u. Anna Dutz. S.: 1972 Abitur, Fachoberschule Weiden, 1972-73 Stud. Sozialpädagogik in Nürnberg, 1973-76 Stud. Erziehungswiss. in Nürnberg, 1977-83 Stud. Psychologie in Erlangen. K.: 1983-dato Psychologischer Psychotherapeut in Nürnberg, seit 1983 Gemeinschaftspraxis m. Stefan Hirsch in Nürnberg, Bucherstr. 98, 1983-87 wiss. Mitarbeiter am Lehrstuhl f. Psychologie 2 in Erlangen, 2 Forschungsstudien veröff., 1985-87 Lehrbeauftragter am Lehrstuhl f. Psychologie 2 in Erlangen, 1980-86 Erwachsenenbildung am Bildungszentrum Nürnberg Fachbereich Psychologie, 1975-85 Doz. d. polit. Erwachsenenbildung an d. Georg-von-Volmar-Akademie in Kochel, seit 1987 Supervisor in Kliniken u. Erziehungsberatungsstellen. H.: Ital. Opern, Zeitgeschichte, Sport (Tennis, Fahrradfahren, Joggen), PC u. neue Medien.

Dutz Reinhold Dr. med. *)
Dütz Karin *)
Dütz Wilhelm Dr. *)
Duve Walter-Harm Dr. jur.
B.: Gschf. Ges. FN.: Dr. Duve Inkasso GmbH. DA.: 30161 Hannover, Angerstr. 6. info@inkasso-service.com. www.inkasso-service.com. G.: Lage, 16. Okt. 1943. V.: Marlis, geb. Hoffmann. El.: Carl-Ludwig u. Marie-Elisabeth, geb. Lücke. BV.: Abraham Duve - 1635 Hofkuchenmeister am herzögl. Hof in Schwerin. S.: 1965 Abitur, 1965-69 Stud. VWL u. Rechtswiss. Univ. Göttingen u. Bonn m. Abschluß Dipl.-Vw., 1970-72 Prom. u. Stipendium d. Kmsn. z. Förderung d. wiss. Nachwuchses. K.: 1970-72 Ass. am Inst. f. Arb.-Recht, 1972-75 Ass. d. Arb.-Dir. in d. Firma Schmalbach-Lubeca AG in Braunschweig u. 1975 Ltr. d. Sozialwesens, 1976-77 tätig in d. Mutterges. in New York, 1977 Ltr. d. Personal- u. Sozialwesens, 1979 Ausbild. z. Werksltr., 1981 Werksltr. d. Metallverpackungswerkes in Düsseldorf, 1985 tätig in d. Firma MKN GmbH in Wolfenbüttel, 1986 selbst. m. Erwerb d. Vereinigten Auskunfteien Bürgel in Hannover, 1987 Zulassung z. Inkassomandatar, 1993 Erwerb d. Firma KSI Kreditschutz GmbH u. Umbenennung in Dr. Duve Inkasso GmbH m. Schwerpunkt Hdl., produzierendes Gewerbe u. Freiberufler. P.: "Die Dynamisierung betriebl. Ruhegelder". M.: 1994-99 Schatzmeister d. Rotary Districts, StiftungsR. einer Privatstiftung, Gschf. eines Altherren Verb., Bundesverb. Dt. Inkasso Unternehmen, Rotary Club Hannover, Corps Bremenria, Mittelalt. Familienforsch. H.: Ahnenforschung, Golf, Skifahren, Weine.

Düvel Hasso
B.: Bez.-Ltr. FN.: IGM Berlin-Brandenburg-Sachsen. DA.: 10969 Berlin, Alte Jakobstr. 149. hasso.duevel@igmetall.de. G.: Alberstedt/Eisleben, 26. Jan. 1945. Ki.: Anja (1968). El.:

Heinrich u. Doris. S.: 1955-61 Realschule, 1961-64 Lehre als Maschinenschlosser in Hannover, ab 2. Lehrj. Jugend-Vertreter. K.: 1964-68 Maschinenbauer im Lehrbetrieb u. parallel gewerkschaftl. Vertrauensmann u. BetriebsR.-Mtgl., div. längerfrist. Weiterbild., 1968-70 hauptamtl. DGB Sekr. in Goslar, 1970-90 Bezirkssekr. IG Metall Bez.-Ltg. Hannover, Jugendsekr., Berufl. Bild., zuletzt Tarifsekr. f. d. Metall- u. Elektroind., 1974-81 Mtgl. d. Rates d. Stadt Hannover u. Mtgl. d. Verw.-Aussch., 1989 Koordination u. Integration v. IGM-West u. IGM-Ost in Sachsen-Anhalt, ab Nov. 1990 Bez.-Ltr. d. neuen Bez. Sachsen, Sitz Dresden, 1993 Streikltr. in Sachsen f. Angleichung d. ostdt. Metall-Tarife am Westniveau, 1995 Zusammenlegung d. IGM-Bez. Sachsen u. Berlin-Brandenburg m. Sitz in Berlin, Bez.-Ltr. f. d. Gesamtbereich. P.: Streiten f. bessere Zeiten (2001), Aufbau Ost (2000), Zügellos! Für eine bessere Zukunft in Niedersachsen (1990), Sturmfest u. Erdverwachsen (1980). M.: seit 1963 IG-Metall, DGB-Bundesaussch., seit 1965 SPD, ab 1993 stellv. AufsR. Vors. VW-Sachsen GmbH, ab 1994 Bombardier Transportation, 1997 EKO-Stahl Eisenhüttenstadt. H.: Segeln.

Duvernell Lutz *)
Duvier Pascal

B.: Gschf., Inh. FN.: ProtectSecurity Sicherheitsdienste. DA.: 69117 Heidelberg, Hauptstraße 35. protectsecur@aol.com. G.: Mannheim, 22. Feb. 1973. El.: Dieter u. Barbe. S.: 1981-89 Dt. Schule Marbelle u. Privatschule San José/Spanien, 1992 Abitur Mattersburg/A, 1992-93 Stud. techn. Physik TU Wien, 1997 Stud. Math. Univ. Heidelberg, 2000-2001 Weiterbild. Werkschutzfachkraft VSW/IHK. K.: 1992-93 Programmierer u. glz. Kinder-Judotrainer u. Vers.-Vertreter, 1994-95 stellv. Abt.-Ltr. d. Kaufhalle AG in Heidelberg, 1995-96 Wehrdienst u. Ausbild. Sicherheitssoldat, Personenschutz u. militär. Kraftfahrer, 1996-99 selbst. im Im- u. Export, 1996 Grdg. d. Detektei u. Sicherheitsdienstes, 1999 Umbenennung in ProtectSecurity f. VIP-, Objekt- u. Veranstaltungsschutz u.a. f. Joschka Fischer, Kai Pflaume, Donna Versace u. Formel 1 am Hockenheimring, Sicherheitsberatung, Sicherheitstechnik u. Schulungen. P.: div. regionale Presseberichte. E.: Ausz. in intern. Schulwettbewerben: 1990 2. Pl. d. Math.-Olympiade, 1993 3. Pl. u. 1990 6. Pl. bei d. Chemie-Olympiade; 1992 Schwarzer Gürtel in Judo, 1993 3. Pl. d. ÖJM b. 78 kg, 1998 Süddt. Meister b. 90 kg, 2000 5. Pl. d. DM u. Süddt. Meister. H.: Beruf, Sport, Autos, Wissenschaft, Astronomie.

Duvigneau Hans-Jörg Dipl.-Ing. *)
Duwe Dieter-Rolf *)
Duwederi Nouri Dipl.-Ing.
B.: Dipl.-Ing. f. Elektrotechnik, Inh. FN.: HD Computertechnikvertriebs Quantum GmbH. DA.: 10967 Berlin, Hasenheide 9. G.: Aleppo/Syrien, 5. Juni 1964. V.: Ronda Douaidari. S.:

---
*) Biographie www.whoiswho-verlag.ch oder beigefügte CD-ROM

1983-87 Stud. Elektrotechnik Hannover, Dipl.-Ing. K.: seit 1986 selbst. in d. Computerbranche, zunächst Entwicklung und Vertrieb für Atari u. Commodore, 1988 Grdg. HD zusammen m. G. Hadesch, 1989 Eröff. d. 1. Geschäftes in Berlin-Wedding, 1992-97 Filiale in Spandau, 1994 Beginn d. deutschlandweiten Versandgeschäftes, seit 1996 Internethdl, 2000 Ausbau d. Dienstleistungsbereichs: Abhol- u. Lieferservice. H.: Sport, Essen.

Düwel Klaus Dr. Prof.
B.: HS-Lehrer, Prof. f. dt. Phil. FN.: Seminar f. dt. Philol. DA.: 37073 Göttingen, Käte-Hamburger-Weg. PA.: 37085 Göttingen, Am Sölenborn 18. G.: Hannover, 10. Dez. 1935. V.: Christel. Ki.: 3 Kinder. S.: 1956 Abitur, Stud. Germanistik u. Geschichte in Göttingen, Tübingen, Wien. K.: 1962 wiss. Ass., 1965 Prom., 1972 Habil., 1974 apl. Prof., 1978 Prof. P.: Runenkunde (1968, 2/83, 3/01), Werkbezeichn. der mittelhochdeutschen Erzählliteratur (1983), Das Opferfest von Lade (1985), Epochen d. dt. Lyrik, Bd. 3. (1978, 2/01), Reinhart Fuchs (1984), Runische Schriftkultur (1994), Runeninschriften als Quellen interdisziplinärer Forschung (1998), Von Thorsberg nach Schleswig (2001). M.: Mtgl. d. kgl. norweg. Wiss.Ges., Norweg. Wiss.- Akad., Gustav Adolfs Akad., Österr. Akad. d. Wiss.

Duwner Gerd
B.: Schauspieler. PA.: 10825 Berlin, Freiherr-v.-Stein-Str. 3a. G.: Berlin, 15. Nov. 1925. V.: Ursula, geb. Krug. Ki.: Andrea (1958). S.: Grundschule, Soldat, während Fronturlaub Schauspielprüf. K.: seit 1945 Schauspieler, 1947-48 Stralsund Theater, ab 1949 Theater- u. Filmrollen, 1958-60 12 Operetten, ab 1960 Hansa Theater, Theater am Kurfürstendamm, Komödie, Hebbel Theater, Theater d. Westens, 1969 Film "Ein Käfer geht auf´s Ganze", seit 1950 b. allen dt. Hörfunksendern, Abt. Unterhaltung, Hörspiele u. Sprecher, TV-Serien: "Direktion City", "Ein verrücktes Paar", "Lach mal wieder", "Sylter Geschichten". E.: 1987 BVK am Bande, 1992 Gold. Wilhelm Busch-Med. H.: Bierkrüge, Kreuzworträtsel.

Dux Eckart
B.: Schauspieler. DA.: 38524 Sassenburg, Försterweg 20. G.: Berlin, 19. Dez. 1926. V.: Marlies. Ki.: Moritz. S.: Abitur, Schauspielschule. K.: zahlr. Theaterengagements u.a. in Berlin u. Hamburg, Rollen in Hörspielen u. Filmen, auf d. Bildschirm u.a. in "Leben wie d. Fürsten", "Tatort", "Sonderdezernat K1", "Der Millionen-Coup". H.: Malerei, Uhren, Musik.

Düx Heinz Dr. iur. *)

Düx Heinz Dr. *)

Dvorak Libuse *)

Dwars Regina *)

Dwenger Thomas
B.: Goldschmiedemeister, Gschf. Ges. FN.: Juwelier Dwenger GmbH. DA.: 21029 Hamburg, Sachsentor 52. G.: Hamburg, 23. Juni 1957. V.: Gisela, geb. Verständig. Ki.: Christoph

(1986), Nicolas (1990). El.: Hartmut u. Ingeborg, geb. Suck. S.: 1974 Mittlere Reife Hamburg, 1974-77 Ausbild. z. Goldschmied im elterl. Betrieb, 1977-79 Bundeswehr Itzehoe. K.: 1979-80 versch. Praktika in Pforzheim, Idar Oberstein u. Schwäbisch Gmünd, 1980 Goldschmied im elterl. Betrieb, parallel b. 1982 Meisterschule Hamburg, 1987 Übernahme d. elterl. Betriebes, 1995 Umwandlung d. Firma in eine GmbH. H.: klass. Motorräder sammeln, Segeln.

Dwornitzak Clemens Dipl.-Ing. *)

Dworzanski Johann Ing. *)

Dybek Josef Hans Joachim DDr.-Ing. Dipl.-Ing. *)

Dybowski Georg Ing. *)

Dybowski Michael
B.: Polizeipräs. Da.: 40219 Düsseldorf, Jürgenspl. 5-7. G.: Berlin, 16. März 1941. El.: Helmut u. Elisabeth. S.: 1960 Abitur, 1960-66 Stud. Rechtswiss. Berlin u. München, 1967 1. jur. Staatsprüf., 1967-70 Referendar Berlin u. Krefeld, 1970 2. jur. Staatsprüf. K.: 1971-73 Reg.-Assessor b. Reg.-Präs. Düsseldorf, 1972-74 Dezernent Kommunal- u. Sparkassenaufsicht, 1974 Reg.-Rat, 1974-75 Dezernent Personal- u. Organisationsangelegenheiten, 1975 Oberreg.-Rat, 1975-81 jur. Hauptdezernent Wasser, Abfallwirtschaft, 1977 Reg.-Dir., 1981-86 ständiger Vertreter d. Polizeipräs. Düsseldorf, Leiter d. Verwaltungs-Abt., 1982 Ltd.Reg.-Dir., 1986-88 stellv. Dir. d. Landesamt f. Besoldung u. Versorgung NRW, Leiter d. Zentral-Abt., 1987 Abt.-Dir., 1988-2000 Polizeipräs. in Essen, Nov. 1990 m. d. Wahrnehmung d. Polizeiaufgaben im Land Brandenburg beauftragt, seit 2000 Polizeipräs. in Düsseldorf. P.: Beiträge über Polizeigeschichte. M.: seit 1984 Intern. Police Association, seit 1986 Mtgl. u. Vorst.-Mtgl. Ges. f. christl.-jüd. Zusammenarb. Düsseldorf, 1989-2000 1. Vors. Polizeisportver. Essen, seit 1989 Heimatver. Düsseldorfer Jonges, seit 1989 Dt. Ges. f. Polizeigesch., seit 1993 AG d. Polizeipräs. BRD, seit 1996 Vorst.-Mtgl. d. Trägerver. d. Franz Sales Haus Essen. H.: Belletristik, Kunst, Architektur, Geschichte, Familiengeschichte. (Re)

Dyck Carsten Cornelius
B.: Student. G.: Eutin, 12. Feb. 1977. El.: Klaus Eckehard u. Trude Helene, geb. Thiel. S.: 1996 Abitur, 1996-97 Wehrdienst, seit 1977 Stud. Bauing.-Wesen FHS Lübeck. K.: Marketing u. Betreuung v. Gästen in d. elterl. Pension Thiel; ehrenamtl. Funktionen: seit 1995 Mtgl. d. Jungen Union, seit 1996 Ortsvors. d. Jungen Union Bad Schwartau, seit 1996 Mtgl. d. CDU, seit 1997 Mtgl. d. gemeinl. Bürgervereins Bad Schwartau, seit 1997 Anprechpartner d. RCDS d. FH Lübeck, seit 1998 Stadtverordneter in Bad Schwartau, 1998-99 stellv. Vors. d. Konsistoriums u. Mtgl. d. Studentenparlaments d. FH Lübeck, seit 1999 stellv. Vors. d. CDU Bad Schwartau, seit 2000 Kreisgeschf. d. Jungen Union Ostholstein, seit 2001 Mtgl. d. VOJA. M.: seit 1999 Akkordeon-Orchester "Tanzende Finger" in Bad Schwartau, 1993-98 Theater Fidelio, 1999 Volkskönig d. Schützengilde Bad Schwartau, Schützengilde. H.: Akkordeonmusik, Brett- u. Rollenspiele.

Dyck Hans-Jürgen *)

*) Biographie www.whoiswho-verlag.ch oder beigefügte CD-ROM

Dycke Frank *)

Dyckerhoff Ute Inge Else *)

Dyckerhoff-Koriller Kristina *)

Dyckhoff Bernd Dr. med.

B.: FA f. Allg.-Med. u. Trainer. FN.: Metakom Inst. f. Metakommunikation; Ak. f. Mentale Med. DA.: 53111 Bonn, Adenauerallee 11. bernd.dyckhoff@visionen.de. www.visionen.de. G.: Sieg, 1. Apr. 1937. V.: Christa, geb. Schüler. Ki.: Boris (1954), Katja (1966). El.: Dr. med. Bernd u. Johanna, geb. Simoens. S.: 1957 Abitur Siegburg, 1957-59 Stud. Physik, Math. u. Humanmed. Univ. Bonn, 1959-61 Stud. Humanmed. u. Psych. FU Berlin, 1961-64 Stud. Humanmed. u. Psych. Univ. Bonn u. Köln, 1965 Med. Statsexamen. K.: 1967 Bestallung als Arzt, 1968 wiss. Ass. an d. Med. Univ.-Klinik Bonn, 1968 Ndlg. als prakt. Arzt in Witterschlick, 1987 Anerkennung als Arzt f. Allg.-Med., seit 1989 Lehrbeauftragter f. Allg.-Med. an d. Univ. Bonn, seither regelmäßige Vorlesungen an d. Univ., Durchführung v. wiss. Arb. in d. Praxis, seit 1993 Gemeinschaftspraxis m. Frau Dr. med. Hickey, 1995 Praxisaufgabe u. Grdg. v. Metakom Inst. f. Metakommunikation, 1996 Grdg. d. Ak. f. Mentale Med. P.: zahlr. Veröff. in Rundfunk, Fernsehen, Presse, Vorträge an VHS u. anderen öff. Einrichtungen, seit vielen J. Durchführung v. Seminaren u. Trainings m. d. Themen: EDV, Preismarketing, Kommunikation, Psychotherapie, Mentale Med., gesunde Lebensführung u. Sport. H.: Klavier, Schreiben.

Dyk Steffen

B.: Zerspanungsfacharb., Inh. FN.: Travel Star u. Reisebüro Dyk. DA.: 10367 Berlin, Möllendorffstr. 117. PA.: 10409 Berlin, Einsteinstr. 24. travelstar@sireconnect.de. www.travelstar-reisebuero.de. G.: Ebersbach/Sachsen, 1. Mai 1965. El.: Dieter u. Annelies, geb. Borsa. S.: 1981-84 Lehre als Zerspanungsfacharb. m. Abitur, 1984-87 NVA, 1984-92 Stud. Außenwirtschaft an d. HS f. Ökonomie Berlin-Karlshorst, Abschluß Dipl.-Ökonom, während des Stud. bereits Vertrieb von Ferienwohnrechten d. Firma Mc. Holidays. K.: ab 1992 Beginn d. Reisebürotätigkeit, zuerst Mc. Holiday, Reisen in d. tschech. Rep., 1995 Wechsel an d. aktuellen Standort, gleichzeitig Grdg. d. Filiale Reisebüro Dyk, 2000 Reisebürokooperation m. einem Büro m. d. Firma Travel Star unter Beibehaltung d. Eigenständigkeit, Spezialgebiet Tschechien u. Last-Minute-Reisen. H.: Reisen, Sport (Badminton), Wandern, Skifahren.

Dykes Stuart BA (Hons.) *)

Dykiert Ulrich Dipl.-Ing. *)

Dylla Ernst W. *)

Dymke Christel
B.: RA. DA.: 45770 Marl, Höchster Str. 2. rain@christel-dymke.de. www.christel-dymke.de. G.: Recklinghausen, 13. Aug. 1956. El.: Erich u. Edith Dymke. S.: Abitur, Stud. Rechtswiss. Kiel, 1982 1. Staatsexamen. K.: Referendariat am LG Bochum, 2. Staatsexamen, b. 1994 RA in versch. Kzln., seit 1994 selbst. Kzl. m. Schwerpunkt Fam.-Recht. BL.: Aufbau d. Flüchtlingsberatung im ev. Kirchenkreis Recklinghausen, Aufbau d. Frauenberatungsstelle in Recklinghausen. M.: seit 1989 StadR. Recklinghausen f. Bündnis 90/Die Grünen, Frauenberatungsstelle e.V. Recklinghausen, Dt. Anw.-Ver. H.: soziales Engagement, Reisen, Segeln.

Dyroff Roland
B.: Dipl.-Math., AufsR. FN.: SuSE Linux AG - The Linux Experts. DA.: 90443 Nürnberg, Schanzaeckerstr. 10. roland-dyroff@suse.de. www.suse.de. G.: Weißenburg, 7. Nov. 1966. S.: 1985 Abitur, Zivildienst, Stud. Math. Friedrich-Alexander-Univ. Erlangen-Nürnberg, 1994 Abschluß Dipl.-Math. K.: 1991-93 Softwareentwickler f. d. Firmen Basys u. Astrum Erlangen, 1992 Mitgründer d. SUSE GmbH Nürnberg-Linux-Spezialist, b. 2001 Vorst.-Vors., s. 11/2001 AufsR. BL.: AufsR. d. Firma INTRADAT AG Frankfurt. F.: seit 1997 Oakland/Cal. USA, weitere Ndlg. GB, F, I, CZ, Venezuela. H.: Wandern, Skifahren, Reisen. (Re)

Dyserinck Hugo Dr. phil. Prof. *)

Dystra Heinz
B.: Dir. FN.: Evangelische Kirche. DA.: 13465 Berlin, Bendiktinerg. 11-17. PA.: 13465 Berlin, Am Rosenanger 66. G.: Nordhorn, 9. Sep. 1950. V.: Helga. Ki.: Imke-Kristin (1980), Jan Lennart (1984). El.: Theodor u. Anny. S.: 1969 Abitur, 1969-74 Stud. Germanistik u. Geschichte, ab 1971 Pädagogik f. Lehramt, 1. Staatsprüfung, 1977 2. Staatsprüfung. K.: 1974-75 Volontariat b. d. neuen Hannoverschen Zeitung, 1975-77 Referendariat, 1977 Lehrer in Berlin an d. G.-Heinemann-Oberschule, Jahrgangsleiter, 1983 stellv. Schulleiter, 1987 Schulleiter u. Oberstudiendir. d. Ev. Schule Berlin-Frohnau. P.: versch. Artikel über Schüleraustausch, Selbstverständnis ev. Schulen u.a. in Fachzeitschriften, Jahrbücher über d. Jeweilige Schulen. E.: Vorst. d. Ev. Schulbundes Nord, Mtgl. d. Kreissynode Berlin-Reinickendorf (1990-2000), Gründungsmtgl. d. Ev. Schule Neuruppin. M.: Ev. Kirche, versch. Förderkreise u. Initiativen. H.: Archäologie, Golf.

Dzembritzki Detlef
B.: MdB. DA.: 11011 Berlin, Platz d. Republik 1. G.: Berlin, 23. März 1943. V.: Katrin, geb. Mohr. Ki.: Aleksander (1968), Nikola (1973). El.: Hans u. Hertha, geb. Kohl. S.: 1959 Mittlere Reife, 1959-60 Kfm. Praktikum, 1960-62 Erzieherausbild. K.: 1963-66 Ref. f. polit. Bild. b. Bund dt. Pfadfinder, 1966-72 Bundessekr. d. Bundes dt. Pfadfinder, 1972-75 persönl. Mitarb. b. Staatssekr. f. Familie u. Sport, 1971-75 Bez.-Verordneter Reinickendorf d. SPD, 1975-81 Bez.-StadtR. f. Volksbild. in Reinickendorf, 1981-89 Bez.-StadtR. f. Jugend u. Sport, 1989-95 Bez.-Bgm. Berlin-Reinickendorf, seit 1994 Landesvors. d. SPD Berlin, s. 1998 MdB. E.: Franz. VO, Orden d. russ.-orthodoxen Kirche d. hl. Fürsten Daniel v. Moskau. M.: SPD, ÖTV, Arbeitersamariterbund, Vors. d. Förderkreises Kultur u. Bild. Reinickendorf. H.: Wandern, Joggen, Theater, Konzerte. (Re)

Dzewas Dieter
B.: Verw.-Ang., MdB. FN.: Dt. Bundestag. DA.: 11011 Berlin, Platz d. Republik 1. G.: Lüdenscheid, 1955. Ki.: 2 Kinder. K.: Maurer, Dipl.-Sozialarb., stellv. Sozialamtsltr. in Plettenberg, 1984 Eintritt in d. SPD, Mitarb. im Vorst. d. Ortsverb. Honsel/Worth auch als Vors., Mitarb. im SPD-Stadtverb.-Vorst. Lüdenscheid, 1984 Mtgl. im Jugendwohlfahrtausssch. d. Stadt Lüdenscheid f. d. Jugend u. Dt. Gewerkschaftsbundes,

---
*) Biographie www.whoiswho-verlag.ch oder beigefügte CD-ROM

Dzewas

1986-89 sachkundiger Bürger f. d. SPD-Fraktion im Schulaussch., 1989 Direktwahl in d. Rat d. Stadt Lüdenscheid, seit 1989 Zugehörigkeit z. Fraktionsvorst. d. SPD-Fraktion d. Rates d. Stadt u. z. VerwR. d. Sparkasse Lüdenscheid, 1994 Direktwahl in d. Rat, in d. SPD ferner aktiv in d. Arge f. Arbeitnehmerfragen, im Unterbez.-Vorst. u. im Bez.-Aussch. d. Bez. Westl. Westfalen, seit 1998 MdB. M.: Awo, Bürgerschützenver. Lüdenscheid, Bürgerver. Lenneteich, SGV Lüdenscheid u. Naturfreunde, IG Metall, IG Bau-Steine-Erden, ÖTV. (Re)

Dziabas Hans-Jürgen

B.: Betriebsltr., komm. Gschf. FN.: Arbeiter-Samariter-Bund Ortsverb. Kassel. DA.: 34117 Kassel, Erzbergerstr. 18. G.: Kassel, 9. Aug. 1952. V.: Christina, geb. Traute. Ki.: Denise (1974), Cedric (1988). El.: Günter u. Martha. S.: 1969 Mittlere Reife, 1969-72 Ausbild. z. Großhdls.-Kfm., 1972-73 Bundeswehr. K.: 1973-75 Discjockey, 1975-77 Gschf. Sexboutique, 1977-78 Außendienst f. Tonträger, 1978 Aufbaukurs z. Bürokfm., seit 1978 ASB Fahrdienst f. Behinderte, Ausbildereigenungsschein, Rettungssanitäter, Wachdienstltr., Fachdienstltg., Katastrophenschutz, 2 J. Leitstellendisponent, seit 1988 in ltd. Positionen in d. Verw. H.: Fußball, Musik.

Dziadzic Michael Dipl.-Kfm. *)

Dziallas Karl Heinz

B.: Gschf. Ges. FN.: Dziallas Reifen GmbH. DA.: 28296 Bremen, Theodor-Barth-Str. 29. G.: Bremen, 2. Okt. 1936. V.: Lieselotte, geb. Burhorn. Ki.: Andrea (1965), Stephanie (1967), Katja (1971). El.: Friedrich u. Elisabeth, geb. Schmidt. S.: 1952-55 Lehre Sped.-Kfm. K.: b. 1960 Sped.-Kfm. in Bremen, 1960-63 Ang. in verschiedenen Firmen in Australien, 1963-77 kfm. Ang., Prok. f. Import u. Export einer Reifenfirma in Bremen, seit 1978 selbständig m. Grdg. d. Firma Dziallas Reifen GmbH m. Schwerpunkt Reifenfachgroßhdl. f. LKW. H.: Handball, Tennis, Reisen, Musik.

Dziallas Wilfried

B.: Reg., Schauspieler. FN.: Ohnsorg Theater Hamburg. DA.: 20354 Hamburg, Große Bleichen 25. PA.: 22047 Hamburg, Narzissenweg 7. G.: Hamburg, 8. Mai 1944. Ki.: Claudia (1972), Britta (1976). El.: Karl-Otto u. Gertrud, geb. Kanitz. S.: 1962 Abitur Hamburg, 1962-65 Lehre als Groß- u. Außenhdls.-Kfm. in Hamburg, 1965-69 Übersiedlung in d. USA - Stud. Schauspielausbild., 1969-70 Schauspielschule Hamburg. K.: 1970-76 Exportltr. einer Hamburger Firma, 1976-79 Stud. Mannheim, Abschluß Dipl.-Verw.-Wirt, 1979-86 Berufsberater b. Arbeitsamt Hamburg, parallel dazu Grdg. d. eigenen Theaterprod. Die Maske, 1986 Gastreg. b. Ohnsorg Theater, ab 1987 feste Anstellung b. Ohnsorg Theater, ab 1988 OSpielltr., 1989 1. Film "Sturzflug", ab 1995 b. "Girlfrieds", 1993 b. "Die Bombe tickt". P.: Drehbuch z. Reihe "Tatort", div. Hörspiele f. NDR u. RB, "Großwildjagd", Verfassung v. Theaterstücken, "Kleine Leute - Große Gauner". E.: Inter Mountain States f. d. beste Nebenrolle. H.: Beruf.

Dzidzonou Victor Dr.

B.: Dipl.-Phys., Politiker. FN.: Forum Nord-Süd-Klima e.V.; Bü 90/Die Grünen Landesverb. Berlin. DA.: 10555 Berlin, Essener Str. 24. G.: Palimé/Togo, 30. Sep. 1942. V.: Ursula, geb. Klaudat. Ki.: Roman (1981), Vanessa (1987). S.: Moses u. Vizenzia, geb. Ataley. S.: Maurerlehre in Togo, 1972-74 Textiltechnikerausbild., 1974-77 Abitur Berlin, 1977-83 Stud. Geophysik u. Physik FU u. TU Berlin, Dipl.. priv. Schauspielausbild., 1994 Prom. K.: 1968-72 versch. Tätigkeiten, 1974-75 Textiltechniker, 1983-94 wiss. Mitarb. TU u. Max-Planck-Ges., seit 1994 b. Bündnis 90/Die Grünen, Umwelt u. Energie, 1995 Deleg. Netzwerk Klimagipfel, 1995 Grdg. Forum Nord-Süd-Klima e.V., seit Juli 2001 Mitarbeiter d. Fraktion Bündnis 90/Die Grünen im Bundestag, Arbeitsschwerpunkte in d. Arbeitskreisen u. Arbeitsgruppen sind: Außenpolitik, Abrüstung u. Frieden sowie Nord-Süd. P.: zahlr. Veröff. auf d. Gebiet d. Atomphysik, Umweltart. u. -aufsätze in Fachzeitschriften. M.: DGP. H.: Schauspielen.

Dzielnitzki Wolfgang

B.: Gastronom. FN.: Ratskeller. DA.: 32105 Bad Salzuflen, Am Markt 26. G.: Bochum, 8. Juni 1961. V.: Petra, geb. Jungclaus. El.: Manfred u. Waltraud. S.: 1976-79 Ausbild. u. Abschluß z. Fleischereifachmann, 1979-82 Ausbild. u. Abschluß z. Koch. K.: 1982-89 Tätigkeit in renomierten Häusern in Bonn u. Köln, 1989-91 Gschf. Restaurant Löhne, 1991 Pachtung Ratskeller Bad Salzuflen. H.: Beruf, Reisen.

Dziergwa Ulrich *)

Dzik Roxana Dr. med. *)

Dziomba Annegret

B.: Floristin, Inh. FN.: Blumen und Pflanzen, Gartencenter Annegret Dziomba. DA.: 23570 Lübeck Travemünde, Kurgartenstr. 71. G.: Lübeck-Travemünde, 14. März 1949. V.: Manfred Dziomba. Ki.: Anja (1969), Arne (1973). S.: 1964-67 Ausbild. z. Floristin b. Herta Thomsen in Travemünde. K.: 1967-68 Floristin in Travemünde, 1968-74 Tätigkeit im Ausbild.-Betrieb, 1974 Übernahme des Blumengeschäftes Thomsen, Schwerpunkte: Trauerfloristik u. Belieferung d. Maritim-Hotels Travemünde, natürl. Floristik. M.: Fachverb. Fleurop, Handwerkergemeinschaft Travemünde. H.: individuelles Gestalten d. Gartens.

Dziubek Heinrich Dr. med. dent. *)

Dzösch Rainer

B.: Gschf. FN.: dsp media GmbH. DA.: 90491 Nürnberg, Dr.-Carlo-Schmid-Str. 170. dspmedia@compuserve.com. G.: Quedlinburg, 7. Sep. 1945. V.: Britta, geb. Semmler. Ki.: Daniela (1980), Niklas (1982). El.: Wilhelm u. Maria. S.: 1966 Abitur Goch, 1968-76 Stud. Polit. Wiss. an d. LMU

---

*) Biographie www.whoiswho-verlag.ch oder beigefügte CD-ROM

München, 1976 Mag. K.: 1976-79 Redakteur "Die Welt" in Bonn, 1979-82 Redakteur Bayerischer Rundfunk München, 1982-87 Leiter d. Presseabt. erst b. PUMA dann b. ADIDAS in Herzogenaurach, 1987-89 in einer Kommunikationsagentur in Solingen u. im Bereich Sportmarketing in Hamburg, seit 1989 selbst., Grdg. d. AMC Agentur f. Sport- u. Kulturmarketing GmbH in Nürnberg, 1999 Grdg. d. dsp media GmbH Nürnberg u. d. htv productions/Film- u. Fernsehproduktionen GmbH in Garmisch Partenkirchen. M.: Golf Club Lichtenau-Weikersdorf, DPRG Dt. Public Relations Ges., VDS Verb. dt. Sportjournalisten. H.: Lesen, Schreiben, Golf, Gourmet, Kochen.

Dzubba Stefan Alexander Jaques Julian *)

Ebben Heinz A. Dr. iur. *)

Ebbert Werner

B.: RA in eigener Kzl. DA.: 59759 Arnsberg, Arnsberger Str. 77. PA: 59759 Arnsberg, Spreiberg 13. werner.ebbert @t-online.de. G.: Arnsberg, 29. Nov. 1957. V.: Zorica, geb. Velovska. Ki.: Dominique (1985). El.: Franz-Josef u. Lucie. S.: 1977 Abitur, 1977-79 Stud. Kath. Theol. u. Sozialwiss. Aachen u. WWU Münster, 1979-80 Bundeswehr, 1981-86 Stud. Rechtswiss. WWU Münster, 1. Staatsexamen, 1986-89 Referendariat Arnsberg u. Stud. HS f. Verwaltungswiss. Speyer, 2. Staatsexamen. K.: 1989-91 RA f. d. Mieterverein in Hagen, seit 1991 RA in Arnsberg m. Tätigkeitsschwerpunkt Computer-, Arbeits- u. Mietrecht;, 1992 tätig im Amt zur Regelung offener Vermögensfragen in Naumburg, Funktionen: seit 1994 Syndikus d. Firma UNI Electronic GmbH in Dortmund u. Ltr. d. Rechtsabteilung m. Tätigkeitsschwerpunkt EDV- u. Arbeitsrecht. P.: bundesweite Seminare z. d. Themen: Beitragungen v. Forderungen, Gerichtliches Verfahren u. Zwangsvollstreckung einschl. Insolvenzrecht (seit 2001). M.: Rechtsanwaltskammer, DAV, Pfarrgemeinderat, SV Hülsen 09, div. örtl. Vereine. H.: Tennis, Reisen.

Ebbinghaus Marco *)

Ebbrecht Günter Dr. theol. Prof.

B.: Pfarrer d. Ev. Kirche v. Westfalen, Ltr. d. Ev. Ak. u. d. Inst. f. Kirche u. Gesellschaft d. Evang. Kirche v. Westfalen. DA.: 58638 Iserlohn, Berliner Pl. 12. PA.: 58638 Iserlohn, Ortlohnstr. 11. G.: Gera, 23. Sept. 1943. V.: Helene, geb. Grote. Ki.: Tobias, Sebastian. El.: Emil u. Agnes. S.: Naturwiss. Gymn. Wuppertal-Eberfeld, 1963-69 Stud. Theol. in Göttingen u. Heidelberg, 1969 1. u. 1972 2. Theol. Examen, Prom. K.: bis 1971 Ass. an d. Kirchl. HS Bethel, Vikar in Heidelberg, 1974-85 FH-Lehrer-Prof. an d. Ev. FH Rheinland-Westfalen-Lippe, ab 1985 Ltr. d. Ev. Ak., ab 1999 Ltr. d. Inst. f. Kirche u. Gesellschaft (IKG), Mtgl. d. Kirchenleitung d.

EKuW. P.: div. kleine Aufsätze in versch. Sammelbänden. M.: Berufsverb. u. wiss. Ver. H.: Meditieren, Qi Gong, Tai Chi, Schifahren, Bergwandern.

Ebel Angelika

B.: Bez.-Ltr. FN.: Dt. Proventas AG. DA.: 06618 Naumburg, Poststr. 39. G.: Naumburg, 15. Feb. 1954. Ki.: Jana (1979), Christian (1981). El.: Werner u. Paula Hofmann. S.: 1970 Mittlere Reife Naumburg, 1970-72 Lehre z. Facharb. f. Werkstoffprüf., 1972-75 Stud. Tiefbau Gotha, Dipl.-Ing. K.: 1975-90 Planung u. Baultg. in versch. Baubetrieben, 1992-94 Mitarb. in Planungsgruppe Tiefbau d. REHA-Kliniken Bad Kösen, 1994-97 Gschf. eines Baultg.- u. Planungsbüro, seit 1997 b. o.g. Firma, seit 1998 Bez.-Ltr. Dt. Dt. Proventas AG, ganzheitl. Finanzoptimierung, Finanzierung, Umschuldungen, Vers., Bausparen. H.: Literatur, Theater.

Ebel Frank

B.: Gen.-Sekr. u. Gschf. FN.: Intern. Arbeitskreis f. Musik e.V. DA.: 34131 Kassel, Heinrich-Schütz-Allee 33. iamev@t-online.de. G. Frankfurt/Main, 20. Jan. 1962. V.: Sylvia, geb. Hoffmann. El.: Erich u. Helga, geb. Drescher. S.: 1981 Abitur Frankfurt/Main, 1981-82 Studienkoll., 1982-91 Stud. Musik, Musikpäd. u. Musikwiss., Kunstgeschichte u. Anglistik, Abschluss M.A. K.: 1990-96 Bild.-Referent u. stellv. Ltr. Landesmusikak. NRW, 1996-99 Bild.-Referent Arts u. Science Council Charlotte/North Carolina, USA, seit 1999 Gen.-Sekr. Intern. Arbeitskreis f. Musik e.V. Kassel. M.: Kiwanis International, Ges. f. Musikforsch., IGBE Intern. Ges. z. Erforsch. u. Förd. d. Blasmusikwesens in Graz. H.: Musik.

Ebel Gerhard Dr. *)

Ebel Hans Friedrich Dr. rer. nat. habil. *)

Ebel Hans-Joachim Dipl.-Ing. *)

Ebel Heinz *)

Ebel Heinz Anton *)

Ebel Hermann Dipl.-Kfm. *)

Ebel Jochen

B.: RA. FN.: Rechtsanwälte Ebel & Busshoff. DA.: 50670 Köln, Hansaring 145-147. G.: Stendahl, 10. Okt. 1952. V.: Karin, geb. Walter. Ki.: Elsa Krystyna, Giulio Roberto. El.: Kurt u. Lotte, geb. Sengpiel. BV.: Fritz Pasche Vorst. bei AEG. S.: 1971 Abitur, 1971-73 Ausbildung Bankkaufmann Deutsche Bank AG Köln, 1974-77 Stud. BWL Univ. Köln m. Abschluß Dipl.-Kfm., 1977-86 Stud. Rechtswiss. K.: seit 1986 selbständiger RA m. Tätigkeitsschwerpunkt Verkehrs-, Zivil- und Erbrecht; Funktion: seit 2001 Richter am Anwaltsgericht Köln. M.: Förderkreis Rote Funken, Golfclub Gut Heckenhof, Verwaltungsrat Colonia Haus in Köln. H.: Golf, Tennis.

Ebel Joachim

B.: Amtsleiter. FN.: Kulturamt d. Stadt Kassel. DA.: 34117 Kassel, Obere Königsstr. 8. j.ebel@rathaus.kassel.de. G.: Neukirchen, 16. Jan. 1950. V.: Gabriele Petereit-Ebel. Ki.: Oliver (1971), Katja (1989). El.: Hans u. Margarethe, geb. Bartelmei. S.: 1969 Abitur, 1969-71 Zivildienst, 1971-74

---

*) Biographie www.whoiswho-verlag.ch oder beigefügte CD-ROM

Ebel

Beamtenanwärter gehobener Dienst. K.: seit 1974 tätig bei d. Stadt Kassel u.a. in sd. Abt. Aus- u. Fortbildung, Personal u. Organ. u. persönl. Ref. d. Kulturdezernenten Dr. Wurbs, 1989 stellv. Amtsleiter im Kulturamt u. seit 1992 Amtsleiter. H.: Musik, Sport.

Ebel Julia *)

Ebel Kerstin *)

Ebel Marco *)

Ebel Otto-Gerhard Dipl.-Ing. Prof. *)

Ebel Stephan *)

Ebel Thomas C. *)

Ebel Walter Dipl.-Ing. *)

Ebel Walter Dr. phil. *)

Ebeler Jörg *)

Ebeling Carsten *)

Ebeling Christian *)

Ebeling Dieter *)

Ebeling Frank Dipl.-Designer *)

Ebeling Fritz Herwig Dr. med. *)

Ebeling Hans Dr. phil. habil. Prof. *)

Ebeling Hans Werner
B.: Antiquitätenhändler. FN.: Antik - Import GmbH. DA.: 51427 Bergisch Gladbach, Frankenforsterstr. 2a. G.: Spellen, 27. Juli 1950. V.: Nanique. El.: Manfred u. Ilse. S.: 1967 Abitur, 1967-69 Kfm. Ausbild. im Möbelhaus May, 1969-70 Ausbild. z. Einzelhdls.-Kfm. b. Kaufhof AG im Möbelbereich, 1971-72 Grundwehrdienst Bundeswehr. K.: 1972-78 Anstellung b. Kaufhof AG als Ltr. d. Abt. Antiquitäten u. Gartenmöbel, 1978-91 selbst. Importkfm. f. Antiquitäten hauptsächl. aus England u. Großhdl. f. Kaufhof AG u. Metro, 1991 Import v. Teakhölzern aus Java u. Bali - Indonesien u. Verkauf an Fachhdl. einschließl. Export nach Spanien, Portugal. BL.: Aufbau mehrerer Einzelhdls.-Geschäfte in Bergisch Gladbach, Düren, Köln, Kontrolle u. Organ. d. Fertigung in Indonesien. P.: Berichte in Lokalpresse. M.: Golfclub Klostermannshof Niederkassel. K.: Golf.

Ebeling Joachim Otto *)

Ebeling Karola *)

Ebeling Ralf Michael Dr. rer. pol. Dipl.-Kfm. Prof. *)

Ebeling Ruth *)

Ebeling Welf-Joachim *)

Ebeling Werner Dr. rer. nat. habil. Prof.
B.: Prof. f. Theoret. Physik i. R. FN.: Humboldt-Univ. DA.: 10115 Berlin, Invalidenstr. 110 PA.: 10178 Berlin, Mühlendamm 5. ebeling@physik.hu-berlin.de. G.: Bad Suderode/Harz, 15. Sep. 1936. V.: Barbara, geb. Kürschner. Ki.: Thomas (1963), Dagmar (1964). El.: Otto u. Gisela. S.: 1950-54 Guts-Muths-Oberschule Quedlinburg, 1954-59 Stud. Physik Univ. Rostock, 1959-60 Forschungsstud. Univ. Moskau, 1963 Prom. Dr. rer. nat. Univ. Rostock. K.: 1968 Habil. Univ. Rostock, 1986-90 Dekan d. Math.-Naturwiss. Fak. d. HU Berlin; Studienaufenth. 1978 u. Gastprof. 1992 b. Prigogine/Univ. Libre de Bruxelles; weitere Gastprof.: 1973 Univ. Riga, 1974 Univ. Torun, 1977 Univ. Paris VI, 1978 Brüssel, 1979 Univ. Veracruz, 1986 Minnesota Univ./USA, 1993 Univ. Puebla/Mexiko; Mithrsg. Teubner-Texte f. Physik (Teubner-Verl. Stuttgart-Leipzig), sowie d. Zeitschr. "Chaos, Solitons & Fractals" (Pergamon Press), "Zeitschrift f. physikal. Chemie", "BioSystems", "Journal of Solution Chemistry", "Journal of Non-Equilibrium Thermodynamics". BL.: Entwickl. e. statist. Theorie v. Elektrolyten u. Quantenplasmen m. Einschluß v. Bindungszuständen; Ausarb. v. Prinzipien d. Selbstorganisation u. Evolution aus physikal. Sicht. P.: rd. 300 Beiträge in wiss. Zeitschr., 20 Bücher, darunter: "Theory of Bound States" (Berlin 1976, russ.: Moskau 1989), "Physik d. Selbstorganisation u. Evolution" (Berlin 1982), Chaos, Ordnung u. Information" (Leipzig, Jena, Berlin 1989 u. Frankf./M. 1989), "Chaos u. Kosmos" (gem. m. R. Feistel, 1994), "Komplexe Strukturen: Entropie u. Inforamtion" (gem. m. F. Freund, F. Schweitzer, Stuttgart 1998). E.: 1974 Forsch.-Preis Univ. Rostock, 1977 Leibniz-Med., 1978 Nationalpreis, 1982 Humboldt-Med., 1986 Haeckel-Med., 1995 Onsager-Med. d. Univ. Trondheim, 1998 Humboldt-Mutis-Preis (Spanien), 2001 Prof. h.c Univ. Saratov (Rußland). M.: Physikal. Ges., Bunsen-Ges., Leibniz-Societät. H.: Garten, Pflege eines hundertjährigen Fischerhauses.

Ebeling Werner *)

Ebeling Wolfgang Prof. Dr. sc. jur. *)

Ebeling-Altenpohl Nora

B.: selbst. Kauffrau. FN.: musica Schallplattenversand. DA.: 79112 Freiburg-Opfingen, Hugstmatteweg 3. musica_schallplatten@t-online.de. www.musica-schallplatten.de. G.: Dresden, 15. Aug. 1944. V.: Rolf Peter Altenpohl. Ki.: Philippe. S.: Flucht nach Westberlin in d. 50iger J. K.: Versand u. Buchantiquariat Wasenweiler, heute CD-Versand weltweit. H.: Garten, Musik, Kochen, Airdaleterrier "Leonard Bernstein (Lenny)".

Ebell Wolfram Dr. med. Priv.-Doz.

B.: OA in d. Klinik f. Allg. Pädiatrie, Ltr. d. Pädiatr. Knochenmarktransplantationseinrichtung. FN.: Charité d. Humboldt-Univ., Campus Virchow Klinikum, Kliniken u. Polikliniken f. Kinderheilkunde u. Kinderchir., Klinik f. Allg. Pädiatrie, Knochenmarktransplantation. GT.: Beratertätigkeit in zahlr. Aussch. DA.: 13353 Berlin, Augustenburgerpl. 1. G.: Höxter, 28. April 1951. Ki.: Julia (1982). El.: Hubert u. Hildegard, geb. Korte. S.: 1969 Abitur, 1969-75 Med.-Stud. Univ. Göttingen,

*) Biographie www.whoiswho-verlag.ch oder beigefügte CD-ROM

Wien u. Kiel, 1975 Staatsexamen, 1976 Approb., 1977 Prom., 1977-78 Wehrpflicht. K.: 1978-81 FA-Ausbild. Univ.-Kinderklinik Düsseldorf, 1981-82 Forsch.-Tätigkeit in d. USA, 1983 FA f. Kinderheilkunde, 1984-88 wiss. Ass. Univ.-Kinderklinik Ulm, 1988-96 OA an d. Abt. f. Pädiatr. Hämatologie u. Onkologie Med. HS Hannover, seit 1996 OA u. Ltr. d. Pädiatr. Knochenmarktransplantationseinrichtung Charité d. Humboldt-Univ. zu Berlin, Campus Virchow Klinikum, Kliniken u. Polikliniken f. Kinderheilkunde u. Kinderchir., Klinik f. Allg. Pädiatrie, 1998 Habil. P.: Depletion of stromal cell elements in human marrow grafts separated by soybean agglutinin (1985), Therapeutic aspects of Fancoin anemia (1989), Chemotherapy versus bone marrow transplantatin in childhood acute lymphoblastic leukaemia (1992), Autologous bone-marrow transplants compared with chemotherapy for children with acute lympoblastic leukaemia in a second remission (1995), Evidence for at least 8 Fanconi anemia genes (1998). M.: Dt. Ges. f. Kinderheilkunde, DGHO, GPOH, API, DTG, DAG-KBT, EBMT, SIOP, AAAS, ESID, EUFAR, EWOG, Memorial Hospital Alumni Society New York. H.: Segeln, Tennis, Politik.

Ebelt Evelin *)

Ebelt Horst Dr. med. *)

Ebenau Bettina *)

Ebener Dietrich Dr. Prof.
B.: Prof. i. R. PA.: 14558 Bergholz-Rehbrücke, Alice-Bloch-Str. 3. G.: Berlin, 14. Feb. 1920. V.: Johanna, geb. Knaack. Ki.: Bernd (1958), Gisa (1960). El.: Georg u. Johanna, geb. Grimm. S.: 1938 Abitur Cottbus, 1938-46 Abt.-Dienst, Wehrdienst, russ. u. engl. Gefangenschaft u. Erlernen v. Russ., Latein u. Griech. K.: 1946-51 Lehrer f. Griech., Latein u. Russ. u. Stud. an d. Humboldt-Univ. in Berlin, 1952-57 wiss. Mitarb. an d. MLU in Halle, 1954 Prom., 1956 Habil., 1957-67 Prof. f. klass. Philol. an d. Univ. Greifswald, seit 1967 freischaff. Autor u. Übersetzer alter Sprachen. P.: wiss. Werke, Übersetzungen in Griech.-Dt., Latein-Dt., populäre Werke wie: Euripides, Homer, Aischylos, Sophokles u.v.m., Romane: "Kreuzweg Kalkutta". S.: 1981 Goldmed. Johannes R. Becher, 1989 Goldmed. d. Instituto di cultura della Accademia Italia, 1989 Prof. h. c. d. Intern. Univ. of Humanistic Studies in Florida, 1996 Ehrengabe d. Brandenburg. Literaturpreis. M.: wiss. Rat d. DDR, wiss. BeiR. d. Univ. f. klass. Philol. H.: Radfahren, Wandern, Schwimmen, Gartenarbeit.

Ebener Wolf *)

Ebenthal Karl-Heinz

B.: vereid. Buchprüfer und Steuerberater. FN.: Sozietät Karl-Heinz Ebenthal, Volker Schmidt vereid. Buchprüfer u. Steuerberater. DA.: 27793 Wildeshausen, Bahnhofstr. 6. G.: Wildeshausen, 1. März 1952. V.: Rita, geb. Buczilowski. Ki.: Sebastian (1980), Niclas (1983). El.: Karl u. Felicitas, geb. Wessels. S.: 2 J. Handelsschule Wildeshausen, 1970-73 Ausbild. Gehilfe f. wirtschafts- u. steuerberatende Berufe. K.: 1973 Stuefachgehilfe in Wildeshausen,m 1973-78 tätig in versch. Steuerbüros in Delmenhorst, 1978 Bestellung z. Steuerbev., 1978-80 Steuerbev. in Delmenhorst, seit 1980 selbst. in Wildeshausen u. 1981 Grdg. d. Sozietät, 1985 Bestellung z. Steuerberater u. 1990 z. vereid. Buchprüfer; Funktionen: 1979-80 Lehrer f. wirtschafts- u. steuerberatende Berufe f. d. Ortsverb. Delmenhorst. M.: seit 1970 VFL Wildeshausen. H.: Handball, Theater, Kunst, Musik.

Eber Hartmut J. T. *)

Eber Wolfgang Dr. Prof. *)

Eberhagen Wolfgang *)

Eberhard Emil Dr. rer. nat. Univ.-Prof. *)

Eberhard Hans-Joachim Dipl.-Ing.

B.: Gschf. Ges. FN.: TWI Techn.-Wiss. Ind.-Beratung GmbH; Firma Protec. DA.: 76189 Karlsruhe, Industriestr. 6. PA.: 76287 Rheinstetten, Lupinenstr. 14. G.: Calw, 29. Juni 1936. V.: Gerlinde, geb. Götz. El.: Ludwig u. Ilse. S.: Stud. Nachrichtentechnik FH Karlsruhe, 1958 Dipl.-Ing. K.: b. 1960 b. Telefunken Ulm in d. Entwicklung f. Militär- u. zivile Radaranlagen, 1960-64 b. Messerschmitt in d. Entwicklungsabt. Starfighter, 1 J. b. Lockhead in den USA Ausbild. f. Flugzeugelektronik, Starfighter b. TIG, 1965 b. Firma Litton Freiburg Abt.-Ltr. f. Zuverlässigkeit u. Nachentwicklung, b. 1969 in Köln Techn. Ltr. d. Grundüberholung f. militär. Radargeräte u. ECM-Anlagen, 1969 Firma Pietzsch AG in Ettlingen als Gschf. f. Forsch. u. Entwicklung auf den Feldern d. Kransicherheitseinrichtungen u. Achslastenmessung, seit 1983 selbst. m. TWI, 1. Mieter in Technologiefabrik Karlsruhe u. seit 1992 m. TWI u. Protec in Karlsruhe, Industriestraße. BL.: zahlr. Patente in Deutschland u. weiteren 15 europäischen Ländern u. in den USA. M.: "Distripress". H.: Wandern.

Eberhard Harald Dr. med. dent.

B.: Kieferorthopäde. FN.: Dr. Harald Eberhard, Dr. Heike Eberhard, Dr. Monika Miller Kieferorthopäden. DA.: 85072 Eichstätt, Marktpl. 13. dr-eberhard@t-online.de. www.dr-eberhard.de. G.: Ingolstadt, 28. Sep. 1963. V.: Heike, geb. Hach. K.: Armin (2001). S.: 1983 Abitur Ingolstadt, 1983-85 Bundeswehr, 1985 Stud. Zahnmed. Univ. Mainz u. Erlangen, 1991 Examen, 1992 Prakt. J. Praxis in Neustadt Aich, 1992-94 FA-Ausbild. Univ. Erlangen, 1992 Prom. K.: 1995 Kieferorthopäde in Praxis Dr. Stiemke in Nürnberg, 1996 FA-Prüf. f. Kieferorthopädie, 1996 ndlg., Praxis m. Ehefrau u. Dr. Monika Miller. P.: 24 Publ. u. Vorträge insbes. zu festsitzenden Behandlungstechnik. E.: 1996 Jahresbestenpreis d. Dt. Ges. f. Kieferorthopädie. H.: Tennis, Radfahren, Familie.

Eberhard Kurt Dr. Prof. *)

Eberhard Ute
B.: Geschäftsfrau, Pudelzüchterin. FN.: Hundeatelier Blacky Mannheim; Hundesalon Susi Heppenheim. DA.: 68165 Mannheim, Schwetzinger Str. 27; 64646 Heppenheim, Pesta-

*) Biographie www.whoiswho-verlag.ch oder beigefügte CD-ROM

Eberhard

lozzistr. 17. PA.: 64646 Heppenheim, Karl-Marx-Str. 23. G.: Bensheim, 22. Okt. 1958. El.: Josef u. Lieselony. S.: 1977 Abitur Bensheim, 1977-90 Planungsabt. Langnese-Iglo Bensheim, 1990-92 Wirtschaftsinformatik TH Darmstadt. K.: 1992-94 Paris, 1994 selbst. m. 1. Geschäft in Mannheim, 1996 selbst. m. 2. Geschäft in Heppenheim. BL.: Pudelzucht: Hundezucht gegründet v. 50 J. durch d. Familie, Name: Zwinger v. d. Hutzelschweiz, weltweiter Verkauf, 1976 1. Weltjugendsieger, inzwischen 18 Weltjugendsieger-Titel, 6 Weltsieger gezüchtet, 13 Welttitel erhalten, Titel u.a. erfolgreichster Pudel aller Zeiten v. Südafrika, Bester Hund aller Rassen, Weltrekordhalter in Champions-Titel, größte Ausstellungen v. Deutschland gewonnen, weltweite Ausstellungen jährl., Ehrenpreise. P.: viele Fachbeiträge in Fachzeitschriften. M.: Dt. Pudelclub e.V., Dt. Fox-Terrier Verb., Schweizer Pudelfreunde, Ital. Pudelverb., Franz. Pudelverb., Malteser Hilfsdienst. H.: Hunde, Lesen, Malen, Reiten, Sprachen, Reisen.

Eberhard Walter Dr. rer. nat. Prof.
B.: Prof. FN.: Gerhard Mercator Univ. Duisburg. DA.: Duisburg, Lotharstr. 65. G.: Nieder-Weisel, 15. Feb. 1936. V.: Brigitte. Ki.: Barbara, Christian. S.: 1955 Abitur, Stud. Math. u. Physik Univ. Gießen, 1960 1. Staatsexamen, tätig an Kernforsch.-Anlage Jülich, 1964 Prom. K.: 1969 Habil., 1971 H3-Prof. Marburg, ab 1976 Lehrstuhl für Differentialgleichungen in Duisburg, 1980 Gastprof. Univ. of Utah, bis 1999 Rektor Gerhard Mercator Univ. Duisburg. P.: zahlr. Publ. im Bereich Math. u. Differentialgleichungen, Mithrsg. Zeittschrift Resultate d. Mathem. M.: HS-Verb., Dt. Math.-Ver. H.: Klavierspielen, Skifahren, Kajak.

Eberhardinger Winfried Ulrich *)

Eberhardt Achim *)

Eberhardt Andreas *)

Eberhardt Claus Dipl.-Ing. *)

Eberhardt Cornelius Prof.
B.: ehem. Präs. d. HS f. Musik München, Chefdirigent d. American Inst. for Musical Studies Texas, Chefdirigent u. Corpus Christi Symphony Orchestra Texas, em. Prof. f. Dirigieren. DA.: 80333 München, Arcisstr. 12. G.: Oberaudorf, 3. Jan. 1932. V.: Ursula. Ki.: Claudia (1958). El.: Dr. Cornelius u. Annie. S.: 1950 Abitur, 1956 Staatsexamen HS f. Musik München. K.: 1956-60 Kapellmstr. Städt. Bühnen Ulm, 1960-69 1. Kapellmstr. Bayer. Staatstheater am Gärtnerplatz, 1969-77 GMD d. Stadt Regensburg, 1975-2000 Chefdirigent d. Corpus Christi Symphony Orchestra, 1977-97 Prof. f. Dirigieren HS f. Musik München u. Mus. Leiter d. Opernschule, ab 1978 Chefdirigent AIMS, 1991-95 Präs. d. HS f. Musik München. P.: Kunst u. Volksmusik in Südosteuropa (1989), The Influence of East European Jewish Music on European Composers (1997). E.: 1969 Bayer. Staatspreis f. junge Künstler, 1996 BVK, ab 1996 1. Vors. d. Münchner Symphoniker e.V., ab 1997 1. Gastdirigent d. Münchner Symphoniker. M.: wiss. BeiR. d. Südosteuropages., künstler. BeiR. d. Bayer. Volksbild.-Verb. H.: Geschichte, Kunstgeschichte, Astronomie.

Eberhardt Daniel *)

Eberhardt Dieter *)

Eberhardt Doris *)

Eberhardt Elfi
B.: Kauffrau, Gschf. FN.: EBE Eberhardt Vermögens- und Wirtschaftsberatung GmbH & co. KG. GT.: Repräsentanz d. UBS Schweizer Bankges.-Anlagenservice GmbH. DA.: 74072

Schifahren, Berge.

Heilbronn, Bahnhofstr. 19-23. PA.: 74189 Weinsberg, Kelterstr. 38. G.: Ingolstadt, 16. Juli 1945. V.: Rolf Günter Eberhardt. Ki.: Ralf, Angela. El.: Max u. Emmy Jergius. K.: b.1972 Beamtin Obersekr. Post, Kindererziehung, Sachbearb. Vers. b. Ehemann, 1979 Agenturübernahme, 1984 Grdg. Büroservice E+R, 1986-94 Agentur Betr. Leben, Umzug in Paulinenstraße Heilbronn, 1992 Umwandlung in KG, seit 1984 Gschf., 1997 CASA Consulting group. M.: RDM, BVK, FiFa. H.: Arbeit,

Eberhardt Ernst Georg

B.: Ltr. d. Einrichtungen. FN.: Diakonie-Wohnstätten e.V. Kassel. DA.: 34123 Kassel, Bergshäuserstr. 1. verwaltungs@diakoniewohnstätten.de. G.: Hürben/Heidenheim, 4. Nov. 1950. El.: Wilhelm u. Anna Maria, geb. Bosch. S.: 1970 Abitur Blaubeuren, 1970-72 Zivildienst, 1972-79 Stud. Päd. u. Psych. in Marburg, Abschluss Dipl.-Pädagoge, Dipl.-Psychologe. K.: 1979-92 Klinikpsychologe im Ludwig-Noll-KH in Kassel, 1993-96 Fachbereichsleiter in d. Diakonie Wohnstätten in Kassel, seit 1996 Ltr. dieser Einrichtungen. M.: Bund Dt. Psychologen, Ges. Bedrohter Völker, Forum Unterneustadt. H.: Architektur, Stadtplanung, Garten.

Eberhardt Günter
B.: Elektriker, Inh. FN.: Priv. Lehrinst. Eberhardt. DA.: 55118 Mainz, Rhabanusstr. 8. G.: Ingelheim, 18. März 1944. V.: Ruth, geb. Klein-Eberhardt. Ki.: 4 Kinder. S.: Ausbild. z. Elektriker, 1964 Abitur Frankfurt, 1. Schülerzeitung f. Berufsbild. Schulen, Publizistikstud. Mainz. K.: Meinungsforsch. u. Programmabt. b. ZDF in Mainz, Stud. Politikwiss. b. Prof. Hättich, Mitarb. in einer student. Arge "Aktion Bild.-Werbung", 1967 Inst.-Grdg. M.: 1. Vors. Gewerbever. Mainz-Neustadt, 1. Vors. Ver. z. Förd. d. Erwachsenenbild. H.: Schwimmen.

Eberhardt Helmut

B.: Gschf. Ges. FN.: Complac Medienservice Berlin GmbH. DA.: 10587 Berlin, Dovestr. 1, Spree-Tower. mail-berlin@complac.de. www. complac.de. G.: Berlin, 24. Mai 1957. V.: Ruth, geb. Dettlaff. Ki.: Linda (1978), Zwillinge Jon u. Lea (1998). El.: Ulrich u. Barbara, geb. Finnmann. S.: 1966-70 Altstimme im Staats- u. Domchor Berlin, 1977 Abitur, 1978 Aufnahme Studium Industrial Design, 1979 Lehre Werbekaufmann bei GKM-Werbeagentur Berlin, Abschluß 1980, 1981 Stud. Ge-

*) Biographie www.whoiswho-verlag.ch oder beigefügte CD-ROM

sellschafts- u. Wirtschaftskomm. an der HdK Berlin, Diplom 1987. K.: 1983 Gründung der Firma Helmut Eberhardt Werbekommunikation, ab 1990 Großflächenwerbung auch in Ost-Berlin, 1998 Grdg. Complac GmbH, Medienservice f. Außenwerbung deutschlandweit, seit 1999 weitere Gründungen in Düsseldorf u. Kirchlengern, seit 2000 auch NLP-Trainer. . M.: Deutscher Kommunikations-Verband (BDW), seit 1989 FDP. H.: Familie, Kultur, Graphik, Bilder, Pop-Musik, Programmierungen v. Arrangements.

Eberhardt Helmut *)

Eberhardt Klaus *)

Eberhardt Klaus *)

Eberhardt Ludwig *)

Eberhardt Monika
B.: Gschf. Ges. FN.: Zinn-Kurtz & Co GmbH. DA.: 70173 Stuttgart, Rathauspassage 2. G.: Nabburg, 6. Dez. 1946. Ki.: Stefanie, Christian. BV.: Erfinder d. Postkarte. S.: 1963 Mittlere Reife, 2 J. Lehre Apothekerhelferin. K.: Röntgenass. in einem KH, 1970 Übersiedlung nach Stuttgart, 1986 Grdg. d. GmbH in Stuttgart. E.: Weltausstellung in Wien. M.: Innungslandesverb. d. Zinngiesser, Leichtathletikclub Stuttgart. H.: Flohmarkt, Puppenstuben, Bergsteigen.

Eberhardt Rolf Günther *)
Eberhardt Volker

B.: Gschf. FN.: E & K Medienservice Niedersachsen GmbH. DA.: 30459 Hannover, Göttinger Chaussee 115. eberhardt@medienservice-niedersachsen.de. www.medienservice-niedersachsen.de. G.: Tastungen, 14. Feb. 1948. Ki.: Nicole (1970), Simone (1972). S.: 1965-68 Lehre Einzelhdl.-Kfm. elterl. Betrieb, b. 1970 Bundeswehr. K.: 1970-73 Einkaufass. d. Firma Spar in Göttingen, b. 1975 Ausbild. z. staatl. geprüften Bw. an d. priv. Blindow-Fachschule, 1980 Filialltr. d. Firma Tengelmann in Hannover u. b. 1990 Marktltr. eines 2. Großmarktes, 1990 Anzeigenverkäufer f. d. HAZ in Hannover, 1991 Ltr. d. Verkaufs, Marketing u. d. Werbung f. Radio ffn, 1998 Grdg. d. E & K Medienservice spez. f. Radio ffn. M.: 1. Vors. d. Sportver. Weetzen. H.: Tennis, Motorradfahren, Lesen.

Eberl Rudolf
B.: Dipl.-Lehrer, stellv. Vors. d. Seniorenbeirates d. Stadt Suhl. PA.: 98529 Suhl, Heinrichser Str. 19. G.: Königsberg/Eger, 8. Mai 1932. V.: Jutta, geb. Furchbrich. K.: Rüdiger (1957), Katrin (1963). S.: 1949 Mittlere Reife, 1949-50 Pädagogische Fachschule in Altenberg, 1950 Lehramtsanwärter in Stützerbach, 1952-53 1. u. 2. Lehrerprüfung, 1953-56 Fernstudium m. Abschluss Dipl.-Lehrer. K.: 1959-75 Dir. d. Polytechn. Oberschule (POS) Stützerbach, 1975-77 Lehrer an d. II. POS Suhl, später Paul-Greifzu-Schule. BL.: 50 J. ehrenamtl. Tätigkeit, davon 40 J. als Übungsleiter im Kinder- u. Jugendsport, über 100 Bezirksmeistertitel im Handball. E.: Oberlehrer, Studienrat, Verdienter Übungsleiter d. DDR, Pestalozzi-Medaille in Gold, Ehrennadel d. DTSB u. d. Dt. Handballverbandes in Gold, Ehrennadel d. DGB in Gold, Theodor-Neubauer-Medaille in Silber. M.: 1990-99 Bundesfachgruppe Realschullehrer als einziger v. Land Thüringen,
1990 Mitbegründer d. Gewerkschaft Unterricht u. Erziehung nach d. Wende - b. 1996 Mtgl. im Landesvorstand u. Referatsleiter Schulrecht u. Finanzierung, Mtgl. im Bezirkspersonalrat b. 1997, z.Zt. stellv. Vors. d. Seniorenbeirates d. Stadt Suhl, Seniorenvertretung e.V., Vors. d. Seniorarbeitskreises d. DGB Südthüringen, Mtgl. im Landesseniorenbeirat d. DGB. H.: Sport, Kultur (Laienspieltheater).

Eberl Walther jun. Dr. *)

Eberl Wolfgang *)

Eberle Achim

B.: Gschf. FN.: Beauty Tempel Eberle. GT.: Visagistenausbild.: seit 1994 Jurytätigkeit f. Dt. Make-Up Meisterschaften, Workshops f. d. Landesinnungsverb. d. Friseure, überbetriebl. Ausbild. im Make-Up f. d. Azubis d. Friseurhandwerks in Baden-Baden. DA.: 76530 Baden-Baden, Falkenstr. 2. G.: Keltern/Dietlingen, 27. Sep. 1954. V.: Uschi, geb. Rees. Ki.: Jasmin (1979), Carina (1981). El.: Alfred u. Therese, geb. Bischoff. S.: 1969-73 Lehre als Bauzeichner b. d. Firma Bruno Hermann in Keltern/Dietlingen.
K.: Praktikant b. d. Baufirma Erich Ross, 1972-74 Bauführer im Innenausbau Firma Prof. Dr. K.H. Stocker, 1974-78 Kontrolleur v. Edelmetallen Firma Doduco Pforzheim, 1978-81 Bauzeichner Firma Massiv-Fertigbau Wagner Straubenhardt-Conweiler, 1981-82 Bauführer im Innenausbau bei einem Großprojekt Firma Bodo Zeittler Pforzheim, 1983-84 Bauzeichner im Arch.-Büro Dipl.-Ing. Erwin Lohse Birkenfeld, 1984-85 selbst. Hdls.-Vertreter, ab 1986 Ang. d. Uschi Fashion Hairstudio im Queens-Hotel, 1995 Umbau u. Eröff. d. Beauty-Tempel Eberle im Queens-Hotel, 1986-95 Ausbild. z. Visagisten u. Ausbild. z. Pigmentierer f. Permanent Make-Up, ständige Weiterbild. u. Seminare im Kosmetikbereich. BL.: Entwicklung d. Pigmentierung d. unteren Lidinnenrandes in weiß. P.: zahlr. Pressebereiche im In- u. Ausland, Fernsehauftritte in ARD, RTL u. Südwestfunk. E.: 1990 Vizelandesmeister in Typ-, Braut- u. Abend-Make-Up, 1991 Landesmeister in Typ-, Braut- u. Abend-Make-Up, 1992-98 Wettbewerbe in New York, Canada, Tokio, Paris, 1992 Gold. Rössle - 1. Pl. Abend-Make-Up, 1993 Gold. Plakette 1. Pl. Abend-Make-Up, 1994 Dt. Meister in Camouflage-Make-Up, 1994 Vizeeuropameister in Camouflage-Make-Up, 1994 Grand Prix de la Europe Saarbrücken - 1. Pl. in Abend- u. Braut-Make-Up, 2. Pl. in Typ-Make-Up, insgesamt 80 Pokale, Auszeichnung Top Salon 2000 v. d. Fachzeitung "Top Hair", 2000-2001 v. Paul Mitchell - einer der besten Salons Deutschland 2000. H.: Skifahren, Computer, Internetsurfen.

Eberle Carl-Eugen Prof.
B.: Rechtswiss. FN.: ZDF Zweites Dt. Fernsehen. DA.: 55100 Mainz, ZDF-Str. 1. G.: Lahr/Baden, 17. Juni 1946. K.: 1984-90 Prof. f. Öffentl. Recht u. Verwaltungswiss. an Univ. Hamburg, seit 1990 Justitiar d. ZDF. P.: zahlr. Veröff.

Eberle Eberhard K.
B.: Kaufmann. PA.: 21465 Reinbek, Gleisners Park 5. G.: Hamburg, 26. Apr. 1937. V.: Andrea, geb. Dams. El.: Karl u. Annemarie, geb. Tesmer. S.: 1953-56 kfm. Ausbild. Groß- u. Außenhdl. K.: 1956-60 Firma Arnold Otto Meyer Hamburg, 1961-64 Prok. Groß- u. Außenhdl. Mosambik, seit 1965 Außenhdl. b. R. Stechmann & Co, seit 1966 Ges., seit 1972 Inh. H.: alte Möbel, Jagd, Garten, Musik.

*) Biographie www.whoiswho-verlag.ch oder beigefügte CD-ROM

Eberle

Eberle Gottfried Dr. *)

Eberle Markus
B.: Profi-Skirennläufer/Alpin, Zollbeamter. FN.: c/o Dt. Skiverb. e.V. DA.: 82152 Planegg, Haus d. Ski, Hubertusstr. 1. www.sk-online.de. G.: Riezlern, 2. Feb. 1969. K.: größte sportl. Erfolge: 1997 Teilnahme DM Slalom u. RTL, 1998 DM Slalom, 1999 DM RTL u. Slalom, 2000/01 WC Slalom Madonna di Campiglio/10. H.: Fußball, Tiere.

Eberle Matthias Dr. phil. *)

Eberle Raimund *)

Eberle Siegfried

B.: Gschf. FN.: Augenoptik Eberle. DA.: 53474 Bad Neuenahr-Ahrweiler, Niederhutstr. 70. G.: Asbach, 10. Okt. 1948. V.: Rosel, geb. Wolff. Ki.: Cornelia (1975), Rolf (1981). El.: Heinrich u. Cäcilie. S.: 1964-66 Höhere Handelsschule, Mittlere Reife, Banklehre. K.: b. 1971 ang., b. 1978 selbständig Autohdl./Tankstelle, 1978 Grdg. d. heutigen Firma durch Ehefrau, s. 1979 Gschf. M.: Vors. der Werbegemeinschaft, Oldtimerclub Bonn. H.: Basteln, Sammeln von Spielzeugautos.

Eberle Wilhelm Dipl.-Ing. *)

Eberlein Danny *)

Eberlein Gerald Arnold Ludwig Dr. Prof.
B.: em. HS-Lehrer, Dir. FN.: Inst. f. Sozialwiss., TUM. PA.: 80335 München, Lothstr. 17. G.: Berlin, 5. Mai 1930. V.: Petra, geb. Assner. El.: Dr. Kurt Karl u. Alice. S.: Schulbesuch in Deutschland u. Italien, Abitur Suso Gymn. Konstanz, Stud. Soz., Phil. u. Psych. Univ. Freiburg, München, Paris (Sorbonne), Stuttgart, 1962 Prom. K.: 1962 Wiss. Ass. Sozialforsch.Stelle, 1970 Priv.Doz. Soz. FU, 1971 TU Berlin, WS 1971/72 Prof. f. Wiss.Theorie/Soz. Univ. Saarbrücken, 1975-98 Lehrstuhl f. Soz. TU München. P.: "Der Erfahrungsbegriff d. heutigen empir. Sozialforsch. Berlin" (1963), "Theor. Soz. Heute" (1971), m. N. Dietrich, "Die Finalisierung d. Wiss." (1983), "Maximierung d. Erkenntnisse ohne sozialen Sinn?" (1987), "Schulwiss., Parawiss., Pseudowiss." (1991), Co-Editor mehrer Buchveröff., seit 1969 europ. Editor d. interdisziplinären Fachzeitschrift Theory and Decision u. d. dazugehörigen Buchreihe Theory and Decision Library, zahlr. wiss. Beiträge in Fachzeitschriften u. Sammelbänden. M.: AngloBavarian Club München, Freundeskreis Pinakothek d. Moderne. H.: Bogenschießen, Golf, Grenzgebiete d. Wiss.

Eberlein Helmreich Dr. med. *)

Eberlein Klaus *)

Eberlein Marlies *)

Eberlein Matthias
B.: Maschinen- u. Anlagenmonteur, selbständiger Inmobilienhändler. FN.: Eberlein Inmobilien. DA.: 39179 Barleben-Magdeburg, Bussardstr. 47. G.: Görlitz, 6. Okt. 1961. V.: Verena, geb. Klommhaus. Ki.: Katja (1986). El.: Joachim u. Ursula, geb. Czekalla. BV.: Hugo Eberlein war d. Dolmetscher v. Lenin. S.: 1978-86 Lehre z. Maschinen- u. Anlagen-

monteur im VEB Förderanlagenbau "7.Oktober" in Magdeburg, 1980-83 Bundeswehr. K.: 1983-86 stellv. Bauleiter im Ausbildungsbetrieb, auf d. Baustelle d. Düngemittelwerkes in Rostock-Poppendorf, b. 1990 im JTH Jugend-Touristen-Hotel in Magdeburg als Servicetechniker, 1990 Einstieg in d. Immobilienbranche u. Ausbildung z. Immobilienmakler bei einem Makler in Magdeburg, 1995 Grdg. und Aufbau des eigenen Unternehmens in Barleben/Magdeburg. H.: Fussball, Sport allg., Familie, Beruf u. Firma.

Ebermann Heinrich *)

Ebersbach Christine *)

Ebersbach Hartwig *)

Ebersbach Karl-Heinz Dr. phil. *)

Ebersbach Lothar
B.: Gschf. Ges. FN.: Höhbauer Fensterbau GmbH Zwickau. GT.: AR-Vors. d. Volksbank Zwickau, Handelsrichter am LG Zwickau. DA.: 08066 Zwickau, Talstr. 14-20. G.: 13. Dez. 1941. V.: Regina, geb. Jahn. Ki.: Jana (1972). El.: Fritz u. Helene. S.: 1956-59 Lehre als Tischler, 1959-61 Tischler in PGH, 1961-63 Meisterschule u. 1963 Tischlermeister. K.: 1965 Wahl z. Vors. d. Tischler-Produktionsgenossenschaft Zwickau. u. somit jüngster PGH-Vors. im Raum Zwickau, 1990 b. Umwandlung z. Gschf. bestellt u. b. heute als solcher tätig. M.: Lionsclub Zwickau. H.: Haus u. Garten, Imker, Fördervereine Altenpflege, Handball Zwickau, Dombau Zwickau, Kultur u. Konzerte.

Eberskirch Dietrich Dr. med. dent. *)

Eberspächer Helmut Dipl.-Ing. *)

Ebert Achim Dipl.-Kfm. *)

Ebert Alexandra Sofie *)

Ebert Alfred

B.: Musiker, Komponist, Bäkker, Gründer, Vors., Ltr. FN.: Jugendensemble Chemnitz e.V. DA.: 09126 Chemnitz, Bernsdorfer Str. 136. G.: Chemnitz, 1. Feb. 1931. V.: Helga, geb. Lohberger. Ki.: Hans-Jörg (1957), Gunter (1967). El.: Herbert u. Helene, geb. Hanschemann. BV.: Tante Martha Manschemann Mitbegründerin d. Ensembles 1947 in Chemnitz. S.: 1941-45 Musikunterricht u. priv. f. Akkordeon u. Klavier, 1945-48 Lehrausbild. z. Bäcker, seit 1956 Weiterbild. im Bereich Dirigieren, Kompositionen, Chorarb. u. Lehrgang Bereich Komposition in Weimar. K.: 1948-52 Bäckergeselle in Chemnitz, 1952-62 Zivilang. in d. Verw. d. Volkspolizei Karl-Marx-Stadt, Fachreferent Kultur im Rat der Stadt, 1962-91

*) Biographie www.whoiswho-verlag.ch oder beigefügte CD-ROM

Sachbearb. Kultur Stadtbez. Mitte/Nord Karl-Marx-Stadt, stellv. Abt.-Ltr. Bereich Kultur im Stadtbez. Süd, seit 1947 Gründer u. Ltr. d. Jugendensemble Chemnitz, 1950 Zusammenschluss m. d. Chorgemeinschaft Chemnitz/Furth, Konzerte u. Veranstaltungen, 1956 200. Konzert m. d. Uraufführung d. Kandate "Mein Reichtum - meine Musik" op. 16, eigene Komposition, 1973 Konzert- u. Gastspielreise in d. CSSR nach Usti nad Orlici, 1977 500. Konzert z. 30-jährigen Bestehen, 1984 2. Konzert- u. Freundschaftsreise nach Jablonne nad Orlici, 1988 gemeinsame Ltg. m. Sohn Gunter, 1991 Umwandlung in e.V., 1997 50-jähriges Bestehen, Festveranstaltung im Forum Chemnitz. BL.: 55 J. ehrenamtl. Ltr. d. Ensembles, mehrere Ausstellungen über d. Ensemble in Chemnitz, Verfasser d. bisher 9-bändigen Chronik m. Anfang 1950, Aufnahme v. Videos über d. Arb. im Ensemble, 1998, 1999 u. 2001 Teilnahme am Kinder- u. Jugendfestival als einziges dt. Ensemble in "Budyne nad Ohri". P.: eigene Kompositionen u.a. Kandaten, Märsche, Walzer u. Volkschor u.a. "Festl. Musik op.22", "Reisesouvenir", "Weil jeder Tag voll Sonne ist". E.: 2000 Empfang b. Oberbgm. f. jahrlange ehrenamtl. Tätigkeit, 1975 Med. f. Verd. im künstler. Volksschaffen, 1982 Kurt-Barthel-Med., 1987 Verd.-Med. d. DDR, 1969 Med. f. ausgezeichnete Leistungen, 1971, 1974, 1977, 1983 u. 1985 Aktivist d. Sozialist. Ges. M.: Musikbund Chemnitz e.V., GEMA. H.: Musik, Lesen, Schwimmen, Natur, Kunst u. Kultur, Grundstück.

Ebert Birgit *)

Ebert Christian *)

Ebert Christian Johannes *)

Ebert Dieter Dr. *)

Ebert Eberhard *)

Ebert Edith Dr. rer. nat. *)

Ebert Elke M.A. *)

Ebert Ernst-Ullrich *)

Ebert Gunnar
B.: freiberufl. Grafikdesigner in Ateliergemeinschaft. DA.: 28195 Bremen, Am Wall 196. gunnar.ebert@web.de. www.ateliergem.de. G.: Marburg, 16. Dez. 1965. El.: Dr. Hans-Jürgen u. Helga, geb. Klemke. S.: 1986 Abitur Delmenhorst, 1986-87 Bundeswehr, 1989-93 Stud. Grafikdesign. K.: 1989-93 Freelancer einer Werbeagentur in Bremen, seit 1994 selbständig m. Werbeagentur u. Bürogemeinschaft in Bremen m. Schwerpunkt Print Design; Funktionen: seit 1999 Doz. am ABC Bremen u. Firmenschulungen; Eventveranstaltungen im sportl. Bereich. H.: Sport, Musik, DJ.

Ebert Gunter *)

Ebert Günter Dr. rer. pol. Prof. *)

Ebert Hans *)

Ebert Heinz Ing. *)

Ebert Jens Dipl.-Ing. *)

Ebert Kurt
B.: Vorst. Versand Ausland. FN.: Quelle Aktiengesellschaft. DA.: 90762 Fürth, Nürnberger Str. 91-95. www.quelle.de. G.: Nürnberg, 9. Sept. 1941. V.: Heltraut. Ki.: 2 Kinder. S.: Stud. Betriebswirtschaft München u. Nürnberg, 1966 Dipl.-Kfm. K.: 1966 betriebswirtschaftl. Abt. d. Vereinigten Papierwerke in Nürnberg, 1969 Ass. d. kfm. Gschf. b. GROHAG Einkaufsverb. Wiesbaden, 1971 Wechsel z. Großversandhaus Quelle in Fürth u. d. Bereich Warenwirtschaft, 1975 Ltg. d. Bereiches Warenwirtschaft, 1979 Hauptbereichsltr. Vertriebsservice, 1984 Ltg. d. Hauptbereiches Einkaufsservice, 1985 Wechsel z. Tochterges. Schöpflin GmbH Lörrach als Gschf., seit 1996 stellv. Vorst.-Mtgl. d. Ressort " Beteiligungen" b. d. Quelle AG.

Ebert Josef Dipl.-Ing.

B.: selbst. Steuerberater. DA.: 39104 Magdeburg, Erich-Weinert-Str. 40. PA.: 39171 Langenweddingen, Birkenweg 4. G.: Magdeburg, 24. Feb. 1949. V.: Christine, geb. Jahns. Ki.: Katrin (1971), Petra (1975), Elke (1982). El.: Josef u. Anna, geb. Brandl. S.: 1967 Abitur, 1967-72 Stud. TU Chemnitz. K.: 1972-91 versch. ltd. Funktionen im Bereich Datenverarb., Buchhaltung im Rechenzentrum, seit 1991 selbst. Steuerberater m. Schwerpunkt Buchhaltung, Abschluß, Beratung u. Gemeinnützigkeit H.: Musizieren.

Ebert Lothar *)

Ebert Michael

B.: Gastwirt, selbständig. FN.: Bauernstube "Stillinge"; "Fliegerstube" am Flugplatz. DA.: 06844 Dessau, Walderseestr. 1 b. semmel2411944@aol.com. G.: Bad Muskau, 24. Jan. 1944. V.: Petra. Ki.: Stefan (1969), Christiane (1970). S.: 1960-63 Ausbildung Fachlehrer Leipzig, 1972 Abschluß Dipl.-Lehrer DHFK Leipzig. K.: 1983-87 Schuldirektor in Halle, b. 1991 Lehrer f. Sport, Geschichte u. Math. f. obere Klassen, seit 1991 selbständiger Gastwirt, seit 1994 Gastwirt in Dessau. M.: Anhaltischer Verein f. Luftfahrt e.V., Schwimmverein Stillinge e.V. H.: Autofahren, Camping.

Ebert Maria-Christina Dr. med.
B.: ndlg. FA f. Orthopädie. DA.: 33102 Paderborn, Dr.-Röhrig-Damm 37. G.: Crostau, 27. Mai 1946. V.: Dr. Wolfgang Ebert. Ki.: Susanne (1974), Matthias (1976). El.: Dr. med. Paul u. Dr. med. Maria Sage. S.: 1964 Abitur Radebeul, 1964-65 Prakt. J. im KH, 1965-71 Stud. Humanmed. Humboldt-Univ. Berlin, 1971 Staatsexamen, 1971-72 Ausbild. Innere Med. am KH Dresden-Neustadt, 1972 Prom. K.: Ausbild. in d. Physikal. Med. am Lehrstuhl f. physikal. Med. an d. Med. Ak. in Dresden u. an d. Kurklink in Bad Gottleuba, 1973-78 Fachausbild. in Orthopädie, 1978 FA-Prüf. f. Orthopädie, 1978-80 FA f. Orthopädie in d. Poliklinik Stadtzentrum Dresden u. 1980-85 Poliklinik Mickten-Dresden, 1986-89 Chir. Abt. d. St. Josef Stiftes Dresden, 1989 Ausreise nach Berlin-West, 1989-90 versch. Praxisvertretung in Orthopädie, am KH Stenum, 1990-92 OA u. Reha-Klinik f. Orthopädie in d. Teuteburger Wald-Klinik in Bad Lippspringe, 1993 Grdg. d. Praxis u. Tätigkeit als ndlg. Ärztin f. Orthopädie. P.: "Die corticale Hyperosthose" (1997), Vortragstätigkeit b. d.

*) Biographie www.whoiswho-verlag.ch oder beigefügte CD-ROM

Urania in Dresden z.B. zu d. Themen "Wirbelsäule u. Arbeitsplatz" u. "Haltungsschäden d. Sekretärinnen", 1980-82 Vortragstätigkeit zu Themen wie d. Osteoporose u. Selbsthilfegruppen. M.: Berufsverb. d. Ärzte f. Orthopädie e.V. H.: Rennradfahren, Schifahren, klass. Musik.

Ebert Michael

B.: Orthopädiemechaniker Meister, Inh. FN.: Sanitätshaus M. Ebert. DA.: 21493 Schwarzenbek, Lauenburger Str. 11. G.: Bielefeld, 11. Dez. 1947. V.: Gaby, geb. Mäser. Ki.: aus vorher. Ehen: Patricia (1976), Maximilian (1986), Anna-Maria (1987). El.: Karl-Heinz (Lehrer) u. Elli. S.: 1964-67 Ausbild. Orthopädiemechaniker Firma Stolle AKB Hamburg, 1968-69 Bundeswehr. K.: 1970 Verkaufsfahrer einer Brauerei, 1971-72 Ang. im techn. Gummi-Kunststoffhandel, 1973-74 Geselle in Firma Deutsche Orthopädische Werke, 1975-80 Ang. in Sanitätshaus Rakow Pinneberg, 1977 Meisterprüf. in Hamburg, 1981-93 Werkstattltr. in Sanitätshaus Römer in Berlin, 1993-97 tätig in versch. Sanitätshäusern in Hamburg, ab 1997 selbst. mit Sanitätsfachhandel in Hamburg, 1999 Kauf d. Sanitätshaus Franck in Schwarzenbek, Schwerpunkt Zusammenarbeit m. Arztpraxen in Schleswig-Holstein u. Hamburg. M.: Schwarzenbeker Tanzsportzentrum. H.: Wandern, Radfahren.

Ebert Rainer *)

Ebert Ray

B.: Koch, Gschf. FN.: Café Tambosi. DA.: 80539 München, Odeonspl. 18. info@tambosi.de. G.: Gera/Thüringen, 3. Okt. 1970. V.: Nikolinka, geb. Docheva. Ki.: 2 Kinder. El.: Hans Reinhard u. Inge. S.: 1989 Abitur Werder/Sachsen, 1989-91 Kochlehre in Gera m. Abschluss, 1991-92 Koch in Oberfranken. K.: 1992-94 Koch im Restaurant Pegasus in Oberschleißheim b. München, 1994-97 Küchenchef im Landgasthof Schloßklause in Haimhausen b. München, 1997-2000 Küchenchef seit 2000 Gschf. u. Küchenchef d. Café Tambosi. H.: Aquarienfische.

Ebert Roland Dipl.-Ing. *)

Ebert Sabine *)

Ebert Udo Dr. Prof.
B.: o. Univ.-Prof. FN.: Univ. Jena, Rechtswiss. Fak. DA.: 07740 Jena, Friedrich-Schiller-Universität. PA.: 07743 Jena, Dornbluthweg 10. G.: Berlin, 18. Feb. 1940. V.: Ulrike, geb. Merkel. Ki.: Johannes, Bertram, Katrin. S.: Gymn. Johanneum Lüneburg, Abitur 1959, Stud. Rechtswiss. Univ. Hamburg, Berlin, Heidelberg u. Göttingen, 1. jur. Staatsprüf. 1964 Heidelberg, 2. jur. Staatsprüf. 1968 Stuttgart, 1967 Prom. z. Dr. iur. in Heidelberg. K.: Habil. f. Strafrecht, Strafprozeßrecht u. Röm. Recht in Mainz 1973, 1973-74 Prof. (C3) an d. Univ. Heidelberg, 1974-80 Prof. (C4) an d. Univ. Bielefeld, 1980-94 Prof. (C4) an d. Univ. Mainz, seit 1994 Prof. (C4) an d. Univ. Jena; 1979-80 Richter am OLG Hamm u. 1981-87 am OLG Koblenz, seit 2000 Richter (Stellv.) am Thür. Verf.Hof. P.: Die Geschichte d. Edikts de hominibus armatis coactisve (1968), Der Überzeugungstäter in d. neueren Rechtsentwickl. (1975), Strafrecht Allgem. Teil (1985, 3. Aufl. 2001), Aktuelle Probleme d. Strafrechtspflege (Hrsg., 1991), div. Aufsätze zu strafrechtl. u. rechtsgeschichtl. Themen. M.: o.Mtgl. d. Sächs. Akad. d. Wiss. zu Leipzig. H.: Musik (Organistenprüf., nebenberufl. Organistentätigk.). (O.M.)

Ebert Wera Dipl.-Phys.
B.: Projektltr. FN.: SYSTEM-DATA AG. DA.: 14482 Potsdam, Benzstr. 11/12. PA.: 14542 Geltow, Rudolph-Oehlschläger-Str. 4. G.: Leipzig, 16. Dez. 1950. V.: Dr. Andreas Ebert. Ki.: Cornelia (1972), Thomas (1978). El.: Emil u. Eva Bailiht. S.: 1969 Abitur Leipzig. FA f. Maschinenbau, 1969-73 Physikstud. Univ. Leipzig. K.: 1973-77 Ass. an d. Univ. Leipzig, 1977-84 Energiewirtschaft Halle, 1984-90 Bauelementeentwicklung Teltow, 1990-92 Leiter Informationsstelle / Bibliotheken über ABM, Teltow, 1990-93 Stud. Humboldt-Univ. mit Abschluss: Wissenschaftl. Dokumentar, 1993-94 Projekt Informationszentrum, 1995-97 Projektltr. EU-Projekt FIB, 1998-2000 Projektleiter EU-Projekt Frauenkompetenz i. KMU, 2001 Schulungsltr., seit 2001 Projektltr. E.: 1984 Wiss.-Preis. H.: Tanzen, Lesen, Garten, Oper, Konzert.

Ebert Wilhelm Dr. paed. h.c. *)

Ebert Wolfgang Dr. med. dent. *)

Eberth Andreas Dipl.-Kfm. *)

Eberth Irmes *)

Eberth Michael
B.: Chefdramaturg. FN.: c/o Schauspielhaus Düsseldorf. DA.: 40211 Düsseldorf, Gustaf-Gründgens-Platz 1. PA.: 40474 Düsseldorf, Lohauser Dorfstr. 35. G.: Lindau/Bodensee, 2. Feb. 1943. KI.: Nikolai (1978), Jakob (1990), Marie (1993). EL.: Franz u. Anna Katharina, geb. Sitterer (Sängerin). S.: 1962 Abitur, 1962-67 Stud. Germanistik, Anglistik, Theaterwissenschaft in München u. bristol (Engl.). K.: 1968 am Residenztheater München als Regie- u. Dramaturgieass., 1970-72 Dramaturg am Theater am Turm in Frankfurt, einige Monate in London, Dramaturg Schauspielhaus Köln, Schauspielhaus Frankfurt, Münchner Kammerspiele, Burgtheater Wien, derz. Chefdramaturg im Schauspielhaus Düsseldorf, dazw. 1974-77 Lektor im Verlag d. Autoren in Frankfurt, einige Jahre als Dozent im Mozarteum in Salzburg, am Theaterwiss. Inst. d. Uni Wien, an d. Bühnenbildklasse v. Achim Freyer an d. HdK Berlin Lehrauftrag. P.: Übersetzungen, Essays u. Prosas in div. Publ. in "Die Zeit", "Theater der Zeit" u. andere. H.: Klavier- u. Cellospielen, Kinder. (B.K.)

Eberth-Willershausen Wera Dr. med. *)

Ebertowski Jürgen
B.: Autor. PA.: 10967 Berlin, Körtestr. 8. G.: Berlin, 30. Juli 1949. V.: Monika, geb. Freitag. El.: Karl u. Vera, geb. Schmidt. S.: 1970 Abitur, 1970-74 Stud., Dipl. als Dt.-Lehrer vom Goethe-Inst. Tokio, 1974-78 Aufenthalt in Japan. K.: 1979-83 Doz. Schauspiel Fachbereich 9 HdK Berlin, 1984 Grdg. Aikikan, seit 1989 freier Autor. P.: "Maltagold" (1994), Berliner Oranienpl. (1995), "Esbeck u. Monrian" (1999), zahlr. Publ. u. Hörspiele, seit 1995 Hrsg. v. Edition SAAB. E.: 1994 Stipendiat d. Arno-Schmidt-Stiftung. M.: Syndikat Schriftstellerver. dt.-sprach. Krimiautoren. H.: Kochen, Reisen.

*) Biographie www.whoiswho-verlag.ch oder beigefügte CD-ROM

Eberwein Horst *)

Eberwein Peter *)

Eberwein Wolf-Dieter Hugo Dr. Prof. *)

Ebest Gunter Dr.-Ing. Prof. *)

Ebhardt Hanna *)

Ebinal Ingrid *)

Ebinger Corinna *)

Ebinghaus Peter Hans Friedrich Dipl.-Ing. *)

Ebke Klaus Dr. *)

Ebke Ulrich

B.: RA, Notar. FN.: U. Ebke V. Dentzien R. Urban H. Ebke Rechtsanwälte u. Notare. DA.: 30161 Hannover, Weißkreuzstr. 27. G.: Celle, 16. Apr. 1937. V.: Karin, geb. Rodehorste. Ki.: Markus (1965), Helge (1970). S.: 1957 Jurastud. München u. Göttingen, 1962 Referendarexamen, parallel z. Stud. in RA-Kzl. tätig, 1965 Examen, Referendarzeit in d. RA-Kzl. Augstein/Hannover. K.: b. 1977 Tätigkeit in Sozietät, seit 1977 selbst. RA aller Fachrichtungen, seit 1972 auch Notar. M.: Ges. d. Freunde d. Gewandhauses in Leipzig, Alter Herr im Chor Makaria/München. H.: Musik, Europa, Reisen.

Eble Alexandra

B.: Motorradrennfahren, Automobilverkäuferin. DA.: 77971 Kippenheim, Alemannenstr. 4. an@alexandra-eble.de. G.: Lahr, 17. Aug. 1978. El.: Jürgen u. Christel, geb Ruder. S.: 1996-99 Bürokauffrau. K.: seit 1999 Automobilverkäuferin u. Motorrad-Rennfahrerin. P.: veröff. in regionalen Zeitungen, Fachzeitschriften. E.: ADAC Juniorencup Damenwertung, B-Lizenzwertung gewonnen, Jugendwertung 1997 gewonnen, internationale Dt. Meisterschaft 125ccm. Hokkenheim, Nürburgring, CSSR, Lausitzringe, Holland, Jugendwerbung 97 gewonnen, intern. Dt. Meisterschaft, 125 ccm Hockenheim/Nürnberg/CSSR, Lauritzring, Holland. M.: MSC Schweighausen. H.: Sport, Lesen.

Ebling Iris Dr.
B.: Präs. FN.: Bundesfinanzhof. DA.: 81675 München, Ismaninger Str. 109. www.bundesfinanzhof.de. G.: Berlin, 9. Mai 1940. S.: Stud. Rechtswiss. Univ. München. K.: 1966 Eintritt in d. Höheren Dienst d. Bayer. Finanzverw., 1970 wiss. Mitarb. Bundesfinanzhof, 1974 Richterin am Finanzgericht in München, 1984 Richterin am Bundesfinanzhof, seit 1998 Vors. d. XI. Senats, seit 1999 Präs. d. Bundesfinanzhofs. (Re)

Ebner Elke
B.: Pressesprecherin. FN.: Bad. Bmtn.-Bank. DA.: 76133 Karlsruhe, Herrenstr. 2-10. elke.ebner@bbbank.de. www.bbbank.de. G.: Temeswar, 27. Aug. 1970. S.: 1990 Abitur, 1990-96 Stud. Romanistik, Kunstgeschichte u. BWL, Sorbonne Paris u. Freiburg, 1992-94 Stud. Jura u. Literatur. K.: 1997-99 Projektltr. f. Fachpubl. im bw. Bereich im Dr. Josef Raabe-Verlag in Stuttgart u. glz. zuständig f. Öff.-Arb., 1999-2000 Beauftragte f. Stadtmarketing in Biberbach, seit 2000 Pressesprecherin f. Bad. Bmtn.-Bank in Karlsruhe. M.: Presseclub Karlsruhe.

Ebner Florian
B.: Gschf. Ges. FN.: Ebner GmbH. DA.: 89073 Ulm, Karlstr. 41. G.: Ulm, 19. Jan. 1958. V.: Iris. Ki.: Sebastian (1992), Annabel (1993). S.: 1978 Abitur, d. 1979 Bundeswehr, 1979 Studium Betriebswirtschaft an. Univ. Augsburg, 1985 Abschluss als Dipl.-Ökonom. K.: 1985 Einstieg in d. Familienunternehmen d. Ebner Gruppe Ulm als Ass. d. Geschäftsltg., seit 1991 Gschf. Ges. d. Firmengruppe. H.: Golf, Tennis.

Ebner Fritz Dr. med. *)

Ebner Hans Peter
B.: Gastwirt, selbständig. FN.: Gasthaus Graflhöh. DA.: 83471 Berchtesgaden, Scherlitzerstr. 8. G.: Berchtesgaden, 12. Okt. 1952. V.: Amalie. Ki.: Hans Josef (1974), Katrin (1977). El.: Josef u. Therese. S.: HS. K.: 1967 Ang. im elterl. Betrieb, seit 1981 selbständiger Gastwirt. P.: Vorstellung d. Hausspezialitäten "Windbeuteln" in Essen u. Trinken, Beitrag über Windbeutel im ORF u. in versch. Magazinen. M.: Bayr. Hotel- u. Gaststättenverband, Jagdverband, Trachtenverein, Feuerwehr, Rodelclub. H.: Jagd.

Ebner Herbert
B.: Gen.-Manager. FN.: Hollywood Media Hotel u. Holiday Inn Berlin. DA.: 10719 Berlin, Kurfürstendamm 202. info@hollywood-media-hotel.de. www.hollywood-media-hotel.de. G.: Lainach/A, 24. Nov. 1942. V.: Heidelinde, geb. Roller. Ki.: Christian (1983). El.: Crysanth u. Johanna Maria. S.: 1960-63 Lehre Hd.-Kfm. K.: 1963-65 tätig in d. Hotellerie in Wien u. b. 1972 in Jersey, London, Lausanne, Südafrika u. Deutschland, 1972-80 tätig in versch. Hotels in Österr. u. Deutschland u.a. Dir. in Bad Kissingen, 1980-93 Preopening u. Ltg. d. Holiday Inn in Baden Baden, 1994 Ltg. d. Hotels v. A. Brauner m. Filmkonzept im Holiday Inn, 1996-99 Beratung, Konzeption u. Aufbau d. Hollywood Media Hotel in Berlin als einziges Filmhotel d. Welt m. eigenem Kino, Tagungsräumen, Suiten u. Appartements in d. Kulisse v. Hollywood u. alten Filmstars u. dazu hochmoderne Ausstattung m. EDV-Vernetzung, Filmprod.-Möglichkeiten u. Behindertenzimmern. P.: Art. in lokaler Presse u. Fachzeitschriften. E.: 1999 Ausbild.-Oskar. M.: Berliner Tourismus Marketing. H.: Radfahren, Schwimmen, Wandern, Lesen.

Ebner Klaus *)

Ebner Stefan *)

Ebnet Otto Dr. rer. pol.
B.: Wirtschaftsminister. FN.: Wirtschaftsministerium Mecklenburg-Vorpommern. DA.: 19053 Schwerin, Johannes-Stelling-Str. 14. www.wm.mv-regierung.de/pages/minister.htm. G.: Regensburg, 15. Sep. 1944. V.: Dr. Ursula. Ki.: 2 Kinder. S.: 1965 Abitur in Regensburg, 1965-67 Bundeswehr, 1967-72 Stud. VWL, 1972 Abschluss Dipl.-Vw., 1972-77 wiss. Ass. an d. Univ. Regensburg, 1977 Prom. Dr. rer. pol. K.: 1977-94 Beamter d. Bundesministeriums d. Finanzen, u.a. auch persönlicher Referent d. Bundesfinanzministers Hans Matthöfer, 1986-94 beurlaubt z. SPD-Bundestagsfraktion,

*) Biographie www.whoiswho-verlag.ch oder beigefügte CD-ROM

Ebnet

dort tätig f. d. früheren Bundesfinanz- u. Verteidigungsminister Hans Apel u. d. stellv. Vors. d. SPD-Fraktion Ingrid Matthäus-Maier im Bereich d. Wirtschafts- u. Finanzpolitik, 1994-96 Staatssekretär im Wirtschaftsministerium d. Landes Mecklenburg-Vorpommern, 1996-98 Staatssekretär im Finanzministerium d. Landes Mecklenburg-Vorpommern, seit 1998 Chef d. Staatskanzlei Schwerin, seit 2001 Wirtschaftsminister d. Landes Mecklenburg-Vorpommern.(Re)

Ebrahaim Renate

B.: RA. DA.: 10961 Berlin, Mehringdamm 48. G.: Reichenbach, 9. Dez. 1953. V.: Jusef Ebrahaim. El.: Ernst u. Paula Müller. S.: 1973-85 Jurastud. FU Berlin, 1. Staatsexamen, 1985-89 Referendariat, 2. Staatsexamen. K.: 1976-81 Betrieb eines Restaurants, 1989 Zulassung als Anw. u. seit dieser Zeit tätig, Tätigkeitsschwerpunkt: Ausländer- u. Asylrecht, Familienrecht. M.: Amnesty Intern. H.: Außenpolitik.

Ebrecht Lutz Dipl.-Ing. *)

Ebsen Ebe
B.: Unternehmer. FN.: Bali Büstenmanufaktur GmbH Bonn. DA.: 53117 Bonn, Buschdorferstr. 4. ebe@ebsen.net. www.bali-buesten.de. G.: Westerland/Sylt, 23. Juli 1939. V.: Marja-Liisa. Ki.: Eva-Maria (1969), Erik (1972), Silke (1973). El.: Christian u. Emma, geb. Zimmerer. S.: 1956 Mittlere Reife, 1956-59 Lehre Ind.-Kfm. u. Destillateurprüf. Mercedes Weinbrennerei Stuttgart, 1959 Ind.-Kfm. K.: 1959-62 Buchhaltung Georg Thieme Verlag, seit 1962 Maschinenzentrale d. Verb. Ldw. Ver., Erprobung ldw. Maschinen u. Beratung Deutschland/Österr., 1967 Gschf., 1968 Erwerb u. Gschf. d. Bali-Büstenmanufaktur GmbH. P.: Beiträge im Bayer. Landfunk 1962-67, über Büstenmanufaktur: Bonner Rundschau 1982, Welt am Sonntag 1982, Bayer. Fernsehen 1982, Express 1997 "Meister Ebsen läßt d. Puppen tanzen". H.: Angeln, Barockmusik.

Ebstein Katja *)

Eccarius Wolfgang *)

Eccarius Wolfgang Dr. rer. nat. Dr. phil. habil. Prof.
B.: ap. Prof. FN.: Math. naturwiss. Fak. Inst. f. Math. u. Informatik d. PH. DA.: 99089 Erfurt, Nordhäuser Str. 63. PA.: 99817 Eisenach, Amrastr. 107. G.: Eisenach, 31. März 1935. V.: Bärbel, geb. Grammann. Ki.: Michael (1955), Sabine (1956), Gabriele (1958), Mathias (1966). El.: Walter u. Frieda. S.: 1949-51 Lehre Dreher, 1952-53 Fachschulausbild. Grundschullehrer. K.: 1953-62 Lehrer in Suhl, 1962-82 Lehrer an versch. Schulen im Kreis Eisenach, seit 1982 an d. PH in Erfurt als Ass., OAss., Doz. u. seit 1995 ap. Prof., 1956-59 Fernstud. Chemie am Dt. Pädagog. Zentralinst., 1962-65 Fernstud. Math. am Pädagog. Inst. Halle, 1965-68 Fernstud. Math. an d. PH Potsdam, 1974 Prom. in Leipzig, 1987 Habil. in Erfurt, 1990-93 Prodekan im Fachbereich Math. u. Informatik d. PH Erfurt. P.: ca. 90 Veröff. in Fachzeitschriften u. als Broschur in d. Fächern Geschichte d. Mathematik u. spezielle Botanik. M.: 1991-97 Landesvors. d. Arb.-Kreises Heimische Orchideen. H.: Beruf, Botanik, spez. Orchideen.

Echle Wolfram Dr. rer. nat. *)

Echte Dorothea *)

Echterhoff-Hammerschmid Helmut Dipl.-Ing. *)

Echterling Johann-Christian

B.: F&B Manager. FN.: Courtyard by Marriott Hannover. DA.: 30169 Hannover, Arthur-Menge-Ufer 3. cy.hajcy.restaurant.mgr@marriott.com. G.: Langenhagen, 27. Juni 1969. V.: Susanne, geb. Lehnert. El.: Johann-Bernd u. Bärbel, geb. Fischer. S.: 1989 FH-Reife, b. 1990 Bundeswehr in Flensburg u. Neumünster, b. 1993 Praktikum mit anschließender Ausbild. z. Restaurantfachmann im Steinberger Kurhaushotel in Bad Kreuznach. K.: b. 1994 Service-Mitarb. im Schlosshotel Kroneneberg/ Taunus, b. 1995 stellv. Restaurantltr. im "Hotel z. Löwen" in Duderstadt, gastronom. Ltr. im Landhaus "Zu den Roten Forellen" in Ilsenburg/Harz, b. 1996 Barchef im "Golfhotel Treudelberg" in Hamburg, in Singapur auf d. Kreuzfahrtschiff "MS Europa" als Restaurant-Steward, b. 1997 in San Francisco, Rio de Janeiro, Kapstadt, Seychellen, Mexico, Spitzbergen u. Grönland, b. 1999 an d. Hotelfachschule Bad Harzburg Ausbild. z. staatl. geprüften Hotelbetriebswirt, b. 2000 Arabella Sheraton Pelikan Hotel in Hannover als Restaurantltr. f. 2 Restaurants u. Bankettbereich, 2000 Courtyard Marriott am Maschsee in Hannover als Restaurantltr. u. seit 2000 als gastronom. Ltr. d. Hotels. M.: Verb. d. Serviermeister. H.: Sport (Handball, Schwimmen), Lesen, gutes Essen u. gute Weine, Zigarren.

Echternach Jürgen *)

Echtler Robert M.A. *)

Eck Ingeborg *)

Eck Rene

B.: Gschf. Ges. FN.: rentec GmbH. DA.: 40670 Meerbusch, Insterburger Str. 20. G.: Krefeld, 16. Sep. 1965. Ki.: Lara, Christopher, Hannah. S.: 1985 Abitur Schwalmtal, 1986 Bundeswehr, 1986-94 Stud. BWL, Med. u. Psych. Univ. Düsseldorf. K.: 1994-99 tätig im Bereich Vertrieb u. Marketing d. Firma Präsentation Service in Neuss, 1999 Grdg. d. Firma rentec GmbH m. Schwerpunkt Vermietung u. Verkauf v. professionellen Veranstaltungs- u. Kongreßtechnik. H.: Sport.

Eck Otto Helmut
B.: Hotelkfm., Inh. FN.: Hotel Bayer. Hof. DA.: 91052 Erlangen, Schuhstr. 31. G.: Bad Liebenstein, 18. Apr. 1919. S.: Mittlere Reife Bad Liebenstein. K.: 1948 Grdg. einer Firma - Herstellung v. Verkaufshilfen f. d. Markenind., 1970 Bau Hotel Bayer. Hof, 1992 Kauf Landhotel Selau Neunkirchen. E.: Ehrenbrief der Stadt Erlangen. H.: klass. Musik, Tennis, Schwimmen.

*) Biographie www.whoiswho-verlag.ch oder beigefügte CD-ROM

Eck Werner *)

Eck Werner Dr. Prof. *)

Eckard Charlotte *)

Eckardt Claus Ferdinand Dr. med. Prof. *)

Eckardt Dieter Dr. phil. *)

Eckardt Gunda

B.: Hotelier, staatl. anerkannte Heilpraktikerin. FN.: Schrothkurhotel "Am Torfteich". DA.: 26160 Bad Zwischenahn, Rosmarinweg 7. G.: Oldenburg, 18. Nov. 1944. Ki.: Petra (1963). El.: Helmut u. Johanne Stomberg, geb. Bley. S.: 1959-61 ländl. Hauswirtschaftsschule in Edewecht, Anerkennungsj. K.: 1965-68 Tätigkeiten im Hotel- u. Java-Kaffee in Oldenburg, seit 1968 selbst., Aufbau u. Eröff. d. Gaststätte Hackepeter als Inh. b. 1973 in Bad Zwischenahn, 1973-84 Übernahme d. Restaurants Löwenbräu in Bad Zwischenahn als Inh., parallel 1973-80 Tätigkeiten in einer Heilpraktikerpraxis, 1979-81 Besuch d. Heilpraktikerschule Münchener Heilpraktikerkolleg in Bremen, Ass. einer Heilpraktikerpraxis in Brake u. Bad Zwischenahn, 1988 Prüf. z. staatl. anerkannten Heilpraktikerin, 1980 Eröff. Hotel "Am Torfteich" als Besitzerin u. Inh., 1988 Eröff. Naturheilpraxis im eigenen Hotel, seit 1990 staatl. anerkanntes Schrothkurhotel, seit 2000 Grdg.-Mtgl. u. VPräs. d. Frauenver. Zonta in Oldenburg. E.: 1981 Landesmed. in Silber d. Landes Niedersachsen d. Hotel- u. Gaststättengewerbes. M.: Vollversammlung d. IHK Oldenburg u. seit 1996 Vors. im Touristenausch., seit 1994 Ehrenrichterin am Niedersächs. Finanzgericht, Vorst.-Mtgl. DEHOGA, BeiR.-Mtgl. Ammerland. H.: Tennis, Lesen.

Eckardt Holger *)

Eckardt Peter Prof. Dr. phil.
B.: Politologe, MdB. FN.: SPD. GT.: Prof. f. Politologie an Univ. Tartu/Estland. DA.: 11011 Berlin, Platz d. Republik 1, . PA.: 38644 Goslar, Dr.-Gertrud-Bäumer-Weg 17. peter.eckardt@t-online.de. G.: Apolda, 13. Okt. 1940. V.: Waltraud, geb. Ruppel. Ki.: Tanja (1967). BV.: Felix von Eckardt, Drehbuchautor v. "Quax der Bruchpilot" mit Heinz Rühmann. S.: 1952-61 Friedrichsgymn. Fredericianum Kassel, Abitur, 1961 SPD-Eintritt, 1961-66 Stud. Polit. Wiss. u. Pädagogik an Uni Göttingen, ab 1963 FU Berlin b. Prof. Löwenthal u. Prof. Flechtheim, 1962-63 stellv. SHB-Vors. Göttingen, daneben Mitarbeit in DGB-Rechtsstelle, Diplomarbeit über Gewerkschaftspolitik, 1966 Diplom-Politologe. K.: 1966-74 Pädagogischer Mitarbeiter u. Ltr. "Internationales Haus Sonnenberg" in St. Andreasberg, 1974-80 Berufsbildende Schule Salzgitter, wissenschaftl. Modellversuch BiBB, 1980-90 Univ. Hannover, Ass. Prof. Kentler, 1984 Prom. über Sozialpädagogik in der DDR, Jugendwerkhöfe, seit 1988 Stellv. Unterbezirksvors. SPD, Mtgl. Deutsch-Israelische Gesell., Begleitung v. Gruppen nach Israel, seit 1990 Prof. an Univ. Tartu/Estland mit Lehrauftrag Politologie, 1990-94 MdB u. wieder seit 1998 P.: Interviews in Goslar´sche Zeitung sowie Fachaufsätze über DDR-Pädagogik, über Berufspädagogik, über Unterrichtsforschung. M.: Für Demokratie - Gegen Vergessen e.V., Schützenverein Jerstedt, Freiwillige Feuerwehr Jerstedt, Arbeiter-

wohlfahrt Goslar. H.: Reisen in den Nahen Osten, moderne Kunst u.a. Christo, klass. Musik, Saxophon-Spielen, Literatur Fontane u. Heine. (Re)

Eckardt Susanne

B.: RA, Fachanw. f. Sozialrecht. DA.: 33602 Bielefeld, Klasingstr. 17. Kanzlei-Eckardt@t-online.de. G.: Peine, 13. Okt. 1963. Ki.: Maren Josefine (1996), Birte Elisabeth (1999). S.: 1983 Abitur Peine, 1983 Stud. Rechtswiss. in Bielefeld u. Marburg, zusätzl. Stud. in forensischer Med. u. türk. Sprache, 1989 1. Staatsexamen, 1990 Anw.-Kzl. Frankfurt, 1991 Referendariat in Detmolder Staatsanw., Amtsgericht Lemgo, OVerw.-Gericht Münster u. Anw.-Station Bielefeld, 1995 2. Staatsexamen. K.: 1995 Assessorin in einer Anw.-Kzl. in Bielefeld, seit 1996 Rechtsberatung f. Studierende in d. Univ. Bielefeld, 1997 Zulassung z. RA u. Grdg. einer eigenen Anw.-Kzl. in Bielefeld, 2000 Zulassung z. Fachanw. f. Sozialrecht m. d. Tätigkeitsschwerpunkten Sozialversicherungsrecht, Ehe- u. Familienrecht. M.: Anw.-Ver., Verw.-Aussch. d. Ev. Kirchenkreises Bielefeld, ehrenamtl. in versch. Gem. H.: Krimis lesen, Singen, Musizieren.

Eckardt Wolfram *)

Eckart Christian *)

Eckart Erich G. Dr. iur. utr. *)

Eckart Gottfried Dr.-Ing. habil. Prof. *)

Eckart Karl Dr. Prof. *)

Eckart Manfred Dr. med. *)

Eckay Wolfgang *)

Ecke Albrecht Dipl.-Ing. Dipl.-Designer *)

Ecke Christian *)

Ecke Christoph Ing. *)

Ecke Henriette Dr. med. Dipl.-Stomatologin *)

Ecke Hermann Dr. med. Prof. *)

Ecke Jürgen
B.: Komponist. PA.: 12589 Berlin, Grünheider Weg 69. G.: 10. Feb. 1950. G.: Magdeburg, 10. Feb. 1950. S.: 1967-77 Stud. Klavier, Kontrapunkt u. Komposition Franz-Liszt-HS Weimar u. HS f. Musik Hanns-Eisler Berlin. K.: freiberufl. auf d. Gebiet d. Angew. u. Konzertmusik, Komponist f. Bühnen u. Filmmusik, 1989-95 Lehrtät. Bühnenstücke m. Kompositionen v. Jürgen Ecke an Berliner Bühnen, 1983-88 Zusammenarb. m. Liedermacherin Barbara Thalheim als Komponist, Arrangeur u. musikal. Ltr. P.: 75 Filmmusiken, 24 Filmessays, zahlr. Lieder, Popsongs u. Orchesterstücke f. Sinfonieorchester u. Big-Band, 67 Hörspielmusiken. E.: 1992 1. Preis b. Kompositionswettbewerb d. Deutschlandfunk/WDR u. d. GEMA.

*) Biographie www.whoiswho-verlag.ch oder beigefügte CD-ROM

Eckel

Eckel Ingrid
B.: OBgm. FN.: Stadtverw. Wolfsburg. DA.: 38440 Wolfsburg, Porschestr. 49. stadt@stadt.wolfsburg.de. www.wolfsburg.de. G.: Schönwinkel, 9. Apr. 1944. Ki.: 2 Kinder. S.: 1965 Abitur Speyer, Stud. Germanistik, Geographie u. Päd. Saarbrücken u. Mainz. K.: Realschullehrerin, seit 1977 in Wolfsburg, seit 1972 Mtgl. d. SPD, 1986 Verpflichtung als Ratsmtgl., 1991 Wahl z. 1. Bgm., 1996 Wahl z. OBgm.

Eckel Wolfgang *)

Eckelhoff Hermann Josef *)

Eckelmann Gerd Dr. Ing. *)

Eckelmann Helmut Dr. rer. nat. *)

Eckelt Hartmuth

B.: RA. DA.: 82152 Planegg, Hofmarkstr. 30. PA.: 81375 München, Stiftsbogen 148. G.: München, 16. Apr. 1960. V.: Annalyn, geb. Pacaigue. El.: Dieter u. Gisela, geb. Otto. S.: 1980 Abitur, 1980-82 Stud. Jura LMU München, 1982-83 Stud. intern. Recht Univ. Lausanne, 1983-84 Stud. Jura Univ. Tübingen, 1984-85 Stud. europ. Recht Aix-en-Provence, 1987 1. Staatsexamen München. K.: 1988 Praktikum b. Arbeitsamt München, 1988-92 Referendariat in München u. in einer Anw.-Kzl. in Madrid, 1992 2. Staatsexamen, 1992 Praktikum in einer amerikan.-chines. Anw.-Kzl. in Djakarta, 1993-94 Mitarb. in einer Anw.-Kzl. in Weilheim, 1994-97 Mitarb. in einer Anw.-Kzl. in München, 1997 Eröff. d. eigenen Kzl. m. Tätigkeitsschwerpunkt Steuer-, Ges.-,Arb.- u. Vertragsrecht, unlauterer Wettbewerb, nat. u. intern. Zivilrecht, Immobilienrecht in Spanien u. Frankreich, Familien-, Unterhalts-, Scheidungs-, Erb-, Ges.- u. GmbH.-Recht. H.: Sprachen, Literatur, Kunstgeschichte, fremde Kulturen, kulinar. Reisen, Wassersport, Waldlauf, Wandern.

Eckelt Manfred *)

Eckenberg Peter A. Senator E.h. *)

Eckensberger Alfred *)

Ecker Daniel
B.: Profi-Leichtathlet (Stabhochsprung). FN.: c/o Dt. Leichtathletik-Verb. DA.: 64293 Darmstadt, Julius-Reiber-Str. 19. PA.: 51381 Leverkusen, Burscheider Straße 426. G.: Leverkusen, 21. Juli 1977. BV.: Mutter Heide Ecker-Rosendahl (Olympiasiegerin 1972). K.: 1996 JWM/3., DM Jugend u. Junioren/1., DM Halle/4., DM/4., 1997 DM/5., 1998 Hallen-EM/3., EM/4., EC/4., DM/2.; 1999 DHM/1., Hallen-WM/3., WM/3., DM Halle/1., DM/3. 2000 OS Sydney/8, 2001 Grand Prix I Nizza/2. (Re)

Ecker Gerhard
B.: Bäckermeister, Inh. FN.: Bäckerei Gerhard Ecker. DA.: 66424 Homburg, Van-Dyck-Str. 1. G.: Neunkirchen, 4. Juli 1963. V.: Petra, geb. Roth. Ki.: Julia (1987), Christian (1990).

El.: Karl u. Adelheid, geb. Kühne. S.: 1978-79 Techn.-gewerbl. Berufsschule, 1979-81 Ausbild. als Bäcker, Gesellenprüf., 1990 Meisterprüf. b. d. Handwerkskam. Saarbrücken. K.: 1981-84 Geselle Bäckerei Schäfer Homburg, 1984-92 Geselle im elterl. Betrieb, 1992 Übernahme d. elterl. Betriebes, 1998 Eröff. einer Filiale in Homburg, Am Zweibrücker Tor. M.: Vorst. d. Bäckerinnugn Saar-Pfalz, BÄKO Saar-Pfalz eG, SV Reiskirchen, Ski- u. Wanderver. Homburg-Erbach, Ski-Club Homburg, Pfälzer-Wald-Ver. Homburg-Erbach, Freiwillige Feuerwehr Homburg. H.: Skifahren, Modelleisenbahn, Feuerwehr.

Ecker Kanuth *)

Ecker Martin *)

Ecker Michael
B.: Kfm.; Privat Investor. FN.: JME-Group Intern. AG. DA.: CH-8030 Zürich, Sonnenbergstr. 48-50. El.: Erich Leo Vatter u. Elisabeth Ecker. K.: 1986 m. 17. J. jüngster Discothekenbesitzer in Deutschland, 1988 m. 19. J. Besitzer einer Gastronomiekette, 1990 m. 21 J. jüngster Verkaufsmanager d. Firma AMC, versch. Positionen als Verkaufsdir., Präs. in versch. Europ. Unternehmen. F.: versch. Firmenbeteiligungen im In- u. Ausland. M.: ehrenamtl. Fundraiser d. DRK. H.: Rennpferde, Kochen, Tennis.

Eckerl Helga *)

Eckert Adam-Claus Dr. jur. *)

Eckert Anja Dr. med. *)

Eckert Bernd *)

Eckert Bernd

B.: Dipl.-Ökon.-Päd., Gschf. Ges. FN.: BAW Bild.-Zentrum f. berufsbezogene Aus- u. Weiterbild. Thüringen GmbH Erfurt. DA.: 99096 Erfurt, Peter-Cornelius-Str. 12. b.eckert @baw.de. G.: Erfurt, 6. Jan. 1950. V.: Heike, geb. Zimmermann. Ki.: Jens (1970), Sven (1974), Alexander (1978), Robert (1984). El.: Josef u. Marianne, geb. Stief. BV.: väterlicherseits aus Sudentendeutschland, mütterlicherseits aus Nähe Sondershausen (Kalibergwerk). S.: 1969 Berufsausbild. m. Abitur - Facharb. Elektroschlosser, 1969 Stud. Rechtswiss. Humboldt-Univ. Berlin, 1970-77 Lehrausbilder, Rechenbetrieb, verantwortl. f. Binnenhdl., Berufsausbild., begleitendes Fernstud., Abschluss: Lehrmeister, 1977-82 Fernstud. Fachschule f. Ökonomie Rodewisch, Abschluss: Ökonom, 1982 Wechsel z. BA d. ÖVW Erfurt als Doz., 1984-86 3. Fernstud. Ökonomie u. Päd. HU Berlin, Abschluss: Dipl.-Ökon.-Päd. K.: 1986-90 Übernahme d. BA u. Tätigkeit als Dir., 1990 Grdg. BAW m. Partner, 1993 Umstrukturierung u. alleiniger Gschf. Ges., Stan-

*) Biographie www.whoiswho-verlag.ch oder beigefügte CD-ROM

dorte Erfurt, Gotha, Eisenberg, Oppurg/Pößneck. M.: Allg. Arbeitgeberverb., Verb. d. mittelständ. Wirtschaft, Vorst.-Vors. Bild.-Werk e.V. Gotha, Vorst. Thür. Ausbild.-Börse e.V., IHK-Vollversammlung/Bild.-Aussch., AufsR. Fußballclub "Rot-Weiß-Erfurt" e.V., Rotary Club Erfurt-Krämerbrücke. H.: Sport (ehem. Leistungssportler Fußball), Familie.

Eckert Christian
B.: Verleger, Comiczeichner, selbständig. FN.: Eckert Comic GbR. DA.: 81241 München, Am Knie 8. info@eckert-design.de. www.eckert-design.de. G.: Frankfurt/Main, 11. Jan. 1971. El.: Dr. Hermann u. Angelika. BV.: Onkel Prof. Dr. Claus Josel Riedl "Der Glasmacher". S.: 1990 Abitur in Helmstedt/Niedersachsen, 1990-96 Stud. Kommunikationswiss. an d. BRW München. K.: 1996-98 ang. Grafiker in München, 1998 Grdg. d. Firma Eckert in München, 2001 Grdg. d. Eckert Comic GbR in München. BL.: Deutschlands bekanntester Comiczeichner, Karikaturist u. Illustrator. P.: Zeichner von: Eroll, der Golfcomic 8/2001, Kingkini König Ludwig d. II 2002, Golf Time, Golf Journal, Golf Magazin, W+V, Horizont, TZ, AZ, Langenscheidt-Verlag, Focus, FAZ, TZ u. viele andere Zeitungen u. Zeitschriften in Deutschland m. Comicbeiträgen. E.: Dt. Medien Award 1998 f. Siemens Nixdorf. H.: Fischerei, Golf, Motorradfahren, Malerei, Kunstgeschichte.

Eckert Dieter Dr. Prof. *)

Eckert Elisabeth
B.: RA. FN.: Eckert Rechtsanwälte. DA.: 10719 Berlin, Kurfürstendamm 43. G.: Wien, 24. Aug. 1970. V.: RA Joachim Eckert. Ki.: 2 Kinder. El.: Prof. Dr. Adam Reining u. Sophie. S.: 1990 Abitur Reutlingen, 1990-95 Stud. Rechtswiss. in Würzburg u. Tübingen, 1995 1. Staatsexamen, Referendariat b. LG Hechingen, 2 Mon. Linz/Österr., 1997 2. Staatsexamen. K.: 1997-99 ang. RA in d. Insolvenzverw.-Kzl. Udo Feser, seit 1999 selbst. zusammen m. d. Ehemann, Tätigkeitsschwerpunkt: Insolvenz- u. Sanierungsberatung f. mittelständ. Unternehmen, auch Bau- u. Ges.-Recht, Zusammenarb. m. Kzl. Dr. Zauner & Dr. Mühlböck in Linz/Österr. u. m. Mag. Stimitzer in Bad Goisern b. Ischl/Österr. H.: Antiquitäten, Möbel Jhdt.-Wende b. 20er J., Literatur.

Eckert Ernst Dipl.-Ing. *)

Eckert Florian
B.: Profi-Skirennläufer/Alpin, Sportsoldat. FN.: c/o Dt. Skiverb. e.V. DA.: 82152 Planegg, Haus d. Ski, Hubertusstr. 1. www.ski-online.de. G.: Oberstdorf, 7. Feb. 1979. K.: größte sportl. Erfolge: 1995 DJM RTL/1., 1996 DJM Slalom/1., 1997 DJM Abfahrt, RTL u. Super-G/1, JWM Slalom/3., JWM RTL/4., 1998 DJM Abfahrt, Super-G u. Slalom/1., 1999 DJM Abfahrt, RTL, Super-G u. Slalom/1., JWM Pra Loup/ 5., 2000/01 WC-Abfahrt Val D´Isère/18., WM St. Anton Abfahrt/3., Kvitfjell/2. H.: Motorradfahren.

Eckert Gerhard Dr. phil. habil. *)

Eckert Gerhard
B.: Kfm. FN.: Getränke Eckert - Getränke Groß- u. Einzelhdl. DA.: 37115 Duderstadt/Nesselröden, Nelkenweg 14. G.: Bochum, 3. Juli 1960. V.: Elke, geb. Otte. Ki.: Jennifer (1984), Svenja (1987), Niko (1994). El.: Gerhard u. Christ, geb. Huch. S.: 1976-79 Lehre z. Fleischer Firma Hans Gerd Gatzenmeier Fleischerei u. Spezialitätenversand Hilkerode, Abschluß, 1979-81 Ausbild. Feinkost b. Herrn Leipert Duderstadt. K.: Ang. im väterl. Betrieb Gerd Eckert Getränke Groß- u. Einzelhdl., div. Informatikkurse an Abendschule, Entwicklung eines

eigenen Komplettprogramms f. d. Firma, 1984 Übernahme d. Ltg. d. väterl. Firma als Gschf., 1992 zusätzl. Übernahme d. Firma Getränkeunion Heddersleben, Mühlhausen u. Verlegung d. Firma nach Teistungen, dort b. heute als Zweigstelle u. Lager genutzt, 1995 offizielle Übernahme d. Firma, 2000 Feier d. 30.ten Jubiläums d. Firma. F.: Ges. u. Gschf. Firma Mehrhaber Import-Export GmbH Nesselröden. P.: 1994 Göttinger Tageblatt/Eichsfelder Tageblatt: "Versorgungsengpässe im Bereich Brunnen". M.: Schützenbruderschaft 1592 e.V., 1922 Nesselröden, 1993-95 Vorst., Tennisclub Nesselröden, Mittelstandsver., Ortsverb. Duderstadt, Bez. Göttingen. H.: Planen u. Bauen.

Eckert Günter Dipl.-Ing. (FH) *)

Eckert Hanns-Jörg *)

Eckert Hans-Friedrich *)

Eckert Hendrik E. A. Dr. rer. nat. Vis. Prof. *)

Eckert Iris *)

Eckert Joachim
B.: RA. FN.: Eckert Rechtsanwälte. DA.: 10719 Berlin, Kurfürstendamm 43. G.: Stuttgart, 11. Feb. 1965. V.: Elisabeth, geb. Reining. Ki.: 4 Kinder. S.: 1984 Abitur Stuttgart-Feuerbach, 1984-85 Wehrdienst, 1986-93 Stud. Rechtswiss. FU Berlin, 1993 1. Staatsexamen, 1994-96 Referendariat b. Kammergericht, Wahlstation Zivilrecht, 1996 2. Staatsexamen. K.: 1996-99 ang. RA in Insolvenzverw.-Kzl. Udo Feser, zuletzt Ltr. Prozeßabt., seit 1999 selbst. zusammen m. d. Ehefrau, Tätigkeitsschwerpunkt: Insolvenz- u. Sanierungsberatung f. mittelständ. Unternehmen, auch Bau- u. Ges.-Recht, Zusammenarb. m. Kzl. Dr. Zauner & Dr. Mühlböck in Linz/Öterr. u. m. Mag. Stimitzer in Bad Goisern b. Ischl/Österr., 2001 Zulassung b. Kammergericht Berlin. H.: Antiquitäten, Möbel Jhdt.-Wende b. 20er J.

Eckert Jürgen

B.: RA, Bauherr, Gartengestalter, Mediator. DA.: 01157 Dresden, Altleutewitz 12. G.: Dresden, 13. Sep. 1953. El.: Prof. Dr. Eckert u. Helga. BV.: Großeltern Paul u. Martha Eckert - Bauern; Urgroßvater - Baumeister. S.: 1972 Abitur, 1972-84 Stud. Rechtswiss. Jena u. Berlin, 1977-80 Fernstud. Staatswiss. Potsdam. K.: 1981-83 PR-Manager im Meininger Theater, 1984 Lehrauftrag an d. HS f. Musik in Dresden, 1985 Büroltr. d. Intendanten d. Semperoper im Eröff.-Jahr, 1987 selbst. Manager f. Künstler, 1990 RA, 1991-99 Bauherr im Auftrag u. Eigenregie v. Einzeldenkmälern in Kooperation m. Landschaftsarchitektin F. Wagner in Dresden, seit 2001 RA m. Tätigkeitsschwerpunkt Mediation; Funktionen: Förderer v. Kunstprojekten, Projektidee Open-Air-Galerie in Dresden f.

*) Biographie www.whoiswho-verlag.ch oder beigefügte CD-ROM

VW, Mitinitiator d. regionalen Kunstförderung u. versch. Projekte, 1985 Cheforganisator d. Wiedereröff. d. Semperoper in Dresden. H.: Malen, Kochen, Gartengestaltung.

Eckert Karl-Heinz *)

Eckert Knut
B.: Verleger, Grafiker, Autor u. Designer, selbständig. FN.: Eckert Comic GbR. DA.: 81241 München, Am Knie 8. info@eckert-design.de. www.eckert-design.de. G.: Frankfurt/Main, 11. Jan. 1971. El.: Dr. Hermann u. Angelika. BV.: Onkel Prof. Dr. Claus Josel Riedl "Der Glasmacher". S.: 1990 Abitur in Helmstedt/Niedersachsen, 1990-96 Stud. Kommunikationswiss. an d. BRW München. K.: 1996-98 ang. Grafiker in München, 1998 Grdg. d. Firma Eckert in München, 2001 Grdg. d. Eckert Comic GbR in München. P.: Autor von: Eroll, der Golfcomic 8/2001, Kingkini König Ludwig d. II 2002, Golf Time, Golf Journal, Golf Magazin, W+V, Horizont, TZ u. AZ. E.: Dt. Medien Award 1998 f. Siemens Nixdorf. H.: Fischerei, Golf, Motorradfahren, Malerei, Kunstgeschichte.

Eckert Marc *)

Eckert Martin Dr. rer. nat. Dipl. Biol. *)

Eckert Michael *)

Eckert Nicole Dr. *)

Eckert Norbert *)

Eckert Rainer Dr.
B.: Dipl.-Archivar, Ltr. FN.: Zeitgeschichtliches Forum Leipzig. DA.: 04109 Leipzig, Grimmaische Str. 6. eckert@hdg.de. www.hdg.de. G.: Potsdam, 16. Jan. 1950. V.: Petra. Ki.: Hannah (1978), Simon (1981). El.: Erich u. Erika. S.: 1968 Abitur Potsdam, 1969-72 Stud. Archivwiss. u. Geschichte Humboldt-Univ. Berlin, 1972 im Zuge polit. Verfolgung v. d. Univ. verwiesen, 1972-75 Arbeiter u. Lagerverwalter in einem Berliner Baubetrieb, 1975 Dipl. K.: 1975-88 wiss. Mitarbeiter am Zentralinstitut f. Geschichte d. AdW d. DDR, 1984 Prom., 1988-90 Mitarb. im Forschungsbereich dt. Geschichte (1917-45), 1990-91 stellv. Dir. d. Inst. f. dt. Geschichte Berlin, 1990-97 Organisator v. "panels" auf d. Jahrestagungen d. German studies association Buffalo Los Angeles, Washington, Chicago, Salt Lake City, 1997 Ltr. Projektgruppe Leipzig, seit 1999 Ltr. d. o.g. Forums z. Darstellung dt. Zeitgeschichte, 2001 Habil., Privatdoz. am Otto-Suhr-Inst. d. Freien Univ. Berlin. P.: über 300 Publ. M.: histor. Kmsn. b. Parteivorstand d. SPD.

Eckert Rainer *)

Eckert Ulrich
B.: RA in eigener Kzl. DA.: 76646 Bruchsal, Kaiserstr. 69. PA.: 76646 Bruchsal, Bergstr. 120. G.: Bruchsal, 7. Juni 1950. V.: Monika, geb. Buck. S.: 1969 Abitur, 1969-71 Bundeswehr, 1971 Stud. Jura Univ. Heidelberg, 1976-79 Referendariat, 2. Staatsexamen. K.: seit 1979 selbständiger RA, 1983 Eröff. d. Kzl. in Bruchsal. H.: Tennis, Reisen.

Eckert Willi *)

Eckert-Klamand Hartmut *)

Eckervogt Norbert *)

Eckey Wilfried Dr. theol. Prof. *)

Eckhard Ralf
B.: RA. FN.: Sozietät Dr. Heinz & Stillner. DA.: 70174 Stuttgart, Seestr. 104. G.: Gelsenkirchen-Buer, 21. Apr. 1958. V.: Alice, geb. Breitkreuz. Ki.: Laura (1993), Nils (1996). El.: Berthold Hans Friedrich u. Lieselotte. S.: 1978 Abitur, 1978-84 Stud. Jura u. Rechtswiss. in Saarbrücken, 1984 1. Staatsexamen, 1984-88 Ass. an d. Univ. Saarbrücken, parallel Referendarzeit, 1987 2. Staatsexamen. K.: 1988 Eintritt in d. Sozietät, Schwerpunkt: Gewerbl. Rechtsschutz, Verb.-Wesen/AGB- u. UWG-Verfahren, Marken- u. Urheberrecht. P.: Fachveröff. M.: Dt. Ver. f. gewerbl. Rechtsschutz u. Urheberrecht, "Der grüne Ver"., Anw.-Ver. H.: Kunst. Sprachen: Englisch.

Eckhard Sabine Caroline
B.: freiberufl. Regisseur. PA.: 10623 Berlin, Kantstr. 142. El.: Werner u. Marie-Luise Eckhard, geb. Nitschke. S.: 1974 Abitur, 1974/75 Conservatoire Libre du Cinema Francais Paris, 1975-78 HS f. FS u. Film München. K.: ab 1978 Regieass., ab 1986 Reg. (Kinokurzfilm, TV u. Kino-Dokumentationen). P.: Kinodokumentarfilm: Coyright b. Inge Morath (1991), FS-Dokumentation: Kamera Raoul Coutard (1987), 3 Kinospielkurzfilme: Nachbarschaft, Kaffeeklatsch, Parachute. E.: Festivalteilnahme u.a. Berlinale 1986, Rotterdamm 1987, San Franzisko 1986, Montreal 1990. M.: BVerb. d. FS- u. Filmreg. H.: Reisen, Sprachen. (I.U.)

Eckhardt Albrecht Dr. phil. Prof. *)

Eckhardt Andreas Dr. phil. Prof. *)

Eckhardt Axel Dr. *)

Eckhardt Bodo-M. Dr. med. dent.

B.: Zahnarzt. DA.: 69115 Heidelberg, Poststr. 18-20. G.: Heidelberg, Feb. 1961. El.: Dr. Werner u. Marita. S.: 1981 Abitur, 1981 Aufenthalt in Bath/England, 1982-88 Stud. Zahnmed. Mainz, Erlangen-Nürnberg u. Heidelberg, 1988 Staatsexamen. K.: 1989 wiss. Ass.-Arzt in Mund-, Kiefer- u. Gesichtschir. Univ. Heidelberg, 1990 Prom. z. Dr. med. dent., 1991 Examen als FA f. Oralchir., 1992 Grdg. d. eigenen Praxis in Heidelberg. BL.: 1992 einer d. ersten in d. Anwendung d. Sinus-Lifting, führend in d. parodontalen Geweberegeneration u. ästhet. Zahnumformung ohne Zahnpräperation im Rhein-Neckar-Raum, 2000 Anerkennung d. Tätigkeits-Schwerpunktes Implantologie seitens d. Dt. Ges. f. Implantologie. M.: Dt. Ges. f. Implantologie, Dt. Ges. f. Zahn-, Mund- u. Kieferheilkunde, Heidelberger Golf Club Lobenfeld. H.: Golf, Bonsai, Skifahren, Langlaufen, Surfen, Tennis.

Eckhardt Frank *)

Eckhardt Fritz Dr. *)

Eckhardt Guido *)

Eckhardt Hildegard
B.: Gschf. Ges. FN.: Lineas Projekt Services GmbH. DA.: 38100 Braunschweig, Gördelingerstr. 47. G.: Maubach, 27. Dez. 1956. V.: Gunter Eckhardt. Ki.: Alessa (1991). El.: Sieg-

fried u. Hildegard Holzwarth, geb. Kurz. S.: 1974 Praktikum KH Stuttgart, 1975-78 Ausbild. Arzthelferin. K.: 1978-86 Arzthelferin in einem gr. Labor, 1986 Ass. eines Unternehmensberaters, 1989-92 tätig in einem Energieversorgungsunternehmen, danach tätig im EDV-Bereich, seit 1998 selbst. m. d. Firma Lineas Projekt Services GmbH. M.: v. 14.-30. Lebensj. Torwartin d. Handball-Regionalliga-Mannschaft SV Fellbach. H.: Reiten, Tennis.

Eckhardt Juliane Dr. Prof. *)

Eckhardt Theiß Dr. med. *)

Eckhardt Ulrich Dr. Prof.
B.: Kulturmanager, Jurist, Musiker/Int. FN.: Berliner Festspiele GmbH. DA.: 10787 Berlin-Charlottenburg, Budapester Str. 50. G.: Rheine, 28. Mai 1934. S.: 1953 Abitur, Stud. Rechts-u. Staatswiss. Freiburg u. Münster, 1957 Assessor, 1960 Prom.z. Dr. iur., Musikstud. (Klavier u. Dirigieren) Städt. Konservatorium Berlin. K.: 1957-68 Gerichtsreferendar, wiss. Arbeiten f. d. Univ. Münster u. d. Bundesverw.-Gericht, Berlin, Kapellmeister u. Korrepetitor an d. Städt. Bühnen Münster, 1968-72 Kulturref. d. Stadt Bonn, seit 1973 Int. u. Gschf. d. Berliner Festspiele GmbH: Intern. Filmfestspiele Berlin, Theatertreffen Berlin, Berliner Festwochen, JazzFest, Theatertreffen d. Jugend, Treffen Junge Musikszene, Treffen Junger Autoren, Horizonte-Festival d. Weltkulturen, Musik-Biennale, Sommerfestspiele, Beauftragter d. Senats v. Berlin 1984-87 f. d. 750-J.-Feier Berlin im Westteil d. Stadt, 1987 u. 1994/95 Beauftragter f. d. Veranstaltungen z. 8. Mai 1995, 1989/90 komm. Int. d. Berliner Philharmon. Orchesters, Ausstellungen: Preußen - Versuch einer Bilanz (1981), Schätze aus d. verbotenen Stadt/Palastmuseum Peking (1985), Europa u. d. Kaiser v. China (1985), Berlin - Berlin (1987), Topographie d. Terrors (1987), Europa u. d. Orient (1989), Jüd. Lebenswelten (1992), Japan u. Europa (1993), Berlin - Moskau/Moskau - Berlin (1995), Marianne u. Germania (1996), Dt. Fluchtlinien (1997). M.: ProgrammbeiR. d. Hauses d. Kulturen d. Welt, StiftungsR.-Mtgl. d. Dauerausstellung "Topographie d. Terrors", Vors. d. Kuratoriums im Intern. Inst. f. Traditionelle Musik zu Berlin, Vors. d. Förderver. f. d. Musikfestspiele Potsdam-Sanssouci.

Eckhardt Ulrich A. Dr. *)

Eckhoff Hans-Werner *)

Eckhoff Joachim *)

Eckhold Annegret *)

Eckhold Jörg T.
B.: Unternehmensberater, Gschf. FN.: Haus Perfekt GmbH & Co KG. DA.: 47918 Tönisvorst, Hüserheide 52. G.: Krefeld, 6. Okt. 1962. S.: 1980 Fachabitur Kiel, 1980-83 Cambridge u. Oxford, Abschluss m. engl. Wirtschaftsdipl. K.: 1983-85 NATO Stabsabteilung, 1985-87 Kfm. Ausbildung in Krefeld, 1987-89 Auslandsaufenthalt in Indien f. Siempelkamp als Ass. d. Geschäftsleitung, 1990 Grdg. Unternehmensberatung in Krefeld, 1990 Grdg. v. Ndlg. in Sachsen u. Berlin, 1994 Verkauf d. Ndlg. in Sachsen, 1995 Grdg. d. KMU Unternehmensberatung Dr. Lehmann u. Partner in Berlin, 1995/96 Haus Perfekt Software GmbH & Co KG Wohnungswirtschaftssoftware, 2001 Gewinnung d. Techem AG als Ges. d. Haus Perfekt. E.: Certified Management Consultant CME. M.: BDU. H.: Tennis.

Eckl Edgar *)

Eckl Ludwig Dipl.-Ing. *)

Eckloff Werner *)

Eckmann Dieter *)

Eckmann Jörn *)

Eckmüller Erika *)

Eckmüller Rudolf Dipl.-Ing.

B.: Unternehmensberater, Trainer, Coach. FN.: ACE. DA.: 85123 Karlskron, Kleinstr. 7. rudolf.eckmueller@ace-2.de. G.: München, 21. Mai 1959. S.: 1975 Mittlere Reife, Ausbild. z. Energieanlagenelektroniker, Stud. Feinwerktechnik. K.: 1986-91 Techn. Schulung v. Vertriebsmitarb. u. Kunde d. Siemens AG in d. Themengebieten Produkte u. Anwendungen, 1991-94 freier Trainer f. CAD b. d. HWK München, Entwicklung u. Durchführung v. Seminaren m. anerkanntem Abschluss z. CAD-Fachkraft, 1993-96 Mtgl. im Prüf.-Aussch. CAD/CAM als Vertreter d. HWK München, 1994-95 Techn. u. vertriebl. Schulung v. Vertriebsmitarb. d. Siemens AG, 1995-97 Durchführung v. Persönlichkeitstrainings f. ein intern. Trainingsunternehmen, 1995-97 Aufbau u. Leitung einer EDV Marketing u. Supportabteilung bei SIEMENS AG, 1995-97 Ausbildung z. Trainer/Coach, 2001 Ausbild. z. DISG-Trainer, seit 1997 eigenes Trainingsunternehmen ACE Active Consulting & Training. P.: CD Musik. M.: Münchner Wirtschafts Bund, Münchner Marketing Circle. H.: Motorradfahren, Fotografieren, Musik.

Eckner Klaus-Jürgen Dr. jur. *)

Eckrich Wolfgang Dr. *)

Eckrodt Rolf
B.: Chief Operating Officer. FN.: Mitsubishi Motors Corp. DA.: JP 108-8410, Minato-ku Tokyo, 33-8 Shiba 5-chome. www.mitsubishi.com. G.: Gronau, 25. Juni 1942. S.: Stud. Maschinenbau Bochum. K.: 1966 Qualitätsing. b. Mercedes-Benz im Bereich automat. Getriebe, ab 1970 Abt.-Ltr., 1978 Erweiterung d. Aufgabengebietes auch d. Planung, Prod. u. Meßtechnik PKW-Aggregate u. 1985 Vors.-Vors. im Ressort Prod., 1987 Fachbereichsltr. Prod.-Planung PKW, Dir. f. techn. Planung PKW, seit 1988 f. Investitionen, Prod.-Struktur u. Erzeugnisplanung in 6 PKW-Werken zuständig, 1990 Dir. f. Vertriebsplanung PKW d. Mercedes-Benz AG, seit 1992 Vors. d. Gschf. d. Mercedes-Benz do Brasil, 1996 Vors. d. Gschf. d. ABB Daimler-Benz Transportation (Deutschland) GmbH (jetzt Adtranz DaimlerChrysler Rail Systems GmbH), seit 2001 COO Mitsubishi Motors Corp. Tokyo.

Eckstaedt Hans *)

*) Biographie www.whoiswho-verlag.ch oder beigefügte CD-ROM

Eckstein

Eckstein Angelika

B.: Friseurmeisterin, selbständig. FN.: Haarwerk. DA.: 83278 Traunstein, Stadtpl. 25. G.: 7. Sep. 1971. E.: Harald u. Gertraud Eckstein. S.: 1987-90 Lehre Friseurin. K.: 1990 ang. Friseurin in Traunstein u. 1992 in München, 1993 ang. Friseurin auf d. Kreuzfahrtschiff MS Arkona, 1994 ang. Friseurin in München u. 1995 in Traunstein, 1998 Meisterprüfung, seit 1999 selbständige Friseurmeisterin in Traunstein, 2002 Eröff. d. Studios f. Permanent-make-up. M.: Tierschutzverein. H.: Sport, Malen, Reisen.

Eckstein Berthold *)

Eckstein Brigitte Dr. rer. nat. Prof. *)

Eckstein Dieter Dr. rer. nat. Prof. *)

Eckstein Hans Dr. rer. nat.
B.: WissOR., Biochemiker u. Biologe. FN.: Univ.-KH Eppendorf, Inst. f. Physiolog. Chemie. DA.: 20246 Hamburg, Martinistr. 52. PA.: 22145 Hamburg, Heubergerstr. 8. G.: Rastatt, 7. Febr. 1932. V.: Therese, geb. Krings. Ki.: Hans-Martin, Katharina, Barbara, Hildegard. El.: Dr. Helmuth Friedrich u. Therese. S.: Abitur, Stud. Zoologie, Hydrobiologie, Botanik, Chemie u. Physik Univ. Hamburg u. Freiburg, 1961 Prom. K.: 1961-64 wiss. Mitarb. am Inst. f. Physiolog. Chemie d. Univ. Hamburg, 1964 wiss. Ass., 1972 WissR., 1972 WissOR., 1971 Ltr. d. Arbeitsgruppe "Zellteilung" am Inst. f. Physiolog. Chemie, 1971 Ltr. d. Physiolog.-chem. Praktikums, 1997 Pensionierung. P.: 26 Publ. E.: Mtgl. akad. Gremien, Landeselternbeirat v. Schleswig-Holstein. M.: Ges. Biol. Chemie, Dt. Ges. Zellbiologie, N.Y. Academy of Sciences, Univ.-Ges. Hamburg. H.: Musik, Literatur.

Eckstein Werner Dr. rer. pol. Prof.

B.: Dir. u. Sprecher. FN.: Inst. f. Seeverkehrswirtschaft u. Logistik. DA.: 28359 Bremen Universitätsallee GW 1. G.: Königsberg, 16. Juni 936. V.: Ute, geb. Krämer. Ki.: Dr. Jens (163), Kerstin (1967). El.: Leo u. Lilly, geb. Laube. S.: 1956 Abitur Darmstadt, Stud. Wirtschaftsing.-Wesen Univ. Darmstadt, 1962 Dipl.-Wirtschaftsing. K.: 1962 Mitgrdg. d. Dornier Planungsberatung f. Logistik u. Transportwirtschaft u. b. 1994 stellv. Ltr., 1985 Prom., 1994 Univ.-Prof. am Inst. f. Seeverkehrswirtschaft u. Logistik, Dir. u. Sprecher d. Direktoriums, Schwerpunkt Standortmarketing, kooperative Systeme, Planung u. Betreuung v. Güterverkehrszentren, Modernisierung d. intermodalen Verkehrs u.a.m. P.: zahlr. Publ. z. Thema Kooperation in d. Verkehrswirtschaft. M.: 1995-99 AufsR.-Mtgl. d. BLG Bremen, seit 1995 Berater bes. f. China d. CDG-Ges.

Eckstein Hasko Dr. med.
B.: FA f. Urologie. DA.: 96766 Wolfen, Leipziger Str. 98. G.: 6. Jan. 1962. V.: Carmen, geb. Krauße. Ki.: Slora (1986). El.: Dr. Günter u. Renate, geb. Grob. BV.: Vater - Wissenschaftler, stell. Kreistagspräs. d. Kreistages in Bitterfeld. S.: 1980 Abitur, 1980-83 Armee, 1983-88 Stud. Med. Univ. Halle, Staatsexamen. K.: 1988-89 Ass. an d. Univ.-Klinik Halle, Approb., 1989-94 FA-Ausbild. in Urologie, 1993 Prom., 1994-95 FA an d. urolog. Klinik in Weidenplan, seit 1995 ndlg. Urologe in Wolfen. M.: seit 1992 Berufsverb. d. Urologen. H.: Windsurfen, Joggen, handwerkliche Arbeiten.

Eckstein Margrit Dr. med. *)

Eckstein Wolfgang *)

Eckstein Wolfram Dr. Dipl.-Kfm. *)

Edathy Sebastian
B.: Soziologe, MdB. FN.: Dt. Bundestag. DA.: 11011 Berlin, Platz d. Republik 1. G.: 5. Sep. 1969. El.: Dr. Dr. Mathew u. Anni Edathiparambil, geb. Pusback. S.: 1989 Abitur Stolzenau, Zivildienst an d. Fachabt. f. Suchtkranke d. LKH Wunstorf in d. Außenstelle Bad Rehburg, Stud. Dt. Sprachwiss. u. Soz. an d. Univ. Hannover, 1999 Mag. K.: seit 1990 SPD-Mtgl., 1993-95 Vors. d. Nienburger Jungsozialisten, seit 1993 Mtgl. d. Vorst. d. Nienburger SPD, seit 1997 stellv. Vors., 1990-93 Mitab. d. LAbg. Bärbel Tewes-Heiseke, 1993-98 persönl. Ref. d. Noch-Bundestagsabg. Ernst Kastning in Bonn, seit 1998 MdB, Mtgl. d. Vorstandes d. SPD-Bundestagsfraktion. (Re)

Edding Friedrich Dr. phil. *)

Edding Peter *)

Edel Helmut

B.: Gartenbautechniker, Inh. FN.: Garten- u. Landschaftsbau Baumschule Edel. DA.: 59192 Bergkamen, Burgemeisterweg 7. G.: Mengeringhausen, 29. Okt. 1938. V.: Marianne, geb. Möllenhof. Ki.: Yasmin (1975), Yvonne (1977). El.: Fritz u. Maria, geb. Jellinghaus-Brinkmann. BV.: Wilhelm Jellinghaus-Brinkmann Pastor u. Ldw. S.: 1954-57 Lehre f. Garten- u. Landschaftsbau in Dortmund. K.: 1957-58 Ang. im gleichen Betrieb, 1958-60 Weiterbild. u. Praktikum in d. Schweiz, 1960-62 Bmtr. b. d. Bundesgartenschau in Dortmund/Grünflächenamt, seit 1962 selbst. im Garten- u. Landschaftsbereich, 1965-67 Ausbild. an d. Höheren Fachschule f. Gartenbau, seit 1967 Tätigkeit im eigenen Betrieb, 1985 Fortbild. d. Umwelttechnologien, Schwerpunkt: Dachbegrünung, Wassernutzungsanlagen, Abwassertechnik. M.: seit 1960 b. d. DSV, seit 1959 in d. FDP, parallel b. d. Jungdemokraten (Kreisvors.). H.: Skifahren (Lehrwart).

Edel Klaus *)

Edel Klaus Dipl.-Ing. *)

Edeling Curt Dr.-Ing. *)

Edelmann Dieter
B.: Fotograf, selbständig. DA.: 80797 München, Schleissheimer Str. 122. G.: Stuttgart, 17. Juli 1942. V.: Ivana. Ki.: Claudia (1965), Jens (1967). S.: 1960 Mittlere Reife in Stuttgart, 1960-63 Lehre als Fotograf b. Foto Lusch in Immenstadt. K.: 1963-64 tätig als Fotograf in Immenstadt, 1964-69 Werbe- u. Werksdokumentarfotograf b. Rüstungskonzern Rheinme-

*) Biographie www.whoiswho-verlag.ch oder beigefügte CD-ROM

tall in Düsseldorf, 1970-73 Außendienstleiter b. Bremafort in Düsseldorf, 1973-74 b. Bron-Color, 1974-90 Außendienstleiter b. Firma Durst in Hamburg, seit 1991 selbständig als Fotograf in Verbund m. d. Firma MUC-Composing, 1994 Fachlabor f. Fotografie in München, seit 1995 Übernahme d. heutigen Betriebsstätte m. Mini-Lab in München. H.: Garten, Fotografie, Wandern, Bergsteigen, Klarinette spielen.

Edelmann Edmund Dr. *)

Edelmann Klaus
B.: Mtgl. d. Vorst. FN.: Dynamit Nobel AG. DA.: 53840 Troisdorf, Kaiserstr. 1. www.dynamit-nobel.com. S.: kfm. Ausbildung, Stud. VWL in Köln. K.: tätig in versch. Positionen d. Ind., 1989 Eintritt in d. Vorst. d. damaligen Klöckner-Humboldt-Deutz AG, heute Deutz AG, in Köln, seit 2001 Mtgl. d. Vorst. d. Dynamit Nobel AG, verantwortlich f. d. Vorstandsbereich Finanzen u. Controlling, einschl. d. Zuständigkeit f. Steuern, Beschaffung u. Informationstechnologie. (Re)

Edelmann Peter Dipl.-Ing. *)

Edelmann-Schumm Edith *)

Eden Gerd

B.: Designer, Gschf. Ges. FN.: Eden & Team Werbeagentur GmbH. DA.: 44789 Bochum, Universitätsstr. 90. kontakt@eden-team.de. www.eden-team.de. G.: Wattenscheid, 11. Mai 1951. V.: Stefanie, geb. Barowski. Ki.: Kathrin (1979), David (1981), Lisa (1987). S.: 1964-67 Lehre als Techn. Zeichner, 1968-70 FH-Reife, 1971-72 Bundeswehr, 1973-77 Stud. z. Designer an d. Folkwang-HS in Essen. K.: 1977-79 selbst. als freier Grafiker in München, 1979-81 Atelierlrt. Werbestudio Kieselbach in Bochum, 1981-84 ART-Dir. b. Karstadt in Essen, Modegruppe, 1984-87 Creativ-Dir. b. MMB Werbeagentur in Bochum, 1987-89 Creativ-Dir. b. BMS Werbeagentur in Wuppertal, 1989 selbst. m. eigener Agentur, beteiligt zu 50% an Schaber & Eden Atelier f. Kommunikation, 45% an d. HSE Werbeagentur GmbH, 1996 Alleiniger Gschf. u. Ges. d. Eden & Team Werbeagentur GmbH. M.: BDW Dt. Kommunikationsverb., im BeiR. Marketing Club Bochum. H.: Marathonlaufen.

Eden Helmut Dipl.-Ing.
B.: Elektrotechniker, Inh. FN.: Elkom GmbH. DA.: 26842 Ostrhauderfehn, Schulstr. 84 a. G.: Papenburg, 30. Aug. 1965. V.: Karin, geb. Böhnke. Ki.: Malte (1999). El.: Johann u. Agnes. S.: 1983 Mittlere Reife, 1983/84 BGJ Elektrotechnik Papenburg, 1984-87 Lehre Energieanlagenelektroniker Firma Brügmann Frisoplast Papenburg, 1987/88 FOS Elektro BBS Papenburg, 1990-93 Stud. Elektrotechnik, Automatisierungstechnik u. Energieversorgung FHS Wilhelmshaven. K.: 1993-97 tätig in eigenem Ing.-Büro u. berufl. Aufenthalte im EU-Bereich, seit 1997 selbst. m. Grdg. d. Firma Elkom. P.: Dipl.-Arb.: "Netzrückwirkung durch regenerative Energiequellen" (1993). E.: 1987 Ausz. d. IHK f. überragendes Ausbild.-Ergebnis. M.: TSV Idafehn, Kreishandwerkschaft Papenburg, Schießver. Aschendorf. H.: Fliegen, Sport, Musik, Lesen.

Eden Petra
B.: selbst. RA, Steuerberaterin, Fachanw. f. Steuerrecht. DA.: 26122 Oldenburg, Theaterwall 2. kanzlei@petra-eden.de. www.petra-eden.de. G.: Bremen, 2. Aug. 1958. V.: Dr. rer. pol. Siegfried Eden. Ki.: Christian (1998). El.: Axel u. Christine Krefeldt. S.: 1977 Abitur Bremen, 1977-80 Ausbild. z. gehobenen allg. Verw.-Dienst in Bremen, Dipl. Verw.wirtin (FH), 1980 Stud. Rechtswiss. Univ. Bremen, 1985 Staatsexamen. K.: seit 1986 RA einer RA-Kzl. Bremen, 1988 einer Wirtschaftsprüf.-Ges., seit 1990 selbst. RA, seit 1993 Steuerberaterin in Oldenburg, seit 1998 Fachanw. f. Steuerrecht, Schwerpunkt: Ges.-Recht, Erbrecht, Steuerrecht. M.: 1. Vors. Ver. der Freunde Zonta e.V., Verb. Dt. Unternehmerinnen., Zonta-Club Oldenburg, Ges. Union e.V. H.: Sport, Reisen, Lesen.

Eden Rolf
B.: Gastronomiekfm. FN.: prsco-"BIG-EDEN". DA.: 10629 Berlin, Leibnizstr. 57. G.: Berlin, 6. Feb. El.: Hans u. Alice. S.: Ausbild. z. Hotelkfm. K.: seit 1957 Aufbau v. 6 Discos u. Nachtklubs am Kurfürstendamm, seit 1977 in Immobilienbranche tätig, in ca. 20 Filmen als Schauspieler in Hauptrollen mitgewirkt u.a. "Heißer Sand auf Sylt", "Dr. Mabuse", "Kalt wie Eis", seit 1961 Organ. u. Durchführung d. "Miss Berlin" u. "Miss Filmfestspiele" Wahlen, seit 1985 "Miss Germany" Wahlen. M.: 1976-91 Vors. d. Vergnügungsbetriebe in Gaststätteninnung Berlin. H.: Autos, Wassersport, Reisen, Musik, Theater.

Edens Helga M.
B.: Inh. FN.: Ships Service Edens, General Ship Supplier. DA.: 20457 Hamburg, Kamerunweg 11. PA.: 25469 Halstenbek, Eidelstedter Weg 288. G.: Hamburg, 9. Feb. 1935. El.: Mary u. Otto Golembiewski. S.: 1950-53 Lehre als Schiffsausrüster. K.: seit 1979 selbst. M.: Verb. d. Dt. Schiffsausrüster e.V., Intern. Ship Supplier Assoc., Deutsche Israelische Ges., Hamburger Hafenverein e. V., Hafenrunde Hamburg, Verein Speicherstadt e. V. H.: Geschäft. (G.v.B.)

Eder Bernd Dipl.-Ing.

B.: Experte f. Sachwertprodukte, Gschf., Vertriebsltr. FN.: Camina GmbH; Global Ges. f. Unternehmens- u. Finanzberatung mbH. GT.: seit 1999 Gschf. u. Hauptges. Camina Wirtschaftsberatungs GmbH Wiesbaden. PA.: 65183 Wiesbaden, Marktstr. 10; 65479 Raunheim, Ringstr. 109. PA.: 69190 Walldorf, Banatstr. 2. info@camina-gmbh. de. www. camina-gmbh.de. G.: Salzberg/Berchtesgaden, 3. Okt. 1959. Ki.: Lilli (1989). El.: Gottfried u. Marlene, geb. Liebig. S.: 1976-80 Lehre als Landmaschinenmechaniker, 1979-80 Fachschulreife, 1982-85 Maschinenbaustud. FH Heidelberg, Abschluss Dipl.-Ing. K.: 1980-82 Mechaniker, 1985-92 Vor- u. Kostenplaner, Verkaufs- u. Produktförd. Mercedes Mannheim, Werk 28, Mitarb. b. d. Einführung d. O404, 1992/93 Vertriebsltg. d. Firma Fagro Werkzeugbau, 1993-95 Immobilienverkäufer im Außendienst Primus AG Eschborn, Mitarb. d. Bank v. Ernst Schweiz, 1995-98 Organ.-Ltr. FG Finanzservice AG Heilbronn, seit 1998 Vertriebsltr. Sachwerte Global Ges. f. Unternehmens- u. Finanzberatung mbH Raunheim. H.: Musikhören, Squash.

*) Biographie www.whoiswho-verlag.ch oder beigefügte CD-ROM

Eder

Eder Conrad Ferdinand *)
Eder Franz X. Dr. theol. *)

Eder Heinrich
B.: Dipl.-Bildhauer u. Meisterschüler. DA.: 22453 Hamburg, Soothörn 22. G.: Salzburg/Österr., 26. März 1967. V.: Swantje, geb. Clasen Ki.: Leonart (1993), Silvan (1995). El.: Heinrich und Friederike Eder. S.: 1981-85 Fachschule f. Holz- u. Steinbildhauerei, Hallein, 1984 Intern. Sommerak. b. Josef Zenzmaier, Salzburg, 1986-92 Stud. Bildhauerei b. Prof. Hans Ladner an d. Ak. d. bild. Künste, München, Meisterschüler, 1992 Dipl. K.: seit 1992 freiberufl. Bildhauer in Hamburg, Ausstellungen: 1989-92 Wanderausstellung BMW "Kunstwerke in d. Automobil-Industrie", München, Ontario, Tokio, Sydney, 1993 Kinet. Stahlskulptur/Hannover Messe Industrie, 1994 Verein Dt. Ingenieure, Düsseldorf, 1995 Kampnagel, Ausstellung f. d. Hamburg - Stipendium, 1995 Akustische u. Visuelle Klanginstallation" Galerie Atrium, Hamburg, 1997 Skulpturen u. Wasserprojekte, Schloß Glücksburg, 1998 Skulpturen, Musikhalle Hamburg, 1999-2000 "Perspektiven", Plastik u. Wasserobjekt, Galerie Meißner, Hamburg.

Eder Helmut Dr. med.

B.: FA f. Orthopädie, Rheumatologie, Physikal. Therapie. DA.: 90429 Nürnberg, Saubertstr. 3. dr.eder@odn.de. G.: Fürth, 14. Juli 1944. V.: Sibylle, geb. Johanny. Ki.: 2 Töchter. El.: Dr. med. Ludwig u. Gertrud, geb. Buchler. S.: 1963 Abitur Fürth, 1965-72 Stud. Humanmed. in Erlangen u. Würzburg, 1972 Approb. u. Prom. K.: 1972-73 Med.-Ass. Krankenhaus Höchstadt/Aisch (Innere Med.), Klinikum Fürth (Chir.), 1973-74 Ass.-Arzt Chir. Abt. Klinikum Fürth, 1974-75 Unfallchir. Abt. Chir. Univ.Klinik Erlangen, 1975-79 Orthop. Klinik "König-Ludwig-Haus" Würzburg, 1979 FA-Anerkennung f. Orthopädie, 1979 Zusatzbezeichnung Physikal. Therapie, Teilgebietsbezeichnung Rheumatologie, 1980-85 1. OA d. Orthopäd. Klinik "Klinik am Eichert" Göppingen, seit 1985 Ndlg. als FA f. Orthopädie, Belegarzt am Krankenhaus Martha-Maria Nürnberg. P.: Veröff. in Orthopäd. Fachzeitschriften zu fachspezifischen Themen. M.: DGOT, BVO, VSO, ERASS, AGA, NAV-Virchowbund, Corps Baruthia in Erlangen (KSCV), Corps Bavaria Würzburg (KSCV), Corps Thuringia Leipzig (KSCV). H.: Sport (Reiten), Elefantensammlung, Geschichte.

Eder Ingrid
B.: Einzelhdls.-Kfm., Visagistin, Farb-Typ u. Imageberatung. FN.: Art of Style. DA.: 81927 München, Sylvanastr. 7. art-of-style@gmx.de. www.imageberatung-art-of-style.de. G.: Saalfelden/Österreich, 3. Feb. 1954. V.: Ralph Küchler. El.: Jo hann u. Adelinde, geb. Machreich. S.: 1969-72 Lehre Einzelhdls.-Kfm., 1985 Ausbild. z. Visagistin, 1986 Ausbild. z. Farb- u. Stilberaterin. K.: 1972-84 Tätigkeit in Modeboutiquen, 1984-88 Tätigkeit in d. Gastronomie, seit 1988 selbst. Beraterin, seit 1990 Farb- u. Stilberatungsschule, Einzel- u. Firmenberatung m. individuellen Kursen f. Damen u. Herren. BL.: Ski-Rennläuferin im ÖSV Jugendkader. P.: Presseberichte in "Beauty", "Focus", Funk u. Fernsehen, Bayerischer Rundfunk, Pro 7. H.: Skifahren, Soul/ Funk-Music, klassische Musik, Schwimmen, Abenteuerreisen.

Eder Josef
B.: Area Executive Chief Germany. FN.: Grand Hyatt Berlin. DA.: 10785 Berlin, Marlene-Dietrich-Pl. 2. jeder@hyattintl.com. www.berlin.hyatt.com. G.: Neumarkt-St. Veith, 26. Sep. 1963. V.: Colleen. Ki.: Jade (1996), Jeremy (1999). S.: Kochlehre Hotel-Restaurant Jägerhof in Mühldorf am Inn, 1987 Hotelfachschule Altötting, auch Ausbildereignungsprüfung. K.: 1981-84 Le Redoute in Bonn, 1984 6 Monate im Hotel Victoria in Glion bei Montreux, 1984/85 Wintersaison Hotel Caprice in Rougement b. Gstaad, 1985 im Sommer Hotel Waltershof in Kampen auf Sylt, 1985-86 Grand Hotel Bellevue in Gstaad, 1986 Küchenchef Hotel Guggis in Zürs am Arlberg, 1987/88 wieder in Wintersaison Hotel Guggis, 1988 Hyatt Regency in Köln, Sous Chef Graugans, 1988-91 Küchenchef Neueröff. Hyatt in Coolum/Australien, auch 2 Monate Grand Hyatt in Melbourne u. 2 Monate in Hongkong, 1991-93 Neueröff. als Chef des Cuisines Park Hyatt Buenos Aires, 1993 6 Monate Grand Hyatt Seoul, 1993 Opening Support Hyatt Regency in Fukuoka/Japan, 1993-95 Hyatt Regency Singapur als stellv. Küchendir., 1994 Eröff. Park Hyatt Tokio, 1995 Neueröff. als Küchendir. Hyatt in Johannesburg, 1996 1 Monat Hyatt Casino in Thessaloniki/Griechenland, 1996-98 Wirtschaftsdir. Park Hyatt Johannisburg, seit 1998 nach Neueröff. Küchendir. d. Hyatt Berlin am Potsdamer Platz in Berlin, seit 1999 Regionaldir. f. ganz Deutschland. M.: Golfclub, Seddiner Club. H.: Golf, Tennis.

Eder Klaus *)

Eder Matthias

B.: Schreinermeister, Inh. FN.: Piwi´s Schreinerei. DA.: 83410 Leobendorf, Lerchenstr. 16. G.: Leobendorf, 26. Mai 1965. V.: Barbara, geb. Zwifl. Ki.: Maximilian (1998), Sina (2000). S.: 1980-83 Ausbild. Schreiner Laufen. K.: 1983-89 Geselle in Laufen u. Freilassing, 1990 Meisterprüf. in Traunstein, 1991 Meister in Laufen, 1992 Grdg. d. Flrma Piwi´s Schreinerei in Leobendorf m. Schwerpunkt Innenausbau f. Küche, Treppen u. Wohnraumgestaltung, Sonderanfertigung u. Restaurieren v. antiken Möbel, 1998 Ausbildung mit Prüfung f. Parkettleger. H.: Squash, Laufen, Berggehen.

Eder Norbert *)

Eder Norbert Thomas

B.: Kfm., selbständig. FN.: Bergrestaurant Kehlsteinhaus. DA.: 83471 Schönau am Königssee, Oberschönauer Str. 62. ederberchtesgaden@t-online.de. www.kehlsteinhaus.de. G.: Berchtesgaden, 6. März 1962. V.: Sabine. Ki.: Verena (1995). El.: Wolfgang u. Inge. S.: 1977 Lehre Groß- u. Außenhandelskaufmann. K.: 1979 Ang. in d. Firma Rau in Berchtesgaden, 1980 tätig im Außendienst d. Firma Moralt m. eigener Kaffeerösterei, 1985-89 Pächter d. Watzmannhaus, seit 1990 Pächter d. Kehlsteinhaus. F.: Handel u. Vertrieb v. Sportartikel in Berchtesgaden. P.: zahlr. Berichte u.

*) Biographie www.whoiswho-verlag.ch oder beigefügte CD-ROM

Veröff. in versch. Magazinen. E.: Bayr. Wirtebrief, umweltfreundlicher Betrieb. M.: Dt. Skilehrerverband, DAV, 2. Vorst. d. Gaststättenverband, 1. Vost. d. Kur- u. Verkehrsverein Schönau a. Königsee, 1. Vors. d. Mittelstandsunion, Kreisverband Berchtesgaden, Verbandsrat im Fremdenverkehrsverband, 2. Kreisvors. d. CSU Berchtesgadener Land.

Eder Rainer *)

Eder Sylvia *)

Eder Wilhelm Jakob Anton Ing. *)

Eder Wolfgang *)

Ederer Adolf Dipl.-Kfm.
B.: Botschafter in Jamaika, Bahamas u. Belize. FN.: Deutsche Botschaft. DA.: JM-Kingston 10, P.O. Box 4 44. PA.: JM-Kingston, 2, Bracknell Ave. germanemb@cwjamaica.com. G.: Landshut, 27. Dez. 1935. V.: Ximena, geb. Gatica. Ki.: Bernd-Claudio (1970), Karin-Beatrice (1974). El.: Adolf u. Maria. S.: 1954 Abitur Pfarrkirchen, 1956-61 Stud. Wirtschaftswiss. LMU München. K.: 1961-63 Wirtschaftsprüferass. Süddt. Treuhandges. AG München, 1963 Eintritt in d. Auswärtigen Dienst, 1964 Botschaft Brüssel, 1966 Botschaft Lima/Peru, 1966-69 Botschaft Santiago de Chile, 1972-75 Botschaft Colombo/Sri Lanka, 1975-79 Botschafter in Panama, 1983-91 Botschaft Santiago de Chile, 1991-97 Botschafter im Kongo, seit 1997 Botschafter in Kingston/Jamaika. E.: Kaiserl.-Japan. Orden "Heiliger Schatz" 3. Kl., Großkreuz "Bernardo O'Higgins" Rep. Chile, Großkreuz "Vasco Nunez de Balbo" Rep. Panama, Komturkreuz "Pour le Mérite" Rep. Kongo. M.: Ehrenmtgl. d. Dt.-Chilen. IHK Santiago de Chile. H.: Literatur, Tennis, Golf.

Edig Thomas Dipl.-Bw.
B.: Gschf. Personal u. Arbeitsdirektor, Vice President Human Resources. FN.: c/o Alcatel SEL AG. DA.: 70435 Stuttgart, Lorenzstr. 10. www.alcatel.de. S.: Stud. BWL m. Abschluss Dipl.-Bw. K.: seit 1986 b. Alcatel SEL in versch. Führungsfunktionen in d. Bereich Human Resources, Marketing, Vertrieb u. General Management tätig, 1998-2001 Arbeitsdirektor im Vorst. d. Alcatel SEL AG u. z. Vice President Human Resources d. Alcatel-Konzerns f. d. Region Zentral- u. Osteuropa ernannt, seit 2001 zusätzl. Gschf. Personal u. Arbeitsdirektor d. Alcatel Deutschland GmbH. (Re)

Edinger Gerd *)

Edinger Hans Richard
B.: stellv. Ressortltr. f. Foto. N.: Berliner Zeitung. DA.: 10178 Berlin, Karl-Liebknecht-Str. 29. G.: Landau, 27. Nov. 1959. V.: Kerstin, geb. Sopke. El.: Johannes u. Frieda. BV.: Faßbindermeister aus Trier im 16. Jhdt. S.: 1974-76 Lehre Maurer u. glz. tätig bei Zeitungen, 1976-80 Lehre Fotograf. K.: 1978-79 Ang. b. versch. Zeitungen im Bereich Schrift, Druck Satz u. Bild, 1989-90 Fotograf b. "Die Rheinpfalz", 1990-91 Fotograf d. "AP" in Frankfurt/Main, 1991-96 Aufbau d. Außenstelle f. AP in Dresden, 1996-99 Fotograf b. AP in Berlin, seit 1999 Fotoredakteur d. "Berliner Zeitung". H.: Motorrad.

Edinger Ludwig Dipl.-Kfm.u. Dipl.-Hdl. Univ.-Prof. *)

Edinger Roswitha *)

Edl Annemarie *)

Edler Helmut
B.: Kfm., Inh. FN.: Samen Edler. DA.: 90403 Nürnberg, Hans-Sachs-Gasse 9. G.: Nürnberg, 29. Okt. 1939. El.: Paul u. Erna. BV.: Großvater mütterlicherseits Johann Behringer

(Werkmeister Tucher-Bräu Nürnberg, v. ca. 1920-30 Mitaufbau v. Brauereien in Rußland), väterlicherseits Karl Edler (Ldw.). S.: Handelsschule Teschner Nürnberg, Kfm. Ausbild. K.: 1958 Eintritt in d. Firma Paul Edler Samenhdl. Nürnberg, 1973-94 Mitinh. zusammen mit der Mutter (OHG), seit 1995 Alleininh. d. Firma Samen Edler Nürnberg. M.: Samenhdls.-Verb., Bundesverb. Dt. Samenkaufleute u. Pflanzenzüchter e.V. Bonn. H.: Reisen (Südamerika).

Edler Oliver
B.: Gschf. FN.: Xenoveo 3D Computergrafik & Animation GmbH. DA.: 60431 Frankfurt/Main, Körberstr. 3. G.: Pforzheim, 31. Okt. 1960. V.: Svenja, geb. Lorenzen. Ki.: Aaron (1995). S.: 1966-76 Realschule, 1976-78 Lehre Werbetechniker, 1978-84 Fachoberschule, 1984 Abitur. K.: 1984-88 Aufenthalt in Spanien, 1988-90 Grdg. eines Ton-Video-Studios, 1990-91 Marketingltr. eines Computerunternehmens, 1991 Grdg. Xenoveo 3D Computergrafik & Animation GmbH. BL.: 1992 Erfindung neuartiger Anaglyphen-Verfahren. P.: seit 1991 zahlr. Aufsätze in Fachzeitschriften u. d. Tagespresse. H.: Modellhubschrauber, Computer-Graphik-Animation.

Edthofer Ralf *)

Edtinger Franz *)

Edvi-Illés Paul Dipl.-Ing. *)

Edye Constanze
B.: Garten- u. Landschaftsarchitektin, Lektorin, Doz. DA.: 22397 Hamburg, An der Drosselbek 1, Alter Forsthof. constanze.edye@freenet.de. G.: Königsberg, 20. Mai 1941. V.: Peter-Jens Edye. Ki.: 3 Töchter. El.: Otto u. Constance Kröger, geb. Caspari/Kobbelbude. S.: Graduation USA als AFS-Stipendiatin, Abitur, Gartenlehre, Stud. TU München-Weihenstephan, Kunst-HS Kassel. K.: seit 1968 eigenes Planungsbüro, seit 1993 Doz. f. Freiraumplanung Fachbereich Arch. fh-Hamburg, seit 1996 Garten Kolleg, Lektorin - Garten Kunstreisen; Präs. Zonta Club-Hamburg u. Förderndes Mtgl. ISU. M.: 1977 Grdg. Pony Club Alter Forsthof, Vorst. Ostpreuß. Herdbuchges.

Edye John Gerrit Lic. Oec. *)

Eekhoff Johann Uden Hilderich Dr. Prof. *)

Effenberg Günter Hermann Dr. rer. nat. *)

Effenberg Stefan
B.: Profi-Fußballer. FN.: c/o FC Bayern München. DA.: 81504 München, Postfach 900451. http://www.fcbayern.de. G.: Hamburg, 2. Aug. 1968. V.: Martina. Ki.: 3 Kinder. K.: Position: Mittelfeld, bisherige Ver.: Bramfelder SV 1973 - 1974, Viktoria Hamburg 1974 - 1986, Bor. Mönchengladbach 1986 - 1990, FC Bayern 1990 - 1992, AC Florenz 1992 - 1994, Bor. Mönchengladbach 1994 - 1998, s. 1998 FC Bayern München. E.: 2001 UEFA-Preis als wertvollster Spieler. (Re)

Effenberger Arne Dr. Prof.
B.: Direktor, Archäologe, Kunstwissenschaftler. FN.: Staatl. Museen zu Berlin-Preußischer Kulturbesitz, Museum f. Spätantike und Byzantinische. DA.: 10178 Berlin-Mitte,

*) Biographie www.whoiswho-verlag.ch oder beigefügte CD-ROM

Effenberger

Bodestr. 1-3. G.: Weimar, 9. Aug.1942. V.: Christa, geb. Dudel, (Med. Pädagogin). Ki.: Sven, Sophia, Georg. S.: 1960 Abitur, theodor-Neubauer-Gymn., altsprachl. Zweig, 1961/66 Humbold-Univ. Berlin. P.: mehrere Bücher, Kataloge u. Zeitschriftenbeiträbe zu Fachthemen d. klass. u. christlichen Archäologie u. z. Byzantinischen Kunstgeschichte.

Effenberger Eberhard Dipl.-Ing. *)

Effenberger Franz Xaver Dr. Dr. h.c. Prof. *)

Effenberger Klaus *)

Effenberger Siegfried Dr.-Ing. *)

Effenberger Thomas *)

Effert Udo Dipl.-Ing. *)

Effertz Friedrich Heinz Dr. rer. nat. *)

Effertz Manfred

B.: Filialdir. FN.: Victoria Vers. DA.: 47051 Duisburg, Düsseldorfer Str. 42. G.: Goldlauter, 10. März 1944. V.: Ursula, geb. Boersch. S.: 1961-63 Ausbild. Vers.-Kfm. Victoria Vers. Düsseldorf, 1963-64 Bundeswehr. K.: 1964 Vers.-Kfm. d. Victoria Vers., 1965 Sachbearb., 1966 Gruppenltr. in Stuttgart u. Köln, 1970-80 Büroltr. des Innendienstes in Bonn, 1980-84 Orgaltr. f. Mitarb. u. Kundenbetreuung in Mönchengladbach, 1985 Dir. u. Ltr. d. Innendienst-Geschäftsstelle in Düsseldorf, 1985-88 Bez.-Dir. in Düsseldorf, 1988-95 Ltr. d. Bez.-Dion Krefeld, 1995-99 Ltr. d. Bez.-Dion. Duisburg, seit 1999 Filialdir. in Duisburg. M.: Sprecherausch. d. ltd. Ang. d. Victoria Vers., Verb. d. Geschäftsstellenltr. d. Assekuranz, Vorst. d. Assekuranz Club Düsseldorf. H.: Mittelmeer-Reisen, Literatur, Golf.

Efthimiadis Thanos Dipl. oec.

B.: Gschf. Ges. FN.: AD AD GmbH f. Marketing & Kommunikation mbH. DA.: 26122 Oldenburg, Julius-Mosen-Pl. 3. info@informant.de. www. informant.de. G.: Bielefeld, 2. Sep. 1963. V.: Anett Schwarzer. Ki.: Stella M. (1991). El.: Dr. Johannes u. Urte, geb. Kraemer. S.: 1985 Abitur, Studium Wirtschaftswiss. Univ. Oldenburg, 1983 Dipl. oec. K.: während d. Stud. Werbefotograf f. gr. Markenartikel, 1993-97 selbst. Berater f. Marketing u. Kommunikation, 1997 Grdg. d. AD AD Ges. f. Marketing & Kommunikation mbH in Oldenburg; Projekte: Aufbau eines virtuellen Netzwerkes z. Sicherung d. Fullservices Dienstleistungsangebotes im Bereich Marketing u. Kommunikation, Aufbau einer Datenbank m. über 150 Freelancern, Errichtung div. Internetplattformen u.a. marke-online.de, Forum f. Markenschaffende, Experte d. Expertenrings Bundesverband mittelständische Wirtschaft f. Marketing in d.

Neuen Medien. P.: div. Vorträge u.a.: Bedeutung d. Neuen Medien f. d. Mittelstand, Internet überflügelt d. gr. Computerreservierungssysteme.

Egal Eddie

B.: Feuerkünstler. DA.: 14165 Berlin, Schönower Str. 9. G.: Berlin, 9. Okt. 1964. El.: Jörg u. Renate. K.: 1983/84 Exporteur f. Secound-Hand-Kleidung Dänemark-Deutschland, seit 1984 Künstler in Europa, 1985-87 Straßenkünstler zu Pferde m. Partnerin Akrobatik u. Feuer in Deutschland, Frankreich u. Spanien, 1987-88 mit Musikband an d. Costa del Sol, seit 1988 in Berlin, 1989 Grdg. d. Feuerzirkus DNTT-Intern. in Amsterdam: Organ., techn. Entwicklug u. Performer auf Europatourneen, seit 1992 Zusammenarb. m. Kain Karawahn, u.a. Organ. d. Festvals Feuer u. Schrott in Berlin, Feuerszenen f. Theaterstücke in Bochum, seit 1988 Ausstellungen v. Malerei u. Skulpturen.

Egbuna Robert Dr. med.

B.: prakt. Arzt, FA f. Chir. DA.: 13597 Berlin-Spandau, Breite Str. 33/34. G.: Iyienu/Nigeria, 15. Jan. 1934. V.: Anke. Ki.: Robert (1963), Andrew (1963), Nadia (1968). El.: Michael u. Grace. S.: 1951 Abitur, 1952-55 Abendschule in Lagos z. Vorbereitung auf d. Aufnahmeprüf. in d. einzige Univ. d. Landes, 1955-57 Med.-Stud. Univ. Lagos, 1957 Forsetzung d. Stud. in Bonn u. Berlin, 1962 Abschlußexamen an d. FU Berlin. K.: 1963-65 Ass.-Arzt im Lazarus-KH Berlin, 1966 1 J. Arzt in Großbritannien tätig, 1968-72 Rückkehr nach Berlin, Chir. im Lazarus-KH, 1970 Prom., 1971 OA, 1972-73 DRK KH Berlin-Lichterfelde, 1973 Ndlg. als Chir., später prakt. Arzt u. Chir. in eigener Praxis. H.: Phil., Math., Physik.

Egelkraut Klaus Dipl.-Phys. *)

Egen Bruno Dr. med. dent. *)

Egen Peter Dr. rer. soc. Dipl.-Kfm. *)

Egenberger Bernhard Dipl.-Kfm. *)

Egenolf Beate *)

Egenter Peter Dipl.-Wirtschafter

B.: Hauptgschf. FN.: IHK Potsdam. DA.: 14467 Potsdam, Breite Straße. G.: Potsdam, 15. März 1944. V.: Christa, geb. Ahne. Ki.: Dominique (1971, verst.), Daniel (1972). S.: 1960-63 Ausbild. Facharb. Rundfunk u. Fernsehemechaniker, 1965 Abitur, 1970-75 HS f. Ökonomie Berlin, 1975 Abschluß Dipl.-Wirtschafter, 1975-77 Ausbild. Ökonompädagoge Inst. z. Ausbild. v. Ing.-Pädagogen. K.: 1963-90 tätig in versch. Unternehmen, seit 1990 Hauptgschf. d. IHK Potsdam. P.: div. Veröff. in Büchern, Zeitschriften, etc. H.: Lesen, Musik.

Eger Änne Christine Dr. med. SR

B.: FA f. Augenheilkunde, selbständig. DA.: 08062 Zwikkau, Marchlewskistr. 4. G.: Zwickau, 23. Mai 1941. El.: Rudolf u. Marianne Eger. S.: 1959 Abitur Halle, 1959-60 Praktikum in d. Leunawerken Benzinherstellung, Praktikum m. Technikum u. Chemieausbildung, 1960-66 Stud. Med. Wiss. an d. Humboldt-Univ. Berlin, 1966 Staatsexamen. K.: 1966-67 Poliklinik u. Augenklinik Zwickau, 1972 FA-Prüfung u. 1988 Ernennung z. Sanitätsrat, Tätigkeitsschwerpunkte: allg. Augenarztbehandlungen, Laserbehandlungen, 1992 eigene Ndlg. als Augenärztin. H.: Haus u. Garten.

---

*) Biographie www.whoiswho-verlag.ch oder beigefügte CD-ROM

Eger Bert Dr. med. *)

Eger Catrin Dipl.-Ing.
B.: Gschf. Ges. FN.: CATIS GmbH; Wolfsburg AG. DA.: 38444 Wolfsburg, Dressauerstr. 20. catrin.eger@catis.de. G.: Bautzen, 6. Nov. 1965. V.: Dipl.-Ing. Andreas Eger. Ki.: Thomas (1990). S.: 1984 Abitur Pirna, prakt. J. im Elektromaschinenbau Dresden, 1985-90 Stud. Maschinenbau Fachrichtung Konstruktionstechnik Vertiefung Informatik an d. TU Karl-Marx-Stadt in Chemnitz. K.: b. 1993 wiss. Mitarb. Univ. Chemnitz, b. 1995 Tätigkeit im Ing.-Büro FZM in Flöha, ab 1996 ang. Regionallr. in Wolfsburg b. d. Firma CAD-Scheffler GmbH, seit 1999 selbst. in Wolfsburg. BL.: Doz. f. Internet b. d. VHS. M.: VDI. H.: Familie, Internet, Lesen.

Eger Frank

B.: Jurist, Landrat d. Landkreises Oldenburg. DA.: 27793 Wildeshausen, Delmenhorster Str. 6. landrat.eger@oldenburg-kreis.de. www.oldenburg-kreis.de. G.: Oldenburg, 11. Dez. 1959. V.: Katrin, geb. Mühlig. Ki.: Nicola (1991), Stefen (1994). S.: 1979 Abitur Oldenburg, Stud. Jura Univ. Marburg u. Göttingen, 1985 1. Staatsexamen, 1985-86 wiss. Mitarbeiter Univ. Göttingen, 1986-88 Referendariat OLG Celle. K.: 1988-89 Personalabteilung Stiebel Eltron Holzminden, 1989-91 Rechtsamtsleiter Landkreis Oldenburg, 1991-2001 stellv. Oberkreisdir. Landkreis Oldenburg, seit 2001 erster hauptamtl. Landrat d. Landkreises Oldenburg. M.: SPD, Dt. Lebensrettungsges., Vors. Freundeskreis d. Diakonischen Werke Himmelsthür Wildeshausen, Rotary Deutschland Gemeindienst e.V., Vors. Arbeiterwohlfahrt Kreisverband Oldenburg, Stadt Oldenburg, Landkreis Vechta. H.: Tennis, Inlineskaten, Lesen.

Eger Gerhard *)

Eger Hans-Peter
B.: Bankkfm., Gschf. FN.: DKB Grundbesitzvermittlung GmbH; DKB Immobilien GmbH. DA.: 10117 Berlin, Französische Str. 54. G.: Schwäbisch Gmünd, 19. Apr. 1951. V.: Inge, geb. Schmid. Ki.: Alexandra (1974), Marcus (1978), Patricia (1984). El.: Hugo u. Martha, geb. Axmann. S.: 1969 Fachhochschulreife, 1969-72 Ausbild. z. Bankkfm., 1972-74 Bankakad. K.: 1972-88 in einer Großbank - zuletzt als Prok., 1987 Wechsel z. Landesbank Baden-Württemberg Stuttgart u. Aufbau d. Europa- u. USA-Immobilienfinanzierungs-Geschäftes, 1993-95 in d. Bayerische Landesbank München, seit 1995 in Berlin tätig, zunächst als Bereichsleiter b. d. Dt. Kreditbank AG im gleichen J. Initiator d. DKB Immobilien GmbH, seit 1997 deren Gschf., Gschf. d. DKB Grundbesitzvermittlung GmbH m. derzeit 6 Außenstellen (geplant 15) in d. neuen Bdl. seit 1998. M.: langj. ehem. Mtgl. d. KirchengemR., Mtgl. im Bundesverband d. Landesentwicklungsges. u. Heimstätten. H.: Lesen, Ges.-Tanz, Musik (Trompete, Horn, Posaune, Gitarre, Schlagzeug), Bergwandern.

Eger Manfred Dr. phil. *)

Eger Monika
B.: Kauffrau, Zahntechniker, Inh. FN.: Eger Dental - Zahntechn. Labor. DA.: 03046 Cottbus, Juri-Gagarin-Str. 8. eger@egerdental.de. www.egerdental.de. G.: Bitterfeld, 11. Sep.

1946. Ki.: Sylvia (1968). S.: 1963-66 Ausbild. z. Zahntechnikerin. K.: 1966-68 Zahntechnikerin, 1968-71 zahnärztl. Helferin, seit 1971 wieder Zahntechnikerin, 1975 Abschluß als Fachzahntechniker, spezialisiert auf Prothetik, 1979-90 Ltr. d. zahntechn. Abt. in einer Cottbuser Poliklinik, 1990 Eröff. d. eigenen zahntechn. Labors u. hier Inh. BL.: gibt eine eigene Service-Zeitung f. Patienten u. Zahnärzte heraus. M.: Zahntechnikerinnung. H.: Sport, Musik, singt in einer Vokal-Gruppe.

Eger Renate
B.: Großhandelskauffrau, Gschf. FN.: Eger & Stevenson. DA.: 91522 Ansbach, Nürnberger Str. 14. G.: Sachsen b. Ansbach, 23. Juni 1956. Ki.: Nadine (1979), Marcel (1983). S.: Mittlere Reife, Lehre z. Großhandelskauffrau m. Abschluss. K.: 1989-2000 tätig als Gschf. b. d. Firma Rummler Montagebau, seit 2000 selbständig m. d. Firma Eger & Stevenson in Ansbach.

Eger Robert Dr. *)

Egerer Helmut *)

Egerer Nadine
B.: Floristin, Inh. FN.: Blumen Werkstatt im allkauf Zwickau. DA.: 08058 Zwickau, Schubertstr. 3. G.: Meerane, 5. Dez. 1975. El.: Siegfried u. Brigitte Egerer. S.: 1992-95 Lehre Floristin Crimmitschau. K.: 1995-96 tätig in d. Gärtnerei Vogel, 1996-97 in d. Gärtnerei Kempfe in Crimmitschau, 1997-98 Floristin d. Blumenbauer GmbH in Zwickau, seit 1999 selbst. m. Blumen Werkstatt in Zwickau. H.: Reisen, Lesen, Putismus.

Egerlandt Hans-Günther *)

Egermann Frank Friedrich

B.: selbst. RA. DA.: 30177 Hannover, Podbielskistr. 183. G.: Offenbach, 19. Sep. 1955. V.: Cornelia, geb. Wewers. Ki.: Sebastian (1975), Fabian (1984), Constantin (1988). El.: Frank Adolf u. Ingeborg, geb. Stenger. BV.: Friedrich Egermann - Erfinder d. roten Glases im 18. Jhdt. S.: 1974 Abitur Hannover, 1974-75 div. Jobs Hannover, 1975-76 Bundeswehr, 1977-84 Studium Rechtswiss. Univ. Hannover, glz. Stud. Soz. u. Politik Univ. Hannover, 1984 Staatsexamen, 1984 2. Staatsexam. z. RA. K.: seit 1984 ndlg. RA u. Eröff. d. Kzl. m. Tätigigkeitsschwerpunkt Betriebs- u. Verb.-Beratung, Strafrecht f. Betäubungsmittelrecht, Opfer v. Gewalttaten. BL.: Auf seine Eingabe hin hat das Bundesjustizministerium in seiner am 1.1.2002 in Kraft getretenen Schuldrechtsreform des BGB eine Vorschrift über die Verjährungshemmung bei Opfern von Sexualstraftaten entworfen, der Rechtsausschuss eine weitergehende Regelung als Gegenentwurf verfasst, welcher dann gegen die Stimme des BJM vom Bundestag verabschiedet wurde. (§ 208 BGB). P.: Zeitschrift f. Rechtspolitik (ZRP), Ausgabe 8/2000 1.fach-

*) Biographie www.whoiswho-verlag.ch oder beigefügte CD-ROM

Egermann 994

licher Aufsatz. M.: ehrenamtl. tätig im Arb.-Kreis Gewalt u. sexuelle Mißhandlung in d. Familie, RA-Kam., RA Hannover e.V., Sportver. H.: Gitarre spielen, Tischtennis, Gartengestaltung.

Egert Ernst Dr. Prof. *)

Egerth Angelica

B.: Unternehmerin, Inh. FN.: Inst. f. Image & Präsentation. DA.: 10717 Berlin, Nassauische Str. 47. G.: Köln, 21. Sep. 1959. V.: Klaus Schnetkamp. Ki.: Nicolas (1999). El.: Friedrich u. Gretel Egerth. S.: 1980-84 Stud. Modedesign in Trier u. Hamburg, Dipl.-Mode-Designerin. K.: 1984-88 angest. Designerin namhafter intern. Firmen, 1988 Präsentation d. eigenen Kollektion "Collection Angelica Egerth limited", 1991 Zusatzstud. in Houston/USA, 1992 Grdg. d. 1. Studios in Köln, 1995 Grdg. d. 2. Studios in Berlin. P.: Autorin einer Reihe v. Publ. z. Thema Corporate Identity, Image- u. Persönlichkeitscoaching. M.: POOL 100. H.: Bildhauerei, Reisen.

Egge Heinz Stefan Dr. Prof. *)

Egge Norbert *)

Eggebrecht Arne G. G. Dr. phil. *)

Eggeling Johanna

B.: Abt.-Ltr. Staatl. Fachschule f. Fremdsprachenkorrespondenz, Studiendir. FN.: Friedrich-List-Schule. DA.: 10823 Berlin, Klixstr. 7. eggeling@friedrich-list-berlin.de. www. friedrich-list-berlin.de. G.: Berlin, 16. März 1951. V.: Dr.-Ing. Moustafa Abdel-Maksound Gomaa. S.: 1970 Abitur Berlin (Franz. Gymn.), 1970-75 Stud. Wirtschaftswiss. an d. FU Berlin, 1975 Dipl.-Hdls.-Lehrer, 1976 Dipl.-Bw. K.: 1975-77 Histor. Kmsn. zu Berlin, Mitarb. an einer Dokumentation über Preußen, 1977-78 Referendariat, seither an Friedrich-List-Schule, 1981 StR., 1985 OStR., seit 1991 Studiendir., Ltr. d. Abt. II f. Abiturienten Staatl. Fachschule f. Fremdsprachenkorrespondenz, seit Grdg. 1994 Vors. Förderver. Friedrich-List-Schule, daneben Prüferin f. Wirtschaftsfranzösisch am Bild.-Zentrum d. IHK, 2001 Organ. d. Imports v. Lederwaren aus Ägypten m. EU-Förd. "Luxor-Leder". H.: Squash, Schwimmen, Glasmalerei, Kirchenfenster, Computer, Garten, Renovieren, Heimwerken, Schneiden Filme Video, Klavierspielen, klass. Musik.

Eggeling Willi Johannes Dr. rer. nat. Prof.

B.: apl.Prof. im Bereich Geographie d. Geisteshaltung. FN.: Univ. Wuppertal Geograph. Inst.; Eggeling Consulting. DA.: 44795 Bochum, Kellermannsweg 28. G.: Gelsenkirchen, 28. März 1948. V.: Gabriele Siebel-Eggeling, Urologin. BV.: Onkel Heinrich Maria Denneborg, Autor u. Puppenspieler. S.: 1967 Abitur Bochum, 1967 Stud. Geographie u. Turkologie Univ. Istanbul, 1967-73 Stud. Univ. Bochum, Staatsexamen in Erdkunde u. Deutsch, Prom. in Geographie, Neugriech. u. Türkisch, 1983 Habil. K.: 1973-83 wiss. Ass. Kulturgeographie Univ. Wuppertal, 1983-90 Priv.-Doz. Geograph. Inst. Univ. Wuppertal, seit 1990 apl.Prof. BL.: Reisen in d. Länder d. Seidenstraße v. Balkan b. China m. Stud. d. Turksprachen. P.: 1978 "Türkei: Land, Volk, Wirtschaft in Stichworten", 1984 "Rhodos. Naxos. Syros", 1985 "Türk., griech., jugoslaw. Mitarb. verstehen u. führen", sowie zahlr. Fachbeiträge u. Co-Autor "Erfolgreiches Verkaufs-Management". M.: Dt.-Aserbeidjanische Ges., Golfclub Schloß Horst. H.: Klavier- u. Orgelspiel, Archäologie, kreatives Handwerk, Ideenmanagement, Ethnosoziologie, Islamisch-Orientalischer Völker.

Eggen Josef Peter

B.: Steuerberater, Rechtsbeistand, vereid. Buchprüfer, Honorarkonsul f. Liberia. DA.: 90763 Fürth, Dambacher Str. 11. G.: Hengersberg, 9. Juni 1935. Ki.: 3 Kinder. El.: Wilhelm u. Franziska. S.: 1954 Abitur, Stud. FH f. Finanzbmte., WISO Nürnberg. K.: Bmtr. im gehobenen Dienst d. Finanzverw., seit 1968 selbst. Kzl. in Fürth; Funktionen: VPräs. d. Bund d. Steuerzahler in Bayern, Steuerexperte u. Mitarb. in intern. Gremien d. Steuerrechts, Vortragstätigkeit, Ausarb. v. Gesetzesentwürfen, Vertretung v. d. Bundesfinanzhof in Musterprozessen. P.: zahlr. Veröff. E.: 1990 BVK am Bande, Blaues Band v. Afrika, Gr. VK am Bande m. Stern u. Schulterband v. Polen, Honorarkonsul v. Liberia, Präs. d. Dt.-Liberian. Ges. M.: BdSt, SpVgg, TV 1860 Fürth, BRK, u.a.m. H.: Tennis, Segeln, Schwimmen, Hobby-Winzer, Literatur, mod. Musik.

Eggen Klaus-Jürgen *)

Eggensberger Andreas

B.: Gschf. Ges. FN.: Kurklinik Eggensberger u. Wellnesshotel GmbH. DA.: 87629 Füssen/Hopfen, Ringweg 6. G.: Füssen, 26. Apr. 1969. V.: Heike, geb. Ostheimer. Ki.: Benedikt (1995), Rosina (1997). El.: Otto u. Rosalia Maria. BV.: Josef Eggensberger war Bgm. v. Hopfen 1948-1972. S.: 1987 Mittlere Reife, 1987-89 Fachoberschule Kaufbeuren, Fachrichtung Wirtschaft, Abschluß Fachabitur, 1989-90 Bundeswehr Füssen, 1990-93 Ausbild. z. Kneipp-Bademeister in Bad Wörishofen u. Ausbild. z. Masseur u. med. Bademeister, parallel Praktikum in d. Fachklinik Enzensberg. K.: 1994 eigene Massagehilfe entwickelt u. patentieren lassen, 1995 Ausbild. z. Physiotherapeuten in Stuttgart Fellbach, nebenbei Doz. f. Massagetechniken, 1996-98 Physiotherapeut in d. Fachklinik Enzenberg, ab 1998 selbst. Gschf. Ges., seit 1997 BWL-Stud. in Kempten, 2000 Abschluß als Sozialwirt. M.: 2. Dirigent b. d. Musikkapelle in Hopfen am See, Vocalensemble in Nesselwang, Dt. Hotel- u. Gaststättenverb., Hotelverb. Königswinkel, Dt. Wellness-Verb. H.: Musizieren, Laufen, Fahrradfahren.

Egger Günther *)

Egger Klaus D. Dr. *)

Egger Norbert Ernst Dr. *)

Egger Willy

B.: Filmproduzent, Executvproducer. FN.: Egger Willy Filmproduktion GmbH. DA.: 12247 Berlin, Charlottenstr. 12b. G.: Wien, 8. März 1929. Ki.: Gerhard (1958), Susanne (1967),

*) Biographie www.whoiswho-verlag.ch oder beigefügte CD-ROM

Michael (1968). K.: 1945 mit 15 j. im Filmgewerbe begonnen, als Kameraass. b. d. Österr. Wochenschau, Cutterassistent, Regieass., in d. Schweiz b. GGK als Prod. u. Regisseur Werbefilme aufgebaut, danach b. heute Filme m. allen großen Reg. u. Schauspielern in Europa u. Amerika Filme produziert. P.: 125 Spiel-, 225 Fernseh-, 60 Kurz- bzw. Dokumentarfilme, u. a. 1963 "Herrenpartie", 1955 "Teufel i. Seide", 1960 "Der brave Soldat Schweijk", 1978 "Fedora" B. Wilder, 1979 "The Formula", 1980 "Berlin Tunnel 21", 1984 "Wildgeese II", 1974 "Der Richter und sein Henker" M. Ritt. (I.U.)

Egger-Büssing Klaus *)

Eggerath Wolfgang *)

Eggerl Franz Dr. med. *)

Eggers Bernd
B.: Dipl.-Geologe. FN.: Hydrodata Ges. f. angewandte Hydrou. Umweltgeologie mbH. DA.: 38100 Braunschweig, Am Bruchtor 3. b.eggers@hydrodata-bs.de. www.hydrodata-bs.de. G.: Wolfenbüttel, 2. Juni 1954. V.: Angelika, geb. Kabbe. Ki.: Christine (1984), Ann-Katrin (1988). S.: 1971 Mittlere Reife in Bad Harzburg, 1971-73 Lehre z. Bundesbahnassistenten in Bad Harzburg, 1973-74 Bundeswehr, 1975-77 im zweiten Bildungsweg Abitur am Braunschweig-Colleg, 1977-84 Stud. Geologie u. Paläontolgie an d. TU Carolo-Wilhelmina in Braunschweig. K.: 1985-95 wiss. Mitarbeiter an d. TU Carolo-Wilhelmina in Braunschweig, 1991 Grdg. d. Firma Hydrodata in Braunschweig, seit 1996 ang. als Dipl.-Geologe b. d. Hydrodata in Braunschweig, seit 1999 Gschf. d. Firma. BL.: 1987 dreiwöchige Vortragsreise in China, 1981 u. 1982 4monatiger Aufenthalt in Namibia/Südafrika u. b. einer Lagerstättenexploration mitgearbeitet, seit 1992 Mitarbeit am Forschungsprojekt Bindungsverhalten v. Schwermetallen in d. Böden d. Ökeraue. P.: in versch. Fachzeitungen wie "Müll und Abfall", "Wasser und Boden", "gwf Wasser und Abwasser", Konzeptionserstellung u. Mitarbeit an versch. Gutachten, Forschungsprojekte, sowie zahlr. Vorträge im Bereich Geologie. E.: 2. Pl. b. d. Norddeutschen Rennrodelmeisterschaft. M.: ASV Braunschweig, Dt. Geologische Ges. H.: Fliegenfischen, Zeitgeschichte, Montanarchäologie, Lesen.

Eggers Christian Dr. med. Prof. *)

Eggers Christoph Dr. Prof.

B.: Chefarzt d. Chir.-Traumatolog. Klinik. FN.: LBK Hamburg - AK St. Georg. DA.: 20099 Hamburg, Lohmühlenstr. 5. G.: Schwerin, 16. Sep. 1943. S.: 1963 Abitur u. Facharb.-Brief f. Betonbau in Schwerin, 1963 Krankenpflegerhelfer Kreis-KH Treuenbrietzen, 1964 Praktikum an d. Univ.-Augenklinik d. Charité Berlin, 1965-71 Stud. Humanmed. an d. Med. Fak. d. Humboldt-Univ. zu Berlin, 1971 Approb. als Arzt. K.: 1971-73 Ass.-Arzt am Path. Inst. u. in d. II. Anästhesieabt. d. AK St. Georg in Hamburg, 1973 Prom., 1973-78 Ass.-Arzt an d. II. Chir. Abt. d. AK St. Georg in Hamburg, Weiterbild. z. FA f. Chir. in d. Chir. Abt. d. Albertinen-KH in Hamburg, 1979 FA-Anerkennung f. Chir. u. Unfallchir., 1979-81 FA an d. Abt. f. Unfall-, Wiederherstellungs- u. Handchir. AK St. Georg in Hamburg, 1981 Forschungstätigkeit am Schweizerischen Forschungsinstitut Davos über Fragen d. Knochentransplantation, 1982 Weiterbild. in d. Neurotraumatologie an d. Neurochir. Abt. d. AK Altona in Hamburg, 1982-89 OA an d. Abt. f. Unfall-, Wiederherstellungs- u. Handchir. d. AK St. Georg in Hamburg, 1987 Habil., seit 1989 ltd. Arzt an d. Abt. f. Unfall-, Wiederherstellungs- u. Handchir. d. AK St. Georg in Hamburg, seit 1995 Aufbau eines Traumazentrums, seit 1999 Ltg. d. Chir.-Traumatolog. Klinik im AK St. Georg, 1997 a.o.Prof. BL.: Entwicklung v. Implantaten. P.: 64 Publ., 143 Vorträge. E.: 1984 Wiss. Preis d. dt. Sekt. d. AO f. d. Arb. "Wertigkeit v. Konchentransplantaten in d. Traumatologie", 1988 Preis f. d. beste Poster auf d. 19. Dt. Krebskongreß. M.: 2. Schriftführer d. Ver. Nordwestdt. Chir., b. 1998 Sekr. d. Ges. f. Wirbelsäulenchir., Vors. d. Paul-Sudeck-Ges. e.V., BeiR.-Mtgl. d. AO, 1994-97 Mtgl. d. Nichtständigen Beirates d. DGU, 1996 Vors. d. Vereinigung Nordwest - deutscher Chirurgen 2000 u. 2001, 1. Vors. d. Deutschen Ges. f. Wirbelsäulenchirurgie.

Eggers Dietrich Dr. *)

Eggers Dirk

B.: Küchenchef u. Inhaber. FN.: Hotel Restaurant Eggers. DA.: 45549 Sprockhövel, Hauptstr. 78. www.hotel-restaurant-eggers.de. www.hotel-restaurant-eggers.de. G.: Bochum, 1. März 1971. V.: Heidi, geb. Volk. Ki.: Viktoria (1999). El.: Otto u. Christel. S.: 1987-90 Ausbild. z. Koch im Burgstuhben Kemnade, Hattingen. K.: 1990-91 Koch im Schloßhotel Niederstotzingen, 1991 Koch in d. Goldschmiede, Castrop-Rauxel, 1992 Koch in der Rotisserie Stromberg, Waltrop, 1993 Koch im Restaurant Jörg Müller, Sylt, 1993-94 Koch im Schiffchen, Düsseldorf, 1994-97 Küchenchef im Haus Bladenhorst, Castrop-Rauxel, 1997 Übernahme d. Hotels. P.: Auftritte u.a. beim WDR u. Antenne Dortmund, Veröff. u.a. in Gourmet, Savoir Vivre, Feinschmecker u. Schlemmeratlas. E.: Aufnahme in d. Chaîne des Rôtisseurs, VIP Ausz. v. Michelin. M.: Hotel- u. Gaststättenverband. H.: Familie u. dinieren.

Eggers Falko

B.: Tischlermeister, Gschf. Ges. FN.: Johann Eggers Bauu. Möbeltischlerei GmbH. DA.: 28844 Weyhe, Kiebitzweg 36. G.: Bremen, 20. Okt. 1966. El.: Johann u. Helga, geb. Seevers. BV.: Wilhelm Eggers Firmengründer 1904. S.: 1983-86 Lehre z. Tischler in Syke, 1993 Meisterprüfung z. Tischlermeister. K.: 1986 Eintritt in d. elterl. Betrieb Johann Eggers Bau- u. Möbeltischlerei GmbH als Tischlergeselle, 2001 Übernahme d. Tischlerei als Gschf. Ges. in 4. Generation. H.: Lesen, Radfahren.

Eggers Hans J. Dr. Prof.
B.: em. o.Prof. u. Dir. FN.: Inst. f. Virologie d. Univ. zu Köln. PA.: 50935 Köln, Fürst-Pückler-Str. 56. G.: Baumholder, 26. Juli 1927. S.: Stud. an d. Univ. Köln u. Heidelberg, Med. Staatsexamen, Prom. K.: 1954 Karolinska Inst. Stockholm, 1955-57 Nervenklinik Univ. Köln, 1957-59 Children's Hospi-

Eggers

tal Univ. Cincinnati Ohio, 1959-64 The Rockefeller Univ. New York, 1965 Max Planck-Inst. f. Virusforsch. Tübingen, 1966-72 o.Prof. d. Virologie Univ. Gießen, 1972-94 o.Prof. d. Virologie Univ. zu Köln. P.: Specific Inhibition of Replication of Animal Viruses (1963), Antiviral Chemotherapy (1966), Benzimidazoles. Selective Inhibitors of Picornavirus Replication in Cell Culture and in the Organism (1982). E.: VPr. d. Dt. Ges. f. Hygiene u. Mikrobiologie e.V., President of the European Society against Virus Diseases, Gold. VZ d. Landes Salzburg, 1998 Honorary Member of the European Society, 2000 Ehrenmtgl. d. Ges. f. Virologie. M.: The Harvey Society, American Assoc. of Immunologists, Society for Exp. Biol. Med., American Society for Microbiology, Dt. Ges. f. Hygiene u. Mikrobiologie, Paul Ehrlich-Ges. f. Chemotherapie, Ges. f. Virologie (Mtgl. d. Beirats s. 1990), Mitgl. d. Beirats der Internationalen Stiftung Mozarteum (1993). Mtgl. d. Dt. Ak. d. Naturforscher Leopoldina 1982 (Mtgl. d. Senats 1990-99), Korr. Mtgl. d. Göttinger Ak. d. Wiss. (1991), Mtgl. d. Ak. gemeinnütziger Wissenschaften zu Erfurt (1992). H.: Musik, Literatur.

Eggers Heinrich Julius IV.

B.: Rentner, Berater. FN.: Heinrich Eggers GmbH & Co KG Bau- u. Möbelwerkstätten. GT.: seit 1990 vereid. Sachv. im Holz- u. Kunststoffverarb. Handwerk. DA.: 32699 Extertal, Barntruper Str. 36. PA.: 32699 Extertal, Brakenberg 27. G.: Lemgo, 13. Mai 1936. V.: Hannelore, geb. Bunte. Ki.: Dirk (1960), Ulrich (1962), Carlo (1969). El.: Heinrich III. u. Lena, geb. Lemke. BV.: Großvater Heinrich II. u. Urgroßvater Heinrich Eggers I. (Firmengründer). S.: 1951-54 Tischlerlehre im väterl. Betrieb. K.: 1954-57 Gesellenj. in einigen Firmen, 1957-61 Tätigkeit im väterl. Betrieb, 1961 Meisterprüf., 1964 Betrieb v. Vater gepachtet, 1968 Übernahme d. Betriebes, 1968-95 stetige Erweiterung d. Betriebes, 1995 Unternehmen an Sohn Ulrich Eggers übergeben. M.: seit 1979 Rotary Club Lemgo-Sternberg, 1973 Aussch. Tarifpolitik NRW Dortmund, 1985-99 Mtgl d. BeiR. d. IKK Lemgo, 1983 stellv. Obermeister, seit 1993 Obermeister d. Fachinnung Holz/Kunststoff Lemgo/Lippe, seit 1995 stellv. Kreishandwerksmeister. H.: Kegeln, Wandern.

Eggers Horst *)

Eggers Joachim

B.: Apotheker, Inhaber FN.: Nordsee Apotheke. DA.: 22081 Hamburg, Dehnhaide 2-4. G.: Hamburg, 25. Dez. 1964. V.: Aysel, geb. Özkaya El.: Uwe u. Gisela, geb. Lewerenz. S.: 1985 Abitur Hamburg, 1985-86 Bundeswehr, 1987 Stud. Pharmazie an d. Universität Hamburg, 1989-90 Praktikum in d. Dulsberg Apotheke, 1991 Approb. K.: s. 1992 ang. in d. Nordsee Apotheke, 1996 Übernahme d. Nordsee Apotheke u. d. Nordsee Laboratorium. M.: Bürgerver. zu Barmbek, Dt. Ges. f. angew. u. wissenschaftl. Kosmetik, Dt. Apothekerver. H.: Motorradfahren, Fahrradfahren, Reisen, Lesen.

Eggers Jörg Arnulf *)

Eggers Klaus W. H. Dr. rer. nat. Prof. *)

Eggers Manon

B.: Gschf. Ges. FN.: Trans Kurier GmbH. DA.: 38116 Braunschweig, Saarbrückener Str. 131. G.: Braunschweig, 6. Dez. 1969. El.: Claus O. u. Elke Eggers, geb. Tappenbeck. S.: 1989 Abitur, Ausbild. Ind.-Kauffrau Firma Welger Wolfenbüttel. K.: 1991 tätig in d. Firma Optronik Service GmbH d. Vates, seit 1992 selbst. m. Vertrieb v. EDV-Hardware u. d. Firma Trans Kurier Manon Eggers, 1998 Grdg. d. GmbH. H.: Reitsport.

Eggers Martin *)

Eggers Peter *)

Eggers Philipp *)

Eggers Philipp B.
Dr. phil. habil. Dr. iur. utr. Dr. h.c. *)

Eggers Rainer Dr. med. *)

Eggers Ulrich Dipl.-Ing.

B.: Gschf. FN.: Peiner Träger GmbH. DA.: 31226 Peine, Gerhard-Lucas-Meyer-Str. 10. G.: Braunschweig, 11. Apr. 1939. V.: Gudrun, geb. Fischer. Ki.: Dipl.-Ing. Stefan (1965), Silke (1970). S.: 1959 Abitur Helmstedt, b. 1960 Bundeswehr, b. 1965 Stud. Eisenhüttenkunde Bergak. TH Clausthal. K.: 1965 Werkstoffing. d. Ilseder Hütte in Peine, ab 1969 Ltr. d. Qualitätswesen, ab 1978 Vorst.-Ass. d. Stahlwerke Peine Salzgitter, seit 1984 Ltr. d. Peiner Walzwerke, seit 1991 Ltr. d. Werkes Peine d. Preussag Stahl AG. P.: Veröff. in d. Fachzeitschrift "Stahl u. Eisen". M.: Ver. Dt. Eisenhüttenleute, Wirtschaftsaussch. d. Regionalverb. d. IHK Braunschweig. H.: Bergwandern, Garten, Historie.

Eggers Uwe *)

Eggers WP Eberhard Prof. *)

Eggers-Frie Reinhard Dipl.-Bw. *)

Eggers-Runge Sabine *)

Eggersmann Horst Dr. jur. *)

Eggert Dietrich Dipl.-Ing. *)

Eggert Frank

B.: Koch, Inh. FN.: Fischerklause. DA.: 23966 Wismar, Fischerreihe 4. G.: Wismar, 29. Mai 1969. V.: Petra, geb. Renzel. El.: Horst u. Renate. S.: 1985-87 Ausbild. z. Koch im Hotel Wismar. K.: 1987-89 Koch im Hotel Wismar, 1990-92 Koch, speziell f. Fischgerichte im Hotel Graf Luckner, 1992-94 Alleinkoch im Hotel Gremsmühle in Bad Malente, 1994-99 Sped.-Fahrer in Flensburg, 1999-2000 Partyservice Wanderup, 2000 Übernahme u. Neueröff. d. Fischerklause in Wismar. M.: IHK zu Schwerin. H.: Lesen.

*) Biographie www.whoiswho-verlag.ch oder beigefügte CD-ROM

Eggert Günter *)

Eggert Hans-Wolfgang *)

Eggert Harry Maria *)

Eggert Heinz Dipl.-Theol. *)

Eggert Karl Dipl.-Chem. *)

Eggert Karola-Henriette *)

Eggert Krafft-Aretin *)

Eggert Manfred *)

Eggert Matthias

B.: Gschf. Ges. FN.: CD-Design Berlin GmbH. DA.: 14059 Berlin, Sophie.Charlotten-Str. 41-43. meggert@cd-team.de. www.cd-design-berlin.de. G.: Berlin, 4. Juni 1964. V.: Bettina, geb. Knies. Ki.: 2 Kinder. S.: 1980-83 Lehre Chemielaborant Firma GASAG, 1983-85 Fernstud. Telekolleg m. Abschluß Fachabitur Wirtschaft. K.: 1983-84 tätig in d. Druckfbk. in Berlin u. aktiv im DAG, seit 1984 selbst. m. d. Firma CD-Design spez. f. Dekostreifen auf Autos, nach 4 J. Gründung d. OHG, 1991 Grdg. d. GmbH gemeinsam m. Thomas Krämer m. Schwerpunkt Leuchtwerbung f. gr. Berliner Unternehmen. BL.: in d. Druckfbk. Einführung eines BetriebsR. u. Wahl z. 1. BetriebR.-Vors. H.: Schwimmen, Familie, Kinder.

Eggert Otto Dr. *)

Eggert Rolf Dr. Prof.

B.: Präs., Wirtschaftsmin. v. Mecklenburg-Vorpommern a.D. FN.: Landeszentralbank i. d. Freien u. Hansestadt Hamburg, i. Mecklenburg-Vorpommern u. Schleswig-Holstein. DA.: 20459 Hamburg, Ost-West-Str. 73. G.: Krembz, 28. Dez. 1944. V.: verh. Ki.: 2 Kinder. S.: 1963 Abitur, 1963-66 Wehrdienst in d. NVA, 1966-69 Stud. Ing.-Schule f. Seefahrt in Rostock, 1969-76 Fernstud. Univ. Rostock, 1976 Abschluß als Dipl.-Ing. f. Informationstechnik, 1984 Prom. K.: 1969-92 Tätigkeit als Forsch.-Ing. in d. Ind. u. an HS, 1992 Berufung z. Prof. f. Steuerungstechnik an d. HS Wismar, seit 1990 Mtgl. d. SPD, 1990-2001 MdL Mecklenburg-Vorpommern, b. 1994 1. Präs. d. Landtages, Rechtspolit. Sprecher d. SPD-Fraktion, stellv. Vors. d. Verfassungskmsn. d. Landes, 9. Dez. 1994 - 2. Nov. 1998 Justizmin. d. Landes Mecklenburg-Vorpommern, 1994-2001 StvMdBR, 1996 Vors. d. Verteidigungsausschusses des BR u. Mtgl. im Ausschuß f. d. Regionen, 11/1998-05/2001 Wirtschaftsmin. Mecklenburg-Vorpommern, s. 05/2001 Präs. d. Landeszentralbank. (Re)

Eggert Rolf *)

Eggert Sven *)

Eggert-Köppe Marion

B.: Bürokauffrau, Inh. FN.: Mobilfunkservice. DA.: 39576 Stendal, Breite Str. 41. PA.: 39579 Möllendorf, Dorfstr. 49. toptelekom@yahoo.de. www.derkleinehandyladen.de. G.:

Osterburg, 31. Dez. 1972. V.: Heiko Köppe. Ki.: Carmen (1985), Marko Corbin (1996), Niko Casseus (1999). El.: Otto u. Monika Eggert, geb. Wiehe. S.: 1991 Abitur, b. 1995 Ausbild. Bürokauffrau, bis 1994 Fernstud. Steuerfachgehilfin. K.: 1998 tätig in d. Buchhaltung der Firma Paust Mobilfunkservice in Stendal u. ab 1999 Gschäftsltr., seit 2000 E-Plus Quality Partner u. Übernahme d. Mobilfunkgeschäftes in Stendal. P.: Veröff. in Tageszeitungen. H.: Lesen, Schwimmen.

Eggert-Spier Almut *)

von Egidy Till Dr. Prof.

B.: Univ.-Prof. FN.: TU München. PA.: 81929 München, Zur Deutschen Einheit 11. egidy@ph.tum.de. G.: München, 23. Dez. 1933. V.: Maria, geb. v. Koppenfels. Ki.: Holm, Hans, Max. El.: Dr. Holm u. Elsbeth. S.: Univ. München, 1958 Dipl.Phys., 1961 Dr. rer. nat. TU München. K.: 1962-63 Berater d. IAEA Wien, in Seoul Südkorea, seit 1963 TU München, 1963 wiss. Ass., 1967-68 Univ. Rochester NY, 1969 Habil., 1970 WissR., 1972-73 CERN Genf, 1976 apl. Prof., 1976-79 Senior Scientist ILL Grenoble, 1979 Prof., 1989 Visiting Prof. TRIUMF Vancouver Kanada, 1993 Prof. invité Univ. Grenoble Frankreich. P.: etwa 400 Veröff. M.: Externes Mtgl. d. Lettischen Akad. d. Wiss., Riga, Lettland.

Eglau Wolfgang Dr. med. dent.

B.: Zahnarzt, selbständig. DA.: 76227 Karlsruhe, Karl-Weysser-Str. 16. G.: Baden-Baden, 7. Mai 1948. V.: Angelika. Ki.: Simon (1975), Leonie (1980). S.: 1969 Abitur Karlsruhe, 1970-72 Stud. Biologie Univ. Heidelberg, 1972-78 Stud. Zahnmed. Univ. Freiburg, 1978 Approb. u. Prom. K.: 1978-80 Ass. in versch. Praxen in Karlsruhe. 1981 Eröff. d Praxis in Karlsruhe, seit 1983 Schwerpunkt Implantologie, 1992 Prüf. f. Implantologie u. seither Schwerpunkt Implantologie, Chir., Paradontologie u. Knochenchirurgie, regelm. Weiterbildung im In- u. Ausland. M.: FDP, seit 1997 Ortschaftsrat Karlsruhe-Durlach. H.: Tennis, Oldtimer restaurieren u. fahren.

Egles Hans Joachim Dr. med. *)

Egloff Michael *)

Freifrau von u. zu Egloffstein Hannelore

B.: RA. FN.: RA-Praxis Hannelore von Egloffstein. DA.: 47798 Krefeld, Friedrichstr. 18. G.: Attendorn, 7. Feb. 1962. V.: Dr. Detlev Banse. Ki.: Sinan (1999), Leonie (2001). El.: Bertold u. Dagmar. BV.: Julie Freifrau von u. zu Egloffstein stand in Beziehung zu GeheimR. Johann Wolfgang von Goethe. S.: 1981 Abitur Bamberg, 1981-89 Stud. Rechtswiss. an d. Univ. Würzburg u. Münster, 1989-93 Referendarin in Kleve u. Düsseldorf b. OLG Düsseldorf. K.: 1993 ang. im öff. Dienst, 1994 ang. b. einer Krefelder Kzl., 1996 selbst. m. ei-

*) Biographie www.whoiswho-verlag.ch oder beigefügte CD-ROM

Egloffstein

gener Kzl., Tätigkeitsschwerpunkt: Familienrecht, 2001 Fachanw. f. Familienrecht. M.: Anw.-Kam. u. Anw.-Ver. v. Krefeld. H.: Skisport, Musik, Tanzen.

Freiherr von u. zu Egloffstein Stephan *)

Egloffstein Thomas Alwin Dr. rer. nat. Dipl.-Geol.

B.: Dipl.-Geol., Ges., Gschf. FN.: ICP Geologen u. Ingenieure f. Wasser u. Boden. DA.: 76229 Karlsruhe, Eisenbahnstr. 36. egloffstein@icp-ing.de. www.icp-ing.de. G.: Karlsruhe, 9. Aug. 1957. V.: Dr. Petra. El.: Richard u. Annemarie. S.: 1974 Mittlere Reife Bad Bergzabern, 1974-76 Berufsausbild. Dt. Bundespost Fernmeldeamt Neustadt/Weinstraße, 1976 Fernmeldehandwerker, 1977 FH-Reife FH Karlsruhe, 1977-79 Wehrdienst u. Zeitsoldat b. d. Marine Eckernförde, Flensburg u. Kiel, 1979-81 Techn. Oberschule Karlsruhe, 1981 HS-Reife, 1981-84 Stud. Geologie an d. Univ. Heidelberg, 1984-88 Stud. Geologie an d. Univ. Karlsruhe, 1988 Dipl.-Geologe, 1996-2000 Diss., 2000 Prom. K.: 1976-79 ang. Fernmeldehandwerker Dt. Bundespost, 1989-90 wiss. Ang. am Lehrstuhl f. Angew. Geologie d. Univ. Karlsruhe, seit 1991 Gschf. b. ICP u. fachl. zuständig f. d. Bereich "Geotechnik u. Altlasten". P.: Vergleichende Öko-/Energiebilanz f. Geokunststoffe u. mineralische Dichtungs- sowie Entwässerungsschichten b. Oberflächenabdichtung v. Deponien (2001), Erkundung und Sanierung d. Dragonerkaserne Bruchsal - Konversion d. militärisch und gewerbl. genutzten Fläche z. Intern. Univ. Bruchsal (2000), Der Einfluss d. Ionenaustauches f. d. Dichtwirkung v. Bentonitmatten in Oberflächenabdichtung v. Deponien (2000), Das LAGA Merkblatt M20 als Entscheidungsgrundlage f. d. Verwertung oder Beseitigung mineralischer Abfälle - Erfahrungen aus d. Praxis (1999), Wasserhaushaltsbetrachtungen b. Oberflächenabdichtungen u. -abdeckungen (1995). E.: Obmann d. Ak 2.3/AA 6.13 "Asphaltbauweisen im Wasserbau und in d. Geotechnik" d. DGGT/des ATV-DVWK. M.: VBI, BDG, DGGT, FH-DGG, ATV-DVWK. H.: Lesen, Fotografieren, Reisen.

Freiherr von u. zu Egloffstein Thomas *)

Eglseder Helmut *)

Eglseer Thomas *)

Egner Fritz
B.: Moderator. FN.: Soll u. Haben. DA.: 80809 München, Frankfurter Ring 105. G.: München, 3. Aug. 1949. S.: ab 1969 Stud. Ton- u. Studiotechnik. K.: 1974-78 Studiotechniker, später Moderator b. amerikan. Militärsender AFN, 1978 wöchentl. Moderation Bayer. Rundfunk, seit 1978 Warner Bros. Musikverlag, ab 1980 stellv. Verlagsltr., 1982 Moderation d. "ZDF-Rocknacht", 1984-90 Moderator "Fritz & Hits" im Hörfunk d. Bayer. Rundfunks, 1985 TV-Karriere "Dingsda" in Bayern3, ab 1988 "Dingsda" im Gemeinschaftsprogramm d. ARD, 1990-93 Co-Moderator d. "ARD-Jahresrückblick", ab 1991 Moderator d. Musiksendung "Ohne Filter" im Südwestfunk, parallel dazu "Showfritz" in d. ARD, 1993 Präsentator einiger Interview-Specials m. intern. Show-Stars wie Madonna u. Mick Jagger, 1994 Wechsel z. ZDF, Moderator versch. Unterhaltungssendungen wie "Glücksspirale", "Klassentreffen" oder "Voll erwischt", 1995 Moderation v. "XXO Fritz & Co" b. SAT.1, außerdem "Die witzige Welt d. Comedy", "Weltgeschichte d. Tierfilms", "Frohes Fest m. Fritz", "Die Witzigsten Werbespots d. Welt".

Egtberts Ellen *)

Egyptien Siegfried

B.: Touristiker, Inh. FN.: SET-Siegfried Egyptien Tourismus GmbH. DA.: 30163 Hannover, Jakobiestr. 40. reiseset@t-online-de. G.: Odendorf, 25. Juni 1954. V.: Birgit, geb. Volker. El.: Kurt u. Anna, geb. Esch. BV.: Namenabstammung b. 1692 - Brüder aus Südfrankreich in d. Niederlande gezogen - Ndlg. im Erzbischoftum Lüttich von dort Wanderung nach Westen. S.: 1970-73 Lehre Bürokfm. K.: tätig als Buchhalter, 1982-89 Mittarb. im Reisedienst d. Dt. Studentenschaft in Hannover, später tätig bei Explorer-Fernreisen, Weiterbild. z. Tourisikfachmann an d. IHK Hannover, 1998 Grdg. d. Firma SET in Hannover. P.: Milleniumsversion v. Setadonia.döts (2000). M.: Drachenbootver. Hannover. H.: Touristik, Visionen, elektron. Kommunikation, Wandern, Radfahren, Basteln, Drachenboot fahren, Umweltschutz.

Ehhalt Dieter Hans Dr. Prof. *)

Ehle Jürgen *)

Ehlebracht Bernd Dipl.-Ing. *)

Ehlen Bernhard Dr. h.c.
B.: Jesuitenpater, Gen.-Sekr. FN.: Hilfsorgan. "Ärzte f. d. Dritte Welt". DA.: 60322 Frankfurt/Main, Elsheimerstr. 9. G.: 5. März 1939. El.: Franz u. Hildegard. S.: 1958 Abitur, 1958 Eintritt in d. Jesuitenorden, 1960-63 Stud. Phil. Berchmanskolleg b. München m. Abschluß Lic.phil., 1963-65 Unterstufenlehrer Berliner Canisius-Kolleg f. Math., Biologie u. Sport, 1965-69 Theol.-Stud. HS St. Georgen Frankfurt m. Abschluß Lic.theol. K.: 1968 Priesterweihe, 1969-71 Ergänzungsstud. FU Berlin, 1971-83 Jugendarb. in Hannover, Berlin u. Hamburg, gleichzeitig Oberstufenlehrer f. Religion, 1980 Koordinator d. Hilfsorgan. Cap Anamur in Flüchtlingslagern in Somalia, 1983 Grdg. d. Hilfsorgan. "Ärzte f. d. Dritte Welt" u. seither Ltg. dieser Organ. als Gen.-Sekr., 1983-93 Organ. u. Betreuung v. über 1000 Arzteinsätze in d. Philippinen, Kalkutta, Bangladesh, Ruanda, El Savador, Nairobi u. Kolumbien. E.: Dr. h.c.

Ehler Bernhard Dr. theol. *)

Ehler Hans Jörg Dr. phil. *)

Ehler Manfred
B.: Augenoptikermeister, Inh. FN.: Ehler Optik u. Akustik. DA.: 24937 Flensburg, Holm 58. ehler.ehleroptik@t-online.de. www.ehleroptik.de. G.: Wenkendorf/Fehrmarn, 3. Juni 1941. V.: Heide, geb. Kriegel. Ki.: Inga, Thorsten. S.: 1956-58 Höhere Handelsschule Flensburg, 1958-61 Lehre Augenoptiker, 1962 Bundeswehr. K.: 1963 ang. Augenoptiker, 1965-68 Meisterschule u. Meisterprüf. u. Abschluß staatl. geprüfter Linsenanpasser, 1968-69 Augenoptikermeister in München u. b. 1970 in Flensburg, seit 1971 selbst. in Flensburg. M.: FTS Flensburger Tourismus u. Stadtmarketing GmbH u. seit 1981 Vors., VPräs. d. Lions Club Flensburg. H.: Tennis, Golf.

---

*) Biographie www.whoiswho-verlag.ch oder beigefügte CD-ROM

Ehler Thomas Dipl.-Ing.
B.: selbst. Architekt. DA.: 21684 Agathenburg, Feldblumenweg 34. G.: Stade, 12. Okt. 1955. V.: Martina, geb. Schmidtke. El.: Wilfried u. Else, geb. Nagel. S.: 1975 Abitur Stade, b. 1976 Wehrdienst, 6 Monate Maurerpraktikum, 1977-80 Ing.-Stud. f. Arch. an d. FH Nord-Ost-Niedersachsen in Buxtehude, Dipl.-Ing. K.: 1980-83 ang. Architekt Arch.-Büro Stahmann in Bremervörde, 1983-85 Hamburger Wohnungsbauges. OPTIMA, 1985-90 Planungsbüro pgn in Bremen, Abt.-Ltr. Arch., 1986 Eintragung in Architektenliste, ab 1990 Ndlg. als selbst. Architekt in Stade. M.: Arch.-Kam. NS. H.: Basketball, Tennis.

Ehlerding Jürgen
B.: Dipl.-Verwaltungswirt, Oberamtsrat a.D., Vors. d. Landesverbandes Bayern u. Thüringen. FN.: Deutscher Guttempler-Orden (I.O.G.T.) e.V. DA.: 90461 Nürnberg, Herbartstr. 40b. www.guttempler.de. G.: Hamburg, 30. Mai 1938. V.: Melitta, geb. Schoszarzek. Ki.: Heidrun (1960), Holger (1962). El.: Otto u. Charlotte. S.: 1955 Mittlere Reife Lübeck. K.: 1955-60 Verwaltungsangestellter Bundesanstalt f. Arbeit, 1960-2000 Beamter - bundesweit in versch. Dienststellen d. Bundesanstalt f. Arbeit - zuletzt in Nürnberg, Dipl.-Verwaltungswirt, letzter Dienstgrad Oberamtsrat, seit 1949 Mtgl. im Guttempler-Orden, 1970-74 Vorst.-Mtgl. im Intern. Jugendverband, 1988-92 Bundesvorstand (Ordenssekretär), seit 1992 Vors. d. Landesverbandes Bayern u. Thüringen. M.: Dt. Beamtenbund, Freundeskreis Akademie Tutzing, Freundeskreis Germanisches Nationalmuseum Nürnberg. H.: Kultur, Reisen, Politik.

Ehlers Albert-Hermann
B.: Kfz-Mechanikermeister, Gschf. Ges. FN.: Albert Ehlers GmbH. DA.: 29230 Herrmannsburg, Celler Str. 2. ae@ehlersherrmannsburg.de. www.ehlers-herrmannsburg.de. G.: Herrmannsburg, 9. Okt. 1950. V.: Erni, geb. Mitterer. Ki.: Thilo (1984), Falko (1990). S.: 1967-70 Lehre Kfz-Mechaniker Celle, 1971-72 Wehrdienst. K.: Geselle in d. Firma Opel Autohaus in Celle, 1976 Meisterprüfung, seit 1977 selbständig m. Opel Autohaus in Herrmannsburg. M.: 2. Vors. d. Gewerbeverein Herrmannsburg, AR d. Volksbank Celler Land, Lions Club Herrmannsburg-Bergen. H.: Familie.

Ehlers Alexander P. F. Dr. med. Dr. jur.
B.: FA f. Allg.-Med. u. RA. FN.: RA-Sozietät Ehlers, Ehlers & Partner. DA.: 80538 München, Widenmayerstr. 29. munich@eep-law.de. G.: Berlin, 2. Aug. 1955. V.: Katharina, geb. Kuhlmann. Ki.: Frederik Nikolai Horst (1999). El.: Prof. Dr. med. Dr. jur. Paul Nikolai u. Dr. med. Beate, geb. Hussels. S.: 1974 Abitur Wuppertal, 1974-78 Stud. Med. Univ. Düsseldorf, Heidelberg u. München, 1980-84 Stud. Rechtswiss. Univ. München, 1984-85 Stud. BWL Univ. München, 1976 Physikum Düsseldorf, 1977 1. u. 1979 2. med. Staatsexamen Düsseldorf u. Heidelberg, 1980 3. med. Staatsexamen München, 1981 1. u. 1987 2. jur. Staatsexamen München 1980 Approb., 1987 Zulassung z. RA, 1981 Prom. Med. Düsseldorf, 1988 Prom. Medizinrecht, München. K.: seit 1981 versch. Praxisvertretungen, Truppenarzt d. Bundeswehr - z. Zt. Flotillenarzt d. R. d. Sanitätssak. d. Bundeswehr in München, 1982-99 tätig in einer Privatpraxis, seit 1983 Vertragsarzt in München; 1984-87 wiss. Mitarb. an d. Univ. München, seit 1990 Lehrauftrag a. d. Univ. München f. Medizinrecht, 1992 Mitlehrbeauftragter f. Arzthaftungsrecht a. d. Dt. Ges. f. Med.-Recht an d. med. Fakultät Dresden, seit 1987 ndlg. RA in München. P.: "Praxis d. Arzthaftungsrecht" (1994), "Med. Gutachten im Prozeß" (2000), "Fortführung v. Arztpraxen" (2001), "Ärztl. Abrechnungsmanipulation u. d. GKV" (1993), "Risikostrukturausgleich aus jur. Sicht" (1997), "Das Bild d. Arztes in d. Öff." (1999), "Verteidigung bei Verstößen gegen d. Antikorruptionsgesetz" (2001) u.a.m. M.: Dt. Ges. f. Med.-Recht, American Society of Law, Medicine and Ethics, Inst. f. gesamtes Arztrecht e.V., SGGP, GRPG u. seit 1994 Präs., ab 1996 Lehrer an d. European Business School, seit 1996 Redaktionsmtgl. d. pharmazeut. Ind.,

seit 1996 FÄPI, seit 1998 Grdg.-Mtgl. d. AMM, seit 1999 Grdg.-Mtgl. d. Arge Med.-Recht, seit 1996 Dt. Anw.-Ver., Industry-Advisory Board d. IIR Deutschland GmbH, seit 1999 Netzwerk d. BVMed Arb.-Gruppe Recht, seit 1999 DGRA, Ver. z. Förderung d. dt., europ. u. intern. Med.-Recht, Gesundheitsrecht u. Bioethik, AufsR.-Vors. d. ProMedTV Neue Medien AG, seit 2001 Prod.-verantwortl. d. DOC MEDIA AG, 2001 BeiR. d. Smartm. AG in München, Mtgl. d. Advisory Boards d. Wyeth Pharma.

Ehlers Christian *)

Ehlers Helga
B.: Journalistin. DA.: 50939 Köln, Siebengebirgsallee 34. G.: Dresden, 5. Jan. 1945. V.: Reinhard Wolf. Ki.: Helga, Reinhard, Christiane, Peter. El.: Dr.-Ing. Heinrich u. Hildegard Ehlers, geb. Kropp. S.: 1964 Abitur Ratingen, 1964-70 Stud. Germanistik u. Romanistik in Köln, Auslandsaufenthalt in Paris. K.: seit 1970 anfängl. freie Mitarb. b. WDR, später Rundfunkjournalistin f. ö.r. Rundfunksender (WDR, NDR u.a.), Themen: Asylrecht u. Ausländer, Altersprobleme, Religion (Buddhismus u. Islam). P.: Features: Kabeljaukrieg (1972), Schönheit d. Koran (2000), Mod. Biologie u. Schöpfergott (2001). M.: AWR, ADFC, DGGG, Pro Bahn, Dt.-isl. Ges. H.: Bücher, Reisen, Theater, Film.

Ehlers Helmut
Künstlername: Charly Christian. B.: Freisch. Künstler. DA.: 10967 Berlin, Fontanepromenade 11. PA.: 10967 Berlin, Fontanerpromenade 11. G.: Berlin, 12. Okt. 1918. V.: Hannelore. Ki.: Lotte (1942), Arne (1949), Lord (1969). K.: Seit 1933 im Showgeschäft, zunächst als Orchestermusiker, dann im Varieté, Cabaret, Circus, Theater Film, Funk u. Fernsehen als Parodist, Humorist, Imitatior, Tanz-Exentriker, u.a., 1960-66: Regiseur u. Conférencier im Zirkus Sarrasani anschl. als Alleinunterhalter (Entertainer) auf vielen Kreuzfahrtschiffen weltweit (u.a. Florida, Karibik, Brasilien, Uruguay, Argentinien, Mar del Plata, Feuerland, Malwinen bis in d. Antarktis sowie rund um Westeuropa. M.: Vors. d. Artistenvereins Berlin-Neukölln, Mitglied d. Prominententenfeft Berlin. H.: Garten, Fußball, Boxen. (D.R.)

Ehlers Herwyn Dipl.-Ing.

B.: Landschaftsarchitekt, Inh. FN.: Gärten u. Parks. GT.: seit 2000 Rosen Jensen GmbH, Am Schloßpark 2B, 24960 Glücksburg u. Rosarium Glücksburg. DA.: 22459 Hamburg, Hubertusweg 14. herwynehlers@01019freenet.de. G.: Hamburg, 21. Juni 1967. V.: Teresa, geborene Funke. Ki.: Anna (1999). S.: 1986 Abitur, 1986-88 Lehre Landschaftsgärtner, 1988-89 Bundeswehr, 1990-93 Stud. Landespflege FH Osnabrück, 1993-95 Stud. Landschaftsarch. TU Dresden. K.: 1995-96 Landschaftsarchitekt in div. Büros in Wien, 1996-98 Baultr. in Dresden, seit 1998 selbst. "Gärten + Parks in Norddeutschland" (1994), "Gärten + Parks in Schleswig-Holstein" (1995), "Gärten + Parks in Mecklenburg-Vorpommern" (2000), "Hamburg Querbeet" (2001). M.: DGGL. H.: Fotografieren, Freundschaften pflegen, Garten, Wirtschaft.

Ehlers Holger
B.: Sänger, Inh. FN.: Szenario Entertainment GmbH Musiku. Kunstschule. DA.: 24576 Bad Bramstedt, Maienbeeck 10. www.sissimusical.at. G.: Berlin, 24. Apr. 1964. V.: Heike, geb. Lummer. Ki.: Maximilian (1991), Franziska (1994), Ja-

---

*) Biographie www.whoiswho-verlag.ch oder beigefügte CD-ROM

cob (1998). El.: Günther u. Helga. BV.: Prof. Dr. Peter Vogt Mtgl. d. Ak. d. Wiss. S.: 1982 Abitur Berlin, 1984-89 Stud. Musik, Oper u. darstell Kunst in Hamburg. K.: seit 1989 Sänger (Bariton) am Metropoltheater Berlin u. d. Staatsoper Dresden, seit 1997 Kulturprojekte zu designen, m. d. Schwerpunkten Events u. Kulturprojekte, Vernetzung verschiedenster ideolog. Populationen, Produktion v. Erlebnis Salzkammergut, k.u.k.-Lebensgefühl, Anreise m. k.u.k. Zug, umgebauter Sissi-Zug, in d. Kaiserstadt Ischl, verbunden m. Musiktheater (Sissi) u. versch. Events, Art-Dir. u. Sänger, europaweites Kinderprojekt "France", Kulturaustausch m. d. Volksrep. China, seit 1999 Ltr. einer Musik- u. Kunstausbild.-Stätte in Bad Bramstedt, 2002 Welturaufführung d. eigenen Produktionen "Kaiser Franz Joseph" u. "Der Salzbaron", Engagement gr. Freilichtbühnen, Sänger b. "Im weißen Rössl". M.: Bundesvrb. d. Dt. Bühnenangehörigen, seit 1996 dort im Landesvorst. H.: Klavier m. Events (Blues-Piano), Literatur d. 19. Jhdt.

Ehlers Joachim *)

Ehlers Jörn

B.: Gschf. FN.: Hans Werbeck GmbH. DA.: 20357 Hamburg, Agathenstr. 10. joern.ehlers@werbeck.de. www.werbeck.de. G.: Hamburg, 2. April 1973. V.: Michaela, geb. Stradtmann. El.: Günter u. Antje, geb. Werbeck. S.: 1992 Abitur, 1993-94 Bundeswehr, 1994-97 Stud. BWL Univ. Hamburg. K.: 1997-200o Verkaufsleiter d. Firma Werbeck GmbH u. seit 2001 Gschf. P.: Art. in Fachzeitschriften, polit. Veröff. im Rahmen d. Pressearbeit. E.: 1993 Hamburgs jüngster gewählter Abg. M.: seit 1990 Junge Union, seit 1990 CDU, Bezirksvors. d. JU HH-Eimsbüttel (1992-97), Kreisvorst. d. CDU HH-Eimsbüttel (1992-97), Landesvorst. Junge Union Hamburg (1992-97), Bezirksabgeordneter u. verkehrspolit. Sprecher d. CDU-Fraktion (1993-2001), seit 1983 Lokstedter Schülerchor., 1991 Grdg. s. Jazzchor Mixed Voices, seit 2001 Mixed Voices Hamburg e.V. H.: Musik, Gesang, Tennis, Reisen.

Ehlers Jürgen Dr. rer. nat. Prof.
B.: Dir. FN.: Max-Planck-Inst. f. Gravitationsphysik. DA.: 14476 Golm, Am Mühlenberg 1. G.: Hamburg, 29. Dez. 1929. V.: Anita, geb. Meier. Ki.: Martin (1959), Katrin (1960), David (1963), Maximilian (1969). S.: 1949-55 Stud. Physik u. Math. Univ. Hamburg, Staatsexamen, 1958 Dr. rer. nat. K.: 1959-60 wiss. Ass. in Hamburg, 1961 Lehrauftrag an d. Univ. Kiel, Habil., 1963-64 Doz. Univ. Hamburg, 1964-65 Visiting Assoc. Prof. Graduate Research Center of the Southwest Dallas, 1965-67 Assoc. Prof. Univ. of Texas at Austin, 1967-71 Prof. Univ. of Texas at Austin, 1969-70 Forsch.-Urlaub, Gastprof. in Würzburg u. Bonn, 1971 wiss. Mtgl. d. Max-Planck-Inst. f. Physik u. Astrophysik in München, 1972 o.Mtgl. d. Ak. d. Wiss. u. d. Literatur in Mainz, 1975 Mtgl. d. Dt. Ak. d. Naturforscher Leopoldina Halle, 1976 Mtgl. d. Intern. Astronom. Union, 1979 o.Mtgl. d. Bayer. Ak. d. Wiss. München, 1981 Mtgl. d. Astronom. Ges., 1985 Mtgl. d. Dt. Physikal. Ges., 1993 Grdg.-Mtgl. d. Berlin-Brandenburg. Ak. d. Wiss., 1995-97 Präs. d. Intern. Society of General Relativity and Gravitation, 1995 Dir. Max-Planck-Inst. f. Gravitationsphysik Potsdam, 1996 Hon.-Prof. an d. Univ. Potsdam, 1998 em. P.: über 100 Fachpubl. in wiss. Zeitschriften, "Gravitational Lenses", Monografie (mit P.S. Schneider u. E.E. Falco): A (Springer 1992).

Ehlers Jürgen Dr.
B.: Musiker. FN.: Regionalkantorei Ost. DA.: 12353 Berlin, Lipschitzallee 74. G.: Berlin, 18. Apr. 1959. V.: Partnerin Patricia, geb. Kröger. Ki.: Magdalena (1999), Johann (2000. El.: Dr. Christian u. Ursula, geb. von. Dühren. S.: 1977 Abitur, 1977-81 Stud. Kirchenmusik, Klavier, Tonsatz u. Chorleitung HdK Berlin, 1981 Aufbaustudium Chorleitung, 1983-85 Stud. Klavier HdK, 1985-87 Stud. Klavier u. Kompostion New York, 1987-89 Stud. Doctoral Program Juilliard School New York, 1989 Diss., 1988-97 Weiterbildungskurse. K.: 1979 Organist u. Chorleiter an d. Ev. Matthäuskirche in Steglitz, 1982-84 Kirchenmusiker d. Ev. Petruskirche Lichterfelde, 1985-87 Kirchenmusiker d. All Saint Episcopal Church Lionia in New Jersey u. b. 1989 zusätzl. Ltr. v. 3 Chören in New Jersey, 1989-90 Kirchenmusiker Sabatikal-Vertretung in d. St. Johannes Basilika in Kreuzberg, seit 1990 Kirchenmusiker in d. St. Dominicus. P.: zahlr. Klavier- u. Orgelkonzerte im In- u. Ausland, eigene Kompositionen, Art. in d. neuen "Encyclopedia of Keyboard Instruments", Fernsehgottesdienst u. Chorwerke. E.: 2. Preis b. Steinway-Klavierwettbewerb (1975), Stipendium d. DAAD (1985). M.: Allg. Cäcilienverband, Ges. d. Orgelfreunde, Freundeskreis d. DAAD, FDP, GEMA. H.: Orgelbau, Arbeit m. Holz, Sport, Trompete spielen, PC, Tonaufnahmen.

Ehlers Kurt Dr. med. dent. *)

Ehlers Udo *)

Ehlert Heidemarie

B.: MdB, Ökonomin. FN.: PDS. DA.: 11011 Berlin, Platz d. Republik 1. PA.: 06128 Halle, Mannheimer Str. 60. heidemarie.ehlert@bundestag.de. G.: Halle/Saale, 1. Sep. 1950. V.: Carl-Rudolf Ehlert. Ki.: Jens (1976). EL.: geb. Liedtke. S.: 1957-67 Polytechn. Oberschule, Halle, 1967-70 Ausb. Maschinenbauzeichnerin und Schule bei "Pumpenwerke Halle", Abitur, 1968 SED-Eintritt, 1970-74 Martin-Luther-Universität Halle, Stud. Wirtschaftswiss., spez. Kybernetik/EDV, 1974 Dipl.-Ökonom. K.: 1974-79 VEB Pumpenwerke Halle, Betriebsorg., 1979-89 Stellv. Dir. Arbeitsvermittlung Stadt-bezirk Halle-Süd, 1989-90 Berufung z. Stadtbezirksrat f. Finanzen u. Preise, entsprechend Dezernent, 1990-98 Finanzämter Halle-Süd, Biiterfeld u. Halle-West, 1990 PDS, seit 1990 StadtR in Halle, seit 1994 AufsR Energieversorgung Halle EVH GmbH, 1995-99 Vors. Rechnungsprüfungsausschuß, seit 1998 MdB, seit 1999 Mtgl. Bundesvorst. Dt. Steuergewerkschaft. P.: Artikel über Steuersenkungen ("Neues Deutschland", 1999). M.: Dt. Steuergewerkschaft. H.: Singen, Lesen, Frauenlit., Zeitgeschichte. (Re)

Ehlert Kai
B.: Dipl.-Designer, Unternehmer. FN.: Kai Ehlert Design Hamburg. DA.: 20144 Hamburg, Grindelberg 15 A. info@kai-ehlert-design.de. www.kai-ehlert-design.de. G.: Hamburg, 15. Juni 1939. S.: 1957-60 Lehre als Feinmechaniker, 1961 Stud. Baukeramik in Hamburg, 1961-66 Stud. Produktgestaltung in Ulm m. Abschluss Dipl. K.: seit 1966 selbständig, freiberufliche Tätigkeit als Designer in Hamburg in d. Bereichen Industrial Design, Corporate Design, Design- Beratung u. -management u. Service Design, 1993-96 Lehrbeauftragter f. Design-Management an d. HS Wismar. P.: Fachartikel u. Vorträge zu Design-Themen. E.: u.a. Designpreis Schleswig-

*) Biographie www.whoiswho-verlag.ch oder beigefügte CD-ROM

Holstein (1994). M.: seit 1997 Mtgl. u. ehrenamtliche Tätigkeiten in Berufsverbänden, Design-, Wirtschafts- u. Kulturinstitutionen, Vizepräsident d. Dt. Designertages (1985-94), seit 1994 Präs. d. Dt. Designertages, seit 1991 Sprecher d. Sektion Design im Dt. Kulturrat, Spitzenverband d. Bundesverbände, seit 1994 Mtgl. d. "Runden Tisches" d. Design-Initiative d. Dt. Wirtschaft, seit 1997 Mtgl. d. Künstlersozialkasse, seit 1999 Mtgl. im Verwaltungsrat d. Verwertungsgesellschaft Bild-Kunst (VG Bild-Kunst), Stifter d. Rates f. Formgebung, Mtgl. d. Arbeitskreises Produktform DIHT. H.: Motorrad fahren, klass. Musik.

Ehlert Klaus-Peter Dr.-Ing. *)

Ehlert Martin *)

Ehlert Roswitha *)

Ehlert Rüdiger *)

Ehlert Ute *)

Ehlert-Kaid Katrin *)

Ehlich Hans-Georg Dipl.-Ing. *)

Ehlis Holger

B.: Freiberufler. FN.: Ehlis Design. DA.: 42859 Remscheid, Schlepenpohl 6. info@ehlis-design.de. www.ehlis-design.de. G.: Remscheid, 27. März 1973. V.: Misli. Ki.: Serkan. El.: Horst und Dr. Gerhild, geb. Brähler. S.: 1992 Abitur Remscheid. K.: schon m. 6 J. eigene Comics gezeichnet, m. 12 J. eigene Computerspiele entwickelt u. m. Bekannten vermarktet, nach Abitur Entwicklung von eigenen Projekten f. Apple, Entwicklung v. Spielen u. Gestaltung v. div. Internetbereichen, s. 1995 freier Mitarb. d. Werbeagentur PWS Remscheid. H.: Sport.

Ehlke Joachim
B.: Strafverteidiger. DA.: 10785 Berlin, Potsdamer Str. 112. G.: Berlin, 16. Feb. 1952. Ki.: 1 Tochter. S.: 1971 Abitur, Stud. Rechtswiss. Berlin. K.: seit 1982 ndlg. RA. M.: seit 1974 CDU Ortsverb. Alt-Lichtenfelde, Reiterver. Onkel Toms Hütte. H.: Literatur, Mittelalter.

Ehmann Horst Dr. iur. Univ.-Prof. *)

Ehmann Willy *)

Ehmcke Jörn
B.: Gschf., Unternehmer. FN.: Snoo Bi Freizeit-Center Jörn Ehmcke. DA.: 30659 Hannover, Varrelheidering 1- 3. snoobi@t-online.de. www.snoobi.de. G.: Bremen, 26. Okt. 1957. V.: Ingrid Bendix. El.: Ewald u. Elfriede, geb. Brandt. S.: 1972-75 Ausbildung z. Groß- u. Aussenhandelskaufmann in d. Elektrobranche. K.: 1975-77 Wechsel in d. Schallplatten- u. Einzelhandelsbranche, 1979 Abteilungsleiter v. Radio Sonder in Bremerhaven, 1980 durch Tod d. Vaters Rückkehr nach Bremen, 1981 Umzug nach Hannover u. parallel Ausbildung

z. EDV-Kfm., Einstieg in d. Versicherungsbranche als Aussendienst-Mitarbeiter, 1983-85 Vertriebsaufbau f. Billard-Zubehör aller Art f. d. Automaten-Hersteller b. d. Firma Gauselmann in Espelkamp-Westfalen, 1985-91 Ltr. Zentraleinkauf Deutschland/ Lübbecke, Export v. Spielgeräten u. Konzipierung, Aufbau von Billard-Cafes, Aufbau u. Eröff. des ersten Billard-Centers in Bochum, einzigartig in Deutschland, 1991 Grdg. d. Snoo Bi Freizeit-Center, Billard u. Dart, Unterhaltungsgeräte, Bistro, Clubräume, Dart- u. Billard-Shop, 1992 Grdg. d. Vertriebs-GmbH deutschlandweit,. BL.: Mitveranstalter u. Mitorganisator f. d. EURO-Tour-Billard 1994. P.: div. Veröff. in d. intern. Fachpresse u. Fachmagazinen. M.: Dart-Ver. Hamburg, Dt. Billard-Union. H.: Billard, Musik, Motorradfahren.

Ehmen Gerold *)

Ehmeneck Rainer *)

Ehmer Hartmut

B.: Vergoldermeister. FN.: Kunsthandlung Erich Ehmer. DA.: 80639 München, Notburgastraße 6. info@ehmer-erich.de. www.ehmer-erich. de. G.: München, 26. Juli 1962. El.: Vergoldermeister Walter u. Helga. BV.: Theodor Ehmer Firmenbegründer 1903 in München. S.: 1977-80 Lehre als Vergolder im elterl. Betrieb, 1980-85 Gesellenjahre, 1985 Übernahme d. elterl. Betriebes u. Führung b. dato, 2002-2003 100jähriges Firmenjubiläum. BL.: Restaurierung d. Goldenen Saales in Augsburg, d. Münchner Residenz, d. Würzburger Residenz, d. Kammerspiele München, div. Museen in Athen/Griechenland u. in Deutschland. P.: AZ, Käferzeitung, Kunsthandel, SZ, BR-Reportage. H.: Radeln, Bergwandern, Sport.

E.: Vergoldermeister als jüngster Meister aller Handwerkszweige. K.: 1985-96 tätig als Vergoldermeister im elterl. Betrieb in München, 1996-98 Zweitausbildung als Bürokaufmann,

Ehmke Horst Dr. jur. Prof. *)

Ehmler Elvira Dr. *)

Ehnert Brigitte Dr. med. *)

Ehnert Otto-Wolfgang *)

Ehnert Wolfram *)

Ehnig Armin
B.: Filialltr. FN.: Apollo Optik GmbH & Co KG. DA.: 36037 Fulda, Lindenstr. 11. PA.: 36093 Fulda, Mecklenburger Str. 33. G.: Geislingen/Steige, 22. Jan. 1965. El.: Joachim u. Ingeborg. S.: 1986 Fachabitur, 3 J. Lehre z. Augenoptiker. K.: Optiker in d. Nähe v. Stuttgart, 1990 Augenoptikergeselle

*) Biographie www.whoiswho-verlag.ch oder beigefügte CD-ROM

Ehnig

Apollo Optik in d. Nähe v. Ulm, Aufstieg b. z. stellv. Filialltr., Aufnahmeprüf. z. Fachak. Augenoptik, 1992 Meisterschule, 1994 Abschluss d. Meisterprüf., danach Filialltr. Apollo Optik in Fulda. BL.: Ver.- u. Bez.-Meister. H.: Familie, Tischtennis, Motorradfahren.

Ehning Marcus
B.: Profi-Springreiter, Groß- u. Außenhdls.-Kfm. FN.: c/o Dt. reiterl. Vereinigung. DA.: 48231 Warendorf, Frhr.-von-Langen-Str. 13. G.: 19. Apr. 1974. K.: DM Ponyreiter: 1990 Goldmed.; DM Junioren: 1991 Goldmed., 1992 Silbermed.; DM Junge Reiter: 1993 5. Pl., 1994 8. Pl.; DM: 1999 6. Pl.; EM Ponys: 1989 u. 1990 Goldmed. Mannschaft, 1989 Einzelwertung/5., 1990 Einzelwertung/8.; EM Junioren: 1991 u. 1992 Goldmed. Mannschaft, 1991 Einzelwertung/12.; EM Junge Reiter: 1993 u. 1994 Goldmed. Mannschaft, 1993 Einzelwertung/4., 1994 Einzelwertung/6.; EM: 1999 Goldmed. Mannschaft, 1999 Einzelwertung/5.; 1991 Preis d. besten Junioren/3., 1993 Preis d. Besten Junge Reiter/3., 1994 Preis d. Nationen CSIO Warschau/1., 1994 Preis d. Besten Junge Reiter/2.,1995 Preis d. Nationen CSIO-W Bratislava/2., 1995 Preis d. Besten Junge Reiter/1., 1996 Preis d. Nationen CSIO Mechelem/5., 1996 Gr. Preis Turnier d. Sieger Münster/2., 1997 Gr. Preis CSI Hannover/4., 1998 Hamburger Derby/4.; 1999: Preis d. Nationen/2., Gr. Preis CHIO Aachen/7.; 1999 Preis d. Nationen CSIO Hickstead/1.; 1999: Preis d. Nationen/ 1., Gr. Preis CSIO Modena/1., 1999 Preis d. Nationen CSIO Calgary/1., 1999 German Masters Stuttgart/1., 2000 OS Sydney Springreiten Mannschaft/1., s. 2001 Ericsson-Team (erste Werks-Mannschaft). H.: Fußball. (Re)

Ehninger Gerhard Dr. med. Univ.-Prof. *)

von Ehr Benno

B.: Gschf. FN.: soleo Medien & Vertriebs GmbH. DA.: 47807 Krefeld, Anrather Str. 291. vonehr@soleo.de. www. soleo.de. G.: Kusel, 28. Nov. 1961. V.: Tamara, geb. Wiegand. Ki.: Emilia, Leopold. S.: 1978-81 Ausbildung Verlagsbuchhändler Verlag Herder Freiburg. K.: 1981-92 tätig im Sortimentsbuchhdl., 1988-92 Filialltr. d. Buchhdl. von Lengerke in Bochum, 1993-95 Repräsentant im hbv Verlag in Korschenbroich, 1995-99 Vertriebsltr. d. Franzis Verlag in Poing, 1999-2000 Gschf. d. hbr Verlag in Kaarst, 2000 Grdg. d. Firma soleo Medien & Vertriebs GmbH in Krefeld m. Schwerpunkt Zweitvermarktung im Bereich Literatur u. Software f. Discount, SB-Warenhaus u. Drogeriemarkt, Kunstvertrieb - Vermarktung d. Künstlers Wolfgang Nocke. H.: Lesen, Segeln, Kunst, Angeln u. Natur.

Ehrbar Andreas *)

Ehrbar Udo Dipl.Vw. *)

Ehrecke Fritz Ing. *)

Ehrenberg Andre
B.: Profi Kanuslalom-Fahrer, Soldat (Sportfördergruppe). FN.: RKV 1950 Bad Kreuznach. DA.: 86167 Augsburg, Saldnerstr. 24a. G.: Braunschweig, 2. Jan. 1972. V.: Andrea. K.: fährt d. Disziplin Canadier-Zweier, 1990 JWM Mannschaft/3., 1993 DM Einzel 1./1./3., 1994 DM Einzel/1./3., Mannschaft/ 3., 1995 DM Mannschaft/1, Einzel/2., WM Mannschaft/3., Einzel/4., 1996 DM Einzel/1., EM Mannschaft/1., Olymp. Spiele Einzel/3., EM Einzel/5., 1997 DM Mannschaft/1., Einzel/2., WM Einzel/2., Mannschaft/3., 1998 DM Einzel/1./2., WC-Gesamt/11., EM Mannschaft/4., Einzel/8., 1999 Intern. A-Wettkampf i. Meran/3., WC-Gesamt/4., WM Einzel/14., Mannschaft/4., DM Mannschaft/3., Einzel/3. H.: Tennis, Squash.

Ehrenberg Christoph
B.: Kanzler. FN.: Univ. Osnabrück. GT.: 1986-93 Mtgl. im Rat d. Stadt Osnabrück, 1997-2000 Landessprecher d. niedersächs. Univ.-Kanzler, 1998-2000 Mtgl. d. Expertenkmsn. z. Erarb. eines neuen Niedersächs. HS-Gesetzes, seit 2000 stellv. Bundessprecher d. dt. Univ.-Kanzler. DA.: 49096 Osnabrück, Neuer Graben 29. G.: Bad Essen, 26. Mai 1946. BV.: Vater Burkhard Ehrenberg, ehem. Oberkreisdir. Landkreis Wittlage, Großvater Prof. Dr. Herrmann Ehrenberg Kunsthistoriker, ehem. Rektor d. Westfäl. Wilhelms-Univ. Münster. S.: 1966 Abitur Osnabrück, 1966-68 Bundeswehr Itzehoe, 1968-73 Jurastud. Münster, 1. Staatsexamen, 1973-75 Referendariat OLG Bez. Oldenburg, 1975 2. Staatsexamen. K.: 1975-78 Landesreg. Niedersachsen - Min. f. Wiss. u. Kunst Referent, 1978 Eintritt in d. Verw. d. Univ. Osnabrück, 1984 Vertreter d. Kanzlers, 1992 Ernennung z. Kanzler. P.: Mitautor d. Gebrauchskommentars z. Niedersächs. HS-Gesetz 1978, Niedersächs. Verw.-Blätter 1996, "Zum Modellversuch an 3 niedersächs. HS - Erprobung d. globalen Steuerung v. HS-Haushalten", "Hochschulräte: Mehr Bürokratie statt Autonomie" (1997), "Hochschulmanagement - Perspektiven d. Organ.-Kultur d. HS (1998), "Die Mühle d. Ebenen - Erfahrungen m. d. Umsetzung v. Reformansätzen in HS u. d. Rolle d. Kanzler", "Leitungsstrukturen - Quo vadis?" (2000), "Wozu brauchen Univ. Kanzler, Herr Ehrenberg?" (2000), Referat an d. Nationalak. of Education Administration (NAEA) in Peking (Beijing) am 1. März 2001 zu Thema "Akkreditierung". H.: Reisen, Wein.

Ehrenberg Eugen Christian Rudolf

B.: selbst. Kfm. FN.: Eugen Ehrenberg Hdls.-Vertretungen. DA.: 22589 Hamburg, Bredkamp 31. G.: Hamburg, 2. März 1923. V.: Lotte Liesel, geb. Genz. Ki.: Eugen (1953), Ute (1955), Andreas (1958). El.: Eugen u. Margarete, geb. Massmann. S.: 1942 Abitur, 1942-44 Ausbild. Außenhdls.-Kfm. b. Firma Siemssen & Co Import/Export Hamburg, 1944-45 Militär. K.: 1945-50 Außenhdls.-Kfm. in Ausbild.-Betrieb Firma Siemssen & Co Import/ Export Hamburg, 1950-57 Mitinh. in d. Hdls.-Vertretung Curt Müller in Hamburg, seit 1958 selbst. m. eigener Firma Eugen Ehrenberg Hdls.-Vertretungen in Hamburg; noch voll aktiv in Maschinen u. Anlagen aller Art, große Erfolge im Umweltschutz durch Sanierung v. kontaminierten / auch PER- u. Öl verseuchten Böden, macht kontaminiertes Wasser wieder trinkbar. F.: Intern. Kooperationen. M.: CDH, HK. H.: Musik, Theater, dem Leben positiv begegnen. Sprachen: Deutsch, Englisch.

Ehrenberg Herbert Dr. rer. pol.
B.: Bundesmin. a.D. PA.: 26434 Wangerland, Deichstr. 23. G.: Collnischken, 21. Dez. 1926. S.: Schule, Wehrdienst u. Kriegsgefangenschaft, Polizist, 1952 HS-Reife, Stud. Vw. Wilhelmshaven u. Göttingen, Prom. K.: Wirtschaftspolitischer Referent bei d. IG Bau-Steine-Eden, 1968-69 Ltr. Unterabt. Strukturpolitik Bundeswirtschaftsmin., 1969-71 Min.-Dir. Bundeskanzleramt, 1971-72 Staatssekr. Bundesarbeitsmin.,

*) Biographie www.whoiswho-verlag.ch oder beigefügte CD-ROM

1972-90 MdB, 1976-82 Bundesarbeitsmin. SPD. P.: Die Erhard-Saga (1965), Zwischen Marx u. Markt (1973), Mehr Arbeitsplätze ohne Lohnverzicht (1988), Damit keiner unter d. Räder kommt/Strategien f. einen gesamtdt. Sozialstaat (1990), "Die große Standortlüge" (1997), "Raus aus der Krise" (1999), seit 1997 Präsident d. Internationalen Bundes (IB). E.: 1986 Gr. BVK, 1994 Stern dazu, 1989 Gr. Niedersächs. VO.

Ehrenberg-Regert Anita

B.: Gschf. FN.: Sped. Ehrenberg GmbH. DA.: 45881 Gelsenkirchen, Uechtingstr. 19. G.: Tschuschitz/Tschechien, 1. Mai 1945. V.: Friedhelm Regert. Ki.: Peter (1964), Thorsten (1965), Yvonne (1968). El.: Ernst u. Maria Preisner. S.: 1959-62 Lehre z. Einzelhdls.-Kauffrau. K.: b. 1965 Verkäuferin in d. Textilbranche, b. 1970 Kombination Schwangerschaften u. Jobs, b. 1984 Mitarb. im Antiquariat d. verstorbenen 1. Ehemannes, 1984-2001 Aufbau eines Sped.-Betriebes zusammen m. Sohn Peter. H.: Beruf, Familie, bes. Enkelkinder.

Ehrenbrand-Kressmann Gudrun *)

Ehrenbrecht Regina

B.: Inh., Gschf. Ges. FN.: PCE Personal Concept Ehrenbrecht GmbH; Ehrenbrecht firmen- u. projektmanagement. DA.: 90409 Nürnberg, Virchowstr. 20. PA.: Rückersdorf b. Nürnberg, Fliedersteig 3. G.: Premnitz/Brandenburg, 30. März 1954. V.: Prof. Dr. Dr. habil. Horst Münker. El.: Alfred u. Christa. BV.: Begründer d. Feste Ehrenbreitstein: v. Ehrenrechtstein, seit 950 urkundl. nachweisbar als Grafen- u. Fürstengeschlecht. S.: 1971 Mittlere Reife Nürnberg, b. 1977 Lehre als Ind.-Kfm. K.: Operatorin u. Sachbearb., m. 24 J. Ndlg.-Ltr. eines Ing.-Büro m. Personalüberlassung, Grdg. d. 1. eigenen Unternehmens m. 29 J. 1983: PCE Personal Concept Ehrenbrecht, 1987 Grdg. Firma "Ehrenbrecht firmen- u. Projektmanagement". BL.: Personaldienstleistung, Ingenieurdienstleistung, Büro u. Verwaltung. E.: Bayer. Meisterin im Weitsprung u. Korbball, Kandidatin d. Nürnberger CSU f. d. Bundestagswahl, 2. Vors. d. Nürnberger Frauenunion. M.: CSU Nürnberg. H.: Studienreisen, Sauna, Leichtathletik, Sammlung v. Porzellanen u. Jugendstilbronzen.

Ehrenbrink Ralf

B.: Profi-Reiter, Pferdewirtschaftsmeister, Ltr. d. Springausbildung. FN.: c/o Reitanlage Kühnen. DA,; 47803 Krefeld, Hökendyk 1. G.: Bielefeld, 29. Aug. 1960. K.: 1978 DM Luhmühlen (Junioren)/1., EM (Junioren) Burghley/1., 1981 DM Luhmühlen (Junge Reiter)/1., 1983 DM Luhmühlen/2., 1985 DM Luhmühlen/4., EM Burghley/3., 1987 EM/2., 1988 Olympische Spiele Seoul Mannschaft/1., DM Bielefeld/2., 1990 CCI Achselschwang/1., CCI Lion d´Angers/1., 1992 Olympische Spiele Barcelona Mannschaft/1., Vielseitigkeitspr. Klasse M Rheinböllen/3., 1994 WM Den Haag Mannschaft/3., 1995 DM Luhmühlen/2., Vielseitigkeitspr. Klasse M Bonn Rodderberg/1., CCI Vittel/1., 1997 Vielseitigkeitspr. Klasse S Wesel-Obrighoven/4., 1999 Rheinische Meisterschaften Vielseitigkeitspr. Klasse A/B National/2., Geländeprüfung Kl. A/B National/4, neben d. aktiven sportl. Karriere a. Richter b. DM etc. u. als Ltr. d. Sprungausbildung i. d. Reitanlage Kühnen tätig.

Ehrenhuber Gerd *)

Ehrens Rainer Franz-Josef

B.: Gschf. FN.: Ehrens EDV-Beratung. DA.: 59302 Oelde, Hermann-Stehr-Str. 9. rainer.ehrens@synergiefabrik.de. G.: Oelde, 19. Okt. 1968. El.: Josef u. Johanna, geb. Wallmeier. S.: 1986 Ausbild. als Dreher, 1987-89 Höhere Handelsschule in Rheda-Wiedenbrück, 1989-92 Ausbildung z. Ind.-Kfm., 1992 Stud. Wirtschaftswiss. an d. Univ. Essen. K.: parallel Vertriebsunterstützung bei den Softwareunternehmen, 1999 Gschf. d. "Synergiefabrik" Ehrens EDV-Beratung. M.: Deutsch-Niederländischen Gesellschaft in Münster. H.: Inlineskating.

Ehrensberger Peter *)

von Ehrenstein Iselin Aglaia Dr. iur. *)

Ehrenstorfer Siegmund Albert Dr. *)

Ehrentraut Eike *)

Ehrentraut Renate *)

Ehret Doris

B.: Inh. FN.: Kosmetik Institut "Wohlfühl-Insel". DA.: 79291 Merdingen, Winzerweg 10. PA.: 79206 Breisach, Vogelsang 10. doris.ehret@wohlfuehl-insel.de. G.: Freiburg, 23. Dez. 1969. V.: Harald Weis. El.: Heinrich u. Irmgard, geb. Sumbert. S.: 1986 Mittlere Reife Breisach, Ausbild. Ind.-Kauffrau. K.: 1989-90 Schneider & Söhne im Marketing, 1993-95 Alcon Pharma Freiburg, 1996-97 in Amerika, 1997-99 Alcon Pharma, seit 1999 selbständig m. Jafra, seit 2000 Kosmetik Inst. u. Wohlfühl-Insel, über Thema Haut an d. Menschen heran zu kommen "Haut ist der Spiegel der Seele", Motivation: "Die Menschen zu lehren im eigenen Umfeld Gutes zu tun, sich anderen zu widmen damit um einen herum eine weniger aggressives Umfeld geschaffen wird", "nur wenn jeder bei sich anfängt können wir Gewalt und Hass mindern". E.: GAP Circle of Exellence 1997, Managerin d. J. 2000. H.: Berufung, Fahrradfahren, Natur, Malen, Ruhe, Menschen zu fördern.

Ehret Jürgen Dipl.-Ing.

B.: Gschf. FN.: Wilhelm Hirdes GmbH. DA.: 22397 Hamburg, Lemsahler Landstr. 193. G.: Heidelberg, 1. Apr. 1940. V.: Hannelore, geb. Krüger. Ki.: Arne (1967), Svenja (1970). El.: Michael u. Maria, geb. Maisch. S.: 1958 Mittlere Reife Hamburg, 1958-61 Lehre Maurer, 1961-63 Stud. Arch. u. Hochbau FH Hamburg. K.: 1963-68 tätig in einem Arch.-Büro u. als freischaffender Arch., 1968-91 tätig im Betrieb d.

*) Biographie www.whoiswho-verlag.ch oder beigefügte CD-ROM

Schwiegervaters u. Besuch d. Seminare m. Abschluß staatl. geprüfter Bodenleger u. öff. bestellter u. vereid. Sachv. f. Bodenlegergewerbe, 1991 Übernahme d. Betriebes d. Schwiegervaters. P.: Aufsätze u. Gutachten in d. Fachpresse. E.: Prüfungsvors. d. HWK Hamburg. M.: Vorst.-Mtgl. d. Zentralverb. Parkett u. Fußbodentechnik Bonn, Fachgruppenltr. u. Tarifbauftragter d. Innung f. Parkett u. Fußbodentechnik Hamburg, Hamburger Yachtclub. H.: Motoryachten, Tennis, Sporttauchen.

Ehret Reinhard Manfred Dr. med. *)

Ehret Roland Dipl.-Ing.
B.: freier Architekt. DA.: 69123 Heidelberg, Forstweg 1/1. PA.: 69123 Heidelberg, Klapperg. 16. G.: Heidelberg, 22. Sep. 1943. V.: Barbara, geb. Blum. Ki.: Dipl.-Ing. Michael (1969). El.: Karl u. Trudel, geb. Prior. S.: 1959-62 Lehre Bauzeichner, 1963 FHS-Reife, 1963-68 Stud. Bauing.-Wesen FHS Darmstadt, 1968 Abschluß Dipl.-Ing. K.: 1968-70 ang. Architekt in Heidelberg, 1970-89 techn. Ltr. u. Prok. im Baumanagement d. Firma Junkert & Huber GmbH in Heidelberg, seit 1998 selbst. freier Architekt. M.: zahlr. Wieblinger Ver. H.: Beruf, Tennis.

Ehret Ulrich Christian *)

Ehrhardt Hanns-Joachim *)

Ehrhardt Hartmut Dr. AOR
B.: Chemiker. FN.: Inst. f. anorgan. Chemie d. Univ. Hannover. DA.: 30167 Hannover, Callinstr. 9. hartmut.ehrhardt@mbox.acb.. G.: Radolfzell/Bodensee, 3. Feb. 1937. V.: Rita, geb. Göbel. Ki.: Robert, Sieglinde, Otmar. BV.: Dichter Ernst-Moritz Arndt v. Rügen (Vorfahre mütterlicherseits) war im 18. Jhdt. Freiheitskämpfer, gleichzeitig war z. Napoleons-Zeit Robert Ehrhardt, Leibartz v. Kardinal-Bischof Rohan in Straßburg. S.: 1957 Abitur, parallel in Radolfzell im Rudersport aktiv, Steuermann eines 4ers, div. Siege/Plazierungen b. intern. Wettkämpfen, Chemiestud. an d. Univ. Freiburg, 1965 Dipl. K.: 1969 Weiterführung d. Studiums in Kiel, danach AR an d. Univ. Hannover, später als akt. AOR am Inst. f. Anorgan. Chemie. P.: versch. Fachveröff. in Fachzeitschriften, 1985 Archäologiebuch "Samothrake". M.: Hegau-Geschichtsver., Bürgerver. b. Weissensee, Ruderclub Radolfzell. H.: Familie, Garten, Symmetrielehre, Geschichte, Kunstgeschichte.

Ehrhardt Helmut E. Dr. med. Dr. phil. Dr. iur. h.c. *)

Ehrhardt Marie-Luise Dr. phil. Prof.
B.: Univ.-Prof. FN.: Univ. Hannover. DA.: 30173 Hannover, Bismarckstr. 2. G.: Hamburg, 28. Okt. 1935. Ki.: Thormen (1963). S.: 1995 Abitur Wuppertal, Stud. Germanistik u. Anglistik, 1962 Prom. Freiburg, b. 1965 Stud. Erziehungswiss. PH Hannover. K.: VS-Lehrerin in Hannover, 1969 wiss. Ass. an d. Univ. Hannover, seit 1980 Prof. f. Neuere Dt. Literatur u. ihre Didaktik an d. Univ. Hannover. P.: "Meister Krabat", Schriften z. Volksüberlieferung u. Jugendliteratur, "Christa Wolfs Medea" u.a.m. M.: Europ. Märchenges., Grimm-Ges., Fontane-Ges..

Ehrhardt Ralf Dr. rer. pol. Dipl.Wirtsch.-Ing.
B.: Gschf. FN.: Curiavant Internet GmbH. DA.: 90403 Nürnberg, Hauptmarkt 17 ralf.ehrhardt@web.de. www.curiavant. de. G.: Nürnberg, 13. Juli 1965. V.: Martina, geb. Wachter. Ki.: Anja (1996), Lara u. Sophia (1998). El.: Wolf-Dietrich u. Monika. S.: 1984 Abitur, 1985-90 Stud. Wirtschaftsing.-Wesen Univ. Karlsruhe, 1990-93 Prom. Dr. rer. pol. Göttingen. K.: 1993-99 tätig in d. Firma Quelle in Fürth, zuletzt Umweltbeauftragter u. DV-Projektltr., seit 2000 Gschf. d. Curiavant Internet GmbH in Nürnberg. E.: 1998 B.A.U.M.-Umweltpreis. M.: Ges. f. Informatik, Alumni-Netzwerk Karlsruhe. H.: Golf.

Ehrhardt Sylvia Dr. med.

B.: Frauenärztin. DA.: 01796 Pirna, Lauterbachstr. 5. G.: Großröhrsdorf, 15. Jan. 1955. V.: verh. Ki.: 2 Kinder. S.: 1973-75 Med.-Stud. Charitée Berlin, 1975-78 Med.-Stud. an d. Med. Ak. Dresden, Dipl.-Arb. K.: 1978-79 Prakt. J. am Kreis-KH Pirna, 1979 Approb., 1979-86 FA-Ausbild. f. Gynäkologie u. Geburtshilfe im Kreis-KH Pirna, 1983 Med. Prom., 1986 Facharztanerkennung, DEGUM-Stufe II 2001, 1989-92 OA d. Gynäkolog. Station im Kreis-KH Pirna, 1992 ndlg. Frauenärztin. M.: DEGUM, DgfA. H.: Bergwandern, Fahrradfahren, Malen.

Ehrhardt Thomas Ing. *)

Ehrhardt Walter Dipl.-Ing. *)

Ehrhardt Wulf-Otto Dr. päd. *)

Ehrhardt-Lakomy Monika
B.: Schriftstellerin. PA.: 13129 Berlin, Triftstraße 72-74. MELaBB@aol.com. www.Traumzauberbaum.de. G.: Oßmannstedt, 18. Sep. 1947. V.: Reinhard Lakomy (Komponist). Ki.: Klara Johanna (1984). El.: Rudolf u. Irene Ehrhardt. S.: 1964-69 Stud. Bühnentanz an d. FS f. Künstlerischen Tanz Berlin, 1972-76 Fernstud. Kulturwiss. FS Meißen-Siebeneichen. K.: 1969-81 Bühnentänzerin Berliner Tanzensemble, s. 1978 gemeins. m. Ehemann Reinhard Lakomy Protagonistin einer Kunst-für-Kinder-Szene, 1978 1. LP "Geschichtenlieder", 1978 1. Kinderrevue am Friedrichstadt-Palast Berlin, s. 1981 freie Schriftstellerin, 1987-90 Stadtverordnete v. Berlin (Kulturkom.), 1990-91 MdA Berlin f. PDS. P.: 3 Kinderbücher: u.a. "Der Traumzauberbaum" (6. Aufl. 1999), 10 CDs f. Kinder, millionenfach verkauft, u.a. "Der Traumzauberbaum", "Der Wolkenstein", "Josefine, die Weihnachtsmaus", "Das blaue Ypsilon", zuletzt Dezember 2001, "Agga Knack, die wilde Traumlaus", 1 CD f. Erwachsene "Die 6-Uhr-13-Bahn, Filme, Theaterstücke. E.: 1988 Kunstpreis der Jugend d. DDR. M.: VS, stellv. Vors. d. Verbandes Dt. Schriftsteller Berlin, Vizepräs. d. Nationalen Delphischen Rates Deutschland. H.: Wassersport.

Ehrhart Hans-Georg Dr.
B.: wiss. Referent. FN.: Inst. f. Friedensforsch. u. Sicherheitspolitik an d. Univ. Hamburg. DA.: 22587 Hamburg, Falkenstein 1. G.: Bonn, 15. Sep. 1955. V.: Petra, geb. Fürmeyer. S.: 1975 Abitur Bonn, 1976-83 Stud. Politikwiss., Soz. u. Phil. Univ. Bonn, Abschluß: MA, 1983-86 Prom. Dr. phil. K.: 1983-87 Tutoren- u. Doz.-Tätigkeit f. d. Univ. Bonn, seit 1987 Mtgl. v. "Team Europa" d. Vertretung d. Europ. Kmsn., 1987-89 Wiss. Mitarb. d. Studiengruppe Sicherheit u. Abrüstung d. Forsch.-Inst. d. Friedrich-Ebert-Stiftung, 1988 Forsch.-Aufenthalt an d. Stiftung f. Nat. Verteidigungsstudien Paris, seit 1989 wiss. Referent am Inst. f. Friedensforsch. u. Sicherheitspolitik an d. Univ. Hamburg, seit 1990 Ltr. d. Forsch.-Schwer-

*) Biographie www.whoiswho-verlag.ch oder beigefügte CD-ROM

punktes "Osteuropa", seit 1992 Mtgl. d. RedaktionsR. d. Reihe "Hamburger Beiträge z. Friedensforsch. u. Sicherheitspolitik", 1993 Forsch.-Aufenthalt am Centre for Intern. Relations d. Queen's Univ. in Ontario/Kanada, seit 1996 Ltr. d. Intern. Fellowship-Programms Graf Baudissin,1998/99 Lehrbeauftragter am Seminar f. polit. Wiss. d. Univ. Hamburg. P.: 14 Bücher, über 40 Buchaufsätze, über 30 Studien, über 40 Zeitschriftenaufsätze, Interviews u. Features in Fernsehen u. Hörfunk, Beiträge f. Tageszeitungen u. Pressedienste. M.: Dt. Ges. f. Auswärtige Politik, Arbeitskreis Europ. Integration e.V., Dt. Studienkreis f. Frieden u. Sicherheit e.V. H.: Fußball, Musik.

Ehrhorn Hans *)

Ehrich Wulf Dr. med. Prof.
B.: Univ.-Prof. a.L., i. R., Augenarzt, ehem. Ltd. Arzt d. Funktionsbereiche Glaukom u. Kontaktlinsen d. Univ. Augenklinik. PA.: 66424 Homburg, Hiltebrandtstr. 2. G.: Eutin, 11. Nov. 1926. V.: Gesa, geb. Wolgast. El.: Dr. phil. Walter u. Lucie. S.: Med.Stud. in Kiel, 1951 Prom. in Kiel. K.: 1951 Approb. als Arzt in Kiel,1951-53 Ass.Arzt d. Inneren Med., Chir., Neurologie, Anatomie, 1953-61 Ass.Arzt in d. Augenheilkunde Univ. Kiel u. Hamburg, 1956 Augenarzt, 1961-69 Augenarztpraxis in Kiel, seit 1969 Univ.Augenklinik Homburg, 1972 Venia legendi f. d. Fach Augenheilkunde, 1978 Prof. auf Lebenszeit, 1978 Zusatzbezeichnung Plast. Operationen. P.: 175 Veröff., Atlas der Kontaktlinsenanpassung (1978, 1985, engl. 1988). E.: 1985 Fick-Kalt-Müller-Med., 1986 Verd.Med. BVA, 1991 Kontaktlinsenförderpreis, 1996 Louis Emile Javal Gold Pin d. Int. C.L. Council, New York. M.: ECLSO, DOG, BVA, 1978 Begründer u. dt. Hrsg. d. "Contactologia", 1982-97 Vorst. u. seit 1997 Ehrenmtgl. d. ECLSO, seit 1972 Mitarb. im DIN (Feinmechanik u. Optik).

Ehricht Sven-Axel *)

Ehringer Manfred *)

Ehrl Andreas *)

Ehrl Helmut *)

Ehrl Peter A. Dr. med. Dr. med. dent. *)

Ehrle Ina Dipl.-Ing. *)

Ehrle Sabine *)

Ehrler Ernst

B.: selbst. Techniker u. Konstrukteur. DA.: 85221 Dachau, Schillerstr. 32. G.: Emmendingen, 26. März 1944. El.: Ernst u. Maria, geb. Kreft. S.: 1958-61 Lehre Werkzeugmacher Firma Siemens, K.: b. 1964 tätig in d. Firma Siemens, 1964-68 tätig in d. Firma Peer u.a. Fertigung versch. Kunststoffspritzgießwerkzeuge, 1963-67 Abendschule am Polytechnikum München m. Abschluß Maschinenbautechniker, 1968-76 Konstrukteur f. Kunststoffspritzgußformen in d. Firma Kraus Maffei, seit 1976 selbst. m. Konstruktionsbüro f. Kunststoffspritzgußformen u. Gummiteile, Büro gilt als Ideenfbk. BL.: Patente u.a. 1. Vorrichtung zum Herstellen von Leuchtwanne aus Kunststoff mit prismenförmiger Wand- u. Bodenstruktur und umlaufender Hinterschneidung f. Neonröhren, Entwicklung einer Spritzgießform zur Herstellung v. Informationsträgern z.B. CD's. H.: Schwimmen, Gerätetauchen, Natur, Radfahren, Wandern.

Ehrler Ludwig Richard Prof.
B.: Rektor. FN.: HS f. Kunst u. Design "Burg Giebichenstein". DA.: 06108 Halle/Saale, Neuwerk 7. G.: Leipzig, 20. Aug. 1939. Ki.: Anne Sängerlaub, Hans (1996), Paul (1968). El.: Dr. Fritz u. Carola, geb. Böttrich. S.: 1957 Abitur Plauen, 1958-65 Stud. angew. Malerei Burg Giebichenstein. K.: 1965-94 freischaff. Künstler, seit 1994 o.Prof. f. Grundlagen-Design u. seit 1998 Rektor d. HS Burg Giebichenstein; Projekte: farbige künstler. Gestaltung an Flächen, Körpern, Objekten u. in Räumen sowie Ausstellungsgestaltungen, Fassadengestaltung an d. Oberfinanzdion. in Magdeburg, Ausgestaltung d. Stadtwerke Halle u. d. Kirche Tripkau. P.: Ausstellungen: 1. Landeskunstschau Sachsen-Anhalt (1991), "Hermann Bachmann Malerei" (1992), "Stahlplastik in Deutschland" (1993), 2. Landeskunstschau Sachsen-Anhalt (1994). E.: 1983 Arch.-Preis d. Baz. Halle f. d. Kino "Prisma", 1992 1. Kunstpreis d. Landes Sachsen-Anhalt. M.: Vertretung d. Landes Sachsen-Anhalt b. Bund in Angelgenheiten d. angew. Kunst.

Ehrlich Herbert Dr. oec. Dr. s.c. Prof.
B.: Doz. f. Marketing. FN.: Fachhochschule Eberswalde, FB Betriebswirtsch. Lehrbeauftragter f. Marketing. DA.: 16203 Eberswalde, PF 100326. PA.: 12587 Berlin, Emrichstr. 80. G.: Görkau, 15. Feb. 1932. V.: Ursula, geb. Buchholz. Ki.: Katrin (1961). El.: Ernst u. Anny geb. Schwabe. S.: 1951 Abitur Saalfeld, 1953-56 Stud. HS f. Außenhdl. Berlin-Staaken Dipl. oec. 1963 Prom. z. Dr. oec., K.: 1956-63 wiss. Ass. an d. HS f. Außenhdl. Berlin, 1963-65 Prodekan f. d. Direktstud. Fak. Außenhdl. d. HS f. Ök. Berlin, 1965-68 Hdl.-Attache d. Hdl.-Vertr. d. DDR in d. Rep. Finnland, 1968-84 Doz. im Lehrstuhl Exportmarktforsch. an d. Fak. Außenhdl. HfÖ Berlin, 1975 Habil. z. Dr. sc. oec., 1984 Berufung z. o.Prof. m. Lehrstuhl, 1984-91 Ltr. d. Lehrstuhls Exportmarktforsch. an d. Fak. Außenhdl. d. HfÖ Berlin, 1991-92 Doz. f. Marketing am Bild.-Zentrum Tannenfelde- Studien- u. Bildungsges. e.V. Schleswig-Holstein. Wirtschaft e.V., 1992-97 Doz. f. Marketing am Bildgswerk d. Wirtschaft Mecklenburg Vorpommern e. V., 1998-2002 Lehrbeauftragter f. Marketing an d. FH Eberswalde. P.: Autor d. Broschüre "Marktforsch. im Außenhdl. DDR", Mitautor d. Broschüre "Marktarb. im Außenhdl. d. DDR", Autor div. Lehrbriefe u. Lehrmaterialien sowie Publ. in d. Fachzeitschrift d. Außenhdl., 1965 Teilnahme am Intern. Marktforsch.-Kongress in Dubrovnik, wiederholte Teilnahme an Konferenzen u. Kolloquien in Ausland. d. DDR. M.: seit 1991 Berufsverb. d. dt. Marktforscher (BVM), seit 1994 Inh. d. Berufsrolle d. BVM. H.: Fotografieren, Reisen, klass. Musik (K.K.).

Ehrlich Peter *)

Ehrlich Theo Dipl.-Ing.
B.: Amtsltr. FN.: Staatl. Umweltamt Lippstadt. DA.: 59555 Lippstadt, Lipperoder Str. 8. PA.: 59427 Unna, Mittelstr. 15. theo.ehrlich@stua-lp.nrw.de. www.stua-lp.nrw.de. G.: Gernau, 1. Jan. 1942. V.: Christel, geb. Zeyen. Ki.: Vera (1966), Jens-Theo (1976), Antje (1977). El.: Albert u. Gerda. S.: 1962 Abitur Rastatt, 1962-73 freie Mitarbeit in Ingenieurbüro u. Stud. Bauing.-Wesen an d. Univ. Karlsruhe. K.: 1972-74 Univ. Karlsruhe u. Ing.-Büro in Freiburg, 1974-75 Lehrstuhl f. Baustofftechnologie Univ. Karlsruhe, 1975-76 Referendarzeit b. Wasserwirtschaftsverw. v. Land NRW in Hagen, 1976 Assessor, 1976-80 Wasserschutzpolizei, Abwasserbeseitigung

*) Biographie www.whoiswho-verlag.ch oder beigefügte CD-ROM

Ehrlich

u. -abgabe am Staatl. Amt f. Wasser- u. Abfallwirtschaft Hagen, 1980-81 Dezernent f. Abwasserbeseitigung u. -abgabe beim Regierungspräsidenten Arnsberg, 1981-82 Min. f. Ernährung, Ldw. u. Forsten NRW, Gschf. d. Arge d. Länder z. Reinhaltung d. Weser, 1982-88 Staatl. Amt f. Wasser- u. Abfallwirtschaft Hagen, Abt.-Ltr., ab 1987 stellv. Amtsltr., 1988-94 Amtsltr. b. Staatl. Amt f. Wasser- u. Abfallwirtschaft Lippstadt, 1994 Umbenennung in Staatliches Umweltamt. P.: etl. Berichte in d. lokalen Presse. M.: Bund d. Techn. Beamten (1985-88 im Landesvorst.), Bund d. Wasser- u. Kulturbauing., seit 2000 Rat d. Stadt Unna. H.: Datenverarb., Wandern.

Ehrlich Thomas *)

Ehrlicher Peter *)

Ehrlicher Werner Dr. Prof. *)

Ehrly Albrecht Michael Dr. med. Prof. *)

Ehrmann Georg *)

Ehrmann Gerald
B.: Torwarttrainer. FN.: 1. FC Kaiserslautern. DA.: 67663 Kaiserslautern, Fritz-Walter-Str. 1. www.fck.de. G.: 8. Feb. 1959. K.: Trainer d. Vereine TSV Tauberbischofsheim, 1. FC Köln u. 1. FC Kaiserslautern.

Ehrmann Horst Dipl.-Kfm.
B.: Steuerberater. FN.: Dipl.-Kfm. Ehrmann Treuhand GmbH. DA.: 80331 München, Im Tal 6. G.: Bad Tölz, 21. Aug. 1944. V.: Ida, geb. Vinkenborg. Ki.: Coletta (1978), Johannes (1980). S.: 1964 Abitur Bad Tölz, 1964-66 Bundeswehr, 1966-70 Stud. VWL u. BWL an d. LMU München, Abschluss: Dipl.-Kfm. K.: 1970-73 Ausbild. z. Wirtschaftsprüfer in einer renommierten Münchner Wirtschaftsprüf.-Ges., 1975 Steuerberaterprüf., 1973 Eintritt in d. Hermes-Treuhand Wirtschaftsprüf. u. Steuerberatungs GmbH, ab 1978 Mitges. dieser Ges. u. gleichzeitig Grdg. d Firma Dipl.-Kfm. Ehrmann Treuhand GmbH Steuerberatungsges. in Bad Tölz, ab 1999 Eröff. eines Münchner Büros dieser Ges. H.: Bergsteigen, Golf.

Ehrmann Sabine

B.: Fliesenlegermeistein, Inh. FN.: Ehrmann & Kainz GmbH. DA.: 85276 Pfaffenhofen, Scheyerer Weg 17. G.: 26. Feb. 1977. V.: Robert Ehrmann. Ki.: Christoph (2001). El.: Johann u. Helga Kainz, geb. Winkler. S.: 1992-95 Lehre Fliesenlegerin Firma Sellinger Möckenlohe, 1999 Meisterprüf. K.: 1995-98 Gesellin in d. Firma Sellinger, seit 1999 selbst., seit 2000 Grdg. d. Firma Ehrmann u. Kainz GmbH gemeinsam m. d. Vater m. Schwerpunkt Arb. f. öff. Verw., Bauträger, Neubauten u. Sanierungen. E.: 2000 Meisterpreis d. Bayrischen Staatsregierung. M.: Luftsportver. H.: Motorradfahren.

Ehrmanntraut Alexander Dipl.-Ing.

B.: Gschf. FN.: GABEX Ind.-Produkte Hdl. GmbH. DA.: 49086 Osnabrück, Sandforter Str. 162 a. ehrmanntraut@os-net.de. G.: Almaty, 10. Okt. 1962. V.: Elena, geb. Gotscherova. Ki.: Christian (1982), Michelle (1996). El.: Ing. Boris u. Elena. S.: 1980 FOS, 1980-85 Studium Schweißfaching. Polytechn. Inst. Krasnojarsk m. Dipl.-Abschluß. K.: 1985-87 tätig in einer Maschinenbaufbk. in Nowosibirsk u. b. 1988 in einer Schweißabt. f. neue Technik, 1988-90 tätig in d. Schweißabt. am wiss. Inst. in Almaty, 1990 Dipl.-Bestätigung in Deutschland, 1994 Grdg. d. Firma Ehrmanntraut Import u. Export, 1997 Grdg. d. Firma GABEX GmbH, 2000 Grdg. einer Ndlg. in Moskau. E.: versch. Wettbewerbserfolge. H.: Familie, Spaziergänge, Tennis.

Ehrnecker Manfred *)

Ehrnsberger Thomas

B.: Unternehmer, selbständig. FN.: Schachterl Cafe Kneipe Galerie. DA.: 92318 Neumarkt, Hallstr. 2a. G.: Lengenfeld, 14. Apr. 1962. Ki.: Christian (1984). K.: seit 1982 selbständig in d. Gastronomie im Cafe Kneipe Galerie Schachterl in Neumarkt Hallstr. 2a, 1989 Eröff. eines Autohandels, 1996 die Diskothek Berlin in Neumarkt, 1999 Cafe Kult u. 2000 d. Gasthaus Kaiser ebenfalls Neumarkt. H.: schnelle Autos (Porsche), Studienreisen, Tauchen, Wassersport.

Ehrnsperger Franz Dr. *)

Ehrt Kerstin
B.: Notarin. DA.: 04103 Leipzig, Salomonstr. 26-28. G.: Leipzig, 8. Nov. 1959. Ki.: Kristin (1988). S.: 1979-83 Stud. Rechtswiss. Humboldt-Univ. Berlin m. Dipl.-Abschluß. K.: 1983-84 Notarass. in Oschatz u. Leipzig, 1984-90 Notarin am staatl. Notariat in Leipzig, seit 1990 ndlg. Notarin. H.: Literatur.

Ehser Uwe Dr. med. vet. *)

Eibach Markus Dipl.oec. *)

Eiben B. Dr. rer. nat. Prof.
B.: Ltr. FN.: Inst. f. klin. Genteik am Ev. KH. DA.: 46047 Oberhausen, Virchowstr. 20. G.: 26. Juni 1954. V.: Brigitte, geb. Becker. Ki.: Lukas, Christian, Johannes. S.: 1974 Abitur, 1975-76 Ausbild. MTA Bremen, 1977-82 Stud. Biologie, 1982 Diplom in Biologie an d. Univ. Göttingen, 1983 1. Staatsexamen f. Lehramt, 1984 Prom. K.: 1984-87 Ass. am Inst. f. Humangenetik d. Univ. Göttingen, ab 1987 tätig am Inst. f. Genetik am Ev. KH in Oberhausen, 1997 Habil. an d. Univ. Bochum, seit 1998 Ltr. d. Inst. f. klin. Genetik m. Schwerpunkt genet. Untersuchungen u. Beratung f. pränatale Diagnostik. P.: div. wiss. Veröff. u.a. "Safety og early amnio-

*) Biographie www.whoiswho-verlag.ch oder beigefügte CD-ROM

centesis CVS-Tripoloid imprinting and hCG-levels in maternal serum screening", Computer Programme and Down's syndrome risk calculation. M.: Dt. Ges. f. Humangenetik, Berufsverb. med. Genetik, Dt. Ges. f. Gynäk., Intern. Society for Prenatal Diagnosis, American Society of Human Genetics. H.: Sport, Laufen, Tennis, Kultur, Theater u. Galerien.

Eiben Rolf Dieter

B.: Heilpraktiker, selbständig. DA.: 90403 Nürnberg, Innere Lauferg. 14. G.: Wilhelmshaven, 7. Feb. 1938. V.: Evelyn. Ki.: Gudrun (1970), Dirk (1973). S.: 1955 Mittlere Reife Wilhelmshaven, 1956-58 Stud. Heilpraktiker u. Chirotherapie. K.: 1967 selbständig in Nürnberg. E.: Silbernes Ehrenzeichen Verband FDH. H.: Tennis, Golf.

Eiben Simone
B.: Heilpraktikerin, selbständig. DA.: 90762 Fürth, Königswarterstr. 40. G.: Fürth, 26. Mai 1973. V.: Dirk Eiben. El.: Kurt u. Betti Hofmann. S.: 1992 Abitur Nürnberg, 1992-93 Stud. BWL WISO Nürnberg, 1993-95 Ausbildung z. Steuerfachgehilfin b. Dr. Pößl & Pößl Nürnberg. K.: 1995-97 Steuerfachgehilfin Kzl. Knaak Nürnberg, 1997-99 Heilpraktikerausbildung Paracelsus-Schule Nürnberg, 1999 Heilpraktikerprüfung Ansbach, 1999-2000 Praktikum b. Heilpraktikern Rolf D. Eiben Nürnberg u. Reinhild Schreiber Fürth, seit 2000 eigene Naturheilpraxis in Fürth: Irisdiagnose, Neuraltherapie, Ozontherapie, Biolifting. BL.: Doz. f. autogenes Training. M.: Tennisverein u. Theaterverein Obermichelbach. H.: Tennis, Golf, Fotografieren, Medizin, Theater.

Eiberger Hans-Peter

B.: Dipl.-Ökonom, Gschf., Gschf. Ges. FN.: Eiberger & Co Immobilien GmbH. DA.: 60313 Frankfurt/Main, Goethestr. 31-33. mail@eiberger-immobilien.de. G.: Stuttgart, 18. Dez. 1960. V.: Catharina, geb. Kanitz. Ki.: Lea (2001). El.: Peter u. Elfriede. S.: 1981 Abitur Hildesheim, Praktikum b. d. Dt. Bank, Wehrdienst, 1984-91 Stud. BWL in Erlangen u. Stuttgart-Hohenheim, Dipl.-Ökonom. K.: 1992-93 Gschf. b. einer Berliner Software-Entwicklerfirma, 1993-94 Immobilienberater b. Brockhoff & Partner in Frankfurt/Main, 1994-95 Abteilungsleiter b. Völckers, King & Co Immobilien in Berlin, seit 1996 Grdg. d. Eiberger & Co Immobilien GmbH, Gschf. u. Gschf. Ges. P.: Artikel in Immobilienfachzeitschriften. H.: Golf, Skifahren, Kochen, Hund.

Eibes Martin Dipl.-Kommunikationsdesigner
B.: selbst. Kommunikationsdesigner. FN.: Martin Eibes Kommunikationsdesign. DA.: 65185 Wiesbaden, Luisenpl. 2. martin.eibes@eibesdesign.de. G.: Frankfurt/Main, 20. Mai 1963. El.: Hermann u. Christine. S.: 1984 Stud. Kommunikationsdesign FHS Wiesbaden, 1987-88 Stud. Visual Communications Univ. of Technology Sydney, Australien, 1989 Abschluß Dipl.-Kommunikationsdesigner. K.: 1989 Art-Director d. Firma Brupacher & Partner, Schweiz, 1993-97 Freier Art-Dir. d. Firma Lintas S. in Wiesbaden, 1992-99 Freier Art-/Creative-Dir. d. Firma Alexander Demuth Corporate Communications in Franlfurt/Main, seit 1990 selbst. m. eigener Agentur in Wiesbaden m. Schwerpunkt Konzeption u. Realisation v. Corporate Design-Projekten im Bereich Unternehmenskommunikation

spez. Finanzkommunikation. M.: DDC Deutscher Designer Club. H.: Reisen, Musik, Sport.

Eibl-Eibesfeldt Irenäus Dr. Dr. h.c. Prof.
B.: Zoologe, Ltr. FN.: Humanethologisches Filmarchiv d. Max Planck-Ges. DA.: 82346 Andechs. PA.: 82319 Starnberg, Fichtenweg 9. G.: Wien, 15. Juni 1928. V.: Eleonore, geb. Siegel. Ki.: Bernolf, Roswitha. S.: Stud. d. Zoologie an d. Univ. Wien. K.: 1946-49 Mitarb. d. Biolog. Station Wilhelminenberg in Wien, danach wiss. Mitarb. v. Konrad Lorenz am Inst. f. vergleichende Verhaltensforsch. in Altenberg/NÖ, 1949 Staatsexamen u. Prom., 1951 Übersiedlung m. Konrad Lorenz nach Deutschland an d. neu gegründete Forsch.Stelle f. Verhaltensphysiologie d. Max Planck-Ges. in Buldern, 1953/54 Teilnahme an d. v. Hans Hass geführten meeresbiologischen I. Xarifa-Expedition zu d. Galápagos-Inseln, 1957 Leitung d. UNESCO-Expedition zu d. Galápagos-Inseln; 1957-70 Wiss. Dir. d. Intern. Inst. f. Submarine Forschung, Vaduz, 1958 wiss. Leitung d. II. Xarifa Expedition in d. Indischen Ozean, 1963 Habil., 1970 apl. Prof., 1970 Übernahme d. Ltg. d. Arbeitsgruppe f. Humanethologie am Max Planck-Inst. f. Verhaltensphysiologie in Percha b. Starnberg, 1975 Ltr. d. selbst. Forsch.Stelle f. Humanethologie am Max-Planck-Inst. Seewiesen. BL.: Grdg. d. Ludwig-Boltzmann-Instituts für Stadtethologie in Wien. P.: Die Biologie des menschlichen Verhaltens (1984, 4. Aufl. 1997), Grundriß des vergleichenden Verhaltensforschung (1967, 8. Aufl. 1999), Krieg und Frieden (1975), Liebe und Haß (1970), Galapagos (1960), Malediven (1982), Menschenforschung auf neuen Wegen (1976), Der vorprogrammierte Mensch (1973), Wie Haie wirklich sind (1986), Stadt und Lebensqualität (1985), Der Mensch, das riskierte Wesen (1988), Das verbindende Erbe (1991), Im Banne der Angst (1992), Und grün des Lebens goldner Baum (1992), Wider die Mißtrauensgesellschaft (1994), In der Falle des Kurzzeitdenkens (1998). E.: 1971 Gold. Bölsche-Med., 1981 Burda-Preis, 1988 Philip Morris-Preis, 1989 Ehrenmed. in Gold d. Stadt Wien, 1994 Ehrendoktor d. Univ. Salamanca, 1995 Großes VK d. VO d. BRD, 1996 Nationalparklibelle m. Rubinen f. außerordentl. Verd. f. d. intern. Naturschutz, 1996 Schwenk'scher Umweltpreis d. Stadt Ebersberg, 1997 Goldener Bratspieß d. Chaîne des Rôtisseurs Bailliage de Haute-Bavière, 1997 Med. d. Dres. Haacker Stiftung, verliehen f. d. hervorragende Verd. um d. Erforschung d. menschl. Verhaltens, 1997 Bayer. VO, 1997 Jahrespreis 1997 d. Stiftung f. Abendländische Besinnung (STAB) aus Zürich, 1998 Österr. EK f. Wiss. u. Kunst 1. Kl. M.: Ak. d. Naturforscher Leopoldina, Gründungsmtgl. d. Europäischen Akad. u. Mtgl. zahlreicher anderer Ges. (Re)

Eibner Josef Adolf Dr. jur. Dipl.-Math. *)

Eich Jens Uwe
B.: Kfz-Schlosser, Gschf. FN.: Spedition W. Eich & Sohn OHG. DA.: 29439 Lüchow/Wendland, Seerauer Str. 22. sped. eich@t-online.de. G.: Brandenburg, 26. Juli 1968. V.: Simone

---

*) Biographie www.whoiswho-verlag.ch oder beigefügte CD-ROM

Stanke. El.: Klaus-Dieter u. Heidemarie, geb. Schirmer. S.: 1985-87 Lehre z. Kfz-Schlosser in Brandenburg. K.: 1988 ang. in d. Spedition Eich in Lüchow, b. 1992 b. d. Spedition Klaus Werner in Billerbeck als LKW-Fernfahrer, 1992-94 LKW-Fernfahrer Spedition Wichord in Gorleben, 1994-96 LKW-Fernfahrer Spedition Eich in Lüchow, 1996-98 LKW-Fernfahrer Spedition Schüssow in Bad-Segeberg, 1998-2000 LKW-Fernfahrer Spedition Kobernus in Uelzen, seit 2001 Gschf. d. Spedition W. Eich & Sohn OHG in Lüchow. BL.: Prüf. z. Speditionsunternehmer b. ersten Mal erfolgreich bestanden. M.: GVN. H.: Angeln, Kino, Fussball.

Eich Ludwig

B.: MdB, Datenverarbeitungskaufmann. DA.: 10111 Berlin, Platz d. Republik 1, Wahlkreisbüro: 57518 Betzdorf, Bahnhofstr. 19. PA.: 53567 Buchholz, Hauptstr. 106. G.: Solscheid, 18. Aug. 1942. V.: Hildegard, geb. Neuhalfen. Ki.: Ulrike, Hartmut. S.: bis 1965 Lehre als Landwirt in Buchholz. K.: 1965-68 auf dem Bau, 1968-71 bei Firma Walterscheid in Lohmar, 1971-73 Umschulung als Datenverarbeitungskaufmann, ab 1973 Programmierer bei Kreissparkasse Siegburg, in d. Politik: 1970 Orstvereinvors. in Buchholz, 1970 Mtgl. Verbandsgemeinderat Asbach, 1970-82 Fraktionsvors. im Verbandsgemeinderat Asbach, seit 1974 Fraktionsvors. Gemeinderat Buchholz, 1976 Kreistag Neuwied, 1982-2000 dort Fraktionsvors. mit einer kurzen Unterbrechung, 1976 hauptberufl. Unterbezirksgschf., 1983-90 MdL Rheinland-Pfalz, seit 1990 MdB, o.Mtgl. im Finanzausschuss u. stellv. Vors. im Umweltausschuss, seit 2000 Sonderausschuss Maßstäbegesetz/Bundesfinanzausgleich, 1988-99 Vors. Sportverein DJK Buchholz. M.: AWO, ÖTV/Verdi, Bund, Anual, Greenpeace, SSV Kölsch-Büllesbach, Männergesangverein, Fördermtgl. Blasorchester Buchholz, Boxring Westerwald. H.: ehem. Halbschwergewichtsboxen, Schachspielen, Wandern, Sauna. (Re)

Eich Stephan Dipl.-Ing.

B.: freischaff. Architekt u. Sachv. f. Schäden an Gebäuden. DA.: 10587 Berlin, Helmholtzstr. 2-9. eich@snafu. de. www.schaeden-an-gebaeuden. de. G.: Köln, 22. März 1962. V.: Gabriele, geb. Klisch. Ki.: Constantin, Dorothea. S.: Mittlere Reife, 1979-82 Lehre Hochbaufacharb. Maurer + Beton, 1983 FHS-Reife, 1983-87 4 J. Maurervorarbeiter am Bau, 1987 Stud. FH Koblenz, Vordipl., Stud. TFH Berlin u. glz. Mitarb. Büro Bangert, Jansen, Scholz, Schultes Berlin, 1991 Abschluß Dipl.-Arb. über Karolingerplatz München Prof. Dr. W. Schäche. K.: freie Mitarb. bei Axel Schultes u. Charlotte Frank, tätig bei Prof. Jürgen Sawade Bauvorhaben: Unter den Linden 42 "Haus Pietsch" Berlin, seit 1993 selbst u.a. m. leitende Funktion in einem Architekturbüro Alte Malerei in Berlin-Moabit, Wohnsiedlung in Golzow Bauvolumen: 102 Mio., Industriegebäude u. Denkmalschutz 2.8 Mehrfamilienhaus u. denkmalgeschützter, Hotel u. Boardinghaus u. Denkmalschutz, Bestand 6 Mio.: Projekte: Hotel Ritz Carlton und Kulturklinik in Kitzbühel, hoch repräsentative Geschäftszentrale d. awk/dpw in Koblenz. M.: Potsdamer Yachtclub (Berlin). H.: Architektur, Segelfliegen, Regattasegeln.

Eichberg Hans-Joachim

B.: Tischlermeister u. Kunsttischler i.R. PA.: 13187 Berlin, Binzstr. 64. G.: Berlin, 4. März 1930. V.: Ruth, geb. Babik. Ki.: Gabriele (1955), Norbert (1956), Christa (1958), Claudia (1959). El.: Rudolf u. Agnes. S.: 1945-48 Berufsausbild. Tischler, 1970 Meisterprüf. K.: 1948-60 auf Wanderschaft, hauptsächl. b. Modell-, Stuhl- u. Möbeltischlern, 1960-64 Mitarb. in d. Berliner Firma Schreivogel, 1965 Übernahme dieses Unternehmens, seit Beginn d. 70er J. zunehmend i. Denkmalschutzsektor tätig, zeitweise Ausbild. v. Lehrlingen, Neubau v. 4 Orgeln sowie Sanierung zahlr. Orgeln in Berlin u. Brandenburg, noch heute als Orgelstimmer aktiv. P.: mehrere Beiträge in Tageszeitungen über d. erfolgreiche ges. Tischlerwerkstatt, 1988 Film über d. Werkstatt. E.: zahlr. Urkunden u. Ehrenurkunden. M.: 1990-95 Meisterprüf.-Kmsn. H.: Orgelbau, Musizieren.

Eichberg Wilhelm *)

Eichberger Marcus *)

Eichberger-Kiener Irene Dr. phil. Univ.-Prof. *)

Eichel Claus *)

Eichel Hans

B.: Bundesminister d. Finanzen. FN.: Bundesministerium d. Finanzen. DA.: 10117 Berlin, Wilhelmstr. 97. www.bundesfinanzministerium.de. G.: Kassel, 24. Dez. 1941. V.: Karin, geb. Lippoldt. Ki.: Christian, Silja. El.: Dipl.-Ing. Rudolf u. Marie. S.: 1961-68 Stud. Germanistik, Phil., Politik u. Geschichte Marburg u. Berlin, 1970 Staatsexamen. K.: 1964 Eintritt SPD, 1969 Mtgl. d. BVorst. d. Jungsozialisten, 1975, 1981, 1975-1991 OBgm. v. Kassel, 1989 hess. SPD Landesvors., s. 4/1991-99 Ministerpräs. d. Landes Hessen, s. 3/1999 Bundesminister d. Finanzen. M.: außerordentl. Mtgl. d. Bundes Deutscher Architekten. H.: Arch., Städtebau, mod. Kunst. (Re)

Eichelberg Horst *)

Eichelberger Claudia *)

Eichele Herbert Dr. Dipl.-Phys. Prof. *)

Eichelkraut Ernst *)

Eichelmann Bernd *)

---

*) Biographie www.whoiswho-verlag.ch oder beigefügte CD-ROM

Eichelmann Olaf *)

Eichen Michael *)

Eichenberg Dirk *)

Eichener Volker Dr. habil. Prof.
B.: Prof. f. Politikwiss.; Gschf. FN.: INWIS Inst. f. Wohnungswesen, Immobilienwirtschaft, Stadt- u. Regionalentwicklung GmbH d. Univ. Bochum DA.: 44795 Bochum, Springorumallee 20. volker.eichener@inwis.de. www.inwis.de. G.: Wanne-Eickel, 22. Feb. 1959. V.: Susanne, geb. Obelode. Ki.: Esra u. Elis (1989). El.: Hans-Georg u. Ingeborg. S.: 1978 Abitur, 1978-83 Stud. Univ. Bochum, 1988 Prom. K.: seit 1993 Gschf. d. INWIS, Sachv. b. Dt. Bundestag z. Wohnraumförderungsgesetz u. b. Landtag NRW. P.: "Ausländer im Wohnbereich" (1988), "Norbert Elias z. Einführung" (1997), "Neue Wohnung auch im Alter" (1997), "Der Markt f. Seniorenimmobilien" (1999), "Das Entscheidungssystem d. Europ. Union" (2000), "Die unternehmerische Wohnungswirtschaft" (2000). E. 1989 komunalwiss. Prämie d. kommunalen Spitzenverb., 1993 Preis d. Schader-Stiftung. M.: Forum of Researchers on Human Settlements, Vice Chairman, Dt. Ges. f. Soz., Dt. Vereinig. f. polit. Wiss., Berufsverb. Dt. Soziologen, Intern. Sociological Association. H.: Literatur, Reisen.

Eichenherr Marc-N. *)

Eichenseer Joseph Anton (Caelestis) Dr. theol. *)

Eichert Christof Dr. *)

Eichert Frank
B.: Gschf. FN.: ANSATZ Werbung & Beschriftung Neumünster. DA.: 24534 Neumünster, Am Gashof 2. PA.: 24620 Bönebüttel, Husbergermoor. G.: Neumünster, 13. Sep. 1966. El.: Peter u. Hildegard, geb. Quednau. S.: 1982 Mittlere Reife, 1982-85 Lehre als Kfz-Mechaniker b. Mercedes, 1985-89 Luftwaffe, 1990 Auslandsaufenthalt Vancouver, Mechaniker auf d. Flughafen, 1991-93 Kfm. Ausbild. als Vertriebsass. b. Eduscho, 1993-98 Bez.-Ltr. f. S-H, HH, Niedersachsen im Markenkontor tätig, 1998 Aus- u. Weiterbild. in Werbekonzeptionen, 1998 Grdg. d. eigenen Unternehmens ANSATZ Werbung Neumünster. BL.: 1988 Verhinderung eines Flugunfalls in Canada, 2 Menschenleben gerettet. M.: SSV Groß Kummerfeld, Obm. d. Fußballabt.

Eichhöfer Dirk *)

Eichholz Bernd-Rainer

B.: RA in eigener Kzl. DA.: 40210 Düsseldorf, Graf-Adolf-Str. 41; 40822 Mettmann, Teichstraße 20. PA.: 40822 Mettmann, Teichstr. 20. G.: Wuppertal, 11. Feb. 1955. V.: Partnerin: Silke Schwarz. El.: Emil u. Lieselotte, geb. Scharpenack. BV.: Bernd-Rainer Eichholz, 1. Jurist in Familie, Urgroßvater Eichholz Möbelfabrik, Rhein. Westfälische Kontorfabrik. S.: 1973 Abitur Wuppertal, 1973 Studium Jura Ruhr-Univ. Bochum, 1980 1. Staatsexamen, Referendar als Jurist b. OLG Düsseldorf, 1983 2. Staatsexamen. K.: 1983 Zulassung als RA, 1983-87 freier Mitarbeiter in Düsseldorfer Kzl., 1988-91 eigene Kzl. m. Partner in Mettmann, 1991 eigene Kzl. in Mettmann, Teichstr. 20, 1992 m. 1. Partner-RA, mittlerweile 7 Partner, Hr. Eichholz Seniorpartner, 1997 Eröff. d. eigenen Kzl. in Düsseldorf, gleichzeitig Zulassung am OLG Düsseldorf, 2000 u. 2001 Lehrgänge: Fachanwaltschaft, spezifische Ausbildung f. Familien- u. Strafrecht, ca. Mitte 1980 m. anderen Anwälten einen Anwaltsnotdienst f. Strafrecht eingerichtet.

Eichholz Hans Wilhelm *)

Eichholz-Mohme Christiane *)

Eichhorn Christoph *)

Eichhorn Dietmar Günter Dipl.-Ing.
B.: Unternehmer, selbständig. FN.: Bürodienstleistungen. GT.: Vorst.-Vors. Elsterforum, Mtgl. d. Vereinigung v. Ingenieuren Gesprächsformen. DA.: 08523 Plauen, Oberer Steinweg 7. eichbeckl@aol.com. www.dietmar-eichhorn.de. G.: Reichenbach, 27. Dez. 1954. V.: Karin. Ki.: Sven (1984). BV.: Urgroßvater Robert Hüttel Goldschmied in Plauen. S.: 1973 Abitur Plauen, 1973-75 Wehrdienst, seit 1975 Eisenbahnfacharbeiter, Fahrdienstleister, Ingenieurschule f. Transporttechnik in Gotha, Abschluss: Dipl.-Ing. K.: 1995 Bürodienstleister in Plauen, Schwerpunkte: Sekretariats- u. Telefonservice, Bürovermietung stunden- u. tageweise, Firmensitz u. Firmenberatung, Versicherungsberatung. H.: PC, Eisenbahngeschichte u. Landschaft-Eisenbahngeographie, Bahnreisen.

Eichhorn Evamaria *)

Eichhorn Franz-Josef Dr. Prof.
B.: Prof. f. Bankbetriebslehre Allfinanz, Finanzdienstleistungen u. allg. Betriebswirtschaftslehre. FN.: FH Würzburg-Schweinfurt. DA.: 97070 Würzburg, Münzstr. 12. PA.: 97082 Würzburg, Leutfresserweg 16. G.: Kronach, 11. Sep. 1959. V.: Dr. Angelika, geb. Wölling. Ki.: Dominik (1994), Raphael (1996). S.: 1986 Dipl. Univ. Nürnberg u. Stipendiat, 1990 Prom. K.: 1987-93 Bayer. Landesbank München, zuletzt Ltr. d. Produktentwicklung Anlagegeschäft, Marketing u. Controlling institutioneller Anleger, seit 1993 Prof. FH Würzburg. BL.: Empirische Finanzmarktforsch. insbes. Analyse d. Anlageverhaltens, Bankseminar m. Führungspersonen aus d. Finanzwirtschaft. P.: Privatbankiers (1996), Die Sparkassen-Finanzgruppe v. neuen Herausforderungen (1997), Neue Vertriebsformen f. Finanzdienstleistungen (1998), zahlr. Aufsätze in Fachzeitschriften u.a. "Die Bank", "Bank u. Markt", Schriftenreihe: Finanzwirtschaftl. Forum. H.: Rockmusik, Literatur, Sport (Dauerlauf), Bergwandern.

Eichhorn Friedrich Dr.-Ing. *)

Eichhorn Gerhard Prof. *)

Eichhorn Gotthart A. *)

Eichhorn Götz Dr. vet. med.
B.: Tierarzt, Mitinhaber. FN.: Kleintierklinik Dr. Götz Eichhorn, Dr. Kristian Faulstroh. GT.: Ausbilder an d. Julius-Leber-Berufschule in Frankfurt f. Tierarzthelfer/innen, Mitwirkung b. Ultraschall-Seminaren a. d. Univ. Giessen. DA.: 60487 Frankfurt, Juliusstr. 1112. tierklinik.frankfurt@t-online.de. G.: Bad Homburg, 3. Juni 1965. V.: Susanne, geb. Pfeiffer. Ki.: 2 Töchter. S.: 1984 Abitur in Frankfurt, 1984-90 Stud. Veterinärmedizin in Berlin, 1995 Prom. K.: 1990-92 tätig als Tierarzt in England, 1993-94 Tierarzt in einer Praxis in Frankfurt, 1994-95 Stud. u. Weiterbildung a. d. Univ. in d. USA u. in Berlin, 1996 Neugründung d. Kleintierklinik in Frankfurt m. Kollegen, Tätigkeitsschwerpunkte Innere Med., Kardiologie, Dermatologie, Behandlung v. Kleintieren, Ultraschalluntersuchungen, stationäre Klinik m. d. Aufnahme von

*) Biographie www.whoiswho-verlag.ch oder beigefügte CD-ROM

bis zu 15 Tieren. P.: Beiträge in Fachzeitschriften, Berichterstattungen über d. Tierklinik in d. örtlichen Presse u. im Hessen-Fernsehen. M.: ESVD, GVK. H.: Sport.

Eichhorn Karl Ing. *)

Eichhorn Karoline
B.: Schauspielerin. FN.: c/o Agentur Störzel. DA.: 44789 Bochum, Königsallee 140. S.: Ausbild. Folkwangschule Essen. K.: 1989-95 Engagement an d. Schaubühne Berlin u. am Bochumer Schauspielhaus, Theaterarb. m. Regisseuren wie Leander Haussmann, Frank-Patrick Steckel u. Urs Troller, Filmrollen in: 1994 "Theater im April", 1995 "Wem gehört Tobias?", "Zappek", "Todesspiel", 1996 "Gegen Ende d. Nacht", "Kalkuliertes Risiko", 1997 "Kind zu vermieten", "Der König v. St. Pauli", 1998 "Abgehauen", 1999 "Vorübergehend gestorben", "Der blonde Affe", "Fremde Freundin, 2000 "Die Spur meiner Tochter", 2002 "Jungfrau von Orleans" (Wr. Burgtheater). E.: 1996 Adolf-Grimme-Preis, Silb. Löwe.

Eichhorn Klaus *)

Eichhorn Manfred *)

Eichhorn Manfred H. Dipl.-Biologe

B.: vereid. Sachv. DA.: 22769 Hamburg, Eimsbütteler Str. 65. G.: Mittweida, 13. Aug. 1949. V.: Barbara, geb. Westermann. Ki.: Thorsten. S.: Abitur Celle, Stud. Biologie Univ. Hamburg m. Dipl. Abschluss. K.: selbst. im Bereich Holzsanierung, seit 1993 Sachv. f. d. Bereich biotischer Schäden in Gebäuden, endoskopischer Untersuchungen, Bestimmungen v. Organismen, Mitentwicklung neuer Verfahren, Funktionen: Doz. an d. FHS Hamburg, div. Vorträge, Veröff. M.: WTA, DHBV, DGFH, Normenausss. f. Holzschutz, Nordexpert. H.: Lesen, Restaurieren.

Eichhorn Maria
B.: MdB, stellv. Landrätin Landkreis Regensburg, Dipl.-Hdl. FN.: Deutscher Bundestag. DA.: 11011 Berlin, Platz der Republik. PA.: 93047 Regensburg, Luitpoldstr. 14/I. G.: Piesenkofen, 11. Sept. 1948. V.: Dipl.-Ing. Bernd Eichhorn. Ki.: Elisabeth (1979), Wolfgang (1981). El.: Rupert u. Maria Hetzenegger. BV.: Hofopernsängerin Karoline Eichhorn. S.: Lehre als ländl. Hauswirtschaftsgehilfin, 1967-69 Bankkfm.Lehre, 1967-70 Berufsaufbauschule, 1970-73 Stud. Betriebswirtschaft FH Regensburg, Dipl.-Betriebswirtin, 1974-77 Stud. Wirtschaftspäd. Univ. Erlangen-Nürnberg, Dipl.-Handelslehrerin. K.: 1980/90 StR. an d. Kfm. Berufsschule Regensburg, 1967 JU, seit 1970 Mtgl. CSU, Tätigkeit in Orts-, Kreis- u. Bez.Vorst., seit 1987 stellv. Kreisvors., seit 1992 Mtgl. d. Parteivorst., seit 1995 Präsidiumsmtgl. d. CSU, seit 1975 Mtgl. Frauen-Union, seit 1995 Landesvors. d. Frauen-Union Bayern, seit 1972 Mtgl. Kreistag Regensburg, 1978-90 stellv. Fraktionsvors., seit 1990 stellv. Landrätin, seit 1990 MdB, seit 1994 Vors. d. AG Fam., Senioren, Frauen u. Jugend d. CDU/CSU-Bundestagsfraktion. E.: 1967 BSieger im Berufswettkampf d. Ländl. Hauswirtschaft, Vors. d. Vereins "Mütter in Not" e.V., Vors. d. "Kulturstiftung Regensburger Domspatzen" e.V., stv. Landesvors. d. DONUM VITAE e. V. in Bayern e.V., Bundesverdienstkreuz 1. Klasse, Bay. Verfas-

sungsmed. in Silber. M.: KAB, KDFB, versch. regionale Ver., Dipl.-Handelslehrerverb. H.: Wandern, Schifahren, Lesen, Radfahren. (Re)

Eichhorn Michael Dr. rer. nat.
B.: Dipl.-Strahlenphysiker, Unternehmer, selbständig. FN.: MioS Institut u. Ingenieurbüro f. Strahlenschutz. GT.: Gschf. d. RSF Röntgen- u. Strahlenschutzfachhandel GmbH. DA.: 06130 Halle/Saale, Fliederweg 17. dr.eichhorn@mios-strahlenschutz.de. www.mios-strahlenschutz.de. G.: Reideburg, 11. Dez. 1947. V.: Lianne. Ki.: Thomas (1972), Janet (1973), Andre (1976). El.: Herbert u. Irmgard. S.: 1966 Abitur Halle, 1966-71 Stud. Physik in Halle. K.: 1971-78 wiss. Mitarbeiter d. GFZ Leuna-Merseburg, 1978-79 wiss. Mitarbeiter d. Forschungszentrums Automobilbau, 1979-90 Strahlenphysiker in d. Radiologie d. Univ. Halle-Wittenberg, 1980 Prom., seit 1990 Gründer u. Inh. d. o.g. Inst. zi Strahlenschutz- u. Radiologieausbildung med. Personals v. Ort, Berechnung u. Strahlenbelastungen v. Patienten u. Messungen ionisierender Strahlung. P.: "Strahlenschutzkurs f. OP-Personal", Veröff. im Bereich Strahlentherapie u. Röntgendiagnostik. M.: Dt. Physikalische Ges., div. kulturelle Förderkreise. H.: Malerei (Hinterglasmalerei), klass. Musik, Theater.

Eichhorn Otto Dr. rer. nat. Prof. *)

Eichhorn Peter Dr. Dr. h.c. Prof. *)

Eichhorn Rainer Dipl.-Ing.
B.: Arch., Gschf. FN.: AIC Ingenieursges. f. Bauplanung Chemnitz GmbH. DA.: 09111 Chemnitz, Brückenstr. 8. G.: Zwickau, 13. Okt. 1950. Ki.: 2 Kinder. S.: Abitur, Arch.-Stud., Dipl. OBgm. v. Zwickau b. 2002, s. 2002 Gschf. AIC Ingenieursges. f. Bauplanung Chemnitz GmbH. H.: Chorgesang. (Re)

Eichhorn Sabine Caroline Dorothea *)

Eichhorn Stephan

B.: RA. FN.: Sozietät Graf v. Westphalen Bappert & Modest. DA.: 04109 Leipzig, Hugo-Licht-Straße 3. leipzig@westphalen-law.com. G.: Leipzig, 1. Nov. 1953. V.: Dipl.-Ing. Martina. Ki.: Juliane (1983), Friederike (1988), Henriette (1996), Josephine (1998). S.: 1972 Abitur Borna, Wehrdienst, 1977-79 Stud. Rechtswiss. Univ. Leipzig. K.: 1979-87 Justitiar bei BAUKEMA in Leipzig u. b. 1990 bei ORSTA-Hydraulik, seit 1990 RA in der Sozietät Graf von Westphalen Bappert & Modest m. Tätigkeitsschwerpunkt priv. Bau-, Immobilien- u. gewerbl. Mietrecht. M.: Vorst.-Mtgl. d. LAV, DAV, Ges. f. Erbrechtskunde, Beirat d. Leipziger jur. Ges. H.: Familie.

Eichhorn Thomas Dr. med. Priv.-Doz. *)

Eichhorn Wolfgang Dr. Prof.
B.: Mtgl. d. Leibniz-Sozietät, Philosoph, Schatzmeister u. Sekr. d. Leibniz-Ges., Vorst.-Mtgl. Intern. Wiss. Ver. Weltwirtschaft u. Weltpolitik. DA.: 12555 Berlin, Dornröschenstr. 31. eichhorn@sireconnect.de. G.: Schönbrunn/Thüringer Wald, 23. Feb. 1930. Ki.: Sandra (1975). S.: 1948 Abitur Hildburghausen, 1948-51 Stud. Phil., Ges.-Wiss. u. Math. Univ. Jena, 1951 Dipl.-Phil., 1956 Diss. K.: 1951-54 Doz. f. Grundlagen d. Marxismus an Humboldt-Univ. Berlin, 1954-

56 Aspirantur, 1957-64 Leitungstätigkeit an Humboldt-Univ., 1964 Habil., 1964 Prof. an HU, 1964 Abt.-Ltr. im Inst. f. Phil. d. Ak. d. Wiss. d. DDR, 1969-71 Forsch.-Bereichsltr. Ges.-Wiss. d. Ak. d. Wiss., 1969 korresp. Mtgl. d. AdW, 1972-90 Bereichsltr. Inst. f. Phil. an d. AdW, 1973 o.Mtgl. d. AdW, langj. Chefredakteur Dt. Zeitschrift f. Phil., langj. Mtgl. Philosophenkmsn. DDR-UdSSR, Mtgl. d. WissR. f. Phil., langj. Ltr. Sekt. Phil. d. Urania u. Vorst.-Mtgl. d. Urania, stellv. Vors. Rat f. Friedensforsch. d. DDR, Mtgl. d. DDR-Sekt. u. nach d. Wende d. Dt. Sekt. d. Intern. Ver. f. Rechts- u. Sozialphil., 1990 Versetzung in d. Ruhestand, b. 1992 b. AdW, seit 1992 Mtgl. d. Leibniz-Ges. z. Fortsetzung d. wiss. Arb. d. AdW. P.: 400 Publ. u.a. Buch "Wie ist Ethik als Wiss. möglich?" (1965), "Marxistische Phil." (1983), Mitautor "... daß Vernunft in d. Geschichte sei!" (1989), "Gelehrtensozietät u. Denken d. Geschichte", "geschichte - Gibt es d. wirklich?" (2001). E.: 1980 Nationalpreis d. DDR. M.: Lamprechtges. Leipzig. H.: Phil., Leibniz-Sozietät, Keyboard-Spielen, Johann Sebastian Bach.

Eichhorn Wolfgang
Dr. rer. nat. Dr. rer. pol. h.c. mult. o.Prof.

B.:Dipl. -Math. Dipl.-Vwt., o.Prof. f. Volkswirtschaftslehre. FN.: Inst. f. Wirtschaftstheorie, Univ. Karlsruhe. DA.: 76128 Karlsruhe, Kaiserstr. 12. PA.: 76227 Karlsruhe, Im Kennental 8. eichhorn@wior.uni-karlsruhe.de. G.: Ansbach, 18. Aug. 1933. V.: Heidrun, geb. Tiedmann. Ki.: Christian, Saskia. S.: Dipl.-Ing. Max E. u. Lotte. S.: 1953-59 Univ. München u. Würzburg, 1959 Dipl.Math., 1962 Prom., 1964 Dipl.Vw. K.: 1959-66 Wiss. Ass.,1966 Habil. (Math.) Univ.Würzburg, 1993 Dr. rer. pol. h. c. Univ. Ulm, 1999 Dr. rer. pol. h.c. Univ. Fribourg, 1966-69 Univ.Doz. Univ. Würzburg, seit 1969 o.Prof. Univ. Karlsruhe, 1969-71 Dekan Fak. f. Geistes- u. Sozialwiss., 1967-2000 Gastprof. Univ. Waterloo, Southern California, Bonn, Berkeley, Vancouver (UBC), TU Lissabon, Univ. Rio de Janeiro, Pisa, Wirtschaftsuniv. Wien, 1996-98 Prorektor Univ. Karlsruhe. P.: Theorie der homogenen Produktionsfunktionen (1970), Theory of the Price Index (1976), Functional Equations in Economics (1978), Theory and Applications of Economic Indices (1978), Economic Theory of Natural Resources (1982), Quantitative Studies on Production and Prices (1983), Mathematische Systeme in der Ökonomie (1983), Measurement in Economics (1988), Models and Mensurement of Welfare and Inequality (1994). E.: Essays in Honor of Wolfgang Eichhorn: Mathematical Modelling in Economics, edited by W. E. Diewert, K. Spremann, F. Stehling, Springer-Verlag, 1993, 713 pp. M.: DMV, GOR, Econometric Society, Ver. f. Sozialpolitik. H.: Tennis.

Eichhorn-Raab Edgar Kurt Heinz Dipl.-Ing. *)

Eichhorst Jörg *)

Eichhorst Thomas Dr. med. dent.

B.: Zahnarzt. FN.: Gemeinschaftspraxis Thomas Eichhorst u. Andrea Mahlow. DA.: 13467 Berlin, Hohefeldstr. 41. G.: Hoyerswerda, 11. Juni 1967. El.: Ing. Bernd u. Angela, geb. Brux. S.: 1986 Abitur Hoyerswerda, 1986-88 Grundwehrdienst, ab 1988 Stud. Zahnmed. an d. Charité d. Humboldt-Univ., 1993 Approb., 2000 Prom. K.: b. 1996 Ass. in Berlin, 1996-97 Vorbereitung d. Prom., seit 1997 Ndlg., Arb. m. Hypnose u. NLP, Schwerpunkt Prophylaxe u. Paradontosebehandlung, musikal. Entwicklung: ab 10. Lebensj. Fagott spielen, Oberstufenabschluss Fagott; seit 1993 im Kammerorchester d. Charité "Musici Medici", Dt. Ärzteorchester. P.. Diss. "Vom Mechaniker Warburgs z. Prof. - z. Wirken d. Biochemikers Erwin Negelein". E.: 2x Teilnahme an Nationalen Musikwettbewerben 1993 u. 1995. M.: Dt. Ges. f. zahnärztl. Hypnose, Kammerorchester d. Charité "Musici Medici", Dt. Ärzteorchester. H.: Fagott spielen, Sport.

Eichinger Bernd

B.: Filmproduzent, Inhaber. FN.: Constantin Film ProduktionsGmbH. PA.: 80801 München, Kaiserstr. 39. G.: Neuburg a. d. Donau, 11. Apr. 1949. V.: Corinna Harfouch (Freundin). Ki.: Nina (1981). El.: Dr. Manfred u. Inge. S.: Abitur, HS f. Film u. Fernsehen. K.: während des Studienzeit Nebenjobs bei der Bavaria Filmgesellschaft u. a. als Aufnahmeleiter, Drehbuchautor und Regisseur, erwirbt 1978 Anteile (25 Prozent) an dem Filmverleih Neue Constantin, 1980 Geschäftsführer, 1981 Eichingers erste große eigene Produktion mit der Neuen Constantin: "Christiane F. Wir Kinder vom Bahnhof Zoo", im gl. Jahr Coproduktion und Verleih der Wolfgang-Petersen-Verfilmung des Lothar Günther Buchheim-Bestsellers "Das Boot" (für sechs Oscars nominiert), 1983 "Die unendliche Geschichte" nach der Märchenvorlage von Michael Ende, 1993 Verfilmung von Isabell Allendes Roman "Das Geisterhaus", Produktion der von Sönke Wortmann inszenierten Filme: 1994 "Der bewegte Mann" und 1996 "Das Superweib", 1997 "Fräulein Smillas Gespür für Schnee" mit Julia Ormond und Mario Adorf in den Hauptrollen, 1999 "Der große Bagarozy", 2001 "Vera Brühne", 666 - Traue keinem, mit dem du schläfst (2002), Resident Evil (2002). E.: 1970, 1977, 1978, 1980, 1984 u. 1987 Bundesfilmpreis, 1986 u. 1994 Bayerischer Filmpreis, 1986 u. 1995 Bambi, 1986 César, 1990, 1994 u.1995 Filmband in Gold. (Re)

Eichinger Josef *)

Eichinger Maria *)

Eichinger Wolfgang *)

Eichleiter-Fink Karin *)

Eichler Andreas

B.: Veranstaltungstechniker, Inh. FN.: Veranstaltungstechnik Eichler. DA.: 04821 Waldsteinberg, Finsterer Weg 9. G.: Leipzig, 13. Feb. 1968. V.: Kerstin. S.: 1985 Lehre Hochspannungsleitungsbauer u. Elektromonteur Dt. Reichsbahn, K.: 1988 freiberufl. Techniker m. Berufsausweis d. Staatsmin. f. Kultur, Techniker f. Ton f. div. Rock'n Roll-Kapellen, 1989 Techniker bei d. "Herzbuben", 1990 Aufbau einer Discothek, 1992 Aufbau d. Veranstaltungstechnik bes. f. Rock'n Roll-Kapellen, Gewandhaus Leipzig-Tag u. Oper Leipzig, Gewandhaustage auf d. Leipziger Markt in d. philharmon. Besetzung, Die Prinzen, Justus Franz u. "Philharmonie d. Nation". P.: Art. in d. Presse. H.: Lesen, Musik, Vivaldi, Wagner.

Eichler Ernst Dr. phil. habil. Prof.

B.: em.Prof. PA.: 04155 Leipzig, Fechnerstr. 6. G.: Niemes, 5. Mai 1930. S.: 1950 Abitur Delitzsch, Stud. Slavistik Univ. Leipzig, 1954 Dipl., wiss. Ass., 1955 Prom., 1961 Habil. K.: 1964 Univ.-Doz. f. westslav. Sprachen, Mtgl. d. Forsch.-

---

*) Biographie www.whoiswho-verlag.ch oder beigefügte CD-ROM

Gruppe Dt.-Slav. Namenskunde u. Siedlungsgeschichte u. 1971-95 Ltr. d. Forsch.-Gruppe, 1975 o.Prof. f. slav. Philiol., 1995 emeritiert. P.: Werke z. Thema Namenskunde, slavist. Philol., Hrsg. d. Zeitschrift "Namenkundl. Informationen". E.: 1998 Eike von Repgow-Preis. M.: 1978 Sächs. Ak. d. Wiss., Poln. Ak. d. Wiss. u. Künste, Sudetendt. Akad. d. Wiss.

Eichler Frank *)

Eichler Joachim Dr. Prof.

B.: Chefarzt, Hochschullehrer. FN.: Orthopäd. Klinik Wiesbaden. DA.: 65187 Wiesbaden, Mosbacher Str. 10. PA.: 65191 Wiesbaden, Korianderstr. 28. EichlerJo@aol.com. G.: Laufenburg, 17. Feb. 1931. V.: Esin, geb. Ötiken (Chefärztin f. Anästhesie). Ki.: Jens-Olaf (1968), Aida (1968), Levent (1966). El.: Dipl.-Ing. Johannes u. Johanna. BV.: Johannes Liss, Königl. Preußischer Kanzleirat, Berlin 1860. S.: 1950 Abitur, 1950-55 Med.-Stud. Leipzig, Staatsexamen, 1955 Prom., 1957 Approb. K.: 1957-59 Chir. Ausbild., 1959-62 Orthopäd. Ausbild. Univ. Würzburg, 1962 FA f. Orthopädie, 1963 OA an d. Orthopäd. Univ.-Klinik Gießen, bis 1996 Chefarzt an d. Orthopäd. Klinik Wiesbaden, 1999 Lehrauftrag an d. FH Fresenius GmbH in Idstein, 1997-99 Chefarzt an d. Klinik Lindenallee in Bad Schwalbach; Gutachtertätigkeit bei Gericht, bei Landesärztekammer u. bei Versicherungen; Sprechstunden. BL.: 15 Patente Orthopädietechnik, Einladung durch NASA/Vorträge in Dayton u. Houston, Thema: "Osteoporose durch Inaktivität", große Vorlesungen gehalten u. 30 Doktoranten ausgebildet. F.: Teilhaber an Firma Vogtland Kartonagen GmbH/Reichenbach. P.: 22 Monografien, Handbuch- oder Lehrbuchbeiträge, 167 wiss. Publ. in orthopäd. Fachzeitschriften, Hrsg. d. Zeitschrift "Med.-Orthopäd. Technik", Die Osteoperose in Klinik u. Praxis (Hrsg. M+L Verlag, Ülzen), Rückenschule - interdisziplinär (Hrsg. G. Thieme Verlag, Stuttgart), Red. bei MOT (Medizinisch Orthopädische Technik), Gentner Verlag-Stuttgart seit 1975. E.: 1968 Heine-Preis d. Dt. Ges. f. Orthopädie u. Traumatologie, Ehrenmtgl. d. Süddeutschen Orthopädischen Ges., Ehrenmtgl. d. Hess. Sportärzteverb. M.: Dt. Orthopäd. Ges., S.I.C.O.T., Rotary Club, Ges. f. Reumathologie, - f. Unfallchir. H.: Klavier, Malerei.

Eichler Klaus *)

Eichler Martin Dipl.-Theologe *)

Eichler Michael *)

Eichler Norbert Dipl.-Ing. *)

Eichler Richard W. Prof.

B.: Schriftsteller. PA.: 81475 München, Steinkirchner Str. 16. G.: Liebenau, 8. Aug. 1921. V.: Elisabeth, geb. Mojr. Ki.: 7 Kinder. El.: Richard H. u. Maria. S.: OSchule Reichenberg, 1940 Abitur. K.: Ltn. d. Res. Kriegsmarine, Vorst.-Mtgl. Dt. Kunststiftung d. Wirtschaft. P.: Könner - Scharlatane (1960), Künstler und Werke (1962), Der gesteuerte Kunstverfall (1965), Die tätowierte Muse - Kunstgeschichte in Karikaturen (1965), Viel Gunst für schlechte Kunst (1968), Verhexte Muttersprache (1974), Die Wiederkehr der Schönen (1984), Unser Geisteserbe (1996), Baukultur gegen Formzerstörung (1999). E.: 1969 Schiller-Preis München, 1982 Adalbert Stifter-Med., 1990 Kant-Plak., Ehrenring f. Literatur. M.: Mtgl. Sudetendt. Akad. d. Wiss. u. Künste, Humboldt-Ges. H.: Genealogie.

Eichler Rita Dr. *)

Eichler Roland Dr. med. *)

Eichler Stephan *)

Eichler Thomas *)

Eichler Ursula *)

Eichler Wolfgang Dr.

B.: Staatssekr. FN.: Kultusmin. DA.: 39114 Magdeburg, Turmschanzenstr. 32. G.: Halle, 4. Apr. 1938. Ki.: 2 Söhne. S.: 1956 Abitur, 1956-62 Stud. Physik Univ. Halle-Wittenberg. K.: 1962-92 Ass. u. OAss. d. Sektion Physik an d. Univ. Halle-Wittenberg, 1975 Prom., 1992-94 Ref.-Ltr. in d. Landeszentrale f. polit. Bild. Sachsen-Anhalt, 1990-98 Sprecher d. Fachausch. Wiss. u. Forsch. im Landesverb. d. SPD Sachsen-Anhat, 1994-99 LAbg. in Sachsen-Anhalt u. Mtgl. im Aussch. f. Wirtschaft, Technologie u. Europa-Angelegenheiten, Aussch. f. Finanzen u. im Unterausch. f. Rechnungsprüf., sowie Sprecher d. SPD-Fraktion f. Finanzpolitik, seit 1999 Staatssekr. f. Wiss. u. Forsch. u. ständiger Vertreter d. Min. BL.: versch. Patente u.a. f. Kristallzüchtung, materialwiss. Experiment in der bemannten Raumfahrt. E.: 1983 Forsch.-Preis d. Univ. Halle-Wittenberg. H.: Kunst, Kultur, Segeln.

Eichmann Arno

B.: Gschf. Ges. FN.: Eichmann & Köppl GmbH Atelier f. Druckvorlagen u. Gesamtherstellung. DA.: 85774 Unterföhring, Münchner Straße 16. e.k.@munich.netsurf.de. G.: Bellheim b. Landau/Pfalz, 22. Nov. 1947. V.: Addys Perez Lopez. Ki.: Elio Romeo (1998). S.: 1962-65 Lehre als Schriftsetzer in einer Druckerei u. Setzerei in Landau m. Abschluss, 1966-69 Umschulung z. Tiefdruckmontierer, 1970 Umschulung z. Offset-Druckvorlagenhersteller. K.: 1971-86 als Offset-Druckvorlagenhersteller m. Leitungsfunktion in versch. Reprostudios in München, 1986-87 selbst., freiberufl. Techniker im Bereich Druckvorstufe in München, 1987 Grdg. u. Gschf. Ges. d. Firma b.e.promont GmbH München, 1990 Grdg. u. Gschf. Ges. d. Firma Belau & Eichmann GmbH München, 1994 Grdg. u. Gschf. Ges. f. Firma Eichmann & Köppl GmbH München. P.: versch. Veröff. in Fachpubl. z. Thema Entwicklung im Offsetdruckbereich. M.: IHK München.

Eichmann Johanna

B.: Oberin, Ltr. FN.: Konvent Ursulinenkloster Dorsten. DA.: 46282 Dorsten, Ursulastr. 12. G.: Münster, 24. Febr. 1926. S.: 1946 Abitur Recklinghausen, 1943-44 Dolmetscherausbild., auf Grund d. jüdischen Abstammung - Zwangsarb. in Berlin, 1946-52 Stud. Publizistik, Germanistik u. Romanistik in Münster u. Toulouse, 1. Staatsexamen. K.: 1952 Eintritt in d. Ursulinenorden - Ausbild. z. Gymn.-Lehrerin, 1956 2. Staatsexamen, Lehrerin am Gymn. St. Ursula in Dorsten, 1964-91 Ltr. d. Gymn., seit 1995 Oberin d. Konvents d. Ursulinen in Dorsten, seit 1982 Arb. im Forsch.-Bereich "Oral history"

---

*) Biographie www.whoiswho-verlag.ch oder beigefügte CD-ROM

Dorsten unterm Hakenkreuz - Mitgründerin u. Ltr. d. Jüdischen Museums Westfalen seit 1992. E.: 1997 BVK durch d. Bundespräs. Roman Herzog f. d. Versöhnungsarbeit zw. Juden u. Deutschen trotz eigener Verfolgung durch d. Naziregime.

Eichmann Manfred *)

Eichmann Sieglinde *)

Eichmann Uwe *)

Eichmeier Joseph Dr.-Ing. Prof. *)

Eichmeyer Helmut Dr. sc. h.c. Dipl.-Ing. Prof. *)

Eichmüller Hugo-Bert *)

Eichner Andreas *)

Eichner Hellmuth
B.: Maler u. Bildhauer, genannt: Der Eichner. PA.: 53913 Swisttal, Rosenweg 61. Der.Eichner.Bonn@t-online.de. G.: Schönenberg, 15. Mai 1946. V.: Sabine (Sängerin u. Zahnärztin). Ki.: Vanessa, Marcel, Nikolaus, Anastasia (2000). El.: Johann Marcel u. Josefine. S.: Staatl. Kunstak. Düsseldorf, Mstr.Schüler b. Sackenheim. K.: seit 1997 auch Bildhauer, spez. Bronze; Ausstellungen u.a. 1966 Galerie Gmurzynska, Köln Rhein Tiber Preis 1970, Rom. Int. Kunstmärkte Köln, Düsseldorf u. Basel, 1973 Europapreis Ostende, 1975 Galerie Hennemann Bonn, s. 1977 regelm. auf d. gr. Düsseldorfer Kunstausstellung, 1978 dt. Kunst in Krakau, 1981 Kunstver. Freiburg, 1982 Samml. Ludwig Aachen, 1982 Bonner Künstler aktuell, Städt. Kunstmuseum Bonn, 1983 OECD Centrum Bonn, 1985 van d. Heyd Museum Wuppertal, Galerie Wünsche Bonn, 1987 Vorstellung d. gr. Abendmahls b. Bouvier in Bonn, 1987 Galerie f. christl. Kunst in München, 1987 Städt. Kunstmuseum Bonn, 1988 Galerie Titel, Hoffnungsthal, Feitzinger Bisterfeld, Hamburg Claermond Haus, Galerie Netzhammer Bonn, 1997 Galerie P. Bonn, 2000 Galerie Geuer, Deutscher Herold Bonn. H.: Ballett, klass. Musik, japan. Kultur.

Eichner Josef *)

Eichner Karl Dr. Prof. *)

Eichner Michael Dr. vet. *)

Eichner Roman *)

Eichner Walter Dr. phil. *)

Eichstädt Frank Volker Dipl.-Ing.

B.: Gschf. Ges. FN.: Hamburger Grundstückskontor GmbH. DA.: 20354 Hamburg, Neuer Wall 38. G.: Ahrensburg, 20. Juli 1959. V.: Andrea, geb. Rathkens (Hochzeit 1997 in Florenz). Ki.: Max (1997), Maj-Britt (1999). S.: 1980 Abitur, 1980-81 Bundeswehr, 1981-85 Stud. Bauing.-Wesen FH Hamburg m. Abschluß Dipl.-Ing. K.: 1986-87 beratender Ing. im Ing.-Büro f. Geotechnik Beyer u. Eickhoff in Hamburg, 1988-91 beratender Ing. f. Geotechnik d. Firma Dorsch Consult in München, tätig im In- u. Ausland u.a. Verkehrsprojekt in Bangkok, Entwässerungsprojekt in Kairo, Straßenbau in Zaire u.a., 1991-94 Projekt- u. Oberbaultr. d. Firma Franki Grundbau GmbH in Seevetal, seit 1995 selbst. m. Grdg. d. Firma HGK Hamburger Grundstückskontor GmbH m. Schwerpunkt Gen.-Übernehmer, Bauträger u. Projektentwicklung, Errichtung v. Einfamilienhäuser, Doppel- u. Reihenhäusern, Wohn- u. Gewerbebau. P.: AIT in Bangkok, Vortrag u. Veröff. in Fachzeitschriften z. Thema Rohrleitungen in weichen Böden. M.: Haufenbautechn. Ges. e.V., Verb. freier Wohnungsunternehmen Berlin, Lions Club, HSC Hamburg. H.: Familie, Segeln.

Eichstädt Hermann Werner Dr. med. Prof.
B.: Arzt f. Innere Med., Kardiologie u. Nuklearmed., Univ.-Prof. FN.: Universitätsklinikum Charité, Campus Virchow-Klinikum d. Humboldt-Univ. zu Berlin, zusätzlich in Abordnung d. Charité als Ärztlicher Direktor d. Fachklinik f. Herz- u. Kreislauferkrankungen in Templin. DA.: 13353 Berlin, Augustenburger Pl. 1. PA.: 10707 Berlin, Konstanzer Str. 61. G.: Alten-Buseck, 15. Feb. 1948. Ki.: Björn, Kerstin, Bastienne, Bernadette. El.: Arch. Karl-Heinz u. Dr. med. Elisabeth. BV.: wahrscheinlich Nachfahre v. Prof. Dr. phil. Dr. theol. Dr. jur. h.c. Heinrich Carl Abraham Eichstädt (1771-1848), Rektor d. Univ. Jena u. Dekan d. Phil. Fak., 1803-1817 intensiver Schriftwechsel m. Goethe. S.: 1968 Abitur, 1968-74 Med.-Stud. Mainz u. Düsseldorf, 1974 Prom., 1982 Habil. K.: 1975-77 wiss. Ass. Herzzentrum Bad Krozingen, 1977-79 wiss. Ass. Univ. Tübingen, seit 1979 Freie Univ. Berlin, 1985 apl. Prof. f. Innere Med. u. Kardiologie, 1986 planm. Prof., seit 1995 d. Humboldt-Univ. zugeordnet. BL.: 1979 Erstbeschreiber d. circumferenziellen Impulsquantifizierung am Herzen, 1984 Gadoliniumdarstellung d. akuten Myokardinfarkts. P.: Quantitative Myokardszintigraphie (1984), Ersthrsg. u. Autor Herz - Große Gefäße (1995), Mithrsg. u. Autor Kardiovaskuläre Funktionsdiagnostik (1992), Herzkrankheiten (1995), 8 kardiolog. Bücher, 5 Fortbild.-Filme als Regisseur, 875 Zeitschriften- u. Buchbeiträge. E: mehrere Wiss.-Preise u.a. 1987 Outstanding Investigator Award d. USA, aktives Mtgl. New Yorker Ak. d. Wiss. M.: ca. 30 wiss. Intern. Fachges., 1. Vors. d. Vorst.-Kmsn. Nuklear-Kardiologie d. Dt. Ges. Herz- u. Kreislaufforsch., Grdg. u. ständiger Gschf. Berliner Kardiologenges., Council of Clin. Cardiol. American Heart Assoc. H.: Violinspiel, Musik (Klassik), klassische Literatur, Fotografie, Sport.

Eichstädt-Bohlig Franziska Dipl.-Ing.
B.: Arch., Stadtplanerin, MdB. FN.: Bündnis 90/Die Grünen; Dt. Bundestag. DA.: 10999 Berlin, Oranienstr. 25; 11011 Berlin, Platz d. Republik 1. G.: Dresden, 10. Sep. 1941. Ki.: 2 Söhne. S.: 1960 Abitur in Unna/Westf., Arch.-Stud. TH Hannover u. TU Berlin, 1969 Dipl. K.: ab 1969 freischaff. Arch. u. Stadtplanerin, 1978-82 Ass. d. TU Berlin Fachbereich Arch., 1983-94 Gschf. eines Sanierungsträgers, Sanierungs- u. Stadtgestaltungsprojekte in Berlin, 1989/90 BaustadtR. Berlin-Kreuzberg, seit 1994 Mtgl. d. Dt. Bundestages(Bündnis 90/Die Grünen), zusätzlich Mtgl. im Fraktionsvorstand, Obfrau im Ausschuß f. Verkehr, Bau u. Wohnungswesen, stellv. Mtgl. im Haushaltsausschuß sowie im Finanzausschuß u. Mtgl. d. Baukommission d. Ältestenrates, Arbeitskreis - Koordin. "Umwelt". (Re)

Eichstaedt Klaus
B.: RA. FN.: Sozietät Rosztok & Eichstaedt. DA.: 10787 Berlin, Ansbacher Str. 5. G.: Hindenburg, 12. Feb. 1930. V.: Ingrid, geb. Krause. El.: Alfred u. Katharina. BV.: Friedrich Hebbel - Dichter. S.: 1951-55 Stud. Jura Humboldt-Univ. Berlin m. Dipl.-Abschluß. K.: 1956-72 Ltr. d. Rechtsabt. d. Bergbau Hdl. GmbH, 1973-80 Fachbereichsltr. f. Recht u. Absatz im VEB Metallmontagen u. Berlin, 1980-90 Ltr. d. Rechtsabt. im Kombinat Schienenfahrzeuge d. DWA, seit 1993 ndlg. RA. H.: Wassersport, Automobilsport.

*) Biographie www.whoiswho-verlag.ch oder beigefügte CD-ROM

von Eichstedt Hasso *)

Eichstetter Angela

B.: Heilpraktikerin, Ganzheitliche Körper- u. Psychotherapie, selbständig. FN.: G.G.Z. Ganzheitliches Gesundheits-Zentrum am Stadtpark. DA.: 90409 Nürnberg, Maxfeldstr. 40. angela.eichstetter@craniomassage.de. www.cranio-massage.de. G.: Nürnberg, 14. Sep. 1960. El.: Theo u. Barbara Eichstetter. S.: 1976 Mittlere Reife Nürnberg, 1976-79 Lehre z. Industriekaufrau bei Siemens in Nürnberg. K.: 1979-89 EDV Verfahrensberaterin b. Siemens in Nürnberg, 1989-90 Auslandsaufenthalt in Kalifornien, dort Ausbildung in Tanztherapie, LIVE-/ARTPROCESS, 1990-96 vielseitige Ausbildung in ganzheitl. Körper- u. Psychotherapie, 1992-94 Heilpraktikerschule Hoßfeld in Nürnberg, seit Herbst 1994 als Heilpraktikerin tätig in Nürnberg, gleichzeitig 1990-98 versch. Erwerbstätigkeiten z. Finanzierung d. Ausbildungsgänge, seit 1999 selbständige Heilpraktikerin in Nürnberg. H.: Joggen, Radfahren, Tanzen, Kino, Natur, Kochen.

Eichwede Wolfgang Dr. Prof. *)

Eick Horst Dr. Prof. *)

Eick Karl-Gerhard Dr.
B.: Vorst. Finanzen. FN.: Dt. Telekom AG. DA.: 53113 Bonn, Friedrich-Ebert-Alle 140. www.telekom.de. G.: 1954. S.: Stud. BWL Augsburg, 1982 Prom. K.: b. 1988 versch. Positionen f. d. BMW AG München, zuletzt Ltr. Controlling im Ressort d. Vorst.-Vors., 1989-91 Bereichsltr. Controlling f. d. WMF AG Geislingen u. 1991-93 Ltr. Zentralbereich Controlling, Planung u. EDV f. d. Carl Zeiss Gruppe Oberkochen, 1993-98 Finanzvorst. d. Gehe AG Stuttgart, 1999 Controlling, Betriebswirtschaft u. EDV d. Franz Haniel & Cie GmbH Duisburg, seit 2000 Vorst.-Mtgl. d. Dt. Telekom AG f. d. Bereich Finanzen.

Eick Karl-Heinrich Dipl.-Ing.
B.: Architekt. DA.: 47800 Krefeld, Tiergartenstr. 16. G.: Kleve, 17. Apr. 1935. Ki.: Dipl.-Kfm. Stephan (1963), Bettina (1965). El.: Carl u. Elisabeth. S.: 1951 Naturw. Gymn. Wuppertal, 1951-53 Maurerlehre, 1953-56 Stud. Hochbau an d. staatl. Ing.-Schule f. Bauwesen Wuppertal, Abschluß als Dipl.-Ing. K.: 1956-57 in d. Baultg. im Arch.-Büro Peiner Krefeld, 1957-58 in d. Planung im Arch.-Büro Hölters Krefeld, 1959-60 Bauunternehmung Wuppertal, seit 1960 selbst. Architekt in Krefeld. M.: Arch.-Kam. NRW, BDB, VDI, CHTC Krefeld, Dt.-Chin. Freundschaftsges. Krefeld, Förderver. f. Zoo, Burg Linn, Museum. H.: Hockey, Tennis, Aquarium.

Eick Rolf *)

Eickchen Herbert Dr. med. *)

Eicke Hildegard Elisabeth. *)

Eicke Karin Dipl.-Ing. *)

Eickelbaum Karin *)

Eickelmann Christine

B.: Heilpraktikerin. GT.: Mitarb. in Gemeinschaftspraxis Mehlborn. DA.: 33649 Bielefeld, Gütersloher Str. 204. G.: Bielefeld, 8. Feb. 1959. Ki.: Eva Cathrin (1984), Tim Christoph (1986). El.: Wilfried u. Dorothea Baumann. S.: 1978 Abitur, 1978 Stud. Lehramt Primar-Stufe: Sprache u. Ev. Theol., 1984 1. Staatsexamen. K.: Sachbearb. in d. elterl. Firma, 1992-95 Gschf., 1994 Ausbildung z. Heilpraktikerin in der Schule f. Naturheilkunde Bielefeld unter Elvira Birbach, 1998 Abschlußprüf., 1999 Eröff. d. eigenen Praxis, Schwerpunkte: Kinesiologie, Homöopathie, Akupunktur, Fußreflexzonenmassage, Sauerstofftherapie, Arb. m. Erwachsenen u. Kindern. M.: Fachverb. Bund dt. Heilpraktiker. H.: Lesen, Spazierengehen, Sauna.

Eickelpasch Alexander Friedrich Dipl.-Vw. *)

Eickelschulte Martin Wilhelm Wolfgang *)

Eickemeyer Karl-Adolf Dr. med. *)

von Eicken Joh. W. *)

Eickenberg Udo *)

Eickens Hans Dipl.-Ing. *)

Eickhof Stefan *)

Eickhoff Albert
B.: Gschf. Ges. FN.: Albert Eickhoff Design-Mode. DA.: 40212 Düsseldorf, Königsallee 56 u. 30. G.: Lippstadt, 28. Nov. 1935. V.: Brigitte, geb. Ruml. Ki.: Susanne (1962), Marcus (1963). S.: kfm. Lehre b. d. Fa. Giesecke & Brandt Lippstadt, Voluntariat b. d. Fa. Jobis Bielefeld, 1 J. Lehranst. d. Dt. Textileinzelhandls Nagold. K.: 3 J. Fa. Giesecke & Brandt Lippstadt, 1961 Eröff. "Modesalon Eickhoff" Lippstadt, 1974 Grdg. Eickhoff GmbH, 1978 Gianni Versace Modenschau im Lippstädter Stadttheater, Durchbruch d. ital. Mode in Deutschland, 1980 Grdg. Eickhoff GmbH & Co KG Düsseldorf, 1981 Eröff. d. dritten Modehauses auf d. Königsallee 56 in Düsseldorf, 1988 Eröff. Eickhoff Designer Geschäft. H.: Golf, Sbg., Weltreisen, Kulturen. (Re)

Eickhoff Andreas Dr. iur. *)

Eickhoff Christian
B.: Orgelbauer, selbständig. FN.: Emil Hammer Orgelbau. DA.: 30966 Hemmingen, Hoher Holzweg 14. G.: Shanghai/China, 23. Dez. 1935. Ki.: Sebastian. El.: Dr. Friedrich Georg u. Anneliese, geb. Hammer. S.: 1957 Abitur Ahrensburg, 1959 Lehre Orgelbau b. Großvater Emil Hammer Hannover. K.: 1960-61 tätig in d. Firma Kuhn AG in d. Schweiz, 1963 Einstieg in d. väterl. Betrieb spez. f. barocke, romant. u. klass. Orgeln; Projekte: über 2000 Orgelwerke weltweit, Orgel in d. Liebfrauenkirche in Liegnitz/Polen, St. Pancratius-Kirchen-Orgel in Hamersleben 5 Orgeln in d. USA. P.: Veröff. z. Thema Orgelbau in Fachbücher, Art. u. Aufsätze. M.: Musikinstrumentenmacherinnung. H.: autobiograf. Niederschriften, Architektur, Musikinstrumente.

Eickhoff Hans-Peter *)

*) Biographie www.whoiswho-verlag.ch oder beigefügte CD-ROM

Eickhoff Heinrich Dipl.-Ing. *)

Eickhoff Hilga Johanna *)

Eickhoff Jörg *)

Eickhorst Edda

B.: Gschf. Ges. FN.: E.C.H. Transport GmbH nat. u. intern. Verkehre. DA.: 28217 Bremen, Am Holzhafen 8. G.: Bassum, 6. Nov. 1965. El.: Heinrich und Anneliese Eickhorst, geb. Cordes. S.: 1986 Abitur Bremen, 1986-88 Ausbild. Sped.-Kauffrau Richard Boas Sped. Stuhr. K.: 1988-95 ang. Sped.-Kauffrau in Bremen, seit 1995 selbständig m. Grdg. d. E.C.H. Transport GmbH nat. u. intern. Verkehre m. Organ. v. LKW-Transporten ohne eigenen Fuhrpark. M.: Mitgründerin d. Kulturver. Kulturinitiative Rüttelschuh Barrier Wassermühle e.V. H.: Theater, Kunst, Literatur.

Eickstädt Wilhelm A. Dr. med. *)

von Eickstedt Deodat *)

Eickvonder Guido
B.: alleiniger Ges. FN.: Eickvonder Stahlhdl. GmbH. DA.: 47057 Duisburg, Sternbuschweg 330. G.: Duisburg, 18. März 1971. V.: Martina, geb. Freisberg. Ki.: Christopher (1992). El.: Heinz u. Ingeborg, geb. Austen. BV.: 1932 Betriebsgründer Heinrich Eickvonder. S.: 1990 Abitur, 1990-91 Bundeswehr, 1991-95 Stud. Wirtschaftswiss. Duisburg. K.: während d. Stud. tätig im elterl. Betrieb, 1994 Prok. u. seit 1996 Gschf., seit 1996 Besuch d. FOM-FHS f. Ökonomie u. Marketing in Essen, seit 1999 alleiniger Ges. v. Eickvonder Stahlhandel GmbH u. Eickvonder Immobilien GmbH. E.: Prüf. f. Groß- u. Außenhdl.-Kfm. m. Ausz. H.: EDV, Marathon

Eickworth Herbert Dipl.-Ing. *)

Eid Uschi Dr.
B.: Parlamentarische Staatssekretärin im Bundesministerium f. wirtschaftliche Zusammenarb. u. Entwicklung, MdB. FN.: Bündnis 90/Die Grünen. DA.: 10963 Berlin, Stresemannstr. 92, Wahlkreisbüro: 72622 Nürtingen, Plochinger Str. 8. PA.: 72622 Nürtingen. uschi.eid@bundestag.de. G.: Landau, 18. Mai 1949. V.: verh. S.: 1960-69 Inst. d. Engl. Fräulein Gymn. "Maria Ward Schule Landau", Abitur, 1969-75 Univ. Stuttgart-Hohenheim, Stud. Haushaltswiss., 1975 Dipl., 1975-76 Oregon State Univ./USA K.: wiss. Ang. Univ. Hohenheim, entwicklungspolit. Tätigkeit in Eritrea/Horn v. Afrika, 1980 Eintritt in d. Partei Die Grünen, 1985-90 u. seit 1994 MdB, 1994-98 stellv. Vors. Aussch. f. wirtschaftl. Zusammenarbeit, seit 1998 Parlamentarische Staatssekretärin im Bundesmin. f. wirtschaftl. Zusammenarbeit u. Entwicklung, seit 2001 G8-Afrikabeauftragte d. Bundeskanzlers. P.: "Krisenprävention" im "Handbuch 3. Welt 2000", Artikel "Protestantisch, Weltoffen, Streitbar" in Jubiläumsausgabe "50 Jahre evangel. Akad." M.: Kammer d. evangel. Kirche f. Umwelt u. Entwicklung, German Watch, Beirat BICC. H.: Spielen klass. Gitarre, Schwimmen, Lesen. (Re)

Eid Volker Ludwig Dr. theol. Prof. *)

Eidam Margitta *)

Eiden Karl Joachim Dr. med. *)

Eiden Marcus

B.: RA im Bereich d. Medienrechts, Veranstalter jurist. Seminare, Repetitor. FN.: Eiden & Partner. DA.: 50679 Köln, Thusneldastr. 48. G.: Leverkusen-Schlebusch, 12. Aug. 1961. V.: Barbara, geb. Duffrenne. El.: Dr. Hans u. Walburga. BV.: Großvater Eiden war Rektor am Gymn. in Leverkusen. S.: 1982 Abitur Schule Schloß Salem, Belgien- und Italienaufenthalt zwecks Sprachenerweiterung, 1983 Wehrpflicht, Stud. Jura, Geschichte, Phil. u. Psych. Köln. K.: Referendarzeit, seit 1995 ndlg.; Vermögensverwaltungen. M.: Altsalemer Vereinigung, Kasino Ges. d. Bayer AG Leverkusen. H.: Golf.

Eiden Stefan

B.: Goldschmiedemeister, Inh. FN.: Goldschmiede Eiden. DA.: 90402 Nürnberg, Handwerkerhof, am Königstor 10. G.: Hermeskeil, 10. Dez. 1970. El.: Herbert Eiden u. Friedegund Kalinowski, geb. Reiser. S.: 1984-89 Realschule in Fürth, 1989-93 Goldschmiedeausbildung in d. Goldschmiede Erdl in Nürnberg. K.: 1993-96 Werkstattleiter in d. Goldschmiede Novotny in Nürnberg, 1996-97 Meisterschule u. Meisterprüfung, seit 1998 selbst. mit Schwerpunkt Neuanfertigung, Reparatur, Umarbeitung v. Schmuckstücken in Gold, Platin u. Silber sowie Nachlaßbewertung. P.: Veröff. in versch. Fachzeitschriften u. Zeitungen. E.: 1993 Kammersieger im Goldschmiedehandwerk, 1993 Landessieger, 1994 Begabten Stipendium d. Freistaates Bayern, 1998 Meisterpreis d. bayrischen Staatsregierung. M.: Landesvorst.-Mtgl. d. bayr. Landesinnung. H.: Fussball, Kunst, Kultur.

Eidens-Holl Dieter

B.: Fotografenmeister, Inh. FN.: Foto + Design Eidens-Holl. DA.: 79104 Freiburg-Herdern, Sandstr. 15. eidensholl@t-online.de. www. eidens-holl.de. G.: Boppard, 28. Feb. 1962. V.: Stephanie, geb. Helbach. Ki.: Dario (1997). El.: Konrad u. Maria, geb. Hammes. S.: 1980 Mittlere Reife, 1980-83 Lehre Fotograf. K.: freiberufl. Fotograf, seit 1988 selbst., 1989 Meisterprüf., Eröff. d. Ateliers in Boppard, Emmelshausen u. Freiburg, seit 1989 intern. Seminare z. Weiterbild. v. Fotografen, seit 1990 Cooperation m. d. Miss-Germany Corporation, 1998 Eröff. d. Studuios m. mediterranem Flair in Freiburg. P.: Einzelausstellungen in Hall, Tokio u. Photocina Köln,

*) Biographie www.whoiswho-verlag.ch oder beigefügte CD-ROM

Eidens-Holl

unzähl. Veröff. E.: versch. Ausz., 1995 Fotograf d. Staatsbesuchs d. Japan. Kaiserpaares. H.: Italien, Familie, Beruf, Lesen.

Eierdanz Rainer *)

Eierhoff Gerold
B.: Gschf. Ges. FN.: WDF Industriewerkzeuge GmbH. DA.: 46325 Borken-Weseke, Hauptstr. 47. G.: Weseke, 15. Apr. 1950. V.: Cordula Weseke. Ki.: Nina, Daniela. S.: 1966 Handelsschule, 1966-69 Ausbildung z. Industriekaufmann, 1969-70 Bundeswehr, Bundesmarine. K.: 1971-97 zuerst kfm. Mitarbeiter u. seit 1985 Werksleiter d. Firma Wilhelm de Fries & Co in Borken-Weseke Werkzeughandel v. Industriewerkzeugen, Werksvertretungen f. Bosch-Industriewerkzeuge, seit 1997 nach d. Liquidierung d. Firma Wilhelm de Fries & Co selbständig, Neugründung d. Firma WDF Industriewerkzeuge GmbH Werkzeughandel u. Service, Fachhändler f. d. industriellen Bedarf, spezialisiert auf Anwendungen in d. Gießereien u. metallverarbeitenden Industrien, Werksvertretungen f. Bosch-Industriewerkzeuge.

Eierhoff Klaus Dr. rer. oec.
B.: Vorst.-Mtgl. FN.: Bertelsmann AG. DA.: 33311 Gütersloh, Carl-Bertelsmann-Str. 270. www.bertelsmann.de. G.: Nordhorn, 2. Okt. 1953. S.: 1974-79 Stud. BWL in Göttingen, Dipl., 1981 Prom. z. Dr. rer. oec. K.: 1981-84 Produktmanager Hdl. b. d. Nixdorf Computer AG Paderborn, 1984-86 Mtgl. d. Geschäftsltg. d. Bertelsmann Distribution GmbH Gütersloh, 1987-90 Gschf. d. Bertelsmann Distribution GmbH Gütersloh, 1990-97 Mtgl. d. Vorst. d. Karstadt AG Essen, seit 1998 Mtgl. d. Vorst. d. Bertelsmann AG Gütersloh, Ltr. d. Produktlinie Multimedia.

Eiermann Willi *)

Eifert Horst Peter *)

Eifert Wolfgang *)

Eifler Joachim Dipl.-Ing. *)

Eifler Klaus Dipl.-Ing. *)

Eigen Manfred Dr.rer.nat. Dr.h.c, Prof. *)

Eigenbrod Gudrun *)

Eigler Friedrich-Wilhelm Dr. med. Dr. h.c. Prof.

B.: em. u. kommisar. Ltr. FN.: Abt. f. allg. Chir. d. Univ.-Klinik Essen. DA.: 45134 Essen, Sunderholz 13. G.: Sangerhausen, 10. Mai 1932. V.: Evemarie, geb. Krämer. Ki.: 5 Kinder. S.: Stud. Med. Marburg, Freiburg, München u. Gießen, 1956 Staatsexamen Gießen, 1956 Prom. Gießen, 1958 Approb., 1960 Weiterbild. Chir. Köln, 1966 FA- f. Chir., 1967 Habil.,1971 apl.Prof. f. Chir. K.: 1971 o.Prof. f. Chir. in Essen u. glz. Dir. d. Abt. f. allg. Chir. an d. Univ.-Klinik u. seit 1997 em., bis 1998 kommisar. Ltr., 1981-83 Dekan d. Med. Fakultät Essen. E.: 1965 Curt-Adam-Preis, 1968 von-Haberer-Preis, 1991 Ernst-Bergmann-Med. d. Bundesärztekam., 1999 BVK 1. Kl., 2001 Dr. h.c. d. Univ. Miguel Hernandez in Elche (Spanien). M.: 1976-95 Präsidium d. Kuratoriums v. Dialyse u. Nierentransplantation, 1977 Vors. d. Vereinig. Niederrh.-Westf. Chirurgen u. 1984-98 1. Schriftführer, 1984-96 StiftungsR. d. Dt. Stiftung Organtransplantation, 1990-94 Vors. d. Arbg. Dt. Transplantationszentren, 1999 Ehrenmtgl. d. Westdt. Tumorzentrum Essen, seit 1993 Ehrenmtgl. d. Valenzian. Chirurgenges., 1997-99 Dt. Vertreter d. Ethikkmsn. d. Eurotransplantation Foundation, seit 1998 Ehrenmtgl. d. Vereinig. Niederrhein.-Westfäl. Chirurgen. H.: Keramik, Modellieren.

Eike Ruth *)

Eikelmann Egon *)

Eikemeier Angela Dr. med.
B.: Ärztin f. Allg.-Med. u. Naturheilverfahren. DA.: 30659 Hannover, Hoffmannshof 3. PA.: 30916 Isernhagen, Herderstr. 2. www.diabesweb.de, www.arzt-auskunftde/dr.eikemeier. G.: Herrnhut, 18. Okt. 1954. V.: Dr. med. Klaus-Dieter Eikemeier. Ki.: Pia-Donata (1986), Tim-Raphael (1990). El.: Horst Peschel u. Hanna Flach, geb. Reinkober. S.: 1973 Abitur, b. 1974 Stud. Wirtschaftswiss. Humboldt-Univ. Berlin, Stud. f. Bio u. Engl. in Bremen, ab 1976 Med.-Stud. Hannover, 1982 Staatsexamen, 1983 Prom. K.: 1984 FA f. Allg.-Med., Unfallchir., Innere Med., Thoraxchir., 1989 FA f. Allg.-Med., parallel dazu Naturheilverfahren, seit 1986 Akupunktur, Spezialausbild. in Ohrakupunktur, Ausbild. in Homöopathie, Bioresonanztherapie, Neuraltherapie nach Hunecke, Bachblütentherapie, Farbtherapie, Psychokinesiologie, 1999 Eröff. eines Beauty Medical Institute - Nofretete. BL.: EXPO PROJEKT Paris-Zertifikat. M.: Münchner Ges., Dt. Ges. f. Akupunktur, 2001 ASTRALON gegen ELEKTROSMOK. H.: Innenarchitektur, Design, Farbgestaltung, Schifahren, Tennis.

Eikemeier Klaus Dr. med. Dipl.-Ing.
B.: FA f. Allg.-Med. DA.: 30659 Hannover, Hoffmannshof 3. www.diabetes.web.de, www.arzt-auskunft.de/Dr.eikemeier. G.: Hannover, 25. Nov. 1948. V.: Angela, geb. Peschel. Ki.: Pia-Donata (1986), Tim-Raphael (1990). El.: Hermann u. Helmine. S.: 1974 Dipl.-Ing., 1977 Aufnahme in d. Studienstiftung d. Dt. Volkes, 1982 Approb. als Arzt, 1982 Prom. z. Dr. med., 1984 Astronautenprüf./Nutzlastexperte. K.: 1985 eigene Arztpraxis in Hannover, 1994 FA f. Allg.-Med., 1997 Umzug in d. "Haus d. Heilung", 1997 Zusatzbezeichnung Naturheilverfahren, 1999 Grdg. Beauty Medical Institute Nofretete. BL.: 1977 Fluglehrer, 1977 Ehrenbürger d. Stadt Huntsville/USA, 1989 1. Vors. d. Solartechnik Hannover e.V., 1995 Teilnahme am Ideenwettbewerb EXPO 2000 "Stadt u. Region als Exponat" mit dem "Haus d. Heilung". M.: 2000 Präs. d. Internat. Science For Anti Aging Community, 2001 ASTRALON gegen ELEKTROSMOK. H.: Familie, Solartechnik, Fliegen, Fallschirmspringen, Bergsteigen, Musik, Kanu, Tauchen, Atomphysik, Schifahren, Marathonläufer.

Eikemeier Uwe Dipl.-Ing.

B.: Gschf. Ges. FN.: Eikemeier Kartonagen. DA.: 30855 Langenhagen, Bayernstr. 26. uwe.eikemeier@gmx.de. G.: Hannover, 23. Juni 1943. V.: Ursula, geb. Radewald. Ki.: Christian (1967), Cornelia (1969). El.: Helmut u. Gerda. S.: 1962 FHS-Reife, 1962-63 Praktikum, 1963-66 Stud. Papierverarb. Oskar-v.-Miller-Technikum München m. Abschluß Dipl.-Ing. K.: 1966-77 Betriebsltr. d. Firma Rheinische Wellpappenfbk. in Kreuzau, 1997-79 techn. Ltr. d. Papier- u. Wellpappefbk. Eich-

*) Biographie www.whoiswho-verlag.ch oder beigefügte CD-ROM

horn in Jülich, 1979 Übernahme d. elterl. Betriebes Helmut Eikemeier Kartonagen Fbk. in Hannover, 1981 Grdg. d. GmbH f. Großkartonagen in Langenhagen, 1990 Grdg. d. Firma Eikemeier Verpackungen GmbH in Brandenburg f. Feinkartonagen, Displays, Standverpackungen u. Verpackungsdienstleistungen, 1991 Kauf d. Wellpappewerkes Lucka f. Wellpappeerzeugung u. -verarb., 1993 Grdg. d.Wellpappewerke Gittersee GmbH in Dresden, 1993 Übernahme d. Kartonagen Treuen GmbH f. Voll- u. Wellpappekartonagen. F.: 1997 Grdg. d. Firma Eikemeier Wellpappefbk. in Gröna-Grupa/Polen. E.: 1998 Unternehmer d. J., 2000 BVK. M.: Grdg. d. Lucksche f. Lucksche, Schützenver., Golfclub. H.: Golf, Schießsport.

Eikermann Gerhard *)

Eikermann Kai *)

Eikermann Uwe Dipl.-Ing. *)

Eikhof Günter
B.: Gschf. Ges. FN.: HCV Hanseat. Computer Vertriebs GmbH. DA.: 20535 Hamburg, Klaus Groth Str. 1. PA.: 21435 Stelle, Uhlenhorst 2. G.: Klein Thondorf, 12. Nov. 1944. V.: Gisela, geb. Feußahrens. Ki.: Arno (1969), Anke (1972). S.: 1960-63 Lehre Elektroinstallateur, 1963-64 Geselle, 1964-68 Wehrdienst. K.: 1968-81 Serviceing., Serviceltg. b. Hewlett Packard, 1981 Grdg. d. Firma HCS GmbH, 1983 Teilung d. Firma, 1983 Grdg. d. HCV GmbH als Alleininh. f. d. Telefonbetrieb u. Bankgeschäfte in Afghanistan, 1996 offiziell eingesetzter Gschf. d. Dt. Clubs in Kabul/Afghanistan durch d. Dt. Auswärtige Amt. BL.: Erfinder d. Tinneßprogramm "Vital", Holzspielzeugerfinder, Afghanistanexperte, polit. Berater d. Auswärtigen Amtes f. Afghanistan. F.: TSE GmbH Berlin, HCV Intern. Satellite Communication Kabul, German Commercial Office Kabul. M.: HK, Präs. Dt. Club Kabul. H.: Radfahren, Laufen, Schwimmen.

Eikmann Andreas *)

Eikmann Thomas Friedrich Dr. med. Prof.

B.: Dir.; Ltr. FN.: Institut f. Hygiene u. Umweltmedizin; Hessisches Zentrum f. klinische Umweltmedizin; DA.: 35392 Giessen, Friedrichstr. 16. thomas.eikmann@hygiene.med.uni-giessen.de. G.: Gifhorn, 22. Feb. 1949. V.: Dr. Sabine, geb. Heinerth. El.: Friedrich u. Irmgard. S.: 1969 Abitur Holzminden, 1969-72 Studium Biologie Hannover, 1972-73 Stud. Med. Frankfurt u. Aachen, 1977 Staatsexamen. K.: 1978-79 Ass.-Arzt am Inst. f. Hygiene u. Arbeitsmedizin d. RWTH Aachen, 1979 Prom., 1980-87 OA am Inst. f. Hygiene u. Arbeitsmedizin d. RWTH Aachen, 1986 Habil. u. FA f. Hygiene u. Umweltmedizin, 1987-93 Ltr. d. Zentralbereichs f. Krankenhaushygiene d. RWTH Aachen u. glz. 1990-93 am Hygieneinst. in Gelsenkirchen, 1993-94 Ang. d. GUK Aachen, 1993 apl.Prof., seit 1994 Dir. d. Inst. f. Hygiene u. Umweltmedizin in Giessen u. Ltr. d. Hess. Zentrums f. klin. Umweltmedizin. P.: Hrsg. d. Lose-Blattsammlung "Gefährdungsabschätzung v. Umweltschadstoffen" u. "Hygiene in KH u. Praxis", Mithrsg. div. Bücher im Bereich Umweltmedizin, Umwelttoxikologie u. Umweltepidemiologie, 350 wiss. Vorträge, 250 wiss. Publ. M.: seit 2000 Rat d. Sachv. f. Umwelt-

fragen, Nat. Rat f. Krankenhaushygiene, Vorst.-Mtgl. d. Kmsn. Reinhaltung d. Luft, seit 1997 Präs. d. intern. Ges. f. Umweltmedizin, Arbeitsgruppe Umwelt u. Gesundheit d. Bundesgesundheits- u. Umweltministeriums, Arge f. Umweltfragen, Ges. f. Hygiene u. Umweltmedizin. H.: japan. Gärten, Kiesgarten, Historie, Beruf.

Eikmeier Wolf Reinhard *)

Eilebrecht Berthold Dr. Dipl.-Physiker *)

Eiler Michael *)

Eilers Eckhard *)

Eilers Elfriede *)

Eilers Hans-Jürgen Dipl.-Psych.

B.: Freiberufler, Gschf. Ges. DA.: 53797 Lohmar, Rösrather Str. 5; 50668 Köln, Machabäerstr. 51. PA.: 53797 Lohmar, Rösrather Str. 5. G.: Köln, 16. Dez. 1954. V.: Petra, geb. Müller. Ki.: 2 Kinder. S.: 1974 Abitur Köln, 1974-76 Zivildienst JUH-Krankentransport, AWO-Familienheim m. behinderten Kindern, KH Wetter/Ruhr, 1977-85 Stud. Psych. Univ. Trier u. Köln, 1985 Dipl.-Psych., 1985-91 Zusatzausbild. f. Therapeuten Univ. Köln. K.: 1979-83 Gustav-Stresemann-Inst.: Seminarentwickler u. Seminarltr. f. arbeitssuchende Akademiker, 1985-91 f. Stadt Köln, 1988-89 1 J. FAW d. Inst. f. Dt. Wirtschaft, seit 1989 Psychotherapeut f. Kinder u. Jugendl., Familienprobleme, auch Berufsbild.-Forsch., seit 1989 Aufbau Ges. f. Berufs- u. Arbeitspsychologie, 1995-96 Aufbau Landesverb. VPP-NRW, 1996-98 Vors. größter Dt. Psychotherapeutenverb. VPP, Verb. psycholog. Psychotherapeuten u. Therapeutinnen im BDP. P.: Fachzeitschrift: Zwischenschnitte 2/91 über Berufsbild Sozialarb., "Die Welt" (1999), anläßl. BDP-Kongreß Berlin "Gesundheitspolit. Forum" 2/97. H.: Billard-Karambolage, Badminton, Motorradfahren, mod. Kunst, Reisen (Ligurien ,Türkei).

Eilers Harm
B.: Kfm., Galerist, Gschf. Ges. FN.: Kunstück Kunsthandelsgesellschaft mbH. DA.: 26121 Oldenburg, Industriestr. 1. info@kunstneck.com. www.kunstneck.com. G.: Oldenburg, 25. Nov. 1956. El.: Heinrich u. Inge, geb. Lind. S.: 1977 Abitur in Ahlhorn, 1978-84 Stud. Musik u. Sozialkunde f. d. Lehramt Univ. Oldenburg. K.: seit 1984-92 selbständig im Galeriebereich, Aufbau v. Galerien u.a. in Braunschweig, 1992 Eröff. d. Galerie Kunstück Kunsthandelsgesellschaft mbH als Gschf. Ges., Schwerpunkt Ausstattung v. Geschäftsräumlichkeiten wie Banken oder Arztpraxen. H.: Skifahren, Mountainbiking.

Eilers Hermann Dipl.-Kfm. *)

Eilers Jan Dipl.-Vw. *)

Eilers Karl-Heinz Dr. med.
B.: FA f. Chirurgie, plastische Chirurgie u. Handchirurgie in eigener Praxis. DA.: 38100 Braunschweig, Am Schloßgarten 8. dr.eilers@t-online.de. www.doctip.de/dr.eilers. G.: Oldenburg, 27. Dez. 1943. Ki.: Wiebke, Imke. S.: 1964 Abitur in Oldenburg, 1964-69 Stud. Humanmedizin an d. Univ. Göttin-

gen u. Wien, 1970-71 Medizinalassistentenzeit, 1971-76 FA-Ausbildung in d. Pathologie Göttingen u. in d. Chirurgie in Göttingen-Weende, 1970 Prom. Dr. med. K.: 1970-78 OA in d. Abt. Handchirurgie, plastische Chirurgie u. Brandverletzte in d. BG Unfallklinik Duisburg-Buchholz, 1978-80 Ass. in d. Abt. Handchirurgie, plastische Chirurgie u. Brandverletzung im Bergmannsheil in Bochum, seit 1980 selbständig in eigener Praxis m. Belegbetten. M.: Dt. Ges. f. Chirurgie, Vereinigung d. Dt. Plastischen Chirurgen, Gründungs-Mtgl. d. Vereinigung d. Dt. Ästhetisch-Plastischen Chirurgen, Dt. Interessengemeinschaft f. Ambulante Handchirurgie, Deutschsprachige Arge f. Handchirurgie, dt. Ges. Handchirurgie, Dt. Ges. f. Senologie. H.: Musik.

Eilers Karla Sophie Helene

B.: Kauffrau, Inh. FN.: Eika Kraftfutter, BLECKI Tierbedarf. DA.: 27777 Ganderkesee, Wildeshauser Landstr. 76. G.: Neusüdende/Ammerland, 14. Sep. 1933. Ki.: Hans-Dieter (1960), Silke (1963), Sabine (1968). El.: Carl u. Helene Lion, geb. Siefjediers. K.: 1953-60 Büroang. Seifen Puls/Ammerland, seit 1962 selbst. u. Grdg. Eika Kraftfutter, m. Kälbermast und Aufzucht b. 1981, 1983 Neuaufbau d. Firma, Herstellung u. Vertrieb, Groß- u. Einzelhdl. v. BLECKI Tiernahrung in Ganderkesee als Inh. M.: seit 1984 CDU. H.: seit 1970 sammeln v. Antiquitäten.

Eilers Klaus

B.: Maler- u. Lackierermeister, Ges. FN.: Klaus Eilers Malereibetrieb GmbH. DA.: 26160 Bad Zwischenahn, Hauptstr. 2. G.: Oldenburg, 23. Feb. 1940. V.: Nanni, geb. Böseler. Ki.: Anja (1966), Britta (1969), Jens (1974). El.: Georg u. Margarethe, geb. Fröhling. S.: 1955-57 Lehre z. Maler und Lackierer in Bad Zwischenahn, 1964 Meisterprüf. z. Maler- und Lackierermeister. K.: 1957-64 Malergeselle im Ammerland u. Oldenburg, 1964 Grdg. Klaus Eilers Malereibetrieb als Inh. in Bad Zwischenahn, seit 2000 Klaus Eilers Malereibetrieb GmbH als Ges. H.: Wassersport.

Eilers Ulrich

B.: selbst. Installateurmeister. DA.: 38108 Braunschweig, Erikaweg 10. G.: Braunschweig, 19. Okt. 1959. V.: Silvia, geb. Mette. Ki.: Jennifer (1984), Patrick (1985), Jessica (1988), Julia (1989), Pamela (1997). El.: Rolf u. Marianne. S.: 3 1/2 J. Lehre Gas- u. Wasserinstallateur. K.: tätig im elterl. Betrieb, 1983 Meisterprüf. z. Gas- u. Wasserinstallateurmeister, 1984 Meisterprüf. für Zentralheizungs- u. Lüftungsbau, 1986 Abschluß Betriebswirt d. Handwerks, 1984-93 tätig im kfm. Bereich im elterl. Betrieb u. 1997 Übernahme d. Firma. H.: Radfahren, Schwimmen, Schießsport.

Eilert Hans *)

Eilert Joachim

B.: Vorst.-Mtgl. FN.: Hapag Lloyd AG. DA.: 20095 Hamburg, Ballindamm 25. www.hapag-lloyd.de. G.: Hannover, 15. Mai 1958. S.: Stud. Wirtschaftswiss. m. Abschluss Dipl.-Ökonom. K.: Trainee im Preussag-Konzern, versch. ltd. Funktionen im Finanz- u. Rechnungswesen sowie im Beteiligungsbereich im Preussag-Konzern, 1995 Wechsel in d. Gschf. d. KBB Kavernen Bau- u. BetriebsgmbH, 1997-2001 Rückkehr z. Preussag AG u. Ltg. d. Bereiches Controlling während d. Phase d. tiefgreifenden Restrukturierung d. Konzerns, seit 2002 Mtgl. d. Vorst. d. Hapag Lloyd AG in Hamburg. (Re)

Eilerts Karl-Heinz *)

Eilhoff Michael *)

Eilingsfeld Klaus *)

Eils Cassen *)

Eimannsberger Carola *)

Eimer Gerhard Dr. Dr. Prof.

B.: em. Dir. FN.: J.W. Goethe Univ. Frankfurt, Kunstgeschichtl. Inst. PA.: DK-1169 Kopenhagen K, Store Kannikestraede 10. G.: Marburg a.d. Lahn, 5. Apr. 1928. V.: Dr. Birgitta. El.: Prof. Dr. Karl u. Dr. med. Ilse. BV.: Familien Uphagen, v. Fersen. S.: Schulen in Stettin, Düsseldorf u. Hameln, Stud. Kiel, Prom. 1952, Lic.-Examen in Stockholm 1957, Prom. 1962, Museumsausbildung in Stockholm. K.: Ass. a. National Museum Stockholm, 1962 Habil., 1962 Stipendiat u. Kunsthist. Inst. Florenz, 1963-73 Doz. a. d.Univ. Stockholm,

---

Der Schweizer Who is Who- Verlag bietet Ihnen ein einmaliges Informations- und Servicepaket

♦ Who is Who-Werke - höchstaktuelle, sachliche und exklusive Informationen über bedeutende Persönlichkeiten aus Österreich und Deutschland. Unentbehrlich für persönliche Begegnungen und berufliche Kontakte.

♦ Who is Who Produkte, die Spaß machen

♦ Who is Who Prominenteninsel Taborcillo - exklusiv für Who is Who Persönlichkeiten in Österreich und Deutschland.

Fordern Sie das kostenlose Info an:Who is Who, CH-6304 Zug, Alpenstrasse 16

---

*) Biographie www.whoiswho-verlag.ch oder beigefügte CD-ROM

1973 Ruf a. e. Professor a. d. Univ. Frankfurt, 1996 em. F.: Frankfurter Fundamente d. Kunstgeschichte Band I-XVI. P.: zahlreiche Buchpublikat., u. a. zu Caspar David Friedrich, (Kritische Edition der Schriften des Künstlers I 2000), Schwed. Barockbaukunst, S.Agnese in Navona I - II (1971-72), Bernt Notke (1986), Van Gogh Indices (1992), Quellen zur polit. Ikonographie d. Romantik, Tagungsbände zur Backsteinforschung im Ostseeraum (1999 u. 2000). E.: 1985 Pommerscher Kulturpreis. M.: Histor. Komm. f. Pommern, Wiss. Beirat Kulturstiftung d. deutschen Vertriebenen.

Eimer Manfred P. H. Dr. sc. agr. Prof. *)

Eimer Norbert *)

Eimer Richard *)

Eimermacher Volker Dr. med. *)

van Eimern Joseph Dr. rer. nat. Prof. *)

Eimertenbrink Heike

B.: RA. DA.: 33602 Bielefeld, Mittelstr. 63. G.: Bielefeld, 16. Nov. 1954. Ki.: Elena Elisabeth (1987). S.: 1973 Abiutr, 1973-81 Stud. Rechtswiss., 2. Staatsexamen. K.: 1981Tätigkeit in Rechtsamt d. Stadt Bielefeld u. Zulassung als Anwalt, 1982-83 RA, 1984 Grdg. d. eigenen Kzl. in Detmold, 1985 Verlagerung nach Bielefeld in Sozietät m. RA Ute u. Jürgen Jelen, 1997 überörtl. Ver. durch Grdg. einer weiteren Kzl. in Leopoldshöhe/Asemissen, spezialisiert auf Arzthaftung u. Medizinrecht als Patientenanwältin, Sozialrecht. M.: Arge RA im Medizinrecht e.V. Neuss. H.: Literatur, Musik.

Einberger Claus Dr. rer. nat.
B.: Apotheker, Lebensmittelchemiker, Ltd. Pharmaziedirektor. FN.: Klinikum Mannheim gGMBH - Universitätsklinikum - Fak. f. Klin. Med. Mannheim d. Univ. Heidelberg. DA.: 68167 Mannheim, Theodor-Kutzer-Ufer. G.: Mannheim, 6. Feb. 1938. V.: Bärbel, geb. Molzow. Ki.: Ralph (1967). S.: Karl u. Käthe. S.: 1957 Abitur Mannheim, 1957-59 Praktikum, 1959-60 Bundeswehr, 1960-63 Univ. Mainz, 1963-64 Kandidat d. Pharmazie, 1964 Approb., 1965-76 Bundeswehr - Sanitätsoffz. (Apotheker), 1968-70 Stud. Lebensmittelchemie Univ. Karlsruhe. K.: b. 1973 Chem. Untersuchungsstelle d. Bundeswehr in Stuttgart, 1973-76 Doz. an d. Ak. f. Sanitäts- u. Gesundheitswesen d. Bundeswehr in München, 1973 Prom. Univ. Tübingen, 1976 Ltr. d. Apotheke d. Klinikum d. Stadt Mannheim Fak. f. Klin. Med. Mannheim d. Univ. Heidelberg. P.: Untersuchungen an stabilisierten Adrenalinsalzlösungen, Buchbeiträge u. zahlr. Veröff. v. Beiträgen in Fachzeitschriften. E.: 2001 Ehrennadel d. Bundesverbandes Deutscher Krankenhausapotheker (ADKA e.V.). M.: seit 1990 CDU, Vorst.-Mtgl. im Bundesverb. Dt. KH-Apotheker, Mtgl. in d. Vertreterverss. d. Landesapothekenkam., im PersonalR. d. Klinikum d. Stadt Mannheim Fak. f. Klin. Med. Mannheim d. Univ. Heidelberg, Bez.-BeiR. in Mannheim-Feudenheim, Freunde u. Förd. d. National Theaters Mannheim, Mtgl. d. Stamitz-Orchesters. H.: Musik, Studienreisen, Wandern, Sport (Tennis), Golf.

Einbrodt Wolfgang Dipl.-Bw.

B.: Glasermeister, Inh. FN.: EB Glas. DA.: 46236 Bottrop, Osterfelderstr. 75. G.: Haan, 15. Jan. 1953. V.: Brigitte, geb. Jung. Ki.: Stefan (1980), Thorsten (1984). El.: Günther u. Anneliese. S.: 1970 Abitur Wuppertal, 1970 Stud. Wirtschaftswiss. an d. Ruhr-Univ. Bochum, 1971-73 Bundeswehr, 1973-80 Weiterführung d. Stud. m. Abschluss als Dipl.-Bw. K.: 1980-84 Kfm. Ang. d. Vereinigten Glaswerke im Werksgroßhdl. in Dortmund, 1984-88 Gschf. d. Firma Lehnhoff Glasbau GmbH Bottrop, 1988 Vertriebsltr. d. Firma Vero Glas Münster, 1989-90 berufsbegleitender Besuch d. Staatl. Glasfachschule in Rheinbach, 1990 Meisterprüf. im Glashandwerk, 1990 freiberufl. Beratungstätigkeit f. d. Firma Sachsenglas Chemnitz u. Eisenhüttenstadt, d. heutige Preussische Glasunion, seit 1994 selbst., Grdg. d. Firma EB Glas in Bottrop. H.: Musiker.

Einbrodt-Sterthoff Esther

B.: Psychologin. DA.: 59065 Hamm, Widumstr. 38. G.: Tübingen, 8. Okt. 1965. V.: Hubert. El.: Günter u. Jutta. S.: 1985 Abitur Hamburg, 1986-92 Stud. Psych. in Hamburg. K.: 1988-92 Bez.-Sprecherin v. amnesty intern., 1989-91 Arb. in d. Ges. z. Unterstützung v. Gefolterten u. Verfolgten in Hamburg, 1992 Tätigkeit in d. Jugendhilfe e.V. in Hamburg, Betreuung minderjähriger, unbegleiteter Flüchtlinge, 1993-94 Tätigkeit in Westfäl. Klinik f. Psychiatrie in Münster, 1994-97 Psycholog. Psychotherapie in d. Praxisgemeinschaft, 1979 selbst. psycholog. Psychotherapeut, 1999 Approb. als psycholog. Psychotherapeut f. d. Bereich d. Verhaltenstherapie, Schwerpunkt Ehe- u. Paartherapie. M.: amnesty intern., DPTV, "Pro Asyl". H.: Literatur, Garten, Kunst.

Eineichner Rudolf *)

von Einem Friedrich-Wilhelm *)

von Einem Henning Dr. iur. Prof. *)

Einert Günther Dipl.-Vw.
B.: ehem. Min. f. Wirtschaft, Mittelstand u. Technologie d. Landes Nordrhein-Westfalen. PA.: 58640 Iserlohn, Wolfskoben 15. G.: Langenöls/Schlesien, 12. Okt. 1930. V.: verh. K.: 3 Kinder. S.: Realschule, Schlosserlehre, HS-Reife, Stud. Vw. u. Politik USA u. Hamburg, Dipl.-Vw. K.: 1948-53 Schlosser u. Schweißer, seit 1950 Mtgl. d. Ind.Gewerkschaft Chemie, Papier, Keramik, seit 1951 Mtgl. d. SPD, 1958-60 Rechtsschutzsekr. b. DGB, 1960-80 Gschf. d. DGB Kreis Mark, 1962-84 Ratsmtgl. d. Stadt Iserlohn, 1963-74 OBgm. d. Stadt Iserlohn, 1966-70 u. ab 1972 Mtgl. d. Landtags NRW, 1973-83 Vors. d. SPD-Stadtverb. Iserlohn, 1975-80 Vors. d. SPD-Ratsfraktion Stadt Iserlohn, 1980-83 Parlamentar. Gschf. d. SPD-Landtagsfraktion, 1983-90 Min. f. BAngelegenheiten d. Landes NRW u. Mtgl. d. Bundesrates, 1990-95 Min. f. Wirtschaft, Mittelstand u. Technologie.

---

*) Biographie www.whoiswho-verlag.ch oder beigefügte CD-ROM

Einfinger Sylvia

B.: Groß- u. Außenhandelskauffrau, Gschf. FN.: ALINA-Electronic-Vertrieb. DA.: 10999 Berlin, Lausitzer Str. 8. info@alina-electronic.de. G.: Berlin, 8. Okt. 1961. Ki.: 2 Kinder. BV.: Mutter Sybille Einfinger Gründerin u. Inh. d. Geschäfte. S.: 1983-85 Ausbildung z. Groß- u. Außenhandelskauffrau in Berlin. K.: 1986-96 Groß- u. Außenhandelskauffrau in Berlin, Vorbereitung auf d. Tätigkeit im Geschäft d. Mutter, seit 1999 Gschf. d. ALINA Electronic Vertrieb, parallel Führung eines Blumengeschäftes. BL.: reiner Familienbetrieb seit 1993 in d. Kombination Vertrieb v. elektronischen Bauelementen u. Blumenhandel, einmalig in dieser Konstellation in Berlin. H.: Kinder u. Familie.

Eing Gerhard Dr. med.

B.: FA f. Augenmed. DA.: 90489 Nürnberg, Sulzbacher Str. 66. PA.: 90409 Nürnberg, Virchowstr. 36a. G.: Mülheim/Ruhr, 2. Jan. 1938. El.: Josef u. Eva, geb. Golüke. S.: b. 1962 Med.-Stud. an d. Univ. in Münster, 1963 Augenklinik d. Julius-Schneider-Stiftung in Würzburg, 1963-64 Städt. KH in Schöneberg Berlin. K.: 1964-73 approbierter Ass.-Arzt f. Augenkrankheiten in Neukölln/Berlin, ab 1975 selbst. m. eigener Praxis in Nürnberg. H.: Schwimmen, Radfahren, gesunde Ernährung.

Einhaus Richard *)

Einicke Carina

B.: Gschf. FN.: PermaNice Studio f. dauerhaftes Make up. DA.: 40235 Düsseldorf, Dorotheenstr. 28. www.permanice.geon.de. G.: Düsseldorf, 6. März 1961. Ki.: Jana (1991). El.: Friedrich Georg Boes u. Friederike, geb. Götzinger. S.: 1980 Abitur Düsseldorf, 1981-82 Berufsfachschule f. Kosmetik "Traute de Lorenzi" Köln, 1982 Abschluss. K.: 1982-85 Reisekosmetikerin Firma Lancaster Group AG Wiesbaden, 1985-92 Visagistin d. Firma Jil Sander, 1992-98 arbeitslos, 1999 Eröff. PermaNice Studio, Demonstrationseinsätze b. TV Sender QVC als Beauty Expertin, 2000 Zusammenarbeit m. d. Theaterhaus Köln Make up b. d. Premieren.

Einicke Lutz Peter *)

Einicke Sabine

B.: Dipl.-Phil., Mitinh. FN.: Musikhaus Potsdam. DA.: 14469 Potsdam, Roßkastanienweg 22. G.: Brandenburg, 24. Jan. 1955. V.: Lutz Peter Einicke. Ki.: Fabian (1985), Karolin (1988). El.: Frido u. Gertrud. S.: 1973 Abitur Brandenburg, 1973-77 Stud. Phil. KMU Leipzig, Dipl.-Phil. K.: 1977-85 Doz. an d. Fachschule f. Gestaltung u. Werbung, stellv. Dir. in Potsdam, parallel Klavierunterricht, Gesangsunterricht - Gesang in Band "Albatros", 1986-90 als Außenstellnltr. d. Fachschule f. Clubltr. in Potsdam übernommen, seit 1991 Mitinh. Musikhaus Potsdam m. Verkauf, Verleih, div. Dienstleistungen f. Veranstaltungen - Management, Studioarb. BL.: seit 1983 m. d. Band "Albatros" als Sängerin regelmäßige Auftritte b. Veranstaltungen in Kulturhäusern, Clubs, Bars - Versuch eines Musikcafes m. eigenen Auftritten neben Musikhaus. E.: Pestalozzi-Med., als Ausz. f. d. 10 besten Händler Deutschlands Teilnahme an d. Musikmesse in LA in d. J. 1994/95/96/97. H.: Musik, Phil., Sprachen.

Einicke Verena

B.: Heilpraktikerin, selbständig. DA.: 40211 Düsseldorf, Oststr. 43. G.: Bremen, 16. Sep. 1936. Ki.: Jan (1962), Raoul (1965). El.: Dr. iur. Albert u. Ilse Warneke. S.: 1952 Mittlere Reife, 1952-54 Frauenfachschule f. Mode Bremen. K.: 1954-56 Aupair-Mädchen in d. USA, 1956 American Express Bremen, 1958 m. Familie nach Hamburg, 1960 Firma Selbach Düsseldorf, 1961 Babypause, 1974-76 Abendschule Union Dt. Heilpraktiker in Düsseldorf, 1976-78 Praktikum Dr. Scholl Cäcilienallee Düsseldorf u. 1/2 J. b. Heilpraktikerin Rosi Gohde in Essen, seit 1978 selbständig, Spezialisierung: klass. Homöopathie, chin. Akupunktur, Biochemie nach Dr. Schüssler, Bio-Facelifting, Geriatrie, Psychosynthese, Augen-, Antlitz-, Zungendiagnostik u. Labortechnik. M.: Fachverband Dt. Heilpraktiker e.V., Frischzellen-Organomed. H.: Lesen, Wandern, Schwimmen.

Einsfeld Ulrich Dr.-Ing. Prof. *)

von Einsiedel Marianne

B.: Organistin, Orgelpädagogin. PA.: 01277 Dresden, Oehmestr. 6. G.: Weimar, 1. Apr. 1958. V.: Terence J. Vardon, M.A., F.R.S.A., A.R.C.M. BV.: Heinrich Hildebrand v. Einsiedel, 1497-1557, er war einer d. engsten Freunde Luthers, Maria Scholz geb. Pischel, 1889-1985, war Konzertpianistin. S.: 1974-77 Kirchenmusikschule Eisenach, B-Abschluß, 1981-86 HS f. Musik "Franz Liszt" Weimar, Abschluß Dipl.-Organist (entspr. kirchenmusik. A-Abschluß), seit 1990 Ausbild. b. Ewald Kooiman, Piet Kee, Nigel Allcoat u. Harald Vogel. K.: 1977-81 Violoncellist im Staatl. Sinfonie-Orchester Saalfeld, 1986-95 Kirchenmusiker an d. Kreuzkirche in Dresden, seit 1986 Doz. Orgel an d. HS f. Kirchenmusik Dresden u. entwickelte dabei ihre eigene Methode, seit 1995 selbst. Organistin u. Orgelpädagogin, Konzerttätigkeit (europ. Länder). M.: Verb. evang. Kirchenmusiker, ZONTA. H.: Psychologie, Musik, Sport u. ihre Zusammenhänge untereinander.

*) Biographie www.whoiswho-verlag.ch oder beigefügte CD-ROM

Einsle Hans *)

Einwald-Ernst Mechthilde Dr. med. vet. *)

Eirich Peter *)

Eiring Harry *)

Eisbrenner Tino

B.: freiberufl. Musiker. FN.: Künstleragentur Pow Wow Agents. DA.: 10205 Berlin, Postfach 180202 tino@eisbrenner.de. www.eisbrenner.de. G.: Rüdersorf, 11. Nov. 1962. Ki.: Jennifer (1984), Lena (1994), Wolf-Nico (1998), Stina Cheyenne (1999). El.: Bernd u. Karin, geb. Schneider. BV.: Urgroßonkel Werner Eisbrenner - Dirigent, Komponist u. Ltr. d. SFB-Sinfonieorchester. S.: 1981 Abitur, 1981-83 Wehrdienst. K.: 1983 Beginn d. Gesangskarriere in d. Rock-Pop-Gruppe "Jessica" - 1984 beliebester Newcomer in d. DDR, seit 1984 hauptberufl. Musiker, 1993-94 Moderator einer Kindersendung in TV-Sender VOX, danach Fernseharb. auch im redaktionellen Bereich u.a. Schauspieler in d. Serie "Heliocops". BL.: alle Texte aus eigener Feder. P.: Video "DDR-Musik..." (1984), Tourneen durch alle Ostblockstaaten (1984-86), 1. Brechtabend (1987), "Eisbrenner liest Tucholsky" (1989), Tourneen durch Österr., Deutschland, Nikaragua u. Russland (1990), Konzerttournee in Nordamerika (1995), 1. Buch: ""Achterbahn. od. wieviele Leben hat ein Stern" (1997), "T. Eisbrenner lebt u. arb. unter mexican. Indianern" (1997-98), Tournee durch Finnland (1998), Finn. Dt.-Lehrbuch (1999), 7 Alben u.a. "Spieler" (1996), "Stark sein" (1999), "Der wilde Garten Lust" (2001), seit 2001 eigenes Recordlabel "Mañana, Records. M.: seit 1998 Grdg.-Mtgl. u. Präs. d. Big Circle Int. e.V. H.: Schildkrötenfiguren sammeln.

Eischeid Ulrich *)

Eisel Kurt Dr. *)

Eisel Ull Dr. *)

Eisele Adam

B.: Gschf. FN.: Serco Service Center Süd GmbH. DA.. 89077 Ulm, Söflinger Str. 100. G.: Holzkirch, 10. Juli 1948. Ki.: 2 Töchter. El.: Josef u. Maria, geb. Pauschert. S.: 1968 Abitur, 1969 Bundeswehr, Stud. BWL München m. Abschluß Dipl.-Kfm. K.: 5 J. Projektkfm. in d. Firma AEG, 1983-95 Ltr. d. Abt. Finanzen u. Bilanzierung, seit 1996 Gschf. d. SCU-Service Center in Ulm; Funktionen: Doz. an d. FHS Neu-Ulm. M.: AufsR. d. Langenauer Bank. H.: Töchter, Klavier u. Orgel spielen, Computerprogramme auf Basis SAP entwickeln.

Eisele Albert-J. Dipl.-Ing.

B.: freier Architekt. DA.: 78050 VS-Villingen, Josefg. 5. PA.: 78073 Bad Dürrheim-UB, Wartenbergstr. 1. G.: Geisingen, 10. Juni 1964. Ki.: Andrea Arthur (1997). El.: Arthur u. Helena. S.: 1979-82 Schreinerlehre, 1983 FH-Reife, 1984 Techn. Abitur, 1984 Vorpraktikum in Arch.-Büro, 1985-86 Grundstud. Arch. Hochschule Konstanz (HS Konstanz), 1986-89 Arch.-Stud. HS Frankfurt/Main, Dipl. K.: 1989 Existenzgrdg. m. Architektur - Ingenieurbüro f. Wohnanlagen, Office-Centers, Hotellerie-Objekte, Ind.-Bauten, zusätzliches Objekt: Polizeidirektion. P.: Objekte in Fachbücher u. Fachzeitschriften. E.: Sieger b. mehreren Wettbewerben. M.: IHK-Prüf.-Aussch., Mtgl. im "Bund Dt. Baumeister, Architketen u. Ingenieure". H.: klass. Musik, Literatur, Squash, Skifahren, Radfahren.

Eisele Claus *)

Eisele Egbert Dr. jur.
B.: Vorst. FN.: Bayerische Hypo- u. Vereinsbank AG. DA.: 80333 München, Kardinal-Faulhaber-Str. 1. G.: Ravensburg, 16. Mai 1942. S.: Stud. Rechtswiss. K.: 1972 Eintritt in d. Vereinsbank, 1985 Berufung in d. Vorst. d. Vereinsbank, seit 1998 Vorst.-Mtgl. d. HypoVereinsbank. (Re)

Eisele Frank Dipl.-Ind.-Designer

B.: Gschf. FN.: Eisele-Kuberg Design. DA.: 89231 Neu-Ulm, Oderstr. 1. V.: Heike, geb. Kuberg. Ki.: Lasse (1987), Lara (1989). BV.: Hermann Ungelter - Heimatmaler. S.: FH Schwäbisch Gmünd, Ausbild. Dipl.-Ind.-Designer. K.: freier Mitarb. bei Prof. Röhrig in Ulm, 1984 Grdg. d. Designschmiede gemeinsam m. d. Ehefrau in Ulm m. Schwerpunkt Design f. Haushaltsgeräte, Großgeräte, Maschinen, Möbel, Produkte u. Firmen. E.: nat. u. intern. Ausz. u.a. in Japan, 1992 v. Designzentrum Stuttgart, 1996,98, 99 u. 2001 in Nordrhein-Westfalen, 2000 IF Design Award Hannover. M.: VDID. H.: Design, Beruf.

Eisele Hartmut H.
V.: VP + GM MSD Alcat Microelectronics Brüssel, Belgien, Vors. d. Geschäftsltg. FN.: Alcatel Kommunikatuons-Elektronik GmbH. DA.: 30179 Hannover, Wohlenbergstr. 3. G.: Stuttgart, 5. Sep. 1953. S.: 1972 Abitur, 1972-74 Bundeswehr im Rahmen multinat. Einheiten d. NATO im europ. Ausland - Major d. Res., 1974-80 Stud. Math. m. Prüf., 1980 Abschluß Physik. K.: 1981-85 wiss. Mitarb. am Physikal. Inst. d. Univ. Stuttgart, 1985 Prom., 1985 Entwicklungsing. im Forsch.-Zentrum d. SEL AG in Stuttgart, 1986 Gruppenleiter am Forsch.-Zentrum, 1990-93 Fachgruppenltr. f. Alcatel, 1993 Ltr. d. Abt. Mikroelektronik, 1993 Projektltr. f. Alcatel in Kalifornien, 1995 Ltr. d. Forsch.-Zentrums d. Alcatel SEL AG u. seit 1998 Abt.-Dir., u. VPräs. in Alcatel SEL Stuttgart, 1997 Aufbau d. Hybrid Fiber Cox Business Unit, ab 1998 Ltr. eines Unternehmens in Stuttgart u. glz. Vors. d. Geschäftsltg. v. Alcatel Kommunikations-

*) Biographie www.whoiswho-verlag.ch oder beigefügte CD-ROM

Eisele

Elektronik GmbH in Hannover. P.: wiss. Veröff. M.: wiss. BeiR. d. Heinrich Hertz Inst., ZVEI Präsidial Arb.-Kreis, Forsch.-Aussch. d. DIHT. H.: Berge, Skifahren, Wandern.

Eisele Ignaz Dr. rer. nat. Prof. *)

Eisele Jochen
B.: Physiotherapeut u. Osteopath. FN.: Praxis f. Krankengymnastik. DA.: 71640 Ludwigsburg, Keltenstr. 1. EisJchn@aol.com. G.: Ludwigsburg, 19. Nov. 1967. V.: Heidrun, geb. Vögtle. Ki.: Hannes, Greta. S.: 1987 Abitur, 4 Sem. Math. Stuttgart, 1990-92 KG-Schule Karlsbad-Langensteinbach. K.: Prakt. Klinik Markgröningen-KH Ludwigsburg, 2 J. ang. in versch. Praxen, ab 1995 selbst., ab 1996 Stud. d. Osteopathie, College Sutherland, Ulm, 2001 Abschluss d. Ausbildung z. Osteopath. M.: ZV Krankengymnastik, VOD Osteopathie, Sportver. H.: Familie, Lesen.

Eisele Jürgen Dr.

B.: Gschf.; Vorst. FN.: Management consult Dr. Eisele & Noll GmbH; Vorstand f. Marketing & Vertrieb d. INTER 5 AG in Frankfurt. DA.: 68165 Mannheim, Am Oberen Luisenpark 15. G.: Dornhahn, 3. Apr. 1964. V.: Margit, geb. Hellstern. El.: Manfred u. Ursula. S.: 1985-87 Stud. BWL Univ. Bamberg u. Mannheim, 1989 Prädikatsexamen. K.: 1989-94 wiss. Mitarb. am Lehrstuhl f. Marketing d. Univ. Mannheim, Prom., 1995-97 Gschf. d. ISUMA Consulting GmbH in Mannheim, seit 1997

Gschf. d. Management Consult GmbH Dr. Eisele & Dr. Noll GmbH. P.: "Strateg. Allianzen" (1992), "Erfolgsfaktoren d. Joint Venture Mannheim-Management" (1995), "MAC / CASA - Das Haus d. Kundenloyalität" (1999). E.: 1996 Wiss.-Preis d. Dt. Marketing-Vereinig. H.: mod. Kunst, Sport, Familie.

Eisele Willi *)

Eisele Wolfgang Dr.
B.: o.Prof. FN.: Univ. Hohenheim, Inst. f. BWL (510 C). DA.: 70593 Stuttgart. PA.: 73733 Esslingen, Uhlbacher Str. 39/1. G.: Stuttgart, 25. Febr. 1938. V.: Carla, geb. Kellermann. Ki.: Florian, Silke. El.: Alfons u. Berta. S.: Stud. an d. Univ. Tübingen, München, Würzburg, 1961 Dipl.-Kfm. Univ. Würzburg, 1965 Dr. rer. pol. K.: 1972 Habil., 1975 o.Prof. Univ. Hohenheim. P.: Betriebswirtschaftliche Kapitaltheorie und Unternehmensentwicklung (1974), Technik des betrieblichen Rechnungswesens, 7. Auflage (2002), Rechnungswesen, in: Bea, Dichtl, Schweitzer, (Hrsg.), Allgemeine Betriebswirtschaftslehre, Bd. 2, 8. Auflage (2001). M.: Verb. d. HS-Lehrer f. Betriebswirtschaft e.V., Ges. f. Wirtschafts- u. Sozialwiss., Ver. f. Socialpolitik. H.: Schi, Tennis, Fußball.

Eiselt Günter Dr.-Ing. *)

Eiselt Roger Dipl.-Ing. *)

Eiselt Simonetta *)

Eisemann Hans-Friedrich Dr. *)

Eisenacher Walter *)

Eisenbarth Gisbert *)

Eisenbarth Wolfgang *)

Eisenbeis Carola *)

Eisenbeis Jochen *)

Eisenbeis Manfred Prof.
B.: Prof. FN.: Kunst-HS f. Medien Köln. DA.: 50676 Köln, Peter-Welter-Pl. 2. PA.: 50676 Köln, Lichhof 12. G.: Berlin, 12. Aug. 1934. Ki.: 1 Kind. S.: 1957 Stud. HS f. Gestaltung Ulm, am Dt. Inst. f. Film u. Fernsehen München, sowie Phil., Soz., Kunstgeschichte, Ethnologie u. Kommunikationswiss. Univ. Tübingen, München u. Paris. K.: 1968 Grdg.-Mtgl. u. Forsch.-Dir. am Inst. f. Umweltgestaltung Paris, 1968-76, Ltr. d. Kommunikations- u. Medienzentrums, 1976-89 Prof. an d. HS f. Gestaltung Offenbach, ab 1977 Grdg. u. Ltg. d. Arbeitsgruppe Medienentwicklung/Medienforsch., zahlr. Entwicklungs- u. Forsch.-Projekte im Bereich neue Medien u. Kultur, 1989-90 Grdg.-Beauftragter d. Kunst-HS f. Medien Köln u. Prof. f. Visuelle Kommunikation, 1995-97 Grdg.-Beauftragter d. Europ. HS f. Kunst u. Medien in Poitiers/Angoulême, Beratungstätigkeit f. Medien u. Kultur bei intern. Organisationen, Wirtschaft u. Politik. P.: zahlr. Veröff., Kolloquien u. Ausstellungen z. Ästhetik, zu neuen Medien sowie Museen. E.: 2x Ausz. v. EuropaR. f. d. Europ. Zusammenarb. in Wiss. u. Kunst. M.: Europ. Ak. d. Wiss. u. Künste, Intern. MuseumsR./ ICOM, Intern. Film- u. FernsehR/UNESCO, langj. Mtgl. d. Dt. UNESCO-Kommission.

Eisenbeiß Dieter *)

Eisenberg Annegret *)

Eisenberg Johannes *)

Eisenberg Peter Dr. phil. Dipl.-Ing. Prof. *)

Eisenberg Ursula *)

Eisenberger Herbert Dr. Prof. *)

Eisenblätter Katrin
B.: Modistin, Hutmacherin u. Künstlerin, selbständig. FN.: eisenblätter & triska hutwerkstatt. DA.: 80469 München, Hans-Sachs-Str. 13. www.eisenblaetter-triska.de. G.: Starnberg, 1968. S.: 1987-90 Lehre Firma Berta Häusler München. K.: 1990 Euro-Stipendium d. Carl-Duisberg-Ges. am Nationaltheater Dublin, 1991 tätig in d. Textilrestaurierung im Stadtmuseum in München, 1992-93 Gesellin bei Berta Häusler, seit 1993 tätig in d. Kostümabteilung d. Münchner Kammerspiele u. am Staatstheater am Gärtnerplatz, 1993 Meisterprüfung, 1994 Grdg. d. Hutwerkstatt in d. Galerie Artefakt in München, 1999 Anerkennung als freischaff. Künstlerin, 2000 Eröff. d. Ladens Eisenblätter & Triska. P.: regelm. Ausstellungsbeteiligungen u.a.: Hüte d. Avantgarde (1996), Objects of Desire Gallery in Louisville/USA (1996 u. 97), FORM in Ludwigshafen (1998), Grassimesse Leipzig (1998),v 2000 Hüte Münchner Modemuseum u. Stadtmuseum (2000), Filz zwischen Chaos u. Ordnung in Zürich (2001), Arbeiten in öff. Sammlungen wie Münchner Stadtmuseum u. Modemuseum. E.: Bayr. Staatspreis (1999), Dannerpreis (1996 u. 99). M.: seit 1995 Bundesverband Kunsthandwerk Frankfurt/Main.

Eisenecker Michael *)

Eisenfeld Brigitte Kammersängerin *)

Eisenführ Gottfried Dr. iur. *)

*) Biographie www.whoiswho-verlag.ch oder beigefügte CD-ROM

Eisenführ Günther Dipl.-Ing. *)

Eisenhaber Rainer Dr.

B.: Internist. DA.: 24148 Kiel, Schönberger Str. 72-74. G.: Bad Segeberg, 19. Mai 1945. V.: Marlene, geb. Gries. Ki.: 1 Tochter. El.: Dr. Heinrich-August. BV.: Eltern 1972 aus Italien eingewandert. S.: 1965 Abitur Hamburg, 165-66 Wehrdienst - OStA d.R., 1966-72 Stud. Med. Univ. Hamburg, 1972 Staatsexamen, 1972 Prom., 1973 Approb. K.: 1973-80 Ass.-Arzt am KH Hamburg-Wandsbek, 1980 FA f. Innere Med. an d. Fachklinik f. Lungen- u. Atemwegserkrankungen in Hamburg, 1981-84 OA an d. Fachklinik Großhadern, 1984 FA f. Lungen- u. Bronchialheilkunde, 1985-88 OA an d. Forsch.-Klinik Borstel, 1988 FA f. Teilradiologie, 1990 Allerologe, 1998 Umweltmediziner, selbst. Praxis m. Schwerpunkt Lungenheilkunde. M.: Dt. Ges. f. Allerologie u. klin. Immunologie, Dt. Ges. f. pediatr. Allerologie. H.: Dt. Geschichte, Paleo-Anthrophologie, Verhaltensforschung, Skifahren.

Eisenhammer Reinhard *)

Eisenhardt Thomas *)

von Eisenhart Rothe Hans-Joachim *)

Eisenhofer Doris
B.: Landschaftsgärtnerin. G.: München, 12. Juni 1968. Ki.: Miska (1999). S.: prakt. Betriebswirtin. K.: 11 deutsche Meistertitel, EM '89 6. Platz Gruppe, 1988 Olympische Spiele, 1990 WM 12. Platz im Duett, 1991 EM 8. Platz Gruppe. H.: Musik, Skifahren, Gymnastik, Tai Chi Chuan, Qi Gong.

Eisenhöfer Ralf

B.: Landesvors. FN.: KOMBA-Gewerkschaft NRW. GT.: stellv. Bundesvors. KOMBA, Vors. Dt. Beamtenbund NRW, Mtgl. Bundesvorstand DBB. DA.: 50670 Köln, Norbertstr. 3; 53175 Bonn, Godesberger Allee 125-127. PA.: 40479 Düsseldorf, Gartenstr. 22. G.: Düsseldorf, 26. Okt. 1945. S.: 1963 Abitur, 1963-68 Ausbild. im Kommunalbereich b. Stadtverw. Düsseldorf, 1968 Dipl.-Verw.-Wirt. K.: 1963-87 Bmtr. d. Stadt Düsseldorf, 1968-78 im Schulwesen, ab 1979 freigestellter PersonalR., seit 1964 Mtgl. KOMBA, Jugendltr., Jugendvertreter, PersonalR., 1973-76 Wahl z. Landesjugendltr., seit 1973 ehrenamtl. Mtgl. Gschf. Vorst. d. Landesverb., seit 1987 hauptberufl. Landesvors. (beurlaubter Bmtr.), seither 3x wiedergewählt, seit 1991 stellv. Bundesvors. KOMBA-Gewerkschaft, seit 1973 b. DBB, seit 1991 Mtgl. DBB-Bundesvorst., seit 1987 Vors. Ges.-Versammlung KOMBA Verlags u. Wirtschafts GmbH, seit 1998 Mtgl. Verkehrsaussch. d. europ. Dachverb. CESI, seit 1985 Vorst.-Mtgl. Dt. Beamtenbund NRW in Düsseldorf, seit 5/2001 Landesvors. M.: seit 1985 Senat d. FH f. öff. Verw. Gelsenkirchen, Kuratorium d. Verw. u. Wirtschaftsak. Düsseldorf VWA, seit 1997 stellv. Mtgl. Rundfun-

kR. WDR, seit 2001 Mtgl., seit 1996 BeiR. DBV, seit 1996 BeiR. BHW, Freiherr-vom-Stein-Ges. H.: Sport, Eishockey, Blues- u. Rockmusik.

Eisenhut Martin *)

Eisenkolb Theo Dr. med. *)

Eisenkrämer Kurt Dr. agr. *)

Eisenlauer Peter W. Dipl.-Ing. *)

Eisenlohr Gilbert Roland *)

Eisenmann Hartmut Fritz Dr. iur. *)

Eisenmann Josef Dr.-Ing. Univ.-Prof. *)

Eisenmann Katharina *)

Eisenmann Peter Dr. phil. Dr. phil. habil. Prof.
B.: Hochschullehrer, FH Würzburg, Univ. Bamberg. PA.: 91154 Roth, Kriemhildstr. 4. G.: Bamberg, 20. Feb. 1943. V.: verh. Ki.: Frank-Tobias (1981). S.: 1964 Abitur, 2 J. Bundeswehr, Stud. Politikwiss. Erlangen, 1971 1. Staatsexamen, 1974 Prom., 1975-83 Univ. Bayreuth. K.: Ass. Univ. Bayreuth, 1985 Habil., 1985-93 Leiter der Akademie für Politik und Zeitgeschehen d. Hanns-Seidel-Stiftung e.V., München, 1986 Hon.-Prof. Univ. Bamberg, seit 1993 Prof. f. Politikwiss., Philosophie u. Verwaltungshandeln an d. FH Würzburg-Schweinfurt, Studiendekan. P.: Mit oder ohne Konzept? Brzezinski u. d. Außenpolitik d. USA (1979), Außenpolitik d. BRD (1982), Dem Zeitgeist geopfert. Die DDR in Wiss., Publizistik u. polit. Bild. (1992), Die Volksparteien in d. BRD (1992), Otto Weinkamm. Politiker d. 1. Stunde (1993). M.: Ges. f. Deutschlandforsch.,1989-99 wiss. BeiR. d. Bundessicherheitsak., 1986-93 Chefred. d. Polit. Studien.

Eisenmann-Klein Marita Dr. med.
B.: Chefärztin f. Plast. Chir. FN.: Caritas KH St. Josef Regensburg. DA.: 93053 Regensburg, Landshuter Str. 65. PA.: 93080 Pentling, Fichtenstr. 19. eisklein@ipras.org. G.: Kloster - Gars am Inn, 5. Sep. 1947. V.: Prof. Dr. Helmfried Klein. Ki.: Julian (1978), Silvan (1982), Konstantin (1988). El.: Johann u. Therese Eisenmann. S.: 1968 Abitur, Med.-Stud. LMU München, 1974 Staatsexamen u. Prom. K.: 1975/76 Weiterbild. Chir. Maimonides Medical Center New York, 1976-83 Städt. KH München-Schwabing, 1983 FA f. Chir., 1984-88 KH München-Bogenhausen Abt. f. Plast. Chir., 1987 FA f. Plast. Chir., 1988-93 Chefärztin u. ärztl. Ltg. d. Kreis-KH Nittenau, seit 1994 Chefärztin d. Abt. Plast., Hand- u. Wiederherstellungschir. im Caritas KH St. Josef. BL.: 1961-67 Oberbayr. Rhönrad-Meister. E.: Vors. d. Qualitätssicherungskomitees d. Vereinigung Dt. Plast. Chir., 1992-99 Präs. d. European Committee on Quality Assurance and Medical Devices, Vors. d. Weltqualitätssicherungskomitees Plast. Chir., Vors. Kreisverb. Regensburg d. Bayer. Roten Kreuzes, Mtgl. World Committee on Biomaterials, Mtgl. World Committee for Harmonisation of Training in Plast. Surgery, Mtgl. Comitée Européenne Normalisation, Mtgl. Board of Directors of the Educational and Humanitarian Arm of the Intern. Confederation of Plastic, Reconstr. and Aesthetic Surgery, Delegierte f. Mittel- u. Südeuropa im Executive Committee d. Intern. Confederation for Plastic, Reconstr. and Aesthetic Surgery, Mtgl. Membership Committee d. Int. Soc. of Aesth. Plast. Surgery. H.: Windsurfen, Ski, Golf, Jazzdance, Popmusik, Kunst d. 20. Jhdt.

Eisenmenger Klaus J. Dipl.-Ing.
B.: Metallurge, Alleingeschf. Ges. FN.: Titan Präcis Metallurgie GmbH. DA.: 24558 Henstedt-Ulzburg, Brahmkoppel 1. G.: Winsen, 6. Aug. 1950. S.: 1970 Stud. Maschinenbau Ing.-Schule Hamburg-Bergedorf. K.: Tätigkeit b. Firma Saurer

*) Biographie www.whoiswho-verlag.ch oder beigefügte CD-ROM

Eisenmenger

Schweiz, Firma Berna Köln, 1975 Betriebswirt, Stud. Metallurgie Aachen, 1985 selbst. in Gummersbach, 1992 Firma Titan Präcis. M.: Segelclub, Tennisclub. H.: bild. Kunst, Sammler u. Mäzen, veranstaltet Kunstausstellungen im selbstentworfenen u. gestalteten Firmensitz, Segeln, Tennis.

Eisenmenger Klaus Wilhelm *)

Eisenmenger Rolf Dipl.-Ing. *)

Eisenmenger Wolfgang F. W. Dr. rer. nat. Prof. *)

Eisenreich Alexander Andreas Hermann

B.: wiss. Dokumentar. FN.: Norddt. Rundfunk. DA.: 20149 Hamburg, Rothenbaumchaussee 134-138. G.: Wien, 14. Mai 1957. V.: Martina, geb. Liehmann. Ki.: Philip (1990), Pia (1994). El.: Herbert u. Waltraud, geb. Kuhls. S.: 1976 Abitur, 1976-78 Bundeswehr, 1978 Stud. Germanistik u. Geschichte in Hamburg, 1986 Mag. K.: 1986 Einstieg b. Norddt. Rundfunk als freier Mitarb. f. Hörspielproduktionen u. Buchbesprechungen ab 1989 Aug. u. tätig im Schallarchiv b. Norddt. Rundfunk, 1991 Zusatzausbild. z. wiss. Dokumentar in Frankfurt/Main, seit 1996 Ltr. d. größten Schallarchivs auf d. Kontinent b. Norddt. Rundfunk in Hamburg. H.: Schach, Lesen, Basketball.

Eisenreich Eva Dipl.-Ing.

B.: Architektin. FN.: Arch.-Büro An d. Elbe. DA.: 01591 Riesa, Niederlagstr. 11. PA.: 01591 Riesa, Strehlaer Str. 26. G.: Riesa, 24. Jan. 1953. V.: Andreas Eisenreich. Ki.: Thomas (1974), Mathias (1978). El.: K.H. u. Lilo Rudelt. S.: 1971 Abitur, 1971-75 Arch.-Stud. m. Abschluß Dipl.-Ing. K.: Ang. im Kreisbaubetrieb in Riesa, Gruppenltr. Projektierung Hochbau, berufsbegleitendes Stud. z. Faching. "Gebäudeerhaltung u. Rekonstruktion", seit 1990 selbst., seit 2 J. unter obiger Adresse, vorrangig f. Behindertenobjekte, Sachv. f. Gebäudeschäden. H.: Reisen (Asien), Tanzen (Folklore im Tanzclub).

Eisenreich Georg

B.: Chief Executive Officer. FN.: c/o FTI Touristik. DA.: 80335 München, Nymphenburger Str. 1. K.: 27 J. Münchner Reiseveranstalter Kreutzer Touristik, zuletzt Gschf., 1998 Gschf. d. neugeschaffenen Bereiches "Zentraler Hoteleinkauf" d. TUI Contracting AG in d. Schweiz, 1999 Vorst. d. TUI Group, seit 15. Jan. 2001 Chief Executive Officer d. FTI Touristik. (Re)

Eisenreich Günther Dr. rer. nat. habil. Prof.

B.: em. Prof. f. theoret. Math. FN.: Fak. f. Math. u. Informatik Univ. Leipzig. PA.: 04288 Leipzig, Gartenbogen 7. G.: Leipzig, 12. Apr. 1933. V.: Gisela, geb. Busse. El.: Eugen u. Elsa, geb. Reimann. S.: 1951 Abitur, 1951-56 Stud. Math. u. Biologie, 1956 Dipl.-Math. K.: wiss. Mitarb. Sächs. Ak. d. Wiss., Ass. u. OAss. Univ. Leipzig, 1969 Doz., 1970 Prof. f. Math., 1990 C4-Prof., seit Okt. 1998 im Ruhestand. P.: Lineare Algebra u. analyt. Geometrie, Lexikon Algebra, Wörterbuch Math., Wörterbuch Physik, Vorlesungen über Vektor- u. Tensorrechnung. M.: DMV. H.: Elektronik, Naturwissenschaft, Philosophie. (G.S.)

Eisenreich Jens

B.: Flugsicherheitsinsp. FN.: Deutscher Aero Club e.V. DA.: 19395 Plau am See, Drinkelgrund 12. G.: Stollberg, 29. Juli 1960. V.: Petra, geb. Seerig. Ki.: Sandra (1981), Janine (1988). El.: Werner u. Ruth, geb. Frey. S.: 1980 Abschluß Berufsausbild. Geologe u. Abitur, 1983 Armee. K.: 1984/85 FA f. Bergbautechnologie, Wismut AG, 1986/87 Ausbild. Berufspilot/Agrarflug, b. Interflug/Leipzig, b. 1987-90 Stud. z. Ing. f. Agrochemie, seit 1991 beim Bundesverband d. dt. Luftsports (DAeC) tätig als Flugsicherheitsinsp., außerdem Fluglehrer, Prüfungsrat f. Luftfahrtpersonal u. Flugunfalluntersucher (Braunschweig). P.: Art. in versch. Broschüren u. Lehrbüchern im Bereich Flugsicherheit. E.: 1999 Med. f. Verd. d. Luftsports im Land Brandenburg. M.: DAEC e.V., Dt. Freiballonsportverb. H.: Ballonfahren, Segelfliegen, Motorfliegen.

Eisenreich Klaus *)

Eisenreich Reiner *)

Eisenreich Uwe *)

Eisenreich Werner Dipl.-Ing. *)

Eisenschink Elga *)

Eisenschmidt Bernd *)

Eisenträger Guntram Ing. *)

Eisentraut Wolf R. Dr.-Ing. habil. Prof.

B.: Architekt BDA. DA.: 10785 Berlin, Schönebergufer 51. G.: Chemnitz, 1. Dez. 1943. V.: Heicke, geb. Kotteck. Ki.: Christian (1969), Thomas (1976). El.: Werner u. Ruth, geb. Meyer. BV.: Vater - Architekt. S.: 1962 Abitur Plauen, 1962-63 Lehre Maurer, 1963-68 Stud. Arch. u. Ing.-Päd. TU Dresden m. Abschluß Dipl.-Ing. K.: während d. Stud. tätig in Lehre u. Praxis, danach Mitarb. bei Hermann Henselmann, danach wiss. tätig sowie Wohnungsbauentwicklung u.a. d. Bauak. Berlin, seit 1973 planender u. bauender Architekt, maßgebl. beteiligt am Bau d. Palastes d. Rep. in Berlin, Chefarchitekt f. zahlr. öff. Gebäude in Berlin, Inh. eines Arch.-Büros in Berlin u. Plauen, glz. schuf er über 20 Bühnenbilder im Theater im Palast, seit 1986 a.o.Prof. an d. TU Dresden, Gastvorlesungen in in- u. ausländ. Lehranstalten u. auf Fachkongressen, Gutachter u. Juror bei nat. u. intern. Arch.-Wettbewerben; Projekte: Palast d. Rep., Rathaus Marzahn, Galerie Marzahn, Kinos, Warenhäuser, Kulturhäuser, Bibliotheken, Schule f. körperbehinderte Kinder in Berlin, Feriensiedlungen auf Usedom, Wohnbauten am Landsberger Tor, Sanierung histor. Gebäude in Berlin u. Sachsen. BL.: innovative architekton. Leistung in versch. Bauten u.a. Rathaus Marzahn, Individualisierung öff. Bauten in d. DDR, Vereinig. v. Praxis u. Ausbild. P.: über 100 Fachpubl. z. Thema Bauen, Arch.-Entwicklung, arch.-bezogene Kunst u. Baugeschichte, Diss.: "Freiräume auf Dachflächen", Habil.: "Entwicklung künftiger Baustrukturen". E.: Goethepreis, Arch.-Preis d. DDR, Arch.-Preis Berlin, Nationalpreis f. Kunst u. Literatur, div. nat. u. regionale Arch.-Preise M.: seit 1986 Bauak., 1990 Präs. d. BdA d. DDR, seit 1992 BDA. H.: Bühnenbilder, Literatur, Kunst.

Eiser Michael *)

Eiserbeck Helmut *)

*) Biographie www.whoiswho-verlag.ch oder beigefügte CD-ROM

Eisermann André
B.: Schauspieler. FN.: c/o ZBF Agentur Berlin. DA.: 12099 Berlin, Ordensmeisterstr. 15-16. PA.: 20251 Hamburg, Kegelhofstr. 4. G.: Worm, 28. Okt. 1967. V.: Ilka Caspers (Lebensgefährtin). S.: Schauspielstud. Otto-Falckenberg-Schule München. K.: Theater: 1986-87 Straßen- u. Clowntheater in Mannheim, 1987 Theater in d. Josefstadt Wien, 1990 "Kaspar" Kammerspiele München, 1990 "Victor oder Die Kinder an d. Macht" Kammerspiele München, 1990 "Fegefeuer in Ingolstadt" Bayer. Staatsschauspiel, 1991 "Frühlingserwachen" Bayer. Staatsschauspiel, 1992 Die André Eisermann-Schau, 1992/93 "Volksvernichtung oder Meine Leber ist sinnlos" Hess. Staatstheater Wiesbaden, 1994 "Delirium" Thalia Theater, 1995-96 "Die hl. Johanna d. Schlachthöfe" Thalia Theater, 1996-97 "Ein Sommernachtstraum" Salzburger Festspiele, Kino: 1990 Go Trabi Go, 1991 Durst, 1992-93 Kaspar Hauser, 1994-95 Schlafes Bruder, 1995-96 Das Schloß, 1996 Der Glöckner v. Notre-Dame, 1998 "Die Zauberflöte" Berliner Festwochen, 1998-99 Deutschlandtournee m. eigener Bühnenshow "Hommage an d. fahrende Volk", 1999 Sommernachtstraum, Tournee "Goethe, Werther, Eisermann", 2000 F@lco Cyber Show, 2001 "Yu". E.: 1993 Bronz. Leopard Filmfest Locarno, 1994 Bayer. Filmpreis, 1994 Dt. Filmpreis Filmband in Gold, 1999 "Werther-Hörbuch". (Re)

Eisermann Heinz Hermann Wilhelm Dr. med. *)

Eisermann Paul

B.: RA. DA.: 10961 Berlin, Mehringdamm 32. G.: Augsburg, 4. März 1952. V.: Hedwig, geb. Kalmar. Ki.: Jan (1984). El.: Ingeorg Schmidt. BV.: mütterlicherseits Mediziner. S.: 1972 Abitur Berlin, 1972-78 Jurastud. FU Berlin, 1. Staatsexamen, 1979-82 Referendariat u. 2. Staatsexamen in Berlin. K.: seit 1982 selbst. RA in Sozietät, seit 1998 Fachanw. f. Strafrecht, Schwerpunkt: Familienrecht, Verkehrsrecht. BL.: seit J. Spieltrainer in Jugend- u. Frauenmannschaften im Volleyball, viele J. Vorst. d. TSV Rudow. P.: Erfolgreiche Verteidigung in spektakulären Mordfällen. E.: Seniorenmeister Berlin - Volleyball, Teilnahme an Dt. Meisterschaften. M.: Strafverteidigerver. Berlin, Dt. Anw.-Ver., Berliner Anw.-Ver., RA-Ver., CfL. H.: Volleyball, Billard, Schach, Doppelkopf.

Eisert Hans-Dieter Dr.-Ing. *)

Eisfeld Jo *)

Eisfeld Rainer Dr. rer. pol. *)

Eisheuer Joachim-Dieter
B.: Karatelehrer, selbständig. FN.: Kampfkunstschule Eisheuer. DA.: 84036 Landshut, Innere Münchner Str. 18-20. G.: Lodz, 24. Jan. 1944. V.: Andrea, geb. Ellinger. Ki.: Sanja (1977). El.: Otto, Karl, Julius, Antonius, Adolf u. Edith. S.: 1957-60 Druckerlehre, 1960-72 Geselle, 1972 Meisterprüfung. K.: 1972 Druckermeister in Landshut u. München, 1973 Drucktechniker in Heidelberg, b. 1993 Drucker, seit 1993

Kampfkunstschule Eisheuer. BL.: 1957 begonnen m. Boxen im SC Bavaria 20 Landshut (1959 Süddeutscher Jugendmeister), 1964 Beginn m. Karate (1973 Niederbayerischer Judomeister, 1974 Länderkampf Bayern:Österreich u. Niederbayerischer Karatemeister, 1978 Bayer. Karatemeister, 1982 Deutscher Meister VK-Karate u. Europavizemeister VK-Karate, 1983 Deutscher Meister.

Eising Helmut-August Dipl.-Ing. *)

Eisinger Manfred *)

Eisl Rainer Dipl.-Ing. *)

Eisl Sylvio
B.: selbst. Dipl.-Designer. FN.: Sylvio Eisl, Dipl.-Designer BDG. DA.: 52070 Aachen, Krefelder Str. 147. G.: Wörgl/Tirol, 7. Juli 1954. Ki.: Marco (1982). El.: Herbert u. Cläry. BV.: Großvater Albin Daniel - Bildhauer. S.: Rhein-Maas-Gymn. Aachen, FOS f. Gestaltung, FH f. Design, 4 Sem. Stud. f. Objekt Design, 8 Sem. Grafik Design, 1978 Examen. K.: 1978-83 Tätigk. in d. graf. Werkstätten in Aachen als Ltr. f. Satz u. Entwurf, 1984 Eröff. e. eig. Ateliers f. Grafik Design. H.: Laufen, Ski, Katamaran, Golf, Radfahren, Kultur.

Eisleb Dieter Dr. phil. *)

Eisler Manfred *)

Eisler Manfred Dr. med. Dipl.-Phys.

B.: FA f. Allg.-Med. DA.: 72762 Reutlingen, Tübinger Str. 66. G.: Holzelfingen, 24. Juni 1951. V.: Dr. Ursula, geb. Krücken. Ki.: 3 Kinder. S.: 1970 Abitur, 1970-78 Physikstud. z. Dipl.-Phys., 1978-84 Med.-Studium m. Prom. K.: 1984-89 versch. Positionen in mehreren Kliniken, 1989 FA-Prüf., 1989 Ndlg. in Reutlingen, Grdg. der eigenen Praxis, 1998 Erweiterung z. Gemeinschaftspraxis m. Ehefrau. BL.: 1995 Lehrbeauftragter f. Allg.-Med. Univ. Tübingen. P.: Mitautor des Standardwerkes f. Allg.-Med., Praxisleitfaden Allg.-Med., versch. Veröff. in med.-wiss. Zeitschriften zu Allg.-Med., PC, Internet. M.: Ärztekam., Prüfer, Seminarltr. H.: Literatur, Segeln, Jogging, Naturwiss.

Eismann Andreas *)

Eismann Gabriele
B.: Dipl.-Ökonomin, Hauptvertreterin d. Allianz Vers. AG. FN.: Allianz-Agentur. DA.: 98529 Suhl, Heinrichser Str. 5. gabriele.eismann@allianz.de. www.allianz.de. G.: Suhl, 23.

*) Biographie www.whoiswho-verlag.ch oder beigefügte CD-ROM

Mai 1963. V.: Frank Eismann. El.: Norbert Anton u. Erika Zimmermann. S.: 1979 Mittlere Reife, 1979-81 Lehre als Versicherungskaufmann, 1981-82 Abitur Freiberg, 1982-87 Fernstudium an d. Humboldt-Univ. Berlin m. Abschluss als Dipl.-Ökonomin. K.: 1982-90 Sektorenleiter b. d. Bezirksdirektion d. Staatl. Vers. Suhl, 1990-91 Vertreterbereichsleiter b. d. Allianz, 1992 Eröff. d. selbständigen Allianz-Agentur. BL.: ehrenamtl. als stellv. Bgm. im Ortsteil Suhl-Heinrichs. M.: Vorst.-Mtgl. im Heinrichser Kulturverein e.V., eine d. Hauptorganisatoren d. "Heinrichser Maifestes m. mittelalterlichem Flair" in ihrer Eigenschaft als Schatzmeister. H.: Arbeit im Kulturverein.

Eismann Henning Dr. *)

Eismann Marion *)

Eismann Stefan
B.: Kommunikationselektroniker, Inh. FN.: Sound Cars. DA.: 04229 Leipzig, Zschorersche Str. 41a. G.: Leipzig, 27. Nov. 1973. S.: 1990-94 Lehre z. Kommunikationselektroniker. K.: 1995-97 ang. Kommmunikationselektroniker in d. o.g. Branche, seit 1997 Inh. u. Gründer d. o.g. Firma. BL.: Sonderanfertigung v. Showfahrzeugen. E.: Showfahrzeug im GASCA-Wettbewerb 1. Pl., deutschlandweit 2. Pl. H.: Auto-Hifi.

Eissele Frank Thomas Dipl.-Ing. *)

Eißele Oskar *)

Eißer Rudolf *)

Eißing Heinz *)

Eißmann Hans-Joachim Dr. med. *)

Eißmann Lothar Dr. rer. nat. habil. Prof.
B.: Forscher d. Regionalgeol. Mitteldtl. u. intern. Quartärgeol., angew. Geol., ber. Prof. d. Geol. FN.: Fakultät f. Physik u. Geowissenschaften, Inst. f. Geophysik u. Geol. a. d. Univ. Leipzig. DA.: 04103 Leipzig, Talstr. 35. PA.: 04275 Leipzig, Fockestr. 1. G.: Hartmannsdorf/Zwickau, 8. Sept. 1932. V.: Eva, geb. Winguth. Ki.: Cornelia (1958), Uwe-Steffen (1959). El.: Paul u. Martha, geb. Voigt. S.: 1951 Abitur, Stud. d. Geol. Univ. Greifswald, Diplomgeologe (1955). K.: Mitarb. d. Geol. Dienstes Freiberg, Außenstellenltr. in Leipzig 1959, Prom. Univ. Greifswald 1963, Hab. Univ. Halle 1970, Kustos f. Geol. Paläontologie 1981, Facultas doc endi Uni Leipzig 1985, apl. Prof./Prof. f. Geologie 1992 an d. Univ. Leipzig. P.: ca. 100 Publikationen u. a. über "Das Quartär d. Leipziger Tieflandsbucht", "Lagerungsstörungen im Lockergebirge", "Klimate d. geologischen Vorzeit ", "Periglaziäre Prozesse". E.: Träger d. Albrecht-Penck-Medaille d. DEUQUA, Träger Hans-Stille-Medaille d. Deutsch. Geol. Ges. M.: Vizepräs. d. DEUQUA 1990, ordentl. Mtgl. d. Sächs. Akademie d. Wiss. zu Leipzig 1991, seit 1989 umfangreiche intern. Vortrags- u. wiss. Reisetätig. u. a. China, England, Schweiz, Sibirien, Frankreich, USA u.s.w.

Eißner Mathias
B.: Bereichsleiter Projektentwicklung/Vertrieb. FN.: Dresdener Wohnungs- u. Gewerbebaugesellschaft mbH (Münchner Baugesellschaft). DA.: 01259 Dresden, Niedersedlitzer Platz

7. G.: Dresden, 16. Dez. 1952. V.: Anita, geb. Kirfe. Ki.: Lydia (1977), Karsten (1981), Thomas (1983). S.: 1969-71 Lehre zum Elektromonteur, 1971-72 Abitur Bergakademie Freiberg, 1972-76 Stud. Dipl.-Ing. f. Elektrotechnik an d. TU Dresden. K.: 1976-78 Technologe im Trafo- u. Röntgenwerk Dresden, 1978-87 Gruppenleiter u. Abteilungsleiter Trafo- u. Röntgenwerk Dresden, 1987-90 Stadtbezirksrat f. Wohnungswirtschaft Dresden-Nord, 1990-91 Stellv. Amtsleiter des Wohnungsamt Dresden, 1991-94 Mitarbeit Einkauf Bauträgerunternehmen "City 7", 1994-98 Geschäftsstellenleiter Ndlg. Dresden, seit 1998 Münchener Baugesell. mbH Bereichsltr. Projektentwicklung/Vertrieb. H.: Skifahren, Computer.

Eistrup Bernd *)

Eiswirth Ina Dr.

B.: Neurologin, Inhaber DA.: 42555 Velbert, Froweinplatz 6. G.: Karlsruhe, 22. Dez. 1957. V.: Günter Eiswirth. K.: Nora-Pia. El.: Dr. Karl u. Dr. Helga, geb. Sellinger. S.: 1976 Abitur, 1976-78 Stud. in Mainz, 1978-82 Stud. in Köln, 1982 Staatsexamen. K.: 1983-85 Innere Med. Köln, 1985-86 Rhein. Landesklinik Düsseldorf, 1986-89 Lucas-Klinik, FA-Prüf. Neurologie u. Psychiatrie, 1989 OA, seit 1990 ndlg. als FA f. Neurologie u. Psychiatrie, Traditionelle Chines. Med., Akupunktur. P.: Akupunkt Zeitschrift A.F.A. M.: Greenpeace. H.: Inlineskaten, Joggen, Segeln, Skifahren.

Eitel Florian Dr. med. Prof.
B.: Leiter Theoret. Chirurgie d. Chirurgischen Klinik. FN.: Ludwig-Maximilians-Universität München. DA.: 80336 München, Nussbaumstr. 20. eitel@lrz.uni-muenchen.de. www. gma.mwn.de/orgeitel.html. G.: Augsburg, 13. März 1943. V.: Dr. med. Beate, geb. Steiner. Ki.: Andrea (1968), Sabine (1971), Sibylle (1978). El.: Dipl.-Chem. Dr. Kurt u. Ilse, geb. Bissinger. S.: 1962 Abitur Leverkusen, 1962-63 Stud. d. Psychologie, Philosophie u. Biologie an d. Univ. Köln, 1963-69 Stud. Med. an d. Univ. d. Saarlandes, 1969 Med. Staatsexamen, 1970 Approb., 1975 Arzt f. Chirurgie, 1981 Habil. K.: seit 1982 Aufbau u. Ltg. d. Bereiches Theoretische Chirurgie an d. LMU in München, 1987 apl. Prof. P.: mehr als 100 Veröff. auf d. Gebiet Chirurgie in d. Ausbildungsforschung u. Qualitätsmanagement, Herausgeber d. Fachzeitschrift Med. Ausbildung. El.: Felix Wankel Preis (1990), Dartmouth Medical School Gastprofessur (1994). M.: Vorst.-Mtgl. d. Association for Medical Education in Europe, Campbell und BEME Collaboration, Vors. d. Ges. f. Med. Ausbildung H.: Skifahren, Schwimmen, Schach, Krafttraining.

Eitel Helmut Dr.-Ing. *)

Eitel Rainer Otto *)

*) Biographie www.whoiswho-verlag.ch oder beigefügte CD-ROM

Eiter Josef

B.: selbst. Steuerberater. DA.: 94116 Hutthurm, Hochstr. 11. G.: München, 27. Aug. 1925. V.: Erna, geb. Kainz. Ki.: Peter (1949), Harald (1953), Josef (1956), Judith (1963). El.: Josef u. Maria. S.: HASCH, 1940-42 Ausbild. Kfm.-Gehilfe b. d. DDSG. K.: 1945-46 Berufsmusiker, 1946-49 Wirtschaftsamt Landratsamt Passau, 1949-55 Buchhalter bei Eterna Passau, 1956 Helfer in Steuersachen, 1959 Abschluß, 1960 Zulassung Steuerbev., Eröff. d. Kzl., Weiterbild. über Fernkurse, 1973 Steuerberaterprüf. H.: Musik, Lesen, Geschichte.

Eitge Rolf

B.: Fahrlehrer, Inh. FN.: Fahrschule Rolf Eitge. DA,.: 38442 Wolfsburg, Georg-Friedrich-Händel-Str. 10/11. G.: Wolfsburg, 26. März 1950. Ki.: Marc (1974). El.: Hans u. Anni. S.: 1966-69 Ausbild. Kfz-Schlosser Stadtwerke Braunschweig, 1969-70 Bundeswehr. K.: 1971 Mitarb. in d. VW Forsch.- u. Entwicklungsabt., 1972-75 Discjokkey, 1976 Ausbild. z. Fahrlehrer, b. 1984 ang. Fahrlehrer in Wolfsburg, seit 1985 selbst., 1990-91 Mitgrdg. versch. Fahrschulen in Dessau, Wolfen u. Bitterfeld; Funktionen: Mitveranstalter zahlr. Motorradtouren im gesamten Bundesgebiet, TV-Filmautor u. versch. Tourenberichte. H.: Motorradfahren, Fußball, Musik.

Eitlhuber Heinrich *)

Eitner Bernd Dr. rer. soc. *)

Eitner Michael Dipl.-Ökonom *)

von Eitzen Meino Dipl.-Kfm. *)

Eitzenberger Udo Roman Klaus *)

Eitzenhöfer Ute

B.: Goldschmiedegesellin, Dipl.-Designerin f. Schmuck u. Gerät. DA.: 76185 Karlsruhe, Geranienstr. 16. G.: Bruchsal, 23. Jan. 1969. El.: Thomas u. Emmi Eitzenhöfer. S.: 1988 Abitur, 1988-90 Goldschmiedeschule Pforzheim, 1990-92 Goldschmiedelehre, Gesellenprüf., 1992-96 FH f. Gestaltung Pforzheim, Dipl. K.: seit 1996 freischaff. tätig, Ausstellungen u.a. 1996 "schmücken" HS für Gestaltung/FH Pforzheim, 1996 "subjets" Intern. Jewellery Art Exhibition Helsinki, 1997 Eindexamenenonstellung, Dipl.-Ausstellung Galerie Marzee Nijmegen/NL, 1997 "Schmuck 97" Sonderausstellung IHM München, 1997 Galerie Marzee Nijmegen/NL, 1998 "Schmuck 98" Sonderausstellung IHM München, 1998 "Faltungen" Design Center d. Landesgewerbeamts Baden-Württemberg Stuttgart, 1998 Galerie Herta Sophie Zaunschirm Zürich, 1998 Galerie Sofie Lachaert Antwerpen/Belgien, 1999 "Sieraden de Keuze van Arnhem" Galerie Marzee Nijmegen/NL, 1999 Galerie Marzee Nijmegen/NL, 1999 Galerie Treykorn Berlin, 2000 Galerie Werner Hermsen Düsseldorf, 2000 Galerie Spandau Berlin, 2000 8. Triennale f. Form u. Inhalte - Australien u. Deutschland Frankfurt/Main, 2000 Landesausstellung Kunsthandwerk Baden-Württemberg Schwäbisch Hall. P.: Art Aurea (1996), SCHMUCK Magazin (1997), Design report (1998), GZ (1998), SCHMUCK Magazin (1998), Kataloge d. versch. Ausstellungen. E.: 1998 u. 1999 Sonderschau FORM Ffrankfurt/Main, 2000 Preis d. Galerie Marzee, 2000 Hess. Staatspreis 3. Pl. M.: Kunsthandwerk Hessen e.V. H.: Schmuck, Lesen, unterwegs sein.

Eitzert Peter A.

B.: Unternehmer, Inh. FN.: Notariat Peter A. Eitzert. DA.: 36448 Bad Salzungen, Friedrich-Eckardt-Str. 6. PA.: 36448 Bad Liebenstein, Am Hölzchen 17. G.: Frankfurt/Main, 3. Mai 1954. V.: Astrid, geb. Kunzmann. El.: Ferdinand u. Martha, geb. Hahn. S.: 1972 Abitur Königstein/Taunus, 1975-82 Stud. Rechtswiss. Univ. Frankfurt/Main, 1973-75 Bundeswehr. K.: 1973-86 Referendariat LG u. OLG Frankfurt/Main, 1986 2. Staatsexamen, 1986-91 RA in Kzl. Eitzert, Paule & Partner Wiesbaden, 1991 Berufung z. Notar Hessen, 1992 Berufung z. Notar Thüringen, seit 1992 Notar in Bad Salzungen. P.: Dt. Autorecht (1992). M.: seit 1994 Vorst.-Mtgl. u. Pressesprecher d. thüring. Notarenverb. H.: Piano spielen, Musikproduktionen, Musikmoderationen, journalistische Arb., amerikan. Außenpolitik, USA.

Eizenhammer Evi

B.: Kosmetikerin, Inh. FN.: Beauty im Gothaer Haus. DA.: 76133 Karlsruhe, Herrenstr. 23. G.: Karlsruhe, 1. Okt. 1968. El.: Paul u. Rita Brennfleck, geb. Schraud. S.: 1984 Mittlere Reife, 1984-87 Lehre Arzthelferin Pforzheim. K.: b. 1995 Arzthelferin in Pforzheim, 1995-96 Besuch d. Kosmetikschule m. Abschluß staatl. geprüfte Kosmetikerin, 1996-97 Kosmetikerin in Stuttgart, seit 1997 selbst. m. Kosmetikinst. in Karlsruhe m. Schwerpunkt individuelle Behandlung m. Meeresprodukten u. Produkten m. äther. Ölen d. Firma Thalgo; Funktionen: Ratgeberin d. Fernseh-Sendung "Frühstücksbuffet" - Kaffee oder Tee. H.: Sport, Fitness, gut Essen gehen, Gesellikeit m. interessanten Menschen, Reisen.

Ekelund Bruce Prof.

B.: em.Prof. PA.: 22609 Hamburg, Mindermannweg 20. G.: Lappland, 2. Juli 1922. V.: Dipl.-Kauffrau Kristina. Ki.: 7 Kinder. El.: Rudolf Gerhard u. Ruth, geb. Baggström. BV.: Wilhelm

*) Biographie www.whoiswho-verlag.ch oder beigefügte CD-ROM

Ekelund Bruder d. Großvaters war Literaturwissenschaftler. S.: 1944-48 Ausbild. an d. TU Stockholm/Schweden, Bakkalaureus-Grad in Chemie, 1949 Dipl. eines professionellen Chemieing., Diss., 1949-55 Stud. am Inst. f. Angew. Chemie u. Techn. Chemie d. Imperial College f. Wiss. u. Technologie d. Univ. London. K.: 1952-55 wiss. Arb. f. d. "F.L."-Lizentiatsqualifikation b. weltweit renommierten Prof. Carl Benedicks, 1955 Verleihung d. "F.L."-Titels f. Studie d. Grenzflächen-Dispersionskräfte, Koaleszenz u. Adhäsion partikulärer Feststoffe sowie Klärung sorptiver Umweltfaktoren, d. d. adhäsive gegenüber d. abhäsiven Verhalten fester Substrate steuern, Dipl.-Arb. u. Absolvierung v. Lehrgängen am Battersea Polytechnic College, Univ. Wisconsin u. Cincinnati, Gast am Riverside Campus d. Univ. of California, b. 1956 Lehr u. techn. Beratungstätigkeit auf Teilzeitbasis, wiss. Beauftragter d. D.S.I.R., weiters techn. Beratungstätigkeit f. Stora Kopparberg Corporation u. d. Britische Eisen- u. Stahlinst., Lehrtätigkeit in Chemie an d. St. Mark's College-Sloana School, 1955 Vorst. d. Forsch.-Abt. f. Chemie u. Keramik Bjorksten-Forsch.-Laboratorien/Trionics Corporation Madison Wisconsin, seit 1957 Forsch.-Ltr. b. Trionics Corporation im Bereich Metallurgie u. Keramik, 1958 Hauptforsch.-Ltr. d. Milacron Division d. Cincinnati Milling Machine u. Partnerges., verantwortl. f. Materialforsch. u. Produktentwicklung in d. zentralen Chemiekeramik-Laboratorien, 1961 interdisziplinäres Forsch.- u. Ausbild.-Programm an d. Fak. f. Angew. Wiss. d. Univ. v. British Columbia, Ernennung z. Mtgl. d. Nationalen ForschR. v. Kanda f. Stud. einer neuen Synthesemethode d. Ferrite sowie f. d. Projekt "Flame 926" b. MacMillan Bloedel-Konzern, parallel z. Tätigkeit als Univ.-Prof. weiterhin Forsch.-Ltr. b. Casco Holding Ltd. sowie Berater b. Northwest Mines Development Corporation of Spokane Washington, Erfinder d. Keramik-Kondensators f. Bourns Incorporated of Riverside Californien. BL.: Tätigkeit als Schauspieler, früher Mitwirkung in musikal. Bühnenwerken v. Gilbert and Sullivan in London u. Kalifornien. F.: wiss. Berater d. Firma Rudolf Hensel GmbH in Hamburg. P.: Publ. u. Erfindungen im Bereich Werkstoffwiss. u. Abfallwirtschaft sowie Abwasserbehandlung, Pulver- u. Pigmenttechnologie, Beschichtungen, Auflösungs- u. Beschichtungsreaktionen, organ.-anorgan. Polymere, Metallkeramik, Silicatstrukturen, Werkstoffschutz, Pyrolyse v. Polymeren, Feuer- u. Flammenschutz, Katalyse, Halogenierung v. Kunststoffen. E.: Med. v. New Commen. M.: ehem. Mtgl. d. Amerikan. Verb. d. Univ.-Prof., d. Kanad. Verb. d. Univ.-Lektoren, d. Amerikan. Chemieges., d. Grundwiss. Abt. d. Amerikan. Keramikges., d. Techn. Ges. v. Cincinnati, d. Nationalen Feuerschutzverb., d. Feinpartikelges., Ehrenmtgl. d. Brit. Inst. f. Wiss. Technik, Dt. Stifterverb. f. d. Dt. Wiss., Ak. d. Wiss. v. New York, Amerikan. Verb. f. d. Fortschritt d. Wiss., Ver. d. Lizenzerteilenden Vorst. Europas f. AWA-Patente.

Eker Erdal *)

Ekey Friedrich Ludwig Dr. iur. *)

Ekinci Feyzi

B.: Kfz-Mechaniker, Inh. FN.: Aresto. DA.: 30159 Hannover, Klosterging 1-2. G.: Türkei, 5. Aug. 1965. V.: Hediye. Ki.: Ferhan (1981), Erdal (1985). S.: 1981-84 Lehre als Kfz-Mechaniker in Celle, 1984-87 Verwalter eines Büros in einem Großhdls.-Unternehmen im Landkreis Hannover, 1987-90 Ausbild. z. Busfahrer. K.: 1990 Eröff. d. Restaurants in Hannover Anesis/Aresto. P.: mehrere Veröff. in d. Zeitschrift VIVRE f. Feinschmekker. E.: Zeitschrift d. Feinschmecker hat d. Aresto als eines d. besten Restaurnats in Deutschland gewählt, 1998 v. Playboy getestet als eines d. besten Restaurants, 1995 Metaxacup Sieger, 1999 ausgezeichnet im Metaca Gourmet Guide f. beide Restaurants als zwei d. besten griech. Restaurants in Deutschland. H.: Autos, Sport, Wein, gute Küche.

Ekkenga Jens Dr. Prof.

B.: Prof., RA. FN.: Justus-Liebig-Univ.; Kzl. Faegre-Benson-Brendel. DA.: 35390 Gießen, Licher Str. 76; 60486 Frankfurt/Main, Theodor-Heuss-Allee 108. jens.ekkenga@recht.uni-giessen.de. www.faegre.com. G.: Emden, 28. März 1956. V.: Sabrina, geb. Zimmermann. Ki.: Kerstin u. Kathrin (1987). El.: Herbert u. Inge. BV.: traditionelle Kfm.-Familie aus Emden. S.: 1974 Abitur Emden, 1974-75 Bundeswehr, 1975-82 Stud. Rechtswiss. Frankfurt, 1982 1. Staatsexamen, 1982-84 Referendariat, 1984 2. Staatsexamen, 1990 Prom., 1995 Habil. K.: 1984-97 wiss. Mitarb. d. Prof. f. Bürgerl. Recht, Hdls.- u. Wirtschaftsrecht Frankfurt, 1984-2001 Kzl. in Frankfurt/Main, Tätigkeitsschwerpunkt: Ges.-, Bank- u. Kapitalmarktrecht, seit 2001 freier Mitarb. in d. Frankfurter Kzl., 1987-89 Ausbild. z. vereid. Buchprüfer. ab 1995 Lehrstuhlvertretungen bzw. Lehraufträge in Dresden, an d. Humboldt-Univ. Berlin u. in Mannheim, seit 1997 Prof. f. Bürgerl. Recht, Hdls.- u. Wirtschaftsrecht, Rechtsvergleichung an d. Justus-Liebig-Univ. Gießen. P.: Veröff. in Fachzeitschriften. M.: VGR, TC Waldschwimmbad Offenbach, Bundesver. d. Zivilrechtslehrer, Polytechn. Ges. Frankfurt, Arbeitskreis Reform d. Rechnungslegung d. Schmalenbachges. H.: Tennis, Jogging, Musik.

Ekman Hans Ing. *)

Ekteshafi Jaleh *)

El Bayari Niedal

B.: Gschf. Ges. FN.: Grüner Pelikan, Dinner & Entertainment. DA.: 30177 Hannover, Podbielskistr. 143a. www.gruener-pelikan.de. G.: Bonn, 27. Aug. 1965. E.: Josef u. Fanzija, geb. Al Kobari. BV.: mütterlicherseits kath. Großgrund- u. Hotelbesitzer und d. Jahrhundertwende. S.: 1985 Abitur, Stud. Arabisch, Indonesisch, Volkswirtschaft als Dolmetscher u. Übersetzer an d. Friedrich-Wilhelm-Univ. Bonn, 1987 Vordipl., parallel in d. Gastronomie als Barkeeper in versch. Bars tätig, Ausbildung z. Hotelfachmann im Maritim Hotel Bonn, 1990 Abschluss. K.: 1991 Hotelfachmann in d. FMB-Abteilung, b. 1997 Maritim Airport-Hotel Hannover, 1998 Zentralhotel Kaiserhof Hannover, seit 2000 Gschf. Ges. d. Grünen Pelikan Dinner & Entertainment Hannover. P.: ständig Veröff. in Fachzeitschriften, Stadtmagazinen. H.: Sport (Wasserski, Snowboard, Fitness).

El Dourra Ernst Erwin *)

El Fayoumi Fadel Dr. med.

B.: FA f. Chirurgie, Handchir., Sportmed., Chirotherapie u. Physikal. Therapie. DA.: 66440 Blieskastel, Von-der-Leyen-Str. 1. Fadel@Fayoumi.de. www.Fayoumi.de. G.: Rafah, 2. Feb. 1954. V.: Judith, geb. Schreiner. Ki.: Karim-Stephan (1984), Nora-Katharina (1987), Tarek-Jonas (1991). S.: 1970 Abitur Rafah, 1973-80 Med.-Stud. Univ. Homburg, Staatsexamen. K.: 1980-89 Ass.-Arzt an d. Univ.-Klinik Homburg u. St. Elisabeth-Klinik Zweibrücken, FA f. Chir., seit 1990 ndlg.

Chir. in eigener Praxis. BL.: Tauchen-Überdruck-Med. (GTÜM), Tauchlehrer CMAS u. SSI. F.: Joint-Venture im Projekte ägypt KH in El Gouna u. HEPCA, Gschf. v. DECO-Intern., Ausbilder f. Tauch- u. Überdruckmedizin (GTÜM). P.: Organisation v. Kongreßen, Fachbeiträge u. Berichterstattungen in Taucher-Magazinen, Tauchmed. Beratung via Internet. M.: ehem. Präs. d. Round Table RT 84 Homburg, Med. Betreuung v. div. Sportver. H.: Fallschirmspringen, Informatik, Tauchen, Schi, Motorradfahren.

El Khatib Anke

B.: Raumausstattermeisterin, selbständig. FN.: Maison Raumausstattung. DA.: 80636 München, Blutenburgstr. 74. PA.: 80636 München, Elvirastr. 1. maison.el-khatib@firemail.de. G.: Düsseldorf, 16. Jan. 1975. V.: Iyad El Khatib. El.: Armin u. Gudrun Schmidt. S.: 1991 Mittlere Reife Düsseldorf, 1991-94 Ausbildung z. Raumausstatterin b. Firma Michael Lohhoff in Düsseldorf, 1994-98 Gesellenjahre b. Firma Lohhoff in Düsseldorf, 1998-2000 Meisterprüfung als Raumausstatterin in München.
K.: 2000 Eröff. d. Raumausstatterfirma Maison Anke El Khatib in München. BL.: bedeutende Einrichtungsgestalterin f. d. Gräfin v. Bismarck in München. M.: Raumausstatterinnung in München, Handwerkskammer München. H.: Lesen, Reiten, Surfen.

El Kral Mila

B.: Tanzpädagogin, Unternehmerin, selbständig. FN.: Zentrum f. Orientalische Tanzkunst u. Kultur. DA.: 04107 Leipzig, Hohe Str. 9-13. V.: verh. K.: seit 1986 m. Bauchtanz beschäftigt, 1987 nach Verkehrsunfall Therapie m. Bauchtanz, Ausbildung im Bauchtanz Suheir Saki, Nagua Fuad u. Nazla El Adel in Kairo, seit 1989 selbständig, Ausbildungstätigkeit im Bauchtanz in München, seit 1991 Inh. u. Gründerin d. Zentrums f. Orientalische Tanzkunst u. Kultur sowohl f. Raks Sharqi
wie Raks Baladi (1. u. größtes Zentrum in d. Neuen Bundesländern), 1993 Weiterbildung in Kairo, 1998 Gründerin d. Orientaltanzakademie Prag. BL.: Veranstaltung v. jährl. Tanzfestivals "Magic Orient" in Leipzig u. Prag. H.: Musik, Reisen.

El Rabbat Asmi *)

El Sadeek Wafaa Dr. phil. *)

El Sayed Jean-Pierre *)

El Shami Khaled
B.: Gschf. Ges. FN.: Concord Reisen GmbH. DA.: 85456 Wartenberg, Badstr. 15. G.: Kairo, 1. Jän. 1968. Ki.: Lara (1998), Jasmin (1999). BV.: Pharaon. Vorfahren. S.: 1984 Abitur, Stud. Germanistik Univ. Kairo, Stud. Touristik Univ. Kairo m. Dipl.-Abschluß. K.: tätig in versch. Reisebüros als damals jüngster Produktmanager d. Egypt Air in Deutschland,
1994 Grdg. d. Concord Reisen GmbH m. Schwerpunkt Ägypten-Spezialist. F.: Inh. u. Gschf. d. Concord Reisen u. Last Minute Service GmbH. H.: Sport, Lesen.

El-Achi Ziad *)

El-Khadra Muhiddin

B.: Konferenzdolmetscher f. Arabisch. DA.: 10787 Berlin, Keithstr. 19. G.: Ghazza, 7. Feb. 1938. V.: Isolde, geb. Waesenberg. Ki.: Aida Xenia, Sulafah, Nadia, Ayah Salua, Abdurrahman. BV.: Mohammad Djawhari - Gen. unter Mohammed Ali Pascha Anf. 19. Jhdt., Ahmad Ben Khadra - Rel. Führer 18. Jhdt. S.: 1957 Abitur Syrien, 1958-67 Stud. Berbau u. Hydrogeologie Bergak. Clausthal u. TU Berlin. K.: Dolmetscherexamen während d. Stud., 1969-72 wiss. Mitarb. am hydrolog. Inst. d.
Berggewerkschaftskasse in Bochum, 1973-82 freier Mitarb. f. arab. Adaptionen bei DW - Transtel in Köln, seit 1983 freier Konferenzdolmetscher u. allg. beeid. Dolmetscher f. Arabisch f. d. Berliner Gerichte u. Notare. H.: Lyrik.

El-Khatib Salam Dr.-Ing. *)

El-Magd Essam Dr.-Ing. Prof. *)

El-Masri Mohamed Dipl.-Ing. *)

El-Saadani M. Dipl.-Ing. *)

El-Saleh KadhimDr. rer. nat.

B.: Dipl.-Geologe, Fachexperte f. Umweltschutz. PA.: 97422 Schweinfurt, Konrad-Adenauer-Str. 18. G.: Amarah/ Irak, 9. Nov. 1930. V.: Eugenie, geb. Hofmann. El.: Dipl.-Ing. Umara u. Naima, geb. El-Ibrahim. S.: 1954 Abitur, 1956-60 Dipl.-Stud., 1962-65 Bergbau-BA u. TH Clausthal, 1966-70 Geologie TH Clausthal, 1970 Dipl.-Geologe, 1973-76 Ing. geol. Lehrgang d. FH Hannover, 1977 Prom. K.: 1942-68 prakt. Tätigkeiten u.a. Laborass. in Basrah sowie
dt. Erdölfirmen u. Bergbau u. geol. Prakt. im Bundesamt f. Bodenforsch. Hannover, 1965 Baultr. u. Vermessungsing., 1968 Mannesmann AG, 1970-75 wiss. Mitarb. Geolog. Inst. TU Clausthal, 1977 Prüf.-Stellenltr. Berlin, 1978 Baultr. Saudi Arabien (Geotest GmbH/Dormagen), 1978-82 Projekting. Essen, 1982 Zentrallaborltr. Ph. Holzmann AG Frankfurt, 1986-95 Stadt Schweinfurt. P.: 1977 Diss.: Geolog. u. Ing.-Geolog. Untersuchungen in d. Randstraßenanschlüssen d. Okerstauraumes/Westharz, 1970 Dipl.-Arb.: "Geologie. Insel Rollöya in Nordnorwegen". M.: Leistungsgemeinschaft LG, EKS-Mtgl. (1976-87), SES (Senior-Expert-Service). H.: Sammlung v. Mineralien u. Versteinerungen, Lesen, wiss. Literatur.

El-Sigai Ahmed Dr. med. *)

---

*) Biographie www.whoiswho-verlag.ch oder beigefügte CD-ROM

Elahi Mehdi Dr.

B.: Kieferorthopäde. FN.: Praxis f. Kieferorthopädie. DA.: 89073 Ulm, Neue Str. 101-103. praxis@dr-elahi.de. www.dr-elahi-de.. G.: Arak/Iran, 12. Sep. 1958. V.: Fatemeh. Ki.: Poaya (1996). El.: Dr. Noarollah. BV.: Großvater Dr. Habibollah Elahi, Arzt, Theologe u. Philosop. S.: 1977 Abitur, 1977-83 Stud. Laboratoriumsmed. im Iran, 1984 nach Deutschland, 1986 Studium Zahnmed. in Hamburg. K.: 1994-96 FA-Ausbild. als Kieferorthopäde an Univ.-Klinik Hamburg, 1999 Eröff. d. eigenen Praxis in Ulm. H.: Schwimmen, Lesen, Familie.

Elbe Frank

B.: Botschafter. FN.: Dt. Botschaft Polen. DA.: PL-03-932 Warzawa, ul. Dabrowiecka 30. frankelbe@frankelbe.com. G.: Iserlohn, 9. Mai 1941. V.: Ellen, geb. Braune. K.: Jurist, 1970-71 RA in Bonn, 1971 Dt. Botschafter in Japan, 1987-92 Ltr. d. Min.-Büros, weitere Auslandsverwendungen in Warschau, Kampala, London, Genf u. New York, 1991-92 Ltr. d. Leitungsstabes u. Botschafter z. bes. Verwendung, 1992-93 Ltr. d. Planungsstabes im Auswärtigen Amt, 1993-97 Botschafter in Indien, derz. Botschafter i. Polen. P.: "Ein runder Tisch m. scharfen Ecken - Der diplomat. Weg z. dt. Einheit" (1993), "The External Aspects of German Unification - The Two-Plus-Four-Process" (1994), "Der Diplomatische Weg z. dt. Einheit" (1996). E.: Gr. VK d. BRD, Großoffz. d. VO d. Ital. Rep., Offz. d. Ehrenlegion Frankreich. H.: klass. Musik, Oper, Theater, Segeln, Skifahren.

Elbe Vesa

B.: Gschf. Ges. FN.: ELRO Verlags GmbH. DA.: 15711 Königs Wusterhausen, Karl-Liebknecht-Str. 8. G.: Leipzig, 5. Dez. 1964. El.: Klaus u. Mirjam. S.: 1983 Abitur. K.: b. 1986 b. NVA, 1 J. tätig b. Interflug, danach Stud. Ernst-Moritz-Arndt-Univ. Greifwald, Fachrichtung Europawiss. spez. Skandinavistik, Nordistik, Finnistik, sowie Phil., Geschichte u. Sprachstud. Deutsch, Finnisch, Schwedisch u. Engl., 1990 Eintritt in d. v. Vater gegründeten Verlag, seit 1994 Gschf. Ges. m. d. Hrsg. v. Kurier, Spreewalde-Kurier, regionalgeschichtl. Publ. im Bereich Tourismus, Amtsblätter. BL.: Promotion f. andere Firmen. P.: Autor regionalgeschichtl. Beiträge (1992 u. 93), Königs Wusterhauser Spaziergänge durch d. Geschichte u. Gegenwart (1992 u. 93), Heimatkalender (1998), Dichters Orte- auf d. Spuren v. märk. Dichtern (1997). M.: Gewerbever. Königs Wusterhausen, Sponsorensprecher d. Fußballver. "Eintracht", Unterstützung v. Kultur- u. Sportver., Heimatver. H.: Lesen, Schreiben über Geschichte, Sprachen, Sport, Gitarre spielen, Singen in einer Band.

Elbel Thomas Dr. Ing. Prof.

B.: Head of the research project. FN.: FHS Hannover; Univ. of Applied Sciences; Research project Applied Microsystems. DA.: 30459 Hannover, Ricklinger Stadtweg 120. thomas.elbel@etech.fh-hannover.de. www.fh-hannover.de/amis/. G.: Jena, 22. März 1945. V.: Renate, geb. Bade. Ki.: Kathrin (1968), Jörg (1971). S.: 1961-64 Lehre Feinmechaniker Firma Zeiss Jena m. Abitur, 1964-69 Stud. theoret. Elektrotechnik u. Regelungstechnik HS Ilmenau m. Sonderstipendium, 1969 Dipl. K.: 1969-72 tätig als Ass. u. Gruppenltr. im Labor f. Elektronenstrahlgeräte d. Firma Zeiss in Jena, 1969-73 Lehrauftrag f. Math., Elektrotechnik u. Elektrophysik an d. Univ. Jena, 1973 wiss. Mitarb. d. keram. Werke in Hermsdorf, 1973-91 wiss. Mitarb. an d. Ak. d. Wiss. am Zentralinst. f. Optik u. Spektroskopie in Jena, seit 1982 Themenverantwortl. f. Dünnschichtsensorik, ab 1988 zusätzl. itegrierte Sensoren, ab 1990 Bearb. v. Forsch.- u. Entwicklungsaufgaben im Verbundprojekt BMFT z. Mikrosystemtechnik GENIS, 1991 Gastwissenschaftler an d. ETH Zürich, 1981-84 apl.Aspirantur an d. TH Ilmenau, 1985 Prom., 1986-89 Lehrauftrag an d. Univ. Jena, 1991 wiss. Ang. d. physikal.-techn. Bundesanstalt in Braunschweig, seit 1991 Prof. an d. FH Hannover, 1992 Gastprof. an d. ETH Zürich, 1994-95 Ltr. d. Pojekts z. praxisnahen Forsch. u. Entwicklung, 1996 Gastvorlesungen am Waterford Regional Technical College in Irland, seit 1997 gschf. Ltr. d. angew. Forsch.-Schwerpunktes AMIS an d. FH Hannover. BL.: 11 Patente. P.: 47 Fachveröff. u. wiss. Lehrbücher, weltweite Vorträge auf Fachkongressen. H.: Tanzmusik, Jazz, Radfahren, Skifahren, Volleyball.

Elber Giovane

B.: Profifußballspieler. FN.: FC Bayern München. DA.: 81504 München, Säbener Str. 51. www.fcbayern.de. G.: 23. Juli 1972. V.: Cintia. Ki.: 2 Kinder. S.: Lehre Bankkaufmann. K.: Spieler bei d. Vereinen: 1977-91 FC Londrina, 1991 AC Milan, 1991-94 Grasshoper Zürich, 1994-97 VfB Stuttgart u. seit 1997 b. FC Bayern München; Erfolge: 1999, 2000 u. 2001 Dt. Meister, 2001 Sieger d. Champions League, 1998 Einberufung in d. Brasilian. Nationalmannschaft. H.: schnelle Autos, Motorsport. (Re)

Elberfeld Michael Dr. med. *)

Elbern Victor H. Dr. phil. Prof.

B.: Kunsthistoriker. DA.: 12207 Berlin, Morgensternstr. 1-3. PA.: 14129 Berlin, Ilsensteinweg 42. G.: Düren, 9. Juni 1918. V.: Theresia, geb. Schager. Ki.: Martina (1953), Stephan (1957), Benedikt (1961). El.: Heinrich u. Maria. S.: 1937-38 Stud. Phil., Theol. u. Geschichte Bonn, 1938-40 Stud. Phil. u. Kunstgeschichte Päpstl. Univ. Gregoriana Rom, 1940 Abschluß, 1946-47 Stud. Sprachwiss., Geschichte, Kunstgesch.-Roman. Bonn, 1947-50 Stud. Kunstgesch., klass. Archäol., Phil. u. Roman. Zürich, 1950 Prom. Dr. phil. K.: 1950-54 wiss. Ass. Univ. Bonn, 1954-56 Ausstell.-Sek. Villa Hügel Essen, 1958 Organ. bei der Weltaustellung Brüssel, ab 1960 Ass., Kustos u. Oberkustos Staatl. Museen Preuß. Kulturbesitz Berlin, 1967-83 Hauptkustos bzw. wiss. Dir., Organ. zahlr. Ausstell. im In- u. Außland, seit 1967 Lehrbeauftr. FU Berlin, seit 1970 Hon.-Prof. f. Kunstgesch. FU Berlin, 1979 Gastprof. Tel Aviv, 1983 Gastprof. Jerusalem u. Zürich. P.: ca. 30 Bücher, über 500 Aufsätze, Rezensionen u. Lexikonbeiträge, ca. 500 Vorträge. E.: BVK. M.: Dt. Archäologie Inst. Berlin, Soc. Antiquaires de l'Ouest Poitiers, Braunschweig, Wiss. Ges., Accad. Nazionale dei Lincei Rom, Görres-Ges., Museumsver. Aachen, Archäolog. Ges. Berlin, Chev. Couronne de Belgique (1958), Commendatore Gregorio Magno (1980), Großoffz. Ritterorden Hl. Grab zu Jerusalem (1991). H.: Leichtathletik, Sprachen, Reisen. (E.W.)

Elbers Manfred

B.: Restaurantfachmann, selbständig. FN.: Restaurant Hirtenhaus. DA.: 28832 Achim, Marsch. G.: Soltau, 17. März 1958. El.: Otto u. Anneliese, geb. Willenbockel. S.: 1975-77 2-jährige Berufsfachschule Wirtschaft, 1977-80 Ausbildung z. Restaurantfachmann, 1980-81 Grundwehrdienst (Barchef im Offizierscasino) Chef de Rang. K.: 1982-83 Parkhotel in Wit-

*) Biographie www.whoiswho-verlag.ch oder beigefügte CD-ROM

ten Ass. Restaurantleiter, 1984-87 Hotel Haverbeckhof Ass. Bankettleiter, 1988-89 Hotel CP Bremen Plaza in Bremen Ass. Bankettleiter, 1989-90 Hotel Marriott vormals CP Bremen Plaza Chef Steward, 1990-92 stellv. Wirtschaftsdir., 1992-93 Hotel Maritim in Bremen stellv. Wirtschaftsdir., 1993-96 Mitarbeiter im brüderl. gastronom. Betrieb in Soltau, Ausbildereignungsprüfung, staatl. anerkannter Weinberater, 1996 Burghotel Dinklage Direktionsass., seit 1997 selbständige Übernahme Restaurant Ausflugslokal Hirtenhaus in Achim als Inh. M.: DEHOGA.

Elbin Thomas

B.: Geigenbaumeister. FN.: Rudolf u. Thomas Elbin Geigenbauatelier. DA.: 53115 Bonn, Mozartstr. 32. G.: Bonn, 23. Jan. 1964. V.: Susanne, geb. Tittel. Ki.: Christian, Markus, Stefanie. El.: Rudolf u. Ursula, geb. Lotz. S.: 1980 Mittlere Reife Bonn, 1985 Gesellenprüf. als Geigenbauer, 1994 Geigenbaumeister. K.: b. 1990 Geigenbauer im elterl. Betrieb, seit 1990 Übernahme u. Fortführung des elterl. Betriebes. BL.: Teilnahme an verschiedenen Wettbewerben. M.: Verb. Dt. Geigenbauer. H.: Bogenschießen.

Elblinger Lothar *)

Elbnik Detlef *)

Elbracht Dietrich Dr.-Ing. Prof. em. *)

Elbrächter Joachim Dr. med. *)

Elbrecht Werner

B.: Gschf. Ges. FN.: H. Elbrecht & Co Hochgarage am Wall. DA.: 28195 Bremen, Am Wandrahm 54. G.: Bremen, 12. August 1942. El.: Dipl.-Ing. Hans u. Hilde, geb. Sippel. S.: 1962 Abitur, Praktikum Schlosser, 1963-66 Stud. Elektrotechnik TH Darmstadt, 1965-66 Wehrdienst, 1967-68 Ausbild. z. Ltg. eines Parkhaus Hamburg. K.: 1968 Eröff. d. Hochgarage am Wall u. tätig als kfm. Ang., ab 1974 Ges. u. Partner u. seit 1985 Gschf. Ges. d. Familienbetriebes H. Elbrecht & Co. in Bremen. H.: Tanzen, Schwimmen, Radfahren.

van Eldik Rudi Dr. rer. nat. Prof. *)

Elebaut Marc Dr.

B.: FA f. Chir. FN.: Gemeinschaftspraxis Dr. Bell & Dr. Elebaut. DA.: 46536 Dinslaken, Wilhelm-Lantermann-Str. 56-58. drs.bell.elebaut@ruhr-net.de. www.fusschirurgie.de. G.: Oudenaarde/Belgien, 8. März 1953. V.: Maria, geb. Beeckman. Ki.: Marlies (1979), Jeroen (1982). El.: Lucien Elebaut u. Maria van der Straeten. S.: 1971 Abitur, 1971-80 Stud. Med. Gent. K.: 1980.85 Ass. f. Chir. am Johann-KH in Duisburg, 1985-89 Ass.-Arzt am Vincenz-KH in Dinslaken, 1986 FA f. Chir., 1989-96 OA d. Unfallchir., seit 1996 FA in d. Gemeinschaftspraxis in Dinslaken m. Schwerpunkt Sonographie, Arthroskopie, Fuß- u. Unfallchir., sowie ambulante OP. M.: ANC Nordrhein, NC, DRK, Dt. Arge f. Arthroskopie. H.: Familie, Tennis, Reisen, Literatur.

Elek Ernst Dr. med. *)

Elert Olaf Prof. Dr. med. *)

Eley Lothar Dr. phil. Prof. *)

Elfers Wilfried Prof. *)

Elfert Barbara

B.: selbst. med. Fachkosmetikerin. DA.: 12359 Berlin, Pätzer Str. 5. G.: Berlin, 21. Aug. 1942. V.: Kurt Elfert. S.: Mittlere Reife, Praktikum Kinderheim, Ausbild. MTA Lette-Ver. Berlin. K.: tätig in versch. Praxen u.a. Hautarztpraxis, Kosmetikschule m. Dipl.-Abschluß med. Kosmetikerin, 1988 Eröff. d. eigenen Kosmetikstudios, Spezialgebiet: Hauterneuerung - Akne, Pigmentstörungen, Narbenbehandlungen, Zusammenarbeit m. Schönheitschirurgen, ständige Weiterbild., Arb. m. Laser u. anderen med. Geräten, abgeschlossene Zusatzausbildung: Aufbau u. Faltenreduzierung u. Unterspritzung, K. Schulungsleiterin. P.: Veröff. in Fachzeitschriften u. Fernsehen. H.: med. homöoph. Literatur, Musik, Garten.

Elfferding Rainer *)

Elfinger Hannelore *)

Elfner Martina

B.: Kosmetikerin, Inh. FN.: Kosmetik am Kornmarkt. DA.: 69117 Heidelberg, Am Kornmarkt 8. G.: Dossenheim, 26. März 1969. El.: Oliver Plettgen. Ei.: Ernst u. Margarete Elfner, geb. Lenz. S.: 1985 Mittlere Reife, 1985-86 Kosmetikschule Pietrulla Heidelberg, 1986-87 Kosmetikpraktikum Pfingstberg, 1988 Visagistenausbild. b. Malu Wilz, 1990 Visagistenausbild. b. Joe Blasco. K.: 1987 Kosmetikerin b. Frau Zanft Firma Corposan Seckenheim, 1991 Gschf. im kosmet. Bereich d. Firma Corposon, 1997 selbst., Eröff. d. Inst. "Kosmetik am Kornmarkt". M.: Beruf, gutes Essen, Italien.

Elfrink Heike

B.: Schmuckkünstlerin, Gschf. FN.: Galerie Elfrink. DA.: 40233 Düsseldorf, Lindenstr. 142. info@galerie-elfrink.de. www.galerie-elfrink.de. G.: Hilden, 5. Nov. 1968. El.: Friedhelm u. Annita, geb. Friedrichs. S.: 1989 Abitur, 1989 Stud. Kunstgeschichte Univ. Düsseldorf, 1990-94 Lehre Goldschmiedin Firma Jo Michaelis Düsseldorf. K.: 1994 Gesellin bei Georg Hornemann in Düsseldorf u. zuständig f. Prototypen, 1995 Eröff. d. Atelier, 2001 Eröff. d. Galerie Elfrink m.

*) Biographie www.whoiswho-verlag.ch oder beigefügte CD-ROM

Austellungen für andere Künstler u. eigenen Ausstellungen spez. Arbeiten m. Edelsteinen u. Edelmetall, getrocknete u. präparierte Beeren od. gesprungenes Sekkuritglas, geheimnisvolle Gefäße u. organ. Formen. P.: Ausstellungen im Kreis Düsseldorf u. Wuppertal.

Elftmann Christiane Dipl.-Ing. *)

Elger Christian Erich Dr. med. Prof.

B.: Arzt f. Neurologie, C4-Prof. f. Epileptologie. FN.: Klinik f. Epileptologie Univ.-Klinik Bonn. DA.: 53104 Bonn, Siegmund-Freud-Str. 25. PA.: 53127 Bonn, Höhenweg 36. elger@mailer.meb.uni-bonn.de. G.: Augsburg, 21. Okt. 1949. V.: Dr. med. Gerda, geb. Hefner. Ki.: Moritz (1987), Maximilian (1990), Theresa (1994), Felix (1996). El.: Erhard u. Marianne, geb. Jakob. S.: 1968 Abitur Stuttgart, Stud. Math. u. Biologie Univ. Tübingen, Med.-Stud. Univ. Münster, 1976 Approb., 1978 Prom. K.: 1982 Priv.-Doz. in Physiologie Univ. Münster, 1983 ETH Zürich, 1985 FA-Ausbild., 1985 FA f. Neurologie, 1985 Memphis/Tennessee, 1985 OA in Münster, 1986 Erweiterung venia legendi Physiologie u. Neurologie, 1987 C3-Prof. f. Epileptologie Univ. Bonn, 1990 C4-Prof. u. Dir. d. Klinik, seit 1997 weltgrößte Epilepsie-Chir. Zentrum, 1991-98 SachvR. Bundesgesundheitsmin., 1997-9 1. Vors. dt. Sekt. d. intern. Liga gegen Epilepsie, 1999 Neubau d. Klinik. P.: 300 Publ.: Zeitschriften: Epilepsia, Annals of Neurology, Neuropsychologia (1998); Chir. Epilepsietherapie (1993), Seiure prediction by non-linear time series analysis (1998), Behaviour and cognition in children with temporal lobe epilepsy. (1997), Human temporal lobe potentials in verbal learning and memory processes (1997). E.: 1967 Präs. d. Stuttgarter Schülerparlaments, 1983 Preis d. Stiftung Michael, 1984 u. 1990 Alfred-Hauptmann-Preis, 1992 Merryll-Dow-Epilepsie-Forsch.-Preis, 1992 Fellow of the Royal College of Physician (London) F.R.C.P. H.: mod. gegenstandslose Kunst, Jagd weltweit (Afrika), Joggen.

Elger Dietmar Dr. phil. *)

Elger Matthias *)

Elges Helmut Ing. *)

Elias Adel S. *)

Elias Herbert Dr.
B.: Arzt. DA.: 60329 Frankfurt/Main, Kaiserstr. 41. PA.: 60325 Frankfurt/Main, Mendelsohnstr. 4. G.: Köln, 19. Nov. 1940. S.: 1960 Abitur, Stud. Phil., Romanistik u. Germanistik Freiburg, Stud. Med. u. Psych. Freiburg u. Frankfurt, 1976 med. Staatsexamen Frankfurt. K.: 1976-83 tätig im KH, seit 1983 ndlg. Arzt m. Schwerpunkt Suchtmed., Funktion: 1989 Grdg. u. Mtgl. d. Dt. Ges. f. Drogen u. Suchtmed. u. maßgebl. beteiligt an d. Einführung d. Methadonbehandlung in Deutschland. P.: Ersatzstoffgestützte Suchtkrankenbehandlung in d. Praxis (1990), Zur ambulanten Behandlung d. Alkoholsucht (1996), Neurolog.-psychiatrische Begleitungserscheinungen b. Opiatsubstitution (1997), u.a.m. E.: 1996 Ausz. d. Beth-Israel Medical Center in New York.

Elias Jürgen
B.: Botschafter. FN.: Dt. Botschaft in Sri Lanka. DA.: LK-Colombo 3, P.O. Box 658. www.germanembassy.lk/ambas.htm. G.: Berlin, 20. Nov. 1939. Ki.: 3 Kinder. S.: 1959 Abitur, 1959-65 Stud. Geschichte, Literatur u. Phil. Berlin u. Bonn, 1965 Staatsexamen. K.: 1967-69 Ausbild. am Außenmin. Bonn, 1970-72 Dt. Botschaft Lagos, 1973-76 Dt. Botschaft Peking, 1976-79 Außenmin. Bonn, 1979-82 Dt. Botschaft Kuala Lumpur, 1982-84 Botschafter Dt. Botschaft in Ouagadougou, 1984-90 Ltr. d. Abt. f. Südostasien-Angelegenheiten am Außenmin. in Bonn, 1990-93 Botschafter Dt. Botschaft in Hanoi, 1993-97 Min. an d. Dt. Botschaft in Ulan Bator, seit 2000 Botschafter Dt. Botschaft in Colombo.

Eliasmöller Dirk Dipl.-Ing.

B.: Ndlg.-Ltr. FN.: IID Inst. f. Bahntechnik GmbH. DA.: 50676 Köln, Lungeng. 48-50. PA.: 42281 Wuppertal, Seydlitzstr. 3. G.: Gütersloh, 10. Feb. 1966. V.: Ilona, geb. Steinmetz. Ki.: Maximilian. S.: 1985 Abitur, 1987-94 Stud. TU Berlin, Abschluss Dipl.-Ing. K.: 1995 Beratungsing. f. IFB, 1996-98 Projektltr. IFB, seit 1998 Ltr. IFB-Ndlg. Köln. H.: Klavier, Jazzmusik.

Eliassen Kjell *)

Elies Jochen
B.: Buchhändler, Gschf. FN.: Jochen Elies Konzept & Kontor, Verlags u. Vertriebs GmbH; Buchhandlung Bücherwurm. GT.: Lehr- u. Dozententätigkeit f. d. Dt. VHS in Garbsen-Lüneburg. DA.: 30163 Hannover, Ferdinand-Wallbrecht-Str. 12. elies@koko.de. www.ko-ko.de. G.: Hannover, 28. Apr. 1954. V.: Rosemarie, geb. Gleue. Ki.: Björn (1981), Lennard (1987). S.: 1973 Abitur, 1973-79 Stud. Germanistik u. Politik Georgia-Augusta-Univ. Göttingen, anschl. Referendariat u. 1982-83 1. u. 2. Staatsexamen in Hannover, 1986 Umschulung z. Verlagskaufmann im Friedrich-Verlag in Velber. K.: 1987 Redakteur und Lektor d. Verlages f. Fachzeitschriften u. Versandbuchhandel, 1990 Prokura u. Verlagsleiter d. Kallmeyerschen Verlagsbuchhandlung in Velber, 1996-97 Gschf. d. Verlages, 1998 Grdg. eines Redaktions- u. Verlagsbüros, sowie Konzept u. Kontor Verlags u. Vertriebs GmbH in Hannover mit Kollegin Gundula Krüger, 2000 Kauf d. Buchhandlung Bücherwurm, spezialisiert auf Kinder- u. Jugendbücher. M.: Mittelstandsvereinigung, Tennisverein Schwarz/Weiß Hannover. H.: Lesen v. Fachzeitschriften, Tennis, gutes Essen.

Elies Sybille Gabriele Dr. med.
B.: HNO-FA. DA.: 33602 Bielefeld, Niederwall 67. G.: Tübingen, 6. Juni 1952. V.: Prof. Dr. Wolfgang Elies. Ki.: Alexandra Christiane Sybille (1987). El.: Dr. Wolf-Dieter u. Gabriele Kleeberg, geb. Handke. S.: 1971 Abitur Gaienhofen, 1972-73 Ausbild. MTA, 1973-77 ltd. Röntgenass. orthopäd.

*) Biographie www.whoiswho-verlag.ch oder beigefügte CD-ROM

Klinik Tübingen, 1977.82 Stud. Med. MNH Ulm, 1992 Praktikum Chir. u. Anästhesie Univ.-Klinik Tübingen, 1993 Prom. magna cum laude u. 3. Staatsexamen. K.: 1984-88 Ass.-Ärztin an d. Univ.-Klinik in Tübingen, FA-Prüf. f. HNO, 1990 Eröff. d. FA-Praxis in Bielefeld. P.: Seminare f. HNO-Ärzte, versch. wiss. Publ. M.: Berufsverb. d. HNO-Ärzte, Paul Ehrlicher Ges. f. HNO u. plast. Kopfheilklunde, Obm. d. HNO-Ärzte in Bielefeld. H.: Reiten, Golf.

Elies Walter Dipl.-Ing.
B.: Beratender Ingenieur f. Bauphysik. DA.: 21109 Hamburg, Zur guten Hoffnung 19. www.bau-akustik.de. G.: Hannover, 24. Mai 1948. S.: 1968 Abitur, 1968-70 Bundesgrenzschutz, 1970 Praktikum Körting AG Hannover, 1970-77 Stud. allg. Maschinenbau TU Hannover m. Dipl.-Abschluß. K.: 1977 freier Mitarb. am Inst. f. Kolbenmaschinen d. TU Hannover, 1977-79 Ing. f. Motorenentw. in d. Firma Krupp MaK in Kiel, 1980-90 Ltr. d. Versuchsabt. u. verantwortl. f. Entwicklungen in d. Motoren- u. Maschinenprod. d. Firma Sachs-Dolmar in Hamburg, 1990-94 techn. Ltr. u. Bereichsltr. f. Maschinenbau d. Firma Karl-Otto Knauf in Stockelsdorf, 1994-96 Vertriebsltr. f. techn. Schallschutz d. Firma G + H Montage in Hamburg, seit 1996 freiberufl. techn. Berater f. d. Bereiche Schallschutz, Bauakustik, Raumakustik, Wärmeschutz im Hochbau, Fahrzeug- u. Anlagenbau. M.: ehemal. Mtgl. div. Normenausch. H.: Tennis, Skifahren.

Eligmann Barbara
B.: Redaktionsltr. u. Moderatorin "EXPLOSIV - Das Magazin". FN.: RTL. DA.: 50858 Köln, Aachener Str. 1036. G.: Ludwigshafen, 6. Nov. 1963. V.: Thomas Justus. KI.: Clemens (1998), Letizia (2001). S.: 1983 Abitur. K.: 1985 Volontariat b. "Westfalen Blatt", Mitarb. b. Fernsehproduktion "teuto Tele", 1988-92 Moderatorin u. Redakteurin b. Hamburger Regionalprogramm "RTL Nord live", seit 1992 Moderatorin "EXPLOSIV - Das Magazin", seit 1993 Redaktionsltr. "EXPLOSIV". E.: 1990 Gold. Gong, 1993 Gold. Kabel, 1996 Gold. Kamera, 1997 Fernsehpreis "Gold. Löwe". H.: kocht gern italienisch, Kino.

Elik Nismiya *)

Elingshausen Renate *)

Elitz Ernst M. A.
B.: Int. FN.: Deutschlandradio. DA.: 50968 Köln, Raderberggürtel 40. presse@dls.dr. G.: Berlin, 24. Juli 1941. V.: Inge, geb. Weber. El.: Hermann u. Gertrud. S.: Abitur, Stud. Germanistik, Theaterwiss., Politik u. Phil. FU Berlin. K.: 1966-68 Reporter u. Red. RIAS Berlin, 1969-74 Red. "DER SPIEGEL", 1974-85 Berichterstatter, stellv. Ltr. u. Moderator ZDF, dzt. Fernseh-Chefred. u. Moderator SDR Stuttgart, Kommentator "PRO & CONTRA" u. "WELTSPIEGEL", Lehrauftrag an d. Univ. Göttingen, Int. v. Deutschlandradio. P.: zahlr. Veröff. z. Innen- u. Medienpolitik, Fernsehgesprächsreihen m. Prominenten aus d. In- u. Ausland. E.: Gustav Heinemann-Bürgerpreis f. d. Arb b. "Kennzeichen D". H.: Sport, Leichtathletik. (Re.)

Elker Ulf *)

Ellebracht Josef Dipl.-Ing.
B.: Mitges., Gschf. FN.: Bremer GmbH Systemfertigbau. GT.: stellv. Vors. d. SCP Paderborn (Fußballver.) u. d. Aufstieg in d. zweigleisige Regionalliga. DA.: 33098 Paderborn, Huse-

merstr. 14a. G.: Bleiwäsche, 31. Mai 1947. V.: Kerstin, geb. Grelich. Ki.: Maria, Christian. S.: 1 J. Tätigkeit in einer holzverarb. Fbk. in Wünnenberg, 1963/64 1 1/2 J. Hilfsarb. in einer Baufirma in Bleiwäsche, 1964 Maurerausbild. in Hahrt, Bundeswehr, 1969 Fachoberschule Büren, Fachoberschulreife, Stud. Arch. u. Bauing.-Wesen Univ.-GH Paderborn. K.: 1974 Eintritt Bremer KG u. Statiker u. Bauing. b. 1984, 1985 Abschluß d. 1. schlüsselfertigen Bau eines Hardeck-Möbelhauses in Bochum, seither firmiert als Bremer GmbH Systemfertigbau. H.: Skifahren (Abfahrt), Mallorca, Sport (Fußball).

Ellegast Konrad Dipl.-Kfm.
B.: Vorst.-Vors. FN.: Phoenix AG. DA.: 21079 Hamburg, Hannoversche Str. 88. www.philips.de. G.: Konstanz, 15. Apr. 1940. V.: Karin, geb. Schneider. Ki.: Christian, Gregor, Markus. El.: Alfred u. Elisabeth. S.: Stud. BWL in Köln. K.: Ass. d. Geschäftsltg. d. Gasunion GmbH Frankfurt u. Gasversorgung Süddt. in Stuttgart, 1968-77 Deutsche Shell. P.: zum Thema Lean-Company-Projekt einige Veröff. u. Vorträge. M.: Vorst.-Mtgl. WDK, Beirat H.: Ski, Segeln, Bauernhof, Restaurieren v. alten Bauernhäusern. (Re)

Ellenbeck Rolf

B.: Gschf. FN.: MARWIN Ges. f. Marketing & Kommunikation. DA.: 42719 Solingen, Friedrich-Ebert-Str. 179. rellenbeck@marwin-multimedia.de. G.: Solingen, 28. Okt. 1954. S.: 1975 FHS-Reife Fachschule f. Gestaltung Wuppertal, 1975-80 Stud. Grafik-Design FH Wuppertal, 1980 Abschluß Dipl.-Grafik-Designer. K.: 1980-88 Atelierltr. d. WHS Design in Solingen, 1988-89 Artdir. d. Agentur Foeste Kommunikation, 1989-92 Aufbau der klass. Werbeaktivitäten in d. Agentur MARWIN Ges. f. innovatives Marketing, 1993 Grdg. d. MARWIN Ges. f. Marketing u. Kommunikation. H.: Joggen, Fitness, kreatives Gestalten, Bonsaikultur, Natur.

Ellenberg Ekkehard *)

Ellenberg Jürgen *)

Ellenberg Ludwig Hans Dr. Prof.
B.: Univ.-Prof. FN.: Humboldt-Universität zu Berlin. DA.: 10099 Berlin, Chausseestr. 86. G.: Stolzenau/Niedersachsen, 21. Aug. 1946. V.: Heidi, geb. Kunz-Ellenberg. Ki.: Simon (1981), Robert (1985). El.: Prof. Heinz u. Charlotte, geb. Metelman. BV.: Vater Prof. Heinz Ellenberg, Geobotaniker, Ökologe u. Hochschullehrer. S.: 1966 Abitur, 1966-72 Stud. Geographie, Geologie, Botanik u. Petrografie in Zürich u. Göttingen, 1972 Prom., 1972-73 Post-Graduate-Study in Japan, 1978 Habil. K.: 1974-80 Ass. an d. TU Berlin, 1980-83 C2-Professur an d. TU Berlin, 1983-86 Gastprofessur in Costa Rica, 1986-90 C2-Professur an d. TU Berlin, 1990-93 Senior Fachplaner in d. Planungsgruppe "Waldwirtschaft, Waldprodukte, Naturschutz" d. Dt. Ges. f. Technische Zusammenar-

---

*) Biographie www.whoiswho-verlag.ch oder beigefügte CD-ROM

beit in Eschborn, seit 1993 C3-Professur f. Landschaftsökologie u. Landschaftsforschung an d. Humboldt-Univ. zu Berlin. BL.: seit 1989 tragen nahezu alle staatlichen Naturschutzprojekte Deutschlands in d. Entwicklungsländern die Handschrift von Prof. Ellenberg, die besondere Aufmerksamkeit gilt der nachhaltigen Nutzung v. Berglandschaften in Lateinamerika u. d. Naturschutz in pragmatischen Formen. P.: mehr als 80 Veröff. darunter "Kliffs" (1990), "Ökotourismus" (1997), "Geologie v. Costa Rica" (2000), auch Herausgeber bzw. Gutachter mehrerer intern. Fachzeitschriften. M.: Vorst.-Mtgl. d. ADLAF AG Dt. Lateinamerika-Forschung Hamburg, stellv. Vors. d. Dt. Kulturgemeinschaft u. d. GTZ. H.: Fotografieren, Fahrradreisen.

Ellenberger Irene *)

Ellendorff Franz DDr. Prof. *)

Eller Helmut Dr. med. *)

Eller Jörg Dr. med.

B.: FA f. Lungen- u. Bronchialheilkunde. FN.: Gemeinschaftspraxis f. Lungen- u. Bronchialheilkunde, Allergologie u. Umweltmedizin Dr. Eller, Dr. Scheer. DA.: 13597 Berlin, Markt 1. G.: München, 31. Dez. 1963. V.: Susanne, geb. Parey. Ki.: Katharina (1992), Tom (1995). El.: Dipl.-Ing. Franz u. Ute, geb. Rosicki. S.: 1983 Abitur Ludwigsgymnasium München, 1983-89 Stud. Med. Univ. Innsbruck u. FU Berlin, 1989 2. Staatsexamen. K.: 1989-90 Praktikum in d. Dermatologie in Zürich, in d. Chir. an d. Univ. Natal in Südafrika u. in Innere Med. am Klinikum Steglitz d. FU Berlin, 1990 3. Staatsexamen, 1990-92 tätig an d. Lungenklinik Heckeshorn, 1991 Prom., 1992 tätig am Royal Brompton National Heart and Lung Hospital in London, 1993-97 Arzt an d. Lungenklinik Heckeshorn, 1998 an d. Grunewald Klinik, 1998 FA f. Innere Med., 1998 tätig im schlafmed. Zentrum d. Lungenklinik Heckeshorn, 1999 FA f. Lungen- u. Bronchialheilkunde, seit 1999 ndlg. FA in Gemeinschaftspraxis m. Dr. Scheer. F.: Ges. d. schlafmed. Zentrums am Hedwigs KH. P.: Beiträge in: "Pharmakotherapie bronchopulmonaler Erkrankungen" (2000), "Atemwegsinfektionen" (1999), u. "Bronchitis", Mitautor v. "Cells & Cyto", "Infective Exacerbations of Chronic Bronchitis" (1998), "Cells and Cytokines in chronic bronchial infection". M.: Zehlendorfer Wespen, Dt. Ges. f. Pneumologie, Dt. Ges. f. Schlafmed., Europ. Ges. Respiratory Society. H.: Tennis.

Eller Ulrich Prof.

B.: Prof. u. Künstler. FN.: FHS Hannover. DA.: 30419 Hannover, Herrenhäuser Str. 8. G.: Leverkusen, 9. Mai 1953. V.: Annette, geb. Beerbohm. Ki.: Max (1983), Leo (1986). El.: Heinz u. Christa. S.: 1974 Abitur, 1977 Bundeswehr - Luftwaffe, 1977-83 Stud. HS d. Künste Berlin, Meisterschüler bei Herbert Kaufmann 1983 1. u. 1985 2. Staatsexamen. K.: Ass. f. Arch. an d. TU Berlin, glz. b. 1990 Lehraufträge an d. TU Berlin, seit 1994 freiberufl. Künstler, seit 1994 Prof. f. Raum, Plastik u. grenzüberschreitende künstl. Inszenierung an Fachbereich bild. Kunst d. FHS Hannover, seit 2001 Prof. f. Klanginstallationen u. Klangskulptur am Kurt-Schwitters-Forum in Hannover. P.: intern. Ausstellungen ca. jährl. 6-8 u.a.: Dokumenta 8 in Kassel (1987), Ressource Kunst in Berlin, Saarbrücken, Berlin u. Budapest (1989), The 6th Intern. Contemporay Music Forum in Kyoto (1994), Sound Art in Hannover (1995), in Medias Res in Berlin (1997), Sound Marks, Massachusetts Museum of Contempt´rary Art u. North Adams (1998), SubRaum, UMK Karlsruhe (1999), Klangforumkunst, Ein Jhdt. in Deutschland, Neue Nationalgerie Berlin (1999), Klangkunstforum Parkkolonnaden, Potsdamer Platz in Berlin (2000), UND III, Klangkunstfestival, Bellevue-Saal in Wiesbaden (2001), Handbuch d. Musik im 20. Jhdt. (1999), "Musik u. Natur" (2000). E.: 1986 Karl-Hofer-Preis, 1989 Arb.-Stipendium d. Senators f. Kultur in Berlin, 1991 Arb.-Stipendium d. Kunstfonds Bonn, 1992 Projektstipendium f. Kultur Berlin. M.: Dt. Künstlerverb., VG Bild Kunst Bonn, GEMA, VG f. Partituren. H.: Kunst.

Ellerbrock Christian Dipl.-Informatiker

B.: Gschf. FN.: ATEC. DA.: 22159 Hamburg, Ivo-Hauptmann-Ring 5. cellerbrock@atec.de. G.: Hamburg, 8. Okt. 1968. V.: Nicole, geb. Buckowski. Ki.: Philipp. El.: Helmut u. Melitta. S.: 1988 Abitur Lübeck, 1988-90 Stud. Informatik u. Math. Univ. Hamburg, 1991-92 Werkstudent DASA, 1999 Dipl.-Informatiker. K.: 1992-97 tätig in d. Firma Computervision PTC intern. u.a. in US, GB, Frankreich u. Italien, 1995 Kauf d. GmbH u. Grdg. d. Firma ATEC. P.: Art. im H. Nixdorf Symposium (2000). H.: Aikido, Karate.

Ellerbrock Martin

B.: Kfm., selbständig. FN.: Ellerwerk Industrie-Zentrifugen. DA.: 22305 Hamburg, Steilshooper Str. 102-116. martin.ellerbrock@ellerwerk.de. www.ellerwerk.de. G.: Hamburg, 3. Apr. 1961. S.: 1980 Abitur, 1980-81 Bundeswehr, 1982-86 Stud. BWL. K.: 1986-87 tätig im Bereich Controlling in Chicago/USA, 1987-89 tätig im Finanzmanagement in d. Firma Wünsche Handelsgesellschaft intern., 1989-93 Ang. in d. Steuerberater- u. Wirtschaftsprüferkanzlei Dr. Dirst + Wridt, 1994-2000 Ang. in d. väterl. Firma Ellerwerk u. 2000 Übernahme. F.: Radio-Pharm GmbH. M.: Golfclub auf der Wertlohe e.V., Marienthaler Tennis- u. Hockeyclub e.V. H.: Sport.

Ellermann Christine *)

Ellermann Jochen Dr. Prof. *)

Ellermeier Friedrich Dr. theol.

B.: Privatgelehrter u. Künstler. FN.: Selbstverlag Dr. Friedrich Ellermeier. DA.: u. PA.: 37181 Hardegsen, Ellermeiers Burgmannshof. ellermeier@debitel.net. www.sumerisches-glossar.de. G.: Rheinsberg, 3. Juli 1936. El.: Dr. Hans u. Dr. Margarethe. S.: 1956 Reifeprüf., Stud. Theol. u. Altorientalistik in Göttingen u. Heidelberg, 1966/67 Dr. theol. K.: seit 1967 Privatgelehrter, Qohelet-Werk, seit 1968 Theol. u. Orientalist. Arb. aus Göttingen, seit 1970 Aufbau d. Sumerische Glossars in Göttingen, seit 1974 Selbstverlag, seit 1977 Rettung d. Baudenkmals 2. Burgmannshof, seit 1979 Blätter aus d. 2. Burgmannshof, seit 1981 Ltr., Träger, Eigentümer d. Baudenkmals u. Geigenmuseums "2. Burgmannshof" in Hardegsen b. Göttingen, seit 1987 Ellermeiers Freihof f. existentielle Kunst u. Theologie, künstlerische Manifestationen: Existenzstücke. P.: zahlr. Veröff., 1998 ff. erstes Sumerisches Glossar in Computer-Keilschrift in Zusammenarbeit mit Margret Studt. E.: 1984 Dt. Preis f. Denkmalschutz, 1987 Preis d. Paul-Dierichs-Stiftung. H.: Radwandern.

Ellersiek Erich *)
von Ellerts Christian F.

B.: RA. FN.: Rechtsanwälte von Ellerts & Tschofen u. Kollegen. DA.: 83278 Traunstein, Bahnhofstr. 17. G.: Neustadt, 21. Juni 1937. V.: Renate. Ki.: Georg, Christiane, Verena, Bernhard. El.: Dieter u. Sophie Dorotheé. BV.: Juristenfamilie seit 1730. S.: 1957 Abitur Metten, 1957 Stud. Jura Univ. München u. Münster, 1962 1. u. 1966 2. Staatsexamen. K.: 1966 tätig in d. Kzl. Dr. Geiger in Traunstein, seit 1970 RA in Sozietät heute Senior; Funktion: Ausbilder in d. Referendarausbildung f. Familienrecht. BL.: Schlichter nach d. Bayer. Schlichtungsgesetz. M.: Verwaltungsbeirat d. Anwaltsversorgung, Fachausschuß Familienrecht. H.: Oper, klass. Musik.

Ellgaard Peter

B.: Ltr. FN.: Hauptstadtbüro d. ZDF Berlin. DA.: 10117 Berlin, Unter d. Linden 38. zdf.de. G.: Berlin, 23. Dez. 1940. Ki.: Kerstin (1981). El.: Helmuth u. Charlotte, geb. Berger. BV.: Vater - Pressezeichner im Ullsteinverlag u. f. "Revue" sowie Buchillustrator. S.: 1961 Abitur Hamburg, 1961-64 Marineausbild. Lt. z. See - Marine-Offz. d. Res., 1964-65 Stud. Publizistik u. Germanistik Hamburg u. Berlin, 1965-67 Ausbild. Fernsehredakteur b. ZDF. K.: 1967-70 HIlfsredakteur u. später Redakteur f. d. Nachrichtensendungen d. ZDF in Wiesbaden, 1970-74 Redakteur d. "Themen d. Tages" u. Chef d. Planung u. stellv. Abt. b. ZDF in Wiesbaden, 1975-84 Korrespondent d. Studios in Bonn u. b. 1987 in Washington, 1987-95 stellv. Studioltr. d. ZDF in Bonn, 1996 Studioltr. in Bonn u. seit 1999 in Berlin; Zusatzausbild. Kapt. z. See d. Res., lebenslang m. d. Marine verbunden, Presseoffz. bei zahlr. Wehrübungen d. Marine; Funktion: seit 1996 ehrenamtl. BeiR. f. Innere Führung im Verteidigungsmin. P.: Art. in Miltärzeitschriften, publizist. Arb. f. d. ZDF. M.: Bundespressekonferenz, Dt. Presseclub. H.: Rennradfahren, Triathlon, Marathon, Rudern.

Ellhsel Jörg
B.: Mediendesigner IHK, Inh. einer Produktionsfirma f. Werbeanlagen. FN.: Present Werbung. DA.: 13053 Berlin, Gottfriedstr. 41. daten@present-werbung.de. www.present-werbung.de. G.: Rüdersdorf, 28. Feb. 1961. V.: Daniela. Ki.: Jessica. S.: 1976-79 Lehre Facharbeiter f. Datenverarbeitung. K.: ab 1979 operativer Betrieb als Schichtleiter, anschließend 1 J. Lehre als Tischler, seit 1991 selbständig als Quereinsteiger, b. 1994 als Autodidakt Aufbau u. Entwicklung d. Firma zusammen m. d. Ehefrau (jetzt 4 Angestellte), Entwurf, Gestaltung u. Design v. Werbemitteln u. Werbeanlagenbau, Beschilderungen, Beschriftung, Stempel, Textildruck, 1999 Berufsabschluss Mediendesign IHK. H.: Tischtennis, Fitness, Bowling, Arbeiten am Haus, im kreativen Bereich Entwurf v. Dekos u. Mustern, anspruchsvolle handwerkliche Arbeiten.

Elliger Bert

B.: Architekt. DA.: 33824 Werther, Ziegelstr. 47a. G.: Neuhaus am Rennsteig, 1. Aug. 1942. V.: Magret, geb. Schürmann. El.: Helmut u. Annemarie, geb. Schmidt. BV.: Albert Schmidt Min. in d. Weimarer Rep. S.: 1960 Mittlere Reife Wiedenbrück, 1960-62 Maurergeselle, 1973-76 Städt. Abendgymn. in Bielefeld, Abitur, 1976-79 Stud. techn. Fächer an d. Univ. Dortmund, Projekt P42 m. Holger Rübsamen. K.: 1964 Tätigkeit in versch. Arch.-Büros, 1965-72 eigenes Arch.-Büro m. Rainer Stumpe in Berlin u. Gütersloh, seit 1979 Architekten-Bürogemeinschaft m. H.P. Korth in Minden u. Bielefeld, 1977-86 Entwicklung einer "Sprache d. Arch." m. Holger Rübsamen, 1986-96 Grdg. d. Gruppe MERK/Rübsamen. P.: Projekte welche d. "Sprache d. Arch." weiterentwickelt u. in Wettbewerben erfolgreich umgesetzt hat. K.: Kollegen gewonnene intern. Wettbewerbe: 1998 1. Preis f. Düsseldorf-Hafen, Speditionsstr. u. f. U-Bahnhof Lohring Bochum. M.: seit 1971 Arch.-Kam. H.: Garten, Börse.

Elliger Ulrike Dipl.-Ing.
B.: Baudir. FN.: Ministerium f. Umwelt d. Saarlandes. DA.: 66117 Saarbrücken, Keplerstr. 18. PA.: 66119 Saarbrücken, Alb.-Ruppersberg-Str. 52. elliger@nischik.de. G.: Münster, 4. März 1951. V.: Dipl.-Ing. Holger Nischik. S.: Gero (1986), Lena (1989). El.: Helmut u. Dipl.-Ing. Gerti, geb. Gonser. S.: 1969 Reifeprüf. Münster, 1969-72 TU Hannover, 1972 Dipl.-Vorprüf., 1972-76 Rhein.-Westfäl. TH Aachen, 1976 Dipl.-Hauptprüf., 1979 Gr. Staatsprüf., 1980-82 Studienreise in Südamerika. K.: 1969 Maurer- u. Betonpraktikantin Bauunternehmung Büscher Münster, 1970 Zeichenpraktikantin Architekt Hansjörg Gonser Münster, 1971 Büropraktikantin Wohnungsbauges. Theo Gerlach Hannover, 1973 Architektin, 1973-75 techn. Ang. Zentrale Planungsstelle z. Rationalisierung v. Landesbauten NW Aachen, 1976-77 Dipl.-Ing. b. Architekt Hansjörg Gonser Münster, 1980 als Architekt in Wohn- u. Geschäftsbau Sanierungsträger GmbH Duisburg Außenstelle Münster, 1983 Postrat z. A. Dt. Bundespost Oberpostdion. Saarbrücken, 1983-87 Referatsltr. Hochbau Dt. Bundespost Oberpostdion. Saarbrücken, 1985 Postrat, 1987 Postoberrat, Referatsltr. Hochbau u. zentralisierte Aufgaben Hochbau b. d. Oberpostdion. Saarbrücken, 1990 Postdir., seit 1995 Ltr. d. Referates Bauaufsicht, Bautechn. in Min. f. Umwelt in Saarbrücken. H.: kulturelle Reisen, Lesen, Broschensammlung.

von Elling Bernhard *)

Ellinger Gertraut *)

Ellinger Theodor Dr. rer. nat. pol. Dr.-Ing. Prof. *)

Ellinghaus Andreas *)

Ellmann Willibald Gottfried Dr. med.
B.: Arzt f. Allgemeinmedizin, selbständig. DA.: 93444 Kötzting, Jahnstr. 2. G.: Kötzting, 27. Nov. 1945. V.: Gelia. Ki.: Harald (1971), Bernhard (1973). S.: 1966 Abitur Cham, 1966-

*) Biographie www.whoiswho-verlag.ch oder beigefügte CD-ROM

Ellmann

Ellmer Albert *)

Ellmer Erwin Dipl.-Ing. Prof. *)

Ellmer Fritjof C. *)

Ellmers Detlev Dr. phil. Prof.

B.: Museumsdirektor. DA.: 27568 Bremerhaven, Hans-Scharoun-Pl. 1. PA.: 27568 Bremerhaven, Oldenburger Str. 24. G.: Bremen, 12. März 1938. V.: Renate Sander. Ki.: Christoph, Ute, Dorothee. El.: Ing. Diedrich u. Annemarie, geb. Walter. S: 1957 Abitur, 1957-63 Stud. Germanistik, Geschichte u. Kunstgeschichte Univ. Tübingen, München u. Kiel, 1963 Staatsex. Kiel, 1960 Stud. Ur- u. Frühgsch. Univ. Kiel, 1968 Prom. K.: seit 1971 gschf. Dir. d. Dt. Schiffahrtsmuseums. BL.: 1999 Erfindung d. Pontonbrücke über d. Museumshafen, eingeschwommen am 26. Aug. 1999. P.: Kelt. Schiffbau in: Jahrbuch d. Röm.-germ. Zentralmuseum (1969), Zur Ikonographie nord. Goldbrakteaten (1970), Frühmittelalterliche Handelsschiffahrt i. Mittel- u. Nordeuropa (1972), Kogge, Kahn u. Kunststoffboot - 1000 Jahre Boote i. Dtschl., Führer d. Dt. Schiffahrtsmuseums Nr. 7 (1976), Maritimes Silber im Industriezeitalter (1989). E.: Fakultätspreis d. Univ. Kiel. M.: Vorst.-Mtgl. d. Hansischen Geschichtsvereins Lübeck.

Ellwanger Bernd *)

Ellwein Thomas Dr. iur. Prof. *)

von Elm Ilse

B.: Unternehmerin, Inh. FN.: Kaffeegarten Schuldt. DA.: 22587 Hamburg, Süllbergterrasse 30. G.: Hamburg, 13. Aug. 1932. Ki.: Jürgen (1955), Holger (1959). S..: 1950 Mittlere Reife. K.: seit 1950 tätig im elterl. Kffeegarten Schuldt u. 1955 Übernahme. H.: Wandern.

von Elm Peter *)

Elm Theo Dr. Univ.-Prof. *)

Elm Winfried Anton Dipl.-Ing. Dr. rer. pol. *)

Elmendorf Traute *)

72 Medizinstudium an der Universität München, 1972 Staatsexamen. K.: 1973-77 Assistenzzeit als Assistenzarzt an versch. KH, 1974-75 Stabsarzt b. d. Bundeswehr, 1977 Lehrer f. Transz. Meditation, 1978 Kurarzt Kurklinik Wörishofen, 1979 Ndlg. m. eigener Praxis als Allgemeinmediziner, seit Juli 2000 Privatpraxis f. Alternative Med., Naturheilkunde. M.: Corps Markaria. H.: Westernreiten.

Elmendorff Franz J.

B.: Gschf. Ges., Managing Dir. FN.: FJE Film + TV GmbH. DA.: 85774 Unterföhring, Münchner Str. 16. G.: Hamburg, 24. Okt. 1926. V.: Gloria Yvonne, geb. Lalor. Ki.: Justine (1965), Patrick (1967). El.: Franz u. Gesa. S.: Abitur, Jurastud. Univ. Frankfurt, Stud. BWL Univ. Montreal. K.: 1951 Auswanderung nach Kanada, 1954-60 Ltr. d. Kostenabt. CBC-Fernsehen, dann Herstellungsltr., später Ass.-Dir. f. Operations, 1959 JBC, 1960-61 zurück nach Deutschland z. Freien Fernsehen Frankfurt, 1961-79 MCA Universal München-London, später VPräs., seit 1979 selbst. P.: div. Art. über intern. Fernsehgeschäft u. Erläuterungen z. Fernsehen in dt. u. amerikan. Fachzeitschriften. E.: versch. Fernsehausz. M.: Golf-Club. H.: Golf, Schifahren, Fischen. (E.M.)

Elmendorff Patrick *)

Elsaesser Thomas Dr. rer. nat. Prof.

B.: Dir. FN.: Max-Born-Inst. f. Nichtlineare Optik u. Kurzzeitspektroskopie im Forsch.-Verbund Berlin e.V. DA:: 12489 Berlin, Max-Born-Str. 2A. elsaesser@mbi-berlin.de. G.: Tübingen, 28. Sep. 1957. V.: Stefanie, geb. Svoboda. Ki.: 3 Kinder. El.: Prof. Hans (Astronom) u. Ruth, geb. Abele. S.: 1976 Abitur, 1976-82 Stud. Physik Univ. Heidelberg, 1982 Dipl.-Phys., 1986 Diss. K.: 1986-90 Ass. an d. TU München, 1988 l., d. Protonen-Transfer in flüss. Phase zeitaufgelöst beobachtet haben, 1990 in AT & T Bell Labs in Holmdel/USA, 1991-93 OAss.TU München, 1991 Habil., seit 1993 Berufung als Dir. Max-Born-Inst., seit 1994 Prof. f. Experimentalphysik an d. Humboldt-Univ. Berlin, ab 1996 als Gruppe weltweit führend in Femtosek. IR-Spektroskopie. BL.: 2000 kürzeste Impulse im mittleren IR, Erfindung neuer Methoden f. Ferntosekunden IR-Spektroskopie. P.: ca. 220 Publ. Mithrsg. Applied Phys A, Topical Editor Journal Opt. Soc. Am. B, Editorial Board Chem. Phys. Lett, ChemPhysChem., Hrsg. Bücher Ultrafast Phenomena XI u. XII, Springer Verlag. E.: 1986 Diss.-Preis Bund d. Freunde d. TU München, 1991 Rudolf-Kaiser-Preis, 1995 Otto-Klungel-Preis. M.: DPG, Am. Phys. Soc., Opt. Soc. of. Am. H.: Fotografie, Natur, Gartenarb., klass. Musik.

Elsarowa-Röhl Lilia Dr. med. *)

Elsässer Frank Gerhard

B.: Gschf. Ges. FN.: Elsässer Ind.-Technik GmbH. DA.: 70565 Stuttgart, Ruppmannstraße 43. PA.: 71111 Waldenbuch, Liebenäckerweg 24/3. G.: Stuttgart, 19. Jan. 1965. V.: Sylvia, geb. Laich. Ki.: Luca Frank (1996). El.: Dipl.-Ing. Gerhard u. Barbara. S.: Mittlere Reife, Ausbild. z. Maschinenschlosser, parallel dazu Maschinenbautechniker. K.: b. 1990 Tätigkeit b. Daimler-Benz, 1990 Eintritt in den elterlichen Betrieb, Tätigkeit im techn. Verkauf, seit 1999 Gschf. u. Ges. BL.: Werksvertretung d. Firma Mann + Hummel Filtertechnik. P.: Mitwirkung b. div. Veröff. d. Firma Mann + Hummel. M.: Verb. d. Hdls.-Vertreter Deutschlands. H.: Sport.

Elsässer Gottlieb *)

Elsässer Hans Dr. rer. nat. habil. Prof.

B.: Astronom, o.Prof. f. Astronomie, Dir. FN.: Max-Planck-Inst. f. Astronomie Heidelberg. DA.: 69117 Heidelberg, Königstuhl. G.: Aalen, 29. März 1929. V.: Ruth, geb. Abele.

*) Biographie www.whoiswho-verlag.ch oder beigefügte CD-ROM

El.: Jakob u. Margarete, geb. Vogelgsang. S.: Stud. Astronomie, Physik u. Math. K.: 1948-52 Privatdoz. Univ. Göttingen, 1962-75 Dir. Landessternwarte Heidelberg, seit 1962 o.prof. f. Astronomie an d. Univ. Heidelberg, seit d. Neugrdg. 1969 Dir. d. Max-Planck-Inst. f. Astronomie Heidelberg. P.: Physik d. Sterne u. d. Sonne (1974), Bau u. Physik d. Galaxis (1982), Weltall im Wandel (1985). E.: 1980 Comendador de la Orden Isabel la Católica, 1991 Planetoid "Elsässer", 1995 BVK 1. Kl. M.: 1972 Heidelberger Ak. d. Wiss., 1981 korr. Mtgl. Österr. Ak. d. Wiss., 1984 Dt. Ak. d. Naturforscher Leopoldina Halle/Saale, 1993 korr. Mtgl. Finn. Ak. d. Wiss.

Elsässer Hubert Hans *)

Elsässer Klaus Dr. Prof. *)

Elsässer Ralf Dipl.-Ing.

B.: Dipl.-Ing. f. Bauwesen, Inh. FN.: doppelSPITZE GbR Agentur f. Kooperative Planung, Beratung u. Moderation. DA.: 04109 Leipzig, Otto-Schill-Str. 1. elsaesser@doppelspitze.de. G.: Dresden, 27. Nov. 1962. Ki.: Björn (1989), Jannis (1992), Nadja (1996). S.: 1981 Abitur Leipzig, Wehrdienst, 1983-88 Stud. Bauwesen TH Leipzig, Dipl.-Ing. K.: 1988-89 Projektant Ing.-Bau Leipzig, 1989-95 Gschf.-Tätigkeit b. Ökolöwen Leipzig e.V., 1995-96 wiss. Mitarbeiter b. Eures-Inst. Freiburg, seit 1996 selbst., seit 1998 Mitgründer d. o.g. Firma z. Bearb. v. Projekten m. nachhaltiger Stadt- u. Dorfentwicklung unter Bürgerbeteiligung. P.: Moderation, Organ. u. Dokumentation d. "Leipziger Agenda 21", Quartiermanagement Leipzig Volkmarsdorf, Bürgergutachten "Vision f. d. Leipziger Osten".

Elsässer Ulrich Dr. med.

B.: Arzt für Chir., Unfallchir. u. Sportmed. GT.: Standespolitik- Delegierter des Marburger-Bundes d. Bezirks- u. Landesärztekammer. DA.: 77815 Bühl, Burgweg 1. G.: Bonn, 13. Sep. 1938. V.: Gerlinde, geb. Haeseler. El.: Prof. Dr. Günter u. Irmgard, geb. Brunner. S.: 1959 Abitur, 1959-60 Bundeswehr, 1960-66 Stud. Med. u. Leibeserziehung Univ. Bonn, 1965 Prom., 1968 Approb. K.: Arzt an versch. Stellen, seit 1974 am KKH Bühl: Arthroskop. Operationen, traumatolog. Spezialsprechstunde, seit 2001 im Ruhestand. H.: Tennis, Ski-Sport, Radfahren, Reisen, Lesen, klass. Musik.

Elsbernd Leo Bernhard Dr. jur. *)

Elschen Rainer Dr. oec. Prof.

B.: Prof. f. Wirtschaftswiss., Finanzwirtschaft u. Banken. FN.: Univ. GH Essen. DA.: 45136 Essen, Ruhrallee 185. PA.: 47626 Kevelaer, In de Berken 50. G.: Gelsenkirchen, 27. Juni 1951. V.: Gabriele, geb. Wachs. Ki.: Sarah Susanne Petra (1983), Lisa Victoria Christina (1988). S.: 1969 Abitur, 1970-72 Bundeswehr, 1972-76 Stud. Wirtschaftswiss. Bochum, 1976-78 wiss. Mitarb. PDoz. Dieter Schneider, 1982 Prom., 1987 Habil. u. Venia Legendi BWL. K.: 1988 Vertretungsprof. in Köln u. Trier, 1988 Prof. f. Finanzwirtschaft inBremen u. f. BWL in Duisburg, 1989 Prof. in Duisburg, 1990-92 Dekan d. Fachbereichs Wirtschaftswiss., 1992 Prof. an d. RWTH Aachen, 1993 Prof. an d. Univ. Halle-Wittenberg, 1997 Prof. in Wuppertal u. Essen, 1997 Prof. f. Finanzwirtschaft u. Unternehmensbesteuerung in Wuppertal, seit 1998 Prof. f. Finanzwirtschaft u. Banken in Essen. BL.: als Antrittsvorlesung in Halle/Saale ein Theaterstück "Der Steuervermeider" geschrieben, Ref. u. Vorlesungen m. bes. Esprit halten, wiss. Forsch.-Schwerpunkte: kapitalmarktorientierte Unternehmensführung, Kapitalmakttheorie, Risikomanagement, Bankmanagement, Finanzwirtschaft u. Besteuerung; initiieren v. Kunstgegenständen. F.: seit 1989 wiss. Studienltr. d. VWA in Essen, seit 1998 wiss. Ltr. d. OM Inst. in Essen, seit 2000 stellv. Vors. d. RISC-F Research Inst. for Financial Services & Corporate in Essen, seit 2000 Ges. d. ConPair AG-Consultants for Portfolio-, Asset-, IPO- & Risk-Management AG in Essen. P.: zahlr. Veröff. zu d. Themen Finanzwirtschaft, Steuerlehre, Bilanzierung u. Wiss.-Theorie. M.: stellv. Vors. d. AufsR. d. ConPair AG, Vors. d. AufsR. d. Omnikey AG in Wiesbaden u. d. United Access in Wiesbaden, versch. wiss. Kmsn. u. Gremien. H.: Gourmet, Weine.

Elsenhans Hartmut Dr. Prof.

B.: HS-Prof. FN.: Univ. Leipzig, Inst. f. Politikwissenschaft. DA.: 04109 Leipzig, Burgstr. 21. PA.: 04448 Wiederitzsch, Lindenstr. 3. G.: Stuttgart, 13. Okt. 1941. V.: Chodon. Ki.: Julia (1992), Cynthia (1999). El.: Wilhelm u. Anne, geb. Mayer. S.: 1962-67 Stud. Univ. Tübingen, Berlin, Paris. K.: 1970-75 wiss. Ass. Univ. Berlin, 1975-76 Doz. Univ. Frankfurt, 1976-80 Prof. Univ. Marburg, 1980-93 o.Prof. Univ. Konstanz, seit 1993 o. Prof. Univ. Leipzig, P.: zahlr. Veröff. M.: Dt. Ver. f. Politikwiss., Intern. Political Science Assoc., Dt. Ver. f. Politikwiss. H.: Segeln, Kunstgeschichte.

Elsenheimer Thomas

B.: Zahntechnikmeister, Inh. FN.: ZTM-Dentallabor GmbH. DA.: 45239 Essen, Neukircher Mühle 26. G.: Essen, 23. Nov. 1959. V.: Pia Katharina, geb. Marquardt. Ki.: Caroline (1979), Julia (1991), Marian (1993). S.: 1975 Mittlere Reife, 1975-78 Lehre Zahntechniker, 1978-80 Bischöfl. Abendgymn. u. Zivildienst, 1986-88 Meisterschule Münster. K.: 1980-86 ang. Zahntechniker in versch. Laboratorien, seit 1988 selbständig m. Schwerpunkt kombinierte Zahntechnik, Edelmetallverarb. u. Keramik. M.: Etuf Essen. H.: Tennis, Turnen, Schilaufen.

Elsenpeter Wolfgang

B.: Apotheker. FN.: Adler-Apotheke Ruhrort. DA.: 47119 Duisburg, Neumarkt 18. G.: Duisburg, 9. Jan. 1961. V.: Gabriele, geb. Eisbrüggen. Ki.: Daniel (1987), Lena (1989), Nils (1995). BV.: Großvater Ernst Müller in d. 20er J. dieses Jhdt. SPD-Fraktionsvors. in Duisburg. S.: 1980 Abitur Duisburg, 1981-82 Zivildienst, 1982-83 Ausbild. als Krankenpfleger, 1983-88 Stud. Pharmazie in Düsseldorf, 1988 Approb. K.: 1988-96 Apotheker in Rosen-Apotheke Duisburg, KH-Apotheke St. Barbara-Hospital Duisburg, Quell-Apotheke Oberhausen, 1994 Fachapotheker f. Offizin-Pharmazie, 1998 Fachapotheker f. Pflegeversorgung, seit 1996 Übernahme d. Adler-Apotheke in Ruhrort. P.: Vorträge u. Lehrtätigkeit am Fachseminar f. Altenpflege. H.: Schach, Ausdauersport.

Elser John *)

Elser Marga
B.: Betriebswirtin (VWA), MdB. FN.: Deutscher Bundestag. DA.: 11011 Berlin, Platz d. Republik 1, Büro: Unter den Linden 50; Wahlkreisbüro: 73430 Aalen, Beinstr. 5. G.: Lorch/Württemberg, 30. März 1945. Ki.: Paul (1966), Wilfried (1969). S.: Progymn., kfm. Lehre bei Hermann E. Sieger, 1977-80 berufsgleitendes Stud. d. Wirtschaftswiss., VWA Heidenheim. K.: 1966-98 Abteilungs- u. Ausbildungsleiterin bei Hermann E. Sieger in Lorch (Briefmarken), 1972 SPD-Eintritt, 1979-98 Stadträtin in Lorch, ab 1985 Fraktionsvors., 1989-98 Kreisrätin u. Fraktionsvors. im Ostalbkreis, seit 1987 SPD-Kreisvors. Ostalbkreis, aktives Mtgl. d. Friedensbewegung (Pershingstandort Mutlangen), seit 1998 MdB, o. Mtgl. Ausschuß f. Gesundheit, stellv. Mtgl. Finanzausschuß, Mtgl. Kommission f. Innere Angelegenheiten d. Ältestenrates; stellv. Vors. Parlamentariergruppe f. Mittel- u. Westafrika. M.: SPD, Landesvorst. SGK BaWü, Gustav-Heinemann-Initiative, Gewerkschaft HBV, Greenpeace, BUND, NABU, Naturfreunde, AWO, gegen Vergessen - für Demokratie e.V., Frauen helfen Frauen. (Re)

Elser Matthias Dr. med. *)

Elser Wolfgang *)

Elsheimer Reinhold *)

Elsholz Heinz P. Dipl.-Ing. *)

Elshorst Hansjörg Dr. phil.
B.: Gschf. DA.: Dt. Ges. f. Techn. Zusammen-arbeit (GTZ) GmbH; Dag-Hammarskjoeld-Weg 1, Eschborn/Ts. G.: Bochum, 27. Sep. 1938. V.: Anna Maria, geb. Mariano. Ki.: Hans u. Marianne. S.: Stud. Germanistik, Geschichte, Phil. 1958-64; Soz., VWL 1965-66. K.: 1964-65 Volontär Westfälische Rundschau, 1967-69 Prof. Soz. Univ. Santiago del Estero, Argentinien, 1970-74 Referent Min. f. wirt. Zus.-Arb., 1974-95 Gschf. GTZ, 1996-97 Senior Advisor Weltbank, Washington, seit 1998 Gschf. Transparency International, Berlin. H.: Literatur, Wandern.

Elsmann Albert *)

Elsmann Udo Thorsten Wilhelm
B.: Energieanlagenelektroniker, Inh. FN.: die jalousie. DA.: 86161 Augsburg, Matthias-Claudius-Str. 3F. G.: Hannover, 22. März 1964. V.: Kornelia, geb. Kroll. Ki.: Lisa-Marie (1997). El.: Horst u. Helga, geb. Drohmann. S.: Mittlere Reife, Lehre Energieanlagenelektroniker b. VW Hannover. K.: Montagetätigkeiten in Frankreich, England u. Spanien, 4 J. Verkaufsltr. im Heizungswesen, 1995-98 Filiallltr. "die jalousie" München, 1997 Übernahme d. Filiale, 1998 Verkauf, 1998 Eröff. d. Filiale in Augsburg. M.: DGB.

Elsner Edeltraut *)

Elsner Georg Dr. rer. nat.
B.: Gschf. Ges. FN.: ORISA Software GmbH. DA.: 07745 Jena, Kahlaische Str. 2. G.: Gera, 20. Juni 1954. V.: Cornelia, geb. Lüdke. Ki.: Albrecht (1987), Richard (1989). El.: Dr.-Ing. Horst u. Marianne, geb. Hering. Ro.: Urgroßvater Max Hering - Mitinh. d. Max Hering AG Ronneburg. S.: 1973 Abitur m. Ausz., 1973-75 Wehrersatzdienst, 1975-80 Stud. Physik Univ. Jena, 1980 Dipl. m. Ausz., 1984 Prom. FSU Jena. K.: 1980-91 wiss. Mitarb. u. wiss. Berater im Zeiss-Kombinat in Jena, 1991-98 selbst. m. Grdg. d. Firma focal Informatik GmbH in Jena, 1994 Grdg. d. Firma ORISA Software GmbH in Jena, 1995-98 Entwicklungsltr. d. ORISA Software GmbH, seit 1998 Gschf. Ges. d. ORISA Software GmbH. BL.: DDR-Wirtschaftspatent f. Rauscharmer, gegenüber hohen Eingangsspannungen zerstörungssicherer Verstärker, DDR-Wirtschaftspatent f. Opt. System z. öffnungsfehlerarmen Abbildung d. Austrittsfläche einer Lichtleitfaser auf eine zu bearb. Fläche bestehend aus 3 Linsen. P.: Dipl.: "Entwicklung einer Magnetfeldregelung f. d. magnet. Kernresonanz in Festkörperproben", Prom.: "Lernfähige Algorithmen im Modellierungsprozess optischer Systeme", "Ein neuartiger NMR-Magnetfeldstabilisator f. hochauflösende NMR-Festkörperuntersuchungen" (1982), "A Sequential Cluster Algorithm for Optical Lens Design" (1988). E.: Lessingmed. in Gold, Sektionspreis d. Sektion Physik, Nationalpreis d. DDR erster Klasse im Kollektiv. H.: Skifahren, Langlaufen, Segelboot, Astronomie.

Elsner Hannelore
B.: Schauspielerin. FN.: c/o ZBF-Agentur. DA.: 80802 München, Leopoldstr. 19. G.: Burghausen, 26. Juli 1944. V.: Prof. Günter Blamberger (Lebensgefährte). Ki.: Dominik. K.: erste Engagements ab 1964 u.a. an d. Kleinen Komödie u. d. Kammerspielen München, Ausz. a. d. Filmografie: 1959 Immer die Mädchen, 1960 Das Mädchen m. d. schmalen Hüften, 1963 Ein Alibi zerbricht, 1967 Herrliche Zeiten i. Spessart, 1968/69 3 Teile v. Die Lümmel a. d. ersten Bank, Der Bettelstudent, Serie: Der Kommisar (auch i. d. folg. Jahren), 1970 Hurra wir sind wieder Junggesellen, Die Herren m. d. weissen Weste, 1971 Willi wird d. Kind schon schaukeln, 1972 Der Stoff a. d. Träume sind, Der Callboy, 1972 Reise n. Wien, aber Jonny!, 1974 Teufelsschlucht d. wilden Wölfe, 1975 Berlinger - ein deutsches Abenteuer, 1976 Grete Minde, 1978 Der Sturz, 1982 Satan ist auf Gottes Seite, 1983 Traumschiff, Peggy hat Angst, Eine Art Zorn, 1984 Parker, 1985 Irgendwie u. Sowieso, Serie Tatort (a. i. d. folg. Jahren), Der Mann ohne Gedächtnis, Marie Ward - Zwischen Galgen u. Glorie, Morgengrauen, 1986 Bitte laßt die Blumen leben, 1987 Pizza Express, 1988 Tam Tam - Wohin d. Reise geht, Serie: Peter Strohm, Soko 5113, Die Schwarzwaldklinik, 1989 Mit Leib u. Seele, 1990 Der achte Tag, Howalds Fall, 1991 Serie: Der Alte, Elsa, Das Fenster d. Route, Der Tod kam als Freund, Elfenbein, 1992 Klippen d. Todes, Der Nebenbuhler, Das lange Gespräch m. d. Vogel, ab 1993 Hauptr. i. d. Serie Die Kommisarin, Das Babylon-Projekt, Doberstein, Harry & Sunny, Im Teufelskreis, 1994 Spreebogen, Ärzte: Die Narben des Himmels, Blutige Spur, 1995 Das Mädchen Rosemarie, 1996 Ein Mord für Quandt - Die Hellseherin, Schmetterlingsgefühle, 1997 In Memoriam Imre Gyöngyössi, Ich schenke Dir meinen Mann, 1998 Andrea und Maria, 2000 Die Unberührbare. E.: 1971 Gold. Kamera d. Hör zu, 2000 Dt. Fernsehpreis, 2001 Dt. Videopreis. (Re)

Elsner Helmut Walter Wilhelm Dr. Ing.

B.: Ges., Gschf. FN.: dorel GmbH. GT.: Entwicklung u. Vermarktung einer Ass.-Software f. Ing. im Bereich d. industriellen Klebetechnik. DA.: 12207 Berlin, Goethestr. 10B. info@dorel.de. www.dorel.de. G.: Berlin, 22. Feb. 1953. V.: Dr.-Ing. Gabriele Dorfstecher. El.: Gerhard u. Elfriede, geb. Ott. S.: 1973 Abitur Berlin, 1974-75 Techn. Offz.-Anw. u. Ing.-Ass. Dt. Dampfschifffahrtsges. Hansa AG, 1975-86 Stud. Maschinenbau (Feinwerktechnik) TU Berlin. K.: 1986-89 wiss. Mitarb. b. Prof. H. Käufer TU Berlin, 1990 Prom., 1991-97 Ltr. d. techn. Entwicklung ABB Henschel, Waggon Union GmbH, seit 1997 Ges. u. Gschf. d. dorel Verlages. P.: Diss. "Grundlegende Untersuchungen an Kunststoff-Metall-Klebungen als Basis einer Entwicklungsmethodik". H.: Segeln.

---

*) Biographie www.whoiswho-verlag.ch oder beigefügte CD-ROM

Elsner Susanne Dr. med. vet. *)

Elsner Werner *)

Elsner-Solar Christa *)

Elss Detlef *)

Elßner Heinz *)

van der Elst Patrick *)

Elste Günter Dipl.-Kfm.
B.: Vorst.-Vors. FN.: Hamburger Hochbahn AG. DA.: 20095 Hamburg, Steinstr. 20. gelste@hochbahn.de. G.: Baalsdorf/Leipzig, 21. Jan. 1949. V.: gesch. Ki.: Christina (1975), Sandra (1978). El.: Walter u. Gertrud, geb. Manzke. S.: Abitur, Stud. BWL. K.: Mitarb. im Planungsstab d. Landesreg. Hamburg, Prok. in d. Wohnungswirtschaft, Gschf. Hamburger Ges. f. Beteiligungsverwaltung m.b.H., Mtgl. d. Hamb. Bürgerschaft 1985-97. M.: ehrenamtl. Vors. d. SPD-Bürgerschaftsfraktion 1989-96, Vizepräs. d. Verbandes Dt. Verkehrsunternehmen (VDV). H.: Sportfischerei. (M.V.)

Elster Hans-Joachim Dr. Prof. *)

Elster Hubertus Wirtsch.-Ing. *)

Elstermann Eleonore
B.: Kammersängerin. PA.: 01324 Dresden, Königsberger Str. 26. G.: Bachstadt Köthen, 8. Feb. 1932. V.: Wolfgang Danicek. Ki.: Josephin. El.: Franz u. Anna Elstermann. S.: 1948 10. Kl. Abschluß, 1946-52 privates Gesangsstud. Köthen u. Magdeburg. K.: 1945 Mtgl. d. Kinderchores Köthen, 1949 Chorsängerin Magdeburg, 1951 Übernahme ins Solistenensemble Magdeburg, 1951 Debüt als "Königin d. Nacht", in 4 J. 28 Partien im Soubretten- u. Coleratursoubrettenfach, 1955 Vorsingen u. Aufnahme als jüngstes Mtgl. d. Dresdner Staatsoper, 1955-93 ständiges Mtgl. d. Staatsoper Dresden. BL.: jahrl. Stimmberaterin d. Int., 1987-93 Dir. d. Opernstudios Dresden d. Semperoper Dresden. E.: 1989 Martin Andersen Nexö-Kunstpreis, 1965 Kammersängerin. M.: Ehrenmtgl. d. Sächs. Staatsoper Dresden-Semperoper. H.: Hunde, Sport (Tennis, Radfahren), Garten, sinnvolle Freizeitgestaltung. (H.W.)

Elstner Frank
B.: Moderator, Journalist. FN.: c/o Frank Elstner Productions. DA.: L-6101 Junglinster, BP 18. G.: Linz, 19. Apr. 1942. V.: Britta Gessler. Ki.: 5 Kinder. K.: 1965-82 Radio Luxembourg (Moderator u. Dir. d. Dt. Programms), 1981-87 ZDF-Show "Wetten, daß...?", seit 1986 ZDF-Serie über Nobelpreisträger "Die stillen Stars", 1982-87 Menschen (ZDF), 1988-90 ZDF-Show "Nase vorn", seit 1993 "Aber Hallo" (RTL), 1995-97 "April, April" u. "April, April Extra", 1994-1998 "Jeopardy" (RTL), 1997-2000 Gschf. bei AVEC Sàrl et Cie Secs Luxembourg, ab 2000 Wiederbelebung d. eigenen Frank Elstner Productions SA und Moderation v. "Frank Elstner - Menschen der Woche" im SWR. E.: 1976 u. 1982 Gold. Kamera (HÖRZU), 1979 BVK, 1981 Bambi, 1982 Ehrenlöwe Radio Luxembourg, 1983 Silb. Kamera (HÖRZU) 1997 Platin Romy (ORF Wien).

Elstner Helga Dipl.-Vw. *)

Elstner Jürgen R.
B.: Notar. DA.: 86842 Türkheim, Max-Philipp-Str. 15 a. www.docwels.de/notar/. G.: Reichenberg, 21. Okt. 1942. V.: Liliane, geb. Kohsok. Ki.: Daniela (1971), Cathérine (1976).

S.: 1962 Abitur Rosenheim, 2 J. Bundeswehr - Gebirgspioniere, 1964 Stud. BWL u. Jura München, 1972 2. Staatsexamen. K.: 1973 tätig im Notardienst, 1977 Bestellung z. Notar, Eröff. d. Kzl. in Unterfranken u. 1985 in Türkheim u. Bad Wörishofen m. Kunstgalerie e.V. in d. Kzl. m. ständiger Ausstellung junger intern. Künstler u. zeitgenn. Malerei. M.: Kunstver. München u. Türkheim, Kunst- u. Festival-Förderver. Bad Wörishofen, Rotary Club. H.: Freizeitsport, Reisen, Kunst.

Elstner Renate *)

Elter Hans-Gerd *)

Elter Michael Dipl.-Ing.

B.: Architekt. DA.: 45549 Sprockhövel, Ochsenkamp 65. G.: Wuppertal, 24. Nov. 1948. V.: Roswitha, geb. Strässer. Ki.: Matthias (1977), Christine (1979), Shantha (1987). S.: 1970 Abitur, 1975 Dipl.-Ing. Hochbau in Wuppertal. K.: 1972-76 ang. Architekt b. Wettbewerbsarchitekten Prof. Rathke u. b. Wettbewerbsarchitekten Prof. Deilmann, seit 1976 selbst. Architekt. BL.: soz. Engagement als freiwilliges Mtgl. v. "Pro Infante". M.: Schützenver., DLRG. H.: Tennis, Musizieren (Orgel/Klavier/Flöte), Motorradfahren, Boot, Auslandsreisen aktiv gestalten.

Elter Reinhard *)

Elting Theodor *)

Elveren Kadir *)

von Elverfeldt Alexander Josef *)

von Elverfeldt-Ulm Johannes Dipl.-Ing. *)

Elvers Jenny
B.: Moderatorin u. Schauspielerin. FN.: c/o Wasted Management Sibylle Breitbach. DA.: 50674 Köln, Jülicher Str. 11. G.: Amelinghausen, 10. Mai 1973. V.: Goetz Elbertzhagen (Lebensgefährte). Ki.: Paul (2001). S.: 1989 Schauspielschule Die Etage Berlin, 1990 Modell f. eine nach ihr benannte Barbie-Puppe f. einen japan. Geschäftsmann, 1991-93 Stud. Schauspiel in Hamburg, Dipl., Workshop an d. American National Academy of Performing Arts in Los Angeles. K.: Fernsehfilme u.a. 1994 Mitwirkung im Musical "HAIR" in Hamburg, Spielfilm "Theaterdonner", "OTTO- Die Serie", 1995 "Baywatch! - Amerikanische Serie mit David Hasselhoff (3 Episoden), Veröff. d. Single "Blond & Stoopid", 1996 Hauptrolle im Film "Der Elefant vergißt nie", 1996 Nebenrolle im Film "Le Herr Gernardy", Episodenrolle im 5-Teiler "Ein Mann steht seine Frau", Episodenrolle in "Gegen den Wind", 1. Episode, Episodenrolle in "Alarm für Cobra 11", Kinofilme: 1995 "Männerpension", 1996 Knockin' on heavens door", 1997

*) Biographie www.whoiswho-verlag.ch oder beigefügte CD-ROM

Debüt als Moderatorin m. ihrer eigenen Musiksendung auf VH-1 Love, Sex and Videohits, 1998 Moderatorin d. RTL-Musiksendung Top of the Pops, 2001 Moderation v. Big Diet. E.: 1997 Goldene Rose von Montreux f. "Nikola", 1998 Grimme Preis (Ensemble-Preis) f. "Nikola". (Re)

Elze Barbara

B.: Pfarrerin. FN.: Evangelische Gemeinde Dessau-Altern. DA.: 06847 Dessau, Lindenstr. 1. G.: Köthen, 1. Apr. 1956. Ki.: Friedemann (1986). El.: Karl-Heinz Elze u. Christa, geb. Ketsch. S.: 1972 Abitur, Ausbildung MTA KH Köthen, 1975-80 Stud. Theol. Univ. Halle-Wittenberg m. Dipl.-Abschluß. K.: Vikariat in Zerbst, 198498 Jugendpfarrerin in Rosslau u. glz. Mtgl. im Stadtrat f. d. Junge Fraktion Neues Forum in Rosslau, seit 1998 Pfarrerin in Dessau-Altern; Funktionen: Durchführung v. Naturgartenseminaren, Mitarbeit in versch. Chören. BL.: 1989 aktive Mitgestaltung d. Wende b. Neuen Forum in Rosslau. E.: Ehrenbürgerin d. Stadt Rosslau (1993). H.: Lesen, Spielabende m. Freunden.

Elze Bernd *)

Elze Eckhard-Bodo

B.: Dipl.-Kulturwissenschaftler, Verw.-Fachwirt, Ltr. FN.: Kulturstätten Köthen/Anhalt. DA.: 06366 Köthen, Hallesche Str. 80. PA.: 06366 Köthen, An der Rüsternbreite 37. G.: Porst b. Köthen, 14. Apr. 1951. V.: Brigitta, geb. Breyer. Ki.: Andreas (1979). El.: Karl-Heinz u. Else-Anna. S.: 1969 Abitur Köthen, 1969-73 Dipl.-Ing. f. Fördertechnik TH Magdeburg. K.: 1973-77 Konstrukteur b. Förderkran Köthen, 1978-79 verantwortl. f. Kulturarbeit bei Förderkran, 1979-89 Ratsmtgl. f. Kultur d. Kreises Köthen sowie Beauftragter d. Bez. Halle z. 750 Jahrfeier v. Berlin, 1990 Ratsvors. f. d. Kreis Köthen auf Beschluß d. Runden Tisches, seit 1990 Ltr. d. o.g. Kulturstätten. M.: Freundes- u. Förderkreis Bachgedenkstätte Köthen e.V., Kulturwerkstatt Anhalt e.V., 1. Köthener Karnevalsges. 1954 e.V., Männerchor Eintracht Köthen e.V., 1. Dt. Javelot-Club Köthen e.V., Schloß Köthen Bach-Akademie e.V. H.: Kulturarb., Gesang, Sport, Philatelie, Numismatik.

Elze Hermann Dr. Ing. Prof.

B.: Bautechniker. PA.: 16515 Friedrichsthal, Kiefernweg 6. G.: Dresden, 12. Sep. 1927. V.: Sigrid, geb. Casper. Ki.: Marion (1952), Ulrich (1956), Birgit (1966). El.: Richard u. Lina. S.: 1944 Abitur Dresden, 1943-44 Flakeinsatz, 1944 Kriegsmarine - Seeoffz.-Anwärter, 1945-47 Gefangenschaft, 1948 Lehre Maurer Bad Segeberg. K.: tätig bei einer Baufirma in Hamburg, 1950 Maurer bei d. Bauunion Süd in Dresden, 1950-55 Stud. Bauing.-Wesen an d. TU Dresden m. Abschluß Dipl.-Ing., 1955-60 Ass. an d. TU Dresden, 1960-71 tätig and.

Bauak. in Berlin u. zuletzt stellv. Inst.-Dir., 1967 Prom., 1970 Berufung z. Prof. bei d. Bauakad., 1971-90 Sellv. Ltr. u. Ltr. d. Abt. Bausicherheit an d. Staatl. Bauaufsicht d. DDR, 1990-93 Abt.-Ltr. im Inst. f. Bautechnik mit d. spez. Aufgabe d. Überleitung d. TGL in DIN in d. neuen Bundesländern, seit 1994 selbst. mit eigenem Ing.-Büro u. Schwerpunkt Gutachtertätigkeit sowie Stand- u. Tragsicherheitsnachweise. BL.: maßgebl. Beteiligung an d. Entwicklung eines Bereiches "Ingenieurtheoretische Grundlagen" bei d. Bauakad. Berlin, Gewährleistung d. bautechnischen Sicherheit in d. DDR u. d. Übeleitung d. Mitarbeiter d. Bauaufsicht in d. Bauaufsichtsbehörden u. -ämter in d. neuen Bundesländern. P.: Diss. z. Thema doppelt gekrümmter Seiltragwerke bei Dachkonstruktionen.

Elze Karl-Ludwig Dr.med. *)

Elze Martin *)

Elzenheimer Peter

B.: Kunsthändler, Galerist. FN.: Galerie Bild u. Rahmen. GT.: Art Consulting. DA.: u. PA.: 65824 Schwalbach, Wiesenweg 12. G.: Frankfurt/Main, 29. Dez. 1953. V.: Karin Elzenheimer. Ki.: 1 Kind. S.: 1968 HS Bad Soden, 1968-71 Ausbild. b. d. Hoechst AG. K.: s. 1980 selbst. mit Schwerp. Einrahmung, Restauration, s. 1989 zusätzl. Galerist u. Kunsthändler mit Schwerpunkt zeitgenößische Kunst intern. bekannter Künstler.

Elzer Artur *)

Emans Hartmut Dr. *)

Emanuel Stephan

B.: Mitinh., Gschf. Ges. FN.: Parkhotel Landau Betriebs GmbH. DA.: 76829 Landau/Pfalz, Mahlastr. 1. G.: Frankenthal, 20. Sep. 1965. V.: Jana, geb. Christoph. Ki.: Michelle (1998). S.: 1981-84 Lehre als Koch im Hatterers Hotel Deidesheim. K.: 1984-87 Ang. im Hatteres Hotel Deidesheim, 1987-90 Wehrdienst b. d. Marine in Flensburg, dort Ausbild. z. Obermaat, 1990-91 Ausbild. z. Hotelfachmann Hatterers Hotel Deidesheim, b. 1992 dort auch ang., 1992-93 Bankettltr. im Parkhotel Landau, 1993-94 Gschf. d. Parkhotel Landau, seit 1994 Mitinh. u. Gschf. Ges. H.: Computer, Kind.

Emari Ali Dr. med.

B.: vereid. Dolmetscher u. Übersetzer, Gschf. FN.: Medical Service Center. DA.: 20249 Hamburg, Eppendorfer Landstr. 44. G.: Iran, 20. Mai 1931. V.: Wafa, geb. El-Zein. Ki.: Fatima (1964). S.: 1946-53 Abitur Iran, 1954-60 in Deutschland u. Med.-Stud. an d. Univ. Hamburg m. Abschluss, neben

*) Biographie www.whoiswho-verlag.ch oder beigefügte CD-ROM

Med.-Stud. Stud. Orientalistik, Islam. Wiss. u. Oriental. Sprache. K.: 1960-62 Med.-Ass. KH St. Georg, 1962 Prom., Wilhelstift, Rothenburgsort u. Heidberg, 1962-70 Ausbild. z. FA f. Pädiatrie in Kinderkliniken tätig, 1970 Diss., 1964 Grdg. d. Übersetzungsbüros, Übersetzungen f. Gerichte, Behörden u. Firmen, 1970 Grdg. d. Medical Service Center in Hamburg. P.: Diss. "Hygiene im Islam", div. Übersetzungen v. Dt. ins arab. u. pers. Spr. u. ins Dt., div. Vorträge über d. Islam u. Orient. M.: Mitbegründer u. Ltr. d. Islam. Gemeinschaft in Hamburg (1954), Mitbegründer u. Sekr. d. Islam. Zentrums Hamburg e.V., Mitbegründer u. Sekr. d. Iran.-Islam. Moschee in Hamburg e.V., Mitbegründer u. Sekr. Inst. f. Islam. Bild. e.V., Intern. AHLUL-BAIT Gemeinschaft in Europa e.V., Mitbegründer u. Gen.-Sekr. Islam. Ak. Deutschland, Mitbegründer u. Mtgl. d. SHURA Rat d. Islam. Gemeinschaften in Hamburg e.V., Mitbegründer u. Mtgl. im ZentralR. d. Muslime in Deutschland e.V. H.: Literatur über Religionen, Reisen in oriental. Länder.

Embach Carsten
B.: Profi-Bobfahrer, Dipl.-Sportlehrer. FN.: c/o Dt. Bob- u. Schlittensportverb. DA.: 83471 Berchtesgaden, An der Schießstätte 5. PA.: 14476 Golm, In der Feldmark 6. G.: Stralsund, 12. Okt. 1968. K.: Leichtathletik: 1990 DDR-Meister im Weitsprung, Fünfter d. Hallen-EM, Bob: 1994 Olympia-Vierer/3., 1995 WM-Vierer/1., 1996 WM-Vierer/3., EM-Vierer/2., 1997 WM-Vierer/1., 1998 DM-Vierer/3., WC-Gesamt/1., 1999 WC-Gesamt/4., WM-Vierer/11., EM-Vierer/3., 2002 OS Salt Lake City/1. H.: Freundin, Lenkdrachen fliegen. (Re)

Emde Hans Georg Dr. rer. pol. *)

Emde Heinrich Dr. med. *)

Emde Joachim Dipl.-Kfm.

B.: Gschf. FN.: Reisswolf Deutschland GmbH. DA.: 29537 Hamburg, Wendenstr. 403. G.: Höringhausen, 20. Mai 1958. V.: Nicole, geb. Ditzel. Ki.: Kevin (1991). S.: 1978 Abitur Korbach, 1978-86 Stud. BWL u. VwL Univ. Dortmund m. Abschluß Dipl.-Kfm. u. Dipl.-Vw. K.: 1986-87 Ass. an d. Univ. Dortmund, 1987-94 Marketingltr. d. Firma MABEG in Herne u. ab 1989 Prok. u. Aufbau d. Ndlg. in d. Neuen Bdl., 1994-96 Aufbau d. Controllings einer Österr. Firma in Deutschland, seit 1996 Gschf. d. Holding d. Reisswolf-Gruppe Deutschland m. Schwerpunkt bundesweite Akten- u. Datenträgervernichtung. M.: bvse, GDD, D.G.f.L. H.: Sport.

Emde-Naegelsbach Barbara *)

Emele Edgar Friedrich
B.: Gschf., alleiniger Ges. FN.: edgar emele Kunststofftechnik Präzisionsformen GmbH. DA.: 86179 Augsburg, Auf dem Nol 33. G.: Stuttgart, 23. Juni 1941. S.: Mittlere Reife, b. 1959 Lehre Werkzeugmacher b. Firma Nothelfer in Ravensburg, Meisterschule in d. Schweiz, 1959 Meisterprüf. K.: 1959-68 tätig b. f. Firma Stoba/Bad Horn, Betriebsltr. Tubenfbk. Bi-

schofszell, Werkzeugbaumeister Firma Schöttli/Schweiz, 1968 nach Augsburg, 1968-69 Doz. f. d. Min. f. Forsch. u. Technik Kunststoffzentrum Aalen u. in d. ehem. DDR, 1970-75 Meister in einer Werkzeugbaufirma, 1975-86 Betriebsltr. u. Gschf. in einem Augsburger Kunststoffbetrieb, 1986 Grdg. d. Unternehmens, 1987 Einzug in d. betriebseigenen Räume, 1992 Bau d. 2. Halle u. Erweiterung d. Geschäftsräume. BL.: Inh. v. 12 Weltpatenten, zu Beginn war d. Firma d. weltweit einzige Hersteller v. Spritzgußformen. M.: VDI, 4 J. Gremiumsmtgl. im Prüfaussch. d. Unis Kaiserslautern u. Aachen.

Emig Gerhard Dr.-Ing. habil. Prof. *)

Emig Jürgen Dr. phil.
B.: Informationswissenschaftler, Abt.-Ltr. FN.: Sport Radio + TV Hess. Rundfunk Frankfurt/Main. DA.: 60320 Frankfurt/Main, Bertramstr. 8. G.: Kaiserslautern, 3. Aug. 1945. V.: Atlanta, geb. Killinger. Ki.: Johannes, Moritz. S.: 1966 Abitur Kaiserslautern, 1972 Dipl.-Sportexamen, 1986 Prom. K.: 1967-68 freier Hörfunkreporter b. WDR, 1968-87 freier Mitarb. b. Saarländ. Rundfunk, seit 1988 Abt.-Ltr. Sportfernsehen b. Hess. Rundfunk Frankfurt/Main. P.: "Barrieren eines investigativen Sportjournalismus" (1987). E.: 1984 NOK-Medienpreis f. d. beste Fernsehreportage d. Olympiade. H.: Familie, Wandern, Radfahren, Lesen.

Emig Karl-Heinz
B.: Co-Trainer. FN.: 1. FC Kaiserslautern. DA.: 67663 Kaiserslautern, Fritz-Walter-Str. 1. www.fck.de. G.: 29. Juni 1962. V.: verh.. Ki.: Vanessa, Fabian. K.: Fußballspieler in d. Vereinen: Waldhof Mannheim, Hetha BSC Berlin, Darmstadt 98, 1. FC Kaiserslautern, SpVgg Unterhaching u. VfL Wolfsburg; Trainer bei Eintracht Trier, FCK A-Junioren u. Co-Trainer d. 1. FC Kaiserslautern. (Re)

Emig Thomas *)

Emigholz Harald Dipl.-Ing. *)

Emigholz Jens *)

Emler Helmut Dipl.-Bw.

B.: Gschf. FN.: HEP Helmut Emler & Partner GmbH. DA.: 67549 Worms, Rudolf-Heilgers-Str. 22. G.: Worms, 1953. V.: Waltraud, geb. Hess. Ki.: Tanja (1972), Petra (1973), Matthias (1978), Johannes (1984). S.: 1968-71 Ausbild. z. Großhdls.-Kfm., 1972-73 Fachabitur, 1973-76 Stud., Dipl.-Bw. K.: 1976-86 industrielle Berufserfahrung (Maschinenbau) bei KSB als Berufsausbilder, Bild.- und Personalreferent, 1986-93 b. Naturin (Chemie) als Personal- u. Organ.-Ltr., ab 1990 Gschf. d. Bereiche Organ., Personal- u. Qualitätsmanagement, 1994 selbst., Grdg. HEP-Inst. in Worms. BL.: 1993 parallel z. Ind.-Tätigkeit als Trainer u. Berater tätig. H.: Musik, Lesen, Tanzen.

---

*) Biographie www.whoiswho-verlag.ch oder beigefügte CD-ROM

Emmart Wilfried
B.: Dirigent, Generalmusikdir. PA.: 67661 Kaiserslautern, Kirchdell 13. G.: Stuttgart, 26. Okt. 1930. V.: Opernsängerin Dagmar, geb. von Bronewski. S.: Abitur, Staatl. HS f. Musik Stuttgart, Internat. Dirigenterpraktikum H. v. Karajan Berlin. K.: Staatsoper Stuttgart Vereinigte Bühnen Krefeld, Mönchengladbach, Opernhaus Nürnberg, Nationaltheater Mannheim. E.: Cornelius Plakette, Rheinland-Pfalz. H.: Reisen, Wandern, Bergsteigen.

Emme Bruno Heinrich Christian Dr. med.

B.: FA f. Chir., Prakt. Arzt. DA.: 20259 Hamburg, Paulinenallee 32. G.: Hamburg, 4. März 1923. V.: verh. S.: 1942 Abitur Walldorf-/Theodor Mommsen-Schule, Bad Oldesloe, danach Infanterie Rußland, Ende Westfront, amerikan. Gefangenschaft bis August 1945, ab 1945 Stud. d. Humanmed. Univ. Hamburg-Eppendorf, Studiumverdienst u.a. b. Enttrümmerungsarbeiten, 1951 Staatsexamen, 1952 Approb. K.: danach arbeitslos m. zwischenzeitl. Praxisvertretungen bis 1956, während dieser Zeit Prom. "Leukämie u. Tuberkulose", Prof. Dr. Krauspe, Pathologe, 1957-63 Ass.-Arzt f. Chir. u. Innere Med. am Israelitischen Khs u. Khs. Altona, Hamburg m. Prüfung 1968 z. Facharzt f. Chir., danach bis 1978 FA f. Chir. Khs. Eilweg, 1979 Ndlg. als Prakt. Arzt u. Eröff. eigener Praxis m. Ausbau z. ambulanten Operationsstation, Schwerpunkt: onkolog. Krebstherapie, selbst. Dauerbereitschaft f. schwer Krebskranke b. heute, Patientenkreis v. Kiel b. Frankfurt/M., Gesamtnorddeutschland, b. Polen u. Rußland, MA 1 zus. Ärztin + 4 MA. AL.: Entwicklung einer Intensiv-Misteltherapie. P.: Therapiebemerkungen in Fachzeitschriften. M.: Ges. f. Anthroposophischer Ärzte. H.: Gebirgswanderungen, Philosophie, Kunstgeschichte, Literatur.

Emmelmann Klaus

B.: Küchenmeister, Autohof Manager. FN.: Autohof Peine. DA.: 31228 Peine, Heinrich-Hertz-Str. 20. autohofpeine@aol.com. G.: Münster, 15. Apr. 1963. V.: Sylvia, geb. Hieronymus. Ki.: 3 Kinder. S.: b. 1982 Lehre z. Koch in Münster, b. 1986 Zeitsoldat als Koch b. d. Bundeswehr. K.: 1986-88 ang. Koch auf Burg Hohenzollern, 1988-91 Koch in versch. Häusern in Deutschland, 1991-93 Restaurantltr. b. Nordsee in Deutschland, 1993-96 Marketingltg. Einzelhd. in d. Marketingabt., 1996-2000 Bez.-Ltr. b. Nordsee, seit 2001 Autohof Manager in Peine. BL.: Aufbau d. Nordseegeschäftes in d. Neuen Bdl. H.: Familie, Musical, Computer.

Emmer Siegfried J.
B.: Dipl.-Betriebswirt, Gschf. FN.: Activ-Consult GmbH. DA.: 80339 München, Ridlerstr. 37. PA.: 81377 München, Waldesruhe 34. G.: Wertach, 23. Apr. 1943. Ki.: Frank (1967), Sonja (1970). El.: Josef u. Cilli, geb. Ritt. S.: Stud. Betriebswirtschaft München. K.: zunächst in kleineren Ind.-Firmen tätig, dann 1 J. b. amerikan. Firma in d. USA, Grdg. u. Aufbau einer dt. Ndlg. als Gschf., 1974-82 versch. Positionen b. Philips, ab 1982 selbst. m. Activ-Consult. P.: Art. in Fachzeitschriften, Fachbücher zu betriebswirtschaftl. Themen, Vorträge. M.: versch. Verb. H.: Tennis, Radfahren, Skifahren, Bergsteigen, Fotografieren. (G.H.)

Emmer Rainer Dipl.-Wirtschaftsing.

B.: Unternehmensberater. DA.: 72574 Bad Urach, Heiligenäckerweg 1. G.: Heilbronn, 3. Sep. 1963. V.: Elke, geb. Kelnhofer. Ki.: 1 Sohn. S.: 1983 Abitur, 1985-89 Stud. Wirtschaft an d. FH Offenburg, Dipl.-Wirtschaftsing. K.: 1989-93 Unternehmensberatung Guido Geyer Reutlingen, Konkursverw. - EDV - Systemberatung, ab 1993 selbst. Unternehmensberatung, Konkursverw., Unternehmenssanierung, parallel CONSON DEUTSCHLAND LITE electronic Vertriebs GmbH Gebäudesystemtechnik. H.: Golf, Motorrad, Familie.

Emmer Siegfried J. *)

Emmerich Hartmut Dipl.-Ing.

B.: Gschf. Ges. FN.: thiele & findel Dessau GmbH. DA.: 06842 Dessau, Am Eichengarten 14. G.: Bernburg, 3. Jän. 1949. V.: Carola, geb. Mohs. Ki.: Björn (1980), Sven (1989). El.: Otto u. Gertrud, geb. Krone. S.: 1965-68 Lehre Schiffbauer Schiffswerft Roßlau, 1970-73 Stud. Schiffbau Seefahrtschule Warnemünde m. Abschluß Ing., 1968-70 Armee. K.: 1972-74 Ing. d. Forsch.- u. Entwicklungabt. d. Schiffswerft Roßlau, 1974-76 Insp. d. DSRK, glz. Fernstud. Maschinenbau an d. Ing.-Schule in Magdeburg, 1976-77 Abt.-Ltr. d. Gütekontrolle im VEB ABUS Getriebewerk in Dessau, 1977-90 Abnahme-Ing. d. Gütekontrolle f. Schiffserprobungen d. Schiffswerft Roßlau, 1990 Grdg. d. Firma thiele & fendel Dessau GmbH als Gschf. Ges. BL.: Ausbau d. Unternehmen z. zweitgrößten Arb.-Geber d. Region. E.: Vize-DDR-Meister u. Grand-Prix-Sieger im Motorbootrennsport. M.: seit 1998 CDU, seit 199 Fraktionsvors. im StadtR. Dessau, seit 1997 Präs. d. Basketballver. BVD 93. H.: Sport, Radfahren, Haus u. Garten.

Emmerich Michael Dr. med. *)

Emmerich Roland
B.: Regisseur. FN.: c/o 20th Century Fox Centropolis; Centropolis Streamline. PA.: 71065 Sindelfingen, Gluckstr. 13. G.: Stuttgart, 10. Nov. 1955. S.: 1977 Abitur (Sindelfingen), HS f. Fernsehen u. Film München (HFF). K.: Nach dem Abitur zunächst Arbeit in einer Werbeagentur u. Volontariat beim Süddeutschen Rundfunk, 1977 Studium d. Produktionsdesign an der Münchner Hochschule für Film und Fernsehen, 1979 erster Film "Franzmann" zus. mit Oswald von Richthofen, während der Studienzeit bereits Dreh des Abschlußfilms "Das Arche Noah Prinzip", der 1984 auf der Berlinale im Wettbewerb gezeigt wurde (teuerster Abschlußfilm der HFF), der

*) Biographie www.whoiswho-verlag.ch oder beigefügte CD-ROM

Film verkaufte sich in mehr als 20 Ländern, 1985 "Joey", erster Film seiner 1982 gegründeten Produktionsfirma Centropolis - Platero-Preis beim Internationalen Jugendfilmfestival in Gijonf, nächster Film "Hollywood Monster" in USA, danach internationaler Durchbruch 1989 m. "Moon 44", 1992 erster Hollywood Dreh "Universal Soldier", 1994 "Stargate" u. 1996 "Independence Day", zuletzt entw. und produz. Roland Emmerich die TV-Serie "The Visitor" und den Kinofilm "Godzilla", 1999 "The Thirteenth Floor", 2000 "Der Patriot". H.: sammelt Oldtimer, Bilder, Skulpturen und Köpfe aus alle Ländern, laufen. (Re)

van Emmerich Rolf H. Dipl.-Ing. *)

Emmerich Steffen *)

Emmerich Susanne

B.: RA, selbständig. DA.: 01097 Dresden, Theresienstr. 11. G.: Konstanz, 20. Apr. 1966. V.: Michael Emmerich. Ki.: Edgar (2000). El.: Manfred u. Friederike Meyer. S.: 1985 Abitur Konstanz, 1985-92 Stud. Jura in Freiburg, 1992 1. Staatsexamen, 1994 Referendariat in Dresden, 1996 2. Staatsexamen. K.: 1992-94 Grdg. d. Firma in Dresden "Sächsische Erbenermittler", Tätigkeit als Erbenermittler, 1996 Zulassung als RA, 1996-97 Justitiarin in Baufirma, 1998 Grdg. d. eigenen Kzl., Tätigkeitsschwerpunkte: Immobilienrecht, Wohngentumsrecht, Maklerrecht, Mietrecht, Baurecht. BL.: Aufbaustudium in Leipzig an d. Akademie d. Immobilienökonomie, Abschluss: Immobilienökonom. E.: Dt. Reiterabzeichen in Silber. H.: Turnierreiten, Skifahren.

Emmerichs Alfred Helmut Dr. med. vet.

B.: Vet.-Mediziner, Inh. FN.: Kleintierpraxis u. Klinik f. Vögel. DA.: 24113 Kiel, Seekoppelweg 7. PA.: 24211 Schellhorn, Plöner Landstr. 30. G.: Mittelberg, 20. Juli 1946. V.: Liane, geb. Meer. Ki.: Sönke (1992), Carolin (1982), Andreas (1984). El.: Gerhard u. Hermine. S.: 1967 Abitur München, 1967-74 Stud. Vet.-Med. München, Berlin u. Hannover. K.: 1974-75 Ass. in Schleswig-Holstein, 1975-93 Tierarzt einer Gemeinschaftspraxis in Preetz, 1978 Prom. in Hannover, 1993-97 Kleintierpraxis in Kiel, seit 1997 Klinik f. Vögel in Kiel. BL.: Die erste Vogelklinik in Schleswig-Holstein, Spezialist f. Augenkrankheiten b. Tieren. P.: versch. Art. in Fachzeitschriften. M.: Vogelschutzgruppe e.V. H.: Tennis, Abenteuerreisen.

Emmerick Ronald Eric Dr. Prof. *)

Emmerig Ernst *)

Emmering Peter Dr. Prof. *)

Emmering Peter *)

Emmerling Günter *)

Emmerling Uwe Dipl.-oec. *)

Emmerling-Hanka Inka *)

Emmermann Rolf Dr. Prof. *)

Emmert Ulrich *)

Emmert Ursula

B.: Stilistin f. Wohnkultur u. Veranstaltungen, selbständig, freiberufl. DA.: 90411 Nürnberg, Uttenreuther Straße 29. u.emmert@t-online.de. G.: Nürnberg, 12. Jan. 1947. Ki.: Sandra (1971), Eyck (1976). El.: Heinrich u. Armgard. S.: 1964 Mittlere Reife Nürnberg. K.: 1965-69 Kassenzahnärztl. Vereinigung Bayern Nürnberg, Prüfungs- u. Beschwerdeausschüsse, 1969 VDMA Verein dt. Maschinenbauanstalten Frankfurt, 1970-72 in d. Verkaufsleitung b. Neckermann Frankfurt/Main, 1972-91 selbständig m. Exehemann in Neheim-Hüsten, Aufbau v. Freizeit- u. Sportartikelunternehmen intern., seit 1994 allein selbständig, Fullservice Dienstleistungen als Unternehmensberaterin. BL.: eigene Künstler Ausstellungen b. Home+Garden 1996 in München u. b. Verbrauchermessen. M.: Nürnberger Jagdschutz- u. Jägerverband. H.: Jagd, Kultur, Kunst, klass. u. mod. Musik, Biografien, fremde Kulturen, Reisen, Malen, Botanik, Technik, schreibt Gedichte.

Emminger Richard *)

Emminghaus Peter

B.: Steuerfachangestellter u. Vorst.-Mtgl. FN.: Der Versicherungsladen. DA.: 66292 Riegelsberg, Saarbrücker Str. 126. p.emminghaus@versicherungsladen.de. www.versicherungsladen.de. G.: Saarbrücken, 22. Juni 1961. Ki.: Sarah (1992). El.: Heinrich Emminghaus u. Christel Kuttner, geb. Engler. BV.: Arwed Emminghaus, Begründer d. Ges. f. d. Rettung Schiffbrüchiger in Deutschland. S.: 1981 FH-Reife, b. 1983 Bundeswehr/ Unteroffizier, 1990-93 Ausbildung z. Steuerfachangestellten in Eppelborn. K.: 1983-86 Kfm. Ang. u. Prok. in einem Automobiltransportunternehmen, 1986-90 PR-Arbeit f. d. Diskothekenkette in Spanien, 1993 selbständig als Unternehmensberater, 1995 Unternehmensberater u. Finanzmakler in Riegelsberg m. Partner Gerhard Jager, 1999 Umwandlung d. Betriebes in Der Versicherungsladen GmbH, dort Gschf., seit 2000 Umwandlung d. Betriebes in Der Versicherungsladen AG, dort Vorst.-Mtgl. M.: im Vorst. d. Club d. Freunde d. 1. FC Saarbrücken. H.: Fußball, Gartenarbeit.

Emmrich Karl Hans Dr. med. Prof.

B.: Herzchir., Klinikdir. i. R. FN.: Univ.-Klinik Rostock. G.: Chemnitz, 10. Aug. 1934. V.: Petra, geb. Pöckel. Ki.: Kathrin (1959), Hanna (1962), Stefan (1966). El.: Hans u. Charlotte. BV.: Urgroßvater Alexander Kox, 1861, selbst. Drechslerobermeister. S.: 1952 Abitur, 1952-57 Med.-Stud. Leipzig/Dresden, 1958 Prom. K.: 1958-59 Ass. in Med. Ak. Dresden, 1959-61 Stadt-KH Radeberg, 1976 Habil., 1978 Doz., 1964 FA Chir. - Suspezialisierung f. Herz- u. Gefäßchir., 1961-84 Arb. in Univ. f. Herzchir. in Leipzig, seit 1984 Univ.-Prof. f. Herzchirurgie in Rostock, seit 2001 i. R. BL.: Offene Herzchirurgie bei Säuglingen, 1974 eingeführt in d. DDR (Habil.

*) Biographie www.whoiswho-verlag.ch oder beigefügte CD-ROM

schrift). E.: 1952 Lessingmedaille (Gold), 1971 Nationalpreis f. Wiss. u. Technik. M.: 1990 Dt. Ges. f. Thorax-, Herz- u. Gefäßchir.

Emmrich Michael Dr. med. dent.
B.: Zahnarzt in eigener Praxis. PA.: 92637 Weiden, Hohenstaufenstr. 103. michael.emmrich@t-online.de. G.: Weiden, 30. Aug. 1957. V.: Ingrid Mehre-Emmrich. Ki.: Christian (1989), Alexandra (1992), Michael (1994). El.: Erich u. Elisabeth. S.: 1977 Abitur, Stud. Zahnmedizin Univ. Erlangen, 1983 Examen. K.: b. 1984 Ass.-Arzt, b. 1985 Ltr. d. Zahnstation d. Bundeswehr, 1985 Eröff. d. Praxis., seit 1994 Zahnersatzgutachter. M.: seit 1996 Beisitzer f. Wirtschaftslichkeitsprüfungen b. KZVB in München, seit 2001 stellv. Obm. d. KZVB in Weiden, FVdZ, Dt. Ges. f. computerunterstützte Zahnrestauration, Ges. f. ganzheitl. Zahnmedizin.

Emonds Gisbert Dipl.-Ing. *)

Emons Ralf Friedel *)

Empacher Hans *)

Emrich Helmut Dr. med. *)

Ems Thomas P. Dr. med.

B.: FA f. Allgemeinmedizin u. Naturheilverfahren, Akupunktur, Chirotherapie, Sportmed., selbständig. DA.: 50226 Frechen Königsdorf, Aachener Str. 581. dr.thomas.ems@t-online.de. G.: Köln, 16. November 1966. V.: Kathrin, geb. Schmidt. El.: Karl-Heinz (Dipl.-Ing. f. Maschinenbau) u. Renate, (Dipl.-Beraterin f. Ehe- u. Lebensfragen). S.: 1977-86 Integrierte Gesamtschule Köln-Porz, 1986 Abitur Köln, 1986-87 freiwilliges soz. Jahr Dreifaltigkeits-KH, 1987-94 Stud. Med. an d. Albertus-Magnus-Univ. zu Köln, 1989 Physikum, 1990 1. Staatsexamen, 1993 2. Staatsexamen, 1994 3. Staatsexamen. K.: Famulaturen: 1989 Allgemeinmed. Praxis Dr. Domin in Köln, 1990 Orthopädie, Dreifaltigkeits-KH, 1991 Chirurgie, Evang. KH Weyertal in Köln, 1992 Orthopädie, Alaska Native Medical Center, Anchorage, U.S.A., 1992 Orthopädie Mahidol Univ., Bangkok, Thailand, 1992 Chir., Mahidol Univ., Bangkok, Thailand, ärztl. Tätigkeit: Operative u. konservative Orthopädie Dr. Reichert, Dr. Ickler, Dr. Spilker, Fachärzte f. Orthopädie, Sportmed., Tropenmed. u. Anästhesie mit Belegbetten in d. Paracelsus-Klinik Neuss, Chir. Abt. d. KH Porz am Rhein, Akad. Lehr-KH d. Uni-Klinik Köln, Chefarzt Prof. Dr. S. Horsch, Chir. Abt. d. St. Elisabeth-KH, Akad. Lehr-KH d. Uni-Klinik Köln in Köln Hohenlind, Chefarzt Prof. Dr. M. Siedeck, Orthopedic Surgery (Unfallchir. u. Orthopädie) im ANMC, Lehr-KH d. Univ. of Washington, Anchorage, Alaska, U.S.A., Inneren Med. in d. Klinik-Bad-Neuenahr, Chefärztin Dr. Migeod, Allgemeinmed. u. Naturheilkunde Praxis Dr. Rist in Köln, Allgemeinmedizin u. Naturheilkunde u. Chirotherapie, Praxis Dr. Günther in Königswinter, Allgemeinmedizin u. Naturheilverfahren Praxis Dr. Schade-Feyen, Königsdorf, 1999 Facharztprüf., seitdem Facharzt f. Allgemeinmed., seit 1999 Niederlassung in eigener Privatpraxis Aachener Str. 581, 50226 Frechen Königsdorf; Dozenten- u. Lehrtätigkeiten: regelm. Planung u. Durchführung v. Fortbildungen f. d. Auszubildenden d. orthopäd. Gemeinschaftspraxis Neuss bis 1995, Ausrichtung u. Durchführung d. Ausbildung d. Krankenpflegeschülerinnen d. St. Elisabeth-KH in d. Fächern Anatomie u. Physiologie bis 1996, Referententätigkeit f. "Prosana-Inst f. biolog. Med. u. angewandte Ernährungstherapie 1994-96, Doz. f. Neuraltherapie u. Naturheilverfahren b. Ärzteausbilder NIDEM e.V. (Berlin, München, Witten-Herdecke, Stuttgart, Regensburg), (Naturheilverfahren in d. Medizin). P.: Prom.arbeit: "Ergebnisse d. modifizierten posterolateralen, transpedikulären LWS-Fusion mit Corticalis Spongiosaspänen u. Schraubenfixation" (1994). M.: Dt. Ges. m. Manuelle Med. seit 1994, ZÄN (Zentralverband Ärzte f. Naturheilverfahren, seit 1994, Intern. Arbeitskreis f. Ernährungsmed., seit 1994, Intern. Ges. f. Neuraltherapie nach Drs. Huneke e.V., Mtgl. im Qualitätszirkel f. NHV in Bonn u. d. Arbeitskreis f. NHV in Köln seit 1997, NAV Virchowbund e.V., Privatärztl. Bundesverb. e.V. H.: Reisen, Tauchen, Schwimmen, Fitness, gutes Essen, Kunst, Musik.

Emser Horst

B.: Gschf., Inh. FN.: Horst Emser - Gabelstapler. DA.: 66424 Homburg, Eisenbahnstr. 63. G.: Homburg-Erbach, 1. Okt. 1939. V.: Heiderose, geb. Herms. S.: 1955 Ausbild. Kfz-Mechaniker Firma Bachmann Homburg, 1960-61 Bundeswehr, Ausbildung in Elektronik Abendkurse. K.: 1961 tätig in d. VW-Vertretung Firma Brengl, danach wieder in d. Firma Bachmann, Kfz-Mechaniker in d. Firma John Deere in Zweibrücken, tätig in d. Gabelstapler-Instandhaltung, danach Chefmechaniker d. Firma Lansing GmbH in Roxheim u. Prüftechniker in d. Firma Berninghaus-Linde-Stapler, seit 1997 selbst. m. Verkauf, Reparatur, Kundendienst u. staatl. anerkannter Prüfdienst f. Gabelstapler. H.: Boxen, Schiffsreisen auf Handelsschiffen.

Emsinghoff Friedrich *)

Emslander Stefan *)

Enayat Mona Ragy
B.: freischaff. Künstlerin. DA.: 04315 Leipzig, Kreuzstr. 41. mona.enayat@design-er.de. G.: Kairo-Heliopolis, 19. Juli 1964. V.: Oliver Kloss. K.: Lou Laila-Aspasia (1998). El.: Shewikar Okasha u. Ragy Enayat. S.: 1982 Abitur Kairo, 1982-87 Stud. Malerei, Kunstgeschichte u. Theaterdekoration an d. Fak. d. Schönen Künste d. Helwan-Univ. Kairo, Dipl., 1982-87 Solistin im El-Schams-Chor f. klass. arab. Musik Kairo, 1988-92 Stud. an d. HS f. Grafik u. Buchkunst Leipzig, Studienrichtung Malerei, Grafik u. Buchillustration, Dipl. K.: 1992-94 Meisterschülerin b. Prof. Rolf Kuhrt HGB Leipzig, 1994-96 Galeristin in Frauenkultur e.V. Leipzig, seit 1997 Malerin, Grafikerin u. Sängerin, figürl. Darstellungsweise unter Verschmelzung altägyptischer Zeichen- u. Bildsprache mit europ. nachexpressionistischen Formgefügen, umfangreiches Spektrum v. Techniken wie Ölmalerei, Acryl, Pastell u. Mischtechniken. BL.: Sängerin klass. arab. Musik, z.T. eigene Texte u. eigene Kompositionen, Dolmetscherin Arab., Engl., Franz. P.: über 30 Ausstellungen u. 20 Ausstellungsbeteiligungen, z.B. Kunsthalle d. Oper Kairo (1992), Grandstein (1995), bauhausklub Dessau (1995), Haus d. Buches Leipzig (2000), Metamorphosen (Katalog, 2001). E.: Preis d. "Centre Culturelle Français" Kairo 1996, Stipendiatin d. Stiftung Kulturfonds (1993) u. d. Margarethenstiftung (1994). H.: Literatur, Mythologie, Khalil Gibran, Nietzsche, Salah Gahin.

Enbergs Heinrich Dr. med. vet. Prof. *)

Encke Andreas Dr. med. *)

Encke Dieter *)

Encke Klaus Dr. med. *)

End Michael *)

Ende Andreas L. Th.

B.: Heilpraktiker. DA.: 56068 Koblenz, Firmungstr. 16. PA.: 41844 Wegberg, In Brunbeck 40. Andreas.Ende@t-online.de. G.: Berlin, 9. Aug. 1953. V.: Elisabeth, geb. Kohnen. Ki.: Christian (1984), Marcus (1991). El.: Theodor u. Sonja. S.: Lehre u. Arb. b. d. "Rhein. Post" Mönchengladbach als Buchdrucker. K.: 1973 Royal Airforce in Rheindahlen, dort PersonalR.-Vors. u. Mtgl. d. Hauptpersonalvertretung, währenddessen Heilpraktikerausbild., 1989 Eröff. d. Praxis in Wegberg, 1993 2. Praxis in Koblenz. P.: Bücher "Manuka" u. "Manuka - Heilmittel der Natur". M.: Bez.-Vertreter d. Stadt Mönchengladbach, b. 1993 Tarifkmsn. d. ÖTV, Arbeitskreis f. funktionelle Med. an d. Grieshaber Ak., wiss. BeiR. d. Rudolf Siener Stiftung, Ges. f. physikal. u. med. angew. Radiästhesie, Ref. f. Schmerztherapieseminare. H.: Schreiben, Schach.

Ende Peter *)

Ende Thomas Dipl.- Ing.
B.: Gartenarchitekt. FN.: Planungsabteilung d. Bezirkamts Bergedorf Freie u. Hansestadt Hamburg. DA.: 21027 Hamburg, Wentofer Str. 38. PA.: 21423 Winsen/Luhe, Schirwindterstr. 24. G.: Leipzig, 18. Nov. 1942. V.: Jutta, geb. Tibow, freischaffende Gartenarchitektin. Ki.: Marc (1974), Oliver (1977). El.: Rudolf u. Hildegard. S.: Fachhochschule Osnabrück Ing. grad.(Dipl.Ing. FH). K.: 1961-62 Lndschaftsgärtnerei Sindelfingen, 1962-64 Bundeswehr, 1964-65 v. Ehren Gärtnerei Hamburg, 1965-66 in Schweden u. Berlin prakt. Arb., 1966-70 staatl. Ing.-Ak. f. Gartenbau in Osnabrück, 1970-71 b. Landschaftsbaufirmen in London u. Toronto, 1971-72 Studienreise n. USA, Mexico, Japan u. GUS, 1972-78 Bez.-Amt Bergedorf, 1978-86 Planzungssachbearb. Bez.-Amt Bergedorf, 1986-94 Bez.-Amt Hamburg-Mitte, 1995 Ltr. Planung u. Neubau Bez.-Amt Bergedorf, ab 2000 Planungsabteilung Bez.-Amt Bergedorf. P.: Fachzeitschrift "Garten u. Landschaft f. Landschaft", 10. 86. M.: 1981-91 Dt. Ges. f. Gartenkunst u. Landschaftspflege als Gschf. f. Hamburg u. Schleswig Holstein. H.: Fechten, Schilaufen (alpin) Lesen, Botanik.

Ende Ulrich
B.: Gschf. FN.: N 24 Ges. f. Nachrichten u. Zeitgeschehen mbH. DA.: 10117 Berlin, Oberwallstr. 6. Ulrich.ende@n24.de. G.: Lengerich, 9. Dez. 1952. V.: Yvonne. S.: 1974-79 Stud. Theol. in Bochum u. Marburg, Examen an d. Theol. Fak. Marburg. K.: 1983-86 Volontariat u. anschl. Redakteur Tagesschau, 1986-89 Chef v. Dienst im neugegründeten Hörfunkstudio Mittelhessen (Wetzlar) d. Hess. Rundfunks, 1989-92 Wechsel v. Hörfunk z. Fernsehen u. Moderator d. Nachrichtensendung 3-aktuell, zusätzl. journalist. Tätigkeit in d. Abt. FS Aktuelles II (Tagesschau, Hessen, Heute, Hessenschau), 1992-93 zusätzl. Aufbau d. HR Club, 1993 Wechsel zu n-tv als Chef v. Dienst (CvD) m. Moderationsaufgaben, 1993 stellv. Chefredakteur, 1994 Redaktionsltr., 1998 Wechsel zu ProSieben als Nachrichtenchef, seit 1999 Gschf. N24.

Ende Werner Dr. *)

Ende Yvonne

B.: Zahnärztin. DA.: 14195 Berlin, Breitenbachpl. 10. y.ende@t-online.de. G.: Amberg, 13. Juni 1954. V.: Ulrich Ende. El.: Fritz u. Erna Ludewig, geb. Goldschald. S.: 1970-74 Ausbild. z. Zahntechnikerin. K.: 1974-82 ang. Zahntechnikerin, 1982-85 Abitur im 2. Bild.-Weg, 1988-93 Stud. Zahnmed. Univ. Marburg, Examen in Gießen, 1994-96 Ass. in Berlin-Neukölln, ab 1997 Übernahme einer Praxis als Alternsnachfolge. H.: Sport, gesunde Lebensweise.

Endemann Thomas Dr.
B.: RA. FN.: RAe Buse, Heberer, Fromm. DA.: 40545 Düsseldorf, Kaiser-Wilhelm-Ring 43. endemann@buse.de. G.: Münster, 25. Apr. 1968. V.: Michaela, geb. Jäger. Ki.: Fabian (1991), Julius (1999). El.: Horst u. Heidelinde, geb. Staffa. S.: 1988 Abitur Münster, Bundeswehr, 1990 Stud. Jura Münster, 1994 1. u. 1997 2. Staatsexam. K.: 1996 wiss. Hilfskraft am Lehrstuhl f. Sozial- u. Wirtschaftsrecht, 1999 Zulassung z. RA u. selbst. in d. Kzl. Endemann + Fegeler, 2000 Prom., seit 2001 RA in d. Kzl. Buse, Heberer, Fromm. P.: "Kooperation in Theorie u. Praxis", "Praxishandbuch Erbrechtsberatung", "Vertragswerk f. Bauhandwerker-Allianzen", Lehrunterlagen u. Vorträge. M.: Dt. Anw.-Kam. H.: Segeln, Surfen, Joggen.

Ender Bernd *)

Ender-Grummt Kornelia
B.: Ehem. Profi-Schwimmerin. PA.: 55288 Schornsheim, Heyerstr. 1. G.: Plauen/Vogtland, 25. Okt. 1958. K.: Erfolge: 1972 2. d. Olymp. Spiele in München über 200m Lagen, 4x100m Freistil u. 4x100m Lagen, m. 13 J. jüngste Teilnehmerin, 1973 4x Gold. 1x Silber b. d. WM in Belgrad im Schwimmen, 1974 4x Europameisterin in Wien, 1975 4x Gold u. 1x Silber b. d. WM in Cali/Kolumbien, 1976 Gold b. d. Olymp. Spielen in Montreal über 100m Freistil, 200m Freistil, 100m Schmetterling, 4x100m Lagen u. Silber m. d. 4x100m Freistil-Staffel, insgesamt 26 Weltrekorde, danach beendete sie ihre Laufbahn als Leistungssportlerin, 1990 4x Gold b. d. Senioren-WM in Brasilien.

Enderer Klaus Dr. med. *)

Enderle Bernd *)

Enderle Gabriele *)

Enderle Wolfgang *)

Enderlein Dietmar Dr. med. Prof.
B.: Ges., Gschf. FN.: Medigreif GmbH Greifswald; Medigreif Unternehmensgruppe. DA.: 17489 Greifswald, Pappallee 1. PA.: 17491 Greifswald, Makarenkostr. 32b G.: Plauen, 22.

*) Biographie www.whoiswho-verlag.ch oder beigefügte CD-ROM

Enderlein

März 1943. V.: Gudrun, geb. Terpe. Ki.: Kay (1965), Katja (1972). El.: Herbert u. Ilse, geb. Krebs. S.: 1962 Abitur u. Abschluß als Geselle Möbeltischler, 1963-69 Stud. Humanmed. an d. Militärmed. Sekt. d. Ernst-Moritz-Arndt Univ. Greifswald, 1969 Prom., 1970-71 Stud. z. Militärmed./Sozialmed. an d. Kirov-Ak. in Leningrad. K.: 1974 FA f. Sozialmed. dann Inst.-Dir. u. 1988 Kommmandeur d. Militärmed., Sekt. d.EMU Greifswald, 1984 Habil., ab 1985 Doz., ab 1986 Prof. f. Militärmed., ab 1991 Gschf., ab 1991 Gschf. BL.: 2 Patente. E.: 1987 OMedR., Träger d. Kampfordens d. NVA. M.: b.1989 SED, LandesbeiR. d. Commerzbank. H.: Patente entwickeln, Haus u. Garten, Autos, Hund.

Enderlein Hinrich Dr. h.c.

B.: Historiker, Minister a.D. FN.: Transfer-Consult GmbH. DA.: 14467 Potsdam, Berliner Str. 30. PA.: 14532 Klein Machnow, Erlenweg 70a G.: Luckenwalde, 9. Mai 1941. V.: Ingeborg-Oggi, geb. Schultze. Ki.: Almut (1972), Henrik (1974), Marion (1981). El.: Heinrich u. Edith, geb. Rathenow. S.: 1961 Abitur, Stud. Geschichte, Politik u. Russ. Marburg u. Tübingen, 1967 Staatsexamen, 1962 Lt. d. Res., 1968-73 Austauschwissenschaftler in d. SU, seit 1969 FDP-Mtgl., wiss. Ass. am Osteuropa-Inst. Univ. Tübingen. K.: 1972-88 LAbg., seit 1976 stellv. Frakt.-Vors., seit 1984 Vors. d. FDP-Frakt., ab 1973 stellv. Landesvors. d. FDP in Baden-Württemberg, 1980-88 Mtgl. d. Bundesvorst. d. FDP, 1989-90 Ltr. d. Planungsgruppe im Bundesmin. f. Bild. u. Wiss., 1990 Berater d. Ampelkoalition im Land Brandenburg, Übersiedlung nach Berlin, 1990-94 Min. f. Wiss., Forsch. u. Kultur in d. Reg. Stolpe Land Brandenburg, 1994-97 Gschf. in d. Unternehmensgruppe Roland Ernst, 1995-2000 Landesvors. d. FDP in Brandenburg. M.: zahlr. kulturelle u. wiss. Organ. u. Ver. H.: Literatur, Theater, Sport (Tennis).

Enderlein Olaf

B.: Musikwissenschaftler, Gschf. Ges. FN.: Cantus 139 GmbH. DA.: 10623 Berlin, Kantstr. 139. enderlein@cantus139.de. www.cantus139.de. G.: Berlin, 16. Aug. 1964. El.: Heinz u. Ursula. S.: 1983 Abitur, 1984-95 Stud. Musikwiss. u. Phil. TU Berlin. K.: 1986-94 Mitarb. d. DIW Dt. Inst. f. Wirtschaftsforsch., 1995-96 Freiberufl., 1997-98 Aufbaustudium Kulturmanagement b. d. Ak. f. Kultur u. Bild., 1999 Mitarb. im Richard-Strauss-Inst., 2000 Grdg. Cantus 139 GmbH - Musikalienhdlg. BL.: 1986 Grdg. u. Vorst.-Vors. Jugend-Opern-Kreis e.V. Berlin. M.: Richard-Strauss-Ges. München. H.: Musik, Phil., Literatur.

Enderlein Volkmar Dr. phil. *)

Enders Gabriele

B.: selbst. Psychotherapeutin, Gestaltherapie u. Heilpädagogin. DA.: 50672 Köln, Antwerpener Str. 46. www.gabrieleenders.de; www.kikt.de. G.: Arnsberg, 26. März 1956. S.: 1974 Abitur, Stud. Heilpäd. Univ. Köln, 1979 1. u.1981 2. Staatsexamen. K.: 1981-98 Schuldienst an d. Sonderschule f. Erziehungshilfe, 1987-91 Zusatzausbild. in Gestalttheapie u. Heilpraktikerprüf. bei GIK Köln, KBAV Köln, ISA Eschweiler, 1986 Montessori-Dipl., seit 1991 Praxis f. Kinder- u. Jugendlichenpsychotherapie, Leiterin d. KIKT, Kölner Inst. f. Kindertherapie. F.: smen Therapeutinnengemeinschaft. P.: Übungen d. Stille f. Kinder, Seht her, was ich kann, Ausbilderin b. d. ISBB u. GIK Köln, Ref. in soz. u. päd. Berufsfeldern, Supervision, Fernsehauftritte zu div. kinderpsycholog. Themen (ZDF, RTL, WDR). M.: Berufsverb. ak. tätiger Psychotherapeuten, Vereinigung d Kassenpsychotherapeuten, BKJ, Mtgl. im Zulassungsausschuß f. Psychotherapie KV Köln, beratender Fachausschuss Psychotherapie. H.: Kölner Karneval, Fotografie, Klavierspielen, Griechenland.

Enders Gisela Dr. med. Prof. *)

Enders Gisela *)

Enders Hans Helmut *)

Enders Hans-Joachim

B.: Dipl.-Sozialwissenschaftler, Inst.-Ltr. FN.: Lehrinst. f. Orthographie u. Schreibtechnik. DA.: 72336 Balingen, Friedrichstr. 18. G.: Essen, 8. Okt. 1958. V.: Lebenspartner: Birgit Hufschmidt. Ki.: Tim, Benny, Antonia. S.: 1978 Abitur Essen, 1979-81 Zivildienst, 1981-90 Stud. Sozialwiss. in Bochum, Abschluss als Dipl.-Sozialwissenschaftler. K.: 1990 Sportreferent b. Stadtsportbund Essen, Erarb. d. Projektes Sportplan 2000, 1991-98 Bild.-Referent b. SJD Die Falken Landesverb. NRW, seit 1999 LOS freiberufl. Inst.-Ltr. d. Lehrinst. f. Orthographie u. Schreibtechnik in Balingen. BL.: 1991-99 zahlr. Auslandsaufenthalte zu Organ. intern. Jugendarb. in Frankreich, Polen, Italien u. Österr., Teilnahme am Intern. Kongress "Students for Europe" 1991 in Kishinev/Moldawien u. Bologna/Italien. P.: Rechtsextremismus-Terminologie u. stadtteilorientiertes Arb. (1995). M.: Delegation d. Landesjugendringes NRW Projekt "Neue Brücken bauen", Teilnahme am intern. Kongress in Nishni Novgorod u. Moskau (1996). H.: Sport, Radsport, Tischtennis, Hunde, Reisen.

Enders Harald Dr. med. *)

Enders Ludwig Dipl.-Kfm.

B.: Gschf. FN.: Enders GmbH & Co KG. GT.: Grdg. d. Einkaufsverb. DAGEMA eG Großeinkauf f. Fleischereibedarf m. 38 Firmen, seit 1991 im Vorst., seit 2001 Vorst.-Vors.; Gschf. im Fleischversorgungszentrum Frankfurt Rhein-Main GmbH & Co KG seit d. Grdg. DA.: 35447 Reiskirchen, Endersstr. 4-8. lenders@enders.de. www. enders.de. G.: Gießen, 8. Dez. 1955. Ki.: Frederic Ludwig (1987), Damaris (1990), Leander (1995). El.: Ludwig u. Elsbeth. BV.: Firmengründer Jo-

---

*) Biographie www.whoiswho-verlag.ch oder beigefügte CD-ROM

hann Caspar Enders sen. Grdg. d. Firma 1838 in Reiskirchen, seit 5 Generationen im Dienste d. Fleischer. S.: 1973 Abitur Gießen, 1973-74 Bundeswehr, 1974-76 Stud. Ökonomie Univ. Gießen, 1976-81 Stud. Betriebswirtschaft Univ. Köln, Abschluss: Dipl.-Kfm. K.: 1981 Volontärzeit in versch. Betrieben, 1981 Eintritt in d. Familienbetrieb Enders GmbH & Co KG Reiskirchen, 1998 Grdg. d. Enders Beteiligungs GmbH. BL.: 1981-95 Landesvors. u. im Bundesvorst. im "Bundesverb. junge Unternehmer", regelmäßige Schulungen d. Kundschaft im Haus. P.: Erstellung eines Firmenportrait m. Einstellung im Internet (2001). E.: 2000 Gold. Nadel d. Hess. Tischtennisverb. M.: ASU, Rotary Club "Gießen Altes Schloss", seit 2001 Präs., Tischtennisver. TSG Reiskirchen. H.: Tischtennis.

Enders Peter
B.: MdB, Oberstudiendirektor a.D. FN.: SPD. DA.: 11011 Berlin, Platz d. Republik 1, WK: Moers Steinstr. 10, 11011 Berlin, Friedrichstr. 83. PA.: 47475 Kamp-Lintfort, Ahornstr. 19. G.: Leipzig, 7. Dez. 1942. Ki.: 3 Kinder. S.: 1949-59 Schulen in Leipzig, Duisburg u. Bonn, Mittlere Reife, 1959-62 Lehre Modell u. Formenbau sowie Lehre Industriekfm., 1964 SPD-Eintritt, 1969 Zulassung HS-Reife, 1962-65 Niederrheinische VWA, Duisburg, 1963 jüngstes Betriebsmtgl. IGBE Walter Brüggemann, 1969-74 Stud. Bochum, Lehramt an berufsbild. Schulen daneben bei Prof. Schegbarth, 1974 1. Staatsprüfg., 1/2 Jahr Wiss. Ass. m.d.V.b. Lehrstuhl f. konstr. Ingenieurbau (Betriebswirtschaft), 1974-76 Refr. Seminar Hagen, Ausb. Schule Ennepetal, 1976 2. Staatsexamen. K.: 1976-80 Studienrat, 84 OSTR. Kfm. Schule Duisburg, seit 1976 Eintritt Verband u. Lehrer an Wirtschaftsschulen, 1984 Sachkundiger Bürger Rat Kamp - Lintford, 1985-91 Bildungsobmann Unterbezirksvorstand 85-95 UB - Vorstand, 1998-96 Ratsmtgl. Kamp Lintford, 1989-94 Vors. Schulausschuß, Sachkundiger Bürger Kreistag, 1993 Nominierung, seit 1991 MdB, Direktkandidat (51%) Kamp Lintfort, o.M. Rechtsausschuß, stellv. M. Immunitätsausschuß Geschäftsordnung, Bildung u. Forschung, 1998 Wiederwahl als Direktkandidat (57%), o.M. Innenausschuß spez. Visumrecht, Fragen Demokratie/Wahlrecht, stellv. M. Finanzausschuß Dienstrecht, polit. Bildung, seit 1999 Vors. Kuratorium Bundeszentrale f. polit. Bildung, seit 1999 stellv. Vors. DBB Dt. Beamtenbund (1,2 Mio. Mitgl.), ehem. Mtgl. Förderverein Radio KW, seit 1998 Vors. Hospizhaus Sonnenschein in Rheinberg; 1990-94 stellv. Schulleiter Kaufmann Schule Moers und 1994 6 Monate Schulleiter Kfm. Schule I, Essen. P.: NRW, WAZ. H.: Reisen in Europa, Schwimmen, Skilanglauf, Radfahren, Musicals. (Re)

Enders Werner Kammersänger *)

Enders Wolfram Dr. med.

B.: Arzt f. Allg.-Med. DA.: 33014 Bad Driburg, Alleestr. 10. PA.: 33014 Bad Driburg, Mozartstr. 16. G.: Mannheim, 30. Nov. 1941. V.: Dr. Brigitte, geb. Humberg. Ki.: Dr. Barbara (1967), Sefan (1971). El.: Dr. Walter u. Charlotte, geb. Hirschfeld-Worniken. S.: 1961 Abitur, 1961-63 Militärdienst, Ltd. d. Res., heute: Oberstabsarzt d. Res., 1963 Stud. Humanmed. an d. Univ. in Bonn u. Marburg, 1969 Staatsexamen u. Prom. K.: 1969 Tätigkeit in mehreren Kliniken in Paderborn u. Bad Driburg im Bereich Psychiatrie, 1972 Zulassung u. Grdg. d. Praxis in d. Alleestr. 10 in Bad Driburg, dabei: Zusatzqualifikation, Kurarztausbild., 1973 Zusatzkurarzt, 1977 Mtgl. d. Vertreterversammlung d. KVWL, 1981-89 Vorst., 1989-97 Verw.-Stellenltr. d. KVWL in Münster, seit 1992 führend im Bereich Entwicklung v. Kurarztverträgen u. Weiterentwicklung d. ambulanten Kur. P.: zahlr. Aufsätze in Fachzeitschriften. M.: Rotary Bad Driburg, Golfclub Bad Driburg, Berufsverb. d. Kurärzte, seit 1987 VPräs., seit 1991 Präs., Kassenärztl. Bundesver., 1989-93 Mtgl. d. Vertreterversammlung, seit 1991 Mtgl. d. Präsidiums d. dt. Bäderverb. H.: Reiten (Dressur), Golf.

Enderstein Michael C.

B.: Fremdsprachenkfm., Inh. FN.: Büro f. Technik & Kommunikation Madlon Bonkowski & Michael C. Enderstein. DA.: 23858 Reinfeld, Paul-von-Schoenaich-Str. 25. mail @bftk.de. G.: Minneapolis/Minnesota, USA, 30. Okt. 1963. V.: Madlon Bonkowski. Ki.: Saskia (1997). El.: Stud.-Dir. Dr. Carl O. u. Marianne, geb. Zenk. BV.: Mitglied d. Wulhase-Busse'schen Lehensfamilie. S.: 1982 Abitur Buxtehude, Stud. in Hamburg. K.: 1989 KRUPP Maschinentechnik GmbH (Werk Harburg) als Übersetzer u. Sachbearb. im Bereich d. techn. Dokumentation, 1992 Abt.-Ltr. f. techn. Dokumentation b. d. Firma protoplan engineering gmbH, Beginn d. Lehrtätigkeit b. d. Berlitz School of Languages in Lübeck als freiberufl. Mitarb., mehrere berufl. Aufenthalte in d. USA, 1994 KRUPP Elastomertechnik GmbH (Werk Harburg) als techn. Redakteur f. d. Bereich Kautschuktechnik, 1995 Redaktionsltr. im Technikzentrum Lübeck b. d. Firma Rupprecht Techn. Dokumentation, English for Commerce-Prüf. d. London Chamber of Commerce & Industry, 1996 IHK-Prüf. z. Fremdsprachenkfm., Grdg. d. eigenen Firma in Reinfeld. H.: Snowboardfahren, Rock-Musik.

Endert Gerd Dr. med. Univ.-Prof. *)

Endert Uwe Dipl.-Ing. *)

Endesfelder Erika Dr. sc. Prof. *)

Endisch Reiner *)

Endl Gebhard
B.: Gastronom, Küchenmeister, Inh. FN.: Restaurant "Wilder Mann". DA.: 94032 Passau, Am Rathausplatz. PA.: 94481 Grafenau, Steinberg 32. G.: Grafenau, 31. März 1954. V.: Renate, geb. Kritzenberger. Ki.: Andreas (1976), Eva (1982). El.: Ignaz u. Kunigunde. S.: Realschule, 1970-72 Kochausbild. K.: b. 1973 in versch. Restaurants, 1974/75 Bundesgrenzschutz, 1976 in d. Schweiz, 1977 Küchenmeisterprüf., 1979 Eröff. Hotel Restaurant "Säumerhof" Grafenau, seit 1999 Bayer. Spielbank Bad Füssing. E.: Ausz. beider Restaurants in versch. Restaurantführern. M.: Ver. Eurotouque. H.: Beruf, Lesen, Sport.

Endl Guido Dr. rer. nat. *)

Endle Dieter
B.: Gschf., Inh. FN.: Cafe Endle. DA.: 76133 Karlsruhe, Kaiserstr. 241 a. www.endle.de. G.: Karlsruhe, 6. Juli 1947. V.: Verena, geb. Lang. Ki.: Oliver (1970), Jochen (1973). El.: Albert u. Emma. S.: 1962 Mittlere Reife, 1962-65 Lehre Konditor. K.: b. 1966 Konditor in Düsseldorf, 1967-69 Ang. im

elterl. Betrieb, 1969 Meisterprüf., 1970 Übernahme d. Cafe Endle, 1998 Eröff. eines 2. Cafe in Karlsruhe-Neureut. P.: Art. in Feinschmecker, Essen & Trinken, Stern, Varta-Führer f. Cafe's u. in d. lokalen Presse. M.: Grdg.-Mtgl. d. CC-Club, Relais Dessert, Rotary Club. H.: Musik, Theater, Kirchenmusik, gut Essen u. Trinken, guter Rotwein.

Endlein Bernd *)

Endler Adolf
B.: Schriftsteller. PA.: 13187 Berlin, Neue Schönholzer Str. 14. G.: Düsseldorf, 20. Sept. 1930. S.: 1955/57 Studium d. Literatur am Institut für Literatur "Johannes R. Becher" in Leipzig. K.: 1955 Übersiedlung in die DDR, war in mehreren Berufen tätig, u. a. als Kranfahrer und Transportarbeiter, 1979 Ausschluß aus Schriftstellerverband d. DDR, lebt jetzt als freier Schriftsteller in Berlin, 1989 Rehabil., Lyrik u. Prosa. P.: "Das Sandkorn" (1974, 1976) Gedichte, "Zwei Versuche, über Georgien zu erzählen", Reisebericht (1976), "Verwirrte klare Botschaften", Gedichte (1979), "Akte Endler, Gedichte aus 30 Jahren" (1981/1988), "Ohne Nennung von Gründen", Prosa und Gedichte (1985), "Schichtenflotz", Prosa (1987), "Vorbildlich schleimlösend", Prosa (1990), "Die Antwort des Poeten", Roman (1992), "Tarzan am Prenzlauer Berg, Sudelblätter 1981-1993" (1994), "Den Tiger reiten" (1996), Essays, "Der Pudding der Apokalypse-Gedichte 1968-1998 (1999). E.: u.a.: Heinrich Mann-Preis (1990), Brandenburgischer Literaturpreis (1994), Preis der SWF-Bestenliste (1995), Brüder-Grimm-Preis der Stadt Hanau (1995), Rahel Varnhagen von Ense- Medaille, gem. m. Brigitte Schreier-Endler (1996), Bremer Literaturpreis - u. Peter Huckel Preis 2000, BVK 1. Kl. 2001.

Endler Ronald Dipl.-Ing.
B.: Gschf. FN.: NAA Nürnberger Ak. f. Absatzwirtschaft GmbH. DA.: 90429 Nürnberg, Fürther Str. 212. G.: Hamburg, 18. Mai 1955. El.: Dipl.-Ing. Herbert u. Wera, geb. Knoske. S.: 1974 Abitur Limburg/Lahn, 1976-79 Ausbild. Funkelektroniker b. Firma Philips Aachen, 1978-84 Stud. Nachrichtentechnik an d. RWTH Aachen, Dipl.-Ing. K.: 1984-86 Trainee Firma Philips, 1 J. Auslandsaufenthalt in Eindhoven, 1986-88 Prod.-Ass. Aachen Philips Bildröhrenfbk., 1988-92 Abt.-Ltr. Aus- u. Weiterbild., 1992-94 Philips Ak. Nürnberg, 1994-95 Mitinh. d. Philips-Ak., seit 1995 Gschf. d. Nürnberger Ak. f. Absatzwirtschaft.; Doz. f. Workshops. F.: DFi Dt. Franchise-Inst. Nürnberg, NAA Infokom GmbH Nürnberg. P.: Dipl.-Arb. "Mensch-Maschine-Schnittstelle" (1984). M.: Gründer u. Organisator eines priv. Tennisclubs in Nürnberg. H.: Sport (Tennis, Schifahren), Backgammon-Spiele sammeln.

Endlweber Helga *)

Endres Birgit

B.: Musikerin, Sängerin - Gitarristin, Inh. FN.: Passepartout Künstleragentur u. Kunsthandwerk. DA.: 90403 Nürnberg, Neutormauer 25. G.: Singen, 14. Sep. 1953. El.: Rudolf u. Charlotte Endres. K.: seit 7. Lebensjahr Bühne, ab 11. Lebensjahr eigene solistische Konzerte mit internat. Folksongs, ab 1970 mit eigener Band: Birgit's wanted selection auf Europa - Tournee, seit 1982 als Solistin - Sängerin - Gitarristin f. Konzerte u. Events Bahamas, Amerika u. Europa, 7-sprachige Oldie - u. Country-Musik d. 50er, 60er u. 70er J., seit 1990 Künstleragentur f. intern. Künstler aus d. prof. Gebiet d Musik, darstell. Kunst, Rahmenprogramme f. Events u. Veranstaltungen; 1983 Eröff. v. Häusle, Triberg/Schwarzwald, singende Wirtin, Live - Music - Haus, Treffpunkt d. intern. Musikszene. F.: Organ. im keram. Meisterbetrieb in Nürnberg "Töpferei am Dürerhaus". P.: 1984 LP "Different ways", "Genug, Genug", eigene Lieder u. Texte, 2001 CD "It's me", "So ein Wahnsinn", mit Eigenkompositionen. E.: 1979 1. Platz v. 240 Teilnehmern am internationalen Gesangswettbewerb i. Baden-Baden mit eigener Komposition "Genug, Genug", Teilnahme an 12 versch. Gesang - Contest, jeweils Belegung 1. Platz. H.: Restauration v. antiken Weichholzmöbeln ab d. Gründerzeit, Schwimmen, Reisen, Motorradfahren.

Endres Cornelia *)

Endres Dieter Dr. *)

Endres Dieter *)

Endres Dieter J. *)

Endres Dolores *)

Endres Erika
B.: Ndlg.-Ltr. FN.: TÜV Ak. GmbH. DA.: 90431 Nürnberg, Edisonstr. 15. G.: Unterbrunnenreuth, 18. Feb. 1968. V.: Armin Endres. El.: Heinz u. Martha. S.: 1986 Mittlere Reife, Ausbild. Bürokauffrau, QM-Auditor u. EDV. K.: Lehre in einem Autohaus, Disponent einer Metallverarb. Firma, Ass. d. TÜV Ak., später Projektltr. u. zuletzt Ndlg.-Ltr. H.: Inlineskating, Tanzen, Musik, Klavier spielen.

Endres Franz Dipl-Kfm. *)

Endres Georg *)

Endres Heinz-Peter *)

Endres Jan *)

Endres Klaus Dipl.-Kfm.

B.: Wirtschaftsprüfer, Steuerberater, Gschf. Ges. FN.: BBR Ges. f. Beratung, Betreuung u. Revision mbH Wirtschaftsprüf.-Ges. Steuerberatungsges. DA.: 40213 Düsseldorf, Heinrich Heine-Allee 6. G.: Marktheidenfeld/Main, 23. Mai 1948. S.: 1965 Großhdls.-Kfm., 1970 Abitur Würzburg, 1974 Dipl.-Kfm. Univ. Würzburg, 1978 Steuerberater, 1984 Wirtschaftsprüfer. K.: 1975-76 BTR WP-Ges. Düsseldorf, 1977-81 Prok. u. Ltr. d. Rechnungswesen Gerling Rhein. Vers. Gruppe AG (Holding), 1982-84 Prüf.-Ltr. b. WP Stahlhacke Bonn, seit 1985 Gschf. Ges. BBR WP. F.: seit 1998 Gschf. Ges. WP Stahlhacke in Bonn. P.: Beiträge in Fachzeitschriften z. Thema "Steuern in d. Insolvenz", "Jahresabschlußanalyse", "Beurteilung d. wirtschaftl. Lage v. Unternehmen", "Beurteilung d. Insolvenzursachen". H.: Jagd.

Endres Michael Dr.
B.: Mtgl. d. Beraterkreises, Vorst. a.D. FN.: Dt. Bank AG. GT.: AufsR.-Vors. d. Deutz AG. DA.: 60325 Frankfurt/Main, Taunusanlage 12. G.: München, 28. Okt. 1937. S.: 1958-62 Stud. Rechte u. BWL Univ. München m. Studienaufenthalten

in Paris u. Berlin, 1966 2. Jur. Staatsexamen m. Prom. z. Dr. iur. K.: 1966 Rechtsabt. Wacker Chemie München, 1968 spezielle Ausbild. im Kreditgeschäft Dt. Bank AG Filiale München, 1968 Dt. Bank AG Filiale München, 1972 Vorst.-Ass. b. Dr. Ehret Dt. Bank AG Frankfurt, 1975 Mitltr. d. Filiale Dt. Bank AG Filiale Ulm, 1978 Dir. Dt. Bank AG Filiale Mannheim, 1983 Dir. Dt. Bank AG Filiale Frankfurt, 1985 Managing Dir. Dt. Bank Capital Markets Limitied London, 1988-99 Vorst.-Mtgl. Dt. Bank AG, seit 1999 Mtgl. d. Beraterkreises.

Endres Nils
B.: Werbekfm., Gschf. FN.: Graffiti Werbeagentur GmbH & Co KG. DA.: 20354 Hamburg, ABC-Str. 4-8. G.: Neuwied/Rhein, 27. Sep. 1965. S.: 1987 Abitur Ising/Chiemsee, 1987-89 Stud. Kommunikationswiss. LMU München, 1989-91 Trainee HM1/BBDO Werbeagentur München, Abendstud. m. Abschluß Kommunikationswirt Bayer. Ak. d. Werbung München. K.: 1991-99 klass. Beraterlaufbahn b. Management-Supervisor BBDO Inter One Werbeagentur München, 2000 stellv. Gschf. u. Ltr. Kundenberatung Werbeagentur Graffiti GmbH & Co KG München, seit 2001 Gschf. d. Hamburger Ndlg. H.: Möbel- u. Ind.-Design d. 20. Jhdt.

Endres Uwe E. *)

Endres Walter Dr. Dipl.-Kfm. Prof.

B.: em. Prof. PA.: 14163 Berlin, Limastr. 16. G.: Feldkirch/Österr., 4. Jan. 1917. V.: Gertrud, geb. Göschka. El.: Heinrich u. Gertrud. BV.: aus Salzburg, mütterlicherseits alter Adel. S.: 1935 Abitur, 1955 Stud. an d. HS f. Welthandel in Wien, 1938 Dipl.-Abschluss, 1940 Prom., 1966 Habil., 1940-45 Wehrdienst. K.: 1945-46 Mitarb. b. einem Rechtsanwalt u. Fachanwalt f. Steuerr., 1946-47 b. PLAN Ges. f. Wirtschaftsplanung u. Betriebsorg. mbH in Linz, 1947-51b. d. "Alpen-Treuhand GmbH" in Linz u. Wien, 1951 Wechsel nach Deutschland z. Treuhandstelle d. Zellstoff- u. Papierindustrie e.V. in Wiesbaden, daneben 1956-60 Gschf. d. Betriebsw. Inst. f. d. Zellstoff-, Holzstoff-, Papier- u. Pappenerzeugung GmbH in Bonn, 1961-64 freier Mitarb. u. Sachv. f. eine Untersuchung d. Konzentration in d. Wirtschaft im Auftrag d. Gesetzgebers, 1964-65 f. eine Untersuchung übr. Vorschläge z. Anlage einer Untersuchung über d. Wettbewerbsgleichheit v. Presse, Funk/Fernsehen u. Film u. f. deren Durchführung, 1966-68 Ass., Doz., Vertreter d. Lehrstuhls f. industrielle Unternehmensführung an d. Westfälischen Wilhelms-Univ. Münster, 1968-96 Prof. an d. FU Berlin am neugeschaffenen Lehrstuhl f. Vergleichende BWL, glz. b. 1983 wiss. Dir. d. Forsch.Stelle f. d. Handel Berlin (FfH), m. d. 80. Lebensj. in d. Ruhestand getreten. BL.: Mitarb. an bedeutenden Studien u. Gutachten, 1991-92 Lehrauftrag Vorlesungen an d. HS f. Ökonomie in Berlin-Karlshorst sowie v. ehem. ltd. Ostberliner Min. P.: über 50 wiss. Abhandlungen, darunter 5 Bücher, u.a. Der erzielte u. d. ausschüttbare Gewinn d. Betriebe (1967) (auch ins Japanische übersetzt), Unternehmen verschiedener Wirtschaftsbereiche (1979), Theorie u. Technik d. betriebswirtsch. Vergleichs (1980), Der Betrieb (1991, 3. Aufl. 1998). M.: 1981-92 Grdg.-Mtgl. u. Vors. d. Nichtraucherbundes Berlin e.V., seit 1998 Mtgl. d. Verein Deutsche Sprache e.V. H.: Gartenarbeit, Sport.

Endres Werner
B.: graduierter Vermessungsing., Gschf. FN.: GEODIGITAL Software-Messtechnik GmbH. DA.: 65936 Frankfurt/Main, Westerwaldstr. 40. G.: Würzburg, 16. Nov. 1948. V.: Doris.

Ki.: Florian, Nora. S.: 1968 Abitur, 1968-72 Stud. Staatsbauschule in München, 1972 Graduierung Vermessungsing. K.: 1972-80 Vermessungsing. b. Dyckerhoff, 1980 Grdg. Ing.-Büro Endres, 1995 Eintragung Ing.-Ges. Endres, 1996 Grdg. GEODIGITAL GmbH. BL.: Entwicklung v. Messsystemen z. Erfassung geometrischer Daten f. Ind. u. Bauwesen, 1971 Gastdoz. an Päd. HS München, 1982 Gastdoz. an d. FH Würzburg. M.: Verb. Dt. Vermessungsing., Arbeitskreis Baugeometrie.

Endres Werner Dr. rer. nat. Prof. *)

Endress Gudrun *)

Endress Hans-Joachim Dipl.-Kfm. *)

Endrich Anna Christa Shiatsu Lehrtherapeutin
B.: Ltr. FN.: Europäisches Shiatsu Inst. (E.S.I). DA.: 69115 Heidelberg, Bergheimer Str. 147. G.: Heidelberg, 21. Jan. 1948. V.: Bruno Endrich, geb. Kähler. Ki.: Maria (1974), Moritz (1979). El.: Gerhard u. Brunhilde Endrich. S.: 1966 Abitur, 1966 Stud. Psych. Univ. Heidelberg u. FU Berlin, 1973 Dipl.-Abschluß, 1971-74 wiss. Tutorin an d. Freien Univ. Berlin, 1973-75 psycholog. Fortbild. f. d. Berliner Senat im Kita-Bereich, 1975/76 psych. Gemeinschaftspraxis f. Kindertherapie in Heidelberg, 1985 Shiatsu-Dipl., 1987 Shiatsu-Lehrerausbild. USA, 1988 Fortbild. in Japan. K.: 1978 Beginn d. Shiatsu-Ausbild. bei W. Ohashi (New York / Berlin), 1983 Beginn m. Shiatsu Lehrtätigkeit, 1986 Grdg. d. Ohashi Inst. in Heidelberg, 1989 Umwandlung d. Ohashi Inst. in Heidelberg in d. Europ. Shiatsu Inst. gemeinsam mit 8 anderen Zentren in Europa: Internat. Schule f. Shiatsu (m. Dipl.-Abschluß), 1992 Mitbegründerin d. dt. Shiatsuberufsverbandes GSD: langj. Vorst.- u. Kommissionstätigkeit sowie Mitarbeit in d. Europ. Shiatsu Föderation, 2000 Initiatorin u. Mitveranstalterin d. 1. europ. Shiatsu Symposiums in Berlin. P.: div. Fachart., Buch: Und jetzt und jetzt und jetzt...Shiatsu: Lebenspraxis mit allen Sinnen. M.: 1992 Mitgrdg. d. Berufsverb. GSD u. langj. Vorst., Mitarb. im EFS. H.: Naturverbundenes Leben.

Endriss Elisabeth *)

Endriß Walter *)

Endruweit Günter Dr. Prof.
B.: Dir. FN.: Inst. f. Soziologie d. Univ. Kiel. PA.: 24159 Kiel, Fallreep 8. G.: Tilsit, 24. Juli 1939. V.: Dr. Ingeborg-Inés. Ki.: Christina, Maja. El.: Max u. Meta. S.: Abitur am Gymn. Marne/Holstein, Stud. Jura, VWL u. Soz. in Saarbrücken, Tübingen, Univ. Berlin. K.: Prof. d. Soz. Univ. d. Saarlandes, d. TU Berlin, d. Ruhr-Univ. Bochum d. Univ. Stuttgart, u. seit 1991 Univ. Kiel, Gastprof. Northwestern Univ. in Evanston/USA u. d. Univ. Istanbul. P.: Buchautor: Dreisprachiges Wörterbuch d. Soziologie (Kronberg 1975 u. 1982), Struktur u. Wandel d. Polizei (Berlin 1979), Organisationssoziologie (Berlin 1981), Kommunalreform (Hannover 1982), Gastarbeiter als Eltern (Stuttgart 1985), Elite u. Entwicklung (Frankfurt 1986), Wb. d. Soziologie (Stuttgart 1989 u. 2002) (Hg.), Moderne Theorien d. Soziologie (Stuttgart 1993) (Hg.), Beiträge zur Soziologie, Bd. I - V (Kiel 1997-2002), Lebensstilgruppen u. Milieus (München 2000). M.: Dt. Ges. f. Soz., Ak. f. Raumforsch. u. LPlanung, American Sociological Assoc.

*) Biographie www.whoiswho-verlag.ch oder beigefügte CD-ROM

Endtmann

Endtmann Jürgen Dipl.-Ing. *)

Engbert Alfons Michael *)

Enge Andreas Dr. iur. *)

Enge Hans-Joachim Dr. jur.
B.: Officier of the Order of the British Empire (OBE), Ges. FN.: Lampe & Schwartze. PA.: 28355 Bremen, Kapitän-König-Weg 26. G.: Leipzig, 25. Sep. 1925. V.: Ursula, geb. Westphalen. Ki.: Christoph (1957), Catrin (1960), Thomas (1965). S.: 1943 Abitur, 1946-48 Stud. Vw. Univ. Erlangen, 1948-51wiss. Ass. College HS Wilhelmshaven, 1953 Prom. Dr. jur. Univ. Köln. K.: 1951-57 Doz. an d. Dt. Vers.-Ak., prakt. Ausbild. b. Colonia u. Köln. Vers. AG, 3 J. in d. Firma Margarine Union in Hamburg zuständig f. d. Abt. Vers., 1957 Ges. in d. Firma Lampe & Schwartze in Bremen. P.: zahlr. Veröff., Hauptwerk " Die Transportvers., Recht u. Praxis in Deutschland u. England". M.: Mtgl. Haus Seefahrt, 1984-2001 Honorarkonsul v. Großbritannien, 1998-2001 Doyen d. Konsu. H.: Golf, Segeln.

Enge Jörg *)

Engel Alfred Heinrich *)

Engel Arne *)

Engel Benedikt Dipl.-Ing.
B.: Oenologe. PA.: 54295 Trier, Olewiger Str. 22. G.: Rüdesheim, 29. Apr. 1928. S.: Weinbauausbild. Staatsweingüter Aßmannshausen, Rüdesheim u. Kloster Eberbach, Weinbaustud. FHS Geisenheim/Rhein. K.: 21 J. Weinbauberater u. Weinbaulehrer Landeslehr- u. Versuchsanst. Trier/Mosel, 1972-93 Güterdir. d. Weingüterverw. d. Stiftung Friedrich Wilhelm-Gymn. Trier, 1972-92 Richter Landes- u. Bundesweinprämierungen, seit 1993 Ruhestand, seit 1998 Ehrenbruderschaftsmeister Weinbruderschaft Augusta Treverorum", als Reiseltr. v. Weinexkursionen d. Freundeskreises Weinbruderschaft Augusta Treverorum e.V. E.: 1982 Ehrenplakette d. IHK Trier, 1991 Ehrenplakette d. Ver. ehem. Geisenheimer, 1993 BVK am Bande. M.: 1959-91 Mtgl. d. Prüf.-Aussch. d. IHK Trier f. Weinküfer u. Kellermstr. H.: Reisen u. Wandern.

Engel Bernd *)

Engel Bernhard *)

Engel Detlef Joachim Dipl.-Ing. *)

Engel Dieter Dipl.-Ing. *)

Engel Dirk

B.: Kfm., Inh. FN.: Schuhhaus Engel. DA.: 66115 Saarbrücken-Burbach, Hochstr. 156. G.: Saarbrücken, 30. Nov. 1963. V.: Christine, geb. Weygand. Ki.: Marie-Louise (1997). El.: Rolf u. Alice, geb. Raber. S.: 1975 Mittlere Reife Völklingen, 1979-82 kfm. Ausbild. b. d. Firma Bata Schuhe, 1983-85 Ang. d. Firma Bata Schuhe, 1985-86 Wehrdienst in Zweibrücken. K.: 1986 Eintritt in d. elterl. Betrieb Schuhhaus Engel, 1988 Übernahme d. elterl. Betriebes m. seinem Bruder Dietmar Engel, Schwerpunkt: hochwertige Markenware.

Engel Elisabeth

B.: selbst. Fotografin, Inh. FN.: Foto Zinner. DA.: 31582 Nienburg, Marienstr. 1. G.: Holtorf, 25. März 1947. V.: Harald Engel. Ki.: Barbara (1972), Julia-Maria (1983). El.: Norbert u. Dora Zinner, geb. Mains. S.: 1962 Mittlere Reife Nienburg, 1962-65 Ausbild. z. Fotografin in Fielsbieburg. K.: 1965-80 ang. Fotografin i. Nienburg, 1980 Übernahme d. elterl. Betriebes in Nienburg, 1972 Meisterschule mit Abschluß/Meisterbrief in Hannover. P.: div. Veröffentlichungen in Fachzeitschriften. E.: div. Ausz. v. Teilnahmen an Wettbewerben. M.: Ringfotogruppe, Colour-Art Photo, IHK, Museumsver., Berufsgen., Handwerkskam., Sportver. H.: Schwimmen, Lesen, Hundeliebhaberin, Fotografie.

Engel Gerhard *)

Engel Gerhardt Ing. *)

Engel Günter *)

Engel Hans-Jörg Dipl.-Ing. *)

Engel Hans-Werner Dipl.-Ing. *)

Engel Hartmut S. *)

Engel Heiko S.

B.: RA. FN.: Kzl. Heiko S. Engel. GT.: Gschf. Ges. Med. Unternehmen Neurodata GmbH. DA.: 12555 Berlin-Köpenick, Bahnhofstraße 14. jsemgel@aol.come-mail. G.: Berlin, 15. Juni 1964. V.: Kerstin, geb. Schlüter. Ki.: Maximilian (1993). S.: 1982 Abitur Berlin, 1982-84 Wehrersatzdienst, Dolmetscher f. Russ., 1984-89 Stud. Wirtschaftsrecht MLU Halle-Wittenberg, 1989 Dipl.-Jurist, 2 J. berufsbegleitendes Ergänzungsstud. FU Hagen, 1993 Lehrgang Familienrecht in Bad Sassendorf. K.: 1989-90 Ltg. Rechtsabt. Funkwerk Köpenick, 1992 Zulassung als RA in Berlin, seit 1992 Unternehmensberatung in Düsseldorf, b. 1994 Beratung Funkwerk. M.: Berliner Anw.-Ver., Berliner Ver. d. Strafverteidiger, Arge d. Fachanw. f. Familienrecht im DAV. H.: Tennis, Handball, Klavierspielen, Oper, Musicals.

Engel Heiner Dr. rer. nat. *)

Engel Heinz-Jürgen Dr. med. Prof.
B.: Univ.-Prof., Chefarzt. FN.: Zentral-KH Links d. Weser Klinik f. Kardiologie, Herzzentrum Bremen. DA.: 28277 Bremen, Senator-Weßling-Str. 1. G.: Marburg/Lahn, 9. Mai 1941. V.: Hiltrude, geb. Vogel. Ki.: Dr. med. Christine (1969), Bernd-Achim (1971), Brigitte (1974). El.: Heinrich u. Christa, geb. Vietor. S.: 1960 Abitur Northeim, 1960-65 Med.-Stud. Göttingen, Marburg, München, 1965 Prom. K.: b. 1967 Ass. an d. Univ.-Klinik Göttingen, b. 1969 Ass.-Arzt Chem.-Physiolog. Inst. in Göttingen, 1969-73 Internistenausbild. im KH

*) Biographie www.whoiswho-verlag.ch oder beigefügte CD-ROM

Northeim, 1973/74 Fellow of Cardiology (FACC) Nashville Tennessee, 1974 Abt. Kardiologie an d. Med. HS Hannover, 1977 Habil., 1977 OA Department Innere Med., seit 1981 Chefarzt d. Klinik f. Kardiologie, Herzzentrum Bremen, d. Zentral-KH Links d. Weser Bremen, seit 1982 Prof. d. Med. HS Hannover. BL.: seit 1979 aktiv als einer d. Ersten b. Koronareingriffen m. Ballondilatationen, Laser, Stent, Klappensprengungen (Valvuloplastien), Einführung d. Techniken an intern. KH u.a. in Kanada, China, Ukraine. P.: div. nat. u. intern. Veröff. M.: Fellow of Vanderbilt Univ. St. Thomas Hospital Nashville Tennessee, Fellow of the American College of Cardiology, Kmsn. d. Dt. Ges. f. Kardiologie, Rotary-Club Bremen-Neuenl. H.: Klavierspielen, Tennis, Musik, Theater.

Engel Helga Maria Dr. Dipl.-Ing. *)

Engel Holger
B.: Kfz-Meister, freier Kfz-Sachv., Inh. FN.: car tuning GbR. DA.: 06217 Merseburg, Querfurter Str. 4. info@kfz-tuningwerkstatt.de. www.kfz-tuning-werkstatt.de. G.: Leipzig, 28. März 1964. V.: Andrea. Ki.: Jeniffer (1995), Bettina (1998). S.: Lehre z. Maschinenanlagenmonteur, Vers.-Kfm., Lehre z. Dachdecker, 1991-94 Autoverkäufer, 1994-97 Lehre z. Kfz-Mechaniker. K.: seit 2000 Gschf. v. Engel tuning, seit 2001 Inh. v. car tuning GbR. M.: Kfz-Sachv.-Verb. H.: Autorennen, Autostyling.

Engel Holger *)

Engel Jörg

B.: Gschf. Ges., Isoliermeister. FN.: Schweriner Isoliertechnik GmbH. DA.: 19057 Schwerin, Vor dem Wittenburger Tor 4 A. PA.: 23568 Lübeck, Herbartweg 1. schweriner-isoliertechnik@t-online.de. G.: Lübeck, 27. Feb. 1947. Ki.: 3 Kinder. El.: Horst u. Hildegard. S.: 1963-71 z. See gefahren, b. 1973 Umschulung Fachisolierer Hamburg. K.: ang. Fachisolierer, 1984 Meisterprüfung, 1984-89 selbständiger Isoliermeister in Lübeck, 1989-2000 Projektleiter in d.
Firma Käfer Isloiertechnik u. ab 1998 Abteilungsleiter in Mecklenburg-Vorpommern, 2000 Grdg. d. Firma Schweriner Isoliertechnik GmbH. M.: LBV Phönix Lübeck. H.: Tennis, Literatur, Musik.

Engel Jürgen O. *)

Engel Karl Heinz *)

Engel Katrin *)

Engel Klaus Ernst Albrecht Dr. *)

Engel Kurt Josef *)

Engel Lothar Dipl.-Ing. *)

Engel Manfred M. D.
B.: Arzt, Ltr. d. Privat Ärztl. Notfalldienst PÄND. DA.: 14199 Berlin, Borkumer Str. 25. G.: Homburg/Saar, 26. Nov. 1952. V.: Caroline, geb. Rued. Ki.: Andreas (1984), Nicholas (1986). S.: 1971 Abitur Meisenheim/Glan, daneben in Rockband Treasure Island, 1971-80 Stud. Tiermed., VWL u. Humanmed., 1980 Approb., Prakt. J. Jüd. KH Berlin b. Chir. Dr. Graf, Wahlfach Dermatologie b. Prof. G. Stüttgen am Virchow-Krkh. Großer Wannsee. K.: Ass.-Arzt-Stelle am KH am Großen Wannsee, danach Urologie Klinikum Westend, Ass.-Arzt Spital Wannsee am Sandwerder, US Army Hospital Berlin, Senatsverw. Gutachter LVWA, 1988-92 Ndlg. in Neukölln, Allg.-Med. Praxis, funktionell dynamische Homöopathie, 1992 Grdg. d.

Privat Ärztl. Notfalldienstes, seit 1995 Zusammenarb. m. Wunderheiler Aron Dolgoj, seit 2000 Zusammenarb. m. Wunderheilerin Donka Kostowa. BL.: Gründer d. 1. Privat Ärztl. Notfalldienstes in Deutschland, 1. Arzt in Deutschland, d. offziell m. Wunderheilern zusammenarb. H.: elektr. Modellboote, Musik, Lesen, spirituelle Literatur, Goethe, Shakespeare.

Engel Michael Dr. rer. nat.

B.: Verleger, Wiss. Bibl., Ltr. d. Universitätsarchivs. FN.: FU Berlin. GT.: Vorst. d. Ges. f. Wiss.-Geschichte. DA.: 14195 Berlin, Boltzmannstr. 20. PA.: 14057 Berlin, Kaiserdamm 102. G.: Berlin, 17. August 1941. V.: Brita, geb. Abraham. Ki.: Jessica (1973). S.: 1960 Abitur Berlin, 1960-75 Stud. Chemie u. Physik FU Berlin, 1975 Prom. z. Dr. rer. nat. K.: seit 1973 Lehrbeauftragter f. Geschichte d. Chemie - Forsch.-Schwerpunkt 18.-20. Jhdt., seit 1976 außerdem im höheren Bibl.-Dienst tätig, seit 1991 Verlagsgrdg. - Gschf., Inh., Lektor - Verlag f. Wiss.- u. Regionalgeschichte Michael Engel. P.: zahlr. Bücher, wiss. Aufsätze, Zeitschriften. M.: Verb. Dt. Bibliothekare, Ges. Dt. Chemiker, Ges. f. Wiss.-Geschichte. H.: Beruf.

Engel Peter Dipl.-Kfm.

B.: Steuerberater, Wirtschaftsprüfer. FN.: Steuerbüro Engel. DA.: 38855 Wernigerode, Hilleborchstr. 4. PA.: 38871 Drübeck. G.: Nienhof b. Celle, 31. Mai 1952. S.: 1972 Abitur, 1972-78 Stud. Betriebswirtschaft in Göttingen m. Abschluss als Dipl.-Kfm. K.: 1978-82 Assistent in einer Steuer- u. Wirtschaftsprüf.-Praxis, ab 1982 als Steuerberater dort tätig, 1984 Berufsexamen z. Wirtschaftsprüfer m. Bestellung, 1984-88 ang. Steuerberater u. Wirtschaftsprüfer in gleicher Praxis, 1988 Eröff.
d. eigenen Praxis in Lehrte b. Hannover, 1991 Grdg. einer auswärtigen Beratungsstelle in Wernigerode, seit 1993 ausschließl. in Wernigerode ndlg. H.: Lesen, naturwiss. u. histor. Abhandlungen, Reisen.

*) Biographie www.whoiswho-verlag.ch oder beigefügte CD-ROM

Engel

Engel Peter *)

Engel Renate

B.: Unternehmensberaterin, Inh. FN.: Engel & Partner Synergieberatung. DA.: 28213 Bremen, Busestr. 94. engel@synergie.de. www.synergie.de. G.: Bargen 11. Dez. 1944. V.: Jürgen Engel. Ki.: Nicolai (1966). El.: Konrad u. Henriette Böhm, geb. Knickrehm. S.: 1961-64 Ausbild. Chemie Laborantin LUFA Kiel, 1964-71 Chemiedlaborantin d. LUFA Kiel, 1971 Stud. Sozialpäd. FH Hamburg, 1975 Dipl.-Sozialpädagogin. K.: seit 1975 tätig als Unternehmensberaterin, Moderatorin und Trainerin f. d. Metaplan GmbH in Quickborn, seit 1998 Partnerin d. Unternehmensberatung Engel & Partner Synergieberatung in Bremen m. Schwerpunkt Changemanagement unter Einbeziehung d. Beteiligten u. Betroffenen. F.: Gemekon Ges. f. Mediation u. Konfliktregelung bR. P.: Mitautorin v. "Auf d. Wege z. Wissensmanagement", "Personalentwicklung in d. öff. Verw." (1997). H.: Klettern, Klavier spielen, Joggen.

Engel Rudolf Dr. med.

B.: Internist, Psychotherapeut. DA.: 21031 Hamburg, Häußlerstr. 50E. rw.engel@t-online.de. G.: Reichenbach, 26. Jan. 1928. V.: Helga, geb. Korte. Ki.: Ute Sabine, Silke Barbara. El.: Dr. Bruno u. Anna. BV.: Großvater: Geheimrat., Schuldienst. S.: 1947 Abitur, Stud. Frankfurt, 1952-53 FU Berlin, 1954 Staatsexamen u. Prom. K.: 1954-56 Kinderklinik Ffm u. Göttingen, danach Hamburg, 1956-57 Tätigkeiten in Detroit USA, 1958 Internist. Fachausbild. in Dortmund, 1961 FA f. Innere Med., danach OA bis 1970, dann FA f. Innere Med. in eigener Praxis, 1978 Erblindung, b. 1982 blindentechn. Ausbild. auch in Selbstserfahrungsgruppen, 1983 ärztl. Weiterbild. f. Psychotherapie am Balint Inst. Hamburg, 1989 Ndlg. in Praxis f. Psychotherapie in Hamburg-Lohbrügge als Kassenarzt, 1997 FA f. Psychotherapie, 2000 Rückgabe d. Zulassung u. danach Behandlung v. Privatpatienten. P.: 1965-66 Immunelektrophorese, Nachweis v. Antikörpern, Vorträge auf intern. Kongress in Wiesbaden über dieses Thema, 1999 Teilnahme "Boulevard Bio" wir machen alles blind". H.: Arb., Touren-Segeln, Motorbootführerschein, Computersurfen.

Engel Stefanie

B.: Sped.-Kauffrau, Inh. FN.: Studio + Feld Marketingforsch. Stefanie Engel. DA.: 22765 Hamburg, Ottenser Hauptstr. 8. G.: Mainz, 22. Sep. 1962. El.: Wilhelm u. Sigrun Engel. S.: 1981 Abitur, 1981-82 Ang. in Marktforsch. Hamburg, 1982-84 Ausbild. Sped.-Kauffrau. K.: 1993-96 Ltr. d. Interwier-Abt. in d. Marktforsch., 1996 Grdg. d. Firma Studio + Feld Marktforsch. H.: Hundespaziergänge.

Engel Thomas *)

Engel Thomas *)

Engel Ulrich Dr. rer. nat. Dipl.-Phys.

B.: Präs., Gschf. FN.: ESM Eberline Instruments GmbH. DA.: 91056 Erlangen, Frauenauracher Str. 96. u.engel@esm-online.de. www.esm-online.de. G.: Stuttgart, 6. Jan. 1940. V.: Mechthild, geb. Rausch. Ki.: Philipp (1967), Julia (1971). El.: Walter u. Eleonore. S.: 1959 Abitur Tübingen, 1959-66 Stud. Physik in Stuttgart u. Berlin, 1971 Prom. z. Dr. rer. nat. K.: 1966-71 wiss. Ang. 1. Physikal. Inst. Univ. Stuttgart, 1971-72 Ltr. Materiallabor SEL Stuttgart, 1972-80 SEL/ITT Nürnberg Bauelementewerk, Entwicklungsltr./Selen-Gleichrichter, ab 1973 Produktionsltr., ab 1977 Manager Produktionstechnologie, 1980-81 Leybold Hereaus Hanau, Ltr. Applikation u. Service/Vacuum-Bedampfungsanlagen, 1981-93 FAG-Kugelfischer stellv. Ltr., seit 1991 Ltr., Bereich Strahlenmeßtechnik Erlangen, 1993 Übernahme d. o.g. Geschäftsbereiches durch Thermo Electron, seit 1997 eigenständige GmbH im weltweiten Unternehmensverb. u. Gschf. H.: Literatur, klass. Musik u. Jazz, Skifahren, Bergwandern, Wassersport, Transaktionsanalyse.

Engel Walter

B.: Sachbuchautor. PA.: 66606 St. Wendel, Wingertstr. 13. www.buchautor-engel@t-online.de. G.: Berglicht, 22. Feb. 1931. V.: Roswitha, geb. Steppuhn. Ki.: Frank (1962), Oliver (1968). El.: Nikolaus u. Maria, geb. Berens. S.: 1941-44 Real-Gymn. in Völklingen, 1953 El.-Mechaniker Facharbeiterprüf., 1957-58 Fernlehr-Inst. Christiani mit Abschluss Maschinenbautechniker, 1959 staatl. Zulassung als Schweißfachmann, 1966 El.-Mechaniker-Meisterprüf. K.: 1959-61 Firma AEG Saarbrücken überwiegend Service- u. Montagearb. im europäisch. Ausland, 1961-63 öffentl. Dienst in Finanz- u. Kontrollbehörde, 1964-66 Mitarb. im Inst. f. Berufsfachkunde d. Univ. d. Saarlandes, 1970 Techn. Univ. Hannover Ausbild. f. Lehrkräfte in Elektronik, danach Labor- u. Praktikumsltr. f. angehende Gewerbelehrer im genannten Institut, ab 1975 mit Überg. d. Inst. f. Berufsfachk. in d. Fachber. Angewandte Physik u. später (1987) in d. Fachber. Ing.-Wissenschaften sowie Techn. Mechanik, dort gleichartige Tätigkeit, seit 1992 im Ruhestand. BL.: 1966 f. ehem. Pfälzische Hoch-Schule in Kaiserslautern Entwurf u. Bau eines Modellkraftwerk als Meisterstück, Erfinder einiger Patente f. Lehrmittel. P.: 1972 in Buchr. Fundamente d. prakt. Wissens (Südwest Verlag) mehrere Auflagen d. Sachbuch "Elektrotechnik und Elektronik", 1975 in niederländ. Sprache Sachbuch "Omgaan met elektriciteit" bei Het Spectrum Antwerpen, 1978 Sachbuch "Si-Einheiten gesetzl.phisikal. Einheiten im Alltag" nach EU-Richtlinie (Vogel-Verlag) zwei Auflagen, 1980 zu "Philosophie d. lebendigen Geistes in d. Krise d. Gegenwar" v. Prof. Dr. F.J. v. Rinteln Rezession in Zeitschr. Polit.-Histor. Buch, 1986 Drehb. f. Dokum.Film "St. Wendel im Detail", 1989 Europ. Zeitung "IN-Sprache ist möglich", weitere Veröffentl. in regional. Medien. M.: seit 1983 der 2. Vors. d. Heimatverein Altstadtfreunde St. Wendel, seit 1986 Mtgl. der AIS (Intern. Akad. d. Wissenschaft) in San Marino, 1990 Ernennung in d. Ausschuss ITK u. V. 1996-99 estarano (Vorst.-Mtgl.) im Förderkr. d. AIS, seit 1999 in d. Bank 1 Saar eG Mtgl. in d. Vertretervers. H.: Alpen-Wandern, Videofilmen, Computer, Stud.-R. nach USA, Japan u. China, 1976-89 Gasthörer: Geschichte d. Philosophie bei Prof. Sandvos u. Europapolitik bei Prof. Dr. K. Schön Univ. Saarbrücken.

Engel Werner *)

*) Biographie www.whoiswho-verlag.ch oder beigefügte CD-ROM

Engel Wilfried

B.: Gschf. FN.: RIT GmbH Radebeuler Isolier Technik. DA.: 01561 Thiendorf, Zum Oberdorf 34b. G.: Lübben, 8. Apr. 1945. V.: Sabine. Ki.: Chris (1975), Steffi (1976). S.: 1959-62 Lehre als Fliesenleger/Ofensetzer, 1962-65 Isolierhelfer, 1972-73 Erwachsenenqualifizierung, Facharb. Isolierer, Abendschule 10. Kl. Abschluss, 1974-75 Ing.-Stud. (Fernstud.) an Ing.-Schule Glauchau. K.: 1978 Antrag auf Selbständigkeit gestellt, seit 1979 selbst. Einzelunternehmer, 1999 Gschf. einer neu gegründeten GmbH. M.: Vorst. einer Einkaufs- u. Liefergen., Berufsgruppeninnung. H.: Computer, Camping, Surfen, Segeln, Wandern, Filmen, Tiere.

Engel Wolfgang
B.: Intendant. FN.: Schauspielhaus Leipzig. DA.: 04109 Leipzig, Bosestr. 1. info@schauspie-leipzig.de. www.schauspiel-leipzig.de. G.: Schwerin. K.: erste Regiearb. in Dresden u. Berlin, 1980-91 Regisseur am Staatsschauspiel in Dresden, intern. Erfolge m. "Faust" u ."Warten auf Godot", 1991-93 Oberspielltr. am Schauspiel in Frankfurt, 1995-2004 Intendant am Schauspielhaus Leipzig.

Engelberg Gisela *)

Engelbert Arthur Dr. phil. *)

Engelbertz Elmar *)

Engelbertz Marc

B.: RA. DA.: 45130 Essen, Zweigertstr. 25. ra.engelbertz@cneweb.de. G.: Lüdenscheid, 7. Dez. 1970. El.: Dieter u. Maria, geb. Lukas. S.: 1990 Abitur Lüdenscheid, 1990-92 Zivildienst, 1992-96 Stud. Jura in Göttingen, 1996 1. Staatsexamen, 1997 Referendarzeit in Essen, 1999 2. Staatsexamen. K.: seit 1999 selbständiger Anw. mit Tätigkeits-/Interessenschwerpunkt: Zivilrecht, Mietrecht, Arbeitsrecht u. Immobilienrecht. M.: Samariterver. (ASB).

Engelbogen Hans-Dieter *)

Engelbrecht Georg Dr.-Ing. *)

Engelbrecht Karin *)

Engelbrecht Marcus Theodor Paul *)

Engelbrecht Michael *)

Engelbrecht Siegfried
B.: Schiffsmakler, Reedereikfm., Inh. FN.: Brodersen Bestattungs-Inst. DA.: 23560 Lübeck, Hinter den Kirschkaten 14. G.: Lübeck, 9. Juni 1940. Ki.: Marcus (1965), Simone (1970).

S.: 1959-61 Ausbildung z. Schiffsmakler u. Reedereikfm. b. d. Firma Lischau. K.: 1961-65 Sped. WTAG Lübeck, Longuet Schwertransporte, HOLTEX (Werbekfm.), 1965-67 Firma Possehl, Einkauf Heizungsabt., 1967-70 Schlichting-Werft Einkauf, 1970-85 Bestattungsinst. Schäfer & Co, im kfm. Teil, 1978 Fachprüf. f. Bestatter, seit 1972 parallel Wohnungsauflösungen, An- u. Verkauf, 1985 Kauf d. Bestattungsinst. Brodersen. M.: seit 1985 Bestatterfachverb. - ASU - in Lübeck, Oldtimer Veteranen Club Lübeck. H.: Antiquitäten sammeln u. verkaufen.

Engelbrecht Thomas Horst Dipl.-Ing.

B.: Unternehmer, selbständig. FN.: Ingenieurbüro Dipl.-Ing. Thomas Engelbrecht. DA.: 18439 Stralsund, Mühlenstr. 28. G.: Stralsund, 18. Okt. 1959. V.: Beate, geb. Lange. Ki.: Stephanie (1988), Felix (1990). S.: 1979 Abschluss d. Berufsausbildung z. Vollmatrosen d. Handelsschifffahrt m. Abitur, 3 J. NVA, 1982-87 Stud. z. Dipl.-Ing. f. Technische Gebäudeausrüstung an d. TU Dresden. K.: 1987-90 tätig im VEB (K) Bau Triebsees, seit 1990 freiberuflich tätig als Planer, seit 1985 Vortragstätigkeit u.a. Doz. an d. FH Stralsund. M.: Blasorchester d. Hansestadt Stralsund e.V. H.: Segeln, Musizieren.

von Engelbrechten Goetz
B.: Vorst.-Vors. FN.: Nordzucker AG. DA.: 38100 Braunschweig, Küchenstr. 9.

van Engelen Bernhard

B.: Gschf. Ges. FN.: Karsdorfer Eisenbahn GmbH; Mainische Feldbahnen. DA.: 06638 Karsdorf, Straße d. Einheit 25; 58239 Schwerte, Westendamm. El.: Ernst u. Lilli. S.: Stud. Bergmaschinentechnik Bochum, Ausbild. Lokführer, Prüf. Eisenbahnbetriebsltr. K.: 1987 Grdg. d. Firma Mainische Feldbahnen, 1988 Umzug nach Schwerte, An- u. Verkauf v. Lokomotiven u. Tunnelbaumaschinen im Betriebswerk Schwerte, 1992 Grdg. d. Firma Karsdorfer Eisenbahnen GmbH f. Schienenpersonennahverkehr, 1996 Grdg. d. Firma Rügensche Kleinbahn GmbH & Co als öff. Eisenbahnverkehrsunternehmen. P.: zahlr. Presseart. über unternehmer. Aktivitäten. M.: Verb. dt. Verkehrsbetriebe. H.: Eisenbahnen, Schach, Operette.

Engelen-Kefer Ursula Dr.
B.: Stellv. Vors. d. DGB. GT.: Mtgl. Wirtschafts- u. Sozialaussch. EG, VerwR. Intern. Arbeitsamt, Vorst. Bundesanst. f. Arbeit, Mtgl. d. Kurat. d. Intern. Studentenaustausch, AR

*) Biographie www.whoiswho-verlag.ch oder beigefügte CD-ROM

Engelen-Kefer

Saarstahl AG, SPD-Parteivorst. DA.: Regenburgerstr. 104. PA.: 10178 Berlin, 2. G.: Prag, 20. Juni 1943. V.: Dr. Klaus C. ver, Christian. El.: Dr. Egon u. Gerlinde Kefer. S.: Gymn. Düsseldorf, Stud. Köln, 1967 Dipl. rer. pol. K.: 1970 Journalistin f. Handelsblatt, Diss., Referatsltr. wiss. Inst. d. DGB, 1970 Prom., 1978 Ltr. d. DGB-Abt. f. Arbeitsmarktpolitik Düsseldorf, 1976 Mtgl. d. Vorst. d. Bundesanst. f. Arb., 1984-90 VPräs., 1987-88 u. 1988-89 Lehrauftrag Univ. Bielefeld, 1990-93 altern. Vorst.-Vors. VDR, seit 1990 altern. Vorst.-Vors. Bundesanstalt f. Arbeit. P.: Regionale Arbeitsmarktpolitik (1972), Beschäftigungspolitik (1976), Referatstätigkeit. M.: Gewerkschaft, ver.di, seit 1972 SPD. H.: Wandern, Schwimmen, Klavierspielen.

DA: 90478 Nürnberg, Henriette -Herz-Pl. Engelen. Ki.: Oliver, Christian.

Engelhard Elisabeth

B.: Kauffrau. FN.: Engelhard Immobilien - Hausverwaltung. DA.: 86368 Gersthofen, Donauwörther Str. 3. G.: Augsburg, 10. Feb. 1955. El.: Felix Weisbrich u. Therese, geb. Holzmair. S.: 1970-73 Lehre als Techn. Zeichnerin b. MAN Augsburg. K.: 1973-76 techn. Zeichnerin b. MAN, 1977 Reiseleitung u. Reiseleiterin in NED Frankreich, Spanien u. Jugoslawien, 1978 Umschulung z. Sekr., 1980-86 techn. Zeichnerin u. Sekr. b. Innenarchitekt, 1987-92 Zeichnerin b. d. Landesgewerbeanstalt im Prüfamt f. Baustatik u. dort d. EDV f. LGA aufgebaut, 1992-97 freiberuflich als Bauzeichnerin b. Bauträgern tätig, Büro in Meissen aufgebaut u. Treuhänder Bauvorhaben beendet, 1997 Grdg. Engelhard Immobilien, 1999 Grdg. EWE Wohnbau. H.: Radfahren, Schwimmen, Segeln, Gartein.

Engelhard Hans A. *)

Engelhard Jürgen Karl August *)

Engelhard Karl *)

Engelhard Karl Dr. rer. nat. *)

Engelhard Karl Michael *)

Engelhard Ludwig Rudolf Dr. rer. nat. habil. *)

Engelhardt Arnold-Wilhelm Dr. *)

Engelhardt Burkard Johannes Dr. med. *)

Engelhardt Claus *)

Engelhardt Dieter Dr. med. Prof. *)

von Engelhardt Dietrich Dr. phil. Prof. *)

Engelhardt Elke *)

Engelhardt Ernst Nikolaus Dipl.-Ing. Prof. *)

Engelhardt Günther Dipl.-Ing. *)

Engelhardt Gerd

B.: Gschf. FN.: Neodental Dentallabor GmbH. GT.: Zahnlabor in Karlsruhe. DA.: 67063 Ludwigshafen, Leuschnerstr. 1a. info@neodental.de. www.neodental.de. G.: Mannheim, 14. Okt. 1959. Ki.: Laura. S.: 1976-80 Ausbild. z. Zahntechniker, 1980-81 Bundeswehr, 1989 Zahntechnikermeister. K.: 1981-89 ang. Zahntechniker, 1989-93 ang. Laborltr., 1993 Gschf. Ges. Neodental Dentallabor GmbH. M.: Motoryachtclub Mannheim (MCK), Golfclub Wiesbaden (VCG). H.: Golf, Motorradfahren, Eishockey.

Engelhardt Gustav Heinz Dr. med. Prof. *)

Engelhardt Hans A. *)

Engelhardt Hans-Dieter Dr.-Ing. Prof. *)

Engelhardt Hans-Günter Dr. *)

Engelhardt Hans-Jörg Dipl.-Betriebswirt *)

Engelhardt Heinz Gustav Dr. Prof. *)

Engelhardt Horst Dr. *)

Engelhardt Horst *)

Engelhardt Horst Friedrich Hans Dipl.Vw.
B.: Pressesprecher. FN.: BKK Berlin. DA.: 10719 Berlin, Bundesallee 13/14. presse-service@bkk-berlin.de. G.: Berlin, 30. Dez. 1942. V.: Birgit, geb. Bartl. Ki.: Frank (1965), Uwe (1971). El.: Günther u. Lieselotte, geb. Hüneke. BV.: Turnvater Jahn. S.: 1962 Abitur, 1963-64 Stud. Theol., 1980 Abschluß Dipl.-Vw. K.: in d. 60-er u. 70-er J. erfolgr. Organ. v. 3 großdimensionierten Univ.-Festen sowie ein Free-Pop-Konzert auf d. Reb-Stock in Frankfurt/Main, Zivildienst b. THW, seit 1978 freier Journalist f. d. Frankfurter Rundschau u. glz. 1980-81 Volontariat, 1981-90 Redakteur d. Frankfurter Rundschau, Hospitation b. WDR-Fernsehen, 1990-93 freier Journalist in Spanien spez. f. d. Welt, Bild, Österr. u. Luxemburg. Zeitungen, 1994-99 Redakteur d. "Die Welt in Berlin m. Schwerpunkt Wirtschaft, Intern., Leserredaktion u. Lokales, seit 2000 Pressesprecher d. BKK Berlin u. glz. Ltr. d. Marketingbereichs. BL.: objektive Berichterstattung, Organ. eines d. größten Free-Pop-Konzerte, Exclusiv-Interviews m. herausragenden Persönlichkeiten Spaniens. M.: Öff.-Arb. f. d. THW - Mitgestaltung d. Besuchs d. Dt. Innenmin. in Albanien. H.: Lateinamerikareisen.

Engelhardt Jens-Uwe
B.: Dipl.-Stom., ndlg. Zahnarzt. GT.: 1992-93 nebenberufl. Tätigkeit als Berufsschullehrer. DA.: 39130 Magdeburg, Bruno-Beye-Ring 1a. G.: Magdeburg, 22.Okt. 1957. Ki.: Jana (1980), Andreas u. Claudia (1985), Nils (1990). El.: Claus-Dieter u. Eva, geb. Clauder. S.: 1976 Abitur Magdeburg, 1976-79 Zeitsoldat/Sanitätsbereich, 1979-84 Stud. Zahnmed.

---
*) Biographie www.whoiswho-verlag.ch oder beigefügte CD-ROM

an d. KMU Leipzig u. anschl. in Med. Ak. Erfurt, 1984 Approb. K.: 1984-89 FA-Ausbild. an d. Polikliniken Süd/Mitte in Magdeburg, 1989 FA f. Allg. Stomatologie, 1990-91 OA f. Weiterbild. in Poliklinik/Mitte Magdeburg, seit 1991 Zahnarzt in eigener Ndlg. u. b. heute hier tätig u. Prothetik-Gutachter. M.: Förderver. Bürger f. Magdeburg e.V., ehrenamtl. Richter am Landessozialgericht Halle, stellv. Vors. im Verw.-Aussch. d. Altersversorgungswerkes d. Zahnärztekam. Sachsen-Anhalt. H.: Motorradfahren.

Engelhardt Kai
B.: Gschf. FN.: "GLOBAL" Container Trading GmbH. DA.: 22767 Hamburg, Gr. Elbstr. 117. G.: Hamburg, 14. Sep. 1939. V.: Ingeborg, geb. Freese. Ki.: Sven (1967), Kerstin (1969), Daniel (1975). S.: 1957-69 Getreide- u. Futtermittelkfm.-Lehre, 1960-61 Wehrdienst. K.: 1961-63 kfm. Ang. im Getreidehdl., 1963-67 kfm. Ang. b. Contrans, 1967-69 Sped.-Kfm., 1969-77 Tätigkeit im Containerleasing, 1977-80 Mitges. d. Clou Containerleasing, 1980 Grdg. d. Firma "GLOBAL" Container Service u. Hdl. GmbH, seit 2000 Global Container Trading GmbH. M.: HK. H.: Astrologie, Psych., Natur.

Engelhardt Karlheinz Dr. med. Prof. *)

Engelhardt Klaus Dr. theol. Prof.
B.: Landesbischof a.D. FN.: Evang. Landeskirche in Baden. PA.: 76137 Karlsruhe, Beiertheimer Allee 36. G.: Schillingstadt, 11. Mai 1932. V.: Dorothea, geb. Schlink. Ki.: Markus, Tilman, Dietlind. El.: Wilhelm u. Therese. S.: Kurfürst Friedrich-Gymn. Heidelberg, Stud. d. Ev. Theol. Göttingen, Basel u. Heidelberg, 1960 Dr. theol. K.: 1969 Prof. f. Ev. Theolog. an d. Päd. HS Heidelberg, 1971 Rektor d. Päd. HS Heidelberg, 1980-98 Landesbischof d. Ev. Landeskirche in Baden, 1985 Vorsitzender d. Arnoldshainer Konferenz, 1985 Mtgl. d. Rates d. Ev. Kirche i.D., 1991-97 Vors. d. Rates d. Ev. Kirche in Deutschl. P.: Aufsätze, Predigtmeditationen.

Engelhardt Manfred
B.: Bez.Dir. i. R. FN.: Iduna/Nova Vers. Düsseldorf. PA.: 40237 Düsseldorf, Grafenberger Allee 65. G.: Düsseldorf, 16. Dez. 1924. V.: Leonore, geb. Körke. Ki.: Konstantin, Yvonne. El.: Erich u. Margaretha. S.: Abitur. K.: seit 1946 selbst., Bundesverband dt. Versicherungskaufleute (BVK). P.: zahlr. Veröff., Bücher: "Kleine Chronik der Rheinlande", "Zwischen Thron u. Tyrannei", "Kleine Kulturgeschichte der Rheinlande", "Rheinischer Winter- u. Weihnachtsbuch". E.: Gold. Ehrennadel d. BVK, 1990 BVK am Bande, Ehrenmtgl. d. BVK in NRW. H.: Sammler v. Stichen v. Hogarth.

Engelhardt Norbert
B.: Gschf. FN.: sobi Ges. f. sozialwiss. Beratung u. Information. GT.: Gschf. d. Firma Tempi GmbH 33607 Bielefeld, Meisenstr. 96; Ges. f. ganzheitl. Arbeitszeitberatung mbH. Bo.: 37073 Göttingen, Hospitalstr. 12. nengelhardt@sobi-goettingen.de. www.sobi-goettingen.de. G.: Hann.-Münden, 25. Dez. 1952. V.: Bettina von Linde-Suden. Ki.: Leonie (1991). El.: Bernhard u. Waltraud, geb. Sittig. S.: 1971 Abitur Hann.-

Münden, 1971-72 Zivildienst, 1973-79 Stud. Sozialwiss. in Göttingen, Abschluss: Dipl.-Sozialwirt. K.: 1980-88 versch. Forsch.-Projekte f. d. Univ. in Göttingen, Hannover u. Recklinghausen, seit 1989 Gschf. d. Firma sobi. P.: Abschlussprojekt d. Projektarb.: Modernisierung d. ostdt. Automobilindustrie, Arbeitszeitverkürzung im Betrieb, Zeiträume: Praxiswissen zur Arbeitsgestaltung (CD-ROM). M.: Pressesprecher des Göttinger Petanque-Clubs "boule sur leine", Die Grünen. H.: Fahrradfahren, Pétanque.

Engelhardt Peter Dr. Prof. *)

Engelhardt Ralf *)

Engelhardt Thomas DDr. med. dent. *)

Engelhardt Udo Dr. rer. nat. Prof. *)

Engelhardt Uwe *)

Engelhardt Werner Hans em.o.Prof. *)

Engelhardt Wolfgang *)

Engelhardt Wolfgang Dr. Prof.
B.: Generaldir. i. R. PA.: 85241 Prittlbach, Kirchstr. 5. G.: München, 12. Okt. 1922. V.: Irmgard, geb. Lambert. Ki.: Ingrid. El.: Philipp u. Wiltrud. S.: Stud. Naturwiss., Prom. K.: Habil., 1947-67 Tätigk. a. d. Zoolog. Staatssammlung, München, 1967-91 Gen.Dir. d. Staatl. Naturwiss. Sammlungen Bayerns, 1968-2000 Präs. d. Dt. Naturschutzringes, Dachverband d. dt. Natur- u. Umweltschutzverbände (DNR) e.V., Ehrenpräs. d. DNR, 1972 Hon.Prof. an d. LMU, 1951-82 Lehrbeauftr. f. Landschaftsökologie an d. TU München. P.: Was lebt in Tümpel, Bach und Weiher? (1954; 14/1996), Umweltschutz - Gefährdung und Schutz der natürlichen Umwelt d. Menschen (1973, 6. Aufl. 1993), Handbuch f. Landschaftspflege und Naturschutz (1973), Landschaftspflege und Naturschutz i. d. Praxis (1973), Handbuch für Planung, Gestaltung und Schutz der Umwelt (1978), Umweltschutz-Grundlagen und Praxis (Handbuch in 17). E.: VK I. Kl. d. VO d. BRD 1972, Gr. BVK d. VO d. BRD 1987, Bayer. VO 1989, Med. "Pro meritis" d. Bayer. Staatsmin. f. Unterr., Kultus, Wiss. u. Kunst 1991, Gr. BVK mit Stern d. VO d. BRD 1994, Gr. BVK m. Stern u. Schulterband d. VO BRD 1999, Alexander v. Humbodt-Med. in Gold. M.: Rotary-Club München-Nymphenburg. H.: Aquaristik.

Engelhart Toni *)

Engelhorn Willi *)

Engelkamp Klaus *)

Engelke Anke
B.: Comedian. FN.: c/o Ute Shaw Showorgan. DA.: 50899 Köln, PF 42 05 30. G.: Montreal/Kanada, 21. Dez. 1965. V.: Niels Ruf (Lebensgefährte). Ki.: Emma (1996). S.: Schulchor. K.: 1978 Moderatorin d. ersten Kindersendungen b. Radio Luxemburg, 1979-85 Präsentatorin d. Ferienprogramm f. Kin-

*) Biographie www.whoiswho-verlag.ch oder beigefügte CD-ROM

der u. d. tägl. Kindersendungen v. d. Funkausstellung, seit 1986 Moderatorin u. Redakteurin f. d. Hörfunksender SWF 3, Comedy/Kabarettgruppe "SWF 3 Gagtory", nebenbei Moderatorin auch Fernseh-Shows f. d. ZDF, S3 u. VIVA, u.a. Ferienprogramm f. Kinder "Scooter", "Maultrommel" u. "Na Und?!", seit 1989 Sängerin in d. Band "Fred Kellner", seit 1996 wöchentl. "Wochenshow" im SAT1, 1999 "Liebesluder", s. 2000 Anke - die Talkshow (Persiflage), 2002 Ladykracher. E.: 1999 Goldene Kamera, Grimme-Preis, Bambi, 2001 Dt. Comedypreis. (Re)

Engelke Dieter Dipl.-Ing. *)

Engelke Franz *)

Engelke Hans Dr. med.

B.: FA f. Haut- u. Geschlechtskrankheiten. DA.: 25813 Husum, Am Binnenhafen 6. G.: Schleswig, 9. Juni 1948. Ki.: Dipl.-Kfm. Nils (1974), Kim Karolin (1978), Jan Philipp (1981). El.: Dr. Klaus u. Gisela, geb. Heidmann. BV.: Großvater Dr. Bernhard Engelke - Musik- u. Deutschlehrer, Doz. f. Musik u. Geschichte an d. CAU Kiel. S.: 1966 Abitur, 1966-73 Stud. Med. CAU Kiel u. 1 Sem Univ. Innsbruck, 1973 Staatsexamen. K.: Med.-Ass. an d. Kinderklinik d. CAU Kiel, tätig im Bereich Innere Med. in Clausthal-Zellerfeld, Med.-Ass. f. Chir. an d. Klinik d. CAU, 1974 Prom. u. Approb., 1974-75 Stabsarzt d. Bundeswehr u. d. Marine, Praxis in versch. Praxen, 1976 FA-Ausbild. f. Dermatologie u. Allerologie an d. Hautklinik in Kiel, 1980-82 tätig in d. väterl. Praxis, seit 1982 ndlg. Kassenarzt m. Schwerpunkt Haut- u. Geschlechtskrankheiten, Allerologie, operative Dermatologie, seit 1990 Konsiliararzt am KKH Husum. M.: Grdg.-Präs. d. Lions Club Husum, Berufsverb. d. Dermatologen, stellv. Vors. d. LV SH, Abg. d. Ärztekam. H.: Segeln, Modelleisenbahn, Jazz, mittelalterl. Geschichte, Politkrimis, Kabarett.

Engelke Heinrich *)

Engelke Ulrike Prof.

B.: Direktorin u. künstlerische Leiterin. FN.: Akademie f. Alte Musik Oberlausitz. DA.: 02826 Görlitz, Neißstr. 8. PA.: 71155 Altdorf, Ahornweg 33. U.Engelke@t-online.de. www.daam.org. G.: Gleiwitz, 11. Mai 1941. V.: Dr. Helmut. Ki.: Wolfgang, Christiane, Matthias. El.: Alfred u. Stephanie Klose. BV.: Onkel Kurt Jan Blisch (1902), Kunst-Maler. S.: 1960-65 Stud. Musik Musik-HS Stuttgart, Abschl. Dipl.-Musiklehrer, 1965-67 Aufbaustud. Freiburg. K.: 1978-90 Lehrauftr. Flöte Staatl. HS f. Musik Trossingen, s. 1990 Lehrauftr. "Alte Musik" HS "Carl Maria von Weber" Dresden; 1985-92 Doz. d. Intern. Sommerak. d. Musik Innsbruck, s. 1992 Professorin a. d. Tynska-Schola/Karls-Univ. Prag. P.: "Musik und Sprache" Interpretation der Musik des Frühbarock nach überlieferten Regeln, Zimmermann Verlag, Frankfurt ZM 2814, Pan Verlag, Zürich 174, CD´s, MC´s, Schallplatten, Rundfunk, Fernsehaufnahmen, int. Konzerttourneen als Traversflötistin. M.: Präs. d. Vereins d. Akad. f. Alte Musik Oberlausitz, Vorst.-Mtgl. Intern. Arbeitskreis f. Musik Kassel. H.: Literatur, Kunstgewerbe, Kunstgeschichte, Reisen. (W).

Engelken Dierk *)

Engelkes Heiko *)

Engelkes Ulfert *)

Engelking Helge *)

Engell Hans-Jürgen Dr. rer. nat. Prof.

B.: Inst.-Dir. PA.: 40878 Ratingen, Voisweg 45a. G.: Bad Reinerz, 15. Okt. 1925. K.: 1963-70 o.Prof. TU Clausthal u. Univ. Stuttgart, seit 1971 Hon.-Prof. TU Clausthal u. Univ. Düsseldorf, 1982-84 Vors. WissR. P.: The Reduction of Iron Ores (1971), über 200 Fachveröff. E.: 1961 Masing-Preis, 1981 Cavallaro-Med., 1982 BVK 1. Kl., 1982 Heyn-Denkmünze u. U.R. Evans-Award, 1987 Dr.-Ing. E.h. TU Berlin, 1991 Dr.-Ing. E.h. Univ. Erlangen.

Engell Lorenz Georg Rudolf Dr. phil. habil. Prof. *)

Engelmann Andreas *)

Engelmann Eberhard Dr.

B.: Zahnarzt, selbständig. DA.: 34134 Kassel, Frankfurter Str. 229b. dr.engelmann @web.de. G.: Eschwege, 6. Jan. 1949. V.: Christine, geb. Otte. Ki.: Philipp-Cäsar (1984), Louisa-Christine (1986). El.: Georg u. Margarete, geb. Renke. S.: 1968 Abitur Kassel, 1968-71 Stud. Naturwiss. Marburg, 1971-77 Stud. Zahnmed. FU Berlin, Examen. K.: 1977 Ass.-Arzt in einer freien Praxis, 1977-79 wiss. Mitarbeiter bei Prof. Eichner FU Berlin, 1979 Prom., s. 1980 eigene Zahnarztpraxis in Kassel. M.: Sportwarte KTC Wilhelmshöhe, Bezirksjugendwart Tennis Bez. Kassel, Ges. d. ganzheitl. Zahnmed., Intern. Ges. f. Elektroakupunktur, Bundesverband Naturheitl. Ärzte. H.: Tennis, Kultur.

Engelmann Frank Dr. iur. *)

Engelmann Hans Ulrich Dr. phil. Prof.

B.: Prof., Komponist, Dirigent, Doz. PA.: 64287 Darmstadt, Park Rösenhöhe 15. G.: Darmstadt, 8. Sept. 1921. V.: Roma, geb. Pillhardt. El.: Dipl.-Ing. Rudolf u. Käthe. S.: Abitur, Stud. Arch., Univ. Frankfurt Musikwiss., Literatur, Phil., Komposition u. Musik, 1951 Dr. phil. K.: Kompositionsstudien m. Fortner, Leibowitz, Krienek, ab 1945 Mitarb. vieler Rundfunkanst. u. Theater, 1955-61 Künstler. Berater u. Regieass. Theater Darmstadt, 1972 Künstler, Berater Theater Bonn, 1969 o.Prof. Staatl. HS f. Musik Frankfurt, Prof. f. Komposition, Theorie, Musikwiss., Päd. P.: "Doktor Faust's Höllenfahrt" "Fall van Damm", Generalverlag: Breitkopf + Härtel Wiesbaden, Leipzig, Paris, "Ophelia", "Revue", "Commedia humana", "Die Mauer", "Magog", "Verlorener Schatten", "Noche de Luna", "Manifest vom Menschen", "Stele für Büchner", Buchveröff.: "Bela Bertoks Mikrokosmos" (1962), "Commedia humana" (1985), Autobiographie "Vergangenheitsgegenwart" (2001). E.: 1947 Komp.Preis Univ. Frankfurt, 1949 Komp.Stip. Harvard Univ., 1955 Komp.Preis BVerb. Dt. Ind., 1960 Rom Preis, 1960 Internat Lidice Preis Radio Prag, 1969 Stereo Preis Dt. Rundfunk, 1971 Johann Heinrich Merck Ehrung Darmstadt, Goethe-Med. d. Landes Hessen (1965), BVK, 1997 Hessischer VO. M.: GEMA, Dt. Komponistenverb., Mtgl. Neue Sezession. H.: Sport (Tennis, Schifahren, Leichtathletik).

Engelmann Hergen *)

Engelmann Jörg *)

Engelmann Manfred *)

Engelmann Marion Dipl.-Ing. *)

Engelmann Monika
B.: Betriebswirtin, Touristikfachwirtin. G.: Verden, 20. Sep. 1942. Ki.: Malte (1979). S.: b. 1960 Lehre als Einzelhdls.-Kfm. in Verden, 1961 Besuch d. Handelsschule, auf d. 2. Bild.-Weg 1973 Nichtabiturientenprüf. in Bremen u. Stud. Betriebswirtschaft an d. HS Bremen b. 1976, 1984-89 Grafikdesignstud. an d. HS f. Kunst in Bremen, 1995-96 Ausbild. z. Touristikfachwirtin. K.: 1961-73 Sekr., 1988-89 Doz. an d. Handelsak. in Wilhelmshaven, 1989-92 Gschf. Verkehrsver. in Bremen, ab 1993 selbst. Inh. d. Firma Tickets Worldwide f. gr. intern. Veranstaltungen, 1995 Übernahme Reisebüro in Bremen als Inh., Reisen & Tickets Worldwide Reisebüro, weltweiter Kartenservice u. Firmenreisedienst. E.: 1998 Heldin d. Wirtschaft, Ausz. d. Berliner Existenz-Gründer-Inst. M.: BeiR.-Mtgl. im Marketing Club Bremen, Vorst.-Mtgl. d. Findorfer Geschäftsleute in Bremen, Verb. d. Unternehmerinnen in Bremen. H.: Fotografie.

Engelmann Udo Dr. med. Prof. *)

Engelmann Uwe Dipl.-Ing. *)

Engelmann Walter

B.: Schreinermeister, Unternehmer, selbständig. FN.: Bestattungshaus Engelmann. DA.: 50996 Köln, Ringstr. 33. G.: Köln, 3. Juli 1954. V.: Isabel, geb. Vierlinger. Ki.: Ann-Christine (1985). El.: Alfred u. Kläre, geb. Zöller. BV.: Großvater Alfred Engelmann Gründer d. Firma Engelmann. S.: 1969-72 Schreinerlehre, 1978 Meisterprüfung, 1984 Dipl.-Bestatter. K.: 1972 Eintritt in d. elterl. Unternehmen, 1982 Geschäftsübernahme d. elterl. Unternehmens. M.: Vors. d. Kreisverbandes d. Fachverbandes d. Bestattungsunternehmer u. Pressesprecher d. Bundesverbandes, Vorst. Kreisverband Altstädter Corps v. 1922 (Bauer im Dreigestirn u. d. Session 2001). H.: Karneval, Pferdesport.

Engelmayer Dorothea Dr.
B.: FA f. physikal. u. rehabilitative Med., Diabetologin DDG. DA.: 80687 München, Elsenheimer Str. 4 a. dr.engelmayer@gmx.de. G.: Gräfelfing, 31. Dez. 1957. V.: Peter Engelmayer. Ki.: Anselm (1984), Iseabeau (1997). El.: Herbert u. Hermine Bayer, geb. Dillitzer. S.: 1977 Abitur, 1977-83 Stud. Med. Univ. München, 1984 Prom., 1983-86 Stud. Psych. Univ. Konstanz. K.: 1985-91 tätig an versch. Kliniken m. Schwerpunkt Orthopädie, Neurol., physikal. Therapie, Innere Med. u. Rehamed., 1997 FA f. physikal. u. rehabilitative Med. sowie Diabetologin DDG, seit 1998 ndlg. FA in München. P.: regelm. Vorträge f. Diabetiker, zahlr. Veröff. in Fachzeitschriften zu d. Themen Diabetes u. Herzerkrankungen. M.: DDG. H.: Tennis, Schwimmen, Skilanglauf, Teppich knüpfen, klass. Musik, Reisen.

Engelmayr Wolfgang Dr. med. *)

Engelmeier Peter Wolfgang *)

Engeln-Bruns Christine *)

Engels Dietrich Dr. theol. *)

Engels Florian
B.: Pressesprecher. FN.: Ministerium der Finanzen Land Brandenburg. DA.: 14480 Potsdam, Steinstr. 104 - 106. florian.engels@mdf.brandenburg.de. www.brandenburg.mdf.de. G.: 22. Sep. 1959. V.: Stephanie. Ki.: Emilia (1999). El.: Justinus u. Ulla, geb. von Graevenitz. S.: 1980 Abitur, 1980-81 Bundeswehr u. Zivildienst, 1982-88 Stud. Geschichte, Romanistik u. Politische Wiss. an d. Univ. München. K.: 1977-90 freier Mitarbeiter b. versch. Tageszeitungen u. Zeitschrift als Autor u. Fotograf, 1990 Pressesprecher u. Referent Öffentlichkeitsarbeit d. DDR, Volkskammerfraktion Bündnis 90/Die Grünen, 1990-2000 Pressesprecher u. Referatsleiter Presse u. Öffentlichkeitsarbeit im Ministerium f. Umwelt, Naturschutz u. Raumordnung, ab 1999 einschließl. Landwirtschaft u. Forsten d. Landes Brandenburg, seit 2000 Pressesprecher u. Ltr. Öffentlichkeitsarbeit d. Ministeriums d. Finanzen d. Landes Brandenburg. BL.: versteht sich jetzt als Mittler zwischen Journalisten u. Politikern. P.: regelmässige Veröff. in zahlr. Zeitungen u. Zeitschriften (1979-90), Mitarbeit an div. Buchpublikationen u. Foto- u. Textveröffentlichungen u.a. in Stern, Geo-Special, Merian, Sports. H.: Sport, Fotografieren, Lesen.

Engels Friedhelm *)

Engels Gerhard Dr.-Ing. Dr.-Ing. E.h. Prof.
B.: Haupt-Gschf. Verein Deutscher Giessereifachleute i. R. PA.: 40668 Meerbusch-Lank, Albertstr. 18. Gerhard.Engels @t-online.de. G.: Wuppertal, 25. Juli 1928. V.: Ingrid, geb. Kremer (verst.), Ingeborg, geb. Klein. Ki.: Susanne, Roland, Dirk. El.: Paul u. Lydia. S.: Abitur, Stud. Gießereiwesens an d. RWTH Aachen. K.: 1953 Gießereiass. KSB Frankenthal, 1955 Techn. Werkslitr. FAM Luxembourg, 1959 VDG Düsseldorf, 1963 Lehrauftrag TU Clausthal, 1966 stellv. Gschf. VDG, 1969 Prom., 1971 Gschf. VDG, 1975-93 Hpt.-Gschf. VDG, 1986 Hon.Prof. TU Clausthal, 1989 Präs. d. Intern. Gießereifachmesse GIFA. P.: ca. 150 Zeitschriftenaufsätze u. Buchveröff. E.: Adolf-Ledebur-Denkmünze (höchste Ausz. d. VDG). M.: Mtgl. in zahlr. techn.-wiss. Organ. d. In- u. Auslandes, Ehrenmtgl. d. VDG sowie d. Slowenischen u. Tschechischen Gießereivereinigungen, Lions.

Engels Günter Dr. med. Dipl.-Phys.

B.: FA f. Kardiologie. FN.: Fachärztl. Gemeinschaftspraxis Drs. Engels. DA.: 53840 Troisdorf, Jahnpl. 1. G.: Sieglar, 14. Mai 1952. V.: Dr. med. Renate, geb. Krenkel. Ki.: Sebastian (1982), Alexander (1984). El.: Hans u. Hildegard, geb. Frohn. S.: 1970 Abitur Troisdorf, 1970-76 Physikstud. Bonn, 1976 Dipl.-Phys., 1976-81 Med.-Stud. Bonn, 1981-82 Prakt. J. Neurolog. Univ.-Klinik b. Prof. Jerusalem, 1983 Prom., 1992 FA f. Inneres, 1992 Anerkennung als Kardiologe. K.: 1982-85 Weiterbild. in Innerer Med. St. Johannis-KH Troisdorf, 1985-87 Malteser-KH Bonn, 1987-93 Innere Univ.-Klinik u. Herzzentrum Erlangen, seit 1993 Aufbau einer eigenen kardiolog. Gemeinschaftspraxis zusammen m. Ehefrau, 1996-97 als freier Mitarb. Projektltr. Magnetresonanzgerät MR-Kardio Kerckhoff-Klinik Bad Nauheim. BL.: Entwicklung d. Kernspinto-

*) Biographie www.whoiswho-verlag.ch oder beigefügte CD-ROM

Engels

mographie f. kardiolog. Diagnostik. P.: ca. 80 Fachpubl. u.a. in European Heart Journal 1989, Zeitschrift f. Kardiologie 1991, Evaluation of left ventricular inflow and volume by MR 1993, Dt. Röntgenkongreß 1997. M.: Dt. Ges. Herz- u. Kreislaufforsch., Bund Dt. Internisten, BNK. H.: klass. Musik, Klavierspielen, physikal. Literatur, Tennis, Golf, Kanarische Inseln, Südtirolreisen.

Engels Hanns-Carl *)

Engels Helmut B. Dr. med. dent. Dipl.-Ing.

B.: Zahnarzt, Unternehmer, Ing. FN.: Zahnmed. Praxis. GT.: 1. Vors. Verb. VZP u. wiss. Ltr. d. Dt. Fortbild.-Symposiums. DA.: 53177 Bonn-Bad Godesberg, Am Kurpark 5. G.: Bonn, 7. Sep. 1949. V.: Angelika, geb. Knauf. Ki.: Pia Theres, Eric Till. BV.: Engels-Familie aus Wuppertal. S.: Abitur München, 1970-73 Stud. Maschinenbau Gesamt-HS Paderborn, 1973 Dipl.-Ing., 1973-79 Stud. Med. u. Zahnmed. in Bonn, 1980 Approb. in Zahnmed. u. Prom. K.: 1980-81 Ass. in Bochum, 1982 Aufbau d. eigenen Praxis, 1987 Entwicklung Schleimhautanker nach Engels, daneben Fortbild. als Referent weltweit, auch Gutachter u. Obergutachter b. OLG bundesweit, 5 J. Consulting auf Vorst.-Ebene b. Procter & Gamble, Fachexperte b. Erstellung d. ISO TC 106 u. b. DIN Pforzheim z. Erstellung d. "med. Terminologie", daneben Gründer d. Mundpflegecenter im Franchisesystem, Fachexperte f. Auditis, Life-OP's im Fernsehen in Bratislava, Brünn, Recife. F.: Dr. Engels GmbH; DEM GmbH. P.: "Handbuch d. Implantologie", Rundfunkinterviews. E.: Hon.-Prof. Univ. Pernambuco/Brasilien, Harnisch-Taler in Gold, Mendel-Med. d. Univ. Brünn. M.: Grdg.-Vorst.-Mtgl. d. BDIZ, Vors. d. BDIZ Diplomat Status d. ICOI, Gschf. Vorst.-Mtgl. Kinderheim Stein, Ritter d. Bruderschaft St. Christoph. H.: Golf, Hochseesegeln.

Engels Hennig *)

Engels Hermann

B.: Textilkfm., Textiltechniker, Ges. u. Gschf. FN.: Ermen & Engls GmbH & Co KG. DA.: 5250 Engelskirchen, Miebacher Weg 14. PA.: 51766 Engelskirchen, Blumenstr. 23. G.: Bonn, 18. Nov. 1932. V.: Ulla, geb. Reusch. Ki.: Hermann, Britta. El.: Hermann u. Ellen. S.: Höhere Schule, Fachschule. F.: Ermen & Engels GmbH & Co KG Engelskirchen. M.: Rotary Club Gummersbach. H.: Jagd.

Engels Joachim W. Dr. Prof. *)

Engels Karl

B.: ehem. Sprecher d. Gschf. d. Wacker-Chemie GmbH. DA.: 81737 München, Hanns-Seidel-Pl. 4. G.: Kahl/Main, 31. Aug. 1943. S.: 1971 Stud. Volkswirtschaft Köln, Dipl.-Volkswirt. K.: 1973-81 Ltr. d. Ref. Sozialpolitik d. Hoechst AG Frankfurt, 1981-85 Ltr. d. Regionenkoordination Zentr. Direktionsabt., 1985-86 Ltr. Personal- u. Sozialpolitik, 1987-91 Stellv. Bereichsltr. Fasern, 1991-95 Vice President d. Hoechst Celanese Corp. Sommerville USA, 1995-96 President u. CEO, 1996-2001 Sprecher d. Gschf. d. Wacker-Chemie GmbH.

Engels Karl Friedrich

B.: RA. DA.: 45127 Essen, Kopstadtpl. 7. G.: Wuppertal, 22. Juli 1949. S.: 1969 Abitur Lennep, 1969-70 Bundeswehr, 1971-76 Stud. Rechtswiss. Ruhr-Univ. Bochum, 1979 II. Staatsexamen u. Zulassung als RA. K.: seit 1979 selbst. RA in Essen, Schwerpunkt: Strafrecht. M.: Vorst. d. Ver. z. Förd. d. Bewährungshilfe Essen e.V., DAV Arge Strafrecht. H.: Segeln.

Engels Karl August Dipl.-Ing. *)

Engels Karl-Heinz

B.: Küchenmeister, Inh. FN.: Ratskeller Hotel + Restaurant. DA.: 47608 Geldern, Markt 19. G.: Geldern, 30. Aug. 1955. V.: Brigitte, geb. Litzen. Ki.: Benedikt (1988), Daniela (1992). El.: Heinrich u. Anna. S.: 1972-75 Lehre Koch Haus Essing Rhede. K.: 1975-81 Geselle u. später Küchenchef in verschiedenen Häusern in d. Schweiz u. in Gran Canaria, 1981 Küchenmeisterprüf. in Koblenz, 1981 selbst. in d. elterl. Gaststätte Zur Post in Geldern, 1983 Übernahme d. Hotel-Restaurant Ratskeller in Geldern u. zusätzl. Ltg. eines Partyservice. BL.: Mitgestaltung d. jährl. Benefizveranstaltung zugunsten d. Kinder- u. Jugendlichenarb. in Geldern. H.: Motorradfahren.

Engels Karl-Heinz *)

Engels Karl-Heinz Dipl.-Kfm.

B.: Vorst. FN.: SG Holding AG. DA.: 70565 Stuttgart, Ruppmannstr. 27. G.: Köln, 2. März 1942. V.: Inga, geb. Stube. Ki.: Michaela (1974), Nadine (1977). El.: Josef u. Margarete. BV.: Schwiegervater bekannter Fabrikant in Geldern, Stube Waage. S.: 1964 Abitur, Stud. Betriebswirtschaft in Köln, Dipl.-Kfm. K.: Vertriebs- u. Marketingbereich b. FORD Köln, Regionalltr., 1984-88 Marketingchef Porsche, 1988 Bereichsltr. b. Toyota, seit 1990-98 Gschf., s. 9/1999 Vorst. b. SG Holding AG. P.: Fachart. M.: Vorst.-Mtgl. im VDIK. H.: klass. Opern u. Symphonien, Kölner Karneval.

Engels Odilo Dr. phil. o.Prof. *)

Engels Peter

B.: freischl. Bildjournalist, Foto-Designer, Ökonom (Marketing), Public-Relations-Manager, Delegierter. PA.: 81679 München-Bogenhausen, Schumann Str. 12. G.: Königsberg/Ostpreussen, 12. Aug. 1927. V.: Gusti. S.: 1944 Notabitur Königsberg, Flackhelfer i. Berlin u. Königsberg, 1945 Kriegsmarine, 1945 vers. Flucht nach Dänemark, russ. Gefangenschaft - nach 3 Tagen Ausbruch u. Flucht über Hamburg n. München. K.: 1945 z. Erlangung v. Lebensmittelmarken Dolmetscher f. d. USA , Sekr. d. Botsch. d. Dom. Republik, 1946 erstes Zusammentr. m. d. späteren Ehefrau Gusti, Eintritt als Azubi i. d. von ihr zus. m. vier Kollegen gegr. 1. Fotostudio Münchens (in American Red Cross) u. d. "Münchner Magazin", i. d. Freizeit Volontariate b. Zeitungen u. Verlagen (u. a. Keystone, Bayr. Bild, Abend Zeitung, Sonntagspost), 1947 zus. m. d. spät. Ehefrau Grdg. d. eigenen Unternehmens, 1947 erste Erfolge d. Aufträge v. Stadt u. Staat: z.B. Foto-Dok. d. Wie-

---

*) Biographie www.whoiswho-verlag.ch oder beigefügte CD-ROM

deraufbau Münchens u. Arbeiten f. d. Modezeitungen "Elegante Welt" u. "Madame" (Gusti Engels/Regie, Gestaltung u. Management, Peter Engels/Technik), 1955 Zusammenarbeit m. Architekturzeitschriften (z.b. "Die Kunst u. d. schöne Heim", "Der Baumeister", "Bauen u. Wohnen"), 1957 Heirat m. Gusti u. Umzug n. München-Bogenhausen, i. d. Folge zahlreiche Aufträge v. Architekten, Villen d. High-Society-Klientel i. d. BRD, Österr. u. d. Schweiz zu fotografieren u. zu dokumentieren: Gestaltung d. Gusti Engels, Fotografie d. Peter Engels, prod. Schaffen b. 1968, Architekturbücher w. "Elegantes Wohnen", "Rustikales Wohnen", "Wohnen unter d. Dach" etc. erscheinen, das Unternehmen wird durch Gusti Engels Management immer erfolgreicher, 1968 zus. Kunst-Dokumentation d. Studentenrevolte München, z. B. d. "Lach u. Schießgesellschaft", d. "Katakombe", d. "Kleinen Fischen" u. v. "Mutti Bräu", 1970 Durch d. Fixierung d. Olympiade München u. daraus resultierenden Bau d. U-Bahn i. München Großauftrag: Betreuung v. Baustellen u. Mitgestaltung v. Bauzeitungen , danach viele Arbeiten i. Ber. U-Bahn u. S-Bahn, Geschäftsberichte , Hauszeitungen d. Konzerne, Selbstdarst. u. Präsentationsmappen f. Großfirmen, Teamerfolg, 1993 schwere Erkrankung, Alternative Heilung n. Verlassen d. Krankenhauses m. Hilfe d. Ehefrau, 1997 Erkrankung u. Tod v. Gusti Engels, Zusammenbruch d. Teams, danach Soloprojekte i. Bereich Innenarchitektur, Kunst u. Schmuck, zukünft. Konzentration auf das Gebiet neue Medien (Internet). P.: zahlr. Veröffentl. zus. m. Ehefrau Gusti, z.B. d. Buchdok. "München b. Nacht". M.: seit 1968 CDU, eines d. ersten Mtgl. d. Intern. Presse-Club München, Mtgl. d. Marine.

Engels Thomas *)

Engels Udo Dipl.-Ing. *)

Engels Werner *)

Engelskirchen Ulrich Heinz Dr. med.

B.: Augenarzt. DA.: 53844 Troisdorf, Kerpstr. 11. PA.: 53229 Bonn, Weiers Wiesen 23. privat@dr-engelskirchen. de. www.augenarzt-troisdorf. de. G.: Spich, 15. Mai 1957. V.: Rita, geb. Effertz. Ki.: Miriam (1989), Jannik (1991). El.: Karl-Heinz u. Marga, geb. Dederichs. S.: 1976 Abitur Troisdorf, 1976-78 Stud. Elektrotechnik Bundeswehr-HS München in Neubiberg, Vordipl., 1978-79 Betreuung v. Vietnam-Flüchtlingen f. Cap Anamur e.V., 1979-87 Musiker im Evergreen Sextett Oberkassel, 1981-87 Stud. Humanmed. Univ. Düsseldorf, 1986 2 Monate Famulatur in Great Falls Montana/USA, 1991 Prom. K.: 1978-81 Personaloffz. Luftwaffe Wunstorf u. b. General Luftrüstung in Porz-Wahn, 1979 Lt., 1986-87 Prakt. J. im Marienhospital Düsseldorf, Wahlfach Augenheilkunde, 1987 Approb., 1987-91 Augenklinik d. Univ. Düsseldorf, Ass.-Arzt b. Prof. Sundmacher, Priv.-Ass., 1991 Ass. in Kassenpraxis in Dormagen, seit 1992 Aufbau einer eigenen Praxis u.a. Früherkennung v. Schielkrankheiten b. Säuglingen u. Kleinkindern, seit 1994 Laseroperationen b. Visumed Laserzentrum Köln, seit 1994 Sportmed., seit 2000 Gemeinschaftspraxis, Schwerpunkt ganzheitl. Augenheilkunde u. orthomolekulare Medizin. P.: zahlr. Veröff., u. a. "Der Augenarzt. M.: Augen-Diagnostik-Zentrum (ADC) Bonn-Rhein-Sieg seit 2001. H.: mod. dt. Literatur, Klarinette u. Saxophonspielen, Inliner, Konditionstraining, USA-Reisen.

Engemann Hartmut Dipl.-Ing.

B.: Dipl.-Ing. f. Hoch- u. Tiefbau, Inh. FN.: Ing.-Büro f. Bau- u. Tragwerksplanung, Hoch- u. Tiefbau. DA.: 01877 Bischofswerda, Hauptstr. 42 A. G.: Bertsdorf, 11. Feb. 1952. V.: Dagmar, geb. Brand. Ki.: Franz (1981), Marcus (1982), Erik (1984), Johanna (1987), Eva (1989). BV.: Siegfried Schreiber - Bildhauer u. Maler aus Bertsdorf. S.: 1970 Abitur u. Berufsaubild. Maurer, 1970-72 Wehrdienst, 1972-76 Stud. Bauing.-Wesen TU Dresden mit Abschluß Dipl.-Ing. K.: 1976-91 Planungsing- u. Projektant im Ldw.-Bau, 1991-93 tätig als Architekt u. Baultr., seit 1994 selbst. Ing.-Büro v. Bau- u. Tragwerksplanung, seit 1995 Bauvorlageberechtigung f. Sachsen. M.: Ing.-Kam. Sachsen. H.: EDV, Computer, Architektur, Reisen.

Engemann Joachim Fritz Dr. rer. nat. *)

Engemann Markus Dipl.-Ing.

B.: Gschf. Ges. FN.: Ecoprotec GmbH. DA.: 33100 Paderborn, Eggertstr. 6. PA.: 33098 Paderborn, Alte Torg. 12. engemann@ecoprotec.de. www. ecoprotec.de. G.: Paderborn, 11. Mai 1968. El.: Bernd u. Mechthild. S.: 1989 Abitur, 1989-90 Bundeswehr, 1990 Stud. Dipl.-Chemie Univ. Paderborn, 1996-99 Stud. techn. Umweltschutz Univ. Paderborn m. Abschluß Dipl.-Ing. K.: 1998 Praktikum bei Dr. Kolbusch + Partners Limited in Kingston/Jamaica, 1998-99 student. Hilfskraft im Bereich Wassertechnologie, seit 1999 freiberufl. Mitarb. an versch. Projekten an d. Univ. Paderborn, 2000 Grdg. d. Firma gemeinsam m. Christoph Rogalla als beratende Ing. f. Umweltschutz u. Arb.-Sicherheit, Sicherheits- u. Gesundheitsschutzkoordination auf Baustellen: Zusatzqualifikationen: Abfallbeauftragter, Emissionsschutzbeauftragter, Gewässerschutzbeauftragter, Umweltauditor, Fachkraft f. Arb.-Sicherheit, Gesundheitsschutzkoordinator. P.: Art. über Unternehmerkennzahlen (2001), Forsch.-projekt über umweltfreundliche Möbel (2000). M.: VDI, VDSI. H.: Familie, Joggen, Fitneßtraining.

Engemann Rainer Dr. med. Univ.-Prof. *)

Enger Horst-Peter *)

Enger Jörg *)

Engeroff Hubert *)

Engert Hanns-Jörg Dipl.-Ing.

B.: Dipl.-Wirtschaftsing., Gschf. FN.: Engert & Partner GmbH & Co KG. DA.: 52072 Aachen, Hander Weg 17. G.: Nürnberg, 2. Dez. 1944. V.: StR. Eleonore, geb. Neumann. Ki.: Christoph (1985). S.: 196 Abitur Mönchengladbach, 1964-70 Stud. Bauing.-Wesen RWTH Aachen, Dipl.-Ing., 1996-72 Stud. Wirtschaftswiss. RWTH Aachen, Dipl.-Wirt-

*) Biographie www.whoiswho-verlag.ch oder beigefügte CD-ROM

Engert

schaftsing. K.: 1972-77 Ass. d. Geschäftsführung im Philipp-Holzmann-Konzern in Leverkusen, 1977-80 stellv. Gschf. Kienbaum-Unternehmensberatung Düsseldorf u. Mönchengladbach, 1981-98 selbst. als Gschf. Ges. b. d. Firma Sicowa GmbH & Co KG Verfahrenstechnik f. Baustoffe, zusätzl. 1993-98 Gschf. d. Firma Pro Mineral GmbH in Bergheim/Erfurt, ab 1998 Gschf. Ges. d. Firma Engert & Partner GmbH & Co KG. M.: Lions Club Aachen. H.: Sport (Golf, Tennis).

Engert Jürgen

B.: Journalist, Chefred. FN.: Sender Freies Berlin. DA.: 14057 Berlin, Masurenallee 8/14. G.: Dresden, 21. Jan. 1936. K.: 7 J. Chefred. b. d. Zeitung "Der Abend" Berlin, Chefred. b. Sender Freies Berlin (SFB)/Fernsehen f. d. Bereiche Politik, Zeitgeschehen u. Kultur, Grdgs.-Dir. d. ARD-Hauptstadtstudios Berlin, Wilhelmstr. 67a, 10117 Berlin. P.: zahlr. Kommentare.

Engeser Peter Dr. med.

B.: Arzt f. Allg.-Med. DA.: 75177 Pforzheim, Hohenzollernstr. 36. engeser@s-direktnet.de. G.: Pforzheim, 29. Mai 1954. V.: Dr. rer. nat. Marianne, geb. Kleiner. Ki.: Felicitas (1986), Benedikt (1988), Angelika (1990), Franziska (1993). El.: Dr. med. Josef u. Dr. med. Hildegard. S.: 1973 Abitur Pforzheim, 1974-75 Wehrdienst, 1976-82 Med.-Stud. Univ. Heidelberg, Hannover, Tübingen, 1982 Approb., 1982 Prom. K.: 1982-85 Arzt Klinikum Pforzheim Innere Abt., 1986 Chir. St. Trudpert Pforzheim, 1987 FA-Ausbild. in d. Praxis v. Vater in Pforzheim, 1987 ndlg. in Pforzheim, Übernahme d. väterl. Praxis. BL.: Lehrauftrag Univ. Heidelberg, Betreuung Selbsthilfegruppen f. Frauen u. Männer nach Krebs, Vors. im Prüf.-Aussch. d. kassenärztl. Ver. Pforzheim Nordbaden. P.: Effects of long term Infusion of Sodium Nitroprusside on iron and thiosulfate in rabbits, Qualitätsförderung (allgemein)-medizinischen Hochschulunterrichts im Rahmen d. Heidelberger Modells, Hausärztliche Nachsorge bei Schlaganfallpatienten. M.: 2. Vorst. Notfallpraxis Pforzheim, DEGAM, SFTM, BDA, Tennis TV Pforzheim, Golfclub. H.: Tennis, Golf, Lesen, Musik.

Engewald Heike *)

Engfer Klaus Dr. *)

Enghardt Wolfgang Otto Dr. rer. nat. Dipl.-Phys.

B.: Ltr. FN.: Forsch.-Zentrum Rossendorf Inst. of Nuclear & Hadron Physics Abt. Strahlenphysik. DA.: 01314 Dresden, Bautzener Landstr. 128. G.: Lunzenau, 12. Juli 1953. V.: Dr. med. Sylvia Heine. Ki.: Susanne (1978). El.: Otto u. Helene, geb. Kittel. S.: 1972 Abitur Rochlitz, 1972-74 Armee, 1974-79 Physikstud. TU Dresden, 1979 Dipl.-Phys., 1985 Prom. z. Dr. rer. nat. K.: 1979-91 wiss. Mitarb. am Zentralinst. f. Kernforsch. d. Ak. d. Wiss. d. DDR Berlin, 1992-96 wiss. Mitarb. im Wissenschaftler Integrations Programm, 1994-96 wiss. Mitarb. an d. Klinik u. Poliklinik f. Strahlentherapie d. Univ.-Klinikums Carl Gustav Carus d. TU Dresden, seit 1997 wiss. Mitarb. im Forsch.-Zentrum Rossendorf e.V. u. Ltr. d. Detektorlabors d. Inst. f. Kern- u. Hadronenphysik, seit 2000 Ltr. d. Abt. Strahlungsphysik d. Inst. f. Kern- u. Hadronenphysik im FZ Rossendorf. P.: Dipl. "Beiträge z. Anwendung u. Programmierung mikrorechnergesteuerter CAMAC-Elektronik", Prom. "Spektroskopie d. Kernes 140 Ce u. Erweiterung d. Schalenmodellbeschreibung halbmagischer Kerne m. 82 Neutronen u. 50 Protonen", ca. 110 Veröff. m. Beiträgen z. Vorlesung "Biomed. Gerätetechnik". E.: 1983 u. 1985 Preis d. Bereiches Kern- u. Festkörperphysik d. Zentralinst. f. Kernforsch. Rossendorf, 1986 2. Preis d. Zentralinst. f. Kernforsch. Rossendorf, 1998 Forsch.-Preis d. FZ Rossendorf, 1999 Erwin-Schrödinger-Preis f. interdisziplinäre Forsch. d. Stifterverb. f. d. dt. Wiss. in Würdigung herausragender Beiträge auf d. Gebiet d. Vorbereitung, Entwicklung u. klin. Einführung d. Krebstherapie m. Ionenstrahlen. M.: 1992-94 Mtgl. d. wiss.-techn. Rates d. Forsch.-Zentrums Rossendorf, 1993-95 Sprecher d. Experimentes "Positron-Emission-Tomography for the Control of Light Ion Tumour Therapy", seit 1994 Mtgl. d. Koordinierungsaussch. "Therapie" an d. Ges. f. Schwerionenforsch. Darmstadt. H.: Radfahren, Ski alpin.

Engholm Björn

B.: Dipl.-Politologe. PA.: 23566 Lübeck, Jürgen-Wullenwever-Str. 9. G.: Lübeck, 9. Nov. 1939. V.: verh. Ki.: 2 Kinder. S.: Mittlere Reife, Schriftsetzerlehre in Lübeck, HS f. Wirtschaft u. Politik Hamburg, Stud. Politik, Vw. u. Soz. Univ. Hamburg, Dipl.-Politologe. K.: Doz. f. Jugend- u. Erwachsenbild., seit 1962 Mtgl. d. SPD, Vors. d. Jungsozialisten in Lübeck, Mtgl. d. Kreis- u. Landesvorst., seit 1984 Mtgl. d. Bundesvorst. d. SPD, 1969-83 Mtgl. d. Bundestages, 1977-81 Parlamentar. Staatssekr., 1981-82 Bundesmin. f. Bild. u. Wiss., seit 1983 Fraktionsvors. u. Oppositionsführer im Schleswig-Holstein. Landtag, seit 1959 Mtgl. d IG Druck u. Papier, 1988-93 Min.Präs. d. Landes Schleswig-Holstein, seit 29. Mai 1991 Partei-Vors. d. SPD, 1993-4/96 Landtagsabgeordneter.

Enghusen Sven

B.: Betriebsltr. FN.: Pape Entsorgung GmbH & Co KG. DA.: 49082 Osnabrück, Kiefernweg 9. G.: Peine, 13. Jan. 1963. S.: 1980-83 Lehre Einzelhdl.-Kfm. K.: 1983-85 Praktikum, 1983-84 Bundeswehr, 1985-87 kfm. tätig, 1987 Eintritt in d. Firma Pape u. seit 1992 Betriebsltr. P.: Vortrag im Rahmen d. EU-Programms "Tacis", Ref.: "Konzeption z. Erfassung, Sammlung u. Verwertung v. Altpapier in Twer". H.: Kochen, Uhren, Zigarren, Lesen.

Engisch Elmar K.

B.: Hotelbetriebswirt, Dir. FN.: Holiday Inn Wolfsburg City-Center. GT.: seit 1988 Vors. d. IHK Prüf.-Aussch. DA.: 38440 Wolfsburg, Rathausstr. 1. G.: Dunningen, 9. Jan. 1955. V.: Dr. Sonja, geb. Ebel. El.: Karl u. Josefine, geb. Bantle. S.: b. 1972 Kochlehre im Schwarzwaldhotel in Köningsfeld/Schwarzwald, b. 1974 Lehre z. Kellner im Brückenkeller in Frankfurt, 1975 Bardipl. in d. Schweiz im Tschuggen Hotel in Arosa u. im Beau Rivage in Lausanne, b. 1978 Managementtraining im Sheraton Hotel in Brüssel, 1980-82 Hotelfachschule in Heidelberg m. Abschluß z. Hotelbetriebswirt. K.: 1982-85 Wirtschaftsdir. Holiday Inn Hotel in Wolfsburg, Stipendium d. Carl Duisberg Ges. f. ein Stud. auf d. Cornell Univ. in d. USA 1985, anschl. Stud. auf d. Holiday Inn Univ. in Memphis z. Inn Keeper 1986, b. 1986 in Stanfort als Ass. Food and Beverage, ab 1986 Dir. d. Holiday Inn Hotels in Wolfsburg. M.: Rotary Club Gifhorn-Wolfsburg. H.: Familie, Fußball.

Engl Herma *)

Engl Max *)

*) Biographie www.whoiswho-verlag.ch oder beigefügte CD-ROM

Englberth Rudolf *)

Englbrecht Erwin *)

Engleder Heinz *)

Engler Bernd
B.: Immobilienmakler, Gschf. FN.: Bernd Engler GmbH. GT.: Hausverwaltung. DA.: 10247 Berlin, Finowstr. 1. engler-GmbH@t-online.de. G.: Berlin, 1. Juni 1949. V.: Jeanette. Ki.: Marlon (1974). El.: Willi u. Herta. S.: 1966 Mittlere Reife Berlin. K.: 1966-68 Facharb. in d. Metallbranche, 1968-70 tätig in d. Metallbranche in Berlin, 1970-71 Wehrdienst, seit 1971 ang. im elterl. Geschäft - Willi Engler Immobilien, seit 1977 selbst. - gemeinsame Geschäftsführung m. Willi Engler, seit 1982 alleiniger Inh. Bernd Engler Immobilien, seit 1993 Grdg. d. GmbH; Ausübung d. Tätigkeit d. Hausverwaltung. E.: Ehrenurkunden im sportl. Bereich (Leichtathletik - Laufen, Weisprung). M.: Intern. Taucher. H.: Tauchen, Reisen, Pflanzen.

Engler Bernhard *)

Engler Eberhard Dr. *)

Engler Giselle *)

Engler Helmut Dr. iur. Prof. *)

Engler Kerstin Dipl.-Ing.
B.: Dipl.-Bauingenieur. DA.: 03046 Cottbus, Ostrower Damm 10. aib-arndt-engler@t-online.de. G.: Zittau, 26. Dez. 1960. V.: Lutz Engler. Ki.: Silke (1980), Diana (1986). El.: Ehrenfried u. Regina Ullrich. S.: 1977-80 Ausbildung Baufacharbeiter BMK Kohle u. Energie u. Abitur BMK Bautzen, 1980-84 Stud. konstruktiver Ingenieurbau Ingenieurhochschule Cottbus, 1984 Abschluß Dipl.-Ing. f. Bauwesen. K.: 1984-90 Bauingenieur im BMK Kohle u. Energie, 1990-91 Tragwerksplanung in d. Firma ARCUS Planung u. Beratung GmbH in Cottbus, 1991-92 Lehrgang am Inst. f. Computertechnologie, seit 1992 Gschf. im eigenen Ingenieurbüro; Projekt: Tragwerksplanung u.a. f. Erzkombinat Kriwoi Rog in d. Sowjetunion. M.: Brandenburg. Ingenieurkammer. H.: Baugeschichte, Bautechnik, Ökologie. Bauen, Literatur.

Engler Klaus Dr. phil. Prof. *)

Engler Margitta *)

Engler Matthias
B.: Dipl.-Ökonom, Gschf. FN.: Dorotheenstadt Immobilien GmbH. DA.: 10117 Berlin, Friedrichstr. 95. G.: Berlin, 13. Juni 1954. V.: Dipl.-Ing. Elvira, geb. Rothe. Ki.: Sebastian (1980), Johannes (1983). El.: Horst u. Jutta. S.: 1973 Abitur, 1973-75 Armeedienst, 1975-79 Stud. Finanzökonomie Humboldt-Univ. Berlin, Dipl. K.: 1979 Tätigkeit b. d. Dt. Außenhdls.-Bank (DABA), 1980-90 tätig b. d. Transinter GmbH in d. Hauptbuchhaltung, seit 1985 als Hauptbuchhalter, 1990-96 Arb. f. Intern. Hdls.-Zentrum GmbH, erst als Finanzdir., dann als Gschf., 1992-95 alleiniger Gschf., seit 1996 selbst., Ges.-Gschf. d. Dorotheenstadt Immobilien GmbH, seit 1997 Gschf. d. Vulkan GmbH u. Gschf. d. Hotels Am Wald in Elgersburg. E.: Lessingmed. in Silber, Humboldt-Preis. M.: seit 1993 RDM, Vizepräs. Wirtschaftsclub Fridericus, seit 2000 im BDS/DGV. H.: Garten, Lesen, Reisen.

Engler Steffani Elli Katharina Dr.
B.: PD FN.: Institut f. Allgemeine Erziehungswissenschaft, Abt. f. Jugendforschung, Fachbereich 03, Sozial- u. Kulturwissenschaften, Fachgebiet Erziehungswissenschaften. DA.: 35394 Gießen, Karl-Glöckner-Str. 21B. steffani.engler@erziehung.uni-giessen.de. G.: Lampertheim/Hessen, 25. März 1960. S.: 1979 Abitur in Lampertheim, 1979-85 Stud. Soziologie u. Erziehungswiss. m. d. Nebenfächern Politikwiss. u. Psychologie an d. Philipps-Univ. Marburg, 1985 Abschluss Dipl.-Pädagogin, 1992 Prom. Dr. phil. in Erziehungswiss., 2000 Habil. am Fachbereich Gesellschafts- u. Geschichtswiss. K.: 1982-85 Mitarbeit am Forschungsprojekt "Jugendsubkulturen", 1985-86 Akademische Tutorin b. Prof. Dr. Zinnecker an d. Philipps-Univ. Marburg, 1986-91 wiss. Mitarbeiterin b. Prof. Dr. Zinnecker im Hochschulforschungsprojekt "Stud. u. Biographie" an d. Univ. Gesamthochschule Siegen, 1992-98 wiss. Ass. b. Prof. Dr. Faulstich-Wieland an d. Professur f. Frauenforschung am Fachbereich Sozialwiss. an d. Westfälischen Wilhelms-Univ. Münster,1997-98 Kommissarische Ltg. d. Professur f. Frauenforschung am Fachbereich Sozialwiss. d. Westfälischen Wilhelms-Univ. Münster, 1998 Stipendiatin d. DFG-Graduiertenkollegs "Geschlechterverhältnis u. sozialer Wandel" d. Univ. Dortmund, 2000 wiss. Mitarbeiterin b. Prof. Dr. Becker, Fachbereich Raumplanung d. Univ. Dortmund, 2001 Projekt: Wiss. Karrieren in d. Raumplanung, Fakultät Raumplanung Fachgebiet Frauenforschung u. Wohnungswesen Univ. Dortmund, Wintersemester 2001 Vertretung einer C4-Professur am Fachbereich Sozial- u. Kulturwiss., Inst. f. Allgemeine Erziehungswiss. an d. Justus-Liebig-Univ. Giessen. P.: Monographien u.a.: "Fachkultur, Geschlecht u. soziale Reproduktion" (1993), "Ich habe um die Welt nicht verändert" (1997), "In Einsamkeit u. Freiheit?" (2001); zahlr. Fachbeiträge in Sammelbänden u. Zeitschriften u.a.: "Geschlecht in d. Gesellschaft - Jenseits vom Patriarchat" (1997), "Das soziologische Denken Pierre Bourdieus - Reflexivität in kritischer Absicht" (2002). M.: Mitbegründerin d. interdisziplinären Arbeitskreises "Wissenschaftlerinnen d. Univ. Marburg" (1986-87), Ordentl. Mtgl. d. Kommission z. Gleichstellung d. Frauen d. Magistrates d. Stadt Marburg (1986-88), seit 1989 Sektion Bildung u. Erziehung d. Dt. Ges. f. Soziologie DGS, seit 2000 im Vorst. d. Sektion, Sektion Frauenforschung d. Dt. Ges. f. Soziologie DGS, Sektion Frauenforschung. d. Dt. Ges. d. Erziehungswiss. DGfE, Vorst. u. 2. Vors. (1992-94) d. Vereines Wiss. u. Frauenbewegung e.V. Nordrhein-Westfalen (1991-94), seit 1992 Sektion Soziale Ungleichheit u. Sozialstrukturanalyse d. Dt. Ges. f. Soziologie DGS. stellv. Mtgl. d. Frauenkonferenz d. WWU Münster, seit 1993 Dt. Ges. f. Erziehungswiss. DGfE, seit 1994 Dt. Ges. f. Soziologie DGS.

Englert Klaus Dr. iur.

B.: Rechtsanwalt. FN.: Kupferschmid Englert Pichl Grauvogl & Kollegen. DA.: 86529 Schrobenhausen, Lenbachstr. 40. klaus.englert@rotary.de. www.topjus.de. G.: Schrobenhausen, 1. Apr. 1949. V.: Sybille, geb. Strober. Ki.: 3 Kinder. El.: Dr. Ernst u. Margarete, geb. Gunzner. S.: 1968 Abitur, 2 J. Bundeswehr Gebirgsjäger, Offizier d. R., 1970 Jurastudium München, 1974 Staatsexamen, Referendar u. a. AG Fürstenfeldbruck, LRA Neuburg, Korr.-Ass. Univ. München,1977 2. Staatsexamen Bayern, 1978 Prom. Dr. iur. K.: Grdg. d. Kanzlei Dr. Englert, u. Koll., Fachanwalt f. Arbeitsrecht, Lehrbeauftragter f. Baurecht FH Deggendorf, 2. Bgm. d. Stadt Schrobenhausen, seit 1990 Kulturreferent, Begründer d. Europ. Spargelmuseums in Schrobenhausen. P.: Autor zahlr. Fach- u. Sachbücher, u.a. Handbuch des Baugrund- u. Tiefbaurechts, alleiniger Hrsg. VOB/C, Mithrsg. Zeitschrift NZBau. M.: Gründer u. wiss. Beirat CBTR Centrum f. Dt. u. Intern. Baugrund- u. Tiefbaurecht e.V., Mtgl. DIN-Normungsausschuss DIN 4020, Präsident Rotary Club Schrobenhausen-Aichach 1987/88. H.: Familie, Tennis, Skifahren, Bücher schreiben.

---

*) Biographie www.whoiswho-verlag.ch oder beigefügte CD-ROM

Englert Runhild Dr. med. *)

Englert Vera

B.: Juristin, selbst. RA. DA.: 06844 Dessau, Wilhelm-Feuerherdt-Str. 17. PA.: 97209 Veitshöchheim, Rosenstr. 17. Vera.Englert@t-online.de. G.: Königsberg, 26. Juli 1958. S.: 1978 Abitur, 1979-86 Stud. Rechtswiss. Maximilian Univ. Würzburg, 1986-91 Referendariat in Würzburg, 1991 2. Staatsexamen. K.: seit 1995 selbst. RA in Dessau, seit 1994 zugelassen am Amts- u. Landgericht Dessau, seit 2000 zugelassen am Oberlandesgericht Naumburg. M.: Anw.-Kam., Dt. Anw.-Ver., Dt. Tierschutzver. Würzburg e.V., Zentrale f. Mediation, ARGE Strafrecht, Baurecht, Verkehrsrecht. H.: Literatur, Theater.

Englert Walter *)

Englhard Georg *)

Englisch Hansgünter Dr. med.
B.: Arzt f. Biol. Medizin. G.: Neisse/Schlesien, 14. Mai 1941. V.: Gaby. Ki.: Inka (1984), Maya (1986). S.: Med.-Stud. u. Prom. Münster/West. K.: Ass.Zeit Innere Med./Chir. (Ruhrgebiet), Neurologie Univ. Ulm, Kinder-Klinik, Anthroposophische Klinik Filderstadt u. Praxisvertretungen, eigene schwere Krankheit u. Hinwendung z. Homöopathie u. Biolog. Med., 1977 Erkenntnisse u. Eigenanalyse auf d. Gebiet d. Daseinsanalytik n. M. Boss, G. Condrau, Zürich, 1979 Mitarb. b. Th. Dethlefsen in Reinkarnationstherapie u. erste Erfahrungen in Astrologie n. Döbereiner, München, 1981 Mitarb. in Klass. Homöopath. Nervenarztpraxis, München, 1982 eigene Praxis als Kassenarzt in Kassel, weiterhin intensive Weiterbildg., Schwerpunkte: Vegatest, Toxindrainage, Bachblüten z. Behandlung seel. Erkrankungen, Ozontherapie, Ohrakupunktur. BL.: 1979 Begegnung mit Eckankar als "Weg zu Gott", eine jahrtausendalte Licht- u. Tonreligion, m. d. bereits Zarathustra, Christus u. d. Essener vertraut waren. H.: Klavier, Trompete, Erholung am Meer.

Englisch Thomas Dipl.-Ing.
B.: Garten- u. Landschaftsarchitekt. DA.: 55128 Mainz, Bert-Brecht-Str. 33. Thomas.Englisch@t-online.de. www.la-englisch.de. G.: Braunschweig, 11. Jan. 1961. Ki.: Maximilian (2000). S.: 1976-79 Gärtnerlehre in Wolfenbüttel, 1979-84 Lehr- u. Wanderj. in versch. Betrieben im Bundesgebiet, 1984-86 Staatl. Technikerschule Berlin-Zehlendorf, Abschluß als staatl. geprüfter Techniker Fachbereich Landschaftsbau, Ausbildereignungsprüf. Garten- u. Landschaftsgärtner. K.: 1986 Baultg., Aufmaß, Abrechnung als Techniker Firma Heims Mainz, ab 1988 Übernahme d. Planungsabt. Haus u. Gewerbe Firma Heims Mainz, 1989 Fachabitur Design/ Gestaltung Mainz, 1989-92 Stud. Landespflege FH Wiesbaden/ Geisenheim, 1990-92 Freiberufler Firma Widemann-Systeme Wiesbaden, Entwicklung u. Support CAD-Programm LAND-CADD, 1990-92 Tutor im Fachbereich 04, 1993 Projektltr. Objektplanung u. Abt.-Ltr. CAD im Landschaftsarch.-Büro Rheims & Partner Frankfurt, Aufbau d. CAD-Abt. in Frankfurt u. Krefeld, 1994 Grdg. d. Büros f. Freiraumplanung Mainz u. f. Bauabrechnung IFB Mainz, 1995 Eintragung in d. Arch.-Liste AK Rheinland-Pfalz, seit 1995 Lehrauftrag FH Wiesbaden/Geisenheim. P.: Der Einsatz v. CAD u. Totalstation in d. Objektplanung (1995), Bauabrechnung als Dienstleistung (1994). M.: Arch.-Kam. Rheinland-Pfalz. H.: Theater, Pantomime, Kunst, Reisen.

Engmann Christian

B.: Kfm., Versicherungs- u. Finanzmakler. FN.: Christian Engmann Versicherungs- u. Finanzmakler. DA.: 38228 Salzgitter-Lebenstedt, Lengeder Weg 21. G.: Salzgitter-Lebenstedt, 5. April 1963. V.: Anke, geb. Gließmann. El.: Heinz u. Traute, geb. Dröge. S.: 1982 Abitur in Hildesheim, anschl. Stud. Maschinenbau an d. FH Hannover. K.: Ausbild. als Finanzdienstltr., Vermögensberater, Vers.-Fachmann u. Finanzmakler, Schulungsltr. für Motivationstraining. M.: Dt. Tierhilfswerk. H.: Beruf, Informations-Technologie, ausgedehnte Spaziergänge mit Hund "Toni" (Westhighland-Terrier).

Engmann Gudrun *)

Engstfeld Axel

B.: Produzent, Regisseur, Inh. FN.: Engstfeld Filmproduktion. DA.: 50668 Köln, Theodor-Heuss-Ring 26. G.: Düsseldorf, 10. Okt. 1952. V.: Gisela, geb. Keuerleber. Ki.: Caroline (1986). S.: 1972 Abitur Düsseldorf, 1972-73 Stud. Psych. Innsbruck, 1973-80 Stud. Film, Theater u. Fernsehwiss. Köln. K.: 1976 Grdg. d. Firma Engstfeld Filmproduktion Köln, Dokus f. Fernseh- u. Kinoproduktionen, sowie intern. Co-Produktionen. E.: 1979 u. 1982 Dt. Filmpreis, 1990 Grimme Preis, 1998 u. 1999 Bayer. Filmpreis. H.: Tennis, Musik.

Engwicht Gunter

B.: Apotheker. FN.: Rheingau-Apotheke. DA.: 12161 Berlin, Bundesallee 72. G.: Berlin, 9. Nov. 1948. V.: Urszula Maliszewska. El.: Ing. Alexander u. Meta, geb. Winter. BV.: Großvater Richard Engwicht bedeutender Porzellanmaler d. KPM. S.: 1970 Abitur Berlin, 1970-72 Praktika KH Moabit, Alexandrinen-Apotheke, 1. Staatsexamen, 1974-78 Stud. Pharmazie FU Berlin, Approb. als Apotheker. K.: 1978-84 Waage-Apotheke Kurfürstendamm, seit 1984 selbst., Übernahme d. seit 1928 bestehenden Rheingau-Apotheke. H.: Apotheke, Pflanzen.

Enk Willi *)

Enke Helmut Dr. med. Dipl. Psych. Prof.
B.: em. Ordinarius f. Klin. Sozialpsychologie an d. Univ. Ulm, ehem. Ltr. d. Forschungsstelle f. Psychotherapie-Stuttgart. PA.: 70597 Stuttgart, Anna-Peters-Str. 9 B. G.: Marburg/Lahn, 4. Dez. 1927. V.: Iselin, geb. Wendel. El.: Prof. Dr. med. Willi Jacques u. Dr. med. Elisabeth. BV.: Prof. Dr.

Bruno Keil, Ordinarius f. Altphilologie, Univ. Strasbourg u. Leipzig. S.: Oberrealschule, Studium d. Medizin u. Psych., 1952 Med. Prom., Ausbildung z. Psychotherapeuten u. Psychoanalytiker, Lehranalytiker. K.: 1961 Leitung d. Pschosomatischen Abt. d. Med. Univ. Freiburg i. Brg. im Landhaus Umkirch, 1963 Habil., 1967 Prof. u. Abt. Vorst. Univ. Ulm, 1968 Leiter d. Forschungsstelle f. Pyschotherapie, 1975 Berufung zum Ordinarius, 1978 Ehrenpr. d. Allg. Ärztlichen Ges. f. Psychotherapie u. Ehrenmtgl. d. Dt. Arbeitskreises f Gruppenpsychotherapie u. Gruppendynamik.

Enke Kay Ulrich Dr. med. *)

Enke Klaus *)

Enkelmann Klaus *)

Enkirch Albrecht

B.: Musikerzieher, Pianist, Restaurator histor. u. mod. Klaviere u. Flügel, Klavierstimmer u. Gutachter. DA.: 10589 Berlin, Nordhauser Str. 24. G.: Düren, 26. Sep. 1951. Ki.: Martha (1978), Raphael (1982). El.: Johann u. Katharina, geb. Franken. BV.: Großvater Alois Franken war Musikdir., Komponist u. Organist in Bad Godesberg, Großonkel Fritz Stotzem war Opernsänger (Tenorbuffo) a. d. Staatsoper Wiesbaden (25 Jahre). S.: 1970 Abitur, 1970-72 Bundeswehr, 1973-81 Stud. FU Berlin, ab 1981 Klavierunterricht M. Reuthe HdK Berlin. K.: an 1981 Lehrer f. Klavier u. glz. tätig als Klavierstimmer u. Restaurator, seit 1987 Aufbau d. eigenen Reparaturwerkstatt m. Kontakten zu Werkstätten im In- u. Ausland z. Bearb. bes. Qualitätsinstrumente, Verleih/Vermietung an Film- u. Fernsehproduktionen (ZDF). M.: HWK, IHK Berlin. H.: Musik, Kunst, Sammeln alter Tasteninstrumente.

Enmark Olof Nils Erik Civ. Ing. *)

Enneking Heinrich *)

Enneking Heinz Dr. rer. nat. Prof. *)

Ennemann Wilhelm H. Dipl.-Kfm.

B.: Unternehmensberater, Inh. bzw. Gschf. Ges. Bonner Inst. f. Markt-, Meinungs-, Absatz- u. Sozialforsch. Marmas Bonn GmbH; Ennemann Marktforsch. u. Absatzförderung, Werbe- u. Verlagsberatung; Pharmalink-Ges. f. Gesundheitsforschung mbH. PA.: 53173 Bonn-Bad Godesberg, Plittersdorfer Str. 106. G.: Essen, 4. Sept. 1932. V.: Marianne, geb. Westphal. Ki.: Nicola, Timm. S.: Stud. Univ. Köln, Freiburg, München u. Göttingen. K.: PräsidialR. ZAW Zentralaussch. d. Werbewirtschaft, FachbeiR. BVM Berufsverb. Dt. Markt- u. Sozialforsch., Fachausschuß ZAW-Werbeträgerforschung. P.: div. Handbücher f. Werbung, Public Relations, Marktforsch., Absatzförderung. M.: ESOMAR Europ. Ges. f. Markt- u. Meinungsforsch., BDW-Dt. Kommunikationsverb., DJV-Dt. Journalisten Verb., BVM Berufsverband Dt. Markt- u. Sozialforscher.

Ennemoser Karl *)

Enneper Thomas *)

Enseling Karl Dipl.-Ing. *)

Ensikat Peter *)

Enskat Franc

B.: Fotograf in eigenem Atelier. DA.: 40233 Düsseldorf, Platanenstr. 27. G.: Wiesbaden, 22. Feb. 1963. Ki.: 1 Tochter. El.: André u. Edith, geb. Missura. S.: 1981 Mittlere Reife in Heidelberg, 1981-83 Wehrdienst, 1983-86 Ausbildung b. Europameister d. Fotografie Hans Schonke in Ramstein. K.: 1983 Gestaltung d. Kulturjournals f. Amerika, 1987 Umzug nach Köln u. Grdg. d. Fotostudios, Ass. b. namhaften Werbefotografen intern., 1988-91 tätig in Paris, 1991 Grdg. d. Studios in d. Platanenstraße in Düsseldorf, spezialisiert auf Werbefotografien f. namhafte Banken u. Unternehmen, nat. experimentelle künstlerische Fotos, im Multimedialen Bereich m. Partnern f. Projekte im In- u. Ausland, überwiegend f. Stammkunden. P.: div. Veröff., Einzel- u. Gemeinschaftsausstellungen. H.: Restaurieren u. Fahren v. Oldtimern, Fallschirmspringen, Musik, Musizieren.

Ensle Ursula *)

Enßlen Theodor *)

Ensslin Klaus Dipl.-Ing. (FH) *)

Enßner Christian Dipl.-Ing. *)

Entel Stefan A. *)

Entenmann Klaus

B.: Gschf. FN.: Mercedes-Benz Leasing GmbH. DA.: 70191 Stuttgart, Nordbahnhofstr. 147. G.: Buhlbronn, 28. Mai 1956. S.: Ausbild. z. Bankkfm. b. d. Volksbank Schorndorf, Dipl. f. Bankfachwirt. K.: als Verkauflt. b. d. GEFA einem Tochterunternehmen d. Dt. Bank tätig, Dipl. z. Bankbetriebswirt, 1987 Eintritt in d. Mercedes-Benz Finanz GmbH, seit 1993 stellv. Mtgl. d. Geschäftsführung d. Mercedes-Benz Leasing GmbH u. Prok. d. Mercedes-Benz Finanz GmbH, ab 1996 Gschf., weiterhin seit 1991 Gschf. d. Mercedes-Benz CharterWay GmbH.

Entleutner Sigismund Dr.-Ing. *)

Entrup Otto *)

Enz Martin *)

Freiherr von Enzberg Michael

B.: Dipl.-Verw.-Wissenschaftler, Gschf. FN.: Magdeburger Messebetriebs GmbH & Co KG. DA.: 39114 Magdeburg, Tessenowstr. 9. G.: Rottweil, 12. Mai 1954. V.: Sansanee, geb. Bunnag. Ki.: Sebastian (1984), Melanie (1988). El.: Nikolaus u. Brigitte, geb. Roeger. S.: 1974 Abitur Rottweil, 1974-78 Stud. Sozialwiss. Univ. Konstanz, 1978 Praxis b. d. Fraktion d. F.D.P./DVP im Landtag v. Baden-Württemberg, 1978-81 Stud. Verw.-Wiss. Univ. Konstanz, Abschluß Dipl.-Verw.-Wissenschaftler. K.: 1982-85 Organ.-Referent b. Landesverb. Baden-Württemberg d. F.D.P./DVP, 1985 zusätzl. Pressesprecher u. Stellv. d. Hauptgschf., 1985-95 Projektltr. im Messe- u. Kongreßwesen, 1995-98 Abt.-Ltr. Köln Messe, seit 1998

*) Biographie www.whoiswho-verlag.ch oder beigefügte CD-ROM

Enzberg

Gschf. d. Magdeburger Messebetriebs GmbH & Co KG, Neuaufbau einer regionalen Messeges., Projekte u.a. Magdeboot-Messe f. Wassersport u. Zubehör, Narossa Messe u. Kongreß f. nachwachsende Rohstoffe. BL.: 1983-85 Doz. b. Landesverb. d. Ortskrankenkassen Württemberg-Baden. F.: Gschf. d. Magdeburger Messebesitz GmbH. M.: 1979-80 Wahlkreismitarb. b. Martin Grüner MdB, parlamentar. Staatssekr. b. Bundesmin. f. Wirtschaft, 1980-84 StadtR. in Rottweil, 1982-84 Vors. d. F.D.P.-Ortsverb. in Rottweil, 1972-84 versch. ehrenamtl. Funktionen in Schülermitverw., Stadtjugendring, Jungdemokraten, Liberaler HS-Verb., F.D.P., seit 1998 Marketing Club e.V. Magdeburg. H.: Familie, Reisen, Literatur.

Enzenross Günter Dipl.-Ing. *)

Enzensberger Christian Dr. habil. Prof. *)

Enzensberger Hans Magnus

B.: Schriftsteller; Hrsg. DA.: c/o Suhrkamp Verlag, 60325 Frankfurt/Main, Lindenstr. 29. G.: Kaufbeuren, 11. Nov. 1929. V.: Katharina, geb. Bonitz. Ki.: Tanaquil, Theresia. S.: Abitur, Stud. Literaturwiss., Sprachen, Phil. in Erlangen, Freiburg, Hamburg u. Paris, 1955 Prom. z. Dr. phil. K.: Mtgl. d. Gruppe 47, 1955-57 Redakteur in d. Redaktion "Radio-Essay" b. Süddt. Rundfunk, Gastdoz. an d. HS f. Gestaltung in Ulm, 1957-60 Auslandsaufenthalte in d. USA, Mexiko, Norwegen, Italien, 1960-61 Verlagslektor im Suhrkamp-Verlag Frankfurt/Main, 1963-64 Reisen in d. UdSSR u. in d. Nahen Osten, 1964-65 Gastprof. f. Poetik an d. Univ. Frankfurt/Main, danach Übersiedlung nach Berlin, 1965 Grdg. d. Zeitschrift "Kursbuch", 1967-68 Gastprof. an d. Wesleyan Univ. in Connecticut/USA, Niederlegen d. Professur u. Aufenthalt (b. 1969) in Kuba, 1974-75 längerer Aufenthalt in New York, 1979 Übersiedlung nach München, 1980 Grdg. d. Zeitschrift "TransAtlantik", b. 1982 Mitwirkung, seit 1985 Hrsg. d. "Anderen Bibliothek", bisher über 60 Bände, seit 1995 Bühnenberater am Berliner Renaissance-Theater. P.: "Vereidigung d. Wölfe" (1957), "Zukunftsmusik" (1991), "Die Große Wanderung" (1992), "Esterhazy. Eine Hasengeschichte" (1993), "Aussichten auf d. Bürgerkrieg" (1993), "Vom Terror d. Verschwendung" (1993), "Diderots Schatten. Unterhaltungen, Szenen, Essays" (1994), "Nie wieder. Die schlimmsten Reisen d. Welt" (1997), "Kiosk. Neue Gedichte" (1995), Hörspiel u. Rundfunkarb.: "Das babylonische Riff - Wachträume u. Vexierbilder aus New York" (1957), "Rachels Lied. Ein Hörbild in sieben Strophen" (1969), "Der tote Mann u. d. Philosoph" (1978), "Der Untergang d. Titanic" (1979), "Eine romantische Frau" (1990), "Delirium. Ein Dichter-Spektakel" (1994), "Nieder m. Goethe!" (1996), Opern: "El cimarron" (1970), "Leonore" (1974), "La Cubana oder Ein Leben f. d. Kunst" (1975), Pablo Neruda: "Die Raserei u. Qual" (1986), Die Tochter d. Luft. Ein Schauspiel" (1992), Übersetzungen u.a. "Nieder m. Goethe. Eine Liebeserklärung" (1995), "Europa in Ruinen. Augenzeugenberichte aus d. Jahren 1944-1948" (1995), "Voltaires Neffe. Eine Fälschung in Diderots Manier" (1996), Fernsehfilme u.a. "Billy Bishop steigt auf" (1985), Schallplatten/Tonbandkassetten z.a. "Jacob u. sein Herr" (1987), "Das somnambule Ohr. Gedichte aus vierzig Jahren" (1995). E.: 1956 Hugo-Jacobi-Preis, 1959 Villa Massimo-Stipendium, 1962 Kritikerpreis f. Literatur, 1963 Georg-Büchner-Preis, 1966 Preis d. Stadt Nürnberg, 1980 Intern. Preis f. Poesie Struga/Jugoslawien, 1981 Preis d. Förderaktion f. zeitgenöss. Literatur, 1982 Premio Pasolini f. Poesie, 1985 Heinrich-Böll-Preis, 1987 Preis d. Bayer. Ak. d. Schönen Künste, 1990 Jäggi-Preis u. Basler Buchhdlg. Jäggi, 1993 Preis "Das polit. Buch", 1993 Erich-Maria-Remarque-Friedenspreis d. Stadt Osnabrück, 1994 Kultureller Ehrenpreis d. Stadt München, 1997 Ernst-Robert-Curtius-Preis, 1998 Heinrich-Heine-Preis.

Enzig-Strohm Jan Dipl.-Kfm. *)

Enzmann Frank *)

Enzmann Peter Dr. med. *)

Enzweiler Jo Prof. *)

Enzweiler Rainer Jürgen

B.: RA u. Notar. FN.: Kzl. Enzweiler & Steinke. DA.: 47169 Duisburg, Weseler Str. 66. enzweiler.advokat@t-online.de. G.: Duisburg, 25. März 1947. S.: 1966 Abitur, 1966-70 Stud. Rechtswiss. Univ. Köln, 1870 Staatsexamen, 1971-72 Bundeswehr. K.: 1972-75 Ref. im LG Duisburg, 1975 Assesor-Examen, 1975 Zulassung z. RA am LG Duisburg, seit 1975 selbst. 1985 Zulassung z. Notar, spezial: Firmenverkäufe in großen Dimensionen, Vertretung d. Dr. A. Schoofs Immobilienruppe Düsseldorf, Stahlhandel u. Krankenhäuser. BL.: 1965 Dt. Meisteer im Hammerwerfen, 1966 Juniorenmeister in d. Leichtathletik, 1967 Mannschaftsmeister in d. Leichtathletik, 1975 Mannschaftsmeister in Rasenkraftsport, 1989 Vizeweltmeister i. Hammerwerfen d. Senioren. M.: Sportver. Schwarzweiß Westende Hamborn, Dt. Anw.-Ver., Tennisclub Mattlerburg Duisburg, seit 1999 Mtgl. d. Rates d. Stadt Duisburg u. Vors. d. Sportausschusses. H.: Sportbootfahren, Tennis, Leichtathletik.

Epe Alfred Dr. rer. oec. Dipl.-Ing.

B.: Gschf. PA.: 45473 Mülheim/Ruhr, Winkhauser Weg 148. G.: Attendorn i. Westf. V.: Ingrid (Apothekerin). S.: Gymn. m. Abitur, Ing.-Stud. TH Hannover u. München, Prom. Dr. rer. oec. K.: 1957 Verkaufsing., 1958 Techn. Ltr., 1959-84 Gschf., seit 1984 selbst. Unternehmensberater. M.: 1994 Mtgl. d. Akad. d. techn. Wiss. d. Ukraine.

Eplinius Urs *)

Epp Melanie Henriette

B.: Executive Marketing Manager. FN.: trading-house.net. DA.: 10117 Berlin, Friedrichstr. 76-78. www.trading-house.net. G.: Frankfurt/Main, 29. Sep. 1974. El.: Hansjoachim u. Margrit Epp. S.: 1993 Abitur Tegernsee, 1993-97 Stud. Kommunikations- u. Medienwiss. Univ. Leipzig. K.: 1998 Mitbegründerin d. trading-house.net. BL.: Pionierin d. day-tradingbusiness Marktes f. d. priv. Anleger in Deutschland, Mitbegründerin d. Uniradios Leipzig "Mephisto 97,6". M.: Journalistenverb., Dt. Public Relation Ges., Ver. Berliner Kaufleute u. Industrieller. Sprachen: Englisch, Französisch, Italienisch.

Eppelmann Ernst

B.: Ergotherapeut. FN.: Praxis f. Ergotherapie. DA.: 59872 Meschede, Kaiser-Otto-Pl. 6. G.: Arnsberg, 31. Juli 1960. V.: Verena, geb. Thiel. Ki.: Lea (1996). El.: Peter u. Maria. S.: 1975-78 Schlosserausbild. in Ostwig. K.: 1978-80 Schlosser im Ausbild.-Betrieb, 1981-83 Betriebsschlosser in Meschede, 1983-90 LKW-Fahrer regional, 1990-93 Umschulung z. Ergotherapeuten in Melle, IFBA Schule f. Berufe mit Zukunft, 1994-99 Therapeut in Olsberg, Josephsheim Bigge, Kindergarten f. Körperbehinderte, seit 2000 selbst. in Meschede, Schwerpunkt: Pädiatrie, Neurologie, Orthopädie. P.: 2001 CD Veröff.

*) Biographie www.whoiswho-verlag.ch oder beigefügte CD-ROM

M.: Dt. Verb. d. Ergotherapeuten VDE, Gesangsver., Schützenver., M-Capella Chor, MGV-Chor. H.: aktiv im Gesangsver, Musik, Literatur, Oldtimer.

Eppelmann Rainer
B.: Maurer, Pfarrer, MdB. FN.: Deutscher Bundestag. DA.: 11011 Berlin, Platz d. Republik 1. G.: Berlin, 12. Feb. 1943. V.: Eva-Maria, geb. Strauth. Ki.: Ulrike (1970), Wiebke (1972), Martin (1974), Niels (1977), Justus (1989). S.: 1959 Mittlere Reife, 1962-64 Maurerlehre, 1967-75 Theol.-Stud. K.: Gemeindepfarrer d. Ev. Samariter-Gem., Kreisjugendpfarrer Berlin-Friedrichshain, ab 5.2.1990 einer d. 8 Minister (f. d. Demokrat. Aufbruch) in d. Reg. Modrow, ab 18.3.1990 Mtgl. d. 1. freigewählten Volkskammer, Minister f. Abrüstung u. Verteidigung, 1990 Unterzeichner d. Vertrages f. d. Austritt d. DDR aus d. Warschauer Vertrag (WVO), seit 10/1990 Mtgl. d. 1. Gemeinsamen Bundestages, Mtgl. Vorst. d. CDU/CSU-Bundestagsfraktion, stellv. Mtgl. im Ausschuß Arbeit- u. Sozialordnung, Mtgl. im Ausschuß "Menschenrechte u. Humanitäre Hilfe", Mtgl. d. Arbeitnehmergruppe d. CDU/CSU-Bundestagsfraktion, Mtgl. d. Bundesvorst. d. CDU, Bundesvors. d. Christlich-Demokratischen Arbeitnehmerschaft (CDA), Hrsg. d. "Sozialen Ordnung", Vorst.-Vors. d. "Stiftung zur Aufarbeitung d. SED-Diktatur", Beisitzer im Landesvorst. d. CDU Brandenburg, Kreisvors. d. CDU Märkisch-Oderland. M.: Vorst. d. Stiftung "Christlich-Soziale Politik", Senioren-Union, "Konrad-Adenauer-Stiftung", IG Bauern-Agrar-Umelt (IG BAU), Stiftung "Daheim im Heim" d. Deutschen Parlamentar. Gesell., Wirtschaftsrat Hertha BSC Berlin, versch. Vereinen, u.a. Museumspark Rüdersdorf, Freilichtmuseum Altranft, Kirchtumverein Seelow. H.: Lesen, Fotografieren. (Re)

Eppelt-Knochenstiern Claudia
B.: Richterin. FN.: Amtsgericht Leipzig. DA.: 04668 Grimma, Klosterstr. 9. G.: Würzburg, 23. Juli 1956. V.: Nils Knochenstiern. BV.: Großvater - Prof. an d. PH Würzburg, Vorfahren d. Ehemannes väterl. seits aus Riga besaßen kl. Privatklinik. S.: 1975 Abitur, Stud. Jura Würzburg, 1981 1. Staatsexamen, Referendariat Würzburg, Gemünden, OLG Bamberg u. Verw.-HS Speyer, 1984 2. Staatsexamen, 1985 mündl. Prüf. München. K.: 3 Mon. tätig bei RA Dr. Perles in Tel Aviv, 1985 Ang. in d. RA-Kzl. Baumann in Würzburg, 1991 Sächs. Richterin an einem bayr. Gericht, 1992 tätig im Bereich Vormundschaft u. kommissar. Abt.-Ltr. am Amtsgericht Leipzig, 1994 ernannt auf Lebenszeit an d. StA., 1996 abgeordnet z. LG Leipzig, Strafkam. u. Pressesprecherin d. Landgerichts Leipzig, 1997 Mietrichterin am Amtsgericht Leipzig, 1999-2000 Abt.-Ltr. d. Zivilrechtskam., seit 2000 abgeordnet als ständige Vertreterin d. Direktors d. AG Grimma, seit 2001 Strafrichterin beim AG Leipzig. H.: Lesen, Reisen, Skifahren.

Epperlein Joachim Dr. Prof.
B.: freiberufl. Doz. u. unabhängiger Umweltberater. FN.: e-consult. DA.: 08058 Zwickau, Lessingstr. 4. PA.: 08112 Wilkau-Haßlau, Haßlauer Str. 30. e-consult.joachim.epperlein@t-online.de. G.: Zwickau, 31. Juli 1942. Ki.: Marcus (1982). El.: Max u. Johanna. S.: 1961 Abitur, 1963-69 Stud. Chemie TU Dresden. K.: 1970-84 ltd. Tätigkeit in d. Forsch.- u. Chemieind. d. Filmfbk. Wolfen, 1978 Habil. FSU Jena, 1980-84 Hon.-Doz. d. Sektion Physik d. TU Dresden, 1984-92 o.Prof. u. Lehrstuhltr. f. techn. Chemie d. TU Chemnitz, seit 1993 freiberufl. Doz u. Umweltberater. BL.: mehr als 110 Patente. F.: Mitgründer, Mithrsg. u. Redaktionsmtgl. d. "Journal of Information Recording Materials" (Berlin) u. langj. Mtgl. d. Redaktionsbeirates d. Zeitschrift "Bild u. Ton" (Leipzig). P.: über 100 Veröff. in Fachzeitschriften, Autor v. 4 Büchern. M.: Ges. d. Dt. Chemiker, Dechema, New York Academy of Science. H.: Reisen, Weine, Bücher, Geschichte der Fotografie.

Epperlein Wolfgang Dipl.-Ing. *)

Eppers Norbert Alois

B.: staatl. geprüfter Betriebswirt, Gschf. Ges. FN.: proper GmbH. DA.: 66128 Saarbrücken, Theresienstr. 5. info@proper.de. www.proper.de. G.: Saarbrücken, 23. Juli 1952. V.: Ursula, geb. Fischer. Ki.: Michael (1972). S.: 1969-71 Ausbildung z. Industriekaufmann, 1971-72 FOS Saarbrücken Abschluss m. Wirtschaftsabitur, 1974-76 Stud. z. staatlich geprüften Betriebswirt an d. Fachschule f. BWL in Saarbrücken m. Diplomabschluss, parallel dazu Vorbereitungen z. Grdg. eines Gebäudereinigungsbetriebes. K.: 1972-74 Mitarbeit in einem Werbeverlag in Saarbrücken, 1976 Grdg. d. Gebäudereinigungsunternehmens, 1978 Umbenennung d. Unternehmens in proper GmbH, Tätigkeitsschwerpunkte Innen- u. Aussenreinigung v. Warenhäusern, Praxen, Büros, Altenheimen, Kindergärten, Schulen, Schwimmbädern u. Industriebetrieben, insbesondere d. Nahrungsmittelindustrie, Hygieneservice f. Unternehmen wird ergänzend betrieben. M.: Gebäudereiniger-Innung. H.: Tennis, Politik, Sport.

Eppert Günter J. Dr. habil. Doz.
B.: Gschf. u. Inh. FN.: SEPSERV Separation Service Berlin OHG. DA.: 10587 Berlin, Helmholtzstr. 2-9. cgepp.bln@t-online.de. www.sepserv-com. G.: Friedland/Tschechien, 2. Aug. 1933. V.: Christa, geb. Traubach. Ki.: Wiete (1960), Dirk (1965), Falk (1967). El.: Josef u. Elisabeth. S.: 1952 Abitur Quedlinburg, 1952-58 Stud. Chemie Martin-Luther-Univ. Halle/Saale, 1958 Dipl., 1961 Dr. rer. nat. Halle, 1980 Habil. Leipzig, 1981 Facultas docendi TH Merseburg. K.: tätig als HS-Doz. f. analyt. Chemie, 1958-91 Chemiker u. Abt.-Ltr. in d. Leuna Werken b. Merseburg, 1983-90 zusätzl. Vorlesungen an d. TH Merseburg u. 1985 in Calcutta/Indien, seit 1990 selbst. m. d. Firma SEPSERV. Pr.: ca. 70 Pat. u. Veröff. u.a.: "Einführung in d. Schnelle Flüssigchromatographie" (1979), Co-Autor v. "Handbuch d. Gaschromatographie" (1984) u. "Analytikum" (1994), Essay "Gedanken im Morgengrauen" (1990), "Flüssigchromatographie, HPLC - Theorie u. Praxis" (1997). M.: Chem. Ges., b. 1989 UNIDO. H.: Reiten, Musik.

Eppinger Andreas *)

Eppinger Ulrich

B.: RA. FN.: Eppinger & Forberger. DA.: 04720 Döbeln, Rossweinerstr. 24. G.: 27. Juni 1963. V.: Mirella, geb. Zimmermann. Ki.: Verenissa (1996), Christoph (1998). El.: Erich u. Lydia, geb. Böckle. S.: 1982 Abitur Bretten, 1982-89 Jurastud. Freiburg, b. 1992 Referendariat Baden-Baden. K.: ab 1992 selbst. RA in Döbeln, Tätigkeitsschwerpunkt: Arb.-, Bau- u. Familienrecht. M.: Diakonie Döbeln - Vorst., Schulver. H.: Sport (Skifahren, Squash), Hund.

*) Biographie www.whoiswho-verlag.ch oder beigefügte CD-ROM

Epple

Epple Bruno *)

Epple Roger
B.: Gen.-Musikdir. FN.: Opernhaus Halle. DA.: 06108 Halle, Universitätstring 24. G.: Heimenkirch, 1. Aug. 1960. V.: Sabine. Ki.: Veronika (1996). El.: Hermann u. Ursula. S.: Stud. Dirigieren Musik-HS München. K.: musik- u. kunstwiss. Studien an d. Univ. München, 1987 Grdg. d. Ensemble f. Neue Musik in München, 1990-94 Dirigent am Opernhaus Leipzig, 1994-96 1. Kapellmeister am Nationaltheater in Mannheim, 1996 Grdg. d. "Sinfonietta Leipzig", seit 1996 Gen.-Musikdir. am Opernhaus Halle m. Schwerpunkt Musik d. 20. Jhdt., Südamerika u. USA u. Kanada-Debüt, Debüt an d. Stuttgarter Staatsoper u. d. Deutschen Oper Berlin. P.: Uraufführungen namhafter zeitgen. Künstler, zahlr. CDs m. klass. Musik d. 19. u. 20. Jhdt. u.a. f. WERGO, Koch-Schw. u. TELDEC. E.: 1990 BMW-Musiktheaterpreis, 2001 Bayerischer Theaterpreis.

Epple Waldemar Dr.-Ing. h.c. *)

Epple Wilfried *)

Epple-Waigel Irene Dr.
B.: Gründerin d. Initiative "Gipfel für Kinder", ehem. Skirennläuferin. PA.: 87637 Seeg. G.: Seeg, 18. Juni 1957. V.: Theo Waigel. Ki.: Konstantin. K.: 1978 WM in Garmisch Abfahrt/2., 1979 WC-Gesamt/3., 1980 Olymp. Winterspiele Lake Placid RTL/2., 1981 WC-Gesamt/5., 1982 WC-Gesamt/ 2., 1983 WC-Gesamt/6., 1984 WC-Gesamt/4., nach Karriereende 1985 Engagement gegen Kindes-Mißbrauch, 1998 Gründung gem. mit Detlef Drewes (Augsburger Allgemeine) Initiative "Gipfel für Kinder", Schirmherrin d. Stiftung "Kindergesund.", Stud. d. Humanmed. (LMU München), 1992-95 Ass. Ärztin KH Füssen., 2002 Kandidatur f. d. Kreistag in Ostallgäu. (Re)

Eppler Dieter *)

Eppler Erhard Dr. phil. Dr. h.c. *)

Eppler Richard Dipl.-Ing.
B.: Maschinenbauing., Inh. FN.: EPU Eppler Engineering, Ing.-Büro f. 3D-CAD/CAE Produktentwicklung u. Konstruktion. DA.: 72469 Meßstetten, Neue Str 28. richard.eppler@epu.de, www.epu.de. G.: Meßstetten, 14. Nov. 1948. V.: Anita, geb. Unsöld. Ki.: 2 Söhne. S.: 1962-65 Lehre techn. Zeichner, 1965-68 Berufsaufbauschule u. FH-Reife, 1968-71 Ing.-Schule f. Maschinenbau u. Konstruktion Ulm. K.: 1971 Konstrukteur bei einem Büromöbelhersteller u. 1974-81 Ltr. d. Abt. Konstruktion, 1981-86 Ltr. d. Produktplanung u. Hdlg.-Vollmacht, 1986-95 Fachbereichsltr. f. Forsch. u. Entwicklung u. Prok., 1996 Grdg. d. Ing.-Büros f. Einführung v. 3D-CAD-Programmen f. Produktentwicklung v. d. Idee b. z. Serienreife aus einer Hand spez. f. Festigkeitsanalysen u. Simulation - Rapid-Prototyping. u. Visualierung v. Produkten. H.: Radfahren.

Eppmann Hans *)

Epstein Joshua Prof.
B.: Musikprof. FN.: HS f. Musik u. Theater. DA.: 66111 Saarbrücken, Bismarkstr. 1. G.: Tel-Aviv/Israel, 14. Nov. 1940. Ki.: Nurith (1986). El.: Julian u. Anna. S.: 1948-58 Violinunterricht in Tel-Aviv, 1955-58 Musiktheoret. Unterricht b. Paul Ben-Haim, 1958 Abitur, anschl. Stud. Math. u. Physik Univ. Jerusalem, 1959-61 Stud. am Conservatoire Royal de Musique in Brüssel/Belgien, 1962-65 Stud. an d. Chapelle Musicale

Reine Elisabeth in Brüssel/ Belgien. BL.: 1972-78 Primarius d. "Bartholdy-Quartetts", 1987-92 Initiator und Künstler. Ltr. d. "Saarbrücker Kammermusiktage", 1966-75 Doz. an d. HS f. Musik u. Theater Hannover, 1974-78 Ltr. einer Violinkl. an d. Musik-HS Würzburg, seit 1978 Prof. f. Violine an d. Musik-HS d. Saarlandes, seit 1991 Prof. in Conservat-National de Reg CNR Straßburg. P.. Schallplatten/CD-Aufnahmen u.a. "Kreutzersonate", Mendelssohn - Sämtl. Streichquartette, Beethoven-Septett, Bach - Solosonate a-moll u. Partita d-moll, sämtl. Solosonaten u. Partiten v. J.S. Bach, 24 Capricen v. N. Paganini, Virtuose Zugabestücke. E.: 1965 "Sibelius" Helsinki (2. Preis), 1968 "Carl-Flesch-City of London" (1. Preis), 1967 u. 1971 "Reine Elisabeth" Brüssel H.: Computer, Fußball.

Epting Ulrich *)

Erach Gonda Dipl.-Ing. *)

Eral Sevgi

B.: selbst. Designerin. DA.: 45127 Essen, Porschepl. 54. G.: Ankara, 20. Sep. 1963. V.: Yagül Eral. Ki.: Bektas-Onur. El.: Ismail u. Firdivis, geb. Bekson. S.: 1981 Mittlere Reife, 1981-84 Lehre Designerin Duisburg. K.: 1984-87 Bürogehilfin in Oberhauen, seit 1995 selbst. Designerin im Bereich Damen- u. Kinderbekleidung, seit 1997 Braut- u. Abendkleider. H.: Kinder, Lesen, Wandern.

Erath Hermann
B.: Botschafter. FN.: Deutsche Botschaft in Caracas/Venezuela. DA.: VE-Caracas, Edif. Torre La Castellana p. 10 Avenida Eugenio Mendoza cruce con Calle Jose Angel Lamas. diplogermacara@cantv.net. G.: Singen, 11. Jan. 1945. Ki.: Beatrice (1967). El.: Hermann u. Laura. S.: 1965 Abitur, 1966-69 Jusstud. Köln, Freiburg u. Berlin, 1969 1. Staatsexamen, 1970-72 Referendardienst, 1972 2. Staatsexamen. K.: 1975-77 Ausbild. f. d. Höheren Auswärtigen Dienst, 1977 Dt. Botschaft Maputo, 1977-81 Dt. Botschaft Pretoria, 1981-84 Auswärtiges Amt - Abrüstungsabt., 1984-87 Dt. Botschaft Kingston/Jamaica, 1987-89 ständige Vertretung d. BRD b. d. UNO New York, 1989-98 Angehöriger d. Planungsstabes in Bonn, seit 1995 Ltr. d. Kommunikationsabt. im Auswärtigen Amt, 1998-2001 Dt. Botschafter in Bangkok, s. 9/2001 Dt. Botschafter in Venezuela. H.: Sport, Musik, Literatur, Malerei. (Re)

Eratz Hermann Dipl-Ing.
B.: Unternehmer, Inh. FN.: Eratz Ing.-Büro. DA.: 44229 Dortmund, Kirchhörder Str. 94. V.: Maja, geb. Schröder. Ki.: Frederik (1993). S.: 1976 Abitur, Bundeswehr, Stud. Maschinenbau RWTH Aachen, 1985 Dipl.-Ing. K.: 1985-92 MEC GmbH Alsdorf, Projektltr. b. Forsch.-Projekten f. d. Gesenkschmiedeind., 1992 Grdg. Eratz Ing.-Büro, Entwicklung v. Software u. CAD Dienstleistungen, FEM Berechnungen,

*) Biographie www.whoiswho-verlag.ch oder beigefügte CD-ROM

1996-98 Gschf. DGN Ing.-Ges. Köln. F.: DGN GmbH Köln. P.: Art. über Softwareprodukte. M.: Schriftführer d. Ges. f. intern. Burgenkunde, Sängerschaft Germania zu Aachen. H.: Wassersport, Segeln, Surfen.

Erb Christian

B.: Hotelier, selbständig, Gschf. FN.: Erb GmbH & Co KG. DA.: 85599 Parsdorf, Posthalterring 1. info@hotel-erb.de. www.hotel-erb.de. G.: München, 22. Juli 1971. El.: Rosemarie. S.: 1988-92 Ausbildung z. Hotelfachmann an d. Hotelfachschule in Altötting, sowie prakt. Ausbildung im Hotel zur Post in Altötting. K.: 1992-96 berufl. Orientierung im Hotelgewerbe sowie in d. Gastronomie in Hotels u. hoher Gastronomie im Kingshotel/Schwarzwald, 1996-98 Hotelmeister u. Hotelbetriebswirt sowie Fachabitur an d. Bavaria Hotelfachschule in Altötting, 2001 Gschf. d. Erb GmbH & Co KG Parsdorf sowie Führung u. Ltg. d. Tagungs- u. Businesshotels. E.: Vier Sterne v. HoGa (2001). M.: Hotel- u. Gaststättenverband, Select Marketing Hotels, IHK München u. Oberbayern. H.: Kultur, Musik, Literatur.

Erb Inge

B.: RA. DA.: 35390 Gießen, Bleichstr. 28. G.: Lich, 3. März 1956. S.: 1975 Abitur Gießen, 1975-82 Stud. Rechtswiss. Justus-Liebig-Univ. Gießen, 1982 1. Staatsexamen, 1981-84 Referendariat, 1984 2. Staatsexamen. K.: Zulassung z. RA, 1984 Eröff. d. eigenen Kzl., 1997 Fachanw. f. Familienrecht. P.: Vorträge z. Familienrecht b. d. VHS Gießen u. Wetzlar, in Familienbild.-Stätten, im Frauenkulturzentrum Gießen, regelmäßige Art. f. d. örtl. Presse b. Gesetzesänderungen, Veröff. in d. Fachliteratur. M.: seit 1999 Vors. d. Kinderschutzbundes e.V. Ortsverb. Gießen, Elisabeth-Selbert-Ver., Arge Giessener Frauenverb., seit 1998 beratende Tätigkeit f. d. Diakonie Gießen, seit 2001 f. d. Kath. Kirche "Donum Vitae". H.: Hunde, Motorradfahren.

Erbach Michael

B.: Dipl.-Journalist, Chefredakteur. FN.: Potsdamer Neueste Nachrichten. GT.: Präsidium d. Sicherheitskonferenz Potsdam (Büro d. Stadt). DA.: 14467 Potsdam, Platz der Einheit 14. G.: Bad Salzungen, 6. März 1958. V.: Cornelia. Ki.: Florian (1985), Juliane (1991). El.: Hans u. Gerda. S.: 1975 Mittlere Reife Bad Salzungen, 1975-78 Berufsausbild. m. Abitur - Vollmatrose d. Hochseefischerei, 1978-80 Wehrdienst, 1980-84 Stud. Journalistik an d. Univ. Leipzig, Dipl.-Journalist. K.: 1984-90 Nachrichtenredakteur b. Brandenburg. Neuesten Nachrichten, 1991-92 Nachrichtenredakteur b. Potsdamer Neuesten Nachrichten, seit 1992 Chefredakteur d. Potsdamer Neuesten Nachrichten, zusätzl. zwei weitere Publ.-Organe: Potsdam am Sonntag, Potsdam exclusiv. BL.: Initiator d. "Potsdamer Rekorde", PNN - einzige ostdt. Zeitung mit steigender Auflage. E.: 1990 Hans-Marchwitz-Preis, 1998 Preisträger d. "Wächterpreises". M.: 1995 Grdg.-Mtgl. d. Förderver. "Lindenstr. 54 e.V". H.: Lesen, Schreiben eigener Prosa u. Erzählungen, Freizeitsport.

Erbe Horst-Joachim Dr. med. *)

Erbe Leopold *)

Erbe Ulli

B.: freischaff., dichtende Malerin, Astrologin, Journalistin, Schriftstellerin. FN.: city gallery im Kunsthaus Mitte. GT.: Galerie Ulli Erbe. DA.: 10178 Berlin, Rosenthaler Str. 50. G.: Berlin, 10. Juni 1939. Ki.: Marina. BV.: Urgroßeltern: Kammersängerin u. Konzertpianistin Sofie Smeraldina de Slaviak sowie Robert Erben Dirigent u. Konzertdir./Städt. Opernhäuser, Intern. Konzerte. S.: aufgewachsen in einer Künstlerfamilie b. d. Großeltern, vielfältige Kontakte zu Literatur, Malerei, Phil., Schulbesuch in Berlin. K.: stets schreibend, malend, versch. Techniken erprobend, über Kupferstichtechniken letzl. Orientierung auf Metall u. Glas als Maluntergrund, Beschäftigung m. unterschiedl. Kulturen u. Mythologien, 1987-90 ständiger Wohnsitz u. Ausstellungen in Italien, Glasmalereien, Mosaiken f. Privatkapellen, seit 1990 wieder in Berlin. P.: "Stelldichein verwandter Geister. Zwei Paradiesvögel plaudern von d. Justiz u. anderem Unsinn", "Riecher und Viecher", "Das Tier im Menschen", "Zweibeiner" (2001). H.: Lyrik, Phil., astrolog. Psychogramme. (G.B.)

Erbel Christoph Dipl.-Kfm. *)

Erbel Frank Dr. *)

Erbel Raimund Dr. med. Univ.-Prof.

B.: Dir. FN.: Abt. f. Kardiologie d. Univ.-Klinik Essen. DA.: 45122 Essen, Hufelandstr. 55. erbel@uni-essen.de. G.: 9. März 1948. V.: Hildegard, geb. Schürmann. Ki.: Susanne (1975), Christian (1976), Sebastian (1979), Matthias (1983). El.: Ing. Peter u. Maria. S.: 1967 Abitur Alsdorf, 1967-73 Studium Med. Köln u. Düsseldorf, Staatsexamen m. Ausz., 1973-74 Med.-Ass. Chir. u. Interne Med. St. Josef KH Leverkusen, 1974 Prom. m. Ausz. K.: 1974-75 wiss. Ass. d. SFB 30 d. Univ.-Klinik Düsseldorf, 1975-77 tätig in d. Inneren Abt. d. Bundeswehr-KH Koblenz, 1977-82 in d. Inneren Abt. d. RWTH Aachen, 1981 FA f. Innere Med., 1982 FA f. Kardiologie, 1982 Habil. in Aachen, 1982 tätig an d. II. Med. Klinik u. Poliklinik in Mainz, 1983 C2-Prof., seit 1987 Univ.-Prof., 1988 Fellow of the European Society of Cardiology, 1992 Contract Prof. d. Univ. Modena in Italien, seit 1993 C4-Prof. u. Dir. d. Abt. Kardiologie d. Univ. GHS Essen; Funktion: seit 1996 Anerkennung als DEGUM-Seminarltr. f. Kardiologie in 1998 wahlweise Vorbild. F.: 1994 u. seit 1999 gschf. Dir. d. Zentrum f. Innere Med. d. Univ.-Klinik Essen. P.: Hrsg. d. Essener Kardiolog. Kardiovaskulären Nachrichten, Mithrsg. d. Zeitschrift "Herz", Vors. d. BeiR.: "Kur vor Ort", 9 Bücher, 23 Buchbeiträge, 262 Originalarb., Vorträge. E.: 1994 "Man of the Year" d. American Bigraphical Inst., 1994 Fellow of the American Heart Association Clinical Council. M.: 1995-97 Programm Kmsn. d. Dt. Ges. f. Kardiologie, 1995-99 klin. Kmsn. d. Dt. Ges. f. Kardiologie, 1999 Editorial Board European Journal of Echocardiography, Vors. d. Ges. z. Förderung d. Herzkreislaufforsch. e.V. H.: Joggen, Tennis, Lesen.

---

*) Biographie www.whoiswho-verlag.ch oder beigefügte CD-ROM

Erbeldinger Hans-Jürgen Dr.

B.: Vorst., Technical Development. FN.: E&E Information Consultants AG. DA.: 10115 Berlin, Invalidenstr. 112. PA.: Berlin, Bleibtreustr 29-31. G.: Worms, 2. März 1966. V.: Beatrice, geb. Groepler. El.: Hans u. Ursula, geb. Orlemann. S.: 1985 Abitur Worms, 1985-86 Wehrdienst, 1986-88 Stud. Wirtschaftsing.-Wesen an d. Univ. Kaiserslautern, 1988-92 Vordipl., Wechsel z. VWL an d. FU Berlin, Dipl.-Vw. K.: 1988-92 freier Journalist f. RIAS Berlin, erste stud. Hilfskraft b. Frühstücksfernsehen, 1990-92 Tutor f. Math. an d. FU Berlin, 1992 PS&M GbR zusammen m. Prof. Baszler, 1992-97 Ass. am Lehrstuhl Prof. Dr. Baszler, Lehrstuhl f. Vw.-Theorie, 1997-98 FU Berlin, eigener Forschungs-Bereich: Simulation ökonom. Modelle, 1998 Prom. z. Dr. rer. pol., ab 1998 E&E Consultants AG. P.: versch. Art. in div. Zeitungen. H.: Kochen, Rotwein (Westbordeaux, Margeaux u. Pouilliac).

Erben Claus D. *)

Erben Frank-Michael *)

Erben Katrin *)

Erben Volker

B.: Dirigent u. Pianist. PA.: 01109 Dresden, Selliner Str. 22. volker.erben@aol.com. G.: Raguhn, 20. Nov. 1936. V.: Dr. Angela, geb. Schöne. Ki.: Simone (1966), Juliane (1969). El.: Dr. Friedrich Carl u. Felicitas, geb. Naumann. BV.: Großvater Carl Erben - Fabrikant. S.: 1955 Abitur, 1955-60 Stud. Dirigieren u. Klavier Musik-HS Leipzig, Staatsexamen. K.: 1960-62 Solorepetiror an d. Städt. Bühnen Magdeburg, 1962-63 Kapellmeister am Stadttheater Meißen, Priv.-Unterricht bei Prof. Ernst Hintze u. ständige Hospitationen bei GMD Prof. Otmar Suitner, 1963-67 Kapellmeister d. Landesbühnen Sachsen, 1967-71 Chefdirigent d. staatl. Sinfonieorchesters Riesa u. Priv.-Unterricht bei GMD Prof. Rudolf Neuhaus, 1971 musikal. Oberltr. d. Gerhart-Hauptmann-Theaters in Zittau, Hospitationen b. Rundfunksinfonierorchester Berlin, ab 1991 künstl. freischaff. tätig als Dirigent u. Pianist, 1997 Lehrauftrag f. Partiturspiel an d. Musik-HS Dresden. BL.: Operngastdirigent u.a. an d. Staatsopern Berlin, Dresden, Bukarest, Staatstheater Timisoara u. Usti nad Labem. P.: Gastdirigent im In- u. Ausland u.a. im Gewandhausorchester Leipzig, Philharmonien Dresden, Gdansk, Lubin, Olsztyn u. Philharmonie Oradea in Rumänien. H.: Sprachen, Literatur, Tennis.

Erbenich Lothar Dr. med.

B.: Ltr.; FA f. Innere Med. FN.: Gesundheitszentrum am KH Waldfriede. DA.: 14163 Berlin, Argentinische Allee 40. gesundheitszentrum@waldfriede.de. G.: Wertheim, 19. Apr. 1956. V.: Ingrid. geb. Planko. Ki.: Vanessa Ines Philine (1989), Vivian Ives Philipp (1992). El.: Helmut Werner u. Elfriede, geb. Widulle. S.: 1976 Abitur Coburg, 1976-80 Stud. Adventistische Theol. Darmstadt u. 1982-83 Ev. Theol. Univ. Erlangen-Nürnberg, 1980-81 Praktikum Pastor Nürnberg u. b. 1983 Erlangen u. Forchheim, 1983-88 Stud. Med. Univ. Mainz, 1986 Famulatur Kardiologie u. Kinderchir. Loma-Linda-Univ. USA, 1988-89 Praktisches Jahr mit Pädiatrie Dr.-Horst-Schmidt-Kliniken Wiesbaden, 1987 1., 1988 2. u. 1989 3. Staatsexamen, 1989-90 Arzt im Praktikum, 1990 Approb. K.: seit 1994 Ass.-Arzt, FA-Ausbild. in Innere Med., 1998 Weiterbild. in Intensivmed. am Jüd. KH in Berlin, 1994 Prom., 2000 FA-Anerkennung f. Innere Med., seit 2000 FA d. Inneren Abt. am KH Waldfriede in Berlin u. seit 2000 Ltr. d. Gesundheitszentrums Waldfriede; Funktionen: Ltr. versch. Seminare u.a. Nichtraucherseminare, Ausbild. v. Rettungssanitätern, ärztl. Betreuung v. Koronarsportgruppen, Doz. f. Innere Med. an d. Krankenpflegeschule am KH Waldfriede, med. Bearb. v. "Endlich frei! - Das Frei - vom - Rauchen-Seminar", med. Bearb. d. Videofilms "Gesundheit ist kein Zufall", Ltr. d. Öff.-Arb. am KH Waldfriede. M.: seit 1998 Ltg.-Gremium Gesundheitszentrum Waldfriede, seit 1998 wiss. BeiR. d. Dt. Ver. f. Gesundheitspflege e.V. in Ostfildern, seit 1998 Organ. v. Studentenaustausch m. d. Loma-Linda-Univ. in d. USA, seit 1999 med. Berater am Medienzentrum Stimme d. Hoffnung u. d. Gesundheitsmagazins "Alles Gute" in Radio Paradiso. H.: Reisen, Fotografieren, Lesen.

Erber Georg Fredo

B.: Gitarrist, Komponist, Mitinh., selbständig. FN.: Das Flamencostudio in München. GT.: seit 1985 zahlr. Fachvorträge u. Artikel über Künstler, Geschichte u. Stile d. Flamenco u.a. 1994 "Apuntes sobre el estado del Flamenco en Alemania", Gutachter f. d. Fachausschuss "Amor de Dios". Comunidad de Madrid. DA.: 80337 München, Tumblingerstr. 26/Rückgebäude. www.flamenco-muenchen.de. G.: Stade/Elbe, 7. Mai 1941. V.: Lebensgefährtin: Malena Karin Worstorff. Ki.: Stefan (1966), Matthias (1968), Julia (1973). El.: Georg u. Liselotte, geb. Starcke. S.: 1947-58 Ausbildung im Händel-Konservatorium, Gastschüler f. d. Fach Klavier b. F. Heyerhoff u. Max Schwarz (Jazz), 1960 Ausbildung z. Koch Fränk. Weinhaus z. Torggelstube in München, 1962-68 Stud. Rechtswiss. an d. LMU München, 1. Staatsexamen, 1969-72 Referendarzeit in München u. Granada, 1972 2. Staatsexamen, Tätigkeit als Rechtsanwalt, parallel 1961-72 Stud. d. Flamencogitarre b. Pepe Tranca (Granada), Daniel Staffler (Morón), Rafael del Aguila (Jerez de la Frontera) u.a., 1966-77 Aufbau d. Ensembles u. zahlr. Auftritte m. d. Ensemble "Bessarabia", Folklore aus Russland u. d. Balkan (Akkordeon), Auftritte als Gast m. d. Ensemble "Kasbek" in Berlin (Gitarre). K.: 1970-95 Unterrichtstätigkeit in München f. d. Flamencogitarre, 1966-73 Zusammenarbeit m. Flamencosänger Fane in Marseille, 1976-78 Zusammenarbeit m. d. griech. Rembetikokünstlern u.a. m. Georgos Kaprilis "Axas" Thessaloniki, seit 1977 Zusammenarbeit m. d. Flamencotänzerin u. Tanzpädagogin Malena Karin Worstorff, Schaffen d. Musik f. ein umfangreiches Repertoire in allen wesentl. Flamencostilen, seit 1982 intensive jöd. Arbeit u. Aufbau einer auf Flamencotanz spezialisierten Schule in München. BL.: 1948 Rolle d. kleinen Kaminkehrers in Benjamin Brittons Oper "The little Swift", 1972 Zusammenstellung d. Flamencogruppe "La Faraona y su combo flamenco", Auftritte f. d. Olymp. Komitee während d. Olympiade in München, Zusammenarbeit m. d. Flamencogitarristen Pedro Gamacho u. d. Tänzerin Sarita in Berlin. P.: Einspielen einer Schallplatte b. "Tempo" m. Skiffle-Musik (1959), Veröff. d. LP "Balkan Express - Ensemble Bessarabia" (1978), Veröff. einer als Taschenbuch herausgegebenen "Leichten Gitarrenschule" zusammen m. W. Radtke (1981), Bühnenauftritt b. "Primer Festival Flamenco" (1991) u. "Secundo Festival Flamenco" (1992) in Castillo de Aro/Spanien unter d. künstler. Ltg. d. Choreografin Susana u. d. Komponisten u. Pianisten Antonio

*) Biographie www.whoiswho-verlag.ch oder beigefügte CD-ROM

Robledo, Zusammenarbeit m. d. Choreografen Ciro Madrid u. d. Flamencosänger Manuel Palacin b. mehreren Flamencotanzfestivals in Madrid u. München. M.: Gema, "Amor de Dios". H.: Lesen, Schach, Wandern, Natur, Sprachen, Basteln.

Erber Margareta Dr. rer. nat. Prof. *)

Erbersdobler Otto Dr. med. *)

Erbert Renate *)

Erbrich Klaus Peter
B.: AufsR-Präs. FN.: Binding-Brauerei AG. DA.: 60598 Frankfurt, Darmstädter Landstr. 185. www.binding.de. K.: 1974-1989 Vorst.-Mtgl. d. Binding-Brauerei AG, 1989-2000 Vorst.-Vors., seit 2000 AufR.-Vors. (V.)

Erbse Hartmut Dr. phil. *)

Erbse Heimo Prof. e.h.
B.: Komponist, Regisseur. PA.: A-2500 Baden, Doblhoffg. 15. G.: Rudolstadt, 27. Feb. 1924. K.: Opernreg. an versch. Bühnen, seit 1952 freischaff. Komponist, Stud. b. Prof. Boris Blacher (Berlin). P.: Opern: "Julietta" u.a. bei Salzburger Festspielen, Ballett: "Ruth" u.a. 1959 Wiener Staatsoper, Orchesterwerke, Kammermusik, Lieder, Chöre, Bühnen- u. Filmmusik. E.: 1956 Preis d. Jungen Generation d. Stadt Berlin, 1961 Beethoven-Preis d. Stadt Bonn, 1973 Würdigungspreis d. Bundesmin. Wien, 1996 Kulturpreis Baden u. d. Landes Niederösterreich. M.: seit 1976 Ak. d. Künste Berlin.

Erbslöh Angelica

B.: Gschf. FN.: Entwicklungszentrum f. berufl. Qualifizierung u. Integration GmbH. DA.: 44339 Dortmund, Evinger Pl. 11. ae@ewz-do.com. G.: Innsbruck, 19. Feb. 1946. Ki.: Florian (1974), Moritz (1980). El.: Walter Gotschke (Grafiker u. Maler) u. Erika, geb. Kromer. S.: 1965 Abitur Stuttgart, 1965-71 Stud. Anglistik u. Slavistik Tübingen u. München. K.: 1972-77 Sachbearb. in Hamburger Werft u. Reederei, 1978 tätig in einem Verlag in Dortmund, 1982-85 Gschf. eines Verlags in Dortmund, 1985-88 Übernahme einer Offset-Druckerei u. Hrsg. eines Polit-Magazins, 1990 Ang. in d. Verw., 1993 Projektentwicklung d. EWZ GmbH f. berufl. Weiterbild. u. Jugendarb., glz. tätig als Redakteurin, Mitarb. an intern. Projekten. P.: Hrsg. d. Europ. Jugendmagazins "Pop Up" im Internet (1999), www.pop-up.org. M.: Green Peace, Dortmunder Forum Frau u. Wirtschaft. H.: Literatur, Tiere, Musik machen.

Erbslöh Gerd Dipl.-Berging. *)

Erbslöh Hans-Ulrich *)

Erbstein Friedrich Christian *)

Erckenbrecht Joachim F. Dr. med. Prof.
B.: Chefarzt f. Innere Med. DA.: 40489 Düsseldorf, Kreuzbergstr. 79. PA.: 40489 Düsseldorf, Kaiserswerther Markt 2. G.: Heidelberg, 30. März 1950. V.: Elfriede, geb. Näser. Ki.: Julia Susanne (1978), Constantin Joachim (1982). El.: Dr. Hermann u. Marie-Luise. S.: 1968 Abitur, Stud. Med. Philipps-Univ. Marburg, 1975 Prom. K.: 1975-77 Med.Ass., 1977 Approb., 1977 wiss. Ass. Med. Klinik d. Univ. Düsseldorf, 1983 Arzt f. Innere Med., 1985 Habil., 1987 Anerkennung f. d. Teilgebiet Gastroenterologie, seit 1987 OA Med. Klinik d. Univ. Düsseldorf, seit 1990 Chefarzt Klinik f. Innere Med. u. Gastroenterologie, Florence-Nightingale-KH, Düsseldorf-Kaiserwerth. P.: 90 Originalarb., Übersichtsarb. u. Buchbeiträge, 177 Vorträge bzw. Kurzmitteilungen auf nat. u. intern. Kongressen. E.: 1984 Klin. Förderpreis f. Gastroenterologie in Nordrhein-Westfalen. M.: Ges. f. Gastroenterologie in Nordrhein-Westf., Dt. Ges. f. Innere Med., Dt. Ges. f. Verdauungs- u. Stoffwechselkrankheiten, European Assoc. for Gastroenterology and Endoscopy, American Gastroenterological Association. H.: klass. Musik. (R.E.S.)

Erckens Hansgeorg Dr. iur. *)

Ercolani Heike

B.: Studiobetreiberin, Inh. FN.: Aktuelles Sportstudio GbR. DA.: 49082 Osnabrück, Iburger Str. 225. aktuelles-sportstudio@t.online.de. www.aktuelles-sportstudio.de. G.: Damme, 31. Dez. 1971. V.: Corrado Ercolani. El.: Manfred u. Ursula Janßen, geb. Wulf. S.: 1991 Abitur Espelkamp, 1993-95 Ausbild. z. Apothekenhelferin in Hamburg, 1995-97 Ausbild. z. Groß- u. Außenhdls.-Kauffrau. K.: 1991-93 selbständig Tennislehrerin in Dielingen, 1998 Grdg. in Partnerschaft m. Renate Sieve Aktuelles Sportstudio in Osnabrück Fitnesstraining, Aerobic, Kampfkunst, Ernährungskurse, 2001 Eröff. d. Damensportstudios Figura Damme. H.: Tennis, Sport.

Erdali Ayhan *)

Erdas Mehmet Dr. Dipl.-Wirtschaftsing. Prof.

B.: freiberufl. Business Development Manager. DA.: 13629 Berlin, Quellweg 58. G.: Konya/Türkei, 4. Okt. 1954. V.: Ayse. Ki.: Elif (1979), Fatih (1981), Mehmet (1991). S.: 1971 Abitur Istanbul, 1975 Stud. Microwave Engineering an d. M.E.T.U. Michigan State Univ. - B.Sc., 1978 Stud. Management Business Administration - Master of Sciences MBA, 1982 Operations Research an d. TU Braunschweig als DAAD-Stipendiat - Dipl.-Wirtschaftsing., Dr. soc. oec. K.: 1992-94 Projektmanager, Consultant f. Bankautomatisation Software Development Projekt Wien u. Bratislava, 1996-2000 interne Trainings b. HP, ORACLE, Siemens, Lucent, 1995-98 Prof. f. Management Informationssysteme an d. Univ. St. Pölten, Salzburg, Istanbul Yeditepe, 1998-99 Principal Consultant of Oracle in Wien, 1996-2000 Prof. f. Management Business Administration, Databases u. Telekommunikationssystme an d. Fachschule St. Pölten, Univ. Salzburg, Webster Univ., 1998-2001 Senior System Engineer GPRS_WAP_UMTS Standardisierung f. Siemens, Lucent in Braunschweig, Wien, Berlin, Frankfurt/Main, Übersiedlung nach Berlin. BL.: Mitbegründer d. Yeditepe Universitese u. stellv. Dekan. P.: Handbuch f. d. Spannungsregelung in Wasserkraftwerken (1975), Bankautomationsprojekt d. türk. Agrarbank (1985), Diss.: Energy and

---

*) Biographie www.whoiswho-verlag.ch oder beigefügte CD-ROM

Complex Interest Rate Concept with Introduction of a new complex time-scale for the acceptance analysis of newly emerginingtegrated computer and telecommunications technologies (1982), Bankautomationsprojekt d. SCD-Computer Services f. d. slowak. Bank SSTSP-Bratislava (1993), Entwicklung einer objektorientierten Industrielle Anwendungssoftware IAS f. Fertigungssteuerung u. Projektmanagement (1997). M.: IEEE, dAAD. H.: Transzendentale Meditation, Wandern, Schwimmen, Rudern.

Erdelbrock Volkhard Dipl.-Kfm. *)

Erdfelder Karsten Wilhelm
B.: Gschf. Ges. FN.: Generate Communications GmbH. DA.: 28359 Bremen, Mary-Somerville-Str. 3 (Unicom). karsten @erdfelder.de. www.erdfelder.de. G.: Remagen, 18. Dez. 1969. V.: Birgit. Ki.: Dennis (1990). El.: Hartmut Knoll u. Wilma, geb. Langen. S.: 1987 Mittlere Reife in Remagen, 1987-89 Ausbildung z. Krankenpfleger in Remagen. K.: 1989-91 freiberuflicher Bildjournalist, 1991-92 Redaktionsvolontariat Kanal 10 Regionalfernsehen GmbH Koblenz, danach 1992 Redaktionsleiter im gleichen Betrieb, 1992-94 Redakteur Lahn-Post GmbH Limburg, 1993-98 Grdg. KWK Werbeagentur als Inh., 1994-95 Bereichsleiter Redaktion im Verlag f. Anzeigenblätter GmbH in Koblenz, 1996-98 Ausbildung z. Mediengestalter in Köln, 1998-2001 Produktionsleiter Bremer Blatt Verlags-GmbH f. Bremer, big u. Sonderhefte, Webmaster Bremer online, 1998-2001 Grdg. Erdfelder Mediengestaltung e.K. als Inh., 2001 Grdg. d. Generate Communications GmbH als Gschf. Ges., Full Service technische Internetdienstleistungen. M.: Vorstandsarbeit Dt. Rotes Kreuz Remagen.

Erdinc Robert

B.: Juwelier, Inh. FN.: Juwelier Saphir. DA.: 13507 Berlin, Alt-Tegel 1-3. G.: Berlin, 20. Sep. 1977. El.: Isteyfo u. Suriye. S.: Ausbild. Steuerfachgehilfe. K.: während d. Ausbild. Mitarb. im elterl. Juweliergeschäft u. Ausbild. z. Juwelier, seit 1996 selbst. m. Schwerpunkt Fertigung individueller Schmuckstücke u. Unikate. H.: Fallschirmspringen.

Erdl Adolf
B.: Gold- u. Silberschmied, selbständig. DA.: 90402 Nürnberg, Karolinenstr. 55. G.: Plattling, 3. Apr. 1933. El.: Michael u. Josefine. S.: 1949 Mittlere Reife Deggendorf, 1949-52 Lehre Goldschmied Plattling, 1957 Meisterprüfung Hildesheim. K.: 1952 Goldschmied in Bad Tölz, 1953 Meisterschule in München, 1953-57 Goldschmied in Hildesheim u. Augsburg, 1959-69 Werkstattleiter bei Goldschmied Schott in Nürnberg, seit 1969 selbständig. m. Werkstätte als Gold- u. Silberschmied in Nürnberg. BL.: beherrscht d. sehr seltene Granulationstechnik. M.: ehem. Obermeister d. Goldschmiedeinnung. H.: Kunst, Skifahren, Theater, Oper, Musical, Wandern.

Erdl Lois Dr. iur.
B.: RA, Wirtschaftsprüfer u. Fachanw. f. Steuerrecht. PA.: 81545 München, Rabenkopfstr. 25 G.: Trostberg, 4. Apr. 1922. V.: Illa, geb. Stadelmayer. Ki.: Cornelia. El.: Alois u. Maria. S.: Gymn., Stud. Rechts- u. Staatswiss. Deutschland u. USA. K.: AufsR. u. BeiR.Mandate in versch. Ind.Unternehmen.

Erdl Oskar *)

Erdmann Christine Dipl.-Psychologin

B.: freiberufl. Psychologin. DA.: 26122 Oldenburg, Steinweg 50. G.: Oldenburg, 6. Jän. 1962. V.: Axel Erdmann. Ki.: Antonia Isabell (1997). El.: Ernst u. Maria Apeler, geb. Berndt. S.: 1981 Abitur, Stud. klin. Psych. Univ. Oldenburg, 1990 Dipl.-Abschluß, 1991-96 Ausbild. Psychotherapeutin. K.: seit 1994 freiberufl. Psychotherapeutin mit Schwerpunkt Psychotherapie f. Einzelpersonen, Familien u. Paare u. Managementberatung, 1999 Approb. zur Psychologischen Psychotherapeutin. M.: BDP, BUND, Psychotherapieinformationsdienst im Internet. H.: klass. Musik, Kochen, Literatur.

Erdmann Christoph

B.: Projektmanager, Gschf. Ges. FN.: AOSAT Software GmbH. DA.: 80807 München, Domagkstr. 33/75. PA.: 81369 München, Hierlangerweg 9. ce@aosat.de. www.aosat.de. G.: Erlangen, 7. Juni 1974. El.: Dipl.-Chemiker Dr. Rudolf Erdmann u. Astrid von Leers. S.: 1995 Abitur Oberhaching, 1992-93 Highschool in Roseburg Oregon/USA m. Abschluss Diploma (amerikanisches Abitur), 1995-96 Zivildienst, 1997-98 Stud. an d. BAW Bayerische Akademie f. Werbung u. Marketing München, Abschluss Dipl.-Kommunikationswirt. K.: 1996-99 selbständig, Consulting im EDV- u. IT-Bereich in München, 1999-2000 Projektmanager in einem Münchner Musikverlag, seit 2000 Grdg. d. Firma AOSAT GmbH München, Gschf. Ges., Erstellung v. IT-Strategien, Erstellung v. eCommerce-Konzepten, Erstellung v. individueller Software, ab 2002 Eintritt eines dritten Geschäftspartners u. Durchsetzung eines innovativen Konzepts. M.: ASOAT e.V. Association of Science and Technology München, aktives Mtgl. im TV Feldkirchen 1903. H.: Skifahren, Snowboarden, Windsurfen, Wasserski, Tauchen, Freeclimbing.

Erdmann Detlef
B.: Schulltr. FN.: Gymn. Ohmoor. DA.: 22455 Hamburg, Sachsenweg 76. G.: Berlin, 3. März 1951. V.: Gesine, geb. Eichberg. El.: Karl-Friedrich u. Ingrid, geb. Specht. S.: 1970 Abitur, 1970-77 Stud. Lehramt Univ. Hamburg, 1. Staatsexamen. K.: Language-Ass. an d. Poole Grammar School in Großbritannien, 1977-79 kfm. Ang. d. Firma H. F. Teege KG, 1979-81 Referendar u. 1981-2000 Lehrer am Goethe-Gymn. in Hamburg, seit 2000 stellv. Schulltr. am Gymn. Ohmoor, seit 2001 Schulltr. am Gymn. Ohmoor. P.: "Schule u. Beruf. Berufsorientierung an einem Gymn.". M.: GEW, VFL, Hammonia 1922. H.: Fußball, Kochen, Theater, Konzerte.

*) Biographie www.whoiswho-verlag.ch oder beigefügte CD-ROM

Erdmann Dietrich Prof. *)

Erdmann Hanns-Christian Dr. med. *)

Erdmann Hans-Peter *)

Erdmann Herbert Dipl.-Vw. *)

Erdmann Hermann

B.: staatl. geprüfter Physiotherapeut. DA.: 88212 Ravensburg, Reichlstr. 14. G.: Opferbach, 1. Mai 1960. V.: Irene-Rosina, geb. Häring. Ki.: Katrin (1998), Andreas (2001). El.: Hermann-Wilhelm u. Josefine. S.: Mittlere Reife Lehre Betriebsschlosser, Bundeswehr, 1980 Ausbild. Masseur, Schule u. Praktikum, 1984 Anerkennung als Masseur. K.: Masseur in Heimenkirch, Altann u. in Saulgau, 1986-90 Masseur im städt. Kurbetrieb Bad Waldsee in München, seit 1990 selbst. m. Schwerpunkt Fußreflexzonenmassage, Magnet-Meridianbehandlung, 2000 Prüf. z. staatl. geprüften Physiotherapeuten. F.: Vertrieb v. Gesundheitsprodukten f. d. Firma Power-med. M.: Verb. d. Physiotherapeuten. H.: Freizeitsport.

Erdmann Johannes
B.: Gschf. Ges. FN.: Schmitz & Erdmann Holzhdlg. GmbH. DA.: 59065 Hamm, Münsterstr. 7. G.: Ahlen, 22. Feb. 1947. V.: Gerda, geb. Erdelkamp. Ki.: 4 Kinder. S.: 1961-64 Ausbild. z. Groß- u. Außenhdls.-Kfm. in einem Holzgroßhdl. in Hamm. K.: 1964-66 Kfm.-Gehilfe im gleichen Betrieb, 1967-68 Bundeswehr, 1969-85 berufstätig in einem Holzgroßhdls.-Betrieb in Hamm, zuerst im Innendienst u. anschließend im Außendienst tätig, danach Unterstützung d. Geschäftsführung u. später Benennung z. stellv. Gschf., seit 1985 Mitgründer d. Firma Schmitz & Erdmann Holzgroßhdl. in Hamm, seit 1993 alleiniger Gschf. Ges. M.: Alpenver. DAV. H.: Bergwandern, Kegeln, Motorradfahren, Segeln.

Erdmann Klemens

B.: Programmierer, PC-Schuler. FN.: PC im Griff. DA.: 12205 Berlin, Jägerndorfer Zeile 12. G.: Berlin, 11. März 1949. V.: Hannelore, geb. Rohrsetzer. Ki.: Saskia (1976), Christoph (1979). El.: Karl-Heinz u. Hildegard. S.: 1969 Abitur Berlin, Stud. Nachrichtententechnik, 1969-73 TU Berlin, 1973-75 FH Berlin, Ing. K.: 1976-97 Etnwicklung med. elektrotechn. Geräte Bosch u. Nfg., seit 1991 nebenberufl. PC-Schulung, 1994 Übernahme d. Bereichs Datenverarb., seit 1997 selbst. H.: Kochen, Essen, Musik.

Erdmann Klaus-W. Dr. med. dent.
B.: Arzt f. Mund-,Kiefer- u. Gesichtschir., Arzt f. Anästhesie, Zahnarzt. DA.: 47198 Duisburg, Paßstr. 6. G.: Moers, 25. Sep. 1944. V.: Christine Marlene, geb. Harbich. Ki.: Marcus (1966), Anja Christina (1971). S.: 1964 Abitur, 1964-71 Stud. Med. FU Berlin u. Düsseldorf, 1971 Staatsexamen Med. u. zahnmed. Physikum, 1976 FA f. Anästhesiologie, 4 J. FA-Ausbild. Mund-, Kiefer- u. Gesichtschir., 1978 zahnärztl. Staatsexamen, 1981 Prom., 1981 FA f. Mund-, Kiefer- u. Gesichtschir. K.: seit 1981 ndlg. FA f. Mund-, Kiefer- u. Gesichtschir., Anästhesie u. Zahnarzt m. Privatklinik. P.: "Zur Frage d. Angst vor Schmerzen bei Engriffen im Kiefer-Gesichtsbereich", "Zur Keloidproblematik in d. ästhet. Chir. d. Gesichts", "Die Anwendung d. Strinlappens z. Verschluß d. Mundhöhle", "Erfahrungen m. KETANEST in d. Kiefer- u. Gesichtschir.", "Über d. sarkomatöse Entartung einer Unterkieferzyste" u.a.m. H.: Motorradfahren.

Erdmann Michael Dipl.-Ing.

B.: Kfz-Sachv. DA.: 22547 Hamburg, Lüttkamp 30. G.: Krempe, 13. Juni 1949. Ki.: 1 Tochter. El.: Heinz u. Rosemarie, geb. Prothmann. S.: 1963-66 Ausbild. z. Kfz-Mechaniker m. Abschluß z. Gesellen, 1966-72 Kfz-Mechaniker, 1972-73 Fachschulreife an d. Berufsaufbauschule, 1973-77 Stud. Fahrzeugtechnik an d. FH Hamburg, Dipl.-Ing. K.: 1977-81 Kfz-Sachv. b. d. DEKRA, 1981 selbst. Kfz-Sachv. anfängl. f. Verkehrsunfallrekonstruktion, heute überwiegend Kfz-Schäden. M.: BVSK, KÜS, Schwackepartner, Classik Data Partner, SPD Hamburg, RTV. H.: Badminton, Alpinski, Segeln.

Erdmann Olaf *)

Erdmann Peter *)

Erdmann Susi
B.: Profi-Rennschlittensportlerin, Soldatin. FN.: c/o WSV Königsee. DA.: 82088 Unterhaching, Otto-Brunner-Str. 16. PA.: 81369 München, Karwendelstr. 8a. G.: Blankenburg/ Harz, 29. Januar 1968. K.: größte sportl. Erfolge: 1985 EJM/ 3., 1986 WJM/2., 1987 EJM/2., 1989 WM Einzel/1., Mannschaft/2., 1990 EM Einzel/1., EM Mannschaft/1., WM Einzel/4., WM Mannschaft,/1. 1991 WM Mannschaft/1., WM Mannschaft/1., WC gesamt/ 1., 1992 EM Einzel/1., EM Mannschaft/1., OS/3., DM/2., WC gesamt/1., 1993 WM/4., WM Mannschaft/1., DM/7., 1994 OS/2., EM/5., WM/3., DM/2., 1995 WM/2., WM Mannschaft/2., WC Mannschaft/2., 1997 DM/1., 1998 Nagano OS/4., EM/3., EM Mannschaft/1., DM/3., 1999 WM Königssee/4., DM Königssee/5., WC Gesamt/6, 2000 Umstieg zum Damen Zweierbob DM/6., 2002 OS Salt Lake City/3. H.: Musik, Tanzen, Lesen, Japanische Küche, Tauchen. (Re)

Erdmann Ulrich Dipl.-Ing.
B.: Gschf. FN.: Erdmann-Softwaregesellschaft mbH. DA.: 02826 Görlitz, Dr.-Kahbaum-Allee 16. G.: Magdeburg, 21. März 1957. S.: 1973-75 Lehre als Elektriker, 1977-78 Wehrdienst, 1978 Fachschule f. industrielle Elektronik u. Informationsverarbeitung Görlitz, Abschluss Ing. f. industrielle Elektronik. K.: 1978-81 Ass. an d. Fachschule f. industrielle Elektronik u. Informationsverarbeitung in Görlitz, 1981-91 Experte f. Forschung u. Entwicklung im Wiss.-Technischen Zentrum d. DR, 1991 Grdg. d. Firma Erdmann Seibt & Co Systemhaus, 1994 Grdg. d. Firma Erdmann Softwaregesellschaft mbH, 1998 Anerkennung Dipl.-Ing., 2000 Grdg. einer Ndlg. in Holland, 2001 Grdg. d. Firma Sachsenluftfahrt GmbH. BL.: Softwareentwicklung "Intelligentes Inspektionssystem IIS" f. d. DB. P.: div. Veröff. in Fachzeitschriften, u.a.: "Der Eisenbahningenieur", IRIS - eine portierbare Systemlösung z. Optimierung d. Instandhaltungsprozesses, H.: Gesellschaftstanz.

*) Biographie www.whoiswho-verlag.ch oder beigefügte CD-ROM

Erdmann Volker A.
o.Prof. Dr. rer. nat. B.A.M. Sc. *)

Erdmann Wolfgang Dr.-Ing. Prof. *)

Erdmann-Nomikos Xenia *)

Erdmannsdörfer Gisela *)

Erdogan Hasan Dr. med. *)

Erdsiek-Rave Ute
B.: Min. f. Bildung, Wissenschaft, Forschung u. Kultur, Lehrerin. DA.: 24103 Kiel, Brunswiker Str. 16-22. G.: Heide, 2. Jan. 1947. Ki.: 1 Kind. S.: 1966 Abitur, Stud. Germanistik Univ. Bochum u. Kiel, Wechsel Päd. HS Kiel, Staatsexamen. K.: 1927-74 Lehrerberuf, 3 J. Auslandsaufenthalt in Stockholm, Arb. in d. Erwachsenenbild.,seit 1977 wieder Schuldienst Schleswig-Holstei, 1983-86 stellv. Landesvors. d. Arge sozialdemokrat. Frauen (AsF), Kreistagsabg. im Kreis Rendsburg-Eckernförde, stellv. Fraktionsvors., b. 1987 Vors. d. Schul- und Kulturaussch., 1988-92 stellv. Fraktionsvors. d. SPD-Landtagsfraktion, 1992-96 Landtagspräs. v. Schleswig-Holstein, seit 1987 MdL, 1996-98 Vors. d. SPD-Landtagsfraktion, seit 28.10 1998 Min. f. Bildung, Wissenschaft, Forschung u. Kultur d. Landes Schleswig-Holstein. M.: seit 1969 SPD. (Re)

Erdweg Günther Cornel Dipl.-Ing.

B.: Architekt. DA.: 52066 Aachen, In den Heimgärten 34. G.: Raeren/Belgien, 26. Juli 1944. Ki.: Anja (1968), Sandra (1974). El.: Johanna Erdweg. S.: 1962-65 Lehre Maurer u. glz. Abitur Abendschule d. staatl. Ing.-Schule Aachen, 1965-68 Stud. allg. Hochbau m. Abschluß Ing., 1968-7 Stud. Arch. TH Aachen m. Abschluß Dipl.-Ing. K.: seit 1976 freiberufl. Architekt; Funktion: 1978-88 Lehrauftrag f. Baukonstruktion u. elementiertes Bauen an d. FH Aachen. M.: Präs. d. R.C. Zugvogel 09 in Aachen. H.: Radsport.

Erfurth Heinz *)

Erger Johannes Wilhelm Dr. phil. Dr.h.c. Prof. *)

Ergin Carolyne Dipl.-Ing.

B.: Architektin, Gschf. FN.: ERGO Architekten & Ing. DA.: 12161 Berlin, Rheinstr. 45. G.: Einbeck, 10. April 1962. El.: Kenan u. Christa Ergin, geb. Jaenicke. S.: 1981 Abitur, 1981-84 Ausbild. z. Bauzeichnerin, 1984-89 Stud. Arch. TFH Stuttgart, Dipl.-Ing. K.: seit 1989 freie Mitarb. u. gleichzeitig Grdg. u. zielstrebiger Aufbau eines eigenen Arch.-Büros in Berlin. P.: Geschäftshaus Heimberger-Center Ravensburg, Mehrfamilienhaus Leipzig-Eutritzsch, Verw.-Trakt der Firma bwh Hochbau AG Berlin-Wannsee, Kzl. Dr. Bendref & Kampa Berlin, Denkmalgeschütztes Haus in Greifswald. M.: Arch.-Kam. H.: Sport, Musik.

Ergin Fatma *)

Ergotti Günter *)

Erhard Benno *)

Erhard Wolfgang
B.: Konditormeister. FN.: erhard Feines aus Ingolstadt. DA.: 85049 Ingolstadt, Donaustr. 15. info@erhard-in.de. www.erhard-ingolstadt.de. G.: Ingolstadt, 26. Feb. 1965. V.: Lebensgefährtin: Andrea Kirmer. Ki.: Daniel (1992), Sarah (1994). El.: Karl u. Elfriede, geb. Kraus. S.: Mittlere Reife, 1981-84 Ausbildung z. Konditor im Cafe Widmann in München, 1984-88 Gesellenjahre in versch. Betrieben im In- u. Ausland, 1988-89 Meisterschule f. Konditoren in Iserlohn, 1989 Betriebswirt d. Handwerks in München. K.: 1991 Existenzgründung Cafe Mohrenkopf in Ingolstadt, 1993 Segafredo-Espresso Bar Theresienstr. 1, Ingolstadt, 1996 Segafredo-Espresso Bar Einkaufszentrum Westpark Ingolstadt, 1999 Wiener Cafe-Bar "Erhat's" Einkaufszentrum Westpark Ingolstadt. E.: Urkunde Handwerkskammer Augsburg als bester Konditormeister (1989). M.: Innungsverband. Handwerkskammer, Round Table Service Club. H.: Familie, Skifahren, Tennis.

Erhardt Axel-Bernd *)

Erhardt Gero *)

Erhardt Günther Dipl.-Jurist

B.: Kfm. Dir., i. R. G.: Vogtland, 12. März 1924. V.: Hildegard. Ki.: Christina (1954). S.: 1938/39 HS Leipzig, 1939-42 Kfm. Lehre, Kfm.-Geh.-Prüfung, 1942-45 Soldat (Funker bei Heeresnachrichten), 1944/45 Ostfront, 1945 Buchhalter bei Gem. Böhlen, 1946/47 II Vorkurs f. d. Arbeiterstud., 1947-51 Jurastud. an d. Univ. Leipzig, 1951 Dipl. K.: 1951 Justitiar b. DHZ-Holz Leipzig, 1952 Chefjustitiar b. d. Sowjetstaatlichen AG d. Brennstoffindustrie "Brikett" Espenhain, 1954 Kombinatsjustitiar im VEB Braunkohlekombinat Espenhain, 1959 Kfm. Dir. dieses Komb., 1969/70 Dir. f. Soz.Ök. im Großverband d. Komb. Böhlen - Espenhain - Rositz, 1971-80 Dir. f. Sozialökonomie im Braunk.-Kom. Espenhain; 1960-74 Abg. d. Kreistages Borna, Vors. d. Ständ. Kom. "Kohle-Energie-Chemie" u. ehrenamtl. Mtgl. d. Rates, 1974-89 berufenes Mtgl. d. ständigen Kom. "Territoriale Planung" im Kreistag Borna, ebenso 1974-89 berufenes Mtgl. d. ständ. Kom. "Wohnungspolitik" im Bezirkstag Leipzig, 1954-89 Friedensrichter, Schiedsmann u. Mtgl. d. Schiedskom. f. d. Gemeinden Espenhain u. Mölbis. E.: Verd.-Med. d. DDR, Med. f. Verd. i. d. Kohleind. in Silber, Med. d. Zivilverteidigung in Silber, Med. f. ausgez. Leist., Ehrennadel d. Rechtspflege. H.: Musik, Lesen, Reisen, Filmen.

Erhardt Helge *)

Erhardt Horst Gottfried *)

Erhardt Manfred Dr. jur. Prof.
B.: Senator f. Wiss. u. Forsch a.D., Gen.-Sekr. d. Stifterverb. f. die Deutsche Wissenschaft. DA.: 45224 Essen, Postfach 164460. manfred.erhardt@stifterverband.de. G.: Stuttgart, 21.

*) Biographie www.whoiswho-verlag.ch oder beigefügte CD-ROM

März 1939. V.: Gabriele, geb. Schulz. Ki.: Wolfram, Martin, Karsten. El.: Wilhelm u. Käthe. S.: 1959-64 Stud. Rechtswiss. Univ. Tübingen u. FU Berlin, 1964 1. u. 1968 2. Jur. Staatsexamen,1965-69 wiss. Hilfskraft u. wiss. Ass. im öff. Recht Univ. Tübingen, 1968 Prom. Dr. jur. K.: 1969-71 Bundesmin. f. Bild. u. Wiss., 1971-74 Kultusmin. Baden-Württemberg, 1974-78 Ltr. d. Referats "Berufsakademien u. Rechtsangelegenheiten d. berufl. Schulen", 1978-82 Min f. Wiss. u. Kunst Baden Württemberg, 1982-84 Hpt.Amtl. Gschf. d. CDU-Fraktion im Landtag v. Baden-Württemberg, 1984-Jan.1991 Min. Direktor. u. Amtschef d. Min. f. Wiss. u. Kunst, seit 1979 Prüf. f. öff. Recht im 1. Jur. Staatsexamen an d. Univ. Tübingen, seit 1981 Lehrbeauftragteer Univ. Tübingen, seit 1988 Hon. Prof. Univ. Tübingen, 1991-96 Senator f. Wiss. u. Forsch. d. Landes Berlin; 1991: Präs. d. Kultusmin.-Konferenz (1991). P.: zahlr. rechtswiss. u. wiss.rechtl. sowie bildungs- u. forschungspolit. Veröffentlichungen. E.: 1989 BVK am Bande, 1991 Ehrenkurator d. Export-Akademie Bad.-Württ., 1996 Ehrenmedaille d. Charité d. Humboldt-Univ. Berlin, 1997 Commandeur de l'Ordre National du Mérite République Française, 1999 Doctor of Laws honoris causa, York University, Toronto, Canada. M.: Vors. d. Technologierates d. Landes Berlin, Vors. d. Verw.Rates d. Stuttgarter Institute of Management and Technology, Verw.Rat Deutsches Museum München, Mtgl. d. AufsRates Price-Waterhouse Coopers, Mtgl. d. -Rates WISTA Management GmbH Berlin, Mtgl. d. Senats DLR sowie WGL, Mtgl. d. Vorst. DAAD, Mtgl. d. Hauptausschusses d. Dt. ForschungsGem.

Erhardt Otto Anton Dipl.-Ing. *)

Erhardt Ulysses
B.: Grafiker, Gschf. FN.: Uly Creativ Werbeagentur.DA.: 30161 Hannover, Große Pfahlstr. 12. PA.: 30161 Hannover, Goebenstr. 2. G.: Hannover, 21. Dez. 1962. El.: Ralf u. Erda, geb. Steinmann. S.: 1981 Fachabitur Hannover, 1982-85 Ausbild. z. Werkzeugmacher. K.: 1987-89 Ang. in einem größeren Verlag als Grafiker u. Illustrator, 1989-92 Grafiker in einer kleineren Werbeagentur, seit 1992 selbst. BL.: Gewinner v. mehreren Wettbewerben. H.: Fotografieren, Sport.

Erhart Walter Crispinus Philipp *)

Erhorn Carsten *)

Erich Heinz-Joachim Dr. med. *)

Erichsen Harald Dr. *)

von Erichsen Lothar C. E. Dr.-Ing. *)

Erichson Alexander

B.: Gschf. FN.. PTH Pflegeteam "to huus" GmbH. DA.: 22177 Hamburg, Bramfelder Chaussee 214. G.: Rom, 21. Nov. 1965. El.: Sven u. Maria, geb. Graucob. BV.. Großvater Dr. Kurt Erichson war Chefarzt d. Kinderabt. am KH Heidberg. S.: 1985 Abitur Ahrensburg, 1985-87 Zivildienst, 1987-90 Ausbild. Krankenpfleger, 1990-93 Stud. Erziehungswiss. Univ. Hamburg. K.: 1993-96 selbst. als Gschf. des Uhlenhorster Pflegedienstes, seit 1997 Gschf. d. Firma Pflegeteam "to huus" in Hamburg. H.: Tennis, Motorradfahren.

Erichson Ulf

B.: Dipl.-Ethnograph. FN.: Dt. Bernsteinmuseum. DA.: 18311 Ribnitz, Im Kloster 1-2. G.: Ribnitz, 4. März 1959. V.: Uta, geb. Geist. Ki.: Jan, Sandra. El.: Hans u. Gisela. S.: 1978 Abitur Rostock, 1980-85 Stud. Humboldt-Univ. Berlin, 1979-80 Wehrdienst. K.: 1985-89 Folklorezentrum d. 3 Nordbez., 1989 wiss. Mitarb. Bernsteinmuseum, 1991 Museumslr. P.: versch. Publ. z. Natur- u. Kunstgeschichte d. Bernsteins. H.: Segeln, Lesen.

Eriksen Marius Peter
B.: Bauing., Inh. FN.: Ing.-Büro f. Energieplanung. DA.: 26122 Oldenburg, Gottorpstr. 15. G.: Langenhorn/Nordfriesland, 7. Jan. 1935. Ki.: Regina (1957), Thomas (1960), Renate (1962). S.: b. 1954 Ausbild. z. Zimmerer in Neumünster, Bauing.-Stud. an d. Staatsbauschule Eckernförde, 1957 Ing.-Examen: Bauing., prakt. Tätigkeit als Bauing. u. parallel Stud. an d. TU Hannover, 1963 Dipl.-Examen. K.: seit 1963 selbst. beratender Ing. im Bauwesen in Hannover, seit 1973 selbst. beratender Ing. im Bauwesen in Oldenburg, seit 1977 öff. bestellter u. vereid. Sachv. f. Ing.-Bau, insbes. Brückenbau, seit 1977 Lehrbeauftragter f. Statik, Brückenbau u. Stahlbeton an d. FH Oldenburg, 1979 Grdg. d. Ing.-Büros f. alternative Energie (später umbenannt in Ing.-Büro f. Energieplanung), seit 1992 Schwerpunkt: Gewinnung v. elektr. Energie aus Windkraftanlagen, Gschf. d. Ing.-Büros f. Energieplanung, 1985-87 Stud. Phil. u. Religion Univ. Oldenburg, Grdg. d. ERIKSEN-Stiftung f. Menschenhilfe (Hilfe für das schicksalhaft benachteiligten Menschen), gemeinsam mit Ehefrau Dipl.-Psych. Ursula Eriksen-Grensing (1999). P.: zahlr. Aufsätze über Windenergie in versch. Zeitschriften u.a. in "Beratende Ing." (1998). M.: Bundesverb. Windenergie, seit 1990 in d. Vertreterversammlung. Ing.-Kam. Niedersachsen, Prüf.-Aussch. d. Verb. beratender Ing., VPräs. d. Intern. Cultural Exchange ICX. H.: Sportfliegen, Wandern, Reisen.

Eriksen-Grensing Ursula Dipl.-Psych.

B.: selbständige Psychoanalytikerin. FN.: Praxis f. Psychotherapie. DA.: 26122 Oldenburg, Osterstr. 14. G.: Düsseldorf, 2. Feb. 1947. V.: Dipl.-Ing. Marius Peter Eriksen. Ki.: Sjamine (1981). El.: Otto Grensing u. Maria, geb. Schiffer. S.: 1963-65 Altenpflegeausbildung in Bremen, 1968 Abitur Bremen, 1969-76 Stud. Psych. m. Dipl.-Abschluss in Köln, 1976 Gestalttherapieausbildung. K.: 1976-81 freie Mitarbeiterin Univ. Köln u. Oldenburg, Grdg. Psychosoziale Beratungsstelle u. Arbeit in psychotherapeutischen Gruppen, 1977-81 ang. Drogentherapeutin im Therapiezentrum Kayhauserfeld, 1979-87 Körpertherapieausbildung am European Institute of Organismic Psychotherapy unter d. Ltg. v. Dr. Malcom Brown, seit 1982 selbständige Praxis f. Psychotherapie u. klinische Psychologie in Oldenburg, 1982-90 Lehrtherapeutin im Gestaltinstitut "Heel" Niederlande, 1988 Mitbegründerin d. Deutschen Ges.

*) Biographie www.whoiswho-verlag.ch oder beigefügte CD-ROM

f. Organismische Psychotherapie "DGOPT" u. Ausbildung v. Körpertherapeuten, Ausbildung z. Psychoanalytikerin (DGIP), 1999 Approb. u. Zulassung in Oldenburg als Psycholog. Psychotherapeutin; 2000 Errichtung u. Vorsitzende d. Beirates d. rechtsfähigen Eriksen-Stiftung f. Menschenhilfe m. Sitz in Oldenburg, anerkannt als gemeinn. u. mildtätige Stiftung d. bürgerl. Rechts. M.: Dt. Ges. f. Individual Psychologie (DGIP), Universitätsges. Oldenburg, Kunstverein Oldenburg. H.: Kunst, Literatur, Theater, Wandern, Sportfliegen.

Eriz Tecelli Dr. med.

B.: Gynäkologe. DA.: 45131 Essen, Rüttenscheider Str. 188. tecelli@t-online.de. G.: Zypern, 28. Okt. 1950. V.: Engel, geb. v. Breitenbuch. Ki.: Suat (1980), Aylin (1983). S.: 1968-76 Stud. Med. Fakultät Ankara, 1976 Approb. K.: 1976-79 tätig in d. Anästhesie am KKH Walsrode, 1980-81 FA-Ausbild. am St. Walburga KHS in Meschede u. b. 1985 am Alfred-Krupp-KH in Essen, 1985 FA f. Gynäk., 1985-90 OA am St. Josef-KH in Essen-Werden, 1989 Eröff. d. gynäk. Praxis. M.: Berufsverb. d. Frauenärzte e.V., Dt. Ärzteges. f. Akupunktur e.V. H.: Golf, Reisen, Garten.

Erke Heiner Dr. phil. Prof.

B.: ehem. Ltr. FN.: Abt. f. angew. Psych. d. TU Braunschweig. PA.: 80797 München, Winzerstr. 121. G.: Halle/Westfalen, 6. Aug. 1939. V.: Ruth, geb. Lindemann. Ki.: Alena (1971). El.: Walter u. Luise. S.: 1959 Abitur Warendorf, 1959-64 Stud. Psych., Kunstgeschichte u. Physiologie Univ. Münster. K.: 1964-67 Ass. am psych. Inst. d. Univ. Münster, 1967 Prom., 1967-70 Ass. in Saarbrücken, 1970 Habil., 1970-2001 Ltr. d. Abt. angew. Psych. an d. TU Braunschweig m. d. Bereichen Arb.- u. Organ.-Psych., Verkehrspsych., visuelle Kommunikation u. Gestaltung u.a.; Projekte: 1967 Mitarb. am dt. Pavillon d. Weltausstellung in Montreal, 1973 Konzeption d. sechseckigen Autobahn-Nummernschildes, seit 1974 Betreuung d. Wegweisung f. d. neuen Flughafen in München, 1977 Entwicklung eines opt. Zeichens f. d. Absicherung v. LKW-Hecks, seit 1986 Projekte z. Arb.-Gestaltung, Gruppenarb. u. Einführung neuer Technologien in d. Automobilind. u. im Waggonbau. P.: über 150 Publ. zu d. Arb.-Gebieten; Mitarb. an 8 Filmen. M.: Dt. Ges. f. Psych., Berufsverb. Dt. Psychologen, u.a.m. H.: Sammeln v. Ornamentfliesen.

Erken Norbert Maria Antonius *)

Erken Stefan

B.: selbst. RA. DA.: 81379 München, Machtlfinger Str. 26. RA@RA-ERKEN.de. www.ra-erken.de. G.: Frankfurt am Main, 15. Feb. 1965. El.: Norbert u. Monika, geb. Bergmann. S.: 1984 Abitur, 1984-90 Studium Jura LMU München, 1. Staatsexamen, 1990-91 Zivildienst u. Ausbild. Rettungssanitäter Arb.-Samariterbund. K.: 1991-94 Referendariat in München, 2. Staatsexamen, 1994 Eröff. d. Kzl. m. Tätigkeitsschwerpunkt Wirtschafts-, Arbeits-, Familien-, Straßenverkehrs- u. Steuerstrafrecht, bis 1996 zusätzl. tätig in d. Steuerberatungs- u. Wirtschaftsprüfungsges. KPMG in München. M.: Dt. Alpenverein, Dt. Anwaltsverein. H.: Bergsteigen, Mountainbiken, Theater, klass. Musik, Literatur.

Erkens Herbert E. Dipl.-Ing. *)

Erkenswick Ruleman *)

Erkner Siegfried *)

Erkurt Arap

B.: Gschf. FN.: Erkurt Foot Trading GmbH. DA.: 33106 Paderborn, Frankfurter Weg 27. erkurt.atabey@t-online.de. G.: Corum, 15. Juni 1968. V.: Türkan, geb. Karaduman. Ki.: Güven (2000). El.: Hayri u. Döndü. S.: 1989 Abitur Corum, 1989-91 Stud. Chemie in Van/Türkei, 1991-94 Stud. Chemie in Paderborn, seit 1994 Stud. Lebensmitteltechnologie parallel z. Berufsleben. K.: 1999 Grdg. d. Erkurt Food Trading GmbH Großhandelsbetrieb Bereich Lebensmittel europaweit. BL.: Weiterentwicklung einer bestimmten Käsesorte (Cökelek) u. z. Vertrieb gebracht. F.: 2001 Grdg. West industry products GmbH gemeinsam m. Bruder Arslan Erkurt. H.: Kino, Theater.

Erl Ludwig

B.: Brauer, Mälzer, selbständig. FN.: Niederbayerische Landbrauerei Ludwig Erl. GT.: 2. Vorst. Troadbodn (Museumsverein). DA.: 94333 Geiselhöring, Straubinger Str. 10. info@erlkoenig-hochgenuss.de. www.erl-braeu.de. G.: Straubing, 14. März 1955. V.: Ursula, geb. Klinkenberg. Ki.: Josef (1987), Ludwig (1989), Christopher (1992). BV.: älteste nachweisbare Familiengeschichte Bayerns. S.: 1974 Fachabitur in Regensburg, 1974-76 Lehre als Brauer u. Mälzer in Ulm, 1976-79 Stud. Getränketechnologie in Weihenstephan, Dipl.-Braumeister. K.: 1979-80 Braumeister im Hofbräuhaus München, 1980-81 Hotelfachschule Tegernsee (Hotelfachmann), 1981-82 Hotel Königshof München, 1982-89 Techn. Ltr. Erl-Bräu, 1989-90 Bau u. Inbetriebnahme einer Microbrewery in Los Angeles (Alpine Village Brewery), 1990-95 Techn. Ltr. u. 1. Braumeister d. Privatbrauerei Markt Schwaben, seit 1995 Techn. Ltr. Erl-Bräu Geiselhöring, seit 1998 Inh. d. Brauerei. BL.: 1974-75 Juniorennationalmannschaft im Hockey. E.: jährl. DLG prämiert (gold). M.: TV Geiselhöring, Pferderennverein (Amateurtrabrennfahrer). H.: Kochen.

Erl Willi

B.: Verb.-.Vors. FN.: CARE Deutschland e.V. DA.: 53175 Bonn, Dreizehnmorgenweg 6. PA.: 97422 Schweinfurt, Zeisigstr. 14. G.: Schweinfurt, 30. Apr. 1933. V.: Erdmute, geb. Hoffmann. Ki.: Kerstin (1963), Dorothea (1966). El.: Lorenz u. Else, geb. Meyer. S.: 1950-51 Frederick/Maryland USA, High School Dipl., 1954 Abitur Schweinfurt, 1954-59 Stud.

*) Biographie www.whoiswho-verlag.ch oder beigefügte CD-ROM

Ev. Theol. u. Diakoniewiss. Univ. Erlangen, Univ. München, Theol. HS Berlin u. Univ. Heidelberg, 1959 Examen in Diakoniewiss. K.: 1959-61 CVJM-Sekr. in Mannheim, 1961-66 Studienltr. Intern. Inst. Schloß Mainau, 1966-73 Ev. Schule f. Heimerziehung in Reutlingen, Doz. f. außerschul. Päd., 1970-73 Ltr. während Umwandlung in Ev. FH f. Sozialwesen Reutlingen, 1973-77 verantwortl. f. Projekt CELATS d. Konrad-Adenauer-Stiftung, Sozialarb. f. ganz Lateinamerika in Lima/Peru, 1977-78 Gschf. Kübel-Stiftung in Bensheim, 1978-85 Konrad-Adenauer-Stiftung, Hauptabt.-Ltr. Entwicklungsländer, 1985-90 Gschf. d. Dt. Entwicklungsdienstes DED in Berlin, 1980 Grdg.-Mtgl. CARE Deutschland e.V., seit 1997 ehrenamtl. Vors. CARE Deutschland e.V., seit 1997 persönl. Mtgl. Vors. CARE Intern. Brüssel. P.: Bücher: Verf.: Gruppenpädagogik in d. Praxis, Methoden mod. Jugendarb. I u. II, Modelleinrichtungen v. Jugendfreizeitstätten in d. BRD, "Gleich bei den Pyramiden links" Postkartenlyrik u. Reisegedichte, "Linien des Lebens", Festschrift f. Willi Erl, Hg. v. Ingo Scholz (1993). E.: 1998 BVK I. Kl. M.: seit 1995 Vors. Forum Angepaßte Technologie, seit 1998 Vors. Beirat forum Ziviler Friedensdienst. H.: Malerei, Opern, Literatur, Schreiben v. Gedichten, ehem. Mittelstreckenlauf. Sprachen: neben Deutsch u. d. klass. Sprachen (Großes Latinum, Graecum u. Hebraicum) Englisch u. Spanisch.

Erlemann Johannes

B.: Produzent, Herausgeber, Filmproduzent. FN.: Radical Images Filmproduction GmbH. DA.: 50674 Köln, Brüsseler Str. 21. www.radicalimages.com. G.: Köln, 30. Juli 1969. V.: Nicoletta, geb. Koch. Ki.: Luzy, Eva Maria (2001). El.: Dr. Jochen u. Gabrielle, geb. von Langen. BV.: Großvater Dr. Edmund Erlemann, Gründer d. IGEDO Messe in Düsseldorf. S.: 1988 Abitur Köln, 1988-89 RTL München, parallel Ausbildung Fernsehredakteur, 1992 Ausbildung z. Kameramann u. Cutter b. RTL. K.:
1989-95 Produktionsleiter RTL München, 1996 Grdg. Firma Erlemann & Koch in Köln, 1998 Firmenleitung u. Filmproduzent b. Marken Film in Hamburg u. Medium AV, seit 2001 b. Firma Radical Images in Köln. F.: Ges. "Radison Hotel" Bad Saarow. E.: Silbermed. World Media Festival Hamburg (2000), Gold Intermedia Award München (2000), Gold New York Filmfestival (2001). H.: Skifahren, Surfen, Musik, Oldtimer.

Erlen Hubertus Dr.-Ing.

B.: Vorst.-Mtgl. FN.: Schering AG. DA.: 13353 Berlin, Müllerstr.178. www.schering.de. G.: Troppau, 7. Juni 1943. S.: 1964 Abitur Köln, Stud. Verfahrenstechnik TU Berlin, 1969 Dipl.-Prüf., 1971 Prom. Dr.-Ing. K.: 1972 Schering AG Pharma-Produktion, 1979 Ltr. d. Zentralen Vorst.-Sekr., 1981 Ltg. d. Anlagengeschäftes d. Sparte Galvanotechnik u. Übernahme d. techn. Ltg. d. Werkes Feucht, 1983 Mtgl. d. Spartenltg. Galvanotechnik, 1983 Mtgl. d. Spartenltg. Galvanotechnik, 1984 Integration u. Umstrukturierung d. Chemcut Inc., USA, 1985 stellv. Vorst.-Mtgl. u. Arbeitsdir. d. Schering AG, 1986 o.Vorst.-Mtgl.

Erlenbach Erich Dipl.-Kfm. *)

Erler Gernot

B.: MdB, stellv. Vors. d. SPD-Bundestagsfraktion. FN.: Dt. Bundestag. DA.: 11011 Berlin, Platz d. Republik 1. PA.: 79100 Freiburg, Günterstalstr. 33. G.: Meißen, 3. Mai 1944.
V.: Brigitte, geb. Tschakert. Ki.: Julia (1979). S.: 1963 Abitur, Stud. Geschichte, Politik u. slaw. Sprachen FU Berlin u. Freiburg, 1967 Examen. K.: 1968-69 Verlagsred., 1969-79 wiss. Ass. u. wiss. Mitarb. am Seminar f. Osteurop. Geschichte in Freiburg, 1980-87 Verlagsltr. Dreisam Verlag Freiburg, seit 1987 MdB. P.: zahlr. Veröff. u. Editionen z. russ. u. sowjet. Geschichte u. Zeitgeschichte. M.: seit 1970 SPD, Präs. d. Südosteuropa-Gesell., Vors. d. West-Ost Ges. Südbaden, Vors. d. Deutsch-Bulgarischen Forums, AWO, Öko-Inst. Freiburg, Freiburger Friedenswoche. H.: Langlaufen, Alpinskifahren. (Re)

Erler Gotthard Dr. phil. *)

Erler Jörn Dr. forest. Prof.

B.: Inst.-Dir. FN.: TU Dresden. DA.: 01737 Tharandt, Dresdner Str. 24. PA.: 01737 Pohrsdorf, Am Landberg 1. mail@joern-erler.de. G.: Essen, 6. Nov. 1957. V.: Annaluise, geb. von Stutterheim. Ki.: Philipp (1983), Bodo (1984), Max (1987), Julius (1991). S.: 1976 Abitur Essen, 1976 Armeezeit, 1977-82 Stud. Forstwiss. Göttingen, 1982-84 Prom. K.: 1985-86 Referendar im Niedersächs. Landesforst, 1987-91 Ass. am Inst. f. Waldarb. d. Univ. Göttingen, 1991 Verw. eines Forstamtes in Fuhrberg, 1991-92 Ref. f. Forstpolitik u. Waldarb. im Ldw.-Min. in Hannover, seit 1992 Prof. f. Forsttechnik an d. TU Dresden, 1992 Habil., 1993 Dir. d. Inst. f. Forstnutzung u. Forsttechnik, 1994-97 Sprecher d. Fachrichtung Forstwiss. P.: "Leistungsstreuung u. Mittelwertsautomatik" (1984), "Entwicklung eines Expertensystems z. zielbezogenen Auswahl forstl. Arbeitsverfahren" (1993), "Forsttechnik - Verfahrensbewertung" (2000). M.: CDU, Lions Club Dresden, 1997-98 District-Governor in Sachsen, 1999-2000 Vors. d. Gouvernorrates d. Deutschen Lions. H.: Familie.

Erler Karl-Heinz Dipl.-Ing. *)

Erler Peter Dipl.-Ing. *)

Erler Peter *)

Erler Rainer *)

Erler Thomas Dr. med.

B.: Arzt, OA. FN.: Carl-Thiem-Klinikum Cottbus. DA.: 03048 Cottbus, Thiemstr. 111. G.: Dresden, 27. Juli 1959. V.: Dr. Eva, geb. Bartsch. Ki.: Alexander (1983), Juliane (1987). El.: Dr. Wolfgang u. Christa. S.: 1978 Abitur, 1978-84 Stud. Med. am Staatl. Medizinischen Institut Lwow/Ukraine, 1984 Approb. K.: 1984-88 Arzt am Bezirkskrankenhaus Cottbus, 1988 FA-Ausbildung Kinderheilkunde, 1988 FA-Abschluss, Prom. z. Dr. med., Spezialisierung f. Neonatologie, Pädiatrische Intensivmedizin u. Somnologie, 1988-91 Stationsarzt am Bezirkskrankenhaus Cottbus, seit 1990 Carl-Thiem-Klinikum, seit 1991 OA im Carl-Thiem-Klinikum Cottbus. BL.: seit 1997 Gründer u. Vors. d. Schlafmedizin Brandenburg e.V. Cottbus, Aufbau eines Kinderschlaflabors, Initiator d. Projektes "Elternhaus f. d. Lausitz" für mietfreies Wohnen von Eltern schwerstkranker Kinder. M.: DGSM Dt. Ges. f. Schlafforschung u. Schlafmedizin, Arbeitsgruppe Pädiatrie, Arge in Brandenburg tätiger Notärzte, Ges. f. Neonatologie u. pädiatrische Intensivmed.

---

*) Biographie www.whoiswho-verlag.ch oder beigefügte CD-ROM

Erlhoff Michael Dr. Prof. *)

Erling Heiner
B.: Dipl.-Soz., Gschf. FN.: LidiceHaus Jugendbildungsstätte Bremen. DA.: 28759 Bremen, Auf dem Hohen Ufer 118/122. herling@jugendinfo.de. www.lidicehaus.de. G.: Bielefeld, 30. März 1955. V.: Jutta, geb. Schemmer. El.: Walter u. Marianne, geb. Sommer. S.: 1973 Seefahrt, 1976 Abitur Bielefeld, 1976 Stud. Soz. u. Vw. Univ. Bielefeld, 1978 Auslandssem. in Budapest, 1981 Abschluss Dipl.-Soz. K.: 1982 Jugendbild.-Referent Jugendorgan. Die Falken in Bremen, 1987 Grdg. u. Geschäftsführung Jugendbildungsstätte Bremen LidiceHaus gemeinn. GmbH als Gschf., 1998 Grdg. u. Geschäftsführung Ausbild.-Verb. Bremen-Nord GmbH. P.: Broschüren u. Bücher, Art. in Fachzeitschriften, Computerspiele in d. Jugendarb., Erziehungsmodelle f. Sozialstikmatisierter Jugendlicher. M.: seit 1971 SPD, 1992-98 Landesschatzmeister d. SPD Bremen. H.: Reisen Südamerika u. Fernost, Segeln.

Erm Andreas
B.: Profi-Leichtathlet - Disziplin Gehen. FN.: c/o DLV. DA.: 64289 Darmstadt, Alsfelder Str. 27. G.: Berlin, 12. März 1976. K.: sportl. Erfolge: 1995 Junioren-Europameister, 1995-95 Dt. Juniorenmeister, 1996 Olympiateilnahme, 1997 U23-EM/5., 1998 u. 99 20 km/Dt. Meister, 2000 10 km/ Dt. Meister, 1998-2000 Dt. Hallenmeister, 1998 EM/4., 2000 Olymp. Spiele/5.

Ermann Michael Dr. med. Prof.
B.: Vorst. FN.: Abt. f. Psychotherapie u. Psychosomatik d. Psychiatr. Univ.Klinik München. PA.: 80336 München, Nußbaumstr. 7. G.: Stettin, 19. Okt. 1943. V.: Gisela, geb. Klinckwort. El.: Dr. Fritz u. Eva. S.: 1963 Abitur, Stud. in Wien, Hamburg u. Freiburg, 1969 Med. Staatsexamen u. Prom. Freiburg. K.: 1970-76 Mitarb. d. Forsch.Stelle f. Psychotherapie Stuttgart, 1976-85 OA d. Psychosomat. Klinik d. Zentralinst. f. Seelische Gesundheit Mannheim, seit 1985 Vorst. d. Abt. f. Psychotherapie u. Psychosomatik d. Psychiatr. Univ.Klinik München, 1970-76 Psychoanalytische Weiterbild. Stuttgart, 1979 Habil., 1980 Professor Univ. Heidelberg. P.: Mitbegründer u. Schriftltr. d. Zeitschrift "Forum der Psychoanalyse", Schriftltr d. Zeitschrift "Praxis der Psychotherapie und Psychosomatik", über 120 Publ. aus Psychosomatik, Psychoanalyse u. Psychotherapie in Fachzeitschriften, Monographie: Persönlichk. b. Psychoveget. Störungen (1987), Lehrbuch für klinische Psychosomatik und Psychotherapie (1995, 3. Aufl. 1999), Mithrsg. d. Zeitschrift "Internat. Forum of Psychoanalysis". M.: Dt. Ges. f. Psychotherapie, Psychosomatik u. Tiefenpsych., Vors. Dt. Psychoanalyt. Ges. 1987-96, Intern. College of Psychosomatic Medicine, Intern. Psychoanalyt. Assn.

Ermel Horst Dipl.-Ing. Prof. *)

Ermert Wolfgang Dr. Dr. *)

Ermisch Günter Dr. jur. *)

Ermisch Manfred Dipl.-Mediziner *)

Ermischer Gerhard Dr. phil. *)

Ermschl Horst *)

Erné Marcel Dr. Prof. *)

Erni Richard
B.: Kosmetiker, selbständig. FN.. Kosmetik-Atelier Richard Erni. DA.: 21493 Schwarzenbek, Seestern-Pauly-Str. 10a. rich.erni@aol.com. www.risas-kosmetikatelier.de. G.: Bern/

Schweiz, 7. Sep. 1944. V.: Dr. med. Sabine, geb. Mühlhoff. S.: 1962 Abitur Bern, 1962-65 Lehre als Damen- u. Herrenschneider, 1965-68 Lehre als Elektrotechniker. K.: 1968-79 Elektriker, 1979-81 Krankenpfleger, 1981-84 Hausmann u. Kunstmaler, 1985-93 Einzelhandelsgeschäft in Niederfischbach, 1993-97 Arzthelfer in d. Praxis seiner Frau, seit 1997 eigenes Kosmetik-Atelier. M.: AADI, Akne Forum, BDK. H.: Malen, Wandern, Lesen.

Erni Sabine Dr. med.

B.: Ärztin. FN.: Hautarztpraxis. DA.: 21493 Schwarzenbek, Seestern-Pauly-Str. 10. PA.: 21514 Witzeeze, Am Krähenholz 7. www.dr-erni.de. G.: Büderich, 29. Juli 1955. V.: Richard Erni. El.: Ernst u. Frieda Mühlhoff. S.: 1974 Abitur Düsseldorf, 1974-77 Ausbild. z. Krankenschwester an d. Städt. Kliniken Düsseldorf-Gerresheim, 1978-79 Kantonsspital Winterthur, 1979-86 Med.-Stud. in Düsseldorf, Staatsexamen, 1987-93 FA-Ausbild. im Bethesda-KH Freudenberg, Dermatologie, 1987 Prom. "Untersuchungen von Verteilungen von HLA-Antigenen beim malignen Melanom der Haut unter Einfluß einer retrospektiven Studie". K.: seit 1993 ndlg. Hautärztin in Schwarzenbek. M.: Berufsverb. d. Dt. Dermatologen, Arge assoziierter dermatolog. Inst., Arge Dermatologie u. Kosmetik, Ärzteverb. Dt. Allergologen, Schweiz. Ges. f. Med. Kosmetik.

Ernicke Wolf-Dieter *)

Ernst A. J. G. (Tonn) *)

Ernst Alfred *)

Ernst Andrea Dipl.-Stomatologin *)

Ernst Andreas Dr. med. *)

Ernst Andreas M. Priv.-Doz
B.: HS-Doz. am Lehrstuhl f. allg. Psych. FN.: Universität Freiburg. DA.: 79085 Freiburg, Niemensstr. 10. ernst@psychologie.uni-freiburg.de. www.psychologie.uni-freiburg.de. G.: Aachen, 29. Aug. 1960. V.: Ulla. Ki.: 2 Kinder. El.: Wolfgang u. Elisabeth, geb. Verbeck. BV.: Stadtbaumeister in Köln. S.: 1979 Abitur m. Ausz., 1979-81 Ausbildung Bankkaufmann Deutsche Bank AG Aachen, 1981-82 Stud. Romanistik, Anglistik u. Phil. Univ. Freiburg, 1982-88 Stud. Psych. Univ. Feiburg, 1988 Dipl.-Psychologe, 1988-89 Forschung am Learning Research and Development Center d. Univ. Pittsburgh/USA, 1993 Prom., 1999 Habil. K.: 1984-88 wiss. Hilfskraft im Projekt Wissensaufbau u. Handlungsbewertung bei ökolog. Problemen an d. Univ. Freiburg, 1987 Forschung am IAO in Stuttgart, 1970-92 wiss. Mitarbeiter an d. Psycholog. Inst. d. Freiburg, 1992-93 stellv. HS-Ass. am Lehrstuhl f. allg. Psych. d. Univ. Freiburg, 1993-99 wiss. Ass. am Lehrstuhl f.

*) Biographie www.whoiswho-verlag.ch oder beigefügte CD-ROM

allg. Psych. u. seit 1999 HS-Doz.; Funktionen: Beratungen, Schulungen u. versch. Lehraufträge, Mitarbeit in versch. universären Kommissionen d. Univ. Freiburg, Gutachter f. versch. Institutionen. P.: Monografien: "Informationdilemmata bei d. Nutzung natürl. Ressourcen" (2001), "Ökolog.-soziale Dilemmata" (1997), "Soziales Wissen als Grundlage d. Handels im Konfliktsituationen" (1994); Hrsg.: "Umweltwandel u. Allmende-Problematik" (1998), "Spektrum d. Wissenschaft Digest: Kooperation u. Konkurrenz" (1998); Aufsätze in Zeitschriften: "Stabilisierung d. Kooperation im Allmende-Dilemma durch institutionelle u. kulturelle Rahmenbedingungen" (1998), Diss.: "Soziales Wissen als Grundlage d. Handelns in Konfliktsituationen" (1994); Beiträge in Büchern: "Understanding the earth system" (2001), "Cognitive psychological issues and environmental policy applications" (1999), "Psych. f. d. Umweltschutz" (1993), "Lehrbuch Allg. Psych." (1990); versch. wiss. Arbeiten, Vorträge u. Forschungsberichte. M.: APS, EADM, DGPs, GfK.

Ernst Charlotte *)

Ernst Christiane
B.: Ltr. FN.: Senioren-Residenz Am Moritzberg. GT.: betriebswirtschaftliche Beratung in einer Dienstleistungsgesellschaft. DA.: 31137 Hildesheim, Brauhausstr. 41b. seniorenresidenz-hildesheim@t-online.de. G.: Hildesheim, 18. Jan. 1970. S.: 1986-89 Berufsausbildung z. Hauswirtschafterin in Hildesheim auf d. Trillkegut, 1989-90 Ausbildung z. Wirtschafterin auf d. Trillkegut Hildesheim, 1990-91 Ausbildung z. staatl. geprüften Hauswirtschaftsleiterin m. Abschluß Fachabitur u. Ausbildereigungsprüfung. K.: 1991-94 Hauswirtschaftsleiterin in einem Seniorenpflegeheim in Salzgitter, 1994-96 Hauswirtschaftsleiterin u. stellv. Heimleiterin im selben Pflegeheim in Salzgitter, 1955-96 Ausbildung z. Heimleitung v. Alten- u. Behinderteneinrichtungen in Hannover, seit 1996 Ltr. d. Senioren-Residenz "Am Moritzberg" in Hildesheim, 1995-97 Ausbildung z. Finanzbuchhalterin b. d. VHS Hildesheim berufsbegleitend, 1998-2000 berufsbegleitend Besuch d. Wirtschaftsakademie Kiel m. Abschluß Betriebswirtin f. d. Sozialwesen, seit 2001 Fortbildung z. Qualitätsbeauftragten in Köln. M.: Reitverein Woltorf, Sportverein Wendhausen. H.: Reiten, Skifahren.

Ernst Claus C. Dipl.-Kfm. *)

Ernst Cornelia Dr. phil. *)

Ernst Dieter *)

Ernst Dieter-Christian

B.: Gschf. FN.: Internationale Trompetenakademie Bremen. DA.: 28207 Bremen, Stresemannstr. 54. G.: Bremerhaven, 14. Jan. 1932. V.: Ulla, geb. Otterstädt. Ki.: Christiane (1969). El.: Alfred u. Margarete, geb. Koop. S.: 1948-50 Kfm. Ausbildg. USA-Army-Verwaltung Bremerhaven. K.: 1951-53 ETO-Nahrungsmittelwerke Aussendienst in Essen-Ruhr, 1953-56 Direktionsassistent Helvetia-AG, 1956-62 VKL-BRD-West Helvetia-AG, 1962-86 BOB Konservenfabrik, Mtgl. d. Geschäftsleitung Bereich Marketing, 1978-86 Vorst. d. Bundesverbandes Marktgemeinschaft Dt. Gemüsekonserven, seit 2000 Gschf. d. Intern. Trompeten-Akademie Bremen. M.: Vorst. gemeinnützige Fördergesellschaft Werder Bremen Musikschule e.V. H.: Leichtathletik, Judo, Lesen, Jazz-Musik, Chöre.

Ernst Edgar
B.: Vorst.-Mtg. FN.: Deutsche Post AG. DA.: 53175 Bonn, Heinrich-von-Stephan-Str. 1. www.postag.de. G.: Oberlahnstein, 10. Jan. 1952. Ki.: 2 Kinder. S.: 1971-77 Stud. Math. u. BWL Univ. Köln, 1977-80 Aufbaustud. Operations Research RWTH Aachen, 1982 Prom. Dr. rer. pol. K.: 1977-83 Ass. Fernuniv. Hagen u. RWTH Aachen, 1983-86 Unternehmensber. McKinsey & Co. Düsseldorf, 1986-90 Dir. Unternehmensentw., Großversandhaus Quelle, Gustav Schickedanz KG Fürth, 1990-91 Gsch.-Bereichsltr. Planung u. Controlling Dt. Bundespost POSTDIENST Bonn, 01/1992-95 Vorst.-Mtgl. d. Dt. Bundespost POSTDIENST f. d. Aufgabenber., Finanzen, Controlling, Organisation u. Informationsverarb., seit 1995 Vorst.-Mtgl. Dt. Post AG f. d. Bereich Finanzen.

Ernst Erich Dr. med. vet. *)

Ernst Friedhelm Karl
B.: Verkehrsexperte. FN.: Landesverkehrsverb. Rheinland e.V. DA.:50679 Köln, Ottoplatz 2. G.: Köln, 23. Juli 1935. V.: Ursula, geb. Brzeski. Ki.: Dr. Martina (1964), Barbara (1965). El.: Erich u. Regina, geb. Schumacher. S.: Gymn. Köln, 1955 Abitur Köln, 1955 Stud. Wirtschaftswiss. Univ. Köln, 1960 Dipl.-Kfm. K.: 1960-62 Dt. Zentrale f. Fremdenverkehr Frankfurt/Main, 1961 komm. Ltr. Werbeabt., 1962-64 Abt.-Ltr. Werbung Köln - Düsseldorfer Rheindampfschifffahrt, seit 1964 Landesverkehrsverb. Rheinland e.V., seit 1975 Hauptgschf. Mtgl. Marketingaussch. Dt. Zentrale f. Tourismus, seit 1975 Gschf. Arge d. Fremdenverkehrsverb. am Rhein, seit 1985 Veranstalter Rhein in Flammen am Siebengebirge, seit 1995 VPräs., seit über 30 J. Vors. Verkehrsaussch. Dt. Fremdenverkehrsverb., 1955 Grdg. Ver. Freundeskreis Eisenbahn Köln e.V., seit 1999 stellv. AufsR.-Vors. Rheingold Salonzug AG Köln, b. 1995 Vors. Intern. Eifel - Ardennen - Werbung, Lehrauftrag RWTH Aachen, auch Vorlesungen in Dresden. P.: "Rheingold", "Vom Fernschnellzug zum Intercity", "Reiseverkehrsgeographie". E.: Chevalier d. Ordens Pour le Merite d. Großherzogtums Luxemburg, Gold. Helm Italien, Orden "Ritter wider d. quälenden Durst". M.: Verb. dt. Kur- u. Tourismusfachleute, Ehrenmtgl. Freundeskreis Eisenbahn Köln. H.: Historie b. Perspektive, Geographie, Interesse an Tagespolitik, Ritter d. weltweiten Organ. Schlaraffia, klass. Musik.

Ernst Frithjof
B.: Apotheker, selbständig. FN.: Jungblutsche Apotheke. DA.: 29386 Hankensbüttel, Wittinger Str. 1. frithjof.ernst@t-online.de. G.: Graal-Müritz, 20. Sep. 1942. V.: Jutta Domisch. Ki.: 1 Kind. El.: Dr. rer. nat. Willy. S.: 1963 Abitur in Hankensbüttel, 1963-65 Zeitsoldat b. d. Bundeswehr, jetziger Rang Oberstabsapotheker d. Reserve, 1965-67 Pharmaziepraktikum in d. Schloßapotheke in Gifhorn, 1967-73 Stud. Pharmazie Univ. Hamburg, 1973 Approb. K.: während d. Stud. 1967-82 Kooperationsstudent in d. Landsmannschaft Mecklenburgia zu Hamburg, 1973-76 ang. Apotheker in Lüneburg, 1976-80 selbständiger Apotheker in d. Oststadtapotheke in Wolfsburg-Fallersleben, seit 1980 Inh. d. Jungblutschen Apotheke in Hankensbüttel. P.: Veröff. in Tageszeitungen. M.: Gemeinderat in Hankensbüttel (1991-2001). H.: Musik: Jazz, Rock, Blues, Chopper fahren, Reisen.

Ernst Georg V. *)

Ernst Gernot Dr. *)

Ernst Hans-Eberhard *)

---

*) Biographie www.whoiswho-verlag.ch oder beigefügte CD-ROM

Ernst

Ernst Harald Dipl.-Ing. *)

Ernst Heinrich Dipl.-Ing.

B.: Elektroinstallateurmeister. DA.: 72555 Metzingen, Roihstr. 3. G.: Metzingen, 12. Sep. 1934. V.: Rosina, geb. Polierer. Ki.: 2 Töchter. S.: 1949-52 Lehre als Elektroinstallateur, Gesellenprüf., 1960 Meisterprüf.,1960-61 über d. Abendschue FH-Reife, 196-66 Stud. Elektrotechnik an d. FH Esslingen, Dipl.-Ing. K.: 1966-82 Betriebsltr. und Prok. in d. Branche Installation u. Schaltanlagen, Mittel- u. Niederspannung, ab 1982 selbst. Ing.-Büro f. Elektrotechnik. H.: Skifahren, Tennis, Wandern.

Ernst Heinz *)

Ernst Herbert *)

Ernst Hermann

B.: ltd. Ldw.-Dir. FN.: Amt f. Agrarstruktur Göttingen. DA.: 37083 Göttingen, Danziger Str. 40. G.: Celle, 6. Juni 1941. V.: Etta, geb. Hanebuth. Ki.: 3 Kinder. El.: Otto u. Else, geb. Beckmann. S.: 1957-59 ldw. Ausbild., 1960-61 Ing.-Schule m. Abschluß Agraring., 1963 Abitur Michelsen-Schule Hildesheim, 1963-67 Stud. Ldw. Göttingen m. Abschluß Dipl.-Ing., 1969 Staatsprüf. K.: 1969-71 tätig in d. Lwk Lüneburg, 1971 Eintritt in d. Nieders. Agrarstrukturverw., informat. Beschäftigung, seit 1972 tätig in d. Landentwicklung in Göttingen, seit 1991 Ltr. d. Amtes f. Agrarstruktur u. seit 1997 ltd. Ldw.-Dir., ehrenamtl. Richter am Verw.Ger. Göttingen, Lehrauftrag a. d. Fachhochschule (Forst). M.: Agrarsoziale Ges. H.: Fortstwirtschaft, Wandern, Reisen.

Ernst Horst *)

Ernst Jürgen Dipl.-Ing. *)

Ernst Jürgen Dipl.-Ing.

B.: Gschf. Ges. FN.: LERNZIRKEL GmbH. DA.: 38102 Braunschweig, Jasperallee 22. lern-zirkel@t-online.de. www. lern-zirkel.de. G.: Wiesbaden, 17. März 1966. V.: Nicole Rother. Ki.: 1986 Abitur Braunschweig, 1983-86 Ausbild. z. Feinmechaniker in d. PTB in Braunschweig. b. 1991 Stud. Maschinenbau an d. FH Wolfenbüttel, 1993 Stud. BWL an d. FH Wolfsburg. K.: seit 1993 selbst. in Braunschweig, Schwerpunkte: Sprachkurse, Nachhilfeunterricht, EDV-Schulungen. E.: Landesmeister Niedersachsen d. Feinmechaniker b. d. Gesellenprüf. M.: Expertenkreis d. Bundesverb. Mittelständischer Wirtschaft in Braunschweig. H.: Segeln, Skifahren, Triathlon.

Ernst Karl Heinz *)

Ernst Knut *)

Ernst Ludger Dr. rer. nat. habil. Prof.

B.: Univ.-Prof., Chemiker. FN.: TU Braunschweig, NMR-Labor d. Chem. Inst. DA.: 38106 Braunschweig, Hagenring 30. PA.: 38102 Braunschweig, Fasanenstr. 65. L.Ernst@tubs.de. G.: Borghorst, 4. Apr. 1946. V.: Dr. Ibrom, Kerstin. Ki.: Eva Charlotte. El.: Dr. Ernst Hans u. Dr. Liselotte. S.: 1965-69 Chemiestud. TH Braunschweig u. Univ. Heidelberg, 1969 Dipl.Chem., 1970 Prom. K.: 1970-71 wiss. Mitarb. Inst. f. Organ. Chemie Univ. Heidelberg, 1971-72 Department of Chemistry Univ. of Manitoba Winnipeg, 1972-73 Forsch.Chemiker BASF AG Ludwigshafen, 1973-86 b. Ges. f. Biotechnolog. Forsch. in Braunschweig, 1980-81 Lehrbeauftragter TU Braunschweig, 1982 Habil., seit 1986 apl. Prof. an d. TU Braunschweig, seit 1987 AkOR, seit 1989 AkDir.,1991 Verwalt. e. Lehrstuhls f. Organ. Chemie Univ. Göttingen, 1996 Gastprof. Univ. of Manitoba Winnipeg. P.: ca. 210 Publ. M.: GDCh., 1990-91 Vors. GDCh-Ortsverband Braunschweig.

Ernst Manfred Ing. *)

Ernst Marco

B.: Vers.-Kfm., Prok., Vertriebsltr. FN.: Assivalor Consulting GmbH. DA.: 38444 Wolfsburg, Braunschweiger Str. 101. G.: Bielefeld, 26. März 1963. V.: Sabine, geb. Helmes. Ki.: Elena (1999). S.: 1982 Abitur Bielefeld, Wehrdienst, 1983 Ausbild. z. Vers.-Kfm. im Gerling-Konzern in Bielefeld, 1986 Stud. z. Dipl.-Betriebswirt in Köln. K.: 1991 Experte f. betriebl. Altersversorgung sowie z. Makler-, Banken- u. Außendienstbetreuung, 1994 Aufbau d. Sparten Lebensvers. u. Finanzdienstleistung b. d. Firma Jaspers-Ind.-Assekuranz, 1995 berufl. Aufstieg z. Handlungsbev. Fachausschuß-Ltr. f. Finanzdienstleistungen Gesamtdeutschland, 1997 Aufbau Außen- u. Innendienstorgan. f. d. Assivalor Consulting GmbH in Wolfsburg, 1998 Handlungsvollmacht, 1999 Prokura. P.: Veröff. in d. Hauszeitschrift d. VVD u. Autohändler-Fachzeitschriften. H.: aktiv Fußball u. Tennis.

Ernst Martin

B.: Gschf. FN.: Dt. Interhotel Holding GmbH & Co KG. DA.: 10787 Berlin, Katharina-Reinroth-Ufer 1. ernst-martin@interhotel-group.de. G.: Lüdenscheid, 5. Apr. 1960. V.: Christiane, geb. König. Ki.: Victoria (1995), Constantin (1999). S.: 1980 Abitur, 1980-81 Missionsstation Puerto Dominguez, Chile, 1982-84 Stammhauslehre Siemens AG München/ Hamburg/ Berlin, 1984-88 Stud. BWL u. Jura FU Berlin. K.: 1988 selbst. m. Firma f. Immobilienconsulting, glz. ab 1989 Consultant f. General Development Corporation, USA, 1990-92 Dt. Immobilien Leasing in Düsseldorf u. Berlin, Mitaufbau d. Ndlg. Berlin/ NBL, 1992-94 Corporate Finance f. Dt. Bank AG in Berlin, 1994-99 Kreditrisikomanagement Frankfurt/ Berlin, 1994 Prok., seit 1999 Gschf. d. Dt. Interhotel Holding u. zuständig f. Projektentwicklung, Portfoliomanagement/ u. -strategie, Personalentwicklung u. Öff.-Arb. E.: Mtgl. d. Vorst. d. Freunde d. Preuß. Schlösser u. Gärten. M.: Karl-Hofer-Ges., Intern. Club Berlin.

Ernst Matthias *)

Ernst Michael *)

Ernst Michael Dr.jur.

B.: Mtgl. d. Vorst. FN.: Pfleiderer AG. DA.: 92318 Neumarkt, Ingolstädter Str. 51. G.: Hirsau/Calw, 1948 S.: Stud. Rechtswiss. K.: 1978-91 Robert Bosch-Gruppe: Syndikusanwalt, Ltr. d. Vorst.-Büros, Personalleitung Führungskräfte In-/Ausland Telenorma Frankfurt, Ltr. Zentralbereich Bildung, 1991-95 Metallges. AG, Frankfurt, Ltr. Personal Konzern, 1995-96 Frankfurter Allg. Zeitung, Ltr. Personal, 1996-2000 Philipp Holzmann AG, Frankfurt/Main, Gen.-Bev. Personal Konzern, s. 5/2000 Pfleiderer AG, Mtgl. d. Vorst.

---

*) Biographie www.whoiswho-verlag.ch oder beigefügte CD-ROM

Ernst Raimund *)

Ernst Rainer W. Dipl.-Ing. Prof. *)

Ernst Roland *)

Ernst Ron

B.: selbst. Unternehmensberater. DA.: 04129 Leipzig, Hamburgerstr. 26A. G.: Leipzig, 14. Feb. 1965. S.: Ausbild. Baufacharb. m. Abitur VEB BMK Süd Leipzig. K.: 1986 Baufacharb. f. VEB BMK in Berlin, 1987 NVA, 1990 Stud. Jura an d. FHS Potsdam u. ab 1991 an d. KMU Leipzig, 1995 Öff.-Arb. f. d. Stadt Leipzig bes. f. Arb.-Marktpolitik in Zusammenarbeit m. d. Projekt Kongresshalle am Zoo, 1996 ang. Immobilienverkäufer in einem Büro in Leipzig, seit 1999 selbst. m. Unternehmensberatung v. Bauunterntehmen bis Multimedia. M.: Burschenschaft Plesavia, Bürgerver. Gohlis, Fördermtgl. d. Friedenskirche Gohlis, ZNS. H.: Sport, Tauchen, Marathonlauf, Schießen.

Ernst Siegfried

B.: Vers.-Fachmann, Inh. FN.: Hauptagentur d. Victoria Vers.-Ges. DA.: 21335 Lüneburg, Heiligengeiststr. 20. PA.: 21379 Rullstorf, Zum Sauerbach 12. G.: Achim, 16. Februar 1961. V.: Nicole, geb. Zimmermann. Ki.: Jasmin (1982), Jaden-Maximillian (1999). El.: Dieter u. Inge, geb. Delventhal. S.: b. 1979 Lehre z. Restaurantfachmann in Lüneburg im Gasthaus Niedersachsen, b. d. Bundeswehr als Zeitsoldat b. Panzeraufklärungsbattalion 3 in Lüneburg, Offz.-Ausbilder in d. Kampfgruppenschule 2 in Munster b. 1990. K.: 1990 Tätigkeit u. Ausbild. in d. Vers.-Branche, 1997 Beginn b. d. Victoria als Hauptagent, ab 1993 zertifizierter Immobilienmakler, seit 1994 zertifizierter Immobiliengutachter. BL: 1999 1. Pl. b. d. Wettbewerb d. Victoria, 1999 Bester Hauptagent d. Bez.-Direk. Lüneburg. H.: alle Sportarten, gut gepflegt Essen gehen.

Ernst Siegrid Prof. h.c. *)

Ernst Thomas Dr. rer. nat.
B.: Schulltr. FN.: Bernt-Notke-Realschule. DA.: 23554 Lübeck, Marquardpl. 7. G.: Lübeck, 26. Sep. 1945. V.: Christel, geb. Dadrat. El.: Bundesrichter Dr. Günter u. Ilse, geb. Dieckmann. S.: Stud. Anglistik, Geographie, Geologie u. Paläontologie in Kiel u. Münster, 1972-74 Graduiertenstipendium d. BRD, 1974 Prom. an d. Christian-Albrechts-Univ. Kiel. K.: Forsch.-Reisen im Mittelmeerraum, Nordeuropa u. Mittelame-

rika, wiss. Mitarb. d. Deutschen Forschungsgemeinschaft, wiss. Assistent am Geographischen Institut d. Univ. Regensburg, 1976-77 Postgraduate an d. Univ. Mexico-City (UNAM), 1977 Eintritt in d. Schuldienst Schleswig-Holstein, ab 1984 Schulltr. auf Helgoland, seit 1988 Schulltr. in Lübeck. M.: Ltr. d. Aussch. "Schülerhilfe" (Legasthenie) d. Ges. z. Beförd. gemein. Tätigkeit Lübeck. H.: Pommernforschung.

Ernst Thomas *)

Ernst Thomas-Matthias Dr. med.
B.: FA f. Dermatologie, Gutachter f. Bundesgesundheitsamt u. FDA (USA). DA.: 13437 Berlin, Oranienburger Str. 60. G.: Berlin, 29. Apr. 1951. S.: 1970 Abitur Berlin, 1971-76 Med.-Stud. FU Berlin, 1974-76 Forsch.-Arb. f. Diss., 1978 Prom. K.: 1978-87 Hautklinik Rudolf-Virchow-KH/FU Berlin, 1980-81 FA f. Dermatologie, 1982 Zusatzbezeichnung Allergologie, 1985-87 OA, 1985 3 Monate an New York Univ., Histopathologie, seit 1987 eigene Praxis, seither operative Dermatologie, Allergologie, daneben Konsiliararzt am KH Reinickendorf u. jüd. KH JBK sowie Gutachter f. gewerbl. Berufsgen. u. Sozialgericht Berlin, 1993 Zusatzbezeichnung Phlebologie, seit 80er J. Entwicklung v. pharmakolog. Präparaten wie ACTINO-HERNAL, Pflastertherapie f. Hauttumore u. klin. Zulassungsgutachter f. Bundesgesundheitsamt u. FDA d. USA, daneben seit 1986 Ind.-Berater f. Lohmann-LTS. BL.: topische Chemotherapie m. Pflastersystemen. P.: ca. 70 wiss. Publ. v. allem über Tumordiagnostik, u.a. III. Potsdamer BK-Tage über Berufskrankheiten d. Haut (2000), Proceedings XVII. Weltkongreß f. Dermatologie. M.: Dt. Dermatolog. Ges., Berliner Dermatolog. Ges., Dt. Phlebolog. Ges. H.: Pianist, Schwimmen.

Ernst Volker
B.: Gschf. FN.: Ernst Factoring GmbH. DA.: 22848 Norderstedt, Hempberg 1. ve@ernst-factoring.com. www.ernst-factoring.com. G.: Hamburg, 18. Mai 1954. V.: Britt, geb. Bachmayer. Ki.: Anna-Nina (1990), Benedict (1992). El.: Leo u. Gerda, geb. Harlem. S.: 1972 Mittlere Reife, 1972-74 FH Technik. Seefahrt Hamburg, 1974-77 FH Nachrichtentechnik Lübeck, 1978-80 BWL-Stud. K.: 1977-80 Projekting. C.H.F. Müller Hamburg, 1980-86 Ass. d. Gschf. Behr GmbH, 1986-91 Sprecher d. GF Behr of America Texas, 1991-96 Leiter Mann + Hummel ProTec Ludwigsburg, ab 1993 Vors. d. Gschf. Somos GmbH, 1996-98 Gschf. Vertrieb u. Finanzierung Battenfeld GmbH, ab 1998 Grdg. Ernst Factoring. M.: Mittelstandsver. d. CDU Hamburg, WirschaftsR. Hamburg, Vorst. im SPE, Norddt. Regatta Ver. Hamburg, Übersee Club. H.: Segeln, Laufen.

Ernst Walter *)

Ernst-Muth Uthe Dr. med. *)

Ernstberger Harald *)

Ernstberger Petra Beate
B.: MdB. FN.: Dt. Bundestag. DA.: 11011 Berlin, Platz der Republik; Wahlkreisbüro: 95028 Hof/Saale, Moltkestr. 18. G.: Remscheid, 11. Nov. 1955. V.: Helmut Ernstberger. Ki.: Oli-

---

*) Biographie www.whoiswho-verlag.ch oder beigefügte CD-ROM

ver (1975), Torsten (1980). El.: geb. Rosenberger. S.: 1966-75 Otto-Hahn-Gymn. Marktredwitz, Abitur, 1975-78 Univ. Bayreuth, Volksschullehrerin, Kulturwiss., 1978 1. Staatsexamen, 1978-81 Referendarin Pechbrunn, 2. Staatsexamen. K.: 1981-89 Lehrerin in d. Oberpfalz, 1989-94 Univ. Bayreuth, Doz. u. wiss. Mitarbeiterin Päd. u. Didaktik, 1991-92 Frauenbeauftragte d. kulturwiss. Fak., 1991 SPD-Eintritt, 1992 Vors. SPD-Unterbezirk Hof, 1994 MdB, o. Mtgl. Ausschuß f. Gesundheit, stellv. Mtgl. Petitionsausschuß, seit 1996 Landesvorst. SPD-Bayern, 1998 Wiederwahl Direktmandat, 49,5% als bestes bayrisches Ergebnis d. SPD, o. Mtgl. Auswärtiger Ausschuß (Tschechien, Asien u. Südostasien, ASEAN-Bund), o. Mtgl. Ausschuß f. Menschenrechten u. humanitäre Hilfe, SPD-Sprecherin f. Abrüstung d. Unterausschusses Abrüstung / KSZE-Verträge, seit 1998 Vors. d. Deutsch-Tschechischen Parlamentariergruppe u. Mtgl. Deutsch-Tschechischer Koordinationsrat, seit 1998 Mtgl. d. Frakionsvorst. P.: Interviews in Frankenpost, Radiokolumne in Euroherz. M.: SPD, IG Chemie Porzellanindustrie), Amnesty International, Kuratorium Fachhochschule Hof, Kuratorium Hochfranken, Kunstver. Hochfranken. H.: Reiten, Malen, Seidenmalerei - Ausstellungen in Tirschenreuth u. Marktredwitz, klass. Theater, moderne Literatur, Biographien. (Re)

Ernsting Bernd Dr. phil. *)

Ernsting Georg Julius *)

Ernzerhoff Siegrun *)

Eroms Hans-Werner Dr. Prof.
B.: o. Prof. f. Dt. Sprachwissenschaft. FN.: Univ. Passau. DA.: 94030 Passau, Innstr. 25 PA.: 94032 Passau, Bischof-Heinrich-Str. 13. G.: Hannover, 23. Juli 1938. V.: Imme, geb. Rauterberg. Ki.: Jenny, Jonathan, Matthis. S.: Stud. Germanistik u. Geschichte Univ. Marburg, Göttingen u. München, 1966 Staatsexamen f. d. Höhere Lehramt, 1968 Prom. Univ. Marburg. K.: 1969-71 wiss. Ass. Univ. Regensburg, 1977 Habil. f. Dt. Phil. (Sprachwiss.). Univ.-Doz. Univ. Regensburg, 1978 Prof. f. Dt. Sprachwiss. Univ. Münster, 1980 Lehrstuhl f. Dt. Sprachwiss. Univ. Passau, Mtgl. d. Wiss. Beirats d. Inst. f. dt. Sprache in Mannheim. P.: "Vreude" bei Hartmann v. Aue (München 1970), Zur Analyse pol. Sprache (In: Ling. u. Didal 1974), Textlinguistik u. ihre Didaktik (m. anderen), Donauwörth 1976, Be-Verb u. Präpositionalphrase, Heidelberg 1980, Valenz, Kasus u. Präpositionen (Heidelberg 1981), Johann Andreas Schmeller u. d. Restauration in München (In: Zs. f. bayer. Landesgesch. 1985), Funktionale Satzperspektive (Tübingen 1986), Syntax der deutschen Sprache (Berlin/New York 2000), Mithrsg. "Die Rechtschreibreform. Pro und Kontra (1997), Mithrsg. "Sprachwissenschaft" u. "Deutsche Sprache". E.: 2001 Konrad Duden-Preis d. Stadt Mannheim.

Erpelt René Walter Dr. med. Prof. *)

Erpenbeck John Dr. Prof. *)

Erras Heribert *)

Erras Petra *)

Errass Adalbert *)

Ersel Ingolf Dipl.-Kfm.
B.: Steuerberater. FN.: Steffen & Partner. DA.: 46399 Bocholt, Kurfürstenstr. 44. G.: Mönchengladbach, 13. Mai 1963. Ki.: Judith, Richard, Jonathan. El.: Elisabeth Ersel. S.: 1982 Abitur, 1983-89 Stud. Wirtschaftswiss. RWTH Aachen m. Abschluß Dipl.-Kfm. K.: 1989-93 Wirtschaftsprüfer u. Steuerberatungsassistent in d. Firma Knief & Partner in Brühl u. in d. Steuerberatungs- u. Wirtschaftsprüfungsgesellschaft Dr. Herford *van Kerkom Hower* Streit in Köln, 1993 Bestellung z. Steuerberater, 1993 freier Mltarbeiter in d. Steuerberatungsgesellschaft Steffen, 1996 Grdg. d. Kzl. Steffen u. Partner, 2000 Grdg. d. Kzl. Steffen Ersel Deutmeier GmbH, Wirtschaft, Treuhand u. Steuerberatung; Funktion: Doz. an d. FH Gelsenkirchen u. im Verband UFH Kreis Borken e.V., Betreuung v. Existenzgründern, wirtschaftl. u. steuerl. Gestaltungsfragen u. Nachfolgeregelungen. E.: Zertifikat DIN EN ISO 9001. H.: Freizeit m. d. Familie, Sport.

Erselius Lutz Dipl.-Ing.

B.: Gschf. FN.: Erselius Warenhdls. GmbH. DA.: 04209 Leipzig, Stuttgarter Allee - Alleecenter 138. PA.: 04420 Markranstädt, Leipziger Str. 59. G.: Rochlitz, 7. März 1945. V.: Sabine, geb. Siebenhüner. Ki.: Monfy. El.: Harry u. Käthe. BV.: Bruder Harald Erselius Täschner. S.: Abitur, Lehre z. Fernmeldemechaniker, Ausbild. z. Ing.-Päd. in Gotha, Stud. z. Dipl.-Ing. Päd. TU Dresden. K.: Ing.-Päd. b. d. Dt. Post, seit 1963 verstärkte Verkaufstätigkeit im Familienbetrieb, Kompl. d. Firma,
b. 1972 Lederwarenproduktion, ab 1990 Gründer d. o.g. GmbH u. Gschf. f. Groß- u. Einzelhdl. m. Koffern, Lederwaren, Sattlerwaren u. Accessoires. P.: Publ. über d. Familienunternehmen v. d. II. Weltkrieg. M.: Lederwareneinzelhdl.-Verb., Hdls.-Verb. Sachsen e.V., Mitgründer d. City-Gemeinschaft Leipzig.

Ertaskin Ibrahim

B.: Patentberichterstatter. FN.: Bandmann, Ertaskin & Helbig Ingenieurbüro f. Patentrecherchen. DA.: 81545 München, Bozzarisstraße 2. PA.: 81545 München, Bozzarisstraße 2. bandmann@t-online.de. G.: Istanbul/Türkei, 8. Apr. 1958. El.: Abdül Mecit u. Gülein Ertaskin. S.: 1976 Abitur München, 1976-79 Stud. vorderasiatische Archäologie an d. LMU München, 1980-86 Stud. Elektrotechnik an d. TU München. K.: 1986-97 Patentberichtstter b. Ing. Bandmann in München, seit 1997 Überahme d. Firma Bandmann u. Umstrukturierung in d. Ingenieurbüro Bandmann, Ertaskin & Helbig sowie Führung d. Büros als Recherchenbüro. M.: Dt.-Japan. Ges. in Bayern e.V. f. d. Austausch v. Patenttrainees in d. Bereichen Patentrechtsanwälte u. andere Fachrichtungen. H.: Lesen, Musik, Kunst.

Ertekin Barbara *)

Ertekin Kemal Dr. Dipl.-Kfm.
B.: Unternehmer, Inh. FN.: Dr. Ertekin Consulting - Unternehmensberatung. DA.: 10827 Berlin, Hauptstr. 159. G.: Ayvalik/Türkei, 2. Aug. 1954. V.: Necla. Ki.: Bilge-Eda (2000). El.: Ülker u. Resit. S.: 1972-77 Stud. Ökonomie an d. Univ. Istanbul - Lizenz Ökonom, 1977 Übersiedlung nach

*) Biographie www.whoiswho-verlag.ch oder beigefügte CD-ROM

Deutschland, 1978-81 Stud. Wirtschaftswiss. an d. TU Berlin, Dipl.-Kfm. K.: 1983-88 Vorbereitung auf Promotion an Otto-Suhr-Inst. Berlin, Prom. z. Dr. rer. pol., seit 1984 selbst. Unternehmensberater. P.: "Der türkische Beitritt z. Europ. Gemeinschaft - Auswirkungen auf d. Entwicklung d. Türkei am Beispiel d. Chemieind. u. d. außenpoli. u. wirtschaftliche Alternativen" (1989), zahlr. Art. in Enzyklopädien, Marketingbücher, Art. in intern. Fachzeitschriften. E.: zahlr. Ehrenurkunden. M.: seit 1996 Mitgründer u. Vorst.-Mtgl. d. TDU Türk.-Dt. Unternehmerver. Berlin/Brandenburg, Grdg.-Mtgl. u. stellv. Vors. d. Türk.-Dt. Ges., Redaktionsltr. d. Organs d. TDU Türk Ekonomi Dergisi. H.: Reisen, Schwimmen, Lesen.

Ertel Harald *)

Ertel Oliver *)

Ertel Suitbert *)

Ertl Franz Xaver *)

Ertl Georg Dr. med. Prof.
B.: Arzt, Internist, C4-Prof., Lehrstuhl f. Innere Medizin, Dir. d. Med. Univ.-Klinik Würzburg. DA.: 97080 Würzburg, Josef-Schneider-Str. 2. G.: Neuburg, 12. Juni 1950. V.: Imme, geb. Hundertmark. Ki.: Max (1978), Karoline (1980), Franz (1981). El.: Dr. Franz u. Dr. Eva, geb. Binger. S.: 1968 Abitur, Stud. Humanmed. Med. Fak. d. Johannes Gutenberg Univ. Mainz, 1974 Staatsexamen, 1975 Approb. als Arzt, 1975 Prom. K.: 1977-79 wiss. Ass. am Physiologe. Inst. Düsseldorf, 1980 DFG-Stipendiat Harvard Univ. Boston, 1981 Ausbild. als wiss. Ass. an d. Med. Klinik d. Univ. Würzburg, 1986 Anerkennung als Internist, 1986 Habil., 1987 Lehrbefugnis f. d. Fach Innere Med. an d. Univ. Würzburg, 1987 Anerkennung als Teilgebietsbezeichnung "Kardiologie", 1991 C3-Univ.-Prof. Univ. Würzburg, 1995 Lehrstuhl f. Kardiologie an d. Fak. f. klin. Med. Mannheim d. Univ. Heidelberg u. Ernennung z. Dir. d. II. Med. Klinik am Klinikum Mannheim, 1997 stellv. ärztl. Dir. d. Klinikums Mannheim, seit 1999 Lehrstuhl Innere Med., Med. Fak. d. Univ. Würzburg u. Dir. d. Med. Univ.-Klinik. BL: Gutachter f. zahlr. Ges. P.: The dependence of coronary collateral blood flow on regional vascular resistances: PHarmacological studies with glyceryl trinitate, adenosine and verapamil (1979), Limitation of experimental infarct size by angiotensin-converting enzyme inhibitor (1982), Development, early treatment and prevention of heart failure (1993), Effects of neurotensin and neuropeptide-Y on coronary circulation and myocardial function in dogs (1993), ACE inhibition after myocardial infarction: can megatrials provide answers? (1994). M.: American Assoc. for the Advancement of Science, American Society of Physiology, American Federation for Medical Research, Dt.-Chin. Ges. f. Med. e.V., Dt. Ges. f. Innere Med., Dt. Ges. f. Herz- u. Kreislaufforsch., Dt. Ges. f. internist. Intensivmed., Vorst.-Mtgl. d. Dt. Herzstiftung e.V., Dt. Physiolog. Ges., Europ. Ges. f. Kardiologie, European Society for Magnetic Resonance in Medicine and Biology, Ges. f. Fortschritte in d. Inneren Med. H.: Klettern, Tennis, Klavier, Radfahren.

Ertl Gerhard Dr. Dr. h.c. Prof.
B.: Dir. FN.: Fritz Haber-Inst. d. Max Planck-Ges. DA.: 14195 Berlin, Faradayweg 4-6. PA.: 14195 Berlin, Garystr. 18. G.: Stuttgart, 10. Okt. 1936. V.: Barbara, geb. Maschek. Ki.: 2 Kinder. S.: 1955-61 Stud. TH Stuttgart, Univ. Paris, Univ. München, 1965 Prom. K.: 1967-68 Priv.Doz. TH München, 1968-73 o.Prof. f. Physikal. Chemie TU Hannover, 1973-86 o.Prof. f. Physikal. Chemie Univ. München, seit 1986 Dir. am Fritz Haber-Inst. Berlin; Hon.Prof. FU Berlin, HU Berlin u. TU Berlin. P.: 3 Bücher u. ca. 600 Originalpubl. meist über Themen d. Oberflächenchemie u. -physik, heterogene Katalyse. E.: P.H. Emmett-Preis, American Catalysis Soc., C.F. Gauß-Med., Braunschweig. Wiss. Ges., Liebig-Med., GDCh, Mittasch-Med., DECHEMA, Leibniz-Preis, Dt. Forschg.-Gem, Hewlett-Packard Preis, Europ. Phys. Ges., Japan Preis, Welch Preis d. Am. Vakuumges., Gr. BVK, Wolf-Preis Israel, Ziegler-Preis GDCh, Dr. h.c. Univ. Münster, Dr. h.c. Univ. Bochum. M.: Mtgl. d. Berlin-Brandenb. Ak. d. Wiss., Ehrenmtgl. d. Am. Acad. of Arts and Sciences, Mtgl. Acad. Europ., Korr. Mtgl. Nordrhein-westf. Akad. d. Wiss., Österr. Akad. Wiss. u. Bayer. Akad. d. Wiss., Dt. Ak. d. Naturforscher Leopoldina, Ehrenmtgl. d. Royal Society of Edinburgh, Korr. Mtgl. d. Braunschweig. Wiss. Ges.

Ertl Johann Dr. med. *)

Ertl Karin
B.: Profi-Leichtathletin - Disziplin Siebenkampf. FN.: c/o DLV. DA.: 64289 Darmstadt, Alsfelder Str. 27. G.: Immenstadt, 23. Juni 1974. K.: sportl. Erfolge: 1993 JEM/2., 1994, 95 u. 96 Dt. Juniorenmeisterin, 1999 Dt. Meisterin, 1998 DM/2., 1997 DM/3., 2000 Götzis/1., 1999/3., 1998/4., 1997 EC/6., 1998 EM/7., 1999 WM/6., 2000 Dt. Hallenmeisterin, 1998 DHM/3. u. 1996/6., 2000 Olymp. Spiele/7., 2000 Hallen Europameisterin, 2001 Götzis 6., Hallen WM 3., 2001 WMS., Dt. Meisterin. H.: Skifahren, Rollhockey, Handarbeiten, Akkordeon.

Ertl Martina

B.: Profi-Skirennläuferin/ Alpin, Polizeiobermeisterin b. BGS. FN.: c/o DSV. DA.: 82152 Planegg, Hubertusstr. 1. PA.: 83661 Lenggries, Ertlhöfe 17. G.: 12. Sep. 1973. K.: größte sportl. Erfolge: 1991 JWM RTL/2., Kombi/3., DM Slalom/1., 1992 DM Slalom/ 1., 1993 DM RTL/1., Super-G/3., DM Morioka RTL/3., 1993/94 WC Gesamt RTL/2., 1994 OS Lillehammer RTL/2., 1994/95 WC-Gesamt Slalom/ 3., WC-Gesamt/4., 1995 DM Slalom/1., 1995/96 WC Gesamt RTL/1., Super-G t/3., WC Gesamt/2., 1996 WM Nevada RTL/3., DM RTL/1., 1996/97 WC Gesamt Super-G/5., WC-RTL Park City/5., Maribor/5., Wiesel 1/5., WC-Super G Val d'Isère/5., Bad Kleinkirchheim/5., Vail/3., 1997 DM RTL/1., Super-G/3., 1997/98 WC-Gesamt/2., Super-G/4., RTL/1., Slalom/6. DM Slalom/1., 1998 OS Nagano Kombi/2., 1998/99 WC-Super-G. Mammoth Mountain/3., Val d'Isere/2., WC Gesamt/2., RTL/ 8., Super-G/3., 2000/01 WC Super-G Aspen/4., Lake Louise/3., WC-Abfahrt, WC-Slalom Park City/2., Aspen/2., Sestrieres/4., WC-RTL Sestrieres/4., 2002 OS Salt Lake City Kombination/3. H.: Sport allg., Lesen, Ausgehen. (Re)

Ertl Nikolaus Dr. med.
B.: FA f. Innere Med. u. Sportmed. DA.: 69126 Heidelberg, Buchwaldweg 10. G.: Budapest, 20. März 1935. V.: Dr. Herta, geb. Bach. Ki.: Attila, Bela, Katinka, Gabor, Tibor. BV.: Bruder d. Großvaters Dr. Johann Ertl - Pionier d. Chir. u. Erfinder d. Ertl-Strümpfe. S.: 1954 Abitur, 1954 Stud. Med. Univ. Budapest u. wiss. Veröff. zu Hypertonie, 1956 Presseref. d. revolt. Bewegung an d. Univ., 1960 Staatsexamen u. Prom.

*) Biographie www.whoiswho-verlag.ch oder beigefügte CD-ROM

Ertl

K.: während d. Stud. Mitarb. am histolog. Inst., 1960-62 med. Ass. am KKH Matszalka, 1962-64 Univ.-Ass. am histolog. Inst. d. med. Univ. Budapest, 1965 Flucht aus Ungarn u. wiss. Ass. am patholog. Inst. d. DKFZ in Heidelberg, 1970 tätig an d. med. Klinik d. Klinikum Mannheim, 1975 FA f. Innere Med., seit 1975 ndlg. FA, 1983-85 Zusatzausbild. in Sportmed. in Langeoog; Funktionen: seit 1975 Gutachter f. d. BfA, Ref. auf Kongressen, Organ. u. Teilnahme an zahlr. Veranstaltungen z. Thema Koronarsport, seit 1993 jährl. öff. Veranstaltung im Rahmen d. Herzwoche d. Dt. Herzstiftung, Teilnahme am intern. Kongress f. gesundes Altern, Aktivität u. Sport, 1997 Koronargruppentreffen. BL.: Engagement in d. sportärztl. Prävention. P.: zahlr. wiss. Publ. über Hypertonie, ca. 31 Veröff. im Bereich Histologie u. Pathologie, Buchbeitrag in "Sportärztl. Prävention". E.: div. wiss. Ausz. während d. Stud., u.a. Bronzene Ehrennadel d. TSG Rohrbach, Silb. Ehrennadel d. Behindertensportver. Baden-Württemberg. M.: TSG 1889 Rohrbach, DLRG Speyer, seit 1983 Sportarzt d. TSG Rohrbach, Grdg. u. Ltr. versch. Koronargruppen u. einer Rückenschule, 1989-91 Dt.-Ungar. Ges. f. ärztl. Zusammenarb. H.: Sport, Computer, Basteln, Heimwerken, Musik.

Ertner Ulrich Dr. Dipl.-Kfm. Prof.
B.: Wirtschaftsprüfer, Steuerberater. FN.: Charlottenburger Treuhandges. Berlin. DA.: 10625 Berlin, Bismarckstr. 105. PA.: 14195 Berlin, Bernadottestr. 46. G.: Luckenwalde, 15. Juli 1938. V.: Witwer. Ki.: Ralph (1965), Dirk (1968). El.: Adalbert u. Charlotte. S.: 1956 Abitur, 1956-58 Lehre z. Ind.Kfm. b. VEB Feuerlöschgerätewerk Luckenwalde, 1958-59 13. Schuljahr Berlin-West, 1959-65 Stud. Betriebswirtschaft TU Berlin, 1965 Dipl.-Kfm. TU Berlin, 1968 Prom. Dr. rer. pol. K.: 1965-68 Ass. 1968 Ass. b. Karoli-Wirtschaftsprüf. Berlin, Ausbild. z. Wirtschaftsprüfer u. Steuerberater, 1969 Steuerberaterprüf., 1970 Wirtschaftsprüferprüf., ab 1970 Lehrbeauftragter FH f. Wirtschaft Berlin, 1970-71 Steuerberater u. Wirtschaftsprüfer b. Karoli, 1971 Prof. FH f. Wirtschaft Berlin, seit 1973 selbst. Wirtschaftsprüfer u. Steuerberater, 1980 Grdg. Charlottenburger Treuhandges. Wirtschaftsprüf. u. Steuerberatungsges., 1990 Mitbegründer u. Ges. d. Märkischen Unternehmensberatungs GmbH. M.: Inst. d. Wirtschaftsprüfer. H.: Reisen, Segeln, Wandern, Wassersport. (E.W.)

Ertzinger Frank Dipl.-Ing.

B.: Dipl.-Ing. f. Elektrotechnik, Inh. FN.: Ast Automatisierungs- u. Systemtechnik. DA.: 24944 Flensburg, Eibenweg 9. a-s-t@foni.net. G.: Flensburg, 14. Juni 1964. V.: Andrea Bauers. Ki.: Jakob, Anton. S.: 1981-85 Handwerkl. Ausbildung zum Elektroinstallateur in Glücksburg, 1985-86 FH-Reife an d. Fachoberschule Flensburg, 1986-91 FH Flensburg m. Abschluss Dipl.-Ing. K.: 1990-98 selbst. Tätigkeit in Flensburg, Geschäftsführung u. Projektbetreuung, Entwicklung u. Produktion elektron. Baugruppen, Projektierung gebäudetechn. Einrichtungen u. Projektmanagement, 1998-2001 Sachsenring Maschinenbau GmbH in Dannau, Ing. f. Verfahrenstechnik u. Logistik, Ltg. d. Produktion Sondermaschinenbau, ab 1999 stellv. Betriebsstättenltr., beauftragt f. d. Qualitätssicherung. Produktion, Einrichtung einer neuen Produktionslinie, Reorgan. d. Materialwirtschaft, Kosten- u. Ergebnisrechnung d. Werkes. M.: Vorst. d. Begegnungsstätte Breedland e.V., o.Mtgl. VDI. H.: Joggen, Squash.

Erven Ingrid Dr. vet. med. *)

Erwin Joachim
B.: OBgm. FN.: Stadtverw. Düsseldorf. DA.: 40200 Düsseldorf, Marktpl. 1. objoachimerwin@duesseldorf.de. www.duesseldorf.de. G.: Stadtroda, 2. Sept. 1949. S.: 1968 Abitur, Stud. Rechtswiss., Sport u. Hispanistik in Bochum, 1973 Referendarexamen, 1976 Assessorexamen. K.: seit 1976 selbst. RA, 1975-88 sowie seit 1994 Ratsmtgl., 1994-97 stellv. Vors. d. CDU-Ratsfraktion, 1997-99 Fraktionsvors., 1998 Wahl z. Bgm., 1988-90 Mtgl. d. Landtages, seit 09/1999 OBgm. d. Stadt Düsseldorf.

Erwin Jörg *)

Der Schweizer Who is Who-Verlag bietet Ihnen ein einmaliges Informations und Servicepaket

◆ Who is Who - Werke - höchstaktuelle, sachliche und exklusive Informationen über bedeutende Persönlichkeiten aus allen Bereichen des öffentlichen Lebens. Unentbehrlich für persönliche Begegnungen und berufliche Kontakte.

◆ Who is Who Produkte, die Spaß machen.

◆ Who is Who Prominenteninsel Taborcillo - exclusiv für Who is Who - Persönlichkeiten in Österreich und Deutschland.

Mehr Infos unter www.whoiswho-verlag. ch

*) Biographie www.whoiswho-verlag.ch oder beigefügte CD-ROM

Erxleben Harald Ing. *)

Erxleben Horst

B.: Landwirt, selbständiger Zahnarzt. GT.: 8 J. Mtgl. d. Vertreterversammlung d. Kassenzahnärztlichen Vereinigung Niedersachsen in Hannover. DA.: 29549 Bad Bevensen, Bahnhofstr. 6. G.: Berge Kreis Gardelegen, 12. Dez. 1939. V.: Uschi Drewes. Ki.: Julia (1978), Tanja (1983). El.: Erwin und Erna, geb. Schulz. S.: 1954-56 Lehre z. Rinderzüchter auf d. VEG Zichtau, 1957-62 ang. Landwirt in Radbruch, 1957-59 Mittlere Reife in Abendschule am Johanneum in Lüneburg, 1959-60 Sprachinstitut Colon in Hamburg u. Englisch u. Französisch gelernt, 1960-63 Abitur auf d. 2. Bildungsweg auf d. Johanneum in Lüneburg. K.: 1962-63 ang. b. VW u. Audi Autohaus Havemann in Lüneburg, 1963 Stud. Chemie an d. Univ. Hamburg, 1960-70 Stud. Zahnmed. an d. Univ. Hamburg (dazwischen unfallbedingt 1Jahr ausgesetzt aufgrund einer halbseitigen Lähmung), 1971 Approb. z. Zahnarzt, 1971-74 Prothetische Abt. an d. Univ.-Klinik Hamburg-Eppendorf, zuletzt als OA, seit 1974 ndlg. Zahnarzt in eigener Praxis. BL.: größter Züchter im Verband Hannoverscher Warmblutzüchter. F.: Pferdezuchtbetrieb in Bienenbüttel OT Wichmannsburg. E.: erfolgreichster Aussteller b. d. Verdener Pferdeauktionen. M.: Verband Hannoverscher Warmblutzüchter, Freier Verband Dt. Zahnärzte. H.: Pferdezucht, Beruf.

Erz Matthias *)

Erzberger Andreas Georg *)

Erzigkeit Ullrich *)

Esan Michael Dipl.-Ing.

B.: Gschf. FN.: Nordgetreide GmbH & Co KG. DA.: 23568 Lübeck, Mecklenburger Str. 202. G.: Hannover, 21. Juli 1965. V.: Cornelia. Ki.: Kevin (1992). El.: Günter u. Ursel, geb. Hupe. S.: 1984 Abitur Springe, 1986-92 Stud. Lebensmittel u. Gärungstechnologie an d. TU Berlin, 1992 Dipl.-Ing. K.: 1992-95 wiss. Mitarb. M.: Hafenunterausch., Berliner Ges. f. Getreidetechnologie e.V., Bundesforsch.-Anst. f. Getreide-, Kartoffel- u. Fettforsch. H.: Segeln, Skifahren, Joggen, Lesen, Kultur, Konzerte, Reisen.

Escaño Papoli-Barawati Bettina

B.: Ballett-Lehrerin. FN.: Ballettschule Bettina Escaño. DA.: 49076 Osnabrück, Silcherstr. 7. G.: Manila/Philippines, 9. März 1968. V.: Oliver Papoli-Barawati. Ki.: Alexander (1991), Olivia Beatrice (1995). El.: Alex u. Norma Escano. S.: 1982-85 Ballett Philippines Cultural Center of Philipinnes , 1986-87 New Ballett School/Feld Ballett, 1988 Tisch School of the Arts, Dance Dept. New York Univ., 2000 Ausbild. als Tanzpädagogin in Düsseldorf u. Zürich, Tänzerische Früherziehung, russ. Waganova-Technik. K.: 1988 Rang einer "Bachelor of Fine Arts" in d. Fachrichtung Tanz. BL.: Solotänzerin an d. Städt. Bühnen in Osnabrück. P.: Veröff. eigener Choreographien. E.: Siedman Award for Dance (T.S.O.A.N.Y.U.). M.: Dt. Berufsverb. f. Tanzpäd. e.V., Schweiz. Ballettlehrerverb., Schweiz. Berufsverb. f. Tanz u. Gymnastik. H.: Badminton.

Esch Andrea Dr. med.

B.: Frauenärztin. DA.: 35390 Gießen, Bahnhofstr. 56. G.: Spangenberg, 24. März 1953. V.: Paul Gerhard Esch. S.: 1977 Abitur Melsungen, 1977-80 Ausbild. Krankenschwester Städt. Klinik Kassel, Staatsexamen, 1980-81 Aufenthalt Taiwan, 1982-88 Stud. Med. Univ. Gießen, 1998 Weiterbild. operative Gynäk. u. Geburtshilfe. K.: 1988-90 Praktikum am St. Josephs KH in Gießen, 1990-95 FA-Ausbild. f. Gynäk. u. Geburtshilfe an d. städt. Kliniken Solingen u. am St. Josephs KH in Gießen, seit 1996 ndlg. Frauenärztin u. Belegärztin am St Josephs KH in Gießen. P.: Dr.-Arb.: "Studie über Knochenwachstum" (1992). H.: Reiten.

Esch Claudius *)

Esch Friedrich Bernhard Dipl.-Ing. *)

Esch Günter Dr. iur. *)

Esch Hans-Jürgen

B.: Gschf. Ges. FN.: Objektplanung GmbH. DA.: 50825 Köln, Helmholtzstr. 2. G.: Nürnberg, 27. Juli 1953. El.: Hubert u. Geralde, geb. Crammont. S.: 1971 Mittlere Reife, 19971-74 Ausbildung EDV Grundig AG. K.: 1979-81 Entwicklungsabt. Heco, 1981-83 techn. Beratung Erco-Leuchten Lüdenscheid, seit 1993 selbst. Produktentwicklung, Bauträger. BL.: selbst. Fotograf. M.: Völklinger Kreis.

Esch Holger

B.:Vorst. d. I.T. Multi Media Elekt. FN.: EPAG Enter-Price. DA.: 40100 Düsseldorf, Talstr. 22-24. G.: Düsseldorf, 8. März 1976. El.: Walter u. Elisabeth, geb. Böhm. S.: Mittlere Reife, 1989 Abschluß Informatiker. K.: m. 12 J. erste Programme geschrieben, 1992 Gründung. der Firma Löwe Esch-Esch.Gbr., 1995 Grdg. d. Firma Online m. Mailbox, 1997 Grdg. d. Firma EPAG Enter-Price. E.: Auszeichnung v. Micro-Soft u. Sisco. M.: V.I.P.O.-Chos computer Klub. H.: Beruf.

*) Biographie www.whoiswho-verlag.ch oder beigefügte CD-ROM

Esch Matthias Dr. jur. *)

Esch Michael Herbert

B.: Betriebswirt, Hoteldirektor. FN.: Hotel Dorint. DA.: 18437 Stralsund/Ostsee, Grünhufer Bogen 18-20. m.esch@hansedom.de. www.dorint.de/stralsund. G.: Bonn, 24. März 1966. V.: Stefanie, geb. Käding. El.: Dr. Willi u. Dr. Eva, geb. Simons. S.: 1985 Abitur Bonn, 1985-88 Ausbildung z. Koch Excelsior Hotel Ernst in Köln, 1988-89 Bundeswehr, 1991-93 Abschluss z. eidgenössisch diplomierter Betriebswirt an d. Höheren Hotel- u. Gastronomie Fachschule in Thun, Schweiz. K.: 1989 Barkeeper Breidenbacher Hof Düsseldorf, 1990-91 Service im Vier Jahreszeiten in Hamburg, 1993-95 F&B Manager in Mombasa/Kenia, 1995-96 im Renaissance Hotel in Wien, 1996-2000 im Aquamaris Strandresidenz Rügen, seit 2000 Hoteldirektor. H.: Kochen, Wassersport, Tauchen.

Esch Sylvia *)

Eschbach Leander R. Dipl.-Kfm.
B.: Steuerberater u. Vereidigter Buchprüfer. DA.: 51107 Köln (Rath), Rösrather Str. 544. G.: Engelskirchen, 2. Jan. 1956. V.: Irene, geb. Küpper. Ki.: Tim (1987), Jana (1991). S.: 1974 Abitur, Wehrpflicht, 1975 Stud. BWL in Köln, Hamburg u. Wien, 1979 Dipl.-Kfm. K.: Tätigkeit b. einem Steuerberater, dann Prok. b. einer Steuerberatungs AG in Köln, 1985 Steuerberaterprüf., 1985 Ndlg., Schwerpunkt: Ges.-Recht u. Finanzgerichtsprozesse, Immobilien. P.: Fachveröff. zu steuerrechtl. Themen u. zu Jahresabschlußanalysen b. Vers.-Unternehmen u. zu aktuellen steuerl. Gerichtsverfahren. H.: Tauchsport, Golf, Akkordeonorchester, Taucheruhrensammler.

Eschberg Peter Prof.
B.: Regisseur. PA.: 60529 Frankfurt, Loensweg 10. G.: Wien, 20. Okt. 1936. V.: Carmen-Renate, geb. Köper. Ki.: Peter. El.: Josef u. Hedwig, geb. Kuh. S.: Volksschule und Humanistisches Gymnasium in Wien (Abitur 1955), Max-Reinhard-Seminar Wien (Schauspiel- und Regie). K.: 1959-1965 als Schauspieler an den Münchner Kammerspielen engagiert (Intendant Hans Schweikart; Zusammenarbeit u.a. mit Fritz Kortner, Karl Paryla, Paul Verhoeven, Peter Lühr), 1965-1968 Engagements am Theater an der Josefstadt, Wien, an den Städtischen Bühnen Frankfurt/Main, an der Freien Volksbühne, Berlin (bei Erwin Piscator), an der Schaubühne am Halleschen Ufer, Berlin, 1968-1980 Schauspieler und Regisseur am Schauspiel Köln, s. 1976 Leitungsmitglied; während dieser Zeit Gastinszenierungen in Wien und Göttingen, 1981-1986 Schauspieldirektor der Bühnen der Stadt Bonn, 1986-1991 Intendant von Schauspiel Bonn, wirkte in ca. 30 Fernsehproduktionen als Schauspieler mit, u.a. : "Nerze nachts am Straßenrand" (Regie: Wolfgang Staudte), "Change" (Buch: Wolfgang Bauer; Regie: Peter Wirth), "Golem" (Regie: Peter Beauvais), führte Regie bei mehreren Fernsehfilmen, u.a.: "Casanova" von Asmodi, "Ein Mensch" von Eugen Roth, ebenso bei Fernsehproduktionen eigener Theaterinszenierungen (Faust I, Falsch, Die Palästinenserin, Arthur Aronymus und seine Väter, Professor Bernhardi, Antiphon, Die letzten Tage der Menschheit), drei weitere Theaterinszenierungen von Peter Eschberg wurden unter fremder Regie von Fernsehen aufgezeichnet, 1991-Sommer/2001 Intendant d. Schauspielhauses Frankfurt. E.: 1987 BVK 1. Kl., Goldenes EZ d. Stadt Wien, Ernennung zum Prof.

Esche Eberhard *)

Esche Martin *)

Esche Michael Dipl.-Ing Dipl.-Wirtsch.-Ing.
B.: Vorst. d. Hannover-Braunschweigischen Stromversorgungs-AG (HASTRA). DA.: 30169 Hannover, Humboldtstr. 33. G.: Lübeck, 25. Apr. 1943. V.: Francoise, Ki.: 3 Kinder. El.: Dr. Ernst. K.: 1971 Vorst.-Ass. Saarbergwerke AG, 1975 Gschf. Saarberg-Hölter Umwelttechnik GmbH, Gschf. Saarberg-Hölter-Lugi GmbH, 1989 Gschf. Saarberg Oekotechnik GmbH, 1992 Preussen Elektra AG, s. 1993 Vorst. HASTRA AG.

Eschen Johannes Th. Prof. *)

Eschen Klaus *)

Eschenbach Carl Dr. med. Prof. *)

Eschenbach Christine *)

Eschenbacher Beate
B.: Organisatorin, Verlegerin, Inh. FN.: Weiberkram. DA.: 91578 Leutershausen, Am Stadtweiher 33. V.: Egbert Eschenbacher. Ki.: Maximilian (1990), Sonja (1993). El.: Michael u. Ingrid Vollath, geb. Kettler. S.: 1976 Mittlere Reife, Fachschulreife, b. 1979 Erzieherinausbild. K.: Tätigkeit im Kindergarten u. im "Heim f. gefallene Mädchen", einer kath. Einrichtung in Nürnberg, ab 1982 div. Bürotätigkeiten b. einem Patentanw., Schwan-Stabilo-Werk, Firma Freudenberg, 1994 Begrdg. eines Verlages f. ein Motorradmagazin m. d. Ehemann, Hrsg. d. fränk. Frauenbranchenbuches, Veranstaltung d. fränk. Frauenmesse in Nürnberg. P.: seit 1997 "fränk. Frauenbranchenbuch". M.: FAU Frauen als Unternehmerin, BPW Business and Professional Women Club Nürnberg e.V. H.: Klavierspielen, Bibliophil., spez. f. Frauenthemen, Gartengestaltung.

Eschenbacher Egbert Fritz
B.: Verleger. FN.: Verlag Motobilia. DA.: 90587 Veitsbronn, Heinrich-Heine-Str. 28. G.: Vincenzenbronn/Fürth, 13. Mai 1954. V.: Beate, geb. Vollrath. Ki.: Maximilian (1990), Sonja (1993). S.: 1994 Schriftsetzerlehre u. Tätigkeit, zuletzt Stereireiltr. K.: 1994 Grdg. d. Zeitschrift u. d. Verlages "High Performance", d. 1. Custom-Bike-Magazin in Deutschland, Österr. u. Schweiz, Begrdg. u. Durchführung d. Custom Performance u. Motorradshow, d. seit 5 J. jährl. stattfindet u. weltweit d. wichtigste Veranstaltung ist, auf d. exklusiv Harley-Davidson Motorräder angeboten werden. P.: Fachzeitschriftenart. u. 1996 Buch "Harley Faces in Town". M.: HOG Harley Owners Group, HDCD Harley Davison Club Deutschland, Biker Union f. d. Rechte d. Motorradfahrer, All Harley Drags, "No Handicap!", Interessengemeinschaft f. behinderte Motorradfahrer. H.: seit 1980 Harley-Davidson-Fahrer.

Eschenbacher Ruth
B.: Dipl.-Sozialpädagogin, Gschf. Ges. FN.: Plärrer Verlags GmbH Das Stadt-Magazin f. Nürnberg-Fürth-Erlangen. DA.: 90443 Nürnberg, Singerstr. 26. info@plaerrer.de. www.plaerrer.de. G.: Weitersdorf, 10. Apr. 1955. V.: Günter Kaufmann. El.: Willi u. Elisabeth Eschenbacher. S.: 1971 Mittlere Reife Hilpoltstein, 1972-75 Fachakademie f. Sozialpädagogik Nürnberg m. Abschluß staatl. geprüfte Erzieherin, 1976-81 Stud. Sozialpädagogik FHS Nürnberg m. Dipl.-Abschluß. K.: seit 1981 tätig in d. Plärrer Verlags GmbH, Gründungmtgl. u. Mitarbeit in versch. Bereichen, 1982 Ltr. d. Abt. Grafik, ab 1987 techn. Ltr. u. seit 1998 Gschf. Ges. H.: Freundschaften, Lesen, Kino, Wandern, Laufen, Natur, Kultur, Reisen, klass. Musik.

Eschenbecher Ferdinand Dr. rer. nat. Prof. *)

---

*) Biographie www.whoiswho-verlag.ch oder beigefügte CD-ROM

Eschenburg Thomas *)

Escher Christof
B.: Gen.-Musikdir. FN.: Neue Lausitzer Philharmonie. DA.: 02826 Görlitz, Dimianiepl. 2. G.: Zürich, 3. Dez. 1947. Ki.: Piereg (1972), Iwan (1975). S.: 1964-68 Stud. Cello u. Horn an d. Musik-HS Zürich, 1968-72 Stud. Cello u. Dirigieren in Paris, Meisterkurse u.a. in Salzburg, Hilversum u. Venedig, K.: seit 1972 Konzerte in d. meisten europ. Ländern, Israel, Japan, Argentinien u. Südafrika, 1979 Debüt als Operndirigent am Züricher Opernhaus, 1989-95 musikal. Ltr. am Nederland Dance Theater in Den Haag, seit 1995 Gen.-Musikdir. in Görlitz, Teilnehmer an zahlr. Festivals: Salzburg, Luzern, Bordeaux, Ludwigsburg, Santander Kusatsu, Zürich, Hollandfestivals u.a. mehrere Rundfunk-, Fernseh- u. CD-Aufnahmen, zahlr. Uraufführungen. E.: 1975 2. Preis b. Intern. Dirigentenwettbewerb in San Remo, 1977 Silbermed. b. Dirigentenwettbewerb in Genf, Kritikerpreis in Argentinien. H.: Musik.

Escher Otto Philipp *)

Escher Rolf Prof. *)

Escherich Heinz Joachim

B.: selbst. Architekt. DA.: 22085 Hamburg, Karlstr. 17. G.: Hamburg, 7. März 1961. V.: Dr. Gabriele, geb. Kastner. Ki.: Carolin (1993), Tobias (1996), Jacob (1999). El.: Heinz und Elisabeth, geb. Ewoldt. BV.: Großtante Clara Stoppenbrink - studierte Med. als e. d. 1. Frau um d. Jhdt.-Wende. S.: Abitur, 1980-82 Zivildienst, 1982-89 Studium Arch. TU Hannover m. Abschluß Dipl.-Ing. K.: 1989-94 tätig in versch. Arch.-Büros in Hamburg, seit 1995 freischaff. Architekt m. Schwerpunkt Beratung u. Planung v. Betreiber- u. Raumkonzepten f. Finanzdienstleister; Projekte: Optimierung d. Geschäftsstellen d. GEO f. d. Kreissparkasse Hannover, Hauptstelle d. Sparkasse Jena, Vertriebstellen f. Expobank auf d. Expo 2000 in Hannover; Funktionen: 1997-99 Lehrauftrag f. Projektsteuerung u. Projektmanagement an d. FHS Holzminden. P.: Mitautor d. Buches "Verw.-Bauten - flexibel, kommunikativ, nutzerorientiert" (1994). M.: Leichtathletikgem. Hammer Park in Hamburg. H.: Segeln, Surfen, Leichtathletik, Mittel- u. Langstreckenlauf.

Eschgfäller Peter *)

Eschke Elfi
B.: Schauspielerin. PA.: A-5204 Strasswalchen, Irrsdorf 123. www.eschke.at. G.: Bremen, 1961. V.: Reinhard Schwabenitzky. Ki.: Lucas (1996). S.: n. d. Grundschule Besuch der "Rudolf Steiner-Schule" u. anschl. Hochschule für Musik und darstellende Kunst in Hamburg, Abteilung Schauspiel. K.: Engagements am Staatstheater Bonn und am Stadttheater Baden- Baden, danach und seither freie Schauspielerin bei Fernsehen und Film, Auszug a. d. Filmographie: Tour de Ruhr, Die 5. Jahreszeit (1980), Engel auf Rädern (1982), Büro, Büro (1982-84), Der Doppelgänger, Und ewig ruft St. Alpi, Unter den Menschen, Krimistunde (1983), Reschkes großer Dreh (1984), Die Schloßherren (1984-85), Ein heikler Fall (1985), Die Macht des Schicksals (1986), Der schwarze Obelisk, Gegenspieler, Der Experte (1987), Summertimeblues, Der Sammler (1988), In Zeiten wie diesen (1988-89), Ilona & Kurti (1991), Kaisermühlenblues (1992), Verlassen Sie bitte Ihren Mann (1993), Ein fast perfekter Seitensprung (1995), Hannah (1996), Eine fast perfekte Scheidung (1997), Eine fast perfekte Hochzeit (1999), SHE, me and HER (2001), Ein Haufen Kohle (2001). E.: 1996 Bruce C. Corwin Award Artistic Excellence Santa Barbara Intern. Film Festival.

Eschke Karl-Richard Prof.
B.: HS-Lehrer, Gschf. Vorst.-Mtgl., Inst.-Ltr. FN.: BFSV an d. FH Hamburg. DA.: 21033 Hamburg, Lohbrügger Kirchstr. 65. G.: Mühltroff/Vogtland, 6. Sep. 1939. Ki.: 3 Kinder. S.: 1957 Abitur Schleiz, 1958-66 Stud. Maschinenbau TU Berlin. K.: 1966-69 Firma Siemens AG, 1969-71 wiss. Ass. TU Berlin, 1971 Doz. FH Hamburg, 1977 Eintritt Inst. f. Beratung, Forsch., Systemplanung, Verpackungsentwicklung u. -prüf. FH Hamburg, 1978 Ltr. d. Inst. f. BFSV FH Hamburg, 1980 Prof., 1980-90 Einsatz in versch. Ländern d. Dritten Welt als Seminarltr. u. Vortragender auf d. Gebiet d. Exportverpackungstechnik, 1989 Organ. d. 6th IAPRI World Conference on Packaging Hamburg, 1991 Mitbegründer, Vors. u. Gschf. d. Dt. Forsch.-Verb. Verpackungs-Entsorgungs-u. Umwelttechnik DVEU e.V.

Eschmann Wolf Rüdiger Dipl.-Ing.

B.: Unternehmensberater (BDU). FN.: Institut für Personal-Entwicklung. DA.: 44797 Bochum (Stiepel), Gräfin-Imma-Str. 59. ruediger.eschmann@t-online.de. www.ruediger-eschmann.de und www.ipe-eschmann.de. G.: Düsseldorf, 12. Juli 1939. V.: Hiltrud, geb. Schnorbus. Ki.: Ralph (1977). S.: 1959 Abitur Düsseldorf, 1960-65 Stud. Bauing.-Wesen TH Aachen u. München. K.: 1965-78 Statiker, Bauleiter u. Oberbauleiter in namhaften Büros u. Unternehmen d. Bauindustrie, zuletzt als Technischer Leiter in einem mittelständischen Bauunternehmen, Spezialgebiete: Projektsteuerung u. Personalförderung, 1976 Entwurf eines Konzeptes z. erfolgreichen Karriereplanung u. z. Personal- u. Unternehmensentwicklung, 1978 Gründung d. Institutes f. Personal-Entwicklung in Bochum, Durchführung v. Beratungen u. Seminaren; Strategie- u. Karriereberatung f. Fach- u. Führungskräfte. P.: Erfolgreich durch Streß (1979), Neue Wege in d. Personalentwicklung (1980), Karriere durch Kreativität (1989), Modellbahn: "Wenn digital, dann richtig!" (1998), Gleisplanung (1999). M.: Bundesverband Deutscher Unternehmensberater BDU e.V., Beratergruppe Strategie e.V., StrategieForum e.V., Gesellschaft f. Arbeitsmethodik GfA e.V., Mensa in Deutschland e.V. H.: Schach, Modelleisenbahn, Schifahren, Segeln.

Eschment Uwe
B.: Gschf. FN.: B + E Torsysteme. DA.: 50739 Köln, Robert-Perthel-Str. 23. G.: Duisburg, 21. März 1957. S.: 1982-86 Stud. BWL m. Abschluß Dipl.-Kfm. K.: seit 1986 tätig im Texileinzelhandel, seit 1998 Gschf. d. Firma B + E Torsysteme.

Eschment Wolfgang F.
B.: Vorst. FN.: VNG Verbundnetz Gas Aktiengesellschaft. GT.: AufsR.-Mtgl. SpreeGas Cottbus, EVG, GSA/EWS, BeiR.-Mtgl. Dt. Bank, Terra Tec, Gasversorgung Sachsen-Ost GmbH, Stiftung Sport. DA.: 04347 Leipzig, Braunstr. 7. www.vng.de. G.: Schelden, 24. Juni 1940. V.: verh. Ki.: 4 Kinder. S.: 1960-63 Stud. Maschinenbau, Ing. K.: 1963-69 Beratungsing. Ruhrkohle Essen, 1969-75 Abt.-Ltr. Gasverkauf u. -einkauf Salzgitter Ferngas GmbH, 1975-78 Abt.-Ltr.

*) Biographie www.whoiswho-verlag.ch oder beigefügte CD-ROM

Eschment

Rohöl u. Gasverkauf Dt. Schachtbau Lingen, 1979-81 Ltr. Marketing f. Erdgas Dt. BP AG Hamburg, 1981-85 Manager f. Gasmarktentw. mit Tätigkeiten in Brasilien, Ägypten, Kanada, Thailand, Korea, 1986 Ent. v. Gasprojekten BP Gas International VR China, 1987 Akquisition v. Gasförderfirmen BP Alaska, San Francisco, 1988-89 Akquisition BP America Houston, 1989-90 Vpräs. Marketing Wintershall Energy Houston, 1990-91 Gschf. Erdgasversorgungsges. mbH Leipzig, 1991-2000 Vorst. Gasverkauf VNG, seit 2000 Vorst. Gasverkauf/Technik.

Eschner Thomas Klaus *)

Eschrich Günther *)

Eschrig Helmut Dr. rer. nat. habil. Prof.

B.: wiss. Dir. FN.: IFW Inst. f. Festkörper- u. Werkstofforsch. Dresden. DA.: 01069 Dresden, Helmholtzstr. 20. G.: Thierfeld, 2. Juli 1942. V.: Rosemarie. Ki.: Ralph (1959), (Opernsänger, Bachpreisträger), Matthias (1968), Gesine (1971). El.: Bruno u. Emma. S.: 1957-61 Stud. Ing.-Schule f. Kfz-Bau Zwickau, 1959 Facharb.-Abschluß als Kfz-Schlosser, 1961 Ing., 1961-69 Fernstud. Physik TU Dresden, 1969 Dipl.-Phys., 1972 Prom. z. Dr. rer. nat., 1991 Prom. z. Dr. sc. nat. K.: 1961-69 Fachlehrer f. techn. Mechanik, später f. Math. im zivilen Anstellungsverhältnis b. d. Nationalen Volksarmee d. DDR, 1969-70 planmäßige Aspirantur an d. Sekt. Physik d. TU Dresden, 1970-75 Ass. Sekt. Physik TU Dresden, 1975-90 wiss. Mitarb. Zentralinst. f. Festkörperphysik u. Werkstofforsch. d. AdW d. DDR in Dresden, 1990 Abt.-Ltr. am Zentralinst. f. Festkörperphysik u. Werkstofforsch. Dresden, 1991-92 Grdg.-Dir. d. Inst. f. Festkörper- u. Werkstofforsch. Dresden e.V., seit 1992 C4-Prof. TU Dresden, 1992-97 Ltr. d. MPG-Arbeitsgruppe "Theorie komplexer u. korrelierter Elektronensysteme" TU Dresden, seit 1998 wiss. Dir. u. Sprecher d. Inst. f. Festkörper- u. Werkstofforsch. Dresden e.V. P.: Prom. "Berechnung d. Gitterdynamik v. Metallen aus ersten Prinzipien", 150 Publ. in Zeitschriften, Autor v. 2 Büchern "Optimized LCAO Method and the Electronic Structure of Extended Systems" (1989), "The Fundamentals of Density Functional Theory" (1996), Mitautor an Übersetzungen f. Dt. Lehrbücher Physik aus russ. u. engl. E.: 1983 Max-von-Laue-Med. d. AdW d. DDR. M.: 1970-90 Physikal. Ges. d. DDR, seit 1990 Dt. Physikal. Ges., 1987-89 Koordinierungsgruppe Hochtemperatur-Supraltg. b. Min. f. Wiss. u. Technik d. DDR, 1991-94 Sachv.-Kreis Supraltg. b. Bundesmin. f. Forsch. u. Technologie, 1992-95 wiss. BeiR. d. Inst. f. Festkörper- u. Werkstoffforsch. Dresden e.V., seit 1992 Board of Editors d. Zeitschrift Solid State Communications, 1992-98 wiss. BeiR. d. Hygienemuseums Dresden, seit 1996 FachbeiR. d. MPI f. Mikrostrukturphysik Halle, Vors. u. d. MPI f. Physik Komplexer Systeme, Dresden, seit 1999 wiss. BeiR. d. Inst. f. Festkörperforsch. d. Forsch.-Zentrums Jülich, stellv. Vors., Mtgl. v. Berufungskmsn. u. vielen Kmsn. d. MPG, seit 2000 Wiss. Mtgl. d. MPG u. o.Mtgl. d. SAW zu Leipzig. H.: kreative Tätigkeiten (Malen), klass. Musik, Garten.

Eschwey Gerhard Dipl.-Ing. *)

Eschwey Helmut Dr.

B.: Mtgl. d. Vorst. FN.: SMS AG Düsseldorf. DA.: 40237 Düsseldorf, Eduard-Schloemann-Str. 4. G.: Heidenheim, 25. Juli 1949. S.: 1969-73 Stud. TU Hannover u. Univ. Freiburg, 1973-75 Doktorarb., 1975 Prom. z. Dr. rer. nat. K.: 1975-80 Zentrale Forsch. u. Entwicklung Henkel KGaA Düsseldorf, 1980-83 Chefchemiker d. Veith Pirelli AG, 1984-92 Carl Freudenberg Weinheim, seit 1992 Gruppe Battenfeld, Gschf. d. Battenfeld Holding GmbH, ab 1993 Vors. d. Geschäftsführung, seit 1994 Mtgl. d. Vorst. d. SMS AG.

Freiherr v. Esebeck Peter *)

Eser Josef

B.: Gschf. Ges. FN.: Eser und conform GmbH & Co KG. DA.: 86199, Bürgermeister-Aurnhammer-Str. 27. PA.: 86150 Augsburg, Ulrichspl. 6. G.: Augsburg, 11. Sep. 1972. El.: Peter u. Herta, geb. Wagner. S.: Mittlere Reife, Ausbild. Kommunikationselektroniker. K.: tätig im Vertrieb bei versch. Vers.-Ges., 1994 Grdg. d. Firma conform Immobilien OHG, 1996 Gründung d. Firma Eser GmbH Bauträgerges. m. Schwerpunkt individueller Wohnbau u. Altbausanierung. E.: Arch.-Preis f. Gebäude in d. Altstadt in Augsburg.

Eser Willibald Georg *)

Esk Peter-Christian Dr. med. *)

Eska Dieter *)

Eslam Kamal Dr. med. *)

Esmann Günter *)

Espel Hans *)

Espenhain Klaus-Peter *)

Espenschied Claus

B.: RA, Notar. DA.: 68623 Lampertheim, Eugen-Schreiber-Str. 5. ra.espenschied@t-online.de. G.: Lampertheim, 27. Okt. 1956. V.: Beata, geb. Polchlepek. Ki.: Frederic-Carlos (1998). S.: 1976 Abitur, 1976-78 Zivildienst, 1979 Stud. Vw. Univ. Mannheim, 1980-85 Stud. Rechtswiss. Univ. Mannheim, 1985 1. Staatsexamen, 1985-88 Referendar OLG Frankfurt, 1987 Ausbild. in London, 1988 2. Staatsexamen. K.: 1988-94 ang. RA in Darmstadt, 1995 Kzl.-Eröff. in Lampertheim, RA, 2000 auch Notar. BL.: 1991 Sprachkurs f. Span. m. Zertifikat in Salamenca. M.: Dt. Anw.-Ver., Notarkam., Anw.-Kam. H.: Reisen (Südamerika).

Espig Gudrun

B.: Inhaberin. FN.: Reisebüro Gudrun Espig. DA.: 01169 Dresden, Uthmannstr. 31. G.: Dresden, 24. Nov. 1954. V.: Peter Espig. Ki.: Sascha (1980). El.: Günter u. Dorothea Steinbach. BV.: Familie nachweisbar b. 1523, Erwin v. Steinbach Erbauer d. Straßburger Münsters. S.: 1970-72 Lehre als Kauffau Dresden, 1990 Sprachkundigenprüf. Ital. m. Ausz. M.: 1972-74 Hotelfachfrau Hotel am Park Kühlungsborn, 1974-90 Reisebüro Dresden, 1979-84 Auslandsaufenthalt in Syrien, seit 1990 selbst. m. Reisebüro, staatl. gepr. Reiseführerin, selbst. Organisation u. Durchführung v. Tagungen, Kongressen u. Messen in Dresden, Aufenthaltsgestaltung privat-exclusiv u. individuell. BL.: 1. TUI-Agentur in Ostdeutschland nach d. Wende. M.: Lions Club, Skal Club. H.: Reisen, Malen.

Esposito Guiseppe *)

---

*) Biographie www.whoiswho-verlag.ch oder beigefügte CD-ROM

Eß Gunter

B.: Kfm., Inh. FN.: Bau + Ind. Vertretungen. DA.: 22850 Norderstedt, Forstweg 78. G.: Reinheim, 21. Mai 1942. V.: Siegrid, geb. Klarl (verst. 9. 11. 1990). El.: Konrad u. Martha. S.: 1958-61 kfm. Ausbild. Firma Groth & Co Pinneberg, 1963-68 Fernstud. Betriebswirt HFL. K.: 1961-3/69 Kfm. Ang. d. Firma Groth & Co. in Pinneberg, 4-12/1969 Gschf. einer Spezial-Tiefbau-Firma, seit 1969 selbst. - Immobilien- + Finanz-Maklerei im In- u. Ausland Bauträger, Baureifmachung v. Grundstücken, etc., Bau- u. Industrievertretungen, Vermittlung u. Abrechnung v. Einsätzen v. Baggern, Radladern, LKW's usw., Bau- u. Bauablaufplanung u. Baustellen-Organ. BL: 1960-88 Hochleistungssport: Schwimmen, Marathonlauf, Schilauf. H.: Literatur, Pflanzen, Musik, Reisen.

van Ess Josef Dr. Prof.
B.: o.Prof. em. PA.: 72072 Tübingen, Liegnitzer Str. 11. G.: Aachen, 18. Apr. 1934. V.: Dr. Marie-Luise, geb. Bremer. El.: Johann u. Hubertine. S.: Neusprachl. Gymn., Stud. Univ. Bonn u. Frankfurt. Prom. K.: Habil., 1967 Gastprof. Univ. of California Los Angeles u. 1967-68 American Univ. Beirut, ab 1968 Lehrstuhl f. Islamkunde u. Semitistik Univ. Tübingen, seit 1999 emer. P.: Die Erkenntnislehre des Adudaddin al-Igi (1966), Zwischen Hadit und Theologie (1975), Anfänge muslimischer Theologie (1974), Christentum und Weltreligionen (1984), Theologie und Gesellsch. im 2. u. 3. Jh. Hidschra (1991ff). E.: Ehrendoktorate: Paris Ecole Pratique des Hautes Etudes; Washington, Georgetown Univ., 1999 Kulturpreis d. Islamischen Republik Iran, Giorgio Levi Della Vida-Medaille (Los Angeles). M.: Heidelberger Ak. d. Wiss., Medieval Academy of America, Academia Europea, Academia de Buenas Letras Barcelona, Tunes. Ak. d. Wiss., Irak. Ak. d. Wiss.

Ess Thomas

B.: Psychiater, Inh. FN.: Praxisgemeinschaft Dr. Werner Schmidt-Bojahr. DA.: 27568 Bremerhaven, Hafenstr. 174. G.: Wiesbaden, 3. Juni 1946. V.: Rotraud. Ki.: Christian (1978), Anna (1981). El.: Cornelius Rufus u. Margrit Ess. S.: 1963 Mittlere Reife, 1966 Abitur, Stud. Biologie, Med. in Bonn u. Essen, 1974 Staatsexamen. K.: Med.-Ass., 1976 Approb., 1979 Ausbild. in Neuropath. und Rechtsmed., 1980/81 Bundeswehr, FA-Ausbild. Neurologie und Psychiatrie in Essen u. Waldbreitbach, 1985-87 stellv. ärztl. Ltr. d. Suchtklinik Daun, 1987-88 Funktions-OA LKH Schleswig, 1988 Einstieg in Praxis Dr. Engel in Bremerhaven, 1989 Übernahme d. Praxis, 1993 Grdg. d. Praxisgemeinschaft. BL: Methadonsubstitution, Gutachten f. Gerichte, Behandlung psychisch Kranker in sozialen, psychosozialen Konfliktsituationen, Teilnahme an verschiedenen Kongressen. M.: Nervenärzteverb., Weser Yachtclub, Marinejugend Bremerhaven.

Essberger Astrid H. *)

Essberger Ruprecht *)

Essel Aloysius Antonius *)

Esselsgroth Kai *)

van Essen Jörg
B.: Oberstaatsanw. a.D., MdB., Parl. Gschf. d. F.D.P. - Bundestagsfraktion. DA.: 11011 Berlin, Platz der Republik. G.: Burscheid, 29. Sept. 1947. S.: 1966 Abitur Siegen, Grundwehrdienst, 1993 Oberst d. Res., 1968-72 Jurastud., 1973 1. u. 1976 2. Jur. Staatsexamen. K.: 1977-84 Staatsanw. in Münster, Hagen u. Dortmund, 1978-84 Lehrauftrag "Strafrecht" FHS f. öff. Verw. NRW, 1985-89 Ltr. v. Referendar-Arge, 1985-90 Oberstaatsanw. b. d. Generalstaatsanw. Hamm, seit 1980 Mtgl. FDP, versch. Funktionen, seit 1990 MdB. (Re)

von Essen Wolf

B.: RA u. Notar, Inh. FN.: Sozietät von Essen & Geppert. DA.: 44787 Bochum, Südring 21. anwalt@vonessen-geppert.de. www.vonessen-geppert.de. G.: Hamm, 3. Sep. 1949. V.: Petra, geb. Wankelmuth. Ki.: Charlotte (1986). El.: Dr. Karl u. Gerda, geb. Stricker. S.: 1968 Abitur, 1968-73 Stud. Jura Münster, Lausanne u. Freiburg, 1973 1. Staatsexamen Münster, 1974-76 Referendariat LG Bochum, 2. Staatsexamen. K.: 1976-79 RA in Witten, seit 1980 ndlg. RA, 1987 Zulassung z. Notar, 2000 Grdg. d. Sozietät m. Ralf Geppert. M.: Studentenverbindung Corps Rheno-Guestphalia, Ges.-Ver. Harmonie in Bochum, Anw.-Ver. Bochum. H.: Tennis, Literatur, Theater, Architektur, bild. Kunst, Sammeln Dt. Armbanduhren.

Essenwanger Alfred

B.: Dipl.-Sportlehrer, Outdoortrainer, Inh. FN.: Bergwolf. DA.: 87435 Kempten, Königsberger Str. 22. G.: Sonthofen, 10. Jan. 1968. V.: Dipl.-Sportlehrerin Martina, geb. Zollitsch. Ki.: Valentina (1996), Silvio (1998). El.: Karl u. Babette. S.: 1988 Abitur, 1/2 Jahr USA-Aufenthalt, Bundeswehr, 1990 Stud. Leistungssport Klettern in München, 1996-98 Sport-HS Köln m. Abschlussdipl. K.: ang. bei Kneissel in Kufstein, Abt. Vertriebsltg., 1999 Wechsel zu Salewa als Vertriebsltr., seit 2000 selbst. m. "Bergwolf". BL: m. 14 J. Bayer. Vizemeister im Geräteturnen. M.: Dt. Skilehrerverb., Dt. Alpenver. H.: Bergsport, Lesen, Musik, Natur.

Esser Adolf H. Dr. iur.
B.: Rechtsanwalt. PA.: 94065 Waldkirchen, Oberer Dorn 7. G.: Köln, 28. Juni 1926. V.: Helga, geb. Zeller. El.: Josef u. Käthe, geb. Quetting. BV.: Thomas Esser - MdR u. Reichstags-VPräs. 1926-33. S.: 1944 Abitur in Brünn/CSFR, 1951 Prom. in Köln, 1953 Staatsexamen in Düsseldorf, Ki.: 1956-63 Justitiar Girmes-Werke AG Grefrath b. Krefeld,

*) Biographie www.whoiswho-verlag.ch oder beigefügte CD-ROM

1963-76 Vorst.Mtgl. u. Gschf. in d. versch. Ges. d. Gerling-Konzern Köln. E.: Ehrenpräs. d. Golf- u. Land-Club Bayerwald e.V. Waldkirchen. H.: Golf.

Eßer Andrea

B.: Dipl.-Grafik-Designerin (FH Niederrhein). FN.: Andrea Eßer Kommunikationsdesign. DA.: 40219 Düsseldorf, Bürgerstraße 18. mail@andrea-esser.de. G.: Duisburg, 5. März 1964. V.: Dirk Eßer. El.: Hans-Peter und Edith Reis. S.: 1983 Abitur Düsseldorf, 1983-84 Praktikum Werbeatelier Weißer Düsseldorf, 1984 Studium Visuelle Kommunikation FH Niederrhein, Krefeld, 1989 Dipl. Grafik-Des. K.: 1989 Werbeagentur HMK&M BDDP, Düsseldorf, ab 1995 freie Art-Direction, Büro in Design-Agentur, Düsseldorf-Hafen, 1997 Umzug in d. Bürgerstraße, Büro f. Kommunikationsdesign, gemeinsam m. Kreativpartnern aus Grafik u. Text; Leistungsangebot: Visuelle Konzeption, Gestaltung u. Realisation - von d. Detaillösung bis z. kommunikativen Gesamtauftritt, Betreuung nat. u. internat. Kunden in klass. Werbung, Verkaufsförderung, Editorial Design, Corporate Design, Markenentwicklung, Multimedia. M.: Allianz dt. Designer AGD e.V. H.: Reisen, Segeln.

Esser Dieter Friedrich Franz

B.: Ind.-Kfm., Inh. FN.: APP Agency for Promotional Products. DA.: 58642 Iserlohn, Bergstr. 14. dieter.esser.app @t-online.de. G.: Heidelberg, 1. Mai 1944. El.: Franz u. Mira, geb. Herterich. S.: 1963 Mittlere Reife, 1962-64 Ausbild. Ind.-Kfm., 1976 Wirtschaftsak. in München, Abschluß als Werbeltr. K.: 1964-65 Sachbearbeiter im Verkauf, 1965-70 im Außendienst b. d. Firma Polaroid, 1970-76 Außendienst Firma Minolta, 1976-78 Aufstieg z. Werbeltr., verantwortl. f. ganz Deutschland, 1978-80 verantwortl. f. Europa, 1980-89 Verkaufsltr. f. Norddeutschland b. Verlag Bertelsmann, 1989-94 Vertriebsltr. Werbemittelversand b. d. Firma Möbius, 1994-96 Vertriebsu. Marketingltr. in d. Werbemittelbranche f. Isolierprodukte aller Art in d. Firma Aladdin, 1996 Grdg. d. selbst. Vertriebsagentur f. d. Firma Aladdin f. d. dt.-sprachigen Raum, Beneluxländer u. Skandinavien, Ausdehnung d. Aktivitäten auf 10 Firmen, Produkte: Kalender, Kosmetika, Uhren u. Schokoladenmarzipan. H.: Meerwasseraquaristik.

Esser Elmar Dr. med. Dr. med. dent. Prof. *)

Esser Ferdinand
B.: Dir. FN.: Landschaftsverb. Rheinland. DA.: 50663 Köln, Kennedy Ufer 2. PA.: 83024 Rosenheim, Droste-Hülshoff-Str. 7B. G.: Jülich, 18. März 1936. V.: Ingrid, geb. Clemens. Ki.: Robert (1962), Brigitte (1966). El.: Wilhelm u. Elisabeth, geb. Hillebrand. S.: 1952 Mittlere Reife, 1952-54 Verw.-Lehre Jülich, 1955 Beamtenanw. Insp.-Anw. Düsseldorf, 1958 Insp. K.: 1958-59 RP Aachen, 1959-61 RP Aachen, 1961-77 NRW Innenmin., Sachbearb., Zivilschutz, Kampfmittelräumung, 1968-77 Kommunalfinanzen, zuletzt Hilfsreferent, 1977-80

NRW Finanzmin., Kommunalfin., Referatsltr., 1978 Reg.-Dir., 1980 MinR., 1980 LandesR. u. Kämmerer z. Landschaftsverb., Dezernat Finanzen u. Wirtschaft, 1985 zusätzl. Hochbau, 1985 l. LandesR., zusätzl. allg. Vertreter d. Landesdir., seit 1995 Landesdir., Ltg. Gem.-Verb., daneben VerwR.: Westdt. Landesbank u. Provinzial Düss, 1995-99 Vors. VerwR Provinzial. P.: Hrsg. Fachschrift über Schulbau (1976), Aufsätze in "Der Gemeinderat". M.: Heimat- u. Geschichtsver., AWO, 1984-89 Kreistagsmtgl. Erftkreis SPD. H.: Motorradfahren, Briefmarken u. Münzen sammeln, Geschichte d. Rheinlandes b. Neuzeit, Archäologie, Denkmalpflege, Reisen südl. Länder, ältere Kunst, Malerei u. Bildhauerei.

Esser Gerd *)

Eßer Gregor
B.: Gschf. FN.: Karstadt Spothäuser in Berlin, Wildau u. Frankfurt/Oder. DA.: 10623 Berlin, Joachimstaler Str. 5-6. G.: Erklenz, 21. Juni 1963. V.: Martina. El.: Hubert u. Gertrud. S.: 1979 Mittlere Reife, 1979-82 Ausbild. Einzelhdl.-Kfm. Firma Karstadt, 1982-84 Wehrdienst. K.: 1984-85 Fachverkäufer bei Karstadt Sportart. in Hückelhoven, 1986-88 Substitut in Düsseldorf u. Berlin, Abt.-Ltr., Filialbetreuer, AC u. Gschf., seit 1998 Gschf. d. 2 Karstadt Sporthäuser in Berlin, Gschf. f. Werbegemeinschaft "Neues Kranzler Eck" u. "A 10 Center Wildau. M.: Gschf. d. Werbegemeinschaft Quartier 205, stellv. Prüfer d. Prüf.-Kmsn. d. IHK. H.: Reisen.

Eßer Guido Dr. *)

Eßer Hans-Jürgen *)

Eßer Hans-Paul *)

Esser Hans-Peter Dipl.-Bw.
B.: Gschf. FN.: Red Cell Werbeagentur. DA.: 40213 Düsseldorf, Rathausufer 16-17. G.: Neuss, 29. März 1948. V.: Edith, geb. Völker. Ki.: Katrin, Eva, Jan, Nic. El.: Hans u. Constance, geb. Bongartz. S.: 1961-64 Lehre Ind.-Kfm. Firma Intern. Harvester Company Neuss, 1965-68 Stud. FHS f. Wirtschaft, 1968-70 Bundeswehr. K.: 1970-72 Ass. d. Geschäftsltg. d. DDB in Düsseldorf, 1973-78 Etat-Dir. u. Management-Supervisor d. Firma Troost Campell Ewald, seit 1979 Gschf. d. Firma CEO bei HSR & S Conquest u. ab 2000 Senior-Partner. P.: Veröff. in Fachzeitschriften. E.: Image-Preis in New York u. Tokio, vielfältige nationale u. internationale Auszeichnungen f. Creation u. Effizienz, wie z.B.: ADC, Clio, Comprix, Euro Effie, Gewinnende Werbung, GWA Effie, Pegasus Award. H.: Familie, Pferde, Bauernhof.

Esser Heinz
B.: Kfm. Dir. FN.: RTL Köln. DA.: 50858 Köln, Aachener Str. 1036. G.: 23. Dez .1945. Ki.: 3 Kinder. S.: Dipl.-Wirtschaftsing. TH Karlsruhe, 1972 Abschluß. K.: 1972-76 Kostening. b. Firma Sulzer Winterthur, 1976-91 div. kfm. Funktionen b. d. Bertelsmann AG Gütersloh: 1976-80 Ltr. Entwicklung Berichtswesen Stabsstelle Buchclub in Gütersloh, 1980-84 Ltr. Controlling u. Ltr. Betreuung Buchclub USA Chicago, 1985-91 Ltr. Controlling Stabsstelle d. Bereichs Elektron. Medien in Gütersloh, seit 1991 Kfm. Dir. RTL Köln.

Esser Herbert *)

Esser Josef Matthias Dr. *)

Esser Jürgen Dr. Prof. *)

Esser Karl Dr.
B.: o.Univ.-Prof. FN.: Ruhr-Univ. Bochum. karl.esser@ruhr-uni-bochum.de. G.: Sinthern, 19. März 1924. V.: Marianne, geb. Bielefeld. El.: Friedrich u. Anna. S.: Gymn., 1946-52

*) Biographie www.whoiswho-verlag.ch oder beigefügte CD-ROM

Stud. Biologie u. Biochemie Köln. K.: 1952 Dr. phil., 1952-53 Univ. Paris, 1953-58 Univ. Köln, 1958 Habil., 1959-60 Yale Univ., 1960-63 Priv.Doz. Univ.Köln, seit 1963 o.Prof. f. Allg. Botanik Ruhr-Univ. Bochum, 1967 Dir. d. Botanischen Gartens, 1969 Gastprof. Indiana Univ., 1965-67 u. 1978-79 Dekan d. Fak. f. Biologie. P.: 250 Publ. in Fachzeitschriften, Bücher: Genetik der Pilze (1965), Kryptogamen (1976, 3. Aufl. 2000), Plasmids of Eurkaryotes (1986), Kryptogamen II (1991). E.: 1980 ONR Award of the Society of Industrial Microbiology, 1980 Fellow of the American Assoc. for the Advancement of Science, 1982, 1990 u. 1997 Dr. h.c., 1985 Sandoz Preis f. Geronotological Research, 1985 Ehrenring d. Stadt Bochum, 1986 Ehrenmtgl. Polnische Botanische Ges., 1990 Fellow Society F. Microbiology, USA, 1996 Dt. Botanische Ges. M.: 1986 Membre d'Honeur de la Communautédex de l'Université de Tours, 1973-89 Chairman d. Dt. Nationalkomitees d. Intern. Union of Biological Sciences, 1976-79 Member of the Executive Committee of IUBS, 1987 Präs. of the XIVth Intern. Botanical Congress (Berlin).

Esser Karlheinz

B.: Apotheker f. Offizinpharmazie. FN.: Grüne Apotheke. DA.: 66115 Saarbrücken, Breite Str. 35. info@saarbruecken-gruene-apotheke.de. www.saarbruecken-gruene-apotheke.de. G.: Saarbrücken, 21. Jan. 1939. V.: Senta, geb. Gilke. Ki.: Dominique (1979). S.: 1959 Abitur Saarbrücken, 1960-62 Praktikum Apotheke, 1962-67 Stud. Pharmazie, 1967 Approb. als Apotheker. K.: 1967-69 Apotheker in d. Ind., 1969-95 selbst. m. Sonnenapotheke in Völklingen, seit 1995 selbst. m. Grüner Apotheke in Saarbrücken. M.: Dt. Pharmazeut. Ges., seit 1993 ehrenamtl. Hdls.-Richter am Hdls.-Gericht in Saarbrücken, seit 1982 Lions Club in Völklingen. H.: Tennis, Power walking.

Esser Karsten Oliver *)

Esser Klaus Dr.

B.: Vorst.Vors. FN.: Mannesmann AG. DA.: 40213 Düsseldorf, Mannesmannufer 2. www.mannesmann.com. G.: 1947. V.: verh. Ki.: zwei Kinder. S.: 1966-70 Jurastud. Tübingen, Genf u. München, 1971 1. u. 1974 2. Jur. Staatsprüf., 1975-76 Business Administration Stud. Massachusetts Inst. of Technology Sloan School of Management Cambridge/USA. K.: 1976 S.M. in Management MIT, 1976-77 RA in New York, 1978 Dr. iur. Univ. Regensburg, seit 1977 b. Mannesmann, 1983-90 Ltr. d. Hauptabt. Steuern, 1986-90 Gen.-Bev. d. Mannesmann AG, 1990-94 Mtgl. d. Vorst. Mannesmann Demag AG, seit 1994 Mtgl. d. Vorst. Ressort Finanzen Mannesmann AG, ab 05/99 Vorstandsvors.

Esser Manfred *)

Esser Margret

B.: Chordir. FDB. PA.: 41189 Mönchengladbach-Herrath, Buchholzer Weg 10. G.: Meerbusch-Lank, 15. Juni 1937. V.: Heinz Esser. Ki.: Carla (1970). El.: Josef u. Maria Hage-Hülsmann. S.: Frauenfachschule, 1952-54 Handelsschule d. IHK Krefeld, 1954-56 Lehre Firma Bayer-Chemie m. Abschluß Ind.-Kauffrau. K.: 1956-75 tätig im Rechnungswesen d. Firma Bayer-Chemie, glz. Musikunterricht, 1975/76 Abschluß Musikschullehrerin, 1976-97 tätig an d. städt. Musikschule in Mönchengladbach, 1980 Abschluß an d. Ak. Remscheid als Chorltr f. Ltg. u. Beratung v. Chören, seit 1993 Chordir. FDB; Funktionen: 1970-90 Chotltr. d. Kinderchores Frohschar Herrath, seit 1970 Jugendvertreter f. d. Grenzlandsängerkreis MG, 1973 Mitgründerin d. Sängerjugend NRW in Aachen u. Vorst.-Mtgl., 1987 Mitbegründerin d. Frauenchores Grenzland u. Chorltr., ab 1989 völkerverbindende Aktivitäten, ab 1991 Niederländ.-Dt. Konzert, 1991-99 Deutsch-Englische Chorkonzerte mit d. Rossendale Male Voice Choir Lancashire/England in Deutschland u.England, seit 1988 Betreuung d. Schloßkonzerte d. Heimat- u. Verkehrsvereins Wickrath, FC Grenzland 1987: seit 1995 Meisterchor d. Sängerbundes Nordrhein-Westfalen e.V., 1998 Gründerin, Vors. u. Chorleiterin d. Schloßchores Wickrath. P.: Mitautorin v. "Die Chöre d. Grenzland Sängerkreises e.V." E.: BVK am Bande. M.: Heimat- u. Verkehrsver. Wickrath. H.: Chor- u. Instrumental-Musik.

Esser Otto Dr.

B.: EDV-Berater. FN.: Dr. Otto Esser EDV-Beratung. DA.: 51145 Köln, Friedensstr. 110/3. G.: Köln, 8. Aug. 1953. V.: Wilhelm u. Katharina, geb. Lang. S.: 1972 Abitur, 1976-86 Stud. Afrikanistik, Islamwiss. u. Völkerkunde m. Abschluss Mag., 1991 Prom. K.: 1982-89 Erstellung v. Software f. Afrikaforsch., 1989-2000 Softwareentwicklung f. versch. Einsatzbereiche, seit 2001 selbst. Berater im Bereich Software/Internet. H.: Motorradfahren.

Esser Peter *)

Esser Rainer *)

Esser Rudolf

B.: Gschf. Ges. FN.: Esser GmbH. DA.: 27751 Delmenhorst, Reinersweg 36. G.: Sagehorn, 12. Jan. 1944. V.: Anneliese, geb. Nollmann. Ki.: Petra (1966), Jens (1971). El.: Wilhelm u. Erna, geb. Cordes. S.: 1959-62 Ausbild. Glaser Bremen, 1969 Meisterprüf. K.: b. 1969 Ang. im elterlichen Glaserbetrieb, seit 1970 selbst.m. Grdg. d. Firma Esser & Herlett Holz- u. Bautenschutz in Bremen, seit 1973 Alleininh. des Betriebes, seit 1989 Gschf. Ges. der Esser GmbH Fachbetrieb nach WHG m. Schwerpunkt Säureschutz, Oberflächentechnik, Terazzo-Beläge. BL.: Patent f. verfärbungsfreie Fliesenfugen Esco 1K u. 2K-Fuge, Patente f. Rüttelbeläge aus keram. Fliesen u. reflektierende Terazzobeläge aus Edelsteinen u. Muranoglas. M.: Säurefliesner-Verb. H.: Kochen, Angeln, Drachensport.

Eßer Walter *)

Esser Wolfgang Dipl.-Ing.

B.: Architekt. FN.: Arch.-Büro Esser. DA.: 45134 Essen, Heisinger Str. 73. G.: Essen, 5. Dez. 1928. V.: Erika, geb. Menkhoff. Ki.: Jörg, Friedrich, Peter. El.: Friedrich u. Marie, geb. Kraus. S.: 1948 Abitur, 1948-49 Maurerlehre m. Gesellenprüf., 1949. Stud. staatl. Ing.-Schule f. Bauwesen, 1953 Exa-

*) Biographie www.whoiswho-verlag.ch oder beigefügte CD-ROM

men. K.: 1953-67 ang. in versch. Arch.-Büros in Aachen, Bochum, Mühlheim Essen, seit 1967 selbst. als Architekt. P.: Versuch einer Bestandsaufnahme (1968), Theorie u. Praxis in d. Stadtentwicklungsplanung (1974), Eröff. einer Fotoausstellung "Le Corbusier-La Chapelle de Ronchamp" (1988), Konkurrenzsituation in Europa (1992), Kulturelle Bildung und Arch. (1993). E.: 1996 BVK am Bande. M.: AKNW Arb.-Ausschuß Planen u. Bauen, Vertreter d. Vertreterversamm., VFA-Päsidiumsmtgl., Sprecher d. Sekt. Baukultur im Dt. Kulturrat e.V. H.: Segelsport-Steuermannspatent f. große Fahrt u. Hochseeschiffer, Musik, Theater.

Esser-Holdefer Adolf Dipl.-Ing. *)

Essers Karl-Heinz *)

Essers Peter *)

Essers Ulf Dr.-Ing. habil. Prof.
B.: Dir. d. Forsch.Inst. f. Kraftfahrwesen u. Fahrzeugmotoren Stuttgart (FKFS) i. R., em. Ordinarius f. Verbrennungsmotoren u. Kraftfahrwesen d. Univ. Stuttgart, Gschf. Dir. d. Inst. f. Verbrennungsmotoren u. Kraftfahrwesen d. Univ. Stuttgart i. R. PA.: 70619 Stuttgart, Brestlingweg 29. G.: Berlin, 4. März 1930. V.: Antje, geb. Möller. Ki.: Erik, Dagmar, Gudrun. El.: Prof. Dr.-Ing. Ernst u. Dr.-Ing. Ilse, geb. Kober. BV.: Vater Prof. Dr.-Ing. Ernst Essers Ordinarius TH Aachen u. Dir. d. Inst. f. Kraftfahrwesen u. Kolbenmaschinen, Großvater Dipl.-Ing. Theodor Kober 1. Konstrukteur b. Graf Zeppelin, Urgroßvater Eberhard Bölz Präs. d. Post u. Telegrafen im Königreich Württemberg. S.: Abitur., Stud. Maschinenbau TH Aachen, 1956 Dipl., 1965 Prom. K.: 1956-69 wiss. Mitarb., wiss. Ass. TH Aachen, 1969 Habil., 1973-77 Abt.Ltr., Hpt. Abt.Ltr., Prok. Klöckner-Humboldt-Deutz AG Köln, 1971 Berufung z. o.Prof., Dir. u. Gschf. Dir., 1976-78, 1987-88 Dekan d. Fak. Energietechnik Univ. Stuttgart, 1988 Fachgutachter Dt. Forsch.Gemeinschaft (DFG). BL.: 3 Patente: Verbrennungsmotor, Fahrzeug- u. Motorenmeßtechnik, Projektierung/Aufbau d. Gebäudes u. d. Prüfstandsausrüstung sowie d. Kfz-Windkanals d. Inst. f. Verbrennungsmotoren u. Kraftfahrwesen Univ. Stuttgart, Mitwirkung am UNI-CAR (Auto 2000): Aerodynamik, Motor, Geräuschbekämpfung. P.: Mitautor Buch "Neuen Kraftstoffen auf d. Spur", zahlr. Beiträge in Fachzeitschriften. E.: Verdienstkreuz am Bande d. Verdienstordens d. Bundesrep. Deutschland. M.: Rotary International, Verein Dt. Ingenieure, Forsch. Ges. f. d. Straßen- u. Verkehrswesen.

Essers Ursula Dr. med. Prof. *)

Eßig Klaus Oberreg.-Rat
B.: Werkzeugmacher. FN.: Bad. Staatstheater Karlsruhe/Intern. Händel Ak. e.V. DA.: 76137 Karlsruhe, Baumeisterstr. 11. Klaus.Essig@BStaatstheater.de. G.: Luckenwalde, 15. Okt. 1943. V.: Irmgard, geb. Honold. Ki.: Harald (1973), Gunter (1977). El.: Hans u. Irmgard, geb. Zuch. S.: 1961 Mittlere Reife, 1961-64 Lehre Werkzeugmacher, 1964 Wehrdienst. K.: 1965-69 Werklehrer im Berufsförderungswerk Maximiliansau, 1969-70 Lehrmeister in d. Firma Singer in

Karlsruhe, 1970-71 Einsatz-Ltr. d. Arb.-Samariterbundes, 1971-72 Ausbild. in d. allg. Finanzverw. d. Landes Baden-Württemberg, 1975-78 Aufstiegslehrgang in d. gehobenen Dienst, 1978-80 Reg.-Insp. im Staatl. Liegenschaftsamt, 1980 Kassenltr. d. Hauptkasse im Bad. Staatstheater, seit 1981 Ltr. Haushaltsabt. im Bad. Staatstheater, 1994 Ausbild. u. Prüf. z. Laufbahn in d. höheren Dienst, seit 1986 Ltr. d. Haushalts- u. Organ.-Fragen d. Händel-Akademie u. seit 1999 Gschf. M.: Bmtn.-Bund, Händel-Ges. Karlsruhe, Dt. Händel-Solisten, Vors. Bad. Tischtennisverb. Kr. Karlsruhe. H.: Theater, Tischtennis, Wandern, Wohnwagen.

Essig Ursula Dr. med. dent.
B.: Zahnärztin. DA.: 76133 Karlsruhe, Siegfriedstr. 2. G.: Speyer, 10. Feb. 1967. El.: Dr. Manfred u. Martha Essig, geb. Schlindwein. S.: Stud. Zahnmed. Univ. Mainz, 1987 Naturwiss. Vorprüf., 1989 Zahnärztl. Vorprüf., 1993 Zahnärztl. Prüf. u. Approb., 1993 Prom. K.: seit 1993 Vorbereitungsass. in Landau, 1995-97 Ass.-Zeit b. Oral-Chir. in Karlsruhe, seit 1997 selbst. durch Übernahme d. Praxis in Karlsruhe. H.: Skifahren, Singen (Chor).

Eßkuchen Achim

B.: Physiotherapeut, Inhaber, Gschf. FN.: Eßkuchen Gesundheitszentrum. DA.: 90491 Nürnberg, Am Goldhammer 4/Ecke Thumenberger Weg 12. G.: Rothselberg, 23. Juni 1961. Ki.: Lisa und Sarah (1985), Melanie (1997). El.: Karl u. Irma, geb. Schmidt. BV.: Alfons Eßkuchen Ortsbgm. in Rothselberg. S.: b. 1981 Ausbild. z. Maschinenbauer in Kaiserslautern, 1985 Maschinenbaumeister an d. IHK in Karlsruhe, 1996-98 Zusatzausbild. als Manualtherapeut u. med. Trainingstherapie MTT sowie Zulassung z. erweiterten ambulanten Physiotherapie u. Sportphysiotherapeut. K.: 1981-84 Maschinenbauer, 1985-91 Maschinenbaumeister in Kaiserslautern, 1992-94 Umschulung z. Physiotherapeuten in Grünstadt an d. Fachschule f. Krankengymnastik in Grünstadt, 1995 Praktika im Therapiezentrum Olaf Meine in Hannover, 1996-97 im ambulanten Rehatherapiezentrum Klages in Nürnberg, 1997-99 ltd. Physiotherapeut im Zentrum f. Physiotherapie an d. EURO-MED-CLINIC in Fürth, seit 1999 selbst., Übernahme m. eigener Physiotherapie in Nürnberg/Langwasser Frankenzentrum, parallel 2000 selbst. m. eine Gesundheitszentrum in Nürnberg/Erlenstegen. E.: GAB (Gesundheitsak. Berlin), Zertifikat, Präventiver Gesundheitssport. H.: Laufen, Golf, Kino, Theater, Tanzen.

Essler Dieter
B.: Dir. FN.: Wiedemann, priv. Klinik u. Gesundheitszentrum. DA.: 82541 Ambach am Starnberger See 11. PA.: 82327 Tutzing, Waldschmidtstr. 21. G.: Grätz/Sudetenland, 15. Nov. 1940. V.: Helga, geb. Spamer. Ki.: Kerstin (1968), Sven (1971). El.: Edmund u. Hildegard. S.: Staatl. Mittelschule Buchloe, 1957 Hotelfachlehre im Palasthotel "Drei Mohren"

*) Biographie www.whoiswho-verlag.ch oder beigefügte CD-ROM

Augsburg, Hotelfachschule Bad Reichenhall, 1959 Abschluß. K.: 1959 "Palace Hotel" m. Krönungsfeierlichkeiten König Baudouin u. Königin Fabiola Brüssel, 1960-63 in Sport- u. Kurhotels in d. franz., ital. u. dt. Schweiz, u.a. in La Chauxde Fonds, Thuner See, Lugano, Arosa, Lenzerheide, Bad Ragaz, 1965 Steward u. Obersteward-Schreiber, Fahrten m. Combi-Schiffen d. Norddt. Lloyd n. Ostasien, Südamerika, Nordamerika, 1966 Miteröff. d. 1. Berliner intern. Großhotels "Schweizer Hof", Oberkellner im Restaurant u. Grillroom, 1968 Bankett-Oberkellner im Hotel "Bayer. Hof" München, 1969 Dir.-Ass. u. Eröff. d. Großhotels SI-Stuttgart, 1970 Ass.-Manager in d. Schnitzenbaumer-Hotelbetriebges. - "Holiday Inn" München, 1971 Absolvent der "Holiday Inn Univ." in Memphis/ Tennessee als bester Europäer mit dem Certifikat - Innkeeper, außerd. E.: "Honorary Brewmaster" of Anheuser-Busch Inc. u. "Award of Merit" Taylor Wine Company Inc. America, 1972 Gen.-Manager m. Pre-Opening u. Eröff. Europas höchstem Turmhotel "Holiday Inn" Augsburg mit Gastronomie d. Kongresshalle, 1974 Gen.-Manager im "Holiday Inn" München (mit Haifisch-Nightclub), 1976 Verw.-Dir. d. Privatklinik Feldafing am Starnberger See, seit 1980 Dir. d. Wiedemann priv. Klinik u. Gesundheitszentrum m. weiteren Gesundheitszentren in Meersburg u. Gran Canaria. M.: Hotel- u. Gaststättenverb., Golfclub Tutzing, Tennisclub Feldafing. H.: Segeln.

Essler Wilhelm K. Dr. phil. *)

Eßling Dieter *)

Eßlinger Doris *)

Eßlinger Erich

B.: Schuldekan. FN.: Evangelisches Dekanat. GT.: 1980-86 ehrenamtl. tätig in d. ev. Erwachsenenbildung, 1984-86 aktiv in d. Gefängnisseelsorge, seit 1991 Hilfskonvois nach Moskau u. Simferopol. DA.: 69120 Heidelberg, Lutherstr. 65. G.: Hubertusburg, 17. Feb. 1941. V.: Iris, geb. Sohns. Ki.: Dipl.-Psych. Katja (1968), Dipl.-Bw. Frank Martin (1972). El.: Adolf und Anna, geb. Schröder. S.: 1962 Abitur in Alfed a.d. Leine, 1962-67 Studium Ev. Theologie an d. Univ. Heidelberg u. Tübingen, 1967 1. Theologisches Examen u. prakt. Ausbildung. K.: 1968-70 Vikar an d. Ordination d. Christuskirche in Heidelberg, 1970 Ernennung z. Pfarrer, 1970-72 Schulpfarrer am Lise-Meitner-Gymnasium, 1972-86 Schulpfarrer an d. Elisabeth von Thadden-Schule, seit 1986 ev. Schuldekan am kath. St. Raffael-Gymnasium, u. Realschule, parallel Gemeindearbeit in versch. Heidelberger Gemeinden. BL.: Engagement in Ökumene u. humanitäre Hilfe f. Osteuropa, insbesonders d. Aktion "Hoffnung f.d. Krim", Gottesdienste gegen Gewalt. P.: seit 1986 regelmässige Rundfunkandachten im SDR u. SWR2, Herausgeber u. Co-Autor "Geöffneter Himmel - Gedanken, Grüße u. Geschichten zu Weihnachten" (1999), Mitautor v. Schulmaterialien f. ganz Deutschland u.a. "Gottes verborgene Gegenwart" u. "Auf der Suche nach dem wahren Menschsein". M.: ehemaliges Vorst.-Mtgl. im Freundeskreis Simferopol. H.: Beruf, Lesen, früher Fussball.

Eßlinger Hans Michael Dr.-Ing. *)

Eßlinger Heinrich Dipl.-Ing.
B.: Gschf. Ges. FN.: Addit GmbH. DA.: 50968 Köln, Hebbelstr. 65. heinrich.esslinger@addit-online.de. www.addit-online.de. G.: Oberhausen, 9. Juni 1954. V.: Bärbel. Ki.: 1 Kind.

El.: Dr. Heinz u. Ute, geb. Müll. S.: 1973 Abitur Moers, 1973-74 Bundeswehr - Offz. d. Res., 1974-76 Stud. Arch. TU Braunschweig, 1976-77 Stud. ETH Zürich, 1977-80 Stud. RWTH Aachen, 1980-81 Scool Architecture and Urban Plannin UCLA Los Angeles. K.: 1979 Praktikum am SKC Inc. in Tokyo, 1980 Planer bei Walter v. Lom Architekt in Köln, 1981 tätig in d. Urban Innovations Group Architects in Los Angeles, 1981-83 Mitarbeiter in d. Hentrich Petschnigg u. Partner KG in Düsseldorf, 1983-84 freier Mitarbeiter f. Dansard Kalenborn u. Partner in Düsseldorf, bei H. Schneider in Trier u. Deilmann in Düsseldorf, 1984-86 tätig in d. Architekten-Beratungs- u. Automatisation-Systementwicklungs GmbH in Hannover, 1986-91 Projektleiter in d. Firma Nixdorf Computer AG in Köln, 1991-92 federführend in d. techn. Datenverarbeitung. Projektentwicklung in d. Firma Isenbeck AG in Hamburg, 1992-99 tätig in d. Industrieverwaltungs AG in Bonn u. b. 1994 stellv. Ltr. d. Ndlg. in Berlin, 1994-99 zahlr. Projektentwicklungen f. d. Industrieverwaltungs AG, 1999 Gründung. d. Firma Addit GmbH u. seither Gschf. Ges. m. Schwerpunkt strateg. Immobilienmanagement f. vermögende Private u. Institutionelle, Portfolio Consulting, Investment Management u. Asset Management. M.: Architektenkammer Nord-Rhein-Westfalen, Nacore Deutschland, Ruderverein b. 1877 e.V. in Köln. H.: Rudern.

Esslinger Maria Dr.-Ing. Prof.
B.: freie Wissenschaftlerin i. R. PA.: 38108 Braunschweig, Bussardweg 2. maria-elisabeth.esslinger@gmx.de. G.: Nürnberg, 4. März 1913. El.: Dr. Ludwig u. Else. S.: Realgymn., Stud. an d. TH Danzig u. Berlin, abschluß Dipl. f. Flugzeugbau. K.: 1937-61 Ind.Tätigkeit, 1961-63 freie Forsch., 1963-78 Dt. Forsch. u.Versuchsanst. f. Luft u. Raumfahrt, 1978 freie Forsch., 1985 Ruhestand. P.: Die Stahlfahrbahn, Berechnung und Konstruktion, Statische Berechnung von Kesselböden, Postbuckling Behavior of Structures, zahlr. Zeitschriftenveröff. über Spannungs- u. Stabilitätsrechnung. M.: wiss. Mtgl. d. DLR, Mtgl. d. Braunschweig. Wiss. Ges. H.: Lesen, Wandern.

Esslinger Paul *)

Esslinger Thomas *)

Eßlinger Wolfgang Eugen *)

Esterhazy Paul Dr.
B.: Generalintendant. FN.: Theater Aachen. DA.: 52064 Aachen, Hubertusstr. 2-8. www.theater-aachen.de. G.: Wien, 26. Apr. 1955. S.: Jurastud. Univ. Wien, 1979 Prom. z. Dr. iur., Stud. Theaterwiss. Univ. Wien, Absolvent d. Inst. f. kulturelles Management HS f. Musik u. Darstell. Kunst Wien. K.: 1975-82 Dramaturg, zuletzt Ass. Artistic Dir. b. AIMS American Inst. of Musical Studies Graz, 1979-84 Operndramaturg d. Bühnen d. Stadt Bielefeld, 1984-89 ltd. Opern- u. Konzertdramaturg d. Städt. Bühnen Freiburg, 1989-91 Chefdramaturg f. Schauspiel u. Oper am Staatstheater Darmstadt, 1993-96 Chefdramaturg d. Oper d. Bundesstadt Bonn, künstler. Ltr. d. Reihe "bonn chance! Experimentelles Musiktheater", seit 1999 Generalintendant d. Theater Aachen, Ausz. a. d. Inszenierungen: Jean-Philippe Rameau: Hippolyt and Aricie (1996) Staatstheater Darmstadt, Henry Purcell: Dido u. Aeneas/Pascal Dusapin (1999) Oper Bonn, Opernhaus, Wolfgang Amadeus Mozart: Die Hochzeit d. Figaro (2000) Theater Aachen, Großes Haus, Jacques Offenbach/Etienne N. Méhul: Die beiden Blinden. Zwei Kurzopern (2000), Theater Aachen, Kamerspiele, Antonio Sacchini: Ödipus auf Kolonos (2001) Theater Aachen, Großes Haus; zahlr. Opernübersetzungen u.-neubearb.

Esterl Martin
B.: 1. Bgm. FN.: Gemeinde Glonn. DA.: 85625 Glonn, Marktpl. 1. martin.esterl@glonn.de. www.martin-esterl.de. G.: Reisenthal/Gde. Glonn, 5. Feb. 1948. V.: Hildegard. Ki.: Benja-

*) Biographie www.whoiswho-verlag.ch oder beigefügte CD-ROM

Esterl

min (1980), David (1983). El.: Sebastian u. Anastasia. S.: Abitur, Stud. Pädagogik f. Hauptschule u. Förderschule. K.: 1973-96 tätig als Lehrer in d. Hauptschule in Pilsting, Grafing, Assling u. Zinneberg, seit 1996 1. Bgm. d. Gemeinde Glonn. P.: zahlr. Veröff. u.a.: "Der Hitlerputsch in München", "Geschichte u. Geschichten von Glonn", "Glonn u. Umgebung in Vergangenheit u. Gegenwart 1909 - 1939 - 1991". M.: seit 1983 SPD, Mtgl. d. Marktgemeinderates (1976-89), Vors. d. ASV Glonn (1976-82) u. 1. Vors. d. ASV Glonn (1990-96). H.: Natur, Musik, Lesen.

Estermann Christa *)

Estermann Hans Dr. *)

Estermann Helmut *)

Estler Claus-Jürgen Dr. med. Prof. *)

von Estorff Bettina
B.: RA in eigener Kzl. DA.: 28755 Bremen, Löhstr. 5. G.: Bremen, 11. Jan. 1965. V.: Georg von Estorff. Ki.: Philip (1997), Charlotte (2000). S.: 1984 Abitur, 1984-87 Ausbildung Steuerfachgehilfin Bremen, 1987 Stud. Rechtswiss. Univ. Osnabrück u. Leiden/NL, 1994 1. Staatsexamen, Referendariat OLG Hamm, 1997 2. Staatsexamen u. Zulassung z. RA. K.: seit 1999 selbständiger RA m. Tätigkeitsschwerpunkt Familien-, Erb-, Arbeits-, u. Verkehrsunfallrecht; Funktion: Beratungsstellenleiterin d. Lohnsteuerhilfevereins Bayern e.V. M.: Business and Professional Women Club Nord e.V. H.: Tennis, Sport.

Von Estorff Klaus Ludolf Eckhard Randolf *)

Ete Etem Dr. med. *)

Etehad Masoud *)

Etgeton Stefan Dr.
B.: Bundesgschf. FN.: Dt. Aids-Hilfe e.V. DA.: 10967 Berlin, Dieffenbachstr. 33. G.: Bielefeld, 20. März 1963. El.: Erich u. Marie, geb. Knefel. S.: 1982 Abitur Bethel, 1982-89 Stud. Theol. Bethel u. Hamburg m. Dipl.-Abschluß, 1990-95 Stud. Phil. u. Kulturwiss. Humboldt-Univ. Berlin, Prom. K.: seit 1995 tätig in d. Dt. Aids-HIlfe e.V. u. seit 1996 Bundesgschf., seit 2001 wiss. Mitarbeiter an d. Hochschule Magdeburg-Standal (FH) im Bereich Gesundheitsförderung. P.: zahlr. Beiträge zu. Thema Sexualität, Aids u. Kultur u.a. "Der Text d. Inkarnation". M.: seit 2000 Vorstand im Verein: Präventions-Team Berlin e.V. H.: Musik, Querflöte, Chorgesang.

Etienne Andreas Alexander
B.: Kabarettist, Theaterln. FN.: Haus d. Springmaus. DA.: 53121 Bonn, Frong. 8. G.: Wiesbaden, 8. März 1955. S.: 1974 Abitur Bad Kreuznach, 1974-76 Zeitsoldat Ausbilder Flugabwehr, 1976-85 Stud. Germanistik, Geschichte, Kunstgeschichte, Arch. Univ. Bon, ab 1982 Theater Central in Bonn, 1985 1. Staatsexamen. K.: 1983 über Improvisationsworkshop m. William Mockridge Grdg. d. 1. Springmaus-Ensembles, seit 1985 Leitung u. Gschf. d. neueröff. eigenen Spielstätte "Haus d. Springmaus", seit 1997 Etablierung Kabarett-Zeltfestival im Roncalli-Spiegelzelt zusammen m. Bundeskunsthalle, seit 1997 Gdg. "Endenicher Herbst", Begegnung klass. Musik u. Kabarett z. Identitätsfindung m. Bonn-Endenicher. F.: Intendant u. Gschf. P.: über Ensemble mehrfach Zeitungsberichte. M.: Fördermtgl. Landschaftsverb. Rheinland u. Greenpeace. H.: Denkmalpflege, Städtebau, Reisen in alte europ. Städte, klass. Musik, Klavierspielen, Schwimmen, Bergwandern, Sammeln v. Weihnachtskrippen, Weihnachten 1997 Ausstellung in Krippana in Losheim, Kochen.

Etringer Alois Dr. rer. nat Dipl.-Chemier
B.: Ltr. d. techn. Betriebsdirektion. FN.: Univ. d. Saarlandes. DA.: 66123 Saarbrücken, Im St.-Johanner Stadtwald. PA.: 54441 Ockfen, Herrenbergstr. 5. a.etringer@ univw. unisaarland.de. G.: Saarburg, 18. Nov. 1961. V.: Monika, geb. Scheuer. Ki.: Alexander (2000). El.: Johann u. Theresia, geb. Oetringer. S.: 1981 Abitur Trier, Bundeswehr, 1982-88 Studium Chemie Univ. Saarbrücken mit Dipl.-Abschluß, 1994 Diss. K.: 1988-99 Sicherheitsfachkraft am Amt f. Arbeits- u. Umweltschutz d. Univ. Saarbrücken u. b. 2000 Amtsleiter, seit 2000 Ltr. d. techn. Betriebsdirektion d. Univ. d. Saarlandes in Saarbrücken; Funktionen: Doz als chem.-techn. u. umwelttechn. Berater am Umweltschutzzentrum in Trier. F.: Mitgründung d. Firma CBA-Chem. Produktberatung u. Analyse GmbH in Kirkel. P.: Diss.: "Versuche z. Synthese v. Sacculatal u. Derivaten". M.: Ges. Dt. Chemiker. H.: Familie, Fußball, Skifahren.

Ette Ottmar Reinhard Dr. Prof.
B.: C4-Prof. f. Romanische Literaturwiss. FN.: Universität Potsdam. DA.: 14476 Golm, Karl-Liebknecht-Str. 24 - 25, Haus 14. ette@rz.uni-potsdam.de. G.: Zell, 14. Dez. 1956. V.: Doris, geb. Reichel. Ki.: Judith (1989), Emanuel (1994). El.: Reinhard u. Ilse, geb. Maier. BV.: Chronik zurückreichend b. ins 13. Jhdt. S.: 1975 Abitur, 1975-83 Stud. d. Romanistik u. Geographie in Breisgau u. Madrid, 1983-86 Prom.-Stipendiat d. Studienstiftung d. Dt. Volkes an Univ. Freiburg, 1990 Prom., 1995 Habil. K.: 1977-78 Fremdsprachenassistent in Frankreich, 1987-95 wiss. Mitarbeiter u. Ass. am Lehrstuhl f. Romanische Literaturwiss. II d. Kath. Univ. in Eichstätt, 1991-92 zusätzl. Lehrauftrag an d. Univ. Bayreuth, seit 1995 Univ.-Prof. an d. Univ. Potsdam, 1996-98 Gschf. Dir. d. Inst. f. Romanistik in Potsdam. BL.: betreibt bevorzugt transdisziplinäre Forschung u. versteht sich als Inter-Kultureller Vermittler jenseits national-philologischer Grenzen, Intensive Beschäftigung m. d. Wirken v. Alexander v. Humboldt. P.: zahlr. Veröff. z. Intertextualität, Mythenrezeption, Reiseliteratur, zu französischen u. lateinamerikanischen Literaturen in deutschen u. ausländischen Fachzeitschriften, Bücher u.a.: "Roland Barthes. Eine intellektuelle Biographie" (1998), "Literatur in Bewegung. Raum u. Dynamik grenzüberschreitenden Schreibens in Europa u. Amerika" (2001), "Literatura de viaje: de Humboldt a Baudrillard" (2001), "Alexander von Humboldt - Aufbruch in d. Moderne" (2001), "Kuba heute. Politik, Wirtschaft, Kultur" (2001); Begründer u. Mitherausgeber d. elektronischen Zeitschrift HiN - Alexander von Humboldt im Netz, sowie Mitherausgeber d. Zeitschrift Iberoamericana. E.: Heinz-Maier-Leibnitz-Preis (1987), Nachwuchs-Wissenschaftler-Preis f. Romanistische Literaturwiss. (1991), Forschungspreis f. Romanistische Literaturwiss. (2001). M.: in zahlr. wiss. Gremien involviert u.a. Mtgl. d. Expertenkommission d. Ibero-Amerikanischen Inst., Preußischer Kulturbesitz Berlin. H.: Reisen.

Etteltt Bernhard Dipl.-Ing. Prof. *)

Etter Gerald F. *)

Etter Max *)

Ettinger-Brinckmann Barbara Dipl.-Ing. *)

Ettischer Manfred *)

Ettlich Wolfgang
B.: Filmemacher u. Filmproduzent, selbständig. FN.: MGS - Filmproduktionsgesellschaft; Kleinkunsttheater Heppel & Ettlich. DA.: 80797 München, Georgenstr. 121. info@wolfgang-ettlich.de. www.ettlich-film.de. G.: Berlin, 26. Mai 1947. El.: Robert u. Irmgard. S.: 1972 Abitur in München, 1972-78 Stud. Politik, Kommunikationswiss. u. Geschichte, 1978 Abschluss Mag. an d. LMU München. K.: 1978 Eröff. d. Kleinkunsttheaters Heppel & Ettlich in München, 1980 Grdg. d. MGS - Filmproduktionsgesellschaft in München u. Führung derselben b. dato als Inhaber. BL.: bester Dt. Dokumentarfilmemacher. P.: zahlr. Filme, u.a.: "Ausgerechnet Bananen" (1991), "Schöner als Fliegen" (1992), "Irgendwie Power machen" (1994), "Hiroshima" (1995), "Gestern ist Heute" (1996), "Die 68er Story" (1998), "Die Filmemacherin" (1998), "Wir machen weiter" (1999), "Das Deutsche Wohnzimmer" (1999). E.: Auszeichnung m. d. Dt. Grimmepreis f. "Gestern ist Heute". H.: Dampfbad, Sauna, Fussball, Gutes Essen, Saxophonmusik, Reisen.

Ettner-Bachmann Inge *)

Ettrich Berthold Günther
B.: Dipl.-Historiker, Museologe, Dir. FN.: Fürst Pückler Museum - Park u. Schloß Branitz. DA.: 03042 Cottbus, Kastanienallee 11. PA.: 03048 Cottbus, Hagenwerder Str. 3. G.: Leipzig, 27. Juni 1956. V.: Sabine, geb. Wolff. Ki.: Saskia (1981), Tina (1985). S.: 1973 Mittlere Reife, 1973-76 Berufsausbild. z. Maschinen- u. Anlagenmonteur, 1976-79 Wehrdienst, 1979-82 Stud. Museologie in Leipzig. K.: seit 1982 Museologe in Cottbus, 1989 nach Stud. d. Geschichte an d. Humboldt-Univ. Berlin: Dipl.-Historiker, jetzt Referent f. Denkmalpflege u. Museen b. d. Cottbuser Bez.-Verw., seit 1991 Dir. d. Niederlausitzer Landesmuseums Cottbus u. Ltr. d. Fachbereiches Park u. Schloß Branitz, seit 1995 Dir. d. Fürst Pückler Museum-Park u. Schloß Branitz. P.: Buch "Branitz-Park u. Schloß". M.: Dt. Museumsbund, Brandenburg. Museumsverb. H.: Kultur- u. Kunstgeschichte d. 19. Jhdt.

Ettrich Frank Dr. Prof. *)

Ettwig Hermann Dipl.-Ing. *)

Etzbach Ernst Dr. iur. *)

Etzbach Volker Dipl.-Ing. *)

Etzel Franz Dr. med. *)

Etzmus Thomas *)

Etzmuß Dieter
B.: Kfm., selbständig. FN.: Etzmuß Fleischhandel u. Agentur GmbH. DA.: 30989 Gehrden, Am Sonnenhang 30. G.: Goldau/Westpreußen, Kreis Rosenberg-heutiges Polen, 14. Apr. 1940. V.: Hannelore, geb. Papendieck. Ki.: Olaf, Leif. El.: Paul u. Gerda. S.: 1956-59 Ausbildung z. Kfm. im elterl. Betrieb, 1959 Abschluss m. Auszeichnung. K.: Bau u. Vermietung eines 6-Familienhauses gemeinsam m. d. Mutter, 1963 Eröff. d. 1. Supermarktes in Gehrden, 1980 Einstieg in d. Fleischbranche u. Grdg. einer Fleisch-Agentur GmbH (Fleisch-Börse/Vermittlung) deutschlandweit, u.a. als Referenz nur Großabnehmer. P.: ständig Veröff. in d. Presse über d. Ratsarbeit. M.: Sport-Verein Gehrden, Fraktions-Vors. d. CDU in Gehrden, Freiwillige Feuerwehr Gehrden. H.: Tennis, Radfahren, Spazierengehen.

Etzold Matthias
B.: Theatermaler, Maler. DA.: 10115 Berlin, Bergstr. 23. matthias_etzold@web.de. G.: Leipzig, 5. Nov. 1952. V.: Psychologische Psychotherapeutin Astrid Dannehl. Ki.: Judith (1978), Sophie (1981), Clara (1996). S.: 1971 Abitur Greifswald, Wehrdienst, 5 Semester Stud. Kunsterziehung u. Germanistik an d. Univ. Greifswald, 1977-80 Stud. Theatermalerei an Fachschule Kunst-HS Dresden, Abschluss: Dipl.-Theatermaler. K.: seit 1976 an d. Staatsoper Berlin, d. Dt. Theater u. d. Berliner Ensemble, seit 1979/80 Teilnahme an Ausstellungen, 1980-90 tätig f. d. Produktionen am Dt. Theater u. am Berliner Ensemble, 1987 in Paris "Jeunesse Peinture" als einziger Teilnehmer aus d. DDR, auch in Besancon u. i. d. Schweiz, 1989 in d. Wende aktiv b. Neuen Forum, Mtgl. d. "Initiativgruppe 4.11.", Organisation d. offiziellen Transparente b. d. Demonstration am 4. Nov. 1989 auf d. Alexanderplatz Berlin, Plakate heute im Dt. Historischen Museum, seit 1990 an d. Staatsoper Unter den Linden, seit 1993 Mtgl. d. Paritätischen Prüfungskommission in d. Theatermalerausbildung, 1996-2001 1/2 Stelle d. Doz. an d. FH Dresden HfBK-FH. BL.: Zusammenführung d. ostdeutschen u. d. westdeutschen Modells d. Ausbildung in d. Theatermalerei. H.: Astronomie, Geographie, Naturwissenschaften, eigenes Haus in Schweden.

Eulen Werner Michael *)

Eulenberger Klaus Dr. med. vet. habil. Prof. *)

Eulenberger Klaus Dr.-Ing. *)

Euler Armin *)

Euler Barbara Dr. med. vet. *)

Euler Bernd

B.: Steuerberater, selbständig. DA.: 30175 Hannover, Königstr. 50A. stb.b.euler@t-online.de. www.stb.b.euler.de. G.: Hannover, 29. Juli 1960. V.: Monika, geb. Tuppi. Ki.: Timm (1989), Niclas (1997). S.: b. 1980 Ausbildung z. Steuerfachangestellten m. Abschluss, Bundeswehr. K.: Steuerberater in d. Kzl. Markus in Hannover, 1993 Wechsel in d. Kzl. Kasper u. f. Roltax GmbH tätig, 1990-91 Steuerberaterprüfung, parallel Niederlassungsleiter in d. neuen Bundesländern, 1991 Gschf. d. Roltex GmbH Hannover, 1993 Beginn in d. Sozietät, 1994 selbständig m. eigener Kzl., Tätigkeitsschwerpunkt: Ambulante Krankenpflege, Tankstellenbranche, Gesellschaftsrecht, Umwandlungsrecht, Unternehmensberatung, Steuer-Strafrecht, 1994 Ausbau v. Kooperationen m. Wirtschaftsprüfern (Thomas Brecht), Rechtsanwälten, spez. Steuerberatern (Dr. Frank Reinhardt u. Martina Knoblich), Notaren (Max Damerow), Doz. u. Lehraufträge f. d. IHK Hannover, Ausbilderprüfung f. d. Steuerberaterkammer. P.: Veröff. in eigenen Fachmagazinen. H.: Reiten seit d. 9. Lebensjahr erfolgreicher Turnierteilnehmer), heute Westernreiten, alte u. schnelle Autos (eigene Oldtimersammlung).

Euler Hans-Helmut Dr. med. *)

Euler Heinrich Dr. Prof. *)

Euler Ingo *)

Euler Manfred
B.: Geschäftsleiter. FN.: Marktkauf Handelsgesellschaft mbH & Co OHG Suhl. DA.: 98527 Suhl-Mäbendorf, Hauptstr. 9. euler.manfred@marktkauf.de. G.: Bonn, 26. Mai 1951. V.:

*) Biographie www.whoiswho-verlag.ch oder beigefügte CD-ROM

Fatma, geb. Kaplan. Ki.: Jasmin (1976), Jan 1987). S.: 1969 Mittlere Reife, 1969-71 Handelshochschule, 1971-76 Lehre u. Ausbildung b. Deutschen Supermarkt u. Grundwehrdienst. K.: 1977-80 Filialleiter b. Plus in Köln, 1980-83 Betriebsleiter Firma Fegro in Mannheim, 1983-85 Betriebsleiter Food in Karlsruhe, 1986-89 Marktleiter Food u. Marktmanager Toom in Gummersbach, 1989-93 SB-Warenhausleiter b. Spar in Köln-Niehl, seit 1993 b. Marktkauf in versch. Häusern in Thüringen, seit 1994 Geschäftsleiter Marktkauf Suhl, 1995 Eröff. Tankstelle u. Waschstraße, 1995 Eröff. Baumarkt u. Gartencenter. M.: Gschf. Fussballverein SV Mäbendorf, Sponsor d. Volleyball-Damenmannschaft Suhl. H.: Lesen, Fussball (Sohn ist aktiver Fussballer).

Euler Michael *)

Euler Walter *)

Euler Wolfgang
B.: RA, Wirtschaftsprüfer u. Steuerberater. DA.: 37079 Göttingen, Wilhelm-Berg-Str. 2. PA.: 37120 Bovenden-Lenglern, Graseweg 11. G.: Witzenhausen, 21. Juli 1948. V.: Gabriele, geb. Wegner. El.: Hermann u. Ursula. BV.: Leonhard Euler dt. Math., Urgroßonkel August Euler dt. Flugpionier. S.: 1966 Abitur Hann.-Münden, 1971 Stud. Rechtswiss. Heidelberg, Marburg u. Kiel, 1974 Rechtsreferendar in Kassel u. 2. Jur. Staatsexamen, 1978 Steuerberaterexamen, 1982 Wirtschaftsprüferexamen in Hamburg. K.: 1973-87 Wirtschaftsprüfer u. Steuerberater b. Dr. Lothar Schmidt in Göttingen, seit 1987 selbst. M.: Corps Suevia Heidelberg, Prüf.-Aussch. f. Wirtschaftsprüfer in Hamburg. H.: Jagd, Jazzmusik - aktive Betätigung als Amateur.

Euler-Schmidt Michael Dr. phil. M.A. *)

Eulert Jochen Dr. med. Prof. *)

Eulig Gottfried Dr. med. dent. *)

Eulig Werner *)

Eulig Werner jun. Dipl.-Ing. *)

Eupen Marcel J.

B.: RA, Notar. DA.: 10825 Berlin, Wartburgstr. 19. G.: Köln, 5. März 1961. El.: Joachim u. Marlene. S.: 1979 Abitur Berlin-Spandau, 1980-85 Stud. Rechtswiss. FU Berlin, 1. Staatsexamen, 1985-88 Referendariat in Berlin, 2. Staatsexamen. K.: seit 1988 selbst. m. eigener Kzl. in Berlin, Vertrauensanw. einer Rechtsschutzvers., seit 1994 2. Kzl. in überörtl. Sozietät in Nauen, s. 1996 Notar, Schwerpunkt: Zivilrecht, Mietrecht, Wohneigentumsrecht, Baurecht, Verkehrsunfallrecht, Familien- u. Erbrecht; 1998 Mitbegründer u. Vors. d. Mittelstands- u. Wirtschaftsver. d. CDU d. Stadtverb. Falkensee, 1. Vors. d. SV "Blau-Gelb" Falkensee. M.: CDU, Kath. Kirche. H.: aktiver Fußballer, Politik.

Eurich Egbert Dipl.-Ing. *)

Euringer Rolf Johann Lorenz Dipl.-Vw. *)

Eurskens Regina *)

von Euw Anton Dr. phil. Prof. *)

Evangelidis Sokrates *)

Evans Simon

B.: Pädagoge, Inh. FN.: Royal School of Languages. DA.: 23552 Lübeck, Große Altefähre 21. G.: London, 10. Juni 1959. V.: Vanessa, geb. Glover. Ki.: Sean (1998). El.: David u. Marie Elisabeth, geb. Gibs. BV.: Evans - alte militär. Bauern 1698; Opernsäger Edagar Evans. S.: 1976 H.U. Custum - Zolloffz. a. excise, 1992 Fernstud. Engl. Univ. Lübeck. K.: ab 1994 päd. Ltr. einer Sprachenschule in Lübeck, 1996 Grdg. d. Royal School of Languages m. Sprachkursen f. Kinder, Schüler, Gruppen, Einzelunterricht u. Firmensprachkursen. E.: Sieger d. Schach-Landesmeisterschaft d. D-Klasse.

Even Bert Dr. iur. *)

Evens Gorden *)

Everett Thomas *)

Everling Thomas
B.: Installateur- u. Heizungsbaumeister, Elektromeister, Unternehmer. FN.: Everling Haustechnik. DA.: 38268 Lengede, Broistedter Str. 16. everling.haustechnik@t-online.de. www.everling-haustechnik.de. G.: Lengede, 2. Apr. 1970. V.: Anja, geb. Ahrenhold. S.: b. Jannik Marcel (1993), Lukas Timon (1996), Nele Sophie (2001). El.: Friedrich Wilhelm u. Erika, geb. Strecke. S.: b. 1990 Lehre z. Elektroinstallateur im elterl. Betrieb, b. 1992 Lehre z. Gas- u. Wasserinstallateur im elterl. Betrieb. K.: weiterhin Tätigkeit im elterl. Betrieb, 192-94 Meisterschule Elektro in Abendschule, seit 1994 Elektromeister, 1996-98 Meisterschule Heizung u. Sanitär in Abendschule, seit 1998 Installateur- u. Heizungsbaumeister, 1999 Übernahme des elterl. Betriebes. M.: Elektroinnung Peine, SHK-Innung Peine, SV Lengede, HGV Lengede. H.: Beruf, Modelleisenbahn, Familie.

Everling Ulrich Dr.
B.: Prof., Jurist. PA.: 53343 Wachtberg-Pech. G.: Berlin, 2. Juni 1925. V.: Lore. El.: Prof. Dr. Emil u. Thekla. S.: 1953 Bundesmin. f. Wirtsch. Bonn, 1970-80 Ministerialdir. u. Ltr. d. Abt. Europapolitik, 1975 Honorarprof. f. Europarecht a. d. Univ. Münster, seit 1981 am Inst. f. Völkerrecht d. Univ. Bonn, 1980-88 Richter am Gerichtshof der EG Luxemburg. P.: zahlr. europarechtl. Veröff., "Das europ. Gemeinsch.recht i. Spannungsfeld v. Politik u. Wirtsch." (1985), "Das Vorabentscheidungsverfahren v. d. Gerichtshof. d. EG" (1986), "Bücherpreisbindung im deutschen Sprachraum u. Europäischen Gemeinschaftsrecht" (1997), "Unterwegs zur Europäischen Union". M.: Auswärt. Mtgl. d. niederländ. Akad. d. Wiss.

Everling Wolfgang Dr. rer. pol. *)

*) Biographie www.whoiswho-verlag.ch oder beigefügte CD-ROM

Evers Clemens Wilhelm Eduard Maria

B.: Kfm., Gschf. Ges. FN.: Clemens Evers GmbH. DA.: 38100 Braunschweig, Ruhfäutchenpl. 2. G.: Braunschweig, 7. Jan. 1944. V.: Corinna, geb. Carld. El.: Rupert u. Klara. S.: Höhere Handelsschule, Ausbild. z. Werbekfm. in väterl. Firma Döpper Nfg. K.: 1964 Ausbild. abgebrochen wegen schwerer Krankheit des Vaters u. elterl. Geschäft weitergeführt, 1965 Umzug d. Firma v. Kohlmarkt z. Sack 24 u. Umbenennung in "Deko Döpper Inh. Evers", 1976 Umzug z. Ruhfäutchenplatz, 1977 Übernahme d. Firma Theile in Braunschweig. BL.: Sponsor d. "Laienburg" in Salzgitter-Gebhardshagen. P.: kl. Art. in Fach- u. Verb.-Zeitungen. H.: Beruf, Motorradfahren, Ausdauersportarten z.b. Rennradfahren, Schwimmen, Laufen.

Evers Ernst *)

Evers Fritz Helmut Dr. *)

Evers Georg *)

Evers Hans Otto Dr. rer. pol. Dipl.-Kfm. *)

Evers Hans-Dieter Dr. phil.
B.: Prof. f. Entwicklungsplanung. FN.: Fak. Soziol. d. Univ. Bielefeld. DA.: 33615 Bielefeld. PA.: 33619 Bielefeld, Am Rehhagen 18. G.: Dröbischau, 19. Dez. 1935. V.: Prof. Dr. Solvay Gerke-Evers. Ki.: May, Dirk, Lea. El.: Prof. Dr. Wilhelm u. Elisabeth. S.: Abitur, Stud. Univ. Hamburg u. Freiburg. K.: 1967-71 Prof. f. Soz. Yale Univ. USA, 1971-74 Univ. of Singapore. P.: Kulturwandel in Ceylon (1964), Monks, Priests and Peasants (1969), Modernization in Southeast Asia (1973), Sociology of Southeast Asia (1980), Strategische Gruppen (1988) The Moral Economy of Trade (1994).

Evers Hans-Joachim *)

Evers Hans-Joachim *)

Evers Isabelle

B.: Hautärztin in eigener Praxis. FN.: Isabelle Evers Hautärztin, Venerologie, Lasertherapie, Ambulante Operationen. DA.: 23909 Ratzeburg, Am Wall 5. www.evers-haut.de. G.: Breslau, 1. Juli 1952. V.: Henning Evers. Ki.: Jakob. S.: 1971 Abitur Breslau, 1971-77 Stud. Med. Breslau, 1977-78 Prakt. Jahr in Breslau, 1984 FA f. Haut, 1984-86 Deutsch an d. Univ. Kiel gelernt, 1988 Wiederholung d. FA-Prüfung in Hannover, 1978-84 Ass.-Ärztin im KH Breslau, 1986-87 Gastärztin Hautklinik Kiel, 1987-90 Hautärztin in Einbek, 1994 Umzug nach Deutschland, 1991-98 ndlg. in Wipperfürth, seit 2000 in Ratzeburg, Schwerpunkte: Ambulante Operationen, Ästhetische u. Kosmetische Dermatologie u. Lasertherapie. M.: Dt. Dermatologen Verband, Dt. Ges. f. Kosmetische Med. H.: Lesen, Reisen, Segeln, Tanzen.

Evers Jörg *)

Evers Meinolf

B.: Gschf. FN.: E & M Hausbau-Partner GmbH. DA.: 33106 Paderborn, Im Tigge 1 b. e-mhausbaupartnergmbh@t-online.de. G.: Eslohe, 11. Aug. 1965. V.: Mareike, geb. Hensbach. Ki.: Magdalena (1996), Bernadette (1999). El.: Paul u. Brigitte. S.: 1982-86 Lehre Stahlformer Firma Honsel AG. K.: 1987-90 tätig im Qualitätsmanagement d. Firma Honsel, 1989-91 tätig im Qualitätsmanagement d. Firma MTU in Karlsfeld, 1990-91 glz. Allfinanzberater, 1991 selbst., 1992-97 tätig im Vertrieb d. Firma Unser Haus GmbH in Leiberg, 1997 Grdg. d. Firma E & M Hausbau-Partner GmbH spez. als Bauträger u. Generalübernehmer. P.: Schulungen im Bereich Finanz u. Vertrieb. M.: priv. u. öff. Ver. H.: Wandern, Schlagermusik.

Evers Stefanie *)

Evers Ulrika Dr. *)

Evers Wilfried *)

Eversberg Dirk Dipl.-Ing. *)

Eversberg Ralf Dipl.-Ing. *)

Eversheim Walter Dr.-Ing. Prof. *)

Evert Heinz *)

Everts Erich Dipl.-Ing. Prof.
B.: Prof. f. Baubetrieb u. Projektmanagement. FN.: FH Oldenburg. DA.: 26121 Oldenburg, Ofener Str. 16. G.: Leezdorf, 3. Mai 1958. V.: Sylke, geb. Hartelt. Ki.: Sarah, Ina. El.: Jann u. Theodora. S.: 1974-76 Lehre Bauzeichner Norden, 1979-86 Stud. z. Bauing. Wuppertal, 1986 Staatsexamen. K.: 1986-87 Bauing. f. Produktentwicklung u. techn. Grundsatzfragen in d. Hoesch AG in Dortmund, 1987-90 Projektltr. im Bereich Grund- u. Wasserbau b. d. Firma Gebr. Neumann in Norden, 1990-91 Referendar m. Abschluß Bauassessor, 1991-94 Abt.-Ltr. f. Neubau u. Nautik in d. Wasser- u. Schiffahrtsverw. d. Bundes, seit 1995 Prof. an d. Oldenburger FH f. d. Bereich Projektmanagement u. Baumanagement; bundesweiter Gutachter u. Sachv. m. Schwerpunkt Ablaufplanung u. -steuerung, Bauvertragswesen, Kalkulation. H.: Literatur, Zeitgeschichte, Radsport.

Ewald Eckhard
B.: Ndlg.-Ltr. FN.: Friedrich Scharr OHG. DA.: 80717 München, Riesenfeldstr. 85. PA.: 83224 Grassau, Rudersbergstr. 5. G.: Stettin, 6. Mai 1939. V.: Marianne, geb. Neuhaus (Personalltr. Etienne Aigner AG, München). Ki.: Marco (1976). El.: Willi u. Else, geb. Foy. S.: Ind.-Kfm. in Frankfurt/Main. K.: 1963-74 Verkaufsltr. Firma MAN Frankfurt, 1974-86 Ndlg.-Ltr. d. Haase Tank KG, seit 1986 Ndlg.-Ltr. d. Friedrich Scharr OHG. H.: Politik, Zeitgeschichte, Kochen.

---

*) Biographie www.whoiswho-verlag.ch oder beigefügte CD-ROM

Ewald Günter Dr. Prof.
B.: em. o.Prof. FN.: Ruhr-Univ. Bochum. PA.: 44801 Bochum, Aeskulapweg 7. G.: Steinheim, 1. Apr. 1929. V.: Hanna, geb. Class. Ki.: Daniel, Sarah, Anna, Esther-Sophie, David. El.: Leopold u. Katharina. S.: 1948 Abitur, 1953 1. Staatsexamen, 1954 Prom., 1956 2. Staatsexamen. K.: 1956-57 DFG Stipendiat, 1957-58 Ass. Prof. Michigan State Univ., 1958-59 Ass. Univ. Mainz, 1959-60 Math. Forsch.Inst. Oberwolfach, 1960 Habil., 1960-62 Ass. Prof. u. Southern Cal., 1962-64 OAss., Doz. Mainz, seit 1964 o.Prof. Univ. Bochum. P.: ca. 40 Originalarb., "Combinatorial Convexity and Algeb. Geometry" (1996), "Die Physik und das Jenseits" (1998), "Ich war tot ! Ein Naturwissenschaftler untersucht Nahtod - Erfahrungen" (1999), "Gibt es ein Jenseits?" (2000), "An der Schwelle zum Jenseits. Die natürliche und die spirituelle Dimension der Nahtoderfahrungen" (2001). E.: Rektor Univ. Bochum 1973-75, Präsidium Dt. Ev. Kirchentag 1974-89. M.: Dt. Math.Ver. e.V. H.: Segeln, Gartenbau.

Ewald Gustav
B.: Antiquitätenhändler. FN.: Gustav Ewald Antiquitäten. DA.: 97070 Würzburg, Bronnbacherg. 33. G.: Würzburg, 10. Aug. 1936. Ki.: Monika (1962). El.: Josef u. Betty. K.: s. 1950 tätig im väterl. Antiquitätenhdl., zuerst im Verkauf, ab 1958 Teilhaber, seit 1980 Übernahme d. Antiquitätengeschäftes Ewald. P.: Loselbattsammlung "Würzburger Münzen" (902-1803). M.: CVJM, Bayer. Numismat. Ges. H.: Volleyball.

Ewald Hans Dr. med. *)

Ewald Hein-Detlef *)

Ewald Jochen
B.: Groß- u. Einzelhandelskaufmann, Gschf. FN.: McData Franchise GmbH. DA.: 51149 Köln, August-Horch-Str. 4. G.: Köln, 10. Nov. 1966. V.: Gudrun, geb. Benfert. Ki.: Lena, Mischa. S.: 1983 Mittlere Reife, 1983-86 Ausbildung z. Groß- u. Einzelhandelskaufmann. K.: 1986-95 Vertriebstätigkeit, 1995 Grdg.-Ges. u. Gschf. McDaata GmbH.

Ewald Robinson

B.: Gschf. Ges. FN.: Media Records GmbH. DA.: 65549 Limburg, Walddorffer Hof/Fahrg. 5. robin.ewald@mediarec.de. www.mediarec.de. G.: Bielefeld, 29. Juni 1973. V.: Lebenspartnerin: Meike Warstat. BV.: Schlesische Adelsfamilie v. Halama zu Jewic. S.: 1993 International St. Clares Baccalaureat in Oxford, 1993-94 Bundeswehr, 1994-96 Lehre Bankkaufmann in Commerzbank Essen mit Abschluss. K.: 1996-99 Tätigkeit b. Zyx-Musik Bereich Promotion, Marketing, Arts and Repertoire (A&R), 1999 Grdg. v. Media Records zusammen m. Mauro Picotto, Gianfranco Bortolotti, Diege Leoni in Limburg, seither Marketing v. Künstlern wie Prezioso, Gigi D'Agostino, Mauro Picotto, Mario Piu. BL.: German Dance Award "Independant Lable d. Jahres" (1999), Gigi D'Agostino zweitbestverkaufender Künstler (2000), Platin f. La Passion, Album Gigi D'Agostino, Gold f. Mauro Picotto, Kommodo. M.: Golfclub Braunfels, Greenpeace. H.: Musik, Golf, Reiten.

Ewen Carl
B.: Rektor a.D. PA.: 26694 Emden, PF 1461. G.: Leer/Ostfriesland, 23. Febr. 1931. V.: Franziska, geb. Neuenstein. Ki.: 4 Kinder. S.: Abitur, Stud. PH Göttingen. K.: 1953-59 Lehrer in Wirdum Kreis Norden, 1959-66 Schulltr. in Visquard Kreis Norden, 1966-72 Rektor d. VS m. Förderstufe in Jennelt, seit 1953 Mtgl. GEW, Vors. d. West-Ost-Ges. Region Ems-Jade, seit 1988 Präs. d. Ostfries. Landschaft, 1959 Eintritt in d. SPD, 1965-79 Vors. Unterbez. Norden, 1979-87 d. Unterbez. Aurich, 1970-87 Mtgl. Bez.-Vorst. Weser-Ems, 1961-72 Bgm. d. Gem. Visquard, 1961-87 Kreistagsmtgl., 1964-72 Landrat Kreis Norden, 1972-94 MdB, 1980-87 Parlamentar. Gschf. d. SPD-Bundestagsfraktion. E.: Gr. VK. M.: 1992-2001 VPRäs. d. Niedersächs. Heimatbundes.

Ewen Manfred Franz Josef
B.: Einzelhdls.-Kfm., Inh. FN.: Sport Ewen. DA.: 66663 Merzig, Schankstr. 35. PA.: 66663 Merzig, Stefansbergstr. 66. G.: Hilbringen, 28. Juli 1937. V.: Renate, geb. Jedem. Ki.: Marion (1960). El.: Josef u. Hedwig. S.: 1951-54 Schneiderlehre, 1956-57 priv. Handelsschule München. K.: seit 1957 Tätigkeit im elterl. Betrieb, 1976 Übernahme d. Betriebes. BL.: einer d. ersten Dt. Barfuß-Wasserskiläufer, in d. Nationalmannschaft. M.: Mitgschf. d. Wassersportclub Palzem e.V., Skiclub Merzig, Tennisclub, Kanuclub. H.: Wasserskifahren, Alpinski, Langlauf, Tennis, Joggen, Schwimmen, Segeln, Surfen, Golfen.

Ewerbeck Volker Dr. med. Prof.

B.: FA f. Chirurgie u. Orthopädie, Dir. Abt. Orthopädie I. FN.: Stiftung Orthopädische Universitätsklinik. DA.: 69118 Heidelberg, Schlierbacher Landstr. 200a. volker.ewerbeck@ok.uni-heidelberg.de. G.: Köln, 1. Mai 1950. El.: Prof. Dr. med. Hans u. Karen, geb. Bleickem. BV.: Vater Prof. Dr. med. Hans Ewerbeck war Präs. d. dt. Ges. f. Pädiatrie u. Ltr. d. Kinderklinik Köln. S.: 1968 Abitur, 1968-75 Stud. Med. an d. FU Berlin, Univ. Innsbruck u. Wien, 1975 Staatsexamen FU Berlin, seit 1982 FA f. Chirurgie, 1984 Prom., seit 1988 FA f. Orthopädie, 1993 Habil. u. Venia legendi f. d. Fach Orthopädie. K.: 1976-81Assistenzarzt in d. Chirurgie im Akademische Lehrkrankenhaus Berlin-Neukölln, 1981-82 Ass.-Arzt Abt. Geburtsmedizin am Städt. KH Neukölln in Berlin, 1982-83 Ass.-Arzt am Christophorus Kinderkrankenhaus in Berlin-Lichtenrade, 1983-84 Ass.-Arzt in d. Kinderchirurgie am Chirurgischen Zentrum d. Univ. Heidelberg, 1984-87 Ass.-Arzt in d. Stiftung Orthopädischen Univ.-Klinik in Heidelberg, 1987 OA u. Ltr. d. Sektion Orthopädischen Onkologie u. Septischen Orthopädischen Chirurgie, 1995-96 Ordinarius f. Orthopädie am Univ.-KH Eppendorf/Hamburg, seit 1996 C4-Professor f. Orthopädie an d. Univ. Heidelberg, 1996-2000 Dir. d. Abt. Orthopädie I d. Stiftung Orthopädischen Univ.-Klinik Heidelberg, klinischer Schwerpunkt Orthopädische Onkologie, seit 2000 Vorst.-Vors. d. Orthopädischen Universitätsklinik. BL.: Berufspolitisches Engagement f. d. Zusammenführung v. Unfallchirurgie u. Orthopädie. P.: Mitherausgeber u. Schriftleitung "Originalia", "Der Orthopäde", "Aktuelle Traumatologie", Beirat "Der Chirurg", "Der Unfallchirurg", "Trauma und Berufskrankheit", sowie zahlr. wiss. Veröff. E.: Ehrenmitglied d. Ungarischen Ges. f. Orthopädie. M.: u.a. im Präsidium u. Fachbeirat DGÜ, Vizepräs. DGOOC, EMSOS, AAOS, Arge Endoprothetik (AE), Präs. Vereinigung süddeutscher Orthopäden. H.: Musik, Natur, Mountainbike, Bergwandern.

---

*) Biographie www.whoiswho-verlag.ch oder beigefügte CD-ROM

Ewers Hans-Jürgen Dr. Prof.
B.: Präs. FN.: TU Berlin. DA.: 10623 Berlin, Straße des 17. Juni 135. G.: 1942. Ki.: 2 Söhne. S.: Stud. Wirtschaftswiss. Univ. Münster. K.: 1980-90 Prof. f. VWL an d. TU Berlin, 5 J. Dir. d. Inst. f. Verkehrswiss. an d. Univ. Münster, 1995 Lehrstuhl f. VWL an d. TU Berlin. H.: Golf. (Re)

Ewers Klaus Wilhelm Christian *)
Ewers Margarethe

B.: Gschf. FN.: Bvpta. GT.: 1995 Grdg. d. Weiterbild.-Inst., Mitarb. als stellv. Vors. DA.: 66111 Saarbrücken, Bismarkstr. 24. bvpta@t-online.de. G.: Bottrop, 2. Nov. 1949. V.: Volker Hildisch. Ki.: Anna (1983). El.: Margaretha, geb. Venferloh. S.: 1966 Mittlere Reife am Seminar f. Frauenbild., 1966-68 Ausbildung z. Apothekenhelferin in Bottrop, 1968-69 PTA-Ausbild., 1970-71 Ausbild. z. Kosmetikerin. K.: 1972-77 Apothekenhelferin in einer orthopäd. Fachklinik, 1977-79 Abschluß PTA-Ausbild., 1979- PTA in d. Postapotheke in Hannover, Frauen- u. Umweltpolitik im LGA im Kreisvorst. Hannover-Land, 1986 Umzug nach Saarbrücken, 1987-90 PTA in Saarbrücken, 1990 Eintritt in d. Interessenverb. d. PTA, 1991 in d. Vorst. gewählt, 1992 Geschäftsführung übernommen. M.: Engagement b. d. Grünen. H.: Kunst, russ. Malerei Gärtnern, Literatur.

Ewers-Grabow Ulrike *)

Ewert Christoph Dr. med.

B.: Internist, Kardiologe, selbständig. DA.: 13585 Berlin, Neuendorfer Str. 70. cewert@t-online.de. www.kardiologie-spandau.de. G.: Wiesbaden, 30. Aug. 1959. S.: 1978 Abitur Wiesbaden, 1978-84 Stud. Humanmedizin Univ. Mainz, 1984 Staatsexamen u. Approbation, 1991 Prom. K.: 1985 4 Monate Klinik Wetterau d. BfA in Bad Nauheim, 1985-86 1 J. Univ.-Klinik Mainz, Abt. Anästhesie u. Intensivmed. b. Prof. Wolfgang Dick, 1986-94 Univ.-Klinikum Rudolph Virchow in Berlin, Abt. f. Kardiologie u. Intensivmed. b. Prof. Hans Hochrein, ab 1993 OA, 1994 Umbenennung Charité/Campus Virchow Abt. f. Innere Med./Nephrologie/Intensivmed., zuletzt OA b. Prof. U. Frei, 1994-95 1/2 J. f. „Ärzte ohne Grenzen" in einem Flüchtlingslager in Ruanda, seit 1995 Tätigkeit in Kardiologischer Praxisgemeinschaft, seit 1998 dort Ndlg., nicht-invasive u. invasive Kardiologie, im ambulanten u. z.T. im stationären Bereich, Schwerpunkt Herzkatheterdiagnostik u. -therapie. P.: Veröff. über Diss. in Fachzeitschriften. M.: Ärzte ohne Grenzen, Dt. Ges. f. Kardiologie, Berufsverband d. Internisten. H.: Golf, Tennis, Skifahren.

Ewert Detlef-Heino Dipl.-Ing. *)
Ewert Heinrich Dr. iur. *)
Ewert Jörg *)
Ewert Manfred *)

Ewert Manfred
B.: ndlg. RA. DA.: 04318 Leipzig, Resedaweg 7. G.: Lötzen, 10. Juli 1937. V.: Veterinärrat Dr. med. vet. habil. Gudrun Börnert. Ki.: 2 Kinder. S.: 1952-54 Ausbildung z. Landwirt Wieschendorf b. Grevesmühlen, 1954-57 Stud. d. Landwirtschaft Fachschule Cottbus, 1957-62 Fernstud. Landwirtschaft Bernburg, Dipl.-Landwirt, 1972-78 Fernstud. Rechtswiss. Humboldt-Univ., Dipl.-Jurist. K.: 1957-59 Doz. an d. Fachschule Cottbus, 1959-61 Oberagronom MTS Puchow, 1961-62 Sekretär d. Dt. Agrarwiss. Ges. Bezirk Neubrandenburg, 1962-69 Produktionsleiter LPG Grabowhöfe, 1966-70 Vors. LPG Waren/Müritz, 1970-77 Ökonom LPG Brunn b. Neubrandenburg, 1978-82 wiss. Mitarbeiter d. AGRA Markkleeberg, 1982-88 Fachdir. Wiss. u. Technik, 1989-90 Abt.-Ltr. Wiss. u. Technik im Kombinat Landtechnische Instandsetzung Leipzig, 1990-91 Abteilungsleiter Recht Treuhandanstalt Aussenstelle Leipzig, ndlg. RA Tätigkeitsschwerpunktef. Zivilrecht, Bau-, Miet- u. Pachtrecht. M.: DAV, VDL, Selbsthilfe d. Rechtsanwält e.V. H.: Reisen, Fotografieren, Heimwerken, Hund.

Ewert Otto M. Dr. Prof. *)
Ewert Peter *)

Ewig Alexander

B.: Managing-Dir. FN.: concept the e-company. DA.: 40211 Düsseldorf, Am Wehrhahn 33. alexander.ewig@concept.com. www.concept.com. G.: Köln, 23. Nov. 1973. El.: Reinhard u. Angela, geb. Gaul. BV.: Großvater Prof. Gaul - Gentechniker. S.: 1994 Abitur Kirchheim, 1994 Stud. Köln. K.: während d. Stud. tätig im Gerling Konzern, 1996-97 tätig in d. Denkwerk multi media Köln Agentur, seit 2000 selbst. BL.: Mitaufbau d. Internet. P.: Online Market In e-Commerce, "Ecram". E.: Ausz. d. Cann Jury interachtive d. Focus media Jury. M.: Sportver. Basketball. H.: Lesen, Autos, Sport.

Ewringmann Ulrich

B.: Industriedesigner, Gschf. Ges. FN.: Dialogform GmbH. DA.: 82024 Taufkirchen, Wallbergstr. 3. dialogform@t-online.de. G.: München, 29. März 1952. V.: Heide, geb. Wabnitz. Ki.: Maja (1982), Laura (1986), Philip, Marc, Christoph. El.: Heinrich u. Ruth. S.: 1962-72 Gymn. Icking, 1972-75 Bundeswehr, 1975-76 Praktikum versch. Firmen d. Holz-, Kunststoff- u. Metallverarbeitung, 1977-78 Stud. Grafikdesign Augsburg, 1978-83 Stud. Industriedesign München m. Dipl.-Abschluß. K.: seit 1983 selbständiger Dipl.-Designer in Taufkirchen m. Schwerpunkt Direktmarketing, Strategie, Umsetzung, Gebrauchsgüter- u. Spielwarenindustrie u. Investitions-

---

*) Biographie www.whoiswho-verlag.ch oder beigefügte CD-ROM

Ewringmann

güter. P.: Design-Innovationen Jahrbuch, Good design, Produkt-2001 Kultur- u. Lebensform. E.: Ausz. d. IF Hannover (1996), mehrf. Ausz. "Spiel gut" (1999), "Rote-Punkt" f. hohe Designqualität. M.: VDID. H.: Tennis, Familie, Reisen, Kulur, Musik, Malen.

Exner Chris *)

Exner Gerhard Dipl.-Ing.

B.: Ingenieur, Alleininh. FN.: Gerhard Exner Ing.-Büro Ind.-Bau, Stahlbau u. Maschinenbau. DA.: 29225 Celle, Riemannstr. 33. G.: Schönau, 5. November 1939. V.: Renate, geb. Gregor. Ki.: Peter (1963), Dipl.-Ing. Michael (1966), Dipl.-Ing. Dirk (1970), Andreas (1971), Stefan (1989). S.: b. 1961 Schlosserlehre in Lengerich, b. 1964 Stud. Maschinenbauing. an d. Ing.-Schule in Wuppertal. K.: b. 1966 ang. Konstrukteur in der Kernforsch.-Anlage Jülich, danach ang. Schweißfaching. in versch. Stahlbaubetrieben, 1973 selbst. m. einem Ing.-Büro in Celle, Schwerpunkte: Ind.-Bau, Planung, Baultg., Statik, Konstruktionen f. Stahlbau u. Maschinenbau. M.: VDI, BDB. H.: Tennis, Tanzen, Garten, Lesen, Musik.

Exner Heinz Dipl.-Ing.

B.: Dipl.-Ing. f. konstruktiven Hochbau, Inh. FN.: Dipl.-Ing. Heinz Exner jr. Ing.-Büro. DA.: 65549 Limburg, Diezer Str. 10. exner@exner-bauen.de. www.exner-bauen.de. G.: Limburg, 14. Mai 1962. V.: Dr. Claudia Castell-Exner. El.: Heinz u. Helga. S.: 1980 Abitur, b. 1982 Bundeswehr, b. 1988 Stud. Bauing.-Wesen TU Darmstadt m. Abschluß Dipl.-Ing. K.: 1988-94 ang. im Ing.-Büro Dr. Nötzold in Langen, maßgebl. beteiligt an stat. Berechnungen u.a. f. Messeturm in Frankfurt/Main, Trianon-Hochhaus in Frankfurt/Main, seit 1994 selbst. m. Schwerpunkt stat. Berechnungen, Bauphysik, Wärme-, Schall- u. Brandschutz im Architektur- u. Ingenieurbüro Exner (seit 1929 in Limburg). H.: Autofahren, Computer, Musik, Heimwerken, Wandern.

Exner Helga *)

Exner Helmut

B.: Verleger. FN.: EPV Elektronik-Praktiker-Verlags GmbH. DA.: 37115 Duderstadt, Christian-Blank-Str. 3. PA.: 37115 Duderstadt, Hindenburgring 5b. G.: Lauthental, 29. Nov. 1953. V.: Ursula, geb. Bergmann. Ki.: Sascha (1974), Dennis (1979). El.: Gottfried u. Hildegard, geb. Hannig. S.: 1970 Mittlere Reife, 1970 Ausbild. z. Buchhändler b. Firma Grossische Buchhdlg. Clausthal-Zellerfeld. K.: 1973 Werbeass. Firma Bertelsmann Gütersloh, 1978 stellv. Verlagsltr. Firma C.W. Niemeyer Hameln, 1983 stellv. Ltr. Firma Bongers Recklinghausen, 1988 Vertriebsltr. b. Firma EPV Duderstadt, 1996 Übernahme d. Firma EPV als Ges. u. Gschf., seit 1996 Ges. u. Gschf. b. "proTech Medien GmbH" in Duderstadt. F.: ProTech Medien GmbH Duderstadt. P.: div. Veröff. über bild.

Kunst u. Musik u.a. 1981 Fachaufsatz in Kieler Nachrichten über Gospel Musik "Mahalia Jackson", div. Internetpubl. über "Gospel Musik", 1994 Beitrag "Die Wandlung" zu Buch "Stimmen im Kreis", Kulturpreis des Landkrs. Göttingen, 2000 "Berufsbild. in Deutschland" Frankfurter Buchmesse u. Goethe Inst. Neu Delhi. E.: World Didac Award 2000 Schweiz. M.: Börsenver. d. Dt. Buchhdls. Frankfurt/Main, Landesverb. d. Verleger u. Buchhändler Hannover. H.: Schreiben, Lesen, Musik.

Exner Jan Dipl.-Psych.

B.: Dipl.-Psych. FN.: Jan Exner Seminare GmbH. DA.: 76532 Baden-Baden, Sinzheimer Str. 30c. PA.: 76530 Baden-Baden, Sponheimstr. 6. info@jan-exner-seminare.de. www.jan-exner-seminare.de. G.: Baden-Baden, 26. März 1966. S.: 1985 Abitur Baden-Baden, 1985-87 Zivildienst Altenpflegeheim, 1987-90 Stud. Elektrotechnik in Karlsruhe, 1990 Stud. Psych. in Koblenz-Landau, 1993 Abschluss Vordipl., 1993 Hauptstud. Schwerpunkt Arbeits-, Betriebs- und Organ.-Psych., Abschluss Dipl.-Psych. K.: Spezialgebiet Kommunikation u. Konfliktlösung, Teamentwicklung, Begleitung u. Organ. v. Prozessentwicklungen, ausgebildet als Dipl.-Psych., Systemat. Familientherapie, Trainer f. Persönlichkeitsentwicklung, Trainer f. Kommunikation, NLP Trainer, Outdoor- u. Erlebnistraining, Seminarsprachen dt. u. Engl. M.: INLPTA Verb. H.: Musik, Reisen, Theater, Performance.

Exner Jürgen *)

Exner Klaus E. Dr. Priv.-Doz. *)

Exner Renate

B.: Unternehmerin, Inh. FN.: Schmuck u. Design Renate Exner. DA.: 69117 Heidelberg, Hauptstr. 110. G.: 29. Apr. 1942. El.: Fritz u. Martha Exner, geb. Exner. BV.: Urgroßvater Julius Exner rief Goldschmiedetradition d. Familie ins Leben, jetzt 4. Generation. S.: Mittlere Reife. K.: seit d. Kindheit im elterl. Geschäft tätig, 1960-65 Saisonkraft b. versch. Juwelieren in schönen Gegenden in ganz Deutschland, 1965-72 Gschf. d. Firma Kesselbach, ältester Juwelier m. Meisterwerkstatt in Heidelberg, 19792 Übernahme d. Geschäftes, Eröff. d. eigenen Schmuckstudios, 1982 Erweiterung d. Räume, 1992-94 kurzfristige Geschäftsaufgabe u. verstärktes Engagement f. d. Tierschutz, 1994 Wiedereröff. d. Schmuck- u. Designstudio Exner. BL.: seit 1992 Ltg. u. Koordination d. Krötenhilfsaktion in Heidelberg unter Berücksichtigung v. 8 Schulen u. 200 Helfern, Expertin in Tierschutzfragen. M.: seit 1976 Mtgl. im Tierschutzver. f. Heidelberg u. Umgebung e.V., 1992-94 Vorst.-Mtgl.

Exner Walter *)

Export Valie Prof.

B.: Prof. f. Multimedia-Performance. FN.: Kunsthochschule f. Medien. PA.: D-50676 Köln, Peter-Welter-Platz 2. G.: Linz, 17. Mai 1940. Ki.: Perdita (1960). El.: Rudolf u. Margarete Lehner. S.: 1958 Abitur, 1958-64 Stud. Bild. Kunst Kunstschule Linz u. Wien. K.: seit 1968 freischaff. Medienkünstlerin, Filmemacherin u. Performencekünstlerin. d. künstl. Arbeit umfaßt u.a. Video, Installationen, Body Performances, Expanded Cinema, Computerarbeiten, Fotografie, Skulpturen u. Publ. z. zeitgen. Kunstgeschichte, seit 1968 zahlr. Gruppen- u.

*) Biographie www.whoiswho-verlag.ch oder beigefügte CD-ROM

Einzelausst. u.a. Centre Georges Pompidou, Paris; Museum des 20. Jahrhunderts, Wien; documenta, Kassel; Museum of Modern Art, New York; Galerie nächst St. Stephan, Wien sowie Teilnahme an zahlr. intern. Filmfestivals u.a. London, Berlin, Cannes, Hong Kong, 1980 offizielle Vertreterin Österreichs a. d. Biennale in Venedig, 1997 Personale i. Museum d. 20. Jhdts., Wien, Gastprofessuren 1983-92: Akad. f. Bild. Künste, München; San Francisco Art Institute u. Institute of Media Arts der San Francisco State University; Intern. Sommerakad., Salzburg; HS f. angew. Künste, Wien. 1989-92 Full Professor a. d. Univ. of Wisconsin-Milwaukee, School of Fine Arts. 1991-95 Prof. i. Fachber. Visuelle Kommunikation sowie i. WS 94/95 Vize-Präs. d. HS d. Künste, Berlin., s.1995 Prof. f. Multimedia - Performance an der Kunsthochschule f. Medien Köln. E.: 1998 "Würdigungspreis für künstlerische Fotografie". H.: exot. u. kulturelles Reisen.

Externbrink Rolf E. *)

Ey Jürgen *)

Eyberg von Wertenegg Wilhelm
B.: Opernsänger am Ulmer Theater. DA.: 89073 Ulm, Herbert-von-Karajan-Platz 1. G.: Wien, 6. Feb. 1955. V.: gesch. Ki.: Karoline (1975), Isgard (1983), Gernot (1984). El.: Wilhelm u. Barbara. BV.: Eyberg von Wertenegg ist einer d. ältesten Adelsgeschlechter d. dt.-sprachigen Raums. S.: 1971-77 Privatgesangsstud. b. Wilhelm Felden, 1976-78 Stud. Opernkl. b. Kammersänger Klein u. Kmentt Konservatorium d. Stadt Wien, 1978 Lehramtsprüf. f. HS. K.: 1978-86 Engagement b. Grazer Opernhaus u.a. Barbier in "Barbiere di Sevilla", Papageno in "Zauberflöte" u.v.m., 1986-88 im Chor d. Wr. Staatsoper, 1988-92 Landestheater Coburg, u.a. Scarpia in "Tosca", Jochänaan in "Salome", Titelpartien in "Mann von La Mancha", Ulmer Theater: Attila, Macbeth, Holländer, seit 1992 am Ulmer Theater u.a. Falstaff, Cortez in "Eroberung v. Mexico", 2001 Südthüringisches Staatstheater Meiningen: alle drei Wotane an drei Abenden hintereinander. E.: 2001 Ernennung zum Kammersänger. H.: Radfahren, Bootfahren, Wienerlieder. (N.A.)

Eychmüller Wolfgang Dr.-Ing.
B.: AufsR.-Vors. FN.: Wieland Werke AG Ulm. GT.: AufR.-Vors. Otto Flicker AG, Scheidt & Bachmann GmbH, s. 2000 AufR.-Vors. Robert Bosch GmbH, AufR.-Mtgl. FAG Kugelfischer Georg Schäfer AG, W.C. Heraeus Holding GmbH, Universitätsklinikum Ulm. DA.: 89079 Ulm, Graf-Arco-Str. www.wieland.de. G.: Ulm, 24. Mai 1929. S.: 1949 Abitur Humanistisches Gymnasium Ulm, 1950-1955 Stud. Techn. HS Stuttgart, 1957 Prom. z. Dr.-Ing. K.: 1957 Eintritt Wieland-Werke AG, 1960 Vorst.-Mtgl, 1972-1999 Vorst.-Vors., 1999 AufR.-Vors.

Eyck Matthias Dr. med. *)

Eyck Norbert
B.: Mtgl. d. Abg-Hauses v. Berlin/CDU-Fraktion, Vertriebsdir. FN.: ICE-PRO. DA.: 12627 Berlin, Janusz Korezak Str. 22. astberlin@aol.com. G.: Berlin, 11. Apr. 1953. Ki.: Benjamin (1989), Marcel (1991). El.: Lorenz u. Ursula. S.: 1969-71 Lehre als Koch. K.: 1971-89 Koch u. Küchenchef in Berlin, 1990-96 Brauereivertreter, seit 1997 Vertriebsdir. f. Kunsteisbahnen, polit. Entwicklung: 1995-99 Abg. d. Bez., seit 1999 Tätigkeit im Abg.-Haus. P.: Veröff. in d. Presse u. im Fernsehen. M.: seit 1989 CDU, Schützenver., Sportver. "Marzahner Füchse", Heimatver. Berlin-Marzahn, Vors. d. Mittelstands- u. Wirtschaftsver. Marzahn/Hellersdorf u. stellv. Landesvors. H.: Sportschießen, Wassersport, Motorboot, Reisen, Kultur u. Musik.

Eyerkaufer Karl *)

Eyl Georg Dipl.-Ing. *)

Eylitz Otto *)

Eylmann Horst *)

Eymann-Kapser Anke *)

Eymer Anke
B.: Rektorin a.D., MdB, stellv. Vors. d. Bundestagsausschusses f. Familie, Senioren, Frauen u. Jugend. FN.: Dt. Bundestag. DA.: 11011 Berlin, Platz d. Republik 1. G.: Fiefbergen, 12. Apr. 1949. V.: verh. Ki.: 1 Sohn. S.: Mittlere Reife, Abitur, Höhere Frauenfachschule Kiel, 1jähriges Haushaltspraktikum, Stud. Päd., Soz., Kunsterziehung, Geographie u. Ev. Religion PH Kiel, 1972 1. Prüf. f. d. Lehramt an Grund- u. HS. K.: Eintritt in d. Schuldienst, 1987 Rektorin in Lübeck, 1970 JU, 1972 CDU, versch. Vorst.-Ämter in JU, Frauen-Union u. CDU, Kreisvors. d. Frauen-Union Lübeck, stellv. Kreisvors. d. CDU Lübeck, seit 1990 MdB. (Re)

Eyrich Heinz Dr.
B.: Politiker. PA.: 10785 Berlin, Tiergartenstr. 15. G.: Tuttlingen, 1. Feb 1929. V.: Elfi. Ki.: Joachim, Ricarda. S.: 1948 Abitur, 1949-52 Stud. Rechts- u. Staatswiss. Univ. Freiburg, 1952 1. u. 1957 2. Jur. Staatsexamen, 1953 Prom. K.: 1957 Referendarzeit, 1957-62 Gerichtsassessor, 1962 Staatsanw., 1965 AmtsgerichtsR., 1966 1. Staatsanw., seit 1955 Mtgl. d. CDU, 1962-92 Mtgl. d. LVorst. d. CDU Südbaden, 1965-69 Landesvors. d. Jungen Union (JU) Südbaden, b. 1969 stellv. Bundesvors. d. JU Deutschlands, 1986-91 Vors. d. BArbeitskreises Christl.-Demokrat. Juristen, 1969-78 Mtgl. d. Bundestages, 1980-92 Mtgl. d. Landtags v. Baden-Württemberg, 1978-91 Justizmin. d. Landes Baden-Württemberg, 1983-84 Innenmin. d. Landes Baden-Württemberg, 1984-87 Min. f. Bundesangel. u. Justizmin., 1987-91 Min. f. Justiz, Bundes- u. Europaangelegenheiten, 1991/92 Min. f. Bundes- u. Europaangelegenheiten. P.: über 100 Publ., Buchbeiträge u. Vorträge. M.: Präs. d. Dt. Sängerbund e.V., Köln.

Eyrich Holger

B.: Gschf. Ges. FN.: Autokurier Wecklein GmbH. DA.: 97084 Würzburg, Winterhäuser Str. 87. G.: Würzburg, 16. Juli 1962. V.: Sabine, geb. Pfeuffer. El.: Adolf u. Anie, geb. Kießner. BV.: mütterl. seits - Hugenottenabstammung. S.: Ausbild. Metallblasinstr.- u. Schlagzeugmacher, 1983 Meisterprüf. K.: bereits m. 4 J. Musikunterricht, erste öff. Auftritte m. 12 J., tätig als Berufsmusiker europaweit, 1987 Eintritt in d. Firma Wecklein u. seither Gschf. u. Mitinh., seit 1990 Gschf. Ges. d. Autokurier Wecklein GmbH, 1991 Umstrukturierung zu Kundendienstleistungen, 1995-98 Aufbau eines bundesweiten Frainchisesystem, 1998 Lizenz z. Beförderung v. Briefsendungen - Pionier b. d. Einführung d. City-Briefes. F.: Overnight Rider GmbH in Unterschleißheim. H.: Musik, Blasinstrumente, Keyboard, Klavier.

Eyrich Klaus Dr. med. Univ.-Prof. *)

Eyrich Peter J. Dr. med. *)

Eysel Hans Dr. jur. *)

Eysoldt Robert *)

*) Biographie www.whoiswho-verlag.ch oder beigefügte CD-ROM

von Eywo Herbert K. G.

B.: Repräsentant, Inh. FN.: Herbert von Eywo Intern. Hdls.-Vertretung. DA.: 22397 Hamburg, Steenbarg 31. G.: Baden b. Wien, 3. März 1939. V.: Barbara, geb. Post. Ki.: Vanessa (1978). El.: Herbert Karl Georg u. Annemarie, geb. Müller. S.: 1953-56 Lehre als Einzelhdls.-Kfm. in Trumau/Österr. K.: 1956-60 Berufstätigkeit in der Hotel- u. Gastronomiebranche in Salzburg, 1960-63 Filialltr. b. einem Lebensmittelkonzern in Süddeutschland, 1963 Branchenwechsel, zunächst Reisender im Schmuckvertrieb, nach stetiger Positionssteigerung zuletzt Abt.-Ltr. Vertrieb, 1970-76 selbst. im Bereich Accessoire, eigene Importe v. Luxusgütern, Silberwaren, Leder etc., 1976-78 berufl. Zwangspause durch einen schweren Autounfall, 1978-80 Generalvertretung f. Sillem's-Design Hamburg, 1980-90 Vertretung u. Vertrieb v. Christofle Frankreich, seit 1990 Vertrieb u. Generalvertretung f. Deutschland u. Österr.: Baccarat, gr. Kristallmanufaktur d. Welt, Porzellan-Manufaktur Nymphenburg München, Haviland Porzellan, Limoges, zweitgrößter Hersteller in Frankreich. H.: Garten, Spaziergänge an d. See.

Faaber Klaus *)

Faas Karin
B.: Hotelkauffrau. FN.: Hotel-Restaurant Schifferkrug GmbH. DA.: 29221 Celle, Speicherstr. 9. G.: Stuttgart, 24. Juli 1955. V.: Ilija, gb. Grnarov. Ki.: Daniela (1982). El.: Robert u. Else, geb. Kühnlein. S.: 1971-74 Ausbild. z. Hotelfachfrau im Hotel Eissi in Leonberg. K.: 1974-77 Hausdame im Kurhotel Schloß Steinegg in Hüttweilen in d. Schweiz, 1977-78 1. Hausdame im Kurhotel Hänslehof in Bad Dürrheim, 1978 Ausbildereignungsausbild. m. Abschluß, 1978-79 Sekr. im Hotel Palü in Pontresina/Schweiz, 1979-81 Sekr. b. einer ital. Modefirma in Stuttgart, 1981 Ndlg. in Celle u. Übernahme d. histor. Hotel-Restaurants Schifferkrug. P.: Veröff. im Internet. M.: Ver. d. Köche, IHK. H.: Klavier spielen, Reiten, Ölmalerei.

Faasch Margret *)

Fabarius Dirk
B.: Gschf. u. Vorst.-Vors. FN.: MM Merchandising München GmbH. DA.: 8574 Unterföhring, Münchner Str. 20. fabarius@smartvia.de. www.merchandising.de. G.: Berlin, 18. Aug. 1964. Ki.: Johann-David (1990). S.: 1980-83 Ausbild. öff. Dienst Berlin. K.: 1983-86 selbst. m. Entwicklung v. Comicfiguren u. dreidimensionaler Umsetzung, 1986-87 Gschf. Ges. einer Dortmunder Keramikfirma z. Herstellung v. dreidimensionalen Keramiken, 1987-88 Gschf. Ges. einer Paderborner Werbeagentur, 1988-90 Gschf. Ges. d. Firma FRN Produktmarketing GmbH, 1990-92 Sales Manager d. Firma Entertainment München GmbH, 1992-96 Gschf. Ges. d. AVT & VT Merchandising Concepts GmbH in München, 194 Gschf. Ges. AT & TV Publishing GmbH, 1996 Verkauf d. Ges. an d. ProSieben Media AG u. seither Gschf. d. Tochterunternehmen d. ProSieben Media AG, seit 1999 Managing Dir. d. Museum Master Intern. Ltd in New York, Managing Dir. d. Artmediagruop Inc. in New York u. Vorst.-Vors. d. Artmerchandising & Media AG in München als größte kunstnebenrechtl. Hdl.-Firma u.a. f. Keith, Haring, Andy Warhol, Salvador Dali u. Marlene Dietrich. M.: LIMA. H.: Kunst, Kultur, Reisen, Segeln.

Fabel Helmut Dr. med. Prof.

B.: Dir. d. Abt. Pneumologie. FN.: Med. Klinik d. Med. HS im KH Oststadt. DA.: 30659 Hannover, Podbielskistr. 380. G.: Krofdorf, 4. März 1934. V.: Dr. med. Christa Maria Eschenbruch. Ki.: Frank (1961), Dr. med. Felix (1967). S.: 1953 Abitur Wetzlar, 1953-59 Stud. Med. an d. Philipp-Univ. Marburg, 1959 Staatsexamen, 1960 Prom. K.: 1960-65 Ass. im Physiolog. Inst. u. in d. Med. Poliklinik an d. Univ. Marburg, 1965 Wechsel an d. MH Hannover f. Innere Med., 1967 Habil., 1967-71 OA a. d. MH Hannover, 1971 Abt.-Ltr. f. Pneumologie an d. MH Hannover, 1973 Rektor d. MH Hannover, seit 1974 Lehrstuhlinh. d. Inneren Med. u. Chefarzt d. Med. Klinik Oststadt Hannover, 1998-2000 Ärztl. D. Klinikum Hannover, seit 1994 Mitbegründer u. Vors. d. Dt. Lungenstiftung e.V. P.: zahlr. Veröff. in intern. Fachzeitschriften, Fachbücher, Vorträge auf nat. u. intern. Kongressen. M.: Dt. Ges. f. Pneumologie, div. Mtgl. in wiss. Ges. H.: Literatur, Musik, Golf.

Faber Bernhard Dr.
B.: Arzt f. Allg.-Med. DA.: 89075 Ulm, Stuifenweg 14. G.: Wiesbaden, 28. Aug. 1959. V.: Eva-Maija, geb. Kutscher. Ki.: Nils (1995), Björn (1997), Lars (1999). El.: Dipl.-Ing. Ludwig u. Anna. S.: 1979 Abitur, 1979-80 Bundeswehr, 1980-87 Stud. Med. Univ. Mainz, 2 Sem. Stud. Zahnmed., 1987 Approb., 1987 Prom. K.: 1987 tätig im Bereich Pharmakologie u. Innere Med. an d. Univ.-Klinik in Heidelberg, 1988-89 tätig in d. Allg.-Chir. am ak. Lehr-KH in Kaiserslautern, 1989-90 tätig in d. Allg.-Chir. an d. Univ.-Klinik in Ulm, 1990-91 tätig in d. Praxis Dr. Krach in Ulm, 1991-92 eigene Privatpraxis in Ulm, 1992 Kasenzulassung u. seither ndlg. Arzt f. Allg.-Med. in Ulm. M.: Alpenver., DLRG. H.: Familie, Wassersport, Bergsport.

Faber Erna *)

Faber Gustav Dr. *)

von Faber Hans Dr. sc. agr. Dr. rer. nat. Prof. *)

Faber Joachim Dr. *)

Faber Ludwig Dr. *)

Faber Malte o.Prof.
B.: Prof. f. VWL. FN.: Ruprecht-Karls-Univ. Heidelberg. PA.: 69117 Heidelberg, Grabeng. 14. G.: Düsseldorf, 29. Nov. 1938. V.: Ute Beckel-Faber. Ki.: Friederike. El.: Otto u. Helene. S.: 1958 Abitur, 1958-59 Praktikum, 1959-62 VWL, Math., FU Berlin, 1962-64 Math. Economics and Statistics Univ. of Minn. USA, 1969 Prom. K.: 1973 Habil., 1973 Ruf nach Heidelberg, 1991-93 Dekan, seit 1997 Co-Direktor d. Interdisziplinären Institut f. Umweltökonomie. P.: Stochastisches Programmieren (1970), Introduction to Modern Austrian Capital Theory (1979), Entropie, Umweltschutz und Rohstoffverbrauch. Eine naturwissenschaftlich ökonomische Untersuchung (1983), Umweltschutz und Input-Output-Analyse. Mit zwei Fallstudien aus der Wassergütewirtschaft (1983), Studies in Austrian Capital Theory Investment and Time (1986), Entropy, Environment and Resources. An Essay in Physico-Economics (2. Aufl. 1995), Umdenken in der Abfallwirtsch. (1989), Evolution, Time, Production and the Environment (3.

*) Biographie www.whoiswho-verlag.ch oder beigefügte CD-ROM

Aufl. 1998), Reducing CO2 Emissions. A Comparative Input-Output Study for Germany and the UK (1993), Ecological Economics (2. Aufl. 1998), Capital and Time in Ecological Economics (1999), Horizonte ökonomischen Denkens (1999).

Faber Rainer Dipl.-Kfm. *)

Faber Thomas *)

Faber Veronika *)

Faber Werner Dr. phil. Prof. *)

Faber Wolfgang Dr. med. dent. *)

Faber Wolfgang Dr.-Ing. *)

Graf von Faber-Castell Anton-Wolfgang
B.: Gschf. Ges. FN.: A.W. Faber-Castell GmbH & Co. GT.: AR Nürnberger Allg. Vers. AG, Nürnberger Lebensvers. AG, Bayer. Landesgewerbeanst., Vors. Albrecht Dürer-Ges., Vors. Stiftergem. f. Museum Ind.-Kultur d. Stadt Nürnberg, Verb. dt. Bleistiftind., stv. Vors. Ind.-Verb. Schreib- u. Zeichengeräte. DA.: 90546 Stein/Nürnberg, Nürnberger Str. 2. G.: Bamberg, 7. Juni 41. (Re)

Fabers Friedhelm Dr. rer. oec. Dipl.Vw. Ing. *)

Fabi Stephan Dipl.-Ing.

B.: Architekt. FN.: Architekturbüro Fabi-Krakau. DA.: 93047 Regensburg, Glockeng. architekten@fabi-krakau.de. G.: Regensburg, 18. Aug. 1968. V.: Julia, geb. Weigl. Ki.: Justus (1996). El.: Otto u. Emilie. S.: 1984 Mittlere Reife, 1986 HS-Reife FOS Regensburg, 1986-92 Stud. Arch. FH Regensburg. K.: 1992-93 tätig bei Wöhrle & Partner in München, 1994-95 tätig im Arch.-Büro AZ Lehner & Robold, seit 1995 selbst. Architekt. P.: Veröff. in "Aktuelle Arch. d. Oberpfalz" (2000). E.: 1. Preis d. Zeitschrift "Schöner Wohnen", 1. Preis f. Entwurf einer Dt. Schule in d. Zeitschrift "Das Bauzentrum"; Ausz. b. Tag d. Arch. in Regensburg. H.: Zeichnen, Kunst, Karate.

Fabian Birgitta

B.: Apothekerin, Ltr. FN.: Einhorn-Apotheke. DA.: 80637 München, Franz-Marc-Str. 6. G.: Hamburg, 16. Mai 1962. V.: Michael Fabian. El.: Hans-Joachim u. Gisela Steffen. BV.: Dr. Paul Steffen Jurist, Anw. u. Notar in Flensburg. S.: 1981 Abitur Hamburg, 1981 Teaching Ass. f. Engl., Dt. u. Sozialkunde in Seattle/USA, 1982 Schulausbild. als Fremdsprachenkorrespondentin an der Staatl. Fremdsprachenschule in Hamburg, 1984-89 Stud. Pharmazie an d. Maximilians-Univ. Würzburg, 1987 1. u. 1989 2. Staatsexamen. K.: 1989-90 Prakt. J. in München, 1990 Approb., 1991-96 Apothekerin an d. Odeons-Apotheke in München, seit 1997 selbst., Ltg. d. Einhorn-Apotheke in München, zusätzl. Spezialllabor f. Onkologen. M.: Vorst. im ASV Hockey-Ver. München. H.: Ausdauersportarten, Triathlon, Marathon, Rasenhockey, Joggen, Fahrradfahren, Lesen.

Fabian Claus
PS.: Fabsi. B.: Musiker, Künstler, Musikverleger. FN.: Weser Label. DA.: 28239 Bremen, Am Fuchsberg 2. office@weserlabel.de. www.weserlabel.de. G.: 31. März 1956. V.: Elke, geb. Temp. Ki.: Gina (1996). S.: 1972-75 Ausbild. med.-techn. Kfm. Düsseldorf. K.: 1976-81 med.-techn. Kfm. u. Sachbearb. im Innendienst, 1979-81 Mitgrdg. u. Schlagzeuger d. PUNK Band ZK, 1982 Grdg. d. Punk Band Slip-Einlage in Bremen m. Elke Temp, 1982 Entstehung d. "Mimmis" als Sänger d. Band, Entstehung d. Schallplattenfirma Weser Label (Inhaber), 1984 Grdg. d. Sturmflut Musikverlags als Inh., 1997 Grdg. d. Punkband "Fabsi&der Peanutsclub" als Sänger, 2000 Grdg. d. Tonträgerfirma Superrock Records (Inhaber), www.superrock-records.de, seit 2001 Mitinh. u. Ges. d. F.S.K. Booking Agentur, 1972 Grdg. d. 1. unabhängigen Fußballver. FC Maiwiese in Düsseldorf; Kapitän d. ESV Blau Weiß Bremen. P.: versch. Tonträger als Schlagzeuger d. Punkband ZK, versch. Tonträger als Sänger d. Punkband Die Mimmi's, Musikproduzent v. versch. Tonträger: u.a. Die Goldenen Zitronen, Rumble on the Beach, The Busters, The Lurkers, Heiter bis Wolkig, Soulmate, Echophonic, Schwarz auf Weiß, THE GO FASTER NUNS, Eddie Constantin, King Rocko, Schamoni. M.: 1998 Parteimitglied d. APPD (Anarchistischen Pogopartei Deutschlands). H.: Eishockey, Fußball, Strandboccia, Sauna.

Fabian Frank Dr. med. dent. *)

Fabian Franz
B.: Ltr. d. Arge. FN: Fahrsicherheitszentrum am Nürnburgring. DA.: 53520 Nürburg. PA.: A-2751 Matzendorf, Erlenweg 8. G.: Wien, 16. Apr. 1966. V.: Ulrike, geb. Baumann. Ki.: Bernhard (1990). El.: Franz u. Lieselotte, geb. Kraus. S.: 1 J. Hotelfachschule Wien. K.: m. 19 J. Chauffeur d. ehem. österr. Staatssekr. Ferrari-Brunnenfeld, sowie v. F. Vranitzky, m. 20 J. ÖAMTC, zahlr. Weiterbild. u. Seminare, Instruktor-Techn. Ltr.-Ltr. d. Zentrums Teesdorf, seit 1994 Gschf. d. Fahrsicherheitszentrums Nürburgring, seit 1996 Gschf. d. Fahrsicherheitszentrums Augsburg. P.: enge Zusammenarb. m. d. Presse, zahlr. TV-Sendern, ständige TV-Auftritte. M.: BeiR.-Mtgl. PMC. H.: Motorsport, Oldtimer.

Fabian Franz *)

Fabian Thomas Dipl.-Kfm. *)

Fabienke Peter Dipl.-Ing. *)

Fabig Karl-Rainer

B.: Prakt. Arzt. DA.: 22417 Hamburg, Immenhöven 19. G.: Heeringen/Werra, 28. Nov. 1943. V.: Anita, geb. Podlesch. Ki.: Jenny (1975), Ines (1978), Nathalie (1982), Pascal (1985). El.: Robert u. Maria, geb. Rudolph. S.: 1961 Abitur Heeringen/Werra, 1961-62 Bundeswehr, 1962-68 Med.-Stud. Univ. Marburg u. Univ. Hamburg, 1968 Approb. K.: 1968-69 Med.-Ass. AKH Hamburg-St. Georg, 1970 Path., 1971-72 Stationsarzt AK Heidberg, 1972-77 Ass.-Arzt AKH Eilbek, 1978 Ndlg. als Vertragsarzt in Ham-

*) Biographie www.whoiswho-verlag.ch oder beigefügte CD-ROM

Fabig

burg m. Schwerpunkt Umweltmed. (Neurotoxikologie), beratender Arzt in Umweltmed. Fragen f. d. Gesundheitsbehörde Hamburg, Vors. im Umweltaussch. d. Ärztekam., in d. Ausbild. d. Umweltmed. tätig, Vorst.-Mtgl. im Dt. Berufsverb. d. Umweltmed., Vorträge z. Fachgebiet auf mehreren Dioxinkongressen u.a. in Schweden u. d. USA, Teilnehmer am Dioxinsymposium in Vietnam. P.: Mitautor, Umweltbundesamtsbericht über Dioxine (1998), Mitautor einer Studie über d. Dioxinbelastungen einer Gruppe v. Kindergärtnerinnen, Vortrag z. Thema auf d. Diokinkongress in Amsterdam, Med. Beobachtungsstudie, Organohalogen Compounds (1998), Fotos u. Bericht "Dioxin u. d. Spätfolgen in Vietnam" (1984). M.: IPPNW, Ärzte in soz. Verantwortung, Ökolog. Ärztebund, Dt. Ges. f. d. hochbegabte Kind. H.: Klavierspielen, Laufen, Radrennen u.a. 60km Rennen b. d. HEW-Klassiks 2000 in Hamburg.

Fabig Michael *)

Fabio Udo Di DDr. Prof.
B.: Richter. FN.: Bundesverfassungsgericht. DA.: 76131 Karlsruhe, Schloßbezirk 3. www.bundesverfassungsgericht.de. G.: Walsum, 26. März 1954. Ki.: 2 Kinder. S.: 1970-80 Kommunalverw.-Bmtr. d. Stadt Dinslaken, 1982 1. u. 1985 2. Staatsexamen. K.: 1985-86 Richter am Sozialgericht Duisburg, 1987 Prom. Rechtswiss. an d. Univ. Bonn, 1986-90 wiss. Mitarb. am Inst. f. öff. Recht d. Univ. Bonn, 1990 Prom. Sozialwiss. an d. Univ. Duisburg, 1990-93 Habil. an d. Univ. Bonn, 1993 C3-Prof. an d. Univ. Münster, u. C4-Prof. an d. Univ. Trier, 1997 Univ.-Prof. an d. Univ. München, seit 1999 Richter am Bundesverfassungsgericht. (Re)

Fabisch Horst Dipl.-Ing. *)

Fabre Claude *)

Fabricius Dietrich *)

Fabricius Fritz Dr. iur. *)

Fabricius Hans-Ake Sven Dr. med. Priv.-Doz. *)

Fabricius Karlheinz *)

Fabricius Manfred *)

Fabricius Paul Gerhard Dr. med. habil. Prof. *)

Fabricius-Brand Margarete Dipl.-Psych.
B.: Rechtsanwältin u. Dipl.-Psych., Fachanwältin f. Familienrecht. DA.: 30519 Hannover, Warmbüchenstr. 15. G.: Enkhausen, 2. März 1949. V.: Prof. Dirk Fabricius. Ki.: Anne-Lena (1982). El.: Dr. Alfons u. Ite Brand. BV.: Großvater Philipp Brand, Dombaumeister zu Worms. S.: 1968 Abitur Arnsberg, 1973 1. jur. Staatsprüf., 1977 2. jur. Staatsprüf. K.: 1978 RA in Berlin-Kreuzberg, 1979 Ltr. d. Trainingsgruppe "Familie u. Unterhalt" in d. JVA Tegel, 1979 Dipl.-Hauptprüf. f. Psych., 1980-81 VollzugsbeiR. b. Senator d. Justitz in Berlin, seit 1982 RA in eigener Kzl. in Hannover, seit 1997 Fachanwältin f. Familienrecht; 1977-84 Ausbild. z. Gruppenltr. in TZI am Workshop Inst. Living-Learning, 1990 Mitgründerin d. Alternativen Juristentage. P.: Anw.-Protokolle, Einblick in d. Berufsalltag (1986), Wenn aus Ehen Akten werden (1989), Rechtspolitik mit "aufrechtem Gang", Festschrift f. W. Holtfort (1990), Unter Ansehen d. Person (1994), 4. Alternativer Juristinnen- u. Juristentag (1996). E.: 1993 Ernennung als Ehrenrichter z. stellv. Mtgl. d. Nds. Staatsgerichtshof. M.: 1985-91 Gschf. d. Republikaner. Anw.-Ver. Hannover, 1985-93 Redaktionsmtgl. v. "einspruch", 1985-90 Mitarb. am Landesfachbeirat Aids b. Nds. Soz.-Min., 1995 Wahl z. stellv. Vors. d. Schiedsgerichts d. Dt. Kinderbundes.

Fabriczek Peter *)

Fabritz Klaus Gerhardt *)

Fach Hans *)

Fach Thomas
B.: RA, Notar. GT.: stellv. FDP Kreisvors. DA.: 38300 Wolfenbüttel, Okerstr. 1. ra.fach@t-online.de. G.: Goslar, 8. Mai 1954. V.: Silvia, geb. Haartz. Ki.: Vanessa (1988), Franziska (1992). El.: RA u. Notar Herbert u. Anneliese, geb. Marquardt. S.: 1974 Abitur Elze, b. 1981 Stud. Rechtswiss. in Würzburg u. Göttingen, 1982-83 Zivildienst, 1985 Referendariat in Braunschweig. K.: seit 1985 als RA zugelassen, anschl. ang. in d. väterl. Kzl., ab 1987 Sozius in d. Kzl. d. Vaters, 1994 z. Notar bestellt. BL.: mehrmalige Teilnahme an Squash Meisterschaften. M.: Vorst.-Mtgl. MTV Wolfenbüttel, Dt. Anw.-Ver., Dt. Squash Verb. als Vors. d. Spruchkam. H.: Squash, Schach.

Fache Marcus

B.: Grafikdesigner. DA.: 89520 Heidenheim, Am Jagdschlössle 8. G.: Garmisch-Partenkirchen, 14. Mai 1974. El.: Manfred u. Helena, geb. Kimmer. S.: 1990-94 Ausbild. Mediengestalter. K.: 1994-96 Ang. einer Werbeagentur, seit 1996 selbst. m. Grdg. d. Firma Dreamland-Ideenschmiede. P.: Veröff. in Spiegel TV, RTL u. ZDF. H.: Skifahren, Lesen, Tauchen, Musik.

Fack Fritz Ullrich Dr. rer. pol. *)

Fackelmann Michael *)

Facklman Heino

B.: Stadion Manager. FN.: Nat. Alamo Autovermittlung. DA.: 30665 Hannover, Hannover Airport. G.: Bremen, 21. Mai 1961. V.: Anke, geb. Dalmahey. Ki.: Nils (1989). El.: Ing. Helmut u. Irmgard. S.: 1977 Mittlere Reife, 1977-81 Ausbild. Flugzeugmechaniker MBB Bremen. K.: 1981-83 tätig im Bereich Musterbau in d. Firma MBB, 1983-84 Bundeswehr, 1984-85 tätig in d. Firma MBB, 1985-86 Montagearb. in Frankreich, 1987-99 versch. Positionen in d. Firma Daimler-Chrysler in Bremen, 1993-96 Gschf. Ges. d. Firma Der Autoradio Profi in Bremen, 1993-99 nebenberufl. tätig in d. Autovermietung, seit 1995 Station Manager d. Autovermietung Nat. Alamo in Hannover. H.: Motorradfahren, Heraldik, Lesen, Modellbau, Rotwein.

Fackler Georg Dipl.-Ing. *)

Fackler Heidi *)

Fadel Kassem *)

Fader Hansjörg Dipl.-Ing. *)

Fäder Thomas Dipl.-Ing.

B.: Gschf. FN.: Fäder GmbH Med.-Technik. DA.: 12099 Berlin, Tempelhofer Damm 196. G.: Berlin, 25. Jan. 1968. El.: Uwe u. Ruth. S.: 1987 Abitur, 1987-90 Ausbild. Elektronik-Facharb., 1990-94 Stud. TFH Berlin. K.: 1994-96 Med.-Physiker an d. Robert Rössle Klinik in Berlin, 1996-99 freiberufl. Unternehmensberater für med. Firmen, seit 1999 Gschf. d. Fäder GmbH m. Schwerpunkt Physikalische Therapie, Ärzteversorgung, Innovative Medizintechnik, Magnetfeld- u. Lasertherapie, 1996 Erwerb der Fachkunde im Strahlenschutz. M.: Therapie Plus, Elektroinnung Berlin. H.: Sport.

Fadlalla Hamid Dr.

B.: Frauenarzt in eigener Praxis. DA.: 12347 Berlin, Jahnstr. 87/89. PA.: 14057 Berlin, Soaresstr. 22. G.: Obdurman/Rep. Sudan, 25. Juli 1936. V.: Brigitte, geb. Weber. El.: Fadlalla u. Bura, geb. Mohammed Ali. S.: 1957 Abitur im Sudan, Deutschkurs in Deutschland, 1958-64 Stud. Humanmedizin in Halle. K.: 1964-67 tätig als Mediziner u. Ausbilder im Sudan, 1967-73 FA-Ausbildung b. Prof. H. Lax in Berlin/West, 1973-75 tätig als Gynäkologe im Sudan u. kurzer Arbeitsaufenthalt in d. Klinik b. Prof. Lax u. Prof. Saling, 1975-77 Gynäkologe im Berliner Auguste-Viktoria-KH, seit 1977 selbständig m. eigener Praxis in Berlin, Beratung u. Behandlung auch b. unerfülltem Kinderwunsch. BL.: m. d. med. Fachwissen vielen Frauen u. Familien, sowie d. med. Berufsnachwuchs im Sudan geholfen. M.: rd. 20 J. Mitwirkung f. d. sozialmedizinischen Dienst d. Bezirksamtes Neukölln im Bereich f. Partnerberatung, Familienplanung u. Schwangerschaft, mehr als 10 J. Gschf. d. Organisation f. Menschenrechte v. Bürgern aus arabischen Staaten. H.: Literatur, Schreiben - bzw. Übersetzen v. Kurzgeschichten (z. Teil veröffentlicht).

Fadler Herwig *)

Faehre Walther Caspar Robert *)

Faehte Renate *)

Faensen Joseph Dr. med. vet.

B.: Tierarzt, selbständig FN.: Tierärztliche Klinik f. Kleintiere Dr. Faensen. DA.: 27209 Langwedel, Bremer Str. 32. G.: Berlin, 27. Okt. 1946. V.: Iris Faensen-Glineke. Ki.: Roselyn (1992). El.: Josef u. Maria, geb. Krens. S.: 1965-68 ldw. Lehre, Stud. ldw. Fachschule Heidelberg, 1968-71 Stud. Ingenieurakademie Celle m. Abschluß Ing. grad., 1971-76 Stud. Vet.-Med. FU Berlin. K.: 1976-78 Ass.-Arzt, s. 1978 selbständiger Tierarzt m. Kleintierpraxis in Langwedel, 1983 Prom., s. 1985 anerkannte Tierklinik f. Kleintiere m. Schwerpunkt OP u. orthopäd. Chir., seit 1980 Tierarzt f. ambulante Fleischbeschau. BL.: gemeinsam m. d. Ehefrau med. Versorgung in d. Greifvogelstation in Langwedel. M.: Bundesverband prakt. Tierärzte, Dt. vet.-med. Gesellschaften. H.: Squash, Langstreckenlauf, Rad- u., Skifahren, Oldtimer, Segeln.

Faensen Thomas H. *)

Faerber Manfred Th. R. Dipl.-Ing. *)

Faerber-Husemann Renate *)

Faesel Jürgen Dr.

B.: Vors. d. Gschf. u. Mtgl. d. Vorst. FN.: Dynamit Nobel AG. DA.: 53840 Troisdorf, Kaiserstr. 1. www.dynamit-nobel. com. G.: Goldap/Ostpreußen, 1943. S.: 1962-68 Stud. Chemie an d. Univ. Frankfurt/Main, 1968 Abschluss Prom. Dr. phil. nat. K.: 2 J. wiss. Arbeit als Forschungsstipendiat am Max-Planck-Inst. f. Med. Forschung in Heidelberg u. an d. Univ. of Washington in Seattle/USA, 1970 Eintritt in d. Technische Abt. d. Metallgesellschaft-Konzerns, d. Keimzelle d. heutigen Chemetall GmbH als Chemiker, nach versch. Funktionen in Vertrieb u. Marketing, 1982-87 Ltg. d. Societé Continentale Parker in Paris, d. französischen Tochtergesellschaft d. Chemetall, 1987 zunächst stellv. u. 1 J. später ordentliches Mtgl. d. Gschf. d. Chemetall GmbH, 1992 Übernahme d. Vors. d. Gschf. u. seit 1995 zugleich Mtgl. d. Vorst. d. Dynamit Nobel AG. (Re)

Fagel Jürgen *)

Fagernäs Leif Richard

B.: Botschafter. FN.: Botschaft von Finnland in Deutschland. DA.: 10787 Berlin, Rauchstr. 1. G.: Oulu/Finnland, 2. Jan. 1947. V.: verh. Ki.: 2 Kinder. S.: 1971 Abschluss Stud. Jura. K.: 1972 Eintritt in d. Auswärtigen Dienst, 1974-76 Attaché in Madrid, 1976-78 Botschaftssekretär in Prag, 1978-82 Botschaftssekretär im Ministerium f. Auswärtige Angelegenheiten, 1982-86 Botschaftssekretär u. Botschaftsrat in London, 1986-87 Botschaftsrat im Ministerium f. Auswärtige Angelegenheiten, 1987-89 Referatsleiter in der Handelspolitischen Abt. im Ministerium f. Auswärtige Angelegenheiten, 1991-95 Generalkonsul v. Finnland in Frankfurt/Main, 1995-96 Ltr. d. Handelspolitischen Abt. im Ministerium f. Auswärtige Angelegenheiten, 1997-2001 Unterstaatssekretär f. Handelspolitik im Ministerium f. Auswärtige Angelegenheiten, seit 2001 Botschafter v. Finnland in Berlin.

Fagnini Gian-Matteo

B.: Radrennfahrer. FN.: c/o Team Deutsche Telekom. DA.: 53105 Bonn, Postfach 2000. G.: Lecco/Italien, 11. Okt. 1970. K.: bish. Rennställe: Mercatone Uno, Saeco, s. 2000 Team Telekom, 5 Tour de France-Starts, 3 Giro-Starts, 1 Vuelta-Start, 1998 Giro d'Italia/2 Etappensiege, Valencia-Rundfahrt /Etappensieg; 2000 Coca-Cola Trophy/1., 2001 Rund um Köln/1. (Re)

Fahimi Ahad M. Dr. med.

B.: FA f. Chirurgie, FA f. Allgemeinmedizin. DA.: 10999 Berlin, Skalitzerstr. 133. G.: Ardebil/Iran, 19. Feb. 1932. V.: Güler, geb. Servestani. Ki.: Sohrab (1959), Sussen (1962), Yasmin (1974). El.: Ahmed u. Asiye. S.: 1953 Abitur, 1961 Abschluss d. Med. Stud. in Istanbul, 1961 nach Deutschland. K.: 1962-64 Ass.-Arzt im Königswarter-KH Berlin, 1965-75 St. Marien KH Berlin, 1967 FA f. Chirurgie d. Ärztekam. Berlin, 1974 FA f. Allgemeinmed., 1971-75 in eigener Praxis durch Ermächtigungsvertrag mit d. Kassenärztl. Vereinigung Berlin, Schwerpunkt Patienten aus d. Balkan u. Vorderen Orient, 1974 Erhalt d. dt. Approbation u. volle Zulassung in derselben Praxis, seit 1995 Gemeinschaftspraxis m. Sohn Dr. med. Sohrab Fahimi. E.: 1995 BVK, 1994 BVK v. Bundespräs.: Roman Herzog. M.: seit 1991 Gründung u. Vors. d. Ver. iran. Ärzte in Berlin, seit 1994 Grdg. u. Vors. d. Ver. Dt.-Ausländ. Ärzte in Berlin, 1993-96 Vorst.-Mtgl. d. Kassenärztl. Ver. Berlin, Delegationsversammlung d. Ärztekam. Berlin, seit 1993 Mtgl. d. Weiterbild.-Ausschl. f. allg. Med. b. d. Ärztekam. in Berlin.

*) Biographie www.whoiswho-verlag.ch oder beigefügte CD-ROM

Fahimi Dariush H. Dr. med. Prof. *)

Fahl Gerrit Dr. med. *)

Fahl Hawe Dipl.-Ing. Prof. *)

Fahl-Flach Eva *)

Fahlberg Hans-Hennig *)

Fahlbusch Günter Dr.-Ing. Prof. *)

Fahlbusch Helmut
B.: Vorst. i. R. FN.: SCHOTT GLASWERKE. DA.: 55122 Mainz, Hattenbergstr. 10.

Fahle Esthel
B.: Heilpraktikerin, Kauffrau, Kosmetikerin, Gschf. FN.: Genesis Cosmetics GmbH; Finex Beauty Collection. DA.: 66386 St. Ingbert, Rickertstr. 34a. finexbeautycollection@t-online.de. G.: Saarbrücken-Scheidt, 7. Jan. 1955. V.: Wolfgang Fahle. Ki.: Boris Michael (1983), Jascha Simone (1986). El.: Friedrich Arnold u. Johanna, geb. Müller. BV.: Johann Engel, Bader, im Bereich Eppelborn "Vater Engel" genannt. S.: 1974 Abitur, 1974-76 Ausbildung z. Kosmetikerin, 1976-78 Ausbildung z. Kauffrau, 1990-92 Ausbildung z. Heilpraktikerin an d. Heilpraktikerschule in Saarbrücken, parallel dazu Ausbildung b. Schulmedizinern in Saarbrücken u. Umgebung, Fortbildung in klass. Homöopathie, Akupunktur, orthomolekularer Med., Blutuntersuchungen u. Erstellung v. Stoffwechselprofilen. K.: 1978-90 Ass. d. Geschäftsführung b. Firma Westerfeld in Saarbrücken, 1995 Eröff. einer Naturheilpraxis in Saarbrücken, 1996 Übernahme einer Heilpraktikerpraxis m. einer angegliederten Berufsfachschule f. Kosmetik in Neunkirchen, 1998 Verlegung d. Praxis u. d. Berufsfachschule nach St. Ingbert, 2000 Grdg. d. Firma Genesis - Produktion u. Vertrieb v. Nahrungsergänzungsmitteln, Kosmetika u. kosmetische Accessoires - in St. Ingbert, 2001 Grdg. d. Firma Finex-Beauty-Collection als Joint-venture - Produktion u. Endfertigung v. kosmetischen u. medizinischen Geräten - in St. Ingbert. H.: Kinder, Natur, Hunde, Katzen, Papageien, Meerschweinchen, Fische, Squash.

Fahle Wolfgang Dr. med. habil. Prof. *)

Fahlhausen Hans-Peter Ing. *)

Fahnemann Clemens *)

Fähnrich Felix *)

Fahr Christian Dipl.-Ing.

B.: freischaff. Architekt. DA.: 30559 Hannover, Großer Hillen 6. fahr-hansen@t-online.de. www.fahr-hansen.de. G.: Frohburg, 12. Juni 1955. V.: Christina, geb. Müller. Ki.: Franziska (1988), Johanna (1991). El.: Dr. Rolf u. Doris-Christa, geb. Herfurth. S.: 1977 Abitur Garbsen, 1977-79 Bundeswehr, 1979-84 Studium Arch. Univ. Hannover. K.: 1984-85 tätig in versch. Büros, 1985-87 Projektltr. im Arch.-Büro Hübotter · Ledeboer · Busch in Hannover, 1987-97 Partner im Arch.-Büro Hübotter, Ledeboer, Fahr in Hannover, 1997 Grdg. d. Arch.-Büros Fahr & Hansen in Hannover m. Schwerpunkt Formel I-Strecken, Hotel, Theater, Banken, Schulen, Ein- u. Mehrfamilienhäuser, Rathäuser, Gewerbebau, Büros, Stadtbau; Funktion: ehrenamtl. Laienrichter am Architektenberufsgericht in Hannover. P.: div. Veröff. in Fachzeitschriften. M.: BDA, Architektenkam., Old Table 117 Hannover, Tennisver., Golfclub Gleidingen, Kestner Ges., SOS Kinderdorf. H.: Tennis, Golf, Weine, Kunst.

Fahr Hans Dipl.-Ing. Dipl.-Kfm.
B.: Vorst.-Vors. FN.: IWKA AG. DA.: 76135 Karlsruhe, Gartenstr. 71. G.: Singen, 10. Jan. 1949. S.: 1968-72 Stud. Maschinenbau an d. TU München, 1972-75 Stud. Betriebswirtschaft an d. HS St. Gallen. K.: 1975-77 Projektleiter b. d. Firma Hayek in Zürich, 1977-80 ltd. Funktion in d. Planung u. Organisation b. d. Textilmaschinengruppe d. Sulzer-Konzerns, 1980-84 Gschf. Carl Walther GmbH Ulm, 1984-88 Alleingschf. Carl Walther GmbH Ulm, 1988-91 Ltr. d. Tochteru. Auslandsges. d. IWK Regler + Kompensatoren GmbH Stutensee, 1991-93 stellv. Gschf. IWK Regler + Kompensatoren GmbH, 1993-95 o.Gschf. d. IWK Regler + Kompensatoren GmbH, 1996 Mtgl. d. Vorst. d. Bopp & Reuther AG Mannheim, seit 1996 Mtgl. d. Vorst. d. IWKA AG Karlsruhe, seit 1. Okt. 1996 Vorst.-Vors. d. IWKA AG. (Re)

Fahr Hans-Jörg Prof. *)

Fahr Michael

B.: Ndlg.-Ltr. FN.: OWL Ocean Lines Bremen GmbH & Co KG. DA.: 28203 Bremen, Präsident-Kennedy-Pl. 1. michael.fahr@owl-bre.de. www.owl.de. G.: Bremen, 18. April. 1971. El.: Günter u. Heidegunde, geb. Schiemann. S.: 1987-89 Höhere Handelsschule Bremen, 1989-92 Ausbildung Schiffahrtskfm. Schiffsmaklerei Peter W. Lamke Bremen, 1992-93 Bundeswehr. K.: 1993 Schiffahrtskfm. d. Firma Peter W. Lemke, 1994-96 Ltr. d. Abt. Mexico-Verkehr d. Ndlg. Lamke in Hamburg, 1996-98 Back Office Manager f. d. Bereich Mexico u. USA d. eine mexican. Staatsreederei, 1998-99 Sales Manager f. d. Bereich China u. Ferner Osten in Bremen, seit 1999 Ltr. d. Ndlg. d. OWL Ocean World Lines in Bremen. H.: Golf.

Fahrbach Hanni L.

B.: Fotografenmeisterin. FN.: Foto Fahrbach. DA.: 50733 Köln, Neusser Str. 459. G.: Posen, 5. Juni 1942. V.: Jörg Fahrbach. Ki.: Jens (1967), Kai (1970). El.: Gustav u. Lilly v. Kieseritzky, geb. Grube. BV.: Mutter Malerin, gemalt unter Mädchennamen Grube in Reval. S.: 1956-57 Haushaltsj., 1958-61 Fotografenlehre b. Ilse Hofmann in Leipzig, 1961 Abschluß u. anschl. nach Urlaub wegen Mauerbau in Köln geblieben. K.: 1962-65 b. Fotografin Elsbeth Gropp in Köln, 1966 b. Fotograf Studio 88 in Köln, 1967 Fotograf Josuweck in Köln, 1967 freie Mitarb., 1979-81 Meisterschule Kön, 1981 Meisterprüf., seit 1982

*) Biographie www.whoiswho-verlag.ch oder beigefügte CD-ROM

selbst., seit 2000 auch digitale Fotografie. M.: Ver. f. Portraitfotografen. H.: Fotografie, früher Weben u. Schnitzerei, Reise nach Skandinavien.

Fahrenbruch Rainer
B.: RA. FN.: Rechtsanwälte Heimann, Hallermann, Gerlach. DA.: 01309 Dresden, Loschwitzer Str. 26. ra.fahrenbruch@web.de. G.: Recklinghausen, 6. Apr. 1963. V.: Lebenspartnerin Tanja Wackwitz (Theaterausstatter/Regisseur). Ki.: Anastasia (2000). S.: 1982 Abitur Öhringen, 1982-84 Armee, 1984-86 Stud. Jura Univ. Freiburg im Breisgau, 1986-89 Stud. Jura Univ. München. K.: 1989-91 Jurist. Referendariat in Freiburg u. Dresden, 1992 selbständiger RA in Dresden, 2000 Fachanwalt f. Verwaltungsrecht, Tätigkeitsschwerpunkte: Bankrecht, Bau- u. Architekturrecht, Subventionen, Vergabeverfahren, 1996-2000 Vorst. d. projekttheater dresden e.V., 1999 Vorst. d. TheaterRuine St. Pauli e.V. Dresden. M.: Bankrechtl. Vereinigung - wiss. Vereinigung f. Bankrecht, Dt. Ges. f. Baurecht, Ges. Histor. Neumarkt zu Dresden, Projekttheater Dresden, Theaterruine St. Pauli e.V. Dresden. H.: Kunst, Kultur, Literatur.

Fahrenholtz Gerhard Dipl.-Ing.
B.: Autor. www.fahrenholtz.de. P.: jährlich erscheinende Fachbücher "Handbuch für den Dachdeckermeister" im 16.Jahrgang u. d. "Handbuch für Klempnerarbeiten" im 9.Jahrgang.

Fahrenholz Falk Dr. Dr. h.c. Prof.
B.: Prof. f. Biochemie. FN.: Inst. f. Biochemie, Johannes Gutenberg-Univ. Mainz. DA.: 55099 Mainz, Becher Weg 30. PA.: 55130 Mainz, An der Klosterheck 17. G.: Frankfurt, 24. Nov. 1942. V.: Dr. Henrike, geb. Hilwig. El.: Dipl.-Ing. Wilhelm u. Anna, geb. Christ. S.: 1962 Abitur Frankfurt, 1962-67 Chem.-Stud., 1967 Dipl.-Chem.-Hauptprüf., 1967-70 Diss. bei Prof. Dr. T. Wieland, 1970 Dr. phil. nat., 1971 Stipendiat d. Fulbright-Stiftung u. Mitarb. b. Prof. Dr. B. Weinstein Univ. Washington USA. K.: 1972 wiss. Mitarb. Max-Planck-Inst. f. Biophysik, Frankfurt, seit 1978 Ltr. einer biochem. Arbeitsgruppe, 1984 Habil., 1992 apl.Prof. Univ. Frankfurt, 1997 Annahme eines Rufs auf d. Prof. f. Biochemie an d. Univ. Mainz. P.: über 130 Veröff. auf d. Gebieten d. Hormonwirkung, funktioneller Membranproteine u. d. Alzheimer-Erkrankung. E.: Ehrendoktorwürde d. Univ. Danzing, Polen, Erfinderpreis Rheinland-Pfalz 2000, Max-Bermann Medaille. M.: Max-Bergmann-Kreis. H.: Kultur- u. Wissenschaftsgeschichte, moderne Literatur.

Fahrenholz Harald

B.: Zahnarzt. DA.: 82031 München-Grünwald, Lena-Christ-Str. 1. G.: Königssee, 19. Nov. 1949. V.: Martina, geb. Weinzettl. Ki.: Maria (1990). S.: 1968 Abitur Laubach, 1968-74 Stud. Zahnmed., Staatsexamen Johannes Gutenberg-Univ. Mainz. K.: 1974-78 Ass.-Arzt b. Prof. Bachmann KH Rechts d. Isar u. in d. Praxis Dr. Peter Kraus München, seit 1978 selbständig in Grünwald, Schwerpunkttätigkeit Implantologie, s. 2001 Mitarbeiter des CMF-Institutes, Schwerpunkttätigkeit Implantatprothetik, Parodontologie u. ästhetische Zahnheilkunde in Wien. M.: Bayer. Zahnärztekam., Freier Verb. Dt. Zahnärzte, EAOI, European Academy of Gnathologic. H.: Reisen, Weine, mod. Kunst, mod. klass. Musik, Automobile, Sport.

Fahrenkamp Holger

B.: Grafiker, Gschf. Ges. FN.: Blofeld GmbH. DA.: 10629 Berlin, Sybelstr. 68. G.: Neuwied/Rhein, 9. Dez. 1963. El.: Wilfried u. Karin. S.: 1980 Mittlere Reife u. FH-Reife, 1980-82 Glasfachschule Rheinbach, staatl. geprüfter techn. Ass. Fachrichtung Gestaltung. K.: 1982-83 Studio f. Bedarfslenkung Anderloch, 1983-84 Mittelrhein. Offset-Repro Anst., 1984-85 Berliner Stoffdruckerei, 1985-87 E/P Hennig Düsseldorf, 1989-90 Dorland Berlin, 1990-92 Flaskamp Berlin, 1992-93 eigenes Büro, 1993-96 L&R productions, 1996-98 FCB Publicies Hamburg, 1998-99 L&R productions, 1999 Grdg. Camp 24/7 GmbH, 2001 Grdg. Blofeld GmbH. E.: Erscheinungsbild f. d. Land Brandenburg - Innovationspreis 1993. H.: Kochen, Weine, Motorsport.

Fahrenkrog Dierk Dipl.-Ing.
B.: Dipl.-Wirtschaftsing., Servicemanager, Gschf. Ges. FN.: Elesco GmbH. DA.: 20253 Hamburg, Bismarckstr. 149. G.: Hamburg, 17. Juli 1952. V.: Angela, geb. Lepoirs. Ki.: Catharina (1999). S.: 1992 Fachabitur Hamburg, 1972-73 Bundeswehr, 1974-82 Stud. Wirtschaftsing.-Wesen m. Dipl.-Abschluß in Hamburg. K.: 1983-85 Ing. f. Qualitätssicherung Hermes Techn. Kundendienst Hamburg, 1986-89 Kundendienstltr. u. Ltr. Materialwirtschaft u. Logistik Röder Sitzmöbelwerke Frankfurt/Main, 1990-91 Servicedienstltr. Schottel-Werft Spay/Rhein, 1992-93 Bereichsltr. techn. Kundendienst f. regionales Servicenetz Karstadt AG Essen, 1994-95 Bereichsltr. Konsumerservice Philips Kundendienst Hamburg, 1995 Mitgründer u. Gschf. Ges. Elesco GmbH Hamburg, Zusammenschluß v. 18 regionalen u. überregionalen Servicedienstleistern in Deutschland u. d. Schweiz, Auf- u. Ausbau einer europ. Serviceorgan. P.: Referent im Rahmen v. Kongressen z. Thema Service u. Kundendienst. M.: BeiR. Kundenverb. Deutschland. H.: Sport.

Fahrenkrug Katrin *)

Fahrenschon Peter *)

Fahrholz Bernd Prof. Dr.
B.: Vorst.-Vors. FN.: Dresdner Bank AG. GT.: seit 7/2001 stellv. Vorst.-Vors. Allianz AG; Hon.-Prof. Johann Wolfgang Goethe-Univ. Frankfurt; zahlreiche AufsR- u. Beiratsmandate. DA.: 60301 Frankfurt/Main, Jürgen Pronto Pl. 1. www.dresdner-bank.de. G.: Oldenburg, 4. Aug. 1947. S.: Studium Rechtswiss. Univ. Göttingen u. Hamburg, 1. u. 2. Staatsexamen, 1978 Prom. K.: Wiss. Mitarbeiter Finanz- u. Steuerrecht Univ. Hamburg, s. 1977 Dresdner Bank AG, s. 1998 Vorst., s. 05/2000 Vorst.-Sprecher, s. 11/2001 Vorst.-Vors. (Re)

Fährmann Willi
B.: Schulamtsdir. i. R., Autor. PA.: 46509 Xanten, Erprather Weg 5c. G.: 18. Dez. 1929. V.: Elisabeth. Ki.: Thomas, Maria, Ludgera. S.: Hochschulen in Oberhausen, Münster. P.: Meine Oma macht Geschichten, Das feuerrote Segel; Es geschah im Nachbarhaus; Der lange Weg des Lukas B; Das Jahr der Wölfe; Zeit hassen, Zeit lieben; Kristina, vergiß nicht; Der Mann im Feuer; Der überaus starke Willibald; Roter König, weißer Stern; Timofej oder der Bilderdieb; Jakob und seine Freunde; Und leuchtet wie die Sonne; Deutsche Heldensagen; Unter d. Asche die Glut; Der weise Rabe; Paco baut eine Krippe; Franz und Rotkehlchen; Sie weckten das Morgenrot, Das Feuer des Prometheus, Isabella, Zirkus Kind. E.: Preis d.

*) Biographie www.whoiswho-verlag.ch oder beigefügte CD-ROM

Fährmann

Leseratten d. ZDF, Dt. Jugendliteraturpr., Kath. Kinderbuchpreis, Buch d. Monats, Österr. Staatspr. f. Jugendlit. Grand Prix d. Dreizehn, Ehrenpr. z. Hans-Christian-Andersen-Medaille, Nibelungenring d. Stadt Xanten, Großes VK d. BRD. M.: P.E.N., o. Mitgl. d. Dt. Akad. f. Kinder u. Jugendliteratur.

Fahrngruber Christian Hans-Jürgen *)

Fahrnholz Helmut Dr. med. *)

Fahrnschon Reinhold *)

Fahs Martin *)

Fähsing Günter
B.: Gschf. FN.: Harzklinikum WR GmbH. DA.: 38855 Wernigerode, Ilsenburger Str. 15. G.: Berlin-Spandau, 26. Apr. 1939. V.: Brigitte. Ki.: Britta. S.: 1957 Schulabschluss u. Berufsausbild. m. Abitur als Former, 1957-63 Dienst in d. NVA in d. rückwärtigen Diensten, 1963-68 Kreissekr. b. DRK, ab 1963 Stud. als KH- u. Betriebswirt. K.: seit 1968 Ass. im Kreis-KH Wernigerode, ab 1970 stellv. Verw.-Dir., ab 1981 ökonom. Dir., 1990 Verw.-Dir., ab 1994 m. Grdg. d. GmbH Harzklinikum Wernigerode als Gschf. d. Ges. u. KH-Dir. d. Harzklinikum tätig. M.: Verb. d. KH-Dir. Deutschlands, Vorst. d. kommunalen Arbeitgeberverb. Sachsen-Anhalt, Vors. d. Fachaussch. KH. H.: Garten, Haus.

Fahtz Ursula *)

Faig Wolfgang Dipl.-Ing. *)

Faillard Hans Dr. phil. Prof. *)

Faiß Klaus Dr. phil. Univ.-Prof.
B.: Ltr. d. Forschungs- u. Lehrbereichs Sprachwiss. d. Seminars f. Engl. Philol. FN.: Univ. Mainz. DA.: 55122 Mainz, Saarstr. 21. PA.: 55296 Harxheim, Bahnhofstr. 133. G.: Plochingen, 10. Juni 1940. V.: Lore, geb. Keimel. Ki.: 2 Kinder. El.: Walter u. Alma. S.: 1959 Abitur, Univ. Tübingen, Aix-en-Provence, Cambridge, 1964 1. Staatsexamen, 1967 Prom. K.: 1973 Prof. Univ. Bochum, 1976 Berufung Mainz, 1979-82 u. 1989-91 Dekan d. Fachbereichs 14, 1979-81 Vors. d. Gemeinsamen Aussch. d. Fachbereiche 1-16, 23. P.: "Gnade b. Cynewulf u. seiner Schule" (1967), "Verdunkelte Compounds im Englischen" (1978), "Englische Sprachgeschichte" (1989), "English Historical Morphology and Word-Formation" (1992), zahlr. Beiträge in intern. Fachzeitschr. u. Sammelbänden. M.: Mtgl. d. Senats d. Univ. Mainz, Ges. f. Angew. Ling., Mediävistenverb., Anglistenverb. H.: Weinbau.

Faistbauer Karl *)

Fait Markus
B.: Volljurist, ndlg. RA. DA.: 04109 Leipzig, Brühl 8. mfait@fait-und-partner.de. G.: Wiesbaden, 7. Jan. 1964. Ki.: 1 Kind. S.: 1983 Abitur Mainz, Zivildienst, 1984-90 Stud. Rechtswiss. Univ. Mainz u. Freiburg, 1990 1. u. 1994 2. Staatsexamen. K.: 1994-95 ang. RA b. Fahr-Becker Chemnitz, 1995-96 freier Mitarb. Berendes & Parschau Leipzig u. Berlin, seit 1996 ndlg. RA in Leipzig, Tätigkeitsschwerpunkt: priv. Baurecht, WEG-Recht, Mietrecht, Steuerrecht. P.: Doz.-Tätigkeit im Bereich Baurecht u. Allg. Zivilrecht. M.: LAV.

Faix Oskar Dr. Prof. *)

Fakharani Michael Dr. med. *)

Falbe Georg *)

Falck Daniela
B.: Profi-Kraftsportlerin, Bürokauffrau, Sachbearbeiterin im Vertrieb f. Österreich. FN.: KTM Sportmotorcycle AG. G.: Stendal, 23. Okt. 1975. El.: Hermann Paul u. Ingeborg Hildegard, geb. Balfanz. S.: 1994 FH-Reife in Tangerhütte, b. 1997 Ausbild. z. Bürokauffrau. K.: seit 1989 im Kraftsport (Powerlifting), danach im erlernten Beruf tätig, seit 1999 Fachübungsltr. im Breitensport, seit 2000 bei KTM Sportmotorcycle AG, Kampfrichtertätigkeit (Bundeslizenz), größte sportl. Erfolge: Sachsen-Anhalt: 1993-98 8x Landesmeisterin Kraftdreikampf (KDK), 1995 VLandesmeisterin KDK, 3. Pl. LM KDK, 3x Landesmeisterin im Bankdrücken, VLandesmeisterin Bankdrücken, 2x 1. Pl. Landesliga Bankdrücken, 2. Pl. Landesliga Bankdrücken, 1. Pl. Gr. Preis v. Köthen, Deutschland: 1998 Dt. Meisterin KDK, 4x Dt. VMeisterin KDK, 1998 Dt. Mannschaftsmeister KDK, 1997 Dt. VMeisterin Bankdrücken, 3. Pl. DM Bankdrücken, Intern.: 1997 2. Pl. Baltic-Cup, 1998 6. Pl. EM KDK, 1998 1. Pl. Bavaria-Cup Kreuzheben, 1998 7. Pl. WM KDK, Wettkampf Intern.: 2000 Intern. Steinheben 5. Platz. M.: FGV Zahna, Bundesverb. Dt. Gewichtheber. H.: Kraftsport.

Falck Ingeborg Dr. med. Prof. *)

Falck-Kimmich Hildegard *)

Falck-Steffens Christiane Dipl.-Ing. *)

Falcke Hans Jürgen Dr. med.

B.: Radiologe. FN.: Röntgenpraxis Schäferkampsallee. DA.: 20357 Hamburg, Schäferkampsallee 3-5. G.: Immenstadt, 5. Sep. 1944. V.: Monika, geb. Pfeuffer. Ki.: 2 Söhne, 2 Töchter. S.: 1964 Abitur Kempten, 1964-70 Med.-Stud. Univ. Heidelberg, 1970 Prom. K.: 1970-72 Med.-ass., 1972-85 Fachausbild. in d. Kinderheilkunde (1976) u. Radiologie sowie Nuklearmed. (1985), zwischenzeitl. an KH u. Praxen beschäftigt, 1987 Ndlg. als Radiologe in Hamburg m. Schwerpunkt Schnittbilddiagnostik (CT u. MR). P.: 1970 Diss. M.: BDR. H.: Bergwandern, Fahrradfahren, Natur.

Falcke Wilm
B.: Musikjournalist. DA.: 47051 Duisburg, Neckarstr. 25. G.: Duisburg, 2. Dez. 1926. V.: Christa Lieneke. BV.: Familie August Nieten Duisburg. S.: 1942-45 Wehrmacht, Gefangenschaft, 1947 Abitur, 1947-49 Städt. Konservatorium Duisburg, 1949-56 Stud. Musikwiss. in Köln u. Stud. Germanistik, Völkerkunde u. Theaterwiss. K.: seit 1956 schon während d. Stud. Tätigkeit als Journalist f. d. gesamten Musik- u. Theaterbereich f. d. Zeitungen WAZ u. Rhein. Post, zusätzl. Aktivitäten im Kulturtourismus in Südeuropa. P.: im Rahmen d. Schriftenreihe "Duisburger Forschungen", div. Beiträge u.a. "Max Reger u. Duisburg", "Musikstadt Duisburg", Beiträge über Julius Weismann. M.: 1. Vors. d. Freundes- u. Förderges. d. Julius Weismann-Archiv e.V. Duisburg, Zusammenarb. im mus. Bereich d. Erwachsenenbild. m. 16 Inst., NBG - Neue Bach Ges. Leipzig. H.: Musik.

Falckenberg Harald Dr. *)

Falge Hans-Joachim Dr. Dr. habil. *)

Falk Arnold *)

---

*) Biographie www.whoiswho-verlag.ch oder beigefügte CD-ROM

Falk Heinz-Günter

B.: Vertriebsdir. FN.: Volkswohl Bund Vers. DA.: 29221 Celle, Blumlage 93. G.: Celle, 14. Apr. 1953. Ki.: Jennifer (1976). El.: Günter u. Marlies, geb. Tonn. S.: 1970-74 Ausbild. Rundfunk- u. Fernsehtechniker Celle, 1974-78 Zeitsoldat d. Bundeswehr. K.: 1978-80 HMI-Vertriebsorganisation, seit 1980 Volkswohl Bund Versicherungen, ab 1986 Geschäftsstellenltr., 1988 Subdir., 1989 Bez.-Dir. u. Filialdir., 1990 Bereichsltr. u. Bereichsdir., 1991 Filialdir./Bereichsltr., 1994 Bereichsdir., seit 1996 Vertriebsdir. d. Volkswohl-Bund Vers. in Celle. M.: Tennisver. Wathlingen. H.: Tennis, Inlineskating, Fitnesstraining, Surfen.

Falk Herbert

B.: Architekt. FN.: Architektenwerkstatt Falk. DA.: 48653 Coesfeld, Jakobiring 3. G.: Düsseldorf, 16. Sep. 1930. Ki.: Herbert (1957), Larissa (1961). El.: Herbert u. Helene. S.: 1947-49 Ausbild. z. Maurergesellen, 1949-53 Stud. Arch.in Koblenz, Dipl.-Ing. K.: 1953-55 Bauing. b. d. Stadt Gelsenkirchen, 1955-56 Arch.-Stud. an d. TU Berlin, 1956-57 Planer f. Theaterbau im Architektenteam Ruhnau Gelsenkirchen, 1957-59 Arch.-Projekte in Irak, Kuwait u. Paris, 1959-60 Arch.-Stud. an d. HS f. Gestalt. in Ulm, 1961-62 Architekt im Arch.-Büro Dr. Wolters Coesfeld, 1962-63 Architekt einer Wohnungsbauges. in Dortmund, seit 1964 selbst. Architekt. E.: 1964 1. Preis Architekturwettbewerb Amtshaus Rheine, 1964 1. Preis Architekturwettbewerb Rathaus Wettringen, 1964 1. Preis Architekturwettbewerb Realschule Billerbeck. H.: Golf.

Falk Herbert Josef *)

Falk Ilse

B.: MdB. FN.: CDU. DA.: 11011 Berlin, Platz d. Republik 1, Wahlkreisbüro: 46483 Wesel, van-Gent-Str. 3. PA.: 46509 Xanten, Schulstr. 133. G.: Bevensen, 21. Sept. 1943. V.: Peter H. Falk. Ki.: 4 Kinder. S.: Gymn., Reifenstainer Landfrauenschule, Gartenbaulehre. K.: Hausfrau, Mitarb. im Vermessungsbüro d. Ehemannes, 1984 Presbyterin d. ev. Kirche Xanten-Mörmter, 1984 CDU, 1989 Kreisvors. Frauen-Union, Mtgl. MIT, 1990 Mtgl. Dt. Bundestag, Obfrau d. CDU/CSU-Frakt. im Ausssch. Familie, Senioren, Frauen u. Jugend des Dt. Bundestag.1989-95 Stadtverordnete in Xanten, 1991 Mtgl. d. Jugendkammer d. EKD, Mtgl. im Kuratorium d. Ev. Akad. Müllheim, 1995 Mtgl. im Bundesvorst. d. EAK d. CDU/CSU, Stellv. Vors. Bundesfachausschuss Familienpolitik d. CDU, 1998 Mtgl. d. AufsR d. Ev. Krankenhauses Wesel, Vors. d. Ver. Begegnungsstätte Körperbehinderte und ihre Freunde. M.: Deutsch-Ungar. Parlamentariergruppe, Deutsch-Rumän. Parlamentariergruppe. H.: Gartenarbeit, Lesen, Neuere Literatur, klass. Musik, Segeln, Balkanreisen, Rumänien, Ungarn.

Falk Manfred-Werner Dr. rer. nat. habil. OPhR.

B.: Fachapotheker f. Allg.-Pharmazie, Inh., Gschf. FN.: Apotheke Rothensee. DA.: 39126 Magdeburg, Badeteichstr. 14. PA.: 39126 Magdeburg, Forsthausstr. 5A. G.: Grüna/Sa., 15. Mai 1937. V.: Hanna, geb. Krauß. Ki.: Dipl.-Ing. Thomas (1966), Dipl.-Apotheker Hendrik (1974). El.: Werner u. Charlotte, geb. Uhlmann. S.: 1954 Berufsabschluß als Drogist in Chemnitz, 1962 Abitur Jena, 1962-67 Stud. Pharmazie Friedrich-Schiller-Univ. Jena, 1968 Approb. als Apotheker. K.: 1968-74 Ass. Sekt. Pharmazie Martin-Luther-Univ. Halle, 1973 Prom. z. Dr. rer. nat., 1974-93 Dir. d. Zentralen Apotheke d. Med. Ak. in Magdeburg, 1978 Weiterbild.-Ltr. f. Fachapotheker, 1986 Prom. z. Dr. rer. nat. habil., 1989 facultas docenti Fach Biopharmazie Univ. Greifswald, 1979-90 Beauftragter Min. f. Hoch- u. Fachschulwesen, 1994 Grdg. d. selbst. Apotheke Rothensee u. seither Inh. u. Gschf.; Lehrbeauftragter d. Apothekerkam. Sachsen-Anhalt. BL.: 2 Patente. P.: Buchbeiträge "Die Zentrale Apotheke - 20 J. Med. Ak. Magdeburg" (1974), "Erfahrungen m. organisator. Festlegungen z. Umgang m. Suchtmitteln im stationären Berreich" (1978), "Die Krankenhausapotheke -Organ., Einkauf, Kooperation zwischen Ärzten u. Apotheke" (1992), Veröff. im Zentralblatt f. Pharmazie. E.: 1977 PhR., 1989 OPhR. M.: Vorst.-Mtgl. d. Pharmazeut. Ges. d. Fachgruppe klin. Pharmazie Magdeburg, Vors. d. Apothekerverb. d. DDR, Klin. Pharmazeut. d. A.D.K.A. e.V., Vorst.-Mtgl. d. Landesapothekerverb. Sachsen-Anhalt, Arbeitsgruppe Öff.-Arb. d. Apothekerkam. Sachsen-Anhalt.

Falk Martin Dipl.-Ing. *)

Falk Michael Dipl.-Ing. *)

Falk Ursula *)

Falk Walter Dr. Prof. *)

Falk Waltraud Dr. rer. oec. habil. Prof.

B.: em. Prof. PA.: 16540 Hohen Neuendorf, Herthastr. 2. G.: Berlin, 12. Feb. 1930. V.: Dr. Gerhard Falk. Ki.: Dr. sc. Petra (1953), Uwe (1963), Elke (1966). El.: Karl u. Erna Tessen. S.: 1948 Abitur, 1948-52 Stud. Med., Slawistik, Wirtschaftswiss., 1952 Diplom-Wirtschaftler, 1956 Prom., 1962 Habil. Humboldt-Univ. Berlin. K.: Ass., OAss., Doz., 1962 Prof. f. Wirtschaftsgeschichte, Ltr. d. Inst. bzw. Bereichs Wirtschaftsgesch., Wirtschaftswiss. Fak., Humboldt-Univ., 1979-90 Dekan d. Gesellschaftswiss. Fak. d. Humboldt-Univ., Vors. d. Fachk. Betriebsgesch./Unternehmensgesch. d. Historikergesellsch. d. DDR, 1990 Emeritierung; Forschungen zum Strukturwandel i. d. Wirtschaft, Betreuung v. Doktoranden. BL.: Lehre u. Forsch. zur Wirtschaftsgesch. d. 19. u. 20. Jhrhts. P.: "Die Knappschaftsfessel v. Mansfeld" (1958), "Kleine Geschichte einer gr. Bewegung" (1966), "Allg. u. Besonderes b. Übergang v. Kapitalismus z. Sozialismus" (1977), Edition d. engl. Ausgabe v. Marx f. d. MEGA (1990), Herg.: "Sectoral Changes in Industry After World War II" (1991), weitere 33 Bücher/Broschüren u. 118 Aufsätze in wiss. Zeitschriften. H.: Haus, Garten, Literatur.

Falke Brigitte *)

Falke Eckhard *)

Falke Herbert Erhard *)

Falke Konrad Dr. Prof. *)

Falke Ute *)

Falkenbach-Laubsch Monika Dipl.-Ing. *)

---

*) Biographie www.whoiswho-verlag.ch oder beigefügte CD-ROM

Falkenberg Franz Josef

B.: Architekt. DA.: 52080 Aachen, Schulstr. 67. G.: Aachen, 15. Okt. 1939. V.: Gertrud, geb. Willms. Ki.: Heinrich (1964), Helga (1965), Gisela (1967). S.: 1955 Mittlere Reife, 1955-57 Praktikum Baugewerbe, 1957-61 Praktikum elterl. Baubetrieb, 1961-65 Stud. Arch. u. Städtebau FH Aachen mit Abschluß Dipl.-Ing. K.: Gschf. im elterl. Betr. u. 1966 Übernahme, 1980 Auflösung d. Betriebes u. Eröff. d. Arch.-Büros m. Schwerpunkt Ein- u. Mehrfamilienhäuser m. Arch. u. Material-Auswahl. H.: Musik, Reisen, Garten, Malerei.

Falkenberg Lothar Dr. Dipl.-Ing. *)

Falkenberg Rolf Dieter Dr. *)

Falkenberg Uwe Dr. phil.

B.: Museumsleiter. FN.: Heimat- u. Palitzsch-Museum Dresden - Prohlis. DA.: 01239 Dresden, Gamigstr. 24. G.: Großenhain, 26. Feb. 1958. Ki.: Daniela (1980), Arvid (1983). Ei.: Dr. Eberhard u. Ilse. S.: 1976 Abitur in Löbau, 1976-78 Armee, 1989 Prom. Dr. phil. K.: 1983-91 wiss. Ass. an d. TU Chemnitz, Bereich Geschichte, 1991-93 wiss. Mitarbeiter am Inst. f. Wirtschafts- u. Sozialforschung Chemnitz, 1993-95 wiss. Mitarbeiter am Industriemuseum Chemnitz, 1996-97 Projektleiter in Rochlitz f. eine Studie z. sozialen Infrastruktur im ländlichen Raum, 1999-2000 Kulturamt Dresden, seit 2001 Landeshauptstadt Dresden Museumsleiter. P.: versch. Veröff. in Fachzeitschriften. M.: Heimatverein. H.: Lesen, Wandern, Computer, Musik d. 18. Jhdt.

Falkenburg Petra Dr. med. *)

von Falkenhausen Franz-Ferdinand Dr. *)

von Falkenhayn Falko Dr. phil. Dipl.-Vw.

B.: Vorstand. FN.: Dt. Klassenlotterie Berlin. DA.: 10707 Berlin, Brandenburgische Str. 36. G.: Berlin, 19. Feb. 1940. Ki.: 3 Kinder. S.: 1966 Dipl.-Vw. Univ. München, Prom. z. Dr. phil. Univ. Mainz. K.: seit 1977 Ind.-Erfahrung m. Schwerpunkten Marketing u. Verkauf, ltd. Funktionen b. Robert Bosch GmbH Stuttgart (Abt.-Dir.), BMW AG München (Bereichsltr.), Dt. Lufthansa AG (Vorst.), Unternehmensberater, seit 1993 Vorst.-Mtgl. Dt. Klassenlotterie Berlin, seit 2000 Präs. Marketing Club Berlin.

Falkenhorst Christian Kapitän, HS-Ing. *)

Falkenreck Erika OStudR.

B.: Dipl.-Hdl.-Lehrerin. FN.: Landesschulamt Abt. Wilmersdorf b. Senat v. Berlin. G.: Kamen, 21. Apr. 1937. S.: 1957 Abitur, 1959-63 Stud. Wirtschaftswiss. FU Berlin u. 1 J. Stud.-Aufenthalt Columbia-Univ. New York. K.: Referendariat in Berlin, seit 1964 im Schuldienst an d. Berufsschule f. Ind.-Kaufleute Berlin-Wilmersdorf, s.1969 OStudR., 1972 Lehrerin am Abendgymn. f. Erwachsene, glz. 1972-74 Stud. Politologie an d. FU Berlin, ständige Studienaufenthalte in d. USA, Lehraufträge an Sommerschulen. BL.: hohes Engagement im ehrenamtl. Bereich vorrangig f. Bürger, die als Juden aus Deutschland emigrierten, Wahlkampfarb., Marketing u. PR f. versch. Förderver. u. f. Kulturver. M.: Förderver. e.V. Denkmal f. d. ermordeten Juden Europas", Vors. d. Förderkreis Friends of Friends, d. engl. Theaters "Friends of Italien Opera", Vors. d. Ver. d. Peter A. Silbermann-Schule, Berliner Abendgymn. e.V., Gewerkschaft Erziehung u. Wiss., Berliner Hockeyclub. H.: Tennis, Jazzdance, Ballett, Oper, Konzerte.

Falkenreck Michael

B.: Gastronom. FN.: Scheck In Gütersloh. DA.: 33330 Gütersloh, Berliner Str. 49. G.: Ibbenbüren, 7. Feb. 1967. Ki.: Noah (1999). El.: Bruno u. Waldtraud. S.: 1984-87 Ausbildung u. Abschluß z. Koch, 1987-88 Bundeswehr, 1988-91 Kfm. Ausbild. u. Abschluß in Hotelfachschule. K.: 1991-93 Wirtschaftsdir. in größerer Hotelgruppe in Kenia/Afrika, 1993-95 Ausbild u. Abschluß z. staatl. geprüften Betriebswirt f. d. Hotel- u. Gaststättengewerbe, 1995-97 Betriebsltr. einer Brauhauskette im Ruhrgebiet, 1998 Grdg. d. eigenen Firma m. Eröff. Scheck In. H.: Familie, Beruf, Weiterbild.

Falkenstein Alfred Dr. iur. Prof. *)

Falkenstein Johannes *)

Falkenstein Ralf *)

Falkenstein Reinhardt *)

Falkenstein Rudolf Dipl.-Phys. *)

Falkenstörfer Helmut *)

Falkenthal Heinz

B.: Kfm., Gschf. Ges. FN.: Start Werbeagentur GmbH. DA.: 12057 Berlin, Boschweg 13. G.: Güstrow, 4. Juni 1942. S.: 1959 Abschluß Oberschule techn. Zweig Berlin, 1959-62 Lehre Kfm. im Zeitungs- u. Zeitschriftenverlag Alfred Falkenthal. K.: 1962-74 Kfm. Ang. im väterl. Unternehmen Alfred Falkenthal, s. 1974 Inh., 1974 Namensänderung d. Firma: Alfred Falkenthal Inh. Heinz Falkenthal Hdls.-Vertretung f. Verlag, 1979 Grdg. d. Start Werbeagentur GmbH zusammen m. Wilfried Fahrenholz, seither Gschf. Ges., Mediaagentur, Beschriftungen, seit 2000 Websitedesign. M.: ehem. ehrenamtl. Jugendltr. Fußballver. VfB Neukölln. H.: Fußball, Reisen nach Norwegen u. Schottland.

*) Biographie www.whoiswho-verlag.ch oder beigefügte CD-ROM

Falkenthal Lars

B.: Koch, Inh. FN.: Falkenthal's Restaurant. DA.: 23743 Grömitz, Kurpromenade 6. falkenthal@groemitz.de. www.falkenthal-groemitz.de. G.: Berlin, 1. Juli 1967. V.: Carmen Zemp. Ki.: Sarah (1994), Marc (1998). El.: Uwe u. Marianne. S.: 1987-90 Berufsausbild. z. Koch im Interconti Berlin u. im Franz Keller Restaurant Köln. K.: 1991-94 versch. Tätigkeiten Steigenberger Hotels, Rehwiese Berlin-Zehlendorf, Parkhotel Eden au laq Arosa, Montreux u. Luzern, 1994 Übernahme d. Hanseatenstuben in Grömitz, später Umbau zu Falkenthal's Restaurant. BL.: Gewinner d. 6-Taler-Gerichts, Ausz. im Aral-Schlemmeratlas, Vorst. d. Rest. im Guide Gourmet u. anderen Fachzeitungen, 2000 Vergrößerung d. Restaurants m. 2 Pavillons auf insgesamt 180 Plätze, durch Blitzschlag Brand d. Restaurants, 2000-2001 Wiederaufbau nach modernsten Eindrücken u. Erkenntnissen. M.: DEHOGA, Ver. d. Küche e.V., Bürgergilde Grömitz. H.: Golf spielen, Reisen.

Falkenthal Wilfried

B.: freischaff., Maler, Grafiker, Galerist u. Pädagoge. PA.: 04277 Leipzig, Nixenstr. 28. G.: Baruth/Mark, 25. Feb. 1942. V.: Constanze, geb. Schmidt. Ki.: Christiane (1983). El.: Ernst u. Minna, geb. Schulze. BV.: Großvater Karl. S.: 1960 Abitur, 1960-62 Armee, 1962-66 Stud. Kunsterziehung u. Germanistik Univ. Leipzig, 1966 Dipl.-Kunstpädagoge, 1966-71 Stud. freie Malerei u. Grafik Kunst-HS f. Grafik u. Buchkunst Leipzig. K.: seit 1971 freischaff. tätig in Leipzig, ab 1976 Studienreisen nach Bulgarien, Georgien, Mongolei, Spanien u.a.m., 1993 Kunstpädagoge im Verb. Altenkultur e.V. u. Galerist, m. 5 J. Beginn m. Malerei m. Schwerpunkt Malerei in Öl, Acryl u. Aquarell, themat. Bilder, Landschaften, Portraits, Stilleben, Zeichnungen, Norddt. Landschaften u. Schiffsbilder, dekorative Wandmalerei, Bildschmuck f. Räume, Plakate u. Design f. Werbung. P.: regionale u. überregionale Kunstausstellungen in d. ehemal. DDR u. im Auusland (seit 1973), Günter Meißner, Leipziger Künstler d. Gegenwart (1977), Interview im Sender Leipzig (1978), Karin Thomas, Die Malerei in d. DDR (1980), Dokumentarfilm "Das Riesenrad" (1980), Interviews in Zeitungen, Zeitschriften, Rundfunk u. Fernsehen (1983), Ullrich Kuhirt, Kunst d. DDR 1960-1980 (1983), Martin Damus, Malerei d. DDR (1990), Künstler in Leipzig (1995), Auftragskunst d. DDR 1949-90 (1995), eigene Editionen: Darß-Landschaft (1995), Kalender-Bilder vom Darß (1996), Verwandlung einer Landschaft (1996) u.a.m. E.: 1982 Preis d. Gewerkschaft in Berlin. M.: 1971-90 VBK/DDR, seit 1992 BBKD, Vors. d. Künstlerges. H.: Malen, Segeln, Tauchen.

Falkhof Werner

B.: Buch- u. Spieleautor, Verleger, Lobbyist. FN.: THETA Promotion Falkhof & Sohre oHG. DA.: 14532 Kleinmachnow, Johannistisch 20. PA.: 10439 Berlin, Bornholmer Str. 95. WF@theta.de. www.falkhof.de. G.: Schoningen, 17. Juli 1948. V.: Gusti, geb. Hoven (verst. 1990). El.: Kurt u. Elsa, geb. Busch. S.: 1964 Mittlere Reife, 1967 Lehre Chemielaborant, 1971 Dipl.-Ing. Nuklearchemie FH Jülich. K.: 1971-77 Forschung, 1977-87 Gutachter, seit 1987 Geschäftsführungsass. Wirtschaftsverband. P.: "Gefahrgutfahrschulung Klasse 7" (1992), Lustiges Wörterbuch "Ingenieure" (1992), Spiele: "pusher" (1992), "cubicado" (1994), "Monoclones" (1995) Objekt im Deutschen Museum Bonn, "Quiz des 20. Jahrhunderts" (1997), "Zocker" (1999). E.: Auswahlliste Spiel des Jahres 1993, Super AS d'OR CANNES 1994, TOY AWARD Belgien 1994, Preisträger beim BMFT-Gründerwettbewerb Multimedia 1998. M.: 1995-99 2. Vors. Spiele-Autoren-Zunft (SAZ), FS, KtG. H.: Kochen, Spiele, Simulationen, Multimediaanwendungen, PR-Konzepte entwickeln, Lesen u. Schreiben, Genießen.

Falkowski Klaus-Peter Dr. med.

B.: Kinderarzt. DA.: 10999 Berlin, Skalitzer Str. 134. G.: Dassow, 1. Jän. 1945. Ki.: Annakathrin (1973). El.: Josef u. Anna. BV.: spannende Familiengeschichte. S.: 1963 Abitur, 1964-70 Studium Med. Humboldt-Univ. Berlin, 1970 Approb., 1970-76 FA-Ausbild. Kinderklinik Wismar u. Kinderklinik d. Bez.-KH Friedrichshain Berlin, 1976 FA-Anerkennung, 1985 Prom. K.: FA f. Kinderheilkunde an d. Kinderklinik d. Städt. KH Friedrichshain, 1989 Flucht aus d. ehemal. DDR, seit 1980 Ltr. d. pädiatr. Intensivstation u. ab 1988 OA d. Kinderklinik, 1990 OA d. Kinderklinik am Stadt-KH Wolfsburg, seit 1993 ndlg. Kinderarzt in Berlin. BL.: hohes nebenberufl. Engagement f. d. Ärzteschaft. P.: Veröff. über pädiatr. Notfälle auf Kongressen u. in Zeitschriften. M.: Obm. d. Kinderärzte in 5 Stadtbez. in Berlin, Berufsgen. H.: Segeln, Tennis, Squash, Laufen, Radfahren.

Falkuer Bärbel *)

Falkus Karin *)

Fallak Heinz *)

Falland Manfred *)

Fallenstein Gerhard

B.: Gschf. Ges. FN.: Herbert Lingens & Gerhard Fallenstein Zahntechnik GmbH. DA.: 50679 Köln, Arminiusstr. 1. G.: Bonn, 2. März 1950. V.: Monika Elsenberg. Ki.: Melanie (1977), Ann-Laura (1983), Alexander (1990). El.: Oscar u. Giesela, geb. Bach. S.: 1964-67 Ausbildung z. Zahntechniker Hugo Simons Zahntechnikermeister Bad Godesberg. K.: b. 1969 Tätigkeit im Ausbildungsbetrieb, 1969-77 b. Zahntechnikermeister Elmar Müller, 1974-77 Bundeswehr, 1977 Eintritt in Dentallabor Heribert Lingens, zunächst als Ang., 1999 Umwandlung in GmbH u. Einstieg als Gschf. Ges. M.: s. 1971 Mtgl. in d. Prüfungskommission f. d. Gesellenprüfung, seit Mitte d. 80er J. stellv. Vors., seit 1989 Vors. H.: Prüfungskommission, Kochen.

Faller Christian Dr. *)

Fallier Dieter Dipl.-Ing. *)

Falliner Hanka

B.: Physiotherapeutin, Krankengymnastin. FN.: Praxis f. Physiotherapie Hanka Falliner. GT.: Bobath-Therapie f. Säuglinge, Frühchen u. Behinderte. DA.: 23701 Eutin, Plöner Str. 34. G.: Rostock, 4. Nov. 1969. S.: 1989 Abitur Rostock, 1988-91 Ausbildung als Physiotherapeutin an d. Med. Fachschule in Rostock. K.: 1992-94 freiberufl. als Physiotherapeutin in Grömitz tätig, 1993-2000 freiberufl. in Eutin in einer Praxis tätig, 2000 Übernahme d. Praxis. BL.: 1997 m. Triathlon, heute in 2. Bundesliga Nord v. 1999-2000 in Olympischer Distanz. E.: Weltmeisterin im Orientierungstauchen (1993), div. Male

*) Biographie www.whoiswho-verlag.ch oder beigefügte CD-ROM

Falliner

DDR-Meisterin im Orientierungstauchen, Dt. Meisterin im Orientierungstauchen (1990-91), 2001 2x Vizemeisterin u. Landesmeisterin auf mittlerer Distanz in Kiel u. Olympischer Distanz in Travemünde im Triathlon. M.: ZVK, PSV Eutin. H.: Triathlon, Tauchen, Hunde.

von Fallois Immo Dr. *)

Faltenbacher Florian
B.: Gastronom, Inh. FN.: Milch u. Bar Faltenbacher GmbH. DA.: 81671 München, Grafinger Str. 6. florian.f@milchundbar.de. www.faltenbacher.com. G.: München, 4. Okt. 1969. Ki.: Sofia (1996). El.: Matthias u. Gisela. S.: 1 J. FOS. K.: 1986-87 Profi-DJ in Münchner Clubs, 1992 Grdg. d. Agentur Veranstaltungsservice Faltenbacher gemeinsam m. d. Bruder, 1999 Grdg. d. GmbH m. Schwerpunkt Plakatierung, Organ. v. Konzerten, Kulturevents u. Dienstleistungen f. Kulturschaffende u. eigene Veranstaltungen, ab 1996 regelm. Veranstaltungen im "Schlachthof", 1997 Grdg. d. Milch u. Bar Faltenbach GmbH, 1998 Eröff. d. Musikkneipe Starsky's, 1999 Eröff. d. Club Raum 8, 2000 Eröff. d. Blackbeat-Disco Metropolis, 2001 3 Projekte im Musik-, Kleinkunst- u. Improvisationtheater "Stars", "Club Buddha Bar" u. im Freibad Germering.

Faltenbacher Jakob
B.: Gastronom, Inh. FN.: Milch u. Bar Faltenbacher GmbH. DA.: 81671 München, Grafinger Str. 6. jfaltenbacher@aol.com. www.faltenbacher.com. G.: München, 7. Jän. 1972. El.: Matthias u. Gisela. S.: 1989 Mittlere Reife Schloß Brannenburg, FOS Pasing, 1992 Fachabitur Sozialwesen. K.: 1992 Grdg. d. Agentur Veranstaltungsservice Faltenbacher gemeinsam m. d. Bruder, 1999 Grdg. d. GmbH m. Schwerpunkt Plakatierung, Organ. v. Konzerten, Kulturevents u. Dienstleistungen f. Kulturschaffende u. eigene Veranstaltungen, ab 1996 regelm. Veranstaltungen im "Schlachthof", 1997 Grdg. d. Milch u. Bar Faltenbach GmbH, 1998 Eröff. d. Musikkneipe Starsky's, 1999 Eröff. d. Club Raum 8, 2000 Eröff. d. Blackbeat-Disco Metropolis, 2001 3 Projekte im Musik-, Kleinkunst- u. Improvisationtheater "Stars", "Club Buddha Bar" u. im Freibad Germering. E.: mehrf. Ausz. im Arch.-Magazin f. Arch. in d. Milchbar. H.: Reisen.

Falter Jürgen W. Dr. rer. pol. Prof.
B.: o.Univ.-Prof. FN.: Joh. Gutenberg-Univ., Inst. f. Politikwissenschaften. DA.: 55099 Mainz, Saarstr. 21. PA.: 82152 Krailling, Waldstr. 9. G.: Heppenheim, 22. Jan. 1944. Ki.: Anna (1980), Christoph (1984). El.: Dr. Robert u. Annemarie. S.: 1963 Abitur, 1968 Dipl., 1973 Dr. rer. pol. K.: 1970-73 wiss. Ass. Univ. d. Saarlandes, 1973-83 Prof. f. Sozialwiss. Methodenlehre HS d. Bundeswehr München, 1981 Habil., 1983-92 Prof. f. Polit. Wiss. u. vergleichende Faschismusforsch. FU Berlin, 1977-78 Kennedy Memorial Research Fellow an d. Harvard Univ., 1980-81 Visiting Prof. an d. Johns Hopkins Univ. Bologna, seit 1992 Prof. f. Politikwiss. Univ. Mainz, 1992 Visiting Prof. an d. Univ. of Minnesota, Minnenpolis/St.Paul, 1999-2000 Fellow am Wissenschaftskolleg zu Berlin, seit 2001 Mtgl. d. Akad. d. Wiss. u. d. Lit., Mainz. P.: 16 Bücher, ca. 170 Aufsätze in wiss. Zeitschriften u. Sammelwerken in dt. engl., frz. u. span. Sprache, Rundfunkbeiträge, Essays. E.: Vorsitz d. Dt. Ver. f. Polit. Wiss. M.: American Political Science Assoc., Dt. Ver. f. Polit. Wiss., Ver. f. Parlamentsfragen, Arge sozialwiss. Inst. Quantum e.V.

Falterer Richard Josef Dipl.-Ing. (FH) *)

Faltermaier Heinz
B.: Gschf. Ges. FN.: deutsche training GmbH. DA.: 83358 Seebruck, Traunsteiner Str. 21. G.: Maitenbeth, 12. Dez. 1955. V.: Dr. Ingeborg, geb. Geiger. Ki.: Stefanie (1984), Carolin (1989).

El.: Augustin u. Eugenie. S.. 1976 Abitur in Ingolstadt u. Traunstein, 1976-77 Bundeswehr, 1977-82 Stud. Betriebswirtschaft Nürnberg, Dipl.-Kfm. K.: 1982-88 Firma DATEV Genossenschaft d. Steuerberater f. EDV-Dienstleistung, Produktmanager Finanzbuchhaltung, dann Ltr. d. Koordination PL Software Entwicklung, Ltr. d. PC-Integration, 1988 Trainer b. d. deutsche training GmbH, 1990 Filialltg., Prok., 1992 Gschf. Ges. H.: Golf.

Faltermann Peter *)

Faltermeyer Harold
B.: Produzent, Komponist. PA.: 85598 Baldham, Wasserburger Landstr. 16. G.: München, 5. Okt. 1952. V.: Karin, geb. Ballmann. S.: Musik-HS. K.: Autor u. Produzent zu d. Filmen: Beverly Hills Cop I u. II, Top Gun, Running Man, Fire, Ice & Dynamite, Fire & Ice, Fletch I + I, Kuffs, Thief Of Hearts,Fatal Beauty, Tango & Cash, Asterix in Amerika, White Magic, TV-Produktionen: Sauerkraut, Frankie, Zeit der Sehnsucht, Der König St. Pauli, LP-Produktionen mit: Donna Summer, Jennifer Rush, Pet Shop Boys, Udo Jürgens, Chris Thompson u.a., Zusammenarbeit mit: Giorgio Moroder, Bob Seger, Barbra Streisand, Billy Idol, Laura Branigan, Patti LaBelle, Joe Cocker, Roger Chapman, The Three Degrees, Herbie Hancock, u.a. E.: 2 Grammy Awards, 5 AS-CAP Awards, 1986 Goldene Europa, 1987 Bambi, 1988 RSH Gold, 1988 Oscar-Nominierung, 20 Platin- u. 40 Goldschallplatten. H.: Golf, Fliegen, Tennis.

Faltin Günter Dr. Prof.

B.: Prof. f. Wirtschaftspäd. FN.: FU Berlin. DA.: 14195 Berlin, Habelschwerdter Allee 45. G.: Bamberg, 25. Nov. 1944. El.: Bernhard u. Elisabeth. S.: 1964-68 Stud. in St. Gallen/Schweiz u. Tübingen, Studien- u. Forsch.-Reisen in d. USA, nach Mexiko, Tansania, in d. Philippinen, nach Indien, Thailand, Indonesien, Laos. K.: 1972-76 Ass. an d. Univ. Bielefeld, seit 1977 Prof. an d. FU Berlin, Inst. f. Wirtschaftspäd., 1978, 1981, 1984, 1987 u. 1991 Dir. d. Inst. BL.: gründete 1985 d. Unternehmen Projektwerkstatt mit d. Idee "Teekampagne", seit 1995 größtes dt. Teeversandhaus; initiierte u. finanzierte mit seinem Unternehmen ein Wiederaufforstungsprojekt d. WWF in Darjeeling (Indien) seit 1992, fördert d. Nutzung d. Wasserhyazinthe als Rohstoff f. d. Möbelherstellung. P.: "Competencies for innovative entrepreneurship" (1999), "Creating a Culture of Entrepreneurship". E.: 1997 Price Babson Award, Boston. M.: Grdg.-Mtgl. d. Berliner Existenzgründer-Inst., Mtgl. d. Intern. Ak. Berlin (INA).

Faltlhauser Kurt Dr. Dipl.Vw. Prof.
B.: Staatsmin. f. Finanzen FN.: Bayerisches Staatsmin. d. Finanzen. DA.: 80539 München, Odeonspl. 4. PA.: 81243 München, Maria-Eich-Str. 10 a. www.bayern.de. G.: München, 13. Sept. 1940. V.: verh. Ki.: 2 Kinder. S.: Gymn., 1961 Abitur, Stud. Vw., Polit. Wiss. u. Rechtswiss. München, Berlin u. Mainz. K.: 1964-65 Vors. d. AStA Univ. München, 1967 Dipl.-Vw., 1971 Dr. d. Polit. Wiss., Lehrbeauftragter an d. Volkswirtschaftl. Univ. München, Honorarprof., 1983 Mtgl. CSU, Mtgl. Bez.-Vorst. München, 1974-80 u. seit 1998 MdL Bayern, 1980-95 MdB, stellv. Vors. d. CDU/CSU - Bundestagsfraktion, Parl. Staatssekretär, seit 1995 M. d. Bayer. Staatsregierung u. MdBR, seit 1998 Staatsmin. d. Finanzen. (Re)

*) Biographie www.whoiswho-verlag.ch oder beigefügte CD-ROM

Faltlhauser Reinhold Dipl.-Ing

B.: Gschf. FN.: Panavia Aircraft GmbH. DA.: 85399 Hallbergmoos, Am Söldnermoos 17. G.: München, 1939. V.: verh. Ki.: 2 Kinder. S.: 1967 Abschluß Dipl.-Ing. u. Dipl.-Wirtschaftsing. Techn. Univ. München K.: 1968 Texas Instruments, 1969 Heinkel u. Messerschmitt gebildeten Konsortium Entwicklungsring Süd, ab 1970 in ltd. Funktionen b. Messerschmitt-Bölkow-Blohm, u.a. Bereichsltr. Wirtschaft u. Beschaffung d. MBB-Unternehmensbereiches Dienstleistungen ab 1978 u. Bereichsltr. Wirtschaft u. Vertragswesen d. MBB-Unternehmensbereiches Apparate ab 1983, in letzterer Funktion Zusammenarb. m. d. Firma Aerospatiale im Rahmen v. Kooperationsprogrammen wie HOT, Milan u. Roland, glz. Beirat b. Bayern Chemie, Euromissile u. EMDG Paris, EDP Brüssel u. Tactical Defense Systems USA, ab 1988 Bereichsltr. Wirtschaft d. Unternehemensbereichs Militärflugzeuge d. Dt. Aerospace, Mtgl. d. Beiräte bzw. Aufs.räte d. Firmen Eurofighter, Panavia u. anderer DASA-Beteiligungsges., MAPO (Moscow Aircraft Production Organisation), seit 1995 Gschf. d. dt.-engl.-ital. Tornado-Managementkonsortiums Panavia Aircraft GmbH.

Faltus Hubert Dipl.-Bw.

B.: Consultant in d. Rüstungsbranche. FN.: Hubert Faltus Consultant. DA.: 28832 Achim, Zedernstr. 27. G.: Bremen, 10. Mai 1940. V.: Jutta, geb. Borucki. Ki.: Dipl.-Kfm. Oliver (1966), Dipl.-Bw. Norman (1968). S.: 1957-60 Lehre z. Groß- u. Außenhandelskaufmann in Bremen, 1963-65 Stud. BWL an d. FH Bremen, Abschluss: Dipl.-Bw. K.: 1965-67 Atlaswerke AG Ass. einer Vertriebsltg., 1967-96 Krupp Atlas Elektronik Bremen, 1967-75 Vertragsreferent f. d. Behördengeschäft u. Verteidigungsministerium, seit 1975 Aufbau d. Exportgeschäfte Bereich Marinetechnik, Simulation, Prok., Spartenleiter Marinetechnik, 1996-98 Prok. Ferro Staal AG Essen, seit 1998 selbständiger Berater im Bereich Marineschiffbau, 2001 Antragstellung Patentamt München Einsatz v. Kunststoff b. Heeresrohrwaffen. P.: im Global Defense Review London All Systems Go in South Afrika (1999). M.: Nordatlantische Ges. H.: Leichtathletik, Tennis, Golf, Lesen v. englischsprachiger Literatur, Reisen.

Faltz Hans Christian Dr. med.

B.: FA f. Chir. u. Gefäßchir., Phlebologie. DA.: 26871 Papenburg, Hauptkanal lks. 79. PA.: 21432 Winsen, Am Fischteich 8. G.: Gronau, 13. Dez. 1949. V.: Gitta, geb. Knoll. S.: 1969-70 Bundeswehr Marine, 1970-77 Med.-Stud. Christian-Albrecht-Univ. Kiel, Staatsexamen, 1978 Approb. u. Prom. K.: 1979-86 Ass.-Arzt in Bremerhaven Univ.-Klinik Hamburg, Hamburg-Barmbeck, KH Elim Hamburg, 1986-93 FA f. Chir., FA f. Gefäßchir., 1986-8 Thoraxchir. LVA KH Großhansdorf, 1988-89 OA Hamburg Bethesda-KH Chir., 1989-90 Herz-, Thorax- u. Gefäßchir. Fulda u. Gefäßchir. Rendsburg, 1991-92 Herzchir. St. Georg Hamburg, Thoraxchir. LVA KH Großhansdorf, 1993-94 ltd. OA Abt. Thorax- u. Gefäßchir. Klinikum Frankfurt/Oder, 1994 Ndlg. durch Sonderbedarfszulassung Gefäßchir. f. d. LK Emsland in Papenburg, 1998 zusätzl. Zulass- als FA f. Chir. u. Phlebologie. BL.: Standardisierung ambulanter Krampfaderoperation. P.: Diss. "Videodensitometrische Bestimmung d. Reurgitationsfraktion b. experimenteller Aortenklappeninsuffizienz", "Retrospektive Studie über 1500 ambulante Krampfaderoperationen", "Konservative Behandlung d. AVK". H.: Weltreisen: Filmen, Fotografieren, Weltreligionen, Geschichte u. Kunstgeschichte, Tiere u. Menschen, Sport (Skifahren, Wassersport, Bergwandern), Restauration denkmalgeschützter Häuser u. ihre Parkanlagen, Rosenzucht.

Falz Andreas Jürgen Oberregierungsrat *)

Falz Michael Peter *)

Fänders Heinz
Dipl.-Vw. Dipl.-Hdl. OStud.-Dir. *)

Fandrée Heidemarie *)

Fandrey Birgit *)

Fandrey Erika *)

Fandrey Gerhard *)

Fändrich André

B.: staatl. geprüfter Physiotherapeut. DA.: 69369 Weinheim, Waidallee 8. andre.faendrich@t-online.de. www.ac-weinheim.de. G.: Mannheim, 10. Okt. 1971. El.: Günther u. Heide. BV.: Vater ist Vizeweltmeister d. Senioren im Speerwurf. S.: 1991 Abitur, 1992 staatl. Schule f. Physiotherapeuten Mannheim, 1995 Staatsexamen, Zusatzausbild. Sportphysiotherapie u. Manualtherapie. K.: 1995/96 tätig an d. Arcus-Klinik in Pforzheim, 1996 Ang. einer physiotherapeut. Praxis in Ladenburg, 1998 Eröff. d. Praxis f. Krankengymnastik u. Physiotherapie in Weinheim; Funktion: seit 1995 Betreuer d. Gewichtheber d. AC-Weinheim in d. 1. u. 2. Bundesliga. BL.: 8 J. Leistungssportler d. Leichtathletik - Erfolge: Kreis- u. Bez.-Meister im Speerwurf u. Hochsprung. M.: AC Weinheim. H.: Badminton, Inlineskating, Beach-Volleyball.

Fangmann Helmut

B.: Kanzler. FN.: Univ. Freiburg. DA.: 79085 Freiburg, Fahnenbergplatz. kanzler@uni-freiburg.de. G.: Dinklage, 14. Sep. 1956. S.: 1976 Abitur, 1976 Stud. Soziologie u. Wirtschaftswiss. Univ. Bielefeld, 1980-81 Stud. Universidade Federal de Pernambuco Brasilien, 1982 Studienaufenthalt Brasilien. K.: 1984-85 wiss. Ang. d. Fakultät f. Soz. d. Univ. Bielefeld, 1986-93 Mitarb. im Rektorat u. Verw. d. Univ. Bielefeld, 1993-96 Vertreter d. Kanzlers d. Univ. Osnabrück, 1996-98 Projektltr. im CHE d. Bertelsmann Stiftung in Gütersloh, 1998-2000 Ref. im Niedersächs. Min. f. Wiss. u. Kultur, seit 2001 Kanzler d. Univ. Freiburg; Funktionen: Lehraufträge an d. FU Berlin im Weiterbild.-Programm HS-Management f. Führungskräfte d. Berliner u. Brandenburger HS. P.:"Zielvereinbahrungen zw. Staat u. HS" (2001), "Steuerung durch Vereinbarungen-Modetrend od. echte Alternative?" (2000), "Zw. Bürokratie u. Heterachie" (2000), "Prozeßoptimierung in d. HS-Verw." (1998), "Modellvorhaben Innovatives Verw.-

*) Biographie www.whoiswho-verlag.ch oder beigefügte CD-ROM

Fangmann

Management Thüringen" (1997), "Vorschlag z. Reform d. Personalstruktur an Univ." (1997), "Autonomie mit Augenmaß?" (1995), "Der Weiterbild.-Auftrag im novellierten niedersächs. HS-Gesetz" (1994); Ref.: "Globalhaushalt in Niedersachsen" (1999), Planung u. Durchführung d. CHE-Workshops, "Prozessoptimierung in HS" (1998). H.: Go, Musik, Radfahren.

Fangmann Helmut D. Dr. iur. Prof.
B.: Prof. f. öff. Recht, HS-VPr. FN.: HS f. Wirtschaft u. Politik Hamburg. DA.: 2000 Hamburg, Von-Melle-Park 9. PA.: 20146 Hamburg, Binderstr. 17. G.: Westerstede, 9. Mai 1943. S.: Abitur, Stud. d. Rechtswiss., Soz. u. Politologie, 1. u. 2. Jur. Staatsexamen, Prom., wiss. Ass., Lehrbeauftragter, HS-Doz., Prof. K.: 1973-79 wiss. Ass. am Fachbereich Rechtswiss. d. FU Berlin, 1978 Prom., 1980 Berufung z. Prof. f. Öff. Recht Hamburg, seit 1986 VPr. d. HS f. Wirtschaft u. Politik. P.: Wohin treibt der Rechtsstaat? (1977), Recht, Justiz und Faschismus (1984), Gewerkschaftliche und politische Betätigung von Richtern (1986), zahlr. Aufsätze. H.: Skifahren, Tennis.

Fani Giuseppe *)

Fank Harald Dr. Ing.

B.: Gschf. FN.: Dr. Fank & Co GmbH Ges. f. Umwelttechnik. DA.: 68723 Schwetzingen, Carl-Benz-Str. 5. PA.: 69151 Neckargemünd, Wiesenweg 9. harald.fank@gfu-drfank.de. www.gfu-drfrank.de. G.: Bad Schönborn, 27. Feb. 1953. V.: Friedlinde, geb. Gablenz. Ki.: Jana (1982), Sarah (1986). El.: Fritz u. Elisabeth, geb. Fies. S.: 1972 Abitur, 1972-73 Bundeswehr, 1973-80 Stud. Bauing.-Wesen TU Karlsruhe, 1980 Dipl.-Ing., 1980-85 Prom. K.: 1980-85 wiss. Mitarbeiter am Inst. f. Ing.-Biologie u. Biotechnologie d. Abwasserreinigung an d. TU Karlsruhe, 1985 Aufbau d. Abt. Umwelttechnik im Ing.-Consulting-Büro AIC in Heidelberg, 1987 Ltr. d. Abt. Umwelttechnik bei AIC in Heidelberg, München u. Frankfurt, 1990 Bereichsleiter f. Umwelt f. alle dt. Standorte d. niederländ. Firma DHV, 1999 selbständig m. Grdg. d. GfU Ges. f. Umwelttechnik m. Schwerpunkt Altlastenerkundung, Sanierung, Flächenrecycling f. Private u. Kommunen. BL.: 1996 Projektmanagement u. Ltg. d. Sanierung d. Arsen-TNT-Schadens im Bereich d. CargoCenter2 am Flughafen Frankfurt, 2000 Erarbeitung d. Final Governing Standards d. "Overseas Environmental Baseline Guidance Documents" d. US-Army. M.: Altlastenforum, BVB, AK Flächenrecycling, regionale Aks. H.: Musik, Gitarre spielen, Wandern.

Fankhänel Dietmar Ing. grad. *)

Fansa Mamoun Dr. Prof. *)

Fanselau Rainer Dr. Prof. *)

Fanta Klaus *)

Fantur Rudolf *)

Faradjollahi Rahman *)

Farag Youssef Dr. med.
B.: FA f. Hals-, Nasen- Ohrenheilkunde. DA.: 21073 Hamburg, Harburger Ring 10. G.: Kairo, 24. Feb. 1937. Ki.: Alexander (1965), Minas-Josef (1980), Isis (1981), Markos (1982), Irini (1983). BV.: Vater war Dipl.-Ing. u. Min. f. Sonderaufgaben wie Verlegung d. Abu-Simbel-Tempels. S.: 1953 Abitur, 1953-54 Stud. Literaturwiss. Univ. Kairo, 1955-56 Stud. dt. Sprache Univ. Graz, 1956-60 Stud. Med. Univ. Graz, 1960-64 Stud. Med. Univ. Hamburg, 1. Staatsexamen, 1970 Prom. u. Approb., FA f. HNO, Kopf- u. Halschir. K.: tätig in versch. Kliniken in Hamburg, 1970-72 Schiffsarzt am Forsch.-Schiff Meteor im Auftrag d. Bundesmin. f. Forsch. Bonn u. d. Verkehrsmin. Hamburg, 1973 OA d. HNO Abt. am AKH Hamburg-Harburg, Eröff. d. Praxis m. Belegbetten am Jerusalem-KH in Hamburg; Funktionen: Fachberater f. Schiffsmed. d. Ärztekam. Hamburg, Zulassung z. 1-jähr. Ausbild. v. HNO-FA, Mtgl. d. Kmsn. z. Anerkennung v. ausländ. HNO-Ausbildungen. BL.: med. Forschunsarbeiten: a) Ein neues Verfahren zur Desinfektion milzbrandverdächtiger Borsten 1962, b) Schiffshygienische Untersuchungen auf d. Forschungsschiff Meteor unter d. besonderem Gesichtspunkt d. Konstruktion weiterer Forschungsschiffe 1972. P.: Mitautor v. "Al kipt, les Coptes, the Copts, Die Kopten" - Band 1-3 (1980, 81 u. 83), Mitarb. an "The Coptic Encyclopedia" (1991). M.: Ltr. d. Kopt. Kirche Hamburg, Gschf. d. Kopt. Kirche Deutschlands, Vors. d. European Coptic Union, Vorst.-Mtgl. d. Intern. Coptic Association, Vors. d. St. Minas-Hilfsver., Präs. d. St. Ansgar-Hilfsfonds, Gen.-Sekr. d. Ägypt.-Dt. Clubs.

Farahbaksh Houshang

B.: Briefmarkenhändler, Inh. FN.: Briefmarken & Münzen. DA.: 10625 Berlin, Kantstr. 124. G.: Teheran, 9. März 1926. V.: Schamsi. Ki.: Schahla (1966), Schahram (1967). El.: Hossain u. Fatima. S.: Abitur Teheran, 1950-54 Stud. Economics City of London College. K.: 1954-55 ang. Briefmarkenhändler, 1955 Mitinh. u. Gschf. Hamburg, 1956 Grdg. d. Geschäfts Konstanzer Str. Berlin, 1958 Grdg. MOM-Mittelostmarken, 1960 Bezug d. heutigen Geschäftsräume. BL.: absoluter Spezialist f. pers. u. iran. Münzen. P.: Iranian Hammered Coinage 1500-1879 AD, zweisprachiges Lexikon. E.: v. British Museum f. Ermittlung d. damaligen Kaufwertes pers. Münzen. M.: APHV, Ver. d. Deutschlandsammlere.V., INFLA Berlin. H.: Briefmarken.

Farber Monica

B.: Heilpraktikerin, Shiatsutherapeutin (GSD), Reiki-Lehrerin u. -meisterin, selbst.. DA.: 14167 Berlin, Laehr'scher Jagdweg 16. m.farber@t-online.de. G.: Baden/Baden, 8. Mai 1953. V.: Dipl.-Ing. Leszek Farber. El.: Hugo Gushurst u. Katharina Gushurst, geb. Dreher. S.: 1973 Abitur Berlin, 1974-76 Stud. d. Romanistik an d. FU Berlin, 1976-78 Ausbildung z. Wirtschaftskorresp.. K.: 1979-84 freiberufl. Wirtschaftskorrespondentin, 1984-88 Ausbildung z. Heilpraktikerin, anschließend Arbeit als Heilpraktikerin, 1993 Eröff. einer eigenen Naturheilpraxis, Therapieschwerpunkte: Shiatsu (spez. Form d. Akupressur, jap."Fingerdruckmassage", Osteopathie (ganzheitliche Körpertherapie). M.: Ges. f. Shiatsu in Deutschland. H.: Literatur, Reisen.

*) Biographie www.whoiswho-verlag.ch oder beigefügte CD-ROM

Färber Armin Dr. med.

B.: FA f. Innere Med. u. Radiologie, Chefarzt. FN.: Sanatorium Tanneck. DA.: 86825 Bad Wörishofen, Hartenthaler Str. 29. G.:Frankfurt, 24. Dez. 1923. V.: Renate Kristina, geb. Skottke. Ki.: Franka (1971), Britta (1976). El.: Dr. Herbert u. Katharina, geb. Hüwen. S.: 1940 Abitur München, 1946 Kriegsdienst u. Gefangenschaft, Stud. Med. Univ. München. K.: tätig an d. Poliklinik u. am Klinikum Rechts d. Isar in München, 1951 1. Staatsexamen, danach ltd. Arzt u. Chefarzt an versch. Kliniken u. Sanatorien in Deutschland u. d. Schweiz, FA-Ausbildung f. Innere Med. u. Radiologie, Balneologie u. Chirotherapie, seit 1984 ltd. Arzt an versch. Sanatorien in Bad Wörishofen, seit 2001 Chefarzt am Sanatorium Tanneck; Funktion: Dir. d. Sebastian-Kneipp-Schule in Bad Wörishofen. P.: zahlr. Veröffentlichungen. in Fachzeitschriften, Buchveröffentlichung: "Rücken- u. Wirbelsäulenprobleme", Berichte u. Beiträge in d. Sendung "Die Sprechstunde" im BR. H.: Musik, Zeichnen, Reisen.

Färber Christian Dr.

B.: RA. FN.: RA Gieseking, Färber, Rieder u. Schmidt. DA.: 66119 Saarbrücken, Talstr. 33. faerber@kanzlei-gieseking.de. G.: Saarbrücken, 8. Okt. 1943. V.: Helge, geb. Neurath. Ki.: Jens (1977), Klaus (1981). El.: Hans u. Ruth, geb. Wagner. S.: 1964 Abitur, 1964-69 Studium. Jura u. Geschichte Saarbrücken u. Heidelberg, 1970-73 Referendariat Saarbrücken. K.: 1969-74 wiss. Mitarbeiter. an einem öff.-rechtl. Lehrstuhl in Saarbrücken, 1974-77 Steuerbmtr. in Saabrücken, 1977-92 Ref.- u. später Abt.-Ltr. in saarländischen Sozial- u. Wiss.-Ministerium., 1993-94 Staatssekretär. im Thüringer Wiss.-Ministerium., seit 1995 RA mit Tätigkeitsschwerpunkt Verw.-, Arzthaftungs- u. Arztrecht; Funktionen: 1986-89 federführend im Saarländ. KH-Gesetz, KH-Plan u. Großgeräteplan, 1992 Mtgl. d. Reg.-Arb.-Gruppe Med. Ausbildung in Thüringen, Verhandlungsführer bei d. Umwandlung f. med. HS Erfurt in städt. KH-GmbH, 1993 Grundkonzeption u. Vertragsgestaltung f. Ankauf eines schlüsselfertigen Neubaus f. d. Rechts- u. Wirtschaftswiss. Fakultät in Jena, 1974-77 Lehraufträge f. Einkommensteuer- u. Bilanzrecht an d. Univ. Saarbrücken, 1995-97 Lehraufträge f. Verw.-Verfahrensrecht u. Verw.-Prozeßrecht an d. Univ. Kaschau in d. Slowakei, 1996 Lehrauftrag f. Organ. u. Vergütung d. ärztl. Versorgung an d. Univ. Jena. P.: "Ballondilatation am Herzen" (1990), "Blitz-Planung?"-vorläufige KH-Förderlisten in d. Neuen Bdl." (1991), "Kommunikationstechnik im KH" (1992).

Färber Christine Dr. rer. pol. *)

Färber Klaus-Peter *)

Färber Manfred Dipl.-Ing.

B.: Geschäftsführer Ges. FN.: GfR GmbH f. Rationalisierung. DA.: 85521 Ottobrunn, Haidgraben 1c. G.: Ostpreußen, 29. Dez. 1939. V.: Inge. Ki.: Erik (1969), Markus (1971). El.: Erwin u. Irmgard. S.: 1960 Abitur, 1960-62 Bundeswehr, 1962-69 Stud. Maschinenbau München, 1969 Dipl.-Ing. K.: 1969-71 Mitarb. in einem Ing.-Büro in München im Bereich Planung, seit 1973 selbst. mit einer eigenen Planungs- u. Beratungsfirma f. Großprojekte wie Tiefdruckereien, Omnibuswerke, Produktionsstätten f. d. Automobil- u. Zulieferind. sowie Logistikzentren in Europa, Asien, Mittel- u. Nordamerika.

Färber Richard

B.: selbst. Augenoptiker, Optometrist. DA.: 44379 Dortmund, Martener Str. 344. PA.: 44339 Dortmund, Widuner Pl. 10. G.: Recklinghausen, 6. Apr. 1944. S.: Uhrmacherlehre, 1963-67 Lehre Augenoptiker, Soziales J., Bundeswehr. K.: tätig als Uhrmacher, 1979 Z. v. A. Hauptkurszentrum f. Augenoptik in Köln, 1982 Augenoptiker-Meisterprüf., seit 1984 selbst., Fortbild. in Optometrie. P.: Fachbeitr., Unterr. an d. Handwerkskam. Dortmund. M.: Meisterprüf.-Ausschr. d. Handwerkskam. Dortmund, VDC, WVAO. H.: Phil., Griech. Geschichte, Ägyptologie.

Färber Rudi

B.: Koch, selbständig. FN.: Restaurant "Beim Sedlmayr" am Viktualienmarkt. DA.: 80331 München, Westenrieder Str. 14. G.: München, 4. Jän. 1949. V.: Barbara, geb. Sauer. Ki.: Elisabeth (1986), Annabelle (1989), Maria (1994). El.: Maria De-Wille, geb. Färber. S.: 1963-66 Lehre Koch Flughafen München-Riem. K.: 1966-68 Jungkoch in d. Firma Feinkost Müller München, 1968-70 Koch in einem Restaurant in München, 1970-71 Bundeswehr als Offizierskoch, 1971-79 Koch in d. Gaststätte Großmarkthalle in München, 1980-81 selbständig m. Eröff. d. Sportgaststätte in Kirchheim, 1981-2000 Inhaber d. "Straubinger Hof", 2000 Übern. d. Gastwirtschaft "Beim Sedlmayr" am Viktualienmarkt spez. f. traditionelle bayr. Küche. P.: Veröff. v. "Bayr. Schmankerl"-Rezepten in versch. Tageszeitungen. E.: viele Ausz. f. hervorragende bayr. Küche. M.: Bayr. Hotel- u. Gaststättenverband, Fußballverein TSV 1860 München. H.: Skifahren, Fußball, Tennis.

Färber Uwe Dr. sc. agr.

B.: Staatsrat b. Senator f. Wirtschaft u. Häfen Bremen. DA.: 28195 Bremen, Zweite Schlachtpforte 3. abergmann@wuh.bremen.de. G.: Bremen, 26. Nov. 1949. V.: Gabriele, geb. Un-

*) Biographie www.whoiswho-verlag.ch oder beigefügte CD-ROM

Färber

ger. Ki.: Stefan (1979), Frauke (1980), Meike (1987). El.: Horst u. Hella, geb. Hönicke. S.: 1968 Abitur Bremen, 1968-71 Bundeswehr Zeitsoldat, 1971-81 Stud. VWL an d. Univ. Göttingen, Abschluss: Dipl.-Vw., 1978-81 Prom. z. Dr. sc. agr., 1982-84 Forschungstätigkeit b. d. IIASA Laxenburg b. Wien. K.: 1985-95 Referats- u. Abteilungsleiter b. Senator f. Wirtschaft Bremen, 1995-99 Abteilungsleiter Haushalt u. Vermögen b. Senator f. Finanzen Bremen, seit 1999 Staatsrat b. Senator f. Wirtschaft u. Häfen Bremen. H.: Fahrradfahren.

Färberböck Max

B.: Regisseur. FN.: c/o Senator Filmverleih GmbH. DA.: 10707 Berlin, Kurfürstendamm 65. S.: HFF München. K.: zunächst Tätigkeit f. Constantin Film, danach als Ass. u. Dramaturg zu Peter Zadek ans Schauspielhaus Hamburg, inszenierte an Theatern in Hamburg (Schauspielhaus), Heidelberg (Städt. Bühnen) u. Köln (Schauspiel), Regisseur u. Co-Autor mehrere "Fahnder"-Folgen, b. er m. d. Schreiben u. Inszenieren v. Fernsehfilmen begann, Auszug aus d. Filmographie: "Schlafende Hunde", "Einer zahlt immer", "Bella Block - Die Kommissarin", "Bella Block - Liebestod", 1998 1. Kinofilm "Aimée & Jaguar", 2001Fernsehfilm "Jenseits". E.: 3x Dt. Telestar, 2x Fernsehspielpreis d. Dt. Ak. d. Darstell. Künste, Bayer. Fernsehpreis, Adolf-Grimme-Preis in Gold, 2001 2xgoldene Nymphe/Festival de Television Monaco.

Farenholtz Bernhard *)

Farenholtz Peter *)

Farhat Kamil Dr.med. *)

de Faria Alexander Dr.

B.: RA, Notar. FN.: Anwaltsbüro de Faria - Beckers. GT.: Syndikus d. RDM. DA.: 65014 Wiesbaden, Gustav-Freytag-Str. 19. PA.: Wiesbaden-Sonnenberg, Bahnholzstr. 17. G.: Kowno/Lituen, 8. Nov. 1936. V.: Annemarie, geb. Holmes. Ki.: 3 Kinder. BV.: Russischer Hochadel. S.: 1957 Abitur Wiesbaden, 1957-61 Stud. Rechtswiss. Mainz, Referendarzeit, 1969 Prom. K.: 1969 Zulassung als RA, 1971 Bestellung z. Notar, Offizieller Repräsentant d. russischen Regierung in d. EU f. Privatisierung. BL.: Projektmanagement bei d. Errichtung zweier bedeutender Lebensmittelwerke in d. Moskauer Region. F.: Inh. d. RFI Ges. f. Investitionsberatung mbH. P.: Autor "Die Merkmale d. unerlaubten Handlung im sowjet. Zivilrecht", Verfasser zahlr. Art. über Investitionsfragen in d. USA, Rußland u. Deutschland. H.: Fußball, Tennis, mod. bild. Kunst.

Faridi Marcus Dr. *)

Farina Johann Maria *)

Farinella-Duodu Francesca

B.: Lehrerin, Univ.-Lehrbeauftragte. DA.: 20357 Hamburg, Weidenallee 32. G.: Rovigo/Italien, 25. Sep. 1953. V.: Samson Duodu. Ki.: Ruggero (1987), Elena (1993). S.: 1972 Abitur, 1978 Laurea in Lingue e Letterature Straniere Moderne Univ. Padua, 1985 Abilitazione all'insegnamento di Linguae e civiltà Straniera. K.: 1979 Italienischlehrerin an d. St. John Lloyd Secondary School in Lianelli/GB, 1980-83 Englisch- u. Französischlehrerin an div. Istituti di Istruzione Secondaria in Italien, seit 1984 Italienischlehrerin am Ital. Kulturinst. Hamburg, seti 1984 Lehrbeauftr. f. Ital. Univ. Hamburg, s. 1985 Italienischlehrerin f. d. Freie u. Hansestadt Hamburg, s. 1990 Italienischlehrerin an d. Sängerak. Hamburg, s. 1991 Vorträge u. Bewertung f. Eignungstestkandidaten/Praktika z. Ausbild. v. Konferenzdolmetschern f. d. Kmsn. d. europ. Gemeinschaften am Europa-Kolleg Hamburg, s. 1992 Übern. v. versch. Aufg. f. d. Ital. Kulturinst. Hamburg, s. 1993 Prüferin b. d. HK Hamburg, 1996-98 Italienischlehrerin am Gymn. Gootmoor f. d. Ital. Gen.-Konsulat in Hamburg, 1978 Ang. m. Übersetzungsaufg. f. d. "Banca Nazionale del Lavoro" London, 1980-83 freie Übersetzerin in Italien, seit 1989 freie Übersetzerin in Hamburg. P.: "La presente per comunicar Vi" (1992, 1995, 1996). M.: Fachverb. Ital. in Wiss. u. Unterricht e.V. H.: Lesen.

Farivar-Mulisch Ruth *)

Farle Robert Dipl. rer. oec. *)

Farmont Hans

B.: Architekt, Inh. FN.: Farmont-Gruppe. DA.: 40217 Düsseldorf, Talstr. 1. G.: Meisterdorf/Tschechei, 31. Dez. 1920. V.: Hella, geb. Nettesheim. K.: Rolf, Ingo. El.: Ing. Friedrich u. Maria, geb. Lüpperts. S.: 1936 engl. Cambridge-Abitur Shanghai. K.: 1936-39 Ltr. d. Bauaufsicht einer engl. Ing.-Firma, Kriegsdienst, 1945 Grdg. d. Firma DÜPA, 1950 Grdg. d. Arch.- u. Bauunternehmens, 1960 Grdg. d. Park Ring GmbH m. 35 Parkhäusern in d. BRD; Projekte: Untertunnelung u. Tiefbaugaragen in d. Innenstadt v. Leverkusen. BL.: Inh. v. 40 Patenten weltweit. P.: "Parken, Parkhäuser d. Stadt" (1965), Veröff. anläßl. d. 50-jähr. Firmenjubiläums in d. Düsseldorfer Wirtschaftschronik (1996). E.: 1997 VK 1. Kl. d. BRD, 2000 Ehrennadel d. EU. M.: Mitgründer d. CDU in Deutschland, Verkehrs- u. Regionalaussch. d. IHK, Vorst.-Mtgl. d. weltweit bedeutendsten Parkhausverb., Bundesverb. d. Park- u. Garagenhäuser e.V., European Parking Association in d. USA, Nat. Parking Association in d. USA. H.: Segeln.

Farnach Elke *)

Farnik Holger Dipl.-Ing. *)

Farr Matthias Dipl.-Kfm. *)

Farthmann Friedhelm Dr. iur. Prof. *)

Farwick Bernd

B.: Rechtsanwalt FN.: Farwick & Coll. DA.: 01099 Dresden, Königsbrücker Str. 68. G.: Münster, 7. Juli 1960. V.: Manuela Ki.: Sarah (1996), Laura (1998). S.: 1980 Abitur Münster, 1980-81 Armee, 1982-87 Studium Betriebswirtschaft u. Jura in Münster, 1. Staatsexamen, 1988-90 Referendarzeit, 1990 2. Staatsexamen in Düsseldorf. K.: 1990-92 freier Mitarbeiter in Anwalts-Kanzlei. in Münster, seit 1993 selbständiger Rechtsanwalt in Dresden. BL.: Betreuung kleiner u. mittel-

*) Biographie www.whoiswho-verlag.ch oder beigefügte CD-ROM

ständischer Unternehmen, Baurecht. M.: Mittelstandsvertreter d. CDU, Dresdner Anwalts-Vertreter. H.: Sport (Joggen, Reiten, Tauchen).

Farwick Bernhard *)

Farwick-Bürfent Wilhelm Herrmann *)

Farzin Ingrid Dr. med.
B.: Ärztin f. Allg.-Med., Naturheilverfahren, Homöopathie, Lehrbeauftr. f. Allgemeinmed., Naturheilverfahren, Akupunktur d. Ruhr-Univ. Bochum. DA.: 44787 Bochum, Huestr. 32. ingrid.farzin@ruhr-uni-bochum.de. G.: Oldenburg, 16. Apr. 1948. V.: Dr. Kouroch Farzin. Ki.: Sina (1976), Ramin (1983). S.: 1966 Abitur, 1966-72 Stud. Sozialwiss. u. Anglistik Bochum, 1973-79 Med.-Stud. Bochum u. Essen. K.: Wiss. Mitarb. Sonderforsch.-Bereich Entwicklungspolitik, 1981 Prom., 1984 Allg.-Med., 1985 Naturheilverf. ,1995 Homöopathie, 1997 Dipl.-Akupunktur (Österr.). M.: Ärztinnenbund, ZDN. H.: Lesen, Theater, Plastizieren.

Fasbender Volker *)

Fasch Jochen *)

Fasco Jochen
B.: Ref.-Ltr., Rundfunkref., Abt.-Leiter, Abt. Medien, Volljurist. FN.: Thüringer Kultusministerium, Abt. "Medien". DA.: 99096 Erfurt, Werner-Seelenbinder-Str. 1. G.: Kaiserslautern, 26. Juli 1963. V.: Dagmar, geb. Heckmann. Ki.: Dominik (1999). El.: Kurt u. Uta, geb. Doppler. BV.: Johann Jakob Fasco, 18. Jh., Amtsverweser". S.: 1983 Abitur, 1983 Stud. Jura Univ. Mainz, 1989 1, 92 2. Staatsex., 1992 Stud. HS f. Verw.-Wirtschaftswiss. Speyer. K.: 1989 u.a. Referendariat am LG Bad Kreuznach u. OLG Koblenz, 1992 Postgrad. Ausb. Europainst. in Saarbrücken, ab 1992 wiss. Mitarb., später Büroltr. im Dt. Bundestag Bonn, s. 1993 Ltr. Ref. Rundfunk- u. Presserecht d. Thüringer Staatskzl., zust. f. d. Ber. Neue Medien, Medienwirtschaft. BL.: in d. Schulu. Stud.-Zeit journalist. Tätigkeit u.a. beim Mainzer Rheinztg, RPR, b. ZDF u. 3 Sat, Schwerp.: Medienpolitik. M.: Mtgl. d. Bund-Länder-Arbeitsgruppe "Initiative digitaler Rundfunk". H.: Lesen, neue Technologien, Reisen, Tauchen, Schifahren.

Fasel Martin *)

Fasold Hugo Dr. med. Dr. rer. nat. Prof. *)

Fass Michael

B.: Gschf., Inh. FN.: Faktum-Marketing, Kommunikation u. Public Relations. DA.: 69120 Heidelberg, Brückenstr. 45. G.: Heidelberg, 13. Apr. 1953. V.: Claudia, geb. Conrad. Ki.: Gérard (1999). El.: Karl-Heinz u. Käthe, geb. Kräger. BV.: Großvater gründete in d. 20-er J. eine Kaffeehauskette u. Schokoladenfabriken. S.: 1972 Abitur, 1972-75 Stud. Informatik FH Mannheim, 1975 Lehre Drucker graf. Ind. Firma Glogner-Druck Heidelberg. K.: 1975 tätig in versch. Werbeagenturen in Frankfurt/Main, 1979-84 stellv. Werbeltr. d. Ista GmbH in Mannheim, 1984-92 Ltr. d. Unternehmenskommunikation weltweit in d. Firma Pro Minent Dosiertechnik in Heidelberg, 1992 Grdg. d. Agentur Faktum m. Schwerpunkt integr. Kommunikation, PR u. Werbung, Marktforsch., Events, ganzheitliche Kommunikation u.a.m. P.: Veröff. in Tages- u. Wirtschaftszeitungen u. d. Fachpresse. E.:

PR-Ranking 67 v. 130 Agenturen. M.: Dt. Journalistenverb., Dt: PR Ges., Tennisclub Heidelberg. H.: Tennis, franz. Weine, Reisen, Lesen.

Fass Wolfgang Dipl.-Ing. *)

Fassbender Christina

B.: Flötistin. FN.: Komische Oper Berlin. DA.: 10117 Berlin, Behrensstraße. G.: Buchholz, 19. Dez. 1973. El.: Hans -Peter u. Sigrid Fassbender. S.: 1993 Abitur Hamburg, s. 1993 Stud. an d. Musik-HS Stuttgart b. Prof. Jean-Claude Gerard, 1999 Dipl., s. 1998 Aufbaustud. Mozarteum Salzburg b. Prof. Michael Martin Kofler. K.: 1995 Mtgl. d. Schleswig-Holstein-Festival-Orchester, 1996 Aushilfe b. Radio-Sinfonieorch. d. Süddt. Rundfunks Stuttgart, 1997 2. Flötistin/Piccolistin im Münchner Rundfunkorch., seit 1999 Soloflötistin im Orch. d. Komischen Oper Berlin, 1996 Konzertreise m. Orch. durch Argentinien u. Brasilien, 2000 Kammermusikkreise durch Kanada, 2001 Kammermusiktournee durch Costa Rica. P.: Mitwirkung an CD's, Werke v. A. Jolivet u.a. E.: 1990 Kulturförderpreis d. Landkreises Harburg, 1993 Preisträger b. "Jugend musiziert", 1997 Stip. d. Bundespräs. b. Dt. Hochschulwettbewerb, 1998 3. Preis b. Intern. Instrumentalwettbewerb Markneukirchen, 2001 Preis d. Dt. Musikwettbewerbs, M.: Dt. Orchesterver., ehemal. Stiftungsmtgl., Stiftung Villa Musica sowie Studienstiftung d. Dt. Volkes. H.: priv. Unterrichten (Querflöte f. Kinder u. Jugendl.), franz. Sprache, Sport, Kochen.

Fassbender Doris *)

Faßbender Frank *)

Faßbender Fritz *)

Fassbender Hans Georg Dr. med. Prof. *)

Faßbender Hans-Peter

B.: Pianist, Komponist, Arrangeur. DA.: 41747 Viersen, Bismarckstr. 8. G.: Viersen, 19. Aug. 1964. Ki.: Leon (1991). El.: Walter u. Hanne. S.: 1984 Abitur, 1984-85 Zivildienst, 1988-95 Stud. Musik an d. Musik-HS in Arnheim/Holland, Schwerp.: Jazzklavier, Komp., Dipl.-Musiklehrer f. Musikschulen. K.: tätig an Musikschulen, 1997 Doz. an d. Städt. Musikschule Mönchengladbach, s. 1995 Zusammenarb.. m. Ulrich Plenzdorf b. d. Prod. "Freiheitsberaubung" am Rhein. Landestheater Neuss, 1995 ltd. Produzent b. CD-Aufnahmen einer Folkloregruppe aus Kanew/ Ukraine, 1998 Tournee m. d. Tim Isfort Orch., Zusammenarb. m. der Gruppe Pacifica. P.: CD Tim Isfort Orch.. H.: Beruf.

Fassbender Heinz Hubert
B.: Präs. d. LG Bonn. DA.: 53111 Bonn, Wilhelmstr. 21. G.: Köln, 18. Jan. 1936. V.: Dorothée Osterhagen. Ki.: Barbara (1964), Benedikt (1967). El.: Adam u. Katharina. S.: 1956 Abitur, 1956 Stud. Jura Köln u. Bonn, 1960 1,. 64 2. Staatsex., 1961

*) Biographie www.whoiswho-verlag.ch oder beigefügte CD-ROM

Fassbender

Prom. K.: 1964 Richterl. Dienst LG Köln, 1968-74 Personaldez. LG Köln, 1975 vors. Richter, 1981 OLG Köln, 1984 vors. Richter OLG Köln u. Zivilsenat, ab 1992 Präs. d. LG Bonn. E.: BVK. M.: 1973 Vors. d. Rennger. b. Dir. Vollblutzucht u. Rennen Köln, 1973 Vors. d. ständigen Schiedsger., 1978 Vorst. d. Kölner Rennver., Mtgl. Köln Agripina, Lionsclub, Vors. d. ständ. Schiedsger. b. Direkt. f. Vollblutzucht u. Rennen Köln. H.: Reiterei.

Faßbender Heinz-Jacob

B.: Kfm., Gschf. Ges. FN.: H. J. Faßbender Wohnwagen & Reisemobile GmbH. DA.: 26125 Oldenburg, Ekernstr.6. G.: Zons /Rhein, 30. Nov. 1942. V.: Ursula, geb. Abendt. Ki.: Dieter (1964), Anja (1966). El.: Theodor u. Katharina, geb. Saueressig. S.: 1956-59 Lehre z.Textilkfm. Neuss/Rhein, Bundeswehr. K.: 1960-67 in Familiengastr. Mayen/Eifel, 1967-92 Kundendienst Fa. Eiffelland, Wohnwagenbau, 1972-84 Gschf. Wohnwagen Feldhus in Oldenburg, s. 1984 selbst., Grdg. H. J. Faßbender Wohnwagen-Reisemobile GmbH in Oldenburg als Gschf. Ges. M.: 1975 Grdg.-Mtgl. Oldenburger Campingfreunde im ADAC, 1975-80 Vorst.-Mtgl. H.: Camping.

Faßbender Hermann Josef Dr. iur. *)

Faßbender Klaus G.

B.: Gschf. Ges. FN.: ARGUS GmbH. DA.: 50968 Köln-Marienberg, Oberländer Ufer 180 - 182. G.: Mönchengladbach, 20. Juni 1953. V.: Christel, geb. Ropertz. Ki.: Miriam. El.: Helmut u. Margot, geb. Leschnikowski. S.: 1972 Abitur, 1972-74 Ausbildung z. Hotelkaufmann. K.: seit 1974 anfänglich Finanzierungen v. Immobilien, später Bauträger u. Projektentwicklung, zwischenzeitlich alleiniger Geschäftsf. d. Firma ARGUS Projektentwicklung GmbH. H.: Oldtimer, Motorradfahren, Golf, Weinsammlung.

Faßbender Richard Dr. rer. pol. *)

Fassbender Robert *)

Fassbinder Winfried Dr. med. Prof. *)

Faße Annette

B.: MdB, stellv. Sprecherin. DA.: 11011 Berlin, Platz d. Republik 1. G.: Langen-Imsum in Niedersachsen, 6. Sep.1947. V.: Peter Faße. Ki.: Christian (1969), Sven (1975). S.: Realschule, Bremerhaven, Mittlere Reife, 3 J. FS f. Erziehung, Bremerhaven. K.: 1972 SPD, bis 1975 Kindergarten Bremerhaven, 1975 Gemeinderat Imsum, 1975-79 Mutterpause, bis 1987 Gemeinderat Langen, 1979-87 päd. Mitarb. Seepark-Schule, Langen, seit 1987 Kreistag Cuxhaven, 1987 Wahlkampf gegen drei Männer, 1987-90 MdB, o.Mtgl. Außschüsse f. Post, Verkehr, Tourismus, Vors. Unterbezirk, stellv. Bezirksvors., Mtgl. Parteirat, 1990-91 Firma ELBO-Bau in NBL, Neubrandenburg, neben polit. Tätigkeit, 1991-94 arbeitslos, Erwachsenenbildg als Doz., Org., s. 1994 MdB, Direktwahl Cuxhaven, 1998 Wiederwahl Cuxhaven (54,1%), höchstes Ergebnis in Niedersachsen, o.Mtgl. Verkehrsausschuß/ Bau-, Wohnungswesen, stellv. Sprecherin Tourismus. P.: DVZ, Cuxhaver Nachrichten, Niederelbe Zeitung, Buch "Frauen im Parlament" v. Dr. Rose Götte. M.: SPD, Nautischer Verein Cuxhaven, ehrenamtl. Gschf. "Familie in Not", Wirtschaftsgymn. Cuxhaven, IG Bau. H.: Gartenarbeit, Geige.

Faße Gerhard

B.: Rechtsanwalt Inh. FN.: RA-Kzl. Gerhard Faße. DA.: 24114 Kiel, Harmsstr. 86. G.: Neumünster, 9. Mai 1947. Ki.: Anja. S.: 1969-79 Studium d. Rechtswiss. in Kiel, 1979 1. u. 1983 2. Staatsexamen. K.: 1983-93 ndlg. in Nortorf, 1993 Wechsel nach Kiel, Tätigkeitsschwerpunkt: Familienrecht, Strafrecht u. Zivilrecht. H.: Lesen, klass. Musik, Sport.

Faßhauer Dieter Karl-Heinz Dipl.-Kfm. *)

Fassina Isabella

B.: freiberufl. Klavierpäd. PA.: 10965 Berlin. Monumentenstr. 25. G.: München, 17. Okt. 1966. Ki.: 1 Tochter (1988). El.: Paolo u. Christa Fassina. BV.: Urgroßvater mütterlicherseits. Rhein. Linoleumwerke aufgeb.. S.: 1986 Abitur München, 1986-87 Stud. Kunst u. Musik am Kons. München, 1990-95 Stud. Klavierpäd. an d. HdK Berlin, Dipl. K.: seit 1995 freiberufl. in Berlin - Ausbild. v. allen Altersgr., 2000 Beginn einer Ausbild. "Altoriental. Musiktherapie". P.: Dipl.-Arb. "Musik u. bild. Kunst im 20. Jhdt.". E.: Ballettausz. d. "Royal academy of dancing". M.: Tonkünstlerverb. H.: Malerei

Faßke Dietmar *)

Fassl Peter

B.: Augenoptiker, Inh. FN.: Optik Fassl. DA.: 71229 Leonberg, Brennerstr. 5. G.: Podersam, 7. Okt. 1939. V.: Karin. Ki.: Sabine. S.: 1956-59 Lehre Uhrmacher Korntal, 1960-64 Lehre Augenoptiker Überlingen. K.: 1964-69 Geselle, 1969 Augenoptikermeistrprüf., seit 1971 selbst. in Leonberg m. Schwerp. Prod.v. Sehhilfen, Kontaktlinsen, Bildschirmarbeitspl.-Brillen, Sportbrillen f. Taucher, Radfahrer u. Golfspieler. E.: Gold. Ehrennadel d. WVAO. M.: Berufsbild.-Aussch., Vorst.-Mtgl. d. WVAO, Rotary Club Leonberg-Weil Stadt,1994-95 Präs. H.: Sport, Tennis, Skifahren.

*) Biographie www.whoiswho-verlag.ch oder beigefügte CD-ROM

Fäßler Amand DDr. h.c. mult. Prof.
B.: Univ.-Prof. FN.: Univ. Tübingen. DA.: 72076 Tübingen, Auf der Morgenstelle 14. PA.: 72076 Tübingen, Haselweg 25. faessler@uni-tuebingen.de. G.: Gengenbach, 26. Apr. 1938. V.: Ehrentraud, geb. Drechsel. Ki.: Amand Georg, Philipp Wolfgang. El.: Amand u. Elisabeth. S.: Stud. Univ. Freiburg, München, 1963 Dr. rer.nat. K.: 1962 Ass. Univ. Freiburg, 1965 Forsch.Ass. State Univ. of Tallahassee, 1965-66 Ass.Prof. Univ. of California at Los Angeles, 1967-71 o.Prof. u. Dir. d. Inst. f. Theor. Physik Univ. Münster, 1971-79 Dir. am Inst. f. Kernphysik d. Kernforsch.Anlage Jülich u. o.Prof. Univ. Bonn, 1979 o.Prof. Univ. Tübingen. P.: ca. 700 wiss. Veröff. E.: 1985 Max Born-Preis, 1985 Dr. phil. h.c. Univ. Jyväskylä/Finnland, 1997 Dr. h.c. Univ. Bukarest, 1996 Member of the "Senat" of the "Dt. Forschungsgemeinschaft". M.: Dt. Physikal. Ges., Europ. Physikal. Ges. H.: Segeln, Skifahren.

Fäßler Karlheinz *)

Fässler Marcel
B.: Rennfahrer. FN.: c/o Warsteiner AMG Mercedes. DA.: 71563 Affalterbach, Benzstr. 8. www.mfsspeed.ch. G.: Einsiedeln /Schweiz, 27. Mai 1976. S.: Rennfahrschule Winfield/Frankreich, Rennfahrschule "La Filière" in Le Mans. K.: 1985-95 Kart-Sport, Sieg im ICA EM-Lauf, 1993 3. Pl. in d. Winfield Rennfahrschule, 1995 3. Pl. in d. Formel Renault "Campus" Meisterschaft, 3 Podiumsplätze "Rookie of the Year", 1997 11. Pl. Französische Formel-3 Meisterschaft, Sieg im Formel-Campus-Einladungsrennen in Macau, 1998 4. Pl. Französische Formel-3 Meisterschaft, 1999 2. Pl. dt. Formel-3 Meisterschaft m. d. Bemani-Team, 4 Siege, 2000 dt. Tourenwagen-Masters m. d. Team Warsteiner AMG Mercedes im Mercedes Benz CLK. (Re)

Fassmer Harald Dipl.-Ing.
B.: Gschf. Ges. FN.: Fr. Fassmer GmbH & Co KG. DA.: 27804 Berne/Motzen, Industriestr. 2. harald.fassmer@fassmer.de. www.fassmer.de. G.: Delmenhorst, 9. Juli 1963. V.: Dipl.-Bw. Sandra, geb. Kienast. Ki.: Henryk (1994), Torge (1995), Herke (1999). El.: Dipl.-Ing. Heinz u. Hildegard, geb. Bode. BV.: Johannis Fassmer, Gründer d. Werft 1850. S.: 1979-82 Lehre als Bootsbauer u. 1982-84 Lehre z. Schiffbauer b. Aberking & Rasmussen, 1984-85 Sprachaufenthalt in Cambrigde/England, 1985 Fachabitur, 1985-88 Stud. Schiffbau FH in Bremen, 1988 Abschluss Dipl.-Ing., 1988-90 Stud. Wirtschaftsingenieur-Wesen FH Kiel, Abschluss Dipl.-Wirtschaftsingenieur. K.: 1990-92 tätig in d. Papenburger Meyer Werft, 1992 Eintritt in d. Familienunternehmen Fr. Fassmer GmbH & Co KG, Bereich Schiffbau, 1994 Übernahme als Gschf. Ges. in d. 5. Generation, Schiffbau, Rettungsbootsbau, Anlagenbau, Faßverbundtechnik. M.: Verband f. Schiffbau u. Meerestechnik, Dr. Bootsbauerverband. H.: Segeln, Tennis.

Fassnacht Helmut *)

Faßnacht-Lenz Stephan *)

Fassoth Heinrich
B.: Geschäftsinh. FN.: Elektro Heinemann. DA.: 68169 Mannheim, Mittelstr. 33. Fassoth@t-online.de. www.Elektro-Heinemann.de. G.: Lampertheim, 21. Okt. 1952. V.: Sonja, geb. Eschebach. Ki.: Oliver (1974), Daniela (1978). El.: Heinrich u. Margot. S.: 1967-71 Lehre als Elektroinstallateur. K.: 1971-79 Elektroinstallateur auf Montage, 1976 Meisterprüf., 1979-80 Gschf. b. Schlappner Biblis, seit 1980 selbst., ehrenamtl. Richter b. Landgericht Mannheim. M.: Handwerkskam., IHK, Elektroinnung, Kreishandwerkerschaft, Vorst. d. Elektroinnung, Vorst. d. Gewerbever. Mannheim-Neckarstadt, Olympia Lampertheim-Fußball, Senator Neckarstädter Narren Gilde, Förderver. 125 J. Mannheim-Neckarstadt. H.: Skifahren, Radfahren, Hund, Fußball.

Fastenau Eva Maria *)

Fastenrath Karl Heinz *)

Fastenrath Paul
B.: Prok. FN.: Bergfelder & Söhne GmbH Großhdl. Bad Heizung Küchen. DA.: 58097 Hagen, Altenhagener Str. 43-45. PA.: 58097 Hagen, Rheinstr. 67. G.: Hagen, 14. Juli 1963. V.: Doris, geb. Höroldt. Ki.: Claudia (1961), Andre (1963). S.: 1953 Mittlere Reife, 1953-56 Ausbild. z. Großhdls.-Kfm. 1957 Versandltr. b. d. Firma Bergfelder & Söhne KG in Hagen, 1958-60 Vetriebsltr. im Sanitärgroßhdl. Hagen, 1960-62 Ang. im Infa-Inst. Bad Godesberg, seit 1962 berufstätig b. Firma Bergfelder & Söhne KG in Hagen, zunächst Handlungsbev., 1972 Prok., seit 1982 Ges. u. Gschf., gleichzeitige Umfirmierung. d. Firma auf Bergfelder & Söhne GmbH, seit 1999 Prok., Übergabe d. Betriebes an d. Sohn. E.: Sport-Ehrenplakette d. Stadt Hagen, Silb. Ehrennadel d. Westfäl. Tennisverb. M.: Vorst. d. Tennisclubs Schwarz-Gelb Hagen im TSV 1860, Grdg.-Mtgl. u. Vorst.-Mtgl. d. Hagener Akkordeonorchesters Hagen, Grdg.-Mtgl. u. Vorst.-Mtgl. im Gem.-Ver. Markuskirche, Hilfsschöffe am LG Hagen, seit 1958 SPD. H.: Tennis, Skifahren, Wandern.

Fath Bertold Kurt Wilhelm Dipl.-Ing. *)

Fath Günter
B.: Steinmetz- u. Bildhauermeister, selbständig. DA.: 68723 Schwetzingen, Rudolf-Diesel-Str. 7. G.: Heidelberg, 10. Apr. 1966. V.: Helke, geb. Straßner. Ki.: Fabian (1995). El.: Otto u. Maria, geb. Braun. S.: 1981-84 Steinmetz- u. Bildhauerlehre im elterl. Betrieb, 1991-93 Meisterschulung, 1993 Meisterprüfung. K.: 1984-91 Werkstattleiter im elterl. Betrieb, 1991 Firma Cavalr Siebeldingen/Pfalz, 1995 Grdg. d. eigenen Steinmetz- u. Steinbildhauerbetriebs Günter Fath, Ausbildungsbetrieb. BL.: div. öff. Anfertigungen u. Umarbeiten öff. Denkmäler. M.: Delegierter d. Steinmetzinnung Mannheim-Heidelberg, Förderverein Kultur- u. Heimatmuseum, regionale Vereinssponsoring, Begründer d. Dartvereins Forty-Niner Landau, 10 J. Freiwillige Feuerwehr. H.: Beruf, Motorradfahren, Dartspielen.

Fath Karl-Heinz Dipl.-Kfm.
B.: Manager Dir. FN.: Robinson Club GmbH. DA.: 30625 Hannover, Karl-Wiechert-Allee 20. karl-heinz.fath@robinson.de. www.robinson-club.de. G.: Heimbuchenthal, 6. Jan. 1961. V.: Gabriele, geb. Radeck. S.: 1977 Mittlere Reife Elsenfeld, 1977-81 Ausbild. b. d. Kreissparkasse Obernburg/Miltenberg, 1981-83 Abitur a. d. Berufsoberschule Aschaffenburg, 1983-88 Stud. BWL a. d. Johann-Wolfgang-Goethe Univ. Frankfurt m. Abschluss z. Dipl.-Kfm. K.: 1989-93 Projektkfm. b. Firma Nukem GmbH in Alzenau, 1993-95 Wechsel z. ITS nach Köln, z. Schluss zuständig f. d. Bereich Beteiligung, Controlling u. Konzernbilanzierung, 1985-98 zuständig f. d. Bereich tourist. Beteiligung, Controlling b. d. Firma TUI in Hannover, 1998-99 Gschf. b. d. Firma ITV Reisen in Zürich/Schweiz, 1999 Managing Dir. d. Robinson Club GmbH in Hannover. M.: Golfclub Rehburg Loccum. H.: Golf, Reisen, fremde Kulturen.

Fath Manfred Dr. Prof. *)

---

*) Biographie www.whoiswho-verlag.ch oder beigefügte CD-ROM

Fath

Fath Susanne Dr. med. dent.

B.: wiss. Ltr. FN.: Intensivseminar f. organ. Individualprophylaxe; Philipp-Pfaff-Inst. DA.: 13407 Berlin, Flottenstr. 28-42. G.: Crailsheim, 8. Feb. 1963. El.: Harald u. Brigitte Fath. S.: 1982 Abitur, 1982-83 freiwilliges soz. J. im Collegium Augustinum Dortmund, 1983-88 Stud. Zahnmed. an d. FU Berlin, Approb. K.: 1988-90 wiss. Ass. an d. FU Berlin, parallel dazu Ass.-Zahnärztin in freier Praxis, 1990 Beginn d. Arb. am Intensivseminar f. organ. Individualprophylaxe in Berlin, 1992 Prom. z. Dr. med. dent., 1993 Ltr. d. Intensivseminars, 2000 wiss. Ltr. d. Philipp-Pfaff-Inst. BL.: maßgebl. an d. Konzeption u. d. Aufbau d. Intensivseminars sowie dessen Zusammenlegung m. d. Philipp-Pfaff-Inst. beteiligt. P.: zahlr. Beiträge z. Parodontologie u. zahnmed. Prophylaxe, Mitautorin eines Lehrbuches f. ihren Fachbereich, Chefredakteurin d. "Quintessenz Team Journal". M.: Ges. f. Parodontologie, Fördermtgl. im Dt. Dentalhygienikerinnen Verb. H.: Reiten.

Fäth Helmut Dipl.-Verw.-Wirt *)

Fäthke Arnt
B.: Gschf. FN.: A. M. Fäthke Security Services Detektiv- & Sicherheits KG. DA.: 29693 Böhme, Altenwahlingen 63. a.m.f.services@t-online.de. www.amf-sicherheit.de. G.: Bremen, 17. Okt. 1960. El.: Paul u. Hilma, geb. Besing. S.: 1978 Abitur Bremen. seit K.: 1978-88 versch. Positionen b. Sicherheitsfirmen in Berlin u. Bremen, seit 1989 selbst. u. Grdg. obiger Firma. H.: Sport.

Fatouros Georgios Dr. Prof. *)

Fats Jens *)

Fattahy Bijan *)

Fattobuono Anna

B.: Gschf., Inh. FN.: anna f. DA.: 79089 Freiburg, Konviktstr. 12. G.: Pescosanonesco, 7. Mai 1940. V.: Remo Fattobuono. Ki.: Angelo (1963), Stefania (1964). El.: Alfredo u. Palmina. S.: kfm. Lehre Italien. K.: tätig im Verkauf v. Schuhen u. Lederwaren, s. über 20 J. in einer d. exclusivsten Lagen selbst. in Freiburg m. gr. Erfolg tätig u. m. Blumen-Verwandlung d. Geschäftes zu einer Oase d. Wohlfühlens. P.: Veröff. in Regionaler Presse. M.: Einzelhdl. H.: Blumen, Kochen, Verkauf.

Fau Franz *)

Faucheux Dominique
B.: Restaurantleiter. FN.: Bistro Terrine. DA.: 86799 München, Amalienstr. 89. www.bistro-terrine.de. G.: Vendresse, 25. März 1958. V.: Karin, geb. Kraemer. Ki.: Katrin (1989), Elisabeth (1991). S.: 1976 Hotelfachschule Paris. K.: 1976-79 Ang. im Moulin de Monges Drei-Sterne Restraunt in Paris, 1979 Barmann im Hilton Hotel in London, 1980- tätig im Park Hilton in München, 1981 im Bistro Terrine, 1986 im Bistro Cassolette in Ottobrunn, 1987-95 tätig im Restaurant Inselmühle, seit 1995 Restaurantleiter im Bistro Terrine in München. P.: Veröff. in allen namhaften Restaurantführern wie AZ, TZ u. SZ. E.: 16 Punkte im Gaulte Millot, 1 Stern im Micheline. H.: gut Essen, Lesen, Natur, Frankreich.

Fauck Werner Bernd Roland *)

Faude Götz *)

Fauland-Weckmann Hildegard Mag. *)

Faulenbach Karl Heinrich Dr. theol. *)

Faulenbach da Costa Dieter *)

Faulhaber Hans-Dieter Dr. med. Prof. *)

Faulstich Thomas

B.: Dipl.-Designer. FN.: Atelier f. Industrie Design. DA.: 42899 Remscheid, Dreherstr. 4. G.: Wuppertal, 28. März 1968. El.: Volker u. Marianne, geb. Löscher. S.: 1987 Abitur, 1988 Bundeswehr, 1989-94 Stud. Industriedesign an d. Univ. Wuppertal. K.: 1995 Grdg. d. Atelier f. industrielles Design m. Schwerpunkt: Entwurf u. Illustration, CAD/CAM unterstützter Modellbau, 3D-Frässtudio, Digitalisierung u. Flächenrückführung im Bereich Flug-, Schiffmodellbau, Gießereimodelle, Geräte- u. Fzg.-Design. H.: Sport, Natur.

Faulstich-Wieland Hannelore Hilde Dr. phil. habil. Dipl.-Psych. Prof.
B.: Wissenschaftlerin. FN.: Inst. f. Schulpäd. Fachbereich Erz.wiss. Univ. Hamburg. DA.: 20146 Hamburg, Von Melle Park 8. PA.: 34346 Hannoversch Münden, Querenburg 32. Faulstich-Wieland@erzwiss.uni-hamburg.de. G.: Hann. Münden, 10. Dez. 1948. V.: Prof. Dr. Peter Faulstich. Ki.: Michael (1978), Stefan (1980). S.: Stud. Psych. TU Berlin, 1972 Dipl., 1975 Prom., 1977 1. Staatsexamen, 1980 Habil. K.: 1973-77 wiss. Ass. TU Berlin, 1977-79 wiss. Ang. SOFI Göttingen, 1980-82 AFS Univ. Dortmund, 1982-84 stellv. wiss. Ltr. Inst. Frau u. Ges. Hannover, 1981-92 Priv.-Doz. TU Berlin, 1984-92 Prof. FH Frankfurt/Main, 1992-96 Univ.-Prof. f. Frauenforsch. Univ. Münster, seit 1997 Prof. f. Erziehungswiss. an d. Univ. Hamburg, 1990 Gastprof. Forsch.-Inst. f. Geistes- u. Sozialwiss. Univ.-GH Siegen, 1996 Visiting Scholar am Center for Studies in Higher Education UC Berkeley, 2000 Visiting Scholar an d. Indiana University in Bloomington, 1984-90 Sprecherin AG Frauenforsch. DGfE, 1988-96 Fachgutachterin f. Erziehungswiss. d. DFG, Gschf. Direktorin d. Inst. f. Schulpädagogik (1998-2001) sowie Prodekanin f. Forschung u. Nachwuchsförderung d. Fachbereichs Erziehungswiss. d. Univ. Hamburg (2000-2001). P.: Bücher: "Bildungsplanung u. Sozialisation" (1975), "Polit. Sozialisation in d. Berufsschule" (1976), "Berufsorientierte Beratung v. Mädchen" (1981), "Frauen u. neue Technologien" (1987), "Geschlecht u. Erziehung" (1995), "Koedukation aus Mädchen- u. Jungensicht" (1995), "Entdramatisierung v. Differenzen" (1995), "Individuum und Gesellschaft" (2000), Hrsg. v. u.a. "Abschied v. d. Koedukation" (1987), "Weibl. Identität" (1989). M.: 1992-95 Mtgl. in d. Kommission

*) Biographie www.whoiswho-verlag.ch oder beigefügte CD-ROM

Zukunft d. Bildung - Schule d. Zukunft beim Ministerpräs. d. Landes Nordrhein-Westfalen, seit 1999 Mtgl. im Wiss. Beirat d. Max-Träger Stiftung, seit 1999 Mtgl. im Bildungsrat Niedersachsen beim Niedersächs. Ministerpräs., seit 1999 Mtgl. im Wiss. Beirat d. Dt. Jugendinst. München (DJI), seit 2001 Mtgl. d. Gutachterinnenkommission zur Institutionalisierung v. Frauen- u. Geschlechterforschung an Baden-Württembergischen Hochschulen.

Faupel Heiner
B.: Gschf. Ges. FN.: BOOM One GmbH. DA.: 40237 Düsseldorf, Grafenberger Allee 125. G.: 15. März 1952. V.: Eva. Ki.: Denis (1979), Lea (1983), Maike (1986). S.: 1967-70 Lehre techn. Zeichner Daimler Benz, 1976-78 Zivildienst, 1980 Abitur, 1980-84 Stud. visuelle Kommunikation u. Grafik Design FH Düsseldorf. K.: 1970 Ang. d. Firma Daimler Benz, 1971-73 Reinzeichner d. Werbeagentur HBU, 1973-75 Grafiker b. GFP/ ADPOINT Werbeagentur, 1984-86 freiberufl. tätig in einer Werbeagentur, seit 1985 selbst., 1992 Grdg. d. Firma Faupel + Partner Werbeagentur, 1995 Grdg. d. Firma BOOM Werbeagentur. F.: Gschf. Ges. d. BOOM EVENT. M.: Marketing Club. H.: Sport, Segeln, Tauchen, Schifahren, altes Blechspielzeug, Werbeemailschilder.

Faupel Holger

B.: Geschäftsinh. FN.: HF Kunststoffteile, thermopl. Kunststoff, Schaum & Kautschuk. DA.: 37431 Bad Lauterberg, Barbiser Str. 107. hf-kunststofftechnik@t-online.de5501. www.HFKunststoff.de. G.: Bad Lauterberg, 14. Sep. 1965. V.: Alexandra, geb. Rögener. Ki.: Rabea (1993). El.: Jürgen u. Roswitha, geb. Bruchmann. S.: 1982-85 Lehre z. Kunststoffformgeber b. Firma Fröhlich Bad Lauterberg, 1985-90 b. Firma Fröhlich Bad Lauterberg, 1989-90 Produktionsltr., 1990 Süddt. Kunststoffzentrum (SKZ) Würzburg, Meisterschule, 1990 Ind.-Meister Kunststoff u. Kautschuk. K.: 1990-94 Firma Fröhlich Bad Lauterberg, 1995 Produktionsltr. Firma Frötek Kunststofftechnik Osterode, 1995 Grdg. d. Firma HF Kunststofftechnik Bad Lauterberg, 1999 Einstieg in Konstruktion v. Neuteilen, 2000 Kunststoffformgeber. P.: Messe Leipzig. M.: BJU Bundesverb. d. Jungunternehmen. H.: Fußball aktiv im SSV Neuhof.

Faure Werner *)

Fauser Joachim Dipl.-Ing. *)

Fauser Michael
B.: Vorst. FN.: FAUSER AG. DA.: 82205 Gilching, Gutenbergstr. 5. www.fauser-ag.com. G.: Schwäbisch-Gmünd, 7. Juni 1951. V.: Gertrud, geb. Debera. Ki.: Marc u. Dirk. El.: Otto u. Martha. K.: Vors. d. FAUSER AG.

Fauß Roland *)

Faust Alexander

B.: Dipl.-Kommunikationswirt, Investor Relations Manager. FN.: bmp AG. DA.: 10117 Berlin, Charlottenstr. 16. G.: Berlin, 22. Juli 1961. Ki.: 2 Kinder. S.: 1982 Abitur Berlin, 1982-87 Stud. Gesellschafts- u. Wirtschaftskommunikation HdK, Dipl.-Kommunikationswirt. K.: 1987-89 stellv. Abt.-Ltr. Marketing-Service Herlitz AG Berlin, 1989-91 Abt.-Ltr. Marketing u. Einkauf McPaper GmbH Berlin, 1992-94 Trade Marketing Manager Central Europa Gillette Deutschland GmbH & Co Berlin, 1994-96 Marketing Dir. Central Europa Prok. Whirlpool Europe, 1997-98 Gschf. Ges. Connex Werbeagentur GmbH Berlin, seit 1998 Vorst. bmp Corporate Communications AG, seit 1999 Investor Relations Manager. P.: zahlr. Fachvorträge u. -beiträge in Zeitungen u. Zeitschriften. H.: Familie, Sport, Tennis, Schwimmen, Skifahren, Lesen, zeitgenöss. Kunst.

Faust Boris *)

Faust Günther Dr. med. Prof. *)

Faust Hans Gunter *)

Faust Hans-Georg Dr.
B.: Arzt, MdB. FN.: Dt. Bundestag. DA.: 11011 Berlin, Platz d. Republik. G.: Hofheim/Taunus, 14. März 1948. Ki.: 1 Sohn. S.: Abitur, Stud. Med. Univ. Frankfurt/Main, 1973 Staatsexamen, Stabsarzt d. Bundeswehr, 1980 Weiterbild. FA f. Anästhesie. K.: ltd. Arzt d. Abt. f. Anästhesie u. Intensivmed. an d. Harzklinik Fritz-König-Stift in Bad Harzburg, später ärztl. Dir. d. KH; Funktionen in d. Partei: seit 1986 im Rat d. Stadt Bad Harzburg, seit 1991 Vors. d. CDU-Kreisverb. Goslar, Mtgl. d. Vorst. d. CDU Niedersachsen, Mtgl. d. CDU-Bundesfachaussch. f. Ges.-Politik, Mtgl. d. Mittelstandsver. d. CDU, s. 1998 MdB. (Re)

Faust Hartmut *)

Faus Heinz

B.: Friedofsgärtner, Inh. FN.: Blumen-Faust. DA.: 33617 Bielefeld, Johannistal 15. G.: Bielefeld, 26. Nov. 1947. V.: Heidrun, geb. Bültmann. Ki.: 2 Kinder. El.: Heinrich u. Elfriede. S.: 1962-65 Ausbild. Gärtner Gärtnerei Jost Lage. K.: seit 1965 Friedhofsgärtner im elterl. Betrieb. F.: seit 1996 Grdg. d. Friedhovservice Sennfriedhof Faus u. Heitbreder GbR. E.: Ausz. auf bundesweiten u. intern. Gartenschauen in Leistungswettbewerben u.a. Buga, IGA. M.: 1991-99 Vorst. d. Bielefelder Friedhofsgärtner Gen., AufsR-Mtgl. d. Ges. f. Dauerpflege Dortmund. H.: Motorrad, Modellbau.

---
*) Biographie www.whoiswho-verlag.ch oder beigefügte CD-ROM

Faust Helmut *)

Faust Joachim Heinrich Dipl.-Ing. *)

Faust Jürgen

B.: Steuerberater. FN.: Steuerberatungsbüro Jürgen Faust. GT.: Abteiführungen in d. ehem. Abtei Rommersdorf, Komm. d. Hotels "Villa Sayn". DA.: 56566 Neuwied, Hauptstr. 11. PA.: 56566 Neuwied, Burghofstr. 121. G.: Engers, 28. Feb. 1950. V.: Petra, geb. Goergen. Ki.: Daniel (1976). S.: 1964-67 Ausbild. z. Steuerfachgehilfen, 1967-74 Kfm. Fachschulreife Neuwied. K.: 1974-77 Buchhaltungsltr. in versch. Kfz-Firmen, 1977-81 Ltr. im Steuerberatungsbüro, 1981 Zulassung als Steuerberater m. eigener Praxis in Neuwied P.: Die Werthaftigkeit d. Eingangsstempel d. Finanzämter (Spiegel 1989). M.: ehrenamtl. Schatzmeister d. Abtei Rommersdorf Stiftung, BeiR. im Zoo Neuwied, Zooförderver. Neuwied, Förderver. Abtei Rommersdorf, Fußballver. FV Engers, SSV Heimbach-Weis, Karnevalsges. Heimbach-Weis. H.: Modelleisenbahn, Ehrenlokführer auf d. Strecke Freital-Hainsberg u. Kurort Kripsdorf, ausgestellt als Zertifikat d. Dt. Bahn Regio AG Dresden.

Fust Karl-Heinz *)

Faust Klaus

B.: Gschf., Hauptges. FN.: All-4-Action GmbH. GT.: Geschäftsfrau f. d. Werbeagentur Stammel u. Partner GmbH Pulheim im Bereich Schulungen, OFF Road, Reifen, Umrüstung. DA.: 50170 Kerpen-Sindorf, Marie-Curie-Str. 2. info @all-4-action.de. www. all-4-action.de. G.: Königswinter, 6. Dez. 1958. V.: Claudia Meinhardt. Ki.: Michelle: Shirin Christin. El.: Marlies Hraschan. S.: 1975 Mittlere Reife Oberpleis/Königswinter, 1975-78 Ausbildung als Kfz-Mechaniker b. BMW Bonn, 1982-84 Rhein. Akademie f. Technik Köln, Weiterbildung z. staatl. geprüften Techniker f. Kfz-Wesen m. Zusatzqualifikation als Ausbilder, FH-Reife. K.: 1978-79 Tätigkeit im elterl. Betrieb Kfz-Bereich, 1979-82 Kfz-Mechaniker BMW Ndlg. Bonn, 1984 berufl. Findung, 1985 Elektroausbilder in d. Ford Produktion b. Ford Werke Köln Niehl, 1985-88 Kundendienstlehrer f. Ford an d. Ford Kundendienstschule Köln u. Außendienst ganz Deutschland im Bereich Elektro- u. Motorentechnik, 1988-92 Techn. Gebietsleiter Bez. Köln im techn. Außendienst f. Firma Fulda, 1992-94 Niederlassungsleiter Kempen Good Year Reifen u. Autoservice, 1994 Grdg. d. Firma All-4-Action GmbH, 1997 Verlegung d. Firmensitzes nach Kerpen, 1999 Neubau Firmengebäude Kerpen Europapark. P.: Handbuch f. Umrüstung Geländewagen, Reifen, Felgen. M.: 1. Vors. im Geländewagen Club Köln, IWG Interessen- u. Werbegemeinschaft Sindorf. H.: Familie, Fitness- u. Freizeitsportler, Geländewagensport m. Teilnahme an Geschicklichkeitsturnieren m. Geländewagen, Motorradfahren, Rennsport.

Faust Paul-Ulrich Dr.-Ing. Prof.

B.: Dekan. FN.: Technische Fachhochschule Berlin, Fachbereich Maschinenbau, Verfahrens- u. Umwelttechnik. DA.: 13353 Berlin, Luxemburger Str. 10. PA.: 13503 Berlin, Alt Heiligensee 30. faust@tfh-berlin.de. www.doctor-faust.de. G.: Limburg, 28. Juni 1954. V.: Iris. Ki.: Johannes Georg (1989), Anna-Christina (1991). El.: Ing. Georg u. Adelheid Gertrud. S.: 1973 Abitur, 1972-75 Stud. Kirchenmusik am BKI Speyer m. C-Prüfung in Kirchenmusik, 1973-80 Stud. Maschinenbau an d. Univ. Kaiserslautern, Prüf. z. Dipl.-Ing. Verfahrenstechnik, 1974-75 Grundwehrdienst, 1986 Prom. K.: 1980-86 wiss. Mitarbeiter d. Univ. Kaiserslautern, 1987-91 Bereichsingenieur Bayer AG Uerdingen (neues Verfahren zur Minderung d. NOx-Emission), 1991 Wechsel nach Leverkusen, 1991-92 Abordnung als Plant Engineer in d. USA zu einer Tochtergesellschaft (Mobay Inc.) New Martinsville, seit 1992 Prof. f. Werkstoffkunde TFH Berlin (insbes. Betriebsfestigkeitsprüf. u. Kraftfahrzeug-Recycling), seit 1993 Leiter d. Labors f. Werkstoffprüf., 1995 Prodekan f. d. Fachbereich Maschinenbau, 1997 Dekan d. Fachbereichs Maschinenbau, 1998-2002 Dekan d. Fachbereichs Maschinenbau, Verfahrens- u. Umwelttechnik. M.: VDI, DVM, AOPA. H.: Fliegen, Kirchenmusik.

Faust Wolfram *)

Fauster Joachim

B.: Schilder- u. Lichtreklameherstellermeister, selbst.. FN.: Fauster Werbetechnik. DA.: 30952 Ronnenberg-Wetzen, Bröhnstr. 47. fauster-werbetechnik@t-online.de. www.fauster-werbetechnik.de. G.: Hannover, 21. Nov. 1959. V.: Andrea, geb. Geese. S.: 1974 Mittere. Reife, 1974-77 Ausbildung als Schilder- u. Lichtklamehersteller Hannover. K.: 1977-92 Geselle in Hannover, 1991 Meisterprüf.ung, 1992 Eröffnung d. Firma Fauster Werbetechnik in Ronnenberg mit dem Schwerpunkt Fahrzeugbeschriftung, sowie Sieb- u. Digitaldruck. E.: Auszeichnung. f. Lehrlingsausbildung. M.: Kinder, Kunst u. Kultur Bredenbeck e.V., Maler u. Lackierer Innung. H.: Motorradfahren, Zeichnen, Malen, Musik.

Fauth Claudia *)

Fauth Günther *)

Fauth Hans-Lothar *)

Fauth Ingeborg *)

Fauth Uwe *)

Fauth Wolfgang Dr. *)

B.: HS-Lehrer, Prof. PA.: 37085 Göttingen, Erfurter Str. 22. G.: 6. Okt. 1924. V.: Ilse. El.: Eduard u. Agnes. S.: Hum. Gymn., Stud. Kl. Philologie, Orientalistik, Philosophie, Relig.-Gesch., 1953 Prom. K.: 1973 Habil., 1976 Univ. Prof. P.: Hippolytos u. Phaidra, Aphrodite Parakyptusa, Demogorgon, Helios Megistos, Carmen magicum. M.: Mommsen Ges., Dt. Morgenländ. Ges., IAMS (Intern. Assoc. of Manichaean Studies). H.: Science Fiction- u. Fantasy-Literatur.

*) Biographie www.whoiswho-verlag.ch oder beigefügte CD-ROM

Faxel Thomas

B.: Gschf. Ges. FN.: IFTG, VDI, UBI Faxel & Partner GmbH Ing.-Büro f. techn. Gebäudeausrüstung; UNIT Bauprojektsteuerungs u. Baubetreuungs GmbH; GMVG Gebäudemanagement & Verwaltungs-GmbH. DA.: 50933 Köln, Eupener Str. 60. G.: Köln, 7. Feb. 1961. V.: Sylvia, geb. Genniges. Ki.: Felix (1998). El.: Willi u. Christel. S.: 1981 Abitur, Lehre als technischer Zeichner. K.: Technischer Zeichner, StadtR. v. Hürth, dann Leiter in einem Ingenieurs-Büro seit 1990 selbständig, 1997 Gründung d. FSSB Holding GmbH.

Fay Hans G.

B.: Antiquar, Inh. FN.: Buch- u. Kunstantiquariat. DA.: 86470 Thannhausen, Abt-Sartor-Str. 27. G.: Bensheim-Auerbach, 15. Mai 1931. V.: Renate, geb. Gabriel. Ki.: 4 Söhne. BV.: Rudolf Sefrin - Schuhfabrikant. S.: b. 1947 Dolmetscher CIA Heidelberg, 1951 Abitur, Jungredakteur der Stuttgarter Zeitung, 1952-54 Lehre Antiquariatsbuchhändler Antiquariat Lutz & Mayer Stuttgart, 1954 Gehilfenprüfung als Jahrgangsbester, kfm. Prüfung IHK Stuttgart. K.: 2 J. Antiquar in Bonn, 1960 Antiquar des Aegis Buch- u. Kunstantiquariat in Ulm, 1960 Eröffnung eines eigenen Antiquariats mit Schwerpunkt Bücher d. Botanik, Naturwisssenschaften, Zoologie, Atlanten u. bibliophile Raritäten. H.: ehemaliger Mittelgewichtsboxer u. Rugbyspieler.

Fay Rigo

B.: Gschf. FN.: Engelhardt & Bauer Druck u. Verlags GmbH. DA.: 76131 Karlsruhe, Käppelestr. 10. PA.: 76661 Huttenheim, Wiesenstr. 57. G.: Huttenheim, 17. Dez. 1946. V.: Henriette, geb. Häffner. Ki.: 2 Kinder. S.: FHS-Reife, 1971-74 Studium an d. FS Stuttgart, Drucktechnik sowie auch in Mannheim, Betriebswirt. K.: 1974 Leiter einer Druckerei, 1988 Gschf. d. Druckerei Engelhardt & Bauer, seit 1990 Ges. d. Druckerei. M.: Vors. d. Verb. d. Druckind., öff. vereid. Gutachter d. IHK im Bereich d. Druckind. H.: Kunst.

Fáy Jozsef

B.: Handelssekretär u. Büroleiter. PA.: 60389 Frankfurt, Gabelsbergerstr. 2. G.: Ungarn, 2. Aug. 1928. V.: Judit. Ki.: Jósef, Eva. S.: Univ. f. Ökonom. Wiss. K.: wissenschaftlicher Mitarbeiter im Ungar. Statistischen Zentralamt 1952-1977, Direktor d. Institutes f. Konjunktur- u. Marktwirtschaft in Budapest, 1977-1984. Handelssekretär u. Leiter d. ungarischen Aussenhandelsbüro in Frankfurt 1984. P.: eine Anzahl wissenschaftlichen Abfassungen im Zusammenhang m. d. Vorbereitung u. Weiterentwicklung d. ungarischen Wirtschaftsreform. E.: zwei staatliche Auszeichnungen f. hervorragende Leistungen. H.: Naturwissenschaften, insbesondere Physik u. Astrologie.

Fayad Khaled Dr. med. dent.

B.: Zahnarzt. DA.: 93049 Regensburg, Wittelsbacher Str. 2. www.fayad.de. G.: Erlangen, 25. März 1969. El.: Dr. Ahmed Fayad. S.: 1988 Abitur Hof, 1989-94 Stud. Zahnmed. Univ. Regensburg, 1994 Staatsexamen, 1996 Prom. K.: b. 1995 Ass. einer zahnärztl. Praxis, 1995-97 wiss. Mitarb. an d. Poliklinik f. zahnärztl. Prothetik d. LMU München, seit 1997 ndlg. Zahnarzt in Regensburg. M.: Dt. Ges. f. Implantologie im ZMK-Bereich e.V. H.: Golf, Squash.

Fazl Mehran *)

Feber Andreas Dr. iur. *)

Fechler Christoph *)

Fechner Carola

B.: Unternehmerin. FN.: Cadini Exclusive Schuhmode. DA.: 12587 Berlin-Friedrichshagen, Bölschestr. 105. G.: Berlin, 18. Mai 1970. V.: Partner: Heiko Kunath. S.: 1986-88 Kochlehre. K.: 1988-90 Köchin u. Ltr. im Friesenstadion/Schwimmbad, 1991-93 Führung eines Lebensmitteladens in d. Ringbahnhalle, seit 1993 in d. Schuhbranche, 1993-95 b. Reno, 1996 Grdg. d. eigenen Unternehmens Cadini, v. allem ital. Schuhe, exclusive Schuhmode. H.: Natur, Fahrradfahren, Spaziergänge, früher Ballett, Mtgl. d. Ernst-Moritz-Arndt-Ensembles u.a. Auftritte in d. Kongreßhalle.

Fechner Erhard G. H. *)

Fechner Hans W. Dr.-Ing.

B.: stellv. Vorst.-Mtgl. FN.: Babcock Borsig AG. DA.: 46049 Oberhausen, Duisburger Str. 375. www.babcockborsig.de. G.: 10. Jan. 1954. Ki.: 3 Kinder. S.: 1972-79 Stud. Elektrotechnik u. Nukleartechnik, 1987 Prom. z. Dr.-Ing. K.: 1980-81 Entwicklungsing. Rössel Meßtechnik GmbH, 1981-88 Forsch.- u. Produktionsing. Kernforsch.-Anlage Jülich, 1989-90 Abt.-Ltr. MSR-Technik Vereinigte Kesselwerke AG, seit 1990 Babcock Borsig AG, Bereichsltr. Dt. Babcock Energie- u. Umwelttechnik, Vors. d. Geschäftsführung Babcock Prozeßautomation, seit 1997 Vorst. BDAG Balcke-Dürr AG, seit 2000 Vors. d. Geschäftsführung Babcock Borsig Power GmbH, seit 2000 stellv. Vorst.-Mtgl. Babcock Borsig AG.

Fechner Jörg-Ulrich Dr. *)

Fechner Monika Gisela *)

Fechner Wolfgang Dr. Prof. *)

*) Biographie www.whoiswho-verlag.ch oder beigefügte CD-ROM

Fecht Wolfgang *)
Feck Hans-Ulrich *)
Fecker Edwin Dr.-Ing. Prof.

B.: Inh., Gschf. FN.: Geotechn. Ing.-Büro Prof. Fecker & Partner GmbH. GT.: Gutachter f. Council of Europe, Aufbaukurse an d. Univ. Tübingen f. Austauschstud. aus Entwicklungsländern. DA.: 76275 Ettlingen, Am Reutgraben 9. G.: Konstanz, 1. Dez. 1944. V.: Brigitta, geb. Spieß. Ki.: Elisabeth (1968), Klaus (1970). El.: Ludwig u. Elisabeth, geb. Söllner. S.: 1963 Abitur, 1963-70 Stud. Geologie TH Karlsruhe. K.: 1970-77 wiss. Ass. an d. TH Karlsruhe, 1977 Prom. z. Dr.-Ing., 1981 Grdg. d. GBM Ges. f. Baugeologie u. Meßtechnik, 1996 Grdg. d. Geotechn. Ing.-Büro. P.: Grundgedanken u. Grundsätze d. "Neuen Österr. Tunnelbauweise" (1978), Geotechnical description and classification of joint surfaces (1978), Influence of swelling rock on tunneling (1981), Baugeologie (1996), Geotechn. Meßgeräte u. Feldversuche im Fels (1997). M.: Commission on Swelling Rocks d. Intern. Ges. f. Felsmechanik, Arbeitskreis 3.3 "Versuchstechnik Fels" d. DGGT e.V., Obm. DIN-Normenaussch. Bauwesen, Oberrhein. Geolog. Ver., Österr. Ges. f. Geomechanik. H.: Kunst u. Geschichte (19. Jhdt.), Paläontologie.

Fedder Hartmut Dr. med. Dr. med. dent.
B.: FA f. Mund-Kiefer-Gesichts-Chir. u. plast. Operationen. DA.: 30175 Hannover, Clausewitzstr. 6. PA.: 30655 Hannover, Hanebuthwinkel 23 A. G.: Schweringen, 23. Juli 1950. V.: Dr. Margarete, geb. Schweingel. Ki.: Christian (1975), Caroline (1977), Clemens (1980). S.: 1969 Abitur, danach Bundeswehr, 1970-75 Stud. Zahnmed., 1975-82 Stud. Med. Hannover, 1986 Prom. K.: Ass.-Arzt, ab 1985 Oberarzt an d. Klinik f. Kiefer- u. plast. Gesichtschir. am KH Henriettenstiftung in Hannover, seit 1998 in d. kieferchir. Gemeinschaftspraxis im Congresshotel am Stadtpark Hannover m. Schwerpunkt Implantologie, Laserchir. u. plast. Operationen. M.: div. Fachverb.

Feddern Friedhelm *)

Feddersen Kay

B.: Landwirtschaftsmeister, Gschf. Ges. FN.: ABR Agrar Bio-Recycling GmbH. GT.: Gschf. Ges. d. AFP GmbH, Gschf. Ges. d. IWV GmbH. DA.: 29647 Wietzendorf, Klein Amerika. k.feddersen@abr-w.de. www.abr-w.de. G.: Husum, 10. Juni 1961. V.: Birgit, geb. Böhm. Ki.: Tarik (1984), Jan-Marc (1986), Tabea (1989). El.: Matthias u. Antje, geb. Thiesen. S.: b. 1980 Lehre z. Landwirt in Schleswig-Holstein, b. 1981 Grundwehrdienst b. d. Bundeswehr. K.: b. 1991 LKW-Fernfahrer, seit 1991 selbständiger Landwirt in Drelsdorf, 1996 Grdg. d. ABR Agrar Bio-Recycling GmbH u. seither Gschf. Ges., seit 1992 Landwirtschaftsmeister. BL.: Realisierung d. größten Biogasanlage Europas. M.: VIK Verband d. Industriellen Energie- u. Kraftwirtschaft e.V. Fachverband Biogas. H.: Sport, Landwirtschaft.

Feddersen Michael Klaus Thomas

B.: RA u. Notar. FN.: Sozietät Feddersen & Stark. DA.: 25813 Husum, Großstr. 18. raefeddersen-stark@hotmail.com. G.: Flensburg, 7. Sept. 1951. V.: Marie-Claude, geb. Desbouis. Ki.: Jens, Lars, Nils. El.: Dr. Dr. Klaus u. Anneliese, geb. Michel. S.: 1971 Abitur Hamburg, 1971-75 Stud. Marburg, 1976 1. jur. Staatsexamen, 1976-78 Referendariat Hamburg, 1978 2. jur. Staatsexamen. K.: s. 1978 RA in Husum, seit 1983 Notar. M.: AufsR.-Mtgl. d. Volks- u. Raiffeisenbank eG Husum. H.: Tennis, Kultur, Reisen, Musik, Kunst.

Feddersen-Petersen Dorit Dr. *)

Feder Christoph T. Dipl.-Designer

B.: Designer, Inh. FN.: Feder Design Produkt & Grafikdesign. DA.: 48155 Münster, Nieberdinger Str. 15. G.: Münster, 20. Mai 1966. V.: Christiane, geb. Hülsken. Ki.: Maraja, Luca, Timon. El.: Theodor u. Gertrude, geb. Fischer. S.: 1986 Abitur, 1986-87 Bundeswehr, 1988-95 Stud. Produkt- u. Ind.-Design FHS Münster. K.: 1995-98 Ind.-Designer d. Firma Well-Design in Münster, seit 1998 selbständig m. Produkt- u. Grafikdesign m. Schwerpunkt Telekommunikation, Med.-Technik, Haushaltsart. u.a.m. H.: handwerkl. Arbeiten, Familie.

Feder Georg Dr. phil. Prof.
B.: Musikwissenschaftler. PA.: 51149 Köln-Porz, Hohe Str. 34. G.: Bochum, 30. Nov. 1927. V.: Marianne, geb. Lott (gesch.). Ki.: Ortrud (1957), Annette (1964), Markus (1971). El.: Georg u. Margarete. S.: Univ. Tübingen, Göttingen u. Kiel, 1955 Prom. K.: 1956-57 Stipendiat d. Dt. Forsch.Gemeinschaft, 1957-92 Ang. am Joseph Haydn-Inst. e.V. Köln, 1960-90 wiss. Ltr., nebenher Lehraufträge an versch. HS, 1988 Prof.-Titel. P.: Musikphilologie, Darmstadt 1987, Haydns Streichquartette, München 1998, Joseph Haydn. Die Schöpfung, Kassel 1999, über 100 Beiträge z. Haydn-Forsch. E.: 1995 Joseph-Haydn-Preis des Landes Burgenland. M.: 1973-82 Sprecher d. Fachgruppe Freie Musikwiss. Forsch.Inst., 1974-80 Mtgl. d. Vorst. d. Ges. f. Musikforsch., 1974-98 Mtgl. d. Musikgeschichtl. Kmsn. e.V.

Federer Georg Dr.
B.: RA. FN.: Anw.-Kzl. Dr. Federer & Laich. DA.: 80639 München, Romanpl. 12. PA.: 81247 München, Im Wismat 29. federer@netplace.de. G.: München, 4. Okt. 1954. V.: Ute, geb. Volkemer. Ki.: Julian (1993). El.: Georg u. Regina. S.: 1975-77 Banklehre b. Bayer. Vereinsbank, Abschluß als Bankkfm., 1977-86 Jurastud. an d. LMU München, 1983 1., 86 2. Jur. Staatsprüf.,

*) Biographie www.whoiswho-verlag.ch oder beigefügte CD-ROM

1984-87 Stipendiat am Max-Planck-Inst. f. ausländ. u. intern. Patent-, Urheber- u. Wettbewerbsrecht München. K.: 1987 Zulassung z. RA, 1987-92 wiss. Mitarb. am Max-Planck-Inst., 1989 Prom. z. Dr. iur., ab 1992 selbst. RA, Tätigkeitsschwerpunkt: gewerbl. Rechtsschutz, Wettbewerbs- u. Markenrecht, seit 1991 Doz. an d. HS f. Film u. Fernsehen München Bereich Werberecht. BL.: 1972 Bayer. Jugendmeister im 400 Meter Hürdenlauf. P.: 1990 Veröff. eines Fachbuches "Das Wettbewerbsverhältnis im Gesetz gegen d. unlauteren Wettbewerb", seit 1992 gemeinsam Vortragsreihe m. Christoph Gottschalk z. Thema "Sonderwerbeformen in Film u. Fernsehen. M.: Dt. Anw.-Ver., Grdg.-Mtgl. d. Arge f. intern. Rechtsverkehr, AufsR.-Posten in einer dt. AG.

Federhen Rudolf *)

Federhofer Hellmut Dr. phil. Univ.-Prof.

B.: em. Univ.-Prof. FN.: Johannes Gutenberg-Univ. Mainz. PA.: 55126 Mainz, Am Königsborn 18. G.: Graz/Österr., 6. Aug. 1911. V.: Dr. Renate, geb. Königs. Ki.: Marie-Theres, Karl-Georg. El.: Prof. DDr. Karl u. Irma. S.: Univ. Wien, Ak. f. Musik u. darstell. Kunst Wien, Dr. phil. K.: Priv.Doz. Univ. Graz, 1962-79 Dir. d. musikwiss. Inst. d. Univ. Mainz, seither em. P.: zahlr. Veröff. E.: Dr. h.c. Univ. Graz, Goldmed. Pro Musica Austriaca, Gr. Gold. EZ d. Landes Stmk., Österr. Ehrenkreuz f. Kunst u. Wiss. M.: korr. Mtgl. d. Österr. Ak. d. Wiss. Wien, Ehrenmtgl. d. Int. Mus. Soc., d. Österr. Ges. f. Musikwiss. u. d. Zentralinst. f. Mozartforsch., Salzburg, Festschriften zum 60. u. 75 Geburtstag.

Federkiel Friedrich *)

Federl Günter

B.: Gschf. FN.: Küchenstudio Federl. DA.: 90451 Nürnberg, Jägerstr. 57. G.: Nürnberg, 21. Sep. 1941. V.: Edeltraud, geb. Glaube. Ki.: Christina (1965), Andreas (1967). El.: Georg u. Anna. S.: Ausbild. AEG (Elektro-Haushaltsgeräte), Ausbildung Zimmerei Firma Rauscher Wendelstein, 1960-62 Zeitsoldat Bundeswehr, Musik-HS Siegburg, Musikchor 8 (Mittenwald) Flügelchor. K.: 1963-68 Sanitärgroßhdlg. Hans Maringer Nürnberg, Verkauf, Aufbau d. Küchenstudios, 1989 Übernahme d. Küchenstudios u. Fortführung unter d. Namen "Küchenstudio Federl ... mehr Küche gibt es nicht". BL.: Kochvorführungen im Haus, Mitglied d. Erfahrungsaustauschgruppe Siemens AG f. Haushaltsgeräte u. d. Küchenmöbelhersteller, Küchenpräsentation mit 3D-Programmen, Dreidimensionale Computer-Küchensimulation, 1964-94 Gründer u. Leiter d. Gibitzenhofer Musikanten sowie Mans Sextett (Tanzmusik). M.: VKG Kücheneinkaufsverb., SSVL Sportver. Leerstätten b. Nürnberg, Dt. Alpenver. Sekt. Neumarkt. H.: Bergsteigen, Radtouren, Motorradfahren, Reisen (Amerika-Maritim).

Federlein Bertram *)

Federlein Friedhart Dr. med. *)

Federlin Wilhelm-Ludwig Dr. phil. *)

Federmann Rudolf Dr. Prof. *)

Federn Klaus Dr.-Ing. Prof.

B.: em. o.Prof. am Inst. f. Maschinenkonstruktion, Fachgeb. Konstruktionslehre. FN.: TU Berlin. PA.: 14193 Berlin, Dachsberg 14. G.: Berlin, 21. Dez. 1910. V.: Ingeborg, geb. Kliehm. Ki.: Cornelia (1950), Holger (1954), Dirk (1959). El.: Robert u. Luise, geb. Staudinger. BV.: Mutter Luise Federn-Staudinger Bildhauerin (Jugendstil), Onkel Hermann Staudinger Prof. d. Chemie in Freiburg, Nobelpreisträger, Onkel Hans Staudinger Staatssekr. f. Wirtschaft in Preußen b. 1933, Kraftwerk am Main wurde nach ihm benannt. S.: RG, 1929 Abitur Darmstadt, 1929-35 Stud. Maschinenbau TH Darmstadt, 1935-39 Privatass. b. Prof. Dr. August Thum Darmstadt. K.: 1939-63 Ing. Carl Schenck GmbH Darmstadt, 1945 Abt.-Ltr., 1951 Prok., 1947 Habil. f. Techn. Mechanik, 1953 apl.Prof. TH Darmstadt, 1963-79 Direktor d. II. Inst. f. Maschinenelemente d. TU Berlin, seit 1989 em.; 1964-2003 Beirats-Mtgl. b. DIN-NALS- u. VDI-EKV-Schwingungstechnik, 1975-97 Vorst.-Mitglied d. Berliner Wiss. Ges.; 1968-70 Dekan d. Fak. f. Maschinenwesen, 1971-72 Member of the Faculty of Engineering Univ. of Houston, seit 1964 Delegierter d. DIN b. intern. Konferenzen ISO/TC 108. BL.: maßgebl. Beiträge z. "Gestaltfestigkeit" u. damit z. werkstoffbezogenen Festigkeitskonstruktionsregeln f. d. richtige Gestaltung u. Berechnung v. Maschinenelementen, Erfindung u. techn. Entwicklung d. Auswuchtverfahren Schenck-Federn, wiss. Mitarb. an nat. u. intern. techn. Normen u. Regelwerken. P.: "Auswuchttechnik" (1977), "Spannungszustand u. Bruchausbildung" (1939), "Grundlagen einer systematischen Schwingungsentstörung wellenelastischer Rotoren" (1957). E.: 1979 VDI-EZ, 1972 Elected Member of Sigma XI Houston Chapter, 1982 Premio Intern. Leonardo Da Vinci AIPI, 1989 BVK 1. Kl., 1989 Grashof-Denkmünze v. VDI. M.: 1991 Ehrenmtgl. d. TU Berlin.

Federowskij Natan *)

Federspil Pierre Dr. med. Prof.

B.: ltd. OA. FN.: Universitäts-Hals-Nasen-Ohren-Klinik. DA.: 66424 Homburg, Kirbergerstrasse, Gebäude 6. PA.: 66424 Homburg, Akazienweg 1. hnoprfed@uniklinik-saarland.de. G.: Bettemburg, 7. Nov. 1936. V.: Lieselotte Mletzko. Ki.: Philipp (1967). S.: 1955 Reifezeugnis "Section Industrielle", 1956 Reifezeugnis "Section Latine C", 1956-61 Studium d. Medizin in Luxemburg bzw. an d. Univ. Louis Pasteur in Straßburg. K.: 1961-63 Internistische u. chirurgische Tätigkeit im Centre de Recherche Anticancéreux Straßburg sowie an d. Städt. KH Saverne u. Sélestat, 1962 Dr. med., 1963 HNO-FA-Ausbildung an d. Univ.-HNO-Klinik Straßburg, 1964-70 wiss. Assistent an d. HNO- u. Poliklinik d. LMU München, 1968 FA-Anerkennung HNO, 1970 Dr. med., 1970 OA an d. HNO- u. Poliklinik d. Univ. d. Saarlandes, 1975 Habil., 1980 Erlangung d. Zusatzbezeichnung d. "Plastische Operationen", 1983 Erlangung d. Zusatzbezeichnung f. "Stimm- u. Sprachstörungen", seit 1983 ständiger Vertreter d. Klinikdirektion us. leitender Oberarzt PD.: 1990 erste Rehabilitation d. einseitigen Taubheit durch ein knochenverankertes Hörgerät, 2001 erste beiderseitige Versorgung mit einem knochenverankerten Taschenhörgerät, seit 1986 Organisation v. 32 Intensivkursen über HNO-Tumorchir., plastische Chir. sowie knochenverankerte Epithesen u. Hörgeräte. P.: über 250 Veröff. u.a. "Antibiotikaschäden d. Ohres", "Moderne HNO-Therapie", Lehrbuch "Hals-Nasen-Ohren-Heilkunde", über 300 wissenschaftliche Vorträge. E.: Ernst v. Bergmann Plakette d. Bundesärztekammer f. Verd. um d. ärztl. Fortbildung (1994), Ludwig-Haymann Preis d. Dt. Ges. f. HNO-Heilkunde (1995), Commandeur de l'ordre de la couronne de chêne/Luxembourg (1998), Officier de l'ordre f. en le mérite/Luxemburg (1995). M.: 22 nat. u. intern. med.-wiss. Ges., Vors. d. Arge HNO-Infektiologie d. Dt. Ges. f. HNO-Heilkunde, Kopf- u. Halschirurgie, Vors. d. Infectious Diseases Committee d. Intern. Federation d. HNO-Ges. (IFOS), Ehrenmitglied d. Société Francaise d'Oto-Rhino-Laryngologie et de Pathologie Cervico-Faciale, Société Belge d'Oto-Rhino-Laryngologie. H.: Politik, Sport.

*) Biographie www.whoiswho-verlag.ch oder beigefügte CD-ROM

Fedkovic Nikolaj

PS.: Nikolay Fedkovic. B.: Maler, Kalligraph u. Doz. FN.: Rhein-Sieg Kunstak. PA.: 51467 Bergisch-Gladbach, Hebborner Str. 97. www.fedkovic.de. G.: Uzhorod/ CSR/ Tschechoslowakei, 13. Mai 1945. V.: Dipl.Design Viera. Ki.: Dominika (1974), Jörg (1978). El.: Ing. Jan u. Magdalena, geb. Miskanics-Hoffmann. BV.: Vater - ungarn. königl. Haupting.; Mutter - Volksmalerin. S.: 1965 Abitur Brünn, 1965-72 Stud. Bühnenbild Prof. Franz Tröster u. angewandte Malerei Zdenek Sklenar Kunstgewerbe-HS Prag u. Theaterak. Prag, 1972 Dipl.-Abschluss. K.: 1972-77 freiberuflicher Maler in Prag, 1977 Lehrer an d. Kunstgewerbeschule Kaschau, 1979/80 Ausstellung in der Slowakei, Wuppertal u. Havanna, 1981 an d. internationalen Künstlerakademie in Ungarn, 1982 1. Ausstellung in Begisch-Gladbach, 1983 Einladung z. Herbstsalon in Paris, 1984 Cagnes-sur.Mer in Frankreich u. 3. internationaler Maler in Bulgarien, 1985 selbst. Ausstellung in Havana, Ausstellung in Haunsø/Dänemark, 1988-89 Direktor d. Kunstgewerbeschule in Kaschau / Kosice, seit 1995 Dozent f. Kalligraphie u. Malerei in Hennef, 1997-98 Beteiligung-Int. Kunstmesse Lineart Gent mit d. Galerie Tempera Brüssel, 1994, 1996, 1999, 2002 Ausstellung in d. Inter Art Galerie Reich in Köln. BL.: Gründer u. Leiter d. Abteilung Konservierung-Restaurierung an d. Kunstgewerbeschule in Kaschau, Realisierung von elf großen Arbeiten in d. Slowakei. P.: Buch über Wanderausstellung in d. Slowakei (1995). E.: 1984 Auszeichnung d. Slowak Foundation in d. Slowakei,Preis Mikos Kaplar in Ungarn, 1. Preis Miklos Kaplar in Ungarn, 2001 Preis d. Europäischen Union d. Künste, Prag (Galerie Miro) Ausstellung 1. Dez. 2001 - 27. Jan. 2002. H.: Kalligraphie, Musik.

Fedorow-Berndt Margrit *)

Fedtke Eberhard Dr. jur.

B.: Rechtsanwalt u. Notar. DA.: 52076 Aachen, Pommerotter Weg 1. G.: Sprottau/Niederschlesien, 17. Sep. 1936. Ki.: Jorg Johannes (1973), Taya Katharina (1975), Kyra Maria (1977), Lysa Isabel (1984). El.: Dr. Johannes u. Elisabeth, geb. Krause. S.: 1956 Abitur Schmallenberg, 1956-62 Studium d. Rechtswissenschaften, Betriebswirtschaft u. Philologie. Freiburg, Münster u. Bochum, 1962 Prom. K.: 1965 bis 66 wissenschaftlicher Assistent in Bochum, 1966/77 wissenschaftlicher Assistent in Lausanne, 1967-69 Rechtsanwalt in Essen, 1969-71 Assistent d. kfm. Gen.-Bev. d. Firma Grundig, Managementausbildung in Italien, Frankreich, Portugal u. Schweiz, 1971 RA in Nürnberg, 1972-77 Tätigkeit b. d. Aldi-Gruppe Essen zuletzt als Geschäftsführer d. Region Essen u. in d. Gesamtgeschäftsführung f. d. Bereich Rechtsfragen, seit 1977 Notar u. Rechtsanwalt f. nationales u. internationales Wirtschaftsrecht in Essen, seit 1985 Dozent an d. Dt. Anw.-Ak. Bonn, seit 1989 Filialbüro in Portugal, ab 1994 Dozent an d. Wirtschafts- u. Verw.-Ak. Essen. P.: Das Wirtschaftsunternehmen Anwalt und Notarskanzlei, Hrsg. "Anwaltsbuch Europa", "Zeitmanagement" (2002), mehr als 60 Beiträge u. Aufsätze z. Thema nationales u. internationales Wirtschaftsrecht, ca. 20 belletristische Veröffentlichungen. M.: Mitglied der Europ. Anw.-Ver. UAE, Dt.-Portug. Ges., zeitweise in d. Dt.-Ital. HK Mailand, Dt.-Franz., Dt.-Engl., u. Dt.-Brasilian. HK, z.Zt. in d. Dt.-Portug. HK. H.: Fußballspielen, Skifahren, Sprachen.

Fees Oliver

B.: Gschf., Inh. FN.: Fees Metallbau-Bauelemente. DA.: 79386 Wyhl, Lützelbergstr. 8. G.: Herbolzheim, 8. Apr. 1968. V.: Cordula, geb. Öschger. Ki.: David (1998), Celina Mara (2000). El.: Klaus u. Erika, geb. Mast. BV.: Onkel Prof. Karl Fees; Großvater-Ratschreiber. S.: 1984-87 Lehre Metallbau. K.: in div. Firmen bundesweit u. intern., Meisterprüf. an d. Abendschule, Stud. Gewerbeak. m. AbschlussSchweißfachmann in Mannheim u. seither selbst. m. Schwerp. Metallbau, Wohnungsbau u. Stahlbau; Projekte: Pressehaus d. Bad. Ztg., Geländerbau, Büroeinrichtungen, Designmöbel aus Metall im Medienpark Burda in Offenburg. E.: Zertifikat DIN 18000/7. M.: Handwerkskam., DVS, Tennisclub. H.: Beruf, Tennis, Radfahren, Familie.

Fegebank Barbara Dr. agr. Dr.oec. troph. habil.

B.: Univ.-Prof., HSL., Prof. f. Ernährungs- u. Hauswirtschaftswiss., Berufl. Didaktik. FN.: TU Dresden. DA.: 01217 Dresden, Weberpl. 5. PA.: 01309 Dresden, Reinickstr. 6. G.: Bremen, 18. Juni 1946. El.: Friedrich-Wilhelm u. Annaliese Fegebank. S.: 1966 Abitur, 1966-67 prakt. J., 1967-71 Stud. Haushalts- u. Ernährungswiss. Univ. Gießen. K.: 1971-76 wiss. Mitarb. am Inst. f. Wirtschaftslehre d. Haushalts u. Verbrauchsforschung, 1976-93 Akadem. Rätin d. PH Bielefeld (b. 1980) u. d. Univ.GH-Paderborn, 1993 Habil. TU München, seit 1993 Univ.-Prof. an d. TU Dresden. P.: Prom. Thema: Die Informationslage des Privathaushalts bei Güterbeschaffung, Habil. zum Thema Der private Haushalt in systemtheoretisch-ökologischer Betrachtung (1994), Beiträge z. Umwelterziehung. M.: seit 1973 Dt. Ges. f.Hauswirtschaft, seit 1979 IVHW (Int. Verband f. Hauswirtschaft), seit 1976 im Verb. Haushalt in Bild. u. Forsch. H.: Musik, Fotografieren, Ski-Langlauf, Seidenmalerei, Reisen, Wandern.

Fegeler Ferdinand Dr. med. Prof. *)

Feger Dieter Dr. iur.

B.: Verw.-Jurist, Ltd. Verw.-Dir., Gschf. FN.: Arge f. Krebsbekämpfung NW. DA.: 44799 Bochum, Universitätsstr. 140. dieter.feger@bundesknappschaft.de. G.: Gera, 23. Apr. 1941. V.: Ursula, geb. Hetzel. Ki.: Ulf (1967), Silke (1970). El.: Wilhelm u. Ingeborg, geb. Schlutter. S.: Höhere Handelsschule, 1958-60 Lehre als Sped.-Kfm. K.: 1960 Expedient, 1960-61 Bundesdienst, Oberstlt. d. Res., 1962-65 Ausbild. z. Dipl.-Verw.-Wirt, Bundeswehrverw., 1965 Reg.-Insp. z.A., 1969 Reg.-Oberinsp., 1970-74 Verw.- u. Wirtschaftsak. in Düsseldorf, Verw.-Dipl., 1974 Reg.-Amtsmann an d. Univ. Köln, 1975-79 parallel Stud. d. Rechtswiss. Univ. Köln, 1981 1. Staatsex., 1984 Prom. z. Dr. iur., 1984 2. Staatsex., 1984 Zulass. als Anw., 1985-87 Ltr. d. Verw. d. Bundessozialgerichts Kassel, 1986-88 Lehrbeauftr. an d. Univ. Kassel, 1988-2000 Referent im Bundesmin. f. Arb. u. Sozialordnung, zuletzt als Reg.-Dir., seit 2000 Gschf. u. Ltd. Verw.-Dir. d. Arge f. Krebsbekämpfung NW. M.: Ratsmtgl. d. Stadt Frechen f. d. CDU, Vorst.-

---

*) Biographie www.whoiswho-verlag.ch oder beigefügte CD-ROM

Mtgl. CDA Frechen u. Erftkreis, dto Kommunalpolit. Vereinigung-Erftkr., Bundeswehr Reservistenverb., Arbeitskr., Res.-Offz. H.: Joggen, Fitnesssport, Kunstgesch., Bergwandern.

Feger Otmar

B.: Fachautor, Inh. FN.: Otmar Feger Hardware + Software Verlag. DA.: 83278 Traunstein, Herzog-Wilhelm-Str. 11. G.: Säckingen, 28. Juli 1936. V.: Marlis. Ki.: Felix (1980), Andrea (1985), Christian (1987). El.: Dr. Otto u. Erika. S.: 1955-57 Lehre Rundfunk- u. Fernsehtechniker Konstanz. K.: Techniker in Schwarzwald, 1959-63 in d. Firma Blaupunkt Hildesheim, 1963-74 Techniker, dann Informatiker in d. Firma AEG Telefunken, später Computerges. Konstanz, 1974-77 Prüffeld f. Comp. im Schwarzwald, 1977-80 Entwickler in d. Firma Intermetall in Freiburg, 1981-92 tätig in Entwicklung, später im Vertrieb d. Firma Siemens München, 1990 Grdg. d. Firma Otmar Feger Hardware + Software Verlag in Traunstein; Bücher, Hardware, Software f. Entwickl. u. Ausbild..

Feger Reinhard

B.: Gschf. FN.: Plural Servicepool GmbH. DA.: 30880 Laatzen, Sankt-Florian-Weg 1. Reinhard.Feger@plural.de. www.plural.de. G.: Bad Meinberg, 26. März 1949. V.: Renate, geb. Timmann. Ki.: Sebastian (1976), Julia (1979). S.: 1965 Handelsschule Detmold, 1965-67 Lehre Groß- u. Außenhandelskaufmann Detmold, 1969 Fachabitur Detmold, 1969-70 Bundeswehr. K.: 1971-72 tätig im Ber. Marketing u. Disposition, 1973-75 Stud BWL Westfalen Akad., Dortmund, 1975-77 Betriebsleiter Pedus Internat. München, 1978-92 Ltr. d. Ndlg. d. Firma Plural GmbH in Bielefeld, 1992-99 techn. Geschäftsltr. u. s. 2000 Gschf. d. Firma Plural Servicepool GmbH Hannover u. d. Tochterges. Plural Security GmbH, Plural Catering GmbH, Plural Gebäudemanagement GmbH, GFU GmbH, Orgamed GmbH, Plural Vali-Tech GmbH u. d. Plural Austria GmbH. M.: Presseclub Hannover, wiss. Ges. f. Krankenhaustechnik e.V., Fachverb. Reinigungstechnik e.V., Bundesinnungsverb. d. Gebäudereinigerhandwerks. H.: Landwirtschaft, Forst, Lit., Harley-Davidson.

Fegert Jörg M. Dr. med. habil. Prof. *)

Fegg Karlheinz *)

Fegg Robert

B.: Rodler, Sportsoldat. FN.: c/o Dt. Bob- u. Schlittensportverb. DA.: 83471 Berchtesgaden, An der Schießstätte 6. PA.: 83471 Berchtesgaden, Kneifelspitzweg 2. G.: Berchtesgaden, 26. Okt. 1978. K.: größte sportl. Erfolge: 1997 WJM/1., Mannschaft/1., 1998 JWM/2., Mannschaft/1., WC/Vierter, 1999 WM Königssee/4., WC/11., DM/3., 2000 DM/5. H.: Telefonieren, Autos, Motorradfahren.

Feghelm Markward *)

Fehevari Andreas *)

Fehlau Eberhard G. Dipl.-Soz. Dipl. Psych. *)

Fehlberg Uwe *)

Fehlemann Jürgen T. *)

Fehlhaber Andreas

B.: RA. DA.: 10719 Berlin, Uhlandstr. 60. ra.fehlhaber@t-online.de. www.ra-fehlhaber-berlin.de. G.: Celle, 7. Feb. 1956. S.: 1975 Abitur, 1976-83 Stud. Rechtswis. FU Berlin, Stud. Musik HdK Berlin. K.: 1983-88 Mitarb. d. BfA im Ref. d. Geschäftsltg., 1991 1. jur. Staatsex., 1991-92 im Bundesaufsichtsamt f. Vers.-Wesen, 1992-95 Referendariat, 1995 2. Staatsex.,. Zulass. z. RA, s. 1996 selbst. RA, Schwerp.: Strafverteidigung, Arzthaftpflicht, Mietrecht; Berater d. Berliner Mietergemeinschaft e.V.; in div. Orch. Kontrabass. M.: Otto-Sinfoniker, Orch. Berliner Musikfreunde, Kammeroch. Kapernaum, Salonorch. Berliner Melange. H.: Kontrabass spielen.

Fehlhaber Herdegen *)

Fehlhaber Ralf

B.: Gschf. Ges. FN.: Heinrich Fehlhaber GmbH. DA.: 29525 Uelzen, Hambrocker Str. 1. www.aral.de. G.: Uelzen, 18. Mai 1958. V.: Claudia, geb. Ludwig. Ki.: Manuel (1988), Christopher (1992). El.: Heinrich u. Rosemarie, geb. Nerkorn. S.: 1974-77 Lehre z. Kfz-Mechaniker in Uelzen, 1977-81 Zeitsoldat b. d. Bundesmarine, 1982-84 Ausbildung z. Einzelhandelskaufmann berufsbegleitend in Abendschule. K.: 1982 Gschf. d. Aral Tankstelle (Heinrich Fehlhaber GmbH) in Uelzen am Hammersteinplatz, 1997 Eröff. d. Aral Autohof Truck Stop in Uelzen. M.: 2. Vors. u. Schatzmeister d. Schützengilde v. 1270 e.V., Schatzmeister d. Mittelstandsvereinigung, beratendes Mtgl. d. Wirtschaftsförderungsges. Uelzen. H.: Reiten, Pferdezucht, Segeln.

Fehlhammer Wolf Peter Dr. rer. nat. Prof.

B.: Generaldir. FN.: Deutsches Museum, München. DA.: 80538 München, Museumsinsel 1. PA.: 86938 Schondorf, Seeberg 16. G.: München, 1939. V.: Elisabeth, geb. Donhauser. Ki.: Michael, Susanne, Manuel. El.: Georg u. Franziska. S.: 1959 Abitur, 1965 Chemiedipl., 1968 Prom. K.: 1976 Habil., 1976-78 WissR. u. Prof. Univ. Erlangen-Nürnberg, 1983 C4-Prof. Freie Univ. Berlin, 1993 Generaldir. d. Dt. Museums, München, Honorprof. Ludwig-Maximilians-Univ., München. P.: 150 Veröff. in intern. wiss. Ztgn. E.: 1981 Carl Duisberg-Preis, 1998 Intern. Preis Primo Rovis f. Verbreitung d. wiss. Kultur, 1998 Präs. d. European Collaborative Science, Industry and Technology Exhibitions (ECSITE). M.: GDCh, American Chemical Society. H.: Musik, Malen, Kochen.

Fehling Ronald

B.: Gschf. Ges. FN.: Dieron in Berlin-Immobilien u. Finanzvermittlung GmbH. DA.: 10435 Berlin, Oderberger Str. 5. dierongmbh@t-online.de. G.: Berlin, 20. Feb. 1951. V.: Wilma, geb. Klemm. El.: Ulla Rüll. S.: 1968 Mittlere Reife, 1968-70 Lehre Bankkaufmann Berl. Volksbank Ost, 1970-73 Inhaft. aus polit. Gründen. K.: 1973-74 Bankkaufmann, Berliner Volksbank Ost, 1975 Ausreise in d. Westen, 1976-93 Grundkreditbank Westberlin, zuletzt Zweigstellenltg., s. 1993 selbst. m. Grdg. d. Immobilien u. Finanzvermittl. GmbH Berlin; sportl. Kariere in d. Kinder-

---

*) Biographie www.whoiswho-verlag.ch oder beigefügte CD-ROM

heit aktiver Sportler im Fußball u. Bowling, Teilnahme an reg. Meisterschaften, Teilnahme am Weltpokal d. Betriebssportler im Fußball, 5 x Aufstieg in d. 1. Klasse im Bowling, Teilnahme an d. Berliner Meisterschaft, zahlr. Pokale. M.: CDU, Präs. d. Humboldt-Tennis-Club e.V. H.: Tennis, Skifahren, Kegeln, Reisen.

Fehlner Roland *)

Fehmann Peter Wolfgang Frank Dr.

B.. FA f. Frauenheilkunde. FN.: Gemeinschaftspraxis Dr. Fehmann u. Höfling. DA.: 59423 Unna, Schäferstr. 26. PA.: 59427 Unna, Heinrich-Kopp-Str. 2. MGATYPE@ aol.com. G.: Dortmund, 16. Juni 1961. El.: Dr. Wolfgang u. Helga, geb. Ritter. S.: 1980 Abitur, 1980 Stud. Med. RWTH Aachen u. Univ. Münster, 1986 prakt. Jahr KKH Herford, 1987 Approb., 1988 FA-Ausbild. Frauenklinik d. Ev. KH Unna, 1993 FA f. Frauenheilkunde u. Gynäk. K.: 1994 OA an d. Frauenklinik d. Ev. KH in Unna, seit 1994 ndlg. FA, 2000 Prom. BL.: starkes Engagement im Patientenbereich, Zulass. f. Mißbildungsdiagnostik. P.: Prom.: " Berichtete u. tatsächl. Einnahme v. Benzodiazepinen während. Schwangerschaft". M.: DEGUM, Qualitätszirkel Sterilitätsmed., Ärzteve r. Unna, FFW Hemmerde. H.: Oldtimer restaurieren.

Fehn Beate

B.: Gastronomin, Inh. FN.: Fehn's Musikcafé; Born'sche Kneipe. DA.: 04668 Grimma, Lange Str. 31-33. www.fehnsmusikcafe.de. G.: Leipzig, 14. Okt. 1958. V.: Wilfried Fehn. Ki.: Mandy (1978), Marcel (1986), Dennis (1995). El.: Gerhard u. Renate Mienhart. S.: Ausbild. Fachverkäuferin. K.: Gschf. d. Gaststätte Zum Hirsch in Cossern, Kellnerin in d. Gottesburg in Grimma, 1998 Grdg. d. Musikcafé als stadtbekannte Bar u. Café m. gut bürgerl. dt. Küche u. Familienfeiern. M.: DEHOGA. H.: Reisen.

Fehn Erich Fritz

B.: Gastronom. FN.: Restaurant Em Krützche. DA.: 50667 Köln, Am Frankenturm 1-3. G.: Köln, 22. Mai 1940. V.: Ottilie, geb. Seitlinger. Ki.: Monika (1967), Sylvia (1970). BV.: Vater Erich Fehn, 40 J. Schiffsrestaurant-Köln - Düsseldorfer Reederei. S.: 1955 Mittlere Reife Köln, 1958 Kochlehre Dom-Hotel Köln, weitere Ausbild. auf Köln-Düsseldorfer Schiffen. K.: 1959-60 Hotel Vier Jahreszeiten an d. Alster Hamburg, Rest. Herlin, 1960-61 Maier Stuben München, 1961-62 Commis Saucier Schneeferner Haus Zugspitze, anschl. stellv. Küchenchef, 1965 Repräsentationsfahrten, 1963-66 Wintersaison auf Kreuzfahrtschiff "TS Hanseatic" Karibik u. Südamerika, 1967 Rest. Landhotel "Der Kuckuck" Köln, 1968 Haus Marienbild Köln, 1969 Eröff. Reed Roof Köln, 1970 Schiff MS Köln, s. 1971 selbst. mit "Em Krützche", 1975-2000 DeHoGa: VPräs. Nordrhein. Verb. DeHoGa, Kreisvors. DeHoGa Köln, s. 1995 Mtgl. Vollversamml. IHK, 1999 Wiederwahl, seit 1971 Mtgl. gr. Karnevalsges. v. 1882, s. 1995 im närrischen Konsulat, seit 1974 Senator Rote Funken Köln e.V., Lt. d. Res., 1999 Ehrensen. Karnevalsges. Lyskircher Jungen. P.: Portrait Kölner Profile (1993), Fachpresse, Zeitungsinterv., anläßl. 25. Betriebsübernahme u. 400-jährigen Erwähnungsdatum. E.: Plakate d. IHK. M.: BeiR. IHK, ca. 30 Förderver. u.a. Kölner Hännesches Theater, Chef Kölner Wirtestammtisch v. 1964. H.: klass. Musik, mod. u. gegenwärtige Kunst, Tennis, Schwimmen, Bergwandern.

Fehn Georg B.

B.: RA. FN.: Rechtsanwälte Dittrich & Partner. DA.: 90489 Nürnberg, Kesslerpl. 1. rae@dittrich-partner.de. G.: Kronach, 21. Nov. 1966. El.: Georg u. Elfriede. S.: 1986 Abitur in Kronach, 1986-88 Bundeswehr, 1988-89 Stud. Maschinenbau an d. FHS Coburg, 1989-91 Stud. Rechtswiss. Friedrich-Alexander-Univ. Erlangen, 1993-96 wieder Rechtswiss. Jura FAU Erlangen, 1996 1. jur. Staatsex. in Erlangen, 1996-98 Referendariat OLG Nürnberg, 1998 2. jur. Staatsex. in Nürnberg u. München, Anwaltszulass.. K.: 1991-92 Philipps-Kommunikations-Ind. AG in Nürnberg, 1995-96 Skiführer in d. Schweiz, s. 1998 RA in jetziger Kzl. M.: Freiwillige Feuerwehr Kehlbach u. Sportverein Victoria Kehlbach e.V. H.: Lesen, Sport - Aerobic, Radfahren, Skifahren, Kirchengebäude.

Fehr Hanns-Ewald *)

Fehrenbach Elisabeth Dr. *)

Fehrenbach Gerson *)

Fehrenbacher Rolf *)

Fehrenberg Claudia Dr. med. vet. *)

B.: Tierärztin. DA.: 14471 Potsdam, Stiftstr. 6. G.: Hildesheim, 21. Mai 1958. El.: Kurt u. Hildegard Fehrenberg. BV.: Großvater Brauereibesitzer in Essen, Vater hat als Architekt entscheidend d. Stadtbild v. Hildesheim mitgeprägt. S.: 1977 Abitur Hildesheim, 1977-79 Ausbild. z. Steuerfachgehilfin in Hildesheim. K.: 1979-81 Steuerfachgehilfin in Hildesheim, 1981-87 Stud. Tiermed. FU Berlin, Approb. als Tierärztin, 1987-91 selbst. - Praxisvertretungen in Norddeutschland, 1991 Prom., 1991-93 Gschf. d. Ver. "Leben m. Tieren" e.V., seit 1992 Ndlg. in Potsdam m. eigener Kleintierpraxis, seit 1996 wiss. Mitarb. an d. Humboldt-Univ. im Projekt "Ersatzmethoden z. Tierversuch", seit 1994 Fernsehtierärztin im ORB. P.: ca. 18 Publ. zu Tierschutzfragen. M.: "Leben m. Tieren" e.V., Tierärztl. Ver. f. Tierschutz. H.: Segeln, Naturbeobachtungen.

Fehrer Norbert *)

Fehrmann Friedrich Helmut Paul *)

Fehser Elmar *)

Feibel Albrecht

B.: Reiseverkehrskfm., MdB. FN.: Dt. Bundestag. DA.: 11011 Berlin, Platz der Republik 1. G.: Friedrichroda, 1. März 1940. Ki.: 2 Töchter. S.: Ausbild. z. Groß- u. Außenhdls.-Kfm. K.: s. 16 J. selbst., 35 J. Mtgl. d. CDU, s. 1969 Kommunalpolit. zunächst GemR. Ormesheim, dann GemR. Mandelbachtal, 1982 Ausscheiden aus d. GemR., 1982 stellv. Vors. d. CDU-Saar, 1986-95 Vors. d. ASR Frankfurt/Main, 1990-99 Mtgl. im Landtag Saar., Wirtschaftspolit. Sprecher d. CDU-Landtagsfraktion u. d. CDU-Saar, 1990-99 Vors. d. Landtagsaussch. f. Wirtsch., s. 1999 MdB.

---

*) Biographie www.whoiswho-verlag.ch oder beigefügte CD-ROM

Feibicke Monika

B.: Ltr. FN.: Ballettschule Feibicke. DA.: 14167 Berlin, Teltower Damm 216. ballettschule-feibicke@t-online.de. V.: Dr. P. Feibicke. Ki.: Christiane, Nicola. S.: Schule Berlin u. St. Catharines/Kanada, kanadisches Abitur, Literaturstud. in London/Ontario u. im National Balley of Canada, Kinderpäd. Ballettausbild., anschl. Ausbild. b. Glöckchen Zboron in Berlin. K.: seit 20 J. eigene Ballettschule in Berlin, Schwerpunkt Kinderballett, daneben regelmäßige Fortbild. an d. Royal Academy of Dance, seit 6 J. Austausch m. Blue Lake Fine Arts Camp in Michigan, 2001 Fotoausstellung Müller-Monsé in Berlin, Leipzig u. Dresden, regelm. Aufführungen u. Projekte. H.: Ballett, Sport, Skifahren, Musik, Reisen.

Feick Hans-Georg J.D. Dr. *)

Feierabend Hans-Joachim *)

Feiereisen Lucien *)

Feiertag Rainer Dr.-Ing. habil. Prof. *)

Feifel Erich Dr. theol. Prof. *)

Feige Horst Dr. med. *)

Feige Ingo Dr. med. habil. *)

Feige Jens *)

Feige Jürgen *)

Feige Lothar Dr. rer.pol. *)

Feige Wolfgang Dr. Prof. *)

Feigel Burkhard Johannes Dr.

B.: Area-Manager Biotechnologie. PA.: 70193 Stuttgart, Gaußstr. 45A. G.: Goch, 19. Feb. 1958. S.: 1977 Abitur, 1977-79 Bundeswehr, 1979 Stud. Biologie in Bonn, Wuppertal u. Stuttgart, Prom. 1990 mit "sehr gut", 1990-91 Postdoc. K.: seit 1991 b. Schweizer Biotechnologie-Unternehmen als Abt.-Ltr.; Webdesigner, Erwachsenenbildung. BL.: Aufklärung d. Amino-4-Benzolsuffonsäure - Stoffwechselweges, Entwicklung v. Membranbioreaktor, Entwicklung v. Schüttelmaschine f. Algentoxititätstest. F.: Leiter d. Firma F.B.S.B. (Unternehmensberatung Biotechnologie). P.: Veröff. in Fachzeitschriften. E.: Förderung d. Prom. durch Max-Buchner-Stiftung. M.: Turnerschaft Schaumburgia, Marburg, Ver. f. allg. u. angew. Mikrobiologie. H.: Systemische Botanik, Schwäbische Alb, Fotografie.

Feike Burkhardt *)

Feikus Regine *)

Feil Adolf *)

Feil Thomas *)

Feil Ursula *)

Feilcke Mania *)

Feiler Lutz *)

Feiler Manfred *)

Feiler Uta *)

Feilke Klaus

B.: Unternehmer. DA.: 53604 Bad Honnef, Rottbitzer Str. 44. PA.: 53604 Bad Honnef, Paul-Keller-Str. 6. G.: Grünberg, 25. Mai 1933. V.: Marlies, geb. Muth. Ki.: Astrid (1963), Tobias (1967). S.: 1945 Flucht, 1953 Abitur Frankfurt-Hoechst, 1953 6 Monate Praktikum b. Adam Opel AG, 1953-58 Stud. Maschinenbau an TH Darmstadt, 1958 Dipl.-Ing. K.: 1959 Versuchsing. Gasturbinenbau Klöckner-Humboldt-Deutz AG Oberursel, 1960-61 Luftfahrttechnik GmbH in Düsseldorf, 1961-69 Powell & Co Bonn-Bad Godesberg, 1969-72 Hobson GmbH Bonn u. München, seit 1972 Aufbau d. eigenen Unternehmens, Gschf. Ges., seit 1990 eigene Konstruktionen, seit 1992 Grdg. Firma Uwegas in Zwickau, 1994 ITEP-Messebeteiligung Peking, 1995/96 Grdg. EVU-Verbindungsbüro Peking, 1997 Grdg. Joint Venture Zhejiang Quzhou Contec Ltd. in Quzhon/China. P.: Schriftsteller f. Kinderbücher, z. 25. Firmenjubiläum WDR-Film über ihn als Unternehmer. E.: VDI, Silb. Ehrennadel. M.: VDI, ATV, DGLR, BVMW (Bundesverband Mittelständische Wirtschaft e.V.), DCW (Deutsch-Chinesische Wirtschaftsvereinigung e.V.). H.: Lesen, Science-Fiction, Gartenarb., Reisen nach England u. Asien.

Feimann Johannes Dr. med.

B.: selbst. Internist. DA.: 33378 Rheda-Wiedenbrück, Andreasstr. 4. G.: Münster, 18. Dez. 1957. V.: Dr. med. Mechthild. Ki.: Sebastian (1994), Johannes (1996). El.: Johannes u. Josefine. S.: 1976 Abitur, 1976-82 Med.-Stud. Bochum u. Düsseldorf. K.: 1983-90 Ass.-Arzt KH Warendorf u. Hamm, 1990-91 Allg. Med. Praxis Paderborn, ab 1991 Praxisübernahme, ab 1994 Erweiterung z. Gemeinschaftspraxis m. Ehefrau. H.: Sammlung alter Grafiken.

*) Biographie www.whoiswho-verlag.ch oder beigefügte CD-ROM

Feimer Franz-Josef
B.: musikal.-literar. Kabarettist; Richter am LG Darmstadt. PA.: 64625 Bensheim, Im Eichenböhl 8. feimer-bensheim@t-online.de. G.: Biblis, 16. Mai 1949. V.: Renate, geb. Hofmann. Ki.: Regina Myriam (1979). El.: Josef u. Elisabeth, geb. Gölz. BV.: Vater Gründer d. Musikschule Feimer in Biblis. S.: priv. musikal. Ausbildung, 1967 Abitur Bensheim, 1967-72 Stud. Jura Heidelberg, 1972 1. u. 1975 2. Staatsexamen Heidelberg u. Frankfurt/Main. K.: 1972 Richter an versch. Amtsgerichten, seit 1986 Richter am LG Darmstadt f. allg. Zivilrecht; künstl. Karriere: 1967-72 Ltr. d. Band "The Majestic Lions" u. Begleitung u.a. v. Roberto Blanco, Juliette Greco u. Peter Beil, seit 1984 öff. Auftritte als musikal.-literar. Kabarettist m. eigenen Texten u. Klavierbegleitung, Auftritte f. Unternehmen u. Verbände bundesweit m. Schwerpunkt doppelbödig-heiter, kritisch, humorvoll-frech, anspruchsvoll aber nicht verletzend. P.: 280 eigene Lieder, Gedichte u. Chansons, MC "Aufbruch" (1986), CD "Aber lachen will ich auch" (1993); Gedichtbände: "Vorwiegend heiter" (1991), "Rosinen u. Arsen" (1999); Programme: "Aufbruch ins Alltägliche", "Himmel + Hölle", "Goethe in Aspik" (1999). E.: 1. u. 2. Preis d. Dt. Talentbörse in Mainz (1984). M.: VG Wort, GEMA. H.: Musik.

Fein Hans-Wolfgang Dipl.-Ing. *)

Fein Hubert Dr.
B.: Geisteswissenschaftler. PA.: 65193 Wiesbaden, Kapellenstr. 23. G.: Molsberg, 26. März 1931. V.: Friderun, geb. Lange. Ki.: Ulrike (1966), Sebastian (1968), Florian (1970). S.: 1953 Abitur Hadamar, 1953-59 Stud. Phil., Theol., Germanistik u. Musik Frankfurt/Main, 1960 1. u. 1962 2. Staatsexamen. K.: 1963-65 Studienassessor Wiesbaden, 1965 StR. auf Lebenszeit, 1969 Prom., 1970 OStR., 1971 Studiendir., 1968-95 Fachleiter am Studienseminar f. Gymnasien in Wiesbaden, 1977-80 Fachbereichsltr. f. Religionspäd. ILF Mainz, 1978-81 Doz. Univ. Gießen u. Siegen, 1989-92 Referententätigkeit am Kultusmin. Wiesbaden, seit 1995 vermehrt Vortragstätigkeit u. wiss. Arbeit zu phil./eth. Grundsatzthemen. P.: Veröff. über phil., eth. u. päd. Themen, Hrsg. u. Mitarbeit b. päd. Unterrichtswerken. H.: europ./asiatische Phil. u. Literatur, Psych., klass. Musik.

Fein Klaus-Dieter *)

Fein Reiner *)

Feindt Charlotte
B.: Charity. PA.: 51067 Köln, Isenburger Kirchweg 16A. G.: Berlin, 26. Feb. 1923. Ki.: Olaf (1959). BV.: Großvater Max Burwitz Bgm. v. Greisfwald, Onkel Julius Beyerlein Schriftsteller in Chicago. S.: Mittelere Reife Berlin, Lehre Modezeichnerin, 1941-43 Reichsarb.-Dienst, Kameradschaftsführerin. K.: 1948-51 Modezeichnerin Modehaus Horn am Kudamm, 1951-62 Mitarb. in Kinos Forum, Bio, Tonburg in West-Berlin, 1962 Übersiedlung nach Köln, dort Mitarb. im Unternehmen d. Ehemannes Automatenbetrieb Olaf Feindt, ab 1983 nach Tod d. Ehemann Beginn m. Yoga, ab1984 karitative Tätikeit "Die Schlitzohren e.V.", Unterstützung Mukoviszidose Stiftung u. ZNS-Stiftung, seit 1998 Tätigkeit f. UNICEF. BL.: 2x Gold. Sportabz., 1936 Teilnahme an Olympiade Gymnastik-Veranstaltung m. 2000 Berliner Mädchen. P.: Veröff. in Kölner Persönlichkeiten (1995), 2000 Vorstellung Buch "Rezepte f. Körper u. Geist v. 111 Prominenten aus Köln". E.: 1996 Ambrosius Orden, 1997 BVK. M.: CDU. H.: Zeichnen, japan. Garten, Reisen v. allem nach Asien, Malerei, Opern.

Feine Angelika Dr. habil. phil. Prof. *)

Feine-Haake Gisela Dr. med. *)

Feineis Dieter Michael Dr. *)

Feinen Michael

B.: RA. DA.: 50674 Köln, Engelbertstr. 16-26. G.: Essen, 12. Dez. 1959. S.: 1979 Abitur Herten, 1981-88 Stud. Jura Kiel u. Trier. K.: 1989 tätig in einer Kzl. in Hamburg, 1990-2000 RA in d. Kzl. Grauer, Jeanerée u. Kollegen, 2000 Grdg. d. eigenen Kzl. m. Tätigkeitsschwerpunkt, Arbeitsrecht, Förderungsmanagement, GmbH-Recht spez. f. Mode- u. Bekleidungsbranche. P.: Veröff. im Internet. zu d. Schwerpunktthemen. M.: VPräs. d. VG Feuerbach, Präs. v. Pro Familia, Vorst. d. Förderver. Rhein Musikschule. H.: Kendo, Musik.

Feinendegen Wolfgang *)

Feinler-Torriani Luciana

B.: Übersetzerin u. Dolmetscherin. FN.: Übersetzungsbüro Feinler-Torriani. DA.: 66130 Saarbrücken, Hangweg 8. Ki.: Christine (1961), Isabella (1963), Sarah (1965). El.: Amos u. Umberta, geb. Baldi. S.: 1959 Abitur Hum. Gymn. K.: 1963 Vereidigung als Übersetzerin u. Dolmetscherin, 1960 nach Deutschland, 1963 Grundscheinprüf. in d. Dt.-Ital. Sprache im Dolmetschinst. d. Saarlandes Saarbrücken, 1965-80 Grdg. d. Verbände-Reiniungsfirma "Schnell + Fein", 1968 Frau Feinler als Prok. u. Abt.-Ltr., 1966 parallel Sprachkurse f. Dante Alighieri Ges., 1970 Unterricht a. d. Musik-HS, 1976 Übersetzerin u. Dolmetscherin, 1980 Germanistik u. Italianistik Univ. Saarbrücken, 1980 Grdg. d. Übersetzungsbüro Feinler-Torriani, 1990 einige Semester unterrichten a. d. Univ. Saarbrücken; Lexikographische Tätigkeit mit d. Büro f. Lexikographie v. Schnorr in Stuttgart, Veröff. Wörterbücher i. Klett Verlag. M.: im Vorst. Dante-Alighieri Unterricht f. d. Ges. ital. Kultur, Fachverb. BDÜ, Dt.-Ital. Freundeskreis, Tennisclub, Schützenver. H.: Lesen (Fachliteratur), klassische Musik, Konzerte, sinfonische Musik, Natur, Sportarten allg., Briefmarken, Antiquitäten, Kunst, Münzen.

Feinstein Diego H. Dr. *)

Feireiss Kristin *)

Feis Horst Jürgen
B.: Dipl.-Physiker. FN.: feis Digitaltechnik. DA.: 22089 Hamburg, Ritterstr. 16. G.: 31. Mai 1944. El.: Franz u. Elfriede geb. Hofmann. S.: 1963 Abitur in Essen, Physikstudium in Freiburg, Kiel, München, Bochum 1963-70, Abschl. Dipl. K.: 1970: Entwicklungsing. für Raumfahrttech. in Bremen, 1971-76 EDV-Spezialist bei Hamburger Softwarefirma, 1976-86 Computeranalyst bei Mineralölfirma in Hambg., 1986 Grdg. d. Firma. BL.: Entwicklg. von Flugsicherungsprogr. im Auf-

trag d. Bundesanst. f. Flugsicherung, Programm zur Produktionsplanung von Raffinerien, Entwicklung eines 8-Bit-Computers nebst preemptive-multitasking-Betriebssystem. P.: Diplomarbeit über die Herstellung von Halbleiterdedektoren.

Feisst Werner O. *)

Feist Dietrich Dr. med. Prof. *)

Feist Ina *)

Feiste Anita *)

Feistkorn Annerose *)

Feit Pierre W. Prof. *)

Feith Cornelia *)

Feitzinger Johannes Viktor Dr. rer. nat. Prof. *)

Feix Nereu Dr. rer. pol. Dipl.-Vw. *)

Felber Anette *)

Felber Markus *)

Felchle Ulrich

B.: Wirtschaftsprüfer, Steuerberater. FN.: Meyer & Felchle PartG, WPG. DA.: 70173 Stuttgart, Holzstr. 19. ulrich.felchle@amruf-wpg.de. G.: Hohengehren, 18. Mai 1963. V.: Anja, geb. Heubach. El.: Otto u. Waltraud, geb. Mattes. S.: 1982 Abitur Esslingen, div. Praktika Hdl. u. Ind., 1983-89 Stud. Bw. Univ. Tübingen. K.: 1989-98 tätig in d. Firma Arthur Andersen WPG in Stuttgart, zuletzt Prok., s. 1999 gschf. Partner d. WP-Ges. Meyer & Felchle, spez. f. Mittelstandsberatung u. Unternehmensbewertung; Funktionen: ausbildender Referent bei d. Steuerberaterkammer. H.: Sport, Musik, Film.

Felcht Utz-Hellmuth Dr. Prof.
B.: Vorst.-Vors. FN.: Degussa AG. DA.: 40474 Düsseldorf, Karl-Arnold-Pl. 1a. www.degussa.de. G.: Iserlohn, 8. Jan. 1947. V.: verh. Ki.: 1 Sohn. S.: 1965 High School Dipl., 1966 Abitur, 1966-68 Militär, 1968-70 Chemiestud. Univ. Mainz, 1970 Vordipl., 1970-73 Chemiestud. Univ. Saarbrücken, 1973 Dipl., 1973-76 Chemiestud. Univ. Kaiserslautern, 1976 Prom. z. Dr. rer. nat. K.: 1977-80 Hauptlabor Hoechst AG, 1980-84 Ltg. Alkylose Forsch. - Werk Kalle, 1985 Referent f. Ressort Forsch. in d. Zentralen Dion.-Abt. (ZDA) Hoechst AG, 1985-86 Ltg. Bereichskoordination in d. ZDA, 1986-88 Ltg. Zentralforsch. II, 1988-91 Executive Vice President u. President Advanced Technology Group Hoechst Celanese Corp. Chatham, 1991 stellv. Mtgl. d. Vorst. d. Hoechst AG, seit 1991 Vors. d. Vorst. d. DECHEMA e.V., seit 1992 Mtgl. d. wiss.-techn. BeiR. d. Bayer. Staatsreg., 1992 Mtgl. d. Vorst. d. Hoechst AG, 1993 Hon.-Prof. an d. Univ. Frankfurt, 1994 Arbeitsdir. d. Hoechst AG, seit 1994 AufsR.-Vors. d. SGL Carbon AG, 1998-2000 Vorst.-Vors. SKW Trostberg AG, 2000-01 Vorst.-Vors. d. Degussa-Hüld AG, seit 02/2001 Vorst.-Vors. d. Degussa AG. E.: 1996 Dr. h.c. Univ. Rostock.

Feld Brigitte *)

Feld Helmut DDr. Prof.
B.: wiss. Mitarb. an Forsch.Projekt d. DFG Univ. Tübingen. GT.: Lehrauftrag Univ. d. Saarlandes. PA.: 72116 Mössingen, Heuweg 13. G.: Dillingen-Saar, 25. Aug. 1936. Ki.: Karl Martin, Peter Daniel. El.: Alois u. Charlotte. S.: Stud. Trier, Rom u. Tübingen. 1959 Lic.phil., 1964 Staatsex., 1970 Dr. theol., 1976 Dr. phil., K.: 1988 Hon. Prof. Saarbrücken, 1965-67 Stip. Inst. f. Europ. Gesch. Mainz, 1967-72 Verw.-Ass. Univ. Tübingen, 1972-74 wiss. Ass. Univ. Tübingen, 1974-78 wiss. Mitarb. Univ. Würzburg, 1978-81 Dir. Europa Zentrum Tübingen, 1982-88 Forsch. Aufträge d. DFG. P.: M. Luthers u. W. Steinbachs Vorlesungen über den Hebräerbrief (1971), Das Verständnis des Abendmahls (1976), Wendelini Steinbach Opera Exegetica quae supersunt omnia (1976, 1984, 1987), Der Hebräerbrief (1985), Der Ikonoklasmus des Westens (1989), zahlr. Beiträge in wiss. Fachzeitschr. M.: Studiorum Novi Testamenti Societas (1979), Kmsn. z. Hrsg. d. Werke J. Clvins (1987). H.: Gartenbau.

Feld Marcel Dr. rer. nat.
B.: Chemiker. PA.: 51147 Köln, Im Lochgarten 56. G.: Kattowitz, 13. Feb. 1939. V.: Brigitte, geb. Westdorf. El.: Bruno u. Johanna, geb. Heim. S.: 1957 Abitur Blankenburg/Harz, 1958-70 Chemiestud. in Köln m. Abschluss u. Prom. z. Dr. rer. nat. K.: seit 1970 ltd. Tätigkeit in d. Chem. Ind., zuletzt Forsch.-Ltr. Feinchemie Degussa AG. M.: Verb. d. ang. Akademiker in d. Chem. Ind. (VAA). H.: Reisen, Tauchen.

Feld Werner F. Dr. med. *)

Feldbusch Manfred Dipl.-Ing. *)

Feldbusch Verona
B.: TV-Moderatorin. FN.: c/o PRIME ARTISTS Management GmbH. DA.: 52385 Nideggen, Liebergstr. 38. G.: La Paz/Bolivien, 30. Apr. 1968. V.: Franjo Pooth (Lebensgefährte). S.: Abitur, Stud. FH Mode-Design. K.: 1990 1. Single "Ritmo De La Noche" unter Künstlernamen "Chocolate", 1992 2. Single "Everybody Salsa", "Miss Hamburg", 1993 "Miss Germany", Gründung d. Modedesignfirma "Immerschön-Design" m. einer Freundin, 1994 Miss Interconinental World, 1995 "Miss American Dream", 1996-99 Moderatorin d. Erotikformat "peep!" b. RTL2, 1997 Schauspielerin in d. RTL2 Daily Soap "Alle zusammen - jeder für sich", 1997 Single "Kiss", Talk-Show Veronas Welt, Filme: Die blaue Kanone, Wer liebt, dem wachsen Flügel, s. 1999 Haupdarstellerin d. Werbespots f. Iglo, f. Schwartau u. die Telegate, Mitwirkung in dem Film "666 - Traue keinem, mit dem du schläfst" (2002). E.: 1992 Gold. Schallplatte, 2001 Bambi. (Re)

vom Felde Ralf-Harald Dipl.-Ing.

B.: Dipl.-Ing. f. Tragwerksplanung, Inh. FN.: Büro f. Tragwerksplanung u. Ing.-Bau. DA.: 52064 Aachen, Lütticher Str. 10-12. G.. Hagen, 15. März 1955. V.: Birgit, geb. Schlachta. Ki.: Charlotte u. Mark-David (1990), Judith (1993), Jasper-Leonard (2000). E.: Dr. Hans-Werner u. Ute. S.: 1974 Abitur Limburg, 1974-80 Stud. Bauing.-Wesen Univ. Bochum u. RWTH Aachen m. Abschluss Dipl.-Ing. K.: 1980-84 Ang. in einem Ing.-Büro f. Tragwerksplanung in Aachen, 1985-87 freiberufl. tätig in versch. Ing.-Büros in Aachen, Wuppertal u. Ratingen, 1987 Grdg. d. eigenen Büros f. Tragwerksplanung u. Ing.-Bau m. Schwerpunkt Berechnung u. Konstruktion f. Fliegende Bauten, Open-Air-Bühnen u.

*) Biographie www.whoiswho-verlag.ch oder beigefügte CD-ROM

Felde

Messe-Konstruktionen; Funktionen: 1996-98 Lehrauftrag f. Stahlbau an d. FH Aachen; Projekte: Schwingberechnung d. AMICA, Tragwerksplanung f. Schwebebahnstation Kluse in Wuppertal. M.: BDB Aachen. H.: Sport.

Felden Andreas

B.: Klavierbauer, Inh., Gschf. FN.: Pro-Piano. DA.: 79100 Freiburg, Rehlingstr. 16. PA.: 79232 March, Rathausstr. 19. www.propiano.de. G.: Göttingen, 17. Nov. 1956. V.: Annette, geb. Stichel. Ki.: Johanna (1996), Bettina (2000). El.: Franz u. Ruth, geb. Müller. BV.: Großvater Emil Felden Bremen, Pastor, entwickelte eigenes Gesangbuch, war eine Legislaturperiode Reichtstagsmtgl. S.: 1975 Abitur Göttingen, Lehre als Klavierbauer bei Firma Merz in Göttingen. K.: 1983-84 selbst. Klavierstimmer, seit 1985 in Freiburg, 1994 Eröff. d. eigenen Betriebes, Klaviere v. Sauter, Seiler, Förster, Löbau (Sachsen) u. Pleyel; angeboten, gewartet u. gepflegt, es werden auch gute gebrauchte Klaviere restauriert u. verkauft. P.: Veröff. in regionaler Presse. M.: SPD, IHK, Handwerkskam., Berufsgen. H.: Klavier, klass. Musik, Radfahren, Schwimmen, Politik.

von Felden Heide Dr. phil.

B.: Literatur- u. Erziehungswissenschaftlerin. FN.: Carl von Ossietzky Univ. Oldenburg. DA.: 26129 Oldenburg, Ammerländer Heerstr. 112-114. PA.: 26125 Oldenburg, Etzhorner Weg 166. Heide.von.Felden@uni-oldenburg.de. www.vonfelden.de. G.: Oldenburg, 1. April. 1955. V.: Dipl.-Ing. Arnold von Felden (Gymnasiallehrer). Ki.: Johann Philip (1985). El.: Erich u. Gretchen Grobe, geb. Weber. S.: 1974 Abitur, Stud. Lehramt f. Gymn, Germanistik, Soz. Wiss. Univ. Oldenburg, 1981 1. u. 2. Staatsprüf., Stud. Dipl. Päd. K.: 1981-85 Akad. Tutorin, 1981-89 Dozentin in d. wiss. Weiterbildung u. Erwachsenenbild. im norddeutschen Raum, Dozentin am staatl. Studienseminar f. berufsbildende Schulen, 1987-88 wiss. Mitarb. am Zentrum f. wiss. Weiterbild. d. Univ. Oldenburg, seit 1989 Lehrauftträge f. Erziehungswiss., 1992-94 wiss. Mitarb. an d. Univ. Oldenburg, 1995 Prom., Abschluß Dipl. Päd., 1996-97 wiss. Mitarb. an d. Univ. Dortmund (Vertretung d. Geschäftsführerin d. Frauenstudien), 1997-2002 wiss. Mitarb. an d. Univ. Oldenburg (Dorothea Erxleben-Programm), Arbeit a.d. Habil. P.: "Die Frauen und Rousseau". Zur Rousseau-Rezeption zeitgenössischer Schriftstellerinnen in Deutschland" (1997), "... greifen zur Feder und denken die Welt ... Frauen - Literatur - Bildung" (1991), div. Aufsätze zur Bildungsgeschichte, zur Weiterbildung, zur Hochschullehre, zur qualitativen Bildungsforschung, zur "Bildung - Biographie - Geschlecht. Lern- u. Bildungsprozesse in biographischen Konstruktionen" (2000). M.: Dt. Ges. f. Erz.wiss. (DGfE), Ges. dt. Akademikerinnen (GDA). H.: Malen, Sport.

Feldenkirchen Andreas *)

Felder Josef I.
B.: Vorst.-Vors. d. Hartmann & Braun AG. GT.: Vizepräs. d. Industrie- u. Handelskammer Frankfurt, stv. Vors. d. Verbandes der Metall- und Elektrounternehmen Hessen e.V. DA.: 60487 Frankfurt/Main, Gräfstr. 87.

Felder Kurt Elmar *)

Felder-Brinkmann Christina Margarete Gabriele

B.: Rechtsanwältin. DA.: 58097 Hagen, Märkischer Ring 114 G.: Dresden, 5. März 1951. V.: Bernd Brinkmann. El.: Georg u. Margarethe Felder. S.: 1970 Abitur Limburg/Lahn, 1970-71 Stud. Erziehungswiss. Justus-Liebig-Univ. Gießen, 1971-72 Päd.-Stud. Päd. HS Ruhr, Abt. Hagen, 1972-73 Ausbildung zur Auslandskorrespondentin, 1973 Prüfung zum Fremdsprachlichen Korrespondent, Industrie u. Handelskammer Bonn, 1973-76 Auslandskorrespondentin, 1975-79 Studium Rechtswiss. Ruhr-Univ. Bochum, 1980 1. u. 1983 2. Staatsexamen, 1980-82 Referendariat Siegen/Dortmund/Hagen, seit 1983 Rechtsanwältin: Kanzlei Graumann, Pfeiffer & Pinkvoss, seit 1998 Fachanwältin f. Familienrecht, 2001 1. Wanderausstellung in Altes Stadtbad, Galerie am Emilienpl., Finanzamt Hagen, Dreifaltigkeitskirche Eppenhausen, Aok-Hagen, Polizeipräsidium Hagen. M.: Frauen helfen Frauen e.V.,, Weißer Ring e.V., Wildwasser e.V., Anwalt-u. Notarverein d. Landesgerichtsbezirks Hagen e.V., Arbeitsgemeinschaft Familienrecht d. Deutschen Anwaltsvereins. H.: allg. Fitneßtraining, Natur, Fotografieren, Malen.

Felderer Bernhard Dr.
B.: Prof. FN.: Univ. zu Köln, Staatswissenschaftl. Seminar. DA.: 50923 Köln, Albertus-Magnus-Platz. PA.: 51469 Bergisch Gladbach, Richard-Zanders-Str. 47. G.: Klagenfurt/Österr., 21. März 1941. S.: Univ. Wien u. Paris, 1964 Prom. K.: 1966-67 Research Assoc. Princeton. Univ. N.J. USA, 1967-68 Visiting Prof. Chapel Hill N.C. USA, 1968-74 Ass. Karlsruhe, Prof. f. VWL 1974-90 in Köln, 1991-95 in Bochum, seit 1995 in Köln. P.: Wirtschaftliches Wachstum bei schrumpfender Bevölkerung (1983), Makroökonomik und neue Makroökonomik (7. Aufl. 1999), Public Pension Economics (1993), zahlr. Publ. in Fachzeitschriften u. Sammelbänden.

Felderhoff Dieter H. Prof. *)

Felderhoff Gereon
B.: RA, Notar. FN.: Rechtsanwälte u. Notare Joseph Beisenkötter, Gereon Felderhoff u. Ellen Krietemeyer. DA.: 46282 Dorsten, Alter Postweg 30. beisenkoetter@t-online.de. G.: Essen, 15. Mai 1956. V.: Angela, geb. Jolk. Ki.: Katharina (1988), Leonie (1994). S.: 1976 Abitur Essen, Stud. Philol. u. Rechtswiss. an d. Wilhelms-Univ. Münster, 1983 1. Staatsexamen, Referendariat am LG Essen, 1987 2. Staatsexamen. K.: 1987 Kzl.-Eintritt in Dorsten, 1993 Zulassung z. Notar, Tätigkeitsschwerpunkt: Arbeits-, Ges.-, Immobilien- u. Zivilrecht. M.: Vorst. im Anw.-Ver. Dorsten, Vorst. Schützenver. H.: Literatur, mod. Kunst, Wein, Musik.

Feldges Alfred *)

Feldhausen Peter Dr. *)

*) Biographie www.whoiswho-verlag.ch oder beigefügte CD-ROM

Feldhege Hans
B.: Kfm., Inh. FN.: Foto Feldhege. DA.: 58119 Hagen, Herrenstr. 11. G.: Hohenlimburg, 3. Juli 1935. Ki.: Monika (1968), Hans-Georg (1970). El.: Hans u. Emmy, geb. Richard. S.: 1951 Mittlere Reife, 1951-54 Lehre Drogist Hagen, 1954-56 Ausbild. Firma Foto Günter Hannover. K.: ab 1956 Drogist im elterl. Betrieb u. glz. Ausbild. z. Hörgeräteakustiker, 1973 Übernahme d. elterl. Betriebes, 1990 Eröff. d. Fotogeschäftes, 1993 Eröff. d. Filiale in Hohenlimburg-Elsey, 1995 Eröff. d. Filiale in Iserlohn-Letmathe, 2000 Übergabe d. 3 Fotogeschäfte an Sohn Hans-Georg Feldhege. P.: vertonte programmierte Diaüberblendvorträge. E.: zahlr. Pokale u. Med. u.a. Hemingway-Preis. M.: Hegering Hohenlimburg. H.: Jagd, Fotografieren, Großwildjagd.

Feldhus Bernd

B.: Gschf. Ges. FN.: Wohnwagen Feldhus GmbH. DA.: 26125 Oldenburg, Ekernstr. 4-6. G.: Oldenburg, 29. Dez. 1954. V.: Dagmar, geb. Poel. Ki.: Yvonne (1984), Carmen (1986), Robert (1991). El.: Heino u. Elsbeth, geb. Meyer. S.: 1974 FOS f. Elektrotechnik Oldenburg. K.: 1974-76 Flugzeugmechaniker d. Bundeswehr, 1976 Eintritt in den elterl. Betrieb als Monteur Freizeitcenter Nord-West, seit 1981 selbst. m. Grdg. d. Wohnwagen- u. Reisemobil-Service GmbH, 1991 Grdg. d. Firma ASCA Import GmbH & Co KG, 1995 Umwandlung d. Wohnwagen- u. Reisemobil Service GmbH in Wohnwagen Feldhus GmbH. M.: DCHV. H.: Motorrad fahren, Wasserschi.

Feldkamp Peter
B.: RA. FN.: Walendy & Feldkamp. DA.: 10783 Berlin, Potsdamer Str. 162. G.: Dortmund, 6. Aug. 1960. V.: Sophia, geb. Ladewig. Ki.: Lara Lou Isabella (1998), Eva Charlotte Lilli (2000). El.: Helmut u. Ingeborg. S.: 1980 Abitur, 1981 Bundeswehr, 1981-88 Stud. Jura Univ. Bochum, 1. Staatsexamen, 1988-91 Referendariat Berlin, 1990 3 Monate Auslandsaufenthalt RA John Lawit, Albuquerque, New Mexico, 1991 2. Staatsexamen. K.: 1991 Privatdoz. f. Zivilrecht f. privates Fortbildungsinstitut aus Essen in den neuen Bundesländern, 1991-92 RA in d. Kzl. Dr. Wegener u. Partner in Berlin, seit 1992 selbst. m. Schwerpunkt Strafrecht. M.: Arge f. Strafrecht, Arge f. Verkehrsrecht, Dt. Anwaltverein, Vereinig. Berliner Strafverteidiger. H.: Privatpilot, Tennis, Fotografie.

Feldkamp Reinhard

B.: Verw.-Fachwirt, Inh. FN.: Silence KG Feldkamp. DA.: 14195 Berlin, Miquelstr. 52-54. PA.: 14195 Berlin, Ehrenbergstr. 29. silence@silence-feldkamp.de. G.: Leer, 9. Apr. 1937. Ki.: Friedhelm (1961), Thomas (1964), Immo (1968), Janna (1985), Sophia (1988), Fabian (1990). El.: Egon u. Folina, geb. Friedenwold. S.: 1954-57 Ausbildung z. Verw.-Fachwirt, 1959 Gehobener Verw.-Dienst. K.: 1959-65 Abt.-Ltr. b. d. Stadt Leer - Liegenschaftsamt, später Stadtoberinsp., 1966-70 Verw.-Amtmann f. d. Planungsverb. Großraum Hannover, 1970-82 Gem.-Dir. d. Gem. Wennigsen, 1983-94 ang., später Gschf. d. Bild.-Werkes d. Niedersächs. VHS Hannover, auch tätig f. d. NBL - Ruhestandsbmtr., seit 1997 selbst. m. "Silence KG Feldkamp" in Berlin - Kleintierbestattung, seit 1999 zeitweise Übersiedlung nach Berlin, um d. Geschäftes selbst zu führen. BL.: einzige Möglichkeit einer würdevollen Bestattung (Tierkrematorium) v. Kleintieren in Berlin, verbunden m. d. soz. Betreuung d. hinterbliebenen Besitzer. M.: Greenpeace. H.: Joggen, Gartenarb., Bildgestaltung mittels Fotografie.

Feldkeller Claudia H. *)

Feldl Heinrich *)

Feldmann Christoph *)

Feldmann Hans

B.: Kfm., Inh. FN.: Heinrich Feldmann OHG. DA.: 33334 Gütersloh, Postdamm 289. G.: Gütersloh, 28. Sep. 1932. V.: Helga, geb. Lechelt. Ki.: Detlef (1964), Iris (1966), Olaf (1972). El.: Heinrich u. Anna. S.: 1948 Handelsschle. K.: 1984 Eintritt in d. Firma Heinrich Feldmann u. 1970 Übernahme, 1999 Grdg. d. OHG m. Schwerpunkt Biergroßhdl. u. Abfüllung v. alkoholfreien Getränken. M.: Verb. d. Getränkegroßhdl., versch. regionale Ver. H.: Chorgesang.

Feldmann Harald Dr. med. Prof.
B.: Univ.-Prof. a.D. FN.: Univ. Göttingen. PA.: 37075 Göttingen, Ludwig-Beck-Str. 13. G.: Celle, 14. Jan. 1925. V.: Regine, geb. Schmidt. Ki.: Ingrid, Eckart, Annette Christiane. El.: Heinrich u. Gertrud. S.: 1944 Abitur, Stud. Med. in Kiel u. Göttingen, 1952 Med. Staatsexamen, 1955 Prom. K.: 1961 FA f. Psych. u. Neurologie, 1967 Habil., 1973 apl. Prof., 1979 Prof. f. Psychopath, 1979-1990 Leiter d. Psychopatholog. Forschungsstelle, 1990 Ruhestand. H.: Hypochondrie (1972), Kompendium der medizinischen Psychologie (1983), Psychiatrie und Psychotherapie (1984), (mit J.M.Broekman) Darstellung u. Sinn (1990), Vergewaltigung und ihre Psychischen Folgen (1992), Mimesis und Wirklichkeit (1988), zahlr. Beiträge in Fachzeitschriften. H.: Musik.

Feldmann Harry Dr. rer. nat. Prof. *)

Feldmann Hermann *)

Feldmann Horst Wilhelm Albert
Prof. Dr. rer. nat.
B.: FN.: Adolf-Butenandt-Institut LMU München. PA.: 85232 Bergkirchen, Ludwig-Thoma-Str. 22. G.: Stettin, 13. März 1932. V.: Hildegard, geb. Beissel. Ki.: Barbara (1963), Miriam (1966). El.: Wilhelm u. Hertha. S.: 1952 Abitur, Staatl. Max Planck-Gym. Düsseldorf, Stud. d. Chemie Univ. Köln. 1960 Dipl., 1962 Prom. K.: 1968 Habil., 1974 Prof. Med. Fak. LMU München. P.: zahlr. in biochem. Fachzeitschriften. E.: FEBS Diplôme d'Honneur, Sekr. f. d. Preis Molecular Bioanalytics. M.: EMBO-Mtgl., Ges. Dt. Chemiker, Ges. f. Biochemie u. Molekularbiologie, Ges. f. Klin. Chemie. H.: Malerei, Musik, Sprachen.

Feldmann Joachim Heinrich Georg Ing. *)

*) Biographie www.whoiswho-verlag.ch oder beigefügte CD-ROM

Feldmann Jörg
B.: RA. FN.: Strangfeld & Krenzin RAe u. Notare. DA.: 03046 Cottbus, Brandenburger Pl. 6. re.info@strangfeld.und.krenzin.de. G.: Wismar, 26. Juli 1967. V.: Antje, geb. Fischer. Ki.: Lea. El.: Heinrich u. Ingrid. S.: 1986 Abitur, 1986-89 Armee, 1994-97 Stud. Hombold-Univ. Berlin, 1997 Zulassung z. RA. K.: seit 1995 RA in Cottbus. M.: Dt. Ges. f. Reiserecht, Ges. d. Fachanw. f. Arb.-Recht, Arge f. Verkehrsrecht u. Baurecht, Vors. d. Ver. Gesundheit 2000 e.V., Verw.-Beauftragter d. Europ. Sportak. in Frankfurt/Oder. H.: Fußball, Radfahren, Schwimmen, Golf.

Feldmann Jürgen Dipl.-Kfm.
B.: Verlagsltr. FN.: Hubert Burda Media. DA.: 10178 Berlin, Mollstr. 1. G.: Olpe, 25. März 1962. V.: Astrid, geb. Klein. S.: 1981 Abitur Olpe, 1981-87 BWL-Stud. Univ. Würzburg, ab 1987 Burda Verlag: Ass. d. Vertriebsdir., stellv. Vertriebsltr., Vertriebsltr., Verlagsltr. H.: Radsport, Skifahren, Golf, ital. Kochen.

Feldmann Klaus Dipl.-Ing. *)

Feldmann Michael Dr. *)

Feldmann Stefan

B.: Gschf. FN.: RTL Franken Life TV. DA.: 90449 Nürnberg, Südwestpark 73. PA.: 90409 Nürnberg, Berckhauserstr. 20. StefanFeldmann@aol.com. G.: Hilden, 1968. V.: Lebensg.: Nina van Splunter. S.: 1989 Abitur Opladen, Zivildienst, Stud. Theater- u. Medienwiss., Politische Wiss., Islamwiss. u. Kunstgeschichte an d. Univ. Erlangen-Nürnberg. K.: 1991 Praktika b. Radiostationen in Nürnberg u. Kiel, TV-Produktionsfirma in Erlangen, 1992 Volontariat b. Franken Funk u. Fernsehen,
1993 Sendestart Sachsen Fernsehen in Chemnitz, Aufbau d. Nachrichtenredaktion, Chef v. Dienst, 1994 Sendestart 24h Ballungsraumfernsehen "Franken Fernsehen" als Chefredakteur, 1997 Wechsel u. Aufbau v. RTL Fensterprogramm Franken Life, später RTL Franken Life TV als Programmchef u. Chefredakteur, 2000 Neue Welle Bayer Bereich Fernsehen, 2001 Geschäftsführung RTL Franken Life TV. BL.: 1997 Grdg. TV Produktionsfirma events tv Stefan Feldmann & Robert Wirth GbR, 1999 Diplom TV Produktionsmanagement, Stud. an d. Bayerischen Akademie f. Fernsehen in München, Doz. an d. FH Nürnberg, tv medienparaxis. M.: Bayerischer Journalistenverband, seit 2001 Vorst.-Mtgl. im Presse Club Nürnberg. H. Reisen (Australien, Singapur).

Feldmann Thorsten Josef Bernhard *)

Feldmann Torsten *)

Feldmann Ulrich C. MBA *)

Feldmann Walter sen. *)

Feldmann Winfried
B.: Brauereidir. i.R. PA.: 21335 Lüneburg, Soltauer Allee 10b. G.: Steele, 15. Mai 1922. V.: Gerda, geb. Vieth. Ki.: Dr. med. Michael (1964), Dipl.-Ing. Dieter (1948). El.: Dipl.-Optiker Heinrich u. Maria, geb. Winter. S.: 1940 Abitur Essen, Wehrdienst, b. 1946 Kriegsgefangenschaft, 1940-48 Stud. Humanmed. in Freiburg u. Münster. K.: Arb. in einem Betrieb d. Fischind. in Dortmund, ab 1950 im Außendienst d.

Linden-Adler-Brauerei in Unna, 1952 Wechsel z. Dortmunder Union-Brauerei, seit 1960 Verkaufsltr. b. d. Lüneburger Kronen Brauerei AG, 1961-85 Vorst.-Mtgl., 1976-85 zusätzl. Vorst.-Mtgl. d. Holsten-Brauerei AG in Hamburg, langj. Ratsherr d. Stadt Lüneburg, 1982-90 Mtgl. d. Niedersächs. Landtages, mehrj. Kreistagsmtgl. E.: 1986 Lüneburg Preis, 1983 VK am Bande d. Niedersächs. VO, 1988 VK 1. Kl. d. Niedersächs. VO. M.: Rotary Club Lüneburg, seit 1946 CDU, a.o.Mtgl. d. IPA, b. 1982 ehrenamtl. Richter
am Sozialgericht, b. 1985 Vors. d. Brunnengebietes Nord in Verb. Dt. Mineralbrunnen. H.: Orchideen züchten, Papageien.

Feldmeier Marianne Dr. med.
B.: selbst. Ärztin. FN.: Praxis f. Schmerztherapie u. Naturheilverfahren. DA.: 48161 Münster, Alte Dorfstr. 3. G.: Herne, 21. Juli 1958. V.: gesch. Ki.: Arne (1982), Lena (1986, Vera (1990), Ole (1991). El.: Heinrich u. Elisabeth Schlamann, geb. Strackbein. S.: 1978 Abitur, 1978-84 Stud. Med. Univ. Münster, 1984-90 Ausbild. Allg.-Med., 1990 Grundausbild. Akupunktur Düsseldorf. K.: 1990-93 FA f. Allg.-Med. u. versch. Praxisvertretungen spez. f. Schmerz- u. Regulationstherapie, 1993 Zulassung f. Naturheilverfahren, 1994 Zusatzbezeichnung f. Chirotherapie, 1992-93 Neuraltherapieausbild. an d. Speyer-Ak., seit 1993 selbst. Praxis in Münster. P.: Mithrsg. d. Mtgl.-Zeitschrift "Akupunkt" (seit 1998), "Aurikulomed. nach Nogier" (1999). M.: 1993 Vorst. d. Dt. Nogier Ges. e.V. Hamm, 1993 Grdg. u. Vorst. d. Ärzteforums f. Akupunktur an d. Gottfried Gutmann-Akad., Hamm. H.: Lesen, Tennis, Natur, Sprachen, Sport, Tiere.

Feldtmann Uwe *)

Feldwieser-Sinn Marlene *)

Felezeu Maria-Luise Dr. med. *)

Felgenträger Joachim *)

Felgenträger Michael *)

Felgentreu Bernd Dr. med.

B.: FA f. Frauenheilkunde u. Geburtshilfe, selbständig. DA.: 99084 Erfurt, Juri-Gagarin-Ring 94. PA.: 99094 Erfurt, Zur Sandecke 7. G.: Hennigsdorf, 10. Februar 1944. V.: Doris, geb. Reich. Ki: Kati (1974), Ronny (1978). El.: Wilhelm u. Dorothea, geb. Krzonkalla. BV.: väterlicherseits Großvater Herrmann Felgentreu - Schuhmacher, mütterlicherseits Großvater Engelbert Krzonkalla - Stahlwerker. S.: 1961-63 Ausbildung Werkzeugmacher Facharbeiter u. Abendschulabitur, 1963-65 Vorpraktikum KH Treuenbrietzen, 1965-71 Stud. Med. Friedrich-Schiller-Univ. Jena, 1971-76 FA-Ausbildung Frauenklinik Nordhausen, Med. Akademie Erfurt, 1973 Dipl.-Med. K.: 1976-78 FA Frauenklinik Nordhausen, 1978-90 FA Politklinik Erfurt-Mitte, 1981-83 Promotion,

*) Biographie www.whoiswho-verlag.ch oder beigefügte CD-ROM

1985 Anerkennung z. Dr. med., 1991 Ndlg. in eigener Praxis. M.: Frauenarztverband München, Hartmannbund Bonn. H.: Haus u. Garten. Ägypten.

Felgner Heinz Peter Dipl.-Ing. *)

Felgner Kurt H. R. Prof. *)

Felgner Ulrich Dr. Prof. *)

Felgner Uta *)

Felhofer Gerhard *)

Felix Bernd Dipl.-Kfm. *)

Felix Günther Dr. iur. *)

Felix Jörg *)

Felix Sascha W. Dr. Prof. *)

Felix Ulrich *)

Felixmüller Conrad Dr. med.

B.: FA f. Gynäk. u. Geburtshilfe. FN.: Praxis u. Praxisklinik. DA.: 22303 Hamburg, Mühlenkamp 32. G.: Hamburg, 16. Mai 1952. V.: Kirsten, geb. Lutteroth. Ki.: Anna (1981), Kim-Joas (1986), Lotta (1990), Frida (1998). S.: 1971 Abitur, 1972-78 Stud. Med. Univ. Hamburg, 1978 Approb., Staatsexamen u. Prom. K.: 1978-86 Ass.-Arzt f. Gynäk. am Allg. KH Hamburg-Barmbek u. ab 1985 OA, 1986 Grdg. d. gynäk. Praxis u. Tagesklinik f. ambulante Operationen, ab 1992 tätig in d. Praxisgemeinschaft Dr. Hans-A. v. Waldenfels-Gynäkologe u. Geburtshelfer, seit 1999 Belegbetten am KH Hamburg-Emsbüttel. P.: „Das Striple-Screeling im Rahmen d. pränatalen Diagnose", „Minimal traumatisierende Tubensterilisation", „Transvaginale Hydrolaproskopie bei Kinderwunschpatientinnen". M.: Dt. Ges. f. Gynäk., Bundesverb. f. ambulantes operieren. H.: gutes Essen, Bordeaux-Weine, Kunst, Architektur, Reisen, Windsurfen, Golf, Snowboarden.

Fell Christopher Dipl.-Ing. *)

Fell Hans *)

Fell Hans-Josef
B.: forsch.-polit. Sprecher d. Bundestagsfraktion Bündnis 90/Die Grünen. FN.: Dt. Bundestag. DA.: 11011 Berlin, Platz d. Republik; Wahlkreisbüro 97421 Schweinfurt, Theresienstr. 7. www.hans-josef-fell.de. G.: Hammelburg, 7. Jän. 1952. V.: Annemarie, geb. Pfennig. K.: Andreas (1979), Margareta (1981), Friedrich (1987). El.: Karl u. Anna, geb. Brendan. BV.: Vater war 18 J. CSU-Bgm. v. Hammelburg. S.: 1971 Abitur, 1971-76 Stud. Physik, Sport u. Geografie f. Lehramt Univ. Würzburg, 1976 1. Staatsexamen Physik u. Sport, 1976 Trainer A-Lizenz Volleyball Regionalliga TV DJK Hammelburg u. Bayr. Jugendmannschaft, 1976-78 Zivildienst, 1978-80 Referendariat Neusäß, 1979 2. Staatsexamen. K.: 1979-80 Lehrer am Gymn. Hammelburg, 1981-82 FOS Traunstein, 1983-86 am Gymn. Stein bei Nürnberg, 1985-89 Lehrer f. Physik, Informatik, Astronomie u. Sport am Gymn. in Schweinfurt; Funktionen: seit d. 70-er J.

aktiv in d. Energiepolitik, 1986 Mitgrdg. d. Elterninitiative gegen Kernenergie, 1989 Grdg. u. Vorst. d. Bürgerinitiative Müll u. Umwelt, 1990 StadtR. in Hammelburg, 1992 Eintritt Die Grünen, 1994 Kandidat im Landtag, seit 1995 Kreistagsmtgl., seit 1998 MdB u. o.Mtgl. im Aussch. f. Bild., Wiss., Forsch. u. Verteidigung u. div. weitere Funktionen, seit 1999 Mtgl. im Familienbund d. Dt. Katholiken d. Diözese Würzburg. F.: Gschf. d. Hammelburger Solarstrom Ges., AufsR. d. Naturstrom AG Düsseldorf. P.: Veröff. in Main-Post, Saale-Zeitung, Fachart. zu Solarenergie. E.: 1. Europ. Solarpreis v. Eurosolar f. d. eigene Haus, 1994 Dt. Ausscheidung, 2000 Dt. Solarpreis d. DGS u. Energy Globe Award, Linz, 2001 Free nuclear future award. M.: Bündnis 90/Die Grünen, BUND, VCD, Greenpeace. H.: Sport, Volleyball, Schwimmen, Wandern, Lesen, Jazz., klass. Musik, Singen, mod. Kirchenmusik. (Re)

Fell Jan Dr. med.

B.: FA f. Orthopädie. GT.: Vors. d. Berliner Orthopädischen Ges. DA.: 10715 Berlin, Bundespl. 2. G.: Frankfurt/Main, 20. Feb. 1963. V.: Anja, geb. Lindworsky. Ki.: Julian, Jascha. El.: Dipl.-Ing. Gerhard u. Karin, geb. Zurowsky. S.: 1982 Abitur Köln-Porz, 1983 Berlin, 10 J. in 1. Volleyball-Bundesliga b. SSF Bonn u. VdS Berlin, heutiger Namen SSC Berlin, 1985-92 Stud. Med. an d. FU Berlin, im Prakt. Jahr Wahlstation Orthopädie im Urban-KH b. Prof. Manfred Weigert, 1992 Approb., 1992 Diss. K.: 1992-97 Ass.-Arzt im Urban-KH b. Prof. Weigert, auch Kinderorthopädie b. OA Gronert, 1997-99 Waldkrankenhaus Spandau, Ass.-Arzt b. Prof. Noack, 1998 FA f. Orthopädie, seit 1999 eigene Praxis, speziell Kinderorthopädie, daneben Behandlung v. Leistungssportlern aller Sportarten, 2000-2002 Vors. d. Berliner Orthopädischen Ges. E.: Dt. Pokal-Sieger im Basketball (1985). M.: Volleyballverein Helios. H.: Sport (Volleyball).

Fell Jörg Thomas
B.: Rohrleger, Mitinhaber. FN.: Fell u. Acker Lebensmitel, Obst, Gemüse, Zeitungen, Zeitschriften, Lottoannahme. DA.: 13629 Berlin, Rohrdamm 56. G.: Berlin, 24. Ja. 1969. V.: Partnerin: Martina Acker, geb. Steffen. Ki.: Simon (1993), Sandy (1986), Janina (1992), Tatjana (1996). El.: Hans-Jörg u. Hannelore. S.: 1985 Mittlere Reife, 1985-88 Berufsausbildung: Rohrleger, 1995 Meisterprüfung. K.: b. 1999 im Ausbildungsbetrieb GASAG tätig, zuerst als Rohrleger, dann Meister u. 1998-99 Bauleiter, 1999 gemeinsam m. d. Lebenspartnerin Geschäftseröffnung, 14 J. Mitarbeiter u. ltd. Mitarbeiter d. Berliner GASAG. H.: Angeln.

Fellendorf Wolfgang *)

Feller Anke
B.: Profi-Leichtathletin (4x400m). FN.: c/o TSV Bayer Leverkusen. DA.: 51373 Leverkusen, Tannenbergstr. 57. G.: Göttingen, 26. Sep. 1971. S.: Diplom i. Sportwissenschaft. K.: Disziplin: 4x

*) Biographie www.whoiswho-verlag.ch oder beigefügte CD-ROM

400m, 1989 Junioren-WM/3., 1995 DM/7., 1996 DM/4., Hallen-DM/3., 1997 Universiade 200m/4., WM Staffel/1., DM/4., 1998 WC-S., EM Staffel/1., DM/5., 1999 DM/5., WM Staffel/3. H.: Schifahren, Lesen, SMS verschicken.

Feller Karl-Heinz Prof. Dr. habil. *)

Feller Wolf
B.: Journalist, Dir. FN.: Bayer. Rundfunk Fernsehdion. München. DA.: 80335 München, Rundfunkpl. 1. G.: München, 1. Sep. 1930. S.: Gymn. Freising, 1950 Abitur, Stud. Univ. München, 1954 Dipl. oec. publ. K.: seit 1958 b. BR, b. 1976 Wirtschaftsred., b. 1982 ARD-Korrespondent in Rom, 1982-87 Chefred. Fernsehen, seit 1987 Fernsehdir. d. Bayer. Rundfunks München. E.: Bayer. VO, BVK 1. Kl., Gr. Silb. EZ f. Verd. um. d. Rep. Österr. H.: Musik.

Feller-Hartmann Maxi
B.: Hotelfachfrau, Inh. FN.: Hotel Restaurant Café Maxi. DA.: 66885 Bedesbach, Gartenstr. 34. G.: Bedesbach, 7. Dez. 1954. Ki.: Sven Neuhäuser (1973), Pia Neuhäuser (1978). El.: Rudi u. Elisabeth Feller, geb. Schneider. S.: 1969-72 Ausbild. Hotelfachfrau Cafe Maxi, 1985-87 Zusatzausbild. Hauwirtschafterin. K.: 1972-85 tätig im Cafe Maxi, 1980 Ausbildereignungsprüf., 1994 Übernahme d. Cafe Maxi - seit 1997 führend as gastl. Haus im Kreis Kusel. E.: 1997 2 Sterne d. DEHOGA. M.: Sportver., Gesangsver. Bedesbach, DEHOGA, FDP. H.: Beruf.

Fellermann Viktor *)

Fellermeier Robert Dipl.-Bw.
B.: Dir. FN.: Mövenpick Hotel Nürnberg-Airport. DA.: 90411 Nürnberg, Flughafenstr. 97-99. G.: Freising, 2. Okt. 1965. V.: Daniela, geb. Nikosia. Ki.: Marius (1988), Quriu (1996), Kilian (1998). El.: Heinz u. Helga. S.: 1984 FH-Reife Freising, 1984-86 Kochlehre, 1987-88 Bundeswehr, Hauptgefreiter, 1988-92 FH München, Hotel- u. Restaurantmanagement. K.: 1993-94 Management Trainee Mövenpick Hotel München-Airport, 1995 Food and Beverage Manager Mövenpick Hotel München-Airport, 1996-98 stellv. Dir., 1998-2000 Dir. Mövenpick Hotel Nürnberg-Airport, ab 2001 Dir. Mövenpick Ressort El Quseir/Ägypten. M.: Skal Club. H.: Tauchen.

Felling Wolfgang

B.: Ltd. Verw.-Dir. FN.: Bundesknappschaft. DA.: 30173 Hannover, Siemensstr. 7. G.: Altlandsberg, 22. Nov. 1942. El.: Dr. Josef u. Mary. S.: 1963 Abitur Essen, 1963-69 Jurastud. Univ. Göttingen u. Münster, 1969 1. Staatsexamen, 1969-73 Referendariatszeit in Essen, 1973 2. Staatsexamen. K.: seit 1974 tätig b. d. Bundesknappschaft, seit 1977 Ltr. d. Verw.-Stelle Hannover, seit 1980 Lehrbeauftragter an d. FH d. Bundes u. tätig in der Prüf.-Kmsn. H.: Lions Club, Club Hannover Leinetal, Vorst. d. Eilenriedestiftes. H.: Oper, Fernreisen, Konzerte.

Fellinger Imogen Dr. phil. *)

Fellmann Johannes Richard

B.: Archäologe, Apotheker. FN.: Maternus-Apotheke. DA.: 50996 Köln, Hauptstr. 100. G.: Köln, 7. Mai 1944. V.: Bettina, geb. Starck. El.: Richard u. Maria, geb. Krämer. BV.: Begründung d. Apotheker-Dynastie 1783 durch Hof-Apotheker in Neuwied. S.: 1965 Abitur Bonn, 1966-68 Stud. Kunstgeschichte, Theaterwiss. u. Germanistik, 1971-74 Stud. Pharmazie m. Approb. 1974, 1974-83 Stud. Archäologie m. Abschluss Mag. d. Archäologie. K.: seit 1974 Apotheker in d. ursprüngl. väterl. Apotheke u. archäolog. Arb. in Lybien, Türkei u.a.m. P.: Aufsatz in d. "Antiken Welt" über d. antike 14. Jhdt. in Lybien. M.: Rote Funken Köln, Theatergruppe Köln. H.: Fliegen, Segeln, Tauchen, Archäologie.

Fellmann Michael
B.: Profi-Segler, Zeitsoldat. FN.: c/o Dt. Segelverb. DA.: 22309 Hamburg, Gründgensstr. 18. G.: 20. Dez. 1969. K.: Klasse: Finn-Dinghy, Verein: Bayrischer Yacht-Club, Erfolge: WM 1995/7., 1998/9., 1999/7., EM 1995/10., Kieler Woche 1995/6., 1998/9.

Fellmann Walter Dr. phil. habil.
B.: Schriftsteller (kulturhist. Sachbuch, Reiseführer). Pa.: 04425 Taucha, Engelsdorfer Str. 32. G.: Böhmischwald Kreis Glatz/Schlesien (heute Polen), 26. März 1931. V. : Jutta, geb. Vogt. Ki.: Dr.-Ing. Dieter (1954). S.: 1941-45 Oberrealschule Neurode, 1953 ABF Leipzig, 1953-57 Stud. Geschichte Univ. Leipzig, 1963 Prom. in Halle/Saale. K.: 1957-60 Red. e. Tageszeig., 1960-68 wiss. Mitarb. Humboldt-Univ., 1969 Habil. Berlin, seit 1969 freischaff. P.: 1989 "Heinrich Graf Brühl", 4. Aufl. 2000, 1989 "Der Leipziger Brühl", 1990 "Sachsens letzter König Friedrich August III., 1995 "Mätressen", 1996 "Prinzessinnen", 2000 "DuMont Kunst-Reiseführer Sachsen", "Sachsens Könige" (2001).

Fellmer Eberhard
B.: Rechtsanwalt. DA. u. PA.: 23813 Nehms/Bad Segeberg, Kastanienhof. FellmerRA@aol.com. members.aol/fellmerra. G.: Berlin, 14. Dez. 1924. Ki.: Stefanie (1961). El.: Max u. Hertha. BV.: Urgroßvater Finanzmin. b. Herzog v. Braunschweig, Urgroßvater Stallmeister b. Fürst Otto v. Bismarck. S.: 1943 Abitur, 1943-45 Militär, 1946-49 Stud. Rechts- u. Staatswiss. Hamburg, 1949 I. u. 1954 II. Staatsexamen, 1949-54 Referendar. K.: ab 1954 freie RA in Hamburg, 1969-84 VerwR.-Präs. Hapimag AG Zug/Schweiz, 1984-88 Vors. d. BeiR. Hapimag AG Zug/Schweiz, BeiR.-Vors. Schiffahrtsges. Reederei Lehmann Lübeck, Nebenerwerbslandwirt (Züchter eines Olympiafeldes), ab 1968 Vors.d. Landesreiterverb. Hamburg, ab 1985 öff. best. u. vereid. Sachv. auf Hippolog. Fachgebiet, Leiter Bereich Hippologie i. Sachverständigen Kuratorium (SVK), 1986-97 Vorst. u. d. Dt. Reiterl. Ver., d. Dt. Olymp. Komitee f. Reiterei. P.: Rechtskunde f. Pferdehalter u. Reiter; Coautor: Lehrbuch d. gerichtl. Tierheilkunde; Pferdekauf ohne Risiko; Pferdekauf heute; Der richtige Stall für mein Pferd, Tierärztliches Haftungsrecht; div. Beiträge in vet. u. reiterl. Fachzeitschriften. E.: BVK 1. Kl., Dt. Reiterkreuz in Gold. M.: Dt. Reiterl. Ver. Warendorf, Harburger Reitverein, Hamburger Renn-Club, Landeskommission f. Pferdeleistungsprüfungen, bis 1995 stellv. Vors. d. Stadtpartei Landkreis Schleswig-Holstein, seit 1987 FachbeiR.-Vors. d. Messe Hansepferd Hamburg. H.: Reiten, Reisen, Schriftstellern.

*) Biographie www.whoiswho-verlag.ch oder beigefügte CD-ROM

Fellmeth Hans Wolfgang *)

Fellner Anita

B.: Gschf. FN.: A. eins Geschenke und mehr. DA.: 92224 Amberg, Weinstr. 1. A.eins@t-online.de. G.: Weiden, 26. Feb. 1960. V.: Erich Fellner. El.: Wolfgang u. Charlotte Hahn. BV.: Max Preiß Maler (Anfang d. 20. Jhdt.), Preuß Desinateure (väterlicherseits) d. Plauner Spitze mitentworfen. S.: 1979 Abitur Weiden, 1979-83 Stud. Lehramt f. Grundschule in Regensburg. K.: 1984 Übernahme d. Geschäftes v. Herrn Hammer u. am Marktplatz in Amberg eröff., 1984-95 Eröff. eines weiteren Geschäftes "Korbladen" in Bayreuth, 2001 Räumungsverkauf in Amberg u. Schließung d. Geschäftes, 2001 geplante Neueröff. d. "A eins" m. d. Angebot nach Jahreszeiten z. Dekoration in Amberg, seit 2001 selbst. Kauffrau. M.: PWG Park- u. Werbegemeinschaft. H.: Lesen, Radfahren, Nähen, Raumdesign.

Fellner Ludwig *)

Fellner von Feldegg Peter *)

Fellsches Josef Dr. phil. Dipl.-theol. Prof. *)

Felmberg Hans-Ulrich M.A.
B.: Gschf., Pressesprecher. FN.: FDP Niedersachsen. DA.: 30159 Hannover, Walter-Gieseking-Str. 22. G.: Flensburg, 9. Nov. 1966. V.: Bettina, geb. von Nordeck. Ki.: Alexander (1994), Johannes (1996), Maximilian (1999). El.: Hans-Friedrich u. Sigried, geb. Dittmar. S.: 1986 Abitur Wilhelmshaven, 1987-88 Bundeswehr (Marine), 1989-95 Stud. Geschichte u. Politikwiss. an d. Carl-von-Ossietzky-Univ. Oldenburg, Abschluß M.A. K.: 1994-96 Redaktionsvolontariat b. d. Wilhelmshavener Zeitung in Wilhelmshaven, 1996-99 Redaktionsltr. d. Wochenzeitung Sonntags Report in Papenburg, ab 1999 Wechsel z. Pressesprecher. Niedersachsen als Gschf. u. Pressesprecher. P.: 1992 Dokumentarfilm "Wilhelmshafvn im Zeichen v. Marine u. Werft 1919 b. 1956" M.: Dt. Journalistenverb., Soz. Ökohof St. Josef Papenburg. H.: Musik aktiv, lesen.

Felmy Hansjörg
B.. Schauspieler. PA.: 84174 Berghofen/Eching, Obere Bergstr. 19. G.: Berlin, 31. Jan. 1931. V.: Claudia Wedekind. S.: Gymn. Braunschweig, Schlosser- u. Buchdruckerhandwerk, Schauspielausbild. b. Hella Kaiser. K.: 1949 Staatstheater Braunschweig, 1953 Stadttheater Aachen, 1954 Städt. Bühnen Köln, Beginn d. Filmkarriere als Typ d. jugendl. Helden, TV-Serien: TV-Serien: Flucht ohne Ausweg, Alexander Zwo, Unternehmen Koepenick, Die Wilsheimer (Jan Ziegler), Abenteuer Airport (Charlie Kapitzky), Hagedorns Tochter (Paul Hagedron), Auszug a. d. Filmographie: Das Herz von St. Pauli, Haie und kleine Fische, Der Stern von Afrika (1957), Unruhige Nacht; Der Maulkorb, Der Greifer, Herz ohne Gnade, Wir Wunderkinder (1958), Und ewig singen die Wälder, Ein Tag, nie nie zu ende geht, Menschen im Netz, Der Mann, der sich verkaufte, Buddenbrocks (I/II) (1959), Die zornigen jungen Männer, Die Schachnovelle, Die Botschafterin, An heiligen Wassern (1960), Das letzte Kapitel, Die Ehe des Herrn Mississippi, Die Schatten werden länger (1960), Die glücklichen Jahre der Thorwalds (1962), Die Flußpiraten vom Mississippi, Endstation 13 Sahara, Der Henker von London (1963), Das siebente Opfer, Nebelmörder, Das Ungeheuer von London City (1964), An der Donau, wenn der Wein blüht (1965), Der zerrissene Vorhang (1966), Die Tote aus der Themse (1971), Fluchtversuch (1976), Abgehört (1984), Affaire Nachtfrost (1988), "Tatort", Abenteuer Airport" (1993), "Hagedorns Tochter" (1994), Faust - Drei Tage Zeit (1995). E.: 1958, 1959 u. 1977 Bambi v. Bild + Funk, 1961 Otto v. Bravo, 1980 Gold. Kamera Hör zu.

Felmy Volker-F. *)

Fels Gerhard Dr. rer. pol. Prof.
B.: Dir. FN.: Inst. d. dt. Wirtschaft Köln e.V. DA.: 50968 Köln, Gustav-Heinemann-Ufer 84-88. gerhard.fels@iwkoeln.de. www.iwkoeln.de. G.: Baumholder, 17. Juni 1939. V.: Waltraut. Ki.: Joachim, Florian, Katrin. El.: Karl u. Frieda, geb. Schug. S.: 1960-65 Stud. Wirtschaftswiss. Bonn u. Univ. d. Saarlandes, 1965 Dipl.-Vw., 1969 Prom. z. Dr. rer. pol. K.: 1969-83 wiss. Mitarb., Abt.-Ltr., Dir., Prof. u. Stellv. d. Präs. am Inst. f. Weltwirtschaft Univ. Kiel, 1983 Dir. d. Inst. d. dt. Wirtschaft. P.: Veröff. z. Konjunkturpolitik, Struktur- u. Wachstumspolitik, Entwicklungs- u. intern. Wirtschaftspolitik. E.: Bernhard Harms Med. v. Inst. f. Weltwirtschaft, BVK 1. Klasse, Ludwig-Erhard-Preis f. Wirtschaftspublizistik. M.: 1976-82 Mitgl. d. SachvR. z. Begutachtung d. gesamtwirtschaftl. Entwicklung, s. 1981 Mtgl. d. Wiss. Direktoriums f. Forsch.-Inst. d. Dt. Ges. f. Auswärtige Politik, 1974-85 Hon.-Prof. Univ. Kiel, s. 1985 Hon.-Prof. Univ. Köln, s. 1988 Mtgl. d. Group of Thirty. H.: Historie, Golf. (A.K.)

Fels Ludwig *)

Fels Olaf
B.: Installateur, Heizungs- u. Lüftungsbaumeister, Landwirt, Gschf. Ges. FN.: Fels Haustechnik, Heizung-Sanitär. DA.: 30989 Gehrden, Drei Kronen 21A. G.: Hannover, 18. Dez. 1963. V.: Martine, geb. Hallok. Ki.: Michelle (1990), Nicao (1991). El.: Günter u. Karin. S.: 1979-82 Lehre b. d. Firma Hesse-Heizung u. AME-Technik in Hannover, 1982 Gesellenprüfung Installateur, Heizungs- u. Lüftungsbau. K.: 1982-89 tätig als Heizungs- u. Lüftungsbauer im Ausbildungsbetrieb, Wechsel z. Firma Jardemann als Kundenberater f. selbstfahrende Arbeitsbühnen in Nord-Deutschland, 1996 Grdg. d. Firma Fels-Haustechnik, parallel Besuch d. Meisterschule, Abendstud. in Berenbostel, 1997 Umfirmierung z. Fels GmbH Heizung u. Sanitär, 1999 Meisterprüfung Installateurmeister, Heizungs- u. Lüftungsbaumeister, 1999 Bau eines Pferdestalles m. 10 Pferdeboxen z. Vermietung u. zusätzliche Ausbildung z. Landwirt b. d. Dt. Universitäre u. Agrartechnik in Nienburg. P.: div. Veröff. im Rundfunk f. herausragende Leistungen. E.: div. Auszeichnungen im Rundfunk f. herausragende Leistungen. M.: Judo-Zentrum Hannover (seit 1975 aktiv im Judo-Sport, erfolgreiche Teilnahme an versch. Meisterschaften, DAN-Träger (schwarzer Gürtel), Trainer d. Judo-Vereine. H.: eigene Tiere (Hunde, Katzen, Pferde), Judo, Porsche fahren.

Felsch Karl-Otto Dr.-Ing. Dr. h.c. Prof. *)

Felsenstein Axel *)

Felser Walter
B.: Heilpraktiker, selbständig. DA.: 86825 Bad Wörishofen, Kemptener Str. 52. www.walter-felser.de. G.: Remmingen, 3. Sep. 1936. Ki.: Markus (1961), Matthias (1967). BV.: Norbert

Felser

Felser - Elfenbeinschnitzer um 1900; bedeutende Buchdrucker im 16. Jhdt. S.: Ausbildung Zahntechniker Praxis Willi Engler München, 1981 Heilpraktikerprüfung, Weiterbildung Akupunktur bei Prof. Boel, Dänemark, Kurse u. Seminare spez. f. Akupunktur, Mikrosysteme u. weltweit an Fachkongressen. K.: selbständiger Heilpratiker u. ab 1988 in Gemeinschaft m. Frau Heidi Riefler; Funktionen: Ltr. v. Seminaren u. Vorträgen über Augenakupunktur im deutschsprachigen Raum. P.: Auftritt in d. TV-Show. M.: Dt. Delegation am Weltkongress d. Akupunkteure in Singapure. H.: Musizieren, Wandern, Weiterbildung.

Felser Werner *)

Felsmann Arno *)

Felsmann Hans Dieter *)

Felten Doris

B.: Heilpraktikerin. FN.: Naturheilpraxis. DA.: 55131 Mainz, Beuthener Str. 35. G.: Merzig, 29. Jan. 1949. V.: Franz J. Dr., Prof. f. Mittelalterliche Geschichte an d. Johannes Gutenberg-Univ. Mainz. Ki.: Bettina (1972), Johannes (1980), Robert (1982), Sebastian (1986). S.: 1967 Abitur, Stud. Biologie, Romanistik u. Phil., 1975 1. Staatsexamen f. Lehramt an Gymn., 1977 2. Staatsexamen. K.: unterrichtete bis 1983/1991in Saarbrücken u. Berlin, 1996 Prüf. z. Heilpraktiker, 1996-2001 Stud. traditionelle Chin. Med. u. klass. Akupunktur, 2001 Dipl. d. AG f. klass. Akupunktur u. traditionelle Chin. Med., 2000 Eröff. Naturheilpraxis in Mainz.

Felten Gregor Dr. med.

B.: FA f. Dermatologie, Allergologie. DA.: 20249 Hamburg, Eppendorfer Baum 9. PA.: 25980 Westerland, Tanneweg 4. G.: Köln, 23. März 1940. V.: Gisela, geb. Scheve (Betr.-Wirtin). Ki.: Andreas (1971), Dorothea (1973). El.: Carl (Zahnarzt) u. Cläre, geb. Kaiser. BV.: Großmutter Therese Felten geb. Dommerque, Förstersfamilie, älteste v. 21 Töchtern!. S.: 1959 Abitur altspr. Apostelgymn., Köln, Stud. d. Humanmed. Univ. Köln, Freiburg u. Hamburg, 1967 Staatsexamen. K.: Ass.-Arzt-Ausbild. an versch. Fak. in Hamburg, u.a. zusätzl. Gynäkologie, Augenheilkunde u. Pathologie, 1969 Prom. in Augenheilkunde, Diss.: "Makuladegeneration" Prof. Dr. Sauter, UKE Hamburg, anschl. Dermatologie AK Heidberg, Univ.-Hautklinik, HH, 1972 FA f. Dermatologie. Venerologie, 1971-74 umfassende vertiefende dermatolog., poliklin. Tätigkeit am UKE, Prof. Dr. Hamburg, 1974 Gdg. d. eigenen Praxis m. weiterem engen Kontakt zu UKE, klinische Visiten, ab 1993 ausschließl. Privatpraxis m. Zulassung f. ambulante Operationen, gr. mykolog. u. bakt., allergolog. Labor m. Tätigkeitsschwerpunkten Allergologie, Proktologie, Phlebologie u. Venerologie, dermatolog. Aknetherapie, CAP / RAST. P.: zahlr. Veröff. in Fachzeitschriften z. Thema Allergologie. M.: Ärzteverband, HDG, Dt. Dermatolog. Ges., Ärzteverb. Dt. Allergologen. H.: Fahrradfahren, Cello, Klavier.

Felten Wolfgang *)

Feltens Gero Dr. med.

B.. FA f. Frauenheilkunde u. Geburtshilfe. DA.: 47608 Geldern, Markt 41. G.: Issum, 16. Juli 1943. V.: Dr. Brigitte, geb. Junker. Ki.: Ralph (1967), Björn (1972). El.: Karl u. Kathi, geb. Henke. S.: 1964 Abitur, 1964-70 Stud. Med. Univ. Köln u. Düsseldorf, 1970 Staatsexamen u. Prom. K.: 1970-71 med. Ass. am St. Bernhard-Hospital in Kamp-Lintfort, 1972 Approb., 1973-77 FA-Ausbild. u. Ass.-Arzt am St. Clems Hospital in Geldern, 1977 FA f. Frauenheilkunde u. tätig am St. Clemens Hospital, seit 1977 ndlg. FA f. Frauenheilkunde u. Geburtshilfe in Geldern. H.: Tauchen, Unterwasserfotografie u.-videos, Badminton.

Felter Dieter Dipl.-Ing. *)

Feltes Joachim Dr. rer. nat. *)

Feltgen Klaus *)

Feltrin Siro

B.: Gastronom, Inh. FN.: Ristorante Da Siro. DA.: 50937 Köln, Weyertal 41. G.: Longarone/Italien, 4. Dez. 1961. V.: Edith, geb. Fitussi. Ki.: Roy (1972), Hadas (1975). El.: Osvaldo u. Govanna. S.: Grundschule. K.: 1975 tätig im Eiscafe in Freiburg, 1976-85 tätig im Ristorante Garda in Köln, 1985 Eröff. d. Ristorante Da Siro m. gutbürgerl. Küche zu vernünftigen Preisen u.a. f. Gäste wie Studenten u. Prof. d. Univ. E.: Eintragung unter d. "Top Adressen in Köln". H.: Oldtimer restaurieren.

Feltz Karl *)

Felz Uta Dipl.-Med. *)

Femers Ulrich

B.: selbst. Goldschmiedemeister. DA.: 47799 Krefeld, Crousstr. 39. G.: Krefeld, 27. Dez. 1943. V.: Dorothee, geb. Dinsel. Ki.: Alexandra (1986), Judith (1989). El.: Johannes u. Marianne. S.: 1959-63 Lehre Goldschmied, Bundeswehr. K.: 1965-67 tätig als Goldschmied, 1967-69 Besuch d. Zeichenak. Hanau u. Lehrgang f. Juwelenfassung, 1969 staatl. geprüfter Goldschmiedemeister, b. 1977 tätig in führenden Firmen, 1977-80 selbst., 1980-86 ang. Goldschmied, seit 1986 selbst. m. Schwerpunkt gehobene Juwelenarb. P.: Mitautor v. "Gestaltungslehre" (1974). H.: Basteln, Schwimmen.

Femppel Gerhard

B.: Kaufmann. PA.: 70192 Stuttgart, Lenzhalde 63. G.: Stuttgart, 27. Nov. 1925. V.: Wilma, geb. Heller. Ki.: 2 Kinder. S.: Vw. TH Stuttgart, Univ. Tübingen, 1949 Dipl., 1951 Prom. K.: Dir. Ass. DLW AG, Gschf. Albrecht KG, 1966-78 Gen.Bev. VDO Adolf Schindling AG, 1978-82 Gschf. Blaupunkt-Werke GmbH, 1982 Dir. Robert Bosch GmbH. F.: Inh. Perpedes GmbH Stuttgart. M.: Rotarier.

*) Biographie www.whoiswho-verlag.ch oder beigefügte CD-ROM

Fenchel Jörg Dr.
B.: Verwaltungsjurist. FN.: Min. f. Raumordnung, Landwirtschaft u. Umwelt d. Landes Sachsen-Anhalt. DA.: 39108 Magdeburg, Olvenstedter Str. 4. G.: Butzbach, 7. Apr. 1965. V.: Elisabeth Leistner. Ki.: Johannes (1993), Judith (1996). El.: Werner u. Christa. S.: 1984 Abitur, 1985-91 Stud. Jura Freiburg/Brsg. u. Genf, 1991 1. Staatsexamen. K.: 1992-95 Referendariat in Giessen, 1995 2. Staatsexamen in Frankfurt/Main, 1991-92 wiss. Ass. d. Univ. Freiburg/Brsg., 1995 Prom. an d. Univ. Freiburg/Brsg., 1996-98 RA in Würzburg, seit 1998 Referent im MELF LSA, seit 1999 im MRLU LSA. P.: Diss.: "Negative Informationsfreiheitzugleich ein Beitrag z. negativen Grundrechtsfreiheit (1997), Enteignungsrecht in: Fricke/Ott, Verwaltungsrecht 1999. E.: Förderung d. Diss. durch d. wiss. Ges. Freiburg/Brsg. M.: Ges. f. Umweltrecht. H.: Fotografie.

Fenck Werner *)

Fendel Rosemarie *)

Fender Angelika *)

Fender Jan Dipl.-Ing. *)

Fenderl Günter *)

Fendler Richard *)

Fendrich Andrea

B.: RA. FN.: Kzl. Andrea Fendrich. DA.: 77964 Kehl, Großherzog-Friedrich-Str. 8. PA.: 77964 Kehl, Beethovenstr. 19. G.: Frankfurt, 12. Sep. 1962. V.: Hans-Georg Fendrich. Ki.: Marie-Christine, Desiree. El.: Helmut C. u. Renate Feller, geb. Schwake. BV.: Vater Gründer u. Vorst.-Vors. d. Plus-Lebensvers. u. Allg.-Vers. AG. S.: 1981 Abitur Neuisenburg, 1981-86 Studium Rechtswiss., 1981 1. Staatsexamen, 1987-91 Referendarzeit, 2. Staatsexamen. K.: Praktikum Praxis freiberufl. Wickert Fendrich, 1992 Zulassung z. RA, 1993 Wechsel nach Kehl, 1993-95 freiberufl. Tätigkeit in Straßburg-Kehl, seit 1997 selbst. Kzl., Zulassung OLG Karlsruhe, Tätigkeitsschwerpunkt: Dt.-Franz. Recht, Hdls.-Recht, Unfall-Verkehrsrecht Frankreich, Mahnverfahren Inkassi Frankreich, Gewerbl. Schutzrecht. M.: Anw.-Ver. Offenburg u. Freiburg, Tennisclub. H.: Golf, Tennis, Skifahren, Literatur.

Fendt Christian *)

Fendt Josef Dr. Dipl.-Kfm. *)

Fendt Jürgen
B.: Sommelier. FN.: Restaurant Bareiss. DA.: 72270 Baiersbronn-Mitteltal. www.bareiss.com. K.: Commis de rang im Hotel Goldener Hirsch in Rothenburg u. im Colombi Hotel in Freiburg, Chef de Rang im Landgasthof Krone in Schlier, Chef Sommelier im Restaurant Zum alten Fischertor in Augsburg, Restaurant Vente vom Lehel in Wiesbaden u. im Restaurant Sonnora in Dreis, Restaurantleiter im Landgasthof z. Schwane in Balingen, Chef Sommelier im Restaurant Sonnora in Dreis, Maitre d'Hotel u. Sommelier im Deidesheimer Hof in Deidesheim, Praktikum im Weingut Reichsrat v. Buhl in Deidesheim, gastronom. Ltr. in d. Burg Wernberg, Sommelier im Restaurant Bareiss in Baiersbronn-Mitteltal. E.: Teilnahme an d. DWI-Juniorenwettbewerb in Bonn (1989), 2. Pl. bei d. DWI-Juniorenwettbewerb in Bremen (1990), 3. Pl. d. Trophée Ruinart Deutschland (1990), 3. Pl. b. Grand Prix Sopexa (1991), Halbfinale d. Trophée Ruinart Deutschland (1992), Halbfinale d. 1er Prix européen de l'Armagnac (1992), 2. Pl. d. Trophée Ruinart Deutschland (1997), 3. Pl. d. Trophée Ruinart Europe (1998), 1. Pl. d. Trophée Ruinart Deutschland (1999 u. 2000), Sommelier des Jahres Gault Millau (2000), bester Sommelier (2001). M.: VPräs. d. Sommelier Union Deutschland. (Re)

Fendt Paula *)

Fenge Holger Dipl.-Ing. agr.
B.: Landwirt, Landesvorst. FN.: Johanniter-Unfall-Hilfe e.V. Sachsen-Anhalt-Thüringen. DA.: 99094 Erfurt, Straße des Friedens 23 u. PA.: 99510 Oberndorf, Wiegendorfer Weg 57. G.: Kassel, 8. Sep. 1961. V.: Annette, geb. v. Buchwaldt. Ki.: Wolf-Joachim (1991), Carolin-Sophie (1993), Antonia (1995), Friedrich (2000). El.: Dr. Horst u. Christa, geb. Brehmer. S.: 1981 Abitur Bad Godesberg, 1981-82 Wehrdienst, 1982-83 Ldw. Praktikum, 1986 Kfm. Praktikum Dr. Werner Wilhelm Utica/Michigan, 1987 Bankpraktikum Ind.-Kreditbank AG - Dt. Ind.-Bank Frankfurt, 1983-88 Stud. Agrarökonomie Georg-August-Univ. zu Göttingen, 1988 Dipl.-Ing. agr. K.: 1985-87 wiss. Hilfskraft, Inst. f. Agrarökonomie Göttingen, 1988-91 Firmenkundenbetreuer Region Wiesbaden/Main-Taunus-Kreis f. Ind.-Kreditbank AG - Dt. Ind.-Bank Frankfurt, 1991-96 Firmenkundenbetreuer in Leipzig u. Weimar d. Dresdner Bank AG, 1992 Prok., Ltg. d. Firmenkundenbetreuung in Weimar, seit 1993 Landesvorst. "Die Johanniter", seit 1994 Ldw. Unternehmer. P.: Dipl. E.: 1998 Abz. d. Johanniter-Unfall-Hilfe. M.: seit 1990 Ehrenritter Johanniter Orden, seit 1993 Rotary Weimar. H.: Natur, Jagd.

Fenger Klaus Ing. *)

Fengler Ekkehard Dipl.-Ing.
B.: Dipl.-Ing. f. Bauwesen, Gschf. FN.: Gebr. Kittelberger GmbH & Co. DA.: 67661 Kaiserslautern, Von-Miller-Str. 13. PA.: 54441 Kanzem, Im Mergel 3. www.fengler.org. G.: Sindelfingen, 12. Mai 1947. V.: Dipl.-Ing. Joelle, geb. Thibout. Ki.: Cedric (1969). El.: Hans u. Hedwig. S.: 1966 Abitur Sindelfingen, 1966-67 Bundeswehr München, 1968-74 Stud. Bauing.-Wesen TH Karlsruhe, Dipl.-Ing. K.: 1974-75 wiss. Mitarb. Versuchsanst. f. Stahl, Holz u. Steine Univ. Karlsruhe, 1976-85 Oberbaultr. Firma Eduard Züblin, 1986-87 Mitarb. d. dt. Ges. f. techn. Zusammenarb. in Südamerika, 1988-96 Hauptabt.-Ltr. Firma Müller Freres, seit 1997 Gschf. Gebr. Kittelberger sowie versch. Tochterfirmen. BL.: Einführung ausländ. Unternehmen insbes. in d. BRD, sowie intern. Firmenkooperationen /Fach gebiet: Konstruktiver Wasser- u. Kraftwerksbau. F.: Ing.-Büro Joelle Fengler, Im Mergel 3, 54441 Kanzem. P.: Fachbeiträge im Konstruktiven Wasserbau. M.: Auslandsaussch. im Hauptverb. d. dt. Bauind., versch. Arbeitsgruppen im Umweltschutz. H.: Lateinamerika, roman. Kulturen, Reisen.

Fengler Jörg Dr. Prof. *)

Fengler Torsten Dipl.-Ing. päd. *)

Fenk Peter *)

---

*) Biographie www.whoiswho-verlag.ch oder beigefügte CD-ROM

Fenn Anja

B.: Hotelfachfrau, Alleininh. FN.: Hotel Goldener Anker. DA.: 39596 Arneburg, Elbstr. 17. PA.: 39596 Arneburg, Tangermünder Str. 13. G.: Osterburg, 18. Jan. 1975. V.: Mathias, geb. Radtke. Ki.: Lennart (1999). El.: Dipl.-Ing. Uwe Fenn u. Dipl.-Ing. Marlies, geb. Lange. S.: 1993 Abitur Stendal, b. 1996 Berufsausbildung z. Hotelfachfrau im Hotel Kieferneck in Bad Bevensen. K.: 1996 selbständig m. Hotel Goldener Anker in Arneburg, 2000 Eröff. d. Eiscafe "La Strada" in Goldeck Kreis Stendal. BL.: Hotel hat d. größte Aquarium in Sachsen-Anhalt m. 20.000 Liter. H.: Kios Fische, Aquarium.

Fenn Herbert Dr. iur. Prof. *)

Fennekold Heinz

B.: Vorst. FN.: RWE Plus AG. DA.: 45128 Essen, Kruppstr. 5. www.rwe.com. G.: Horn-Bad Meinberg, 23. Apr. 1945. S.: 1959-62 Handelsschule u. Höhere Handelsschule Dortmund, 1962-65 Ausbild. z. Ind.Kfm. b. d. VEW AG Dortmund, 1968-69 Sozialak. Dortmund, 1969-77 Fachausbild. z. Organisator, Industriefachwirt, Personalfachkfm. K.: 1965-72 versch. berufl. Stationen i. d. Hauptverw. d. Vereinigten Elektrizitätswerke Westfalen AG, 1972-74 stellv. BetriebsR.-Vors., 1974-92 BetriebsR.-Vors. d. VEW-Hauptverw., 1977 AufsR.-Mtgl. d. VEW AG, 1982-92 stellv. AufsR.-Vors. d. VEW AG, 1978-92 Gründungsmtgl. u. Vorst.-Vors. u. BeiR.-Vors. d. Inst. f. Personalführung, Arbeitsrecht u. Arbeotswirtschaft e.V. Dortmund, 1992-93 Leiter d. Bereichs Personal-Controlling, Bildung, Betreuung, innerbetr. Information der VEW-Hauptverw., (Prokura), 1993-95 Ltr Koordination Umwelt u. Entsorgung, Liegenschaften (Prokura), 1995-96 Ltr d. Konzernbereichs Personal/Politikfeld: Umwelt u. Energie, Koordination Auslandsaktivitäten i. Ressort d. Vorst.-Vors. d. VEW-Holding u. Ltg. Konnzernbüros (Prokura), 1996 Vorst.-Mtgl. u. Arbeitsdir. Edelhoff AG & Co., 1997 Vorst.-Mtgl. u. Arbeitsdir. VEW Energie AG, Vorst.-Mtgl. u. Arbeitsdir. VEW AG, seit 10/2000 Vorst.-Mtgl. d. RWE Plus AG verntw. f. Personalwesen, AufsR.-Mtgl. d. envia Energie Sachsen-Brandenburg, AufsR.-Mtgl. u. 1. stellv. AufsR.-Vors. Lechwerke AG, AufsR.-Mtgl. Mitteldeutsche Energieversorgung AG, AufsR.-Mtgl. AVU Akt.Ges. f. Versorgungsunt., AufsR.-Mtgl. Dortmunder Energie- u. Wasservers. GmbH, AufsR.-Mtgl. Mark-E AG, Mtgl. Zentralbeir. Süwag Energie AG. E.: Beiratsmtgl. Arbeiterwohlfahrt, Beiratsmtgl. ASB, Beiratsmtgl. Ges. d. Freunde d. Univ. Dortmund, Beiratsmtgl. Hans-Böckler-Stiftung, Beiratsmtgl. Liesel-Fennekold-Unterstützungsfonds, Präs. d. Auslandsges. NRW, stellv. Vors. Spielplatzverein Dortmund, Mtgl. Kuratorium DASA.

Fennemann Dirk Dr. med. *)

Fenner Christoph Dr. med. *)

Fenner Klaus *)

Fenner Peter Christian *)

Fenner Thomas Dr. Dr. med.

B.: Arzt. DA.: 20095 Hamburg, Bergstr. 14. G.: Hamburg, 11. Apr. 1958. V.: Dr. med. Ines, geb. Haier. Ki.: 2 Töchter, 1 Sohn. El.: Dr. med. Otto u. Elisabeth, geb. Wolfram. S.: 1978-84 Stud. Hamburg, Freiburg u. Wien, 1985 Prom. K.: 1985 Ass.-Arzt in einem priv. Laboratorium f. bakteriolog. u. serolog. Untersuchungen in Hamburg, 1985-86 Ass.-Arzt im AK St. Georg in Hamburg - Kardiologie, 1986-87 Ass.-Arzt AK Hamburg - path. Abt., 1987 Ass.-Arzt in einem priv. Laboratorium, 1987-89 Untersuchungsinst. d. Bundeswehr Laborabt. 1 - Immunologie u. Mikrobiologie, 1989-90 Ass.-Arzt Bernhard Nocht Inst. f. Tropenbed. Hamburg - virolog. Abt., 1990 2. Prom., 1990-91 Ass.-Arzt Klinikum d. Univ. Freiburg Inst. f. KH-Hygiene u. Umweltmed., 1992 Dipl.-Tropenmed., 1992 Anerkennung z. FA f. Mikrobiologie u. Infektionsepidemiologie, 1991-93 Ltr. d. Mikrobiolog. Zentraldiagnostik d. Bernhard Nocht Inst. f. Tropenbed. Hamburg, seit 1993 assoz. Mtgl. d. Bernhard Nocht Inst. f. Tropenbed. Hamburg, seit 1993 ndlg. FA f. Mikrobiologie im Laboratorium Dres. Fenner u. Prtner, 1994 Fachkunde KH-Hygiene, 1997 Fachkunde Umweltmed., 1998 Vereidigung als öff. bestellter Sachv. f. d. Begutachtung v. Lebensmitteln d. HK Hamburg, 2000 Genehmigung d. S3-Labors f. HIV-Forsch. u. Diagnostik. P.: Kurzlehrbuch Immunologie (1985), Diagnostik v. Probleminfektionen (1993), Ökomanagement in Klini u. Praxis (1996), Therapie v. Infektionen (1998), Mitautor: Klinikhygiene (1992), Virusdiagnostik (1996), Leitfaden Umweltmed. (1996), Tropenmed. (1998), Die Innere Med. 10. Aufl. (2000), Vorträge auf intern. Symposien, zahlr. Vorträge innerhalb Deutschlands. M.: 1987-90 gewähltes Mtgl. im Vorst. d. Marburger Bundes Landesverb. Hamburg, 1990-94 Delegierter d. Ärztekam. Hamburg, 1991 Mitbegründer d. Hamburger Arbeitskreises Umweltschutz in d. Kliniken (HAUK), Interdisziplinäre Ges. f. Umweltmed. (IGUMED), Bundesdt. Arbeitskreis f. umweltbewußtes Management (B.A.U.M.), seit 1995 Vors. d. Umweltaussch. d. Ärztekam. Hamburg, Mitinitiator d. gemeinsamen Umweltkursus d. Ärztekam. Schleswig Holstein u. Hamburg. H.: Segeln, Lesen, Geschichte.

Fenner Uwe

B.: Vorstandsvors. d. MIDAT AG. FN.: Fenner Personalberater KG. DA.: 14469 Potsdam, Bertinistr. 12-13. u.fenner@midat.de. www.midat.de. G.: Waren/Müritz, 9. Mai 1943. El.: Dr. Helmuth u. Dr. Irmgard, geb. Lorenz. S.: 1963 Abitur Hum. Gymn. Dortmund, 1963-65 Stud. Arch. u. Kunstgeschichte TU München, 1965-70 Stud. Rechts- u. Staatswiss Univ. Bochum u. Münster, 1971 Referendariat, 1973-75 Jurist. Vorbereitungsdienst, 1976 Staatsexamen. K.: 1972-73 PR-Ass. b. d. Terra Public-Relations GmbH, Bonn u. Düsseldorf. e. Unternehmen d. Kienbaum-Gruppe, 1973-82 selbst. als Public-Relations- u. Personalberater in Dortmund, 1983-84 Unternehmens- u. Personalberater: Kooperationspartner (Franchisenehmer) b. d. Baumann u. Partner Personalberatung, Frankfurt/M., 1984-88 Unternehmens- u. Personalberater: Partner bei Dr. Fenner & Partner, Frankfurt/M., 1989-2000 Gschf. Partner d. Fenner & Partner Personalberater GmbH in Frankfurt/M., 1992 Erwerb d. MIDAT Märkische Informatik u. Datentechnik GmbH, Potsdam, von d. Treuhandanstalt, Auf- u. Ausbau dieses ehemaligen Rechenzentrums e. zu Systemhaus u. Multimedia-Schulungs- u. Entwicklungszentrum, s. 1997 zu einer Internet-Gesellschaft, s. 1999 Management- u. Finanzholding einer Internet-Gruppe, 1999 AG Vorst. Vors., 1999 Umwandlung in eine AG, seitdem Vorst.-Vors., e-cademy IT- u. Multimedia Trainings GmbH, 1998-99 Doz. An d. HS f. Musik "Hanns Eisler" Berlin, s. April 2000 Doz. An d. Univ. Potsdam. M.: Vollversammlung d. Ind.- u. Handelsk. zu Frankfurt/M., Wirtschaftsclub Rhein-Main, Ehrenrat d. DPRG Dt. Public-Relations Ges. e.V., Bonn, DMMV Deutscher Multimedia Verband e.V., Düsseldorf, Nimrod Intern. Consultants, London, Los Angeles, Frankfurt/M., Rotary Club Potsdam, VBKI - Ver. Berliner Kaufleute u. Industrieller e.V., Berlin, Übersee Club Hamburg, Union Intern. Club, Frankfurt/M., Industrieclub Potsdam, Gastgeber d. viertelj. "Jahreszeitengespräche" in Potsdam. H.: d. "Unternehmensgespräche" in Frankfurt/M. H.: Architektur, Kunstgeschichte, klass. Musik, Oper.

*) Biographie www.whoiswho-verlag.ch oder beigefügte CD-ROM

Fenrich Heinz
B.: Dipl.-Finanzwirt, Bankkfm., OBgm. FN.: Stadtverwaltung Karlsruhe. DA.: 76124 Karlsruhe, Marktplatz. ha@karlsruhe. de. www.karlsruhe.de. G.: Unteröwisheim, 9. Feb. 1945. Ki.: 1 Tochter. S.: 1965-66 Bundeswehr, Res.-Offz., Dipl.-Finanzwirt, Bankkfm. K.: 1967-70 Finanzverw. d. Landes Baden-Württemberg, 1970-73 Parlamentar. Dienst im Landtag v. Baden-Württemberg, 1974-90 Landeskreditbank Baden-Württemberg, 1991-98 Bgm., seit 1998 OBgm., polit. Werdegang: 1977-87 Vors. d. CDU-Ortsverb. Weststadt in Karlsruhe, 1977-92 Pressereferent d. CDU-Kreisverb. Karlsruhe-Stadt, 1992-98 Beisitzer im Kreisvorst. d. CDU-Kreisverb. Karlsruhe-Stadt, 1980-91 Mtgl. d. GemR. d. Stadt Karlsruhe (StadtR.).

Fensch Stephan Dr.-Ing. habil. *)

Fenselau Jens Dipl.-Ing.
B.: ltd. SenatsR., Ltr. d. Abt. Bauplaung, Bau- u. Wohnungsaufsicht. FN.: Senatsverw. f. Bauen, Wohnen u. Verkehr. GT.: AufsR. Grün Berlin GmbH, Berliner Park u. Garten GmbH, Wohnungsbauges. Berlin-Hellersdorf. DA.: 10707 Berlin, Württembergische Str. 6. G.: Berlin, 28. Feb. 1946. V.: Heliane, geb. Köhler. El.: Robert u. Hildegard. S.: 1964 Fachhochschulreife Berlin, 1964-67 Ing.-Schule f. Bauwesen Berlin, Abschluß Ing. grad., 1970-75 Stud. Arch. u. Städtebau TU Berlin, Abschluß Dipl.-Ing., 1961-64 Lehre als Bauschlosser. K.: 1969-78 Senatsverw. f. Bau- u. Wohnungswesen Berlin, Tätigkeit in Abt. Hochbau, 1978-80 persönl. Beauftragter d. Senators f. Bau- u. Wohnungswesen f. Uferkonzeption, 1980-81 persönl. Ref. d. Senators, 1981-84 Ref., 1984-88 Ltr. d. Gruppe "Wirtschaft u. Messehallen", 1989-92 Ltr. d. Ref. Steuerung u. Lenkung v. Großbauvorhaben, 1992-2000 Ltr. d. Abt. Bauleitplanung, Bau- u. Wohnungsaufsicht, seit 2000 Gschf. Ges. d. Firma GEPLABAU, Ges. f. Planungs- u. Baugenehmigungsberatung m.b.H. M.: Vors. d. Prüf.-Aussch. f. Prüfing. f. Baustatik, Bund Dt. Baumeister, ÖTV. H.: Motorradfahren m. Harley Davidson, Belletristik, Kino, Theater, Konzerte.

Fenselau Wolfgang Johannes Dr. *)

Fenske Barbara *)

Fenske Dieter Dr. Prof.

B.: Prof. FN.: Fakultät f. Chemie d. Univ. Karlsruhe. DA.: 76128 Karlsruhe, Engesserstraße. PA.: 76275 Ettlingen-Spessart, Im Gehrngewann 8. G.: Dortmund, 29. Apr. 1942. V.: Irene, geb. Tütermann. Ki.: Gordon (19972). El.: Heinz u. Waltraud, geb. Sauer. S.: 1957-66 Ausbild. Chemielaborant u. Chemotechniker, 1966-68 Studium Chemie Ing.-Essen, 1968-71 Stud. Chemie Univ. Münster, 1971 Dipl., 1971-73 Dr.-Arb., 1978 Habil. K.: 1981 Prof. f. anorgan. Chemie an d. Univ. Karlsruhe, 1981-96 Lehrauftrag an d. Ecole Nationale Superieure de Chimie in Straßburg, 1986 Prof. f. anorgan. Chemie an d. Univ. Frankfurt u. 1988 an d. Univ. Karlsruhe, 1991-93 Dekan d. Fakultät f. Chemie in Karlsruhe, 1992-96 Fachgutachter d. Dt. Forsch.-Gemeinschaft, 1993 Ruf an d. Univ. Marburg, 1994-98 Prorektor an d. Univ. Karlsruhe, 1997 Ruf an d. Univ. Münster, 1998 Dir. d. Inst. f. Nanotechnologie im Forsch.-Zentrum Karlsruhe, 1998-99 Vors. d. ADUC, 2000-2005 Fachgutachter d. Dt. Forsch.-Gemeinschaft. P.: ca. 300 Publ. in Fachzeitschriften u. Büchern, "Novel Cu-Se clusters with Se-layer structures" (1999), "Syntheses and structures of new cooper selende clusters" (1998), " Synthesen u. Strukturen d. neuen Ag-Se-Cluster" (1998), "Novel Cu-Te Clusters Synthesised form tBu TeSiMe" (2000), "Selenverbrückte Gold-Komplexkationen" (2000), "Neue phosphido- u. phosphinidenverbrückte Quecksilbercluster" (1996),, "New Sulfur- and Selenium-Bridged Copper Clusters" (1996), "Synthese u. Struktur d. Nanocluster" (1996), "Zintl-Anions as Starting Compounds for the Synthesis of Polynuclear Transition Metal Complexes" (1994). E.: 1995-2001 Berufung in d. Senat d. DFG, 1999 Mtgl. d. Heidelberger Ak. d. Wiss. M.: Ges. Dt. Chemiker, American Chemical Society, Royal Society of Chemistry-London, Material Research Society USA. H.: Musik, Lesen.

Fenske Hans Dr. Prof.
B.: Univ.-Prof. PA.: 67346 Speyer, Kardinal-Wendel-Str. 45. G.: Geesthacht, 24. Mai 1936. V.: Richmuth, geb. Kerber. Ki.: Imma, Uta. El.: Bruno u. Elfriede. S.: 1956 Abitur, Stud. Geschichte, Polit. Wiss. u. Geographie in Tübingen u. Freiburg, 1965 Dr. phil. K.: 1971 Habil., 1977 Prof. P.: zahlr. Veröff. u.a. Konservativismus u. Rechtsradikalismus in Bayern nach 1918 (1969), Stukturprobleme d. dt. Parteiengesch. (1974), Dt. Verfassungsgeschichte: Vom Norddt. Bund bis heute (1981), Die Verwaltung Pommerns 1815-1945 (1993), Deutsche Parteiengeschichte (1994), Der moderne Verfassungsstaat (2000), Dt. Geschichte. Vom Ausgang d. Mittelalters bis heute (2002). M.: Kmsn. f. Geschichtl. LKunde Baden-Württemberg, Pfälz. Ges. z. Förd. d. Wiss.

Fenske Monika *)

Fenske Nico

B.: selbst. Friseurmeister. DA.: 89075 Ulm, Virchowstr. 1. G.: Ulm, 18. Sep. 1973. El.: Manfred u. Christa. K.: Ausbild. Friseur Salon d. Vaters u. Strassbourg, 2 J. Bundeswehr - Feldjäger. K.: 1996-97 Gschef. in 5 Salons d. Vaters, 1998 Meisterprüf., 1998 Eröff. d. eigenen Salons, 2000 Eröff. d. 2. Salons; Funktionen: polit. Mitarb. in d. CDU Landkreis Ulm. M.: Friseurinnung, Vorst.-Mtgl. im Prüf.-Aussch. H.: aktiv in d. Sportförderung, Tauchen, Tennis, Wassersport, Fliegen.

Fenske Stefan Dr. med. *)

Fentzahn Christian Dr. med. *)

Fenzl Stephanie *)

Feofan (Galinskij) Erzbischof
B.: Bischof. FN.: Berliner Diözese d. Russich-Orthodoxen Kirche d. Moskauer Patriarchats KdöR. DA.: 10318 Berlin, Wildensteiner Str. 10. red.stimme@snafu.dc. G.: Belaja Cerkov/Kiev, 8. Juli 1954. K.: 4. Jan. 1976 Mönch, 7. Jan. 1976 Diakon, 1977 Dipl. Geistl. Akademie Leningrad, 17. Apr. 1977 Priesterweihe, 14. Feb. 1985 Archimandrit, 11. Jan. 1987 Bischof v. Kaschira, Vikar v. Minsk, 1991 Bischof v. Berlin u. Leipzig, 1992 Bischof (1996 Erzbischof) v. Berlin u. Deutschland. (Re)

---

*) Biographie www.whoiswho-verlag.ch oder beigefügte CD-ROM

Feraric Johann Peter Dr. Dipl.-Ing.

B.: Gschf. FN.: Simotec GmbH. DA.: 82041 Oberhaching, Raiffeisenallee 16. G.: Roding, 8. Jan. 1962. V.: Sylvia, geb. Dendorfer. Ki.: Matthias (1990), Katharina (1993). El.: Walter u. Frieda. S.: 1981 Abitur, 1981-83 Lehre als Werkzeugmacher b. Siemens, 1983-88 Maschinenbaustudium in München. K.: 1989-90 Entwicklungsing. im Bereich Lenkflugkörper b. d. DASA, 1990-95 Inst. f. Systemdynamik u. Flugmechanik d. Univ. d. Bundeswehr in Neubiberg, 1995 Promotion, 1995-96 Krauss-Maffei, 1996-98 Entwicklungsltr. b. Mühlbauer, 1999 Grdg. d. eigenen Unternehmens m. Hilfe d. institutionellen Investors "Technologie Holding VC". H.: Familie, Radfahren, Schwimmen.

Ferber Markus Dipl.-Ing.

B.: MdEP. DA.: 86152 Augsburg, Peutingerstr. 11. mferber@europarl.eu.int. www.europaparlament.org. G.: Augsburg, 15. Jan. 1965. S.: 1984 Abitur Augsburg, Grundwehrdienst in Pinneberg u. Lagerlechfeld, Stud. Elektrotechnik TU München, 1990 Dipl.-Ing. K.: b. 1992 im Bereich d. Entwicklung v. integrierten Schaltungen tätig, danach Projekting. in einem mittelständ. Unternehmen m. Schwerpunkt Umwelttechnik, 1983 Eintritt in d. CSU, b. 1991 JU-Ortsvors., 1990-94 Bez.-Vors. d. Jungen Union Schwaben, Mtgl. d. CSU-Bez.-Vorst. u. d. JU-Landesaussch., 1990-99 StadtR. in Bobingen, 1993-99 stellv. CSU-Kreisvors. im Landkreis Augsburg, seit 1996 KreisR. im Landkreis Augsburg, seit 1994 Mtgl. d. Europ. Parlaments, 1996-99 Parlamentar. Gschf. d. CDU/CSU-Gruppe im EP, seit 1999 CSU-Kreisvors. im Kreisverband Augsburg-Land u. Landesvors. d. Europa Union in Bayern, seit 1999 Vors. d. CSU-Europagruppe im EP, Mtgl. im Haushaltsausschuß sowie im Ausschuß f. Regionalpolitik, Verkehr u. Fremdenverkehr, Mtlg. im parlamentarischen Ausschuß Europäischer Wirtschaftsraum, stellv. Mtgl. in d. paritätischen Versammlung AKP-EU, seit 2000 Landesvors. d. Europa-Union in Bayern. (Re)

Ferber Martin *)

Ferber Michael Dipl.-Ing. *)

Ferber Michael Ferdinand

B.: Unternehmer, Geschäftsinh. FN.: M. Ferber - Party-Miet-Service. DA.: 32832 Augustdorf, Nordwestring 42; 30559 Hannover, Gollstr. 21. G.: Stukenbrock, 18. März 1957. V.: Dorota, geb. Stark. Ki.: Anna (1995), Magdalena (1999). El.: Ferdinand u. Elisabeth. BV.: altes Familienwappen um 15. Jhdt. S.: Fachoberschule f. Technik in Paderborn, parallel Praktikum b. Fernmeldeamt, 1975 Fachabitur f. Technik, b. 1977 FH f. Elektrotechnik in Bielefeld, 1979 Praktikum im Kindergarten in Stukenbrock, Organ. v. Stadtranderholung f. Kinder während d. Sommerferien, Stud. Sozialwiss./Sozialarb. an d. FH f. Sozialwesen, 1982 Dipl. K.: 1980 Grdg. Party-Zelt-Vermietservice, 1982 selbst. m. exclusivem Party-Miet-Service in Hannover u. Augustdorf, 1991 Kauf einer gr. Zeltfirma aus Rheda-Wiedenbrück, 1995 Grdg. einer Auslandsfiliale in Stargard/Polen. P.: div. Veröff. in Fach- u. Tagespresse. E.: versch. Ausch. H.: Familie.

Ferbus Lothar *)

Ferch Heino

B.: Schauspieler. FN.: c/o Management Erika Goldschmidt. DA.: 10707 Berlin, Zähringer Str. 33. G.: Bremerhaven, 18. Aug. 1963. KI.: 1 Kind. E.: Erika (Mutter). S.: 1978 Auftritt im Musical "Can Can", Schauspielausbild. m. Steptanz, Ballett u. Gesang im Salzburger Mozarteum. K.: Tätigkeit auf d. Bühne, Fernsehen u. Film, 1987-90 Ensemblemtgl. d. Freien Volksbühne Berlin, 1990-94 Schillertheater, Gastspiele b. d. Salzburger Festspielen, Mailänder Scala u. am Wr. Burgtheater, TV-Rollen "Wedding" (1989), "Gefährliche Verbindung", "Samstags, wenn Krieg ist" (1993), "Deutschlandlied" (1994), "Wer Kollegen hat, braucht keine Feinde" (1995), "Es geschah am heiligten Tag" (1996), Kinodebüt "Schloß Königswald" (1987), "Küß mich!" (1995), "Der Unhold" (1995), "Lucie Aubrac", "Winterschläfer" (1997), "Feuerteufel", "Marlene" (1999), Der Tunnel (2001), Napoleon (2001). E.: 2001 Bay. Fernsehpreis, 2002 Gold. Kamera. (Re)

Ferch Siegfried *)

von Ferenczy Josef

B.: Medienmanager. FN.: Ferenczy Media GmbH. DA.: u. PA.: 82031 Grünwald, Portenlängerstr. 35. G.: Kecskemet/Ungarn, 4. Apr. 1919. V.: Katalin. Ki.: Csaba (1942), Andreas (1944). El.: Jozsef u. Jolan Maria. BV.: Urgroßmutter Ida Ferenczy, Hofdame b. Kaiserin Elisabeth. K.: 1946-48 Tätigkeiten in div. Firmen in Ungarn, 1948 Emigration nach Österr., Export-Import Firma in Wien u. Zürich, 1950-52 Grdg. Transglobus GmbH Wien, 1952-53 Grdg. Starfilm GmbH Wien, 1953 Umzug nach München, 1957 Grdg. u. Führung Ferenczy's Medienreich. F.: München: Ferenczy Presse Agentur, Ferenczy Publicity, Scirpt Medien Agentur, Ferenczy TV, Edition Ferenczy b. Bruckmann, Zürich: Ferenczy Verlag AG, Ferenczy Publicity AG, Wien: Ferenczy TV, Budapest: Ferenczy Europress, Axel Springer BP, Pesti Szalon Buchverlag. P.: zahlr. Veröff. E.: 1942 Ungar. Nationalverteidigungskreuz, 1971 Mtgl. d. Senats d. Paracelsusak. Österr., 1974 Ehrenkurator d. Dt. Ges. f. Kommunikationsforsch., 1976 Hon.-Gen.-Konsul v. Matla, 1977 a.o.Botsch. f. Malta b. d. EG, 1979 Med. München leuchtet, 1979 Gr. Silb. EZ f. Verd. um d. Rep. Österr., 1979 VK 1. Kl. d. VO d. BRD, 1984 Berufstitel Prof., 1985 Gold. EZ f. SOS-Kinderdörfer, 1985 Gr. VK d. VO d. BRD, 1986 Sternorden m. Goldkranz d. Ungar. Volksrep., 1988 Ehrenbürgerschaft d. Stadt Kecskemet, 1991 OLt. Budapest, 1992 Offz.-Kreuz d. VO d. Ungar. Rep. H.: Arb. (P.M.L.-S.)

Ferger Herbert Dr.

B.: Hauptgschf. FN.: IHK zu Köln. DA.: 50667 Köln, Unter Sachsenhausen 10-26. PA.: 50933 Köln, Raschdorffstr. 10. G.: Bensheim, 14. Mai 1949. V.: Monika, geb. Tepass. El.: Wilhelm u. Anneliese, geb. Hofmann. S.: 1967 Abitur, 1967-69 Bundeswehr - Hptm. d. Res., 1969-73 Stud. Rechtswiss. Univ. Köln, 1973 1. Staatsexamen, 1973-74 u. 1977-78 Ass. Univ. Köln, 1977 2. Staatsexamen, 1979 Prom. K.: 1978-83 Ref. d. Verkehrsabt. d. DIHT, 1983-96 Gschf. d. IHK Frankfurt, 1997-99 Hauptgschf. d. Bundesverb. Sped. u. Logistik, ab 2000 Hauptgschf. d. IHK Köln; Mtgl. im AufsR. d. KölnMesse GmbH, Vorst.-Mtgl. d. Rheinisch-Westfälischen Wirtschaftsarchivs (RWWA), stellv. Vors. d. Verwaltungs- u. Wirtschaftsakad. Köln, Mtgl. im Kuratorium d. Fachhochschule Köln, Mtgl. im Kuratorium d. Kunsthochschule f. Medien Köln. M.: Dt. Verkehrswiss. Ges., Förderkreis d. Inst. f. Wirtschaftspolitik an d. Univ. zu Köln. H.: Reisen, Wandern, Kochen. Sprachen: Englisch, Französisch.

Fergg Thomas Dipl.-Bw.

B.: RA, Inh. FN.: FERGG Immobilien. DA.: 90403 Nürnberg, Kaiserstr. 8. fergg-immobilien@t-online.de. www.fergg-immobilien.de. G.: Nürnberg, 15. Dez. 1969. El.: Siegfried u. Ingrid.

S.: 1990 Abitur Fürth, 1990-91 USA-Stud. Birmingham/Alabama, Business Administration, 1991-93 Stud. Betriebswirtschaft Univ. WISO Nürnberg, 1993-96 Berufsak. Leipzig m. Abschluss Dipl.-Bw./BA. K.: schon während d. Stud. im elterl. Betrieb, 1996-99 Firma Kemper's in Leipzig u. Düsseldorf, seit 1999 Inh. v. Fergg/Nfg. d. Vaters. M.: RDM Ring dt. Makler, SIB Süddt. Immobilien-Börse, FIABCI Intern. Verb. d. Immobilienberufe, Golfclub Lichtenau, TF Grünweiß Fürth. H.: Sport, Tennis, Golf.

Ferjani Gerlinde
B.: Unternehmerin, Inh. FN.: Schönheits-Studio Gerlinde Holz. DA.: 65760 Eschborn, Berliner Str. 3. G.: Wetzlar, 1. Juli 1951. S.: 1966-69 Einzelhandels-Kauffrau, Abschluß 1967-70 Einzelhdls.-Kauffrau Angest., 1970-72 HASCH Frankfurt. K.: 1973-76 div. Tätigkeiten im kfm. Bereich, 1976-77 Flugbegleiterin, 1977-78 Verkaufs-Außendient f. Porzellan-Vertr., 1979-84 Selbstst.-Verkaufstrainer/Rethorik, 1980-81 parallel Ausbild. zur Kosmetikerin, Abschl. staatl. geprüft, 1985-87 selbst. Tätig. Verkaufstrainer Produktschul.u. Schminktechnik f. Kosmetikerinen, 1986-87 Dt. Make-up-Meisterschaft, seit 1986 selbst., Eröff. eines Kosmetik-Studios, 1987 Presseberichte u. Rundfunkinterviews, seit 1987 Schminkschulungen u. Styling f. den laien u. Firmenschulg. f. Repräsentantinnen. E.: seit 1986 div. Ausz. b. Wettbewerben. M.:1987-88 Prüf.-Aussch. Visagisten-Schule Frankfurt. H.: Schwimmen, Skifahren, Antiquitäten, Malerei, Radfahren.

Ferkau Torben
B.: Filmproduzent, Gschf. Ges. FN.: Erste Liebe Filmproduktion GmbH. DA.: 20459 Hamburg, Admiralitätsstr. 75. G.: Marne, 5. Mai 1968. S.: 1988 Wirtschaftsabitur Hannover, 1988-90 Offz.-Laufbahn, heute Lt. d. Res., 1990-95 Studium Wirtschaftsinw. K.: 1991-95 Mitgründer u. Inh. Weiß & Friends Filmproduktion Hannover, Konzeption u. Produktion v. Musikvideos f. sämtl. dt. Majorlabels, seit 1996 Gründer u. Gschf. Ges. Erste Liebe Filmproduktion GmbH Hamburg, Gesamtherstellung v. Musikvideos, TV- u. Kinowerbefilmen f. dt. u. intern. Majorlabels sowie d. führenden dt. Werbeagenturen. M.: Gründer u. Vorst.-Sprecher Verb. d. Musikclipproduzenten (VMCP).

Ferkinghoff Rainer *)

Fermanian Virginia

B.: Steuerberaterin. DA.: 10629 Berlin, Leibnizstr. 48. fermanian@fermanian.de. G.: Berlin, 26. Feb. 1946. El.: Paul u. Waltraud Fermanian, geb. Küster. S.: 1962-65 Kfm. Ausbild. in d. Handelsschule, Lettever. in Berlin. K.: 1965-68 angest. in d. Buchhaltung eines Bauunternehmens in Berlin, 1968-81 ang. in einer Berliner Steuerkzl., parallel Steuerberaterausbild., 1981 Steuerberaterprüf., 1981-85 selbst. u. halbtags ang. in d. Steuerkzl., seit 1986 selbst. m. eigener Steuerberatungskzl. in Berlin, Ausbild z. Atem- u. Bewegungslehrerin in d. Tradition Elsa Gindler in Berlin. E.: Preise im Turniertanz. M.: Steuerberaterkam., Verb. d. steuerberatenden Berufe, DATEV, Haus- u. Grundbesitzerver., Spendenmitglied: Dt. Bund f. Umweltschutz, Schiffsbrüchige u.a. H.: Beruf, Lesen, Philosophie, Tanzen.

Fern Sima *)

Fern William *)

Fern-Gaßmann Sonja

B.: Tanzlehrerin. FN.: Tanzschule Fern. DA.: 42103 Wuppertal, Bundesallee 245. G.: Essen, 17. Aug. 1960. V.: Dirk Gaßmann. Ki.: Björn (1989), Franziska (1997). El.: Ernst u. Helga Fern. S.: 1979 Abitur. K.: 1982 Tanzlehrerin, 1995 Übernahme d. elt. Betrieb nach dem Tod der Mutter. H.: Kochen.

Fernandes Alexandre
B.: Kfz-Mechaniker, Inh. FN.: Hotel Cafe Central. DA.: 90403 Nürnberg, Augustinerstr. 2. fernandes.central@t-online.de. www.hotel-cafe-central.de. G.: Bamberg, 20. Juli 1974. V.: Sonia, geb. Marques-Goncalves. El.: José u. Floripes. S.: 1991 Mittlere Reife Bamberg, 1991-94 Lehre Kfz-Mechaniker b. BMW-Heimann in Bamberg. K.: 1992-95 b. United Parcel Service in Bamberg u. Nürnberg, 1995-96 selbst. Transportunternehmer/Kurierdienste, 1996-2000 selbst. f. Transoflex als Gefahrengutbeauftragter, 1999 selbst. Happy Bar Nürnberg, 2000 Übernahme d. Hotel Cafe Central. H.: Golf, Motorsport, Politik, Wirtschaft, Reisen.

Fernandes-Engelke Armando Ricky Pinto

B.: Gschf. FN.: UCP United Catering Partners GmbH; Gastro- u. Veranstaltungsgesellschaft Fernandes-Engelke GmbH. DA.: 30926 Seelze, Auf dem Rade 16. F.E.GmbH @t-online.de. ucp.gmbh@t-online.de. G.: Porto/Portugal, 17. Dez. 1959. V.: Petra, geb. Engelke. Ki.: Andre-Philipp (1987). El.: Henrique da Silva Fernandes u. Fernanda da Gaja Pinto. BV.: Großvater Antonio Pinto Mitinhaber d. portugies. Bauh. "Pinto Sotto Major". S.: 1980 Abitur in Osnabrück, Stud. Maschinenbau Univ. Osnabrück, 1984 Abschluß Maschinenbautechniker. K.: während d. Stud. Mtgl. d. Musikband "After All" m. vielen intern. TV-Auftritten u. Tourneen, Aufbau einer Konzertagentur in Nordhorn u. glz. ab 1987 Aufbau eines Franchise Unternehmens f. Süßwaren u. Veranstaltungsservice, Messeveranstaltungen, Fullservice, Künstlervermittlung, Open Air Konzerte u.a. m. Phil Collins, Genesis, Backstreet Boys, M. Jackson, Wolfgang Petry, Elton John, Metallica u. Klassikkonzerte, 1992 Grdg. d. United Catering Partners GmbH f. Veranstaltungen u. Gastronomie, 2002 Eröff. d. gr. Veranstaltungsparks in Portugal u. Konzert-Agentur. BL.: 1995 Anschaffung eines Benetton Formel I-Wagens u. 1997 russ. "Estonia" Rennwagen d. Formel II. P.: lfd. Veröff. in d. intern. Presse, Mithrsg. d. Street-Magazins. G.: Gold Schallplatte. M.: 17 Vereine in Deutschland, 17 IGs, ehem. 1. Vors. d. Windhundvereins u. Mitgründer d. 1. Sandbahn in Deutschland, Mtgl. d. RSG. H.: Formel I, Sportwagen, Windhunde.

Fernandez Gabriele *)

*) Biographie www.whoiswho-verlag.ch oder beigefügte CD-ROM

Fernandez-Laser Carlos Dr. med.

B.: Chefarzt, Arzt f. Chirurgie u. Gefäßchirurgie. FN.: Kreiskrankenhaus. GT.: Ratsherr d. Stadt Uelzen. DA.: 29525 Uelzen, Waldstr. 2. PA.: 29525 Uelzen, Theodor-Kaufmann-Weg 12. www.kliniken-uelzen-bad-bevensen.de. G.: Hamburg, 28. Okt. 1948. V.: Andrea-Susann, geb. Blume. Ki.: Carlos (1984), Felipe (1987), Luis (1995). El.: Carlos u. Ilse Laser De Fernandez. S.: 1968 Abitur Bad Sachsa, 1970-76 Stud. Humanmed. an d. Univ. Hamburg, 1976 Approb. K.: 1976-82 FA-Ausbildung d. Allg. Chirurgie im AKH Hamburg-Harburg, anschließend b. 1983 Ass.-Arzt an d. Univ.-Klinik Köln-Meerheim, 1983 Prom. z. Dr. med., 1983-87 ltd. OA im Ev. Johannes-KH in Bielefeld, ab 1985 Gefäßchirurg, ab 1988 Chefarzt d. Chirurgischen Abt. im Kreis-KH Uelzen. P.: Veröff. in Fachbüchern u. Fachzeitungen. M.: Chaine des Rotisseurs, Golfclub Bad Bevensen. H.: Golf, gepflegt Essen gehen, Reisen.

Fernau Wilfried Heinrich *)

Fernholz Dietmar Wolfgang Detlef *)

Fernkorn Bertold

B.: Fotojournalist, selbständig. DA.: 44807 Bochum, Bleckstr. 121. fernkorn@aol.com. G.: Dortmund, 25. Apr. 1961. S.: 1982-84 Stud. Sozialarbeit FH Bochum. K.: 1984 freiberufl. Journalist f. d. Ev. Presseverband in Bielefeld, seit 2002 selbständiger Fotojournalist. H.: Familie.

Ferrand Jean-Jacques *)

Ferrantino Antonio

B.: Koch, selbständig. FN.: Ristorante Alber. DA.: 89075 Ulm, Heidenheimer Str. 77. G.: Monte S. Angelo, 34. Juni 1951. V.: Eleonora, geb. Russo. Ki.: Florian (2001). El.: Bartholomeo u. Potenza Libera Maria. S.: Grundschule. K.: während d. Schulbildung Gegegenheitsarbeiter u. Tagelöhner, 1969 Einreise nach Deutschland, Mitarbeiter in d. Firma Telefunken, zuletzt b. 1982 Vor- u. Facharbeiter, 1983 Pizzabäcker im Restaurant Amalfi in Ulm, 1984 tätig in Bahnhofsrestaurant in Thalfingen, 1986 tätig in d. Pizzeria "La Bomba", seit 1987 selbständig m. d. Ristorante Alber in Ulm spez. f. ital. Fischgerichte, ab 1990 zusätzl. Pizza-Express, 1997 Eröff. d. 2. Restaurants "Marco Polo" in Dornstadt E.: Goldene Pizza v. Les Gourmets. H.: Autos, Motorradfahren, Reisen.

Ferrara Enzo

B.: Hotelkfm., Inh. FN.: Ristorante-Pizzeria "La Locanda". DA.: 44867 Bochum-Wattenscheid, Wattenscheider Hellweg 131. restaurant-la-locanda@proximedia.de. www.restaurant-la-locanda.de. G.: Stio, Salerno, 16. März 1953. V.: Andreiuolo Maria. Ki.: Gianluca (1982), Daniela (1983), Marco (1987). El.: Giovanni u. Trotta Diodata. BV.: Abstammung einer Adelsfamilie m. Eintragung im Wappenverzeichnis, direkte Verwandtschaft zu d. Grimaldis. S.: 1970 Mittlere Reife Paestum b. Salerno, 1970-73 Ausbild. z. Hotelkfm. K.: 1973-76 nach Umzug in d. BRD im Servicebereich im "Maritim" tätig, 1977 selbst. in Bochum-Wattenscheid, 1987 nach Erwerb v. Eigentum, Betriebserweiterung, Hinzunahme einers Biergartenbetriebes. BL.: Förderer d. TV 01 in Bochum, seit 1990 nach päd. Eignungsprüf. Ausbild.-Betrieb. E.: Ausz. d. OBgm. v. Bochum, Silber f. bes. Verd. im Sport. M.: Kolping Familie, Hotel- u. Gaststättenverb., Lions Club Bochum, div. ortsansässige Ver. H.: Familie, früher Tennis u. Fußball.

Ferrari Christophe

B.: Solotänzer. FN.: Komische Oper Berlin. DA.: 10117 Berlin, Behrenstr. 55-57. PA.: 14057 Berlin, Riehlstr. 2. G.: Bastia/Korsika, 4. Juni 1954. El.: Nicolas u. Marie-Francoise. S.: 1971-79 Schulbesuch auf Korsika, 1979-83 Ausbild. an d. franz. Ballettschule Centre de Dance Intern. Rosella Hightower in Cannes. K.: 1983 Engagement Italien, danach Ballet Royal de Wallonie Belgien, 1984-86 Solotänzer Staatstheater Malmö/Schweden, 1986 Gastspiel b. Israel-Ballett, 1986-88 Solotänzer Wr. Staatsoper, seit 1988 in Deutschland, 1988-94 Solotänzer Aalto-Theater Essen, seit 1994 Solotänzer Komische Oper Berlin, 1995 Gastspiele in Oslo u. Toulouse/Frankreich, seit 1980 Choreografien, seit 1988 Unterricht Ballett-Workshop Wien, seit 1994 Berlin. H.: Videosammlung alter Spielfilme, Züchtung u. Pflege v. Zimmerpflanzen.

Ferrari Reinhold Dr. med.

B.: FA f. Innere Med., Psychotherapie u. Sportmedizin in eigener Praxis. DA.: 34121 Kassel, Kirchweg 31. G.: Kassel, 24. Feb. 1937. V.: Ingrid Studienrätin, geb. Kaiser. Ki.: Markus (1967), Thomas (1971), Annette (1972), Uta (1976). El.: Alfred u. Frieda, geb. Bromeis. S.: 1957 Abitur in Kassel, 1957-65 Stud. Med. u. Theologie an d. Univ. in Marburg u. Poitiers/Frankreich, 1966 Examen u. Prom. in Tübingen. K.: 1966-74 Ass.-Arzt an d. Univ.-Klinik in Göttingen u. im Stadt-KH Kassel, seit 1974 niedergelassener Arzt als Internist m. eigener Praxis in Kassel, 1987 Zusatzausbildung Psychotherapie. M.: Dt. Ges. Innere Med., Internistenverband, Dt. Ges. f. Herz-Kreislauf-Forschung, DLRG, AI. H.: Sportmedizin, Schreiben.

Ferres Ilona Dr. med. dent. *)

Ferres Veronica Maria

B.: Schauspielerin. FN.: c/o Agentur Studlar. DA.: 80798 München, Agnesstr. 47. G.: Solingen, 10. Juni. 1965. V.: Martin Krug. Ki.: Lilly Katharina (2001). S.: Stud. Germanistik u. Theaterwiss. LMU München, Schauspiel b. Prof. Margret Langen, Max-Reinhardt-Seminar Wien. K.: Engagement u. Bayer. Staatsschauspiel, Bayer. Staatsoper etc., Hörfunk, Synchron, Moderationen, 1985 erste Theaterrolle i. "Die Bernauerin", 1986 Erste Kinorolle i. "Der Unsichtbare", Auszug aus d. Filmographie: Zweite Heimat (1987/88), Schtonk, Der Castillo-Coup, Babylon (1991), Der Papagei, Peter & Paul, Ein Bayer auf Rügen, Der Bergdoktor

*) Biographie www.whoiswho-verlag.ch oder beigefügte CD-ROM

(1992), Moritz Kowalsky - Zwei Freunde, Das Sahara-Projekt, Tatort - Alles Palermo (1993), Fatale Mutterliebe, Honigmond (1994), Das Superweib (1995), Rossini - oder die mörderische Frage wer mit wem (1996), Eine ungehorsame Frau - Teil 1, Eine ungehorsame Frau - Teil 2 (1997), Die Chaos-Queen (1998), Die Braut, Ladies Room, Late Show (1999), Die Manns - ein Jahrhundertroman (2000), "Jedermann" (2002). E.: Bambi, 1991 AZ-Stern d. Jahres, 1998 Goldene Kamera. H.: Reiten. (Re)

Ferring Hans-Gerd

B.: Dreher. FN.: Zweirad Ferring. DA.: 66333 Völklingen, Poststr. 51. zweirad-ferring@ t-online.de. G.: Völklingen, 20. Okt. 1941. V.: Elvira. Ki.: Thomas (1972), Alexander (1973). S.: 1955-58 Lehre z. Dreher in Röchling, 1958-61 Abendschule z. Techniker Maschinendreher. K.: 1958-66 Dreher b. Röchling, 1966-71 Bauarb. b. d. Firma Manke in Saarbrücken, 1972-81 Abt.-Ltr. u. Gschf. d. Firma Pfeiffenberger, seit 1981 selbst. m. Zweirad Ferring in Völklingen. BL.: 3x Saarlandmeister im Radball b. d. Schülern, 4x Saarlandmeister im Radball b. d. Jugend, 2x Südwestvizemeister im Radball b. d. Senioren, 2x Südwestmeister im Radball b. d. Senioren. H.: Familie.

Ferro Gabriele
B.: Dirigent, GMD d. Württemberg. Staatsorchesters. DA.: 70173 Stuttgart, Oberer Schloßgarten 6. BV.: Pietro Ferro Komponist. S.: 1964 Stud. Komposition, Dirigieren u. Klavier Accademia di Santo Cecilia. K.: Beginn Dirigentenkarriere ausschl. m. symphon. Repertoire, Konzerte Mailänder Scala m. Orchestern d. RAI u. d. Accademia di Santa Cecilia, s. 1975 enge Zusammenarb. m. Orchestre National de France, Wr. Symphoniker, Bayer. Staatsorchester, Orchester d. WDR, BBC London, Cleveland u. Chicago, 1978 Ausweitung Dirigententätigkeit auf d. Oper, Bologna, Florenz, Rom u. Neapel, später Covent Garden London, Lyric Opera Chicago u. San Francisco Opera, Opernhäuser Amsterdam, Genf u. Paris, Köln, Bonn, Staatsoper München u. Stuttgart, Wr. Festwochen, Festspiele in München, Schwetzingen u. Aix-en-Provence, Rossini-Festival Pesaro, Biennale Venedig, Maggio Musicale Florenz, 1979 Ltg. Orchestra Sinfonica Siciliana Palermo, 1988-91 Chefdirigent Orchestra della RAI di Roma, 1975-83 Orchestre National de France, seit 1992/93 Gen.-Musikdir. Staatsoper Stuttgart, 1993 Konzerte anläßl. d. Prager Europa Festivals. E.: 1970 Wettbewerb d. RAI Grand Prix du Disque.

Ferruccio Colombo *)

Fersch Wolfgang *)

Ferschen Wilfried Dr. jur.
B.: Wirtschaftsprüfer, Steuerberater, Rechtsanwalt, Gschf. Ges. versch. Wirtschaftsprüfungs- u. Steuerberatungsges., Seniorpartner d. Dr. Ferschen & Partner GbR Rechtsanwälte, Wirtschaftsprüfer, Steuerberater mit versch. Büros in d. Bundesrep. u. Tschechien. DA.: 45481 Mülheim an d. Ruhr, Großenbaumer Str. 93. G.: Mülheim an d. Ruhr, 23. Aug.

1942. V.: Bärbel, geb. Clauss. Ki.: Alexandra (1973), Robert (1976). S.: 1962 Abitur Mülheim an d. Ruhr, 1962-66 Studium Rechtswiss., Berlin, Bonn, Köln, 1970 2. Staatsexamen, Promotion zum Dr. jur. K.: seit 1974 selbständiger Rechtsanwalt, seit 1976 zusätzlich Wirtschaftsprüfer. P.: Gesellschaftsrecht und Steuerrecht in d. Tschechischen Republik. E.: ehrenamtl. Beisitzer d. Senats f. Wirtschaftsprüfersachen b. Bundesgerichtshof. H.: Ausdauersportarten.

Ferschl Klaus Dieter Dr. iur. *)

Ferster Tom Dipl.-Ing. *)

Ferstl Carola-Iris Barbara Dipl.-Kauffrau

B.: Redakteurin, Modeatorin. FN.: n-tv. DA.: 10117 Berlin, Taubenstr. 1. V.: Anton Voglmaier. EL.: Karl-Heinz u. Roswitha, geb. Stiglic. S.: 1987 Abitur Nienburg, 1987-92 Stud. BWL An d. Univ. Hamburg, Dipl.-Kauffrau. K.: seit 1992 Redakteurin b. Nachrichtenfernsehen n-tv, seit 1993 Redakteurin u. Moderatorin d. "telebörse" b. n-tv, parallel z. eigenen Sendung unterwegs auf Vortragstourneen b. Banken, Vers., Unternehmen im dt.-sprachigen Raum u. veröff. als eine d. ersten Frauen zu Themen wie

Geld, Börse etc. BL.: gilt im dt. Fernsehen als "Die Börsenfrau", "d. Gesicht d. Börse", setzt sich unkonventionell m. d. Thema Geld u. Frauen auseinander. P.: "Geld tut Frauen richtig gut" (1999), "Frauen sind d. besseren Anleger", Kolumnen in "telebörse" u. "Bunte". H.: Tauchen, Klavierspielen, Orgelspielen, Sport.

Ferstl Karin Dr.-Ing. *)

Ferstl Klaus Dr. habil. *)

Fertig Felicitas *)

Fesel Bernd Hartmut Karl *)

Feser Erika *)

Feser Robert Dieter Dipl.-Ing. *)

Feser Udo *)

Fessard Jerome
B.: Gschf. FN.: Raab Karcher Baustoffe GmbH. DA.: 60314 Frankfurt, Hanauer Landstr. 150. (V) (Re)

Fesser Helge *)

Fesser Karin *)

*) Biographie www.whoiswho-verlag.ch oder beigefügte CD-ROM

Fesser Sigrid
B.: Augenärztin. DA.: 10967 Berlin, Kottbusser Damm 7. PA.: 10967 Berlin, Kottbusser Damm 7. G.: Breslau, 21. Okt. 1957. Ki.: Julian (1995). El.: Dr. Norbert u. Adele, geb. Cyba. S.: 1976 Abitur Adenau, 1976 Ausbild. z. med. Masseurin u. Bademeisterin, 1977 Med.-Stud. Flämische Univ. Antwerpen, 1978-80 Stud. roman. Philol. in Köln u. Hamburg, 1981 Pharmaziestud. Univ. Hamburg, 1983 1., 1984 2. u. 1985 3. . Staatsexamen Pharmazie, 1986 Approb., 1984 Med.-Stud. Lübeck, 1986 Ärztl. Vorprüf., 1987 Med.-Stud. Univ. Hamburg, 1. Staatsexamen Med. , 1989 2. u. 1990 3. Staatsexamen Med., 1990 Approb. als Arzt, 1990-91 AIP in d. Lungenfachklinik Gossendorf u. d. chir. Abt. d. Kreis-KH Hechingen. K.: 1985-89 regelmäßige eigenverantwortl. Apothekenvertretung, 1991-94 Ophthalmolog. FA-Ausbild. Klinik/Praxis Dr. Uthoff u. Kollegen Kiel, 1995-96 Wechsel nach St. Wendel, Fortsetzung d. Ausbild., 1996 FA-Anerkennung, 1997 Ndlg. in Berlin. P.: Apothekerzeitung: HIV. H.: großes Bauernhaus m. Garten.

Fessler Karl-Heinz Ing.

B.: Maschinenbauing., Gschf. Ges. FN.: Fessler Stemmer Blank GmbH Werbeagentur. DA.: 88214 Ravensburg, Zwergerstr. 15. www.fessler.de. G.: Bad Schussenried, 14. Juli 1954. V.: Anette, geb. Liebisch. El.: Ruth u. Alfons u. Maya. BV.: Kaspar Fessler 1645 (eigenes Familienwappen). S.: Mittlere Reife, Lehre z. Techn. Zeichner, FH-Reife, Bundeswehr, 1975-78 Stud. in Ravensburg. K.: 1979 Konstrukteur b. Knoll-Maschinenbau, Projekt-Managemt, Ausbilder in allen techn. Bereichen, anschl. im Vertrieb u.
Marketing, 1992 selbst., Grdg. d. Werbeagentur gemeinsam m. Herr Stemmer in Ravensburg, Agenturauftritte im Internet verknüpft m. einem eigens dafür ins Leben gerufenen Lexikon f. Werbung, Fachausdrücke u. Begriffe aus d. Werber-Jargon f. Branchenfremde u. Insider. H.: Mountainbike, Skifahren, Windsurfen, Reisen im eigenen Wohnmobil, Bergwandern, autogenes Training.

Fest Herbert *)

Fest Joachim
B.: Journalist, ehem. Mithrsg. u. Ltr. Kulturteil Frankfurter Allg. Zeitung. DA.: 60327 Frankfurt, Hellerhofstr. 2-4. G.: Berlin, 8. Dez. 1926. Ki.: Alexander, Nicolaus. El.: Hans u. Elisabeth. S.: Gymn. Berlin u. Freiburg, Univ. Frankfurt, Freiburg, Berlin. K.: Freier Schriftsteller, seit 1954 RIAS Berlin. P.: Das Gesicht d. III. Reiches (1963), Fernsehen in Deutschl. (1967), Hitler (1973), Aufgehobene Vergangenheit (1981), Die unwissenden Magier. Über Thomas und Heinrich Mann (1985), Der tanzende Tod (1986), Im Gegenlicht. Eine italienische Reise (1988), Der zerstörte Traum. Über das Ende des utopischen Zeitalters (1991), Die schwierige Freiheit. Über die offene Flanke der offenen Gesellschaft (1993), Staatsstreich. Der lange Weg zum 20. Juli (1994), Speer. Eine Biographie (1999), Horst Janssen - Selbstbildnis von fremder Hand (2001), Der Untergang. Hitler und das Ende des Dritten Reiches (2002). E.: 1972 Theodor Wolff-Preis, 1973 Thomas Dehler-Preis, 1981 Ehrendr.würde d. Univ. Stuttgart, 1982 Thomas Mann-Preis d. Stadt Lübeck, 1987 Goethe-Plakette d. Stadt Frankfurt, 1992 Görres Preis d. Stadt Koblenz. Senator d. dt. National-Stiftung, Honorarprof. d. Univ. Heidelberg. (Re)

Fest Rainer
B.: freischaff. Künstler, Dipl.-Bildhauer, Kunsttischler, Ornamentsschnitzer. DA.: 10435 Berlin, Kollwitzstr. 66. PA.: 17321 Rothenklempenon, Hüttenweg 4. G.: Berlin, 22. Juni 1953. El.: Norbert u. Ursula, geb. Nehm. S.: 1973 Abitur, 1973-75 Kunststud. Kiel, 1976-82 Kunstgewerbeschule Finnland, 1982-87 Stud. Bildhauerei Bremen, 1982-88 Stipendium des Ev. Studienwerkes Villigst, 1987 Dipl.-Bildhauer. K.: 1987/88 tätig in Madrid, seit 1987 freischaff. tätig, 1993 Arbeitsstipendium des Senators für kulturelle Angelegenheiten, Werke im öff. Raum: Lutherstadt Wittenberg, Lucas Cranachhof, Berlin Tempelhof, Berlin Kreuzberg, Berlin Dahlem, Konrad Zuseinst., Göhren, Rügen, Stadt Bleckede, Berlin Mitte, Berliner Wasserbetriebe, Burgun, NL, Gorssel, Teilnahme an Symposien: (Auswshl) 1989 Hamburger Bahnhof, Berlin, Projekt Visum, Rezel, Polen, 1992 Poznan, Polen, 1993 Lutherstadt Wittenberg, 1997 Kulturhauptstadt Thessaloniki, Griechenland, 1999 Center of Polish Sculpture, Oronsko, Polen, Einzelausstellungen: (Auswahl) 1991 Eisenhalle, Berlin, 1992 Galeria Vanguardia, Bilbao, Spanien, 1994 Kutscherhaus, Sammlung Stober, Berlin, 1995 Galerie de Beerenburght, Eck En Wiel, Niederlande, 1997 Kunsthalle Kühlungsborn, 2000 Galerie Obrist, Essen, Studio Galerie Warschau, Gruppenausstellungen: (Auswahl) 1986 Ges. f. Aktuelle Kunst, Bremen, 1988 Haus der Kunst, München, 1989 Dominikanerkirche Osnabrück, 1991 Kunstamt Kreuzberg, Berlin, 1992 Schloß Groeneveld, Baarn, Niederlande, 1995 Skulpturenpark Katzow, Katzow, 1997 National Museum of Theassaloniki, Griechenland, 1998 Dt.-Chin. Ges., Prismahaus, Berlin, 1999 Neue Pinakotek, Larissa, Griechenland, 2000 Kunstamt Mitte, Berlin, Willi Brandt-Haus, Berlin, Arbeit hauptsächl. mit Stein u. Holz, spez. in d. Herstellung v. Brunnenskulpturen u. Brunnen f. d. priv. u. öff. Raum. H.: Restaurierung alter Möbel u. Häuser.

Fester Christian *)

Fester Martin *)

Fester Volkert *)

Festge Robert Dr. med. *)

Festing Paul *)

Fetscher Hubert
B.: staatl. geprüfter Bw. Marketing, Unternehmer, selbständig. FN.: Werbe- u. Internetagentur ICM. DA.: 88410 Bad Wurzach, Uhlandstr. 4. www.ic-m.de. G.: Ravensburg, 18. Juli 1967. V.: Alexandra, geb. Schöllhorn. S.: Mittlere Reife, Ausbildung z. Einzelhandelskaufmann, Bundeswehr, Besuch d. Fachschule f. Bw. in Friedrichshafen, 1994 Abschluss staatl. geprüfter Bw. Marketing. K.: Ang. Marketing- u. Vertriebsleiter, seit 1998 selbständig m. d. Werbeagentur ICM in Bad Wurzach, Schwerpunkt d. Arbeiten sind d. Gestaltung v. Printmedien, sowie d. Internetauftritte v. Kommunen. H.: Radfahren.

Fetscher Iring Dr. phil. Prof.
B.: em. Univ.-Prof., Schriftsteller. PA.: 60320 Frankfurt/, Ganghoferstr. 20. G.: Marbach, 4. März 1922. V.: Elisabeth, geb. Goette. Ki.: Caroline, Sebastian, Justus, Christiane. El.: Prof. Dr. Rainer u. Claire. S.: König Georg-Gymn., 1945-50 Univ. Tübingen, 1948-49 Sorbonne Paris. K.: 1948-52 Ass. am Phil. Seminar d. Univ. Tübingen, 1960-63 Doz. f. Politikwiss. Tübingen, 1963-88 o.Prof. f. Politikwiss. u. Sozialphil. Frankfurt, auswärtige Rufe: Konstanz, Nimwegen, Wien. P.: Hegels Lehre vom Menschen (1950), Rousseaus politische Philosophie (1960), Karl Marx und der Marxismus (1967), Überlebensbedingungen der Menschheit ist der Fortschritt noch zu retten? (1976, 3. Aufl. 1989), Toleranz, von der Unentbehrlichkeit einer kleinen Tugend f. die Demokratie

(1990), zusammen m. H. Münkler (Hrg.) "Pipers Geschichte d. politischen Ideen, 5 Bde. 1985-93, Joseph Goebbels im Berliner Sportpalast 1943: "wollt ihr den totalen Krieg?" (1998), Karl Marx (1999), (Übersetzungen engl., franz., ital., span., kroatisch, japanisch, chinesisch, koreanisch). E.: 1992 Goethe Plakette d. Stadt Frankfurt am Main, 1993 BVK 1. Kl., 1994 Chevalier d. Palmes académiques, Adv. Prof. d. Fudan Univ. M.: P.E.N. Club, Inst. Intern. de Phil. Politique, Berater d. Grundwertekmsn. b. Parteivorst. d. SPD. H.: Sammeln von Briefen und Manuskripten von Philosophen und Wissenschaftlern.

Fette Günter

B.: RA. FN.: Rechtsanwälte Fette Schmitz-Rathsfelde Prugger Lang-Ennerst. DA.: 81675 München, Einsteinstr. 1. G.: Elbing, 1. Sep. 1941. V.: Marie Josée Gazzo. Ki.: Sonja (1974), Nina (1977). El.: Sigmund u. Johanna, geb. Landgraf. S.: 1962 Abitur Espelkamp, 1962-66 Stud. Freiburg, Hamburg u. München, 1967 1. Staatsexamen, 1970 2. Staatsexamen. K.: seit 1970 freier Anw. im Bereich Urheber- u. Medienrecht, Vertretung namhafter Film- u. Theaterschauspieler u. -Regisseure, 1990-2000 Gschf. Verband Deutscher Schauspieler-Agenturen. H.: Musik, Theater, Film.

Fettes Wolfram Dipl.-Ing. *)

Fettweis Alfred Dr. sc. techn. Dr. h.c. mult. Prof.

B.: em. Prof. f. Nachrichtentechnik. FN.: Ruhr-Univ. Bochum. PA.: 44797 Bochum, Im Königsbusch 18. fettweis@nt.ruhr-uni-bochum.de. G.: Eupen/Belgien, 27. Nov. 1926. V.: Lois Jane, geb. Piaskowski. Ki.: Luise (1957), Maria (1960), Gerhard (1962), Gerlinde (1966), Jörg (1969). El.: Dipl.-Landwirt Paul u. Helene, geb. Hermanns. S.: Gymn. Eupen, Aachen u. Daaden (Sieg), 1946-51 Stud. d. Elektrotechnik an d. Univ. Catholique de Louvain, Belgien, dort 1951 Dipl. als "Ingénieur civil électricien" u. 1963 Promotion z. Docteur en sciences appliquées. K.: 1951-63 Ing. bei d. Intern. Telephone and Telegraph Corporation (ITT) in Belgien u. USA, 1963-67 o. Prof. f. Theoretische Elektrotechnik an d. Techn. Univ. Eindhoven, Niederlande, 1967-92 Prof. f. Nachrichtentechnik an d. Ruhr-Univ. Bochum; 1994-96 Visiting Distinguished Prof. an d. Univ. of Notre Dame, USA. BL.: Erfindung der Wellendigitalfilter. V.: zahlr. Veröff. in nationalen u. internationalen Zeitschriften, 2 Bücher. E.: Ehrenprom.: Univ. Linköping /Schweden 1986, Faculté Polytechnique de Mons, Mons/Belgien 1988, Katholieke Univ. Leuven, Löwen/Belgien 1988, Techn. Univ. Budapest, Budapest/Ungarn 1995, mehrere wiss. Preise: IEEE Centennial Medal 1984, VDE-Ehrenring 1984, IEEE CAS Technical Achievement Award 1988, Karl-Küpfmüller-Preis 1988, Grundlagenpreis d. Eduard-Rhein-Stiftung 1993, IEEE CAS Van Valkenburg Award (Society Award) 2001, weitere: IEEE Fellow, o. Mtgl. d. Rheinisch-Westfälischen Akad. d. Wiss., d. Acad. Scientiarum et Artium Europaea (Salzburg) u. d. Acad. Europaea (London), Prix' Acta Technica Belgica 1962-63, 1980 Darlington Prize Paper Award d. IEEE CAS Society, Prix 1980 de la Fondation George Montefiore, Peter-Johns Prize 1992, Golden Jubilee Medal d. IEEE CAS Society (1999), IEEE Millennium Medal (2000). M.: Mtgl. von Vereinen u. Organisationen: Informationstechnische Ges. (ITG) im VDE, Frankfurt, Life Fellow des Inst. of Electronics Engineers (IEEE), New York, USA, European Association for Signal Processing, European Circuits Society. H.: Wandern, Musik.

Fettweiß Kathrin Dipl.-Psych.

B.: psycholog. Psychotherapeutin, Management-Trainerin. FN.: Praxis Erbskorn-Fettweiß Coaching & Seminare. DA.: 20148 Hamburg, Feldbrunnenstr. 25. G.: Hamburg, 18. Dez. 1958. V.: Dipl.-Psych. Thomas Erbskorn-Fettweiß. El.: Dr. med. Klaus Fettweiß u. Jutta, geb. Bock. S.: 1977 Abitur, 1978 Praktikum KH Elim, 1978-79 Ausbild. als pharmazeut.-techn. Ass., 1979 Stud. Psych. Univ. Hamburg, 1985-87 Ausbild. in Atemarb. u. Körpertherapie b. ISG Hamburg, 1986 Dipl. K.: 1986-87 freie Mitarb. b. cp consult partner als Interviewerin in Marktforsch.- u. Marketingprojekten, 1987 Ltg. . Marktforsch.-Projekten b. cp consult partner, ab 1987 Durchführung v. Supervisionsgruppen im Auftrag d. Ver. GENESE e.V. Hamburg, 1987-88 Anstellung als Projektltr. im Bereich Pharma-Marketing/Telefonkommunikation b. cp consult partner, 1989-92 ehrenamtl. organ. Ltg. u. Geschäftsführung d. Ver. GENESE e.V., ab 1989 Aufbau einer eigenen Praxis als Psychologin u. Psychotherapeutin, 1990-92 AB-Maßnahmen in d. Frauenberatungsstelle e.V. Kattunbleiche in Hamburg, 1992-93 Aufbau einer eigenen Praxis, Fortbildung u. Führungskräften, Konfliktmoderation, Managementtrainings, Teamentwicklung, Supervision f. Mitarbeiter im Gesundheitswesen; Coaching; 2000 Kassenzulassung als Psycholog. Psychotherapeutin. P.: Mitautorin v. "Mitarbeiterbeuteilung in d. Pflege", Hrsg. U. Weidlich, 1998 Urban + Fischer. H.: Lesen, Spaziergehen, Reisen, Umgang m. Menschen.

Fetzer Hans Dieter *)

Fetzner Jürgen

B.: Dipl.-Verw.-Wirt, Stadtdirektor Rechnungsprüf.-Amt d. Stadt Karlsruhe. DA.: 76124 Karlsruhe, Zähringer Str. 61. G.: Ellwangen, 18. Mai 1942. V.: Christa Johanna. El.: Hermann u. Maria. S.: 1961 Abitur, Vorbereitungsdienst b. d. Stadt Karlsruhe f. d. Beamtenlaufbahn, 1964 Prüf. f. gehobenen Verw.-Dienst. K.: 1964-84 b. Städt. Finanzreferat, zuletzt stellv. Ltr. Haushaltsplanabt. u. Ltr. d. Arbeitsgruppe "Vorbereitung v. Investitionsprogrammen", 1984 Verw. f. ad m. worbenen Stelle b. Tiefbauamt, hier Ltr. Bauverw. m. Haushalts-, Kassen- u. Rechnungswesen b. 1990, seit 1990 Ltr. d. Städt. Rechnungsprüfungsamt. H.: Kultur, Theater, Konzert, Reisen, Fotografie.

Feuchte Herbert Dr. phil. *)

Feuchtenberger Irmgard *)

Feuchter Eva Dr. rer. soc. Prof.

B.: Prof. FB Sozialwesen. FN.: FH Wiesbaden. DA.: 65195 Wiesbaden, Kurt-Schumacher-Ring 18. PA.: 66527 Niedernhausen, In der Lei 12. G.: Neunkirchen/Saar, 7. Juni 1941. Ki.: Eva Susanne (1973). El.: Friedrich Zimmer (Pfarrer) u. Edelgard, geb. Wagner. S.: 1960 Abitur, Stud. Psych. Univ. Mainz u. Tübingen, 1967 Dipl., 1974 Prom. K.: 1976 Prof. f. Sozialtherapie u. Klin. Psych., Ges. f. wiss. Gesprächspsychotherapie (GWG), Anleitung studentischer Projekte Arb. m. psych. Kranken, Reintegration psychisch Kranker in europ. Ländern; Lehrtherapeutin in klientenzentrierter Psychothera-

*) Biographie www.whoiswho-verlag.ch oder beigefügte CD-ROM

pie u. Gesprächsführung. P.: "Sozialtherapeut. Erweiterung d. klientenzentrierten Ansatzes" (1977), Mitarb. am "Psycholog. Wörterbuch" (1978), Erlebens- u. Verhaltensänderung durch Gesprächstherapie (1974), "Dimensionen d. Zukunftsperspektive" (1974), Beiträge in Fachpubl. M.: BDP, DGVT, GWG. H.: Sammeln v. altem Holzspielzeug u. Restaurierung. (Ch.Z.)

Feuchter Rainer *)

Feuchter Rainer *)

Feuchthofen Jörg E.

B.: Verleger, Stiftungsgschf., RA. FN.: VHU, Luchterhandverlag. DA.: 60439 Frankfurt, Emil-von-Behring-Str. 4. G.: Wesel, 30. Juli 1949. V.: Susanne, geb. Brettschneider. El.: Erwin u. Hannelore, geb. Hodde. S.: 1974 Abitur Wesel, 1974 Stud. Rechtswiss. u. Geschichte Univ. Münster, 1979 1. Staatsexamen, 1979-83 wiss. Hilfskraft, 1981-83 Referendariat OLG Hamm, 1983 2. Staatsexamen. K.: 1983-84 wiss. Ass., 1984-87 Bundesmin. f. Bild. u. Wiss. BMBW, 1986-87 Mitarb. b. parlamentar. Staatssekr. BMBW, 1987 Ausscheiden als ORegR., 1987-90 Referatsltr. Bild.-Politik b. DIHT, 1990-97 Bereichsltr. Bild.-Politik u. -recht b DIHT, 1997-2001 Bereichsltr. f. Ausbild. b. DIHT, 1989 RA, seit 2001 Gschf. Hess. Unternehmerverbände VHU, seit 1991 Mtgl. Redaktion "Grundlagen d. Weiterbild." in Luchterhandverlag, seit 1993 Chefredakteur d. Gschf. Hrsg., seit 1996 Mtgl. Redaktion W&B Wirtschaft u. Berufserziehung W. Bertelsmann Verlag Bielefeld, seit 1989 Gschf. Mtgl. DKI Dt. Kmsn. f. Ing.-Ausbild., seit 1994 Gschf. FIBAA Intern. Stiftung d. Wirtschaft f. Qualität im Management-Training, Zürich, 2001 Vors. Vorst. Kuratorium d. dt. Wirtschaft f. Berufsbild. P.: ca. 350 wiss. Publ., Buch "Qualitätsmanagement u. -sicherung in d. Weiterbild." (1995), Buch "Bildrecht u. europ. Integration" (1995), Mithrsg. Fachbuchreihe "Weiterbild.", Mithrsg. "Europahandbuch Weiterbild.". M.: Bonner Anw.-Ver., Dt. Juristentag, Ver. Grundlagen d. Weiterbild. H.: Hochseesegeln, Lesen, Lyrik, Fernreisen.

Feuchtmayr Leonhard

B.: beratender Gschf., Inh. FN.: Schloßbrauerei Autenried GmbH. DA.: 89335 Ichenhausen, Bräuhausstr. 2. G.: Augsburg, 27. Okt. 1925. V.: Aloisia, geb. Jedelhauser. Ki.: Marlies (1953), Barbara (1955), Rudolf (1959). BV.: d. Schloßbrauerei wurde 1650 v. d. Heinrich de la Pierre erbaut u. befindet sich seit 1913 in Familienbesitz. S.: 1941-43 Lehre Brauer u. Mälzer, 1943 Arb.-Dienst, 1944-45 Soldat, 1945 Verwundung. K.: nach d. Krieg Brauer u. Mälzer sowie tätig in d. Ldw. d. Onkels, ab 1948 Aufbau d. Schloßbrauerei, 1949 Besuch d. Doemens Technikums in München-Gräfeling, Brau- u. Malzmeisterprüf., 1972 1. Brauerei m. vollautomat. Schaltsudwerk - europaweit einzige. BL.: europaweit eizige Brauerei m. hauseigener Mälzerei-Brauerei u. hauseigene Gaststätte. E.: 1991 Bayr. Bierorden, 1985 Gold. Meisterbrief, 1994 BVK am Bande, Silb.

Bürgermed., Ehrenmtgl. versch. Ver. M.: ehem. Gem.-, Stadt- u. Kreisrat d. CSU, b. 2001 Delegierter d. Mittelstands d. Bayr. Brauerverb.

Feuerberg Michael F.

B.: RA. DA.: 80333 München, Sophienstr. 3. G.: Aschersleben, 22. März 1951. V.: Hildegard. Ki.: Daniel (1980), Patrick (1981). El.: Walter u. Marianne. S.: 1969 Abitur in Hanau. K.: Banktätigkeit, mit 18 J. nach Australien ausgewandert, 1970 alle Arbeiten ausgeführt, 1970 Rückkehr nach Deutschland, 1970 Tätigkeit in einem Kreditkartenunternehmen, zuständig f. amerikan. u. engl. Kunden, 1975 Jurastud. in Frankfurt/Main, 1 Sem. Anglo-Amerikan. Recht an d. London School of Economics (LSE), 1978 Wechsel nach München, 1984 1. u. 1987 2. Staatsexamen, sofort in eigener Kanzlei selbst., Schwerpunkt: Arzthaftungsrecht, Familienrecht/Erbrecht, Mietrecht, Zivil- mit Bankrecht. H.: Golf, Segeln.

Feuereisen Bernhard Dr. med. dent. *)

Feuerhahn Rolf

B.: Gschf. Ges. FN.: Karl W. Blome GmbH. DA.: 28207 Bremen, Bennigsenstr. 2-6. G.: Bremen, 11. Feb. 1926. V.: Lore, geb. Walter. Ki.: Walter (1954), Martina (1959). El.: Wilhelm u. Else, geb. Röhrsen. S.: 1942 Mittlere Reife, Lehre Vers.-Kfm. Securitas Bremen. K.: 1946 Eintritt in d. väterl. Firma Karl W. Blome, Vers. aller Art, 1961 Teilhaber, 1970 Grdg. d. Firma Rolf Feuerhahn KG, 1990 Grdg. d. Firma Karl W. Blome GmbH als Gschf. Ges. M.: seit 1950 ADAC - Funktionen: div. Vorst.-Positionen im ADAC Weser-Ems, 1977-93 1. Vors., Verw.rats.-Mtgl. in München, Touristikkmsn., AufsR.-Mtgl. d. ADAC Rechtsschutzvers. AG u. ADAC Schutzbrief Vers. AG, seit 1993 Ehrenvors. Weser-Ems u. Ältestenrat d. Gesamtclubs, Vorst.-Mtgl. d. Verkehrsübungspl. in Bremen e.V., Präs. d. Vertretervereinig. d. dt. Lloyd, Luftrettungszentrum Sanderbusch u. d. Campingplatzes Bremen e.V., Ehrenpräs. d. Vertret.-Beirates d. Dt. Lloyd Vers. AG, Luftrettungszentrum Sanderbusch u. d. Rettungshubschrauber Christoph 26, Mitorgan. v. Ralleys, Engagement in Jugendverkehrserziehung. H.: Bremensien.

Feuerhake Rainer

B.: Vorst. FN.: Preussag AG. DA.: 30625 Hannover, Karl-Wiechert-Allee 4. www.preussag.de. G.: Northeim, 2. März 1944. S.: Abitur Hameln, BWL-Stud., Dipl.-Kfm. K.: 1968 Tätigkeit im Preussag-Konzern, zunächst in d. Konzernrevision, Eintritt Kavernen Bau u. Betriebs GmbH Hannover, 1980 Abt.-Ltr. Konzern-Rechnungswesen. b. Preussag AG Hannover, 1986 Hauptabt.-Ltr., gleichzeitig Prokura, seit 1988 Vorst. d. Preussag AG, verantwortl. f. d. Ressort Controlling u. Finanzen.

*) Biographie www.whoiswho-verlag.ch oder beigefügte CD-ROM

Feuerhelm Thomas *)

Feuerlein Wilhelm Egidius Dr. med. Prof.
B.: em. Ltr. FN.: Max-Planck-Inst. f. Psychiatrie. PA.: 80804 München, Kraepelinstr. 10. G.: Nürnberg, 11. Okt. 1920. S.: Med.Stud. Univ. München, Wien, Würzburg, Erlangen, 1948 Prom. K.: 1949-60 Ass.Arzt bzw. OA an d. Psychiatr. u. Nervenklinik d. Städt. Krankenanst. Nürnberg, 1960-64 Nervenarzt in freier Praxis, 1964-86 Ltr. d. Psychiatr. Poliklinik d. Max Planck-Inst. f. Psychiatrie München, 1969 Habil., 1975 apl. Prof. P.: zahlr. Veröff. E.: Preis d. Dt. Hpt.Stelle gegen die Suchtgefahren, BVK 1. Kl., Bayer. Verdienstorden. M.: Wiss. Kuratorium d. Dt. Hpt.Stelle gegen d. Suchtgefahren, Vorst. d. Dt. Ges. f. Suchtforsch. u. Suchttherapie.

Feuerlein Wolf-D.
B.: Werbekaufmann, Gschf. Ges. FN.: Holding Wolf-D. Feuerlein Werbeagentur GmbH. DA.: 26123 Oldenburg, Nadorster Str. 222. feuerlein@cmc-concept.de. www.cmc-concept. de. G.: Heringen, 16. Jan. 1945. V.: Ingeborg, geb. Meyer. Ki.: Moritz (1984). S.: 1963-66 Lehre z. Werbekaufmann, 1972 Abitur in Oldenburg, 1974-78 Stud. BWL an d. Univ. Oldenburg, 1978 Abschluss Dipl.-Bw. K.: 1966-72 Werbekaufmann u. Werbeleiter eines namhaften Industrieunternehmens, 1975 Grdg. d. Wolf-D. Feuerlein Werbeagentur GmbH in Cloppenburg als Gschf. Ges., seit 1980 in Oldenburg, 1995 Grdg. CMC Conceptagentur f. Marketing u. Communication GmbH als Gschf. Ges. M.: Werbefachverband Niedersachsen, Marketing Club Deutschland.

Feuersenger Rudolf *)

Feuersenger Uwe Dipl.-Ing. Arch.
B.: Architekt. FN.: Domus-Architekten International. DA.: 20459 Hamburg, Deichstr. 36b. domus-architekten@t-online.de. www.domus-architekten.de. G.: Moorrege, 5. Feb. 1957. V.: Paola Fressoia, Architektin. J.: 1976 Abitur Elmshorn, 1979-84 Stud. Arch. an d. TU Berlin, 1983 Praktikum in Mailand/Italien, 1984-85 Stud. Arch. am Politechnikum in Mailand/Italien. K.: 1987-88 freie Mitarb. in Berlin, 1985-89 Stud. Arch. m. Dipl. an d. TU Berlin, 1990-91 Mitarb. in Berlin im Bereich Wettbewerb, Gutachten u. Entwurf, 1991-94 Mitarb. in Berlin m. Schwerpunkt Ausführungsplanung u. Baultg., 1993 Städtebau. Wettbewerb Neues Stadtzentrum Schönefeld Berlin (5. Preis), 1995-96 freischaff. Architekt in Partnerschaft m. Paola Fressoia in Berlin, 1996 freischaff. Architekt in Partnerschaft m. Paola Fressoia in Hamburg im gemeinsamen Büro Domus-Architekten. M.: Blankeneser Segelclub, DIW Dt.-Ital. Wirtschaftsver. H.: Segeln.

Feuerstein Andreas *)

Feuerstein Fred

B.: freischaff. Künstler. DA.: 67346 Speyer, Landauer Str. 46/50. G.: Oberhausen, 13. Mai 1946. V.: Anne Harth-Feuerstein. Ki.: Moritz (1983). El.: Josef u. Erna, geb. Hoffmann. S.: Lehre Maler u. Kirchenrestaurator, 1964-65 Stud. Kunstschule Rödel Mannheim, 1965-69 Stud. Freie Ak. Mannheim. K.: seit 1970 freischaff. Künstler spez. f. Aquarelle, Öl, Acryl, Kunst am Bau, Objektkunst, 2002 Grdg. einer Schule f. Kreativität m. ethischen Grundlagen. P.: Ausstellungen im In- u. Ausland: Goethe Inst. in Lomé, Kunstverein Speyer, Galerie am Turm in Breisach, Kommunale Galerie in Frankfurt/Main, Chrtres, Ravenna, Polen, Malersymposium in Wettin; Wanderausstellung 5 in Europa, Akton "Künstler gegen Gewalt" in Speyer, Multi-Media-Turm, Villa Streccius in Landau u. in Kursk; Kunst-am-Bau-Arbeiten: Lebensbaum in d. Zeppelinschule in Speyer, Obelisk in Speyer, Wandrelief im Justizministerium in Frankenthal; zahlr. Presse- u. TV-Berichte, Portrait in "Pfälzer Künstler", Kunstpostkarten. E.: versch. Wettbewerbserfolge, Pfalz-Stipendium (1994), Portugal-Stipendium (2002). M.: BBK, Gründungsmtgl. d. Künstlerbund Speyer (1984). H.: visionär-phil. Gedanken, Farben sammeln, altes Motorrad, Oldtimer, Reisen u. Abenteuer, Haus in Griechenland.

Feuerstein Stefan Dr.

B.: Geschäftsführer FN.: Industrial Investment Council. DA.: 10117 Berlin, Charlottenstr. 57. PA.: 10117 Berlin, Charlottenstr. 59. G.: Fulda, 26. Dezember 1951. V.: Jutta, geb. Speidel. Ki.: Antonia, Franziska, Mai. El.: Franz u. Emilie, geb. Ruppel. S.: 1970 Abitur, 1970-75 BWL-Studium an d. TU Berlin, 1976 MIT, 1977-80 Ass. FU Berlin, 1980 Promotion z. Dr. rer. pol. K.: 1980-92 Gschf. Ges. mittelständ. Familienbetrieb Franz Feuerstein GmbH & Co KG, 1992-97 Aufbau Gschf. Thüringer Landes-Wirtschaftsförderungs GmbH, 1997 Gschf. d. IIC als Ges. P.: Aufgabenfelder u. Informationsbedarf kommunaler Wirtschaftsförderungspolitik (1981). H.: Segeln, Skifahren.

Feugmann Clemens August
B.: Steuerberater. DA.: 53639 Königswinter, Hauptstr. 48-50. G.: Recklinghausen, 18. Nov. 1943. V.: Silke, geb. Erwig. Ki.: Meike (1985). BV.: Westfäl. Bauerngeschlecht, Hof Feugmann in Recklinghausen, bekannt seit d. 14. Jhdt. S.: 1960 Mittlere Reife Recklinghausen, 1960-62 Höhere Handelsschule Recklinghausen, 1962-65 Ausbildung Dipl.-Finanzwirt an d. FH Nordkirchen, daneben Finanzamt Recklinghausen, 1965-67 Wehrdienst, 1969-73 Studium Betriebswirtschaft Vestische Verw.- u. Wirtschaftsakademie in Recklinghausen, 1973 Abschluss Diplombetriebswirt VWA, 1975 Steuerberaterprüfung K.: 1967-74 Finanzverw. NRW, 1972-73 Gastdozent an d. Landesfinanzakademie Nordkirchen, 1974-99 Buchführungs- u. Steuerstelle f. Ärzte, Zahnärzte, Tierärzte Hannover e.V., Leiter d. Bonner Geschäftsstelle, 1991-97 eigene Kanzlei in St. Augustin, 1991-97 Mitglied d. PfarrgemR. St. Augustinus in Menden. M.: Steuerberaterverband, Turnverband in Menden. H.: Volleyball, Schwimmen, Nordamerika- u. Afrikareisen.

Feulner Dieter Ing. *)

Feulner Johannes
Dipl.-Informatiker Dipl.-Musikerzieher
B.: Gschf. Ges. FN.: fun communications. DA.: 76135 Karlsruhe, Brauerstr. 6. G.: Laubach, 18. Apr. 1963. V.: Carola, geb. Gomm. El.: Josef u. Elisabeth. S.: 1982 Abitur, 1982-83 Bundeswehr, 1983 Studium Informatik Karlsruhe u. 1987 Dipl.-Abschlss, 1987-94 Studium Musik an d.Musik-HS Karlsruhe m. Abschluß Dipl.-Musikerzieher, Aufbaustud. künstl.

---

*) Biographie www.whoiswho-verlag.ch oder beigefügte CD-ROM

Ausbildung. K.: 1990-94 Ass. im Forsch.-Bereich Musik u. Informatik d. Univ. Karlsruhe, 1994 Grdg. d. Firma fun communication gemeinsam m. Herrn Klaus Nahr u. d. Firma United Internet AG. P.: "Praktikum Neuronale Nezte". E.: 1985/86 Fullbright-Stipendium d. Rutgers Univ. in New York. M.: G.I., G.d.O. H.: Musik, Zeitgeschichte, Literatur.

(2001). S.: 1983 Abitur Lindau, 1983-85 Lehre Garten- u. Landschaftsbau, 1985-89 Studium Landespflege an der Fachoberschule Weihenstephan. K.: 1990-95 Mitarbeit in verschiedenen Planungsbüros u. Firmen, u.a. G. Hansjakob, München, seit 1995 freier Landschaftsarchitekt in Lindau /Bodensee. M.: Alpenverein, Segelverein H.: Berg- u. Wassersport, Kultur.

Feundt Ursula Dr.-Ing. Prof. *)

Feuring Berno-Heinrich *)

Feurle Gerhard E. Dr. med. Prof.
B.: Chefarzt, HS-Lehrer. FN.: DRK-KH Neuwied, Lehr-KH d. Univ. Bonn. DA.: 56564 Neuwied, Marktstr. 78. PA.: 56567 Neuwied, Eduard-Mörike-Str. 12. G.: Graz, 15. Juli 1938. V.: Sabine, geb. Bassenge. Ki.: Juliane, Uta. El.: Dr. Martin u. Maria. S.: Stud. Univ. Freiburg, Hamburg, München, weitere Ausbild. Temple Univ. Philadelphia, Univ. Göttingen, Univ. Heidelberg. K.: 1973 Habil., 1977 apl. Prof., 1980 Prof. auf Lebenszeit, 1986 Chefarzt. BL.: Erstbeschreiber v. Xenin. P.: über 250 wiss. Veröff.

Feurstein Christina Dipl.-Ing.

B.: Innenarchitektin BDIA, freiberuflich tätig. FN.: Bau- und Wohndesign, Atelier f. Innenarchitektur. DA.: 30171 Hannover, Birkenstr. 17. info@baudesign-feurstein.de. www.baudesign-feurstein.de. G.: Lemgo, 1. Okt. 1971. El.: Peter u. Rosemarie Feurstein, geb. Paus. S.: 1992 Abitur Gymn. Neustadt a. Rbg., 1992-93 Stud. f. Sonderpädagogik, 1993-97 Innenarchitekturstud. an d. FH Hannover, Fachbereich Kunst u. Design. K.: 1997 Beginn d. freiberuflichen Tätigkeit u. Aufbau d. eigenen Innenarchitekturbüros. Schwerpunkte: private u. gewerbliche Umbauten, Altbausanierung, Badplanung, Einsatz v. Naturstein. P.: versch. Veröff. in Fachzeitschriften über eigene Objekte. M.: Architektenkammer Niedersachsen, Bund d. Dt. Innenarchitekten (BDIA). H.: Beruf, Hund Sally, Hörspiele, Kunst.

Feuss Günther Dr. *)

Feustel Christian
B.: Landschaftsarchitekt, Inh. FN.: Christian Feustel Landschaftsarchitekt. DA.: 88131 Lindau, Neugasse 2. Christian-Feustel@t-online.de. G.: Lindau, 30. Juli 1963. V.: Angela, geb. Kohler. Ki.: Anika (1982), Jakob (1983), Lissa (1984), Moritz (1986), Sophie (1997), Johanna (1999), Antonia

Feustel Hans *)

Fey Cornelia

B.: selbst. Krankengymnastin. DA.: 38300 Wolfenbüttel, Neue Str. 6 a. G.: Braunschweig, 12. Nov. 1952. S.: 1971 Abitur, Ausbild. Krankengymnastin Berlin u. Göttingen,1 975/76 Anerkennungsj. Braunschweig. K.: b. 1979 ang. Krankengymnastin, seit 1979 selbst. m. Schwerpunkt Kinderbehandlung nach Bobath. M.: Krankengymnastikverb. Deutschland. H.: Segeln, Tennis, Tanzen, Garten.

Fey Detlev Dr. phil. *)

Fey Dirk Dr. rer. pol. Dipl.-Kfm. *)

Fey Fritz

B.: Verleger, Chefredakteur, Gschf. Ges. FN.: Studio Presse Verlag GmbH. DA.: 46145 Oberhausen, Beethovenstr. 163-165. G.: Oberhausen, 28. Sep. 1950. V.: Ulrike, geb. Meurer. Ki.: Felix (1979). El.: Alfred u. Marianne. S.: 1966-69 kfm. Lehre, 1969-72 Inst. z. Erlangung d. HS-Reife in Oberhausen, 1972 Abitur, 1972-75 Stud. Anglistik u. Päd. in Duisburg. K.: 1972-74 neben d. Stud. Tätigkeit als Tonass., 1974-78 Toning., freiberufl. in div. Tonstudios f. div. Auftraggeber, seit 1978 Grdg. d. Verlages u. Hrsg. d. Zeitschrift "Studio Magazin". H.: aktiver Musiker (Gitarre), Motorsport.

Fey Hans Dr. iur. *)

Fey Jochen
B.: Kunstkoch. DA.: 10405 Berlin, Prenzlauer Allee 45a. G.: Berlin, 15. Okt. 1949. Ki.: 3 Töchter. S.: Bildhauerei Galerie "Im Prisma". K.: 1967-71 Volontär, Ang. Galerie Springer, 1971 Eröff. Galerie Fey + Nothhelfer,1973-78 Kunsthdl.,

---

*) Biographie www.whoiswho-verlag.ch oder beigefügte CD-ROM

1978 Grdg. Fey-Verlag, 1981-86 Doz. f. Kochen als Kunst, Städel, Frankfurt/Main, seit 1984 eigener Weinanbau im Weinviertel, seit 1986 freischaff. Kunstkoch. BL.: Erforsch. d. Berliner u. Brandenburger Speisen, Fachmann f. museale Gerichte, auch im kulturgeschichtl. Kontext m. d. Berliner Stadtmuseum, Nikolaikirche u. Ephraimpalais, Beschäftigung m. sogen. Notspeisen als Quelle d. Kochkunst, Spezialist f. Habsburger u. ital. Küche. P.: kulinarische Programme: Venedig, Biennale 1993; "Suppengeschichte" Köln 1993, "Mäßig u. gefräßig" Mueum f. angew. Kunst Wien 1996,"Cybernetic Dinner", Themat. Abende, Lange Nacht d. Museen Berlin, Pilzseminar zu John Cage, DASART, Amsterdam 1998, z. Einweihung d. "Klangturms" St. Pölten 1999, z. 50. Jahrestag d. Beendigung d. Berliner Blockade 1999, Erdessen 2000, Gastvorlesungen an Kunst-HS in Deutschland u. Amsterdam, Hrsg. v. Büchern über Friedrich Schröder - Sonnenstern, Elvis Presley u. Martin Heidegger, J. Beuys, Brus, sowie div. Kataloge z. (Nicht-) Reproduzierbarkeit v. Kunst. H.: Kochen, Weinbau.

Fey Klaus H. Dr. med. habil. Priv.-Doz.

B.: Chefarzt f. Allg. u. Viscerale Chirurgie, Privatdoz. FN.: St. Gertrauden-Krankenhaus Berlin. DA.: 10713 Berlin, Paretzer Str. 12. PA.: 14057 Berlin, Lietzenseeufer 7. k.h.fey@sanktgertrauden. de. G.: Dillenburg, 4. Sep. 1943. V.: Dr. med. Barbara, geb. Knorr. Ki.: Christoph Stephan (1968), Martin Philipp (1973), Anna Lena (1978). El.: Herbert u. Erika, geb. Brüger. S.: 1963 Abitur Berlin, 1963-69 Stud. Med. FU Berlin u. Univ. Heidelberg, Ärztl. Prüf., 1970 Prom., 1971 Approb., Chir. Ausbildung an d. Univ.-Klinik Heidelberg u. Los Angeles, 1978 FA f. Chirurgie, 1982 FA f. Unfallchirurgie, 1997 FA f. Visceralchirurgie, 1982 Habil. K.: seit 1985 Chefarzt d. Abt. f. Allg. u. Viscerale Chirurgie im St. Gertrauden-KH Berlin-Wilmersdorf. BL.: Lehrtätigkeit: seit 1982 an d. Univ. Heidelberg, seit 1990 an d. HU Berlin, Gutachter f. d. Schlichtungsstelle f. Arzthaftpflichtfragen. P.: ca. 100 Veröff. V.: Vorst. d. Diözesankommitees u. Rates d. Erzbistums Berlin, Vors. d. Sachausschuss Wirtschaft, Arbeit u. Soziales, Ethikkommission d. Ärztekammer Berlin, Weiterbildungsausschuss d. Ärztekammer Berlin, Caritasrat Berlin. M.: 30 nat. u. intern. Fachges. H.: Literatur, bild. Kunst, Wein.

Fey Thomas
B.: Dirigent. FN.: Heidelberger Sinfoniker. DA.: 69120 Heidelberg, Weberstr. 12. www. heidelberger-sinfoniker.de. G.: Heidelberg, 9. Nov. 1960. El.: Josef u. Margarethe, geb. Kolb. S.: 1979 Klavierstud. Musik-HS Mannheim-Heidelberg, 1985 Dipl., Aufbaustud. Dirigieren, 1988-91 Kurse "Aufführungspraxis d. Alten Musik" bei Nikolaus Harnoncourt Mozarteum Salzburg, 1988 u. 89 Dirigierkurse Leonard Bernstein. K.: 1985 Grdg. d. Heidelberger Motettenchors, 1987 Grdg. u. seither Ltr. d. Schlierbacher Kammerorchesters, 1993 Grdg. u. Ltg. d. Heidelberger Mozartwochen, 1997-2001 Grdg. u. Ltg. d. Heidelberger Sinfoniker-Balls, seit 2001 Initiator u. künstl. Ltr. d. Sylt-Art-Festivals. P.: Konzerte in Europa, USA u. Südamerika m. Repertoire v. Bach bis Johann Strauß, zahlr. Aufnahmen f. Rundfunk, TV u. Tonträger, jährl. 3-4 CDs m. Schwerpunkt Wiener Klassik u. Vertrieb in 50 Ländern. M.: Rotary Club. H.: Urlaub in d. Toscana u. Andalusien, Wandern.

Fey Ulrich Dipl.-Chemiker *)

Fey Werner Dipl.-Ing. *)

Fey Wilfried *)

Feyand Hans-J. Dipl.-Ing. *)

Feye Arnd
B.: Chefkoch, Küchendir. FN.: Gourmet-Restaurant L'Orchidee im Hotel zur Post. DA.: 28195 Bremen, Bahnhofspl. 11. hotelzurpostbremen@t-online.de. www.hotelzurpostbremen.de. G.: Wilhelmshaven, 27. Juni 1962. V.: Claudia, geb. Drees. Ki.: 4 Kinder. El.: Peter u. Karin, geb. Krüger. S.: Höhere Handelsschule Oldenburg, 1979 Abschluss, 1979-82 Ausbildung z. Koch in Bad Zwischenahn Jagdhaus Eiden m. Sternerestaurant Apicius. K.: 1982 Bistro Che de Didier als Commis in Osnabrück, 1982-84 Bundeswehr Marine als Schiffskoch, 1984-85 Satorio Stuben Oldenburg, Kempinski u. Hotel Seehof in Berlin, 1985-86 S.Y. Sea Cloud Windjammer Passagierschiff als Küchenchef, seit 1987 Hotel zur Post Bremen Gourmet-Restaurant L'Orchidee als Chefkoch u. Dir. E.: seit 1989 jährl. Auszeichnungen m. d. Michelin Stern Gault Milan 17 Punkte. M.: Maitre de la Table.

Feyen Dieter *)

Feyer Christine *)

Feyerabend Nils

B.: Trainer in d. Gewalt- u. Suchtprävention. FN.: Camelot-System Drogenhilfe Tannenhof Berlin e.V. PA.: 10317 Berlin, Rupprechtstr. 25. G.: Berlin, 3. Okt. 1977. El.: Knut u. Gabriele, geb. Buschkow. S.: 1994-95 Ausbild. z. Judotrainer m. Trainer-C-Lizenz Dt. Sportbund u. Berliner Judoverb., 1996 Ausbild. z. Judo-Kampfrichter Berliner Judoverb., 1997 Abitur Berlin, 1997-99 Stud. Lehramt f. Math. u. Geschichte an d. TU Berlin, 1998-99 Zivildienst im Kinderbereich d. Drogenhilfe Tannenhof Berlin e.V., 1998 1. Meistergrad (Dangrad) im Judo, Dt. Dan-Kollegium, 2000 Stud. Psych. an d. TU Berlin. K.: ab 1985 Beginn Judosport, seit 1996 Hon.-Trainer f. d. Judoabt. d. TSV Rudow 1888 e.V., seit 1999 Hon.-Trainer in d. Tagesgruppen d. Drogenhilfe Tannenhof Berlin e.V. 1991-1997, seit 2000 Hon.-Fachkraft d. Bez.-Amtes Berlin Tempelhof-Schöneberg im Bereich d. Gewaltprävention v. Kindern u. Jugendl. M.: 1984-98 Chor d. Musik-HS Rudow, seit 1985 TSV Rudow 1888 e.V. Abt. Judo, seit 1992 Co-Trainer im Judo, 1994-2000 Jugendwart im TSV Rudow 1888 e.V., seit 2001 Sportwart im TSV Rudow 1888 e.V.

Fezer Fritz Erwin Dr. rer. nat. Prof. *)

Fian Heinrich Dr. Dipl.-Ing. *)

Fichera Marco
B.: Gschf. FN.: "SASCH" Damenmoden. DA.: 50667 Köln, Hohestr. 113. PA.: 50667 Köln, Obermarspforte 7-11. G.: Bologna, 19. Sep. 1973. S.: 1990 Abitur Syracus/Italien, 1991 Militär Feuerwehr Italien. K.: 1992-96 Außendienst Firma SAB (Benetton) Düsseldorf, 1997-98 Firma Mann-Textil (Benetton) Köln, 1998-99 selbst. m. d. Firma Sisley Damenmode, 2000 Beratungen f. Aufbau v. Damenmodengeschäften in Köln, 2001 Filialltr. v. "SASCH" Damenmoden in Köln. H.: Sport, Musik.

*) Biographie www.whoiswho-verlag.ch oder beigefügte CD-ROM

Fichsel Helmut Dr. med. Prof. *)

Fichte Frank *)

Fichte Reinhard Dr. oec. *)

Fichte Werner Dr.-Ing. *)

Fichtel-Mauritz Anja
B.: Bürokauffrau, ehem. Profi-Fechterin. PA.: A-1130 Wien, Pallenbergstr. 29. G.: Tauberbischofsheim, 17. August 1968. V.: Merten Mauritz. Ki.: Laurin (1992), Chiara (1997). K.: 1985 WM Mannschaft/1., 1986 WM Einzel/1., 1988 Olympische Spiele Mannschaft/1., 1989 WM/2., 1990 WM/1., WC/1., 1991 WM Mannschaft/3., 1992 Olympische Spiele Mannschaft/2., 1993 WM Mannschaft/1., EM/1., 1995 WM Mannschaft/3., 1996 Olympische Spiele Mannschaft/3., 1998 Rückzug a. d. aktiven Profisport. BL.: erfolgreichste Fechterin d. Welt.

Fichter Tilman Dr. phil. *)

Fichter Wolfgang Dr.-Ing. Prof. *)

Fichtler Michael Dipl.-Ing. *)

Fichtler Siegfried Dr. jur.
B.: RA in eigener Kzl. DA.: 06108 Halle, Alter Markt 1-2. rafichtler@t-online.de. G.: Gera, 24. Nov. 1936. V.: Hildegard. Ki.: Sylvia (1959), Heiko (1960), Rayk (1969). S.: Abitur Leipzig, 1964-69 Stud. Rechtswiss. Univ. Leipzig m. Dipl.-Abschluß. K.: tätig als StA., 1980 Prom., seit 1994 ndlg. RA m. Tätigkeitsschwerpunkt Straf-, Zivil- u. Familienrecht. H.: Garten, Skifahren.

Fichtner Ambros *)

Fichtner Dieter Dr.-Ing.habil. Prof. *)

Fichtner Franz Wilhelm *)

Fichtner Heidrun Annelie *)

Fichtner Heinz-Joachim Dr. med. dent. *)

Fichtner Peter *)

Fichtner Wolfram *)

Fick Karl H. *)

Fick Peter *)

Fick Wilfried
B.: OAmtsR., Bereichsltr. Friedhöfe d. Hansestadt Lübeck. DA.: 23554 Lübeck, Friedhofsallee 83. G.: Lübeck, 17. Aug 1941. V.: Renate, geb. Heymann. Ki.: Andrea Anne (1965). S.: 1958 Ausbild. in d. Verw. d. Hansestadt Lübeck, 1959-63 Wechsel z. Ausbild. in d. gehobenen Dienst. K.: 1963-67 Stadtinsp. d. Hansestadt Lübeck in d. Ordnungsamt in versch. Abt., 1967-83 Organ.-Amt., Rathaus, seit 1983 Abt.-Ltr. in d. Friedhofsverw., seit 1997 Bereichsltr. d. Friedhöfe; Doz. f. Verw.-Organ. an d. Verw.-Schule f. Schleswig-Holstein in Bordesholm, Fortbild.-Veranstaltungen im Friedhofsrecht f. d. Verw.-Ak. Schleswig-Holstein. P.: Friedhofs- u. Bestattungswesen in Schleswig-Holstein, Darstellung, versch. Aufsätze f. Fachzeitschriften, vorwiegend "Friedhofskultur". M.: Arbeitskreis d. kommunalen Friedhofsverw. b. Dt. Städtetag. H.: Teilnahme an über 40 intern. Marathonläufen, Skat, Volkslauf, Reisen, Wandern.

Ficke Ursula Anette *)

Fickel Frank *)

Fickel Peter Dr. jur.

B.: RA. DA.: 10437 Berlin, Schliemannstr. 13. G.: Untermaßfeld, 12. Feb. 1941. El.: Helmut u. Irma, geb. Triebel. S.: 1959 Abitur Wickersdorf, 1962-67 Jurastud. Humboldt-Univ. Berlin, Dipl., 1967 Juristisches Staatsexamen. K.: 1967-89 Tätigkeit f. d. Innenmin. d. DDR, Zusatzstud. im Bereich Völkerrecht an d. Jurist. HS Potsdam, Promotion, 1989-90 während d. Wende im Justizmin., seit d. Wende 1990 RA, Schwerpunkt Steuerrecht, auch Arbeitsrecht, Verkehrsrecht, Baurecht, Gesellschaftsrecht, 2 J. Kurse f. Fachanwalt f. Steuerrecht an Dt. Anwaltsakad. P.: Dissertation zur KSZE (Konferenz f. Sicherheit u. Zusammenarbeit in Europa) zu Korb 3 humanitärer Bereich z. Entwicklungs- u. Erfüllungsstand in d. DDR, Mitautor Lehrbuch f. Völkerrecht Staatsverlag d. DDR 1988. M.: ehem. SED, Vorst.-Mtgl. Förderver. Gutshaus Mahlsdorf. H.: Gartenarbeit.

Fickenscher Carla Maria Dipl.-Psych.
B.: Trainerin, Moderatorin, Mediatorin. FN.: Ges. f. Methodenkompetenz GfM. DA.: 74172 Neckarsulm, Heinestr. 12. GfM_Methoden@t-online.de. www.methodenkompetenz.de. G.: Stuttgart, 9. Sep. 1956. V.: Lothar Sowa Fickenscher. S.: Zeno (1992), Xenia (1997). El.: Gottfried u. Helene Fickenscher. S.: 1976-77 Aupair in Marseille, 1977-84 Psych.-Stud. Tübingen. K.: 1984-87 Familienhelferin b. Jugendamt Hechingen, Sekr.-Arb. b. Max-Planck-Inst. Tübingen, 1987-88 Fortbild. z. Konzeptionistin u. Organisatorin d. betriebl. Weiterbild. Tübingen, 1988 Projekttätigkeit in d. Mitarb.-Einstellung d. Firma IBM Deutschland Stuttgart, 1989-93 Aus- u. Weiterbild. b. d. Firma TWR Fahrzeugelektrik Radolfzell, 1993-95 Qualifizierungsberaterin f. ArbeiternehmerInnen, Modellprojekt d. Wirtschaftsmin. Baden-Württemberg Neckarsulm, s. 1996 freiberufl. Trainerin im Bereich d. Personal- u. Organ.-Entwicklung, Karriereberatung Neckarsulm; 1996 Durchführung einer Zukunftswerkstatt, seit 1999 Moderatorin d. Lokalen Agenda 21 in Neckarsulm. M.: Ges. f. Geschichte d. Weines e.V. Mainz. H.: Malen, Fotografieren, Wandern.

Fickert Gerd Prof. *)

Fiebach Wolfgang *)

Fieback Marlies
B.: Kellnerin, Gschf. FN.: PIZZAMERICA. DA.: 02943 Weißwasser, Straße des Friedens 29. PA.: 02943 Weißwasser, Straße des Friedens 29. G.: Weißwasser, 9. Jan. 1958. Ki.: Marlen (1979). El.: Alfred u. Hannelore Fieback. BV.: Großvater Albert Kromschick Bauherr d. Wasserturms in Weißwasser um 1900. S.: 1974-76 Ausbild. z. Kellnerin. K.: 1976-80 im Beruf tätig, entwickelt z. Servicemeister u. z. Gaststättenltr., 1991-96 Tätigkeit in einem Pizza-Service, s. 1997 Gschf. eines eigenen Pizza-Service-Unternehmens in Weißwasser m. 7 Nebenfilialen. M.: bundesweiter Imbißverb., örtl. Werbegemeinschaft, BVMW. H.: Arb.

Fiebelkorn Bernd Walter Max
B.: RA in eigener Kzl. DA.: 16816 Neuruppin, Friedrich-Engels-Str. 25. PA.: 16833 Fehrbellin, Bergstr. 3. G.: Lübben, 19. Feb. 1944. V.: Angelika, geb. Wittwer. Ki.: Jan, Anke, Vera. El.: Fritz u. Rosel. BV.: Urgroßvater Stallmeister b. Fürsten in Fürstenwalde. S.: 1961 Mittlere Reife, 1961-63 Lehre Stahlwerker, 1964-68 NVA Marine, 1971 Stud. Jura, 1980 Dipl.-Abschluß. K.: 1968-69

*) Biographie www.whoiswho-verlag.ch oder beigefügte CD-ROM

tätig als Stahlwerker, 1969-70 Mitarbeiter d. Jugendorganisation FDJ d. DDR in Neuruppin, 1971-81 Richter am Kreisgericht Neuruppin, 1981-91 Justitiar in Wirtschaftsbetrieben, 1992 Zulassung z. RA u. Eröff. d. Kzl. m. Tätigkeitsschwerpunkt Straf- u. Baurecht. BL.: Inh. einer umfangreicher heimatkundliche Sammlung. E.: Ehrennadel d. Nationalen Front in Silber, Kurt Barthel-Med. M.: 10 J. ehrenamtl. Ltr. d. Jugendclubs, Vorst.-Mtgl. d. Juristen u. d. Kulturbundes in d. DDR, Nord-Brandenburg. Anwaltskammer, PDS. H.: Abenteuerurlaub, Literatur, Historie, Ortchronik, Zierfische.

Fiebelkorn Eberhard *)

Fiebelkorn Norbert Kurt Dipl.-Ing.

B.: Gschf. Ges. FN.: FIHAB GmbH. DA.: 12249 Berlin, Ruthstr. 18. nfiebelkorn@hotmail.com. www.fihab.de. G.: Königs Wusterhausen, 17. Juli 1950. V.: Evelyn, geb. Brunke. Ki.: Robert (1978), Marc (1981). El.: Kurt u. Irmgard, geb. Wenzel. S.: 1967 Mittlere Reife, 1967-69 Lehre Bohrwerksdreher, 1969-71 Grundwehrdienst, 1971-74 Ing.-Schule Wildau. K.: 1974-75 Mitarb. im Konstruktionsbüro d. Schwermaschinenbau Heinrich Rau in Wildau u. 1975-77 Gruppenltr. in Arb.-Ökonomie, 1977 Vors. d. Jugendkmsn. d. BGL, 1978-81 Stud. HS d. Gewerkschaften m. Abschluß Dipl.-Ges.-Wissenschaftler m. Ausz., 1981-86 Sekr. d. Bez.-Vorst. d. FDGB in Potsdam, 1986-88 Berufsverbot aus politischen Gründen, Zwangstätigkeit in d. Bildungsstätte d. Bez.-Vorst. d. FDGB in Potsdam, 1988-90 Lehrer an d. Berufsschule f. Gartenbau, Werder/Havel, seit 1990 ltd. Mitarb. d. Nordstern Vers., ab 1996 selbst. Agenturltr., Grdg. d. FIHAB GmbH als Gschf. Ges. M.: Bundesverb. Dt. Vers.-Kaufleute. H.: PC- u. Informatikarbeit, klass. Musik.

Fiebenitz Ulrich *)

Fieber Dieter Heinz *)

Fieber Pavel

B.: Intendant. FN.: Badisches Staatstheater Karlsruhe. DA.: 76137 Karlsruhe, Baumeisterstr. 11. verwaltungsdirektion@bstaatstheater.de. G.: Krnov/CSSR, 1941. S.: 1960 Abitur Bamberg, 1960-64 Stud. Psych. Erlangen u. Wien, 1962-64 Stud. Schauspiel, Regie u. Musical Max-Reinhard-Seminar Wien, Stud. Gesang an d. Ak. f. Musik u. Darstell. Kunst. K.: 1965 1. Engagement Theater d. Courage u. Theater im Centrum Wien als Schauspieler, 1967 Schauspieler Städt. Bühnen Lübeck, 1968-72 Schauspieler u. Regisseur Städt. Bühnen Mainz, 1969-72 Ltr. d. Opernschule am Peter-Cornelius-Konservatorium Mainz, 1972-78 Oberspielltr. in Ingolstadt, 1970 Persona non grata d. Tschechoslowakei, ab 1978 freier Schauspieler, Sänger u. Regisseur u.a. Wuppertal, Bonn, Schauspielhaus Düsseldorf, Theater d. Westens Berlin, Staatstheater Karlsruhe, Staatstheater Darmstadt, Staatstheater Saarbrücken, Staatsoper Hannover, Dt. Oper am Rhein, Düsseldorf, Landestheater Salzburg, Theater Bremen, Städt. Bühnen Dortmund, 1985-91 Intendant in Ulm, 1991 Intendant am Pfalztheater Kaiserslautern, Generalintendant Staatstheater Karlsruhe, seit 2000 Intendant d. Luisenburg-Festspiele Wunsiedel, bisher ca. 100 Inszenierungen.

Fiebich Bernd Dr. rer. nat.

B.: Dipl.-Biologe, Gschf. FN.: Vivacell Biotechnology GmbH. DA.: 79104 Freiburg, Hauptstr. 5. look@cell-a-vie-biotech.de. www.ukl.uni-freiburg.de. G.: Lörrach, 9. Juli 1962. V.: Marta, geb. Dias Salgado. Ki.: Simon (1996). El.: Dipl.-Ing. Lothar u. Eva, geb. Donath. S.: 1981 Abitur Lörrach, Stud. Dipl.-Biologie Univ. Freiburg, 1984-89 wiss. Arb. Labor Dr. Randall Cassada, 1985 Aufenthalt USA versch. Forsch.-Gruppen, 1989 Dipl., 1989-93 Prom. K.: wiss. Ang. Neurochem. Labor an Psychiatr. Univ.-Klinik Freiburg, Grdg. d. eigenen Firma Vivacell Biotechnology GmbH. M.: CDU, Kath. Studentenverb. Wildenstein IM CV Freiburg. H.: Basketball, Fußball, Fotografieren, Wandern, Reisen, Radfahren.

Fiebich Kurt *)

Fiebig Hans-Jürgen *)

Fiebig Hartmut *)

Fiebig Helmuth

B.: Arzt, Gschf. FN.: 1. Präventiv-Med. Gesundheitszentrum ORTHO VITA. DA.: 14163 Berlin, Martin-Buber-Str. 10. G.: 23. Juni 1947. Ki.: Alexander (1980). S.: 1969 Pharmaziestud., 1973 Pharmazeut. Staatsexamen, 1973 Approb. als Apotheker, 1974 Zulassung z. Med.-Stud., 1975 KH-Pflegepraktikum am Kinder-KH d. Rittberg-KH, 19976 Ärztl. Vorprüf., 1978 1. Abschnitt d. ärztl. Prüf., 1978 Famulator d. Kinderarztpraxis Dr. Hundt, 1979 2. Abschnitt d. ärztl. Prüf., 1979 PJ-Student auf. d Aufnahmestation d. 1. Inneren Abt. im Auguste-Viktoria-Kreis-KH, 1979 PJ-Student im Oskar-Helene-Heim, 1979-80 PJ-Student in d. Chir. im Behring-Kreis-KH, 1980 3. Abschnitt d. ärztl. Prüf., 1980 Approb. als Arzt. K.: 1980-82 Anästhesie im Oskar-Helene-Heim, 1982-84 Chir. im Behring-Kreis-KH, 1984-88 Orthopädie im Oskar-Helene-Heim, 1988 FA-Anerkennung als Orthopäde, 1988-89 Praxisass. in d. Praxis Dr. K. Halbhübner, 1989 Eintragung in d. Arztregister, 1990-91 Gemeinschaftspraxis, seit 1991Ndlg. in eigener Praxis. BL.: als erster Orthopäde ein Konzept entwickelt: Prävention auch in d. Orthopädie durchzuführen. M.: Gründer "Sanssouci" e.V. H.: Musik, Natur, Tiere, Spaziergehen.

Fiebig Horst *)

*) Biographie www.whoiswho-verlag.ch oder beigefügte CD-ROM

Fiebig Knut Dipl.-Ing.

B.: Matrose, Unternehmer, selbst.. FN.: Angelsport Eggers. DA.: 10719 Berlin, Joachimstaler Str. 21. G.: Halberstadt, 15. Apr. 1970. V.: Katrin. Ki.: 2 Kinder. S.: 1989 Abschlußss Berufsausb. Matrose m. Abitur Rostock, 1989-90 Wehrdienst, 1990-95 Stud. BWL FU Berlin, 1995 Dipl.-Kfm. K.: 1995-99 b. Ebner Stolz & Partner, 2000 Übern. Firma Angelsport Eggers, Schwerp.: Fliegenfischen. P.: Artikel im Tagesspiegel: "Wie ein Weidenast im Wind" (2001). M.: DAV, SAT 9. e.V. H.: Angelsport, Gartenarbeit.

Fiebig Oliver

B.: Marktbereichsltr. FN.: Volksbank Ratzeburg eG. DA.: 23909 Ratzeburg, Herrenstr. 3. fiebig@vr-web.de. G.: Berlin, 20. Mai 1965. Ki.: Carina (1995). BV.: Gustav Freytag, Schriftsteller S.: 1981-84 Ausbildung z. Bankkfm. bei d. Bayer. Vereinsbank. K.: 1984-91 dort im internen u. externen Meldewesen u. d. Innenrevision tätig, 1986-89 berufsbegleitende Ausbildung z. Bankfachwirt Bankak., 1991 Wechsel z. Volksbank, Innenrevision u. Controlling, Ltr. d. Betriebsbereichs., 1994 Ausbild.-Ltr., Vertriebssteuerung, 1999 fachl. Ausbild. Hdls.- u. Steuerrecht f. Banken, 2000 Gen.-Bank Betriebswirt, seit 2000 Marktbereichsltr. f. Mölln, Ratzeburg u. Gadebusch, seit 2001 zuständig. f. d. Marketing. M.: Grdg.-Mtgl. d. Round Table 214, 1997 Leitkammernsystem/ Norddeutschland. H.: Segeln, Motorradfahren, Familie.

Fiebig Ralf

B.: Unternehmer. FN.: MeReTe. DA.: 53721 Siegburg, Wilhelmstr. 137. PA.: 53721 Siegburg, Friedrich-Ebert-Str. 39. G.: Siegburg 27. Juni 1966. S.: 1983-84 Berufsschule Hennef, Praktikum Elektriker bei d.Firma Ibema u. Firma Wiehlpütz Niedernpleis, 1984-88 Ausbildung Zerspanungstechniker Firma Strack Troisdorf-Spich, 1988-89 kfm. Praktikum Bereich Unterhaltungselektronik. K.: 1989 Einstieg in d. elterl. Unternehmen m. Herstellung v. Temperaturmeßgeräten f. Metall- u. Kunststoffind. M.: Bund d. Steuerzahler, Spieler im Siegburger Turnver. H.: Fußball, Musik, Bau v. Jahrmarktmodellen.

Fiebig Silvia

B.: Floristin, Inh. FN.: Blumen Fiebig, Blütenzauber. DA.: 58455 Wiiten, Wannen 144. G.: Witten, 12. Sep. 1965. V.: Ralph Wiesenmüller. El.: Wolfgang u. Christel Fiebig, geb. Thiemann. S.: 1982 Mittlere Reife, 1982-85 Lehre Floristin. K.: 1985-89 tätig als Floristin, 1989-91 Filialltr. f. ein gr. Blumenunternehmen, seit 1991 selbst. m. Übernahme d. Blumenfachbetriebes u. Eröff. mehrer Filialen. M.: Fachverb. Dt. Floristen. H.: Reisen, Sport.

Fiebig Tilo

B.: Jurist, stellv. Dir. FN.: Fernseh Ak. Mitteldeutschland e.V. DA.: 04105 Leipzig, Gohliser Str. 13. G.: Riesa, 10. Dez. 1966. S.: 1985 Abitur, Lehre z. Zerspanungsfacharb., 1986-90 Stud. Staats- u. Verw.-Recht. K.: 1990-91 Hauptvermittler b. Arbeitsamt Dresden, 1991-92 Ass. d. Gschf. b. d. Medienak. Sachsen (Dresden), 1992-94 Vertriebsmitarb. d. Mediadesign (Dresden), 1994-97 Mtgl. d. Gschf. d. Mediadesign, 1997 Abt.-Ltr. FAM Leipzig, seit 1997 stellv. Abt.-Ltr. d. Fernseh Ak. Mitteldeutschland e.V. M.: WirtschaftsR. d. CDU.

Fiebig Werner *)

Fiebiger Christel

B.: MdEP. FN.: Europ. Parlament. DA.: B-1047 Brüssel, ASP 09 G 218 Rue Wiertz. G.: Uenze, 29. Dez. 1946. Ki.: Manuela (1970), Thomas (1974). S.: Facharb. f. Rinderzucht, 1964-67 Stud. an d. Fachschule f. Ldw. in Güstrow-Bockhorst, staatl. geprüfte Ldw., 1967-69 Brigadierin in d. LPG (T) Groß Lüben u. Glövzin in d. Prignitz, Stud. an d. HS f. Ldw. in Meißen, Dipl.-Agrar-Ing.-Ökonom. K.: 1971-82 Ltg. d. LPG (T) Premslin, 1974-82 Mtgl. d. Gem.-Vertretung in Premslin, 1968-82 Mtgl. d. Rates f. Land- u. Nahrungsgüterwirtschaft, 1984-90 Kreistagsabg., 1969 Mtgl. d. SED, 1982-89 Stellv. d. Vors. f. Land- u. Nahrungsgüterwirtschaft b. Rat d. Kreises Perleberg, 1989 Vors. d. LPG (T) Groß Warnow, 1990-99 Abg. d. Brandenburg. Landtages u. Vors. d. Aussch. f. Ernährung, Ldw. u. Forsten, Agrarpolit. Sprecherin d. PDS-Fraktion, 1994 Mtgl. d. Haushaltskontrollaussch., seit 1999 MdEP. (Re)

Fiechtner Hanns Ludwig

B.: Gschf. FN.: Drees & Sommer Projektmanagement u. bautechn. Beratung GmbH. GT.: Lehrbeauftragter an European Business School. DA.: 10717 Berlin, Bundesallee 39-40a. fiechtner@bln.dreso.com. www.dreso.com. G.: Reutlingen, 13. Dez. 1953. S.: 1973 Abitur, 1973-75 Zeitsoldat b. d. Pionieren, 1975-80 Stud. Bauing.-Wesen in Stuttgart, 1980 Dipl.-Ing. K.: seit 1981 Drees & Sommer, erste J. Projektmanagement Hochbau, 1981-90 Aufbau EDV-Bereich f. ganz Drees & Sommer, Integration CAD, ab 1993 Informationssysteme f. Großbauvorhaben, 1992-97 Gschf. Unternehmensberatung DS-Consult GmbH in Stuttgart b. z. Integration, 1994-97 Gschf. Next Edit Multimedia, Produzent v. Filmen über Potsdamer Platz m. CAD, 1997-99 Projektltr. "Stuttgart 21", 1998-2000 Vorst.-Mtgl., 2000 Gschf. in Stuttgart, seit 2001 Gschf. f. Berlin. BL.: 1993/94 CAD-Visualisierungen m. bahnbrechenden Videos über Potsdamer Platz in Tagesschau u. Tagesthemen. M.: GPM, BDU, WirtschaftsR. d. CDU.

Fiedel Helmut *)

Fiederer Franz *)

Fiederer Georg *)

Fiederling Andreas

P.S.: Afi. B.: Fotokaufmann im Einzelhandel, selbständig. FN.: Photo Glock, Andreas Fiederling e.K. GT.: seit 1995 Mtgl. im Prüfungsausschuss d. IHK Karlsruhe f. d. Einzelhandelsprüfung d. Fotokaufleute. DA.: 76133 Karlsruhe, Kaiserstr. 22. e-mail@photoglock.de. www.photoglock.de. G.: Karlsruhe, 11. Dez. 1972. El.: Otto "Ofi" u. Elfriede, geb. Brockhaus. BV.: 140jährige Firmen- bzw. Fototradition. S.: 1989

*) Biographie www.whoiswho-verlag.ch oder beigefügte CD-ROM

Mittlere Reife in Karlsruhe, 1989-92 Lehre z. Einzelhandelskaufmann im Fotohandel b. Foto Walter in Tübingen u. zeitgleich Landesberufschule f. Fotohandel- u. Handwerk in Kiel. K.: 1992 Volontär b. Foto Sauter in München, 1993 Eintritt in d. elterl. Unternehmen, 1994 Fortbildung an d. Fotofachschule in Kiel z. Fotofachkaufmann u. z. Ausbilder f. Lehrlinge im Fotoeinzelhandel, seit 1994 Mitarbeit in d. Gschf. d. elterl. Unternehmens, seit 2000 Gschf. f. Firma Holzmann, Photo Glock GmbH & Co KG, seit 2001 Inh. d. Firma Photo Glock, Andreas Fiederling e.K. H.: Beruf, Fotografieren, Skifahren, Musik - Piano, Sauna u. Fitneß.

Fiedler Adalbert Dr. med.

B.: Arzt f. Innere Med., Sportmedizin u. Betriebsmedizin. DA.: 67655 Kaiserslautern, Rudolf-Breitscheidstr. 9. G.: Ujvidek, 30. Dez. 1936. V.: Almut, geb. Junghanns (Rektorin i. R.). Ki.: Falk (1971). El.: Max u. Katharina. BV.: Großvater Paul Illich, Rittmeister d. k.u.k. Armee. S.: 1944 Flucht d. Familie nach Österreich, 1955 Matura Realgymn. Knittelfeld, Steiermark, 1955-60 WErkstud. in d. USA: Premedical Studies u. Auslandsgermanistik an d. UCLA mit Abschluss Bachelor of Arts Degree an d. Univ. of California, 1960-63 Militärdienst in d. 7. US-Armee in Deutschland überwiegend im Sprachendienst, Entlassung aus d. Militärdienst mit Verdienstmedaille, 1963-64 Studium d. Anglistik, Germanistik u. Phonetik an d. Univ. d. Saarlandes in Saarbrücken, 1964 Wechsel z. Medizinstud. an d. Univ. Kliniken in Homburg/ Saar, 1969 Staatsexamen mit Prädikat u. ECFMG-Examen mit Inauguraldissertation in d. Neurochemie: Tierexperimentelle Untersuchungen auf d. Vergiftung mit psychotomimetischen Substanzen mit B-Vitaminen. K.: 1970-71 Assistenzarzt in d. Chir. Univ.-Kliniken, 1971-72 Assistenzarzt am St.-Johannis-KH Landstuhl in d. Inneren Abt., 1972-75 wiss. Ass. an d. II. Med. Univ.-Klinik Homburg/Saar, 1975-78 eigenverantwortlicher OA u. Chefarztstellvertreter im KH Rodalben, 1978 Ndlg. als Internist u. Sportmediziner, seit 1976 betriebsärztl. tätig, überwiegend Nachsorge d. Pneumokoniosen, Internistische Gutachtertätigkeit. P.: Diss. (Neurochem. toxikologische Weiterbildung: Kardiologie, Pneumologie, Schmerztherapie; Tierexperimentelle Untersuchung z. Wirkung v. B-Vitaminen auf d. Vergiftung m. psychotomiotischen Substanzen (1969). E.: , 1988 Verleihung d. Gran Croce al Merito del Lavoro della Academia Italiana per la Science Economice E Sociale, vor J. Ernennung z. Preferred Provider for the US Armed Forces as M. D. M.: German-American Medical Society in Landstuhl. H.: Auslandsgermanistik u. Amerikanistik, Mediävistik, Phonetik, vorbarocke Musik, Hunde u. Pferde.

Fiedler Alfons Dipl.-Päd.

B.: Rektor. FN.: KHS St. Michael. PA.: 46049 Oberhausen, Blockstr. 45. G.: Oberhausen, 1. Mai 1947. V.: Ingrid, geb. Büschken. Ki.: Marcus (1968). S.: 1967 Abitur, Bundeswehr, 1969 Stud. PH Essen, 1973 2. Staatsexamen, 1974-78 Stud. Erziehungswiss. Univ. Essen u. Duisburg m. Dipl.-Abschluß. K.: 1973 Lehrer f. Grund- u. Hauptschulen, 1974-84 VHS-Doz., 1980 Konrektor u. seit 1986 Rektor i. KHS St. Michael in Oberhausen; Funktionen: Prüfer am staatl. Prüf.-Amt Essen u. Duisburg, Vertreter d. Kath. Kirche f. d. lokalen Rundfunk Mülheim u. Oberhausen, seit 1996 Vorst. v. Antenne Ruhr. M.: Schulverein St. Michael e.V., Freunde u. Förderer d. Kath. Schulen. H.: Gitarrenmusik.

Fiedler Andreas Dr. med. dent.

B.: Zahnarzt in eigener Praxis. DA.: 14199 Berlin, Kolberger Pl. 1. dr.andreasfiedler@t-online.de. G.: Daun/Eifel, 14. März 1958. V.: Julia, geb. Beckmann. Ki.: Justin (1993), Linus (1995), Merle (2001). S.: 1976 Abitur, 1976-78 Bundeswehr, 1978-85 Stud. Zahnmedizin in München u. später Humanmedizin u. Zahnmedizin an d. FU Berlin. K.: 1985-91 wiss. Ass. u. später OA im Bereich Prothetik an d. Zahnklinik d. FU Berlin, 1988 Prom. d. Dr. med. dent., 1991 Eröff. d. eigenen Zahnarztpraxis m. Schwerpunkt ästhetische Zahnheilkunde, chirurgische Paradontologie u. Implantologie, Prophylaxe. P.: Veröff. u. Vorträge in u. intern. Rahmen, div. Beiträge in Fachzeitschriften. M.: Ver. "Old Table", DGZMK Dt. Ges. f. Zahn-, Mund- u. Kieferheilkunde, DGZPW Dt. Ges. f. Prothetik u. Werkstoffkunde, DGI Dt. Ges. f. Implantologie. H.: Tennis, Skifahren, Jazz, Radsport.

Fiedler Andreas

B.: Gschf. Inh. FN.: Andreas Fiedler Schlosserei. DA.: 22457 Hamburg, Süntelstr. 1. G.: Hamburg, 16. Apr. 1965. V.: Karen, geb. Möller. Ki.: Bianca, Celvin. S.: 1981-84 Schlosserausbild., 1985 Bundeswehrdienst/Heer. K.: 1986-91 Betriebsschlosser, 1992-93 ang. Schlosser, seit 1994 selbständig, 1996 eingekauft in einen bestehenden Betrieb, Gschf. Ges., 1999 Übernahme d. gesamten Betriebes, Umfirmierung auf jetzigen Firmennamen. H.: Motorradfahren (Rennmaschinen).

Fiedler Astrid

B.: Farb-Stil-Image-Beraterin. DA.: 21029 Hamburg, Sander Str. 21b. image.konkret@t-online.de. G.: Hamburg, 24. Sep. 1959. Ki.: Yannik (1988), Merle (1990). El.: Otto u. Ruth Thomsen. S.: 1979 Mittlere Reife Hamburg, 1976-79 Ausbild. z. Krankenschwester im AKH Kaltenkirchen m. Abschluß. K.: 1979-81 Krankenschwester in Kiel, 1981-86 Krankenschwester im UKH Hamburg-Boberg in d. Abt. Anästhesie u. Intensivmed., 1986-88 Ltr. d. Anästhesieabt. im KH Boberg, parallel dazu Vorbereitung z. Farb-Stil- u. Imageberaterin. seit 1991 in diesem Beruf tätig, Schwerpunkte: Farbberatung, Persönlichkeitsberatung. H.: Surfen, Beruf.

Fiedler Bea *)

Fiedler Bernd *)

Who is Who - eine weltweite Idee

*) Biographie www.whoiswho-verlag.ch oder beigefügte CD-ROM

Fiedler Bernhard *)

Fiedler Christian *)

Fiedler Corinna

B.: selbst. Agenturinhaberin. FN.: Maria Vascotti(r) & Partners. DA.: 01097 Dresden, Hansastr. 20. connect@mariavascotti.com. www.mariavascotti.com. G.: Lübeck, 18. März 1960. Ki.: Davide (1982), Federico-Grigore (1997), Jacopo (1999). El.: Riccardo u. Hildegard, geb. Altstaedt. BV.: Dr. Ernst Altstaedt, Maria Vascotti. S.: 1979 Abitur Lübeck, 1979-82 Stud. Geografie TU München, 1984-87 Stud. Literaturwiss. an d. Univ. Bologna u. Pisa, 1987-90 Stud. Touristik, Spezialfachschule f. Tourismus d. Univ. Bologna m. Dipl.-Abschluss cum laude. K.: seit 1979 parallel zu Studium u. Beruf in Tourismus u. als Übersetzerin u. Dolmetscherin ital.-dt. tätig, 1982-86 Aufenthalt auf d. Insel Elba, 1986-87 in Lucca, 1987-89 Rimmini u. 1989-94 Aufenthalt i. Venedig, 1989-94 tätig im Bereich Merketing, Veranstaltung und PR im Cafe Florian in Venedig, s. 1993 Sommelière AIS, Schwerpunkt Italien, s. 1994 in Dresden, s. 1995 freiberufl. tätig im Bereich Weinberatung und Marketing, Tourismus, Veranstaltungsorg. u. Übersetzungen dt.-ital. Musikmanagement, 1998-99 Fortbild. z. Fachwirt Tagungs-, Kongress- u. Messewirtschaft ICA Karlsruhe, Abschluss m. Auszeichn., 2000-02 Fernstud. PR-Beraterin, PR+plus Heidelberg, DPRG-Abschluss, 2000 Grdg. d. Agentur Maria Vascotti & Partners m. Schwerpunkt Projektberatung, PR- u. Marketingberatung, ital. Wein, Reiseorg., Tagungen u. Incentives in Italien, Deutschl., Panama, Stadtführungen Dresden, Sprachdienste dt.-ital.. BL.: zweisprachig dt.-ital., s. 1999 Zusammenarb. m. Hallwag-Verlag Bern, Vini d'Italia Präsentation dt. Version m. Verkostung 3-Gläser-Weine; G+U Verlag, München, Weinbuchpräs. m. Ausgabe. M.: AIS, DPRG, Slow Food, TCI, FIC, MPI, SITE, ital. Handelskammer in Deutschland. H.: Beruf, Kinder, Kochen, ital. Weine, Reisen.

Fiedler Franz Dr. rer. nat. o.Prof. *)

Fiedler Friedrich *)

Fiedler Friedrich-Karl *)

Fiedler Gerlach Prof.

B.: freier Regisseur, Schauspieler und Autor f. Theater, Rundfunk u. TV. PA.: 20251 Hamburg, Erikastr. 155. G.: Mannheim, 27. Juni 1925. V.: Dagmar, geb. Brandt. Ki.: Gerlach-Friedemann (1951), Christian-Berend (1954). El.: Min.-Dirig. Dr. Ewald (Vizepräs. d. Bundesrechnungshofes) u. Dr. Anna-Marie, geb. v. d. Knesebeck. BV.: Ururgroßvater Karl-Friedrich Frhr. v. d. Knesebeck - preuß. General in d. Freiheitskriegen. S.: 1942 Abitur, Militär, Stud. Psych.-, Musik- und Literaturwiss. K.: 1947-80 fest ang. b. NWDR (später NDR), 1974 Schauspieler u. Reg. an d. Hamburger Bühnen "Schauspielhaus", "Thalia-Theater", "Kammerspiele" u. "Ohnsorgtheater" sowie an Theatern in Bochum, Düsseldorf u.a. b. E. Schnabel am SFB (III), seit 1980 freier Reg. u. Rezitator, in Jugendtagen namhafter Sportler (Meistersch. in Tennis, Leichtathletik u. Volleyball), Synchron-Stimme f. Orson Welles, "Krümmelmonster" u. "Obelix" (Film u. Platte). P.: zahlr. Werke f. TV, Rundfunk u. Theater. E.: Grimme-Preis. M.: stellv. Vors. "Hamburg-Ges.", HSV. H.: Familie, Bücher, Garten. (G.v.B.)

Fiedler Hanno C.

B.: Vorst.-Vors. FN.: Schmalbach-Lubeca AG. DA.: 40880 Ratingen, Kaiserswerther Str. 115. www.schmalbach.de. G.: Tönning, 24. Juni 1945. S.: Stud. VWL FU Berlin, 1970 Dipl.-Vw., 1971MBA INSEAD Fontainebleau. K.: 1971-95 versch. nat. u. intern. Funktionen TRW-Incorporated Cleveland/Ohio, zuletzt VPräs. u. General Manager, seit 1995 Schmalbach-Lubeca AG Ratingen, seit 1996 Vors. d. Vorst.; Funktionen: AufsR.-Mtgl. Duales System Deutschland GmbH Köln, BeiR.-Mtgl. Dresdner Bank AG Düsseldorf, West LB Düsseldorf.

Fiedler Hans *)

Fiedler Hans Joachim

B.: Kfm., Inh. FN.: H.J. Fiedler Meeresdelikatessen, Fiedlers Aalkate, Kutterfischer. DA.: 27572 Bremerhaven, Schaufenster Fischereihafen, An der Packhalle IV Nr. 34. info@fisch-online.de. G.: Bremerhaven, 16. Feb. 1955. V.: Brigitte, geb. Döhling. Ki.: Jan Hendrik, Jan Frederick, Patrick. El.: Hans u. Grete. S.: 1969-72 Ausbild. z. Fischräucherer im elterl. Betrieb, kfm. Lehre. K.: b. 1988 Mitinh. im elterl. Betrieb, 1988 Kauf einer Räucherei mit 10 Altonaer Öfen m. 2 Brüdern, 1993 Alleinübernahme d. Firma u. Ausbau incl. 2 gastronom. Betriebe. BL.: sämtl. Räucher- u. Frischfischwaren ab m. 32 Metern längsten Verkaufstresen Norddeutschlands. M.: Gründer u. Gschf. d. Veranstaltungsges. Schaufenster Fischereihafen, Planung u. Durchführung v. Veranstaltungen, u.a. Fischparty m. über 50.000 Besuchern, 1992-99 Vors. Werbegemeinschaft Schaufenster Fischereihafen.

Fiedler Hans-Joachim Dr. Ing. Dipl.-Rechtswiss. *)

Fiedler Heinz Werner Dipl.-Vw. Dipl.-Phys.

B.: Vw., Kompl. FN.: C.G. Reissig & Co. DA.: 04155 Leipzig, Mottelerstr. 21-23. G.: Sachsen, 18. März 1950. S.: 1966 Maurerlehre m. Abitur b. VEB BMK-Süd, 1968 Physikstud. an KMU Leipzig, 1973 Dipl. K.: Arbeit im Schichtbetrieb b. Schwerchemie Leuna, 1975 Fernstud. Vw. MLU Halle, 1980 Dipl., Verw.-Mitarb. in d. Rauchwarenind., Verw.-Mitarb. in d. Gießerei, 1990 Grdg. eines Maklerunternehmens, 1996 Ltg. d. Firma C. G. Reißig & Co. als Kompl., 1997 Prok. b. Leipziger Gewerbe. H.: Lesen.

Fiedler Helmut Dipl.-Ing. *)

Fiedler Herbert *)

Fiedler Jens

B.: Profi-Radrennfahrer. PA.: 09116 Chemnitz, Robert-Blum-Str. 6. G.: Dohna, 15. Feb. 1970. K.: größte sportl. Erfolge: 1988 JWM Sprint/1., 1990 WM Sprint/1., 1991 WM Sprint/1., DM Sprint/1., 1992 DM Sprint/1., OS Sprint/1., 1993 DM Sprint/1., WM Sprint/6., 1994 DM Sprint/1., WM Sprint/4., 1995 DM Sprint/1., WM Sprint/5., 1996 DM Sprint/1., OS Sprint/1., 1997 EM Olymp., DM Olymp. Sprint/1., 1998 Bahn-WM Bordeaux Sprint/2., DM Sprint, Olymp. Sprint, Keirin/1., 1998/99 Großer Weihnachtspreis Dortmund/1., 1999 Sprint Open des Nations/Frankreich/3., Grand Prix Chemnitz Sprint/1., Keirin/3., Sprint Grand Prix Dudenhofen/1., Grans Prix v. Deutschland Cottbus/1., 2000 DM Keirin/1., Sprint/2., OS Sydney Bahn Keirin/3., Bahn Sprint/3. H.: Garten, Rotweine.

Fiedler Jochen

B.: freiberufl. Grafiker. DA.: 04105 Leipzig, Waldstr. 23. G.: Bunzlau, 12. Juli 1936. V.: Jutta, geb. Damm. Ki.: Grit (1966), Falk (1974). S.: Lehre als Gebrauchswerber, 1956-59 Stud. an d. Fachschule f. angew. Kunst Berlin-Oberschöneweide. K.: künstler. Ltr. d. Werbeabt. d. HO-Warenhauses in Görlitz, 1960-61 Grafiker im VEB Carl Zeiss Jena, ab19961 freiberufl. Grafiker in Leipzig, 1961 Grdg. d. Grafik-Ateliers Damm & Fiedler, seit 1965 Hinwendung z. Gestaltung v. Drucksachen, seit 1970 vorwiegend Plakatgestaltung u. Erkundung fotograf. Möglichkeiten, Mtgl. im Verb. Bild. Künster DDR, später Ltg. d. Arbeitsgruppe Plakat in Leipzig, Teilnahme an Ausstellungen u. Plakatwettbewerben, 1975 Grdg. d. Gruppe PLUS, seit Mitte d. 70er J. Teilnahme an allen bedeutenden nat. u. intern. Ausstellungen, erste Personalausstellungen im In- u. Ausland, seit Ende d. 70er J. Konzentration d. Arb. auf kulturelle Auftraggeber, eigene Aufträge u. Schaffung eigener Druckmöglichkeit, Realisierung v. Plakaten in eigenem Auftrag u. Druck, seit 1980 Lehrer f. Grafikdesign an d. HS f. Industrielle Formgestaltung in d. Hochschule f. Kunst u. Design Halle, Burg Giebichenstein, Doz. f. Grafikdesign, seit 1990 Hochschule f. Kunst u. Design Halle, Burg Giebichenstein, 1990-97 vorwiegend Arb. f. Oper Leipzig u. f. andere kulturelle Inst., 1995 Ehrenmtgl. d. Biennal Brno, 1997 Personalausstellung in Brno, Präsentation d. Plakatschaffens m. Beispielen aus 30 J. E.: 1972 Kunstpreis d. DTSB f. Sportplakate, 1976 Kunstpreis d. Stadt Leipzig (mit Gruppe PLUS), 1984 Goldmed. d. Triennale d. Umweltschutzplakates, 1986 Kunstpreis d. DDR f. d. Gesamtplakatschaffen. H.: Schi fahren.

Fiedler Jörg

B.: Profi-Fechter, Disziplin Degen. FN.: c/o Dt. Fechter-Bund. DA.: 53117 Bonn, Am neuen Lindenhof 2. www.fechten.org. G.: Leipzig, 21. Feb. 1978. K.: sportl. Erfolge: 1995/96 WC Turnier Tourcoing Junioren/1., 1996/97 u. 1997/98 WC Turnier Nimes Junioren/1., 1997 DM Mannschaft/3., 1998 EM Mannschaft/9., WM Mannschaft/9., WM Einzel/20., 1999 EM Mannschaft/3., WM Einzel/18., 2000 WC Turnier Stockholm/1., 2000 WC Turnier Bogota/1., DM Mannschaft/3., Einzel/5., OS Mannschaft/5. H.: Fußball, Computer, Faulenzen.

Fiedler Karin *)

Fiedler Klaus Dr. med. sc. Prof. *)

Fiedler Klaus F. Dr. *)

Fiedler Kurt Dr.-Ing.

B.: Univ.-Prof. i. R. FN.: Univ. d. Bundeswehr Hamburg. PA.: 83088 Kiefersfelden, Gachenweg 32b. G.: Halle, 17. Apr. 1936. V.: Heide, geb. Frerichs. Ki.: 4 Kinder. El.: Richard Kurt u. Charlotte. S.: Abitur, Stud. Maschinenbau TU Hannover, Prom. an d. TU Hannover. K.: Stellv. Ltr. d. Dampfturbinenberechnung, Ltr. d. Turboverdichterabt. u. später Ltr. d. Entwicklungsabt. d. GHH-MAN Oberhausen-Sterkrade, Habil TU Hannover, Techn. Ltr. d. Fischachtaler Maschinenbau GmbH, Spezialfbk. f. Höchstleistungsventilatoren. P.: über 50 wiss. Aufsätze und Vorträge über d. Gebiet d. Gitterströmung, d. mehrdimensionalen Strömung durch Turbomaschinen u. d. Diagnose v. Gasturbinen u. Strahltriebwerken. M.: Rotarier.

Fiedler Kurt Albert *)

Fiedler Marianne *)

Fiedler Mathias

B.: Rechtsanwalt. DA.: 10315 Berlin, Alt Friedrichsfelde 115. G.: Berlin, 21. Juni 1960. Ki.: Benjamin (1985), Jonas (1995). El.: Horst u. Hannelore. S.: 1967-77 Oberschule, 1977-79 Abitur, 1980 Gerichtsprotokollant, 1981-85 Stud. Jura Humboldt-Univ. Berlin, Staatsexamen. K.: 1985-90 Zivilrichter am Bez.-Gericht Berlin-Lichtenberg, 1990 Zulassung z. Rechtsanwaltschaft u. Übernahme d. elterlichen Kanzlei. M.: Berliner Anw.-Vereing., Dt. Anwaltsverein. H.: Tennis, Sportflieger.

Fiedler Matthias *)

Fiedler Michael *)

Fiedler Peter *)

Fiedler Peter Friedhelm *)

Fiedler Ralf-Peter Dr. jur.

B.: RA. FN.: Rechtsanwälte Fiedler & Woweries. DA.: 10559 Berlin, Perleberger Str. 3. G.: Bremerhaven, 24. Jän. 1953. V.: Margit, geb. Krause. Ki.: Alexander (1978), Frederic (1990). S.: 1971 Abitur, 1973-81 Stud. Soz., Wirtschaftswiss. u. Rechtswiss. Bremen u. FU Berlin. K.: 1982-89 wiss. Mitarb. im Fachbereich Recht an d. FU Berlin, 1989 Promotion, 1990-94 Ref.-Ltr. f. Personalrecht an d. FU Berlin, 1994 Zulassung zum RA u. seither selbst. P.: "Zur Strafbarkeit d. einverständlichen Fremdgefährdung". M.: Berliner Anw.-Ver. H.: Sport.

Fiedler Reinhold Dr. med.

B.: ndlg. FA f. Allg.-Med. DA.: 46446 Emmerich, Eltenerstr. 410. PA.: 47533 Kleve, Holbeinstr. 11. edifer@t-online.de. G.: Xanten, 14. Juli 1949. El.: Kurt u. Johanna, geb. Deckers. S.: 1968 Abitur, 1968-75 Stud. Med. Univ. Würzburg, 1978 Prom. K.: 1978-92 Ass.-Arzt in versch. KH u. Praxen, seit 1992 ndlg. FA f. Allg.-Med. in Emmerich, 1983-93 Arb. an d. Überwindung d. Indeterminismus, 1993 Auffindung d. Lösung u. auch Publ. dazu. P.: "Determination of Random Events" (1997) (Umsetzung f. Computer u. kontrollierte Kernfusion), seit 2001 Arb. an einheitl. Theorie. H.: Kunst, Klavierspiel, Julisch-Claudisches Haus, Flavisches Haus und Adoptivkaiser in Xanten.

---

*) Biographie www.whoiswho-verlag.ch oder beigefügte CD-ROM

Fiedler

Fiedler Roland *)

Fiedler Silke *)

Fiedler Toni *)

Fiedler Ulrich *)

Fiedler Wolfgang Dipl.-Ing.
B.: AR-Vors. FN.: GFAD - AG. GT.: seit 1996 Herstellung rechnergesteuerter Videoschnittsysteme u. Schulungen, seit 2000 Doz. an d. FHTW in Berlin, seit 2002 Doz. an d. TFH Berlin, Projektarbeit u. Sponsoring an Schulen, engagierte Jugendarbeit. DA.: 10553 Berlin, Huttenstr. 34/35. wf@gfad.de. G.: Westerstede, 1. Juni 1948. V.: Judith, geb. Kamp. Ki.: Felix (1991), Lena (1996). El.: Armin u. Henni. S.: 1967-70 Lehre als Rundfunk- u. Fernsehtechniker in Oldenburg, 1970-71 Industriepraktikum b. Philips in Berlin, 1971-74 Stud. Elektrotechnik u. Elektronik an d. TFH, Abschluss Ing. grad., 1975-79 Stud. Elektrotechnik an d. TU Berlin, Abschluss Dipl.-Ing. K.: seit 1978 selbständig m. d. Firma Fiedler Datentechnik, 1979 Grdg. d. Firma F & M Datentechnik GmbH gemeinsam m. Partner u. Umwandlung in GFAD - Ges. f. angewandte Datentechnik, Fiedler & Marquardt mbH, seit 2000 Umwandlung in AG als AR-Vors., mittlerweile 3 weitere Ndlg. in Deutschland, Erweiterung bundesweit im Aufbau. BL.: Erste Firma, d. in Deutschland bereits 1981 m. Mehrfachcomputern handelte u. Software entwickelte. P.: "Das Videobuch" m. jährlichem Update, Aufsätze u. Artikel im Medienbereich. M.: Berufsgenossenschaft, IHK, SIBB, "Jugend im Museum"-Förderer. H.: Garten, Schwimmen.

Fiedler Werner Ing. grad. *)

Fiedler Wolfgang Dr. med. *)

Fiedler-Winter Rosemarie *)

Fieger Ulrich Erich Dr. phil. Dipl.-Psych. *)

Fiehn Walter Dr. Prof. *)

Field Roger
B.: Erfinder, Designer, Schauspieler, Gitarrist, Komponist. DA.: 81517 München, Postfach 95 01 69. G.: London, 31. Juli 1945. V.: Dolores, geb. Hoffschneider. BV.: Vetter Henry Winkler, Amerikan. Filmproduzent. S.: Dipl.-Ind.-Designer, Dipl. 1968 California College of Arts + Crafts Oakland. P.: Art. in über 580 Zeitungen, Zeitschriften u. Büchern. E.: 1980 Designer`s Choice Award. H.: Musik, Filme, Sport, Malen, Zeichnen, Privatpilot.

Fielenbach Udo *)

Fielers Wolfgang Dr. med. *)

Fielitz Burkhard Peter Dieter Dipl.-Ing.
B.: Landschaftsarchitekt. FN.: Ing.-Büro Burkhard Fielitz. DA.: 51103 Köln, Eythstr. 33. G.: Berlin-Wittenau, 8. März 1952. El.: Fritz u. Elfriede, geb. Weiland. S.: Mittlere Reife Berlin, Gärtnerlehre Baumschule,1/2 J. Garten- u. Landschaftsbau, 1970-73 Stud. Landespflege TH Berlin, 1973 Ing., 1973-76 Stud. Landschaftsplanung TU Berlin, 1976 Dipl.-Ing. K.: 1976 Gärtner in Lehrbetrieb, 1976-79 Landschaftsplanung u. Gartenarch. Büro Adolf Schmitt Köln, seit 1979 selbst., Büro f. Landschaftsplanung u. Gartenarch., 1998 Biotopkartierung Hof Meilenforst, 1999 Dipl.-Arb. über Vegetationsgeographie. P.: Art. in "Landschaftsarch.". M.: seit 1991

Arch.-Kam. NRW, Aussch. Öff.-Arb. u. Dienstleistungen, Bund Dt. Landschaftsarchitekten, Ges. f. Ökologie, Ges. f. Ing.-Biologie, NABU Naturschutzbund Deutschland, Greenpeace, Freundeskreis Botanischer Garten Kön. H.: Gitarre-, Mandoline-, Mundharmonikaspielen, klass. Musik u. Folklore, Reisen in Mittelmeerländer u. in d. Alpen.

Fielitz Wolfgang Dipl.-Ing. *)

Fielmann Günther
B.: Vorst.-Vors. FN.: Fielmann AG. DA.: 22083 Hamburg, Weidestr. 118A. G.: Stafstedt b. Rensburg (Holstein), 1939. Ki.: Sophie u. Marc. S.: 1956-59 Augenoptikerlehre b. Campbell Hamburg, 1963-65 Höhere Fachschule f. Augenoptik Berlin, Augenoptikermstr. K.: nach Mitarbeit b. Augenoptikern Wechsel m. d. Ind., Essilor (Frankreich), Bausch & Lomb (USA), 1972 Eröffnung d. ersten optischen Fachgeschäfts Cuxhaven, 1981 Abschl. Sondervertrag m. AOK, 390 Niederlassungen. H.: Öko-Landbau.

Fiene Rudolf *)

Fiene Verena
B.: Kürschnerin, Gschf. FN.: Pelz-Frerking GmbH. DA.: 30165 Hannover, Vahrenwalder Str. 34. G.: Langenhagen, 10. März 1965. V.: Andreas Fiene. Ki.: Vanessa (1989), Jessica (1993). El.: Herbert Steinfadt u. Gisela, geb. Frerking. S.: 1984 Abitur, Lehre z. Kürschnerin (Grundschnitt, Entwurf u. Produktion) im urgroßelterl. Betrieb, 1987 Abschluss z. Kürschnerin. K.: 1987 Einstieg in d. elterl. Geschäft in Hannover "Pelz-Frerking GmbH", exclusive Arbeit nach eigenen Modellen, Design/Entwurf v. Mänteln u. Jacken, Felle u.a. Persianer aus Afrika/Namibia, Füchse aus Kanada, Zobel u. Felle aus Rußland, Bisam aus Texas/Amerika. P.: Veröff. in d. regionalen Presse. E.: Urkunde f. Verdienste um d. Umweltschutz f. vorbildliche Mitarbeit im Dienste eines aktiven Umweltschutzes v. bayer. Staatsministerium u. Urkunde z. hundertjährigen Firmenjubiläum. M.: Germania-List Handballverein. H.: Familie, Basteln (Entwurf u. Gestaltung v. Teddy's u. Puppen).

Fierek Wolfgang
B.: Schauspieler. PA.: 85649 Brunnthal, Ottobrunnerstr.15. G.: Ottobrunn, 9. Dez. 1950. V.: Djamila, geb. Mendil. K.: Discjockey, Autoverkäufer, Lastwagenfahrer, Fensterputzer, entdeckt v. Filmreg. Klaus Lemke, 1976-80 7 Spielfilme u.a. "Moto-Cross", "Amore", "Ein komischer Heiliger", "Flitterwochen", im Fernsehen u.a. in "Polizei-Inspektion 1", "Monaco-Franze - Der ewige Stenz", "Alte Gauner", "Schloßherren", "Ein Bayer auf Rügen", "Zwei Münchner in Hamburg", Schallplatten: 1985 "Resi, i hol´ di mit d. Traktor ab", 1989 "V 8", "Tierarzt Dr. Engel" (1998), "Die blaue Kanone" (1998), "Zwei Männer am Herd", 2001 Eröffnung d. 2. Harley-Davison-Shops.

Fieroh Markus
B.: Fahrzeuglackierermeister. FN.: Autolackierung Markus Fieroh. DA.: 24539 Neumünster, Am Harweg 18. G.: Neumünster, 25. Dez. 1969. S.: 1985-88 Lehre als Kfz-Mechaniker, Ausbild. z. Fahrzeuglackierermstr. K.: 1992-93 Bundeswehr. S.: 1993-95 Geselle in d. Autolackierung Voss Neumünster, 1996 Meistertitel, Ausbild. auf d. Badischen Maler- u. Lackierfachschule in

*) Biographie www.whoiswho-verlag.ch oder beigefügte CD-ROM

Lahr/Freiburg, 1997 Lackierermeister, seit 1998 selbst. m. eigenem Autolackierungsfachbetrieb im Gewerbegebiet Gadeland Neumünster. M.: TSV Gadeland, Hauptfeuerwehrmann b. d. FF Gadeland. H.: Fußball, Segeln.

Fiesel Peer-Oliver *)

Fieting Rosemarie *)

Fietkau Claus-Peter

B.: Vorst..-Vors. FN.: Gold + Grund AG Handel von Sachwerten. DA.: 10783 Berlin-Schöneberg, Steinmetzstraße 36a. G.: Lüneburg, 12. Mai 1953. S.: 1979 Abitur Bonn, 1980-82 Stud. Politologie an d. FU Berlin, 1991-94 Stud. Dipl.-Immobilienwirt (IGW). K.: 1983 Aufbau d. wirtschaftl. Basis durch Grdg. eines mittelgroßen Taxenbetriebes m. 13 Taxen, seit 1991 in der Immobilienwirtschaft, anfangs Makler, seit 1992 m. Firma Fietkau Grundbesitz-Management Konzeptentwicklung, An- u. Verkauf, Sanierung, Vermietungsmanagement, seit 1998 in Berlin, Oranienburg u. Leipzig, seit 1996 kritische Auseinandersetzung m. d. Euro, Sachwertanlagen in Goldminen in Australien u. Südafrika, ab 1996 Zusammenarbeit m. Martin Siegel dem Hrsg. d. Börsendienstes "Der Goldmarkt", 1999 Grdg. d. Gold + Grund AG Handel m. Sachwerten gem mit Martin Siegel, 2000 Eintragung ins Handelsregister. BL.: rechtzeitige Prognostizierung d. 20-jährigen Goldpreistiefes i. Sommer 1999, darauf Forcierung d. Grdg. d. Gold + Grund AG. P.: Veröff. über ihn in vwd v. 16. Nov. 2001 u. Handelsblatt v. 2. Jan. 2002, Hrsg. v. "Der Goldmarkt". H.: Sportfischen, Sammeln v. Werken d. Malers Jürgen Gustav Haase.

Fietkau Rainer Josef Dr. med. Prof. *)

Fietkau Wolfgang *)

Fietzek Johannes Dr. *)

Fietzek Rainer Wilhelm Dr. med. vet.

B.: Tierarzt. FN.: Kleintierklinik Dr. Fietzek. DA.: 22305 Hamburg, Habichtstr. 64. G.: Beuthen, 3. Apr. 1942. V.: Dr. med. vet. Marion. S.: 1960 Abitur, ab 1962 Stud. Tiermed. an d. Humboldt-Univ. Berlin, 1969 Prom. K.: 1969 Aufbau sowie Ltg. einer Kleintierpraxis m. Ambulanz f. Wildtiere, Geflügel u. Exoten, Betreuung v. Heimattiergärten, Wildgehegen u. Pelztierfarmen in Thüringen, Aufbau einer Tierschutzorganisation, 1974 Leiter d. BeiR. für Tierschutz und Tierhygiene d. Kreises Weimar, 1979 Fachtierarzt f. kl. Haus- u. Pelztiere, Studienreisen/Expeditionen nach Masuren, Westsibirien, Mittelasien, in d. Puszta u. Waldrhodopen, 1988 Fachtierarzt f. Kleintiere u. f. Zoo-u. Wildtierklinik. BL.: 1994 u. 1998 ehrenamtl. Richter d. Hamburg. Berufsgerichtshofs f. Heilberufe. P.: Veröff. z. konservativen Behandlung d. Myelopathien d. Hundes, z. venerischen Tumor b. Hund u. z. Steinleiden d. Katers. M.: 1997 Grdg. u. Ges. d. GEVOC, AKVO, Sielmannstiftung, WWF Deutschland. H.: Ornithologie, Arch.

Figala Karin Dr. rer. nat. Prof. *)

Figala Volker Prof. Dr. *)

Figel Frank Dipl.-Ing.

B.: Dipl.-Ing. f. Maschinenbau, Ltr. Regionales Technik Center, Entwicklung & Konstruktion. FN.: VA TECH IndustrieHansa Consulting & Engineering GmbH. DA.: 40878 Ratingen, Lise-Meitner-Str. 4. frank.figel @industriehansa.de. www.industriehansa.de. G.: Biberach, 7. Mai 1970. El.: Georg u. Gerlinde, geb. Ott. BV.: Großvater war in d. Schuhmacherinnung Württemberg. S.: 1989 Abitur Biberach, 1989-90 Wehrdienst, 1990 Ersatzteilservice Libherr, 1991 Berufsak. Ravensburg, 1994 Dipl.-Ing. K.: 1995 I.M.F. Betriebsmittelltr.,1995-96 Jazbinski, 1996 VATECH Konstrukteur, 1997 Gruppenltr. d. Maschinenbau, 1998 Teamltr., 1999 Komplettstandort Düsseldorf-Ratingen u. Westdeutschland, Abt.-Ltr., 2001 Betriebsltr. überregionale. P.: WAZ. M.: Förderkreis Ravensburg, Berufsak., Tennisver. H.: Tennis, Golf, Skifahren, Segeln, Lesen.

Figge Gustav *)

Figge Horst Dipl.-Kfm. *)

Figge Horst H. Dr. phil. Prof. *)

Figge Klaus Dipl.-Ing. *)

Figge Michael *)

Figge Paul Hermann Ing. *)

Figge Rolf Günter *)

Figge Ullrich *)

Figge Waltraud *)

Figulla Lutz Martin

B.: Kunstschmied u. Designer. FN.: Atelier u. Werkstatt f. Metallgestaltung. DA.: 99735 Wolkramshausen, Am Schacht 7. PA.: 99735 Wolkramshausen, Sonderhäuserstr. 16. G.: Nordhausen, 11. März 1953. V.: Christina-Petra, geb. Stolze. El.: Franz u. Elvira. S.: 1969-72 Berufsausbild. m. Abitur, 1974-79 Theol.-Stud. Martin-Luther Univ. Halle, Dipl.Theol. K.: 1979 Arb. als Schmied, 1981-82 Fernstud. Kunsthandwerk Burg Giebichenstein Halle/Saale, 1983-85 Meisterstud., Schlosser- u. Schmiedemeister b. Hans Reiche/Gotha, 1987 Anerkennung Kunsthandwerker d. DDR, seit 1987 selbst. (Meyenburg-Museum Wolkramshausen, Nat.-Theater Weimar, Runneburg Weißensee), seit 1994 Landesfachgruppenleiter u. Mtgl. d. Bundesfachgruppenleitung Metallgestaltung im Bundesverband Metall. P.: Einzelausstellungen u. Ausstellungsbeteiligungen im In- u. Ausland. E.: 1987/88 Preise im Schmuckwettbewerb, 1991 Aachen Weltschmiedekongreß, Preis f. rich-

*) Biographie www.whoiswho-verlag.ch oder beigefügte CD-ROM

tungsweisende Metallgestaltung. M.: Bund Thüringer Kunsthandwerker e.V., Intern. Fachverb. gestaltender Schmiede e.V., Rotary Club. H.: Motorsport.

Figura Lars
B.: Profi-Leichtathlet (400m). FN.: c/o Dt. Leichtathletik-Verb. DA.: 64293 Darmstadt, Julius-Reiber-Str. 19. G.: Bremen, 25. März 1976. K.: 1997 U23-EM Staffel/3.; 1998 DHM/2., DM/4.; 1999 DHM/1., Hallen-WM/6, 2000 DM/1, DHM/2, Hallen-EM/4, Hallen-EM-Staffel/2.

Figurski Edward *)

Fijalkowski Jürgen Dr. *)

Fikentscher Anneliese Dipl.-Ing. *)

Fikentscher Rüdiger Hans Dr. med. habil.
B.: FA f. HNO, Fraktionsvors. u. Landesvors. d. SPD Sachsen-Anhalt. FN.: Landtag. DA.: 39104 Magdeburg, Dompl. 6-9. G.: Probsthain, 30. Jan. 1941. V.: Prof. Dr. Erdmuthe, geb. Scharfenberg. Ki.: Markus (1969), Uta (1973) El.: Eberhard u. Ruth, geb. Vetter. BV.: Ururgroßvater Wolfgang Caspar - Bayr. LAbg. u. Gründer d. 1. chem. Fbk.; Urgroßvater Friedrich Christian Fikentscher – Sächs. LAbg.; Ururururgroßvater Bartolomäus Trommsdorff - Gründer d. mod. Pharmazie; Prof. Dr. jur. Gertrud Schubart-Fikentscher - 1. Frau m. dt. Raum m. jur. Lehrstuhl. S.: 1959 Abitur, 1959-61 Wehrdienst, 1961-67 Stud. Med. Univ. Halle-Wittenberg, 1967 Prom. Univ.-Klinik f. Innere Med., 1967-72 FA-Ausbild. f. HNO-Heilkunde Univ.-Klinik Halle, 1974 Prom. u. Habil. K.: b. 1990 tätig an d. HNO-Univ.-Klinik in Halle, 1981 OA, 1985-90 Doz. an d. Univ.-Klinik f. HNO in Halle, 1990 Wechsel in d. Politik, seit 1989 Mtgl. d. SPD, 1990 Volkskam.-Abg., seit 1990 LAbg. in Sachsen-Anhalt, 1990-94 VPräs. d. Landtages, seit 1994 Fraktionsvors., seit. 1990 Bez.-Vors. d. SPD-Bez. Halle u. heute Landesvors., seit 1995 Vors. d. Bundesparteirates d. SPD. P.: ca. 120. Veröff. in Zeitschriften, zahlr. Buchbeiträge, "Klin. Olfaktologie u. Gustologie" (1977).

Fikentscher-Fendt Doris Dipl.-Ing. *)

Fikus Jürgen

B.: Gartenbaumeister, Inh. FN.: Jürgen Fikus Gartenbau + Floristik. DA.: 51381 Leverkusen, Daimlerstr. 7. G.: Leverkusen, 18. Jän. 1962. V.: Annette, geb. Gerhards. Ki.: Jasmin (1995), Dennis (1997). El.: Paul u. Karin, geb. Hansen. S.: 1981-83 Lehre Gärtner, 1984-85 Bundeswehr, 1990-91 Meisterschule, 1991 Meisterprüf. K.: seit 1986 tätig im elterl. Betrieb, 1996 Übernahme d. Betriebes, 1997 Erweiterung um Floristik. M.: Zentralverb. Gartenbau Köln. H.: Modellbau.

Filbinger Hans Karl Dr. iur. Dr. h.c. Prof. *)

Filbrandt Wilfried *)

Filbrich Jens
B.: Nordischer Kombinierer. PA.: 99338 Gossel, Am Kalkberg 20. filbrich@xc-ski.de. www.xc-ski.de. G.: Suhl, 13. März 1979. K.: 1999 JWM Saalfelden Staffel/1., 10km Klassisch/3., 30km Skating/3.; 2001 WM Lahti Staffel/3.; 2002 Olympische Spiele Salt Lake City/Bronze. H.: Reisen, Snowboarden, Internet, Lesen, Fußballfan v. Bayern Leverkusen, Musik. (Re)

Filbry Elisabeth
B.: RA in eigener Kzl. DA.: 90409 Nürnberg, Schopenhauerstr. 8. G.: Tübingen, 8. Juni 1964. Ki.: Cosima (1993). El.: Dr. Günther u. Ingeborg Charlotte Filbry. S.: 1983 Abitur Pegnitz, 1983-84 Praktikum USA, 1984-89 Stud. Rechtswiss. Univ. Würzburg, 1989 1. Staatsexamen, 1990-93 Referendariat LG Aschaffenburg, 1995 2. Staatsexamen, 1996 Zulassung z. RA am LG Nürnberg K.: 1996 Eröff. d. Kzl. in Nürnberg. F.: freie Mitarbeiterin einer Nürnberger Inkasso GmbH. P.: Veröff. z. Thema "Mütter in Anwaltschaft/Zeitmanagement", div. Kammermitteilungen. M.: Förderverein d. Montessori-Schule. H.: Literatur, Reien, Musik, Theater.

Filby Stephen *)

Filges Axel
B.: RA. FN.: Wessing. GT.: seit 1992 Kam.-Vorst. d. Hanseat. RA-Kam., seit 1999 Präs. DA.: 20354 Hamburg, Neuer Wall 44. hamburg@wessing.com. www.wessing.com. G.: Hamburg, 28. Juli 1947. V.: Sabine, geb. Weitz. Ki.: Joe-Christian (1977), Max-Christian (1994). S.: 1968 Abitur, 1968-72 Stud. Rechtswiss. Univ. Hamburg, 1972-75 Referendarzeit u. 2. Staatsexamen. K.: 196-81 RA b. Dr. v. Berenberg, ab 1981 Partner v. Dr. v. Berenberg, seit 1990 als Wessing firmiert. M.: Richterwahlaussch. Hamburg, ASU, HFA Hamburg, Grdg.-Mtgl. ELA, Grdg.-Mtgl. Rotary. H.: Segeln, Tennis, Reisen, Skifahren, Berufspolitik.

Filges Ernst-August

B.: Wirtschafts- u. Steuerprüfer. FN.: WRT Revision u. Treunhand GmbH. DA.: 33739 Bielefeld, Oberlohmannshof 11. G.: Enger, 13. Juli 1952. V.: Elisabeth, geb. Knipkamp. Ki.: Johannes (1993). El.: Alfred u. Hanna. S.: 1967-69 Handelsschule Bielefeld, 1969-72 Ausbild. Ind.-Kfm. Stadtwerke Bielefeld GmbH, 1972-73 Ang. d. Stadtwerke, 1973-78 Stud. Wirtschaft FHS Bielefeld, Zivildienst. K.: 1973-78 Ang. d. Stadtwerke Bielefeld GmbH, 1978-83 Ang. d. Firma Wollert-Dr. Eimendorff KG Wirtschaftsges. in Düsseldorf, 1983 Bestellung z. Steuerberater, 1983-85 Prüf.-Ltr. d. Sozietät Westerfeldhaus u. Partner, seit 1985 Ltr. d. RWT-Revision Treuhand Ges. f. Ostwestfalen, 1987 Bestellung z. Wirtschaftsprüfer u. Gschf. Ges. d. WRT. F.: seit 2001 Gschf. d. Dr. Herbold WRT Revision u. Treunhand in Münster. P.: Veröff. zu Steuerfragen. E.: Stipendium d. Stadtwerke Bielefeld GmbH f. bes. Leistung. M.: CVJM. H.: Rennradfahren.

Filip Angelika
B.: Steuerberaterin, Mitinh. FN.: RBF Steuerberater Rau, Baumgartner, Filip. DA.: 85221 Dachau, Gröbmühlstr. 36. rau-baumgartner@t-online.de. www.rbf-steuerberater.de. G.: München, 26. Okt. 1963. V.: Ernst Filip. Ki.: Sandra (1986), Christine (1990), Manuela (1992). El.: Franz u. Elisabeth. S.: 1981-83 Ausbild. z. Steuerfachgehilfin in München. K.: 1983-96 Ang. in versch. Steuerkzl. in München, 1994-96 parallel Fortbild. z. Steuerberaterin b. Steuerrechts-Institut Knoll GmbH in München, 1996 Abschluss z. Steuerberaterin, 1996-99 ang. Steuerberaterin in Dachau, seit 2000 Mitinh. d. Steu-

erkzl. RBF Steuerberater in Dachau. M.: Förderver. f. Nierenkranke, Dialyse u. Transplantierte Kinder e.V. H.: Lesen, Schwimmen, Radfahren, Familie, Oper, Musicals, Reisen.

Filipek Beata *)

Filipp Cornelia Dipl.-Psych. *)

Filipschack Hans-Georg *)

Filius Jürgen Johannes Werner

B.: RA. DA.: 89073 Ulm, Platzg. 29. G.: Berlin, 5. Okt. 1960. V.: Christine, geb. Augsberg. Ki.: 1 Tochter (1996), 1 Sohn (1999). S.: 1981 Abitur, 1981-83 Zivildienst, 1983-89 Jurastud. Heidelberg, 1989-92 LG Ulm, 1992 2. Staatsexamen. K.: 1992-98 RA in d. Sozietät Derra, Meyer + Partner, 1998 eigene Sozietät Filius. M.: Mitbegründer d. Anw.-Notdienst Ulm, Mtgl. im Anw.-Ver., 1997 StadtR. in Ulm, B 90/Grüne, Vorst. Arbeitersamariterbund, SSV Ulm, Roxy-Ver. H.: Familie, Politik, Fußball, Kultur.

Filla Jürgen Dipl.-Kfm. *)

Filler Guido Dr. med. Priv.-Doz. *)

Filler Thomas *)

Filohn Horst-H.
B.: Intendant. FN.: Renaissance-Theater Berlin. DA.: 10623 Berlin, Knesebeckstr. 100. G.: Zeesen, 22. Aug. 1951. Ki.: Maximilian (1994). S.: 1970 Abitur, Stud. Theatertechnik, 1977 Abschluß, b. 1982 Arch.-Stud. TU Berlin. K.: seit 1977 techn. Dir. am Renaissance-Theater, seit 1984 Gschf., seit 1986 gleichzeitig stellv. Int., seit 1995 (zusätzlich z. Gschf.): Intendanz; Gegenwartsdramatik, Erst- u. Uraufführungen int. Autoren, m. H. M. Enzensberger als künstl. Berater, Co-Produktionen im ges. dt.-spr. Raum; ihm gelang m. "Marlene", m. Judy Winter in d. Hauptrolle, d. größte Theatererfolg d. letzten 20 J. in Dtl., inkl. Gastspielreisen in Europa u. nach Japan, unter s. Ägide d. Theater zu e. d. bestbesuchten d. Stadt gemacht. P.: Artikel in Fachzeitschriften. M.: Vorst.-Mtgl. Theatergem. Berlin e.V. H.: Theater, Hertha BSC.

Fils Alexander Dr. *)

Filser Bernhard Dr. *)

Filupeit Harry *)

Filz Romy
B.: Textilzeichnerin, selbständig. FN.: Dick u. Chick. DA.: 02708 Löbau, Bahnhofstr. 1. G.: Löbau, 30. Apr. 1962. Ki.: Manja (1980), Michael (1983). El.: Klaus u. Rente Kanig. S.: 1978-80 Lehre Textilzeichnerin. K.: 1980 Textilzeichnerin b. Firma LAUTEX, 1982-83 Sachbearbeiterin im Vertragswesen d. Firma LAUTEX in Löbau u. 1984-90 Disponentin, 1991 Eröff. d. Geschäftes Dick u. Chic, 1992 Eröff. d. 2. Geschäftes f. Herrenbekleidung in Löbau, 2000 Eröff. d. Geschäftes in Bautzen.

Filzek Immo Dipl.-Vw. *)

Finas Dominique François Charles *)

Finck Agnes

B.: Anw. DA.: 18209 Bad Doberan, Am Markt 6. G.: Neustrelitz, 23. Juni 1944. V.: Dieter. Ki.: 1 Kind. El.: Joh. u. St. Kruschewski. S.: 1951-61 Lehre Stenotypistin, 1967-69 Sonderreifepr̈uf., 1969-76 Stud. Staatswiss. u. Dipl.-Jurist Humboldt-Univ. Berlin, 1990-91 Kurs z. Einführung in d. Recht d. BRD. K.: 1961-69 Ref.-Ltr., 1975 VEB Ing.-Tief- u. Verkehrsbaukombinat Rostock Jurist. Mitarb., 1976 Betriebsjustitiar Baumechanik Nord Rostock, 1979 Betriebsjustitiar Neptunwerft Rostock, seit 1991 selbst. E.: Ehrenmed. i. Silber d. KSV Bad Doberan. M.: Schützenges. d. Stadt Ostseebad Kühlungsborn. H.: Literatur, Sportschießen, Natur/Umwelt.

Finck Arnold Dr. Prof. *)

von Finck August
B.: Kfm., pers. haft. Ges. d. Bankhaus Merck, Finck & Co. DA.: 80333 München, Pacellistr. 4. G.: München, 11. März 1930. V.: Francine. (Re)

Finck Christian *)

Finck Ludwig C. Dipl.-Kfm. *)

Finck Rainer *)

Finck Reinhard

B.: Vereidigter Sachv. f. Kfz, selbständig. DA.: 90763 Fürth, Dr. Franck-Str. 14. G.: Altdorf, 23. Dez. 1960. S.: ab 1977 Lehre als Kfz-Mechaniker u. ab 1980 zusätzliche Ausbildung als Kfz-Elektriker, b. 1983 Ausbildung als Kfz-Flaschner, 1984 Meisterbrief als Kfz-Mechaniker. 1984-87 tätig als Kfz-Mechanikermeister, 1988 Ausbildung z. Kfz-Sachv., seit 1989 selbständig m. eigener Kfz-Werkstatt u. 1990-95 zusätzl. Autovermietung, selbständig als Kfz-Sachv., 1997 vereidigt v. d. HWK Mfr., seitdem als vereidigter Sachv. f. Kfz tätig. E.: Ehrenmedaille als Sportler d. Jahres in Fürth, seit 1997 im königlich bayerischen Schützenverein in Zirndorf, Bayerischer Vizemeister im Kombigroßkaliber (1999), 12 J. aktiv b. Teak-Won-Do, Dt. Meister im Vollkontakt (1987), M.: im Gesellenprüfungsausschuss (1986-96), seit 1996 im Meisterprüfungsausschuss.

Finck v. Finckenstein Joachim Georg Albrecht Dr. med.
B.: selbst. Arzt f. Chir. u. plast. Chir. DA.: 82319 Starnberg, Wittelsbacherstr. 2A. G.: Bonn 22. Dez. 1954. V.: Karina Sibylle, geb. v. Wedemeyer. Ki.: Alessia (1990), Celina (1992), Darian (1996), Leander (1999). El.: Theodor u. Gisela. BV.: Feldmarschall Graf Finck v. Finckenstein Außen- u. Verteidigungsmin., Erzieher v. "alten Fritz". S.: 1959 Jesuitengymn. St. Louis de Gonzague Paris, 1968 Jesuitengymn. Aloisiuskolleg Bonn-

*) Biographie www.whoiswho-verlag.ch oder beigefügte CD-ROM

Finck v. Finckenstein

Bad Godesberg, 1973 Abitur, 1974 Beginn Med.-Stud. Univ. Kiel, Heidelberg, Klinikum rechts d. Isar in München, 1980 2. Staatsexamen u. P.J. in Garmisch-Partenkirchen, 1981 3. Staatsexamen, 1982 Approb., 1984 Prom., 1982-84 Wehrdienst im Bundeswehr-KH München. K.: 1984 Einrichtung einer Intensivstation in d. Militärhospitälern in Nordyemen u. Burundi, Postgraduierten-Stipendium Inst. f. Chir. Forsch., 1985 Ausbild. z. FA f. Chir. LMU München, Klinikum Großhadern, Handchir., plastische chir. Abt., 1991 FA-Prüf. f. Chir., Weiterbild. in d. Abt. v. Prof. Dr. med. Bohmert u. Prof. Dr. med. Baumeister, 1993 plastischer Chir., Eröff. einer Praxis f. plastisch-rekonstruktive Chir., 1995 Weiterbild.-Anerkennung f. plastische Chir. BL.: Sprachkenntnisse Franz., Engl., Span. u. Russ. P.: div. Veröff. in nat. u. intern. Fachzeitschriften. M.: Ver. Dt. Plastischer Chir., Bund Dt. Chir. (BDC), Ver. d. Franz. Plastischen Chir. H.: Motorsport, Oldtimer-Liebhaber, Schauspielerei, Tennis, Squash, Schifahren, Reisen.

Finck v. Finckenstein Karina Sibylle *)

Graf Finck von Finckenstein Hans Werner *)

Fincke Martin Dr. Prof. *)

Finckler Peter *)

Findeisen Friedrich *)

Findeisen Ingrid *)

Findeisen Michaela

B.: staatl. geprüfte Augenoptikermeisteirn. FN.: Optik Michaela Findeisen. DA.: 90455 Nürnberg, An der Radrunde 149. G.: Nürnberg, 20. Okt. 1954. Ki.: 1 Tochter, 1 Sohn. S.: Mittlere Reife, Ausbild. Augenoptikergeschäft Erlangen, 1978-80 Fernak. f. Augenoptik München, Staatl. Prüf., 1980 Meisterprüf., 1992-99 Fortbild. Astrolog. Psych. am Astrolog. Psych. Inst. Bruno u. Luise Huber in Adliswil b. Zürich, Abschluß API, seit 1999 Ausbild. als Feng Shui Beraterin b. Prof. Dr. Jes Lim, 1997-2000 Ausbild. z. Freien Reiki-MeisterinLehrerin b. Ruth Becker Schwabach. K.: seit 1979 selbst. m. eigenem Optikergeschäft, Schwerpunkt: Brillen- u. Kontaktlinsenanpassung m. Werkstatt. BL.: Beratung u. Ausbild. in Astrolog. Psych., Feng Shui-Beratung (Wohnungs- u. Geschäftsräume), Reiki Behandlung u. Ausbild. M.: Innungsmtgl. d. Augenoptiker, Berufsverb. Astrolog. Psychologie Intern. H.: Bergwandern, klass. Musik.

Findeisen Peter *)

Findeisen Volkart Udo

B.: Kfm., Inh. FN.: Mode & Meer Friends. DA.: 25813 Husum, Hafenstr. 20. Ki.: 1 Tochter. S.: 1974 Abitur, 1974-76 Bundeswehr, 1976-62 Stud. Math. u. Sport f. Höheres Lehramt Kiel, 1982-84 Aufbaustud. Sportwiss.-Freizeit u. Tourismus Hamburg. K.: 1980-87 selbst. Kfm. f. Sportart., 1983-85 Ausbilder b. Dt. Seglerverb., 1987 Grdg. d. Surf-Ak., 1987-96 tätig in d. Bereichen Sportpromotion, Konzepte f. d. Surfind., Konzeption, Organ. u. Durchführung gr. Events, Ref. u.

Seminartätigkeiten, Marketing, PR u. Pressearb., 4 J. PR u. Marketing f. versch. Reiseveranstalter, 2 J. PR u. Marketing f. d. Firma Procter & Gamble, 5 J. freiberufl. tätig als Aufnahmeltr. f. 2 Serien "Gegen d. Wind" u. "Strandclique" f. d. Bavaria Film GmbH, Redakteur f. d. Fachmagazin "Surf" u. Organ. d. Surf-WM; Projekte: Stadtmarketing u. Gestaltung, Konzeption u. Umsetzung f. d. Stadt Husum.

Findik Nihat

B.: Inh., Gschf. FN.: Restaurant "Konak" GmbH. DA.: 30163 Hannover, Waldstr. 18a. G.: Tunslie /Türkei, 2. Jan. 1966. V.: Jasemin, geb. Sasurluk. Ki.: Selin (1994). S.: 1981 Einwanderung Deutschland, 1 J. Berufsschule. K.: 1 J. Vers.-Kfm. Hannover, 1985 Barkeeper in einem ital. Restaurant in Hannover, 1 J. Kellner in einem Türk. Restaurant, 1989 selbst. m. einem Bistro in Hannover, 1992 Übernahme eines alten Bauernhauses u. Umbau zu türk. Restaurant "Konak" in Hannover-List. M.: Fußballver.

Findler Christin *)

Fingado Eberhard *)

Finge Wilhelm *)

Finger Detlef Ing. *)

Finger Gerhard Dipl.-Ing.

B.: freier unabhängiger Bewertungssachv. f. bebaute u. unbebaute Grundstücke. GT.: Rechtsreferent im Landesverb. Sachsen-Anhalt d. VDM, Immobilienmakler. DA.: 39576 Stendal, Freiherr-vom-Stein-Str. 39. finger.immo@t-online.de. www.finger-immo.de. G.: Mieste, 19. Juni 1947. V.: Renate, geb. Knispel. Ki.: Steffen (1971), Bauing. Jörg (1973). BV.: Herr Schapper war d. Mitunterzeichner d. Kommunist. Manifest. S.: 1966 Abitur Gardelegen, b. 1968 Grundwehrdienst b. d. Armee, b. 1971 Ing.-Schule f. Holztechnik in Dresden. K.: stellv. Betriebsltr. u. Technologe in Groß Schönebeck in d. Holzverarb. Schorfheide, 1977-90 Faching. im Baukombinat Stendal, 1980-82 Fernstud. z. Faching. f. d. Bauwirtschaft (Kalkulator), 1990 in Stendal als Immobilienmakler u. Bausachv. selbst. M.: VDM.

Finger Heinz Peter *)

Finger Helmut Dr. rer. agr.

B.: MR i. R Ref. f. Zukunftsperspektiven u. Umweltfragen im Weinbau. FN.: Min. f. Wirtschaft, Verkehr, Landwirtschaft u. Weinbau 1989-96. DA.: 55116 Mainz, Bauhofstr. 4. PA.: 55276 Oppenheim, Burgstr. 10. G.: Darmstadt, 4. Juni 1934. V.: Friederike, geb. Rehlen. Ki.: Christian (1966), Doris (1968), Luciano (1971), Ramona (1974). BV.: Jakob Finger, Innenminister im Großherzogtum Hessen (1884-98), E. C. Finger, Hess. Landtagsabgeordneter (1906-18), David Möllinger (1709-1786) "Vater d. Pfälzer Ackerbaus". S.: 1953 Abitur Alzey, 1953-55 Lehre Ldw. u. Winzer, 1955-58 Stud. Agrarwiss. Gießen, 1958 Agraring., 1960 Prom. K.: 1960-62 Ausbild. Ldw.-Lehrer, 1962/63 Berater in Bitburg/Eifel, 1963-67 Pers. Ref. Ldw.-Min. O. Stübinger, 1967-71 Ltr. Ldw.-Schule Kirchheimbolanden, 1971-76 Ltr. Ldw.-Schule Alzey, 1976-89 Ltr. d. Landes - Lehr- u. Versuchsanst. Oppenheim, seit 1989 jetzige Position, seit 1996 im Ruhe-

*) Biographie www.whoiswho-verlag.ch oder beigefügte CD-ROM

stand. P.: zahlr. Veröff. in Fachzeitschriften. E.: Oppenheimer Weinmaß, Mainzer Schoppenstecher. M.: Grdg.-Präs. Rotary Club Mainz-Churmeyntz, Kreismusikschule Alzey, Mitbegr. Dt. Weinbaumuseum Oppenheim, Bundesarbeitskreis Landvolksdienst d. EKD, Mtgl. d. Kammer f. Missionarische Dienste d. EKHN. H.: Umweltschutz, Gartenbau, Fotografieren, Schifahren.

Finger Mark *)

Finger Monika *)

Finger Peter
B.: Musiker, Verleger. FN.: Acoustic Music Records DA.: 49080 Osnabrück, Jahnstr. 1a. G.: Weimar, 11. Okt. 1954. V.: Odile, geb. Millotte. Ki.: Felix (1974), Aline (1980). El.: Heinz u. Emma. S.: seit 6. Lebensj. Geigenunterricht, seit 13. Lebensj. Gitarrenspiel, 1974 Abitur Osnabrück, Musikstud. in Münster. K.: 1973 1. Plattenaufnahmen, seither regelmäßig Aufnahmen in Deutschland, Italien, England u. d. USA, seit 1976 Intern. Tourneen in alle Welt, seit 1979 Mitwirkung b. zahlr. Fernseh- u. Rundfunkproduktionen, Autor v. Gitarrenmusik-Sendungen f. WDR, Deutschlandfunk u. Dt. Welle, seit 1981 Kompositionen f. Symphonieorchester, seit 1985 Kompositionen v. Film- u. Fernsehmusiken, 1988 Grdg. d. eigenen Musikverlags u. CD-Produzent, seit 1995 Inh. u. Hrsg. d. Fachzeitschrift "Akustik Gitarre". BL.: Initiator d. jährlich intern. Gitarrenfestivals "openstrings" in Osnabrück, jährl. Deutschlandtournee "Intern.-Guitar-Night". P.: CD-Veröff. f. Kicking Mule Records, Stockfisch, Edition Collage u. im eigenen Verlag, vertreten bei mehreren intern. Samplern. E.: 1962 u. 1969 Preisträger b. "Jugend musiziert", 1973 Sieger Newcomer-Wettbewerbs. Interfolk-Festivals in Osnabrück, 1982 Ernst-Fischer-Preis f. Orchestermusik, 1983 Niedersächs. Künstlerstipendium, 1985 1. Preis b. Komponistenwettbewerb d. Staatstheaters Oldenburg. H.: Gitarren- u. Instrumentenbau.

Finger Reinhard Norbert *)

Fingerhut Karlheinz Dr. phil. *)

Fingerling Karl-Heinz *)

Fink Alfred *)

Fink Beate

B.: Gschf., Inh. FN.: IGA Optic Beate Fink GbR. DA.: 59494 Soest, Senator-Schwartz-Ring 24. PA.: 59609 Anröchte, Kuckusweg 2. G.: Anröchte, 22. März 1965. V.: Roland Fink. Ki.: Daniel. El.: Helmut u. Maria. S.: 1984 Abitur Erwitte, 1984-87 Lehre Augenoptikerin. K.: 1987-88 tätig als Augenoptikerin in Finnentrop, 1988-91 tätig als Augenoptikerin in Soest, 1993 Meisterprüf. in München, 1993-94 ang. Augenoptikmeisterin, 1994-98 Filialltr. als Meister in Soest, 1998 Übernahme d. Geschäftes. M.: Turnver. H.: Handarbeiten, Malen, Musik, Kanufahren.

Fink Burkard *)

Fink Carmen
B.: Friseurmeisterin, Gschf. FN.: Familiy's Hairdress Fink GmbH. DA.: 14050 Berlin, Knobelsdorffstr. 96. G.: Berlin, 18. Mai 1965. S.: 1982 Mittlere Reife, 1982-85 Lehre Friseurin, 1989 Meisterprüfung. K.: 1990 Grdg. d. Frisiersalons Familiy's Hairdress Fink GmbH. H.: Reisen.

Fink Claudia Dipl.-Ing.

B.: Innenarchitektin, selbständig. DA.: 97724 Ottobeuren, Klosterwaldstr. 76. www.finkinnenarchitektur.de. G.: Weinheim/Bergstraße, 20. November 1963. V.: Dr. med. Christof Weitzel. Ki.: Alexander (1994), Naomi (1998). El.: Heinrich u. Helga Fink, geb. Pühringer. S.: 1982 Abitur 1983-87 Stud. Innenarchitektur an d. FH Lippe in Detmold, Berufspraktika in einer Schreinerei, einer Fertighausfirma, d. Bauaufsichtsbehörde d. Landkreises Main-Kinzig u. b. einem Hersteller f. Bank- u. Büromöbel. K.: 1987-92 ang. Innenarchitektin b. d. Firma Kramer GmbH Ladenbau in Freiburg, 1993-94 ang. als Adminsitrative Ass. an d. Univ. of North Carolina, Chaple Hill, NC USA, seit 1995 selbständig als Innenarchitektin, Ziel ist eine ganzheitl. Innenarchitektur, welche der individuellen Bedürfnisse d. Menschen u. sein Wohlbefinden in d. Mittelpunkt stellt, Qualifikation: 1992 Sprachkurs am Communitiy College San Diego m. Ablegen d. Toefl Tests, 1993 Kurs in Autocad am technical Community College Durham NC, seit 1995 Mtgl. in d. Bayer. Architektenkammer. M.: BDIA, Architektenkammer. H.: Familie, Beruf, Feng Shui, Bergwandern.

Fink Daniel F. *)

Fink Dietrich Dipl.-Ing. *)

Fink Dirk *)

Fink Eduard Dipl.-Finanzwirt *)

Fink Erika *)

Fink Gottfried
B.: Architekt, selbständig. FN.: Fink u. Kohns freie Architekten. DA.: 22301 Hamburg, Hallerstr. 5 a. www.fuk-architekten.de. G.: Hamburg, 8. Juli 1958. V.: Doris, geb. Hilke. Ki.: Amelia-Filine (1986), Fiona Sarah (1990). S.: 1978 Abitur, 1978-80 Zivildienst, 1980-88 Stud. Arch. Hamburg. K.: 1988-92 tätig in versch. Architekturbüros, seit 1992 selbständig. H.: Musik, Tennis, Segeln.

Fink Hans-Joachim Dr. Prof. *)

Fink Heinrich Dr. theol. Dr. sc. Prof.
B.: MdB, Kultur- u. Wissenschaftspolitischer Sprecher d. PDS-Bundestagsfraktion, Prof. f. Theologie. FN.: Deutscher Bundestag. DA.: 11011 Berlin, Platz d. Republik 1, Büro: Mauerstr. PA.: 10318 Berlin-Karlshorst, Stechlinstr. 18. G.: Kornthal I/Bessarabien, 31. März 1935. V.: Ilsegret, geb. Vaje. Ki.: Miriam (1963), Daniel (1967), Rahel (1971). El.: Friedrich u. Dorothea, geb. Jauch. S.: 1940 wegen Hitler-Stalin-Vertrag Umsiedlung nach Deutschland, 1946-47 VS Glienecke/Brandenburg, 1948-49 Mittelschule Ciesa, Mittlere Reife, 1949-53 Gymn. Ritter-Akad. Theodor Neubauer Oberschule, Brandenburg, 1953-54 Oberschule Genthin, Abitur, 1954-58 Theologie-Stud., Humboldt-Univ., Berlin, 1957-58 Obm. Ev. Studentengemeinde ESG-Ost, 1959-60

*) Biographie www.whoiswho-verlag.ch oder beigefügte CD-ROM

1. Theol. Examen, Humboldt-Univ. K.: 1960-61 Vikariat in Halle/Saale, Reformierter Dom, 1961-66 Ass. f. prakt. Theologie, Humboldt-Univ. Berlin, 1965 Prom. z. Dr. theol. über Begründung und Funktion der prakt. Theologie bei Ernst Daniel Schleiermacher, bei Prof. Otto Haendler, 1966-69 Habil.-Aspirant, Humboldt-Univ., 1969 Dr. sc., über Karl Barth, 1969-79 Berufung z. Dozenten, 1979-92 Prof. f. prakt. Theologie, Schwerpunkt Seelsorge u. Pastoralpsychologie, Aussöhnung Juden u. Christen, Lehrtätigkeit in Fächern: prakt. Theologie, Homiletik, Katechetik, Erziehungswiss., 1979-89 Dekan d. theolog. Fakultät, 1990-92 Rektor d. Humboldt-Univ.; 1978-90 aktiv in Synode d. ev. Kirche, Vors. Regionalausschuß DDR d. christl. Friedenskonferenz, seit 1990 Vors. Bund d. Antifaschisten in d. Neuen Bundesländern, seit 1998 MdB, als Nichtmitglied auf offener Liste d. PDS-Fraktion Mecklenburg-Vorpommern, o.Mtgl. Ausschuß f. Wiss., o. Mtgl. Ausschuß f. Kultur. BL: Dialog zw. Juden u. Christen. P.: "Stärker als d. Angst - den 6 Millionen Juden, die keinen Retter fanden" (1968), Aufsätze über "Bekennende Kirche u. ihr Verhältnis zum Judentum, z. Biographie jüdischer Dichter u.a. Nelly Sachs. M.: Bund d. Antifaschisten, Paul Schneider Gesellschaft, Martin Niemöller Gesellschaft. (Re)

Fink Heinz-Günter Dipl.-Ing. *)

Fink Helmut *)

Fink Hermann Dr. Dipl.Übers. Prof. M. A. *)

Fink Joseph *)

Fink Michael

B.: Gschf. Ges. FN.: Gold Fink GmbH. DA.: 87600 Kaufbeuren, Bismarckstr. 2. goldfink@aol.com. www.gold-fink.de. G.: Kaufbeuren, 2. Okt. 1967. El.: Johannes u. Paula, geb. Niederlechner. BV.: Bruno Fink - Unternehmensgründer. S.: Mittlere Reife, Bundeswehr, Lehre Ind.-Kfm. K.: 1986-91 tätig im elterl. Betrieb, Ausbild. z. Diamantengutachter in Idar-Oberstein, b. 1991 Prok. im Familienbetrieb, 1991 Grdg. d. Firma Gold Fink GmbH m. Schwerpunkt Design, Prod., Großhdl., Reparaturen v. Gold-, Platin-, Zuchtperlen- u. Edelsteinschmuck, Großhdl. u. Herstellung v. Schmuck spez. Zuchtperlenschmuck u. bundesweiter Vertrieb an gr. Warenhausketten. P.: Publ. in d. Lokalpresse. H.: Sport, Skifahren, Tennis, Badminton, Reisen. Sprachen: Englisch, Italienisch.

Fink Otto Hermann

B.: Goldschmiedemeister, selbständig. DA.: 80803 München, Viktoriastr. 25. G.: München, 23. März 1940. Ki.: Stefan (1964), Marion (1966). El.: Robert u. Theresia, geb. Böck. S.: 1954-58 Lehre Goldschmied Werkstatt Sybille Karg München. K.: bis 1959 tätig in der Werkstatt Sybille Karg in München, 1959-62 Goldschmied in der Firma Rave in München, 1962-64

Bundeswehr, b. 1966 tätig in d. Firma Rave, 1965 Meisterprüfung m. Ausz., 1966-70 Meister b. Münchner Hofjuwelier Theodor Heiden, 1970-72 Ausbildung z. Zahntechniker im Labor Sven Mestel in München, 1972-75 Zahntechniker im Labor Busser in München u. b. 1978 im Labor Muc, 1978-80 Meisterschule f. Zahntechnik, 1981 Übernahme der Goldschmiedewerkstatt mit Ladengeschäft d. Vaters in München. E.: div. Ausz. bei Goldschmiede-Wettbewerben. H.: Tennis, Surfen, Tauchen, Bergsteigen.

Fink Ralf-Andreas *)

Fink Robert *)

Fink Robert *)

Fink Ulf

B.: Dipl.-Vwt., Senator f. Gesundheit u. Soziales Berlin a.D., MdB. FN.: Dt. Bundestag. DA.: 11011 Berlin, Platz d. Republik 1. G.: Freiburg, 6. Okt. 1942. V.: Eleonore, geb. Pamp. Ki.: Claudia, Jan-Walter. El.: Walter u. Käthe. S.: 1962-66 Univ. Marburg, Hamburg, Bonn, Dipl.-Vwt. K.: Bis 1969 Bundesreg., dann CDU/CSU-Bundestagsfrakt., ab 1973 Landesreg. Rheinl.-Pfalz, s. 1977 CDU-Bundesgesch.-Stelle Bonn, 1983-87 Vors. d. Bundesfachausch. Sozialpolitik d. CDU, s. 1985 im Bundesvorst. d. CDU, s. 1987 Bundesvors. Sozialausch, 1991-93 Vors. d. Landesverb. d. CDU-Brandenburg, 1985-92 Mtgl. d. Abgeordnetenhauses v. Berlin, 1981-89 Sen. f. Gesundheit u. Soziales d. Landes Berlin, s. 1994 MdB. P.: Christl. Gesellschaftsdenken im Umbruch (1977), Grundwerte in d. Politik (1979), Zukunftschance der Jugend (1979), Keine Angst vor Alternativen (1983). (Re)

Fink Ulrich Dipl.-Kfm.

B.: Gschf., Bankdir. FN.: WestGkA Management, Ges. f. kommunale Anlagen mbH; West LB. DA.: 40472 Düsseldorf, Kanzlerstr. 4. G.: Weimar, 24. Okt. 1941. V.: Gabriele, geb. Lücke. Ki.: Christina (1977), Martin (1979). El.: Albin u. Margarethe, geb. Ross. S.: 1961 Abitur, 1961-66 BW-Stud. Johann Wolfgang v. Goethe Univ. Frankf., 1966-71 wiss. Ass. TU Berlin. K.: Seit 1971 Angestellter d. West LB in div. Pos., s. 1978 Prok., s. 1980 Dir., s. 1993 Bankdir. West LB, Gschf. GkA Hilden mbH, WestGkA Düsseldorf. H.: Radfahren, Wandern. (M.C.W.)

Fink Wilfried *)

Finkbeiner Christel

B.: Werbefotografin. DA.: 63263 Neu-Isenburg, Luisenstr. 65. G.: Baiersbronn, 8. Mai 1964. El.: Herbert u. Lore Finkbeiner. S.: Wirtschaftsgymn. Freudenstadt, Ausbild. Werbefotografin. K.: seit 1988 selbst. in Frankfurt, Schwerpunkt: Ind., Arch., People; Weiterbildung: Klassische Gesangsausbildung, Weiterbildung: Reiki - Meisterin/Lehrerin. M.: Wirtschaftsjunioren Offenbach, Journalistenverband.

Finkbeiner Gerd Dipl.-Ing.

B.: Vorst.-Vors. FN.: MAN Roland Druckmaschinen AG. GT.: Chairman im Board d. MAN Roland Asia Pacific Sdn., Bhd, Kuala Lumpur/Malaysia, d. MAN Roland (Hongkong) Leitung Hong Kong, d. MAN Roland Inc. Illinois/USA u. d. Omnigraph

*) Biographie www.whoiswho-verlag.ch oder beigefügte CD-ROM

Group B.V. Amsterdam, Boardmtgl. d. MAN Roland (Taiwan) Ltd. Taipei, AufsR.-Vors. d. Brüder Henn Graphische Systeme AG Wien, d. MAN Roland Poland Sp. z.o.o. Nadarzyn, VerwR.-Vors. d. Votra S.A. Lausanne, AufsR.-Mtgl. d. RENK AG Augsburg. DA.: 63075 Offenbach, Mühlheimer Str. 341. www. man-roland.com. G.: Baiersbronn/Kreis Freudenstadt, 24. Aug. 1957. V.: verh. Kl.: 3 Kinder. S.: 1976 Abitur Keppler-Gymnasium Freudenstadt, 1981 Abschluß Dipl.-Ing. FH für Druck Stuttgart. K.: 1982-87 Projekting. mit Einsatzschwerpunkten Südostasien u. Australien b. d. Eurografica Export-Förderungs-GmbH München, 1987-92 Gschf. d. Eurografica u. VPräs. d. Intergrafica/Print & Pack, 1992 Gesamtbereichsleiter (Dir.) Verkauf u. Service Produktbereich Rolle d. MAN Roland Augsburg, 1995 stellvertretendes Vorst.-Mtgl. f. d. Ressort Produktbereich Rollenmaschinen MAN Roland, 1997 o.Vorst.-Mtgl. MAN Roland Druckmaschinen AG, seit 1999 Vorst.-Vors. MAN Roland Druckmaschinen AG, seit 2000 ordentl. Vorst.-Mtgl. d. MAN AG München. E.: Honorarprof. d. FH f. Druck u. Medien Stuttgart. (Re)

Finkbeiner Hans-Peter Dipl.-Bw. *)

Finkbeiner-Weimer Eva-Maria Dr. med. *)

Finke Alexandra *)

Finke Christian H. Dr.

B.: FA f. Oralchir., FA f. Öffentl. Gesundheitswesen, Associate Prof., Ltr. Abt. Kinderzahnmed. FN.: Univ.-Klinikum Charité Zentrum f. Zahnmed. DA.: 13353 Berlin, Augustenburger Pl. 1. Christian.Finke@charite.de. www.charite.de/ch/KIZ/. G.: Salzgitter, 28. Okt. 1950. S.: 1969 Abitur Braunschweig, 1969-75 Stud. Zahnheilkunde FU Berlin, 1975 Staatsexamen u. Approbation K.: 1975-80 wiss. Mitarbeiter in d. Abteilung Oralchir. FUB, Fachzahnarzt f. Oralchir., 1977 Prom., 1980-83 Bmtr. im Öff. Gesundheitswesen, zahnärztlicher Dienst Charlottenburg, 1983-94 Ltr. d. Bereichs Kinderzahnheilkunde in d. Abt. Kieferorthopädie u. Kinderzahnheilkunde FU Berlin, 1984 Kinderzahnheilkundlicher Fortbildungs-Aufenthalt in Bern, seit 1995 Leiter d. Abteilung Kinderzahnmed. Charité HU Berlin. BL.: Teilnahme am 5 WM u. 11 EM im Tornadosegeln. P.: Oral Health for the Orthodontic Patient (1998), Pedodontics - A Clinical Approach (1991), Wertigkeit d. zahnärztlichen Behandlung b. d. interdisziplinären Betreuung eines Kindes m. Epidermolysis bullosa dystrophica hereditaria (1996), In vitro abrasion using an air-powder polishing device and it quantification by radio tracer measurement (1999). M.: Mtgl. u. ehem. Trainer im Potsdamer Yachtclub, Dt. Ges. f. Zahnheilkunde. H.: Segeln, Leichtathletik, Tennis, Schifahren.

Finke Eberhart Dr. iur. *)

Finke Hans-J. *)

Finke Helmut *)

Finke Kathrin

B.: Betriebsleiterin. FN.: Kunst- & Kulturhaus "Waldschloß". DA.: 14467 Potsdam, Charlottenstr. 124. G.: Berlin-Friedrichshain, 5. Nov. 1969. Ki.: Jonas (1990). S.: b. 1984 Polytechn. Oberschule, b. 1988 Musikspezialschule "Georg-Friedrich-Händel", Berlin, 1988-98 Stud. Musik u. Germanistik f. d. Lehramt u. Mag. an d. Univ. Potsdam. K.: 1998 Betriebsleiterin im Kunst- & Kulturhaus "Waldschloß" u. seit 1999 Gschf. d. Vereins Kultikids e.V.

Finke Michael

B.: RA. FN.: RA-Kzl. Michael Finke. DA.: 42651 Solingen, Kölner Str. 41. michael.finke @ telebel.de. www.anwalt-finke. de. G.: Wuppertal, 19. Juli 1960. V.: Margret, geb. Hahn. El.: Klaus u. Beate, geb. Beseler. S.: 1980 Abitur, 1982-89 Jurastudium Köln, 1. Staatsex., 1989-92 Referendarzeit am LG in Wuppertal, 2. Staatsex.. K.: 1993 freier Mitarb. d. Kzl. Unshelm u. Finke, 1993-99 Partner in d. Kzl., seit 1999 alleiniger Inh. d. Kzl. M.: Arge Mietrecht u. Wohnungseigentum im dt. Anw.-Ver., Deutscher Anw.-Ver., CDU, Reitsportver. H.: Radfahren, Pferdesport, Motorrad.

Finke Ursula *)

Finke Volker

B.: Fußball-Bundesliga-Trainer. FN.: c/o SC Freiburg. DA.: 79117 Freiburg, Schwarzwaldstrasse 193. www.scfreiburg.com. G.: Nienburg, 24. März 1948. S.: OStR. f. Sport, Geschichte u. Gemeinschaftskunde. K.: stieg in seiner Karriere als (Spieler-) Trainer m. v. ihm betreuten Mannschaften bisher 20mal auf (Fußball, Volleyball, Tischtennis) und einmal ab, seit 1991 Trainer b. Sport-Club Freiburg, 3. Pl. d. Mannschaft in d. 2. Bundesliga Süd, 1992/93 SC Freiburg Meister u. Aufstieg in d. 1. Liga, nach 4 J. 1. Liga u. 1 J. in d. 2. Liga gelang 1998 d. direkt Wiederaufstieg, Stationen als Fußballtrainer: TSV Stelingen,TSV Havelse, SC Norderstedt.

Finkelmeier Bernd *)

Finkelnburg Klaus Dr. Prof.

B.: RA, Notar; Präsident. FN.: Verfassungsgerichtshof d. Landes Berlin. DA.: 10781 Berlin, Elßholzstr. 30-33; Kanzlei Schön, Nolte, Finkelnburg u. Clemm, 10719 Berlin, Kurfürstendamm 29. G.: Bonn, 7. Mai 1935. S.: 1955 Abitur, Stud. Rechts- u. Staatswiss. Bonn u. Berlin, 1959 Referendarexamen b. OLG Köln. K.: mehrere J. Ass. v. Prof. Dr. Bettermann am Inst. f. Staats- u. Verw.-Recht d. FU Berlin, 1963-66 Referendariat im Bez. d. Kam.-Gerichts, 1966 zul. als RA u. Grdg. einer Anw.-Kzl., 1990 m. zwei Hamburger Kzl. unter d. Namen Schön, Nolte, Finkelnburg & Clemm zu einer überregionalen Soziätet m. etwa 60 Anw. u. weiteren Büros in Dresden, Potsdam u. Brüssel zusammengeschlossen, 1968 Vorlesungen an d. jur. Fak. d. FU Berlin, 1977 Ernennung z. Honorarprof. m. Lehrbefugnis Staats- u. Verw.-Recht, seit 1991 auch Vorlesungen an d. Jur. Fak. d. HUB. P.: Zahlr. wiss. Veröff. in Fachzeit- u. Festschriften, Handbüchern u. im Handbuch d. Verfassung d. Landes Brandenburg, Buchveröff. u.a. "Vorläufiger Rechtsschutz im Verw.-Streitverfahren" (1986), "Öff. Baurecht" (1995), Mithrsg. d. Neuen Zeitschrift f. Verw.-Recht. M.: Jur. Ges., 1985-92 Mtgl. d. Abgeordnetenhauses v. Berlin, CDU-Fraktion Wahlkreis Charlottenburg-West, im Abg.-Haus u.a. im Verkehrsaussch., Innenaussch. u. als Rechtspolit. Sprecher d. CDU d. Rechtsaussch., Untersuchungsaussch., Richterwahlaussch., 1991-92 Mtgl. d. Verfassungsschussses d. Landtags Brandenburg, s. 1992 Präs. d. Verfassungsgerichtshof. H.: Geschichte, insbes. 19. Jahrhundert.

Finkelstein-Conea Nana Dr. *)

Finken Jürgen *)

Finkenbusch Jürgen Ing. *)

*) Biographie www.whoiswho-verlag.ch oder beigefügte CD-ROM

Finkensieper Barbara

B.: Friseurmeisterin, Unternehmerin. FN.: Haaratelier Barbara Finkensieper. GT.: Frisurenberatung auf d. Hochzeitsmesse Saarbrücken, Teilnahme an mehreren Benefizveranstaltungen m. Frisurenschau zugunsten z.B. f. d. Kinderkrebsstation, sowie Jugend- u. Sportförderung, Unterstützung lokaler Kindergärten, 1996 Aktion "Kinder frisieren Barbies" f. an Mucoviszidose erkrankte Kinder. DA.: 66386 St. Ingbert, Ensheimer Str. 110. G.: Saarbrücken, 2. Aug. 1967. V.: Dirk Lange, Friseurmeister. Ki.: Jan (1992). El.: Alfons Hünermann u. Ilse, geb. Bier. S.: 1982 Mittlere Reife in St. Ingbert, 1982-85 Ausbildung z. Friseurin im Salon Ganster in St. Ingbert, parallel dazu Ausbildung z. Kosmetikerin durch Abendschulbesuch, jeweils Abschluss m. Erfolg, 1990-91 Besuch d. Meisterschule in München, Abschluss m. Erfolg. K.: 1985-86 Friseurin im Salon Koch in Ottweiler, 1986-90 Friseurin in München, 1991 Friseurmeisterin in München, 1991-94 selbständige Friseurmeisterin in Hersching am Ammersee, 1995 Umzug ins Saarland u. Eröff. eines Frisiersalons in St. Ingbert, 2001 Geschäftserweiterung u. Vergrößerung. BL.: jüngste selbständige Friseurmeisterin in Bayern. E.: 10 Auszeichnungen b. Frisurenwettbewerben, z.B. 4.Pl. Dt. Meisterschaft in Nürnberg (1986), Südwestdeutsche Meisterin (1985). M.: Tennisverein Victoria St. Ingbert, Kneippverein St. Ingbert, Boxverein St. Ingbert. H.: Tennis, Reisen, Lesen, Kochen.

Finkenstadt Michael Dr. med.
B.: FA f. diagnost. Radiologie u. Neuroradiologie. FN.: MR CT. DA.: 20095 Hamburg, Raboisen 38-40. G.: Kassel, 29. Juli 1965. Ki.: 2 Kinder. S.: 1984 Abitur, 1985-91 Stud. Med. Univ. Göttingen, Münster u. Texas A.M., 1992 Approb. u. Prom. K.: 1992-97 klin. Tätigkeiten in Göttingen u. FA-Ausbild. f. Radiologie u. Neuroradiologie, 1995-96 an d. Texas A.M. Univ., 1997 FA f. Radiologie, 1998 FA f. Neuroradiologie, seit 1998 ndlg. FA m. Privatpraxis f. diagnost. Radiologie u. Neuroradiologie in Hamburg. P.: Diss. (1992), 20 Publ. z. Thema Kernspintomographie m. Schwerpunkt Creutzfeldt-Jakob. E.: 25 x Dt. Meister Meister im Orientierungslauf. M.: b. 1994 Nationalmannschaft d. Orientierungsläufer, Burschenschaft Frisia. H.: Sport.

Finkenzeller Anton

B.: Holzbildhauer, Vergolder, Fassmaler, Inh. FN.: Restaurator, Vergolder- u. Fassmalermeister Anton Finkenzeller. DA.: 80935 München, Irisstr. 41. www.watzmann.de. G.: München, 14. Okt. 1932. V.: Elfriede. Ki.: Klaus (1960), Bernhard (1962), Monika (1968). El.: Josef u. Maria. S.: 1948-52 Ausbild. z. Holzbildhauer in der Luisenschule in München, Berufszentrum für Farbe u. Gestaltung, Abschluss: Bildhauergeselle. K.: 1952 Eintritt in d. väterl. Betrieb, 1955-58 Ak. d. bild. Künste in München b. Prof. Anton Hiller, 1962 Meisterbrief als Vergolder u. Fassmaler in München an d. HWK. BL.: 1973-98 Obermeister d. Landesinnung d. Bayer. Vergolderhandwerks. E.: 1998 Gold. Handwerkernadel v. Bayer. Handwerkstag f. 25 J. Obermeister. H.: Lesen, Wandern, Natur, Kunst, Reisen, Oper, Joggen.

Finkernagel Andreas *)

Finkewitz Doris *)

Finkler Andreas

B.: freischaffender Konzert- und Opernsänger. Musikpädagoge. DA.: 10555 Berlin, Hansa-Ufer 4. G.: Saarbrücken, 7. September 1967. El.: Alois u. Doris. BV.: in 3 Generationen Sänger, Musiker. S.: seit 1973 Ausbild. im Musikleistungskurs - Fach Klavier, Stimmbild., 1988 Abitur Saarbrücken, 1985-86 Aufenthalt in Japan, AFS-Stipendium, 1992-98 Ausbild. an d. HDK Berlin, Hauptfach Gesang, Lehramt Musik, Staatsexamen, seit 1999 Ausbild. Konzert- u. Opernsängerin Verena Rein zum Solisten. K.: Mitwirkung im Opernchor "Coruso" in Berlin - 1. freier dt. Opernchor, 2. Vors., Privatlehrer f. Gesang, Mtgl. im "Ernst Senft Chor", Vorhaben: Kammermusikabende, Solorollen f. Musiktheater. H.: Meditation, Fitneß, Kochen, Reisen.

Finkler Richard *)

Finn Nils Richard Paul

B.: Segellehrer, Inhaber. FN.: Yachtschule Meridian. DA.: 20539 Hamburg, Billhorner Röhrendamm 92. Nils@yachtschule-meridian.de. G.: Hamburg, 17. Sep. 1970. V.: Birgit, geb. Grunwaldt. El.: Gerd u. Edith, geb. Quass. S.: 1990 Abitur, 1990-91 Bundeswehr, 1991-94 Ausbild. Ind.-Kfm., 1994-98 Stud. Lehramt. K.: 1998 Kauf d. Segelschule, Ausbildung. folgender Bootsführerscheine: SHS, SSS, SKS, SBF-S, SBF-B, Ausbild. in Sprechfunk, Radarkunde, Astron-Navigation, Signalmittelunterweisung, Schleusenfahrt u. Skippertraining, Turns auf d. Ostsee. M.: Dt. Motoryachtverb., Verb. Dt. Sportbootschulen. H.: Segeln, Beruf.

Finnern Dieter *)

Finnern Jürgen *)

Finser Melinda
B.: Unternehmerin, selbständig. FN.: Praxis- u. Seminarzentrum f. Energiearbeit, Beratungen, Seminare, Ausbildungen u. Wellness. GT.: Beratungen, Seminare u. Ausbild. in Reiki, Feng Shui, Bodywork, Wellness, Ohrkerzentherapie sowie Ernährung u. Gesundheitsberatung. DA.: 91522 Ansbach, Fischstr. 5b. MelindaFinser@odn.de. G.: Arad/Rumänien, 26.

---

*) Biographie www.whoiswho-verlag.ch oder beigefügte CD-ROM

Februar 1953. V.: Peter Finser. Ki.: Roland (1981). S.: 1972 Abitur Arad, Stud. Sprachen u. Hotelmanager an der Univ. f. Tourismus Bukarest. K.: Geschf. u. Hotelmanager an Hotels Schwarzmeerküste, seit 1980 in Deutschland verheiratet, 10 J. Bezirksleiterin eines Kosmetik Konzerns, Ausbild. u. Weiterbild. in Reiki Meister/ Lehrer, Heilpraktiker, Bodywork u. Wellness, Feng Shui etc., seit 1994 eröff. Praxis und Seminarzentrum für Energiearb. H.: Schwimmen, Musik, Tanzen, Fitness.

Finser Roland
B.: selbst. Personenschützer. FN.: Butler Service GmbH i.G. DA. u. PA.: 91522 Ansbach, Fischstr. 5 b. BS-RF@web.de. G.: Ansbach, 25. Juli 1981. El.: Peter u. Melinda. S.: 1998 Mittlere Reife Hauswirtschaftsschule Ansbach. K.: seit 1999 selbst. im Bereich Finanz-Dienstleistungen, 2001 selbst. im Bereich Sicherheit. M.: CSU, Junge Union, Arb.-Kreise Ansbach. H.: Kommunalpolitik, Kickboxen, Karate, Teak Won Do, Schwimmen, Fitness, Reisen, Gourmet.

Finstel Dirk Dipl.-Ing. *)

Finster Irmhild *)

Finster Peter *)

Finster Thomas

B.: selbst. Dipl.-Designer. DA.: 30449 Hannover, Ritter-Brüning-Str. 28. G.: Seesen /Harz, 11. Nov. 1968. S.: 1988 Abitur, 1988-91 Ausbild. z. Ind.-Kfm., 1991-92 Wehrdienst, 1992-93 Mtgl. d. Jungen Kunstgruppen in Leverkusen (Sachstudium, Malerei, Fotografie, Drucktechniken, Plastik, Aktzeichnen), 1994-99 Stud. Produktdesign an d. FH Hildesheim-Holzminden, 1998 Dipl. K.: seit 1997 gestalterische Mitarb. b. Projekt Design Seelze, Teilnahme an Ideen-Wettbewerben: 1. Preisd. Firma FSB Franz Schneider Brakel m. d. Entwurf eines Türdrückers m. Innentürklinke f. Haustüren, seit 1999 im Hdl. erhältlich, Projektarbeiten: Fahrradanhänge m. integriertem Zweipersonenzelt, Skassenhaus f. eine Bootsausstellung, Präsentationsregal f. Ausstellungen, Wartebereiche u. Shops, quadratisches Down-Light f. Kreuzfahrtschiffe u. Hotelanlagen, Grafik- u. Web-Design: Entwicklung d. Corporate Identity f. d. Firma China-Interface, Peking, vom Logo über Geschäftsausstattung bis zur Homapage. H.: Reisen, Kultur, Leben.

Finsterbusch Roland
B.: RA. DA.: 04668 Grimma, Straße d. Friedens 16. finsterbusch-grimma@t-online.de. G.: Leipzig, 18. März 1942. V.: Rositta, geb. Büchner. Ki.: Daniel (1965), Boris (1971), Anne (1986). S.: Lehre Elektrolaborant, Ing.-Stud. Fachschule Mittweida m. Abschluß Ing., 1967-72 Studium d. Rechtswiss. Humboldt-Univ.

Berlin. K.: 1969 jur. Mitarb., 1970-72 Justiziar im Chemieanlagenbau in Leipzig, 1973 Praktikant im Kollegium d. RA in Leipzig, seit 1974 ndlg. RA m. Tätigkeitsschwerpunkt Miet-, Erb- u. Familienrecht. P.: Beiträge zu LAV. M.: DAV e.V., LAV e.V., 1990-94 Neugrdg. u. 1. Vors. d. Leipziger Anw.-Ver., 1991-98 AufsR.-Mtgl. d. Wohnungsen. UNI-TAS, seit 1998 Vors. d. AufsR. d. Gen. H.: Garten, Natur, Wandern.

Finsterwalder Hubertus

B.: Glasgraveurmeister, Inh. FN.: Eiselt Harzer Glasschleiferei. DA.: 38700 Braunlage, Unter den Buchen 3. G.: Braunlage, 13. März 1951. V.: Susanne, geb. Eiselt. Ki.: Fabian (1982). El.: Hugo u. Diana, geb. Teuwsen. S.: 1971 Abitur, Zeitsoldat d. Bundeswehr - Hptm., Major d. Res., Lehre Glasgraveur Betrieb des Schwiegervaters. K.: Geselle im Betrieb d. Schwiegervaters, 1991 Meisterprüf. 1991 Übernahme d. Betriebes m. Schwerpunkt eigenhänd. Erstellung u. Gestaltung v. Motiven auf Glas nach Vorlage m. bundesweitem Versand u. Schauwerkstatt. H.: Jagd, Reiten.

Finsterwalder Rupert Dr. med. *)

Fintelmann Jens
B.: Filmproduzent, Journalist, selbständig. FN.: nonfictionplanet film & television. DA.: 20255 Hamburg, Telemannstr. 56 a. fintelmann@nonfictionplanet.com. www.nonfictionplanet.com. G.: Hamburg, 1. Dez. 1968. El.: Prof. Dr. Volker u. Ingrid. S.: 1990 Abitur, 1990-93 Stud. VWL HS f. Wirtschaft u. Politik Hamburg, 1994-95 Volontariat NDR. K.: 1990-94 freier Mitarbeiter b. NDR-Hörfunk, 1995 Grdg. d. Firma "seefinfilm" u. seither Produzent u. Regisseur v. Dokumentarfilmen u. Fernsehreportagen u.a.: "Krabben auf Achse" (1996), "Der Mann, der Madonnas Baby abschoss" (1997), "Der große Durst" (1998), "Schicksal Eschede" (1998), "Der Gesichtermacher" (1998), "Inselfieber" (1999), "Der Porsche im Aquarium" (2001), "Verloren in Tokio" (2001), 2001 Grdg. d. Firma nonfictionplanet film & television. E.: Axel Springer-Preis (1999).

Fintelmann Klaus J. Dr. jur. Prof.
PA.: 44892 Bochum, Auf dem Jäger 5 B. G.: Berlin, 2. Nov. 1924. S.: 1943 Abitur, 1946-49 Stud. VWL u. Rechtswiss. Stuttgart, Göttingen, u. Heidelberg, Examen, 1947 Prom. K.: 1949 Ass. d. jur. Fakultät, 1950-51 Ltr. d. Werkszeitung d. Gurthoffnungshütte in Oberhausen, 1951 Ass. d. Arb.-Dir., 1952-64 Ltr. d. Lehrlingsausbild. d. Firma Hibernia Chemie in Herne, 1964 Grdg. u. Leitung d. Hibernia-Gesamtschule mit integrierter praktischer Allgemeinbildung, ab 1971 Grdg. u. Ltg. d. Arbeitsstelle für Bildungsforschung Herne/Bochum, ab 1983 Mit-Initiator d. Projektes Praktisches Lernen in allg. bildenden Schulen NRW. P.: "Hibernia/Modell einer anderen

*) Biographie www.whoiswho-verlag.ch oder beigefügte CD-ROM

Schule" (1991), "Mission der Arbeit im Prozess der Menschwerdung" (1992), "Bilder einer anderen Schule" (1996), Vorträge u. Ausstellungen.

Finzel Werner Dipl.-Kfm. *)

Finzer Heinz H. W. *)

Fiol Andreas *)

Fiore Robert J. *)

Fiorella Luciano
B.: Restaurantfachmann, Inh. FN.: Cabaret Apollo. DA.: 86150 Augsburg, Fuggerstr. 14. G.: Corato/Italien, 21. Jan. 1973. V.: gesch. El.: Andrea u. Angela, geb. Cimadomo. BV.: Luciano Fiorella "Il Colosso di Barleta". S.: 3 J. Lehre Restaurantfachmann Steigenberger Hotel "Drei Mohren" Augsburg. K.: m. 18 J. Inh. d. 1. eigenen Restaurants in Neuburg/Donau, 6 J. im Ristorante Da Luciano in Augsburg tätig, Gschf. d. La Gondola in Augsburg, seit 1991 Inh. d. Cabaret Apollo m. Varieté u. Travestie-Show. M.: PLAN Intern., FBU-Mtgl. H.: Sport.

Fiorenza Antonio

B.: Gastronom, Gschf. FN.: Balducci GmbH. DA.: 01067 Dresden, Am See 8-10. PA.: 03046 Cottbus, Mauerstr. 7. G.: Avetrana, 4. Apr. 1960. Ki.: Victoria (1981), Elisa (1987). El.: Franco u. Rita. S.: 1977-79 Facharbeiterabschluss nach Schlosserlehre b. Bauschlosserei Martin in Frankfurt/Main. K.: 1980-86 unterschiedl. Tätigkeiten b. d. Leihfirma Team BS Frankfurt/Main, 1986-88 Vorarbeiter b. d. Bauschlosserei Martin, nebenberufl. Weiterbildung z. Gastronom, 1988-93 Oberkellner in Frankfurt/Main, 1993 ang. im Robinson-Club Lecce/Italien, 1993-98 Betrieb einer eigenen Gaststätte in Bad Soden "El Cavalino", Eröff. eines Restaurants u. Hotels in Klettbach, seit 1998 Gschf. b. d. Balducci-GmbH, verantwortl. f. mehrere Restaurants in Cottbus u. Dresden. BL.: 1973-80 Torwart im Leistungssport b. Fußballclub Eintracht Frankfurt, Sponsoring u. Organisation z. Errichtung eines Sportplatzes in Klettbach, Gründer d. Turnvereins u. d. Spielvereins Klettbach, Gründer d. Tischtennisvereins Klettbach. H.: Fußball.

Fioroni Pio Dr. phil. Prof. *)

Fip Hans-Jürgen
B.: OBgm. FN.: Stadtverw. Osnabrück. DA.: 49074 Osnabrück, Bierstr. 28. oberbuergermeister@Osnabrueck.de. www.osnabrueck.de. G.: 6. Nov. 1940. Ki.: 3 Kinder. K.: polit. Ämter: seit 1972 Mtgl. im Rat d. Stadt Osnabrück, seit 1991 OBgm. d. Stadt Osnabrück (ehrenamtlich), seit 1997 hauptamtl. Obgm.

Fippinger Franz Dr. Prof. *)

Firchow Christiane
B.: freischaff. Malerin u. Grafikerin. PA.: 10437 Berlin, Schwedter Str. 79. G.: Berlin, 10. Nov. 1962. El.: Peter u. Monika Firchow, geb. König. BV.: in vielen bedeutenden Orchestermusiker; Schriftsteller Ernst-Moritz Arndt. S.: 1979-81 Ausbild. Gebrauchswerber, 1984-86 Abitur VHS, 1991-97 Studium Kunst-HS Berlin, 1997-98 Meisterkl. Prof. Liebmann, 1997 Studienaufenthalt Griechenland, 1998 Workshop "Klang-Raum" Schloß Sauen, 1999 Studienaufenthalt Rom. K.: 1981-87

Gebrauchswerberin beim Konsum Berlin, 1987-90 Beschäftigung an d. Komischen Oper u. d. staatl. Museen zu Berlin f. Ausstellungsvorbereitungen u. -aufbau, seit 1998 freiberufl. Malerin Schwerpunkt künstl. Verbindung Fotografie u. Radierung, Druckgrafik, seit 2000 tätig b. Projekt Friedrichstadt e.V. aktive Kunsterziehung f. Kinder u. Jugendliche. P.: über 20 Ausstellungsbeteiligungen u.a.: "Kunstrasen" in Westfalen (1994), Galerie Pankow in Berlin (1995), "Frauenbildnisse" in Kronach (1998), Galerie i. Pferdestall Berlin u. Galerie völker & freunde in Berlin (1999); Einzelausstellungen: u.a. im Renitenztheater Stuttgart (1996), Berliner Volksbank, Norisbank Berlin (1998-2000), Cafe Clara 90 (1998), "körper-zonen" Galerie am Weißen See in Berlin (1999), Galerie im Rathauskeller Wismar (2001).

Firgau Hans-Joachim Dr. phil. habil. Prof. *)

Firgau Wilhelm *)

Firges Jean Dr. *)

Firla Siefried *)

Firnges Hans-Heinrich *)

Firnig Fritz *)

Firniß Rolf *)

Firus Jörg E. A.

B.: RA. FN.: Anw.-Kzl. Firus. DA.: 29525 Uelzen, Lüneburger Str. 16. kanzlei.firus@t-online.de. www.kanzlei-uelzen.de. G.: Dannenberg, 22. Juni 1967. S.: 1987 Abitur Uelzen, b. 1988 Grundwehrdienst b. d. Bundesmarine, 1989-94 Stud. Rechtswiss. Univ. Göttingen, b. 1997 Referendariat in Rostock. K.: seit 1998 selbst. RA in Uelzen.

Firzlaff Hans
B.: Pressezeichner, Karikaturist. PA.: 30419 Hannover, Geestemünder Weg 17. SatireVerlag@web.de. www.satire-verlag.de. G.: Kolberg, 29. März 1921. V.: Renate, geb. Kappei. Ki.: Nikolai (1960), René (1963). El.: Hermann u. Frieda, geb. Krause. S.: 1936 Ausbild. Insp. f. Ldw., 1940 Soldat - Aufenthalt im Lazarett sowie norweg. Gefangenschaft. K.: 1947 Bundesbahnausbesserungswerk in Hannover, 1968 selbst. Pressezeichner, Karikarist, Hrsg. u. Verleger sowie Forsch.-Arb. z. Sportgeschichte (Pommern); 1972 Beginn mit d. Aufarbeitung d. Lebensgeschichte d. Stettiner Weltrekordläufers Dr. Otto Peltzer (S.K. Preussen 01) mit d. Hoffnung auf seine Rehabilitierung, s. eine Manuskripten-Sammlung in KRÖSKE-BEEK Nr. 15, 16 u. 17 - 1986, Mitarbeit an einer Encyklopedia Uniwersytet Szczecina, 1968 Mitinitiator d. Flohmarktes am Leineufer v. Hannover,

---
*) Biographie www.whoiswho-verlag.ch oder beigefügte CD-ROM

1970 Mitbegründer d. "Literaturkarrens" Hannover, Hrsg. der Zeitschrift "SATIRE". P.: während der norweg. Gefangenschaft (1946) erste publizistische Versuche - Hrsg. einer Zeitschrift für Mitgefangene unter d. Titel "Singende Säge", ab 1947 Karikaturen u. Fotomontagen u.a. f. d. Zeitungen "die Tat", "Hornisse", "Deutscher Michel", "Eulenspiegel", "Alto Adige" (Italien) u. "Kever" (Belgien), 1962 1. Einzelausstellung v. polit. Karikaturen im Parkhaus zu Hannover, 1967 1. Grafikausstellung in d. "Jungen Galerie Hannover", seit 1960 Teilnahme an d. Welt-Cartoonale in Knokke/Belgien, d. "Intergrafik Berlin" u. an d. Wanderausstellung "Neue Deutsche Grafik", 1968 Grdg. d. Zeitschrift "SATIRE", die später in "NIESPULVER" überging, seit 1999 "GUCKLOCH", seit 1970 Hrsg. v. 24 Sammelbänden m. Zeichnungen u. Karikaturen aller Schaffensperioden, d. nur b. Hans Firzlaff bestellt werden können, danach richtet sich auch d. Auflagenhöhe, 1994 Beginn d. Übergabe d. 50 000 Blatt umfassenden Oeuvres an d. Stadtarchiv Hannover, 1994 "Treffpunkt Kröpcke", 1995 das 2. Buch, 1991 "Hannover in der Karikatur", 1992 "Politische Strafjustiz i. Niedersachsen" (1992), 1995 Buch "Knockout", die Tragödie d. Sinto-Boxers "Rukelie" Trollmann, der 1933 Dt. Meister im Profi-Boxen u. 1943 im KZ Neuengamme erschossen wurde, Vorträge; 1997 VINETA (Pommern-Sport), 1999 über die EXPO, 1999 Bericht über d. "Freie Republik FLOHKU" in Hannover, 2001 "Punkt für Punkt" Erlebnisse über den Flohmarkt Hannover, mit vielen Fotos u. Zeichnungen. E.: 1962 Preisträger d. Zeitschrift "Travaso Rivista" (Roma); Grabrovo (Bulgarien). H.: in d. Jugend Turner, Boxen, Leichtathletik, Fußball (1932-39 aktiv).

Fisch Detlef *)

Fisch Rudolf Dr. phil. Prof.
B.: Univ.-Prof. f. Emp. Sozialwissenschaften, Rektor. PA.: 67346 Speyer, Remlingstr. 61. fisch@dhv-speyer.de. G.: Hagen, 16. Apr. 1939. V.: Franziska, geb. Maier. El.: Rudolf u. Thekla. S.: Abitur, Stud. Physik u. Psych., 1964 Dipl., 1967 Dr. phil. K.: 1964-72 wiss. Ass. Univ. Bochum, Düsseldorf, Saarbrücken, 1972 Habil., 1972-74 WissR. u. Prof. Univ. Saarbrücken, 1974-92 Lehrstuhlinh. f. Sozialpsych., 1976-77 u. 1987-88 Dekan Sozialwiss. Fak. Konstanz, seit 1992 Lehrstuhlinh. f. Emp. Sozialwiss. Deutsche Hochschule f. Verwaltungswiss. Speyer. P.: Fernsehfilm: Pyschologie - Gegenstand und Methoden, Studium u. Beruf. Bücher: Konfliktmotivation und Examen. Messung und Förderung von Forschungsleistung. Forschungsevaluation, Vom Umgang mit Komplexität in Organisationen, Entsorgungsnotstand u. Verwaltungshandeln, Projektgruppen in Organisationen, Buchbeiträge: Psychology of Science, Forsch.Themen der Sozialpsychologie, Personalführung in d. Verwaltung, Artikel: Wie erfolgreich ist Führungstraining?. E.: 1985-86 Präs. Lions Club Konstanz. M.: Studentenverb. "Teutoburg" im Schwarzburgbund, Lions Club Speyer, Konstanzer Yacht-Club, Flug-Modellbau-Club Konstanz. H.: Segeln, RC-Flugmodellbau, Fotografie/Film.

Fischbach Ingrid
B.: MdB. FN.: CDU/CSU Fraktion. DA.: 11011 Berlin, Platz d. Republik 1. G.: Wanne-Eickel, 25. Juni 1957. Ki.: 1 Kind. S.: 1973-76 Gymn. Eickel in Wanne - Eickel, Abitur, 1975 JU-Eintritt, 1976-81 Stud. Deutsch, Geschichte spez. Nationalsozialismus, Kalter Krieg (bei Prof. Bodensieck), Sek.St. I, PH Dortmund, Referentin "Berufsvorbereitung f. Mädchen" in Bochum u. Herne, 1. Staatsexamen über E.T.A. Hoffmann, Ref. in Dorsten, 2. Staatsexamen. K.: Polizeischule Bork, Lehrerin f. Geschichte u. Politik, 1990 CDU-Eintritt, 1993 Mitgründung "Herner Tageseltern", 1994 Rat Stadt Herne, stellv. Sprecherin d. Sozialausschusses, Jugendhilfeausschuß, Vorsitz Frauen - Union Herne, seit 1995 stellv. Vorsitz CDU - Herne, seit 1999 Vorsitz CDU Herne, seit 1998 MdB, Mtgl. Ausschuß f. Familie, Frauen, Senioren, Kinder u. Jugend zust. f. Jugendbereich, stellv. Mtgl. Ausschuß Arbeit u. Soziales, 1.12.1999 auch Vorsitzende d. Kinderkommission d. Bundestages, Mtgl. Bundesfachausschuß - Familie, stellv. Vors. "Gruppe d. Frauen u. Jugend", Mtgl. Interparlamentarische "Gruppe der Frauen". M.: Philologenverband, KAB, CDA, Europa Union. (Re)

Fischbach Michael *)

Fischbach Tillmann Dipl.-Ing. (FH) *)

Fischbach Wolfgang Dr. med. Prof.
B.: Internist, Chefarzt. FN.: Klinikum Aschaffenburg Med. Klinik II. DA.: 63739 Aschaffenburg, Am Hasenkopf. G.: Bayreuth, 16. Mai 1952. V.: Kristine. Ki.: Stephanie (1982), Julia (1995). El.: Toni-Peter u. Erika. S.: 1971 Abitur, 1971 Stud. Med. Univ. Würzburg, 1978 Staatsexamen u. Approb., 1979 Prom. K.: 1979-80 Ass.-Arzt d. chir. Abt. am Kreis-KH Ochsenfurt, 1980 Bundeswehr - Stabsarzt d. Kampftruppenschule in Hammelburg, 1981-93 Ausbild. f. Innere Med. an d. Poliklinik d. Univ. Würzburg, 1981-83 Ausbild. in Gastroenterologie d. Med. Poliklinik d. Univ. Würzburg, 1986 Ausbild. in internist. Radiologie an d. Med. Poliklinik d. Univ. Würzburg, 1989 Ausbild. in theoret. Med. u. Gastroenterologie, 1987 Anerkennung als Internist, 1988 Habil., seit 1986 OA d. Gastroenterologie d. Med. Univ.-Poliklinik, seit 1986 stellv. Ltr. d. gastroenterolog. Labors, seit 1990 OA d. Allg.- Station d. Med. Univ.-Poliklinik, 1985-87 kommiss. Ltr. d. Hauptlabors d. Med. Poliklinik; Funktionen: 1986-93 stellv. Strahlenschutzbeauftragter d. Klinik f. Umgang m. offenen radioaktiven Substanzen u. Röntgenstrahlen, Mtgl. d. Arb.-Gruppe Datenverarb. in d. Med. am Klinikum d. Univ. Würzburg, Ltr. d. Projektgruppe Pilotprojekt KH-Kommunikationssysteme an d. Med. Poliklinik d. Univ. Würzburg, seit 1993 Chefarzt d. Med. Klinik II am Klinikum Aschaffenburg u. Ak. Lehr-KH d. Univ. Würzburg. P.: Vorträge z. d. Themen: Tumornachsorge in d. Gastroenterologie, Infektiöse Hepatitis, Tumormarker, Aktuelle Labordiagnostik, Therapie v. Fettwechselstörungen u.v.m. E.: 1989 ASCHE-Forsch.-Stipendium d. Dt. Ges. f. Verdauungs- u. Stoffwechselkrankheiten, 1989 u. 90 Stipendium d. Univ. of Washington. M.: Dt. Ges. f. Innere Med., Dt. Ges. f. Verdauungs- u. Stoffwechselkrankheiten, Ges. f. Gastroenterologie Bayern, AGA, DCCV, Rotary Club, Tennisver. Hösbach. H.: Sport, Joggen, Skifahren, Tennis, Musik.

Fischbacher Ingrid *)

Fischbacher Siegfried
B.: Entertainer (Siegfried & Roy) FN.: c/o The Mirage. DA.: USA-Las Vegas, NV 89109, 3400 S. Las Vegas Blvd. G.: Rosenheim, 13. Juni 1939. K.: 1962/63 erste gemeinsame Auftritte m. Roy Uwe Ludwig Horn auf d. Kreuzfahrtschiff TS Bremen, d. Geparde Chico wird a. erstes Tier Bestandt. d. Zaubervorstellungen, 1967-70 versch. Engagements in Monte Carlo, Madrid, Paris, seit 31 J. mit Roy (mit Siegfried) die erfolgreichsten Entertainer d. Wüstenstadt Las Vegas, insgesamt über 17.500 Liveauftritte vor über 24 Mio. Zuschauern, 1974

*) Biographie www.whoiswho-verlag.ch oder beigefügte CD-ROM

Fischbacher

Grundstein f. Dschungelpalast im Norden v. Las Vegas, d. glz. a. Heimat d. Tiere wird, 1978 Gildah, ein asiat. Elefant, wird Bestandteil d. Show, 1981 Premiere "Beyond Belief" erste eigene Show, 1983 d. ersten weißen Tiger kommen d. Show hinzu, 1987 Rekord f. d. am längsten (6 1/2 J.) laufende Shownummer i. Las Vegas, 1988 u. 1989 Tournee nach Japan, 1990 Premiere d. neuen Show "Sarmoti" im Hotel Mirage in Las Vegas, Titelsong f. d. Show v. Michael Jackson geschrieben u. gesungen, 1996 6-jähriges Jubiläum, Patenschaft f. d. White Lions of Timbavati, 1997 Kinostart v. "Viva Las Vegas" Siegfried & Roy spielen sich lebst, Eröff. "Secret Garden" b. Hotel Mirage. P.: autobiograph. Buch "Siegfried & Roy - Meister d. Illusion" (1992). E.: 1993 Denkmal in Form einer Bronzeskulptur am Las Vegas Strip an d. nach ihnen benannten Siegfried & Roy-Plaza, 1995 1. Gold. Schallplatte f. ihre CD "Dreams and Illusions".

Fischedick Arnt-René Dr. med. Prof. *)

Fischerdick Gerlinde

B.: RA, Hauptgschf. FN.: RA-Kam. Celle. DA.: 29221 Celle, Hannoversche Str. 57. G.: Duisburg, 9. Aug. 1956. El.: Heinz u. Maria Fischedick, geb. Venn. BV.: Onkel Prof. Dr. Fischedick, Radiologe. S.: 1976 Abitur Duisburg, b. 1982 Stud. BWL u. Jura in Münster, 1979 Auslandsstudium in Lausanne u. Straßburg, Referendariat in Düsseldorf, 1985 2. Jur. Staatsexamen. K.: 1985-86 selbständige Anwältin in Duisburger Raum, 1986 Justitiarin in d. Rechtsabt. bei d. Metro in Düsseldorf, 1987 Eröff. einer eigenen Kzl. in Düsseldorf, 1987-88 Ass. d. Gschf. d. RA-Kam. Düsseldorf, 1988-90 Gschf. in d. RA-Kam. Düsseldorf, 1991 Umzug nach Berlin/Ost, RA, 1991 Zulassung z. RA v. OLG Celle, 1991-92 freie Mitarb. b. Dr. Brauer in Celle, 1992 Gschf. d. RA-Kam. Celle, ab 1999 Vorst.-Mtgl. d. Dt. Anw.-Ver., seit 1991 eigene Kzl. in Celle. P.: Veröffentlichung in Anw.-Blatt, Mitautorin v. Marketing u. Management Handbuch f. RA, Veröffentlichung im Ratgeber f. junge Anw. M.: UIA, Delegierte in d. Anw.-Parlament. H.: Tiefseetauchen, Sport, Frankreich, Lesen, Literatur, Kino, Theater.

Fischedick Heribert *)

Fischel Willy

B.: Gschf. Bundesverb. d. Spielwaren-Einzelhandels, stv. Gschf. d. Bundesverb. d. Unterhaltungs- u. Kommunikationselektronik-Einzelhandels. PA.: 50996 Köln, Im Ahorngrund 6. G.: Köln, 18. März 1954. V.: Hildegard, geb. Meyer. El.: Heinrich u. Maria. S.: Staatl. geprüfter Betriebswirt.

Fischell Anke

B.: Gschf. FN.: Karl Fischell GmbH. DA.: 59067 Hamm, Wilhelmstr. 83. G.: Hamm, 19. Sep. 1973. El.: Karl u. Edelgard Fischell, geb. Seiler. S.: 1991 Abitur, 1991-95 Ausbildung z. Elektroinstallateur Hamm, 1999 Meisterprüfung K.: 1995-98 Gesellin, 1998-89 Meisterschule in Münster, 1999-2001 Meisterin im elterlichen Betrieb und seit 2001 Geschäftsführer. H.: Sport.

Fischelmanns Jörg Matthias

B.: Gschf. FN.: Hanseata. DA.: 21465 Wentorf, Sollredder 9. G.: Königsberg, 18. Aug. 1942. V.: Bärbel, geb. Kühl. Ki.: Tanja (1969), Jan (1974). S.: 1960 Mittlere Reife, 1960-63 Ausbild. Groß- u. Außenhdl.-Kfm. Firma Hartmann u. Schultze Hamburg, 1963-65 Bundeswehr. K.: 1965 tätig in d. Firma Hartmann u. Schultze, 1970 Verkaufsltr. d. Firma Tesco in Wentorf, 1973 Prok. d. Firma Hanseata u. seit 1983 Gschf. Ges. H.: Golf, Radfahren, Reisen, Schwimmen.

Fischer Ada Dr. med. *)

Fischer Albert

B.: Dipl.-Hotelwirt, Inh. FN.: Domus Austria Restaurant "Ein bisserl Österr. in Franken". DA.: 90402 Nürnbg, Schottengg. 1. G.: St. Johann/Pongau/Österr., 14. März 1956. Ki.: Deenna (1984). El.: Albert u. Hermine. S.: 1970-72 Lehre z. Koch u. Kellner Kirchenwirt in St. Johann, 1972-75 Hotelfachschule in Bad Hofgastein, 1975 Abschluss: Dipl.-Hotelwirt. K.: 1975-78 versch. gastronom. Betriebe in Österr. Service u. Küche, 1978-80 Service u. Küche Hotel Southhampton Princess Bermudas/Karibik, 1980-94 USA/Texas-Louisiana-Kalifornien, Service-Küche-Bankettchef, Restaurant "Chef Hans", Bayou de Sirad, Country-Club, Hotel Hyatt/Kempinski/Sheraton, Gaspa Standic, Playboy-Club, 1994-96 Hotel Hindenburg Saalfelden/Österr., 1996-98 Küchenchef Alte Post in Mengkofen b. Dingolfing, 1998-2000 Küchenchef Schwarzer Adler in Heroldsberg, seit 2000 eigenes Domus Austria Restaurant. H.: Sport, Geschichte, Weinliebhaber, Musik, Oper/Blues.

Fischer Alexander Dr. iur. *)

Fischer Alexander G. V.

B.: DGQ-Auditor, Berater, Gschf. Ges. FN.: Fischer Management Beratungs GmbH. DA.: 80796 München, Fallmerayerstr. 11a. fischer.management@t-online.de. www.fischer-management.de. G.: München, 24. Nov. 1964. V.: Andrea Krüger. Ki.: Laura (1989), Marvin (1992), Léon (1997). El.: Jens Ori Jacobson u. Lieselotte Fischer. S.: 1981 Mittlere Reife München, 1981-84 Lehre als Gießereimechaniker, Schwerpunkt Hydraulik/Pneumatik/Steuerregelkreise b. BMW München, Abschluss als Facharb. K.: 1984-86 Ltr. d. Produktionssteuerungsabt. Bereich Maschinen bei BMW, 1986-88 interner Werksmeister, 1988-89 Wechsel in d. Versuchsabt. f. d. Formel 3 Abt. Reizle/Dr. Eigenfeld, 1989-91 Stud. Maschinenbau an d. GBS Technikerschule München, 1991-92 Weiterstud. Betriebswirtschaft u. Führungsmanagement (NLP), Abschluss als Maschinenbautechniker, 1992-94 tätig in Firma Vogel & Schemmann Hagen, selbst. Betreuung d. Vertriebs v. Maschinenbau- u. Investitionsgütern f. d. Automobil-, Zulieferind. sowie Luft- u. Raumfahrt, 1994-95 tätig b. Dekra AG München, ab 1995 selbst. Grdg. d. Firma Fischer Management Beratungsgruppe Inh., Grdg. d. Zweitfirma Fischer Management Beratungs GmbH, alleiniger Gschf. Ges.,

*) Biographie www.whoiswho-verlag.ch oder beigefügte CD-ROM

2001 Grdg. d. Franchisesystems QSO München m. 87 Franchisenehmern deutschlandweit, alleiniger Ges. BL.: Entwicklung v. Steuerregeleinheiten f. d. Automobilbranche, Patentanmeldung durch BMW. P.: zahlr. Veröff. in Fachpubl. zu d. Themen EU-Richtlinien, Med.-Produktegesetz, Qualitätsmanagement, Autor d. Fachbuches "Qualitätsmanagment Med./Ärzte/Sanitätsorthopädie". M.: 1986-88 Vorst. Dt. Formenmeisterbund, Bayern Süd, DGQ Dt. Ges. Qualität. H.: Squash.

Fischer André Dipl.-Ing.

B.: Dipl.-Ing. f. Lebensmittelchemie, Weinküfermeister, Mitinh., Mitgschf. FN.: Edelbrände GbR. DA.: 04454 Holzhausen, Christian-Grunert-Str. 2. G.: Borna, 20. Okt. 1965. Ki.: Victoria (1986). El.: Lothar u. Wilhelma. BV.: Der Familienzweig väterlicherseits ist b. v. d. Franz. Revolution auf Adelsgeschlecht Delamotte belegt. S.: 1982-84 Facharb.-Lehre f. Obst- u. Gemüseverarb., Spezialisierung: Getränke, 1984-86 Meisterschule. K.: Meister d. volkseigenen Getränkeind., Kellnermeister in Großkelterei Rötha (Leipzig Süd), 1986-90 NVA Dipl.-Ing. Lebensmittelchemie-Stud. u. Abschluß, 1990-95 techn. Ltr. Edelbranntwein-Brennerei in Oberbayern im Altmühltal, 1995 Gewürzvertreter f. Hermann Laue "Hela" in Mitteldeutschland, 1995 Grdg. d. Destillerie "Edelbrände", 1996 Grdg. m. Herrn Bunge "Edelbrände GbR", 1996 Vorstellung d. Weltneuheit: Zwiebelschnaps in d. Zwiebelstadt Borna, 1997 Knoblauchschnapsproduktion, seither Meerrettichschnaps, Brotschnaps, Spargelschnaps, Bierlikör, Kartofell- u. Karamelschnaps. P.: Mitarb. an "Likörherstellung u. Schnapsmachen f. d. Hausgebrauch". M.: Freiwillige Feuerwehr Holzhausen, Vorst.-Vors. Feuerwehrver. H.: Musik, Gitarre, Ukulele.

Fischer Andrea

B.: Druckerin, Volkswirtin, MdB. DA.: 11011 Berlin, Platz d. Republik 1. G.: Arnsberg, 14. Jan. 1960. S.: Abitur, Ausbild. als Offsetdruckerin. K.: Druckerin u. Korrektorin, Stud. VWL, wiss. Mitarb. d. Europaparlament, am Wiss.-Zentrum Berlin u. b. d. BfA, seit 1985 Mtgl. d. Grünen, seit 1994 MdB, 1998-2001 Bundesmin. f. Gesundheit. M.: ÖTV, Fördermtgl. b. Pro Asyl u. Medica. (Re)

Fischer Andrea *)

Fischer Andreas

B.: staatlich geprüfter Weinbautechniker, Unternehmer. FN.: Weingut A. Fischer. DA.: 74076 Heilbronn, Kleiner Stiftsberg 2. af@weingut-fischer.de. www.weingut-fischer.de. G.: Heilbronn, 18. Feb. 1964. V.: Marcelle, geb. Haufe. Ki.: Velia (1998), Marius (2000), Alena (2001). El.: Rudolf u. Ursula, geb. Haag. BV.: Martin Haag 1893-98 im Dt. Reichstag, Heinrich Haag 1892-43 im Dt. Reichstag, Wilhelm Haag 1892-20 im Landtag Baden-Württemberg u. 1920-24 im Dt. Reichstag, Heinrich Haag Mtgl. d. Berliner Reichstag (Weimarerer Republik). S.: 1980 Mittlere Reife, 1981-84 Winzerlehre, 1984-86 staatlich geprüfter Wirtschafter an d. Fachschule f. Land-, Wein- u. Gartenbau in Neustadt, 1986-87 Ausbildung z. staatlich geprüften Techniker f. Landbau, Weinbau u. Kellerwirtschaft in Bad Kreuznach, 3 Monate Praktikum b. Stellenbosch in Südafrika. K.: 1988 Eintritt in d. elterl. Weingut, 1995 Übernahme d. Betriebes in d. 7. Generation, Eröff. d. Weinstube, gehobene Gastronomie, über 30 offene Weine, Spezialisierung auf Maische-Vergärung, 2jähriger Ausbau hochkarätiger Weine in neuen Barrique-Fässern, Belieferung gehobener Gastronomie bundes-

weit, seit 2001u.a. VIP-Lounge-Betreuung Marla Glenn Stuttgart. P.: Veranstaltungen 1990-93 "Jazz u. Wein", später "Kultur- u. Weintage Weingut Fischer", regelmässige Presseberichte. M.: Gründungsmtgl. Lions-Club Heilbronn-Wartberg, Marketing-Club Heilbronn, Weinbauverband Württemberg, VSWW Vereinigung selbstvermarktender Weingüter Württembergs, Gründungs-Mtgl. mehrerer Winzerclubs. H.: Wein, Musik.

Fischer Angelika Dipl.-Juristin *)

Fischer Angelika *)

Fischer Ansgar *)

Fischer Anton *)

Fischer Armin

B.: Dipl.-Fotodesigner, Fotojournalist. FN.: Fotodesign Armin Fischer. DA.: 46487 Wesel, Büdericher Landwehr 2. G.: Essen, 16. Sep. 1957. V.: Ute, geb. Biesemann. Ki.: Lynn (1991), Lennart (1998). S.: 1977 Abitur Wesel, 1977-79 Zivildienst im Marienhospital in Wesel, 1979-81 Lehre als Kfm., Abschluß Kfm.-Gehilfenbrief, 1981 Fotograf. Praktikum, 1981-85 Stud. FH Dortmund, Bereich: Foto- u. Filmdesign, Abschluß: Dipl.-Fotodesigner. K.: 1981-99 freier Mitarb. b. Tageszeitungen, NRZ, Rhein. Post als Fotojournalist, 1986-99 freiberufl. Fotograf, spez. S/W Kunstfotografie, 1990-99 freiberufl. Fotograf f. d. Rhein. Post Xanten, Rheinberg u. Moers, 1982-90 VHS Wesel, Doz. f. Fotografie in d. Erwachsenenbild.; jährl. Ausstellung f. Fotografie am Niederrhein. P.: 1991 Bildband z. 750-jährigen Jubiläum d. Stadt Wesel, fachspezifische Veröff. in d. Zeitschrift "Motorrad-Classic". E.: 1980 Fotojugendpreis im Rahmen d. "photokina". M.: Journalistenverb., Scott Oners Club GB (Motorradmarkenclub). H.: Familie, alte Motorräder, Fotografie, Motorradrennen.

Fischer Arwed

B.: Vorst. FN.: Quelle Gruppe. DA.: 90762 Fürth, Nürnberger Str. 91-95. www.quelle.com. K.: 1998 Vorst. d. Kaufhalle AG, 5/1998-2001 SPAR Handels-AG, 1999-2001 Vorst.-Vors., s. 2001 Vorst. Quelle-Gruppe. (Re)

Fischer August

B.: Vorst.-Vors. FN.: Axel Springer Verlag. DA.: 20350 Hamburg, Axel-Springer-Pl. 1. www.asv.de. G.: Zürich, 7. Feb. 1939. V.: Gillian Ann. Ki.: Natalie Elisabeth, Russel Anton. K. 1962-78 Managementfunktionen b. d. US-Amerikan. Chemieunternehmen El Du Pont De Nemours & Co an d. intern. Standorten Genf, Frankfurt, London, Paris, Chicago/Illinois u. Wilmington/Delaware, 1981-88 Präs. d. Napp Systems Inc. San Diego/Kalifornien, 1989 General Manager Development z. News Intern. plc, 1990-93 Managing Dir. d. News Inter. plc (London), 1991 gleichzeitig Chief Operating Officer v. The News Corporation Limited (London, New York), 1993 Chief Executive d. News Intern. plc, 1995 Austritt aus d. Unternehmen u. seitdem als Unternehmensberater u. Mtgl. d. VerwR. d. Ringier AG (Zürich) tätig, seit 1998 Vorst.-Vors. d. Axel Springer Verlages. M.: American Management Assoc., The President's Assoc., Trustee of St. Katherine & Shadwell Trust.

Fischer Axel Eduard

B.: MdB, Berichterstatter d. CDU/CSU-Fraktion f. Umweltforsch., Klimaforsch., Energieforsch. u. Technikfolgenabschätzung, Dipl.-Ing. u. Elektroinstallateur. FN.: Dt. Bundestag. DA.: 11011 Berlin, Reichstag. G.: Karlsruhe, 5. Mai 1966. V.: Nadja, geb. Wagner. Ki.: Sarah (1994), Lea (1995). El.: Werner Hans u. Gertrud, geb. Kirsch. BV.: Prof. Dr.-Ing. Dr. h.c. Dr. h.c. Werner Hans Fischer, Rektor FH Karlsruhe. S.: 1983 MIttlere Reife Berufsfachschule f. Elektrotechnik Karlsruhe, 1983-85 Ausbild. Elektroinstallateur, 1985 Gesellenbrief, 1985-87 Carl-Engler-Schule, Techn. Oberschule Karlsruhe, HS-Reife, 1987-89

*) Biographie www.whoiswho-verlag.ch oder beigefügte CD-ROM

Fischer

Bundeswehr, 1990 Lt. d. Res., 1989 Stud. Maschinenbau Univ. Karlsruhe (TH), 1995 Dipl.-Ing. Maschinenbau. K.: seit 1989 Beisitzer Junge Union, 1990-94 ehrenamtl. Bez.-Gschf. Junge Union Nordbaden, 1991-97 Schriftführer Kreisverb. Karlsruhe-Land CDU, 1992-93 Mtgl. im Landesvorst. d. Jungen Union Baden-Württemberg, 1993-99 Beisitzer Bez.-Vorst. d. CDU Nordbaden, 1994-96 GemR. Stutensee, 1995-98 wiss. Mitarb. am Inst. f. Arbeitswiss. u. Betriebsorgan. d. Univ. Karlsruhe (TH), seit 1997 Pressereferent d. Kreisverb. Karlsruhe-Land CDU, 1998 Landesliste d. CDU-Baden-Württemberg, 1998 MdB, Mtgl. d. Aussch. f. Bildung, Forschung u. Technikfolgenabschätzung, Mtgl. d. Petitionsaussch., stellv. Mtgl. d. Aussch. f. Umwelt, Naturschutz u. Reaktorsicherheit, stellv. Sprecher Junge Gruppe CDU/CSU, seit 1999 Schatzmeister Bez.-Vorst. d. CDU Nordbaden. P.: Interviews in Badische Neueste Nachrichten, Fachveröff. M.: Ges. f. Arbeitswiss. GfA (Dortmund), CDU, JU, KSC. H.: Kochen, Handball, Posaunespielen, Literatur, Tolkien, Alte Geschichte. (Re)

Fischer Balthasar Dr. Prof. *)

Fischer Beate *)

Fischer Bernd Dr. phil. *)

Fischer Bernd *)

Fischer Bernd Dr.-Ing. habil. Prof.

B.: Prof. f. Materialwissenschaften. FN.: FHS Jena. DA.: 07703 Jena, Postfach 100314; 07745 Jena, Carl-Zeiss-Promenade 2. PA.: 07749 Jena, Kernbergstr. 15. bernd.fischer@fh-jena.de. G.: Altenburg, 21. Okt. 1940. V.: Karin, geb. Bengtsson. Ki.: Thomas (1972), Mathias (1973). El.: StR. Dr. Ernst u. Hertha, geb. Schmidt. S.: 1959 Abitur, 1959-65 Stud. Maschinenbau TH Chemnitz, Abschluß Dipl.-Ing. K.: 1965-69 Fachschullehrer Ing.-Schule f. wiss. Gerätebau "Carl Zeiss" Jena, 1969/70 wiss. Ass. Fachgruppenltr. Werkstofftechnik Friedrich-Schiller-Univ. Jena, 1970-92 wiss. OAss. Friedrich-Schiller-Univ. Jena, 1971 Prom. z. Dr.-Ing., 1983 Prom. Dr. sc. techn., 1992 Habil., seit 1992 Prof. FH Jena, 1992-94 Grd.-Dekan Werkstofftechnik, 1994-97 Prorektor f. Forschung. BL: 5 Patente. P.: 45 Veröff. in wiss. Fachzeitschriften z.B. "The reduction of platinum in glass melts" (1992), "Zeitstandfestigkeit v. Rhenium bei extrem hohen Temperaturen" (1995), "Zeitstandfestigkeit u. Kriechverhalten v. Platinlegierungen" (1997), 49 Konferenzbeiträge, 110 Vorträge auf nat. u. intern. Tagungen. M.: DGM, GDMB, IPMI, TMS. H.: Schwimmen, Wandern, Garten.

Fischer Bernd *)

Fischer Bernd Georg *)

Fischer Bernhard Dipl.-Ing. *)

Fischer Birgit

B.: Min. FN.: Min. f. Frauen, Jugend, Familie u. Gesundheit d. Landes NRW. DA.: 40219 Düsseldorf, Fürstenwall 25. G.: Bochum, 4. Okt. 1953. Ki.: 1 Kind. S.: 1972 Abitur Bochum, 1972-77 Stud. Erziehungswiss. Westfäl. Wilhelms-Univ. Münster, Dipl.-Päd. K.: 1977-80 Päd. Ltr. im Ev. Bild.-Werk, 1980-86 Fachbereichsltr. d. VHS, 1986-90 Gleichstellungsbeauftragte d. Stadt Bochum, 1990-2000 u. wieder s. Sept. 2001 Mtgl. d. Landtags NRW, 1991-98 Parlamentar. Gschf. SPD-Landtagsfraktion NRW, seit 1998 Min. f. Frauen, Jugend, Familie u. Gesundheit, polit. Werdegang: 1973 Mtgl. d. ÖTV, 1981 Mtgl. d. SPD, 1982-88 stellv. Unterbez.-Vors. Märkischer Kreis, 1985-88 AsF-Unterbez.-Vors. Märkischer Kreis, 1986-92 Mtgl. im AsF-Landesvorst. NRW, 1986-90 o.Mtgl. ParteiR., 1991-98 beratendes Mtgl. ParteiR., 1987-97 stellv. Bez.-Aussch.-Vors. Bez. WW, 1997 Bez.-Aussch.-Vors. Bez. WW, 1989-99 Mtgl. im gschf. Unterbez.-Vorst. Bochum, 1990-98 Vors. d. Stadtbez. Bochum-Mitte, 1997-98 stellv. Mtgl. im WDR-RundfunkR., 2000-01 stellv. Vors. Bez. WW, 2001 Mtgl.d. SPD Bundesvorst., 2001 stellv. Vors. d. SPD-Landesvorst. in NRW. (Re)

Fischer Birgit

B.: Profi-Kajakfahrerin, Dipl.-Sportlehrerin, Bundestrainerin b. Dt. Kanu-Verb. FN.: c/o Dt. Kanu-Verb. DA.: 47055 Duisburg, Bertallee 8. KanuFischer@aol.com. www.Birgit-Fischer.de. G.: Brandenburg, 25. Feb. 1962. Ki.: Ole (1986), Ulla (1989). K.: s. 1968 Kanu.Sportlerin, WM 1979, 1981-83, 1985, 1987, 1993-95: 500m Kajak-Vierer/1.; 1980 u. 1992 Olymp. Spiele 500m Kajak-Einer/Gold; 1981-83, 1985, 1987, 1993, 1994 500m Kajak-Zweier/1.; 1981-83, 1985, 1987 500m Kajak-Zweier/1.; 1988 Olymp. Spiele 500m Kajak-Zweier/Gold, Kajak-Vierer/Gold, Kajak-Einer/Silber; 1992 Olymp. Spiele 500m Kajak-Vierer/Silber; 1994 WM 200m Kajak-Zweier/2., Kajak-Vierer/2.; 1995 WM Kajak-Vierer/2.; 1996 Olymp. Sommerspiele Kajak-Vierer/Gold; 1998 WM in Szeged 1000m Kajak-Zweier/2., 500m Kajak-Vierer/1., 200m Kajak-Vierer/4., 1999 WM Kajak-Vierer 500m/2., Kajak Zweier 500 m/4., Kajak Vierer 200 m/4., 2000 EM Kajak-Vierer 500m/1., Kajak Zweier 1000 m/1., Kajak Zweier 200 m/2., Kajak-Vierer 200 m/4., Kajak Zweier 500 m/3., 2000 OS 2x/1., Sydney OS Gold Kajak Zweier, Gold Kajak-Vierer 500m. H.: Camping, Natur mit eigenen Kindern.

Fischer Brigitte

B.: Arzthelferin, Inh. FN.: Kosmetik Pavillon im Prinz-Karl-Palais. DA.: 86159 Augsburg, Schertlinstr. 23. G.: Mediasch, 14. Dez. 1956. V.: Dipl.-Ing. Alfred Fischer. El.: Johann u. Regina Gergel, geb. Maurer. S.: 1973 Mittlere Reife, Ausbild. z. Arzthelferin, MTA, Kosmetikausbild., Heilpraktikerausbild. K.: seit 1985 selbst. m. eigenem Geschäft. H.: Sport, Skifahren, Reisen.

von Fischer Brigitte *)

Fischer Brunhild

B.: Dipl.-Musikerin, Gschf. FN.: SHIA e.V. Landesverband Sachsen Selbsthilfegruppe Alleinerziehender. GT.: Vorst.-Mtgl. Bundesverband SHIA. DA.: 04103 Leipzig, Hauptmannstr. 4. shia-sachsen@freenet.de. www.shia-sachsen.de. G.: Leipzig, 30. Sep. 1962. Ki.: Maximilian (1989), Luis-Leonard (1998). El.: Siegfried u. Ing. Christine Häußler. S.: 1982 Abitur, 1980-85 Stud. Musik an d. HS f. Musik "Mendelsohn Bartholdy" Leipzig, Dipl., Fach Querflöte, 1988-91 weiterführendes Musikstudium in München. K.: zahlr. Auftritte als Solistin weltweit, seit 2001 Gschf. d. SHIA e.V. Landesverband Sachsen Selbsthilfegruppe Alleinerziehender. P.: versch. CD's m. romantischer klass. Musik z.B. Brunhild Fischer u. Ruth-Alice Marino "Querflöte & Harfe". M.: DPWV, LAGF. H.: Musik, Bergsteigen, Familie.

Fischer Carl W. *)

Fischer Carsten

B.: Hockeyspieler, Arzt f. Othopädie. PA.: 45470 Mühlheim, Danziger Str. 17. G.: Duisburg, 29. Aug. 1961. K.: Abwehrspieler, Silbermed. b. 15. Olymp. Turnier 1984 Los Angeles, Silbermed. WM (Feld) 1981/82 Bombay, Bronzemed. WM (Feld) 1986 London, Bronzemed. EM (Feld) 1983 Amstelveen u. 1987

*) Biographie www.whoiswho-verlag.ch oder beigefügte CD-ROM

Moskau, Goldmed. EM (Halle) 1980 Zürich, Europapokalgewinner d. LMstr. 1988-96, Dt. Feldhockey-Mstr. 1985-88, 1990, 1992-95, Dt. Hallenhockey-Mstr. 1987, 1988 Silbermed. Olymp. Spiele Seoul, 1991 Europameister, 1992 Goldmed. Olymp. Spiele Barcelona, 1996 4. Pl. Olymp. Spiele Atlanta, 259 Länderspiele u. Rekordtorschütze m. 154 Treffern f. Deutschland. H.: Tennis, Squash, Golf. (Re)

Fischer Carsten *)

Fischer Christian Dr. rer. nat. *)

Fischer Christiane *)

Fischer Christina

B.: Sommeliere, Inh. FN.: Fischers Weingenuß & Tafelfreuden. DA.: 50674 Köln, Hohenstaufenring 53. INFO@fischers-wein.com. www.fischers-wein.com. G.: Essen Werden, 9. Aug. 1961. V.: Rolf Fischer. S.: 1980 Abitur, 1981-84 Ausbild. Interconti Düsseldorf, Hotelkauffrau. K.: 1985-87 Interconti London, 1987 Sommelière Restaurant "Soufflé", 1989 Sommeliere Restaurant "Schiffchen" Düsseldorf, 1990-92 Sommeliere Restaurant "Mäxwell" Köln, 1992-95 Sommeliere Restaurant "Brenner'scher Hof", 1996 Eröff. d. Restaurant Fischers Weingenuß u. Tafelfreuden, Köln. P.: Buch "Kochduell Weinbuch", "Einkaufsührer Rotwein". E.: 1995 pro Riesling Förderpreis, 1996 Decanter "Wine by the Glas Award", Moet Hennesy Trophy 1997, 2000 Wirtin d. Jahres, 2001 Sommelière des Jahres Gault Millau. M.: Vorst. d. Sommelièr Union. H.: Laufen.

Fischer Christoph Dr. med. *)

Fischer Claus *)

Fischer Clemens *)

Fischer Cristina Dipl.-Päd.

B.: PR- u. Kreativberaterin, Fotoredakteurin, Produzentin u. Bühnenbildnerin, Inh., Gschf. FN.: wip Consulting, Training, Coaching. GT.: seit 1997 selbst. PR-Beraterin, seit 1998 regelmäßige Führungs- u. Personaltrainings, 1998 Trainerin f. d. Studieninst. kommunale Verw., des GründerInnenCentrum d. VbFF u. d. Friedrich-Ebert-Stiftung, seit 2000 Partnerin v. vwbi Trainerin f. Führungskräfte, Personal- u. Teamentwicklung, Kommunikation u. Kultur sowie PR Beraterin f. namhafte nat. u. internat. tätige Auftraggeber, 2001 Trainerin d. IHK Südwestsachsen, RKW Sachsen u. DgFP. DA.: 09112 Chemnitz, Rudolf-Breischeid-Str. 19. info@wip-seminare.de. www.wip-seminare.de. G.: Caracas/Venezuela, 6. Juni 1962. V.: Simon (1994). El.: Claus u. Uta, geb. Meister. S.: 1982 Abitur, 1982 Stud. Dipl.-Päd. Univ. Bamberg, Studienfächer: Päd., EB, Psych., Soziolog., Kunst-, Medien- u. Kommunikationswiss., 1983 Studienaufenthalt in Masite/Lesotho, 1984 Vordipl., 1986 Praktikum b. Lokalfernsehen München e.V., 1987 Hauptdipl.-Prüf., 1990 Dipl. in Päd., 1991 Weiterbild.: Autor f. Dokumentation u. Lernmittel im Medienverbund b. Siemens Nixdorf, seit 1997 Fortbild.: Coaching, NLP, Suggestopädie, Stimmbild., Kommunikation, Konfliktmanagement, Marketing, Motivation, Moderation u. Rhetorik, Vision u. Strategie, strategisches Planen, 1998 Trainerausbild. b. Amerikaner Paul R. Scheele in Lern- u. Lesestrategien, 1999 Trainerausbild. b. Hartmut Wagner u. d. Australier Dick McCann in TeamManagementSystems b. Friedbert Gays Team: DISG, Entspannungstrainerin bei d. BSA-Akademie. K.: 1987-89 Lehrbeauftragte f. Kunstpäd. an d. Univ. Bamberg, Kunstausstellung in Bamberg, 1988 Produktion eines Trailors b. BR München zu Carolines Fleckerlteppich, Beauftragte f. Werbung, Kunst u. Kultur d. Gastro-Kollektivs "Polarbär" in Bamberg, 1989 Teilnahme am Wettbewerb d. Bayer. Fernsehens Gestaltung d. Fußball-WM 1990, Sportstudios in Rom, Doz. an d. FH Bamberg f. Medienpäd., 1990 Entwurf d. Modells einer postmodernen Theke, Kunstausstellung in Forchheim: Steine, Video- u. Installationsobjekte, 1991 Umzug nach München, freie Mitarb. b. Lokalfernsehen München, Video-Studioltg., Realisierung div. Bühnenbildprojekte b. BR, 1992 Bildredakteurin b. GIRL, 1992 freie Mitarb. b. Hans-Jürgen Frank: Film- u. Fernsehdesigner, 1993 Ltr. d. Bildredaktion, 1994 freie Reporterin d. Freien Presse u. b. Stadtmagazin: Stadtstreicher - Chemnitz, Produzentin f. GIRL, 1995 Projektmanagerin b. d. Werbeagentur "neue medien frotscher" Chemnitz, 1996 nach d. Fusion z. CU Marketing + Kommunikation: PR u. Creative Consultant, 2 TV-Beiträge u. a. über Cristina Fischer, 1998 Vortrag b. birkenbihl-media in München b. Workshop m. Paul R. Scheele, 1998 Grdg. u. Gschf. wip Consulting, Training Coaching in Chemnitz. BL.: seit 1987 in d. Erwachsenenbild. tätig, als Trainerin, Consultant u. Coach, Fotoredakteurin, Reporterin, Doz. P.: Erstellung eines Videofilms "Dies Academicus" für den Dekan d. SOWI in Bamberg, 1987 Kunstausstellung in Bamberg: Malerei, Grafik u. Installationen, 1990 Kunstausstellung z. Thema Steine m. Video- u. Installationsobjekte in Forchheim/Franken. E.: 1989 Sonderpreis f. Gestaltung v. BR f. d. Entwurf d. Sportstudios f. d. WM in Rom. H.: Beruf, Bild. Kunst, Musik, Literatur, Sport.

Fischer Detlev Wilhelm Dr. med. *)

Fischer Dieter *)

Fischer Dieter *)

Fischer Dieter Dipl.-Ing. *)

Fischer Dieter Dr. *)

Fischer Dieter Paul Wilhelm *)

Fischer Dietrich Dr. med. *)

Fischer Dietrich *)

Fischer Dietrich Dr. rer. pol. Dipl.-Ing.

B.: Unternehmensberater, Gschf. Ges. FN.: Selecteam Personal- u. Unternehmensberatung GmbH. DA.: 82024 Taufkirchen, Ritter-Hilprand-Str. 8. PA.: 82024 Taufkirchen, Enzianring 28. G.: Köln, 8. Apr. 1936. V.: Elisabeth, geb. Jansen. Ki.: Barbara (1963), Ellen (1965). El.: Nikolaus u. Ida, geb. Preuß. S.: 1955 Abitur Köln, 1955-61 Stud. Flugzeugbau TH Aachen, Dipl.-Ing. K.: 1961-63 Unternehmensplaner b. Messerschmitt AG, 1963-88 Tätigkeit b. IABG Ind.-Anlagen, 1988 Grdg. v. Selecteam Personal- u. Unternehmensberatung. P.: u.a. Verteidigungsplanung: Nutzen/Kosten-Analysen; Outsourcing: Lean u. Fit; Logistik, KH. M.: Mtgl. d. AIZ Econ. AG, BVMW, ASU, VDI. H.: Hochseesegeln, Tennis, Langlaufen, Fotografieren, Chormusik, klass. Musik, bild. Künste.

Fischer Dietrich *)

Fischer Dirk Dr. Dr. Ph.D.

B.: Urologe, Sportarzt. DA.: 55118 Mainz, Bonifaziuspl. 7. PA.: 55262 Heidesheim, Am Pfingstborn 31. G.: Berlin, 5. Feb. 1941. V.: Petra, geb. Ruf (Staatsanwältin). Ki.: Jürgen-Rainer, Georgia, Franziska, Theresia, Katharina, Caroline, Leonard-Konrad (Ehrenpate ist Bundespräs. R. Herzog). E.: Fritz u. Lucie Fischer. S.: 1961 Abitur Münster, 1961 Stud. Zahnmed. Freiburg, 1966 Staatsexamen Zahnmed., 1968 Staatsexamen Med., 1968 Prom., Sportarztdipl. K.: Praktikum Chir. Univ. Montreal u. Chir. Univ.

*) Biographie www.whoiswho-verlag.ch oder beigefügte CD-ROM

Fischer

Mainz, ab 1971 Urologie Univ. Mainz u. Univ. Kapstadt, DAAD Jikei Univ. Tokio, 1973 Prom. Zahnmed., 1977 Prom. Biochemie, seit 1990 urolog. Praxis in Mainz; 1989-93 Doz. Tongji-Uni Wuhan China, seit 1999 Lektortätigkeit / Arab. Emirate. P.: Bücher: Operationslehre, Allg. u. spezielle Urologie, New Methods for the Laboratory Evaluation of Neoplastic Prostatic Tissue, versch. Fachpubl. M.: American Urological Assoc., Dt. Ges. f. Urologie, Deutsch-Chinesische Ges. f. Med. e.V., Schlaraffia. H.: Leichtathletik-Marathon.

Fischer Dirk

B.: Lackierer- u. Karrosseriemeister, selbständig. FN.: Fischer Autohaus Dirk Fischer e.K. DA.: 03172 Guben, Erich-Weinert-Str. 41. fischerautohaus@compuserve.de. G.: Guben, 23. Aug. 163. Ki.: Jennifer (1986), Max (1993). El.: Klauspeter u. Barbara. S.: 1978-82 Lehre Karosseriebauer väterl. Betrieb Guben, 1982-83 NVA, 1986 Facharbeiterbrief Lackierer, 1989 Meisterprüfung. K.: 1983-95 Ang. im väterl. Betrieb u. b. 1999 Ltr., seit 1993 KIA-Vertragshändler, seit 1999 Inh. d. väterl. Betriebes, 2000 Eröff. d. Filiale in Forst; Funktionen: Versicherungsmakler u. Finanzdienstleistungen. M.: Abteilungsleiter im Eisenbahner-Sport-Verein Lok Guben. H.: Sport, Fußball.

Fischer Dirk Erik

B.: Rechtsanwalt, MdB. FN.: Dt. Bundestag. DA.: 11011 Berlin, Platz d. Republik 1; 22301 Hamburg, Andreasstr. 33. PA.: 22299 Hamburg, Leinpfad 74. G.: Bevensen, 29. Nov. 1943. S.: 1963 Abitur, 1964-66 Wehrdienst, Oberlt. d. Res., Stud. Rechtswiss. Univ. Hamburg, 1975 1. u. 1978 2. Jur. Staatsexamen. K.: 1978-80 Justitiar in einem Großhdls.-Unternehmen, 1982 Zulassung als RA, seit 1967 Mtgl. CDU u. JU, 1970-77 Landesvors. JU Hamburg, seit 1972 Mtgl. CDU-Landesvorst. Hamburg u. seit 1976 stellv. CDU-Landesvors., seit 1974 Kreisvors. CDU Hamburg-Nord, 1970-81 Mtgl. Hamburger Bürgerschaft, seit 1989 Vors. d. Arbeitsgruppe Verkehr d. CDU/CSU-Fraktion, s. 1980 MdB (Re)

Fischer Dirk Ulrich

B.: selbst. Kommunikations-Designer. DA.: 20146 Hamburg, Rappstr. 2. G.: Kiel, 17. Feb. 1960. V.: Partnerin Barbara Robinson. Ki.: Emely-Sophie (1992). El.: Gerhard O.W. u. Gisela, geb. Degener. S.: 1980 Abitur München, 1981-86 Stud. Kommunikationsdesign Univ. Hamburg. K.: seit 1986 freiberufl. tätig. P.: Veröff. in Graffis, Cosmopolitan, Stern u.a.m. H.: Tennis, Bogenschießen, Meditation, Psychologie.

Fischer Eberhard *)

Fischer Eberhard Dr. *)

Fischer Eberhard Dr. rer. nat. Dipl.-Physiker

B.: Gschf. FN.: IntelligeNDT Systems & Service GmbH & Co KG. DA.: 91058 Erlangen, Freyerslebenstr. 1. eberhard.fischer@intelligendt.de. G.: Glogau, 23. Sep. 1944. V.: Erika, geb. Bongers. El.: Hans u. Gerda. S.: 1964 Abitur Berlin, 1964-70 Stud. Physik FU Berlin, 1970 Dipl.-Physiker, 1976 Prom. K.: 1970-76 Ass. a. d. FU Berlin, seit 1976 tätig in d. Firma Siemens in Erlangen bzw. im Siemens-Konzern, 1976-82 versch. Stationen b. z. Abt.-Ltr. d. Prüftechnik u. Fertigung v. Reaktorkomponenten, 1982-88 Ltr. d. Reaktor-Service, 1988-92 VPräs. d. Siemens-Töchter in d. USA, 1993 Hauptabt.-Ltr. d. "Wiederkehrende zerstörungsfreie Prüf.", ab 2000 Gschf. d. Siemens NDT u. ab 2001 Joint Venture in d. Firma IntelligeNDT - einer Siemens-Beteiligungsges. BL.: versch. Patente. P.: ca. 50 Fachveröff. M.: ehemal. Basketball-Bundesligaspieler in Berlin, Beirat d. DGzff-Vorst., Verb. d. ltd. Ang. H.: Tennis, Skifahren, preuß. Geschichte.

Fischer Eckart Brig. Gen.

B.: Standortkommandeur. FN.: Julius-Leber-Kaserne. DA.: 13405 Berlin, Kurt-Schumacher-Damm 41. G.: Hildesheim, 6. Jän. 1942. Ki.: 3 Kinder. S.: 1962 Abitur, 1962 Eintritt Bundeswehr, 1963-65 Artillerieschule Idar-Oberstein u. Heeresoffz.-Schule Hamburg. K.: 1965-69 Zugführer d. Feldattilleriebattalion 3 in Kassel, 1969-72 Batteriechef d. Raketenartilleriebatallion 72 in Geilenkirchen, 1972-74 Gen.-Stabslehrgang an d. Führungsak. der BW in Hamburg, 1974-78 Gen.-Stabsoffz. f. Logistik d. Panzergrenadierbrigade 16 in Wentorf, 1978-79 Gen.-Stabsoffz. f. Operation, Übung u. Ausbild. d. Panzergrenadierbrigade 16 in Wentorf, 1979-81 Stabsoffz. f. nukleare Planung d. HQ CENTAG in Heidelberg, 1981-83 Kommandeur des Panzerartilleriebattalion 25 in Braunschweig, 1983-84 Forsch.-Stipendiat am Intern. Inst. f. strateg. Studien in London, 1984-86 Ref. f. Militärpolitik im Innenmin. f. Verteidigung in Bonn u. bis 1990 Ref.-Ltr., 1990-91 Lehrgang an d. Nat. Defense Univ. in Washington, 1991-91 Kommandeur d. Panzergrenadierbrigade 16 in Wentorf, 1994-95 stellv. Abt.-Ltr. f. Militärpolitik im Innenmin. f. Verteidigung in Bonn, 1995-98 Verteidigungs- u. Hdl.-Attaché d. Dt. Botschaft in London, seit 1998 Kommandeur d. Standort-Kdo. Berlin. E.: 1991 Orden "Legion of Merit" d. USA, 1991 BVK am Bande, 1998 EZ d. Bundeswehr in Gold. M.: Dt.-Engl. Offz.-Vereinig. H.: Sicherheitspolitik, Geschichte d. Gegenwart, Jagd, Reiten.

Fischer Eckhard

B.: Fachwirt f. Finanzberatung (IHK), Inh. FN.: Fischer Finanzservice. DA.: 13158 Berlin, Mittelstr. 1. Eckhard.Fischer@t-online.de. G.: Bernburg, 7. Juni 1954. V.: Karin. S.: 1973 Abitur, 1975-79 Stud. Journalistik. K.: b. 1996 Redakteur bei versch. Zeitschriften u. Zeitungen, 1996 Ausbild. z. Immobilienmakler, 1997-01 Weiterbildung m. Abschluß Fachwirt f. Fianzberatung an d. IHK, seit 1996 selbst. M.: Bundesverb. f. Finanzdienstleistungen. H.: Reisen, Lesen.

Fischer Edda B.

B.: freischaff. Künstlerin. FN.: Malerei & Grafik Edda B. Fischer Lübben. DA.: 15907 Lübben, Jägerstr. 5. G.: Löbau, 29. Okt. 1951. V.: Gert Fischer. Ki.: Frank (1971), Kai (1973). El.: Herbert u. Martina Herrmann. S.: 1969-72 Stud. Päd. Fachschule Pirna, Abschluß gelernte Kindergärtnerin. K.: 1973-89 Tätigkeit im Beruf, in dieser Zeit intensives Selbststud. u. Weiterbild. auf d. Gebiet d. Malerei u. Grafik, 1989-91 ABM-Stelle b. d. Stadtverw. Lübben als Grafikerin u. erste Ausstellungen, seit 1991 regelmäßige Ausstellungen in Lübben, Beeskow u. Berlin, 1991-93 Fernstud. an d. Kunstschule Zürich, Fachrichtung Malerei u. Graf. E.: 1996 2. Preis b. einer Ausstellung im Südring-Center Brandenburg. H.: Malerei, Katzenliebhaber.

Fischer Edeltraud *)

Fischer Elke Dr. med. *)

Fischer Ellen *)

Fischer Erhard Prof.

B.: Opernregisseur. PA.: 10115 Berlin, Koppenpl. 9. G.: Radeberg, 10. Nov. 1922. V.: Ingeborg Gerda, geb. Funke. Ki.: Matthias (1960). El.: Martin u. Gertrud. S.: 1945-50 Stud. Opernregie HS f. Musik Dresden. K.: 1950-60 Ass., Abendspiellr. u.

*) Biographie www.whoiswho-verlag.ch oder beigefügte CD-ROM

Spielltr. Staatsoper Dresden, 1960-65 Oberspielltr. u. Dir. am Kleinen Haus Oper Leipzig, 1965-90 Oberspielltr. u. seit 1966 Chefreg. Dt. Staatsoper Berlin, seit 1990 freischaff., seit 1965 Prof. f. Opernregie u. -darstellung an Musik-HS Dresden, Leipzig, Berlin, HdK Berlin, Univ. Göteborg u. HS f. Musik Lübeck, Gastreg. in Moskau, Warschau, Genf u.a. pers. künstler. Zusammenarbeit mit E. Kleiber, D. Schostakowitsch, K. Penderecki. E.: 1965-89 hohe staatl. Ausz.

Fischer Erich Dr. *)

Fischer Ernst

B.: Koch, Inh. FN.: Gourmet-Restaurant la Marée; Pension Pinguin. DA.: 23743 Grömitz, Christian-Westphal-Str. 52. G.: Hasselbach/Schwaben, 29. Aug. 1943. V.: Monika, geb. Voigt. S.: 1957-60 Ausbild. z. Koch in Bad Wörishofen im Sanatorium Lühr. K.: 1960-61 Jungkoch im Restaurant "Altes Marteck" Basel/Schweiz, 1961 Kölner Hof in Köln, 1961-62 Party-Chef im Bayerischen Hof München, 1962-63 Party-Chef im Hotel Atlantic Hamburg, 1964 Koch im Sanatorium Bad Schutznach in d. Sommersaison, 1965-67 Party-Chef im Kempinski Berlin, 1968-69 Küchenchef im Europ. Hof, 1970 Küchenchef im Parkhotel Zellermayer, 1970 Küchenmeisterprüf. v. d. IHK Berlin, 1971-77 Küchenchef in d. Dt. Botschaft in Paris, 1977-80 Küchenchef im Mövenpick Neu-Ulm, 1980 Übernahme des Hotels Pinguin in Grömitz u. Eröff. d. "La Marée". E.: ausgezeichnet in allen Restaurantführern Deutschlands. M.: DEHOGA. H.: Beruf, Videofilmen.

Fischer Ernst Otto Dr. rer. nat. Dr. h.c. mult. *)

Fischer Ernst Wilhelm

B.: Kaufmann, Inh. FN.: Ernst Fischer, Lederhandlung. DA.: 76593 Gernsbach, Bleichstr. 5. G.: Baden-Baden, 5. Mai 1925. V.: Anke, geb. Rieck. Ki.: Ernst Fredy (1957), Tamara Lena (1961). El.: Ernst Franz u. Karoline, geb. Beck. BV.: Daniel Fischer aus Hartenstein / Sa., 13 Generation in Gernsbach. S.: 1940-43 kaufm. Lehre m. Auszeichnung, Steuermannschule Gotenhafen, 1944-45 Einsatz in Norwegen, 1945-48 Gefangenschaft Rußland, England, USA, Frankreich. K.: 1948 Übernahme d. elterlichen Geschäftes mit Bruder Herbert, 1956 Filiale in Gaggenau, Leder, Lederwaren, Sportartikel, 1986 Sport + Leder Fischer Gernsbach Igelbachstr. BL.: 350 jähriges Gesch. Jubiläum. P.: Veröff. in regionaler Presse, Fachzeitungen, IHK. M.: Goldkrone-Garant Offenbach, Intersport Heilbronn. H.: Wandern, Wintersport, Schiffsreisen.

Fischer Evelin *)

Fischer Falco

B.: Dipl.-Gemmologe, Goldschmied, Gschf. FN.: Juweliere, Goldschmiede Mauck. DA.: 30159 Hannover, Georgstr. 44. mauck-hannover@t-online.de. G.: Hannover, 24. Okt. 1970. V.: Hans-Erich u. Christiane. S.: 1992 Abitur Langenhagen, bis 1993 Dr. Buhmann Wirtschaftsschule in Hannover, Ab-

schluss: Management Ass., b. 1996 Ausbild. z. Goldschmied, FH für Gemmologie, b. 1997 Ausbild. z. Dipl.-Gemmologen in Idar Oberstein, parallel Volontariat in gr. Diamant-Schleiferei, zusätzl. Qualifikation als Diamantgutachter in Antwerpen. Anschluss, b. 1998 Volontär in Juweliergeschäft in Wiesbaden u. in einem Juweliergeschäft in Hamburg. K.: 1999 Übernahme d. Goldschmiede Mauck als Gschf. u. Inh., eigenes Atelier f. Juwelen u. Goldschmiedearb./Ausbild.-Betrieb. BL.: erfolgr. Dressurreiter, Meisterschaften geritten. P.: versch. Veröff. in d. Fachpresse. E.: Intern. 1. Preise (Goldene Lupe, Goldene Muschel/Cellini-Wettbewerb f. prämierte Entwürfe d. Goldschmiedemeisters Albert Ohlau). M.: Fachmtgl. d. Gemmolog. Ges., Reiterverer. Langenhagen. H.: Sammeln u. Restauration v. Traktoren, Reiten, Lesen.

Fischer Frank *)

Fischer Frank *)

Fischer Franz *)

Fischer Franz Dr. phil. *)

Fischer Friedrich Andreas Dr. phil. Prof. *)

Fischer Fritz *)

Fischer Fritz *)

Fischer Gabriele *)

Fischer Gabriele

B.: Beigeordnete für Bildung, Kultur u. Sport. FN.: Stadtverwaltung Potsdam. DA.: 14461 Potsdam, Hegeallee 9. PA.: 14467 Potsdam, Mangerstr. 20. G.: Potsdam, 10. Jan. 1953. V.: Lutz. Ki.: Sebastian (1977), Sascha (1980). El.: Gerhard u. Helmtrud Korth, geb. Heidenreich. S.: 1971 Abitur, 1973-77 Journ.-Stud. Leipzig, Dipl., 1986-89 Aspir. HUB, Inst. f. Bibliothekswiss. K.: 1973-77 Red. Mitarb. DT 64 DDR-Rundfunk, 1977-82 Kulturhaus Potsdam, Lokalzeit., Fachzeitschrift "Archivmitteilungen", 1982 wiss. Sekr. d. Wiss. Allgemeinbibl. d. Bez. Potsdam, 1990-92 Verwaltungsltg., ab 1992 amt. Dir. d. Stadt- u. Landesbibl., ab 1. Febr. 1995 Dir. d. Stadt- u. Landesbibl. P.: "Arbeiterbibl. in Deutschland" u. zahlr. Art. u. Aufsätze in bibl. Fachpresse. M.: bis 2000 Landesvorst. d. Landesbibl. Brandenburg im Dt. Bibl.-Verb. (DBV), ÖTV. H.: Familie. (I.U.)

Fischer Gabriele

B.: Künstlerin, Keramikerin, Malerin. FN.: Galerie Kunst u. Handwerk. PA.: 94034 Passau, Sturmbergweg 26. G.: Passau, 12. Jan. 1965. Ki.: Myriam Rita Nashira (1999). El.: Willibald u. Carolina Fischer. S.: Gymn., 1986-89 Ausb. Keramikgesellin. K.: seit 1989 freischaff. Keramikkünstlerin mit Ausstellungen. H.: Garten, Lesen.

Fischer Gabriele Helene OStud.-Dir.

B.: Dir. FN.: Nikolaus-v.-Weis-Gymn. DA.: 67346 Speyer, Vincentiusstr. 1. G.: Heppenheim, 11. Aug. 1950. El.: Hilmar u. Lucia Maria Fischer, geb. Götz. BV.: Johann-Nikolaus Götz -Rokokodichter im 18. Jhdt. S.: Referendariat Trier. K.: 1978-79 Lehrerin in Mayenne/F, 1979-81 Aufenthalt in einem Kloster, 1981-92 StudR. am Nikolaus-v.-Wies-Gymn. u. seit

---

*) Biographie www.whoiswho-verlag.ch oder beigefügte CD-ROM

Fischer

1992 Ltr. M.: Dombau Ver., Speyerer Kunstver., Vorst.-Mtgl. d. Vereinig. Freunde d. Nikolaus-v.-Weis-Schulen, div. Kulturver., Ordensdir.-Vereinig. H.: Griechenland, Sprachen, Reisen, Kunst, Literatur.

Fischer Gerd *)

Fischer Gerd G. Dipl.-Ing. chem. *)

Fischer Gerhard *)

Fischer Gerold Wilhelm *)

Fischer Gert Karl Gustav Dr. phil. *)

Fischer Gisela Charlotte Dr. med. Prof. *)

Fischer Gotthilf
B.: Chorleiter, Dirigent; Chef. d. "Fischer-Chöre". PA.: 71384 Weinstadt, Burgunderstr. 70. G.: Deizisau, 11. Feb. 1928. V.: Hildegard geb. Reinhuber. Ki.: Brigitte (1949), Renate (1957). El.: Gottlob u. Marie. K.: 1942-45 Lehrer-HS in Esslingen/Neckar, 1945-47 Lehrer in Plochingen, 1943 Grdg. d. 1.Chores an d. LHS in Esslingen, ab 1946 Übern. v. mehreren Chören u. Gesangsver. im Raum Esslingen u. Stuttgart, 1. Durchbruch b. Bundesliederfest d. schwäbischen Sängerbd. in Göttingen, 1974 Int. Durchbruch, 1976 1. Auftritt in Petersdom, 1978 Aufführung d. eig. Komposition f. Jimmy Carter in Washington, 1980 Weltfriedensfahrt n. Rom u. Audienz b. Papst Johannes Paul II, 1981 Weltfriedensfahrt n. Israel m. Besuch d. Hl. Stätten u. Uraufführung d. "Vater Unser" am Ölberg, 1985 musik. Gestaltung e. Messe im Petersdom, zelebriert v. Papst Johannes Paul II, Auftritte in aller Welt b. Olympiaden u. Sport-Großveranst., zahlr. eig. Kompositionen. BL: Grdg v. Fischer-Chören weltweit m. 62.000 Sängern, Errichtung v. haushohen Weltfriedenskreuzen a. allen Auftrittsorten u.a. Rheims a. Rhein, Washington, Rom, Jerusalem. P.: 1978 Meine Heimat sind d. Lieder, 1983 Alle Menschen brauchen Lieder, 1991 Deutschland, deine Lieder. E.: 32 gold. Schallplatten, 6 Platinplatten, 1974 Hermann-Löns-Med. u. "Goldener Globus", 1975 Ehrenlöwe v. RTL u. "Goldenes Mikrophon", 1982 BVK 1. Kl. f. Verd. d. dt. Volksliedes. H.: Sammlung v. Kreuzen aller Art - als Symbole d. Friedens. (U.B.)

Fischer Götz Herbert *)

Fischer Gudrun Prof.
B.: Kammersängerin, Prof. f. Gesang. FN.: Musik-HS "Franz Liszt" Weimar. Prom. Weimar. Platz der Demokratie 2-3. PA.: 99423 Weimar, Wilhelm Külz-Str. 2. G.: Liegnitz, 18. Okt. 1938. Ki.: Annekathrin (1959). El.: Richard u. Cäcilia. S.: 1957 Abitur, 1957-63 Stud. Gesang Weimar u. Budapest. K.: 1963-65 Dt. Soubrette Städt. Bühnen Erfurt, 1965-86 Dt. Soubrette Dt. Nationaltheater Weimar, ab 1976 Lyr. Sopran, 1974-86 Lehrauftrag f. Gesang HS Weimar, 1986-88 Doz. HS Weimar, ab 1988 Prof. f. Gesang, z.Zt. Studienfachberater u. Abt. Gesang/Musiktheater, 1968-78 fester Gastvertrag Dt. Staatsoper Berlin, 1972-78 fester Gastvertrag Staatsoper Dresden, 1990, 1992-94 Gastprof. f. Gesang in Osaka, 1978 Kammersängerin, Rundfunkkonzerte in Brüssel u. Antwerpen, Partien in Berlin u. Dresden: Königin Schemacher, Blondchen, Susanna, Nanetta, Adele, Musetta. P.: seit 1965 zahlr. Rundfunkaufnahmen u. Fernsehprod. M.: Japan. Ges., Ver. Freunde d. Musik-HS, Verb. Dt. Gesangspädagogen. H.: Kochen, Reisen, gute Bücher.

Fischer Günter Dipl.-Ing. *)

Fischer Günter Dr. med.
B.: FA f. Chir. u. Unfallchir., Durchgangsarzt, Unfallarzt, Ambulante Operationen, Belegarzt Sana Klinik. FN.: Chirurgisch-Unfallchirurgische Praxis Dr. med. Günter Fischer.

DA.: 90443 Nürnberg, Am Plärrer 19-21. G.: Cadolzburg, 30. Jan. 1952. V.: Gerda Anna, geb. Lux. Ki.: Michael (1986). El.: Leonhard u. Babette. S.: 1972 Abitur Fürth, 1973-80 Stud. Humanmed. Univ. Würzburg, 1980 Approb., 1981 Prom. z. Dr. med. K.: 1980-87 Ass.-Arzt Chir. KH Ansbach, 1987 FA-Anerkennung Chir., 1987-88 OA im Kreis-KH Illertissen, 1989-91 Ausbildung Unfallchir. BeGe-Kliik Murnau u. Stauferklinik Schwäbisch Gmünd, 1991-92 OA in Weißenburg, 1992-2000 OA Chir. Städt. KH Forchheim, seit 2001 eigene Praxis in Fürth. M.: seit 1982 Arge in Bayern tätiger Notärzte, seit 1983 Bundesverband d. Chirurgen, BNC. H.: Gitarre, Sport, asiat. Phil. u. Kampfkunst, Stein-Heilkunde.

Fischer Hannelore M.A. *)

Fischer Hans
B.: Unternehmer, selbständig. DA.: 96052 Bamberg, Zollnerstr. 30. G.: Bamberg, 2. Feb. 1935. V.: Gerda, geb. Schäfer. Ki.: Martina, Wolfgang, Sigrid, Sabine. S.: Ausbildung als Großhandelskaufmann. K.: 7 J. Bundesgrenzschutz in Coburg, tätig als Immobilienmakler, seit 1962 selbständig m. Tabak, Zeitschriften u. Lotto-Annahmestelle in Bamberg. M.: im Einzelhandelsverband. H.: Wandern, Radfahren.

Fischer Hans Dr. med.

B.: Hautarzt, Allergologe. DA.: 93051 Regensburg, Kumpfmühler Str. 64. PA.: 93051 Regensburg, Wolfsteinerstr. 54. G.: Amberg, 14. Aug. 1953. V.: Brigitte, geb. Past. Ki.: Leonhard (1981), Elisabeth (1984). El.: Georg u. Pauline. S.: 1973 Gymn. m. Abitur, 1974-76 Med.-Stud. Regensburg, 1976-80 Med.-Stud. TU München, 1981 Prom. K.: 1980-81 Med.-Ass. Kreis-KH Kötzting, 1981-82 b. Prof. Meinicke in Grünwald München, 1982-84 Hautarztass. Dt. Klinik f. Dermatologie u. Allergologie Davos/ Schweiz, 1984-86 Dermatologe. Klinik Univ. Erlangen, 1986 Hautarztanerkennung, 1986 Ndlg. in Regensburg. M.: Freunde u. Förderer d. Naturkundemuseum Ostbayern. H.: Musik hören u. machen.

Fischer Hans Dr. Univ.-Prof. *)

Fischer Hans Joachim Ing. *)

Fischer Hans Peter *)

Fischer Hans-Joachim *)

Fischer Hans-J. Dipl.-Informatiker
B.: Gschf. FN.: Green Hills Software GmbH. DA.: 76135 Karlsruhe, Unterreut 6. hfischer@ghs.com. www.ghs.com. G.: Gießen, 8. Apr. 1952. V.: Christa, geb. Schmitt. Ki.: 1 Tochter. El.: Horst-Friedrich u. Gertrud. S.: 1967-71 Lehre Elektromechaniker

*) Biographie www.whoiswho-verlag.ch oder beigefügte CD-ROM

Firma Robert Bosch GmbH bühlertal, 1978-83 Stud. Informatik FHS Karlsruhe. K.: 1971 techn. Zeichner, 1972-76 Elektromechaniker, 1976-82 tätig in d. Firma Siemens AG in Karlsruhe, 1988-98 Vertriebsing. d. Firma Hitex Systementwicklung GmbH in Karlsruhe, seit 1998 Gschf. d. Firma Green Hill Software GmbH. P.: Fachartikel in Fachzeitschriften. H.: Familie, Computer.

Fischer Harald Dr. *)

Fischer Harald *)

Fischer Heike Dr. *)

Fischer Heinz *)

Fischer Heinz

B.: Gschf. Ges. FN.: Fischer & Partner Direktmarketing GmbH. DA.: 22395 Hamburg, Immenhorstweg 86. G.: Berlin, 4. Juni 1921. V.: Regine Luther-Fischer, geb. Hentschke. Ki.: Barbara (1956), Michael (1957), Christine (1959), Martin (1962), Julia (1981). S.: 1939 Abitur, 1939-41 Ausbild. Verlagskfm., 1941-47 Wehrdienst u. Kriegsgefangenschaft. K.: 1947-51 tätig als Verlagskfm., 1951-75 Mitinh. d. Firma Scholz OHG in Berlin/Springe, 1975 Grdg. d. Firma Fischer & Partner Direktmarketing GmbH m. Schwerpunkt Beratung v. Unternehmen u. Agenturen. BL.: Größte Fachbibliothek aus d. Bereich Direktmarketing. P.: Fischer's Archiv. E.: 1986 BVK am Bande. M.: Ehrenpräs. d. DDV, EDMA. H.: Familie, Musik.

Fischer Heinz-Dietrich Dr. phil. Dr. paed. Prof.

B.: Ltr. FN.: Ruhr-Univ. Bochum Sekt. f. Publizistik u. Kommunikaton. PA.: 44801 Bochum, Äskulapweg 28. G.: Blankenstein, 1. Mai 1937. V.: Dr. Erika, geb. Schmidt. El.: Heinrich u. Gertrud. S.: Stud. Publiz., Kommunikationswiss., Politikwiss., Gesch., Öfftl. Recht, an d. Freien Univ. Berlin, Dt. HS f. Politik Berlin, Univ. Zürich, Münster u. Duisburg. K.: 1965-68 wiss. Mitarb. am Inst. f. Publizistik d. Univ. Münster, 1968-69 Visiting Prof. an d. School of Journalism Columbia/USA, 1969-70 Abt. Geschichte d. Publizistik an d. Univ. Köln, 1971-73 wiss. Mitarb. AkR. am d. Ruhr-Univ. Bochum, Habil., seit 1974 Prof. f. Publizistik u. Kommunikationswiss. u. Ltr. d. Sekt. f. Publizistik u. Kommunikation d. Ruhr-Univ. Bochum, seit 1988 Mtgl. d. Med. Fak. f. Medizinpubl. u. -kommunikation. P.: Chefredakteure (1980), Auslandskorrespondenten (1982), Fernseh-Moderatoren (1983), Outstanding Intern. Press Reporting, 5 Bde. (1984-2000), Handbuch der Medizinkommunikation (1988), Freie Mitarbeiter in publizist. Berufen (1989), The New York Times Facing World War II (1990), Medizinpublizistik (1990), Medienverbände in Deutschland (1991), Medicine, Media and Morality (1992), Privat-Fernsehen in Dtschl. (1994), Sports Journalsim at Its Best (1995), 100 Jahre Medien-Gewalt-Diskussion i. Deutschland (1996), 100 Jahre Publizisten-Altersversorgung in Deutschland (1997), Fernseh-Auszeichnungen in Deutschland (1998), Editorial Cartoons (1999), Photo Journalism (2000), Knappe Geschichte der Hörfunk- u. Fernsehwerbung in Deutschland (2001). E.: Ehrenmtgl. d. amerikan. kommunikationswiss. Ver. Kappa Thau Alpha. M.: Dt. Ges. f. Publizistik- u. Kommunikationwiss. Bonn, Dt. Ges. f. Auswärtige Politik Bonn, Studienkreis Rundfunk u. Geschichte Köln, American Medical Writers Assoc. Bethesda, Assoc. for Education in Journalism and Mass Communication.

Fischer Helga

B.: Kauffrau, Inh. FN.: Studio A - Exclusive Boutique. DA.: 28844 Weyhe, Ruschkamp 1. G.: Wildeshausen, 31. März 1945. V.: Rainer Fischer. Ki.: Thomas (1964). S.: 1962 Handelsschule Nienburg, 1963-66 Lehre z. kfm. Ang. in Wildeshausen. K.: 1970-83 Bankang. d. Bremer Bank, s. 1983 selbst. u. Eröffnung als Inhaberin Studio A exklusive Damenmode in Kirchweyhe, 1988 Erweiterung d. Geschäfts Mode f. Business, 1987 Eröff. einer Filiale in Südweyhe, regelmäßige Modenschauen in Bremen, seit 1994 in eigenen Räumen d. Boutique in Weyhe. H.: Sport, Reisen.

Fischer Helmut *)

Fischer Helmut Dr. theol. Prof.

B.: Ikonenmaler. GT.: seit 1960 Mtgl. in d. Prüfungsausschüssen f. d. 1. u. 2. Theol. Examen, 1973 Lehrstuhlvertretung Praktische Theol. Univ. Heidelberg. PA.: 61231 Bad Nauheim, Arthur-Weber-Weg 34. G.: Ölhütten/Nordmähren CSR, 4. Feb. 1929. V.: Ursula, geb. Gras. Ki.: Anselm (1959), Alkis (1961). S.: 1949 Abitur in Idstein/Taunus, 1949-56 Stud. ev. Theologie, Philosophie u. Psychologie an d. kirchlichen HS in Wuppertal, Univ. Wien u. Marburg, 1956 1. theol. Examen, 1956-58 Prakt.-theologische Ausbildung in Theol. Seminaren Herborn u. Friedberg, Bergkirchengemeinde Wiesbaden, 1958 Prom. z. Dr. theol. u. 2. theol. Staatsexamen, Ordination. K.: 1958-59 Pfarrvikar Philippusgemeinde Frankfurt-Riederwald, 1959-63 Pfarrer in Altstadt/Hachenburg, Westerwald, 1963-76 Pfarrer d. Ev. Französisch-reformierten Gemeinde Frankfurt u. Doz. am Theol. Konvikt Frankfurt, 1976-91 Prof. d. Theologie, Theol. Seminar Friedberg/Hessen, viele J. dessen Dir., seit 1991 freiberuflich tätig als Ikonenmaler, Lehrer d. Ikonenmalerei, Autor u. Vortragender. BL.: Anfang d. 80er J. Arbeiten in Altmeistertechnik, ab Mitte d. 80er J. Ausbildung in allen wesentlichen Stilarten d. Ikonenmalerei bei deutschen, ungarischen, rumänischen, russischen u. griechischen Ikonenmalern, Stud. d. kulturellen, historischen, religiösen, philosophischen u. kunsthistorischen Wesens u. Hintergrunds d. Ikonen, Entwicklung d. Thematischen Dialoggottesdienstes in Ffm., aus dem der 1. Integrative Kindergarten d. BRD hervorging. P.: seit 1991 zahlr. Ausstellungen eigener Ikonen b. Kirchengemeinen hessenweit, kommunalen Einrichtungen u. Wirtschaftsunternehmen, Lehrtätigkeit u. intern. Hörerschaft z. Ikonenmalerei, umfangreiche Berichterstattung zu Ausstellungen u. eigenen Werken in d. Presse, viele d. eigene Publ. besonders in Grenzbereichen d. theol. zu anderen Disziplinen, u.a. Glaubensaussage u. Sprachstruktur (1972), Sprachwissen f. Theologen (1973), Die Ikone (1989, 2001), Die Welt d. Ikonen (1996), Christentum 2001. M.: Mtgl. d. Synode d. Ev. Kirche in Hessen-Nassau (1972-76), Mtgl. d. Kammer f. Aus-

*) Biographie www.whoiswho-verlag.ch oder beigefügte CD-ROM

bildung d. Ev. Kirche Hessen-Nassau, EIKON, Ev. Bund, Schönhengster Heimatbund. H.: Musiker (Streichquartett, Geige u. Bratsche), Skifahren.

Fischer Helmut Dr. iur. utr. *)

Fischer Helmut Georg Dr. oec. publ. *)

Fischer Henning Dr. *)

Fischer Herbert Dr. med. Prof. *)

Fischer Hermann Dipl.-Ing.

B.: Gschf. FN.: Metallbau Fischer. DA.: 03172 Guben, Groß Breesener Straße 18. G.: Schalkau, 30. April 1956. V.: Bärbel, geb. Matthai. Ki.: Karsten, Daniela. El.: Hilmar u. Margarete. S.: 1972 Mittlere Reife Rauenstein, 1972-75 Berufsausbildung Anlagentechniker Elektrokeramische Werke Hermsdorf m. Abitur Betriebsberufsschule Adolf Wicklein Sonneberg, 1975-78 Militär u. Fernstudium Offiziershochschule Kamenz, 1978 Abschluß Dipl.-Ing. f. Flugzeugtriebwerke u. Lt. d. NVA. K.: 1978-82 Flugzeugtechniker am Militärflugplatz Drewitz, ab 1980 Werkstattleiter d. Kontroll- u. Reparaturstaffel Drewitz, 1983-87 tätig in d. Kontroll- u. Reparaturstaffel Kamenz u. Dresden u. in d. Fugzeugwerft in Dresden, staatl. Zulassung f. unterschiedl. Reparaturverfahren, 1987-89 Bauleiter f. militär. genutzte Objekte, 1989-95 selbständig m. Eröff. einer Schlosserei, 1990-95 tätig im Reparatur- u. Wartungsdienst d. Firma Käser in Coburg, Zulassung z. Elektromaschinenbauer, seit 1998 Spezialisierung auf Metallbau f. Privatkunden u. Wartung v. Druckluftechnik u. Elektromaschinen. H.: Basteln, Fahrzeuge, alternative Antriebe.

Fischer Hermann Dr. rer. nat. *)

Fischer Hermann Dr. Prof.
B.: em. o.Prof. f. systemat. Theol. FN.: Univ. Hamburg. PA.: 22391 Hamburg, Schwarzpappelweg 12. G.: Cuxhaven, 18. Mai 1933. V.: Brigitte, geb. Pfeiffer. Ki.: Elisabeth, Dorothea, Andreas, Matthias. S.: 1952-57 Theol. Stud. in Berlin u. Göttingen, 1960 Prom. Göttingen. K.: 1964 Habil., 1969 apl. Prof., 1971 WissR. u. Prof. in Mainz, 1974 o.Prof. f. systemat. Theol. am Fachbereich Ev. Theol. d. Univ. Hamburg. P.: Christlicher Glaube u. Geschichte. Voraussetz. u. Folgen der Theologie Friedrichs Gogartens (1967), Die Christologie der Paradoxes. Zur Herkunft und Bedeutung des Christusverständnisses S. Kierkegaards (1970), System. Theol. Konzeptionen u. Probleme im 20 Jh. (1992), Friedrich Daniel Ernst Schleiermacher (2001), Protestantische Theologie im 20 Jahrhundert (2002), Mithrsg.: F. D. E. Schleiermacher, Krit. Gesamtausgabe, seit 1980, Schleiermacher-Archiv, seit 1985. M.: Wiss. Ges. f. Theol., Ernst Troeltsch-Ges.-I. Internat. Schleiermacher Ges.

Fischer Hermann *)

Fischer Horst Dr.-Ing. Prof. *)

Fischer Horst Dipl.-Ing. *)

Fischer Hubert Dr. med.

B.: FA f. Kinderheilkunde. DA.: 94315 Straubing, Wittelsbacherstr. 14. PA.: 94365 Parkstetten, Schulstr. 18. G.: Straubing, 21. Feb. 1947. V.: Barbara, geb. Engelen (74), Edeltraut, geb. Wagner (95). Ki.: Katrin (1976), Markus (1978), Steffi (1982). El.: Bernhard u. Margarete. S.: Hum. Gymn. Straubing, 1967 Abitur, 1969-75 Med.-Stud. Univ Tübingen, 1975 Prom., 1975/76 Med.-Ass. Städt. KH Esslingen Prof. Dr. Dr. Laberke, 1976 Med.-Ass. Elisabeth KH Straubing, 1976/77 Bundeswehr (Stabsarzt). K.: 1978-81 Kinderklinik St. Hedwig Regensburg bei Prof. Dr. Hugo Hanssler, 1981 FA f. Kinderheilkunde, 1982 Ndlg. als Kinderarzt in Straubing; Kinderpsych. u. Sozialpädiatrie, med. Leitung Selbsthilfgruppe Neurodermitis u. Asthma, Mtgl. u.Obmann f. Niederbayern im Berufsverb. f. Ki-Ärzte, Dtl., Arbeitskreis Kindergynäkologie. M.: 1968 CV, 1984-94 Dixi-Band "Dr. Jazz" Straubing, Mtgl. (1966) u. Vors. (1996) d, Agnes-Bernauer- Festspielver. Straubing. H.: Reisen, Wandern, Tennis, Musik, Skifahren.

Fischer Ilse *)

Fischer Jens Dipl.-Ing. *)

Fischer Jens
B.: Producer (Film- u. Fernsehwirt). FN.: Location Rhein-Ruhr. PA.: 44139 Dortmund, Saarlandstr. 71. jensfischer@framefiles. com. G.: Kassel, 10. Dez. 1975. El.: Hans-Dieter u. Gudrun. S.: 1996 FH-Reife, 1997 einjähriges Praktikum in einem Medienbetrieb, 1998 Zivildienst im Rettungsdienst, Abschluss als Rettungssanitäter, 1999 Stud. z. Film- u. Fernsehwirt. P.: Der erste Tag (Kurzfilm 2000), Das Klassentreffen (Kurzspielfilm 2001), TRI-GON (Imagefilm 2000), Jump in a Job II (Werbespot Arbeitsamt). M.: aktives Mtgl. im Arbeiter-Samariter-Bund Hessen e.V. H.: Tennis, Film, Rettungsdienst.

Fischer Jens *)

Fischer Jens *)

Fischer Jens Rudolph *)

Fischer Jens-Detlef Dr. med. *)

Fischer Jochen Dr. med. *)

Fischer Johann-Michael Dipl.-Ing. *)

Fischer Johannes Dr. phil. Prof. *)

Fischer Jörg Dr.
B.: o.Vorst.-Mtgl. FN.: IWKA AG. DA.: 76135 Karlsruhe, Gartenstr. 71. G.: Lörrach, 25. Dez. 1958. S.: 1979-84 Stud. Rechtswiss. an d. Albert-Ludwig-Univ. Freiburg, 1984-88 Ass. am Inst. f. Ausländisches u. Internt. Privatrecht d. Univ. Freiburg, Prom., 1986-89 Rechtsreferendariat am Landgericht Freiburg, 1989 2. Jur. Staatsprüfung. K.: 1989-90 RA in d. Wirtschaftskanzlei Schilling, Zutt & Anschütz in Mannheim, 1990-93 Ltr. d. Stabsstelle Obere Führungskräfte d. IWKA AG Karlsruhe, 1993-98 versch. Führungspositionen b. d. IWKA Tochterges. KUKA Schweißanlagen GmbH Augsburg, 1998-99 Gschf. d. KUKA Schweißanlagen GmbH, 2000-2001 stellv. Mtgl. d. Vorst. d.

IWKA AG, verantwortl. f. Controlling, Unternehmensplanung u. -entwicklung, seit 14. Dez. 2001 o.Vorst.-Mtgl. d. IWKA AG. (Re)

Fischer Jörg Axel
B.: freier Fotograf. DA.: 30657 Hannover, Erikaweg 52. G.: Berlin, 14. Juni 1955. V.: Monika, geb. Hartmann. Ki.: Fritz (1984), Marie (1987). S.: 19792 Mittlere Reife, b. 1974 Lehre z. Werkzeugmacher in Berlin. K.: während eines Urlaubs auf d. Lande erster faszinierender Kontakt z. Fotografie durch Studenten, 1974-78 Päd. Hilfskraft auf Abenteuerspielplätzen, dann auf div. Veranstaltungen in Berlin als freier Fotograf tätig f. Veranstaltungsmagazine, Tageszeitungen, Theaterzeitschriften, kommerzielle Fotografie/Arch. Unternehmen (ICC) deutschlandweit, 1984 Wechsel nach Bremen z. Weserkurier, später in Verden b. d. Verdener Aller Zeitung f. d. Tagesjournalismus zuständig, ebenfalls d. Zeitungslabor geführt, 1985-98 in d. Hannover Messe Presseabt., seit 1990 tätig f. d. Reihe HB Bild Atlas. P.: div. Veröff. "Eine Bildreise - So schön ist Hannover", "Unbekanntes Deutschland". E.: versch. Preise f. erstklassige Fotografie. M.: Free Lands. H.: Fotografie, Schweden, Husky "Akito", Nord. Literatur (Knuth Hamsun/Vilhelm Moberg).

Fischer Joschka

B.: Bundesmin. d. Auswärtigen u. Vizekanzler. FN.: Auswärtiges Amt. DA.: 10117 Berlin, Werderscher Markt 1. Joschka.Fischer@Bundestag.de.www.auswaertiges-amt.de. G.: Gerabronn, 12. Apr. 1948. V.: Nicola Leske. Ki.: David u. Lara. K.: 1987-91 Vors. d. Frakt. Bündnis 90/Die Grünen, 1991-94 Hess. Min. f. Umwelt, Energie und Bundesangelegenheiten und stellv. Min.-Präs., seit 1994 Mtgl. d. Bundestages, seit 1998 Bundesmin. d. Auswärtigen u. Vizekanzler. P.: "Von grüner Kraft u. Herrlichkeit" (1984),
1989 "Der Umbau der Industriegesellschaft", 1992 "Die Linke nach dem Sozialismus", 1994 "Risiko Deutschland", "Fit und schlank - Mein langer Lauf zu mir selbst" (1999). (Re)

Fischer Josef *)

Fischer Julian
B.: Holograph. FN.: Holo Vision Labor f. Holographie. DA.: 80337 München, Tumblinger Str. 32. G.: München, 28. März 1966. V.: Lebensgefährtin Julia Richter. El.: Erhard u. Renate, geb. Weber. S.: 1986-87 Bundeswehr, 1987-89 Ausbild. Holograph Firma Mike Mielke, 1989-92 Stud. Holography Univ. of Technology Loughborough/England, Bachelor of Science. K.: 1993 Übernahme d. Labors v. Mike Mielke. BL.: Entwicklung d. Schwarz-Weiß-Holographie u. Patenbeantragung, Anfertigung großformatiger Holographien-1m x 1m, weltweit einmalige Holographie im Jüd. Museum in Wien über 21 qm. P.: Ausstellungskatalog (1996), 100 J. Österr. (1996), Bericht in Zeitschrift Stern (1997). M.: Förderkreis Neue Technologien Bayern. H.: Fitness-Sport, Skilauf, Surfen, Gitarrespielen, mod. Kunst, Pop-Art, realist. Kunst, Physik, Fotografie.

Fischer Jürgen
B.: Gschf. Ges. FN.: MC Vision GmbH f. Personal- u. EDV-Beratung u. Mediendesign. DA.: 90443 Nürnberg, Ulmenstr. 52 a. jf@mcvision.de. www.mcvision.de. G.: Nürnberg, 4. Okt. 1957. V.: Renate, geb. Hartha. Ki.: Jan Niklas (1991). El.: Gerbald u. Erika. S.: 1977 Abitur, 1979-86 Stud. Lehramt f. Gymn.

Anglistik, Geschichte u. Sozialkunde Univ. Erlangen/Nürnberg, 1981-82 Stud. Univ. Kent. K.: 1988-91 tätig in d. Systemtechnik d. Firma Diehl in Nürnberg, 1991-93 Abt.-Ltr. f. Mediendidaktik in d. Firma Media Design GmbH in München, seit 1993 selbst. m. d. Firma MC Vision. M.: Greenpeace Deutschland. H.: Literatur, Theater, Golf, Skifahren.

Fischer Jürgen Dr. phil. *)

Fischer Jürgen Dr. rer. nat. Dipl.-Chem. *)

Fischer Jürgen *)

Fischer Jürgen *)

Fischer Jürgen Dr. Dipl.-Kfm. *)

Fischer Jürgen Hartmut Dr. med. Prof.
B.: Arzt, Prof. Univ. zu Köln. DA.: 50931 Köln, Robert-Koch-Str. 10. JH.Fischer@Uni-Koeln.de. G.: Dresden, 27. April 1944. V.: Dr. phil. Regine, geb. Zabler. Ki.: Jochen, Jörg. El.: Hans u. Charlotte. S.: 1963 Abitur, 1970 Staatsexamen Humanmed., 1970 Dr. med. K.: 1976 Priv. Doz. f. experimentelle Chir. m. Verleihung d. Venia Legendi, 1977 Doz. f. exper. Chir. Univ. zu Köln, 1983 apl. Prof. f. exper. Chir. Univ. zu Köln, 1998 Komm. Dir. d. Inst. f. Experimentelle Med. zu Köln, 1999 Dir. d. Inst. f. Experimentelle Medizin Univ. zu Köln. P.: zahlr. Veröff. M.: Dt. Physiolog. Ges., Europ. Society for Surgical Research, HS-Verb., Dt. Ges. f. Thorax-, Herz- u. Gefäßchir., Sekt. Chir. Forschung d. Dt. Ges. f. Chir., Dt. Ges. f. Kardiologie-Herz- u. Kreislaufforschung.

Fischer Kai
B.: Gschf. FN.: Hitradio Antenne Niedersachsen GmbH. DA.: 30159 Hannover, Goseriede 9. kai.fischer@antenne.com. G.: Hamburg, 19. Sept. 1961. V.: Ulrike, geb. Schneider. Ki.: 6 Kinder. S.: Ausbild. z. Bankkfm. b. d. Dt. Bank Hamburg, 2 J. b. d. Bundeswehr, Lt. d. Res. K.: 2 J. Gschf. eines Bild.-Werkes, 2 J. Volontariat b. Münchner Merkur, anschl. 2 J. Politikredakteur, danach 2 J. Politikredakteur bei d. Berliner Morgenpost, anschl. im Märk. Verlags- u. Druckhaus Frankfurt/Oder stellv. Chefredakteur d. Märk. Oderzeitung, in dieser Funktion auch zuständig f. d. Verlagsbeteiligung am Berliner Rundfunk 91!4, parallel zu diesen Tätigkeiten Lehrauftrag d. Univ. Leipzig f. d. Fachbereich Journalistik,1998-2001 Gschf. d. Berliner Rundfunks 91!4, s. 2001 Gschf. Hitradio Antenne Niedersachsen. (Re)

Fischer Kai

B.: Dipl.-Soziologe, Gschf. FN.: AMM-Agentur f. Multimedia-Marketing und Sponsoring GmbH. DA.: 22767 Hamburg, Große Bergstr. 223. PA.: 20257 Hamburg, Övelgönner Str. 25. info@amm-gmbh.de. www.amm-gmbh.de. G.: Hamburg, 12. Juli 1963. V.: Annegret Leßner. S.: 1983 Abitur, b. 1985 Zivildienst, 1984-90 Stud. Soz. m. Dipl.-Abschluß. K.: b. 1994 tätig in d. angew. Sozialforschung am Inst. f. Arbeit u. Technik, 1994-95 Prom., 1995-96 Weiterbildung z. Nonprofit-Manager an d. Stiftung Grone-Schule, 1997 freiberufl. Berater v. Non-Profit Organ., 1997 Grdg. d. Firma AMM m. Schwerpunkt Web-Projekte u. Promotion. P.: Veröffentlichungen in Fachzeitschriften, eigener Newsletter über

---

*) Biographie www.whoiswho-verlag.ch oder beigefügte CD-ROM

Online-Fundraising, Vorträge, Seminare u. Workshops. M.: Gründungsmtgl. d. Stiftung Future Hope e.V., SHBSM-Deutscher Fundraising-Verband.

Fischer Karin Dipl.-Kfm. *)

Fischer Karl Dipl.-Ing. *)

Fischer Karl Ing. *)

Fischer Karlheinz *)

Fischer Karlheinz *)

Fischer Klaus *)

Fischer Klaus Dipl.-Ing. *)

Fischer Klaus *)

Fischer Klaus-Christian Dr.-Ing. *)

Fischer Klauspeter *)

Fischer Knut Dr. *)

Fischer Konrad Dr.-Ing. Prof. *)

Fischer Kurt
B.: Konditormeister, Inh. FN.: Konditorei Café Kurt Geißner KG. DA.: 35390 Gießen, Plockstr. 9. cafe.geissner@t-online.de. G.: Dortmund, 27. Juli 1970. S.: 1987 Mittlere Reife Laubach, 1987-90 Lehre Konditor Café Geißner. K.: 1990 Geselle im Café Geißner, 1991-92 Bundeswehr, 1992-94 Konditor im Café Spetsmann in Iserlohn u. 1994.-95 im Café Fassbender in Siegburg, 1995 Meisterprüf. in Köln, 1996-99 Ltr. d. Konfiserie-Abt. im Café Spetsmann, 1999 Teilhaber d. Café Geißner u. 2000 Übernahme. E.: 1. Preis d. Innung Wetzlar f. Ges.-Prüf. u. 1. Preis d. Bundesinnung. H.: Radfahren, Beruf.

Fischer Kurt

B.: Kriminalbeamter, Gschf. FN.: LCH Sport-Marketing GmbH. energiemarathon@t-online.de. G.: Meißen, 22. Nov. 1939. V.: Paola Klinger. Ki.: Elena (1968), Alexa (1975). El.: Erich u. Elsa. S.: Realschulabschluß, Leibnizakad., Diplomverwaltungswirt. K.: Kriminialhauptkommissar, Ratsherr d. Landeshauptstadt Hannover, Bezirksratsherr in Hannover Buchholz-Kleefeld, Vors. d. Ortsverbandes Buchholz/Roderbruch/Heideviertel, 1. Vorsitzender d. Leichtathletik-Clubs in Hannover e.V., Veranstalter d. Energie Marathons Hannover. M.: Hockey-Club Hannover, Buchholzer Schützenverein, Pinkenburger Kreis. H.: Schifahren, klass. Musik.

Fischer Kurt *)

Fischer Laurent Marie Dr.
B.: Verleger, Gschf. PA.: 95447 Bayreuth, Lerchenbühl 8. G.: Bayreuth, 8. Aug. 1948. V.: Gabriele, geb. Motzer. El.: Walter u. Yvonne. S.: Abitur, HS-Stud., Volontariat in d. Red. d. Nordbayr. Kurier Bayreuth. K.: Hospitanz b. d. Hannoverschen Allg. Zeitung, b. Göttinger Tageblatt u. b. d. Süddt. Zeitung, seit 1982 Gschf. d. Druckhaus Bayreuth Verlags GmbH Bayreuth, seit 1983 Gschf. b. d. Nordbayer. Kurier GmbH & Co Zeitungsverlag KG Bayreuth. F.: Druckhaus Bayreuth Verlags GmbH Bayreuth, Nordbayer. Kurier GmbH Bayreuth, Nordbayer. Kurier GmbH & Co Zeitungsverlag KG Bayreuth, Aktuelle Welle Programm u. Werbe GmbH Bayreuth. P.: Doktorarb. "Sozialstruktur und gesellschaftliches Bewußtsein". M.: Mtgl. im Vorst. d. Verb. Bayer. Zeitungsverleger e.V. München, Mtgl. im AR d. dpa, Mtgl. d. Delegiertenversammlung, Mtgl. Bundesverb. dt. Zeit.verleger, Präsidialrat d. bayer. Presse, Vorst. Akad. f. neue Medien, Kulmbach, Vors. d. Verw.rates d. Versorgungswerkes d. Presse, Vors. d. Beirates d. Versorgungsklasse d. Presse, Stiftungsrat "Freiheit d. Presse", stellv. Vors. d. Finanzkomm. d. Versorgungswerkes d. Presse, Industrie- u. Handelsgremium IHK Bayreuth, Vollversammlung IHK, Verw.rat Medienbetriebsges. Bayreuth-Kulmbach.

Fischer Lothar Dipl.-Math.

B.: MdB. FN.: Dt. Bundestag. GT.: Berichterstatter d. SPD-Bundestagsfraktion f. Luft- u. Raumfahrt. DA.: 11011 Berlin, Platz d. Republik 1, Büro im Paul Löbe Haus. PA.: 66424 Homburg. G.: Homburg/Saar, 21. Juni 1942. V.: Heidrun, geb. Berg. S.: Abitur auf d. 2. Bildungsweg, 1963-68 Stud. Math. u. Physik an der Univ. Saarbrücken, Diplomarbeit "Über das Problem des Handlungsreisenden" programmiert auf einer Z22 in FORTRAN, 1968 Diplom-Mathematiker. K.: 1968-73 Ass. bei Prof. J. André, Univ. Saarbrücken, 1969-80 daneben Lehrer am Rothenbühl-Gymn. Saarbrücken, 1965 Eintritt in d. SPD, Gründer d. Juso-AG in Homburg-Erbach, Juso-Vors., Anfang d. 70-er Jahre Juso-Unterbezirksvors., stellv. Ortsvereinsvors., SPD, stellv. Stadtverbandsvors. SPD, 1974-80 Mtgl. d. Kreistags Homburg/Saar, seit 1980 MdB, immer in Direktwahl gewählt, 1980 mit 50,6%, zuletzt 1998 mit 54,7%, seit 1980 ordentl. Mtgl. Ausschuss Forschung u. Technologie, heutiger Name: Ausschuss f. Bildung, Forschung, Technologie, Folgenabschätzung, seit 1980 Berichterstatter d. SPD-Fraktion f. Luft- u. Raumfahrt, auch Mtgl. AG Energie, Mtgl. d. I u. K.-Kommission seit Ältestenrat, seit 10 Jahren Vizepräs. d. Parlamentarischen Gruppe Luft- u. Raumfahrt. BL.: Durchsetzen v. Hilfeleistungen f. d. Saarland. M.: SPD, ÖTV/Verdi, 1. FC Homburg, Borussia Neuenkirchen, ehem. 1. Vors. Sportgemeinde Erbach SGE, AWO, Musikvereine Homburg u. Erbach, Senator Neuenkircher Karnevalausschuss. H.: Skat. (Re)

Fischer Lothar *)

Fischer Lothar Paul Bernhard M.A. *)

Fischer Lutz Dr. jur.
B.: selbst. RA. FN.: Dr. Fischer & Partner. DA.: 31582 Nienburg, Moltkestr. 4. G.: Brockzetel, 12. Apr. 1963. V.: Sabine, geb. Jahn. Ki.: Konstantin (1997), Justus (1999), Rasmus (2001). S.: 1982 Abitur Schwanewede, 1982-85 Ausbild. b. d. Landespolizeischule in Bremen, 1985-87 Polizeidienst, interne Weiterbild. in Bremen, 1987-89 Stud. Rechtswiss. Univ. Osnabrück, 1989-92 Stud. Rechtswiss. an d. Univ. Göttingen, ab 1990 student. Hilfskraft am Lehrstuhl b. Prof. Dr. Henckel an d. Univ. Göttingen, 1992 1. Staatsexamen. K.: 1992-94 wiss. Mitarb. am Lehrstuhl f. Zivil-, Handels- u. Prozessrecht an d. Univ. Göttingen, 1996 Prom., 1994-96 Referendarzeit b. Hanseat. OLG in Hamburg u. gleichzeitig Lehrbeauftragter d. Univ. Hamburg f. Zivilrecht u. Aufenthalt im Ausland (Tokio) f. d. Dt. IHK, 1996 2. Staatsexamen, 1997-98 ang. RA in einer Wirtschaftskzl. in Hamburg,

*) Biographie www.whoiswho-verlag.ch oder beigefügte CD-ROM

1998 Ndlg. u. Eröff. d. eigenen Anw.-Kzl. in Nienburg m. mehreren Steuerberatern, Wirtschaftsprüfern u. ang. RA, Tätigkeitsschwerpunkte: Gesellschafts-, Handels-, Arbeits- u. Insolvenzrecht, Arbeitsrecht, Beratung u. Betreuung mittelständ. Unternehmen bundesweit mit internat. Bezügen. P.: Der Schutz d. Drittschuldners nach § 836 Abs. 2 ZPO, Vorträge z. Insolvenzrecht u. Bilanzrecht. M.: RA-Kam., Wirtschaftsjunioren Nienburg, Dt. Anw.-Ver., Norddt. Insolvenzforum e.V., Dt. Vereinigung f. Erbrecht u. Vermögensnachfolge e.V. (DVEV). H.: Sport allg., Reisen, Kultur, Kunst.

Fischer Lutz Dr. *)

Fischer Manfred

B.: Gschf. FN.: Druckerei Schöpper GmbH. DA.: 58452 Witten, Schumannstr. 13. G.: Hamm, 23. März 1951. V.: Birge, geb. Weyer. Ki.: Mark (1972), Tim (1974), Kerstin (1982). El.: Johannes u. Marga, geb. Rechner. S.: 1965-68 Ausbild. z. Schriftsetzer b. d. Firma Schöpper Druckereibetrieb in Hamm, Gesellenbrief z. Schriftsetzer, 1969-70 Bundeswehr. K.: 1970-98 Firma Schöpper in Witten, zuerst Schriftsetzer, später m. Schwerpunkt Fotosatz Offsetmontage u. Offsetdruck, seit 1998 selbst. Übernahme d. Firma Schöpper m. Partner. H.: Fotografieren, Musik, Konzertbesuch Rock b. Klassik.

Fischer Manfred Dr. med. *)

Fischer Manfred *)

Fischer Manfred Dr. med. dent. *)

Fischer Manfred Theodor *)

Fischer Marie Louise

B.: Dt. Schriftstellerin. PA.: 83122 Samerberg/Obb., Untereck 20. G.: Düsseldorf, 28. Okt. 1922. Ki.: Florentina-Marina, Andreas-Kristian. El.: Friedrich u. Marie Fischer, geb. Notemann. S.: Stud. Germanistik, Theaterwiss. u. Kunstgeschichte Univ. Köln, München u. Prag. K.: Beginn d. schriftstellerischen Karriere im Alter v. 29 Jahren n. d. 2. Weltkrieg, erster Erfolg: Kriminalroman "Zerfetzte Segel", verfaßte zahlr. Unterhaltungs- u. Kriminalromane, auch Jugendbücher, z. B.: Michaela, Ulrike i. Internat, Wenn´s im Schwindeln Noten gäbe, Freundinnen durch dick und dünn, Klaudia; Werks-Auszug: Damals war ich 17 (1973), Eine Frau mit Referenzen (1976), Eine Frau von 30 Jahren (1979), Das Dragonerhaus (1980), Die Frauen vom Schloß, Ein Herz voller Tränen (1981), Frau am Scheideweg (1983), Das eigene Glück (1985), Bleibt uns die Hoffnung, Die Ehe der Senta R., Für immer Senta, Das Geheimnis der Greta K. (1987), Ein Herz für mich allein (1988), Frauenstation (1990), Alle Liebe dieser Welt (1993), Im Schatten des Verdachts (1994), Die andere Seite der Liebe, Einmal und nie wieder, Ein Herz verzeiht, Hotel Sabina (1995), Die Ausstei-

gerin, Das Geheimnis des Medaillons, Historische Wirtschaftsarchitektur in Salzburg (1997), Flucht aus dem Harem, Gefährliche Lüge, Im dunklen Land der Träume (1998), Das Herz einer Mutter (1999). H.: Kartenspiele, Schach.

Fischer Martin *)

Fischer Martin Dr. med.

B.: FA f. Kinderheilkunde u. Jugendmedizin, Naturheilverfahren. FN.: Gemeinschaftspraxis Dr. Martin Fischer, Ramona Höne, Dr. Hella Fischer. DA.: 22359 Hamburg, Im Alten Dorfe 24. G.: Dortmund, 10. Juni 1958. V.: Dr. med. Hella Fischer, geb. Stapelfeldt. Ki.: Lukas (1990), Mathis (1994). El.: Wolfgang u. Christiane, geb. Friese. S.: 1976 Abitur Hamburg, 1977-83 Stud. Med. Univ. Hamburg u. Freiburg, Stipendiat d. Studienstiftung d. Dt. Volkes, 1983 Approb. K.: 1984-85 Allg.-Med. Psychiatr. Tätigkeit b. ärztl. Dienst d. Alsterdorfer Anst. Hamburg, 1985-86 Anästhesie u. Intensivmed. im Kreis-KH Bad Oldesloe, 1987-89 Geburtshilfe in d. Frauenklinik d. AKH Hamburg-Barmbek, 1989-90 Weiterbild. in d. Pädiatrie KH Itzehoe, 1990-94 KH Mariahilf Hamburg, Abschluß FA f. Kinderheilkunde, 1994 Ndlg. in eigener Praxis in Hamburg-Volksdorf, seit 1996 in Gemeinschaftspraxis m. Ehefrau Dr. med. Hella Fischer, Psychotherapeutin, seit 2001 auch mit Frau Romana Höne, Kinder- u. Jugendärztin.

Fischer Matthias

B.: Rechtsanwalt. DA.: 17389 Anklam, Mägdestr. 1. G.: Berlin, 20. Okt. 1957. V.: Maria von Wuthenau-Fischer, geb. von Wuthenau. Ki.: Anna-Maria (1993), Carl-Ferdinand (1993), Felix-Leopold (1998). El.: Harro (1967-71 Stadtrechtsrat in Lüneburg, 1971-86 Vors. Richter am Oberverwaltungsgericht Lüneburg) und Ursula Fischer. BV.: Die Familie von Buggenhagen (Linie d. Ehefrau) saß v. 1269 bis 1945 auf d. Gut Buggenhagen/Vorpommern. Der Wunsch, an diese Tradition anzuknüpfen, ist der Grund für den 1993 erfolgten Umzug nach Vorpommern. S.: 1977 Abitur, 1978 Schlossergeselle, 1986 1. jurist. Staatsexamen, Hamburg, 1990 2. jur. Staatsexamen, Hannover. K.: 1986-90 Referendariat in Lüneburg mit einer dreimonatigen Ausbildung bei einem RA in Warschau (Polen) von 11/88-1/89, 1991-92 Justitiar bei Krankenversicherungsunternehmen (LKH) in Lüneburg, 1992-94 Innenministerium Mecklenburg-Vorpommern mit zweij. Abordnung an d. (damaligen) Landkreis Anklam (Rechtsamt), 1994-96 Landesamt zur Regelung offener Vermögensfragen in Greifswald, 1996 Niederlassung als RA in Anklam. M.: IG Heimatgeschichte Lassan, Stiftung Sail Training, Bremerhaven, Kreis- u. Landessynode d. Kirche, Aufs.-Rat d. Lukas-Hospitals Anklam. H.: Seefahrt (1973 u. 1974 Fahrenszeit als Decksjunge auf Finkenwerder Fischkuttern als "Ferienfahrer", 1980 als Ing.-Ass. auf dt. Küstenmotorschiff), Segeln auf Rahseglern /"Lord Nelson", "Alexander von Humboldt" u.a. Segelschiffen), 1976 Sportbootführerschein, 1980 Schiffssicherheitslehrgang an der Seemannsschule Finkenwerder, 1992 Sporthochseeschiffer a. d. Seefahrtschule Hamburg u. BR-Schein, außerdem Musik (Querflöte, Klavier).

Fischer Matthias Dr. med. dent. *)

Fischer Max Dr. iur. *)

Fischer Maximilian M.A. *)

Fischer Michael

B.: Studioltr. FN.: Radio Charivari. DA.: 83022 Rosenheim, Hafnerstr. 5-7. n.f@ovb.net. G.: 3. Juni 1963. S.: 1979 Mittlere Reife, 1979-91 BGS Ausbilder u. Gruppenführer. K.: 1991-93 Volontär b. Charivari, danach Redakteur verantwortl. f. Musikredaktion, 1997 kom. Studioltr., seit 1999 Studioltr. BL.: Jugendarb. Kreisvors. d. Kath. Jugend. P.: Sendung 50. Jahrestag d. Einmarsches d. US-Amerikaner. Diese Sendung wurde in einem Buch veröff. H.: Weinkenner.

Fischer Michael

B.: RA. DA.: 32108 Bad Salzuflen, Wasserfuhr 1. PA.: 32105 Bad Salzuflen, Akazienstr. 7a. G.: Bad Salzuflen, 9. Juni 1957. V.: Ingrid, geb. Trümper. Ki.: Katharina (1986), Julia (1988). El.: Klaus und Anneliese. S.: 1976 Abitur, 1976-78 Stud. Elektronik und kfm. Praktika, Studienaufenthalt in USA, 1978-84 Stud. Rechtswiss., 1. Staatsexamen, 1985-88 Referendariat, 2. Staatsexamen. K.: 1989 Grdg. d. eigenen Praxis in Sozietät m. RA Michael Hübner u. H. J. Uetermeyer, 1999 Umzug, 1999 Gründung Pendragon Vermittlung exklusiver Reisen. H.: Literatur, neue Geschichte, Golf.

Fischer Norbert Dr. *)

Fischer Norbert Dr. iur. *)

Fischer O. W. (Otto Wilhelm) Prof.

B.: Autor. G.: Klosterneuburg/Österr., 1. April 1915. V.: Anna, geb. Usell. El.: HofR. Dr. Franz u. Maria. S.: Studium an der Universität Wien (Germanistik, Anglistik und Kunstgeschichte) u. am Max Reinhardt-Seminar in Wien. E.: 1936 Theater in der Josefstadt. 1938/43 am Deutschen Volkstheater in Wien, 1946 bis 1952 an den Kamerspielen München und am Burgtheater in Wien, Auszug a. d. Filmographie: Burgtheater (1936), Anton der Letzte (1939), Meine Tochter lebt in Wien (1940), Der Meineidbauer (1941), Wien 1910 (1942), Die Beiden Schwestern (1943), Glück unterwegs (1944), Shiva und die Galgenblume (1945), Das unsterbliche Antlitz (1947), Verlorenes Rennen (1948), Traum vom Glück (1949), Erzherzog Johanns grosse Liebe (1950), Heidelberger Romanze (1951), Cuba Cabana (1952), Ein Herz spielt falsch (1953), Bildnis einer Unbekannten (1954), Ludwig II (1954), Hanussen (1955), Ich suche dich (1956), Don Vesuvio und das Haus der Strolche, El Hakim (1957), Peter Voss, der Millionendieb (1958), Menschen im Hotel (1959), Es muss nicht immer Kaviar sein, Diesmal muß es Kaviar sein, Das Riesenrad (1961), Axel Munthe, der Arzt von San Michele (1962), Das Geheimnis der schwarzen Witwe (1963), Onkel Toms Hütte (1965), Vieni dolce morte (1969), Das weite Land (1970), Auferstehung in Hollywood (1986), lebt s. 1970 zurückgezogen. BL.: Allhypnose-Theorie, Etymologie durch Wortteilung, Definitio d. Nihil u. d. Anima, Fall u. Kreistheorie. P.: "Engelsknabe war ich keiner", "Auferstehung in Hollywood", "Was mich ankommt als Gesicht, Traum u. Empfindung", "Ferner Klang", "Meine Geheimnisse". E.: 1970 Prof., 1960 Gold. VK f. Wiss. u. Kunst Rep. Österr., 10 Bambipreise, 2 Gold., 1 Silb. u. BFilmpreis, 1980 Komturorden BRD, insges. mehr als 40 intern. Preise u. Ausz. H.: Sprachforschung.

Fischer Olaf Dr. med. *)

Fischer Oskar *)

Fischer Ottfried

B.: Kabarettist, Schauspieler, Autor. FN.: c/o Roland Forster. DA.: 81539 München, Raintalerstr. 39. www.Ottfried-Fischer.de. G.: Ornatsöd, 7. Nov. 1953. V.: Renate. Ki.: Lara (1991), Nina (1996). El.: Werner u. Maria, geb. Wagner. S.: 1976 Abitur, Jurastud. K.: Übergang z. Kabarett, 1976-82 3 Programme mit dem Kabarett "Nachtschattengewächse", 1982-87 2 Kabarettprogramme "Mattscheibchenweise kommerzwärts" u. "Mit Gewalt komisch", 1983 in der Werner Schneyder-Show "Meine Gäste u. ich" u. Rolle im Spielfilm "Kolp", 1985-87 BR Fernsehserien "Irgendwie u. Sowieso", "Der Schwammerlkönig", "Zur Freiheit", 1988 "Anton u. d. Wunderkind", Engagement b. d. Salzburger Festspielen, 1989 Engagement am Münchern Volkstheater, Premiere d. Kabarettsolos "Schwer ist leicht was", 1990 "Cafe Euorpa", Go, Trabi, Go", "Das schreckliche Mädchen", "Jonas", 1991 "Der Superstau", "Ich schenk Dir die Sterne", "Fünf v. Talk", Eröff. d. eigenen Theaters "HAI", "Lilli Lottofee", "Langer Samstag", 1983 "Ein Bayer auf Rügen", "Der große Preis", "Gesundheitsmagazin", 1994 div. Talkshows, 1995 "Was tun", 1996 Auftritte in Wien, Hamburg u. auf zahlr. Festivals, 1997 "Drei Herren", "Fischers". 1999 "Die blaue Kanone", Gastrolle in "MA 2412", 1999 "Der Engel von St. Pauli", "Die Superbullen", Präs. d. ORF-Sportjahresrückblicks, 2000 "Der Pfundskerl", "Was tun?" (Kabarett), 2001 "Seewatch". P.: Der dt. Bauer, Schwer ist leicht was, Was tun. E.: 1996 Dt. Kleinkunstpreis, 1995 Salzburger Stier, Der barocke Saupreis v. Gehrenberg, 2002 Ehrenpreis d. Villacher Faschingsgilde. (Re)

Fischer Paul Fritz *)

Fischer Peter Dr. med. dent.

B.: Zahnarzt u. Implantologe in eigener Praxis. DA.: 14199 Berlin, Breite Str. 14. drfischer@drfischer.de. G.: Berlin, 20. März 1959. Ki.: Nadja (1983). El.: DDr. Horst u. Luba. S.: 1977 Abitur, 1977-80 Militär, 1980-85 Stud. Zahnmed. Charité Berlin m. Dipl.-Abschluß, 1985 Approb u. Staatsexamen. 1990 Prom. K.: 1985-91 Ass.-Arzt, seit 1991 ndlg. Zahnarzt spez. f. Implantologie, Knochenaufbau u. Knochentransplantation, Paradontalchirurgie, Mikrochirurgie, Laserbehandlung

*) Biographie www.whoiswho-verlag.ch oder beigefügte CD-ROM

u. ästhet. Korrekturen; Funktionen: seit 1997 OP-Kurse f. Implantologen in d. eigenen Praxis, seit 1998 ästhet. Mikro- u. Paradontalchirurgie, ab 1998 Praxistätigkeiten u. OP im Ausland, Seminare u. OP-Kurse auf Einladung d. Gesundheitsministeriums, 1998 Zertifikat d. BDZI, 2000 Vorträge in Karlifornien über Implantologie u. über Biomaterialien in Frankreich, 2001 OP-Kurs in Moskau u. Vorträge in Frankreich. P.: Veröff. in Fachliteratur z. Thema Implantologie u. Biomaterialien. M.: seit 1999 Dt. Ges. f. zahnärztl. Implantologie, Bundesverband ndlg. Zahnärzte Deutschland, ICOI, AAID, Academy of Osseointegration. H.: Tauchen, Reiten.

Fischer Peter

B.: RA. DA.: 84048 Mainburg, Bahnhofstr. 20. G.: Freising, 19. Sep. 1950. V.: Mathilde, geb. Hartl. Ki.: Johannes (1984), Christina (1989). El.: Richard u. Waltraut. S.: 1969 Abitur Neuburg, 1970 Stud. Jura u. Politologie Univ. Regensburg, 1976 1. Staatsexamen, 1976-79 Referendarzeit, 1979 2. Staatsexamen. K.: 1979-81 Anw. in d. Kzl. Herbst u. Kollegen Landshut, 1981 selbst. RA, Tätigkeitsschwerpunkt: allg. Zivilrecht, Verkehrsstrafsachen. M.: TSV Mainburg (Handballabt.-Ltr.), 30 J. SPD. H.: Familie, Literatur d. 20. Jhdt. u.a. Belletristik, Polit. Biografien, Geschichte u. Kunstgeschichte d. 11.-12. Jhdt.

Fischer Peter Dr. *)

Fischer Peter Dipl.-Ing.
B.: Unternehmer, Geschäftsinh. FN.: Fischer design Werbedruck, Werbetechnik. DA.: 07747 Jena-Lobeda, Ernst-Thälmann-Str. 12. PA.: 07646 Waldeck, Auf dem Gehrn 2. G.: Belzig, 23. Dez. 1961. V.: Bettina, geb. Scharre. Ki.: Sophie (1995). El.: Erich u. Doris. S.: 1978-81 Berufsausbild. m. Abitur in Gardelegen, 1981-84 Armee, 1984-88 Stud. Ing.-HS Berlin, Abschluß Dipl.-Technologe. K.: 1988-90 EDV-Berater im Kreisbetrieb f. Landtechnik in Wiesenburg, 1990 Gewerbeanmeldung in Wiesenburg, Firmenwerbung u. Computernutzungshilfe, 1992 Eröff. Firmensitz Jena, 1999 Ausbau Network Marketing Telekommunikation. H.: Malerei.

Fischer Peter Dipl.-Kfm. *)

Fischer Peter H. *)

Fischer Peter-Alexander Dr. med. Prof. *)

Fischer Pit
B.: Chefbühnenbildner. FN.: c/o ZDF "Wetten dass..?". DA.: 55100 Mainz, PF 4040. S.: Schlosserlehre, Studium d. Theaterwissenschaft. K.: als Chefbühnenbildner u. a. am Düsseldorfer Schauspielhaus u. d. Hamburger Staatsoper, s. 1983 f. d. Bühnebild b. "Wetten dass..?" verantwortlich neben d. Kulissen auch die Requisiten f. "Wetten dass..?", betreut zus. d. Sendungen "Musik liegt i. d. Luft" u. "Melodien für Millionen". E.: 1995 Deutscher Telestar. (Re)

Fischer Pius Alexander
B.: Botschafter. FN.: Dt. Botschaft Guinea. DA.: 53105 Bonn, Postfach 1500. G.: Augsburg, 23. Dez. 1948. V.: Dr. Marie-Luise. Ki.: Pius David (1974). El.: Pius Victor u. Theresia. S.: 1968 Abitur Augsburg, 1975 Dipl.-Math., 1976 Dipl.-Wirtschaftsmath. K.: 1977-79 Auswärtiges Amt Bonn, 1979-82 Botschaft New Delhi, 1982-85 Auswärtiges Amt Bonn, 1985-88 Dt. Botschaft b. Hl. Stuhl Rom/Vatikan, 1988-92 Gen.-Konsulat Los Angeles, 1992-96 Referatsltr. Auswärtiges Amt, seit 1996 Botschafter in Rep. Guinea, seit 1998 Doppelakkreditierung f. Sierra Leone, seit Aug. 2001 Referatsleiter im Auswärtigen Amt Berlin. E.: Orden d. Hl. Gregorius/Hl. Stuhl. H.: Bergwandern, Skifahren, Reiten, Tennis.

Fischer Precht Dr. *)

Fischer Raimund
B.: Beleuchtungsplaner, Unternehmer. FN.: FLM Veranstaltungstechnik. GT.: seit 2001 Ausbildungsbetrieb f. Veranstaltungstechnik (IHK). DA.: 81373 München, Welserstr. 15. r.fischer-1@t-online.de. www.f-l-m.com. G.: Dachau, 23. März 1966. S.: 1982-85 Ausbildung z. Elektroinstallateur m. Abschluss. K.: 1985-88 freiberufl. Tätigkeit als Medientechniker in München, seit 1988 Grdg. d. Firma Fischer Licht + Design München, Inh., beratende Tätigkeit als Beleuchtungsplaner u. Projektleiter f. Architekturbüro u. Großveranstaltungen europaweit, seit 1998 Grdg. d. Firma FLM Veranstaltungstechnik München, Inh. E.: Bayerischer Meister im Freistilschwimmen (1978). M.: DSV Dt. Segelverband Hamburg, DTHG Dt.-Theatertechn. Ges. e.V. Poing b. München. H.: Segeln, Eishockey.

Fischer Ralf Bodo

B.: Homöopath, Alternativmediziner, selbständig. DA.: 83395 Freilassing, Lindenstr. 17. cid@gmx.de. www.rbf-medizin.de. G.: Berlin, 24. Dez. 1938. S.: Abitur Berlin, Stud. Chemie an d. Berliner TU, in d. Pharmazie im hormonellen Bereich tätig, Stud. Naturheilkunde u. staatl. Zulassung z. Ndlg., Ausbildung in USA im Bereich Herz- u. Gefäßtherapie Chelat-Therapie in New York, Orleans u. Washington. K.: 1984 Grdg.-Mtgl. d. Akademie f. EDTA-CHELAT-Therapie, 1976 Eröff. d. eigenen Praxis in Freilassing, neben Herz u. Kreislauf Spezialist f. chronische, Sucht- u. Gelenkserkrankungen, alternative Behandlung z. Baypass-OP, Behandlung d. arteriellen Gefäße. P.: versch. Veröff. in Fachzeitschriften.

Fischer Ralf-Dieter Werner *)

Fischer Reinhard Dr. rer. nat. *)

Fischer Reinhold Torsten
B.: Sportlehrer, Trainer, Gschf. FN.: ProSecCo Professional Security Consult. GT.: 1980 Ltr. Freizeitheim Stöcken, Jugendgruppenleiterschein b. d. "Falken" erworben, seit 1990 in d. Theater- u. Filmbranche Schauspieler u. Darsteller, 1996 f. d. Stadtverwaltung Hannover Projekt "Bandenbekämpfung", Training f. Jugendliche, seit 1996 Doz. v. Seminaren u. Schulungen f. Drogenberatungszentrum in Hannover. DA.: 30161 Hannover, Bödekerstr. 94. G.: Braunschweig, 26. Okt. 1959. Ki.: Daniel (1984). BV.: waren Papier-Fabrikanten in Riga/Norwegen väterlicherseits um d. Jahrhundertwende. S.: 1979 Abitur in Hannover, Stud. Soziologie u. politische Wiss. a. d. Univ. Hannover, parallel Bandgründung "Solaris", "Werwolf", "Mr. Freestyle & Heavy-Sound", viele Auftritte im lokalen Bereich, seit 1975 als DJ in versch. Clubs u. Radio tätig, K.: Grdg. einer Firma "Lederschneiderei" in Hannover, danach Autowerkstatt Verkauf u. Reparatur v. amerikanischen Autos u. Motorrädern, später Boutique m. exklusive Mode aus London eröffnet, 1990 Kauf d. Kneipe "Blaue Grotte" in Hannover, Am

---

*) Biographie www.whoiswho-verlag.ch oder beigefügte CD-ROM

Steintor, 1997 im SUB als Gschf. u. Security-Verantwortlicher, 1998 im GIG in Hannover-Linden in gleicher Position, Konzipierung einer neuen Sicherheit, 2000 Grdg. d. Firma ProSecCo Professional Security Consult, Betreuung v. versch. Einrichtungen u. Events, u.a. Pavillon, GIG, Faust, Bad, Labor, Musikzentren, Ausbildung v. eigener Security-Mannschaft. BL.: seit 1963 aktiver Fussballer, Leistungssport b. Germania List u. Kleeblatt Stöcken, erfolgreiche Teilnahme an versch. Turnieren, seit 1973 aktiver Handball-Leistungssportler, 1976 Hannover-Meister, zusätzl. im Zehnkampf aktiv, viele gewonnene Vereinstitel, parallel 1976 m. d. Boxen angefangen, 1978 Vereinsmeister u. Kampfrekord aufgestellt, 17 Kämpfe in Folge (durch Abbruch) gewonnen, seit 1980 Beginn m. Viét-Vo-DAO u. 1983 Kraftsport/Bodybuilding u. Kraftdreikampf; Erwerb v. 3 Trainerscheinen in Holland b. Trainer v. Barry de Mey. P.: versch. Veröff. in Fachpresse u. Magazinen. H.: Plattensammlung (ca. 3500 Stück), Musik, Motorradfahren, Gartenarbeit.

Fischer Renate
B.: Kindergärtnerin. G.: Kaufbeuren, 14. Mai 1966. S.: Mittlere Reife, Fachakademie f. Sozialpädagogik m. Abschluß staatl. geprüfte Erzieherin. K.: seit 1988 Erzieherin in versch. Kindergärten, zuletzt im Kindergarten Waal, nebenberufl. Betreiberin einer Buchhandlung f. Kinder- u. Jugendbücher in Kaufbeuren u. seit 1997 halbtags tätig im elterl. Geschäft f. Oberflächenflächenveredelung f. d. Modeschmuckindustrie. M.: CSU, b. 1996 Stadtrat Kaufbeuren. H.: Eishockey, Skifahren, Lesen, Musicals.

Fischer Richard H. *)

Fischer Rita G.

B.: Unternehmerin, Inh. FN.: R. G. Fischer Verlag, Vorst. d. Fischer & Fischer Media Aktienges. DA.: 60386 Frankfurt/Main, Orber Str. 30. Interbook @t-online.de. www.verlage.net. G.: Herbstein, 13. März 1955. Ki.: Anika Corinne (1978), Alina Sarah (1983). S.: 1973 Abitur Lauterbach, b. 1977 Stud. VWL Frankfurt/ Main. K.: während d. Stud. tätig im Buchhdl. u. in einem Verlag, s. 1977 selbst. m. verlegen v. Büchen im Bereich Wiss. u. Belletristik. P.: div. Bücher u.a. "Der Bobtail. Old English Sheepdog. Aufzucht, Haltung u. Pflege" (4. Aufl. 1997), Hrsg. zahlreicher Reader u. Anthologien. M.: Börsenver. d. dt. Buchhdls., Hess. Verlegerverb., Fördermtgl. d. dt.-arab. Ges., Gen.-Sekr. d. dt.-syr. Ges. H.: Gleitschirmfliegen, Literatur.

Fischer Robert *)

Fischer Rolf Dip.-Ing. *)

Fischer Rüdiger
B.: Betriebswirt, Gschf. Ges. FN.: Becker GmbH & Co KG. DA.: 24537 Neumünster, Rungestr. 2. info@becker-tw.de. www.becker-tw.de. G.: Raisdorf, 24. Dez. 1940. V.: Karin, geb. Lüders. Ki.: Anja (1967), Jens (1971). El.: Fritz u. Anni. S.: 1958-61 Ausbild. z. Groß- u. Ind.-Kfm. in Firma Stehmann, Heesch & Co Hamburg, b. 1964 kfm. Mitarb. im Ausbild.-Betrieb, 1965-67 BWL-Stud. an d. Wirtschaftsak. Kiel, Abschluss: Betriebswirt. K.: 1967-75 Kfm. Ltr. in Fima Schlüter Metallbau in Bordesholm, 1975-83 Ltr. d. Rechnungswesen in Firma Becker Neumünster, seit 1983 Ges. in Firma Becker, seit 1990 Übernahme d. Firma Becker GmbH & Co KG, seither alleiniger Inh. u. Gschf. Ges., Tochterunternehmen in DK, NL, GB, Kooperationsfirmen in der CH u. GRI. M.: Holz- u. Kunststoffverb. Schleswig-Holstein, Fachverb. der Hersteller von mobilen Trennwänden in Deutschland, 1994-99 Sekt.-Sprecher d. WirtschaftsR. d. CDU in Neumünster, seit 1989 Hdls.-Richter am LG Kiel. H.: Musik (Keyboard), Lesen, Theater, Reisen.

Fischer Rudolf Dr. med. Dr. med. et chir. *)

Fischer Rudolf Karl Prof.
B.: em.o.Prof., Rektor i.R. HS f. Musik "Felix Mendelssohn Bartholdy" Leipzig, Ehrenpräs. Assoc. Europeene de Conservatoires Academies de Musique et Musik-HS Genf. PA.: 04416 Markkleeberg, Buchenweg 9. G.: Leipzig, 13. Juli 1913. V.: Prof. Eva, geb. Fleischer. Ki.: Prof. Johannes Rudolf (1936), Claudia (1953), Nanette (1960). S.: 1928 Mittlere Reife, 1928-33 Stud. Klavier, Komposition u. Dirigieren HS f. Musik Leipzig, 1933 Staatsexamen, 1935 Solistenprüf. K.: 1945-73 Rektor HS f. Musik Leipzig, 1968-92 Präs. d. Assoc. Europeene de Coservatoires Academies de Musique et Musik-HS Genf, seither Ehrenpräs., 1964-73 Initiator u. Präs. d. Intern. Bachwettbewerbs Leipzig, heute Ehrenpräs., 1968 Initiator u. Gründer d. Wettbewerbs f. Schüler u. Jugendl. "Johann Sebastian Bach", ab 1972 Führung d. 1. Mstr.-Kl. f. Klavier d. DDR, 1973 o.Prof., 1982-89 VPräs. d. Bachkomitees d. DDR, Konzerte in fast allen Staaten Europas, UdSSR, Kanada, Ägypten, Syrien, seit 1935 zahlr. Konzerte m. Gewandhausorchester Leipzig u. Staatskapelle Dresden, Auftritte im Rundfunk u. Fernsehen, Schallplattenaufnahmen, Jurymtgl. b. fast allen intern. Musikwettbewerben in Österr., Schweiz, Leipzig, Zwickau, München, Wien, Genf, Warschau, Linz, Polnemo, Toronto, Montreal. BL.: Interpretation sämtl. Beethoven-Klaviersonaten in Zyklen. E.: Kunstpreis d. DDR, Kunstpreis d. Bachstadt Leipzig, Schumann-Preis d. Stadt Zwickau, Väterblind. VO d. DDR m. Ehrenspange in Gold u. Silber, Verdienter HS-Lehrer d. DDR. M.: Ehrenpräs. d. Assoc. Europeene de Conservatoires Academies de Musique et Musik-HS Genf, Schumann-Ges. Zwickau, Neue Bach-Ges. Leipzig. H.: Bergsteigen, Kochen. (B.-M.P.)

Fischer Sabine Dr. med.
B.: ndlg. FA f. Dermatologie u. Venerologie. FN.: Praxisgemeinschaft m. Dr. med. Sabine Fischer u. Dr. med. Steffen Fischer. DA.: 04315 Leipzig, Kohlgartenstr. 71. G.: Karl-Marx-Stadt, 13. Apr. 1959. V.: Dr. med. Steffen Fischer. Ki.: Hans-Georg (1983), Martin (1984), Bernhard (1989). El.: Prof. Dipl.-Physiker Dr. Dr. Harry u. Dr. med. Christine Pfeifer. S.: 1977 Abitur Leipzig, prakt. Jahr Innere Med. an d. Univ. Leipzig, 1978-83 Stud. Humanmed. Univ. Leipzig, Diplom. K.: 1984-91 Ärztin an d. Poliklinik Ost Leipzig, 1987 Prom., 1990 FA f. Dermatologie, seit 1991 ndlg. Hautärztin, Allergologie, Durchblutungsstörungen, einschließlich umfassender Diagnostik. M.: Berufsverband d. Dt. Dermatologen. H.: Jagd, klass. Musik, Literatur.

Fischer Sabine Dr. med.
B.: FA f. HNO-Heilkunde, Phoniatrie u. Pädaudiologie. DA.: 22459 Hamburg, Zum Markt 1. G.: Frankfurt/Oder, 27. Mai 1952. V.: Dr. Jens Fischer. Ki.: Judith (1972), Tom (1976). El.: Gerhard u. Irmgart Lindow. S.: 1970 Abitur Frankfurt/Oder, 1975 Stud. Med. Humboldt-Univ. Berlin, 1975 Dipl. u. Approb. K.:

*) Biographie www.whoiswho-verlag.ch oder beigefügte CD-ROM

1975-76 Ass.-Ärztin f. Anästhesie, Chir. u. Innere Med., 1976-81 FA-Ausbild. z. HNO-Ärztin an d. Charitee, 1981 FA-Zulassung, 1977 Prom., 1981-84 Weiterbild. in Phoniatrie u. Pädaudiologie an d. Charitee, 1984-89 wiss. Mitarb. an d. Charitee u. Mitarb. an div. Studien, seit 1990 ndlg. FA f. HNO, Phoniatrie u. Pädaudiologie in Hamburg. P.: Dipl.-Arb. (1975), 1977 Diss., Studien unter Prof. Wendler. H.: Sport, Skifahren, klass. Musik, Literatur.

Fischer Sigrid *)
Fischer Sigrid
B.: Damenschneidermeisterin. FN.: Sigrid Fischer Maßanfertigung. DA.: 20099 Hamburg, Koppel 66. G.: Essbek, 3. Feb. 1960. El.: Manfred u. Hannelore Fischer. S.: 1977 Mittlere Reife Lüneburg, 1980-82 Berufsbild.-Jahr im Bereich Textil in Hamburg, 1982-85 Ausbild. z. Damenschneiderin b. Ursula Meier in Blankenese. K.: 1985-86 ang. Damenschneiderin b. d. Gräfin Bernsdorff, 1986-90 ang. Damenschneiderin Firma Angela Scheffer in Hamburg, 1990 Ausbild. z. dipl. Schnittdirektice an d. staatl. anerkannten Modeschule Möller & Sohn, 1990-92 Direktrice u. Designass. b. einem bekannte Modedesigner in Hamburg, 1992-94 Gschf. in einer bekannten Papeterie in Hamburg, parallel dazu auf d. staatl. anerkannten Schule Möller & Sohn d. Meisterbrief z. Damenschneiderin bestanden, 1995 selbst. Damenschneiderin in Hamburg-Eppendorf, seit 1998 am heutigen Standort. H.: Segeln, Radfahren, Drachen steigen lassen.

Fischer Simone

B.: Gschf. FN.: Kosmetikinstitut "academie der Schönheit". DA.: 76530 Baden-Baden, Gernsbacher Str. 1. G.: Mühlhausen, 19. Apr. 1966. Ki.: Katharina (1985), Julian (1997). El.: Franz u. Margareta Fischer, geb. Rosenthal. S.: Mittlere Reife, 1982-84 Ausbild. Kosmetikerin. K.: 1984-89 Kosmetikerin im Salon PGH "Chic" in Mühlhausen, 1990 Ausbild. z. Büroass., 1991-2000 Sekr. d. Stadtsparkasse in Baden-Baden, 2000 tätig im Beauty-Tempel Eberle, Franchise-Nehmerin d. Firma Rosscom/Österr. Kosmetikprodukte, Ausbild. in Farb- u. Stilberatung, PC-Kurse u. Managementass., seit 2001 selbst. P.: Veröff. in d. regionalen Presse, Life-Magazin, Wegweiser Baden-Baden. H.: Lesen, Konzerte, Kultur.

Fischer Stefan Dr. phil. M.A. *)
Fischer Stefan

B.: Dipl.-Informatiker, Gschf. Ges. FN.: BASIS GmbH. DA.: 85737 Ismaning, Carl-Zeiss-Ring 9. G.: Augsburg, 12. Dez. 1963. El.: Rudolf u. Carola. S.: 1982 Fachhochschulreife Augsburg, 1982-87 Studium Informatik an d. Fachhochschule Augsburg, 1988-89 Bundeswehr. K.: 1989-95 tätig b. Digital Equipment, zuständig für d. Vertrieb in Bayern u. für Speichersysteme, 1991-92 Studium an d. TU Wien im Bereich internationaler Datenschutz u. Datensicherheitstechnik, ab 1995 selbständig u. Gründung d. Firma Basis GmbH, 1999 Mitbegründer d. Assistra AG. H.: klassische Musik, Bergsteigen, Schifahren.

Fischer Steffen
B.: Arzt, Fachrichtung Innere Med. FN.: Dipl.-Med. Steffen Fischer. GT.: 1995-97 Notarzt b. d. Maltesern. DA.: 01277 Dresden, Winterbergstr. 31e. G.: Weißwasser, 18. Sep. 1963. V.: Katrin, geb. Reichel. Ki.: Benjamin (1990). S.: 1982 Abitur in Weißwasser, 1982-83 Ausbildung z. Krankenpfleger, 1983-89 Stud. Med. an d. Univ. Greifswald, 1990-96 Städt. Klinikum Dresden Friedrichstadt, Facharztausbildung Fachgebiet Rheumatologie. K.: 1989-90 prakt. Arzt in Preschen, seit 1997 eigene Praxis. P.: div. Beiträge in d. Fachpresse. M.: Bund d. Internisten. H.: Reisen, reiten.

Fischer Sven
B.: Biathlet. FN.: Dt. Skiverband. DA.: 82152 Planegg, Hubertusstr. 1. PA.: 98574 Schmalkalden. G.: Schillerhöhe, 16. Apr. 1971. K.: größte sportl. Erfolge: DM: 1992 Staffel/1., 1993 Gold/1., 1995 Sprint/1. u. Staffel Ruhpolding/1., 1997 Bayrisch Eisenstein Einzel/1. u. Staffel/1., 1997/98 Biathlon-Trophy Staffel 1x/1. u. Staffel 1x/2., WC 1992/93 Sprint 1x /2. 1x/3., 1993/94 Einzel 1x/1., Sprint 1x/1. u. 1x /2., 1994/95 Sprint 1x/2., Staffel 1x/1., 1995/96 Einzel 1x/1., Sprint 1x/1., 1x/2., 3x/3., 1996/97 Einzel 1x/3., Sprint 3x/1., Sprint 3x/3., Verfolgung 1x/1. u. Staffel 1x/1., 1997/98 Sprint 1x/2., 2x /3., Verfolgung 1x/1., Staffel 1x/1. u. 2x/2. Pl., WM: 1993 Borowetz/BUL Team/1. u. Staffel/3., 1996 Ruhpolding Team/2., 1997 Osrblie/SVK Staffel/1., 1998 Hochfilzen Team/2., OS: 1994 Lillehammer/NOR Staffel/1., 1998 Nagano/JAP Staffel/1., 1999 WM Kontiolathi Sprint/7., Verfolgung/3., Staffel/4., Einzel/1., Massenstart/1., 1999 WC Gesamt/1. 2000 WM Oslo Staffel/3., Jagdrennen-Gesamtwertung/2., WC Gesamt/3., 2002 OS Salt Lake City/2., Staffel/2. (Re)

Fischer Tanja
B.: Reiseverkehrskauffrau, Reiseltr., Inh. FN.: Reisebüro Paradies. DA.: 04425 Taucha, Leipziger Str. 39. G.: Odessa/Ukraine, 16. Apr. 1953. Ki.: Nicole (1977). S.: Stud. u. Dipl.-Ing. f. Technologie d. Maschinenbaus, 1975-79 Ing. f. Materialökonomie VEB Starkstromanlagenbau Leipzig-Halle. K.: 1979-90 freirufl. Reiseltr. u. Dolmetscher b. VEB Reisebüro d. DDR in Leipzig, 1991-92 Reisefachfrau b. d. Reiseagentur Leipzig, 1992-93 Reisefachfrau b. Happy Reisen GmbH Leipzig, seit 1993 Gründerin u. Inh. d. Reisebüro Paradies. M.: Heimatver. Taucha e.V. H.: Reisen, Musik, Sport.

Fischer Theo Prof.
B.: Komponist, Dirigent. PA.: 55424 Münster-Sarmsheim, Auf den Zeilen 11. www.nahetor.de/Fischer. www.miz.org. G.: Münster-Sarmsheim, 14. Okt. 1926. V.: Vera, geb. Dröschel. Ki.: Gerhard (1952). El.: Theodor u. Hilde. S.: Gymn., Seminar f. Mus.Erz., PCK Mainz, Musikwiss., Komp.Stud. Frankfurt, Wiesbaden. K.: 1946 Violin-Solist, Konzertmeister, Chor- u. Orchesterdirigent, Priv. Musikpädagoge, Verlagslektor, seit 1962 Gymn. MD, Dirigent, Doz., Komponist. P.: über 800 Kompositionen u. Bearb., Werke: Wer allem steht im Licht (Orat. Szenen), Stefan-George-Zyklus, Musik - Stimme der Allmacht, Canzoni - ponti dei popoli, Schubertiade. E.: 1947 Künstl. Ausz. (Beaux Arts), 1967 Kompositionsausz. Den Haag, 1968 Silb. Ähre, 1969 Prof. e.h., 1975 Gold. Münzschild, 1976 VO d. BRD, 1978 Peter Cornelius-Plakette d. Kultusmin. Rheinland-Pfalz, 1981 Hildegardis-Med., 1986 Ehrenplakette d. Dt. Allg. Sängerbds., 1986 "Madonna Verona" Ital., 1989 Verleihung der Ehrenbürgerrechte, 1991 Verdienstnadel in Gold f. Musikschaften, 1994 "St. Rochusbecher" f. bes. Verdienste musik-histor. Schaffens, 1996 Ehrenplakette f. kult. Schaffen am Mittelrhein, 1996 Verdienstsiegel d. VG Rhein-Nahe in Gold, 1997 VO d. Landes Rheinland-Pfalz, 1999 "Ordre Européen du Mérite Musical" mit Ernennung z. Ritter des Ordens, Luxemburg, 2000 "Heimat-Literatur-

*) Biographie www.whoiswho-verlag.ch oder beigefügte CD-ROM

preis", Mainz-Bingen, 2001 "Plaquette d'Honneur de l'Union Grand-Duc Adolphe à l'éminent compositeur", Luxembourg. M.: Deutscher Komponistenverband, Künstlergilde e.V., GEMA, Intern. Stefan-George-Ges., Fachverb. Dt. Berufschorleiter.

Fischer Thomas *)

Fischer Thomas Dr. phil. habil. *)

Fischer Thomas *)

Fischer Thomas Dipl.-Ing. *)

Fischer Thomas

B.: Dipl.-Betriebswirt, Inh. FN.: TimeRent Autovermietung Thomas Fischer; Old Timer Vermietung. DA.: 40215 Düsseldorf, Bilker Allee 218. G.: Frankfurt/Main, 17. Nov. 1963. S.: 1983 Abitur, Stud. Betriebswirtschaft Mannheim, 1983-85 Zeitsoldat, Lt. d. Res. K.: Länderref. b. HENKEL, seit 1990 selbst.

Fischer Thomas *)

Fischer Thomas H. W. Dipl.-Psychologe *)

Fischer Thomas R. Dr.
B.: Vorst.-Mtgl. FN.: Dt. Bank AG. DA.: 60325 Frankfurt/Main, Taunusanlage 12. www.deutsche-bank.de. G.: Berlin, 6. Okt. 1947. S.: 1968-70 Wehrdienst, 1973 Abitur Berlin, 1978 Dipl.-Vw., 1981 Dr. rer. pol. K.: 1965-68 u. 1973-76 Tätigkeit im väterl. Unternehmen, 1981-85 Hauptabt.-Ltr. Controlling VARTA Batterie AG Hannover, 1985-91: Abt. f. Konzernentwicklung, stellv. Dir., seit 1988 Controlling Dir. d. Dt. Bank AG Frankfurt; 1991-92 Gschf. Dt. Immobilien Anlage GmbH Frankfurt, 1992-95 Global Head of Derivatives Dt. Bank AG Frankfurt, seit 1994 Chairman of Risk Management Committee 1995-98 stellv. Vorst.-Vors. d. Landesgirokasse Stuttgart, 1996-99 Vorst.-Vors., seit 1999 Vorst.-Mtgl. d. Dt. Bank AG.

Fischer Torsten
B.: Dipl. med., Arzt, FA f. Orthopädie. DA.: 03149 Forst, Cottbusserstr. 5. G.: Döbeln, 27. Okt. 1961. Ki.: Anja (1985), Tom (1988), Anne (1996). El.: Erich u. Ing. Christine. S.: 1980 Abitur, 1980-83 Wehrdienst, 1983-89 Stud. Humanmed. an d. Berliner Charite, Abschluß: Arzt. K.: 1989-95 FA-Ausbild. im Bez.-KH Hoyerswerda, FA f. Orthopädie, seit 1995 ndlg. in eigener Praxis in Weißwasser, seit 1988 Dipl. med. M.: Berufsverb. d. Orthopäden, Marburger Bund. H.: Lesen, Reisen, Heimwerken.

Fischer Torsten
B.: Vermögensberater, Inh. FN.: Torsten Fischer-Dt. Vermögensberatung. DA.: 23968 Gägelow, Dorfstr. 14 a. G.: Wolgast, 15. Juni 1964. V.: Dr. Christiane, geb. Retzlaff. Ki.: Ulrike (1989). S.: 1982 Abitur, 1982-84 Wehrdienst, 1984-89 Stud. Schiffbaukonstruktion Univ. Rostock m. Abschluß Dipl.-Ing. K.: 1989-97 Projektig. d. MTW Schiffswerft GmbH in Wismar, 1992-94 glz. Stud. Betriebswirtschaft an d. Univ. St. Gallen m. Dipl.-

Abschluß, seit 1997 selbst. als Immobilienmakler m. Schwerpunkt klass. Immobilien deutschlandweit, seit 2000 Vermögensberatung. H.: Motorsport, Offroad, Literatur.

Fischer Udo Dipl.-Ing. *)

Fischer Udo-Willi *)

Fischer Ulrich *)

Fischer Ulrich Dr. *)

Fischer Ulrich Ernst Dipl.-Ing.

B.: Architekt. FN.: Architekten Fischer + Fischer. DA.: 51065 Köln, Rhodiusstr. 10. PA.: 51375 Leverkusen-Schlebusch, Sürderstraße 38. G.: Frankfurt/Main, 29. Apr. 1930. V.: Alfhild, geb. Fiebrig. Ki.: Roland (1959), Alexander (1961), Ingo (1965), Juliane (1970). El.: Ernst Rudolf u. Eva. S.: 1949 Abitur, 1 J. Schweizaufenthalt, 1950-55 Stud. TH München, Dipl.-Ing. K.: 1955 nach Köln, Tätigkeit Arch.-Büro Schaeffer-Heyrothsberge, zunächst Bürol-tr., 1962 Partner in dieser Architektengemeinschaft, 1967-69 umbenannt in Fischer, Krüder, Rathai Köln u. Wiesbaden, danach umbenannt in Fischer + Fischer, Schwerpunkt: Ind.-Bau, Büro Bau, Gewerbebau, Wohnungsbau. H.: Schi fahren, Segeln, Golf.

Fischer Ulrike *)

Fischer Ulrike

B.: selbst. Steuerberater. DA.: 38550 Isenbüttel, Margeritenweg 20. G.: Gifhorn, 2. Okt. 1957. V.: Hans-Joachim Fischer. E.: Heinrich u. Hildegard Daenicke, geb. Kalkreuter. S.: 1973-76 Ausbild. Steuerfachgehilfin Gifhorn, 1976-78 Mittlere Reife an d. Abendschule, 1980 Ausbild. z. Steuerbev., seit 1981 selbst., seit 1988 Steuerberater m. Schwerpunkt Handwerksbetriebe u. Mittelstand. M.: MTV Isenbüttel, DLRG Edesbüttel, NABU. H.: Börse, Tanzen, Radfahren.

Fischer Uta-Maria Dr. *)

Fischer Uwe
B.: freiberufl. Moderator. FN.: Radio Antenne Sachsen. DA.: 01237 Dresden, Breischeidstr. 40. PA.: 19055 Schwerin, August-Bebel-Str. 18. G.: Halle/Saale, 8. Dez. 1968. El.: Leo-Rudolf u. Waltraut. S.: 1985-87 Lehre als Kfz-Schlosser. K.: 1987-89 Kfz-Schlosser u. nebenberufl. als Sprecher u. Moderator auf Volks-, Presse- u. Betriebsfesten, 1989 Berufsausweis als Moderator, 1989-91 Moderator b. Radio Sachsen-Anhalt, mdr-life in Leipzig u. mdr Fernsehen, seit 1993 b. Sender PSR, seit 1995 b. Duo Böttcher & Fischer, seit 1998 als Duo Böttcher & Fischer b. Antenne Sachsen. BL.: regelmäßige Comedy-Shows als Duo Böttcher & Fischer. P.: 2 CD's. E.: 1997 Hörfunkpreis d. Landesmedienanst. Sachsen. H.: Sport, Musik.

---

*) Biographie www.whoiswho-verlag.ch oder beigefügte CD-ROM

Fischer Uwe A. G. *)

Fischer Uwe Jürgen

B.: RA in eigener Kzl. DA.: 10623 Berlin, Hardenbergstr. 8. fischer@rechtundgrund.de. G.: Ingolstadt, 14. Sep. 1963. V.: Andrea, geb. Ruhfus. Ki.: Louisa (1996). El.: Dieter u. Gerta. S.: 1981-86 Stud. Rechtswissenschaften an d. Albert-Ludwigs-Univ. Freiburg, 1982-86 Stud. VWL, 1984 Studienaufenthalt an d. London School of Economics als Stipendiat d. Dt. Ak. Austauschdiensts, 1986 1. Jur. Staatsprüfung, 1986-89 Referendarausbildung b. Kammergericht Berlin, 1989 2. Jur. Staatsprüfung. K.: 1989 erstmalige Zulassung z. Anwaltschaft, 1990-93 Mitarbeiter d. Degussa AG, ab 1991 als Justitiar in Frankfurt/Main, seit 1993 selbständiger RA m. Tätigkeitsschwerpunkt geschlossene Immobilienfonds, seit 1996 Zulassung b. d. Kammergericht, seit 1998 Fachanwalt f. Steuerrecht, Tätigkeitsschwerpunkt: Immobilienrecht, Immobiliensteuern, Kapitalanlagerecht. BL.: Lehrauftrag an d. European Business School in München u. Berlin zu "Geschlossenen Immobilienfonds". P.: Vorträge, Artikel in Fachzeitschriften. E.: DAAD-Stipendiat an d. London School of Economics. M.: Berliner Anwaltsverein, Dt.-Engl. Ges., Intern. Club Berlin. H.: Lesen (zeitgenöss. engl. Literatur).

Fischer Vaclav

B.: Gschf. Ges. FN.: Fischer Reisen GmbH. DA.: 20095 Hamburg, Ballindamm 11. G.: Prag, 22. Juni 1954. V.: Irmtraut, geb. Schremp. El.: Vaclav Fischer (Schauspieler) u. Anna, geb. Holubva. S.: Abitur, Stud. BWL Prag, 1973-78 paral. Tätig. als Reiseltr., 1978 Umzug BRD. K.: Einkäufer f. Portugal b. ARTU Reisen Berlin, 1980 Grdg. v. Fischer Reisen Hamburg. P.: Fischer Reisemagazin, Reiseführer u. Video-Kassetten, Dokumentarfilm. H.: Reisen, Theater, Radfahren. (G.B.)

Fischer Veronika

B.: Sängerin. FN.: c/o Reyk Zöllner Management. DA.: 13516 Berlin, Treskowstr. 66. www.veronikafischer.de. G.: Wölfis, 28. Juli 1951. V.: Laszlo Kleber. Ki.: Benjamin (1979). El.: Oskar u. Charlotte, geb. Stoll. S.: 1968-73 Gesangsausbild. Musik-HS Carl Maria v. Weber Dresden, Staatsexamen als Solistin. K.: 1970-71 Sängerin b. "Stern-Combo-Meissen", 1971-73 Mtgl. d. Jazz-Rock-Formation "Panta Rhei", LP, 1974-80 Grdg. Veronika Fischer & Band, 1977 LP "Sommernachtsball", 1977 Spielfilm "Echter Charme", 1978 LP "Aufstehn", 1979 LP "Kinderlieder, Geschichtenlieder", 1979 LP "Berliner Lieber", 1980 4. Amiga u. Teldec LP "Gold. Brücken", 1981 Kinderlieder "Traumzauberbaum", LP "Staunen", 1982 LP "Unendlich weit", 1984 LP "Sehnsucht nach Wärme", 1987 LP Spiegelbilder", 1989 LP "Veronica Fischer", 1989 Show-Kolade, 1990 Livetour durch Ost- u. Westdeutschland, 1991 LP "Gefühle", Liveauftritte, 1992 LP "Was ist dabei", 1995 "Liebe", 1997 "Das Kind und der Kater", "Mehr in Sicht", 1999 Meine schönsten Kinderlieder. E.: 1975 1. Preis Schlagerfestival Dresden, 1976 1. Preis Intern. Sopoter Liederfestival, 1977 Carl Maria v. Weber-Plakette, Gold. Orpheus, 1980 Kunstpreis d. DDR.

Fischer Walter *)

Fischer Walter Dipl.-Ing. *)

Fischer Walter *)

Fischer Walter R. Dr. Prof.

B.: Prof. of Soil Sience. FN.: Inst. f. Bodenkunde d. Univ. Hannover. DA.: 30419 Hannover, Herrenhäuser Str. 2. fischer@ifbg.uni-hannover.de. G.: Hirschberg, 4. Jän. 1942. V.: Renate, geb. Stolley. Ki.: Jürgen (1969), Carsten (1972). S.: 1961 Abitur Hildesheim, Stud. Chemie TU Hannover, 1968 Dipl., 1971 Prom. K.: Prom.-Arb. am Inst. f. Bodenkunde d. TU Berlin u. am Lehrstuhl f. Bodenkunde d. TU München, 1982 Habil., 1988 C3-Prof. f. Bodenchemie an d. Univ. Hohenheim, seit 1994 C4-Prof. f. Bodenkunde an d. Univ. Hannover. P.: "Properties of and heavy metal complexation by aqueous humic extracts" (1986), "pH values and redox potential im microsites of the rhizosphere" (1989), "Quantifizierung d. wichtigsten Mechanismen z. Säurepufferung carbonatfreier Böden" (1994), "Effect of long-therm irrigation with untreated sewage on soil properties and heavy metal adsorption of leptosols and vertisols in Central Mexico", "Die Oberflächenladung d. Ton-Humusfraktion aus Schwarzerden als Funktion v. pH u. Ca-Konzentration" (1997). M.: Dt. bodenkundl. Ges., Intern. bodenkundl. Ges., Soil Science Society of America, Ges. f. Ökologie, Forsch.-Kolleg Geochemie, niedersächs. Ak. d. Geowiss. H.: Bergsteigen, Wandern, Fotografieren, klass. Musik.

Fischer Werner Dr.-Ing.

B.: Dir. FN.: Keramik Holding AG Laufen. DA.: CH-4242 Laufen, Wahlenstr. 46. G.: Blankenhain, 13. Juni 1947. V.: Helga, geb. Büschel. Ki.: Dipl.-Ing. Mike (1966), Nadja (1967). S.: 1967 Abitur Weimar, b. 1971 Std. Baustoffverfahrenstechnik HS f. Arch. u. Bauwesen Weimar, 1971-74 Prom. K.: 1974-90 Techn. Dir. d. Keram. Werke in Haldensleben, 1980-90 Mgl. d. Forsch.-Rates d. DDR, 1990-92 Prok. f. Technik u. Prod. d. Keram. Werke in Haldensleben, seit 1993 tätig in Laufen, 1994-96 Projektmanager f. d. United Mosaik Industries/Laufen Sanitärwerk Saraburi/Thailand, seit 1997 Dir. Prod. d. Europ. Sanitärwerke Laufen. P.: Veröff. in Fachzeitschriften, Gutachter f. Diss. u. Fachbücher. M.: DKG, Haldenslebener Sportclub. H.: Reisen, Sport, Lesen.

Fischer Werner Dr. med. dent. *)

Fischer Werner Ing.

B.: Gschf. Ges. FN.: Erfurter Ölmühle Werner Fischer GmbH. DA.: 99084 Erfurt, Heilige Grabesmühlg. 1. PA.: 99084 Erfurt, Kartäuser Str. 31. G.: Erfurt, 4. Apr. 1926. K.: Steffen (1965). El.: Edwin u. Helene, geb. Schatz. S.: 1941 Lehre Verlagsbuchhändler Keyser'sche Buchhdlg. Erfurt, 1943 Sonderprüf. f. Universitätsstud. Jena, 1943-45 Arbeitsdienst u. Wehrmacht, 1976 Ing. f. Lebensmitteltechnologie FS Dippoldiswalde. K.: 1945 Eintritt in d. Firma Erfurter Oelmühle KG, 1949 Gschf. u. Prok., seit 1954 Inh. u. alleiniger Komplementär, 1972 Betriebsdir., 1990 Reprivatisierung d. enteigneten Erfurter Oelmühle u. seither Gschf. Ges. d. Erfurter Oelmühle Werner Fischer GmbH m. Schwerpunkt: Herstellung v. kaltgepressten Speiseölen (u.a. Pur-Lin-Leinoel) u. Leinsaatprodukten. P.: ca. 50 Veröff. u. über 100 Vorträge auf Kongressen über gesunde Ernährung u. Lebensführung. E.: Auszeichnungen versch. wiss. Gesellschaften. M.: u.a. VPräs. d. Unternehmerverb. Thüringen, Ehrenmtgl. d. IHK Erfurt, Landesarbeitsrichter, Vorst. im Arbeitgeberverband, Vorst. versch. Fachgremien, 1999 Präs. d. Lions-Club Erfurt-Turingia, 25 J. Präses d. Ev. Kirche Erfurt u. 12 J. Mtgl. d. Ev. Provinzialsynode d. Kirchenprov. Sachsen. H.: Literatur, Geschichte.

Fischer Werner Dr.-Ing. Dr. h.c. mult. Prof.
B.: Rektor. FN.: FH Kalsruhe. DA.: 76133 Karlsruhe, Moltkestr. 30. PA.: 76297 Stutensee, Brunhildstr. 4. G.: Epfenbach, 7. Nov. 1939. V.: Gertrud. Ki.: Axel, Lutz, Jörg. El.: Adam u. Elisabeth. S.: 1959 Abitur Sinsheim, Bundeswehr, Stud. Allg. Maschinenbau Univ. Karlsruhe, 1965 Dipl.-Hauptprüf., 1968 Prom. K.: 1980-90 Prorektor, ab 1990 Rektor d. FH, seit 1982 Mtgl. d. Studienkmsn. f. HS-Didaktik, seit 1990 Vors. d. Studienkmsn. u. Mtgl. im Vorst. d. Rektorenkonferenz. P.: zahlr. Veröff. E.: IGIP-Preis. M.: Ges. f. Ing.-Päd., b. 1976 Abt.-Ltr. SV Blankenloch (Tennis), 1980-85 Grdg.-Vors. d. Sozialstation Stutensee, 1980-94 GemR. u. Vors. d. FWV Frakt. in Stutensee, Grdg.-Mtgl. d. Intern. Ges. f. Ing.-Päd. H.: Schach, Skat, Wandern.

Fischer Werner Dr. med. Prof. *)

Fischer Wilfried

B.: Tauchlehrer, Gschf. Ges. FN.: Action - Sport Berlin Wilfried Fischer Tauchsport GmbH. DA.: 10318 Berlin, Ehrlichstr. 15. action-sport-berlin @t-online.de. G.: Tegau, 18. Nov. 1949. V.: Ingrid. Ki.: Claudia (1974), Thomas (1979), Anne (1981), Martin (1985). El.: Agraring. Wolfgang u. Marianne. S.: 1966-68 Ausbildung Maschinenbau, 1968-71 Maschinist Hdls.-Marine, 1971-74 Ausbild. u. Tätigkeit als Tierpfleger im Tierpark Friedrichsfelde, 1977 Abitur, 1978-82 Stud. Technologie u. Instandsetzung Ing.-HS Berlin, Dipl. K.: 1982-90 Gutachter f. Investitionen in d. Land- u. Nahrungsgüterwirtschaft, 1987 Beginn d. Taucherei, 1990 Ltr. eines Heizkraftwerks, 1990 Eröff. d. Tauchschule alpha, 1991 Eröff. d. Tauchcenters am Helenesee Frankfurt/Oder, 1994 Eröff. d. Geschäftes als Franchisepartner v. Action Sport, als deren größte Ndlg. in Deutschland. P.: 1977-90 Teilnahme am Malchower Fotowettbewerb, Tierfotografie, Ausstellung im Kulturbund. E.: Fotopreis. M.: PADI. H.: Tauchen, Fotografieren, Zoologie.

Fischer Wilfried Dr. phil. Univ.-Prof. *)

Fischer Wilhelm *)

Fischer Willi *)

Fischer Willy
PS.: "de Ox" B.: Konstruktionsmechaniker, Profi-Boxer. FN.: c/o Hessen Box-Team. DA.: 65527 Niedernhausen, Pirolweg 7. G.: Frankfurt, 26. Aug. 1972. S.: Lehre z. Konstruktionsmechaniker. K.: boxt seit d. 12. Lebensj., 1989 u. 1990 Dt. Juniorenmeister, 1990 Junioreneuropameister, seit 1995 Profi.

Fischer Wolf-Dieter
B.: Geigenbaumeister, Gschf. FN.: Wolf-Dieter Fischer Geigenbaumeister GmbH. DA.: 81241 München, Pasinger Bahnhofspl. 4. G.: Ansbach, 14. Juli 1941. V.: Vera, geb. Norrenberg. Ki.: Bastian (1969), Jacob (1974), Lena (1976). El.: Dr. Harald u. Ruth. S.: 1957 Mittlere Reife München, 1957-61 Stud. Bereich Papierherstellung u. -verarb. Politechnikum München, 1961-65

Lehre an d. Staatl. Fachschule f. Geigenbau in Mittenwald m. Abschlussprüf. K.: 1965-69 Geigenbauer b. Hamma & Company, 1969 Meisterkurs an d. Staatl. Fachschule f. Geigenbau in Mittenwald m. Abschluss z. Geigenbaumeister, seit 1970 selbst. Geigenbaumeister in München-Pasing, Schwerpunkt Restauration u. Bogenbau. BL.: Lehrer für Trompe de Chasse (franz. Jagdhorn) in Deutschland u. Frankreich, Veranstalter v. Hubertusmessen, Konzerten u. Lehrgängen f. Jagdhorn. M.: Meisterprüf.-Ausch. f. Geigenbau d. Handwerkskam. München. H.: Jagdhornblasen, Jagd, Reiten u. Kutschenfahren.

Fischer Wolf-R. *)

Fischer Wolfdietrich Dr. Prof. *)

Fischer Wolfgang Dipl.-Ing.
B.: Ing. f. Wasserwirtschaft, Ndlg.-Ltr. FN.: Anton Müsing GmbH & Co KG. GT.: eingetragener Entwurfsverfasser u. Bauvorlageberechtigter in Niedersachsen u. Sachsen-Anhalt. DA.: 39126 Magdeburg, Klosterkamp 3. PA.: 29562 Suhlendorf, Hohe Luft 3. muesing-wolfgang.fischer@t-online.de. G.: Suhlendorf, 5. Mai 1958. V.: Sigrid, geb. Krause. Ki.: Sebastian (1981). El.: Werner Rudolf u. Lina, geb. Klein. BV.: Großvater Fischer war Gutsbesitzer in Schlesien. S.: 1978 Fachabitur in Oelzen, 1978-81 Stud. an d. FH Nord-Ost Niedersachsen, Fachbereich Wasserwirtschaft/Kulturtechnik m. Vertiefungsrichtung konstruktiver Wasserbau u. Abschluss als Dipl.-Ing. K.: 1981-84 Statiker u. Konstrukteur b. Firma Möllmann/Fertigteilwerk, 1984-88 Baultr. u. Kalkulator in Straßen- u. Tiefbauunternehmen EBSTRA im Epsdorf/Münster, 1989 Ltr. Aufbau d. Ndlg. d. EBSTRA in Sachsen-Anhalt, 1990-94 Ndlg.-Ltr. d. EBSTRA Bau-Aulosen GmbH in Aulosen, seit 1997 Baultr. b. Anton Müsing GmbH & Co KG, anschl. Ndlg.-Ltr. m. Sitz in Magdeburg, seit 199 Eröff. d. Ing.-Büros in Suhlendorf. E.: seit 1991ehrenamtl. Ltr. d. Jugendfeuerwehr in Suhlendorf. M.: VSVI Niedersachsen u. Sachsen-Anhalt, Ing.-Kam. Niedersachsen u. Sachsen-Anhalt. H.: Motorradfahren.

Fischer Wolfgang

B.: Grafik-Designer, Inh. FN.: Signa-Graphic Design Atelier Fischer. DA.: 06484 Quedlinburg, Schmale Straße 31. G.: Glauchau, 13. Mai 1951. V.: Veronika, geb. Senff. Ki.: Marcus (1979), Rhea (1979), Simon (1986. El.: Hans u. Maria, geb. Köhler. S.: 1969 Abschluß Betriebsmechaniker m. Abitur, 1969-71 Wehrdienst, 1971-74 Stud. Gebrauchsgrafik Fachschule f. angew. Kunst Heiligendamm. K.: 1974-76 Plakatmaler in Wohnungsbaukombinat Berlin, 1976-80 Grafiker u. wiss. Mitarb. d. Städt. Museen in Quedlinburg, 1980-89 Grafiker u. Werbltr. d. Städt. Bühnen in Quedlinburg, 1989-94 Grafiker im Theater Nordhausen, 1992 Eröff. d. Ateliers, 1997 Firmenbeteiligung: Mitbegründer d. CONVENT VERLAGES, Quedlinburg. M.: seit 1980 Verb. bild. Künstler, Bund bild. Künstler Halle. H.: klass. u. mod.Musik.

Fischer Wolfgang *)
Fischer Wolfgang Dipl.-Informatiker *)
Fischer Wolfgang Dr. med. dent.
B.: Zahnarzt, Ltr. FN.: Ladenburger Forum. DA.: 68526 Ladenburg, Mühlg. 7. G.: Leutershausen, 25. Dez. 1947. V.: Ute Fischer, geb. Krauth. Ki.: Sebastian (1975), Florian (1977). El.: Rudi u. Maria, geb. Scholl. BV.: Vater - ehem. Dir. d. Baugen. "Familienheim" in Mannheim. S.: 1966 Abitur Klosterschule St. Paulusheim, Bruchsal, 1967-68 Bundeswehr, 1969-74 Stud. Zahnmed. Univ. Heidelberg, 1974 Staatsexamen m. Ausz. K.: 1974 Ass. d. chir. Ambulanz u. prothet. Abt. an d. Univ.-Mund-Zahn- u. Kiefer-Klinik in Heidelberg, 1976 Prom., 1976-78 Ass. in freien Praxis, s. 1978 ndlg. Zahnarzt in Ladenburg Schwerp. Implantologie, ästhet. Zahnheilkunde u. Paradontologie, Fkt: s. 1993 Ref., Seminarltr. u. bundesweite Workshops f. ästhet. Zahnheilkunde, 1998 Eröff. zahnärztl. Fortbild.-Zentrum Ladenburger Forum mit. d. Ehefrau. BL.: Spez. f. ästhet. Seitenzahnrestaurierung, Entwickl. v. rotierenden Instrumenten u. d. Modellier-Sets "Emoriset". P.: zahlr. Publ. z. Thema ästhet. Zahnheilkunde. M.: Dt. Ges. f. Paradontologie, DGZMK, DGZI (Dt. Ges. f. zahnärztliche Implantologie), Rotary. H.: Musik, Ölmalerei, Beruf.

Fischer Wolfgang Dr. iur.
B.: Rechtsanwalt. FN.: Anwaltssozietät Strauch, Schuster u. Partner, Köln u. Leipzig. DA.: 04155 Leipzig, Prellerstr. 57. G.: Braunschweig, 5. Sept. 1951. K.: Julia (1995), Tara Luise (1998). S.: 1970 Abitur, 1970-72 Wehrdienst, 1972-77 Stud. Rechtswiss. Heidelberg, 1977-81 Referendar, 1981 2. Staatsexamen, 1981 Prom. K.: seit 1981 RA b. einer dt. Bank u. einer intern. Anw.-Kzl. in Frankfurt, 1987 Eintritt als Partner in d. Anw.-Sozietät Strauch, Pohl, Kersten, Lieser, seit 1990 Ltr. d. Büros Leipzig. M.: German Marshall Fund, Unternehmerbeirat Bundesverband mittelständische Wirtschaft, KV Leipzig, ehrenamtl. Gschf. Batuz Foundation gemein. Betriebs GmbH.

Fischer Wolfgang Dr.
B.: kfm. Gschf. FN.: n-tv Nachrichtenfernsehen GmbH & Co KG. DA.: 10117 Berlin, Taubenstr. 1. S.: Stud. BWL Würzburg u. Berlin. K.: Werksdir. im Unilever Konzern, Dir. Betriebswirtschaft b. Hapag Lloyd, Vorst. Finanzen d. Steigenberger Hotels AG, seit 1993 kfm. Gschf. v. n-tv. M.: Ruderclub. H.: Kultur, Konzerte, Theater, Rudern, Sport passiv.

Fischer Wolfgang Maximilian Dr. med. Prof. *)
Fischer Wolfgang Dr. *)
Fischer Wolfgang Erich Dipl.-oec.

B.: Ges. Geschäftsführer FN.: FPL Schiffsmakler GmbH, Sale & Purchase. DA.: 18057 Rostock, Feldstr. 64. G.: Wismar, 3. Juli 1950. V.: Regina. Ki.: Frank (1972), Jens (1974). El.: Erich u. Maria. S.: 1969 Abitur, 1969-71 Armeezeit, 1971-75 Stud. Betriebswirtschaft, Außenhandels-Wirtschaft mit Abschluss. K.: 1975-76 bei der Firma MTW, 1975-80 bei der Firma Baltica Außenhandelsvertretung, 1981-90 bei d. Schiffscommerz, seit 1990 selbständig, Grdg. der Firma Wolfgang Fischer Schiffsmaklerei GmbH, seit 1993 FPL Schiffsmakler GmbH. M.: 1976-89 SED. H.: Fahrradfahren, Lesen, Sport.

Fischer Wolfgang Karl August Dipl.-Ing.

B.: Architekt, selbständig. DA.: 61350 Bad Homburg, Usinger Weg 13. G.: Bad Homburg, 19. Nov. 1956. Ki.: Fabian (1985). BV.: Familie zurückverfolgbar b. ins 17. Jhdt. S.: 1972 Mittlere Reife, 1972-74 Fachabitur f. Bauwesen FOS Frankfurt, 1974-79 Studium Arch. FHS Frankfurt m. Abschluß Dipl.-Ing., 1983-84 Stud. Rechtswiss. K.: 1979-83 tätig in versch. Architekturbüros in Frankfurt, seit 1983 selbst. Architekt in Bad Homburg mit Schwerpunkt Wohnungs- u. Gewerbebau u. Sanierung v. Wohn- u. Bürogebäuden; Projekt: Moschee h. d. Türkisch-Islamische Union in Deutschland. P.: Berichte i. d. örtl. Presse u. in d. "Hessenschau" z. Bau d. Moschee. M.: Architektenkammer Hessen, VFA, CDU Bad Homburg (seit 1982), Mittelstandsvereinigung Hochtaunus u. ab 1993 Vorst. u. seit 2000 Vors., Sportfreunde Friedrichsdorf, Kolping-Familie, Porscheclub, Stadtverordneter, Vors. d. Bau- u. Planungsausschuß, stellv. Vors. d. CDU-Fraktion (2001). H.: Sport, Fußball, Motorsport, Motorradfahren, Skifahren.

Fischer Wolfram
Dr. phil. Dr. rer. pol. Dr. rer. pol. h.c. Prof.
B.: Historiker, Prof. FN.: FU Berlin. DA.: 14195 Berlin, Garystr. 20. G.: Weigelsdorf/Tannenberg, 9. Mai 1928. V.: Elisabeth, geb. Nungesser. Ki.: Wolfram (1957), Peter (1960), Elisabeth (1961), Susanne (1962). El.: Paul u. Johanna, geb. Pilz. S.: 1946 Abitur, 1947-51 Stud. Geschichte, Germanistik u. Phil. Heidelberg u. Tübingen, 1951 Dr. phil., 1951-54 Stud. Wirtschafts- u. Sozialwiss. als Stipendiat d. Studienstiftung d. Dt. Volkes in Tübingen, Göttingen, London u. Berlin, 1954 Dr. rer. pol. K.: 1954-58 wiss. Ass. TH Karlsruhe, 1958-61 wiss. Ref. Sozialforsch.-Stelle Univ. Münster, 1960 Habil., 1960-64 Priv.-Doz. u. WissR. Univ. Münster, seit 1964 o.Prof. FU Berlin. P.: zahlr. Publ., Vorträge, Bücher u.a. Die Bildungswelt d. dt. Handwerkers um 1800 (1955), Der Staat u. d. Anfänge d. Industrialisierung in Baden (1962), Wirtschaft u. Ges. im Zeitalter d. Industrialisierung (1972), Expansion, Integration, Globalisierung (1998), Hrsg. v. ca. 30 Büchern. E.: 1997 Dr. rer. pol. h.c. (Humboldt-Univ.). M.: 1966-96 Vorst.-Mtgl. d. Histor. Kmsn. zu Berlin, 1973 Mitbegründer u. Vors. d. Berliner Wiss. Ges., Grdg.-Aussch. f. eine Berliner Ak. d. Wiss., 1990-96 Vors. d. Histor. Kmsn. zu Berlin, Grdgs.-Mtgl. Berlin-Brandenburg. Ak. d. Wiss. Ak. Europaea, American Philosophical Society.

Fischer Wulf-R. Prof. *)

Fischer-Appelt Andreas *)

Fischer-Appelt Peter
Dr. theol. Dr. h.c. mult. Prof. *)

Fischer-Bothof Ernst Dr. phil. rer. nat. *)

Fischer-Defoy Christine Dr. rer. pol. *)

*) Biographie www.whoiswho-verlag.ch oder beigefügte CD-ROM

Fischer-Dieskau Dietrich Dr. h.c.
B.: Kammersänger. PA.: 14050 Berlin, Lindenallee 22. G.: Berlin, 28. Mai 1925. V.: Julia, geb. Varady. Ki.: Mathias, Martin, Manuel. El.: Dr. Albert u. Dora. S.: 1943 Abitur, Gesangsausbild. Berlin, K.: Staatsoper Wien u. München, Auslandsgastspiele u. Konzertabende, Bayreuther, Sbg., Edinburgher Festsp., 1981 Prof. f. Gesang a. d. Musikhochschule Berlin. P.: Texte Dt. Lieder (1968), Auf d. Spuren d. Schubert-Lieder. Werden, Wesen, Wirkung (1972), Robert Schumann. Wort u. Ton (1982), Nachklang. Ansichten u. Erinnerungen (1987). E.: 1950 Musikpr. Stadt Berlin, 1955 u. 1966 Ital. Musikpr., mehrmals Gr. Schallplattenpr. Acad. Paris, 1973 u. 1978 Grammy-Pr., 1963 Mozart-Med., 1970 Electrola-Ehrenring, 1958 BVK I. Kl., 1959 Bayer., 1963 Berliner Kammers., 1978 Dr. h.c. Musik Univ. Oxford, 1979 Rückert-Pr. Schweinfurt, 1980 Dr. h.c. Sorbonne Paris u. Univ. Yale, Ernst-v.-Siemens-Musikpr., 1981 Ehrenpräs. Rudolf-Kemper-Ges., 1985 Mtgl. Bayer. Maximiliansorden, 1986 Gr. BVK u. Dt. Schallplattenpr., Goldmed. d. Brit. Royal Philharm. Soc., 2000 Ehrenbürger v. Berlin, 2001 Grammy. H.: Basteln, Schallplatten, Malen.

Fischer-Ehrenreich Brigitte Hannelore

B.: Heilpraktikerin. DA.: 76530 Baden-Baden, Langestr. 116. G.: Kenzingen, 13. Juni 1951. V.: 1. Ehe - Benedikt Ed. Ehrenreich, 2. Ehe - Georg Dennis Fischer. Ki.: Martina (1969). El.: Erich R. u. Anneliese Oehme, geb. Herr. S.: 1967 Mittlere Reife, 1967-68 Ausbild. Bürokfm. EKZ Mittelbaden. K.: 1969 Stenokontoristin in der Werbeagentur Pfisterer, 1969-71 Ang. im Bgm.-Amt in Steinbach, 1971 Sachbearbeiterin in d. Bundesanstalt f. Arbeit Nürnberg, 1984 Dipl. Verwaltungswirtin - weiterhin beschäftigt bei d. Bundesanstalt f. Arbeit Nürnberg, 1991-93 Ausbild. an d. Fachschule f. Naturheilverfahren in Karlsruhe, 1993 Grdg. Institut Cybalion - besteht bis heute, 1994 Ausbild. am Inst. f. angew. Psych. in München, 1994 Praktikum an d. Hochgrat-Klinik Wolfried, 1995 Heilpraktikerprüf., 1996 Ausbild. in klass. Homöopathie, versch. Weiterbild. in schmerztherapie, degenerative Erkrankungen, Vorsorge u. Schadenbegrenzung, 1997 Eröff. d. Praxis m. Schwerpunkt Hypnose, manuelle Therapie u. Stoffwechselrevitalisierung. M.: Fachverb. Dt. Heilpraktiker, Therapeutin Touch Association. H.: Energiemedizin, Forschung im Gehirnwellenbereich.

Fischer-Elfert Hans-Werner Dr. Prof.

B.: gschf. Dir. FN.: Ägyptolog. Inst.; Ägyptologisches Museum. DA.: 04109 Leipzig, Schillerstraße 6. V.: Pia Elfert. Ki.: Helen (1994). BV.: Großvater Heinrich Hagen - Förderer d. eigenen Interessen. S.: 1974 Abitur, 1975-76 Wehrdienst -Feldartillerie, 1976-79 Stud. Ägyptologie Universität Hamburg, 1979-80 Stud. Tübingen u. b. 1982 Univ. Hamburg, 1982 Mag. K.: 1982-85 wiss. Mitarb. d. Univ. Hamburg, 1985 Prom., 1985 Lehrauftrag f. Ägyptologie an d. Univ. Hamburg, 1986-87 Lehrauftrag an d. Univ. Ruprecht-Karl in Heidelberg, 1987-89 wiss. Mitarb. b. Verzeichnis d. oriental. Handschriften in Deutschland in Hamburg, 1989-95 wiss. Ass. an d. Univ. Würzburg, 1996 Vorlesungen über Ägyptologie an d. Univ. in Paris, 1997-98 Forsch.-Stipendium d. Dt. Forsch.-Ges. in Würzburg z. Thema "Über Außenseiter u. Randgruppen im alten Ägypten", 1998-99 Lehrstuhlvertretung an d. Univ. Heidelberg, seit 1999 gschf. Dir. d. Ägypt. Inst. u. d. Ägyptolog. Museums in Leipzig. P.: Habil.: "Die Lehre eines Mannes f. seinen Sohn-Eine Etappe auf d. Gottesweg u. loyalen u. solidar. Beamten d. mittleren Reiches", "Die Vision v. d. Statue im Stein - Studien z. altägypt. Mundöffnungsritual", Mithrsg. d. ägyptolog. Fachzeitschrift "Zeitschrift f. ägypt. Sprache u. Altertumskunde". M.: Egyptian Exploration Society in London. H.: Radfahren, Jazz, Literatur.

Fischer-Engert Jürgen *)

Fischer-Fabian Florian
B.: Redakteur, Moderator, Producer. FN.: ProSieben Sat 1 Media AG. DA.: 85774 Unterföhring. info@ProSiebenSat1.de. www.prosiebensat1.de. G.: 21. Mai 1957. K.: 1977-79 Volontariat b. "Garmisch-Partenkirchner Tagblatt" u. b. "Münchner Merkur", 1979-80 Redakteur b. "Münchner Merkur", 1980-84 Autor u. Gschf. d. Medienagentur "FIBApress", freier Autor u. Producer f. div. Zeitungen u. Magazine, u.a. f. "Bild und Funk", "Quick", "Bunte", "Journal für die Frau", "Petra" u. d. "Münchner Abendzeitung", 1984 Moderator d. Stadtmagazins "Stachus am Mittag", Produktion d. Medienagesellschaft Bayerischer Tageszeitungen, 1984 Redakteur u. Moderator f. d. "Bunte Talkshow" b. SAT 1, Producer f. "PanTV" u. d. Ges. f. Wirtschaftsfernsehen d. Holtzbrinck-Verlags, 1986 Moderator d. Magazins "Videothek", 1987 Anchorman d. "Telebörse" b. SAT 1, 1989-92 Konzeption u. Moderation b. SAT 1 v. "Telethema Wirtschaft", "Teletip Test", "Teletip Markt" u. "Topics", 1992-98 Aufbau u. später Ltg. d. "ntv"-Wirtschaftsredaktion in Frankfurt u. Liveberichterstattung v. d. Frankfurter Wertpapierbörse, seit 1998 Anchorman d. "ProSieben Nachrichten". (Re) E.: 1989 Goldene Kamera. (Re)

Fischer-Fabian Siegfried Dr. phil.
B.: Schriftsteller. PA.: 82335 Berg, Am Sonnenhof 21. G.: Bad Elmen, 22. Sep. 1922. V.: Ursula, geb. Pauling (Großnichte d. zweifachen amerik. Nobelpreisträgers Linus Pauling). Ki.: Thomas (1955), Florian (1957). El.: Hermann u. Helene Fischer, geb. Großpietsch. S.: Stud. Germanistik, Geschichte, Kunstgeschichte u. Theaterwiss. HU u. FU Berlin u. Heidelberg, Prom. an d. FU Berlin zum Thema: "Das Theater Ibsens u. Hauptmanns u. die deutsche Zeitschriftenpresse". K.: Journalist. Mitarb. Presse u. Rundfunk, Theaterkritik "Schweizer Monatshefte". P.: "Die ersten Deutschen - Der Bericht über d. rätselhafte Volk d. Germanen" (1975), "Herrliche Zeiten - Die Deutschen u. ihr Kaiserreich" (1983), "Die Macht d. Gewissens - Von Sokrates b. Sophie Scholl" (1987), "Um Gott u. Gold - Columbus entdeckt eine neue Welt" (1991), "Alexander d. Große - Der Traum v. Frieden d. Völker" (1994), "Karl der Große - Der erste Europäer" (1999), Beiträge in Festschriften "Prinz Louis Ferdinand" (1982) u. "Dietrich Fischer-Dieskau" (1985), Publ. über Dr. Fischer-Fabian: "Sein Weg" (1982), "Die Auflagen-Millionäre" (1988). E.: Christophorus-Preis d. HUK-Verb. H.: Theater, Musik, Gartenarbeit, Radfahren.

Fischer-Fackelmann Ruth *)

Fischer-Feldsee Verena *)

Fischer-Fels Titus *)

Fischer-Kießkalt Carmen
B.: Friseurmeisterin. FN.: L'Image Friseur-Cosmetic. DA.: 92224 Amberg, Marienstr. 8. G.: Kohlberg, 20. Juli 1962. V.: Jörg Kießkalt. El.: Max u. Brigitte Fischer. S.: 1977-80 Lehre als Friseurin in Weiden. K.: 1980-83 Tätigkeit b. Josef Frey Friseurbetrieb in Weiden, 1983 Meisterprüf. in Weiden, 1983

*) Biographie www.whoiswho-verlag.ch oder beigefügte CD-ROM

selbst. m. Salon Carmen am Paradeplatz in Amberg, 1986-88 nebenberufl. f. Firma Schwarzkopf im Fachteam gearb., 1991 Umzug m. Gschäft in d. Hauptstraße nach Hahnbach Landkreis Amberg, Umbenennung in L'Image Friseur, seit 1994 Obermeisterin d. Friseurinnung Amberg, 1996 wieder nach Amberg gezogen u. in d. Marienstraße wieder Geschäftseröff. v. L'Image Friseur-Cosmetic, 1998 Ausbild. z. Kosmetikerin in Pforzheim b. d. Firma Biosthetique, Abschluss m. Dipl.-Kosmetikerin. M.: Friseurinnung Amberg, Teamltr. d. Stadtgruppe Biostheque, ehrenamtl. Schöffin b. Sozialgericht Regensburg. H.: Alpin-Skifahren, Segeln (besitzt Segelschein), Kochen.

Fischer-Kupfer Marianne
B.: Sängerin, Gesangspädagogin. FN.: c/o Komische Oper Berlin. DA.: 10117 Berlin, Behrenstr. 55-57. G.: Chemnitz, 17. Mai 1922. V.: Int. Prof. Harry Kupfer. Ki.: Kristiane. El.: Willy u. Elsa Fischer, geb. Freyer. S.: Allg. Schulbild., private Gesangsstunden i. Chemnitz. K.: Engagements: 1950-55 Staatsoper Dresden, 1955-60 Staatsoper Berlin, 1960-67 freischaff. Sängerin in Oper, Konzert u. Oratorien, Auftritte Deutschland, Schweiz, Holland, Frankreich, Mongolei u. UdSSR, seit 1967 Prof. u. hauptamtl. Lehrtätigkeit als Gesangspädagogin, Doz., 1967-72 Musik-HS Weimar, 1972-81 Musik-HS Dresden, seit 1981 Komische Oper Berlin. M.: Schweizer Willy Burghard Ges., Intern. Heinrich Schütz-Ges. H.: Beruf.

Fischer-Liche Erika Dr. Prof.
B.: Univ.-Prof. FN.: FU Berlin. DA.: 12165 Berlin, Grunewaldstr. 35. PA.: 14195 Berlin, Königin-Luise-Straße 67a G.: Hamburg, 25. Juni 1943. V.: Fischer Bernd J.M. Ki.: Eugen J.D. El.: Lichte Walter u. Erika. S.: 1963 Abitur, Stud. Freie Univ. Berlin, 1969 1. Staatsprüf. K.: 1971 Studienreferendarin f. d. Lehramt a. Gymn. in Hamburg, 1972 2. Staatsexamen, 1972 StR. z.A. in Hamburg, 1972 Prom. z. Dr. phil. an d. FU Berlin, 1973 Prof. f. Neuere dt. Literatur an d. Johann Wolfgang Goethe-Univ. Frankfurt, 1978 gschf. Dir. d. Inst. f. Dt. Sprache u. Literatur I, 1985 Gastprof. an d. Indiana Univ. Bloomington, 1986 Lehrstuhl f. Allg. u. Vergl. Literaturwiss. an d. Univ. Bayreuth, 1990 Lehrstuhl f. Theaterwiss. Univ. Mainz, 1996 Lehrstuhl f. Theaterwiss. FU Berlin. P.: zahlr. Publ. z. Ästhetik, Theorie u. Geschichte v. Theater (ca. 23 Bücher, 130 Aufsätze). M.: 1991-96 Präs. d. Ges. f. Theaterwiss. e.V., 1995-99 Präs. d. Int. Fed. of Theatre Research, ab 1999 Mtgl. d. Wiss.Rats, ab 1995 Mtgl. d. Acad. Europaea, ab 1998 Mtgl. d. Göttinger Akad. d. Wiss. H.: Literatur, Theater.

Fischer-Ludolph Karin *)

Fischer-Reinhardt Thea *)

Fischer-Reska Hannelore *)

Fischer-Sturm Monika*)

Fischer-Tscheike Dagmar
B.: Gschf. Ges. FN.: Wickels Papierveredelungs-Werke, Buntpapierfabrik GmbH. DA.: 90763 Fürth, Jahnstr. 34-36. www.wickels.de. G.: Nürnberg, 20. Apr. 1941. V.: Alfred Fischer. Ki.: Isabel Julia (1974). S.: Wirtschaftsschule Fürth. K.: 1958 Eintritt in d. elterl. Firma: Wickels Metallpapier-Werke KG in Fürth, 1962 Eintritt als Kommanditistin in d. Gesellschaft, 1967 Einzelprokura, seit 1974 gschf. Ges. d. Wickels Metallpapier-Werke, Buntfabrik GmbH, seit 1985 gschf. Alleinges. d. WMW VERWALTUNGS GMBH, 1992 Änderung d. Firmennamens in: Wickels Papierveredelungs-Werke Buntpapierfabrik GmbH. E.: Handelsrichterin am Landgericht Nürnberg-Fürth, Mtgl. d. Vollversammlung d. Industrie- u. Handelskammer Nürnberg, Gewähltes Mtgl. im Ausschuß d. Industrie- u. Handelsgremiums Fürth. H.: klass. Musik, Literatur, Reisen.

Fischhaber Herbert *)

Fischinger Peter *)

Fischl Fritz *)

Fischler Franz-Heinrich
B.: Caritasdirektor. FN.: Caritasverband für das Erzbistum Berlin e.V. DA.: 10715 Berlin, Tübinger Str. 5. f.fischler@caritas-bistum-berlin.de. G.: Merschwitz/Bez. Dresden, 23. März 1947. V.: Lydia, geb. Seewald. El.: Bruno u. Maria, geb. Heineke. S.: 1969 Abitur, 1964-66 Ausbildung z. Bundesbahnassistenten, 1969-75 Stud. VWL an d. FU Berlin. K.: 1975-82 wiss. Ass. f. politische Jugendbildung St. Jakobshaus, Akademie u. Bildungsstätte d. Diözese Hildesheim in Goslar, 1982-85 gschf. pädagogischer Ltr. d. Niedersächsischen Landesverbandes d. Heimvolkshochschulen in Hannover, 1986-93 Caritasdirektor d. Caritasverbandes Bremen e.V., seit 1993 Caritasdirektor d. Caritasverbandes f. d. Erzbistum Berlin e.V. H.: Fussball, Literatur.

Fischötter Birgit *)

von Fisenne Erika *)

Fisher Robert *)

Fislage Josef Dipl.-Ing. *)

Fislake Heribert Dr. *)

Fissenebert Herbert *)

Fissenewert Klaus Dipl.-Kfm. *)

Fissenewert Michael Dr. med. *)

Fissenewert Peter Dr.
B.: RA. FN.: SEUFERT Rechtsanwälte Berlin Fissenewert. GT.: 1995-98 Bez.-Verordneter in Neukölln u. Fraktionsvors., seit 1996 beratender Volks- u. Betriebswirt im Bundesverb. d. Wirtschaftsberater. DA.: 10789 Berlin, Rankestr. 34. fissenwert@seufert-law.de. G.: Gütersloh, 20. Okt. 1961. V.: Jeanine, geb. Borchers. Ki.: Alexander Wilhelm (1996), Antonia (1998). El.: Wilhelm u. Else, geb. Richert. S.: 1983 Abitur, 1983-89 Stud. Rechtswiss. Göttingen, Ass. am Lehrstuhl Bürgerl. Recht - 1. Staatsexamen, 1993 Prom. K.: 1989-91 Referendariat in Berlin, 1991 Sprecher d. Innensenators, 1992 Ass. d. Geschäftsführung z. Bewerbung um d. Olymp. Spiele, 1993-94 Gschf. in einem mittelständischen Unternehmen, seit 1995 selbst. RA in Berlin, seit 2001 Partner bei Seufert Rechtsanwälte Notare Berlin. P.: 1998 Beraterhandbuch f. Euro, versch. Art. zu Steuerrecht u. Euro in Fachzeitschriften u. Vortragstätigkeit f. Unternehmer. M.: Bundesverb. mittelständischer Unternehmen, Expertenring, Anwaltsvereinigungen. H.: Sport, Lesen, Familie.

Fissl Günter
B.: Dipl.-Ökonom, selbst. Unternehmensberater. FN.: Fissl Partnerschaft Consulting u. Training. DA.: 70569 Stuttgart, Bogenstr. 29E. fip@fissl.de. G.: Chodau, 1941. V.: Dr. Marianne Tümpen. Ki.: Dirk, Daniel. S.: Mittlere Reife, Ausbild. z. Ind.-Kfm., FH Mönchengladbach, Dipl.-Bw., Gesamt-HS Duisburg, Dipl.-Ökonom. K.: Softwareentwickl./Vorstandsassistent Metallges. AG Frankfurt, Kfm. Gschf. Kamax Werke Alsfeld, Daimler-Benz-

*) Biographie www.whoiswho-verlag.ch oder beigefügte CD-ROM

Konzern: Hauptabt.-Ltr. MTU Friedrichshafen, Gschf. debis Systemhaus MEB Stuttgart, Kfm. Ltr. ITF Intertraffic München, 1995 selbst. Beratender Betriebswirt und Trainer. BL.: Mtgl. Controller-Ver. Arbeitskreis Südwest, freier Doz. Univ. Stuttgart, Augsburg, FH Reutlingen, Pilotenlizenz CPL, IFR. M.: Vorst. im Aero-Club Stuttgart. H.: Segeln, Motorflug, Skifahren, Tennis.

Fissler Jürgen Dr.-Ing. *)

Fissler Wolfgang *)

Fistl Ulla
B.: Verkäuferin, Inh. FN.: Dürerhaus-Erich Kühl. DA.: 99084 Erfurt, Schlösserstr. 38. G.: Ohrdruf, 23. Aug. 1941. V.: Dipl.-Bw. Michael Fistl. Ki.: Heike (1963), Hauke (1965). El.: Max u. Charlotte Graf, geb. Hofmann. BV.: väterlicherseits: Großvater Arno Graf (verst. 1974) Malermeister, Großmutter Luise Graf, geb. Lucas (verst. 1947), mütterlicherseits: Großvater Lehrer, Großmutter Hedwig Hofmann, geb. Köhler. S.: 1956-58 Lehre Verkäuferin im Dürerhaus Erfurt. K.: 1958 Mitarb. "Bunte Stube" Ahrenshoop, 1958-59 Mitarb. Geschäftseröff. "Der Demokrat - Druck- u. Kunsthandwerk" Rostock, 1959 Mitarb. "Bunte Stube" Ahrenshoop, 1960-62 Mitarb. Werkstatt Artur Beyer - Schmuckemaille, 1964 Übernahme als Kommissionshändlerin Dürerhauses Erfurt, Neuwerkstraße, gemeinsam m. Ehemann, Schwerpunkte: Handweberei Kurt Reichardt, Pergamentbuchbindearb., handgewebte Stoffe, 1988 Umzug d. Geschäftes in Schlösserstraße, 1990 selbst. Weiterführung, Schwerpunkte: Bürgeler Keramik, Thüringer Keramik, Körting-Keramikwerkstätten Dornburg, Erzgebirg. Holzfiguren, Zinn, Schmucksilber, Puppen, Blau- u. Siebdruck. H.: Kultur, Ausstellungsbesuche, Ausgleichssport, Keramikwerkstatt d. Ehemannes (Freibrandkeramik/Salzglasur).

Fitschen Hans-Heinrich Dipl.-Ing.

B.: freischaff. DA.: 29223 Celle, Albert-Schweitzer-Str. 72. G.: Bremervörde, 20. Juni 1940. V.: Meta, geb. Sticht. Ki.: Staatsanwältin Anke (1962), Dipl.-Ing Architektin Vera (1963). S.: 1964 FHS-Abschluß Innenarch. Dipl.-Ing. in Hildesheim. K.: 1964-79 Prok. Innenausbauunternehmen m. Großhdls. u. Planungsabt. in Celle, 1979 freischaff. tätig im Bereich d. Innenarch., d. Arch., d. Projektltg. sowie f. Projekt u. Facility Management, Gutachten f. Räume u. Gebäude in Celle u. auch heute dort tätig; mehrj. Ausbildung im kaufmännischen u. organisatorischen Bereich in Ak. f. Führungskräfte d. Wirtschaft Bad Harzburg, b. d. unterschiedl. Arch.-Kam. d. Länder u. d. Berufsverb. M.: Arch.-Kam., BDIA, Yacht Club Celle, Tanzclub WB Celle, div. schießsportl. Ver. H.: Hochseesegeln, Schießsport, Tanzsport, Musik, Literatur.

Fitschen Monika *)

Fitscher Dieter Dipl.-Ing. *)

Fitting Alwin
B.: Vorst. FN.: RWE Power AG. DA.: 45128 Essen Huyssenallee 2. G.: Westhofen, 12. März 1953. S.: 1971 Ausbld. Elektroinstallateur. K.: 1974 Schichtelektriker RWE Kraftwerk Biblis, 1975 Instandhaltungselektriker, 1977 Meisterprüf. Elektroinstallateur, 1991 Instandhaltungstechniker, 1992 Sachbearbeiter Technik, 1994 Betriebsratvors. Kraftwerk Biblis, 1996-2000 Gesamtbetriebsratvors., s. 10/2000 Vorst. Personal RWE Power AG.

Fitting Wilfried Dr. med. Prof. *)

Fittkau Gerhard Dr. Prof. *)

Fittkau Ulrich Dr.

B.: Apotheker, Inh. FN.: Löwen Apotheke. DA.: 40882 Ratingen, Eisenhüttenstr. 2. G.: Düsseldorf, 4. Feb. 1947. V.: Monika, geb. Tombergs. Ki.: Felix, Lilli. El.: Anton u. Katharina, geb. Altenwerth. S.: 1967 Abitur Düsseldorf, 1973 Staatsexamen, 1978 Prom. Univ. Bonn. K.: 1979-85 selbst. mit Christoph Apotheke in Köln, 1982-84 Lehrtätigkeit Rhein Akad. Köln, seit 1985 selbst.m. Löwen Apotheke. P.: Vorträge in Ratingen. H.: Sport (Langlauf).

Fittschen Dierk
B.: Min.-Dirigent a. D., vormals Mtgl. d. Niedersächs. Landesrechnungshofs. PA.: 21339 Lüneburg, Vor dem Bardowicker Tore 7. G.: Salzhausen, 22. März 1934. V.: Rosemarie, geb. Kind. Ki.: Sandra (1960), Penelope (1962), Arp (1968), Nausikaa (1971). El.: Dipl.-Ldw. Ludwig u. Hanna, geb. Jaeger. S.: 1954 Abitur, Jurastud. Tübingen, Berlin u. Hamburg. K.: Referendariat in Medingen, Lüneburg, Uelzen, Speyer, München, Berlin u. Celle, 1963 2. Jur. Staatsexamen, wiss. Ass. HS f. Verw.-Wiss. Speyer, 1 J. LK Harburg Winsen-Luhe, 1 J. Bez.-Reg. Lüneburg, seit 1967 b. Niedersächs. Landesrechnungshof, zunächst Prüf.-Bmtr., seit 1973 Mtgl. f. d. Tiefbaubereich, seit 1978 f. d. gesamten Bild.-Bereich verantwortl. P.: Veröff. in Fachzeitschriften. E.: Ehrenvors. d. Familienverbandes Fit(t)schen. M.: 1986-97 Vors. d. Arbeitskreises "HS u. Forsch.-Einrichtungen" d. Rechnungshöfe d. Bundes u. d. Länder, Redaktioneller BeiR. d. Niedersächs. Verw.-Blätter. H.: Wandern, Schwimmen, Gartenarbeit, klass. Musik, Lesen, Kunst.

Fittschen Klaus Dr. phil. Prof. *)

Fitz Erich *)

Fitz Hubertus *)

Fitz Karl-Heinz
B.: RA. FN.: Rechtsanwälte Fitz & Kollegen. GT.: Schulungstätigkeit im öffentl. Dienst u. b. Bildungsträgern f. Verwaltung, Handel u. Bürgerrecht. DA.: 08060 Zwickau, Marienthaler Str. 1. www.rechtsanwalt-fitz.de. G.: Gunzenhausen, 11. Okt. 1961. V.: Angelika. Ki.: Jonas (1992), Franziska (1996). El.: Bruno u. Liselotte. S.: 1981 Abitur Gunzenhausen, 1981-82 Bundeswehr, 1982-88 Stud. Rechtswiss. Julius-Maximilian-Univ.

Fitz Konrad Maximilian *)

Würzburg, 1988 1. Jur. Staatsexamen, 1988-91 Referendariat im OLG Bez. Nürnberg, 1990 Stud. Verwaltungsrecht an d. HS Speyer, 1991 2. Jur. Staatsex.. K.: 1991 ang. RA, s. 1992 eigene Kzl. in Zwickau m. Beratungsaufgaben im Vermögensamt, weitere Kzl. in Gunzenhausen, Tätigkeitsschwerpunkte Bau-, Vertrags-, Erb-, Verwaltungs-, Gesellschafts-, Arzthaftungs- u. Ausländerrecht. BL.: geprüfter Verbandsskilehrer alpin. H.: Sport, Marathonläufer.

Fitz Lisa

B.: Schauspielerin, Kabarettistin. PA.: 84332 Hebertsfelden, PF 33. G.: 15. Sept. 1951. V.: Giovanni Rodriguez Gonzales Ki.: Nepomuk. El.: Walter u. Molly. S.: Gymn., Schauspielschule, Musikstud. K.: 1972 bundesweite Popularität als Moderatorin d. Bayr. Hitparade, mehrere LP m. eigenen Songs u. Texten, Theater, FS-Filme, eigenes Soloprogramm "Die Heilige Hur". P.: mehrere LP, Songs "I bin blöd", "Mein Mann ist Perser". E.: 1985 Schwabinger Kunstpreis, 1987 Ludwig-Thoma-Med. H.: Spazierengehen, Sport, Lesen.

Fitz Peter

B.: Schauspieler. FN.: c/o Agentur Carola Studlar. DA.: 80798 München, Agnesstr. 47 G.: Kaiserslautern, 8. Aug. 1931. K.: Debüt an d. Städt. Bühnen Mainz, Engagements u.a. in Schleswig, Rendsburg, Osnabrück, Hamburg u. Berlin, 1982 Grdg. d. Zweiergruppe "rent-a-face" mit Schauspielerkollegen Otto Sander, Auszug a. d. Filmographie: Der Mann im Pyjama (1981), Die Wannseekonferenz (1984), Zápas Tygru (1986), Tatort - Winterschach, Chimären - Fiktion und Wirklichkeit, Wilder Westen inklusive (1988), Dr. M (1989), All out (1990), Wer hat Angst vor Rot Gelb Blau (1990), Alles Lüge (1991), Ich und Christine (1992), Auf eigene Gefahr (1993), Alles ausser Mord: Der Name der Nelke, Beim nächsten Kuss knall ich ihn nieder (1994), Zu treuen Händen (1995), Ein Mord für Quandt - Blaues Blut, Felix - Ein Freund fürs Leben (1996), Der Laden, Geisterjäger John Sinclair - Die Dämonenhochzeit, Null Risiko und reich, Dunkel (1998), "Tatort-Tödliche Freundschaft" (1999), "Werckmeisters Harmonies" (1999/2000), "Deutschlandspiel" (2000), "Bronski & Bernstein" (2000/2001). E.: "Schauspieler des Jahres", 1980, 1983 und 1996 "Bester Europäischer Schauspieler": "Crystal Star" des internationalen Filmfestivals in Brüssel.

Fitza Beate

B.: FA f. Allg.-Med., selbständig. DA.: 45130 Essen, Rüttenscheider Str. 83. G.: Frankfurt/Main, 27. Mai 1960. El.: Erich Fitza u. Lore, geb. Stollenberk. BV.: Onkel Maler u. Bildhauer in Breslau. S.: 1980 Abitur, 1980-87 Studium d. Med. Essen. K.: 1987-90 wissenschaftliche Mitarbeiterin am Institut f. Pathologie, 1990-92 Ass.-Ärztin am Elisabeth KH in Essen, 1992-93 Ärztin in d. chirurgischen Abteilung der Hyussen Stiftung, 1993 Eröffnung d. eigenen Praxis f. Allg.-Med.; Funktion: seit 1993 med. Betreuung einer Wachkomastation in d. Kaiser Otto Residenz. P.: Veröff. in Fachzeitschriften. H.: Reisen in arabische Länder, Malen, Zeichnen.

Fitza Christian Dipl.-Vw. *)

Fitze Eva-Maria

B.: Profi-Eiskunstläuferin, Schülerin. FN.: c/o Dt. Eislauf-Union. DA.: 81247 München, Betzenweg 34. G.: Dachau, 10. Mai 1982. El.: Magdalena u. Jürgen Fitze. K.: größte sportl. Erfolge: DM: 1994/1. (Junioren), 1995/6., 1996/verletzt, 1997/1., 1998/2., 1999/1., EM: 1997/7., 1999/12., Junioren WM: 1995/17., 1996/ 14., WM 1997/10., Intern. Wettbewerbe: Nebelhorn Trophy 1995/1., 1996/1., Pokal d. Blauen Schwerter 1995/4., 1996/5., Gardena Spring Trophy 1996/3., Finlandia Trophy 1996/5., 1998/ 4., Karl-Schäfer Memorial 1997/8., Sparkassen Cup on Ice 1997/ 8., 1998/8., Trophée Lalique 1997/8., Heiko-Fischer-Pokal 1998/ 1., NHK-Trophy 1998/1., 1999 DM/1. H.: Tanzen, Musik, Kochen, Aerobic, Tennis.

Fitzek Sebastian Dr. jur. *)

Fitzek Sigurd *)

Fitzel Ingo *)

Fitzke Manfred

B.: Generalagent, Unternehmer. FN.: ARAG-Versicherung. DA.: 02994 Bernsdorf, Dresdner Str. 10. PA.: 01917 Kamenz, Blücherstr. 3. G.: Pülfringen/Tauber-Bischofsheim, 20. Juni 1945. V.: Bärbel, geb. Snelinski. Ki.: Mareen (1971), Kristina (1980). El.: Ernst u. Apollonia. S.: 1964-66 Lehre als Maschinenbauer, 1966-67 Wehrdienst, 1967-70 Offiziersschule, Ausbildung z. Flugzeugingenieur, 1970 Ernennung z. Offizier. K.: 1970-90 tätig als Flugzeugingenieur u. Offizier im Stabsdienst, 1980-83 Stud. Jura, 1990-91 Lokführer b. d. DR, seit 1991 selbständig als Versicherungsvermittler b. d. ARAG, 1995 Eröff. d. Versicherungsbüros in Kamenz u. 2001 in Bernsdorf. H.: Fliegen.

Fitzlaff Gerhard *)

Fitzner Holger Kurt Wilhelm Dr.

B.: Zahnarzt. DA.: 12487 Berlin, Königsheideweg 287. PA.: 12487 Berlin, Königsheideweg 284. G.: Berlin, 5. Sep. 1951. Ki.: Eiko u. Erik (1974), Florian u. Till (1984). El.: Dr. med. dent. Hartmut u. Marianne, geb. Bourdos. BV.: Wilhelm Fitzner Reg.-Präs. v. Frankfurt/Oder in der Weimarer Rep., KZ-Insasse, Nachkriegs-Sozialdemokrat, Min. f. Verkehr in d. SBZ. S.: 1958-70 Abitur mit Berufsausbild. (Krankenpfleger), 1970-72 NVA, 1972-77 Stud. Zahnmed. an d. Humboldt-Univ. Berlin, Examen u. Approb., 1980 Prom. z. Dr. med. dent., 1981 Anerkennung als Fachzahnarzt f. Allg. Stomatologie. K.: 1977-81 Pflichtass., b. 1983 wiss. Mitarb. im Bereich Medizin d. Humboldt-Univ. zu Berlin, Ltr. eines histologischen Labors d. Poliklinik f. Konservierende Stomatologie (Forsch.), 1983-84 Vertretung in versch. staatl. Zahnarztpraxen i. Berliner-Bez. Treptow, 1984-89 Betriebszahnarzt i. Berliner Metallhütten- u. Halbzeuggewerk, 1989 Grdg. eines Ärztehauses u. Tätigkeit hier in eigener Zahnarztpraxis ab 1990, 1998 eigene Zahnarztpraxis an d. jetzigen Adresse, 2001 Gemeinschaftspraxis m. Sohn Erik. M.: Implantolog. Ges. H.: Sport (Tennis, Segeln).

*) Biographie www.whoiswho-verlag.ch oder beigefügte CD-ROM

Fitzner Uwe Dr. iur. Dr. Ing. *)

Fitzthum Gernot Dr. med.
B.: FA f. Orthopädie, Inh. DA.: 01445 Radebeul, Hauptstr. 32. PA.: 01445 Radebeul, Altwahnsdorf 64. G.: Dresden, 31. Okt. 1957. Ki.: Albrecht (1982), Katharina (1986), Mirjam (1998), Rahel (2001). El.: Heinz u. Ingeborg. S.: 1976 Abitur Dresden, 1979 Med.-Stud. Martin Luther-Univ. Halle, 1981 Wechsel z. Med. Ak. Dresden, 1985 Abschluß als Dipl.-Med., 1976-79 Armeezeit. K.: 1986-93 Ass. an d. Orthopäd. Klinik Dresden, 1988 Prom., 1988 FA f. Orthopädie in Dresden, 1993 ndlg. Orthopäde in Radebeul. M.: Berufsverb. d. Orthopäden, Alpenver., Landesjugendverband Sachsen. H.: Alpinistik, Skifahren, Malen, Tennis, Jagd.

Fix Herbert Dipl. Ing.
B.: Dir. PA.: 80805 München, Germaniastr. 33. G.: Landau, 30. Dez. 1918. V.: Karoline. El.: Jakob u. Katharina. S.: 1937 Abitur, Stud. Nachrichtentechn., TH Darmstadt. 1949 Dipl. Examen. K.: 1949-56 Rundfunktechn. Inst., Nürnberg. 1957 Inst. f. Rundfunktechn., 1975 Dir. d. Inst. P.: zahlr. wiss. Veröff. auf d. Gebiet d. Nachr.techn., spez. Fernsehtechn. E.: Fekow of the Royal Television Society. Fellow of the Society of Motion Peture and Television Engineers, M.: Vorst. d. Fernseh- u. Kinotechn. Ges., Dt. Mitgl. i. Programm kommitteé d. Fernsehsymposiums Montreux. Vicepräs. d. Techn. Kommission d. Europ. Runfunkunion. H.: Kunstgeschichte, Musik, Fim, Photographie.

Fjodorow Lorenz
B.: Maler, Grafiker. DA.: 85521 Ottobrunn, Isarweg 38. G.: Passau, 5. Juni 1927. K.: 1944 Krieg, 1945 Rückkehr aus Gefangenschaft, Beginn d. künstler. Laufbahn: mehrere J. naturalist. Studien: Illustrationen zu d. Romanen v. Dostojewski, dann Auseinandersetzung m. d. Gegenstandslosen, 1976 als einer d. ersten Wende z. neuen figürl. Malerei, 1977 Ausstellung "Mensch u. Vergegenwärtigung", später Skulpturen u. Lithographie, er segelt mit seiner Yacht d. Irrfahrten d. Odysseus nach, ZDF filmt einen Teil dieser Reise u. anschl. Enstehung d. Zyklus aus 21 großformatigen mehrfarbigen Lithographien sowie 23 großformatigen Ölbildern in seinem Atelier, Studienreisen nach Europa, Skandinavien, Marokko, Ägypten, Israel, Hongkong, Macao, Formosa, Japan, USA, Indien u. Nepal, Karibik, weitere Ausbild. seiner eigenwilligen Farb- u. Formenwelt, Farbklangbilder, 1993 Mitbegründer Galerie u. Aktionsraum Notwehr in München, Ausstellungen: 1965 Galerie NOS Duisburg, 1976 BMW-Galerie München, 1977 Kunstver. Passau, Sendung am ZDF, Galerie Kunsthaus Landshut, 1984 Galerie Scharfrichterhaus Passau, 1986 Galerie Bayer. Vers.-Kam. München, ZDF-Sendung über Enstehung d. Zyklus "Die Odyssee", 1987 Kunstver. Passau, 1989 Übelackerhaus München u. Galerie Sparkasse Essen, 1990 LEA München, Galerie Interart Köln, Kongreßhalle Augsburg, Intern. Kunstmesse Lineart Gent/Belgien u. Galerie Brokalhaus München, 1991 MIR München, Maringer St. Pölten/ Österr., 1992 Galerie im Zwinger St. Wendel, Sebastianskapelle Ulm, Holzheimer München, 1993 Galerie Übelackerhaus u. Notwehr München, Bayer. Rundfunk u. NDR-Interview zu Farb- u. Klangumsetzung, 1994 Galerie Notwehr München, Bericht Bayer. Rundfunk, Neue Galerie - Oberhausmueum d. Stadt Passau, Entstehung d. Tafeln d. Moses, 1995 HS f. Film u. Fernsehen München sowie Künstlerporträt - Fernsehfilm Bayern, Ausst. "Die Tafeln d. Moses u.ihre Wächter" Dachau.

Flaake Klaus Peter Dipl.-Ing. *)

Flaake Peter Dr.
B.: FA f. Urologie. DA.: 30161 Hannover, Bödekerstr. 88. G.: Verne, 13. Okt. 1958. V.: Heike. Ki.: Luisa (1995). El.: Theresia Pollmann, geb. Reitmeier. S.: 1978 Zivildienst Hannover, 1981-83 Med.-Stud. Marburg, 1983 Physikum, 1984 1. u. 1987 3.

Staatsexamen, 1988 Dr.-Arb. K.: b. 1987 in Hannover, danach in Kardiolog. Praxis tätig, Prov.-Doz. Dr. Freudenberg, in d. Kinderchir. im Kinder-KH auf d. Bult tätig, 1988-90 FA f. Urologie im Vinzenz-KH, seit 1998 selbst. Arzt. P.: Art.-Veröff. über Leberversorgung in Fachzeitschriften. M.: Urolog. Ver., Dt. Ges. f. Urologie, Berufsverb. d. Urologen, aktives Mtgl. im urolog.-onkolog. Arbeitsbereich.

Flach Dieter Dip.-Phys. *)

Flach Johann *)

Flach Michael Dr. med. Prof. *)

Flach Peter

B.: Gschf. Ges. FN.: Nähmaschinen Flach Nähzentrum GmbH. DA.: 63739 Aschaffenburg, Herstallstr. 35. PA.: 63768 Hösbach, Von Arnim Str. 3. Peter.Flach@t-online.de. www. Naehzentrum.de. G.: Aschaffenburg, 29. Nov. 1955. V.: Sabine, geb. Wolber. Ki.: Daniel (1985), Marius (1988). El.: Leonhard u. Elisabeth, geb. Koy. BV.: ehemal. Bgm. Flach in Aschaffenburg. S.: Ausbild. Einzelhdls.-Kfm. Kaufhof AG. K.: ab 1974 tätig im elterl. Betrieb, seit 1981 Gschf. Ges. m. Schwerpunkt Nähmaschinen, Bügel-

maschinen, Stoffe u. Kurzwaren; Funktionen: Mitgründer von: Erfakreis Nähzentren, 1990 1. Knopfhaus in Aschaffenburg, Nähschule u. Nähclub, Katalog-Versand, Nähmaschinen-Zubehör. P.: Berichte in DNZ. M.: seit 1993 Vorst. d. 1. TTC Aschaffenburg, Golfclub Main-Spessart e.V. H.: Tennis, Golf, Sammeln alter Nähmaschinen, Modelleisenbahn.

Flach Roland
B.: Vorst. FN.: Nürnberger Bund AG. DA.: 45136 Essen, Schumannstr. 30. S.: Lehre, Stud. K.: Organisator d. Hauptverw b. Horten, Ltr. d. zentralen Organ.-Abt. b. einer bedeutente Versandhdls.-Gruppe, Gen.-Bev. u. Vors. d. Geschäftsführung f. d. Ressorts Einkauf, Verkauf, Organ. u. Personal Bieberhaus KG Frankfurt, Wechsel z. Neckermann Hauptverw. Frankfurt, 1982 stellv. Gschf. b. Einkaufsbüro Dt. Eisenhändler (EDE), 1983-91 Verkaufsdir. b. Hertie, 1991 Gschf. Ges. d. Sound Gruppe Wiesbaden, seit 1996 Vorst. im Nürnberger Bund.

Flach Ulrike
B.: Dipl.-Übersetzerin, MdB. FN.: Dt. Bundestag. DA.: 11011 Berlin, Platz d. Republik 1. G.: Oberhausen, 1. Jän. 1951. S.: 1969 Abitur, 1973 Examen angew. Sprachwiss. Univ. Mainz, 1989-94 Stud. Wirtschaftswiss. FU Hagen. K.: 1974-98 Übersetzerin b. Firma Siemens AG; seit 1975 Mtgl. d. F.D.P., 1976-78 Kreisvors. d. F.D.P. Ruhr, seit 1991 Kreisvors. d. F.D.P. Ruhr, 1994-98 F.D.P.-Landesvorst. d. Ver. Liberaler Kommunalpolitiker NRW, seit 1998 MdB. (Re)

*) Biographie www.whoiswho-verlag.ch oder beigefügte CD-ROM

Flach Werner *)

Flache Joachim *)

Flachenecker Gerhard Dr.-Ing. Univ.-Prof. *)

Flachmann Christian *)

Flachsbarth Klaus D. *)

Flacht Heinrich *)

Flack Uwe

B.: Baufacharbeiter, Unternehmer, selbständig. FN.: Flack Bauelemente. DA.: 02681 Wilthen, Neukircher Str. 45a. G.: Bautzen, 30. Nov. 1961. V.: Rosita, geb. Halse. Ki.: Marwin Pacale (1998). El.: Kurt u. Erna. S.: 1978-80 Lehre als Baufacharbeiter im Sprengstoffwerk Gnaschwitz, 1980-82 Wehrdienst, 1982-89 Arbeit im Sprengstoffwerk Gnachwitz, 1984-87 Fernstudium z. Meister f. Hochbau. K.: 1988-90 Meister Bereich Bau im Sprengstoffwerk Gnaschwitz, 1990-97 Betriebsleiter d. Firma Bartsch Universal GmbH, 1992-94 Betriebswirt d. Handwerks, 1997 Grdg. d. Firma Flack - freier Handelsvertreter, Handel m. Bauelementen u. Montagen, 2000 Grdg. d. Firma Flack Bauelemente. M.: Tennis- u. Skiverein Neusalza-Spremberg e.V. H.: Tennis, Skifahren, Motorrad, Garten.

Flade Bernd Dr. med.
B.: ndlg. Arzt. DA.: 09130 Chemnitz, Zeisigwaldstr. 105. PA.: 09125 Chemnitz, Schenkenberg 9. BFlade@t-online.de. www.mon.de/ch/flade-bernd. G.: Chemnitz, 4. Jan. 1938. V.: Beate, geb. Scheffel. Ki.: Christian (1972), Andreas (1974), Hans-Martin (1976). El.: Georg u. Martha. S.: 1954 Realschulabschluß, 1954-57 Lehre z. Fernmeldemechaniker, 1959 Abitur, 1960-66 Med.-Stud. Karl-Marx-Univ. Leipzig m. Staatsexamen, 1966 Prom. z. Dr. med., 1950-57 Musikschule Fach Akkordeon u. Cello. K.: 1957-59 Fernmeldemechaniker Karl-Marx-Stadt, 1959-60 Hilfslaborant Frauenklinik Karl-Marx-Stadt, 1966-67 Pflichtass. in Stollberg, 1967-71 FA-Ausbild. Chir. Karl-Marx-Stadt, seit 1968 Cellist (später bis ca. 1997 Solocellist) im Arbeitersinfonieorchester Karl-Marx-Stadt, jetzt Sächsisches Sinfonieorchester e. V., 1971-72 FA Chir. KH Karl-Marx-Stadt, 1973-91 FA Chir. Ambulantes Gesundheitswesen Chemnitz u. OA, seit 1992 ndlg. Arzt. P.: Veröff. u. Vorträge z. Unfallchir. u. Kinderchir. M.: Bund Dt. Chir. e.V., AG Kindertraumatologie d. Dt. Ges. f. Unfallchir. e.V., 1988-97 Ltr. d. Kirchenchores Chemnitz-Reichenhain, 1973-78 Sächs. Landessynode Dresden, seit 1990 gewähltes Mtgl. im Aussch. f. ambulante Versorgung d. Landesärztekam.. H.: Musik, Kunst, Literatur, Natur, sportl. Betätigung.

Flade Stephan Ernst Martin
B.: Pfarrer. FN.: Evangelische Kirchengemeinde Babelsberg. DA.: 14482 Potsdam, Lutherstr. 1. G.: Kirschau, 26. März 1951. V.: Anette, geb. Krüger. Ki.: Anne (1975), Luise (1978), John (1979). El.: Martin u. Johanna, geb. Langer. BV.: 9 Generationen Pfarrer, Urgroßvater Franz B. Kirchenhistoriker in Sachsen. S.: 1969 Abitur Dresden, 1969-74 Stud. Theologie an d. Humboldt-Univ. Berlin, 1974-76 Vikariat, 1977 Ordination. K.: 1976-83 Pfarrstelle in Pasewalk, seit 1983 Pfarrer in Babelsberg. BL.: 8 J. Mtgl. im Dresdner Kreuzchor. P.: Vorträge u. Essays, Mitautor d. Buches "Tausend Jahre Potsdam". E.: Auszeichnung v. Land Brandenburg f. seine intern. Arbeit. M.: zahlr. kirchl. u. soziale Gremien u.a. Vors. in d. "Kirche in d. Buga" Potsdam, Gründungsmtgl. u. Vorst.-Mtgl. d. Förderkreises "Böhmisches Dorf", Zentralvorst. eines großen Diakonischen Werkes z. Betreuung v. etwa 600 behinderten Jugendlichen, Vorst. d. Forums Ost-West. H.: Wandern, Reisen, Fußball.

Flade-Ruf Ursula Dipl.-Kfm. *)

Fladrich Günther Dr. med. *)

Fladung Werner

B.: Kfm., Unternehmer, Inh. FN.: Hotel Kleiner Odenwald. DA.: 69245 Bammental, Hauptstr. 57. G.: Heidelberg, 10. März 1940. V.: Ingrid, geb. Palm. Ki.: Armin (1975). El.: Hans u. Frieda, geb. Reich. S.: 1956 Mittlere Reife, 1956-58 Lehre z. Ind.-Kfm., zugleich Bürokfm. b. Firma Helmreich, 1981 Ausbild. z. Bausparkassenkfm. b. Schwäbisch-Hall. K.: 1959-60 Kalkulator Schilder-Hein Heidelberg, 1960-62 Außendienst Bad. Tabakmanufaktur Rothhändle Lahr, 1962-68 Außendienst f. versch. Verlage, Anzeigenverw., 1968 Außendienst Aluminiumfassaden, 1970 Entwicklung u. Patentierung v. "Alupan"-Fassaden, 1970-75 Aufbau eines eigenen Fertigungsbetriebes, 1975-93 freier Immobilienmakler, 1981-83 Bez.-Ltr. Volksbank Mosbach, 1983-86 Volksbank Meckesheim u. Leimen, 1986-93 Bez.-Ltr. Bausparkasse Schwäbisch Hall Nordbaden, 1987 Vertriebstrainerzertifikat, tätig in d. internen Bankerausbild., 1989 Kauf eines Hauses, Eröff. als Gästehaus, ab 1991 Hotel Kleiner Odenwald. BL.: Experte f. Westernreiten, 1976 Initiator d. Westernreitens im Badischen. P.: zahlr. Presseberichte u. Fachbeiträge über Westernreiten. E.: div. Ausz. im Reitsport. M.: 19974 Grdg.-Mtgl. Reiterver. Bammental, 8 J. Grdg.-Vorst., Veranstaltung v. Western-Reiterspielen. H.: Pferde, 25 J. aktiv Westernreiter.

Flagge Ingeborg Dr. phil. *)

Flaig Hubert *)

Flaitz Gerhard
B.: Gastwirt, Unternehmer. FN.: Gasthof Rössle. DA.: 88250 Weingarten, Friedhofstr. 3. G.: Weingarten, 24. Juli 1961. V.: Claudia, geb. Bendl. Ki.: Dominik, Sebastian, Philipp, Benjamin. El.: Walter. BV.: in d. 5. Generation bereits Metzger, Viehhändler u. Gastwirt d. Rössle. S.: Lehre z. Metzger im elterl. Betrieb. K.: m. 18 J. Übernahme d. elterl. Betriebes u. seitdem Gastwirt d. Gasthof Rössle, Gasthof m. eigener Schlachterei. BL.: gilt als Weingartener Original, Mundartberichte dessen Werke regelmäßig in d. Tagespresse veröffentlicht werden. P.: Presse. M.: in allen Ortsvereinen.

Flaitz Margit
B.: Dipl.-Designerin, freiberufl. Innenarchitektin. DA.: 14195 Berlin, Max-Eyth-Str. 10b. innenarchitektin@mflaitz.de. www.mflaitz.de. G.: Augsburg, 8. Sep. 1948. V.: Axel Radler. El.: Albert Eugen u. Lilo, geb. Bartz. S.: 1966 Abitur Erlangen, 1966-67 Tischlerlehre, 1967-68 Stud. Innenarch. an d. HS d. Bild. Künste Nürnberg, 1968-71 Stud. Bau u. Raumdesign an d. HdK Berlin, Abschluss: Dipl.-Designerin. K.: 1971-78 Mitarb. bei Steguweit & Sohn Berlin, 1978 Grdg. d. eigene Architekturbüros. P.: mehr als 15 gr. u. bes. anspruchsvolle Aufträge.

---

*) Biographie www.whoiswho-verlag.ch oder beigefügte CD-ROM

Flake Max B.
B.: Unternehmer, Inhaber FN.: Ad'Value. DA.: 22297 Hamburg, Überseering 21. mbf@advalue.de. www.advalue.de. G.: Hamburg, 28. Mai 1964. V.: Kerstin, geb. Bruhn. Ki.: Max C. (1989). El.: Dr. iur. Max A. u. Prof. h.c. Kriemhild, geb. Schwing. BV.: Großvater Max Flake bekannter Lebensmittelgroßhändler in Bochum, Großvater Friedrich Wilhelm Schwing bekannter Baumaschinenfabrikant (Schlossermeister) in Herne. S.: 1982 Mittlere Reife Hamburg, 1982-84 div. Praktika in d. Medienbranche, 1985-86 Bundeswehr. K.: 1986-89 selbständig mit einer eigenen Werbeagentur f. regionale PKW- u. Funkwerbung, 1989-91 Juniortexter b. Pahnke & Partner, 1991-92 Texter b. d. Basiswerbeagentur in Hamburg, 1992-98 Texter, Kontakter, Teamleitung. b. d. Werbeagentur Schaffhausen in Elmshorn, später Leitung d. v. Schaffhausen erworbenen BasisWerbeagentur, 1997 Geschäftsführer d. Ad Store Creativ Agentur d. Brandfactory in Hamburg, 1998 Grdg. d. Ad'Value Full Service Agentur. P.: Art. u. Aufsätze in Bau- u. Golfzeitschriften. M.: BDW, Golf Club Sülfeld e.V., SHMIT. H.: Golf, Musik (Bass, Schlagzeug, Klavier), Reisen.

Flamann Birgit Dr. päd. *)

Flämig Christian Dr. Prof. *)

Flämig Michael Dipl.-Ing. *)

Flamm Wilhelm *)

Flamme Manfred *)

Flammersberger Christiane Dipl.-Betriebswirt *)

Flammersberger Franz *)

Flander Norbert

B.: RA. DA.: 12167 Berlin-Steglitz, Albrechtstr. 12. G.: Berlin, 25. Okt. 1966. Ki.: Karl (1932), Hedwig (1940). S.: 1985 Abitur Berlin, 1985-92 Studium Jura an d. FU Berlin, 1. Staatsexamen. K.: 1992-93 beauftragter Rechtspfleger Amtsgericht Charlottenburg, 1993-95 Referent u. 2. Staatsexamen Berlin, 1995-96 jurist. tätig in freier Wirtschaft, seit 1996 Zulassung als RA, Vorbereitung eigener Kzl., Alleinanw., selbst. Vertretungen, Tätigkeitsschwerpunkte: Immobilienrecht, Mietrecht, Strafrecht, allg. Zivilrecht. M.: CDU, Kath. Kirche - Vorst. d. Gem. H.: Lesen, Reisen.

Flasbeck Jochen *)

Flasbeck Rainer Dr. med.
B.: FA f. Innere Med. - Nephrologie. FN.: Dialysezentrum Gifhorn. DA.: 38518 Gifhorn, Im Freitagsmoor 45. G.: Zeist/Holland, 19. Dez. 1943. V.: Annette. Ki.: Nina (1977), Florian (1992), Fabian (1999). El.: Edmund u. Marga, geb. Heuft. S.: b. 1960 Ausbildung z. Fernmeldetechniker bei d. Bundespost, private Handelsschule, Mittlere Reife, 1965-71 Studium d. Humanmed. an d. Univ. Düsseldorf. K.: 1 J. KH Vierssen,  Stabsarzt b. d. Bundeswehr, 3 J. im Vinzenz-KH Hannover tätig, 4 J. in d. Abteilung Nephrologie an d. Med. HS Hannover, 1982 Niederlassung in Braunschweig, 1997 Eröffnung des Dialysezentrums in Gifhorn. P.: Fachbuch "Klinische Zeichen", Broschüre "Nierenkrank, was nun?", 7 medizinische Übersichtsarbeiten zu unterschiedlichen Themen. H.: Schwimmen, Fahrradfahren, Squash.

Flaschka Annabella *)

Fläschner Peter
B.: Dipl.-Musiker, Komponist, Musikproduzent, Volkssänger, Inh. FN.: Merlin Glide-Musikproduktion. DA.: 22043 Hamburg, Mariusweg 2. G.: 2. Nov. 1950. Ki.: 4 Söhne, 2 Töchter. S.: 1971-79 Musik-Hochschule, Hamburg, Schenker Akademie, Hamburg, b. Felix v. Cube. K.: 1978-81 Doz. f. Gitarre, Konservatorium Blankenese, Staatl. Musikschule, HH. 1981 Grdg. d. "Tarrega Akademie", HH/Ltr. u. Doz., 1990 Grdg. d. "Merlin Glide-Musikproduktion/Inhaber. BL.: Soziales Engagement, intern. Hilfe f. Kinder in Not. M.: Deutsch. Komponisten Interessen Verb., Guttempler Orden Deutschland, Int. Grad. H.: Schach, Karate, Kunst, Literatur. (K.H.)

Flashar Hellmut Dr. Prof. *)

Flaskamp Constanze *)

Flaskämper Ernst-Arnold
B.: Lehrer. FN.: Realschule Steinhagen. DA.: 33615 Bielefeld, Roonstr. 57. G.: Bielefeld, 1. Aug. 1940. V.: Rosemarie, geb. Ziegler. El.: Adolf u. Elisabeth. BV.: Vater - 1912 Gründer d. Flaskämpfer Lehranstalt. S.: 1961 Abitur Langerooge, 1961-66 Stud. Dt., Geschichte u. Phil., 1968-69 Examen f. Dt. u. Geschichte Univ. Münster. K.: 1966-82 Ltr. d. Privatschule Flaskämper m. Schwerpunkt Vorbereitung f. Mittlere Reife u. Begabtenreifeprüf., Lehre an d. Realschule Bielefeld u. Steinhagen. M.: Tucholsky Ges. H.: Literatur, Jazz.

Flaskämper Hendrik Arne Dr. med. *)

Flassig Günter
B.: Vors. d. Geschäftsltg., Gschf. Ges. FN.: ISD Software u. Systeme GmbH Deutschland. DA.: 44227 Dortmund, Hauert 4. info@isdcad.de. www.isdcat.de. G.: Reichenberg, 16. Aug. 1941. V.: Elke, geb. Jost. El.: Emil u. Elisabeth, geb. Hein. S.: 1955-59 Lehre z. Werkzeugmacher in Dortmund, 1963 Abitur im 2. Bild.-Weg, 1963-66 Stud. Math. Univ. Münster. K.: 1966-75 wiss. Mitarb. b. math. Beratungsdienst Dortmund, 1967 Projektltr. u. Abt.-Ltr., 1975-77 BBR Mannheim (ABB) als Abt.-Ltr. u. Projektltr., Ltg. u. Berechnung v. Secundärkomponenten, 1977 Grdg. ISD Ing.-Ges. f. Statik u. Dynamik als Gschf. Ges., 1985 Entwicklung/Vertrieb v. CAD/CAM/PDM-Software Systeme H.CAD, Hi CAM, HELIOS, 1990 Umfirmierung in ISD Softare u. Systeme GmbH, Mtgl. d. Vollversammlung d. IHK Dortmund, Hdls.-Richter b. LG Dortmund, seit 1977 CDU-Mtgl., Arbeitskreis Dialog f. Dortmund. E.: 1998 Entrepreneur d. J. H.: Lesen, klass. Musik, Hochgebirgswandern, Skifahren.

Flassig Isolde *)

*) Biographie www.whoiswho-verlag.ch oder beigefügte CD-ROM

Flaßkamp Claudia *)
Flatau Edmund

B.: Architekt. DA.: 49090 Osnabrück, Birkenweg 27. G.: Osnabrück, 24. Juli 1952. V.: Theresia, geb. Dieckmann. Ki.: Meike (1984), Tim (1978), Malte (1989). S.: 1968-71 Ausbild. z. Bauzeichner, 1973-75 Fachschule f. Technik in Osnabrück, Fachabitur, 1975-78 Stud. Arch. an d. FH Lage/ Lippe, Dipl.-Ing. K.: 1971-73 Bauzeichner, 1978-90 Mitarb. in einem Arch.-Büro in Osnabrück, seit 1980 eigenes Arch.-Büro in Osnabrück. M.: s. 1981 BDA, Präs. Ambassadeur-Club Bad Iburg. H.: Skifahren, Radfahren, Wandern, Tennis, klass. Musik.

Flatau Michael Mag. *)
Flath Michael *)
Flath Steffen
B.: Dipl.-Agraring., Staatsmin. FN.: Sächs. Staatsmin. f. Umwelt u. Ldw. DA.: 01097 Dresden, Archivstr. 1. G.: Bärenstein, 10. Feb. 1957. Ki.: 2 Kinder. K.: 1982-86 Abt.-Ltr. im Agrochem. Zentrum Schlettau, 1987 u. 1988 Hauptdisponent b. d. VEB Getreidewirtschaft Annaberg u. 1988-90 wiss. Mitarb. d. Agrochem. Zentrums Schlettau, 1990 Hauptdezernent b. Landratsamt Annaberg, seit 1983 Mtgl. d. CDU u. Ortsvors. in Buchholz, seit 1991 Kreisvors. d. CDU Annaberg u. Mtgl. im Landesvorst. d. CDU Sachsen, seit 1993 Vors. d. Arbeitskreises Innere Sicherheit im Landesvorst. d. CDU, 1994 Mtgl. d. 10. Bundesversammlung, 1990-92 Abg. d. Kreistages Annaberg, 1992 Niederlegung d. Mandats, Mtgl. im Verw.-Aussch. d. Arbeitsamtes Annaberg, seit 1994 Sächs. LAbg. u. seit 1995 Gen.-Sekr. d. sächs. Union. (Re)

Flatow Curth Prof. e.h.
B.: Schriftsteller. PA.: 14195 Berlin, Am Hirschsprung 60 A. G.: Berlin, 9. Jan. 1920. V.: Brigitte, geb. Werner. El.: Sigmund u. Alwine. S.: Mittlere Reife, Kfm.-Gehilfenprüf. K.: Kabarett u. Komiker (Conferencier), Kabarettrevuen, Funksendungen, Filmdrehbücher, Liedertexte, Theaterstücke, Fernsehspiele, Romane. P.: Theaterstücke: "Das Fenster z. Flur", zus. mit Horst Pillau, "Vater e. Tochter", "Cyprienne - oder Scheiden tut nicht weh", "Boeing Boeing Jumbo Jet", "Das Geld liegt a. d. Bank", "Der Mann, d. sich nicht traut", "Durchreise", "Romeo m. grauen Schläfen", "Mutter Gräbert macht Theater", Verlängertes Wochenende", "Zweite Geige", "Das glückliche Paar", "Keine Ehe nach Maß", "Mein Vater, der Junggeselle", "Faust ohne Gretchen", "Ein gesegnetes Alter", "Ein Mann, ein Wort, oder der 30jährige Krieg", "Rock und Bluse, oder paßt das etwa nicht zusammen?", "Nachspiel, das Ende einer ersten Ehe". E.: Prof. e.h. Stadt Berlin, BVK, Gold. Nadel d. DU, Gold. Kamera, Telestar, VO d. Bundesrep. Deutschland. H.: Malen, Kochen.

Flatscher Josef
B.: 1. Bgm. v. Freilassing. DA.: 83395 Freilassing, Münchener Str. 15. G.: Bad Reichenhall, 23. Aug. 1956. S.: 1972 Mittlere Reife Freilassing 1973-75 Ausbild. Bankkfm. Freilassing, 1976-77 Bundeswehr. K.: 1977-80 tätig in Ber. EDV u. Org. Sparkasse Berchtesgadener Land, s. 1981 Ltr. d. Sparkasse Teisendorf, 1984-93 Innenltr. Raiffeisenbank Rupertiwinkel Nord e.G., 1994-97 Ltr. Raiffeisenbank Laufen u. b. 1999 Betreuer f. Firmenkunden, s.1999 1. Bgm. Freilass.; polt. Fkt: 1990-99 GemR. v. Saaldorf-Surheim, s. 1984 Mtgl. d. CSU, Vors. d. Rechnungsprüf.-Aussch. Saaldorf-Surheim. H.: Fußball, Skifahren, Hundesport.

Flatscher Stefan-Michael *)
Flatz Gebhard Dr. med. Prof. *)
Flebbe Karl-Friedrich *)
Flebbe Tamara

B.: Graphikerin, Kunstmalerin, Sprachtherapeutin. DA.: 33615 Bielefeld, Kurt-Schumacherstr. 18. G.: geb. Drodow in Pleszew/Polen, 30. Mai 1924. Ki.: Robert (1962). El.: Josef (Major) und Olga. BV.: Großvater war General. S.: 1951-60 Stud. Psych. an der Univ. Wien (4 Sem.), 1960-65 Musikstud. an d. Univ. Nürnberg, Gitarre u. Klavier, 1980 Stud. Erziehungswiss. f. d. Mag.-Studiengang in Hagen. K.: bis 1950 Arbeit diplomat. Dienst Warschau u. Wien, Nürnberg: Gesang- u. Gitarreunterricht, Mitarbeit an sprachtherapeut. Behandlung autistischer Kinder in Bielefeld. H.: Malen.

Flebbe Uta Dr. med. vet. *)
Flechner Hans-Peter Ing. *)
Flechsig Gudrun Dr. med.

B.: FA f. Chir. u. plast. Chir. GT.: Med. Ltg. Lasektro Heilbronn. DA.: 74078 Heilbronn, Böckinger Str. 15. info@aesthetische-privatklinik.de. G.: Mitterteil, 12. Dez. 1957. BV.: Prof. Flechsig Dresden, Hinterstrangbahn trägt seinen Namen. S.: 1977 Abitur, Med.-Stud. Univ. Ulm, Univ. Tübingen, Univ. Autónoma Mexico City, 1983 Approb. als Arzt. K.: b. 1985 Unfallchir. Marsberg, 1985 Prom., b. 1988 Allg.-Chir. Crailsheim, b. 1991 Allg.-Chir. Heilbronn, s. 1990 FA f. Chir., b. 1992 plast. Chir. Urban-KH Berlin, 1993 Abt. f. plast. Chir. Nittenau, seit 1993 FA f. plast. Chir., 1993 OA an d. Univ.-Klinik Innsbruck Abt. f. plast. Chir., seit 1994 Praxis in Heilbronn, seit 1997 Ausbau z. Privatklinik f. ästh. Chir., Zusammenarbeit mit Clinica Santa Chiara Florenz bzgl. Einzelhaartransplantation, seit 1996 Ltg. des priv. Laser-Inst. Lasektro Heilbronn. P.: Vorträge. M.: Naturschutzbund, Stuttgarter Galeriever., Theaterhaus Stuttgart, Dt. Ges. f. Chir., Bund dt. Chir., Arge Ambulantes Operieren, Arge ndgl. Chir., Ver. d. dt. plast. Chir., Hartmannbund, Golf-Club Heilbronn-Hohenlohe. H.: Golf, mod. Kunst, Theater, Konzert, Skifahren, Italien, Kochen. Sprachen: Engl., Ital., Franz.

Flechsig Hartmut Dr.
B.: Prof. PA.: 72770 Reutlingen, Rainhauweg 32. G.: Hermsdorf in Schlesien, 26. Mai 1941. V.: Katrin. Ki.: Martin (1976), Robert (1977). El.: Konrad u. Erna. S.: 1960 Abitur, Stud. an d. PH Kaiserslautern u. d. Univ. Heidelberg, 1974 Prom. K.: Lehrer an Grund-, Haupt- u. Sonderschulen, 1980 Prof. P.: Studien z. Theorie u. Methode musikal. Analyse (München 1977), Revolution u. Romantik in Deutschland (Regensburg 1980), Ganz Ohr, ganz Auge, hrsg. zusammen m. C. Ertle (Hohengehren 1997) versch. Zeitschriftenaufsätze u. Buchbeiträge.

*) Biographie www.whoiswho-verlag.ch oder beigefügte CD-ROM

Flechtner Carmen-Diana

B.: Flamenco-Lehrerin, Ltr. FN.: Flamenco-Studio. DA.: 89518 Heidenheim, Talstr. 11. G.: Kaiserslautern, 11. Juni 1960. V.: Herbert Bader. Ki.: Juno (199), Amata (1993). El.: Leopold u. Hilja Fleichtner. S.: Ausbild. z. staatl. geprüften Hauswirtschaftsltr., Weiterbild. z. techn. Lehrerin, seit d. 4. Lebensjahr Ballettunterricht. K.: seit 1987 nur noch Flamenco, seit 1991 Flamenco-Schule in Heidenheim, seit 1996 Flamenco-Schule in Ulm, Flamencotanzen von Frau Friedel Carter in Heidenheim erlernt, Fernstud. b. Amparo de Triana (Berlin), inzwischen bildet sie selbst Tänzerinnen u. Tänzer im klass. Flamenco aus, versch. nat. u. intern. Auftritte zusammen m. ihrer Gruppe: José Parrondo (Gesang), Andreas Maria Germek (Gitarre) u. Conny Sommer (Percussions). H.: Familie, Nähen.

Flechtner Gerhard C.

B.: Journalist, Inh. FN.: GCF Kommunikation Presseagentur d. Wirtschaft, Agentur f. Markt-Kommunikation. DA.: 90408 Nürnberg, Gärtnerstr. 23. PA.: 90482 Nürnberg, Billrothstr. 9. gcf. flechtner@t-online.de. G.: Selb, 14. Sep. 1942. V.: gesch. Ki.: Marc-Anthony (1974), Ken-Dominic (1977). El.: Max u. Frieda. BV.: Mährisches Adelsgeschlecht 16. Jhdt. S.: b. 1961 Gymn., 1962-64 journalist. Ausbild., 1964-67 betriebswirtschaftl. Ausbild., 1967-69 kommunikationsfachl. Ausbild. K.: 1969-91 Werbung, Verkaufsförderung u. PR in d. Dienstleistungs- u. Markenartikelind., 1992 Grdg. GCF Kommunikation Presseagentur d. Wirtschaft, Fachdoz. f. Kommunikationsstrategie an d. Bay. Ak. d. Werbung. P.: zahlr. Veröff. in d. Fachpresse. M.: Bay. Journalistenverb. BJV, Presseclub Nürnberg, Vorst. Bay. Werbefachverband (BWF). H.: Lesen, Jogging, Radfahren, Wandern.

Fleck Andreas Nikolaus *)

Fleck Eckart Dr. Prof. *)

Fleck Franz Dipl.-Ing. *)

Fleck Hans Werner *)

Fleck Hans-Joachim *)

Fleck Jürgen Dr. iur. *)

Fleck K. H. Dipl.-Ing., Dipl.-Ing. FH. *)

Fleck Michael *)

Fleck Monika *)

Fleck Rainer *)

Fleck Roland Dipl.-Kfm. Dr. rer. pol.

B.: berufsmäßiger StadtR. u. Wirtschaftsreferent d. Stadt Nürnberg. DA.: 90317 Nürnberg, Hauptmarkt 18. G.: Nürnberg, 26. Mai 1961. V.: Dagmar, geb. Schlosser. Ki.: Fabian (2000). El.: Josef u. Anni, geb. Fischer. S.: 1980 Abitur Nürnberg, 1981-86 Stud. BWL an d. Univ. Erlangen-Nürnberg, 1990 Prom. K.: 1986-88 Traineeprogramm d. Hypo-Bank AG London, München, Berlin, 1990-96 stellv. Abt.-Dir. Hypo-Bank Nürnberg, seit 1996 berufsmäßiger StadtR. u. Wirtschaftsreferent d. Stadt Nürnberg. BL.: 1990-93 Lehrbeauftragter d. Friedrich-Alexander-Univ. Erlangen-Nürnberg, 1993-96 StadtR. in Nürnberg, zuletzt stellv. Fraktionsvors. d. CSU-Fraktion, MdV CSU-Bez.V. Nürnberg-Fürth-Schwabach, AufsR.-Mtgl.: Flughafen Nürnberg GmbH, Nürnberg Messe GmbH, Hafen Nürnberg-Roth GmbH (stellv. AufsR.-Vors.), VerwR. im ADV, Bundesvorsitzender "Dt. Wasserstraßen u. Kanalver.". P.: Technologieförderung (480 S., Wiesbaden 1990), Technologiepolitik in Bayern, Deutschland und Europa (München 1991), Europäische Wirtschafts- u. Währungsunion (Nürnberg 1992). M.: BDVB, CSU, Rotary Club, Postsportver. Nürnberg, BRK, Wirtschaftsjunioren Deutschland. H.: Oper u. Konzert (klass. Musik), Tennis.

Fleck Walter Dr.-Ing. Prof. *)

Fleck Walther-Gerd Dr. phil. *)

Flecken Hanns *)

Fleckenstein Bernhard Dr. med. Prof. *)

Fleckenstein Christoph

B.: Dipl.-Des., Ind.-Designer, Inh. FN.: ION industrial design Berlin. DA.: 10707 Berlin, Xantener Str. 22. ion@iondesign.de. www.iondesign.de. G.: 3. Jan. 1963. El.: Prof. Dr. Josef u. Dr. Hildegard. S.: 1982 Abitur Göttingen, 1982-84 Schreinerlehre, 1984-91 Ind.-Design Stud. an d. Staatl. Ak. d. Bild. Künste Stuttgart. K.: 1991-93 Studio Manager u. Senior Designer BG+P Stuttgart, ab 1993 selbst. m. obiger Firma, seit 1999 Lehrtätigkeit (im Fach dreidimensionales Gestalten) an d. Mediadesign - Akademie Berlin. P.: Ausstellungen u. Publ. z. Ind.-Design in div. in- u. ausländ. Fachzeitschriften. E.: div. Preise u. Ausz. f. Arb. im Ind.-Design, Dt. Werkbund Berlin, seit 1999 im Vorst. M.: Intern. Design Zentrum Berlin. H.: Zeichnen, Kunst.

Fleckenstein Dieter

B.: selbst. freiberufl. Heilpraktiker in eigener Praxis. DA.: 22415 Hamburg, Reestück 23. G.: Schenefeld, 6. Apr. 1952. V.: Angela, geb. Kahrs. Ki.: Marcus (1990), Miriam (1992). El.: Gerd u. Margot. S.: 1968-71 Ausbild. z. Groß- u. Außenhdls.-Kfm. b. Firma Jens u. Söhne Hamburg, Kfm.-Gehilfenbrief. K.: 1971-80 Positionen im kfm. Bereich in verschiedenen Firmen, 1980-84 Ausbild. z.Heilpraktiker in Hamburg, 1984 Eröff. d. 1. Praxis f. Naturheilverfahren in Hamburg, 1980 parallel Seminar- u. Praxisausbild., Ausbild. z. Energetischen Terminalpunkt-Diagnose u. Farbtherapie, Mtgl. intern. Ges. f. Kirlian-Fotografie u. bioelektron. Diagnose u. Therapie e.V., 1984 Praxis m. d. Heilpraktiker Hans Dieter Jührs u. d. Heilpraktikerin Helga Sachs Hamburg, 1986 Gemeinschaftspraxis Sierichstraße, 1988 eigenständige Praxis Norderstedt, 1989 Stud. d. EKS-Lehreinheiten nach Wolfgang Mewes Frankfurt, 1990 Grdg. d. Firma Computer & Software Partner f. d. Homöopath. Praxis Dieter Fleckenstein GbR, Doz. b. d. VHS Norderstedt u. Hamburg, 1991 Grdg. d. Ver. Freunde d. Naturheilkunde in Norderstedt, 1991-92 Ausbild. b. d. griech. Homöopathen George Vitulkas Celle u. Lindau/Bodensee, 1992 Seminare, 1992-93 Weiterbild., z.Zt. Entwicklung einer Arbeitsgruppe u. Netzwerk "Celestine". P.: "Celestine-Erfahrungen". M.: "Expartner" als Autor, im Vorst. d. Celestine-Förderkreises e.V. H.: Kultur, Literatur, Reisen, Expeditionen.

*) Biographie www.whoiswho-verlag.ch oder beigefügte CD-ROM

Fleckenstein Günther Armin *)

Fleckenstein Günther
B.: Freier Regisseur u. Autor. PA.: 82110 Germering, Sandstr. 14. G.: Mainz, 13. Jan. 1924. S.: RG, Stud. Univ. Mainz, 1946-48 Phil. K.: Oberspielleiter am Staatstheater Hannover, 1966-86 Int. Dt. Theater Göttingen, 1976-81 Int. Hersfelder Festspiele, 1985 als erster Reg. d. BRD am Moskauer Akad.- u. Künstlertheater (Hochhuths Juristen), Insz. Antigonae (Oper v. Orff), D. seidene Schuh (Claudel), D. Seeschlacht (Goering), Bühnenbearb.: D. Spiel ist aus (Sartre; UA. 1958), Dramatisierung: D. Großtyrann u. d. Gericht (Bergengruen; UA. 1962), D. verlorene Ehre d. Katharina Blum. Fernsehbearb. P.: Verfasser v. Erzählungen u. Novellen, Gedichtband: Lieder vom gestörten Leben, Ceterum Censeo: Aphorismen u. Kommentare. E.: 1979 Zuckmayer-Med., 1982 Ehrenplakette Bad-Hersfeld, 1984 Ehrenmed. Stadt Göttingen, 1986 Poln. Orden für kulturelle Verd., Niedersächs. VK am Bande, 1990 Ehrenmtgl. d. Dt. Theaters Göttingen, 1997 Walter-Kolbenhoff-Kulturpreis.

Fleckenstein Margit

B.: RA, vereid. Buchprüfer. FN.: Rechtsanwälte Fleckenstein, Weidhaas & Kollegen. DA.: 67059 Ludwigshafen, Heinigstr. 17-19. G.: Mannheim, 25. Nov. 1940. V.: Volker Fleckenstein. Ki.: Dietmar (1967-81). El.: Max u. Else v. Bloedau, geb. Mosbacher. BV.: Großvater Heinrich Mosbacher Rektor in Schwetzingen, 1953 BVK für d. Wiederaufbau d. Schulwesens, Familie väterlicherseits Erbadel, geadelt, weil ein Vorfahr als Leibarzt d. Fürsten v. Sondershausen dessen Leben rettete. S.: 1959 Abitur, 1959-63 Jurastud. Heidelberg, 1963 1. Staatsexamen, 1964-68 während d. Referendariat Halbtagstätigkeit b. Firma Röchling Mannheim u. Ass. an d. neugegründeten jurist. Fak. d. Univ. Mannheim, 1968 2. Staatsexamen. K.: 1968 Grdg. d. Einzelkzl. Fleckenstein, Tätigkeitsschwerpunkte: Familienrecht u. Strafrecht, ab 1982 in Sozietät tätig, 1989 Wirtschaftsprüferlehrgang m. Bestellung z. vereid. Buchprüferin. P.: 1980 Mitwirkung am Handbuch f. SchulelternbeiR. in Rheinland-Pfalz, Referate u. Vorträge im ehrenamtl. Bereich, 2000 Referentin z. Thema Gewalt b. Bundesrat. F. Sicherheitspolitik u. d. Univ. Heidelberg z. Vorbereitung d. ökumen. Dekade z. Überwindung v. Gewalt. E.: 1998 BVK. M.: 1975-81 engagiert in d. Elternarb., seit 1978 im Prüf.-Aussch. d. Pfälz. Anw.-Kam., langj. stellv. Vors., seit 1997 Vors., seit 1997 Vors. d. Berufsbild.-Aussch., seit 1983 als Älteste tätig in d. Philippusgem. Mannheim, seit 1989 Vors. d. Ältestenkreises, 1992 Berufung in d. Landessynode, 1996 Präs. d. Landessynode d. ev. Landeskirche in Baden, 1997 Wahl in d. Rat d. EKD, Vertreterin d. EKD b. Kuratorium d. geplanten "Stiftung dt. Forum f. Kriminalprävention". H.: Reisen (3 Wochen Nordsee/Jahr, Studienreisen), Fotografieren, Musik, Lesen.

Fleega Basim Dr. med. *)

Fleer Markus *)

Flege Dirk
B.: ehem. Gschf. FN.: VCD Verkehrsclub Deutschland e.V. DA.: 53119 Bonn, Eifelstr. 2. G.: Nordenham, 5. Dez. 1965. V.: Birgit, geb. Taubert. Ki.: Jonathan (1993), Carolin (1995), Janina (1997). El.: Töns u. Edith, geb. Bahlmann. BV.: Großvater Ernst Flege (1899-1965) Expressionist/Impressionist. S.: 1985 Abitur Varel, 1985 Stud. Politikwiss. u. Öff. Recht, 1985-87 Phillips-Univ. Marburg, 1987-90 Univ. Hamburg, 1991 Dipl.-Politologe. K.: 1991-93 Redaktionsvolontariat Nordwestzeitung Oldenburg, 1993-94 wiss. Mitarb. Dt. Bundestag b. Dr. Dietmar Matterne, 1994-98 NABU Landesgschf. BW in Stuttgart, 1998-99 Dt. Post (Zentrale) Bonn, seit 1999 alleiniger Gschf. VCD e.V. P.: "Der Verkehrsclub Deutschland" (1993). M.: NABU, VCD. H.: zeitgenöss. dt. Romane, Fahrradfahren, Internet.

Flegel Michael Dipl.-Kfm.

B.: Inh., Ges. FN.: planteam InformationsManagement. DA.: 90453 Nürnberg, Lohhofer Str. 22. PA.: 91126 Schwabach, Vord. Rotenberg 20. G.: Nürnberg, 30. Mai 1961. V.: Angelika, geb. Regensburger. Ki.: Alexander (1993), Alina (1996). El.: Hubertus u. Maria. S.: 1981 Abitur, 1982-84 Bundeswehr, 1984-90 BWL-Stud. Univ. Erlangen/Nürnberg. K.: 1990 Ass. d. Geschäftsführung Firma Morata Electronic, 1991 Stabsabt. f. strategische Unternehmensplanung Firma Morata Electronic, 1993-94 Qualitätsleiter ISO 9000 QM, 1995 Grdg. d. Unternehmens. BL.: 1 Sem Stud. in China, Recherchen in Taiwan. P.: 1998 am Lehrstuhl Erlangen "Die Entwicklung d. Computerind. in d. Rep. China auf Taiwan", Fachart. in Fachzeitschriften. M.: Vors.d. KindergartenbeiR. H.: fremde Länder, Lesen, Skifahren.

Flegel Robert Dr.-Ing. Dipl.-Math. Prof. *)

Flegel Walter
B.: Schriftsteller. PA.: 14469 Potsdam, Thaerstr. 65. G.: Freiburg/Schlesien, 17. Nov. 1934. V.: Steffi, geb. Eggstein. Ki.: Bert (1958), Karen (1960), Antje (1966), Juliane (1974). El.: Artur u. Klara. BV.: Martin Opitz (1597-1639), Schriftsteller. S.: 1953 Abitur, 1953-56 Offz.-Schule, 1960-63 Stud. LIB Literatur-Inst. Johannes R. Becher Leipzig. K.: 1963-72 Ltr. d. Kulturhaus d. Nat. Volksarmee in Potsdam, b. 1986 wiss. Mitarb. am Potsdamer Militärhistor. Inst., seit 1986 freier Schriftsteller, 1960 erste Veröff., Arb. in Prosa, Lyrik, Filmdramatik u. Kinderbücher. P.: In Bergheide u. anderswo (1967), Ein Katzensprung (1977), Pflaumenwege im September (1978), Meine Reise z. Mosel (1993), Jagodas Heimkehr (1996), Darf ich Jule zu Dir sagen? (1997) u.v.m. E.: Nat.-Preis f. Kunst u. Literatur III. Kl., 1992 Ehm-Welk-Literatur-Preis, 1996 "Eberhard" Kinderliteraturpreis d. Landkreises Barnim. M.: Grdgs.-Mtgl. Literatur-Kollegium Brandenburg e.V.

Flegel Werner *)

Fleig Günther
B.: Vorst. FN.: DaimlerChrysler. DA.: 70546 Stuttgart. www.daimlerchrysler.com. G.: Mönchweiler/Schwarzwald, 2. Febr. 1949. S.: 1967-72 Stud. Vw. an d. Univ. Freiburg, 1972 Dipl.-Vw. K.: 1980 Abt.-Ltr. Bilanzerstellung Konzern Daimler-Benz, 1988 Hauptabt.-Ltr. Konzern Ausland Daimler-Benz AG, 1989 Fachbereichsltr. Finanzen u. Controlling Mercedes-Benz AG, seit 1990 Dir. Finanzen u. Controlling, Mtgl. d. Dion.-Kreises Mercedes-Benz AG, 1992 Kfm. Ltr. d. Werkes Untertürkheim Mercedes-Benz AG, 1993 Werkltg. 2 Mercedes-Benz AG, 1994 Ltr. Vertriebsprojekte Europa Mercedes-Benz AG, 1996 Ltr. Mercedes-Benz France, 1999 Ltr. DaimlerChrysler France u. DaimlerChrysler Holding France, gleichzeitig Ltr. d. Konzernrepräsentanz, 1999 Vorst.-Mtgl. Personal u. Arbeitsdir. DaimlerChrysler AG.

---

*) Biographie www.whoiswho-verlag.ch oder beigefügte CD-ROM

Fleing

Fleing Elke *)

Fleischauer Jürgen
B.: 1. Konzertmeister. FN.: Philharmonisches Orchester Zwickau - Städt. Theater. DA.: 08056 Zwickau, Neuberinplatz. PA.: 08056 Zwickau, Katharinenstr. 42. G.: Greiz, 17. Juli 1954. Ki.: Maria (1981), Carolin (1987). El.: Heinz-Harald u. Charlotte. BV.: Vater war 35 Jahre Geiger d. Gewandhausorchester Leipzig. S.: 1967-72 Spezialschule f. Musik Halle/Saale, 1972-77 Stud. Musik-HS Leipzig, Staatsexamen Geiger-Orchester-Päd. K.: 1977-80 Konzertmeister d. Theater Stralsund, 1980-88 Konzertmeister d. Philh. Thür. in Suhl, seit 1988 Konzertmeister in Zwickau. BL.: zahlr. Gastspiele in Osteuropa u. Frankreich.

Fleischer Andreas Dipl.-Ing.
B.: Maschinenbauer, Bauspar- u. Finanzierungsfachmann (BWB), Hauptbez.-Ltr., Inh. FN.: Wüstenrot Bausparkasse AG. DA.: 09116 Chemnitz, Zwickauer Str. 207. andreas.fleischer@wuestenrot.de. G.: Klaffenbach, 30. Sep.1958. V.: Birgit, geb. Kahl. Ki.: Thomas (1982), Manuela (1987), Sebastian (1988). El.: Erhard u. Elfriede, geb. Weber. BV.: in 3 Generationen im Vers.-Wesen. S.: 1976-79 Berufsausbild. Maschinenbauer m. Abitur, 1979-80 Armee, 1980-85 Stud. Maschinenbau Fachrichtung Tripotechnik TH/TU Karl-Marx-Stadt, 1985 Dipl.-Ing. Maschinenbau, 1994 Abschluß Bauspar- u. Finanzierungsfachmann. K.: ab 1980 nebenberufl. b. d. Staatl. Vers. tätig, 1985-90 Konstrukteur Vorlaufforsch. Forsch.-Themenbetreuung, 1990 selbst., Grdg. d. eigenen Büros "Wüstenrot", Hdls.-Vertreter, Mitarb., Außendienstpartner, Inh., seit 2000 Hauptbez.-Ltr. in Chemnitz. P.: Dipl.-Arb. E.: mehrere Ausz. für beste Leistungen im Unternehmen. M.: Asphaltkegeln (Klassikkegeln)-Bez.-Kl., Teilnehmer am Liberalen Freundeskreis (F.D.P.). H.: Asphaltkegeln, eigenes Haus (Mehrfachfamilienhaus), Arch. (Beruf), Weltpolitik u. - wirtschaft.

Fleischer Arndt Dr. rer. nat. *)

Fleischer Bernhard Dr. med. dent.

B.: Zahnarzt. DA.: 89073 Ulm, Herrenkellerg. 1. G.: Eggenfelden, 4. Juni 1962. V.: Heike, geb. Rebien. S.: 1981 Abitur, b. 1982 Wehrdienst, 1982-89 Stud. Zahnmed. an d. Univ. Ulm K.: b. 1997 Zahnarzt im Bundeswehr-KH in Ulm, seit 1998 ndlg. Zahnarzt, spezialisiert auf Implantate, ästhet. Zahnheilkunde, ar. Praxyle, arb. m. digitalem Röntgensystem m. 80% Strahlenreduktion. H.: Golf, Snowboard, Bergsteigen.

Fleischer Bodo Dr. med.
B.: Chefarzt d. chir. Klinik. FN.: Krankenhaus Neu-Mariahilf gGmbH. DA.: 37073 Göttingen, Humboldtallee 10-12. G.: Preetz, 2. Jan. 1946. V.: Marion, geb. Schröter. Ki.: 2 Kinder. El.: Erhard u. Elfriede, geb. Steiner. S.: 1966 Abitur, 1966-72 Stud. Med. Univ. Kiel, 1972 Staatsexamen u. Prom. K.: 1972 med. Ass. f. Innere Med. am KKH Plön, 1973 Med.-Ass. an d. chir. Klinik d. Städt. KH Braunschweig, 1973 med. Ass. u. wiss. Ass. an d. radiolog. Univ.-Klinik Kiel, 1973 Approb., 1973-75 Truppenarzt d. Bundeswehr, 1975-81 Ass. an d. chir.

Klinik d. St. Bernward KH in Hildesheim, 1981-94 ltd. OA f. Allg.-, Abdominal-, Thorax- u. Gefäßchir., 1985 Hospitation auf d. kardiochir. Intensivstation an d. MHH, 1992-96 Kreisverbandsarzt d. DRK Hildesheim-Stadt, 1994 kommisar. Ltr. d. chir. Klinik St. Bernward, 1995-96 ltd. OA an d.Klinik f. Viszeral- u. Thoraxchir. am St. Bernward KH in Hildesheim, seit 1996 Chefarzt d. chir. Klinik am KH Neu-Marihilf in Göttingen. M.: DRK. H.: Musik.

Fleischer Godehard Dr. jur. *)

Fleischer Hannes *)

Fleischer Heinz F.
B.: RA u. Notar. DA.: 13467 Berlin, Olafstr. 17. G.: Tschermna/Sudetenland, 25. Aug. 1939. S.: 1961-63 Bundeswehr - Lt. d. Res., 1963-75 Stud. Jura Frankfurt/Main u. Würzburg, 1. u. 2. Staatsexamen. K.: 1975 Zulassung z. RA u. Eröff. d. Kzl., 1985 Zulassung z. Notar. m. Tätigkeitsschwerpunkt Miet-, Erb- u. Grundstücksrecht. M.: langj. Vors. d. Haus- u. Grundstücksver. Berlin-Hermsdorf. H.: Jagd.

Fleischer Horst
B.: Dir. FN.: Thür. Landesmuseum Heid. DA.: 07407 Rudolstadt, Schloß Heidecksburg. PA.: 07407 Rudolstadt, Weinbergstr. 12. G.: Köslin/Pommern, 18. Nov. 1936. V.: Dr. Inga, geb. Steinhauer. El.: Helmut u. Helene. S.: 1956 Abitur, 1956-61 Stud. Theol., Germanistik u. Geschichte Rostock, 1968-71 Stud. Archivwiss. Humboldt-Univ. Berlin. K.: 1961-67 Lehrer in Rostock u. Rövershagen, 1967-78 wiss. Archivar im Thür. Staatsarchiv Rudolstadt, 1978-79 Galerieltr. in Rudolstadt, 1979-80 wiss. Archivar am Goethe-Schiller-Archiv in Weimar, seit 1980 Mitarb. d. Thür. Landesmuseums Heidecksburg, 1990 Berufung z. Dir. P.: Buchveröff.: Vom Leben in d. Residenz (1986), Rudolstadt - eine Residenz in Thüringen (1993), Thüringen im Mittelalter - Die Schwarzburger (1995); Beiträge z. thür. u. schwarzbug. Kulturgeschichte im 18 Jhdt. M.: Lions Club Rudolstadt-Heidecksburg, Freie Wählergemeinschaft Rudolstadt, versch. örtl. Kulturver.

Fleischer Johannes Dr. *)

Fleischer Jörg Dipl.-Ing.
B.: Gschf. FN.: GFN College GmbH. DA.: 10247 Berlin, Voigtstr. 3. joerg.fleischer@gfn.de. www.gfn.de. G.: Leipzig, 10. Dez. 1961. V.: Petra, geb. Köhn. Ki.: Dirk (1982), Steffen (1987). El.: Dr. Jürgen u. Dr. Gerburg, geb. Notnagel. S.: 1980 Abitur Berlin, 1980-83 Stud. an d. Offz.-HS d. Luftwaffe in Kamenz - Dipl.-Ing. f. Automatisierungstechnik, 1983-90 tätig in Führungspositionen Jagdfliegergeschwader Neu Hardenberg, 1990-91 postgraduales Stud. Jura u. BWL an d. Univ. Potsdam. K.: 1992-98 Aufbau u. Ltr. eines Bild.-Trägers in Fürstenwalde/Spree, 1998 Grdg. d. GfN Berlin GmbH - Gschf./Teilhaber, Ltr. im Bild.-Zentrum DITEC b. z. Verkauf d. Firma an GfN - danach Ltr. d. gesamten Bild.-Zentrums in Berlin, freier Bild.-Träger ohne Bindung an d. Ind., tätig im gesamten IT-Bereich. BL.: Aufbau d. ersten Berufsfachschule u. Fachoberschule im Land Berlin-Brandenburg. P.: Fachbuch zu ing.-techn. Problemen (1985). M.: Vors. d. Landesverb. Berlin-Brandenburg im Bundesverb. dt. Privatschulen, LandesschulbeiR.- Land Berlin-Brandenburg. H.: Fliegen, Freizeitsport.

*) Biographie www.whoiswho-verlag.ch oder beigefügte CD-ROM

Fleischer Jürgen Dr. med. habil. Prof.

B.: Abt.-Ltr. d. Med. Klinik d. Med. Ak. Carl Gustav Carus in Dresden. GT.: 1969-90 Ltr. d. Arbeitsgruppe Leukämien d. ehem. Ges. f. Hämatologie u. Bluttransfusion d. DDR, 1985-90 Ltr. d. Sekt. Hämatologie d. genannten Ges. PA.: 01277 Dresden, Niederwaldstr. 25. G.: Dresden, 26. Apr. 1926. V.: Gisela, geb. Saupe. Ki.: Ulrike (1957), Christian (1958). El.: Dr. med. Gerhart u. Gertrud. BV.: OStR. Prof. Georg Fleischer, b. 1924 in Dreikönigsschule Dresden. S.: 1944 Luftwaffenhelfer Abitur, 1947 Abitur, 1947-54 Med.-Stud. in Leipzig, 1954 Dr. med. K.: 1954-91 in Med. Ak. Dresden, 1966 Habil., 1968 Dozentur, 1977 a.o. Prof., ab 1961 Aufbau d. Abt. Hämatologie u. Onkologie, Entwicklung eines hämatolog. Speziallabors. BL.: viele Einleit.-Vorträge, abgestimmte Therapieempfehlungen f. hämatolog. Erkrankungen in Ostdeutschland, erste randomisierte prospektive Akute-Leukämie-Studie an ostdt. Univ.-Kliniken, Entwicklung einer Stufenversorgung v. Blutpatienten in Ostsachsen, wiss. Ltg. v. 4 intern. Leukämiesymposien, d. Trilateral Meeting d. Hämatologen d. DDR, Polens u. d. CSSR in Oybin 1986 u. d. Dresdner Leukämie-Lymphom-Symposien 1991, 1992, 1993, d. Onkolog. Kolloqiums Merck 1993 in Dresden, Teilnahme an einer Behandlungsstudie an d. Med. Klinik I d. Univ.-Klinikums Dresden. P.: 130 Veröff. in Fachzeitschriften u.a. über Funktionen d. Monozyten, Makrophagen, neutrophilen Leukozyten b. Erkrankungen u. m. Tierversuchen, bes. alkal. Phosphatase, Esterasen, O2-Radikale, Wirkung v. Prednisolon auf d. Knochenmark, Chemotherapie d. akuten u. chron. myeloischen Leukämie, Morbus Hodgkin, d. Nicht-Hodgkin-Lymphome, d. chron. myelomonozytären Leukämie, d. primären chron. Myelofibrose m. einen Vorschlag f. d. Hemmung d. Fibrogenese durch intensive Makroph.-Stimulation, Lehrbuch über Bluterkrankungen, 2 Symposiumsbände (1993, 1998), Buch über chron. myeloproliferative Erkrankungen. E.: 1987 Schilling Med. d. ehem. Ges. f. Hämatologie u. Bluttransfusion d. ehem. DDR, 1992 Univ.-Med. v. Bologna, 2000 Med. Outstanding Scientist, Cambridge, 2000 Med. of Honor, Bibliograph. Inst. Raleigh, Ehren-Mtgl. 1985 Ges. f. Hämatologie u. Bluttransfusion d. DDR, 1986 Ges. f. Hämatologie u. Bluttransfusion Ungarn, 1991 Ges. f. Hämatologie u. Bluttransfusion Polen, Mtgl. Dt. Ges. f. Hämatologie u. Onkologie, Intern. Society of Haematolog. H.: Malerei, klass. Musik.

Fleischer Karl-Heinz *)

Fleischer Klaus

B.: ldw. Sachv. GT.: ehrenamtl. Gutacher f. d. ldw. Bereich d. Stadt Fulda, Berufung als Wildschadensschätzer. DA.: 36041 Fulda, Am Weiher 36. G.: Kreis Gera, 3. Aug. 1929. V.: Christa, geb. Schreiber. Ki.: Dorothee, Thomas, Andreas. S.: 1945 Ldw. Lehre m. 1. Prüf. 1947, danach Übersiedlung in d. Westen u. 1948 Beendigung d. Lehre als Ldw.-Gehilfe. K.: 2. Verwalter in einem Betrieb im Raum Frankfurt, 1950-51 durch d. 1. Agriculture Exange programm in d. USA, 1952 als Immigrant nach British Columbien/Kanada u. 1955 als 2. Immigrant auf eine Farm in d. Nähe Chicagos, 1957 Rückkehr nach Deutschland, 1957-68 Bewirtschaftung meist herrenloser Betriebe, 1968 Fachberater d. Raiffeisen Warenzentrale u. 1972 Anerkennung als Sachv. Ldw.

Fleischer Kurt *)

Fleischer Martina

B.: Reiseverkehrskauffrau, Inh. FN.: Fleischer Hard- u. Software. DA.: 24558 Henstedt-Ulzburg, Edisonstr. 5. G.: Hamburg, 11. März 1967. V.: Hartmut Fleischer. Ki.: Vanessa (1988), Annika (1993). El.: Heinrich u. Gisela Eylmann. S.: 1983-86 Ausbild. Reiseverkehrskauffrau, 1994-96 div. Seminare f. Programmierer u. Techniker. K.: 1990-93 freiberufl. Künstlermanagement in Hamburg, seit 1996 selbst. Hard- u. Software, kfm. Softwarelösung, Automatisierungstechnik u. Internet/Websites, pers. Engagement f. Bildung in öffentlichen Einrichtungen wie Schulen u. Alters/Pflegeheim. M.: Feuerwehr Norderstedt. H.: Kinder, Fachliteratur, Musik.

Fleischer Michael

B.: Gschf. Ges. FN.: FM Hydraulik GmbH. DA.: 33609 Bielefeld, Hakenort 65. PA.: 33758 Schloß-Holte, Ravensberger Weg 7. mfleischer@fm-hydraulik.de. G.: Bielefeld, 5. Feb. 1957. V.: Cornelia, geb. Kötter. Ki.: Monia. El.: Leo u. Friedel, geb. Luckstein. S.: 1972 Mittlere Reife, 1972-75 Ausbild. z. Kfz-Elektriker b. Hanomag-Henschel in Bielefeld, 1976-77 Bundeswehr Flugabwehr Eckernförde. K.: 1978-80 Zivilang. f. Elektrik u. Hydraulik b. d. British Army of the Rhein, 1980-91 Außendienst u. Verkaufsberater b. d. Firma Schmitter KG in Arnstein/Unterfranken im Diesel- u. Hydraulikbereich, 1991 Grdg. d. Firma FM Hydraulik GmbH in Bielefeld, Vertrieb v. Nutzfahrzeugteilen im Hydraulikbereich, Nebenabtriebe, Hydraulikpumpen, 1998 alleinige Werksvertretung v. Besares SA Spanien f. d. BRD. M.: Arbeiter-Samariter-Bund. H.: Nutzfahrzeuge, Fitness-Sport, Basteln.

Fleischer Milica *)

Fleischer-Fischer Eva
em. o. Prof. Kammersängerin

B.: Altistin, Mezzosopranistin. PA.: 04416 Markkleeberg, Buchenweg 9. G.: Breslau, 5. Mai 1922. V.: Prof. Rudolf Fischer. Ki.: Nannette (1960). S.: 1946 Stud. HS f. Musik Leipzig, Staatsexamen. K.: Aspirantur, während d. Stud. Solistin im Gewandhaus Leipzig, 1951 Ltr. einer Gesangskl. an d. HS f. Musik Leipzig, intern. Jurorentätigkeit, Repertoire: altitalien. Arien, Lieder, Liedgruppen, Zyklen, ständiges Mtgl. d. Städt. Bühnen Leipzig, Liederabende, Oratorien- u. Orchesterkonzerte, Operngastspiele im In- u. Ausland m. Dirigenten wie Ramin, Abendroth, Konwitschny, Kondraschin u.a. P.: Schallplattenaufnahmen, Rundfunk, Fernsehen. E.: 1949 Sonderpreis d. Carl Maria v. Weber-Wettbewerbes d. Stadt Dresden, 1950 2. Preis f. Sänger anläßl. d. intern. Bachwettbewerbes in Leipzig, 1958 Nationalpreis, Schumannpreis d. Stadt Zwickau. M.: Neue Bachges. e.V. Leipzig, Robert Schumann-Ges. Zwickau. H.: Garten, Lesen, Reisen.

Fleischhauer Carl-August Dr. iur.

B.: Min.-Dir. a.D., Richter. FN.: Intern. Gerichtshof Den Haag. DA.: NL-2517 KJ Den Haag, Peace Palace. G.: Düsseldorf, 9. Dez. 1930. V.: Liliane, geb. Sarolea. Ki.: 2 Töchter. El.: Prof. Dr. med. Kurt u. Leonie, geb. Schneider-Neuenburg.

---

*) Biographie www.whoiswho-verlag.ch oder beigefügte CD-ROM

Fleischhauer

S.: 1949 Abitur Düsseldorf, Univ. Heidelberg, Grenoble, Paris, Chicago, beide Jur. Staatsexamen, Prom. K.: 1960-62 wiss. Ref. MPI f. Ausländ. öff. Recht u. Völkerrecht Heidelberg, 1962 Auswärtiges Amt Bonn, 1976-83 Völkerrechtsber. u. Leiter Rechtsabt., 1983-94 Untergen.-Sekr. f. Rechtsangelegenheiten u. Rechtsberater d. Vereinten Nationen, seit 1994 Richter am Intern. Gerichtshof in Den Haag. E.: ausländ. Ausz, BVK. H.: moderne Geschichte und Literatur.

Fleischhauer Günter Dipl.-Ing. *)

Fleischhauer Hans *)

Fleischhauer Heinz J. H.
B.: Journalist. FN.: Intermedia Deutschland. DA.: 53177 Bonn, Peter-Schwingen-Str. 11. G.: Düsseldorf, 5. Nov. 1931. V.: Renate, geb. Kopp. Ki.: Thomas (1958), Ute (1960), Peer (1972). El.: Peter u. Elisabeth, geb. Mathies. S.: 1951 Abitur, 1951-53 Organ.-Ltr. Junge Union Deutschland, 1953-54 parlamentar. Ass. b. Dr. F. W. Willeke, 1954-60 Stud. Politologie u. Rechtswiss. FU Berlin, 1955-56 Stud. Politologie St. Norbert College West De Peere Wisconsin/USA, 1960 Dipl FU Berlin. K.: 1959 Landesvors. d. RCDS, 1960-62 Bundesgschf. d. Studienkreis f. staatsbürgerl. Arb., 1962-65 Ltr. d. PR-Abt. d. Firma Kehrl KG in Köln, 1965-96 Bonner Korrespondent f. Aktuelles b. Deutschlandfunk u. zuständig f. Wirtschaft, Verteidigung u. Aussch., seit 1995 Aufbau d. eigenen Nachrichten- u. PR-Agentur. BL.: Vors. d. Dt. Politologenverb. E.: 1980 BVK am Bande, 1974 Chevalier de Merite v. Mauretanien. M.: Vors. d. Studienkreis f. staatsbürgerl. Arb., Dt. Presseclub, Bundespressekonferenz. H.: Schwimmen, Autofahren.

Fleischhauer Katharina *)

Fleischhauer Kurt Dr. med. Dr. sci. h.c. Prof. *)

Fleischmann Birgit

B.: Gschf. Ges. FN.: B G GmbH Ambulante Senioren- u. Krankenpflege. DA.: 90762 Fürth, Blumenstr. 15. PA.: 90766 Fürth, Daimlerstr. 3. G.: Fürth, 21. Mai 1956. V.: Gerhard Fleischmann. Ki.: Ina (1980), Doris (1984). S.: b. 1972 Berufsfachschule für Hauswirtschaft, 1974 Mittlere Reife, b. 1975 Krankenpflegeschule Fürth, b. 1977 Krankenpflegeschule in Schwenningen, 1978-79 Ausbildung z. Arzthelferin. K.: ab 1992 wieder berufstätig als Pflegehelferin, 1995-97 Ausbildung z. examinierten Altenpflegerin Coll. 1997, 1997-99 Stellvertretende PDL b. einer ambulanten Pflege, seit 1999 selbständig m. d. Firma BG GmbH Ambulante Senioren u. Krankenpflege Blumenstr. 15 in 90766 Fürth, seit 2002 ltd. Fachpflegekraft nach § 80 S G B XI. H.: Lesen, Reisen, Kochen, Malen, Basteln, Sport aktiv u. passiv.

Fleischmann Frank *)

Fleischmann Gerd Dr. Prof. *)

Fleischmann Gerhard
B.: Maschinenbauer, Gschf. FN.: Gerhard Fleischmann Schlosserei u. Eisenbau. DA.: 90766 Fürth, Lehmusstr. 10. PA.: 90587 Tuchenbach, Ringstr. 1. G.: Fürth, 29. Juli 1958. V.: Karin, geb. Frühwald. Ki.: Claudia (1982), Hans (1986),

Klaus (1989). El.: Georg u. Kunigunde, geb. Deininger. S.: b. 1978 Lehre als Maschinenbauer b. Firma Flor in Wachendorf. K.: b. 1980 Maschinenbauer b. Firma Flor, 1980-92 Maschinenmetallbauer b. Firma Ottmar Buchenberger in Tuchenbach, 1982 Meisterbrief in Nürnberg, 1992 Übernahme als Inh. d. Betriebes Josef Fleischmann. BL.: 1978 1. Sternwarte im Eigenbau in Tuchenbach, Ausz. Nürnberger Nachrichten 31. Dez. 1977, 1986 2. Sternwarte im Privathaus in Tuchenbach. H.: Amateurastronomie.

Fleischman Johan Wolfgang
B.: FA f. Gynäk. u. Geburtshilfe in eigener Praxis. DA.: 10827 Berlin, Hauptstr. 97. G.: Spiekerort, 14. März 1951. V.: Filomena Dos Santos. Ki.: Marie Sophie (1981), Paula Johanna (1991). El.: Dr. Wilhelm u. Arendje Hendrika, geb. Briene. S.: 1971 Abitur Freiburg, 1971-77 Stud. Biologie Konstanz u. Berlin m. Dipl.-Abschluß, 1977-83 Stud. Med. FU Berlin, Approb. K.: 1983-86 Forschungstätigkeit an d. Anästhesie im Klinikum Steglitz, 1986-90 FA-Ausbildung am KH Neukölln u. b. 1993 in d. Gynäk. am Martin-Luther-KH, 1994 FA f. Gynäk. u. Geburtshilfe, seit 1994 ndlg. FA in Gemeinschaftspraxis in Berlin-Zehlendorf, seit 1996 ndlg. FA in Berlin-Schöneberg. P.: Veröff. z. Thema Streßhormone. H.: Radfahren, Joggen.

Fleischmann Julitta OStD. *)

Fleischmann Klaus Dr. phil.
B.: Gschf. FN.: Helmholtz-Gemeinschaft Dt. Forsch.-Zentren. DA.: 53175 Bonn, Ahrstr. 45. PA.: 50999 Köln, Ritterstr. 57. G.: München, 30. März 1941. V.: Christa, geb. Scheepers. Ki.: 1 Sohn. BV.: Großvater Dr. Karl Fleischmann - Jurist u. Kirchenpräs. in d. Pfalz. S.: 1961 Abitur, 1961-68 Stud. Romanistik, Germanistik u. Theaterwiss. Univ. Erlangen u. München, glz. 1963-64 Ass. f. Dt. Lycée in Roanne/F, Theaterkritiker f. Donaukurier, 1968 Prom. K.: 1968-70 Lektor f. DAAD am Inst. for Foreign Languages un Rangun/Birma, 1971-76 tätig in d. Geschäftsstelle d. WirtschaftsR. in Köln, 1976-87 Ref.-Ltr. f. Sonderforsch.-Bereiche d. DFG, 1982-84 Ref.-Ltr. f. Sponsoring d. Intern. Foundation for Science in Stockholm, seit 1987 Gschf. d. Arge f. Groß-Forsch.-Einrichtungen u. seit 1995 d. Hermann von Helmholtz-Gemeinschaft Dt. Forsch.-Zentren.; Funktionen: Mtgl. d. Executive Comittee d. ESARC u. Vors. d. Kmsn. Forsch. u. Entwicklung in d. öff. Wirtschaft in Brüssel. P.: "Geschichte d. KP Birmas" (1987 u. 1989), "Verfassung d. Union v. Birma (1976)", "Arakhan Konfliktregion in Birma-Bangladesch" (1981). M.: Golfclub Römerhof Bornheim, Golfclub Salzburg-Fuschl. H.: Literatur, Golf, Oper, Skifahren, Sprachen.

Fleischmann Klaus Dipl.-Ing.
B.: Arch.-Designer. FN.: Konstruktion, Kunst u. Form. DA.: 99423 Weimar, Seifeng. 12. info@fleischmann-design.com. www.fleischmann-design.com. G.: Neustrelitz, 21. Sep. 1940. S.: 1959 Abitur, 1959-65 Arch.-Stud. an d. HAB Weimar, Dipl.-Ing. Arch. K.: seit 1965 freiberufl. tätig als Arch.-Designer, Autodidakt, seit 1990 intensive Gestaltungen in denkmalgeschützten Stadtzonen. M.: 1969-89 Verb. Bild. Künstler d. DDR, seit 1990 Verb. Bild. Künstler, Verb. d. Kunsthandwerker.

Fleischmann Marianne *)

Fleischmann Norbert Dipl.-Ing. *)

*) Biographie www.whoiswho-verlag.ch oder beigefügte CD-ROM

Fleischmann Peter

B.: Regisseur, Vorst. FN.: Europäisches Filmzentrum Babelsberg e.V. DA.: 14482 Potsdam, August-Bebel-Str. 26-53. efb-office@e-f-b.de. www.e-f-b.de. G.: Zweibrücken, 26. Juli 1937. S.: Stud. Dt. Inst. f. Film u. FS (DIFF) München u. am Inst. d. Hautes Études Cinématograph (IDHEC) Paris. K.: Aufnahmeltr. Regieass., Reg.; Die Eintagsfliege (1960), Un noir pour Madame (1962), Brot d. Wüste (1962), Die Sandrose (1962), Interview mit Fritz Lang (1963), Der Test (1964), Alexander u. d. Auto ohne linken Scheinwerfer (1965), Herbst d. Gammler (1967), Jagdszenen aus Niederbayern (1969), Das Unheil/Les cloches de Silésie (1970), Dorotheas Rache/Dorothea (1974), Der dritte Grad/La Faille/La smagliatura (1975), Die Hamburger Krankheit/La maladie de Hambourg (1979), Der Frevel/Sacrilège au méfait (1983), Vorst. Europ. Filmzentrum Babelsberg.

Fleischmann Thomas

B.: Gschf. Ges. FN.: Walch business + home. DA.: 90478 Nürnberg, Schweiggerstr. 6. fleischmann@walch-home.de. www.walch-home.de. G.: Nürnberg, 23. Apr. 1963. Ki.: Lena (1993). El.: Alfred u. Sieglinde. S.: 1978-81 Ausbildung z. Energieanlagenelektroniker b. Siemens in Nürnberg, 1982-84 Abendrealschule m. Abschluss Mittlere Reife in Nürnberg, 1985-89 Bundeswehr, gleichzeitig Fernstud. z. Versicherungskaufmann. K.: seit 1990 selbständig Firma Service-Master Lederaufbereitung in Nürnberg, später Umbenennung in Firma WP Wohneinrichtungs-Pflegeservice GmbH Nürnberg, seit 1997 eigene Firma Pro-Hansa Professionelle handwerkliche Sanierung in Nürnberg, 1999 Firma Walch & Fleinert Raumausstattungen dazugekauft, 2001 Übernahme Firma Bodoni u. Zusammenführung m. Walch & Fleinert in Walch business + home Raum-Komplett-Service, weitere gr. Ndlg. u. Ausstellung in Rednitzhembach, 1997-99 Sachv. f. Hausrat u. Gebäudeschäden. H.: Sport (aktiv Triathlon, Schwimmen, Radfahren, Laufen).

Fleischmann Ursula

B.: Kunstfotografin, selbständig. DA.: 76137 Karlsruhe, Karlstr. 73. G.: Ludwigshafen, 3. Feb. 1938. S.: 1952-55 Bauzeichnerlehre b. Vater Max Ludwig, Statiker in Ludwigshafen. K.: tätig in einem Architekturbüro in Ludwigshafen, einjährige Mitarbeit im Atelier Max Bill in Zürich, Gründer d. HS f. Gestaltung in Ulm, seit 1960 Bauzeichner im Stadtplanungsamt Karlsruhe, 1975-77 Fachschule f. Bautechniker in Karlsruhe, 1977-98 tätig an d. Univ. Karlsruhe, Bereich Fotografie u. Dokumentation. P.: Intern. Ausstellungen u.a. Philadelphia u. Kairo. E.: Hanna Nagel Preis d. fünf Präsidentinnen.

Fleischmann Wolfgang J. *)

Fleiss Elmar

B.: Bankkfm., Inh. FN.: Bikel Tresorbau KG. DA.: 74080 Heilbronn, August-Mogler-Str. 35. PA.: 74074 Heilbronn, Winzerstr. 9. G.: Großwardein, 3. Nov. 1961. S.: 1978 Mittl. Reife, 2 J. Ausbild. Bankkfm. K.: 2 J. im elterl. Unternehmen tätig, 1980 Eintritt Firma Bikel Verkauf u. Marketing, 1982 Einzelprokura, 1984 selbst. Ltg. Heilbronn, 1985 Gschf. Produktion, ab 1984 Aufbau d. Produktionsstätte Ungarn. P.: Produktinfo neue Medien Print/TV/Internet. M.: Golfclub Heilbronn-Hohenlohe, Kapitän 1. Mannschaft, Sportausschußl., Jugendl., Grdg.-Mtgl. Sopron/Ungarn HK, Gründer JU Bad Wimpfen. H.: Golf, Angeln.

Fleissner Herbert Dr. iur. *)

Fleiter Friedhelm Hubert Hermann *)

Fleiter Harald

B.: Techn. Aufsichtsbmtr. FN.: Holz-Berufsgen. DA.: 33602 Bielefeld, Turner Str. 5-9. PA.: 32791 Lage, Ohrser Str. 3. G.: Verl, 29. Dez. 1941. V.: Anne, geb. Beckers. Ki.: Elke (1973), Tanja (1975). El.: Hermann u. Agnes, geb. Henkeljohann. S.: 1956-57 Handelsschule Gütersloh, 1957-60 Tischlerlehre u. Berufsschule Wiedenbrück, 1965-68 Berufsaufbauschule Brackwede, 1968-70 Meistervorbereitungslehrgang in Köln. K.: 1960-63 Tischlerselle im elterl. Betrieb, 1963-64 Tischlergeselle u. stellv. Betriebsmstr. b. d. Firma Wilhelm Bothe Brackwede, 1964-67 Firma Gebr. Campinge Köln, 1970 Tischlermeister im elterl. Betrieb, 1968-70 Tischlergeselle b. d. Firma Gebr. Campinge Köln, 1970 Tischlermeister im elterl. Betrieb, s. 1970 Maschinenlehrmeister b. Norddt. Holz-Berufsgen. Bielefeld, 1977 Übernahme ins Beamtenverhältnis, 1981 Ltg. d. berufsgen. Lehrwerkstatt in Herford, 1993 Schulgskoordinator in Holz-Berufsgen. Dienststelle Bielefeld. H.: Drechseln, Tennis.

Flemig Kurt *)

Fleming Jens

B.: Kaufmann. FN.: Unternehmensgruppe S.M.P. GmbH u. Inmaxx GmbH & Co. KG. DA.: 10117 Berlin, Charlottstr. 18. smp@pix.de, kontakt@inmaxx.com. www.inmaxx.com. G.: Sondershausen, 1. Aug. 1969. El.: Heinrich u. Christel, gel. Spieß. S.: 1985 Mittlere Reife. K.: Leistungssportler, Olympiakader Leichtathletik DDR, Karriere-Abbruch durch Unfall (Beinamputation), 1989-92 Privatisierung u. Reprivatisierung v. treuhänderisch verwalteten Unternehmen, die in den neuen Bundesländern n. 1972 zwangsverstaatlicht wurden, 1992 Grdg. d. eigenen Firma S.M.P. GbR, ab 1997 GmbH, Gschf. Ges., 2000 Grdg. d. Firma Inmaxx GmbH & Co. KG, Unternehmensschwerpunkte Vermittlung v. Verträgen über Grundstücke, Wohnungen, Darlehen, Vermögensanlagen; Entwicklung v. zielgruppenorientierten Marketingstrategien durch Kontaktportfolio zu Profisportlern (z.B. Fußball, Leichtathletik), Künstlern u. Akademikern, E-Commerce, Consulting, Sponsoring u. Vermittlung v. Geldanlagen. H.: Golf, Tennis, Segeln.

Flemisch Georg *)

Flemmer Walter Dr. phil.

B.: stellv. Fernsehdir., Kulturchef. FN.: Bayer. Rundfunk. DA.: 80939 München, Florianmühlstr. 60. G.: München, 26. März 1936. V.: Dr. Ursula, geb. Kupka. K.: Angelika (1961), Christiane (1963), Andreas (1964), Bettina (1967). El.: Otto u. Sofie, geb. Mauser. S.: Stud. Germanistik, Geschichte, Phil., Geographie u. Theaterwiss. München, 1962 Prom. z. Dr. phil. K.: 1959-62 Ass. v. Prof. Dr. Edgar Hederer, 1961 Verlagsred., 1962 Kulturred. b. d. Bertelsmann Fernsehproduktion, dann b. Regionalprogramm d. Bayer. Fernsehens, 1963 selbst. Red. im wiss. Studienprogramm BR, freier Mitarb. zahlr. Zeitschriften, 1966 Ltr. d. Hauptabt. Studienprogramm im Bayer. Fernseh., 1996 Umbenennung d. Kursprogramms in Hauptabt. Erziehung u. Erwachsenenbild., 1971 Ltg. d. Gruppe Wiss. in d. AG Vorschulerziehung, Koordinator u. Stellv. d. Fernsehdir. f. d. Programmgruppe Erziehung u. Ausbild., 1973 Übernahme d. Programmbereichs Kunst u. Erziehung, 1983 Kulturchef d.

*) Biographie www.whoiswho-verlag.ch oder beigefügte CD-ROM

Flemmer

BR/Fernsehen, Koordinator u. Stellv. d. Fernsehdir. f. d. Programmgruppe Kultur u. Familie bis 2000, Autor zahlr. Fernsehsendungen, 1990 stellv. Fernsehdir. d. BR, Kulturchef, Koordinator Bild. m. d. ARD. P.: zahlr. Publ. E.: 1967 Adolf Grimme-Preis, BVK, Bayer. Fernsehpreis, Preis d. Bayer. Volksstiftung. M.: Bild.-Aussch. d. Kath. Ak. in Bayern.

Flemmig Weert OberkonsistorialR. *)

Flemming Arend Dr.

B.: Vorst.-Vors. FN.: Deutscher Bibliotheksverband e.V. (DBV). GT.: Dir. d. Städtischen Bibliotheken der Landeshauptstadt Dresden. DA.: 10623 Berlin, Straße des 17. Juni 114. dbv@bdbibl.de. www.bdbibl. de/dbv. G.: Dresden, 13. Dez. 1958. V.: Karin, geb. Szyszka. Ki.: Annelies (1981), Annemarie (1985). El.: Dr. Horst u. Dr. Ellinor, geb. Roschig. S.: Abitur in Dresden, Stud. Automatisierungstechnik u. Informationsverarbeitung an der Friedrich-List-HS f. Verkehrswesen in Dresden, 1985 Dipl., 1988 Prom., Stud. d. Bibliothekswiss. an d. Humboldt-Univ. zu Berlin, 1993 Dipl. K.: 1988-90 Abteilungsleiter EDV an d. Stadt- u. Bezirksbibliothek in Dresden, seit 1991 Dir. d. Städtischen Bibliotheken Dresden, seit 1998 Vors. d. Bundesvorstandes d. DBV, 1992-99 stellv. Vors. d. DBV, Sektion 1 (dt. Großstadtbibliotheken), 1992-95 Vors. u. 1996-98 stellv. Vors. d. DBV Landesverband Sachsen, seit 1995 Vorst. u. seit 1999 stellv. Sprecher d. Bundesvereinigung Dt. Bibliotheksverbände e.V. (BDB). P.: Autor u. Mitautor zahlr. Publ., regelmässige Beiträge u. Artikel in Fachzeitschriften, Fachvorträge v. nat. u. intern. Gremien. E.: Friedrich-List-Preis I. Klasse (1985). M.: seit 1994 Mtgl. u. 1997-98 Vors. d. Fachbeirates im Dt. Bibliotheksinstitut, 1995-97 Mtgl. d. Fachbeirates d. Einkaufszentrale f. Bibliotheken (ekz), 1997-2000 Bertelsman Stiftung: Mtgl. d. intern. Expertennetzwerkes f. Öffentliche Bibliotheken, seit 1999 Goethe-Inst., Mtgl. d. Beirates Bibl. u. Information, seit 2001 Mtgl. British Council (BC), Think Tank Beratergruppe v. BC Deutschland. H.: Motorradfahren, Volleyball.

Flemming Bert Dr. *)

Flemming Elfie *)

Flemming Hanns Theodor Dr. Prof. *)

Flemming Irene Dr. med. Prof.

B.: Prof. PA.: 14129 Berlin, Burgunder Str. 9. G.: Berlin, 12. Juli 1934. El.: HofR. Dr. Anatol u. Dr. Luise. S.: 1953-59 Med.Stud., 1961 Prom. K.: 1962 Ass. in d. HNO-Klinik d. Freien Univ. Berlin, Hpt.Interesse b. Plast. Chir., Weiterbild. in Plast. Chir. b. Dr. Meyer Lausanne, Prof. Sanvenero Rosselli Mailand u. Prof. Pitanguy Rio de Janeiro, 1965 FA f. HNO-KH, Ausbau d. regionalen Plast. Chir. an d. Klinik, 1971 Habil., seit 1971 Prof. an d. HNO-Klinik d. FU Berlin, 1986 Ltr. d. Inst. f. biolog. Grundlagenforsch. in d. Plast. Chir. P.: 27 Zeitschriftenveröff. in wiss. Zeitschriften, 8 Buchbeiträge. M.: Ltr. d. Wiss. Inst. f. Plast. Chir. e.V., Mtgl. b. Joseph Soc., Am. Acad. Fac. Plastic Reconstr. Surg., Intern. Rhinol. Soc., Europ. Acad. Fac. Surg., HNO-Heilkunde. H.: Tennis, Reiten.

Flemming Klaus *)

Flemming Kurt Bruno Paul Dr. med. habil. *)

Flemming Ute *)

Flemming Volker

B.: Diplomjurist, ndlg. RA. DA.: 06108 Halle/Saale, Leipziger Str. 30. G.: Theissen b. Zeitz, 31. Juli 1939. V.: Isolde. Ki.: Dr. med. Peer (1960), Nadja (1978). El.: Dipl.-Ing. Ernst u. Charlotte. S.: 1957 Abitur Zeitz, 1957-61 Stud. Rechtswiss. an d. MLU Halle-Wittenberg. K.: 1961-64 Verkehrsstaatsanwalt, 1964-68 Justitiar in versch. Betrieben, 1968-90 Justitiar der Energiekombinates Halle (jetzt ME AG), seit 1990 ndlg. RA in Halle, Tätigkeitsschwerpunkt: Ausländerrecht, Familienrecht u. Insolvenzrecht. H.: klass. Musik, Literatur, Sport.

von Flemming Wolf-Dietrich *)

Flender Erwin Dr.-Ing. *)

Flenker Ingo Dr. med. *)

Flesch Peter Dr. med. *)

Flesch Udo Dr. med. Dipl.-Phys. Prof.

B.: Physiker, Arzt, Prof. an d. Charité Berlin, Konsiliarius, Dt. Herzzentrum Berlin, Ltd. Arzt. FN.: Med.-Techn. Untersuchungsstelle d. Bundesvers.-Anst. f. Ang. GT.: Zentraler Strahlenschutzbev. d. BfA. DA.: 10713 Berlin, Hohenzollerndamm 47. uflesch@zedat.fu-berlin.de. G.: Berlin, 3. Aug. 1943. V.: Dorothea, geb. Hedde. Ki.: Sven (1978), Yann (1981). El.: Gerhard u. Ursula, geb. Richter. S.: 1963 Reifeprüf. Berlin, Ind.-Praktikum b. Siemens, 1963-70 Stud. Physik an d. TU Berlin, 1970 Dipl., 1971-76 Med.-Stud. an d. FU Berlin, 1977 Prom. K.: 1970-81 wiss. Ang. b. d. Bundesanst. f. Materialprüf., 1975-77 Forsch.-Arb. d. Bundesgesundheitsamtes unter Prof. Schoknecht, 1977 Approb. als Arzt, 1977-80 Ass.-Arzt im Röntgenolog. Zentralinst. d. Rudolf-Virchow-KH Berlin, 1980-81 Ass.-Arzt d. Strahlenklinik d. Rudolf-Virchow-KH Berlin, 1981 Arzt f. Radiologie im Röntgendiagnost. Zentralinst. d. Rudolf-Virchow-KH Berlin, seit 1981 Lehrtätigkeit Ak. f. Arbeitsmed. u. Gesundheitsschutz, 1983 Lehrbefähigung u. Lehrbefugnis Radiologie an d. FU Berlin, 1984 OA, seit 1984 Mtgl. Normenaussch. DIN AA4 "Röntgendiagnostik", seit 1988 Prof. an d. FU Berlin, seit 1992 Ltd. Arzt. d. MTU d. BfA. BL.: mehrere Patente u. Forsch.-Arb. Reaktorbehälter-Instrumentierung, Ultraschall, Thermometrie Medizin, Segelschiffbau. P.: über 100 Publ. u.a. Zur Deutung d. Exzitonenspektren in II/VI-Verbindungen (1969), Thermometry of the surface of the human skin (1976), Untersuchung v. Schallköpfen (1976), d. Ultraschalldiagnostik (1976), Diss.: Oberflächenthermometrie d. Haut m. Thermoelement, Thermistor, Thermovision u. Temperaturmeßfarben (1974/77). M.: Ges. f. Natur u. Heilkunde, Arbeitskreis Röntgenverordnung, DIN AA4, Dt. Röntgenges., Berliner Röntgenges., Ver. d. ltd. Ärzte d. BfA, Dt. Ges. f. Med. Physik, Vorst.-Mtgl. u. Schatzmeister d. Freunde d. Dt. Herzzentrums. H.: Geige.

Flesche Uwe

B.: Freischaff. Künstler, Dipl.-Kommunikationsdesigner, Imagineer. DA.: 42277 Wuppertal, Liegnitzer Str. 78. G.: Remscheid, 26. März 1958. K.: seit 1971 Tätigkeit in ca. 30 verschiedenen Berufsbildern, 1981-87 Stud. Kommunikationsdesign, seit 1980 Freischaff. Künstler, Ausstellungstätigkeit, seit

*) Biographie www.whoiswho-verlag.ch oder beigefügte CD-ROM

1982 Management Kulturprojekte u. Ausstellungsdesign, s. 1985 Forsch.-Projekte, Vortragsreisen u. Fachpublikationen, 1991-95 Design Director / Museum Director in Kanada, 1994-95 Ausstellungsmacher z. IX. Weltkongreß d. Germanisten in Vancouver, s. 1995 Mitarbeiter Schillertheater NRW, Wuppertaler Bühnen. BL.: 1991 -93 welterstes Museum zur Geschichte d. Astrologie, Vancouver, Canada, 1999 welterste Ausstellung z. Borderline-Syptomatik, K.-E.-Osthaus-Museum, Hagen. P.: 1980-84 "Taxophilia" (Kunstwerk, div. Ausstellungen), 1981-87 "Alibi" (Kunstwerk, div. Ausstellungen), 1982-83 Mitarbeit am Museum f. Frühindustrialisierung, Wuppertal, 1985-86 "Museum d. austauschbaren Lieblinge" (Kunstwerk, div. Ausstellungen), 1989 Teilnahme an "Processing Copies" (Goethe-Inst., Vancouver), 1991 Teilnahme an "Open Box" (K.-E.-Osthaus-Museum, Hagen), 1991-93 "Museum of Astrology" in Vancouver, B.C. Canada, 1994-95 "Alte Welten - Neue Welten" (University of British Columbia, Vancouver), 1994-96 "The History of Halloween" (TV-Dokumentation / Video), 1995-99 "Todessehnsucht - Schwarze Romantik vor d. Jahrtausendwende" (Multimedia), seit 1999 "Ebbe & Flut" (pers. Beiträge z. Ausstellung "Sucht hat immer eine Geschichte", seit 2000 "Jenseits der Borderline - Uwe F. als Fall" (Lit. Beitrag z. Fachpsychologie). E.: 1988 1. Preis d. F. d. Bergischen Univ., Ehrenmtgl., 1994 Ehrenmtgl. d. Squamish Nation.

Fleschner Karl Eberhard *)

Fleskes Heinz-Dietrich

B.: Schulltr. FN.: Heinrich-von-Kleist-Gymn. DA.: 44805 Bochum, Heinrichstr. 2. G.: Eikelborn, 25. Dez. 1943. S.: 1963 Abitur Bochum-Wattenscheid, 1963-69 Lehramtsstudium Anglistik u. Geschichtswiss. an den Universitäten Münster u. Köln, 1. Staatsexamen, 1970-72 Referendariat am Max-Planck-Gymn. in Duisburg, 2. Staatsexamen. K.: 1969-70 wiss. Mitarb. Abt. Zeitgeschehen, b. WDR-Fernsehen in Köln, 1972 Lehrer am Gymn. Langenberg/Rheinland, 1972-73 Humboldt-Gymn. Essen, 1973-75 abgeordnet z. Staatskzl. Düsseldorf, Ressort Koordination v. Bild. u. Wiss., 1975-81 Humboldt-Gymn. Essen, 1981-87 Albert-Einstein-Schule Bochum, Oberstufenkoordination, seit 1987 Schulltr. u. OSt-Dir. Heinrich-von-Kleist-Gymn. Bochum. BL.: 1990 Grdg.-Mtgl. u. heute 1. Vors. Lokalfunksender Ruhrwelle Bochum. P.: Co-Autor "Schule m. Profil" (1998). M.: 1975-77 Fraktionsvors. d. SPD in Bochum-Wattenscheid, 1977-79 Bez.-Vorst. in Bochum-Wattenscheid, seit 1979 Mtgl. d. Rates d. Stadt Bochum, seit 1984 stellv. SPD-Fraktionsvors., seit 1995 Vors. im Schulungsaussch., seit 1988 Vors. d. Kmsn. Regionale Strukturpolitik b. d. Bez.-Reg. Arnsberg, Vors. Dt. Rotes Kreuz Bochum-Wattenscheid. H.: Städtereisen, Literatur, Pop-Musik, Kino.

Flessa Richard Dr. iur. *)

Flessau Kurt-Ingo Dr. phil. Prof. *)

Flessel Klaus Dr. Prof.
B.: Univ.-Prof. FN.: Univ. Erlangen., Inst. f. Außereuropäische Sprachen u. Kulturen. DA.: 91054 Erlangen, Bismarckstr. 1. Kflessel@phil.uni-erlangen.de. G.: Recklinghausen, 5. Dez. 1940. V.: Michiko. Ki.: 2 Kinder. S.: 1960 Abitur, 1971 Prom., 1983 Habil. K.: 1968-70 wiss. Ang., 1971-78 wiss. Ass. im Dekanat d. Fachbereichs Altertums- u. Kulturwiss. an d. Univ. Tübingen, 1978-83 AkR. am Seminar f. Ostasiat. Philol. d. Univ. Tübingen, seit 1984 Prof. f. Sinologie an d. Univ. Erlangen, 1986 Vertretung d. Ordinariats f. Sinologie an d. Univ. Tübingen. P.: Der Huang-ho und die historische Hydrotechnik in China (1974), Die Anfänge des staatlichen Geheimdienstes in China (1979), Early Chinese Newspapers (1986), zahlr. Aufsätze in wiss. Zeitschriften, FLESSEL etal. Hrsg. u. Autor: Lexikon Alte Kulturen, 3 Bde. 1990-93, Frühe Hochkulturen im Fernost-China bis 221 v. Chr. Brockhaus Weltgeschichte Bd. 1. (1997), Bd. 3 (1998).

Flessner Günter *)

Fletcher Mark *)

Fleuter Norbert Dr. med. dent. *)

Flick Friedrich Karl Dr. rer. pol.
B.: Investor. DA.: 40479 Düsseldorf, Inselstr. 18. G.: Berlin, 3. Feb. 1927. V.: Ingrid, geb. Ragger. Ki.: Alexandra, Elisabeth, Zwillinge Katharina Victoria u. Friedrich Karl jun. (1999). El.: Drs. h.c. Friedrich u. Marie, geb. Schuss. S.: 1944 Abitur Bad Tölz, 1946-51 Stud. Betriebswirtschaft. K.: prakt. Ausbild. im In- u. Ausland, 1957-85 Friedrich Flick KG Düsseldorf, ab 1962 persönl. haft. u. gschft. Ges., 1985 Verkauf d. Gruppe Flick an d. Dt. Bank AG, seit 1986 privater Investor v. Deutschland, seit 1995 v. Österr. aus tätig. E.: 1976 Bayer. VO, 1997 GrGE/St. (Re)

Flick Hans Dr. *)

Flick Inka *)

Flick Karl-Heinz *)

Flick Leonore Dr. med.

B.: Ärztin f. Augenheilkunde. DA.: 50825 Köln, Lenaupl. 12. G.: Kiew/Ukraine. V.: Dipl.-Ing. Igor Flick, geb. Romanov. Ki.: Paul (1966). El.: Paul u. Katharina Flick. S.: 1954 Abitur m. Ausz., 1960 Aprob. als Ärztin, Dipl. m. Ausz. K.: 1960-63 FA-Ausbildung, 1963-67 tätig in Augenklinik d. Ärzt. Fortbildung Inst. (Taschkent), 1969-73 Fernaspirantur am Helmholz-Inst. Moskau, 1973 Promotion, Wiss. Thema: "Progressive Myopie", 1969-87 tätig an der Univ.-Augenklinik Riga (Lettland), 1987 Ausreise nach Deutschland u. seit 1990 ndlg. Augenärztin. BL.: 2 Patente angemeldet. P.: 39. öffentl. wiss. Arbeiten. H.: Reisen.

Flicker Franz
B.: Touristik- u. Hotelfachmann, Gschf. FN.: Sport-Welt Fitness- u. Reha-Zentrum Ottobeuren. DA.: 87724 Ottobeuren, Am Galgenberg 4. www.sportwelt-ottobeuren.de. G.: Weiz/Österr., 1. Apr. 1954. El.: Johann u. Maria. S.: Ausbild. z. Koch u. Kellner, Fort- u. Weiterbild., Univ.-Lehrgang in Innsbruck (Tourismus-Kolleg) z. ak. geprüften Tourismusfachmann. K.: 1990-99

*) Biographie www.whoiswho-verlag.ch oder beigefügte CD-ROM

Flicker

Gschf. im Hotel Elisabeth in Ischgl, seit 1999 Gschf. v. Sportwelt Ottobeuren, einer Multifunktionsanlage im Bereich Wellness. H.: Freizeitsport, ital. Küche, Italien.

Flickinger Bernd H.
B.: Vorst.-Mtgl. FN.: Stinnes AG. DA.: Mülheim/Ruhr, Humboldtring 15. www.stinnes.de. K.: 1985-00 versch. Funktionen bei BASF, verantw. u.a. f. konzernweite Logistik, Einkauf u. IT, seit 9/2000 Vorst.-Mtgl. Stinnes AG, verantw. f. Informationstechnologie u. Einkauf, stellv. Vorst. Chemie.

Flieder Wolfgang *)

Fliedner Theodor M. Dr. med. Prof. *)

Fliege Bernd *)

Fliege Jürgen
B.: Pfarrer, Moderator, Filmemacher. FN.: Bavaria. DA.: 82031 Geiselgasteig, Bavaria-Filmplatz. 7 G.: Radevormwald, 30. März 1947. V.: Ulrike (Zahnärztin). Ki.: Miriam, Johanna. S.: Stud. Ev. Theol. Wuppertal u. Tübingen. K.: wg. Kritik a. d. evang. Kirch einjähriges Berufsverbot, i. d. Zeit Lastwagenfahrer, anschl. Pfarrertätigkeit u. a. i. Gemeinden v. Düsseldorf u. Essen, auf d. evang. Kirchentagen f. s. ersten TV-Auftritt entdeckt, 1988-90 erste Kindersendung, 1989-91 Fernsehpfarrer v. SAT.1., i. s. Tätigkeit als fr. Moderator u. Autor produz. Fliege vorw. f. d. priv. Sendeanstalten, 1993-94 Eselsohr u. Teufelsschwanz, 1989-94 "So gesehen", s. 1994 nachmitt. Talk-Show "Fliege" b. d. ARD, 1995 Gründung d. Stiftung Fliege, zug. hilfsbed. Fernsehzuschauer. P.: 1993 "Man spricht nur m. d. Herzen gut", "Alles wird wieder gut", "Menschenflüsterer" u.a.

Fliegel Frank

B.: Musiker. FN.: Francis-Tanzmusik. DA.: 30843 Langenhagen, Postfach 170225. G.: Langenhagen, 19. Aug. 1966. El.: Manfred u. Herta, geb. Jachmann. S.: Lehre als Einzelhdls.-Kfm. K.: 1984-89 Mitarb. b. VW Wolfsburg/Hannover, 1992-93 Umschulung z. Bürokfm., 1994 Flugzeugbeschriftung - Werbeflüge organisiert, u. auch geflogen, 1997 Chauffeur f. VIP IBM, 2000 Hapag Lloyd/Lufthansa, Weiterbild.: Bild.-Werk d. Niedersächs. Wirtschaft, Praktikum b. d. LVA Hannover, Kraftfahrer, Fotografie, Computer, Oldtimer Flugzeugeu. historische Zweiräder (Motorräder) - Restauration, EDV-Kenntnisse, aktiver Mitflieger f. Sportflugzeuge, aktiv Oldtimer Ralleys gefahren in Niedersachsen, Schaumburg, Bremen, Emsland - Sachsen-Anhalt (Dresden), parallel seit 1985 professioneller Musiker Bereich f. Tanzmusik, Moderne Deutsche Schlager u. Pop Musik, 1990 Orgel u. Keybordunterrichtslehrer f. Erwachsene u. bes. f. Kinder, seit über 20 J. befaßt er sich m. d. Geschichte über d. REX, Sammler v. Fahrrädern m. Hilfsmotoren. P.: versch. Literatur Zweiräder, Ersatzteile, Restaurationsberichte in div. Tageszeitungen, Oldtimer-Markt, 0-100, Fahrrad u. Moped, viele eigene CD's - Bereich Tanzmusik - Schlager - Pop "Alles was Du willst" gemeinsam m. vielen Kindern, "Doch irgendwann, sehen wir uns wieder" etc.

Fliegel Peter Ernst *)

Flieger Brigitte Prof. *)

Flieger Reiner *)

Fliegner Peter *)

Flier Rolf Erik Dr. med. dent. *)

Flierl Bruno Dr.-Ing. Dr. sc. phil.
B.: Arch.-Kritiker, Arch.-Theoretiker. PA.: 13189 Berlin, Thulestr. 25. G.: Bunzlau, 2. Feb. 1927. Ki.: Anne (1953), Thomas (1957). El.: Johann u. Gertrud. S.: 1948-51 Arch.-Stud. HfbK Berlin, 1953 Dipl.-Ing., 1972 Prom. K.: 1952-61 u. 1965-79 wiss. Mitarb. Inst. f . Theorie u. Geschichte d. Arch. d. Bauak. d. DDR, 1962-64 Chefred. d. Zeitschrift "Dt. Architektur", 1978 Habil., 1980-84 Doz. u. Prof. f. Arch. u. Stadtentwicklung Humboldt-Univ. zu Berlin, 1984 emerit. u. seitd. freiberufl. tätig, seit 1989 Mitarb. in Fachgremien z. städtebaul. Zusammenwachsen v. Ost u. West in Berlin, seit 1991 Architekturkritiker, Bauhistoriker, Wiss. Gutachter, Forschungsgebiete: kritische Aufarbeitung v. Städtebau in d. DDR, Probleme d. städtebaul. Gestaltung im vereinten Berlin, Hochhausentwicklung im 20.Jhdt. BL.: Gastvorlesungen u. Vorträge in Venedig, Moskau, Paris, Helsinki, London, New York, Straßburg, Wien. P.: Bücher, Essays u. Vorträge in Sammelbänden, Katalogtexte, Fachart.. Gutachten, "Zur sozialist. Arch.-Entwicklung in d. DDR" (1979), "Architektur u. Kunst" (1984), "Postmoderne-globale Differenz" (1991), "Die Stalinallee in Berlin" (engl. u. ital. 1991/92), "Die Bauten d. Volksdemokratie" (1992), "Hochhäuser in Berlin" (1992), "Politische Wandbilder und Denkmäler im Stadtraum" (1994), "Der Staat in der Mitte der Stadt" (1994), "Städtebau und Architektur im Staatssozialismus d. DDR" (1995), Text-Sammelbände: "Berlin baut um" (1998), "Gebaute DDR" (1998).

Flierl Patrik Franz Josef Dipl.-Physiker *)

Flierl Thomas Dr.
B.: Senator. FN.: Senatsverwaltung f. Wissenschaft, Forschung u. Kultur. DA.: 10119 Berlin, Brunnenstr. 188-190. www.berlin.de. G.: Berlin, 3. Juli 1957. S.: 1976 Abitur, 1976-81 Stud. Philosophie an d. HUB. K.: wiss. Ass., 1985 Delegierung in d. kulturpolitische Praxis, 1985-86 Zentrum f. Kunstausstellungen, 1985 Prom. z. Dr. phil., 1987-90 Mitarbeiter im Kulturministerium, 1990-96 Ltr. d. Kulturamtes Prenzlauer Berg, 1991-99 parteilos, 195-98 Mtgl. d. Abgeordnetenhauses f. d. Fraktion d. PDS, kulturpolitischer Sprecher, 1999-2000 Bezirksstadtrat f. ökologische Stadtentwicklung, Bauen u. Wohnen im Berliner Bezirk Mitte, 1998 Mtgl. d. PDS, seit 2000 Mtgl. d. Parteivorstandes d. PDS, 2001 freier Mitarbeiter d. Rosa-Luxemburg-Stiftung f. Kulturpolitik, seit 17. Jan. 2002 Senator f. Wiss., Forschung u. Kultur in Berlin. (Re)

Fliesgen Udo *)

Fließbach Torsten Dr. Univ.-Prof. *)

Fliether Karl-Joachim Dipl.-Kfm. *)

Fligge Jörg Rainer Dr.
B.: Dir. FN.: Bibl. d. Hansestadt Lübeck. DA.: 23552 Lübeck, Hundestr. 5-17. G.: Königsberg, 1. Dez. 1940. V.: Gabriele, geb. Edner. K.: Christina (1972), Claudia (1975). El.: Pastor Armin u. Ursula, geb. Schroeter. S.: 1961 Abitur Bremen, 1961-62 Wehrdienst, 1962-64 Stud. Geschichte, Phil. u. Ev. Theol. Univ. Münster, 1964 Stud. in Tübingen, 1965-69 Stud. in Bonn, 1969 1. Philol. Staatsprüf., 1969-72 Arb. an d. Diss., 1972 Prom. K.: 1972-73 Bibl.-Referendar an d. UB Bonn, 1974 BiblR. z.A. an d. Gesamt-HS-Bibl. Duisburg (GHB) später UB, ab 1974 Ltr. d. Fachbibl. Geisteswiss., 1976 Fachreferent f. Allg., 1977 Umzug nach Duisburg, 1977 Übertragung d. Neubauplanung d. Bibl., 1978 Ernennung z. OBiblR., 1979 Stellv. d. Dir. d. GHB, 1980 Bibl.-Dir., 1983 Wechsel z. Stadtbibl. Duisburg, Ltr. d. Abt. 2 u. stellv. Amtsleiter, 1984-89 Mtgl. u. Vors. d. AV Kmsn. d. DBI

*) Biographie www.whoiswho-verlag.ch oder beigefügte CD-ROM

Berlin, seit 1990 Dir. d. Bibl. d. Hansestadt Lübeck, 1991 Beförd. z. Ltd. Bibl.-Dir. BL.: Nordd. Dir.-Konferenz ÖB Hamburg, Sekt. 2, DBV; 1991 AG d. kreisfreien Städte nebst d. Dän. Bibl. Flensburg, d. Büchereizentrale sowie d. Vertretung d. Kultusmin. Kiel, Vors.; Mtgl. d. BeiR., dann d. Vorst. d. Landesverb. Schleswig-Holstein e.V. im Dt. Bibl.-Verb. e.V., 1990 Mtgl. d. Steuerungsgruppe z. EDV-Einführung in Schleswig-Holstein sowie in d. AG IT, Mtgl. in d. AG d. Regionalbibl. d. BRD, Begründung d. AG "Bibliotheca Baltica" auf d. Lübecker Symposium 1992; 1992 Begründung d. "Ver. d. Freunde d. Stadtbibl. Lübeck e.V.", 1993 Berufung in d. dt.-russ. Expertenkmsn. z. Rückführung v. Bibl.-Beständen. P.: 120 Publ. u.a. "Herzog Albrecht v. Preußen u. d. Osiandrismus" (19792), "Die Bestände d. ehem. Univ.-Bibl. Duisburg in d. Univ.-Bibl. Bonn" (1976), "Das Buch als Kunstwerk im Wandel d. Jhdt." (1991), "Bibliotheca Baltica. Symposium v. 15. b. 17. Juni 1992 in d. Bibl. d. Hansestadt Lübeck im Rahmen d. Initiative ARS BALTICA" (1992), "Stadt u. Bibl.: Literaturversorgung als kommune Aufgabe im Kaiserreich u. in d. Weimarer Rep." (1997), "Die wissenschaftliche Stadtbibliothek und die Entwicklung kommunaler Bibliotheksstrukturen in Europa seit 19452 (2001). H.: Forschen u. Schreiben, klass. Musik, Literatur.

Flimm Jürgen
B.: Regisseur. FN: Büro Jürgen Flimm. DA.: 22765 Hamburg, Gaussstr. 190. G.: Gießen, 17. Juli 1941. V.: Susanne, geb. Ottersbach. S.: Stud. Theaterwiss., Germanistik, Soz. Univ. Köln. K.: 1968 Regieass. Münchner Kammerspiele, 1972 Spielltr. Nationaltheater Mannheim, 1973/74 OSpielltr. Thalia-Theater Hamburg, 1974-79 freier Regisseur in München, Hamburg, Bochum u. Frankfurt, 1979-85 Intern. Schauspiel Köln, zahlr. Inszenierungen, 1999 "Die Fledermaus" f. d. Wiener Festwochen, ab 2000 Ring-Regisseur b. d. Bayreuther Festspielen, ab 2002 Schauspieldir. d. Salzburger Festspiele. BL.: 1975 Gastdoz. Goethe-Inst. an d. Harvard-Univ. u. 1977 an d. New York Univ., seit 1988 Gastprof. Univ. Hamburg. E.: BVK, Med. f. Kunst u. Wiss. d. Freien u. Hansestadt Hamburg, Konrad-Wolf-Preis. M.: Dt. Ak. d. Darstell. Künste Frankfurt, Freie Ak. d. Künste Hamburg, Bayer. Ak. d. schönen Künste München, Ak. d. Künste Berlin, s. 1999 Präs. d. Deutschen Bühnenvereins.

Flimm Otto
B.: Unternehmer, Inh. einer Spirituosenfbk. PA.: 50321 Brühl, Kölnstr. 221-225. G.: Brühl, 18. Mai 1929. K.: Inh. einer Spirituosenfbk., 1972-89 VPräs.,1989-2001 Präs. d. Allg. Dt. Automobil Clubs (ADAC). (Re)

Flink Michael Dipl.-Kfm. *)

Flink Uwe *)

Flinkerbusch Edgar Dipl.-Ing. *)

Flinner Joachim Dipl.-Ing. *)

Flint Gerd *)

Flint Katja
B.: Schauspielerin. FN.: c/o Players Agentur Jarzyk-Holter. DA.: 10178 Berlin, Sophienstr. 21. G.: Stadthagen, 11. Nov. 1959. V.: Peter Handke (Lebensgefährte). Ki.: Oskar (1988). K.: Fernseh- u. Filmrollen u.a. 1983 Kolp, 1985 Vergeßt Mozart, 1987 Zwischen Himmel u. Erde, 1988 Der lange Sommer, 1989 Giovanni oder d. Fährte d. Frauen, 1991 Leo und Charlotte, 1992 Berlin Break; 1994 Du bringst mich noch um; Der König v. Dulsberg; Die letzte Entscheidung; Wollfs Revier; Voll normaaal, 1995 Das Mädchen Rosemarie; Tatort; Späte Rache - Die Partner; In uns d. Hölle; Der König, 1996 Kreis d. Anst; Der Venusmörder; Ende von

Appartement f. einen Selbstmörder, 1997 Vicky's Nightmare, Annas Fluch - Tödliche Gedanken, 1999 Straight Shooter, Marlene. (Re)

Flitner Andreas Dr. Prof.
B.: em. Univ.-Prof. PA.: 72076 Tübingen, Im Rotbad 43. G.: Jena, 28. Sept. 1922. V.: Sonia, geb. Christ. El.: Wilhelm u. Elisabeth, geb. Czapski. S.: Christianeum Altona, Maschinenbaupraktikum, Stud. Hamburg, Heidelberg u. Basel, 1950 Staatsexamen f. Lehramt Hamburg, 1950/51 Lektor Cambridge, 1951 Prom. Basel. K.: Ass., Lehrer, 1955 Habil. Tübingen, 1956 a.o.Prof. Erlangen, 1958 o.Prof. Tübingen, 1967 Visiting Prof. North West Univ. Evanston/Ill, 1991 Hon.-Prof. Jena. P.: "Erasmus im Urteil seiner Nachwelt" (1952), "Die politische Erziehung in Deutschland" (1957), "Wege zur pädagogischen Anthropologie" (1963), "W.v. Humboldt: Werke in 5 Bdn." (m. K. Giel, 1960-81, erg. 2002), "Spielen-Lernen" (Neufassung 1996), "Mißratener Fortschritt" (1977), "Lernen mit Kopf und Hand" (1983), "Konrad ... Über Erziehung und Nicht-Erziehung" (1985), "Für das Leben oder für die Schule - Pädagogische u. politische Essays "(1987), "Reform d. Erziehung. Impulse d. 20. Jhds." (Neufassung 2002), Optik, Technik, Soziale Kultur: Siegfried Czapski (m. J. Wittig) 2000. M.: Dt. Ges. f. Erziehungswiss., Intern. Assoc. for the Advancement of Educational Research, Akad. f. Bild. Reform, Akad. gemein. Wiss. Erfurt, Academia Europaea.

Flizikowski Johann

B.: FA f. Gynäkologie u. Geburtshilfe. DA.: 49074 Osnabrück, Alte Poststr. 4. PA.: 49191 Belm, Malterweg 2. G.: Thorn/Westpreußen, 1. Mai 1948. V.: Danuta, geb. Cwik. Ki.: Marta (1973). S.: 1965 Abitur, 1966-72 Stud. Med. Ak. Bialystok/Polen. K.: b. 1981 im Stadt-KH in Allenstein /Ostpreußen, 1983-90 Ass.-Arzt f. Anästhesie u. Ausbild. f. Geburtshilfe u. Gynäkologie am Franziskus-Hospital Harderberg/Osnabrück, 1990 Praxiseröff. als Frauenarzt in Osnabrück. H.: klass. Musik vor allem Chopin u. Jazz, Tennis.

Flock Hans Dipl.-Ing. *)

Flocken Ludwig Lothar Erich Dr. med. *)

Floeck Wilfried Dr. Prof.
B.: Univ.-Prof. PA.: 55122 Mainz, Philipp-Wasserburg-Str. 49. G.: Schlawe/Pommern, 25. Aug. 1943. S.: 1962-68 Stud. Romanistik u. d. Geschichte Heidelberg, Tübingen, Grenoble, Bonn, 1968 Dr. phil. K.: 1968 wiss. Ass. Univ. Mainz, 1971 Univ. Göttingen, 1977 Dr. phil. habil., 1980 Prof. f. roman. Philol. Univ. Mainz, 1990 Prof. f. Hispanistik Univ. Gießen. P.: "Las Mocedades del Cid" v. Guillén de Castro u. "Le Cid" v. Pierre Corneille. Ein neuer Vergleich (1969), Die Literarästhetik des franz. Barock (1977, frz. Übers. 1989), Zeitgen. Theater in Deutschland u. Frankreich (1989), Span. Theater im 20. Jhdt. (1990), Span. Gegenwartstheater I: Eine Einführung, II: Eine Anthologie (1997), über 70 Fachaufsätze zu franz., span., lateinamerik. u. portug. Literatur.

Floegel-Ranoarivony Elvira
B.: Unternehmerin, Inh. FN.: BSI Übersetzungsbüro. DA.: 88131 Lindau, Bregenzer Str. 67. G.: Weingarten, 4. Juni 1940. V.: Straßenbauing. Joseph Ranoarivony. Ki.: Michael (1963), Manuela (1966), Alexander (1971). S.: Sprachstudien

---

*) Biographie www.whoiswho-verlag.ch oder beigefügte CD-ROM

Floegel-Ranoarivony

an Vorbeckschule Gengenbach, Sorbonne, Ecole des Langues Orientales, Paris, 1963 Aufenthalt in Madagaskar. K.: 1966 Comp. Navigation Auxtmad, Tamatave, Madagaskar, 1969 Autohaus Ameca Tananarive/ Madagaskar, Personalleitung, 1972-74 Sulzer-Escher Wyss Lindau, 1974-76 BWL-Stud. in Ulm, 1977 Trapp-Bau Wesel, kaufm. Projektleiter f. Kaduna Airport/Nigeria, 1979-80 Gannon University in Erie/USA im Austauschprogramm d. Carl-Duisberg-Gesellschaft, 1980-81 f. Dorsch Consult München, Niederlassungsleiterin in Bagdad/Irak, 1981 Grdg. Büroservice International mit Übersetzungsbüro in Lindau, Vorstand v. Reutin Aktive e.V. H.: neue Technologien, neues Denken.

Flöer Radojka

B.: Heilpraktikerin, Psychotherapeutin. DA: 03581 El Albir-Alfaz del Pi (Alicante Espana), c/Neptú 25. PA.: 03581 El Albir-Alfaz del Pi (Alicante Espana), c/Neptú 25. G.: Jugoslawien, 15. Feb. 1947. V.: Dietmar (1938). Ki.: Sohn (1966). El.: Radoslav u. Zweta, geb. Jerrenovic. S.: 1957 Gymn., 1959-62 Med. Schule. K.: 1962 Klinik Belgrad, 1966 Zahnarzthelferin, 1985-89 Dipl.-Psych., 1989-90 Heilpraktiker m. Prüf., 1989 Hypnoseausbild., 1991-92 Hypnose-Analytikerin, 1995 Kosmetikerausbild. H.: Lesen, Musik, Operette, Theater, Sprachen.

Flögel Joseph Günther *)

Flögel Ursula *)

Flohe Ines Kathrin

B.: Hotelier, Mitinh. FN.: Hotel "Unter den Linden". DA.: 18437 Stralsund, Lindenallee 41. G.: Halberstadt, 12. Nov. 1962. Ki.: Katharina (1982), Anne (1984), Frank (1985). El.: Horst Dieter Bias. S.: b. 1982 Abitur u. Chemiefacharbeiter in Schwarzheide. K.: b. 1988 Tätigkeit in Schwarzheide, 1988 Abschluss z. Wirtschaftskauffrau, dann Sachbearbeiterin im Gaskombinat "Schwarze Pumpe", dann Mitarbeit im elterl. Hotel, 1997 Mitinh. d. elterl. Hotels. E.: Wettbewerb v. Mitsubishi-Verlag in d. Hotel-Kategorie 4 Sterne in d. BRD Platz 7 (2000). H.: Off Road.

Flohr Helmut Dipl.-Ing. *)

Flohrer Manfred Dr.-Ing. *)

Flommersfeld Manfred Dipl.-Ing.

B.: öff. bestellter Vermessungsing. DA.: 6740 Saarlouis, Neue Weltstr. 4. G.: Saarbrücken, 26. Dez. 1940. V.: Heiderose, geb. Jungfleisch. Ki.: Tina (1969). El.: Ignaz u. Hertha, geb. Heinz. S.: 1960 Abitur Sulzbach, 2 J. Bundeswehr, 1962-68 Stud. Geodäsie Univ. Karlsruhe m. Abschluß Dipl.-Ing., 1972 Assesorexamen. K.: 1968-71 Referendariat im Min. f. Finanzen in Saarbrücken, 1973 Praktikum in Vermessungsbüro Engler in Saarbrücken, seit 1973 selbst. m. Vermssungsbüro in Saarlouis m. Schwerpunkt Katasterverrmessung, Baulanderschließung, Umlegung, Straßenschlußvermessung; Funktion: Gutacher f. Gerichte.

Flor Claus Peter Generalmusikdirektor *)

Flor Herta Dr. rer. soc. Prof. *)

Flora Sara *)

Florczak Dieter

B.: Gschf. Ges. FN.: Alpin Dachbau GmbH. DA.: 06502 Thale, Parkstr. 1. PA.: 06507 Friedrichsbrunn, Hinter den Häusern 371. G.: Thale, 5. Feb. 1948. V.: Brigitte. Ki.: Antje, Petra. S.: 1964-67 Berufsausbild. m. Abitur als Steuerungs- u. Regelungsmechaniker, 1967-69 Wehrdienst als Soldat b. Luftstreitkräften u. Luftverteidigung in Drewitz, ab 1969 Arb. im EHW Thale im Walzwerk, 1970-73 Stud. in Riesa, Abschluss: Ing. f. Walzwerktechnik. K.: ab 1990 selbst., Grdg. d. Firma Alpin Bautenschutz GmbH, 1997 Umbenennung in Alpin Dachbau GmbH. M.: seit 1971 DRK Spezialabt. Bergwacht, seit 1995 Vors. d. Bergwacht in Sachsen-Anhalt, Präsidiumsmtgl. d. DRK-Landesverb. Sachsen-Anhalt e.V., seit 1999 stellv. Vors. d. Bundesaussch. d. Bergwacht, seit 1971 freiwillig in d. Bergwachtbereitschaft Thale tätig.

Flore Ingo Dr. jur.

B.: RA u. Steuerberater. FN.: Westfalen-Revision GmbH. DA.: 44141 Dortmund, Märkische Str. 212-218. G.: Dortmund, 12. Aug. 1960. V.: Martina, geb. Vaubel. Ki.: Nina Viktoria (1996). S.: 1979 Abitur, 1979-81 Bundeswehr-Jagdgeschwader Richthofen, 1981-83 Stud. Rechtwiss. u. BWL Univ. Münster, 1983-87 Stud. Univ. Bonn, 1. Staatsexamen, 1987-90 Referendariat Dortmund u. Düsseldorf, 2. Staatsexamen, 1990 Diss. u. Zulassung z. RA, 1992 Fachanw. f. Steuerrecht, 1993 Bestellung z. Steuerberater. K.: seit 1993 Ges. u. Gschf. d. Westfalen-Revision GmbH, seit 1998 Vors. d. Gesetzgebungsaussch. Steuerrecht in Dt. Anw.-Ver., seit 1999 Lehrauftrag f. Steuerstrafrecht, Steuerstrafverteidigung an d. FHS Bielefeld. BL.: Steuerstrafverteidiger in allen Bank-Verfahren, Vertreter d. Anw.-schaft im Bereich Steuergesetzgebung; 1999 Teilnahme am New York-Marathon. F.: Ges. d. WR Consult GmbH Unternehmensberatung in Dortmund, Gschf. Ges. d. WR Audit GmbH Wirtschaftsprüf. in Dortmund, Sozius d. Sozietät Echtermeyer & Collegen. P.: "Steuerfahndung u. Steuerstrafverfahren", "Checkbuch f. Gschf.-

*) Biographie www.whoiswho-verlag.ch oder beigefügte CD-ROM

Vergütung", "Praxis d. Kzl.-Buchführung", Kommentator im Umsatzsteuerhandbuch, Autor im Handbuch "Intern. Steuerrecht". M.: Dt. Anw.-Ver., CDU. H.: Marathonlauf, klass. dt. Literatur, mod. Kunst.

Floren Joachim Dr. med.
B.: Augenarzt, selbständig in eigener Praxis. DA.: 50667 Köln, Schilderg. 78. G.: Remscheid, 21. Feb. 1962. V.: Heike, geb. Peulings. Ki.: Carsten, Jan. El.: Anton u. Bärbel, geb. Reuse. S.: 1981 Abitur, 1981-88 Medizinstudium, 1989 Prom. Dr. med., 1988-92 FA-Ausbildung in d. Augenkliniken Krefeld u. Duisburg. K.: seit 1992 eigene Ndlg. als Augenarzt in Köln.

Florenz Karl-Heinz
B.: MdEP, Kfm., Ldw.-Meister. FN.: Europa-Büro Niederrhein. DA.: 47506 Neukirchen-Vluyn, Gross Opholt 3. europabuero.niederrhein@t-online.de. G.: Neukirchen-Vluyn, 22. Okt. 1947. Ki.: 3 Kinder. S.: Kfm., Ldw.-Meister. K.: 1984-92 Ratsmtgl. d. Stadt Neukirchen-Vluyn, seit 1989 Mtgl. d. Europ. Parlaments, stellv. Vors. d. CDU/CSU-Gruppe im Europ. Parlament, Obm. im Umweltaussch., stellv. Mtgl. im Haushaltskontrollaussch. (Re)

Florian Monika

B.: Wirtschaftskauffrau, Inh. FN.: Tauchshop Florian. DA.: 04275 Leipzig, Karl-Liebknecht-Str. 123. tauchshop-florian@web.de info@tauchshop-florian.de. www.tauchshop-florian.de. G.: Plößnitz, 14. Apr. 1945. V.: Dieter Florian (bekannter Unterwasserfotograf, Beiträge in "Poseidon" u. in "Die Fotografie"). Ki.: Leane (1965), Ina (1967). S.: 1965 Ausbild. z. Wirtschaftskauffrau in Halle. K.: 1965-90 Kfm. Tätigkeiten, 1965 Tauchsportabschluss, 1965-90 Tauchen u. Unterwasserfotografie in der Freizeit, seit 1990 Mitgründerin d. Firma Tauchshop Florian, Verkauf, Service u. Ausleihe v. Tauchsportgeräten, Tauchreisen. P.: umfangreiche Vortragstätigkeit Tauchen u. Unterwasserfotografie. M.: Mitgründerin d. Tauchsportclub "Poseidon" Leipzig u. Tauchschule. H.: Fotografie, Tauchreisen.

Florin Andrej Dr. phil.
B.: Politologe, Kfm., selbständig. FN.: AMASO GmbH Kapitalvermittlung u. Wirtschaftsberatung. DA.: 10178 Berlin, Alexanderpl. 6. G.: Moskau, 26. Okt. 1945. V.: Dr. Regina. Ki.: Katharina (1967), Thomas (1969). El.: Peter u. Prof. Edel, geb. Mirow. BV.: Vater ehem. Außenminister d. DDR u. 2 x Vors. d. Vollversammlung d. UNO; Mutter Herausgeberin v. "Gorki" in d. DDR; Großvater Wilhelm Reichs-Abg. d. KPD u. Sekr. d. "Kominierten". S.: 1946 Einreise nach Deutschland, 1964 Abitur Berlin, 1964-69 Stud. Inst. f. intern. Beziehungen spez. Völkerrecht u. USA Moskau m. Abschluß Dipl. rer. pol., 1980-82 Stud. Diplomanten HS Moskau m. Abschluß Dipl.-Politologe, 1982 Prom. über "Trudeau-Doktrin" Diplomanten Ak. Moskau. K.: ab 1969 tätig im Min. f. Auswärtige Angelegenheiten d. DDR, 1973-77 tätig in Canberra/Australien u. a. b. 1980 in Berlin, 1982-87 Verantwortlicher f. Kanada in Washington u. zuletzt Botschaftsrat, 1990 Geschäftsträger in Australien u. b. 190 Kanzlei in Melbourne, 1990-93 Grdr. u. Gschf. d. Handelsfirma MaSerCo Hdl. GmbH, Bevollmächtigter d. Moskauer Stadtregierung in Organ.- u. Finanzierungsfragen i. Kleinstprojekten, 1991-92 Gschf. Ges. d. BEMOT Hdl. GmbH u. Dir. d. Filiale in Moskau, 1993 Gschf. d. ConSer Marketing GmbH, 1993-94 stellv. Dir. d. Firma Krimgaztotrak in d. Ukraine, 1994-97 offizieller Vertreter einer Moskauer Bank in Deutschland, 1994 Grdg. u. Gschf. d. AMASO GmbH u.a. f. Beratung v. Russ. Firmen u. 2 J. Vertreter einer Moskauer Bank, Vertragspartner d. Vereinigung Russ. Banken, Berater f. Dt. u. Russ. Firmen. BL.: 1973 Mtgl. d. Konferenz z. Ausarbeitung d. Schutzes d. seltenen Tiere in Washington. H.: Pfeife rauchen, Religionsgeschichte, Russisch, Englisch, Französisch.

Florin Claus Dieter *)

Florin Gerhard
B.: Dipl.-Ing., Gschf. i. R. FN.: Fachver. Auslandsbergbau. PA.: 53173 Bonn, Karl-Finkelnburg-Str. 38. G.: Gütersloh, 11. Aug. 1932. V.: Barbara-Evelyn, geb. Regling (Pharmazeutin). Ki.: 2 Söhne. S.: 1955 Abitur, 1955-56 Bergbaupraktikum, ab 1956 Bergbaustud. Clausthal-Zellerfeld, 1961 Dipl.-Ing., zusätzlich Bergreferendarausbild. Bonn. K.: 1964 Bergassessor, 1965 wiss. Mitarb. Wirtschaftsver. Bergbau Bonn, seit 1970 Mtgl. d. Geschäftsführung, 1978 zusätzlich Gschf. d. Fachver. Auslandsbergbau. P.: zahlr. Veröff. u. Fachaufsätze in Fachzeitschriften. M.: Johanniter Orden, Lions Club Bonn, Golf-Club Bonn. H.: Musik, Golf, Wandern, Literatur.

Flöring-Spangel Daniela *)

Flörke Ralf Heinrich Mag. art.

B.: Geschäftsleiter. FN.: Radio GoldStar. DA.: 85737 Ismaning, Reichenbachstr. 1. ralf.floerke@radio-goldstar.de. www.radio-goldstar.de. G.: Volkmarsen/Hessen, 23. Juli 1965. S.: 1985 Abitur Wolfhagen, 1985-92 Stud. Neuere dt. Literatur, Mediävistik u. Theaterwiss. LMU München, 1992 Abschluß Mag. art., 1992 Praktika im Funkhaus Regensburg u. Radio Charivari München. K.: 1992-94 Volontariat b. Radio Charivari München (Moderation, Reportagen, Technik, Produktion, Theoretik, Analysen, Rathausreportagen), 1994-97 Übernahme als Redakteur Radio Charivari München, schwerpunktmäßig Kommunalpolitik, Entwicklung d. Format "Das verrückte Telefon" Comedy-Show m. über 1000 Folgen, 1997-2001 Chefredakteur, zuständig f. d. gesamte Wortprogramm b. Radio Arabella München, seit 2001 Geschäftsleiter v. Radio GoldStar München, Aufbau eines Radiosenders, Entwicklung d. Programmkonzepts, Bauleitung, Technikauswahl, Personalauswahl, Marketing. P.: Magisterarbeit "Völkische Dichtungstheorien im 3. Reich" (1992), CD-Veröff. "Das verrückte Telefon" (1995), ständige Berichterstattung über d. Radiosender in d. regionalen Presse u. in Fachzeitschriften. E.: Hörfunkpreis d. Bayerischen Landeszentrale f. neue Medien f. d. selbstentwickelte Format "Das verrückte Telefon" b. Radio Charivari München (1995). M.: FC Bayern München. H.: Essen, Reden, Lesen.

Floros Constantin Dr. Prof.
B.: em. o.Prof. f. Musikwiss. FN.: Univ. Hamburg. PA.: 22117 Hamburg, Schlangenkoppel 18. G.: Saloniki, 4. Jan. 1930. S.: Stud. Rechtswiss. in Saloniki u. Musikwiss., Kunstgeschichte etc. in Wien, 1955 Prom. in Wien, Stud. v. Komposition u. Dirigieren in Wien, 1953 Dipl. K.: 1961 Priv.Doz. f. Musikwiss. an d. Univ. Hamburg, 1967 apl. Prof., 1972 o.Prof., 1995 em. BL.: Entzifferung d. paläobyzantinischen u. altslavischen Neumenschriften. P.: Universale Neumenkunde (1970), Gustav Mahler (1977), Beethovens Eroica und Prometheus-Musik (1978), Mozart-Musik (1979), Brahms und Bruckner (1980), Einführung in die Neumenkunde (1980), Johannes Brahms. Sinfonie Nr. 2 (1984), Gustav Mahler (1985), Musik als Botschaft (1989), Alban Berg (1992), György Ligeti (1996),

*) Biographie www.whoiswho-verlag.ch oder beigefügte CD-ROM

Floros

Johannes Brahms. "Frei aber einsam" (1997), Gustav Mahler. Visionär und Despot (Zürich/Hamburg 1998), Der Mensch, die Liebe und die Musik (2000), Alban Berg und Hanna Fuchs (2001). M.: Mtgl. d. Europäischen Akad. d. Wissenschaften u. Künste, Präs. d. Mahler Vereinigung Hamburg, Mtgl. d. Akad. gemeinn. Wiss. zu Erfurt, Ehrendoktor d. Univ. Athen, Ehrenmtlg. d. Japanischen Alban Berg Society.

Flörsch Alexander

B.: Gschf. Ges. FN.: Flörsch & Partner GmbH Gewerbeimmobilien. DA.: 80539 München, Herzog-Rudolf-Str. 3. alexander.floersch@floersch.de. www.floersch.de. G.: München, 5. August 1968. V.: Susanne, geb. Painhofer. Ki.: Sophia (2000). S.: 1986 Abitur, 1986-90 Stud. BWL Univ. München. K.: seit 1990 selbst. m. Grdg. d. Firma Flörsch & Partner GbR als Makler u. Bauträger im Bereich Gewerbeimmobilien, glz. Juniorberater in d. Firma Roland Berger & Partner in München, 1992 Grdg. d. GmbH als Gschf. Ges. H.: moderne Kunst sammeln, Weine sammeln, Motorboote sammeln, Oldtimer sammeln.

Flörsch Reiner

B.: Dipl.-Biologe, Biotechniker, Gschf. Ges. FN.: R. Flörsch & Partner Personaldienstleistung GmbH. DA.: 67059 Ludwigshafen, Wredestr. 55. PA.: 67459 Böhl-Iggelheim, Weimarer Str. 8. G.: Ludwigshafen, 21. Juli 1946. V.: Ingrid, geb. Leßweng. Ki.: Dipl.-Betrw.. Nicole. S.: 1966-68 Bundeswehr, 1968-72 Stud. Biologie Schwerpunkt Biotechnologie FH Mannheim/Heidelberg, 1972 Abschluß Dipl.-Biologe/Biotechniker. K.: 1972-73 Krebsforsch.-Zentrum Heidelberg, 1973 tätig in d. Arzneimittelforsch. d. Knoll AG Ludwigshafen, 1977 Wechsel z. Natterman Arzneimittelgruppe Köln Abt. Vertrieb u. Marketing, 1983-90 Marketing- u. Vertriebsltr. f. d. klin. Bereich, 1990 Grdg. d. Ges. f. Marketing, Training u. Vertrieb R. Flörsch & Partner (GMTV) Böhl-Iggelheim, 1997 Grdg. v. R. Flörsch & Partner Personaldienstleistungen GmbH als Partner d. W.I.R.-Gruppe Düsseldorf, "DQS"-zertifiziertes Unternehmen. BL.: viele J. erfolgreicher Ruderer, Teilnehmer an mehreren nat. u. intern. Meisterschaften. P.: versch. Beiträge in Fachzeitschriften, Mitarb. an "Der Beziehungsmanager" (1997). M.: seit 1978 Mtgl. versch. Prüf.-Ksmn. f. Pharmareferenten, 1978-91 Doz. an d. Pharmareferentenak. Worms, BeiR.-Vors. d. Franchisepartner d. W.I.R.-Gruppe, Verbandsb. dt. Verkaufsförderer u. Trainer (BDVT), seit 1959 Mtgl. d. Ludwigshafener Ruderver. (LRV), b. 1980 Trainer d. LRV. H.: Golf, Tennis.

Florschütz André

B.: Profi-Rodler/Doppelsitzer, Soldat. FN.: c/o Dt. Bob- u. Schlittensportverb. DA.: 83471 Berchtesgaden, An der Schießstätte 6. G.: Sonneberg, 6. Aug. 1976. K.: seit 1983 aktiver Profi Renn-Rodler, 1994 WJM/3. 1995 JWM Mannschaft/2., 1998 EM/7., DM/2., 1999 WM/4., Mannschaft/2., WC/8., DM/3., 2001 WM Calgary Doppels. zus. m. Thorsten Wustlich/1. H.: Sport, Computer.

Florstedt Jochen

B.: Gschf. FN.: Künstler- u. Doppelgänger Agentur Jochen Florstedt. DA.: 45476 Mülheim/Ruhr, Schwerinstr. 30. post@doubles.de. www.doubles.de. G.: Leipzig, 28. Juli 1950. S.: 1967 Mittlere Reife Essen, 1967-70 Lehre Reprofotograf, Lithograf Essen. K.: 1971-73 tätig in einer Druckerei in Essen, 1974-98 Grdg. eines Künstlermanagements u. eines grafischen Ateliers, 1996 Einbeziehung in Werbeagentur Florstedt GmbH, ab 1998 Einbeziehung einer Künstler- u. Doppelgängeragentur in d. Geschäftsfeld, ab 2000 Haupttätigkeit nur noch Vermittlung u. Management v. Künstlern u. Doppelgängern. M.: American-German Businessclub, WWF. H.: amerikan. Autos, Sprachen, Musik.

Florstedt Wolfgang Willi

B.: Ing.-Technologe, Gschf. Ges. FN.: Schwermontagen & Transporte GmbH. DA.: 39114 Magdeburg, Paul-Ecke-Str. 6. PA.: 39114 Magdeburg, In den Gehren 1. w.w.f.@gmx.de. G.: Magdeburg, 9. Feb. 1947. V.: Juliane, geb. Willborn. Ki.: Matthias (1970), Wilko (1979). El.: Wilhelm u. Else, geb. Schulz. BV.: Großvater Florstedt hatte d. Engelhardt-Ndlg. in Magdeburg, Vater war Techn. Dir. d. ehem. Öl- u. Fettwerke Magdeburg. S.: 1964-66 Ausbild. z. Maschinenbauer in d. E.-Thälmann-Werken Magdeburg, 1966-68 Wehrdienst. K.: 1968-69 Schlosser, später Operativtechnologe d. SKET-Werke Magdeburg, 1969-72 Direktstud. an d. Ing.-Schule f. Maschinenbau/Elektrotechnik m. Abschluß als Ing.-Technologe, 1972-73 Mitarb. in d. Produktionsltg. d. Kombinates, 1974 Abt.-Ltr./Kooperation eines Betriebes d. SKET Werke, 1974-77 Planungsltr./stellv. Betriebsltr. Walzendreherei, 1978-84 selbst. Kombinatstechnologe/Projektmanagement u. Investitionsvorbereitung, 1984 Berufung z. Wirtschaftssekr. d. Stadtbez.-Ltg. Magdeburg/Südost, 1980-85 Stud. Gesellschaftswiss. m. Abschluss als Dipl.-Ges.-Wissenschaftler, 1986-87 Zentralinst. f. Wirtschaftsführung Berlin-Rahnsdorf, 1987-89 Parteiorgan./Kombinat Getriebe u. Kupplung Magdeburg, 1990-91 Büroltr. d. Geschäftsführung SKET-Werke Magdeburg, 1992-94 Gschf. im Bereich Schwertransport in Leipzig, Aufbau u. Gschf. einer Montagefirma, seit 1995 Grdg. d. GmbH m. Partner f. Im- u. Export, Hdl. m. Ind.-Waren u. Ind.-Bewertungen, 2000 Eröff. eines Schuhsalons in Schönebeck. M.: Vorst.-Mtgl. d. Kreisjägerschaft Magdeburg, berufenes Mtgl. d. Ordnungsamtes in Prüf.-Kmsn. d. Jungjägerausbild. Magdeburg. H.: Jagd.

Flöser Veit Dipl.-Ing.

B.: Ing. selbständig in eigenem Büro. DA.: 30419 Hannover, Hegebläch 14. buero@floeser.de. www.floeser.de. G.: Pirmasens, 25. Apr. 1957. Ki.: Nadine (1982), Diana (1984). El.: Alexander u. Mialiese, geb. Mühl. S.: 1975 Mittlere Reife in Pirmasens, 1975-77 Ausbildung z. Chemiefacharbeiter in Pirmasens, 1977-83 versch. Tätigkeiten u. Bundeswehr, 1983-86 Abitur am Colleg in Speier, 1986-91 Stud. Chemieingenieurwesen an d. FH Emden m. Abschluss Dipl.-Ing. K.: 1991-97 tätig in einem Ingenieurbüro in Hannover als Projektleiter f. d. Bereich Industrieabwasser, 1997 Eröff. d. eigenen Ingenieurbüro in Hannover, Tätigkeitsschwerpunkte Industrieabwasser, Abwasserkataster, Sprecher d. Arbeitsgruppe Krankenhausabwasser d. ATV-DVWK. P.: div. Veröff. in Fachzeitschriften u. Buchbeiträge über d. Themen Krankenhausabwasser, gewerbliche Abwasserbehandlung u. Genehmigungsrecht. M.: ATV, DRK, BROBAHM, BUND. H.: Volleyball, Literatur u. Gesellickeit m. Freunden.

---

*) Biographie www.whoiswho-verlag.ch oder beigefügte CD-ROM

Floß Jörg Dipl.-Ing. *)

Floss Rudolf Dr.-Ing. Prof. *)

Flößer Klaus *)

Flossmann Günther

B.: Kriminalbmtr., Dir. FN.: Landeskriminalamt Sachsen-Anhalt. DA.: 39124 Magdeburg, Lübecker Str. 53-63. G.: Plan, 17. Okt. 1942. Ki.: Jürgen (1965), Uwe (1966). S.: 1956-59 Lehre als Ldw. im Klostergut Ottobeuren, 1960-61 Ldw., 1961 Bundeswehr/Zeitsoldat, 1964-73 Fernmeldebataillon in Starnberg, Entlassung als Oberfeldwebel, Mittlere Reife, Abitur, 1973-76 Kommissarausbild. b. BKA m. Abschluß als Kriminalkommissar u. Ernennung z. Kriminalkommissar. K.: 1976-80 Sachbearb. im Bereich Ermittlung, 1978 Oberkommissar, 1980 Kriminalhauptkommissar, 1980-82 Aufstiegsausbild. in höheren Dienst - Stud. an d. Polizeiführungsak. in Hiltrup/Münster, 1982 KriminalR. u. Kriminaloberrat, 1983-87 Referent in versch. Abt. im BKA, 1988-90 Referatsltr./Gewaltkriminalität, 15 J. Mtgl. u. 10 J. Ltr. d. dortigen Identifizierungskmsn. sowie 7 Einsätze im In- u. Ausland, Ltg. div. intern. Arbeitsgruppen, Seminare z. Problematik d. Identifizierung v. Katastrophenopfern, 1989 Seminar am Police Staft College Bramshill/England, 1991 Kriminaldir., 1991-99 Abt.-Ltr. Analyse/Ermittlungen im LKA Sachsen-Anhalt u. Aufbau d. LKA Sachsen-Anhalt in Magdeburg, 1999 ltd. Kriminaldir., 2000 Dir. d. LKA Sachsen-Anhalt in Magdeburg. P.: Mitautor "Identifikation unbekannter Toter" (1998), versch. Publ. in Fachzeitschriften. H.: Tiere, Schifahren.

Flötgen Rüdiger

B.: Betriebswirt, Gschf. Ges. FN.: Alkuma GmbH; Clever & Co GmbH. DA.: 45326 Essen, Laubenhof 14-18. G.: Isny, 17. Jän. 1945. V.: Ute, geb. Bialuschewski. Ki.: Marc (1977), Timm (1982). BV.: 1949 Firmengründer Clever + Müller; 1936 Firmengründer Heinz u. Wilhelm Müller. S.: 1959-62 Lehre Ind.-Kfm. Firma Clever & Co, 1965-66 Bundeswehr, 1967-70 Stud. BWL VWA Essen. J.: seit 1981 Gschf. Ges. d. Firmen Clever & Co GmbH u. Alkuma GmbH. F.: Gschf. Ges. d. Firma Müller + Flötgen GbR.

Floth Horst *)

Flothmann Dieter H. Dr. rer. pol. *)

Flotho Hans-Martin Dr. jur.

B.: Rechtsanwalt. DA.: 04668 Grimma, Markt 10. rechtsanwalt@dr-flotho.de. www.dr-flotho.de. G.: Münster, 16. Feb. 1963. V.: Christiane, geb. Lauxtermann. Ki.: Moritz (1999). El.: Dipl.-Ing. Hans u. Ursula. S.: 1982 Abitur, 1982/83 Wehrdienst, Stud. d. Rechtswiss. an d. Univ. Münster, 1992 1. Staatsexamen, K.: 1995 Ass. am European Inst. of Public Administration in Maastricht, 1994 Promotion 1996 2. Staatsexamen, seit 1996 niedergel. RA in Leipzig u. Grimma, Tätigkeitsschwerpunkte: Gesellschafts- u. Vertragsrecht sowie Arbeits- u. Familienrecht. P.: Diss. "Ordnungsverfügungen zur Dekontamination von Rüstungsaltlasten". M.: Institut für Betriebsberatung, Wirtschaftsförderung u. -forschung e.V. (IBWF), Bundesverband Mittelständische Wirtschaft (BVMW), Gewerbeverein Grimma Sachsen e.V. H.: Reisen, Literatur, Architektur. Sprachen: Engl. u. Französisch.

Flöting Roland

B.: Dipl.-Architekt, freier Architekt. DA.: 10587 Berlin, Helmholzstr. 2. G.: Dresden, 9. Sep. 1952. V.: Helga, geb. Jung. Ki.: 3 Kinder. S.: 1974-79 Arch.-Stud. an d. Kunst-HS Berlin, Dipl.-Architekt. K.: 1979-85 stellv. Hauptarchitekt b. Mag. d. Stadt Berlin, 1986-91 stellv. Amtsltr. b. Stadtplanungsamt Bez. Mitte v. Berlin, seit 1998 selbst. Architekt. E.: 1972 Arch.-Preisträger d. DDR, 1982 Preisträger im intern. Wettbewerbe Friedrichstadt Nord, 1993 Preisträger im intern. Wettbewerb Berlin Alexanderplatz. H.: Reisen.

Flötteröd Karl Dr. med.

B.: Radiologe. FN.: Gemeinschaftspraxis Dr. Stuckenholz u. Partner. DA.: 33602 Bielefeld, Feilenstr. 1. G.: Larvik/Norwegen, 20. Juli 1948. V.: Dr. Veronika, geb. Temme. Ki.: Gunnar (1976), Astrid (1979), Berit (1981). El.: Marlow u. Margareth. S.: 1967 Abitur, 1967-68 Stud. Math. in Oslo, 1968-74 Med.-Stud. in Münster, 1975 Med.-Ass., 1977 Prom. K.: 1976-81 chir. Ass.Arzt Franziskus Hospital Bielefeld, 1981 FA f. Chir., 1982-87 radiol. Ass. Arzt, 1987 FA f. Radiologie, 1987-91 OA Klinikum Gilead d. v. Bodelschwinghschen Anst., 1991 Eintritt in Gemeinschaftspraxis Dr. Stuckenholz u. Partner. M.: RSNA. H.: Laufen, Literatur, Sammler u. Liebhaber v. Weinen.

Flottmann Karl-Heinz *)

Flotzinger Bernd

B.: Schreinermeister, Inh. FN.: HOLZ Flo Möbel- u. Innenausbau. DA.: 90763 Fürth, Sonnenstr. 31. info@holzflo.de. www.holzflo.de. G.: Nürnberg, 1. Dez. 1966. V.: Jessica, geb. Ulbrich. El.: Werner u. Anni. S.: 1984 Mittlere Reife, 1984-86 FOS f. Gestaltung Nürnberg, 1986-87 Berufschule Holz Philip-Holzmann-Schule Frankfurt m. Abschluß FHS-Reife, 1987-89 Berufschule Nürnberg, 1993-95 Abendkurse Philip-Holzmann-Schule Frankfurt m. Abschluß FHS-Reife, 1987-89 Ausbild. Holzmechaniker Firma EWAG Nürnberg, 1997 Meisterprüf. Frankfurt/Main., 1994-95 Ausbildereignungsprüf. Schreinerhandwerk, 1994-95 Ausbild. REFA-Sachbearb., 1993-95 Weiterbild. staatl. geprüfter Holztechniker. K.: selbst. Schreinermeister u. Holztechniker in Fürth. F.: Inh. einer Firma m. intern. Ausrichtung. P.: Dia-Vorträge "Blickpunkt Erde". M.: Alpenver. H.: Segeln, Klavier spielen.

Fluck Ekkehard DDr. Dipl.Chemie Prof. *)

---

*) Biographie www.whoiswho-verlag.ch oder beigefügte CD-ROM

Flucke Heinrich Dipl.-Ing. (FH)

B.: Gschf., GI a.D. FN.: Camino GmbH, Fertigteile, Baukeramik. DA.: 23795 Bad Segeberg, Neue Ziegelei 1. info@caminogmbh.com. G.: Neumünster, 30. Sep. 1934. Ki.: Heinrich (1960), Burkhardt (1962), Birgit (1963), Matthias (1965). El.: Heinrich (Firmengrdr. u. Ziegeleibes.) u. Elisabeth, geb. Willich. BV.: schlesischen Ursprungs, ausgew. ins Eichsfeld. S.: 1946-50 Dahlmannschule, Gymn. Bad Segeberg, Internat. Winfriedschule Fulda, 1953-56 Kfm. Lehre b. Possehl Eisen u. Kohlen GmbH Lübeck, Kfm.-Gehilfen-Brief d. IHK Lübeck, danach Praktikant in versch. Ziegelwerken. K.: 1957-58 Meister im väterl. Betrieb H. Flucke & Sohn KG, b. 1961 Ing. Student d. Staatl. Zieglerschule Landshut/Nbay. m. Abschluß Ing. grad., Fachrichung Grobkeramik u. Maschinenbau, b. 1973 Techn. Ltr. u. Mitinh. d. Ziegelwerke Mielsdorf, 1974-77 Gesamtltg. d. Unternehmens, danach Alleininh. b. 1982 b. Schließung wegen Tonmangels, 1983 Grdg. d. Camino GmbH z. Herstellung v. verblendeten Fertigteilen m. Ziegeln, mehrere Patente u. Vergabe v. Lizenzen, 1997 Zertifizierung auf DIN EN ISO 9001, 1999 Firmenübergabe an d. Söhne. BL.: Eigenentwicklung Diamantschneidanlage, Rundlauffertigungsanlage. M:: Fachverband Ziegelindustrie, Güteschutz-Verband Beton. H.: Segeln, ehem. Skifahren.

Flügel Barbara *)

Flügel Heidrun Dr. med. *)

Flügel Manfred *)

Flügel Michael Dipl.-Ing. *)

Flügel Rolf Manfred Dr. rer. nat. Prof. *)

Flügel Stefani *)

Flügge Christel Johanna Herta *)

Flügge Gerd

B.: Gschf. FN.: Flügge Unternehmensgruppe Groupe d'Entreprice Ind.-Montagen GmbH. DA.. 38723 Seesen, Küstringer Str. 6. PA.: 38723 Seesen, Weinkuhle 8. G.: Salzgitter, 13. März 1959. V.: Renate, geb. Warnecke. El.: Gerhard u. Margit, geb. Drossel. S.: 1974-77 Lehre Betriebsschlosser Stahlwerke Peine Salzgitter AG. K.: b. 1978 tätig in d. Außenmontage d. Peine Salzgitter AG, 1978-81 versch. Tätigkeiten u.a. Montage im Irak u. Ausbild., 1981 Subunternehmer d. Firma G. Kleindienst in Seesen, 1981 selbst. m. Ind.-Montagen, 1988 Grdg. d. GmbH f. Kunststofftechnik, glz. Ausbild. z. Qualitätsmanager u. Fachauditor, 1994 Grdg. d. Firma SARL de Montage Insustriel in Frankreich; Zusammenarb. m.: CMB, CA Picard Intern., AIK Laminat in Kassel. BL.: 1978/79 jüngster Ltr. d. VKL in Deutschland. H.: Camping in Frankreich.

Flügge Heinz *)

Flügge Otto Dr. med. *)

Flügger Joachim Dipl.-Biologe

B.: Gschf. Ges. FN.: Flügger + Partner GmbH f. Messtechnik u. Planung. DA.: 28195 Bremen, Schlachte 32. G.: Bremen, 13. Feb. 1954. V.: Regina Inder. Ki.: Josua (1981), Susanna (1996). El.: Walter u. Ingeborg, geb. Pauls. S.: 1974 Abitur, 1976-82 Stud. Biologie Univ. Bremen. K.: b. 1989 Mitarb. eines Umweltlabors in d. Umweltanalytik in Bremen, seit 1990 selbst. als freiberufl. öff. bestellter u. vereid. Sachv. f. Gefahrenstoffe, 1994 Grdg. d. Firma Flügger + Partner Sachv.-Büro f. öff. Auftraggeber u. Firmen. H.: Segeln, Garten.

Flügger Manfred

B.: Kfm., Gschf. FN.: ZOBA Zollberatung u. -abwicklung GmbH. DA.: 28195 Bremen, Am Brill 1-3. mf@zoba.de. www.zoba.de. G.: Bremen, 19. Feb. 1955. V.: Marianne, geb. Henn. Ki.: Daniel (1985), Julia (1990). El.: Herbert u. Anna, geb. Müller. S.: 1970-73 Ausbild. Bürokfm. Bremen, 1973-75 Bundeswehr, Stud. Informatik- u. Programmierlogik u. Logistik 2. Bild.-Weg. K.: 1975-80 kfm. Ang. u. kfm. Ltr. bei einem Hersteller f. Meßgeräte in Bremen u. Ganderkesee, 1981-95 Abwicklung d. Im- u. Exporttabt. u. d. Zoll in d. Firma Thomson, 1983 Ltr. d. Zollabt., 1992-95 Ref. über ZADAT per Computer, Schulungen u. Zollseminare, seit 1995 selbst. m. Grdg. d. Firma ZOBA GmbH, seit 2001 1. Dienstleister im Atlas-Verfahren. P.: Broschüre z. Einsatz d. Sammelzollverfahren z. Vereinfachung d. Einfuhrzollabwicklung (1998). E.: 1996 Ausz. d. Thomson-Konzern. H.: Familie, Tennis.

Fluhme Torsten

B.: Kfm., Gschf. FN.: Buchhdlg. Hagena. DA.: 59174 Kamen, Weststr. 5. www.hagena-buch.de. G.: Hamm, 6. Nov. 1970. V.: Lenka. Ki.: Helene. El.: Horst u. Helga Osiewacz, geb. Isenbeck. S.: 1990 Abitur Hamm, 1990-91 Praktikum KiGa in Hamm, 1991-93 Ausbild. z. Radiomoderator in Hamm, 1993-97 Stud. im Bereich Erziehungswiss., Abschluß als Dipl.-Päd. K.: 1998-99 Pädagoge b. d. Landschaftsverb. Westfalen-Lippe, 1999 Gschf. d. Buchhdlg. in Kamen, 2000 Übernahme d. Geschäftes u. Mitinh. M.: SC Arminia Hamm. H.: Musik, Sport.

Flume Jost-Dietrich Dipl.-Kfm.

B.: Gschf. FN.: Gütersloher Gewürzmühle GmbH. DA.: 33332 Gütersloh, Molkereistr. 5-7. PA.: 33332 Gütersloh, Molkereistr. 3 a. G.: Bielefeld, 29. Aug. 1937. V.: Ursula, geb. Bosecker. Ki.: Christina (1966), Anneli (1967). El.: Dr. phil. Günther u. Anneliese, geb. Linden. S.: 1956 Abitur, 1956-58 Lehre Bankkfm. Dt.-Südamerikan. Bank AG Hamburg, 1958-64 Stud. Univ. Münster, Wien, München u. Hamburg m. Abschluß Dipl.-Kfm. K.: 1964-66 tätig in d. Konzernrevision d. Rhein. Stahlwerke in Essen, 1966-68 Prüf.-Ltr. b.

*) Biographie www.whoiswho-verlag.ch oder beigefügte CD-ROM

Wirtschaftsprüfer Stückmann in Bielefeld, seit 1969 Ges. u. alleiniger Gschf. d. Gütersloher Gewürzmühle GmbH. M.: Wirtschafts- u. Mittelstandsver., Arge selbst. Unternehmer.

Flume Rudolf Walter Dipl.-Kfm.

B.: Gschf. Ges. FN.: Rudolf Flume Technik GmbH. DA.: 45127 Essen, Hachestr. 66. G.: Büderich, 10. Juli 1964. V.: Carola, geb. Deinert. Ki.: Robin (1991), Lenard (1994). El.: Klaus Rudolf u. Marie Luise. BV.: Urgroßvater Rudolf Flume (1887 Gründer "Das Haus d. Uhrmachers"). S.: 1983 Abitur, 1983-85 Lehre z. Bankkfm. b. d. National Bank AG, Essen, 1986 Bundeswehr, 1986-88 Stud. BWL an d. FH f. Wirtschaft in Saarbrücken, 1988-91 Stud. BWL an d. FH f. Wirtschaft in Berlin. K.: 1991-94 Prüf.-Ltr. b. d. Wirtschafts- u. Steuerberatungsges. Arthur Andersen & Co. GmbH, Berlin, 1994-97 im Familienbetrieb Ndlg. Berlin tätig, seit 1997 Gschf. Ges. d. Rudolf Flume Technik GmbH Essen. P.: Histor. Nachschlagewerk "Flume Werk Sucher" f. Armband- u. Taschenuhren, Histor. Katalog "Das Flume Buch 1887-1937". E.: Prüf.-Aussch. f. Wirtschaftsprüfer im Land Berlin. M.: Bundesverb. f. Uhren- u. Uhrentechn. Bedarf, Landesinnung, Herrenges. Glocke in Essen. H.: Heim u. Garten.

Flume Werner Dr. iur. em.Prof. *)

Flury Stefan
B.: Dir., Gen.-Manager. FN.: Mövenpick Hotel Lübeck. DA.: 23554 Lübeck, Willy-Brandt-Allee 1. PA.: CH - 8038 Zürich, Etzelstr. 51. G.: Basel, 6. Okt. 1957. Ki.: Paula. S.: 1976 Abitur, 1977-78 Stud. Med. Bern., 1978-80 Militärdienst, 1980-84 Hotelfachschule Lausanne. K.: versch. Jobs in intern. Hotels in d. Schweiz, Honkong u. Kairo, seit 1991 im Hotel Mövenpick in Lübeck. H.: Segeln, Skifahren, Kochen, Reisen.

Flüshöh Dietmar

B.: Maler- u. Lackierermeister, Inh. FN.: Dietmar Flüshöh Malerbetrieb. DA.: 58135 Hagen, Dickenbruchstr. 37-39. info@flueshoeh.de. www.flueshoeh.de. G.: Gevelsberg, 13. Juni 1957. V.: Susanne, geb. Beckmann. Ki.: Sebastian (1984), Nils (1987), Niklas (1990). El.: Horst u. Gudrun, geb. Hempe. S.: 1971-73 Ausbild. z. Maler u. Lackierer, 1974 Bundeswehr. K.: 1975-77 Maler- u. Lackiergeselle in Gevelsberg, 1977-90 Wechsel zu mehreren Malerfirma in Hagen-Haspe, 1983 Meisterprüf. z. Maler u. Lackierer, danach als Maler- u. Lackierermeister in d. gleichen Firma, 1984 Weiterbild. z. Korrosionsschutz Fachmann ab 1987 Techn. Gschf., 1990 selbst. Grdg. d. eigenen Firma. BL.: ehrenamtl. Richter b. Sozialgericht Dortmund. E.: Bronz. Ehrennadel v. Vorst. d. Maler- u. Lackiererinnungsverb. Westfalen. M.: Vorst. Maler- u. Lackiererinnung Hagen, Aussch. f. Öff.-Arb. im Landesinnungsverb. NRW, Vorst. im Hasper Heimat Brauchtumsver. (HHBV) 1997 Iämpeströtter, Hasper Schützenverein. H.: Hochseeangeln, eigenen Pizzaofen, Motorradfahren.

Flussfisch Sylvester *)

Fochtner Beatrix

B.: Kosmeikerin, Fußpflegerin, Inh. FN.: Cosmetic am Lappwald. DA.: 38368 Grasleben, Kirchstr. 2. G.: Helmstedt, 23. Apr. 1969. El.: Hans-Jörg u. Renate, geb. Haake. S.: 1986-89 Ausbild. Friseurin Schöningen, 1989-90 Ausbild. Kosmetikerin Braunschweig. K.: Kosmeikerin auf d. Tages Beauty Farm in Wolfenbüttel, 1990 Ausbild. z. Fußpflegerin in Braunschweig, 1992-96 Ang. einer Massagepraxis in Helmstedt, seit 1998 selbst. in Grasleben. H.: Radfahren, Schwimmen, Lesen.

Fock Christiane
B.: Designerin, Gschf. Ges. FN.: Sommer Design Brand Central Station. DA.: 20354 Hamburg, Colonaden 21. christiane.fock@brand-central-station.de. www.brand-central-station.de. G.: Harne, 18. Nov. 1968. S.: 1987 Fachabitur in Bielefeld, 1987-91 Studium Grafikdesign in Hamburg an d. Kunstschule Alsterdamm. K.: 1991-97 ang. Designerin in Hamburg, 1997-98 ang. Designerin in New York, 1998-2000 freiberuflich in versch. Agenturen in Hamburg tätig, seit 2000 selbständig in Hamburg. M.: PDA. H.: Arbeit, Joggen, Snowboard.

Fock Heidrun Dipl.-Ing.
B.: Bauing., Inh. FN.: emotion. DA.: 10409 Berlin, Grellstr. 32. emotion fock@online.de. www.emotion-fock.de. S.: 1976-78 Lehre Bauzeichnerin, 1978-81 Ing.-Stud. Hochbau Erfurt m. Abschluß Ing., nach d. Wende Anerkennung als Dipl.-Ing. K.: 1981-90 tätig im Ind.-Bau BMK Chemiebau in Halle, ab 1990 Beschäftigung m. AutoCAD, 1990-96 tätig in d. Firma Ehler, Giese & Partner CAD-Dienstleistungen in Berlin, 1994-96 Umsetzung d. Entwicklung in CAD f. d. Gesundbrunnencentrum in Berlin, seit 1994 Quartier 206 in Berlin-Friedrichstraße, seit 1996 selbst. m. CAD-Dienstleistungen f. Arch., 1999 Organ. d. CAD f. d. Projekt Univ.-Klinikum Halle-Krollwitz, glz. Aufbau d. Zusatzmoduls Pueblo 2000 f. AutoCAD 2000. P.: Veröff. in d. Zeitschrift CAD über Pueblo. M.: Ing.-Kam. Sachsen-Anhalt. H.: mod. Musik, Rolling Stones.

Fock Rüdiger Dr. med. *)

Fock Uwe M. H. Dipl.-Vw. *)

Focke Heinrich Dr.
B.: Vorst.-Vors. FN.: Gerling Versicherungs-Beteiligungs-AG. DA.: 50670 Köln, Gereonshof. G.: 20. Mai 1952. S.: 1970 Abitur, 1970-74 Stud. Mathematik u. BWL an d. Univ. Bielefeld, Köln u. Zürich, Abschluss Dipl.-Mathematiker, 1977 Prom. Dr. rer. nat. K.: 1975-78 wiss. Ass. an d. Univ. Osnabrück, 1978-79 Management Consultant A.T. Kearney in Düsseldorf, 1979-81 Aktuar b. d. Gerling Lebensversicherungs-AG in Köln, 1982-84 Senior Associate b. d. Karoli Wirtschaftsprüfung in Essen, 1984-86 Vertriebskoordination b. d. Gerling Lebensversicherungsgruppe in Köln, 1986-89 Vorst. d. Magdeburger Versicherungsgruppe /Swiss Re in Hannover, 1989-98 Vors.-Vors. b. Zürich Deutschland in Frankfurt, 1998-2001 Mtgl. d. Konzernleitung u. CEO Nord-, Mittel- u. Osteuropa, seit 2002 Vorst.-Vors. d. Gerling Versicherungs-Beteiligungs AG in Köln. (Re)

Focke Katharina Elsbeth Charlotte Dr. *)

---

*) Biographie www.whoiswho-verlag.ch oder beigefügte CD-ROM

Föckel Andreas

B.: Gschf. FN.: bhd Bautenschutz u. Hygienedienstleistung GmbH. DA.: 01139 Dresden, Scharfenberger Str. 27. PA.: 01465 Dresden, Neulußheimer Str. 61. G.: Dresden, 31. Mai 1953. V.: Christine. Ki.: Juliane (1977). S.: 1971 Abitur, 1971-75 Stud. BWL TU Dresden. K.: 1975-90 versch. ltd. Funktionen in div. Betrieben, 1991-95 Geschäftsf. im Bereich Holz- u. Bautenschutz und Erwerb v. Sachkundewissen, 1996 Grdg. d. Firma bhd u. bundesweit tätig im Vorrats- u. Denkmalschutz m. Spezialbegasungsverfahren; Projekte: Dt. Bundesstiftung Umwelt, Entgiftung v. m. typ. DDR-Holzschutzmittel behandelten Holzbauteilen spez. in d. Denkmalpflege. M.: Dt. Schädlingsbekämpfungsverb., BVMW. H.: Wandern, Radfahren, Lesen.

Fockenberg Winfried *)

Fockenbrock Udo *)

Föckler Knut Dipl.-Kfm. Prof.
B.: Inh., Medien- u. Marketingberatung. GT.: Mtgl. im wiss. Beirat d. Post-Graduate Studiengangs MBE/Master of Business Engineering Univ. St. Gallen. DA.: 81679 München, Friedr.-Hendel-Str. 17 PA.: 80538 München, Prinzregentenstr. 16. www.creativepackages.com. G.: Wolfenbüttel, 19. Nov. 1949. Ki.: Philip. El.: Dr. Hans u. Waltraud. S.: Stud. Betriebswirtschaft u. Soz. in Braunschweig, Hamburg u. Oxford. K.: 1973-74 Studienltr. GfM Ges. f. Marktforsch. mbH Hamburg, 1974-75 Ass. d. Geschäftsltg. b. Unilever Hamburg, danach Gschf. f. Marketing b. Philip Morris GmbH, Vorst. KirchGruppe München, 1993-95 Programmdir. Unterhaltung u. Dir. Marketing SAT.1, 1995-96 Ltr. d. eigenen Unternehmens Creativepackages München, 1996 Übernahme Geschäftsber. MSN Deutschland b. Microsoft GmbH, 1998-2000 Vorst.-Spr. d. Dt. Telekom f. d. Geschäftsber. Multimedia, 2000-2001 Vorst.-Vors. d. wireless vision AG, Inh. Medien- u. Marketingberatung Creativepackages. P.: Veröff. in d. GfM-Mitteilungen. E.: 1996 Hon.-Prof. am Inst. f. Kultur- u. Medienmanagement d. Hanns Eisler HS f. Musik Berlin. H.: Film/Fernsehen, Skifahren.

Födisch Bernd *)

Födra Corinna Dr. med.
B.: HNO-Fachärztin, Naturheilverfahren, Homöopathie, Stimm- u. Sprachstörungen, selbständig. DA.: 90402 Nürnberg, Lorenzer Pl. 10. cfoedra@hotmail.com. G.: Berlin, 4. März 1962. El.: Erwin-Emil u. Dr. Anastasia Födra. S.: 1981 Abitur Nürnberg, 1981-82 Stud. f. Lehramt Friedrich-Alexander-Univ. Erlangen, 1983-90 Stud. Humanmed. Friedrich-Alexander-Univ. Erlangen, 1990-91 Approb. u. Prom. z. Dr. med. K.: 1990-91 Ärztin im Praktikum HNO-Univ.-Klinik Erlangen, 1991-95 dort HNO-FA-Ausbildung, 1995-97 OA HNO Euromed-Clinic Pyramide Fürth, seit 1997 eigene HNO-Praxis, ndlg. in Nürnberg. M.: ZÄNI Zentralverband d. Ärzte f. Naturheilverfahren, Dt. Ärzteges. f. Akupunktur e.V., Dt. Berufsverband f. HNO-Ärzte, Literarische Zirkel. H.: Musik (spielt Klavier, Cello, E-Baß-Gitarre), Literatur, Tauchen, Reisen.

Fody Valeria Dr. med. *)

Foerster Cornelia Dr.
B.: Dir. FN.: Histor. Museum d. Stadt Bielefeld. DA.: 33607 Bielefeld, Ravensberger Park 2. historisches.museum@bielefeld.de. G.: Ahaus, 22. Nov. 1953. El.: Gottfried u. Magdalena. S.: 1972 Abitur, 1972-80 Stud. Geschichte u. Germanistik, 1978 Staatsexamen, 1981 Prom. K.: 1980-82 Tätigkeit am Landesarchiv Speyer z. Vorbereitung einer Ausstellung Hambacher Fest, 1982-89 Tätigkeit Germanisches Nationalmuseum Nürnberg, dazwischen 1986 Kulturdezernat Düsseldorf, 1989 Ernennung z. Museumsdir., 1994 Eröff. d. Museums; Lehrauftrag an d. Univ. Bielefeld. P.: Veröff. zur Sozialgeschichte d. 19. Jhs. u. zur Museologie. E.: 1995 1. Preis Dibner-Award, 1997 2. Preis European Museum of the year Award. M.: Mtgl. in wiss. Kommissionen.

Foerster Karin *)

Foerster Roland G. Dr. phil.
B.: freier Lektor, in Pension. PA.: 79341 Kenzingen-Hecklingen, Gässle 6. rolandgfoerster@t-online.de. G.: Sulzbach-Rosenberg, 23. Jan. 1937. V.: Anne, geb. Henkel. Ki.: Dipl.-Vw. Tristan (1972), Phyllis (1974). El.: Stefan u. Annemarie, geb. Freiin v. Falkenhausen. BV.: linkshändige Abkommen d. Markgrafen Carl Wilhelm Friedrich v. Brand.- Ansbach (1712-1757). S.: 1956 Abitur Ansbach, 1956 Berufssoldat Bundeswehr, 1966-74 Stud. Neuere Geschichte u. Polit. Wiss. LMU München, 1974 Prom. z. Dr. phil. K.: 1974-80 Historikerstabsoffz., Militärgeschicht. Forsch.-Amt (MGFA) Freiburg, wiss. Mitarb. u. Redaktionsmtgl. "Militärgeschichtl. Mitteilungen (MGM)", 1981-85 Verteidigungssattaché an d. Dt. Botschaft in Ottawa/Kanada, Oberstlt. i.G., 1985-86 MGFA Freiburg, wiss. Mitarb., 1986-87 Chef d. Stabes, MGFA Freiburg, 1987-93 Abt.-Ltr. Ausbild., Information, Fachstudien (AIF), MGFA Freiburg, 1987 Beförderung z. Oberst i.G., 1994-95 stellv. Amtschef u. Abt.-Ltr. AIF, MGFA Freiburg u. Potsdam, seit 1995 freier Lektor. P.: Diss. "Herrschaftsverständnis und Regierungsstruktur" (1974), Innenpolitische Aspekte d. Sicherheit Westdeutschlands, in: Anfänge westdt. Sicherheitspolitik (1982), Hrsg: Generalfeldmarschall v. Moltke. Bedeutung u. Wirkung (1991), Die Wehrpflicht (1994), 850 J. Hecklingen - ein Dorf feiert seine Geschichte (2000). E.: 1986 EK d. Bundeswehr in Gold, 1993 Meritorious Service Medal (USA), 1994 BVK am Bande. M.: seit 1957 DBwV, Arbgem. Geschichte u. Landeskunde Kenzingen e.V., Vorst., Schriftltr., Dt. Richtervereinig. f. PLP. H.: Sport, Reiten, Turnierrichter bis 1980, seit 1996 Jagd.

Foerster Uwe *)

Foerster-Baldenius Werner Ernst Wilhelm Dipl.-Ing. *)

Fögele Gerhard *)

Fograscher Gabriele
B.: Erzieherin, Fachlehrerin, Mtgl. d. LandesparteiR., MdB. FN.: Dt. Bundestag. DA.: 11011 Berlin, Platz d. Republik 1. PA.: 86720 Nördlingen, Richard-Wagner-Str. 19. G.: Nördlingen, 6. Mai 1957. Ki.: 2 Kinder. S.: 1974 Mittlere Reife, 1978 Abschluß als staatl. geprüfte Hauswirtschaftslehrerin, 1979 1. u. 1981 2. Lehramtsprüf. K.: 1984 Beamtenverhältnis auf Lebenszeit, seit 1987 Erzieherin in d. familienrechtlichen Wohngruppe d. Kinderheims Nördlingen, seit 1992 Mtgl. d. SPD, seit 1992 Vors. d. Arge sozialdemokrat. Frauen (AsF) Donau-Ries, Mtgl. Unterbez.-Vorst. Donau-Ries, Mtgl. d. LandesparteiR., seit 1994 MdB. M.: ÖTV, Dt. Kinderschutzbund (DKSB). (Re)

Fogt Bernd *)

Föhr Horst Dr.
B.: Vorst.-Mtgl. FN.: Deutsche Bahn AG. DA.: 10785 Berlin, Potsdamer Platz 2. www.bahn.de. G.: Cochem/Mosel, 6. Feb. 1944. S.: Stud. Rechtswiss. u. Vw. Mainz, Bonn u. Köln, 1972

*) Biographie www.whoiswho-verlag.ch oder beigefügte CD-ROM

Prom. z. Dr. iur. K.: 1972-80 Justitiar IG Bergbau u. Energie Bochum u. Ltr. d. Abt. Mitbestimmung, 1980-91 Mtgl. d. Vorst. d. ARAL AG Bochum, 1991-92 Vorst. f. Personal u. Recht b. Takraf AG Leipzig, 1992-94 Personalvorst. d. Treuhandanst. Berlin, seit 1995 Vorst.-Mtgl. d. Dt. Bahn AG f. d. Bereich Personal u. Recht, Arbeitsdir.

Fohrer Ernst Dipl.-Ing. *)

Föhring Gregor

B.: RA. FN.: RA-Kzl. & Notariat Föhring & Föhring. DA.: 38100 Braunschweig, Hagenbrücke 1-2. rechtsanwaelte. foehring@t-online.de. www. rechtsanwaelte.foehring.de. G.: Braunschweig, 22. April 1966. V.: Nicole, geborene Erich. Ki.: Merle-Johanna (1966). El.: RA Notar Dieter und Jutta, geborene Habekost. S.: 1987 Abitur Braunschweig, b. 1989 Zeitsoldat b. d. Bundeswehr, OLt. d. Res., 1989-93 Stud. Rechtswiss. an d. Univ. Bayreuth, b. 1996 Referendariat in Braunschweig. K.: seit 1996 als RA zugelassen, ab 1996 Sozius in d. Kzl. d. Vaters in Braunschweig, Tätigkeitsschwerpunkt: Baurecht, Ges.-Recht. M.: Löwenkreis, Golfclub Braunschweig. H.: Golf, Wurftaubenschießen.

Fohringer Angelika *)

Fohrmann Rainer *)

Fohs Klaus

B.: Betriebswirt, Fachwirt, Alleininh. FN.: Immobilien-Service Klaus Fohs. DA.: 70736 Fellbach, Sudetenstr. 28. G.: Freiburg, 15. Jan. 1953. V.: Rosa, geb. Kaltenbach. Ki.: Tina (1974), Frank (1980). S.: FH-Reife, Stud. z. Bautechniker, Stud. an d. Ak. f. Betriebswirtschaft Mannheim. K.: mehrere J. Techniker f. diverse Firmen, Abt.-Ltr. b. versch. gr. Baufirmen, Ausbild. z. Betriebswirt u. Fachwirt f. Immobilien- u. Finanzwesen, 1980 Grdg. d. Firma. H.: Bonsaizüchten u. -sammeln, histor. Briefmarken, histor. Gebäude, Modellautos, Land u. Leute.

Foitzik Christian Dr. med. Dr. med. dent. Dr. phil. nat. *)

Foitzik Karl Dr. theol. Prof. *)

Foitzik Peter Andreas Dipl.-Ing. *)

Foitzik Regina *)

Fojcik Markus
B.: Gschf. Ges. FN.: ABI GmbH. DA.: 30175 Hannover, Luisenstr. 12. abigmbh@aol.com. G.: Leszczin, 10. Feb. 1970. El.: Emil u. Gertrud. S.: 1986-89 Ausbild. Ind.-Mechaniker VW Stöcken, 1990 FHS-Reife Hannover, 1991-92 Bundeswehr. K.: 1992-97 tätig im kfm. Außendienst in Hannover, 1997 Grdg. d. Firma ABI Anlageberatung u. Immobilienvermittlung GmbH in Hannover m. Schwerpunkt Verkauf, Vermietung, Verw., Finanzierung u. Consulting. M.: IHK, Golfclub. H.: Badminton, Golf, Motorradfahren.

Fojtik Karel *)

Fokken Berthold Dr. iur. *)

Fokschaneanu Josef *)

Fokuhl Jörg Dipl.-Designer *)

Folkers Cay Dr. rer. pol. Prof. *)

Folkerts Menso Dr. phil. Prof.
B.: Univ.-Prof. FN.: Ludwig Maximilians-Univ. München, Dt. Museum Inst. f. Geschichte d. Naturwiss. DA.: 80538 München, Museumsinsel. PA.: 81675 München, Haidhauer Str. 1. m.folkerts@lrz.uni-muenchen.de. www.ign.uni-muenchen.de. G.: Eschwege, 22. Juni 1943. V.: Gabriele, geb. Klingbeil. El.: Johannes (Studiendir.) u. Frieda, geb. Hoffmann. S.: 1953-62 Gymn. in Norden u. Leer, Abitur, 1962-67 Stud. Klass. Philologie u. Mathematik an d. Univ. Göttingen, 1967 Prom. in Göttingen, Dr. phil., 1968 Staatsexamen in Göttingen. K.: 1969-76 Ass./Ass.Prof. TU Berlin, 1973 Habil., 1970-77 Gastdoz. bzw. Gastprof. Univ. Hamburg, 1976-80 C3-Prof. f. Math. Univ. Oldenburg, seit 1980 C4-Prof. Univ. München u. Ltr. d. Inst. f. Geschichte d. Naturwiss. P.: Co-Autor mit Hubert L. L. Busard "Robert of Chester's Redaction of Euclid's Element's (Berlin 1992), Autor "Die älteste lateinische Schrift über das indische Rechnen nach al-Hwarizmi" (München 1997), Herausgeber der Reihen: Boethius, Texte und Abhandlungen zur Geschichte der exakten Wissenschaften, ab Band 12, Stuttgart 1985, Algorismus, München 1988, Nicolaus-Copernicus-Gesamtausgabe, Nova Acta Leopoldina (ab 1998), Mitherausgeber v. Zeitschriften: Sudhoffs Archiv, Centaurus, Archive für History of Exact Sciences, Historia Mathematica, NTM (ab 1998). M.: Academie Intern. d'Histoire des Sciences Paris, Dt. Ak. d. Naturforscher Leopoldina, Sächsische Ak. d. Wissenschaften, Bayerische Ak. d. Wissenschaften. H.: Bibliothek- u. Archivstudien zur Geschichte der Mathematik.

Folkerts Ulrike
B.: Schauspielerin. FN.: c/o SWR, Saskia Hayn, Redaktion Tatort. DA.: 76522 Baden-Baden. G.: Kassel, 14. Mai 1961. S.: Stud. an d. HS f. Musik u. Theater in Hannover. K.: Fernseh- u. Filmrollen u.a. 1987 Das Mädchen m. d. Feuerzeugen, 1989 Das Prachtexemplar, 1990 Unter Kollegen; Tatort, 1991 Klinik d. Grauens, 1993 Wolffs Revier; Tom u. Laura, 1994 Nur über meine Leiche; Der Gletscherclan, 1995 Der Mond ist aufgegangen; Glück auf Kredit, Corinna Pabst, 1997 Den kleine Unterschied; Die Verbrechen d. Prof. Capellari; Der Kapitän, seit 1998 Tatort; Karry, d. Mann, d. geliebt werden sollte; Sechs Schüsse auf den Minister; Der Hochstapler; Stahlnetz, 1998 "Männer und andere Katastrophen", 1998 Dokumentation: "This is my Australia", Hörspiele: 1997 "Soharas Reise", "Als die Steine noch Vögel waren", 1999 "Und dahinter das Meer", 1000 "Die Hornisse", zahlr. Lesungen, 2001 "Vagina Monologe" in der Berliner Arena. H.: Motorrad, Schwimmen, Saxophon.

Föll Ursula Dr. med. *)

Follak Iris
B.: Zahntechnikerin, GemR. in Raschau, MdB FN.: Dt. Bundestag. DA.: 11011 Berlin, Platz d. Republik 1. PA.: 08352 Raschau. G.: Schneeberg, 16. Okt. 1958. Ki.: 1 Sohn. S.: 1965-76 Polytechn. Oberschule Raschau, 1975-78 Med. Fachschule Chemnitz. K.: 1978-90 Gesundheitswesen, 1990-92 selbst. in Hdl. u. Ver-

*) Biographie www.whoiswho-verlag.ch oder beigefügte CD-ROM

trieb, 1992-94 Mitarb. eines SPD-Bundestagsabg., 1990 Eintritt in d. SPD, 1990 Grdg.-Mtgl. SPD-Ortsverb. Raschau, stellv. Ortsver.-Vors., 1994 GemR. in Raschau, seit 1994 MdB. (Re)

Follens Albert
B.: Vorst. Geschäftsbereiche NDT u. Industrial Imaging. FN.: Agfa Gevaert AG. DA.: 51301 Leverkusen, Kaiser-Wilhelm-Allee. www.agfa.com. G.: 1947. S.: Stud. Elektrotechnik an d. Univ. v. Ghent/Belgien u. Wirtschaftswiss. an d. Univ. v. Antwerpen. K.: 1969 Beginn d. berufl. Laufbahn b. Philips u. 1970 Wechsel zu Agfa, versch. Funktionen in d. techn. Entwicklung v. Prozessautomation u. Begießtechnik, Ltg. d. Abt. f. Techn. Ausrüstungen u. 1990 Ltr. d. Logistik, 1997 Dir. Produktion u. Ingenieurwesen sowie Werksleiter Mortsel, seit 1999 b. Agfa weltweit zuständig f. d. Produktion Fotochemie u. d. Ingenieurwesen, im Vorst. verantwortlich f. d. Geschäftsbereiche NDT (Non Destructive Testing) u. Industrial Imaging, zuständig f. d. Produktion, Forschung u. Entwicklung Fotochemikalien, Corporate Forschung Geräte, Logistik, Einkauf u. Umweltschutz. (Re)

Fölling Franz

B.: Gschf. FN.: Autohaus F. Fölling Mitsubishi Vertragshändler. DA.: 33378 Rheda-Wiedenbrück, Am Sandberg 58. PA.: 33378 Rheda-Wiedenbrück, Rietberger Str. 98a. G.: Harsewinkel, 17. Mai 1940. V.: Anna, geb. Knapp. Ki.: Thomas (1965), Elke (1969). S.: 1955-58 Ausbild. u. Abschluß z. Kfz-Mechaniker. K.: 1959-60 Tätigkeiten im Beruf in d. Schweiz, Italien, Österr., Balkan u. Israel, 1961-63 Tätigkeit im Beruf u. Meisterschule, 1963 Meisterprüf., 1963-79 Tätigkeiten als Werkstattltr., Zweigstellenltr. u. Verkäufer, 1979 Grdg. d. eigenen Firma als komplettes Autohaus Mitsubishi-Vertragshändler, 1987 Verlagerung u. Vergrößerung d. Firma an jetzigen Standort, 1992 2. Standbein Tuning u. Vorbereitung v. histor. Rennfahrzeugen. M.: Mtgl. u. Vorst. d. Mitsubishi-Händlerverb. H.: Beruf, Motorsport, Ralleysport.

Follmann Gerhard Dr. Prof. *)

Föllmer Klaus *)

Föllmer Marlies-Kathrin *)

Föllmer Wilhelm Dr. med. habil. Prof. *)

Follner Heinz Dr. Prof. *)

Folosea Constantin Dr. dent.
B.: Zahnarzt. FN.: Gemeinschaftspraxis Dr. Constantin Folosea u. Dr. Robert Folosea Zahnärzte. DA.: 95444 Bayreuth, Telemannstr. 3. PA.: 95445 Bayreuth, Guntherstr. 8c. folosea-dent.@t-online.de. www.folosea-dent.de. G.: Kronstadt/Siebenbürgen, 23. Feb. 1940. V.: Waltraut, geb. Kliemen. Ki.: Robert (1969), Monika (1971) - Ehrenbürger d. Stadt Bayreuth - Deutsche Meister. El.: Constantin u. Elena. BV.: Vater Constantin Foloesa war bedeut. Gastwirt in Siebenbürgen, Großvater hat damals in Wien an Kunstschule studiert. S.: Gymn. u. Sportschule Abitur 1957, 1961-67 Zahnarztstud. an d. Univ. Bukarest, 1965-67 Stud. Biologie, 1967 Staatsexamen. K.: 1967-72 in Landpraxis in Aga's Comanesti, 1972-81 Poliklinik in Kronstadt, dort auch Ltr. d. Metodologischen Zentrums f. junge Zahnärzte u. Ltr. d. Helferinnenschule, 1975 Prüf. z. Spezialist. f. Allg. Zahnmed., 1976 Prüf. als Hauptltr. f. Zahnmed., 1981 nach Deutschland gekommen, 1982-83 Tätigkeit in d. Praxis Zappe in Bayreuth,

1983-97 ndlg. Praxis in Mainstraße in Bayreuth, seit 1997 Gemeinschaftspraxis m. Sohn. P.: Veröff. nur in Kronstadt, Dr.-Arb.: Professionelle Affektionen b. Zahnärzten, Zahnarzthelferinnen u. Zahntechnikern durch d. tägl. Arb., Veröff. auch in zahlr. Zeitschriften. E.: Ausz. im Sport: Kreismeister in Rumänien Leichtathletik, Rumän. Vizemeister m. Mannschaft im Grosslauf, Bayer. Turnerschaft der Senioren mehrmals Oberfränk. Meister in 200m-Lauf, 3-Sprung, Nordbayer. Vizemeister im 200m-Lauf. M.: Bayreuther Turnerschaft, Kassenärztl. Ver., Freier Verb. d. Zahnärzte. H.: Sprichwörter sammeln, Sport, Fotografie, Münzen, Briefmarken.

Fölsch Eberhard *)

Fölsing Hedwig-Regina *)

Fölsing Peter *)

Fölster Achim Dipl.-Ing.

B.: Gschf. FN.: Schmiedag GmbH. DA.: 58089 Hagen, Grüntaler Str. 11. a.foelster@schmiedag.de. G.: Endingen, 8. Juni 1948. V.: Inge, geb. Wagemann. Ki.: Verena (1980), Mara (1983), Janna (1991). S.: 1967 Abitur Europ. Schule Brüssel, 1967-72 Stud. Maschinenbau TH Aachen m. Abschluß Dipl.-Ing., 1972-74 Stud. Wirtschaftswiss. TH Aachen m. Abschluß Dipl.-Wirtschafts-Ing. K.: 1975 tätig in einem Ing.-Büro, 1976-90 Projekt- u. Planungsing. m. Auflandsaufenthalt in Algerien f. d. Firma Klöckner & Deutz, 1982-83 Aufbau d. Motorenfertigung in d. USA u. in Kanada, 1983-84 Projektltr. f. Motoren- u. Traktorfertigung u. Aufbau einer Motoren- u. Traktorenfbk. in Tunesien, Abt.-Ltr. f. Bauu. Einrichtungsplanung, zuständig f. Strukturen d. Fertigung im Stab d. Vorst.-Vors., 1991-96 techn. Ltr. eines Werkes f. Firma Case f. Traktoren u. Motoren, 1996-97 verantwortl. f. Koordination v. Fertigungsprojekten in neuen Märkten, seit 1997 Gschf. f. d. techn. Bereich d. Schmiedag GmbH u. verantwortl. f. Konzeption, Entwicklung, Prod., Vertrieb u. Logistik. M.: BeiR.-Mtgl. d. Dt. Schmiedeverb. H.: Skifahren, Kajak fahren, Joggen.

Fölster Carlheinz *)

Foltin Ján Dr.
B.: Botschafter d. Slowak. Rep. FN.: Slowakische Botschaft. DA.: 53129 Bonn, August-Bier-Str. 31. G.: Tekoldány/Slowakei, 10. Okt. 1948. V.: Alzbeta, geb. Tura Luka. Ki.: Martin (1976), Julia (1980). El.: Ján u. Anna, geb. Gavurova. BV.: Hros Mgr. d. Stur-Gruppe im Unabhängigkeitskampf f. d. Slowakei 1848. S.: 1967 Abitut Trnava, 1967-72 Stud. Maschinenbau, Regelungs- u. Automatisierungstechnik Slowak. TU Bratislawa, 1972 Dipl.-Ing., 1981-86 Ökonom. Univ. Bratislawa, 1986 Dr.-Prüf. K.: 1972-74 Programmierer im Rechenzentrum Ldw. HS Nitra, 1975-91 Datenbankadministrator Statist. Amt in Bratislawa, ab 1982 Abt.-Ltr., 1991-92 Ökonom. HS Bratislawa, Doz. f. Datenbanksysteme u. Telekommunikation, 1992 VDekan,

1992-93 Zentrum f. Strateg. Studien in Bratislawa, ab 1994 Gen.-Dir., 1996-98 Staatssekr. im Wirtschaftsmin., seit 1998 Botschafter in Deutschland. P.. ca. 30 Fachpubl., Konferenz- u. Seminarbeiträge im Ausland, viel über KMO. M.: European Small Business Conference ESBC. H.: Sport, Fußball, Basketball, Skifahren, Skilanglauf, klass. Musik, mod. Musik, Volksmusik, Akkordeon- u. Gitarrespielen, Lesen v. Biographien, Reisen in Adrialänder.

Folz Falko *)

Folz Matthias *)

Folz Stefan

B.: freiberuflicher Astrologe, Mitarbeiter Organisation Kulturamt d. Stadt St. Ingbert. DA.: 66386 St. Ingbert, Geistkircher Str. 11; 66386 St. Ingbert, Am Markt 12. PA.: 66386 St. Ingbert, Geistkircher Str. 11. sfolz@t-online.de. G.: Merzig, 16. Juli 1960. El.: Werner u. Rosemarie, geb. Hofmeister. S.: 1980 Abitur, 1980-88 Studium Germanistik u. Theologie für d. Lehramt an Gymnasien an d. Univ. Saarbrücken, 1988-90 Ausbildung zum Industriekaufmann in Homburg m. Abschluß. K.: 1988-92 Industriekaufmann in Homburg, 1992-94 Mitarbeiter d. Kulturamtes d. Stadt Zweibrücken, seit 1994 Mitarbeiter d. Kulturamtes d. Stadt St. Ingbert, zuständig f. d. Betreuung v. Veranstaltungen z.B. d. intern. Jazz-Festivals sowie d. Wettbewerbs um d. Kleinkunstpreis "St. Ingberter Pfanne", seit 1993 freiberuflich tätig als Journalist f. d. "Rheinpfalz". BL.: seit 1982 Beschäftigung m. d. Astrologie, seit 1989 freiberufliche Dienstleistung. M.: Dt. Astrologenverband, Rock-Förderverein St. Ingbert. H.: Astrologie, Computer, Sport.

Folz Willibald J. Dr. *)

Folz-Starkloff Astrid *)

Fondalinski Günter Johannes Josef Dr. med. *)

Fonfara Johann J. Dipl.-Ing. *)

Fonger Hans-Walter *)

da Fonseca-Wollheim Kristina
B.: Profi-Leichtathletin (5000m). FN.: c/o V Halle. DA.: 06120 Halle, Kreuzvorwerk 22. G.: Berlin, 10. Feb. 1972. K.: Disziplin: 5000m, größte Erfolge: 1992 WC 1500m/4., 1995 DHM/3., 1997 DM/1., DHM/1., EC 3000m/2., 1998 Hallen-EM/7., DM/1., EM/9., EC/2., 1999 DHM/4., DM/1., derz. Verein: SV Halle (s. 1997).

Fontaine Gabriele Maria *)

Fontaine Harald A. *)

Fontaine Matthias *)

Fontàn del Junco Manuel Dr. phil. *)

Fontana Eszter Dr. *)

Fontana Fernando *)

Fontanella Dario *)

Fontheim Joachim *)

Fontius Martin Dr. phil. Prof. *)

Forberg Hans-Heinrich Dr.-Ing. *)

Forberger Dieter *)

Forberger Maria
B.: Kosmetikmeisterin, selbständig. DA.: 17235 Neustrelitz, Zierkerstr. 57. G.: Neustrelitz, 1. Sep. 1965. Ki.: Josefine (1987), Bernadette (1988). El.: Wolfgang Kollweck u. Felicitas, geb. Koschwitz. S.: 1982-84 Lehre z. Kosmetikerin. K.: 1984-90 tätig als Kosmetikerin, 1988 parallel Meisterschule u. Abschluss z. Kosmetikmeisterin, seit 1993 selbständig m. eigenem Kosmetikstudio in Neustrelitz. M.: Kath. Kirche, Inseltheater Helgoland e.V. H.: Fitness, Stepptanz.

Forbrig Armin *)

Forbrig Frank Dipl.-Ing. *)

Forch Roseline Brigitte Prof. *)

Förch Robert *)

Forchner Christina *)

Forchner Ewald *)

Forchner Ulrich

B.: freiberufl. Grafiker. DA.: 04155 Leipzig, Eisenacher Str. 9. G.: Krossen, 1. Dez. 1949. Ki.: Lucas (1987). S.: 1966-68 Lehre Facharb. f. Landschaftsgestaltung Firma Gala Leipzig, glz. VHS m. Abitur, Malerhelfer im VEB Baureparatur Leipzig, 1969-70 NVA, 1970-75 Studium HS f. Grafik u. Baukunst, Abschluß m. Ausz. K.: während d. Stud. erste Ausstellungen u. weltweite Beteiligungen, seit 1975 freischaff. Grafiker, Karikaturist, Trickfilmzeichner u. Layouter, 1988 tätig f. Zeitungen u. versch. Verlage u. Firmen in d. BRD, seit 1993 tätig in Leipzig m. Portraitkarikaturen, zahlr. Arb. f. d. LVZ, Eulenspiegel, SaSo- Sachsen Sonntag u. Espresso-Sparkassenzeitung, "Süddeutsche Zeitung, Wertpapier", "Nebelspalter". P.: Ausstellungen in Bergisch Gladbach in "DDR-Karikaturisten stellen sich vor" (1988), polit. Karikaturen in d. Bildzeitung (1990-92, E.: 1980 2. Preis d. Silberner Hut d. Cartoonbiennale in Belgien, 1985 1. Preis d. Anti-War-Salon in Jugoslawien, 1988 3. Preis d. Bonzener Styr d. Karikaturen-Biennale in Greitz

Forck-Bödeker Karin *)

Fordemann Hans-Georg *)

Förderer Günter Dipl.-Kfm. *)

Förderer Karl Heinz Dipl.-Ing.
B.: Öff. bestellter Vermessungsing. FN.: Vermessungsbüro Dipl.-Ing. Förderer. DA.: 69126 Heidelberg, Tullastr. 19. PA.: 69254 Malsch, Schubertstr. 20. k-h.foerderer@khfoerderer.de. www.khfoerderer.de. G.: Rauenberg, 2. Dez. 1954. V.: Gudrun, geb. Weber. Ki.: Marc (1984), Anja (1986). El.: Walter u. Anna. S.: 1970 Mittlere Reife, 1970-73 Ausbild. als Vermessungstech-

---

*) Biographie www.whoiswho-verlag.ch oder beigefügte CD-ROM

niker, 1973-74 FHS-Reife, 1974-75 Bundeswehr, 1975-79 Stud. Vermessungswesen FHS Karlsruhe, Examen als Dipl.-Ing. K.: 1979-80 Vorbereitungsdienst f. gehobenen vermessungstechn. Verw.-Dienst b. d. Stadt Heidelberg, 1980 Stadtsprüf., Stadtvermessungsoberinsp., 1991 StadtvermessungsamtsR. b. d. Stadt Heidelberg, 1992 Grdg. d. eigenen Unternehmens in Malsch, später Heidelberg, Öff. bestellter Vermessungsing., Ing.-Büro f. angew. Geodäsie u. Geoinformationssysteme. E.: Gold. Ehrennadel d. Bad. Tischtennisverb. M.: BDVI, BDB, Vertreterversammlung d. Versorgungswerkes, Tischtennisclub TTG Walldorf, DVW Musikver. Konkordia Malsch, MGV Malsch. H.: Tischtennis.

Forell Max Michael Dr. Prof. *)

Förg Heinrich *)

Förg Hildegard *)

Forgber Ute *)

Fork Wilhelm *)

Forkel Beate Barbara Dipl.-Ing.

B.: Dipl.-Bauing., Inh. FN.: Planungsbüro f. Bauwesen Beate Forkel. DA.: 06618 Naumburg, Marienmauer 17. G.: Falkensee, 19. Apr. 1958. V.: Andreas Forkel. Ki.: Patricia (1981), Franziska (1987). S.: Mittlere Reife, Ausbild. z. Bauzeichnerin, Stud. Bauwesen an d. FH Cottbus, Dipl.-Ing. K.: Baultr. im Prenzlauer Berg VEB Modernisierung, wiss. Mitarb. Ing.-Büro Straßenbau Leipzig, Projektant ZBE Naumburg, 1990-92 Projektant u. Baultr. Arch.-Büro Welter & Partner, seit 1993 Gründer u. Inh. d. Planungsbüros f. Bauwesen Beate Forkel. M.: Ing.-Kam. H.: Malen.

Forkel Bettina
B.: Tanzpädagogin, selbständig. FN.: Studio für Tanz, Fitneß und Bewegung. DA.: 75015 Bretten, Engelsberg 1. G.: Nürnberg, 20. Jan. 1967. S.: 1986 Abitur in Nürnberg, 1986-89 Tanzausbildung b. Immo Buhl u. Romana Ondra in Nürnberg, 1990-93 Lehre als Landschaftsgärtnerin, 1993-97 Stud. Landschaftsarchitektur. K.: Eröff. d. Tanzstudios in Bretten, seit 1998 Ausbildung z. Lehrerin d. Alexander Technik. H.: Tanzen u. Musik.

Forker Johannes Georg Paul
B.: Ehrenpräs. FN.: Dt. Volksgesundh.beweg. e.V. PA.: 51427 Bergisch Gladbach, Am Wiesenhäuschen 2. G.: Dresden, 30. Jan. 1916. V.: Renate, geb. Landenberger. Ki.: Herbert, Bankkfm., Dipl.-Betr.wirt., Wolfgang, Dr. med. El.: Prof. Dr. Georg u. Ella. S.: Abitur Vitzthum. Gymn. Dresden. K.: 1935-45 Dienst i. d. Wehrmacht, zul. a. Maj. im Gen.Stab, Kriegsteilnahme, 1945-47 Gefangensch., dabei Stud. d. Betr.Wirt., 1947-83 tät. b. d. Arzneimittelfirma Dr. Madaus GmbH & Co. Köln, Ltr. d. Ress. Vertrieb Deutschld., gleichz. v. 1980-84 Gschf. d. Madasan GmbH Köln, 1983-90 Präs. d. Dt. Volksges.beweg. e.V. (Arb.Gem. v. Verb. u. Einricht. f. nat.gem. Leben- u. Heilweisen), seit 1990 Ehrenpräs. d. DVB. P.: lfd. Veröff. ü. med.-pol. Them. E.: Eis. Kr. I. u. II. Kl., Kriegsverd.Kr. II. Kl. m. Schwert., Verwundetenabz., BVK am Bande d. Verdienstord. d. BRD. H.: Tennis, Gartenarbeit, Basteln, Radfahren, Golf.

Formanek Nikolaus
B.: Gschf. FN.: Move-Business-Channel Interactive Services GmbH. DA.: 1070 Wien, Neubaugürtel 4. G.: Wien, 12. Sep. 1965. El.: Julius u. Margaretha. S.: 1985 Abitur Wien, 1988-92 Stud. Kommunikation Kalifornien in. Abschluß Bachelor of Arts in Communication and Journalism. K.: 1993-94 Chefred. d. Monatszeitung "Liberales Forum", Pressesprecher d. Parlamentsklub d. Liberalen Forums, Pressesprecher u. persönl. Mitarb. v. Gerold Dautzenberg LAbg. in NÖ, Pressesprecher u. persönl. Mitarb. d. 3. NatR.-Präs. u. Klubobfrau d. Liberalen Forum Dr. Heide Schmidt, 1995 Gschf. Radio 102,5 Wien, 1995-2/98 Ltr. d. Öff.-Arb. d. Bertelsmann TV/Film Europa u. d. UFA, 1987-88 Red. b. Behindertenmagazin "MOBIL" Österr., 1988-89 Red. b. "La Verne Magazin" Kalifornien, 1988-90 redaktionelle Position b. d. Univ.-Zeitung "Campus Time", 1990-91 Chefred. b. "Campus Time", 1991-92 Red. b. d. "San Gabriel Valley Tribune", 1989-90 Produzent u. Moderator b. "LVTV 29", 1990-91 Radiomoderator f. d. Univ.-Sender "KULV 55" u. 2 Monate Ferialpraktikum in d. ZIB-Red. d. ORF, 1992-93 Chefred. u. Moderator b. Fernsehsender LVTV 29, 2/98-4/98 Wahlkampfmanager b. Präsidentschaftswahlkampf von Dr. Heide Schmidt, s. Aug. 1998 Gschf. d. Move-Business-Channel Interactive Services GmbH. E.: 1989 Beste Magazin-News-Story d. Univ. of La Verne, 1990 Beste Zeitungskolumne d. Univ. of La Verne, 1990 Bester Aufdeckungsjournalist Kalifornien, 1990 Bester Debattenredner d. J. d. Univ. of La Verne, 1991 Outstanding Leadership Stipendium, 1992 Beste Zeitungs News Story d. Univ. La Verne, 1992 Eintragung in d. Who is Who Among American Univ. and Colleges. H.: Fotografieren.

Formanski Norbert
B.: Starkstromelektriker, MdB. FN.: Dt. Bundestag. DA.: 11011 Berlin, Platz d. Republik 1. G.: Westerholt, 1. Aug. 1951. V.: verh. Ki.: 1 Sohn. S.: über Abendschule Mittlere Reife u. FHS-Reife. K.: 1967-71 Jugendvertreter, Starkstromelektriker u. Ausbilder, 1972-73 Grundwehrdienst, seit 1978 freigestellter BetriebsR. auf d. Ruhrkohle AG-Bergwerk Westerholt Steinkohle, seit 1984 BetriebsR.-Vors., seit 1994 Mtgl. Geschäftsführ. Gesamtbetriebsr., seit 1994 Mtgl. im Arbeitskreis d. Gesamtbetriebsräte/Betriebsräte d. Steinkohleuntern. in d. Ruhrkohle AG, seit 1966 Mtgl. IG Bergbau u. Energie, dort seit 1980 Mtgl. Bez.-Vorst. d. Gelsenkirchen, seit 1988 Mtgl. u. seit 1991 Vors. im Kontrollaussch., seit 1969 SPD, seit 1976 Mtgl. u. seit 1992 stellv. Vors. im SPD-Stadtverb.-Vorst. Herten, stellv. Ortsvereinsvors., 1975-79 sachkundiger Bürger im Bez.-Aussch. Westerholt/Bertlich, 1979-91 Mtgl. im Rat d. Stadt Herten, s. 1990 MdB. M.: Naturfreunde. (Re)

Fornadi Ferenc Attila Dr. med.
B.: Teilh. u. Ärztl. Dir. FN.: Gertrudis-Klinik Biskirchen (Parkinson-Zentrum). DA. u. PA.: 35638 Leun-Biskirchen, Karl-Ferdinand-Broll-Str. 2-4. Parkinson-Center@t-online.de. G.: Budapest, 4. Jan. 1946. V.: Katalin Fornadi, geb. Kurtz (Teilhaberin u. Verwaltungsleiterin). El.: Prof. Dr. Ferenc u. Dr. Jolan, geb. Kraut. S.: 1970 Approb., 1970 Prom. z. Dr. med. univ., Militärdienst. K.: 1974 FA-Prüf. f. Neurologie, 1978 FA-Prüf. f. Psychiatrie, 1970-75 Ass.-Arzt u. später Stationsarzt in d. Neurolog. Klinik d. Semmelweis-Univ. Budapest, ab 1975 OA, stellv. Ltr. d. Parkinson- u. extrapyramidalen Abt., ab 1976 Doz. d. Psychologie-Studenten in d. Budapester Lorand-Eötvös Univ., ab 1980 Ltr. d. Parkinsonabt. u. d. Ambulanz, 1981-82 OA Klinik Dr. Wohlauf Wolfach, 1983-85 Chefarzt, 1985-91 ltd. Arzt d. Neurolog. Abt. d. Paracelsus Nordseeklinik Helgoland, 1991-95 Ärztl. Dir. d. Parkinson-Klinik Bad Nauheim, ab 1995 Eröff. Gertrudis-Klinik in Biskirchen. P.: 121 wiss. Arb. M.: Dt. Ges. f. Neurologie, Berufsverb. Dt. Nervenärzte, Dt. Ges. f. Neurolog. Rehabilitation, Horanyi-Ges. d. Ungar. Neurologen Budapest, Worldwide Hungarian Medical Academy, Royal Society of Medicine

---

*) Biographie www.whoiswho-verlag.ch oder beigefügte CD-ROM

London, Verb. d. ltd. KH-Ärzte, Dt. Parkinson-Ges., Ehrenmtgl. d. Ungarischen Parkinson-Ges. H.: Jagd, Musik, Motorboot. (J.L.)

Fornahl Rainer Dipl.-Geophysiker

B.: MdB. FN.: Dt. Bundestag, SPD. DA.: 11011 Berlin, Platz d. Republik 1, Wahlkreisbüro: 04109 Leipzig, Brühl 34-50. rainer.fornahl@bundestag.de. G.: Collmen/Sachsen, 10. Mai 1947. Ki.: Grit. S.: 1966 Abitur an Berufsschule d. Leipziger Eisen- u. Stahlwerke, 1966-71 Stud. Angew. Geophysik, spez. Exploration an Univ. Leipzig WU, 1971 Dipl.-Geophysiker. K.: 1971-91 Erkundungsbetrieb VEB Geophysik, Leipzig, spez. Wassererkundung u. komplexe Untersuchungen zu Erzerkundungen, 1985 Gebietsgeophysiker, 1989 Engagement beim Neuen Forum, 1989 Grdgs.-Mtgl. SPD im Raum Leipzig, Ortsvereinsvors. Leipzig-Süd, 1990-99 Stadtverordneter Leipzig, 1990-98 Vors. d. SPD-Fraktion, seit 1998 MdB, Wahlkreis Leipzig-Nord, o.Mtgl. Ausschuß f. d. Angelegenheiten d. Europäischen Union u. d. Neuen Länder, stellv. Mtgl. Ausschuß Verkehr, Bau u. Wohnungswesen, 2000/01 Mtgl. Enquete-Kommission Globalisierung d. Weltwirtschaft. (Re)

Forndran Erhard Dr.

B.: Prof. FN.: Univ. Magdeburg. DA.: Magdeburg, Vischowstr. 24. PA.: 31234 Edemissen, Kapellenweg 7. G.: Kiel, 26. Jan. 1938. V.: Alexandra, geb. Busse. Ki.: Gabriele. El.: Hans-Georg u. Hedwig. S.: Gymn., 1967 Prom. K.: 1968 wiss. Ass., 1972 Habil., 1972 Vors. d. Förd.-Kmsn. d. Dt. Ges. f. Friedens- u. Konfliktforschung, 1972 Prof. f. Polit. Wiss. an d. PH Neuss, 1974 Lehrstuhlvertr. u. Ruf auf d. Lehrstuhl f. Intern. Beziehungen an d. Ruhr-Univ. Bochum, 1976 Ruf auf Lehrstuhl f. Polit. Wiss. in Braunschweig, 1978 Abgelehnter Ruf auf Lehrstuhl f. intern. Bez. u. Außenpolitik an d. GHS Kassel, 1992 Ruf a. Lehrstuhl f. Intern. Beziehungen u. Theorie d. Politik a. d. Univ. Magdeburg. P.: Rüstungskontrolle (Düsseldorf 1970), Probleme der intern. Abrüstung (Frankfurt und Berlin 1970), Abrüstung u. Friedensforschung (Düsseldorf 1971), mit v. Alemann, Methodik der Politikwiss. (Stuttgart, 5. Aufl. 1995), Abrüstung u. Rüstungskontrolle (Berlin 1981), Die Stadt u. Industriegründungen Wolfsburg und Salzgitter (Frankfurt u. New York 1984), Die Vereinigten Staaten v. Amerika u. Europa (Baden-Baden 1991), mehrere Herausgeberschaften u. viele Aufsätze. M.: SPD, Dt. Vereinig. f. pol. Wiss., Dt. Ges. f. Politikwiss., Studienkreis Intern. Beziehungen, Dt. Vereinigung f. Parlamentsfragen, Dt. Ges. f. Auswärtige Politik.

Forner Günter Ing. *)

Forner Ilona *)

Forow Nikolai Dr.

B.: Lehrbeauftragter, Goethelehrer, Germanist u. Deutschlehrer. DA.: 30355 Hamburg, Kaiser-Wilhelm-Str. 55. nikolai@forow.de. G.: Ost-Kalmanka/Russland, 27. Mai 1956. V.: Brigitte, geb. Mant. Ki.: Nastasja (1985). S.: 1973 Abitur Odessa, 1973-78 Stud. Germanistik u. Methodik d. dt. Sprache Odessa u. Leipzig. K.: 1979-81 Lehrauftrag f. Dt. Philol. in Odessa, 1981-84 Doktorand in Odessa u. Moskau, 1984-90 wiss. Doz. in Odessa, 1987 Prom., 1990-96 Sprachlehrer am Goetheinstitut in Jerusalem u. glz. tätig im Deutschunterricht u. d. Lehrerfortbildung, seit 1995 Doz. an d. Univ. Freiburg, Braunschweig, Bremen u. Hamburg, seit 1996 Doz. am Goetheinstitut in Freiburg, Bremen u. Hamburg; Funktion: Lehrerfortbildung f. DAF-Lehrer. P.: Veröff. in Fachzeitschriften. H.: Lesen, Schwimmen, Joggen, Reisen.

Förschler Monika

B.: Tanzlehrerin, Tanzsporttrainerin, Gschf. FN.: Tanzschule Broadway. DA.: 13585 Berlin, Askanierring 155. info@tanzschule-broadway.de. www.tanzschule-broadway.de. G.: Berlin, 13. Mai 1940. V.: Stud.R. Albrecht Förschler. Ki.: Annette (1974), Ariane (1976). El.: Architekt Wolfgang Schütz u. Hertha, geb. Buchheiste. S.: 1956 Mittlere Reife, anschl. Ausbildung am sozialpädagogischen Seminar d. Pestalozzi-Fröbel-Hauses in Berlin z. Erzieherin, 1974-79 Ausbildung als Tanzlehrerin. K.: b. 1974 tätig als Erzieherin, seit 1978 Führung einer eigenen Tanzschule, Tanzkurse, Einzelunterricht, Trainingskurse, Medaillenkurse, Tanzkreise Videoclip-Dance, u.a. M.: 1. Vors. Tanzsportclub "Askania" Berlin. H.: Garten, Reisen, Städtebau.

Forschner Dieter *)

Forschner Michael Dipl.-Vw. *)

Forscht Manfred *)

Forscht Rolf *)

Forßbohm Jochen

B.: Gschf. Ges. FN.: Forßbohm & Söhne Bauunternehmen GmbH. DA.: 04416 Markkleeberg, Apelsteinallee 9. PA.: 04277 Leipzig, Sterntalerweg 14. G.: Leipzig, 26. Okt. 1941. V.: Barbara, geb. Rörig. Ki.: Gabriele (1962), Dipl.-Ing. Thomas (1966), Matthias (1969). El.: Gerhard u. Franziska. S.: 1958-59 Lehre Maurer. K.: 1959-66 tätig im Familienbetrieb, 1966 Maurermeisterprüf., 1966-68 Wehrdienst, 1968 Grdg. eines Maurerhandwerksbetriebes, 1991 Grdg. d. Firma Forßbohm & Söhne Bauunternehmen GmbH, Hoch-, Beton- u. Stahlbetonbau, Sanierung zahlr. denkmalgesch. Altbauten, Neubauten f. Privat u. Gewerbe, Projekte: Sanierung zahlr. Altbauten in Leipzig, Neubau d. Kunst- u. Bauschlossereien GmbH, Architekten-EFH in Markkleeberg. M.: ö.b.u.v. SV d. HWK zu Leipzig, Fördermtgl. d. Förderver. Völker-Schlachtdenkmal Leipzig, Freunde d. Gewandhauses Leipzig e.V. H.: Motorsport - F 1, Oldtimer, Informatik.

Forssman Erik Dr. Prof.

B.: em. Univ.-Prof. PA.: 79100 Freiburg, Johann-v.-Weerth-Str. 4. G.: Berlin, 27. Dez. 1915. V.: Monica, geb. Bergström. El.: Ing. V. H. u. Anny. S.: 1935 Abitur, Univ. Leipzig, Göttingen u. Stockholm, 1951 Prom. K.: 1956 Habil., 1957 Doz. Univ. Stockholm, 1971-84 Prof. Univ. Freiburg. P.: Säule und Ornament (Stockholm, 1956), Dorisch, Jonisch, Korinthisch (Stockholm, 1961), Palladios Lehrgebäude (Stockholm, 1965), Karl Friedrich Schinkel, Bauwerke und Baugedanken (München, 1981), Goethezeit (München, 1999), Der dorische Stil in der deutschen Baukunst (Freiburg 2001). E.: Mtgl. d. Kgl. Gustafs Adolfs Ak. Uppsala, d. Wiss.Ak. Stockholm u. d. Heidelberger Ak. d. Wiss., Festschrift z. 70. Geburtstag: Klassizismus, Epoche und Probleme, Hildesheim 1987, BVK 1. Kl. 1994.

Forssman Otfried

B.: Vorst. Vorsitz. FN.: Saarstahl AG. DA.: 66333 Völkingen, Bismarckstr. 57-59. www.saarstahl.de.

---

*) Biographie www.whoiswho-verlag.ch oder beigefügte CD-ROM

Forssmann Wolf-Georg Dr. med. Prof. *)

Forst Holger Dipl.-Ing.
B.: Dipl.-Ing. f. Maschinenbau u. Fahrzeugtechnik. FN.: Ing.-Büro Holger Forst. DA.: 12347 Berlin, Tempelhofer Weg 90. ibhfmgaf@linux.zrz.tu-berlin.de. G.: Neunkirchen/Saar, 10. Juli 1963. El.: Günter u. Hertha, geb. Diehl. S.: 1979 Mittlere Reife, 1979-82 Lehre als Werkzeugmacher, 1982-83 Fachabitur, 1983-84 Wehrdienst, 1984-8 Stud. Ing.-Wesen Maschinenbau an d. FH Saarbrücken, Examen z. Dipl.-Ing., 1988-95 Stud. Ing.-Wesen f. Verbrennungskraftmaschinen, Examen z. Dipl.-Ing. f. Maschinenbau u. Fahrzeugtechnik, Fachrichtung Verbrennungskraftmaschinen. K.: 1988-89 Siemens AG Berlin: Fertigungsvorbereitung, Teileplanung, ab 1992 freiberufl., neben d. Stud. lfd. Tätigkeit als Maschinenbauing. f. versch. Hersteller in Berlin u. Saarland, ab 1995 Vollzeit als freier Ing. im eigenen Büro, Teilautomatisierung v. Arbeitsabläufen, Konstruktion u. Entwicklung, Konstruktion u. Bau v. Kleinst-Wasserkraftanlagen. BL.: Bau eines Kleinstkraftwerkes m. 5 KW in Ecuador f. ein 100 Seelendorf. H.: Wildwasser, Motorradfahren.

von der Forst Kirsten Erika Maria *)

Forst Rüdiger *)

Först Hans Christian *)

Först Joachim Dr. rer. nat. *)

Förstel Gerold

B.: Bankdir., Mtgl. d. Vorst. FN.: Raiffeisen-Volksbank Erlangen-Höchstadt eG. GT.: Vors. eines Prüf.-Aussch. b. d. IHK. DA.: 91052 Erlangen, Nürnberger Str. 64-66. gerold.foerstel@rvb-erh.de. G.: Forchheim, 6. Apr. 1947. V.: Monika, geb. Schütz. Ki.: Judith (1971), Wilma (1974), Tino (1978). El.: Paul u. Elisabeth. S.: 1964 Mittlere Reife priv. Handelsschule Kleinschmitz Erlangen, 1964-67 Lehre z. Bankkfm. Sparkasse Forchheim. K.: b. 1970 Sparkasse Forchheim,Titel f. d. gehobenen Sparkassendienst erworben, Abschluss Verw.-Fachwirt, 1971-73 im Prüf.-Dienst d. Gen.-Verb. Bayern, seit 1973 Raiffeisen-Volksbank Erlangen-Höchstadt eG, zuständig f. Wertpapierhdl., Geschäftsstellen, Organ., Bauwesen, Ausbild., seit 1982 Mtgl. d. Vorst., zusätzl. Ämter: Beiratsmtgl. d. R+V Versicherung AG, Beirat im Verein d. Freunde u. Förderer d. Staatl. Berufsschule Erlangen e.V., Mtgl. d. Bezirksverbandsausschusses d. GVB Mittelfranken, Schatzmeister d. Europa Union, Kreisverband Erlangen. M.: Gen.-Verb. Bayern, Aussch. Marketing, stellv. Schatzmeister DJK Pinzberg, Kreisverband Erlangen. H.: Indien-Kenner, Börse, Fußball, Volksmusik, positives Denken.

Forster Bruno *)

Forster Carl-Peter
B.: Vors. d. Vorst. FN.: Adam Opel AG. DA.: 65423 Rüsselsheim. G.: London, 9. Mai 1954. V.: verh. Ki.: 3 Kinder. S.: 1971 Abitur, 1971-76 Stud. Vw. m. Abschluß z. Dipl.-Vw., 1977-78 Bundeswehr, 1978-82 Stud. Luft- u. Raumfahrttechnik m. Abschluß z. Dipl.-Ing. K.: 1978-82 Tutor im Bereich Mechanik an d. TU München, 1982-86 Manager im Bereich Technik b. McKinsey & Co München, 1986 Eintritt in d. BMW AG, 1986-88 Ltr. d. Abt. Versuchsfahrzeugbau, Planung u. Steuerung, 1988-90 Ltr. d. Hauptabt. Mittlere Modellreihe, 1990-93 Ltr. d. Hauptabt. u. anschl. Ltr. d. Bereichs Versuchs- u. Vorserienfahrzeugbau, 1993-96 Ltr. Bereich Mittlere Baureihe, 1996-99 Managing Dir. BMW Südafrika, 1999-2000 Mtgl. d. Vorst. d. BMW AG, Engineering u. Produktion, s. 2001 Vors. d. Vorst. Adam Opel AG. H.: Skifahren, Regatta.

Forster Edgar Alexander Dr. rer. pol. *)

Forster Gerhard *)

Forster Gerhard Paul Dipl.-Phys. Prof. *)

Forster Hans Walter Wilfried
B.: MdB. FN.: Dt. Bundestag. DA.: 11011 Berlin, Platz der Republik; 26506 Norden, Burggraben 46. G.: Bremerhaven, 5. Feb. 1956. El.: Hans u. Irmgard, geb. Hehn. S.: Mittlere Reife Norden, 1974-76 Ausbild. b. Post Hamburg. K.: 1974 Jusos-Eintritt, 1976 SPD-Eintritt, Grdg. Juso-AG Norden, 1976-97 Küstenfunkstelle Norddeich Radio, Funkamt Hamburg/Dt. Telekom, 1981 Vors. d. Jusos Norden, seit 1981 Vorst. SPD Norden, 1985 Kreisvors. Jusos, 1985 Gruppenltr., seit 1985 Mtgl. Unterbez.-Vorst. SPD, 1989-91 Landesvors., seit 1991 Vors. d. SPD Norden, 1995-96 Kreistag Aurich, seit 1995 Mtgl. ParteiR. SPD, 1997-98 Projekte d. Umstrukturierung, seit 1998 MdB. P.: Buch "Norden - eine Kreisstadt unterm Hakenkreuz" (1988), Handbuch Rechtsradikalismus - Aktionen gegen Rechts (1989), Buch "90 J. SPD in Norden" (1992). M.: SPD, DPG, DGB, Postsportver. Norden, Kunstkreis Norden, AWO. H.: Heimatgeschichte, Sammeln v. Schallplatten (Rockmusik), Sammeln v. Biographien d. 19./20. Jhdt. (Re)

Forster Hans Erich Dipl.-Ing. Dr. rer. pol.
B.: Vorst.-Vors. FN.: Thyssen Hdls.-Union AG. DA.: 40235 Düsseldorf, Hans-Günther-Sohl-Str. 1 G.: Flammersfeld, 5. Nov. 1940. S.: 1958 Abitur, 1958-63 Stud. Maschinenbau TH Aachen, Abschluß Dipl.-Ing., 1964-67 Stud. Staatswiss. Univ. Graz, 1967 Prom. Dr. rer. pol. K.: 1967-70 tätig in d. Rheinische Hüttenwerke AG Hattingen, 1970-73 Ltr. d. Finanz- u. Rechnungswesen u. Ltr. d. techn. Zentrale in d. Rheinstahl-Hanomag GmbH Hannover, 1973-77 Ltr. Unternehmensplanung Rheinstahl-Thyssen Ind. AG Essen, 1977-79 Ltr. Bereich Maschinenbau Thyssen Ind. AG Henschel Kassel, 1980-92 Vors. d. Geschäftsführung Thyssen Aufzüge GmbH Neuhausen a. d. F., ab 1985 zugl. Mtgl. d. Vorst. Essen, 1992-96 Mtgl. d. Vorst. d. Stinnes AG d. VEBA-Konzern Mühlheim/Ruhr u. Vors. d. Vorst. d. Schenker-Rhenus AG Berlin, ab 1996 Vorst.-Vors. d. Thyssen Hdls.-Union AG Düsseldorf u. Mtgl. d. Vorst. Thyssen AG Duisburg.

Forster Jan
B.: freiberufl. Zauberkünstler. DA.: 37077 Göttingen, Peter-Debye-Stieg 10. G.: Göttingen, 19. Nov. 1958. V.: Danielle, geb. Gottschall. S.: 1977 Abitur Göttingen, 2 J. Bundeswehr in Fritzlar u. Göttingen, 1979-83 Stud. Altphilol. auf Lehramt, schon während d. Stud. als Zauberer tätig. K.: 1983 Tätigkeit an d. Scala in Madrid, dann Spielcasino in Portugal, 3 J. Kabarett in Italien, danach Schweiz, Österr., Monte Carlo, Japan, Nairobi u. Nizza, danach auf US-Kreuzfahrtschiffen. E.: 1984 u. 1986 Dt. Meister, 1981 Grand Prix du Prag, 1983 Goldmed. v. Bologne, 1981 "Merlin" in Wien. M.: Magischer Zirkel, IBM Intern. Brotherhood of Magicians. H.: Lesen, Katzen, Reisen, Sprachen.

Forster Thomas *)

Forster Thomas *)

Förster Andreas *)

Förster Britta *)

*) Biographie www.whoiswho-verlag.ch oder beigefügte CD-ROM

Förster Christian Dr.

B.: Apotheker. FN.: Markt-Apotheke. DA.: 47877 Willich, Markt 9. G.: Wunstorf, 4. Juni 1961. V.: Ilona, geb. Stahlmann. Ki.: Pia Marlene, Leonie Paula. El.: Dr. Norbert u. Gisela, geb. Schaal. S.: 1980 Abitur Neukirchen-Vluyn, 1982-84 Lehramtsstud. in Marburg (Franz., Geschichte u. Sport), 1984 Abschluss d. Grundstud., 1984-85 Fremdsprachenass. am Lycée Pierre d'Ailly Compiégne Frankreich, 1985 Pharmaziestud. in Saarbrücken, 1986 Pharmaziestud. an d. FU Berlin, 1991 3. Staatsexamen u. Approb. K.: 1991-94 Apotheker in d. Kurfürstendamm-Apotheke Berlin, 1992-96 freie Tätigkeit als Übersetzer f. klin. Studien b. Blackwell Wiss.-Verlag Berlin, 1993-96 wiss. Mitarb. am Inst. f. Toxikologie u. Embryopharmakologie, 1994 Prom., 1995 Gutachter f. Stiftung Warentest b. "Handbuch Selbstmedikation", 1997 Übernahme d. Markt-Apotheke in Willich. P.: über 40 Buchbeiträge u. Vorträge oder "Abstracts", Magnesium deficiency induces joint cartilage lesions in juvenile rats which are identical with quinolone-induced arthropathy (1995), Integrins on joint cartilage chondrocytes and alterations by ofloxacin or magnesium deficiency in immature rats (1996), Effects of magnesium deficiency on magnesium and calcium content in bone and cartilage in developing rats in correlation to chondrotoxicity (1997). H.: Tennis, Tauchen.

Förster Christina

B.: Gschf. FN.: Graphische Werkstätten Zittau GmbH. DA.: 02763 Zittau, Töpferberg 8. PA.: 02763 Bertsdorf-Hörnitz, An der Furt 21. foersterchristina@gewezet.de. www.gewezet.de. G.: Zitau, 18. Feb. 1949. V.: Wolfgang Förster. Ki.: André (1971). S.: 1967 Abitur, 1970-71 Lehre Schriftsetzerin Graph. Werkstätten Zittau, 1971-74 ang. Schriftsetzerin, 1974-77 Stud. Ingenieurschule f. Polygraphie Leipzig m. Abschluß Ing. K.: 1977-92 versch. Positionen in d. Graph. Werkstätten in Zittau u. seit 1992 Gschf. u. Mitinhaberin Ausbau d. Betriebes z. leistungsstarken Druckerei. M.: Gewerbeverein, Werbegemeinschaft Zittau, Konventa, Tanzclub. H.: Tanzen, Schwimmen.

Förster Christoph Dr. Prof. *)

Förster Claudia

B.: Tanzlehrerin, Inh. FN.: Crea Dance Tanzschule Bartholomay/Förster. DA.: 73033 Göppingen, Poststr. 49. G.: Ingolstadt, 26. März 1966. El.: Hans u. Friederike Förster. S.: 1983-86 Ausbild. Tanzlehrerin in Tanzschule Trautz & Salmen Augsburg. K.: 1986-92 ang. Tanzlehrerin, 1992-96 Ang. Tanzlehrerin d. Tanzschule Bartholomay u. 1996 Übernahme d. Tanz- u. Ballettschule. H.: Formationstanz.

Förster Ellen

B.: Landschaftsarchitektin. DA.: 40215 Düsseldorf, Luisenstr. 130. G.: Leverkusen, 24. Nov. 1957. El.: Günter u. Magdalene Förster. S.: 1977-79 Lehre Gärtner Landschafts- u. Gartenbau

W. Lohbeck Neukirchen-Vluyn. K.: 1979 Gehilfin in d. Firma Angermunder Staudenkulturen Julius Neis, 1980-83 Jugendbild.-Ref. d. christl. Arb.-Jugend im Kreis Warendorf, 1983 Mitarb. in d. elterl. Staudengärtnerei, 1983-91 Stud. Landespflege GHS Essen m. Abschluß Dipl.-Ing., 1985 versch. Praktika, 1991-97 tätig in versch. Büros f. Landschaftsarch. in Mülheim, Essen, Bochum, Dresden, 1993-95 Büro Penker, Neuss, seit 1997 freiberufl. tätig. E.: Wettbewerb f. d. Potsdamer Platz in Berlin. M.: Architektenkam. Nordrhein-Westfalen, BDA, VJA, AI. H.: Kunst, Architektur, Reisen.

Förster Evelin *)

Förster Frank

B.: Musiklehrer, Inh. FN.: Priv. Musikschule Südwestfalen. DA.: 58095 Hagen, Konkordiastr. 24. info@musikschule-suedwestfalen.de. www.musikschule-suedwestfalen.de. G.: Hagen, 28. Juni 1958. V.: Angelika, geb. Kamm. El.: Bernhard u. Gerlinde, geb. Brück. S.: 1976 Abitur Hagen, 1976-79 Lehre als Großhdls.-Kfm., 1979-80 Wehrdienst, 1980-85 Musikausbild. (teils privat). K.: 1986 Grdg. d. Musikschule in Hagen, konzertante Tätigkeiten im In- u. Ausland, ss. 1997 Priv. Musikschule Südwestfalen GbR (Fachbereich Klavier, Solist), Organist an d. Ev.-Ref. Kirche Wetter-Freiheit. M.: ehrenamtl. Richter, Vorst. d. CDU Hagen-Mitte. H.: Lesen, Musik.

Förster Gisela Dr. med.

B.: ndlg. FA f. Frauenheilkunde. DA.: 04277 Leipzig, Lerchenrain 10. G.: Lutherstadt Wittenberg, 15. Aug. 1957. V.: verh. S.: 1976 Abitur Wittenberg, 1976-82 Stud. an d. Univ. Leipzig. K.: 1982-85 Ass.-Ärztin Pathologisches Inst. Univ. Leipzig, 1985 Prom., 1986-89 Ärztin an d. Frauenklink d. Univ. Leipzig, 1988 FA f. Frauenheilkunde, 1990 FA an d. Ambulanz Leipzig-Marienbrunn, seit 1991 ndlg. Frauenärztin, umfassende gynäkologische Leistungen, Zytologie, Mamasonographie, Dopplersonographie, Akupunktur. M.: Dt. Zytologische Ges., Verband Dt. Psychotherapeuten, Dt. Akupunkturges. H.: Joggen, Familie.

Förster Günter Gerhard
Dr. rer. soc. Dipl.-Politologe

B.: Pensionär. PA.: 14193 Berlin, Charlottenbrunner Str. 18. G.: Vierkirchen, 27. Nov. 1934. V.: Ingrid, geb. Hahn. El.: Gerhard u. Margarethe. S.: 1952 Abitur, 1952-60 Stud. Math. an d. Humboldt-Univ. Berlin-Ost u. Politikwiss. an d. FU Berlin. K.: 1960-

*) Biographie www.whoiswho-verlag.ch oder beigefügte CD-ROM

63 beschäftigt in d. Berliner Flugleitung d. PAN AM, 1963-70 Seminarleiter im Verband Deutscher Studentenschaften, 1970-78 wiss. Mitarbeiter im Gesamtdeutschen Institut, 1979 Leiter d. Ref. Bildung, 1982-91 Leiter d. Besucherdienstes, 1992-97 Referent in d. Abt. Bildung u. Forschung d. Bundesbeauftragten für die Unterlagen des Staatssicherheitsdienstes ("Gauck-Behörde"). BL.: erst m. Beginn d. Pensionierung m. d. Prom. begonnen. P.: mehrere Veröff. über Methoden u. Strukturen d. MfS, Diss. "Die Juristische Hochschule d. MfS" (2001). M.: SPD, Deutscher Politologen-Verband. H.: klass. Musik, Reisen, Literatur z. Zeitgeschichte.

Förster Hans-Joachim *)

Förster Hans-Joachim *)

Förster Hans-Rainer Prof. *)

Förster Harald Dr. Prof. *)

Förster Heiko *)

Förster Horst Dr. Prof.
B.: Orchesterleiter, Dirigent, Musikwissenschaftler. FN.: Akademisches Orchester Leipzig e.V. DA.: 04107 Leipzig, Hohe Str. 45. foerster@akademisches-orchester-leipzig.de. G.: Leipzig, 14. Sep. 1933. V.: Elka, geb. Dimova. Ki.: Peter (1976). S.: Stud. Dirigieren HS f. Musik Leipzig m. Dipl.-Abschluß, Stud. Musikwiss. Univ. Leipzig m. Dipl.-Abschluß. K.: 1954 Grdg. u. Ltg. d. Ak. Orchesters Leipzig m. umfangr. Repertoire v. Dt. u. Wr. Klassik b. Romantik, Ass. am musikwiss. Inst. d. Univ. Leipzig, 1960 Prom., 1970-78 Chefdirigent d. Schweriner Philharmonie, 1988-91 Prof. f. Dirigieren an d. Berliner Musik-HS, in d. 90-er J. jährl. Dirigent d. Festivals d. Liszt-Ges. in Toronto u. Dirigent im Ausland. P.: zahlr. Uraufführungen namhafter Komponisten wie Fritz Geissler, Günter Neubert, Stephan König u.a.m. M.: Jeunesse Musical e.V., Verband D. Liebhaber Orchester e.V. H.: Musik.

Förster Jörg Hartmut *)

Förster Jürgen Michael Stefan *)

Förster Klaus Dr. jur. *)

Förster Knut Dipl.-Ing.
B.: Betriebsltr. FN.: Städt. Klinikum d. Landeshauptstadt Magdeburg. DA.: 39130 Magdeburg, Birkenallee 34. knut.foerster@klinikum-magdeburg.de. G.: Neuruppin, 19. Jan. 1951. Ki.: Kjell (1981), Lina (1983), Siri (1987). El.: Hans u. Sabine, geb. Klose. S.: 1969 Abitur m. Berufsausbild., 1969-73 Stud. Technologie d. metallverarb. Ind. an d. TH d. heutigen Otto-von-Guericke-Univ. Magdeburg m. Abschluß als Dipl.-Ing. u. Faching. f. Schweißtechnik, 1979-83 Stud. Außenwirtschaft am Außenhdls.-Inst. an d. HS f. Ökonomie in Berlin m. Abschluß als Dipl.-oec. d. AHI. K.: 1973-74 Technologe im Transformatoren Berlin, 1974-78 Lehrmeister im Transformatoren Berlin, b. 1979 Ing. f. Außenwirtschaft, 1983-85 Ass. d. Dion. f. Absatz- u. Außenwirtschaft, 1985 Bereichsltr./Marktarb. im Projektas-Generalliefrant Berlin, 1986 Abt.-Ltr. f. Exportkoordinierung im Kombinat Automatisierungsanlagenbau Berlin, 1987-90 Mitarb. an Berufsschule im Staatssekr. f. Berufsbild. Berlin, 1990-91

ökonom. Dir. d. Poliklinik E.-L.-Heim Berlin, 1991-94 Verw.-Dir. Kursamed Klinikbetriebs GmbH, Ltg. KH Eisenhüttenstadt, 1994-98 zentraler Verw.-Dir. u. gleichzeitig u.a. Prok. Kindersanatorium Schönebeck, Klinikdir. d. Riefler-Klinik Bogenhausen u. Olympiapark-Klinik München, 1998-99 Betriebsführung Städt. Klinikum Magdeburg, seit 1999 Betriebsltr. d. Eigenbetriebes Städt. Klinikum Magdeburg. M.: Verb. d. KH-Dir. Deutschland e.V., Landesver. f. Gesundheit Sachsen-Anhalt e.V. H.: Literatur, Bild. Kunst, Sport, Kochen.

Förster Manfred Dr. med. dent.

B.: Zahnarzt u. Heilpraktiker in eig. Praxis. DA.: 14129 Berlin, Cunostr. 71. dr.foerster@snafu. de. G.: Luckenwalde, 2. Mai 1940. V.: Gabriele, geb. Birk. Ki.: Jens (1966), Jörn (1967), Laura (1985), Eric (1988). S.: 1954-58 Zahntechnikerlehre in d. väterl. Praxis, 1958 Abitur, 1959-67 Stud. d. Zahnmedizin an d. FU Berlin. K.: 1967-71 Ass.-Arzt im Bereich Kieferchirurgie d. Virchow-Klinik Berlin, 1971 Eröff. einer eigenen Zahnarztpraxis in Berlin, spezialisiert auf gnathologisches Verfahren z. Perfektionierung d. Zahnersatzes u. Anwendung naturheilkundlicher Behandlungsmethoden, 1990 Zulassung als Heilpraktiker. H.: Fotografie, Motorwassersport.

Förster Margit Sylvia Dipl.-Juristin

B.: freiberufl. Steuerberaterin. DA.: 10315 Berlin, Rhinstr. 75. G.: Berlin, 8. Jän. 1947. Ki.: Silke (1968), Heiko (1973), Gregor (1981). El.: Alfred u. Therese Förster, geb. Murgalla. S.: 1965 Abitur, 1965-71 Stud. Jura u. Bibliothekwiss. Humboldt-Univ. Berlin m. Abschluß Dipl.-Jurist u. wiss. Bibliothekarin, 1989-90 Weiterbild. Steuerbev.-Prüf., 1994 Steuerberaterprüf. K.: 1971-88 Justiziarin in einer gr. Forsch.-Einrichtung, zuletzt Abt.-Ltr. f. Planung u. Ökonomie, 1988-90 Hauptbuchhalterin in einer wiss. Einrichtung u. glz. Stundenbuchhalterin im Finanzamt Berlin-Mitte, seit 1991 freiberufl. Steuerberaterin m. Schwerpunkt Existenzgrdg f. Ärzte, RA, Architekten, Händler, Bauträger u. Künstler. M.: Elternvertreterin in versch. Schulen, div. gewerkschaftl. Funktionen, seit 1991 Steuerberaterverb. Berlin-Brandenburg, Steuerberaterkam. H.: Astrologie, Keyboard spielen, Aktivsport.

Förster Mechthild
B.: RA. DA.: 12557 Berlin-Köpenick, Schönerlinder Str. 9. ra.mechthild.foerster@t-online.de. G.: Niederseifersdorf, 27. Dez. 1949. Ki.: 2 Kinder. S.: 1966-69 Lehre Ind.-Kauffrau u. Abendschule m. Abschluss Abitur in Potsdam, 1969-73 Stud. Rechtswiss. Univ. Leipzig spez. Wirtschaftsrecht, 1973 Dipl.-Juristin. K.: 1973-89 Juristin, Justitiarin u. Ltr. Rechtsabt. in Berliner Baufirmen, 1989-92 Gschf. Personal Intech GmbH ehem. Wohnungsbaukombinat Berlin, 1992-94 Zentrale d. Treuhand in Berlin, seit 1995 Ndlg. als RA, Tätigkeitsschwerpunkt: priv. Baurecht, Familienrecht, Erbrecht. M.: Bund d. Selbständigen, Wirtschaftskreis Köpenick e.V. H.: Weiter-

*) Biographie www.whoiswho-verlag.ch oder beigefügte CD-ROM

bild., Theater, klass.Musik, Vivaldi, Beethoven, Reisen nach Norwegen, Schweden, Israel, Ägypten, Wandern in d. Alpen, Natur.

Förster Mike
B.: Musiker. FN.: Barfly music Bussines Affairs. DA.: 48161 Münster, Otto-Hahn-Str. 21 A. info@barflymusic.de. G.: Münster, 31. Aug. 1958. S.: 1974-77 Ausbildung Schaufenstergestalter Münster, 1974-79 Bundeswehr Berlin. K.: 1979-80 Grdg. d. ersten Band's u. Auftritte im Jugendheimen u. Clubs, 1980-83 Musiker in d. Band "Super Max" und Übergang z. Profimusiker, 1983-92 Musiker d. "Feldmann trommelt" u. erstes Album u. TV-Sendung, Verträge m. versch. Plattenfirmen, Top-Ten-Liste, 1993-97 Tourmanager in einer Hamburger Agentur, 1999 Grdg. d. Firma Barfly Musik in Münster u. Zusammenarbeit m. BMG. H.: Tennis, Segeln.

Förster Peter Dipl. oec. *)

Förster Peter Dr. sc. paed. Prof. *)

Förster Sabrina Mag. Dipl.-Psychologin *)

Förster Wieland Prof. *)

Förster Winfried *)

Förster Wolfgang

B.: Gastwirt, Entertainer. FN.: Discothek Banana; Nachtbar Klax; Spielhalle Top Eck 1; Spielhalle Top Eck 2; Sachsen-Automaten-Team. DA.: 01127 Dresden, Leipziger Str. 127. www.discothek-banana.de. G.: Dresden, 7. Okt. 1954. El.: Helmut u. Ingeborg. S.: 1971 Ausbildung Elektronikfacharbeiter m. Abitur, 1978 Berufsdiscothekerausweis. K.: 1971-78 Kraftfahrer, s. 1974 nebenberufl. Discotheker, 1990 Eigentümer d. Nachtbar Klax, 1990 Eröff. d. Spielautomatenbetriebes Sachsen-Automaten-Team, 1993 Grdg. d. Spielhalle Top Exk 1, 1993-97 Diskoethek Apollo als GbR, 1994 Eigentümer d. Gaststätte Jux in Freital, 1995 Grdg. d. Spielhalle Top Eck 2, 1995 Eröff. d. Gaststätte Knast, 1997 Grdg. d. Discothek Banana als GbR m. Frau Reiße. BL.: Moderationen m. Udo Jürgens, Howard Carpendale, Christian Anders, Jürgen Drews im sächsischen Raum. E.: Hervorragende Spielstätte, Beste Discoethek Ostdeutschlands. M.: Gründer d. Single-Clubs live. H.: Musik, Sport, Kultur.

Förster Wolfgang Dr. rer. nat. habil. Dr. h.c. Prof. *)

Försterling Wolfram Dr. *)

Forsting Michael Dr. med. Prof.
B.: Dir. d. Neuroradiologie. FN.: Zentralinst. f. Röntgendiagnostik Univ.-Klinikum Essen. DA.: 45147 Essen, Hufelandstr. 55. PA.: 45218 Essen-Kettwig, Lanterweg 55. G.: Haselünne, 7. Dez. 1960. V.: Gabi, geb. Meier. Ki.: Florian (1993). S.: 1980-86 Med.-Stud. an d. RWTH Aachen u. Univ. Bern, 1986-87 Neurolog. Ausbild. Inselspital Bern, 1987-88 Neurolog. Ausbild. Univ. Aachen, 1988-93Neurolog. u. radiolog. Ausbild. Univ.-Klinik in Heidelberg, 1986 Prom. z. Dr. med., 1993 Habil. K.: 1993-97 OA u. ltd. OA an d. Abt. f. Neuroradiologie d. Univ. Heidelberg, seit 1997 Prof. f. Neurologie an d. Univ.-Klinik Essen. P.: 155 Originalarb., 42 Buchbeiträge, 600 Vorträge. E.: Kurt-Decker-Preis, Conrad-Wilhelm-Röntgenpreis, Scientific Award d. Europ. Ges. f. Neurologie. M.: Dt. Radiologenges., Dt. u. Europ. Ges. f. Neuroradiologie. H.: Tennis, Joggen, Freizeitsport.

Forstmann Max-Dieter Dr. iur. *)

Forstner Christine *)

Forstner Johannes *)

Forstner Peter *)

Forstner Robert Leopold *)

Fortak Heinz G. Dr. rer. nat. Prof.
B.: em. Univ.-Prof. PA.: 14169 Berlin, Edithstr. 14. fortak@zedat.fu-berlin.de. G.: Berlin, 11. Aug. 1926. V.: Eva-Maria, geb. Offermanns. Ki.: Sabine, Thilo (+1985), Univ. Berlin. 1951 Dipl.Geophysiker, 1955 Dr. rer. nat. K.: 1959 Habil., 1960-61 Assoc. Prof. Univ. of Miami, 1962 o.Prof. f. Theoret. Meteorologie u. Dir. Inst. f. Theoret. Met. an d. Freien Univ. Berlin, 1970 Hon.Prof. f. Theoret. Met. Univ. Hannover, 1973-76 Dir. Inst. f. Physik d. Atm. DFVLR München, seit 1977 Inst. f. Meteorol. FU Berlin, 1993 em. P.: zahlr. Veröff. E.: 1980 Intern. Rheinlandpreis f. Umweltschutz, 1987 Gold. Ehrenmed. d. Vereins Dt. Ing. (VDI), 1992 Alfred Wegener-Med. d. Dt. Meteorolog. Ges., 2001 Gold. J. v. Hann-Med. d. Österr. Ges. f. Meteorol., Verdienstkreuz 1. Kl. d. Verdienstordens d. BRD. M.: Ges. f. Natur- u. Heilkunde in Berlin, Dt. Ak. d. Naturforscher Leopoldina Halle, Österr. Ak. d. Wiss., Ak. d. Wiss. zu Göttingen, 1992 Gauss-Professur dieser Akad., Dt. Meteorolog. Ges., Dt. Geophysikal. Ges., American Meteorological Society, ROYAL Meteorological Society. H.: wiss. Fliegerei, Fotografie, Elektronik.

Forte Dieter *)

Fortenbacher Nathalie

B.: Gschf. FN.: Kosmetikinstitut "academie d. Schönheit". DA.: 76530 Baden-Baden, Gernsbacher Str. 1. G.: Rastatt, 8. Juni 1970. V.: Jörg Fortenbacher. Ki.: Julia (1987), Lukas (1993). S.: Mittlere Reife, 1988-90 Ausbild. Kosmetikerin. K.: 1990-91 Praktikum im Salon La Belle in Rastatt, 1991-92 tätig in d. Parfumerie Beck in Rastatt, 1992-93 therapeut. Behandlungen in d. Orthopädie, 1994-95 selbst. Kosmetikerin, 1995-2000 tätig im Beauty-Tempel Eberle in Baden-Baden, div. Tagesseminare bei namhaften Kosmetikfirmen u.a. im Bereich Rhetorik u. Ausbild. z. Visagistin, s. 2001 selbst. H.: Lesen, Tiere.

Förterer Jürgen Dr.
B.: Vorst.-Vors. FN.: R+V Allgemeine Versicherung AG. DA.: 65193 Wiesbaden, Taunusstr. 1. (V.) (Re) www.ruv.de.

Förtig Ansgar Wilhelm Valentin Dr. med. *)

Förtsch Otto Dr. rer. nat. Prof. *)

Fortte Irene
B.: Gärtnermeisterin, Inh. FN.: Friedhofsgärtnerei Fortte. DA.: 12169 Berlin, Bergstr. 37. G.: Züllichau, 6. Mai 1937. El.: Fritz u. Elsa, geb. Hübner. BV.: Gärnter in 4 Generationen. S.: 1952-

*) Biographie www.whoiswho-verlag.ch oder beigefügte CD-ROM

55 Lehre als Gärtner in Potsdam Bornstedt. K.: 1955-60 Gärtnerin, Flucht in d. BRD, Westberlin, Gärtnerin b. Aschenbach, 1961 Ltg. Blumengeschäftes in Bad Harzburg, s. 1961 Mitarb. im väterl. Betrieb - Friedhofsgärtnerei an d. Bergstraße, 1962 Blumenbinderprüf., 1971 Gärtnermeisterin - Spezialgebiet Friedhofsgärtnerei, s. 1976 Mitinh. d. Friedhofsgärtnermeisterin. E.: Med. 1985 alleinige Inh. (Pächterin) d. Friedhofsgärtnerei, Ausbild.-Betrieb. BL.: seit 40 J. Pächter Friedhofsgärtnerei Bergstr. als Familienbetrieb Berlin/Steglitz, seinerzeit d. erste Frau als Friedhofsgärtnermeisterin. E.: Med. auf Messen u. Ausstellungen (Grüne Wochen etc.), "Überprüfter Fachbetrieb". M.: Landesverb. Gartenbau, Vors. Berliner Friedhofsgärtner, Bund dt. Friedhofsgärtner, Fachverb. d. Floristen - Landesverb. Berlin/BRB, Mittelstandsver. H.: Ausstellungen.

Föst Marcus

B.: Kfm., Inh. FN.: Auf u. Davon-Die Flugprofis. DA.: 06108 Halle, Große Ulrichstr. 24. www.auf-und-davon.de. G.: Halle, 13. Juli 1973. El.: Hans-Joachim u. Liselotte, geb.Löbner. S.: Lehre Energieelektroniker, 1993/94 Managerausbild. Firma BMW. K.: 1997 Grdg. d. Firma Auf u. Davon-Die Flugprofis. E.: ausgewähltes Reisebüro f. Indonesienreisen d. Stefan Loose-Verlag. M.: CDU, TUS Dieskan. H.: Handball, Reisen, Radfahren.

Fösten Frank

B.: Landmaschinenmechanikermeister, selbständig. FN.: Fösten KG. DA.: 30966 Hemmingen, Schulstr. 7. foesten@t-online.de. G.: Hannover, 7. Mai 1967. V.: Iris, geb. Schulte. El.: Hermann u. Margret, geb. Lübben. S.: 1983 Lehre Landmaschinenmechaniker Bennigsen u. glz. Carl-Friedr.-Gaus-Schule, 1988 Ausbildung Bürokaufmann Firma Schlichting Marxen, 1989-91 Bundeswehr u. Meisterschule Lüneburg, 1994 Meisterprüfung m. Ausz. K.: Einstieg in d. elterl. Firma Föster KG, glz. Ausbildung z. Bw. d. Handwerks u. 1997 Übernahme d. elterl. Betriebes m. Schwerpunkt Landmaschinen, Kleingeräte u. Reparaturwerkstätte, weltweit tätig u.a. in Chile, Südamerika u. Polen. M.: Ligaschaft Hannover Land, FFW Hiddestorf. H.: Jagd, Feuerwehr.

Foth Geertje *)

Foth Karin

B.: Reiseverkehrskauffrau, Gschf. Ges. FN.: Jacana Tours GmbH. DA.: 80689 München, Willibaldstr. 27. jacana@t-online.de. G.: Nördlingen, 31. Dez. 1965. V.: Franz Felix Foth. El.: Gottfried u. Gertraud Wagner. S.: 1985 Abitur Nördlingen, 1985-88 Lehre z. Reiseverkehrskauffrau b. abr München. K.: 1988-89 Reiseverkehrskauffrau abr München, 1989-91 Reiseverkehrskauffrau in versch. Reiseunternehmen, 1991 Grdg. eines eigenen Reiseunternehmens m. Petra Danier u. Gabriele Rimböck. M.: ASA Arge Südl. Afrika. H.: Abenteuerreisen, Tennis, Skifahren.

Foti Domenico Cavaliere *)

Fötzsch Rüdiger *)

Foud Khaled Dr. med. *)

Fountain Scott W. *)

Fouquet Helmut *)

Fourcade Philippe

B.: Gschf. FN.: W.P. Europresse Verlag. GT.: Gschf. Europresse Verlag France Toulouse. DA.: 51465 Bergisch Gladbach, Paffrather Str. 80. G.: Toulouse, 11. Sep. 1949. V.: Elisabeth, geb. Bayer. Ki.: Olivier (1975), Dominique (1981). S.: 1968 Abitur, 1968-74 Stud. Med. u. Sprachwiss., 1974 Abschluss staatl. geprüfter Dolmetscher. K.: 1975-80 Mitgschf. Garten- u. Landschaftsbau, 1980-89 Inh. Garten- u. Landschaftsbau, 1989 -90 Journalist u. Red. belg. Verag, 1990 Grdg. Verlag Europresse Deutschland 1995 Grdg. Verlag Europresse France. F.: WP Europresse France Toulouse-H.: Motorrad fahren, Rugby.

Fourier Günter *)

Fournier Thierry Marc

B.: Hotelier u. Gastronom. FN.: Hotel Pastis. DA.: 53111 Bonn, Hatschierg. 8. G.: Salon de Provence/Frankreich, 9. Juni 1965. V.: Beate, geb. Offermann. Ki.: Fabian (1994), Lisa (1997). El.: Michel u. Michelle, geb. de Belfort. S.: 1979-82 Schreinerlehre in Aix-en-Provence. K.: 1983-85 Schreiner in Miramas, 1985-86 Wehrdienst, Ausbilder, 1986-89 Rest. Schaarschmidt in Bonn, zuerst Küchenhilfe, anschl. stellv. Küchenchef, 1989-90 Restaurant La Marmite in Bonn, 1990-92 Ausbild. als Koch in Bonn, 1993-98 Pächter Bistro 14 in Bonn, seit 1998 Kauf Hotel Pastis Bonn. P.: WIF 1995 über Bistro 14. M.: Boulever. Altstadtfreunde e.V. H.: Gitarrespielen, Blues, Tennis, Boule, franz. Weinkultur.

Fox Andreas

B.: Dachdeckermeister, selbst. FN.: Andreas Fox GmbH. DA.: 30855 Langenhagen, Krummer Kamp 44. fox.gmbh@t-online. de. G.: Hannover, 17. Dezember 1971. V.: Claudia, geb. Wurm. BV.: große Ahnentafel mit einem eigenem Familienwappen ausgestellt im Empelder Rathaus. S.: 1991-93 Lehre als Dachdecker Hannover. K.: Geselle in verschied. Betrieben, 1996 Meisterprüfung, 1996-99 Leiter einer Dachdeckerei in Lehrte, seit 1999 selbständig mit Schwerpunkten Bedachung u. Bauklempnerei, Dach- u. Ter-

*) Biographie www.whoiswho-verlag.ch oder beigefügte CD-ROM

rassenabdichtung, Zimmererarbeiten u. Schornsteinsanierung. M.: Dachdeckerinnung Hannover. H.: Motorradfahren, Quadfahren.

Fox Johannes Michael Dr. rer. nat. Dr. med. Prof. *)

Fox Stephan *)

Fraas Bruno *)

Fraas Stefan
B.: Intendant, Dirigent. FN.: Vogtland Philharmonie Greiz/Reichenbach. DA.: 08468 Reichenbach, Weinholdstr. 7. PA.: 08523 Plauen, Nach den Kiefern 28. G.: Plauen, 20. Okt. 1962. V.: Marlies, geb. Rostock. Ki.: Michael (1984), Christian (1990). El.: Klaus u. Erika. S.: erste musikal. Studien im Elternhaus u. b. Werner Reichel Plauen, Schulmusikstud. Päd. HS Zwickau, Chordirigierstud. Musik-HS Weimar, Orchesterdirigierstud. Musik-HS Dresden. K.: 1984 Aspirant f. Chorltg. an d. Päd. HS Zwickau, 1988 Kapellmeister u. Ltr. d. Kammerorchesters b. Vogtlandorchester Reichenbach, 1991 Chefdirigent d. Vogtlandorchesters Reichenbach, 1992 Gschf. u. Dirigent d. Vogtland Philharmonie Greiz/Reichenbach, 1992 Ernennung z. Musikdir., 1995 Ernennung z. Intendant u. Dirigent. P.: Konzertreisen m. versch. Orchestern u. Chören in Deutschland, Frankreich, Großbritanien, Ungarn, Polen, Österr., Dänemark, Schweiz, Tschechische Rep., Zypern u. China. M.: Vors. d. Kuratoriums Vogtländische Musikwettbewerbe Klingenthal/Markneukirchen, Präsidiumsmtgl. im Sächsischen Musikrat. H.: Sport, Garten.

Fraas Werner G.
B.: Gschf. FN.: VIAG Interkom GmbH & Co. DA.: 80992 München, Georg-Brauchle-Ring 23-25. G.: 21. Dez. 1952. S.: 1974-79 BWL Univ. Regensburg (Dkfm.). K.: 1972-74 Bundeswehr, Leutnant, 1980-83 Lead Consultant, PMM Management Consultants Unternehmensberatung, 1983-92 Gschf. MITEL Mikroelektronik und Telefon GmbH, 1993-95 Gschf. MCI International Deutschland GmbH, 1995 Gschf. TB & D Telekommunikationsges., s. 05/1996 Gschf. Bereich Geschäftskunden, VIAG Interkom GmbH & Co.

Frackmann Margit Dr. phil. habil. Prof. Dipl.- Soz. Dipl. Hdl.

B.: Priv.-Doz. DA.: 30453 Hannover, Wunstorfer Str. 14. frackmann@t-online.de. G.: Schweidnitz, 17. Apr. 1944. V.: Dr. Edgard Frackmann. El.: Alfred u. Erika Kroll, geb. Skor. S.: 1961 Mittlere Reife Krefeld, 1961-64 Ausbild. Ind.-Kauffrau Krefeld, 1963-67 Abendgymn. Krefeld, 1964-67 Ind.-Kauffrau Krefeld, 1967-72 Stud. Soz. FU Berlin m. Dipl.-Abschluß, 1972-74 Stud. Wirtschaftswiss. FU Berlin m. Abschluß Dipl.-Hdl.-Lehrerin, 1974-76 Referendariat m. Abschluß Assesor. K.: 1976-80 wiss. Ass. am Inst. f. Berufspäd. d. Univ. Hannover, 1980 Prom., 1980 ak. Rätin, 1986 Habil. an d. Univ. Hannover, 1991 apl.Prof., seit 1994 HS-Doz. am Inst. f. Berufspäd. d. Univ. Hannover. P.: zahlr. Publ. in Fachzeitschriften, Mitautorin u. Autorin v. Fachbüchern wie Fachkritikbeirat f. Berufsausbild., "Ein Schritt vorwärts, Frauen in Ausbildung u. Beruf", "Motivation zu lebenslangem Lernen", Vorträge auf nat. u. intern. Kongressen. E.: 1983 Fulbright-Stipendium Work and Education. H.: Kunstgeschichte, Kochen.

von Fragstein Thomas Prof.
B.: Sprecherzieher, Sprechwissenschaftler u. Schauspieler. FN.: Univ. d. Künste Berlin. DA.: 10623 Berlin, Fasanenstr. 1b. PA.: 15831 Großziethen, Lindenstr. 24. G.: Lübeck, 5. Sep. 1945. V.: Amina, geb. Marhoum. Ki.: Adam (1998), Jasmina (2000). El.: Prof. Dr. Conrad u. Dr. Käthe. S.: Schauspiel- u. Gesangsausb., Stud. Germanistik, Romanistik, Sprechwiss. u. -Erziehung, Theaterwiss. u. Psych. K.: nach freiber. künstl., pädagog., therapeut. u. journalist. Tätigkeit, 1974 Stimmbildner an d. Otto-Falckenberg-Schule d. Münchner Kammerspiele, 1978 Professur im Studiengang Schauspiel d. UdK Berlin, 1991 erneute Berufung, langj. hochschul.- u. kulturpolit. Tätigkeit, Kurse im In- u. Ausland. P.: Fachbeiträge zur Schauspielausbild., Ästhetik d. Sprechens, Sprechausdruck u. Stimme.

Frahm Hans-Dieter Dr. med.

B.: Kinderarzt. DA.: 23879 Mölln, Hauptstr. 52. G.: Burgdorf b. Hannover, 13. Okt. 1946. V.: Renate, geb. Degenkolb. Ki.: Jan-Michael (1972), Thomas (1975), Peter (1985). El.: Hans-Jürgen u. Elfriede. S.: 1965 Abitur Bad Doberan, 1965-66 Prakt. J. in d. Nervenklinik Rostock, 1966-72 Med.-Stud. in Rostock, 1972 Staatsexamen. K.: 1972-73 Ass. im Path. Inst. d. Univ. Rostock, 1973-78 FA-Ausbild. an d. Univ.-Klinik Rostock, 1978-79 Kinderarzt in der Poliklinik d. Kreis-KH Bad Doeran, 1979-87 Kinderarzt m. Subspezialisierung Neonatologie in d. Frauenklinik d. Bez.-KH Rostock, 1978 Dipl.-Arb., 1981 Prom., 1983 Ausreiseantrag, dadurch 1987-89 arbeitslos, 1989 Ausreise aus d. Ex-DDR, 1989-91 Kinderabt. d. KH Itzehoe, 1991-92 Gesundheitsamt Husum, seit 1992 ndlg. Kinderarzt in Gemeinschaftspraxis m. Ehefrau in Mölln. M.: Berufsverb. d. Kinderärzte. H.: Musik.

Frahm Jürgen Dr. rer. nat.
B.: Gschf. FN.: Advanced Photonic Systems. DA.: 12489 Berlin, Schwarzschildstr. 6. juergen.frahm@aphs.de. www.aphs.de. G.: Berlin, 15. Mai 1934. V.: Gisela, geb. Kuhlow. Ki.: Thorsten, Ute, Cathleen. S.: 1949-52 Berufsausbildung z. Elektroschlosser b. d. Reichsbahn, 1952-53 Vorbereitungslehrgang in d. Abendschule Ingenieurschule Berlin-Lichtenberg, 1955 Auswahl Arbeiter- u. Bauernfakultät ABF f. Auslandsstudium, 1956 Abitur an d. ABF in Halle, 1956-61 Stud.Theoretische Physik in Leningrad/UdSSR, Abschluss Dipl.-Physiker, 1970 Diss. K.: 1961-62 Akademie d. Wiss. in Zeuthen im Kernphysikalischen Inst., 1961-69 Laserphysik im Inst. f. spezielle Probleme d. Theoretischen Physik, 1969 am Zentralinstitut f. Optik u. Spektroskopie d. AdW, 1971-72 b. Nobelpreisträger Prochorov in Moskau, 1974 Abteilungsleiter Halbleiterlaser an d. AdW, seit 1980 Bereichsleiter u. Aufbau d. Industriekooperation, 1980 erste Lichtleiternachrichtenübertragungen, 1980-88 KFEL, 1989-90 f. 12 Monate in d. BRD Pilot. Projekte, 1992 nach Auflösung d. Akademie d. Wiss. arbeitslos, 1992 WITEGA als Arbeitsbeschaffungsmaßnmenprojekt, seit 1994 Forschungsprojekt Pikosekundenlaser m. russischer Akademie d. Wiss., 1995-96 parallel Gschf. d. WITEGA Laboratorien GmbH, 1996 Grdg. d. Advanced Photonic Systems als Gschf., seit 2001 alleiniger Haupt-Gschf. u.a. Pikosekundenlaser. E.: Nationalpreis d. DDR (1985), Goldmedaille Leipziger Messe (1985). H.: Bauen v. Häusern, Reisen in Länder m. alten Kulturen, Geschichte.

Frahm Karl-Joachim Dipl.-Ing.
B.: Architekt, Inh. FN.: Sachv.-Büro Karl-Joachim Frahm Hans Stötzel. DA.: 44894 Bochum, Schlehenkamp 6. G.: Werdohl, 16. Dez. 1948. V.: Eva Elisabeth, geb. Kölsche. Ki.: Björn-Friedrich

*) Biographie www.whoiswho-verlag.ch oder beigefügte CD-ROM

Frahm

(1984). S.: 1965 Mittlere Reife Waldorfschule, 1965-67 Lehre Zimmermann, 1968-71 Stud. Bauwesen FHS m. Abschluß Ing., 1972-73 Stud. TU Braunschweig, 1973-78 Studium TH Darmstadt m. Abschluß Dipl.-Ing. K.: 1978-80 tätig in einem Ind.-Planungsbüro, 1980-82 Referendariat b. Staatsbauamt in Frankfurt m. Abschluss als Bauassessor, 1981 Eintragung in d. Architektenliste Nordrhein Westfalen, 1982-88 Ang. in einem Sachv.-Büro in Bochum, 1987 öff. bestellter u. vereid. Sachv. f. d. Berwertung bebauter u. unbeb.Grundstücke, seit 1998 freier Sachv. f. Berwertung bebauter u. unbebauter Grundstücke, Mieten, Pachten u. f. Vers.-Schäden. P.: "Ermittlung v. Gebäude-Vers.-Werten", Vorträge. M.: versch. Gutachteraussch., BTE. H.: Segeln, Chorgesang.

Frahm Manfred *)

Frahne Helene *)

von Frajer Thomas *)

Frambach Susanne

B.: Supervisor. FN.: Hertz Autovermietung GmbH. DA.: 30165 Hannover, Schulenburger Landstr. 150. G.: Langenhagen, 23. Nov. 1971. S.: 1986-89 Berufsfachschule Wirtschaft u. Verw. in Wunstorf, 1989-92 Ausbild. z. Bürokauffrau b. "Michaelis" Hannover. K.: 1992-97 Vermietass. b. Autohansa danach stellv. Stationsltr. b. ALLAMO Autovermietung, dann Stationsltr. Airport Hannover, 1997-98 Kundenbetreuerin im Innen- u. Außendienst b. Ratiofarm Verpackungsmittel in Seelze/Letter, 1998 zu Hertz als Vermietass., seit 2000 Supervisor b. Hertz. P.: interne Veröff. M.: Dt. Reitpony Verb., Zuchtverb. H.: Skifahren, Tennis, Reiten, Lesen.

Framke Gisela Dr. *)

Franciskowsky Hans Gerhard *)

Franck Adolf Dr. rer. nat.

B.: Dipl.-Chemiker, ak. Oberrat a.D., Ltr. d. VDI-Arbeitskreises Kunststofftechnik Stuttgart, Sachv. f. Verarbeitung, Eigenschaften u. Anwendung d. Kunststoffe u. Elastomere. DA.: 70569 Stuttgart, Ammonitenweg 9. franck-kunststoff-beratung@t-online.de. www.franck-kunststoff-beratung.de. G.: Greiz, 19. März 1927. V.: Gundis, geb. Huber. Ki.: Mechthild (1961), Ulrich (1963), Christina (1965). S.: 1948 Chemiestud. in Hannover, 1958 Prom. K.: 1958-63 in d. Gummi- u. Schaumstoffind. tätig, ab 1963 Inst. f. Kunststoffprüf. u. Kunststoffkunde, b. 1988 Ltr. d. Abt. Physikochemie u. Umweltschutz b. Kunststoffen, 1972-76 Lehrauftrag f. Kunststoffkunde FHS Aalen, 1982-84 Mtgl. d. Expertem-Kmsn. "Verminderung d. Fluorkohlenwasserstoff-Emission b. d. Herstellung v. Polyurethan-Weichschaum", 1984-88 Vorlesungen "Umweltschutz b. Kunststoffen", 1987-89 Mtgl. d. Expertenkmsn. "Verringerrung v. Halogenkohlenwasserstoff-Emission", 1988-2000 öff. bestellter u. vereid. Sachv. f. Beständigkeit u. Umweltverhalten d. Kunststoffe u. Elastomere, Doz. f. Kunststoffverarbeitung an d. Berufsak. Stuttgart. P.: über 50 Veröff., Autor d. Fachbuchs Kunststoff-Kompendium (2000 5. Aufl.). M.: VDI, Fachruppe Kunststofftechnik, GDCh, Fachgruppe Makromolekulare Chemie, DKG, Deutsche Kautschuk-Ges., EA Evang. Akademikerschaft. H.: Musik - Geige u. Bratsche.

Franck Bernd Dr.-Ing. Dr. phil. Dipl.-Ing. *)

Franck Hans *)

Franck Heinrich *)

Franck Jürgen

B.: Friseurmeister. FN.: Salon Franck. DA.: 25541 Brunsbüttel, Wurtleutetwiete 50. PA.: 25541 Brunsbüttel, Breslauer Str. 20. G.: Lieth, 11. Feb. 1942. V.: Hannelore, geb. Grösch. Ki.: Thorsten (1970), Inken u. Lars (1978). S.: 1957-60 Ausbild. z. Friseur bei Obermeister Martin Ladwig in Hemmingstedt. K.: 1960-61 Friseurtätigkeit im Salon Klinck in Kiel, 1961-62 Friseurtätigkeit im Salon Schill in Heide, 1962-64 Friseurtätigkeit im Salon Ladwig in Hemingstedt, 1964 Friseurmeisterprüf. in Flensburg, 1964 Neueröff. d. Salon Franck in Weddingstedt, 1968 Kauf, Übernahme u. Neueröff. d. Salon Franck in Brunsbüttel Schlesierplatz, 1991 Neueröff. eines Zweitbetriebes in Brunsbüttel - Hairline Friseurshop, Schwerpunkt: Lasertherapie gegen Haarausfall u. Hautkrankheiten, Heiße Schere, Haarverlängerung. M.: 1968-86 Gesellenprüf.-Vors. d. Friseurinnung Dithmarschen-Süd, 1974 FachbeiR.-Ltr. d. Friseurinnung u. stellv. Obermeister, 1980 Meisterprüf.-Aussch. d. Friseurinnung, seit 1987 RegionalbeiR. d. Innungskrankenkasse Schleswig-Holstein, seit 1990 Obermeister d. Friseurinnung, seit 1997 Präs. d. Friseurak. Schleswig-Holstein e.V., seit 1993 stellv. Vors. d. Gewerbever. Brunsbüttel. H.: Preisfrisieren - Trainer u. Jury.

Franck Jutta *)

Franck Lorenz *)

Franck Norbert *)

Franck Peter Dr. *)

Franck Roland

B.: Unternehmer. FN.: WON world of nature Warenhandelsges.m.b.H. DA.: 30161 Hannover, Hohenzollernstr. 3. info@won.de. www.won.de. G.: 19. Juli 1940. V.: Elena. Ki.: Dr. Wolfgang Maria (1959), Gideon (1969). El.: Dr. Rudolf u. Katharina Elisabeth Paula, geb. Horstschulze. BV.: Johann Wolfgang von Goethe. S.: Stud. Schauspiel u. Gesang an d. HS f. Musik u. darstell. Kunst Berlin. K.: 5 J. Solist am Theater d. Westens in Berlin, berufl. Neubeginn als Berater f. Investment, Vers., Immobilien, Aufbau eigener Verkaufsgruppen, Schulungstätigkeit, Managementaufgaben im Außendienst, Grdg. einer Rhetorik-Schule, 1975 Mitaufbau d. heute größten Vermögensberatungsges. in Deutschland, 1981-85 zusätzl. Ausbild. in klin. Hypnotherapie u. NLP (Neurolinguist. Programmieren) b. d. Milton Erickson Ges. in München, 1989-94 Vorst. in d. RWS-Vermögensberatungs AG, 1995 Grdg. v. WON world of nature, seit 1998 zusätzl. AufsR. in mehreren Ges., Mtgl. d. Milton Erickson Ges., Mtgl. im Club 55 - European Community of Marketing and Sales Experts, Mtgl. BTVT (Bund Dt. Verkaufstrainer), Kurator d. Umweltakad., Mtgl. d. ISH (In-

*) Biographie www.whoiswho-verlag.ch oder beigefügte CD-ROM

tern. Society of Hypnosis), Mtgl. d. gschf. Vorst. d. AVG - Arbeitsgemeinschaft f. Vitalärzte u. Gesundheitsberufe im BVMW (Bundesverb. mittelständische Wirtschaft e.V.), Begründer d. Bundesverbandes Deutscher Präventologen. P.: Autor "Winning! - Wie Sieger Finanzdienstleistungen verkaufen".

Francke Jeannette

B.: Dolmetscherin, Übersetzerin. FN.: Nordischer Übersetzungsdienst. DA.: 53604 Bad Honnef, Kastanienweg 38. G.: Berlin-Schöneiche, 31. Mai 1956. Ki.: Julia (1980), Jonathan (1993). BV.: Großvater Prof. Dr. Francke Rektor Vet.-Med. HS Hannover, Großmutter Charlotte Francke-Rösing Schriftstellerin. S.: 1976 Abitur Bonn-Röttgen, 1976 Stud. Univ. Bielefeld, 1977-79 Stud. Germanistik, Kath. Theol. und Psychologie Univ. Bonn, 1979-82 Stud. Skandinavistik Univ. Bonn, daneben Mitarb. in Übersetzungsbüros in Bonn u. Köln, 1983 Übersetzerprüf. IHK Düsseldorf, seit 1983 ermächtigt durch OLG Köln, 1984 Dolmetscherprüf. IHK Düsseldorf, seit 1984 vereidigt durch LG Bonn. K.: 1982-83 2 Sem. Lehrauftrag f. Schwedisch an Univ. Bonn, seit 1983 Aufbau u. Ltg. d. eigenen Büros "Nordischer Übersetzungsdienst"; s. 1983 Mtgl. BDÜ. H.: Nordische Sprachen, Schauspielerei, Holzhäuser renovieren.

Francke Klaus
B.: MdB, kfm. Ang. FN.: Dt. Bundestag. DA.: 11011 Berlin, Platz d. Republik 1. PA.: 22359 Hamburg, Rögenfeld 36. G.: Hamburg, 17. Juli 1936. V.: verh. Ki.: 3 Kinder. S.: Mittlere Reife, Lehre im Groß- u. Außenhdl., 1958 Kfm.-Gehilfenbrief. K.: seit 1958 kfm. Ang. in d. Mineralölbranche, 1976-98 u. s. Nov. 2001 MdB (Mtgl. Ausschuss f. Wirtschaft u. Technologie), 1990-98 Vors. d. dt. Delegation bei d. Nordatlantischen Versammlung, seit 2001 stellv. Mtgl. d. Nordatl. Vers., Präs. d. Dt.-Rumänischen Gesell. f. Norddeutschland e.V., Vors. d. Aufsichtsrates d. Industrie - Contact AG Hamburg, Mtgl. d. Atlantic - Brücke e.V. M.: Vors. Ver. "Rettet die Deichstraße" e.V., Vors. Förderver. Invalidenfriedhof e.V., Berlin.

Francke Klaus

B.: Dipl.-Chemiker, Gastronom, selbständig. FN.: Gaststätte "Goldene Höhe". DA.: 04157 Leipzig, Virchowstr. 90. G.: Leipzig, 16. Dez. 1940. V.: Edda. Ki.: Frieder. S.: 1959 Abitur in Leipzig, 1959-61 Wehrdienst, 1961-66 Stud. Chemie an d. Univ. Leipzig, Abschluss Dipl. K.: 1966-90 wiss. Mitarbeiter u. Produktions-Abteilungsleiter VEB Otto-Grotewohl Böhlen, seit 1994 Inh. d. Gaststätte "Goldene Höhe" in Leipzig. M.: Gartenverein "Goldene Höhe". H. Garten.

Francke Matthias Dipl.-Ing. *)

Francke Rainer *)

Francke Robert Dr. Prof. *)

Franckenberg Ines
B.: Schriftsetzerin, Dipl.-Designerin. FN.: Ines Franckenberg Kommunikations-Design. DA.: 22767 Hamburg, Lerchenstr. 87. G.: Essen/Ruhr, 27. Jan. 1963. S.: Fachabitur Reutlingen, 1/2 J. Auslandsreise, 2 J. Ausbild. z. Schriftsetzerin in Lüneburg, nach mehrjähriger Berufspraxis Stud. Kommunikations-Design an d. FH f. Gestaltung in Hamburg, Abschluss: Dipl.-Designerin. K.: s. 1993 freiberufl. tätig. E.: 1994 Ausz. im Wettbewerb "Wege aus d. Gewalt" im Rahmen d. Kampagne "Gewalt gegen Frauen" d. Bundesmin. f. Frauen u. Jugend m. anschließender Ausstellung.

Franckh Pierre *)

Francois Peter Dr.

B.: Gschf. FN.: Europäische Fachhochschule (EUFH). DA.: Comesstr. 39-43, 50321 Brühl. P.Francois@eufh.de. G.: Duedelange/Luxemburg, 8. November 1959. V.: Renate, geb. Klein. Ki.: Peter-Alois (1995). S.: 1980 Abitur, 1980-86 BWL-Stud., Univ. Saabrücken. K.: 1987-92 wiss. Mitarb. b. Prof. Fandel, Lehrstuhl BWL, Fern-Univ. Hagen, 1992-2001 Gschf. AIP-Institut GmbH, Prom. 1999, seit 2002 Professur f. Industriemanagement u. Wirtschaftsinformatik a.d. Europäischen Fachhochschule (EUFH). P.: Rational Material Flow Planning with MRP and Kanban (1988), Just-in-Time-Produktion u. -Beschaffung; Funktionsweise, Einsatzvoraussetzungen u. Grenzen (1993), CAD-Marktstudie - Grundlagen, Methoden, Software, Marktanalyse (2. Aufl. 2000), PPS u. integrierte betriebl. Softwaresysteme, Grundlagen, Methoden, Marktanalyse (1997), Flexible Losgrößenplanung in Produktion und Beschaffung (2000).

Frandsen Johannes Adolf Dipl.-Vw. *)

Franek Norbert
B.: Kfz-Meister, Betriebswirt d. Handwerks, Gschf. Ges. FN.: Autohaus Franek Mitsubishi-Händler GmbH. GT.: Hauptaktionär u. AufsR. d. AS AG Automobile Südstadt AG. DA.: 90425 Nürnberg, Kilianstr. 1-3. norbert@franek.de. www.franek.de. G.: 21. Juni 1961. V.: Christine, geb. Sebald. Ki.: Juliane (1988). El.: Herbert u. Helga. S.: 1981 Fachabitur in Nürnberg, 1981-83 Lehre z. Kfz-Meister im Autohaus Kussberger Nürnberg, 1985 Kfz-Meisterprüf. in Nürnberg, 1988 Betriebswirt d. Handwerks, Handwerkskam. Nürnberg. K.: seit 1983 im elterl. Betrieb, seit 1989 Gschf. E.: 2000 Drei-Diamanten-Club f. herausragende Vertriebsleistungen v. Mitsubishi. H.: Sport, Skifahren, Surfen, Tennis.

Frangenberg Bernd
B.: Mtgl. d. Vorst. FN.: Continental AG. DA.: 30165 Hannover, Vahrenwalderstr. 9. www.conti-online.com. G.: Köln, 14. Okt. 1940. S.: 1960-64 Stud. Betriebswirtschaft Köln u. Hamburg, 1964 Dipl.-Bw., 1965-66 Teilnahme an einem Trainee-Programm f. HS-Absolventen b. Ford Motor Company in Köln. K.: 1966-68 Einkäufer f. Innenausstattungen, 1968-69 Ass. d. Vice President d. Einkauf, 1969-72 Ltr. Forsch.- u. Analyseabt./Einkauf Ford Europa in Warley England, 1972-74 Ltr. Vorserienüberwachung, Bereich Lkw Ford Motor Company in Langley England, 1974-78 Ltr. Materialplanung Ford Spanien Valencia, 1978-79 Leiter Produktionsprogrammierung u. Bestandskontrolle Ford Motor Company in Köln,

*) Biographie www.whoiswho-verlag.ch oder beigefügte CD-ROM

Frangenberg

1979-81 Mtgl. d. Vorst. als Gschf. f. Einkauf u. Logistik b. Ford Spanien Valencia, 1981-83 Gen.-Bev., Einkauf u. Logistik Continental AG Hannover, 1983-94 Gen.-Bev. f. d. Konzernmarke "Uniroyal" innerhalb d. Continental AG, 1994-95 Executive Vice President Bereich Pkw/Lkw General Tire Inc. Akron/Ohio USA, seit 1995 President & CEO Continental General Tire Inc. Charlotte/N.C. USA, seit 1998 Mtgl. d. Vorst. d. Continental AG.

Frangenheim Carl-Hans Dipl.-Ing. *)

Franielczyk Henryk
B.: Dekorateur, Geschäftsinhaber. FN.: Unidress sportswear. DA.: 30167 Hannover, Engelbosteler Damm 19/Nelkenstr. 32. G.: 16. Apr. 1949. V.: Waltraud, geb. Lange. El.: Elfriede, geb. Bonk. S.: 1967-68 Ausbildung z. Dekorateur b. MAGIS Hannover, 1968-69 Bundeswehr b. d. Marine. K.: 1970-78 Verkäufer u. Dekorateur b. Heinrichs Herrenmoden, Gschf. v. Co&Co in Hannover, 1978-92 Handelsvertreter Firma Mason, Besuch v. intern. Messen u.a. Paris, Mailand u. Florenz, 1992 Eröff. v. Unidress sportswear in Hannover. M.: Dt. Hockey-Club (aktiver Torwart f. U90). H.: Hockey, Tennis.

Franik Lothar *)

Frank Angelika *)

Frank Annette

B.: Kauffrau, Unternehmerin, selbsndig. FN.: annette frank textildesign f. kinder. DA.: 80335 München, Ferdinand-Miller-Pl. 2. textildesign@annette frank.de. G.: München, 3. Aug. 1962. El.: Frank Fidel u. Hanna, geb. Dickert. S.: 1978-80 Fachoberschule Weilheim, Abschluß fachgebundene HS-Reife, 1980-81 Volontärin England/Irland, Betreuung behinderter Kinder, organisiert v. d. Quakern in Belfast, 1981-86 Stud. Sozialpäd. FH München, Abschluss: Dipl.-Sozialpäd.. K.: 1986-92 Sozialpäd. in einer heilpädagogischen Tagesstätte f. seelisch behinderte Kinder, 1992-93 Kursleiterin z. berufl. Rehabilitation f. Erwachsene IBB Inst. f. Beruf u. Bild. München, 1993-99 Sozialpädagogin in ltd. Position im Münchner Jugendcafé Treibhaus Fürstenried, 1999 Ltr. d. Münchner Ladengeschäfts "Orsetto" in d. Münchner Maximilianstraße, parallel z. Berufsausbildung Erlernung d. Schneiderhandwerks im mütterl. Schneideratelier, ab 1996 Entwurf u. Herstellung v. textiler Kinderzimmerausstattung, 1999 Grdg. u. Inh. d. Firma annette frank textildesign f. kinder München. H.: Bergsteigen, Skifahren.

Frank Anton *)

Frank Bernd *)

Frank Bernhard *)

Frank Carsten *)

Frank Charlotte Dipl.-Ing. *)

Frank Christian Dr. med. *)

Frank Christoph *)

Frank Egon *)

Frank Falko *)

Frank Friedrich F. Dr.-Ing. Prof.
B.: FH-Lehrer. FN.: FH München. PA.: 81669 München, Wilramstr. 311. G.: Tschernitz/CSSR, 23. März 1931. V.: Maria, geb. Illner. Ki.: 3 Kinder. El.: Adolf u. Emma. S.: HS, ORealschule, Vermessungsstud. TH München. K.: Assessor, ORegKulturbauR. an d. Flurber.Dir. Würzburg, wiss. Ass. an d. TH München, OBauR., Baudir. u. Prof., Prof. P.: Gemeindliches Grundeigentum u. ländliche Neuordnung, Heimatkundliche Beiträge für Heimatzeitungen (Komotauer, Brüxer HZ). M.: Freundes- u. Förderkreis d. Fachhochschule München e.V. H.: Klavier, Schach.

Frank Gerd Dipl.-Ing. *)

Frank Gerd

B.: Dipl.-Päd., Heilpraktiker, Inh. u. Schulltr. FN.: Freie Heilpraktikerschule. DA.: 28259 Bremen, Alter Dorfweg 16. G.: Reutlingen, 15. Apr. 1952. El.: Karl u. Maria, geb. Reiser. S.: 1971 Abitur Reutlingen, 1971-76 Stud. Sozialpäd. an d. Univ. Tübingen, Erziehungswiss., Soz., Politologie, Abschluß Dipl.-Päd., 1983-89 Fortbild. in Transaktionsanalyse (TA) b. Ute Hagehülsmann, 1985-93 Fortbild. in Neurolinguistischem Programmieren (NLP) bei Thies Stahl, Abschluß NLP MasterPractitioner u. Ausbild. z. Heilpraktiker in Bremen. K.: 1991 Zulassung als Heilpraktiker, 1976-78 Fachberater d. Jugendzentren Filderstadt e.V., 1980/81 Sozialarb. im Beratungsdienst Obdachlosenhilfe b. Sozialamt d. Stadt Esslingen/Neckar, 1983/84 Dipl.-Päd. b. d. Psycholog.-Therapeut. Beratungsstelle (PTB) f. d. Mtgl. d. HS Bremen, 1984-85 Sozialpädagoge im Dezentralen Wohnen d. Bremer Werkgemeinschaft e.V., 1986-90 stellv. Ltr. u. Betreuer, 1991-96 Ltr. d. Zentralen Wohnens, Doz. an d. freien Heilpraktikerschule u. d. Ang.-Kam., seit 1996 selbst. als Heilpraktiker, Inh. u. Schulltr. d. Freien Heilpraktikerschule Bremen. P.: div. Veröff. in Fachzeitschriften u.a. Die psychotherapeut. Behandlung v. Allergien (1993). H.: 1980 Auslandsaufenthalt in d. USA, Mexiko, Venezuela u. Puerto Rico, Fortbild. im Congaspielen, seit 1981 Mtgl. d. Limba Steelband in Bremen, m. Auftritten im Norddt. Raum.

Frank Gerhard Dipl.-Ing. *)

Frank Götz Dr. Dr. h.c. Prof.
B.: Hochschullehrer. FN.: Carl v. Ossietzky Univ. Oldenburg. DA.: 26111 Oldenburg, Postfach 2503. G.: Wewelsburg, 6. Nov. 1944. V.: Jacqueline, geb. Bignens. Ki.: Isabelle, Eric. El.: Dr. Bernhard u. Ottilie. S.: Hum. Gymn., Univ. Frankfurt, Kiel u. Konstanz, 1972 Prom. K.: 1974 Ass. jur., 1974-78 wiss. Mitarb. am FB Rechtswiss. d. Univ. Frankfurt, 1978 AkR. am FB Rechtswiss. d. Univ. Hannover, 1979 Habil., 1983 apl. Prof., 1986-98 Gastprof.in Rouen, Le Havre, Brest, La Coruña, Hanoi u. Peking. P.: zahlr. Aufsätze auf d. Gebiet d. Staatsrechts, d. Allg. Verw. Rechts, d. Medienrechts u. d. Planungsrechts in einschlägigen Fachzeitschriften. E.: Ehrendoktor d. Univ. Le Havre, Ehrenbürger in Weihai (VR China). M.: Ver. d. Dt. Staatsrechtslehrer, Dt. Ges. f. Publizistik u. Kommunikationswiss.

Frank Gregor Dr. LL.M.
B.: RA/Syndikus. FN.: Atotech Deutschland GmbH. DA.: 10553 Berlin, Erasmusstr. 20. www.atotech.com. G.: Ravensburg, 12. März 1960. El.: Otto u. Ellen. S.: 1979-85 Jurastud.

*) Biographie www.whoiswho-verlag.ch oder beigefügte CD-ROM

Frank Günter Otto Dr. rer. nat. Prof. *)

Frank Günter W. Dr. phil.
B.: HS-Lehrer, Kustos, Privatdozent f. Philosophie. FN.: Melanchthonhaus in Bretten. DA.: 75015 Stadt Bretten, Melanchthonhaus. PA.: 76227 Karlsruhe, Rommelstr. 14. info@melanchthon.com. G.: Arnstadt/Thüringen, 15. Sep. 1956. V.: Susanne, geb. Keßler. S.: 1976 Abitur Magdeburg, 1976-84 Stud. in Warschau-Oltarzew, HS d. Pallottiner, einer modernen katholischen Ordensbewegung u. am theologisch-philosophischen Stud. in Erfurt, 1984-86 Vikar in Mühlhausen an d. St. Josefskirche, 1986-93 Ass. am philosophischen Lehrstuhl d. theologisch-philosophischen Stud. in Erfurt, 1993-95 Inst. for the Advanced Studies of Religion an d. Univ. of Chicago, 1995 Prom., 1995-98 Stud. an d. Univ. of London u. Herzog August Bibliothek in Wolfenbüttel. K.: s. 1997 Lehrbeauftragter f. Philosophie an d. FU Berlin, s. 1998 Kustos d. Melanchthonhauses in Bretten, 2001 Habil., seit 2001 Privatdozent f. Philosophie. H.: "Die theologische Philosophie Philipp Melanchthons (1497-1560)" (1995), Herausgeber d. Melanchthonschriften d. Stadt Bretten, "Die Vernunft d. Gottesgedankens" (2002), versch. Beiträge in Zeitschriften u. Sammelbänden. H.: Fußball, FC Bayern München, Musik (Jazz, Rock).

Frank Hans *)

Frank Hans *)

Frank Hans-J.
B.: Schauspieler, Reg. theater 89. DA.: 10115 Berlin, Torstr. 216. G.: Marisfeld, 19. Aug. 1954. V.: SimoneFrost (Lebensgefährtin) Ki.: Judith (1977), Marie-Luise (1986). El.: Hilmar u. Irma, geb. Kruhme. S.: 10-Kl.-Abschluß, 1971-74 Schauspielschule Berlin, Dipl.-Schauspieler. K.: 1974-87 Engagement Berliner Ensemble, Arb. m. Ruth Berghans, Manfred Wekwerth, zahlr. Gastspiele i. Europa, 1987 freischaff., versch. Regiearb., Projekte in zusammenarb. m. Jazzmusikern u. Vertretern d. Neuen Musik, Paul-Heinz Dittrich, Wolfgang Mitterer, Hannes Zerbe, div. Festivals/Gastspiele i. Europa, 1992 USA/Kanada/Rußland, 1989 Edg. "theater 89", Spielstätte i. Berlin, zhalr. Gastspiele/Festivals. E.: Hauptpreis d. 24. Mülheimer Theatertage "STÜCKE 99".

Frank Hans-Peter
B.: Dirigent. PA.: 12349 Berlin, Alt-Buckow 50a. G.: Dresden, 12. Aug. 1937. El.: Dr. Hans u. Hildegard, geb. Meier. S.: 1955 Abitur, 1951-59 Stud. HS f. Musik "C. Maria v. Weber" Dresden in d. Fächern Klavier, Dirigieren, Viola u. Schlagzeug, 1959 Staatsexamen. K.: 1959-61 Solorepetitor u. Ass. v. Prof. Kurt Masur am Staatstheater Schwerin, 1961-65 Solorepetitor u. Ass. v. Prof. Otmar Suitner an d. Staatsoper Dresden, 1965-73 Opernkapellmeister am DNT Weimar, 1973-88 Dirigent u. Stellv. d. künstler. Ltr. Prof. Kurt Sanderling b. Berliner Sinfonieorchester, umfangreiche Konzerttätigkeit u. Gastspiele in vielen Ländern Europas, Japan u. Mexiko, 1980-90 parallel dazu Chefdirigent d. Helsingborg Symfoniorkester in Schweden, 1988-95 Gen.-Musikdir. d. DNT Weimar u. Chefdirigent d. Staatskapelle Weimar, Konzertreisen m. diesem Orchester in Deutschland, Israel u. d. USA, seitdem als freier Dirigent im In- und Ausland tätig. P.: Schallplatteneinspielungen m. d. Berliner Sinfonieorchester, d. Helsingborg Symfoniorkester u. d. Staatskapelle Weimar. E.: 1955 4. Preisträger im Schumann-Klavierwettbewerb Leipzig, 1990 Ehrendirigent u. Ausz. m. d. Kgl. Orden "Ritter z. Nordstern" durch d. König v. Schweden.

Frank Hans-Werner *)

Frank Hartmut F. G. Dipl.-Ing. Prof.
B.: Architekt. PA.: 22081 Hamburg, Lerchenfeld 2. G.: Koscian/Polen, 5. Dez. 1942. V.: Muñoz de Frank Carmen Amelia. Ki.: 3 Kinder. S.: 1963-70 Arch.Stud. TU Berlin. K.:1970-71 wiss. Ass. ETH Zürich, 1971-72 Lehrbeauftragter HfbK Berlin, 1972-75 wiss. Mitarb. TU Berlin, seit 1975 Prof., HfbK Hamburg, FB Arch., 1987-89 u. seit 2001 erneut VPr. P.: zahlr. Aufsätze u. Art. zu Wohnungswesen, Arch. u. Planungsgeschichte. d. 19 u. 20 Jh.

Frank Heidrun

B.: Restaurantmeister, Inh. FN.: Bellini's Cafe & Bar. DA.: 04109 Leipzig, Barfußgäßchen 3-7. G. Hohenmölsen, 6. Mai 1957. V.: Michael Frank. Ki.: Katja (1978), Sebastian (1985). BV.: Großvater ehemaliger Inh. d. Gaststätte in Schkeitbar. S.: Lehre z. Wirtschaftskfm. in Weißenfels. K.: 1977 Übernahme d. Gaststätte d. Großvaters in Schkeitbar, 1994-96 Restaurantmeister im Fernstudium in Konstanz, Übern. v. "Bellini's Cafe & Bar f. BMSS Gastronomieverw. GmbH. P.: Art. in d. Presse. M.: DEHOGA, Gesangsver. Schkeitbar. H.: Lesen.

Frank Heiner *)

Frank Heinrich *)

Frank Helmar Gunter Dr. phil. Dr. h.c.
B.: o.Prof. d. Kybernet. Päd. Univ. Paderborn, Hon.Prof. d. Kybernetik Berlin, Moskau u. Sibiu Hermannstadt (Rumänien), Hon.Prof. d. Kommunikationswiss. Berlin (TU). PA.: 33100 Paderborn, Kleinenberger Weg 16A. hfr@uni-paderborn.de. www. paderborner-impulse.de. G.: Waiblingen, 19. Febr. 1933. V.: Brigitte, geb. Böhringer (gest. 1990), Vera Barandovská. Ki.: Ines Ute (1967), Tilo Ingmar (1970), Michaela Susen (1994). El.: Prof. Dr. Manfred u. Erna. S.: 1951 Abitur in Waiblingen, 1951-58 Stud. Math., Physik u. Phil. Stuttgart, Tübingen u. Paris, 1956 Dipl.Math. Stuttgart, 1959 Dr. phil. Stuttgart, 1959 Assessor d. Lehramts. K.: 1958-61 Lehrtätigkeit an versch. nordwürttemb. Gymn., 1961-63 wiss. Mitarb. u. Lehrbeauftragter TH Karlsruhe, 1963-72 Prof. d. Kybernetik, seit 1972 Prof. d. Kybern. Päd. u. Bildungstechnologie. F.: Hpt.Ges. f. gemeinn. Forsch. u. Entwicklungs-GmbH "Inst. f. Kybernetik Berlin u. Paderborn". P.: "Informationsästhetik" (1959, 2. Aufl. 1968), "Kybernetische Grundlagen der Pädagogik" (1962, 2. Aufl. 1969), "Kybernetik und Philosophie" (1966, 2. Aufl. 1969), "Einführung in die kybernetische Pädagogik" (1971), "Propedeutiko de la klerigsciencio prospektiva" (1984), Bildungskybernetik (1996, 2. Aufl. 1999), u.a. über 200 Zeitschriftenart., nachgedruckt in Meder/Schmid/Baraudovsky/Pinter: "Kybernetische Pädagogik" Bd. 1-11, 1973-99. E.: 1985 d. Johann v. Neumann-Ge-

Frank

dächtnismed., Gastprof. an versch. Univ., Ehrensenator Sibiu, Ehrenpr. d. Ges. f. Päd. u. Information (GPI) s. 1970 u. d. Ges. f. sprachgrenzübergreifende europ. Verständigung (Europaklub) seit 1983, 1998 BVK 1. Kl. M.: GPI, TAKIS San Marino, Präs. d. Akademio Internacia de la Sciencoj (AIS) San Marino. H.: neutrale europäische Sprachpolitik.

Frank Helmut *)
Frank Helmut Dr. *)
Frank Herbert *)
Frank Herbert
B.: Grafik Designer, selbständig. DA.: 80802 München, Haimhauser Str. 4. www.designgruppe.de. G.: Wangen im Allgäu, 19. Juni 1948. V.: verh. S.: 1969 Abitur, 1969-74 Stud. an d. Grafik Univ. Basel/Schweiz. K.: 1974-75 freiberuflicher Grafiker m. Mayerle u. Sobeck, Künstlerische Gestaltung, 1975-77 Wiss. Grafiker am Museum f. Paleolontogie in München, Ausstellungsberater u. Wiss. Zeichner, Ausstellung über nördliches Ries 1976, 1977 Grdg. u. Führung d. Grafikbüros m. Partner Wolfgang Flath in München, 1993 Erweiterung u. Bezug d. jetzigen Geschäftsräume in München. P.: AIT-Leitsysteme im Krankenhaus (1982), Buch über Grafik u. Kommunikationsdesign (2000/2001), Who is Who im Grafik-Design (2001). H.: Segeln, Musik, Literatur.

Frank Ingolf *)
Frank Ingrid Dipl.-Betriebswirt *)
Frank Jens Martin
B.: RA. FN.: Frank u.Thiele Anw.-Kzl. DA.: 22765 Hamburg, Hölländische Reihe 4. jf@frankundtiele.de. G.: Berlin, 19. Aug. 1971. El.: Priv.-Doz. Dr. Hans-Dieter u. Monika, geb. Jacobi. S.: 1990 Abitur, 1991-97 Jurastud. Univ. Hamburg, 1997-99 Referendarzeit Hannover, 2. Staatsexamen. K.: 2000 Eröff. d. Kzl. BL.: ehrenamtl. Rechtsauskunft d. Stadt Hamburg. M.: HSG Sasel/Duvo. H.: Handball, Tennis, Musik/Gitarre.

Frank Joachim Dr. *)
Frank Jochen Dr. med. *)
Frank Jörg

B.: IT-Organisator. DA.: 50667 Köln, Bürgerstr. 2. joerg.frank@stadt-koeln.de. www.gruene-koeln.de. G.: Köln, 25. Dez. 1955. Ki.: 2 Kinder. S.: 1974 Abitur, 1975-82 Stud. Physik u. Phil. Univ. Köln. K.: 1982-84 Ref. f. HS-Politik an d. Univ. Köln, 1984 Lehrer f. Math. u. Physik, s. 1984 tätig im Bereich Informationstechnolgie u. sei 1990 Organ. f. SAP-Anwendungen; polit. Fktn. seit 1984 Mtgl. d. Grünen, in d. 80-er J. Kreisvorst., Landes- u. Bundeshauptaussch. an d. Univ. Köln, Aktivist d. Basisgruppe, Fachschaften-Liste u. ASTA-Mtgl., seit 1989 Mtgl. d. Rates, 1996-2000 Sprecher d. LAG Medien d. NRW-Grünen, seit 2000 stellv. Fraktionsvors., polit. Schwerpunkte: Medienpolitik, Wirtschaft, Beschäftigung, Finanzen, Verw.-Reform u. kommunale Unternehmen. M.: Gremien: Wirtschaftsaussch., Liegenschaftsaussch., Finanzaussch., Hauptaussch., AufsR.-Mtgl.: d. Stadtwerke Köln, Mediapark GmbH, KOMED GmbH, NetCologne GmbH, Verw.-Aussch. d. Kölner Arb.-Amtes; Medien- u. IT-Rat, Koeln.de BeiR., Delegierter d. Landesparteitages NRW u. d. Bundesdelegiertenkonferenz. H.: Kinofilm, Rock, Jazz.

Frank Jürgen *)
Frank Jürgen Dr. rer. pol. Prof. *)
Frank Karl-Heinz Dr. med. Univ.-Prof.
B.: Univ.-Prof. FN.: Institut f. Immunologie d. TU Dresden. DA.: 01307 Dresden, Fetscherstr. 74. G.: Jänkendorf, 20. Fev. 1939. S.: 1957 Abitur Oberlausnitz, 1957-63 Stud. Med. Univ. Leipzig u. med. Ak. Dresden, 1963 Approb., 1969 Prom. u. FA f. gerichtl. Med., 1976 Habil. K.: 1976-79 Prosektor am Inst. f. gerichtl. Med. Ak. med. Ak. Dresden, 1979 Facultas Docendi u. Lehrauftrag f. Immunologie. 1980 Doz. an d. med. Ak. Dresden, 1981 Ltr. d. Abt. klin. Immunologie, 1988 o.Prof. an d. med. Ak. Dresden, seit 1990 Dir. d. Inst. f. Immunologie an d. med. Ak., 1993 C3-Prof. f. Immunologie an d. TU Dresden, seit 1999 stellv. Inst.-Dir., ab 1996 Einarb. in d. Histokompatibilitätstestung; Funktion: Tutor im Programm d. Harvard Univ.

Frank Klaus Dipl.-Ing.
B.: Schmied, Gschf. Ges. FN.: Frank Fahrzeugbau GmbH; Frank & Sohn Fahrzeugteile GmbH. DA.: 04420 Markranstädt/Leipzig, Handelsstr. 24. G.: Fritzenstedt, 29. Juni 1943. V.: Ursula. Ki.: Andreas. El.: Gottfried u. Edith. BV.: Großvater Max war Obermeister d. Schmiedehandwerks in Sachsen. S.: 1958 Lehre b. Opa Max, 1961 Schweißerlehrgänge, 1962 Schmied im großelterl. Betrieb, 1964 selbst. Fahrzeugbauer, Übernahme d. großelterl. Betriebes, 1962 Stud. Maschinenbau an d. Ing.-Schule f. Maschinenbau Leipzig, 1965 Meisterstud. b. Handwerkskam. Leipzig, 1967 Dipl. K.: 1968 Schmiedemeister im Fahrzeugbau, Herstellung v. Spezialfahrzeugen, Wagen f. Zirkus, Schausteller, Spezialwagen f. Keramikind. im Vorderen Orient, 1972 Umstellung d. Reparaturen, 1976 Umstellung v. druck auf Produktion hauptsächl. PKW-Anhänger, Pferde-, Motorrad-, Liefer- u. Diskothekenanhänger, 1979 Vertragswerkstatt f. Angermann u. Deutrans in d. DDR, WABCO-Lehrgänge, 1982 Lehrgänge "Berg. Achsenfbk.", 1984-92 veräid. Sachv. f. d. Handwerkskam. Leipzig, 1988-92 Vorst.-Vors. Einkaufs-, Liefergen. d. Schmiede-, Fahrzeugbau- u. Karosseriebauhandwerks Leipzig, 1990 Gründer d. Unternehmerverb. Leipzig, 1992 Gründer d. GmbH, Übernahme d. Einzelunternehmens, Grdg. d. Frank & Sohn Fahrzeugteile GmbH, 1994 Umzug an heutige Anschrift, Bau d. 1. LKW-Prüfstandes im Osten. P.: unzählige Art., eigene IGF CD-ROM m. 5999 Katalogseiten. E.: Handwerkernadel in Silber d. IHK Leipzig. M.: Vorst. Bundesfachgruppe Fahrzeugbau, Sachsen-Vors. Fahrzeugbau im Metallbauhandwerk, MessebeiR. d. Leipziger Messe, AMI Intern. H.: Beruf, Garten, Reisen.

Fank Klaus Dr. Prof. *)
Frank Liane

B.: Immobilienmaklerin. FN.: Frank & Turowski. DA.: 12355 Berlin, Pirnaer Str. 26 A. G.: Würzburg, 6. Apr. 1952. V.: Peter Frank. Ki.: Pascal (1969), Melanie (1980). El.: Berta Warmuth. S.: 1967-70 kfm. Lehre. K.: 1970-80 freiberufl. tätig in d. Werbung, 1994 Einstieg in d. Immobilienbranche f. EFH´s, MFH´s u. ETW´s, seit 1995 Zusammenarb. m. Frau Turowski. H.: Kurzurlaube.

*) Biographie www.whoiswho-verlag.ch oder beigefügte CD-ROM

Frank Lorenz Dipl.-Ing.

B.: Ltr. FN.: Bathildisheim e.V. Berufsbild.-Werk Nordhessen Standort Kassel. DA.: 34117 Kassel, Hoffmann-v.-Fallersleben-Str. 21. lfrank@bbw-nordhessen.de. www.bbw-nordhessen.de. G.: Schwarzenfeld, 27. März 1945. V.: Anette, geb. Frank. Ki.: Maren (1974), Maike (1976), Nehle (1976). El.: Artur u. Irene, geb. Nonnenmacher. S.: 1961 Mittlere Reife Aumühle, 1962-65 Lehre Werkzeugmacher Firma Wilhem Fette Schwarzenbeck, 1965 -67 Bundeswehr, 1967-68 Praktika versch. Ind.-Betriebe, 1968-71 Ing.-Stud. FHS f. Prod. u. Verfahrenstechnik Hamburg m. Abschluß Dipl.-Ing. K.: 1971-88 Organisator in d. Betriebsorgan., Planungsing. u. Ass. d. Ltr. d. Materialwirtschaft in d. Firma Philips Medizin Systeme: Ltr. d. Bereichs Orderabwicklung, Planung u. Disposition, 1988-90 Hauptabt.-Ltr. d. Materialwirtschaft der Firma Salzgitter Elektronik GmbH u. glz. Prok., 1992-95 Hautabt.-Ltr. d. WEGU Gummi- u. Kunststoffwerke Walter Dräbing KG in Kassel, 1995-2000 stellv. Gschf. des Stanz- u. Preßwerk Lindner in Niesetal, seit 2000 Standortltr. d. Berufsbild.-Werk Nordhessen in Kassel. M.: BME. H.: Hockey, Tennis.

Frank Lutz *)

Frank Mathias

B.: Keramikermeister. FN.: Töpferei M. Frank. DA.: 25548 Kellinghusen, Brauerstr. 14. G.: Höhr-Grenzhausen, 27. März 1962. V.: Kersten Klocksien. El.: Hans u. Dagmar. S.: 1977-80 Ausbild. z. Keramiker in Firma Kellinghusener Fayencen, 1980-81 Auslandsaufenthalt in Alabama/USA - Besuch einer Kunstschule, 1981-84 Töpfergeselle in Höhr-Grenzhausen, 1984-93 Töpfergeselle in Kellinghusen Fayencen, parallel Meisterschule in Heide, Abschluß: Keramikermeister. K.: 1993 Grdg. d. Töpferei M. Frank in Kellinghusen. M.: Keramiker-/Töpfer-Innung Schleswig-Holstein, Prüf.-Wart Schleswig-Holstein, Prüf.-Aussch. f. d. norddt. Raum. H.: Musik, Lesen, Kunst, Literatur, Reisen, Katze.

Frank Matthias Dr. med.

B.: Arzt f. Allg.-Med. DA.: 76187 Karlsruhe, Am Brurain 12. mf@praxis-dr-frank.de. www.praxis-dr-frank.de. G.: Freiburg, 6. Apr. 1959. V.: Brigitte, geb. Pütz. Ki.: Benedikt (1996), Lisa-Marie (1998). El.: Erich u. Brigitte. S.: 1980 Abitur Villingen, 1980-81 Wehrdienst, 1981-82 Pflegepraktikum im Goldenbühl-KH Villingen, 1982-83 Stud. Chemie an d. Eberhard-Karls-Univ. Tübingen, 1983-90 Med.-Stud. an d. Albert-Ludwigs-Univ. Freiburg, 1988 Vorpräparand in Anatomie an d. Univ. Freiburg, 1990 Prom., 1991 Approb. K.: 1990-91 Arzt im Praktikum b. Priv.-Doz. Dr. med. Zwirner, Chir. Abt. im Kreis-KH Donaueschingen, 1991 Arzt im Praktikum b. Prof. Dr. med. Roskamm, Ärztl. Dir. am Herz-Zentrum Bad Krozingen, 1992-93 Ass.-Arzt b. Dr. med. Becker, Klinik f. Chir./Unfallheilkunde in Bad Krozingen, 1993 Praxisass. b. Dr. med. Reinhardt Allg.-Arzt in Ehrenkirchen, 1994 Ass.-Arzt b. Prof. Dr. med. Heberer Reha-Klinik am Park in Bad Krozingen, 1994-95 Ass.-Arzt b. Dr. med. Esch Innere Abt. d. Fachklinik Sonnenhof in Höchenschwand, 1993-96 Mtgl. d. Notarztgruppe Breisach als aktiver Notarzt im Rettungsdienst, 1996 Anerkennung als FA f. Allg.-Med., 1996 Zusatzbezeichnung Rehabilitationswesen, 1996-98 Vertragsautor vom Landesversorgungsamt Baden-Württemberg, Kurklinik Ba Wildbad, 1997 Mtgl. d. Notarztgruppe Bad Wildbad als aktiver Notarzt im Rettungsdienst, 1999 Zusatzbezeichnung Naturheilverfahren; seit 1999 Niederlassung in eigener Arztpraxis in Karlsruhe. BL.: Außerordentl. Mtgl. d. Vertreterversammlung d. kassenärztl. Vereinigung Südbaden (1997-98), Arzt im Rettungsdienst d. Stadtgliederung Karlsruhe d. Malteser Hilfsdienstes; Forschungspraxis d. Abt. Allgemeinmed. d. Charité Berlin; Hausärztl. Nachsorge bei Schlaganfallpatienten. P.: Fachbuchautor "Notarzt, Praxis - Leitfaden", Qualitätssicherung in der Praxis für Allgemeinmedizin - Management kardialer Notfälle (2001). M.: Dt. Ges. f. Allg-Med. (DEGAM), Berufsverband d. Allg.-Ärzte Deutschlands (BDA). H.: Filmen, Musik, Literatur.

Frank Michael *)

Frank Michael *)

Frank Michael *)

Frank Paul Dr. rer. pol. *)

Frank Paul Martin Dr.-Ing. Dr. h.c. mult. Prof.

B.: Univ.-Prof. C4, Ltr. d. Fachgebietes Meß- u. Regelungstechnik. FN.: Gerhard Mercator-Univ.-GH Duisburg. GT.: seit 1976 Gastprof. an d. E.N.S.P.S., seit 1981 Vors. d. Kmsn. f. Intern. Beziehungen d. Univ. Duisburg, seit 1981 versch. Gastprof. in Frankreich, Mexiko, China u. USA, seit 1984 Berater div. Unternehmen. DA.: 47048 Duisburg, Bismarckstr. 81. PA.: 47269 Duisburg-Rahm, Am Steinwerth 4. G.: Heidelberg, 7. Juli 1934. V.: Hildegard, geb. Faure. Ki.: Stefan Heinrich (1961), Brigitte Elisabeth (1964). El.: Otto u. Elisabeth, geb. Junkert. S.: 1954 Abitur Heidelberg, 1954-59 Stud. Elektrotechnik TH Karlsruhe, 1959 Dipl.-Ing. K.: 1959-66 wiss. Ass. TH Karlsruhe, 1966 Prom. z. Dr.-Ing., 1966-71 AkR. d. Univ. Karlsruhe, 1971-72 AkOR. d. Univ. Karlsruhe, 1973 stellv. Lehrstuhlinh. f. elektrotechn. Grundlagen d. Informatik an d. Univ. Karlsruhe, 1974-75 Gastprof. an d. Univ. of Washington in Seattle/USA, 1975-76 WissR. an d. Univ. Karlsruhe, 1976 Univ.-Prof. am Inst. f. Regelungs- u. Steuersysteme, 1976 Gastprof. am Inst. Politecnico Nacional in Mexiko-City Mexiko, seit 1976 Univ.-Prof. C4, Ltr. Fachgebiet Meß- u. Regelungstechn. Gerhard Mercator-Univ.-GH Duisburg, 1981-82 Dekan Fachbereich Elektrotechnik Duisburg. F.: 1986 Grdg. d. Ges. f. angew. Microelektronik, Regelungstechnik u. Automation mbH Duisburg, 1988 Grdg. d. dt.-franz. Inst. "IAR Inst. f. Automation u. Robotik" in Duisburg, Karlsruhe, Straßburg, Mülhausen, Nancy u. Grenoble, 1986 Mitbegründer d. GTT Ges. f. Technologieberatung mbH Duisburg. P.: "Entwurf v. Regelkreisen m. vorgeschriebenem Verhalten" (1974), "Introduction to System Sensitivity Theory" (1978), "Fault Diagnosis in Dynamic Systems using Analytical and Knowledge-Based Redundancy - A Survey and some new Results, Automatica (1990), Advances in Fault Diagnosis for Dynamic Systems (1997), Komplexe Systeme - Nichtlineare Rückkopplungssysteme jenseits d. Stabilität (1998), Mithrsg. v. 5 ing.-wiss. Fachzeitschriften. E.: 1989 Luis-Pasteur-Med. Univ. Straßburg, 1994 Dr. h.c. TU Iasi, Rumänien, 1996 Felber Medal in Silver, TU Prag,

Tschechien, 1996 Medal of Honor, U Miskole, Ungarn, 1997 Dr. h.c. Univ. Haute Alsace Mulhouse/Frankreich, 1998 Dr. h.c. TU Cluj-Napoca/Rumänien, 1999 IEEE, Fellow. M.: VPräs. d. Dt.-Franz. Inst. f. Automation u. Robotik IAR u. Sprecher d. BeiR. d. Duisburger Sekt., Techn. BeiR. d. Ges. f. Technologieförd. u. Technologieberatung GTT Duisburg, Vors. d. European Union Control Assoc. EUCA, Techn. BeiR.-Mtgl. d. ESPERA-Werke Duisburg, Gutachterausssch. d. Programms "Anlagensteuerung u. -diagnose", BMBF, Panel Members des TMR Programms. H.: Sport (Skifahren, Wandern, Schwimmen), Schach, Heimwerken, Garten, Musik, Rotarier.

Frank Peter *)

Frank Peter Dipl.-Vw. *)

Frank Peter Dr. rer. nat.
B.: Ltd. Pharm. Dir. a.D., KH-Apotheker, Hrsg. a.D. d. Monatszeitschr. KRANKENHAUSPHARMAZIE i.A. d. Bundesverb. d. Dt. KH-Apotheker. PA.: 81379 München, Schaidlerstr. 15. G.: Brüx, 7. Juni 1926. V.: Doris (Pharm. Dir. a.D.). El.: Dr. Josef (Jurist). S.: Abitur, Pharm. Staatsexamen, Prom. z. Dr. rer. nat., Apotheker f. Klin. Pharm. K.: Dir. d. Apoth. d. Klinikums d. Univ. Würzburg, Dir. d. Apoth. d. Klinikums d. Univ. Mainz. BL.: Fachpublizistik. P.: über 40 wiss. Veröff. in Zeitschr. u. Büchern, Hrg. v. Büchern: Dermatologie. Lehrbuch m. G. W. Korting in 2. Aufl., Coautor d. Taschenb. d. Krankenhauspharmazie 1985, 87 u. 91/92. E.: Sertürner Med., Rudolf-Rapp-Med., Ehrenmtgl. d. ADKA e.V. M.: ADKA-Landesverb. Rheinl.-Pfalz/Saarl. H.: Reisen, Videofilmen, Pflanzenkunde, Computer.

Frank Peter *)

Frank Reinhard

B.: Weinbaumeister, Gschf. FN.: Frank-Reben. DA.: 79341 Kenzingen-Nordweil, Rebenhof. frankreben@t-online.de. www.frank-rebenhof.de. G.: Kenzingen, 18. Aug. 1941. V.: Theresia, geb. Wingert. Ki.: Claudia (1965), Rainer (1967), Stefan (1970). El.: Richard u. Maria, geb. Wacker. S.: Berufsfachschule, 1955-58 Ausbild. Winzergehilfe u. Ldw.-Gehilfe, 1959-69 Freiburg, 1966 Meisterprüf. K.: Rebenveredelung 1950 v. Vater gegründet, 195 begonnen m. d. Frank Klone, Ausbau d. Arb. dadurch wurden d. Frank Klonen über 3 Generationen geprüft d. Kunst d. Varianten d. am Markt gebraucht werden, über 15 J. Rotweine klonen, dadurch wurde d. Frank Klone 105 eine d. führenden u. steht in alten Weinbaugebieten wo Pinot ausgebaut wird, wilde Unterlagsreben werden v. Herrn Frank in Frankreich in d. Province gezogen, 40 J. f. d. Dt. Markt eine Kreuzungszüchtung, seit 1996 auch Weinverkauf d. Winzergen. BL.: Ise Frank Klone 105 Bl. Spätburgunder. P.: viele Veröff. in d. wichtigsten Weinfachzeitschriften. E.: Ehrennadel d. Landes Baden-Württemberg in Silber. M.: 22 J. Musikver. Vizedirigent, 18 J. Berufständige Vertr. Breisgau Bad. Weinbauverb., Vors. Bad. Rebenpflanzengut Erzeuger, 12 J. Gschf. Breisach Wein GmbH, 20 J. Vors. Winzergen. Nordweil, Vorstand Bad. Winzerkeller Breisach. H.: Musik, Rebenzucht.

Frank Roland Dipl.-Ing. Ing.
B.: Gschf. FN.: Hydrema Baumaschinen GmbH; Weimar-Werk Baumaschinen GmbH. DA.: 99427 Weimar, Kromsdorfer Str. 18. G.: Behrungen, 28. März 1952. V. Marina, geb. Schoder. Ki.: Nicole (1976), Sandra (1978). El.: Günter u. Dorothea, geb.

Könnecke. S.: 1968-70 Lehre als Elektromonteur in Obermaßfeld, 1970-72 Armee, 1974-77 Stud. TH f. Landtechnik Nordhausen, 1977 Ing. f. Landtechnik, 1985 Fernstud. als Außenhdls.-Ökonom in Berlin, 1989-90 Fernstud. z. Dipl.-Ing. oec TH Ilmenau. K.: 1972-74 Elektromonteur Landtechn. Anlagenbau Westenfeld, 1977 Kundendiensting. Weimar-Werk, 1978-84 Abt.-Ltr. Vertrieb im Weimar-Werk, 1984-86 Hauptabt.-Ltr. Export, 1986-89 stellv. Absatzdir., 1989 stellv. Dir., Ökonom. Dir. Weimar-Werk,1990-93 Gschf. Weimar-Werk GmbH, ab 1993 Gschf. Weimar-Werk Baumaschinen GmbH. P.: Dipl.- u. Ing.-Arb. H.: Kunst u. Kultur, Wandern, Natur.

Frank Thomas

B.: RA u. Fachanwalt f. Arbeitsrecht. FN.: Annemarie Krause-Guntrum RA u. Notarin, Thomas Frank RA. DA.: 23611 Bad Schwartau, Bahnhofstr. 11. G.: Lübeck, 22. Sep. 1956. V.: Anne, geb. Henkel. Ki.: Niklas (1987), Marilena (1990), Sascha (1972). El.: Wili u. Edith. S.: 1975 Abitur Lübeck, 1975-77 Zivildienst, 1977-84 Jurastud. u. Staatsexamen in Berlin. K.: 1984-87 Vorbereitungsdienst b. d. Staatsanw. Lübeck. d. LG Lübeck, d. OLG Schleswig u. in d. Rechtsabt. d. Dt. Bundesbahn, 1987 ndlg. Anw. in Bad Schwartau, Tätigkeitsschwerpunkt: Ausländerrecht, Arbeitsrecht, Verkehrsrecht. M.: 1. Vors. SY Olympia Bad Schwartau. H.: Reisen, Fußball.

Frank Thomas *)

Frank Volker *)

Frank Werner *)

Frank Werner *)

Frank Werner A. K.
Dr. rer. pol. Dipl. rer. pol. (techn.) Univ.-Prof. *)

Frank Winfried Eduard *)

Frank Wolfgang
B.: Regisseur. PA.: 80639 München, Nibelungenstr. 64b. G.: 4. Aug. 1964. K.: Ausbild. in d. Bereichen: Maz-Operator, Bildmischer, AVID Off/Online-Editor, Regieassistenz, Erfahrungen im Bereich Unerhaltung, Musik u. Comedy, wichtige Fernsehproduktionen u.a. Verbotene Liebe, Kochduell, Neues ... das Magazin, WWW - Witzige Webspots d. Welt, Wau!, Impro, Laß knacken, Herbert; Die Viersteins, Aus d. Augen verloren, Fliege, Die Hugo Show, X-Base, Genießen erlaubt, Die 4. Dimension, Die Prinzen Live, Erben gesucht, Rudy's Urlaubsshow, Die Toten Hosen Live, Jetzt oder Nie, Klargestellt, 10 oder geh'n, CityExpress, Marienhof, Lindenstrasse.

Frank Wolfgang
B.: Fernmeldeelektroniker, Gschf. FN.: Frank Datentechnik GmbH. DA.: 90441 Nürnberg, Löffelholzstr. 21. wfrank@frank.de. www.frank.de. G.: Nürnberg, 30. Jan. 1966. V.: Claudia, geb. Stumpp. Ki.: Marie Rebeka (2000). S.: 1983-87 Ausbild. z. Fernmeldeelektroniker b. SEL in Nürnberg, 1987-89 staatl. Berufsoberschule in Nürnberg. K.: 1989-91 Eintritt in d. elterl. Betrieb Frank GmbH, Vertrieb Telekommunikation, 1991-96 Bereichsltg. Datentechnik, Entwicklung, Produktmanagement f. Gebührenabrechnungssysteme, ab 1996 selbst. m.

*) Biographie www.whoiswho-verlag.ch oder beigefügte CD-ROM

eigenem Betrieb europaweit Frank Datentechnik GmbH als alleiniger Gschf. H.: Skifahren, Schwimmen, Wirtschaftsinformatik, Beruf z. Berufung.

Frank Wolfgang Dr. med. *)

Frank v. Maur Karin Dr. phil. *)

Frank-Cyrus Karin M. Dr. *)

Frank-Fischer Rolande Brigitte Dr. med.

B.: FA, Inh. FN.: Praxisgemeinschaft. DA.: 76131 Karlsruhe, Essenweinstr. 6. G.: Reschitz/Rumänien, 26. Jan. 1962. V.: Joachim Andre Fischer. El.: Helmuth u. Anna Frank, geb. Becker. S.: 1981 Hochschulreife, 1981-87 Stud. d. Humanmed. am Med. Inst. Timisiare/Rumänien, 1987 Staatsexamen u. Prom., 1988 Approb. als Ärztin, durch Regierungspräsididium Stuttgart. K.: 1988 Ass.-Ärztin f. Labormed. in Offenburg, 1988-89 Beginn d. FA-Ausbildung f. HNO-Heilkunde als Ass.-Ärztin in d. HNO-Gemeinschaftspraxis Dres. Treeck/Wetzel in Offenburg, ab 1989 Ass.-Ärztin in d. HNO-Klinik d. Städt. Klinikums Karlsruhe, ab 1991 Funktionsoberärztin in d. HNO-Klinik d. Städt. Klinikums Karlsruhe, seit 1992 Fachärztin f. HNO-Heilkunde, seit 1992 Oberärztin d. HNO-Klinik d. Städt. Klinikums Karlsruhe, seit 1995 ltd. Oberärztin u. Stellvertreterin d. Klinikdirektors d. HNO-Klinik d. Städt. Klinikums Karlsruhe. BL.: Schönheitsoperationen Kopf-Hals, Faltenunterspritzung. M.: Dt.-Span. HNO-Ges., Dt.-Franz. HNO-Ges., Plast. Chir. HNO, Joseph Society London, Facial Plastic Surgery, Dt. Ges. f. Audiologie, Société Francaise d'oto-Rhino-Laryngolgoie et de Pathologie Cervico-Faciale (SOCFI), European Academy of Facial Surgery (Joseph-Society), European Federation of Oto-Rhino-Laryngolocial Societes (EUFOS), Dt. Ges. f. HNO-Heilkunde, Kopf- u. Halschirurgie, Dt. Ges. f. Schädelbasischirurgie, Asociación Hispano-Alemania de ORL-CIRURGIA CERVICO-FACIAL (Grdgs.-Mtgl. d. dt.-span. HNO-Ges.), Dt. Ges. f. Ultraschall in d. Medizin e.V. (DEGUM), Österr. Ges. f. HNO-Heilkunde, Kopf- u. Halschirurgie, Dt. Ges. f. Audiologie. H.: Malen, Lesen.

Frank-Planitz Ulrich
B.: Gschf. a.D. DA.: 70190 Stuttgart, Neckarstr. 121. G.: Planitz/Sachsen, 13. Apr. 1936. V.: Dr. phil. Karin, geb. v. Maur. El.: Otto u. Elli, geb. Keßler. BV.: Hans Sachs. S.: 1954 Abitur, Stud. Med. Jena, 1959 Rechts- u. Wirtschaftswiss. Berlin, Bonn u. Köln. K.: 1961-62 Berliner, 1962-64 Bonner Korresp. v. Christ u. Welt, 1964-67 Bonner Korresp. d. Handelsblatt, 1967-70 stellv. Chefred., 1970-73 Chefred. d. Dt. Zeitung Christ u. Welt, 1970-73 Kommentator im Ersten Programm d. Dt. Fernsehens, 1974-77 Dir. d. Robert Bosch Intern. Beteiligungs AG Zürich, u. Ltr. d. Zentralbereichs Wirtschafts- u. Wiss.Politik d. Robert Bosch GmbH Stuttgart, 1978 Gschf. u. seit 1981 Sprecher d. Dt. Verlags-Anst. GmbH Stuttgart, u. Engelhorn Verlag GmbH Stuttgart. P.: Konrad Adenauer, Eine Biographie in Bild u. Wort (1975), Republik im Stauferland, Baden-Württemberg nach 25 Jahren (1977), Gustav Stresemann, Eine Bildbiographie (1978), Geschichten aus Sachsen (1990), Kleine Geschichten aus Zwickau (1994). E.: 1968 Ehrenritter d. Johanniter-Ordens, 1973 Ehrenritterkreuz. M.: Vorst.-Mtgl. d. Ges. f. Erd- u. Völkerkunde Stuttgart, Mtgl. d. BeiR. d. Württ. Landesmuseums, Stuttgart, d. Kuratoriums d. Univ. Leipzig u. d. Stiftung d. Württ. Hypo-Bank, Stuttgart. H.: Architektur, Geschichte.

Frank-Rasch Claudia *)

Frank-Schmidt Hans-Jürgen Dr. med. *)

Franke Achim

B.: Gschf. FN.: Haus d. Immobilie. DA.: 72108 Rottenburg/Neckar, Dörnle 21. G.: Altingen, 9. Aug. 1960. S.: 1976-79 Ausbild. z. Mechaniker, Gesellenprüf. K.: 1980-82 Montage Daimler-Benz AG Sindelfingen, 1981 parallel nebenberufl. Finanzbranche, ab 1983 hauptberufl. Finanzbranche, Vers., Bausparen, 1984-91 Tätigkeitsschwerpunkt: Vertrieb Immobilien Anlageberatung, ab 1991 Grdg. d. Firma Haus d. Immobilien, Bauträger, Immobilienvertrieb u. Hausverw., Finanzierungen, z.Zt. Gschf. u. Ges. H.: Motorradfahren.

Franke Andrea
B.: Apothekerin, Inh. FN.: Apotheke am Forst. DA.: 01917 Kamenz, Willy-Muhle-Str. 32. PA.: 01917 Kamenz, Eselsburg 19f. G.: Dresden, 25. Jan. 1956. V.: Niels Franke. Ki.: Christoph (1980), Bettina (1982), Christiane (1983). El.: Heinz u. Ursula Teichgräber, geb. Fasold. S.: 1974 Abitur, 1974 Stud. Pharmazie, Fachrichtung exp. Pharmakol./Toxikol. Univ. Greifswald, 1978 Staatsexamen u. Dipl., 1980 Teilapprob. pharmazeut. Toxikol., 1992-94 Zusatzstud. Univ. Greifswald, 1993 3. Staatsexamen u. Approbation als Apothekerin. K.: 1979-98 wiss. Mitarb. d. Abt. med. Forsch. u. Abt.-Ltr. f. Präparatinformation im Arzneimittelwerk Dresden, seit 1998 Inh. d. Apotheke am Forst. P.: Dipl.-Arb. H.: Musik, Klavier spielen, Bauernmalerei. Sprachen: Englisch, Russisch.

Franke Anett

B.: Designerin, Gschf. Ges. FN.: TAF fashion GmbH. DA.: 06108 Halle, Rannische Str. 20. www.taf-fashion.de. S.: 1984 Abitur Coswig, 1984-90 Stud. Pflanzenzucht MLU Halle-Wittenberg, Dipl. K.: 1993-2000 Inh. d. Textilwerkstatt Anett Franke, seit 2000 Mitgründerin d. TAF fashion GmbH, Stud. an d. Neuen Züricher Kunstschule im Fach Modezeichnen. BL.: Teilnahmen an den Leipziger Modemessen, hauseigene Präsentationen, Ausstellungen z. Textilgestaltung in Karlsruhe u. Houston.

Franke Angelika
B.: Krankengymnastik, selbständig. FN.: Praxis f. Physiotherapie. DA.: 10629 Berlin, Droysenstr. 12. G.: Bad Wildungen, 1958. Ki.: Julia (1969). S.: b. 1966 Waldorf-Schule Freiburg, anschl. Praktikum in Univ.-Klinik Freiburg, Kinderabteilung, anschl. 2 J. Ausbildung Krankengymnastik an Heinrich Leubl Schule Freiburg, anschl. Praktikum Landeskrankenhaus Offenburg u. Kurhaus Bad Krotzingen, 1970 nach Berlin, Feldenkrais-Ausbildung in Neuss unter Chava Shelaf. K.: seit

*) Biographie www.whoiswho-verlag.ch oder beigefügte CD-ROM

Franke Annekatrin

1977 selbständig, viel Bewegungstherapie, viel m. Kindern, seit 1980 auch Shiatsu u. Akupresur, mittlerweile auch NLP u. Silver Mind, ganzheitliche Arbeit. BL.: Entwicklung eigener Entwicklungsprogramme, Betreuung v. Sängerinnen. P.: Interview in d. Bunten, ein Film über sie in d. Praxis. H.: Bauchtanz, Stepdance, Flamenco, Singen, besonders Chancons, Wandern, Reisen in Mittelmeerländer.

B.: selbst. Friseurmeisterin. DA.: 15890 Eisenhüttenstadt, Bahnhofstr. 40. G.: Eisenhüttenstadt, 14. Nov. 1970. V.: Holger Franke. Ki.: Nadine Gabriela (1996). El.: Hansjörg u. Gabriela. BV.: alteingesessene Friseurfamilie aus Fürstenberg an d. Oder. S.: 1988-90 Lehre Friseurin. K.: 1990-97 Friseurin im elterl. Betrieb, 1994 Meisterprüf., 1996 Betriebswirt des Handwerks, 1998 Übern. d. Geschäftes. H.: Reisen, Schwimmen.

Franke August *)

Franke Bernd *)

Franke Berndt Dr.-Ing. habil. Prof. *)

Franke Bernward Dipl.-Ing. *)

Franke Björn *)

Franke Bolo *)

Franke Christoph *)

Franke Dieter *)

Franke Dieter Dipl.-Ing.

B.: Dipl.-Ing. f. Bauwesen, Gschf. FN.: LSI Leipzig Straßeninstandsetzungs GmbH. DA.: 04279 Leipzig, Bornaische Str. 120a. dieter.franke@lsi-gmbh.de. www.lsi-gmbh.de. G.: Berga, 29. Juni 1952. Ki.: Andreas (1978). El.: Friedrich u. Johanna. S.: 1971 Abitur Greiz, Wehrdienst, 1973-77 Studium Bauwesen an d. Bauhochschule Leipzig, Abschluss als Dipl.-Ing. K.: Projektant, Bauleiter b. Metallurgiehandel in Leipzig, Planungschef bei Polygraph, 1990-2000 Inhaber eines Planungsbüros in Leipzig, seit 2000 Gschf. d. Leipziger Straßeninstandsetzungs GmbH. M.: IHK, HK, Sächsischer Bauindustrieverband. H.: Radfahren, Natur.

Franke Dieter

B.: Kfz-Meister, Unternehmer. FN.: Autohaus Dieter Franke. DA.: 01896 Pulsnitz-Friedersdorf, Königsbrücker Str. 160. G.: Pulsnitz, 7. Juli 1945. V.: Ingrid, geb. Domsgen. Ki.: Jan (1972), Ramona (1975). El.: Horst u. Marianne. S.: 1962-65 Lehre als Kfz-Schlosser, 1965-68 Wehrdienst, 1968-71 Meisterausbildung, Abschluss Meister d. Kfz-Handwerkes. K.: 1969 Übernahme d. elterl. Kfz-Werkstatt, 1980 Vertragswerkstatt "Polski Fiat", seit 1990 Vertragswerkstatt Renault. M.: Kfz-Innung Meißen, Freiwillige Feuerwehr. H.: Briefmarken.

Franke Dieter *)

Franke Eckhard Dipl.-Ing. *)

Franke Edgar Dr.

B.: Bgm. d. Stadt Gudensberg. DA.: 34281 Gudensberg, Kasseler Str. 2. G.: Gudensberg, 21. Jän. 1960. V.: Carmen, geb. Abel. Ki.: 2 Töchter. El.: August u. Änne, geb. Berninger. S.: 1979 Abitur Kassel, 1979-80 Zivildienst, 1981-87 Stud. Politik u. Rechtswiss. Marburg u. Gießen, Referendariat LG Kassel, 1994 Prom. K.: 1985-89 Gemeindevertreter Edermünde, 1992-99 Fachgruppenltr. später Rektor u. Prof. an d. HS für gesetzl. Unfallvers., priv. FH in Bad Hersfeld b. Dachverb. d. Berufsgen. öff. Hand, seit 1999 Bgm. d. Stadt Gudensberg, seit 1997 stellv. Stadtverordneten-Vorst. in Gudensberg u. seit 1998 Vorst. d. SPD Gudensberg. P.: Gesetzliche Unfallversicherung Lehr- u. Praxiskommentar. M.: 1978-82 Unterbez.-Vorst.-Mtgl. d. Jung-Sozialisten, 1983 Studentenparlament u. Univ. Marburg, VerwR. d. Kreissparkasse Schwalm-Eder, Verb.-Vorst. Abwasserverband Mittleres Emstal, seit 2001 Kreistag Schwalm-Eder. H.: Skifahren.

Franke Edith Dr. phil. *)

Franke Elk Dr. phil. Prof. *)

Franke Franz-Herbert *)

Franke Günter Dr. Prof.

B.: o.Prof. FN.: Univ. Konstanz. G.: Wiedenbrück, 4. Mai 1944. V.: Gudrun, geb. Allmann (gest. 1989), Angela, geb. Brecher. Ki.: Christian, Cosima. El.: Christian u. Dr. Helga. S.: 1963 Abitur, 1967 Dipl.-Kfm. Univ. d. Saarlandes, 1970 Dr. rer. oec. K.: 1967-70 wiss. Mitarb. Univ. d. Saarlandes, 1971 Visiting Assoc. Prof. Pennsylvania State Univ., 1972-75 Assistenzprof. Univ. d. Saarlandes, 1975 Habil., 1975-83 Prof. f. BWL an d. Univ. Gießen, ab 1983 Prof. f. Intern. Finanzmanagement an d. Univ. Konstanz. P.: zahlr. Aufsätze in Fachzeitschriften, Finanzwirtschaft d. Unternehmens u. Kapitalmarkt (Heidelberg 1999), Derivate (Frankfurt 1995). E.: 1978 Präs. d. European Finance Assoc., 2001 Vors. Deutsche Ges. f. Finanzwirtschaft. M.: HS-Verb., Verb. d. HS-Lehrer f. Betriebswirtschaft, Ver. f. Socialpolitik, American Finance Assoc., European Finance Assoc., Berlin-Brandenburg. Akad. d. Wiss. H.: Klavier, Tennis.

Franke Günther

B.: Sänger, Musikpädagoge, lyrischer Bariton Opernhaus Nürnberg. PA.: 90402 Nürnberg, Neudörfer Str. 5. G.: Gelnhausen, 18. Dez. 1946. El.: Sängerin Ilse Franke. BV.: mütterlicherseits Abstammung Ludwig van Beethoven, Mutter u. Herta Tretow (Sängerin), Ruth Endress (Organistin), Renate Speyer (Organistin). S.: Mittlere Reife, Schlagersänger bereits als 16-jähriger u. Gesangssolist,15 J. Gesangsunterricht b. Carlo Zattoni Mailänder Scala. K.: Engagements: 3 J. Opernchor Freiburg, 6 J. Opernhaus Ulm (Lyrischer Bariton), 6 J. Solist am Opernhaus Freiburg, 4 J. Alte Oper Frankfurt (Lyrischer Bariton), seit 1988 Lyrischer Bariton Opernhaus Nürnberg, seit 1997 Tätigkeit als Musikpädagoge. P.: Aufnahmen Bayer. Rundfunk u. Fernsehen, 1999 "Dr. Faust", 2000 "Meistersinger v. Nürnberg". M.: Verb. d. Meistersinger. H.: Joggen, Mechanische Uhren, Reisen, Literatur.

Franke Hans Dipl.-Ing. Prof.

B.: Rentner, Flugzeugbauer. G.: Leipzig, 17. Aug. 1931. El.: Dipl.-Ing. Rudolf u. Maria, geb. Steyer. BV.: Vater Baultr. in Leipzig; Großvater Architekt d. Ind.-Schlosses Nonnenstar Leipzig u. unzähliger Objekte in Leipzig u.a. Karl-Heine-Kanal in Plagwitz/Leipzig. S.: 1949 Abitur, 1949-51 Maschinenschlosserumschüler Firma August Fomm Leipzig, 1951 Lehrabschlußprüf. K.: 1951 Schlosser im Maschinenbau Firma August Fomm, 1951-52 Sachbearb. in d. Materialplanung Firma LBH-MIHOMA vom. Kirchner AG, 1952-59 Stud. Maschinenbau an d. TU Berlin, 1959 Staatsexamen, Dipl.-Ing., 1959-60 wiss. Ass. am Lehrstuhl f. Luftfahrzeugbau an d. TU Berlin, freier wiss. Mitarb. b. Dt. Propellerbau Ges. Haw & Co Berlin, ab 1960 Entwicklungsing. Firma Bölkow KG Ottobrunn, ab 1965 Planungswissenschaftler Firma Ind.-Anlagen GmbH Ottobrunn, b. 1990 Prok., seit 1990 selbst. als Beratender Ing., 1992-99 Einzelunternehmen "Prof. Franke Unternehmensberatung" Leipzig, 1962-72 Hon.-Doz. an d. Höheren Techn. Schule d. Luftwaffe (HTSLw) Neubiberg, jetzt Univ. d. Bundeswehr München, 1965-2000 Lehrauftrag an d. TU München Vorlesungen über "Flugregler-Systeme", 1985-2000 Lehrauftrag an d. Univ. d. Bundeswehr München über "Projektstudien/Industrielle Systemtechnik", 1992 Ernennung z. Hon.-Prof. P.: zahlr. Veröff. M.: VDI-GIS, VDI-GSP, Dt. Ges. f. Wehrtechnik e.V., CdL, Vorst.-Mtgl. d. VDI-Bez.-Ver. Leipzig, seit 1994 VDI-Bez.-Ver. Halle, seit 1994 Ltr. d. VDI Arbeitskreises "Verkehr Halle-Leipzig", DGLR, seit 1990 Ltr. d. Bez.-Gruppe Leipzig d. DGLR, seit 1994 Vors. d. Förderver. "Museum f. Ind. u. Arb. Leipzig-Plagwitz e.V." m. TechnikCenterLeipzig.

Franke Hans Georg Dr. iur. *)

Franke Hans Joachim *)

Franke Hans Michael

B.: Steinbildhauer, Steinmetz. PA.: 74889 Seinsheim-Weiler, Steinstr. 4. G.: Hanau, 26. Sep. 1963. V.: Karin, geb. Schöpe. Ki.: Lisa (1988), Annelie (1997), Jakob (1999). El.: Heinz u. Annelies, geb. Nikolajczyk. S.: 1983 Abitur, 1983-86 Lehre Steinmetz, 1986-88 Zivildienst Reha-Zentrum Neckargemünd, 1988-93 Stud. Bildhauerei Staatl. Ak. d. bild. Künste Karlsruhe. K.: seit 1986 tätig als Steinmetz, glz. Karriere als Steinbildhauer: Großplastiken im öff. Raum wie Brunnen Sinsheim u. Reihen, seit 1986 Teilnahme Bildhauersymposien, Dauerleihgaben u.a. "Newgrange" (1997) Schorndorf u.

Oggelshausen; Grundthema: "Die Suche d. Menschen nach Refugium". F.: Mitinh. d. Firma Stein-Zeit u. eines Steinbruches. P.: zahlr. Ausstellungen Südstudio (2000), Städt. Museen Heilbronn u. Ausstellungsbeteiligungen u.a. "Der große Alb-Gang" (1999), Berichte u. Ausstellungskataloge u.a. "Gitter", "Höhlen", "Kistenräume im Stein" (2000). E.: Förderpreis d. Künstlerbundes Baden-Württemberg (1994), zahlr. Wettbewerbserfolge u.a.: Skulptur in Evias-les-Bains, Großplastiken: PLK Nordschwarzwald in Hirsau (1992), Landratsamt Wiesloch (1995), FHS f. Technik in Karlsruhe (1999), Kunst am Bau-Sieger d. "Freiburger Untersuchungshaft" (2000). H.: klass. Fahrzeuge.

Franke Hans-Jörg Peter Dr. *)

Franke Harald Helmut Dr. jur. *)

Franke Helmut *)

Franke Helmut *)

Franke Herbert W. Dr. Prof. *)

Franke Hinrich Dr. Dipl.-Kfm. Ing. *)

Franke Holger

B.: Schauspieler, Kabarettist. PA.: 50823 Köln, Weinsbergstr. 88. G.: Dresden, 2. Mai 1955. Ki.: Alexander (1983). S.: Lehre als EDV-Operator, 1976-79 Stud. Schauspielschule Berlin. K.: 1979-82 Theater Magdeburg 14 Inszenierungen in 3 J., Aufbau u. Ltg. einer eigenen Pantomimengruppe, ab 1982 freischaff. in div. Theater in Berlin, 1989 Mtgl. "Die Distel", 1991-93 Mtgl. "Die Stachelschweine", seit 1983 TV 15 Folgen "Polizeiruf 110", Tatort "Thanners neuer Job", TV/Film "Zahn um Zahn", "Aerolina", "Achterbahn", "Landarzt", "Wolffs Revier", "Air Albatross", "Feuerbach", "A.S.", "Großstadtrevier", "Gute Zeiten schlechte Zeiten", "Unter uns", "Elbflorenz", 1999 u. 2001 Regisseur f. 15 Folgen "Verbotene Liebe" ARD. P.: Art. über Serie "Unter uns", Art. über "Stachelschweine", Berliner Kurier u. MoPo. H.: Kochen, Thüringer Küche, Münzsammler (ECU), Schwimmen, Sauna.

Franke Holger Dipl.-Ing.

B.: Architekt. FN.: Arch.- u. Ing.-Büro Franke & Scholze. DA.: 01129 Dresden, Wilder-Mann-Str. 39. G.: Aken, 11. Dez. 1959. V.: Heike. Ki.: Theresa (1987), Johannes (1988). El.: Jürgen u. Helga. S.: 1978 Abitur, 1978-81 Wehrdienst, 1981-86 Stud. Arch. TU Dresden m. Abschluß Dipl.-Ing. K.: 1987-89 tätig in d. Bauabt. eines Großbetriebes in Dresden, 1990 Grdg. d. Arch.-Büros m. Schwerpunkt Wohnbau, Gewerbebau, Sanierung im Denkmalschutz; Projekte: Altgorbitzer Ring in Dresden, Fertigungszentrum Octapharma in Dessau, Mehrfamilienhäuser in Dresden. H.: Lesen, klass. Musik.

*) Biographie www.whoiswho-verlag.ch oder beigefügte CD-ROM

Franke Horst Dr. Ing.

B.: beratender Ing. DA.: 10785 Berlin, Am Karlsbad 6. G.: Berlin, 23. Jän. 1935. V.: Doris, geb. Mrosz. Ki.: Dipl.-Ing. Stefan (1962), Dr. Andreas (1963). S: 1955-61 Stud. Bauing.-Wesen TU Berlin m. Abschluß Dipl.-Ing. K.: 1961-62 Bauing. in d. Firma Hoch-Tief, 1962-67 wiss. Ass. an d. TU Berlin, 1967 Prom., seit 1967 selbst. als beratender Ing. für Bauwesen, 1981 Anerkennung als Prüfing. f. Baustatik im Massiv- u. Stahlbau; Projekte: Prüf. d. Tiefbauten in d. neuen Mitte Berlins wie Tunnelbereich v. Potsdamer Platz b. Lehrter Bhf. P.: Vielzahl an Fachpubl. z. Thema allg. Bauwesen. M.: VBI, Verb. d. Prüfing., Architekten- u. Ing.-Ver. zu Berlin, Baukam. Berlin u. seit 1998 Präs., 1972-74 Vors. d. VBI Berlin, Rotarie Club. H.: Kunst d. Nachkriegszeit, Segeln.

Franke Horst *)

Franke Ingeborg Dr. iur.
B.: VPräs. i. R. G.: Engelsdorf/Leipzig, 21. Mai 1935. V.: Dr. Axel Franke. Ki.: Arno (1969), Alexandra (1974), Annabelle (1978). El.: Klaus u. Elsa Fischer. S.: 1955 Abitur, 1955-59 Stud. Rechtswiss. FU Berlin, 1965 Prom. K.: 1963 Assessor, 1964/65 LG u. Amtsgericht Berlin-Schöneberg, 1966/67 wiss. Mitarb., 1967 LGR., 1967-70 RVG im VG Berlin, 1970-75 OVG Berlin, seit 1975 BVG, b. 1990 Richterin, 1990-93 Vors. Richterin, seit 1993 VPräs. d. BVG, seit 1992 in Unabhängigen Kmsn. f. Rechts- u. Verw.-Vereinfachung d. Bundes, 2000 Eintritt in d. Ruhestand. E.: 2000 Gr. BVK. M.: Juristinnenbund. H.: Wandern, Sport, Reisen. (El.S.)

Franke Jens *)

Franke Joachim Dr. phil. Prof.
B.: Dipl.-Psych., HS-Lehrer. PA.: 90571 Schwaig, Hölderlinweg 7. G.: Swinemünde, 4. Okt. 1926. V.: Charlotte, geb. Zörner. Ki.: Jörg (1958), Ralph (1961). El.: Max u. Maria. S.: Prakt. Apothekerausbild., Stud. Psych. K.: 1966 Habil. an d. TU Berlin, seit 1968 Prof. f. Psych. insbes. Wirtschafts- u. Sozialpsych. an d. Univ. Erlangen-Nürnberg. P.: "Ausdruck u. Konvention" (1967), "Psychologie als Hilfsmittel einer personenorientierten Unternehmungsführung" (1976), "Sozialpsychologie des Betriebes" (1980), "Mitarbeiter systemat. beurteilen" (1990), "Psychologie f. Wirtschaftswissenschaftler" (1990), "Optimierung von Arbeit u. Erholung" (1998). E.: BVK. M.: Dt. Ges. f. Psych.

Franke Jörg Dr.
B.: Vorstandsmitglied FN.:Deutsche Börse AG GT.:Geschäftsf. d. DTB Deutschen Terminbörse. DA.: 60313 Frankfurt/Main, Börsenpl. 7-11. PA.: 60431 Frankfurt/Main, Landgraf-Phillipp-Str. 4. G.: Halle, 7. Jan. 1941. V.: Christa. Ki.: Steffen (1978), Sebastian (1982). El.: Erhard u. Annemarie. S.: 1960 Abitur Koblenz, Stud. Rechtswiss. Bonn, Kiel, Freiburg u. Köln, Prom. K.: 1969 RA, 1970-73 Justitiar in d. Rechtsabt. Westdt. Landesbank Düsseldorf, 1977 Ltg. Konsortialabt., 1978 Abt.-Dir., 1984 Grdg. d. Berliner Börse, Mtgl. d. Vorst. d. Berliner Kassenver. AG, Gschf. v. DTB, Aufbau d. Terminbörse, Vorst.-Mtgl. Dt. Börse AG, seit 1994 zusätzl. Gschf. d. Frankfurter Börse. H.: Tennis, Skifahren, Schwimmen, Geschichte.

Franke Jürgen Friedrich August Wilhelm Dr. Prof.
B.: Univ.-Prof. a.D. PA.: 14169 Berlin, Schweitzer Str. 11a. dr.juergenfranke@t-online.de. G.: Erpen, 1. Feb. 1926. V.: Regina, geb. Vogelsang. Ki.: Holger (1964), Gunna (1968), Björn

(1970). El.: Gustav u. Ella, geb. Koch. S.: 1955 Abitur, 1955-60 Stud. Elektrotechnik an d. TH München sowie Wirtschaftsingenieurwesen an d. TU Berlin, kfm. Praktika. K.: 1961 Verwalter einer wiss. Assistentenstelle am Lehrstuhl f. allg. BWL u. BWL d. Handels d. TU Berlin, 1961-63 tätig in d. kfm. Ltg. d. wiss. Verlages Walter De Gruyter & Co Berlin, 1963-70 zuerst Verwalter, dann wiss. Ass. am Lehrstuhl f. VWL an d. TU Berlin, 1970 Prom. z. Dr. rer. pol., 1970-74 Ass.-Prof. an d. TU Berlin, 1973-74 Visiting Associate Prof. am Massachusetts Institute of Technology Cambridge USA, Zuerkennung d. Lehrbefähigung im Fach VWL, Privatdoz. u. wiss. Ang. m. Lehraufgaben an d. TU Berlin, 1976 C2-Prof. TU Berlin. BL.: forschte u.a. zu Fragen d. techn. Fortschritts, d. Werbung, Umwelt sowie d. Sicherheit als ökonomische Kategorie in Wiss. u. Technik, mehrere Forschungsprojekte, mehrere Forschungsaufenthalte an Univ. in USA-Staaten. P.: mehr als 60 Buchbesprechungen, über 30 Veröff. u.a. Zur Besteuerung d. Werbung (1973), Grundzüge d. Mikrokonomik (1983), Technische Sicherheit als ökonomisches Problem (1985), Komponentenzerlegung d. Konzentrationsentwicklung auf d. Grundlage d. Exponentialindex (1983). M.: mehrere nat. u. intern. Vereinigungen u.a. Verein f. Sozialpolitik, American Economic Association, Intern. J. A. Schumpeter Ges. H.: wiss. arbeit.

Franke Klaus-Georg
B.: Apotheker, selbstständig. FN.: Georg's Apotheke. GT.: seit 1991 Mtgl. im Gemeinderat v. Bienenbüttel, seit 2001 Mtgl. im Kreistag Uelzen, Mtgl. d. Kammerversamlung d. Apothekerkammer Niedersachsen, Ortsbrandmeister d. Freiwilligen Feuerwehr Bienenbüttel. DA.: 29553 Bienenbüttel, Bahnhofstr. 18. www.pilo-ranke.de. G.: Uelzen, 21. Okt. 1953. V.: Leoni, geb. Cassier. Ki.: Merlin (1983), Darvin (1985). S.: 1972 Abitur in Uelzen, 1972-74 Lehre z. Apothekerhelfer in Lüneburg b. Apotheker Neuring, 1983 Approb. K.: 1974-77 ang. Apothekenhelfer in Wittingen, 1978-82 Stud. Pharmazie an d. TU Carolo-Wilhelmina in Braunschweig, 1982-83 Praktikum in einer Apotheke in Hankensbüttel, 1983 Eröff. d. eigenen Apotheke in Bienenbüttel. M.: BAA Bundesverband Aktiver Apotheker, TSV Bienenbüttel, Freiwillige Feuerwehr Bienenbüttel. H.: Feuerwehrtätigkeit, Handball.

Franke Konrad Dr. *)

Franke Lars Dipl.-Kfm. *)

Franke Manfred Dr.-Ing. *)

Franke Manfred Dr. phil. *)

Franke Michael

B.: selbst. DA.: 45136 Essen, Kaninenberghöhe 50. e-mediateam.de. K.: seit 1994 selbst. im Bereich DTP, Grafikdesign, Softwareprogrammierung, Schwerpunkte: Zeitschriften-, Prospekt- u. Anzeigengestaltung, Datenverarbeitung. H.: Tanzmusik, Keyboard und Gesang in d. Band "Darc".

Franke Michael Kurt Dr. med. *)

*) Biographie www.whoiswho-verlag.ch oder beigefügte CD-ROM

Franke Niels Dr. med. Prof.
B.: Arzt. FN.: Praxis Prof. Dr. med. Niels Frank. DA.: 80634 München, Bothmerstr. 2. niefran@web.de. G.: Frankfurt/Main, 13. Aug. 1947. V.: Aysegyl, geb. Düren. Ki.: Sunna (1975), Georg (1976), Arda (1985). El.: Prof. Dr. Martin u. Dr. Ute, geb. Momssen. BV.: Mommsen, Literaturwissenschaftler u. Nobelpreisträger. S.: 1966 Abitur Tübingen, 1967-73 Med.-Stud., 1974 Prom., Approb. K.: 1974-77 Anästhesie am Klinikum Mannheim d. Univ. Heidelberg, 1977-93 Anästhesiologe am Klinikum Großhadern d. Unv. München, 1978 FA f. Anästhesie, 1981 Habil., 1986 Ernennung z. Prof., 1983 Erkrankung an multipler Sklerose, ab 1993 Tätigkeit in eigener Praxis. P.: zahlr. Vorträge z. Thema Autoimmunerkrankungen, Entwicklung neuer Medikamente z. Therapie Autoimmunerkrankungen, zahlr. Veröff. in Fachpubl. z. Thema Anästhesie u. Autoimmunerkrankungen, 1992 Autor des Buches "Geschenktes Leben", 1996 "Multiple Sklerose", 1998 "Multiple Sklerose/Hoffnung f. Millionen", 2001 "Der Weg aus d. Krise". E.: versch. Preise u. Ausz. in d. Anästhesiologie. H.: Lesen, Reisen.

Franke Oliver *)

Franke Peter *)

Franke Reiner

B.: Kommunikationselektroniker, Inh. FN.: Reiner Franke GmbH & Co Glasbautechnikmaschinen KG. DA.: 41063 Mönchengladbach, Schwogenstr. 20-22. PA.: 41069 Mönchengladbach, Ziegelgrund 21. G.: Frechen, 2. Mai 1964. V.: Stefanie, geb. Umek. El.: Werner u. Hildegard. S.: 1980-83 Lehre Schlosser, 1982-88 tätig als Schlosser, 1988-90 Ausbild. Kommunikationselektroniker im Bereich Informationstechnik. K.: 1990-94 Servicetechniker im Außendienst, seit 1994 selbst., 1995 Grdg. d. GmbH & Co KG. P.: Veröff. in Fachzeitschriften. H.: Fußball.

Franke Roland Dr. oec.

B.: Gschf. Managing Dir. FN.: ZTB-Zentrum Technologietransfer Biomed. Bad Oeynhausen GmbH. DA.: 32545 Bad Oeynhausen, Wielandstr. 28a. PA.: 32584 Löhne, Am Mittelbach 11. G.: Köln, 6. März 1958. V.: Ute, geborene Kreiskott. Ki.: Henning (1984), Eva (1986), Gerrit (1989), Greta (1997). El.: Werner und Hildegard. S.: 1973 Mittlere Reife, 1976-77 FH-Reife für Technik, Studium Naturwiss. Bergische Univ.-GH Wuppertal, 1982 Dipl.-Ingenieur Chemiker, 1983 Wirtschaftswiss. FU-GH Hagen, 1989 Dipl.-Ökonom, 1990 Dipl.-Kfm., 1997 Prom. z. Dr. oec. K.: 1973-76 Chemielaborantenausbild., 1981-82 nebenberufl. Lehrtätigkeit, 1982-83 Produktentwicklung Pohl GmbH Düren, 1983-85 Abt.-Ltr., 1986-89 Techn. Marketing Bayer AG Leverkusen, 1989-91 Projektleiter im intern. chem. Anlagenbau Meissner GmbH Köln, 1992 Controlling in d. öff. Verw. d. Stadt Velbert, 1993-98 Projektltr. F&E Controlling Pharma Schwarz Pharma AG Monheim, seit 1998 Gschf. d. Technologiezentrums ZTB Zentrum Technologietransfer Biomed. GmbH Bad Oeynhausen, Gschf. d. Kapitalanlageges. DVC Delta Venture Capital GmbH Bad Oeynhausen, kfm. Gschf. d. Pharma F&E-Ges. R+S biotec GmbH Bad Oeynhausen, kfm. Gschf. d. Med.-Techunternehmens telecor GmbH Bad Oeynhausen, Gschf. d. Hdls.-Unternehmens racksys laborequipment GmbH Bad Oeynhausen, kfm. Betriebsführung d. Med.-Techunternehmens ODIM GmbH Bad Oeynhausen, AufsR.-Vors. d. Plasma Scorpion AG Geilenkirchen. H.: Beruf, Familie.

Franke Ronald *)

Franke Ronni

B.: Dipl.-Lehrer f. Math. u. Physik, Gschf. Ges. FN.: Harz-online GmbH. DA.: 38820 Halberstadt, J.-Gagarin-Str. 19. rfranke@harz-online.de. G.: Leipzig, 4. Juni 1958. V.: Heike, geb. Keutel. Ki.: Stefan (1980), Christian (1985), Julia (1988). S.: 1976 Abitur Halle, 1976-80 Stud. an d. MLU Halle m. Abschluss als Dipl.-Lehrer. K.: 1980-82 Lehrer in Halberstadt, 1982-91 verschiedene Abt.-Ltr.-Funktionen, 1991-93 selbst. Hdls.-Vertreter, seit 1994 Grdg. u. Gschf. d. Pagha GbR in Halberstadt, seit 1998 Grdg. und Gschf. Ges. d. Harz-online GmbH. M.: 1997 Grdg.-Mtgl. u. 1. Vors. d. Innovationsnetzwerkes e.V. Halberstadt. H.: Literatur, Reisen.

Franke Rüdiger Dr.-Ing.
B.: Vorst.-Vors. i.R. d. Mannesmann Dematic AG. G.: Berlin, 21. Sept. 1936. S.: 1958 Abitur Köln, 1959-64 Stud. Maschinenbau TH München, 1973 Prom. K.: 1974-75 Dir. Konstruktion u. Entwicklung Hünnebeck GmbH, 1975-79 Mtgl. d. Geschäftsltg. Mannesmann Demag Lauchhammer, 1980-82 Mtgl. d. Geschäftsführung Mannesmann Demag Baumaschinen, 1982-92 Mtgl. d. Vorst. Mannesmann Demag AG, 1992-2000 Vorst.-Vors. Mannesmann Demag Fördertechnik AG heute Mannesmann Dematic AG, seit 1981 Lehrauftrag Lagertechnik RWTH Aachen, seit 1993 Vors. d. Fachgemeinschaft Fördertechnik im VDMA, seit 1993 Vorst.-Mtgl. d. FEM Fédération Européenne de la Manutention, seit 1996 Präs. d. FEM. E.: 1958 Otto-Lilienthal-Preis d. Wiss. Ges. f. Luftfahrt, 1990 Hon.-Prof.

Franke Siegfried Dr. med. Univ.-Prof. *)

Franke Steffen *)

Franke Sven *)

Franke Udo Dr.-Ing. *)

Franke Uwe Dr.
B.: Vorst.-Vors. FN.: Deutsche BP AG. DA.: 22297 Hamburg, Überseering 2. PA.: 22559 Hamburg, Gudrunstr. 106. G.: Hamburg, 19. Jan. 1949. V.: Haike Gerdes-Franke, geb. Gerdes. Ki.: Leonie (1980), Amelie (1983), Wilm (1987). El.: Hermann u. Ilse Franke. S.: 1968 Abitur, Studium d. Chemie am Chemischen Staatsinstitut Hamburg, 1975 Diplom, 1978 Promotion zum Dr. rer. nat. K.: 1979 Eintritt in die Deutsche BP AG, 1979-83 Betreuung d. chemischen Aktivitäten und Tochtergesellschaften, 1983-85 Erdölchemie GmbH Köln, 1986-90 Head Office, London als Business Advisor Manufacturing and Supply, Business Advisor Retail USA and Continental Europa, Head of Network Planing Retail, 1990-94 BP Oil Europe, Brüssel als Manager Network Development Retail Deutschland, Österreich, Schweiz, Schweden, Manager

*) Biographie www.whoiswho-verlag.ch oder beigefügte CD-ROM

Handelsgeschäft Europa, 1994-96 Vorst.-Vors. BP Portugal, Lissabon, seit 1996 Deutsche BP AG, Hamburg, zunächst als Ltr. Tankstellengeschäft Dt. u. Vorst.-Mtgl., 1996-97 zusätzl. Betreuung d. Tankstellengeschäftes Österreich und Schweiz, seit 1.1. 1999 Vorst.-Vors. H.: Skilaufen, Tennis, Golf, Reisen.

Franke Veit Dipl. rer. pol. *)

Franke Walter Dr. iur. Prof. *)

Franke Wilfried Erhard *)

Franke Wolf-Gunter Dr. med. Prof. *)

Franke Wolfgang
B.: RA, Notar. FN.: Sozietät Wolfgang Franke u. Lutz Kleinkamp. DA.: 10707 Berlin, Brandenburgische Str. 38. G.: Freiburg, 4. Dez. 1943. V.: Birgit, geb. Bießmann. Ki.: 2 Kinder. El.: Hans u. Eleonore, geb. Kleitz. BV.: Otto Kleitz Konzertmeister. S.: 1965-69 Jurastud. Univ. Freiburg u. Heidelberg, 1. Staatsexamen, 1970-73 Referendariat in Berlin, 2. Staatsexamen. K.: 1971-74 wiss. Ass. an d. TU Berlin Bereich Wirtschaftswiss., 1973 Zulassung als RA u. seither tätig, 1983 Zulassung als Notar, Schwerpunkte: Grundstücksrecht, Erbrecht, Beratung mittelständ. Unternehmen. M.: F.D.P. H.: Musik, Kunst, Segeln.

Franke Wolfram *)

Franke-Gneuß Kerstin Uta *)

Franke-König Bettina *)

Fränkel David Dr.-Ing. em. Prof. *)

Frankemölle Hubert Dr. theol.
B.: o.Prof. f. Kath. Theol. FN.: Univ. Paderborn. DA.: 33095 Paderborn. PA.: 33098 Paderborn, Helmarshauser Weg 2. Hubert.Frankemoelle@epost.de. G.: Stadtlohn, 10. Jan. 1939. V.: Renate, geb. Stieler. Ki.: Anja, Peter. S.: Stud. d. Kath. Theol. u. Altphilol., 1968 1. Philol. Staatsprüf., 1972 Prom. K.: 1972 AkR., 1974 OR., 1979 Prof. P.: Das Taufverständnis des Paulus (1970), Jahwe -Bund und Kirche Christi (1974, 1984), Biblische Handlungsanweisungen. Beispiele pragmatischer Exegese (1983), Der erste und zweite Petrusbrief, Der Judasbrief (1986, 1990), Evangelium. Begriff und Gattung. Ein Forschungsbericht (1988, 1994), Der Brief des Jakobus I-II (1994), Matthäus-Kommentar 1 (1994, 1999), 2 (1997), Jüdische Wurzeln christlicher Theologie (1998), Lebendige Welt Jesu und des Neuen Testaments (2000). M.: Studiorum Novi Testamenti Societas, Deutschsprachige kath. Neutestamentler.

Franken Berthold *)

Franken Clausjürgen Dipl.-Ing. *)

Franken Eckard Dr. *)

Franken Engeline *)

Franken Gerd Dr. med. *)

Franken Günter *)

Franken Heinrich Dr. Prof. *)

zu Franken Heinz-Frank
B.: Betriebswirt, Gschf. FN.: Master of Masters(r) Event Marketing GmbH. GT.: Journalist, Autor, Maler, Verleger. DA.: 60314 Frankfurt/Main, Ostbahnhofstr. 16. PA.: 60101 Frankfurt/Main, Postfach 10 31 65. masters2000@t-online.de. www.zufranken. org. G.: Dortmund, 12. Juli 1959. El.: Horst-Heinz u. Christa Anneliese Irmgard. BV.: Karl I. (der Große). S.: Koch- u. Kellner-Lehre in Dortmund u. München, BWL-Studium HoFa (Hamburg) u. Cambridge Univ. (London), Gesangs-Ausbildung (Bariton, ital. Fach, Hamburg). K.: Hotel-Praktika in London, Monaco u. Rom, PR-Eventorganisation Chandon-Hennessy (Hamburg), Marketingltr. "Steigenberger Hotels Bad Reichenhall", Marketingltr. "Spielbank Casino Wiesbaden", Senior Promotion Manager "Disneyland, Walt Disney World,Tokyo Disneyland u. Euro Disney Resort", Gründer d. IFH(r)-Marketing Support GmbH-Gruppe, seit 1981 Inh. "Erfolg ist machbar!(c) Redaktionsbüro zu Franken", seit 1993 Gründer u. Gschf. Ges. d. Master of Masters(r) GmbH-Gruppe (Frankfurt/Main), seit 1999 Senior Vice President & Treasurer WORLD Hospitality Corp. Inc. (Miami, USA), Hrsg. u. Chefredakteur "HMM Hospitality Management Magazin(r) u. "MBA-Meeting Business Aspects(r)". BL.: Veranstalter d. "profi:talk(c)" sowie "Meeting Business Award (MBA)(r)". F.: "Erfolg ist machbar!(c) Redaktionsbüro zu Franken" (100%), Master of Masters(r)-Gruppe (100%), WORLD Hospitality Corp. Inc. (40%), "Z-Besitzges." (60%), "Z2-Besitzges." (100%), "ARTig-Galerie" (100%), webhotel.ag (100%). P.: "IFH(r)-Jahrbücher", Who is Who Hotelmanagement", "Strandgeflüster", "Elias" u.a. E.: "GWB-Award Best Overall Marketing-Campaign Worldwide" (1986, New York), "ORF-BL-Preis" (1990, Linz), "Magic Maker Award" (1991, Orlando), "ORF-Manager No. One-Preis" (1995, Linz), Ehren-Präs. "Premium Hospitality Manager" (seit 1997, Frankfurt/Main). M.: Marketing-Club, Frankfurter Presse Club, Intern. Press-Club, Dt. Journalisten-Verband DJV. H.: Malerei, Fechtsport (Florett, Degen), Opern (Bariton, Ital. Fach).

Franken Julius

B.: Unternehmer. FN.: Julius Franken & Co. DA.: 59065 Hamm, Hohe Straße 10. G.: Hamm, 12. Aug. 1941. V.: Gaby, geb. Schäfer. Ki.: Julius (1976), Christian (1978). El.: Julius und Anneliese, geborene Kroemker. S.: 1958-61 Ausbild. z. Kfz-Mechaniker in Dortmund, 1961-63 Ausbild. z. Großhdls.-Kfm., 1963-64 Bundeswehr. K.: 1964 Ltr. d. Kundendienstes im elterl. Betrieb, 1968 Kfm. Ltr. d. elterl. Betriebes, s.1970 Übernahme d. elterl. Betriebes, kontinuierl. Erweiterung d. Modellpalette VW Audi u. Nutzfahrzeuge, Bau weiterer Filialen. H.: Hochseesegeln.

Franken Michael

B.: Dipl.-Biologe, Unternehmer, selbständig. FN.: 123 Rad. DA.: 48151 Münster, Sentmaringer Weg 118. www.123rad.de. G.: Waltrop, 24. Nov. 1958. Ki.: Florian-Tobias, Sofie-Marlina, Antonia-Helena. El.: Karl u. Anneliese, geb. Weichert. S.: 1978 Abitur Kleve, 1978-79 Bundeswehr, 1979-81 Stud. Elektrotechnik an d. TH in Aachen, 1981-83 Stud. Biologie an d. Univ. Bayreuth u. Bochum, 1983-90 Stud. an d. Westfälischen Wilhelms-Univ. in Münster. K.: 1990-92 Tätigkeit am Ökologischen Inst. in Düsseldorf, 1992-98 selbständiger Biologe m. Schwerpunkt d. Tätigkei-

---

*) Biographie www.whoiswho-verlag.ch oder beigefügte CD-ROM

ten: Ökologie u. Limnologie, 1998 Grdg. d. Fahrradladens in Münster. M.: ADFC, HPV, DGL, FSG. H.: Fahrradreisen, Energie, Kinder.

Franken Paul Dr. iur. *)

Franken Wilhelm

B.: Gschf. FN.: Franken Apparatebau GmbH. DA.: 46145 Oberhausen, Dorstener Str. 121. franken@franken-apparatebau.de. www.franken-apparatebau.de. G.: Oberhausen, 11. Aug. 1950. V.: Gabriele, geb. Busch. Ki.: Sebastian (1983). El.: Gerhard u. Agnes. S.: 1972 Abitur Mülheim, 1973-77 Stud. Maschinenbau, Dipl.-Ing., 1977-78 Schweißfaching. K.: 1977-82 Maschinenbauingenieur b. GHH Oberhausen-Sterkrade, 1982-83 Eintritt in d. väterl. Betrieb Gerhard Franken, ab 1986 GmbH, ab 1983 Gschf. P.: Autor versch. Presseveröff. im Zusammenhang m. Franken Apparatebau. M.: VDI, aktiver Förderer d. Friedensdorfes Oberhausen e.V. H.: Tennis, Angeln, Segeln.

Franken Wolfgang

B.: Unternehmensberater, Gen.-Sekr. FN.: Franken GmbH UNOA. GT.: Gen.-Sekr. d. Wirtschaftssenats d. Bundesverb. Mittelständ. Wirtschaft-Unternehmerverb. Deutschlands e.V. DA.: 53229 Bonn, Siebengebirgsstr. 197. G.: Bensberg, 18. Okt. 1943. V.: Marion, geb. Stasierowski. Ki.: Marc (1967), Vanessa (1991). El.: Johann u. Else, geb. Hehmann. BV.: Marianne Pieschel. S.: 1958-61 Lehre als Karussell- u. Spitzendreher KHD Köln, 1961-63 Motorenentwicklung Wankel-Schiffsmotor KHD, 1963-65 Bundeswehr. K.: 1965-67 Strabag Bau AG, 1967-70 KHD, Ausbilder f. spanabhebende Berufe, daneben Rhein. Ing.-Schule Köln, Stud. Maschinenbau, Abschluß Maschinenbautechniker, 1971 Nachwuchs-Management-Ausbild. b. Olivetti, 1972 Doz. f. elektromechan. Schalterterminals Olivetti Königstein, 1973 Olivetti Köln, 1973 Außendienstltr. Systeme, 1976 Kundendienstltr. Region Braunschweig, Wolfsburg, Salzgitter, 1980 Serviceltr. Region Hamburg, 1983 Zentrale Olivetti, 1986-90 Ltr. Kundendienst Deutschland Mannesmann-Kienzle, seit 1991 Grdg. d. eigenen Unternehmensberatung CCDS GmbH Bonn, seit 1997 Gen.-Sekr. d. Wirtschaftssenats d. Bundesverb. Mittelständ. Wirtschafts-Unternehmerverb. Deutschlands e.V. P.: versch. Ausgaben "erfolgreich selbst.", eigene Kolumne über Wirtschaftssenatoren, Der Bayer. Steuerzahler (1997). M.: Bundesverb. mittelständ. Wirtschaft, Tennisver. Holzlar. H.: Tennis, Fußball, Badminton, Ballspiele, klassische Musik, Kunst, Malerei.

Frankenbach Dieter *)

von Frankenberg u. Ludwigsdorff Hans *)

Frankenberg Peter Dr. Prof.

B.: Minister. FN.: Ministerium f. Wissenschaft, Forschung u. Kunst. GT.: Vizepräsident f. Forschung d. Hochschulrektorenkonferenz. DA.: 70173 Stuttgart, Königstr. 46. G.: Bad Honnef, 29. Juni 1947. V.: verh. Ki.: 3 Töchter. S.: 1967 Abitur, Stud. Geschichte, Geographie u. Geologie an d. Univ. Bonn, 1972-76 Stud. Botanik, 1976 Prom. z. Dr. rer. nat., 1982 Habil. K.: Ruf z. Prof. f. Physische Geographie an d. Katholischen Univ. Eichstädt, 1986 Berufung auf d. Lehrstuhl f. Physische Geographie u. Länderkunde am Geographischen Inst. d. Univ. Mannheim, Dekan u. Prorektor, 1984 Rektor d. Univ. Mannheim. E.: 1996 Dr. h.c. d. Univ. f. Wirtschaft u. Finanzen St. Petersburg, Honorary Fellowships d. Univ. of Wales, Swansea u. Ehrensenatorwürde d. FH f. Technik u. Gestaltung Mannheim. M.: zahlr. in- u. ausländische Kommissionen z. Hochschulentwicklung, Beiräte, Aufsichtsräte u. Kuratorien. (Re)

von Frankenberg u. Proschlitz Christoph

B.: Kfm. FN.: Christoph v. Frankenberg Immobilien. DA.: 40667 Meerbusch-Büderich, Witzfeldstr. 13. G.: Goldap, 2. Sep. 1936. V.: Gabriele, geb. von Reden-Lütcken. Ki.: Fridolin (1973), Johann Heinrich v. Frankenheim u. Erica. BV.: schles. Geschlecht seit d. 13. Jhdt., Mystiker Abraham v. Frankenheim u. Kardinal Johann Heinrich v. Frankenberg. S.: 1956 Abitur Spickeroog, kfm. Lehre b. d. Norddt. Affinerie. K.: 1/2 J. Irland Aufenthalt, 1960-63 Tätigkeit in Indien (Bombay u. Calcutta), 1964-67 tätig in Frankfurt, 1968-69 Firma Polysius in Beckum, Verkauf v. Zementmaschinen nach Asien (Taiwan), 1970 selbst. im Bereich Immobilien. E.: Ehrenritter d. Johanniter Ordens. M.: Vors. d. Familienverb. derer v. Frankenberg. H.: Familie, Reiten, Segeln, Skifahren.

Frankenberger Jörg Dipl.-Ing.

B.: Architekt. FN.: Arch.-Büro Jörg Frankenberger. DA.: 14195 Berlin, Ihnenstr. 41. G.: Berlin, 12. Juni 1958. El.: Manfred u. Ellen, geb. Koch. S.: 1976 Abitur Berlin-Zehlendorf, 1976-86 Stud. Bau- u. Verkehrswesen TU Berlin, Dipl.-Ing. K.: 1986-89 selbst. Tätigkeit im Arch.-Büro Frankenberger & Lubnow, 1990-94 allein selbst. im Arch.-Büro Manfred Frankenberger, 1993 Villenbau Berlin-Mariendorf, 1994 Eintragung in d. Architektenliste d. Brandenburg. Architektenkam., seit 1994 selbst. Führung d.

Arch.-Büros, 1994 Kupferkuppel Kurfürstendamm Berlin, seit 1994 benannter Bausachv. d. IDUNA/NOVA Gruppe, 1997 Alva-Aalto-Bau Berlin-Klopstockstraße, seit 1997 benannter Gutachter d. Vertrauens d. Dt. Ring Bausparkasse AG, 1999 Instandsetzung eines Geschäftshauses Otto-Suhr-Allee Berlin-Charlottenburg. H.: Sport (Wasserski, Paraglider, Segeln).

Frankenberger Rudolf Dr.

B.: ltd. Bibl.Dir. a.D. FN.: Univ.Bibl. PA.: 86391 Leitershofen, Hubertusstr. 18b. G.: Stammbach, 12. Dez. 1932. V.: Luise. Ki.: Dorit, Ute, Sabine. K.: 1970-98 Ltr. d. Univ.Bibl.

Frankenfeld Peter Dr. rer. pol. Prof.

B.: Prof. u. Ltr. d. Inst. FN.: HS Bremen. DA.: 28201 Bremen, Valckenburghstr. 3. G.: Paderborn, 29. Aug. 1954. V.: Lioba, geb. Ferger. Ki.: Daniel (1985), Annika (1991). El.: Karl-Heinz u. Franziska, geb. Koch. S.: 1975 Abitur Paderborn, 1976-77 Zivildienst, 1977 Stud. Wirtschaftswiss., VWL u. Politikwiss. Univ. Marburg, 1982 Dipl.-Vw., 1984 Dipl.-Politologe, 1990 Prom. z. Dr. rer. pol. K.: 1985-90 wiss, Mitarb. an d. FU Berlin, 1990-93 Wirtschaftsmin. NRW, 1993 verantwortl. f. Regionalpolitik im Land Bremen b. Senator f. Wirtschaft, Mittelstand, Technologie u. Europaangelegenheiten, 1993-98 wiss. Mitarb. b. regionalwiss. Inst. Bremer Ausschh. f. Wirtschaftsforsch. (BAW), Ltr. d. Forsch.-Bereichs Regionalpolitik, 1995-98 Ltr. d. BAW, seit 1998 Ltr. d. Inst. f. Europ. Regionalökonomie (IER), seit 1999 Prof. f. VWL u. Regionalökonomie HS Bremen. P.: zahlr. Publ., Diss.: Grundrisse einer Wirtschaftstheorie v. intern. Organ. (1991), Fachaufsätze, Was ist heute eine angemessene Wirtschaftspolitik für

*) Biographie www.whoiswho-verlag.ch oder beigefügte CD-ROM

Frankenhauser Franz Dipl.-Ing.

B.: Architekt. DA.: 88212 Ravensburg, Flappachstr. 10. franz@frankenhauser-architekten.de. G.: Ravensburg, 17. Sep. 1957. Ki.: Nina (1980), Jan (1988), Larissa (1991). El.: Paul u. Franz. BV.: Margarethe Frankenhauser Freifrau zu Gladbach-Franken. S.: 1978 Abitur Wilmersdorf, 1980-88 Arch.-Stud. TU Stuttgart, 1982-83 Zimmermannslehre, 1988 Dipl. K.: 1988-92 Projektpartnerschaft m. Max Walter Schraube, 1992-93 Arch.-Büro Kösler Ulm, 1993-94 Arch.-Büro Burkhardt Überlingen, seit 1994 eigenes Büro in Ravensburg, 1994-99 Ausz. f. beispielhaftes Bauen. M.: Wirtschaftsforum Ravensburg, Kunstver. Raum f. Kunst Ravensburg e.V. H.: Tennis, Schlittschuhlaufen, Wandern, Motorradfahren.

Frankenhauser Herbert
B.: Ind.-Kfm., MdB. FN.: Dt. Bundestag. DA.: 11011 Berlin, Platz d. Republik 1. G.: München, 23. Juli 1945. V.: verh. Ki.: 1 Kind. K.: Ind.-Kfm., Sonderbeauftragter d. Mercedes-Benz AG Ndlg. München, seit 1965 Mtgl. CSU, Mtgl. WirtschaftsbeiR. d. Union, seit 1973 StadtR. München, seit 1982 stellv. Fraktionsvors. CSU-Stadtratsfraktion, s. 1990 MdB. (Re)

Frankenstein Karlheinz *)

Frankowiak Heike Dipl.-Ing. *)

Frankowsky Werner *)

Franksen Inez *)

Franßen Everhardt Dr.
B.: Präs. FN.: Bundesverwaltungsgericht. DA.: 10623 Berlin, Hardenbergstr. 31. www.bverwg.de. G.: 1. Okt. 1937. K.: seit 1991 Präs. d. Bundesverwaltungsgerichts. (Re)

Fransson Per-Bertil *)

Franta-Piechaczek Heike
B.: Steuerberaterin. DA.: 67663 Kaiserslautern, Im Kuckucksschlag 6. info@steuerbuero-franta.de. G.: Kaiserslautern, 5. Dez. 1967. V.: Jürgen Piechaczek. Ki.: Sarina (1994), Larissa (1994). El.: Gerhard u. Doris Franta, geb. Klaus. S.: 1987 Abitur, 1987-93 Stud. BWL Univ. Trier m. Dipl.-Abschluß, 1997-99 Qualifizierung Steuerberaterin. K.: 1993 Ang. im Steuerbüro Franta in Kaiserslautern, seit 1999 ang. Steuerberaterin. M.: Steuerberaterkam. Rheinland-Pfalz. H.: Sport, Lesen, Schwimmen.

Frantz Justus
B.: Dirigent. FN.: Presto Konzertpromotion GmbH. DA.: 48653 Coesfeld, Davidstraße 15. S.: Stud. Klavier u. Dirigieren in Hamburg. K.: 1970 konzertierte er erstmals m. d. Berliner Philharmonikern unter Herbert v. Karajan u. errang intern. Erfolge auf einer Tournee m. Mozart-Konzerten, 1975 Debut m. 6 Konzerten d. New York Philharmonic Orchestra in d. USA, 1986 Grdg. Schleswig-Holstein Musik Festival, 9 J. dessen Ltr., 1995 Grdg. Philharmonie d. Nationen, Chefdirigent d. Philharmonia Hungarica, dirigiert regelmäßig d. St. Petersburger Mariinski-Ensemble, d. Royal Philharmonic Orchestra, d. Sinfonia Varsovia, d. MDR-Sinfonieorchester u. d. Russian National Orchestra. E.: 1967 Preisträger b. Intern. Musikwettbewerb d. Rundfunkanstalten (ARD) in München. (Re)

Frantzen Christopher Dr.
B.: RA u. Notar. FN.: Frantzen & Wehle Rechtsanwälte & Notare. DA.: 10789 Berlin, Rankestr. 26. G.: Krefeld, 19. Juli 1959. V.: Viola, geb. Cludius. Ki.: Desirée (1991), Leonie (1993), Cecily (1995). El.: Günter u. Ingeborg, geb. von Essen. S.: 1979 Abitur, 1979-81 Bundeswehr - Res.-Offz., 1981-86 Stud. Jura Univ. Bonn, 1983 Stud. Franz Sorbonne Paris, 1987-88 Prom. Bonn u. Berlin. K.: 1988-91 Referendariat in Berlin, 1991-92 Ref. im Direktorat Recht d. Treuhandanst. Berlin u. Zulassung z. RA, seit 2000 Zulassung als Notar. P.: zahlr. Aufsätze u. Urteilsanmerkungen z. Recht in d. Neuen Bdl. u.a.m., "Grundstücksübertragungen in d. Neuen Bdl.". E.: 1992 Preis d. Heinz Assmann-Stiftung. M.: Dt.-Israel. Juristenvereinig. e.V., Cosps Palatia Bonn, Mtgl. d. Vorst. d. Carl-Hans Graf von Hardenberg-Stiftung.

Frantzen Gabriele *)

Frantzen Günther *)

Frantzen Hanno *)

Frantzen Roswita

B.: Gschf. FN.: Lederland Mode R. + G. Frantzen. DA.: 82140 Olching, Hauptstr. 6. G.: Stolberg, 22. Jän. 1943. V.: Werner Frantzen. Ki.: Gabriele. El.: Matthias u. Agnes Schlenter, geb. Bauer. S.: Lehre Damenschneiderin Aachen. K.: selbst. m. Schwerpunkt Leder, eigene Designs, Anfertigung v. Einzelstücken u. Modellen, 1987 Eröff. d. Geschäftes in Olching gemeinsam mit der Tochter m. Schwerpunkt Designerkleidung u. Designerschuhe. P.: Art. in "ELLE", Erwähnung im Design Guide München, 2 x Jährl. Modeevents u. Modeschauen. H.: Skifahren, Golf.

Franz Achim *)

Franz Anja-Maria Dr. iur.
B.: RA. FN.: Rechtsanwälte u. Notare Holthoff-Pförtner. DA.: 45130 Essen, Zweigertstr. 21. essen@holthoff-pfoertner.de. www.holthoff-pfoertner.de. G.: Hall/Tirol, Österreich, 12. Juni 1968. V.: Dr. Dr. Eric-Peter Franz. Ki.: Emil (2000). S.: 1987 Abitur Dortmund, 1987-92 Stud. Rechtswiss. an d. Westfäl. Wilhelms-Univ. Münster, 1. Staatsexamen, 1993-95 Referendariat am LG in Dortmund, 2. Staatsexamen, 1995-96 Prom. z. Dr. iur. K.: 1997 Eintritt in d. Kzl. Holthoff-Pförtner in Essen. M.: Politisches Forum Ruhr e.V., Verein z. Förderung v. Kultur u. Justiz e.V., Verein z. Förderung v. Kultur u. Denkmalpflege e.V., ETUF e.V. Essen, Tennisriege. H.: Tennis, Aerobic, Tanzen.

Franz Arthur Dipl.-Ing. *)

Franz Axel *)

Franz Christoph Dr.
B.: Vorst.-Mtgl. FN.: Dt. Bahn AG. DA.: 60326 Frankfurt/Main, Stephensonstr. 1. G.: Frankfurt/Main, 2. Mai 1960. Ki.: 5 Kinder. S.: Stud. Wirtschaftsing.-Wesen Darmstadt, Lyon u. Berkeley. K.: 1990-94 tätig bei d. Dt. Lufthansa AG, seit 1994 bei d. Dt. Bahn AG als kfm. Regionalltr. f. Fernverkehr, 1995 kfm. Mtgl. d.

*) Biographie www.whoiswho-verlag.ch oder beigefügte CD-ROM

Geschäftsltg. f. Fernverkehr in d. DB-Zentrale, 1997-99 Ltr. d. Konzernentwicklung d. Dt. Bahn AG, seit 2000 Ltr. d. Bereichs Personenverkehr u. glz. Ltr. d. Personalunion u. Vorst.-Vors. d. Ges. DB Regio AG u. DB Reise & Touristik AG, seit 1999 Vorst.-Vors. d. DB Reise & Touristik AG u. d. Dt. Bahn.

Franz Dirk *)

Franz Eckhart G. Dr. phil. Prof.
B.: Ltd. Archivdirektor. a.D. FN.: Großherzogl. Hess. Familienarchiv Darmstadt. DA.: 64289 Darmstadt, Karolinenplatz 3. PA.: 64297 Darmstadt, Ostpreußenstr. 47. G.: Marburg, 24. Dez. 1931. V.: Birgit, geb. Will. Ki.: Burkhart, Karen Annette. El.: Prof. Dr. Günther u. Annelise. S.: Univ.Stud. Heidelberg, Lewis and Clark College Portland, Freiburg, Köln 1951-56, 1957-59 Archivschule Marburg/Inst. f. Archivwiss., 1962 Stage technique intern. des Archives Paris. K.: 1956 wiss. Mitarb. BMin. f. Vertriebene, 1957-71 Hess. Staatsarchiv Marburg, 1971-96 Dir. Hess. Staatsarchiv Darmstadt, 1963-93 Doz. d. Archivschule Marburg/Inst. f. Archivwiss., seit 1973 Hon.Prof. TH Darmstadt. P.: Das Amerikabild der deutschen Revolution von 1848/49 (1958), Kloster Haina. Regesten und Urkunden (1962-98), Einführung in die Archivkunde (1974/1999), Darmstadts Geschichte (1980), Juden als Darmstädter Bürger (1984), In der Gemeinschaft der Völker. Dokumente aus deutschen Archiven (1984), Hist. Rückblenden. Darmstädter Festvorträge 1977-88 (1989), Die Chronik Hessens (1991), Verfassungen in Hessen 1807-1946 (1998), Revolution, Krieg und Streik. ... Der Maler und Karikaturist Leo von Elliot (2000). E.: Officier des Arts et Lettres, BVK 1 Kl. M.: Vors. Hessische Historische Kommission.

Franz Elvira *)

Franz Enrico

B.: Inh., Gschf. FN.: AREA 2 Interaktive Lösungen GmbH & Co KG. DA.: 22767 Hamburg, Altonaer Poststr. 13a. enrico.franz@area2.de. www.area2.de. G.: Bremerhaven, 13. April 1966. El.: Gerhard u. Evelyn. S.: 1985 Abitur Lübeck, 1985-93 Stud. VWL an d. Univ. Hamburg, Abschluss: Dipl.-Vw., 1987-89 Grundwehrdienst. K.: 1989-90 Teilzeittätigkeit b. AT Anzeigenmagazin d. Axel Springer Verlages, 1990-91 Druckerei dielei druck GmbH, 1991-93 selbst. Mehrfachagent f. Vers., 1993-94 freie Mitarb. b. d. Firma mm Verlag GmbH & Co KG in Hamburg, seit 1994 Ang. b. d. Firma mm Verlag GmbH & Co KG in Hamburg, seit 1994 Abt.-Ltr. - Computer Based Training b. d. Firma mm Verlag, seit 1997 zusätzl. freiberufl. Berater im Bereich Neue Medien, Gutachter f. Multimediaprojekte im Medienexpertenpool v. IHK d. Hansestadt Hamburg. H.: Motorrad (Honda), Kajak, Alster- u. Wandertouren, USA, Angeln, Golf, Fitness.

Franz Friedrich-Carl *)
Franz Gerhard Dipl.-Ing. *)
Franz Gisela *)
Franz Gunther Dr. Prof. *)
Franz Hanna Elisabeth *)

Franz Heiko Dr. med. Priv.-Doz. *)
Franz Helmut Jakob Dr. med. *)
Franz Helmut F. Dipl.-Ing. Dipl.-Wirtschaftsing. *)

Franz Jürgen Dr. jur.

B.: Gschf. FN.: Dr. Franz Treuhand GmbH. DA.: 82061 Neuried, Am Jägerstern 4. G.: Köln, 23. Juni 1946. V.: Monika Liesendahl. El.: Peter u. Gerda, geb. Bolz. S.: 1966 Abitur, 1966 Stud. Jura, 1982 Prom. K.: während d. Stud. erfolgreich tätig im Vers.-Bereich, 1982-93 Geschäftsstellenltr. d. Nürnberger Vers., Vertriebsdir. mit Aufbau d. Maklervetriebs u. Grdg. v. Filialdirektionen in d. BRD d. Aachen-Münchner Vers., 1994 Grdg. d. Firma Dr. Franz Treuhand GmbH mit Schwerpunkt priv.-ärztl. Abrechnungsges. f. Klinikärzte, Klageverfahren zur Abklärung v. Leistungskürzungen. H.: Sport, Tennis, Motorbootfahren, Schach, Radfahren.

Franz Jürgen Dr. *)
Franz Karin *)
Franz Lothar

B.: Steinmetzmeister, Inh. FN.: Lothar Franz Steinmetzmeister. DA.: 04299 Leipzig, Albrechtshainer Str. 3a. PA.: 04288 Leipzig, Geranienweg 12a. G.: Leipzig, 14. Juli 1938. V.: Christa, geb. Fischer. Ki.: Sabine (1960), Dietmar (1963), Christine (1966). El.: Gerhart u. Edith. S.: Steinmetzlehre. K.: Geselle b. Egit Engel Leipzig, Geselle b. Firma Przibilla Leipzig, seit 1968 Übernahme u. Inh. d. o.g. Firma f. hochwertige Steinmetzarb., Restaurierungen, Grabmale, Friedhofsarb., Keramikarb., Baugebundene Kunst, Anfertigung v. Kopien u. Restaurierungen, Kursächsischer Postmeilensäulen. M.: Vorst.-Mtgl. Steinmetz- u. Steinbildhauerinnung. H.: Turniertanz.

Franz Ludwig
B.: Studienassessor f. Sport u. Biologie, Gschf. FN.: LAC Quelle, LA OLA. DA.: 90449 Nürnberg, Südwestpark 48. PA.: 91452 Wilhermsdorf, Hohenholestr. 4. la-ola@t-online.de. G.: Mammersreuth, 26. Juli 1953. V.: Heike, geb. Lehmann. Ki.: Fabian (1997). El.: Willibald u. Olga. S.: 1974-81 Stud. Sport u. Biologie an d. Friedrich-Alexander-Univ. in Erlangen, Referendariat f. Sport u. Biologie d. Lehramtes f. Gymn., 1. Staatsexamen, 1982-84 2. Staatsexamen. K.: 1948-91 Cheftrainer f. LAC Quelle, seit 1996 Aufbau u. Grdg. d. La Ola Sportvermarktung. E.: 1972-77 14 Länderkämpfe f. Deutschland, 1971 Dt. Jugendmeister im Dreisprung, 1972 Dt. Junioren Meister im Dreisprung, 1974 Dt. Junioren Meister im Dreisprung, persönl. Bestleistung 16,44m im Dreisprung. M.: ab 1999 Präs. v. German Meetings e.V. H.: Leichtathletik, Sport, Musik.

*) Biographie www.whoiswho-verlag.ch oder beigefügte CD-ROM

Franz Michael Dipl.-Informatiker

Franz Michael

B.: Gschf. FN.: ISPro GmbH. DA.: 45527 Hattingen, Werksstr. 15. G.: Göttingen, 1. Dez. 1968. V.: Dr. Bettina Jenke. El.: Hans-Jürgen u. Siegried, geb. Gödecke. S.: 1988 Abitur, 1988-89 Bundeswehr, 1989-94 Stud. Med. Informatik. K.: 1994-95 Bremer Vulkan/ADS, 1995-98 SMS-Dataplan in Essen, s. 1998 selbst. m. Schwerpunkt Marketing, Finanz, Vertrieb u. Softwareentwicklung. F.: BAIS-ISPro. M.: BVMI, FDP, FC Schalke 04. H.: Sport, Reisen.

Franz Michael

B.: Apotheker, Inh. FN.: Apotheke am Lindenplatz - Intern. Apotheke Lübeck. DA.: 23558 Lübeck, Moislinger Allee 2 c. G.: Lübeck, 22. Mai 1932. V.: Christine, geb. Schmidt. Ki.: Eiko (1963), Anja (1968). El.: Dr. Karl u. Ilse. BV.: Arthur Franz - 1907 Käufer d. Apotheke. S.: 1954 Abitur, 1954/56 Praktikum Pharmazierat Otzen Schleswig, 1956-61 Stud. Pharmazie Braunschweig. K.: 1963 Approb., 1963 Wittekind Apotheke Hameln, 1969 Übernahme d. väterl. Apotheke, 1993 Fachapotheker f. Offizinpharmazie. E.: Gold. Motorsportabz. m. Brillanten d. Dt. Motosportverb., Erfolge im Tourenwagenrennsport. M.: 1978-98 Kreisapotheker d. Kreises Lübeck, seit 1980 Apothekerkam. u. 1988-92 im Kam.-Vorst., seit 1984 Kiwanis Hanse u. 1996 Präs. H.: 25 J. aktiv Motorsport, Reisen, Tauchen, Sammeln v. Apothekenantiquitäten, Reden in Versform, Schi, Motorräder.

Franz Nadja

B.: Dipl. Designerin, Inh. FN.: fraufranz konzept & dezign. DA.: 24159 Kiel, Kanalstr. 42. nadja@fraufranz.de. www.fraufranz.de. G.: Braunschweig, 23. Juni 1970. El.: Jürgen Franz u. Lieselotte Hofer. BV.: Anna Hofer - Inh. einer Wäscherei in Braunschweig. S.: 1989 Abitur. K.: Nebentätigkeiten seit 1987 im Service, bei d. Dt. Bundespost, als Taxifahrerin, im Kino u. d. Zentralbibliothek d. Muthesius Hochschule, Praktika 1989 Bauunternehmung Bauwesen u. Domicil, Werkstatt f. kreativen Innenausbau, 1990-91 Stud. Arch. an d. FHS f. Bauwesen in Eckernförde, 1994-2000 Stud. Kommunikationsdesign an d. Muthesius-HS in Kiel, 2000 Abschluss Dipl. Kommunikationsdesignerin (FH), freiberufl. tätig als Fotografin seit 1995, als Screendesignerin seit 1997, seit 2000 selbst. als fraufranz konzept & dezign mit Schwerpunkt Designkonzeption u. Screendesign, frei: Fotoausstellung über Landschaftsfotografie, Fotoessays im Internet, Projekte: 1996 erstes Onlineprojekt "Just another morning - there and back", 2000 Künstlerin d. Monats auf www.metropolis.de, 2000 Launch d. Online Magazins "THE_TIMEBROKER". H.: Fotografie, Lesen, Schreiben, Kino, Fitness, Ircen.

Franz Otmar Dr. rer. pol. Dipl.-Kfm.

B.: Vors. d. Vorst. FN.: RKW-Rationalisierungs- u. Innovationszentrum d. Dt. Wirtschaft e.V. DA.: 45479 Mülheim an der Ruhr, Duisburger Str. 59 a. PA.: 45479 Mülheim, Werntgenshof 31. G.: Marburg, 6. Jän. 1935. V.: Maren, geb. Passow. Ki.: 3 Kinder. S.: Abitur, kfm. Lehre, Stud. Rechts- u. Wirtschaftswiss. Marburg, Frankf., 1960 Dipl.-Kfm., 1964 Prom. in Frankf. K.: 1966 Dir., 1968 Gschf., 1976-1990 Vors. d. GF d. Klöckner-Industrie-Anlagen GmbH Duisburg, u. Vorst.-Mtgl. d. Klöckner & Co AG Duisburg, 1991-96 Vors. d. Vorst. d. STRABAG AG, Vors. d. Kuratoriums d. Jakob-Kaiser-Stiftung, Königswinter, Chairman EPIC, Brüssel, Vors. d. Vorst. d. GUG, Frankfurt, stellv. Vors. d. VR d. IPV Varel. P.: Bedingungen f. d. Entwickl. ind. Unternehmungen in Ägypten (1965), Was weiter wirkt ? (1971), Die Zukunft d. BRD (1975), Vom Sinn d. Geschichte (1976), Am Wendepunkt d. europ. Geschichte (1981), Europas Mitte (1987), Europ. Währung - eine Utopie ? (1988), European Currency in the Making (1989), Das Ruhrgebiet - Kulturlandschaft in Europa (1990), Europ. Zentralbank (1991), Europa u. Rußland - Das Europ. Haus ? (1993), Maßnahmen zur Verminderung d. Arbeitslosigkeit (1998), Generationenvertrag in der Wissengesellschaft (2001).

Franz Peter Dr. med. *)

Franz Rainer R.

B.: Gschf. Ges. FN.: RMC Franz GmbH. DA.: 80639 München, Südliche Auffahrtsallee 29. PA.: 82166 Gräfelfing, Zugspitzstr. 6. Franz@franz-iim.com. G.: Reutlingen, 9. Juli 1955. V.: Carola, geb. Stoltz. Ki.: Conrad (1991). El.: Richard u. Rosemarie. S.: 1975 Abitur Berlin, 1976-80 Jurastud. FU Berlin, 1980-82 Jurastud. Hamburg, 1982 1. Jur. Staatsexamen, 1982-85 Referendariat OLG Berlin, 1985 2. Jur. Staatsexamen. K.: 1977-85 während des Stud. Ausbild. u. Tätigkeit im betriebswirtschaftl. Bereich in versch. asiat. Metropolen d. Schweizer Hdls.-Haus Liebermann & Waelchli, Grdg. 2 eigener Firmen, Vertrieb v. Consumer Products, 1985-88 ALLIANZ Stuttgart u. München, Ausbild. u. Tätigkeit in Industrie - Versicherungsbereich., 1988-96 WACKER Chemie GmbH, Gschf. einer Tochterges. WACKER Chemie Vers.-Vermittlungs GmbH, 1996 selbst., Grdg. d. Franz Intern. Insurance Management GmbH, 1997 Grdg. v. RMC Franz GmbH Risk Management Consulting, Kooperationen m. Firmen in China, USA u. Bermuda, 2001 Grdg. einer Rückvers.- Maklers in Hamilton/Bermuda. M.: 1994-96 Vorst.-Mtgl. d. Dt. Vers.-Schutzverb. DVS Bonn. H.: Sport, Tennis, Golf, Skifahren, klass. Musik, Malerei (Impressionismus, Kubismus).

Franz Roland *)

Franz Stefan *)

Franz Steffen *)

Franz Thomas Johannes Dipl.-Kfm.

B.: Gschf. Ges. FN.: Franz & Krömmelbein Immobilien GmbH. DA.: 63456 Hanau-Steinheim, Darmstädter Str. 37. PA.: 63456 Hanau, Isarweg 17. franzimmo@aol.com. www.fk-immo.de. G.: Steinheim, 2. Nov. 1955. V.: Constanze Baumecker. El.: Dipl.-

*) Biographie www.whoiswho-verlag.ch oder beigefügte CD-ROM

Kfm. Hans u. Eleonore. S.: 1975 Abitur Hanau, 1975-76 Bundeswehr, 1976-88 Stud. Bw. Johann-Wolfgang-Goethe-Univ. Frankfurt, 1988 Examen Dipl.-Kfm. K.: 1978/79 Praktika b. OfB-Bauvermittlungs u. Gewerbebau GmbH Frankfurt, LBS Immobilien GmbH Frankfurt, 1979 Grdg. d. Franz & Krömmelbein Immobilien GbR Hanau, b. 1989 Ges. u. Mitarbeiter neben d. Stud., seit 1990 Umfirmierung in Franz & Krömmelbein Immobilien GmbH Hanau. BL.: DJK Eintracht Steinheim: Vorst.-Mtgl., Abteilungsleiter Fußball, Jugendleiter, Carneval-Club Schwarz-Weiß Steinheim e.V.: Vorst., seit 1998 Vors. P.: Berichte u. Stellungnahmen in d. örtl. Presse u. in Immobilienführern. M.: Verband Dt. Makler, Carneval-Club Schwarz-Weiß. H.: Klavierspielen, Konzertbesuche, Laienschauspiel, Lesen, Reisen, Sport.

Franz Walter Dr. phil. habil. Dr. rer. nat. h.c. *)

Franz Wilhelm-Christian *)

Franz Wolfgang Dr. rer. pol. Prof.
B.: Direktor. FN.: Zentrum f. Europ. Wirtschaftsforsch. GmbH. DA.: 68161 Mannheim, L 7, 1. PA.: 68199 Mannheim, Tannhäuser Ring 39. G.: Nassau/Lahn, 7. Jan. 1944. El.: Ing. Gotthard u. Ute, geb. Wiese. S.: 1964 Abitur, 1964-66 Militärzeit, 1966-70 Stud. VWL Univ. Mannheim, 1974 Prom. u. Dr. rer. pol., 1981 Habil. K.: 1970-78 wiss. Mitarb. am Lehrstuhl f. VWL u. Ökonometrie II d. Univ. Mannheim, Auslandsaufenthalts, 1983 C2-Prof. Univ. Mannheim, 1984 C3-Prof. Univ. Mainz, 1984 C4-Prof. Univ. Stuttgart, 1989 C4-Prof. Univ. Konstanz, 1997 C4-Prof. Univ. Mannheim, seit 1997 wiss. Dir. d. Zentrums f. Europ. Wirtschaftsforsch. (ZEW) Mannheim. BL.: Einer d. fünf Weisen d. BRD. P.: Youth Unemployment, Theory, Empirical Results, and Policy Implications (1982), Arbeitsmarktökonomik (1991), Structural Unemployment (1992), Der Arbeitsmarkt. Eine ökonom. Analyse (1993), Theoret. Ansätze z. Erklärung d. Arbeitslosigkeit: Wo stehen wir 1995? (1996). E.: 1995 Landeslehrpreis d. Landes Baden-Württemberg f. d. Univ. Konstanz. M.: seit 1994 Mtgl. d. SachvR. z. Begutachtung d. gesamtwirtschaftl. Entwicklung, Wiss. Beirat d. Bundesmin. f. Wirtschaft, CEPR London, Rotary Club. H.: Sport (Laufen, Tennis), Lesen (Belletristik), Wandern.

Franz-Grisko Ute Dipl.-Psych. *)

Franz-Osterwald Gisela
B.: Kunstmalerin. DA.: 80805 München, Osterwaldstr. 103. G.: Enger/Westfalen, 19. Dez. 1916. V.: Dr. Günther Franz. Ki.: Dr. Rüdiger (1941), Tilo (1944), Berthold (1945). El.: Karl u. Käthe Osterwald, geb. Münter. BV.: Tante Gabriele Münter war Malerin. S.: Abitur, Stud. Kunst u.- Plakatmalerei Lette-Haus Berlin, Stud. Kunstak. Stuttgart. K.: tätig als freischaff. Künstlerin u. Portraitmalerin in München. P.: Ausstellungen im In- u. Ausland, Veröff. in Bildbänden u. Kunstkatalogen. E.: Ehrungen auf div. Ausstellungen. H.: Schriftstellern, Buchillustrationen, Pflanzenzucht.

Franze Jörg Dr. med. OMedR. *)

Franze Klaus-Dieter Dr.
B.: Gschf. Ges. FN.: FVK Faserverstärkte Kunststoffe GmbH Dessau. DA.: 06844 Dessau, Am Waggonbau 3. PA.: 06844 Dessau, Medicusstr. 15. G.: Dessau, 4. Aug. 1943. V.: Sabine, geb. Stumpe. Ki.: Andreas (1970), Kristian (1976), Stefan (1977). El.: Karl u. Martha, geb. Schulze. S.: 1963 Abitur u. Schlosserlehre im Waggonbau Dessau, 1963-68 Stud. an d. MLU Halle-Wittenberg u. Abschluss als Dipl.-Chemiker, 1970 Prom. z. Dr. rer. nat. K.: 1970-76 Ltr. d. Gruppe Produktenpflege in d. Chem. Werken Buna, 1976 Wechsel z. Waggonbau Dessau z. Abt. Forschung u. Entwicklung, ab 1981 Hauptabteilungsleiter Fertigung, 1992 Grdg. d. FVK GmbH mit 18 Mitarbeitern aus d. ehemaligen Waggonbau, Herstellung. v. Flugzeugteilen f. Firma Ruschmeyer in Melle, Zertifikat als Herstellungsbetrieb f. Luftfahrtgerät v.

Luftfahrtbundesamt Braunschweig, seit 1994 Herstellung v. Dachgaupen u. Balkonverkleidungen aus GFK f. Bauwesen, seit 2001 Dachgaupen auch in Holzmodellbauweise verblecht m. Titanzink, Kupfer oder Alu eloxiert, Schienenfahrzeugbau, Caravanbau, Rotorblätter f. Windkraftanlagen u. Herstellung v. Kunstobjekten f. Ausstellungen. M.: Vollversammlung d. IHK Halle-Dessau Bereich Industrie. H.: Basteln, Sportgruppe.

Franze Louise
B.: Herstellerin v. Naturkosmetik. FN.: Calendula Cosmetic. DA.: 30175 Hannover, Volgersweg 54. G.: Thüringen, 14. Apr. 1951. V.: Klaus Franze. Ki.: Martin. BV.: Heinrich Ernemann Entwickler Fotoapparat. S.: 1967 Mittlere Reife Hannover, 1967-70 Ausbild. z. Ind.-Kauffrau in Hannover. K.: 1971-71 Ind.-Kauffrau in Hannover, 1971-78 Sekr. u. Ind.-Kauffrau, 1978-82 Babypause, 1982 Abitur, 1982-84 Stud. Germanistik Univ. Hannover. K.: 1984 Grdg. d. Firma Calendula Cosmetic, Schwerpunkte: Herstellen v. Naturkosmetik u. Schönheitsbehandlungen unter Anwendung d. Naturkosmetik. H.: Lesen, Firma.

Franze-Hofen Silke Dipl.-Bw.
B.: Gschf. FN.: Hauptvertetung AXA Colonia Vers. AG. DA.: 69118 Heidelberg, Peterstaler Str. 158. silke.franze@web.de. G.: Mannheim, 5. Apr. 1975. V.: Dipl.-Bw. Andreas Hofen. El.: Klaus u. Ursula Franze, geb. Hufnagel. S.: 1994 Abitur, 1994-97 Stud. Bw. Berufsak. Mannheim. K.: 1997-99 Gschf. d. Nordstern Agentur Helmut Büchler, 1999 Übernahme d. Agentur d. Nordstern Colonia Hauptagentur als d. jüngsten Agenturltr. d. AXA Colonia in Deutschland. E.: Süddt. Vizemeisterin im Handball,

Bad. Meisterin d. A-Jugend in d. SG Leutershausen, div. berufl. Ausz. M.: Bundesverb. Dt. Vers.-Kaufleute, SC Käfertal. H.: Handball.

Fränzel Verena *)

Franzen Carl-Christian *)

Franzen Georg Dr. phil. *)

Franzen Hans-Josef *)

Franzen Ingrid
B.: Min. f. ländl. Räume, Landesplanung, Ldw. u. Tourismus. DA.: 24105 Kiel, Düsterbrooker Weg 104. ingrid.franzen@mir.landsh.de. www.schleswig-holstein.de. G.: Lundshof, 25. Juni 1947. Ki.: 1 Tochter. S.: 1966 Abitur Flensburg, Ausbild. Rechtspflegerin. K.: b. 1992 Ang. b. Amtsgericht in Flensburg, 1972 Eintritt in d. SPD u. b. 1975 aktiv in versch. Parteigremien, ab 1982 Mtgl. d. Ratsversammlung Flensburg, ab 1986 Mtgl. d. Magistrats spez. f. Stadtentwicklung, Umwelt, Frauen u. Stadt-

*) Biographie www.whoiswho-verlag.ch oder beigefügte CD-ROM

werke, 1991-95 Landesschatzmeister u. Mtgl. d. gschf. Landesvorst. d. SPD, seit 1992 LAbg. f. d. Wahlkreis Flensburg-West, seit 1996 stellv. Vors. d. SPD-Landtagsfraktion. (Re)

Franzen Regina
B.: Haus- u. Hypothekenmaklerin, Gschf. Ges. FN.: Carl C. Franzen GmbH & Co. DA.: 20095 Hamburg, Mönckebergstr. 10. G.: Hamburg, 23. Apr. 1931. El.: Carl C. u. Margarethe, geb. Lamersdorf. S.: 1952 Abitur. K.: seit 1953 in väterl. Firma Carl C. Franzen, 1958-70 Prok., seit 1972 Ges., seit 1973 Gschf.; Ges. Carl C. Franzen Intern. Consultants Ltd. Toronto, Gschf. Ges. Hansestädtische Baufinanzierung GmbH u. HHGV Hanseatische Haus- u. Grundstücksverwaltung GmbH. BL.: Grundstückssachv., seit 1992 Handelsrichterin LG Hamburg. M.: Vorst.-Mtgl. Ring Dt. Makler. H.: Jagd, Literatur, Reisen. (K.H.)

Franzen Sönke *)

Franzen Wolfgang *)

Franziskus Eduard *)

Franziskus Harald *)

Franzius Volker Dr. Prof.

B.: Abteilungsleiter Boden, Dir. u. Prof. FN.: Umweltbundesamt. DA.: 14193 Berlin, Bismarckpl. 1. volker.franzius@uba.de. G.: Badgastein/Österreich, 23. Sept. 1942. V.: Maria Theresia, geb. Siebertz. Ki.: Christine (1973), Stephanie (1975). El.: Karl (Architekt) u. Irmgard, geb. Pröll. BV.: Großvater Prof. Dr.-Ing. Otto Franzius, Wasserbauprofessor an d. TH Hannover, Gründer d. Franzius-Inst. d. Univ. Hannover. S.: 1963 Abitur in Bremerhaven, 1963-65 Bundeswehr, 1965-71 Stud. Bauingenieur an d. TH Hannover, Dipl.-Ing. f. Wasserbau, 1971-78 wiss. Ass. an d. TH Darmstadt, Inst. f. Wasserbau, 1978 Prom. z. Dr.-Ing. K.: seit 1978 wiss. Mitarbeiter am Umweltbundesamt Berlin, 1987 Ltr. d. Fachgebietes Lagerung u. Transport wassergefährdender Stoffe u. Sanierung v. kontaminierten Standorten, 1991 Ltr. d. Fachgebietes Altlasten, 1994 Ltr. d. Abt. Boden. BL.: Mitwirkung am Bundes-Bodenschutzgesetz u. d. untergesetzlichen Regelwerk (1999) u. am Sondervorhaben z. Ermittlung d. Umweltsituation u. Sanierung v. Großprojekten im Zusammenhang m. d. dt. Einheit. P.: Mitherausgeber u. Autor v. "Handbuch d. Altlastensanierung", Mitherausgeber d. jährlich erscheinenden Schriftenreihe "Sanierung kontaminierter Standorte u. Bodenschutz", mehr als 100 Veröff. in Fachzeitschriften u. ebensoviele Vorträge v. nat. u. intern. Gremien. M.: Gründungsmtgl. u. 2. Vors. d. Ingenieur-Technischen Verbandes Altlasten e.V. (ITVA), Vorst.-Mtgl. d. BVBA Bundesvereinigung Boden u. Altlasten, BVB Bundesverband Boden. H.: Sport (Schwimmen, Bergwandern), mod. Malerei.

Franzke Andreas Dr. Prof.
B.: Rektor. FN.. Staatl. Akad. d. Bild. Künste. DA.: Karlsruhe, Reinhold-Frank-Str. 67. PA.: Karlsruhe, Am Rüppurrer Schloß 3a. G.: Breslau, 27. Sep. 1938. V.: Dr. Irmela. S.: 1961 Abitur, Stud. Univ. Heidelberg, Würzburg u. Marburg, 1969 Prom. K.: Lehrstuhl f. Kunstgeschichte, Rektor u. Betreuer d. Staatl. Akad. d. Bild. Künste. P.: Hrsg. vieler Veröff., Monographien u.a. zum Werk v. Jean Dubuffet, Antono Tápies, Georg Baselitz, Christian Boltanski, Max Beckmann. M.: Dt.-Franz. KulturR.

Franzke Hans-Hermann Dr.-Ing.
B.: o.Prof. FN.: TU Berlin. PA.: 14167 Berlin, Hochbaumstr. 36. G.: Clausthal, 18. März 1927. V.: Leonore, geb. Schomer. Ki.: Wolfgang, Klaus, Sigrid. El.: Hermann u. Agnes. S.: TU Clausthal, 1951 Dipl.-Ing., 1957 Prom. K.: 1951-57 wiss. Ass., 1957-76 tätig b. versch. Unternehmen, zuletzt Gschf., ab 1977 o.Prof. TU Berlin. BL.: Patente im Maschinen- u. Anlagenbau. P.: Maschinen- und Anlagentechnik (1987, 1990). M.: Berliner wiss. Ges.

Franzke Jo Dipl.-Ing.

B.: Architekt BDA, Generalplaner f. Hochbau/Arch. FN.: Jo. Franzke. DA.: 60313 Frankfurt/Main, Alte Gasse 14-16. PA.: 60322 Frankfurt/Main, Sömmerringstr. 9. info@jofranz ke.de. www.jofranzke.de. G.: Berlin, 22. Apr. 1941. V.: Mareike, geb. Ernst. El.: Prof. Hermann u. Maria. S.: 1962 Abitur Essen, 1964-66 Arch.-Stud. TH Braunschweig, 1969-75 Arch.-Stud. TH Aachen. K.: 1965-72 Mitarb. Büro Prof. Franzke+Franzke Essen, 1975-80 Mitarb. Büro Prof. Schneider-Wessling, Büro Bussmann-Haberer Köln, 1981-85 Ltg. d. Arch.-Büros v. Prof. O.M. Ungers Frankfurt/Main, 1986 Jo. Franzke Arch.-Büro BDA Frankfurt. P.: Hrsg. d. Buches "Stadt Frankfurt am Main". M.: BDA, DDC.

Franzke Manfred

B.: Gschf. Ges. FN.: UNITEC-Medienvertrieb. DA.: 86669 Stengelheim, Ludwigstr. 11. G.: Kempen, 20. Sep. 1952. V.: Mechthild. Ki.: 2 Kinder. K.: 1971-93 Lufwaffe - Mjr. K.: 1985 parallel Verlagsgrdg., ab 1993 hauptberufl. Verlagsltg. M.: Präs. d. Dt. Ges. z. Erhaltung histor. Flugzeuge, staatl. Prüfer f. amtl. Sportbootführerscheine. H.: Luftfahrt, Seefahrt.

Franzki Harald Dr. iur.
B.: Präs. OLG a.D. PA.: 29223 Celle, Leberstr. 47. G.: Breslau, 27. Okt. 1924. V.: Ilse, geb. Homann. Ki.: Dietmar, Elke. El.: Paul u. Charlotte. S.: Stud. TH Stuttgart u. Univ. Göttingen. K.: 1955 Eintritt in d. niedersächs. Justizdienst, 1956 LGR. in Hannover, 1958-60 u. 1964-68 Abordnungen in Niedersächs. Justizmin., 1960 OLGR. in Celle, 1968 Sen.Pr. in Celle, 1976-89 Präs. d. OLG Celle. P.: zahlr. Veröff. auf d. Gebiet d. Arzthaftungsrechts, Sachv.Wesens u. Zivilprozeßrechts. E.: Gr. BVK. M.: Dt.-Niederländ. Juristenkonferenz, Lions-Club Celle.

Fränzle Otto Dr. rer. nat. Univ.-Prof. *)

Franzmann Ulrich Dipl.-Kfm. *)

*) Biographie www.whoiswho-verlag.ch oder beigefügte CD-ROM

Franzspeck Johann *)

Franzwa Hans *)

Frärks Dieter Ing.

B.: Architekt, selbständig. DA.: 30419 Hannover, Bussilliatweg 2 b. G.: Hannover, 10. Feb. 1939. V.: Ute, geb. Hammer. Ki.: Silke (1964), Insa (1967), Arne-Toivo (1969). El.: August u. Ellie, geb. Brakel. S.: 1957-60 Lehre Maurer, Gesellenprüfung m. Ausz., b. 1962 Bundeswehr, 1962 Stud. Bauingenieurwesen Hochbau FHS Hildesheim m. Abschluß Dipl.-Ing. K.: Bauleiter eines Baugeschäftes in Hildesheim, 1972-85 Bauleiter u. Gschf. f. schlüsselfertiges Bauen in Nienburg, Hannover u. Hildesheim, 1986-90 Bauleiter f. Großprojekte im Architekturbüro Heinz Wilke, 1990-96 schlüsselfertiges Bauen v. Ein- u. Mehrfamilienhäuser u. Eigentumswohnungen, 1996 Neubau d. Terminal C am Flughafen Hannover, 1998-2000 Neu- u. Umbau d. Messe Hannover u. 2000 Erweiterungsbau, ab 1985 zusätzl. Gutachter f. Bauschäden u. Bewertung v. bebauten u. unbebauten Grundstücken. E.: Erfolge im Autorennsport, 3. u. 4. Pl. bei d. Heeres-Skimeisterschaften im Skilanglauf. M.: Sportwart (1976-87), Jugendsportwart nordisch, 2. Vors. d. Niedersächs. Skiverbandes, Schöffe am Amtsgericht Hannover (1992-97), Bezirksrat Hannover-Stöcken (1992-97). H.: Skilanglauf, Fallschirmspringen, Autorennen m. erfolgr. Teilnahme an Dt. Touren-WM, Fluglizenzinhaber.

Fräsdorff Karl-Heinz

B.: Kfm., Inh. FN.: Gewürze-Abpackbetrieb. DA.: 39114 Magdeburg, Gartenstr. 23. G.: Magdeburg, 23. Juni 1924. V.: Gerda, geb. Krause. Ki.: Wernfried. El.: Martin u. Martha, geb. Hornemann. BV.: Großvater Carl Fräsdorff gründete 1875 d. Familienbetrieb m. Kolonialwaren, bes. Gewürze, 1992 Übernahme durch d. Vater. S.: 1941 Mittlere Reife. K.: seit 1945 Mitinh. d. Familienbetriebes u. Wiederaufbau nach d. Krieg, 1966-69 Stud. an d. Univ. Karl-Marx-Stadt m. Abschluß Wirtschaftler, 1966 Übernahme d. Betriebes, 1967 amtl. Gutachter v. Amt f. Materialprüf. in Berlin, 1972-75 Werk in Volkseigentum u. tätig als Werksdir., 1977 Eröff. d. Einzelhdl. u. d. Abpackbetriebes, 1990 Rückgabe d. väterl. Betriebes, Grdg. u. Ltg. v. 2 Supermärkten m. Gewürzangebot, 1993 Eröff. v. 2 Getränkeshops. E.: 2000 Stadtplakette in Gold, Ehrenpräs. u. Ältester d. Vollversammlung d. IHK Magdeburg. M.: Ind.-Auss. d. IHK Magdeburg..

Fraser Sylvia Lois

B.: Schriftstellerin. PA.: CDN-Toronto M5V 2W7, 701 King St. W., No. 302. G.: Hamilton, 8. März 1935. K.: Grdg.-Mtgl. d. Writers´ Union of Canada. P.: "Pandora" (1972), "The Candy Factory" (1975), "A Casual Affair" (1978), "The Emperor´s Virgin" (1980), "Berlin Solstice" (1984), "My Father´s House" (1987), "The Book of Strange" (1992). E.: 1967 u. 1968 Women´s Press Club, 1968 President´s Medal for Canadian Journalism.

Fraßmann Peter B. Sc. (Hons) Ost. Med.

B.: staatl. geprüfter Krankengymnast u. Sportphysiotherapeut. FN.: Krankengymnastik-Praxis Rehabilitationszentrum West. DA.: 14050 Berlin, Rüsternalle 14-16. G.: Dortmund, 20. Juli 1958. El.: Rolf-Dieter u. Antonia. S.: 1977-81 Berufsfußballer

Borussia Dortmund, Preußen Münster, Tennis Borussia Berlin, 1982 Abitur 2. Bild.-Weg, 1982-84 Ausbildung staatl. geprüfter Krankengymnast. K.: 1985-87 Berufsfußballer bei Tennis Borussia Berlin, KSV Hessen in Kassel, seit 1987 selbst.Krankengymnastikpraxis m. Schwerpunkt manuelle Therapie, Cyriax Therapie, Osteopathie u.med. Trainingstherapie. P.: div. Fachpubl. u.a. "Das Knie" (1991). E.: mehrf. Dt. Fußballmeister u. Vizemeister. M.: Dt. Register d. Osteopathen, Verb. Dt. Krankengymnasten, Intern. Club Berlin, Tennisver. Blau-Weiss. H.: Fußball.

Frater Harald Mag. *)

Fratila Alina Aurora Maria Dr.-medic(RO)

B.: FA f. Dermatologie, Phlebologie, Allergologie. DA.: 53111 Bonn, Friedrichstr. 57. ALINA. FRATILA@t-online.de. G.: Bukarest/Rumänien, 14. Jan. 1954. El.: Dr. Alexandru Fratila (Arzt) und Marcela Fratila, geb. Farca (Apothekerin). S.: 1969-73 Gymn. in Otelul Rosu m. Abitur (Banat/Rumänien), 1973-79 Stud. Human.-Med. an d. Med. Fak. d. Univ. Temeschburg/ Rumänien, 1979 Prom. K.: 1979-81 Ass.-Ärztin im Kreiskrankenhaus Temeschburg, Abteilung Chir., Rumänien, Zustimmung d. Min. f. Wiss. u. Forschung d. Landes Nordrhein-Westfalen z. Führung d. in Rumänien verliehenen akad. Grades in d. Form: "Dr.-medic(RO)", 1982-84 Ass.-Ärztin im Kreiskrankenhaus Nabburg, Chir. Abt., Bayern, 1984-91wiss. Ass. an d. Univ.-Haut- u. Poliklinik Bonn, 1988 Approb., 1990 Anerkennung als Fachärztin f. Haut- u. Geschlechtskrankheiten, 1990 Anerkennung d. Zusatzbezeichnung Allergologie, Bonn, 1990-93 OÄ an d. Univ. Haut- u. Poliklinik Bonn, Sektion Operative Dermatologie, 1993-94 Kassenarztpraxis als Fachärztin f. Haut- u. Geschlechtskrankheiten, Allergologie, seit 1995 Praxisklinik - Ambulante Operationen: Mikrographische Chir., kosmetisch-rekonstruktive Dermatochir., Ästhetische u. Laser Chir., Phlebologie, Varizenoperationen, 1995 Anerkennung d. Zusatzbezeichnung Phlebologie. P.: ca. 60 Publ. in nat. u. internat. Zeitschriften, 241 Vorträge nat. u. internat., 25 Workshops intern., Gasteditor "Facial Plastic Surgery" über Tumorchir. M.: President-Elect d. ISDS (Intern. Society for Dermatologic Surgery), Mtgl. d. Wiss. Beirates d. Vereinigung f. Operative u. Onkologische Dermatologie, Dt. Ges. f. Phlebologie, Mtgl. d. Collegiums f. Qualitätssicherung in d. Phlebologie d. Dt. Ges. f. Phlebologie, Berufsverb. d. Dt. Phlebologen, Dt. Dermatologische Ges., Berufsverb. d. Dt. Dermatologen, Dt. Ges. f. Dermatologische Lasertherapie e.V., Dt. Ges. f. Ästhetische Chir., Dt. Akad. f. kosmetische Chir. e.V., Dt. Krebsges. e.V., European Academy of Cosmetic Surgery, European Society for Laser Dermatology, European Society for Dermatologic Surgery, American Academy of Cosmetic Surgery, American Academy of Dermatology, American Academy of Aesthetic and Restorative Surgery, American College of Cryosurgery. H.: Skifahren, Golf, Gymnastik, Tanzen, Theater, Oper, Reisen. Sprachen: Deutsch, Rumänisch, Englisch, Französisch.

---

*) Biographie www.whoiswho-verlag.ch oder beigefügte CD-ROM

Fratscher Ingrid Dipl.-Ing. *)

Fratzke Sabine Anke *)

Fratzscher Ronald *)

Frauendorf Gabriele Dipl.-Med. *)

Frauendorf Holger Dipl.-Ing. (F.H.) *)

Frauendorf Lutz

B.: RA. DA.: 72072 Tübingen, Europapl. 2. G.: Belgershain, 19. Feb. 1949. S.: 1967 Abitur Nagold, 1967-68 Stud. Rechtswiss. Univ. Tübingen, 1968-70 Bundeswehr, 1970-74 Stud. Rechtswiss. Univ. Tübingen u. Frankfurt/Main, 1. Staatsexamen, 1974-76 Referendarzeit, 2. Staatsexamen. K.: 1976-77 ang. RA in Reutlingen, ab 1977 freier RA in Tübingen, außerdem Mitarb. an d. Univ. Hohenheim, 1978-83 in d. Univ. Tübingen - Forsch.-Stelle f. Verw.-Recht unter Prof. Bachof, ab 1983 ndlg. RA in Tübingen, Tätigkeitsschwerpunkt: öff. Recht, Staatshaftung- u. Baurecht, ab 1987 Fachanw. f. Verw.-Recht. P.: Veröff. in d. ZRP, Entschädigung v. NS-Zwangsarb. M.: Prüf.-Aussch. d. RA-Kam. Baden-Württemberg f. Fachanw., Bundesvorstand d. Bundesvereinigung öffentl. Recht. H.: Fußball.

Frauenfeld Reinhold *)

Fraunhofer Manfred *)

Fraunholz Günter Max Dipl.-Kfm.

B.: Lebküchner. FN.: Lebkuchen Fraunholz. DA.: 90419 Nürnberg, Wilh.-Marx-Str. 8. PA.: 90461 Nürnberg, Rankestr. 55. G.: München, 17. Sep. 1941. V.: Viktoria, geb. Hinsche. Ki.: Christof (1969), Michael (1971). El.: Dipl.-Ing. Josef u. Grete. BV.: Karl Fraunholz Gründer d. Unternehmens (geb. 1878). S.: 1960 Abitur Nürnberg, Stud. Univ. Erlangen-Nürnberg, 1969 Dipl.-Kfm. K.: ab d. 16. Lebensj. Mitarb. im familieneigenen Unternehmen (Konditorei-Cafe), 1969 Eintritt u. d. GfK Marktforsch., 1973 Fund v. 5000 "vergessenen" Lebkuchen-Dosen, Produktion d. 1. Lebkuchen u. Erwerb eines Standplatzes auf dem Nürnberger Christkindl-Markt, 1974 Start d. Lebkuchenproduktion in großem Stil, seit 1981 Alleininh. d. Unternehmens u. Entwicklung d. Spezialität "mehlfrei hergestellte Nürnberger Lebkuchen", d. somit auch glutenfrei u. f. d. Ernährung v. Zöliakie-Kranken geeignet sind, es werden pro Tag b. zu 15000 Lebkuchen hergestellt. BL.: Trainer f. Volleyball-Damen-Mannschaft b. SV Schwaig u. TSV Wolkersdorf, wiederholter Gewinn d. Nürnberger Stadtmeisterschaft. P.: Die Sendung m. d. Maus (wie werden Lebkuchen gemacht?), zahlr. Sendungen in Funk u. Fernsehen u. Publ. in d. Fachpresse z.B. "Wir in Bayern", "Unter unserem Himmel", "Zwischen Spessart u. Karwendel", offizieller Vorstellungsfilm f. d. Nürnberger Christkindl-Markt. E.: d. Sieger im Lebkuchentest d. Zeitschrift "Der Feinschmecker" 1997, Süddt. Jugendmeister als Mtgl. d. Fußball-Jugend-Mannschaft d. 1. FCN. M.: div. Sportver. H.: Sport.

Fraunholz Wolfgang Prof.

B.: o. Prof. f. Math. FN.: Univ. Koblenz. PA.: 56075 Koblenz, Pappelweg 2. G.: Augsburg, 21. Dez. 1931. V.: Anneliese, geb. Burkard. El.: Josef u. Elisabeth. S.: 1952 Abitur, 1957-59 Univ. Bonn, 1952-57 Univ. Mainz, 1960 Assessorexamen. K.: 1962 Doz. an einer PH, 1970 a.o.Prof. an d. Erziehungswiss. HS, 1971 o.Prof., 1972 Dekan, 1972-75 u. 1984-90 VPräs. d. Univ. Koblenz-Landau, 1971-2000 Ltr. d. Inst. f. Mediendidaktik. P.: Funk-Kolleg Mathematik (Frankfurt 1971), Modell und Experiment-Arbeitsbuch Physik (Frankfurt 1976), Analysis, Telekolleg II (3 Bände München, 1993/94), Didaktik der Zahlbereichserweiterungen, Fernstudienkurs der Fernuniversität (Hagen 1985), Aufbau des Begriffs "senkrecht" bei Schülern (1985), Computer-Lernprogramme zur Mathematik im Telekolleg (München 1994/96), Lernprogramm Physik: Mechanik, Experimentieren und Verstehen. M.: DMV, GDM, GPI. H.: Theater.

Frebel Peter Dipl.-Ing. *)

Frech Nicole

B.: Gschf., Inh. FN.: Frech Gebrauchtmaschinen GmbH. DA.: 74889 Sinsheim, Obere Au 9. G.: Sinsheim, 27. Okt. 1971. El.: Karl-Theodor u. Gundula Frech, geb. Otto. BV.: Großvater Karl Frech - 1945 Betriebsgründer. S.: 1985 Mittlere Reife, 1985/86 Mädcheninternat franz. Schweiz u. Staatsdipl. Engl., Sprachstud. Paris, London u. Oxford, 1986-69 Ausbild. Bürokauffrau Ind. K.: 1986 Eintritt in elterl. Betrieb Walzmaschinen u. Metallfolien Frech GmbH K. 1997 Übernahme u. Umwandl. in Frech Gebrauchtmaschinen GmbH m. Schwerpunkt Blechverab. u. weltweit tätig u. Maschinenhdl. H.: Hunde, Tennis, Schwimmen.

Frechen Reinhild *)

Freckmann Heinrich *)

Frecot Janos

B.: wiss. Ltr. d. Photograph. Sammlung. FN.: Berlinische Galerie, Landesmuseum f. Mod. Kunst, Photographie u. Arch. DA.: 10965 Berlin, Methfesselstr. 28-48. PA.: 16259 Schiffmühle, Am Fährweg 20. berlinischegalerie@t-online.de. www.berlinischegalerie.de. G.: Freidorf b. Temesvar/Rumänien, 30. März 1937. V.: Gabriele Kostas. Ki.: Elena (1965). El.: Hans u. Ilse, geb. Kummer. S.: 1956 Abitur Berlin, 1956-61 Bibl.-Fachschule, Examen z. Dipl.-Bibl. K.: 1961-72 Bibl. am Staatl. Inst. f. Musikwiss., 1966 Bahnbogen 22-79, Foto-Konzept-Arb., Ausstellung in Prag u. Berlin, 1972-74 Gschf. d. Werkbund-Archiv, 1974-78 Sekr. d. Abt. Bild. Kunst d. Ak. d. Künste, 1978 Archivar d. neugegründeten Berlinischen Galerie, ab 1978 Aufbau v. Photograph. Sammlung, Arch. Sammlung, Künstler Archiv, Museums-Bibl., 1984 Berlin um 1900, Ausstellung d. Berlinischen Galerie in Verbindung m. d. Ak. d. Künste zu d. Berliner Festwochen Berlin, ab 1985 Ltr. d. Photograph. Sammlung, 1998 Facettenauge u. Leporelloform in: Lichtseiten, Die schönsten Bilder aus d. Photograph. Sammlung d. Berlinischen Galerie, Buch z. Ausstellung d. Berlinischen Galerie im Kunstforum d. Grundkredit Bank e.G. Berlin. P.: Franz Hessel, Spazieren in Berlin, Nachwort z. Neuausgabe (1968), Fidus (1972, Reprint 1997), Puppe, Fibel,

Schießgewehr, Zur Sozialgeschichte d. Kindheit im dt. Kaiserreich, Ausstellungskatalog Ak. d. Künste Berlin (1977), Berlin - Frühe Photographien 1857-1913 (1984), Zur Photographie v. Marta Astfalck-Vietz, in: Marta Astfalck-Vietz, Photographien 1922-35 (1991), Zweierlei Zeit, in: Sprung in d. Zeit, Ausstellungskatalog Berlinische Galerie (1992). E.: 2001 BVK am Bande. M.: 1980 Dt. Ges. f. Photographie (DGPH), BUND, Nabu, 1998-2000 Sachv. d. KunstbeiR. d. dt. Bundestages, Ausstellungskonzept zusammen m. Prof. Hermann Schäfer f. d. Reichstagskuppel: Geschichte d. parlamentar. Arb. im Reichtagsgebäude. H.: Ornithologie, Garten.

Frede Andreas *)

Frede Dorothea Dr. phil. Prof.
B.: C4-Prof. FN.: Univ. Hamburg. DA.: 20146 Hamburg, Von-Melle-Park 6. G.: Wien/Österr., 5. Juli 1941. Ki.: Sebastian (1970), Victoria (1972). El.: Eduard u. Irmgard v. Nicolai. S.: 1961 Abitur Frankfurt/Main, 1961-63 Stud. Germanistik u. Musikwiss. Univ. Hamburg, 1964-68 Stud. Phil. u. Klass. Philol. Univ. Göttingen, 1968 Prom. z. Dr. phil., 1969-71 Stipendium d. Dt. Forsch.-Gemeinschaft "Probleme d. Determinismus in d. Spätantike". K.: 1972-76 Lecturer an versch. Univ. in Kalifornien (San Francisco State Univ., Berkeley, Stanford) in Phil. u. klass. Philol., 1976-77 Lecturer Department of Classic Princeton Univ., 1977-78 Lecturer Department of Phil. Univ. of Pennsylvania Philadelphia, 1978-85 Ass. Prof. Department of Phil. Rutgers Univ., 1985-91 Assoc. Prof. Department of Phil. Swarthmore College, seit 1991 Prof. f. Phil. am Phil. Seminar d. Univ. Hamburg. P.: Aristoteles u. d. Seeschlacht. Das Problem d. Contingentia Futura in De interpretatione (1970), Heidegger and the Question of Being (1993), Plato's Philebus (1993), Platon. Philebos (1997), Platons Phaidon. Der Traum v. d. Unsterblichkeit (1999). E.: Junior Fellowshiop am Center for Hellenic Studies Washington, Fellowship d. National Endowment for the Humanities Clare Hall College Cambridge, Fellowship am Inst. for Advanced Study at Princeton, Fellowship Berlin. M.: 1993 Joachim-Jungius-Ges. d. Wiss. Hamburg, Akad. d. Wiss. zu Göttingen, American Academy of Arts and Sciences. H.: Kammermusik, Literatur, Geschichte.

Frede Thomas W.

B.: Kürschner, Inh. FN.: Entrecote - Fred's Restaurant. DA.: 10117 Berlin, Schützenstr. 5. G.: Trier, 9. Aug. 1957. El.: Joachim u. Gisela. BV.: Großvater Georg Frede - bedeutender Dt. Kfm.; Großmutter mütterl. seits - kulinar. Ideengeber d. Familie, in 4 Generationen Pelzhändler u. Kürschner. S.: 1975-77 Lehre Kürschner Berlin. K.: tätig in d. Firma Pelz-Kunze in Berlin, 1979-84 Volontariat im Pelzhdl. u. Reisen zu Pelzhdl.-Plätzen in d. ganzen Welt, 1984-91 Geschäftsltr. d. Intern. Pelzhdl. in Zürich, Lausanne u. New York, 1991 tätig in d. Immobilienbranche in Berlin, 1996-97 Unternehmensberater u. Marktentwickler f. d. Firma Stemme-Motorenflugprod., 1999 Eröff. Entrecote-Restaurant m. nur einem Gericht f. Gäste aller Coleur, franz. Weine, franz. Hausmannskost. E.: Nominierung für d. Gastro-Award 2000 als bester Newcomer bzw. bestes franz. Restaurant. M.: Golfclub. H.: Tennis, Golf, Segeln, Autofahren.

Frederic Dagmar *)

Frederich Bernd Dr. med. *)

Frederichs Frank *)

Frederking Knut *)

Fredersdorf Hermann *)

Fredrich Stefan

B.: Schauspieler. DA.: 14193 Berlin, Auguste-Viktoria-Str. 110. G.: Berlin, 7. Apr. 1954. V.: Kerstin, geb. Bosse. Ki.: David, Anna-Lena, Marian. El.: Wolfgang u. Hannelore. S.: 1972 Abitur, 1974-76 Stud. Musik HdK Berlin, 1976-79 Schauspielschule Fritz Kirchhoff Berlin. K.: 1980-90 Mtgl. d. Ensemble d. Grips-Theaters in Berlin, s. 1991 freier Schauspieler m. Engagements u.a.: Theater am Kurfürstendamm, Winterhuder Fährhaus in Hamburg u. glz. Synchronsprecher u. Regisseur. P.: d. Dt. Stimme v. Jar Jar Bings im Film "Star Wars-Episode I" u. v. Jim Carey in "Die Maske". H.: Musik, Jazz.

Fredrich Uwe *)

Freese Erika Dipl.-Psych.
B.: Dipl.-Psych. FN.: E. G. Freese Verlag Berlin. DA.: 12205 Berlin, Potsdamer Str. 16. eg.freese@online.de. G.: Berlin, 1938. V.: Prof. Dr. Hans-Ludwig Freese. S.: Stud. Psych. in Berlin u. Stanford, Abschluss Dipl.-Psych. K.: 1982 Grdg. Freese Verlag, Tonkassetten, Hörbücher, Kauf v. Rechten, Schwerpunkt: Philosophieren m. Kindern, ebenso praktizierende Psychologin, Leistungsdiagnostik, v. allem Hochbegabtendiagnostik. P.: Hrsg. u.a. "Gareth B. Matthews "Denkproben" (1991), "Bencivenga: Spiele m.d. Phil." (1992), Matthews: "Philosoph. Gespräche m. Kindern" (1993), Edmondo De Amicis "Cuore" (1996), Rezension "Cuore heißt Herz" v. Hartmut v. Hentig in Die Zeit 25. März 1988, FAZ-Magazin 22. Dez. 1995 M.: BDP Berufsverband Deutscher Psychologinnen u. Psychologen e.V. H.: Esel, Gärten.

Freese Franz Josef Dipl.-Ing.
B.: Aufina & Era Gutachter f. Haus- u. Grundstücksbewertung. FN.: Fortuna Immobilien GmbH. DA.: 31137 Hildesheim, Lilly-Reich-Str. 5. fortuna@era-aufina.com. www.era-aufina.com/fortuna. G.: Löningen, 30. März 1962. V.: Adelheid, geb. Demmel. Ki.: Benjamin (1985), Philipp (1989), Onno (1995). El.: Erich u. Bertha. S.: 1981 Abitur, b. 1983 Zivildienst DRK, Ausbild. Rettungssanitäter, 1983-91 Stud. Bauing.-Wesen TU Braunschweig m. Abschluß Dipl.-Ing., 1998 Weiterbild. Grundstücksgutachter. K.: seit 1991 selbst. gemeinsam m. d. Ehefrau, Grdg. d. Fortuna Immobilien GmbH f. gewerbl. u. priv. Bereich, Verw. u. Vermittlung, zusätzl. Grdg. d. Aufina/Era Büros; Funktionen: Kapitalanleger-Veranstaltungen, glz. Innenarchitekt u. Innendesigner. P.: div. Fachkommentare u. Standortanalysen. H.: Familie, Tennis, Städte-Reisen.

Freese Hans Heinrich
B.: Hotelier, selbständig. FN.: Hotel Freese. DA.: 24576 Bad Bramstedt, Maienbeeck 23. G.: Kaltenkirchen, 27. Juli 1941. V.: Ingeborg, geb. Pieper. Ki.: Roland. El.: Heinrich u. Hilda,

---

*) Biographie www.whoiswho-verlag.ch oder beigefügte CD-ROM

Freese Harro
PS.: SALVETER. B.: Architekt. DA.: 19053 Schwerin, Schäferstr. 34. G.: Bordesholm, 19. März 1927. V.: Ellinor (verst. 1991). Ki.: Gesine, Aaron. S.: Obers. f. J. i. Kiel, 1943 Marinehelfer, 1944-45 Offz.-Lehrgang Dt. Wehrmacht, Nordheim, 1945 Fbk.-Arb. väterl. Kistenfbk., 1946-49 Lehre Innenausbau C. Friese, 1949-54 Stud. Arch. Hochbau, H. f. b. K. Hamburg. K.: seit 1954 selbst. Architekt; Projekte: Autobahnbrücke ü. d. Norderelbe, 1956 Neubau Polizeipräsidium Hamburg in Arch.-ARGE, zahlr. Brückenbauw. i. d. BRD, 4. Röhre Elttunnel. H.: Malen.

Freese Helga Dr. med.
B.: selbständige Kinder- u. Jugendärztin, Künstlerin. GT.: Künstlerische Tätigkeit: seit 1962 Stud. d. Ölmalerei, Lithografien, Pastell, Kohle, Graphit, Radierungen, insbes. Kinderporträts, Landschaften, Stilleben, Auftragsarbeiten. DA.: 64625 Bensheim-Auerbach, Am Höllberg 1. G.: Ludwigshafen, 14. Mai 1936. El.: Dr. Carl Freese u. Ilse, geb. Gorges. BV.: seit 14. Jhdt. Pfarrer- u. Gelehrtenfamilie u.a. Althphil. Prof. Georg Friedrich Creutzer, Theol. Prof. Leonard Creutzer, Mathematiker Dr. Wilhelm Grebe Entdecker d. Grebeschen Punkts, Urgroßtante Auguste Grebe Vors. d. Vereins zur Hebung d. öffentl. Sittlichkeit (1889) f. Rettung gefallener Mädchen, Christine Grebe Vorbild d. Rapunzelfigur d. Gebr. Grimm, verwandt m. Vorfahren Goethe (= Ehepaar Daniel Lüncker u. Appollonia Orth Marburg) u. m. Bleistift-Dynastie Schwanhäusser in Nürnberg. S.: 1954 Abitur, 1954 Stud. Physik u. Mathematik Univ. Heidelberg, 1956 Wechsel z. Med., 1961 Staatsexamen u. Prom. in Gynäkologie. K.: 1961 FA-Ausbildung Kinderheilkunde, Med. Ass. Univ.-Klinik Mannheim, 1966 FA f. Kinder- u. Jugendmed., 1971 Ndlg. als Kinderärztin in Bensheim. BL.: 2001 Diplom f. d. Besteigung d. Breithorns (4164m) m. 65 J. P.: eigene Einzel- u. Gemeinschaftsausstellungen regional u. Graubünden/Schweiz. E.: 1993 Sportlerin d. Jahres. M.: langjährige Vors. d. Kreisstelle d. Kassenärztlichen Vereinigung in Darmstadt, Prüfärztin. H.: Beruf, Kunst, Sport (Mountainbike, Tennis, b. z. 65. Lebensj. 12x Sportabzeichen in Gold), Fotografie u. Filmen, Dichten, Harmonie u. Lebensfreude.

Freese Herbert *)

Freese P. Dr.
B.: Chefarzt f. Gefäß- u. Thoraxchir. FN.: Med. Zentrum Schwerin. DA.: 19055 Schwerin, Wismarschestr. 397. G.: 15. Mai 1936. V.: Rosmarie, geb. Auerbach. Ki.: Andreas (1971), Katrin (1974). S.: 1954 Abitur, 1954-56 Physikum Univ. Jena, 1956-59 Med. Ak. Magdeburg, Staatsexamen. K.: 1960-62 Med. Ak. Path. Magdeburg, 1962-68 Ausbild. z. FA f. Chir. an d. Univ. Rostock, 1968-75 Chir. Klinik Zwickau, 1976-2000 Chir. Klinik Schwerin, seit 1960 ltd. Abt.-Arzt Gefäß- u. Thoraxchir. H.: Garten, Reisen, Reiten.

geb. Kock. S.: 1957-60 Lehre in der Schlachter Firma Garding, 1960-62 Lehre als Koch in Travemünde. K.: 1962 tätig im elterlichen Hotel u. 1971 anschließend Übernahme desselben. M.: Schützenverein Roland Bad Bramstedt, Voges Schützengilde, Flecherngilde. H.: Jagd.

Freese Peter Dr. phil.
B.: o.Prof. f. Amerikanistik. PA.: 33100 Paderborn, August-Potthast-Weg 8. G.: Bremen, 10. März 1939. V.: Marianne, geb. Droese. El.: Hermann u. Gertrud. S.: Altspr. Gymn. Heide, 1959 Abitur, 1959-66 Stud. d. Anglistik, Amerikanistik, Germanistik u. Erziehungswiss. an d. Univ. Kiel, Heidelberg u. Reading, seit 1960 Stipendiat d. Studienstiftung d. Dt. Volkes, 1966 Staatsexamen, 1970 Prom. z. Dr. phil. m. "summa cum laude". K.: 1966-70 wiss. Ass. am Engl. Seminar d. Univ. Kiel, 1971-73 a.o.Prof. f. Engl. an d. PH Kiel, 1973-79 o.Prof. f. Engl. u. d. Didaktik d. Engl. an d. PH Münster, seit 1979 o.Prof. f. Amerikanistik an d. Univ. Paderborn, Gastprof. in England 1978, versch. Forsch.Aufenthalte in d. USA, Visiting Fellow am Claremont McKenna College, 1988, Gastprof. an d. Univ. of Illinois, 1988, Eötvös Lorant Univ., Budapest 1991, Fulbright-Vertrauensdoz. BL.: mehrfacher schleswig-holstein. Landesmstr. über 100 m, Hallenmstr. über 50 m, Mehrkampf. P.: 45 Bücher, über 150 Aufsätze in dt. u. intern. Zeitschriften, Reihenhrsg v. Texts for English and American Studies, Paderborner Univ.Reden, Arb. z. Amerikanistik u. Viewfinder. E.: 1980/81 Dekan, 1983-87 Prorektor f. Stud. u. Lehre, Präs. Paderborner Zentrum f. Kulturwiss 1990/91, Mtgl. versch. Stud. Reformkmsn., Fortbild.Beauftragter versch. Inst., BeiR.Mtgl. d. Dt. Ges. f. Amerikastud., 1993-96 Präsident d. DGfA, DFG-Gutachter (2000 ff.), Mtgl. d. Auswahlaussch. d. Studienstiftung d. Dt. Volkes. M.: Dt. Ges. f. Amerikastudien, Dt. Anglistentag, Fachverb. Moderne Fremdsprachen, Ehrenmitgl. Phi Beta Delta, Honor Society f. Intern. Scholars, Empfänger einer "Flag of America" f. Beitrag z. dt.-amerik. Zusammenarbeit, "Doctor of Letters" h.c. d. Lock Haven University of Pennsylvania, BVK am Bande. H.: Fotografie, Radwandern.

Freesemann Ralf-Jürgen *)

Freesen Doris *)

Freesmeyer Wolfgang B. Dr. med. dent. Univ.-Prof.
B.: Abt.-Ltr. Zahnärzte Protetik. FN.: Klinik u. Poliklinik f. Zahn-, Mund- u. Kieferheilkunde an d. FU Berlin. DA.: 14197 Berlin, Assmannshauser Str. 4-6. G.: Meiningen, 17. Sep. 1944. V.: Dr. Barbara, geb. Koch. Ki.: Silke (1972), Arne (1978). El.: Dr. Joseph u. Waltraut, geb. Schirrmeister. S.: 1963 Abitur, 1965-70 Stud. Zahnmed. Univ. Jena. K.: Ass. Univ. Jena, Flucht in d. Bundesrep., 1979 OA Univ. Tübingen, 1985 Habil., b. 1992 Priv.-Doz. u. danach apl.Prof. Tübingen, 1992 Übernahme d. Lehrstuhls f. Zahnärztl. Protetik FU Berlin. P.: Autor v. 3 Lehrbüchern über d. zahnärztl. Protetik, über 90 wiss. Veröff., mehr als 150 Vorträge u. Weiterbild.-Kurse. E.: 1985 Miller-Preisträger d. DGZMK, 1986 Kemptner-Förderpreis d. Arge f. Funktionsdiagnostik. M.: Dt. Ges. f. Zahn-, Mund- u. Kieferheilkunde, DGZPW, FDI. H.: Fotografie, Tennis, Psychologie.

Frege Andreas
PS.: Campino. B.: Sänger d. Toten Hosen/Roten Rosen. FN.: JKP - Jochens Kleine Plattenfirma. DA.: 40022 Düsseldorf, Postfach 103162. G.: 22. Juni 1962. K.: 1983 Opelgang, 1984 Unter falscher Flagge, 1985 The Battle of the Bands, 1986 Damenwahl, 1987 Never Mind The Hosen (Die Roten Rosen), 1987 Bis z. bitteren Ende - LIVE!, 1988 Ein kleines bißchen Horrorschau, 1990 Auf dem Kreuzzug ins Glück, 1991 Learning English - Lesson 1, 1993 Kauf Mich!, 1993 Reich & Sexy, 1994 Love, Peace & Money, 1995 Musik war ihr Hobby - Die frühen Singles, 1996 Opium für's Volk, 1996 Im Auftrag d. Herrn - LIVE!, 1998 Soul Therapy (nur Australien), 1998 Wir warten aufs Christkind (Die Roten Rosen).

Frego Robert
B.: Steinbildhauermeister, Inh. FN.: Marmor Frego GmbH. DA.: 66424 Homburg/Saar, Grünwaldstr. 74. G.: Homburg, 12. Mai 1926. V.: Heidelore, geb. Herz. Ki.: Christiane

---

*) Biographie www.whoiswho-verlag.ch oder beigefügte CD-ROM

(1956), Robert (1958). S.: 1940 Laborant Karlsberg Brauerei Homburg, 1943 Soldat d. Luftwaffe, b. 1946 Gefangenschaft, b. 1950 Ausbildung z. Elektroschweißer, 1950-53 Ausbild. Steinmetz, 1954 Meisterprüf. im Steinbildhauerhandwerk. K.: 2 J. in versch. Betrieben, 1956 Übern. d. Betriebs d. Großvaters, 1960 Erweiterung d. Betriebes m. Schwerp. Grabmalsektor, Treppenbeläge und Fensterbänke, 1969 Neugründung der Firma Fregoma GmbH ein Sägebetriebes f. Naturstein in Waldmohr f. bundesweite Belieferung m. fertigen Steinprodukten; Projekte: Marmor- u. Steinarb. u.a. im Tricom-Center in Eschborn, Hotel Sheraton am Flughafen Frankfurt, Kurhotel Steigenberger in Bad Pyrmont, Arabella-Haus in Frankfurt, Messegelände Hannover, Alte Oper in Frankfurt u. Spielkasino in Baden-Baden, 1994 Übernahme Fregoma GmbH - Robert Frego jun., 1997 Übernahme Marmor Frego GmbH - Wolfgang Mehn (Schwiegersohn).

Frehmann Adelgard

B.: Goldschmiedin. DA.: 50670 Köln, Gereonsmühleng. 24. G.: Prittlach, 25. März 1939. V.: Karl-Heinz Frehmann. Ki.: Claudia (1964), Heike (1968). El.: Franz u. Elsa Knebel. S.: 1957 Goldschmiedelehre Stuttgart bei Andreas Silbermann, Stud. Staatl. Höhere Fachschule f. d. Edelmetallgewerbe Schwäbisch Gmünd, Entwurfsunterricht b. Prof. Fred Dries, 1960 Gesellenprüf. in Stuttgart. K.: 1961-63 Goldschmiedin f. Juwelier Wagner in Köln, 1975 gemeinsame Werkstatt m. Ehemann, zahlr. Ausstellungen u.a. 1981/82 Gedok Handwerkskam. Köln, 1984 Intern. Ausstellung d. AEA Schloß Bedburg, 1988 Fernsehen WDR 3 Köln, Rhein. Landesmuseum Bonn, Eurogress-Aachen, Frankfurt/Main, Münster, Hamburg, Düsseldorf, Heidelberg, Rottach-Egern, Tokio, San Francisco, Basel, Zürich, Linz, Mailand, Madrid, Würzburg, Kampen-Sylt, Juist, Idar-Oberstein, 1993 Byzantium-European Artists Forum Amsterdam, 1994 Museum f. Angew. Kunst Köln, 1995 Intern. Design Center Linz, 1997 Intern. Contemporary Art Centre Schalkwijk/NL, seit 1986 ständige Schmuckpräsentation auf. d. Intern. Messe Frankfurt/Main. P.: Veröff. im In- u. Ausland. E.: Ausz. m. d. Broncemed. Rhein. Landesmuseum Bonn. M.: AEA, Gedok Bonn. H.: Wandern, Reisen.

Frehse Hans Jürgen *)

Frehse Jens Dr. Prof. *)

Frehsee Heinz Friedrich Ernst *)

Frei Frederike

Bürgerl. Name: Golling Christine B.: Schriftstellerin. PA.: 14469 Potsdam, Am Neuen Garten 16. G.: Brandenburg, 24. Jan. 1945. V.: Christian Wend. El.: Brig.-Gen. Ernst u. Ruth G. S.: Abitur, Stud. German. u. Theol. K.: Schauspielerin, seit 1976 Schriftstellerin; Gründerin u. ehem. Vorst. u. d. Literaturpost/Literaturlabor, Stipendium d. Landes Schleswig-Holstein, Nordrhein-Westfalen u. Niedersachsen. P.: Bücher: "Losgelebt", "Ich dich auch", "Roncalli", "Unsterblich", Medien: Der Tagesspiegel, Emma, Konkret, WDR, NDR. BR, DeutschlandRadio, Hörspiel DeutschlandRadio Karfreitag 2002, 'Unsterblich' Broschüre 'FREI/LAND/BLUMEN' (Blumengedichte). E.: Publikumspreis d. Ringelnatzpreis, Literaturpreis d. Stadt HH, Hans-Henny-Jahnn-Preis im Wettbewerb v. Botho Strauß. M.: VS. H.: Malen, Schwimmen, Wandern.

Frei Gerhard Dipl.-Kfm. *)

Frei Gerhart *)

Frei Hans Dipl.-Ing. *)

Frei Marina *)

Frei Otto Dr.-Ing. Prof. *)

Frei Peter M.A. *)

Freiberg Doris *)

Freiberger Peter Dipl.-Kfm. *)

Freidank Carl-Christian Dr. rer. pol. habil. o.Univ.-Prof. *)

Freidhof Gerd Dr. Prof. *)

Freidinger Guido Otto Dipl.-Vw. *)

Freienhofer Ludger *)

Freier Helga *)

Freier Rolf K. Dr.-Ing. Dipl.-Ing. *)

Freier Werner Dr. med. *)

Freigang Claudia *)

Freiger Stephan Prof. *)

Freiheit Antje *)

Freihöfer Jürgen Dipl.-Bw. *)

Freihold Dirk

B.: Unternehmensberater. FN.: Meerbuscher Management Consulting Team. MMCT. DA.: 40668 Meerbusch, Deichweg 4. G.: Essen, 10. Dez. 1941. V.: Gisela, geb. Hobein. Ki.: Kathrin (1963), Anke (1968). S.: Bundeswehr, 1964 OLt. d. Res., Einzelhdls.-Kfm. Kaufhof AG Köln. K.: Abt.-Ltr. in d. Zentrale u. in d. Kaufhäusern d. Kaufhof AG, langjährige Praxis als Ltr. v. Betriebswirtsch.- u. Management-Projekten dt. Univ. in Mönchenglad. in Unternehmen d. Wirtschaft, Ltr. d. Führungskräftetrainings, Koordinator v. in- u. ausländ. Projektgruppen d. Kraftwerkunion AG Mülheim, Mitglied d. Geschäftsleitung., Leiter d. Niederlassung Deutschland The Executivés Counsel S.A. BL.: Führungstraining u. Beratung in in- u. ausländ. Firmen, Arb. in intern. Arge im Bereich d. Organ.-Entwicklung in Brüssel, Amsterdam, Stockholm, Mexico-City u. USA. H.: Skifahren, Segeln, Literatur, Reisen. (R.E.S.)

---

*) Biographie www.whoiswho-verlag.ch oder beigefügte CD-ROM

Freiholz Jörg Harald

B.: alleiniger Ges., Gschf. FN.: Freiholz Werbung GmbH. DA.: 87600 Kaufbeuren, Spitzbergweg 12. G.: Obergermeringen, 21. Jan. 1949. V.: Ilona, geb. Weier. Ki.: Miriam, Deborah, Sonja, Ben, Lisa. El.: Harry u. Gertrud, geb. Hacker. S.: Kfm. Lehre als Tankwart. K.: Tankwart, seit d. 21. Lebensj. selbst. u.a. im Verkauf v. Luftsprudelbädern, seit d. 23. Lebensj. tätig im Bereich Prospektverteilung, 1984 Grdg. d. GmbH, Schwerpunkt: b. 1990 Prospektverteilung, 1990 Neubau d. heutigen Geschäftsräume, seit 1990 Schwerpunkt: Satz & Gestaltung, Beschriftung, Druck, Wegweisesysteme, Montage. H.: Kochen.

Freiling Dieter *)

Freiling Frank-Dieter Dr. iur.
B.: Sprecher d. Beirats d. Internationalen Journalisten-Programme, Leiter Internat. Angelegenheiten, ZDF. DA.: 61462 Königstein, Höhenblick 2; 55100 Mainz. PA.: 60487 Frankfurt, Markgrafenstr. 4. G.: Herborn, 12. Juni 1963. El.: Dr. Dieter u. Edeltraud. S.: Abitur, Stud. Univ. Frankfurt, München u. Aberystwyth/Wales. K.: 1981-90 Sprecher. d. BVorst. Initiative Jugendpresse u. Intern. Journalistenprogramme, Koordinator Arthur F. Burns-Fellowships s. 1988. P.: Heimat - Begriffsempfindungen heute (1985), zahlr. Art. u. Veröff., Junge Deutsche sehen Frankreich (1990), Deutschld. u. d. Vereinten Nationen (1992).

Freiling Jens Dr. rer. pol. *)

Freimuth Joachim Dr. rer. pol. Prof.

B.: Prof. f. Personalmanagement u. Organisation, selbständiger Berater. FN.: HS Bremen Fachbereich Wirtschaft. DA.: 28199 Bremen, Werderstr. 73. joachim.freimuth@t-online.de. G.: Bremen, 25. Sep. 1951. V.: Ute, geb. Riedel. Ki.: Julia (1978), Daniel (1982). El.: Hermann u. Erika, geb. Schramm. S.: 1969 Abitur Bremen, 1969-72 Kfm. Lehre Klöckner Werke Bremen, 1972-75 Stud. BWL an d. FH f. Wirtschaft Bremen, Abschluss: Betriebswirt, 1975/76 Bundeswehr, 1976-79 Stud. VWL an d. Univ. Bremen, 1979 Abschluss Dipl.-Ökonom, 1981 Prom. z. Dr. rer. pol, 1982-84 Stud. Betriebspädagogik EWH Landau/Pfalz. K.: 1981-86 Personalmanagement ITT Pforzheim, 1986-91 Berater f. Organisationsentwicklung Metaplan GmbH, 1989-91 Gschf. Ges. Personalberatung in Hamburg, 1991-94 Prof. f. Betriebs- u. Organisationspsychologie HS Dresden, seit 1995 Prof. f. Personalmanagement u. Organ. HS Bremen, seit 1991 selbständiger Berater f. Personalmanagement u. Organisationsentwicklung in Achim. P.: ca. 120 Veröff. zu Personalmanagement u. Organisationsentwicklung, Bücher, Fachzeitschriften u. CD-Roms u.a. Die Angst d. Manager. H.: Sport, Literatur.

Freimuth Jörg Gerhard *)

Freimuth Klaus M.

B.: Heilpraktiker. FN.: Naturheilpraxis. DA.: 76646 Bruchsal, Schönbornstraße 33. G.: Bruchsal, 24. Mai 1957. V.: Monika, geb. Oster. El.: Horst u. Gottfriede Klapp, geb. Schneider. S.: 1976 Abitur, 1976-84 Studium Jura Univ. Heidelberg, Pharmaziestud., 1984 Staatsexamen, Apotheker. K.: 1984-84 Apotheker Bruchsal, 1986-89 APDA Bundesverb. Dt. Apotheker, Redakteur d. Verbandszeitung, Ressort Politik, 1989-90 Gschf. d. Sparte Pharma u. Med. bei Firma Hill & Knowlten, 1991-94 Heilpraktikerschule, 1994 selbst. m. eigener Praxis in Bruchsal. M.: Heilpraktikerverb. H.: Motorradfahren, Lesen, Theater, Schreiben, Wandern.

Freimuth Silvia Dr. *)

Freimuth Sybille Dipl.-Verw.-Wirt

B.: selbst. Rentenberaterin. DA.: 28195 Bremen, Altenwall 13. G.: Wittmund, 15. Nov. 1966. Ki.: Moritz (1996). El.: Remmer u. Elisabeth Freimuth, geb. Kirstenpfad. S.: 1985 Abitur Langeoog, Stud. Sozialvers.-Recht FH Berlin, 1988 Dipl.-Abschluß. K.: b. 1990 Ang. d. LVA Oldenburg u. Gruppenltr. d. BfA Berlin, b. 1993 Ang. in einem Rentenberatungsbüro in Berlin, 1993 Zulassung z. Rentenberaterin u. seither selbst. in Bremen. P.: Vorträge f. Gem. u. Bild.-Träger. M.: Bundesverb. d. Rentenberater. H.: Tennis.

Freimuth Ulrich *)

Freis Stefan

B.: Inh., Gschf. FN.: Spicers LTD. DA.: 31319 Sehnde, Gretlade 1. PA.: 30559 Hannover, Lange-Hop Str. 86. G.: Hamburg, 25. Dez. 1966. El.: Dipl.-Ing. Klaus-Dieter u. Barbara, geb. Ostermann. S.: 1987 Abitur Hamburg, 1988-92 Stud. Betriebswirtschaft Univ. Hamburg, 1992 Dipl.-Kfm., 1988 Katastrophenschutz d. Freiwilligen Feuerwehr Hamburg. K.: 1991-92 Außendienst im MVP, 1992-97 arlac-Werk Hamburg, 1997 Headhunter z. Reese - Corporate Express (Deutschland) GmbH, Bereichsleiter, Prokurist, 1998 zusätzl. Verantwortungsbereich Bürobedarf Nordregion einschließl. Bremen, 1998 Geschäftsltg. Dt. Holding Frankfurt/Main, ab 1999 alleiniger Gschf. d. Reese Beteiligungs GmbH, Geschäftsltr. d. Corporate Express (D) GmbH, Gschf. d. Corporate Express (Hamburg) GmbH, ab 2000 alleiniger Gschf. d. Reese IT & S/W GmbH, Gschf. Willmann Büro-Centrum Verw. GmbH, seit Sept. 2000 Gschf. Spicers Ltd. Deutschland. E.: ausgezeichnet f. Lebensrettung durch freie und Hansestadt Hamburg. M.: Kieler Kaufmann-

*) Biographie www.whoiswho-verlag.ch oder beigefügte CD-ROM

schaft, Marketing Club Schleswig-Holstein, Freiwillige Feuerwehr Hamburg. H.: Geschäft, histor. Romane u. Sachbücher, Burgentouren, Fontane.

Freise Dieter
B.: Zahnarzt, 1972 Olympiasieger. DA.: 69117 Heidelberg, Friedrich-Ebert-Anlage 30. G.: Heidelberg, 18. Feb. 1945. V.: Juliane, geb. Kordt. Ki.: Tanja u. Saskia (1978). El.: Dr. med. dent. Günther u. Jetta, geb. Schraysshuen. S.: 1965 Abitur, 1965-66 Grundwehrdienst, 1966 Med.-Stud., 1967 Stud. Zahnmed. Heidelberg, 1972 Urlaubssem. f. Olympiateilnahme, 1973 Staatsexamen. K.: 1974 Ass.-Arzt Praxis Dr. Gerstner Heddesheim, 1974 Ass.-Arzt in d. elterl. Praxis, 1976 Übernahme d. Praxis. BL.: 1965-82 Hockey-Leistungssport, 1972 Olympiasieger München, 1976 5. Pl. Olympiade Montreal, 5x Dt. HS-Meister, 2x Dt. Meister, 2x Europameister (Feld/Halle), 1975 WM-Dritter. E.: 1972 Mannschaft d. J., 2x Silb. Lorbeerblatt f. bes. sportl. Leistungen. M.: seit 1955 Hockey-Club Heidelberg (HCH), 1969-76 Mtgl. d. Hockey-Nationalmannschaft, seit 1983 Trainer d. HCH, Präsidiumsmtgl. Förderver. d. Olympiastützpunktes Rhein-Neckar, Vors. Förderver. HCH.

Freise Göran

B.: Tischlermeister, Gschf. Ges. FN.: Tischlerei Freise GmbH. DA.: 39122 Magdeburg, Thüringer Str. 1. G.: Magdeburg, 4. Dez. 1970. V.: Sabine, geb. Geipel. El.: Friedrich u. Christine, geb. Loesche. BV.: Vater Friedrich Freise war Gründer u. Inh. d. Familienunternehmens b. 1990. S.: 1987-89 Ausbild. u. Abschluß als Tischler b. Firma Tischlerei Grzywatz in Magdeburg, 1989-91 Meisterschule m. Abschluß als Tischlermeister. K.: 1990 Eintritt u. Übernahme d. geschäftl. Ltg. d. Familienunternehmens, ab 1992 Übernahme u. Inh. d. Tischlerei Freise, seit 1993 Gründg. u. Gschf. Ges. d. Kunststofffensterbau Fre-Be-GmbH m. Sitz in Langenweddingen b. Magdeburg, seit 1994 Umwandlung d. Familienelunternehmens in eine GmbH u. hier als Gschf. Ges. M.: Lehrlingswart d. Innung, Wassersportver. Buckau/Abt. Segeln. H.: Segeln.

Freise Jürgen-Gerhard Dr. med. Prof.

B.: Chefarzt. FN.: Ev Krankenhaus Mülheim a.d. Ruhr. DA.: 45468 Mülheim/Ruhr, Wertg. 30. G.: Braunschweig, 11. Sep. 1943. V.: Christel, geb. Kuhnert. Ki.: Katherin (1973), Julia (1975), Dorothe (1978). S.: 1964 Abitur Goslar, Stud. Med., 1964 Vorphysikum Berlin, 1966 Physikum Göttingen, klin. Stud. Innsbruck, Louisville/USA u. Kiel, 1970 Staatsexamen Kiel, 1970 Prom. Kiel. K.: 1970/71 Med.-Ass. f. Innere u. Chir. in Kiel u. f. Dermatologie in Freiburg, 1972/73 wiss. Ass. am Klin.-Biochem. Inst. d. Med. HS Hannover, 1974-80 FA-Ausbild. f. Innere Med. an d. HS Hannover, 1981 Habil., 1983-88 OA am Zentrum f. Innere Med. d. Med. HS u. ltd. OA f. Endoskopie u. Sonographie, 1986 Prof. f. Innere Med. u. Gastroenterologie, seit 1988 Chefarzt am Ev. KH in Mülheim a. d. Ruhr m. Schwerpunkt Innere Med., Gastroenterologie, Onkologie, Diabetologie u. Gerontologie u. Chefarzt d. Zentrallabors d. Ev. KH. P.: 165 Publ. u. über 300 Vorträge im In- u. Ausland z. d. wiss. Fragestellungen aus d. Bereichen Pankreaserkrankungen, Diabetes mellitus, Erkrankungen d. Spreiseröhren-Magen-Darm-Kanals, Sonographie u. Endoskopie, Leber- u. Gallenblasenerkrankungen u. Liposomentechnologie, 16 gastroenterolog. Kongresse, Kongreßsekr. d. 47 Jahestagung d. Dt. Ges. f. Verdauuungsu. Stoffwechselkrankheiten (1986). M.: regelm. Ausrichter d. westdt. Endoskopietage. H.: Segeln, Wassersport, Rudern, Golf, Skifahren.

Freise Lutz *)

Freise Ralf Dr.-Ing. *)

Freise Werner
B.: Gschf. Ges. FN.: Freise & Co Hdls. GmbH. DA.: 21775 Steinau, Nordende 30. G.: Hildesheim, 27. Juni 1947. Ki.: Oliver (1970). S.: 1961-64 Lehre Einzelhdls.-Kfm. K.: 1965 Ang. in d. Firma Karstadt in Cuxhaven, 1970-83 tätig im Verkauf v. Zusatzstoffen f. d. Tierernährung, 1983 Grdg. d. Firma Freise & Co Hdls. GmbH. M.: Golfclub, div. örtl. Ver. H.: Automodellsammlung.

Freismuth Sonja Dipl.-Ing.
B.: Dipl.-Ing. Hochbautechnologie, Gschf. Ges. FN.: WirtschaftsWerbung Freismuth & Partner GmbH. DA.: 07545 Gera, Plauensche Str. 78a. PA.: 07548 Gera, An der Wildbirne 29. G.: Gera, 31. Aug. 1950. Ki.: Doreen (1973), Falk (1977). El.: Hans u. Annemarie Opelt, geb. Thieme. BV.: Buchdruck Bruno Opelt - Buchdrucker. S.: 1970 Abitur Gera, 1970-74 Stud. an d. Ing.-HS f. Bauwesen Leipzig, 1974 HS-Ing., 1974-77 Dipl.-Ing. f. Hochbautechnologie. K.: 1974-77 Projektierung Wohnungsbaukombinat Gera, 1979-84 Bauvorbereitung UKA in Gera, 1984-88 Aufbau d. Abt. Baudurchführung, Abt.-Ltr., Innenprojekt Halle, 1988 Abt.-Ltr. Produktion DEWAG Erfurt BT Gera, 1989-93 Gschf. d. Folgeges. d. DEWAG BT Gera, 1994 selbst. u. Grdg. d. Unternehmens, Gschf. Ges., 1997 alleiniger Gschf. d. GmbH. P.: Dipl., Hrsg. d. CD "Musik liegt in d. Agentur" - Musiker u. Komponist Kristoffer Krauss. M.: Unternehmerverb., Landesinnung Thüringen. H.: Musik (Blues), Kultur, Beruf, Reisen.

Freissle Gabriele
B.: Gastronomieberaterin. FN.: Restaurant Massimiliano. DA.: 81669 München, Rablstr. 10. V.: Lebensgefährte: Joe Kurt Gasser.

Freist Hans-Georg Dr.-Ing. *)

Freist Werner Dipl.-Ing. *)

Freistein Günter
B.: Schlachter, Inh. FN.: Räucherei u. Partyservice Günter Freistein. DA.: 23858 Reinfeld, Alter Garten 5. G.: Reinfeld, 14. Jan. 1956. El.: Günter u. Marie-Luise. S.: 1971-74 Ausbild. z. Schlachter in Bad Oldesloe b. d. Firma Münster, 1976 Schlachtermeister, Frankfurter Meisterschule. K.: b. 1982 Tätigkeit im elterl. Betrieb, 1982 Übernahme d. elterl. Betriebes als Pächter, 1998 Alleininh., seit 1975 Partyservice im Reinfelder Umfeld, Kreis Stormarn u. Lübeck, Hdl. m. einheimischem Wild, Katenschinkenräucherei nach traditioneller Art, Spezialität hausgemachte Rum-Mettwurst. H.: Jagd, Motorboot, Motorrad, Hund, Garten.

Freitag Andreas *)

Freitag Christoph Dr.
B.: Zahnarzt. FN.: Zahnartzpraxis Dr. Freitag. DA.: 46236 Bottrop, Gerichtsstr. 4. G.: Bottrop, 15. Aug. 1964. El.: Dr. Carl-Ernst u. Ursula, geb. Dirk. BV.: Dr. Carl-Ernst Freitag Dipl.-

---

*) Biographie www.whoiswho-verlag.ch oder beigefügte CD-ROM

Freitag

len, Zeichnen, Steptanz.

Chemiker d. Chem. Werke Hüls in Marl u. Prod.-Ltr. S.: 1984 Abitur, 1984-91 Stud. Zahnmed. Köln, 1991 Staatsexamen., 1991-92 Bundeswehr-Stabsarzt. K.: 1992 tätig in einer kieferchir. Praxis in Oberhausen, 1993-96 Oberstabsarzt d. Bundeswehr, 1996-97 tätig in einer Zahnarztpraxis in Mülheim, 1997 Übernahme d. Praxis in Bottrop, 1993 Prom. in Bonn. P.: Dr.-Arb. "Plinius u. d. Zahnmed.", Art. in "ZM"; jährl. Ausstellung Bottroper Künstler im Quadrat. E.: Bundeswehr-Verd.-Med. f. bes. Leistung. H.: Ma-

Freitag Dagmar

B.: Sportpolitische Sprecherin d. SPD-Bundestagsfraktion, MdB. FN.: Dt. Bundestag. DA.: 11011 Berlin, Platz d. Republik 1. berlin@dagmar-freitag.de. www.dagmar-freitag.de. G.: Letmathe, 3. März 1953. S.: 1963-72 Gymn. Hohenlimburg, Abitur, 1972-78 Stud. Sport u. Anglistik Univ. Bochum, Schwerpunkt Sportmed., 1975 SPD-Eintritt, 1978 Abschluß f. Lehramt Realschule, 1978-80 Referendariat in Gelsenkirchen-Buer. K.: 1980-92 Lehrerin Wilhelm-Busch-Realschule Schwerte, 1992-94 städt. Gesamtschule Schwerte, seit 1979 Bürgervertreterin Sportausschuß Iserlohn, 1989-99 Mtgl. Rat Iserlohn, Vors. Sportausschuß, 1989-99 MdB, seit 1994 o.Mtgl. Sportausschuß, stellv. Mtgl. Gesundheitsausschuß, 1997-2001 Vors. SPD-Sportbeirat Westfalen, 1998 Direktwahl Märkischer Kreis 1, seit 1998 Sportpolitische Sprecherin SPD-Bundestagsfraktion, seit 1998 Mtgl. Kommission d. Ältestenrates f. Innere Angelegenheiten, seit 1999 stellv. Mtgl. Ausschuß f. Wirtschaft u. Technologie, seit 1998 stellv. Mtgl. Europarat, Schwerpunkt: "Internationale Koordinierung d. Dopingbekämpfung", seit 2001 Vizepräs. d. Dt. Leichtathletik-Verbandes. M.: Dt. Tierschutzverbund, LG Iserlohn. H.: Fotografie, polit. Literatur, Sprachen: Englisch, Schwedisch, Französisch.

Freitag Dieter Dr.

B.: Gesundheits- u. Ernährungsberater, selbständig. GT.: 1982-88 Vors. d. techn. Aussch. Niederspannungsschaltgeräte im (ZVEI) Zentralverband d. Elektroind., 1988-90 Vors. d. übergeordneten techn. Ausschusses Niederspannungsgeräte, 1990-94 Vorst.-Vors. d. Prüf- u. Zertifizierungsges. ALPHA in Frankfurt. DA.: 80469 München, Baaderstr. 42. G.: Diepholz-Niedersachsen, 27. Juni 1934. V.: Waltraud, geb. Müller. Ki.: Britt (1964), Tmm (1967). El.: Gustav u. Käthe, geb. Niemann. S.: 1954 Praktikum b. Osnabrücker Kupfer- u. Drahtwerken, 1954-60 Stud. Elektrotechnik an d. TU Braunschweig, Abschluss: Dipl.-Ing. K.: 1960-62 wiss. Ass. an d. TU Braunschweig, 1962 Prom. z. Dr.-Ing., 1962-64 Enwicklungsingenieur b. Siemens Berlin im Dynamowerk f. Berechnung elektr. Maschinen, 1964-66 Direktionsass. im Werk, 1966-68 Fertigungsingenieur b. Siemens in Nürnberger Maschinen- u. Apparatewerk, 1968-70 Siemens Schorch Beteiligungsges. in Rheydt Fertigungsleiter im Motorenwerk, 1970-71 Versuchsfeldleiter b. Siemens im Elektromotorenwerk Würzburg, 1971-78 techn. Ltr. Hausgeräte im Elektromotorenwerk Bad-Neustadt/Saale, 1975 Prok., 1978-94 techn. Ltr. im Gerätewerk Siemens Amberg, seit 1987 Dir.,

1994-95 techn. Werksleiter in Amberg Siemens, 1995-96 Heilpraktikerausbildung b. d. Dt. Paracelsiusschule in Nürnberg u. mehrerer Gesundheitsseminare, seit 1997 in München als Gesundheits- u. Ernährungsberater tätig. BL.: seit 1983 reine Rohkosternährung, 1957 Hochbegabtenförderung v. d. Studienstiftung d. Dt. Volkes. P.: Ztschr. "Natürlich Leben", Wandmaker, aktuell, Süddeutsche Zeitung, Bildzeitung, Sendung im Bayer. Rundfunk u. Fernsehen. H.: klass. Musik, Sportklettern, Skifahren, Schreiben, Lesen, Vorträge halten über Gesundheit u. Ernährung, Wandern.

Freitag Dirk *)

Freitag Hans-Joachim

B.: Alleininhaber, Gschf. FN.: Schlemmerhäusl Hans-Joachim Freitag. DA.: 85748 Garching, Bürgerpl. 5. G.: Rostock, 26. Dez. 1947. Ki.: Anja, Michael. El.: Hermann u. Frieda, geb. Latzke. BV.: Großvater war 1902 Förster auf Gut Rötenitz auf Halbinsel Prival, Großmutter Ges. auf Gut Rötenitz. S.: 1962-65 Ausbild. z. Feinkostkaufmann b. Firma Czerwinski, 1965-67 Bundeswehr, 1967-68 Feinkostgeschäft d. Eltern. K.: 1968-71 Operator in d. EDV b. EDEKA, 1974-78 Feinkostkäfer München als 1. Verkäufer,

dann nach d. Gschf. d. 1. Mann, 1978-81 Ausbild. z. Hdls.-Fachwirt im Bild.-Zentrum d. Bayer. Einzelhdls., Prüf., 1981 Betriebsltr. Food-Non Food, 5 1/2 J. Firma Metro München, 1987 Chefeinkäufer Firma Feinkost Käfer in München, Bereich Weinversand u. Marketing, 5 1/2 J. div. ltd. Positionen in Vertrieb u. Einkauf, 1993 selbst. Grdg. d. Feinkostgeschäftes. P.: d. besten 500 Adressen/Veröff. in d. Zeitung "Feinschmecker". E.: Münchner Faschingsorden, Garchinger Faschingsorden. M.: aktives Mtgl. im Tennisver. Eching. H.: Tennis, Segeln, Musik, Theater.

Freitag Ingrid *)

Freitag Karl-Friedrich Ernst *)

Freitag Lutz *)

Freitag Manfred Dipl.-Ing. *)

Freitag Robert *)

Freitag Roland *)

Freitag Stefan *)

Freitag Stefanie *)

Freitag Stephan *)

von Freital Alexandra *)

Freiwald Gudrun *)

Freiwald Lothar *)

Frelenberg Peter *)

Freller Karl *)

*) Biographie www.whoiswho-verlag.ch oder beigefügte CD-ROM

Frembs Krista *)

Fremd Rainer Dr.-Ing. Prof.

B.: Prof. f. Angewandte Mathematik. FN.: FH Kaiserslautern. DA.: 67657 Kaiserslautern, Morlauterer Str. 31. fremd@mach.fh-kl.de. G.: Künzelsau, 23. Feb. 1952. V.: Karin-Ulrieke, geb. Piontek. S.: 1971 Abitur, 1971-76 Stud. Maschinenbau Univ. Stuttgart, 1976 Dipl.-Ing., 1981 Prom. z. Dr.-Ing. K.: 1976-80 wiss. Mitarb. am Inst. f. Kernenergetik u. Energiesysteme (IKE) Univ. Stuttgart, 1980-88 Berechnungs-Ing. Nfz.-Entw. Daimler-Benz AG Stuttgart, seit 1988 Prof. im FB Maschinenbau d. FH Kaiserslautern. BL.: Patente in Kfz.-Technik. P.: versch. Veröff. z. Angew. u. Num. Mathematik. M.: VDI, GAMM. H.: Modelleisenbahn, Jogging.

Fremgen Leo DDr. theol. phil. *)

Fremuth Fritz Dr. iur. *)

Frenkel Beatrix
B.: RA, Inh. FN.: RA-Kzl. Beatrix Frenkel. DA.: 03046 Cottbus, Karl-Liebknecht-Str. 60A. G.: Peitz, 3. Jan. 1969. El.: Lutz Harald u. Stephani. S.: 1987 Abitur, 1987-88 Prakt. J. m. Berufsausbild. z. Schienenfahrzeugschlosser, 1988-94 Jurastud. in Jena. K.: 1994-96 nach 1. Staatsexamen Referendariat am LG Cottbus, 1996 2. Staatsexamen - Assessor, seit 1996 als RA zugelassen, 1998 Eröff. d. eigenen Kzl., Schwerpunkte: allg. Zivilrecht, Verkehrsrecht, Strafverteidigung, Arbeitsrecht. M.: Verein Ostbrandenburgischer Strafverteidiger e.V.

Frensel Wulf

B.: Gschf. Ges. FN.: bau-studio massivhaus GmbH. DA.: 25524 Itzehoe, Konrad Röntgen Str. 60A. G.: Dassow, 31. Aug. 1949. S.: 1967 Mittlere Reife, Kfm. K.: seit 1975 selbst. H.: Golf, Autorennen, Fotografie.

Frensemeyer Wilhelm Gert *)

Frentzen Heinz-Harald
B.: Grand-Prix-Fahrer. FN.: c/o Eurosport Promotion. DA.: E-07840 Sta. Eulalia del Rio, P.O.Box 296. G.: Mönchengladbach, 18. Mai 1967. V.: Tanja, geb. Nigge. Ki.: Lea (2000). El.: Harald u. Angela. K.: 1980-85 Go-Kart, 1986-87 Formel Ford 2000, 1988 Dt. Meister Opel Lotus Serie, 1989 VMeister Dt. Formel 3, 1990 Sportwagen WM Sauber Mercedes Junior Team, Formel 3000 EM Eddie Jordan Racing, 1991 Formel 3000 EM Camel Team, 1992 Sportwagen WG Euro Racing - Lemans & Donington, Japan. Sportwagen Meisterschaft, Japan. Formel 3000 Meisterschaft, 1993 Japan. Sportwagen Meisterschaft, Japan. Formel 3000 Meisterschaft, Testvertrag m. Mugen Co Ltd f. kombiniertes Formel 1 Testprogramm f. Mugen Motoren u. Bridgestone Reifen, 1994 Formel-1 WM Team Sauber Mercedes, 1x 4. Pl., 2x 5. Pl., 2x 6. Pl., 1995 Formel-1 WM Team Red Bull Sauber Ford, 1x 3. Pl., 1x 4. Pl., 3x 5. Pl., 4x 6. Pl., 15 WM-Punkte, 9. Pl. in Fahrer-WM, 1996 Formel-1 WM Team Red Bull Sauber Ford, 2x 4. Pl., 1x 6. Pl., 7 WM-Punkte, 12. Pl. in Fahrer-WM, 1997 Formel-1 WM Teahm Rothmans Williams Renault, 1x. 1. Pl., 2x 2. Pl., 4x 3. Pl., 1x 4. Pl., 1x 6. Pl., 42 WM-Punkte, VWeltmeister, 1998 Formel-1 WM Team Winfield Wiliams, 1998 7. Pl. in d. WM-Gesamtwertung, 1999 Australien/2, Brasilien/3., Frankreich/1., Deutschland/3., Belgien/3., Italien/1., WM-Gesamtwertung/3., 2000 Brasilien/3., USA/9., 2001 Ausstieg aus Formel-1-Rennstall Jordan, s. 2001 b. Team Prost., GP v. Australien/5., GP v. Malaysia/4., GP v. San Marino/6., GP v. Frankreich/8., GP v. Großbritannien/7., GP v. Belgien/9., GP v. USA/9., GP v. Japan/12., E.: 1999 Bambi. H.: Fliegerei, Mountainbiking, Fitneßtraining. (Re)

Frenz Günter *)

Frenz Hans-Jürgen *)

Frenz Rüdiger
B.: Dipl.-Ökonom, Vorst.-Vors. FN.: CONTRAG Immobilien. GT.: Gschf. Frenz Beteiligungs GmbH. DA.: 06217 Merseburg, Zeppelinstr. 1. G.: Drosa/Köthen, 26. Nov. 1950. V.: Sandra. Ki.: Stephanie (1975), Katharina (1978), Konstantin (1982). El.: Gerhard u. Eva, geb. Schumann. S.: 1969 Abitur, 1969-71 Armeedienst, 1971-75 Ökonomiestud. an d. MLU Halle, Abschluß: Dipl.-Ökonom. K.: 1975-83 wiss. Ass./OAss. an d. TH Merseburg, 1983-84 Prof. am Karl-Marx-Inst. in Luanda/Angola, 1984-87 persönl. Referent an d. Med. Ak. Magdeburg, 1987-90 Verw.-Chef an d. Frauen- u. Kinderklinik Magdeburg, ab 1990 selbst. Unternehmer in d. Immobilienbranche, 1990 Grdg. u. Entwicklung Contrac Immobilien GmbH (Gschf. u. Ges.), 1992 CIS Contrac Immobilien GmbH & Co Service KG, 2000 Vorst.-Vors. d. CONTRAG Immobilien. H.: Skifahren, Lesen (Belletristik).

Frenzel Andreas Joachim

B.: Elektriker, Inh. FN.: Kampfsportschule Andreas Frenzel. DA.: 76593 Gernsbach, Obertsroter Str. 1. PA.: 76593 Gernsbach, Bleichstr. 34. G.: Baden-Baden, 13. März 1963. V.: Klaudia, geb. Gerstner. KI.: Benjamin, Bruce, Anna-Lisa. S.: 1979-82 Lehre Bauschlosser, 1982-84 Umschulung Nachrichtentechniker. K.: 1984-85 Elektriker in d. Firma Apparetebau in Baden-Baden, Betriebselektriker in d. Firma Visalux Elektronik in d. CuC Therme, 1984 Beginn mit Kampfsport u. 1989 Eröff. d. Kampfsportschule. E.: 3. Dan-Urkunde. M.: Dt. Taekwon-Do, Dt. Sportclub, Bäder Sportclub, Weltverb. Taekwon-Do. H.: Taekwn-Do, Teakwon-Dance, Elektronik.

Frenzel Bettina Dr.-Ing.
B.: Dipl.-Informatikerin, Partnerin. FN.: BDO Unternehmensberatung GmbH. DA.: 10707 Berlin, Kurfürstenstr. 182-183. PA.: 14467 Potsdam, Kurfürstenstr. 32. G.: Düsseldorf, 19. Okt. 1956. S.: 1975 Abitur Düsseldorf, 1977-83 Stud. Informatik TU Berlin, 1983 Dipl.-Informatikerin, 1983-88 Ass. im Fachbereich Informatik u. TU, 1989 Dr.-Ing. K.: 1989-93 INPRO GmbH Innovationsges. f. Fortgeschritte-

*) Biographie www.whoiswho-verlag.ch oder beigefügte CD-ROM

Kunst, Latin Jazz, Goldschmiedearb.

Frenzel Dieter Ing. *)

Frenzel Eberhard Dipl.-Ing. oec. *)

Frenzel Hartmut Dr. med. Prof. *)

Frenzel Hartmut Dipl.-Ing.

Produktionssysteme in d. Fahrzeugind., Projektltr. CIM, seit 1993 bei BDO, 1993 stellv. Ndlg.-Ltr., seit 1999 Partnerin. BL.: als eine d. 10 ersten Frauen in Deutschland Dr.-Ing. geworden. P.: Diss. "Scheduling b. Mehrfachbearb. - Theoret. Analyse und anwendungsbez. Lösungsmöglichkeiten" (1989), "Anforderungen an Leitstandsysteme f. d. flexible Fertigung" (1990), "So wenig Leitstand wie möglich - so viel Leitstand wie möglich" (1992). M.: Bund Dt. Unternehmensberater. H.: Sport, Fitneß, Rennradfahren, mod.

B.: Dipl.-Ing. f. Elektrotechnik. FN.: Ing.-Büro Frenzel Arbeits- u. Umweltschutz. DA.: 42103 Wuppertal, Döppersberg 30. frenzel@frenzel.com. www.frenzel.com; www.arbeitsschutz-wissen.de. G.: Wuppertal, 6. Sep. 1965. V.: Henrike, geb. Krähwinkel. Ki.: Johannes. S.: Oblt. d. Res., Stud. Elektrotechnik, Stud. Sicherheitstechnik. K.: Ang. in versch. Ing.-Büros, ltd. Sicherheitsing. in Düsseldorf, 1996 Grdg. d. Ing.-Büros in Wuppertal f. Unternehmensberatung f. Arb.- u. Umweltschutz. F.: seit 2000 Ges. d. flexible GbR-Sicherheit-Gesundheit-Umwelt. P.: Prüflisten f. Arb.-Sicherheit. E.: Qualitätssiegel GQA. M.: VDSI, VBU, GGVS, DGAH. H.: Familie, Beruf, Lesen.

Frenzel Heinrich Karl Dipl.-Ing. *)

Frenzel Holger
B.: Student, Musiker. FN.: Sound & Music. PA.: 33609 Bielefeld, Carl-Hoffmann-Str. 9. musiciam@gmx.de. www.sound-music.de. G.: Bünde, 25. Apr. 1971. El.: Josef Georg u. Sieglinde, geb. Budau. S.: 1987-91 Kolleg- u. Fachschule Technik d. Kreises Herford, Ausbild. z. staatl. geprüften Ing.-Ass. m. Schwerpunkt Elektrotechnik u. Erwerb d. allg. HS-Reife, 1991-92 Zivildienst. an einer Onkolog. Nachsorgeklinik in Bad Oexen, seit 1992 Stud. Päd. Univ. Bielefeld. K.: seit d. 10. Lebensj. Orgelspiel, 3 J. Unterricht, danach Musikschule Klass. Klavierspielen, Einstieg in kommerzielle Musik, autodidaktisch d. Gesang dazu gelernt, soz. Engagement u. viele Benefizveranstaltungen. M.: Entertainment Club Ostwestfalen/Lippe. H.: Jazz, Saunieren.

Frenzel Konrad Ing. *)

Frenzel Michael Dr.
B.: Vorst.-Vors. FN.: Preussag AG. GT.: AufsR.-Vors. Hapag-Lloyd AG, AufsR.-Mtgl. i. versch. in- u. ausländ. Ges. DA.: 30625 Hannover, Kar-Wiechert-Allee 4. www.preussag.de. G.: Leipzig, 2. März 1947. V.: Gabriele. S.: Stud. Rechtswiss. Ruhr-Univ. Bochum, Prom. z. Dr. iur. K.: wiss. Ass., 1980-81 Sparkassen-Trainee-Ausbild., 1981 Westdt. Landesbank Düsseldorf, 1983 Ltg. d. Abt. Ind.-Beteiligungen, 1985 Ltg. d. gesamten Beteiligungsbereichs d. Westdt. Landesbank, seit 1988 Preussag AG, seit 1994 Vorst.-Vors. d. Preussag AG Hannover. E.: 2000 Manager d. Jahres (Manager Magazin). (Re)

Frenzel Norbert *)

Frenzel Thomas *)

Frenzl Rudolf
B.: Polizeidirektor im BGS, stellv. Ltr. BGS-Amt Halle. FN.: Bundesgrenzschutz. DA.: 04029 Leipzig, Am Flughafen, Postfach 1121. V.: Doreen. Ki.: 1 Sohn, 1 Tochter. S.: 1960-63 Banklehre b. Schmidt-Bank in Selb. K.: seit 1964 b. Bundesgrenzschutz, 1976 Rechnungsführer in München, 1973-75 Ausbild. Gehobener Dienst, 1976 Polizeikommissar im BGS, 1976-79 Zugführer in Coburg, 1979-83 Bundesinnenmin. in Bonn, 1980 Polizei-Hauptkommissar, 1983-87 Grenzschutzpräsidium München, 1987-91 Ltr. Grenzschutzamt Konstanz, 1987 1. Polizei-Hauptkommissar, seit 1991 in Halle, 1999-2001 Ltr. Bundesgrenzschutzinspektion Flughafen Leipzig/Halle. P.: Fernsehinterviews. M.: DBB Bundesgrenzschutzverb. H.: Familie, Reisen, Kochen.

Frères Barbara *)

Frerichs Andreas *)

Frerichs Gertrud *)

Frerichs Lars *)

Frerichs Peter *)

Frerichs Rolf
B.: Koch, Gschf. FN.: Restaurant Zum alten Senator. DA.: 20459 Hamburg, Neanderstr. 27. alter-senator@t-online.de. G.: Cuxhaven, 28. Dez. 1951. S.: 1968-79 Bundeswehr, 1970-72 Hotelfachschule Tegernsee, 1972-75 Lehre als Koch am Frankfurter Hof. K.: 1975-80 tätig in versch. Restaurants in Deutschland, 1980-89 tätig als 1. Koch auf d. Schiff MS Berlin, 1989-2000 b. Lauda-Air gekocht f. d. VIP-Lounge b. Formel 1, seit 2000 tätig als Koch im Restaurant Zum alten Senator. H.: Surfen, Inliner, Kat-Segeln.

Frerick Beate

B.: Künstlerin, Gschf. FN.: B-Arte Kunstgewerbe u. Galerie. DA.: 46284 Dorsten, Borkener Str. 149A. PA.: 46284 Dorsten, Martin-Luther-Str. 72. G.: Dorsten, 9. Jan. 1960. V.: Ulrich Frerick. Ki.: Marie-Julienne (1985), Andrianne-Louise (1986). El.: Willi u. Anita Kuschmierz. S.: 1976-79 Ausbildung z. Bürokaufmann. K.: 1979-84 ang. Bürokauffrau, 1984-88 Babypause, 1988-91 Bürokauffrau in Dorsten, 1994-96 akademische Ausbildung im Bereich Ölmalerei b. Raoul Avellaneda,1996 Projektgruppe Nebelhorn Prof. H.J. Psotta, 1998 künstlerische

*) Biographie www.whoiswho-verlag.ch oder beigefügte CD-ROM

Zusatzausbildung Renata Lejewski, 1999 Grdg. B-Arte als Kunstgewerbehandel u. Galerie m. ständig wechselnden Ausstellunge lokaler Künstler, ihre Werke waren bereits auf div. Ausstellungen in Düsseldorf, München u. Frankfurt sowohl in Einzel- wie auf Gemeinschaftsausstellungen zu sehen. H.: Malerei, Kunst, Kultur, Basketball, Norderneyliebhaberin.

Frerick Helmut *)

Frerix Bernd *)

Frerk Evelin *)

Frerking Horst Dr. med. vet. Prof. *)

Frers Klaus-Jan

B.: Gschf. Ges. in mehreren Firmen. DA.: 80992 München, Menzinger Str. 70. G.: Oldenburg, 4. Apr. 1958. El.: Johann u. Margarethe. BV.: Frhr. v. Stein Außemin. v. Preußen. S.: 1977 Abitur Bad Zwischenahr, 1977-79 Stud. Psych. u. Med. in Hamburg, 1979-82 VWL-Stud. Hamburg. K.: 1979 parallel z. Studium Grdg. d. Firma Line records gemeinsam m. Partner, ab 1981 feste Tätigkeit als freier Mitarb. bei Ariola, 1983 Produktmanager in München, ab 1985 Ltr. d. intern. Abt. b. Ariola, 1984-85 Label-Manager f. "Chrysalis", 1986 Gschf. einer Tochterges. d. Bertelsmann Musicgong, 1990 Grdg. d. Daydream GmbH als Beratungsges. f. Film- u. Fernsehgeschäft, 1991 Grdg. d. Tone Art GmbH, 1992 Grdg. d. MDF GmbH Musikverlag d. Dt. Film u. Fernsehens. BL.: Lehrtätigkeit an d. Filmak. Baden-Württemberg in Ludwigsburg, Doz. an d. Filmschule in Köln, Unterstützung eines Projektes m. d. Maler Peter Zimmermann in Malavi, Förd. junger afrikan. Maler - d. Bilder werden in Deutschland ausgestellt u. verkauft, d. Erlös geht an d. Schule zurück. M.: Bowl-Club München. H.: Bowl, Motorradfahren, Skifahren, Tennis, Fallschirmspringen.

Fresa Massimo *)

Frese Björn U.
B.: RA. DA.: 21035 Hamburg, Henriette-Herz-Ring 112. info@rechtsanwalt-frese.de. www.rechtsanwalt-frese.de. G.: Mainz, 4. Nov. 1966. V.: Dörte, geb. Wagner. Ki.: Ute, Uwe. S.: 1986-96 Abitur, Stud. Betriebswirtschaft u. Rechtswiss. Lüneburg, Erlangen u. Hamburg, Referendariat in Düsseldorf u. Kapstadt/Südafrika. K.: 2000 eigene Kzl. in Hamburg, Tätigkeitsschwerpunkt: Vers.-Recht, Familienrecht. M.: Tennisges. Heimfeld. H.: Hockey, Golf, Bergwandern in d. Schweiz.

Frese Brigitte
B.: Nail-Kosmetikerin, Inh. FN.: Beauty & more. DA.: 60469 Weinheim, Am Schlossberg 3. www.beauty-more.de. G.: Uelzen, 19. Sep. 1953. V.: Partner Heinz Furth. El.: Siegfried u. Gertrud Goerke, geb. Mauer. S.: 1967 Mittlere Reife, 1967-69 kfm. Handelslehre Mannheim, 1969-71 Ausbild. Dion.-Ass. K.: 1971-78 Dion.-Ass. d. Firma Konika in Koblenz, 1987 Ausbildung zur Nail-Kosmetikerin und Eröffnung v. Brigittes

Nagelstudio in Weinheim, 1988 Weiterbild. z. Schulungsltr. in der Downman AG u. seither tätig in d. Ausbild. v. Nagelkosmetikerinnen in Deutschland, 1998 zusätzl. Eröff. d. Perückenstudios, seit 2000 tätig im Bereich Kosmetikbehandlung, Ausbildung z. Permanent-Kosmetikerin spez. f. Bio-Tatoos u. Grdg. der Firma Beauty & more. F.: seit 1988 Exclusiv-Großhandel m. Nagelprodukten Classic Nails. H.: Beruf, Hunde.

Frese Georg Henrik
B.: Kfm., selbständig. FN.: Immobilien Wirtschaftsberatung Baufinanzierungen. DA.: 13187 Berlin, Wollankstr. 114. G.: Berlin, 24. Apr. 1950. V.: Bettina, geb. Plivevics. El.: Otto u. Gertrud, geb. Diefke. S.: 1966-70 kfm. Lehre, Ausbildung Bausachverständiger. K.: 1970-73 Mitarbeit im elterl. Kfz-Betrieb, 1973-76 Sachbearbeiter u. später Chefeinkäufer in 2 Betrieben d. Autobranche, 1976-79 tätig bei d. Iduna Vers. spez. in d. Baufinanzierung, 1979-82 Mitarbeiter d. Firma Xerox, 1983 freier Mitarbeiter d. Firma BAB, seit 1984 selbständig am Immobiliensektor m. Schwerpunkt Eigentumswohnungen, Grundstücke u. Mietshäuser. H.: Motorsport.

Frese Hildburg
B.: Schauspielerin. FN.: Schauspielstudio Frese. DA.: 22765 Hamburg, Harkortstr. 81. G.: Oldenburg, 26. Aug. 1915. Ki.: Rainer (1941). El.: Dr. August u. Gretchen, geb. Gerdes. S.: 1933 Abitur, Schauspielunterr. Oldenburg. K.: Engagements: 1934 Bremerhaven, 1936 Bremen, 1938 Breslau, 1941 Berlin, 1945 Oldenburg, 1948-50 Staatstheater Kassel, Gastspiele in Hannover, Heilbronn, Bremen, 1952-58 Hamburg, 1958 Grdg. u. Entwickl. d. Schauspielstudios. H.: Reisen. (A.R.)

Frese Rudolf Dipl.-Ing. *)

Frese Susanne Dr. med. *)

Frese Wolfgang

B.: RA. DA.: 24103 Kiel, Fleethörn 32. rafrese@aol.com. www.recht-und-verkehr.de/W_Frese.htm. G.: Bremen, 30. Nov. 1955. V.: Dr. Avan Noshir Antia. V.: Maya Marie Antia-Frese (1999). El.: OStR i. R. Hermann u. Margarete. S.: 1973 Abitur, 1973-74 Bundeswehr, 1975 Stud. Rechtswiss. in Kiel, 1981 1. Staatsexamen, 1981 Referendariat in Lübeck, 1985 2. Staatsexamen. K.: 1985 als Anw. zugelassen u. selbst. in Kiel, seit 1987 in Bürogemeinschaft, Tätigkeitsschwerpunkt: Verkehrsrecht, Arzthaftungsrecht, Personenschadensrecht, Arbeitsrecht, Mietrecht, Umweltrecht. M.: seit 2000 PEOPIL, 1985 Anw.-Ver. Arbeitsgemeinschaften Verkehrsrecht, Arbeitsrecht u. Mietrecht im DAV, 2001 IBWV, 1975 Reitver. Kiel-Mielkendorf e.V. H.: Reiten, Chinesisch, Reisen.

Fresen Georg Dr. *)

---

*) Biographie www.whoiswho-verlag.ch oder beigefügte CD-ROM

Fresen Thomas *)

Fresenius Wilhelm Dr. rer. nat. Prof.
B.: ehem. Hrsg. d. Fresenius Journal of Analytical Chemistry. PA.: 65193 Wiesbaden, Wilheliminenstr. 22. G.: Berlin-Wilmersdorf, 17. Juli 1913. V.: Irmela, geb. v. Bernus (verst.). El.: Dr. Ludwig u. Beate. BV.: Dr. Remigius Fresenius, Geheimer HofR. u. Prof. S.: Chemieausbild. im Chem.Laboratorium Fresenius Wiesbaden, Univ. Frankfurt, München, Heidelberg, Göttingen, 1939 Prom. b. A. Eucken Göttingen, 1943 b. W. Diemair Frankfurt, Staatsexamen als Lebensmittelchemiker. K.: 1967 Hon.Prof. Univ. Mainz, bis 2001 Hrsg. d. Fresenius Journal of Analytical Chemistry. E.: "Bürgermed. in Gold" d. Stadt Wiesbaden, "Gold. Ehrennadel d. Dt. Gen.Verb." d. Raiffeisen- u. Volksbanken, "Kronenkreuz in Gold" d. Diakon. Werks d. EKHN, "Carl Duisberg-Plakette" d. Ges. Dt. Chemiker, "BVK 1. Kl. d. VO d. BRD, Ehrenmtgl. d. Österr. Ges. f. Mikrochemie u. Analyt. Chemie, Graz 1980, Ehrenmtgl. d. Dt. Bäderverb., Ehrenmtgl. d. GDCh 2001, Ernennung z. Ehrenbürger d. Stadt Wiesbaden 1985, Martin Niemöller Medaille, Gr. VK, "Grosses BVK BRD", Goethe-Medaille Land Hessen, Clemens-Winkler-Medaille d. Fachgruppe Analytische Chemie GDCh. M.: Rotary-Club Wiesbaden-Kochbrunnen, Ev. Kirche in Hessen u. Nassau, Ges. Dt. Chemiker. H.: Lesen, Theater.

Fresle-Fugmann Beati

B.: staatl. anerkannte Logopädin. FN.: Logopäd. Praxis. DA.: 79098 Freiburg, Konviktstr. 21-23. G.: Freiburg, 23. Juni 1959. V.: Eberhard Fugmann. El.: Prof. Dr. rer. nat. Franz u. Ria Fresle, geb. Mutter-Rösle. S.: 1980 Abitur Sigmaringen, 1981-84 Ausbild. z. Logopädin in Mainz, Praktika in Österr. u. d. Schweiz. K.: 1984-87 Logopädin Neurolog. Klinik Elzach, 1988 selbst. FR-Wiehre, 1989 Erweiterung der Praxis, 1999 Umzug FR-Zentrum Konviktstraße, 1985 Grdg. Selbsthilfegruppe f. Schlaganfallpatienten m. Sprachstörungen APHASIE gemeinsam m. Kolleginnen d. Neurolog. Klinik Elzach. M.: seit 2001 Lions Club Freiburg-Oberlinden. H.: Joggen, Schwimmen, Konzerte, Theater, Lesen, Reisen.

Fressel Hans W. Dr. med. *)

Frettlöh Bernhard *)

Freude Matthias Dr. Prof.

B.: Präs. FN.: Landesumweltamt Brandenburg. DA.: 14467 Potsdam, Berliner Str. 21-25. G.: Ebersbach, 3. Okt. 1952. Ki.: Elisa (1981), Dora (1983). El.: Joachim u. Gertraude. S.: 1973-78 Stud. Zoologie, Verhaltensbiologie u. Ökologie Leipzig u. Berlin, Dipl.- u. Prom. in Bauakustik. K.: 12 J. tätig in Forsch. u. Lehre an d. Humboldt-Univ. Berlin, 1990 im Min. f. Umwelt, Naturschutz u. Reaktorsicherheit - Durchsetzung d. Nationalparkprogrammes f. d. Osten Deutschland, b. 1992 tätig im Bundesmin. f. Umwelt, Naturschutz u. Reaktorsicherheit, seit 1992 Dir. d. Landesamt f. Großschutzgebiete, seit 1995 Präs. d. Landesumweltamt Brandenburg; Funktionen: seit d. 14. Lebensj. ehrenamtl. tätig im Naturschutz als Nutschuthelfer, seit 1978 ehrenamtl. Zusammenarb. m. Osteuropa, Anteile an d. Ausarb. u. Umsetzung d. Nationalparks f. Georgien u. in d. Mongolei, Zusammenarb. m. d. WWF u. d. Landesreg., 1995 Erstellung v. Weltnaturerbe-Anträgen f. d. Uvs-Nuur-Becken in Tuwa, 1996 f. d. Kommandur-Inseln v. Kamtschaka im Auftrag d. UNSECO u. d. russ. Reg. P.: über 100 wiss. Aufsätze u. Vorträge, 14 TV-Filme, in 4 Sprachen übersetzte popularwiss. Bücher u.a. d. Kinderbuch "Pflanzen, Tiere, Naturschutz", Vorlesugen z. Thema "angew. Naturschutz" u. "Evolution" an d. FH Eberswalde, Univ. Potsdam u. Cottbus.

Freudemann Andreas Dr. med.
B.: Gynäkologe, selbständig. DA.: 90419 Nürnberg, Prof.-Ernst-Nathan-Str. 1. G.: Freiburg, 20. Sep. 1955. V.: Eleonore, geb. Pluhar. El.: Herbert u. Cornelia. S.: 1974 Abitur Offenburg, 1974-81 Stud. Humanmed. in Freiburg u. Hamburg, 1981 Approb., 1983 Prom. z. Dr. med. K.: 1983-84 Ass.-Arzt, 1985-90 FA-Ausbildung Gynäkologie an d. Univ.-Klinik Frankfurt u. Lörrach, 1990-92 Ärztl. Ltr. v. Pro Familia Familienplanungszentrum in Bremen, 1993 eigene Praxis in München, seit 1994 eigene Praxis im Klinikum Nürnberg Nord. BL.: Verfassungsbeschwerde gegen d. Freistaat Bayern gewonnen. M.: ISAG Intern. Society of Abortion Doctors, Dt. Ges. f. Gynäkologie u. Geburtshilfe. H.: Reisen, Natur, künstler. Arb. m. Holz, Tauchen.

Freudenberg Christoph *)

Freudenberg Dieter *)

Freudenberg Götz Dr.

B.: selbst. RA. DA.: 70597 Stuttgart, Roßhausstr. 4. PA.: 70597 Stuttgart, Im Betzengaiern 12. G.: Stuttgart, 5. Okt. 1953. S.: 1973 Abitur Stuttgart, 1973-74 Bundeswehr, 1974-79 Stud. Rechtswiss. in Augsburg, 1980 2. Jur. Staatsexamen. K.: ab 1981 Büro Beinert, Henerkes + Binz Stuttgart, 1982 Prom., ab 1987 Partner im Büro Binz u. Partner, Fachanw. f. Steuerrecht, Ges.- u. Steuerrecht, insbes. d. Nfg.-Regelungen in Familienunternehmen, Unternehmenstransaktionen u. Börseneinführungen, ganzheitl. Beratung v. Familienunternehmen, u. Grossunternehmen, bundesweit tätig. P.: versch. Veröff. in Fachzeitschriften. M.: Mtgl. in Aufsichtsgremie (Aufsichts- u. Beiräte) versch. Unternehmen. H.: Tennis, Spaziergänge m. d. Hund.

Freudenberg Günter Dipl.-Ing. *)

Freudenberg Hermann
B.: Unternehmer; Vors. Ges. Aussch. Freudenberg & Co. FN.: Freudenberg & Co. DA.: 69469 Weinheim, Höhnerweg 4. G.: Berlin, 18. Aug. 1924. V.: Gisela, geb. Dumur. Ki.: 4 Kinder. S.: Gerberlehre, Chemiestud. K.: Seit 1950 Familienuntern., VPräs. IHK Rhein-Neckar, Vorst. Stifterverb. f. d. Dt. Wiss. Essen. M.: Rotarier.

Freudenberg Rainer
B.: Journalist, Fotograf. DA.: 37073 Göttingen, Böttingerstr. 2. info@freudenberg-web.de. G.: Göttingen, 10. März 1952. V.: Dagmar, geb. Lücke. El.: David, Rebecca. El.: Dieter u. Gisela. S.: 1969 FH-Reife Göttingen, 1969-72 Lehre Einzelhdls.-Kfm., 1973-74 Bundeswehr, 1974-77 Stud. Betriebswirtschaft u. Vw.

an d. Verw.- u. Wirtschaftsak. in Göttingen, 1999-2000 Weiterbild. z. Internetpublisher u. Online-Redakteur. K.: 1974-77 kfm. u. verkäuferische Aufgaben im Einzelhdl., 1977-81 Werbung, Presse- u. Öff.-Arb. in d. Ind., 1991-98 Redakteur d. Lutherischen Verlagshauses - verantwortl. f. d. Göttinger Ausgabe d. Ev. Zeitung, Nachrichtenredakteur d. Bez.-Redaktion Göttingen d. epd (Ev. Pressedienst), 1982-90 freiberuflicher Journalist: Text, Bild und Ton für Tageszeitungen, Illustrierte, Agenturen u. Rundfunk, seit 2000 Projektmanagement f. Online-PR: freiberufl. Tätigkeit als Web-Designer u. Programmierer, Konzeptions- u. Layouterstellung, Vermittlung v. Internet-Dienstleistungen. M.: 1987-89 Ortsver.-Vors. Göttingen Mitte-Nord (SPD), Fußballtrainer SC Rosdorf - Boule Sur Leine aktiver Pétanquespieler - Familiensportver. Göttingen -1. MGC (Miniatur Golf Club) - BG74 Göttingen Basketball Schiedsrichter. H.: alte Kameras, Modelleisenbahn Spur H0/H0E, Kochen, alte Bücher.

Freudenberg Reinhart Dr. jur.
B.: Ges. u. Sprecher d. Unternehmensltg. FN.: Freudenberg & Co. DA.: 69654 Weinheim. G.: 22. Juli 1932. K.: Ges. u. Sprecher d. Unternehmenslte. d. Freudenberg & Co. M.: AufsR. d. Frankfurter Hypothekenbank AG Frankfurt.

Freudenberg Wolfram

B.: Architekt. FN.: Arch.-Büro Wolfram Freudenberg. DA.: 53604 Bad Honnef, Bahnhofstr. 17a. PA.: 53604 Bad Honnef, Mühlenpfad 3C. G.: Bad Honnef, 19. November 1946. V.: Renate, geb. Hofmann. Ki.: Alina (1986). El.: Otto u. Irmgard. S.: 1964-66 Raumausstatterlehre in Bonn, 1966-68 Zeitsoldat, 1968-69 Volontariat Innenarchitekt Heinz Baumgarten BDIA Bonn, 1969-72 Stud. Innenarch. u. Hochbau FH Köln, 1973 Ing., 1973-77 Aufbaustud. Arch. TU Hannover, 1977 Dipl.-Ing. Architekt. K.: 1977-78 Planungsgruppe Stieldorf, 1978-88 Planungs AG Neufert in Köln, Projektleiter, seit 1989 Aufbau d. eigenen Büros, 2000 Niedrigenergiehaus m. Fotovoltaik, Solaranlage u. Regenwassernutzung, seit 2000 SPD OV-Vorst. Bad Honnef. P.: Dipl.-Arb.: Stadtentwicklungsplanung Trier-Nord, Kalender: Tag d. Arch. (1997). M.: Wassersportver., Turnver. Eiche (Tennis), SPD. H.: Lesen, Romane, Malen (Zeichnungen, Plastiken), Holzarbeiten, Tennis, Segeln, Schifahren.

Freudenberger Helga *)

Freudenfeld Axel
B.: Schulleiter. FN.: did deutsch-institut GmbH.

Freudenhammer Wilfried
B.: freiberufl. Feldenkraislehrer u. Dipl. (Human-) Biologe, Bereich Sport- u. Industrieanthropologie. DA.: 20149 Hamburg, Isestr. 59. wfreudenhammer@t-online.de. www.schule-fuer-bewegung.de. G.: Hamburg, 6. Feb. 1957. V.: Ute Rollwage. Ki.: Mira, Felix. El.: Siegfried u. Rosemarie. S.: 1977 Nat. Wiss. Gymn. Hamburg (Abitur), 1977-79 Zivildienst b. Diak. Werk,

1979-83 Grundstud. Biologie, Dipl., 1984-85 priv. Studienaufenthalt z. Themenfindung im Südpazifik, 1985-91Hauptstud. Humanbiologie, Zoologie, Psychologie u. Sportmed. Univ. Hamburg, Dipl. in Humanbiol. bei Prof. Dr. Knußmann, seit 1984 intens. Stud. i. Bereich chines. Kampfkünste-Taijiquan (Tai-Chi-Quan) b. Dr. Christa Proksch, 1985-89 priv. Ausbildung z. Feldenkrais-Lehrer b. Mia Segal. K.: 1991-92 Mitarbeit i. e. psychosomat. Klinik in Hamburg, 1989 Grdg. d. Schule f. Bewegung, Feldenkrais-Methode; Ansatz u. Ziele d. Feldenkrais-Methode: Soma als Lehransatz, Bewegungen werden freier, leichter. M.: Feldenkrais-Netzwerk, Taijiquan-Netzwerk, Greenpeace. H.: Familie, Taijiquan, Golf, Schwimmen, Musik, Film.

FreudenheimTom Dr. h.c. *)

Freudenreich Dorothea Dr. phil. Prof. *)

Freudenreich Hannes Peter
B.: freier Architekt. DA.: 70186 Stuttgart, Hoffmannweg 11. G.: Plüderhausen, 14. Jan. 1961. V.: Monika, geb. Obermeier. Ki.: Rosa, Lida. El.: Peter u. Hanna, geb. Schneider. S.: 1983-87 Arch.-Stud. FH Stuttgart. K.: 1987-89 Arch.-Büro Seibold + Bloss Waiblingen, 1988 Eintragung in d. Arch.-Kam., 1987-89 Stud. an d. Städelschule in Frankfurt/Main, 1989-90 Auslandsstud. am SCI - ACR Los Angeles, 1990-91 freie Mitarb. b. Daniel Libeskind Berlin, 1991-95 selbst. in Berlin, seit 1995 selbst. in Stuttgart, 1995 Eintragung in d. Stadtplanerliste, Schwerpunkte: Arch. v. Hochbau u. Stadtplanung z.B. Berlin, Prag, München, Nürnberg, Teilnahme an versch. Wettbewerbe u.a. Spreebogen Berlin, Kulturzeile Nürnberg 3. Preis, Museum Nürnberg 5. Preis, Arnea Ansbach 2. Preis. H.: Drachen fliegen, Kajak fahren, alte Autos.

Freudenreich Werner Günter *)

Freudenstein Reinhold Dr. *)

Freudenstein Rolf *)

Freudenthaler Oliver

B.: Fotografenmeister, Inh. FN.: Foto Schröck-Freudenthaler. DA.: 83410 Laufen, Schloßstr. 7. G.: Salzburg, 4. September 1972. V.: Tania. Ki.: Alexander (1991), Constantin (1999). El.: Dieter u. Ursula. BV.: Franz Xaver Schröck - 1860 Fotografenmeister in Laufen. S.: 1989 Mittlere Reife, 1990-93 Lehre Fotograf Laufen u. Kaufbeuren. K.: 1994-95 Fotograf in Laufen, 1996 Ass. in einem Werbestudio am Bodensee, 1997 Meisterprüf. in München, seit 1998 Fotografenmeister im elterl. Betrieb m. Schwerpunkt Werbe- u. Ind.-Fotografie. H.: Arbeit m. Licht.

*) Biographie www.whoiswho-verlag.ch oder beigefügte CD-ROM

Freudiger Wieland Dipl.-Ing.

B.: Innenarchitekt AKNW/ BDIA. FN.: archimotion Architektur-Innenarchitektur-Visualisierung. DA.: 40479 Düsseldorf, Moltkestr. 101. freudiger@archimotion.de. G.: Münster, 1. Sep. 1964. S.: 1985 Abitur, 1986-89 Tischler, 1989-93 Stud. Innenarch. FH Hildesheim, Dipl.-Innenarchitekt. K.: 1993-95 Mitarb. im Büro v. Gerkan, Marg + Partner, Projekt: "Neue Messe Leipzig", 1995-98 Freie MA im Büro BM+P/F. O. Gehry, Projekt "Der Neue Zollhof" (3D-CAD Planung Catia), 1999 Corporate Interior Design DDB "Der Neue Stahlhof", 1999 Bürogründung archimotion Architektur - Innenarchitektur - Visualisierung, 1999 CI-Konzept/Videoanimation AG FA- Outlet-Store, 2000-01 Sanierung/Innenarchitektur/ Gartengestaltung Jugendstil-Villa, CI-Konzept Berufsbekleidung Schmitz, Entwurf/Planung Bistro "Selin". P.: Bund Deutscher Innenarchitekten Handbuch 1994 "Marina Geestnacht", Bund Deutscher Innenarchitekten Handbuch 2001 "Architektur in Bewegung". H.: klass. Musik, internationale Küche, Boule, MG Roadster.

Freuen Helmut *)

Freumuth Andreas *)

Freund Birgit

B.: Apothekerin, Inh. FN.: Hohwisch-Apotheke. DA.: 28205 Bremen, Hamburger Str. 270A. G.: Wilhelmshaven, 17. Jan. 1962. V.: Andreas Freund. El.: Manfred u. Edith, geb. Gerke. S.: 1981 Abitur Wilhelmshaven, Stud. Pharmazie Univ. Berlin, 1986 Approb. z. Apothekerin, dann in versch. Apotheken in Berlin u. Bremen. K.: seit 1995 selbst. Apothekerin, Übernahme d. Hohwisch-Apotheke in Bremen als Inh., Weiterbild.-Stätte f. Offizin Pharmazie. H.: Tanzen, Rock'n Roll.

Freund Bodo Dr. *)

Freund Christian Roland *)

Freund Christian *)

Freund Eckhard Dr.-Ing. o.Prof. *)

Freund Gerhard Dipl.-Ing. *)

Freund Gisela Dr. Prof.
B.: em. o.Univ.-Prof. PA.: 91054 Erlangen-Buchenhof, Am Ruhstein 51. G.: Solingen, 30. Nov. 1920. El.: Richard u. Hedwig. S.: Abitur, Stud., Prom., Habil. K.: wiss. Ass., Priv.Doz., apl.Prof., o.Prof. P.: Die Blattspitzen des Paläolithikums in Europa (1952), Die ältere und mittlere Steinzeit in Bayern (1963), Die mittelpaläolithische Geröllindustrie aus der Umgebung von Kronach in Oberfranken (mit L. Zotz) (1973), Das Paläolithikum im Donaubogen südlich Regensburg (1977), Das Paläolithikum der Oberneder-Höhle (Landkreis Kelheim/Donau) (1987), Sesselfelsgrotte I. Grabungsverlauf und Stratigraphie (1998), ferner ca. 100 Beiträge in Fachzeitschriften. M.: o.Mtgl. d. Dt. Archäolog. Inst., Délégué de la Société Préhistorique française (Paris), pour l'Allemagne de la Société Préhistorique de l'Ariège, Hugo Obermaier-Ges. f. Erforschung d. Eiszeitalters u. d. Steinzeit. Membre de l'Istituto di Preistoria e Protostoria" (Firenze).

Freund Hans-Joachim Dipl.-Kfm. *)

Freund Hans-Joachim Dr. med. Prof. *)

Freund Hans-Joachim Dr. rer. nat. Prof. *)

Freund Harald K. *)

Freund Harold Helmut *)

Freund Ingrid
B.: selbst. Unternehmensberaterin. DA.: 63741 Aschaffenburg, Orbweg 3. G.: Aschaffenburg, 6. Aug. 1949. V.: Alfred Freund. Ki.: 2 Kinder. S.: 1966 Kfm.-Gehilfenprüf. Textilgroßhdl. K.: 1967 in d. Anzeigenabt. d. Volksblatt, 1971 Sekr. im Baustoffhdl., 1977-81 in d. Firma Ladenbau Orschler, 1984 Ausbild. Bilanzbuchhaltung, b. 1990 Ausbild. Unternehmensberatung IHK, seit 1990 selbst. Unternehmensberaterin. P.: Ltg. v. Seminaren. M.: Handwerkskam., AufsR. d. EKS, Kirchenchor, Sportver. H.: Lesen, Pferde, Wandern.

Freund Josef *)

Freund Lothar *)

Freund Michael
B.: Profi-Reitsportler (Vierspänner-Fahrer/A-Kader), Kfm. FN.: c/o Dt. reiterl. Vereinigung. DA.: 48231 Warendorf, Frhr.-von-Langen-Str. 13. G.: 16. Sep. 1954. V.: Sonja. Ki.: Marco (1996). K.: Equipechef Donau-Alpen-Pokal 1994 Lausanne, EM Pony-Vierspänner 1997 Meißenheim, WM Zweispänner 1997 Riesenbeck, DM: 1976, 1989, 1991, 1992, 1993, 1994, 1996 u. 1998 Goldmed., 1980, 1986, 1987 u. 1988 Silbermed., 1981, 1983 u. 1985 Bronzemed., WM: 1992 u. 1994 Goldmed. Mannschaft, 1994 Goldmed. Einzel, 1978, 1996 u. 1998 Silbermed. Mannschaft, 1998 Silbermed. Einzel, 1986 u. 1988 Bronzemed. Mannschaft, 1992 4. Pl. Einzel, 1986 u. 1996 5. Pl. Einzel, 1988 7. Pl. Einzel, 1991: Preis d. Nationen CHIO Aachen/2., 1992 Preis d. Nationen/1., Einzel CHIO Aachen/2., CAI Riesenbeck/ Caio Breda/3., CAI Donaueschingen/1., CAI Luhmühlen/1.; 1993: Preis d. Nationen/1., Einzel CHIO Aachen/3., Preis d. Nationen/1., Einzel CAIO Breda/2.; 1994: Luhmühlen-Cup/1., Preis d. Nationen/1., Einzel CHIO Aachen/1., Preis d. Nationen/ 1., Einzel CAIO Breda/3.; 1995: Mannschaft/1., Einzel CAI Windsor/2., Mannschaft/1., Einzel CHIO Aachen/2., CAI Riesenbeck/ 1.; 1996: CAA Landstetten/1., Preis d. Nationen/2., Einzel CHIO Aachen/3.; 1997: CAI Landstetten/3., CAI Donaueschingen/2.; 1998: CAI Riesenbeck/1., Preis d. Nationen/2., Einzel CHIO Aachen/1.; 1999 Preis d. Nationen/2., Einzel CHIO Aachen/2., Preis d. Nationen/1., Einzel CAIO Breda/3., CAI Weer/1., CAI Landstetten/1. M.: DOKR-Fahrausssch., Vpräs. d. Intern. Fahrer-Clubs. H.: Handball, Skifahren.

Freund Peter Dipl.-Ing.
B.: Architekt. DA.: 04315 Leipzig, Lilienstr. 4. G.: Sommerfeld, 10. Aug. 1941. V.: Anita. Ki.: Katrin. El.: Willi u. Margarethe. BV.: Großvater Karl Hein - Lagerverkäufer in d. Textilbranche. S.: 1957/58 während d. Mittelschule Leistungssportler im Handballclub Lokomotive Leipzig, 1958 Lehre Maurer VEB Bauunion Leipzig, 1960 Abitur Arb.- u. Bauernfakultät Leipzig, Stud. Arch. TU Dresden, 1962 Dipl.-Ing. Abschluß. K.: bautechn. Projektierung im Kombinat f. Bauelemente & Faserwerkstoffe in Leipzig, 1968 Herstellung v.

*) Biographie www.whoiswho-verlag.ch oder beigefügte CD-ROM

Häusern, Bungalows u. leichten Mehrschichtelementen, wiss. Mitarbeit am Forsch.-Inst. d. Kombinars BauFa, 1973 Projektierung u. Gruppenltr., 1976 Abt.-Ltr. im Ing.-Büro BauFa, 1979 tätig im Bereich Außenwirtschaft d. Kombinats, 1986 Messestandsdir. der Leipziger Messe für das Kombinat, 1987 apl.Aspirantur an d. TU Dresden, 1991 Eröff. d. Arch.-Büros spez. f. Fertigbauweise, Projektierung v. Häusern in Altbausanierung, 1994 Aufenthalt in Schweden und Erkundigungen über Hausbausätze u. 2001 in d. Ukraine m. Erkundigungen über Passivhäuser; Projekte: Häuserbau an d. Loire in Frankreich, Afrika, Guinea, Fassaden- u. Ges.-Bau, Häuser in Griechenland. P.: Art. über Holzbauweise in d. Fachzeitschrift "Dt. Arch.". M.: Architektenkam., BDA. H.: klass. Musik, Theater, Sport, Fußball.

Freund Reinhold *)

Freund Steffen
B.: Profi-Fußballer. FN.: c/o Tottenham Hotspur FC. DA.: GB-London N17 OAP, 748 High Road. www.spurs.co.uk. G.: Brandenburg, 19. Jan. 1970. K.: Karrierestart b. Motor Sd Brandenburg, Stahl Brandenburg, 199-93 FC Schalke 04, 1993-98 Borussia Dortmund, s. 12/1998 b. d. Tottenham Hotspur, 1997 WC-Sieger, 1995 u. 1996 Bundesliga-Champion, 1996-98 EC, 1998 WC.

Freund Tessen

B.: Gschf. FN.: Altavier Informationssysteme u. Consulting GmbH. DA.: 10625 Berlin, Bismarckstr. 98. tfreund@altavier.de. www.altavier.de. G.: Berlin, 7. Juli 1971. El.: Bernhard u. Karin, geb. Simons. S.: 1991 Abitur Oberstufenzentrum f. Wirtschaft u. Verw., 1991-98 Stud. Informatik TU Berlin m. Dipl.-Abschluß. K.: 1987-89 Verriebsmitarbeiter in d. Firma Vobis in Berlin u. b. 1991 Expansionsmitarb., 1992-95 selbst. m. Hard- u. Softwarevertrieb, 1998 freiberufl. Consultant, 1998 Mitarb. im Bereich EDV u. Systemanalyse an d. TU Berlin u. 1999 wiss. Mitarb., 1999 Grdg. d. Firma Altavier GmbH in Berlin u. seit 2000 Gschf., seit 2000 anerkannter Ausbilder d. IHK f. Fachinformatik. H.: Segeln.

Freund Thomas Dipl.-Kfm.
B.: Kfm. Angestellter. FN.: Aral AG & Co. KG. DA.: 44789 Bochum, Wittener Str. 45. PA.: 44803 Bochum, Laerfeldstr. 10a. Little.Tomlins.EuT.Freund@t-online.de. Thomas.Freund@aral.de. G.: Bochum, 29. Jan. 1959. V.: Evelyn, geb. Deike. Ki.: Lisa (1992). El.: Joachim u. Renate. S.: 1975-78 Kfm. Schulen IHK, Bochum, Abschluss: Einzelhandelskaufmann, 1980-81 FOS f. Wirtschaft, Bochum, Abschluss: FH-Reife, 1981-88 Stud. Univ. Essen, Abschluss: Dipl.-Kfm., zur Zeit Stud. Tierheilkunde/-medizin in Köln. K.: 1979-80 Einrichtungskfm. Arti Domo/Domo Licht, Bochum, 1988-89 Vertriebskoordinator Aral AG, Frankfurt, 1990 Finanzberater Aral AG, Osnabrück, 1991-95 Unternehmensberater Aral AG, Bochum, seit 1996 Finanzmanagement, Ausbildungsbeauftragter Aral AG & Co. KG, Bochum. BL.: 1.

Vors. d. Züchter- u. Interessengemeinschaft Norwegische Waldkatzen in d. DRU (ehrenamtl.). P.: div. aralinterne Artikel, Skript zur artgerechten Haltung v. Rassekatzen. M.: seit 1990 Verband Dt. Rassekatzenunion DRU, Köln. H.: Haltung u. Zucht v. Rassekatzen (norw. Waldkatzen- seit 1990 unter eigenen Zwingernamen "Little Tomlin's", Meerwasseraquaristik, Tierheilkunde/-medizin.

Freund Winfried Dr. phil. Prof. *)

Freund Wolfgang
B.: Managing Director. FN.: Freund + Freunde Webeagentur. DA.: 60314 Frankfurt/Main, Hanauer Landstr. 143. PA.: 63303 Dreieich, Maienfeldstr. 44. Wf@freundundfreunde.de. G.: Würzburg, 17. Sep. 1949. V.: Beate, geb. Rexroth. Ki.: Julia (1979), Sophie (1982). El.. Richard u. Lucia. S.: 1969 Abitur Lohr, Stud. Visuelle Kommunikation FHS Darmstadt u. SHFBK Braunschweig. K.: Studienreise nach Nord- u. Westafrika, 1 J. Red. b. Pardon, 2 J. Mitarb. UNESCO Senegal, 1982 in d. Werbung b. TBWA Frankfurt, 1992 Mitgchf. ABS, bis 1999 Mitgeschf. TBWA, seit 2000 Inh. d. Werbeagentur Freund + Freunde.

Freundl Günter Dr. med. Prof.
B.: Chefarzt. FN.: Frauenklinik d. städt. Lehr-KH Düsseldorf-Benrath. DA.: 40593 Düsseldorf, Urdenbacher Allee 83. G.: Illertissen, 30. Mai 1938. V.: Ulrike, geb. Schöler. Ki.: Ing. Christian (1971),Dr. Tanja (1973), Susanne (1978). S.: 1958 Abitur, 1959 Stud. Physik, 1960 Bundeswehr, 1960-65 Stud. Med. Würzburg, Bonn u. Innsbruck, 1965 Prom. K.: 1972-77 kirchl. Entwicklungshilfe in Nordnigeria, 1981 Habil. an d. Frauenklinik d. Univ. Düsseldorf m. Schwerpunkt Endokrinologie u. Reproduktionsmedizin (Paarproblematik), betreut an Forschungsprojekte "Natürliche Familienplanung" an d. H.H.-Univ. Düsseldorf. P.: ca. 90 Publ., 2 Bücher: "Kinderwunsch - Neue Wege zum Wunschkind" (München, 2001), "Gynäkogische Endokrinologie für die Praxis" (Stuttgart, 1995). H.: Bergwandern, Schifahren, Musik, EDV.

Freundt Heike
B.: Zauberkünstlerin. FN.: Freund & Freundin, Gilda. DA.: 37124 Rosdorf, Hohlebachsweg 19. hfreund@gwdg.de. G.: Obernjesa, 29. Juni 1960. V.: Jörn Freundt. El.: Heinz u. Lisa Schäfer, geb. Hopusch. S.: 1975 Mittlere Reife Göttingen, 1975-78 Fachoberschule Chemie, Abschluss: Chem.-Techn. Ass. K.: 1978-79 CTA in einem chem. Labor, 1979-81 Außendienst b. einem Lehrmittelhersteller (Chemie), s. 1981 techn. Ang. an d. Univ. Göttingen Biolog. Fak., seit 1977 Zauberei. BL.: als Freund & Freundin Auftritte m. Tierillusionsshow in Europa. E.: mehrfach intern. ausgezeichnet. M.: MZvD e.V., Magischer Zirkel v. Deutschland e.V., CFA Cat Fanciers Assoc. H.: Kunst, Kultur, Tanzen, Zucht v. Perser Katzen, alte Spielfilme.

Freundt Jörn-Ulf
B.: Zauberkünstler. FN.: Freund & Freundin. DA.: 37124 Rosdorf, Hohlebachsweg 19. hfreund@gwdg.de. G.: Göttingen, 18. Aug. 1953. El.: Wolf-Dieter u. Ingeborg, geb. Weber. S.: 1970 Mittlere Reife Göttingen, 1971-73 Ausbild. z. Sparkassenkfm., 1974-75 Bundeswehr. K.: 1975 Ang. d. Sparkasse Göttingen, 1976-79 Kundenberater Sparkasse Göttingen, seit 1979 Kundenberater Dresdner Bank Göttingen, seit 1963 Zauberer. BL.: als Freund & Freundin Auftritte m. Tierillusionsshow in Europa. E.: mehrfach intern. ausgezeichnet. M.: MZvD e.V., Magischer Zirkel v. Deutschland e.V. H.: Lesen, Fitness, Kunst, Kultur, Tanzen.

Freundt Klaus Jürgen Dr. med. Prof. *)

*) Biographie www.whoiswho-verlag.ch oder beigefügte CD-ROM

Frevel Petra

B.: Fachanw. für Steuerrecht. DA.: 6606 St. Wendel, Gymnasialstr. 19. G.: Saarbrücken, 4. Juli 1961. V.: Christoph Müller. Ki.: Solveig (1999), Freya (2000). El.: Edmund u. Margot Frevel, geb. Flamann. S.: 1980 Abitur Völklingen, 1980 Stud. Rechtswiss. Univ. Saarbrücken, 1986 1. u. 1989 2. Staatsexamen, 1986 Referendariat OLG Zweibrücken u. Finanzgericht Saarbrücken, 1988-90 Stud. Verw.-HS Speyer. K.: 1990 tätig bei W & ST AG in Dillingen, 1993-97 tätig im Steuerberatungsbüro Förderer & Keil in Saarbrücken, 1995 Zulassung z. RA, seit 1998 selbst. in St. Wendel m. Tätigkeitsschwerpunkt Steuer- u. Familienrecht, seit 2000 Fachanw. f. Steuerrecht. M.: Saarländ. Anw.-Ver. H.: Klavier spielen, Lesen, Theater, bild. Kunst.

Frevert Thomas

B.: Gymnasiallehrer, Inh. FN.: Linguistisches Inst. DA.: 45127 Essen, Kettwiger Str. 43. www.linguistisches-inst.de. G.: Karlsruhe, 31. Okt. 1952. V.: Ilka, geb. Gurt. El.: Walter u. Heinke, geb. Stoeckel. S.: 1973 Abitur Baden-Baden, 1973-75 Wehrdienst, 1975-83 Stud. Heidelberg, 1983 Staatsexamen, 1983-84 Referendariat, 1984-85 Internat Königsberg. K.: seit 1985 selbst., Inh. v. 4 Privatschulen in Essen. P.: WAZ Zeitung. M.: V.D.P. Verb. d. Dt. Privatschulen. H.: Meteorologie, Skifahren, Surfen, Reisen.

Frey Claudia

B.: RA. DA.: 76133 Karlsruhe, Reinhold-Frank-Str. 28. rainc. frey@web.de. G.: Stuttgart, 4. März 1953. S.: 1972 Abitur, 1972-73 Studium Franz. u. Ital. Dolmetschinst. Heidelberg, 1973-78 Stud. Rechtswiss. Heidelberg, 1978 1. Staatsexamen, 1978-80 Referendariat LG Mosbach, 1980 2. Staatsexamen. K.: 1980-81 ang. RA in Freudenstadt u. b. 1984 in Rottenburg, 1984 Eröff. d. Kzl. in Karlsruhe m. Tätigkeitsschwerpunkt Zivil-, Erb- u. Familienrecht. H.: Tennis, Mountainbiken, Badminton.

Frey Dieter *)

Frey Dieter Dr. Prof. *)

Frey Dietrich *)

Frey Ernst Eberhard Dipl.-Ing. *)

Frey Georg A. *)

Frey Gerhard Michael Dr.

B.: Verleger. PA.: 81243 München, Paosostr. 2. G.: Cham/Oberpfalz, 18. Febr. 1933. El.: Adalbert u. Frida Frey. S.: Studium Rechts- u. Staatswissenschaften, Dr. rer. pol. K.: Verleger Nationa -Zeitung, Bundesvorsst. DT. Volksunion DVU. H.: Briefmarken, Angeln, Schießsport.

Frey Hans-Erich *)

Frey Hans-Hasso Dr. med. vet. Prof. *)

Frey Herbert Karl Prof.

B.: HS-Lehrer, Inst.Ltr. FN.: Univ. Stuttgart PA.: 40883 Ratingen, Hösel-Sinkesbruch 44. G.: Teschen, 16. Jan. 1920. V.: Helga, geb. Weidlich. Ki.: Christine, Gabriele. El.: Karl u. Hedwig. S.: Hdls.HS u. Univ. Leipzig, 1947 Dipl.-Kfm. K.: 1948 Dipl.Hdls.Lehrer, 1948 StR. Wirtschaftsoberschule Leipzig, 1949 Abt. Komunales Wirtschaftsunternehmen Leipzig, 1957 Organ.Ltr. Krupp Konzern Essen, 1959 Gschf. Wirtschaftsver. Bauind., 1964 Ltr. d. Betriebswirtschaftl. Inst. d. Westdt. Bauind. Düsseldorf. P.: ca. 100 wiss. Beiträge. E.: 1976 Hon.Prof. Univ. Stuttgart. M.: Vors. d. Aussch. Bauwirtschaft d. Schmalenbachges., Dt. Ges. f. Betriebswirtschaft. H.: Geschichte d. Bau- u. Wohnungswesens, insbesondere Osteuropa.

Frey Hermann *)

Frey Hubertus Carl "hace"

B.: selbst. Grafik-Designer. FN.: Consulting art direction. DA.: 70192 Stuttgart, Im Steinberg 3. S.: Ausbild. z. Bühnenbildner, 3 J. Theater u. Kabarett, Stud. Grafik u. Grafik-Design, Studienreisen in Europa u. USA. K.: Gründer u. 2 J. Chefredakteur d. Zeitschrift f. visuelle Kommunikation "Format", 2 J. Graf. Redakteur d. Idoc Rom, 15 J. Mitglied d. Designgruppe behr intern., Plattencover und Buchdesign m. über 2000 Titel, Doz. f. visuelle Kommunikation, Mitglied. d. Ak. d. Künste und Design - Freie Kunstschule Stuttgart e.V., Mtgl. d. Intern. Center for the Typographic Arts New York ICT, Mtgl. d. DWK in d. Federation Intern. d. Clubs de Publicite Paris FICP, Mtgl. im Dt. Werkbund DWB, Ehrenmtgl. im Bund Dt. Grafikdesigner BDG. BL.: Intern. Ausstellungen: Belgien, Bulgarien, Deutschland, Frankreich, NL, Indien, Japan, Österr., Polen, Rumänien, Schweiz, Tschechoslowakei, Ungarn, USA, ständig vertreten im Museum of Modern Art New York. E.: BVK am Bande d. VO d. BRD, 4 Goldmed., 6 Silbermed., 6 Bronzemed., 6 Dipl., 18 Preise, viele nat. Med. u. Ausz.

Frey Josef *)

Frey Karl Dr. Prof. *)

Frey Kurt *)

Frey Norbert *)

Frey Otto-Herman Dr. phil. *)

Frey Peter Dr.

B.: Ltr. d. Hauptredaktion Außenpolitik. FN.: ZDF. DA.: 55100 Mainz-Lerchenberg, ZDF-Straße. frey.p@zdf.de. G.: Bingen, 6. Aug. 1957. S.: 1976 Abitur, 1977 Zivildienst, 1978-86 Stud. Politikwiss., Päd. u. span. Philol. Mainz u. Madrid, Prom. K.: 1978-

*) Biographie www.whoiswho-verlag.ch oder beigefügte CD-ROM

83 Redakteur u. Reporter b. Hörfunk d. Südwestfunks in Baden-Baden u. Mainz u. bei d. Frankfurt Rundschau in Frankfurt, 1981-83 Studienaufenthalte in Madrid als Stipendiat d. span. Außenmin., seit 1983 Redakteur u. Reporter d. "heute-journal" b. ZDF m. Berichten aus Mexico, Nicaragua, Polen u. Spanien, 1988-90 persönl. Ref. d. ZDF-Chefredakteurs, 1991-92 stellv. Ltr. d. ZDF-Studios Washington, 1992-98 Ltr. d. ZDF-Redaktion "Morgenmagazin", 1995-98 stellv. Ltr. d. ZDF-Studios Berlin, seit 1998 Ltr. d. ZDF-Hauptredaktion Außenpolitik u. Moderator d. "Auslandsjournals" u. zahlr. Spezialsendungen, Live-Übertragungen u.a. Tod v. König Hussein v. Jordanien u. königl. Hochzeiten. P.: polit. Reportagen "Wer rettet Rußland?", "Im Namen d. Öls" (2000), "Wem gehört d. Mittelmeer?" (2000), "Die letzte Weltmacht" (2000), "Der Fluch d. Öls v. Bagdad nach Jerusalem" (2001); Länderberichte über Spanien (1983-90), "Spanien u. Europa, d. span. Interkulturellen u. d. Europ. Integration" (1986), regelm. Berichte f. versch. Tages- u. Wochenzeitungen. H.: moderne Malerei, Literatur, Architektur, Segeln.

Frey Ralph *)

Frey Reinhard Dr. rer. nat. habil. Ing. *)

Frey Reinhold Dipl.-Kfm.
B.: Dir. u. Ltr. d. Ndlg. Passau. FN.: Vereinsbank. DA.: 94032 Passau, Ludwigspl. 2. PA.: 83024 Rosenheim, Mühlbachstr. 2. G.: Weiden, 22. Aug. 1954. El.: Richard u. Maria. S.: Gymn., 1972 Abitur, 1973-79 BWL-Stud. Regensburg, Dipl.-Kfm. K.: seit 1979 Dipl.-Kfm. b. Vereinsbank, 1979-80 Traineeprogramm Weiden, 1980-83 Kreditsachbearb. Offenbach/Main, 1983 München, 1984-87 Filiallltr. Pocking, 1987-92 stellv. Filiallltr. in Passau, 1992-94 Filiallltr. Cham, seit 1994 Dir. d. Ndlg. Passau. M.: Gründer d. Round Table Passau, Schatzmeister d. Round Table Deutschland, BKU. H.: Golf, Tennis, Skifahren, Reisen.

Frey Stefan Josef Theodor Dipl.-Kfm. *)

Frey Thomas

B.: Gschf. Ges. FN.: W.A.R. Wirtschaftsakademie Am Ring GmbH. DA.: 50670 Köln, Hansaring 79-81. G.: Idar-Oberstein, 24. Juni 1953. Ki.: Julia (1982). El.: Alois u. Gisela. S.: 1973 Abitur Remscheid, 1973-75 Bund, 1975-81 Stud. Germanistik u. Sozialwiss., 1. Staatsexamen, 1983-85 Referendar Gymn. Leichlingen, 2. Staatsexamen. K.: 1985-99 Schulleitung Wirtschaftsschule Bohlscheid Köln, 1999 Grdg. W.A.R. in Köln, Fortbildungen, Umschulungen, Firmenschulungen, Training, Coaching Beratung. BL.: Mitbegründer u. Sprecher d. Arbeitskreises "Berufl. Weiterbild." Region Köln mit 140 Bildungseinrichtungen. P.: Fachart. H.: Musik, Tennis, Fernsehen, Schwimmen.

Frey Thomas
B.: Gschf. FN.: Team Deisterstraße Temps GmbH i.G. DA.: 30449 Hannover, Deisterstr. 33-35. teamdeisterstrasse@t-online.de. G.: Hannover, 16. Juni 1969. El.: Bernd u. Sigrid, geb. Honshausen. S.: b. 1987 Ausbild. z. Kfz-Schlosser in Hannover, b. 1988 b. d. Dt. Bundesbahn, b. 1992 b. Militär, b. 1995 2. Ausbild. z. Bürokfm. b. d. Firma Michael Kfz GmbH. K.: parallel Security Bereich b. "Holiday on Ice", b. 1997 Geschäftsltg.-Ass. dann z. Motorrad-Rampe in Hannover, 1998 Verkausltr. Team-Deisterstraße, seit 2001 Gschf. d. Team Deisterstraße GmbH. P.: div. Veröff., Motorradtestberichte "Faszination zu 2 Rädern" f. d. BILD-Zeitung, Teilnahme an vielen Turnieren/Bez.-Meisterschaften Radball u. sehr gr. Events (Karneval Aachen, German open m. d. Wölper Löwen in Hameln, Schützenfest in Hannover). M.: Stahlradver. Laatzen, Drum-Bugle Chor "Wölper Löwen" Neustadt a. Rbg. H.: Motorradfahren, Radball, Squash, Musik.

Frey Werner *)

Frey Wolfgang Dipl.-Ing.

B.: Architekt, Inh. DA.: 58256 Ennepetal, Scharpenberger Str. 40c. Frey@Avunet.de. G.: Wuppertal, 7. Mai 1947. V.: Roswitha, geb. Zavsek. Ki.: Susanne, Sandra. El.: Ludwig u. Margoth, geb. Clemens. S.: 1965 Mittlere Reife, 1971 Dipl.-Ing., 1973 Architekt. K.: 1971-78 ang. Architekt, seit 1978 selbst. Praxis als Architekt. F.: Freybau GmbH. M.: seit 1975 Freikörperkultur LBW Wuppertal e.V., FDP Vors. Ennepetal u. Rat. H.: Radfahren, Kultur.

Frey-Bitterli Hedi *)

Frey-Ratzinger Christine A. *)

Frey-Schülke Eva *)

Freybe Günter Dr. iur. *)

Freiherr von Freyberg Pankraz Dr. phil. *)

Freiherr von Freyberg Ulrich Dr. *)

Freyberger-Heyne Renate *)

Freye Günter B.
B.: Dipl.-Wi.-Ing., Aufsichtsratsvorsitzender. FN.: F&V Vermögensverw. AG. DA. u. PA.: 10787 Berlin, Nürnberger Str. 67. G.: Warendorf, 3. März 1942. V.: gesch. Ki.: Dominik (1969), Henrik (1970). El.: Wilhelm u. Klara, geb. Holtkamp. S.: 1965 Abitur, 1961-64 Staatl. Ing.-Schule Kassel, Ing. f. Fertigungstechnik, 1965-69 Dipl.-Wirtschaftsing. TU Berlin. K.: 1958-61 Lehre u. Abschluß Landmaschinenschlosser Warendorf, 1964/65 Junging. Firma Zettelmeyer Konz b. Trier, 1969-71 Ass. f. VWL TU Berlin, 1971 Grdg. Dipl.-Ing. Günter B. Freye KG heute Dr. Görlich GmbH, 1971-83 Gschf. Ges. Freye Immobilien GmbH Berlin, 1984 F & V Vermoegensverw. GmbH, 1990 Grdg. F & V Investmentfonds Informations-Center u. Vermittlungs GmbH, 1991 Grdg. F & V Management Company S.A. Luxemburg, 1992 Grdg. F & V Finanzverlag GmbH, seit 1992 Vors. d. VerwR. d. F & V Management Company S.A., 1995 Umwandlung d. F&V Vermögensverwaltung AG. BL.: Gründer d. 1. Dt. Investmentfonds Centers, Initiator d. 1. in Deutschland z. Vertrieb berechtigten Investmentfonds in geschlossenen Wertpapierfonds investiert, F & V International Investment Fund. P.: 1981 "Über den sozialen Wohnungsbau Berlin als steuerbegünstige Kapitalanlage", zahlr. Art. z. Thema "Kapitalanlagen", seit 1972 im "Handelsblatt", "Wertpapier", "Ärzteratgeber", "Recht u. Praxis d. Kapitalanlage", "Jahrbuch d. Dt. Anlageberatung". M.: Verb. d. Wirtschaftsing., Blau-Weiß Tennisclub Berlin. H.: Tennis, Reisen. (G.K.)

*) Biographie www.whoiswho-verlag.ch oder beigefügte CD-ROM

Freyer Achim Prof.

B.: freiberufl. Künstler - Maler, Regisseur. FN.: Atelier in Berlin u. Italien. DA.: 12205 Berlin, Kadettenweg 53. G.: Berlin, 30. März 1934. Ki.: Amanda (1971), Julia (1971). El.: Alfred u. Hildegard. BV.: Onkel Kurt Freyer bedeutender Innenarchitekt (Kongreßhalle) Berlin. S.: 1951-55 Stud. Gebrauchsgrafik, 1954-56 Meisterschüler f. Bühnenbild v. Bertold Brecht an d. Ak. d. Künste Berlin. K.: s. 1956 freischaff. Maler 1959-72 Bühnen- u. Kostümbildner f. Ruth Berghaus, Adolf Dresen u. Benno Besson, 1965 Numerieren v. Steinen an d. Ostsee - aus Ordnung u. Störung v. Ordnung, 1969 Idee eines Theaters d. Baumstämme, 1972 Übersiedlung nach Westberlin, seit 1972 neben d. freien Malerei Arb. als Regisseur, Bühnen- u. Kostümbildner f. Schauspiel u. Musiktheater, 1975-77 begleitende Ausstellungen, Performances, Objekte u. Aktionen z. Theaterarb., 1976 o.Prof. an d. HS d. Künste Berlin, 1976 Realisierung div. künstler. Gemeinschaftsarb. m. d. Komponisten Mauricio Kagel, Dieter Schnebel, Philip Glass, Erhard Grosskopf, Reiner Bredemeyer u. Alvin Curran, 1977 Beteiligung an d. documenta in Kassel, 1979 Beteiligung an d. Quadriennale in Prag (Intern. Bühnenbildausstellung), 1981 Beteiligung an d. Ausstellung Deutsche Kunst heute, Musée d'Art Moderne de la Ville Paris, 1983 Personalausstellung Achim Freyer - Malerei 1966-1983, Gr. Orangerie v. Schloß Charlottenburg Berlin, Katalog, 1987 Beteiligung an d. documenta 8 in Kassel, 1989 Wahl z. Mtgl. d. Ak. Künste Berlin, 1990-91 Entwurf d. Kirchenfenster u. Raum-Farb-Licht-Gestaltung d. expressionistischen Kirche am Hohenzollernplatz in Berlin, 1991 Grdg. d. Freyer-Ensembles, Autor versch. Stücke Filmregie u. Ausstellung MET AMOR PH OSEN u. Reise ins Blaue, 1992 Personalausstellung - Achim Freyer, Chaos u. Stille - Eine Retrospektive, 1965-92 Galerie d. Stadt Kornwestheim, Katalog, Grdg.-Mtgl. d. Freien Ak. d. Künste zu Leipzig, 1994 Personalausstellung Achim Freyer, Taggespinste Nachtgesichte, Malerei Werkschau, Ak. d. Künste, Katalog Berlin, 1995 Personalausstellung Achim Freyer Totentänze - Arb. auf Papier, Musikbiennale in d. Academia Venedig Katalog, 1998 Personalausstellung Achim Freyer - in hora mortis - Artco Galerie Leipzig Katalog, Wahl z. Mtgl. d. Sächs. Ak. d. Künste Berlin, 1999 Emeritierung als Prof. an d. HS d. Künste Berlin, Dt. Beitrag z. Prager Quadriennale, Wahl z. Mtgl. d. Bayer. Ak. d. Schönen Künste, 1999-2000 Personalausstellung Malerei, Plastiken, Zeichnungen 1959-1999 Freundeskreis Willi-Brandt-Haus e.V. Berlin, Personalausstellung Wien - Postsparkasse im Otto-Wagner-Bau Katalog, Regisseur, Bühnenbilder u. Kostüme am Burgtheater Wien u. zu d. Salzburger Festspielen, Inszenierungen Schwetzinger u. Wiener Festwochen, Zusammenarbeit mit d. Münchener Galerie Helmut Leger. E.: 1960 Malereipreis d. gr. Berliner Kunstausstellung, 1990 BVK 1. Kl., 1998 Preis d. ITI z. Welttheatertag, 1999 1. Preis Goldmed. f. d. Dt. Beitrag b. d. Prager Quadriennale, 2000 Bayerischer Theaterpreis. H.: Sammeln v. Kunst.

Freyer Claudius *)

Freyer Cornelius

B.: Antiquitätenhändler u. Restaurator. DA.: 74080 Heilbronn, Klingenberger Str. 12 + 34/1. G.: Stuttgart, 23. Jan. 1952. El.: Architekt Egon u. Herta. S.: Abitur, Bundeswehr, Lt. d. Res., 1974-79 Studium d. Arch., Touristik-BWL. K.: seit 1979 Antiquitätenhändler, Restaurator u. Einrichtungsberater. H.: Oldtimer, Motorrad, Segeln, Kochen, Sprachen: Französisch, Englisch.

Freyer Frank

B.: Friseurmeister, Gschf. Ges. FN.: Trio Hair & Company. DA.: 30159 Hannover, Holzmarkt 1. trio-hair@t-online.de. www.trio-hair.de. G.: Lübeck, 15. Apr. 1968. V.: Isabel Nathalie, geb. Ganßloger. Ki.: Paul-Henrie (1998), Amelie Klara (2000). El.: Hubert u. Renate, geb. Günther. S.: 1986 Mittlere Reife Lübeck, 1986-87 Bundeswehr, 1987-89 Lehre z. Friseur in Lübeck, Feuchtheim, Hannover, Hamburg u. Stuttgart. K.: 1989-95 Friseur in Stuttgart, 1992 Meisterschule mit Abschluss Meisterbrief in Feuchtheim, 1995 Grdg. d. Trio Hair & Company u. einer Friseurschule f. d. Ausbild. d. Friseure u. Friseurinnen u. Trainer in Hannover, 1999 Eröff. d. Trio Hair im Alten Rathaus, 2000 Eröff. d. Trio Hair in Hameln, 2001 Eröff. d. Trio Hair in Braunschweig u. Hildesheim u. Vergrößerung d. Friseurak. in Hannover. P.: div. Veröff. in Fachzeitschriften, Fernsehauftritte. E.: Teilnahme an nat. u. intern. Wettbewerben m. Ausz. M.: Friseurinnung. H.: Angeln, Radfahren.

Freyer Vivian *)

Freyhoff Birgitt Dipl.-Ing.

B.: Dipl.-Ing.-Ök., Inh., Gschf. FN.: P.S. Production & Show, Freyhoff/Schrinner GbR, Eventagentur. DA.: 04107 Leipzig, Riemannstr. 31. G.: Cottbus, 29. Dez. 1960. Ki.: Julia (1988). El.: Wolfgang u. Evelin Kascheike, geb. Pforte. S.: 1977 Mittlere Reife, 1977-79 Lehre z. Kellnerin, 1979-80 Referent f. Jugendfragen Konsum Halle, 1982-85 Stud. z. Ing.-Ökonom Inst. f. Zivilverteidigung Beeskow, 1989-90 Stud. z. Dipl.-Ing. TH Zwickau. K.: 1991-93 Gschf. Verb. Sächs. Bild.-Inst., 1994-95 selbst. Produktionsmanagerin, seit 1995 Mitgründerin u. Inh. d. P.S. Production & Show, Freyhoff/Schrinner GbR, Eventagentur. M.: Bundesverb. d. Veranstaltungswirtschaft. H.: Musik, Autos.

Freyler Gerd Dr. med.

B.: Arzt f. Frauenheilkunde u. Homöopathie. FN.: Praxis Dr. med. Gerd Freyler. DA.: 66606 St. Wendel, Bahnhofstr. 24. gfreyler@aol.com. G.: Bexbach, 4. Sep. 1951. V.: Khadija, geb. Echouaf. Ki.: Helena (1994). El.: Wilhelm u. Veronika, geb. Kappler. S.: 1971 Abitur Neunkirchen, 1972 Stud. Soz. u. Phil. Univ. Saarbrücken, 1972-74 Stud. Zahnmed. FU Berlin, 1975-78 Stud. Humanmed. Univ. d. Saarlandes, 1978 Approb. als Arzt, 1995 Zusatzausbild. Homöopathie in München m. Abschluss. K.: 1978-79 Rosenbergklinik in St. Wendel - Innere Med., 1979-84 Marien-KH St. Wendel - Gynäkologie - Ass.-Arzt, 1985-87 Ev. KH Kusel,

1988 Marien-KH St. Wendel - FA-Anerkennung, 1988-91 Allg.-Med. in einer Praxisgemeinschaft in Weilerbach/Pfalz, 1991-92 Marien-KH St. Wendel - Gynäkologie - OA, 1992-94 KH Wipperfürth - Gynäkologie - OA, seit 1994 ndlg. Arzt f. Frauenheilkunde u. Homöopathie in eigener Praxis in St. Wendel. BL.: Internet-Veröff. u. CD-Produktionen im Bereich elektron. POP-Musik. M.: Schachclub Bexbach. H.: Musik, Schach, Reisen.

Freyn Ulrich Dr. rer. pol.

B.: Wirtschaftsberater, selbständig. DA.: 50931 Köln, Dürener Str. 199-203. G.: Altenkirchen, 21. Dez. 1949. V.: Dr. Sabine, geb. Pistor. Ki.: Jan Niklas, Moritz Lukas. El.: Heinz u. Waltraut, geb. Kleene. S.: 1967-70 Ausbildung z. Werkzeugmacher, 1970-74 Stud. Maschinenbau H Siegen, 1974-79 Stud. VW. Univ. Marburg, Prom. z. Dr. rer. pol. K.: 1979-84 wiss. Ass. an d. Univ. Marburg, 1985-90 Angestellter im Dentalhandel, s.1990 selbst. Wirtschaftsberater f. Zahnärzte, Immobilien-Projekt-Entwicklung.

Freynik Karlheinz

B.: Autor, Regisseur, Filmproduzent. PA.: 14163 Berlin, Bogotastr. 10. G.: Hamburg, 25. Juli 1947. S.: Gymn. K.: Musiker, Arbeit in Musikverlagen u. Schallplattenfirmen, Schallplattenproduktion, Aufbau einer eigenen Schallplattenfirma., Filmkritiker, Librettist, seit 1968 freiberufl. Autor u. Produzent. F.: SPARTA-FILM. P.: Kinderbücher, Theaterstücke, Filmdrehbücher, über 250 Fernsehspiele u. TV-Serien-Episoden, Schallplatten. E.: Adolf-Grimme-Preis, Gold. Kamera, Bambi. M.: Dt. Schriftstellerverb. H.: Dt. Rudermstr. im Doppelzweier.

Freys Alexander Dr. iur.

B.: RA, Notar. FN.: Schwarz Kurtze Schniewind Kelwing Wicke. DA.: 10179 Berlin, Kurfürstendamm 220. alexander.freys@skskwbln.de. www.skskw.de. G.: Krefeld, 30. Oktober 1957. V.: verh. Ki.: 2 Kinder. S.: 1978-79 Wehrdienst, 1979-85 Stud. Univ. München, 1985 1. Staatsexamen, 1985 Rechtsreferendar OLG München, 1988 2. Staatsexamen, 1985-88 Promotionsstudium Univ. Freiburg, 1989 Prom. z. Dr. iur. K.: 1988 Zulassung z. Rechtsanwaltschaft in München, 1988 anwaltl. Tätigkeit in New York, 1991 Zulassung z. Rechtsanwaltschaft in Berlin, 1993 Zulassung am Kammergericht, seit 1996 Notar. EL.: 1995-98 ehrenamtl. Tätigkeit b. Rundfunkrat d. SFB, seit 1994 Lehrauftrag f. Presserecht Univ. Leipzig. P.: "Neue Medieninhalte - Publizistische Früchte d. Telekommunikation" (1985), "Freie Benutzung" d. Memoiren eines US-Präsidenten (1986), Germany's new capital market law (1988), Das Recht d. Nutzung u. d. Unterhalts v. Archiven (1989), Zur Zulässigkeit v. beschreibenden Domains im Internet (2002). M.: Dt. Rechtsanwaltsverein, DAJV Dt.-Amerikanische Juristenvereinigung, International Bar Association, Vereinigung für gewerblichen Rechtsschutz u. Urheberrecht. H.: Marathon, Fotografieren, Klavierspielen.

Freyschmidt Brigitte *)

Freystedt Bernd Dipl.-Ing. *)

Freystedt Egmont Dipl.-Ing. *)

Freytag Andreas Dr. rer. pol. Dipl.-Vw. Priv.-Doz.

B.: Gschf. FN.: Inst. f. Wirtschaftspolitik an d. Univ. Köln. DA.: 50969 Köln, Pohligstr. 1. G.: Kiel, 23. Okt. 1962. V.: Dipl.-Vw. Antje, geb. Wiebel. Ki.: Nils, Jette. S.: 1981 Abitur Mellendorf, 1981-84 Ausbild. Volksbank Burgdorf, daneben Mitarb. b. Amnesty Intern., 1984-85 Wehrdienst, 1985-90 Stud. VWL Univ. Kiel, 1990 Dipl.-Vw., 1994 Diss. K.: 1990-95 Ass. b. Prof. Donges an d. Univ. Köln, seit 1995 Gschf. d. Inst. f. Wirtschaftspolitik, 1997-98 Visiting Scolar an d. Faculty of Economics and Politics Univ. of Cambridge/UK, 2000 Habil. über "Erfolgsdeterminanten v. Währungsreformen". P.: Aufsatz in BNL Quartely Review 2001: "Does Central Bank Independence Reflect Monetary Commitment Properly? Methodical Considerations", Aufsatz in Jahrbuch f. Neue Politische Ökonomie (2000), "Globalisation and Trade Policy Response: 1900 and 2000 Compared (Mitautor), Aufsatz in ORDO (1998): "Geldpolitische Regelbindung als Teil d. wirtschaftl. Gesamtordnung: Der argentinische Currency Board", Aufsatz in The World Economy 1997: "TAFTA: Assuring ist Compatibility with Global Free Trade" (Mitautor), Bücher: "Allgemeine Wirtschaftspolitik" (2001) (Mitautor), "Guiding Global Order: G8 Governance in the Twenty First Century" (2000), (Mithrsg.), "Die Rolle des Staates in einer globalisierten Wirtschaft (1998, 1999), (Mithrsg.), "Intern. Competitiveness and the Balance of Payment" (1966, 1997), (Mitautor). M.: Mitgründer Kölner Kreis, Thün-Ges., G8 - Research Group, Univ. of Toronto.

Freytag Gisela *)

Freytag Holk

B.: Intendant. FN.: Staatsschauspiel Dresden. DA.: 01067 Dresden,Theaterstr. 2. G.: Tübingen, 29. Sep. 1943. V.: Eike, geb. Gercken. El.: Felix u. Edith, geb. Terheggen. S.: 1963 Abitur, 1963-69 Stud. Theaterwiss., Musikwiss. u. Engl. K.: 1967-68 Ltr. d. Theaterkellers in Neuss, 1968-78 Lehrauftrag Medienpäd. Gesamt-HS Düsseldorf, 1975-88 75 Gründer d. Schloßtheaters Moers u. Aufbau, 1975-88 Int. d. Schloßtheaters Moers, parallel dazu 1977-79 Chefdramaturg u. Stellv. d. Int. in Hildesheim, 1988-8/2001 Int. d. Schillertheaters NRW, 2001-8 Int. d. Staatsschauspiel Dresden. P.: Teilnahme d. Schloßtheaters am Theatertreffen in Berlin, zahlr. Inszenierungen im In- u. Ausland. E.: Ehrenring d. Stadt Moers. M.: seit 1967 SPD, Vorsitzender d. Intendantengruppe d. Dt. Bühnenver. H.: Violinspiel, Garten, Tennis, Hundemischlinge. (I.U.)

Freytag Jan

B.: RA. FN.: Kzl. Freytag Hoffmann Prof. Schmalz. DA.: 48151 Münster, Scharnhorststr. 48. PA.: 48163 Münster, Werneweg 130. Rechtsanwaelte-Freytag@t-online.de. G.: Bünde, 7. Dez. 1961. V.: Petra Karallus. Ki.: Lara (1994), Nele (1997). El.: Horst u. Ingeborg, geb. Hackenberg. S.: 1979 Abitur Hilden/Rheinland, 1982-89 Stud. Rechtswiss. WWU Münster, 1989 1. Staatsexamen. K.: 1979-81 Lagerleiter bei Hitachi Kokico Düsseldorf, 1981-85 Versandabt.-Leiter bei EPSON Deutschland, 1986 Leiter d. Bootsabt. b. YWCA New York, 1986 INFRATEST als Interviewer in Münster u. Düsseldorf, 1990-93 Referendariat, 1992-93

---

*) Biographie www.whoswho-verlag.ch oder beigefügte CD-ROM

Freytag

Jurist u. Unternehmensberater MURER Consultants Chicago, 1993 2. Staatsexamen u. Grdg. d. Kzl. Freytag u. Hoffmann Münster, 1995 Eintritt v. Prof. D. Schmalz in Kzl., 1996 Mitbegründer d. überörtl. Sozietät Schlüter, 1998 RA Hoffmann übernimmt Ndlg. Stralsund, seit 2000 m. Wettbewerbsrecht u. Beratung kleiner u. mittelständ. Unternehmen in d. Sozietät Schlüter. H.: Familie, Sport.

Freytag Jörg Dr. rer. nat. *)

Freytag Thomas Dr. rer. pol. *)

Baron von Freytag-Loringhoven Haro Dipl.-Ing.
B.: freier Architekt. DA.: 30559 Hannover, Loosweg 9. G.: Alt Berun, 15. Juni 1926. V.: Ursula, geb. Barnbeck. Ki.: Dagmar, Axel, Immo. BV.: Johann Freytag von Loringhoven, Ende d. 16. Jhdt., Meister d. Dt. Ordens in Livland, Hugo Freiherr von Freytag-Loringhoven, General d. Infanterie u. Militärschriftsteller 1899-1924, Oberst Wessel Baron Freytag von Loringhoven Beteiligter am Anschlag v. 20 Juli. S.: 1947 Arch.-Stud. an d. TH Darmstadt, 1952 Abschluß Dipl.-Ing. K.: 1953-55 Finanzmin. in d. Bauabt. als Entwurfsarchitekt, 1955-58 tätig im Arch.-Büro Brockmann & Lichtenham in Hannover, 1959-65 Büroltr. b. Prof. Fritz Enggeling Hannover/Berlin, ab 1965 Partnerschaft m Prof. Enggeling u. nach seinem Tod (1966) Alleinführung d. Büros in Hannover u. Göttingen, 1973-75 Landesvors. d. BDA in Niedersachsen u. Mtgl. d. Bundesvorst. in Bonn, ab 1973 Partnerschaft m. Dipl.-Ing. Meyer - Delvendahl, 1976-78 Neubau d. Central Bank of Oman in Muscat, zusammen m. Prof. Klaus Simons, Meyer-Delvendahl u. Friedhelm Pfannenmüller (Rom). E.: div. Ausz., Preise u. Ankäufe in nat. u. intern. Wettbewerben. M.: Bund Dt. Architekten, Arch.-Kam. Niedersachsen. H.: Malerei, Keramik.

Frick Bertram Ing.

B.: Partner. FN.: Frick + Petersen Ing.-Büro f. Baustatik. DA.: 24941 Flensburg, Lise-Meitner-Str. 15. frickpetersen@foni.net. G.: Flensburg, 29. Okt. 1937. V.: Ilka, geb. Hansen. Ki.: Ulrich. S.: 1952-55 Lehre Maurer u. glz. Stud. FHS, 1956-60 Stud. Bauing.-Wesen Odensee/Dänemark. K.: 1960-62 tätig in einem Ing.-Büro in Flensburg, 1962-63 Statiker u. Baultr. einer Baufirma in Flensburg, 1963-64 Statiker in Düsseldorf, 1964-6 in Frankfurt u. 1966-70 in München, 1970-74 Partner einer Baufirma, seit 1974 selbst. m. Ing.-Büro f. Baustatik, seit 1983 tätig in Partnerschaft m. Herrn Petersen. M.: VBI, Bund Dt. Baumeister, LSV Flensburg, Lionsclub Flensburg Schiffbrücke. H.: Fliegen, Wandern.

Frick Dieter Dr.-Ing. Prof.
B.: em. HS-Lehrer, Stadtplaner. FN.: Inst. f. Stadt- u. Regionalplanung TU Berlin. DA.: 10623 Berlin-Charlottenburg, Str. des 17. Juni 135. G.: Gießen, 9. Juni 1933. Ki.: Paul (1979). El.: Paul u. Lotte. S.: 1952 Abitur Mainz, 1952-54 Lehre als Maurer u. Facharb.-Prüf. in Mainz, 1 Sem. Kunstgeschichte Univ. Mainz, 1954-60 Stud. Arch. TH München u. TU Berlin, 1960 Dipl., 1973 Prom. z. Dr.-Ing. K.: 1961-63 Mitarb. im Planungsbüro v. Candilis, Josic u. Woods in Paris, 1963/64 im Berliner Planungsbüro v. Prof. Peter Pölzig, 1965/66 Ltr. d. Planungsbüros d. Arch.-Arge Steilshoop in Hamburg, 1964/65 u. 1966-71 wiss. Ass. u. OIng. am Lehrstuhl f. Städtebau u. Siedlungswesen später Stadt- u. Regionalplanung TU Berlin, 1971 Prof., seit 1973 o.Prof. TU Berlin, 1972, 1978 u. 1989 Gastprof. in Detroit u.

Baltimore sowie Paris. P.: rd. 60 wiss. Veröff. u.a. "The Quality of Urban Life. Social, Psychological and Physical Conditions" (1986), "The Urban Neighbourhood and the Quality of Living Conditions" (1993), "Anstoß zu Innovation u. Reform - d. Intern. Bauausstellung Berlin 1987 aus d. Sicht v. Handelnden u. Beteiligten" (1993), "Umweltverträglichkeitsprüf. in d. Stadterneuerung am Beispiel des Gebietes Lehrter Straße in Berlin-Tiergarten" (1993), "Stadterneuerung in Paris" (1994), Städtebau heute. Anmerkungen zu Begriff, Methode u. Praxis (1999). M.: seit 1980 Dt. Ak. f. Städtebau u. Landesplanung, 1991-96 Stadtforum Berlin. H.: Stadtgeschichte, Kulturlandschaft, Kultur- u. Sozialgeografie, Musik, Philosophie.

Frick Gisela
B.: Prof., stellv. Kreisvors. Stuttgart, MdB. FN.: Dt. Bundestag. DA.: 11011 Berlin, Platz d. Republik 1. PA.: 70569 Stuttgart. G.: Köln, 23. Sep. 1946. Ki.: 2 Kinder. S.: 1965 Abitur Köln, Stud. Rechts- u. Staatswiss. Köln, Tübingen u. Bonn, 1969 1. u. 1972 2. Jur. Staatsprüf. K.: 1973-75 Steuerverw. d. Landes Baden-Württemberg, seit 1975 FH f. Finanzen Ludwigsburg, seit 1979 Prof. f. Steuer- u. Verfassungsrecht, seit 1988 MdL. d. FDP, stellv. Kreisvors. Stuttgart, seit 1994 MdB. M.: Dt. Juristinnenbund. (Re)

Frick Hans Joe *)

Frick Hansgeorg *)

Frick Helmut Dipl.-Ing. *)

Frick Irmgard *)

Frick Karl Ernst *)

Frick Ludwig

B.: Telekom-Techniker, Stadtrat, Fraktionsvorsitzender. FN.: SPD. DA.: 87437 Kempten, Bodmannstr. 43. G.: Kempten, 23. Juli 1947. V.: Barbara, geb. Uder. El.: Josef u. Josefa. S.: Ausbildung z. Fernmeldehandwerker, durch Fort- u. Weiterbildung z. Sozialpädagogen ohne akademischen Abschluss. K.: 1964 Eintritt in d. Partei d. SPD u. damit in d. Kommunalpolitik, seit 1972 Mtgl. d. Stadtrates im Kempten, seit 1978 stellv. Fraktionsvorsitzender u. seit 1990 Fraktionsvorsitzender d. SPD Allgäu, 1970-99 Vors. d. Jugendrings Kempten u. weiterhin aktiv in d. Jugendarbeit, Referent an außerschulischen Bildungseinrichtungen. E.: Bayerischer Ehrenorden f. Verdienste im Ehrenamt (1995), Auszeichnung d. Stadt Kempten f. Verdienste auf kommunaler Ebene. M.: in div. Verwaltungsräten, Kreisvorsitzender u. stellv. Unterbezirksvorstand d. SPD Allgäu, Haupt- u. Finanzausschuss d. Stadt Kempten, ausserdem in zahlr. Sportvereinen u. Umweltschutz- u. Sozialverbänden. H.: Bergsteigen, Fotografieren.

Frick Thomas *)

Fricke Andreas
B.: Gastronom, Inh. FN.: Wein-Café-Restaurant "Reblaus". DA.: 04808 Wurzen, Albert-Kuntz-Str. 50. G.: Wurzen, 6. Aug. 1966. Ki.: Sebastian (1991). S.: Lehre zum Landschaftsfacharbeiter

Fricke Christian A. Dr. iur. *)

Fricke Eberhard Dr. jur.
B.: Präs. d. Landesrechnungshofs Brandenburg a. D. PA.: 40721 Hilden, Augustastr. 27e. G.: Paderborn, 24. März 1931. V.: Renate, geb. Schöller. Ki.: Martin (1966), Christiane-Beate (1970). El.: Heinrich u. Frida, geb. Gille. S.: 1951 Abitur, 1951-55 Stud. d. Rechts- u. Staatswiss. Münster/Freiburg/Bonn, 1. jur. Staatsexamen, 1958 Prom. Bonn, 1959 2. jur. Staatsexamen. K.: 1960-65 FA Düsseldorf-Mettmann, 1965-91 Finanzmin. NRW, Haush.-Abt., Gen.-Ref. u. Ltr. d. Grundsatzgr., 1990/91 Abordn. a. d. Min. d. Finanzen Brandenburg, 1991-95 Präs. d. Landesrechnungshofs Brandenburg. BL.: s. 1972 Führungssemin. u. Kolloquien (u. a. a. d. HS f. Verw.-Wissensch. Speyer). P.: "Das Haushaltsrecht d. Landes Nordrhein-Westfalen" (1972), "Die westf. Veme" (1985), "Verfolgt, verachtet, verfemt" (1995), "Die Finanzverf. d. Landes Brandenburg (1997), weitere Bücher u. zahlr. Art. in Zeitschriften u. Fachzeitschriften. E.: BVK 1. Kl., 1973 Kulturpreis d. Kreises Lüdenscheid. M.: 1989-92 Mtgl. d. Landessynode d. EKiR. H.: Regional- u. Heimatgeschichte der Grafschaft Mark. (I.U.)

Fricke Ernst Dr. rer. pol. Mag. rer. publ. Prof. *)

Fricke Ernst-Wilhelm *)

Fricke Gerhard Dr. Prof. *)

Fricke Hanns-Georg Dr. *)

Fricke Hans

B.: Theologe. DA.: 89075 Ulm, Lange Lemppen 9. G.: Itzehoe, 24. Dez. 1937. Ki.: 2 Kinder. S.: 1954-57 kfm. Ausbild., 1957-58 Bundeswehr. K.: 1959-76 tätig als Außenhdl.-Kfm., 1974-76 Pfarrverw.-Lehrgang, zusätzlich Theologie-Studium in Bethel, 1976 Examen am OKR Oldenburg, Ordination am 4. Juli 1976, 1976-85 Dorfpastor zu Seefeld in Oldenburg, 1979-89 Militärpfarrer im Nebenamt, 1985-90 Pfarrer in Wilhelmshaven, seit 1991 Parrervertretungen in Süddeutschland, hauptsächlich Kasualien und freier Mitarbeiter f. d. Rauhe Haus in Hamburg. H.: Orgel spielen, Chöre gründen, Kurseelsorge, Lesen, Kirchenmusik, Mitwirkung in d. Münsterkantorei zu Ulm, als Theologe predigen aus dem Gesangbuch.

Leipzig, 1989 Meister d. Galabaus. K.: Angestellter im Familienbetrieb, seit 1994 Inh. v. Fricke Grün-Landschaftspflege, seit 1996 Inh. d. Wein-Café-Restaurants "Reblaus" mit über 250 in- u. ausländischen Weinen, seit 2001 Inh. v. "Hoffis Menü" u. Pension am Markt Wurzen. E.: Empfohlen v. d. Zeitung "Kreuzer" 2000 u. Marcellinos Restaurant Report 2001. H.: Weinkunde.

Fricke Hans Hermann Karl Dr.-Ing. Prof. *)

Fricke Heinz-Joachim Dr. *)

Fricke Helga Luise

B.: Apothekerin. FN.: Apotheke an d. Gartenstraße. DA.: 08523 Plauen, Gartenstr. 3. frickehelga@t-online.de. G.: Hof, 6. Feb. 1951. V.: Lebenspartner: Architekt Josef Fischer. El.: Hermann u. Luise Fricke. BV.: Großvater Georg Locher, Glühlampenfabrikation, danach chem. techn. Fabrikation. S.: 1971 Abitur in Hof, 1971-74 Stud. Pharmazie an d. Philips-Univ. in Marburg, 1974 1. u. 1975 2. Staatsexamen u. Praktikum in Kehlheim, Weiterbildungen z. Fachapothekerin Offizienpharmazie. K.: 1975-78 ang. Apothekerin in Waldmünchen b. Cham, 1979-81 ang. Apothekerin in Selb, 1981-95 selbst. Apothekerin in Hof, seit 1995 selbständige Apothekerin in Plauen. M.: Mtgl. im sächsischen Apothekerverband u. Kammer. H.: Golf, Tennis, Ski-Alpin, Musik u. Lesen.

Fricke Helmut Dipl.-Ing.

B.: Architekt. DA.: 32105 Bad Salzuflen, Schliepsteiner Tor 5. G.: Bad Salzuflen, 5. Nov. 1949. V.: Monika, geb. Kewitz. Ki.: Dennis (1971), Tina (1977). S.: 1966-69 Lehre Zimmermann, 1969-70 Bundeswehr, 1970-73 Stud. Arch., 1974 Staatsexamen. K.: 1974-79 tätig in versch. Arch.-Büros, seit 1979 selbst.; Funktionen: seit 1985 ehrenamtl. Mtgl. im Gutachterauschuss, seit 1992 öff. bestellter u. vereid. Sachv., seit 1986 2. Standbein im Airport Ground Services mit eigenen Gesellschaften auf versch. Flughäfen, nat. u. intern. tätig. M.: Reit- u. Fahrver. H.: Segeln, Reiten, Pferde.

Fricke Jochen Dr.
B.: Univ. Prof. FN.: Physikal. Inst. d. Univ. Würzburg. DA.: 97074 Würzburg, Am Hubland. G.: Jena, 25. Feb. 1938. V.: Ursula. Ki.: Alexander, Michael. S.: Stud. Physik TH München, 1967 Prom. LMU, 1974 Habil., 1975 Prof. Exp. Physik Univ. Würzburg, seit 1992 Vorst.-Vors. Bayer. Zentrum f. Energieforschung e.V. P.: Bücher: Energie, ein Lehrbuch, Schall u. Schallschutz, Aerogels; Red. "Physik in unserer Zeit" 1970-1992. E.: 1990 Medaille f. Naturwiss. Publizistik d. Dt. Phys. Ges., ITCC Award - verliehen auf d. 22nd Int. Thermal. Conductivity Conference Tempe, Arizona 1993. M.: Dt. Phys. Ges., American Phys. Soc. Int. Solar Energy Soc. Dt. Ges. Sonnenenergie, Ltr. f. 3 intern. Tagungen in Würzberg 1985, 1991 u. 1999.

Fricke Jörg
B.: Geschäftsstellenltr. FN.: m+s Elektronik AG. DA.: 30659 Hannover, Ahrensburger Str. 8. jfricke@dgw-datennetze.de. www.dgw-datennetze.de. G.: Hannover, 28. Apr. 1968. V.: Iris, geb. Treller. Ki.: Carina (1996). El.: Horst u. Dorothee. S.: Grundwehrdienst - 1986 Beobachtung Bataillon 13 in Wolfenbüttel, mittlere Laufbahn, Unteroffz., Stabsunteroffz., 1989 Feldartillerie Bataillon 11 in Hannover, Ausbild. z. Feldwebel, Ausbilder m. b. zu 120 Auszubildenden, auf Zugführerebene,

*) Biographie www.whoiswho-verlag.ch oder beigefügte CD-ROM

Direktverantwortlicher, 1991 Beobachtungsartillerie Bataillon 801 in Eggesin, Aufbau einer Einheit, 1993 Ausbild. z. Industriekaufmann über d. bfw in Hannover. K.: 1995 Kfm. Leiter Campus Sportsysteme GmbH, 1997 Vertriebsbeauftragter DGW Datennetze GmbH, 1998 Niederlassungsleiter DGW, 2000 Zusammenschluß DGW und m+s Elektronik AG, s. 2000 Geschäftsstellenleiter m+s Hannover. M.: Wirtschaftsjunioren Hannover, Sportver. Viktoria Lauenau, Reservistenverb. H.: Sport (Joggen, Schwimmen), Familie, Bergwandern in Österr.

Fricke Karl Wilhelm *)

Fricke Margot *)

Fricke Oliver *)

Fricke Peter Dr. med. *)

Fricke Peter Prof. h.c. *)

Fricke Peter Alexander Dr. med. *)

Fricke Reinhard Dr. med. Prof.

B.: Facharzt f. Inn. Med., Rheumatologie, Physikalische u. Rehabilitative Med., Chefarzt. FN: Weserland Klinik-Bad Seebruch. PA.: 48324 Sendenhorst, Nienkampstr. 25. G.: Bremen, 22. Juni 1931. V.: Waldtraut, geb. Wicke. Ki.: Cornelia, Juliane, Leonhard. El.: Herbert u. Irmgard. S.: Stud. Univ. Regensburg u. Göttingen, 1957 Staatsexamen u. Prom. Univ. Göttingen. K.: 1970 Habil., 1974 apl. Prof. Innere Med. Med. HS Hannover, 1975 Umhabil. Univ. Ulm, Innere Med., Physikal. Med., 1988 apl. Prof. f. Inn. Med. Univ. Münster, 1975-80 Chefarzt 1. Innere Abt. Weserbergland-Klinik Höxter, 1980-96 Chefarzt Klinik f. Rheumatologie St. Josef-Stift Sendenhorst, seit 1996 Chefarzt Weserlandklinik Bad-Seebruch, Vlotho, Einführung d. Kältekammer (-110 Grad C) zur Therapie in Europa. P.: wiss. Arb. zu d. Themen Biomechanik v. Bindegeweben u. ihre Beeinflussung durch Medikamente, Isolierung u. Beschreibung eines Gewebeantigens, d. Proteoglycans Keratansulfatprotein, Medikamentöse Behandlungen Rheumatolog. Erkrankungen, chem. Synoviorthese b. rheumatolog. Erkrankungen, Physikal. Therapie d. Hämophilie, Physikal. Therapie Rheumatolog. Erkrankungen, Kryotherapie: Eis, lokale Kaltluft, Kältekammertherapie. Connective Tissues, Biochemistry and Pathophysiology, Heidelberg 1974, Zukunft d. Rehabilitation in Deutschland, Geretsried 1999, Rheuma-Funktionstraining, Grundkurs Geretsried 2001. E.: VK am Bande d. VO d. BRD, Präs. d. Dt. Ges. f. Physikal. Med. (1985-87), Hpt.Schriftltr. Zeitschrift f. Physikal. Med., Balneologie, Med. Klimatologie (1978-90). M.: Dt. Ges. f. Innere Med., Dt. Ges. f. Rheumatologie, Dt. Ges. f. Physikal. Med. u. Rehabilitation, Indian Society of Physical Medicine and Rehabilitation, Ehrenmtgl: Österr. Ges. f. Physik, Medizin u. Rehabilitation, Poln. Ges. f. Rheumatologie, Poln. Ges. f. Kryotherapie, Ges. f. Physiotherapie (1991).

Fricke Renate

B.: Dipl. Sozialwissenschaftlerein, Gschf. FN.: Pro Nordhessen e.V. DA.: 34117 Kassel, Kurfürstenstr. 9. fricke@kassel.hk.de. www.pronordhessen.de. G.: Erfurt, 29. Mai 1942. V.: Burkhard Fricke. Ki.: Melanie (1973), Barbara (1975), Johannes (1977). El.: Oswald Aichel u. Hilde, geb. Pennrich. S.: 1961 Abitur in Wiesbaden, 1961-62 Ausbildung in d. Kfm. Handelsschule München, 1962-67 Stud. Sozialwiss. in Frankfurt/Main, 1967 Dipl. Sozialwissenschaftlerin. K.: 1968-71 Volkswirtin BHF-Bank Frankfurt/Main, 1971 Übersetzerin b. d. Walter E. Heller & Co Bank in Chicago/USA, 1971-72 Lektorin an d. Univ. of Illinois, 1972-82 Babypause u. nebenberuflich Unterricht an Berufschulen, 1982-88 Gschf. d. FDP-Fraktion Kassel, seit 1988 Gschf. Pro Nordhessen. M.: seit 1976 aktives Mtgl. d. FDP, Kinderschutzbund, Rotaryclub Baunatal, Frankfurter Wiss. Ges., Museumsverein Kassel e.V., Ver. f. hessische Geschichte u. Landeskunde, Ver. Freunde d. Stadtmuseums e.V., Liberale Frauen e.V. H.: Wandern, Lesen, Nordhessen.

Fricke Roland

B.: Gschf. FN.: beauty24 medien GmbH, network orange medien service. DA.: 10965 Berlin, Hagelberger Str. 52. G.: Pforzheim, 27. Aug. 1967. V.: Sabine. Ki.: Linus (1989). S.: 1987 Abitur, 1989-96 Stud. Kommunikationswiss. an d. FU u. 1993/94 1 J. Univ. of Sussex. K.: 1996 Grdg. Network Orange GmbH u. d. Beauty 24 medien. P.: Veröff. in W & V, Horizont, Morgenpost. M.: Multimedia Verband, New Media net, Interface Berlin. H.: Fußball, Musik.

Fricke Torsten

B.: RA. FN.: Rechtsanwälte Torsten Fricke et Collegen. DA.: 30163 Hannover, Walderseestr. 4. ratfricke@hotmail.com. G.: Hannover, 13. Mai 1966. V.: Frauke Klüger. El.: Dr.-Ing. Karl-Ludwig u. Renate, geb. Später. BV.: Großvater Georg Fricke war v. d. Krieg in Finnland b. "Nykanda" Vorst.-Vorsitzender u. nach dem Krieg in Deutschland b. d. Hochtief AG. S.: 1985 Abitur, 1985-86 Wehrdienst, Stud. Rechtswiss. an d. Philips-Univ. Marburg, 1987 Wechsel an d. Univ. Hannover, 1989-90 Georgia-Augusta-Univ. Göttingen, 1994 1. Staatsexamen, Referendariat am OLG Hamm/Celle, 1997 2. Staatsexamen. K.: 1997 Zulassung als RA, Tätigkeitsschwerpunkt: Individuales Arbeitsrecht, Arbeitnehmerüberlassungsrecht, überregionale Tätigkeit, Grdg. d. Kzl. Fricke in Hannover, 1997-98 Lehrbeauftragter an d. FH Brandenburg f. Zivil- u. Wirtschaftsrecht, seit 1997 Lehrbeauftragter an d. FH Hannover f. Arbeitsrecht. M.: Anw.-Ver., FDP, Hannoverscher Wingolf-Bund, Wilhelm Busch Ges., Förderver. d. Karl-Friedrich-Gauss-Schule e.V., Golf-Club Munster. H.: Golf, Reisen (GB), Motorradfahren.

Fricke Walter Eckart Oliver

B.: RA. FN.: Fricke Deike u. Ellrich. DA.: 44787 Bochum, Grabenstr. 38-42. raefrickepp@compuserv.de. G.: Essen, 19. Dez. 1964. V.: Dr. Britta, geb. Böhmer. Ki.: Kilian (2001). El.: Dr. med. Eckart Fricke u. Irmgard, geb. Anders. BV.: Dr. Walter Fricke Grdg.-Mtgl. der CDU Niedersachsen, Mitbegründer d. Ev. Heimvolks-HS in Niedersachsen. S.: 1985 Abitur Bochum-Wattenscheid, 1985-86 Bundeswehr, 1986-89 Stud. Ruhr-Univ. Bochum, 1989/90 Studium Genf, 1990-92 Stud. Ruhruniv., 1992 1. Staatsexamen, 1989 Tätigkeit b. d. UNO im Inst. f. Abrüstungsforsch.

(UNIDIR), 1990 Studienaufenthalt in Straßburg, 1992-95 Referendariat LG Essen, 1994 parallel Verw.-HS in Speyer, 1994 Referendariat in Brüssel, 1995 2. Staatsexamen in Düsseldorf, 1996 Assessor u. RA in Dortmund. K.: seit 1996 zugelassener RA am LG Dortmund, 1996-98 RA in Dortmund u. Bochum, 1998 Kzl.-Grdg. Fricke u. Deilke, 2001 Hinzunahme d. RA Ellrich. P.: Vorträge über Erbrecht MLP. M.: DV, Bochumer Anw.-Ver., Verb. d. Dt. Praktikanten in Brüssel. H.: Literatur, Geschichte, Fotografie, bild. Kunst.

Fricke Werner Hubert Günter *)

Fricke-Steenbock Antje Dipl.-Psych.
B.: Therapeutin. DA.: 12109 Berlin, Eisenacher Str. 72. PA.: 12103 Berlin, Schönburgstr. 8. G.: Hamburg, 28. Juli 1943. S.: 1959-60 Gronische Handelsschule Hamburg, 1960-62 Bürogehilfinnenlehre Hamburg, 1976-80 Abendgymn. Berlin, 198 Abitur, 1982-89 Stud. Klin. Psych. TU Berlin, Abschluß Dipl.-Psych. K.: 1960-64 Stenokontoristin, 1965-66 Mother's helper San Franzisco USA, 1966-67 Nurses aid Stanford Hospital Palo Alto USA, 1967-69 Stewardess Trans Intern. Airlines Oakland, 1969-90 Fremdsprachensekr. FU Berlin, 1990 Psychologiehospitantin Wenckebach-KH Berlin, 1990-95 Beruf. Weiterbild. Inst. f. Verhaltenstherapie e.V. Berlin, seit 1992 Therapeutin in eigener Praxis in Berlin. M.: Ver. d. Kassentherapeuten, Wanderver. H.: Erleben d. Natur, Naturwiss., Lesen (insbes. Kriminalromane), Phil., Psych., Religionswiss., Astronomie.

Friderich Verena

B.: selbst. RA u. Notarin, Fachanw. f. Familienrecht. FN.: Anw.-Büro Verena Friderich. DA.: 28195 Bremen, Unser Lieben Frauen Kirchhof 20. G.: Tübingen, 31. Mai 1951. El.: Dr. med. Herbert u. Ruth Friderich, geb. Meyer. S.: 1970 Abitur Human. Hölderlingymn. Stuttgart, 1970 Stud. VwL u. Jura Universitäten Freiburg i.B., Münster, Göttingen, 1976 1. Staatsexamen, 1977-79 Referendarzeit, 1979 2. Staatsexamen. K.: seit 1979 bis heute in Bremen, ang. Anw. in Wirtschaftskzl., danach in Anw.-Büro m. Schwerpunkt Familienrecht, seit 1982 selbst. RA m. eigener Kanzlei in Bremen, Schwerpunkt Familienrecht, 1984 Zulassung z. Hanseatischen Oberlandesgericht Bremen, seit 1989 Notarin, 2000 Fachanw. f. Familienrecht, seit 1992 Vorst.-Mtgl. d. Hanseatischen Rechtsanwaltskammer Bremen u. seit 2000 Präsidiumsmtgl. (Schatzmeister), seit 1993 Vorst.-Mtgl. d. Notarkam. Bremen, Ltr. d. Ausb.-Abt. u. stellv. Ltr. d. Gebührenabt. M.: 2 Aussch. d. Bundesnotarkam., Fördermtgl. d. Lindenmuseum Stuttgart u. Holocaust Museums in Washington DC, Dt.-Israel. Juristenver., The Intern. Assoc. of Jewish Lawyer u. Jurists. H.: Lesen, Kunst, Theater, Reisen. Sprachen: Englisch, Spanisch.

Friderichs Hans Dr. rer. pol. *)

Fridlin Roger
B.: Koch, Inh. FN.: Gaststätte "Zur Traube". DA.: 97297 Waldbüttelbrunn, August-Bebel-Str. 8. PA.: 97250 Erlabrunn, Graf-Rieneck-Str. 29. G.: Fürstenfeldbruck, 9. Aug. 1959. V.: Karin, geb. Götz. Ki.: 2 Söhne. El.: Roland u. Rita, geb. Kröber. S.: Ausbild. Koch Hotel Hasen Kaufbeuren. K.: 1 J. Koch im Ausbild.-Betrieb, Bundeswehr, 1980-82 2 J. Alleinkoch im Gasthaus "Rose" Kaufbeuren, 1982-83 Küchenchef im Hotel "Glocke" Mindelheim/Unterallgäu, 1983-86 Küchenchef im Restaurant "Am Kamin" Kaufbeuren, 1986-87 stellv. Küchen-chef "Festungsgaststätte" Würzburg, 1987-92 Küchenchef Gasthaus Hemmerlin Würzburg, 1992-94 Alleinkoch Hotel Meesenburg Würzburg, seit 1994 selbst. Inh. Gasthaus "Zur Traube" Waldbüttelbrunn b. Würzburg, seit 2001 Inh. Vereinsheim d. TSV Erlabrunn. E.: 1978, 1980 u. 1984 Silb. Med. i.R. d. Ostallgäuer Herbstschau Kaufbeuren. M.: BHG Bayer. Hotel- u. Gaststättenverb., Wirteinnung München H.: Miniaturflaschensammlung (Spirituosen), Karate, TSV-1860 München-Fan.

Fridman Gula *)

Friebel Henning Dr. med.

B.: Präs. FN.: Ärztekam. Sachsen-Anhalt. GT.: seit 1990 Chefredakteur d. Ärzteblattes Sachsen-Anhalt. DA.: 39120 Magdeburg, Doctor-Eisenbart-Ring 2. G.: Falkenstein, 31. Jan. 1944. V.: Karin, geb. Deister. Ki.: Christian (1977). S.: 1963 Abitur Magdeburg, 1963-65 Prakt. J. Med. Ak. Magdeburg, 1964-70 Stud. Humanmed. an d. Med. Ak. Magdeburg. K.: 1970 FA-Ausbild. f. Innere Med., seit 1975 FA f. Innere Med., ab 1975 Spezialisierung auf d. Gebiet d. Kardiologie u. Gastroenterologie u. gleichzeitig Aufbau d. Ultraschalldiagnostik im Bez. Magdeburg, 1974 Dipl.-Med., 1977 Prom. z. Dr. med., ab 1990 OA d. Inneren Med., seit 1997 persönl. Referent d. Ärztl. Dir. an d. Med. Klinik d. Otto-von-Guericke-Univ. Magdeburg. P.: zahlr. wiss. Publ., Teilnahme u. Vorträge auf nat. u. intern. Fachkongressen. M.: 1990-99 Vorst.-Mtgl. im Marburger Bund, Vorst.-Mtgl. im Verb. Freier Berufe, 1989 Mitbegründer d. Ärztekam. Sachsen-Anhalt, 1990-99 VPräs. d. Ärztekam., seit 1999 Präs. d. Ärztekam. Sachsen-Anhalt. H.: Theater, Konzert, Malerei.

Friebel Holger *)

Friebel Juan *)

Friebel Matthias
B.: Unternehmensberater, Auditor. FN.: GWÖ Ges. f. Wirtschaftsökologie. DA.: 65812 Bad Soden/Ts., Rother Weingartenweg 36b. info@gwoe.de. www.gwoe.de. G.: Marburg, 16. Feb. 1950. V.: Martina, geb. Krupp. Ki.: Birte Kristina (1988), Martin Matthias (1990). El.: Prof. Dr. Hans Hermann u. Dr. Gisela. S.: 1971-73 Ausbild. z. Bankkfm. Dt. Bank Heidelberg, 1973-80 Jurastud. Univ. Heidelberg, 1983 Stipendiat d. Carl Duisberg Ges., 1 Sem. Hotelbetriebswirtschaftsstud. Cornell Univ. New York, 1986-87 Betriebswirtschaftsstud. z. Fachmann f. Materialwirtschaft, Einkauf u. Logistik BME-Ak. IHK Frankfurt. K.: 1980-83 div. Pos. in d. Hotellerie, 1983-94 Ltr. Guest Services Westin Hotel Boston USA, 1985 stellv. Dir. Steigenberger Kurhaushotel Bad Kissingen, Berufung in d. Steigenberger Hauptverw. Abt. Einkauf, 1986-91 Steigenberger Hotels AG, Ltr. Konzernbeschaffung Non Food u. Projektltr. Hdl., Hoteleinrichtung u. Planung in d. Westdt. Hotelbedarfs GmbH, 1992 Grdg. d. Matthias Friebel Hotel Öko Consult, 1993 Gschf. Ges. d. GWÖ Ges. f. Wirtschaftsökologie, frühzeitige Spezialisierung auf d. Thematik Umweltmanagement u. Corporate Sustainable Development in d. Wirtschaft; 1996 Berufung als Doz. z. Ausbildung v. Bankführungskräften (GBF-Seminare) an d. Akad. Dt. Genossenschaften, Schloß Montabaur, 1998 u. 1999 Lehrauftrag an d. Fachhochschule Fulda f. "Ökomanagement". P.: zahlreiche Interviews, Publ. u. Veröff. zu Umweltthemen. E.: seit 1994 Vorst. im Inst. d. Umweltgutachter u. -berater, IdU, seit 1995

---

*) Biographie www.whoiswho-verlag.ch oder beigefügte CD-ROM

Friebel 1266

Mtgl. im Umweltgutachterausschuß UGA, Beratungsgremium d. Bundes-Reg. zu Fragen d. EG-Öko-Audit, Ltr. d. IdU-Fachausschusses "Dienstleistungsunternehmen u. EMAS", nat. Normungsgremien bzgl. Umweltschutz, Mitarb. in nat. u. intern. Organ., d. sich m. Umweltschutz befassen, 2000 Vors. d. Vorst. d. Verbandes f. nachhaltiges Umweltmanagement VNU e.V., d. Nachfolgeorganisation von IdU e.V. u. UBV e.V.

Friebel Ulrich Dr. med. *)

Friebolin Roland

B.: Steinmetzmeister, selbständig. DA.: 02763 Zittau, Hammerschmiedtstr. 10. PA.: 02747 Herrnhut, Untere Dorfstr. 19. G.: Zittau, 24. März 1965. V.: Steffi, geb. Heinrich. El.: Klaus u. Erika. S.: 1982-84 Lehre Steinmetz. K.: ab 1984 Steinmetz im väterl. Betrieb, 1989 Meisterprüfung, 1989 Steinmetz in Bayern u. ab 1993 im Betrieb d. Vates, ab 1994 Restaurator im Handwerk, 1995 Grdg. d. eigenen Steinmetzbetriebes; Projekte: Restaurierung d. Samariten-Brunnen in Zittau u. d. Gewerbehauses. M.: Königzug Zittau, Landeslehrlingswart in Sachsen. H.: Tierhaltung, Mountainbiken.

Frieburg Ursula *)

Fried Gerhard Dipl.-Kfm. *)

Fried Volker *)

Fried Walter Dipl.-Ing. FH

B.: Unternehmer, selbständig. FN.: Ingenieurbüro f. Solar-Regelung- u. Klimatechnik. DA.: 75015 Bretten, Am Seedamm 8. G.: Stuttgart, 1. Okt. 1934. V.: Hedda, geb. Lex. Ki.: Dipl.-Ing. Andreas, Dipl.-Bw. Daniela, RA Kerstin. El.: Ernst u. Anne. S.: 1949-52 Schlosserlehre im elterl. Unternehmen in Leonbronn, 1949 Gesellenprüfung u. Abschluss als bester Theoretiker u. zweitbester Praktiker v. Nordwürttemberg. K.: 1952-53 Geselle in d. elterl. Firma, 1953-54 Maschinenbaupraktikum b. d. Firma Ottmann in Heilbronn, 1954-55 Praktikum b. Firma F.C. Weippert in Heilbronn in d. Härterei, Modellschreinerei u. Giesserei, 1955-56 Konstruktionsbüro Hauk - Kreiser + Reuschle, anschl. Facharbeiter b. d. Firma Mehne in Heilbronn, Stahl- u. Brückenbau, 1957 Facharbeiterprüfung als Werkzeugmacher in Heilbronn, 1957-58 technisches Gymnasium in Stuttgart als Jahrgangsbester beendet, 1959-61 Stud. z. Maschinenbauingenieur an d. staatlichen Ingenieurschule in Esslingen, 1961 Eintritt in d. elterl. Firma als Maschinenbauingenieur, gleichzeitig Stud. z. Schweißfachung am Otto-Graf-Inst. d. TH in Stuttgart, 1967 Prüf. als Fachingenieur f. Stahlleichtbau, 1972 Stud. Maschinenbau u. Bauingenieurwesen, seit 1973 einziger öffentlich bestellter u. vereidigter Sachv. f. Gewächshausbau b. d. IHK in Karlsruhe, 1976 Diplomvorprüfung, 1977 Tod d. Vaters u. dadurch Abbruch d. Stud. u. Übernahme d. elterl. Betriebes gemeinsam m. Bruder. M.: stellv. Obmann im Arbeitsausschuss Gewächshäuser im DNA - Berlin (1968-2000), Präs. d. Verbandes dt. Gewächshaushersteller (1976-89), Gschf. dieses Verbandes (1981-97), Mtgl. d. Delegation b. d. europäischen Normenverhandlungen (1992-97), Beirat d. Karlsruher Messe HORTEC (1968-88), Beirat d. Frankfurter Messe PLANTEC (1988-93), Beirat d. Essener Messe IPM (1995-97). H.: Tennis, v. 16. b. 65 Lebensjahr aktiver Spieler u. 2 x Vors. d. TC Oberderdingen, Skifahren u. Bergwandern.

Friedberg Birgit

B.: Sängerin, Musik- u. Konzertproduzentin. FN.: Nagel Studio & Design. DA.: 10629 Berlin, Wielandstr. 29. BiFri@aol.com. G.: Stadthagen, 17. Januar 1965. El.: Karl-Heinz (verst.) u. Monika Pütter. S.: 1981-83 Bauzeichnerin, 1983-84 Einzelhdls.-Kauffrau,1984 Stud. Sozialpäd. K.: 1991-93 Chefsekr. Black & Decker, seit 1994 selbst. Nagelstudio, 1999 Computervertrieb Betriebsberatung, Einrichtungsberatung, Projektlg., Internet "Spiel"; Tattoo, Permanent Makeup, Dermographie, Airbrush, Ausbild.-Seminare, Designerin Innenarch., Fachvorträge im Ausland, TV-Interviews, Modell, Modeschauen, Verkauf selbstentworfener Möbel, Nailart; 2001 Absolvierung einer erfolgreichen Stippvisite; Mitinitiatorin u. Produzentin einer E. Presley-Show zum 25. Todestag (16.8.2002) in Berlin, Soloprogramm "Frauen sind keine Engel", Organisation v. Bühnenstücken, Musicals u. Operetten. P.: Fachart. in Fachzeitschriften. H.: Malen, Tanz, Gesang.

Friedbichler Thomas *)

Friedburg Dieter Dr. med. Prof. *)

Friedburg Hartmut Dr. med. habil.

B.: Arzt f. Radiologie. DA.: 76185 Karlsruhe, Zeppelinstr. 4. PA.: 76275 Ettlingen, Gerhard-Hauptmann-Str. 4. friedburg@t-online.de. G.: Göttingen, 20. Mai 1949. V.: Jutta, geb. Schmitt. Ki.: 2 Kinder (1982, 1983). El.: Prof. Dr. rer. nat. Helmut u. Eva. S.: 1969-70 Bundeswehr, 1970-76 Med.-Stud. in Freiburg, 1976-78 Ass.-Arzt in versch. KH d. Schwarzwaldes. K.: 1977 erste Berührung mit Schnittbildverfahren durch Ultraschalldiagnostik, 1978 Eintritt in Path. Inst. d. Albert-Ludwigs-Univ. Freiburg, Prom., 1979 Wechsel in d. Radiolog. Klinik Abt. Röntgendiagnostik d. Albert-Ludwigs-Univ. Freiburg, 1982-83 Eintritt b. Firma Bruker in d. Entwicklungslabor d. Firma Bruker Kernspintomographie, 1983 Prototyp d. 2. Generation eines Kernspintomographen in d. Radiolog. Klinik Freiburg, 1985 Funktions-OA in d. Radiolog. Klinik in d. Albert-Ludwigs-Univ. Freiburg, 1989 Habil., 1990 Wechsel v. d. Univ., Eintritt in eine radiolog. Gemeinschaftspraxis in Karlsruhe, seit 1997 beteiligt an d. Vergabe u. Betreuung v. Dipl.-Arb. in d. Fak. f. Informatik d. Univ. Karlsruhe, seit 1999 Lehrbeauftrager in d. Fak. f. Informatik in d. Univ. Karlsruhe.

Friede Jörg Rainer *)

Friede Jürgen *)

Friede Reinhard L. Dr. Prof. *)

*) Biographie www.whoiswho-verlag.ch oder beigefügte CD-ROM

v. Friedeburg Klaus Peter *)

von Friedeburg Ludwig Dr. phil. Prof. *)

Friedek Charles
B.: Profi-Leichtathlet (Dreisprung). FN.: c/o Dt. Leichtathletik-Verb. DA.: 64293 Darmstadt, Julius-Reiber-Str. 19. PA.: 51381 Leverkusen, Hamberger Straße 38 A. G.: Gießen, 26. Aug. 1971. S.: Studium d. Rechtswissenschaften. K.: größte sportl. Erfolge: 1990 JWM/1., 1992 DJM/1., 1996 EC/4., DHM/1., 1997 DM/1., Universiade/5., DHM/1., Hallen WM/4., 1998 DHM/1., Grand Prix/1., WC/1., DM/1, Hallen EM/2., 1999 DHM/1., Universiade/2., DM/1., Hallen WM/1., WM/1., 2000 DHM/1., OS Sydney/Teilnahme, Hallen-EM/1. BL.: Engagement f. krebskranke Kinder. H. Computer.

Friedel Adolf

B.: RA. FN.: Kzl. Friedel & Hermann. DA.: 83022 Rosenheim, Wittelsbacher Str. 2. G.: Rosenheim, 20. Okt. 1952. Ki.: 2 Söhne, 1 Tochter. S.: 1972 Abitur, 1972-73 Bundeswehr, 1973-78 LMU München, 1. Staatsex. f. Juristen, Referendarzeit München, Rosenheim u. Traunstein, 1980/81 Assessorexamen K.: 1981 RA München, 1982-88 Staatsanw. Rosenheim, ab 1985 neben d. Staatsanw. selbst. Repetitor f. öff. Recht, 1988 aus Beamtenverhältnis ausgeschieden, 1988-98 selbst. Mitinh. eines Repetitoriums f. Jurastudenten "Friedel u. Münchhausen", 1992 erneut Zulassung z. Anwaltschaft, selbst. RA in Rosenheim, seit 1998 Mitinh. d. jurist. Repetitoriums Kern u. Friedel, bundesweite Filialen. P.: Hrsg. u. Autor jurist. Studienlit. M.: Arge selbst. Unternehmer "ASU". H.: Bergwandern, Mountainbiken, Kajakfahren.

Friedel Claus Eberhard Dr. med. *)

Friedel Helmut Dipl.-Phys.
B.: Managing Dir., Gschf. Ges. FN.: SIGOS Systemintegration GmbH Test-Dienstleistungen f. d. Kommunikationsind. GT.: seit 1995 weitere eigene Firma Fid Freiburger Informationsdienste GmbH, 79104 Freiburg, Hermann-Herder-Str. 4. DA.: 90411 Nürnberg, Klingenhofstr. 50d. helmut.friedel@sigos.de. www. sigos.de. G.: Markt Bibart, 20. Okt. 1947. V.: Monika, geb. Franke. Ki.: Florian (1979), Phillip (1981). El.: Ernst u. Margarete. S.: 1967 Abitur Scheinfeld, 1967-69 Bundeswehr, Lt. d. Res., 1969-74 Stud. Physik Univ. Erlangen, Abschluss: Dipl.-Phys. K.: 1974-79 Gruppenltr. Energietechnik Siemens AG Erlangen, 1979-80 Bereichsltr./Prok. Projektgeschäft Telekomm. b. Philipps Nürnberg, s. 1989 selbst. m. SIGOS - jetzige Position. H.: Sport (Tennis, Bergwandern, Skifahren), Kunst, Musik, Malerei.

Friedel Herbert *)

Friedel Ilona *)

Friedel Karl-Friedrich *)

Friedel Lutz *)

Friedel Rainer Dr. sc. agr. *)

Friedemann Matthias
B.: Dipl.-Psych., Dipl.-Päd. FN.: Zentralkrankenhaus Bremen Ost. DA.: 28325 Bremen, Züricher Str. 40. mttfried@aol.com. G.: Bremen, 25. März 1965. El.: Günter u. Margrit, geb. Hermann. S.: 1984 Abitur Bremen, Zivildienst, 1986-92 Stud. Psych. u. Päd. Univ. Oldenburg, Abschluss als Dipl.-Psych. u. Dipl.-Päd., Ausbildung z. Verhaltenstherapeuten in Bremen, 1992-93 Psychosomatische Klinik Donaueschingen als Psychologe, 1993-94 Internat Schloß Stein in Stein an d. Traun als Erzieher. K.: 1994-96 Ltg. einer Heimunterkunft d. AWO Bremen f. minderjährige Asylbewerber in Bremen, 1997-2001 Gruppenleiter in einer Kinder- u. Jugendhilfe-Einrichtung in Lauenbrück, seit 2001 Psychologe d. Kinder- u. Jugendpsychiatrie KH Bremen-Ost. H.: Lesen, Tennis, Romane schreiben ("Schwarzer Engel im Container", "Ausgeschlossene Gesellschaft").

Friedemann Ralf *)

Friedenberg Jürgen Christian Sylvester Dipl.-Vw. *)

Friedensburg Ferdinand Dr. *)

Friedenstab Waldemar *)

Friederich Lianne *)

Friederich Uta Veronika

B.: Musikerin, Musikpäd. FN.: Emmerich-Smola-Musikschule Kaiserslautern. DA.: 67659 Kaiserslautern, St. Martins Platz. G.: Amorbach, 24. Feb. 1948. El.: Berthold u. Toni Bührer, geb. Zeug. BV.: Okarina Virtuose väterlicherseits in Zweibrücken. S.: 1965 Mittlere Reife Amorbach/Odenwald, 1965-67 Internat Aschaffenburg, 1968 Abitur Darmstadt, 1968-70 Stud. f. Privatmusiklehrertum d. Ak. f. Tonkunst b. Andreas Braun (Blockflöte), Nebenfach Klavier, Violoncello u. Oboe, 1970 Ausbild. als staatl. Musiklehrerin, Abschluss m. Dipl. K.: 1971-72 Konzertexamen, parallel z. Stud. an d. Musikschule als Lehrerin f. Blockflöte tätig, Stud. d. mod. Oboe b. Helmut Winschermann u. Cembalo b. Franzpeter Goebels in Detmold, 1972-78 Stud. Barockoboe b. Helmut Hucke, Günter Höller Blockflöte, Abschluss m. künstler. Reifeprüf., 1978 Berufspause bedingt durch Autounfall, 1979-2000 zunächst an d. Kreismusikschule Landstuhl u. später an d. Städt. Musikschule Kaiserslautern unterrichtet. BL.: 1992, 1993, 1994 u. 1995 intern. Tage (Festival) f. Blockflöte gesamtorganisatorisch u. künstler. Ltg. auf ehrenamtl. Basis m. d. Ziel, Kreativität u. Humor in d. Blockflötenmusik zu vermitteln, Solokonzerte in 25 histor. Blasinstrumenten aus d. 11. Jhdt. b. z. Avantgarde in jeder Stilrichtung. E.: 1. Preis d. Ak. f. Tonkunst in d. Kategorie "alle Instrumente", Ausz. b. kleineren Wettbewerben. M.: ProMISPA - Selbsthilfeorgan. f. Philippinen. H.: spirituelle Psych., Fotografie, Malen - Aquarell u. Mischtechnik: Poesie, Reisen, Schnorcheln.

Friederich Wolfgang F.
B.: Gschf. FN.: HANSA Flug- u. Ferienreisen GmbH. DA.: 22547 Hamburg, Elbgaustr. 124b. G.: Hamburg, 16. März 1944. Ki.: Beatrix (1969). S.: 1962-65 Ausbild. z. Sped.-Kfm. in Firma Leinweber Hamburg, 1965-66 Ausbild. z. Güternahverkehrsunternehmer. K.: 1966-69 Mitarb. d. Ruhr-Glas-Konzerns (heute Veba), parallel dazu eigenes Güternahverkehrsunternehmen aufgebaut u. betrieben in Zusammenarb. m. d.

---

*) Biographie www.whoiswho-verlag.ch oder beigefügte CD-ROM

Friederich

gau-Passagen.

Ruhr-Glas-Konzern, 1984 Grdg. u. Gschf. d. HANSA Flug- u. Ferienreisen GmbH. M.: zwischenzeitl. viele J. im Prüf.-Aussch. d. HK Hamburg f. Reiseverkehrskaufleute, ausserdem im ASR Arbeitskreis selbst. Reisebüros u. im Mittelstandsverb. Frankfurt/Main, ehrenamtl. Richter am Finanzgericht Hamburg, 1991-98 VPräs. u. Schatzmeister Fußballclub EFC Stahl Eisenhüttenstadt, zusätzl. Sponsor u. Förderer, ETSV, 3. Vors. d. SV Lurup, Förd. u. Organ. d. Kaufmannschaft im EKZ Elb-

Friederichs Karlheinz Dipl.-Ing. *)

Friederichs Klaus-Theo

B.: Koch, Inh. FN.: Ihr Privates Hotel. DA.: 47057 Duisburg, Neudorfer Str. 33/35. info@ hotel-friederichs.de. www.hotel-friederichs.de. G.: Duisburg, 16. Feb. 1953. V.: Heidi, geb. Schmidt. Ki.: Sebastian. El.: August u. Gertrude, geb. Wilhelmsen. S.: Mittlere Reife, 1969-71 Lehre Koch, 1971-72 Hotelfachschule Tegernsee. K.: 1972-73 tätig im elterl. Betrieb, 1973-74 Bundeswehr, 1975-76 Koch in versch. Restaurants, 1976-80 Aufbau d. Hotel Friederichs u. b. 1981 Küchenchef, 1982 Eröffnung d. Restaurant La Provce in Duisburg Edel-Restaurant bis 1997, 2000 Übernahme d. Hotel Friederichs, Umbau u. Renovierung 2001, 4 Sterne. P.: Kochbücher. E.: Gold. Kochmütze im Varta u. Stern-Michelin. M.: Gaststättenverb., IHK, HOGA Segelclub, DSL. H.: Familie.

Friederichs Rolf *)

Friederichs Wilhelm Dr. med.

B.: FA f. Kinderheilkunde, Psychotherapie u. Umweltmed. DA.: 59423 Unna, Weberstr. 16. PA.: 59423 Unna, Weberstr. 22. dr.wilhelm.friederich@t-online.de. G.: Ernstroda, 1. Okt. 1945. V.: Dr. Anja Gorden. Ki.: Sebastian (1974), Philipp (1976), Arne (1979). El.: Dr. Wilhelm u. Elisabeth. S.: 1966 Abitur Unna, 1966-72 Stud. Naturwiss. Marburg, Zulassung z. Med.-Stud., 1 J. Wien, 1. Sem. Freiburg, Staatsexamen in Heidelberg, 1972 MA-Zeit Eschwege, 1974 Approb. u. Prom. K.: 1975-78 Städt. Kinderklinik Aschaffenburg, 1979 FA f. Kinderheilkunde, 1978-80 wiss. Ass. Univ.-Kinderklinik Münster, 1981-82 St. Rochus-Hospital Telgte, 1982 Ndlg. als Arzt f. Kinderheilkunde, 1982 Zusatzbezeichnung Psychotherapie, Heilpäd. Abt. in d. Praxis, 1994 Beginn d. AiP-Ausbild.-Stätte in d. Praxis, 1995 Anerkennung Umweltmeß- u. Beratungsdienst, 1996 Supervision v. Langzeittherapien, 1997 Anerkennung Umweltmed. BL.: 1995 Aufbau d. Kindergartens Montessori, seit 1999 1. Vors. P.: Bericht über Magersucht in Buchform, Band 23 d. Schriftenreihe z. Problem d. Suchtgefahren (1981). M.: Berufsverb. d. Kinderheilkunde, Tennisver. SSV Mühlhausen, Segelver., Ges. f. Psychotherapie, Ärztl. Akademiker. H.: Segeln, Tennis, Skifahren.

Friederici Helmut

B.: Dipl.-Betriebswirt, vereid. Buchprüfer u. Steuerberater. DA.: 45133 Essen, Heinrich-Held-Str. 33. Helmut.Friederici@t-online.de. G.: Unterbergen, 10. Mai 1944. S.: 1958-69 Handelsschule, 1960-63 Ausbild. z. Ind.-Kfm., 1964-67 Stud. Betriebswirtschaft, 1967-68 Bundeswehr, Steuerbev., 1975 Steuerberater, 1988 vereid. Buchprüfer. K.: 1968-72 Wirtschaftsprüferass., seit 1972 selbst.; Doz. f. Steuerrecht u. Betriebswirtschaft, Redakteur f. Steuerrecht. P.: Vorträge z. Steuerrecht u. betriebswirtschaftl. Fragen v. versch. Inst., Redakteur f. Steurrecht in Fachzeitungen. E.: seit 1992 Lehrbeauftragter an d. FH f. Ökonomie u. Management in Essen, Koordinator f. d. Fachbereich Steuerrecht. M.: Vorst.-Mtgl. d. Steuerberaterkam. u. d. Steuerberaterverbandes in Düsseldorf, div. Aussch. f. intern. u. nat. Steuerrecht, Mtgl. d. Steuerausschusses d. IHK zu Essen, Lions Club. H.: Lesen, Reisen.

Friedhofen Claudia *)

Friedhoff Frank *)

Friedhoff Karl Theodor Dr. med. vet. Prof. *)

Friedhoff Paul K.

B.: Physiking., MdB. FN.: Dt. Bundestag. DA.: 11011 Berlin, Platz d. Republik 1. G.: Altenbrunnen, 2. Febr. 1943. V.: verh. Ki.: 3 Kinder. S.: Mittlere Reife, 1961-64 Lehre als Physiklaborant, 1964-67 Ing.-Stud. Fachrichtung Physikal. Technik FH Iserlohn, grad. Ing. K.: 1967-73 Ing. in d. Stahlind., Tätigkeit in Forsch. u. Qualitätsstelle, 1974-79 Ing. in d. Meßgeräteind., 1979 Grdg. Fa. SPECTRO, Gschf. Ges. SPECTRO-Gruppe, Entwicklung, Herstellung u. Vertrieb v. Meßgeräten d. analyt. Chemie, 1972 Mtgl. FDP, 1982-90 Vors. Ortsverb. Kleve, 1986-1991 Schatzmstr. Kreisverb. Kleve-Geldern u. Mtgl. Bez.-Vorst. Niederrhein, 1975-78 Mtgl. Rat d. Stadt Freudenberg Kreis Siegen-Wittgenstein, 1989-1992 Mtgl. Rat d. Stadt Kleve, seit 1992 Bundesfachausschuß Wirtschaft stv. Vorsitzender, seit 1992 Landesschatzmeister d. FDP-NRW, Mtgl. GF. Landesvorstand, 1987-1984 Mtgl. d. Expertenkommission Montanregion d. Landes NRW, Vorst.-Mtgl. Bundesverb. Mittelständ., s. 1990 MdB. (Re)

Friedl Christel Ellen Karla *)

Friedl Christian Wilhelm Dipl.-Ing.

B.: Gschf. FN.: Frauenhofer Advanced Simulation Technologies (FAST). DA.: 60598 Frankfurt/Main, Darmstädter Landstraße 213. PA.: 90518 Altdorf b. Nürnberg, Föhrenweg 6. G.: 9. Feb. 1963. S.: 1984 Abitur Nürnberg, 1984-86 Stud. Fertigungstechnik Friedrich-Alexander-Univ. Erlangen-Nürnberg, 1986-91 Stud. Maschinenbau Georg-Simon-Ohm-HS Nürnberg, Abschluß: Dipl.-Ing. K.: 1991-99 Siemens AG Unternehmensbereich Produktions- u. Logistiksysteme, Generalunternehmer f. Logistikanlagen Nürnberg, 1991-92 Teilprojektltr., 1992-94 Gesamtprojektltr., 1994-95 Projektltg., 1995-96 Teamltr., 1997 Vertriebsltr. Süddeutschland, 1998 Ltr. Vertrieb, seit 1999 Gschf. Fraunhofer Advanced Simulation Technologies (FAST) Frankfurt/Main, s. 2002 Siemens AG, Nürnberg: Übernahme d. Auslandsvertriebes f.d. Planung u. Realisierung v. Gesamtanlagen f.d. Endmontage v. Produktionslinien i.d. Automobilbranche. BL.: Patente: "Vollautomatische Tablarbeladestation", "Vollautomatische Tablarentladestation", "Lager- u. Transporttablar". P.: "Schuster, bleib b. deinen Leisten" (1996), "Fully Automatic Order-Picking

*) Biographie www.whoiswho-verlag.ch oder beigefügte CD-ROM

brings shoes to life" (1996), "siemens shifts shoes" (1996), "e-Commerce - Anforderungen u. Chancen f. d. Logistik" (2000). H.: Tennis, Skifahren, Radsport, Segeln.

Friedl Harald *)

Friedl Michael Dipl.-Ing. *)

Friedl Uwe
B.: Gas-, Wasser-, Heizungsinstallateur, Inh. FN.: Uwe Friedl GmbH Sanitäre Einrichtung. DA.: 69118 Heidelberg, Schlierbacher Landstr. 134. afriedl@t-online.de. www.friedls'shk.de. G.: Heidelberg, 6. Feb. 1962. V.: Anke, geb. Riedling. Ki.: Lisa (1988), Max (1994). El.: Wilhelm u. Stefanie, geb. Weninger. S.: 1979 Mittlere Reife, 1979-82 Lehre Installateur Firma Sauer Heidelberg, 1982 Gesellenprüf. als bester Azubi im Kam.-Bez. Mannheim. K.: 1982-91 Monteur in d. Firma Sauer, ab 1987 Obermonteur, 1990 Meisterprüf., 1991 Übernahme d. Firma Albert Kühler in Heidelberg, 1994 Grdg. d. Firma Uwe Friedl GmbH spez. f. Blecharb. u. Sanierungen, ab 2000 zusätzl. Architektenservice am Bau. M.: seit 1994 Vors. d. Gesellenprüf.-Kmsn. d. Innung Sanitär u. Heiung in Heidelberg. H.: Tennis.

Friedl Wilhelm Dr. med. habil. Prof.
B.: Chefarzt d. Chir. Klinik II Aschaffenburg. DA.: 63739 Aschaffenburg, Am Hasenkopf 1. PA.: 63808 Haibach, Adenauerring 7. G.: Temeschburg/Rumänien, 28. Juli 1951. V.: Dr. Christine Maria, geb. Schuch. Ki.: Astrid (1980), Sigrid (1984). El.: Dr. Hans u. Wilhelmine, geb. Mayer. S.: 1970 Abitur Temeschburg., Stud. Humanmed., Rudern als Leistungssport (u.a. Rumän. Landesmeister im 8er als Schlagmann), dadurch auch intern. Regatta in heutigem Mazedonien u. Flucht nach Deutschl., s. 1972 Med.-Stud. Heidelberg, 1977 Staatsex.. K.: 1977-78 Med.-Ass. Kreis-KH Roding, 1978 Med.-Ass. f. Chir. u. b. 1980 Chir. Ass. im Kreis-KH Künzelsau/Hohenlohe, ab 1980 Chir. Ass. Univ.-Klinik Heidelberg, 1984 Anerkennung als Arzt f. Chir., 1985 Anerkennung als Arzt f. Unfallchir., 1985 OA Unfallchir., ab 1987 2. OA d. Sekt. Unfallchir. u. OA d. Abt. Allg.-Chir. d. Univ.-Klinik Heidelberg, 1987 Habil., ab 1989 1. OA d. Sekt. Unfall- u. Wiederherstellungschir. d. Univ.-Klinik Heidelberg, 1989-91 Sekt.-Ltr. Unfallchir. d. Univ.-Klinik Heidelberg, ab 1991 OA d. Sekt. Unfall- u. Wiederherstellungschir. d. Univ.-Klinik Heidelberg, ab 1994 Chefarzt d. Chir. Klink II in Aschaffenburg. BL.: Patent f. Implantat z. Versorgung per- u. subtrochanteren Femurfrakturen (Gleitnagel) z. universellen Versorgung proximaler Femurfrakturen, patente Patella Nagel, weitere Implantatentwicklungen m. entsprechenden biomechan. u. klin. Untersuchungen. P.: ca. 400 Fachart. in div. Fachzeitschriften u. Büchern, div. Fachvorträge im Ausland über Entwicklungen u. Anwendungen. M.: Dt. Ges. f. Chir., Dt. Ges. f. Unfallchir., Küntscher Kreis e.V., American College of Surgeons, Burschenschaft Frankonia Heidelberg, Ruderver. Aschaffenburg. H.: Go-Spiel, Reisen, Tennis, Beruf.

Friedland Ilona Dipl.-Ing. *)

Friedland Klaus Dipl.-Kfm.
B.: Vorst.-Mtgl. FN.: Continental AG. DA.:30165 Hannover, Vahrenwalder Str. 9. www.conti-online.com. G.: Hannover, 15. Juli 1953. S.: 1973-78 Stud. BWL TU Hannover u. Göttingen, 1978 Abschluß Dipl.-Kfm. K.: 1978 Eintritt in d. Firma Continental AG in Hannover u. tätig im Controlling, 1981-84 tätig im Personalbereich Führungskräfte, 1984-85 Training-Manager CUP in Großbritannien, 1985-88 Ltr. f. Personal-Führungskräfte, 1988-91 Ltr. d. Personalabt. Stöcken, 1991-93 Ltr. d. Personal im Konzernbereich ContiTech, 1993-94 Projektltr. v. ISO 9000 u. Einführung d. General Tire in Arkon/USA, 1994-95 Ltr. d. Personal-Konzern, 1995-97 Gen.-Bev. f. Personal, seit 1994 Vorst.-Mtgl. u. Arb.-Dir., ab 6/1999 zusätzlich Vorstandsbereich Finanzen, Controlling, Personal und Recht.

Friedland Klaus Dr. phil. Prof. hon. *)

Friedland Marlit

B.: Gschf. Ges. FN.: Berliner Gruselkabinett Entertainment GmbH. DA.: 10963 Berlin, Schöneberger Str. 23 A. G.: Kablow, 5. Mai 1947. V.: Dipl.-Kfm. Rüdiger Friedland. Ki.: Gerald (1978), Sabina (1983). El.: Eva Sorrer. S.: 1963-66 Ausbild. Friseurin u. Bankkfm., 1968 Meisterprüf. K.: 1968 Übernahme d. Frisiersalons, 1976 Mitarb. in d. Firma KATO GmbH d. Ehemannes in Berlin, 1997 Eröff. d. Berliner Gruselkabinetts in einem Luftschutzbunker aus d. II. Weltkrieg.

Friedman Esther *)

Friedman Michel Dr.
B.: Rechtsanwalt. DA.: 60322 Frankfurt/Main, Fürstenbergerstr. 143. G.: Paris, 25. Feb. 1956. V.: Bärbel Schäfer (Lebensgefährtin). El.: Paul u. Eugenia, geb. Wortsmann. S.: 1974 Abitur Frankfurt/Main. K.: seit 1983 Mtgl. d. Vorst. d. jüd. Gem. Frankfurt (sein jüd. Mentor: Ignaz Bubis), seit 1985 Stadtverordneter d. Stadt Frankfurt (sein polit. Mentor: Walter Wallmann), 1987 2. Staatsexamen u. Ndlg. als selbst. RA, 1990 Präsidiumsmtgl. im FernsehR. v. ZDF, 1994 Prom., seit 1995 Bundesvorst. d. CDU Deutschland, s. 2001 Mod. TV-Sendung "Michel Friedman trifft...". P.: Moderator im Hess. Rundfunk d. TV-Sendung "3-2-1", "Zukunft ohne Vergessen", zahlr. Publ. in Tages- u. Wochenzeitschriften, ständiger Kolumnist in "Leipziger Volkszeitung". E.: Offizier d. Ehrenlegion d. Rep. Frankreich, Dt. Fernsehpreis (2001). M.: Kuratorium v. Justus-Frantz-Orchester d. Nationen, Kuratorium Transatlantik Herbert Quand-Stiftung, Vorst.-Mtgl. Freunde d. Hebräischen Univ. Jerusalem, stellv. Vors. d. Zentralrates der Juden in Deutschl. H.: Lesen, Filme, Musik, Tennis, Schwimmen, Reisen, mit Menschen reden. (Re)

Friedmann Bernhard Dr. rer. pol.
B.: Ehem. Präs. d. Europäischen Rechnungshofs. PA.: 77833 Ottersweier, Europastr. 31. G.: Ottersweier, 8. Apr. 1932. V.: Hildgund, geb. Valentiner (1995 verst.). Ki.: Ulrike, Volker, Heike. El.: Josef u. Josefine. S.: Abitur, Stud. Wirtsch.wiss. Univ. Freiburg, Referendariat b. d. Dt. BPost. K.: MinR. bzw. Abt.Pr. b. d. Dt. BPost., 1976-90 Mtgl. d. Dt. BTages, ab 1989 Präsidiumsmtgl., seit 1990 Mtgl. d. Dt. Rechnungshofes., 1996 -1999 Präs. d. Europ. Rechnungshofes. E.: BVK 1. Kl.

Friedmann Gunter

B.: Gschf. Ges. FN.: AGVA GmbH Softwaredienstleistungen, -hdl. u. -beratung. DA.: 67059 Ludwigshafen, Ludwigspl. 8. gunter.friedmann@agva.de. www.agva.de. G.: Ludwigshafen, 23. Juni 1966. S.: 1983 Mittlere Reife, 1983-86 Ausbild. Sped. Kfm. K.: 1986-98 div. kfm. Tätigkeiten in versch. Betrieben, 1998 Grdg. d. Firma AGVA GmbH als Gschf. Ges. H.: Wandern, Schwimmen, Musik.

*) Biographie www.whoiswho-verlag.ch oder beigefügte CD-ROM

Friedmann

Friedmann Harald *)

Friedrich Albrecht
B.: Gschf. Ges., Inh. FN.: Herman S. Mode u. Hdl. GmbH. DA.: 28195 Bremen, Hanseatenhof 9/Lloydhof. perla.donna@t-online.de. www.perladonna.de. G.: Kirchen, 24. Aug. 1967. El.: Arnold Albrecht u. Helgy, geb. Gemkow. S.: 1985-88 Ausbild. Koch Seehotel Timmendorfer Strand, Abschluß m. Ausz. K.: 1988-94 Koch in versch. Häusern d. Maritim Hotels am Timmendorfer Strand, Hamburg u. Bremen, 1994 Eröff. d. exclusiven Herrenwäschegeschäftes, 1995 Eröff. d. Geschäftes perla Donna f. Wäsche, Bademode u. Dessous in Bremen, glz. Grdg. d. Herman S. Mode u. Hdl. GmbH als Gschf. Ges. H.: Tiere, Musik, Kunst, Schreiben, Kommuikation im Internet.

Friedrich Benjamin

B.: Unternehmer, Gschf. FN.: Friedrich & Partner GbR. DA.: 82054 Sauerlach, Oberbiberger Str. 9. G.: München, 1. Juli 1972. V.: Kathrin Kühnel. El.: Johann Friedrich u. Ingrid Phillips, geb. Scheumann. BV.: Dr. Hübner Flugzeugpionier, baute um ca. 1930 d. ersten Motorsegler u. Segelflugzeuge, ausgestellt im Auto & Technik Museum in Sinsheim. S.: 1981-88 Highschool und College in Australien, Intern. Abitur, 1989-91 Fachoberschule München, 1991-94 Stud. Elektrotechnik an d. FH. K.: 1994-97 Computertechniker b. d. Firma Schadt Computertechnik, als mobiler Filialltr. 13 Filialen in Süddeutschland in d. Markt eingeführt, ab 1996 stellv. Vertriebsltr. in d. Zentrale in Stuttgart, in Kooperation m. HP eine PC-Klinik gegründet, gleichzeitig betraut m. d. Firmenübernahme v. Asscarfi u. Einrichtung eines Schnäppchenmarktes, seit 1997 Grdg. d. eigenen Unternehmens EDV-Beratung & Dienste, seit 1998 Friedrich & Partner GbR. M.: 2. Vorst. im selbst gegründeten Ver. "Way of Life - Missionsges.", ehrenamtl. Tätigkeit, Organ. v. 2x monatl. Hilfstransporten nach Jugoslawien, Schatzmeister im Ver. "Haus f. Kinder u. Jugendl. e.V.", Drachenfliegerclub. H.: Bergsteigen, Drachenfliegen, Motorradfahren, Musik (Modern - Klassik), Reisen.

Friedrich Bernd Dipl.-Ing. (FH) *)

Friedrich Bernd Dr. *)

Friedrich Christoph *)

Friedrich Edelgard

B.: Hotelkauffrau, Dozentin für Deutsch (Muttersprache), Deutsch als Fremdsprache, Englisch u. Latein, Inh. FN.: Bildungszentrum Friedrich. DA.: 87527 Sonthofen, Bahnhofstr. 10. PA.: 87549 Rettenberg-Untermaisfelstein, Hausäckerweg 1. http://mon.de/scw/Bildungszentrum-Friedrich. G.: Immenstadt, 30. April 1942. V.: Manfred Friedrich. Ki.: Marina (1967). S.: 1959-62 Ausbild. z. Hotelkauffrau, Hotelsekr. u. Fremdsprachenkorrespondentin in Oberstdorf, 1962-63 Aufbau u. Ltg. eines 40-Betten-Hotels in Oberstdorf, 1963 Studienaufenthalt in d. USA, 1963-67 Sekr. u. Fremdsprachenkorrespondentin in einer Werkzeugmaschinenfbk. in Kempten, Bereiche Einkauf/Verkauf, Marketing, Produktion, Management, 1969-74 Führung einer eigenen Hotelpension in Untermaiselstein, Weiterbild., Sprachenstud., Seminare f. Jugend- u. Erwachsenenbild., 1974-94 Nachhilfefachkraft f. alle Fächer, alle Schultypen, alle Kl. m. Prüf.-Vorbereitungen, Deutschunterricht/Sprachkurse f. Aussiedler, Asylbewerber, Ausländer, multinational, Dozent bei Bild.-Einrichtungen, Firmen, Hotels, Landratsamt, Arbeitsamt, Sportinternat, 1987-88 Moderatorin b. Lokalradio "Neue Welle Grünten" in Sonthofen f. d. Schwerpunkte Schule, Familie, Kultur, Weiterbild., Freizeitgestaltung, seit 1994 eigenes Unternehmen in Sonthofen Bildungszentrum Friedrich. H.: Lesen, Reisen, Sprachen, Garten, Malen, Musik, Botanik, Literatur, Wandern.

Friedrich Einhard Dr. med. *)

Friedrich Ekkehard Dipl.-Ing. *)

Friedrich Ernst Wolfgang Dr. jur. *)

Friedrich Felix Dr. phil.
B.: Schloßorganist. FN.: Schloßdion. Altenburg. DA.: Schloßdion Altenburg, Schloßdirektion Altenburg. PA.: 04639 Gößnitz, Hohe Str. 2. FelFriedrich@aol.com. www.FelixFriedrich.de. G.: Hochweitzschen, 25. Jan. 1945. V.: Irmtraut, geb. Runge. Ki.: Xenia (1983). El.: Ferdinand u. Lisbeth. S.: 1963 Abitur, 1963-66 Stud. Kirchenmusik Dresden, ab 1966 HS f. Musik "Franz Liszt" Weimar, 1971 Staatsexamen, 1987 Prom. K.: 1971-81 Musikpädagoge Musikschule Altenburg, ab 1981 Schloßorganist u. künstler. Ltr. d. Schloßkonzerte; rege Zusammenarb. m. bedeutenden Orchestern u. Dirigenten europaweit, umfangreiche intern. Konzerttätigkeit bisher in allen europ. Ländern, in d. USA u. d. GUS, Solist b. intern. Orgel- u. Musikfestivals, Jury-Tätigkeit bei intern. Orgelwettbewerben, gr. Engagement f. d. zeitgenöss. Orgelmusik. P.: zahlr. Funk-, Fernseh- u. Schallplattenaufnahmen (über 60 Einspielungen), Bücher: "Der Orgelbauer Heinrich Gottfried Trost" (1989), "Johann Ludwig Krebs - Leben u. Werk" (1988), "Orgelbau in Thüringen" (1994), "Orgelbau in Sachsen" (1995), "Orgeln in Altenburg" (1990). E.: 1984 Ehrenplakette d. Stadt Altenburg f. hervorragende künstler. Leistungen. M.: Vizepräs. d. Gottfried-Silbermann-Ges. e.V. Freiberg, seit 1991 Ltr. d. Thüringischen Orgelak., Intern. Bachges., Ges. d. Orgelfreunde GdO, Österr. Orgelforum.

Friedrich Frank *)

Friedrich Franz J. Dipl.-Kfm. *)

Friedrich Gerhard
B.: freischaff. Schauspieler, Regisseur. DA.: 12163 Berlin, Gutsmuthsstr. 21. G.: Freiburg, 19. Aug. S.: Abitur, Schauspielschule FHS "Otto Falckenberg" München. K.: Tätigkeit als Schauspieler an Münchner Kammerspielen, Dt. Theater Berlin, Schauspielhaus u. Thalia-Theater Hamburg (Regie), Schiller-Theater Berlin, Renissance Theater, Theaterrollen u.a. "Prinz v. Homburg", "Carlos", "Hamlet", "Macbeth" u.a. viele Komödien unter d. Regie v. Brecht, etc., Fernsehen z.B. "Die Wicherts v. nebenan", "Jakob u. Adele" u.a., auch Filme, Auftritte in Moskau, Leningrad, Riga, Vilnus, Brüssel, Welttournee m. d. Goethe Inst., Theater für Kindergärten in DDR nach d. Mauerfall. P.: Interviews f. Radio, Zeitungen u. Fernsehen, Zeitschriften. E.: "Scheffel-Preis" Karlsruhe, "Insel-Preis" Hamburg. H.: Reisen, Bücher.

Friedrich Gerhard Dr. jur.
B.: MdB, Vors. d. Arbeitsgruppe Bildung u. Forschung. FN.: CSU. DA.: 11011 Berlin, Platz d. Republik 1; WK: 91052 Erlangen, Ludwig Erhard Str. 9a. PA.: Erlangen. G.: Gunzenhausen,

*) Biographie www.whoiswho-verlag.ch oder beigefügte CD-ROM

10. März 1948. V.: Gisela, geb. Barth. Ki.: Alexander (1983), Daniel (1985). S.: 1958-67 Naturwiss. Gymn. Gunzenhausen, Abitur, 1966 in CSU, 1967 Stud. Rechtswiss. Univ. Erlangen, 1968-72 RCDS - Vors. Erlangen, 1972 1. Staatsexamen Ref. OLG Nürnberg Verwaltungsrecht, 1975 2. Staaatsexamen, 1975-76 MA Staatskanzlei in München, Presseabt. (auch Goppel), 1981 ORR, 1976-80 Ltr. Bauabt. Nürnberger Land. In Lauf, 1978 Prom. über Enteignungsrecht Univ. Erlangen bei Prof. Obermayer. K.: 1980-85 Ltr. Sozialverwaltung Bez. Mittelfranken in Ansbach, seit 1986 in Erlangen Rechtsanwalt, 1986 Nominierung Bundestag, seit 1987 MdB, Direktwahl Erlangen (47%), 1990-94 Mitinitiator Kreislaufwirtschaftsgesetz, seit 1998 o.M. Bildungs- u. Forschungsausschuß, Vors. Arbeitsgruppe Bildung - u. Forschung CDU/CSU BT - Fraktion, 1995-98 Vors. d. "Plutonium - Untersuchungsausschuß BND. BL.: Mitinitiator KWG. P.: in Nürnberger Nachrichten. E.: 1998 BVK durch Frau BT - Präsidentin Süßmut, 1999 Bayerischer Verdienstorden durch Min. Pr. Stoiber. H.: Ski, Schwimmen, Südostasienreisen u.a. Indonesien. (Re)

Friedrich Gerhard *)

Friedrich Gerhard Elmar Dr. med. Dr. rer. nat.

B.: Dipl.-Chemiker, Arzt f. Rechts- und Verkehrsmed., selbständiger Ltr. Drogenforschung. DA.: 79104 Freiburg, Albertstr. 9. PA.: 79104 Freiburg, Haydenweg 18. G.: Biel, 17. März 1934. S.: 1953 Abitur Trier, b. 1955 Stud. Chemie Innsbruck, Stud. Med. in Freiburg, Homburg u. Saarbrücken, 1970 Rechtsmed. in Freiburg, 1967 Prom., 1968 2. Prom. K.: Forschung als Gutachter Methadon u. Drogenforschung, Arbeitsgruppe Drogenforschungs-Institut. P.: Mitherausgeber Praxis d. Rechtsmed. m. Schwerpunkt Forensische postmartale Biochemie. M.: Gründungsmtgl. Executive Comitee European Opiate Addiction, Tätigkeit als Gutachter überregional. H.: Kunst, Reisen (Asien).

Friedrich Gert
B.: Dipl.-Journalist, News-Manager. FN.: SNN-Sachsen News Net GmbH, News-Center Westsachsen. DA.: 08012 Chemnitz, Postfach 201036. G.: Zwickau, 3. Sep. 1968. V.: Dr. med. Petra, geb. Schott. Ki.: Filip (1993), Felix (1994). El.: Johannes u. Gabriele. BV.: Großvater Alfons Gernoth - Sparkassendir. in Zwickau. S.: 1987 Abitur Zwickau, 1987-89 Volontär d. CDU-Tageszeitung "Die Union", 1989 Stud. Journalistik u. Politikwiss. KMU Leipzig, 1992 Dipl.-Journalist. K.: 1994-98 Kirchenredakteur RADIO PSR, seit 1998 Studioltr. Regionalstudio Chemnitz, SNN-News-Manager Westsachsen. P.: Dipl., Buch "Auszeit" (Mitautor), Sendereihe "Augenblick mal". E.: Stipendium "Adenauer Stiftung". M.: FSV Zwickau, "Hopfenbolzer" (Freizeit-Fußballver.). H.: Fußball, Lesen, Garten, Ski alpin.

Friedrich Günter Dr. med. *)

Friedrich Günther Dr. rer. nat. Univ.-Prof. *)

Friedrich Hans-Joachim *)

Friedrich Hans-Joachim
B.: Fahrlehrer, Inh. FN.: Fahrschule H.-J. Friedrich. DA.: 39112 Magdeburg, Raiffeisenstr. 29. G.: Dortmund, 5. Okt. 1951. V.: Christina, geb. Hinze. Ki.: Eileen (1976). S.: b 1969 Lehre z. Maschinenbauer. K.: b. 1975 Rohrschlosser b. SKL, 1974 Fahrlehrerausbild., ab 1975 ang. Fahrlehrer, seit 1994 selbst. H.: Motorsport.

Friedrich Hans-Joachim *)

Friedrich Hans-Jürgen *)

Friedrich Hans-Peter *)

Friedrich Hans-Peter Dr.
B.: Jurist, MdB. FN.: CSU. DA.: 11011 Berlin, Platz der Republik 1, Wahlkreisbüro: 95028 Hof/Saale, Sonnenplatz 2. hans-peter.friedrich@bundestag.de. www.hp-friedrich.de. G.: Naila, 10. März 1957. V.: Annette, geb. Simshäuser. Ki.: Katharina (1988), Florian (1991), Isabelle (1993). El.: Hans, Hildegard geb. Rosenberger. S.: 1968-78 Gymn. Naila, 1973 Gründer d. Schüler-Union in Oberfranken, Abitur, seit 1974 CSU-Mtgl., 1978-79 Bundeswehr, 1979-83 Stud. Rechtswiss. in München, ab 1980 in Augsburg, daneben Mtgl. italienische Theatergruppe in Augsburg, 1983 1. Staatsexamen, 1983-86 Referendariat, 1986 2. Staatsexamen, Prom. über Testamentvollstreckung an Kommanditanteilen; Erb- u. Gesellschaftsrecht bei Prof. Buchner, 1983-86 daneben Stud. Wirtschafts- u. Sozialwiss. Univ. Augsburg, 1986 Vordipl., seit 1986 Wirtschaftsstud. Fernuniv. Hagen. K.: 1988-91 Bundesministerium f. Wirtschaft in Bonn, 1990-91 abgeordnet an Dt. Botschaft Washington, Wirtschaftsref., 1991-93 Referent f. Wirtschaft, Verkehr, Landwirtschaft d. CSU-Landesgruppe in Bonn, 1993-98 persönl. Ref. von Michael Glos, seit 1998 Vors. d. Bundeswahlkreiskonferenz d. CSU, seit 1998 MdB, Wahlkreis Hof/Wunsiedel, o.Mtgl. Arbeits- u. Sozialausschuß, stellv. Mtgl. Wirtschaftsausschuß, stellv. Mtgl. Petitionsausschuß, Mtgl. d. Enquete-Kommission "Demographischer Wandel", Schriftführer Bundestag, seit 12/1999 stellv. Vors. Untersuchungsausschuß "Parteispenden" seit 1999 stellv. Bezirksvors. CSU-Oberfranken. H.: Wandern, Musik. (Re)

Friedrich Hans-Peter Dipl.Ing. *)

Friedrich Hartmut
B.: Landesverbandsltr. DAG, Landesverband Berlin/Brandenburg. DA.: 10713 Berlin, Blissestr. 2. PA.: 12203 Berlin, Undinestr. 14. G.: Lautenthal/Harz, 16. Juni 1950. V.: Monika, geb. Maier. El.: Adolf u. Eva. S.: 1967-69 Ausbild. z. Ind.-Kfm. in Clausthal-Zellerfeld. K.: 1969-78 tätig in Chem. Ind. Hannover, zuletzt als Ltr. d. Abt. Verkaufsverw. u. Ausbild. z. Außenhdls.-Kfm., 1978-79 Ass. d. Geschäftsltg. in Betrieb d. Glasind. in Isernhagen b. Hannover, b. 1982 Kurdir. im Harz, seit 1983 b. d. Dt. Ang.-Gewerkschaft, zunächst Ltr. Abt. Ind. f. d. Bez. Hannover, seit 1987 Landesverb. Berlin, 1991 Tarif- u. Betriebspolitik Ind., seit 1991 gewählter Landesverb.-Vors. P.: Art. in Fachzeitschriften. M.: seit 1987 ehrenamtl. Richter am Arbeitsgericht Berlin, seit 1988 Landesarbeitsgericht Berlin, seit 1992 Mtgl. im Verwaltungsrat d. Landesarbeitsamtes Berlin-Brandenburg, seit 1994 Mtgl. im AufsR d. Bankges. Berlin, der GASAG Berliner Gaswerke-AG Berlin), seit 1992 Mtgl. im AufsR d. Herlitz-AG Berlin, seit 1988 Vizepräs. d. Europäischen Bewegung in Berlin u. Brandenburg, seit 1992 Mtgl. im Rundfunkrat d. Senders Freies Berlin (SFB), seit 1998 stellv. Mtgl. d. SFB-Verwaltungsrates, seit 1991 Mtgl. Berliner Pressekonferenz, 1993 Mtgl. d. Diätenkommission u. seit 1997 Vors. d. Fraktionskommission d. Abgeordnetenhauses Berlin. H.: Klass. Musik u. Jazz. (D.R.)

Friedrich Heinz Dr. h.c. Prof.
B.: Verleger. PA.: 80638 München, Maréesstr. 6. G.: Roßdorf, 14. Feb. 1922. V.: Maria, geb. Maser. Ki.: Ulrike, Ute-Sabine. El.: Ludwig u. Philippine, geb. Ammann. K.: 1947 Feuilletonchef Wochenzeitung Die Epoche, 1949-56 Abt.-Ltr. Nachtstudio/Feature Hess. Rundfunk, 1956-59 Cheflektor Fischer-

Friedrich

Bücherei, 1959-61 Programmdir. b. Radio Bremen, 1961-90 Gschf. Ges. d. Dt. Taschenbuch-Verlages München, 1983-95 Präs. d. Bayr. Akademie d. Schönen Künste. P.: zahlr. Veröff. u.a. Im Narrenschiff d. Zeitgeistes" (1971), "Kulturkatastrophe" (1979), "Aufräumarb." (1987), "Mein Dorf" (1987), Hrsg. versch. Anthologien. E.: 1980 Bayer. VO, 1982 Johann Heinrich-Merck Ehrung Stadt Darmstadt, 1983 BVK, 1987 Med. München leuchtet in Gold, 1987 Österr. EK f. Kunst u. Wiss. 1. Kl., 1987 Ehrendoktor Univ. Regensburg, 1988 Gr. BVK, 1989 Kulturpreis d. Bayer. Landesstiftung, 1991 Silb. Mozart-Med. d. intern. Stiftung Mozarteum Sbg., 1991 Hon. Prof. Univ. München, 1994 Bayer. Maximiliansorden, 1995 Bayer. Verfassungsmed. in Silber. M.: seit 1977 Präs. Bayer. Ak. d. Schönen Künste, Dt.-Schweiz. P.E.N.-Zentrum. H.: klassische Musik.

Friedrich Hermann Dipl.-Ing. *)

Friedrich Horst

B.: MdB, Betriebswirt. FN.: Dt. Bundestag. DA.: 11011 Berlin, Platz d. Republik 1. PA.: 95444 Bayreuth, Richard-Wagner-Str. 60. G.: Bayreuth, 12. Okt. 1950. V.: Christa, geb. Czekala. Ki.: Markus Oliver (1978), Miriam Ivonne (1982). S.: 1967 Mittlere Reife, kfm. Ausbild. u. Tätigkeit b. 1983, 1976 Betriebswirt. K.: ab 1983 selbst., 1984 FDP, 1985 Ortsvors. in Bayreuth, 1987 Bez.Schatzmstr. Oberfranken, 1988 stellv. Kreisvors., seit 1990 MdB. M.: Verkehrsaussch., Kontrollaussch. f. d. BAusgleichsamt, Schriftführer im Bundestag, ElternbeiR., Schöffe, Prüf.Aussch. IHK Oberfranken, Bez. Vors. d. Dt. Parität. D.P.W.V. Wohlfahrtsverb. Oberfranken, Deutsch-Japanische Parlamentar. Gruppe. H.: Modelleisenbahn, Dampflok, Verkehrsgeschichte. (Re)

Friedrich Horst Dr. rer. pol. *)

Friedrich Hugo *)

Friedrich Ingo Dr.

B.: Vizepräs. d. Europ. Parlaments, MdEP, Diplomvolkswirt. DA.: 91710 Gunzenhausen, Bühringerstr. 12. PA.: 91710 Gunzenhausen, Albert-Schweitzer-Str. 61. ifriedrich@europarl.eu.int. www.ingo-friedrich.de. G.: Kutno, 24. Jan. 1942. V.: Britta, geb. Winkler. Ki.: 2 Kinder. El.: Reinhard u. Emmi. S.: 1961 Abitur, 1967 Dipl.Vw., Dr. rer. pol. K.: 1970 ltd. Ang. in d. Elektroind., 1968-72 Bez.Vors. d. Jungen Mittelfranken, 1972-83 CSU-Kreisvors. im Landkreis Weißenburg/Gunzenhausen, 1985 Präsidiumsmtgl. d. Wirtschaftsbeirates d. CSU, 1989 Mtgl. d. Parteivorst. d. CSU, 1993 Landesvors. d. Ev. Arbeitskreises (EAK) d. CSU, 1993 stellv. CSU-Parteivors., 1972 Kreisrat, 1981 Intern. Vizepräs. d. PAN-Europa-Union, 1984-90 Präs. d. Europ. Mittelstandsver. (EMSU), 1990 Präs. d. Europ. Mittelstandsforum, 1979-99 Mtgl. d. Europ. Parlaments, 1992 Vors. d. CSU-Gruppe im Europ. Parlament, Mtgl. im Aussch. f. Wirtschaft, Währung u. Industriepolitik, stellv. Mtgl. im Aussch. f. auswärtige Angelegenheiten, seit 1979 Mtgl. d. Europ. Parlaments, 1999 Vizepräs. d. Europ. Parlaments. E.: Bayer. Verdienstorden, BVK.

Friedrich Jean-Michael Dr. med. Prof. *)

Friedrich Jens *)

Friedrich Jens-Peter *)

Friedrich Joachim Prof. *)

Friedrich Johannes Dr.

B.: Landesbischof. FN.: Landeskirchenamt d. Ev.-Luth. Kiche in Bayern. DA.: 80333 München, Meiserstr. 11-13. G.: Gadderbaum, 20. Juni 1948. V.: Dorothea, geb. Holoubek. Ki.: Lena (1981), Anna (1985). El.: Prof. Dr. Gerhard u. Ruth. S.: 1967 Abitur Erlangen, Stud. Ev. Theol. Univ. Erlangen u. Tübingen, 1972-76 Ass. d. Tübinger Lehrstuhlinh. f. Neues Testament Prof. Dr. Peter Stuhlmacher, Prom. K.: nach d. Lehrvikariat in d. Nürnberger St. Leonhardgem. u. d. Theol. Anstellungsprüf. 1977 z. geistl. Amt ordiniert, zunächst Pfarramtskandidat an St. Leonhard, ab 1979 Gem.-Pfarrer an St. Egidien u. zugleich Studentenpfarrer, 1985-91 Probst d. Ev. Gem. dt. Sprache zu Jerusalem, 1991 Stadtdekan in Nürnberg, 1996-99 Mtgl. d. Landessynode u. d. Landessynodalaussch. sowie als Vors. d. synodalen Grundfragenaussch., s. 11/1999 Landesbischof d. Ev.-Luth. Kirche in Bayern. (Re)

Friedrich Jörg Dipl.-Ing.

B.: Dipl.-Ing. f. Seefahrt, Kapitän, Gschf. FN.: BAUMATEC GmbH. DA.: 04157 Leipzig, Landsbergerstr. 132. G.: Berlin, 2. Jan. 1944. V.: Veronika, geb. Rüsing. Ki.: Daniela (1971). S.: 1962 Abitur Berlin, Volksmarine als Navigationsobermaat, naut. Offz. in d. kleinen Fahrt, 1968 2. Offz. VEB DSR Rostock, 1970 HS f. Seefahrt in Warnemünde/Wustrow, 1971 Dipl.-Ing. f. Seefahrt u. Kapitänpatent "Variantenvergleiche f. optimale Beladung u. Hafendurchläufe". K.: gr. u. kl. Fahrt als 2. Offz., vertretungsweise auch als Kapitän, Transport v. Zellulose, Düngemittel, Zucker, Fahrten in Ost-, Nordsee, nach Kuba, Karibik, Archangelsk, Mittelmeer, 1981 Berufsverbot, Kooperationsing. b. d. Matthias Thesenwert Wismar, 1990 selbst. Grdg. BAUMATEC als Einzelunternehmer, 1993 Grdg. BAUMATEC GmbH. P.: zahlr. Art. über d. Schiff Berta v. Dessau u. deren Rekonstruktion. E.: 1974 DDR-Meister Seesegeln. M.: Grdg.-Mtgl. d. Wiederritzsch SPD, Schiedsmann in Wiederritzsch, GemR.-Mtgl. u. OrtsschaftsR., Schiffercompagnie Stralsund. H.: Literatur, Segeln auf Berta v. Dessau, 1985 Bergung, 1986-93 Rekonstruktion.

Friedrich Jörg *)

Friedrich Jörg Roland Prof.

B.: Architekt. FN.: Prof. Friedrich + Partner. DA.: 22303 Hamburg, Jarrestr. 80. G.: Erfurt, 3. Dez. 1951. S.: 1969 Abitur, 1970-76 Stud. Arch. Stuttgart/Florenz. K.: 1978-82 freier Architekt Venedig, 1982-84 freier Architekt Rom, seit 1986 freier Architekt Hamburg, 1988-2000 Prof. f. Entwurf u. Baukonstruktion FH Hamburg, 1992 Ruf an d. Lehrstuhl TH Aachen, 1999 Lehrstuhl Gebäudelehre, Entwerfen u. Arch.-Theorie Univ. Hannover, Bauten in Dresden, Genua, Berlin, Hamburg, Erfurt. P.: zahlr. Buchveröff. sowie Verfasser v. Fachbeiträgen dt. u. intern. Publ. E.: ROM-Preis "Villa Massimo" 1987, BRD, Förderpreis junger Künstler NRW, Fritz-Schumacher-Preis d. Hansestadt Hamburg, Kunstpreis Dresden 12/2000. M.: Vors. Sekt. Baukunst "freie Ak. d. Künste" Hamburg. H.: Musik, Kunst.

Friedrich Jürgen

B.: Vorst.-Vors. FN.: 1. FC Kaiserslautern. DA.: 67663 Kaiserslautern, Fritz-Walter-Str. 1. www.fck.de. G.: 11. Nov. 1943. K.: Fußballspieler bei Eintracht Frankfurt u. ab 1968 b. 1. FC Kaiserslautern, 1973 Ende d. Karriere durch schwere Verletzung, 1977-81 Präs. d. 1. FC Kaiserslautern, Inh. v. 2 Modegeschäften, 1985-88 Präs. b. 1. FC Kaiserslautern, 1996 AR u. 1998 1. Vorst.-Vors. d. 1. FC Kaiserslautern. (Re)

Friedrich Karl Heinz Dr. med. *)

Friedrich Klaus Peter

B.: RA, Notar, selbständig. DA.: 65929 Frankfurt/Main, Dalbergstr. 4. G.: Staßfurt, 19. Feb. 1940. V.: Elke, geb. Luther. Ki.: Mark (1965), Malte (1978). El.: Dir. Dipl.-Ing. Hans u. Gerda. S.: 1960 Abitur Königsfeld, 1960-66 Stud. Rechtswiss. Univ. Freiburg, Univ. Genf u. Univ. Göttingen, 1966 1. Staatsexamen, 1966-70 Referendariat am LG Frankfurt, 1970 2. Staatsexamen u. Zulassung z. RA. K.: 1970-74 ang. RA in d. Sozietät Dr. Hunn u. Hunn-Plitt Rechtsanwälte u. Notare Frankfurt, 1975 Eintritt in d. Sozietät als RA, 1979 Bestellung z. Notar, 1997 Alleininh. d. Büro Klaus Peter Friedrich RA u. Notar, Tätigkeitsschwerpunkte:

*) Biographie www.whoiswho-verlag.ch oder beigefügte CD-ROM

Zivilrecht, Handelsrecht, Wirtschaftsrecht. BL.. seit 1988 Ehrenrichter am Anwaltsgericht Frankfurt, seit 1999 Aufsichtsführender Richter d. Anwaltsgerichts b. d. Rechtsanwaltskammer Frankfurt f. ganz Hessen. M.: Dt. Anwaltsverein, Tennisclub Kelkheim (1979-88 Vors.), Golfclub Attighof Golf- u. Country-Club. H.: Lesen, Golf.

Friedrich Lilo
B.: MdB. FN.: Dt. Bundestag. DA.: 11011 Berlin, Platz der Republik 1. lilo.friedrich@bundestag.de. G.: Wesel, 2. Feb. 1949. Ki.: 6 Kinder. S.: 1963-66 Lehre als Näherin. K.: 1966-72 Phillips-Elektronik in Wesel, praktische Ausbildg. in Zentrale Eindhoven/NL u. Krefeld, 1969 Leiterin Modellprojekt "Ausbildung junger Frauen ohne Schulabschluß", ab 1975 polit. Tätigkeit im Landesverband Pflege- u. Adoptiveltern, 1975 Mitgründerin d. Bundesverbandes, 1975-81 stellv. Vors., 1981-85 Vors., 1984 Eintritt in d. SPD, 1984-99 Kreistag Mettmann, stellv. Fraktionsvors., sozialpol. Sprecherin Fraktion, Vors. Frauenausschuß, Sprecherin Sozialausschuß, 1989-99 stellv. Landrätin, seit 1998 MdB, Direktmandat Wahlkreis Mettmann, o.Mtgl. Innenausschuß zuständig f. Asyl, Ausländerpolitik, Staatsbürgerschaftsrecht, o.Mtgl. Menschenrechtsausschuß u.a. Afrika, Frauen im Iran, stellv. Mtgl. Ausschuß Arbeit u. Soziales, stellv. Mtgl. EU-Ausschuß, 2000 Mtgl. neugegründete Enquete-Kommission "Zukunft der Bürgerschaftlichen Engagements", auch Mtgl. Gesprächskreis Kommunalpolitik. d. SPD-Bundestagsfraktion, zur Zeit ruhend: Ehrenamtl. Richterin bei OLG Düsseldorf (Jugendrichterin). (Re)

Friedrich Lioba *)

Friedrich Manfred Dr. *)

Friedrich Margret Dr. phil. *)

Friedrich Maria *)

Friedrich Marlies
B.: Dipl.-Krankenschwester, Pflegedienstdirektorin. FN.: Universitätsklinikum Leipzig Anstalt öffentlichen Rechts. DA.: 04103 Leipzig, Liebigstr. 22. frim@medizin.uni-leipzig.de. G.: Bad Liebenwerda, 16. Okt. 1941. El.: Ernst-Karl u. Johanna Friedrich. S.: Mittlere Reife, prakt. Jahr b. d. Franziskanerschwestern Langenfeld unter d. Stein, Ausbildung als Krankenpflegerin in Elsterwerda, Ausbildung als Krankenschwester Med. Fachschule Cottbus. K.: OP-Schwester in d. Chir. d. Univ. Leipzig, Qualifizierung z. OP-Schwester, ltd. OP-Schwester u. Oberschwester in Urologischer Klinik d. Univ. Leipzig, seit d. 2. Dipl.-Krankenschwester Humboldt-Univ. Berlin, Qualifizierung f. d. mittlere Management, 1988-95 Oberin d. Bereichs Medizin d. Univ. Leipzig, seit 1995 Pflegedienstdirektorin d. Klinikums. P.: Vortragstätigkeit. H.: Wassersport, Schwimmen, Literatur.

Friedrich Martin *)

Friedrich Michael *)

Friedrich Michael Jürgen
B.: Creative Dir., Mitinh. FN.: Eisbrecher Service. DA.: 70178 Stuttgart, Sophienstr. 17. G.: Stuttgart-Bad Cannstatt, 14. Okt. 1954. El.: Wolfgang u. Marga. S.: 1972 FH-Reife, 1972-75 Ausbild. z. Werbekfm. K.: 1975-77 Juniortexter b. Young & Rubicam, 1977-79 Texter b. Lintas, 1979-82 Texter TBWA Frankfurt, 1982-89 Texter b. Leonhardt & Kern Stuttgart, seit 1989 selbst., Konzeption + Komposition, 1995 Grdg. d. Firma Eisbrecher Service. E.: Bronz. Löwe b. d. Filmfestspielen in Cannes, div. Clio-Awards New York. H.: Segeln, Marinegeschichte, Literatur.

Friedrich Norbert Dipl.-Ing. *)

Friedrich Peter
B.: RA, MdB. FN.: Dt. Bundestag. DA.: 11011 Berlin, Platz d. Republik 1. G.: 2. März 1942. Ki.: 2 Kinder. S.: 1956-60 Feinmechaniker u. Krankenpfleger, 1952 Abitur Abendschule, 1962-66 Stud. Ökonomie KMU-Leipzig, 1964-70 Fernstud. Jura Humboldt Univ. Berlin, 1964-66 Stud. Journalistik. K.: 1966-69 tätig an d. Univ. u. in d. Ind., seit 1969 RA; 1990 Mitgründer d. SPD Altenburg u. 1. Kreisvors., 1990 Mtgl. u. VPräs. d. Landtags Thüringen, Vorst. d. SPD-Fraktion im Landtag Thüringen, 1991-93 Bundesparteimtgl. d. SPD, seit 1993 Vors. d. LandesparteiR., seit 1994 Mtgl. d. Kreistags Altenburger Land, seit 1998 MdB. (Re)

Friedrich Peter Dipl.-Ing. *)

Friedrich Peter *)

Friedrich Ralf Dr. Ing. Prof. *)

Friedrich Reinhold *)

Friedrich Ronald *)

Friedrich Roland Dr. Ing. Prof.
B.: Prof. im Fachbereich Math. u. Technik. FN.: FH Bielefeld. DA.: 33609 Bielefeld, Am Stadtholz 24. PA.: 33607 Bielefeld, Mühlenstr. 19. roland.friedrich@fh-bielefeld.de. G.: Mannheim, 4. Jän. 1952. V.: Martina, geb. Rohde. Ki.: Steffen (1985), Ann-Kathrin (1989). El.: Willi u. Anneliese, geb. Beck. S.: 1972 Abitur, 1972-78 Stud. angew. Math. TH Karlsruhe, 1985-89 Stud. Wirtschaftswiss. FU Hagen. K.: 1978-83 wiss. Mitarb. an d. Univ. d. Bundeswehr Hamburg, 1983-87 Berechnungingenieur d. Firma Balcke-Dürr AG in Frankfenthal, 1987-89 CAE-Projektltr. d. Firma Carl Freudenberg in Weinheim, 1990-91 Anwendungssteuerungsberater f. CAE- u. CIM-Projekte d. Treves GmbH in Frankfurt, 1992-93 Ltr. d. Rechneranwendung in d. Konstruktion d. Firma Kostal in Lüdenscheid, seit 1993 Prof. f. CAE, Management u. Vertrieb d. FH Bielefeld sowie Vorlesungen in Physik. P.: "Theoret. Untersuchungen d. peristaltischen Strömung mit nicht newtonscher Fluide" (1985), "Peristaltic Flow of viscoelastic Liquids" (1983), "Analyt. numer. Bestimmung d. Eigenschwingung v. Kurbelwellen" (1994), "Berechnung u. Optimierung v. Torsionsschwingungsdämpfern" (1995), "CAE Methoden bei d. Entwicklung v. Hörgeräten" (1999). H.: Marathonlauf - Übungslts.-Lizenz.

Friedrich Rolf W. *)

Friedrich Rudolf Dipl.-Ökonom *)

Friedrich Rudolf Dr. *)

Friedrich Steffen Dr. paed. habil. Prof. *)

Friedrich Sven Dr. phil.
B.: Dir. FN.: Richard Wagner Museum; Haus Wahnfried m. Nationalarchiv; Forsch.-Stätte d. Richard Wagner-Stiftung; Franz Liszt Museum; Jean Paul Museum. DA.: 95444 Bayreuth, Richard-Wagner-Str. 48. G.: Göttingen, 5. Apr. 1963. El.: Gerd u. Rosemarie, geb. Blankenburg. S.: 1982 Abitur Halstenbek Ham-

*) Biographie www.whoiswho-verlag.ch oder beigefügte CD-ROM

burg, 1984 Lehre Bankkfm. dt. Bank AG Hamburg, .1990 Stud. Theaterwiss., Neuere dt. Lit. u. Kommunikationswiss. LMU München. K.: 1992 Dokumentar Dt. Theatermuseum München, s. 1993 Dir. in Bayreuth, s. 1984 intensive Beschäftigung m. Wagner, 1994 Prom. P.: Das auratische Kunstwerk. Zur Ästhetik von Richard Wagners Musiktheater - Utopie (Tübingen 1996). M.: Rotary Club Bayreuth Eremitage, VPräs. Jean Paul-Ges.

Friedrich Svetla

B.: Dipl.-Psychologin, ndlg. Psychotherapeutin. DA.: 04317 Leipzig, Perthesstr. 16; 04317 Leipzig, Praxisklinik Johannisplatz/Ecke Querstraße. G.: Sofia, 3. März 1957. Ki.: Martin (1987) S.: 1975 Abitur Sofia, 1975-81 Stud. Psychologie an d. Univ. Sofia u. FSU Jena, Dipl. K.: 1981 Tätigkeit in Univ.-Klinik Sofia, Abt. f. Alkohol- u. Drogensüchtige, 1981-82 wiss. Mitarbeiter am Inst. f. Jugendforschung Sofia, 1982-86 Forschungsstudium an d. Univ. Leipzig in Verbindung m. d. Zentralinstitut f. Jugendarbeit,
1986-91 Psychotherapeutin an d. Klinik f. Psychotherapie u. Psychosomatik d. Univ. Leipzig, seit 1991 ndlg. Psychotherapeutin f. tiefenpsychologische Psychotherapie, Einzel- u. Gruppentherapie, Persönlichkeitsdiagnostik, Behandlung v. Persönlichkeits- u. Angststörungen. P.: Projekte im Bereich Sozialpsychiatrie, Bach, Friedrich, Rudolph "Geronthopsychiatrische Tagesstätten Dresden-Prolis". M.: Verband Dt. Psychotherapeuten. H.: Malerei, Innenarchitektur, Wandern, Skifahren, Kunstgeschichte.

Friedrich Thomas

B.: Gschf. FN.: Wolfgang Friedrich Schornsteinbau GmbH. DA.: 30519 Hannover, Eupener Str. 35. info@friedrich-schornsteinbau.de. G.: Hannover, 7. Sep. 1968. V.: Anke, geb. Schumacher. Ki.: Darleen (2000). El.: Wolfgang u. Maria, geb. Berrocal. S.: 1984-87 Lehre Maurer Grundlach-Immobilien-Bau Hannover. K.: Geselle im elterl. Betrieb, 1989-95 selbst.m. Schornsteinbau u. Bedachung, 1994/95 Maurermeisterprüf. Berenbosteln/Garbsen, 1996 Meister im elterl. Betrieb u. 1999 Übernahme d. Betriebes m. Schwerpunkt Schornsteinbau, Isolieruingen, Dacharb. u.a. f. Kunden wie VW, Continental, Wabco, Varta u. div. Großbäckereien. M.: Handwerksinnung. H.: Familie, Reisen, Wassersport.

Friedrich Thorsten *)

Friedrich Till Mauritius *)

Friedrich Torsten

B.: Geschäftsführer. FN.: Limbach Dienstleistungen GmbH. DA.: 06842 Dessau, Schlagbreite 47. PA.: 39249 Barby, Gribehner Weg 37. G.: Calbe, 9. Juli 1964. El.: Eberhard und Lieselotte, geb. Hoppe. S.: Abitur, 1984 Lehre als Schlosser, 1984-86 Dienst beim der Bundeswehr absolviert, 1986-90 Studium d. Maschinenbau in Berlin. K.: 1990-92 Tätigkeit in der Gebäudereinigung, 1993 Meisterprüfung für Gebäudereiniger, seit 1994 Geschäftsführer der Limbach Dienstleistungen GmbH in
Dessau u. Barby mit Schwerpunkt Gebäude- u. Straßenreinigung, Grünanlagenpflege u. Personalleasing. H.: Radfahren, Skifahren.

Friedrich Ute *)

Friedrich W. Walter *)

Friedrich Walter *)

Friedrich Wolfgang

B.: Kfm., Gschf. Ges. FN.: Ambulante Krankenpflege "24 Stunden" GmbH. DA.: 38114 Braunschweig, Hinter dem Turme 33. G.: Halle/Saale, 20. Mai 1955. El.: Dr. Wolfgang u. Prof. Dr. Cäcilia. BV.: verwandt m. einer Großmutter v. Friedrich Händel. S.: 2 J. Ausbild. z. Baumaschinenführer in Halle, 1973 Wechsel z. Roten Kreuz u. eine Ausbild. absolviert, d. d. eines Rettungssanitäters entspricht, 1974 Sanitätsdienst im Nationalen Volksarmee, 1975 Abitur Halle. K.: 1977 Umzug nach Dessau u. Tätigkeit als Baumaschinenführer, 1980 Berufswechsel u. als hauptamtl. Funktionär d. FdJ in Berlin, 1986 Rücktritt aus d. polit. Arb. u. Rettungssanitäter m. berufsbegleitender Ausbild. z. Krankenpfleger, 1990 Examen, Umzug nach Braunschweig, b. 1995 Krankenpfleger im Städt. Klinikum , 1995 Existenzgrdg. Ambulante Krankenpflege "24 Stunden" GbR u. 1997 Umwandlung in eine GmbH, 1990 Bau eines Wohn- u. Geschäftshauses in Braunschweig, 1999 ist d. im Dachverb. BPA Mtgl.-Unternehmen TÜV zertifiziert worden. F.: seit 1999 Gschf. Ges. d. Computer-Dienstleisters dominges. M.: 1988-2000 Vorst. d. BPA. H.: Computer, Motorradfahren, Lesen, Camping.

Friedrich Wolfgang E. Dr. med. *)

Friedrich-Freksa Almut Dr. med.

B.: Inst.-Ltr. FN.: Inst. f. klin. Genetik. DA.: 55131 Mainz, Am Fort Mariaborn 1. PA.: 55131 Mainz, Annabergstr. 71. G.: Tübingen, 8. März 1948. Ki.: Male (1976). El.: Prof. Dr. Hans u. Dr. med. Elisabeth Friedrich-Freksa. S.: 1965 Abitur Tübingen, 1965-69 Med.-Stud. Tübingen, Kiel u. München, 1975 Prom. K.: Stationen Kinderspital Hannover, Ass. b. Prof. Geschke, Sportmed. Untersuchungsstelle Tübingen, 1978-80 Pro Familia Stuttgart, 1980-82 Prakt. Ärztin, 1982-86 Versorgungsamt Mainz, 1986 zu Prof.
Schleiermacher Inst. f. Anthropologie Univ. Mainz, 1996 FA-Anerkennung f. Humangenetik, 1996 Inst. f. klin. Genetik Mainz. H.: Pferdezucht (Trakehner) m. Tochter, Interesse f. ländl. Leben, Mitbegründerin d. Lehrstätte Mainzer Alte Ziegelei, klass. Musikliebhaberin (Querflöte, Bratsche).

Friedrich-Sankt-Johannis Stefan Dipl.-Ing.

B.: Architekt. FN.: Immobilien-Baubetreuung Partnerges. Tatsch u. Arnold. DA.: 12161 Berlin, Wiesbadener Str. 84. G.: Traben-Trarbach, 1. Feb. 1967. V.: Astrid. Ki.: Laurids (1999), Lilian (2001). El.: Horst u. Ursula Tatsch, geb. Wiek. S.: 1986 Abitur

gen, Squash, Golf.

Linz/Rhein, 1986-87 Bundeswehr, 1988-90 Lehre Maschinenschlosser Sinzig, 1990-97 Studium Architektur RWTH Aachen. K.: 1997 tätig in versch. Arch. -Büros in Berlin, 1997-98 freiberuflich tätig f. eine Bauträgergesellschaft, s. 1998 selbständig in einer Partnergesellschaft Tatsch u. Arnold und gleichzeitig tätig im Bereich Immobilien-Baubetreuung als Einzelunternehmen u. Wertermittlung u. Gutachten. P.: diverse Art. im priv. Bereich. M.: BDB, BDB-Forum. H.: Badminton, Joggen, Squash, Golf.

Friedrichs Charlotte MedR.
B.: Chefärztin. FN.: Ev. KH f. Geriatrie m. Rehabilitation. DA.: 14469 Potsdam, Weinbergstr. 18/19. PA.: 14478 Potsdam, Johannes-R.-Becher-Str. 8. G.: Zehrensdorf, 30. März 1934. V.: Dr. Friedrich Friedrichs. Ki.: Anne (1961), Jan (1963). El.: Werner u. Erna Balde, geb. Lodwig. S.: 1953 Abitur, 1954-60 Med.-Stud. Humboldt-Univ. Berlin, 1964 FA f. Allg.-Med., 1968 FA f. Physiotherapie. K.: 1964-65 Ambulante Tätigkeit, 1965-79 Kliniksanatorium "Heinrich-Heine" Neu-Fahrland, OA Physiotherapie, seit 1979 Chefärztin d. Ev. KH. E.: 1989 MedR. H.: Malerei. (I.U.)

Friedrichs Christoph Dr. jur.

B.: RA, Wirtschafts- u. Steuerrecht. FN.: Friedrichs Rechtsanwälte. GT.: Aufsichtsrat, Partner. DA.: 40210 Düsseldorf, Steinstr. 27. PA.: Düsseldorf. Friedrichs.Rae@t-online.de. www.friedrichs.rechtsanwaelte.de. G.: Mönchengladbach, 18. Mai 1950. Ki.: 2 Töchter. El.: Carl u. Adelheid. S.: 1960-68 Stift. Hum. Gymn. Mönchengladbach, Abitur, 1968-74 Stud. Rechtswissenschaften in Freiburg, ab 1971 in Münster. 1975 1. Staatsexamen, 1975-78 Referendariat in Hamburg, 6 Mon. Wahlstation German American Chamber of Commerce in San Friscio u. Visiting Scolar University of California Berkeley, 1978 2. Staatsexamen in Hamburg. K.: seit 1978 RA, 1979 Fachanwalt f. Steuerrecht, 1979 6 Mon. Stipendium British Council am King´s College London und daneben in Kanzlei Allen & Overy in London, 1979-81 RA in d. Kanzlei Berger & Hacke in Düsseldorf, 1982 Promotionsstipendium d. DAAI, 1982-85 Syndicus bei Deminex in Essen, Mtgl. der Konsortial- u. Rechtsabteilung., seit 1985 Niederlassung als Rechtsanwalt im Bereich Wirtschaftsrecht, daneben Aufsichtsrat Hamburger Internationale Rückversicherungs AG, 1994 Promotion: Rechtsvergleichende Arbeit zum Aktienrecht anhand des engl. Aktienrechts bei Prof. Bernhard Großfeld Uni Münster. P.: Buch: Chancen d. Aktiengesellschaft u. d. Aktionärs. M.: Intern. Anwaltsvereinigung AIJA Brüssel und ELA Brüssel, Rochus-Club, Neoborussia Freiburg. H.: Philosophie, deutsche u. europäische Geschichte 19. u. 20. Jhdt, Kunstgeschichte, Zentraleuropa-Reisen. Sprachen: Englisch, Spanisch.

Friedrichs Gertrud Maria *)

Friedrichs Ivonne

B.: Filialltr. FN.: Apollo Optik GmbH & Co KG. DA.: 33330 Gütersloh, Berliner Str. 21. IvonneFriedrichs@gmx.de. G.: Minden, 14. Okt. 1975. V.: Matthias Parrizas y Hermeling. El.: Wolfgang u. Brigitte Friedrichs. S.: 1992-95 Ausbildung zur Augenoptikerin in der Firma Fielmann in Minden. K.: 1995-98 tätig als Gesellin in d. Firma Fielmann Minden, 1998-2000 Ausbildung zur. staatlich geprüften Augenoptikerin und -meisterin an d. HFAK in Köln, seit 2000 Filialleiterin in d Firma Apollo Optik GmbH & Co KG in Gütersloh mit dem Schwerpunkt Beratung u. Verkauf sowie Herstellung v. Brillen, Augenüberprüfung u. Kontaktlinsenanpassung. H.: Schwimmen, Basteln.

Friedrichs Jürgen Dr. phil.
B.: Dipl.-Sozialarb., Gschf. FN.: Jugendhilfe Bottrop e.V. DA.: 46207 Bottrop, Gerichtsstr. 20. G.: Essen, 28. März 1957. V.: Gisela, geb. Ströher. Ki.: Jana (1982), Elena (1984). S.: 1967-76 Fachoberschule Essen, FH-Reife, 1977-80 Dipl.-Sozialarb.-Stud. an d. Univ.-GH Essen, Abschluß Dipl.-Sozialarb., 1980-85 Stud. Soz. an d. Univ. Bielefeld in Duisburg, 1992-96 Supervisionsstud. an d. Univ. Amsterdam/NL, Abschluß Dipl.-Supervisor, 1984-86 Ausbildung z. FBI: Gestaltungsberatung. K.: 1980-99 Tätigkeit b. d. Jugendhilfe Bottrop. 1990 Gschf. u. Leitung dieser Einrichtung, seit 1987 freiberufl. Lehrbeauftragter an versch. Univ. in Deutschland, 1994 Gründung d. Firma "Concept" in Essen. P.:div. Artikel in Fachzeitschriften, Zusammenhang zwischen Jugenddrogen u. Jugendkultur, Ambulante Behandlungsmöglichkeiten v. Drogenkonsumenten, Ind.-Management als Grundlage d. Klinikmanagements, Drogen u. soziale Arbeit. M.: DGSV Dt. Ges. f. Supervision in Köln.

Friedrichs Karin
B.: Künstlerin-Malerei, Skulptur, Objekt, Gesang. DA.: 28357 Bremen, Philipp-Reis-Str. 10 www.kreativpoint.com.karin_friedrichs. G.: Bremen, 04. Apr. 1936. V.: Carl August Friedrichs. Ki.: Gerwin (1960), Ivonne (1962), Inka (1964). El.: Karl Friedrich u. Erika Onken, geb. Brockmann. S.: 1955 Abitur, 1955/56 Sprachstudium in London, 1956-58 Studium Engl., Span. u. Vw. am Dolmetscherinst. an d. Uni Heidelberg, Studienaufenthalt in Spanien. K.: 1959-60 Dolmetscherin d. Dt. Botschaft/Ghana f. Egon Bahr, 1967 Studium d. Malerei. Steinlithografie in Bremen u. Worpswede, gleichzeitig Studium Gesang Bremen, ab 1970 Liederabende und Kirchenkonzerte u. a. mit Käthe van Tricht, Reisen nach West- u. Ostafrika u. Ostasien, ab 1979 Ausstellungen, ab 1983 Zusammenarbeit m. d. Tanztheatern Reinhild Hofmann u. Johann Kresnik, zahlr. Ausstellungen im Theater am Goetheplatz, Bremen. P.: Einzel- u. Gruppenausstellungen weltweit u. a. Art Cologne u. Multiple Art Düsseldorf, N.Y., London, Paris, Moskau, E.: Med. d. Städte Venedig u. Athen, Med. d. Lombardei. M.: Fédération Int. Cult. Féminine, Zonta Club Int. H.: Golf, Reisen, Sprachen.

Friedrichs Mara
B.: Gschf. Ges. FN.: Schlauer www.schlauer.de. GT.: Cooperation m. City News in Köln, Lifestyle Magazin. DA.: 50674 Köln, Engelbertstr. 41. info@schlauer.de. www.schlauer.de. G.: Heinsberg, 8. Apr. 1956. Ki.: Nina (1981). S.: 1977 Abitur Kerpen, 1977-81 Stud. Wirtschaft u. Sozialpäd. FH Köln. K.: 1987 Firma Mara in Köln, Intimuniform im Rennsportbereich, 1998 Grdg. d.

---
*) Biographie www.whoiswho-verlag.ch oder beigefügte CD-ROM

Friedrichs 1276

Friedrichs Marthe *)

Friedrichs Mathias Dipl.-Kfm.

B.: Unternehmensberater. FN.: Friedrichs & Partner Unternehmensberatung GmbH. DA.: 40547 Düsseldorf, Hohenstaufenstr. 4. G.: Düsseldorf, 2. Juli 1965. V.: Katja, geb. Wolters. Ki.: Karla (1996), Max (1999). S.: 1984 Abitur Ratingen, 1984-85 Wehrdienst, 1986-88 Stud. Wirtschaftswiss. Münster - Vordipl., 1988-91 Stud. BWL in Mannheim - Personalwesen, 1991-92 2 Trimester MBA-Studienaufenthalt, Univ. of Southern California (USC), Los Angeles, USA. K.: 1992 Mitarb. d. Lufthansa, seit 1993 selbst. Unternehmensberater. F.: Ndlg. in Berlin u. Kronberg. H.: Reisen, Lesen.

Friedrichs Olaf Reinhold Heinrich Dr. med. *)

Friedrichs Peter *)

Friedrichs Torsten Dipl.-Ing. *)

Friedrichsdorf Rolf Dipl.-Ing. *)

Friedrichsen Uwe
B.: Schauspieler, Reg. PA.: 21423 Drage, Stover Elbdeich 2. G.: Hamburg, 27. Mai 1934. V.: Nathalie, geb. Emery. Ki.: Fenna. S.: Lehre Import-Exportkfm. K.: 1954-66 Dt. Schauspielhaus Hamburg, Theatergastspiele in New York, Moskau, Leningrad, Helsinki, Venedig, arb. am Rundfunk in Hörspielen, auch plattdeutschen, b. Fernsehen in gr. Serien "Familie Schölermann", "John Kling´s Abenteuer", "Elefantenboy", "Stadt ohne Sheriff", "Marc Twain", in gr. Rollen b. Fernsehspielen "Zug d. Zeit", "Geibelstr. 27", "Ratten", "Ges.-Spiele" u. "Operation Ganymed", seit 1988 Lehrbeauftragter f. Spielpäd. an d. FHS Kiel. E.: Insel-Preis, Kl. Hersfeld-Preis, Gr. Hersfeld-Preis, Silb. Maske, 1988 Hörspielpreis d. Kriegsblinden, 1994 BVK. M.: seit 1992 Mtgl. d. Freien Ak. d. Künste in Hamburg. H.: Antiquitäten, Malerei, Garten, Literatur, Musik.

Friedsam Bernhard Dr. med.
B.: Allgemeinarzt u. Praktischer Arzt, selbständig in eigener Praxis. DA.: 81925 München, Gruntal 18. dr.friedsam@web.de. G.: Hermannstadt/Rumänien, 12. Mai 1958. El.: Johannes Wolfgang u. Dorothea. S.: 1978 Abitur in Schweinfurt, Stud. Med. an d.

Univ. in Ulm u. Wien, sowie d. TU München. K.: Ass.-Arzt in d. Chirurgie in Augsburg, Gynäkologie in Starnberg, Kardiologie in München, Teilnahme an Forschungsprojekten am Klinikum Großhandern-München, Ass.-Arzt am Schwabinger KH in München in d. Hämatologie, tätig als Arzt in kardiologischer Praxis in München, Weiterbildung unter Dietmar Kramer in d. Bachblütentherapie, 1991 Ausbildung in Chinesischer Akupunktur b. d. Dt. Ärztegesellschaft f. Akupunktur, 1995 Erwerb d. Dipl. A, Stud. d. fernöstlichen Kampfkünste Tai Chi, Karate u. Chi Gong, 1994 Zulassung als Praktischer Arzt, seit 1995 tätig in eigener Praxis in München. P.: "Lokalisation- u. Manifestationsfaktoren b. d. Prosiasis vulgaris (Schuppenflechte)" (1987), "Analyse exaltierter aerosolboviner obstruktiver Verhaltensstörungen" (1990). M.: Dt. Ärzteges. f. Akupunktur. H.: Spielen d. klass. Gitarre, Fotografie, Asiatische Kampfkünste.

Friedwagner Othmar *)

Friege Günter Dipl.-Ing.
B.: Gschf. FN.: Stadtwerke Lübeck. DA.: 23558 Lübeck, Moislinger Allee 9. G.: Wattenscheid, 30. Jan. 1938. V.: Almut, geb. Schulte. Ki.: Christian (1966), Isabel (1967). S.: 1957 Abitur Krefeld, 1958-64 Bergakademie TU Clausthal, Dipl.-Berging. K.: 1965 Betr.-Ing. b. d. Stadtwerken Lübeck (Gas/ Wasser), 1965-68 Umstellung v. Stadtgas auf Erdgas, 1968-72 Umbau d. Wasserversorgung v. Oberflächen- auf Grundwasser, 1971 Oberingenieur, 1985 Direktor. M.: 1967 Mtgl. im DVGW Deutsche Vereinigung d. Gas- u. Wasserfaches e.V., 1984 DVGW-Landesgruppenvorstand S-H/HH, 1988-2000 Vors. d. Landesgruppenvorstandes u. Mtgl. im Bundesvorst., 1993-99 Mtgl. im Vorst. d. Berufsgenossenschaft Gas-, Fernwärme- u. Wasserwirtschaft. H.: Geschichte d. Wasser- u. Gasversorgung in Lübeck, Musik (Barock, Klassik), Reisen.

Frieling Hans-Joachim Dr. *)

v. Frieling Klaus *)

Frieling Lieselotte *)

Frieling Reinhard Dr. Prof. *)

Frieling Roland Rudolf Maria Dr. *)

Frielinghaus Paul
B.: Schauspieler. FN.: c/o Agentur Experts. DA.: 82538 Geretsried, Isardamm 16c. G.: Darmstadt, 1959. S.: 1980-84 Schauspielstud. an d. Hochschule f. Musik u. Theater Hannover., klass. Gitarre an d. HS f. Musik. K.: b. 1992 Stadttheater Würzburg, Freie Volksbühne Berlin, Magazin Theater am Kurfürstendamm, 1993 Künstlerhaus Bethanien Berlin, Theater d. Schweigens Fujisawa Japan; Ausz. a. d. Filmographie: 1982 Spielregeln, 1989 Dr. M, 1990 Der Deal, ab 1993 Nicht von schlechten Eltern, 1994 Großmutters Courage, Unser Charly, 1994 Girl friends, 1995 Der Richter u. d. Mädchen, 1998 Männer sind wie Schokolade, Jets - Leben am Limit, 1999 SOKO 5113 - Tod unter Strom, 2000 ZOOM (Kinofilm), ab 2000 Hauptdarsteller in "Ein Fall für Zwei". E.: Preis d. intern. Theaterfestivals Taschkent. H.: Gitarre, Cello, Reisen.

Friemann Johannes Dr. med. Prof. *)

Friemert Hans-Jürgen Dr. *)

Friemuth Klaus Dipl.-Ing. *)

Friepan Lilo
B.: Grafikerin, Inh. FN.: Lilo Friepan *Grafik*. DA.: 82152 Krailling, Luitpoldstr. 27. G.: Frankfurt/Main, 22. März 1947. V.: Werner Schote. El.: Heinrich Ernst u. Mathilde Müller,

geb. Rudolph. BV.: Hugo Müller - Restaurator b. Bundesamt f. Denkmalpflege. S.: Stud. z. staatl. geprüften Modedesignerin. K.: Tätigkeit in versch. Werbeagenturen in Frankfurt u. Hamburg, seit 1986 Selbständig in München, 1987 Grdg. eines eigenen Studios. M.: BDG. H.: Reiki, Zen-Meditation, Qui Gong.

Fries Edgar *)

Fries Falk-Rainer Dr. habil. Prof.

B.: Prof. Dr. Falk-Rainer Fries Immobilien, Wertgutachten, Versicherungen, Reisebüro, Unternehmensberatung. DA.: 01069 Dresden, St. Petersburger Str. 15. firma@prof-fries-dresden.de. www.prof-fries-dresden.de. G.: Dresden, 13. März 1943. V.: Petra, geb. Oschmann. Ki.: Anne (1971), Reinhard (1975). El.: Georg u. Ingeborg. S.: 1961 Abitur Dresden, 1962 Vorpraktikum m. Abschluss Fahrdienstleiter b. d. Dt. Reichsbahn, 1962 -67 Stud. Ingenieurökonomie f. Transport- u. Nachrichtenwesen Fachrichtung Transportwesen, 1967 Abschluss Dipl.-Ing. Ökonom an d. Verkehrs-HS Dresden, 1967-69 Armee. K.: 1969-75 wiss. Ass. an d. HS f. Verkehrswesen Dresden, 1976-80 Mitarbeiter am Generalkonsulat in Kiew, 1980 Dozent an d. VHS Dresden, 1985 Prof. an d. Verkehrs-HS Dresden, 1986-89 Prorektor d. Verkehrs-HS Dresden, 1991 selbständig/Firmengründung. BL.: 1980 Erlangung d. facultas docendi, 1981-89 Ltg. eines DDR-Forschungsteams innerhalb d. Rates f. gegenseitige Wirtschaftshilfe, 1989 Berufung in d. Kooperationsrat d. Zentrums f. Transporttechnologie u. Logistik. P.: Fachbuch "Innovation u. Verkehr" (1989), ca. 100 verkehrswiss. Veröff. in Fachzeitschriften, Vorträge auf Kongressen in d. BRD, DDR, Niederlande, Korea, Polen, Tschechoslowakei, Ungarn, Bulgarien, Russland, Moldawien u. d. Ukraine. H.: Fußballspielen, Sport, Musikspielen (Klavier, Akkordeon, Orgel, Gitarre, Saxophon), Reisen, Kultur.

Fries Fritz Rudolf

B.: Schriftsteller. DA.: 15370 Petershagen, Johannsstr. 51-52. G.: Bilbao/Spanien, 19. Mai 1935. K.: Ass. an d. Ostberliner Ak. d. Wiss., diese Stelle verlor er, nachdem sein Studentenroman "Der Weg nach Oobliadooh" ohne offizielle Erlaubnis 1966 in Frankfurt/Main erschienen war, weitere Werke u.a. "Fernsehkrieg" (1969), "See-Stücke" (1973), "Das Luftschiff" (1974), "Alexanders neue Welten" (1983), "Verlegung eines mittleren Reiches" (1984), "Die Väter im Kino" (1989), "Die Nonnen v. Bratislava" (1994), "Septemberpersong" (1997), "Der Roncalli-Effekt" (1999), Roman, Übersetzungen aus d. Span. E.: 1979 Heinrich Mann-Preis, 1991 Bremer Literaturpreis, 1991 1. Brandenburger Literaturpreis, 1996 Hörspielpreis d. Kriegsblinden.

Fries Heinrich Dr. theol. *)

Fries Hermann Albert *)

Fries Jürgen Dipl.-Bw. *)

Fries Lutzian *)

Fries Walter *)

Friesacher Herbert Dr. med. *)

Friesacher Peter *)

Friesch Edwin *)

Friese Harald

B.: MdB. FN.: SPD. DA.: 11011 Berlin, Platz der Republik 1, Büro: 11011 Berlin Unter den Linden 50, Wahlkreisbüro: 74072 Heilbronn, Untere Neckarstr. 50. harald.friese@bundestag.de. www.friese.de. G.: Baderleben, 2. Juni 1945. V.: Gudrun Kurz-Friese geb. Hotz. S.: 1956-65 Gottlieb-Daimler-Gymn. Stuttgart-Bad Cannstatt, Abitur, seit 1964 SPD-Mtgl., 1965-74 Stud. Rechtswiss. in Tübingen u. ab 1966 in Bonn, AStA-Mtgl., 1967-68 Bundesgschf. d. Sozialdemokratischen Hochschulbundes, 1968-69 Vors. Fachverband Rechtswiss. im VDS, 1969-72 Ass. v. Dr. Katharina Focke MdB, 1974 1. Staatsexamen, 1974-77 Referendariat OLG-Bez. Köln, 1977 2. Staatsexamen. K.: 1975-84 Gemeinderat Sankt Augustin, 1975-80 Kreistag Rhein-Sieg-Kreis, 1978-80 Stadt Köln, 1 Jahr Abordnung z. Dt. Städtetag, 1980-84 Erster Beigeordneter Gem. Lohmar, 1984-98 Bürgermeister (Beigeordneter) Heilbronn, seit 1990 Regionalverband Franken, seit 1996 Vors. d. SPD-Fraktion, 1997-98 Vors. Rechts- u. Verfassungsausschuß Städtetag Baden-Württemberg, Mtgl. Landesvorst. u. Schatzmeister SGK, seit 1998 MdB, Wahlkreis 268, u. Landesliste, o.Mtgl. Innenausschuß, seit 1999 stellv. Mtgl. 1. UA (CDU-Parteispendenaffäre), stellv. Vors. Arbeitsgruppe Kommunalpolitik d. SPD-Bundestagsfraktion. M.: SPD, SGK, Schwäbischer Albverein. H.: Lesen: Literatur, Neuere Geschichte, Theater, Oper, klass. Musik, Streckenwandern. (Re)

Friese Klaus Gerrit Mag. *)

Friese Peter Dipl.-Ing. *)

Friese Simone *)

Friese Sinka

B.: Gschf. FN.: Hotel Friese, Inhaberin Franz F. Friese. DA.: 38678 Clausthal-Zellerfeld, Burgstätter Str. 2. PA.: 44339 Dortmund, Evinger Str. 618. 0532393810-0003@t-online.de. G.: Clausthal, 7. Mai 1977. El.: Franz-Felix und Gerda Friese, geb. Beermann. S.: 1991-93 Stamford High School for Girls, England, Mittlere Reife, 1993-96 Ensemble Scolaire Privé Catholique de la Misericorde, Frankreich, Abitur, 1996-99 Lehre Hotelfachfrau Forum Hotel Hamburg, 2000 Ausbildereigenschein, K.: seit 1999 Geschf. im elterl. Hotel u. Eröff. d. Restaurant Bella Roma. E.: Auszeichnung d. Expo-Hotel Expo freundlich. M.: DEHOGA. H.: Tauchen, Skifahren, Reisen.

Freifrau von Friesen Juliane

B.: Senatorin. FN.: Senatsverwaltung f. Wirtschaft u. Technologie. DA.: 10825 Berlin, Martin-Luther-Str. 105. G.: Berlin, 29. Nov. 1950. Ki.: Björn Alexander (1975). BV.: Otto Heinrich u. Friedrich Karl Frhr. v. Friesen, Kanzler unter August d. Starken. S.: 1969 Abitur, 1969-73 Jurastud. FU Berlin u. Würzburg, 1. Staatsexamen. K.: 1974-79 wiss. Ass. FU Berlin, parallel dazu Stud. in Betriebswirtschaft, 1980-92 OTIS Aufzüge GmbH in versch. Führungspositionen, 1992-97 im VEAG Management, 1999-2001 verantwortl. f. Führungskräftearbeit d. VEAG, u. 2001 Senatorin f. Wirtschaft u. Technologie. P.: zahlr. Fachpubl. z. Arbeits- und Wirtschaftsrecht. E.: 1999 BVK am Bande. M.: ehrenamtl. Richterin am Landesarbeits- u. Landessozialgericht Berlin, Vorst.-Mtgl. d. Berliner Wirtschaftsge-

*) Biographie www.whoiswho-verlag.ch oder beigefügte CD-ROM

spräche e.V., BeiR.-Mtgl. "Chancengleichheit am Arbeitsplatz", Lehrbeauftragter d. FH f. Wirtschaft Berlin (FWH). H.: Theater, Musical. (Re)

Friesen Werner Dipl.-Ing. *)

Friesenecker Friedrich Dipl.-Ing.
B.: Vorst. i. R. (Technik). FN.: Main-Kraftwerke AG. PA.: 81247 München, Döbereinerstr. 9e. G.: 8. Apr. 1932.

Friesenhahn Peter

B.: RA, Sozius. FN.: Sozietät Friesenhahn & Krüger-Kleinschmidt. DA.: 18439 Stralsund, Mönchstr. 6/7. V.: Kerstin, geb. Dunkel. Ki.: Johanna (1988), Konrad (1990), Charlotte (1997). El.: Josef u. Mechtild, geb. Feistmann. S.: 1980 Abitur Ahaus, Zivildienst, 1981-87 Stud. Rechtswiss. Univ. Münster, 1. Staatsexamen, Referendar in Münster, 1991 2. Staatsexamen. K.: 1 J. Mitarbeiter in Rechtsanwaltskanzlei in Hannover, 1993 Mitarbeiter in Stralsund, seit 1994 eigene Kzl. M.: Vors. d. Berufsbildungsausschusses d. Rechtsanwaltskammer Schwerin, Lions Club Stralsund Hansestadt (2001 Past Präs.), Vors. d. Ökologischen Beschäftigungsinitiative Krummenhagen e.V. H.: Saxophon, Lesen, Garten.

Frieser Christian *)

Friesinger Anni
B.: Profi-Eisschnelläuferin, Sanitätssoldat in der Sportfördergruppe. FN.: c/o DEC Frillensee Inzell. DA.: 83334 Inzell. PA.: 83334 Inzell, Traunsteiner Str. 9. G.: Bad Reichenall, 1977. S.: 1996 Abitur. K.: größte sportl. Erfolge: 1996 JWM/1., 1997 Einzelstrecken-WM 1500m, 3000m/2., 1998 Einzelstrecken-WM 3000m/3., Mehrkampf-WM/3., OS 3000m/5., 2000 Einzelstrecken-WM 1500m/2., Mehrkampf-EM/1. E.: 1996 Junior-Sportlerin d. Jahres, 2001 Ehrenring d. Gemeinde Inzell. H.: Bummeln, mit Freunden weggehen, Motorrad fahren, Musik hören, Popkonzerte besuchen. (Re)

Frieß Peter Dr. phil.
B.: Dir. FN.: Dt. Museum Bonn. DA.: 53175 Bonn, Ahrstr. 45. G.: München, 5. Juni 1959. V.: Elena Agnini. El.: Rudolf u. Gisela, geb. Neukirch. S.: 1975 Mittlere Reife, 1981-85 allg. HS-Reife Abendgymn., 1975-79 Lehre Uhrmacher väterl. Betrieb, 1978-83 Ausbild. Restaurator Bayr. Nationalmuseum München, 1981 Meisterprüf. Uhrmacher Würzburg, 1986-89 Stud. Kunstgeschichte, Phil u. Bayr. Kirchengeschichte Univ. München, 1989 Mag., 1992 Prom., 1996 Ausbild. Museumsmanagement American Foundation of Arts Berkeley. K.: 1983-85 Aufbau d. Werkstatt f. Restaurierung in Dt. Museum in München, 1979-80 Betreuung d. Ausstellung Welt als Uhr in München u. b. 1981 in München in Washington D.C., 1991 Restaurierung d. Kirche Ostruzno in Tschechien, 1992 Consultant im J. Paul Getty-Museum in Malibu, seit 1992 Projektltr., Aufbau u. Koordinat. Dt. Museums in Bonn, seit 1995 Dir., ab 1998 Vorbereitung d. Gr. intern. Ausstellung z. 100-jähr. Geschichte d. Nobelpreises in Europa, Asien u. Amerika. ab 2000 Geschf. CEO d. BayernMIT (gatoBavaria) GmbH mit Sitz in München, San Francisco, Bangalose). BL.: Spezialist im Bereich Uhren. P.: 9 Bücher u.a.: Taschenuhren im Bayr. Nationalmuseum (1984), Diss.: Kunst u. Maschine (1993), Forsch. u. Technik in Deutschland (1995), European Clocks in the J. Paul Getty-Museum (1996), Süddt. Zeitung über Erasmus Grasser. E.: 1996 u. 98 Moll-Preis. H.: Lesen, Belletristik, Skifahren, klass. Musik, Südseereisen.

Friesz Michou
B.: Schauspielerin. FN.: Agentur Heppeler. DA.: 81667 München, Steinstr. 54. P.: Filmographie: "Polizeiruf - Lauf Anna lauf!" (1994), "Der Unfisch-Sohpies Wal" (1996), "Tatort-Mord ohne Leiche" (1997), "Tatort-Allein in d. Falle" (1998), "Polt muss weinen" (2000) u.a.m.

Frigge Claus Dr. med.

B.: Internist. DA.: 59065 Hamm, Hohe Str. 55. G.: Göttingen, 17. Juni 1950. V.: Monika, geb. Stachelscheid. Ki.: Christian. El.: Dr. med. Bruno u. Hildegard. S.: 1968 Abitur Hamm, 1968-74 Med.-Stud. in Münster, 1974 Staatsexamen, Prom. K.: 1974-76 Med.-Ass. Chir., Anästhesie, Innere Abt., 1976 Approb. als Arzt, 1978-87 Arzt im Bereich Innere Med., Röntgen in versch. KH, 1988-98 Ass. in elterl. Praxis in Hamm, 1998 Übernahme d. Praxis in Hamm. M.: Reitver. H.: Reiten, Sport, Lesen, Musik.

Frigge Hans-Heinrich Dr. *)

von Frihling Stefan *)

Friker Herman *)

Frilling Werner Dipl.-Ing.

B.: Unternehmer, Inh. FN.: Ing.-Büro Frilling if. DA.: 49377 Vechta, Rombergstr. 46. G.: Lohne, 23. Okt. 1935. V.: Johanna, geb. Römann. Ki.: Bernd (1967), Dirk (1968), Jan (1971). El.: August u. Maria, geb. Ostmann. S.: 1951-53 Lehre Zimmermann. K.: 1953-57 Geselle in Lohne, 1957-60 Stud. an d. Ing.-Schule Oldenburg, 1960 Bauing. im Ing.-Büro Wieferig in Vechta u. später Ltr. d. Büros, ab 1967 Partner u. Mitinh. d. Büros Wieferig & Frilling u. seit 1995 Inh. m. Schwerpunkt Bauwesen u. Umwelttechnik, bes. Wasserwirtschaft, 1991 Grdg. d. Tochterbüros BIMA GmbH in Magdeburg u. d. Partnerbüros WTU GmbH in Bad Liebenwerda. M.: 1986-94 Ratsmtgl. d. Stadt Vechta, Kolpingver. Verchta, VBI, ATV, Ing.-Kam. Niedersen, VFA, Bund d. Wasser- u. Kulturbauing.

Frings Christel *)

Frings Elmar
B.: Steuerberater. DA.: 52351 Düren, Brückenstr. 168. G.: Zülpich, 9. Aug. 1960. V.: Monika, geb. Meuser. Ki.: Sascha (1989), Annika (1994). S.: 1979 Abitur Zülpich, Bundeswehr, 1981-83 Lehre z. Steuerfachang. m. Abschluß. K.: 1983-90 Ang. in ehem. Lehrbetrieb in Düren, 1990-94 Tätigkeit b. einem Euskirchener Steuerberater als Ang., 1994 Prüf. u. Ernennung z. Steuerberater,

Frings Günter Dr. med.

Frings Kajo

parallel dazu Ausbild. z. Steuerberater über d. Studienwerk d. Steuerberater e.V., ab 1995 freier Mitarbeiter b. einem Dürener Steuerberater, 1996 Gründung d. Steuerberatersozietät Frings & Winterlich in Düren, seit 1999 nach d. Ausscheiden des Geschäftspartners Alleininh. d. Steuerberaterpraxis, Tätigkeitsschwerpunkte: Finanz-Lohnbuchhaltung, Existenzgründungs-Beratung. M.: Vorst.-Mtgl. b. Karnevalsver. HJK Zülpich-Hoven. H.: Digitale Fotografie, aktiver Karnevalist.

B.: FA f. Hautkrankheiten, Allergologie. DA.: 22041 Hamburg, Wandsbeker Marktstr. 73. G.: Hamburg, 10. Sep. 1952. V.: Rita, geb. Liebke. Ki.: Ole (1971), Melle (1974). S.: 1972 Abitur, 1972-79 Stud. Med. Hamburg. K.. 1979 Ass.-Arzt an d. Fach-Lungenfachklinik Schömberg, 1980-81 Bundeswehr, Truppenarzt m. flugmed. Fachausbildung, 1981 Dokumentarfach an d. HS f. Film u. Fernsehen in München, 1982-87 FA-Ausbild. am Zentral-KH Jürgensstraße, Hautklinik in Bremen, 1985 Prom., 1986 OA am Zentral-KH Jürgensstraße, 1988 Eröff. d. FA-Praxis f. Hautkrankheiten in Hamburg m. Schwerpunkt dermatolog. Med., Lasermed., Hautfunktionstestung u. Beratung, Hautverjüngung, Produktberatung- u. entwicklung f. Hautkosmetik, Dermatologische Akupunktur. P.: Beiträge in Fachzeitschriften. M.: Dt. Dermatolog. Ges., Ärzteverb. d. Allergologen Deutschlands, Dt. Dermatologischer Laserges., Lions Club. H.: expressionist. Malerei, Fotografie, Musik.

B.: RA, Autor. DA.: 10961 Berlin, Mehringdamm 50. kajo frings@kajofrings.de. www.kajofrings.de. G.: Much, 28. Mai 1952. S.: 1970 Abitur, 1970-76 Studium Rechtswiss. Univ. Bonn u. München, 1976 1. Staatsexamen, 1976-78 Referendariat in München, 1979 2. Staatsexamen. K.: 1980-81 RA in München, seit 1982 selbst. RA in Berlin, Wehrpflichtrecht, 1990 1. Fall z. Bundeswehr in Berlin, auch Erb- u. Familienrecht, seit 1990 Notar, seit 1978 auch Autor, 1978-79 in München kabarettistisch mitgespielt in Ges. m. beschränkter Haftung m. Bruno Jonas, 1979-82 Texter b. Münchner Lach- u. Schießges., ab 1982 f. Gruppe Lüsterklemme in Berlin Programm "Kurz Davor". P.: Kriminalroman "Feldjäger" (1999). M.: Dt. Anw.-Ver., Dt.-Amerikan. Juristenver. H.: Lesen, Justizromane aus d. USA, USA-Reisen.

Frings Monika *)

Frings Torsten
B.: Fußball-Nationalspieler. FN.: c/o DFB. DA.: 60528 Frankfurt/Main, Otto-Fleck-Schneise 6. info@dfb.de. www.dfb.de. G.: 22. Nov. 1976. K.: bish. Vereine: Rot-Weiß Alsdorf, Rhenania Alsdorf, Alemannia Aachen, seit 1996 SV Werder Bremen, 2001 Länderspieldebüt in Paris gegen Frankreich, Position Abwehr. (Re)

Frink Stephan

B.: Konzert- u. Tourenmanager. FN.: BuBu Concerts. DA.: 42657 Solingen, Widderter Str. 45. info@bubu-concerts.de. www.bubu-concerts.de. G.: Wuppertal, 31. Dez. 1952. E.: Johannes Josef u. Liselotte, geb. Spieß. S.: 1975 Mittlere Reife, 1975-77 Ausbildung z. Werbefotograf u. Texter, 1983 Abitur, 1983-85 Stud. Politik- u. Sozialwiss. Heinrich-Heine-Univ. Düsseldorf, 1985-88 Stud. Sozialpädagogik FH Düsseldorf. K.: 1977-82 Werbetexter Werbeagentur in Düsseldorf, 1989-95 Gschf. v. Sunspot Music, u.a. Management v. bekannten Reggaemusikern u. Reggaeproduzenten Lee Scratch Perry u. Charlie Chaplin, seit 1993 Grdg. d. Konzertagentur BuBu Concerts m. Partner Rolf Leukel in Solingen, Konzertmanagement u. Tourneemanagement u.a. Ivan Rebroff, Karel Gott, German Tenors, Giora Feidmann, Prof. Ludwig Güttler, Erich van Dänicken. M.: Gründungsmtgl. SOS Rassismus Solingen e.V. H.: Literatur, Film u. Musik.

Frinken Oswald *)

Frintrop Anna Elisabeth

B.: Ldw., Inh. FN.: Gut Waldhof. DA.: 49086 Osnabrück, Waldhofstr. 81. G.: Ahmsen/Emsland, 27. Okt. 1942. V.: Hans Josef Frintrop. Ki.: Frank (1965), Marion (1968), Claudia (1969). El.: Wilhelm u. Adelheid Deters, geb. Evermann. S.: 1957-60 Tätigkeit im elterl. Betrieb, 1960-62 Lehre ldw. Hauswirtschafterin b. Eltern, Ldw. Fachschule Holte/Emsland. K.: 1964 Umzug a. Hof d. Schwiegereltern, Umstellung auf Bullen- u. Schweinemast, 1972 Bau Reithalle, 1973 Reitunterricht b. Frau Trumm, 1974 Bullenstall in Reitstall umgebaut, ersten Reitunterricht gegeben, 1982 Bullenstall abgebrannt, Schweinestall prov. umgebaut, neuen Pferdestall m. 33 Boxen gebaut, 1993 2. Reithalle gebaut m. weiteren 17 Boxen, 1997 Schweinestall ausgebaut, heute Reitschule m. 9 Schulpferden, insgesamt 84 Boxen, 2 Außenplätze u. Weiden. M.: seit 1973 eigener Reitclub Gut Waldhof, seit 1950 eigene Familiengrabstätte. H.: Gartenarb., schönes Wohnen, Arch., Natur.

Frintrup Hans-Herbert
B.: Siebdrucker, Gschf. FN.: Hans Frintrup Siebdruck u. Repro Bedarfs GmbH. GT.: seit 1977 Fachreferent Meisterschule Köln. DA.: 53227 Bonn, Röhfeldstr. 20. G.: Bonn, 28. Mai 1952. V.: Iris, geb. Blumhofer. Ki.: Andreas (1980), Angela (1982). El.: Hans u. Käthe, geb. Schmitz. S.: 1965-67 Handelsschule Dr. Köster, Mittlere Reife, 1967-70 Siebdruckerlehre Firma Kuhns in Rheinbach, daneben Lehrgänge Maschinenbau- u. Steuerungs -

*) Biographie www.whoiswho-verlag.ch oder beigefügte CD-ROM

technik in Stuttgart u. Zürich b. Europa-Vertretung d. Ulano, 1971-72 Wehrdienst. K.: 1973 Einstieg in d. väterl. Unternehmen, 1991 Gschf. Vorstufen-Service f. Ind.-Anwendungen in Glasind., Elektronik, Leiterplattenherstellung, Automobilind., Kunstdrucke, 1. dt. Produktionsunternehmen d. Branche nach ISO 9000 zertifiziert. P.: Der Siebdruck (1993), Intern. Glas World (1997). M.: Die Siebdruckpartner, Interessengemeinschaft Motorflug Hangelar/Bonn, Intern. Pilotenver. AOPA, ESV Blau-Rot Tennis. H.: Technolog. Innovationen, Motorflug, Motorradfahren, klass. Musik.

Frisch Axel Dipl.-Kfm.

B.: General-Manager. FN.: Angell-Demmel GmbH. DA.: 88131 Lindau, Zechwaldstr. 1. www.angell-demmel.com. G.: Nördlingen, 28. Sep. 1961. S.: 1980 Abitur in Donauwörth, 2 J. Bundeswehr, 4 Sem. Stud. Bauingenieur, danach BWL in München. K.: Ltr. d. Abt. Controlling b. Firma Dachser, maßgeblich am Aufbau d. DPD beteiligt, anschl. kfm. Ltr. b. Commit GmbH in Unterhaching u. seit 1999 Gschf. b. Angell-Demmel, einem v. zwei Herstellern weltweit, d. Dekorleisten aus Aluminium f. d. Kfz-Branche herstellen. H.: Mountainbiken, Reisen (Australien).

Frisch Bertram Dr. rer. nat. Dipl.-Ing. *)

Frisch Christoph

B.: RA. FN.: Frisch & Kloke Sozietät. DA.: 33106 Paderborn, Stettiner Str. 4. PA.: 33178 Paderborn, Michaelsstr. 1. rae-frisch@t-online.de. G.: Paderborn, 3. März 1965. El.: Hartmut u. Magdalena, geb. Rother. S.: 1984 Abitur, 1984-86 Bundeswehr, 1986-92 Stud. Rechts- u. Politikwiss. Univ. Gießen u. Univ. Bonn, 1986 1. Staatsexamen OLG Köln. K.: 1 J. tätig im Bundestag, 1993-95 Referendariat am LG Bielefeld, 1996 Zulassung z. RA, Eröff. d. Praxis in Borchen, 1999 Eröffnung d. Praxis in Paderborn m. Schwerpunkt Arb.-, Bau- u. Verkehrsrecht; Funktionen: SPD-Kandidat f. d. Landtag. F.: Gschf. d. IG d. Unternehmer Frankfurter Weg in Paderborn. P.: Vorträge z. Thema Arb.-Recht spez. kirchl. Arb.-Recht, Seminare im Bereich Arb.- u. Wirtschaftsrecht. M.: Sportver., Schützenver., Dt. Anw.-Ver., Dt. Ges. f. Baurecht, Vereinig. f. Erbrecht u. Vermögensnachfolge. H.: Musik, Kunst, Kultur.

Frisch Dieter *)

Frisch Martin *)

von Frisch Otto Dr. rer. nat. *)

Frisch Rainer Dipl.-Ing.

B.: Bauing. FN.: Bauleitungsbüro. DA.: 12589 Berlin, Herzfelder Steig 37-39. G.: Berlin, 25. März 1956. V.: Ivy, geb. Ptach. Ki.: Annika (1981), Margitta (1984), Ulrike (1983), Dennis (1992). S.: 1972-75 Berufsausbild. Baufacharb. m. Abitur, 1975-77 Wehrdienst, 1977-81 Stud. Technologie im Wohnungsbau in Cottbus, Dipl.-Arb. über Logistik, 1981 Dipl.-Ing. K.: 1981-89 Bauak. d. DDR, Bauing., Logistik,Transport, Umschlag, Lagerung, Straßen-, Schiene- u. Seetransport, 1989-91 Kommunale Wohnungsverw. Köpenick, Ltr. Abt. Vergabe, 1991-99 Baultr. im Westen v. Berlin, Büro G. Pfannenschmidt, seit 2000 selbst. als Baultr., Büro m. d. Ehefrau. M.: 1. Blumberger Schützenver. H.: Garten, Skandinavienreisen.

Frisch Ulrich Herbert Julius

B.: Grafik-Designer-Werbefachwirt. FN.: Frisch Marketing Kommunikation GWA. DA.: 66119 Saarbrücken, Puccinistr. 18. PA.: 66123 Saarbrücken, Scheidterstr. 75. u.frisch@frisch-wa.com. G.: Landau, 3. Sep. 1955. V.: Clarissa, geb. Krämer. Ki.: Jacob Varian (1990). El.: Julius u. Elisabeth. S.: 1972-77 Stud. FH f. Grafik-Design, 1977-78 Bundeswehr, 1978-80 Werbe- u. Fachak. Stuttgart, 1980 Werbefachwirt. K.: 1980-82 Firma Benton & Bowles Frankfurt, 1982-90 Gschf. Firma Büchin, 1990 Übernahme d. Geschäftsltg., 1992 Grdg. Agentur Frisch. BL.: Dt.-Franz. HS-Inst. HTW, Lehrauftrag f. Werbung u. Verkaufsförderung D.F.H.I. M.: G.W.A., Vors. Kommunikationsverband.de Saar-Lor-Lux, Rotary Club. H.: Golf, Skifahren, Lesen, Literatur, Weinsammlung.

Frisch Wolfgang Dr. *)

Frisch Wolfgang Dr. phil. *)

Frische Ansgar F. *)

Frischeisen Friedrich *)

Frischeisen Stefan

B.: Dipl.-Kommunikationswirt, Gschf. Ges. FN.: Eventpiloten GmbH Erlebnisorientiertes Marketing. DA.: 90403 Nürnberg, Lammsg. 12. info@frischeisen.com. www.eventpiloten.de. G.: Erlangen, 6. Juli 1966. V.: Rosa, geb. Rödel. El.: Dipl.-Vw. Friedrich u. Edda. S.: 1987 Abitur Nürnberg, 1988-91 Stud. Fertigungstechnik an d. Friedrich-Alexander-Univ. Erlangen, 1991-99 Stud. Maschinenbau an d. Georg-Simon-Ohm-FH Nürnberg, 1992-93 Ausbildung z. Druckvorlagenhersteller b. AKTIV-Kommunikations-Marketing Nürnberg. K.: 1993-97 weiterhin b. AKTIV in Nürnberg, zuletzt Ass. d. Geschäftsführung Marketing, 1997-98 Gschf. Werbeagentur Dessign Neumarkt/Oberpfalz, 1998-2000 Kommunikationsberater b. Werbeagentur Forte Design Group Nürnberg, seit 2000 selbständig m. Eventpiloten GmbH Nürnberg. M.: Bund junger Unternehmer, Neues Museum Nürnberg. H.: Sport (Surfen, Skifahren), Kunst, Kultur, Architektur.

Frischmann Manfred

B.: Gschf. FN.: Druckhaus Frischmann. DA.: 92224 Amberg, Sulzbacher Str. 93. buero.frischmann@t-online.de. www.frischmann-net.de. G.: Amberg, 15. Apr. 1944. V.: Johanna, geb. Stich. Ki.: Ing. Jürgen, Sabine, Ulli. S.: 1958-61 Lehre Buchdrucker Amberg. K.: 1961-65 Geselle in Amberg, 1966-67 Meisterschule u. Meisterprüf. in Regensburg, 1967-69 Meister in Amberg, seit 1969 selbst. m. Eröff.d. Druckerei in Amberg u. Aufbau v. Familienbetrieb u. mod. Druck- u. Medienhaus. E.: 1996 Ausz. d. Handwerkskam. als erfolgr. Ausbild.-Betrieb. H.: Akkordeon spielen, Trompete u. Gitarre spielen, Volleyball.

Frisé Adolf Dr. Prof.
B.: Schriftsteller. PA.: 61352 Bad Homburg, Am Zollstock 24. G.: Euskirchen, 29. Mai 1910. V.: Maria, geb. v. Loesch. El.: Adolf Wilhelm u. Nelly. S.: 1932 Dr. phil. K.: bis 1940 freier Schriftsteller, 1940-45 Militärdienst, 1946-50 Red. in Hamburg, 1952-53 in Düsseldorf, 1956-75 Ltr. d. Abt. Abendstudio/Feature u. Hpt.-Abt. Kulturelles Wort am Hess. Rundfunk Frankfurt. P.: 1967 Reise-Journal , 1968 Nachts, Katharinas Gast, Andreas, 1990 Der Beginn d. Vergangenheit, 1997 Johanna, 2000 "Spiegelungen/Berichte, Kommentare, Texte 1933-1998". E.: 1974 Österr. Prof., 1981 BVK 1. Kl., 1982 Dr. phil. h.c. Univ. Klagenfurt, 1991 Dr. phil. h.c. Univ. Marburg. M.: 1958 P.E.N. Club, 1977 Dt. Schillerges., 1979 Ehrenpräs. Intern. Robert Musil-Ges.

Frisé Maria Helene *)

Frisinger Evelyn

B.: Jazz-Sängerin, Inh. FN.: Evelyn Boutique. DA.: 28195 Bremen, Balgebrückstr. 14. G.: Bremen, 9. Mai 1947. Ki.: Robert (1978), Max (1980). El.: Günter Schnittjer u. Lore v. Engel. K.: 1965/66 in London gelebt, Interviews berühmt. Gruppen u. Sänger, s. 1967 wieder in Bremen f. Radio Bremen gearb., Kostüme f. d. Fernsehsendung Beatclub entworfen, Eröff. Boutique Evelyn in Bremen Einzel- u. Maßanfertigungen, Mode v. Designern aus Amerika, Belgien, Frankreich u. Deutschland, 1 gr. Modenschau im J., Organ. v. Kunstfahrten in andere Länder f. d. Kunden, seit 1980 Jazz-Sängerin m. Auftritten im In- u. Ausland. P.: 1998 1. CD.

Frister Hermann Dr. Prof.

B.: Prof., HS-Lehrer. FN.: FH Hannover Fachbereich Bioverfahrenstechnik. DA.: 30453 Hannover, Heisterbergallee 12. hermann.frister@bv.fh-hannover.de. G.: Peine, 9. Aug. 1953. V.: Sabine, geb. Behm. Ki.: Thore (1986), Jan Ole (1989). El.: Hermann u. Gertrud. S.: b. 1972 Ausbild. z. Chemielaboranten b. Continental-Gummiwerken AG Hannover, 1973 Berufsaufbauschule Hannover Fachrichtung Elektrotechnik, b. 1974 Fachoberschule Fachrichtung Naturwiss. in Braunschweig, 1976-77 Stud. Chemie an d. Univ.-GH Siegen, 1977-81 Stud. Univ.-GH Paderborn, Abschluss: Dipl.-Chem., 1982-85 Prom.-Stud. in Paderborn. K.: wiss. Mitarb., b. 1989 wiss. Ang. am Inst. f. Chemie u. Physik d. Bundesanst. f. Milchforsch. in Kiel, b. 1993 Ltr. d. Chem. Abt. d. Milchwirtschaftl. Lehr- u. Untersuchungsanst. d. Ldw.-Kam. Hannover, 1993 Prof. f. Chemie u. Chemisches Untersuchungswesen a. d. FH Hannover, 1998 C3-Prof. f. Milchwirtschaftliche Chemie u. Chemie nachwachsender Rohstoff an d. FH Hannover, 1999-2001 Dekan d. Fachbereiches Bioverfahrenstechnik. BL.: nat. u. intern. Tätigkeiten als Gastreferent auf Fachkongressen. P.: viele Veröff. in intern. Fachjournalen u. -büchern (ca. 100). E.: 1987 Mitpreisträger d. Wilhelm-Stepp-Preises d. Ges. f. Ernährungsbiologie. M.: Studien-Reform-Kmsn., EU-Kmsn., Intern. Milchwirtschaftsverb., Verb. d. Ldw. Untersuchungs- u. Forsch.-Anst., Bundesinst. f. gesundheitl. Verbraucherschutz u. Vet.-Med., Dt. Ldw.-Ges., Dt. Akkreditierungssystem Prüfwesen. H.: Reisen, Musik.

Friton Bernd
B.: RA, Fachanw. f. Arbeitsrecht u. Familienrecht u. Notar. DA.: 10785 Berlin, Bissingzeile 11. RA@Friton.de. www.friton.de. G.: Hamburg, 20. Feb. 1940. V.: Renate, geb. Zindler. Ki.: Pascal (1979), Marcel (1983). BV.: Friton "d. italienische Händler" 1665 aus Savoyen nach Deutschland ausgewandert. S.: Mittlere Reife Walldorf, 3 J. Lehre Vers.-Kfm., 2 1/2 J. Hessenkolleg, Abitur, Stud. Rechtswiss. FU Berlin, daneben Mitarb. Gewerkschaftl. Studentenver. GSG, 1968 1. Staatsexamen in Oldenburg, Referendariat in Berlin u. Oldenburg, 1971 Wahlstation in Bogota/Kolumbien, 1972 2. Staatsexamen. K.: 1973 Zulassung als RA, seit 1975 selbst. Anw., Tätigkeitsschwerpunkt: Arbeitsrecht, Familienrecht, Strafrecht, seit 1989 Notar. P.: Plädoyer veröff. in "Da ist mir freizusprechen ...", Presseveröff. über Fälle: Unterstützerverfahren Bewegung 2. Juni, Verteidigung v. Prof. wegen Veröff. Buback-Nachruf, wegen Besetzung Amerika-Haus. M.: Dt. Anw.-Ver., Strafverteidigerver. H.: Tischtennis, Reisen, Feriendomizile in Irland u. Schweden, klass. Musik.

Fritsch Achim Dipl.-Ing.
B.: Architekt. FN.: Architekturbüro Gerd Ploner u. Achim Fritsch. GT.: Gebäudesanierung, Hochbau u. Innenarchitektur. DA.: 91074 Herzogenaurach, Zeppelinstr. 4, 1. OG. G.: Nürnberg, 9. Nov. 1957. El.: Adolf u. Betty. S.: 1979 Abitur, Stud. Maschinenbau u. Arch. FH Nürnberg, 1985 Dipl.-Ing. K.: Facharbeiterausbildung zum Mechaniker Fachrichtung Maschinenbau, 2 J. angestellt in einem Arch.-Büro, seit 1987 selbst., seit 1997 Bürogemeinschaft m. Dipl.-Ing. Gerd Ploner. M.: Bayerische Arch.-Kammer, FFW, Sportverein. H.: Golf, Fotografie, Modellbau.

Fritsch Andreas
B.: RA. DA.: 51465 Bergisch Gladbach, Laurentiusstr. 14. PA.: 51467 Bergisch Gladbach, Broicher Feld 25. andreas.fritsch@epost.de. www.fritsch-graf.de. G.: Köln, 14. Feb. 1959. V.: Bettina, geb. Mücke. Ki.: Diontha Quilaine (1999). El.: Walter u. Margit. S.: 1977 Abitur, 1977-84 Stud. Rechtswiss. Univ. Köln, 1984 1. Staatsexamen, 1985-88 Referendariat, 1988 2. Staatsexamen. K.: 1988-90 freier Mitarb. einer Anw.-Kzl., 1990-93 Sozius einer Anw.-Kzl. in Bergisch Gladbach, seit 1994 Sozius d. Sozietät Fritsch & Graf. Schwerpunkt Arb.- u. Soz.-Recht. P.: Ratgeber f. Behinderte u. deren Angehörige "Recht so!", versch. Veröff. z. Soz. Recht u. Arzthaftungsrecht. M.: stellv. Bundesvors. d. ASBH, Bundesverb. Lebenshilfe e.V. Marburg, Bundesverb. f. Körperbehinderte e.V. Düsseldorf, PRO-Gym., SPD, TTV 59 Bergisch Gladbach e.V., Gründer u. Ehrenvors. d. BGC e.V. Bergisch Gladbach. H.: Politik, Lesen, gute Küche, Kinobesuche u. gesellschaftskrit. Filmen.

Fritsch Andreas Prof.
B.: Prof. f. Didaktik d. lat. Sprache u. Literatur. FN.: Freie Univ. Berlin. PA.: 14057 Berlin, Wundtstr. 48. G.: Guhrau, 2. Sept. 1941. V.: Irene, geb. Thater. Ki.: Claudia (1968), Konstantin (1971). El.: Arthur u. Margarete. S.: 1960 Abitur, Stud. Münster u. Berlin, 1964-69 Staatsprüf. 1969-80 PH Berlin, seit 1972 Prof., seit 1980 an d. Freien Univ. Berlin, 1980-86 Gschf. Dir. d. Inst. f. Sprach- u. Literaturdidaktik, Vors. d. Zentralinst. f. Fachdidaktiken 1989-91 u. 1993-94. P.: zahlr. Beiträge zu Sammelbänden, Fach- u. Verbandszeitschriften, seit 1991 SchriftLtr. d. "Mitteilungsblattes d. Dt. Altphilologenverb.", seit 1997 "Forum Classicum", Buchveröff. u. jüng.: Lateinsprechen im Unterricht. Geschichte - Probleme - Möglichkeiten (1990), Index sententiarum ac locutionum - Handbuch lateinischer Sätze und Redewendungen (1996), Mitautor d. lat. Unterrichtswerke "Cursus Continuus", Ausgabe A und B (ab 1995) u. "Cursus Brevis" (ab 2000).

---

*) Biographie www.whoiswho-verlag.ch oder beigefügte CD-ROM

von Fritsch Christa *)
Fritsch Claus-Peter Dr. *)
Fritsch Dennis
B.: Vertreter d. Gschf. FN.: Fritsch Consult Wirtschafts- u. Steuerberatung. DA.: Kronberg/Taunus, Bleichstr. 2a. d.fritsch@fritsch-consult.de. G.: Frankfurt, 20. Apr. 1976. V.: Nicole, geb. Hofbauer. Ki.: Sophie Katharina (1996). El.: Werner u. Claudia. S.: 1992 Mittlere Reife, 1993-95 Lehre z. Fachangestellten d. Steuerberatenden Berufe. K.: 1992-99 ang. b. einer Steuer- u. Wirtschaftsprüfungsgesellschaft in Frankfurt/Main, 1999 ang. Geschäftsführervertreter d. Fritsch Consult. F.: Frankfurter Weinkontor OHG, Fritsch Consult. E.: Zehnkampf Bezirksmeister, Kreis-, Bezirks- u. Hessenmeister im Mittelstreckenlauf u. Stabhochsprung. M.: Steuerberaterkammer Hessen, Steuerberaterverband Hessen. H.: Leichtathletik, Weinkunde.

Fritsch Gerhard *)
Fritsch Gunter *)
Fritsch Helmut Karl Dr. phil. *)
Fritsch Horst Willibald Dr. med. Prof.
B.: ltd. Arzt Innere Abt. FN.: KreisKH Weinheim. DA.: 69469 Weinheim, Röntgenstr. 1. PA.: 69469 Weinheim, Götzstr. 21. G.: Darmstadt, 24. Feb. 1933. V.: Magdolna, geb. v. Csaszar. Ki.: Susanne Babett, Katja Ildiko. S.: Abitur, Stud., Staatsexamen, 1959 Prom. K.: 3 J. wiss. Ass. in d. Path. Inst. Kiel u. Heidelberg, 1965-70 Ausbild. z. Arzt f. Innere Med an d. Univ.Klinik Heidelberg, Habil., 1973 apl. Prof., seit 1975 ltd. Arzt d. Inneren Abt. d. Städt. u. seit 1991 KreisKH Weinheim. P.: ca. 90 Veröff. M.: Rotary Club Weinheim, Dt. Ges. f. Innere Med., Dt. Ges. f. Haematologie u. Onkologie, Österr. Alpenver. H.: Klavier, Sport, Musik, Literatur.

Fritsch Josef Maria
B.: RA. FN.: Kzl. van Sambeck, Fritsch & Partner. DA.: 53113 Bonn, Lennéstr. 27; 53125 Bonn, Borsigallee 2. G.: Bonn, 18. Jan. 1951. V.: Gabriele Ursula, geb. Weiß. Ki.: Daniela Désiré (1983), Benjamin Pascal (1985). El.: Adolf-Maria u. Magdalene Josefine, geb. Schell. BV.: Familie aus Böhmen, b. ins 17. Jhdt. nachgewiesen, 1999 Stiftung d. Familienwappens. S.: 1969 Abitur Bonn, 1969-70 Stud. Math. u. Physik Univ. Bonn, 1970-77 Stud. Rechtswiss. u. Psychologie an d. Univ. Bonn, 1977 1. Staatsexamen, 1977-80 Referendariat OLG-Bez. Köln, 1980 2. Staatsexamen. K.: 1980-81 Richter am LG Bonn in Zivil- u. Strafkammern, 1981-91 Provinzial-Vers. in Düsseldorf, 1982 Syndicus, 1982-85 Abt.-Ltr. Sachschaden, ab 1985 Mtgl. Zentralbedingungskmsn. Zentralverb. d. Sachversicherer, 1986 Bereichsltr. u. Abt.-Dir., 1988 Dir., 1989 Ltg. d. gesamten Vertriebs in NRW u. Rheinland-Pfalz, 1989-91 Aufbau d. Sparkassenvertriebs in Brandenburg als Landesdir., daneben Landesdir. Union-Krankenvers. u. Stellv. d. Vorst. u. Dir. f. Marketing/Vertrieb, 1991 Vorst. bei d. Rheinland Versicherungs AG u. Stellv. AufsR.-Vors. d. Niederländischen Rheinland-Ges., seit 1991 Vorstandssprecher, 1992-93 Grdg. Rheinland Holding, Vorstandssprecher, seit 1981 RA (LG Düsseldorf), seit 1993 RA am Landgericht Bonn, seit 1995 gleichberechtigter Partner d. Rechtsanwaltssozietät "van Sambeck, Fritsch & Partner", Tätigkeitsschwerpunkte: Wirtschaftsrecht, Vertragsrecht, Vers.-Recht, Franchiserecht, daneben Strafrecht, 1996 Grdg.-Mtgl. Dt. Franchisenehmerverb., 1998 Grdg.-Mtgl. u. Vorst.-Mtgl. Dt. Lizenzrechtverb., Dt. Franchiseforum. BL.: Beschäftigung m. Irischen Wolfshunden. P.: Veröff. über Vers.-Recht u. -praxis in FAZ, Handelsblatt, Die Welt. M.: AG Vers.-Recht u. DAV.

H.: Heimwerken m. Holz, Aquarellmalerei, Literatur, Zeitgeschichte v. allem Epoche Nationalsozialismus, Geschichte d. Kriminalistik u. d. Inquisitionsprozesse.

Fritsch Martin *)
Fritsch Reinhard Dr. med. Dr. med. dent.

B.: Fachzahnarzt f. Kieferorthopädie. DA.: 87600 Kaufbeuren, Neugablonzer Str. 21. PA.: 87660 Irsee, Alte Poststr. 5. G.: Bistritz, 2. 7. 1940. V.: Annegret, geb. Fischer. El.: Dr. med. dent. Gustav u. Elfriede, geb. Seidnitzer. S.: 1961 Abitur Kulmbach, 1961-63 Res.-Offz.-Laufbahn in München, 1963-70 Stud. Med. u. Zahnmed. Univ. Erlangen/Nürnberg, 1970 Ärztl. Prüf., 1970 Zahnärztl. Prüf. K.: 1970 Univ. HNO-Klinik Erlangen, 1971 Med. Klinik d. Univ. Erlangen, 1971 Univ.-Kinderklinik Erlangen, 1971 Chir. Abt. d. Städt. KH Kaufbeuren, 1971-75 wiss. Ass. d. Kieferorthopäd. Abt. d. Klinik d. Poliklinik f. Zahn-, Mund- u. Kieferkrankheiten d. Univ. Erlangen/Nürnberg, 1974 Fachzahnarzt f. Kieferorthopädie, 1975 Ndlg. als Kieferorthopäde in Kaufbeuren, seit 1990 Lehrkörper d. Ak. Praxis u. Wiss., seit 1980 KFO-Gutachter, seit 1997 Obergutachter. P.: zahlr. Seminare, Kurse u. Vorträge sowie Veröff. innerhalb d. Fachbietes d. Kieferorthopädie, Co-Autor "Rehabilitation d. Lückengebisses", zahlr. Fachpubl. M.: 1978-83 Präs. d. Spielver. Kaufbeuren, 1975-86 ElternbeiR, seit 1982 Lions Club, 1987-88 Präs., seit 1980 FDN d. DFB.

Fritsch Reinhard Wilhelm Hermann Dipl.-Ing. *)

Fritsch Silvia
B.: Heilpraktikerin in eigener Praxis. DA.: 90471 Nürnberg, Tucholskystr. 62. fritsch.nuernberg@t-online.de. G.: Küps, 18. Apr. 1957. V.: Wolfgang Fritsch. El.: Ernst u. Marianne Pistel. S.: 1973 Mittlere Reife Schwabach. K.: 1973-94 Beamtenlaufbahn bei d. Telekom in Nürnberg, zuletzt Hauptsekretärin, 1992 Heilpraktikerprüfung in Nürnberg, 1992 Eröff. d. Praxis m. Schwerpunkt Homöopathie, Wirbelsäulenbehandlung, Energiearbeit u. Heilmagnetismus. H.: Philosophie, Psychologie, Naturmedizin, Geisteswissenschaften, Technik, Natur, Wirtschaft, ganzheitl. Körperharmonie.

Fritsch Thomas
B.: Schauspieler. FN.: Agentur Doris Mattes. DA.: 81679 München, Merzstr. 14e. G.: Dresden, 16. Jan. 1944. El.: Willy Fritsch u. Dinah Grace. S.: 1960 Mittlere Reife, 1960-62 Stud. Staatl. HS Hamburg, 1964-66 Bundeswehr. K.: 1964 Debüt am Theater d. Stadt Heidelberg in Shaws "Candida", weitere Engagements u.a. in Frankfurt/Main, München, Berlin, Stuttgart u. Hamburg, zahlr. Auftritte als Schlagersänger u.a. in "Musik aus Studio B", u. in seiner eigenen TV-Show "Meine Melodie", im Fernsehen u.a. in "Lauter nette Leute", "Leute wie du u. ich", "Halbe Wahrheiten", Hauptrollen in Folgen v. "Der Kommissar", "Derrick", "Der Alte", "Tatort", "Ein Fall f. zwei", "Rivalen d. Rennbahn". P.: 14 LP, 39 Single-Platten. E.: Bambi. H.: Musik, Insel Mykonos, Tiere (Hund u. Pferd).

Fritsch Walter Dipl.-Ing. *)

Fritsch Wilhelm
B.: Oberstudiendir. a.D., Schulleiter d. Max-Planck-Schule, Gymn. d. Stadt Rüsselsheim, Joseph Haydn-Str. 1, 6090 Rüsselsheim. PA.: 64579 Gernsheim, Bensheimer Str. 14. G.: Stolzen-

*) Biographie www.whoiswho-verlag.ch oder beigefügte CD-ROM

hain, 5. Juni 1933. V.: Gisela, geb. Wetzel. Ki.: Ulrike, Christine, Stefan, Sibylle. El.: Wilhelm u. Sophie. S.: Gymn., Stud. d. Math. u. Physik, Päd., Phil., Referendariat. K.: 1964 StR., 1968 OStR., 1971 Studiendir. E.: Dr. Johann Christian Eberle-Med. d. Hess. Sparkassen- u. Giroverb., Ehrenmed. d. Stadt Gernsheim in Gold. M.: VerwR. Kreissparkasse Groß-Gerau, Stellv. Vors. d. Aussch. Lehr-, Lern- u. Ausbild.Mittel (ALLA) im DIN, Stadtverordnetenvorst. Stadt Gernsheim, stellv. Vors. d. Kreistags d. Kreistagsabg. d. Kreises Groß-Gerau, stellv. Mtgl. d. Regionalen Planungsversammlung Südhessen.

Fritsch-Pukaß Gisela Christa

B.: freiberufl. Schauspielerin u. Sprecherin. PA.: 14129 Berlin, Salzachstr. 29. G.: Berlin, 24. Nov. 1936. V.: Joachim Pukaß. Ki.: Melanie (1966). El.: Otto u. Frieda, geb. Apelt. S.: 1952 Mittlere Reife, 1952-56 Schauspielstud. in Berlin. K.: bereits während d. Stud. Engagements an Theatern u. f. Filmproduktionen, ab 1956 freiberufl. Tätigkeit, seit 1954 Synchronarb., gemeinsame Arb. u.a. m. Kurt Götz, 1963-65 festes Engagement am Staatstheater Kassel, danach vornehml. Arb. in Berlin u.a. Renaissance Theater, Theater am Kurfürstendamm u. d. Tribüne, Synchronsprecherin u.a. f. Linda Evens (Denver Clan), Hauptrollen u.a. in "Kubinke" als Pauline, "Ein Eremit wird entdeckt" als Lissy, "Die Hose" als Luise Maske sowie als Helena in "Sommernachtstraum". H.: Lesen.

Fritsche Bärbel

B.: Steuerberaterin. FN.: Steuerbüro Fritsche. DA.: 30161 Hannover, Fundstr. 1B. G.: Hannover, 13. Nov. 1951. Ki.: Anna (1975), Stephen (1979). S.: 1968 Mittlere Reife an d. Handelslehranst. in Hannover, b. 1971 Ausbild. z. Steuerfachang., Abschluss. K.: b. 1979 Steuerfachang. in einem Büro in Hannover, 1979 selbst. m. eigenem Steuerbüro in Hannover, 1979 Steuerbev.-Prüf., seit 1983 Ver.-Betreuung, 1988 Umzug u. Vergrößerung d. Praxis, 1989 Bestellung z. Steuerberaterin, 1984-87 Doz. f. Buchführung an d. VHS, seit 1985 Lehrtätigkeit f. d. Steuerberaterak. Hannover. M.: Steuerberaterkam., Steuerberaterverb. H.: Lesen, Tanzen, Fahrradfahren, Inlineskaten, Kino, Theater.

Fritsche Erling *)

Fritsche Frithjof Dr. med. habil. Doz.

B.: ndgl. FA f. HNO, Audiologie, Plast. Operationen, Allergologie. DA.: 01326 Dresden, Krügerstr. 2. G.: Liegnitz, 18. Juni 1941. Ki.: Dr. Ingo (1966), Cornelia (1971), Robby (1980), Katy (1981). El.: Bruno u. Gertrud. S.: 1959 Abitur Altenburg, 1959-65 Med.-Stud. FSU Jena, 1965 Staatsexamen, 1966 Prom. A Dr. med. K.: 1965-66 Pflichtass. FSU Jena, 1966-70 FA-Ausbild. an d. CGC Ak. Dresden, 1970-93 Stationsarzt, OA, Doz. an d. CGC Ak., 1977 Prom. B Dr. med. habil., seit 1993 FA f. HNO, Audiologie, Plast. Operationen u. Allergologie in eigener Ndlg. P.: Prom., Habil., 120 wiss. Vorträge, 77 wiss. Arb. u. Fachbeiträge. M.: ADANO Hannover, DAKC in Köln. H.: Klavierspielen, Gartenarbeit.

Fritsche Gerlinde

B.: Voll-Jurist, RA, Inh. DA.: 04445 Leipzig-Liebertwolkwitz, Leipziger Str. 66. G.: Leipzig, 3. Nov. 1967. V.: Steffen Fritsche. Ki.: Miriam (1993), Annelie (1997). S.: 1986 Abitur Grimma, 1986-90 Stud. Rechtswiss. Karl-Marx-Univ. Leipzig, 1990-93 Referendar an d. Berufskammer am LG Bad-Kreuznach, Staatsanw. Mainz, Bezirksreg. Koblenz, Anw.-Kzl. Dietrich, Frey & Presper Bad-Kreuznach, Anw.-Kzl. Kanzler & Dr. Kern Bad-Kreuznach, 1990 Staatsexamen, Dipl., 1993 2. Staatsexamen K.: seit 1994 selbst. RA in Liebertwolkwitz tätig im Wirtschaftsrecht, Grundstücks-, Bauvertragsrecht. P.: Art. in d. Presse über Persönlichkeit. M.: Gewerbever. Liebertwolkwitz e.V. H.: Arch., Kultur, Reisen.

Fritsche Ilka *)

Fritsche Joachim-Dietrich

B.: Fernmeldemonteur, Lehrer f. Ges.-Tanz, ADTV Tanzlehrer. FN.: Tanzschule Dieter Fritsche ADTV. DA.: 03046 Cottbus, August-Bebel-Str. 11. info@zanzschule-fritsche.de. G.: Cottbus, 16. Feb. 1938. V.: Erzsèbet Hàmori. Ki.: Cornelia (1974). S.: 1952-55 Ausbild. z. Fernmeldemonteur. K.: 1955-72 Fernmeldemonteur, 1967 Abschluß als BMSR-Meister, seit 1960 Mitarb. in d. Tanzschule d. Mutter, vorher Lehrgänge f. Tanzlehrer besucht, 1960 Tanzlehrerprüf., 1973 Eröff. d. eigenen Tanzschule, 2002 75 J. Tanzschule Fritsche in Cottbus. M.: Allg. Dt.Tanzlehrerverb. H.: Beruf, Musik, Fotografieren.

Fritsche Jürgen *)

Fritsche Jutta Dipl.-Psych. *)

Fritsche Lutz Dipl.-Wirtschaftsing. (FH) *)

Fritsche Peter Dr. *)

Fritsche Siegfried *)

Fritsche Wolfgang Dr. rer. nat. habil. em. Prof. *)

Fritschen Peter P.

B.: Schifffahrtskfm. FN.: P.F. Container Surveys - Container Sale & Purchase. DA.: 20457 Hamburg, Am Vulkanhafen 6. G.: Hamburg, 28. Jan. 1955. Ki.: Katja (1980), Nils (1981), Arne (1984). S.: 1972 Mittlere Reife Hamburg, 1972-74 Ausbild. z. Schifffahrtskfm. Carl Bock & Co Hamburg. K.: Reederei-Sachbearb., 1975-76 Z2 Heer Logistik, danach b. 1990 zuständig f. Schiffsabfertigung zunächst b. 1980 b. Erstfirma, ab 1982 m. zusätzl. Aufgabengebiet Überprüf. v. Containern

*) Biographie www.whoiswho-verlag.ch oder beigefügte CD-ROM

Fritschen auf Schäden u. Reparaturbedarf f. dort vertretene Reedereien, 1990 Grdg. eigener Firma als Container-Sachv., 1996 zusätzl. Grdg. Fritschen u. Alex Stewart Intern. GmbH als Gschf. Ges., 2000 GmbH-Schließung wegen Änderungen d. Frachtanlandungen u. alleinige Aufgabenwahrnehmung wenn anfällig. H.: Jogging, Kanufahren u.a. in Skandinavien, Musik.

Fritscher Bernd *)

Fritschi Gebhard *)

Fritschi Niklaus Prof. *)

Fritschka Christian *)

Fritz Axel

B.: Tischler, Mitinh. FN.: Golfer's friend. DA.: 14059 Berlin, Danckelmannstr. 9a. PA.: 16540 Hohen Neuendorf, Adolf-Damaschke-Str. 15a. golfers.friend@o.tel.o-online.de. G.: Oranienburg, 25. Sep. 1960. Ki.: Melanie (1988). El.: Klaus Dieter u. Gisela, geb. Krause. S.: 1977 Mittlere Reife Oranienburg, 1977-79 Lehre als Tischler in Bau- u. Möbeltischlerei in Oranienburg. K.: 1979-87 Brigadeltr. f. Montage v. Fertigteilhäusern Firma OKAL Hannover f. "Genex", 1987 Flucht aus d. DDR nach Westberlin, 1987-99 Außendienst f. Beka-Bürodesign, seit Mitte d. 90er J. Kontakt zu Golfern, seit 1999 Grdg. d. eigenen Firma "Golfer's friend", im ersten J. m. 3 Ndlg. auf Usedom, in Prenden u. Kallin, seit 2000 Aufbau einer Driving ranch in Berlin Nähe ICC, Aufbau einer Indoor-Halle - Training aller Mannschaften f. Meisterschaften, Vernetzung aller Shops. BL.: starke Expansion m. 4 Ndlg. innerhalb 2 J. trotz anfängl. Boykott durch Mitbewerber, Planung einer eigenen Golfanlage. E.: Schützenkönig. M.: Schützenver. H.: Sportsschießen.

Fritz Berthold *)

Fritz Dieter-Wolfgang *)

Fritz Dietrich Paul Dr. rer. hort. Dr. h.c. Prof. *)

Fritz Edmund Lothar Dipl.-Chem.

B.: Patentanw. FN.: Fritz Patent- u. Rechtsanwälte. DA.: 59757 Arnsberg, Ostentor 9. PA.: 59757 Arnsberg, Mühlenberg 74. mail@patfritz.de. www.patfritz.de. G.: Bochum-Hattingen, 24. Apr. 1957. V.: Anja, geb. Siehnknecht. Ki.: Christian (1988), Annabella (1993), Peter (1997), Louisa (2000). El.: Herbert u. Dr. Martha. BV.: Name geht b. ins 15. Jhdt. zurück (Pfalz). S.: 1975 Abitur Arnsberg, 1975-82 Stud. Chemie, zunächst in Berlin, dann Bonn, Abschluss m. Dipl. K.: 1982-85 2 J. Patentanw.-Ausbild. in elterl. Kzl., dann 1 J. Patentamt in München, 1986 Prüf. dt. Patentanw.,1987 Europ. Anw.-Prüf., 1986-89 Tätigkeit in div. Patentanw.-Kzl., 1987 parallel Einstieg in d. elterl. Kzl., zunächst in Neheim-Hüsten, 2000 Standortwechsel innerhalb v. Arnsberg, Erweiterung d. Räumlichkeiten u. Hinzunahme mehrerer Anw., Tätigkeitsschwerpunkt: Patentrecht. Geschmacksmusterrecht, Markenrecht. P.: Veröff. eines Urteils im Amtsblatt d. Harmonisierungsamtes, Veröff. d. Dipl.-Arb. in chem. Fachzeitschriften. M.: Golf Club Sauerland e.V., ECTA, Patentanw.-Kam., FICPI, INFLA Berlin (Briefmarkensammler). H.: Briefmarken, klass. Musik, Klavierspielen, Literatur (Geschichte), Kenner v. franz. Weinen u. franz. Lebensart. Sprachen: fließend Englisch u. Französisch.

Fritz Erich *)

Fritz Erich G.

B.: MdB, Vors. d. Unterausschusses Globalisierung/ Regionalisierung. FN.: Dt. Bundestag. DA.: 11011 Berlin, Platz d. Republik; 44135 Dortmund, Prinz-Friedrich-Karl-Str. 48. PA.: 44319 Dortmund, Langerohstr. 31. G.: Teisendorf, 9. Dez. 1946. V.: Rita, geb. Brüggeshemke. Ki.: Isabel (1977), Jan Erik (1984). El.: Erich u. Walburga, geb. Müllbacher. S.: 1961-65 Mittelschule f. Knaben, Freilassing, Mittlere Reife, 1968 Begabtensonderprüfung, 1969-72 Päd. Hochschule Ruhr in Dortmund, Studium Päd., Geschichte, Deutsch, Politikwiss., daneben Seminarltr. u. Ref. bei Konrad-Adenauer-Stiftung, f. RCDS im Studentenparlament, währenddessen 3 Monate als Student in Kibbuz Givat Chaim, 1972 1. Staatsexamen, 1972-74 ang. Lehrer, 1974-75 Referendariat, 2. Staatsexamen. K.: 1965-67 Firma Weyss & Freitag, München, 1967-68 Wehrdienst, Wuppertal u. Unna-Königsborn/Sanitäter, 1975-90 Lehrer an Hauptschule Dortmund, 1976 Eintritt in d. CDU, 1977 Vors. Ortsverband Kurl-Husen in Dortmund, 1979 Vors. Stadtbezirksverband Scharnhorst u. Mitgl. Rat d. Stadt Dortmund, Liegenschaftsausschuß, 1981 Sprecher Kulturausschuß; Vors. Theaterkommission; Mitgl. Projektbeirat Kabelfernsehen Dortmund, seit 1985 Vors. Kreisverband CDU Dortmund, Mtgl. im Bezirksvorst. Ruhrgebiet d. CDU, 1987-90 Fraktionsvors. CDU Dortmund, AufsR. Stadtwerke Dortmund, 1987 Kandidat Bundestag, Mitbegründer d. Dortmunder Kunstvereins, seit 1990 MdB, o. Mtgl. Wirtschaftsausschuß, stellv. Mtgl. Auswärtiger Ausschuß, 1991-98 stellv. Vors. Enquetekommission Schutz d. Menschen u. d. Umwelt, seit 1994 Vors. Unterausschuß Globalisierung u. Regionalisierung d. Auswärtigen Ausschusses. BL.: seit 20 J. im Vorst. u. Vizepräs. d. Auslandsgesellschaft Nordrhein-Westfalen (Sitz Dortmund). P.: Interviews in WAZ, Ruhrnachrichten, Westfälische Rundschau. M.: CDU, Tennisclub TC Kamen-Methler, Schützenver. Berghofen, Reservistenverband, Verband Bildung u. Erziehung, Kolping. H.: Lesen von Philosophie bis Belletristik, klass. Musik, Akkordeon u. Klarinette, Schifahren, Reisen nach Russland, China, Westafrika, Israel, Ägypten. (Re)

Fritz Ernst-Dietrich *)

Fritz Esko *)

Fritz Georg *)

Fritz Guido Dipl.-Ing.

B.: Gschf. Ges. FN.: Delta Access Systemhaus f. Softwareentwicklung u. Computertechnik GmbH. GT.: Informationsmanagementsysteme d. gewerbl. Immobilienbranche, Geschäftspartner Dt. Bank (DGI), Jones-Lang-Lasalle (Immobilienentwickler), Argo-Portfolio-Management in d. gewerbl. Immobilienbranche.

*) Biographie www.whoiswho-verlag.ch oder beigefügte CD-ROM

DA.: 60489 Frankfurt/Main, Eschborner Landstr. 42-50. PA.: 61476 Kronberg, Tulpenweg 21. g.fritz@delta-access.de. G.: Oberlahnstein, 9. Juni 1965. V.: Karin, geb. Thaler. Ki.: Jonas (2000), Yannick (1998). S.: 1986-88 Bundeswehr, 1988-95 Stud. Nachrichtentechnik FH Köln u. FH Wiesbaden, Dipl.-Ing. K.: 1995 Gründung Logos GmbH Frankfurt, 1997 Namenswechsel des Unternehmens in Delta Access GmbH Frankfurt, 1999-2001 Gschf. Ges. d. Fritz & Dobric Delta Access GmbH, im Mai 2001 Austritt als Gschf. u. Wechsel zu Siemens Business Services, Frankfurt.

Fritz Hans Dr. rer. nat. Dr. med. habil. *)

Fritz Hans-Georg Dr. med. *)

Fritz Heinz Peter Dr. rer. nat. o.Prof. *)

Fritz Henning
B.: Profi-Basketballer, Nationalteam-Spieler, Groß- u. Außenhdls.-Kfm. FN.: c/o DHB. DA.: 44139 Dortmund, Strobelallee 56. G.: Magdeburg, 21. Sep. 1974. K.: größte sportl. Erfolge: 1992 Jugend-EM/5., 1994 Nationalteam-Debut, 1995 WM/4., 1998 Supercup-Gewinn, EM/3., 1999 EHF-Cup-Sieger, OS 2000/5., 1999 EHF-Cup/1., 2001 Supercup/1., EHF-Cup/1., Dt. Meister., 2002 Vizeeuropameister, Stationen: 1984-88 TuS Fortschritt Magdeburg, 1998-2001 Fortschritt Magdeburg, s. 2001 THW Kiel. H.: Musik, Autofahren. (Re)

Fritz Herbert Kurt Dipl.-Finanzwirt *)

Fritz Herbert A. Dr.-Ing. Dipl.-Ing. Prof. *)

Fritz Irmgard *)

Fritz Jürgen
B.: RA. DA.: 40545 Düsseldorf, San-Remo-Str. 1. PA.: 40547 Düsseldorf, Eschweiler Str. 4. G.: Berlin, 5. Apr. 1938. V.: Dorothea, geb. Wiegelmann. Ki.: 4 Kinder. S.: 1957 Abitur, 195759 Lehre Bankkfm. Dt. Bank Düsseldorf, 1959-64 Stud. Rechtswiss. Köln, München u. Münster, 1964 1. Staatsexamen OLG Hamm, Referendariat, 1968 2. Staatsexamen Düsseldorf. K.: 1969 Grdg. d. Kzl. Fritz & Partner; Funktionen: Doz, an d. FWI, Seminardoz. f. Gewerberaummietrecht. P.: Autor versch. Bücher: "Gewerberaummietrecht" (2000), Beiträge in d. NJW. M.: Vorst.-Mtgl. d. DMT, gschf. Aussch. d. Arge Mietrecht, WEG, DAV, ATV, Tennis Gemeinschaft Lörrick e.V. H.: Tennis.

Fritz Jürgen Dr. iur.
B.: RA. Fachanwalt f. Verwaltungsrecht, Schlichter u. Schiedsrichter nach d. Schiedsgerichtsordnung f. Baustreitigkeiten d.ARGE Baurecht im Dt. AnwaltVerein. FN.: KHWP Koch-Heintzeler, Widmann & Partner, Rechtsanwälte u. Notare, Stuttgart-Dresden-Berlin-Kasan. GT.: Vors. d. Verb. Region Stuttgart, BeiR.-Vors. d. FRISCH AUF! Göppingen Management- u. Marketing GmbH (Bundesliga-Hallenhandball). DA.: 70182 Stuttgart, Uhlandstr. 11; 01309 Dresden, Bertolt-Brecht-Allee 22; 10623 Berlin, Grolmanstr. 40. PA.: 73066 Uhingen, Konradinstr. 6. G.: Uhingen, 18. März 1949. V.: Ruth, geb. Heydle. Ki.: Kristina (1974), Stefanie (1974), Pamela (1978). S.: 1968 Abitur, Hohenstaufen-Gymn. Göppingen, 1968-73 Jurastud. u. 1. jurist. Staatsexamen an d. Eberhard-Karls-Univ. Tübingen, 1974-76 Rechtsreferendariat u. 2. jurist. Staatsexamen beim Oberlandesgericht Stuttgart. K.: 1976 Mtgl. u. Partner d. Kanzlei KHWP Koch-Heintzeler, Widmann & Partner, Rechtsanwälte u. Notare. Spezialgebiet: Öff. u. Priv. Baurecht, Kommunalrecht, Umweltrecht, Sportrecht; 1992-96 Lehrbeauftragter d. Jur. Fak. d. Techn. Univ. Dresden, seit 1996 Beauftragter f. d. Fernstudenten d. Techn. Univ. Dresden. P.: 1979 Prom. Thema d. Diss.: "Haftungsfreizeitigungs des Bauträgers von der Sachmängelgewährleistungsverpflichtung durch Abtretung von Gewährleistungsansprüchen unter besonderer Berücksichtigung des AGB-Gesetzes", seit 1979 div. Veröff. z. öff. u. priv. Baurecht sowie zum Sportrecht. E.: CDU-Regionalpolitiker u. Vors. d. Verb. Region Stuttgart. M.: Dt. Juristentag e.V., Intern. Sport Lawyers Assoc. (ISLA), ARGE Baurecht u. ARGE Sportrecht beim DAV, Dt. Ges. f. Baurecht e.V., Frankfurt/M., Inst. f. Baurecht e.V., Freiburg, Universitätsbund Tübingen. H.: Musik: Orgel u. Gitarre, Sport: Handball, Ski ,Tennis, Golf, Modelleisenbahn. (H.U.)

Fritz Karl Hon.Prof. a.D. *)

Fritz Martin *)

Fritz Michael *)

Fritz Peter Dr. rer. nat. Prof.
B.: wiss. Gschf. FN.: UFZ-Umweltforsch.-Zentrum Leipzig-Halle GmbH. DA.: 04318 Leipzig, Permoserstr. 15. PA.: 04827 Machern b. Leipzig, Eichenweg 7. G.: Stuttgart, 18. März 1937. V.: Gisela, geb. Arps. Ki.: Christiane (1971), Stefan (1978). El.: Martin u. Anne. S.: 1957 Abitur Stuttgart, 1957-61 Stud. Univ. Stuttgart, 1961 Dipl., 1962 Univ. Pisa, 1965 Prom. K.: 1965 Sorbonne Paris, 1966-71 Post Doc. Univ. Alberta in Kanada, 1971-87 Prof. Univ. Waterloo, 19887-91 Dir. am Inst. Hydrologie München, GSF Neuherberg, Prof. Münch LMU, seit 1991 wiss. Gschf. UFZ, 1992 Prof. in Leipzig, assoziierter Prof. in Waterloo. P.: ca. 250 Veröff. u. Publ., 5 Bücher u.a. "Environmental Isotopers in Hydrologie" (1997). M.: Fellow Royal of Society of Canada, Leopoldina Akademie f. Naturforscher, 1. Rotary Leipzig. H.: Pflanzen.

Fritz Reinard Dr.-Ing. Prof. *)

Fritz Thomas Dr.
B.: RA. FN.: Anw.-Kzl. Dr. Thomas Fritz. DA.: 80639 München, Montenstr. 11. dr.-the.-fritz@t-online.de. G.: Hannover, 23. März 1952. V.: Francesca Marzano. Ki.: Olivia (1987). El.: Prof. Dr. Dieter u. Brigitte. S.: 1971 Abitur Freising, 1971-73 Bundeswehr, 1973-78 Stud. Rechtswiss. an d. Univ. in Augsburg u. LMU Münchn, 1978 1. Staatsexamen, 1978-82 Referendarzeit u. Diss., 2. Staatsexamen, 1982 Prom. z. Dr. iur. K.: 1983-86 Vertreter d. dt. u. bayer. Ind. gegenüber d. bayer. Landesreg. u. d. bayer. Min. f. d. Bundesverb. d. Dt. Ind. (BDI), seit 1986 selbst. RA in München, Tätigkeitsschwerpunkt: Erbrecht u. Unternehmensnfg., Stiftungen, Umweltrecht, Arzneimittel- u. Lebensmittelrecht. P.: Autor d. Fachbücher "Das Testament" sowie "Die Intern. Sitzverlegung in Personenges. im dt. u. franz. Rechtskreis", zahlr. Veröff. in Fachzeitschriften zu d. Themen Erb- u. Umweltrecht. M.: Kaufmannscasino München, versch. andere Ver. H.: Geschichte, Franz. Literatur, Oper, Tennis, Golf, Skifahren.

Fritz Ulrich Wilhelm Josef *)

Fritz Walter Helmut *)

Fritz Wolfgang Dr.-Ing. Prof. *)

Fritze Dieter Dr. med. Prof. *)

---

*) Biographie www.whoiswho-verlag.ch oder beigefügte CD-ROM

Fritze

Fritze Eugen Dr. med. Prof. *)
Fritze Jochen H. *)
Fritze Mathias Dr. phil. *)
Fritzen Benno Ing. *)
Fritzen Heiko *)
Fritzen Jacobus Dr. *)
Fritzen Theo *)
Fritzenwenger Johann *)
Fritzer Barbara *)
Fritzer Hans-Peter Dr. iur. *)
Fritzges Frieder

B.: Koch, Inh. FN.: Hotel-Restaurant "Zum Babbelnit". DA.: 55126 Mainz, Kurmainzstr. 22. babbelnit@t-online.de. www.babbelnit.de. G.: Mainz, 20. Dez. 1952. V.: Cornelia. Ki.: Markus. El.: Erhard u. Käthe. S.: 1967 Lehre Koch. K.: 1970-72 Jungkoch im Hotel Hilton in Deutschland, Amsterdam u. d. Schweiz, 1973-83 tätig im elterl. Betrieb, 1983 Kauf eines Objektes u. kompletter Umbau in Mainz-Finthen, seit 1987 Inh. d. Hotel-Restaurant spez. f. gefülltes Hähnchen u. Löwenbräubiere. P.: versch. Fernsehspots im Südwest 3 (1998). E.: 2000 3 Sterne d. Hotel- u. Gaststättenverb.

Fritzlar Holger *)
Fritzmeier Claus Udo DDr. Prof. *)
Fritzsch Dieter *)
Fritzsch Gerhard Dr. med. *)
Fritzsch Harald Dr. Prof.
B.: o.Prof. f. Physik. FN.: Univ. München. PA.: 81827 München, Möwestr. 55a. G.: Zwickau, 10. Feb. 1943. V.: Brigitte, geb. Goralski. Ki.: Oliver, Patrick. El.: Erich u. Marianne. S.: 1961 Abitur, Stud. Univ. Leipzig, 1968 Dipl., 1971 Prom. P.: über 200 Fachveröff., Quarks (München 1981), Vom Urknall z. Zerfall (München 1983), Eine Formel verändert d. Welt (München 1987), Flucht aus Leipzig (München 1990), Die verbogene Raum-Zeit (München 1996). E.: 1994 Publizistik-Med. d. Dt. Phys. Ges. M.: Dt. Physikal. Ges., Europ. Phys. Ges., HS-Verb., Kuratorium Dt. Museum München, Amerik. Akad. Konz., Ehrenmtgl. Paulinerver. Leipzig, Senat Helmholtz-Ges. Bonn, Vizepräs., Ges. Dt. Naturforscher u. Ärzte.

Fritzsch Michael Dipl.-Ing.
B.: Kfm., Manager, Gschf. FN.: Unternehmensgruppe gausepohl Fleisch; Ostwest Fleischunion GmbH. DA.: 10117 Berlin, Krausenstr. 38/39. F.Fritzsch@fleischunion.de. G.: Annaberg, 29. Mai 1954. V.: Katalin Mersitz. Ki.: David (1981), Attila (1982), Robert (1985). El.: Karl-Heinz u. Liane, geb. Martin. B.: Vater, Großvater u. Urgroßvater waren Fleischermeister, v. Urgroßvater Arno Fritzsch wurde 1894 d. Famili-

enunternehmen gegründet. S.: 1973 Abitur, 1970-72 Ausbild. z. Fleischer, 1973-77 Stud. an d. HU zu Berlin, Abschluß als Dipl.-Ing. d. Lebensmittelind. K.: 1977-88 im Fleischkombinat Berlin tätig, zunächst als Haupttechnologe u. seit 1981 als Betriebsdir., 1988-89 Aspirantur am Inst. f. Fleischwirtschaft Magdeburg, 1990 Gschf. d. Verb. d. Schlacht- u. Fleischind. v. Ostdeutschland, seit 1990 auch Mitarb. d. Unternehmensgruppe gausepohl, seit 1990 zusätzl. Gschf. d. Ostwest Fleischunion GmbH, seit 1998 Prok. in d. Gruppe gausepohl. P.: Aufsätze u. Art. in Fachzeitschriften. M.: VDF-Verband d. Fleischwirtschaft e.V. H.: Musik, Literatur.

Fritzsch Reinhard Dr. med. vet. Dipl.-Agr.
B.: Tierarzt, Präs. FN.: Tierärztekam. Sachsen-Anhalt. DA.: 06112 Halle/Saale, Freiimfelder Str. 66-68. G.: Beiersfeld, 17. Dez. 1927. S.: 1947 Abitur, 1947-50 Stud. Ldw. Univ. Halle-Wittenberg m. Dipl.-Abschluß, 1950-55 Stud. Vet.-Med. Univ. Leipzig. K.: 1956 Ass. an d. Tierklinik d. Univ. Leipzig, 1956-57 1. Ass. an d. Tierklinik d. MLU Halle-Wittenberg, 1957-89 Kreisarzt im Kreis Nebra, seit 1990 Präs. d. Tierärztekam Sachsen-Anhalt. P.: Veröff. in Monatsheften z. Thema Vet.-Med. M.: Delegierter d. Bundestierärztekam.

Fritzsche Andreas *)

Fritzsche Dietmar
B.: Publizist. PA.: 10407 Berlin, Hufelandstr. 11. G.: Dresden, 7. Nov. 1936. El.: Herbert u. Hildegard. S.: Abitur, 1955-61 Stud. Schulmusikerziehung Franz Liszt-HS Weimar, Musikwiss. Martin Luther-Univ. Halle-Wittenberg, 1974 Dipl. K.: 1961-63 Fachlehrer Musik, 1963-70 Musikdramaturg in Freiberg u. Cottbus, 1970-75 Dramaturg Henschel Verlag Berlin, 1975-91 Redakteur d. Zeitschrift "Theater d. Zeit", seit 1992 freiberufl. Publizist, seit 1997 Lehrauftrag an d. Ballettschule d. Oper Leipzig. P.: Rezensionen, Reportagen, Porträts, Interviews f. nat. u. intern. Fachzeitschriften u. Hörfunk, Spezialgebiet Tanztheater, Mitarb. 6. Pipers Enzyklopädie d. Musiktheaters, 2 Ballettlibretti f. Jens-Uwe Günther. M.: JVB im DJV. H.: Musik, Wandern. (El.S.)

Fritzsche Doris

B.: Dipl. oec. troph., selbst. Ernährungstherapeutin u. Sachbuchautorin. FN.: Contura-Gesundheitsberatung. DA.: 38300 Wolfenbüttel, Okerstr. 1. muefri@aol.com. G.: Frankenberg/Eder, 29. Nov. 1958. V.: Erich Müller-Fritzsche. Ki.: Gina (1984), Alexander u. Yannick (1990). El.: Lorenz u. Irmgard Fritzsche. S.: 1977 Abitur Frankenberg, Stud. Ernährungswiss. an der Justus-Liebig-Univ. Gießen. K.: 1983-86 wiss. Mitarb. u. 1987 Mitautorin mehrerer periodisch neuaufgelegter GU-Nährwert-Tabellen, seit 1987 Ernährungsberatung, Curriculadesign, Vorträge u. Workshops f. Krankenkassen, Arztpraxen u. Diabetolog. Schwerpunktpraxen, seit 1995 Curriculadesign, Schulung u. Weiterbild.-Lehrgänge f. d. Bereiche Diabetes u. Ernährung f. Arzthelfer/innen, Diabetikerberater/innen u. Apotheker/innen, seit 1996 Autorin GU-Kompaß Diabetes, seit 2000 Doz.-Tätigkeit f. Fachschule Hotel- u. Gaststättengewerbe u. Mitinh. v. Contura-Gesundheitsberatung. H.: Sport, Lesen, Reisen, ital. Kochen.

Fritzsche Ilka Dr.
B.: Amtsleiterin. FN.: Staatliches Gewerbeaufsichtsamt Bautzen. DA.: 02625 Bautzen, Käthe-Kollwitz-Str. 17 Haus 3. G.: Tröbigau, 30. Juni 1947. V.: Dr. Bernd Fritzsche. Ki.: Silke Thate. S.: 1966 Abitur Bischofswerda, 1966-69 Stud. Biologie

*) Biographie www.whoiswho-verlag.ch oder beigefügte CD-ROM

Univ. Leipzig, 1969-71 Stud. Lymnologie TU Dresden m. Abschluß Dipl.-Biologin, 1971-73 Prom. TU Dresden. K.: 1973-75 Laborantin in d. Wasserwirtschaftsdirektion Dresden, 1980-82 Stud. z. Fachingenieur f. Umweltschutz, Kommunalhygiene u. Toxikologie, 1987-91 Toxikologin d. Arbeitsinspektion in Bischofswerda, seit 1991 Aufbau u. Amtsleiterin d. staatl. Gewerbeaufsichtsamtes in Bautzen. P.: "Acta Hydrochemika", "Posphatelimination Talsperre Bautzen, "Belastung d. Talsperre Bautzen". M.: Verein d. Dt. Gewerbeaufsichtsbeamten, Bund techn. Beamter. H.: Aktivurlaub, Wandern, Lesen.

Fritzsche Karl-Peter Dr. phil. Prof.
B.: Politikwissenschaftler, Lehrstuhlinh. FN.: Inst. f. Politikwiss. d. Otto-von-Guericke-Univ. Magdeburg. DA.: 39104 Magdeburg, Virchowstraße. G.: Düsseldorf, 23. Feb. 1950. V.: Erika, geb. Seel. Ki.: Julia (1989), Markus (1992). El.: Karl u. Hanna, geb. Meerstein. S.: 1968 Abitur, 1968-76 Stud. Politikwiss. u. Soz. Bonn, Köln u. Frankfurt/Main, 1976 Prom. K.: 1978-85 wiss. Ass. u. HS-Ass. an d. PH u. später TU Braunschweig, 1987-88 wiss. Mitarb. am Seminar f. polit. Wiss. u. polit. Bild. an d. TU Braunschweig, 1989-93 wiss. Mitarb. am Georg-Eckert-Inst. f. intern. Schulbuchforsch., 1989 Lehrauftrag in d. Univ. Frankfurt u. 1990 Univ. Hamburg, 1990-92 Lehraufträge an d. PH u. TU Magdeburg, seit 1993 Prof. f. vergleichende Politikwiss. an d. Univ. Magdeburg, s. 2001 Lehrstuhl f. Menschenrechtserziehung. P.: Polit. Kultur Italiens (1987), Die Stressges. (1998), Toleranz im Umbruch (1995), Menschenrechte zw. Anspruch u. Wirklichkeit (1999). M.: Intern. Network for Eduaction on Tolerance, Democracy and Human Rights, Ak. f. interkulturelle Studien, Erich-Fromm-Ges., Bundesvorst.-Mtgl. d. Dt. Vereinig. f. polit. Bild. H.: klass. Musik.

Fritzsche Kurt Fritz *)

Fritzsche Siegfried Dr. Dr. sc. *)

Fritzsche Silke
B.: Dipl.-Journalistin. DA.: 04347 Leipzig, Abtnaundorferstr. 68. G.: Grimma, 11. Jan. 1967. Ki.: Max-Magnus (1994). S.: 1986 Abitur Leipzig, Stud. Arabistik Univ. Leipzig, Fernsehvolontariat Berlin, Stud. Journalismus u. Phil. Univ. Dortmund, 1996 Dipl. K.: 1996-98 journalist. Tätigkeit b. d. Berliner Zeitung, WDR u. Pro Sieben, seit 1998 Doz. f. Fernsehjournalismus Univ. Leipzig, seit 2000 Studiengang an d. Mastery Univ. San Diego Florida, seit 1998 Kommunikationstrainerin - Coaching. H.: Sport, Tae Bo, Kontakte.

Fritzsche Stephan

B.: Dipl.-Stomatologe, selbständig. DA.: 01309 Dresden, Kyffhäuser Str. 28. G.: Olbernhau, 5. Sep. 1955. V.: Romy Grafe. Ki.: Susann (1980), Laura (1998). El.: Wilhelm u. Elfriede. S.: 1974 Abitur Olbernhau, 1974-77 Wehrdienst, 1977-80 Stud. Zahnmed. an d. KMU Liepzig, 1980-82 Stud. Zahnmed. an d. Med. Ak. in Dresden. K.: 1982 Ausbildungsass. in Chemnitz, 1982 Abt. Kinderstomatologie Poliklinik Dresden Prohlis, 1987 Fachzahnarzt f. Kinder- u. Jugendzahnheilkunde, 1991 ndlg. in eigener Praxis, Tätigkeitsschwerpunkte: Prophylaxe f. Erwachsene, professionelle Zahnreinigung, hochwertiger Zahnersatz, Kinder- u. Jugendzahnheilkunde, Paradontologie, Laserbehandlung, Chirurgie, Implantologie, Behandlung Behinderten. H.: Radfahren, Angeln, Fußball.

Fritzsche Volker *)

Fritzsche Volkmar *)

Frobarth Gerhard Dipl.-Ing. *)

Fröbe Barbara *)

Frobel Roland *)

Fröbel Robert *)

Frobenius Johanna Dipl.-Betriebswirt. *)

Frobenius Karl *)

Fröber Rosemarie Dr. med. *)

Fröber Udo-Wolfgang *)

Fröbisch Dieter K. Prof. *)

Froboese Klaus
B.: Intendant. FN.: Opernhaus Halle. DA.: 06108 Halle, Universitätsring 24. opernhaus@halle.de. S.: Stud. Opernregie an d. Staatl. HS f. Musik in München. K.: Tätigkeit b. d Münchner Reihe "Musik unserer Zeit" u. b. "Intern. Jugendspieltreffen" in Bayreuth, Mitarb. f. d. Bayer. Rundfunk u. Regieass. am Nationaltheater München u. Augsburg, Inszenierungen f. d. Opernstudio, 1979-83 Oberspiellt. an d. Städt. Bühnen Regensburg, Inszenierungen in Braunschweigu. Bern sowie Ltg. d. Meisterkl. am "Inst. for Performing Arts", 1983 Opernregisseur u. Musikdramaturg Bern, weitere Regieaufträge Regensburg, Kassel, Sommerfestspiele im Schloß Schönbrunn Wien, Klagenfurt sowie Würzburg, außerdem Tätigkeit an d. Bühnen in Rom, Barcelona, Lissabon u. Dublin, seit 1991/92 Intendant am Opernhaus Halle. E.: 1999 BVK.

Froboess Cornelia
B.: Schauspielerin. FN.: c/o Agentur Erna Baumbauer. DA.: 81679 München, Keplerstr. 2. PA.: 83064 Reinholzhausen, Rinklhof. G.: 28. Okt. 1943. V.: Dr. Heinrich Matiasek. K.: 1951 Filmdebüt, Auszug aus d. Filmographie: Ideale Frau gesucht (1952), Hula-Hopp, Conny!, Wenn die Conny mit dem Peter (1958), Wenn das mein grosser Bruder wüsste (1959), Conny und Peter machen Musik, Schlager-Raketen, Meine Nichte tut das nicht, Mein Mann das Wirtschaftswunder (1960), Happy-End im Siebten Himmel, Junge Leute brauchen Liebe, Mariandl (1961), Der Vogelhändler, Mariandls Heimkehr (1962), Der Musterknabe (1963), Ein Wintermärchen (1965), Rheinsberg (1967), Der Kommissar: Der Tod des Herrn Kurusch (1971), Crazy - total verrückt (1973), Der Alte - Mord nach Plan (1980), Die Sehnsucht der Veronika Voss (1981), Ein Fall für Zwei - Das Opfer (1982), Praxis Bülowbogen (1983), Der Sommer des Samurai (1985), Faust (1987), Der Alte - Kälter als der Tod (1991), 1945, Alles ausser Mord: Wer Gewalt sät (1993), Tag der Abrechnung (1994), Kommissar Rex - Annas Geheimnis, Fesseln (1995), St. Angela, Der Sohn des Babymachers, Angst hat eine kalte Hand (1996), Koerbers Akte: Kleines Mädchen - Grosses Geld, Koerbers Akte: Tödliches Ultimatum, Knockin' On Heaven's Door (1997). E.: 1996 Telestar.

Fröchling Anke
B.: Dipl.-Kulturpäd., Inh. FN.: Schreibcoaching Anke Fröchling. DA.: 22765 Hamburg, Mottenburger Str. 5. G.: Freiburg, 24. Apr. 1969. V.: Dipl.-Ing. Christian Vogel. El.: Dr. rer. phil. Helmut u. Gisela Fröchling. S.: 1988 Abitur Hamburg, 1988-94 Stud.

*) Biographie www.whoiswho-verlag.ch oder beigefügte CD-ROM

Fröchling

Kulturpäd. Univ. Hildesheim. K.: 1994-95 wiss. Mitarb. d. Univ. Hildesheim, 1995-97 Öff.-Arb. b. d. Kölner Philharmonikern, zuständig f. d. Internetkoordination u. in d. Programmheft-Redaktion, 1997-98 Teamass. u. Kontakterin in einer Zeitarb.-Firma in Hamburg, 1998 Vorbereitung f. d. Existenzgrdg., parallel am Inst. f. kreatives Schreiben in Berlin, Ausbild. zur Trainerin f. wiss. u. berufl. Schreiben absolviert, 1998 Grdg. d. Schreibcoaching Anke Fröchling in Hamburg; seit 1999 Lehrbeauftragte an d. Univ. Hildesheim. P.: div. Art. u. Aufsätze. H.: Alpin-Ski, Schreiben, Literatur, Klavier spielen, Tanzen.

Frodin Gunnar *)

Froebe Hans Albrecht Dr. Prof. *)

Froehlich Jan LL.M.

B.: RA. FN.: Kzl. v. Nieding, Froehlich, Ehrlinger. DA.: 10629 Berlin, Wilmersdorfer Str. 95. kanzlei@jan-froehlich.de. G.: Bonn-Bad Godesberg, 26. Sep. 1961. El.: Kurt Th. u. Hannelore, geb. Koenemann. S.: 1981 Abitur Bonn, 1981-83 Bundeswehr, Lt. d. Res., 1983-85 Sal. Oppenheim jr & Cie Köln, 1985-92 Jurastud. Freiburg u. Berlin, 1. Staatsexamen., 1993 Referendariat am Kammergericht Berlin, 2. Staatsexamen. K.: seit 1996 Anw., Partner in d. Sozietät v. Nieding, Froehlich, Ehrlinger, seit 2000 Lehrbeauftragter d. Steinbeis-Stiftung Stuttgart.

Froehlich Werner D. Dr. phil. o.Univ.-Prof. *)

Froelich Jürgen *)

von Froenau Theo *)

Froese Beate

B.: Gschf. Ges. FN.: BEUJ Gastronomie GmbH. DA.: 33602 Bielefeld, Niederwall 12. G.: Berlin, 26. Jan. 1957. El.: Winfried u. Christine Froese. S.: 1976 Abitur, 1976-78 Praktiken in versch. Berufen, 1978-80 Ausbild. u. Abschluß z. Gärtnerin, 1980-82 Stud. Gartenbau, 1982-87 Stud. u. Abschluß Sozialpäd., 1987-89 Stud. Soz., Abschluß Grundstud. K.: 1989-90 Anerkennungsj., 1991-94 Tätigkeit in Musikproduktion, 1994-96 Tätigkeit im Veranstaltungsservice, 1997 Eröff. KaffeeKunst, Gschf. Ges. BEUJ Gastronomie GmbH. H.: Reisen.

Froese Jens Dipl.-Ing. Prof. *)

Froese Peter

B.: RA. FN.: RA-Kzl. Reitzig & Froese. DA.: 44791 Bochum, Bergstr. 129. PFFROESE@aol.com. G.: Gelsenkirchen, 27. Apr. 1962. S.: 1982 Abitur, 1982-83 Bundeswehr, 1983-88

Stud. Jura Univ. Bochum, 1988 1. Staatsexamen, 1988-91 Referendariat LG Essen, 1991 2. Staatsexamen. K.: 1991 freier Mitarb. d. Kzl. Creutz RAe + Notar, 1997 Fachanw. f. Arb.-Recht, seit 2001 RA in Sozietät m. Rechtsanwalt in Kerstin Reitzig. M.: Vorst.-Mtgl. d. Förderkreis kulturelle Spiel u. Erlebnisstätte Ebertbad Oberhausen. H.: Skifahren, Segeln, Kultur, Freundschaften.

Froese Ralf

B.: Kfm., Inh. PA.: 28757 Bremen, Schönebecker Kirchweg 33A. G.: Osterholz-Scharmbeck, 27. Dez. 1962. El.: Willi u. Christa, geb. Bullwinkel. S.: 1981-84 Lehre z. Einzelhdls.-Kfm. Bremen. K.: b. 1989 Kfm. im Einzelhdl. in Bremen, b. 1993 Disponent in einem Mietwagen- u. Busunternehmen in Bremen, 1994 Unternehmerprüf. f. Taxi- u. Mietwagenunternehmer, 1994 Eröff. Rolli Tours, Behinderten- u. Patientenfahrdienst, als Inh. H.: aktiver Sportschütze.

Frohberg Martin Georg Dr.-Ing. *)

Frohberg Rosmarie *)

Frohberger Ulrich Dr. med.

B.: FA f. Orthopädie - Sportmed., Chirotherapie. DA.: 48155 Münster, Lingener Str. 12. www.frohberger.de. G.: Odenthal, 3. Dez. 1952. V.: Claudia, geb. Vollmer. Ki.: Carina (1996). El.: Dr. Paul u. Dr. Erna. S.: Abitur,1979 Approb., 1979 Ass.-Arzt an d. Med. Klinik d. Städt. KH Leverkusen u. im sportmed. Untersuchungszentrum d. DSB Leverkusen, 1981 Bundeswehr, 1981 Sportmed. Abt. d. Sportschule d. Bundeswehr als Spitzensportler (Basketball/Arzt). K.: 1981-93 Betreuung d. Nationalmannschaft d. Dt. Schwimmverb., d. Dt. Volleyballverb., d. Dt. Verb. f. Mod. Fünfkampf b. Vorbereitungslehrgängen u. intern. Wettkämpfen im In- u. Ausland, 1985-94 Mannschaftsarzt d. Damen-Volleyball-Bundesliga-Mannschaft d. USC Münster, 1983 Ass.-Arzt in d. Chir. Abt. d. Franziskus Hospital Münster, 1984 wiss. planm. Ass. an d. Klinik u. Poliklinik f. Allg. Orthopädie d. Wilhelms-Univ. Münster, 1985-89 Ltr. d. sportorthopäd. Ambulanz d. orthopäd. Univ.-Klinik Münster, 1989 Lehrauftrag "Sportmed." im Fachbereich 20 d. Univ. Münster, 1990 Zulassung als Vertragsarzt z. kassenärztl. Versorgung in Münster, 1988 Arzt f. Orthopädie, Zusatzbezeichnungen: 1982 Sportmed., 1989 Physikal. Therapie, 1990 Chirotherapie. P.: "Die Aussagefähigkeit leistungsdiagnostischer Untersuchungen bei Schwimmern (Inaugural-Diss. an d. Albrecht-Ludwig-Univ. Freiburg i. Br., 1996), Wulsmann, P., Härle, A., Frohberger, U.: "Paraossales Osteo-Sarkom als Ursache des chronischen Knieschmerzes beim Sportler" (1988), Wuismann, P., Frohberger, U., Härle, A.: "Tumore als Ursache des chronischen Knieschmerzes beim Sportler" (1988), Jerosch, J., Frohberger, U.: "Fuß und Schuh aus orthopädischer Sicht" (1998), "Sexualität bei chron. Rückenschmerzen" (Hrg 2002). M.: 1995 Obm. d. Berufsverb. d. Ärzte f. Orthopädie Verw.-Stelle Münster, 1993 Begutachter im Weiterbild.-Wesen d. Ärztekam. Westfalen-Lippe, 1995 ehrenamtl. korresp. Mtgl. d. Gutachterkmss. f. ärztl. Haftpflichtfragen d. Ärztekam. Westfalen-Lippe, 1986 Grdg.-Mtgl. u. Vorst. d. Ver. f. Gesundheitssport u. Sporttherapie Münster e.V., Vorst. d. Norddt. Arge Sportmed. u. Sportphysiotherapie (NAS) e.V., 1. Vors. im Bundesverb. d. Rückenschulen (BdR) e.V., Vorst. Ges. f. lichtoptische Wirbelsäulenvermessung (GOW) e.V.

*) Biographie www.whoiswho-verlag.ch oder beigefügte CD-ROM

Froherz Jens Bernd Dipl.-Ing.

B.: Gschf. Ges. FN.: froMOS GmbH. GT.: Ges. d. Softwarezentrum Sachsen Leipzig. DA.: 04425 Taucha, Dewitzer Str. 26. info@fromos.de. www.fromos.de. G.: Leipzig, 19. Nov. 1964. El.: Dr.-Ing. Dr. Bernd u. Helga, geb. Vansalow. S.: 1983 Abitur Leipzig, Wehrdienst, 1985-90 Stud. Prozeßgestaltung/Informatikausbild. TU Chemnitz, Dipl. K.: 1991-93 Informatiker b. Hahn & Kolb Stuttgart, Entwicklung einer Vertriebssteuerungssoftware, seit 1994 selbst. u. Gründer d. o.g. Firma, seit 2000 GmbH f. Software-Entwicklung, f. Betriebsorgan. u. Planung, Werkwirtschaftssysteme, CRM, Kassensysteme. P.: Veröff. f. Software froMOS BMS. M.: GESIS, Jazzclub Leipzig. H.: Jazz, Tango.

Fröhler Michael *)

Fröhler Norbert *)

Fröhler Silvia
B.: Gschf. FN.: G S O Ges. f. Systemplanung u. EDV Organ. mbH. DA.: 82024 Taufkirchen, Rotwandweg 3. El.: Bernd u. Wilhelmine Fröhler. S.: 1968 Abitur, Lehre Programmierer. K.: Instruktor in Stuttgart u. München b. versch. Vers., 1974-79 freiberufl. Mitarb., 1980 Tätigkeit b. bayer. Autohersteller, 1981 Grdg. d. GSO, 1992 Grdg. d. 2. Firma Druck u. Design. H.: Sport (Extremklettertouren), Natur, Fotografie, Tauchen, Sammeln v. Märchenbüchern.

Fröhlich Angelika *)

Fröhlich Britta-Susanne Dipl.-Psychologin *)

Fröhlich Christian *)

Fröhlich Danuta *)

Fröhlich Dietmar Dipl.-Restaurator
B.: Dipl.-Restaurator, freiberufl. Restaurator. DA.: 39104 Magdeburg, Otto-von-Guericke-Str. 42. dietmar-froehlich@t-online.de. www.dietmar-froehlich.de. G.: Schleiz, 23. Nov. 1954. Ki.: Manuel (1979), Saskia (1983). El.: Willy u. Gertrud, geb. Oehme. S.: 1974 Abitur Jena, Lehrabschlüsse 1974 als Facharb. f. Metallbearb. (Zerspaner) u. 1977 als Steinmetz, 1984 Dipl.-Restaurator, HS f. Bild. Künste Dresden, 1990-92 Postgradualstud. d. Denkmalpflege an d. TU Dresden. K.: seit 1977 m. Unterbrechungen Ltr. v. Mal- u. Zeichenzirkeln, 1977-79 Volontär, seit 1984 Restaurator d. Museen, Gedenkstätten u. Sammlungen d. Stadt u. ab 1987 freiberufl. Restaurator f. Skulpturen u. Gemälde u. Gutachter f. Originalfarbgebungen an Bauwerken. P.: über 100 Beiträge in Presse u. Fachzeitschriften, Beteiligung an Publ. d. Stadtplanungsamtes Magdeburg. M.: Verband d. Restauratoren Bonn e.V., VBK Sachsen-Anhalt, Magdeburg sowie BBK, Interessengemeinschaft Bauernhaus, Winckelmann-Ges. e.V. Stendal, Wassermühlen- u. Heimatverein e.V. Wiepke, Regionalverb. wie Kultur- u. Denkmalpflege. H.: Malerei u. Grafik, Fotografie u. Denkmalpflege, Vorträge über Baumaterial u. Gestaltung, Kreativspiele.

Fröhlich Eckhart Dr. med. *)

Fröhlich Edmund

B.: Gschf. FN.: Klinikmanagement. DA.: 87629 Hopfen/See, Füssen, Faulenseeweg 20. info @froehlich-family.de. G.: Jagstzell, 8. November 1956. V.: Birgit, geb. Pauler. Ki.: Hannah (1981), Lena (1983), Lisa (1997), Lucas (1999). El.: Hermann u. Theresia. S.: 1976 Abitur Ellwangen, Bundeswehr, 1979-83 Stud. München m. Abschluß Dipl.-Päd. K.: ab 1984 im Management d. Sozial- u. Gesundheitswesens b. d. Arbeiterwohlfahrt in München u. Nürnberg tätig, ab 1991 Ltr. d. KH-Verw. d. Bez. Mittelfranken, 1993-2000 Gschf. b. d. Klinikgruppe Enzensberg, seit 1997 priv. Förd. v. Künstlern, 2001 freiberufl. Lehrbeauftragter Fachhochschule Ansbach. P.: div. Veröff. in Fachzeitschriften. M.: Tarifkommission i. Verband d. Privaten Krankenanstalten.

Fröhlich Eduard Emil

B.: Winzer. FN.: Weinhaus Fröhlich. DA.: 76534 Baden-Baden, Mauerbergstr. 62. G.: Baden-Baden, 30. Apr. 1949. V.: Gertrud, geb. Seebacher. Ki.: Nicole, Timo. El.: Max u. Elise, geb. Meier. BV.: Urgroßvater Alois Fröhlich Gründer d. Weinhauses. S.: 1964-66 Höhere Handelsschule, Mittlere Reife, 1966-69 Ausbild. z. Winzer. K.: ab 1969 Tätigkeit im elterl. Betrieb, 1975 Übernahme d. elterl. Betriebes u. seither selbst. E.: Landesebene, Bundesprämierung. M.: Badischer Weinbauverb., örtl. Ver. H.: Sport, Weinbau, Weinproben.

Fröhlich Fred *)

Fröhlich Friedrich W. Dr.
B.: Vorst. FN.: Akzo Faser AG. DA.: 42103 Wuppertal, Kasinostr. 19-21. G.: 19. März 1942.

Fröhlich Hans-H.
Dr. rer. nat. et jur. habil. Priv.-Doz. *)

Fröhlich Horst *)

Fröhlich Ines
B.: Dipl.-Finanzkauffrau, Staatssekr. FN.: Min. f. Wohnungswesen, Städtebau u. Verkehr Sachsen-Anhalt. DA.: 39114 Magdeburg, Turmschanzenstr. 30. G.: Chemnitz, 24. Feb. 1964. V.: Oliver Fröhlich. Ki.: Katja (1986). S.: 1980-83 Facharb.-Ausbild. b. d. Interhotel-Ver., 1983-86 Facharb.-Tätigkeit b. Interhotel-Ver., 1986-88 Abitur an d. VHS Berlin. K.: 1987-89 Mitarb. d. Hauptbuchhaltung im Interhotel Berlin, 1988 Beginn d. Fernstud. an d. Handels-HS Leipzig, 1989-90 Versorgungsinsp. b. Mag. f. Hdl. u. Versorgung Berlin, 1990 Mitarb. b. SPD-Fraktion d. Volkskam. Berlin, 1990-95 Fernstud. d. Wirtschaftswiss. an d. Humboldt-Univ. Berlin m. Abschluß als Dipl.-Finanzkauffrau, 1991-96 Mitarb. b. SPD-Fraktion d. Dt. Bundestages, 1996-99 Ltr. d. Min.-Büros im Min. f. Wohnungswesen, Städtebau u. Verkehr d. Landes Sachsen-Anhalt, seit 1999 Ernennung z. Staatssekr. im Min. M.: SPD, IGB.A.U. H.: Tauchen, Wassersport.

*) Biographie www.whoiswho-verlag.ch oder beigefügte CD-ROM

Fröhlich

Fröhlich Johann Dipl.-Ing. Prof.
B.: HS-Lehrer. FN.: FH Neubrandenburg. DA.: 17033 Neubrandenburg, Brodaer Str. 2. PA.: 13347 Berlin, Maxstr. 17. froehlich@fh-nb.de. G.: Schrobenhausen, 27. Nov. 1961. V.: Uta, geb. Tonski. Ki.: Klara (1999). El.: Johann u. Johanna, geb. Riemensperger. S.: 1981 Abitur, 1981-82 Wehrdienst, 1982-89 Stud. Bauing.-Wesen TU München, Examen m. Ausz. K.: 1989-93 wiss. Mitarb. u. wiss. Ass. an d. TU München, 1994-95 Bau- u. Projektltr. d. Firma Philipp Holzmann AG in Berlin, 1996-97 Oberbaultr. d. Firma Bilfinger + Berger Bau AG in Berlin, 1998-99 Oberbaultr. f. Schlüsselfertigbau d. Firma Philipp Holzmann in Hamburg, seit 1999 Prof. f. d. Fachbereich Bauing.- u. Vermessungswesen an d. FH Neubrandenburg. P.: Mager, W., Fröhlich H. (1992) Messtechnische Überwachung bei der Herstellung tiefer Baugruben im innerstädtischen Bereich, Internationales Symposium "Reconstruction - Saint Petersburg - 2005", Fröhlich H., (1993) Beitrag zum Standsicherheitsnachweis von Stützkörpern von Schmaldichtwänden, Fröhlich H., Mager W. (1995) Qualitätskontrolle durch baubegleitende meßtechnische Überwachung. E.: 1989 Heinz-Peter-Scholz-Preis d. Bundes d. Freunde d. TUM. M.: Vorst.-Mtgl. d. Bauak. an d. FH Neubrandenburg e.V. H.: Segeln, Fußball, Tennis.

Fröhlich Karl Heinz Dr. rer. pol. *)

Fröhlich Klaus Dipl.-Ing. *)

Fröhlich Klaus-Dieter

PS.: Klaudi Fröhlich. B.: Autor, Regisseur u. Journalist. DA.: 50668 Köln, Theodor-Heuss-Ring 14. G.: Köln, 18. Juni 1940. V.: Malis, geb. Robels. S.: 1950 Sprecher f. WDR-Hörfunk u.a. f. Don Camillo u. Peppone, 1960 Abitur, 1960-67 Stud. Theaterwiss., Geschichte, Germanistik u. Psych. K.: während d. Stud. Regieass., Autor u. Sprecher im Hörfunk, 1967-68 UFA-Werbefilm u. Bayer-Ind.-Film über Fototechnik, 1968 Serie im WWF "Unterwegs m. Dick van Deuvel", "Show nach Wunsch", 1972 Regie u. Koautor d. "Udo Lindenberg Show", 1972-74 "Die Otto Shows", "Die Okko-Lonzo Show", Portraits m. Curt Jürgens, Udo Jürgens, Lilo Pulver u. Frank Zander, 1976 "Plattenküchen", "Jagd auf d. Erlkönig", 1977/78 ARD-Silvestershow, "Heiße Tips", 1979/80 "Ein Verräter names Hoffmann" u. Regisseur b. WWF gemeinsam m. d. Ehefrau u.a. f. "Voll ins Leben", "Engel in Weiß", Grdg. d. Prod.-Firma Fröhlich Film GmbH, 1983 "Show Start", "Netter geht´s nicht", "So isses", "4 gegen Willy" u. "Donnerlippchen", 1990-92 "Hurra Deutschland", 1993 "Comedy-Club", "Juhnke-Gala", "Mike Krügers Show" f. SAT1, 1993/94 SAT1-Silvestershow, bis 2000 "Rachmix" - What is" - "Feriemann", 2000 "Winnetou". P.: Veröff. im Maxx. M.: Regieverb. H.: Weltreisen, Wassersport, Tauchen, Reisen, Kochen, Thailänd. Küche, Video- u. Computertechnik, Internet, Krimis.

Fröhlich Klaus-Dieter
B.: Kachelofen- u. Luftheizungsbaumeister, Gschf. Ges. FN.: Fröhlich GmbH Kachelöfen -Heizkamine. DA.: 90475 Nürnberg, Weihwiesenstr. 18. www.kachelofen+heizkamine.de. G.: Crossen/Oder, 24. Juli 1943. V.: Delia Vitalia. Ki.: Klaus-Frederic (1986). El.: Erich Friedrich u. Selma. S.: 1958-61 Lehre als Ofensetzer Lübben, 1961-65 Nationale Volksarmee

*) Biographie www.whoiswho-verlag.ch oder beigefügte CD-ROM

Abteilungs - Grenze. K.: 1965 in d. BRD, 1965-67 Ofensetzer in Nürnberg, gleichzeitig Meisterschule in Nürnberg, 1967 Meisterprüfung in Nürnberg, seit 1967 selbständig mit einem eigenem Unternehmen in Nürnberg. M.: Gesellschaft d. HAGOS/Ofensetzer, Freiwillige Feuerwehr u. Sportverein in Nürnberg-Brunn. H.: Spanien-Fan.

Fröhlich Michael *)

Fröhlich Rainer *)

Fröhlich Ralf

B.: Gschf. Ges. FN.: BlueTel Nokia Shop Flensburg GmbH. DA.: 24837 Flensburg, Grosse Str. 75. froehlich.ralf@t-online.de. www.bluetel.de. G.: Flensburg, 13. Dez. 1973. El.: Rolf Dieter u. Christa. S.: 1992-95 Lehre als Dachdecker in Harrislee im elterl. Betrieb, 1996-97 Bundeswehr, 1997-98 Abitur Dänemark. K.: 1998-99 LKW-Fahrer, 1999 ang. u. selbständig b. BlueTel, 14. Aug. 2000 Eröff. d. BlueTel Filiale in Flensburg, 31. Dez. 2000 Eröff. d. Filiale in Heide, 1. März 2011 Eröff. d. Filiale in Schleswig. H.: Motorradfahren, Schwimmen.

Fröhlich Siegfried Dr. rer. nat. habil. Prof.
B.: Archäologe u. Anthropologe, Landesarchäologe a.D. FN.: Landesamt f. Archäologie Sachsen-Anhalt - Landesmuseum f. Vorgeschichte. PA.: 31542 Bad Nenndorf, Alter Sportpl. 5. G.: Schmiedefeld a. Rstg., 1. Juli 1937. Ki.: 1 Kind. S.: 1958 Abitur, 1958-65 Stud. Archäologie u. Anthropologie FSU Jena, 1962 Dipl., 1965 Prom., 1981 Habil. K.: 1965-66 wiss. Tätigkeit an d. Univ. Brünn, 1966-70 wiss. Ass. FSU Jena, 1970 Dir. d. Museums f. Ur- u. Frühgeschichte Berlin, 1974-80 wiss. Ass. Ruhr-Univ. Bochum, 1980-92 Wissenschaftler am Inst. f. Denkmalpflege Hannover, 1992-2000 Landesarchäologe d. Bdl. Sachsen/Anhalt. P.: "Studien z. mittleren Bronzezeit zwischen Thüringer Wald u. Altmark, Leipziger Tieflandsbucht u. Oker". M.: Dt. Archäolog. Inst.

Fröhlich Sigrid *)

Fröhlich Stefan
B.: Schmiedemeister. FN.: Kunstschmiede u. Schlosserei Stefan Fröhlich Feuer u. Stahl. DA.: 81379 München, Irschenhauser Str. 9. froehlich.schmiede@t-online.de. G.: München, 16. Feb. 1959. V.: Karin, geb. Krauß. Ki.: Alex (1993), Lena (1997). El.: Erich u. Annemarie, geb. Gustavson. S.: 1974 Mittlere Reife Gautin, 1974-77 Stud. Maschinenbau in Fachschule Gauting, Abschluss: Maschinenbauer, 1977-79 Zivildienst, 1979-80 Auslandsaufenthalt in Asien, 1980-83 Ausbild. z. Kunstschmied in d. Kunstschmiede E. Grindmaier München-Pasing, Abschluss: Kunstschmied. K.: 1983-89 tätig in versch. Münchner Kunstschmieden, 1989 Meisterschule f.

sen, Kinder.

d. Schmiedehandwerk, Abschluss: Schmiedemeister, seit 1989 selbst., Kunstschmied u. Metallgestalter. BL.: versch. Ausstellungen u.a. Landesgartenschau München, Weltschmiedekongress Aachen, regelmäßige Teilnahme b. d. jährl. Kunstausstellung "Freiraum, Kunst, Kultur, Soziales e.V." München, Teilnahme b. d. Aktion "Hypo-Jugendforum" m. Eisenskulptur, Schmiedeworkshops m. Jugendl. M.: "Freiraum, Kunst, Kultur, Soz. e.V." München. H.: Kunst, Musik, Fahrradfahren, Wandern, Reisen, Kinder.

Fröhlich Steffy
B.: freiberufl. Übersetzerin u. Dolmetscherin f. Tschech., u. Russ., öff. bestellt u. allg. beeidigt. PA.: 09112 Chemnitz, Puschkinstr. 15. steffy.froehlich@t-online.de. www.steffy.froehlich.de. G.: Böhrigen, 29. Aug. 1955. Ki.: Stefan (1981). El.: Günther u. Ursula Möbius. S.: 1974 Abitur Freiberg, 1974-78 Stud. Übersetzerin, Dolmetscherin f. Russ. u. Tschechisch Karl-Marx-Univ. Leipzig, 1976-77 Stud. an d. Karlsuniv. Prag, 1978 Dipl.-Sprachmittlerin f. Russ. u. Tschech. KMU Leipzig, 1992 Prüf. als öff. bestellte u. allg. beeidigte Übersetzerin u. Dolmetscherin am LG Chemnitz. K.: 1978-88 Dolmetscherin/Übersetzerin b. d. Generaldirektion d. SDAG Wismut, ab 1988 selbst. freiberufl. Sprachmittlerin, seit 1998 Doz. f. Tschechisch bei verschiedenen Bildungsträgern, u.a. IHK u. f. Privatpersonen. P.: Art. in Berufszeitschriften. M.: Landesverb. Sachsen d. Dolmetscher u. Übersetzer, Dachverb. BDÜ, stellv. Vors. LV Sachsen (BDÜ) Bundesverb. Dt. Unternehmer in d. Tschech. Rep. H.: Reisen (Skandinavien, Tschechische Republik), Musik, Theater.

Fröhlich Ulrich Dipl.-Kfm.

B.: Wirtschaftsprüfer, Steuerberater. DA.: 30559 Hannover, Muthesiusweg 34. G.: Berlin, 14. Sep. 1938. V.: Erika, geb. Bopp. Ki.: Ulrike (1972), Christine (1973), Tobias (1976). S.: 1957 Abitur, 1957-59 Kfm. Lehrling d. Berliner Kindl Brauerei. K.: 1959 Buchhalter d. Berliner Kindl Brauerei, ab1959 Stud. BWL in Berlin u. Nürnberg, dazwischen Praktikant, Prüf.-Ass. d. Dr. Schlobig, Marotzke & Co Wirtschaftsprüf. u. Steuerberatungsges. Berlin u. Werkstudent b. IBM Nürnberg, 1963 Dipl.-Prüf. f. Kaufleute, 1963-64 Revisor d. Dr. Schlobig, Marotzke & Co in Berlin, dazwischen Volontär d. Berliner Bank u. nebenberufl. Doz. im Bilanzbuchhalter-Lehrgang d. DAG, 1964-65 Organisator u. Revisor d. Brauerei Dinkelacker in Stuttgart, 1965 Ass. d. Kfm. Geschäftsltg. d. H. Junghienrich & Co Maschinenfbk. in Hamburg, 1966-67 Prüfer b. Wirtschaftsprüferu. Steuerberater Dr. Willy Muser in Hamburg, 1967-73 Prüf.-Ltr. b. Dt. Warentreuhand Zwg.-Ndlg. Hannover, 1972 Bestellung z. Steuerberater, 1974 Vorbereitung auf Übernahme d. Ltg. d. Rechnungswesens d. Becker & Hach Lederwarenfbk. in Eschwege, 1974-76 Prüf.-Ltr./Prok. d. Schrader Wirtschaftsprüf.- u. Steuerberatungsges. in Braunschweig, 1976 Bestellung z. Wirtschaftsprüfer, 1976-77 eigene Praxis in Hannover, 1977-96 Ges. u. Gschf. d. Signum Wirtschaftsprüf.-Ges. in Hannover u. Wirtschaftsprüf.- u. Steuerberater in eigener Praxis in Hannover, seit 1997 Einzelpraxis in Hannover, seit 2001 auch als Testamentsvollstrecker tätig. BL.: seit 1956 aktiver Rennruderer, 1958 Dt. Vizemeister u. 1959/60 Dt. Meister im Leichtgewicht-Achter u. div. Regatten-Teilnahme, intern. Wander-Ruder-Touren (Kanada, Dänemark). M.: Kuratoriumsmtgl. im Ev.-Luth. Diakoniewerk St. Aegidien, Berliner Ruder-Club, Hann. Ruder-Club (Ältestenrat-Mtgl.), Ruderclub Deutschland (Förderverein), AufsR.-Mtgl. in AG, Liquidator einer Bergrechtl. Gewerkschaft, Vorst.-Mtgl. im Ev.-Luth. Altenwerk St. Martin-Anderten. H.: klass. Musik, Oper, Literatur, Rudern.

Fröhlich Uwe

B.: Gschf. FN.: Fröhlich + Gradt GmbH. DA.: 70173 Stuttgart, Eberhardstr. 12. G.: Pforzheim, 23. Jan. 1967. S.: 1985-87 Ausbild. Zimmermann. K.: 1987-89 Geselle in versch. Betrieben, 1989-91 Bundeswehr, berufl. Umbruch wegen Sportverletzungen, Beschäftigung m. Fondspolicen, 1992 selbst. m. Grdg. d. versch. Vertriebsunternehmen, seit 1994 selbst. m. Grdg. d. Firma Fröhlich + Gradt GmbH als Ladengeschäft f. Investmentfonds in Pforzheim u. Stuttgart. P.: regelm. Veranstaltungen zu versch. Fachthemen, Veranstaltungen über Fonds, Investmentbrief f. Kunden. H.: Tochter.

Fröhlich Uwe A. *)

Fröhlich Volker
B.: Kfz-Schlosser, Inh. FN.: Kfz-Reparatur-Werkstatt u. Autohdl. DA.: 04416 Markkleeberg, Rilkestr. 80. G.: Leipzig, 12. März 1949. V.: Monika, geb. Schneider. Ki.: Torsten (1970). S.: 1967 Lehre z. Kfz-Schlosser. K.: 1971-78 Kfz-Schlosser, 1978-81 Fuhrparkltr., 1981-90 Kfz-Schlosser b. d. PGH Süd, seit 1991 Gründer u. Inh. d. o.g. Firma f. Kfz-Hdl., Service u. Abschleppdienst, Service f. Motorräder, Boote u. ldw. Maschinen. M.: HK, Schützenver. Connewitz 1990 e.V. H.: Auto, Motorradfahren, Hund, Schießen.

Fröhlich Werner Dr. *)

Fröhling Peter Dr. med.

B.: Radiologe u. Nuklearmediziner, Gschf. FN.: Praxis Dr. Fröhling, Dr. Schelp, Dr. Renschler. DA.: 76137 Karlsruhe, Karlstr. 104-106. G.: Würzburg, 16. Dez. 1939. V.: Irandokht, geb. Dabir. Ki.: Marjam (1975), Adrian (1977). El.: Theodor u. Elfriede, geb. Dittmar. S.: 1961 Abitur Karlsruhe, 1961-63 Stud. Med. Univ. Bonn, 1963-64 Stud. Med. Univ. Berlin u. Heidelberg. K.: 1964-67 med. Ass. in Bonn, 1967-68 Prom. in Dortmund, 1967-69 Med.-Ass. d. Chir., Urologie u. Ineren Med. am Knappschafts-KH in Dortmund, 1970 Med.-Ass. d. Pathologie am Städt. KH Dortmund, 1970-73 tätig in d. Radiologie am Klinikum in Essen, 1973-74 OA an d. Huyssen-Stiftung in Essen, 1974/75 tätig an d. Univ.-Klinik in Zürich, 1975-76 OA am Knappschafts-KH in Dortmund, seit 1976 ndlg. Radiologe u. Nuklearmediziner. M.: Herzges. H.: Malen, Lesen v. Kunsthistorik.

*) Biographie www.whoiswho-verlag.ch oder beigefügte CD-ROM

Fröhlings Johannes Dipl.-Kfm.
B.: Präs., Verb.-Vorst. PA.: 41564 Kaarst, Südstr. 6. G.: Köln, 7. Okt. 1931. V.: Helga, geb. Vormann. S.: 1952-56 Stud. Köln, Dipl.-Kfm. K.: 1956-67 Tätigkeit b. Dt. Sparkassen- u Giroverb. e.V. Bonn, ab 1960 Ref. f. Rechnungs- u. Prüf.Wesen, 1962-69 Doz. an d. Gem.Verw. u. Sparkassenschulen in Bonn, seit 1968 Tätigkeit b. Rhein. Sparkassen- u. Giroverb. Düsseldorf, zunächst als stellv. Gschf., 1957-81 Gschf. u. stellv. Verb.Vorst., seit 1981 Verb.Vorst. P.: zahlr. Veröff. E.: BVK 1. Kl. H.: Segeln, Tennis.

Frohloff Astrid
B.: Moderatorin, Korrespondentin. FN.: c/o Büro Berlin. DA.: 12159 Berlin, Stierstr. 5. V.: Jürgen Hogrefe (Spiegel-Korrespondent). S.: Journalistik-Stud. K.: Moderation f. div. Fernsehmagazine, 1994 freieTV-Journalistin in Israel, 1996 Korrespondentin u. Ltr. d. Israel-Büros f. d. SAT 1.-Nachrichten-Redaktion in Jerusalem, Moderatorin d. Magazins "DAS" (NDR), ab 1999 Moderatorin "18:30".

Frohmader Andrea
B.: organ. Ltr.; Kulturmanagerin. FN.: Trompetenak. Werder Konzertveranstaltungs GmbH. DA.: Bremen, Use-Akschen-Str. 4. G.: Essen, 13. Jän. 1954. Ki.: 5 Kinder. El.: Dipl.-Ing. Eberhard u. Ursula Hirsch. S.: 1973 Abitur Schloß Hamborn, 1973-76 Stud. Deutsch u. Musik f. Lehramt Univ. Essen, 1976 Examen. K.: Lehrerin f. Deutsch u. Musik an d. Waldorfschule in Essen u. Kassel, 1993 Aufbau d. humanitären Organ. Bosnienhilfe "Brücke d. Hoffnung" u. seither ehrenamtl. Vors., ab 1994 pers. Ref. d. Bundestagsabg. Marieluise Beck, seit 1998 Ltg. Organ. d. Trompetenak. in Bremen in Kooperation m. d. Univ. E.: 1998 BVK am Bande f. d. Bosnienhilfe, 1995 Ausz. Bosnische Lilie v. Tuzla u. Lukavac.

Frohmann Clemens
B.: Regisseur. PA.: 10629 Berlin, Sybelstr. 63. G.: Berlin, 14. Okt. 1950. M.: BVerb. d. Fernseh- u. Filmreg. in Deutschland H.: Motorradfahren, Segeln, Tauchen, Fliegen.

Fröhmer Ursula Karolina
B.: selbst. Unternehmerin. FN.: Trachten u. Heimat. DA.: 80331 München, Oberanger 9. PA.: 80337 München, Stephanspl. 3. G.: München, 13. Jan. 1948. V.: Roland Fröhmer. Ki.: Florian (1974). El.: Adolf u. Antonie, geb. Reindl. S.: 1964 Mittlere Reife München, 1968-69 Ausbild. in d. Schneiderwerkstatt d. Vaters. K.: 1964-68 Sekr. b. Hayler KG München, 1969-79 Ang. in Münchener Brautmodengeschäft, seit 1979 selbst. Unternehmerin "Tracht u. Heimat"; Anfertigung v. Münchener Trachten nach histor. Vorlagen in Zusammenarb. m. d. Heimatpfleger München. P.: Berichte im Fernsehen, Zeitungen u. Zeitschriften. M.: Innung d. Maßschneiderhandwerks München. H.: Volksmusik, instrumental: Hackbrett u. Ziehharmonika u. Gesang, Tanzen, Motorradfahren, Radfahren, Kochen, Gäste bewirten.

Frohn Cornelia
B.: Designerin. FN.: Goldstart Couture. DA.: 8043 München-Unterföhring, Münchner Str. 20. G.: Bremen, 9. Dez. 1945. V.: Ernst Hermann. Ki.: Janine. El.: Bernhardt v. Luttitz Alexander u. Marieluise. S.: Modeschule m. Dipl. K.: erfolgreiche Collectionen im Haute Couture-Genre.

**Der Schweizer Who is Who- Verlag
bietet Ihnen
ein einmaliges Informations- und Servicepaket**

◆ Who is Who-Werke - höchstaktuelle, sachliche und exklusive Informationen über bedeutende Persönlichkeiten aus Österreich und Deutschland. Unentbehrlich für persönliche Begegnungen und berufliche Kontakte.

◆ Who is Who Produkte, die Spaß machen

◆ Who is Who Prominenteninsel Taborcillo - exklusiv für Who is Who Persönlichkeiten in Österreich und Deutschland.

*Fordern Sie das kostenlose Info-Material an:
Who is Who, CH-6304 Zug, Alpenstrasse 16*

*Fax (+41 41) 710 12 80
e-mail: office@whoiswho-verlag.ch
www.whoiswho-verlag.ch*

---

*) Biographie www.whoiswho-verlag.ch oder beigefügte CD-ROM

Frohn Ernst Hermann *)
Frohn Joachim Dr. rer. pol. Dipl.-Vw. Prof. *)
Frohn-Bernau Felix

B.: Vorst.-Vors. FN.: dooyoo AG. DA.: 10245 Berlin, Grünbergerstr. 48. www.dooyoo.de. G.: Köln, 26. Nov. 1968. S.: 1990-94 Jurastud. Köln u. München, 1. Staatsexamen, 1995-97 Referendariat in Köln u. Berlin, 2. Staatsex.. K.: 1998 Zulassung als RA in Madrid u. dort als Anw. tätig, 1999 Grdg. Internetunternehmens dooyoo u. Vorst.-Vors. BL.: ein Vorreiter v. E-Commerce in Europa - Realisierung eines innovativen Shopping-Guides "Verbraucher f. Verbraucher". P.: Seminare u. Vorträge z. Internet-Shopping. H.: Sport, Reisen.

Frohne Arnd Christofer Dipl.-Kfm.
B.: Gschf., Mtgl. FN.: Frohne & Klein Wertpapierhandelshaus GmbH; Eurex u. Xetra. GT.: AR b. d. proXepo AG Frankfurt. DA.: 60323 Frankfurt, Wiesenau 51. frohne@wertpapierhandelshaus.com. www.wertpapierhandelshaus.com. G.: Frankfurt, 30. Jan. 1964. S.: 1983 Abitur Heusenstamm, 1983-84 Bundeswehr, 1985-89 Stud. BWL Johann-Wolfgang-Goethe-Univ. Frankfurt, 1989 Examen Dipl.-Kfm. K.: 1990 Tätigkeit im Wertpapiergeschäft Bankhaus Gebr. Bethmann Frankfurt, 1991-93 Tätigkeit im Handel b. Deutscher Terminbörse, 1994-97 Investmentbanker b. CS First Boston Investitionsbank, 1997-98 Teamleiter u. Prok. im Börsenbüro Frankfurt d. Landesbank Baden-Württemberg, 1998 Grdg. d. Firma Frohne & Klein Wertpapierhaus GmbH Frankfurt. P.: regelmäßige Artikel in Fachzeitschriften u.a. im Optionsschein-Magazin u. d. Börsenzeitung, Berichterstattung über Designed Sponsor Mandate, Seminare b. Lehrbetrieben, Instituten u. Banken, Vortragstätigkeit b. Förderverein f. osteuropäische Börsen. M.: s. 1996 FDP u. Mtgl. im Wirtschaftsausschuss, Bundesverband Deutsche Industrie. H.: Segeln, Motorsport.

Frohne Ronald Dr. Prof.
B.: RA u. Wirtschaftsprüfer. FN.: Nörr, Stiefenhofer & Lutz RA-Wirtschaftsprüfer. DA.: 10117 Berlin, Charlottenstr. 57. G.: Bremen, 21. März 1945. Ki.: Fiona (1973), Fabian (1978), Nikolaj (1994), Jakob (2001). El.: Hugo u. Lieselotte. S.: 1965 Abitur Hamburg, 1965-66 Wehrdienst Lt. d. Res., 1966-67 Stud. Literatur u. polit. Wiss. Sorbonne Paris, 1967-69 Lehre Bankkfm. Bankhaus Reuschel & Co, 1969-72 Stud. Jura u. 1. Staatsexamen München. K.: 1972-74 Ass. am Lehrstuhl f. Wirtschaftsrecht d. Univ. Augsburg, 1974 Prom., 1975 2. Staatsexamen in München, seit 1975 RA in Kzl. Nörr, Stiefenhofer & Lutz, 1979 Fachanw. f. Steuerrecht, 1984-87 Gschf. d. Kirch-Gruppe, 1988 Zulassung z. Wirtschaftsprüfer, 1997 Hon.-Prof. an d. HS f. Film u. Fernsehen in Potsdam Babelsberg, seit 1998 Sprecher d. Sozietät Nörr Stiefenhofer & Lutz; Funktionen: AufsR.-Vors. v.: Helkon Media AG, München, SCHOLZ & FRIENDS AG, Berlin, WülfRather Vers. AG in Würzburg, AufsR.-Mtgl. v.: Filmboard Berlin-Brandenburg GmbH in Potsdam, Kirch Media KGaA in München, Wall AG in Berlin, KirchPayTV GmbH & Co. KGa in München, TAG Tegernsee Immobilien- u. Beteiligungs-AG, Tegernsee Tellux-Beteiligungsges. mbH, München; Mtgl. d. Board of Directors v.: McDonald's Deutschland Inc. in München, CAB Kopenhagen, AGICOA, Genf. BL.: als stellv. Rundfunkbeauftragter Mitarb. b. d. Liquidation d. gesamten DDR-Fernsehens u. -Radio sowie Aufbau einer neuen Struktur aus denen u.a. d. heutigen Sender ORB u. MDR hervorgingen. P.: Beiträge in Fachzeitschriften. H.: Musik, Klavier spielen, Skifahren, Tennis.

Frohne-Hagemann Isabelle Dr.
B.: selbst. Musik- u. Psychotherapeutin, Supervisorin, Fachbereichsleiterin am Fritz Perls Inst. www.imitberlin.de. G.: Hamburg, 6. Okt. 1947. V.: Rolf Hagemann. El.: Hugo u. Lieselotte Frohne, geb. Gunning. BV.: Großvater Gunning bekannter Reformpädagoge in Holland, Mutter - Klavierlehrerin; Vater Vorst.-Vorst. d. Vereins- u. Westbank. S.: 1967 Abitur, 1967-71 Stud. d. Erziehungswiss. u. Romanistik, 1973-76 Stud. Musik, 1979-84 Psycho - u. Musikther.-ausbildung, 1980-85 Stud. d. Med., 1986 Heilpraktikerprüf., Weiterbild. Supervision 1989-99, Ergänzungsstud. Lehrsupervision 2000, Zusatzausbild. Musikther. (Guided Imagery and Music) 1999-2002. K.: seit 1975 selbst. Praxis, 1976-90 Doz. an d. HS f. Musik in Hamburg, 1982-2002 Fachbereichsleiterin f. Integrat. Musiktherapie a. d. Europ. Ak. f. psychosoz. Gesundheit u. Kreativitätsförderung, 1990-92 Lektorin an d. Univ. Aalborg, seit 1992 in Berlin, 2001 Mitgründ. d. "Inst. f. Musik, Imagination u. Therapie" in Berlin. BL.: theoret. Fundierung d. Musiktherapie. P.: "Musiktherapie in d. Drogenberatung" (1976), "Das Rythm. Prinzip" (1981), "Musik u. Gestalt" (1990, 2. Aufl. 1999), "Fenster zur Musiktherapie" (2001), "Indikationskatalog Musikth. bei psych. Stör. i. Kindes- u. Jugendalter" (2002), ca. 75 weitere Veröff. im In- u. Ausland. M.: 1978-86 Vorst.-Mtgl. musikthp. Fachverbände, Mtgl. in Dt. Ges. f. Kunsttherapie, Dt. Ges. f. integrative Therapie. H.: Musik, Schreiben, Lesen, Reisen, fremde Menschen kennen lernen.

Frohnholzer Karin *)
Frohriep Matthias
B.: Gschf. FN.: AVN Nord GmbH. DA.: 18196 Dummerstorf, Akazienweg 4. G.: Güstrow, 1. Sep. 1963. Ki.: Daniel (1988). El.: Carl-Heinz u. Ursula. S.: 1979 Mittlere Reife, 1979-82 Ausbild. Feinmechaniker, 1989-90 Armee. K.: 1990 tätig im Außendienst d. AVN u. seit 1993 Gschf. d. AVN Nord GmbH. H.: Flugzeugmodelle, Reisen, Kultur, Garten, Kino, Lesen.

Frohß Waltraud *)
Frohwein Michael
B.: Selbstständig. DA.: 60314 Frankfurt/Main, Schwedlerstr. 6. PA.: 65812 Bad Soden, Am Schnittelberg 20. V.: Christel, geb. Blachian. Ki.: Volker Alexander, Sabine. El.: Dr. Karl Richard u. Ilse. S.: 1965 Mittlere Reife, 3 J. Ausbild. K.: 1964 Kontaktass. b. McCann, Frankfurt/Main, 1969 Etatdir. b. Heye, Knaupp & Partner, Frankfurt/Main, 1971 Heumann, Ogilvy & Mather, Frankfurt/Main, 1976 J. Walter Thompson, Frankfurt/Main, 1977 Kraft GmbH-Marketing/Produktmanagement, 1989 Kraft General Foods-Marketing-Dir., 1990 Kraft Jacobs Suchard - Handelsmarketing- Resortltr./Dir., 1994 T&A Werbeagentur Gschf. H.: Segeln, Skifahren, Modelleisenbahn, Grafik, Zeichnen.

Froitzheim Hans-Peter *)
Froitzheim Susanne Maria

B.: Gschf. Ges. FN.: Service Center S. Froitzheim GmbH. DA.: 50931 Köln, Wittensteinstr. 29a. G.: 20. April 1963. S.: 1978 Beginn d. Ausbildung als Bürogehilfin b. d. Stadt Köln, 1980 Abschluss. K.: 11 J. Ang. b. d. Stadt Köln, zuletzt b. Bauaufsichtsamt, 1991-92 Sekr. in einem Kölner Architekturbüro, 1992 Firma Generalübernehmer Köln, Ndlg. als Prok. in Berlin, Weiterbild. im techn. Bereich, 1996 Rückkehr nach Köln u. Prok. in d. Kölner Ndlg., 1997 selbständig, Grdg. d. eigenen Firma, 2001 Eröff. einer eige-

*) Biographie www.whoiswho-verlag.ch oder beigefügte CD-ROM

Froitzheim

nen Kundendienstabteilung f. d. Bereich Sanitär, Heizung, Elektro, Lüftung, EDV. BL.: Dauerglasausstellung d. Glashütte Eisch, Bayer. Wald u. ab 2001 Dauerausstellung Porzellan v. Villeroy u. Boch, eigene Malerei, Ausstellung u. Verkauf d. Werke. M.: Kölner Zoo. H.: Kunst, Malen, Lesen, Tiere (Hund, Igel).

Frölecke Volker

B.: Kfm. FN.: Schreibbüro & Bürobedarf. DA.: 59494 Soest, Am Silberg 11. G.: Soest, 22. Feb. 1967. V.: Steffanie, geb. Sauermann. Ki.: Marvin, Pascal. El.: Heinz-Dieter u. Rosemarie, geb. Haverland. S.: 1982-85 Ausbild. als Special-Hochbaufacharb. in Soest. K.: 1985-96 ang. Special-Hochbaufacharb., 1996-2000 Kfm. Tätigkeit Abt. Einkauf-Verkauf in d. Camping Branche, seit 1996 selbst. Tätigkeit im Bereich Schreib- u. Bürobedarf, parallel seit 2000 Lagerist b. d. Soester Großhdl. M.: Angelver. H.: Fische.

Frölich Günter G.
B.: Gschf. FN.: ContiTech Techno-Chemie GmbH. DA.: 66184 Karben, Dieselstr. 4. PA.: 61479 Glashütten. G.: Löwenstein, 14. März 1958. V.: Jutta Felicitas Frölich, geb. König. Ki.: Konstantin (1987), Ann-Sophie (1990). El.: Helmut u. Alwine Frölich, Löwenstein. S.: Studium Wirtschaftsinformatik, Abschluß als Dipl.-Inform (FH), 1979-83 FH Karlsruhe, 1991-93 Wirtschaftswissenschaftl. Studium, Abschluß als M.B.A., Clemson University, S.C./USA. K.: 1983-87 Projektleiter bei SAP GmbH, Walldorf, 1987-95 ITT Automotive Europe GmbH, Frankfurt, zuletzt Executive u. Leiter Controlling UB Elektromotoren, 1995-98 Gschf. BMW Rolls-Royce GmbH, Oberursel, 1998-99 Vorst.-Mtgl. Berliner Elektro Holding AG, Berlin, seit 2000 Gschf. ContiTech Techno-Chemie GmbH, Karben. M.: Wirtschaftsclub Rhein-Main e.V., Frankfurt/M., VDI-Verein Dt. Ingenieure, Bezirksverein Frankfurt-Darmstadt. H.: Golf, Tennis, Joggen, Skifahren.

Frölich Hans-Peter *)

Fröling Heinz *)

Frömbling Thomas
B.: Gschf. Ges. FN.: Ihr Platz GmbH & Co. DA.: 49080 Osnabrück, Parkstr. 32. PA.: 49080 Osnabrück, Parkstr. 40. G.: Osnabrück, 5. Feb. 1967. K.: seit 1997 Gschf. Ges. Ihr Platz GmbH & Co Osnabrück.

Fromelius Gisbert *)

Fromelius Klaus *)

Fromhertz Klaus *)

Fromkorth Bernhard
B.: Studiendir. FN.: Gymnasium am Schloß. DA.: 66111 Saarbrücken. PA.: 66386 St. Ingbert, Heinrich-Oberlinger-Str. 1. G.: Kaiserslautern, 10. Juli 1947. V.: Karin, geb. Amann. Ki.: Andreas (1976), Bettina (1978), Kirsten (1981). El.: Hans u. Amanda, geb. Metzger. S.: 1967 Abitur, 1967-68 Wehrdienst, 1969-74 Stud. Schulmusik an d. Staatl. HS f. Musik in Saarbrücken, parallel dazu b. 1975 Stud. Musikwiss. u. Geschichte an d. Univ. d. Saarlandes, 1975 Künstlerische Prüf. - Fachrichtung Musik - f. d. Lehramt an Gymnasien, 1975-77 Referendariat am Studienseminar Saarbrücken, 1977 Pädagogische Prüf./2. Staatsexamen f. d. Lehramt an Gymnasien. K.: 1977 Studienassessor am Staatl.

Gymnasium am Schloß Saarbrücken, 1977 Gründung eines Schulchores f. d. Unter- u. Mittelstufe d. Gymnasiums, 1978 Studienrat, Unterricht vorwiegend im Fach Musik, 1984 Grg. eines Oberstufenchores, 1986 Teilnahme b. "Schulen musizieren", 1992 Oberstudienrat, seit 1991 Studiendir. u. Fachleiter Musik am Studienseminar Saarbrücken. P.: Schallplatte "Musik z. Weihnacht" (1983) mit der Kath. Kirchenchor St. Hildegard Neuweiler, Einspielung einer Weihnachtskassette (1983) m. d. Chor d. Staatl. Gymnasiums am Schloß Saarbrücken u. einer CD "Saitenklang u. Chorgesang" zusammen mit d. Mandolinenverein "Edelweiß" Differten. E.: Tätigkeiten im Bund f. Zupf- u. Volksmusik Saar (BZVS), 1975 Bundesmusikleiter, 1983-94 Präs. d. BZVS, seit 1994 dort Ehrenpräs., seit 1987 1. Vors. d. Landesausschusses "Jugend musiziert" Saar, seit 1972 Ltr. d. Kath. Kirchenchores St. Hildegard Neuweiler, seit 1981 Ltr. d. Gesangsvereins 1881 Hassel. M.: 1983 Mtgl. im Landesmusikrat Saar, seit 1998 Vizepräs., 2001 Präs. H.: Musik, Bergsteigen, Wandern.

Fromm Beatrice *)

Fromm Hartmut
B.: Rechtsanwalt. FN.: Buse Heberer Fromm Rechtsanwälte. DA.: 10709 Berlin, Kurfürstendamm 70. PA.: 14193 Berlin, Königsallee 37 B. 29.03.99. G.: Güstrow, 24. Sept. 1944. S.: Stud. d. Rechts- und Wirtschaftswissenschaften in Heidelberg, Tübingen, Zürich u. Bonn. K.: nach d. ersten Staatsexamen Tätigkeit als Assistent an Inst. f. das Recht der Europ. Gemeinschaften a. d. Univ. Hamburg, 1970 Repetitor i. Münster/Westf., 1973 Niederl. a. Rechtsanw. i. Münster u. Gründung d. Kanzlei Fromm & Partner, 1976-1981 Lehrbeauftragter a. d. juristischen Fakultät d. Univ. Münster, s. 1979 niedergel. auch in Zürich, 1987 Verleg. d. Kanzlei n. Frankfurt/Main, s. 1991 zugel. als Notar in Frankfurt/Main, d. Kanzlei besteht heute m. etwa 35 Anwälten a. folg. Standorten: Frankfurt/Main, Berlin, Budapest, Moskau, Tiflis, Tätigkeitsfeld: Beratung mittlerer u. großer Unternehmen i. Deutschland u. im Ausland. P.: mehrere Bücher i. Handels- u. Gesellschaftsrecht, Verfassungsrecht u. Verwaltungsrecht; Artikel zum intern. Gesellschaftsrecht u. Umweltrecht. M.: Vors. d. Aufsichtsr. d. Jack White Productions AG i. Berlin, Stellv. Vors. d. Aufsichtsr. d. CeWe Color Holding AG i. Oldenburg, Vors. d. Aufsichtsr. d. SWARCO-Holding GmbH & Co i. Meerbusch-Büderich, Mtgl. d. Beirates d. Integral Hydraulic Accumulator GmbH & Co. KG i. Remagen, Mtgl. d. Aufsichtsr. der Georgien Film AG i. Tiflis/Georgien, Mtgl. d. Verwaltungsrates d. DELILUX S. A. i. Luxemburg, Mtgl. d. Kuratoriums d. Alwin Schockemöhle Stiftung i. Mühlen, Vorst.-Mtgl. d. Wissensch. Vereins z. Förderung hämatologischer Forschung e. V. i. Mainz.

Fromm Josef
B.: Bildhauer. DA.: 80634 München, Zum Künstlerhof 21. G.: Peppenkum/Saarland, 26. Jan. 1932. V.: Helene, geb. Fromm. Ki.: Markus (1958), Alexandra (1959), Thomas (1962). El.: Wilhelm u. Maria, geb. Wolter. S.: Steinbildhauerlehre, Meisterschule Kaiserslautern, Student b. Prof. Henselmann AK. f. bild. Künste München, Stud. Kunstschule Bonndorf. K.: seit 1960 freischaff. Künstler, Werke in Bronze, Stein u. Holz. M.: Ammersee-Kreis. H.: klassische Musik, Orchestermusik.

Fromm Markus Dr. *)

*) Biographie www.whoiswho-verlag.ch oder beigefügte CD-ROM

Fromm Rüdiger Dr. iur.
B.: RA, WP u. StB. FN.: FROMM - Rechtsanwälte Kanzlei f. Unternehmens- u. Steuerrecht. DA.: 56070 Koblenz, August-Thyssen-Str. 27. G.: Bad Ems, 23. März 1949. V.: Johanna, geb. Mockenhaupt. Ki.: Michael (1969), Andreas (1976), Sabine (1979). S.: 1967 Abitur, b. 1969 Bundeswehr, 1974 1. u. 1976 2. Staatsexamen. K.: 1977 Grdg. eigene Kzl. Fachgebiet Steuerrecht, 1982 Steuerberater, 1987 Wirtschaftsprüfer, 1980-90 Gschf. Steuerberatungsges., 1989-90 intern. Steuerrecht b. Flick in Bonn. P.: Buchautor "Richtig schenken u. vererben", "Unternehmensnachfolge", Die steuerl. Betriebsprüf.". H.: Jogging.

Frommann Holger Dr. *)

Frommberger Georg *)

Fromme Friedrich Karl Dr. *)

Fromme Harro H.T.
B.: freischaff. Kunstmaler. PA.: 27619 Schiffdorf-Spaden, Osterkamp 13. G.: Bremen, 12. Dez. 1921. V.: Sigrid, geb. Pöpke. Ki.: Harro Fabian (1990). El.: Robert u. Clara Marie. S.: 1936 Kadett auf d. Viermastbark "Priwall", 1937-39 Leichtmatrose, 1940 Interniert in Baviaanspoort Süd Afrika, Zeichenunterricht b. Heinrich v. Michaelis, 1942-45 Kunstschule v. Otto Schröder, 1947 Unterricht b. Annemarie Oppenheim, 1948 Interniert in England, anschl. Aufenthalt in Hannover, dort Schüler v. Victor Schulte. K.: Aufnahme in d. BBK Hannover, Flug nach Südafrika u. Übernahme v. 2 Kl. f. Landschaftsmalerei, 1949-52 Einzelausstellungen in Pretoria, Johannesburg u. Kapstadt, 1952-59 Ausbild. in Kapstadt v. Opernsänger durch intern. Gesangslehrerin D. Bell-Nusbaum, erste Konzerte, Opernabende u. Rundfunk-Live-Übertragungen, Kameramann u. Filmdir. b. Pan African Films, 1959 Rückkehr nach Deutschland, Opernsänger an versch. Theatern, Aufnahme ins NDR, 1968-87 künstl. Leiter Werbeatelier d. Nordsee Zeitung, 1986 1. eigene Ausstellung, 1988 Aufnahme in d. BBK Stade-Cuxhaven u. Ausstellungen im In- u. Ausland, seit 1997 große Retrospektive, Arb. in öff. u. priv. Besitz in Südafrika, Namibia, England, USA, BRD u. Spanien, Studienreisen nach Ägypten, China, Griechenland, Italien, England, Marokko, Spanien, Türkei, Zypern u. Israel.

Fromme Isolde Dr. phil. *)

Fromme Jochen-Konrad
B.: MdB, Kreisdirektor, Rechtsanwalt. DA.: 11011 Berlin, Platz der Republik 1, Büro: 11011 Berlin, Friedrichstr. 83. G.: Haverlah (Kreis Wolfenbüttel), 8. Juli 1949. Ki.: 2 Töchter. S.: 1969 Friedrich List-Schule, Wirtschaftsgymn., Hildesheim, Abitur, 1969-71 Zeitsoldat Panzergruppe, 1971 Hauptmann der Reserve, 1971-76 Univ. Göttingen, Stud. Rechtswiss., 1976 1. Staatsexamen, Referendariat Oberlandesgericht Celle, Verwaltungshochschule Speyer u. Landkreisverwaltung Northeim, 1979 2. Staatsexamen. K.: 1979-80 Bezirksregierung Braunschweig, 1980 pers. Referent d. Regierungspräs. 1981 Innenministerium Niedersachsen, Kabinettsreferat, 1982 Landkreis Northeim, Dezernent f. Finanzen u. Ordnungswesen, 1985-98 Kreisdirektor Hildesheim, daneben ehrenamtlich in d. Kommunalpolitischen Vereinigung (KPV) d. CDU, 1987 Vors. d. Finanzausschusses KPV Niedersachsen, 1988 Schatzmeister KPV Niedersachsen, 1989 stellv. Landesvors. KPV Niedersachsen, seit 1990 Landesvors. d. KPV-Nds., daneben 1989 stellv. Bundesvors. d. KPV, seit 1993 Vors. d. Finanzausschusses d. KPV, seit 1993 Kooptiertes Mtgl. CDU-Landesvorstand Niedersachsen (zuständig u.a. f. Verwaltungsreform u. Kommunales), seit 1998 MdB / o. Mtgl. d. Finanzausschusses. (Re)

Fromme Thomas *)

Frommel Monika Dr. Prof. *)

Frömmel Cornelius Dr. med. Prof. *)

Frommer Hartmut Dr. jur. *)

Frommer Stefan Dipl.-Ing.
B.: Architekt, selbständig. FN.: Atelier Westend. DA.: 80339 München, Kazmairstr. 20. atelier-westend@weltstadt.de. www.atelier-westend.de. G.: München, 15. Nov. 1966. S.: 1986 Abitur, 1986-87 Bundeswehr, 1987-93 Stud. Arch. FHS München. K.: 1993-96 Architekt im Architekturbüro Prof. Sampo u. Widmann in München, 1997-98 EDV-Berater, Systemadministrator u. Netzwerktechniker b. Firma Pipeline DV-Beratung in München, 1998-99 Architekt im Architekturbüro Erick van Egeraat in Rotterdam, 1999 Grdg. d. Atelier Westend in München. P.: Art. in: Baumeister, DB u. Dt. Bauzeitung. E.: Förderpreis d. Dt. Stahlbaues (1994). H.: Snowboarden, Skifahren, Wandern.

Frommer Werner Dr. Prof. *)

Frommhagen Martin *)

Frommherz Gabriele *)

Frommhold Hermann Dr. med. Univ.-Prof. *)

Frömming Karl Heinz Dr.
B.: em. Univ. Prof. FN.: Freie Univ. Berlin, Inst. Pharmazie. PA.: 14165 Berlin, Ritterhufen 24. G.: Königsberg, 16. Aug. 1925. V.: Margarete. Ki.: Verena, Peter. El.: Richard u. Frieda. S.: RG Berlin. K.: 1951 Apotheker, 1957 wiss. Ass. Freie Univ. Berlin, 1959 Wiss. Rat 1959, 1964 apl. Prof., 1972 o.Prof. f. Pharmazeut. Technologie, 1981 Apotheker f. Pharmazeut. Technologie, 1993 em., 1995- Lehrauftrag Univ. Jena. P.: 145 Veröff., Coautor "Pharmazeut. Technologie" (2002 7. Aufl.), Coautor "Cyclodextrins in Pharmacy" (1994). E.: BVK 2. Kl., 1985-91 Vors. d. Verb. d. Prof. d. pharmaz. Hochschulinst. d. BRD. M.: Dt. Pharmazeut. Ges., AG f. Pharmazeut. Verfahrenstechn., Ges. f. Natur- u. Heilkunde, 1988-2001 VizeSekr.

Frommknecht Hermann *)

Frommlett Elisabeth Eva-Maria

B.: Damenschneidermeisterin, Inh. FN.: Mode Modelle E. F. DA.: 70192 Stuttgart, Hauptmannsreute 8. G.: Stuttgart, 20. Dez. 1932. V.: Franz Frommlett. El.: Otto u. Lydia Bühler, geb. Wagner. BV.: Vater: Doz. d. PH Weingarten; Pfarrer, Philosophenfam., Rechtswissenschaftler u. Anw. S.: 1951 Lehre Damenschneiderin, 1953 Gesellenprüf. Stuttgart, 1954-56 Modeschule in Stuttgart, 1956 Dipl., 1958 Meisterprüf. K.: seit 1958 selbst., heutiger Schwerpunkt Haute Couture Einzelmodelle. E.: 1983 Silb. Ehrennadel d. Bundesinnungsverb. Damenschneiderhandwerk Heidelberg, 1983 Ehrenurkunde d. Handwerkskam. Stuttgart u. 25 jährigen Betriebsjubiläum Stuttgart, 1998 Gold. Ehrennadel Bundesinnungsverband Damenschneiderhandwerk Heidelberg. H.: Reisen, Spaziergänge, Begenung d. Natur.

Frömsdorf Herbert Wirsch. Ing. *)

Frömter Eberhard Dr. med. Prof.
B.: Physiologe. FN.: J.W. Goethe Univ. Frankfurt. DA.: 60596 Frankfurt, Theodor Stern Kai 7. G.: Goldberg, 1935. K.: 1963 wiss. Ass. Freie Univ. Berlin, 1967 "Max Planck Inst. f. Biophy-

---
*) Biographie www.whoiswho-verlag.ch oder beigefügte CD-ROM

sik", Arbeitsgebiete: Ionentransport durch Zellmembranen, Nierenphysiologie. P.: über 150 Facharbeiten in wiss. Zeitschriften, hauptsächl in Pflügers Archiv ges. Physiol. E.: 1976 Feldberg Preis, Cambridge England, 1983 Homer Smith Award, New York Heart Association a. American Society of Nephrology, 2001 A.N. Richards Award, International Society of Nephrology San Francisco. M.: zahlreiche wiss. Ges. H.: Musik, Sprachen.

Froning Heide Dr. Prof.
B.: Univ.-Prof. f. Klass. Archäologie. DA.: 35037 Marburg, Biegenstr. 11. PA.: 35096 Weimar, Am Weinberg 26. G.: Schweinfurt, 12. Okt. 1943. El.: Seifert Walter u. Irmgard. S.: Hum. Gymn., Stud., 1970 Prom. K.: 1972-73 Reisestipendium d. Dt. Archäolog. Inst., ab 1970 wiss. Ass. an d. Univ. Würzburg, 1979 Habil., 1984 apl. Prof. an d. Univ. Würzburg, 1991 Prof. Univ. Marburg. P.: Dithyrambos u. Vasenmalerei in Athen (1971), Marmorschmuckreliefs m. griech. Mythen im 1.Jhdt. v. Chr. (1981), Mus. Folkwang Essen, Katalog d. Griech. u. Ital. Vasen (1982), zahlr. Aufsätze in wiss. Zeitschriften, Mithrsg. v. "Beiträge zur Archäologie". M.: Dt. Archäologenverb., Dt. HS-Verb., Dt. Archäol. Inst. Berlin.

Fronius Monika
B.: Schneiderin, Inh. FN.: Boutique Claire. DA.: 59427 Unna-Massen, Massener Hellweg 25. G.: Rathenow, 23. Mai 1941. V.: Dietrich Fronius. Ki.: Antje (1964), Udo (1967). El.: Friedrich u. Meta Rosenberg. S.: 1956-59 Ausbild. z. Schneiderin in Rathenow, 1959 Ausbild. z. Model Modelschule Dortmund. K.: 1959-63 Schneiderin in versch. Geschäften, seit 1984 selbst. in Massen. BL.: 1995-97 Präsentatorin mehrerer Modenschauen in d. Stadthalle Unna . M.: Gewerbever. H.: Ölmalerei.

Fronk Peter

B.: Kfm., Gschf. FN.: Fronk-Repro. DA.: 30659 Hannover, Rotenburger Str. 3. info@fronk-repro.de. www.fronk-repro.de. G.: Westerau, 25. Nov. 1951. V.: Angelika, geb. Olschewski. Ki.: Kathleen (1981). El.: Michael u. Liselotte. S.: Lehre z. Einzelhdls.-Kfm. in Lübecker Büroorgan.-Branche, 1969 im 3. Lehrj. im Außendienst, b. 1972 bei d. Luftwaffe LTG 563 in Rendsburg. K.: Verkauf d. Datentechnik Olivetti Frankfurt, Systemberater u. später Systemanalytiker in Hamburg u. Hannover, b. 1977 Verkaufsltg. f.
Rext-Rotary/Kopenhagen, b. 1987 Verkaufsltg. Copiersysteme f. Triumph-Adler Nürnberg, ständig interne Ausz. u. Preise, 1988 selbst. m. Vertrieb v. Vervielfältigungssystemen, Übernahme v. Hilmer Brunke, Umwandlung in Fronk Bürosysteme GmbH - Druck -u.- Kopierzentrum Hannover, 1996 Grdg. d. Fronk Repro, 1997 Verkauf d. Firma an ICON Office Solution, seit 2001 Grdg. v. Fronk-Art. M.: Gem.-Vorst. d. Neuapostolischen Kirche. H.: leidenschaftl. Oldtimer-Sammler u. -restaurator, Malerei, Wandern (aktiv), intensive Fotografie.

von Froreich Marion Pipa
B.: Künstlerin, Teilhaberin. FN.: Event Marketing PIPA Art Project, Design u. Communication GmbH. DA.: 22761 Hamburg, Beerenweg 6-8. PA.: 22761 Hamburg, Langbehnstr. 19 b. G.: Hamburg, 13. Okt. 1939. S.: Mittlere Reife, 1959-61 Ausbild. Schaufenstergestalterin, 1961-65 Stud. Grafikdesign, freie Kunst, visuelle Kommunikation u. Fotografie Werkkunstschule Hamburg m. Dipl.-Abschluss. K.: 1965-69 selbst. Fotografin, Art-Dir. einer Werbeagentur 1969/70 erste Bilder als Malerin, Stylistin f. Zeitschriften im Bereich Inneneinrichtung u. Stilleben, Filmausstattungen f. Werbefilme, 1988 Grdg. d. Firma Pipa Project Art

GmbH m. Schwerpunkt Spiegelrahmen in Acryl-, Öl- u. Plakatfarben u. Blattgold, feinste Kupfer- u. Messingschichten u. Diamantstaub bei Collagen-Malerei, erfolgr. Organ. u. Abwicklung v. Projekten f. Firmen u.a.: z. Premiere v. Phantom d. Oper in Hamburg, 150-J.-Veranstaltung f. Siemens, Projekt in d. Hamburger Börse, Eröff. v. MCM-Medien Zentrum Nord, Semper-Ball in Dresden, Ärztekongress in Florida u.v.m. BL.: v. jedem Auftrag Spenden f. d. H. Gmeiner-Fond z. Unterstützung v. Kindern. P.: Ausstellungen in New York, Italien, Kölner Messe, Vernissage intern. Design-Raritäten, gezeigt in Vogue, Madame u. Elle-Decoracion. H.: Musik, Sauna, Katzen, Malerei, Theater u. Tanz.

Fröscher Walter
B.: Barmeister, Inh. FN.: mobilbar, Cocktails & Schulung & Moderation. DA.: 70376 Stuttgart, Aachener Str. 20. G.: Giengen, 4. Juli 1958 V.: Petra Klein. Ki.: 3 Kinder. El.: Erna Häußler. S.: 1974 Lehre Restaurantfachm. K.: 1977-78 Commis de Rang Hotel Schwarzer Bock Wiesbaden, 1979-86 Barchef u. stellv. Oberkellner Hotel Neutor in Ulm, 1986-87 Barkeeper auf d. MS Europa, 1987-88 Barchef d. Tropical-Bar Langenau, 1988 -89 Barchef d. Schmiede-Cocktailbar in Vöhringen, 1989-99
selbst. m. Manhattan, Die Cocktailbar in Ulm, seit 1989 selbst. m. mobilbar Cocktailbar u. Schulung u. Moderation. E.: Gewinner u. Platzierungen in versch. Cocktailwettbewerben. M.: seit 1982 Dt. Barkeeper-Union, seit 1987 Österr. Barkeeper-Union, seit 1989 Hotel- u. Gaststättenverb., seit 1993 Schweizer Barkeeper-Union, seit 1998 Meistervereinig. Gastronom Baden-Württemberg, seit 1996 Ref. im Berufsbild.-Zentrum Baden-Württemberg, 1989-92 2. Vors. d. Dt. Barkeeper-Union Bayern u. seit 1993 1. Vors., seit 1989 Vors. d. Prüf.-Aussch. f. Barmixer u. -meister d. IHK München, seit 1990 Prüf.-Aussch. d. Restaurantfachkräfte b. IHK Ulm, 1999 Botschafter d. DBU (Deutsche Barkeeper-Union) auf Jamaika. H.: Beruf, Fußball.

Fröschki Fredi
B.: Fotograf, Filmemacher, Inh. FN.: Projekt Film Magdeburg. DA.: 39114 Magdeburg, Gartenstr. 6. G.: Lassehne, 25. Nov. 1946. V.: Marlis, geb. Thiele. Ki.: Fanny (1971). S.: Realschule. K.: schon seit d. Jugend Beschäftigung m. Fotografie, 1962 Veröff. d. ersten Foto in d. Presse, b. 1970 div. Jobs, b. 1987 nebenberufl. tätig als Fotograf, seit 1988 freiberufl. Fotograf in Magdeburg, seit 1991 zusätzl. tätig als Filmemacher u.a. Städtereportagen v. Werbefilme. P.: 1. Bildband über Magdeburg (1990), 1. Bildband über d. Insel Rügen (1991), 2. Bildband über Magdeburg (1999). E.: 1994 Ausz. d. 4. Intern. Filmfesttage in Magdeburg, 1995 Verdienter Magdeburger d. Jahres. M.: IHK. H.: Fotografie.

Fröschl Cornelia
B.: Kosmetikerin. FN.: Die kleine Oase. DA.: 84043 Mainburg, Bogenbergerstr. 15. G.: Mainburg, 2. Nov. 1960. V.: Michael Fröschl. Ki.: Dieter (1982), Michael (1988). El.: Franz u. Antonie

Zitterbart. BL.: Österr. Rittergeschlecht. S.: 1977 Mittlere Reife Abensberg, 1977-81 Praktikum im Hotel- u. Gaststättengewerbe, 1981-84 Babypause, 1984-86 Lehre als Kosmetikerin. K.: 1986-2000 Praktikum u. Tätigkeit in Au Hallertau im Kosmetikstudio Mandy, 2000 selbst. mit "Die kleine Oase". M.: 2. Vors. SPD Ortsvereins, Motorradclub, Liedertafel. H.: Lesen (Biographien), Motorradfahren.

Fröschle Hans-Peter

B.: Gschf. FN.: i.t.-consult GmbH Org.- u. Technologieberatung. DA.: 70565 Stuttgart, Heßbrühlstr. 21 B. hpf@t-consult.de. www.i-t-consult.de. G.: Stuttgart, 19. Jan. 1956. V.: Michaela Schoenicke. Ki.: Jana (1988), Daniel (1994). S.: 1975 Abitur, 1975-77 Zivildienst, 1977-83 Stud. Wirtschafts- u. Sozialwiss. Univ. Stuttgart. K.: 1983-87 wiss. Mitarbeiter am Fraunhofer Inst. f. Arbeitswirtschaft u. Organisation (IAO), Stuttgart, 1987-94 Gruppenltr. u. b. 1997 Abt.ltr., 1997 Gschf. d. Firma ipro Service GmbH (1998 umben. in i.t.-consult GmbH), Organ.- u. Technologieberatung spez. f. Informations- u. Kommunikationstechnologie. P.: "Customer Relationship Management: Grundlagen u. Entwicklungen" (2001), "Trends mod. Informations- u. Kommunikationstechnologie u. ihre Implikationen f. d. zukunftsorientierte Management" (1996), "Neue Arb.- u. Organ.-formen" (1998), "Computergestützte Prozeßanalyse u. -gestaltung im Büro" (1995), "Magazine pre-press using communications technology" (1994) u.a.m.

Fröschlin Edgar A. *)

Frost Cora *)

Frost Hans Dr. med. Prof. *)

Frost Imke Geske

B.: Einrahmerin, Inh. FN.: Blende Vier. DA.: 26122 Oldenburg, Bergstr. 4. G.: Oldenburg, 2. Apr. 1958. Ki.: Eike Jörg (1981), Janna Geseke (1983). El.: Gerd u. Antje Margarethe Schmietenknop, geb. Johannsen. BV.: Großvater Heino Johannsen Kunstmaler. S.: Ausbild. z. Kinderpflegerin, 1976 Examen, 1979 Abitur Oldenburg, 1980-84 Stud. Lehramt Kunst u. Fotografie Univ. Oldenburg. K.: seit 1980 Ang. in Fachgeschäft f. Bildeinrahmungen, Geschenkart. u. Kunstgewerbe, Blende Vier in Oldenburg Einrahmungen v. Bildern u. Beratung, 1996 Übernahme d. Geschäftes als Inh., Erweiterung auf Ausstellungen m. Künstlern d. Region, Beratung d. Künstler b. Ausstellungen. M.: City Management Oldenburg, 1984-99 bes. Engagement in d. Schulelternarb. in Oldenburg. H.: Kunst, Lesen, Sport.

Frost Leonore Dipl.-Jurist *)

Frost Matthias

B.: Rechtsanwalt. FN.: Frost & Strinkau Anwalts- und Steuerberaterkanzl.. DA.: 22761 Hamburg, Paul-Dessau-Str. 5. mail @ra-frost.de. G.: Langenhagen, 10. Sep. 1965. V.: Ulrike, geb. Dallügge. Ki.: Catharina (1997), Jan-Luca (2000). El.: Hartmut u. Brigitta, geb. Beckmann. S.: 1985 Abitur Hamburg, 1987 Stud. Rechtswiss. an d. Univ. zu Hamburg, 1995 Referendariat im Bereich d. OLG Schleswig sowie in einer Steuerberatungsu. Wirtschaftsprüf.-Ges. in Hamburg, 1997 Gr. Jur. Staatsprüf. K.: 1998 Zulassung als RA u. Eröff. d. eigenen Kzl., Tätigkeitsschwerpunkt: Steuerrecht, Steuerstrafrecht, Wirtschaftsrecht. M.: Standesrechtl. Organ.

Frost Simone

B.: Schauspielerin. FN.: Theater 89. DA.: 10115 Berlin, Torstr. 216. G.: Berlin, 1958. Ki.: 1 Tochter (1986). S.: 1976 Abitur, 1976-78 Schauspieleleve Volksbühne am Rosa-Luxemburg-Pl. u. am Berliner Ensemble, ext. Stud. Schauspielschule "Ernst Busch", 1978 Abschl. K.: 1964 am BE als Kinderdarstellerin, gespielt, 1968 Hauptrolle "Gesichte d. Simone Machard", 1972 Volksbühne, Hedwig in "Die Wildente", u. d. Regie von Karge / Langhoff, Zusammenarb. mit Helene Weigel, Benno Besson, Egon Günther, Prof. W. Heinz, Manfred Wekwerth, Rudolf Forster, u.a., Teiln. an Tourneen d. BE durch Europa, u.a.: Bacelona, Paris, Mailand, Warschau, Moskau, u.a., über 20 FS- u. Kinospielfilme, z.B.: die Franziska in "Unser kurzes Leben" mehr. Fontaneverfilm., über 20 Bühnenrollen u.a. Titelrolle in "Der kleine Prinz", Virginia, in "Galileo Galilei", zahlr. Hörspiele u. Synchronarb. E.: div. Kunstauszeichnungen. (I.Ü)

Fröstl Toni

B.: Journalist. FN.: Focus TV Produktions GmbH. DA.: 91925 München, Arabellastr. 21. G.: Eichstätt, 15. Mai 1970. S.: 1993 Journalistikstud. Ludwig-Maximilian-Univ. München. K.: 1991-93 Volontariat b. "Radio Xanadu" München, 1993 Redakteur b. "Bayern Aktuell" (gemeinsames Regionalprogramm v. RTL u. SAT.1), freier Redakteur b. "TV weiß-blau" München, Sprechertätigkeiten u.a. f. "Pallas Film" München, 1993-94 Redakteur b. Moderator b. RTL München live, ab 1994 Hauptmoderator u. Redakteur b. RTL "München live", Reporter f. "RTL-Exklusiv", "Guten Abend Deutschland", "Brisant" (ARD), derz. Redakteur b. Focus TV Produktions GmbH.

Frotscher Erik

B.: Unternehmer, Inh. FN.: Weinhdlg. Brunswik. DA.: 24105 Kiel, Brunswiker Str. 23. weinhandlung@t-online.de. www.wein-in-kiel.de. G.: Hamburg, 20. Apr. 1966. El.: Hans u. Runfried. S.: 1986 Abitur Friedrichsort, 1986-88 Zivildienst, 1988-91 Stud. Chemie FH Emden. K.: 1995 Eröff. d. Weinhdlg. Brunswik in Kiel gemeinsam m. d. Bruder u. m. Partner Henning Frotscher m. Schwerpunkt intern. erlesene Weinsortiment, Beratung u. Versand v. Firmenpräsenten. M.: HDE, CC-Club Kochende Männer in d. Bruderschaft Marmite e.V. H.: Kochen, Musik, Segeln.

*) Biographie www.whoiswho-verlag.ch oder beigefügte CD-ROM

Frotscher Hella Dipl.-Ing. Oec.

B.: Gschf. FN.: Haarkunst Pankow GmbH. DA.: 13187 Berlin, Wollankstraße 110. G.: Halle/Saale, 7. Januar 1957. V.: Thomas Frotscher. Ki.: Alexander (1982), Andreas (1986). S.: 1973 Mittl. Reife Halle, 1973-75 Ausbild z.Kosmetikerin m. dermatolog. Ausbild. Halle - VEB. K.: 1975-80 Kosmetikerin Halle, u. Abendschule- Abitur, 1980-85 Stud. BWL TU Dresden, Fachrichtung Bauwesen, Dipl.-Ing. Oec., 1985-86 Übersiedl. n. Berlin, 1986 -89 Erziehungsj.,seit. 1989 Vorst.-Mtgl. PGH "Haarkunst Pankow", seit 1990 Gschf. Haarkunst Pankow GmbH, zertifiz. Zusatzausbild. UnternehmerEnergie am Schmidt-College Bayreuth. BL.: Umwandl. d. PGH, Aufbau d. GmbH, Auszahlung aller 65 Ges., alleinige Ges. M.: Friseurinnung. H.: Wandern, Radfahren, Musik.

Frotscher Henning
B.: Unternehmer, Inh. FN.: Weinhdlg. Brunswik. DA.: 24105 Kiel, Brunswiker Str. 23. weinhandlung-brunswik@t-online.de. www.wein-in-kiel.de. G.: Kiel, 28. Juli 1973. El.: Hans u. Runfried. S.: 1991-94 Ausbild. Ind.-Mechaniker Maschinen- u. Systemtechnik EDUR Pumpenfbk. Kiel. K.: 1995 Eröff. d. Weinhdlg. Brunswik in Kiel gem. m. d. Bruder u. Partner Erik Frotscher m. Schwerpunkt intern. erlesenes Weinsortiment, Beratung u. Versand v. Firmenpräsenten. M.: HDE. H.: Radfahren, Autoreparaturen.

Frotscher Matthias

B.: Dipl.-Architekt, Designer, Museumslt. FN.: Kunstgußmuseum Lauchhammer. DA.: 01979 Lauchhammer, Grünhauser Str. 19. PA.: 10405 Berlin, Kollwitzstr. 6. G.: Chemnitz, 22. Juli 1943. Ki.: Franz (1975), Karl (1981). El.: Ing. Paul u. Annemarie, geb. Tauscher. BV.: Großvater Emil Frotscher, Werbelitechniker u. Fachbuchautor Chemnitz. S.: 1961 Abitur Berlin-Friedrichshagen, 1961-65 Tischlerlehre, 1965-70 Stud. Arch. Kunst-HS Berlin, Dipl.-Architekt, 1971 Aspirantur, 1972 Architekt u. GestalterDEWAG Dt. Werbe- u. Anzeigen AG Projektierung Berlin, ab 1973 Gestalter b. Grafiker DEWAG Verlag, 1975 Mtgl. im Verb. bild. Künstler, ab 1978 freiberufl. Designer u. Ausstellungsgestalter, Projekte selbst. u. im Team u.a. Ausstellung Visuell 75, Erscheinungsbild X. Weltfestspiele (Freiraum), versch. kulturhistor. u. div. einzelne Werke baubezogene Kunst u. Design Bautechnologie, Holz, Metall, Textil, Plakate u. Drucksachen, s. 1991/93 Aufbau u. Ltg. d. Kunstgußmuseums Lauchhammer, Gestalt. v. Ausstellungen Bildhauerei, früher Eisenbildguß, preuß. Eisenkunstguß, gußeiserne Öfen, Ind.-Geschichte. BL.: Zusammenarb. m. Lutz Rudolph (Designer), Ulrich Müller-Reimkasten (jetzt Prof. f. Textiltechnik Halle-Giebichstein, Kunst-HS). P.: im Rahmen d. Museumtätigkeit textl. Verantwortung f. d. Inhalt d. Folder. H.: Gärtnern, Kochen.

Frowein Jochen Abraham M.C.L. Prof. Dr. Dr. h.c.
B.: Völkerrechtler. PA.: 69120 Heidelberg, Im Neuenheimer Feld 535. G.: Berlin, 8. Juni 1934. S.: 1967 Habil. K.: 1967-69 Ruhrniv. Bochum, 1969-81 Univ. Bielefeld, seit 1981 Dir. Max-Planck-Inst. f. ausländisches öffentliches Recht u. Völkerrecht Heidelberg, seit 1981 Prof. f. Öffentl. Recht, Völker- u. Staatsrecht an d. Univ. Heidelberg. E.: Gr. BVK. M.: 1972-75 Mtgl. d. WissenschaftsR., 1973-93 Mtgl. d. Europ. Menschenrechtskms., 1977-80 VPräs. d. Dt. Forschungsgem., 1989-93 Vors. d. Dt. Ges. f. Völkerrecht f. Österreich, Mtgl. Inst. de Droit Intern., 2000 Mtgl. d. Weisenrates, 1999 Vizepräs. MPG.

Frowein Dietrich-Kurt Dipl.-Kfm. *)

Frübing Angela
B.: Malerin u. Grafikerin, freiberuflich in eigenem Atelier. DA.: 14482 Potsdam, Wollestr. 43. G.: Dresden, 6. Mai 1955. V.: Dr. Peter Frübing. Ki.: Judith (1982), Georg (1985). El.: Wolfgang u. Christa, geb. Porisch. S.: 1973 Abitur, 1974-81 Stud. Malerei, Grafik u. Gemälderestaurierung an d. HS f. Bildende Künste in Dresden, 1979 Dipl. als Malerin, 1979-81 Postgrad. Stud. als Gemälderestauratorin. K.: 1979-83 Restauratorin im Schloß Dessau-Mosigkau. u. in d. kirchlichen Werkstätten Erfurt, seit 1983 freiberuflich tätig als Malerin, Grafikerin u. Gemälderestauratorin in Potsdam, 1989-97 künstlerische Mitarbeit an d. Singschule Babelsberg, Aufbau u. Ltg. d. Bereiches Bildnerisches Gestalten f. Kinder u. Erwachsenen. P.: versch. eigene Ausstellungen. M.: Brandenburgischer Verband Bildender Künstler.

Frücht Angelika *)

Früh Rainer *)

Frühauf Esther *)

Frühauf Peter Dipl.-Ing. *)

Frühauf Thomas Dr. med. *)

Frühauf Wolfgang Dr. phil. habil. *)

Frühe Gerhard Dr. iur. *)

Frühhaber-Höfker Ute *)

Fruhmann Günter Dr. med. *)

Frühmark Thorsten

B.: RA. FN.: Frühmark &Vogt Rechtsanwälte. DA.: 31737 Rinteln, Klosterstr. 29. www.fruehmark-vogt.de. G.: Goslar, 21. Dez. 1969. V.: Susanne, geb. Armsen. El.: Karl-Heinz u. Bärbel, geb. Hecker. S.: 1989 Abitur, Bundeswehr, 1991 Stud. Rechtswiss. Univ. Hannover, 1995 1. Examen, Referendariat Bielefeld, 1998 2. Staatsexamen u. Zulassung z. RA. K.: RA m. Tätigkeitsschwerpunkt Erb- u. allg. Vertragsrecht, Fachlehrgang z. Fachanwalt f. Arb.- u. Familienrecht, Grdg. d. Sozietät m. Marco Vogt in Rinteln. M.: Vorst. d. Turnerschaft Rinteln, Vorst. d. Marketingverein Pro Rinteln, Stadtverband d. CDU, Fraktionsvors. d. CDU. H.: Politik, Marathon, gemütliches Beisammensein m. Freunden, Reisen.

Fruhner Rainer
B.: RA. FN.: Sozietät Fruhner - Dr. Böcker. DA.: 48167 Münster, Albersloher Weg 455. PA.: 48155 Münster, Falkenhorst 15. G.: Prenzlau, 5. Nov. 1950. V.: Dr. med. dent. Nicole, geb. Maas. Ki.: Bastian (1983), Karoline (1987). El.: Heinrich u. Johanna,

---

*) Biographie www.whoiswho-verlag.ch oder beigefügte CD-ROM

geb. Skala. S.: 1969 Abitur Rheine, 1969-71 Bundeswehrdienst, Leiter d. Res., 1971-77 Stud.d. Rechtswiss. u. BWL Univ. Münster, Freiburg, 1. Jur. Staatsexamen, 1977-80 Referendariat, 2. Jur. Staatsexamen. K.: 1980-82 RA in d. Kzl. Dr. Lürken-Lappe Marl, 1982-83 RA in d. Kzl. Dr. Gross Münster, seit 1983 ndlg. RA m. eigener Kzl. in Münster, Schwerpunkt: Immobilien-, Erb-, Ges.-, Kassenarzt- u. Musikerrecht; Syndikus d. Ges. f. Med.-Planung u. -Beratung GmbH sowie im Immobilienbereich. BL.: Initiative im Pilotprojekt Musiker-Nachwuchsförd. in Münster, Gitarrist in u. Benefiz-Konzerte m. d. Band Doctors & Lawyers. P.: Fachart. im Bereich Musiker- u. Maklerrecht. M.: Förderver. Pängelanton Denkmallok e.V., Golfclub Brückhausen, Tennisver. Am hohen Ufer im SC Gremmendorf, lokale Heimatver. H.: Golf, Schifahren, Motorradtouren.

Frühschütz Werner *)

Frühsorge Gotthardt Dr. Prof. *)

Frühwald Arno Prof. Dr. *)

Frühwald Johann Josef Dipl.-Ing. *)

Frühwald Wolfgang Dr. phil. Prof. *)

Frumm Frieda *)

Frumm Rudolf *)

Frunzke Bernd *)

Fry Christiane Dr. med.

B.: FA f. Plast. Chir., Handchir. u. ästhet. Operationen. FN.: Chir. Gemeinschaftspraxis. GT.: Betreuung v. 3 ausländ. Patenkindern (Brasilien, Indonesien, Vietnam). DA.: 10713 Berlin, Emser Pl. 2. G.: Berlin, 4. Okt. 1950. V.: Rainer Lüsebrink. El.: Klaus u. Jutta Fry. S.: 1970 Abitur Berlin, 1970-76 Med.-Stud. FU Berlin, Staatsexamen. K.: 1976-83 Med.-Ass. in Berliner Kliniken, anschl. FA-Ausbild. im KH Spandau, 1980-81 Zusatzausbild. Handchir. b. Prof. Buck-Gramcko in Hamburg, FA f. Plast. Chir., 1985-93 Ärztin f. Plast. Handchir. am Emil-v.-Behring-KH, 1992 Prom. z. Dr. med., seit 1993 freie Ndlg. in o.g. Gemeinschaftspraxis in Berlin, zusätzl. versch. Aufenthalte als Gastarzt in renommierten dt. Kliniken. BL.: Spezialisierung auf Mammachir. P.: Diss.: Die ischämische Kontraktion d. Unterarmes u. d. Hand. M.: Verd. d. dt. plast. Chir., ass.Mtgl. d. dt. Arbeitsgruppe f. Handchir., Bund ndlg. Chir., B90/Die Grünen. H.: Garten, 2 Katzen.

Frydrych Andreas Dr. med.

B.: FA f. Neurochir. DA.: 61348 Bad Homburg, Hessenring 128. PA.: 60529 Frankfurt/Main, Geisenheimerstr. 111. G.: Katowice, 28. Sep. 1950. V.: Baguslawa. Ki.: Martin (1983), Denis (1986). El.: Eduard u. Marie. S.: 1968 Abitur, 1968-69 med. Praktikum,

1969-75 Stud. Med. HS Katowice. K.: 1975-81 Ass. f. Neurochir. an d. Univ.-Klinik Katowice, 1981-82 an d. Städt. Kliniken in Nürnberg, 1983-96 OA f. Neurochir. an d. Univ.-Klinik in Frankfurt, seit 1996 ndlg. Neurochirurg u. Belegarzt d. Praxisklinik Bad Homburg mit dem Schwerpunkt Mikroneurochir., Schmerztherapie. BL.: Mikroanastomosie-Patent. P.: Fachveröff. z. Thema Neurochir. u. Mikroneurochir. M.: Dt. Ges. f. Neurochir., Dt. Ges. f. Plast. u. Rekonstruktionschir., Dt. Wirbelsäulenforsch.-Ges., Poln. Ges. f. Neurochir. H.: medizinische Geschichte, Kandinsky, alte Mikroskopie.

Fryen Andreas Harald Dr. med.

B.: ndlg. FA f. Hals-, Nasen- u. Ohrenheilkunde. DA.: 27283 Verden, Georgstr. 19A. fryen@t-online.de. G.: Bremen, 13. März 1966. V.: Dr. med. Gisela, geb. Horn. Ki.: Anneke (1995), Felix (1998). El.: Dipl.-Ing. Jürgen u. Annette, geb. Schellberg. S.: 1986 Abitur Leeste, 1986-87 Zivildienst, Rettungsdienst Rotes Kreuz, 1987 Med.-Stud. JLU Gießen, 1991 Recife/Brasilien Tropenmed. u. franz. Schweiz Chir., 1995 Approb., 1994-98 FA-Ausbild. HNO-Univ.-Klinik Gießen. K.: seit 1998 FA f. HNO, 1999 Prom., seit 1999 ndlg. HNO-Art in eigener Praxis m. Dr. Gisela Fryen in Verden. P.: Vorträge auf dt. u. intern. Kongressen, Veröff. in nat. u. intern. Fachzeitschriften. M.: Rotary Club Verden, Dt. Ges. f. HNO-Heilkunde u. Berufsverb. H.: Reiten, Tauchen.

Füber Elisabeth *)

Fuchs Albert *)

Fuchs Alois *)

Fuchs Andreas

B.: RA. FN.: Anw.-Kzl. Fuchs. DA.: 70182 Stuttgart, Olgastr. 77. rafuchs1@aol.com. www. fuchs-ra.de. G.: Hannover, 27. Sep. 1954. V.: Bettina, geb. Bauer. Ki.: Fabian, Jessica. El.: Bruno u. Margot, geb. Kersten. S.: 1972 Abitur Leonberg, 1972-73 Bundeswehr, 1973-79 Jurastud. Univ. Tübingen, 1. Staatsex., 1979-82 Referendarzeit in versch. Anstellungen, 1982 2. Staatsex. K.: 1982-89 ang. RA, 1989 Kzl. v. Vorbesitzer abgekauft, Tätigkeitsschwerpunkte: Arbeitsrecht, Erbrecht, Familienrecht, Arzt- u. Bankenrecht. M.: Dt. Ges. f. Erbrechtspflege, Dt.-Brit. Juristenver., Dt. Anwaltsverein. H.: Sport, Tennis, Golf.

Fuchs Anita *)

Fuchs Anke

B.: Vizepräsidentin d. Dt. Bundestages. DA.: 11011 Berlin, Platz der Republik 1. PA.: Berlin. www.bundestag.de. G.: Hamburg-Blankensee, 5. Juli 1937. V.: Dr. iur. Andreas Fuchs. Ki.: Thomas (1964), Barbara (1969). El.: Dr. Paul Nevermann (Bürgermeister v. Hamburg) u. Grete, geb. Faden. S.: 1950-56 Gymn. Blankenese, Abitur, 1956-60 Stud. Rechtswiss., Hamburg u.

*) Biographie www.whoiswho-verlag.ch oder beigefügte CD-ROM

Fuchs

Innsbruck, 1956 Eintritt in SPD, Jusos, SPD, STUPA HH, 1960 1. Staatsex., Ref. HH, München Rom Banca Nationale delle Lavaro (Wirtschaftsrecht), 1964-68 2. Jur. Staatsexamen, DGB Hamburg, Landbez. Nordmark, Rechtsschutzsekr., Arbeitsrecht. K.: 1968-71 IG. Metall Bezirksltg., Hamburg, Tarifverträge, Frauenarbeit, 1971-77 Frankfurt, IG. Meall, Vorst., Frauen, Organisation u. Satzung, 1977-80 Beamtete Staatssekr., Bundesmin. f. Arbeit, 1980 Direktwahl Wahlkreis Köln, Parlament. Staatssekr., s. 1980 MdB, Kölner Abgeordnete, mit Parteifunktion in Köln u. Bonn, 1982 Min. f. Jugend, Familie, Gesundheit, 1982-87 stellv. Fraktionsvors., SPD-Fraktion, zuständig f. Sozialpolitik, Bundesgschf. d. SPD, auch Verfassungskommission, Ausschuß f. Arbeit u. Soziales, s. 1989 AufsR. Arbeitnehmervertr., RAG-Akt, ehem AufsR. Arbeitnehmervertr., Klöckner, Mitgliedversammlung Gothaer-Versicherung, ZDF- Fernsehrat, 1991 MdB, o. M. Wirtschaftsausschuß, o.M. Außschuß d. Einheit, 1993-10/98 stellv. Fraktionsvors. SPD, Rechts- u. Innenpolitik, Umwelt, Verkehr, FES-Vorst., intern. Kontakte, dt.-türkische Beziehungen, s. 1995 Präs. Dt. Mieterbund, s. 1998 Vizepräs. Dt. Bundestag, s- 1999 stellv. Vors. Friedrich-Ebert-Stiftung; Mtlg. Ältestenrat, Vors. Deutsch-Israel. Parlamentariergruppe. P.: mit Herbert Ehrenberg, "Freiheit und Sozialstaat", 1990 Mut zur Macht, Hofamnn & Kampe. E.: BVK mit Stern, Maria Juchaz Orden (AWO). M.: SPD, IG. Metall, Mieterbund, AWO, FES, Für Demokratie - Wider das Vergessen, Schützenverein Köln, Schifffartsmuseum Wilhelmshaven. H.: Lesen, polit. Biographien, Belletristik, Radfahren, Schwimmen, klass. Oper, Besuche v. Museen, mod. Kunst.

Fuchs Antje *)

Fuchs Bernd *)

Fuchs Blonay Alfred
B.: Meisterschüler, freischaff. Maler, Grafiker, Bildhauer. PA.: 12165 Berlin, Carl-Heinrich-Becker-Weg 19. G.: Vevey/ Schweiz, 23. Sep. 1958. V.: Birgit, geb. Blesse. Ki.: Armin (1992), Antonia (1995). El.: Alfred u. Jutta, geb. Ziegler. BV.: Großater Karl Fuchs Kartograph d. letzten Kaisers v. China u. Maler, ein weiterer Verwandter war d. verantwortl. Erbauer d. Simplon-Tunnel. S.: 1977 Abitur, 1978-80 Stud. Jura u. Phil., 1980-87 Stud. Kunstak. Meisterschüler Abschluss b. Prof. Herfurth u. Päd. Examen, 1987-88 Studienaufenthalt in Spanien. K.: 1986 Lehrauftrag f. Druckgrafik an d. HdK Berlin, ab 1987 künstler. freischaff., 1989-2000 Kunsterzieher im Schuldienst. BL.: weiter Auslandsstudien u.a. in Litauen u. Weißrussland, Ltr. Malschule f. interessierte erwachsene Laienmaler, 1998 gemeinsam m. Ehefrau Grdg. d. Kunstforum Fichtenberg, Kunstkäufer, baut m. an Brücken d. West-Ost-Kultursszene b. nach China. P.: ca. 20 Einzelausstellungen u.a. 1988 im Wiss.-Min. Bonn, Rathaus Schöneberg, 1999 Brandenburg. Landtag Potsdam, mehr als 10 Ausstellungsbeteiligungen z.B. "Der Krieg trifft jeden ins Herz" 1987 Berlin u. Minsk. M.: Stiftung Kunstforum Fichtenberg, gem. GmbH Kunstforum Kollwitz Platz Berlin-Prenzlauer Berg i.G., Ernst-Jünger-Ges. 2001. H.: Musik, Sport.

Fuchs Brigitte Dr. med. dent. *)

Fuchs Charlotte Josefa *)

Fuchs Christian Dr. phil. *)

Fuchs Christiane

B.: Modedesignerin. FN.: C-F Design GmbH. DA.: 68161 Mannheim, Tullastr. 2. cfuchs@ christianefuchs.de. G.: Heidelberg, 2. Aug. 1969. El.: Klaus u. Hildegard Fuchs. S.: 1989 Abitur Sigmaringen, parallel z. Abitur b. 1990 Schneiderlehre, 1990-93 Stud. Chambre Syndicale de la Couture Parisienne in Paris,1994 Stipendium u. 1 J. Aufbaustud. London. K.: 1995-97 Designerin f. d. Dt. Ind., 1996 Ausbild. Schnitt-Techniker, 1998 Meisterprüf., s. 1999 selbst. , 2000 Umwandlung in GmbH. E.: Kassenwart Europ. Arbeitskreis - Creative mode. M.: Deutsches Mode Institut, Europ. Arbeitskreis - Creative Mode. H.: klass. Musik, kulinarische Gerichte, Sport.

Fuchs Christoph Dr. med. Prof. *)

Fuchs Dieter Dr. iur. *)

Fuchs Dorlie *)

Fuchs Edgar *)

Fuchs Erich *)

Fuchs Frank
B.: RA, Notar. FN.: Kanzlei Dr. Blechner, Blechner & Fuchs. DA.: 64625 Bensheim, Rodensteinstr. 5. blechnerfuchs@t-online.de. G.: Hilden, 25. Okt. 1954. V.: Marion, geb. Kühn. Ki.: Katharina (1989), Hendrik (1992). El.: Robert u. Ilse, geb. Theobald. S.: 1975 Abitur Osnabrück, 1975-76 Bundeswehr, 1976 Stud. Jura in Heidelberg, 1982 1. Staatsexamen, Referendariat u.a. Kzl. Lachenauer in Heidelberg, 1984 4 Monate Auslandskammer Caracas/Venezuela, 1985 2. Staatsexamen. K.: 1985 Zulassung als RA, ang. in d. Kzl. Dr. Blechner + Partner in Bensheim, Rechts-, Steuer- u. Wirtschaftsberatung, 1987 Sozius d. Kzl., 1997 Zulassung als Notar, Tätigkeitsschwerpunkte: Vertrags- u. Gesellschaftsrecht, Handelsrecht, Betreuung mittelständischer Firmen. P.: div. Fachbeiträge, Referententätigkeit, auf Tagungen, Seminarleiter. M.: örtl. Vereine, langjährig Leistungssport Basketball im HSC. H.: Basketball, Rennradfahren, Tennis.

Fuchs Franz *)

Fuchs Franz Xaver *)

Fuchs Franziska M.A.

B.: Sprech- u. Rhetoriktrainerin. FN.: Resonanz Franziska Fuchs. GT.: seit 1990 Dozententätigkeit an versch. Sprach- u. Lehranstalten, sowie rhetorische Betreuung v. Redakteuren u. Mediensprechern; seit 1991 selbständige Trainerin Bereich Handel, Gewerbe u. Verwaltung; seit 1994 Referentin am Goethe-Inst. weltweit f. Phonetik (Vietnam u. Sprachtechnik Jordanien), seit 1995 Lehrtätigkeit an d. Univ. Frankfurt z. Thema Rede-u. Vortragstechnik, seit 1997 Dozentin f. Rhetorik u. Spracherziehung an d. Johannes-

*) Biographie www.whoiswho-verlag.ch oder beigefügte CD-ROM

Gutenberg-Univ. in Mainz. DA.: 60433 Frankfurt, Lichtenbergstr. 20. fuchs@resonanz-online.de. www.resonanz-online.de. G.: Frankfurt, 4. Dez. 1967. S.: 1987 Abitur, 1987-94 Stud. Germanistik u. Linguistik an d. Johann-Wolfgang-Goethe-Univ. Frankfurt, 1994 Abschluss Mag. Artium, 1989-93 Stud. Sprechwiss. m. d. Schwerpunkt Rhetorik, Phonetik, Sprechbildung u. Körpersprache in Marburg, 1993 Dipl. Sprechwissenschaftlerin v. d. Dt. Ges. f. Sprechwiss. u. Sprecherziehung DGSS. K.: 1994 Grdg. d. Firma Resonanz F. Fuchs, Sprech- u. Rhetoriktraining in Frankfurt, Trainerin f. Personen, die in d. Medien wirken, m. eigenen Schulungsräumen u. Sprachlabor, Schulungsschwerpunkte Atem-, Sprech- u. Vortragstechniken, Lampenfieberabbau, Präsentationstechniken, Gesprächs- u. Verhandlungsführung, Konfliktlösungsmodelle u. Telefontraining, Einzel- u. Gruppentraining, Coaching v. Führungskräften. BL.: Ehrenamtliche Tätigkeiten: Schulung v. Behinderten, Kurse im Bereich Rhetorik v. Schülern an vielen Schulen in Hessen. P.: Sprechwiss. Beiträge in Fachpublikationen u. öffentl. Zeitungen, Interview im Rundfunk, Vorträge v. Unternehmenverbänden, Frauenverbänden u.ä. m. Berichterstattung in d. Presse. M.: Trainertreffen Deutschland, Dt. Ges. f. Sprechwiss. u. Sprecherziehung DGSS, Bundesverband 2. Frauen in freien Berufen u. Management, Verband Kommunikation u. Aktives Lernen. H.: Lesen, Sport, Kultur, Theater.

Fuchs Georg Franz Dr. med. *)

Fuchs Gerd Dr. phil. *)

Fuchs Gerhard *)

Fuchs Gerold Dr. rer. nat. *)

Fuchs Giselle

B.: Bühnentänzerin, Heilpraktikerin, Gymnastiklehrerin, selbständig. DA.: 80337 München, Tumblinger Str. 34. gisellefuchs @web.de. www.dolphinsmindgyrotronic.de. G.: Furth b. Eisenhofen, 7. Apr. 1967. S.: 1983 Mittlere Reife München, 1983-85 Ausbildung z. Arzthelferin in München, 1985-88 Stud. Gymnastiklehrerin an d. TU München m. Schwerpunkt Gesundheitserziehung, 1988-92 Stud. Bühnentanz u. 1992 Bühnenreifeprüfung an d. GDBA. K.: 1992-2000 aktive Bühnentänzerin im In- u. Ausland m. d. Schwerpunkten Klass. u. Flamencotanz, 1999-2001 Weiterbildung z. Heilpraktikerin, 1999 Eröff. u. Führung d. Dolphins Mind Gymnastikstudios f. Gyrotronic(r) m. Ausbildungen v. 1999-2001 z. Certified Gyrotronic(r) Trainer Level 1, Certified Gyrokinesis TM Trainer Level 1, Certified Gyrotronic(r) Trainer Leven II, 2001 Certified Gyrotronic(r) Master Trainer Level 1. P.: Shape (1/2002), Freundin (3/2002), Münchnerin (2000), Joy (7/2001), Marie Claire (2/1999), Venus 1/2002, Mensch u. Sein über Gyrotronic System als Fachartikel. E.: Beste Heilsportgymnastik (2001). H.: Delphine, Reisen, Tanzen.

Fuchs Gottfried *)

Fuchs Gotthard Dr. phil. h.c. *)

Fuchs Guido
B.: Agrotechniker, Unternehmer, selbständig. FN.: Brennstoffhandel Guido Fuchs. DA.: 39326 Wolmirstedt, Glindenberger Str. 3. G.: Wolmirstedt, 27. Nov. 1968. V.: Diana, geb. Fechner.

Ki.: Michelee (1996), Rene (1998), Gina (2001). El.: Manfred u. Edith, geb. Wohl. S.: 1985-87 Lehre z. Agrotechniker in d. LPG "P" in Wanzleben, b. 1990 Grundwehrdienst b. d. Armee. K.: ang. bei d. LPG in Wolmirstedt, anschließend Montagetätigkeit, 1997 Aufbau des eigenen Unternehmens in Wolmirstedt, s. 2001 zusätzl. selbständiger Versicherungsvertreter f. d. HMI. H.: Hunde.

Fuchs Günter Josef Dr. Prof.
B.: Dipl.-Geologe, HS-Lehrer Landessammlungen f. Naturkunde. FN.: Univ. Heidelberg. PA.: 76337 Waldbronn, Renchstr. 9. G.: Frankfurt, 31. Juli 1935. V.: Theresia, geb. Happ. Ki.: Ulrike. El.: Carl u. Berta. S.: Abitur, Univ.Stud. K.: 1970 Habil., 1976 apl. Prof. P.: zahlreiche Veröffentlichungen in in- u. ausländ. Fachzeitschriften. M.: Dt. Geolog. Ges., Paläontolog. Ges.

Fuchs Hannelore *)

Fuchs Hannelore *)

Fuchs Harald *)

Fuchs Harald *)

Fuchs Harald Dr. rer. nat. Prof.
B.: Univ.-Prof. FN.: Physik. Inst. Westfäl.-Wilhelms-Univ. Münster. DA.: Münster, Wilhelm-Klemm-Str. 10. G.: Dudweiler, 15. April 1951. V.: Gudrun, geb. Schmid. Ki.: Tammo-Frederic (1988). El.: Waldemar u. Erna. S.: 1971 Abitur Neunkirchen, 1971-77 Stud. d. Physik an d. Univ.in Saarbrücken. K.: 1977-80 wiss. Mitarb. am II. Physiolog. Inst. Univ. d. Saarlandes Homburg, Mtgl. d. Sonderfosch.-Bereiches 38, 1979 Diss. an d. Univ. Saarbrücken, 1982 Prom. mit "manga cum laude", 1982-84 wiss. Mitarb. am Inst. f. Werkstoffphysik u. Mtgl. d. Sonderforsch.-Bereiches 130, 1984-85 Postdoctoral-fellowship IBM-Rüschlikon f. Rastertunnelmikroskopie, 1985-93 Habil. s. 1993 BASF AG, 1993 C4-Prof. f. Experimentalphysik Westfäl.-Univ. Münster, 1993 C4-Prof., 1993 Dir. Physikal. Inst. Westfäl.-Univ. Münster, 1995-97 Dekan d. Fachbereiches Physik WWU Münster. P.: Publ. in versch. Fachzeitschriften. E.: 1994 Philip-Morris-Forsch.-Preis. M.: DPG, DGNÄ, AVS.

Fuchs Hartmut Dr. med. *)

Fuchs Heinz *)

Fuchs Heinz Julius Dipl.-Kfm. *)

Fuchs Heinz S. Dr. med. Prof. *

Fuchs Helma Dr. med. dent. *)

Fuchs Helmut
B.: RA u. Steuerberater. DA.: 48165 Münster, Marktallee 78. G.: Münster, 15. Sep. 1957. V.: Iris, geb. Schick. Ki.: Patrick (1994), Vivien (1996), Aileen (1998). El.: Helmut u. Regina. S.: 1977 Abitur, 1977-85 Stud. Jura WWU Münster, 1. Staatsexamen,

---

*) Biographie www.whoiswho-verlag.ch oder beigefügte CD-ROM

1985-88 Referendariat Wuppertal, 2. Staatsexamen, 1988 Zulassung zum RA, 1989 Zulassung zum Steuerberater. K.: seit 1989 selbst. in Münster m. Tätigkeitsschwerpunkt Steuerberatung. M.: Steuerberaterkam., RA-Kam. H.: Malerei, klass. Musik.

verdichtung, Kosmetik, regelmäßig Schmink- u. Hochsteck-Kurse f. Kunden u. Kollegen, Farbtrainer f. Revlon-Markenkosmetik, Make-up-Beraterin. E.: bester Lehrling d. Jahrgangs, 1992 Sachsen-Meisterin, regelmäßige Modeschauen, Schulungen u. Schnitt-Seminare im eigenen Studio. H.: Malen, Ausstellungen besuchen.

Fuchs Hilmar Dr. Ing. Prof. *)

Fuchs Horst *)

Fuchs Ingrid Maria
B.: Journalistin, ehem. Gschf. d. Deutsch-Chinesischen Gesellschaft. PA.: 53177 Bonn, Elfstr. 11. G.: Bonn, 5. März 1941. V.: Gerhard Friedrich Wilhelm Fuchs. Ki.: Jörg (1966), Christian (1969). S.: Fachhochschulreife Bonn, 3 J. Ausbild. Hauswirtschaftsmeisterin Krefeld, 2 J. Volontariat Rhein. UNION Kraftstoff AG Wesseling. K.: 2 J. Dt. Raiffeisenverb. tätig in d. Vorbereitung d. Raiffeisentag, 5 J. Redakteurin d. Zeitung Europ. Gemeinschaft im Bonner Büro d. EWG, 3 J. Stud. Erziehungswiss. u. Vw. an d. Fernuniv. Hagen, 1986-2000 tätig in d. Dt.-Chines. Ges. u.a. 8 J. Gschf., Mediator zw. Taiwan u. BRD, Chefredakteurin v. "Freies Asien" u. glz. ab 1989 Mitarb.-Betreuung im parlamentar. Freundeskreis, s. 2000 selbst. Journalistin. M.: DJV, Tennisclub Grün-Weiß Godesberg, Zonta Club. H.: Lesen, Belletristik, Sachbücher, klass. Musik, Tennis, Wandern.

Fuchs Jakob

B.: FA f. Haut- u. Geschlechtskrankheiten. DA.: 51149 Köln-Porz-Eil, Konrad-Adenauer-Str. 28-38. G.: Malkowo/UdSSR, 28. Aug. 1954. V.: Luba, geb. Kirilowa. Ki.: David (1981), Alexander (1986). S.: 1971-77 Med. HS in Tjumen/Sibirien, HS z. FA. K.: ab 1978 FA f. Haut- u. Geschlechtskrankheiten, 6 J. Hautklinik in Tjumen b. 1983, Umzug nach Nordsibirien, KH-Tätigkeit Stadt Surgut, 1990 als Tourist nach Deutschland, Sprachkurs, Tätigkeit in einer Praxis, 1993 FA-Examen, 1994 ndlg. H.: Beruf.

Fuchs Jana
B.: Friseurmeisterin, Inh. FN.: Hair Galerie. DA.: 88045 Friedrichshafen, Eugenstr. 37. www.hair-galerie.de. G.: Radebeul, 16. Apr. 1973. El.: Harry u. Nannette Fuchs. S.: Mittlere Reife, 1992 Lehre z. Friseurin, Visagistenausbild. an einer Tages-Schönheitsfarm in Berlin. K.: Fachtrainerin d. Wella-Studio Berlin, Tätigkeit in Dresden, seit 1994 in Friedrichshafen, Meisterprüf. in Biberach/Riß, Friseurin in Überlingen u. zuletzt Friedrichshafen, seit 1997 selbst. zunächst mobil u. seit 1999 m. eigenem Damen- u. Herren-Salon, Spezialität: Haarverlängerung u. -

Fuchs Juliane Dr.
B.: Lektorin f. Texte aller Art. FN.: TextPassagen. GT.: freischaffende Künstlerin. DA.: 96050 Bamberg, Ebermannstadter Str. 24. Fuchs@Textpassagen.de. www.textpassagen.de. G.: Oldenburg, 11. Aug. 1960. V.: Roland Fuchs. Ki.: Sarah (1996). S.: 1980 Abitur, Stud. Literatur u. Philosophie, 1987 Dipl., 1992 Prom. K.: wiss. Mitarbeiterin am Forschungsprojekt: Edition von Gelegenheitsgedichten, Leitung: Prof. Dr. Wulf Segebrecht, seit 1999 selbständige Lektorin, 2000 Fotoausstellung: Bilder d. Passion, 2001 Lyrik u. Fotografie: Schöpferin Gott (Wanderausstellung). P.: 1993 Wünsche u. Glückwünsche. Gelegenheitsgedichte zur Hochzeit vom 17. bis zum 19. Jahrhundert. (Aufsatz); 1994 Himmelfeß und Glückes Schutz. Studien zu Bremer Hochzeitsgedichten des 17. Jahrhunderts. (Diss.); 1999 Tübinger Epicedien zum Tod des Reformators Johannes Brenz (1570). (Kommentierung). E.: Frauenbeauftragte des Ev.-luth. Dekanats Bamberg. M.: baff = beruflich aktive Frauen in Franken. H.: Lesen, klass. Musik.

Fuchs Jürgen Dipl.-Ing. *)

Fuchs Jürgen

B.: Ideenfinder, Gschf. FN.: Fox-Pro-Motion. DA.: 89081 Ulm, Jägerstr. 1. info@fox-pro-motion.de. G.: Ulm, 3. März 1952. V.: Ellen, geb. Fröhlich. Ki.: Oliver (1971), Thorsten (1974), Florian (1980). S.: 1974 Abitur, BWL-Stud. in Augsburg. K.: 1978 Grdg. d. Firma VWO Veranstaltungs- u. Werbe-Organ., Erfindung v. Konzerten und gleichzeitige Durchführung aller Werbemaßnahmen, 1982-90 "MinArt-Gallery" Erfindung u. Patent eines Kunststoff-Bilderrahmens, Vetrieb weltweit u. natürl. in allen gr. Kaufhäusern: Bilder (Drucke) m. Rahmen, Art-Dir. f. d. Firma Langen-Art-Prints, seit 1990 Fox-Pro-Motion Ulm, Ateliers f. Grafiker, Bildhauer, Designer, Künstlerkantine, Ideenschmiede f. Ind., Durchführung v. Evens. H.: Skulpturen, Design v. Stahl-Möbeln.

Fuchs Jürgen H. Dr.-Ing. Dipl.-Ing.
B.: Patentanwalt. FN.: Fuchs Mehler Weiß & Fritzsche. DA.: 65189 Wiesbaden, An der Allee 3. G.: Berlin, 1. Juli 1934. V.: Ursula, geb. Wunderlich. Ki.: Matthias (1961), Jan-Christoph (1973). El.: Dr. iur. Herbert u. Irmgard, geb. Steinmeister. S.: Oberschule, 1954 Reifeprüf., 1954-56 Stud. Maschinenbau TH Aachen, 1956-61 Stud. Papiering.-Wesen u. Betriebswirtschaft TH Darmstadt,

*) Biographie www.whoiswho-verlag.ch oder beigefügte CD-ROM

1961 Dipl.-Prüf., 1961-62 Stud. Betriebswirtschaft Univ. München, 1962 Stud. Wirtschaftswiss. Univ. Johannesburg/Südafrika, 1968 Prom. K.: 1965-73 Feldmühle AG, 1973-77 Ausbild. z. Patentanw., 1977 staatl. Prüf. z. Patentassessor, seit 1977 zugelassen als selbst. Patentanw. in Wiesbaden. M.: Zellcheming. H.: Fotografie, Natur.

Fuchs Jürgen ORgR.
B.: Ltr. FN.: Finanzamt Außenstelle. DA.: 97753 Karlstadt, Gemündener Str. 3. G.: Schweinfurt, 19. Mai 1961. V.: Brigitte. Ki.: Stephanie, Sonja. El.: Karl u. Hedi, geb. Wittmann. S.: 1980 Abitur Schweinfurt, 1982-86 Stud. Rechtswiss. Univ. Würzburg, 1986 1. Jur. Staatsexamen, 1987-89 Referendarzeit LG-Bez. Schweinfurt (OLG Bamberg), 1989 2. Jur. Staatsexamen. K.: 1990 Eintritt Bayer. Finanzverw., Finanzamt Garmisch-Partenkirchen, Lohr, Schweinfurt, seit 1998 Ltr. Finanzamt Karlstadt. BL.: seit 1993 nebenamtl. Doz. f. Steuerrecht in d. Referendarausbild. u. Steuerberaterausbild., Vorträge z. Thema Erbschaftssteuer/ Abgabenordnung. M.: CVJM Schweinfurt, HC Schweinfurt. H.: Kirchenband St. Lukas Schweinfurt (Gitarre), Sport (Fußball, Schifahren, Hockey, Tennis), Jugend- u. Freizeitarb.

Fuchs Karlheinz Herbert Paul
B.: Gerbereiing. FN.: Reptilleder - Consult. DA.: 65597 Hünfelden, Schillerstr. 2. G.: Frankfurt, 1. März 1939. V.: Ingrid, geb. Engelhardt. Ki.: Daniela, Manuel. El.: Lorenz u. Elisabeth. S.: Mittlere Reife. K.: Gerberlehre, Württ. Gerberschule Reutlingen (Gerbereiing.), Demoplastiker, Detektiv-Ausbild. Weltexperte f. Reptilhäute, deren Be- u. Verarb. P.: 85 Veröff. in zoolog. u. gerbereitechn. Fachzeitschriften, Die Krokodilhaut (Darmstadt 1974), Chemistry a. Technology of Novelty Leather (Rom 1974), Bestimmen v. Krokodilen u. ihrer Häute (Stuttgart 1978), Crocodiles a. Alligators (New York 1989), Die Reptilhaut (Frankfurt 2002). M.: Societas Europaea Herpetologica, IUCN, UNIDO, New York Academy of Sciences, Sachv. f. Reptilien im Auftrag d. zuständigen BMin., Vorst. Ver. f. Gerbereichemie u. Technik, Sachv. f. Exotenleder i.A. d. zust. BMin, Freimaurerloge "Plato zur beständigen Einigkeit", Alter u. Angenommener Schott. Ritus. H.: Systematik d. Reptilien, fernöstliche Kochkunst.

Fuchs Konrad
B.: Univ.-Prof. DA.: 55122 Mainz, Saarstr. 21. PA.: 55131 Mainz, Ebersheimerweg 38a. G.: Gebhardshain, 11. Jan. 1928. V.: Dr. Rosemarie, geb. Pott. Ki.: Michael. El.: Karl u. Magdalena. S.: Gymn., 1947 Abitur, Univ. Mainz u. Leeds/England. 1955 1. u. 1958 2. Staatsexamen, 1954 Prom. K.: 1955 Teacher's Certificate of Education London, 1968 Habil., 1970 Priv.Doz., seit 1971 Prof. P.: u.a. Schlesiens Industrie (1968), Vom Einigungsgedanken zum Liberalismus (1970), Wörterbuch zur Geschichte (12. Aufl. 2001), Siegerländer Unternehmer des 19. Jahrhunderts und ihr Werk (1979), Wirtschaftsgeschichte Oberschlesiens (2. Aufl. 1992), Lebensbilder vergessener Mainzer Persönlichkeiten (1984), Beiträge z. Wirtschafts- u. Sozialgeschichte Schlesiens (1985), Ein Konzern aus Sachsen (1990), Gestaltungskräfte in der neuzeitlichen Geschichte Oberschlesiens, Niederschlesiens und Sudetenschlesiens (2001). E.: 1989 Georg Dehio-Preis, 1990 Stinnes-Preis, Ausgewählte Aufsätze zur Sozial. u. Wirtschaftsgeschichte (1993), Festgabe zum 65. Geburtstag. M.: Histor. Kmsn. f. Schlesien, Histor. Kmsn. f. Nassau, Johann Gottfried-Herder ForschR., Gerhard Möbus-Ges., Walther Rathenau-Ges., Görres-Ges., New York Academy of Sciences. H.: Philatelie.

Fuchs Kurt Dipl.-Ing. *)

Fuchs Manfred Dipl.-Ing. Prof. *)

Fuchs Manfred
B.: Architekt. FN.: Arch.-Büro Fuchs. DA.: 19057 Schwerin, Dr.-J.-Herzfeld-Str. 32. architekturfuchs@surfeu.de. G.: Chemnitz, 1. Okt. 1936. V.: Marie-Louise, geb. Gebhard. Ki.: Matthias. S.: 1955-57 Maurerlehre, 1958-64 Stud. TU Dresden, 1964 Dipl.-Ing. Abschluß. K.: 1957-58 prakt. Tätigkeit, 1964-68 Stadtbaultg., 1966-67 Vertreter d. Stadtarchitekten Schwerin, 1968-69 Hoch- u. Tiefbau Schwerin, 1970-91 Ang. Bau-Union Schwerin, 1992 Grdg. eines eigenen Unternehmens. P.: div. Veröff. in Zeitschriften d. Architekten u.a. Elfgeschossiges Außenganghaus in Schwerin. E.: 1972 1. Preis Eigenheimwettbewerb. M.: Dachverb. Lehm, Förderver. Dresdner Frauenkirche. H.: Zeichnen, Malen.

Fuchs Manfred Dr.
B.: Vorst.-Vors., VerwR.-Präs. FN.: Fuchs Petrolub AG Mannheim. DA.: 68169 Mannheim, Friesenheimer Str. 17. PA.: 68163 Mannheim, Schauinslandstr. 14. www.fuchs-oil.de. G.: Mannheim, 19. Jan. 1939. V.: Lilo, geb. Werle. Ki.: Susi (1964), Stefan (1968). El.: Rudolf u. Irma, geb. Schmitt. S.: Gymn., 1958 Abitur, div. Bank- u. Ind.-Praktika z. Studien- u. Berufsvorbereitung, 1958-62 Stud. BWL Univ. Mannheim, Dipl.-Kfm., 1964 Prom. K.: 1962 Eintritt ins Berufsleben, Prok., sodann persönl. haft. Ges. d. Familienges. u. nach d. Umwandlung 1972 in eine GmbH & Co KG Gschf., b. 1984 konzernltd. Oberges. zahlr. In- u. Auslandsges., seit 1975 persönl. haft. Ges. d. Fuchs Beteiligungses. KG Mannheim, 1984 Umwandlung in eine AG, Bestellung z. Vorst.-Vors. M.: Vorst.-Mtgl. d. Mineralölwirtschaftsverb. Hamburg, Ehrenmtgl. d. Vorst. d. Europ. Union unabhängiger Schmierstoffverb. in Paris, BDI Mittelstandsaussch., VPräs. IHK Rhein-Neckar, Vorst.-Mtgl. d. Ges. d. Freunde d. Univ. Mannheim. H.: Skifahren, Reiten, Bild. Kunst u. Malen, klass. Musik.

Fuchs Martina *)

Fuchs Matthias *)

Fuchs Matthias *)

Fuchs Michael
B.: Pianist, Komponist. PA.: 01217 Dresden, Brückenweg 1b G.: Löbau, 10. Okt. 1953. V.: Ilona, geb. Becker. Ki.: Alexander. El.: August u. Hedwig. S.: 1974 Abitur, 1974-79 Stud. a. d. HfH C.M.v. Weber Dresden b. Günter Hörig Klavier u. Rainer Lischka Komposition. K.: seit 1979 freiberuflich, Lehrtätigkeit a. d. HfM - Fach Komposition (Klavier, Jazz). P.: Chansonabende m. versch. Interpreten, Jazzkonzerte, Musik f. Trick- u. Dokumentarfilme (über 50), Programme m. Friedrich-Wilhelm Junge, Begleitung d. Nachwuchsfestivals, 20 Theatermusiken. E.: Preis d. Schallplatte i. Frankfurt 1985, 1. u. 2. Preis b. Interpretenwettbewerb 1980. H.: Fußball. (H.W.)

Fuchs Michael *)

Fuchs Michael Joachim

B.: Florist, Chefdekorateur. FN.: Hotel Intercontinental Berlin. DA.: 10787 Berlin, Budapester Str. 2. G.: Geislingen-Steige, 2. Feb. 1960. V.: Lebenspartner Frank Ketterer. El.: Gerhard u. Christa, geb. Stäbler. BV.: Schwester d. Großvaters - Sopranistin an d. MET in New York, Onkel d. Mutter - Physiker - Zusammenarbeit m. Wernher v. Braun. S.: 1976-79 Floristiklehre b. Berthold Gerok. K.: 1981-83 Florist in Wiesbaden, 1983-84 Florist in einem renommierten Unternehmen in Frankfurt/Main, 1984-86 selbst. m. eigenem Blumengeschäft u. d. Stylisten Christian Krause, 1987-89 Mitarb. f. amerikan. Veranstalter als Ausstatter f. Hoteldekorationen, First Class Airlines, Lufthansa Partyservice etc., seit 1989 Zusammenarbeit mit B. Thorer - Sonderschauen, Mes-

*) Biographie www.whoiswho-verlag.ch oder beigefügte CD-ROM

segestaltungen, Veranstaltungen f. namhafte Firmen, 1997-98 Florist u. Stylist b. "Goethe-Blumen" in Frankfurt/Main, 1998-2001 Florist in Berlin/Charlottenburg, seit 2001 Chefdekorateur im Hotel Intercontinental, Supervisor im hoteleigenen Blumengeschäft. E.: 1983 Silb. Rose. M.: Golfclub Dillenburg. H.: alles Musische, Golf, Sprachen.

Fuchs Nikolaus Dr. rer. oec. Prof. *)

Fuchs Norbert *)

Fuchs Ottmar Otto Dr. theol. Dr. habil. Univ.-Prof. *)

Fuchs Peter Prof. *)

Fuchs Rainer Dr. rer nat. Prof. *)

Fuchs Rainer Dr.

B.: Chefarzt i. R. PA.: 77933 Lahr, Bertholdstr. 67. G.: München, 27. Juli 1934. V.: Ursula, geb. Raisch. Ki.: Dr. Eva Braun, Petra Haller. El.: Franz u. Luise. BV.: Großvater - Gründer d. Brauerei Forst u. Gründer d. Stadt Meran als Kurstadt. S.: 1953 Abitur Bad-Tölz, 1953-59 Stud. Med. Hamburg u. München, 1959 Staatsexamen u. Prom. K.: 1959-61 Med.-Ass. an versch. Kliniken in München, 1961-66 wiss. Ass. an d. Univ.-Frauenklinik in Würzburg, zuletzt OA, versch. wiss. Arb. u.a. über Zusammenhang zw. Gliedmaßenmißbildungen bei Neugeborenen u. d. Einnahme d. Schlafmittels Contergan, 1966-70 OA an d. städt. Frauenklinik d. Katharinenhospitals in Stuttgart, 1970-94 Chefarzt d. gynäk. Klinik in Lahr u. glz. Ltr. d. Hebammenschule d. DAG in Lahr. F.: Beteiligung an d. Hochland AG, 88178 Heimenkirch. P.: mehrere Abhandlungen über "Gliedmaßenmißbildungen bei Neugeborenen unter Einnahme von Contergan". M.: 1997 Grdg. d. Freundeskreises Klinikum Lahr. H.: Wirtschaftswissenschaften, Skifahren, Schwimmen.

Fuchs Richard Thomas Josef Georg *)

Fuchs Richard *)

Fuchs Roland Dr. med. Prof. *)

Fuchs Rosemarie *)

Fuchs Rüdiger *)

Fuchs Ruth Dr.
B.: Dipl.-Sportlehrerin, MdB. FN.: PDS. DA.: 11011 Berlin, Platz d. Republik 1, Wahlkreisbüro: 07545 Gera, Amthorstr. 11. G.: Egeln, 14. Dez. 1946. S.: 1964 Abitur EOS Güstrow, Kinder- u. Jugendsport, DDR-Meisterin Leichtathletik, 1964-66 MTA-Ausbildung Medizin. Fachschule Zwickau, daneben Sportclub Karl-Marx-Stadt heute Chemnitz, auch DDR-Meisterin Speerwerfen. K.: 1966-68 SC Leipzig Speerwerfen, MTA in Sportmedizin, 1968-90 SC Motor Jena, berufl. Med. Fachschule d. Univ. Jena, 2mal Olympiasiegerin im Speerwurf (München), 1972-80 Prägung d. Leistungsspitze Speerwurf, 1980 International Amateur Athletic Commission, 1972-81 Fernstud. Diplom-Sportlerin DHfK Leipzig, 1981 Diplom, 1981-84 Prom., 1984-91 wiss. Ass. Univ. Jena, 1991 stellv. Landesvors. PDS Thüringen, 1991-92 3 Monate arbeitslos, seit 1992 MdB. P.:

"Gott schütze unser dt. Vaterland" - Erlebnisse einer Volkskam.-Abg.", "Lorbeerkranz u. Trauerflor. H.: Lesen, histor. Romane, Sport, Tiere, Hunde, Pferde, Aquarium, Gartengestaltung. (Re)

Fuchs Susanne Dipl.-Ing.
B.: Landschaftsarchitektin. FN.: arc grün Landschaftsarchitekten. DA.. 90409 Nürnberg, Veillodter Str. 1. fuchs@arc-gruen.de. www.arc-gruen.de. G.: München, 12. Mai 1954. V.: Klaus Fuchs. Ki.: Sophie (1985), Moritz (1989). El.: Wolfgang u. Johanna. S.: 1973 Abitur, 1974 Praktikum Baumschule Berlin, 1973-74 Stud. Geologie FU Berlin, 1974-80 Stud. Landschaftsplanung TU Berlin, 1980 Abschluß Dipl.-Ing. K.: 1981 tätig im Bereich Landschafts- u. Ortsplanung in d. Firma Grebe in Nürnberg, 1982-85 selbständig im Bereich Stadterneuerung in Nürnberg, b. 1996 tätig in d. Firma Grebe, seit 1996 selbständig im Bereich, Landschaftsplanung, Dorferneuerung u. Bauleitung in Nürnberg, 1999 Grdg. d. Büro arc grün-Landschaftsarchitekten. M.: BDLA, SRL, Bayr. Architektenkammer - Arbeitsgruppe Städtebau u. Landesplanung. H.: Musik, Chorgesang, Natur, Wandern, Architekturgeschichte.

Fuchs Thorsten *)

Fuchs Walter Wilhelm Dipl.-Ing.

B.: Redakteur, Musikjournalist, Hörfunkmoderator. FN.: Radio RPR. DA.: 67059 Ludwigshafen, Turmstr. 8. Walter.Fuchs@radio-rpr.de. www.radio-rpr.de. G.: Offenburg, 30. Dez. 1935. V.: Marianne, geb. Richter. Ki.: Patrick, Boris. El.: Wilhelm u. Hedwig, geb. Schott. S.: Stud. Nachrichtentechnik, Nordamerikan. Geschichte u. Folklore, Schwerpunkte Jazz u. Country Music. K.: 1970-75 fester freier Mitarb. SWF Baden-Baden, 1975-89 Mitarb. f. Country Music SWF 3 Baden-Baden u. SDR 3 Stuttgart, 1989-94 Radio Victoria Baden-Baden, 1994-96 Radio Ohr in Offenburg, seit 1991 RPR Eins u. RPR Zwei, 1982-94 Mitarb. "Inflight Entertainment - Country Club" d. Deutschen Lufthansa, 1987-97 Mitarb. Phonozeitschrift Stereoplay, Country Music Jamborees o. Bäder- u. Kurverwaltung Baden-Baden, seit 1995 regelmäßiger Seminarltr. b. d. Friedrich-Ebert-Stiftung z. Thema Country Music, Entstehung u. Entwicklung m. politischen u. sozialen Hintergründen. P.: Die Geschichte d. Country Music (1980), Das Buch d. Country Music (1988, Neuauflage 1990), Ein Buch über d. Leben v. Johnny Cash (1989). E.: 1974 Ehrenbürger d. U.S. Bundesstaates Tennessee, 1993 Pioneer Award d. German American Country Music Federation, 1995/96 King Eagle Award v. Airplay International in Nashville, 1997 d. International Broadcaster Award d. Country Music Association in Nashville, 2000 d. Country Music Spirit Europe, 2000 d. American-Tie Berlin, 2000 Medien Award f. d. Sendung "RPR Zwei Country Time" v. d. German American Country Music Federation. M.: Country Music Association (CMA) in Nashville. H.: Musik.

Fuchs Werner
B.: Vorst. FN.: Photo Porst AG. DA.: 91126 Schwabach, Am Falbenholzweg. G.: Sulzbach/Rosenberg, 7. Jan. 1949. V.: Albertine, geb. Seidl. S.: Gymn., 2 J. Handelsschule, 1965 Mittlere Reife, 2 J. Kaufmannslehre, Kfm.-Gehilfenbrief, Ausbild. b. Firma Bahlsen Hannover. K.: jüngster Bez.-Reisender, Franchising in Brotvertriebbetrieben, Verkaufsförd., Einführung u. Haltbarkeitsdatums, Verkaufsförd.-Ass. Firma Porst, Akquisition im Agenturgeschäft quer durch Deutschland, Franchising b. Foto-Quelle, Vorst. b. Photo Porst AG. M.: Vorst. Tennisclub. H.: Tennis, Musiker (Schlagzeug, Sänger).

*) Biographie www.whoiswho-verlag.ch oder beigefügte CD-ROM

Fuchs Werner Dr. *)

Fuchs Werner Dr. *)

Fuchs Werner Rudolf Dr. em. Prof. *)

Fuchs Wilfried *)

Fuchs Wolfram Franz *)

Fuchs-Belhamri Elisabeth Dr.

B.: Museumsltr. FN.: Wenzel-Hablik-Museum. DA.: 25524 Itzehoe, Reichenstr. 21. G.: Kiel, 23. Okt. 1954. V.: Noureddine Belhamri. El.: Roland u. Frauke Fuchs. BV.: Familie Sager Lederfabrikanten aus Neumünster. S.: 1974 Abitur, 1974-75 Stud. Kunstgeschichte u. klass. Archäologie in Kiel, 1975-77 Stud. d. Kunstgeschichte, Volkskunde u. klass. Archäologie Univ. in Freiburg, 1977-84 Stud. Kunstgeschichte, Volkskunde u. Ethnologie Univ. Göttingen, 1984 Prom. z. Dr. phil. K.: 1985-86 wiss. Mitarb. d. Heimatver. in Gütersloh, Konzeption z. Neueinrichtung d. Stadtmuseums, 1987-90 Volontariat Schleswig-Holstein. Landesmuseum Schloß Gottorf, Mitarb. an Ausstellungen u. Öff.-Arb., 1990-91 freischaff. Autorin, 191-95 wiss. Mitarb. d. Wenzel-Hablik-Stiftung, seit 1995 Ltr. d. Wenzel-Hablik-Museums, europaweite Ausstellungen. P.: Günter Günschel Architekten. Denkspiele, Ausstellungskatalog (1999), Wenzel Hablik Innenarchitektur u.Design, Ausst.Kat. (1998), Karsten K. Krebs Architektur, Innenarchitektur, Design (1997), Wenzel Hablik Bilder aus dem Orient, Ausst.Kat. (1997). E.: 1999 Europ. Museumspreis. M.: Arge Kunsthandwerk. H.: Städtereisen, Segeln, Wassersport.

Fuchs-Bortfeldt Achim *)

Fuchs-Guksch Ingrid *)

Fuchs-Halbgewachs Marina *)

Fuchsberger Hans-Joachim

B.: Schauspieler, Fernsehmoderator, Autor. PA.: 82031 Grünwald, Hubertusstr. 62. G.: Stuttgart, 11. März 1927. V.: Gundula, geb. Kothe. Ki.: Thomas. El.: Wilhelm u. Emma. S.: Realgymn. K.: 1945 Bergmann, 1947 Werbe- u. Ausstellungsltr., 1949 Rundfunksprecher b. Bayer. Rundfunk, 1952 Conferencier, seit 1954 85 Spielfilme, ca. 350 Fernsehshows u. Filme, 1972 Sprecher d. XX. Olymp. Spiele in München, Auszug a. d. Filmographie: 08/15-Trilogie (1954/55), Symphonie in Gold (1956), Die Zwillinge vom Zillertal (1957), Das Mädchen mit den Katzenaugen (1958), Der Frosch mit der Maske (1959), Die toten Augen von London (1960), Die seltsame Gräfin (1961), Il terrore di Notte (1962), Zimmer dreizehn (1963), Der Hexer (1964), Io la conoscevo bene (1965), Lange Beine, lange Finger (1966), Der Tod läuft hinterher (1967), Im Banne des Unheimlichen (1968), Schreie in der Nacht (1969), Das Geheimnis der grünen Stecknadel (1972), Das fliegende Klassenzimmer (1973), Gefundenes Fressen (1977), Il Grande Fuoco (1995), The Fourth King, Il quarto re (1997), Tristan und Isolde (1999), Der Priestermacher (2001). F.: Inh. Greenwood Productions u. Publications GmbH. P.: Ungeplante Abenteuer, Erinnerung an eine Krankheit, Guten Morgen, Australien. E.: 1980 Bayer. VO, Botschaft f. UNICEF in d. BRD, BVK 1. Kl., Gold. Bambi, Intern. Filmband in Silber, Gold. Kamera, Gold. Schallplatte, Gold. Bildschirm, 1994 Gr. BVK. H.: Kochen, Golf, Autosport.

Fuchsberger Thomas

B.: Komponist, Musiker. FN.: Jack White Productions AG. DA.: 10715 Berlin, Uhlandstr. 173. www.fuchsberger-online.de. El.: Hans-Joachim "Blacky" Fuchsberger (Schauspieler, Fernsehmoderator, Autor) und Gundula. S.: 1977 Stud. Musik am Richard-Strauss-Konservatorium München, 1979 Stud. Musik am Berklee College of Music Boston. K.: 1979 erste Schallplattenaufnahmen in Nashville, Tennessee, 1981 u. 1982 Teilnahme am Grand Prix de la Chanson, dt. Endausscheidung, 1981 erster Schallplattenvertrag, seither ca. 35 Single-Veröff., darunter "Black & White", Top Ten-Hit in Deushland, Österr., Schweiz, seit 1985 Filmmusiktätigkeit u.a. ZDF-Produktion "Abenteuer in Bangkok" m. Armin Müller-Stahl, "Großstadtrevier" f. Jürgen Roland, RTL-Serie "Unsere Schule ist d. beste" m. Elmar Wepper, 1989 "Psst" Game-Show m. Harald Schmidt, seit 1988 Musik zu 18 Folgen d. ARD-Dokumentationsserie "Terra Australis", dazwischen Musik f. Werbefilme u.a. f. "Kraft" (Tomatenketchup), "Margaret Astor", "Jacobs", "Mercedes Benz", "BMW", "L'Oreal", "Burda", "Sixt" etc.

Fuchsius Hans-Klaus Dr. iur.

B.: RA, Vers.-Unternehmer, Ges. spezialisierter Vers.-Vermittlungsges. FN.: HKH - Versicherungsdienst Cologna Insurance Broker OHG, Dr. Fuchsius GmbH. DA.: 50672 Köln, Hohenzollernring 51. G.: Köln, 27. Aug. 1939. V.: Vera, geb. Hagemeister. Ki.: Caroline (1972), Nicolas (1974). El.: Hans u. Lilly, geb. Wilden. S.: 1957 Abitur, Stud. Freiburg, Berlin u. Köln, 1969 Prom. K.: Anw., anschl. Tätigkeit i. d. Vers.-Branche, 1973 Eintritt u. Übernahme d. elterl. Unternehmens. BL.: Entwickl. v. spez. Vers.Konzepten f. einzelne Unternehmensbranchen. P.: Aufsätze i. Fachzeitschrft., Buch: "Das Quotenrecht i. d. Privat-, Beamten-, Sozialversicherung". M.: Vers.-Aussch. d. IHK Förderkreis d. Wallraf Richard-Museums. H.: Sport, Golf, Tennis, Surfen, Ski. (P.P.)

Füchsl Franz *)

Fuchslocher Hermann Dipl.-Kfm. *)

Fuchsmann Boris *)

Fuchß Gisela Dr. San.-Rat *)

Fuchssteiner Benno Dr. Prof. *)

Fuchtel Hans-Joachim

B.: Rechtsanwalt, MdB. DA.: 11011 Berlin, Platz d. Republik 1. PA.: 72213 Altensteig, Ginsterweg 7. G.: Sulz am Neckar, 13. Febr. 1952. Ki.: Georg (1980), Maria (1981), Peter (1982), Luise (1985). El.: Konrad u. Edelgard. S.: Abitur, Stud. Rechts- u. Wirtschaftswiss. Univ. Tübingen, 1979/80 2. Jur. Staatsexamen. K.: 1979 in d. höheren Verw.-Dienst d. Landtages v. Baden-Württemberg (Mitarb. u. Min.-Präs. Erwin Teufel), 1982 RR, 1984 ORR, 1986 ParlamentsR., v. Landtag abgeordnet z. CDU-Landtagsfraktion als parlamentar. Berater, 1989 Eintritt in d. JU u. CDU, 1975-87 StadtR. in Altensteig, mehrere J. 1. Bgm.-Stellv., seit 1979 Mtgl. Calwer Kreistag, Schriftführer, Mtgl. d. Haushaltsausschuss, stellv. Vorsitz. d. Rechnungsprüfungsausschuss, s. 1987 MdB. M.: austral., afrikan. Parlam. Gr., Ehrenpräs. d. Kamelvereins Fatamorgana, Präs. d. THW-Bundesvereinigung e.V., Vors. d. Blasmusiker Landkreis Calwer. (Re)

Fuchtler Andreas

B.: Vers.-Fachmann BMV, Mitinh. FN.: WWK Service Center. DA.: 91074 Herzogenaurach, Niederndorfer Hauptstr. 20. PA.: 41569 Rommerskirchen, Fichtenstr. 2. G.: Jüchen, 6. Apr. 1964. V.: Silvia, geb. Adendorf. Ki.: Dominik (1983), Pierre (1988), Dajana (1989). El.: Horst u. Margot, geb. Carl. BV.: Familie ist

---

*) Biographie www.whoiswho-verlag.ch oder beigefügte CD-ROM

Fuchtler

seit d. 15. Jhdt. in Schlesien nachweisbar. S.: b. 1983 Lehre als Energieanlagenelektroniker, 8 J. b. d. Bundeswehr als Radartechniker d. Luftwaffe, Lehre als Einzelhdls.-Kfm. K.: selbst. Tätigkeit als Werbegrafiker gemeinsam m. einem Partner, 1996 Eintritt in d. WWK-Organ., 1998 Wechsel nach Herzogenaurach u. Eröff. d. WWK Service Centers m. seinem Partner Alex Heigl. BL.: Fußballtrainer d. A-Kl. Jugendarb. u. Trainer d. Bez.-Liga Damenmannschaft d. SV Kleinbeuren. E.: zahlr. WWK-interne Ehrungen. H.: Leben m. d. Familie, Fußball, Autorennen: Formel 1-Fan.

Füchtner Sigrid Magda
B.: Steuerberaterin, selbständig. DA.: 24113 Molfsee, Rammsmoor 12. G.: Elbing, 3. März 1944. S.: 1960-63 Lehre als Steuerfachgehilfin. K.: 1963-71 Steuerfachgehilfe, 1971 Steuerbevollmächtigte, seit 1971 selbständig, 1973 Steuerberaterin. M.: Steuerberaterverband Schleswig-Holstein. H.: Hund, Musik, Kochen.

Fucke Marlies Dipl.-Ökonom *)

Fücking Rainer H. Dipl.-Ing. *)

Fücks Ralf
B.: Vorst. FN.: Heinrich Böll Stiftung. DA.: 10178 Berlin, Rosenthaler Str. 40/41. info@boell.de. G.: Edenkoben/Pfalz, 3. Aug. 1951. Ki.: 2 Kinder. S.: Gymn., 1969 Abitur, Dipl.-Sozialwissenschaftler. K.: Lehrbeauftragter, VHS-Dozent, Red., Lehrer, b. z. Mandatsübernahme wiss. Mitarb. d. Fraktion DIE GRÜNEN, Tätigkeit als freier Journalist, seit 1985 Mtgl. d. Brem. Bürgerschaft, 1989/90 Bundesvorstandssprecher Die Grünen, 1991-95 Senator f. Umweltschutz u. Stadtentwicklung in Bremen, seit 1996 Vorst.-Mtgl. d. grünnahen Heinrich Böll Stiftung, 2000/ 2001 Mtgl. d. Zuwandererkommission d. Bundesregierung, Mtgl. d. Gesundheitsprogramm - Kommission v. 90/Die Grünen.

Fudeus Heidi

B.: Goldschmiedemeisterin, Inh. FN.: H. + M. Fudeus - Goldschmiede im Forum. DA.: 12163 Berlin, Schloßstr. 1. PA.: 12305 Berlin, Kettinger Str. 105. G.: Berlin, 5. Dez. 1941. V.: Manfred Fudeus. Ki.: Ariane-Nadine (1978), Marius (1981). El.: Erhard u. Hildegard. S.: 1956-59 Lehre als Goldschmied in Berlin, 1959-64 Gehilfenj. in Berlin. K.: 1964 Goldschmiedemeister - selbst. m. eigener Werkstatt, seit 1970 eigenes Geschäft im Forum Steglitz u. Werkstatt, Ausbild.-Betrieb. E.: 1988 u. 1998 Ausz. f. herausragende Leistungen u. vorbildl. Engagement in d. Berufsausbild. M.: Innung. H.: Wassersport - Segeln, Motorboot, Skifahren.

Fudickar Georg Dr. med. *)

Fuehner Wilfried *)

Fuest Bernhard
B.: Gschf. FN.: Stracon GesmbH DA.: 47441 Moers, Carl-Peschken-Straße 5d G.: Oberhausen, 3. Jän. 1952. V.: Annette, geb. Gröber. Ki.: Benjamin (1982), Basitian (1984). El.: Bernhard u.

Irmgard, geb. Samp. S.: 1968 Fachabitur Mülheim, 1968-73 Stud. Maschinenbau u. Marketing in Duisburg. K.: 1975-77 Assistent d. Geschäftsleitung der Allianz in Duisburg u. Frankfurt/Main, 1977 Gründung der Finanz & Bau Unternehmensberatungs u. Verwaltungs-GmbH in Duisburg. F.: Geschführer d. Parkklinik Management GmbH, Geschäftsführer d. LIFE GmbH.

Füg Dieter Dr.-Ing. habil. Prof. *)

Fuge-Dierking Engeline-Gesine Dr. *)

Fuggenthaler Rainer Johannes *)

Fugger Reiner F. Dipl.-Designer *)

Fugmann Frank Dipl.-Kfm. Dipl.-Phys. *)

Fugmann-Heesing Annette Dr. *)

Fuhlendorff Peter *)

Fuhlisch Günter *)

Fuhlrott Rolf M. Dr.-Ing. *)

Fuhr Anna-Marina

B.: Raumausstatterin, Mitinh. FN.: Home Geschenke u. Dekorationsart. DA.: 38100 Braunschweig, Burgpassage 13. G.: Riga, 23. Juni 1974. V.: Christian Fuhr. S.: 1994-97 Lehre Raumausstatterin Gifhorn. K.: 1998 Eröff. d. Fachgeschäftes in Braunschweig u. 1999 Eröff. d. Geschäftes in d. Burgpassage, E.: Gesellenprüf. als Innungsbeste. H.: Dekorieren, Firma, Beruf, Tanzen, Malen.

Fuhr Ernst W. Dr. iur. Prof.
B.: RA. PA.: 55130 Mainz, Am Viktorstift 31. mainz@frommmaurer.de. G.: Bad Kreuznach, 12. Feb. 1925. V.: verw. seit 1990. Ki.: Mario, Marina. El.: Ernst u. Anna, geb. Fuhr. S.: Gymn. Bad Kreuznach, 1943 Abitur, 1943 Reichsarbeitsdienst, 1944-45 Kriegsmarine, 1946-49 Stud. Rechts- u. Staatswiss. Univ. Mainz, 1952 Gr. Jur. Staatsprüf., 1952 Jur. Prom. Mainz. K.: 1953-62 Landesreg. Rheinland-Pfalz (zul. ORR Landesvertr. Bonn), 1961/62 Ltr. d. Geschäftsst. d. Rundfunkkmsn. d. Ministerpräs. d. Länder (Wahrnehumng d. Interessen d. ZDF bis zu dessen Handlungsfähigkeit), wiss. BeiR. d. Zeitschrift f. Urheber- u. Medienrecht, 1962-90 Justitiar d. ZDF, 1991/92 Medienrechtlicher Berater d. Landesreg. Thüringen V: Thüringen, seit 1992 als RA tätig. P.: Das Recht d. Fernsehens auf freie Berichterstattung (1976), Komm. z. ZDF-Staatsvertr. (Hrsg. u. Mitverf., 2. Aufl. 1985), Ordnung u. Konflikt als Strukturelemente e. födera-

*) Biographie www.whoiswho-verlag.ch oder beigefügte CD-ROM

len Rundfunkorg. (1986), "Der medientechnologische Wandel als Gestaltungsaufgabe d. Rundfunkrechts" (1987), zahlr. Art. E.: BVK am Bande, BVK 1. Kl., Hon.-Prof. d. Länder Rheinland-Pfalz u. Nordrhein-Westfalen. M.: Intern. Presse (IPI) u.a. AR-Mtgl.sch. H.: Sprachen: Englisch.

Fuhr Günter R. Dr. rer. nat. Prof.

B.: Dir. FN.: IBMT Fraunhofer Institut Biomedizinsche Technik. GT.: div. Auslandsaufenthalte u.a. USA, GB u. Frankreich. DA.: 66386 St. Ingbert, Ensheimer Str. 48. guenter.fuhr@ibmt.fhg.de. www.ibmt.fhg.de. G.: Radebeul, 29. Juli 1953. V.: Ellen, geb. Hertz. Ki.: Antonie (1983), Ida (1987). S.: 1970 Abitur, 1971-75 Stud. Elektronik u. Halbleitertechnologien an d. TU Dresden, Diplom, 1978-81 Aufbaustudium Biophysik an d. Humboldt-Univ. zu Berlin, 1981 Prom. z. Dr. rer. nat., 1984 Forschungsaufenthalt in Moskau, 1985 Habil. K.: 1975-78 Technologische Ltg. d. elektronischen Kameraproduktion b. "Pentacon" in Dresden, 1978-89 wiss. Arbeit an d. HU zu Berlin, Fachbereich Biologie, 1992 Ordinariat f. Biologie an d. WU Wien, 1993 C4-Prof. im Inst. f. Biologie an d. HU zu Berlin, 1994-96 Prodekan d. Mathem.-Naturwiss. Fak. I, 1996 Gastprof. an d. Nagoya-Univ. Japan, 2000 Grdg. d. Zentrums f. Biophysik u. Bioinformatik an d. HU zu Berlin, 1. Gschf. Dir., 2001 C4-Prof. f. Biotechnologie & Medizintechnik an d. Univ. d. Saarlandes, seit 2000 Dir. d. Fraunhofer Inst. f. Biomedizinische Technik m. seinen Standorten in St. Ingbert, Brandenburg/Berlin, USA u. China. BL.: seit 1994 Planung, Durchführung u. Ltg. v. 7 Polarexpeditionen u.a. erste gelungene Installation einer Schneealgenlaborkultur. P.: mehr als 170 Beiträge u. Artikel, 48 Patente, davon 26 Lizenzvergaben. E.: Innovationspreis d. Landes Berlin (1991). M.: Dt. Ges. f. Biophysik.

Fuhr Mario Ernst Hermann *)

Fuhrberg Sibylle

B.: Ganzheitskosmetikerin, Inh. FN.: Schönheits- u. Gesundheitspraxis Lulu's Inst. DA.: 26122 Oldenburg, Hindenburgstr. 14. G.: Bremen, 16.Mai 1955. V.: Rolf, geb. Handwerk. Ki.: Nils (1982). El.: Günther-Horst u. Irmgard Fuhrberg, geb. Dittrich. S.: Ausbild. Drogistin, 1975 Abschluß Kosmetikfachschule Bremen, Ausbild. Fußpflege, Shiatsu-Fastenltr., Ernährungsberatung, Farb-, Typ- u. Stilberatung u. Fußreflexzonen. K.: 1975 Kosmetikerin auf d. Schönheitsfarm Seela in Bad Harzburg, seit 1976 Eröff. d. Inst. m. Kurbad Vienenburg, seit 1976 Eröff. d. Inst. m. Schwerpunkt Naturkosmetik, natürl. Lebenskunde, Verbindung v. Körper, Geist u. Seele. H.: Natur, Tiere, Sport, Astrologie u. Esorterik.

Führen Leo *)

Fuhrer Rudolf Dr. med. *)

Führer Brigitte *)

Führer Hans-Jürgen SanitätsR.

B.: Arzt f. Innere Med. DA.: 10439 Berlin, Erich-Weinert-Str. 53. G.: Berlin, 17. Sep. 1934. V.: Christa, geb. Förster. Ki.: Andreas (1964), Sabine (1965), Kathrin (1969). El.: Johannes u. Charlotte, geb. Radloff. S.: 1952 Mittlere Reife Handelsschule, 1952-55 tätig in Außenhdl. Berlin, 1958 Abitur 2. Bild.-Weg ABF Berlin, 1959-65 Stud. Med. Humboldt-Univ. Berlin. K.: während des Stud. Ass. u. Praktikum am KH Friedrichshain u. am KKH Wriezen, 1966-67 tätig in d. Psychiatrie u. Neurol. am KH Lübbeb, 1967-73 tätig am Klinikum Buch, FA-Ausbild. in Innere Med., 1975 tätig an d. Rheumaklinik Buch, 1975-80 Arzt an versch. Polikliniken in Berlin, 1980-91 Ltg. einer staatl. Praxis als Internist, seit 1991 ndlg. Internist. P.: div. Art. in klinikinternen Fachzeitschriften. E.: SanitätsR. M.: Bund d. Internisten, Hartmannbund. H.: Autofahren, Reisen, Beruf.

Führer Helga M. M. *)

Führer Helmut K. E. *)

Fuhrhop Jörg Dipl. Ing. *)

Fuhrken Jörn
B.: RA. FN.: Kanzlei Fochler Kolb Fuhrken. DA.: 20095 Hamburg, Schauenburgerstr. 52. contakt@fkf-hamburg.de. G.: Oldenburg, 9. Juni 1970. S.: 1990-96 Stud. Rechtswiss. Univ. Marburg, Univ. Hamburg. K.: 1996-97 Rechtswaystem am Hamburger Inst. f. Wohnforschung, 1997-99 Referendariat OLG Hamburg, Verw.-Hochschule Speyer, Baker & McKenzie Manila, 1999 Kanzleigründung in Oldenburg, 2000-2001 Sozius bei Rae Helmke Hamburg, seit 2001 Sozius bei Fochler Kolb Fuhrken, Schwerpunkte Arbeitsrecht, Privates Baurecht, Sportrecht, neue Medien; Mietexperte beim Radio NDR 2, Spielberater. M.: Basketballspieler, Teilnahme an 3 DM, 2. Bundesliga; 1992-93 Vizepräs. Bundesvorst. v. ELSA. H.: Tauchen, Snowboarding, Backpacking.

Fuhrmann Arne
B.: MdB, Sozialpädagoge. DA.: 11011 Berlin, Platz d. Republik 1. PA.: 21385 Amelinghausen, Wohlenbütteler Str. 9. G.: Kattowitz, 5. Juni 1941. V.: Monika, geb. Danisch. Ki.: Brit (1963), Eggo (1965), Nils (1967), Ingar (1974). El.: Dipl.-Vw. Heinz u. Erdmuthe. S.: HASCH, 1958 Wehrdienst, Stud. FH Göttingen. K.: 1972 Sozialpädagoge, Arb. Kinderheim, 15 J. Stadtaltenpflege Lüneburg, 1968 Eintritt Partei, 1990 MdB. M.: ÖTV, versch. regionale Ver., Dt.-Finn. u. Dt.-Skandinav. Parlamentar. Gruppe. H.: Fischen, Reiten. (Re)

Fuhrmann Edwin Max *)

Fuhrmann Frank
B.: Unternehmer, Inh. FN.: Werbeagentur Fuhrmann. DA.: 38642 Goslar, Carl-Spitzweg-Weg 12. G.: Fulda, 4. Nov. 1962. Ki.: 1 Kind. El.: Rolf G. u. Renate, geb. Steffen. S.: 1983 Abitur, 1983-87 Stud. Passau. K.: 1987-89 Kontakter u. Texter in d. Werbeagentur FFP in Braunschweig, 1989-90 PR-Lteiter d. Verlagsges. Medzak in Hannover, 1990-96 Marketingleiter in d.

*) Biographie www.whoiswho-verlag.ch oder beigefügte CD-ROM

Maschinenfbk. Kurt Neubauer in Wolfenbüttel, 1996 Grdg. d. Werbeagentur als Spezialagentur f. Investitionsgüter m. d. Schwerpunkt Design, Marketing u. Messeconsulting. P.: Fachart. u. Pressemitteilungen f. d. Branche Großküchentechnik. M.: Vorst.-Mtgl. d. Kulturkreis Goslar, FFV Hornburg. H.: Theater, Regisseur am Altstadttheater Hornburg, literarische Lesungen auf kulturellen Veranstaltungen, Zeichnen m. Kohle u. Bleistift.

Fuhrmann Gaby *)

Fuhrmann Holger *)

Fuhrmann Horst DDr. phil. iur. h.c. Prof. *)

Fuhrmann Horst-Günter *)

Fuhrmann Joachim Dr. iur.
B.: RA u. Notar, Seniorpartner d. Sozietät Fuhrmann, Wallenfels & Partner Berlin, Wiesbaden, Frankfurt/Main u. Leipzig. DA.: 10719 Berlin, Kurfürstendamm 224. PA.: 14193 Berlin, R.-Strauss-Str. 27. G.: Zerbst, 8. Nov. 1928. V.: Margarete, geb. Kreuzberger. Ki.: Alexandra (1956), Markus (1958), Rebekka (1966). El.: Dr. iur. Walter u. Margarete. S.: 1947 Abitur, 1949-55 Stud. d. Rechtswiss. in Marburg, München u. Berlin, 1955 1. Staatsexamen, 1958 Prom., 1959 2. Staatsexamen. K.: Seit 1959 als Anw. zugelassen, seit 1970 als Notar tätig. M.: 1981-84 Vorst.Mtgl. RA-Kam. Berlin, Ges. d. Freunde d. Staatl. HS f. Musik u. Darstell. Kunst, Rotarier. H.: Theater, Musik, Garten- u. Baumkultur. (D.R.)

Fuhrmann Jürgen Dr. med. *)

Fuhrmann Jürgen Dr. rer. nat. Prof. *)

Fuhrmann Klaus-Dieter
B.: Dipl.-Jurist, freiberufl. RA. FN.: Kanzlei Fuhrmann - Setzer - Riedel. GT.: AR-Mtgl. in d. Gubener Sozialwerken gGmbH, AR-Mtgl. in d. Energieversorgung Guben GmbH. DA.: 03172 Guben, Frankfurter Str. 10. G.: Luckenwalde, 22. Okt. 1956. V.: Carola, geb. Beier. Ki.: Sarah (1985), Oliver (1988). El.: Eugen u. Ursula. S.: 1975 Abitur Luckenwalde, 1975-78 Militärdienst in d. Nationalen Volksarmee, 1978-82 Stud. Jura an d. Humboldt-Univ. zu Berlin, 1982 Abschluss als Dipl.-Jurist. K.: 1983 Prakt. Jahr in d. Rechtsanwaltskanzlei Rinneberg Guben, 1983-90 Ltr. d. Zweigstelle d. Kollegiums d. Rechtsanwälte Cottbus, 1990 freiberufl. RA m. eigener Kzl., seit 1993 m. 2 weiteren Sozien. BL.: 1994-2000 Fraktionsvors. d. CDU im Stadtrat Guben, seit 1994 Abgeordneter im Stadtrat Guben, 1991-96 Vorst.-Mtgl. d. Rechtsanwaltskammer Land Brandenburg. E.: Eintragung in d. Goldene Buch d. Stadt Guben im Zusammenhang m. d. Tätigkeit als Fraktionsvors. d. CDU im Stadtrat Guben, Ehrenmedaille Joachim von Winterfeldt-Menkin. M.: Kreisvorstand d. DRK Guben, seit 1991 in d. Rechtsanwaltskammer d. Landes Brandenburg. H.: Politik, Sport.

Fuhrmann Manfred Dr. phil. Prof.
B.: em. o.Prof. f. Latein. Philol. Univ. Konstanz. PA.: 88662 Überlingen, Auf dem Stein 40. G.: Hiddesen, 23. Juni 1925. V.: Eva, geb. Mezger. S.: Stud. Univ. Freiburg u. Leiden/NL, 1953 Prom., 1959 Habil. K.: seit 1959 Privatdoz. Univ. Freiburg, 1962 Ordinarius Univ. Kiel, 1966 Ordinarius Univ. Konstanz, 1990 em. P.: "Cicero, Sämtl. Reden" (Übersetzung 1970-82), "Die antike Rhetorik" (1984, 1995 4. Aufl.), "Cicero u. d. röm. Rep. - Eine Biographie" (1989, 1997 4. Aufl.), "Rom in d. Spätantike - Porträt einer Epoche" (1994, 1998 3. Aufl.), "Seneca und Kaiser Nero - Eine Biographie" (1997), "Geschichte der römischen Literatur" (1999), "Der europäische Bildungskanon des bürgerlichen Zeitalters" (1999, 3. Aufl. 2000), "Latein und Europa - Geschichte des gelehrten Unterrichts in Deutschland" (2001). E.: 1990 Übersetzerpreis d. Dt. Ak. f. Sprache u. Dichtung. M.: o.Mtgl. d. Ak. d. Wiss. Heidelberg.

Fuhrmann Martin

B.: Dipl.-Math., Gschf. FN.: SWAN Software u. EDV Anwendungsberatung GmbH. DA.: 18069 Rostock, Carl-Hopp-Str. 1. G.: Dalberg, 10. März 1949. V.: Monika. Ki.: Marcus (1968), Wiebke (1977). El.: Friedrich u. Karla. S.: 1966-68 Maschinenbaulehre m. Abitur, 1968-72 Stud. Math. Univ. Rostock, Dipl. K.: 1972-77 Ass. an d. HS Wismar, 1977-92 Mitarb. EDV Rostock, 1990 Studie Nordwasser, 1991 Zusammenarb. m. Firma Command/Ettlingen, 1992 Grdg. d. SWAN Softwareanwendung. BL.: 1963 Dt. Mannschaftsmeister in Rostock, Bez.-Meister im Hochsprung u. Speerwerfen. E.: 1986 Verdienter Aktivist - Projektltr. MAW. H.: Handball, Volleyball, andere Sportarten, Lesen, Rock-Pop-Musik.

Fuhrmann Michael *)

Fuhrmann Michael
B.: Handchir., FA f. Chir. DA.: 13507 Berlin-Tegel, Berliner Str. 15/Am Borsigturm 1. G.: Berlin, 1945. S.: 1967 Abitur Berlin, 1967-73 Med.-Stud., Staatsexamen, 1973-74 Prakt. J., Approb., 1974-86 Ausbild. in Chir. u. Anästhesie am KH Neukölln Berlin, 1979 Beginn d. Spezialisierung auf Handchir., 1982-83 b. D. Buck - Gramcko, Berufsgen. Unfallklinik Hamburg-Bergedorf, seither vorwiegend als Handchir. tätig. K.: 1989-93 OA Unfallchir. KH Neukölln, seit 1993 nur noch Handchir., 1993 Ndlg., Schwerpunkt: Behandlung d. sog. Morbus Sudeck/Dystroph. Syndrom. M.: Arge f. Handtherapie, Berufsverb. d. dt. Chir. H.: Spazierengehen, Radfahren, Lesen, Musik, Hörspiel.

Fuhrmann Roland *)

Fuhrmann Ulrike Prof. *)

Fuhrmann Walter Dr. med. *)

Fuhrmann Werner W. Dr. rer. nat. Dipl.-Mineraloge
B.: Gemmologe, Sachv. u. Gutachter, Inh. FN.: Gemmolog. Laboratorium. DA.: 69469 Weinheim, Höhenweg 7. fuhrmanngemlab@cs.com. G.: Rudolfstadt, 16. März 1939. Ki.: Beate (1966), Karen (1969), Meike (1972), Alexander (1979). El.: Wilhelm u. Else, geb. Bergmann. S.: 1957 Abitur, 1958 Stud. Naturwiss., Geologie, Mineralogie u. Biologie Univ. Freiburg, 1966 Dipl.-Mineraloge Univ. Heidelberg. K.: 1966 wiss. Ass. m. Schwerpunkt Erz- u. Edelstein-Lagerstätten Edelmetalle u. Edelsteine an d. Univ. Heidelberg, 1969 Prom. magna cum laude, seit 1970 Auslandstätigkeiten als Mineraloge u.a. in Zambia u. Australien, 1971 freier Unternehmensberater u. Sachv. f. Lagerstättenuntersuchungen in Lappland, Brasilien u. Ceylon u. ab 1984 in Afrika u. Australien, 1975 Eröff. d. Gemmolog. Laboratoriums in Weinheim m. Schwerpunkt Echtheitsfeststellung u. Bewertung v.

*) Biographie www.whoiswho-verlag.ch oder beigefügte CD-ROM

Edelsteinen u. Schmuck, s. 1975 intern. u. freier Sachv. f. Edelsteine und Schmuck, seit 1983 Marktuntersuchungen u. wiss. Arb. zu Grundlagen u. Kriterien d. Qualitäts- u. Preisbestimmung v. Farbedelsteinen; Funktion: 1976-81 Doz. an d. DeGemG in Idar-Oberstein, 1977 Organ. u. Durchführung geolog. u. edelsteinkundl. Exkursionen in Europa u. Übersee. BL.: Entwicklung d. 1. wiss. fundierten Marktanalysemethode z. Bewertung v. Edelsteinen u. Schmuck, gilt als inter. Experte. P.: "Grundlagen u. Kriterien v. Qualitätswertermittlungen weißer u. naturfabener Diamanten, Farbedelsteine u. Schmuck" (1999). E.: 1982 Aufnahme in d. Verb. INTEREXPERT. H.: Fliegen, private wiss. Forschungen.

Führmann Annette

B.: Friseurmeisterin, Inh. FN.: Friseur Führmann Hair u. Beauty. DA.: 23843 Bad Oldesloe, Mühlenstr. 18. G.: Bad Segeberg, 28. Juni 1963. El.: Hermann u. Ilse Führmann, geb. Sarau. S.: 1979-82 Ausbild. als Friseurin im Salon Finnern Bad Oldesloe. K.: 1982-84 Gesellin im Ausbild.-Betrieb, 1984-86 Erweiterung d. handwerkl. Fähigkeiten in 3 versch. Friseursalons, 1987 Rückkehr in d. Salon Finnern, parallel Besuch d. Meisterschule in Elmshorn, 1988 Meisterbrief d. Handwerkskam. zu Lübeck, 1988 Teilhaberin im Salon Finnern, 1988 Übernahme d. Betriebes, ab 1992 Ausbild. z. Trainerin f. d. Anwendung d. Produkte u. Phil. v. Biosthetique, seit 1994 Fachreferentin m. d Spezialgebiet Dauerwelle, ab 1997 zusätzl. Fachreferentin f. Farbanwendungen, seither Ausbild. v. Friseurmeistern u. Friseurpersonal in über 50 Salons in Deutschland, ab 1996 parallel eine Ausbild. z. Visagistin u. Weiterbild. auf d. Gebiet Betriebswirtschaft, 1999 Grdg. einer Aktivgruppe m. Biosthetikern aus Schleswig-Holstein, 1999 Einsätze als Fachreferentin auf d. Nachbarland Dänemark erweitert. M.: Labothene Academy, Société Francaise de Biosthetique Sekt. Deutschland. H.: Katzen, Fitness.

Fuhse Waltraud *)

Fukai Hirofumi Prof. *)

Fukerieder Jacqueline *)

Fulda Gerhard Dr.
B.: Botschafter. FN.: Deutsche Botschaft Indonesien. DA.: IND-10310 Jakarta, Jl. M. H. Thamrin. germany@rad.net.id. G.: 17. März 1934. V.: Mathilde, geb. Schmidt. KI.: Christian, Bernhard, Andreas, Joachim. BV.: Entw. d. ägyptischen Sozialversicherungsrechts, Diss.-Inter.: Islamische Kunst, Moderne Musik, Sprachen: Engl., Franz., Ital., Arab. S.: Abitur Hamburg, Jurastudium in Hamburg, Freiburg i. Breisgau u. Kairo, 2. jur. Staatsexamen 1969. K.: s. 1970 im Auswärtigen Amt, Auslandsposten bilateral in Marokko, Saudi Arabien, Ägypten, Indonesien, mulitlateral: EU Brüssel, VN Genf, inhaltliche Schwerpunkte: Politik, Völkerrecht, Wirtschaft (insbes. Hochtechnologie, Weltraum, Medizinethik), in Berlin zuletzt stellv. Ltr. der Wirtschaftsabt. d. AA, derz. Botschafter in Indonesien. (Re)

Fulde-Krauss Gabriele *)

Fulghum James Thomas *)

Füllberg Raymond
B.: Einzelhdls.-Kfm. FN.: ehem. Inh. S.A.T. Promotion. G.: Dortmund, 31. Aug. 1958. V.: Ursula Parizsch, geb. Peschel. S.: 1974-77 Ausbild. z. Einzelhdls.-Kfm. K.: 1980 Diskjockey auf Mallorca, 1977 Grdg. d. mobilen Diskothek, seit 1983 selbst. m. eigener Promotionagentur u. ersten Werbeveranstaltungen. P.: zahlr. Veröff. in d. Tagespresse.

Fulle Anke Dipl.-Ing. Architekt *)

Fülle Knut Dipl.-Ing. *)

Fülleborn Ulrich Dr. Prof.
B.: em. Univ.-Prof. FN.: Inst. f. Germanistik. PA.: 91054 Erlangen, Loewenichstr. 11. G.: Ritschenwalde, Prov. Posen, 21. Apr. 1920. V.: Liselotte, geb. Krenz. S.: Reform-Realgymn. Brandenburg/Havel, Stud. Germ., Phil., Angl., Roman. Univ. Berlin u. Hamburg, 1958 Prom. Hamburg. K.: seit 1952 wiss. Ass., 1964 Habil. Hamburg, 1964 Univ.-Doz. Hamburg, ab 1965 o. Prof. u. Mitvorst. d. Dt. Sem. Univ. Erlangen-Nürnbg., 1970-71 Dekan, Ruf Univ. Mainz abgelehnt, Gastprofessuren in USA (3x) u. Australien (2x), Gastvorträge u. a. in Japan, 1988 em. P.: D. Strukturprobl. d. späten Lyrik Rilkes (2. Aufl. 1973), D. dramat. Geschehen i. Werk Franz Grillparzers (1966), D. dt. Prosagedicht (1970), Dt. Prosagedichte d. 20. Jh., Textsammlg. (1976), Materialien zu R. M. Rilkes Duineser Elegien, Bd. I-3 (m. Manfred Engel), 1980 u. 1982, Dt. Prosagedichte v. 18. Jh. b. zur letzten Jahrhundertwende, Textsammlg. (1985), D. neuzeitl. Ich i. d. Lit. d. 18. u. 20 Jh. Z. Dialektik d. Moderne, m. Manfred Engel (1988), Besitzen als besäße man nicht. Besitzdenken und seine Alternativen in der Literatur (1995), Besitz u. Sprache. Offene Strukturen und nicht-possessives Denken i. d. dt. Lit. Ausgew. Aufs. Hg. v. G. Blamberger u.a. (2000), R.M. Rilke, Werke, Komment. Ausg. i. 6 Bdn. (1996), Mithg., Bd. 1 u. 2, Gedichte, komment. v. U. F. u. M. Engel, Aufsätze zur dt. Lit. v. 18.-20 Jh. E.: Grillparzer-Ring 1974, Zur Geschichtlichkeit d. Moderne. Festschrift f. U. Fülleborn, 1982, Studien z. Literatur d. Frührealismus. Festschrift f. U. Fülleborn 1991. M.: viele Fachorganisat. u. Lit. Ges.

Fülleborn Ulrike

B.: Verlegerin, Unternehmerin. FN.: Absatz Verlag Ulrike Fülleborn. DA.: 47404 Moers, Postfach 10 14 34. PA.: 47447 Moers, Waldstr. 170. G.: Duisburg, 17. Apr. 1965. V.: Uwe Fülleborn. Ki.: Falk Armin (2001). El.: Hermann Hüsch u. Astrid, geb. Beyer. S.: 1981-82 Hauswirtschaftsschule, 1983-86 Ausbildung z. Krankenschwester. K.: 1986-2001 Krankenschwester, 1996 Verlagsgründung, Herausgeberin d. Magazins "Laufmasche", ab 1997 Versandhandel, Portraits u. Interviews auf Pro7, RTL. P.: seit 1996 Magazin "Laufmasche". H.: Malen, Gartengestaltung, Literatur, Musik.

Fülleborn Uwe
B.: Fotograf, Autor, Filmemacher, Dipl.-Designer, freier Grafik-Designer. FN.: Fülleborn Grafik-Design. DA.: 47447 Moers, Waldstr. 170. fuelleborn@web.de. G.: Düsseldorf, 11. Jan. 1958. V.: Ulrike, geb. Hüsch. Ki.: Falk Armin (2001). El.: Friedhelm und Leonore Maria, geb. Büchmann. S.: 1978 Abitur, 1978-79

*) Biographie www.whoiswho-verlag.ch oder beigefügte CD-ROM

Fülleborn Wolfgang

B.: RA. DA.: 20097 Hamburg, Heidenkampsweg 43. G.: Hamburg, 1. März 1956. V.: Iris, geb. Eggert. Ki.: Pia (1989). El.: Jürgen u. Ricarda, geb. Bauroth. S.: 1975 Abitur, 1976-79 Lehre als Krankenpfleger, 1979-83 Jurastud. Univ. Hamburg u. Kiel, 1. Staatsexamen, 1983-87 Referendarzeit u.a. Kzl. ESC+2, Staatsexamen. K.: 1987-93 Anw. b. ESC + Büro in Rostock, 1993 Eröff. d. eigenen Kzl. H.: Lesen, Geschichte u. Phil., Skifahren.

Füllenbach Franz-Josef Dipl.-Ing. *)

Fuller Markus

B.: Kfm., Inh. FN.: ACF Autopflege Autoglas. DA.: 86551 Aichach, Rudolf-Diesel-Str. 11a. PA.: 86551 Aichach/Ecknach, Stichanerstr. 4. G.: Augsburg, 21. Jan. 1975. El.: Franz u. Rita, geb. Wolfelsberger. S.: 1990-93 Ausbild. z. Metzger b. Metzgerei Weißenhorn. K.: parallel 1990-94 b. Mercedes Benz Ndlg. in Augsburg Fahrzeugpflege u. Autoglas, seit 1995 selbst. m. Autopflege u. Autoglas in Aichach, Betreuung d. Autohäuser, Firmen, Privatkunden m. Autopflege u. Autoglas. F.: Mitinh. Schrobenhausen Auto u. Autoglas. P.: Zeitschrift Auto-Motor-Sport 2000 "Kleiner Kratzer, großer Ärger". H.: Motorradfahren, Skifahren, ital. u. chin. Essen.

Füllgraf-Horst Sabine Dr. med.
B.: Fachärztin f. Allgemeinmedizin. DA.: 68259 Mannheim, Wimpfener Str. 26. PA.: 69493 Hirschberg, Haagackerweg 16. G.: Mücke, 26. Jan. 1961. V.: Dipl.-Ing. Harald. Ki.: Theresa (1989), Julius u. Serena (1993). El.: Günther u. Gerda. S.: 1979 Abitur Grünberg, 1980-82 Med.-Stud. Univ. Gießen, 1982-86 Univ. Mannheim/Heidelberg. K.: 1986-88 KH Mannheim u.

Bundeswehr, div. Wehrübungen /Lehrgänge, b. z. Beförderung z. Lt. d. Res., Stud. Kommunikationsdesign Gesamthochschule Essen m. Diplom (1989). K.: ab 1987 Grafik-Designer f. Verbände, Industrie- u. IT-Unternehmen, u. ab 1996 Fotograf u. Autor Magazin "Laufmasche", Präsentationen seiner Arbeit u. Interviews auf arte, Pro7, RTL, s. 1999 erste Videoexperimente. P.: seit 1996 Fotos u. Texte Magazin "Laufmasche", Fotoband "Nylons" (2000). H.: Karate, Musik, Dt. Geschichte, Politik, Kunst, Literatur.

Worms, 1988 Prom., 1989-90 Weiterbild. in Naturheilverfahren, 1990 Praxis f. Allg.-Med. u. Naturheilverfahren Mannheim, 1997 FA f. Allg.-Med. P.: Veröff. u. Reportagen im Univ.-Magazin. M.: Turnver. Großsachsen, Feuerwehr Sellnrod, Verb. d. ndlg. Ärzte, Kneipp-Ärzte-Bund, Krebsges. Heidelberg, Biologieges. Heidelberg, Marburger Bund, Ärztl. Notfalldienst. H.: Tanzen, Musik, Kunst, Theater, naive Malerei, Querflöte, Blockflöte, Orgel, Klavier, Reisen.

Fulst Carl Ferdinand Dr. jur. *)

Fumolo Andy

B.: Gschf. Ges. FN.: TTP Communications GmbH, maps communications GmbH. DA.: D-82827 Tutzing, Beiselestr. 18, 2345 Brunn/Gebirge, Turnerstr. 42. G.: Mödling, 28. Aug. 1962. V.: Simone, geb. Kloimüller. Ki.: 2 Kinder. S.: Ausbild. zum Dipl.-Sportlehrer für Behindertensport Univ. Wien (UTA), Spezialausbild. f. Marketing u. Werbung an d. WU Wien. K.: 1986 Produzent in d. Werbefilmind. San Franzisko, 1987-89 Produzent in Werbefilmind. in Johannesburg/Südafrika, 1989 zurück nach Wien, Grdg. d. Firma Fumolo Communications GmbH, 2000 Umwandlung in maps communications GmbH, Grdg. einer 2. Ndlg. in d. BRD: TTP Communications GmbH in Tutzing am Starnberger See. H.: kreatives Gestalten, Filmind., gute phil. Gespräche in guter Atmosphäre, Meeraufenthalte.

Funck Hans-Ulrich Dr. med. dent.

B.: Zahnarzt, Gutachter f. Prothetik. DA.: 45479 Mülheim/ Ruhr, Duisburger Str. 117. G.: Hildesheim, 31. März 1943. V.: Gisela, geb. Schmidt. Ki.: Oliver (1980). S.: 1964 Abitur in Duisburg, 1964-66 Bundeswehr, OLt. d. Res., 1966-72 Stud. d. Zahnmed. Univ. Köln. K.: 1972-74 Ass. Zahnarzt in Köln, 1974 Übernahme d. Zahnarztpraxis in Mülheim/Ruhr, 1977 Prom. P.: 1977 Diss.: Studie z. Frage d. Vorkommens des Gruppenantigens D in Streptokokken d. serolog. Gruppe Q.

Funck Hubert *)

Funck Rolf H. Dr. Dr. h.c. Prof. *)

Funck-Hartherz A. *)

Funcke Alfred Wilhelm *)

Funcke Heinz-Peter Dipl.-Ing. *)

Funcke Liselotte Dipl.-Kfm. Dr. h.c. *)

Fundel Georg *)

*) Biographie www.whoiswho-verlag.ch oder beigefügte CD-ROM

Fundele Alexander *)

Funfack Hans-Joachim Dr. med. *)

Fünfgeld Andreas *)

Fünfhausen Michaela Isabel
B.: Tänzerin. FN.: Oper Frankfurt. DA.: 60311 Frankfurt/Main, Untermainanlage 11. G.: Frankfurt/Main, 1966. S.: 1970-76 Ballettschule u. Tanztraining im Tanzstudio Luley u. an Dr. Hoch's Konservatorium, 1984-88 Tanzausbildung an d. Folkwang-HS in Essen u. an d. HS f. Musik u. Theater in Hannover, Dipl.-Abschluss. K.: 1989-95 Engagement am Schauspielhaus Bochum, Tanztheater unter d. Ltg. v. Reinhild Hoffmann, Zusammenarbeit u.a. m. Kei Takei, Valentin Jecker, Einar Schleef, Jürgen Gosch, Gerhard Bohner, Frank Patrik Steckel, 1995-2001 Choreographie u. Inszenierung eigener Stücke u.a. "Horizontal-Vertikal" Schauspielhaus Bochum, "Kali" Theater im Ballsaal Bonn, "Barbara/O" Adelaide-Festival Australien u. Hebbeltheater Berlinm. Condapza, 1995-2001 Mitwirkung in folgenden Aufführungen "Kameliendame" Salzburger Festspiele, "Idomeneo" Oper Frankfurt, "Rausch" Schauspielhaus Bochum, "Eroberung v. Mexico" Choreographie u. Tanz Oper Frankfurt, 1996 3-monatiger Aufenthalt in d. USA m. Workshops b. Trisha Brown in New York u. Anna Halprin in Kalifornien (1998). E.: Preisträgerin d. Ellis Gregor Förderpreises d. Mary Wigman Ges. (1996), Kunstpreis "Berliner 1999" d. Berliner Akademie d. Künste auf d. Gebiet d. Darstellenden Kunst f. d. "Tanztheater aus d. Zeche", Jahresstipendium d. Stiftung Förderung Kunst u. Kultur d. Landes NRW (1999). (Re)

Fünfrock Götz Peter *)

Fünfstück Reinhard Dr. med. Prof.

B.: Arzt f. innere Med., Chefarzt. FN.: Klinik f. Innere Med. I, Sophien- u. Hufeland-Klinikum gGmbH. DA.: 99425 Weimar, Henry-van-de-Velde-Str. 2. PA.: 07749 Jena, Friedrich-Engels-Str. 43. R.Fuenfstueck@Klinikum-Weimar.de. G.: Ziegenrück, 11. Juni 1948. V.: Veronika, geb. Hubrig. Ki.: Constanze (1976), Christiane (1980). El.: Dr. Johannes u. Lieselotte. S.: 1967 Abitur, b. 1973 Stud. Friedrich-Schiller-Univ. Jena, 1973-78 Weiterbild. z. FA f. Innere Med. K.: 1980-82 Spezialisierung auf Nierenheilkunde u. Hochdruckerkrankung, 1987 Facultas Docenti, 1992 Priv.-Doz., 1993 Prof. f. Innere Med. P.: zahlr. wiss. Publ., Buchbeiträge in Vorträge auf d. Gebiet d. Diagnostik u. Therapie versch. Krankheiten d. Nieren u. Harnwege. E.: 1985 Theodor-Brugsch-Preis, 1989 Bruno-Watschinger-Preis d. Donauysmposiums f. Nephrologie, 2001 Verdienstkreuz d. Polnischen Roten Kreuzes. M.: 1987-95 Schriftführer d. Ges. f. Innere Med. Thüringen u. 1995-99 Vors. Ges., 1998/99 Präs. Lions-Club Jena, seit 1999 Vors. Sektion Innere Medizin an d. Landesärztekammer Thüringen, BeiR.-Mtgl. d. Zeitschrift "Nieren u. Hochdruckkrankheiten" u. "Clinical Laboratory/Klinik Labor". "Yatros Urologie/Nephrologie".

Funk Bernd Walter Dipl.-Sozialwirt *)

Funk Andrea

B.: Kauffrau, Inhaberin. FN.: Zoo & Garten Landwehr. DA.: 49377 Vechta, Bremer Tor 8. G.: Vechta, 3. Nov. 1969. El.: Albert u. Ursula Funk, geb. Abel. S.: 1987 Mittlere Reife in Vechta, 1987-91 Lehre als Kauffrau im Fotohandel. K.: 1991-95 Einzelhandels-Kauffrau in Vechta, seit 1995 Zoo & Garten Landwehr in Vechta als Kauffrau, 1999 Übernahme als Inhaberin. H.: Lesen, PC-Internet.

Funk Christoph R. Dipl.-Kfm.

B.: Rauchwarenkaufmann, Gschf. FN.: Christoph R. Funk CRF-Pelze. DA.: 88400 Biberach, Ziegelhausstr. 58. orfunk@t-online.de. www.crf-pelze.de. G.: Biberach, 16. Feb. 1951. V.: Eva, geb. Reich. Ki.: Johannes (1983), Christian (1985). El.: Erwin u. Dr. med. Friedlind. BV.: Jakob Funk Firmengründer 1776. S.: 1969 Abitur Biberach, 2 J. Lehre mit Auslandsaufenthalten in Oslo u. London z. Großhandelskaufmann Fachrichtung Rauchwaren, 4 J. Stud. Bw. u. Vw. an d. Univ. Saarbrücken, 1975 Abschluss Dipl.-Kfm. K.: Eintritt in d. elterl. Firma u. diese gemeinsam m. d. Mutter u. einem Bruder geführt, 1985 Verzicht auf Teilhaberschaft an d. Stammfirma u. Grdg. seines eigenen Unternehmens als Christoph R. Funk CRF-Pelze Rauchwarenhandel, Pelzkonfektion, Kandidat im Wahlkreis Biberach/Wangen für d. FDP f. d. Bundestag. M.: TG Biberach, Schatzmeister d. Handballabteilung u. ehrenamtl. Kinderskilehrer, Biberacher Schützenfest, Schützendir. u. 7 J. Schatzmeister, seit 1998 Eintritt in d. FDP, Orts- u. Kreisschatzmeister, Mtgl. Landesfachausschuss Wirtschafts-, Finanz- u. Verbraucherpolitik, Delegierter Landesu. Bundesparteitag, seit Sept. 2000 Stadtrat Biberach, Lions Club Biberach. H.: Sport, Skifahren, Tennis.

Funk Friederike Dr. MedR. *)

Funk Günter W. Dipl.-Ing. *)

Funk Joachim Dr. oec. publ.
B.: AufR.-Vors. FN.: Mannesmann AG Düsseldorf. DA.: 40213 Düsseldorf, Mannesmannufer 2. G.: Berlin, 16. Mai 1934. S.: Stud. Betriebswirtsch. Univ. München, Dipl.-Kfm., 1960 Prom. z. Dr. oec. publ. K.: 1960 Eintritt bei Mannesmann, 1964 Ltr. Abt. Konzernabschlüsse, 1967 Ltr. Hauptabt. Rechnungswesen, 1974 Generalvollmacht, 1980 Mtgl. d. Vorst. d. Mannesmann AG, 1992 stellv. d. Vorst. d. Mannesmann AG, 1994-05/98 Vors. d. Vorst. d. Mannesmann AG, Funktionen: Vors. d. Vorst. d. Vor. z. Förderung d. Univ.serminars d. Wirtschaft e.V., Vors. d. Kuratoriums d. Inst. "Finanzen u. Steuern", Beiratsvors. d. Schmalenbach-Ges., Mtgl. d. Verwaltungsrats d. Ges. z. Förderung d. Inst. f. Weltwirtschaft, Kiel, Stellv. d. Vors. d. Baden-Badener Unternehmensgespräche, 1988 Honorarprofessur an der Universität München, seit 5/98 AufR.-Vors. E.: 1992 Ehrendoktor d. Ruhr-Univ. Bochum (Dr. rer. oec. h.c.).

---

*) Biographie www.whoiswho-verlag.ch oder beigefügte CD-ROM

Funk Karl-Heinz *)

Funk Klaus *)

Funk Kurt *)

Funk Lorenz *)

Funk Richard H. W. Dr. med. habil. Prof.
B.: Prodekan, Dir. FN.: Inst. f. Anatomie d. TU Dresden. DA.: 01307 Dresden, Fetscherstr. 74. PA.: 01326 Dresden, Karl-Schmidt-Weg 18. G.: Fürth, 25. Apr. 1953. V.: Dr. Gabriele, geb. Lindner. Ki.: Christine (1982), Verena (1984). El.: Erhard u. Ingeborg. BV.: Großvater Wilhelm Funk - Prof. f. Kunstwiss. in Neustadt; Insternisten u. Künstler; Bruder Rainer Funk - Lehrer an d. Kunstak. Nürnberg. S.: b. z. 18. Lebensj. Priv.-Unterricht f. Klavier,1973 Abitur m. Ausz., 1973 Stud. Med. Univ. Erlangen, 1979 Staatsexamen u. Approb., 1979 Prom. Erlangen, 1986 Habil. K.: 1979 Ass.-Arzt f. Anatomie in Erlangen, 1980-81 Stabsarzt in Regensburg, 1988 Univ.-Prof. am Antom. Inst. d. Univ. Erlangen-Nürnberg, seit 1994 Univ.-Prof. u. Dir. d. Anatom. Inst. d. TU Dresden m. Schwerpunkt Forsch. u. Forsch.-Management, Wirtschaftskoordination m. nat. u. intern. Inst.; Funktionen: Mitgrdr. d. Biotechnikzentrums u. Gelände d. med.-techn. Zentrums, Betreuung v. 30 Doktoranden. P.: ca. 200 Publ. in Fachzeitschriften, Buchbeiträge u.a. "Pathologie d. Auges", Buchbeiträge f. Anatomie, Pathologie u. Augenheilkunde. E.: Bayr. Begabtenstipendium. M.: ARVO, ASCB, Anatom. Ges., Tennisclub Blau-Weiß Blasewitz. H.: Tennis, Schifahren, kreative Tätigkeiten.

Funk Robert L. Dr. Prof. *)

Funk Siegfried Dr. med. dent. Med.-Rat *)

Funk Thomas
B.: Unternehmensberater (IT). PA: 67549 Worms, Wasserturmstr. 20. Thomas.Funk@pd-info.de. www.pd-indo.de. G.: Öhringen, 18. Apr. 1964. V.: Monika Sonntag. El.: Friedrich u. Adele. M.: Schlaraffia. H.: Musik.

Funk Werner *)

Funk Wolfgang

B.: Kfm., Gschf. Ges. FN: GUN Musikproduktions GmbH. DA.: 44787 Bochum, Brückstr. 33. wolfgang.funk@bertelsmann.de. www.gun_supersonic.de. G.: Düsseldorf, 31. März 1958. V.: Michaela, geb. Schnalke. Ki.: Felix (1987), Lisa (1989). S.: 1974-77 Ausbild. z. Techn. Zeichner, 1980-81 Fachabitur, 1981-83 Arch.-Stud. Univ. Düsseldorf. K.: 1978-80 Tätigkeit im Ing.-Büro in Berlin, 1984 Grdg. Tonstudio "Grundfunk" in Düsseldorf, 1985 Grdg. unabhängige Schallplattenfirma "Der Produzentenclub", 1988-92 b. EMI Elektrola Köln Headoff Rockdepartements, 1992 Grdg. v. GUN Record Witten, ein Jointventur m. d. Bertelsmann Music Group, 1999 Umzug nach Bochum. H.: Motorradfahren, Skifahren, Tauchen.

Funk von Rosainsky Jutta *)

Funk-Kleinknecht Birgit
B.: Orthopädieschuhmachermeisterin, Inh. FN.: Orthopädie-Schuhtechnik Funk. DA.: 73033 Göppingen, Ziegelstr. 35. G.: Göppingen, 14. Juli 1960. V.: Udo Kleinknecht. Ki.: Lutz (1996).

El.: Hans-Heinz u. Christel Funk. S.: 1980 Abitur, 1983 Gesellenprüf. Orthopädieschuhmacher-Handwerk, 1987 Meisterprüf. im Orthopädieschuhmacher-Handwerk, 1993 Betriebswirt d. Handwerks. K.: 1992 Übernahme d. elterl. Betriebes; Funktionen: seit 1988 nebenberuflich Technische Lehrerin an d. Berufsschule im Orthopädieschuhmacher-Handwerk. M.: Vors. d. Gesellenprüfungsausschusses d. Innung f. Orthopädieschuhtechnik Baden-Württemberg, Mtgl. im Berufsbildungsausschuß d. Bundesinnungsverbandes f. Orthopädieschuhtechnik. H.: Hund.

Funke Alex *)

Funke André Dipl. Ing. oec. *)

Funke Bernd *)

Funke Dieter *)

Funke Eberhard

B.: Heizungs- u. Lüftungsbaumeister, Inh. FN.: Funke-Haustechnik. DA.: 38122 Braunschweig, Große Grubestr. 32. G.: Braunschweig, 10. Apr. 1945. V.: Gabriele, geb. Smarczyk. Ki.: Torsten (1969), Corinna (1972). El.: Wilhelm u. Waltraut. S.: Gymn. Gaußschule, 1961-64 Lehre Schlosser Firma Turnier u. Lehre Zentralheizungs- u. Lüftungsbauer Firma Zabel u. Lehmann, 1964-66 Bundeswehr. K.: tätig im elterlichen Betrieb, 1970 Meisterprüf., 1976 Grdg. d. Geschäftes, seit 1980 Doz. f. Meistervorbereitungslehrgänge im Bild.-Zentrum d. Handwerksk. Braunschweig. F.: seit 1998 Gschf. d. Firma Hausbau Hand in Hand Baubetriebs GmbH. M.: seit 1970 Vorst.-Mtgl. d. Innung, seit 1972 Gesellenprüf.-Aussch. d. Innung, seit 1973 Tarifaussch. d. Landesinnung, seit 1976 FFW, seit 1976 Meisterprüf.-Aussch. f. Heizung, seit 1977 CDU, seit 1978 Club Glühlicht, seit 1979 Hauptaussch. d. CDU, seit 1981 BezR. Broitzem u. Fraktionsvors., 1981-96 Bürgermtgl. d. Wirtschaftsaussch. d. Rates d. Stadt Braunschweig, seit 1996 Ratsherr d. Stadt Braunschweig u. Vors. d. Wirtschaftsaussch., 1982-92 Vors. d. CDU Ortsverb. Broitzem, 1987-90 stellv. Obermeister d. Innung, Sanitär-Heizung-Klima- u. Klempnertechnik Braunschweig, seit 1990 Obermeister d. Innung SHK, seit 1992 d. Landesinnung Sachsen-Anhalt u. d. Innung Magdeburg u. weiterer Innungen (Ehrenmtgl.), seit 1991 Vorst.-Mtgl. d. Kreishandwerkschaft Braunschweig, 1994-99 stellv. Kreishandwerksmeister, seit 1999 Kreishandwerksmeister. H.: Kegeln, Schwimmen, Computer.

Funke Friedrich W. Dr. Prof. *)

Funke Gerhard Dr. *)

Funke Günther *)

Funke Hans-Joachim *)

*) Biographie www.whoiswho-verlag.ch oder beigefügte CD-ROM

Funke Hans-Werner
B.: Gschf., Ges. FN.: Dr. Rudolf Goette Konzertdirektion. DA.: 20144 Hamburg, Brahmsallee 6. info@goette.de. G.: Hamburg, 14. Feb. 1938. V.: Karin, geb. Mohr. Ki.: Patrick (1969), Pascal (1970). El.: Willy u. Alinde. S.: Textilhdls.-Kfm. K.: Jazzconcerte u.a. m. Chris Barber, Mister Acker Bilk, Papa Bue, 1966-69 Tourneen m. Hildegard Knef, Esther u. Abi Ofarim, Udo Jürgens, Mirelle Mathieu, Bee Gees, Karel Gott, Peter Alexander, 1970-81 Exklusivvertretung f. James Last, Gastspiele in vielen Ländern d. Welt, 1971-74 Tourneen d. Les Humphries Singers, Roy Black, Vicky Leandros, Otto u. Andrè Heller; 1975-77 Exklusivagentur f. Udo Lindenberg u. Peter Maffay; 1980-85 Tourneen m. Howard Carpendale, Udo Jürgens, Mirelle Mathieu; 1985-86 Produktion d. Musicals "Cats" als Line-Producer; seit 1988 Ges. d. Konzertdir. Dr. Rudolf Goette, seit 1991 Gschf. dieser Firma; ab 1989 eigene Fernsehproduktionen m. d. NDR "Die Super Lachparade" u. Zusammenarb. m. RTL; seit 2000 Professor f. Musik- u. Kulturmanagement an d. Hochschule Bremen. F.: Gschf. Ges. Funke Media GmbH, Konzert- u. Gastspieldir. E.: BVK 1. Kl. M.: Verb. d. Dt. Konzertdir., b. 1991 VPräs., s. 1990 Mtgl. im Tourismusausschuss d. HK Hamburg, s. 1992 Vorst.-Mtgl. d. Tourismusverb. Hamburg, Kuratoriumsmtgl. HH-Kulturstiftung (seit 1995). H.: Tennis, Schwimmen, Sachbücher, Lesen.

Funke Hartmut Dipl.-Ing. *)

Funke Hermann Dr. phil. Prof. *)

Funke Jost Prof. *)

Funke Karl-Heinz

B.: Unternehmer, Inh. FN.: Funke Bauplanungs- u. Verm. GmbH. DA.: u. PA.: 59073 Hamm, Ahlener Str. 240. G.: 17. Sep. 1942. Ki.: Bernd, Claudia, Christiane, Michael. BV.: August Funke, ca. 1630 Familiengrdg. K.: 1968-73 Öff. Dienst, 1973-78 Gschf. d. CDU i. Münsterland, seit 1978 Inh. eines Architektur- u. Planungsbüros; 1969-81 Kommunalpolitik, Fraktionsvors., stv. Bezirksvorsteher, 20 Jahre Pferdezucht, Vors. d. Fördergemeinschaft f. Pferdezucht u. -haltung in Westfalen. P.: Lyrik, Unterhaltungsliteratur. E.: versch. Auszeichnungen, u.a. Doctor of Science d. Benjamin Franklin Institutes, New York.

Funke Karl-Heinz
B.: Politiker, ehem. BMin. f. Ernährung, Landwirtschaft u. Forsten. DA.: 10963 Berlin, Wilhelmstr. 140. G.: Dangast/Oldenburg, 29. Apr. 1946. V.: Petra, geb. Timm. Ki.: Theile, Gesche, Greta. S.: VS, Lehre, Abitur, Bundeswehr, Stud. Staats- u. Wirtschaftswiss., Germanistik u. Geschichte Univ. Hamburg, 1972 Examen, Referendarausbild., 1974 2. Staatsexamen. K.: Bis 1978 berufsbild. Schule in Varel u. als Ldw. im elterl. Betrieb tätig, 1983 Übernahme d. elterl. ldw. Betriebes, ehrenamtl. Tätigkeiten in versch. kirchl. u. ges. Organ., 1. Vors. d. Kreisverb. Ammerland d. VdK, seit 1964 Mtgl. d. SPD, Ortsver.-Vors., seit 1978 Mtgl. d. Niedersächs. Landtags, seit 1972 Ratsherr, 1981-96 Bgm. d. Stadt Varel, seit 1997 stellv. Bgm. d. Stadt Varel, seit 1972 Kreistagsabg. Landkreis Friesland, 6/1990-98 Min. f. Ernährung, Landwirtschaft u. Forsten d. Landes Niedersachsen, 1998-2001 Bundesmin. f. Ernährung, Landwirtschaft u. Forsten.

Funke Kaspar Dr. Dipl.-Ing. *)

Funke Klaus Propst *)

Funke Lothar Dr. sc. nat. Prof. *)

Funke Manfred Dipl.-Ing. *)

Funke Rainer
B.: RA, MdB. FN.: Dt. Bundestag. DA.: 11011 Berlin, Platz d. Republik 1. PA.: 22457 Hamburg, Radenwisch 70. rainer.funke @bundestag.de. G.: Berlin, 18. Nov. 1940. V.: Jutta, geb. Ringert. Ki.: Marcus (1970), Christian (1973). El.: Dr. iur. Heinz u. Käthe, geb. Grünert. S.: 1951-60 Andreanum Hildesheim, Abitur, 1960-65 Stud. Rechtswiss. u. VWL in Frankfurt u. Hamburg, 1965 1. u. 1969 2. Jur. Staatsexamen. K.: 1969 RA, Syndikus d. Bankhaus M.M. Warburg & Bank, Hamburg, 1972 Eintritt FDP, 1974 Wahl z. Mtgl. d. Bez.Versammlung Hamburg-Eimsbüttel, 1975-80 u. 1986-87 FDP-Fraktionsvors. in d. Bez.Versammlung Hamburg-Eimsbüttel, 1978-1993 LSchatzmstr. und 1993-95 Landesvorsitzender d. FDP-LVerb. Hamburg, 1980-83 u. seit 1987 MdB, 1991-98 Parlamentar. Staatssekr. B. Bundesmin. d. Justiz. M.: Schatzmeister Plan Intern. Deutschland (Kinderhilfswerk), Kuratorium Orient-Stiftung (Hamburg). H.: Bergwandern, Schwimmen, klass. Musik, Kochen. (Re)

Funke Rainer Dr. Prof. *)

Funke Rainer
B.: Gschf. FN.: Hamburger Stadtentwässerung. DA.: 20097 Hamburg, Banksstr. 4-6. G.: Zeven, 12. Okt. 1940. V.: Elke, geb. Christiansen. Ki.: Birgit (1966). El.: Kurt u. Liselotte, geb. Bonenwald. S.: 1958 Obersekundar, 1958-62 z. See gefahren u. dabei Ausbild. z. Schiffsbetriebstechniker abgeschlossen, 1962 Umzug nach Braunschweig, 1962-64 Abitur über 2. Bild.-Weg in Braunschweig, 1964-68 Stud. Staatswiss. in Hamburg, 1968-72 Referendariat in Hamburg, 2. Staatsexamen. K.: 1972 Eintritt b. d. Stadt Hamburg in d. Verw. zunächst als Justitiar d. Baubehörde u. dann in d. Senatskzl. tätig f. Umweltpolitik u. überregionaler Umweltschutz, 1980-89 Ltr. d. Baugenehmigungsbehörde d. Hamburger Senates in d. Bereichen Atomrecht, Wasserrecht, Abfallrecht, Abwasserrecht, Emission u. d. Gentechnik, 1989-92 Ltr. d. Hamburger Wasserbehörde, 1992-94 Senatsdir., 1995 Gschf. d. Stadtentwässerung Hamburg. P.: regelmäßige Vorträge über d. Thema Wasserwirtschaft, div. Veröff. über Umweltschutz, Mediation u. Konfliktmanagement sowie über d. Zukunftsmarkt v. Wasser- u. Abwasserwirtschaft in versch. Fachbüchern u. intern. Zeitschriften. E.: 1999 Gewinner d. Gesundheitspreises d. Stadt Hamburg, 1999 Gewinner d. TZ-Creative f. d. Anzeige d. J. 1999. M.: OECDE, ATV-DVWK, wiss. BeiR. b. IIR, Vorst. d. Hauptaussch. Wirtschaft d. ATV-DVWK Ges. f. Umweltrecht, ÖTV. H.: Segeln, Bücher lesen, Gschichte, Reisen.

Funke Wilhelm

B.: RA. FN.: Funke Oltmanns Neuling Rechtsanwälte. DA.: 22769 Hamburg, Kieler Str. 2. G.: Lorup/Emsland, 19. März 1947. V.: Rosemarie, geb. Cadus. Ki.: Andreas (1982), Thomas (1989). S.: 1965 Gesellenbrief als Autoschlosser, 1968-72 2. Bild.-Weg, 1972 Abitur in Stuttgart Bad-Cannstatt, 1972-81 Stud. d. Soz. u. Rechtswiss. in Hamburg. K.: 1981 Grdg. d. RA-Kzl. Hamburg, s. 1982 Entwickl. d. Schwerpunktes Arzthaftungs- und Patientenrecht, 1988-89 Vors. d. Patienteninitiative e.V., 1989 Umwandlung d. RA-Kzl. in d. Sozietät Funke Oltmanns Dr. Neuling, 1991 Gründungsberater d. Patienteninitiative e.V. Vechta, seit 1993

*) Biographie www.whoiswho-verlag.ch oder beigefügte CD-ROM

Teilnahme an mehreren Fernseh- u. Podiumsdiskussionen sowie div. Vortragstätigkeiten, 1994-95 Sachv. im Hamburger Gesetzgebungsverfahren über d. Einrichtung einer Ethik-Kmsn., 1997 Sachv. z. Anhörung d. Wiss.-Aussch. d. Hamburger Bürgerschaft zu d. 1993 u. 1995 bekannt gewordenen Strahlenskandalen im Univ.-KH Hamburg Eppendorf, 1998 Sachv. d. Dt. Bundestages z. Änderung d. Arzneimittelgesetzes, 1999 Grdg. d. Inst. f. Med.-Schäden u. Patientenrecht als IMPat GmbH. P.: Buch: "Patientenrechte, Ansprüche u. Leistungen im Arzt-Patienten-Verhältnis" (1996). H.: Fahrradfahren, Gartenpflege.

Funke Wolfgang *)

Funke Stern Monika Dr. Prof.
B.: Filmemacherin. FN.: FunkeFilmProduktion. DA.: 14612 Falkensee, Mannheimer Str. 26. El.: Hermann u. Nora. S.: 1962-72 Stud. Phil., Soz. u. Germanistik Bonn u. Berlin, 1972 Prom. K.: 1973-85 Lehrtätigkeit über Visuelle Kommunikation HdK Berlin, seit 1987 Professorin f. Film/Video an d. Fachhochschule Düsseldorf, FB Design, seit 1979 freie Filme- u. Videomacherin, Filme u.a. "Zum Glück gibt´s kein Patent", "Parfait d´amour", div. Ausstellungen. F.: ConFu BaJa Video, Kick on Betacam SP Studio. P.: 2 Bücher, Aufsätze in Filmzeitschriften. E.: 1985 Preis d. RTBF, 1985 Preis d. Festivals Monbéliard, 1989 Preis f. spektakulärsten Film in Vigo/Spanien, 1990 1. Preis intern. Video-Days Istanbul f. "Kawataurus".

Funkel Friedhelm
B.: Bundesliga-Fußball-Trainer, ehem. Fußballprofi. FN.: c/o 1. FC Köln. DA.: 50896 Köln, Cluballee 1. www.fc-koeln.de. G.: 10. Dez. 1953. V.: verh. Ki.: Janine, Jennifer. S.: Lehre Großhdls.-Kfm. K.: Spieler-Laufbahn: 1973-80 Bayer Uerdingen, 1980-83 1. FC Kaiserslautern, 1983-90 Bayer Uerdingen, 254 Spiele, 59 Tore, größte Spieler-Erfolge: 4x Aufstieg in d. Bundesliga, 1985 Pokalsieger, 1996-2000 Trainer b. MSV Duisburg, 2000-2002 Trainer b. Hansa Rostock, s. 2002 Trainer b. FC Köln. (Re)

Funkel Wolfgang
B.: Co-Trainer. G.: Neuss, 10. Aug. 1958. Kl.: Christopher, Alina. K.: 1986 2x A-Nationalmannsch., Pokalsieger m. Bayer-Uerdingen, 1988 Olymp. Spiele Seoul, 310 Bundesligaspiele als Trainer f. Bayer Uerdingen und den 1. FC Kaiserslautern, s. 6/2001 Co-Trainer bei Hansa Rostock. (Re)

Funkenhauser Zita
B.: Zahnärztin, ehem. Profi-Fechterin. PA.: 97941 Tauberbischofsheim, Bäumlein 2. G.: Sathmar (Siebenbürgen), 1. Juli 1966. V.: Matthias Behr (1976 Olympiasieger Florett). Ki.: Greta und Leandra (1996). S.: Zahnmedizin-Studium. K.: rumänische Meisterin, 1979 Übersiedlung von Sathmar nach Tauberbischofshofen, 1984 Nationalmannschaftsdebüt, Olympische Spiele Mannschaft/1., 1987 WM Einzel/2., 1988 Olympische Spiele Mannschaft/1., Einzel/3., 1984-95 DM Mannschaft/1., 1993 DM Einzel/1., 1995 Karriereende, 1996 Eröffnung d. eigenen Praxis. H.: Mode, Musik, Aquarellmalerei, Lesen.

Funkschmidt Gerhard Dr. rer. pol. *)

Fünning Rolf Dipl.-Ing. *)

Fürchau Baldur
B.: IT-Berater, selbständig. DA.: 42781 Haan, Heibrich-Bilcken-Weg 15. G.: Würzburg, 7. März 1958. V.: Sabine, geb. Eckl. Ki.: Tobias (1999). S.: 1973 Mittlere Reife Düsseldorf, b. 175 Gymn. Düsseldorf, 1975 Ausbildung DV-Kaufmann Firma Nixdorf-Computer AG Düsseldorf. K.: 1978 Programmierer in d. Firma Nixdorf-Computer AG in Düsseldorf, 1979-80 Bundeswehr, 1980 Programmierer d. Firma Nixdorf-Computer AG, 1983 System-Programmierer, 1988 System-Spezialist f. 887/U u. 8860, Ausbildung z. UNIX-Spezialisten f. d. System Targon u. Entwicklung d. kompletten Menü-Systems f. Targon-Systeme, 1988

Produktspezialist in d. Zentrale in Paderborn, 1991 tätig im intern. Lebensmittelkonzer Milchhof-Eiskrem GmbH in Mettmann, 1991 DV-Abteilungsleiter f. dezentrale Systeme, 1995 Planung u. Realisierung einer 2-stufigen Client/Server-Anwendung z. Integration v. ca. 1500 mobilen MDE-Geräten via PC an d. AS/400-Systeme, 1997 Organ. einer Call-Center-Applikation m. zentraler Auftragsnahme u. zeitgleicher Verteilung d. Aufträge, seit 1997 selbständiger EDV-Berater u. Programmierer m. Schwerpunkt Beratung, Programmierung u. Bereitstellung v. Touls. H.: Computer, Lesen, Science Fiction.

Furck Carl-Ludwig Dr. phil. Prof. *)

Fürer Gotthard Karl Sigismund *)

Fürholzer Peter

B.: Küchenmeister, Inh. FN.: Kurhotel St. Ulrich Ottobeuren. DA.: 87724 Ottobeuren, Bannwaldweg 12. www.kneipp-und-kur.de. G.: Memmingen, 14. Jan. 1967. V.: Barbara, geb. Schweighart. Ki.: Maximilian (1994), Maria (1996). S.: Mittlere Reife, 1986 Ausbild. z. Koch im Restaurant Forsthaus, Ausbild. z. Kneippbademeister u. med. Bademeister Bad Wörishofen, Bundeswehr, 1988 Prüf. z. Ausbildereignung v. d. IHK Memmingen, 1995 Küchenmeisterprüf. in München. K.: seit 1997 selbst. durch Übernahme d. elterl. Kurhotels inmitten d. Kurparks. E.: 1995 Bayer. Meisterpreis. H.: Motorradfahren, Fotografieren, Familie.

Furian Hans-Otto Dr. theol. *)

Fürk Günter *)

Furkel Rüdiger Dr. *)

Furken Friedrich-Wilhelm *)

Furmaniak Joachim *)

Fürmann Benno
B.: Schauspieler. FN.: c/o Agentur Players. DA.: 10178 Berlin, Sophienstr. 21. G.: 17. Jan. 1972. S.: 1988 Mittlere Reife, 1988-91 Kellner, Türsteher, Gerüstbauer, Kulissenschieber, 1992 Lee Strasberg Theatre Inst. New York, 1995/96 Bobby Shaw Chance Los Angeles. K.: Filme u.a. 1991 Die zweite Heimat, 1992 Die ungewisse Lage d. Paradieses, 1993 Schicksalsspiel; Einfach nur Liebe, 1994 Lemgo; Grenzgänger; Scarmour, 1995 Belle Epoque; Und tschüss auf Mallorca, 1995/96 Sperling, 1996 Das erste Mal; Kiss my blood, 1996/97 Sperling, 1977 Bubi Scholz Story, 1998 Candy; Der Eisbär; Pünktchen u. Anton; St. Pauli Nacht, 1999 Ne' geteilte Gelegenheit, St. Pauli Nacht. 1999 Anatomie, 2000 Der Krieger und die Kaiserin. E.: 1999 Deutscher Fernsehpreis (Kategorie Bester Schauspieler).

*) Biographie www.whoiswho-verlag.ch oder beigefügte CD-ROM

Fürniß Wolfgang
B.: Min. FN.: Min. f. Wirtschaft d. Landes Brandenburg. DA.: 14473 Potsdam, Heinrich-Mann-Allee 107. G.: Heidelberg, 8. Juli 1944. Ki.: 2 Söhne. S.: 1966-71 Stud. Polit. Wiss., Geschichte u. Anglistik Univ. Heidelberg, 1. Staatsexamen, 1971-73 Studienreferendar in Baden-Württemberg, 2. Staatsexamen. K.: 1973-84 Bmtr. im Dienst d. Landes Baden-Württemberg, 1984-92 Oberbgm. d. Gr. Kreisstadt Wiesloch, 1992-99 ltd. Ang. b. d. SAP AG, 1997 Prom., seit 1999 Wirtschaftsmin. d. Landes Brandenburg. (Re)

Furrer Karin *)

Furrer Ulrich Prof.
B.: Ltr. d. Opernschule. FN.: Musik-HS in Freiburg. PA.: 79199 Kirchzarten-Burg, Alemannenhof 7. G.: Bern/Schweiz, 1. Apr. 1942. V.: Gertraud, geb. Kovac. Ki.: Walter, Susanne, Peter, Ulrich. El.: Walter u. Juliane. S.: Matura, 1962 Klavierdipl. SMPV, 1962 Orgeldipl. SMPV. K.: 1964 Korrepetitor in Graz, 1965 Kapellmstr., 1970 2. Kapellmstr., 1971-73 1. Kapellmstr. in Aachen, 1973-78 Kapellmstr. in Stuttgart (Staatstheater), 1978-84 am Staatstheater in Hannover, 1984 Prof. an d. Musik-HS in Freiburg. P.: "Der Korrepetitor", Handbuch über die Arbeit m. Sängern (Schott 1992), "Der Operndirigent" (2002).

Fürst Ansgar Dr. phil.
B.: Chefred. FN.: Badische Zeitung Freiburg. DA.: 79100 Freiburg, Birkenweg 27. G.: Heidelberg, 10. Feb. 1930. V.: Helga, geb. Laug. Ki.: Urs Christoph, Bettina, Götz Tobias. S.: Stud. Univ. Freiburg u. Heidelberg, 1957 Prom. K.: 1970-80 Ressortltr. Politik u. Vors. d. Red.-Konferenz "Badische Zeitung", seit 1970 Chefred. d. Badischen Zeitung. E.: 1961 Theodor-Wolff-Preis.

Fürst Bernhard Dr. *)

Fürst Franz

B.: Wachsziehermeister, selbständig. FN.: Der Wachszieher am Dom. DA.: 80331 München, Thiereckstr. 2. fuerst.franz@t-online.de. G.: München, 5. Juli 1963. V.: Zdenka. El.: Walter u. Maria. BV.: Josef Fürst 1898-1976 Begründer d. bayer. Wachszieherinnung u. Innungsobermeister. S.: 1980-83 Ausbildung z. Wachsziehergesellen b. d. Firmen Bonn in Bamberg, Wenzel in Aschaffenburg u. Fürst in München, 1983 Gesellenprüfung, Abschluss als Kammersieger. K.: 1983-86 Gesellenjahre in München, 1986 Meisterprüfung, 1986-91 Geschäftsführung d. elterl. Betriebes in München, seit 1991 selbständiger Unternehmer d. Geschäftes: Der Wachszieher am Dom in München, 1989-90 Berufsschullehrer in München. E.: Bester Geselle in Bayern (1983) u. bester Meister in Deutschland (1986) m. 2. Auszeichnungen d. Kultusministeriums, Dt. Meister im Dragrace Klasse Streetbike (1990). M.: seit 1986 Gesellenprüfungsausschuss, seit 1986 Meisterprüfungsausschuss, überbetrieblicher Ausbilder d. Innung in München. H.: Motorradfahren, Schießen, Schwimmen, Tauchen, Skifahren, Klavierspielen, Schach.

Fürst Gebhard Dr. theol.
B.: Bischof v. Rottenburg-Stuttgart. FN.: Bischöfl. Ordinariat d. Diözese Rottenburg-Stuttgart. DA.: 70184 Stuttgart, Sonnenbergstr. 15. PA.: 70599 Stuttgart, Im Asemwald 52. G.: Bietigheim, 2. Dez. 1948. El.: Josef u. Maria. S.: 1969 Abitur, Stud. kath. Theol. in Tübingen. K.: Ausbild. z. kath. Geistlichen, Diakon, Vikar, 6 J. Wilhelmsstift Tübingen, Lehrauftr. in Fundamentaltheol. 1979-86, 1986 Prom., 1986 Dir. d. Akad. d. Diözese Rottenburg-Stuttgart, 1993 Vors. D. Leiterkreises d. Kath. Akademien in Deutschland, 1999 Ernennung z. "Monsignore", Vors. d. Preiskomitees d. Aleksandr-Men-Preises "Für die Ökumene d. Kulturen", Delegierter d. Diözese Rottenburg-Stuttgart u. d. Erzdiözese Freiburg i.Br. im Kuratorium d. Akad. f. Technikfolgenabschätzung d. Landes Baden-Württemberg, Mtgl. Kulturausschuss Stuttgart, Leitendes Mtgl. Kuratorium d. Akademie d. Diözese Rottenbrug-Stuttgart, s. 07/2000 Bischof d. Diözese Rottenburg-Stuttgart. P.: 1988 Diss. Sprache als metaphorischer Prozeß. J. G. Herders hermeneutische Theorie d. Sprache. M.: Mtgl. d. Bischöfl. Ordinariats d. Diözese Rottenburg-Stuttg.; Mtgl. d. Vorst. d. Bildungswerk d. Diözese Rottenb.-Stuttg., Vorst. d. Vereinigung d. Freunde u. Förderer d. Akademie, Vorst. d. Geschichtsvereins d. Diözese, Vorst. d. Diözesansbildungswerkes, Theolog. Kommission d. AG Christlicher Kirchen in Baden-Württemberg ACK. H.: Lesen, Reisen. (E.M.)

Fürst Hans-Peter

B.: Orthopädiemechanikermeister, Inh. FN.: Sanitätshaus Fürst GmbH. DA.: 94032 Passau, Große Klingerstr. 3. PA.: 94121 Salzweg, Säumerweg 10. G.: Passau, 13. März 1963. V.: Marion, geb. Diewald. Ki.: Stefan (1995). El.: Johann u. Marianne. S.: 1975-79 Staatl. Wirtschaftsschule, 1979-82 Ausbild. Orthopädiemechaniker, 1986 Meisterprüf. K.: 1982 Übernahme des Sanitätshauses, 1996 Übernahme des Sanitätshauses Carola. M.: Schützenverein, Trachtenverein. H.: Fußball.

Fürst Helmut
B.: Orthopädieschuhmachermeister, selbständig. DA.: 67433 Neustadt, Heinestr. 1. www.helmutfuerst.de. G.: Ludwigshafen, 23. Juni 1954. V.: Marion, geb. Stein. Ki.: Anja (1992), Andreas (1996). El.: Helmut u. Maria, geb. Hesser. S.: 1979 Mittlere Reife, 1979-82 Lehre Orthopädieschuhmacher elterl. Betrieb u. Fachschule Stuttgart, 1983 Gesellenprüfung m. Ausz., 1986 Meisterprüfung. K.: 1989 Eröff. d. Filiale in Neustadt, danach Übernahme d. elterl. Betriebes, 1995 Fortbildung im Diabetesbereich u. seither Schwerpunkt Diabetikerversorgung. E.: beste Gesellenprüfung d. Innung. M.: Übungsleiter-Lizenz f. Freizeit- u. Breitensport u. Skifahren (1981). H.: Sport, Krafttraining, Joggen, Drachenfliegen.

Fürst Jochen *)

Fürst Michael *)

Fürst Peter Dipl.-Ing. *)

Fürst Rainer *)

Fürst Rudolf Dipl.-Ing. *)

Fürst Rudolf Alois Dipl.-Ing. *)

Fürst Walther Dr. jur. utr. Prof. *)

Fürst Werner Dr. med. dent.
B.: Zahnarzt, Inh. FN.: Gemeinschaftspraxis Dr. Fürst u. Dr. Wollschläger. DA.: 28717 Bremen, Kellerstr. 7. G.: Osterholz-Scharmbeck, 16. Feb. 1960. V.: Claudia, geb. Tucholl.

---

*) Biographie www.whoiswho-verlag.ch oder beigefügte CD-ROM

Fürst-Frank Cornelia *)

Fürste Herbert Thomas Dr. med. *)

Freiherr von Fürstenberg Andreas Franz Egon Dipl.-Ing.

B.: Architekt. FN.: Arch.-Büro von Fürstenberg. DA.: 80797 München, Schwere-Reiter-Str. 35, Haus 15b. von.fuerstenberg@t-online.de. G.: Garmisch-Partenkirchen, 30. März 1962. V.: Friederike, geb. Rohde. Ki.: Mariano (1994), Emanuel (1996), Mauricia (2000). El.: Franz-Egon u. Hertha. S.: 1982 Abitur, Bundeswehr, 1983 Arch.-Stud. an d. FH München, zwischenzeitl. Praktika u.a. in Florenz u. Hongkong, 1988 FH-Dipl., Aufbaustud. an d. Univ. Stuttgart, 1990 Univ.-Dipl. K.: 1991-96 Mitarb. in versch. Arch.-Büros in München u.a. Büro Kiessling, Schmidt, Schickedanz & Partner, 1996 eigene Büroeröff. m. Schwerpunkten Generalplanung, Wohnungsbau, Sanierung, Villen u. Mehrfamilienhäuser, Grdg. d. Arbeitsbereiches "Planconsult" innerhalb d. Büros. E.: Ausz. f. städtebaul. Wettbewerb, Förderpreis d. dt. Stahlbaus, Förderpreis d. Verb. d. dt. Zementind. M.: BeiR.-Mtgl. d. BAB Berufsverb. freier Architekten u. Bauing., Arbeitskreis d. Arch.-Kam., PfarrgemR. H.: Jagd, Bergsteigen, Skifahren.

von Fürstenberg Claus-Peter

B.: Dipl.-Musikpädagoge, Dipl.-Musiker, Inh., Alleinunterhalter. FN.: Felix-Sound Music-Shop. DA.: 39108 Magdeburg, Editha-Ring 36A. G.: Magdeburg, 14. Juli 1962. V.: Beate, geb. Resch. Ki.: Friederike (1990), Henrike-Fabienne (2000). El.: Egon u. Christa, geb. Schmidt. S.: 1980 Abitur Leipzig, 1979-84 Stud. Musikpäd. an d. Musik-HS Felix-Mendelsohn-Bartholdy, 1984-87 postgraduales Stud. K.: 1984-90 Dir. d. Musikschule Straßfurt, 1990 selbst. m. Musikfachgeschäft u. Tonstudio in Magdeburg; Doz. Univ. Magdeburg f. Musikgeschichte u. Instrumentenkunde, Fortbild. f. Musiktherapeuten, Engagement als Entertainer, Interpret, eigene Kompositionen f. Volksmusik u. Maritime Musik,

Ki.: Kai (1988), Ingo (1990), Eike (1996). El.: Klaus u. Hannelore, geb. Schlecht. S.: 1979 Abitur, Stud. Zahnmed. Univ. Hamburg, 1987 Examen. K.: Ass.-Arzt in versch. Praxen i. Hannover, Osterholz-Scharmbeck u. Syke, 1989 Eröffnung d. eigenen Prais, 1991 Prom., seit 1989 Laser-Behandlung, Parodontose u. Endodontie, s. 1994 Cerec-Verfahren. BL.: Entwikklung, Herstellung und Prod. d. Mundwassers "Liporal". H.: Tauchen, Segeln, Familie.

außerdem Bauchredner u. Moderation v. versch. Musikshows, desweiteren Künstleragentur, Produktion v. Bühnenmusiken f. d. Theater, Radio u. Fernsehauftritte im NDR u. MDR. BL.: Komposition d. Bismarker Stadthymne. P.: Dipl.-Arb., versch. Musikbücher u.a. "Lieder u. Geschichte aus Felixhausen", "Musikal. Talkshow m. Prof. Dr. Felix". M.: GDM, MusikR. v. Magdeburg, Förderver. Musikschulen, a.o.Mtgl. d. GEMA. H.: Musik.

Fürst zu Fürstenberg Joachim Egon

B.: Kfm., Chef d. Hauses Fürstenberg. PA.: 78166 Donaueschingen, Schloß. G.: Schloß Grund/Tschechien, 28. Juni 1923. V.: Paula, geb. Gräfin zu Königsegg-Aulendorf. Ki.: 6 Kinder. El.: Max Egon Prinz zu Fürstenberg u. Wilhelmine Gräfin v. Schönburg-Glauchau. K.: Chef d. Hauses Fürstenberg, Inh. d. Säge- u. Holzwerkes Fürst zu Fürstenberg KG Hüfingen, Kompl. d. Fürstl. Fürstenberg. Brauerei AG Donaueschingen.

Fürstenberg M. Josepha *)

Freiherr von Fürstenwerth Jörg Frank Dr.

B.: Gschf. Mtgl. d. Präsidiums, Vors. d. Hauptgeschäftsführung. FN.: GDV Gesamtverb. d. Dt. Vers.-Wirtschaft e.V. DA.: 10117 Berlin, Friedrichstr. 191. PA.: 14163 Berlin, Klopstockstr. 4. v.fuerst@gdv.org. www.gdv.de. G.: Hamburg, 7. Juli 1954. V.: Anne, geb. Pollnick. Ki.: Moritz (1986), Robert (1988), Clara (1990). S.: 1973 Abitur, 1974-79 Stud. Rechtswiss. u. VWL Bonn, London u. Hamburg, 1980 1. Staatsexamen. K.: 1981-83 Referendariat in Köln u. Washington D.C., 1983-86 ang. RA in einer RA-Kzl. in Köln, seit 1987 Gesamtverb. d. Dt. Vers.-Wirtschaft e.V., 1987 Ref. in d. Auslandsabt., 1988-91 Ltr. d. Rechtsabt., Verb.-Syndikus, 1991-96 stellv. Verb.-Dir., seit 1996 Gschf. Mtgl. d. Präsidiums u. Vors. d. Geschäftsführung. P.: diverse Veröff. H.: Golf.

Fürstner Wolfgang Hans-Wolfgang Helmuth Bernhard *)

Furtak Robert K. Dr. rer. pol. Dipl.-Dolm. *)

Furtenhofer Kay Dr. med. dent.

B.: ndlg. Zahnarzt. DA.: 46045 Oberhausen, Hermann-Albertz-Str. 133. G.: Gelsenkirchen, 9.März 1957. V.: Claudia, geb. Bonfert. Ki.: Marc (1985), Philip (1989), Ben (1993), Nicolas (1994). S.: 1975 Abitur Essen, 1976-81 Stud. Zahnmed. Münster, 1981 Staatsexamen u. Prom. K.: 1981-83 Ass. bei Dr. Bernd Humann in Essen, seit 1983 ndlg. Zahnarzt in Oberhausen m. Schwerpunkt unsichtbares Labor, Implantologie, OP auch unter Vollnarkose u. Computer-Rekonstruktion. F.: 1997 Eröff. d. Zahnöabors u. 2001 Eröff. d. Praxis in Spanien. M.: BDIZ, DGRZK, Zahnärztekam. Alicante. H.: Golf, Surfen, Tennis.

Furtmaier Bernhard *)

Furtmayr Heinz *)

Furtwängler David *)

Furtwängler Maria

B.: Ärztin, Schauspielerin. FN.: Agentur Reuter. DA.: 80333 München, Enhuberstr. 3b. S.: Med.-Stud. K.: Fernseh- u. Filmrollen u.a. 1990 Die glückliche Familie, 1995 Drei Frauen u. (k)ein Mann, 1996 Das Haus an d. Küste, 1997 Die Geliebte, Kap d. guten Hoffnung; Herz über Kopf, 1998 Herzflimmern.

*) Biographie www.whoiswho-verlag.ch oder beigefügte CD-ROM

Furtwängler Knittel Margaret *)

Fusch Roland *)

Fusenig Norbert E. Dr. med. Prof. *)

Füsgen Rosemarie *)

Fusková Lidmila Dr. Dipl.-Math. *)

Fuß Angela

B.: Gschf. FN.: AHSK Glasdach-Wintergarten GmbH. DA.: 37520 Osterode, Zum Lichtenstein 12-14. G.: Osterode, 19. Apr. 1953. El.: Helmut u. Gisela, geb. Herr. S.: 1969 Mittlere Refe, 1969-72 Lehre zum techn. Zeichner Firma Piller Osterode. K.: 1973-77 techn. Zeichnerin d. Licht- u. Kraftwerke in Osterode, 197-78 tätig in d. Kreisjugendpflege in Landkreis Osterode, 1978-80 techn. Zeichnerin im Wasserwirtschaftsamt Leer, 1981-85 Seefahrt auf allen Meeren mit dem Ehemann, 1988-89 techn. Zeichnerin in d. Firma Eldenburg in Osterode, 1990 Bauzeichnerin d. Firma Glasdach GmbH, ab 1997 techn. Betriebsltr., 1999 Grdg. d. Firma AHSK Glasdach-Wintergarten GmbH als Gschf. Ges. H.: Hund, Haushalt, Lesen, Museen.

Fuß Dirk P.

B.: Steuerberater. FN.: Fuß & Nick Steuerberatungs GmbH. DA.: 50858 Köln, Langgasse 8. G.: Köln, 5. Feb. 1965. V.: Andrea, geb. Dresen. Ki.: Lena. El.: Manfred u. Marga, geb. Rosenbaum. S.: 1984-87 Ausbildung z. Steuerfachgehilfen, 1987-91 Stud. FH Köln m. Abschluss Dipl.-Bw., 1998 Steuerberaterprüfung. K.: seit 1991 Tätigkeit in d. Steuerberatungskanzlei Nick, seit 1998 Gschf. Ges. d. aus d. Kzl. Nick hervorgegangenen Fuß & Nick Steuerberatungs GmbH in Köln-Junkersdorf. M.: Steuerberaterverband. H.: Familie, Fußball.

Fuss Hans Werner *)

Fuss Peter M. Dipl.-Ing. *)

Fuss Simone Dr. med. dent. *)

Füß Robert *)

Fussan Hans-Dieter Dipl.-Ing. *)

Fussbroich Hans Gert *)

Füssel Matthias Dr. med. *)

Füssel Rolf Ing. *)

Füssel-Harris Yvonn *)

Füssinger Jürgen

B.: Gschf. Ges. FN.: Road Star Automobile. DA.: 90419 Nürnberg, Franzstr. 15. PA.: 90475 Nürnberg, Am Brand 6. G.: Frankfurt/Main, 9. Aug. 1960. V.: Christine, geb. Sigl. El.: Ing. Gerhard u. Ilse. S.: 1979 Abitur in Köln-Porz, bis 1982 Maschinenbaulehrer b. KHD in Köln, danach Maschinenbaustud. an d. FH Köln bis 1987. K.: 1987 selbständig mit einem Partner, zunächst als Oldtimer-Reparaturwerkstatt, seit 1988 der erste Chrysler-Händler in Deutschland. BL.: 3x Teilnahme an d. Motorradralley Paris-Dakar (1987, 1988 u. 1989), beste Plazierungen 12. Platz 2. Fahrzeugklasse, Teilnahme an diversen Tourenwagen Langstreckenrennen m. Chrysler-Fahrzeugen sowie an vielen Oldtimer-Ralleys. H.: Oldtimer fahren u. reparieren, Hund, Wassersport: Segeln.

Fußmann Gerd Dr. Prof.

B.: Ltr. d. Bereiches Plasmadiagnostik. FN.: Max-Planck-Inst. f. Plasmaphysik. DA.: 10117 Berlin, Mohrenstr. 41. G.: Velbert, 10. Mai 1942. V.: Ursula-Maria, geb. Todesco. Ki.: Gregor (1965), Katharina (1976). El.: Wilhelm u. Johanna. S.: 1965-74 Stud. Physik TH Darmstadt u. Ruhr-Univ. Bochum, 1974 Prom. z. Dr. rer. nat. K.: 1975 wiss. Mitarb. am Max-Planck-Inst. f. Plasmaphysik Garching, 1980 Gruppenltr. f. Spektroskopie, 1986 Mitarb. am Experiment JET in England, 1991 Habil. Univ. Augsburg, 1992 wiss. Mtgl. d. Max-Planck-Ges., Dir. am Inst. f. Plasmaphysik d. MPG u. Berufung z. Prof. an d. Humboldt-Univ. zu Berlin. P.: über 150 wiss. Publ., Hrsg. v. "Contribution to Plasma Physics", Autor "Crossfield Diffusion by Charge Changing Process", Co-Autor "An Electron Beam Source for the Production and Confinement of highly ionized Atoms". M.: Gutachter-Aussch. d. Dt. Forsch.-Ges., Dt. Physikal.Ges., Rotary Club.

Fußmann Klaus Prof. *)

Fußwinkel Rolf *)

Fust Jörn

B.: Gschf. Ges. FN.: Kleinförderanlagen K. F. GmbH. DA.: 20537 Hamburg, Wendenstr. 195. PA.: 22145 Hamburg Suppestr. 1 a. G.: Hamburg, 16. Aug. 1948. V.: Daisy, geb. Parinas. Ki.: Marie-Nicole (1986). El.: Richard u. Ingeborg, geb. Abel. S.: 1965-69 Ausbild. Feinmechaniker Hamburg, 1969-70 Bundeswehr. K.: 1970 Monteur in d. Firma Kleinförderanlagen K. F. GmbH, 1989 techn. Außendienstltr., 1998 Kauf d. Unternehmens. M.: IG Metall d. DGB. H.: Radfahren, Schwimmen, Fernreisen.

Futaky Imre Dipl.-Ing. *)

Füting Dieter Dr. Ing. *)

Füting Hansjörg *)

Füzesi Szlava Dr. *)

Fyrk Helga

B.: Geschäftsführerin. FN.: Goldschmiede Fyrk. DA.: 46242 Bottrop, Karl-Peters-Straße 15. G.: Bottrop, 26. Juli 1953. Ki.: Alexander (1979). S.: 1969-72 Lehre zur Arzthelferin. K.: 1972-79 Arzthelferin in Bottrop, 1979-95 Mitarbeiterin in d. Goldschmiede Fyrk in Bottrop und 1995 Übernahme des Betriebes. H.: Bergwandern.

Gaa Elfriede Theresia

B.: Gschf. FN.: GAA Dokumentenmanagement Speichersysteme. DA.: 61381 Friedrichsdorf, Max-Planck-Str. 9A. egaa@mftgaa.com. www.gaa.de. G.: Herschbach, 3. Sep. 1935. V.: Dipl.-Ing. Werner Gaa. Ki.: 4 Kinder. S.: 1954 Hauswirtschaftsjahr Bonn, ab 1954 Mitarbeit im Ingenieurbüro d. 1. Ehemannes. K.: 1963-67 Übernahme d. Ingenieurbüros d. verstorbenen Ehemannes als Gschf. in Friedrichsdorf, 1968 Auflösung, 1970 Schulungen b. 3M z. Bedienung v. Mikrofilmkameras, 1971 Grdg. d. Mikrofilmtechnik Gaa Friedrichsdorf, 1973 Einstellung v. 2 Mitarbeitern, ständige Ausweitung d. Maschinenparks, 1979 Ankauf eines Firmengebäudes in Friedrichsdorf, 1991 Umzug in Neubau in Friedrichsdorf, ab 1992 Umstellung auf EDV-unterstützte Mikrofilme, Aufnahme d. Sohne Markus im Unternehmen als Nfg., 1998 Übernahme d. Sohnes als Gschf. E.: 1995 IMC Dokument Imaging 95, Award of Excellence in Amsterdam. M.: Geschichtsverein Friedrichsdorf. H.: Garten, Reisen.

Gaa Hartmut Dr. iur. *)

Gaa Lothar Dr. *)

Gaab-Vögeli Doris Dipl.-Grafik-Designerin

B.: Grafikdesignerin, Inh. FN.: Atelier f. Kunst u. Design Gaab-Vögeli. DA.: 67435 Neustadt, Ernst-Udet-Str. 1. G.: Neustadt, 13. Mai 1952. S.: 1975 Abschluß Dipl.-Grafik-Designerin Kaiserslautern. K.: seit 1978 selbständige Grafik-Designerin u. Malerin in d. Techniken Aquarell, Kreide, Öl, Feder, Bleistift, Spritz- u. Mischtechniken; Entwurf v. Weinetiketten f. renommierte Weingüter. P.: Ausstellungen in Neustadt, Darmstadt, Frankfurt, Nürnberg, Hamburg, Nizza, Florida, Athen u.a.m. H.: Inlineskating, Skifahren.

Gaack Walter *)

Gäb Hans Wilhelm *)

Gabaschwili Konstantin Dr.

B.: Botschafter v. Georgien. DA.: 13156 Berlin, Heinrich-Mann-Str. 32. PA.: Tbilissi/Georgien, Kipschidse Str. 2. G.: Tbilissi/Georgien, 26. Sep. 1948. V.: Manana Khelaia. Ki.: Lado (1972), Georg (1973). El.: Vladimir u. Senab, geb. Modebadse. BV.: alte Fürstenfamilie aus Tbilissi, bekannt seit 7. Jhdt., Dichter Besik Gabaschwili im 17. Jhdt., Wissenschaftler Timothe Gabaschwili 19./20. Jhdt., Politiker Saharia Gabaschwili 19./20. Jhdt., Maler Gigo Gabaschwili 19./20. Jhdt. S.: 1966 Abitur m. Goldmed., 1966-71 Stud. georg. u. semit. Sprachen u. Literatur Univ. Tbilissi, Abschluß als Literatur- u. Sprachwissenschaftler m. Dipl.-Arb., 1971-93 Fak. f. Phil. Univ. Tbilissi, 1975 Prom. K.: 1975 Doz. f. Psycholinguistik, Soziolinguistik u. Phil. d. Sprache, 1981 Begründer d. dt. Schulsystems in Georgien zusammen m. Prof. Ramischwili, seither Berater d. georg. Schulsystems, 1989 stellv. Min. f. Bild., 1992 Mtgl. d. Rat d. Min.-Präs., 1992 StaatsR.-Mtgl. unter Schewardnadse, 1992 Wahl z. Parlamentsmtgl., Vors. Aussch. f. Bild. u. Wiss. u. Min. f. Bild., 1993 OBgm. Hauptstadt Tbilissi, seit 1994 1. Botschafter Georgiens in einem westl. Land. BL.: Rückgabe d. 1945 als Kriegsbeute transferierten Bücher an d. Dt. Volk, 1989 Verbot d. Unterrichts d. sowjet. Geschichte u. Phil. im Bild.-Wesen. P.: Interviews u. Vorträge u.a. "Georgien in Europa?" (1996). H.: Literatur, Fußball, klass. Musik, klass. Jazz.

Gabbert Ulrich Dr.Ing. habil. Prof. *)

Gabel Bernhard Dr. iur. *)

Gabel Gernot Uwe Dr.

B.: Bibl.Dir. FN.: Univ. zu Köln. DA.: 50931 Köln, Universitätsstr. 33. PA.: 50354 Hürth, Jülichstr. 7. G.: Gotenhafen, 3. Nov. 1941. V.: Gisela, geb. Jahns. S.: 1964 Abitur, Stud. an dt. u. amerikan. Univ., 1971 Prom. K.: Graduate Library Ass., 1971 Univ. of North Carolina, Visiting Ass. Prof., 1972 Univ. of North Carolina, 1974 Bibl.Referandar, 1976 BiblR., 1984 OBiblR., 1985 Lehrbeauftragter an d. Univ. zu Köln, 1987 Bibl.Dir., Inh. d. seit 1973 bestehenden Gabel-Verlags. P.: ca. 25 Bücher sowie Aufsätze in internat. Fachzeitschriften.

Gabel Ulrich

B.: Gschf. Ges., Inh. FN.: ABC Personaldienste für Zeitarbeit GmbH u. ABC Personaldienste GmbH + Co. KG. DA.: 70597 Stuttgart, Felix-Dahn-Str. 2. G.: Borken, 30. Juni 1965. S.: 1985 Abitur, 1985/87 betriebsinterne Managementausbildung in amerikanischen Warenhauskonzern, 1987/88 Stud. BWL an d. Wirtschaftsak. Saarland Blieskastel. K.: 1989 Trainee in d. Hauptverw. d. Firma Schimmelpfeng GmbH in Frankfurt/Main, zuletzt stellv. Supervisor, 1990/91 Ltr. d. Abt. Qualitätssicherung in d. Ndlg. d. Firma Schimmelpfeng GmbH in Stuttgart, 1989 nebenberufl. freier Hdl.-Vertreter f. d. Firma Alfa Metalcraft Corp. in Bingen, ab 1991 tätig in d. Firma PASIT Ges. f. Dienstleistungen auf Zeit in Stuttgart, zuletzt als Fillalleiter, 1994 Grdg. d. Firma ABC Personaldienste f. Zeit GmbH u. 1999 Grdg. d. GmbH & Co KG.

Gäbel Martin Otto Ing. *)

Gäbel Susanne *)

Gabele Ronald

B.: Ind.-Kfm., Inh., Gschf. FN.: Gabele Mietstation GmbH. DA.: 64807 Dieburg, Altheimer Str. 66. G.: Offenbach/Main, 23. März 1962. V.: Lianne, geb. Klausmann. Ki.: Nicolai (1990), Sascha (1993). El.: Hans u. Margot, geb. Geisel. S.: 1978 Mittlere Reife, 1978/79 Höhere Handelsschule, Bundeswehr, 1981-83 Lehre als Ind.-Kfm., verkürzt m. Abschluß durch d. Höhere Handelsschule, EDV-Programmierung Inst. f. Math. u. Datenverarb. in Darmstadt. K.: 1983-86 EDV-Abt.-Ltr. in einer Offenbacher Firma,

---

*) Biographie www.whoiswho-verlag.ch oder beigefügte CD-ROM

1986 Übernahme d. elterl. Betriebes in Dieburg, 1990 Umwandlung in GmbH. M.: seit 1980 CDU, seit 1985 Stadtverordneter, stellv. Vors. d. Automobil-Clubs Dieburg, Vorst.-Mtgl. Gewerbever. Dieburg. H.: Politik, Reisen, Skifahren.

Gäbelein Klaus Dr. rer. nat. *)
Gäbelein Wolfgang Dr.
B.: RA. FN.: Sozietät Gäbelein. Veith. DA.: 10785 Berlin, Potsdamer Str. 116. PA.: 40629 Düsseldorf, Hahnenfurther Str. 16. G.: Gera/Thüringen, 26. Sept. 1925. V.: Isolde, geb. Fahrak. Ki.: Cornelia (1950). S.: 1946 Abitur, Stud. Jura in Jena u. Frankfurt, 1950 1. Jur. Staatsexamen Frankfurt, b. 1953 Referendarzeit, 1953 2. Jur. Staatsexamen Frankfurt. K.: 1953-56 Anw.Assessor RA Mueller, Weitzel, Weisner in Frankfurt, RA, 1956-68 Rechtsabt. Mannesmann AG Düsseldorf, 1958-64 Ass. d. Vorst.Vors., seit 1964 Dir., 1965-68 Sonderaufgaben in Brasilien, 1968-88 Ltr. d. Stabsabt. Recht, Dir. d. Fried. Krupp GmbH Essen, 1975-88 Chefjustitiar d. Fried. Krupp, 1984-97 Sozietät Wessing & Partner, Düsseldorf. M.: 1978-88 Vors. d. Rechtsausschusses BDI, seitdem Ehrenmtgl., 1990-98 Gschf. d. Forschungsinst. f. Wirtschaftsverfassung u. Wettbewerb e.V. (FIW), Köln.

Gäbelt Friedrich *)
Gaber Harald Dr. rer. nat.

B.: Referatsltr. f. Planungs- u. Kapazitätsfragen. FN.: Johannes Gutenberg-Univ. DA.: 55099 Mainz, Saarstr. 21. gaber@verwaltung.uni-mainz.de. G.: Elzach, 2. Apr. 1960. V.: Sabine, geb. Schauwecker. Ki.: Rebecca, Elena. S.: 1979 Abitur Freiburg, Bundeswehr, 1981 Physikstud., 1988 Dipl. K.: 1989-92 wiss. Ang. Fak. f. Physik Freiburg, 1993 Prom., 1993-94 wiss. Mitarb. Max-Born-Inst. f. Nichtlineare Optik u. Kurzzeitspektroskopie in Berlin, seit 1994 Referatsltr.; Bemessung von Personal- u. Raumausstattung. P.: "Gute Argumente: Klima" (1989). H.: Astronomie, Klimaforsch., Wandern, Radfahren.

Gaber Mahmoud

B.: Dipl.-Politologe, Betriebswirtschaftler, Gschf. Ges. FN.: Med.-Techn. Entwicklungs u. Vertriebs GmbH (MTEV). DA.: 04109 Leipzig, Gottschedstr. 4. mtev-leipzig@t-online.de. V.: Dipl.-Ing. Hannan. Ki.: Mohamed (1981), Khaled (1982), Khadiga (1986), Taqiudinn (1988). S.: 1979 Stud. Geophysik, Dipl., 1987-93 Stud. Politologie u. Betriebswirtschaft FU Berlin, Dipl. K.: seit 1998 Mitgründer d. Gaber & Fischer Verlag Grüna/Chemnitz, seit 1999 Gründer u. Gschf. Ges. d. Firma MTEV GmbH, Entwicklung u. Vertrieb v. Implantaten d. Knies u. Halswirbel, Vertrieb dt. med. Geräte im Nahen Osten u. Afrika. P.: Buchveröff.: "Notwendigkeit d. polit. Parteien f. d. wirtschaftl. u. ges. Entwicklung", Übersetzung v. Kinderbüchern aus d. Arabischen ins Deutsche. H.: Schreiben, Literatur, Zeitgeschichte, Reisen, Wandern.

Gaber Rolf Dr. iur. *)
Gaberseck Elfriede

B.: Unternehmerin, selbständig. FN.: Datenerfassung Gaberseck GmbH. DA.: 48167 Münster, Klosterbusch 8. G.: Appelhülsen, 13. Feb. 1947. Ki.: Ralf. El.: Georg u. Marta, geb. Stemmer. S.: 1961-64 Kfm. Ausbildung, 1965-66 Umschulung z. EDV-Operatorin. K.: 1966-70 EDV-Operatorin Schuhhaus Zumnorde in Münster, 1970-74 Mitarbeiterin EDV-Service in versch. Rechenzentren, seit 1974 selbständig im Bereich Service - Büro, Datenerfassung in Münster m. Schwerpunkt statistische Arbeiten jeglicher Art, Erfassung v. Daten f. Versicherungen, Kommunen, Stadt u. Krankenhaus. H.: Lesen, Fotografieren, Puppensammlung, Musik.

Gäbert-Gallo Claudia Dr. med. dent. *)
Gabisch Günter Dr. Prof. *)
Gabka Joachim Dr. med. Dr. med. dent. Prof. *)
Gabl Manfred A.
B.: Gschf. FN.: Pro Veritas GmbH f. Finanzberatung u. bw. Seminare. DA.: 80799 München, Barer Str. 48. manfred.gabl@proveritas.de. www.proveritas.de. G.: München, 14. März 1959. Ki.: Daniel. El.: Rudolf u. Anna, geb. Seiwald. BV.: Clark Gable - Sohn d. Bruders d. Großvaters. S.: 1978 Lehre Elektroinstallateur, 1979 Mittlere Reife 2. Bild.-Weg, Taekwon-Do-Meisterprüf., 1981 Abitur 2. Bild.-Weg, 1982 Bundeswehr, 1982-85 Stud. Elektrotechnik TU München, 1982 versch. Seminare Bereich Verkauf, Telefonieren u. Mitarb.-Führung, Verhaltenspsych., NLP, Bewußtseinsentwicklung u.a.m. K.: 1974-78 Elektroinstallateur, 1982 tätig in Verkauf v. Vers. u. Bausparverträge u. 1984 zusätzl. Immobilien, Fonds u. Aktienfonds, 1989 Grdg. d. 1. Firma f. Wirtschafts- u. Finanzberatung, 1992 Grdg. d. 2. Firma f. Seminare, 1993 Grdg. d. Bauträgerfirma, 1997 Umfirmierung z. Pro Veritas GmbH f. Finanz- u. bw. Seminare u. d. Firma Pro Veritas GmbH f. Bauträgermaßnahmen. BL.: Pionierarb. u. Coaching zw. Unternehmen u. Mitarb. u. Endverbrauchen. P.: Veröff. in Tageszeitungen. E.: Süddt. Meister im Taekwon-Do. M.: 4 J. Trainer in Teakwon-Do, seit 1987 Mitorgan. d. Jugendarbeit. H.: Snowboarden, Tauchen, Reiten, Fitness.

von Gablenz Carl Dr.

B.: Vorst.-Vors. & CEO. FN.: Cargolifter AG. DA.: 10785 Berlin, Potsdamer Pl. 10. carl.gablenz@cargolifter.com. www.cargolifter.com. G.: Füssen/Lech, 2. Feb. 1952. Ki.: 4 Kinder. El.: Franz Heinrich u. Benita. BV.: Carl August Frhr. v. Gablenz ehem. Vorst. d. Dt. Lufthansa. M.: Ex-Sprecher d. Wirtschaftsjunioren Oberallgäu, Vors. d. Vorst. VDI Berlin-Brandenburg. H.: Kart fahren.

*) Biographie www.whoiswho-verlag.ch oder beigefügte CD-ROM

Gablenz

Gablenz Klaus Bernhard

B.: staatl. geprüfter Bautechniker, selbständig. DA.: 75031 Eppingen, Marktstr. 42. gl@gablenz.de. www.gablenz. de. G.: Karlsruhe, 7. Dez. 1967. V.: Carola, geb. Kritzer. Ki.: Dominik (1997), Anica (1999). El.: Wilhelm u. Rosa, geb. Decker. BV.: Rennfahrer Gablenz; General Gablenz. S.: 1985 Mittl. Reife, 1985-87 Lehre Bauzeichner, 1991 staatl. geprüfter Bautechniker. K.: 1987 Grdg. d. Planungsbüro Gablenz, seit 1992 Sachverständigenbüro spez. f. Grundstücksbewertung, Bauschadensanalysen, Bewertung v. Aufzuchtschäden, Projektsteuerung u. Investmentanalysen, 1997 Eröff. d. 2. Büro in Sinsheim, seit 2000 Sachv. f. d. DEKRA, 2001 Eröff. d. 3. Büro in Frankfurt. BL.: Entwicklung neuartiger Verfahren z. Ermittlung d. Brandversicherungswertes v. Schloßanlagen u. Burgen u. Bewertung v. Immobilienpools im amerikan. Raum. F.: 1991-95 Inh. u. Gschf. d. Bauträger Ges. Gablenz. P.: ca. 60 Publ. u.a. "Rechte u. Belastungen (1997), "Grundstückswertermittlung-leicht verständlich" (1999), "Wertermittlung ldw. Grundstücke" (1998), "Immobilienzwangsversteigerung" (1999), Loseblattsammlung "Bauschäden im Bild", elektron. Fachzeitschrift im Internet "Build + Estate" (seit 1997). M.: HLBS, BVFS, BDGS. H.: Schach, Fliegerei, Wettkampfschiessen, Sprachen-Deutsch, Englisch u. Schwedisch.

Gabler Hans Walter Dr. phil. *)

Gabler Joachim *)

Gabler Joachim *)

Gabler Käthe Dr. med. *)

Gabler Lutz Dr.

B.: Gschf. Ges. FN.: Elmic GmbH. DA.: 47051 Duisburg, Bismarckstr. 142 a. G.: Marbach, 18. Feb. 1949. V.: Hildegard, geb. Wöger. Ki.: Daniel (1978), Michael (1983). S.: 1967 Abitur, Stud. Physik Univ. Stuttgart, 1973 Dipl. Experimentelle Halbleiterforsch. Univ. Dortmund, 1978 Prom. K.: 1978 Firma Philips in Hamburg u. Einthoven in d. Abt. v. Halbleiter u. Bildaufnehmer, in d. Halbleiterfertigung u. -entwicklung, 1988 am Fraunhofer Inst. in Duisburg, 1992 Ndlg. im Technologiezentrum Duisburg in d. Entwicklung v. cochlear-Implantaten tätig u. mikroelektron. Entwicklungsdienstleistungen u. Prototypenbau. F.: Zenith in Mülheim, DFAM, Care Med. Electronic. H.: Bergwandern.

Gabler Martin Dipl.-Ing.

B.: Gschf. FN.: Gabler Kühlraum GmbH. GT.: Containersysteme, Kühlzellen, Reinraumtechnik. DA.: 83646 Bad Tölz, Im Farchet 11. G.: Bad Tölz, 4. März 1959. V.: Christine. Ki.: Iliana (1990), Martin (1992), Patricia (1997). El.: Martin u. Berta. S.: Fachabitur, Bundeswehr, Stud. Produktionstechnik in Ulm mit Examen. K.: Fertigungsleiter bei einem namhaften Industrie-Betrieb, 1990 Einstieg als stellvertretender Geschäftsführer im väterlichen Betrieb u. seit 1991 alleinhaftender Ges.ellschafter, 1994 Gründung d. Gabler Hungaria, 1995 Gründung d. Gabler Systemtechnik Luzern. M.: seit 1992 Rotary Club. H.: Tennis, Golf, Familie, Natur.

Gabler Uwe *)

Gabler Wolfgang C. Dr. phil. *)

Gäbler Dirk *)

Gäbler Dorit *)

Gäbler Gert *)

Gäbler Karin Ch.

B.: Hotelfachfrau, Inh. FN.: Hotel zur schönen Aussicht. DA.: 23743 Grömitz, Uferstr. 12. G.: Grömitz, 16. Feb. 1957. V.: Luis Gäbler. Ki.: Wiebke (1988), Lasse (1990), Sonja (1991). El.: Heinz u. Ursula Wesemann. BV.: Adolf u. Marie Petersen, Hoteleröff. 1913. S.: 1976 Abitur Neustadt in Holstein, 1976-79 Stud. Wirtschaftswiss. an d. Justus-Liebig-Univ. Gießen, 1984-85 Hotelfachschule Bad Wiessee. K.: b. 1988 saisonal in versch. Hotels in Lübeck u. im elterl. Hotel gearb., 1988 Prüf. z. Hotelfachfrau v. d. IHK zu Lübeck, Schwerpunkt Rezeption u. Vermietung, 1995 Übernahme d. elterl. Hotels, Modernisierung. M.: DEHOGA. H.: Gitarre spielen, Pferde, Fahrradfahren, Züchten v. Galloways.

Gäbler Klaus Dr. med. dent. *)

Gäbler Roland

B.: Kaufmann u. Profi-Segler. PA.: DK-6360 Tinglev, Flensborgvej 67. G.: Bremen, 9. Okt. 1964. K.: seit 1982 Mtgl. im Kader d. Dt. Segler-Verb.; im Laser 1983 Dt. Meister, franz. Mstr. u. Kieler-Woche-Sieger, 1984 Intern. Mstr. v. Österr., d. Schweiz, Holland, Dänemark, 1985 Österr. Mstr. u. Europameister, 1987 Intern. Dt. Mstr., 2000 Tornado-WM v. Sydney/1. H.: Formel-I-Rennwagen, Squash, Musik.

Gabor Christina

B.: Kosmetikerin. FN.: Pflegestudio Christina Gabor. DA.: 99706 Sondershausen, Hans-Schrader-Str. 26. PA.: 99706 Sondershausen, Hans-Schrader-Str. 26. G.: Sondershausen, 25. Feb. 1975. V.: Marko Gabor, geb. Kraft. El.: Willibald u. Dorothea Gabor, geb. Krüger. S.: 1991 Mittl. Reife Sondershausen, 1991-92 Ausbild. staatl. anerkannte Berufsfachschule f. Kosmetik Aschaffenburg "Sigrid u. Eberhard Glaser" Abschluß: Dipl. als Kosmetikerin, Dipl. f. med. Fußpflege, Dipl. f. kosmet. Ganzkörpermassage. K.: 1993-94 Praktikum u. Anstellung in "Fußpflegesalon + Sonnenstudio Frau Nohl" in Sondershausen, 1994 Eröff. d. eigenen "Pflegestudio Christina Gabor", 2000 Eröff. einer Zweigstelle "Kosmetik u. Fußpflege" im v. Ehemann geführten "Sonnenstudio u. Saunaland" in Sangerhausen. E.: Urkunde d. Schule Rudolstadt f. "Gute Ausbild. d. Praktikanten". H.: Radfahren.

*) Biographie www.whoiswho-verlag.ch oder beigefügte CD-ROM

Gabriel Angelika Dipl.-Med. *)

Gabriel Claudia *)

Gabriel Dieter

B.: Gschf. FN.: RegioBus Hannover GmbH. DA.: 30159 Hannover, Georgstr. 54. G.: Hameln, 6. Jan. 1942. V.: Gerda, geb. Weichert. Ki.: Volker (1967), Kathrin (1976). S.: 1956-59 Ausbild. Dreher. K.: 1959-62 Bison-Springe tätig Maschinenbau, 1962-72 AEG/Springe im Werkzeugbau in versch. Einrichtungen parallel Abendschule Realschulabschluß, Meisterschule z. Ind.-Meister Metall, b. 1974 Ausbild.-Berater b. Handwerkskam., parall. Meisterprüf. Maschinenbauer-Handwerk, 1974-99 Berufsschullehrer f. Maschinenbau/Metall in Springe, s. 1999 Gschf. RegioBus Hannover GmbH. BL.: b. 1984 aktiv Fußballschiedsrichter d. 2. Bundesliga u. Linienrichter d. 1. u. intern. Einsätze bei Europacup u. Länderspielen. P.: regelmäßige Veröff. in Tagespresse u. Sport-Magazin. M.: Ratsherr, Kreistagsabg., Abg. Großraum, AufsR.-Vors. versch. Verkehrsfirmen, Präs. Großraum Hannover, Kreis u. Verbandausschuss f. Politik, div. Sportver. H.: Sport, Politik.

Gabriel Erhard F. Dr. rer. nat. *)

Gabriel Guido *)

Gabriel Hans-Jürgen *)

Gabriel Helmut Dr. Prof. *)

Gabriel Horst Dipl.-Ing. *)

Gabriel Josef *)

Gabriel Lutz Dr. med. MUDr.
B.: FA f. Innere Med. GT.: Gutachter im Rentenrecht b. d. BFA, b. Arbeitsamt Berlin-Mitte, b. Sozialgericht Berlin, Frankfurt/Oder u. Potsdam. DA.: 10243 Berlin, Strausberger Str. 39. G.: Marienberg-Gebirge, 4. Juni 1939. V.: Ulrike, geb. Schlegel. Ki.: Cornelia (1971), Sibylle (1973), Verena (1976). El.: Erich u. Elly. S.: 1957 Abitur Marienberg, 1957-59 Med. Dienst in d. Armee, 1959-65 Stud. d. Humanmed. Fak. f. Allg.-Med. Karls-Univ. Prag m. Abschluss d. Ak. Grades MUDr. K.: 1965-66 Ass. Inst. f. Med. u. Biolog. Chemie Med. Fak. Humboldt-Univ., 1966-67 Poliklinik III. Med. Klinik KH Friedrichshain, 1970 Abschluss FA f. Sozialhygiene, 1971 Prom. Dr. med. P.: zahlr. Bücher aus d. tschech. übersetzt u.a. "Freud u. Neofreudismus". M.: Ges. f. Kardiologie u. Angiologie, Ges. f. Kardiologie Deutschlands, Ges. f. Innere Med. H.: Fotografieren, Pflanzen, Tiere.

Gabriel Matthias *)

Gabriel Norbert *)

Gabriel Olaf *)

Gabriel Ralph
B.: Dipl.-Designer; Gschf. FN.: profilkonzept GmbH Agentur für Wirtschaftswerbung. DA.: 70174 Stuttgart, Herdweg 73. G.: Leipzig, 26. Okt. 1947. V.: Heidemarie, geb. Bormann. Ki.: Felix (1983), Max (1986). El.: Dr. Herbert u. Charlotte, geb. Hermann. BV.: Großmuter Gertrud Gabriel - Opernsängerin in Leipzig; Großvater Franz Albert Gabriel - Kapellmeister u. Komponist in Leipzig. S.: b. 1966 Gymn. Wuppertal, 1966-69 Ausbild. z. Chemielaboranten b. Fa. Dr. K. Herberts in Wuppertal, 1970-75 Ausbild. im Fach Visuelle Kommunik. an d. Werkkunstschule Wuppertal (b. Prof. Ade). K.: 1975-84 Art-Dir. b. div. Werbeagenturen in Stgt., 1984-87 Grdg. d. Teams f. Konzeption u. Grafik, s. 1987 eig. Werbeagentur Dialogdesign in Stgt., 1999 Grdg. d. Agentur f. Wirtschaftswerbung: Profilkonzept GmbH. E.: versch. Preise b. Design- u. Kommunikationswettbewerben u.a. 1989 Art-Directors-Club New York. M.: Dt. Kommunikationsverb. (BDW). H.: Histor. Fotografie, Tennis. (U.B.)

Gabriel Sigmar
B.: Min.-Präs. FN.: Niedersächs. Landesregierung. DA.: 30169 Hannover, Planckstr. 12. www.niedersachsen.de. G.: Goslar, 12. Sep. 1959. V.: Ines Kröger (Lebensgefährtin). Ki.: 1 Tochter. S.: 1979 Abitur, 1979-81 Bundeswehr, 1982-87 Stud. Politik, Soz. u. Germanistik in Göttingen, 1. Staatsexamen, 1987-89 Referendariat am Christian-von-Dohm-Gymn. in Goslar, 2. Staatsexamen. K.: 1983-88 Doz. in d. polit. Erwachsenenbild. b. d. Bild.-Ver. Arb. u. Leben u. f. d. Gewerkschaften ÖTV u. IG Metall, 1989-90 Lehrer in d. berufl. Erwachsenenbild. im Bild.-Werk d. Niedersächs. VHS, seit 1990 Abg. d. Niedersächs. Landtags (SPD); 1976-89 Kinder- u. Jugenarb. in d. SPD-nahen Jugendorgan. Sozialist. Jugend Deutschlands; Die Falken, Bez.-Vors. d. SJD - Die Falken, Mtgl. d. Bundesvorst. d. SJD - Die Falken, 1977 Eintritt in d. Sozialdemokrat. Partei Deutschlands, 1979 Eintritt in d. Gewerkschaft ÖTV, 1987-98 Kreistagsabg. d. Landkreises Goslar (SPD), seit 1990 Abg. d. Niedersächs. Landtages, 1990-94 Mtgl. in d. Aussch. f. Umweltfragen, f. Soz. u. f. Wirtschaft, seit 1991 Ratsherr d. Stadt Goslar (SPD), 1991-96 Vors. d. Umweltaussch. im Rat d. Stadt Goslar,1994-98 Mtgl. im Innenaussch. u. im Kultusaussch. sowie im Aussch. f. Verfassungsrecht u. Landtages, 1994-97 Innenpolit. Sprecher d. SPD-Landtagsfraktion, 1996 Vors. d. Aussch. f. Wirtschaft, Stadtentwicklung u. Tourismus im Rat d. Stadt Goslar, 1997-98 stellv. Fraktionsvors. d. SPD-Landtagsfraktion, seit 1997 Vors. d. Kuratoriums d. Niedersächs. Landeszentrale f. polit. Bild., 1998-99 Vors. d. SPD-Fraktion im Niedersächs. Landtag, seit 1999 Min.-Präs. d. Landes Niedersachsen. MdBR. H.: Fahrradfahren, Reisen (Naher Osten). (Re)

Gabrikowski Karsten *)

Gabrysch Erwin
B.: Chordir. u. Dirigent d. Berliner Lehrerchor, d. Erkscher gemischten Chor Neukölln, d. Chorver. Spandau m. Kinder- u. Jugendchor, gemeinsam als Schumann'sche Chöre bekannt u. Berlin-Brandenburg. Kammerorchester. PA.: 13587 Berlin, Asnieresstr. 6. G.: Ratibor/Oberschlesien, 7. Jan. 1931. El.: Vinzenz u. Marta. S.: erste musikal. Kenntnisse v. Vater vermittelt, nach d. Orgelstud. an d. Mittelschule f. Musik in Zabrze m. 18 J. erste Organistenstelle an d. Christus König-Kirche in Gliwice, 1952-57 Dirigentenstud. Staatl. HS f. Musik Kattowice. K.: 1956-58 Dirigent an d. Filharmonia Gornisza in Zabrze, 1958 Aussiedlung nach Westberlin, mehrere Dirigentenkurse unter Herbert v. Karajan (1959 u. 1960), Sir John Barbirolli (Taormina 1964) u. Jean Martinon (Düsseldorf 1964), gleichzeitig u. danach freier Mitarb. b. Sender Freies Berlin u. Radio Symphonie Orchester sowie Organist u. Chorltr., seit 1976 Chordir. u. rege Gastspieltätigkeit als Dirigent v. Opern, Operetten, Orchester- u. Chorkonzerten im In- u. Ausland. E.: 2. Preis Dirigentenwettbewerb Düsseldorf 1964. M.: 1982-88 Mtgl. d. Musikaussch. d. Berliner Sängerbundes, b. 1990 Berliner Landesausbild.-Ltr. Segelflug. H.: als Berliner Aero-Klub-Mtgl. Segel- u. Motorflieger sowie Fluglehrer u. Kursltr. (Re)

Gabsa Elke
B.: RA, Inh. DA.: 36390 Gießen, Ludwigstr. 29. G.: München, 13. Sep. 1954. El.: Nils (1979), Lea (1991). S.: 1973 Abitur Bad Nenndorf, 1973 Umzug nach Marburg, 1973-75 Grundstud. Soz. in Marburg, 1975-81 Stud. Rechtswiss. in Marburg, 1981-84

*) Biographie www.whoiswho-verlag.ch oder beigefügte CD-ROM

Gabsa

Stud. d. Rechtswiss. in Gießen, 1984-87 Referendariat. K.: 1988 Zulassung als Anw., 1988-91 Tätigkeit in einer Sozietät in Gießen, ab 1992 Einzelanw. in eigener Kzl. in Gießen, Tätigkeitsschwerpunkt: Ausländer- u. Flüchtlingsrecht, sowie Familienrecht. BL.: Aufbau u. ehrenamtl. Tätigkeit als Vors. d. Kinderschutzbundes e.V., Ortsverb. Gießen (1983-93), Vors. in einer Krabbelgruppe, aktiv tätig in d. Schülerbetreuung, aktiv tätig in d. Kinderarb. u. im gesamten soz. Bereich. M.: Kinderschutzbund, Dt.-Türk. Ges., Republikan. Anw.-Ver. (RAV). H.: Wahrnehmung v. soz. Aufgaben.

Gaca Adalbert Hans Dr. med. Prof. *)

Gackstatter Fritz Hans Dr. rer. nat. Prof. *)

Gackstetter Dieter
B.: Intendant. FN.: Landestheater Coburg. DA.: 96450 Coburg, Schloßpl. 6. www.landestheater-coburg.de. K.: b. 1978 Ballettdir. u. Choreograf an d. Bayr. Staatsoper in München, danach freier Regisseur u. Choreograf, Zusammenarb. u.a. m. Rainer Werner Fassbinder, seit 2001 Intendant am Landestheater Coburg.

Gadacz Joachim Dipl.-Ing.
B.: Gschf. FN.: J. Gadacz Mobilitäts GmbH Center Rhein-Neckar. DA.: 68199 Mannheim, Casterfeldstr. 142-144. gadacz@t-online.de. G.: Wadersloh, 30. Apr. 1960. V.: Petra, geb. Dannewitz. Ki.: Kimberly, Henry, Dustin. S.: 1978 FH-Reife, 1978-79 Bundeswehr, 1979-84 Stud. Maschinenbau Fahrzeugtechnik in Esslingen, 1985 Dipl.-Ing. K.: 1984-98 Service- u. Projektmanager b. Mercedes-Benz, 1998 selbst. Gschf. d. Smart-Centers Rhein-Neckar. M.: WirtschaftsR. Mannheim, Business-Club Mannheim. H.: Triathlon.

Gaddum Willfried Meinhard *)

Gäde Simona *)

Gädeke Roland Enno Reinhardt Robert Dr. med. *)

Gademann Günther Dr. med. habil. Dipl.-Phys. Prof. *)

Gäding Annette *)

Gadow Rainer Dr. Prof. *)

Gadsch Herbert *)

Gaebel Martin *)

Gaebert Cornelia *)

Gaede Jens *)

Gaede Uta *)

Gaedertz Alfred Carl *)

Gaedertz Johann Christoph Dr. LL.M. *)

Gaedicke Gerhard Dr. med. Prof. *)

Gaedt Detlef Dipl.-Kfm. Dipl.-Polit. *)

Gaedtke Oliver

B.: selbst. Makler f. Immobilien, Finanzierung, Geldanlagen und Versicherung, Gaedtke Finanzdienstleistungen. DA.: 31655 Stadthagen, Obernstr. 12. G.: Bückeburg, 4. Juni 1965. V.: Angela, geb. Wehling. Ki.: Alena (1996), Mika (1998). S.: 1983 Mittl. Reife Hameln, 1983 -86 Ausbild. Bankkfm. Hameln, 1986-88 Zivildienst DRK Rinteln, 1988-90 Weiterbild. Minden. K.: 1990-92 Bez.-Berater d. BHW in Minden, 1992-93 tätig bei d. LBS Minden als Bez.-Ltr. f. Bausparen u. Finanzierung, 1993-94 Weiterbild. z. Vers.-Kfm. in Hannover, 1994-96 Agenturltr. einer großen Versicherung im Kreis Hannover, seit 1996 selbst. Makler f. Immobilien, Finanzierung, Geldanlagen u. Vers. in Stadthagen. P.: Veröff. im Internet. E.: div. Ausz. v. Ges. M.: BbG. H.: Familie, Arbeit.

Gaehtgens Peter Dr. med. Prof.
B.: Präs. FN.: FU Berlin. DA.: 14195 Berlin, Kaiserwerther Str. 16-18. pgae@zedat.fu-berlin.de. www.fu-berlin.de. G.: Dresden, 1. Sep. 1937. V.: Marianne, geb. Voltz. Ki.: Florian (1968). El.: Gerhard u. Agnete, geb. Grote. S.: 1957 Abitur Aachen, 1958-63 Stud. Med. Univ. Freiburg, München u. Köln, Staatsexamen, 1964 Prom. K.: 1964-66 Ass an d. Univ.-Klin. in Köln u. Berlin, Approb., 1971 Habil. in Physiologie med. Fakultät Univ. Köln, 1966 Forsch.-Ass. Inst. f. normale u. patholog. Physiol. Univ. Köln, 1967-69 Forsch.-Mtgl. der Division of Engineering and Applied Science am California Inst. of Technology/USA, 1972 Doz. f. Physiologie, 1975 Prof., 1983 C4-Prof. f. Physiologie FU Berlin, 1984-86 stellv. Dir. d. Inst. Physiologie an d. FU Berlin, 1985-89 stellv. Dekan Fachbereich Grundlagen-Med. FU Berlin, 1987-91 Fachbereichsltr. Inst. f. Physiologie FU Berlin, 1990-91 Mtgl. Univ. Forsch.-Aussch., 1992-95 Vizepräs. f. Med. FU Berlin, 1995-97 Dekan med. Fakultät, 1997-99 1. Vizepräs. FU Berlin u. seit 1999 Präs. P.: "Design principles of vascular beds" (1995), "Structure and hemodynamics of microvascular networks" (1997), "Structural adaption and stability of microvascular networks - theory and simulations" (1998), "Adhesion molecules: The path to a new understanding of acute inflammation" (2000) u.a. E.: 1972 Hochhaus-Preis d. med. Fakultät Univ. Köln, 1986 Abbott Microcirculation Award d. European Society for Microcirculation u. 1990 Malpighi Award, 1996 o.Mtgl. d. Berlin-Brandenburg. Ak. d. Wiss. M.: Dt. Physiologie Ges., Berliner Physiologie Ges. u. seit 1992 stellv. Vors., Ges. z. Förderung d. biomed. Forsch. e.V., Berliner med. Ges., Ges. f. Mikrozirkulation e.V. u. 1978-85 Schriftführer u. 1985-86 Vors., Dt. Ges. f. Herz- Kreislaufforsch., Berliner wiss. Ges., Intern. Society of Biotheology - 1986-92 Secretary General u.s. 1992 VPräs., European Society for Microcirculation, The Microcirculatory Society Inc. USA, European Society of Cardiology, Internat. Working Group on Red Cell Deformability, Royal Society of Med. London u. 1983-86 Chairman, IUPS, Commission on Microcirculation an Capillary Transport u. 1986-87 Chairman, Intern. Liaison Committee, Intern. Microcirculation Societies. H.: Musik, Lesen.

Gaenge Andreas *)

Gäer Ute *)

Gaertner Egbert Dipl.-Verw.-wirt
B.: Gschf. FN.: Immobilien am Lönspark GmbH. DA.: 30559 Hannover, Tiergartenstr. 11. gaertner@t-online.de. www.immobilien-am-loenspark.de. El.: Heinz u. Waltraud. S.: 1973 Abitur

*) Biographie www.whoiswho-verlag.ch oder beigefügte CD-ROM

Burgwedel. K.: 1973-88 tätig im öff. Dienst, Abschluß Dipl.-Verw.-wirt an d. FHS, danach Grdg. d. Firma Immobilien am Lönspark GmbH m. Schwerpunkt An- u. Verkauf, Vermittlung v. Grundstücken, Häusern u. Wohnungen. F.: div. Beteiligungen. H.: Kochen, Segeln, Tennis, Reisen.

Gäfe Alexander

B.: Gschf. Ges. FN.: 702 Media GmbH. DA.: 12435 Berlin, Kiefholzstr. 4. G.: Heidelberg, 7. Feb. 1965. El.: Friedrich u. Christa, geb. Lochinger. S.: 1981 Mittlere Reife, 1981 Berufsausbild. Orthopädieschuhmacher, 1982-83 Lehre z. Fotolaboranten im Fotolabor Kallmorgen Hamburg. K.: 1983 Mitgründer d. Filmproduktion cult film tv, 1983-86 freier Fotoass. f. versch. nat. wie intern. Fotografen, 1986-87 selbst. Fotograf in Hamburg, 1987-89 freier Spieleautor f. d. BR-Sendung Vier gegen Willie, 1989

Projektltg., Sponsorenakquisition u. Organ. d. Kunstinstallation Lichtfeld auf d. Straße d. 17. Juni Berlin, 1989 Aufnahmeltr. b. Downtown Film Production GmbH Hamburg, 1990-91 TV-Producer b. d. Werbeagentur Lintas Hamburg, 1991-92 Inh. d. Filmproduktion Dakota & Dolphin GmbH, 1992 Initiierung u. Ltg. d. Projektes Operation Oasis, 1992-94 Grdg. v. Multiversum Media Lab, 1994-96 Eintragung d. Multiversum Media Lab als GmbH, Ges. u. Mtgl. d. Geschäftsltg., 1996 Mtgl. d. Geschäftsltg. d. mitv - multiversum intractive television GmbH, 1996-97 Grdg. d. 702 Medienberatung Gäfe & Springer GbR, 1997-98 Übernahme u. alleiniger Inh. d. 702 Medienberatung, 1998 Umbenennung in 702 Media, 2000 Grdg. d. 702 Media GmbH unter Beteiligung v. DAS WERK AG. P.: div. Veröff. im Buchreport, Südd. Verlagsgruppe u. in Publ. d. wiss. Springer Verlages. M.: IEEE, ACM. H.: Segeln, Paragliding, Fotografie, Filmen, Kurzgeschichten schreiben, Lesen.

Gäfgen Gérard Franz Marcel Dr. rer. pol. Dr. oec. h.c. Prof.
B.: em. Univ.-Prof. f. VWL. FN.: Univ. Konstanz. PA.: 78465 Konstanz, Abendbergweg 7. G.: Luxemburg, 26. Febr. 1925. V.: Dr. Brigitte, geb. Geyer. Ki.: Danielle. El.: Franz H. u. Dr. Agnes. S.: Abitur, Stud. VWL u. Soz. Univ. Köln, 1953 Dipl., 1955 Prom. K.: 1961 Habil., 1961 Priv.Doz. Univ. Köln, 1962 o.Prof. TH Karlsruhe, 1965 o.Prof. Univ. Hamburg, 1969 o.Prof. Univ. Konstanz, 1990 Prof. em. Univ. Konstanz, 1970 Mtgl. wiss. Beirat b. Bundesmin. f. Wirtschaft, 1992 Mtgl. Collegium Philosophicum. P.: Theorie der wirtschaftlichen Entscheidung (1963, 3. erweit. Aufl. 1974), Gesundheitsökonomie - Grundlagen u. Anwendungen (1990), zahlr. Aufsätze. E.: 1994 Dr. oec. h.c. Univ. St. Gallen. M.: Ver. f. Socialpolitik, American Economic Assoc.

Gafke Kurt Rolf *)

Gäfke Detlef *)

Gafron Georg
B.: Vors. d. Geschäftsführung u. Programmdir. FN.: Radio Hundert, 6 Medien GmbH. DA.: 10787 Berlin, Katharina-Heinroth-Ufer 1. G.: Weimar, 13. Mai 1954. V.: Doris, geb. Hutzelmann. Ki.: David (1978), Philip (1984). El.: Adolf u. Margarete, geb. Wendt. S.: Lehre als Buchdrucker in Weimar, 1977 Flucht in d. BRD, Abitur in Westberlin. K.: freier Mitarb. bei versch. Rundfunkanstalten, 1982 ltd. Red. RIAS Berlin u. Ltr. Sonderprogramme u. Feature RIAS II, 1987 Chefred. Radio Hundert, 6 Medien GmbH, Gschf. Programm u. Kommunikation, TV Berlin Fern-

sehprogrammges. mbH, ständiger SAT 1-, Bild-, Welt- u. Welt am Sonntag-Kolumnist. P.: Autor versch. Tageszeitungen u. Rundfunkanstalten, u.a. "Kritische Auseinandersetzung m. Konzeption u. Strategien d. Grünen in d. BRD" (1983), "Nationalneutralismus - Visionen v. einem neuen dt. Sonderweg" (1984), "Wenn aus d. Tugend eine Plage wird", "Vom Wohl u. Wehe d. Steuerstaates" (1986), "Berlin - eine Stadt unter Druck" (eine Publ. d. Konrad-Adenauer-Stiftung) (1987). "Hörernahes Radio in der Praxis". E.: 1985 Kurt Magnus-Preis d. ARD, 1987 Friedward Bruckhaus-Förderpreis d. Hanns Martin Schleyer-Stiftung, 1987 Förderpreis d. Hermann Ehlers-Akademie. H.: Reisen, Lesen. (E.S.)

Gafus Maria

B.: Kauffrau, Inh. FN.: Cafe "Alt Salzburg". DA.: 83410 Laufen, Marienpl. 3. G.: Salzburg, 8. Okt. 1956. V.: Peter Gafus. Ki.: Alexandra (1977), Daniel (1982). El.: Johann u. Maria Adelsberger. S.: 1972-75 Lehre Spengler Hallein, Gesellenprüf. m. Ausz. K.: 1975-76 tätig in d. Spenglerei d. Vaters, 1981-94 Verkäuferin in einer Boutique, 1994 Eröff. d. Cafe "Alt Salzburg" in Laufen m. Schwerpunkt Österr.-Ital. Kaffee-Kultur u. eigener Kuchenprod. H.: Radfahren, Wohnung, Garten.

Gagel Walter Dr. phil. Prof. *)

Gagern Gunter Dipl.-Ing. *)

Freiherr von Gagern Rikolt Mag. iur. *)

von Gagern Volker *)

Gagliardi Eutimio
B.: Maschinenbautechniker, Weinbauhändler für Italienische Weine. FN.: Consilium Bonum. DA.: 85599 Parsdorf, Am Hollerbusch 14. G.: Tagliacozzo-Abruzzen/Italien, 27. Feb. 1946. V.: Georgina Gagliardi. Ki.: Benni (1980), Theresa (1988). El.: Augusto u. Lucia. S.: 1963 Technische Schule in Avecano als Maschinenbautechniker. K.: 1963-82 tätig b. d. intern. Baufirma Astaldi im weltweiten Einsatz als Maschinenbautechniker in Afrika, Asien, Saudi Arabien u. UdSSR in Kiew, 1982-94 Pilottechniker b. BMW in München, seit 1994 Maschinenbautechniker b. Firma PNN in Kirchheim, seit 1991 Weinhandel m. Italienischen Qualitätsweinen unter d. Namen Consilium Bonum in Parsdorf. P.: in SZ u. Hallo, Messebericht über Messegestaltung. H.: Lesen, klass. Musik, Italien.

Gahl Manfred Dipl.-Wirtschaftsing. *)

Gahlbeck Marlies *)

Gahleitner Tom *)

Gahlen Hildegard Dr. Prof. *)

Gahler Michael
B.: MdEP. FN.: Regionalbüro Süd- u. Westhessen. DA.: 64521 Groß-Gerau, Am Marktpl. 19. mgahler@europarl.eu.int. www. michael-gahler.de. G.: Frankfurt/Main, 22. Apr. 1960. S.: 1979-80 Zeitsoldat b. Fernmeldebataillon 330 in Koblenz, 1981-87 Jurastud. Mainz, 1. Jur. Staatsexamen, 1982-83 Studienaufenthalt in Dijon/Frankreich, 1987-90 Referendariat in Frankfurt, Hochheim u. Brüssel, 2. Jur. Staatsexamen. K.: 1990-91 Attachéausbild. an

---

*) Biographie www.whoiswho-verlag.ch oder beigefügte CD-ROM

Gahler

d. Diplomatenschule d. Auswärtigen Amts, 1991-93 Referent im Referat "Intern. Umweltschutzpolitik" im Auswärtigen Amt 1993-95 Referent im Büro f. auswärtige Beziehungen d. CDU, 1995-99 Referent f. d. baltischen Staaten u. d. Ostseerat im Auswärtigen Amt, seit 1999 Mtgl. d. Europ. Parlaments, 1978 Eintritt in d. Junge Union, Funktionen: 1985-87 Vors. Stadtverb. Hattersheim, 1987-89 Vors. Kreisverb. Main-Taunus, 1990-93 Vors. Bez.-Verb. Nassau, 1990-93 Mtgl. im Landesvorst. Hessen, 1991-96 Mtgl. d. Intern. Kmsn. d. Bundesverb., 1994-96 Vors. d. Bundesschiedsgerichts, 1981 Eintritt in d. CDU, 1989-2001 Kreistagsabg. im Main-Taunus-Kreis, 1993-97 Mtgl. d. Regionalen Planungsversammlung b. RP Darmstadt, 1994-2000 stellv. Kreisvors., seit 1999 Mtgl. d. Europ. Parlaments, seit 1995 Delegierter z. EVP-Kongreß. (Re)

S.: 1988-90 Maurerlehre im elterl. Betrieb Günter Gaida Baugeschäft Stuhr-Heiligenrode, 1990-91 Fachoberschule Technik in Syke, 1991-95 Stud. Bauingenieurwesen FH Technik Bremen, Abschluss Dipl.-Ing. K.: seit 1993 selbständig u. Grdg. eines Ingenieurbüros f. Bauplanung u. Statik als Inhaber, 1999 Grdg. d. Gaida Bau GmbH gem. m. Bruder Bernd Gaida als Gschf. Ges.

Gahlings Ilse Dr. phil. Univ.-Prof. *)

Gahr Heinz-Jürgen *)

Gahr Michael *)

Gähres James Allen
B.: Gen.-Musikdir. FN.: Ulmer Theater. DA.: 89070 Ulm, Herbert-v.-Karajan-Pl. 1. G.: Harrisburg/USA, 5. Aug. 1943. S.: 1961 Abitur, 4 J. Militärdienst als Musiker, 1966-70 Stud. Komposition, Dirigieren u. Klavier Peadbory Conserbatory of Music Baltimore, 1969 Stud. Mozarteum Salzburg, 1970-72 Fullbright-Stopendium Kapellmeisterschule Wien. K.: b. 1975 freier Komponist in Calw, 1975-78 Kapellmeister am Theater in Passau, 1978-81 Kapellmeister u. Chordir. in Hildesheim, 1981-91 1. Kapellmeister am Stadttheater Hannover u. b. 1994 am Stadttheater Braunschweig, seit 1994 Gen.-Musikdir. am Stadttheater Ulm; Funktion: Mitinitiator d. intern. Herbert-v.-Karajan-Gedächtniskonzerte seit 2000 in Ulm. H.: Literatur, Freizeitsport, Italien.

Gaida Detlef

B.: Steuerberater in eigener Kzl. DA.: 12161 Berlin, Görresstr. 9. www.stb-gaida.de. G.: Berlin, 20. Mai 1951. V.: Anja, geb. Dietze. Ki.: Florian. S.: 1973 Ausbildung Steuerfachgehilfe Kzl. Eugen Werner Berlin, 1980 Steuerbevollmächtigenprüfung. K.: 1985 Kauf d. Kzl. in Berlin spez. f. Apotheker u. Ärzte, 1989 Steuerberaterprüf., 1989-90 Doz. in d. Neuen Bdl., u. Seminare f. Druckereien u. Verlagswesen in d. gesamten DDR, 1990 Organ. d. Messe "Infoveranstaltung f. Apotheker" in Potsdam, seit 1990 zusätzl. Existenzgründungsberatung ingesamt f. ca. 300 Apotheker, 1991 Eröff. d. Filiale in Potsdam. BL.: viele Menschen in d. Selbständigkeit gebracht, d. davor Angst hatten. F.: seit 1998 Inh. d. Firma FACT Steuerberatung GmbH. M.: Verband steuerberatender Berufe, Harley Club Deutschland. H.: Harley fahren, mod. Kunst, New York- u. Syltreisen, gut Essen gehen.

Gaida Matthias Dipl.-Ing.
B.: Maurer, Gschf. Ges. FN.: Bauplanungsbüro Matthias Gaida; Gaida Bau GmbH. DA.: 28816 Stuhr, Bürstler- Richtweg 1c. gaida.matthias@t-online.de. www.gaidabau.de. G.: Delmenhorst, 8. Apr. 1968. El.: Architekt BbtA Günter u. Marga, geb. Szeglat.

Gaida Wolfgang Dipl.-Ing.
B.: Beratender Bauingenieur. FN.: Bauingenieurbüro Gaida. DA.: 23843 Bad Oldesloe, Lily-Braun-Str. 19. PA.: 23568 Lübeck, Buchenweg 27d. G.: Büdelsdorf, 17. Nov. 1950. V.: Ulrike, geb. Dellwig. Ki.: John (1993), Simone (1995). S.: 1966 Mittlere Reife, 1966-69 Lehre als Betonfacharb., 1971-74 Stud. z. Bauing. an d. FH Eckernförde, 1975-80 Stud. z. Bauing. an d. Univ. Hannover, Abschluss: Dipl.-Ing., 1969-71 Bundeswehr. K.: 1974-75 Bauing. in Ingenieurgem. Dr. Dücker in Lübeck, 1980-85 Dipl.-Ing. in BGS Ingenieursozietät in Hannover, 1985-91 bei Prüfing. Dipl.-Ing. Augustin, Lübeck, seit 1991 selbst. in Bad Oldesloe, Prüfingenieur f. Baustatik. M.: VPI. H.: Sport, Fotografieren.

Gaidies Reinhard *)

Gaidt Armin
B.: Gschf., Inhaber. FN.: Gaidt Blockhäuser Vertriebs GmbH. DA.: 44809 Bochum, Dorstener Str. 464. www.gaidt.de. G.: Duisburg, 29. März 1955. V.: Roswitha, geb. Balsam. El.: Emil u. Ruth. S.: Kfm. Ausbildung u. Einarbeit im elterl. Betrieb; weitere Firmen: Gschf. Inhaber d. Gaidt Verwaltungsges. mbH, Dorstener Str. 464-468, 44809 Bochum, Inhaber d. Inter-Block-Werbung, Dorstener Str. 464-468, 44809 Bochum, Inhaber d. Inter-Block-Werbung, Im Königsbusch 10, 47249 Duisburg. P.: div. Ausstellung - Verbrauchermessen. H.: Tennis, Golf.

Gaidzik Dagmar *)

Gaidzik Peter W. Dr. *)

Gaier Ulrich Dr. phil. o.Prof. *)

Gail Dagmar *)

Gail Erwin Eugen *)

Gaile Jochen Dr. *)

Gailhofer Charlotte Prof. h.c.
B.: Dipl.-Designerin. FN.: FH Augsburg Fachbereich Gestaltung. DA.: Augsburg, Henisiustr. 1. PA.: 86163 Augsburg, Oberstofer Str. 4b. G.: Königshain, 16. Juli 1939. V.: Dipl.-Ing. Alfred Gailhofer. Ki.: Sunna (1967). S.: Werkkunstschule, 6 J. Textildesignerin b. Firma Dierig Augsburg, Stud. Kunstgeschichte, Phil. u. Archäologie Univ. Augsburg. K.: freiberufliche Tätigkeit in Italien, seit 1975 eigene Kollektionen, Farbberatungen f. ital. Seidenfabrikanten, künstlerische Beratung namhafter dt. Porzellanhersteller, Modeillustrationen, Unterricht in d. ISIA/Urbino, Teilnahme an zahlreichen Wettbewerben, Buchgestaltungen, Spiele,

*) Biographie www.whoiswho-verlag.ch oder beigefügte CD-ROM

Gailling Hans *)

Gairing Mathias

B.: Elektromeister. FN.: Elektro Gairing; Gairing's Wellness Oase; Boarding Appartements. DA.: 70569 Stuttgart-Vaihingen, Endelbangstr. 18. www.gairing-wellness.de; www.elektro-gairing.de. G.: 12. Sep. 1961. Ki.: Patrick (1989), Robin (1993). El.: Werner u. Gudrun, geb. Richter. S.: 1979 Mittlere Reife, 1979-83 Elektroinstallateur, 1983-86 Bundeswehr u. Gesellenzeit, 1986-87 Vollzeit Meisterschule in Reutlingen. K.: seit 1987 selbständig, 1993 Bau d. Wohn- u. Geschäftshauses in Vaihingen, 1989 Gründung d. GWO, 2000 Boarding Appartement, 2001 Ausbildungzum Masseur. BL.: seit 1989 Gesellprüf.-Aussch. d. Elektroinnung Stuttgart, seit 1994 Vorst. d. Elektroinnung Stuttgart, seit 1998 Gutachter b. d. IHK. M.: Geländewagenclub Mitsubishi, Porsche Club Stuttgart. H.: Fußball (b. 1987 aktiv b. Stuttgarter Kickers), Motorsport, Tennis.

Gais Michael *)

Gaiser Hans-Peter *)

Gaißer Gerhard *)

Gaitanides Michael G. Dr. Prof.
B.: HS-Lehrer. FN.: Univ. d. Bundeswehr. DA.: 22043 Hamburg, Holstenhofweg 85. PA.: 22041 Hamburg, Ziethenstr. 1e. G.: Potsdam, 6. Nov. 1942. V.: Heidy, geb. Rossner. Ki.: Florian. El.: Dr. Johannes u. Margit. BV.: Johannes Gaitanides, Schriftsteller. S.: 1963 Abitur, 1965 Kfm. Lehre, 1969 Dipl.-Kfm. Univ. München, 1973 Dr. rer. pol. Univ. Augsburg. K.: 1969-70 Siemens AG München, 1978 Habil. TH Darmstadt. 1980-81 Univ. Hamburg, 1981 Univ. d. BWehr Hamburg. P.: Industrielle Arbeitsorganisation und technische Entwicklung (Berlin/New York 1975), Planungsmethodologie (Berlin 1979), Prozeßorganisation (München 1983), Prozeßmanagement (München 1994), div. Zeitschriftenartikel. E.: Präs. d. Ges. f. Org.Forschung e.V., Schriftltg. d. Zeitschrift "Führung u. Organisation (zfo). M.: Schmalenbach-Ges. e.V., Academy of Management (USA), Übersee Club, Hamburg. H.: Skifahren, Tennis, Segeln.

Gaitanides Peter *)

Teppich- u. Flächendesign, seit 1979 Lehrbeauftragte d. FH Augsburg, Fachbereich Gestaltung, seit 1998 Prof. h.c. P.: wiss. Arb. f. d. Transkriptionen v. historischen Schriften an d. Universität Augsburg u. Bonn, Beiträge in diversen Ausstellungskatalogen. M.: Vorst.-Mitglied der Künstlerver. "Die Ekke" Augsburg, Jurymtgl. d. Augsburger Treppenhausgalerie.

Gajdasie Tomislav Dr. *)

Gajek Peter Hubertus Dipl.-Bw. (FH)

B.: selbständiger Steuerberater. GT.: Steuerberatung, betriebswirtschaftliche Beratung. DA.: 70195 Stuttgart-Botnang, Millöcker Str. 10. G.: Stuttgart, 29. Aug. 1959. El.: selbst. Kaufleute Hubert Peter u. Lucia Magdalena, geb. Baumgart. S.: Ausbildung bei d. Finanzverwaltung, 1989-95 nebenberufl. FH-Studium d. Betriebswirtschaft mit Abschluß Dipl.-Bw. (FH), bis 1999 Finanzverwaltung. K.: 1999 Steuerberaterexamen u. Bestellung z. Steuerberater. M.: Steuerberaterkammer, Johanniter. H.: Schach, Vernissagen u. Kunst, Musik, Gitarre u. Klavier, Jogging.

Gajek Reinhard
B.: Schädlingsbekämpfer, Inh. FN.: Reinhard Gajek Schädlingsbekämpfung - Desinfektion - Taubenabwehr. DA.: 12524 Berlin, Keltensteig 7. G.: Berlin, 19. März 1947. V.: Renate, geb. Sohr. Ki.: Patricia (1969), Christina (1978). BV.: Großvater Thomas Gajek Oberförster in Waldenburg. S.: 1963-66 Ausbild. z. Forstwirt, 1965-67 Ausbild. z. Schädlingsbekämpfer. K.: 1967-82 ang. Desinfektor b. Berliner Senat, seit 1979 selbst. P.: über 30 positive Fernsehberichte über seine Tätigkeit. E.: Eintragung ins 750 J. Buch d. Stadt Berlin als einer d. 750 interessantesten Berliner. M.: DSV Dt. Schädlingsbekämpfungsverb., Brandenburg. Landesjagdverb. H.: Jagd.

Gajewski Herbert Dr. habil. *)

Gaksch Berti *)

Gal George Ivan Dr. medic

B.: Arzt f. Anästhesiologie, Schmerztherapie, Sucht-, und Rettungsmedizin, NLP Master - Practitioner. FN.: Praxis f. Anästhesiologie, Schmerztherapie u. Drogenkranke, Tauch- u. Überdruckmedizin. GT.: Medizinische Anwendung d. NLP, Einzel-, & Teamcoaching. DA.: 33102 Paderborn, Holsteiner Weg 55a. Praxis-Dr.Gal@t-online.de; George.Gal@gmx.de. www.Dr-Gal.com, www.TherCon.org. G.: Bukarest-Rumänien, 23. Apr. 1954. V.: Livia, geb. Paladian. El.: Mathias (Holocaust Überlebender) u. Maria. S.: Schule in Rumänien u. 1972 Abitur in Israel, 1974 Cobol-Fortran Programmierschule Frankfurt am Main, 1975-82 Med.-Stud. in Milano u. Bukarest, 1982 Prom. in Orthopädie. K.: 1983 Ass.-Arzt Anästhesie in Leer (Ostfr.), 1983-87 Ass.-Arzt Anästhesie VincenzKreis-KH Paderborn, 1987-99 OA Anästhesie St. Johanneskloster Paderborn, 1999-2000 Ärztl. Ltr. u. Gschf. d. Druckkammerzentrums Paderborn, seit 1999 parallele Grdg. d. eigenen Praxis in Paderborn. BL.: seit 1990 Ltd. Notarzt d. Kreises Paderborn. M.: BDA, STK, Aidshilfe, DSÄ.

Galati Rosario *)

*) Biographie www.whoiswho-verlag.ch oder beigefügte CD-ROM

Galda Herbert Dipl.-Ing.

B.: Gschf. FN.: UBEGA Intern. DA.: 38518 Gifhorn, Wittkopsweg 61a. S.: 1970-73 Ausbild. Starkstromelektriker Firma Alfred Teves GmbH in Gifhorn, Bundeswehr, 1976 FHS-Reife, 1976-79 Stud. Elektrotechnik FHS Osnabrück m. Abschluß Dipl.-Ing. K.: 1979-92 Konstrukteur, Ltg. Marketing u. zuletzt Exportleitung Vertr. u. Marketing in d. Firma Siemens AG in Erlangen u. Hannover, 1993-94 Gschf. d. Firma Elektra-Faurndau GmbH in Göppingen, 1994-97 Bereichsltr. f. Vertrieb u. Marketing, Prok. u. Mtgl. d. Geschäftsltg. d. Firma C & E FEIN GmbH & Co in Stuttgart, 1997-99 freiberufl. Unternehmensberater als Dir.Ltr. eines Beratungsunternehmens bundesweit, 1999 Grdg. d. Unternehmensberatung UBEGA Intern. M.: seit 1984 Mtgl. d. VDE/ETG, 1984-88 Vorst.-Mtgl. d. VDE Hannover e.V., seit 1993 VerwR.-Mtgl. d. Dt. geschlossenen Immobilienfond, seit 1999 Mtgl. Marketing-Club Braunschw. H.: Reisen, Tauchen.

Galea Joseph *)

Galeazzi Mario *)

Galejew Carsta Dr. phil.

B.: Gschf. FN.: Die Infrastruktur Ak. GmbH, c/o Cognos AG. DA.: 120144 Hamburg, Kielortallee 1. G.: Räckelwitz, 26. Apr. 1963. Ki.: Yves (1987). S.: 1981-86 Stud. Slawistik Univ. Kasan d. Russ. Föderation, 1986-91 Forsch.-Stud. PH Güstrow, Prom. K.: 1991-95 Ltr. Bereich Osteuropa Paul Löwe-Inst. Berlin, 1995-97 Ref. d. Gschf. d. Ost-West Wirtschaftsak. in Berlin, 1997-98 Ass. d. Gschf. d. Infrastrukturak. u. seit 1999 Gschf. P.: Beiträge u. Vorträge zu Fragen d. Weiterbild. v. Führungskräften aus Osteuropa. M.: Ver. Berliner Kaufleute u. Industrieller, Ver. Telematics Pro, Märk. Presse- u. Wirtschaftsclub, Förderver. d. intern. Schule Berlin, Young Leader Club d. Dt.-Russ. Forums. H.: klass. Musik, Literatur, Reisen, Sport.

Gräfin von Galen Margarete

B.: RA, Fachanwältin f. Strafrecht, selbständig. GT.: seit 1999 Vorst.-Mtgl. in d. Rechtsanwaltskammer Berlin, Gschf. d. Organisationsbüros d. Strafverteidigervereinigungen. DA.: 10629 Berlin, Mommsenstr. 45. m.v.galen@t-online.de. G.: Köln, 8. Juni 1955. Ki.: 4 Kinder. S.: 1974 Abitur Köln, 1974-80 Stud. Jura in Heidelberg, Lausanne, Bonn u. München, 1. Staatsexamen, Referendarzeit, 1983 2. Staatsexamen. K.: seit 1983 RA in Berlin, seit 1999 Fachanwältin f. Strafrecht.

Galeotti Michael

B.: Zahntechnikermeister, Gschf. Ges. FN.: Michael Galeotti Zahntechnik GmbH. DA.: 49661 Cloppenburg, Hagenstr. 9. G.: Cloppenburg, 22. Sep. 1964. V.: Andrea, geb. Mitschke. Ki.: Giulia (1994), Gianna (1997). El.: Roberto u. Anita, geb. Willen. S.: 1981 Mittlere Reife Cloppenburg, 1981-85 Ausbildung zum

Zahntechniker. K.: 1985-87 Zahntechn. Labor in Cloppenburg, 1987-93 Zahntechniker in Stuttgart, Weiterbild. f. d. Meisterschule, 1996 Meisterprüf. z. Zahntechnikermeister, 1993-98 Zahntechniker u. Zahntechnikermeister im Großraum Cloppenburg, seit 1998 selbst. Eröff. d. eigenen Zahntechn. Labors Cloppenburg Michael Galeotti Zahntechnik GmbH als Gschf. Ges., Schwerpunkt: Implantatarbeiten jeglicher Art, Edelmetall + Keramik. H.: Modellfliegerei, Modellautos.

Galgon Katharina *)

Galguera Gonzalo

B.: Tänzer, Chefchoreograf, Künstl. Leiter. FN.: Anhaltisches Theater. DA.: 06844 Dessau, Friedenspl. 1a. G.: Camagüey/Kuba, 3. Apr. 1969. El.: Lázaro u. Zenaida. S.: m. 9 J. Beginn d. künstl. Ausbild., Saxophon an d. Musikschule, 1987 Abschluß als klass. Tänzer u. Päd. d. Nat. Ballettschule v. Kuba in Havanna. K.: Mtgl. d. Ballets v. Camegüey u. Ballet Nat. v. Kuba, 1989-90 Gastengagement b. Ballett v. Lima als 1. Tänzer, Tournee m. Company durch Südamerika, 1990-91 Solist b. "Jungen Ballett" v. Madrid/Spanien mit d. Rollen "Paquita", "Giselle", "Nussknacker" u. modernem Ballett aus d. "Miami City", "Teatro Colon Buenos Aires" u.a., ab 1991 Engagement in d. "Komischen Oper Berlin", wichtigste Rollen: Porthos in "Die drei Musketiere", "Abendliche Tänze", "Requiem" u.a., 1990 Wiederaufnahme d. Tätigkeit als Choreograph, die Werke wurden in ValeciaI, Spanien u. in Südamerika präsentiert, 1992 als Gast. "Junge Choreographen" D. Oper Berlin, 1993 A.d.K. Berlin mit "Unendliches Werden", 1995 "Diferentes-Diferencias" A.d.K. Berlin u. im Podewil "Tronic Suite", 1996 als Gastchoreograph z. 15. Festival Inter. de Ballett Havanna eingeladen, 1997 Faust II Inszenierung, Tanzstück am Theater Dessau, 1998 Ballettabend in Dessau, darunter 2 Uraufführungen "Dorn, zarter Dorn", Vivaldi Musik, "Goya", Vorbereitung Uraufführung 16. Intern. Ballettfestival Havanna. E.: 1983 2. Preis f. Choreographie-Wettbewerb Havanna/Kuba, 1989 Gold. Med. f. Tanz u. beste Partenaire Lima/Peru.

Galic Tjado *)

Galicki Horst

B.: Heilpraktiker, Inh. FN.: Inst. f. Regenerationstherapien. DA.: 59755 Arnsberg, Mendener Str. 37. PA.: 58710 Menden-Lendringsen, Zum Heilersiepen 5. G.: Duisburg, 17. Sep. 1940. V.: Maria, geb. Klinke. S.: Kfm. Lehre in Duisburg. K.: b. 1977 Kfm. im Außendienst d. Glas- u. Kosmetikind., 1972-77 nebenberufl. Ausbild. u. Fortbild. z. Heilpraktiker an d. Heilpraktikerseminarschule Duisburg, seit 1977 Heilpraktiker, Sauerstoff-, Magnetfeldtherapie, Homöopathie, Ridopunktur. M.: Verb. dt. Heilpraktiker Bundesverb., Schützenver. 1959 Platte Heide, Aquarienver. Roter v. Rio. H.: Aquaristik, Sport.

*) Biographie www.whoiswho-verlag.ch oder beigefügte CD-ROM

Galitz Christoph Dipl.-Ing.
B.: Architekt selbständig. FN.: Architekturbüro Dipl.-Ing. Christoph Galitz. DA.: 10713 Berlin, Brabanter Platz 2. galitz.korschow@t-online.de. G.: Berlin, 9. März 1964. V.: Petra, geb. Sommer. Ki.: Aljoscha (1996), Lena (1999). S.: 1980-83 Lehre als Zimmermann, 1984 Fachabitur, 1984-89 Stud. Architektur an d. techn. FH Berlin, Abschluss Dipl.-Ing. K.: 1990-91 freiberuflich als Architekt tätig, 1991 Grdg. eigenes Architekturbüro, Tätigkeitsschwerpunkte Altbaumodernisierung, Dachgeschossaubau. M.: Mtgl. d. neuapostolischen Kirche (aktiv in d. Arbeit m. Jugendlichen u. Betreuung v. Gemeindemitgliedern). H.: Familie.

Galka Roland
B.: Unternehmer. FN.: Galka Golden Tours. DA.: 24103 Kiel, Flämische Str. 6-10. PA.: 24105 Kiel, Feldstr. 131. galka@ggt.de. G.: Singen/Hohentwiel, 28. Jan. 1959. El.: Dieter u. Renate, geb. Köwius. S.: 1978 Bundeswehr, Offz.-Laufbahn, Ausbild. z. Hubschrauberpilot, 1979-83 Stud. Univ. d. Bundeswehr zu Hamburg, Dipl.-Kfm. K.: 1989 Grdg. d. Unternehmens Galka Golden Tours, 1992 Ausscheiden aus d. Bundeswehr im Range d. Kapitänlt., 1996 Grdg. d. Firma Me Ku Na Individualreisen nach Laeinamerika, 1997 Grdg. Firma Five Star Marketing, Gastdoz. an d. Wirtschaftsak. Kiel f. d. Fach Marketing. H.: Reisen, Volleyball, Handball, Fußball, Skifahren, Snowboard, Tauchen, Engagement für Kinder in d. 3. Welt durch Patenschaft.

Gall Harald Siegfried

B.: Dipl.-Ökonom, Gschf. Ges. FN.: iCentric Technologies GmbH. DA.: 22335 Hamburg, Oberhauptstr. 11. hgall@icentric.de. www.icentric.de. G.: Eschwege, 2. März 1961. V.: Petra Sieland. S.: 1977-80 Lehre Finanzamt, 1981 Abitur Bad Soderallendorf, 1982-85 Stud. Wirtschaftswiss. in Kassel. K.: 1985-87 Vertriebssystem aufgebaut b. Firma Eismann in Düsseldorf, 1987-91 tätig b. Johnson & Johnson als Marketingmanager f. Vermarktungsstrategie, 1991-95 tätig b. Mettler Toledo als Ltr. f. strategisches Marketing f. Zentraleuropa, 1995-2000 selbständig f. Kundenberatung u. Dienstleistung, 2001 Gschf. b. iCentric. P.: div. Veröff. in Fachzeitschriften u. div. Vorträge. M.: Dt. Direkt Marketing, ECDM, Förderer u. Gründer d. Dt. Direkt Marketing Nachwuchses. H.: Sport, Autorennen.

Gall Heide Maria Dr. med.

B.: Hautärztin, Allergologin, Naturheilverfahren in eig. Praxis. DA.: 90762 Fürth, Schwabacher Str. 25. info@Dr-med-Gall.de. www.dr-med-Gall.de. G.: St. Ingbert, 7. Feb. 1968. V.: Dr. Karl Josef Gall. El.: Peter Becker u. Anneliese, geb. Golentz. S.: 1987 Abitur, 1987-88 EPCOT-Center Florida/USA, 1988-95 Stud. Med. Univ. Ulm, 1996 Approb. Nürnberg, 1996 Prom. Ulm. K.: 1995-99 Ass.-Ärztin u. FA-Ausbildung an d. Hautklinik Nürnberg, 1999-2000 OA an d. Hautklinik Nürnberg, 2001 Eröff. d. Praxis gemeinsam m. d. Ehemann. P.: nat. u. internat. Publ. auf d. Gebiet d. Allergologie (Hautarzt, Archives of Dermatology), Berufsverband Dermatologie, Verein mittelfränkischer Dermatologen. M.: Dt. Dermatolog. Ges. H.: Tanzsport - Standard u. Latein, fremde Kulturen, Literatur, Jazz, Theater.

Gall Heinz Dr. med.

B.: FA f. Neurologie/Psychiatrie. DA.: 17489 Greifswald, Hans-Fallada-Str. 7. G.: Leberec/Tschechien, 8. Okt. 1934. V.: Elly, geb. Paplow. Ki.: Sylvia (1959), Margit (1961), Thomas (1966). El.: Josef u. Erna, geb. Haulischka. S.: 1953 Abitur Demmin, 1953-58 Stud. Humanmed. an d. Ernst-Moritz-Arndt-Univ. Greifswald u. Leipzig, Staatsexamen. K.: 1 J. Ass. am KH Demmin, 1 J. Poliklinik Demmin, 1960 Prom., 1962-65 Ausbild. z. FA f. Neurologie u. Psychiatrie an d. Nervenklinik Greifswald, 1966-78 OA an d. Nervenklinik Greifswald, 1978-85 Nervenarzt an d. Poliklinik Greifswald, 1985-91 Ltr. d. Abt. Neurologie/Psychiatrie in d. Poliklinik Greifswald, 1991 eigene Ndlg. reine Psychiatrie Bereich LOGO Therapie u. Existenzanalyse. BL.: Organ. d. 2x im J. stattfindenden Tagungen d. "Dt. Ges. f. Logotherapie u. Existenzanalyse Ost" u. Hrsg. d. Materials dazu "Sinn u. Sein". P.: versch. Art. in Fachzeitschriften d. DDR u. d. BRD über Logotherapie. M.: Dt. Ges. f. Logotherapie u. Existenzanalyse, Wr. Ges. f. Logotherapie u. Existenzanalyse. H.: Sammeln v. Karikaturen, klass. Musik, Sozialkrit. Belletristik u. Literatur.

Gall Karl Josef Dr. med.

B.: Dermatologe, Allergologe, Akupunkteur, selbständig. FN.: Praxis Dr. med. Heide M. Gall & Dr. med. Karl J. Gall. DA.: 90762 Fürth, Schwabacher Str. 25. dres.gall@t-online.de. G.: Weiden/Oberpfalz, 14. Apr. 1967. V.: Dr. Heide Maria, geb. Becker. El.: Karl u. Margarete. S.: 1987 Abitur Weiden, 1987-88 Grundwehrdienst in Neunburg v. Wald u. Weiden, 1988-95 Stud. Humanmed. an d. Friedrich-Alexander-Univ. Erlangen. K.: 1995-96 Arzt im Praktikum Hautklinik/Klinikum Nürnberg-Nord, 1996 Diss., Prom. z. Dr. med., Approb., 1996-99 Assistenzarzt u. FA-Ausbildung an d. Hautklinik Nürnberg, 1999 FA f. Haut- u. Geschlechtskrankheiten, 1999-2000 OA Hautklinik Nürnberg, 2000 Akupunkturdiplom, seit 2001 ndlg. Hautarzt in Fürth. P.: zahlr. Publikationen in mediz. Zeitschriften u. Büchern. M.: Dt. Dermatologische Ges., Berufsverband d. Dermataologen e.V., Verein d. mittelfränkischen Dermatologen. H.: Sport, aktiver Tennisspieler b. VFL Nürnberg, Tanzen.

Gall Lothar Dr. phil. Prof.
B.: Historiker, o.Prof. f. Neuere Geschichte. PA.: 65193 Wiesbaden, Rosselstr. 7. G.: Lötzen, 3. Dez. 1936. V.: Claudia, geb. Eder. Ki.: Tobias, Franziska. S.: Gymn. Salem, Stud. Geschichte, Romanistik u. Germanistik Univ. München u. Mainz, 1960 Prom., 1967 Habil. V.: 1965 Ass. Univ. Köln, 1967 Doz., 1968 Ordinarius u. Univ.-Prof. Univ. Gießen, 1972 FU Berlin, 1975 Univ. Frankfurt. P.: "Benjamin Constant - Seine polit. Ideenwelt u. d. Vormärz" (1963), "Europa auf d. Weg in d. Moderne" (1980, 8. Aufl. 1997), "Bismarck. Der weiße Revolutionär" (1984, 8. Aufl. 1997), "Bürgertum in Deutschland" (1989), "Von

---

*) Biographie www.whoiswho-verlag.ch oder beigefügte CD-ROM

d. ständischen z. bürgerl. Ges." (1993), "Bürgertum, liberale Bewegung u. Nation" (1996), "Krupp. Der Aufstieg eines Industrieimp." (2000). E.: 1968 Preis Wolf-Erich-Kellner-Gedächtnisstiftung, 1987 Leibniz-Preis Dt. Forsch.-Gemeinschaft, 1990 Herb. Quandt-Medienpreis, 1993 Balzan Preis, 1998 Gr. BVK m. Stern. M.: Präs. d. Histor. Kmsn. bei d. Bayer. Akad. d. Wiss., Vors. d. Kuratoriums d. hist. Kolleg München, Vors. u. Mtgl. zahlr. wiss. Beiräte u. Kommissionen.

Gall Roswitha *)
Gall Uwe *)
Gall Volker Michael Dr. Prof. *)
Gall-Alberth Heike

B.: RA, Fachanw. f. Familienrecht. FN.: Anw.-Büro Heike Gall-Alberth, Silke Haarmann, Dr. Stefanie Mayer. DA.: 86150 Augsburg, Frohsinnstr. 13a. G.: Zusmarshausen, 3. Apr. 1958. V.: Frieder Alberth. Ki.: David, Sarah, Jonathan, Judith. El.: Siegfried u. Helga Gall, geb. Schmitz. S.: 1977 Abitur, 1977-84 Stud. Jura Univ. Augsburg, 1982 Referendariat, 1984 Zulassung z. RA. K.: seit 1984 in Sozietäten tätig, m. Schwerpunkt Familien-, Erb- u. Opferschutzrecht, seit 1997 Fachanw. f. Familienrecht. P.: Fachart. im Zusammenhang m. d. Memminger Prozessen. M.: Vorst. d. Wildwasser e.V., Ver. gegen sexuellen Mißbrauch v. Mädchen, Arb.-Kreis Rechtsfragen bei sexuellem Mißbrauch, 1994-96 StadtR. Augsburg d. Grünen. H.: Skifahren.

Galland Edgar *)
Gallas Erwin

B.: Tischlermeister, Meister f. Rolläden u. Jalousienbau, Gschf. Ges. FN.: Gallas GmbH. DA.: 27777 Ganderkesee, Gruppenbühren Haus 27. G.: Katzbach, 15. Nov. 1938. V.: Erika, geb. Wohlfart. Ki.: Heide (1962), Marlies (1964), Dirk (1965). V.: Robert u. Elsa, geb. Kohler. S.: 1957-60 Tischlerlehre Ganderkesee, 1974 Meisterprüf. z. Tischlermeister, 1976 Meisterprüf. z. Rolladen- u. Jalousienbaumeister. K.: 1960-64 Tischlergeselle Werft Lemwerder, 1965-81 Geselle, Meister u. Gschf. Firma Grüttner GmbH in Ganderkesee-Bookholzberg, s. 1981 selbst., Grdg. Gallas GmbH Fenster, Wintergärten, Tischlerei, Innenausbau als Gschf. Ges.

Gallas Helga Dr. Prof. *)
Galle Matthias Dipl.-Ing. *)
Galle Rolf Dr. rer. pol. Dipl.-Kfm.
B.: selbst. Unternehmensberater. DA.: 68782 Brühl, Spraulache 32. dr.rolf.galle@t-online.de. G.: Bünde, 15. Jän. 1931. V.: Irene, geb. Klee. Ki.: Jürgen (1963), Jutta (1966). El.: Friedrich u. Elisabeth, geb. Wölker. S.: 1951 Abitur, 1951-53 Stud. Maschinen TU Braunschweig, 1953-57 Stud. BWL Univ. Mannheim m.

Abschluß Dipl.-Kfm., 1957 Promotion K.: 1956-59 Ass. d. Gschf. d. Firma Stahlbau Lavis in Offenbach, 1959-66 Leiter d. Finanz- u. Personalwesen d. Draiswerke in Mannheim, 1966-73 kfm. Direktor u. Gen.-Bev. d. Maschinenfbk. Wibau in Gelnhausen, 1973-92 Gschf. d. Hilger + Kern GmbH in Mannheim, seit 1992 selbst. Unternehmensberater in div. FirmenbeiR. BL.: unentgeltl. Beratung v. Firmengrdg. u. Berufsanfängern. P.: div. Fachbeiträge. E.: IHK-Verd.-Med. in Gold. M.: 16 J. Richter am Arb.-Gericht u. am LAG Mannheim, Vollversammlung d. IHK Hanau u. Rhein-Neckar, Mannheim, VPräs. d. IHK Hanau, Vorst.-Mtgl. d. Arb.-Geberverb. Metall in Hessen, BeiR.-Mtgl. d. Groß- u. Außenhdl.-Verb. Baden-Württemberg, ElternbeR.-Vors. d. Schillerschule Brühl, Mtgl. d. Prüf.-Aussch. f. Wirtschafftsass. u. Dipl.-Bw., 1976 Mitgrdg. d. Kiwanis-Club Mannheim-Kurpfalz u. 2x Präs., 1 x Ltd. Gov. d. Kiwanis-Distrikts Nordbaden u. Pfalz, Corps Frisia Braunschweig, Corps Rheno-Nicaria Mannheim-Heidelberg. H.: Jazz-Pinao spielen u. eigene CD, Elektronik.

Galle Ullrich *)
Gallenberger Florian
B.: Kinder- u. Jugenddarsteller b. Fernsehen, Theater u. Kino. FN.: c/o HS f. Fernsehen u. Film München. DA.: 81539 München, Frankenthaler Str. 23. www.hff-muc.de. G.: München, 1972. S.: 1991 Stud. Phil., Psych. u. Russ. Sprache, 1992-99 Stud. an d. HS f. Fernsehen u. Film München. K.: 1990 Der Schlag ans Hoftor (Buch u. Regie), 1993 Mysterium einer Notdurftanst. (Buch u. Regie), 1995 BMW Werbespot (Regie), 1996-97 Hure (Buch u. Regie), Tango Berlin (Buch u. Regie), Sund bek (Buch, Regie u. Produktion), Die Gebrüder Skladanowsky (Co-Autor u. Co-Regisseur), 1998/99 Quiero Ser (Buch, Regie u. Produktion). E.: Kurzfilm-Oscar f. Quiero Ser.

Galler Kurt Herbert *)
Gallert Horst Ing. *)
Gallert Uwe Dipl.-Ing.
B.: Gschf. Ges. FN.: Wärme-Profi GmbH. DA.: 39116 Magdeburg, Kroatenweg 13. uga2608@aol.com. G.: Wolfenbüttel, 26. Aug. 1961. V.: Dagmar, geb. Boecker. Ki.: Jörn (1986), Sven (1989). El.: Heinz u. Thea, geb. Glorius. S.: 1980 Abitur, 1982-86 Stud. Versorgungstechnik FHS Braunschweig-Wolfenbütttel m. Abschluß Dipl.-Ing. K.: 1986-88 Softwareentwickler in d. Firma CSI Software + Elektronik GmbH, 1988-89 Betriebsing. d. Stadtwerke Braunschweig GmbH Versorgungs AG, 1990 stellv. Abt.-Ltr. u. b. 1992 Abt.-Ltr.,1992 Mitgrdg.u.Aufbau d.Wärme-Profi GmbH in Magdeburg u. seit Jänner 1993 Gschf. F.: Gschf. Ges.d.Firma Tomkowiak GmbH in Wolfenbüttel. M.: DELIWA e.V. H.: Familie, Tennis. Sprachen: Englisch, Französisch.

Gallinat Lutz *)
Gallinge Marcel Dipl.-Ing.
B.: Architekt. FN.: Gallinge + Gatzka Architekten Dipl.-Ing. DA.: 10711 Berlin, Kurfürstendamm 125A. gallinge_gatzka_architekten@t-online.de. G.: Berlin, 27. Feb. 1967. S.: 1987 Abitur Schleswig/Holstein, 1987-89 Ausbildung z. Bauzeichner. K.: 1989-90 Bauzeichner u. Ausbildung als CAD-Anwender, 1990-94 Stud. Architektur an d. TFH Berlin, Dipl.-Ing., 1994 freier Mitarb. als Projektleiter Dachausbau, danach 9 Monate Studienaufenthalt in Australien, 1996-99 Angestellter in Architekturbüro

*) Biographie www.whoiswho-verlag.ch oder beigefügte CD-ROM

in Berlin, seit 1999 freiberufl. m. eigenem Büro, Schwerpunkt: Planung u. Projektdurchführung f. Neu- u. Altbauten f. Wohnen, Gewerbe, Einzelhandel, Arztpraxen u. Hotels. M.: Lions Club.

Gallitzdorfer Thomas *)

Gallitzendörfer Martina Dipl.-Kosmetikerin *)

Galliwoda Ralph *)

Gallmeier Walter M. Prof. Dr.
B.: Ärztl. Dir., FA f. Innere Med. FN.: Klinikum Nürnberg. DA.: 90419 Nürnberg, Prof. Ernst-Nathan-Str. 1. G.: München, 29. Juni 1937. V.: Ingeborg, geb. Specht. Ki.: Markus (1965), Thomas (1967), Andreas (1970). El.: Dr. Michael u. Maria. S.: 1957 Abitur in Straubing, Stud. Med. in München, Stip. d. Studienstift. d. dt. Volkes, 1963 Staatsexamen. K.: b. 1965 Medizinalass. u. Ass. in Münchner Kliniken, 1965-68 Research Fellow Memorial Sloankettering Cancer Center, New York, Fellow Cornell-Univ. Medical School, New York Hospital, 1968-77 Ruhruniv.-Klinik Essen, Innere Med. Tumorforschung, 1972 Habil. u. FA Innere Med., 1976 Prof. Innere Med., ab 1977 Vorst. d. 5. Med. Klinik u. Inst. f. Onkologie u. Hämatologie u. Knochenmarktransplantation d. Klinikums Nürnberg, 1986 Ärztl. Dir. P.: zahlr. Veröff., wiss. Arb., Veröff. auf d. Gebiet "Klin. Onkologie u. Hämatologie", "Neue Krebsmedikamente", "Psychoonkologie", "Medizinethik", "Medizinphilosophie". M.: Dt. Krebsges., Med. BeiR. d. Dt. Krebshilfe, Präs. d. Bayer. Krebsges., Träger d. Bayerischen Verdienstordens u. d. Bundesverdienstkreuzes am Bande. H.: Hochalpines Bergsteigen, Skifahren, Jollensegeln, Bratsche spielen.

Gallo Wolfgang Helmut Dipl.-Ing. (FH) *)

Galloway David D. Dr. Univ.-Prof. *)

Gallus Georg *)

Gallus Hannes *)

Gallus Jean

B.: vereid. Sachv. f. Fotografie, Fotograf. FN.: Foto-Gallus. DA:: 88400 Biberach a. d. Riss, Viehmarktstr. 1. G.: Strassburg, 14. Mai 1947. V.: Anna, geb. Kottmayer. Ki.: 2 Kinder. S.: 1957-61 Höhere Handelsschule, 1961-64 Kfm. Ausbildung. K.: 1964-75 Ang. in versch. Führungspositionen, 1975-77 ang. Fotograf, 1977-87 eigenes Atelier, 1987 neues Fotogeschäft m. neuem Atelier. P.: Fotobildband über Biberach, Panorama einer Stadt, Kloster Ochsenhausen, Geschichte d. Stadt, Architektur, Die Häuser des Dieter Schmid. H.: Fotografieren, Radfahren.

Gallwoszus Joerg-Heiner
B.: Kfm., Gschf. Ges. FN.: Grundstücksverw. Joerg-Heiner Gallwoszus GmbH; Rudolf v. d. Meden Grundstücksverw. DA.: 28195 Bremen, Herdentorsteinweg 44/45. G.: Düsseldorf, 4. Okt. 1950. V.: Dagmar, geb. Jahn. El.: Dr. med. Heinz u. Dr. med. Hildegard, geb. Stratmann. S.: 1970 Abitur Ratingen, 1970-76 Stud. Rechtswiss. in Bochum, München, Köln, Fachwirt d. Grundstücks- u. Wohnungswirtschaft. K.: 1974 selbst. u. Grdg.

Verw.-Kontor f. Immobilien Ratingen Hausverw. als Inh., 1983 Verlegung d. Sitzes nach Hamburg, Fusion m. Rudolf v. d. Meden Grundstücksverw. als Inh., 1986 Übernahme Dr. Kott & Partner in Bremen, Gschf. Hauptges., 1987 Änderung in Grundstücksverw. Joerg-Heiner Gallwoszus GmbH, Gschf. Hauptges. M.: Anglo German Club Hamburg, Vors. d. Reitverein Ahrensburg. H.: Reiten (Reitsportsponsoring).

Galosi Helena Dr. med. dent. *)

Galster Anton *)

Gamba Mario Enzo

B.: selbst. Gastronom. FN.: Aquarello Restaurant GmbH. DA.: 81677 München, Brahmsstr. 32. G.: Almenno/Provinz Bergamo, 8. Okt. 1954. Ki.: Massimiliano (1976), Sarah (1981). El.: Antonio u. Clara. S.: 1969-73 Dolmetscherschule f. Franz. u. Span. in Bergamo, Abschluß als geprüfter Übersetzer. K.: 1973-74 ang. Übersetzer in einem Arch.-Büro in Bergamo, 1974-75 Praktikant Palace-Hotel in St. Moritz, 1975-76 Hotelbetrieb in Mionnay im "Alain Chapel", 1976-78 Hotel "Vier Jahreszeiten" im Restaurantbetrieb, 1978-80 FMB-Manager u. Restaurantltr. Hotel Berlin in Hamburg, 1981-86 im Tantris in München tätig, 1986-89 im Tristan/Palma de Mallorca, 1989 Lehrer an d. Hotelfachschule in Osaka/Japan, 1990-92 Restaurantltr. im Gualtiero Marches in Mailand, 1992-94 Gastronomieberatung weltweit, 1994 Grdg. d. Aquarello in München. M.: Bayer. Gastronomieverb. H.: Beruf, alte Kochbücher studieren u. umsetzen, Volleyball.

Gambke Gotthard Dr.-Ing. *)

Gamer-Wallert Ingrid Dr. Prof. *)

Gamerschlag Kurt Dr. phil. *)

Gämlich Volkmar
B.: RA u. Notar. DA.: 48143 Münster, Aegidimarkt 1. G.: Dresden, 29. Mai 1942. V.: Angelika, geb. Mues. S.: 1963 Abitur, 1963-67 Stud. Rechtswiss. Freiburg, Bonn u. Münster, 1968-71 Ref.-Zeit, 1971 2. Jurist. Staatsexamen. K.: seit 1971 eigene Anw.-Kzl. in Münster u. seit 1981 Zulassung z. Notar, Schwerpunkt: Grundstücks- u. Wohnungseigentumsrecht, Erbrecht, Hdls.- u. Bankenrecht.

Gamm Hans-Jochen Dr. *)

Gamradt Ruth *)

Gandelheid Manfred *)

Gandenberger Otto Dr. rer. pol. Dipl.Vw. Prof. *)

*) Biographie www.whoiswho-verlag.ch oder beigefügte CD-ROM

Gander

Gander Armin sen.

B.: Partyservicefachmann u. Delikatessenfachhändler. FN.: Armin's Räucherkuchl. DA.: 80636 München, Blutenburgstr. 55. armin@armins-raeucherkuchl.de. www.armins-raeucherkuchl.de. G.: Innsbruck/Tirol, 26. Mai 1944. V.: Angelika. Ki.: Armin jun. (1967), Armins Törggelestuben und die Alm in A-Sölden Ötztal. S.: Lehre als Koch u. Kellner in Innsbruck. K.: 1961-69 Oberkellner Hotel Greif Innsbruck, 1969 München Citta 2000, 1971-81 Gschf. Restaurant Adria, 1981-86 Prominentenwirt, Restaurant Seerose, 1987 Eröff. d. Räucherkuchl mit Feinkostgeschäft in München, Partyservice f. alle großen Münchner Ereignisse, 1988 Töggelestubn in München, Grdg. d. Südtirol-Bayern e.V. BL.: SZ, AZ,TZ, MM, Bild, Oberländer Wirtschaftsspiegel. M.: seit 1988 Präs. d. Südtirol-Bayern-Vereins. H.: Wein, Südtirol.

Ganders Annette *)

Ganea Gabriela Dr. med. *)

Ganescu Georg Dr. med. *)

Gäng Arigo *)

Gäng Götz Dr. rer. nat. *)

Gäng Heide-Rose *)

Gäng Ludwig

B.: Küchenchef. FN.: Sankt Gertraudenkrankenhaus Berlin. DA.: 10713 Berlin, Paretzer Str. 11-12. PA.: 14197 Berlin, Wiesbadener Str. 76. ludwig@gaeng-berlin.de. www.gaeng-berlin.de. G.: Baden-Baden, 26. Dez. 1950. Ki.: Oliver (1974), Tobias (1979). El.: Otto u. Maria, geb. Schafft. S.: 1965-67 Ausbildung z. Koch, 1967-71 Ausbildung an Sprachschulen Zürich u. Luzern, Engl., Franz. u. Ital., 1977 Küchenmeisterprüf., 1977 Prüf. z. Bürokaufmann, 1981 diätisch geschulter Koch DGE. K.: 1980-97 Leiter d. Jugendgruppe Berliner Köche, 1984-2000 Leiter d. Diätgruppe Berliner Köche, Koch, Souschef u. Küchenchef in versch. Häusern im In- u. Ausland, seit 1980 Küchenchef im Sankt Gertraudenkrankenhaus, Berlin; Dozent u. Prüfer d. Lehrgänge zum diätisch geschulten Koch DGE, bundesweit. P.: Kochbuchautor zahlr. Kochbücher in deutscher u. französischer Sprache, Redaktion: Der Koch im Krankenhaus, Redaktion: Märkischer Küchenbote. E.: Goldmedaillen an Internat. Wettbewerben im In- u. Ausland, Silb. Lorbeerblatt, Goldener Koch d. DGE f. bes. Verdienste um d. gesunde Ernährung. M.: Mtgl. im Verband d. Köche Deutschlands, Sveriges Kgl. Kökchefersföreningen, Güteausschussmtgl. d. Gütegemeinschaft Diät & Vollkost - RAL, Fachausschussmtgl. Klinikverpflegung & Diätetik im VKD, Mtgl. d. Prüfungskommission Köche bei d. IHK Berlin. H.: klass. Musik, Angeln, Eishockey, Skilanglauf.

Gänger Andreas

B.: Unternehmer. FN.: WORC-Wir Organisieren Creativ, Innovatives Veranstaltungsmanagement. DA.: 90765 Fürth, Rudolf-Schiestl-Str. 4. info@worc-web.de. www.worc-web.de. G.: Northeim, 27. Feb. 1973. El.: Walter u. Ursula. S.: 1990 Mittlere Reife in Northeim, 1990-91 Hotelfachschule in Bad Reichenhall, 1991-93 Ausbildung z. Hotelfachmann Altea Hotel Carlton in Nürnberg. K.: 1993-94 Management-Trainee u. stellv. Restaurant- u. Barchef Club Costa Real in Fuerteventura, 1994 Best Western Senator-Hotel in Nürnberg, 1995-99 Empfangssekretär u. zuletzt F & B-Assistent Mövenpick-Hotel Nürnberg-Airport, 1999-2000 Betriebsassistent u. stellv. Direktor Avalon-Hotel in Bochum, seit 2000 selbständig m. WORC-Wir Organisieren Creativ. H.: Vereinigung ehemaliger Hotelfachschüler Bad Reichenhall. H.: Reisen, Inline-Skaten, EDV, Radfahren, Musik/ Musical, Kino, Squash.

Ganghofer Götz Dipl.-Kfm.

B.: Vorst. FN.: i-center Holding AG. DA.: 90411 Nürnberg, Marienbergstr. 80. goetz.ganghofer@i-center.de. www.i-center.de. G.: Nürnberg, 13. Feb. 1955. V.: Wiebke, geb. Freude. Ki.: Georg (1987), Felix u. Julia (1989). BV.: Urgroßvater - Schriftsteller Ludwig Ganghofer. S.: 1974 Abitur München, 1974-76 Lehre Ind.- u. Hdl.-Kfm., 197781 Stud. Wirtschaftsprüf.-Wesen u. Organ.-Lehre Univ. München, 1981 Dipl.-Kfm., 1981-83 Stud. Univ. of Illinois/USA m. Abschluß Master of Business-Admin. K.: 1976-77 tätig in d. Siemens AG in München, 1978-79 tätig in d. Firma Setel S.A. in Marokko, 1983-86 in d. Kreditabt. d. Dt. Bank in Frankfurt, 1986-88 Ltr. d. Planung u. Auswertung in d. Siemens AG in München, 1988-91 Ltr. f. Vertrieb u. Service d. Siemens Communication Systems Ltd. in Großbritannien, 1991-92 tätig in d. GPT Communication Systems Ltd. in Großbritannien, 1992-98 Mitgl. d. Bereichsltr. u. am 1996 Ltr. d. Rechnungswesen d. Siemens AG in Nürnberg u. München, seit 1998 Vorst. d. i-center Holding AG in Nürnberg. H.: Sport, Skifahren, Segeln, Radfahren, Reisen, Kultur, Musik.

Gangkofner Ludwig Dr. med. *)

Gängler Dietrich

B.: Zahnarzt. DA.: 01662 Meissen, Heinrichspl. 7. G.: Radebeul, 18. Dez. 1944. V.: Anette. Ki.: Birgit (1973). El.: Dr. Wolfgang Gängler. S.: 1961-64 Lehre Zahntechniker Dresden, 1964-66 Abitur Abendschule Radebeul, 1966-71 Stud. Zahnmed. Greifswald, 1971-73 Praktikum. K.: 1973 Übernahme d. väterl. Praxis m. d. Schwerpunkt allg. Stomatologie, Paradontologie, Chir. u. professionelle Zahnreinigung. M.: Förderver. Palais Großer Garten, Förderver. Rettet Meißen jetzt. H.: Weingarten, Reisen.

Gangloff Gisela *)

Ganns Harald

B.: Dt. Botschafter in Südafrika. DA.: ZA-0083 Pretoria, 180 Blackwood St. Arcadia. G.: Bonn, 13. Aug. 1935. Ki.: 4 Kinder. S.: 1954-60 Stud. Germanistik, Anglistik u. Geschichte in Heidelberg, Berlin, Bristol/England u. Freiburg, 1960 Wiss. Prüf. f. d. Lehramt an Gymn. K.: 1960-63 Dt. Komitee d. World Univ. Service, ab 1962 Gen.-Sekr., 1963-65 Überseevertreter d. Verb. Dt. Studentenschaften f. Westafrika in Dakar/Senegal, 1965-68 Vorbereitungsdienst f. d. höheren Auswärtigen Dienst, 1968-72 Botschaft Lomé, 1972-74 Botschaft Madrid, 1974-80 Auswärtiges Amt - Pressereferat, ab 1978 stellv. Sprecher, 1980-83 Botschaft

---

*) Biographie www.whoiswho-verlag.ch oder beigefügte CD-ROM

Niamey/Niger - Botschafter, 1983-86 Botschaft Jaunde/Kamerun - Botschafter, 1986-90 Auswärtiges Amt - Referatsltr. West- u. Zentralafrika, 1990-93 Botschaft Windhuk/Namibia - Botschafter, 1993-98 Auswärtiges Amt - Beauftragter f. Afrikapolitik, seit 1998 Botschaft Pretoria - Botschafter. H.: Fußball, Jazz, Modelleisenbahn.

Ganor Jair
B.: Freiberufl. Kameramann, Dir. of Photography. PA.: 85579 Neubiberg, Kameterstr. 2. G.: Haifa, Israel, 30. Okt. 1944. V.: Hassia, geb. Sachs. Ki.: Lilach u. Anat. El.: Walter Guggenheim u. Ruth Steinitz, geb. Heilbronn. S.: Abitur Haifa, TH Haifa, Stud. Berufsfotografie. K.: Seit 1972 in d. BRD, zun. Material- u. Kamera-Ass., s. 1977 als freiberufl. Kameramann tätig, Verfilmung v. "Barbier v. Sevilla" u. "Don Pasquale" (ital.-dt. Co-Prod.), eine Reihe v. Filmen d. Regisseurs u. Prod. Karl Schedereit, u.a. "Eitelkeit d. Fernsehens", "Tag der Kinder", "Die Rückkehr", Übern. d. Cinematographie f. Model u. Spcial-Effect b. d. "Unendlichen Geschichte". E.: Centauro d`Oro IV Quadriennale 1988 d. Acad. Italia, Preis f. d. Film "Dignostik u. Therapie d. Colrectalen Carcinoms" (1980). M.: BVK Bundesverb. Kamera e.V. H.: Fliegen, Tennis, Sport, Theater, Musik. (O.K.)

Gans Oskar Dr. Dipl.Vw. Prof. *)

Gansäuer Karl-Friedrich Dr. rer.pol. *)

Ganschow Gerhard Dr. *)

Ganseforth Monika
B.: Dipl.-Ing., MdB. FN.: Dt. Bundestag. DA.: 11011 Berlin, Platz d. Republik 1. G.: Gleiwitz/Oberschlesien, 15. Dez. 1940. Ki.: 2 Kinder. S.: Neusprachl. Gymn. f. Mädchen Peine, 1960 Abitur, Stud. Maschinenbau TU Braunschweig, 1966 Dipl.-Ing. K.: 1966-70 Entwicklungs- u. Konstruktionsing. in d. Ind., 1971-87 Prof. FH Hannover Fachbereich Maschinenbau, Fachgebiet Steuerungs- u. Regelungstechnik, seit 1974 Mtgl. SPD, Vors. AsF Bez. Hannover, Mtgl. SPD-Bez.-Vorst. Hannover, 1976-87 Mtgl. Rat d. Stadt Neustadt am Rübenberge, s. 1987 MdB. M.: GEW, VCD, pro familia, AWO, Mitarb. in Frauens- u. Friedensgruppen. (Re)

Gansel Norbert
B.: Jurist, OBgm. FN.: Stadtverw. Kiel. DA.: 24099 Kiel, Postfach 1152. PA.: 24145 Kiel-Meimersdorf, Am Dorfpl. 32. presseamt1@lhstadt.kiel.de. www.kiel.de. G.: Kiel, 5. Aug. 1940. V.: Lesley, geb. Nicholson. Ki.: 1 Kind. El.: Johannes u. Else. S.: Abitur, 1960-62 2jähr. Wehrdienst b. d. Bundesmarine, Lt. z. See d. Res., 1962-69 Stud. Geschichte, Wiss. d. Politik, Rechts- u. Staatswiss. Kiel, 1963-66 Mitarb. am Seminar f. Geschichte u. Wiss. d. Politik, dann Stipendiat d. Friedrich Ebert-Stiftung, 1969 1. Jur. Staatsexamen, 1970-73 Referendarausbild. b. Gerichten, Verw.-Stellen u. Verb. in Schleswig-Holstein, 1973 2. Jur. Staatsexamen. K.: Assessor, Jurist, 1965 Eintritt SPD, 1969-70 stellv. Bundesvors. d. Jungsozialisten, seit 1968 Mtgl., 1972-97 MdB, 1986-91 Vors. d. ParteiR. d. SPD, 1983-87 Sprecher d. SPD in d. parlamentar. Vers. d. Nato u. d. WEU, 1986-90 Obm. im U-Boot-Untersuchungsaussch., 1991-95 Mtgl. im Parteivorst. d. SPD, Jan.-Dez. 1991 u. stellv. Vors. SPD-Fraktion, Vors. AK I., 1994-97 stellv. Vors. d. Auswärt. Ausschusses d. Dt. Bundestages, 1997 Direktwahl z. Obgm. v. Kiel. M.: Vorst. d. Atlantik-Brücke, Kuratorium d. Leo-Baeck-Stiftung. H.: Bücher, Surfen.

Gansel Reinhard Wolfgang *)

Gansen Petra *)

Gänser Helmut
B.: Kfm., Gschf. FN.: EKATO Rühr- u. Mischtechnik GmbH. DA.: 79641 Schopfheim, Postfach 1110. G.: Wehr, 5. Nov. 1959. V.: Karna, geb. List. El.: August u. Priska, geb. Keser. S.: b. 1976

Bürofachschule Lörra, bis 1979 Lehre z. Groß- u. Außenhdls.-Kfm. Lörra, 1987-89 Ausbild. z. Bilanzbuchhalter, 1989-92 Stud. Betriebswirtschaft d. Verw.- u. Wirtschaftsak. Lörra. K.: 1979-81 Ang. d. Firma Haberbusch in Lörra, 1981-90 Firma Rietschle in Schopfheim, 1990 Eintritt EKATO als Ltr. d. Finanzbuchhaltung, 1996 Übernahme d. Auftragsleitstelle, 1997 Personalwesen u. Controlling, 1999 Mtgl. d. Geschäftsleitung, seit 1998 Gschf. d. Firma Haagen & Rinau Mischtechnik GmbH, UNIMIX, Bremen. M.: Prüf.-Aussch. d. Berufsak. Lörrach. H.: Tennis, Lesen (Psychologie u. Kommunikation), Malen.

Ganshorn-Schmid Philipp Alfred
B.: Tauchlehrer, Mitinh. FN.: Tauchschule Neusäss. DA.: 86156 Augsburg, Hirschstr. 67/1/2. G.: Neuburg/Donau, 20. Dez. 1958. V.: Sabine, geb. Schmid. Ki.: Stefanie (1987), Michael (1990). El.: Alfred u. Gertrud Ganshorn, geb. Harnoth. S.: Lehre Koch, Ausbild. Maschinenmechaniker KUKA Augsburg. K.: 1986 Beginn m. d. Tauchen, 1993 Grdg. d. Tauchschule gemeinsam m. d. Albert Schönberger, seit 1997 SSI - Instructor, IAHD - Instructor (Ausbilder f. körperbehinderte Menschen. M.: SSI, IAHD, Gewerbeverb. Neusäß. H.: Tauchen.

Gänsler Werner *)

Gänsmantel Arno

B.: Dipl.-Verwaltungswirt, Gschf., selbständig. FN.: barbara's wine-yards. DA.: 68723 Schwetzingen, Eichenweg 11. www.barbaras-wine-yards.de. G.: Mannheim, 7. Feb. 1962. V.: Barbara, geb. Grundler. Ki.: Claudia (1984). El.: Willi u. Anna, geb. Laubach. S.: 1982 Abitur, 1982-83 Bundeswehr, 1983 Stud. FH f. öff. Verwaltung Kehl, 1987 Dipl.-Abschluß, 1988-91 Stud. Informatik FU Hagen, 1988 priv. Weiterbildung Bordeauxweine. K.: seit 1987 Bmtr. d. Stadt Heidelberg u.a. Systemprogrammierer u. im Rechenzentrum Unterer Neckar, ab 1997 Stadtamtsrat, 1991 glz. Eröff. v. barbara's wine-yards gemeinsam m. d. Ehefrau u. 1994 Vergrößerung. Schwerpunkt Übersee- u. Bordeauxweine, bundesweiter Versand u. Internetverkauf. P.: Doz an d. VHS, Weinvorträge u. Weinseminare, verantwortl. f. d. wöchentl. "weinguide" d. Internetportals clickfish.de. E.: 2 x bad. Jugendmannschaftsmeister im Schach. M.: Schachverein Walldorf, Weingilde Weinheim. H.: Schach, Weine, Reisen.

Ganssauge Eberhard Dr. phil. Prof. *)

Ganssauge Else Dr. med. *)

Gansser Georg *)

Gänster Elisabeth *)

Gansweidt Friedel *)

*) Biographie www.whoiswho-verlag.ch oder beigefügte CD-ROM

Ganteführer Felix Dr. iur. *)

Ganten Detlev Dr. med. Prof.
B.: wiss. Dir. FN.: Max-Delbrück-Centrum f. Molekulare Med. (MDC). DA.: 13125 Berlin-Buch, Robert-Rössle-Str. 10. G.: Lüneburg, 28. März 1941. V.: Dr. med. Ursula, geb. Härtel. Ki.: Tom (1969), Ted (1970). El.: Dr. Hans-Heinrich u. Anneliese, geb. Schulz. S.: 1957 Mittlere Reife, 1957-59 Ldw. Lehre, staatl. Ldw.-Prüf., 1959-62 Gymn., Abitur, 1962-64 Med.-Stud. Würzburg, 1964-65 Med.-Stud. Montpellier/Frankreich, 1965 Prakt. Chir. Marrakesch/Marokko, 1966-68 Med.-Stud. u. Staatsexamen Tübingen, 1968-69 Ass. Tübingen u. Emden, Approb., 1973 Ph.D. McGill-Univ. Montreal, 1974 Habil., 1978 FA f. Pharmakologie, 1994 FA. f. Klin. Pharmakologie. K.: 1969-73 Research fellow und Senior Reserach fellow Clinical Research Inst. Montreal, 1973-91 Pharmakolog. Inst. u. Univ. Heidelberg, 1991 Max-Delbrück-Centrum Buch, 1994 Inst. f. Klin. Pharmakologie Univ.-Klinik Benjamin Franklin FU, 1992 Grdg.-Direktor MDC, seit 1992 wiss. Dir. P.: Hrsg. div. med. Journale u. Fachpubl., zahlr. Mitautorenschaften. E.: "Chavez Award" d. Intern. Society of Hypertension (1981), "Sechenow Med." d. Med. Ak. Moskau (1981), Max Planck-Forsch.-Preis. M.: Academia Europa, Ak. d. Wiss. Heidelberg, Poln. Ak. d. Wiss., Berlin-Brandenburg. Ak. d. Wiss., Leopoldina, WissR., Nationaler Ethikrat.

Gantert Robert
B.: Konditormeister. FN.: Konditorei, Café, Confiserie "Gantert". DA.: 69120 Heidelberg, Brückenstr. 38. info@chocolat.de. www.chocolat.de. G.: Heidelberg, 24. Feb. 1959. V.: Katharina, geb. Ickes. Ki.: Wanja (1989), Nicolai (1991), Johanna (1994). El.: Ernst u. Ellen, geb. Mosbrugger. S.: 1976 Mittlere Reife, 1976-78 Konditorlehre in d. elterl. Konditorei Gantert, 1978-81 Wanderj. u.a. Konditorei Kiemle u. Hofkonditorei Kettemann Mannheim, 1981 Bundesfachschule Wolfenbüttel, Meisterprüf. K.: 1982 Hotel Palace Berlin, Aufbau d. Backstube im Tiffany's Europacenter Berlin, 1983 stellv. Backstubenltr. Konditorei Kettemann Mannheim, 1983-86 Ltr. Der Zentralbackstube Café 2 Wiesloch, 1986 Konditormeister u. Ltr. d. Backstube d. elterl. Konditorei, 1990 Übernahme Konditorei, Café u. Confiserie Gantert m. d. Ehefrau u. Renovierung, 1. Nichtraucherercafé u. Heidelberg. BL.: Marzipan "Unik-Art". P.: Presseberichte u.a. in "Essen & Trinken" 2000, 1998 Präsentation d. "Tabaktrüffel" auf d. Heidelberger Schloß. M.: 1975-83 Engagement in Kath. Jugendarb., ehem. Mtgl. Motorradclub Kuhle Wampe, 1998/99 stellv. Obermeister, seit 2000 Obermeister d. Heidelberger Konditoreninnung. H.: Beruf u. Familie, Motorradfan (Gespann).

Gantner C. Benno Dr. phil.
B.: Kunsthistoriker, selbständig. DA.: 82319 Starnberg, Würmstr. 7. G.: Kempfenhausen, 27. Apr. 1955. V.: Maria-Luise, geb. Hopp. Ki.: Christina (1990), Cäcilia (1994). El.: Benno Michael u. Ingeborg. S.: 1975 Abitur Starnberg, 1975-77 Kunstschreinerlehre in Stockdorf, 1977-83 Stud. Kunstgeschichte an d. LMU München, 1983 Prom. K.: 1983 Kunsthistorische Arbeiten m. kirchl. Einrichtungen, 1986-90 Doz. an d. Staatl. Fachakademie f. Holzrestauratoren, Goeringinst. e.V., München, 1990-93 Gutachter f. Antiquitäten f. Auktionshäuser in Bern/Schweiz, seit 1994 freischaffender Kunsthistoriker u. Kunsthändler. P.: Die Wolfratshauser Werkstätten d. Bildhauer u. Altarkistler im 17. Jhdt. (1983), J.M. Fischer Ein Barockbildhauer in Schwaben (2001), Loy Heving um 1485/86-1554, Ein schwäbischer Bildhauer in Eichstätt, in: Lebensbilder aus d. Bayerischen Schwaben (1997), Oberbayrisches Archiv, Beiträge z. Siedlungsgeschichte zwischen Starnberger See u. d. Isar u. Loisachtal (1998), Ausstellungen über Johann Michael Fischer in Dillingen (2001), 1200 J. Percha (785-1985) (1985). H.: Antiquarische Bücher, Wandern, Entomologie.

Gantner Monika *)

Ganz Anja Ursula

B.: Krankenschwester, staatl. anerkannte Kosmetikerin. FN.: Beauty + Art. DA.: 76437 Rastatt, Am Grün 2. G.: Rastatt, 7. Apr. 1964. V.: Rainer Ganz. El.: Egon und Ingrid Melcher, geb. Kaul. S.: 1981 Mittl. Reife Gaggenau, 1981-82 Soz. J. in Altenheim, 1982-85 Ausbild. Krankenschwester Rastatt. K.: 1985-89 Unfallchir., 1989-91 OA-Ausbild. Karlsruhe Klinikum, 1991-93 OP Klinikum, 1994-97 Vincentius-Krankenhaus Karlsruhe OP, 1997-98 Ausbild. Kosmetikerin in Karlsruhe, s. 1998 eigenes Kosmetik-Haar-Wellness-Studio, Gesichtsbehandlung, Make-up-Schulungen, Ganzkörper Energiemassagen, Farb-Licht-Kosmosbehandlung. P.: Fachzeitschrift Life, regionale Presse, Kosmetikfachpresse. E.: MAC Urkunde, Staatsexamen. H.: Sport, Lesen, Reisen.

Ganz Axel
B.: Vorst. FN.: Gruner + Jahr AG & Co. DA.: 20444 Hamburg, Am Baumwall 11. www.guj.de. G.: Auggen, 25. Juli 1937. K.: Journalist, Tätigkeit f. Tageszeitungen, General Interest Magazine, Fernseh- u. Frauenzeitschriften, Chefred. u. Verlagsltr. P.: Bauer u. Burda, 1978 Eintritt Gruner + Jahr u. Grdg. Prisma Presse, 1986 Grdg. d. engl. Tochterges. G+J (UK), 1989 in Italien als Joint Venture m. Mondadori G+J-Italia u. 1993 G+J Polska, seit 1991 Vorst. v. Gruner + Jahr, Gschf. d. Verlags Prisma Presse Paris.

Ganz Bruno
B.: Schauspieler. FN.: c/o Management Erna Baumbauer. DA.: 81679 München, Keplerstr. 2. G.: Zürich, 22. März 1941. K.: Theater- u. Filmarb. in Zürich, danach nach Deutschland, Karriere auf d. Bühne, über Göttingen u. Bremen 1970 nach Berlin u. bei 1976 b. Peter Stein an d. Schaubühne am Halleschen Ufer, Filmographie u.a. Es Dach überem Chopf (1962), La Marquise d'O (1975), Der amerikan. Freund (1977), Messer im Kopf (1979), Etwas wird sichtbar (1984), Erotik (1990), Prague (1991), Börn natturannar (1991), Erfolg (1991), Brandnacht (1991), La domencia specialmente (1991), Die Abwesenhei (1992), Ein Fall f. Jean Abel - Ein Richter in Angst (1995), Tatort - Schattenwelt (1996), Gegen Ende d. Nacht (1996), Die linkshändige Frau (1997), Die Ewigkeit und ein Tag (1999), Faust, Wer Angst Wolf (2000), Pane e tulipani (2000). E.: 2001 Theaterpreis Berlin. (Re)

Ganz Franz Josef Dr. med. *)

Ganz Horst Rudolf Georg Dr. med. Prof.
B.: HNO-Arzt i. R. PA.: 35039 Marburg, Hans Sachsstr. 1. Horst.Ganz@gmx.de. G.: Berlin, 25. Mai 1931. V.: Marianne, geb. Denk. Ki.: 3 Kinder. El.: Gisela v. Charlotte. BV.: Abraham Ganz, Budapest. S.: Hum. Gymn. Brno, München, Braunschweig, Regensburg, Med.Stud. Regensburg, Heidelberg. K.: Univ. HNO-Klinik Marburg, 1964 Habil., 1965 OA, 1969 apl.Prof., 1970-74 Prof. a.e.U., seit 1974 eigene Praxis; Hon.Prof. an d. Philipps-Univ. Marburg. P.: 1967, 1978 u. 1986 HNO-Heilkunde, Lehrbuch der Troponreihe. 1970 Lehrbuch HNO mit Berendes. 1981 HNO- Heilkunde in der Praxis, Lehrbuch. 1990 u. 1996 HNO-Heilk. m. Repetitor. (Lehrbuch), 1994 Der HNO-Belegarzt (Lehrb.), Hrsg. Almanach HNO, seit 1980 HNO- Praxis Heute, bisher 20 Bände, über 180 Publ. in HNO- Zeitschriften. E.: EZ Johanniter- Unfallhilfe, Gold. Sportabz., Friedrich Hofmann Preis 1988, Ehrenmitgl. dt. Berufsverb. HNO-Ärzte u. tschech. ORL-Ges. H.: Sportfliegerei (PPL), Segeln, Komponie-

*) Biographie www.whoiswho-verlag.ch oder beigefügte CD-ROM

Ganz Joachim Dipl.-Ing. *)

Gänz Harald J. *)

Ganz-Hollmann Manuela *)

Ganze Marcel

B.: selbst. Kampfsport-Lehrer. FN.: BUDO-Sportschule Stuttgart. DA.: u. PA.: 70190 Stuttgart, Heinrich-Baumann-Str. 30. info@budo-sportschule.de. www.BUDO-Sportschule.de. G.: Stuttgart, 16. Juli 1966. El.: Johann Georg u. Doris. S.: Mittlere Reife, 1983-86 Lehre zum Einzelhdls.-Kfm. Fachrichtung Waffen. K.: tätig b. Firma Waffen-Jung GmbH, 1984 Beginn m. Kampfsportausbild. b. Großmeister Vincenzo Avella, 1986 beruflicher Wechsel zu Firma Frankonia Jagd, Bundeswehr (Wehrdienst 15 Monate), 1989 beruflicher Wechsel zu Firma Conrad Electronic (Fachabteilung: Computer u. Zub.), 1990 beruflicher Wechsel zu Firma Hertie am Bahnhof (Computer-Abteilung u. Weiterbildung z. Führungskraft), 1991 Meisterprüf. in Kempo Jitsu Karate u. Nahkampf (=1. DAN) sowie 1. DAN in Kickboxen, 1991 Übernahme d. Sportschule, 1994 beruflicher Wechsel zu Firma Parkett Studio Korntal, seit 1996 hauptberufliche Leitung d. Sportschule, intern. anerkannter Schiedsrichter im Kickboxen, 1999 Eröff. v. Stuttgart's größter u. Europa's schönster Kampfsportschule f. Selbstverteidigung, 1999 2. DAN-Meisterprüfung in vorgenannten drei Sportarten. E.: unzählige Pokalsiege im Kickboxen (Semikontakt), zuletzt 3. Pl. b. d. Offenen Weltmeisterschaft 1997. M.: Intern. Budo-Sport-Verband (IBSV), Förderver. "Sicheres u. sauberes Stuttgart" e.V., Freie Wähler Stuttgart, All Kempo Federation e.V. H.: Sport, digitales Video.

Ganzel Jürgen

B.: Dipl.-Chem., Gschf. Ges., Gschf., Inh. FN.: Aktiv Werben & Reisen GmbH Berlin. DA.: 10715 Berlin, Detmolder Str. 65. G.: Berlin, 15. März 1950. El.: Walter u. Gisela. S.: 1968 Abitur Berlin, 1968-78 Stud. d. Chemie FU Berlin, Dipl.-Chem. K.: parallel selbst. Werbeagentur Berlin, 1979 Grdg. u. Gschf. Die Werbepalette GmbH Berlin-Wilmersdorf, 1981 Grdg. u. Gschf. Aktiv Werbung GmbH, 1983 Grdg. u. alleiniger Gschf. Aktiv Werben & Reisen GmbH, 1999 Abida Theaterkasse OHG, seit 1999 Inh. d. Kommunikationsschmiede Potsdam, 14467 Potsdam, Gutenbergstr. 89. BL.: seit 20 J. d. Firmenidee d. Werbepalette - als Verbindung zwischen Kunst - Musik - Sport, weltweite Operationen über Internet - Spezialisierung auf Australien - Vorbereitung Internet-Cafe in Australien in nächster Zeit. M.: Ver. d. Freunde d. Nationalgalerie, Die Woche Foundation Ltd. H.: Reisen, Freizeitsport.

Ganzenberg Sibylle Dr. med. *)

Ganzenmüller Dieter Dipl.-Ing. *)

Ganzer Monika *)

Ganzer Uwe Dr.-Ing. Prof.

B.: Berater. FN.: Deutsche Bahn AG (DB-AG). DA.: 10785 Berlin, Potsd.Pl. 2. PA.: 12557 Berlin, Slevogtweg 14. G.: Berlin, 28. Nov. 1938. V.: Helga, geb. Zill. Ki.: Nele (1960), Nadine (1967). El.: Hans u. Erna. S.: 1956-65 Stud. Flugzeugbau TH Dresden, TU Berlin u. Univ. Cambridge, 1968 Prom. K.: 1970 Habil., 1970-86 Prof. f. Flugzeugbau TU Berlin, 1971-75 Gschf. Dir. d. Inst. f. Luft- u. Raumfahrt TU Berlin, 1986-89 Ltr. Entwicklung b. MBB Transport- u. Verkehrsflugzeuge, 1989-91 Gschf. Vorentwicklung u. Technologie Dt. Airbus, 1992 selbst. Unternehmensberater, 1993-97 Gschf. Inst. f. Schienenfahrzeuge GmbH sowie Ltr. Forsch. u. Entwicklung, Dt. Waggonbau AG (DWA), seit 1997 o.g. Postition. P.: ca. 35 wiss. Veröff. z. Aerodynamik u. Windkanaltechnik, 1 Buch "Gasdynamik" (1986). M.: DGLR, DMG, Flugsportgruppe d. Dt. Airbus. H.: Fliegen, Wandern, Skifahren. (El.S.)

Ganzer Uwe F. H. Dr. jur.

B.: RA u. Justiziar d. Varta AG. DA.: 30419 Hannover, Am Leineufer 51. fritz.ganzer@ag.varta.com. G.: Bochum, 21. Mai 1957. V.: Birgit, geb. Schmidt. Ki.: Felix Uwe (1985), Valentin Friedrich (1990). El.: Dieter u. Annegret, geb. Heiner. S.:1977 Abitur, 1977-78 Bundeswehr, 1979-84 Stud. Rechtswiss. Univ. Bochum, 1. Staatsexamen, 1984-87 Referendariat OLG Düsseldorf, 1980-87 Stud. Wirtschaftswiss. Univ. Bochum, 1987 2. Staatsexamen. K.: 1987 Justiziar d. Hastra AG in Hannover, 1992 Prom., 1993 Zulassung z. RA, seit 1996 Justiziar d. Varta AG m. Tätigkeitsschwerpunkt Ltr. d. Rechtsabt. u. Patentabt. u. d. AufsR.-Büros, Gschf. d. Varta Finanzservice GmbH. Funktionen: AufsR. d. VARTA-AG, d. GOPLA Beteiligungsges. mbH u. d. Herbert-Quandt-Stiftung in Hannover, WirtschaftsR. d. CDU in Hannover, Rechnungsprüfer d. chines. Zentrums in Hannover. P.: Veröff. in Fachzeitschriften.

Ganzert Christian Dr. *)

Ganzhorn Karl
Dr. rer. nat. Dr.-Ing. E. h. Sen. E.h. Prof. *)

Ganzhorn Klaus

B.: selbst. RA., Fachanwalt f. Sozialrecht. FN.: Rechtsanwälte Ganzhorn & Weiberle. DA.: 70193 Stuttgart, Hölderlinpl. 7. G.: Sindelfingen, 3. Nov. 1964. El.: Hermann u. Eva, geb. Köbsel. BV.: Wilhelm Ganzhorn Dichter u. Jurist, 1818-1881 in Cannstatt, berühmt durch d. Lied "Im schönsten Wiesengrunde ...". S.: 1985 Abitur Sindelfingen, 1986 Bundeswehr, 1988 Jurastud. Eberhard-Karl-Univ. Tübingen, 1988-89 FU Berlin, 1989-92 Eberhard-Karl-Univ. Tübingen, 1992-94 Referendarzeit. K.: 1994 Vers.-Unternehmen, ab 1996 Zulassung z. Anw. am LG Stuttgart u. selbst., seit 1999 Sozietät m. Herrn Weiberle, Tätigkeitsschwerpunkt: Sozialrecht, Arzthaftung, Arztrecht, Sozialvers., Altenrecht, Pflegeheime, Rente, KV, UV, priv. Vers.-Recht. P.: Internetseite über Besprechung v. Urteilen u. Darstellung v. bes. Problemen. M.: AG d. Sozialrechts. H.: Kochen, Theater, Reisen, Lesen.

Ganzschow Rene *)

Gappisch Max Dr. Ing. Dipl.-Ing. *)

---

*) Biographie www.whoiswho-verlag.ch oder beigefügte CD-ROM

Garbade

Garbade Dorothee

B.: Ldw., Gschf. FN.: Bremischer Ldw.-Verb. e.V. DA.: 28195 Bremen, Ellhornstr. 30. G.: Bremen, 16. Okt. 1958. Ki.: Dirk (1981), Kirsten (1984). El.: Helmut u. Melitta Clement, geb. Biermann. S.: 1978 Abitur Bremen, 1978-80 Ldw. Lehre. K.: 1980-99 Aufbau u. Mitarb. im ehel. ldw. Milchviehbetrieb in Bremen, seit 1993 Gschf. d. Bremischen Ldw.-Verb. e.V. H.: Reiten, Kanufahren.

Garbade Peter Dipl.-Ing. *)

Garbe Cornelia Dipl.-Ing. *)

Garbe Cornelia *)

Garbe Frank *)

Garbe Gernulf Dr. med. Prof. *)

Garbe Gunther *)

Garbe Reinhard Dipl.-Vw. *)

Garbe Roland *)

Garbe Steffen

B.: Arzt f. Kinderchirurgie u. Ärztl. Ltr. d. Praxisklinik Am Angerpark. DA.: 12685 Berlin, Allee der Kosmonauten 198. dr.steffen.garbe@t-online.de. V.: verh. Ki.: 3 Kinder. S.: 1972 Abitur Chemnitz, 1972-73 1 J. b. Barkas in Chemnitz, 1973-75 Wehrdienst, 1975-80 Stud. Med.Humboldt-Univ. Berlin, 1980-86 FA-Ausbildung, 1986 Arzt f. Kinderchirurgie. K.: 1980-91 Kinderchirurgie d. Charité, seit 1992 Ndlg. als Kinderchirurg, v. allem ambulante Operationen, auch Unfallchirurgie, seit 1998 Ärztl. Ltr. d. Praxisklinik am Angerpark, seit 2001 Prüfarzt d. KV Berlin. M.: Berufsverband f. ndlg. Kinderchirurgen Deutschlands, Ges. f. Kinderchirurgie, Ges. f. Chirurgie, Landesverband f. Ambulantes Operieren. H.: Modelleisenbahn, Squash.

Garbe Theodor K. H.

B.: Gschf. FN.: raab karcher Tankstellen GmbH. DA.: 22113 Hamburg, Werner-Siemens-Str. 70 PA.: 22393 Hamburg, Wiesenweg 47. G.: Löhne, 7. Feb. 1954 V.: Ute, geb. Matzat. Ki.: Amelie. El.: Theodor u. Asta. S.: 1969-72 Lehre Bankkfm., 1974-76 Bundeswehr - Feldwebel Luftwaffe, 1977 FHS Bielefeld, 1982 Dipl.-Ökonom Duisburg. K.: 1982-85 Revisor bei ITT, seit 1985 tätig in d. Firma raab karcher, glz. Ausbild. z. Manager an d. London Business School u. SMP St. Gallen, 1988 Hdlg.-Bev., 1990 Prok. u. seit 1993 Gschf. H.: Bergwandern, Golf, Tennis.

Garbelmann Enrico *)

Garben Jörg

B.: RA. FN.: Sozietät Garben, Schlüter, Schützler. DA.: 50933 Köln, Stolberger Str. 108. G.: Pinneberg, 14. Feb. 1970. El.: Fritz u. Brigitte, geb. Sachse. S.: 1989 Abitur, 1991-95 Stud. Jura, 1995 1. u. 1998 2. Staatsexamen. K.: 1999 ndlg. RA Köln, 2000 Grdg. d. Sozietät Garben, Schlüter, Schützler in Köln. M.: AG Steuerrecht. H.: Fußball, Golf, Klavierspielen.

Garber Klaus Dr. phil. Prof. *)

Garbers Arthur

B.: selbständiger Steuerberater. DA.: 21354 Bleckede, Kurt-Löwenstein-Str. 2. ag@agarbers.de. www.agarbers.de. G.: Lüneburg, 8. Nov. 1947. V.: Elisabeth, geb. Benecke. Ki.: Sonja (1971), Anja (1974). S.: b. 1965 Höhere Handelsschule Lüneburg, 1965-68 Lehre z. Steuerfachgehilfen in Lüneburg. K.: 1968-70 ang. Steuerfachgehilfe b. Steuerberater Horst Gallus in Lüneburg, 1971-80 Ltr. Rechnungswesen in versch. Unternehmen, seit 1976 geprüfter Bilanzbuchhalter, seit 1980 Steuerbevollmächtigter, ab 1980 selbst. Steuerbevollmächtigter, 1982-85 Ausbildung berufsbegleitend z. Betriebswirt auf d. Verwaltungs- u. Wirtschaftsakademie in Lüneburg, 1988 Bestellung z. Steuerberater. M.: IHK Prüfungsschuss, Steuerberaterverband Niedersachsen, Steuerberaterkammer Niedersachsen. H.: Münzen sammeln, Aktien Analyse.

Garbers Peter Otto

B.: Gschf. FN.: Schiffs- u. Yachtwerft Hein Garbers. DA.: 20539 Hamburg, Ausschläger Elbdeich 80-84. G.: Hamburg, 18. Juni 1941. V.: Birgit, geb. Beeken. Ki.: Katrin (1974), Sonja (1977), Antje (1982). El.: Hein u. Gerda-Lina, geb. Wilhelmi. BV.: Hein Garbers - 1951 Firmengründer. S.: Lehre Schiffbauer väterl. Betrieb. K.: b. 1963 Marine, danach tätig im elterl. Betrieb, später Übernahme m. Schwerpunkt Bau u. Reparatur v. See-, Fluß- u. Seniorschiffen, seegehende Stahlbauyachten u. Slip-Anlagen. M.: Elbseglervereinig., Seglervereinig. Altona-Övelgönne. H.: Segeln.

Garbrecht Monique

B.: Profi-Eisschnellläuferin, Bankauffrau, Operator im Telefonmarketing. FN.: c/o Berliner Schlittschuh-Club. DA.: 14053 Berlin, Glockenturmstr. 21. G.: Potsdam, 11. Dez. 1968. S.: Ausbild. z. Bankauffrau. K.: größte sportl. Erfolge: 1991 Sprint WM/1., 1992 OS 1000m/3., 1999 Sprint-WM/1., Einzelstrecken-WM 1000m/2., 2000 Einzelstrecken-WM 1000m/1., 500m/1., Sprint-WM/1., Mehrkampf-WM/4., 2002 OS Salt Lake City 500m/2. H.: Reiten. (Re)

Garbsen Andreas

B.: Kfm., Inh. FN.: Hanseat. Münzversand. DA.: 22149 Hamburg, Rahlstedter Str. 152. G.: Hamburg, 12. Sep. 1959. V.: Sabine. Ki.: Felix, Lukas, Moritz. El.: Gustav u. Ruth. S.: Lehre

*) Biographie www.whoiswho-verlag.ch oder beigefügte CD-ROM

Metallhandwerker, Bundeswehr, Umschulung Groß- u. Einzelhdl.-Kfm., 1985 Ausbild. Metallhdl. K.: 1979 tätig als Gürtler u. Münzdrucker, 3 J. tätig Münzhdl. u. 6 J. Stahlhdl., s. 1995 selbst. m. Münzhdl. E.: Bundessieger im Handwerk d. Jugend. H.: Familie, Schallplatten, Schwimmen, Beatles.

Garcewski-Hentsch Jürgen *)

Garcia-Romero Teresita *)

Gard Fred Friedemann Leo *)

Gardain Thomas-F. Dr. med. *)

Garde Klaus Dr. rer. pol.
B.: Vorst.-Vors. FN.: UAP Intern. Vers. AG. DA.: Saarbrücken, Neumarkt 15. PA.: 66121 Saarbrücken-Schafbrücke, Wiesenstr. 4. G.: Wuppertal, 8. Okt. 1931. V.: Helga, geb. Schopp. Ki.: Sven, Jörg. El.: Otto u. Anneliese. S.: 1952 Abitur, Stud. Betriebswirtschaft, 1955 Dipl.-Kfm., 1957 Prom. K.: 1956 Dt. Treuhand Wirtschaftsprüf.Ges., 1958 Prok. b. Rhenania Lebensvers. AG Saarbrücken, 1961 Vorst.Mtgl., 1964 Vorst.Mtgl. b. Saar-Union Allg. Vers. AG, seit 1983 Vorst.-Vors. d. UAP Intern. Vers. AG. E.: Gold. Ehrennadel d. IHK d. Saarlandes. M.: Vollversammlung d. IHK d. Saarlandes, Stifterverb. d. Dt. Wiss. H.: Golfsport.

Garde Rainer Dipl.-Kfm. *)

Gardeler-Hemmerich Hanna Dipl.-Ing.

B.: Landschaftsarchitektin, freischaffend. DA.: 26203 Wardenburg, Dorfweg 34. buero@gardeler-hemmerich.de. G.: Oldenburg, 3. Sep. 1957. V.: Rainer Hemmerich. El.: Georg Gardeler und Grete, geb. Kreye. S.: 1977 Abitur Oldenburg, 1977-79 Lehre Baumschul-Gärtnerin, 1980-83 Stud. Landespflege FH Osnabrück, Abschluss Dipl.-Ing. K.: ang. Dipl.-Ing. in versch. Planungsbüros in d. Region Weser/Ems, in d. öffentl. Verwaltung als Fachangestellte u. d. Landwirtschaftskammer Oldenburg, seit 1991selbständig als freischaffende Landschaftsarchitektin in Wardenburg, Schwerpunkt Landschafts- u. Objektplanung. M.: Architektenkammer Niedersachsen, Vors. v. Ortsverein Westerburg. H.: Garten, Fotografieren, Zeichnen.

Gardemann Gregor
B.: Pianist u. Organist, selbständig. DA.: 80339 München, Landsberger Str. 13. G.: Wesel, 22. Sep. 1967. S.: 1989 Abitur in Wesel, 1989-95 Stud. d. Komposition, Musiktheorie u. Kirchenmusik A an d. Univ. Lübeck unter Hans Gebhard, Reinhard Brede, Roland Ploeger u. Aloise Michaely, 1996-99 Ausbild. z. Lehrer d. F.M. Alexandertechnik b. Daniel Süsstrunk München. K.: seit 1998 b. dato freischaff. Lehrer u. Musiker. M.: s. 1998 Münchener Pianistenclub e.V. H.: Klavierspiel, Komponieren, Kirchenmusik v. Johann Sebastian Bach, Reisen, Lesen, Kunst.

Gardois Macher Jorge Ing.

B.: Schiffsing., Inh. FN.: JGM Technik. DA.: 22763 Hamburg, Große Brunnenstr. 6. G.: Lima/Peru, 5. März 1950. V.: Katharina, geb. Mammes. Ki.: Marcel (1979). El.: Alberto u. Consuelo. BV.: Alberto Gardois war Pionier in Werbefilm Prod. S.: Ausbild. z. Schiffsbautechniker in Schweden. K.: 1971-73 Kfz-Techniker b. VW Wolfsburg, 1973-74 Techniker b. Raffay in Hamburg, 1974-77 Papenburg Werft, nebenbei Ausbild. z. Ind.-Kfm., 1977-85 Bauaufsicht f. Werft in Schweden, Vertretung v. Schwed. Firma übernommen JGM. M.: Fire Stingishing Club, Fire Mist Society. H.: 60-70 J. Amerikan. Autos sammeln.

Gareis Hans *)

Garg Anil Dipl.-Ing. *)

Gari Manfred F. Dr. Prof. *)

Garlichs Dietrich Dr. rer. soc.
B.: Gschf. FN.: UNICEF Dt. Komitee, Kinderhilfswerk d. Vereinten Nationen. DA. u. PA.: 50969 Köln, Höninger Weg 104. G.: Oldenburg, 29. Dez. 1947. V.: Jutta, geb. Rech. Ki.: Moritz (1982), Markus (1987). S.: 1966 Abitur, 1966-68 Bundeswehrdienst Lt. d. Res., 1968-69 Stud. Rechtswiss. Tübingen, 1969-74 Stud. d. Wirtschafts- u. Sozialwiss. Univ. Konstanz, Dipl.-Prüf., 1974-75 Stipendiat Harvard Univ., Kennedy School of Government, Master in Public Administration, 1979 Prom. z. Dr. rer. soc. K.: 1971/72 Praktikum Bundeskanzleramt u. Bundesverkehrsmin., 1975-82 Research Fellow Intern. Inst. f. Management, Wiss.-Zentrum Berlin, 1982-84 Ass. d. Vorst.-Vors. d. Dugena Uhren u. Schmuck e.G. Darmstadt, 1984-89 Ltr. d. Verlegerbüros d. Unternehmensgruppe Hoffmann u. Campe/Jahreszeiten-Verlag Hamburg, seit 1989 Gschf. d. Dt. Komitees f. UNICEF Köln, seit 1996 Vorst. d. UNICEF-Stiftung.

Garlin Bernd

B.: Gschf., Heimltr., Inh. FN.: Altenpflegeheim Garlin GmbH. DA.: 22397 Hamburg, Poppenbütteler Chaussee 23. bernd.garlin@t-online.de. G.: Hamburg, 25. Aug. 1966. V.: Cornelia, geb. Klinke. Ki.: David (1991), Lynn (1997). El.: Werner u. Helga. S.: 1985 Abitur, Bundeswehr, 1987 Lehre Groß- u. Aussenhdl.-Kfm. K.: tätig im elterl. Betrieb. M.: versch. Ver. H.: Jagd, Kutschenfahren, Gespannfahren.

Garlin Jens Dipl.-Ing.
B.: Ing. f. Gießereitechnik, Gschf. Ges. FN.: M.F.S.A. GmbH Sachsen-Anhalt Modell-, Werkzeug- u. Formenbau. DA.: 39126 Magdeburg, August-Bebel-Damm 24-30. G.: Magdeburg, 31.

Garling Petra *)

Garlipp Hermann Otto Gotthard *)

Garlof Manfred

B.: RA u. Notar. DA.: 21509 Glinde, Möllner Landstr. 78. G.: Oldenburg, 17. Dez. 1945. V.: Roswitha, geb. Hallmann. Ki.: Andreas (1974), Svenja (1988). S.: 1965 Abitur, 1965-67 Bundeswehr Borken u. Rothenburg -Lt. d. Res., 1967-73 Stud. Rechtswiss. Univ. Hamburg u.München, 1973 1. Staatsexamen, 1973-76 Referendariat in Hamburg und Schleswig-Holstein, 1976 2. Staatsexamen u. Zulassung z. RA. K.: 1976 Eröff. d. eigenen Kzl., seit 1978 zusätzl. Notar m. Schwerpunkt Familien-, Arb.- u. Hdl.-Recht. M.: Reinbeker Anw.-Ver., Vors. d. regionalen Anw.-Ver., 1974-82 Kreistagsabgeordneter u. Kreisrat in Stormarn. H.: Tennis, Gartenarbeit, Literatur.

Garmann Klaus Dr. med. *)

Garmsen Enken *)

Garnhartner Ursula
B.: Schulltr. FN.: Diözese Regensburg. DA.: 93047 Regensburg, Helenenstr. 2. G.: 20. Nov. 1942. El.: Christian u. Magdalena Garnhartner. S.: 1964 Abitur, 1964 Eintritt in d. Orden d. Engl. Fräulein, 1966-72 Stud. Univ. München, 1. Staatsexamen, b. 1974 Ref.-Ausbild. am Melanchthon-Gymn., 2. Staatsexamen. K.: b. 1975 Neusprachl. Gymn. d. Engl. Fräulein, München, ab 1975 St. Marien Gymn. d. Diözese Regensburg, ab 1988 ständiger Stellv. d. Schulltr., seit 1994 Schulltr. d. Gymn. u. d. Realschule, seit 2001 Leiterin d. Gymn. H.: Musik (Klassik-Renaissance).

von Garnier Katja
B.: Filmregisseurin. FN.: Agentur Above the Line. DA.: 80336 München, Goethestr. 17. G.: Wiesbaden, 15. Dez. 1966. V.: Markus Goller (Lebensgefährte). S.: 1989-94 Stud. Münchner Film-HS. K.: 1993 "Abgeschminkt", 1997 2. Spielfilm "Bandits". E.: 1993 f. d. Felix nominiert, 1994 Bayer. Filmpreis, Ernst-Lubitsch-Preis, Filmband in Gold, Studenten-Oscar. (Re)

Garot Heide *)

Garras Larissa

B.: Friseurinmeisterin, selbständig. FN.: Larissa & Friseure. DA.: 12305 Berlin, Lichtenrader Damm 95. G.: Berlin, 12. Feb. 1968. V.: Gerold Garras. El.: Peter und Rosemarie. S.: 1984 Mittlere Reife, 1984-87 Lehre Friseurin, 1993 Meisterprüfung. K.: 1987-96 Mitarbeiterin in einem Salon, zuletzt Gschf. u. 1996 Übernahme d. Geschäfts spez. f. Gestaltung v. Braunfrisuren, Realisieren individueller Wünsche u. bei Bedarf Hausbesuche. E.: 4. Pl. b. Pony-Championat d. Landes Berlin (1982). M.: seit 1976 Ländl. Reiterverein Lichtenrade. H.: Hund.

Garre Willem *)

Garrebeek Irena Dipl.-Übersetzerin *)

von Garrel Gerd Dipl.-Ing. *)

von Garrel Marga *)

Garriock J. Colin Dipl.-Ing.

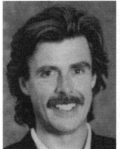

B.: Dipl. Ing. (Planungsbüro). FN.: Garriock & Associates Projekt Design + Management. DA.: 31311 Uetze, Benroder Straße 12. garriock@t-online.de. G.: Montrose/Schottland, 20. April 1951. V.: Patricia, geb. McNeill. Ki.: Glenn (1982), Lewis-Clark (1984), Lana (1986). El.: Cecil u. Elisabeth, geb. Engelhardt. BV.: Agnes-Rose Garriock hat d. Familie im Agrarwesen in Schottland etabliert. S.: 1969 Abitur an der Rannoch School in Schottland, 1970-76 Stud. Städtebau u. Baumanagement an d. Univ. Glasgow in Schottland m. Abschluß Dipl.-Ing. HND, 1974 Praktikum in Hannover b. Wilke & Partner. K.: 1976-93 ang. Planer im Arch.-Büro Wilke & Partner in Hannover, 1994 Ndlg. u. Grdg. d. eigenen Firma Garriock & Associates in Uetze/Hannover. F.: Traditional Life Gewerbepark Uetze, Utenser Haus Uetze, Ärzte u. Pflegezentrum Immensen, Textilhaus Engelhardt, Pastor's Eck Bistro in Uetze. P.: div. Veröff. in Fachzeitschriften u. Ausstellungen in Galerien. E.: 1969 Ausz. Gold Duke of Edinburgh Award v. Prinz Phillip GB. M.: MBIAT Inst. Architekten u. Technologie, MASI Architekten u. Surveyors, Charles Rennie Macintosh Society, Schottischer nat. Trust, Freiwillige Feuerwehr Uetze Förd., Mitbegründer d. Ver. Pro Regio.Ausbild.-Verb. e.V., Wirtschaftsforum Ver. i.G. u. Freizeit u. Verkehrsver. i.G., Berater f. Planungsbüro in Schottland, Irland, Mexico, Russland u. China. H.: Reisen, Fotografieren, Kino.

Garske Albert
B.: Unternehmer. FN.: Albert Garske Transport-Logistik. DA.: 58642 Iserlohn-Letmathe, Gennaer Str. 67a. G.: Letmathe, 24. Juni 1958. V.: Ursula, geb. Meier. El.: Josef u. Ursula. S.: 1973-77 Ausbild. z. Radio- u. Fernsehtechniker, 1980-83 berufl. Schulen d. Märkischen Kreises, Abschluss FH-Reife, 1983-88 Stud. Elektrotechnik an d. FH Hagen. K.: 1977-79 Radio- u. Fernsehtechniker, 1979-80 Bundeswehr, 1988-95 selbst., Grdg. eines Mietwagenbetriebes u. später Ausbau eines Taxiunternehmens u.

*) Biographie www.whoiswho-verlag.ch oder beigefügte CD-ROM

eines Kurierdienstes, seit 1995 Erweiterung d. Unternehmens auf d. reinen Güterverkehr. M.: Gold Wing Club Deutschland. H.: Motorradfahren, Fahrradfahren, Hunde.

Garstka Hansjürgen Dr. Prof.
B.: Berliner Beauftragter f. Datenschutz u. Informationsfreiheit. DA.: 10781 Berlin, Pallastr. 25. G.: Bischofsheim, 11. Mai 1947. V.: Dr. Ruth. Ki.: 2 Söhne. S.: 1966-70 Stud. Rechtswiss. u. Politikwiss. Univ. München, Regensburg u. Oxford, 1970 1. jur. Staatsprüf., München, 1972 Prom. z. Dr. phil., 1974 2. jur. Staatsprüf., 1982 Prom. z. Dr. jur. Univ. Hamburg. K.: 1971-79 wiss. Mitarb. u. HS-Lehrer an d. Univ. Regensburg, FU Berlin u. GHS Kassel, seit 1979 versch. Lehraufträge an div. HS u. Ak., 1979 Mitarb. b. Berliner Datenschutzbeauftragten, seit 1989 Berliner Datenschutzbeauftragter, 1998 Prof. f. Datenschutz an d. TU Berlin, seit 1999 Berliner Beauftragter f. Datenschutz u. Akteneinsicht, seit 2001 Berliner Beauftragter f. Patenschutz u. Informationsfreiheit. P.: Diss. phil.: "Die Rolle d. Gem. in d. interb. Verständigung nach d. 2. Weltkrieg gezeigt am Beispiel d. dt.-franz. Verständigung" (1972), "ADV u. Recht. Einführung in d. Rechtsinformatik u. d. Recht d. Informationsverarb." (1976), Textbuch "Verw.-Informatik" (1980), Diss. jur.: "Regelkreismodelle d. Rechts-Untersuchung z. Übertragung kybernet. Vorstellungen auf d. Recht" (1983). M.: Ges. f. Informatik - Fachbereichsltr. f. Recht u. Verw., BeiR. d. Dt. Ges. f. Recht u. Informatik, Intern. Vereinig. f. Rechts- u. Sozialphil. H.: Wandern.

Gartenschläger Ralf *)

Garth Peter Elmar *)

Garthaus Peter Joachim Dipl.-Ing. (TU)

B.: Architekt u. Stadtplaner. FN.: Planungsbüro Dipl.-Ing. Garthaus, Architekten, + Ingenieure + Stadtplaner. DA.: 49087 Osnabrück, Lengericher Landstraße 19. G.: Osnabrück, 5. Okt. 1942. V.: Ute, geb. Gaugler. Ki.: Hanno (1974), Thomas (1976), Robert (1979). El.: Johannes Friedrich u. Anna Hendrika, geb. Lanwert. S.: 1963 Abitur, 1963-65 Zeitsoldat Bundeswehr - Pionier, Oberstlt. d. Res., 1965-71 Stud. d. Arch. u. Städtebau TU Hannover m. Abschluß Dipl.-Ing. (TU). K.: 1971-73 Abt.-Ltr. f. Städtebau in d. Landesentwicklungsges. NRW in Münster, seit 1973 selbst. in Osnabrück als Architekt u. Stadtplaner. A.: Schwerpunkt Beratung, Entwurf, Planung, Bauleitung f. Wohngebäude, Büro-, Geschäfts-, Industrie- u. Gewerbebauten, kommunale Einrichtungen, städtebaul. Entwicklungsplanung, Bauleitplanung nach BauGB, Straßen- u. Platzgestaltung, Generalplanung u. Projektentwicklung; Funktion: Gutachter f. Wertermittlung v. bebauten u. unbebauten Grundstücken sowie Emmisionsschutz im Städtebau. E.: zahlr. Wettbewerbserfolge. M.: Vertreterversammlung u. Architektenkam. Niedersachsen, versch. Beiräte, BDA, SRL, div. Ehrenämter in Ver. u. Organisationen im Bereich Kultur, Sport u. Gesellschaft. H.: Geschichte, Politik, Denkmalpflege, Basketball, Segeln, Jagd.

Gartmann Klaus
B.: selbst. Tischlermeister. DA.: 42857 Remscheid, Hof Güldnerwerth 8. G.: Remscheid, 8. Juni 1941. V.: Renate, geb. Frensch. Ki.: Andreas (1973), Stefanie (1979). S.: 1956-59 Lehre Tischler

Firma Mommberg Remscheid, 1970 Meisterprüf. K.: 1959-66 Geselle in d. Firma Obermeid u. 1966 Übenahme u. Ausbau d. Schreinerei mit Schwerpunkt einfachste u. exclusive Arb. in Tischlerhandwerk. M.: Männergesangsver. Ehringhausen 1850. H.: Hund, Radfahren, Spazierengehen.

Gartner Hansjürgen *)

Gartner Roland *)

Gärtner Alexander *)

Gärtner Andreas Dipl.-Ing. *)

Gärtner Claus Dipl.-Volksw. *)

Gärtner Frank Th. Dipl.-Ing. *)

Gärtner Fried *)

Gärtner Hans Dr. phil. Univ.-Prof. *)

Gärtner Hans-Dieter Dr. phil. M.A. *)

Gärtner Heidi Dr. med. dent.
B.: Zahnärztin. FN.: Zahnarztpraxis Dr. Heidi Gärtner. DA.: 55116 Mainz, Emmeransstr. 3. www.zahnarzt-in-mainz.de. G.: Oberwesel, 14. März 1970. El.: Robert u. Brigitte Gärtner. S.: 1989 Abitur, 1990-96 Stud. Zahnmed. in Mainz, 1996 Approb., 1996-98 Ass.-Zeit. K.: 1999 Ndlg. in Idstein/Gemeinschaftspraxis, 1999-2000 Vertragsärztin b. Bundeswehr, 2000 Ndlg. in Mainz. P.: 2001 in Zeitschrift "Fortschritte d. Kieferorthopädie" - Reliabilität u. Validität d. Digigraph 100 im Rahmen d. Kieferorthopäd. Diagnostik.

Gärtner Horand *)

Gärtner Horst Dr. med. habil. *)

Gärtner Josef Dr. iur. *)

Gärtner Karl Friedrich Wilhelm *)

Gärtner Karl-Heinz
B.: Politiker. DA.: 06100 Halle/Saale, Marktpl. 1. G.: Halle/Saale, 14. Nov. 1951. V.: Angela, geb. Thielmann. Ki.: Björn (1974), Sirko (1981). El.: Heinz u. Lucie. S.: 1971 Berufsabschluß m. Abitur, 1973-77 Stud. Phil. Univ. Leipzig. K.: 1977-92 Ass. d. Sektion Marxistisch- Leninistische Phil./Wiss. Kommunismus, 1980 A-Prom., 1989 B-Prom., 1983-85 Zusatzstud. in Moskau, 1985-87 im diplomat. Dienst in Indochina tätig, 1990-91 Sekr. d. Kreisltg. Halle-Neustadt, Stadtverordneter d. Stadt Halle Fraktionsvors. d. PDS, 1995-2002 Beigeordneter f.Kultur, Bild. u. Sport d. Stadt Halle. P.: zahlr. Veröff. z. Thema: Vormarxistischer Sozialismus u. Kommunismus. H.: Sport.

Gärtner Klaus *)

---

*) Biographie www.whoiswho-verlag.ch oder beigefügte CD-ROM

Gärtner

Gärtner Klaus Dipl.-Pol.
B.: Staatssekr., Chef d. Staatskanzlei. FN.: Staatskanzlei Schleswig-Holstein. DA.: 24105 Kiel, Düsternbrooker Weg 70. G.: Obersontheim, 10. Jan. 1945. S.: 1965 Abitur, Univ. Saarbrücken u. Berlin, 1971 Dipl.-Prüf. K.: 1969-70 Hpt.Gschf. FDP Saar, 1971-76 Ang. Min. f. Wirtsch., Mittelst. u. Verk. NRW, seit 1968 FDP, 1988-93 Staatssekr. im Finanzmin., seit 1993 Staatssekr. u. Chef d. Staatskanzlei in Schleswig-Holstein.

Gärtner Kurt *)

Gärtner Marianne *)

Gärtner Martin

B.: Fotografenmeister. FN.: Fotoatelier Gärtner. DA.: 08056 Zwickau, Innere Plauensche Str. 20. G.: Rudolfwaldau, 4. April 1942 V.: Ingeburg, geb. Schneider. Ki.: Christina (1976), Lutz (1978). BV.: Geschäft wurde v. Schwiegervater Ernst Schneider übernommen. S.: Mittlere Reife, Möbellackierer u. techn. Zeichner, Umschulung z. Fotografen durch Eintritt in d. Firma d. Schwiegervaters u. 1973 Meisterprüfung als Fotografenmeister. K.: b. 1990 Fotohandwerksbetrieb, danach Erweiterung, auch Handel, Tätigkeitsschwerpunkte sind Porträtfotografie, Industrie- u. Werbeaufnahmen Handel m. fachgerechter Beratung, Übergabe d. Firma an Kinder vorgesehen, Tochter Fotografenmeisterin, im Betrieb tätig. H.: Gartenarbeit, Natur.

Gärtner Matthias Dr.

B.: Chefarzt / Arzt (Internist, Med. Informatik, Naturheilverfahren). FN.: Klinik u. Sanatorium Jordanbad. DA.: 88400 Biberach, Memminger Str. 1. PA.: 86842 Türkheim, Martinring 24. E.M.Gaertner@t-online.de. G.: Zittau, 27. Dez. 1955. V.: Evelyne. Ki.: Manfred Matthias (1985), Thomas Matthias (1988). El.: Dr. Manfred (Vors. d. Verbandes d. Biologen Sachsens) u. Charlotte. S.: 1974 Abitur Dresden, 1975-77 Med.-Studium Charité Berlin, 1977-80 Med.-Stud. Med. Akad. Dresden, Staatsexamen, Dipl.,1980-81 Pflichtass., 1981 Prom. A, Approb. K.: 1983-87 FA-Ausbild. Innere Med., 1987 FA-Prüfung, 1988-91 Fachgebietsltr. Nephrologie u. Endokrinologie, 1991-93 Humaine-Klinikum Bad Saarow, 1993-95 OA/Abt.-Ltr. Innere Med./Herz-Kreislauf Median Klinik Berggießhübel, 1995-96 Chefarzt d. Fachklinik f. Innere Krankheiten u. Orthopädie Tannenbaum Bad Wörishofen, 1996-98 Zusatzqualifikation Informatik in Augsburg u. München, seit 1999 Chefarzt Kinik u. Sanatorium Jordanbad; Doz. an d. Med. Fachschulen u. im Bereich Informatik/EDV, Ltr. Lehrplankommission d. Landes Brandenburg; Ärztl. Dir. d. Sebastian-Kneipp-Schule Bad Wörishofen, Internetarbeit f. d. Referates Gesundheit u. Umwelt d. Landeshauptstadt München. H.: Segeln, Elektronik, Computer.

Gärtner Otto *)

Gärtner Roland Erich
B.: Masseur, Bademeister, Krankengymnast u. Heilpraktiker. DA.: 44803 Bochum, Wasserstr. 31. G.: Bochum, 20. Nov. 1958. V.: Birgit, geb. Roland. El.: Erich Gärtner u. Ruth Sander. S.: 1974-77 Staatl. Bundeshandelsak. Feldkirchen, 1977-80 Ausbild. z. staatl. geprüften Masseur u. Bademeister, 1995-97 Ausbildung KG, 1997-99 Ausbildung HP. K.: seit 1981 selbst. BL.: Rundumbetreuung physikal. Außer-Haus-Besuche, Freizeitbetreuung, zusätzliche kostenlose Versorgung von Haustieren. H.: Tauchen, Wandern, Fortbildungen.

Gärtner Udo
B.: Dipl.-Meteorologe, Präs. FN.: Dt. Wetterdienst (DWD). DA.: 63067 Offenbach/Main, Frankfurter Str. 135. G.: Breslau, 21. Okt. 1940. V.: Erika, geb. Ritz. Ki.: Antje (1964), Sabine (1966), Maren (1967). S.: 1960 Abitur, 1960-61 Wehrpflicht, 1961-67 Stud. Meteorologie Univ. Hamburg, Abschluß Dipl.-Meteorologe. K.: 1968-69 Eintritt Dt. Wetterdienst, Referendarzeit, 2. Staatsexamen, 1969 Übernahme in d. Wetterdienst als Meteorologe am Wetteramt Bremen, 1972 RegR., 1974 ORegR., 1975 Ltr. d. Flugwetterwarte Bremen, zugleich Stellv. d. Wetteramtsltr. Bremen, 1977-88 Ref. im Bundesverkehrsmin., 1978 Vertreter d. Referatsltr., 1980 Teilnahme am dt.-brit. Austausch v. Nachwuchsführungskräften, 1982 Reg.-Dir., 1989-93 ständiger Vertreter Deutschlands im Rat d. ICAO Montreal, 1993-95 Ltr. d. Ref. "Dt. Wetterdienst" im Bundesverkehrsmin., seit 1995 Präs. d. Dt. Wetterdienstes. M.: 1973-75 Vors. d. Örtl. PersonalR. am Wetteramt Berlin, 1978-88 zahlr. intern. Gremien, seit 1993 Ratsdelegierter b. EZMW, b. EUMETSAT u. b. d. WMO, seit 1996 Vertreter Deutschlands im ExecutivR. d. WMO. H.: Heimwerken, New Orleans Jazz (Trompete).

Gärtner Uwe Dipl.-Phys. *)

Gärtner Werner *)

Gärtner Werner Dipl.-Kfm. *)

Gärtner Wilfried
B.: Kammervirtuose. FN.: Sächs. Staatskapelle Dresden, Staatsoper. DA.: 01067 Dresden, Theaterpl. 2. PA.: 01259 Dresden, Rathener Str. 8. G.: Omechau, 30. Juni 1932. V.: Elke, geb. Winkelmann. Ki.: Wolfgang, Karin, Annette, Birgit, Lars, Anne. El.: Erich u. Berta. S.: 1948 Mittlere Reife, 1948-49 Robert-Schumann-Konservatorium, Zwickau, 1950-54 Privatstudium dem Kammervirtuose Helmut Böhme, Leipzig. K.: 1949-53 Flötist im Kulturorchester Reichenbach, 1953-56 Flötist am Theater d. Stadt Gera, 1956-59 Flötist an den Bühnen d. Stadt Gera, 1959-60 Soloflötist an den Städtischen Bühnen Magdeburg, seit 1960 Mtgl. d. Staatskapelle Dresden, 1965 Gründung d. Gärtner-Bläserquintetts, seit 1981 Lehrbeauftragter HFM Carl-Maria-von-Weber Dresden, 1971 Kammermusiker, 1975 Kammervirtuose, 1984 Mitbegr. d. "Semper-House-Band". P.: Uraufführung: Altflötenkonzert v. Mathias Kleeman (1977), zahlr. Konzerte m. d. Bläserquintett im Ausland. H.: Basteln. (H.W.)

Gärtner Wilfried Ing. *)

Gärtner Wolfgang *)

Gärtner Wolfgang Dieter *)

Gartz Jürgen
B.: Gschf. FN.: Campus am Wolfsanger. DA.: 34125 Kassel, Triftweg 13. wolfsanger@campus-online.de. www.campus-online.de. G.: Duisburg, 12. Feb. 1969. El.: Helmut u. Marianne, geb.

---

*) Biographie www.whoiswho-verlag.ch oder beigefügte CD-ROM

1339 Gassel

Beyer. S.: 1985 Mittlere Reife Vellmar, 1985-87 Ausbildung z. Fachgehilfen im Gastgewerbe, 1993-95 Hotelfachschule Korbach, Abschluss als staatl. geprüfter Gastronom, Fachabitur. K.: 1987-96 Gschf. in Bistro in Vellmar, seit 1996 Gschf. Campus am Wolfsanger in Kassel, zuständig f. d. Bereiche Gastronomie, Sport, Verw., Werbung. H.: Fußball, Tennis.

von Gartzen Herbert *)

Garvens Wolfgang *)

Gasch Bernd Dr. phil. Prof. *)

Gasch Christa *)

Gasch Hans-Albrecht *)

Gasch Hans-Jürgen *)

Gasch Tilman *)

Gasche Dorothea

B.: Fotografin, Inh. FN.: Fotoatelier Dorothea Gasche. DA.: 77654 Offenburg, Friedrichstr. 7. G.: Offenburg, 25. Dez. 1941. Ki.: Yvonne (1966), Susann (1967). El.: Prof. rer. pol. Dr. Wilhelm Sauesele u. Lotte, geb. Senger (Kunstgewerblerin). BV.: Großvater- Kunsterzieher LBA. S.: 1954-55 Ausbildung zur Fotografin. K.. 1958-59 Tätigkeit bei der Firma Foto Dieterle in Lahr, 1959-62 bei der Firma Baumann in Offenburg, 1962-65 u. 1973-76 Fotografin bei Foto Stober Offenburg, seit 1976 selbst. M.: Handwerkskam. Freiburg. H.: Sport, Skifahren, Volleyball, Fotografieren, Musik.

Gasde Marcel Oliver Gerald *)

Gasic Peter
B.: DV-Kfm., selbständig. FN.: Pegasys-Web-Consulting. DA.: 75015 Bretten, Weißhoferstr. 100. PA.: 75447 Sternenfels, Ziegeäckerweg 30. peter.gasic@pegasys-webconsulting.de. G.: Rijeka/Jugoslawien, 23. Jan. 1961. V.: Helga. Ki.: Janek-Vincent. El.: Stefan u. Bosiljka Ricl. S.: 1979-82 Ausbildung zum Elektroniker in d. Heinrich-Hertz-Schule in

Karlsruhe, 1982-85 Bundeswehr/Marine b. d. Sprechfunkaufklärung, zwischenzeitlich Ausbildung am Bundessprachenamt in Köln in russischer Sprache, Abgang v. d. Marine als Stabsunteroffizier, 1986-88 Ausbildung z. DV-Kfm., Schwerpunkt Informatik am IBE Institut für BW-Elektronik in Karlsruhe. K.: 1988-98 Systembetreuer u. Programmierer d. Firma Blanco GmbH & Co KG in Oberderdingen, 1998 Grdg. d. Firma Pegasys als Inh. H.: Jugendarbeit in d. kirchl. Arbeit d. Methodistenkirche, Fotografie.

Gaspary Udo Dr. Dkfm. *)

Gasper Dieter *)

Gass Gina *)

Gass Johann *)

Gass Karl
B.: Dokumentarist, Reg. PA.: 14532 Kleinmachnow, Richard-Strauß-Weg 11. G.: Mannheim, 2. Feb. 1917. V.: Christel, geb. Hemmerling. El.: Paul u. Elise. S.: 1936 Abitur Köln, 1938-40 u. 1946-47 Stud. BWL Univ. Köln, ohne Abschluß, 1936-38 kfm. Lehre Köln. K.: als Rudersportler Dt. Meister 1940 im Ruder-Achter, 1940-45 Dt. Wehrmacht u. brit. Gefangenschaft, nach 1946 funkjournalist. Arb. als Wirtschaftsred. b. NWDR Köln, Rundfunkjournalist b. Berliner Rundfunk, 1949/50 Ltr. d. Wirtschaftsred., Initiator einer Sendereihe m. Berichten aus Betrieben, 1951-90 DEFA, b. 1953 DEFA-Studio f. Wochenschau u. Dokumentarfilm, erste Dokumentarfilme als Drehbuchautor u. Reg., 1954-60 künstler. Dir. d. DEFA-Studios f. populärwiss. Filme, Autor u. Reg. ab 1961 wieder im Studio f. Dokumentarfilme in Potsdam-Babelsberg, Grdg. d. Künstler. Arbeitsgruppe Gass, später Gruppe "Effekt", 1955 Mitbegründer d. intern. Festivals Leipziger Dokumentar- u. Kurzfilmwoche, 1978 Initiator d. Nat. Festivals f. Dokumentarfilm u. Fernsehpublizistik in Neubrandenburg. BL.: initiierte 1966 ein einzigartiges Ausbild.-Experiment an d. Film-HS Potsdam-Babelsberg. P.: 121 Dokumentar- u. Kurzfilme u.a. "Feierabend" (1965), "Asse" (1966), "Vorwärts, d. Zeit" (1967), "Zwei Tage im August. Rekonstruktion eines Verbrechens" (1982), "Das J. 1945" (1985), "Nationalität Deutsch" (1990), 3 Monografien: "Brutstätte Kanonenkugel" (1991), "Die falschen Münzen d. Alten Fritz" (1992), "Die Geisterhöhle". E: 1964 Ausz. d. Streifens "Feierabend" als weltbester Dokumentarfilm in J. durch d. Brit Filminst., 1985 Nationalpreis d. DDR. f. "Das J. 1945" u. 1977 f. d. Gesamtwerk, vierfacher Heinrich-Greif-Preisträger, Kunstpreis d. DDR. M.: 1949-54 VPräs. d. Sekt. Rudern b. Dt. Sportbund d. DDR, AID, mehrfacher Präs. d. intern. Jury d. Leipziger Festivals.

Gassel Manuela Dr. rer.nat.
B.: Vetriebsltg., selbst. FN.: CADAC GmbH. GT.: IT-Beraterin f. d. Industrie sowie Forschungs- u. Lehreinrichtungen im UNIX Umfeld. DA.: 12107 Berlin, Lankwitzer Str. 19. dr.gassel@cadac.de. G.: Berlin, 28. Jan. 1962. El.: Klaus-Peter u. Gisela, geb. Dziedzinski. S.: 1980 Abitur Berlin, 1982-88 Stud. Biologie an d. FU Berlin, 1989 Dipl., 1993 Prom. z. Dr. rer. nat. K.: 1981-82 studienorientierte berufl. Tätigkeiten, 1989-93 wiss. Mitarb. b. MPI u. Prom.-Vorbereitung, 1993-97 BIFAU-Umweltlabor, Mitarb. b. Stichproben-Messprogramm f. Luftgüte v. Senat Berlin, 1997-98 ConsulTech GmbH, Unternehmensberatung u. Finanzierung u. Beschaffung v. Fördergeldern f. Life Science Unter-

*) Biographie www.whoiswho-verlag.ch oder beigefügte CD-ROM

nehmen aus d. Naturwiss. Bereich, 1998-99 CyberDyne GmbH, Vertriebsmanagerin f. UNIX Systeme, ab 1999 selbst. IT-Beraterin f. SUN-Microsystems Hard- u. Softwarelösungen sowie Firewall-Lösungen, 1999 Grdgs-Mtgl. u. Vorst. d. SecWare Technologies AG, Herstellung u. Vertrieb v. kryptologischen u. hochverfügbaren Systemen u. d. Entwicklung v. allg. Software u. deren Vertrieb. P.: versch. Veröff. im In- u. Ausland. H.: Motorradfahren, Fallschirmspringen.

Gassen Michael Dr.-Ing. *)

Gassen Richard W. Dr. phil. *)

Gasser Kurt-Joe

B.: Michelin-Stern Spitzenkoch und Gastronom. FN.: Restaurant Massimiliano. DA.: 81669 München, Rablstr. 10. massimiliano@t-online.de. G.: Brixen/Südtirol, 1. Sep. 1964. S.: 1978-81 Ausbildung z. Koch im Hotel Hochrein in Raasen/Südtirol, 1981-82 Fortbildung im Fleischer- u. Konditorenhandwerk, 1983 Wehrdienst Ital. Heer. K.: 1983-84 Hilton-Grill im Hilton Hotel München, 1984-90 Hilton Samnaun Schweiz, Park Hilton in London, Hilton Tel Aviv/Israel, Le Gourmet b. Otto Koch in München, Tantris München, Jean Claude Gulliet in Cap Ferrat, Kurzstationen b. Ruget Verget u. Marc Menau in Frankreich, Rebochon in Paris u. Girardet Schweiz, 1991 Rückkehr nach München, Sous-Chef b. Koch d. Jhdt. Eckart Witzigmann im Aubergine, 1994 Eröff. d. Restaurants Massimiliano in München zusammen m. Partner G. Pireddu. P.: Michelinverzeichnis, SZ, Österreichischer Kalender: 12 Köche 12 Künstler, sämtliche Gourmetführer in Europa u. Deutschland, div. Weinzeitschriften. E.: Verleihung d. Michelin-Sternes (1996), 3x Goldbesteck f. Schauplattenaustellungen, 3. Pl. b. Teitinger-Cup in Deutschland (1992), Gewinner v. 4 regionalen Kochwettbewerben, 1. Pl. b. Chef de European de Aponson (1992). Insbesondere möchte ich mich persönlich bedanken, dass Fr. Freissle u. Hr. Gruber die ganzen Jahre hinter mir gestanden sind.

Gassert Herbert Dr.-Ing. *)

Gäßler Ewald Dr. Prof. *)

Gaßmann Lothar

B.: Maurer, Inhaber FN.: Gaßmanns' Waldeck Pension & Gaststätte. DA.: 99425 Weimar, Balsaminenweg 11. G.: Tiefurt b. Weimar, 20. Jan. 1939. Ki.: Viola (1964), Heike (1973). El.: Viktor u. Gertrud. BV.: Eltern Ldw. m. eigenem Grundbesitz. S.: 1953-56 Maurerlehre. K.: 1957 Tätigkeit in d. elterl. Ldw., 1959 selbst. m. eigener Ldw., 1962 Kollektiv der Landwirtschaft, Kraftfahrer, 1972 Qualifizierung z. Trockenmeister in Naumburg, bis 1987 in Niederzimmern als Meister gearbeitet, 1975 Bau einer kleinen Pension, 1987 Gewerbegenehmigung, 1990 Erweiterung d. Gaststätte "Gaßmanns Waldeck" m. kleiner Pension. E.: 2 Platz als DDR-Meister 1955/56 im Fußball als Tormann. M.: seit 1963 Brandmeister bei d. Freiwilligen Feuerwehr. H.: Autofahren, Reisen, Kunst u. Kultur, Natur, Sport, eigener Schäferhund.

Gassmann Sigrid *)

Gaßmann Winfried *)

Gaßmann Wolf-Dieter

B.: Krankengymnast, Krankenpfleger. DA.: 60431 Frankfurt/Main, Wilhelm-Epstein-Str. 2. G.: Heilbronn, 5. Juni 1955. V.: Adelheid. Ki.: Timo Maximilian (1986), Paula Meike (1989). El.: Otto u. Clara Rosa. S.: 1974 Mittlere Reife, 1974-77 Lehre z. Krankenpfleger, 1977-79 Lehre z. Krankengymnasten, 1979-80 Praktikum. K.: seit 1980 St. Markus-KH als Krankengymnast, zunächst stellv. Abt.-Ltr., danach Abt.-Ltr., seit 1997 selbst. Praxis im St. Markus-KH "Physikalische Therapie". M.: Arbeitskreis f. Osteoporose im ZVK, Regional Vertreter v. IFK Südhessen. H.: Familie, Tiere, Kajak, Ev. Kirchenengagement.

Gaßmüller Heinrich *)

Gaßmüller Johannes Dr. med. *)

Gassner Edmund Dr.-Ing. Univ.-Prof. *)

Gassner Ernst Dr.-Ing. Dr. E.h. Prof. *)

Gaßner Josef *)

Gassner Klaus

B.: Havariekommissar, Inh. FN.: Expertbüro K. Gassner. DA.: 30175 Hannover, Plathnerstr. 11. G.: Berlin, 13. Mai 1930. V.: Ursula,geb. Holmann. Ki.: Karsten (1965), Meike (1970). El.: Kurt u. Ilse, geb. Ruben. BV.: Großvater mütterl. seits bekannter Bauchchirurg in Berlin. S.: 1952 Abitur, Stud. Jura u. Betriebswirtschaft Marburg u. Göttingen, 1956 1. Staatsexamen Celle, Stud. Maschinenbau TU Berlin. K.: öff. Vereid. f. Hannover u. Hildesheim durch d. IHK, Sachv. f. Schiffahrtsagelegenheiten u. Übernahme d. väterl. Praxis in Berlin, 1972 Eröff. d. Büros in New York, 1992 Eröff. d. Büros in Magdeburg, seit 1986 Berater d. Dt. Transport Vers.-Verb., Vors. d. BDSV, seit 1973 präventive Aufträge u. Studien; Funktionen: verantwortl. f. d. Transportschadenbearb. f. VW in Japan u. f. Audi in Malaysia. BL.: Entwicklung d. ersten rotierenden Kondensators. M.: Bundesverb. d. vereid. Sachv., öff. bestellter u. vereid., sowie qualifizierter Sachv., Präs. d. Intern. Inst. of Los Angeles Inc., Golfclub Salzdetfurth-Hildesheim. H.: Golf.

Gassner Kurt F.

B.: Gschf. FN.: GCA Gassner Creative Agenturen. DA.: 82008 Unterhaching, Inselkammerstr. 4. G.: Linz, 16. Juli 1950. V.: Anneliese, geb. Gröderer. Ki.: Alexander (1985), Elisa (1988).

---

*) Biographie www.whoiswho-verlag.ch oder beigefügte CD-ROM

El.: Dr. Kurt u. Ilse, geb. Benz. BV.: Großmutter mütterl.-seits Marques von Gozani de San Giorgio; Onkel - Bischof Gassner in Passau. S.: 1968 Matura Bad Aussee/A, 1968-71 Stud. Werbung u. Kommunikation HS f. Welthdl. Wien. K.: während d. Stud. tätig in einer Werbeagentur in Linz, 1971-74 Konzeptionstester d. Werbeagentur Eggert in Düsseldorf u. später Creative Dir., 1974-76 "Die Werbe- Euro-Advatising" in d. Agentur Hubert Strauff in Essen u. Werbung f. Coca Cola, 1976-80 Gestaltungsleiter und Prokurist bei Schmidt-Peisser in München, 1980-81 tätig in d. Agentur J. Walter Thomson in New York, 198184 Unit-Ltr. in Frankfurt, seit 1985 selbst. m. Grdg. d. GBA Agentur f. Direktmarketing, Grdg. v. Ndlg. in Kitzbühel u. Turin m. Schwerpunkt Markenwerbung f. Business-to-Business-Kunden u.a. Siemens, TYROCIT-Swarovski u. TimeLife u. Direktmarketing f. Banken; Funktion: 185-87 Doz. an d. Werbeak. f. Gestatung u. Text in München. E.: div. Werbepreise, Cannes Filmpreis, Effie-Preis. M.: Art Directors Club, Golf Club, Jury Tirolissimo. H.: Familie, Joggen, Harley fahren, Skifahren, Mountainbiken, Golf, Theater, Reisen.

Gassner Werner *)

Gassner Wilfried
B.: Betriebsltr., Gschf. FN.: BTG Beschichtungs-Technik Gassner GmbH & Co KG. DA.: 59192 Bergkamen, Rathenaustr. 1. info@btg-gassner.de. G.: Kl. Thondorf, 29. Apr. 1952. K.: seit Dez. 1998 selbst. in d. Firma BTG in Bergkamen, Schwerpunkt: Brandschutzbeschichtung, Korrosionsschutzbeschichtung, Dach- u. Bodenbeschichtung. M.: seit 1998 b. BVK.

Gassner Wolf-Dieter Dipl.-Ing. *)

Gaßner-Schwarz Erika

B.: Pächterin. FN.: Berggasthaus Haldenhof. DA.: 88316 Isny-Neutrauchburg, Halden 25. G.: Rechtis, 17. Sep. 1950. Ki.: Jürgen-Oliver (1973), Silke Tatjana (1977). El.: Oswald und Therese Gaßner. BV.: Familienchronik reicht zurück b. ins 13. Jhdt. S.: Hauswirtschaftsausbildung an einem Internat. K.: Saisonarbeiten in der Gastronomie u. versch. Haushalten als Hauswirtschafterin, Mutterschaftspause, 10 J. Tätigkeit in der Gemeinde Missen-Wilhams und gleichzeitig auch Mutter f. einige Pflegekinder, 1987 weitere Ausbildung z. Altenpflegerin in d. Psychiatrie Mayerhöfen, danach 4 J. Tätigkeit, nebenbei bereits Handel m. Antiquitäten u. Restaurierung alter Möbel, 1998 Übernahme eines alten Bauernhofes m. kleiner Gststätte, 1998 nach Umbauten u. Renovierungsarbeiten Eröff. d. Berggasthauses Haldenhof, Club-Lokal d. Mercedes-Maybach-Club 2000. P.: Autorin v. Volkstheaterstücken u. Mundartgeschichten. H.: eigene Gaststätte, Segeln.

Gast Ottmar Dr.-Ing. *)

Gast Wolfgang *)

Gast Wolfgang Dr. med. *)

Gast-de Haan Brigitte Dr. *)

Gastel Helga Maria *)

Gastl Alfons *)

Gateff Elisabeth Dr. Univ.-Prof. *)

Gatermann Christel *)

Gatermann Gerd *)

Gatermann Ilona *)

Gatez Daniel Joseph Dr. med. *)

Gäthke Marion *)

Gathmann Anja

B.: Hotelier, Inh. FN.: Hotel Hanseatic. DA.: 28195 Bremen, Glockengang 4. G.: Bremen, 2. Okt. 1964. V.: Dipl.-Ing. Ronald Gathmann. El.: Kapitän Hermann u. Helena Kelber. S.: 1982 Höhere Handelsschule Bremen, 1982-85 Ausbild. z. Hotelfachfrau Bremen, 1985 Auslandsaufenthalt in Newcastle Under Lyne/England in d. Gastronomie, 1986 Weiterbild. EDV. K.: 1986-90 Parkhotel Bremen, b. 1988 im Einkauf, 1989 Ltr. Einkauf, 1990 Buchhaltung, 1991 Buchhaltug Scandic Crown Hotel Bremen, 1992 Bankettltr. im Hotel Munte am Stadtwald u. Ass. d. Geschäftsführung b. 1998, seit 1998 selbst. u. Eröff. Hotel Hanseatic in Bremen als Inh. H.: Reiten, Aerobic.

Gathmann Lutz *)

Gathmann Ulrich Dipl.-Kfm. *)

Gathof Marianne Barbara Dr. med. *)

Gätje Hans-Joachim *)

WHO IS WHO
EIN WELTWEITER SERVICE

*) Biographie www.whoiswho-verlag.ch oder beigefügte CD-ROM

Gätjen Steven
B.: Moderator, Reporter. FN.: c/o ProSieben Media AG. DA.: 85773 Unterföhring. G.: Phoenix/Arizona, 25. Sep. 1972. S.: 1992 Abitur i. Hamburg. K.: 1995 Hörfunkvolontariat b. OK Radio Hamburg, 1996 Sprecher b. Musiksender VH-1, Nachrichtenredakteur b. Radio 107,1 Bremen, ab 1996 Senior Researcher u. Regisseur b. MTV i. London, 1997 stellv. Produzent u. Regisseur v. "MTV Select ", i. Anschluß Produzent u. Moderator v. MTV News, ab 01/1999 b. ProSieben Moderation v. "taff.Extra" u.02/1999 Urlaubsvertretung f. Britta Sander b. "taff", seit April 1999 Doppelmoderation "taff" zus. m. Sander. H.: Sport, Abenteuerurlaube, Kino, Hunde, Musik.

Gätjens Willi

B.: Sportlehrer, Gastronom. FN.: Wiener-Cafe-Haus; Schaukelstuhl. DA.: 30175 Hannover, Hindenburgstr. 7. www.schaukelstuhl-hannover.de. G.: Hamburg, 19. Nov. 1941. V.: Brigitte, geb. Aue. BV.: Großvater Wilhelm Gätjens war Bgm. in Appen Ende d. 18. Jhdt. S.: Bundeswehr, Aus- u. Weiterbild., 1976 Abgang als Oberfeldwebel, 1974 Abitur im 2. Bild.-Weg, Stud. an d. Sport-HS Köln, 1977 Abschluss als Dipl.-Sportlehrer. K.: b. 1980 Sportlehrer an d. Bundeswehr-Schule in Bückeburg, zusätzl. Training versch. Handballver. in Bückeburg, Hameln u. Hannover, Einstieg in d. Gastronoime "Wiener-Cafe-Haus", Restaurant "Schaukelstuhl" als Eigentümer. BL.: zu Weihnachten waren aus versch. Kinderheimen b. zu 40 Kinder z. Kaffee eingeladen, außerdem UNICEF-Projekt m. schwerstbehinderten Kindern u. OBgm. Schmalstieg/ Hannover. P.: ständig Veröffentlichungen in Presse/Magazinen. H.: 1962-76 1. Länderspiel Holland/Deutschland, aktiver Handball-Nationalspieler, Auswahl Hamburg/Norddeutschland, Wandern, Fahrradfahren, Geschichte.

Gatkowsky Dirk Ing. *)

Gattermann Günter Dr. phil. Prof. *)

Gattig Sylvia *)

Gattinger Hardy *)

Gattinger Wolf E. *)

Gatzen Hans Heinrich Dr.-Ing. Prof.

B.: Univ.-Prof. FN.: Inst. f. Mikrotechnologie Univ. Hannover. DA.: 30167 Hannover, Callinstr. 30 A. PA.: 30916 Isernhagen, Teichhuhnring 36. G.: München, 27. Dez. 1943. V.: Carmen, geb. Dold. Ki.: Matthias, Sebastian. El.: Johann u. Rosemarie, geb. Burkhardt. S.: 1965 Abitur, 1971 Dipl.-Ing. Maschinenbau TU München, 1976 Prom. K.: 1971-75 Laboring. in d. Firma Siemens AG in München, 175-76 Ass. d. Laborltg., 1976-80 Ltr. d. Entwicklungslabors Technologie u. Magnetkopfentwicklung, 1980-82 Ltr. d. Hauptgruppe "Research and Development" d. Siemens Corp. OEM Data Products Division in Anaheim/USA, 1982 Berater f. Floppy Disk Laufwerke d. Siemens AG in München, 1983-88 Senior Engineer, Senior Manager im Tranducer Development, 1989 selbst. Berater f. Fertigungstechnologien u. Patentfragen im Bereich Schreib-Leseköpfe u. periphere Magnetaufzeichnungsgeräte, 1989-92 Manager u. Dir. bei Conner Peripherals Inc. in San Jose/USA, seit 1992 Prof. f. Mikrotechnologie an d. Univ. Hannover, glz. Grdg. u. Inh. d. gleichnamigen Lehrstuhls u. Gschf. d. Inst.; Lehrtätigkeiten an: Santa Clara Univ., School of Engineering Santa Klara in Kalifornien/USA, seit 1985 Prof. am Inst. f. Information Storage Technology. BL.: 10 Patente. P.: 45 Veröff. M.: VDI, IEEE, ASME, SPE. H.: Country- u. Westernmusik, Gitarre spielen, Reisen.

Gatzka Dirk Dipl.-Ing.
B.: Architekt. FN.: Gallinge + Gatzka Architekten Dipl.-Ing. DA.: 10711 Berlin, Kurfürstendamm 125A. gallinge_gatzka_architekten@t-online.de. G.: Berlin, 15. Mai 1970. S.: 1991 Abitur Berlin, 1991-94 Stud. Architektur an d. TFH Berlin, Dipl.-Ing. K.: 1994-96 Projektsteuerer b. einem Bauträger/Vermögensberatung in Frankfurt/Main, 1996-99 Ing. in Berliner Architekturbüro m. Tätigkeit f. ein Stuttgarter Unternehmen, seit 1999 freiberufl. m. eigenem Büro, Schwerpunkt: Planung, Bauausführung f. Gewerbe, Ladenbau/Innenausbau, Altbausanierung, Konzeptplanung f. Hotels, privater Wohnbau, Massivhausbau. BL.: Leistungssportler. M.: Lions Club. H.: Möbelbau, Möbeldesign, Segeln.

Gatzka Joachim
B.: Projektentwickler. FN.: Gatzka GmbH & Co KG. DA.: 52134 Herzogenrath, Alte Bahn 2. G.: Oberhausen, 3. März 1960. V.: Martina, geb. Heins. Ki.: Hannah (1990), Lisa (1992). El.: Bauing. Rainer u. Helga. S.: 1979 Abitur Herzogenrath, 1980-82 Bundeswehr, 1982-90 Stud. Arch. u. Bauing.-Wesen RWTH u. FH Aachen, 1990 Abschluß: Dipl.-Ing. Architekt. K.: 1990 Prakt. Tätigkeit als Architekt in einem Aachener Arch.-Büro, 1991-93 Architektentätigkeit b. EBV Herzogenrath, 1993 Eintritt in d. elterl. Ing.-Büro als Bauing. u. Projektentwickler, 1998 nach d. altersbedingten Ausscheiden d. Vaters Übernahme d. Büros, ab 2000 Grdg. einer GmbH & Co KG m. Schwerpunkten: Projektentwicklung, Projektsteuerung u. Consulting hinsichtl. einer weltweiten Solar-Energie-Versorgung. P.: Veröff. zu Themen d. Solar-Energie in d. örtl. Presse. M.: SPD Ortsver. (Presse-Referent), Solar-Förderver. Aachen, Stadtmarketingver. Herzogenrath. H.: Sport (Laufen, Segeln), Lesen, Reisen, Marathonlaufen.

Gatzka Rainer M. Dipl.-Ing. *)

Gatzka Reinhold Dipl.-Kfm. *)

Gatzke Wilma
B.: Schauspielerin. PA.: 22085 Hamburg, Averhoffstr. 10. G.: Hamburg, 17. Jän. 1916. El.: Willy u. Antonie Gatzke, geb. Rebschläger. S.: 1934 Abitur, 1934-37 Schauspielunterricht staatl. Schauspielschule Hamburg, Priv.-Unterricht Käthe Alving. K.: 1937-39 tätig am Ohnsorg-Theater in Hamburg, seit 1958 am Ernst Deutsch-Theater in Hamburg sowie Auftritte am Hebbel-Theater in Berlin. P.: div. Fernsehrollen u.a. im "Tatort". (Re)

Gatzke Wolfgang *)

Gau Manfred Karl Dr. med. dent. *)

Gaub Bruno
B.: Metzgermeister, Hotelier. FN.: Hotel Storchen. DA.: 88212 Ravensburg, Wilhelmstr. 1. www.hotel-storchen.de. G.: Tettnang, 28. Jan. 1953. V.: Ingrid, geb. Züfle. Ki.: Michaela (1974), Marcus (1977), Monika (1981). El.: Eduard u. Zenzi, geb. Dienser. S.: Lehre z. Metzger, 1973 Meisterprüfung. K.: seit 1975 selbständig m. einer Landgaststätte in Oberdorf/Langenargen, 1980-85 Inh. einer Metzgerei, anschließend Pächter d. Hotel Sennerbad in Ravensburg 1985-93, Erwerb d. alten Mühle in Ostrach/Waldbeuren u. deren Ausbau z. Ferienpark m. großer Gastronomie u. Ferienwohnungen, seit 1995 Pächter d. Hotel Storchen in Ravensburg. M.: Musikverein Ravensburg, Stadtgarde zu Pferd, Kyffhäuser Soldatengemeinschaft, Ehrenmtgl. "Mehlsäcken" Dudelsackgruppe, Jägervereinigung Ravensburg. H.: Jagd, Musik.

Gaubatz Rosemarie Dipl.-Psychologin *)

Gaube Roland *)

Gauch Gert Dipl.-Ing. *)

Gauck Joachim
B.: TV-Mod., ehem. Bundesbeauftragter f. d. Unterlagen d. Staatssicherheitsdienstes d. ehem. DDR. DA.: 10117 Berlin, Glinkastr. 35. www.wdr.de. G.: Rostock, 24. Jan. 1940. S.: Stud. Ev. Theol. K.: 1965 Eintritt in d. Dienst d. Ev.-Luth. Landeskirche Mecklenburg, Pfarrer in Rostock, 1989 Mitbegründer d. Neuen Forum, 1990 Einzug in d. DDR-Volkskam. u. Sonderbeauftragter f. d. personenbezogenen Stasi-Unterlagen u. später v. d. Bundesreg. berufen, 1991 Änderung d. Amtsbezeichnung in Bundesbeauftragter f. d. Unterlagen d. Staatssicherheitsdienstes d. ehem. DDR, s. 2001 TV-Mod. "Joachim Gauck trifft ...". E.: 2000 Wartburg-Preis.

von Gaudecker Wulf *)

Gaudenzi Reto Gottfried
B.. Gschf. Ges. FN.: St. Moritz Consulting-Events-Gastronomie-Hoetels-Tourismus GmbH. DA.: 14199 Berlin, Hohenzollerndamm 152. G.: Silvaplana/CH, 24. Jän. 1952. V.: Julieta, geb. Mc Clay. Ki.: Reto Mario (1984), Carolina (1989). El.: Reto u. Elly Luisa. S.: eidgen. Küchen-Dipl., Abschluß Handelsschule Collège Payerne, Hotelfachschule Lausanne EHL, Praxis in versch. schweizer Hotels. K.: 175-81 F & B Manager im Robinson Baobab Hotel in Kenja, Ass. u. zuletzt Gen.-Dir. in Robinson Clubhotels in Italien, Spanien u. Griechenland, 1981-81 VPräs. f. Marketing im Gustar Hoteliers & Restaurateurs, gschf. Dir. d. Inter. Hotel in Zürich, 1985-89 Eigentümervertreter d. Inter-Continental & Schweizerhof Berlin, 1990-93 Gen.-Dir. u. VerwR. d. Badrut's Palace Hotel in St. Moritz, 1993-96 selbst. m. Hotel- u. Tourusmusconsulting, Event- u. Produktmarketing, 1996-98 Gen.-Dir. d. Schloßhotel Vier Jahreszeiten in Berlin, seit 1999 Gschf. Ges. d. St. Moritz Consulting GmbH. BL.: Erfinder d. Polo auf Schnee m. versch. Events Polo-EM u. Polo-WM. M.: 1983-85 Aussch. d. SRS Steigenberger Reservations System, 1989-94 VerwR. d. Badrut's Palace Hotel in St. Moritz, 1991-94 Graubündner Parlament, 1985 Grdg. u. VPräs. v. Dial Berlin. H.: Polo, Bobsport.

Gaudig Friedgard Dr. med.
B.: FA f. Gynäkologie u. Geburtshilfe. DA.: 12355 Berlin, Lieselotte-Berger-Pl. 5. PA.: 12353 Berlin, Fritz-Erler-Allee 177A. dr.gaudig@t-online.de. www.dr-gaudig.de. G.: Wolfen, 30. Juni 1948. Ki.: Maren (1976). El.: Gerhard u. Ruth, geb. Kuschel. S.: 1967 Abitur, 1967-73 Med.-Stud. M.-C. Univ. Halle, Approb., 1973-78 FA-Ausbild., FA-Anerkennung, 1975 Prom., 2001 Stud. Betriebswirtschaft f. Artzpraxen u. KH-Wesen, Betriebswirtschaftl. Inst. Prof. Braunschweig in Köln. K.: 1978-83 Kliniktätigkeit in Brandenburg Berlin, 1983-89 Poliklin. Tätigkeit als Einzelärztin, ab 1990 Ndlg. in eigener Praxis in Berlin, 1990 Psychotherapie, 1990 Infusionstherapie, 1992 Kinderwunsch-Sprechstunde, 1993 Akupunktur u. ihre Grenzgebiete, 1997 Sonographie d. Brust, 2000 Reisemed., 2000 Onkologie. H.: Fortbild., Blumen, Garten, Pferde, Lesen.

Gaudig Jürgen-Peter

B.: Gschf. Ges. FN.: Wichelhausen GmbH. DA.: 20537 Hamburg, Kentzlerdamm 16. G.: Berlin, 9. Feb. 1938. V.: Ellys Regina, geb. Fernandes da Silva. Ki.: Achim (1962), Ralf (1964), Marc (1971). El.: Dr. med. Herbert u. Dr. med. Elisabeth, geb. Abner. S.: 1957 mittlere Reife Mainz, 1957-58 Stud. Arch. an d. Staatsbauschule Mainz, 1958-60 Ausbild. z. Ind.-Kfm. f. Groß- und Außenhdl. auf einer privaten Handelsschule in Mainz. K.: 1960-63 Einkäufer f. Schleif- u. Schweißmittel Opel Rüsselsheim, 1963-65 versch. Positionen als Einkäufer u. Gschf. in unterschiedl. Branchen, 1965 Außendienstmitarb. IDUNA Nova Vers. Hamburg, 1965 OInsp., 1967 Organ.-Ltr., 1968-71 Vereinigte Postvers., Gebietsltr. Nord, 1971-74 Gerling Konzer, Organ.-Ltr. u. Schulungsreferent im Schulungszentrum Köln, 1974-76 KRAVAG Vers. Hamburg, Ass. Vorst., Verhandlungen auf Geschäftsleitungsebene, Referate v. d. eigenen Straßenverkehrsgen. über priv. u. gesetzl. Altersversorgung, 1976-82 Basler Vers., Geschäftsstellenltr. Hamburg, 1982 Gschf. d. Wichelhausen GmbH, 1985 selbst., Kauf d. Wichelhausen GmbH, 2000 Vorbereitung f. d. Gdlg. einer Ndlg. d. Wichelhausen GmbH in Südspanien. M.: BVK, Versammlung eines ehrbaren Kfm. Hamburg. H.: Motoryacht, Sprachen.

Gauditz Peter
B.: Fotodesigner, Inh. FN.: Studio f. Werbefotografie. DA.: 30419 Hannover, Alte Herrenhäuser Str. 22. gauditz@t-online.de. www.gauditz-werbefoto.de. G.: Magdeburg, 24. Juli 1937. V.: Rosemarie, geb. Thielepape. Ki.: Kay (1959), Katrin (1960), Nicole (1964). S.: 1956-58 Ausbild. Fotograf Magdeburg. K.: Fotograf in d. Schweiz, ab 1960 tätig in Deutschland, 1963 Meisterprüf. in Hamburg, b. 1971 Fotograf u. Studioltr. in versch. Studios, 1971 Grdg. d. Studios f. Werbefotografie in Hannover, glz. Arb. f. nat. u. intern. Unternehmen d. Wirtschaft u. Beschäftigung m. Themen d. eigenen Wahl, 1971 Mitgrdg. d. Fotogalerie Spectrum in Hannover u. b. 1995 Organ. d. Spectrum Fotogalerie im Sprengel-Museum in Hannover, 1978 Bau d. befahrbaren Studios in Hannover-Herrenhausen; Funktion: 1999 Gastdoz. an d. FHS f. Grafik & Design in Magdeburg. P.: Gruppenausstellungen: "AWI" in Galerie il Diaframma in Mailand (1975), "Erinnerungen" im Eilriedestift in Hannover (1979), "5 Fotografen in Moskau" (1991) Dresdner Bank in Hannover (1991), "Bilder" im Freizeitzentrum Linden in Hannover (1998), Veröff. in Fachbüchern u. Fachzeitschriften. E.: 1973 Quader d. Arb.-Kreis Werbe-, Mode- u. Ind.-Fotografie f. "Silver Face" als bestes Foto, 1979 Grand Prix d. intern. Biennale in Belgrad, 1997 Bronzemed. d. Min. f. Kultur d. VR China f. Werbefotografie. M.: berufenes Mtgl. Dt. Ges. f. Photographie (DGPh), d. Fotograf. Akademie u. d. BFF, Forum Photography Design, Golfclub Burgdorf-Ehlershausen. H.: Segeln, Golf.

*) Biographie www.whoiswho-verlag.ch oder beigefügte CD-ROM

Gaudlitz

Gaudlitz Harold Dipl.-Vw.
B.: Dipl.-Kulturwissenschaftler, Gschf. FN.: Flugservice Gethles GbR. GT.: Pilot, Fluglehrer, Flugleiter, Gschf. Immobilienverwaltung, Ltr. Beratungsstelle f. Einkommensteuer. DA.: 98553 Schleusingen-Gethles, Rössewiese 83. harold. gaudlitz@t-online.de. G.: Berlin, 26. Jan. 1949. V.: Elke, geb. Schlott. Ki.: Swen (1972), Tanja (1975). S.: 1967 Abitur u. Facharbeiterabschluss als Werkzeugmacher, 1967-73 Stud. Wirtschaftswiss. m. Abschluss Dipl.-Vw., 1988-90 Stud. Kulturpolitik Kunsthochschule an der Berlin, Abschluss Dipl.-Kulturwissenschaftler, 1991-93 Intensivkurs Bundesdeutsches Steuerrecht. K.: 1973-80 Stammbetrieb Werkzeugkombinat Schmalkalden, Mitarbeiter d. Ökonomischen Dir., 1974-76 Ökonomischer Dir., 1976-80 Kfm. Dir., 1980-81 stellv. Vors. d. Wirtschaftsrates Bezirk Suhl, 1981-83 Dir. Kombinat Wohnkultur Suhl, 1983-86 Getränkekombinat Meiningen, Dir. f. Absatz, 1986-90 stellv. Dir. Kultur- u. Kongreßzentrum Suhl, 1991-98 Gschf. Messe- u. Ausstellungsgesellschaft Suhl mbH, seit 1991 Gschf. Flugservice Gethles GbR. BL.: Flugservice GbR ist ein Dienstleistungsbetrieb f. Leistungen in d. Luftfahrt, insbes. Werbung m. Ballonen f. Firmen u.a. b. Weiterbildungsseminaren u. Shows v. Autohäusern, Events u. f. Privatpersonen. E.: Silberne Ehrennadel d. DAEC (1999). M.: Dt. Aeroclub (seit 1993 Vizepräs.), Flugsportclub Suhl-Goldlauter e.V., Ballonsportclub Thüringen e.V., Ultra-Leichtflug-Ver. Erfurt-Alkersleben. H.: Flugsport, Oldtimer, Reisen.

Gaudlitz Swen
B.: Vors. FN.: Ballonsportclub Thüringen e.V. DA.: 98528 Suhl-Goldlauter, Johann-Stockmar-Str. 27. PA.: 98553 Schleusingen-Gethles, Rössewiese. G.: Suhl, 14. Dez. 1972. El.: Harold u. Elke, geb. Gaudlitz. S.: 1989 Mittlere Reife, 1989-92 Elektronikerlehre, 1992-94 Fachabitur, 1994-98 Stud. BWL FH Jena u. Schmalkalden. K.: seit 1998 b. d. Bundeswehr als Heeresflieger u. Hubschraubermechaniker. BL.: Observer-Lizenz-Sportzeuge, Technische Lizenz als Ballonmeister, Pilotenlizenz f. Heißluftballons, UL-Flugschein, 1991 Mitbegründer d. Ballonsportclub Thüringen e.V. u. seith. Vors. u. Mitinitiator d. Thüringer Mongolfiade (Qualifizierungswettbew. jährl. Ende August m. jeweils ca. 25.000 Besuchern). M.: Ultra-Leichtflug-Ver. Erfurt-Alkersleben, Modelleisenbahn Ver. Suhl e.V. H.: Modelleisenbahnen.

Gaudlitz Wolfgang *)

Gaudszun Thomas Dr. rer. nat. StR. *)

Gauer Frieder *)

Gauer Markus *)

Gauer Stefan *)

Gauert Sylvia *)

Gauff Dieter B. Dipl.-Ing. *)

Gauger Heidemarie *)

Gauger Martin *)

Gaugg Rudi *)

Gaugler Eduard Dr. oec. publ. Dres. rer. pol. h.c. *)

Gauglitz Henry Dr. Prof. *)

Gauke Peter *)

Gaukler Marie-Luise *)

Gaukler Peter *)

Gaul Bernd *)

Gaul Franz Mathias *)

Gaul Hans Friedhelm

B.: em. o.Prof. FN.: Inst. f. Zivilprozeßrecht. DA.: 53113 Bonn, Lennéstr. 31. PA.: 53125 Bonn, In der Wehrhecke 116. G.: Bicken/Dillkreis, 19. Nov. 1927. V.: Anne Monika, geb. Haberecht. Ki.: Michael (1962). El.: Wilhelm u. Wilhelmine, geb. Bindewald. BV.: Vater Pfarrer d. "Bekennenden Kirche" Dillenburg. S.: 1947 Abitur Dillenburg, 1948-52 Stud. Rechtswiss. u. Wirtschaftswiss. Univ. Frankfurt, 1952 1. Staatsexamen, Referendariat OLG Frankfurt, 1955 Prom., 1957 2. Staatsexamen. K.: 1957 Ass. b. Prof. Bosch an d. Univ. Bonn, 1965/66 Habil., 1966 o.Prof., 1966 Grdg. d. Inst. f. Zivilprozeßrecht, 1966 Gastprofessur Bochum, 1966 Emeritierung, 1993-98 Experte f. osteurop. Reformgesetzgebung in Lettland, Tschechische Rep., Ukraine, Polen, 1996 Gastvorlesungen in Japan, 1999 Dr. h.c. Univ. Athen, 2000 Kommentar v. Soergel: Fertigstellung Familienrecht Band 17 u. 18. P.: Grundlagen des Wiederaufnahmerechts (1956), Rechtskraftlehre (1978), Fortführung d. Lehrbuches v. Rosenberg Teil Zwangsvollstreckungsrecht (1997), Festschrift z. 70. Geburtstag (1997), ZZP Zeitschrift f. Zivilprozeß (1999). E.: 1994 Marie Curie-Sklodowska Med. d. Univ. Lublin/Polen. H.: eigene Malerei, mod. Kunst, klass. Musik.

Gaul Hans Michael Dr.
B.: Vorst. FN.: E.ON AG. GT.: AufsR.-Mtgl. Allianz Versicherungs AG München, Deutsche Krankenversicherung AG Köln, RAG AG Essen, STEAG AG Essen, Volkswagen AG Wolfsburg. DA.: 40474 Düsseldorf, Bennigsenpl. 1. www.eon.com. G.: Düsseldorf, 2. März 1942. S.: 1961-65 Jurastud. Bonn u. Heidelberg, 1967 Prom., 1969 Assessorexamen. K.: 1969-70 Trainee Stinnes AG New York, 1970-75 Ltr. d. Vorst.-Büros u. d. Presseabt. VEBA AG Düsseldorf, 1976-77Justitiar Nordwestdt. Kraftwerke AG Hamburg, 1978 Vorst.-Mtgl. PreussenElektra AG Hannover, 1990 Vorst. VEBA AG Düsseldorf, 1993 stellv. Vorst.-Vors. d. PreussenElektra AG, 1996-2000 Vorst. VEBA AG zust. f. Finanzen u. Controlling, seit 06/2000 Vorst. d. E.ON AG zust. f. Controlling/Unternehmensplanung, Mergers/Acquisitions, Recht.

Gaul Hans-Bruno Dr. *)

Gaul Karl-Heinz *)

Gaul Leonie *)

Gaul Winfred Prof. *)

Gaul Wolfgang Dr. jur.
B.: RA, Leiter Standort Sydney. FN.: Bluse Herberer Fromm. DA.: 10719 Berlin, Kurfürstendamm 217 u. Sydney. www.wolfgaul.de. G.: Wuppertal, 13. Feb. 1967. El.: Dr. Herbert u. Angelika, geb. Effey. S.: 1984 High School Diplom La Crescenta b. L.A. USA, 1987 Abitur Wuppertal, 1987-89 Soldat, 1989-95 Stud. Jura Passau, Tiflis/Georgien und Berlin, 1995 Staatsexamen, 1995-97 Referendarzeit, 2000 Prom. K.: seit 1997 in Kzl. Buse Heberer Fromm m. Schwerpunkt intern. Vertragsrecht, intern. rechtl. Beratung, s. 1999 Partner u. Gschf. d. Kzl., s. 2000 AufsR Millhouse AG, dt. Tochter aus-

---

*) Biographie www.whoiswho-verlag.ch oder beigefügte CD-ROM

tralischer Investmentbank; s. 1993 ehrenamtl. Tätigkeit im BeiR. d. dt. Komitees v. "Youth for Understanding", Organ. v. Programmen u. Seminaren f. intern. Schüleraustausch, Vorst. d. Kaukasisch-Europ. Wirtschaftsver. P.: Diss. "Verfassungsgebung in Georgien 1993-95; Ergebnisse intern. Rechtsberatung in einem Transformationsstaat", "Der georgische Knoten", "Neue Machtstrukturen in Georgien". H.: intern. Schüleraustausch. Sprachen: Englisch, Französisch, Russisch, Spanisch.

Gauland Alexander Dr. *)
Gauliard Jerome

B.: Hotelfachwirt, Ass. d. Gschf., Ltr. Gourmetabt. FN.: Lafayette. DA.: 10117 Berlin, Französische Str. 23. PA.: 13469 Lübars b. Berlin, Kornweg 8. G.: Cannes, 6. Mai 1965. S.: aufgewachsen in Afrika, 1986 Abitur Paris, 1989 Ausbild. an d. Hotelfachschule in Paris - Hotelfachwirt, Wehrdienst in Frankreich. K.: 1990 Ass. u. Restaurantmanager b. d. Gruppe "Pepsi Cola" u. Beginn d. Aufbaus d. Gruppe "Pizza Hut" in Paris, Spezialist f. d. Eröff. v. Restaurant d. Gruppe "Pizza Hut" - 7 Restaurants in 3 J., 1992-94 Marketing Dir. einer Softwarefirma, Mitentwickler eines Bestellsystems, d. an 4 gr. Ketten im food-Bereich verkauft wurde, 1994-96 Eröff. eines eigenen Restaurants in Paris "Die magische Gabel", 1996 Berater u. Präopeningmanager f. 5 Restaurants einer Hotelkette in Tunesien, 1997 Marketingorganisator f. Lafayette in Paris, später in Deutschland - Berlin, seither Ltr. d. Gourmetabt. im Lafayette Berlin. M.: Culb Des Affaires Berlin. H.: Springreiten, Turnierreiten.

Gaulke Eckhard

B.: Masseur u. med. Bademeister. DA.: 17033 Neubrandenburg, Klosterstr. 54. G.: Jatznick, 25. Mai 1956. V.: Marita, geb. Gaida. Ki.: Christian (1987). El.: Horst u. Lieschen, geb. Riewe. S.: bis 1973 OS f. Sehgeschädigte Königswusterhausen, 1973-76 Lehre Polsterer, 1989-91 Umschulung Masseur u. med. Bademeister Medifa Chemnitz. K.: b. 1989 tätig als Polsterer, 1992-95 tätig in Klinikum Neubrandenburg, seit 1995 selbst. Masseur u. med. Bademeister. H.: Musik., Literatur.

Gaus Günter
B.: Publizist. G.: Braunschweig, 23. Nov. 1929. V.: Erika, geb. Butzengeiger. Ki.: Bettina. El.: Willi u. Hedwig. S.: ORS Braunschweig, Stud. Univ. München. K.: 1953-65 journ. Tätigkeit Tages- u. Wochenzeitung, Mitarb. ZDF, 1965-69 Programmdir. SWF, 1969-73 Chefred. Der Spiegel, 1973 Staatssekr. KA, 1974-81 Ltr. d. Ständ. Vertr. d. BRD b. d. DDR, 1981 Senator f. Wiss. u. Forsch. Berlin. P.: Zur Person (mehrere Bde.), Bonn ohne Regierung (1965), Gespräche m. Herbert Wehner (1966), Wo Deutschland liegt (1983), Die Welt d. Westdeutschen (1986), Deutschland im Juni (1988), Wendewut (1990), Kein einig Vaterland (1998), Was bleibt, sind Fragen (2001). E.: 1964 Adolf-Grimme-Preis in Bronze u. 1965 in Silber, 1987 Polit. Buch d. Jahres d. Friedrich-Ebert-Stift., 1988 Bes. Ehrung d. Adolf-Grimme-Preis, Dtsch. Kritikerpreis, Hans-Joachim-Friedrichs-FS-Preis (2001).

Gaus Nandor Dipl.-Ing. *)
Gaus-Rehberg Dragica *)
Gause Gundula
B.: Moderatorin, Redakteurin. FN.: ZDF "heute-journal". DA.: 55100 Mainz-Lerchenberg. gause.g@zdf.de. G.: Berlin, 30. Apr. 1965. V.: Dr. Peter Schmitz. Ki.: Constantin (1985), Charlotte (1998), Cornelius (2000). El.: Dr. Hermann u. Rosemarie Gause. S.: 1984 Abitur Mainz, 1 J. Paris. K.: 1985-88 Redaktion u. freie Mitarb. b. priv. Radiosender, 1988-89 Programmmoderatorin SAT1, seit 1989 ZDF, 1989-97 Stud. Politikwiss., Geschichte u. Publizistik Univ. Mainz, 1997 M.A., seit 1989 FM, 1992-94 Moderation "Nachbarn", 1992-98 Moderation "Morgenmagazin-Berlin", seit 1993 Co-Moderatorin u. Redaktion "heute-journal". BL.: ehrenamtl. Moderationen v. Wohltätigkeitsveranstaltungen.

Gausmann Ernst Bernd

B.: Gschf. FN.: Gausmann GmbH Ind.-Bedarf, Verkehrstechnik. DA.: 44795 Bochum, Blumenfeldstr. 109 b. PA.: 44795 Bochum, Dürerstr. 2. G.: Bochum, 27. Nov. 1940. V.: Bärbel, geb. Camici. Ki.: Oliver (1977), Thomas u. Christina (1979). El.: Ernst u. Auguste. S.: 1956-59 Ausbild. z.Kfm., 1959 Volontariat Einzelhdl. Firma Sport Dünker Essen, 1961-62 Bundeswehr, 1962 Volontariat Rewe-Verw. Wanne-Eikel. K.: 1963-66 stellv. Gschf. d. Firma Schellhoff in Wattenscheid, 1966 Übernahme des elterl. Betriebes Gausmann Verkehrstechnik u. 1992 Grdg. der GmbH; Funktionen: freiberufl. Berufspilot, Sachv. f. Luftfahrt, Fluglehrer. F.: seit 1992 Inh. d. Firma Gausmann Feuerschutz + Elektronik, Göbau GmbH Zwickau. H.: Fliegen.

Gausmann Michael

B.: selbst. Zahnarzt. DA.: 49074 Osnabrück, Wassermannstr. 25. zahnarzt.gausmann@t-online. de. www. gausmann.de. G.: Hagen TW, 10. Juli 1970. V.: Tanja, geb. Haverkamp. El.: Hermann u. Anneliese, geb. Temmeyer. S.: 1990 Abitur Georgsmarienhütte, 1991 Bundeswehr, 1991-97 Stud. der Zahnmed. an der Univ. Gießen, 1997 Examen und Approbation K.: 1998-2000 wissenschaftlicher Mitarbeiter an d. Univ.-Zahnklinik in Giessen, seit 2000 selbständig mit einer eigenen

---

*) Biographie www.whoiswho-verlag.ch oder beigefügte CD-ROM

Gausmann

Zahnarztpraxis in Osnabrück. P.: Kongreßbeiträge u. Veröffentlichungen zum Bereich d. Werkstoffkunde. H.: Papageienzucht.

Gautam Dipl.-Designer *)

Gauweiler Peter Dr. iur.

B.: RA u. Mtgl. d. Bayer Landtages, Bayerischer Staatsmin. a.D., Vors. FN.: CSU-Bezirksverband München. DA.: 80636 München, Adamstr. 2. G.: München, 22. Juni 1949. S.: Hum. Gymn. München, Stud. d. Rechte in München, Dr. iur. K.: 1972-82 RA, ehrenamtl. StadtR. d. LHpt.Stadt München, 1982-86 berufsmäßiger StadtR. u. Ltr. d. Kreisverw.Ref., 1986-90 Staatssekr. im Bayer. Staatsmin. d. Innern, 1990-94 f. Landesentwicklung u. Umweltfragen. F.: Mitinh einer Münchner Anw.Kzl. P.: "Was tun gegen AIDS?" (1989). E.: Verd.Kreuz am Bande d. Verd.Ordens d. BRD, Freund d. Stadt Tel Aviv.

Gavalas Anthony *)

Gavelis Manfred

B.: selbständiger Masseur u. med. Bademeister. FN.: Praxis f. Physikalische Therapie & Ganzheitliche Periostbehandlung. DA.: 26129 Oldenburg, Schützenweg 20. manfred.gavelis@nwn.de. www.praxis-gavelis.de. G.: Ahlhorn, 26. Juni 1948. V.: Esther, geb. Beckhäuser. Ki.: Martin (1976), Rainer (1980), Thela (1986), Hergen (1990). El.: Anton u. Anna, geb. Grünewald. S.: 1965 Mittlere Reife Italien, 1966-69 Ausbildung in d. Krankenpflegeschule als Krankenpfleger in Oldenburg, 1970-71 Zusatzausbildung Anästhesie u. Intensivpflege, 1972-75 Ausbildung z. Masseur u. med. Bademeister. K.: seit 1975 selbständig m. eigener Praxis in Oldenburg, Entwicklung d. ganzheitlichen Periostbehandlung (knochen- u. muskelbezogene Schmerztherapie), Doz. u. Vortragstätigkeiten z. ganzheitlichen Periostbehandlung nach Gavelis. P.: Veröff. in d. Fachzeitschrift Physiotherpie. M.: Schmerztherapeutisches Kolloquium Oldenburg, Intern. Arbeits- u. Forschungskreis d. Rudolf Siemer Stiftung d. NPSO. H.: klass. Musik.

Gavin Roberto

B.: Weinhändler, Inh. FN.: Weinkontor Roberto Gavin. DA.: 24937 Flensburg, Ballastkai 5. G.: Vigevano/Italien, 16. Jan. 1949. V.: Brigitte, geb. Rothermund. Ki.: Robert, Gianluca. K.: seit 1971 in Berlin-West, 1975-80 div. Pflanzenversuche an d. TU Berlin, seit 1991 Weinkontor. H.: Skulpturen aus Speckstein, Malen.

Gavric Dragan Dr. med. dent. *)

Gawaz Meinrad Paul Dr. med. Prof.

B.: Arzt, FA f. Innere Med. u. Kardiologie, Wissenschaftler. FN.: 1. Medizin. Klinik Klinikum rechts d. Isar u. Deutsches Herzzentrum München Technische Universität München. DA.: 80636 München, Lazarettstr. 36. gawaz@dhm.mhn.de. G.: Illertissen/Bayern, 9. Juli 1961. El.: Dr. med. vet. Emil u. Gerda, geb. Huhnke. S.: 1980 Hochschulreife, 1980-81 Wehrpflicht, 1981-87 Stud. Humanmed. in Antwerpen, Bochum, Ulm, München, Cambridge (UK) u. Stanford (USA), 1987 Staatsexamen u. Approb. als Arzt, 1988 Prom. z. Dr. med. K.: 1988-89 wiss. Ass. am Inst. f. Physikalische Biochemie an d. LMU München, 1989-91 Stipendiat d. Dt. Forschungsgemeinschaft an d. Scripps Clinic La Jolla/USA, 1991-94 wiss. Ass. an d. Med. Klinik I, Klinikum Großhadern, LMU München, 1994 1. Med. Klinik Klinikum rechts d. Isar u. Dt. Herzzentrum München, TU Müchen, 1997 Erteilung d. Lehrbefugnis u. d. venia legendi f. d. Fach Innere Med., Ernennung z. Privatdozenten, 2000 Mitgründer d. Biotechnologie Unternehmen ProCorde GmbH Martinsried b. München, 2001 Ernennung z. Prof. f. Innere Med. an d. TU München. P.: Veröff. in nat. u. intern. Fachzeitschriften u.a. in Journal of Biological Chemistry, FEBS letter, Kidney Intern., Journal of Clinical Investigations, Circulation, Journal of the American College of Cardiology, Thrombosis & Haemostasis. Journal of Cell Science, Monographie: Das Blutplättchen (1998), Blood Platelet (2001). H.: Malerei, Pferdezucht.

Gawlak Heinz

B.: Portfoliomanager, Gschf. FN.: AM Generali Invest. DA.: 50670 Köln, Gereonswall 68. PA.: 52379 Langerwehe, Schafenberg 28. www.heinz.gawlak@amg-invest.de. G.: Eschweiler, 24. März 1957. V.: Maria, geb. Braun. Ki.: Linda (1989), Bastian (1991). El.: Werner u. Helene. S.: 1972-75 Banklehre Sparkasse Aachen, Bankkfm., 1977-78 Bund, 1982 Stud. BWL, Bankbetriebswirt. K.: 1975-84 tätig in Sparkasse Aachen, ab 1982 stellv. Geschäftsstellenltr., 1984-87 Anlageberatung Stadtsparkasse Köln, 1987-89 Bankhaus Sal. Oppenheim Jr. & Cie, 1989-98 Oppenheim KAG, 1998-99 AM Finanzanlagen-Management Köln, ab 1999 Grdg. in d. Geschäftsleitung d. AM Generali Invest Köln, zuständig f. d. Fondsmanagement. H.: Sport, Skifahren.

Gawlik Roland *)

Gawlik Werner R. Dipl.-Ing.

G.: Euerbach, 28. Mai 1954. V.: gesch. Ki.: Pascal, Nadja. S.: 1971 FHS-Reife Schweinfurt, 1973 Wehrdienst, 1974 Stud. Elektrotechnik FHS Würzburg u. Schweinfurt m. Abschluß Dipl.-Ing. K.: 1979-83 Export-Vertriebsing. in d. Firma AEG-Telefunken in Backnang, 1983-85 Equipment Engineer u. Work Package Manager in d. Firma ANT Nachrichtentechnik in Backnang, 1985-93 versch. Aufgaben in d. Firma Satellite Operational Service GmbH in Gilching, 1985-89 Flugbetriebsing. d. Forsch.-Anst. f. Luft- u. Raumfahrt in Oberpfaffenhofen, 1989-89 Gruppenltr. in d. Firma Satellite Operationals Service-Projektgruppe DFS Kopernikus, 1989-93 Abt.-Ltr. f. Marketing in d. Firma Satelitte Operationals Service GmbH u. b. 1990 Abt.-Ltr. f. Satellitenbetrieb, 1991-93 Abt.-Ltr. f. Multimedia Anwendungen in d. Firma Satellite Operationals Service GmbH-Multimedia Anwendungen, 1993-94 Grdg. d. Ing.-Büros f. Multimedia Anwendungen u. freiberufl. tätig als Ing., 1993-95 Senior Global Account Manager in d. Firma MCI Intern. Deutschland GmbH in Gilchingen u. Mün-

*) Biographie www.whoiswho-verlag.ch oder beigefügte CD-ROM

chen u. 1995-99 Gschf. MCI in Frankfurt, 1999-2001 Gschf. d. Equant Network Services in Eschborn, seit 2001 CEO d. Deutschen Landt. in Potsdam. M.: DARC. H.: Bergwandern, Amateurfunk, Tanzen, Familie, Motorradfahren.

Gawron Jürgen *)
Gaycken Klaus Friedrich *)
Gayler Wolfgang
B.: Musik-Dir. d. Stadt Nürnberg. DA.: 90443 Nürnberg, Richard-Wagner-Pl. 2. PA.: 90491 Nürnberg, Beethovenstr. 16. G.: Stuttgart, 19. Dez. 1934. V.: Lelia, geb. Doflein. Ki.: Anselm, Lukas, Sebastian, Barbara. El.: Dr. Viktor u. Herta. BV.: Sebastian Brand. S.: Hum. Abitur, Staatl. HS f. Musik in Stuttgart u. Freiburg (Lehrer: Jürgen Uhde, Edith Picht-Axenfeld, Hans Grischkat, Carl Ueter, Wolfgang Fortner). K.: 1960 Städt. Bühnen Freiburg, 1965 Städt. Bühnen Nürnberg, Gastspiele u. Rundfunkaufn. in Italien, Frankreich, Niederlande, Schweiz u.a.; Uraufführungen: Konnadis/Jens: D. Ausbruch, 1975, Jacob/Zink: Tempus Dei - Des Menschen Zeit, 1979, W. Zimmermann/Handke: über d. Dörfer 1988, Babette Koblenz: Recherche (Münchner Biennale 1999), G. Falkner/St. Hippe: A Lady Di es (2000). P.: zahlr. Programmheftbeiträge. E.: 1958 Kranichsteiner Musikpreis (Klavier). M.: Internat. Jugend- u. Kulturzentrum Bayreuth. H.: Botanik.

Gazsi Gabor *)
Gazzella Vincenz *)
Gbiorczyk Joachim *)
Gbureck Gudrun
B.: Dipl.-Betriebswirt, Gschf. FN.: Sanitätsfachgeschäft Goede & Gbureck. DA.: 02977 Hoyerswerda, Kirchstr. 11. PA.: 02977 Hoyerswerda, Röntgenstr. 44. G.: Duisburg, 15. Nov. 1951. V.: Ulrich Gbureck. Ki.: Henry (1971), Marko (1976), Evelin (1978). S.: 1969-71 Ausbild. z. Laborantin f. Kraftwerksanlagen. K.: 1971-74 Tätigkeit im Beruf, 1974-76 weitere Ausbild. z. Wirtschaftskfm., 1976-79 in d. Hauptbuchhaltung eines Baukombinates, 1979-80 Hausfrau, 1980-95 Sachbearb. in einer Klinikwerkstatt, 1995 gemeinsam m. Geschäftspartner GmbH f. Orthopädie u. Reha-Technik gegründet, Gschf., 1986-91 Betriebswirtschaftsstud., Dipl.-Betriebswirt, 1998 Fernstud. als Heilpraktiker begonnen. M.: Gewerbering Hoyerswerda, stellv. Vors. Stadt-Marketing-Ver. H.: Natur, Bücher, Lesen.

Geay Patrick

B.: Koch, Alleininh. FN.: Restaurant Le Cézanne. DA.: 80801 München, Konradstraße 1. G.: Tours/Frankreich, 1. März 1966. V.: Martina, geb. Gutowski. Ki.: Maxim (1998), Victor (2001). El.: Jean a. Francoise, geb. Rosse. S.: 1981 Abschluss College Montbazon b. Tours, 1981-83 Ausbildung z. Koch im 1-Stern-Restaurant "Chauteau d'Artigny" in Montbazon m. Dipl. K.: 1983-85 Koch im 2-Sterne-Restaurant Le Manois aux quatres Saisons, Küchenchef Raimond Blanc in Oxford/ England, 1985-86 Militärzeit in Tours/Frankreich, 1986-87 Koch im 3-Sterne-Restaurant Troisgros Küchenchefs Pierre u. Michel Troisgros in Roanne/Frankreich, 1987-88 Koch im Restaurant La Resèrve de Beaulieu in Beaulieu-sur-Mer/Cote d'Azur, 1988-90 Koch im 1-Sterne-Restaurant La Chèvre d'Or in Eze-Village/Cote d'Azur, 1990-93 Sous-Chef im Restaurant Domaine de la Tortinière in Montbazon, 1993-94 Küchenchef im Restaurant La Cézanne in München, 1994-95 stellv. Küchenchef im Restaurant Käfer am Hofgarten München, 1995-97 Küchenchef im Restaurant Le Cézanne München, 1997-98 Küchenchef im Restaurant Lenbach Palais München, seit 1999 Übernahme d. Restaurants Le Cézanne München-Schwabing, Alleininh. P.: Veröff. v. franz. Spezialrezepten in dt. Tageszeitungen. H.: Fußball, Freundeskreis.

Gebara N.D. Dr. med. *)
Gebauer Bernd Rainer Dipl.-Ing. *)
Gebauer Bernhard Hans Dietrich Ernst Dr. phil. *)
Gebauer Carl A. *)
Gebauer Carlos Alexander
B.: RA. DA.: 47051 Duisburg, Friedrich-Wilhelm.Str. 80. G.: Düsseldorf, 30. Nov. 1964. Ki.: Fiona Melina Carlotta (1997). S.: 1984 Abitur Düsseldorf, 1984-91 Stud. Phil., Linguistik, Neuere Geschichte, Musikwiss. u. Rechtswiss. Düsseldorf, Bayreuth u. Bonn, 1991 1. u. 1994 2. Jur. Examen. K.: 1987-89 Referatsltr. Öffentlichkeitsarbeit bei d. Bundesfachverband Jura e.V. u. Mithrsg. d. Fachzeitschrift "Stud. iur.", seit 1994 RA in d. Sozietät: Van Volxem, Gebauer, Schumacher, Galón in Duisburg, seit 1995 amtl. bestellter Notarvertreter, 1997 Gründungsges. d. Firma Orgaprax GmbH, Düsseldorf. P.: "Wer schützt uns v. d. Sicherheit?" (1996), "Plädoyer f. Brandrodungen im Vorschriftendschungel" (1998), Vortragsveranstaltungen u.a. f. d. Konrad-Adenauer-Stiftung. Thema "Übersteigertes Sicherheitsbedürfnis d. Gegenwartsges." (1997), "Geld nur gegen Daten? Krankenhäuser, Krankenkassen und der Datenschutz" (2000). M.: Liberales Netzwerk, seit Oktober 1998 F.D.P. H.: Musik (Violine), Literatur.

Gebauer Christoph *)
Gebauer Gerd Dr. oec.
B.: Dipl.-Ökonom, Dipl.-Lehrer, Niederlassungsltr.. FN.: Randstad Deutschland GmbH & Co. KG Niederlassung Gera. DA.: 07545 Gera, Sorge 40. PA.: 07551 Gera, Walter-Gerber-Str. 57. G.: Breslau, 4. Okt. 1941. El.: Karl u. Emma, geb. Hahn. BV.: Haus- u. Grundbesitzer. S.: 1956-59 Lehre als Chemiefacharb. Kombinat Böhlen, 1959-62 Armee; Ltn. d. R. Pioniere, 1962-65 Stud. a.d. Berging.-Schule Senftenberg, 1965 Chemieing., 1968-69 Ing.-Päd. PH Potsdam, 1972-74 Dipl.-oec., Dipl. Lehrer a.d. KMU Leipzig, 1982-86 Prom Dr. oec. TU Dresden. K.: 1965 Instrukteur Kohle/Chemie FDJ-Bez.-Ltg. Cottbus u. Vertreter d. Reisebüros d. DDR Abt. Jugendtourist in Mamaia/Rumänien, 1967 Sachbearb. Bereich Wettbewerb Chemiekombinat Böhlen, 1974 Abt.-Ltr. f. Wettbewerbe u. Produktionspropaganda Chemiekombinat Böhlen, 1987 Hauptabt.-Ltr. Ökonomie im Kombinat, 1989 tätig bei J. Rummler Montageservice GmbH in München, versch. Geschäftsstellen im südtt. Raum f. time power, 1992 Geschäftsstellenltr. in Gera. BL.: 20-jährige Doz.-Tätigkeit an d. Bez.-Gewerkschaftsschule Leipzig, Außenstelle Borna u. Betriebsakademie Böhlen, Propagandist bei URANIA u. Schulen der soz. Arbeit. M.: 2x Dipl., 2x Ing., mehrfache Art. in "Arbeit u. Recht" in Broschüren "Über d. Berufswettbewerb", eigene beteiligt. Veröff., mehrere Lese- u. Literaturveröff. f. "Praxis d. Wettbewerbsführung". E.: Arthur - Becker - Med. in Silber u. Bronze, Leistungsabz. d. NVA, 14x Aktivist, 10x Kollektiv in soz. Arbeit., Verd.-Med. d. Gewerkschaften, weitere Ehrenspangen. M.: 25 J. SED, FDJ, DSF, URANIA. H.: Geschichte, Ausstellungen/ Museen, Reisen.

Gebauer Maik-Olaf *)

---
*) Biographie www.whoiswho-verlag.ch oder beigefügte CD-ROM

Gebauer Michael

B.: Inh. FN.: Kristall-Buchhdlg. DA.: 10625 Berlin, Weimarer Str. 16. G.: Berlin, 23. April 1948. V.: Helene, geb. Henke. El.: Rudolf u. Ella, geb. Stindt. S.: 1968 Abitur Berlin, 1968-69 Aus-bild. z. Datenverarb.-Kfm. in Berlin, 1969-70 Datenverarb. -Kfm., 1970-72 Stud. Phil. u. Psych. an d. FU Berlin. K.: 1971-73 selbst. m. Indienimport u. Einzelhandel, 1973-77 in unterschiedlichen Bereichen d. Post beschäftigt, 1977-85 freier Mitarb. im Einzelhdl., 1985-87 Mitarb. in einem Esoterikgeschäft, seit 1987 selbst. m. Esoterischer Buchhdlg., Erweiterung auf Gesundheitsbereich, ätherische Öle, Kristalle, Schmuck, Nahrungsergänzung, Steine. BL.: Ausbild. z. Astrologen im Privatunterricht b. einem "Großmeister". P.: "Thelema" - Magazin f. Magie u. Tantra (3 J. Autor u. Hrsg.), kleinere Art. in Kalendern. M.: Börsenver. d. Dt. Buchhdls., 1975-85 Mtgl. im magischen Orden "Fraternitas saturni". H.: Computer, Schreiben.

Gebauer Rainer *)

Gebauer Ralf

B.: Gschf. FN.: Zeitarb. & Dienstleistungen GmbH. DA.: 42929 Wermelskirchen, Döllersweg 18; 58332 Schwelm, Altmarkt 10. G.: Remscheid, 27. Apr. 1961. V.: Angelika, geb. Freund. Ki.: Tobias, Ameli, Jadin, Niclas. E.: Karlheinz u. Helga, geb. Bunde. S.: 1982 Abitur Remscheid, 1982-83 Ausbild. Polizei, 1983-85 Kfm. Ausbild., 1986 Zivildienst. K.: 1986 AWO Verw.-Ltr. d. Station, 1991 AWO Verw.-Ltr., 1992 Einzelprok., seit 1992 selbst. Hdls.-Vertreter f. Einbauküchen, seit 1994 eigene Zeitarb.-Firma. M.: FST IHK Köln. H.: Motorsport.

Gebauer Thorsten *)

Gebbensleben Frank-Hinrich *)

Gebbers Matthias

B.: IT-Systemkaufmann, selbständig. FN.: EProM - Elektronik Profi Magdeburg/MCSE. DA.: 39108 Magdeburg, Liebknechtstr. 55. matthias@gebbers.de. G.: Magdeburg, 31. Aug. 1967. V.: Iris, geb. Buttenhof. El.: Dipl.-Ing. Klaus u. Angela, verwitwete Lasczyk. S.: 1984-86 Ausbildung Elektromonteur Schwermaschinenbaukombinat K. Liebknecht Magdeburg, 1987 Facharbeiterabschluß Fernmeldetechnik u. Nachrichtenwesen, b. 1990 Ausbildung Technikinformatiker Conrol data Inst. Magdeburg. K.: 1991-94 Informatiker d. Firma Ansyst GmbH in Magdeburg, 1994 Grdg. d. Firma EproM spez. f. Microsoft Netzwerke u. Unix/Linux Systeme, Ausbildungsberechtigung f. IT-Systemkaufmann u. Fachinformatiker, seit 1999 Zertifikat SCO-Unixware, seit 2001 Microsoft Certified System Engineer. P.: "Aufbau u. Entwicklung im Bereich Vernetzung", "Internetanbindung u. Einführung v. Daten-Sicherheitskonzepten". H.: Musik, Literatur, Reisen, Natur.

Gebehart Axel Dipl.-Ing. *)

Gebeke Brigitte

B.: Gschf. FN.: GEBEKE Verpackungen GmbH. DA.: 25436 Moorrege, Vossmoor 21. G.: Duisburg, 7. Okt. 1949. V.: Kurt Otto Gebeke. Ki.: Holger (1976), Karsten (1978). El.: Detlef u. Anna Förthmann. S.: 1964-66 Ausbild. z. Bürogehilfin, 1966-67 Haushaltsschule Homberg, Abschluß Mittlere Reife durch Weiterbild. Abendrealschule. K.: 1968-73 Chefsekr. Ing.-Büro in Düsseldorf, 1974-80 kfm. Ang. in Uetersen, seit 1980 selbst. - Faltschachtelwerk in Moorrege/Uetersen. E.: 1991/94 und 1995 Berendsohn-Bären. M.: seit 1997 Menschen helfen Menschen Uetersen, seit 1985 Freiwillige Feuerwehr Moorrege, seit 1998 Fachverb. d. Faltschachtelind., seit 1999 Inst. f. rationale Unternehmensführung in d. Druckind. H.: Reiten, Lesen, Handarb., Klavierspielen, soz. Engagement.

Gebel Michael J. Dr. med. Prof.

B.: ltd. OA d. Abt. f. Gastroenterologie u. Hepatologie. FN.: Med. HS Hannover. DA.: 30625 Hannover, Carl-Neuberg-Str. 1. G.: Hannover, 25. Juni 1947. V.: Dr. med. Brunhild, geb. Niemann. Ki.: Jan Alexander (1982), Arndt Sebastian. S.: 1967 Abitur Hannover, Stud. Johann-Wolfgang-v.-Goethe-Univ. Frankfurt, 1969 Wechsel in d. Med. HS Hannover, 1974 Approb. K.: 1973-74 med. Praktikantenzeit in Bad Oeynhausen b. Prof. Dr. med. Christian Erasmus-Zöckler u. an d. Med. HS Hannover, 1973 ECFMG, 1974 wiss. Ass. an d. Abt. Gastroenterologie b. Prof. Dr. F.W. Schmidt, 1974 Prom. z. Dr. med., 1978-80 wiss. Ass. in d. Röntgendiagnostik d. Inst. f. klin. Radiologie b. Prof. H. J. Stender, 1980 Rückkehr z. Abt. Gastroenthologie Med. HS Hannover, 1982 FA-Anerkennung f. Innere Med. m. Teilgebietsbezeichnung Gastroenterologie, 1985 Venia legendi, 1988 OA d. Zentrums Innere Med. u. d. Abt. Gastroenterologie, 1990 apl.Prof., seit 1990 stellv. Ltr. d. Abt. Gastroenterologie, Auslandsaufenthalte in d. USA 1977 u. 1978 Stanford Research Inst. Palo Alto, Japan 1986, Saitama Medical School b. Prof. Dr. Omoto/Japan Tokio, div. Fortbild.-Kurse u. wiss. Seminare in Indien, Iran, China, Korea, Japan u. Ägypten. P.: 70 wiss. Veröff. in Fachzeitschriften, 200 wiss. publ. Vorträge, 80 Buchartikel, 300 eingeladene nat. u. intern. öff. Vorträge, 3 Buchhrsg. E.: 1991 Matzuck Memorial Award USA, 1 US-Patent, 1 Dt. Patent. M.: seit 1978 DEGUM, EFSUMB, 1981 Berufsverb. Dt. Internisten, 1986 Dt. Ges. f. Verdauungs- u. Stoffwechselkrankheiten, 1992 AIUM, 1993 GASL, 1994 Ehrenmtgl. d. Polnischen Ultraschallges. (PTU), 1996 IEEE, Mtgl. d. Gastroent. Assoc. (AGA), Beirat/Board Journal: z. f. Gastroenterol., Ultraschall Med., Arab. J. G. Asian Oceanian J. Radiol., Sprecher AG Sonographie d. DGVS 1998-2003, Neupräs. (2000-2003), Vizepräs. 2004-2006 d. Dt. Ges. f. Ultraschall (DEGUM), Präs. d. Dreiländer-Tagung 2004 in Hannover, Stellv. Vors. d. Beirats "Kompetenz-zentrum Medizintechnik Ruhr" (KMR) (2001). H.: Tennis, Schifahren, Bergwandern, Kunst.

Gebele Hanns Eugen *)

Gebele Walter

B.: Dipl.-Malermeister, selbständig. FN.: Gebele GmbH. GT.: seit 1994 Obermeister d. Maler- u. Lackiererinnung Kempten/Allgäu, seit 1997 Kreishandwerksmeister d. Kreishandwerkschaft, Vorst. Handwerkskammer Schwaben. DA.: 87435

---

*) Biographie www.whoiswho-verlag.ch oder beigefügte CD-ROM

Kempten, Beethofenstr. 13. G.: Durach, 25. Mai 1949. V.: Layla, geb. Ben Rabah. Ki.: Sammy (1980), Tommy (1981). El.: Karl u. Anneliese, geb. Mittermair. S.: Mittlere Reife in Algassing, Höhere Handelsschule Kempten, Lehre z. Groß- u. Einzelhandeskaufmann, anschl. Malerlehre im elterl. Betrieb in Durach, Bundeswehr, 1972 Meisterschule in Stuttgart m. Prüf., Höhere Fachschule m. Abschluss z. staatlich geprüften Dipl.-Malermeister. K.: tätig als Betriebsleiter b. Meindorf in Köln u. Berlin u. im elterl. Betrieb in Durach, Fachbauleiter am Finanzbauamt im Kempten, seit 1977 Gschf. d. Firma Gebele GmbH in Durach. P.: Diplomarbeit über d. Barockanlage d. Residenz in Kempten, sowie zahlr. Aufsätze über Beruf, Ausbildung u. Handwerksverbände in Tageszeitungen, Internetauftritt Profil d. Vorst.-Mtgl. f. Schwaben. M.: Mitbegründer d. Jugendhandwerks in Schwaben, Gründer d. Skiabteilung d. TSV Durach (6 J. im Vorst.). H.: Tennis, Skifahren, Schwimmen, Reisen weltweit.

Geber Cornelius
FN.: CG Beteiligungs- u. Management GmbH. DA.: 22605 Hamburg, Elbchaussee 189. S.: Ausbildg. z. Schiffsmakler u. Reedereikfm. K.: ltd. Position f. d. Afrika-Container-Fahrt b. d. Dt. Afrika Linien (DAL), Marketing-Manager d. South-Africa-Europe-Container-Service, 1979 CAST (Europe) NV Antwerpen - Vice President European Sales in London, 1979 alleiniger Gschf. d. Bremer Seatrain, nach Verkauf d. Muttherges., Vice-Pres. Europe d. Europa-Management d. Organisation in Antwerpen, 1983 Vizedir. f. d. Nahen u. Mittleren Osten b. d. Kühne & Nagel Management AG, 1984 Dir. u. nach 6 Mon. Executive Vice Pres., 1987 Vors. d. Gschf. in d. Zentrale in Berlin d. Harry W. Hamacher, 1993 Mtgl. d. Geschäftsltg. d. Kühne & Nagel Intern. AG Schweiz, zugl. Eintritt in d. dt. Geschäftsltg., 1994 stellv. Vors., 1996-99 Vors. v. Kühne & Nagel (AG & Co.) Hamburg, seit 1999 beratend tätig f. BC Partners Hamburg, 1999-2000 Senior Consultant d. Vorst. d. Dt. Post AG, Bonn, seit 1999 Ernennung z. AufsR. d. Friedr. Grohe AG, Hemer, seit 2000 AR Vors. d. Paul Günther Logistik AG, Hamburg, seit 2000 Mtgl. d. Board of Directors, IFCO NV, Amsterdam, seit 2001 Member of the Board Kiala SA, Brüssel, Senior Consultant d. Vorst. BHF Bakn, Frankfurt, Chairmann Extellus Inc., L.A.; Vors. Beirat Ablay+Fodi GmbH, München, AufsR.-Mtgl. Neopost SA, Paris, Beiratsmtlg. B.+ Partners GmbH, München. M.: Mtgl. im Unternehmer Colloquium Spedition (UCS), im Beirat d. Bundesver. Logistik (BVL) u. im Vorst. d. Afrika-Vereins.

Gebers Morgan *)

Gebert Alfred Dr.
B.: Psychologe, Pädagoge, Prof. FN.: Fachhochschule d. Bundes f. öffentliche Verwaltung. DA.: 48161 Münster, Geschenweg 100. Alfred.Gebert@t-online.de. http://www.home.t-online.de /home/Alfred.Gebert. G.: Weimar, 24. März 1944. V.: Christa, geb. Detje. Ki.: Claus, Jutta. El.: Alfred u. Hilde, geb. Kämpfer. S.: 1964 Abitur Buxtehude, 1964-66 Bundeswehr, 1966-72 Stud. Mathematik, Programmierung u. Psychologie an d. Univ. Hamburg. K.: parallel Halbestelle als wiss. Hilfskraft, 1972-73 wiss. Referent am Battelle-Institut in Frankfurt/Main, Führung v. zahlr. Seminaren im Bereich FH d. Bundes f. öff. Verwaltung, Vorträge an intern. Kongressen, 1973-75 Statistiker am Inst. f. Med. Prüf.

in Mainz, Forschung f. d. Presse, 1975-80 Ass. b. Prof. Dr. mult. G.A. Lienert an d. Univ. in Nürnberg, parallel Stud. Soziologie, 1977 Prom., 1980-85 Dipl.-Sozialwirt Wirtschaftswiss. Fak., zahlr. Berichte, Forschungsarbeiten f. versch. Zeitungen, Zeitschriften bundesweit, Tätigkeit als Prof. im FH Bund, Fachbereich Finanzen, 1987 FH Bund, Fachbereich Finanzen in Münster. P.: mehrere Veröff. im Bereich Statistik u.a. "Arbeits- u. Organisationspsychologie", zahlr. Berichte, Forschungsmaterial, Artikel f. "Stern", "Bild", "Konturen" etc. M.: DGPS, BDP. H.: Reisen, Garten.

Gebert Bernd Dipl-Ing. *)

Gebert Hans Michael *)

Gebert Thomas Dipl.-Ing. *)

Gebert Thomas
B.: Gschf. FN.: DAS Dt. SportFernsehen GmbH. DA.: 85737 Ismaning, Münchner Str. 101 g. www.sport1.de. G.: Mainz, 31. Mai 1965. S.: Abitur, Stud. BWL. K.: Trainee bei Philipp Morris, 1992 Manager bei IP, 1994 Ltr. d. strateg. Marketing bei SAT.1, 1995 Ltr. d. strateg. Planung d. Abt. Marketing bei Gruner + Jahr, seit 1999 Gschf. d. DSF Dt. SportFernsehen GmbH.

Gebert Uwe Dipl.-Ing.

B.: Unternehmer, Inh. FN.: Computerdienste Gebert. DA.: 19348 Perleberg, Bahnhofsweg 3. computerdienste-gepert@t-online.de. www.home.t-online.de. G.: Halle/Saale, 25. August 1956. V.: Christine. Ki.: Annika (1979), Franziska (1983). S.: 1976 Abitur, b. 1978 Grundwehrdienst Armee, 1978-83 Stud. Automatisierungstechnik TH Magdeburg. K.: Entwicklungsingenieur im VEB Zahnradwerk in Pritzwalk, 1986-90 Abt.-Ltr. d. Materialwirtschaft im Kreisbaubetrieb Perleberg u. glz. Gruppenltr. d. PC-Technik, seit 1992 selbst. m. Schwerpunkt Hdl. u. Service f. PC-Anlagen. M.: Handballtrainer d. SV Blau-Weiß Perleberg. H.: Sport, Musik.

Gebert Wolfgang
B.: Koch, Inh. FN.: Gebert's Weinstube. DA.: 55118 Mainz, Frauenlobstr. 94. www.geberts-weinstuben.de. G.: Mainz, 20. Nov. 1948. V.: Marianne, geb. Wolf. Ki.: Bianca (1975), Frank (1977). S.: 1963-66 Lehre als Koch im Mainzer Hof, Bundeswehr. K.: 1972 Mainzer Hof, 1972-73 "Hilton" - Chef d. Röm. Weinstube, Chef d. kalten Küche im Haupthotel, 1974 Eröff. d. Weinstube, Gr. Weinhof. BL.: 1987 100 J. Gebert's Weinstuben. E.: 19796 Rote Kochmütze im Varta-Führer, 1985 Rote Lilie im Varta-Führer, 1988 "Maison de Qualite" m. Goldmed., Verleihung d. Mainzer Schoppenstecher-Preises, 1989 "Le prix d'honneur Intern. pour la cuisine exemplaire". M.: Orden Saint Fortunat, Mainzer Kulinarum, Mainzer Ruderver. (mehrere intern. Titel).

*) Biographie www.whoiswho-verlag.ch oder beigefügte CD-ROM

Gebertshan

Gebertshan Peter

B.: Gschf., Inh. FN.: Gebertshan Satz u. Repro GmbH. DA.: 30175 Hannover, Gneisenaustrasse 6-8. gebertshan. gmbh@t-online. de. G.: Frankenberg/Eder, 7. Dez. 1943. V.: Heike, geb. Schulz. Ki.: Gero (1974). El.: Georg und Annemarie, geb. Gruhn. S.: Lehre Schriftsetzer. K.: 1972 Grdg. u. Aufbau d. graf. Betriebes Lichtsatz Wallier in Hannover, 1979 Mitbegr. d. Firma Context in Nürnberg als BeiR.-Vors., 1994 Grdg. d. graf. Betriebes gemeinsam m. d. Firma Satz u. Repro GmbH u. weltweite Zusammenarb. m. d. Dt. Messe AG, Blaupunkt, Ind.-Betreuung, Bauherren u. Vers. weltweit. P.: Gastref. auf Kongressen z. Thema "Typographie". M.: Delegierter d. Fachaussch. Bundesverb. Druck., BeiR.-Mtgl. d. Forsch.-Inst. FOGRA in München, Präs. d. TUS-Harenberg 1928 e.V. H.: Tennis, Oper, Theater.

Gebessler August Dr. phil. Prof. *)

Gebhard Hans Prof.
B.: HS-Lehrer, Dirigent, Organist u. Buchautor. PA.: 22607 Hamburg, Müllenhoffweg 18. G.: Schwarzenbach/Saale, 17. Mai 1929. V.: Dr. Elke, geb. Tönnies. Ki.: Peter (1959), Christian (1962), Christine (1970), Hans-Rix (1975), Felix (1977). S.: 1947 Abitur, Stud. Kirchenmusik u. Komposition München, Stud. Musikwiss. Kiel. K.: 1950 Stadtkantor in Hof, 1959-89 Organist in d. St. Nikolaikirche in Kiel, 1964 Kirchenmusikdir., 1977 Prof. f. Chorltg. u. Orgelspiel an d. Musik-HS Lübeck,1995/96 Ltr. d. Hamburger Bach-Chores u. Organist d. Hamburger Hauptkirche St. Petri, Orgelkonzerte u. Meisterkurse bei namhaften Konzertserien u. Festivals in Europa u. Nordamerika; Konzertreisen im In- u. Ausland als Dirigent v. Oratorien u. Neuer Musik m. d. St. Nikolai-Chor u. d. Kammerchor d. Musik-HS Lübeck, zahlr. Fernseh- u. Rundfunkaufnahmen als Dirigent u. Organist im In- u. Ausland, Schallplatten- u. CD-Aufnahmen. P.: Lehrbuch "Praxis d. Orgel-Improvisation" (1987), "Anleitung z. Aufführungspraxis d. Vokalmusik d. 16. bis 18. Jhdt.", Hrsg. d. Harenberg Chormusikführers", Komponist v. Orgel- u. Chormusik. E.: 1980 Kulturpreisträger d. Landeshauptstadt Kiel, 1996 Händelring d. Verb. Dt. Konzertchöre, Vors. d. MusikR. d. Verb. Dt. Konzertchöre.

Gebhard Herbert Dr. med. *)

Gebhard Ludwig *)

Gebhard Martha M. Dr. med. Prof. *)

Gebhard Michael Dr. iur.
B.: RA. FN.: Gemeinschaftspraxis Dr. Gebhard & Gebhard Rechtsanwälte. DA.: 87527 Sonthofen, Hochstr. 18. G.: Haan, 14. Okt. 1966. V.: Alexandra, geb. Aust. Ki.: Klara Patrizia (1998). El.: Dipl.-Ing. Eberhard u. Ingrid. S.: 1986 Abitur Pinneberg, 1987-91 Stud. Rechtswiss. an d. Univ. Augsburg, Referendar in Augsburg. K.: 2 J. wiss. Mitarb. an d. Univ. Augsburg, freie Mitarb. in einer wirtschaftsrechtl. ausgerichteten RA-Kzl., 1996-2001 freier Mitarb. in einer RA-Kzl. in Sonthofen, 2001 Prom., seit 2001 selbst. RA in Sonthofen. M.: Golf-Club Hamburg, Golf-club Ottobeuren, Anw.-Ver. H.: Golf, Wandern.

Gebhard Robert *)

Gebhard Rollo
B.: Schriftsteller, Filmemacher, Vortragender. PA.: 83707 Bad Wiessee, Bayersäg 7. G.: Salzburg, 7. Juli 1921. V.: Angelika, geb. Zilcher. El.: Arthur-Heinrich u. Maria-Josepha. S.: Hum. Gymn., Jurastud., Fotograf, Hotel-FS, Schauspieler. K.: Kriegsdienst, zuerst Fotogr., dann Schausp. in Garmisch-Patenkirchen, 1960-61 allein über d. Rote Meer u. Ind. Ozean, 1963-64 in e. 5m-Boot allein über d. Atlantik, 1967-70 1. Weltumsegelung allein im 7m-Boot, 1975-79 2. Weltumseg. allein im 7m-Boot, 1983-91 3. Weltumseg. m. Lebensgef. Angelika Zilcher; FS-Filme v. allen Reisen u. ausgedehnte Vortragsreisen in Deutschld., Österr. u. d. Schweiz. P.: Ein Mann u. sein Boot, Seefieber, Leinen los - Wir segeln um d. Welt, Mein Pazifik, Rolling Home, Gewässer ohne Grenzen, Freiheit auf dem Wasser, Blaue Donau-Schwarzes Meer, erschienen 2001, 7 Filme über Seereisen. E.: Gold. Plakette d. DSV, Ritter-v.-Halt-Plakette d. Olymp. Komitees, BVK. M.: Segler-Ver. Cuxhaven, Segel-Club Würmsee, 1. Vors. "Gesellschaft zur Rettung der Delphine" e.V. München.

Gebhard Sabrina

B.: Gschf. FN.: AuE-Kreativschule e.V., Künstlerhaus AuE GmbH. DA.: 30159 Hannover, Bultstr. 9. aue-hannover@t-online.de. G.: Hannover, 7. Jan. 1961. V.: Prof. Dr. phil. Ulrich Gebhard. Ki.: Leopold (1996). S.: 1980 Abitur Misburg/Hannover, 1979-84 Praktikum u. Jobs Hannover, 1985-89 Stud. Textildesign an d. FH in Hannover mit Abschluß z. Dipl.-Designerin. K.: 1987 Mitbegründerin d. Ver. AuE* (Ausdruck u. Erleben) Kreativschule in Hannover, Gschf. u. künstler. Ltr.: Arbeit m. chronisch kranken Langzeitpatienten aus d. Psychiatrie, Ausstellungen. Veranstaltungen u. Aufführungen v. Theaterstücken, 1988-92 berufsbegleitende Weiterbild. z. psychoanalyt. Kunsttherapeutin in Hannover m. Abschluß, seit 1994 regelmäßige Zusammenarb. m. d. Sprengel Museum Hannover u. dort Ausstellungen u. Präsentationen, 1994-96 Hon.-Tätigkeiten als Kunsttherapeutin z.B. in MH-Hannover, 1997 Grdg. d. gemein. GmbH Künstlerhaus AuE m. Astrid Wandrey u. Hans-Jörg Fritzsche, 2000-2002 berufsbegleitende sozialpsychiatr. Zusatzausbild. in d. MH-Hannover. P.: div. Veröff. u. Buchbeiträge im kunsttherapeut. Bereich, Mithrsg. Jahreszeiten, Rituale, Kaffee, Kuchen u. Zigaretten (1995), Drei Künstler von AuE aus 1999. M.: Dt. Fachverb. f. Gestaltung u. Kunsttherapie, Landesverb. d. Kunstschulen. H.: Malen, kulturelle Veranstaltungen, Theater, Musik.

Gebhard Ulrich Dr. phil. habil. Prof.
B.: Univ.-Prof. FN.: Fachbereich Erziehungswiss. d. Univ. Hamburg. DA.: 20146 Hamburg, Van-Melle-Park 8. gebhard@erzwiss.uni-hamburg.de. www.erzwiss.uni-hamburg.de. G.: Hildesheim, 23. Apr. 1951. V.: Sabrina, geb. Meyer. Ki.: Leopold (1996). El.: Dr. Walter u. Ursula, geb. Albrecht. S.: 1971 Abitur, 1971-72 Stud. Biologie u. Chemie Univ. Hannover, 1972-77 Stud. Biologie, Germanistik u. Erziehungswiss. Univ. Hannover, 1977 wiss. Prüf. f. Lehramt an Gymn. f. Biologie, Dt. u. Erziehungswiss., 1979 Prüf. f. Lehramt an Höheren Schulen, 1980-91 berufsbegleitend Stud. Inst. f. analyt. Kinder- u. Jugendlichenpsychotherapie Hannover. K.: 1973-74 Lehrer an d. Heyl-Heyse-Schule in Hannover, 1977-79 Lehrauftrag am Bismarck-Gymn. in Hannover, 1977-79 Studienreferendar am staatl. Studienseminar in Stade, 1979-81 StudR. an d. integrierten Gesamtschule in Garbsen, 1981-86 wiss. Mitarb. an d. Univ. Hannover, 1986 Prom., ab 1986

*) Biographie www.whoiswho-verlag.ch oder beigefügte CD-ROM

Doz. am Inst. f. psychoanalyt. Kunsttherapie in Hannover, 1986-92 HS-Ass. an d. Univ. Hannover, 1992 Prof.-Vertretungen an d. Univ. Frankfurt/Main, 1992-93 Lehrauftrag f. Sachunterricht an d. Univ. Oldenburg, 1992-95 HS-Doz. an d. Univ. Hannover, seit 1995 C4-Prof. an d. Univ. Hamburg m. Schwerpunkt psychische Bedeutung d. nichtmenschl. Nähe, Psychoanalyse, Symboltheorie, Fantasien u. Alltagsmythen z. Gentechnik, Natur u. Bioethik; Funktionen: Vors. d. Vinikot Inst. in Hannover, seit 1986 Doz. am Inst. f. psychoanalyt. Kunsttherapie in Hannover, seit 1990 psychoanalyt. Ausbild. in Hannover. P.: Bücher: "Naturwiss. Interesse u. Persönlichkeit" (1988), "Glaubst du eigentlich an Gott?" (1989), "Gentechnik als eth. Herausforderung" (1990), "Kind u. Natur" (1994); Aufsätze: "Es gibt auch eine Bewußtsein meiner Kruste - das ist auch wichtig-sonst geht das Innere kaputt" (1986), "Poesie u. Wiss. d. Natur" (1987), "Und lieben lernt ich unter den Blumen" (1987), "Pflanzen in Pflasterritzen" (1989), "Mutter Natur u. ihre Kinder" (1989), "Traum" (1989), "Vertrauen" (1989), "Trauer" (1989), "Träumen im Biologieunterricht" (1992), "Natur in d. Stadt . psych. Randnozitzen z. Stadtökologie" (1993) "Wieviel Natur braucht d. Mensch?" (1994), "Vorstellungen u. Phantasien z. Gen- u. Reproduktionstechnologie bei Jugendlichen" (1994), "Tiere sind ein soziales Gleitmittel" (1997), "Todesverdrängung u. Umweltzerstörung" (1998), "Stadtnatur u. psych. Entwicklung" (1998), "Weltbezug u. Symbolisierung" (1999), "Alltagsmythen u. Metaphern" (1999) u.a.m. M.: DSU, Verb. Dt. Biologen. H.: Musik, Theater, Oper, Literatur.

Gebhard-Kern Elisabeth *)
Gebhardt Andreas Dr.-Ing. *)
Gebhardt Barbara *)
Gebhardt Christoph Dr. med. Prof.
B.: Dir. FN.: Chir. Klinik d. Klinikum Nürnberg-Nord. DA.: 90419 Nürnberg, Prof.-Ernst-Nathan-Str. 1. G.: Hamm, 25. März 1943. V.: Gisela, geb.Segeth. Ki.: Michael (1980), Claudia (1984). El.: Erich u. Anneliese, geb. Hegemann. S.: 1963 Abitur, 1963-69 Stud. Humanmed. in Köln, Clermont-Ferrand u. Düsseldorf, Prom., 1969 Approb. K.: 1969-70 Med.Ass. Univ.-Kliniken Düsseldorf, 1970-73 Chir. Univ.-Klinik Düsseldorf, 1973-76 Chir. Abt. KH St. Josef Wuppertal, 1975 Zulassung FA f. Chir., 1977-84 Chir. Univ.-Klinik Erlangen, 1979 Habil. z. Dr. med. habil., OA, 1982 Studienaufenthalt USA, 1984-95 Vorst. d. Zentrums f. Chir. u. Ltr. d. Fachabt. f. Thorax- u. Abdominalchir. Klinikum Nürnberg, seit 1984 Dir. d. Chir. Klinik im Klinikum Nord. BL.: seit 1988 Fellow d. American College of Surgeons, seit 1996 VPräs. d. American College of Surgeons, German Section, 1990-91 Präs. d. Bayer. Ges. f. Chir., Facheraster f. Chir. b. d. Bayer. Landesärztekam., Gutachter f. d. Schiedsstelle b. Bayer. Landesärztekam., Mtgl. u. Prüfer d. Med. Fak. d. Univ. Erlangen-Nürnberg. P.: Prom. "Ventrikulo-koronare Anastomosen - Ihre Morphologie, Entwicklungsmechanik, Teratologie u. insbes. ihre Bedeutung f. d. Ausgleichsversorgung d. Herzmuskels b. Myokardischämie" (1969), Habil. "Pankreasgangokklusion z. Behandlung d. Chron. Pankreatitis. Eine tierexperimentelle u. klin. Studie" (1979), "Chir. d. exokrinen Pankreas" (1984), "Videokurs Chir." (1989). M.: Dt. Ges. f. Chir., American College of Surgeons, Dt. Krebsges., Dt. Ges. f. Verdauungskrankheiten. H.: Bergwandern, Segeln, klass. Musik (Oper).

Gebhardt Dieter Dipl.-Ing. *)
Gebhardt Evelyne
B.: Übersetzerin, MdEP. DA.: 74653 Künzelsau, Lehmgrubeng. 1. G.: Paris, 19. Jan. 1954. S.: 1972 Abitur Paris, 1972-77 sprachwiss. Stud. Univ. Paris VII sowie Univ. Tübingen u. Stuttgart, 1974 Stipendium d. DAAD Tübingen,, Studienabschluß. K.: seit 1977 freiberufl. Übersetzerin, Vortragstätigkeit im In- u. Ausland, Schwerpunkte Gleichstellung v. Frau u. Mann, Bürgerrechte, Bio- u. Gentechnologie, Experteneinsätze im Auftrag d. Friedrich-Ebert-Stiftung (1991), Argentinien, 1994 u. 1996 Elfenbeinküste, 1975 Eintritt in d. SPD, 1978 Mitbegründerin d. SPD-Ortsver. Mulfingen, seither Vorst.-Mtgl., 1981-93 Kreisvorst.-Mtgl. d. SPD Hohenlohe, seit 1989 Mtgl. d. SPD Landesvorst. Baden-Württemberg, seit 1981 Mtgl. d. Landesvorst. Baden-Württemberg u. seit 1985 Mtgl. d. Bundesvorst. d. Arge Sozialdemokrat. Frauen (ASF), seit 1992 stellv. Bundesvors. d. ASF, Vorst.-Mtgl. d. Europ. Frauenorgan. Grain de Sel Paris, 1987-93 stellv. Bundesvors. d. Marie-Schlei-Ver., seit 1994 Mtgl. d. Europ. Parlaments, Mtgl. im Aussch. f. Recht u. Bürgerrechte, stellv. Mtgl. im Aussch. f. Umweltfragen, Volksgesundheit u. Verbraucherschutz sowie im Aussch. f. d. Rechte d. Frau, Mtgl. in d. Delegationen d. Europ. Parlaments f. d. Beziehungen zu Rußland u. China, Vors. d. fraktionsübergreifenden Arbeitsgruppe Bioethik. (Re)

Gebhardt Ferry Prof. *)
Gebhardt Gerald Dipl.-Kfm.
B.: Gschf. Ges. FN.: Public News Agentur f. Public Relations GmbH. DA.: 10354 Hamburg, ABC-Str. 4-8. G.: Hamburg, 5. Nov. 1966. S.: 1986 Abitur, 1986-93 Stud. BWL Univ. Hamburg. K.: während d. Stud. Journalist f. d. TAZ, Hamburger Morgenpost u. Tempo, 1993-94 Trainee d. Firma Hans Schwazkopf GmbH, 1994-95 PR-Ass. bei Reporter PR u. PR-Ref. bei AGBA AG & Co KG, 1995-98 Presseref. d. Hans Schwarzkof GmbH, 1998 Grdg. d. Agentur Public News. M.: DPRG, Ltr. d. Jugendgruppe d. BDW. H.: Segeln, Joggen.

Gebhardt Gerd Dr.
B.: Bmtr., Min.-Abt.-Ltr., Physiker, Min.-Dirigent. FN.: Min. f. Landwirtsch., Umweltschutz u. Raumordnung d. Landes Brandenburg. Senatsver. f. Stadtentwicklung, Bauen, Wohnen, Verkehr u. Umweltschutz d. Landes Berlin. DA.: 14467 Potsdam, Berliner Str. 135. Hannelore.Lehmkuhl@mlur-gl.brandenburg.de. G.: Zwickau, 24. Apr. 1950. V.: Hilde, geb. Fuhrmann. Ki.: Nele (1977), Nora (1983). E.: Kapellmeister Werner u. Doris. BV.: Großvater Walter Pilz - Geschäftsmann in Zwickau. S.: 1968 Abitur Zwickau m. Elektro-Monteur-Facharb.-Abschluß, 1968-73 Stud. Physik an d. TU Chemnitz, Dipl.-Phys. K.: 1973-89 wiss. Gutachter f. Umwelthygiene im Bez.-Hygiene-Inst. Potsdam, 1978-86 externe Aspirantur am Lehrstuhl f. Phil./Naturwiss. d. Humboldt-Univ. zu Berlin, 1988 Prom. "summa cum laude", 1982-86 Stud. z. Fachanerkennung "Umwelthygiene" an d. Ak. f. ärztl. Fortbild., 1991-95 Stud. d. Verw.-Kunde an Verw.-Ak., 1990-95 Ltr. d. Abt. Immissionsschutz u. CO2-Minderung im Brandenburger Umweltmin. seit 1996 Ltr. d. gemeinsamen Landesplanungsabt. d. Länder Berlin/Brandenburg - Min.-Dirigent. BL.: "G" entdeckte die sog. "hyperbolischen Evolutionsexponenten" d. energetischen u. informationsbemessenen Evolutionsbeschleunigung sowohl f. d. biologischen Artenaufstieg als auch f. d. Innovationsfolgen d. menschlichen Zivilisationsstufen. Diese münden zu "hyperbolischen Singularitätszeiten - die von d. inneren Systemdynamik prognostizierbar angesteuert werden - in "Bruchstellen" d. zuvor maßgeblichen Systemtriebkräfte. Seine diesbezüglichen Prognosen f. d. DDR (1986-94) führten G. in d. Vorwendezeit zu Szenarien f. "Danach" in Oppositionsgruppen u. 1990 zu Politkonzepten der Bürgerbewegung am "Runden Tisch", Übernahme von Verantwortung beim Neuaufbau d. Landesregierung, zuerst f. Umweltschutz, dann f. d. Landesplanung v. Berlin u. Brandbg. P.: Diss. "Prinzipien stofflich-energetisch zeitlich-evolutionär offener Nichtgleichgewichtssysteme b. Mensch-Umwelt-Wechselwirkungen" (1986), "On the Macrodynamics of Evolution - The Synchronous Hyberbolic Increase of specific energy-dissipation and information-capacity" (1985), "Zur stofflich-energetisch. zeitlich-evolutionären Offenheit urban-industrieller u. biogen organisierter Systeme" (1986), div. Publ. M.: Ver. d. dt. Wissenschaftler, Hauptaussch. d. Min.-Kon-

*) Biographie www.whoiswho-verlag.ch oder beigefügte CD-ROM

Gebhardt

ferenz f. Raumordnung, Ak. f. Raumforsch. u. Landesplanung, Bundesjury Expo 2000, wiss. BeiR. an d. Univ. Potsdam. H.: Musik, Kunst, Schwimmen, Fechten, Radfahren, Wandern, Landschaft, Garten.

Gebhardt Gertrud *)

Gebhardt Karl Dr. phil. *)

Gebhardt Karl-Heinz Dr. med. *)

Gebhardt Klaus

B.: Küchenmeister, Gastronom. FN.: Gasthof zur Insel Klaus Gebhardt GmbH. DA.: 84028 Landshut, Badstr. 16. G.: 28. Dez. 1958. V.: Renate, geb. Zapf. El.: Richard u. Ingeborg. S.: 1973 Lehre als Koch im Hotel Irl Regensburg, 1974 gejobt, 1980 Abschluss als Koch im Hotel "Drei Könige" in Immenstadt. K.: 1980 Tätigkeit im elterl. Betrieb Gasthof zur Insel, 1991 Küchenmeister, 1993 Übernahme Hotel u. Gasthof zur Insel. H.: Urlaub machen in d. ganzen Welt.

Gebhardt Kurt Dr. iur. *)

Gebhardt Manfred Paul Walter Dipl.-Ing. *)

Gebhardt Rainer Dr. rer. nat.

B.: Dipl.-Math., Ltr., Vorst.-Vors. FN.: Transferzentrum Textiltechnologie im Sächsischen Textilforschungsinst. e.V. (STFI); Adam-Ries-Bund e.V. DA.: 09125 Chemnitz, Annaberger Str. 240; 09456 Annaberg-Buchholz, Johannisg. 23. gebhardt@stfi. de. www.stfi.de; www.adam-ries-bund.de. G.: Annaberg-Buchholz, 7. Feb. 1953. V.: Monika, geb. Lorenz. Ki.: Irene (1979), Johanna (1983). El.: Rudi u. Ilse, geb. Wolf. BV.: mütterlicherseits 15. Generation "Rechenmeister Adam Ries". S.: 1972 Berufsausbild. Facharb. f. Büromaschinen- u. Datenverarb.-Anlagen m. Abitur, 1972-76 Stud. Math. TH Karl-Marx-Stadt, 1976 Dipl.-Math., 1981 Prom. z. Dr. rer. nat. K.: 1976-80 wiss. Ass. TH Karl-Marx-Stadt, 1980-91 wiss. Mitarb. Rechenstation u. math. Statistik, Forsch.-Inst. f. Textiltechnologie (FIFT) Karl-Marx-Stadt, 1991-92 stellv. Abt.-Ltr. d. Hauptabt. Textilinformatik, 1992 Ltr. Transferzentrum Textiltechnologie, 1991 Mitgründer u. Vorst.-Vors. "Adam-Ries-Bund e.V.", Ver. d. Genealogen, seit 1999 Betreiber d. Adam-Ries-Museums, Träger d. Adam-Ries-Schülerwettbewerbe d. 5. Kl., Veranstalter f. Kolloquien in 3 J. in Annaberg "Rechenmeister d. Neuzeit" 2002 m. 80 Wissenschaftler aus ganz Europa m. 35 Vorträge. P.: "Einblicke in die Coß von Adam Ries", mehrere Veröff. u.a. 13 Bände "Schriften d. Adam-Ries-Bundes", 29 Bände "Orts- u. Familiengeschichte d. Erzgebirges" gemeinsam m. Prof. Lorenz 9 Bände "Genealog. Quellen", 19 wiss. Arb., 23 Publ., 40 Vorträge. E.: 1975 Wiss.-preis im Kollektiv, 1993 u. 1997 Publ.-Preis d. Stadt Annaberg-Buch. M.: Vorst.-Mtgl. Verb. d. Innovations- u. Technologieberatungs-Organ. Deutschland e.V. (VITO), Förderer. d. Städt. Theater Chemnitz, Förderver. d. Städt. Musikschule Chemnitz, Förderver. d Städt. Museums Chemnitz. H.: Lesen, Musik, Computer, Adam Ries.

Gebhardt Ralf *)

Gebhardt Reiner *)

Gebhardt Rolf Dr. rer. nat. habil. Prof. *)

Gebhardt Steffen Dipl.-Arch. *)

Gebhardt Tim Dr. phil. nat. *)

Gebhardt Volker *)

Gebhardt-Hamann Maren Dipl.-Vw.

B.: Gschf. FN.: Bürgschaftsbank d. Bremischen Handwerks GmbH. DA.: 28195 Bremen, Ansgaritorstr. 24. V.: Horst Hamann. El.: Paul u. Irmgard Gebhardt, geb. Herholtz. S.: 1966 Abitur Kiel, 1966-68 Lehre Sparkasse Kiel, 1968 Stud. Vw. Univ. Kiel u. Erlangen-Nürnberg, 1974 Dipl.-Vw., 1974-77 Ausbild. Prüf.-Ass. Gen.-Verb. Rheinland. K.: b. 1979 tätig als Verb.-Prüfer m. Prüf. v. Kreditgen., 1979-81 Filialltr. d. Landkreditbank Stade, 1981-86 Vorst.-Mtgl. d. Volksbank Geestrand eG, seit 1988 Unternehmensberaterin d. Handwerkskam. Bremen, glz. seit 1990 Gschf. d. Bürgschaftsbank d. Brem. Handwerks GmbH. M.: Wirtschaftsjunioren d. IHK Stade, Prüf.-Aussch. AEVO d. IHK Stade, Prüf.-Aussch. d. Betriebswirte d. Handwerks u. Doz. H.: Joga, Schifahren, Eistanz.

Gebler Alexander

B.: freier RA u. Syndikus. FN.: DVG Hannover. DA.: 30175 Hannover, Luerstr. 20. alexander@rechtsanwaltu.gebler.de. www.rechtsanwaltu-gebler.de. G.: Hannover, 28. März 1967. V.: Petra, geb. Holz. Ki.: Patricia (1997), Julia (2000). El.: Dr. rer. pol. nat. Wolfgang u. Irmelgard, geb. Neuting. S.: 1988 Abitur Hannover, 1988-94 Stud. Rechtswiss. an d. Univ. Münster, 1994 1. Jur. Staatsexamen, 1994-97 Referendariat am OLG Hamm, 1997 2. Jur. Staatsex. K.: 1997-98 tätig in d. Kzl. Dr. Neuting & Partner in Hannover, 1998 Wechsel z. DVG Hannover, Datenverarb.-Ges. als Syndikus, 1998 Grdg. d. eigenen Kzl. in Hannover m. d. Schwerpunkten: Softwarerecht u. Ges.-Recht, seit 1998 Doz. an d. S-Ak. Hannover, Grdg.-Mtgl. d Freundeskreises Hannover e.V., Grdg.-Mtgl. d. Jazz-Museums Hannover. M.: RA-Kam. Börsenclub Hannover, DTV (Dt. Tennisver.). H.: Tennis, Segeln, Golf.

Geckeler Horst Fritz Dr. phil. Prof.

B.: em. o.Prof. FN.: Univ. Münster. PA.: 48329 Havixbeck, Westring 10. G.: Sulz, 4. Okt. 1935. V.: Armelle, geb. Pilven. Ki.: Tilmann, Eleonor, Alba. El.: Ernst u. Hedwig. S.: Univ. Tübingen, Paris, Leicester, Perugia, Santander, Siena. K.: wiss.

---

*) Biographie www.whoiswho-verlag.ch oder beigefügte CD-ROM

Ass. Univ. Tübingen, Gastprof. Univ. de los Andes, Mérida/Venezuela. P.: Strukturelle Semantik u. Wortfeldtheorie (3/1982), Strukturelle Semantik d. Französ. (1973), Einführ. in d. italien. Sprachwiss. (1992), Einführ. in d. span. Sprachwiss. (1993), Einführ. in d. franz. Sprachwiss. (1997). M.: Dt. Romanistenverb., Dt. Hispanistenverb., Fachverb. Ital. in Wiss. u. Unterricht, Ver. d. Franz.Lehrer, Société de Linguistique Romane, Société Internat. de Linguistique Fonctionnelle. H.: Geschichte, Kunstgeschichte, Theologie, Tennis.

Geckle Roland Dr. phil. *)

Gedack Reinhard *)

Gedatus Sylvia Dr. med.

B.: FA f. HNO in eigener Praxis. DA.: 10178 Berlin, Weydinger Str. 18. G.: Berlin, 17. Okt. 1950. El.: Heinz u. Ruth, geb. Schneidereit. S.: 1969 Abitur Bernau b. Berlin u. Facharbeiter als Gärtnerin, 1969-74 Stud. Humanmed. an d. HU Berlin, Dipl.-Mediziner. K.: 1974-87 Ärztin am Klinikum Schwedt/Oder, 1979 Facharzt f. HNO, 1981 Prom. z. Dr. med., 1983-87 OA d. HNO-Abteilung am Klinikum Schwedt/Oder, 1987 Rückkehr nach Berlin-Bernau, 1987-89 Ltr. d. HNO-Abteilung an d. Poliklinik Dr. Karl Kollwitz in Berlin, 1989-91 HNO-Ärztin an d. Betriebspoliklinik d. Druckereien u. Verlage in Berlin, seit 1991 freie Ndlg. P.: Diss. "Die Art u. Häufigkeit d. Schleimhautschädigungen d. oberen Luftwege b. Werktätigen m. Vanadiumpentoxid- u. Isozyanatexposition im VEB PCK/Schwedt/Oder". E.: Lessingmedaille in Silber. M.: Dt. Berufsverband d. HNO-Ärzte, Dt. Akademie f. Akupunktur u. Aurikulomedizin. H.: Oper, Konzert, Literatur, Garten u. Natur.

Geddert Heinrich
B.: Rechtsanwalt. FN.: Schiedermair Rechtsanwälte. DA.: 60322 Frankfurt, Eschersheimer Landstr. 60. G.: Isernhagen, 1. Feb. 1949. V.: Claudia, geb. Kurz. El.: Fritz u. Annemarie, geb. Ocker. S.: 1969 Abitur, 1969-75 Stud. Rechtswiss. u. Phil. Hamburg u. Frankfurt/Main, 1975 1. u. 1982 2. Jur. Staatsexamen, 1982 Prom. K.: 1980-82 Referendariat Frankfurt/Main, 1975-80 Ass. Univ. Frankfurt/Main, seit 1982 RA, seit 1984 Partner in d. Sozietät Oppenhoff & Rädler, zunächst in Frankfurt ab 1991 in Leipzig, s. 1996 wieder in Frankfurt. P.: "Recht u. Moral" (1984). M.: Dt. Juristentag, Leipziger Juristentage, Dt. Ges. f. Gesetzgebg. u. Rechtsphilosophie, Dt. Vereinig. f. gewerbl. Rechtssch. u. Urheberr., Bankrechtliche Vereinigung, Bad Homburger Jachtclub, AG f. Insolvenzrecht. H.: Segeln, Literatur. (S.G.)

Gedeck Martina
B.: Schauspielerin. FN.: c/o ZBF Agentur Berlin. DA.: 12099 Berlin, Ordensmeisterstr. 15. G.: München, 14. Sep. 1964. S.: Stud. Germanistik, Geschichte u. Schauspielerei. K.: Fernseh- u. Filmrollen u.a. 1985 Man(n) sucht Frau, SOKO 5113, 1988 Die Beute, 1989 Tiger, Löwe, Panther, 1990 Hausmänner, 1991 Leo u. Charlotte, 1992 Barmherzige Schwestern, 1993 A.S., 1994 Frauenarzt Dr. Markus Merthin; Nur eine kleine Affäre, 1995 Die Spiele zu zweit; Stadtgespräch, 1996 SOKO 5113; Harald - Der Chaot aus d. Weltall, 1997 Single Bells; Bella Bock; Der Neffe, 1998 Lea Katz - Die Kriminalpsychologin; Einer v. uns; Der Laden. E.: 1997 Dt. Filmpreis.

Gedik Manfred Dr. med. *)

Gedschold Jürgen Dr. med. habil. Prof. *)

Geens William
B.: Gschf. FN.: Actebis Computer Deuschland GmbH. DA.: 59494 Soest, Lange Wende 43. www.actebis.com. V.: verh. K.: 2 Kinder. S.: Abitur, Stud. BWL in München. K.: 1990 tätig b. Consulting-Unternehmen Gruber, Titze & Partner - Gemini Consulting, Wechsel z. Raab Karcher AG in Essen u. danach Raab Karcher Elektronik GmbH in Nettetal, Beginn d. Tätigkeit b. Actebis in Soest, 1999-2001 Dir. d. Produkt-Marketing b. Actebis Computer Deutschland GmbH, seit 2001 Gschf. d. Actebis Computer Deutschland AG. (Re)

Geeraedts Loek

B.: Univ.-Doz., Gschf. FN.: Westfälische Wilhelms-Universität, Zentrum f. Niederlande-Studien. DA.: 48143 Münster, Alter Steinweg 6/7. geeraed@uni-muenster.de. G.: Venlo, 21. Feb. 1951. V.: Angie. Ki.: Roland, Bastian, Etienne. El.: Jan u. Do. S.: 1970 Abitur Weert, 1970-78 Stud. Germanistik, Sprachwiss., Geschichte u. Politik an d. Univ. Groningen u. Münster, 1979 Mag. K.: 1978-89 wiss. Mitarbeiter am niederländ. Seminar d. WWU Münster, 1984 Prom., seit 1989 Gschf. d. Zentrums f. Niederlande-Studien d. WWU Münster. P.: Der zotten ende der narrenscip. Zur niederländischen Tradition des Narrenschiffs von Sebastian Brant, Niederdeutsches Wort 19 (1979), Die Stockholmer Handschrift, Vu 73 Münster (Diss.) 1984, Begründer u. Hrsg. d. Reihe 'Niederlande-Studien' sowie d. Jahrb. d. Zentrum f. Niederlande-Studien. E.: Mtgl. d. Senats d. WWU. M.: Maatschappij der Nederlandse Letterkunde, Kommission für Mundart- u. Namenforschung Westfalens, Ges. f. Christlich-Jüdische Zusammenarbeit, Deutsch-Israelische Ges., Rotary Club. H.: Lesen, Musik.

Geerhardt Uwe
B.: Dipl.-Jurist, Notar. DA.: 39218 Schönebeck/Elbe, Böttcherstr. 53. G.: Erfurt, 30. Jan. 1961. V.: Gaby, geb. Westendorf. Ki.: Jana (1987), Julia (1989). El.: Manfred u. Alma, geb. Neumann. S.: 1979 Abitur Erfurt, 1982-86 Stud. Rechtswiss. Humboldt-Univ. Berlin. K.: 1986-87 Notarassistent in Schönebeck, 1987-90 Berufung z. Notar im Staatl. Notariat Magdeburg, seit 1990 Notar in eigener Praxis in Schönebeck. P.: div. Vorträge, Teilnahme an Leserforen über das Erbrecht. M.: seit 1995 Grdg.-Mtgl. u. 1999 Präs. d. Lions Club Schönebeck, seit 1998 Grdg.-Mtgl. d. Golf Clubs Schönebeck. H.: Familie, Stadtgeschichte v. Erfurt, Schach.

Geerken Frank *)

Geerling Heinrich Gerhard Maria Sergio Antonius
B.: Architekt. FN.: Arch.-Büro Geerling. DA.: 53757 Sankt Augustin, Pleistalstr. 123. Geerling@Geerling.de. www.geerling.de. G.: Bonn, 18. Dez. 1958. El.: Gerhard u. Dorothee, geb. Startz. BV.: Bruder d. Großmutter, Dr. Dr. h. c. Gottfried Cremer, Dt. Steinzeugind. S.: 1979 Abitur St. Pius Colleg Coesfeld, 1979-80 Wehrdienst, 1981-89 Stud. Arch. Univ. Kaiserslautern, 1989 Dipl.-Ing., 1991 Architekt. K.: 1989 Organ. D. ARch.-Workshop Kulturzentrum Kammgarn Kaiserslautern, 1989 freier Mitarb. Büro Mahler-Gumpp-Schuster, Stuttgart, 1990 Entwurf u. Softwareentwicklung b. KOZO-System u. B.U.S. Inc. in Tokyo u. Plus One Inc. Osaka, 1991 Lehrbeauftragter Univ. Kaiserslautern, 1991-92 Ass. b. Prof. Streich an Univ. Kaiserslautern, 1992-94 DAAD-Stipendiat d. Tokyo Univ. in Tokyo b.

---

*) Biographie www.whoiswho-verlag.ch oder beigefügte CD-ROM

Geerling

Prof. F. Kimura, seit 1994 selbst. m. Arch.-Büro m. Schwerpunkt Entwürfe, Wettbewerbe, Wohnungsbau, Erneuerbare Energie, Geothermie, Holzvergasung, Abwicklung v. Bauprozessen über Internet, 1996 Grdg. d. ArGe IntraGIS Bonn/Rhein-Sieg/Ahrweiler. P.: Publ. in IEEE: A Proposal for a Framework for Business Reeingineering in Design and Realization of Artifical Environment, in AEC Report: Arbeitsprozesse und Datenaustausch im Hochbau. E.: 1991 ACS-Preis'91 "Mensch im Raum", 1996 2. Preis EXPO-2000 "Wohnen u. Arbeiten an d. Datenautobahn". M.: Architektenkam., ACADIA, Geothermische Vereinigung. H.: Architektur / Kulturreisen Türkei, Spanien, Italien, Nordamerika, Rußland, Sport, Squash. Sprachen: Englisch, Italienisch, Japanisch.

Geerling Lars-Alexander

B.: Gschf. Ges. FN.: Musikshop Axel Dr. A. Geerling GmbH. DA.: 45128 Essen, Steinstr. 56. musikshop@t-online.de. G.: Essen, 11. Okt. 1976. El.: Prof. DDr. Gerhard Meyer-Schwickerath u. Astrid I. Geerling. BV.: Vater - Erfinder d. Methodik d. Laserstrahloperation. S.: 1993 Mittlere Reife. K.: m. 16 J. Übernahme d. Musikalienfachgeschäftes, glz. b. 1995 Stud. Gitarre, 1995 Gschf. spez. f. E-Gitarren, Baß u. Zubehör, 2001 Grdg. d. Firma 24.7-Music m. Schwerpunkt elektron. Musikinstrumente. H.: Musik.

Geerlings Wilhelm Dr. *)

Geertz Lars Oliver Dipl.-Kfm. *)

Geese Hartmut *)

Geese Rico *)

Geest Ingrid

B.: Psychologin, Personalberaterin. FN.: geest & rocker personalberatung u. unternehmensentwicklung gmbh u. pa geest publishing & advertising gmbh. DA.: 22395 Hamburg, Wohldorfer Damm 12. G.: Rendsburg, 10. März 1930. Ki.: Gudrun (1957), Manfred (1961), Brigitte (1964). El.: Hugo und Gertrud Reimer. S.: 1950 Abitur Hamburg, 1950-56 Stud. d. Psych. Univ. Hamburg/Freiburg. K.: 1956-57 Mitarb. b. Aufbau d. Psycholog. Inst. d. Versuchsanst. d. Dt. Luftfahrt, seit 1958 selbst., Personalberatungsdienst Geest, 1960 Personalberatung Geest, 1962 Personalanzeigen Geest. M.: ASU, VDU, Übersee-Club, Deutsch-Japanische Ges. H.: Beruf, Geigespielen im Kammerorchester, Japan, Literatur, Kunst,

van Geest Torsten *)

Geffers Claus

B.: selbst. Küchenmeister. FN.: Gasthof Löns-Krug. DA.: 31226 Peine, Braunschweiger Str. 72. G.: Peine, 14. Mai 1951. V.: Christa, geb. Sprenger. Ki.: Christian (1977), Bastian (1980), Patrick (1987). El.: Heinz u. Rotraut, geb. Herwig. S.: 1967-70 Ausbild. z. Fernmeldemonteur, Fachabitur im 2. Bild.-Weg, Wehrdienst, 2 Sem. Informatik FH Hannover, 2 J. Ausbild. Koch im Restaurant Wichmann Hannover, 1983 Meisterprüf. als Koch. K.: seit 1977 im Betrieb b. Eltern, 1984 Übernahme d. Betriebes. M.: DEHOGA, div. Ver., Kochclub FdKK. H.: Radfahren, Inlineskating.

Geffken Rolf Dr. jur.

B.: RA u. Autor. DA.: 21073 Hamburg, Mehringweg 4. PA.: 21781 Cadenberge, Waldwiese 3. DrGeffken@aol.com. www.DrGeffken.de. G.: Wingst, 12. Feb. 1949. Ki.: Jens (1979), Geraldine (1990). S.: 1967 Abitur in Bremerhaven, 1967-73 Stud. Rechtswiss. Univ. Hamburg, 1972 Referendarexamen, 1978 Prom. K.: 1974-78 Doktorand an d. Univ. Bremen, 1976 Assessorexamen, 1977-78 Lehrauftrag f. Arb.-Recht an d. HS f. Wirtschaft u. Politik in Hamburg, 1978-79 wiss. Ang. d. HWP, 1977 Zulassung z. RA, seit 1979 RA m. Schwerpunkt Arb.-, Zivil- u. AusländerR, seit 1990 Fachanw.; Funktionen: 1974-76 PersonalR.-Vors., ab 1975 Ref. b. versch. Bild.-Werken, 1978-90 Lehrauftrag f. Verw.-Lehre im Projekt "Ausländ. Sozialberater", Mitgründer d. Inst. f. Arbeit (ICOLAIR), Forschungsaufenthalte u. Vorlesungen in Indien, Taiwan u. Philippinen. P.: Seeleutestreik u. Hafenarbeiterboykott (1979), Über d. Umgang m. d. Arb.-Recht (1979), Recht & Arb. in d. Dritten Welt-Beispiel Philippinen (1995), Rechtsreinheit als Substanzverlust (1992), Politik ohne Werte (1997), Made in Taiwan (1999), Zielvereinbarungen als Herausforderung (2000), Alter Kurs für Neues Steuerungsmodell (2001) u.v.m.

Geffken Thomas *)

Geffroy Edgar *)

Gefken Heinrich *)

Gefromm Jürgen

B.: Gschf. FN.: Getränke Gefromm GmbH & Co. DA.: 44532 Lünen, Bebelstr. 163. vertrieb@gefromm.de. G.: Dresden, 16. Apr. 1943. V.: Hannelore, geb. Niklowitz. Ki.: Jochen (1967), Mag. Ute (1969). El.: Johann u. Lotte, geb. Wenzel. BV.: Großvater Johann - 1919 Betriebsgründer. S.: 1959 Mittlere Reife, 1959-62 Ausbildung zum Großhdl.-Kfm. K.: 1962-66 Angestellter im elterlichen Betrieb und 1966 Übernahme gemeinsam mit d. Ehefrau, 1975 Vergrößerung u. Eingliederung d. Einzelhdl., 1990 Gründung d. GmbH & Co m. Expansion im Getränkehdl., seit 1999 weltweiter Vertrieb im Internet. M.: seit 1975 Rat d. Stadt Lünen CDU, stellv. Fraktionsvors., 1990 Vors. d. GEV-Einkaufsverb., 1999 VerwR.-Vors. d. Sparkasse Lünen, versch. örtl. Ver. H.: Fernreisen.

Gegus Hans-Peter Dipl.-Ing.

B.: Architekt BDA. FN.: Gegus Hellenkemper Architekten. DA.: 58300 Wetter, Königstr. 69. info @gegus-hellenkemper.de. www.gegus-hellenkemper.de. G.: Krefeld, 25. Juli 1953. V.: Angela, geb. Buchholz. Ki.: Philipp-Alexander. El.: Karl-Heinz u. Magarete, geb. Kortmann. S.: 1971 Fachabitur Hagen, 1971-76 Arch.-Stud.an d. Staatl. Ing.-Schule. K.: 1977-84 Mitarb. im Arch.-Büro Bockemühl, Weller u. Partner in Stuttgart, ab 1979 projektltd. Tätigkeit, 1995 Grdg. d. Sozietät Gegus + Hellenkemper in Herdecke, Poststr. 9, 1985 Umzug in neue Büroräume, Wetterstr. 21, Herdecke, 1984-99

*) Biographie www.whoiswho-verlag.ch oder beigefügte CD-ROM

zahlr. Wettbewerbserfolge, Aufträge im KH-Bau, Hotelbau, kommunale Veranstaltungszentren, Schul- u. Wohnungsbau, Altenwohn- u. -pflegeeinrichtungen, 1998 Erwerb u. Umbau d. Gebäudes Königstr. 69 in Wetter, 1999 Umzug nach Wetter. E.: Anerkennung zum BDA-Preis NW 1992, Preisträger "Neues Leben in alten Gebäuden" 1999.

Geh Hans-Peter Dr. phil. *)

Gehauf Klaus
B.: Gschf. FN.: Gehauf GmbH Schulung & Beratung. DA.: 88214 Ravensburg, Ludwig-Uhland-Str. 2. G.: Straubing, 20. Juli 1956. V.: Beate, geb. Streißle. S.: 1976 Abitur Ravensburg, Stud. Kommunikationswiss. u. neue dt. Literaturgeschichte, Stud. amerikan. Kulturgeschichte, Mag. art., 1981 LMU München. K.: Volontariat im Munzinger Archiv Ravensburg, b. 1983 Redakteur, Mithrsg. v. "200 dt. Literaten d. Gegenwart", Grdg. d. Firma G+K Bildschirmtext GmbH, 1985 Grdg. d. Gehauf GmbH, ab 1989 enge Zusammenarb. m. d. Arbeitsamt: Schulungen, Fort- u. Weiterbildungen, 1991 Grdg. d. I&Q Innovationsberatung u. Qualifizierung GmbH Ravensburg m. Schulungszentrum u.a. im Großraum Dresden, Aufbau eines Schulungszentrums f. d. Gastronomiegewerbe in Dresden-Heidenau, 1995-99 Gschf. Ges. d. COG Congress-Organ.-Gehauf GmbH, ab 1999 Gehauf GmbH. M.: Sportärzteschaft Württemberg. H.: Segeln (Hochsee-Lizenz), Golf, Harley-Davidson, sammeln mod. Kunst.

Gehb Jürgen Dr.
B.: RA, MdB. FN.: Dt. Bundestag. DA.: 11011 Berlin, Platz d. Republik 1. G.: Heringen, 9. Aug. 1952. S.: 1971 Abitur, 1972-73 Bundeswehr, 1974-77 Stud. Rechtswiss. Marburg, 1978-80 Referendariat u. 2. Staatsexamen. K.: 1981 Richter am VG Kassel, 1983-86 wiss. Mitarb. am Hess. Staatsgerichtshof, 1986 Prom. in Göttingen, 1988-93 Richter am Hess. VGH, 1993-97 Bgm. d. Stadt Kassel, seit 1997 RA; Funktion: Doz. an d. Verw.-FHS Wiesbaden; seit 1994 Kreisvors., seit 1996 stellv. Bez.-Vors. d. CDU Kurhessen-Waldeck, seit 1998 MdB. (Re)

Gehl Armin

B.: Gschf. FN.: mysaar.com GmbH & Co KG. DA.: 66121 Saarbrücken, Heinrich-Böcking -Str. 1. PA.: 66482 Zweibrücken, Speckgärten 12. armin.gehl @mysaar.com. www.mysaar. com. G.: 9. Juli 1948. V.: Dr. Liana, geb. Meisel. Ki.: Björn (1983), Bero (1989). El.: Willi u. Rosemarie, geb. Kattler. S.: 1968 Ausbild. Nachrichtentechnik OHM Polytechnikum Nürnberg, Bundeswehr - Oblt. d. Res. K.: 1973-84 Mitarb. b. Saaränd. Rundfunk als Ass. d. Chefredakteurs u. glz. Doz. an d. Fortbild.-Ak. v. ARD u.

ZDF, 1984 Ltr. d. Vorst.-Ref. u. d. Stabsabt. f. Öff.-Arb. u. Information b. VSE, 1986 Hdlg.-Bev. d. VSE u. b. 1989 ltd. Mitarb. sowie offizieller Vertreter in d. Bundesverb. VDE, IZE, ARE, UNIPEDE u. EURELECTRIC, 1994 zusätzl. Gschf. d. Regiocom Saar-Pfalz, 1998-99 Ltr. d. Ndlg. Saarland u. Aufbau d. Vertriebsstruktur u. d. Öff.-Arb. im Saarland, 1999-2000 Mitarb. d. Saarländ. Landesreg. als Sprecher d. Min. f. Wirtschaft u. persönl. Berater d. Energie, Telekomunikation u. Marketing, Ltr. d. Presse- u. Öff.-Arb. d. Min. f. Wirtschaft, Projektltr. d. Internetmarketingkampagne gemeinsam m. SAP u. AufsR.-Mtgl. d. Tourismuszentrale Saar, seit 2001 Gschf. d. mysaar.com Verw. GmbH & Co KG m. Schwerpunkt Internetportal im Bereich e-business, Beiratsvors. d. Wirtschaftsclubs Saar-Pfalz-Maselle. E.: 1998 Ehrenbürger d. HS d. Saarlandes. M.: Beraterstab d. Dt. Energiewirtschaft f.

d. Ausgestaltung d. Themenparks "Energie" auf d. EXPO 2000 in Hannover, IHK-Sonderaussch. f. Öff.-Arb., Arge Marketing-Forum Saar e.V.

Gehl Walter N. Dipl.-Kfm.
B.: Einzelhdls.-Kfm., Vorst.-Mtgl. FN.: Lufthansa Cargo AG. DA.: 60546 Frankfurt/Main, Tor 25. G.: Merzig/Saarland, 15. Okt. 1952. S.: Einzelhdls.-Kfm., Stud. Univ. d. Saarlandes in Saarbrücken, Dipl.-Kfm. K.: 1981 Eintritt Dt. Lufthansa AG, 1985 Finanz- u. Rechnungswesen Dt. Lufthansa AG Köln, 1987 Projektltr. Passage Revenue Accounting, Dt. Lufthansa AG Hamburg, Übernahme Abt. Erlösinformationen Passage Dt. Lufthansa AG Hamburg, 1988 Hauptabt.-Ltr. Erlösinformation, 1993 Ltr. Erlösinformation u. Leistungsrechnung, 1994 Vorst.-Mtgl. Lufthansa Cargo AG, Ressortltr. Personal u. Kfm. Aufgaben, 1995 Arbeitsdir.

Gehlen Alfred *)

Gehlen Thomas
B.: Geschäftsltr. FN.: RUF Jugendreisen GmbH. DA.: 33602 Bielefeld, Hermannstr. 1-3. PA.: 33803 Steinhagen, Magdeburger Str. 9. www.ruf.de. G.: Essen, 13. Mai 1961. V.: Irene, geb. Majstrak. Ki.: Charlotte, Isabell. El.: Erich u. Elisabeth. S.: 1981-84 Ausbild. Ind.-Kfm. Opti-Werke Essen, 1984-89 Stud. Wirtschaft u. Päs. Univ. Köln, Abschluß Dipl.-Hdl.-Lehrer, 1991 1. Staatsexamen. K.: 1984 Betreuer f. Jugendgruppenreisen, 1986 Chefreiseltr. f. 3 europ. Länder u. Ausbilder in versch. Firmen, 1990 verantwortl. f. d. Personalbereich d. Firma RUF Jugendreisen, zuletzt Geschäftsltr. m. Schwerpunkt PR, Ideenentwicklung, Destination, neue Reiseformen f. Kinder u. Jugendliche. P.: Fachbuch f. Touristikmarketing. M.: Transfer e.V. Köln. H.: Familie, Schwimmen, Mountainbiken, Joggen.

von Gehlen Wolfgang Dr. iur. Dr. rer. pol. *)

Gehlen Wolfgang Hermann

B.: Kfm., Inh. FN.: Kluftje Wolfgang Gehlen Der mobile Herrenausstatter. DA.: 86152 Augsburg, Vogelmauer 23. PA.: 86159 Augsburg, Singerstr. 14 1/2. G.: Marienburg, 21. Mai 1942. V.: Ingeborg, geb. Gollmützer. Ki.: Christine, Birgit. El.: Emil u. Grete, geb. Hein. S.: Lehre Einzelhdl.-Kfm. K.: tätig im Verkauf v. Herrenkollektionen, Besuch d. Textilfachschule in Nagold, div. Positionen v. Abt.-Ltr. b. Gschf., u.a. tätig in d. Firma Jesse in Augsburg, seit 1996 selbst. als mobiler Herrenausstatter. BL.: 1996 Besteigung d. Kilimanscharo, 1999 Besteigung d. Mount Elgon in Uganda. H.: Bergsteigen.

Gehler Matthias Dipl.- Theologe
B.: Dipl.-Theologe, Staatssekr. a.D., stellv. Dir., Ltr. d. Hörfunks. FN.: Mitteldt. Rundfunk Landesfunkhaus Thüringen MDR 1 Radio Thüringen. DA.: 99403 Weimar, Humboldtstr. 36a. G.: Crimmitschau, 4. Aug. 1954. Ki.: Sara (1980), Martin (1982). El.: Gottfried u. Lieselotte, geb. Klotz. S.: 1971-74 EDV-Facharb., 1974-81 Stud. Theol. an d. Theol. HS Friedensau Magdeburg, 1981 Dipl.-Theol. K.: 1982-87 Pfarrer u. Abt.-Ltr. in Berlin, 1982-87 Stud. im Ausland, Seminare innerhalb, Kirchen, 1987 Liedermacher m. 50 Konzerten im J., Redakteur Verlag "Neue Zeit" f. Innenpolitik u. Kirche, 1990 Referent d. CDU-Parteiltg., Gen.-Sekr. CDU-Ost, 1990 Staatssekr. u. Reg.-Sprecher d. ersten frei gewählten Reg. d. DDR, 1990 Berater d. Ltg. d. Presseamtes in Bonn, ab 1991 Beauftragter d. Rundfunkbeauftr. f. d.

---

*) Biographie www.whoiswho-verlag.ch oder beigefügte CD-ROM

Neuen Bdl., 1991 stellv. Dir. Landesfunkhaus Thüringen u. Hörfun-Chef MDR 1 Radio Thüringen. P.: Mitautor "Herbstzeitlose", "Im Sog. d. Einheit", mehrerer Publ. in Fachzeitschriften. M.: Presseclub Berlin. H.: Reiten, Tennis, Musik, Theater (Brecht).

Gehler Rolf *)

Gehlert Harald *)

Gehlert Walter
B.: Dirigent, Journalist, Inh. FN.: Presto Druck u. Verlag GmbH & Co KG. GT.: Hrsg. d. monatl. erscheinenden Zeitschrift "Hamburg Kulturell". DA.: 22589 Bockhost 108. S.: Schule Hamburg u. Bad Harzburg, Stud. Kunstschule Alsterdamm, 1952 Klavierstud. K.: 1953 freie journalist. Tätigkeit b. versch. Hamburger Zeitungen, 1954 Stud. Tonsatz, Komposition u. Dirigieren Hamburger HS f. Musik, 1955 Stud. Heinitz-Seminar, freier Mitarb. b. Agenturen, ab 1957 selbst. Konzerttätigkeit, Dirigent, Veröff. erster eigener Kompositionen, 1960 Kurse in Genua, 1961 Musikkritiker, Doz., 1965 Doz. Fächer Theater u. Musik, Seminare HS f. Musik u. Theater Hamburg. BL.: 30jährige Konzerttätigkeit, 1. Vors. d. Robert Stolz Gesangswettbewerbs Wiener Operette u. Gründer d. WB, 1. Vors. u. Jury v. d. Instrumentalwettbewerbs d. LTM, Jurymtgl. zahlr. intern. Gesangswettbewerbe, Initiator: "Konzert d. Tenöre" Hamburg 1990, "Konzert d. Primadonnen", "Konzert d. Kavaliere", "Konzert d. Kinder". E.: Cavaliere-Orden v. Italien, Gold. EZ v. Österr., Robert Stolz-Büste in Gold, 1. Vors. d. Landesverb. d. Tonkünstler u. Musiklehrer e.V. LTM Hamburg (Gold. u. Silb. Ehrennadel). M.: 1. Vors. d. Hamb. Konzertchores e.V. Hamburg, Präsidiumsmtgl. d. LandesmusikR. in d. Freien u. Hansestadt Hamburg. H.: Kochen, Zeichnen. (E.S.-B.)

Gehlfuß Wolfgang Dipl.-Ing. *)

Gehlhaar Heinz-Martin *)

Gehlhaar Michael *)

Gehlhar Peter Jürgen Gerd Dr. med. dent.
B.: Zahnarzt, selbstständig. DA.: 42781 Haan, Neuer Markt 1. praxis@prophylaxe-center.de. G.: Kiel, 28. Nov. 1949. V.: Sabine, geb. Brockmann. Ki.: Christian (1981), Philipp (1985), Maximilian (1994). El.: Werner u. Ingeborg, geb. Rakow. S.: 1965-66 Höhere Handelsschule, 1966-69 Ausbildung z. Elektroinstallateur, 1970-73 Abitur über Abendgymnasium, 1973-78 Stud. Phil. u. Zahnmed., 1979 Prom. K.: 1978-79 Ass.-Arzt, 1979-80 Stabsarzt b. d. Bundeswehr, 1980-92 selbständig m. Gemeinschaftspraxis in Wuppertal, seit 1992 eigene Praxis. BL.: 1. Dt. Zahnarzt m. eigenem Prophylaxezentrum. F.: Praxislabor, Praxismarketing Dr. Peter Gelhar. P.: versch. Veröff. in Fachzeitschriften, zahlr. Vorträge. M.: IHCF. H.: Elektronik, Mountainbiking, Joggen.

Gehlhaus Karl-Heinz *)

Gehlhoff-Claes Astrid Veronica Dr. phil. *)

Gehlhoff-Weiser Cornelia Dr. med. *)

Gehlsen-Lorenzen Volker *)

Gehm Holger *)

Gehmacher Walter R. *)

Gehr Helmut
B.: Gschf. Ges. FN.: Gehr Kunststoffwerk GmbH & Co KG. DA.: 68129 Mannheim, Casterfeldstr. 172. PA.: 68723 Schwetzingen, Dessauer Str. 5. G.: Mannheim, 12. Juni 1949. V.: Ingrid, geb. Winkler. Ki.: Sebastian (1975), Annette (1978). El.: Werner u. Wilma. S.: 1964-67 höhere Handelsschule, 1968-70 Lehre Ind.-Kfm., 1972-74 Stud. BWL FH Ludwigshafen m. Abschluß Dipl-Betriebswirt. K.: 1974 Übernahme d. Firma d. Vaters, 1982 Grdg. einer Firma in d. USA, 1991 Grdg. einer Firma in Japan, 1994 Grdg. einer Firma in Hongkong, 1997 Grdg. einer Firma in England, 1997 Grdg. d. GmbH & Co KG m. Herstellung v. Hochleistungskunststoff. P.: div. Veröff. in Fachzeitschriften d. USA. M.: Grdgs.-Mtgl. d. Schurmann-Stiftung, Schnauferlclub, Kunstver. Mannheim, Kunstver. Heidelberg, Richard-Wagner-Ver., Mozart-Ver. Schwetzingen. H.: Kunst, Musik, Literatur, Geschichte, Reisen.

Gehr Helmut

B.: Ing.-Ökonom, Inh. FN.: Natursein Gehr. DA.: 35590 Tangermünde, Stendaler Str. 5. PA.: 39590 Tangermünde, Arneburger Straße 120. naturstein gehr @t-online.de. G.: Osterwieck, 8. Dez. 1944. V.: Brigitte, geb. Joel. Ki.: Lars (1969), Jordis (1971). El.: Johann u. Natalie S.: 1959-62 Lehre Stahlschiffbauer VEB Schiffswerft Edgar Andre Magdeburg. K.: b. 1963 Gruppenleiter. f. Verträge im BMK Magdeburg, 1965-70 Fernstudium z. Ing.-Ökonom, 1980 selbst. m. Schwerpunkt Fußböden, Fensterbänke, Fassaden, Grabmale in Tangermünde, spez. 3D-Scansysteme u. 5-achsiges Naturstein-Bearbeitungs-Zentrum als 1. Betrieb in Deutschland. BL.: Bau d. größten freitragenden Spindeltreppe in Europa. H.: Bungalow, Familie, Radfahren.

Gehrcke Wolfgang

B.: MdB, Journalist. FN.: PDS DA.: 11011 Berlin, Platz der Republik 1, Abgeordnetenbüro: 10117 Berlin, Jägerstr. 67, Wahlkreisbüro: 16816 Neuruppin, Steinstr. 18. PA.: 10405 Berlin, Rykestr. 39. wolfgang ehrcke@bundestag. de. www. wolfgang-gehrcke. de. G.: Reichau/Bayern, 8. Sep. 1943. V.: verh. Ki.: 1 Tochter. El.: Walter u. Anna geb. Hammerer. S.: 1959-63 Lehre Verwaltungsang. beim Arbeitsamt Hamburg. K.: 1963-68 Arbeitsamt Hamburg, zuletzt Hauptvermittler u.a. Hafenberufe, 1968 Festnahme bei Osterdemonstrationen, 1969 Amnestie, 1960-61 1/2 J. SPD, 1961 Ausschluß d. SPD wegen Teilnahme an Osterdemonstrationen, Mitbegründer d. Ostermarschbewegung, 1961 Eintritt in d. KPD, Deckname "Christian Hammerer", 1968 Grdg. Bundesverb. SDAJ-Sozialistische Arbeiterjugend, 1968-74 stellv. Bundesvors SDJA, 1974-79 Bundesvors. SDJA, daneben Leitung Weltkreisverlag u. Journalist bei Zeitschrift Elan, 1968 Mitbebründer d. DKP, 1973-89 Wahl in Parteivorst. DKP, auch Ingangbringen d. Deutsch-Deutschen Jugendbeziehungen u. mit Osteuropa, 1981 DKP-Vors. Hamburg u. Mtgl. Parteipräsidium, ab 1981 Sprecher d. Reformkommunistischen Bewegung in d. DKP, 1983-84 Zentraler Ausschuß d. Friedensbewegung, 1990 Austritt aus DKP, 1981-89 Vors. d. Hamburger DKP, 1989 Rücktritt v. Amt d. Bez.-Vors. u. 1990 Austritt aus d. DKP, 1990 Eintritt in PDS, 1991-93 Bundesgschf. PDS, 1993-99 stellv. Vors. d. PDS, spez. Bündnispolitik, Strategie, Taktik, historische Fragen, seit 1998 Mtgl. d. Dt. Bundestages, Wahlkreis Prignitz 272, stellv. Fraktionsvors., "Aussenpolitischer Sprecher d. PDS-Fraktion", o. Mtgl. d. Auswärtigen Ausschusses, seit 1998 Vors. d. Parlamentariergruppe f. Kontakte zu d. Parlamenten Mittelamerikas u. d. Karibik. P.: über mit eigener Beitrag in: "Handbuch des Linksextremismus" der Bundeszentrale f. politische Bildung 1997, Buch zur Geschichte des Stalinismus "Von der Lubjanka bis Hohenschönhausen - Kommunisten verfolgen Kommuinisten", M.: I. G. Medien. H.: Lesen, zeitgeschichtliche Belletristik, klass. Theater, klass. Musik, Reisen. (Re)

Gehrckens Hans-Jürgen Dipl.-Ing.
B.: Dipl.-Ing. f. Seeverkehr, Kapitän, Gschf. FN.: Carl Robert Eckelmann "Cleanpipe" GmbH. DA.: 20457 Hamburg, Reihendamm 44. G.: Schwerin, 6. Dez. 1937. V.: Ilse, geb. Bode. Ki.: Robert (1962), Ronald (1964), Hinnerk (1968). El.: Friedrich Otto u. Elisabeth, geb. von Daacke. BV.: Reederfamilie Gehrckens Hamburg. S.: 1952-62 Seefahrt, 1959 Steuermannpatent. K.: 1959-61 Offz., 1962 Kapitänspatent A/G auf gr. Fahrt/Abschluß als Dipl.-Ing. f. Seeverkehr, 1962-64 1. Offz., 1966 Kapitän auf See, 1966-70 Lagos/Nigeria Schiffsumschlagsbetrieb u. geleitet, 1970-84 Stauerei Gerd Buss in Hamburg u.a. als Fuhrparkltr. u. Prok. b. "Cleanship" Buss GmbH, 1984 Mitinh. u. Gründer d. Cleanpipe Rohrsanierung, 1993 Anteile an Firma Eckelmann verkauft u. ppa. f. beide Firmen übernommen, seit 1996 Gschf. b. C.R. Eckelmann "Cleanpipe" GmbH. E.: 1970-86 Bundesmarine - Korvettenkapitän d. Res. M.: seit 1998 Golfclub am Green Eagle in Winsen, seit 1980 Schützenver. Winsen/Luhe, seit 1970 Hansa-Sportver., seit 1990 Berufsverb. DVGW. H.: Golf, Schießen.

Gehre Frank H. Dipl.-Ing. *)

Gehre Rolf-Ferdinand Dr.
B.: FA f. Allg.-Med., Betriebsarzt. FN.: Praxisgemeinschaft Gehre & Boblitz. DA.: 30169 Hannover, Hildesheimer Str. 77. dr. gehre@t-online.de. G.: Hannover, 29. Mai 1956. V.: Dipl.-Ing. Ulrike, geb. Steffner. Ki.: Jan-Ferdinand (1991), Christian-Paul (1993). BV.: im 16. Jhdt. hat Ururgroßonkel Charles de Coster aus Belgien d. Eulenspiegel verfasst. S.: 1976 Abitur Hannover, 1973/74 Englandaufenthalt auf Wynstones-School in Gloucester, Med.-Stud. an der Med. HS in Hannover, 1983 Examen u. Prom., 1984 auf See m. d. Bundesmarine in Kiel. K.: b. 1986 Zusatzausbildung z. FA d. Inneren Med./Innere Abt. d. Kreis-KH Großburgwedel, 1987 in d. Chir. im Friederikenstift in Hannover, 1988 in d. Chir. Praxis, b. 1989 Arzt in d. Entwicklungshilfe an d. Dt.-Chin. Poliklinik in Peking u. Zusatzqualifikation z. FA d. Betriebsmed., 1989 Ndlg. als FA f. Allg.-Med./Betriebsmed. in Hannover, 1997 Grdg. d. fachübergreifenden Praxisgemeinschaft Gehre & Boblitz. M.: seit 1994 Bez.-Stellen Vorst. d. Kassenärztl. Ver., Berufsverb. d. Allg.-Ärzte, Travel Med, Dt. Fachverb. Reisemed. e.V., Wilhelm-Busch-Ges. Hannover, Dt. Hochseesegelverb. "Hansa" in Glücksburg. H.: Segeln, Lesen, Sport, Reisen.

Gehre Ulrich Dr. phil. *)

Gehrig Bernd *)

Gehrig Karl-Heinz Dr. Prof. *)

Gehrig Helmut

B.: Auktionator öffentlich bestellt u. vereidigt/Numismatiker. FN.: Kurpfälz. Münzhdlg. DA.: 68165 Mannheim, Augustaanlage 52. G.: Mannheim, 21. Feb. 1940. V.: Josefina, geb. Kiefer. Ki.: Uwe (1961), Rolf (1963), Tanja (1969). El.: Willy u. Elisabeth. S.: 1959 Abitur Mannheim, 1959-61 Banklehre. K.: 1961-69 Geschäftsführer des väterlichen Tabakwarengroßhdl., 1969 Gründung d. Kurpfälz. Münzhandlung K P M. P.: 61 Auktionskataloge. M.: Verband d. Dt. Münzhändler, AINP (International Association of Professional Numismatists), Altertumsver. d. ehemaligen. Kurpfalz, Förderver. f. d. Reiss-Museum, 1959-61 Mannheim, Kunstver. Mannheim, 1959-61 Kunstver. Heidelberg. H.: Natur, Spanien, klassische Musik, Menschen und Geschichte, Kulinaria und Vinum.

Gehrig Peter *)

Gehrig Rainer Anton *)

Gehrig Ulrich Dr. *)

Gehring Heide

B.: Krankenschwester, PDL, Inh. FN.: Ambulante Pflege H. Gehring. DA.: 29223 Celle, Baumhirschstr. 38. G.: Haldensleben, 20. Jan. 1968. V.: Lothar Gehring. Ki.: Robert (1989). El.: Dietrich Molitor u. Gretl Lange-Schröder, geb. Klatt. S.: 1986 Abitur, Ausbildung zur Krankenschwester am KKH Haldensleben. K.: 1989-91 tätig als Krankenschwester im KKH Haldensleben, Intensivmedizin und Rettungsdienst, 1991-94 Krankenschwester an d. MHH in Hannover, 1994 angestellt im privaten Pflegedienst in Hannover, seit 1994 selbständig in Celle, 1996-97 Zusatzausbildung zur examinierten Pflegedienstleitung. M.: ABVP. H.: Lesen, Radfahren, Schwimmen, Motorradfahren, Fotografieren.

Gehring Jürgen

B.: Gen.-Vertretung. FN.: Allianz-Vers.-AG. DA.: 19063 Schwerin, Hamburger Allee 140b. G.: Werle, 12. Juni 1950. V.: Sabine, geb. Wutta. Ki.: Simone (1967), Torsten (1972). El.: Helmut u. Irma, geb. Brunck. S.: 1967 Lehre z.. Kfz-Schlosser, 1968-70 Lehre zum Maschinenbauzeichner i. Landmaschinenwerk Wutha, 18 Mon. NVA, 1972-74 Mitarb. im Hauptwerk in Wutha, 1974-75 Obertrikotagenwerk Apolda, 1975 Abschluß als Facharbeiter für Textiltechnik, 1975-77 u. 1982-84 Kranfahrer im Staatl.

*) Biographie www.whoiswho-verlag.ch oder beigefügte CD-ROM

Gehring

Forstwirtschaftsbetrieb in Wutha, 1977-80 Disponent im Hydraulikwerk in Schwerin, 1980-82 technischer Mitarb. Saat- u. Pflanzgut in Schwerin, 1984-87 Mitarbeiter bei INEX Berlin AST.Schwerin, 1987-90 Lagerltr. im Versorgungsdepot d. Pharmazie- u. Med.-Technik Schwerin, seit 1985 nebenberufl. Tätigkeit f. d. Staatl. Vers. d. DDR, 1990 Hauptvertreter d. Allianz, seit 2000 Gen.-Vertreter. M.: b.1989 NDPD, "Schützenver. Lübesse e.V.". H.: Sportschießen, Holzbastelarb., Natur, Kurzreisen, gute Autos.

Gehring Rudi Dipl.-Ing. Prof. *)

Gehring Stephan
B.: Gschf. Ges. FN.: Thomas Niersmann Umweltservice GmbH. DA.: 30549 Düsseldorf, Wiesenstr. 72. G.: Wegberg, 17. Dez. 1963. El.: Ralf u. Ursula, geb. Maszurimm. BV.: Kfm.-Familie aus Ostpreußen; Bergmannsfamilie aus d. Ruhrgebiet in Aachen. K.: 1991-97 Entsorgungsverwalter d. Firma Schönmackers in Krefeld, 1997-98 selbständiger Entsorgungsberater, seit 1998 Geschäftsführer Ges. der Firma Thomas Niersmann Umweltservice GmbH. M.: Bundesvereinig. Dt. Stahlrecycling- u. Ensorgungsunternehmen e.V. H.: Badminton, Handball, Fußball.

Gehring Susanne Dipl.-Chemikerin

B.: Apothekerin, Inhaberin. FN.: Bahnhof-Apotheke. DA.: 33332 Gütersloh, Carl-Bertelsmann-Str. 6. G.: Osnabrück, 11. Nov. 1958. V.: Burkhard Gehring. Ki.: Nina (1989), Kristin (1991). El.: Dr. med. vet. Rolf u. M. Herweg. S.: 1974-75 Höhere Handelsschule, 1975-77 kaufmännische Handelsschule mit Abschluss HS-Reife, 1977-82 Studium der Chemie mit Dipl.-Abschluss, 1982-86 Studium der Pharmazie, 1. u. 2. Staatsexamen, 1986-87 Praktikum, 3. Staatsexamen mit Approbation. K.: 1987-89 Tätigkeit als Apothekerin, 1993-99 Tätigkeit in der Krankenhaus-Apotheke d. St. Elisabeth-Hospitals in Gütersloh, 1999 Übernahme der Bahnhof-Apotheke. H.: Beruf, Familie, Literatur, Tennis.

Gehring Walter Dr. iur. *)

Gehring Werner G. Dr. med.

B.: Gschf. Ges.; Vorst.; Arzt. FN.: Dr. Gehring Vitalstoffe GmbH; Werner G. Gehring Stiftung. DA.: 31832 Springe, Magdeburger Str. 7. G.: Hameln, 14. Sep. 1951. Ki.: 2 Kinder. S.: 1971 Abitur Bad Nenndorf, 1971 Stud. Med. HS Hannover, 1978 Prom. K.: 1978 wiss. Ass. an d. Frauenklinik d. MHH, 1983 Grdg. d. Inst. f. Reprod.-Med., 1989 Grdg. d. Dt. Kliniken für Fortpflanzungsmed. GmbH, 1990 Grdg. d. G. Gehring Stiftung, 1990 Grdg. d. Inst. f. Reprod.-Med. GmbH, 1994 Grdg. d. Dr. Gehring Vitalstoffe GmbH, 1995 Grdg. d. EU-Sauna Gesundheitszentrums GmbH, 1996 Grdg. d. Dt. Zentrums f. Lasertherapie GmbH, 1997 Grdg. d. Asian Food and Bevarage GmbH. BL.: 1973 Aufnahme in d. Hochbegabtenförderung d. Konrad-Adenauer-Stiftung, zahlr. Patente u. Rezepturen. E.: Ehrenbürger d. Stadt Huntsville/ USA, Ehrenpräs. d. Dt. Ges. f. Nährstoffmed. u. Prävention. M.: Society of Plastic Engineers, Division Chairman for Plastics in Medicine, Bertelsmann-Springer Gesundheitsges., wiss. Kuratorium, BeiR.-Mtgl. d. Jatros Gynäk. u. d. Jatros Urologie, BeiR.-Mtgl. d. Qulimed-Qualitätssicherung in d. Med., BeiR.-Mtgl. v. Med. u. Ernährung, BeiR.-Mtgl. in Lebensmittel & Recht, European Society of Human Reproduction and Embryology, European Federation of Society for Ultrasound in Medicine & Biology, Society of Plastics Engineers, INC, Dt. Ges. z. Stud. d. Fertilität u. Sterilität, Dt. Ges. f. Geburtshilfe u. Frauenheilkunde, Dt. Ges. f. Ultraschall in d. Med., Dt. Ges. f. Nährstoffmed. u. Prävention, Dt. Ges. f. Ernährungsmed. H.: Asiatische Kultur, ferne Länder u. deren Kulturen, Musik.

Gehringer Erich Dipl.-Betriebswirt *)

Gehringer Joachim Heinrich Mag. art.
B.: Managementberater u. Trainer ADMT. DA. u. PA.: 96114 Hirschaid, Fasanenstr. 14. G.: Bamberg, 7. Feb. 1960. V.: Christine, geb. Gösswein. Ki.: Johannes, Ann-Katrin, Franziska. El.: Georg u. Anita. S.: Allg. FH-Reife, Univ. Bamberg, Bayer. Beamten-FH. K.: Univ.-Ass., Kommunalbeamter, Gschf., Ausbildungsbeauftragter, Abteilungsltr. P.: Vers. professionell verkaufen (1994), Unfallvers. erfolgreich verkaufen (1994), Hausratvers. erfolgreich verkaufen (1995), Das Vermittlerbüro optimal organisieren (1995), Menschen gewinnen durch Kommunikation (1996), Umsatzsteigerung leicht gemacht (1999), Frühwarnsystem Balanced Scorecard (2000), Power Assessment (2000), Das Beratertraining (2001). M.: Allianz Dt. Managementtrainer (ADMT). H.: Wassersport, Garten.

Gehringhoff Rainald

B.: RA u. Notar. FN.: Robert Gehringhoff, Ludwig Huppert, Rainald Gehringhoff. DA.: 59269 Beckum, Nordstr. 1. G.: Beckum, 22. Nov. 1964. V.: Susanne, geb. Möller. Ki.: Antonius, Jasper, Thies. El.: Robert u. Bernhardine, geb. Friggemann. S.: 1984 Abitur, 1985 Stud. Rechtswiss. a. d. Univ. Münster, 1991 1. Staatsexamen, Referendariat LG Dortmund, 1994 2. Staatsexamen. K.: 1994-96 RA in d. Kzl. Dr. Hallermann Notar, niederländ. Konsul in Münster, seit 1996 ndlg. RA in Beckum m. Tätigkeitsschwerpunkt Arb.- u. Verkehrsrecht u. Notariat, seit 1998 Fachanw. f. Arb.-Recht, seit 1999 Notar. E.: Vizepräs. d. Ralf Loddenkemper-Stiftung. M.: Caritas Beckum, Reitklub, Rotary Club. H.: Pferdezucht.

Gehrke Erika *)

Gehrke Jürgen Dr. med. Ph.D./Univ. London
B.: Arzt f. Innere Med., Kardiologie, Naturheilverfahren, Kurarzt, Privatpraxis. DA.: 97688 Bad Kissingen, Von-der-Tann-Str. 5. G.: Stettin, 6. Feb. 1940. V.: Jacqueline, geb. Pagand. Ki.: Mathias, Stephanie. El.: Dr. med. dent. Willy u. Rosemarie. S.: 1960 Abitur, b. 1967 Stud. Humanmed., 1967 Staatsexamen Univ. Würzburg, 1970 Approb. als Arzt, 1970 Prom. v. Dr. med. Univ. Würzburg u. Prof. Franke, Diss.: NHV - summa cum laude. K.: 2 J. Med.-Ass. Innere, Chirurgie, Gynäkologie, Kinder. Intern. Reha, 1970-72 Ass. Innere Med. b. Prof. L. Pippig Gütersloh, Neurologie u. Psychiatrie b. Prof. W. Th. Winkler, LKH Gütersloh, Ca. Dr. Peter Beckmann, Ohlstadt/Obb., wirkl. Ziehvater d. Reha-Med. ab 1964, Sohn d. Express. Max Beckmann, s. 1973 10 J. Postgraduate Stud. u. klin. Forsch. Kardiologie b.

*) Biographie www.whoiswho-verlag.ch oder beigefügte CD-ROM

Prof. John F. Goodwin, 3 J. Trainee Registrar Radiologie b. Prof. Dr. E. Steiner u. Prof. Dr. David Allison, RPMS Hammersmith Hospital London, 1974 Pionier der 2-dimensionalen Real-time grey-scale Echokardiographie u. erste Einführung in d. klin. Kardiologie, 1980 PH.D. Univ. London, nach Rückkehr 1985 FA f. Innere Med. u. Kardiologie, b.1986 Kurse, Hospitationen u. Anerkennung d. Zusatzbezeichnung f. Naturheilverfahren u. Kurmed., 1986 Niederlassung in einer freien Praxis in Bad Kissingen, ärztlicher Leiter in mehreren Sanatorien. BL.: Privatforschung, Begründer d. EKM(r). P.: mehr als 100 Publ. in intern. u. nat. Zeitschriften, Vorsitz b. nat., internat. u. Weltkongr. E.: 1995 Präs. d. Dt. Ges. f. Energo-Kybernet. Med e.V., nat. u. intern. Ges. z. Erforschung. u. Verbr. d. EKM(r), Ehrenmtgl. d. ital. Ges. f. Echokardiographie. M.: Mtgl. in v. med. Gesellschaften. H.: Lesen, Psychologie, Esoterik, Skifahren, Segeln, klassische Musik.

Gehrke Manfred Dr.
B.: Außenstellenleiter. FN.: DAA Marl Deutsche Angestellten Akademie. DA.: 45770 Marl, Lehmbecker Pfad 35. dr.manfredgehrke@aol.com. www.daa-bw.de. G.: Essen, 5. Mai 1961. El.: Erwin u. Edeltraud, geb. Kuschate. S.: 1980 Abitur, Stud. kombinierte Sozialwiss. u. Philol. Univ. Bochum, 1986 Examen m. Ausz., Prom. summa cum laude. K.: 1990 Ang. d. DAA, Ltr. d. Abt. f. Akademiker, Fach- u. Führungskräfte u. kfm. Bereich f. d. Emser-Lippe-Region. P.: "Clinical Research Associate" (2001), "Medizinische Informationsverarbeitung" (1999), "Finanz- u. Wirtschaftsberatung" (1995), "Freizeit- u. Tourismikmanagement" (1991). E.: Hochschulreis f. herausragende wiss. Leistungen d. Jahres 1990, Preis Dt. Studenten, Begabtenförderung d. Landes NRW. H.: Theater.

Gehrke Matthias Dr. phil. nat.

B.: Gschf. FN.: Cortex Biphysik GmbH. DA.: 04229 Leipzig, Nonnenstraße 39. PA.: 60318 Frankfurt, Lenaustraße 76. G.: Frankfurt, 10. Okt. 1961. V.: Eva-Maria, geb. Hillmann. Ki.: Daniel (1982), Paula (1992), Konrad (1994). El.: Dr. Helmut u. Ruth, geb. von Möllendorff. S.: 1981 Abitur, 1981 Stud. Chemie Frankfurt, Stipendium d. Studienst. d. Dt. Volkes, 1985 Dipl.-Chemiker, 1989 Promotion. K.: 1990 Prok., 1991 Grdg. d. Firma Cortex GmbH f. angew. Biophysik in Leipzig, 1997 Venture-Kapital v. Sächs. Beteiligungsfond GmbH zusammen m. d. tbg. BL.: 1999 Erfindung d. portablen Ergospirometriesystems. E.: . Preisträger d. Sendung "einfach genial", 1994 Innovationspreis d. Landes Sachsen, 2001 Preisträger Industrieforum Design. H.: Lesen, aktuelle amerikan. Autoren im Original.

Gehrke Michael *)

Gehrke Renate Dr.-Ing. Prof. *)

Gehrke Rolf Dipl.-Ing. *)

Gehrken Lutz *)

Gehrloff Olaf *)

Gehrls Andrea
B.: Drogistin, Inh. FN.: Parfümerie + Foto Andrea Gehrls. DA.: 23743 Ostseeheilbad Grömitz, Am Markt 7. www.parfuemeriegehrls.de. G.: Grömitz, 25. Feb. 1957. S.: 1972-75 Ausbild. z.

Drogistin in Kellenhusen/Ostsee. K.: 1975-78 Tätigkeit in Lehrfirma, 1978-80 Filialltg., 1980 Übernahme d. Geschäftes in Grömitz, Erweiterung u. Veränderung in Parfümerie, 1984 Neueröff. in größeren Räumen, 1986 Eröff. d. Kosmetiksalons im Geschäft, mit dem Schwerpunkt: Schminkschule - unter Anleitung v. Visagistinnen. M.: TSV Grömitz e.V., Freiwillige Feuerwehr, Ges. d. Intercos GmbH. H.: Literatur, Schwimmen, Sauna, Rad fahren.

Gehrmann Bernd Hans Otto Dr. med.

B.: Zahnarzt, selbständig. DA.: 17192 Waren/Müritz, Goethestr. 48-51. G.: Neustrelitz, 16. Sep. 1954. V.: Elruth, geb. Fischer. Ki.: Christoph (1979), Hannes (1983). El.: Hans u. Helga, geb. Lindow. S.: 1973 Abitur Neustrelitz, b. 1975 NVA, 1975-80 Stud. Zahnmed. an d. Univ. Rostock z. Dipl.-Stomatologen. K.: 1980-89 Zahnarzt, Ausbildungsleiter u. OA an d. Poliklinik Waren/Müritz, 1982 Prom. z. Dr. med., 1984 Abschluss z. FA f. Allg. Stomatologie an d. Bezirkspoliklinik Neubrandenburg, 1989-90 Chefarzt an d. Poliklinik Waren/Müritz, seit 1990 eigene Ndlg., seit 1992 Praxis im Ärztehaus. BL.: Gutachter f. d. Zahnärztekammer, Kreisstellenvors. d. Zahnärztekammer f. d. Müritzkreis. M.: Müritz Sport Club e.V., Rotary Club Waren, Dt. Ges. f. computergestützte Zahnheilkunde e.V. H.: Trekking-Tourismus.

Gehrmann Christine *)

Gehrmann Ewald *)

Gehrmann Gerhard Dipl.-Ing.
B.: Gschf. Ges. FN.: Gehrmann Metallbearbeitung GmbH. DA.: 31832 Springe/Bennigsen, Allerfeldstr. 25. G.: Berlin, 10. Juli 1942. V.: Andrea, geb. Paasch. Ki.: Ben (1999). S.: 1959 Mittlere Reife in Berlin/Schöneberg, 1959-62 Ausbildung z. Werkzeugmacher b. d. Firma Swarzkopf AG in Berlin, 1962-65 Gesellschaftigkeiten in Berlin, berufsbegleitendes Stud. d. Maschinenbaus an d. Beuthschule Berlin, 1965-69 Stud. Maschinenbau an d. FHS in Berlin m. Abschluss z. Maschinenbau-Ingenieur. K.: 1969-72 tätig als Ing. in d. Vertiebungstechnik d. Firma Krone KG in Berlin, 1972-75 Wechsel z. Firma Happich GmbH nach Wuppertal als Vertiebungsplaner, 1975-79 b. d. Firma VDO AG in Hannover als Ltr. d. Arbeitsvorbereitung u. stellv. Betriebsleiter, 1979 Grdg. d. Firma Gehrmann Metallbearbeitung in Springe u. 1983 Umwandlung in einer GmbH in Springe, Schwerpunkte Druckgussverarbeitung f. d. Ind. M.: IHK, Wassersport Ver., Herrenhäuser Chorgemeinschaft, Tennisverein Bennigsen. H.: Radfahren, Wandern, Geselligkeit m. Freunden.

Gehrmann Günter
B.: freier Bestattungsredner u. Gesangspädagoge. DA.: 70190 Stuttgart, Werastr. 44. G.: Berlin, 26. Sep. 1935. V.: Gerlinde, geb. Fellmann. Ki.: Gunnar (1963), Gunda (1971), Giselher

---

*) Biographie www.whoiswho-verlag.ch oder beigefügte CD-ROM

Gehrmann

(1982). El.: Ernst u. Gertrud, geb. Rutkowski, verh. Schuster. S.: 1950 Lehre Bäcker Basel u. Müllheim. K.: 1955 tätig bei einer Maschinenfbk. in Esslingen, 1956-58 Bäcker in Köln u. Hamburg, ab 1960 in d. Verw. einer Lebensvers. in Toronto, 1962-63 Verkäufer in d. Radio- u. Fernsehbranche in Eßlingen danach im Buchsortiment in Stuttgart, b. 1973 in Datenverarb., tätig b. Finanzamt u. an d. Univ. Stuttgart, glz. Seminar f. Waldorf-Päd., 1972 Abschluß Klassenlehrerdipl., 1968 Erteilung v. Gesangsunterricht in Stuttgart u. Saarbrücken, ab 1975 Zelebrierung v. Trauerfeiern f. "Konfessionslose Menschen", 1982-88 Kursltr. an d. Fak. Phil. d. VHS Stuttgart, tätig als Gesangslehrer, u.a. v. Rosanna Rocci. P.: div. Veröff. v. Aphorismen. E.: Kanadischer Gesangspreis. M.: seit 1978 Ver. erweitertes Heilwesen/UL, seit 1982 Nachbarschaftshelfer, seit 1972 SPD-Ortsver.-Kassier Stuttgart-Mitte, seit 1983 Wahlhelfer, seit 1978 Achberger Kreis, 1986-95 Vortragsveranstalter d. "Forum Freies Geistesleben", Elterngruppe Tschernobyl, seit 1986 Standaktionen auf d. Stuttgarter Schloßplatz z. Thema "Volksentscheid", 1980-92 Schöffe b. LG, 1987-95 Beisitzer im Kriegsdienstverweigerungsaussch., AG Demokratie u. Recht. H.: Gedankenstraffung durch exakte Wahrnehmung, Lösung d. Sozialen Frage, Umgestaltung d. Renten-Anstalten i. e. Allg. Kredit- u. Renten-Anstalt.

Gehrmann Heidi
B.: selbst. Schönheits-Consultant, Krankenschwester. DA.: 38855 Wernigerode, Friedrichstr. 10b. G.: Marienwerder, 26. Juni 1945. Ki.: Henning (1965). S.: b. 1965 Lehre z. Krankenschwester im Kreis-KH Wernigerode. K.: seit 1966 Krankenschwester, z.Zt. im Altenheim Wernigerode, seit 1996 Start eines Strukturvertriebsgewerbes in Zusammenarb. m. Mary Kay - Cosmetic. E.: 1997 u. 1999 Verkaufskönigin b. Mary Kay. H.: Reisen, Musik, Sport, Arch., Musicals.

Gehrmann Holger *)

Gehrmann Michael Kurt Paulus *)

Gehrmann Werner R. Dr.-Ing. *)

Gehrtz Hans-Ulrich

B.: Rae Arendt & Gehrtz. DA.: 27283 Verden, Johanniswall 9. dusy-gehrtz@t-online.de. G.: Hannover, 2. Mai 1957. V.: Sylke, geb. Grabatsch. Ki.: Daniel (1993). El.: Johann u. Marlis, geb. Berndt. S.: 1977 Abitur, 1977-79 Bundeswehr - Luftwaffe Goslar u. Goch, 1979 Stud. Rechtswiss. Univ. Göttingen, 1985 1. Staatsexamen, Referendariat am OLG Oldenburg, 1988 2. Staatsexamen, K.: 1989 Zulassung z. RA, seit 1990 RA in d. Sozietät Arendt & Gehrtz m. Tätigkeitsschwerpunkt Strafverteidigung, Familienrecht, Mediation. F.: Aktionär versch. old economy-Firmen. M.: Member of "Royal and Ancient Polar Bear Society", Hammerfest, Norwegen. H.: sich sportlich bewegen, Comics sammeln u. lesen, mechanische (Herren-) Armbanduhren.

Gehse Karl Friedrich Dipl.-Ing.

B.: Architekt. DA.: 44797 Bochum, Gräfin-Imma-Str. 48. G.: Witten, 8. Jän. 1938. V.: Gisela, geb. Schmitz. Ki.: Claudia (1966), Gesine (1970), Konrad (1974). S.: 1955 Mittlere Reife, 1956-58 Praktikum Bauwesen, 1959-63 Stud. Hochbau Ing.-Schule Essen, 1964-66 Stud. Arch. Univ. Stuttgart. K.: 1967-68 Ass. am Lehrstuhl f. Gebäudelehre d. Univ. Stuttgart, 1969-77 wiss. Ass. d. Univ. Dortmund, seit 1972 selbst. Architekt in Bochum, seit 1974 Lehrauftrag f. Gestaltungslehre u. Städtebau an d. Univ. Dortmund, Essen, Hagen u. Wuppertal. P.: Sanierungsplan d. Stadt Herdecke/Wetter, Stadtplanung in Schönebeck/Elbe, Gerberviertel Bochum, Rosenviertel in Wattenscheid, Zentrum v. Langenbochum, Herten, Vorträge z. Thema regionales Bauen. E.: 1980 Vorbildl. Bauen NRW "Wetterfreiheit", 1983 Gold. Haus f. Bauvorhaben in Kassel, div. Wettbewerbserfolge. M.: Dt. Werkbund, Bund Dt. Baumeister. H.: Golf - Gründer d. Bochumer Golfclubs u. Erbauer d. 1. Platzes.

Geib Dieter *)

Geib Inge

B.: Dipl.-Designer (FH) Fachrichtung Grafik. FN.: Grafik-Design Inge Geib. DA.: 67659 Kaiserslautern, Maximilianstr. 12. geib.design@t-online.de. G.: Kaiserslautern-Erfenbach, 8. Apr. 1951. V.: Werner Geib. Ki.: Sabine (1981). El.: Bernhard u. Erika Göbel, geb. Weber. BV.: Großvater mütterlicherseits Josef Weber Hochbau-Architekt u. Elektroing. S.: 1967 Werkkunstschule/FH Kaiserslautern, 1972 Staatsexamen "mit Ausz. best." u. Diplom. K.: 1972-81 Berufsausübung im Atelier Barth Kaiserslautern, 1981 selbst. mit graf. Atelier in Kaiserslautern; Werbegrafik u. Illustr. f. namhafte Firmen im In- u. Ausland; u.a. f. Freudenberg, Regra, Kömmerling; in Coop. mit Druck u. Agent. z.B. f. "Stiftung Jugendmarke", Yves Rocher, Ringier- u. Egmont-Verlag. E.: 1970 1. Pr. b. Plakatwettb. d. Firma Pfaff u. 5. u. 7. Pr. b. Plak.wettb. d. Stadt KL. H.: Fotografieren, Freies Zeichnen/Malen, Lesen (Fachliteratur), Gedichte schreiben, kommunizieren und and. Menschen helfen.

Geibel Magnus Willi Martin Dipl.-Ing. *)

Geicke Percy P. Dr. rer. pol. *)

Geidel Horst Dipl.-Kfm.
B.: Gschf. FN.: Behr GmbH & Co. DA.: 70469 Stuttgart, Mauserstr. 3. G.: München, 1939. S.: Stud. Betriebswirtschaft Univ. München. K.: Tätigkeit in einer Wirtschaftsprüfungs- u. Steuerberatungsges, seit 1964 bei Behr GmbH & Co., zunächst als Ass. d. Gschf., dann als Bereichsltr. (Controlling u. Finanzen, Beteiligungsverwaltung, Unternehmensplanung), 1981 Mtgl. d. Gschf., seit 1995 Vors. d. Gschf. M.: Mtgl. d. Vorst. im Verband d. Automobilind. e.V. (VDA), Mtgl. d. Vorst. im Verband d. Metallind. Baden-Württemberg e.V.

*) Biographie www.whoiswho-verlag.ch oder beigefügte CD-ROM

(VMI), versch. Aufsichtsrats- bzw. Beiratsmandate in Unternehmen d. Kraftfahrzeug-Zulieferind., d. Maschinenbaus, b. Banken- u. Versicherungen.

Geier Carl-Herbert Dipl.-Ing.

B.: Rentner. PA.: 01877 Bischofswerda, Bischofstr. 23. G.: Altenburg, 10. Apr. 1910. V.: Hanna, geb. Böhmer. Ki.: Ingelore (1941), Hans-Jörg (1943). El.: Emil u. Emma. S.: 1930 Abitur Bautzen, 1931-37 Stud. Architektur u. Hochbau an d. TH Dresden, Dipl.-Ing., nebenberufl. Malerei. K.: 1937 Regierungsbauführer, 1939 Einberufung z. Militärdienst, 1941 Große Staatsprüfung in Berlin, Regierungsbaumeister, ab 1941 Landratsamt Bautzen, Bauamt - stellv. Baurat, 1947 Rückkehr aus d. Gefangenschaft, 1949 Hochschulneubauamt Dresden - Aufbau d. TU Dresden, 1951 Berufung z. Doz. an d. Baufachschule Görlitz, tätig in d. Denkmalpflege, 1953-58 Ltr. d. Stadtplanungsamtes Görlitz, 1958 Kreisarchitekt in Lübben, 1963-80 Architekt b. VEB Bau Bischofswerda. M.: CDU. H.: Malerei (zahlr. Ausstellungen).

Geier Robin Dr. med.

B.: HNO-Arzt. DA.: 25335 Elmshorn, Schulstr. 46-50. G.: Braunschweig, 17. Feb. 1959. V.: Kerstin, geb. Trockel. Ki.: Luise (1997). El.: Bodo u. Elke. S.: 1988 Abitur Braunschweig, 1977 Eintritt in d. Bundeswehr in Celle u. Hamburg, 1979-86 Med.-Stud. Univ. Gießen, 1986 Approb. als Arzt, 1989 Prom. K.: 1986-87 Ass.-Arzt Innere Abt. Bundeswehr-KH Hamburg, 1987 Ass.-Arzt HNO Bwk Hamburg, 1987-88 Ass.-Arzt Chir. Bwk Hamburg, 1988-90 Truppenarzt in Celle, 1990-92 Ass.-Arzt HNO Bwk Hamburg, 1992 Entlassung aus d. Bundeswehr, 1992 Ass.-Arzt HNO AK Harburg, seit 1994 FA f. HNO, seit 1995 Ndlg. in eigener Praxis in Elmshorn als HNO-Arzt, seit 2000 ansässig im FLORA Gesundheitszentrum Elmshorn. M.: seit 1994 Berufsverb. d. HNO. H.: Segeln, Fliegen, Sport.

Geier Rolf H. Dr. med.

B.: Arzt u. Zahnarzt, Ltr. d. Zentrums. FN.: pre Dent Zentrum f. interdisziplinäre Zahnmedizinische Diagnostik, Fokussuche u. Prävention. DA.: 10117 Berlin, Reinhardstr. 29. www.predent.de. G.: Oelsnitz/Vogtland, 7. Juni 1948. Ki.: Ulf (1971), Caroline (1983), Ulrike (1987). El.: Franz u. Gertraut, geb. Pleinert. BV.: Gärtnerei Geier-Pleinert in Oelsnitz. S.: 1967 Abitur m. Berufsausbildung Facharbeiter f. Gartenbau in Oelsnitz, 1967-72 Stud. Zahnmed. in St. Petersburg/Leningrad, 1972 Examen, 1975-80 Stud. Humanmed. an d. Humboldt-Univ. zu Berlin, 1980 Staatsexamen, 1982 Prom. über Lippen-, Kiefer-, Gaumen- u. Segelspalten, 1982 FA für Mund-, Kiefer- u. Gesichtschirurgie. K.: 1972-2000 Klinik f. Mund-, Kiefer- u. Gesichtschirurgie d. Charité Berlin, ab 1982 Stationsarzt, ab 1986 in Poliklinik, ab 1992 Ltr. d. Poliklinik, hauptsächl. diagnostisch tätig u. b. psychosomatischen Beschwerden, ab 1995 OA, nach d. Klinikschließung 30. Sep. 2000 Vorbereitung d. Grdg. d. pre Dent Zentrums, 1. Mai 2001 Eröff. als reines Diagnosezentrum, ab 2002 als deutschlandweites Modell franchisemäßig. P.: Veröff. in Zeitschrift f. Med. Psychologie. M.: Ges. f. Med. Psychologie. H.: Theater, Kino, Literatur, Gartenarbeit.

Geiermann Christian-Dieter

B.: Gschf. FN.. Abacus Hardcopy GmbH. DA.: 42327 Wuppertal, Deutscher Ring 44. abacushardcopy@aol.com. G.: Essen, 28. Mai 1963. V.: Claudia. Ki.: Sabrina (1989), Falk (1994). S.: 1979-83 Ausbildung Nachrichtengerätemechaniker u. Informationstechniker, 1984-86 Ausbildung Werkzeugmacher. K.: 1986-87 tätig in d. Entwicklungsabteilung d. Firma Turbon Intern., 1987-91 Ltr. d. Einkaufs in d. Firma Regentrop u. Bernard, 1991-96 tätig b. DCI in Dortmund u. b. 1999 b. CTG in Velbert, 1999 Grdg. d. Firma Abacus Hardcopy GmbH als Gschf. Ges. H.: Lesen, Familie.

Geiersbach Henry

B.: Konditormeister, Inh. FN.: Bäcker-Konditor Geiersbach. DA.: 38820 Halberstadt, R.-Virchow-Str. 15. G.: Lückstedt, 5. Juni 1959. V.: Martina, geb. Zimmermann. Ki.: Sarah (1987). El.: Reinhold u. Hanne-Lore, geb. Siede. S.: 1975-78 Ausbild. Konditor, 1978-79 Bundeswehr, 180-82 Meisterausbild. Konditor. K.: seit 1984 selbst. Konditormeister M.: Handwerkskam., Kreishandwerkschaft-Bäckerinnung, Vorst.-Mtgl. d. Rotary Club. H.: Motorradfahren, Fotografieren.

Geiersberger Erich Dr. agr.

B.: Red., Vors. FN.: Senatspartei Deutschland e.V. DA.: 85402 Kranzberg, Berg 33. G.: Taubenbach, 17. Mai 1926. V.: Maria, geb. Schuhbauer. Ki.: Doris, Ruth. El.: Josef u. Therese. S.: 1948-51 Stud. Ldw. Weihenstephan, Dipl.-Ing. agr., 1954 Prom. K.: 1953-54 Ldw.-Berater Brückenau, 1954-55 Ldw.-Ass. Bayer. Staatsmin. f. Ernährung, Ldw. u. Forsten München, 1956-59 Pressechef Bayer. Warenvermittlung ldw. Gen. AG München, 1959-91 Ltr. d. Landfunks im Hörfunk u. Unser Land im Fernsehen d. Bayer. Rundfunks, 1964-91 Agrarpolit. Kommentator b. Dt. Fernsehen (ARD), 1977-92 Vorsitzender d. Bayer. Journalisten-Verb., Gründer d. Akad. d. Bayerischen Presse, seit 1992 Vors. d. Senatspartei Deutschland e.V. BL.: 1958 Erfinder d. Ldw.-Maschinenringes (inzw. in vier Erdteilen verbreitet). P.: "Rettet d. Land" (1970), "Die dritte Bauernbefreiung" (1974), "Die Lemminge - Verführte Bauern" (1991), "Warum nur träumen? Alternative - Senatspartei" (1992). H.: Tennis.

Geifrig Werner Dr. phil.

B.: Schriftsteller, Regisseur. PA.: 80805 München, Johann-Fichte-Str. 12. G.: Holzminden, 9. Apr. 1939. Ki.: Tobias. El.: Kurt u. Martha. S.: Stud. d. neueren Literaturwiss. u. Psych. K.: 1958-75 wiss. Mitarb. am Intern. Zentralinst. f. d. Jugendu. Bild.Fernsehen München, 1975-79 Dramaturg am Theater d. Jugend München, seit 1973 freischaff. Autor v. Jugendthea-

---

*) Biographie www.whoiswho-verlag.ch oder beigefügte CD-ROM

terstücken, Hörspielen, Kabarett-Texten u. Gedichten, Mitbegründer, Reg. u. Texter d. Münchner Crüppel Cabarets, seit 89 FS-Red. b. d. Arb.-Gem. Behinderte in d. Medien. P.: Stifte mit Köpfen (1973), Bravo, Girl! (1975), Abgestempelt (1978), Deutschland, wir kommen (1984), Nach Madagaskar (1986), Die Rückkehr der Rollpertinger (1986), Krückblende (1987), Münchener Crüppel Cabaret präsentiert: Neues aus Rollywood (1987), Krüppel aus dem Frack (1988). Krückliche Tage (1990) Mit Rollust Kückwärts (1992); Selektionsrest - statt u. sauber (1994), Ausgepflegt (1997), E.: 1984 Jugendtheaterpreis d. Landes Baden-Württemberg. H.: Fußball, Schwimmen.

Geigenberger Christoph

B.: Theaterleiter, Regisseur, Schauspieler, Autor. FN.: Ulmer Spielschachtel, Kinder- u. Familientheater. DA.: 89077 Ulm, Unterer Kuhberg 10. G.: Augsburg, 9. Juni 1946. El.: Hanns Otto u. Gertrud Maria, geborene Voss. BV.: Großvater Otto Geigenberger. S.: R. Steiner Schule München, 1966 Abitur München, ab 1966 Stud. Päd. H.S. Univ. München, Biologie, Phil., Psychol. K.: ab 1970 Lehrer in Bremen, Neu Ulm, Ulm Waldorfschule, ab 1973 Aufbau u. Leitung einer Jugendbegegnungsstätte in Schelklingen-Hausen, Intern. Jugendcamps, Theaterarbeit m. Jugendlichen, Theaterkurse an d. VHS, 1984-86 freie Kunststudien Malerei u. Zeichen, Pantomime, 1986 Grdg. Ulmer Spielschachtel, Personen-, Figuren-, Puppentheater, Spielaktionsfelder, Sinneswahrnehmungsfelder, Seminar f. Sinnespädagogik, ab 1999 Kinderbücher: "Geschichten aus der Spielschachtel". H.: Philos., Biolog., Mathematik, Kulturwissenschaft, "Kultur und Politik".

Geigenmüller-Rothe Ilona Dipl.-Päd.

B..: Zahntechniker, Ltr. FN.: Bild.-Zentrum Zahntechnik Halle d. Handwerkskam Halle. DA.: 06114 Halle/Saale, Heinrich-Heine-Str. 4. G.: Wettin, 5. Nov. 1946. V.: Wolfgang Rothe. Ki.: Ingo (1972), Nadine (1979). El.: Erwin u. Frieda Marschalek, geb. Gneist. S.: 1963 Mitllere Reife, 1963-66 Lehre Zahntechniker Halle, 1967-70 Meisterausbild. K.: 1970-89 Med.-Pädagogin im Bereich Zahntechnik, 1984-86 Studium Päd. an d. Humboldt-Univ. Berlin m. Dipl.-Abschluß, seit 1989 Ltr. d. Bild.-Zentrums Zahntechnik in Halle. P.: "Fachzeichnen in d. Zahntechnik", Veröff. in d. Fachzeitschrift Zahntechnik. M.: geb. Arge f. Fachlehrer d. Zahntechnik, Arge f. Zahntechnikmeisterklassen, Arge Dentale Technologie, Meister- u. Gesellenprüf.-Aussch. Sachsen/Anhalt. H.: exot. Tiere, kunsthandwerkl. Arb.

Geiger Alfred Dr. *)

Geiger Andreas E. Dr. disc. pol. Prof.

B.: Prof., Rektor. FN.: Hochschule Magdeburg-Stendal (FH). DA.: 39114 Magdeburg, Breitscheidstr. 2. G.: Bad Pyrmont, 17. Mai 1947. V.:OStR. Antje, geb. Brammer. Ki.: Alexander (1979), Nicolas (1984). S.:

1966 Abitur Braunschweig, 1966-68 Bundeswehr, 1968-74 Stud. Sozialwiss. in München, Berlin u. Göttingen, 1973 Dipl.-Sozialwirt. K.: 1974-75 wiss. Ang. im Forsch.-Projekt d. Soz. Seminars d. Univ. Göttingen, 1978 Prom. z. Dr. disc. pol., 1978-79 wiss. Ang. an d. FH Hildesheim/Holzminden, 1979-84 fachwiss. u. organisatorischer Ltr. im Modellversuch "Sozialarb./Sozialpäd. im Gesundheitswesen" am Fachber. Sozialwesen d. FH Braunschweig/Wolfenbüttel, 1984-92 wiss. Ang. u. stellv. Gschf. im Wiss. Inst. d. Ärzte Deutschlands (WIAD) e.V. Bonn, 1992-98 Dekan FH Magdeburg, seit 1998 Rektor d. HS Magdeburg/Stendal. P.: zahlr. Vorträge auf intern. u. nat. Fachtagungen u. Veröff. u.a. Krankheit in d. Fremde - Erfahrungen aus d. Gesundheitsarb. m. ausländ. Arbeiterfamilien (1984), Prävention d. HIV-Infektion (1993), Gesund leben in d. Gem. - Interventionserfahrungen aus d. Dt. Herz-Kreislauf-Präventionsstudie (1992), Handlungsfeld Gesundheitsförd. 10 J. nach Ottawa (1997), Neue Partner f. Gesundheit. Gesundheit auf d. Weg ins 21. Jdht. (2000) M.: Vors. d. Landesver. f. Gesundheit Sachsen-Anhalt e.V., Member of the Executive Board of Aspher, Vorst. Bundesver. f. Gesundheit u. Verw.R., Kuratorium d. European Health Foundation. H.: Skifahren, Literatur.

Geiger Andreas Dr. dent.

B.: selbst. Zahnarzt. DA.: 47823 Engen, Aachener Str. 4. G.: Ravensburg, 24. Okt. 1962. V.: Diana, geb. Schmid. El.: Wihelm u. Inge Braun, geb. Geiger. S.: 1981 Abitur, 1981-89 Stud. Zahnmed. Univ. Ulm. K.: 2 J. Ass. in Backnang, ab 1991 eigene Zahnarztpraxis in Engen. M.: DGZI. H.: Drachenfliegen, Tennis, Lesen, Gartenarb.

Geiger Armin Dipl.-Bw.

B.: Vorstand. FN.: Xacon Unternehmensberatung AG. DA.: 74072 Heilbronn, Bahnhofstr. 11. PA.: 74072 Heilbronn, Frankfurter Straße 18/2. armin.geiger@xacon.de. www.xacon.de. G.: Heilbronn, 15. Sep. 1967. El.: Udo u. Hiltrud, geb. Liebenstein. S.: 1988 Abitur, 1988-89 Bundeswehr, Praktikum TDS Informationstechnologie AG Neckarsulm, 1989 Stud. Berufsakademie Stuttgart, 1992 Abschluß Dipl.-Bw. (Fachrichtung Wirtschaftsinformatik), zahlr. Fortbildungen u. Seminare. K.: 1992-93 Ass. d. Geschäftsleitung d. TDS Informationstechnologie AG in Heilbronn u. 1994-98 SAP-Berater u.

*) Biographie www.whoiswho-verlag.ch oder beigefügte CD-ROM

ab 1996 Projektleiter f. SAP-Einführungen, 1998-99 Senior Consultant d. Firma PricewaterhouseCoopers Unternehmensberatung GmbH in Frankfurt, 2000 Grdg. d. Firma I.C.E. GbR, 2001 Grdg. d. Firma Xacon Unternehmensberatung GmbH u. 2002 Umwandlung in Xacon Unternehmensberatung AG m. Schwerpunkt bw. Managementberatung, SAP-Beratung u. Projektmanagement u. Entwicklung geschäftsprozeßorientierter Integrationssoftware; Funktion: 1993-97 Doz. f. EDV an d. VHS Heilbronn. E.: Success-Story f. SAP-Einführung/Beratung, SAP-Info (1996). H.: Philosophie, Sport allgemein, Harley fahren.

Geiger Christiana Maria
B.: freischaff. Architektin, Inh., Gschf. FN.: Arch.-Büro Geiger. DA. u. PA.: 13439 Berlin, Sallgaster Str. 18. c.g.@planet-interkom.de. G.: Aschaffenburg, 21. März 1957. El.: Josef u. Edith Geiger. S.: 1976 Abitur, 1980 Dipl. in Arch. FHS Darmstadt, 1987 Dipl. in Arch. TU Berlin. K.: 1980-87 Mitarb. in Arch.-Büros, 1988-89 selbst., freie Arch., 1989 ang. im Arch.-Büro Fissler & Partner, seit 1990 eigenes Arch.-Büro. H.: Lesen, Fotografieren, Tanz.

Geiger Dieter *)

Geiger Erich *)

Geiger Erich
B.: Präs. d. Dresdner Seniorenakademie Wissenschaft u. Kunst, Schriftsteller, Theater- u. Fernsehregisseur. FN.: TU Dresden u. Dt. Hygienemuseum. PA.: 01462 Dresden, Obere Bergstr. 16. G.: Karlsruhe, 12. Jan. 1924. V.: Edelgard, geb. Menn. S.: Abitur, Stud. Theaterak. u. Musik-HS Karlsruhe. K.: 1943-46 Schauspieler u. Regisseur am Bad. Staatstheater Karlsruhe, 1946-49 Chefdramaturg u. Regisseur am Theater am Schiffbauerdamm, Berlin, 1951-53 Chefdramaturg u. Regisseur d. Komischen Oper Berlin u.a. Staatsoperette v. "Bohem", glz. Regisseur am Metropoltheater u. Ltr. d. Experimenttheaters im Haus am Waldsee Berlin, 1949 Dt. Uraufführung v. "Hier ist d. Weg z. Grab" u. Gastspiele in d. BRD u. DDR, ab 1953 Dramaturg u. Regisseur bei Fernsehen NWDR in Hamburg, 1955-65 Chefregisseur d. Dresdner Staatsoper, glz. Staatsoperette u. Staatsschausiel u.a. 1955 Dt. Erstaufführung v. "Lucius Sulla", 1956 Uraufführung v. "Sterne Geld u. Vagabunden", Inzs. u.a. Rosenkavalier 1950, "Arabella", 1960 Dt. Erstaufführung v. "Aus d. Totenhaus" u. Neufassung v. "Nabucco", 1963 1. Oper in Ital. "Cosi fan tutte" u. 1963 "Daphne", glz. 1956-65 ltd. Regisseur d. DDR-Fernsehen in Berlin-Adlershof, 1966-69 tätig in Italien, 1969-74 Chefdramaturg u. Regisseur b. 1. Privatfernsehen in d. BRD in Hamburg, glz. tätig als Schriftsteller, 1994 Rückkehr nach Dresden, ab 1995 Aufbau d. Dresdner Seniorenakademie. P.: Bücher wie: "Lord York m. Schleife" (1979), "Spass in Weiß" (1980), "Tiere in Pension" (1993), "Braucht ihr einen Psychiater" (1993), Th.St. wie "Paula Modersohn Becker", "Parkweg Nr. 12", "Paula". E.: 1999 Verd.-Med. d. TU Dresden, 2000 VO d. Freistaates Sachsen f. gesamtes Lebenswerk.

Geiger Franz Richard *)

Geiger Franz-Josef Dr. med. dent. *)

Geiger Fritz *)

Geiger Gisela Elisabeth *)

Geiger Hans *)

Geiger Helmut Dr. h.c. *)

Geiger Johannes

B.: Rechtsanwalt. PA.: 40474 Düsseldorf, Am Bonneshof 18. G.: Wanne Eickel, 6. Aug. 1929. V.: Elisabeth, geb. Conraths. Ki.: Dr. Johann-Christian Rückbeil. El.: Dr. Hans u. Agnes, geb. Knauer. S.: 1950 Abitur, 1950-54 Stud. Rechtswiss. Univ. Würzburg u. München, 1954 1. Staatsexamen München, 1959 2. Staatsexamen Düsseldorf. K.: seit 1959 ndlg. RA, Nebenklägervertreter in mehreren NSG-Verfahren, u.a. im Majdanek-Prozeß 1977-1981. E.: 1985-92 Vors. d. Amtes f. Öffentlichkeitsarbeit d. Vereinigten Großlogen v. Deutschland - Bruderschaft d. Freimaurer, bekämpfte freimaurerfeindliche Agitation.

Geiger Josef *)

Geiger Jürgen *)

Geiger Jürgen Dipl.-Ing. *)

Geiger Karola *)

Geiger Michael

B.: selbst. Geigenbaumeister. DA.: 79102 Freiburg, Schwarzwaldstr. 15. G.: Mittenwald, 26. Feb. 1960. V.: Beatrix, geb. Gallenberger. Ki.: Regina. El.: Michael u. Maria, geb. Hornsteiner. BV.: Großvater Sebastian Hornsteiner ermöglichte mir d. Einstieg an d. 190 J. alte Geigenbauerschule m. intern. Publikum f. Einstieg ins Berufsleben. S.: 1975-79 Lehre an d. Staatl. Berufsfach- u. Fachschule in Mittenwald, 1979 bei Karl F. Mages in Stuttgart, Wehrdienst. K.: 1981-86 Geselle bei Anton Maller in Mittenwald, 1984 Meisterprüf., 1986-88 u. 1989-90 Werkstattltr. u. Meister b. Hans Schicker in Freiburg, Erweiterung d. Reparaturkenntnisse u. Stud. d. alten Meister, 1988-89 Neubau in Mittenwald, 1990 Eröff. u. Grdg. d. Firma Michael Geiger & Schicker KG Freiburg als Geschäftspartner v. Hans Schicker, vorerst Hauptaufgabe in Reparatur, da Hans Schicker 1990 seine Werkstatt schloss, seit 1997 alleiniger Inh. d. Firma. E.: Teilnahme an folgenden Geigenbauwettbewerben: 1983, 1986 u. 1989 Georg Hesse Wettbewerb in Wiesbaden, 1986 Intern. Wettbewerb in Kassel, 1987 Jacob Stainer in Freiburg, 1989 Intern. Wettbewerb in Mittenwald, versch. Diplome Geigenbaunachschlagwerk, Verb. Dt. Geigen- u. Bogenmacher (VDG). M.: VDG Verb. Dt. Geigen- u. Bogenmacher. H.: Skifahren, Bergsteigen, Radfahren, Motorradfahren, Geigen (sein ältestes Modell ca. 1740).

Geiger Michael Dr. *)

Geiger Sissy Dr. *)

Geiger Ulrike *)

Geiger Walter Dr.-Ing. Prof. *)

---

*) Biographie www.whoiswho-verlag.ch oder beigefügte CD-ROM

Geiger Walter Jakob *)

Geiger Wolfgang

B.: Dipl.-Grafik-Designer, Inh. FN.: Werbeagentur Geiger. DA.: 88213 Ravensburg, Hugo-Hermann-Str. 4. www.werbeagentur-geiger.de. G.: Ottobeuren, 13. Aug. 1957. V.: Birgit, geb. Postlach. Ki.: Stefanie (1984), Carolin (1990). S.: Mittlere Reife, Lehre zum Schriftsetzer, 1977 Bundeswehr, Technikerschule d. Luftwaffe in Kaufbeuren. K.: 1979 Otto-Maier-Verlag (Ravensburger Spiele), anschl. in d. Werbeagentur v. ZF in Friedrichshafen f. 4 J. inkl. Volontariat in PR, Grafik u. Produktion, 1985 Beginn Grafikstud. in Darmstadt m. Abschlussdipl., seit 1987 selbst., Grdg. d. Werbeagentur Geiger. M.: AGD, Wirtschaftsjunioren Ravensburg. H.: Aquarellmalerei, Musik, gutes Essen, Events.

Geiger-Pagels Ruth *)

Geigerseder Horst *)

Geihsler Sigwart *)

Geike Carsten *)

Geil Rudi *)

Geilenkirchen Gerd *)

Geiler Dieter Dipl.-Ing.

B.: Gschf., Ehrenpräs. FN.: Otto Geiler GmbH & Co KG; Handwerkskam. Braunschweig. DA.: 38124 Braunschweig, Dessaustr. 1A. G.: Braunschweig, 28. Nov. 1935. V.: Ilse, geb. Krack. Ki.: Henning (1965), Silke (1968). El.: Otto u. Käthe. S.: 1956 Abitur Braunschweig, 1956-62 Stud. Wärme- u. Verfahrenstechnik TU Braunschweig. K.: seit 1962 im väterl. Betrieb, seit 1975 Gschf.; bis 1999 Präs. d. Handwerkskam. Braunschweig, Präs. d. Vereinigung d. Handwerkskam. Niedersachsen, Mtgl. im Präsidium d. Zentralverb. d. dt. Handwerks, stellv. Vors. d. Aussch. f. Umweltschutz b. d. UEAPME, Vorst.-Vors. d. Ver. f. Qualität im Handwerk u. d. gewerbl. Wirtschaft, Vors. d. Ver. z. Förd. d. Seminars f. Handwerkswesen a. d. Univ. Göttingen, Vors. d. Kuratoriums d. Stiftung Innovationspreis d. Niedersächs. Handwerks, Techn. Kmsr. d. Intern. Basketballverb. u. d. DBB. E.: 1990 BVK am Bande, 1995 BVK 1. Kl., 1999 Nieders. Verdienstkreuz 1. Kl., Gold. Ehrennadel d. Niedersächs. Basketballverb., Gold. Verd.-Nadel d. Dt. Basketballverb. M.: Ver. Dt. Ing., Bund Dt. Baumeister, Lions Club Braunschweig Alteweik. H.: Basketball, Basketball-Kommissar mit internationaler Lizenz.

Geiler Heinrich Georg Walter *)

Geiler Roger

B.: Architekt. DA.: 80799 München, Türkenstraße 72. rogergeilerarchitekt@freenet.de. G.: Ahlen, 18. Apr. 1963. El.: Rudolf u. Gerda. S.: Mittlere Reife in Ahlen, Ausbild. im Handwerk, Wechsel nach München. K.: 1986 Abitur auf 2. Bild.-Weg, Arch.-Stud. an d. FH München, 1994 Abschluss, Spezialgebiet: histor. Bausubstanz, Umbau, Sanierung u. Rekonstruktion, auch Realisation v. intern. Projekten in Südfrankreich u. Österr., zahlr. Wettbewerbserfolge z.B. Fassadenpreis u. 1. Preis b. intern. Ideenwettbewerb. M.: Bayer. Arch.-Kam. H.: Designgestaltung, Kunst, Literatur.

Geilich Gunnar Sven

B.: Baufacharbeiter, Unternehmer. FN.: Gerüstbau Geilich. DA.: 03172 Guben, Gewerbestr. 18. PA.: 03172 Guben, Groß-Breesener Str. 19. G.: Guben, 28. Jan. 1964. V.: Kerstin, geb. Schulze. Ki.: Linda (1985), Magda (1991). El.: Lutz u. Helga. S.: 1980-82 Lehre z. Baufacharbeiter im Chemiefaserwerk Guben, 1989-90 Zivildienst NAV. K.: 1982-89 tätig in d. Baubrigade d. Ev. Kirchenkreises Guben, 1990 Grdg. u. seither Ltg. d. eigenen Unternehmens Gerüstbau Geilich, 1996 zusätzl. Grdg. d. Firma GeCo Softwareentwicklung GmbH. BL.: 1978 DDR-Vizemeister im 5 km-Bahn-Gehen b. d. Kinder- u. Jugendspartakiade in Leipzig, aktiver Fußballer 1974-79 b. Chemie Guben, seit 1998 Stadtverordneter in Guben. M.: CDU, Vors. d. Ver. Stadtmarketing Guben. H.: Fußball.

Geiling Jürgen

B.: vereid. Buchprüfer u. Steuerberater. FN.: Jürgen Geiling & Partner. DA.: 94234 Viechtach, Schmidstr. 16. PA.: 93413 Cham, Goethestr. 8. G.: München, 14. März 1936. Ki.: Christian, Jürgen, Elisabeth. BV.: Albrecht Geiling hat Kloster Chorherrenstift in Bad Winzheim im 15. Jhdt. gegründet, Dorothea Geiling hat Götz v. Berlichingen geheiratet, 1493 erscheint erneut d. Familienhistorie im Gesamturbar d. Kloster Ibrach. S.: 1953 Lehre wirtschafts- u. steuerberatender Beruf, 1954 Steuerberaterprüfung. K.: 1962 Steuerbevollmächtigter, 1974 Steuerberater, 1987 vereid. Buchprüfer, 1981 Landwirtschaftliche Buchstelle, 1964 Übernahme d. Praxis, 1999 60-jähriges Firmenjubiläum, 1973 u. 1987 weitere Praxen in Cham übernommen. H.: Bergwandern, Bergsteigen, Golf, Segeln (div. Segelscheine, segelt auf d. Greif, einem ehemaligen Segelschulschiff d. DDR).

Geiling Rainer Dr. Prof.

B.: Pädagoge, Gschf. FN.: Albert-Schweitzer-Verb. d. Familienwerke u. Kinderdörfer e.V. DA.: 10117 Berlin, Am Festungsgraben 1. PA.: 03053 Cottbus, Alte Lindenstraße. verband-albert-schweitzer@t-online.de. www.verband-albertschweitzer.de. V.: Renate, geb. Henkel. Ki.: Alexander (1969). S.: 1961 Abitur Hildburghausen, 1963-67 Stud. Biologie u. Chemie Univ. Jena, 1967 Fachlehrer, 1975 Prom. K.: b. 1971 Lehrer in Thüringen u. Hoyerswerda, 1975-90 in Cott-

bus in d. Lehrerausbild., 1976-90 Dir. d. Inst. f. Lehrerbild. in Cottbus, 1989 Berufung als Prof., 1990 Errichtung Fachbereich Erziehungswiss., 1991 Angliederung d. Fachbereiches an Univ. Potsdam, 1991-99 Weiterbild. u. Umschulung v. Grundschullehrer u. Sonderpädagogen Univ. Potsdam, seit 1990 ehrenamtl., 1995 Grdg. Albert-Schweitzer-Familienwerk Brandenburg, auch Vorst.-Mtgl., seit 1997 Mtgl. des Vorst. des Albert-Schweitzer-Verb., seit 2000 Gschf. BL.: nach der Wende 1990 Überführung d. Inst. in d. HS f. Bauwesen anstatt d. Abwicklung. P.: Art. über Gesundheitsförd. in d. Schule. M.: 1996-99 Präs. d. Behindertensportverb. Brandenburg. H.: Engagement im REHA-Sport, Lesen (Erwin Strittmatter), Reisen nach Österr., Bergwandern.

Geiling Ralf E.
B.: selbst. Unternehmensberater u. Publizist. FN.: GMS-Unternehmensberatung. DA.: 41469 Neuss, Itterstr. 24. G.: Gelsenkirchen, 9. Juli 1947. V.: Helga, geb. Starost. Ki.: Gerald (1976), Ronald (1980). El.: Ernst u. Minna. S.: Realschule, Werbeagenturlehre, Stud. Gebrauchsgrafik, Kommunikation u. Marketing. K.: Ass. in Werbeagentur, Red. u. Ind., im Management intern. tätiger Unternehmen m. Schwerpunkt Abgastechnik, Energieversorg., Verkehrstechnik, Wassertechnik; verantw. f. Werbung, Presse, Öff.-Arb. u. Marketing; Begründ. d. Initiative "Beim Halten Motor abschalten", Initiator d. Einzel- u. Großversuche m. "Umweltampeln" in Europa; Inh. d. GMS Unternehmensberat. Geiling u. GMS InfoService Geiling, Neuss. P.: zahlr. Studien u. Veröff. zu: Umweltbelastung durch d. verkehrsbedingten Fahrzeugstillstand; Energieverbrauch u. Abgase durch d. Stadtverkehr; Konzepte z. Reduzierung energieverbrauchsbedingter Klimagase. M.: BDW Dt. Kommunikationsverb. H.: Kochen u. Genießen, Kunst, Fotografie. (R.E.S.)

Geilsdorf Mo *)

Geimer Nikolaus Dipl.-Ing. Prof. *)

Geinitz Wolfgang Dr. med. Prof. *)

Geipel Andreas *)

Geipel Uwe *)

Geis Heinz-Günter Dr. Prof.
B.: Dozent. FN.: Inst. f. Bank- u. Finanzwirtschaft, Fachbereich Wirtschaftswiss. d. Freien Univ. Berlin. DA.: 14195 Berlin, Garystr. 21. PA.: 14167 Berlin, Möllerpfad 9. geis@wiwiss.fu-berlin.de. www.wiwiss.fu-berlin.de/w3/w3geis. G.: Tübingen, 11. März 1936. V.: Monika, geb. Prestin. Ki.: Claudia (1969), Oliver (1971). El.: Eugen u. Helene, geb. Schmidt. S.: 1955 Abitur, 1955-57 Banklehre bei d. Städtischen Spar- u. Girokasse Stuttgart, Bankkaufmann, 1957-62 Stud. Betriebswirtschaftslehre, Dipl. in BWL FU Berlin, 1962 Beginn d. Diss. ü. "Die Geld- u. Banksysteme d. Staaten Westafrikas", 1966 Prom. z. Dr. rer. pol. FU Berlin, 1967-71 Vorbereitung d. Habil. FU Berlin, venia legendis f. BWL. K.: 1962-64 Wiss. Ass. am Inst. f. Wirtschaftspädagogik d. FU-Berlin, ab 1963 Lehrafträge an d. Wiso-Fak. d. FU-Berlin in allgemei- ner Betriebswirtschaftslehre u. Bankbetriebslehre, 1964-69 Wiss. Ass. am Inst. f. Bank- u. Kreditwirtschaft d. FU-Berlin, 1966-71 Ass. u. Ass. Professor, seit 1968 Vertiefung d. fi- nanzwirtschaftl. Entwicklungsländer-Forschung u. Zusammenarbeit mit entwicklungspolitischen Institutionen im In- u. Ausland, 1968 Wahl zum Ass.-Sprecher d. Wiso-Fak., stellv. Ass.-Sprecher d. FU-Berlin, 1969-70 Inst. f. empirische Wirtschaftsforschung in Stuttgart, 1970 Beurlaubung f. ein Forschungsprojekt d. Bundesmin., seit 1971 Prof. f. allg. Betriebswirtschaftslehre u. Bankwirtschaft, Fachbereich Wirtschaftswiss., Forschungsschwerpunkte: im Bereich Entwicklungsländer-Forschung, bank- u. finanzwirtschaftl. Probleme in Mittel- u. Osteuropa sowie Innovations- u. Gründungsfinanzierung; Consulting u. Politikberatung f. Ministerien od. internat. Finanzorganisationen. P.: ausgewählte Publ.: Grundlagenstudie Namibia Band 3: Sektorstudie monetäre u. finanzielle Infrastruktur; Finanzierungskonzepte f. d. Selbsthilfebereich, Bank- u. finanzwirtschaftl. Aspekte; Kreditgarantiefonds in d. Entwicklungszusammenarbeit; Spezialbanken, in: Handwörterbuch d. Bank- u. Finanzwesens. E.: durch d. UNDP (United Nations Development Program) für eine wiss. Arbeit (Training for development Banking). M.: Ver. f. Socialpolitik, Ges. f. Wirtschafts- u. Sozialwiss., Ausschuß Entwicklungsländer; Verband d. Hochschullehrer f. Betriebswirtschaft e.V. Kommission Bankbetriebslehre / Finanzierung, Kommission Internat. Management, Schmalenbach-Ges. - Dt. Ges. f. Betriebswirtschaft e.V., Dt. Ges. f. Finanzwirtschaft, Prüfungsausschuß f. Wirtschaftsprüfer u. vereid. Buchprüfer d. Länder Berlin u. Brandenburg. H.: Bergwandern, Tennis.

Geis Iris Monika Dr. iur.
B.: RA. DA.: 53757 St. Augustin, Rostocker Str. 34. IRIS.GEIS@t-online.de. G.: Frankfurt/Main, 27. Okt. 1967. V.: Jürgen Geis. Ki.: Viktoria (1996), Isabelle (1999). El.: Dipl.-Ing. Helmut u. Dr. med. Uta Wagenhals, geb. Westenhoeffer. S.: 1987 Abitur Saulgau, 1985-87 Junge Union Kassenwart Kreis Sigmaringen, 1987 3 Monate Sprachausbild. in Valencia/Spanien, 1987-92 Stud. Rechtswiss. Univ. Passau, 1988 2 Monate Wirtschaftsrecht b. Maître Mauro in Paris, 1988-90 daneben 4 Semester BWL, 1992 1. Staatsexamen, 1992-94 Referendariat OLG München u. OLG Bamberg, 1993 wiss. Mitarb. Prof. Dauses Univ. Bamberg (BWL), 1994 6 Monate HK Hamburg, 1994 2. Staatsexamen, 1996 Theoret. Ausbild. z. Fachanw. f. Steuerrecht, 1998 Prom. K.: 1991 2 Monate Praktikum Arthur Andersen Frankfurt, 1994-97 Polit. Ass. Hamburger Bürgerschaft b. Prof. Karpen, 1994-97 Betreuung d. European Assoc. of Lawstudents ist 1997 RA in St. Augustin. P.: "Wahlrechtsgrundsätze u. Prinzipien d. Wahlkreiseinteilung in Hamburg (1998), 1992 Vorträge FH München über engl. u. franz. Recht. E.: 1992 Judo Blauer Gürtel Regionalmeisterschaft. M.: Netzwerk RA d. Rhein-Sieg-Kreis, DAV, Bonner Anw.-Ver. AG Erb- u. Familienrecht, Turn- u. Sportver. Niederpleis. H.: klass. Musik, Klavierspielen, Theater, Oper, Kunst, Geschichtsliteratur, Bergwandern, Schweiz.

Geis Ivo Dr.

B.: freiberufl. RA. FN.: Ortner-Geis-Dobinsky RA. DA.: 20099 Hamburg, Holzdamm 40. G.: Nideggen, 7. Juli 1943. V.: Sabine, geb. Sieveking. Ki.: Roman, Esther. El.: Dr. Paul u. Dr. Maria. S.: 1963 Abitur Niederlahnstein, 1963-67 Stud. Rechtswiss., 1967 1. Staatsexamen, 1967-70 Referendariat Koblenz, 1970 2. Staatsexamen. K.: 1970-73 Syndicus im Groß- u. Außenhdl. d. Arb.-Geberverb. Hamburg, 1974 Ass. am Lehrstuhl f. Wirtschaftsrecht d. Univ. Hamburg, 1975 Prom., 1975-

---

*) Biographie www.whoiswho-verlag.ch oder beigefügte CD-ROM

Geis

83 Jurist d. Dt. Warentreuhandges. in Hamburg, 1984 Eröff. d. RA-Kzl., 1990 Grdg. d. Sozietät Ortner-Geis Dobinsky RA m. Schwerpunkt Computer- u. Internetrecht. P.: "Die Beweiskraft v. digitalen Daten ist eine Ermessensfrage" (1996), "Verbraucherschutz im Internet" (1998), "Rechtl. Aspekte d. Electronic Commerce" (1999), " Europ. Datenschutzrichtlinie" (1996), "Wieviel Datenschutz gewährt d. Staat d. Bürger?" (1999), "Die elektron. Patientenakte" (1997), "Rechtsfragen d. Telemed." (1998), "Ärztl. Schweigepflicht u. Datenschutz" (1998) u.v.m. M.: Ltr. d. Arb.-Kreis Rechtsfragen d. digitalen Kommunikation d. AWV, Gesetzgebungsaussch. f. Informationsrecht d. Dt. Anw.-Ver., Vors. d. Hamburger Datenschutzges. H.: Reisen, Literatur.

Geis Jochen Fritz
B.: Gschf., Inh. FN.: Spectrum GbR. DA.: 63741 Aschaffenburg, Schwalbenrainweg 38. j.geis@spectrum-asg.de. www.spectrum-asg.de. G.: Aschaffenburg, 21. Okt. 1970. V.: Daniela, geb. Winkler. El.: Karl u. Gertrud, geb. Köhler. S.: 1988 Mittlere Reife, 1988-91 Lehre Meß- u. Regelmechaniker, 1991-92 Fachabitur FOS Aschaffenburg, 1992-95 Stud. Bauing.-Wesen FH Darmstadt. K.: 1994-97 selbst. m. Informationsseminaren, 1997 Grdg. d. Firma Spectrum GbR spez. f. Werbung u. Digitaldruck. BL.: Verkürzung d. Lehrzeit um 1 J. als Einziger in Deutschland. M.: Gesamtjugendvertreter im PWA während d. Lehre, Techn. Hilfswerk. H.: Offroad, Trial, Skifahren, Canyoning, Ballooning.

Geis Norbert
B.: RA, MdB. FN.: CSU. GT.: Vors. d. Arbeitsgruppe Recht der CDU/CSU-Bundestagsfraktion. DA.: 11011 Berlin, Platz d. Republik 1, Wahlkreisbüro: 63739 Aschaffenburg, Frohsinnstr. 30. norbert.geis@bundestag.de. G.: Großwallstadt, 13. Jan. 1939. S.: Stud. Phil., Theol. u. Rechtswiss. K.: seit 1987 MdB. P.: Aufsätze NJW-Beilage: Zeitschrift f. Rechtspolitik, 3 Bücher: "Herausforderung Schwangerschaftsabbruch", "Wahrheit u. Politik", 1999 "50 Jahre Grundgesetz". E.: Bayer. Verdienstorden, Bundesverdienstkreuz. (Re)

Geisel Andreas Dipl.-Kfm. Dipl.-Ökonom *)

Geisel Karl Heinz Dr.
B.: Dipl.-Kfm., Spr. d. Gschf. d. BEB Erdgas und Erdöl GmbH. i.R. G.: 26. Dez. 1937. V.: verh. Ki.: 4 Kinder. S.: Univ. Erlangen-Nürnberg, Dipl.-Kfm. K.: 1965-68 Gas-Union GmbH, Frankfurt, zuletzt Ltr. Gasverkauf, 1968-69 Referent d. Intern. Gastransport Maatschappij, Den Haag, 1969-73 Ltr. Referent Erdgas-Planung d. Esso A.G., Hamburg, 1973-76 Abt.ltr. Gaseinkauf d. BEB, 1976-78 Abt.ltr. Finanzen d. BEB, 1978-83 Hauptabt.ltr. Finanzen u. Verwaltung d. BEB, 1983-86 SHELL Intern. Petroleum Maatschappij, Den Haag, Division Head Economics and Planning Natural Gas, 1986-87 Ltr. Force Marketing Strategie d. BEEB, 1988-93 Kfm. Gschf. d. BEB, 1994-2000 Sprecher d. Gschf. d. BEB Erdgas u. Erdöl GmbH.

Geisel Odward Dr. med. vet.
B.: Fachtierarzt f. Path. PA.: 85748 Garching, Danziger Str. 24. G.: Woltersdorf, 3. Okt. 1934. V.: Gisela, geb. Späte. Ki.: Sigurd, Wiland. El.: Manfred Udo u. Lisbeth. S.: 1953 Abitur in Perleberg/Westprignitz, 1956 Stud. an d. Tierärztl. HS Hannover u. 1956-61 Tierärztl. Fak. d. Ludwig Maximilians-Univ. München, 1968-73 Fachtierarztausbild. am Inst. f. Tierpath. d. Univ. München, 1961 Staatsexamen, 1969 Prom. K.: 1969 wiss. Ass., 1976 AkR., 1979 AkOR., 1990 Akad.Dir. Univ. München, seit 2000 im Ruhestand, seit 1983 ehrenamtl. Orts-Chronist v. Garching, seit 1983 Gschf. d. Reg.-Verb. Münchner Norden d. Schutzgemeinsch. Dt. Wald, seit 1991 Kreisheimatpfleger Landkr. München, seit 1990 Mtgl. d. Jägerprüf.-Kmsn. v. Oberbayern, Div. P.: zahlr. tiermed. u. heimatkundl. Veröff., Garching in alten Ansichten I u. II;

Stadtführer Garching; Garchinger-Heide-Echinger Lohe; Die Krankheiten von Steinmarder u. Baummarder; Wildkrankheiten erkennen und beurteilen. E.: zahlr. Ehrungen u.a. 1989 Bayer. Staatsmed., 1997 Garching ehrt d. Ehrenamt, 1990 Gold. Verdienstnadel d. SDW, 1992 Silb. EZ d. Dt. Jagdschutzverb. M.: Münchner Jägerver., (seit 1994 1. Vors.) Bayer. LVerb. f. Heimatpflege, Verb. f. Orts- u. Flurnamenforsch. in Bayern, Kuratorium Tuberkulose in d. Welt, Histor. Verein Oberbayern, Förderverein Bayer. Sprache u. Dialekte, Bayer. LV Familienkunde. H.: Schreiben, Zeichnen, Malen, Jagd, Fotografie, Leichtathletik, Norwegisch.

Geisel Thomas Dipl.-Ing. *)

Geiselsöder Michael *)

Geisemeyer Ulrich Dr. med. *)

Geisen Gerhard

B.: MdL. FN.: Saarländischer Landtag. DA.: 66119 Saarbrücken, Franz-Josef-Röder-Str. 7. PA.: 66540 Neunkirchen-Wiebelskirchen, Richard-Wagner-Str. 12. g.geisen@spd-saar.de. G.: Wiebelskirchen, 1. Sep. 1941. V.: Ursula, geb. Hennes. Ki.: Christiane (1967). El.: Peter u. Gerda, geb. Heydt. S.: 1961 Abitur, Wehrdienst, 1962-65 Stud. Wirtschaftswiss., 1965 Vorabschluß Rechtswiss., 1965-68 Stud. päd. Comenius HS Saarbrücken, 1968 1. u. 1971 2. Lehrexamen. K.: 1968-90 Lehrer an versch. Grund- u. Hauptschulen, seit 1990 MdL; polit. Funktionen: seit 1968 Mtgl. d. SPD, 1973-76 Juso-Vors. in Wiebelskirchen, 1974-79 Mtgl. d. Ortsrates Wiebelskirchen, seit 1979 Stadtrat in Neunkirchen, seit 1982 Vors. d. SPD Ortsvereins Wiebelskirchen, seit 1986 Vors. d. SPD Stadtratsfraktion Neunkirchen, Mtgl. d. Beirat d. Neunkirchner Verkehrs AG u. im Verwaltungsrat d. Sparkasse Neunkirchen. M.: GEW, Vorst.-Mtgl. d. Heimat- u. Kulturverein Wiebelskirchen, AWO, TUS Wiebelskirchen. H.: Garten, Natur.

Geisenheyner Ernst Wilhelm *)

Geisensetter Pierre
B.: Moderator. FN.: Bayer. Rundfunk Sendung "Herzblatt". DA.: 85774 Unterföhring, Rivastr. 1; 80300 München, Rundfunkpl. 1. G.: Jena, 27. Juli 1972. Ki.: Lia Annabel (1998). El.: Ben Tigana u. Martina. S.: 1991 Abitur, 1991-93 Jurastud. Erlangen. K.: 1991-94 Fotoass. f. Addidas, zusätzl. Fitness-Trainer im Gesundheitszentrum in Erlangen, ab 1995 tätig b. Hitradio N1 Nürnberg, Praktikum in d. Werbe- u. Marketingabt., Wechsel in d. Redaktion Entertainment - freier Mitarb. f. d. Morning-Show, Redaktions- u. Sendeass., 1996-98 2 J. Volontariat in d. Morning-Show, parallel dazu Wochenendstud. b. BAW 2. Dipl.-Werbefachwirt, 1. Okt. 1999 1. Sendung b. "Herzblatt" moderiert, Nov. 1999 - Jan. 2000 Radioshow "MEGAHERZ" bei Bayern 3, Sept. - Dez. 2001 Moderation d. Abenteuerformats "GESTRANDET" für RTL 2. H.: Motorradfahren, Inlineskaten, Fitness allg., Snowboarden.

Geiser Hans Jürgen Dipl.-Ing. *)

Geising Gerhard J. Dipl.-Ing.
B.: Architekt, Gschf. Ges. FN.: Geising & Böker GmbH. DA.: 49377 Vechta, Füchteler Str. 33. G.: Dinklage, 6. Sep. 1953. V.: Dipl.-Kfm. Elisabeth, geb. Habben. Ki.: Gerhard (1980),

Gatha (1985). El.: Gisbert u. Ida, geb. Gerdes. S.: 1972 Fachoberschule Technik Lohne, 1972 Stud. Arch. FH Holzminden, 1973 Bundeswehr Wehrpflicht, 1974 Fortsetzung d. Stud., 1976 Abschluß grad. Ing., 1976-78 Stud. Univ. Kaiserslautern. K.: 1976 parallel z. Stud. freiberufl. als Architekt in Kaiserslautern, seit 1978 selbst. u. Grdg. Arch.-Büo Geising & Partner in Langförden u. Vechta, 1986 Grdg. d. Arch.-Büro Geising & Böker in Hamburg, 1997 Umwandlung in Geising & Böker GmbH. BL.: Teilnahme an Arch.-Wettbewerben u.a. 1. Preis 2000 Sport- u. Erlebniszentrum Berlin SEZ. M.: Rotary Club Diepholz-Vechta.

Geisler Astrid Dr. med. vet. *)

Geisler Gerhard Dr. o.Prof. *)

Geisler Gottfried

B.: Maurermeister, Gschf. Ges. FN.: Geisler Baugeschäft GmbH. DA.: 31535 Neustadt/ Mandelsloh, Mühlenweg 29. www.geisler-bau.de. G.: Tiefhartmannsdorf/Schlesien, 21. Juni 1941. V.: Margaretha, geb. Mußmann. Ki.: Gesa (1985). El.: Paul u. Martha, geb. Eckhardt. S.: 1955-58 Ausbildung z. Maurer in Nienburg, 1958-61 tätig als Maurergeselle bei versch. Firmen im Raum Hannover. K.: 1961-84 tätig als Bauleiter i. schlüsselfertigen Wohnungsbau im Raum Hannover-Neustadt, 1977-79 berufsbegleitende Abendschule z. technischen Zeichner in Hannover, danach Abendschule mit abschließender Meisterprüfung vor d. Handwerkskammer Hannover, 1984 Grdg. d. Firma Geisler Baugeschäft in Neustadt/Mandelsloh, 1998 Umfirmung z. GmbH, Tätigkeitsschwerpunkte Beratung, Planung u. Bauen nach individueller Art, schlüsselfertiges Bauen z. Festpreis, Umbau, Altbausanierungen. BL.: seit 1996 Obermeister d. Baugewerksinnung Neustadt. M.: Baugewerksinnung Neustadt, örtliche Vereine u. Organisationen. H.: Eishockey, Tierliebhaber (Pferde u. Schafe), Autos.

Geisler Hans Dr. rer. nat.
B.: Sächs. Staatsmin. f. Soz., Gesundheit, Jugend u. Familie, Dipl.-Chem. DA.: 01097 Dresden, Albertstr. 10. www.sachsen.de. G.: Lauban, 22. März 1940. V.: verh. Ki.: 4 Kinder. S.: 1958 Abitur, 1958-60 Färberlehre in Löbau, 1960-65 Chemiestud. TU Dresden. 1970 Prom. z. Dr. rer. nat. K.: 1965-69 wiss. Mitarb. am Forschungsinstitut Meinsberg, 1969-76 Laborltr. u. sportärztl. Hpt.Beratungsstelle Leipzig, 1976-90 Laborltr. im Diakonissen-KH Dresden, 1990 Mtgl. d. Volkskam., 1990 Parlamentar. Staatssekr. im Min. f. Familie u. Frauen, 1989-90 Mtgl. d. Demokrat. Aufbruch, 1989-90 Koordinierungsaussch. u. Vorst.Mtgl. d. DA Ostsachsen/Dresden, 1989-90 Mtgl. d. Runden Tisches d. Bez. Dresden f. d. DA, seit August 1990 CDU, s.8.11.90 Sächs. Staatsmin. f. Soz., Gesundh., Jugend u. Familie, 1990-2000 Präs. d. Sächs. Landesvereinig. f. Gesundheitsförd., seit 1990 MdBR, 1990-91 Mtgl. d. Dt. Bundestages, s. 1991 stellv. Bundesvors. d. Evang. AK d. CDU/CSU, seit 1993 Vors. d. EAK-Landesverbandes Sachsens, 1990-94 Mtgl. d. CDU Bundesvorst., s. 6.10.94 Mtgl. d. Sächs. Landtages, s. 17.8.95 Stellv. Ministerpräs. in Sachsen, 1975-87 Präsidiumsmtgl. beim Ev. Kirchentag, seit 1991 Mtgl. d. Diakonischen Konferenz d. EKD, seit 1998 Mtgl. d. Kammer f. soziale Ordnung d. EKD. (Re)

Geisler Herbert Dr. iur. *)

Geisler Joachim
B.: Vorst.-Vors. FN.: RAG Saarberg AG. DA.: 66111 Saarbrücken, Trierer Str. 1. www.saarberg.de. G.: 1955. K.: zahlr. Führungspositionen Ruhrkohle AG, 1995 Mtgl. d. Gschf. DBT Deutsche Bergbau-Technik GmbH, 1996-98 President u. CEO b. d. DBT-Ndlg. Mine Technik America Inc. /USA, 1998 Vorst.-Mtgl. St. Steinkohle AG, zuletzt stellv. Vorst.-Vors., s. 10/2000 Vorst.-Vors. RAG Saarberg AG.

Geisler Kurt Klaus *)

Geisler Ladi *)

Geisler Martin
B.: RA. DA.: 10119 Berlin, Schönhauser Allee 6-7. G.: Osterode, 5. Feb. 1962. El.: Fritz u. Ruth, geb. Krause. S.: 1981 Abitur, 1981-88 Stud. Rechtswiss. Univ. Göttingen, 1988-91 Referendariat OLG Celle. K.: 1991-94 tätig in d. Treuhandanstalt Halle, Rostock u. Berlin, 1994-97 tätig in d. Treuhand GmbH in Rostock, seit 1998 selbst. in Partnerschaft, 1999 Eröff. einer 2. Kzl. in Gross Glienicke. M.: seit 1988 SPD. H.: Reisen, Sport, Fußball, Surfen, Jazz.

Geisler Michael Dipl.-Kfm. Dipl.-Vw. *)

Geisler Peter *)

Geisler Werner Gottfried Dr. iur. Prof. *)

Geismeier Willi Dr. sc. phil. *)

Geiss Gudrun *)

Geiss Günter R.
B.: Finanzdienstleister, Inh. FN.: GFK-Finanzberatung Günter R. Geiss. GT.: Versicherungsmakler. DA.: u. PA.: 34128 Kassel, Ludwig-von-Wildungen-Str. 32A. guentergeiss@GFK.de. G.: Kassel, 23. Aug. 1934. V.: Lydia-Liliane, geb. Lehfeld. El.: Julius u. Gerda, geb. Schirmacher. S.: Mittelschule, Automobil-Kaufmann, VW-Glinicke GmbH in Kassel. K.: 1955-57 Sachbearbeiter / VW-Glinicke, Kassel, 1957-67 Sachbearbeiter d. Firma Continental Gummiwerke AG in Kassel, Bremen u. Hannover, 1967-69 Innendienstleiter d. Firma Gummi-Mayer AG, Landau/Pf., Niederlassung in Kassel, 1969-77 Betriebsleiter d. Firma Reifen-Reibold in Kassel, 1977-81 selbst. Handelsvertreter d. Firma Bonnfinanz AG, Geschäftsstelle Kassel, seit 1981 Versicherungsmakler u. Anlageberater in Kassel. BL.: Erschließung d. Kapital-Anlage f. breiteste Bevölkerungsschichten bei den besten Vermögensverwaltern d. Welt gemäß jährlicher Ermittlung durch Watson Wyatt Partners, London. F.: PTA-AG, Tübingen u. Conzepta, Frankenberg. E.: Sieger 1989 im Wettbewerb bei Gamax-FD, Leverkusen. M.: Invers GmbH, Gründungsmitglied / Heinkel-Club Deutschland. H.: Oldtimer-Club, handwerkliche Arbeiten.

Geiss Imanuel Dr. Prof. *)

Geiss Martin Dipl.-Psych. *)

Geissel Rochus
B.: Gschf. FN.: Auto-Geissel Vertriebs GmbH. DA.: 41464 Neuss, Jülicher Landstr. 150. rochus@geissel.de. www.geissel.de. G.: Düsseldorf, 1961. V.: Ulrike, geb. Meutgens. Ki.:

---

*) Biographie www.whoiswho-verlag.ch oder beigefügte CD-ROM

Geissel 1368

Guido. El.: Franz u. Dr. Marie-Anne. BV.: Geissel Erzbischof v. Köln im 18. Jhdt. S.: 1979 Mittlere Reife, 1979-82 Dachdeckerlehre. K.: 1981 Grdg. d. Firma Auto-Geissel GmbH, durch Zusammenschluss d. Firma Heribert Geissel u. Dr. Marie-Anne Geissel Neuss, Schwerpunkt: Neu-Jahreswagen, USA-Importe, Autovermietung, Leasing, Finanzierung, Vers. F.: Kauf d. Yachthafens v. Emerich. M.: Vors. d. Wassersportver. Düsseldorf. H.: Wassersport.

Geißelmann Jörg Dipl.-Lebensberater *)

Geissen Oliver
B.: Moderator. FN.: RTL. DA.: 50858 Köln, Aachener Str. 1036. G.: Hamburg, 21. Aug. 1969. S.: 1988 Abitur, Bundeswehr, Volontariat Hamburger Jugendsender ok-Radio. K.: 1994 1. Sendung b. ZDZ "X-Trem", 1995 Moderator eines Jugend-Magazins f. d. Öff.-Rechtlichen, später Sportchef u. Moderator bei HH 1 Fernsehen, 1996-98 Moderator v. "Traumland Deutschland", Gastrollen im ARD bei "Gegen d. Wind" u. bei SAT 1 in d. Action-Serie "Alphateam", 1998 Moderator d. Reisemagazin "Reiselust", wird 1999 v. RTL entdeckt u. f. d. Talkshow "Oliver Geißen Show" verpflichtet, 2000 Moderator v. "Big Brother II", 2001 "Die 80er Show".

Geißendörfer Hans W.
B.: Regisseur; Produzent. FN.: GFF Geißendörfer Film- u. Fernsehproduktion GmbH. DA.: 50829 Köln, Freimersdorfer Weg 6. G.: Augsburg, 6. Apr. 1941. V.: Jane, geb. Aldersley. Ki.: Lilli (1982), Hana (1984), Jessica (1990). El.: Hans u. S.: 1960 Abitur in Windsbach, 1962-67 Stud. Germanistik, Theaterwiss., Psych. u. afrikan. Sprachen an d. Univ. Marburg, Erlangen, Wien u. Zürich. K.: aktives Engagement b. Studententheater, erste 16-mm-Dokumentar- u. Underground-Filme, nach d. Stud. ausgedehnte Reisen in Europa, Asien u. Afrika, 1968 Regie-Ass. b. George Moorse ("Liebe und so weiter"), 1968 "D. Fall Lena Christ", TV-Film (Buch u. Regie), Filmographie. E.: 4 Bundesfilmpreise, eine Oscar-Nominierung (1979 f. "Die gläserne Zelle"), 2001 Grimme-Preis für d. "Lindenstraße". H.: Familie, Meerliebhaber. (F.B.) (Re)

Geisser Fredy *)

Geissinger Albert *)

Geißler Andreas Dr. med. *)

Geissler Christa
B.: Chefredakteurin. FN.: "Cosmopolitan". DA.: 80803 München, Mainzer Str. 4. G.: Ulm, 7. Juli 1936. S.: klass. Ausbild. z. Journalistin u. Autorin. K.: Tätigkeit b. Tageszeitungen u. div. Blättern, Chefred. d. Zeitschrift "Cosmopolitan" München. H.: Journalismus, Literatur, Frauenpolitik.

Geissler Christian
B.: Schriftsteller. PA.: 26831 Bunde, Aaltuikerei 180. G.: Hamburg, 25. Dez. 1928. K.: wurde bekannt m. seinem Roman "Anfrage" (1960), weitere Werke u.a. d. Romane "Das Brot m. d. Feile" (1973), "Wird Zeit, daß wir leben" (1976), "Kamalatta" (1988), "wildwechsel m. gleisanschluß" (1996), "ein kind essen" (2001), d. Hörspiel "Ende d. Anfrage" (1967), "Jahrestag eines Mordes" (1968), "Unser Boot nach Bir Ould Brini" (1992), "Taxi Trancoso" (1993), d. Ge-

dicht "Im Vorfeld einer Schußverletzung" (1980), "spiel auf ungeheuer" (1983), "klopfzeichen" (2000), u. d. Fernsehspiele "Wilhelmsburger Freitag", "Schlachtvieh", "Widersprüche", "Altersgenossen", u.a. 1965-68 Mithrsg. d. Literaturzeitschrift "Kürbiskern". E.: zahlr. Ausz. u.a. 1972 u. 1973 Adolf Grimme-Preis, 1988 Hamburger Autorenpreis, 1994 Hörspielpreis d. Kriegsblinden, Kunstpreis Niedersachsen f. Literatur. M.: 1970-76 Mtgl. P.E.N.-Zentrum BRD.

Geißler Clemens Dr.-Ing. Dr. phil. h.c. Prof. *)

Geissler Erich E. Dr. phil. Dr. h.c. Prof. *)

Geißler Gertraud Prof.
B.:Pianistin, Ltr. d. Konzertkl. f. Lied- u. Oratoriengestaltung. FN.: HS f. Musik Carl Maria v. Weber Dresden. DA.: 01067 Dresden, Blochmannstr. 2-4. PA.: 01259 Dresden, Freischützstr. 23. G.: Meißen, 21. Aug. 1939. El.: Erich u. Martha Geißler. S.: 1957 Abitur, 1957-59 Pianistenschülerin f. Tanzbegleitung an Palucca-Schule Dresden, 1959-62 Klavier- u. Kompositionsstud. HfM Dresden. K.: 1962-74 Ass. f. Korrepetition an d. HfM, 1974-81 Doz. f. Korrepetition speziell Liedgestaltung seit 1981 Prof., Ltg. d. Liedklasse f. Sänger u. Pianisten; zahlr. Konzerte als Liedbegleiterin namhafter Sänger (u.a. Th. Adam, P. Schreier, Olaf Bär) u.a. Rußland, Polen, Ungarn, Österr., Schweden, Zypern, Syrien, GB. P.: zahlr. Rundfunkproduktionen, Schallplatten. E.: 1978 Dipl. d. Moskauer Tschaikowski-Wettbewerbs f. Begleitkunst, 1978 Robert Schumann-Preis d. Stadt Zwickau. M.: Schumann-Ges., "Mitte Europa". H.: Kochen.

Geißler Gisbert *)

Geißler Günter *)

Geissler Heiner Dr.

B.: Bundesmin. a.D., MdB. FN.: Dt. Bundestag. DA.: 11011 Berlin, Platz d. Republik 1. PA.: 76835 Gleisweiler, Weinstr. 1a. heiner.geissler@bundestag.de. www.heiner-geissler.de. G.: Oberndorf/ Neckar, 3. März 1930. V.: Susanne, geb. Thunack. Ki.: Dominik (1963), Michael (1964), Nikolai (1967). El.: Heinrich u. Maria, geb. Buck. BV.: Vater Stadtrat in Oberndorf am Neckar, Mtgl. d. Zentrums, auf d. letzten Reichstagsliste 1933. S.: 1949 Abitur, Stud. Phil. u. Rechtswiss. München u. Tübingen, 1957 1. Jur. Staatsprüf., 1960 Prom., 1962 Gr. Jur. Staatsprüf. K.: Richter, 1962-65 Ltr. d. Ministerbüros d. Arbeits- u. Sozialministers in BW, während d. Stud. Vors. d. RCDS Tübingen, 1961-76 Vors. d. JUBW, seit 1965 MdB, 1967-77 Min. f. Soziales, Gesundheit u. Sport im Land Rheinland-Pfalz, seit 1967 Mtgl. d. Bundesrat, 1971-79 MdL in Rheinland-Pfalz, seit 1974 Mtgl. d. Bundesvorst. Sozialausschuß d. CDA, 1977-89 Generalsekretär d. CDU, 1986-93 VPräs. d. Christl.-Demokrat. Internationale, seit 1986 Mtgl. im Beirat d. Barmenia Vers. u. 1970-82 u. 1986-92 Mtgl. im Fernsehrat d. ZDF, 1989-94 Mtgl. im Präsidium d. CDU, seit 1980 MdB EKR, 1982-85 Bundesminister f. Jugend, Familie u. Gesundheit, seit 1991 stellv. Vors. d. CDU/CSU Bundestagsfraktion, seit 1994 Mtgl. im Bundesvorst. d. CDU. BL.: als Bundesminister Abschaffung d. Gewissensprüfung bei Kriegsdienstverweigerern u. Kündigungsschutz f. Frauen. P.: "Heiner Geissler im Gespräch mit Gunter Hofmann u. Werner A. Perger" (1993), "Zugluft-Politik in stürmischer Zeit" (1990), Hrsg. v.

*) Biographie www.whoiswho-verlag.ch oder beigefügte CD-ROM

"Abschied v. d. Männergesellschaft" (1986), "Die Neue Soziale Frage" (1976), "Gefährlicher Sieg" u. "Der Irrweg d. Nationalsozialismus" (1995), "Das nichtgerhaltene Versprechen" (1997), "Bergsteigen" (1997), "Zeit, das Visier zu öffnen" (1998), "Wo ist Gott - Gespräche m. d. nächsten Generation" (2000), "Intoleranz - Das Unglück unserer Zeit" (2002). M.: Vors. d. Süd-Pfälzer Gleitschirmflieger Clubs, DAV Landau, Vors. d. Förderverein Kolleg St. Blasien, Kolpingfamilie, Trifels-Verein , Pfälzerwald Verein, Kuratorium Behandlungszentrum f. Folteropfer Berlin, Amnesty Intern. H.: Gleitschirmfliegen, Bergsteigen, Sportklettern.

Geißler Jeanette
B.: Kunstmalerin, Collagistin, Grafikerin, freischaffend. DA.: 85521 Ottobrunn-Riemerling, Maiglöckchenweg 11. info@geissler-art.de. www.geissler-art.de. G.: Potsdam, 3. Mai 1952. Ki.: Melissa (1982), Aurelia (1986). El.: Werner u. Ingeborg Geißler. S.: 1968-70 Lehre als Schauwerbegestalterin, 1972 Abitur, 1972-75 Stud. an d. Fachschule f. Werbung u. Gestaltung in Berlin m. Fachrichtung Messe- u. Ausstellungsgestaltung, 1976 Flucht aus d. DDR in d. BRD, 1977-83 Stud. Malerei an d. Akademie d. Bildenden Künste in München. K.: seit 1983 freischaffende Künstlerin. P.: zahlr. Ausstellungen (1983-2001) u.a.: Kunsthalle Berlin, Städt. Galerie Karlsruhe, Haus d. Kunst München, Künstlerfabrik in München, Kulturzentrum Gasteig in München, Pasinger Fabrik München, Städt. Galerie Rosenheim, Atelier 4 in Waging am See (2002). H.: Malerei, Kunst, Musik, Reisen, Lesen.

Geißler Jens A. *)

Geißler Manfred
B.: Dipl.-Finanzwirt, selbst. Steuerberater u. vereid. Buchprüfer. DA.: 83329 Waging am See, Gastager Weg 15a. PA.: 83329 Waging am See, Gastager Weg 3a. G.: Laufen, 24. Juni 1951. V.: Brigitte, geb. Steinbeck. Ki.: Silvie (1984). El.: Heinz u. Maria, geb. Dünebier. S.: HS, 1963-67 Realschule Freilassing m. Mittlerer Reife, 1967-72 Bayer. Finanzverw. z. Ausbild. in Laufen, Traunstein u. Bayer. Beamtenfachhochschule, Fachbereich Finanzwesen, Herrsching, m. Anstellungsprüf. f. d. gehobenen Dienst d. Dipl. z. Dipl.-Finanzwirt. K.: 1972-84 Bmtr. b. d. Bayer. Finanzverw. in Rosenheim u. Traunstein, Steuerinsp., Steueroberinsp., Steueramtmann, 1974-75 Bundeswehr Traunstein, 1984 selbst. Steuerberater in eigener Kzl., 1992 Bestellung z. vereid. Buchprüfer; Gründer u. Ges.-Gschf. d. Geißler & Kollmannsberger Revisionsges. Wagin ger See mbH, Steuerberatungsges. u. Buchprüfungsges. mit Sitz in Waging am See, Partner d. Geißler & Kollmannsberger Partnerschaft, Steuerberatungsges. mit Sitz in Bad Reichenhall sowie Gründungsges. d. WP-Mittelstands-Förderges. mit Sitz in München. M.: SV Laufen, TC Waging am See, Golfclub Salzburg, Landesverb. d. Steuerberater u. Wirtschaftsprüfer, Verb. vereid. Buchprüfer, Steuerberaterkam. München u. Wirtschaftsprüferkam. H.: Fußball, Tennis, Golf.

Geissler Matthias *)

Geissler Monika Sabine
B.: Gschf., Wirtschaftskauffrau. FN.: Behindertenverband Frankfurt/Oder e.V. DA.: 15230 Frankfurt/Oder, Pablo-Neruda-Block 1. G.: Eberswalde-Finow, 8. Juli 1944. Ki.: Simone (1968). El.: Alfred u. Wilma Korff. S.: 1963 Abitur an d. Erweiterten Oberschule Joachimsthal, 1963-65 Lehre z. Wirtschaftskaufmann b. Volkseigenen Betrieb Kranbau Eberswalde, Facharbeiterabschluss, 1965-70 Stud. an d. HS f. Ökonomie "Bruno Leuschner" in Berlin m. Spezialisierung auf Tourismus, Abschluss als Gesellschaftswissenschaftler. K.: 1970-71 tätig in d. Investabteilung im Eisenhüttenkombinat Ost (EKO) in Eisenhüttenstadt, 1971-76 Ltd. Tätigkeit in d. Kreisleitung d. Sozialistischen Einheitspartei Deutschlands (SED) im Bereich Weiterbildung, 1976-84 Sektorenleiter f. internat.

Arbeit in der Bezirksleitung Frankfurt/Oder d. FDJ, 1984-87 Gruppenleiter im Bereich Lagerwirtschaft d. Volkseigenen Betriebes (VEB) Getränkewirtschaft Frankfurt/Oder, 1986 Ausschluss aus d. SED aus politischen Gründen, 1987-89 im Büro f. Neuererwesen (BfN) d. Verkehrs- u. Tiefbaukombinates Frankfurt/Oder tätig, 1990 Weiterbildung/Umschulung Management Gastronomie m. Befähigungsnachweis, 1990-91 Ass. d. Geschäftsführung in einer "Burger-King"-Filiale in Berlin, 1991-93 Ass. einer "Burger-King"-Filiale in Frankfurt/Oder, 1993-99 Inh. u. Ltg. eines Billard-Cafes in Angermünde, seit 1999 Geschäftsführung d. Behindertenverbandes Frankfurt/Oder e.V. BL.: 1957-61 Leistungssportlerin an d. Kinder- u. Jugendsportschule Frankfurt/Oder. E.: Leichtathletik-Goldmedaille b. d. Bezirksspartakiade (1957) u. Leichtathletik-Silbermedaille b. d. DDR-Kinder- u. Jugendspartakiade (1957). M.: Singakademie Frankfurt/Oder e.V. H.: Musik, Chorsingen.

Geißler Norbert Erich Dipl.-Ing. *)
Geissler Paul-Tilo Dipl.-Ing. *)
Geißler Peter *)
Geißler Rolf

B.: selbst. Restaurator für Möbel u. Holzobjekte. DA.: 78628 Rottweil, Schramberger Str. 5. G.: Rohrdorf, 21. Mai 1960. El.: Robert u. Agnes. BV.: Handerwerker- u. Bauernfamilie. S.: 1980 mittlere Reife, 1981-84 Tischlerlehre. K.: 1984-87 Praktikum b. Kirchenrestaurator, 1987-88 Praktikum u. Geselle bei Möbelrestaurator in Mannheim, seit 1988 selbst. m. Schwerpunkt Möbel. H.: Segeln, Antiquitäten sammeln.

Geißler Ulrich Dr. med.

B.: FA f. Orthopädie. FN.: Gemeinschaftspraxis m. Frau Dr. Beate Jäger. DA.: 04155 Leipzig, Wiederitzscher Str. 32. PA.: 04158 Leipzig, Hermann-Keller-Str. 23. G.: Leipzig, 24. Juni 1952. V.: Steffi, geb. Uhlmann. Ki.: Christian (1976), Friederike (1979), Jakob (1980), Markus (1992). S.: 1971 Abitur, Wehrdienst, 1973-79 Stud. Med. K.: 1979-91 wiss. Ass.-Arzt bei Prof. Seyfarth u. Prof. Arnold Orthop. Uni-Klinik Leipzig, 1991-92 tätig i. Hamburg. Skoliose-Zentrum Cuxhaven, seit 1993 ndlg. Orthopädie m. Schwerpunkt manuelle Med., Akupunktur u. Osteopathie. P.: Veröff. in orthopäd. Fachzeitschriften. M.: BVO e.V., Dt. Ges. f. Akupunktur u. Neuraltherapie e.V., IGOST, Am. Academy of Osteopathy. H.: Bergwandern, Musik.

Geißler Ursula

B.: Ärztin f. Kinderheilkunde. GT.: Ärztl. Betreuung eines Kinderheimes. DA.: 07196 Pirna, Straße der Jugend. G.: Merseburg, 22. März 1948. V.: Dr. Hartmut Geißler. Ki.: Ulrike (1972), Wolfram (1975). S.: 1966 Abitur Pirna, 1966-69 Stud. an d. Humboldt-Univ. in Berlin, 1969-72 Klin. Sem. an d. Med. Ak. in Dresden, 1972-78 FA-Ausbild. Kinderheilkunde in Pirna, 4 J. im Kreis-KH, 1 J. Ambulanz. K.: 1978-80 im Jugend- u. Gesundheitsschutz b. Rat des Kreises Pirna, Abt. Mutter u. Kind, 1980-91 ang. Ärztin im Ambulatorium Pirna Sonnenschein, d. Kreispoliklinik Pirna, 1991 ndlg. Kinderärtin, Kassenarztpraxis u. Spezialgebiete Sonografie seit 1992, Asthmakranke seit 1991. M.: Berufsverb. Kinderärzte, Hartmannbund - Delegierte z. Landesversammlung, Rießenschnauzerver. H.: eigener Hund, Bergwandern, Skifahren - Langlaufen.

Geißler Ursula Dr. Prof. *)
Geißler Wolfgang *)
Geist Bertwin Michael Richard Konrad *)
Geist Hans Heinrich *)
Geist Jürgen

B.: Metzgermeister. FN.: Metzgerei & Partyservice Geist. GT.: seit 1998 zweiter Geschf. d. privaten Brettener Schlachthofes. DA.: 75015 Bretten, Melanchthonstr. 68. PA.: 75015 Bretten, Hirschstr. 2. metzgereigeist@t-online.de. G.: Waiblingen, 31. Juli 1959. V.: Ilona, geb. Heintze. Ki.: Peter (1984), Carina (1987). El.: Adolf und Maria, geb. Schickel. S.: 1976 Mittlere Reife in Bretten, 1976-78 Lehre als Metzger in Karlsruhe m. vorzeitigem Abschluss, 1978-79 Hotelfachschule D. Speiser in Tegernsee. K.: 1979-80 im La Boe an d. Ostsee als Kellner saisonal beschäftigt, 1980 tätig als Praktikant in d. Küche im Parkhotel Wehrle, anschl. Mitarbeit im elterl. Betrieb m. Gastronomie u. Metzgerei, 1982 Meisterprüfung u. d. Handelskammer Mannheim/Heidelberg, 1989 Übernahme d. elterl. Firma, 1990 Abtrennung d. gastronomischen Betriebes u. Einrichtung eines Partyservices. M.: seit 1998 Mtgl. d. Karlsruher Innungsvorstands, seit 2000 Mtgl. im Brettener Gemeinderat. H.: Familie, Golf, Skifahren.

Geist Ljiljana *)

Geist Manfred Norbert Dr. rer. pol. *)
Geist Wolfgang Waldemar Max Dr. phil. *)
Geistdörfer Christian

B.: Gschf. Ges., Profi-Ralleyfahrer. FN.: Prodrive Marketing Services GmbH. DA.: 81679 München, Richard-Strauß-Str. 71. G.: München, 1. Feb. 1953. V.: Elfi, geb. Unterlerchner. Ki.: Florian (1983). El.: Anton u. Irma, geb. Seidel. S.: 1969-72 Ausbild. z. Bankkfm. München, b. 1973 Tätigkeit in einer Bank, 1973-76 Berufsoberschule m. Abitur. K.: 1973 Beginn Rallyes zu fahren, seit 1976 Profi, 15 J. m. Walter Röhrl u. Hannu Mikkola auf allen Rallye-Pisten d. Welt, 1980 u. 1982 Weltmeister, 13 WM-Siege, davon 4 Siege b. d. Rallye Monte Carlo, 1989 Grdg. Prodrive Marketing Services GmbH München, 1990 erneut Rallyes gefahren, 1992 Prodrive erweitert auf Prodrive Event, Golfveranstaltungen, Vienna Classics Wien, 1993/94 German Open Düsseldorf, Lufthansa HON-Turniere, Ausrichter u. Veranstalter vieler Einzelturniere, hochwertige Incentivereisen, ab 1994/95 verantwortl. Koordinator in Dt. Fahrsicherheits-Zentrum Berlin-Brandenburg. E.: 2x Silb. Lorbeerblatt, 1980 Halda-Trophy. M.: ONS, Golfclubs. H.: Auto, Golf, Skifahren.

Geisteier Doris *)
Geisthövel Friedrich Josef Dr. med. *)
Geitel Andreas Dipl.-Kfm.

B.: Gschf. Ges. FN.: Berliner Stoffdruckerei GmbH. DA.: 13365 Berlin, Postfach 650 249. G.: Stendal, 23. Apr. 1948. S.: 1967 Abitur, 1967-74 BWL-Stud. TU Berlin, Dipl.-Kfm. K.: 1974 Eintritt in d. 1921 gegründete Familienunternehmen, seit 1980 Gschf. BL.: weltweit führender Hersteller v. Fahnen. H.: Kultur.

Geithner Ina

B.: RA in eigener Kzl. DA.: 10825 Berlin, Grunewaldstr. 53. G.: Gera, 1. Juni 1957. Ki.: Max (1986). El.: Hilmar u. Renate Geithner. S.: 1973 Abitur, 1973-80 Stud. Jura, Examen z. Dipl.-Juristin. K.: 1980 Justitiar Staatsverlag, Kammer f. Außenhandel, ab 1990 IHK-Berlin, Rechtsabteilung, Referent Handelsregister, ab 1992 Referendariat, 1997 Zulassung als RA, 1999 eigene Kzl., Tätigkeitsschwerpunkt: Gesellschaftsrecht, Jugendstrafrecht, Wohnungseigentumsrecht.

Geitner Andreas Dipl.-Ing. *)
Geitner Thomas

B.: stellv. Vorst.-Vors. FN.: Mannesmann AG. DA.: 40213 Düsseldorf, Mannesmannufer 2. www.mannesmann.de. G.: 14. März 1955. V.: Patricia. Ki.: 3 Kinder. S.: 1974 Abitur Aalen, 1974-76 Bundeswehr, 1976-81 Stud. Maschinenbau TU München, Dipl.-Ing., 1981-82 Insead Fontainebleau. K.: 1982-91 Heidelberger Druckmaschinen AG Heidelberg, 1982-83 Vorst.-Ass., 1983-85 Betriebsltr. Stahlteilefertigung, 1985-89 Ltr. Prod.-Vorbereitung Werk Wiesloch, 1989-91 Werksltr. Werk Wiesloch, 1992-95 Vorst. Leybold AG Hanau, ab 1995 Vorst.-Vors. Rheinelektra AG u. Lahmeyer AG f. Energiewirtschaft, 1997-99 Vorst.-Mtgl. RWE AG, s. 2000 stellv. Vorst.-Vors. d. Mannesmann AG.

*) Biographie www.whoiswho-verlag.ch oder beigefügte CD-ROM

Geitner Werner *)

Geitz Heinz Werner Willy *)

Gelberg Adrian Dr. Prof. *)

Gelbert Ralph *)

Gelbke Dagmar
B.: Sängerin u. Kabarettistin. dg.kbb@freenet.de. G.: Leipzig, 20. Juli 1950. Ki.: Paula (1979). El.: Herbert Gelbke u. Gertrud Jaenisch. S.: 1977 Abitur, 1965-70 Abendstud. Gesang HS f. Musik "F.-M.-Bartholdy" Leipzig, 1965-68 HS f. Tanz Leipzig, 1972-74 Stepptanz Prag b. Prof. Frank Towen, 1980 Schauspiel HS f. Schauspiel "Ernst Busch", 1987-90 Journalistik KMU Leipzig. K.: 1959 1. Bühnen-Auftritt, seit 1970 Berlin, zahlr. Tourneen im In- u. Ausland, 1976-82 Zusammenarb. m. Entertainerin Helga Hahnemann; 1977, 80, 81, 85, Friedrichstadtpalast Berlin, 1987-89 Berliner Variete Mobil, 1993-98 im Kabarett-Theater Kartoon, Berlin, seit 1998 Kabarett "Die Oderhälme" Frankfurt/Oder. P.: Rezensionen u. Kritik in Fachzeitschriften u.a. f. d. "Weltbühne", 1994 CD "HippHippHurra" gem. mit Ursula Staack, 2000 "Im Osten kocht man auch sein Süppchen", 2001 "Dagmar Gelbkes Brutzefibel". E.: 1978, 80, 82, 84 Goldmed. Ausz. Nat. Interpretenwettbewerb.

Gelbke Franz Dipl.-Ing. *)

Gelbke Silvia

B.: RA, selbständig. DA.: 47441 Moers, Homberger Str. 13. G.: Duisburg-Homberg, 20. Dez. 1962. Ki.: Sven (1987). El.: Werner Hovorka u. Brigitte, geb. Gaida. S.: 1982 Abitur Duisburg-Homburg, 1982-83 Stud. Sprachen u. Soziologie, 1983-90 Stud. Jura in Heidelberg, 1990 1. Staatsexamen, 1990-93 Referendariat LG Frankenthal/Pfalz, 1993 2. Staatsexamen. K.: 1993-97 freie Mitarbeiterin in versch. Anwaltskanzleien, 1997 Ndlg., Eröff. d. eigenen Kzl. in Moers, Tätigkeitsschwerpunkt: Erbrecht, Arbeits- u. Familienrecht. M.: D.V.E.V., Dt. Anwaltsverein, Forum f. Erbrecht u. Familienrecht. H.: Sohn, Hund, Sport (Walking), Kunst, Kultur, Reisen.

Gelbrich Bernd *)

Gelbrich Birgit *)

Gelbrich Uli Dr.-Ing. *)

Geldbach Erich Dr. theol. *)

Geldbach Manfred Dr. iur. *)

Gelder Karl-Heinz *)

Gelder Monika *)

von Geldern Wolfgang Dr. phil.
B.: RA, Parlamentar. Staatssekr. a.D., Vors. d. Vorst. FN.: Plambeck Neue Energien AG. DA.: 27472 Cuxhaven, Peter-Henlein-Str. 2-4. PA.: 27637 Nordholz, Nordweg 2-4. vongeldern@plambeck.de. G.: Dorum, 4. Nov. 1944. V.: Hilde v. Geldern, geb. Harms. Ki.: 1 Tochter. El.: Bernhard u. Ingeburg v. Geldern. S.: 1964 Abitur, Stud. Rechtswiss. u. Geschichte Freiburg, Göttingen u. Hannover, 1971 Dr. phil., 1973 1. u. 1975 2. Jur. Staatsexamen. K.: 1976 Zulassung als RA, 1980 Bestellung z. Notar, 1967 Landesvors. RCDS in Niedersachsen u. Bremen, 1966 Eintritt JU u. CDU, 1978-94 Vors. CDU-Kreisverb. Cuxhaven, 1979-91 Vors. CDU-Bez.-Verb. Stade, 1980-91 Mtgl. Landesvorst. CDU Niedersachsen, 1973-75 Mtgl. Kreistag Landkreis Göttingen, 1983-91 Parlamentar. Staatssekretär b. Bundesmin. f. Ernährung, Ldw. u. Forsten, 1991-94 Vors. Aussch. f. Umwelt, Naturschutz u. Reaktorsicherheit. P.: versch. Buchveröff. E.: Präs. d. Schutzgemeinschaft Deutscher Wald e.V., Vors. d. Wirtschaftsverb. Windkraftwerke e.V., Vors. d. Bundesvereinigung z. Privatisierung öff. Aufgaben e.V., 1965 Stipendiat d. Konrad Adenauer-Stiftung, Gr. VK d. VO mit Stern d. Bundesrep. Deutschland, 1969 Promotionsstip. d. Fritz-Schyssen-Stiftung.

Geldmacher Thomas

B.: RA. FN.: Kanzlei Graemer u. Kollegen. DA.: 91054 Erlangen, Schiffstr. 8. ra-geldmacher@t-online.de. www.rageldmacher.de. G.: Erlangen, 30. Nov. 1954. V.: Sigrun, geb. Schaller. Ki.: Fabian (1985), Alia (1989), El.: Dr.-Ing. Herbert u. Prof. Dr. Dr. Marika, geb. Mallinckrodt. S.: 1974 Abitur in Coburg, 1974-76 Zivildienst Bezirkskrankenhaus Erlangen, 1976-82 Stud. Rechtswiss. an d. Friedrich-Alexander-Univ. Erlangen/Nürnberg, 1982-85 Referendarzeit b. OLG Nürnberg. K.: seit 1985 RA, Tätigkeitsschwerpunkte Erbrecht, Familienrecht, Nachbarschaftsrecht, Interessenschwerpunkte Mietrecht, Versicherungsrecht, zugelassen am OLG Nürnberg und als Gütestelle nach d. Bayerischen Schlichtungsgesetz, Testamentsvollstreckung. M.: Dt. Vereinigung f. Erbrecht u. Vermögensnachfolge e.V. m. Sitz Angelbachtal, Gründungs-Mtgl. "Fränkische Ges. f. Erbrecht" m. Sitz in Coburg, 2. Vors. im ersten Automobilclub Erlangen im ADAC e.V., 1. Vors. d. Vereinigung d. Freunde d. Albert-Schweitzer-Gymnasium Erlangen e.V. H.: Tauchen, Volleyball u. Moderne Musik.

Geldsetzer Lutz Dr. Prof.
FN.: Abt. Wiss.-Theorie Philosoph. Inst. d. Heinrich-Heine-Univ. DA.: 40225 Düsseldorf, Universitätsstr. 1. PA.: Düsseldorf, Cheruskerstr. 99 a. G.: Minden, 28. Feb. 1937. V.: Ute-Eva, geb. Machwirth. Ki.: Oliver-Felix (1962), Annette (1964). El.: Dr. med. vet. Paul Geldsetzer. S.: 1956 Abitur, b. 1961 Stud. Phil., Soziologie u. Jura Mainz. K.: 1 J. Parisaufenthalt an d. Sorbonne, 1963-67 Ass. d. Med. Ak. Düsseldorf, 1967 Habil f. Philos., 1969 aplProf. u. Ltr. d. Forsch.-Abt. d. Wiss.-Theorie am Philosoph. Inst., 1980 Prof., zwischendurch Lehrstuhlvertretungen in Bochum u. Trier, Gastprof. in Nantes, Atlanta, Padua u. Yinnan/Shandong. P.: Die Ideenlehre Jakob Wegelins (1963), Die Phil.- d. Phil.-Geschichte im 19. Jhdt. (1968), Allg. Bücher u. Institutionenkunde (1971), Logik (1987), Mitverf. Chines.-Dt.-Lexikon d. Chines. Phil.- 3 Bände (1987-95), Die Philosophenwelt (1995), Mitverf. Grundlage der chines. Philosophie (1998), Mithg. Journal f. General Phil. of Science (seit 1970), Mithg. J. F. Fries, Sämtl. Schr. (seit 1967) u.v.m.

Gelfert Hans-Dieter Dr. Prof. *)

*) Biographie www.whoiswho-verlag.ch oder beigefügte CD-ROM

Gelhar Werner

B.: Warenhausltr. FN.: Warenhdl.-Ges. Bartels-Langness Kiel. DA.: Lüneburg, Auf den Blöcken 1. PA.: 21502 Geesthacht, Tegler Str. 4. G.: Hamburg, 20. Nov. 1959, V.: Angela, geb. Meinert. Ki.: Lisa, Jule. S.: 1975-78 Ausbildung Einzelhdl.-Kfm. Firma Spar Hamburg. K.: 1979-88 tätig in d. Firma Rewe-Leibrand in versch. Märkten in Hamburg, zuletzt Filialltr., 1989 tätig in d. Tengelmanngruppe u.a. in Märkten in d. Neuen Bdl., seit 1996 Warenhausltr. in Geesthacht, Gifhorn u. zuletzt in Lüneburg. P.: Veröff. in d. Landeszeitung Lüneburg. H.: Haus, Kinder, Kinderbücher schreiben, Zeichnen.

Gelhard Martina *)

Gelhausen Horst *)

Gelitzki Gerhard *)

Gellenbeck Madelon Dr. med.
B.: Ärztin f. Naturheilverfahren u. Chin. Med. DA.: 40213 Düsseldorf, Heinrich-Heine-Allee 29. G.: Hagen, 18. Jan. 1954. S.: Gymn. Hagen u. Dortmund, 1975 Abitur, 1976 Ausbild. in Ohrakupunktur, 1976-83 Med.Stud. Mainz u. Düsseldorf, 1979 Ausbild. Körperakupunktur b. Prof. Bischko in Wien. K.: 1980 Ceylon Sri Lanka b. Prof. Jayasuriya, s. 1979 Doz. Dt. Akupunkturges. Düsseldorf, 1983-85 Ass.-Ärztin Marien Hospital Letmathe, 1986 Ausbild. b. d. Ärztin d. Dalai Lama Indien, 1984 Prom. Thema: Die Transcutane Nervstimmulation in d. Behandlung Chron. Schmerzzustände - eine Pilotstudie, 1986 Eröff. einer Praxis f. Naturheilverfahren u. Chin. Med., 1989 China Univ. Tongji Wuhan; spez. auf Ohrakupunktur; intern. Vorträge u. Seminare; Prof. d. Open Intern. Univ. for Complementary Medicine. P.: regelm. Veröff. in div. Zeitungen, Fernsehen, Radio; regelm. Vorlesungen über Akupunktur (Univ. Bonn, Laienvorträge). M.: Verb. d. Ärzte f. Naturheilverfahren, Verb. d. Ärzte f. ästhet. Med. H.: Tennis, Golf, Tauchen, Reisen, Segeln. (R.E.S.)

Gellenberg Heinrich Dipl.-Ing. *)

Geller Annette *)

Geller Hans-Dieter
B.: Sprecher d. Vorst. FN.: Oldenburg. Landesbank AG. DA.: 26122 Oldenburg, Stau 15-17. G.: Gelsenkirchen, 30. Nov. 1934. V.: Margarete, geb. Boss. Ki.: 3 Töchter. El.: Hans u. Maria, geb. Thrien. S.: Mittlere Reife, 1952-55 Banklehre Dresdner Bank Gelsenkirchen, 1959-61 Stud. Bankak. Köln. K.: 1960-65 Prok. Dresdner Bank Köln, 1965-71 Abt.-Ltr. in Düsseldorf, 1971-76 Dir. d. Filiale Bochum, 1976-82 Dir. u. Ltr. d. Filiale Dresdner Bank Wuppertal, 1982-87 Dir. u. Ltr. d. Ndlg. Wiesbaden, 1987-90 Dir. d. Dresdner Bank Frankfurt als Ressortltr., 1990 Vorst. Oldenburger Landesbank, seit 1996 Sprecher d. Vorst., stellv. AufsR.-Vors. d. Barmenia allg. Vers. AG Wuppertal u. d. Barmenia KV AG, Hüppe Form Holding GmbH, Hüppe Schutz Raumtrennungssysteme GmbH Oldenburg, Hüppe Form Sonnenschutz GmbH Oldenburg, AufsR.-Mtgl. d. Johann Bunte Bauunternehmung GmbH u. Co KG Papenburg, Dresdner Bauspar AG Frankfurt, Elektra Beckum AG Meppen, Beteiligungsges. d. dt. Wirtschaft Frankfurt, Vors. d. VerwR. d. Bankhauses W. Fortmann & Söhne Oldenburg, stellv. VerwR.-Vors. d. Münsterländ. Bank Thien & Co in Münster, Pius Hospital Oldenburg. H.: Theater, Oper, Konzert.

Geller Hartmut

B.: Elektrowickler, Alleininh. FN.: Druckerei & Verlag Geller-Billerbeck. DA.: 29465 Schnega, Billerbeck 24. geller-billerbeck@t-online.de. www.offsetdruck.net. G.: Lüneburg, 4. Aug. 1948. V.: Hildtraut, geb. Oetke. S.: 1966 Mittlere Reife Lüneburg, b. 1969 Lehre z. Elektrowickler b. d. Firma Winkelmann in Uelzen. K.: b. 1985 Elektrowickler im Ausbildungsbetrieb, seit 1973 in Billerbeck (parallel z. Hauptberuf) selbständig m. d. Druckerei u. d. Verlag, 1999 Eröff. d. Ndlg. in Salzwedel. P.: Herausgabe d. "Wendland Wegweiser". M.: CDU Kreisvorstand. H.: Briefmarken sammeln, Lesen, Druckerei.

Geller Hermann E. Dipl.-Kfm. *)

Gellermann Bernd
B.: Intendant. FN.: Münchner Philharmoniker. DA.: 81667 München, Kellerstr. 4. S.: Ausbild. Violine Richard-Strauß-Konservatorium. K.: Orchestererfahrungen im Orchester d. Bayer. Staatsoper, im Münchner Bachorchester sowie im Sinfonieorchester d. Bayer. Rundfunks, 1966 Konzertmeister im Orchester d. Staatstheaters am Gärtnerplatz, 1971 Mtgl. d. Berliner Philharmon. Orchesters, 1974-80 Primarius d. Philharmon. Oktetts Berlin, 1987 Grdg. "Berliner Solisten", Konzerte u. Schallplatteneinspielungen, Bild-Tonaufzeichnungen sowie zahlr. Rundfunkaufnahmen, Aufbau u. seit 1982 Ltg. d. Archivs d. Berliner Philharmoniker, 1983-95 Gschf. d. Berliner Philharmoniker GbR, 1986 Entwicklung Europakonzert d. Berliner Philharmoniker, seit 1997 Intendant d. Münchner Philharmoniker. P.: "Die Orchester-Rep. Eine Frage d. Klanges. Das Berliner Philharmonische Orchester. Ein interaktives Programm" (1995), "Die Münchner Philharmoniker in Geschichte u. Gegenwart. Ein interaktives Programm" (1996).

Gellermann Uwe *)

Gellert Dagmar

B.: Medienpädagogin, Filmemacherin. G.: Jork-Wisch b. Hamburg, 7. Mai 1951. BV.: 18. Jhdt. Christian Fürchtegott Gellert - Fabeldichter. S.: 1969 Abitur Stade, 1969-74 Stud. Romanistik, Politologie u. Medienwiss. Univ. Göttingen, Staatsexamen. K.: 1974-86 Lehrerin in Bremen, seit 1986 Medienpäd. Referentin b. Senator f. Bild. u. Wiss. Bremen, Vortragstätigkeit über Medienthemen bundesweit, 1978-90 Schülerfilmprojekte m. regionalen u. bundesweiten Ausz., seit 1987 eigene professionelle Filmarb. f. Fernsehen, 1996 Dokumentarfilm "Torfsturm", rechtsradikale Jugendclique in Bremen, 1999 Dokumentarfilm "Ehrensache", eine türk. Jugendclique. E.: 2000 Kultur- u. Friedenspreis d. Villa Ichon Bremen.

Gellert Hartmut *)

Gellert Inge Dr. phil.
B.: Philosophin, Künstlerin. PA.: 10178 Berlin, Burgstr. 21. S.: 1971-76 Stud. Phil., Germanistik, Psych. Univ. Jena u. Humboldt-Univ. Berlin. K.: 1986-89 Ak. d. Wiss. Editorin f. Werke v. Hegel, Brecht, M. Steffin, 1989-97 Brecht-Zentrum, Entw. v. Environment- u. Aktionskunst, 1992 Coautorin f. Dokumentationsfilm über Brecht-Schüler, dramaturg. Beratung f. FS-Filme über Brechts Arb.- u. Liebesbeziehungen. P.: seit 1983 Hrsg. v. Brecht-Schriften, seit 1991 Hrsg. Almanach u.a. m. eigenen Texten u. Bildbeiträgen, Georg Friedrich Wilhelm Hegel - Frühe Studien u. Entwürfe (1990), Margarete Steffin - Konfutse versteht nichts v. Frauen (1991), Der verborgene Brecht (1997). E.: 1993 Margarete Steffin-Preis.

Gellert Klaus Dr. med. habil. Prof. *)

Gellert Nicole *)

Gellert Otto Dr. *)

Gellrich Heinz
B.: Bühnenbildner. FN.: Hamburg. Staatsoper. G.: Hamburg, 28. Jan. 1939. Ki.: Ines (1962). K.: techn. künstler. Laufbahm im Bereich d. Theater m. Schwerpunkt Ausstattung/Bühnenbild, Maler u. Grafiker, zahlr. Ausstellungen, 1963-69 Hamburger Thalia Theater, 1969-70 Engagement an Hamburger Staatsoper, seither Atelierltr., Ausstattungsltr. u. Bühnenbildner, 1983 Prof. f. Bühnentechnik, Bühnenbild u. Ausstattungskonzepte im Rahmen Musiktheater an d. HS f. Musik u. darstell. Kunst in Hamburg.

Gellrich Ines *)

Gelmann Irina
B.: FA f. Kinderheilkunde. DA.: 40227 Düsseldorf, Ellerstr. 155. G.: Korosten/Ukraine, 31. Aug. 1961. V.: Igor Gelmann. Ki.: Maxim. El.: Michael u. Klara, geb. Lerner. BV.: Vorfahren waren ein altes ukrainisches Ldw.-Geschlecht. S.: 1978-84 Stud. Kinderheilkunde an d. Med. FH in Woronesh. K.: nach 7-jähriger Tätigkeit in d. Kinderklinik Auswanderung 1991, 1991-92 Sprachstud. u. Med. Weiterbild., Ass.-Ärztin im Ev. KH in Düsseldorf, in Oberhausen u. b. Dr. Dönges in Essen, 1998 FA-Prüf. in Düsseldorf, seit 1999 Ndlg. m. eigener Praxis, Schwerpunkt: Anthroposoph. Med. u. Naturheilkunde. M.: Berufsverb. d. Ärzte f. Kinderheilkunde u. Jugendmed. Deutschlands e.V. H.: klass. Literatur, Oper, Wandern.

Geloen Mireille *)

Geltner Günter Dr. med. *)

Gelvan Vladimir *)

Gemballa Udo *)

Gemein Guido *)

Gemein Maria Therese *)

Gemeinhardt Wolfgang
B.: Vorst.-Mtgl. FN.: Deutsche Bahn AG. DA.: 60326 Frankfurt/M., Stephensonstr. 1. www.bahn.de. G.: Berlin, 26.Okt. 1939. S.: Stud. Elektrotechnik in Berlin u. Karlsruhe. K.: 1967 Beginn d. Tätigkeit b. d. Dt. Bundesbahn, versch. Aufgaben auf Dienststellen- u. Dion.-Ebene sowie in d. Hauptverw. d. DB, Einkaufschef d. Bahn, 1985-92 Präs. d. "Ständigen Konferenz d. Beschaffungsdir." d. Europ. Eisenbahnen u. Sachv. b. d. Kmsn. d. Europ. Ges. im Rahmen d. Beratungen z. Öffnung d. Märkte in Europa, seit 1994 Vorst.-Mtgl. d. DBAG, verantwortl. für d. Konzerneinkauf.

Gemkow Dietrich *)

Geml Roland-Ernst
B.: Winzermeister, Weinküfermeister. FN.: Weingut Geml. DA.: 74074 Heilbronn, Krumme Steige 11. G.: Heilbronn-Sontheim, 7. Mai 1965. V.: Carola, geb. Schweikert. El.: Josef u. Marlene. S.: Lehre Weinküfer u. Winzer, Ausbild. staatl. geprüfter Wirtschafter f. Weinbau, 1992 Meisterprüf. Weinküfer u. 1993 Winzer. K.: b. 1988 selbst. Winzer m. eigenem Betrieb, 1996 Zusammenführung m. elterl. Betrieb. E.: 2. Kam.-Sieger, 3. Landessieger, 2.-bester d. Meisterprüf. f. Küfer. M.: Württemberg. Weinbauverb., Freiwillige Feuerwehr, Hotel- u. Gaststättenverb., Meisterprüf.-Aussch. d. KH Heilbronn, Faß- u. Weinküferinnung Heilbronn. H.: Segeln, Motorradfahren, Wein.

Gemmecke Rudolf *)

Gemmel Bernhard *)

Gemmel Martin
B.: Kfz-Meister, Gschf. Ges. FN.: Autohaus Gemmel GmbH. DA.: 90482 Nürnberg-Mögeldorf, Eslarner Str. 11. ah-gemmel @t-online.de. www.autohaus-gemmel.de. G.: Nürnberg, 28. Feb. 1966. V.: Angelo (1989). El.: Willi u. Elisabeth. S.: 1983 Mittlere Reife Hilpoltstein, 1983-85 Kfz-Mechaniker-Lehre im elterl. Autohaus, 1989 Kfz-Meister Nürnberg. K.: weiterhin im elterl. Betrieb, alle Stationen kfm. u. techn., seit 1989 jetzige Position. H.: Tauchen, Motorradfahren, Reptilien.

van Gemmern Ulrich
B.: Gschf. FN.: Ogilvy + Mather Healthcare Intern. Global Healthcare Marketing PRP. DA.: 40213 Düsseldorf, Burgpl. 21-22. G.: Oberhausen, 23. Nov. 1942. V.: Dagmar. Ki.: Yvonne (1989). S.: 1962 Abitur, 1962-66 Stud. BWL Tübingen u. Köln. K.: 1966-68 Außendienst Firma Richardson - Merell Pharma, 1968-80 Marketingdir. Deutschland Firma Labaz Düsseldorf, 1981-85 Pharmaltg. Firma Heye Needham Düsseldorf, 1965 Aufbau d. Healthcare Agenturgruppe Firma Heye Düsseldorf, 1992 European Coordinator The Commonhealt. H.: Familie. (R.E.S.)

Frhr. v. Gemmingen-Hornberg Hans-Wolf *)

Gemsjäger Michael Thomas

B.: Arzt u. DAN-Therapeut. DA.: 22765 Hamburg, Große Rainstr. 41. www.Lapislazuli-zentrum.de. G.: Hamburg, 21. Mai 1956. V.: Margarethe, geb. Hares. Ki.: Ben (1984), Sebastian (1986). S.: 1976 Abitur, 1976-80 Pfleger geriatr. Tagesklinik u. Drogenentzugsstation AK Ochsenzoll Hamburg, 1980-81 Stud. Psych. Hamburg, 1981-88 Stud. Med., Staatsexamen, 1984 Ausbild. Homöopathie Univ. Hamburg. K.: 1988-91 Praktikum, 1991 Approb. u. ang. Arzt d. Prof.-Filatow-Ak. in Hittfeld, Gutachter f. Beurteilung nach d. Schwerbehindertengesetz, 1992 Eröff. d. homöopath. Praxis in Hamburg m. Schwerpunkt klass. Homöopathie, Allergien u. Neurodermitis, insbesond. Hausbetreuung, 1996-98 Ausbild. z. DAN Therapeuten in d. Schweiz, 1999 Grdg. d. Zentrum f. ganzheitl. Wissen u. Handeln gemeinsam m. d. Ehefrau. BL.: z.Zt. weltweit einziger Arzt, d. m. DAN Therapie arbeitet. M.: Schweizer DAN-Therapeuten-Verb., Österr. Verb. Ganzheitlichen Naturheil-Therapie, Dt. Zentralver. Homöopath. Ärzte. H.: klass. Musik, Malerei, Clown spielen.

---

*) Biographie www.whoiswho-verlag.ch oder beigefügte CD-ROM

Gemsjäger Werner Dr. rer. pol. *)

van Genabith Bernd Paul *)

Genc Mehmet

B.: Gastronom. FN.: ADANA - Südtürk. Spezialitäten. DA.: 30173 Hannover, Mainzer Str. 6A. restaurant.adana@t-online.de. www.restaurant-adana.de. G.: Hekimhan/Anatolien, 1. Jan. 1960. V.: Nursen. Ki.: Dennis (1982), Daniel (1986), Cem (1990). El.: Mehmet Ali u. Hanim. BL.: laut Überlieferung war Osman, König v. Genc, Vorfahre d. Familie Genc. S.: 1977 Abitur, Aussiedlung nach Deutschland u. priv. Sprachschule in Hannover. K.: Tätigkeit in versch. Restaurants, b. 1986 Barkeeper, Barchef u. Kellner in einem chines. Restaurant, b. 1987 Kellner in einem franz. First-Class-Restaurant, 1996 Grdg. d. Restaurants ADANA, Umsiedlung d. gesamten Familie nach Deutschland u. Führung d. Familienbetriebes (7 Geschwister u. Eltern), Ausbild.-Betrieb f. Koch u. Kellner, 1999 Ausbildereignungsprüf. P.: versch. Veröff. in Fach- u. Szenemagazinen. E.: Ausz. v. div. Gourmetführern. H.: Gastronomie, Erfindung neuer Rezepte.

Gendries Klaus *)

Gendrisch Klaus *)

Généaux Daniel

B.: Inh., Kfm. FN.: ABC Antike Kamine Daniel Geneaux. DA. u. PA.: 20355 Hamburg, Poolstr. 9. www.antike_kamine.de. G.: Montpellier, 30. März 1946. V.: gesch. Ki.: Lisa Belle (1991). S.: 1964 Techn. Abitur Frankreich, 1964-67 Berufssoldat. K.: 1967-68 versch. Reisen, 1968-73 Monteur in versch. Firmen, 1973-81 selbst. Antiquitätenhändler in Lübeck, Spezialisierung Öfen, 1981 Umzug nach Hamburg, 1987-87 selbst. Weinimporteur u. Grdg. d. Firma Tastevin, 1988 Eröff. d. Geschäfts "A.B.C. Antike Kamine". H.: Tennis, Lesen. (G.H.)

Genée Wolfgang *)

Genevrière Jürgen Dipl.-Ing. *)

Genger Hans Walter

B.: Betriebswirt d. Handwerks, Orthopädieschuhmachermeister. FN.: Orthopädieschuhmacher Walter Genger GmbH. DA.: 31812 Bad Pyrmont, Winkelstr. 13. G.: Bad Pyrmont, 29. Jan. 1952. V.: Edelgard, geb. Arndt. Ki.: Yvonne (1976), Dirk (1978). S.: 1969-72 Lehre z. Orthopädieschuhmacher im väterl. Betrieb, Bundeswehr Düsseldorf u. Hannover, 1976 Meisterschule Hannover, 1977 Meisterprüf., Übernahme d. väterl. Betriebes, 1988-90 Stud. Betriebswirtschaft nach Feierabend z. Betriebswirt d. Handwerks. K.: seit 1978 Doz. an d. Bundesfachschule f. Orthopädieschuhtechnik-Unterricht im Meisterlehrgang, 1990 Veranstaltungsltg. d. Kongresses d. Handwerks d. neuen Bdl. m. alten Bdl. in Hannover. BL.: ab 1980 ehrenamtl. Organ. u. Projektltg. v. 5 Bundeskongressen. P.: sämtl. Publ. f. div. Kongresse, Bücher u. Zeitschriften. E.: 1990 Gold. Ehrennadel d. Orthopädieschuhmacherhandwerks. M.: ab 1978 Vorst. d. Innung f. Orthopädieschuhtechnik, Vorst. d. Studiengemeinschaft Orthopädieschuhtechnik, Landesinnungsverb. f. Orthopädieschuhtechnik Hannover e.V., ab 1992 2. Vors. d. Bad Pyrmonter Reiterver. e.V., seit 1998 Präs. d. Reiterver. H.: Kutsche fahren.

Gengler Roland

B.: Fotograf, selbständig. FN.: Uschis Foto Fix, Fotolabor GmbH. DA.: 96047 Bamberg, Fleischstr. 7. G.: Bamberg, 4. Juni 1959. El.: Siegfried u. Helga. S.: Mittlere Reife in Forchheim, Städtische Realschule. K.: 1977 tätig b. d. Bereitschaftspolizei, 1982 Fotoverkäufer, dann Fotografenlehre, seit 1986 selbständig als Fotograf m. Fotoschnellentwicklung, seit 1985 eigenes Fotostudio, Spezialgebiet Erotik u. Musik (Bandfotos). H.: Fotograf, Musik, Lesen.

Gennies Reinhardt Dipl.-Ing.
B.: Vorst. FN.: WAYSS & FREYTAG Gruppe. DA.: 60486 Frankfurt, Theodor-Heuss-Allee 110.

Gennies Sylvia *)

Genova Aglika
B.: Künstlerin, Diplom-Konzertpianistin d. Genova & Dimitrov Piano Duos. DA.: 31749 Auetal, Ortheide 15. mail@piano-duo.com. www.piano-duo.com. G.: Plovdiv/Bulgarien, 29. Juni 1971. V.: Liuben Dimitrov. El.: Siegfried Körber u. Mariana Genova. S.: 1989 Abitur Musikgymn. als beste Pianistin, Stud. Solo-Klavier Prof J. u. K. Ganev HS Sofia, m. Ausz. u. Diplom, Meisterklasse-Stud. Prof. Wladimir Krajnew in d. HMT Hannover als Diplom-Konzertpianistin d. Genova & Dimitrov Piano Duos abgeschlossen. K.: als Solistin Grdg. d. Genova & Dimitrov Piano Duos, einziges Klavierduo, das alle internat. Prestige-Klavierduo-Wettbewerbe gewann, Auftritte in Europa, Amerika, Asien u. Afrika. P.: Gastspiele b. renommierten internat. Festivals, mehrere Funk- u. Fernsehauftritte, TV-Filme: "Two pianos - One Passion" (CBS TV, USA), G&D live in Bulgarien (BNR-BNT, Bulgarien), CDs: 7, darunter - Schostakowitsch-Complete Piano Duo Works" (CPO Classics"), "Bulgarien Impressions" (CPO), "Genova & Dimitrov Piano Duo" (Gega New Classics), "Konzerte f. Klavierduo v. Schnittke u. Martinu" Radiophilharmonie-Orchester d. NDR, Dir. Eiji Que (CPO), "Complete Piano Duo Works of J. Chr. Bach" (CPO). E.: Genova & Dimitrov sind "das erfolgreichste junge Klavierduo" (IPDF New York - Tokyo), Nominierung z. jungen Künstler d. Jahres 99, Bester Pianist d. Jahrgänge während d. Schul- u. Stud.-Zeit. M.: Ehrenmtgl. d. Intern. Piano Duo Association Tokio-Japan. H.: Wandern, Natur.

Genow Johannes Dr. Dr. med. *)

Genrich Helmut Dipl.-Ing. Dipl.-Ing. oec. Dipl.-iur. *)

Genrich Karin *)

Gensch Ernst-Günther Dr. med. *)

Gensch Stefan Horst Hermann

B.: Gschf. Ges. FN.: Der Reifen Pointer Handel u. Service GmbH. DA.: 30880 Laatzen, Greifwalder Str. 3. G.: Hannover, Barnter-Hamecke 24. Ki.: Nicole. El.: Prof. Dr. Horst u. Verena, geb. Grundmann. S.: 1978 Mittlere Reife, 1978-79 Gymn. Hannover, 1979-82 Lehre Kfz-Mechaniker Hannover. K.: 1982-84 Geselle im Raum Hildesheim, 1984-90 Geselle d. Firma Stinnis Reifendienst in Hannover, 1991 Meisterprüfung, 1991-96 Meister u. Niederlassungsleiter d. Firma Stinnis Reifendienst in Hannover, 1996 Grdg. d. Firma Der Reifen Pointer Handel u. Service GmbH in Laatzen. M.: IHK, Handwerkskammer. H.: Surfen, Motorradfahren, Geländewagen, Motorwassersport.

Genschel Ralf Günter *)

Genscher Hans-Dietrich Dr. h.c.

B.: Vizepräs. OSZE-Vergleichs- u. Schiedsgerichtshof. DA.: 53136 Bonn, Postfach 200 655. G.: Reideburg/Saalkreis, 21. März 1927. V.: Barbara, geb. Schmidt. Ki.: Martina. El.: Kurt u. Hilda, geb. Kreime. S.: Oberschule, 1943-45 Luftwaffenhelfer, Reichsarbeitsdienst, Wehrdienst, kurze Kriegsgefangenschaft, 1946 Abitur, Eintritt in d. Liberal-Demokrat. Partei Deutschlands, LVerb. Sachsen-Anhalt, 1946-49 Stud. Rechtswiss. u. Vw. Univ. Halle u. Leipzig, 1949 1. u. 1954 2. Jur. Staatsexamen. K.: 1952 Eintritt FDP, ab 1954 RA in Bremen, 1965-98 MdB, 1965-69 Parlamentar. Gschf. d. Bundestagsfraktion d. FDP, 1968-74 stellv. Bundesvors. d. FDP, 1969-74 Bundesmin. d. Innern, 1974-85 Bundesvors. d. FDP, 1974-92 Bundesmin. d. Auswärtigen u. Stellv. d. Bundeskanzlers, am 18. Mai 1992 als Min. zurückgetreten, seit 1996 Vizepräs. OSZE-Vergleichs- u. Schiedsgerichtshof. P.: Bundestagsreden (1972), Dt. Außenpolitik (1977), Dt. Außenpolitik - Ausgewählte Grundsatzreden 1975-80 (1981), "Erinnerungen" (1995). E.: 1973 Gr. BVK, 1975 Stern u. Schulterband, 1975 Kreuz d. Südens Rep. Brasilien, 1975 Ehrenmstr. Dt. Handwerkskam. Münster, 1976 Wolfgang Döring-Med., 1977 Dr.h.c. Univ. Madras, 1978 Orden wider d. tier. Ernst, 1982 Alexander Rüstow-Plakette, 1982 Karl Valentin-Orden, 1983 German-American Tricentennial-Med., 1986 Dr.h.c. Univ. Salamanca/Spanien, 1987 Ehrenstaatsbürger v. Costa Rica, 1988 Dr.h.c. HS f. polit. Wiss. Athen, 1988 Korea Univ. Seoul, 1988 Eötvös Lorand-Univ. Budapest, 1991 Ehrenbürger v. Halle, 1993 v. Berlin, 2001 World Award. H.: Lesen. (Re)

Genschow Walter *)

Gensel Friedemann *)

Gensel Kerstin

B.: Gschf., Inh. FN.: Zwei Plus-Redaktionsbüro. DA.: 04103 Leipzig, Dohnanyistr. 30/15. kersting@aol.com. G.: Riesa, 8. März 1969. Ki.: Leon Joshua (1998). S.: 1988 Abitur, 1989-95 Stud. Kunsterziehung u. Deutsch f. Lehramt an Gymn. Univ. Leipzig, Werkstudentin bei Pro Sieben, 1996-97 Aufbaustud. Presse- u. Öff.-Arb. Medienak. Leipzig. K.: 1997-99 Volontariat bei Pro Sieben in Leipzig, Berlin, München u. Hamburg, seit 1999 Inh. d. Redaktionsbüros in Leipzig m. Schwerpunkt Fernsehjournalismus f. Ratgeber, Wiss., Buntes, Boulevard u. Werbung. P.: Fachbeiträge wie "Haut, d. 5. Sinn", "Traummann in 30 Tagen". H.: Malerei, Literatur.

Genske Rudolf Wilhelm *)

Gensler Anton Willi *)

Gensler Franz *)

Gensler Stefan Dr. med.

B.: ärztl. Ltr. d. Druckkammerzentrums Wiesbaden. FN.: Zentrum f. Tauch- u. Überdruckmed. am Roten Kreuz KH. DA.: 65193 Wiesbaden, Schöne Aussicht 41. PA.: 55129 Mainz, Huxelrebenweg 52. G.: Hamburg, 16. Juli 1954. V.: Dr. Friederike, geb. Spät. Ki.: 2 Kinder. S.: 1973 Abitur, 1975-84 Stud. Med. Univ. Bordeaux, 1984 Prom., 1993 FA f. Innere Med. K.: Ass.-Arzt in Frankreich u. Deutschland, 1993-98 OA an versch. Stellen, seit 1996 privatärztl. Akutdienst in Hamburg, 1998-2001 Ltr. d. Druckkammerzentrums in Hamburg u. seit 2001 in Wiesbaden, 1991 Fachkundeausweis f. Rettungswesen, 1993 FA f. Innere Med., 1993 Dipl. in Tropenmed. u. parasitolog. Med., 1997 FA f. internist. Röntgendiagnostik, 1998 Beauftragter f. KH-Hygiene u. Infektionsprävention, 1998 Ermächtigung z. Methadonsubstitution, 1998 Anerkennung als Taucherarzt u. 1999 als Arzt f. Überdruck. M.: VDDe.V., Pochi, AGNN, Internist. Toxikologieges. H.: Fotografie, Segeln, Tauchen.

Gensmantel Andreas Dipl.-Ing. *)

Gensmantel Gustl *)

Gent Gudrun *)

Genter Dieter *)

Gentges Hans

B.: Gschf. FN.: Bild.-Zentrum d. Hdls. DA.: 45894 Gelsenkirchen, Hagenstr. 15. PA.: 45899 Gelsenkirchen, Markenstr. 30. G.: Gladbeck, 9. Jan. 1932. V.: Ria, geb. Beckmann. Ki.: Heike (1958). S.: 1949-52 Lehre Einzelhdls.- Kfm. K.: 1952-55 Filmtheaterass., 1955-72 Ang. im Rheinischen Kaufhaus, 1972-73 Stud. Betriebswirt EDV, 1973-76 Stud. BWL FH Bochum Dipl.-Betriebswirt, 1976-79 Stud. GHS Duisburg Dipl.-Oec., ab 1980 freier Mitarb. im Bild.-Zentrum d. Hdls. in Gelsenkirchen-Buer, ab 1985 ang. Ausbilder/Trainer im Bild.-Zentrum u. ab 1988 Gschf. M.: Prüf.-Aussch. d. IHK, Musiktheater Gelsenkirchen. H.: Pferde, Hunde.

Genth Angelika Dr. med. *)

Genth Peter Dipl.-Ing. *)

Genth Petra *)

*) Biographie www.whoiswho-verlag.ch oder beigefügte CD-ROM

Genthe Hans

B.: Unternehmensberater, Inh. FN.: Gent Com Communicationsberatung. DA.: 22587 Hamburg, Dockenhuder Straße 12a. genthe@gentcom.de. www. gentcom.de. G.: Lübeck, 2. März 1966. V.: Dagmar, geb. Meyer. Ki.: Erik. El.: Peter u. Traute, geb. Tril. S.: 1986 Abitur, 1987 Grdg. Vertrieb f. Segelzubehör, 1988 Bundeswehr, Schnellbootgeschwader Flensburg, 1989 4 Semester Schiffbaustudium, 1992-99 div. Seminare z. Kommunikation, Marken u. Werbung. K.: 1991 Ausbildung Werbeagentur Bongers, Rosenhauer u. Freunde, 1992 Grdg. Designbüro Men at Work, 1995 Grdg. Werbeagentur Mack&Genthe, 1997 Grdg. Hans Genthe Werbeagentur, 2000 Grdg. Archiv Digital OHG, seit 2000 Berater u. Coach im Haspa-McKinsey-Startup-Wettbewerb u. freier Berater f. d. EcoVal AG, 2001 Grdg. Big-Book GmbH. BL.: Entwicklung u. Umsetzung Corporate Design u. a. für: Computerland Deutschland u. Siemens Betonwerke, Bau des größten Telefonbuch der Welt f. d. Marketingkreis der dt. Telefonbuchverlage, Einführung der Visa-, Bahncard, Bereich Event u. Promotion, für die Citibank, zahlr. Projektaufträge wie Prospekte, Kataloge, Messestände, etc. für AMB, Iomega, Intertrade, Dentrade, DeTeMedien, Kultusministerium Sachsen-Anhalt, u.v.m.; Regattenergebnisse: Flying Dutchman: 1994 Kieler Woche/3.; 1997 EM/6.; 1999 Senatspreis Hamburg/1.; 2000 Kieler Woche/3.; 2001 Kehraus Steinude/2., WM/6., Trapezregatta Steinhude/2. H.: Segeln, Lesen, Aquarellmalerei.

Genthner Walter

B.: Gschf. FN.: Genthner GmbH Güter u. Export Verpackung. DA.: 76137 Karlsruhe, Fautenbruchstr. 49-51. PA.: 75334 Straubenhart, Ottenhäuserstr. 7/1. genthner.gmbh@t-online.de. www.genthner.de. G.: Karlsruhe, 7. Mai 1953. V.: Carmen, geb. Wacher. Ki.: Michael (1978), Marcus (1984). S.: 1968-71 Lehre Groß- u. Außenhdl.-Kfm. KFM Holzgroßhdl. Pforzheim. K.: 1971-73 Ang. d. Firma KFM, seit 1973 tätig im väterl. Betrieb u. seit 1981 Gschf. M.: alle örtl. Ver.

Gentner Wolf-Dieter *)

Gentner-Lange Renate *)

Gentsch Günter Dr. phil. *)

Gentsch Reinhard Dipl.-Ing. Dipl.-jur. *)

Gentsch Reinhard *)

Gentz Holger *)

Gentz Manfred Dr.

B.: Vorst.-Mtgl. FN.: DaimlerChrysler AG. DA.: 70567 Stuttgart, Epplestr. 225. www.daimlerchrysler.com. G.: Riga, 22. Jan. 1942. S.: 1961 Abitur Berlin-Charlottenburg, Stud. Rechtswiss. Univ. Berlin u. Lausanne, 1965 1. Jur. Staatsprüf., Referendardienst, Prom. z. Dr. jur., 2. Jur. Staatsprüf. K.: 1970 Eintritt in d. Nachwuchsgruppe d. Daimler-Benz AG, 1970 Dion.-Ass. im Personalwesen, 1978 Dir. f. d. Bereich Gesamtes Personal u. Sozialwesen, 1982 Mtgl. d. Geschäftsbereichsltg. Nutzfahrzeuge, verantwortl. f. Personal, 1983 stellv. u. 1985 o.Vorst.-Mtgl. d. Daimler-Benz AG, 1990 Vorst.-Vors. d. Daimler-Benz InterServices (debis) AG, 1995 Vorst. d. Daimler-Benz AG, verantwortl. f. d. Zentralressorts Finanzen u. Personal.

Genz Axel Dr. med. Priv.-Doz.

B.: ltd. Chefarzt. FN.: Fach-KH f. Psychiatrie, Psychotherapie u. Neurol. DA.: 39340 Haldensleben, Kiefholzstr. 4. G.: Eberswalde, 26. Mai 1952. V.: Marina, geb. Zimmler. El.: Heinz u. Ingetraud, geb. Läpke. S.: 1970 Abitur, b. 1975 Stud. Med. Humboldt-Univ. Berlin, FA-Ausbild. Psychiatrie u. Neurol. Med. Ak. Magdeburg. K.: 1975-83 Arzt an d. Med. Ak. in Magdeburg, 1983 Chefarzt d. Männerabt. am Fach-KH Haldensleben, 1991 Habil., ab 1991 OA an d. Med. Ak. in Magdeburg, 1994 ltd. OA an d. Klinik f. Psychiatrie u. Psychotherapie d. Univ. Magdeburg, seit 1995 ltd. Chefarzt u. Chefarzt f. Psychiatrie u. Psychotherapie in Haldensleben. BL.: 1995-2000 Projektltr. d. Forsch.-Projekts über Lebensschicksal Alkoholkranker. P.: "Suizid u. Sterblichkeit neuropsychiatr. Patienten" (1991). E.: Weitbrecht Preis. M.: Vors. d. Fachkmsn. f. Psychiatrie u. Psychotherapie d. Ärztekam. Sachsen-Anhalt, HS-Lehrer an d. Univ. Magdeburg, DGPPN, Dt. Ges. f. Psychiatrie,Psychotherapie u. Neurol., DGS, GDSM, Dt. Ges. f. Suchtforsch. H.: Reisen.

Genz Burghard

B.: Produzent, Inh. FN.: MK Audio; United One Music; United One. records. DA.: 10997 Berlin, Köpenicker Str. 154-158. G.: Hannover, 19. Mai 1958. V.: Dipl.-Medienberaterin Sabine, geb. Gaebe. Ki.: Maxime (1980), Pia Charlotte (1998). El.: Hubert u. Ursula. S.: 1978 Abitur Hannover, 1978-79 Stud. Informatik u. Kommunikationstechnik Berlin. K.: 1980-82 Grdg. Trave Musikstudio, 1982-89 freier Mitarb. Tonmeister in wichtigen Tonstudios in Berlin u. München, ab 1984 Tonmeister am Theater d. Westens. D. u. Produktionen: "Peter Pan", "Mahagonny", "Zigeunerbaron", ab 1985 Tonmeister f. Hörspielproduktionen d. Hör u. Lies-Verlags: Kinderhörspiele "Benjamin Blümchen", "Bibi Blocksberg", "Hits m. Heck", Tonmeister u. Ass. b. Filmproduktionen: "Miko - v. d. Gosse zu d. Sternen", "Triumph d. Liebe", 1986-90 alleinverantwortl. Tonmeister d. Berliner Kammerspiele "Rocky Horror Picture Show", "Little Shop of horrors", "Dschungelbuch", "Pinocchio", "Der Zauberer v. Oz", Spielzeit 1991/92 Tonmeister am Schillertheater Berlin, 1987 Grdg. MK Audio, Exklusivproduzent d. gesamten romanischen Audiomaterials d. Cornelsen-Verlags, 1994 Grdg. Musikverlag United One Music u. Label United One Records, 2000 Grdg. u. Vors. d. Gordon Sherwood-Stiftung. E.: 1997 Gewinner zweier Preise, Norddt. Meister u. Dritter d. Dt. Meisterschaften im Einer-Kanadier, 10.000m, im C-Kader f. d. Olymp. Spiele Moskau 1980. H.: Segeln, Tennis.

Genz Christoph B.A. *)

*) Biographie www.whoiswho-verlag.ch oder beigefügte CD-ROM

Genz Lothar *)

Genz Sabine Dr. med. dent. *)

Genz Stephan *)

Genzel Alenka *)

Genzel Ludwig H. Ch. DDr. h.c. Prof. *)

Genzer Walter Erwin Dr. *)

Genzinger Mathias

B.: Küchenmeister, Sternekoch, Ltr. d. Gastronomie. FN.: COMÖDIE Restaurationsbetriebe Fürth. GT.: Betreiber d. Cafe Fenstergucker in Fürth. DA.: 90762 Fürth, Theresienstraße 1. bero@comoedie.de. www.comoedie.de. G.: Bad Reichenhall, 2. Sep. 1971. V.: Susanne, geb. Bausch. El.: Walter u. Rosina. S.: 1986-89 Lehre z. Koch Gasthof z. Klause in Aschau/Chiemsee, 1997 Küchenmeister Hotelfachschule Altötting. K.: 1989-91Jungkoch Landgasthof Karner in Frasdorf, Entremetier/1 Michelin-Stern, 1991-93 Chef-Saucier Residenz Heinz Winkler in Aschau/Chiemsee, 3 Michelin-Sterne, 1993-94 Alleinkoch im Restaurant Seehaus Krottenmühle, 1994-96 Sous-Chef im Le Carat Ludwigsburg, 1 Michelin-Stern, 1996-98 Küchenchef d. Spielbankgastronomie in Stuttgart, seit 1998 Küchenchef Comödie Restaurationsbetriebe in Fürth, seit 2000 Ltr. d. gesamten Gastronomie. E.: Gewinner d. Veltins-Küchen-Oskars 1996, bester dt. Nachwuchskoch, 2. Pl. Bierbichler-Pokal 1989, 3 vordere Pl. b. nat. Kochwettbewerben, Preis "Savoir Vivre, Marcellino". M.: Verb. Köche Deutschlands, Köcheyer. Nürnberg. H.: Sport (Bowling), Briefmarken, Freizeitparks.

Genzmer Harald Prof. *)

Genzow Franz Christian Helmut Dr. jur,

B.: RA. FN.: Kzl. Graf von Westphalen Fritze & Modest. DA.: 50677 Köln, Salierring 42. G.: Bad Salzungen, 22. Dez. 1947. V.: Renate, geb. Hammermann. Ki.: Sabrina (1988), Katharina (1991). El.: Dr. rer. pol. Helmut u. Barbara, geb. Guttmann. S.: 1967 Abitur, 1967-68 Wehrdienst, 1968-73 Stud. Rechtswiss. Univ. Münster, Genf u. Köln, 1973 1. Staatsexamen, 1973-74 Stud. Economics Cornell-Univ. New York m. Abschluß B. A. K.: 1974-77 Referendariat am OLG Köln, 1977 2. Staatsexamen, 1980 Prom. an d. Univ. Bielefeld, 1974 Eintritt in d. Kzl. Friedrich Graf von Westphalen m. Schwerpunkt Ges.- u. Vertragshändlerrecht, weltweit tätig f. Automobilhdl., Baumaschinenhdl. u. Elektrohdl., europ. Kartell- u. Ges.-Recht.; Funktion: 1990 Grdg. u. Vors. d. European Automotive Comittee EAC m. Sitz in Köln. P.: "Kfz-Betrieb", "Vertragshändlerrecht" (1996), "Europ. Vertragshändlerrecht"

(1999), ca. 15 Fachart. M.: Vors. d. EAC, Grdg.-Mtgl. d. Dt.-Amerikan. Juristenver., 1987 Grdg.-Mtgl. d. Lions Club Kottenfors-Ville. H.: Skifahren, Hochseesegeln, Oper, Reisen.

Georg Mechthild
B.: Mezzosopranistin. PA.: 50858 Köln, Kamillenweg 4. G.: Gladbach, 15. Nov. 1952. V.: Wolfgang. Ki.: Uta-Christina (1973), Katharina (1980). El.: Heinrich u. Gisela. S.: 1971 Abitur, Stud. Romanistik, Geschichte u. Musik Köln, Gesangstud. Düsseldorf. K.: ab 1982 lyr. Mezzosopran im Studio Oper Köln, Meisterkurse b. Giulietta Simionato Sbg. u. Elisabeth Schwarzkopf Zürich, zahlr. Konzerte in ganz Europa, Schallplatten, Rundfunk, Fernsehaufnahmen, Aufführungen u.a. m. d. sog. Alten Musik m. Musica Antiqua Köln u. Concerto Köln, erfolgreiche Interpretin sinfon. Werke G. Mahlers europaweit, Gast an Opernhäusern wie Köln, Bonn, Staatsoper Hamburg, Kammermusikabendprod. f. d. Rundfunk u. Kammermusikensembles, Zusammenarb. m. bedeutenden Dirigenten wie "Alexander Lazarev"; seit 1998 Prof. f. Gesang an d. Kölner Musikhochschule.

Georg Paul-Jürgen
B.: Geschäftsltg., Vers.-Kfm. FN.: Vers.-Agentur Georg; Vers.-Maklerei Georg; Vers. Georg GmbH. DA.: 66540 Neunkirchen-Wiebelskirchen, Landsweilerstr. 12. G.: Neunkirchen, 8. Okt. 1948. V.: Rita, geb. Neurohr. El.: Karl-Heinz u. Ilse. S.: 1963-67 Aufbaugymn. Ottweiler, 1967-69 Lehre z. Einzelhdls.-Kfm., 1970-72 Bundeswehr. K.: seit 1972 selbst. M.: seit 1955 Mtgl. d. TUS 1860 in Neunkirchen, 1991-94 Manager Handball Bundesliga Frauen, seit 1960 Mtgl. b. Borussia Neunkirchen u. 1988-91 Pressesprecher, seit 1968 Viktoria 09 Neunkirchen, 1975 Gründer d. Ver. SV Vers. Georg Neunkirchen e.V., seither 1. Vors. u. 9maliger Saarlandmeister im Hallenfußball, 1987 Gründer d. Saarländ. Betriebssportverb. u. Präs. seit Grdg. (S.B.S.V.), tätig im Spielaussch. d. Saarländ. Fußballverb. (S.F.V.), ca. 30 weitere Ver. u.a. Tierschutzver., Gesangsver., WWF, Greenpeace, Patensch. b. WWF f. Sibirische Tiger, seit 1982 Mtgl. im Hunsrückver. u. 2. Vors., 2001 Grdg. d. BetriebssportAkademie u. deren Präs. H.: Beruf, Fußball, Sport, Radfahren, Archivierung, Wandern, Tiere.

Georg Werner
B.: Bestattungsunternehmer. FN.: Bestattungen Werner Georg GmbH. DA.: 30559 Hannover, Mühlenstr. 3. G.: Reichandres, 15. Apr. 1936. V.: Gisela, geb. Bähre. Ki.: Katrin (1962), Jens (1969). S.: 1945 als Flüchtling nach Bilm/Hannover, Abitur, 1950 Aufnahmeprüf. an d. Handelsschule, 1951-54 Tischlerlehre in Höver. K.: Tischlergeselle in versch. Handwerksbetrieben, 1956-60 intensive Beobachtungen/Studien im Bereich Politik u. Religion, 1960 Ev.-Luth. Glauben niedergelegt, Meisterprüf. in Abendschule, REFA-Lehrgänge, 1961-65 Meister im Außendienst, Stud. Innenarch., Innenarchitekt in Hamburg, Holstein u. Sauerland, 1972 selbst. Tischlermeister in ehem. Werkstatt d. Schwiegervaters, parallel als Bauführer (Olympiade Vorbereitungen) in Moskau, Rumänien, Schweden, Kapstadt, Norwegen, Kanada. H.: eigener Resthof m. Trakehnern u. anderen Hoftieren, ökolog. Dämmung f. Häuser.

Georg-Dechart Andreas
B.: Gschf. Ges. FN.: Marketing Advanced Service GmbH. DA.: 23569 Lübeck, Lenardweg 3. andreas@georg-dechart. de. G.: Bad Drieburg, 5. Aug. 1972. V.: Alexandra, geb. Wehr. El.: Erika Georg-Dechart. S.: 1995 FHS-Reife Mölln. K.: 1995 erster Vertriebspartner d. Dt. Telekom bundesweit, 1995 Gschf. Ges. d. MAS-GmbH, seit 1998 tätig im Telefon-Mehrwert-Dienst sowie Direktmarketing bzw. Call Center m. Schwerpunkt Beratung, Controlling, gesamte Betreuung d. HKL, seit 1997 RTL-Spendenaktion, seit 1999 Übernahme d. techn. Managements, 1999 Betreuung ARD-Spendengala, 2000 erster IN-Networkpartner v. Mannesmann Arcor. H.: Literatur, Golf, High-Tech, Zigarren.

*) Biographie www.whoiswho-verlag.ch oder beigefügte CD-ROM

George Alexandra *)

George Christhard
B.: RA, Notar. GT.: Vors. d. Landesparteigerichtes d. CDU Berlin, ehrenamtl. Richter, AufsR. d. Diakon. Werkes, Mtgl. d. Landessynode d. Ev. Kirche Berlin-Brandenburg, Vors. eines gemeinn. geführten Studentenwohnheimes. DA.: 10717 Berlin, Nassauische Str. 21. george@anwalt-kanzlei.de. www.anwalt-kanzlei.de. G.: Berlin, 22. Dez. 1947. V.: Marion, geb. Reinicke. Ki.: Franziska (1983), Felicitas (1989). El.: Reinhold u. Anneliese. S.: 1968-74 Jurastud. FU Berlin, 1. Jur. Staatsexamen, 1974-77 Referendariat am OLG Braunschweig, 2. Jur. Staatsexamen. K.: 1977 Zulassung als RA u. seither in eigener Kzl. tätig, 1987 Zulassung als Notar, Tätigkeitsschwerpunkt: Erbrecht, Betreuung, Pflegschaften. M.: Dt. Juristentag e.V.

George Götz

B.: Schauspieler. FN.: c/o Agentur Ute Nicolai. DA.: 12161 Berlin, Goßlerstr. 2. G.: Berlin, 23. Juli 1938. Ki.: Tanja. El.: Heinrich (Theater- u. Filmschauspieler, Intendant u. Reg.) u. Berta Drews (Charakterdarstellerin). S.: 1955-58 Schauspielausb. b. Else Bongers. K.: über 80 Spielfilme, zahlr. Fernseh- und Bühnenrollen; Theater: "Troilus u. Cressida", "Martin Luther u. Thomas Müntzer", "Endstation Sehnsucht", "Dantons Tod", "Der Weibsteufel", "Die Macht des Geldes; Fernsehen: "Der König u. sein Narr"
(1980), "Der Totmacher", "Der Sandmann" (1995), "Bubi Scholz-Story" (1997), "Die Gräfin v. Rathenow", "Der Regenmacher", "Schimanski", "Die Entführung" (1999), "Racheengel", "Liebe. Macht. Blind" (2000), Kino: "Kirmes" (1960), "Das Mädchen u. d. Staatsanwalt" (1962), "Liebe will gelernt sein" (1963), "Sie nannten ihn Gringo" (1965), "Ostwind" (1969), "Aus einem Dt. Leben" (1977), "Abwärts" (1984), "Zahn um Zahn" (1985), "Die Katze" (1988), "Schtonk" (1991), "Rossini" (1996), "Das Trio" (1997), "Solo für Klarinette" (1997), "Nichts als die Wahrheit" (1998), "Viktor Vogel - Commercial Man" (2000). E.: 1960 1. Bundesfilmpreis als bester Nachwuchsdarsteller u. Preis d. Filmkritik f. d. Film "Jacquelien", 1961 Dt. Kritikerpreis, 1962 Bambi, 1992 Bundesfilmpreis - Filmband in Gold, 1994 Grimme-Preis Der Sandmann u. Goldener Löwe RTL, 1995 Darstellerpreis d. Intern. Biennale in Venedig u. Bayerischen Filmpreis. H.: Malerei, Sport (Schwimmen). (Re)

George Johannes Dr. med. *)

George Klaus *)

George Rainer Dipl.-Ing. oec.
B.: Dipl.-Wirtschaftsing., Gschf. FN.: Stadtwerke Weißwasser GmbH. DA.: 02943 Weißwasser, Straße des Friedens 13-19. PA.: 02957 Krauschwitz, Muskauer Str. 80. G.: Berlin-Pankow, 27. Mai 1943. V.: Karin, geb. Reifart. Ki.: Mewes (1976). El.: Werner u. Ilse. S.: 1957-59 Lehrausbild. z. Elektromonteur u. Freileitungsmonteur, 1959-61 Tätigkeit b. d. Energieversorgung Cottbus, 1961-63 Wehrdienst, 1963-66 Stud. Energiewirtschaft an d. Zittauer Ing.-Schule f. Elektrotechnik, Abschluß Ing. f. Elektrotechnik, 1969-74 Fernstud.

Energiewirtschaft TU Dresden, Dipl.-Ing. oec. K.: 1966-68 Ing. im Heizkraftwerk d. Stadt Forst/L tätig, 1968-70 Wärmeversorgung in Weißwasser m. aufgebaut, 1970-77 Automatisierungsing. im Kraftwerk Boxberg, 1977-91 Dir. f. Technik, 1991 Mitarb. f. Fördermittel in d. Stadtverw. Weißwasser, seit 1992 Gschf. d. Stadtwerke Weißwasser GmbH, 1994-95 Weiterbild. an d. TU Berlin auf d. Gebiet Energie- u. Umweltmanagement. M.: Rotary Club, Vorst.- Mtgl. d. Landesgruppe Sachsen d. VKU. H.: Familie, Haus u. Garten.

George Ralf Adam Dr. med. *)

Georgi Christian *)

Georgi Frank Dr. med. *)

Georgi Gabriele

B.: freiberufl. Restauratorin. DA.: 06118 Halle/Saale, Eythstr. 14. G.: Halle, 2. Feb. 1947. V.: Hans-Hermann Georgi. Ki.: Adrian (1977). El.: Edi u. Anne Reissner. S.: 1965 Abitur, Ausbildung z. Tischlerin. K.: 1966-77 Restauratorentätigkeit am Inst. f. Denkmalpflege Halle, Stud. Kunstgeschichte, Gestaltung u. Naturstudium Halle, Teilnahme an versch. Restaurierungslehrgängen Berlin, seit 1977 freiberufliche Restauratorin f. Altäre, Holzskulpturen, Leinwand- u. Holztafelbilder. BL.: Cranach-
Altar Kemberg, Hochaltar Moritzkirche Halle, Cranach-Abendmahl Köthen, Professorenporträts d. Univ. Halle. M.: Freundeskreis d. Denkmalpflege, BUND. H.: Klavierspielen, Chorgesang.

Georgi Gunter

B.: ndlg. Notar, Volljurist. DA.: 04103 Leipzig, Hans-Poeche-Str. 5. G.: Leipzig, 23. Jan. 1947. V.: Regina. Ki.: Matthias (1971), Thomas (1977). S.: Abitur Leipzig, Stud. Rechtswiss. Leipzig, Dipl.-Jurist. K.: 1972-75 Notar im Staatl. Notariat Jena, 1975-90 Justitiar b. RFT Leipzig, seit 1990 ndlg. Notar d. Freistaates Sachsen. H.: Kunst, Literatur.

Georgi Günter *)

Georgi Günter Dipl.-Ing. oec. Dipl.-Ing. *)

Georgi Hanspeter Dr.
B.: Min. FN.: Min. f. Wirtschaft. DA.: 66119 Saarbrücken, Am Stadtgraben 6-8. G.: Berlin, 17. Aug. 1942. Ki.: 4 Kinder. S.: 1962 Abitur, 1962-67 Stud. VWL in Berlin, Saarbrücken u. Münster, 1967 Dipl.-Vw. K.: 1967-70 wiss. Ass. m. Lehrtätigkeit am Inst. f. Verkehrswirtschaft in Münster, 1969 Prom. z. Dr. rer. pol., 1970-72 Mitarb. in d. Finanz- u. Investitionsplanung eines Automobilunternehmens, 1972 Mitarb. d. IHK Saarland, 1989 Hauptgschf. d. IHK Saarland, seit 1999 Min. f. Wirtschaft. M.: Vollversammlung u. Vorst. d. Dt. Ind.- u. Hdls.-Tages, Arge d. IHK d. Saar-Lor-Lux-Trier-Westpfalz-Raumes, RundfunkR u. stellv. Vors. d. Finanzaussch. d. Saarländ. Rundfunks, AufsR. d. Parkhauses. Saarbrücken mbH, VPräs. Europ. Bewegung Deutschland, Landeskomitee Saarland e.V., stellv. Mtgl. d. BeiR. d. Landeszentralbank in Rheinland-Pfalz u. im Saarland, Vorst. d. ehem. Wirtschaftsjunioren Saarland, Wiesbadener Wirtschaftsgespräche, Verw R. World Trade Center Metz-Saarbrücken, HS-Rat d. Saarlandes, Beisitzer in d. Ges. z. Förd. d. Saarländ. Kulturbesitzes, BeiR. INFO-Inst. an d. HS f. Technik u. Wirtschaft, BeiR. Anwenderzentrum "Neue Materialien f. d. Oberflächentechnik", Vors. Ges.-Versammlung d. Schweißtechn. Lehr- u. Versuchsanst. im Saarland GmbH., seit 1970 CDU, CDU-Ortsverb. Dudweiler. (Re)

Georgi Klaus Dr. oec. *)

Georgi Matthias *)

Georgiev Christel

B.: Apothekerin, Inh. FN.: Orchideen Apotheke. DA.: 39110 Magdeburg, Große Diesdorfer Str. 51. G.: Bergen/Rügen, 26. Januar 1955. V.: Swesdelin Georgiev. Ki.: Marie (1978), Zwetan (1980), Katharina (1981). El.: Max u. Metha Neubert, geb. Herrmann. S.: 1973 Abitur Bergen, 1973-78 Stud. Pharmazie an d. Humboldt-Univ. Berlin, Dipl.-Pharmazeut, 1978 Pharmaziepraktikantin in d. Adler-Apotheke Magdeburg Stadtfeld, 1981 Approb. als Apothekerin. K.: 1993 Apothekerin in d. Adler-Apotheke, seit 1993 Eröff. u. Inh. d. selbst. Orchideen Apotheke in Magdeburg Stadtfeld. M.: Landesapothekerver. H.: Garten, Natur, Fotografie.

Georgius Bettina *)

Geppert Bruno

B.: Kürschner, Mitinh. FN.: Atelier Geppert Pelz u. Leder. DA.: 87435 Kempten, Gerberstr. 27. www.geppert-pelz.de. G.: Essen, 19. Dez. 1943. V.: Birgit, geb. Kenzen. Ki.: Julia (1999). El.: Bruno u. Charlotte. BV.: Großvater Bruno Geppert Kürschnermeister in Offenbach. S.: Lehre z. Kürschner b. Pelz-Tobias in Memmingen. K.: Kürschner b. Viktoria Körper München, Pelz Meier Stuttgart, seit 1980 selbst. m. Atelier u. Werkstatt zunächst in Obergünzburg, 1983 in Kempten u. seit 1996 in d. Gerberstrae m. exklusivem Ladengeschäft, Atelier u. Werkstatt gemeinsam m. Ehefrau, eigene Kollektionen in Pelz u. Leder, regelmäßige Teilnahme an regionalen Modenschauen sowie d. Allgäuer Festwoche. E.: im Rahmen d. Intern. Pelzmesse 4 J. in Folge d. Goldmed. f. mod. Handwerk u. perfekte Ausführung. M.: Kürschner-Innung Schwaben. H.: Familie, Jaguarfahren.

Geppert Denis
B.: Profi-Rodler, Sport-Soldat. FN.: c/o Dt. Bob- u. Schlittensportverb. DA.: 83471 Berchtesgaden, An der Schießstätte 6. G.: Lichtenstein, 24. Jan. 1976. K.: sportl. Erfolge: 1999 WM/7., WC/13., DM/4., 2000 WM/5., EM/5., WC/6, 2001 6. Pl. WM., 2001/02 EM-Silber. H.: Snowboarden, Skifahren. (Re)

Geppert Eric

B.: RA. FN.: Anw.-Sozietät Wiehler Geppert Werner Striebinger. GT.: Partner u. Personalberater d. AUGEA Managementberatung. DA.: 67346 Speyer, Obere Langg. 9. G.: Speyer, 15. Juli 1964. V.: Maike. S.: 1983 Abitur Speyer, 1983-84 Bundeswehr, 1985-87 Ausbildung z. Bankkfm., 1987-92 Stud. Rechtswiss. in Mannheim u. Heidelberg, 1992-94 Referendariat in Rheinland-Pfalz, 1994 2. Staatsexamen. K.: 1994-96 freiberufl. Doz., 1996 Ndlg. als RA u. Fachanw. f. Arbeitsrecht. M.: Anw.-Ver., Arge Fachanw. f. Arbeitsrecht. H.: Tennis, Fußball, Tauchen.

Geppert Hartmut
B.: Oberlehrer, Dir. FN.: Zweckverb. d. Musikschule Ottmar Gerster. DA.: 99423 Weimar, Karl-Liebknecht-Str. 1. zv. musikschule.o.gerster@t-online.de. G.: Andreashütte, 11. Jän. 1945. V.: Karin, geb. Leidig. Ki.: Denise (1972), Ingo (1974). El.: Gertrud Geppert. S.: 1964 Abitur Weimar, 1964-70 Stud. Violine, Komposition u. Dirigieren HS f. Musik Weimar m. Abschluß Dipl.-Musikpädagoge. K.: 1969 Lehrer an d. Musikschule Weimar, ab 1970 Fernstud., 1975 Dipl. in Dirigieren, 1975 stellv. Dir. d. Musikschule Weimar u. seit 1990 Dir., 1993-96 Zusatzstud. Suzuki-Lehrer, 1998 Grdg. d. Zweckverb. m. Förderver., ElternR u. Verb.-Vers. m. Schwerpunkt Förderung v. Kleinstkindern ab 18 Mon. u. intensive Nachwuchsarb. M.: b. 1990 Komponistenver. d. DDR, Dt. Ges. f. Musik, Förderver. d. Musikschule Weimar. H.: Musik, Mitgestaltung v. Suzuki-Workshops, Skifahren, Joggen.

Geppert Hartmut *)

Geppert Klaus Dr. o. Prof. *)

Geppert Sabine *)

Geppert Uwe
B.: Gschf. FN.: be.po.pr. - berlin & potsdam public relations. DA.: 14352 Stahnsdorf, Ruhlsdorfer Str. 95 Haus 101. G.: Dresden, 15. Juni 1944. Ki.: Ricardo (1969). El.: Gerhard u. Christa. S.: 1963 Mittlere Reife Bischofswerda, 1963-65 Lehre Betriebs- u. Verkehrseisenbahner. K.: 1965 tätig als Betriebs- u. Verkehrseisenbahner u. glz. im Veranstaltungswesen u. Moderation, 1965-67 Ref.-Ltr. f. Kultur b. Rat d. Stadt Bischofswerda, glz. Abitur ab. d. VHS, 1967-69 Volontariat b. Fernsehen d. DDR u. Vorbereitung d. 2. Programms in Berlin als Prod.-Ltr. f. Dokumentar- u. Spielfilme, 1969-75 Prod. v.

---

*) Biographie www.whoiswho-verlag.ch oder beigefügte CD-ROM

Dokumentarfilmen f. d. Min. f. Außenwirtschaft, seit 1975 feier Produzent u. Moderator, seit 1992 Ltr. d. Preseballs in Brandenburg, 1994 Grdg. d. Presseballbüros, Grdg. f. berlin & potsdam public relations GmbH als Gschf. u. 1996 Grdg. d. kipw -Kaliningrad intern. als Inh. BL.: als freiberufl. Produzent verantwortl. f. Großveranstaltungen u. in d. DDR, Organ. d. jährl. Pressefeste d. Zentrag, 4 J. Manager u. Tourneebegleiter d. "Hess-Revue", Organ. v. Künstleraustausch m. d. europ. Ausland, Betreuung d. Gastspiels d. "Großen Oper aus Nordkorea", d. Dresdner Musikfestspiele u.a.m., nach d. Wende vorrangig Orientierung auf d. Wirtschaftswachstum d. Region Brandenburg in Verbindung m. d. Unternehmerverb. u. d. Förderung ausländ. Wirtschaftskontakte, Initiator d. Europatages in Kaliningrad, Delegierung einer Unternehmergruppe u. d. Landtagspräs. z. Förderung dieser Wirtschaftskontakte. P.: Filmprod.: Ballettfilm "Cinderella", Dokumentarfilfe, Hrsg. d. Journalistenzeitung "Impuls", Presseballmanach. M.: Unternehmerverb. Land Brandenburg u. seit 1995 Präsidiumsmtgl. u. verantwortl. f. Ausländerkontakte, IDKV. H.: Engagement z. Erhaltung v. Arbeitsplätzen, Benefizveranstaltungen.

Gerads Willi E. *)
Gerard Helmut *)
Gérard Jollit

B.: Gschf., Inh. FN.: Hotel-Restaurant Zum Ochsen. DA.: 76227 Karlsruhe, Pfinzstraße 64. info@ochsen-durlach.de. www.ochsen-durlach.de. G.: Normandie, 18. Sep. 1950. V.: Anita, geb. Zöller. Ki.: Alexander (1977), Laura (1980). El.: Jean u. Ivette, geb. Chasserot. S.: 1967 Mittlere Reife, 1968-70 Ausbild. Restaurantfachmann Hotelfachschule Paris. K.: 1970-71 Commis u. später Demi Chef de Rang im Nobelhotel Lucas Carton in Paris, 1971-72 Militärdienst, 1972-73 Chef de Ram im Le Brasier in Brüssel, 1973 im Le Gavroche in London, 1973-74 an d. Rezeption im Hotel Savoy in London, 1974 Besuch d. Sprachschule in Augsburg, 1975-76 Ass. d. Geschäftsltg. im Restaurant Hotel Sonnenhof in Königsstein, 1976 Chef du Reception im Hotel Royal in Deauville, 1976-80 Nachtdir. u. Ass. d. Geschäftsltg. im Hotel Intercontinental in Paris, 1981 Eröff. d. Hotel-Restaurant Zum Ochsen in Karlsruhe. P.: Veröff. in Zeitschriften u. Magazinen, zahlr. Presseberichte u. in TV-Sendungen. E.: Regio-Kulturpreis f. Essen, Trinken u. Ambiance, jährl. Best Award of Vine Specator, Chevalier du Livarot, 1999 5 Flaschen d. "Metternich", 1 Stern Micheline, 16 Punkte im Gault Millau, 1 Kochmütze im Varta, 3 F d. Feinschmecker-Magazins, seit 1990 unter d. 100 besten Restaurants in Deutschland. M.: DEHOGA, Eurodoque, Hochseesegler Durlach. H.: Tennis, Segeln, Joggen, gut Essen u. Trinken.

Gerards Hubert *)
Gerasch Ulrich Werner

B.: Apotheker, Unternehmer. FN.: Nordapotheke Cottbus. GT.: 1967-79 tätig als Apothekenrevisor. DA.: 03044 Cottbus, Karlstr. 94. PA.: 03044 Cottbus, Ströbitzer Str. 58. G.: Cottbus, 17. Apr. 1937. V.: Bärbel, geb. Bär. Ki.: Annette (1961), Christian (1965). S.: 1957 Abitur in Berlin, 1957-62 Stud. d. Pharmazie an d. Humboldt-Univ. in Berlin, 1963 Approb. K.: 1963 tätig als Apotheker in d. Sandower Apotheke in Cottbus, 1963-66 tätig in d. Adler-Apotheke in Cottbus, 1966-90 Ltg. d. Nord-Apotheke Cottbus, 1990 Übernahme d. Nord-Apotheke als Inh. BL.: Aufbau d. Apothekenmuseums Cottbus 1968 b. z. Eröff. 1989, jetzt als Abt. d. städtischen Museums bestehend (Historische Löwen-Apotheke am Altmarkt). P.: Herausgabe pharmaziegeschichtlicher Hefte, Bibliographie z. Geschichte d. Apotheken d. Niederlausitz (2000). E.: Ehrenmedaille d. Stadt Cottbus (1995). H.: Pharmaziegeschichte.

Gerasch Wolf-Jürgen Dipl.-Ing.

B.: Inst.-Ltr. FN.: Curt-Risch-Inst. Hannover. DA.: 30167 Hannover, Appelstr. 9A. gerasch@bmox.cri-uni-hannover.de. www.curt-risch-institut.de. G.: Königsberg, 20. Sep. 1942. V.: Marlene, geb. Schröder. Ki.: Dipl.-Ing. Ina (1970). S.: 1964 Abitur Wolfenbüttel, 1964-71 Stud. Bauing.-Wesen an d. TU Berlin u. Univ. Hannover, Abschluss: Dipl.-Ing. K.: 1971-73 Statiker b. d. Firma Philips Holzmann AG in Hannover, 1973-74 tätig in einem Ing.-Büro in Hannover, 1974-99 Wechsel als wiss. Mitarb. ans Curt-Risch-Inst., seit 1999 Inst.-Ltr. d. Curt-Risch-Inst. f. Dynamik-Schall-Messtechnik. BL.: Projektltr. Projekte: Entwicklung eines Expertensystems f. Raumerschütterungen 1992-96, Erhöhung d. Dämpfung v. Verbundbauwerken durch einen Teilverbund 1997-2000, Nutzung d. neuronalen Netze z. Entdeckung v. Schadstellen in Hochdruckspleitungen 2000-2001, Abstrahlung v. Schall b. Off - Shore Windenergieanlagen im Meerwasser 2001-2004, 1976-84 Vors. d. GesamtpersonalR. d. Univ. Hannover, DIN-Aussch. 4150 Teil 2 seit 1999. P.: zahlr. Veröff. in Fachzeitschriften, Vortragstätigkeiten auf Kongresse. H.: Lesen, Karten u. Schach spielen, Sport Fußball aktiv.

Gerat Jasmin

B.: Moderatorin. FN.: pmc GmbH. DA.: 50933 Köln, Alter Militärring 8. G.: Berlin, 25. Dez. 1978. V.: Oliver Ruth (Freund). S.: 1994 Mittlere Reife Berlin. K.: 1994 BRAVO-Girl d. Jahres, 1995 2. Pl. b. intern. Modelwettbewerb "The Look of the Year", Modelvertrag m. d. renommierten Agentur ELITE, 1995 Volontariat in d. Redaktion Heart Attack (TM3), 1995-97 Moderation d. Jugendsendung "Heart Attack" zunächst b. TM3, später b. RTL2, 1996-97 Moderation v. "Bravo TV" auf RTL2, 1997 Moderation d. "Bravo Super Show" 97, 1997 IFA, Stars u. Hits (RTL 2), seit 1998 Moderatorin d. Musiksenders MTV, Co-Moderatorin d. MTV-Show "Alarm", Film: 1997 Caipiranha, 1998 Cecile, 1998 I love you baby, zahlr. TV-Auftritte.

Gerbaulet Hans-Dieter *)
Gerbaulet Uwe Dr. med. *)
Gerber Uwe Dr. theol. Prof. *)
Gerber Achim *)
Gerber Bärbel

B.: Einzelhdls.-Kauffrau, Inh. FN.: Berliner Theater- u. Konzertkassen. DA.: 10178 Berlin, Spreeufer 6. PA.: 10178 Berlin, Rathausstr. 25. info@btk-berlin.de. G.: Dresden, 3. März 1940. El.: Lotte u. Martin. S.: 1958 Abitur Neusalza-Spremberg, 1958-59 Praktikum, 1959-63 Stud. Päd., Kunsterziehung u. Germanistik an d. HU Berlin. K.: 1963-64 versch. Tätigkeiten u.a. in d. Anrechtszentrale Berlin als Redaktionsgehilfe, 1964-89 Redakteur, Ltr. Öff.-Arb., Ltr. Zentraler Besucherdienst Ber-

*) Biographie www.whoiswho-verlag.ch oder beigefügte CD-ROM

liner Bühnen im Palasthotel Berlin, Ltg. u. Organ. Treffpunkt "Kulturfunktionäre", seit 1990 selbst. m. 3 Theater- u. Konzertkassen in Berlin. BL.: maßgebl. Einfluss auf d. Verbreitung d. Berliner Kulturszene in d. J. 1965-89, Organ. gr. Veranstaltungen f. Unternehmen u. Kulturfunktionäre unter Zusammenarb. namhafter Schauspieler, Regisseure u. Orchesterltr. in d. DDR, jahrl. Hrsg. u. Redaktion d. "Theaternachrichten". P.: "Theaternachrichten". E.: mehrfache Ausz. f. kulturelle Leistungen. H.: Kultur, Antiquitäten, bild. Kunst.

Gerber Björn Holger
B.: Heilpraktiker, Ltr. d. Inst. f. Mineraldiagnostik u. Umweltkrankheiten. DA.: 81541 München, St. Bonifatius-Str. 5. G.: Chemnitz/Sachsen, 10. Juni 1951. V.: Julia, geb. Scharf. Ki.: Victoria (1984), Alexander (1988). El.: Dr. med. Günther u. Ingeborg, geb. Zielonka. S.: 1971 Abitur, 1973-75 Stud. Chemie u. Med. Univ. Köln, 1975-80 Med.-Stud. LMU München, 1980 Staatsexamen. K.: ab 1980 versch. Ausbild. in USA, China u. Frankreich, 1983 Ndlg. als Heilpraktiker in München. BL.: Grdg. Björn-Gerber-Ges. f. Naturheilkunde, Immuntherapie u. Asthmaforsch. e.V. München. P.: Publ. in Fachzeitschriften u. Vorträge zu d. Themen Phytotherapie, Immunologie, Umweltmed., Allergologie u. Rheuma. M.: HSG, Reitakademie München, Vorst.-Mtgl. GEMOI, Mtgl. im Oberbayr. Pferdezuchtverein, Holledauer Pferdezuchtverein, Zucht v. Thrakenern u. Springpferden, Training d. Tochter, die im Oberbayr. Sprinkader ist. H.: Springreiten, Schießsport, Segeln, Tauchen, Klettern. (R.V.)

Gerber Eckhard Prof.

B.: Architekt. FN.: Generalplaner Gerber Architekten. DA.: 44149 Dortmund, Tönnishof 8. G.: Oberhain, 13. Okt. 1938. S.: 1958 Abitur, 1959-66 Studium Arch. TU Braunschweig. K.: 1966 Grdg. eines Arch.-Büros in Meschede, 1979 Eröff. d. Büros in Dortmund, 1981 Berufung an d. GHS Essen als Prof. für Grundlagen d. Gestaltung u. angew. Gestaltungslehre, 1990 Ruf an d. Berg. Univ. Wuppertal, 1995-99 Dekan d. FB Arch. an d. Univ. Wuppertal; Projekte: Stadthalle Hagen, Bild.-Zentrum d. Bundesfinanzverw. in Münster, Staats- u. Univ.-Bibliothek in Göttingen, Harenberghaus in Dortmund, Landesfunkhaus d. MDR Magdeburg, Neue Messe Karlsruhe u.a.m.; Funktion: Preisrichter bei Arch.-Wettbewerben in aller Welt. P.: zahlr. Publ. in in- u. ausländ. Fachzeitschriften, Vorträge in nat. u. intern. Foren, "Orte d. Arb. u. Kommunikation" (1998), "Neue Wege z. Arch."(1994), "Komplex f. eine offene Ges." (1998). M.: Bund Dt. Architekten, 1. Vors. d. Dortmunder Kunstver. H.: Jazz, Trompete spielen.

Gerber Gerhard Dr. sc. med. Prof.
B.: Prof. f. Biochemie. FN.: ehem. Humboldt-Univ. Berlin. PA.: 10319 Berlin, Franz-Mett-Str. 19. gerhard.gerber@ gmx. de. G.: Ullersreuth Krs. Schleiz, 24. Sep. 1939. V.: Melitta, geb. Schmeißer. Ki.: Torsten (1964), Heiko (1967). S.: 1957 Abitur Konrad-Duden-Oberschule Schleiz, 1957-63 Med.-Stud. Charité Berlin, 1963 Approb. als Arzt. K.: 1963-73 Ass. u. OA Physiologisch-Chem. Inst. d. Charité, 1964 Prom. über Blutkonservierung (Prof. S. M. Rapoport), 1967-73 Konsulent f. Klinisch-chemische Labordiagnostik an Sportärztl. Hauptberatungsstelle d. Sportvereinigung Dynamo Berlin, 1968 1/2 J. Studienaufenthalt Abt. f. Klinische Chemie Univ-Hospital Uppsala/Schweden, 1969 FA f. Biochemie, 1973-79 Doz. f. Biochemie am Forsch.-Inst. f. Körperkultur u. Sport Deutsche Hochschule f. Körperkultur in Leipzig, Aufbau d. Abt. f. Biochemie, 1974 Prom. B über Glykolyseregulation u. Sauerstofftransport roter Blutzellen, 1976 Professur in Leipzig, 1979 Umberufung an Charité Berlin, Lehrstuhl f. Biochemie u. Dir. d. Inst. f. Biochemie d. Med. Fak. d. Humboldt-Univ., 1995 Ausscheiden aus d. Humboldt-Univ., 1973-95 Gastprofessuren u. Studienaufenthalte in Japan (Teikyo-Univ. Tokio), Moskau, Leningrad, Rom, seit 1995 Phagoglucan-Entwicklungsgruppe an d. TU Berlin, Lehrtätigkeit an BfU e.V. Berlin. BL.: Patente in EU, Japan, USA.. P.: 13 Buchbeiträge, Monographien u. Tagungsbände, Buchbeiträge zu Wandel in Deutschland - Prozeß oder Abrechnung? Euroäisches Centrum für Innovationen (Weimar 1997), 175 Publ., ca. 300 Vorträge u. Poster über zelluläre Stoffwechselregulation, Blut- u. Organkonservierung, Nukleotid- u. Radikalstoffwechsel, Sportbiochemie, antibiotikafreie Tiernährung. E.: Fichtepreis d. Humboldt-Univ. f. Diss. A, GutshsMuths-Preis f. Körperkultur u. Sport, Nationalpreis d. DDR. M.: Ges. f. Biochemie u. Molekularbiologie e.V., European Society for the Study of Purine and Pyrimidine Metabolism in Man Society for Free Radical Research - Europe. H.: Geschichte, Philosophie, Waldpflege.

Gerber Gerhard Hans

B.: Gschf., Inh. FN.: WDE Service GmbH; Gerber Media Point. DA.: 42285 Wuppertal, Schwesterstr. 45. info@wdeass.de. www.wdeass.com. G.: Düsseldorf, 25. Feb. 1947. V.: Elke Wickop. Ki.: Jens (1976). El.: Josef u. Paula. S.: 1963 Mittlere Reife Ratingen, 1963-65 Ausbild. z. Baukfm. Wayss + Freytag Düsseldorf u. Frankfurt, 1964-66 parallel Ausbild. f. d. Systemanalyse u. Programmierung v. EDV-Anlagen (IBM). K.: 1966-67 Chefprogrammierer Firma Beton- u. Monierbau, 1967-69 Chefprogrammierer b. VW, 1969 Grdg. einer Unternehmensberatung f. EDV in Ratingen Gerber Datenverarb., 1977 Schwerpunkt EDV-Service, 1995 Umbenennung in Gerber Media Point, Aufnahme v. Internetleistungen in d. Serviceprogramm, 1990 Gschf. Ges.WDE Service GmbH EDV Dienstleistungen, Datenerfassung u. Dokumentenmanagement. P.: Jugendaustausch nach Russland aufgebaut (etl. Presseberichte), div. Fachartikel in Fachorganen. M.: 1980-90 Vorst. TV Ratingen, Ver.- u. Verb.-Verw. H.: Fliegen (Flugschein).

Gerber Günther Dr. med. *)

Gerber Hans Manhard Dipl.-Kfm. *)

Gerber Hermann Dr. theol. *)

Gerber Johannes Dr. rer. pol. *)

Gerber Petra Dipl.-Ing.
B.: Gschf. u. Ges. FN.: Vogtlandmühlen GmbH Straßberg. DA.: 08527 Plauen OT Straßberg, Hauptstr. 20. www.vogtlandmuehlen.de. G.: Plauen, 23. Dez. 1954. V.: Dr. Bernd

*) Biographie www.whoiswho-verlag.ch oder beigefügte CD-ROM

Gerber

e.V. H.: Lesen, Theater, Touristik.

Gerber. Ki.: Franz (1982). El.: Günter Hering u. Elvira, geb. Tröger. BV.: Ururgroßvater Franz Hering 1876 Firmengründer. S.: 1973 Abitur Plauen, 1973-77 Stud. Kybernetik u. Regelungstechnik an d. TU Dresden, 1977 Dipl.-Ing. K.: 1977 Projektantin im Kombinat Starkstromanlagenbau Halle-Leipzig, 1992 Projektantin Lichtcentrum Hof, 1977 Gschf. u. Ges. d. Firma Vogtlandmühlen GmbH. M.: Verband Dt. Ingenieure, Verband Dt. Mühlen, stellv. Vors. Vereinigung Backtechnik Sachsen

Gerberding Ralf *)

Gerbig Jürgen
B.: Dipl.-Lehrer, Schulleiter. FN.: Lautenbergschule Suhl. DA.: 98529 Suhl, Linsenhofer Str. 46. PA.: 98528 Suhl-Heidersbach, Wiesengrund 18. juergengerbig@yahoo.de. www. home.t-online.de/home/lautenbergschule-s. G.: Goldlauter, 5. März 1956. V.: Carola, geb. Gundelwein. Ki.: Marcus (1980). BV.: Suhler Maler Alexander Gerbig (1878-1948). S.: 1974 Abitur, 1975-79 Stud. an d. Päd. HS Potsdam u. Erfurt, Abschluss: Dipl.-Lehrer f. Polytechnik, 1993 Lehrbefähigung Astronomie, 1995 Lehrbefähigung Informatik, 1997 Lehrbefähigung Sozialkunde. K.: 1979-90 Lehrer im Polytechnischen Zentrum d. Wohnungsbaukombinates Suhl, 1990-91 Personalreferent im Schulamt Suhl, seit 1991 Schulleiter d. Lautenbergschule Suhl. BL.: 6x in Folge wurde d. Titel "Umweltschule in Europa" verteidigt, Teilnahme d. Lautenbergschule am BLK-Projekt - Bildung f. eine nachhaltige Entwicklung - m. d. Ziel, Multiplikatorschule f. Südthüringen zu werden. M.: seit 1990 SPD, Ortsgruppe in Goldlauter m. gegründet u. seitdem kommunalpolitisch tätig, 1992-96 Vors. d. Kreisverbandes Suhl d. SPD u. seit 1996 SPD-Fraktionsvors. im Stadtrat Suhl, Vors. d. Ski- u. Wandervereines Suhl-Goldlauter e.V., Breitensportwart d. Suhler Sportbundes, Vizepräsident d. Thüringer Skiverbandes, Mtgl. d. Kreisjägerschaft Suhl. H.: Sport, Jagd, Tauchen, Reisen.

Gerbig-Ottis Trude Dr. vet. med. *)

Gerboth Christiane
B.: Moderatorin. FN.: ProSieben Media AG. DA.: 85773 Unterföhring. G.: Wippra/Südharz, 3. März 1966. S.: Stud. Päd. in Halle. K.: Redakteurin u. Moderatorin b. Deutschlandsender (Hörfunk), 1990-91 Redakteurin u. Moderatorin d. Nachrichtensendung "Aktuell" b. Dt. Fernseh-Funk (DFF), 1991-94 Korrespondentin im Studio Bonn u. Moderatorin d. "Pro-Sieben Nachrichten", 1994-95 Redakteurin f. d. Ressort "Journalist. Unterhaltung" u. Moderation d. Talkshow "Riverboat" (MDR), seit 1996 Moderatorin u. Chefreporterin d. "Pro Sieben Nachrichten", seit März 1998 Moderatorin v. "ProSieben spezial", seit Oktober 1998 Moderatorin v. "FOCUS TV" auf ProSieben.

Gerch Hans-Jürgen Dipl.-Ing.
B.: Pensionär. PA.: 12163 Berlin, Markelstr. 52. G.: Berlin, 23. Feb. 1934. V.: Hanna Lore, geb. Reeder. Ki.: Thilo (1964), Nico (1970). El.: Johannes u. Charlotte, geb. Dube. BV.: Familie zurückverfolgbar b. ins 17. Jhdt. S.: bis 1952 Gymn. Demmin, 1952-54 Ausbild. b. Siemens, Elektromaschinenbauer, gleichzeitig HS-Reife f. techn. Berufe, Fachabitur, 1954-58 Ing.-Ak. Beuth, Prüf. z. Ing. K.: 1958-65 Ver-

kaufsing. Maschinenfbk. Esslingen, 1965-70 Ltg. Techn. Büro Berlin, OIng., Vertrieb West Berlin u. DDR, 1970 Wechsel zu Orenstein & Koppel Lübeck, Ltg. Zentralvertrieb Brückenlager sowie Regionalvertrieb Rolltreppen, 1973 Verkaufsltr. Ind.-Geräte in Berlin, Vertriebsbeauftragter d. Gesamtprogrammes f. DDR, 1983 Übernahme d. Ltg. d. Ndlg. Berlin f. d. Gebiet Berlin u. DDR, Dir. P.: versch. Art. in Fachzeitschriften. M.: VDJ (Verein Dt. Ingenieure). H.: Tierfotografie.

Gerchow Joachim Dr. med. *)

Gercke Doris *)

Gercke Hans *)

Gercken Harald Dipl.-Math. *)

Gerckens Eveline Marianne

B.: Inh., Gschf. Ges. FN.: ACCURAT Gebäudereinigung GmbH. DA.: 22149 Hamburg, Loher Str. 67. accurat-gebaeudereinigung@t-online.de. G.: Stettin, 26. Apr. 1941. Ki.: Britta (1971). El.: Carl Friedrich u. Luise Pröhl, geb. Regner. S.: 1959 Fachabitur Hamburg, 1959-61 Ausbild. als Vers.-Kauffrau. K.: 1962-70 Büroltg. u. Organ. im Betrieb d. Ehemannes, b. 1979 ausschließl. in d. Familie tätig, 1979-81 kfm. Ang., 1982-85 Bereichsltr. NWG Duisburg, 1985-92 Ndlg.-Ltg. F. Schneider Gebäudereinigung Hannover, 1992 selbst. m. Grdg. d. ACCURAT Gebäudereinigung GmbH m. 2 Partnern, 1993 alleinige Gschf. Ges., nach Auszahlung u. Entlassung d. bish. Partner, 1994 Einstellung d. Tochter. M.: Innung, Verb. d. Unternehmerfrauen Hamburg, Verb. d. Meisterfrauen Hamburg, SOS Kinderdörfer m. regelmäßigem Engagement. H.: Lesen, Fitness, Beruf.

Gerckens Klaus
B.: Inh. FN.: Klaus Gerckens Wirtschaftsagentur. DA.: 20251 Hamburg, Eppendorfer Weg 204. G.: Hamburg, 23. Dez. 1955. V.: Maria, geb. Karbusicky. Ki.: Corina (2001). K.: Vers.-Kfm., Ang. Interunfall Vers. Hamburg u. Haruschco Hamburg, 1978 selbst. m. Vers.-Generalagentur, 1984 Grdg. o.g. Firma, 1991 Grdg. Aedificia Hdls. GmbH als Gschf. Ges. 1996 Grdg. Firma A.T. - Traumhaus GmbH als Gschf. Ges. M.: RDM, Schutzgemeinschaft gegen unlautere Baufinanzierung e.V., Versammlung eines ehrbaren Kaufmanns zu Hamburg e.V. H.: Beruf, Haus. (M.V.)

Gerckens Pierre Dr. rer. pol. Dipl.-Kfm. *)

Gerdau Dieter Hermann
B.: Fernmeldemechanikermeister, Filialltr. FN.: Preisagentur Jaus. DA.: 21423 Winsen/Luhe, Ilmer Moorweg 4. G.: Roydorf, 8. Mai 1953. V.: Rosel, geb. Beecken. El.: Walter u. Inge, geb. Heuer. S.: 1969 Mittlere Reife Winsen, 1969-72

*) Biographie www.whoiswho-verlag.ch oder beigefügte CD-ROM

Ausbild. z. Fernmeldetechniker b. d. Dt. Bundespost, 1972-73 Geselle im Ausbild.-Betrieb, 1974-81 Bundesgrenzschutz Winsen/Luhe, Polizeivollzugsbmtr., 1980-81 Bundesfachlehranst. f. d. Elektrohandwerk Oldenburg, Abschluß als Fernmeldemechanikermeister. K.: 1982-88 EB Nachrichtentechnik Hamburg als Meister im Anlagenbau f. Nachrichtentechnik auf Seeschiffen, 1988-89 Norddt. Affinerie Hamburg, Meister in d. Nachrichtentechn. Abt., 1989-90 Nordalarm Hamburg, ang. Meister im Bereich Alarmanlagen u. Sicherheitstechnik, 1990-94 Pesch, Winsen, Meister u. stellv. Betriebsltr., Bau v. Marinescheinwerferanlagen, 1995-98 Domäne Einrichtungsmärkte Hamburg, Lagerltr., seit 1999 selbst. m. d. Preisagentur Jaus als Filialltr. M.: Freiwillige Feuerwehr Roydorf, stellv. Vors. Schützenkameradschaft Luhdorf/Luydorf e.V. H.: Schießen, Haus u. Garten.

Gerdau Peter

B.: Gschf. FN.: DATA 2000 Ges. f. Datenverarb. mbH. DA.: 20355 Hamburg, Fuhlentwiete 12. G.: Bremerförde, 4. Feb. 1944. V.: Barbara, geb. Schütz. Ki.: 2 Söhne, 1 Tochter. S.: 1960 Mittlere Reife, 1960-63 Ausbild. z. Bankkfm. b. d. Hamburger Sparkasse v. 1827. K.: 1963-64 Wertpapierberater im Ausbild.-Betrieb, 1964-68 Zeitsoldat b. d. Bundeswehr, Umschulung z. Programmierer, 1968-71 Programmierer Hamburger Sparkasse, 1971-85 Sachgebietsltr. f. Programmierung, stellv. Ltr. f. Softwareentwicklung u. Ltr. f. Vertriebssysteme b. d. Axel Springer AG in Hamburg, 1972-77 Doz. an d. staatl. abendl. Wirtschaftsschule in Hamburg, 1986-92 Grdg. EDV-Service, 1993 Gschf. DATA 2000. P.: div. Art. in d. Fachpresse. H.: Familie, Tischtennis, Briefmarkensammeln.

Gerdellebracht Fabian *)

Gerdes Britta

B.: Farbtherapeutin, Ayurvedatherapeutin, Inh. FN.: aktiv, Messen & Ausstellungen Britta Gerdes. DA.: 23570 Travemünde, Postfach 257. www.aktiv-messen.de. G.: Rostock, 14. Feb. 1966. V.: Carl Petersen. El.: Eberhard u. Jutta Gerdes. S.: 1985 Abitur in Abendschule, 1985-88 Stud. Dipl.-Ökonomie an d. Humboldt-Univ. Berlin, 1988-92 Stud. Betriebswirtschaft an d. FH f. Wirtschaft in Berlin. K.: 1992-96 Landesverb. d. Innungs-Krankenkasse Berlin m. d. Schwerpunkt Pflegesatzvers., 1996 Ausbild. z. Farbtherapeutin, 1997 Veranstaltungsorgan. v. Messen in Lübeck u. Hamburg "Natur u. Gesundheit", Ausbild. z. Ayurvedatherapeutin in Deutschland, Kanada u. Indien, seit 1999 Lehrerin f. Yoga-Kurse. M.: Kunst d. Lebens e.V. H.: Arb.

Gerdes Holger Rudolf Jan *)

Gerdes Jürgen

B.: Landessprecher d. Freien Humanisten Niedersachsen Körperschaft d. öff. Rechts. DA.: 30159 Hannover, Otto-Brenner-Str. 22. PA.: 30657 Hannover, Neue Wietze 18 b. Gerdes-

Hannover@t-online.de. G.: Bremen, 3. Feb. 1950. El.: Alfred u. Gerda. S.: 1969 Abitur, Bundeswehr m. Abschluß Reserveoffizier, Stud. Braunschweig u. Hannover m. Abschluß Dipl. in Politische Wiss., 1980 Referendariat, 1982 2. Staatsexamen. K.: Gymn.-Lehrer in Wolfsburg, seit 1983 Landessprecher d. Freien Humanisten Niedersachsen m. Schwerpunkt Vertretung d. 15 000 Mtgl. gegenüber d. Staat u. d. Ges. P.: Veröff. in Rundfunksendungen im NDR, Veröff. in Fachzeitschriften. M.: Bundesrevisor d. Humanist. Union, Vorst.-Mtgl. d. Intern. Humanist. u. Ethical Union. H.: Fotografie, Kakteenzucht, Bergwandern.

Gerdes Jürgen Dipl.-Kfm.

B.: Geschäftsbereichsltr. Brief. FN.: Dt. Post AG. DA.: 53175 Bonn, Godesbergerallee 139.. J.Gerdes2@DeutschePost.de. G.: 5. Sept. 1964. V.: Silke, geb. Heider. S.: 1984 Abitur, 1984-87 Stud. FH d. Bundes f. öff. Verw. Köln u. Dieburg, 1988-89 Wehrdienst, 1989-90 tätig b. Dt. Post., 1990-94 Stud. BWL Münster m. Anschluß Dipl.-Kfm. K.: 1994 Ref. f. Produktmanagement Infopost Dt. Post AG in Bonn, 1996 Abt.-Ltr. f. Produktmanagement Infopost, 1997 Abt.-Ltr. f. strateg. Marketing Briefpost, 1997 Präs. d. Dir. Hannover, dzt. Geschäftsbereichsltr. Brief d. Dt. Post AG Bonn. M.: V.K.D. St. Saxonia Münster, FC Schalke 04, Golf- u. Country-Club Leinetal Einbeck e.V., MTV Köln. H.: Sport.

Gerdes Karl-Heinz Dr.-Ing. *)

Gerdes Klaas *)

Gerdes Maren Elisabeth Wilhelmine Erna Uta Edda

B.: Leiterin d. Pressestelle Berlin, Brandenburg, Mecklenburg-Vorpommern, Sachsen-Anhalt u. Sachsen. FN.: Deutsche Post. DA.: 12053 Berlin, Rollbergstr. 70. m.gerdes@deutschepost.de. G.: Braunschweig, 4. Aug. 1964. V.: Enno Gerdes. Ki.: Sander (1999). El.: Heinrich u. Edda, geb. Brandes. S.: 1983 Abitur, 1983-90 2. jur. Staatsexamen. K.: 1990 Rechtsamt Magdeburg, ab 1990 versch. Funktionen bei d. Landespostdirektion Berlin, ab 1992 Ltr. d. Bereichs Unternehmenskommunikation. M.: zahlr. Gremien u. Verbände u.a. Klub d. Berliner Wirtschaftsjournalisten, DPRG. H.: Segeln, Reisen.

Gerdes Marlen *)

Gerdes Monika *)

Gerdes Ties-Christian Dipl.-Ing.

B.: Ing. f. Techn. Kybernetik u. Elektrotechnik, Gschf. Ges. FN.: GERDES Elektronik GmbH. DA.: 39179 Barleben, Ebendorfer Chaussee 1. PA.: 39110 Magdeburg, Alt Diesdorf 5. G.: Greifswald, 1. Juni 1956. V.: Dipl.-Ing. Birgit, geborene Borchert. Ki.: Anika (1982), Gunnar (1984). El.: Prof. Dr.

*) Biographie www.whoiswho-verlag.ch oder beigefügte CD-ROM

Gerdes

Gerd Gustav u. Dipl.-Ldw. Inge, geb. Sabin. S.: 1974 Abitur Wanzleben, 1974-76 Wehrdienst, 1976-81 Stud. Techn. Kybernetik u. Elektrotechnik an d. TU Magdeburg, Dipl.-Ing. K.: 1981-83 Elektronikkonstrukteur im Getränkemaschinenbau Magdeburg, 1983 Grdg. eines Gewerbebetriebes "Reparatur v. elektroakust. u. musikelektron. Geräten" in Magdeburg/Diesdorf, 1987 Eintragung d. Unternehmens in d. Handwerksrolle, s. 1990 Umfirmierung u. Grdg. d. Gerdes Elektronik GmbH, seit 1992 Ndlg. in Berlin, seit 1996 Standortwechsel in d. neugebaute Firmengebäude im Technologiepark Ostfalen in Barleben. E.: Senator d. Wirtschaftsjunioren. M.: Vollversammlung d. IHK Magdeburg, Verb. dt. Tonmeister. H.: Familie, Literatur.

Gerdes Willi *)

Gerdes-Thiele Ahlke *)

Gerding Bruno

B.: RA, Notar. DA.: 48143 Münster, Ludgeristr. 112. PA.: 48153 Münster, Kronprinzenstr. 3. G.: Jauer, 30. Juli 1944. V.: Monika, geb. Vorgerd. Ki.: Marc (1972), Thomas John (1980). S.: 1965 Abitur Recklinghausen, 1965-67 Bundeswehrdienst als Fallschirmjäger, zuletzt Lt. d. Res., 1967-72 Stud. Rechtswiss. Univ. Münster u. München, 1. Staatsexamen, 1972-75 Referendariat, 2. Staatsexamen. K.: seit 1975 ndlg. RA m. eigener Kzl. in Münster, Schwerpunkt: Zivilrecht, auch Notar. BL.: 1994/95 Karnevalsprinz d. Stadt Münster. M.: 8 J. in d. Bez.-Vertretung u. 4 J. Bez.-Vorst. CDU Münster-Mitte, 5 J. CDU-Ratsmtgl. Stadt Münster, Präs. im Trabrennver. Sulky Münster. H.: Weltreisen, Fahrradfahren.

Gerding Heinrich Dr. med. Prof. *)

Gerdon Wolfgang Dipl.-Bw.

B.: Gschf. Ges. FN.: HBZ Havelländ. Bild.-Zentrum GmbH. DA.: 14712 Rathenow, Bergstr. 15-17. PA.: 31167 Nette, Spittaweg 6. Gerda@hbz-rathenow.de. G.: Mainz, 3. Mai 1949. V.: Jutta, geb. Benoit. Ki.: Michael (1982), Andrea (1983), Stephanie (1987). S.: 1964 Lehre Vers.-Kfm. K.: 1964-67 tätig in d. BKK Jenaer Glas, b. 1970 Vers.-Kfm., ab 1971 ang. im Personalbüro, 1980 Abitur an 2. Bild.-Weg, 1980-85 Stud. BWL an d. FH Rheinland Pfalz in Mainz, ab 1985 selbst. Personalberater, 1989 Personalchef in d. EDV-Branche in Braunschweig, 1990 Ltr. d. Personal- u. Sozialwesens d. Rathenower Optischen Werke, 1993 Grdg. d. HBZ Havelländ. Bild.-Zentrum m. Schwerpunkt Erstausbild., berufsvorbereitende Maßnahmen, ausbild.-begleitende Hilfen, Weiterbild. u. Ausbild. f. örtl. Ind. F.: HBG Havelländ. Bild.-GmbH. M.: CDU-Kreisvorst., 1. Vors. d. Integration e.V. Rathenow, AufsR.-Vors. d. Rathenower Arb.-Förderungs- u. Qualifizierungs GmbH. H.: Beruf, Firma, Haus u. Hof.

Gerdsmeier Fritz *)

Gerdsmeier Hans-Joachim Dipl.-Vw. *)

Gerdts Heinz-W. *)

Gerecke Hildegard

B.: Polizeipräsidentin FN.: Polizeipräsidium Karlsruhe. DA.: 76137 Karlsruhe, Beiertheimer Allee 16. G.: Karlsruhe, 15. Apr. 1951. El.: Heinz (Landespolizeipräs.) u. Dr. Luise. S.: 1970 Abitur, 1970-75 Stud. Rechtswiss. Univ. Mainz u. Freiburg, 1975 1. u. 1978 2. Jur. Staatsprüf. K.: 1978-80 Dezernentin b. Landratsamt Enzkreis in Pforzheim, 1980-90 Referentin u. stellv. Referatsleiterin im Innenmin. Baden-Württemberg in versch. Referaten Kommunalverfassungsrecht, Ausländer- u. Asylrecht, polizeiliche Querschnittsaufgaben), seit 1990 Polizeipräs. u. als solche Leiterin d. Polizeipräsidiums Karlsruhe (größte Kreispolizeidienststelle in Baden-Württemberg, zuständig f. d. Stadt u. d. Landkreis KA).

Gerecke Uwe Dipl.-Wirtschafts-Math.

B.. Gschf. FN.: Geris Gerecke Informationsmanagement u. Software GmbH. DA.: 04546 Böhlen, Beethovenstr. 70. G.: Borna, 12. Jan. 1971. V.: Kathrein, geb. Scholz. El.: Detlef Kurt u. Ing.-Ök. Elfriede, geb. Hettenbach. S.: 1989 Abitur, 1990-96 Stud. Wirtschaftsmath. Univ. Leipzig, 1993-94 Erasmusstudent Univ. Antwerpen. K.: 1996-98 Praktikum im Verbundnetz Gas AG in Leipzig, 1996 Prom. an d. wirtschaftswiss. Fakultät d. Univ. Leipzig, 1998 Grdg . d. eigenen Betriebes m. Schwerpunkt Individualsoftware, SAP-Systeme. H.: Programmieren, Lesen, Fitness.

Gerer Erich *)

Geretshauser Nicolaus

B.: Kommunikationstrainer. DA.: 50858 Köln, Hölderlinstr. 60. geretshauser@t-online.de. www.nic-training.de. G.: Freilassing, 9. Juli 1943. V.: Jacqueline Gervais. El.: Ignaz u. Barbara, geb. Ratzinger. S.: 1959 Abitur München, 1960-65 Ausbild. z. Werbekfm., 1965-66 Journalistenschule München. K.: 1968-71 Redakteur b. Stern in New York, 1971-76 Redakteur b. Capital, 1976-86 WDR freier Mitarb. v. Biolek, 1986-88 Sendeltr. u. stellv. Programmplaner b. RTL, 1992-93 Ulrich Meyer, 1994-98 Manager Day to Day b. SAT 1, seit 1998 Kommunikationstrainer. H.: Golf, Rotwein.

*) Biographie www.whoiswho-verlag.ch oder beigefügte CD-ROM

Gerg Cecilie

B.: Fremdsprachenkorrespondentin, Unternehmerin. FN.: Hotel Ambiente. DA.: 51149 Köln, Oberstr. 53. G.: Bad Tölz, 31. Jan. 1942. El.: Thomas Meßmer u. Maria, geb. Gerg. BV.: Großvater Kaspar Gerg. S.: 1959-62 Ausbildung z. Fremdsprachenkorrespondentin. K.: 1962-71 Journalistin, seit 1971 selbständig im Hotel- u. Gastronomiegewerbe, seit 1989 Inh. Hotel Ambiente in Köln H.: Skifahren, Tennis.

Gerg Hilde

B.: Profi-Skirennläuferin/ Alpin. FN.: c/o DSV. DA.: 82152 Planegg, Hubertusstr. 1. PA.: 83471 Königsee, Richard-Voß-Str. 63. G.: 19. Okt. 1975. V.: Wolfgang Grassl. K.: größte sportliche Erfolge: 1993/94 WC-Gesamt Super-G/3., 1994 JWM Lake Placid Super-G/1.1995 DM RTL/3., 1996 DM/RTL/3., 1996/97 WC-RTL Sölden/3., WC Super-G Val D´Isère/1., Lake Louise/2., Mammouth Mountain/2., Vail2/2., Vail1/4., Bad Kleinkirchheim/4., Cortina/4., WC-Abfahrt Bad Kleinkirchheim/2., Happo One/2., Vail/6., WC-Gesamt Super-G/1., WC-Gesamt/3., 1996 WM Sierra Nevada Slalom/13., Kombi/11., 1997 WM Sestriere Super-G/3., Kombi/3., DM Super-G/1., 1997/98 WC-Gesamt/3., Slalom/3., Abfahrt/5., Super-G/7., RTL/9., 1998 OS Nagano Slalom/1., Kombi/3., 1998/99 WC Gesamt/2., Abfahrt/4., Super-G/6, 1999/2000 WC-Super-G Val D´Isère/2., DM RTL/1., WC-Abfahrt St. Moritz/3., 2000/01 WC-Abfahrt Haus im Ennstal/11., Cortina D´Ampezzo/11., WC Super-G/11, WM St. Anton Super-G/3., 2001/02 Abfahrt Saalbach/1., Super-G Cortina/1. Abfahrt Lenzerheide/3., Super-G St. Moritz/5., Super-G Altenmarkt-Zauchensee/3., Kombi Saalbach-Hinterglemm/4., 2002 WC Abfahrt/4., WC Super-G/1., WC Gesamt/4. H.: Lesen, Faulenzen, Tennis, Kochen. (Re)

Gerg Michaela

B.: Gem.Ang., Skifahrerin. PA.: 83646 Bad Tölz, Peter-Freisl-Str. 10. G.: Bad Tölz, 10. Nov. 1965. K.: Seit 1983 Nationalmannsch., 1981 Zweite Junioren-WM Riesenslalom u. Komb., 1982 Junioren-Weltmstr. Riesenslalom u. Komb., Weltpokal-Gesamtwertung: Zehnte 1986 (Abfahrtssieg Val d'Isère), Dreizehnte 1987 (Riesensl.-Sieg Park City), zwei Dt. Meisterschaften, 1989 Bronzemed. im Super-Riesenslalom in Vail/Colorado/USA. H.: Surfen, Tennis, Schwimmen.

Gergen Peter Dipl.-Ing. *)

Gergeni Hans

B.: Betriebswirt, Inh. FN.: Gergeni Metallbau GmbH & Co. DA.: 89520 Heidenheim-Schnaitheim, Königsbronner Str. 48. G.: Königsbronn, 8. Aug. 1948. V.: Karin, geb. Braunmüller.

Ki.: 2 Kinder. El.: Hans u. Eva, geb. Guth. S.: 1962-65 Schlosserlehre, 1965-67 Techn. Oberschule, FH-Reife, 1969-73 Stud. Maschinen-, Stahl- u. Leichtbau. K.: 1973 Eintritt in d. elterl. Betrieb u. Stud. Betriebswirtschaft, 1975 Betriebswirt, 1977 Übernahme d. elterl. Schlosserei, Ausbau auf Fenster, Türen, Fassaden aus Aluminium. E.: Gem R./unabhängig Königsbronn. H.: Tennis.

Gergs Siegfried Dipl.-Ing. *)

Gerhard Angelika *)

Gerhard Edmund W. Dr.-Ing. Prof. *)

Gerhard Harry

B.: Baultr., Inh. FN.: HG Abbruch + Erdbau Leipzig. GT.: Sportreferent d. Allg. Schnauferl-Club Dt. Landesgruppe Sachsen. DA.: 04129 Leipzig, Delitzscher Str. 53. www.hg-abbruch-erdbau.de. G.: Haan/Rheinland, 9. Juni 1951. Ki.: 2 Kinder. S.: Lehre z. Autoschlosser, Lehre z. Rohrleitungsbauer, Schachtmeister. K.: Baultr., seit 1997 Inh. u. Gründer d. o.g. Firma. H.: Oldtimer.

Gerhard Stephan

B.: Gschf. FN.: TREUGAST Unternehmensberatungs GmbH München, Berlin, Weimar, Freiburg, Wiesbaden. DA.: 81541 München, Falkenstr. 25. www.treugast.com/de. G.: Stuttgart, 19. Okt. 1954. El.: Karl-Heinz u. Anita. S.: 1974 Abitur Stuttgart, 1974-75 Bundeswehr, 1975-77 Ausbild. z. Hotelkfm., 1977-79 stellv. Dir. in einem Hotel im Schwarzwald, 1979-82 Stud. Touristik-BWL FH Heilbronn, Dipl.-Betriebswirt. K.: 1983-86 tätig b. d. BBG-Consulting Düsseldorf als Betriebsberater bzw. Projektltr., 1986-89 b. d. K. u. P. Consulting GmbH als Gschf. u. Ges., seit 1989 Gschf. Ges. b. d. TREUGAST Unternehmensberatungs GmbH. P.: div. Presseveröff. / Investment-Ranking / Fremdgutachten Hospitality. M.: FCSI, FBMA. H.: Familie.

Gerhard Thomas Ernst *)

Gerhard-Multhaupt Reimund Dr. Prof.

B.: Univ.-Prof., Vors. d. Fakultätsrats d. Mathematisch-Naturwiss. Fakultät. FN.: Univ. Potsdam. DA.: 14415 Potsdam, Postfach 601553. rgm@rz.uni-potsdam.de. www.canopus. physik.uni-potsdam.de. G.: Heidelberg, 31. Mai 1951. V.: Suzanna. Ki.: Franz. El.: Georg-Reinhold u. Dr. med. Irmela, geb. Ruelius. BV.: Großvater Altphilologe, Identifikation eines Textfragments aus Alexandrien. S.: 1971 Abitur Mannheim, 1971-72 Bundeswehr, 1971-73 Stud. Querflöte Staatl. Musik-HS Würzburg, 1972-74 Stud. Math. u. Physik TH Darmstadt, 1978 Stud. Physik TH Darmstadt, 1978 Dipl.-Phys. K.: 1978-79 Forsch.-Aufenthalt Quebec/Kanada, 1979-84 wiss. Hilfskraft an d. Abt. Physik d. Dt. Kunststoff-Inst. (DKI) Darmstadt, 1980-85 wiss. Mitarb. am Inst. f. Übertragungstechnik u. Elektroakustik TH Darmstadt, 1984 Prom. z. Dr.-Ing., 1985-94 wiss. Mitarb. Heinrich-Hertz-Inst. (HHI) f. Nachrichtentechnik Berlin, 1986-94 Ltr. versch. Projekte, 1990-92 wiss. Ltg. d. Seventh Intern. Symposium on Electrets Berlin, 1992 Habil. z. Dr. rer. nat. habil., 1992-94 Lehrauftrag TU Berlin, 1994 Univ.-Prof. (C3) f. Sensorik am Inst. f. Festkörperphysik d. Univ. Potsdam, 1996 Ruf auf

*) Biographie www.whoiswho-verlag.ch oder beigefügte CD-ROM

Gerhard-Multhaupt

C4-Prof. Univ. Kassel abgelehnt, 1997 C4-Prof. Univ. Potsdam, 1997-2000 Gschf. Dir. d. Inst. f. Physik d. Math.-Naturwiss. Fak., seit 1997 Vertrauensdoz. d. Studienstiftung d. Dt. Volkes an d. Univ. Potsdam, seit 1999 Gschf. d. Berlin-Brandenburgischen Verb. f. Polymerforsch. e.V., 2001 Ruf an TU Wien. P.: ca. 150 Publ. E.: 1988 ITG-Preis durch d. Informationstechn. Ges. (ITG) im VDE, 1992 Fellow d. Inst. of Electrical and Electronics Engineers IEEE. M.: IEEE, EPS, APS, DGP, IOP, VDE. H.: Flötenspiel, Musik.

Gerhards Andreas Dr. iur. *)

Gerhards Axel

B.: Gschf. Ges. FN.: G + M Objekteinrichtungen GmbH. DA.: 33699 Bielefeld, Hörster Str. 76. info2@g-und-m-zuern.de. G.: Bielefeld, 15. Aug. 1943. V.: Elke, geb. von Berg. Ki.: Corinna (1963), Helge (1973). El.: Willi u. Anneliese, geb. Hülsewede. S.: 1960 Mittlere Reife, 1960-63 Lehre im graph. Gewerbe, 1964 Auslandsaufenthalt in Schweden, 1965-67 Wehrdienst, 1967-69 Lehre Ind.-Kfm., 1969-72 Stud. BWL Bremen m. Abschluß. K.: 1972-75 Vertriebsltr. bei AP Einrichtungsfirma, seit 1975 Gschf. Ges. d. Firma G + M Apothekeneinrichtungen GmbH, später Aufspaltung d. Unternehmens in G + M Objekteinrichtungen f. Apotheken, Juweliergeschäfte u. priv. Einrichtungen in Maßanfertigung, G + M Grundbesitz, G + M Möbelwerkstatt u. Beteiligung an G + M Zürn Kreativ Konzept in Möckmühl m. 13 Ndlg. in Deutschland, weltweiten Lieferungen u. auf Wunsch Baultg. b. z. schlüsselfertigen Übergabe. BL.: einer der größten Apothekeneinrichter in Deutschland. P.: versch. berufl. Veröff. H.: Rock'Roll, Wohnsitz in d. USA, Sammeln v. Musik-Boxen.

Gerhards Dieter

B.: Gschf. FN.: Handelsvertretung für Herrenmoden GmbH. DA.: 49424 Visbek, Uhlenkamp 55. gerhardsgmbh.visbek@t-online.de. G.: Stuttgart, 17. März 1948. V.: Margaretha, geb. Müller. Ki.: Yvonne (1983), Nicole (1986). El.: Buchverleger Jupp u. Ria. S.: 1962-66 Ausbildung z. Textilkaufmann. K.: 1966-69 Wechsel in d. Industriehandel, 1969 Rückkehr in d. Textilbranche, seit 1985 selbständig m. Handelsvertretung f. Herrenmoden GmbH in Visbek. H.: Familie, Fliegen (Hobbypilot), Rennsport.

Gerhards Eduard Dipl.-Ing. *)

Gerhards Matthias

B.: Informatiker. FN.: wbi Wissensbasierte Informationssysteme. DA.: 50676 Köln, Mauritiuswall 30-32. G.: Haan, 24. Mai 1968. S.: 1988 Abitur, 1988-93 Stud. Phil., Germanistik u. Biologie. K.: seit 1994 Entwicklung v. Software. H.: Naturwiss. Forsch., Spieltheorien.

Gerhards Rudolf *)

Gerhards Wolfgang

B.: Finanzmin. FN.: Finanzmin. f. Sachsen-Anhalt. DA.: 39108 Magdeburg, Editharing 40. G.: Mülheim/Ruhr, 1. Dez. 1949. Ki.: 3 Kinder. S.: Stud. Rechtswiss. Univ. Bochum, Gießen u. Bonn. K.: 1979-88 Richter am Verw.-Gericht Köln, danach 3 J. Ref. f. öff. Recht in d. SPD-Bundesfraktion, 1991-94 Amtschef d. Landesvertretung Rheinland-Pfalz in Bonn, 1994 Ltr. d. Staatskzl. in Magdeburg, 1995 stellv. SPD-Bundesgschf. in Bonn, seit 1998 Finanzmin. in Sachsen-Anhalt. (Re)

Gerhardt Andreas Dipl.-Ing. *)

Gerhardt Claus W. Dr. *)

Gerhardt Dieter Dr.

B.: Gschf. FN.: Staatl. Porzellan-Manufaktur Meissen GmbH. DA.: 01662 Meißen, Talstr. 9. G.: Meißen, 12. Apr. 1956. S.: 1974 Abitur, 1976-81 Stud. Math. TU Dresden. K.: 1981-85 wiss. Mitarb. an d. TU Dresden, Prom., seit 1985 tätig in d. Porzellan-Manufaktur, 1990-93 Dir. d. kfm. Verw. u. seit 1993 Gschf.

Gerhardt Dietrich Dr. *)

Gerhardt Ernst *)

Gerhardt Frank Dipl.-Designer

B.: Illustrator, Inh. FN.: Linie Grafik. DA.: 33611 Bielefeld, Johannistr. 36. frankgerhardt@t-online.de. www.frankgerhardt.de. G.: Wiesbaden, 23. Aug. 1951. Ki.: Lena, Julia, Tom. El.: Werner u. Hedwig. BV.: Werner Gerhardt - Schauspieler, Elena Gerhardt - bekannte Sängerin in d. 20-er Jahren in England, Konzerte u.a. mit Arthur Nikisch. S.: 1970-74 Werkkunstschule Bielefeld m. Abschluß Dipl.-Designer, 1974-77 Stud. HS d. Künste Berlin, L.: Meyer, Trökes. K.: Grdg. d. Firma Linie Grafik m. Schwerpunkt Illustration u. Grafik, Webdesign u.a. f. Stern, Playboy, Penthouse, Bunte, Freundin, Focus, Impulse. P.: div. Werkskataloge u. CD-ROMs. H.: Klavier, Gitarre, Sitar spielen.

Gerhardt Hans Dipl.-Segellehrer

B.: Segellehrer, Inh. FN.: Maschsee Nord - Segel- u. Yachtschule. DA.: 30167 Hannover, Rudolf-v.-Bennigsen-Ufer 1. PA.: 30459 Hannover, Ricklinger Stadtweg 108. www.hannover.de/segelschule. G.: Borkum, 20. Jän. 1948. V.: Lena, geb. Martens. Ki.: Björn (1983), Sabrina (1988). BV.: mütterl. seits - Vorfahren aus Frankreich. S.: 1959-62 kfm. Ausbild. K.: kfm. Ang. einer techn. Abt., 1969-70 tätig im Export in Amsterdam, 1. Kontakt z. Segelsport, 1971 Ltg. f. eine Amsterdamer Firma in Hamburg, glz. Erwerb d. 1. Segelscheine, 1972 Hochseesegelkontakte über d. DHH in Glücksburg, 1973 Ausbild. z. Dipl.-Segellehrer d. VDS, 1977 Grdg. d. Segelschule in Hannover u. sehr erfolgr. in d. Ausbild. f. Segler, Motorbootfahrer f. Küsten-, Binnen- u. Hochseefahrt, 1978 1. Atlantik-Überquerung gemeinsam m. d. Ehefrau, 1986 nach Island, 1986 Dienststellung d. Ausbild.-Yacht "Yette", 1992 gemeinsam m. d. Ehefrau Entdeckung d. "Mul", 1993 Erwerb d. Trimaran "Yette-Tri", 1998 Mitwirkung b. Bau d. "Sposmoker II", 1998 m. d. "Yette" v. Venedig nach Fehmarn, 2002 zurück ins Mittelmeer, Grdg. d. Segelschule in Mardorf u. glz. Bootsverleih. P.: Vorträge u. Schulungen. H.: Segeln, Reisen, Lesen, Wassersport.

Gerhardt Hans-Jürgen Dr. med. Prof. *)

*) Biographie www.whoiswho-verlag.ch oder beigefügte CD-ROM

Gerhardt Hans-Peter Dr. päd.

B.: freiberufl. Personalberater u. Managementtrainer. DA.: 04157 Leipzig, Krokerstr. 20. Hans-Peter.Gerhardt@t-online.de. G.: Leipzig, 12. Nov. 1948. V.: Klara-Margit. Ki.: Peter (1978), Silvia (1982). S.: 1967 Abitur Leipzig, Wehrdienst, 1970-74 Stud. Berufsschullehrer Univ. Leipzig, Dipl.-Agr.-Päd., 1974-77 Forschungsstudium Univ. Leipzig, 1977 Prom. K.: 1978-92 wiss. Ass. u. Lektor an d. Sektion Tierprod. u. Vet.med. d. Univ. Leipzig, Lehrerbildner, 1993-94 Ausbildung z. Managementtrainer am Trainingsinstitut Dr. Henke Leipzig, seit 1994 selbständig, Kommunikationstraining, Verkaufstraining, Personalberatung. E.: Sachsenmeister im Schwimmen in d. Altersklasse. M.: Marketing Club Leipzig. H.: Sport, Schwimmen.

Gerhardt Heinz-Werner Dipl.-Ing. *)

Gerhardt Johannes *)

Gerhardt Nicole

B.: Dir. FN.: Dt. Bank 24. DA.: 32257 Bünde, Bahnhofstr. 7-9. PA.: 32257 Bünde, Bültstr. 65. nicole.gerhardt@db.com. G.: Bünde, 14. Dez. 1970. El.: Wolfgang u. Renate Gerhardt. S.: 1990 Abitur, 1990-92 Ausbild. Bankkfm. Dt. Bank Herford, 1993-95 Ausbild. Bankfachwirt Bankak. Bielefeld. K.: 1992 Kundenberaterin in d. Dt. Bank in Bünde, 1994 Beraterin, 1997 stellv. Filialltr. u. seit 2001 Dir. M.: Tennisclub Bünde. H.: Tennis, Malen, Reiten.

Gerhardt Ottmar

B.: ndlg. RA, Steuerberater. DA.: 04317 Leipzig, Riebeckstr. 65. ra-stb.gerhardt@t-online.de. www.ra-stb-gerhardt.de. G.: Kirberg, 7. Juni 1959. Ki.: 2 Kinder. S.: Abitur, 1983-87 Stud. Rechtswiss. Univ. Gießen, 1987 1. Staatsexamen, 1988-91 Referendarzeit LG Gießen. K.: 1991-96 Tätigkeit in Wirtschaftsprüf.-Kzl. in Leipzig, seit 1996 Zulassung als Steuerberater, seit 1999 ndlg. RA u. Steuerberater.

Gerhardt Peter Dr. med.

B.: ndlg. Orthopäde/Chirotherapeut. DA.: 38667 Bad Harzburg, Dr.-Heinrich-Jasper-Str. 3. G.: Elgersburg, 22. Nov. 1961. V.: Andrea. Ki.: Ulrike, Karoline, Tilman. El.: Dipl.-Ing. Dr. Georg u. Helga. S.: 1980 Abitur Berlin, 1980-81 Krankenpflegerlehre Bad Saarow, 1981-87 Stud. Humanmed. Univ. Greifswald, 1991 Prom., 1995 Abschluß fachärztl. Weiterbild. z. Chirotherapeuten. K.: 1987-89 Offz. auf Zeit b. d. NVA als Regimentsarzt Fla.Rak RGT.23 in Pasewalk, 1989-93 Bundeswehr-KH Berlin fachärztl. Weiterbild. Orthopädie, 1993-94 Fachärztl. Weiterbild. Orthopädie in d. Orthopäd. Reha Herzog Julius Klinik Bad Harzburg, 1994-95 Abschluß fachärztl. Weiterbild. Charité Berlin, 1996 Ndlg. als Orthopäde/Chirotherapeut in Bad Harzburg u. ambulant arthroskop. Operationen. BL.: Mitarb. in einem Modellprojekt z. Neuordnung v. Organ.- u. Vergütungsstrukturen an d. Schnittstelle zwischen ambulanter u. stationärer Med., Mitarb. im städt. Therapiezentrum Bad Harzburg m. Einführung neuer Meßmethoden f. Wirbelsäulenstatik. F.: Ges. einer GmbH f. Pflegedienste, Ges. einer Ergotherapiepraxis in Goslar. M.: Berufsverb. f. Orthopädie, Dt. Ges. f. Akupunktur u. Auriculo Med., Grdg.-Kuratorium Harzburger Hospizstiftung, Vorst. Ärzteverein. Bad Harzburg. H.: Gesundheitspolitik, Geriatrie, Kinderorthopädie, Ergotherapie, 3D Wirbelsäulenstatikmessung, Schwimmen, mittelalterl. Bücher, Kirchengeschichte.

Gerhardt Ralf Dr.

B.: Dipl.-Ing. f. Halbleitertechnologie, Inh. FN.: ab:c Dr. Gerhardt Consult - Unternehmensberatung. DA.: 99086 Erfurt, Semmelweisstr. 19. G.: Arnstadt, 8. Dez. 1951. V.: Dipl.-Ing. Jutta, geb. Richter. Ki.: Marcus u. Alexander (1980). El.: Karl u. Helga, geb. Bräuning. S.: 1970 Abitur, 1970-75 Stud., 1975 Dipl.-Ing. f. Halbleitertechnologie, 1982 Prom. K.: 1975-91 versch. Führungspositionen in Bereichen Fertigung, Forschung, Entwicklung u. Technologie in d. Industrie, 1991-96 Unternehmensberater ab:c Systemhaus GmbH, seit 1996 selbst., Inh. d. Firma ab:c Dr. Gerhardt Consult in Erfurt. P.: Dipl., Prom., div. Fachveröff. zur Thematik Kauf u. Verkauf v. Unternehmen. H.: Ski alpin, Segeln, Surfen, Tauchen.

Gerhardt Rudolf Dr. Prof.

B.: Univ.-Prof. PA.: 77815 Bühl, Kirchbühl 6. G.: Frankfurt/Main, 21. Apr. 1937. V.: Imma, geb. Setz. El.: Franz u. Doris, geb. Lindner. S.: 1956 Abitur, 1956-61 Stud. Jura Frankfurt u. München, 1. Staatsexamen, 1961-65 Referendariat, 2. Staatsexamen u. Zulassung z. RA, 1967 Prom. K.: Wirtschaftsredakteur FAZ (1965), seit 1972 Korrespondent für Hörfunk u. Fernsehen (ARD) aus d. "Residenz des Rechts", Fernsehserien: Urteil des Monats, Gerichtstag, Gespräche über Recht u. Gerechtigkeit, Fernseh-Dokumentarfilme: Lauter schöne letzte Tage, Alle Macht den Richtern?, Die Deutschen u. ihr höchstes Gericht", Freier Mitarbeiter d. FAZ u. der ZEIT, Hrsg. d. Zeitschrift f. Rechtspolitik (seit 1968), seit 1986 Prof. f. Journalistik an d. Univ. Mainz. P.: 14 Bücher u.a. Lesebuch f. Schreiber, Kleiner Knigge des Presserechts, Von Scheidung keine Versöhnung, Ende einer wilden Ehe. H.: Lesen und Hören: Musik, Literatur, Zeitungen.

Gerhardt Stephan

B.: Verkaufsltr. FN.: BHW-Gruppe Haus-Geld-Vorsorge. DA.: 04668 Grimma, Lange Str. 68. PA.: 04329 Leipzig, Falterstraße 2. G.: Erfurt, 12. April 1960. V.: Sylvia, geb. Heinze. Ki.: Bianca (1995). S.: 1995-97 Ausbild. Baufinanzierungsfachmann BHW. K.: 1995-98 Bez.-Ltr. d. BHW in Grimma, s. 1999 Verkaufsltr. f. d. Osten d. Bez. Leipzig m. Schwerpunkt Finanzierung v. Wohneigentum, Immobilienvertrieb, Vorsorge u. Anlagen. H.: Jagd, Familie.

Gerhardt Walter Dr. iur. o.Prof. *)

Gerhardt Wolfgang Dr. phil.

B.: Bundesvors. d. FDP u. Fraktionsvors. d. FDP, MdB. FN.: Dt. Bundestag. DA.: 11011 Berlin, Platz d. Republik 1. PA.: Wiesbaden. G.: Ulrichstein/Vogelsberg, 31. Dez. 1943. V.: Marlies, geb. Scheuer. Ki.: Stefanie (1973), Kristina (1977). S.: 1943-63 Albert-Schweitzer-Gymn. Alsfeld, Abitur, 1963-

*) Biographie www.whoiswho-verlag.ch oder beigefügte CD-ROM

Gerhardt

69 Stud. Gemanistik, Politik, Erziehungswiss. an d. Univ. Marburg, 1967/68 Landesvors. Liberaler Studentenbund, Mtgl. Studentenparlament Marburg, 1970 Prom. über Bildungspolitik d. FDP nach 1945, bei Prof. Fröse, Koreferat Prof. Klein u. Prof. Abendroth. K.: 1965 Eintritt FDP, KV Marburg, 1972 Wahl LV Hessen, 1978-94 MdL Hessen, Hochschul-, Wissenschafts- u. Innenpolitik, 1982-95 12 J. Hessischer Landesvors. d. FDP, 1985 stellv. Bundesvors. d. FDP, 1978-91 stellv. Ministerpräs. Hessen u. Wissenschaftsminister, seit 1994 MdB, o.Mtgl. Ausschuß Post u. Telekommunikation, o.Mtgl. Ausschuß Wissenschaft u. Bildung, seit 1995 Bundesvors. d. FDP, 1998 Wiederwahl in d. Bundestag, seit 1998 Fraktionsvors. FDP, spez. Bildungspolitik, Wirtschaft, Arbeitsmarkt. P.: "Es geht" (neuer Politikentwurf), (München 1998). E.: höchste Ausz. d. Hessischen Sängerbundes: "Louis Spohr Medaille". M.: Tennisclub Blau Weiß Wiesbaden, Große Frankfurter Ges. f. Handel u. Industrie. H.: Bücher, historische Literatur, Biographien, moderne Malerei, Expressionismus, Impressionismus, Sport, Tennis, Schi, ehemal. Fußball, Hallenhandball, Reisen in große historische Regionen: Toscana, Algarve, Alpen, Bretagne, Loire-Schlösser, Arizona, Virginia. (Re)

Gerhardts Max Dieter Dr. Dr. Prof. *)

Gerhardts Ralf
B.: Ang. b. d. Autobahnmeisterei in Hildesheim. PA.: 53179 Bonn, Wiedemannstr. 62. G.: Hildesheim, 18. Apr. 1954. V.: Bettina, geb. von Rekowski. Ki.: Marc (1971), Sascha (1977), Jasmin (1980). S.: b. 1972 Gärtnerlehre, 1 J. Landschaftsgärtner, 1973-74 Bundeswehr. K.: b. 1980 Fernfahrer Italien u. Spanien, danach Ang. d. Autobahnmeisterei Hildesheim. H.: Hausbau, PC, Familie.

Gerhardy-Löcken Eva-Maria *)
Gerhart Günter OStudR. *)
Gerhartz Leo Karl Dr. phil. *)
Gerhofer Johann Baptist *)
Gerhold Hartmut *)
Gerhold Peter Dr. iur. *)

Gerich Gerhard
B.: Ltr. d. Pflanzenprod., Facharb. f. Pflanzenprod. DA.: 38486 Klötze, Feldstr. 5. G.: Staßfurt, 30. Jän. 1949. V.: Barbara, geb. Bettinghausen. Ki.: Heino (1974), Birgit (1977). El.: Alois u. Irmgard, geb. Schmidt. S.: b. 1966 Lehre Facharb. f. Pflanzenprod., 1966-69 Stud. Agrarg.-Schule Haldensleben m. Abschluß Agrar-Ing. K.: ab 1971 b. Amt. f. Ldw. in Schönebeck im Bereich Pflanzenprod., 1972 in Kooperative Abt. Pflanzenprod. Klötze als Bereichsltr., seit 1996 Ltr. d. Pflanzenprod. d. Agrargen. Lockstedt. E.: 5 x Landesmeister 4-spänner Ponys, 3 x Landesmeister 2-spänner Ponys, 2 x Vizemeister 2-spänner Pony, 4 x Landesmeister 1-spänner Pony, 1995 2. Pl. in England 2-spänner Pony u. 7. Pl. b. EM u. Mannschaftseuropameister, 1996 Dt. Meister 4-spänner Pony, 1997 9. Pl. b. EM u. Siege b. intern. Turnieren in Waregem u. Breda, 1998 Dt. Meister 4-spänner Ponys, 2000 u 2001 Dt. Meister 4-spänner Ponys, Fahrlehrer f. Gespannfahren, 1. Sieger eine gefahrenen Dressur nach Musik d. Welt m. 4-spänner Ponys - Weltpremiere. M.: Reitver. Klötze, Drömlingszuchtverb., Pferdezuchtverb. Sachsen-Anhalt. H.: Pferde, Pferdezucht u. Pferdesport.

Gerick Andrea *)
Gerick Hans-Joachim *)
Gerick Jürgen Dipl.-Ing. (FH)
B.: Juwelier, Inh. FN.: Gerick Uhren & Schmuck. DA.: 09130 Chemnitz, Hainstr. 122. JuwelierGerick@gmx.de. G.: Guben, 6. Mai 1941. V.: Margit, geb. Schubert. Ki.: Dipl.-Ing.Peter (1969), Goldschmiedin Annegret (1976), Gunter (1983). El.: Gerhard u. Hildegard, geb. Kern. BV.: mütterl. seits - Zollbmte. in Schlesien u. Guben. S.: 1957-61 Lehre Uhrmacher Fürstenberg, 1961 Stud. Ing.-Schule f. Feinwerktechnik Glashütte Sachsen, 1964 Dipl.-Ing., 1982 Uhrmachermeisterprüf. K.: 1964-78 Konstrukteur f. periphere Datenerfassungsgeräte im Kombinat Robotron in Karl-Marx-Stadt, 1978-80 Konstrukteur f. Rationslisierungsmittel im Ing.-Betrieb f. Elektrogeräte in Karl-Marx-Stadt, seit 1980 selbst. m. Betrieb. Eröff. d. Reparaturwerkstatt f. Uhren, 1982-90 Lehrtätigkeit u. Ltr. d. Meisterlehrganges f. Uhrmachermeister, ab 1990 zusätzl. Hdl. u. Modernisierung d. Betriebes m. Schwerpunkt klare Linie, Ästhetik, Designer-Uhren u. Designer Schmuck, seit 1999 Lehrtätigkeit an d. Gewerbl. BS Glashütte. P.: Ing.-Arb. M.: stellv. Innungsobermeister, Kirchenchor Klaffenbach. H.: Fotografie, Tennis, klass. Musik, Chanson, Politik.

Gerick Margit Dipl.-Ing. (FH)
B.: Dipl.-Ing. (FH) f. textilfeine. Technologie, Betriebswirt d. Handwerks, Orthoptistin, Fachübersetzerin, Angest. FN.: Gerick Uhren & Schmuck. DA.: 09130 Chemnitz, Hainstr. 122/Ecke Palmstraße. hexagone@gmx.de. G.: Glashütte, 26. Jan. 1946. V.: Dipl.-Ing. Jürgen Gerick. Ki.: Bauing. Peter (1969), Goldschmiedin Annegret (1976), Gunter (1983). El.: Hans u. Gerti Schubert, geb. Schubert. S.: 1964 Abitur Altenberg, 1964-66 Stud. Wirtsch.-Wiss.Fak. d. Karl-Marx-Univ. Leipzig, 1966-68 Ausb. z. staatl. gepr. Orthoptistin an d. Med. Schule d. Ernst-Moritz-Arndt-Univ. Greifswald, 1971-75 Stud. an d. Textilfachschule Forst Fachrichtung textilfein. Technologie, Abschluß Dipl.-Ing. (FH), 1975 Sprachkundigenprüfung 2a in. 3 an TU Karl-Marx-Stadt, 1975-76 externes Stud. Französisch mit abschluß Fachübersetzer Französisch an d. TU Karl-Marx-Stadt, 1979 Sprachkundigenprüfung 2a in Englisch an d. VHS Karl-Marx-Stadt. K.: bis 1976 Technikerin im VEB Trikotex Wittgensdorf, ab 1977 Entwickl.-Ing. im VEB Textimaprojekt Karl-Marx-Stadt (ab 1990 TEXPRO Engineering AG Chemnitz), 1993 Abschluß als Betriebswirt d. Handwerks in d. HWK Chemnitz, seit 1993 Mitarb. im Familienunternehmen. BL.: bis 1989 nebenberufl. Tätigkeit als Fachübersetzer f. techn. Texte u. Sprachmittler f. Franz. zur Leipziger Messe u. seit 1992 Doz. in d. VHS Limbach u. Chemnitz. P.: Ing.-Arbeit. E.: Herdermed., Banner d. Arb. f. Forschungsarbeit. M.: Mtgl.Prüf.-Ausschuß f. Bürokauffrau/-mann HWK Chemnitz, Dt.-Franz. Ges. H.: Musik, Fremdsprachen.

Gerick Sylvia
B.: Fremdsprachenkorrespondentin, Inh. FN.: Galerie-Künstler-Museums-Bedarf Gerick. DA.: 10249 Berlin, Petersburger Str. 74b. G.: Berlin, 9. März 1951. V.. Lutz Gerick. Ki.: Andreas (1975). El.: Alfred u. Elisabeth Oliva. S.: 1969 Abitur Berlin. K.: 1969-74 Fremdsprachenkorrespondentin, 1974-77 Fachschule f. Außenwirtschaft, 1977-81 Außenhdls.-Kauffrau, 1981-84 Bereichsltr. im Dienstleistungskombinat Berlin, 1984-86 Absatzltr. Im- u. Export. Schreibgeräte u. Anglersport VEB Schreibgerätemarken Berlin, 1987-89 Arb. m. künstler. u. soz. Bereich d. "Künstlerversorgung Berlin" Vertriebsltr., seit 1990 selbst., Künstlerbedarf ab 1993 auch Grafikbereich, 1995-99 2. Geschäft in Berlin-Marzahn Hobby- u. Künstlerbedarf, Ausbild. z. Bürokauffrau f. Computerkommunikation im Einzelhdl. M.: IHK. H.: Beruf, Kunst.

Gericke Dietrich Dr. med. *)

---

*) Biographie www.whoiswho-verlag.ch oder beigefügte CD-ROM

Gericke Carsten

B.: Dipl.-Informatiker, Managing Dir. FN.: i-link - Kommunikationssysteme GmbH. DA.: 10115 Berlin, Münzstr. 13. carsten.gericke@ilink.de. G.: Berlin, 1966. S.: 1985 Abitur Berlin, 1986-92 Stud. Informatik an d. TU Berlin, Dipl.-Informatiker. K.: seit 1990 Gründung d. Firma ilink - Kommunikationssysteme GmbH, Herstellung v. Soft- u. Hardware, Computer-Telefon-Integration, Internet-Dienstleistungen, Schwerpunkt im Verkauf, seit 2001 Ndlg. in Düsseldorf, Planung einer Ndlg. in d. USA. M.: American Chamber of Commerce. H.: Literatur.

Gericke Hans Dipl.- Ing. Prof.

B.: em. Prof., Architekt. PA.: 13053 Berlin-Hohenschönhausen, Am Faulen See 41. G.: Magdeburg, 27. Juli 1912. V.: Annemarie, geb. Radde. Ki.: 3 Kinder. S.: in Magdeburg, Halle, Naumburg, 1932 Abitur in Naumburg, 1933-37 Stud. d. Arch. an d. TH Hannover, 1937 Dipl. K.: 1937/38 Stipendium Villa Massimo u. Stud. d. Baugeschichte an d. Univ. Rom, ab 1939 Kriegsdienst als Baultr. d. Luftwaffe in Dtl. u. Italien, u.a. Aufbau d. Flughafens Westerland/Sylt, amerik. Kriegsgefangenschaft bis 1945, 1945-50 eigenes Architekturbüro in Naumberg/Saale, als Vertrauensarch. f. d. Bauprogramm d. Bodenreform Entwurf v. Dörfern mit Neubauernstellen in d. Region Saale - Unstruttal/Sachsen-Anh., 1950-53 StadtbauR. im Magistrat v. Groß-Berlin, 1953-58 Dt. Bauakad. (DBA) in Berlin, zunächst wiss. Mitarb., später stellv. Dir. d. Inst. f. Theorie u. Geschichte d. Baukunst, nach 1965 Dir. d. Inst. f. Städtebau u. Arch. d. DBA, Schwerp. städtebaul. Forschungsaufgaben u. Stadtplanung f. Großstädte d. DDR, 1958-65 Chefarch. beim Magistrat v. Berlin, Schwerp. Bebauungsplan Stadtzentrum, Lehrauftrag Städtebau u. Dorfplanung an d. Humboldt-Univ. zu Berlin, Fak. Landwirtschaft, Teiln. an mehreren intern. Architektenkongressen d. UIA, Teiln. an d. Vorbereitungskonferenzen für d. UNO-Konferenz HABITAT (über Wohnbedingungen d. Menschen), 1977-79 New York, Wettbewerbsbeteil. in Kassel, Chemnitz, Magdeburg, Frankfurt/M., Sofia. BL.: wirkte als Vermittler nat. u. intern. baukünstl. Traditionen aus dem Erbe d. Baukunst in d. ersten Hälfte d. 50-er Jahre, Hochschullehrer mit Einbindung seiner Chefarchitektenarb., Arb. am Generalbebauungsplan (Ost-)Berlins. P.: zahlr. Publ., insbes. zur Entwickl. d. Bauwesens u. d. Städtebaus in d. DDR, u.a. eine kritische Analyse d. Stalinallee in drei Bänden (1953 fertiggestellt, jedoch v. d. Zensur unter Verschluß gehalten). E.: Teiln. u. Preisträger zahlr. städtebaul. Wettbewerbe, erstmals 1935 Preisträger (f. eine Rekonstruktion in Goslar), erster Preis d. Intern. Wettbewerbs f. Sofia 1961 (Auftrag zur Ausführung), erster Preis f. Halle-Neustadt Goethepreis f. Kunst u. Wiss. d. Stadt Berlin 1961 (zus. mit D. Tscheschner u. P. Schweizer) f. Bebauungskonzeption d. Stadtzentrums v. (Ost-)Berlin, Schinkelmed. in Gold 1962, Vaterländ. Verdienstorden f. Generalbebauungsplan Berlins, Stern d. Völkerfreundschaft f. d. Arb. in d. Freundschaftsges. DDR-USA. M.: NS-Studentenbund 1933-37, Mtgl. d. Bauhütte zum weißen Blatt / heute Bauhütte e.V. Hannover s. 1935, NDPD s. 1948, VPräs. d. Bundes d. Architekten d. DDR s. 1952, Mtgl. d. wiss. Rates d. DDR s. 1965, Mtgl. d. Liga f. Völkerfreundschaft d. DDR, 1979-85 Präs. d. Freundschaftskomitees DDR-USA, lebt in Berlin.

Gericke Horst *)

Gericke Jörg *)

Gericke Karl-Otto *)

Gericke Lothar

B.: Dipl.-Designer, Architekt, Maler, Grafiker. DA.: 10369 Berlin, Paul-Junius-Str. 53. G.: Breslau, 8. März 1937. V.: Erika, geb. Thun. Ki.: Andreas (1961), Annette (1965). El.: Arch. Fritz u. Gerda, geb. Stolzenberg. S.: Malerlehre, Mstr.-Brief, Stuf. FHS f. Gestalt. i. Berlin, 1961 Abschluß, Stud. HS f. Bild. u. Angew. Kunst Berlin, 1972 Abschluß u. Dipl. K.: seit 1981 freiberufl. i. Berlin tätig, vorher Innenarch. Projektierungsbüro Berlin-Projekt, 1966 Gestalter i. Zentralinst. f. Gestalt. Berlin; versch. Projekte. BL.: Entw. d. Theorie z. Farb- u. Formgestalt. P.: "Phänomen Farbe" (1970/73), "Farbgestaltung in der Arbeitsumwelt" (1980), "Erlebnis Farbe" (1977/85), "Lothar Gericke - Malerei/Grafik/Kunstobjekte" (1997), "Schloßplatz / Historische Mitte Berlin Ideen und Entwürfe 1991-2001" (Katalog 2001), Senatsverwaltung für Stadtentwicklung Arbeitsgemeinschaft Arzt/Graffunder/ GE-RICKE. E.: Leipziger Buchmesse 1970 "Schönstes Buch u. schönster Buchumschlag". M.: Arch.-Kammer Berlin, Verband Bild. Künstler, BEF Bund Europäischer Farbberater/-Designer.

Gericke Lutz *)

Gericke Patrick *)

Gericke, Thomas

B.: Kfm., Gschf. Ges. FN.: Image Consulting Gesellschaft f. Künstlermanagement, PR u. Eventmarketing mbH u. Image TV Fernsehproduktionsges. mbH. DA.: 20354 Hamburg, Jungfernstieg 43. management @susanstahnke.com. www.susanstahnke.com. G.: Bad Segeberg, 1. Aug. 1967. V.: Susan, geb. Stahnke. Ki.: Cindy (1993). El.: Peter u. Renate, geb. Schütt. S.: 1985 HS-Abschluss in Sacramento, USA, 1988 HS-Abschluss in Bad Segeberg. K.: 1989 Verkaufs- u. Organisationsleiter d. Trithan AG, Hamburg, 1993/94 Veranstalter der Tournee "Musical Classics" mit P. Hofmann u. A. M. Kaufmann u. Produzent d. gleichnamigen Sony-Videos, 1996/97 Veranstalter d. "Hamburger Opernwoche" mit u.a. Plácido Domingo, José Carreras, Edita Gruberova, ab 1998 weltweites Management v. Susan Stahnke, 1999 Produzent v. "Eingeladen bei Pierce Brosnan" für Pro 7 in Los Angeles, ab 2001 Öffentlichkeitsarbeit f. d. Augenklinik Bellevue, Kiel. P.: "Hamburger Opernwoche" (1996). H.: Kino, Sport, Italienische Küche, Kalifornien.

Gericke Wilhelm *)

Gering Matthias

B.: Bereitschaftsleiter. FN.: Bergwacht Thüringen Bereitschaft Goldlauter. DA.: 98528 Suhl, Bocksbergstr. 10. tv.gering@t-online.de. G.: Goldlauter, 3. Juni 1959. V.: Heike, geb. Wahl. Ki.: Susan (1983), Juliane (1988). El.: Inge u. Hannelore. S.: 1976 Mittlere Reife, 1976-79 Lehre Funkmechaniker Erfurt, 1987 Meisterprüfung Nachrichtentechnik.

---

*) Biographie www.whoiswho-verlag.ch oder beigefügte CD-ROM

Gering

K.: 1979-81 tätig im PGH Bild u. Ton in Zella-Mehlis, seit 1991 selbständiger Funkmechaniker; Funktionen: s. 1974 Mtgl. im DRK, 2 J. Ausbildung z. Bergunfallhelfer, seit 1976 Mtgl. im Bergunfalldienst Goldlauter d. DRK u. ab 1978 Vors., nach d. Wende Angleichung an bundesdeutsche Richtlinien u. seither Bereitschaftsleiter. E.: Ehrennadel d. DRK in Gold (1986), Ehrennadel der. Bergwacht in Bronze (1997), Ehrengeschenk d. Ministerpräsidenten Thüringens (1998). H.: Skifahren, Wandern, Bergsteigen.

Gering Sonja

B.: Friseurmeisterin, Inh. FN.: Coiffeur Créative; Stage Management. DA.: 49076 Osnabrück, Rolandsmauer 25. G.: Osnabrück, 27. Jan. 1962. El.: Günther und Lisa Henke. S.: 1977-80 Lehre z. Friseurin, BWL-Stud. Osnabrück. K.: Tätigkeit im Ausbild.-Betrieb, 5 J. Preisfrisieren, f. Goldwell gearb., 1984-86 Meisterschule Osnabrück z. Friseurmeisterin, 1986 Eröff. d. Geschäfts, seit 8 J. Wettbewerbsfrisieren, im Team Mtgl.d. Mannschaft, d. zuletzt Niedersachsenmeisterin im Damenfach geworden ist, 1995 Eröff. Agentur m. Oliver Bartels. M.: Innungsvorst., FachbeiR. H.: Sport, Fitness, Aerobic, Golf, Beruf.

Geringas David Prof. *)

Geritzmann Detlef *)

Gerka Holger

B.: Kaufmann, Gschf. FN.: Bettenland GmbH. DA.: 48163 Münster, Weseler Str. 601. G.: Münster, 3. Mai 1961. El.: Horst u. Anne, geb. März. S.: 1980 Abitur Münster, 1980-85 Ass. d. Geschäftsführung d. Ford Fischer in Münster, 1985-92 Stud. Bw. an d. Westfälischen Wilhelms-Univ. Münster. K.: gleichzeitig Tätigkeit in d. Autobranche/Export u. Import, 1992-95 Grdg. d. Handelsagentur f. d. Schuhe u. Stiefel, 1995 Gschf. d. Firma Betten Bisping, 1996 Gschf. d. Bettenland GmbH, seit 2000 Gschf. Ges. M.: UBC, Sportverein. H.: Krafttraining, Joggen, Fußball.

von Gerkan Meinhard Dipl.-Ing. Prof.

B.: Architekt; Mitinh. d. Arch.-Büro von Gerkan, Marg + Partner. DA.: 22763 Hamburg, Elbchaussee 139. www.gmp-architekten.de. G.: Riga, 3. Jan. 1935. V.: Sabine, geb. Rechenbach. Ki.: Florence (1960), Franziska (1972), Arved u. Alisa (1986), Julian (1994), Jonathan (1999). El.: Arved u. Dagmar. S.: 1954 Abitur, 1955-65 Stud. Physik, Jura u. Arch. TU Berlin u. Braunschweig, 1965 Dipl.-Ing. Arch. K.: Seit 1965 selbst., Grdg. "von Gerkan + Marg" zus. m. Partner Volkwin Marg, später div. Niederlassungen, Planung u. Führung v. großen intern. Bauten wie Flughafen usw.; seit 1974 Prof. an TU Braunschweig, Inst. f. Baugestaltung, Gastprof. 1988 Nihon-Univ. Tokio/Japan u. 1993 Univ. Pretoria/Südafrika. P.: Autor u. Mitautor v. mehreren Fachbüchern E.: zahlr. Wettbewerbpreise, Goldplakette im Bundeswettbew. Industr. im Städtebau 1978, Mies-van-der-Rohe-Preis 1990, Deutscher Stahlbaupreis 1992, Hon FAIA USA, Honorary Fellow, Ehrenmtgl. d. mexik. Architektenkammer 1995, Fritz Schumacher-Preis 2000. M.: Akademie d. freien Künste Hamburg, Kuratorium d. Jürgen-Ponto-Stiftung. H.: Segeln, Schilauf, Kunst. (K.H.)

Gerke Friedrich *)

Gerke Harald *)

Gerke Karl Dr.-Ing.

B.: Geodät. PA.: 38106 Braunschweig, Spitzwegstr. 19. G.: Braunschweig, 10. Aug. 1904. V.: Ruth, geb. Decker. Ki.: Bärbel, Eva, Dorothea. El.: Karl u. Marie. S.: Reifeprüf. TU Braunschweig u. Berlin, Dipl.Ing, Dr.-Ing. K.: ab 1939 Regierungsbaurat in Berlin, 1952 Habil., 1957-62 Oberregierungsvermessungsrat u. Regierungsdir. am Inst. f. Angewandte Geodäsie d. Dt. Geodätischen Forschungsinst. Frankfurt/ Main, anschl.Ordinarius, 1966-68 Instituts-Dir. a. d. TH bzw. TU Braunschweig; Archiv-Forsch. Collegium Carolinum. P.: ca. 100 Wiss. E.: mehrere Island-Exped., 1966/68 TU BS Rektor, 1965/66 u. 1968/69 TU BS Prorektor, 1967/72 DGK Präs., 1968/73 D. Union f. Geod. u. Geophysik Präs., 1971/76 BWG Präs., 1972/73 Lions Club Präs. M.: Dt. Geodät. Kmsn. b. d. Bayer. Ak. d. Wiss. (DGK), Braunschweig. Wiss. Ges. (BWG), Lions Club Braunschweig (L.C). H.: Sport, Philatelie.

Gerke Stephan Dr. med.

B.: FA f. Psychiatrie, Psychotherapie, Homöopathie. DA.: 82166 Gräfelfing, Killerstr. 2. G.: München, 7. Sep. 1959. El.: Prof. hc. Dipl. Ing. Peter R. u. Gerda, geb. Brase. S.: 1979 Abitur, Wehrdienst, 1980 Stud. Med. u. Phil. Ludwig-Maximilian-Univ. München, 1987 Approb. K.: 1987 Ass.-Arzt an d. Psychiatr. Univ.-Klinik München, 1988 Weiterbild. Psychotherapie (Verhaltensth.), 1989 Tätigkeit am Bez.-KH Kaufbeuren, 1990 Tätigkeit in d. nervenärztl. Beratungsstelle d. Gesundheitsamtes d. Stadt München, Ass.-Arzt Univ.-Klinik München, 1991 Stationsarzt, 1993 neurol. Weiterbildung an d. Marianne-Strauß-Kl. Kempfenhausen, 1994 FA-Anerkennung Psychiatrie, Anerkennung d. Zusatztitels d. Psychotherapie, Fortbildung klass. Homöopathie Intensiv-Kurs Augsburg, 1995 Weiterbild. klass. Homöopathie am -August-Weihe-Inst. Detmold, Ass. d. Institutleiters Dr. med. G. Behnisch,1996 Anerkennung d. Zusatztitels Homöopathie, 1996 Prom., Beginn d. 4- Jahresausbild. an d. Intern. Ak. f. klass. Homöopathie Griechenland unter G. Vithoulkas, 1997 ndlg. Arzt f. Psychiatrie, Psychotherapie u. Homöopathie, 2000 Dipl. d. Int. Ak. f. klass. Homöopathie. P.: Erfahrungsberichte f. d. Buch v. Andrea Büdern "Seelisch gesund werden durch Homöopathie".

Gerke Wolfgang

B.: Prok., Ges. FN.: Walter Gerke GmbH & Co KG. DA.: 30880 Laatzen, Desekenberg 2. wolfganggerke@waltergerke.de. G.: Hannover, 13. Juni 1962. El.: Ruth, geb. Silburg. BV.: Abstammung väterlicherseits v. d. Hugenotten. S.: Praktikum als Dirigent b. Musikprof. George Alexander Albrecht am Opernhaus Hannover u. im Opernchor gemeinsam m.

*) Biographie www.whoiswho-verlag.ch oder beigefügte CD-ROM

Nicola Tiggeler u. Ingo Metzmacher, 1982 Abschluss Wirtschaftsgymn. Hannover, Stud. Rechtswiss. an d. Univ. Bielefeld. K.: 1984 Einstieg in d. elterlichen Unternehme Walter Gerke GmbH&Co KG in Hannover Großhandel f. Druckereibedarf, Ausbildung z. Kfm. im Groß- und Außenhandel, 1986 Abschluss, Sachbearbeiter und Tätigkeit im Einkauf, Umzug d. Firma nach Laatzen, 1993 Prok. d. Unternehmens. M.: Bundesverband der Reprohändler. H.: Kunst sammeln (Kopie v. Original) Dali, Tamara de Lempicka, Autographen, Flacons sammeln.

Gerke-Puck Elisabeth Dipl.-Ing. *)

Gerken Gerd

B.: Heizungsbau-, Gas- u. Wasserinstallateurmeister, Ges. FN.: Gerken GmbH Heizung, Sanitär, Elektro. DA.: 26215 Wiefelstede, Westerholtsfelde Nord, An der Autobahn 6A. G.: Borbeck, 28. Jan. 1935. V.: Edith, geb. Rosenkranz. Ki.: Uwe (1959), Peter (1962), Bernd (1967). El.: Georg u. Gretchen, geb. Diers. S.: 1949-52 Ausbild. z. Schmied in Oldenburg, 1962 Ausbild. z. Krankenpfleger m. zusätzl. Psychiatr. Ausbild., 1965 Staatsexamen, 1974 Meisterprüf. Heizungsbau, 1978 Meisterprüf. Gas- u. Wasserinstallateurmeister. K.: 1952-61 Schmied u. Bauschlosser in Oldenburg, 1962-69 Krankenpfleger, seit 1969 selbst. u. Grdg. Diers & Gerken Heizungs- u. Lüftungsbau als Mitinh., 1973 alleiniger Inh. Gerken Heizungsbau, 1978 auch Sanitär, seit 1980 Gerken GmbH Heizung, Sanitär, seit 1996 Erweiterung auf Elektroinstallation b. 1990 Gschf. Ges., seit 1990 Ges., seit 1990 Gschf. Sohn Peter.

Gerken Johann H. *)

Gerken Jost G. Dr. rer. nat. *)

Gerken Ralph

B.: Zeintralheizungs- u. Lüftungsbaumeister, Inh. FN.: Ralph Gerken & Axel Liechtenstein Meisterbetrieb f. Heizung u. Sanitär. DA.: 2815 Bremen, Augsburger Str. 88. G.: Bremen, 24. Juli 1960. V.: Ingrid, geb. Scheibe. Ki.: 4 Kinder. El.: Wilhelm u. Gerda, geb. Hube. S.: 1976 Mittlere Reife, 1976-78 Fachschule f. Elektrotechnik, 1978-81 Lehre Zentralheizungs- u. Lüftungsbauer Bremen, 1981-82 Wehrdienst. K.: 1982-94 Geselle in versch. Betrieben in Bremen, 1994 Meisterprüf., b. 1999 ang. Meister, seit 2000 selbst. m. Grdg. d. Firma Ralph Gerken & Axel Liechtenstein Meisterbetrieb f. Heizung u. Sanitär in Bremen. H.: Wassersport, Skifahren.

Gerken Ulrich *)

Gerkens Dirk

B.: Profi-Reitsportler (Pony-Vierspännerfahrer), Anlagemechaniker. FN.: c/o Dt. reiterl. Vereinigung. DA.: 48231 Warendorf, Frhr.-von-Langen-Str. 13. G.: 12. Juli 1977. K.: seit 1989 aktiv im Fahrsport, DM (Pony-Vierspänner): 1999 Bronzemed., 1997 u. 1998 4. Pl., 1996 6. Pl.; EM (Pony-Vierspänner): 1997 Goldmed. Mannschaft, 1999 Bronzemed. Mannschaft, 1999 11. Pl. Einzelwertung, 1997 14. Pl. Einzelwertung; 1996 CAI-P Wolfsburg/7., CAA-P Donaueschingen/6., 1997 CAI-P Breda/3., 1997 Preis d. besten Gespannfahrer/1., 1998 CAI-P Riesenbeck/7., 1999 CAI-P Emsdetten/2., 1999 CAI-P Riesenbeck/2., 1999 CAI-P Breda/4. H.: Jagd.

Gerkens Karsten Dipl.-Ing. *)

Gerking Peter

B.: Tischlergeselle, Fotodesigner. FN.: Atelier f. Fotografie Peter Gerking. DA.: 10179 Berlin, Rungestr. 1. www.petergerking.de. G.: Kaiserslautern, 11. Mai 1973. El.: Dr.-Ing. Lüder u. Jutta, geb. Düllmann. S.: 1992 Mittlere Reife, 1992-95 Ausbild. z. Tischlergesellen, 1995-96 Zivildienst, 1996 Werbeak. Marquardt, 1997-99 Ausbild. z. Fotodesigner in Esslingen. K.: seit 1999 freischaff. Fotodesigner, 2001-04 antrophosophische Lehre z. Bildhauer u. Werklehrer in Dornach/Schweiz. H.: Fotografie, Politik.

Gerl Andreas Dr. iur. *)

Gerl Dieter Dr. med. habil. Prof. med. *)

Gerl Joachim *)

Gerl Manfred Karl

B.: Unternehmer. FN.: Sicherheitsdienst Gerl Detektei. DA.: 76133 Karlsruhe, Stephanienstraße 92. apdka@aol.com. G.: Karlsruhe, 29. Nov. 1954. Ki.: Lisa (1990), Christopher (1992). BV.: Herkunft Böhmen Burg Gerlstein/von Gerl, Mitbegründer d. böhm. Glaskunst. S.: 1969-72 Lehre als Feinmechaniker b. d. Univ. Karlsruhe im Inst. für Fördertechnik, 1972 Gesellenbrief, 1974-76 Bundeswehr Mittenwald, 1976 Ausbildereignungsprüfung im Landesgewerbeamt. K.: 1976-81 ang. b. Sicherheitsunternehmen, 1982 Schulung u. IHK-Prüf. z. staatl. geprüften Werkschutzfachkraft, 1986-89 Personenschützer Familie Max Grundig, 1989 Sicherheitsbeauftragter Bühlerhöhe Max-Grundig-Klinik, b. 1993 Sicherheitsbeauftragter Plättig Hotel, ab 1993 selbst., Detektei, Sicherheitsdienst, Personenschutz, Hotelsicherheit.

Gerlach Alexander Dr.-Ing. habil. Prof. *)

Gerlach Andreas

B.: Küchenchef, Inh. FN.: Tandreas Hotel Restaurant. DA.: 35394 Gießen, Licher Str. 55. tandreas-giessen@t-online.de. www.tandreas.giessen.de. G.: Rosenheim 23. Apr. 1966. V.: Tanja, geb. Steinbrecher. Ki.: Marie-Louise (2001). S.: 1981-84 Lehre als Koch im Restaurant Yachthofen Seebruck am Chiemsee. K.: 1985-86 Alpenhotel Waxenstein (Ringhotel) Grainau, 1986-87 Zürich u. Shilbrugg, Mövenpick Restaurant Löwen, 1987 Hotel Steigenberger Bad Griesbach, 1987 Hotel Waxenstein Grinau, 1988 an Bord d. "Windsong" als stellv. Küchenchef, anschließend Hotel Sunvretta St. Moritz, 1989 Hotel Waxenstein GmbH, Meisterprüfung, 1990 Lehrgang am Kermes-Inst. München, 1991-92 Küchenchef Hotel Waxenstein Grainau, 1992-94 im Zentraleinkauf Hotel IBIS (Accor-Gruppe) Frankfurt, 1994-95 stellv. Küchenchef Hotel Jäger

*) Biographie www.whoiswho-verlag.ch oder beigefügte CD-ROM

Bad Salzhausen, 1995 Neubau eines Hotels in Gießen, 1996 Hoteleröffnung, Tätigkeit als Küchenchef. BL.: Mtgl. im Prüfungsausschuss d. IHK f. Köche b. Arbeitnehmer d. Gesellenprüfung. P.: Veröff. über d. Restaurant im "Feinschmecker", bewertet als eines d. 650 besten Restaurants Deutschlands, Veröff. in d. örtl. Presse, vertreten in allen bedeutenden Restaurantführern. E.: 1. Gourmetbwertung m. 13 Punkten (1997), 15 Punkte (2000). M.: Verband d. Köche. H.: Wintersport, Eishockey, Skifahren.

Gerlach Angela *)

Gerlach Christian Dipl.-Ing. Ökon. *)

Gerlach Christian Till Dietrich

B.: Gschf., selbständig. FN.: Steffen Überdachungssysteme. DA.: 47119 Duisburg, August-Hirsch-Strasse 11. tg@schirme-markiesen.de. G.: Dortmund, 16. Feb. 1968. El.: Dr. Holger u. Brigitte, geb. Neubert. BV.: Vorfahren b. 1527, ursprüngl. Adel Adelstitel im Rahmen d. industriellen Revolution abgelegt; Großvater Erfinder d. Knallbonbons. S.: 1989 Abitur, 1989-91 Stud. VWL Kiel. K.: 1991 Grdg. d. Firma Rainbow Concept GmbH m. Schwerpunkt Marketing f. Schirmwerbung, 1997 Grdg. d. Firma Steffen Überdachungssysteme u. seit 1997 alleiniger Inh. F.: Baupool GmbH, Rainbow Concept GmbH. P.: Veröff. in Fachzeitschriften. M.: BK Tex. H.: Segeln, Skifahren.

Gerlach Eckehart Dr. med. Prof. *)

Gerlach Erwin Adam *)

Gerlach Eugen *)

Gerlach Gerno

B.: Künstler, Versicherungskaufmann. FN.: Gerlach Immobilien. DA.: 74906 Bad Rappenau, Heinsheimer Str. 53. www.gerlach-kuenstler.com. G.: Hankensbüttel, 5. März 1950. V.: Elisabeth, geb. Kalertaluk. Ki.: Ingo (1969), Natalie (1979). El.: Helmut u. Ingeborg, geb. Fick. BV.: Großvater Otto Friesen, regional bekannter Künstler u. Bildhauer. S.: 1965-68 Kochlehre, 1968-72 Volontär in einem Außenhandelsbetrieb, 1972-83 Bundeswehr, 1974 Immaturenprüfung, 1982-83 Stud. Bildende Kunst u. visuelle Kommunikation Werkkunstschule Hannover. K.: 1983 selbständig als Versicherungskaufmann in Oberstenfeld, ab 1991 Gemeinschaftsbüro m. d. Ehefrau, Grdg. v. Gerlach Immobilien, 1992 Umzug nach Bad Rappenau, Eröff. d. Generalagentur Dt. Bank Versicherungsgruppe/Dt. Herold Bad Rappenau; Künstlerische Laufbahn: 1972 erste autodidaktische Arbeiten,1975 erste regionale Ausstellungen, 1982-83 4 Semester Werkkunstschule Hannover, ab 1985 regelmäßige Studienaufenthalte in d. Toscana, Einzel-, Gemeinschafts- u. Themenausstellungen bundesweit, 2002 Vancouver, Kanada, Schwerpunkt: realer Impressionismus,

Öl, Aquarelle u. Zeichnungen. E.: zahlr. versicherungsinterne Auszeichnungen. M.: aktiv b. Herz-Transplantation Südwest e.V., Ltg. v. Seminaren, Soziales Engagement in d. Betreuung älterer Menschen. H.: Kunst, Musik (Beethoven).

Gerlach Gottlieb J. *)

Gerlach Helmut

B.: Dipl.-Gewi., Vors. FN.: Landesseniorenvertretung Thüringen e.V. DA.: 99084 Erfurt, Gr. Ackerhofsg. 11/12. PA.: 98527 Suhl, Otto-Bruchholz-Str. 35. G.: Herges-Hallenberg, 19. Dez. 1929. V.: Lory, geb. Wiedmer. Ki.: Margit (1952), Eberhard (1953), Kerstin (1959), Frank (1960). S.: 1944-47 Lehre Industriekaufmann Firma Mercedes Zella-Mehlis, 1959 Sonderreifeprüfung, Stud. Univ. Leipzig, 1963 Abschluß Dipl.-Gesellschaftswissenschaftler. K.: 1963-75 hauptamtl. tätig in d. Parteiarbeit, 1975 Betriebsdir. f.d.Bereich Lebkuchen in d. Firma Robotron-Elektronik in Zella-Mehlis, seit 1990 im Vorruhestand; Funktionen: 1992 Grdg. u. Aufbau d. Seniorenvertretung in Suhl u. seither Vors., 1993 Grdg. d. Landesseniorenvertretung u. seither Vors. M.: seit 1995 Vorst.-Mtgl. d. Bundesseniorenvertretung u. seit 1997 Vors. H.: Garten, Jagd.

Gerlach Hubertus *)

Gerlach Ignaz Johannes Prof. *)

Gerlach Jean N. *)

Gerlach Joachim

B.: RA. FN.: Gerlach, Hünlein & Partner. DA.: 68161 Mannheim, P7, 16-17 (Zürich-Passage). gerlach@rechtsanwaelte-mannheim.de. www.rechtsanwaelte-mannheim.de. G.: Göttingen, 15. März 1954. V.: Ulrike, geb. Böttger. Ki.: Christina, Johannes, Martin. S.: 1973 Abitur Göttingen, 1973-75 Bundeswehr, 1975-80 Stud. Rechts- u. Wirtschaftswiss. in Freiburg, 1980 1. u. 1982 2. Jur. Staatsexamen. K.: 1983-87 Syndicusanw. bei einer Wirtschaftsprüf.-Ges., 1987 selbst. Anw. m. d. Tätigkeitsschwerpunkten Ges.- u. Steuerrecht. M.: Anw.-Kam., Dt. Anw.-Ver. H.: Segeln.

Gerlach Jörg Christian Dr.

B.: Arzt. FN.: Campus Virchow / Transplantationszentrum Chir. Klinik d. Charité, Med. d. Humboldt-Univ. DA.: 13353 Berlin, Augustenburger Pl. 1. G.: Berlin, 25. Sep. 1961. El.: Dipl.-Ing. Rolf u. Ingrid, geb. Marske. S.: 1981-87 Med.-Stud. FU Berlin. K.: 1987-90 Ass.-Arzt Chirurgie Klinikum Westend, Berlin, 1990 Ass. f. Exp. Chir., seit 1990 Doz. f. Bioengineering Univ. of Strathclyde Glasgow, seit 1994 Hon.-Prof. f. Bioenegineering, 1996-98 Ph. D. Univ. of Strathclyde, seit 1994 Doz. f. exp. Chir. Humboldt-Univ. Berlin u. Ltr. d. Abt. Exp. Chir. Campus Virchow, 1997 Grdg. d. "Hybrid Organ GmbH", Gschf., 2000 Habil., Doz. f. Chir. BL.: 4 Patente, Erfinder u. Ersteinsatz d. Berliner extrakorporalen Leberunterstützungssystems. P.: Fachart. in "Hepatology", "Transplantation", Mithrsg. d. "Intern. Journal of artificial organs" and "Cell Transplantation". E.: 1978/79 Jugend Forscht, Young Researcher Award 1989, Poster Presentation Award 1990, Intern. Society of artificial Organs, 1995 Innovationspreis Berlin-Brandenburg, 1996 Forsch.-Preis European Society of Artificial Organs. M.: Berliner Chir. Ges., Dt. Ges. f. Chir., European Society f. Artificial Organs.

*) Biographie www.whoiswho-verlag.ch oder beigefügte CD-ROM

Gerlach Klaus *)

Gerlach Knut Dr. Prof.
B.: HS-Lehrer. FN.: Univ. Hannover, Fachbereich Wirtschaftswiss. DA.: 30167 Hannover, Königsworther Pl. 1. PA.: 30453 Hannover, Liepmannstr. 9b. Gerlach@mbox.igw.uni-hannover.de. G.: Gross-Zeissig/Schlesien, 1. Sept. 1940. El.: Karl u. Johanna. S.: Abitur, Dipl.Vw., Dr. rer. pol., Habil. K.: wiss. Ass. Univ. Regensburg, Prof. Univ. Hannover. P.: Bücher: Grundlagen der Regionalökonomie, Lohnstruktur in d. BRD, Ökonomische Analysen betrieblicher Strukturen und Entwicklungen. M.: Ver. f. Sozialpolitik, List Ges., American Economic Assoc.. H.: Literatur.

Gerlach Maik Dipl.-Ing.

B.: Architekt. DA.: 01277 Dresden, Berggartenstr. 18. info@architekt-gerlach.de. www.architekt-gerlach.de. G.: Dresden, 1. Sep. 1966. S.: 1985 Abitur, 1985-88 Wehrdienst, 1988-93 Stud. Arch. TU Dresden. K.: 1993-95 ang. Architekt in d. Firma Schwarz + Schwarz in Dresden, 1995-97 Projektltr., 1998 Grdg. d. Arch.-Büros m. Schwerpunkt Wohnbausanierung u. Denkmalschutz; Projekte: Sanierung d. Villa Hüblerstraße u. Loschwitzer Straße, Dreiseithof "Gut Haferkorn" in Dobritz, ca. 70 Einfamilienhäuser; Funktion: Gutachter f. Bauschäden. H.: Hunde, Gartengestaltung, Radfahren, Tennis.

Gerlach N. Erich Dipl.-Vw.
B.: Vors. d. Gschf. i.R. d. Lafarge Braas Roofing GmbH, Inh. BIS Business Integration Service. GT.: AufsR-Mtgl. d. Pfleiderer AG Neumarkt. PA.: 61381 Friedrichsdorf, Waldring 32. G.: 2. Apr. 1940. V.: Brigitte Leuchtweis-Gerlach. Ki.: 3 Kinder. S.: 1960 Abitur Wirtschaftsoberschule Frankfurt/M., 1960-64 Stud. Volkswirtsch.-Lehre Univ. Frankfurt/Main u. Berlin, 1964 Abschl.-Dipl.-Vw., 1979 Senior Management Programme Harvard Business School. K.: 1967 Eintr. Fa. Braas, 1978-80 stv. Gschf., 1980-87 Gschf., 1987-2000 Vors. d. Gschäftsltg. Lafarge Braas Roofing GmbH, Executive Vice President Group Executive Committee Lafarge S.A. Paris.

Gerlach Peter Dipl.-Ing.

B.: freiberufl. Dipl.-Ing FN.: Ing.-Büro Gerlach. DA.: 28357 Bremen, Lilienthaler Heerstr. 278. G.: Stolzenau, 5. Nov. 1954. V.: Bettina, geb. Fischer. Ki.: Saskia (1980), Svenja (1982). El.: Gustav u. Wilma, geb. Meyer. S.: 1970-73 Lehre z. Bauzeichner, Stud. Bauing. HS Bremen, 1976 Dipl.-Ing. HS.: 1976-79 Bau-Ing. in versch. Büros in Bremen, 1979-85 selbst. in Partnerschaft m. Ing.-Büro in Bremen, seit 1985 freiberufl. m. Akustik Schallschutzbüro in Bremen, 1983-88 Meßstelle nach §26 Bundesimmissionsschutzgesetz, seit 1987 Güteprüfstelle II nach DIN 4109. M.: VBJ, Vorst.-Mtgl. im Landesvorst., versch. Aussch. d. Landesverb. H.: Modellbau, Lesen, Garten.

Gerlach Peter *)

Gerlach Rolf Dr. *)

Gerlach Sebastian A. Dr. rer. nat. Prof. *)

Gerlach Sylvia *)

Gerlach Tanja
B.: Hotelfachfrau, Mitinh. Hotelmanagement. FN.: Tandreas Hotel Restaurant. DA.: 35394 Gießen, Licher Str. 55. tandreas-giessen@t-online.de. www.tandreas-giessen.de. G.: Alsfeld, 31. Jan. 1970. V.: Andreas Gerlach. Ki.: Marie-Louise (2001). S.: 1985 Mittlere Reife Gießen, 1985-86 Hotelfachschule Gießen, 1987-89 Lehre z. Hotelfachfrau Ferienparkhotel Hohenroda, 1989 Abschluss: Hotelfachfrau, 1989-90 Auslandsaufenthalt in Kanada, Tätigkeit als Hotelfachfrau. K.: 1990-91 im Service Alpenhotel Waxenstein (Ringhotel) Grainau, 1992-94 Hotel Ibis (Accor-Gruppe) Frankfurt, seit Neueröffnung 1992 zunächst im Service, dann Rezeption u. stellv. Empfangschefin, 1994-95 Hotelfachschule Altötting, Fortbildung z. Vorbereitung auf d. Selbständigkeit, 1995 Neubau eines Hotels in Gießen, 1996 Hoteleröffnung. E.: Ausz. f. bes. aufmerksamen Service. M.: Hotel- u. Gaststättenverband. H.: Sport, Dekorationen, Innenarchitektur.

Gerlach Thomas *)

Gerlach Ulrich Dipl.-Ing.
B.: techn. Gschf. FN.: GBH Ges. f. Bauen u. Wohnen Hannover. DA.: 30655 Hannover, In den Sieben Stücken 7 A. PA.: 30519 Hannover, Allerstr. 5/7. G.: Bremen, 8. Mai 1936. V.: Brigitte, geb. Graf. Ki.: Franziska (1963), Jens (1965), Daniel (1982), Jakob (1985). El.: Reinhard u. Maria, geb. Dessel. S.: 1954 Abitur, 1954-55 Praktikum, 1955-63 Stud. Arch. u. Städtebau TU Braunschweig u. TU Berlin. K.: 1963-64 tätig in einem Arch.-Büro in Berlin, 1964-67 Referendar b. Senator f. Bauen u. Wohnen in Berlin, 1966 2. Staatsprüf. z. Assesor, 1967-70 Assesor b. Senator f. Bauen u. Wohnen in Berlin u. Verb Großraum Hannover, 1970-83 Ltr. d. Abt. Sanierung d. Landeshauptstadt Hannover, Funktionen: Vors. d. Aussch. f. Planung u. Technik im Verb. Wohnungswirtschaft in Niedersachsen u. Bremen, vdw, Delegierter zum Gesamtverbandstag, Mtgl. im Fachausschuss f. Planung u. Technik im Bundesverband d. Dt. Wohnungswirtschaft e.V., Vors. d. ArGe-Wo Hannover, stellv. d. Ver. Kronsberg-Umweltkommunikationsagentur KUKA, seit 1977 Mtgl. d. Dt. Akad. f. Städtebau u. Landesplanung, seit 1998 Mtgl. im BDA, aoM. F.: Gschf. d. Firma Mieterservice Vahrenheide GmbH. P.: zahlr. Veröff. in Fachzeitschriften z. Themen Stadtsanierung u. Wohnungsbau. M.: Architektenkam., Tennisver., SPD, Arb.-Gruppe Kooperation GdW-BDA-DST. H.: Tennis, Geige- u. Klavierspielen.

Gerlach Ursula Dipl.-Ing.
B.: freie Architektin u. Stadtplanerin BDA. DA.: 71384 Weinstadt, Unterm Hauwald 12. G.: Stuttgart, 20. Juli 1930. V.: Hans Gerlach. Ki.: Florian (1960), Marie Corinne (1962), Veit (1968). El.: Kicherer Alfred (bekannter Arch. aus alteingesessener schwäb. Fam.) u. Rose, geb. Knörzer. S.: 1950 Abitur Stuttgart, 1950-51 Merz-Akad. Stuttgart, 1951-57 Stud. Arch. Stuttgart, 1957 Dipl.-Ing. K.: 1958-60 Arch. b. d. BASF Ludwigshafen, 1962-68 Mitarb. im Büro d. Vaters in Stuttgart, seit 1968 Arch.-Büro Hans u. Ursula Gerlach, Stuttgart, Weinstadt. E.: 1958 Preis d. Kulturkreises in BVerb. d. Dt. Ind. M.: Bund Dt. Architekten. H.: Gärten, Grabkulturen, moderne bildende Kunst, moderne Plastik.

Gerlach Werner Dipl.-Ing. *)

---

*) Biographie www.whoiswho-verlag.ch oder beigefügte CD-ROM

Gerlach

Gerlach Winfried *)

Gerlach Wolfgang

B.: Dipl.-Wirtschaftler, Gschf. Ges. FN.: Gerlach Zubehörtechnik GmbH Sanitär- u. Heizungsbefestigungen. GT.: Gründer d. Museums Histor. Torhaus Markkleeberg, Präs. d. Förderver. Histor. Torhaus Markkleeberg, Vorst.-Mtgl. Initiative SHK-Mitteldeutschland e.V. DA.: 04249 Leipzig, Buttergr. 44-46. PA.: 04416 Markkleeberg, Auenpl. 1. G.: Leipzig, 7. Jan. 1945. V.: Angelika, geb. Trevinarius. Ki.: Joachim (1972), Cornelia (1973). S.: 1963 Abitur Leipzig, 1963-68 Stud. Produktionsmittelhdl. Univ. Leipzig, Dipl. K.: 1972-90 Abt.-Ltr. im Konsument-Warenhaus Leipzig, 1990 Wiedergründer u. Inh. d. o.g. Firma u. Gschf. Ges. f. Schraubenverbindungen, umfangreiches Rohrschellenprogramm, Konsolen. M.: Sächs. Unternehmerverb. e.V. H.: Geschichte, Denkmäler, Kultur.

Gerlach-Schmidt Silke *)

Gerland Hermann

B.: Fußball-Bundesliga-Trainer. FN.: c/o Arminia Bielefeld. DA.: 33615 Bielefeld, Melanchthonstr. 2. G.: 4. Juni 1954. Ki.: 3 Töchter. K.: aktiv b. Weitmar 09, VfL Bochum, 204 Bundesligaeinsätze, Trainerstationen: 1984-86 Jugend- u. Co-Trainer VfL Bochum, 1986-88 Cheftrainer VfL Bochum, 1988-90 1. FC Nürnberg, 1990-91 Jugendtrainer FC Bayern, 1991-92 Co-Trainer FC Bayern, 1992-95 Amateurtrainer FC Bayern, 1995-96 1. FC Nürnberg, 1996-98 b. Tennis Borussia Berlin, seit 1999 b. Arminia Bielefeld.

Gerland Peter *)

Gerland Walter *)

Gerlich Gabriele Dr. med. dent. *)

Gerlich Herbert *)

Gerlich Josef Leonard *)

Gerlicher Wolfgang F.

B.: Gschf. Ges. DA.: 80337 München, Ringseisstr. 10a. PA.: 81825 München, Semmeringstr. 3. info.de@testarossacaffee.com. www.testarossacaffee.com. G.: Coburg, 23. Juli 1947. V.: Gabriele, geb. Tobisch. Ki.: Roman (1982), Pia (1983). El.: Wilhelm (+1995) u. Ursula. S.: Mittlere Reife, Koch- u. Kellnerberuf Hotelfachschule Heidelberg. K.: 2 J. Gschf. Maritim Hotels, VDir. Brenner's Park Hotel Baden-Baden, Hotelneueröff. im Schwarzwald u. Mainz, 3 J. Gschf. Gaggenau CEM Zürich, ab 1989 Platzl Hotel, div. Auslandsaufenthalte, ab 1995 Gschf. Platzl´s Theaterie München, Dinner-Varieté-Theater, seit 1998 Gschf. Ges. d. Firma Testa Rossa Caffé GmbH, Vertrieb u. Testa Rossa Espresso, Wedl Kaffee u. Caffébar-Franchise-Konzepten, z. Z. 21 Testa Rossa Caffébars u. 7 Franchise - Nehmer in d. Ländern Ungarn, Deutschland, Italien u. Austria.

Gerling Werner F. *)

Gerlinger Heinz

B.: RA. DA.: 44143 Dortmund, Liboristr. 5. PA.: 44319 Dortmund, Düttelstr. 1. G.: Unna, 22. Sep. 1950. V.: Barbara, geb. Merten. Ki.: 3 Kinder. El.: Heinz u. Gisela. S.: 1971 Abitur

Dortmund, Volontariat b. einer Dortmunder Privatbank, Bundesmarine, Stud. Rechtswiss. Kiel, Mitbegründer d. Studentengruppe "Studenten für d. Grundgesetz", Vertreter der Studentenschaft in verschiedenen Gremien, 1979 1. Staatsexamen, Referendariat, 1983 2. Staatsexamen. K.: 1983 ndlg. Anwalt, Arbeits-, Miet-, Straßenverkehrs- u. Strafrecht. BL.: Vors. Gerlinger Familienverb. P.: zahlr. Zeitschriftenart. M.: Marchia Berlin zu Osnabrück, Slesvico-Holsatia et Cheruscia, Vorst.-Mtgl. d. Altherrenver., seit 1984 Vors. d. Körner Gewerbever., Vorst.-Mtgl. Sportver. ÖSG Viktoria 08 Dortmund. H.: Jogging, Segeln, Reiten, Malen, Briefmarken.

Gerlitz Bettina Dr. jur.

B.: RA, Partner. FN.: Spillner & Spitz RAe. DA.: 69115 Heidelberg, Sophienstr. 7 b. kontakt@spillnerspitz.de. www.spillnerspitz.de. G.: Heidelberg, 28. März 1969. S.: 1988 Abitur, 1988 Stud. Jura Heidelberg. u. 1 Semester Löwen/Belgien, 1993 1. Staatsexamen, 1993-95 Diss., 1995-97 Referendariat u.a. VGH Karlsruhe u. Dt. Inst. f. Vormundschaftswesen, 1997 2. Staatsexamen. K.: 1997 Eintritt in d. Kzl. Spillner & Spitz in Heidelberg u. seit 1999 Partner m. Tätigkeitsschwerpunkt Umwelt- u. Extistenzgrdg.-Recht, 2001 Prom. P.: Seminare u. Vorträge z. Thema u.a. im Technologiepark f. d. AG f. Umweltmanagement, Fachbeiträge, Co-Autorin d. "Handbuch f. GemR." (1999), Diss.: "Umwelthaftung u. Unternehmerfreiheit" (2001). M.: Arge f. Umweltmanagement, Arb.-Kreis Umwelt Rhein-Neckar, AG Verw.-Recht, Dt. Kamelienges. H.: Garten, Joggen.

Gerlitz Mike *)

Gerloff Thomas *)

German Joachim *)

German Sigmar Dr. Prof. *)

Germann Günter Karl Georg Dr. med. Univ.-Prof.

B.: Chefarzt d. Klinik f. Hand-. plast.- u. rekonstruktive Chir. FN.: Schwerbrandverletztenzentrum - BG- d. Unfallklinik Ludwigshafen. DA.: 67071 Ludwigshafen, Ludwig-Guttmann-Str. 13. guenter.germann@urz.uni-heidelberg.de. G.: Wiesbaden, 21. März 1952. El.: Emil u. Alice, geb. Scherer. S.: 1970 Abitur, 1970-71 Stud. Rechtswiss. Univ. Mainz, 1971-74 Stzd. Med. Univ. Düsseldorf, 1974-77 klin. Stud. Univ. Mainz. K.: 1977-78 med. Ass. an d. städt. Kliniken Villingen-Schwenningen, 1978 med. Ass. an d. med. Univ.-Klinik Heidelberg, 1979 Prom., 1978-79 Ass. d. Abt. f. Anästhesiologie d. Univ.-Klinik Heidelberg, 1979-84 Ass. d. Abt. Allg.- u. Abdominalchir. an d. Univ. Frankfurt/Main, Rotationsass. am Zentrum f. Chir. u. interdisziplinäre Intensivpflege u. in d. Abt. f. Thorax-, Herz- u. Gefäßchir., Unfallchir. u. Urologie, 1984-85 Burn Fellow an d. Univ. Springfield, 1985-

---
*) Biographie www.whoiswho-verlag.ch oder beigefügte CD-ROM

87 Ass. an d. Abt. f. Allg.- u. Abdominalchir. an d. Univ. Frankfurt, 1987 FA f. Chir. u. OÄ. 1987-91 tätig an d. Klinik f. plast. u. Wiederherstellungschir., Handchir., Schwerverbranntenzentrum am Klinikum Köln u. 1988 OA, 1988 Teilbezeichnung plast. Chir., 1989 Habil. an d. Univ. Frankfurt u. 1989 gschf. OÄ, seit 1991 Ringvorlesungen an d. Univ. Köln, seit 1991 ltd. OA d. Abt. plast. Chir. u. Verbrennungskrankheiten d. BG-Unfallklinik in Bochum, seit 1993 Chefarzt d. Abt. f. Vebrennungen, plast.- u. Handchir. d. berufsgen. Unfallklinik Ludwigshafen, seit 1993 Vorlesungen in Chir. an d. klin. Fakultät Mannheim, 1995 ap.Prof. f. plast. u. Handchir. d. Univ. Heidelberg. P.: "Einsatz v. Wachstumshormonen bei Schwerbrandverletzten", "Rapidly fatal nacrotzing fasciitis after aesthetic liposuction" (2000), "Saline Implantats - Where are we?" (2000), "Functional Outcome of scapho-trapezio-trapezoid arrthodesis in the treatment of Kienböck's disease" (2000), "Die plast.-chir. Deckung osteocutaner Defekte d. Sternumregion m. d. Vertikalen u. Transvertikalen Rectus Abdominis Muskel", "Der Effekt rekombinanten Wachstumshormons auf d. Wundheilung bei schwerbrannten Erwachsenen", "Die Defektdeckung v. Weichteildefekten u. instabilen Narben über d. Achillessehne durch freie mikrochir. Lappenplastiken", "Therapeut. Operationen z. Behandlung v. Fersendefekten", "Eingriffe z. Resensitivierung nach Weichteildefekten d. Hand" (2000) u.a.m.; Bücher: "Atlas of the hand clinics" (1998), "Decesion-making in reconstructive surgery" (2000). M.: Rotary Club Ludwigshafen. H.: Radfahren, Golf, Kochen, Lesen.

Germann Peter *)

Germanus Inna *)

Germar Manfred Dipl.-Kfm.
B.: Leichtathlet. PA.: 51427 Bergisch Gladbach, An der Wallburg 33. G.: Köln, 10. März 1937. V.: Brigitte, geb. Ganns. Ki.: Britta. S.: Abitur, Stud. d. BWL in Köln. K.: stellte als Sprinter mehrere Europarekorde auf, 1958 Europameister über 200 m und mit der 4 x 100 m -Staffel; Zweiter über 100 m; Europameister 1962 in der 4 x 100 m -Staffel; Olympia-Dritter mit der deutschen 4 x 100 m -Staffel 1956, Olympia - Fünfter (bester Europäer) über 100 m, ab 1960 in Verw. Kaufhof Köln, seit 1969 b. West-Lotto; Bezirksleiter d. Westd. Lotterie GmbH & Co., Köln. P.: Die Spuren meiner Spikes (Frankf. 1961). E.: BVK, Silb. Lorbeerblatt, Rudolf Harbig Gedächtnispreis, 1959 Sportler d. Jahres in Deutschl., 1985/98 BVK, 1988 Verdienstorden d. Landes NRW, 1999 Hans-Heinrich-Sievert-Gedächtnispreis, 2001 Olympischer Orden. M.: Gutachterausch. d. Stiftung dt. Sporthilfe, Mtgl. d. NOK. H.: Gartenarbeit, Golf, klass. Musik (Violonist). (W.M.)

Germelmann Claas-Hinrich Dr. Prof. *)

Germer Cornelia
B.: RA. DA.: 69120 Heidelberg, Quinchestr. 46a. G.: Bremen, 22. Juli 1953. El.: Gerhard u. Herta. BV.: Urahnen haben botan. Wanderungen m. Goethe in Thüringen unternommen. S.: 1973 Abitur Heidelberg, 1973-78 Stud. Jura in Tübingen, 1978-81 Referendariat, 2. Staatsexamen, seit 1982 selbst. Anw. in Sozietät, seit 1995 Alleinanw. in Berlin Rudow, Schwerpunkt: Familienrecht, Ausländerrecht. M.: Berliner Anw.-Ver., Ev. Gem. "Sophiengem.", versch. Gesprächskreise d. Ev. Bild.-Werkes. H.: schöne Künste.

Germer Erich Dr. phil.
B.: em. Prof. FN.: Univ. Koblenz-Landau. PA.: 76829 Leinsweiler, Slevogtstr. 28. G.: Stargard in Pommern, 11. März 1924. V.: Gisela, geb. Timm. Ki.: Iris. El.: August u. Julie. S.: Abitur, VS-, Realschul- u. Gymn.Lehrerausbild., Prom. K.: 1947-65 Lehrer an versch. Schulen in Nordrhein-Westfalen, b. 1972 Doz. an d. PH Nürnberg, 1972 o.Prof. f. Anglistik Erziehungswiss. HS Rheinland-Pfalz Abt. Worms, seit 1978 Univ. Koblenz-Landau, seit 1992 em., Inh. d. Neukastel Verlags, Leinsweiler. P.: zahlr. Beiträge z. Didaktik d. engl. Sprache u. z. touristischen Landeskunde Großbritanniens. H.: Lesen, Wandern, Reisen.

Germer Holger Dipl.-Ing. *)

Germer Volkhardt Dr. *)

Germersdorf Klaus *)

Germershausen Katrin *)

Germinal Hilbert Dr. *)

Germo Ursula *)

Germroth Christian
B.: Gschf. Ges. FN.: Germroth GmbH Gardinen-Teppichboden-Fachgeschäft. DA.: 67657 Kaiserslautern, Gersweiler Weg 1. germroth@t-online.de. www.germroth.de. G.: Kaiserslautern, 23. Juli 1975. El.: Dipl.-Ing. Herbert u. Sabine, geb. Pichler. S.: 1993 Mittlere Reife Worms, 1993-96 Lehre Raumausstatter Firma Götzenmann Bad Dürkheim, Zusatzqualifikation Bodenbelag u. Dekoration, 1997 Qualifikation z. Aufnahme in d. Univ. z. Förderung d. Qualität in d. Fußbodentechnik. K.: 1996-98 Ang. im elterl. Betrieb u. 1998 Übernahme. M.: Katastrophenschutz Alzey, FFW Offstein, Sportver. Offstein, freie Wählergruppe. H.: Sport, Computer.

Germscheid Bruno *)

Gern Alfons Dr. iur. Prof. h.c.

B.: Jurist. DA.: 77948 Friesenheim, Tulpenweg 11. G.: Friesenheim, 24. Dez. 1944. El.: Heinrich u. Josefine, geb. Kunz. S.: 1965 Abitur Lahr, Stud. Rechtswiss. Freiburg, 1970 1. u. 1974 2. Staatsexamen, 1976 Stadtrechtsassessor, 1977 Prom. z. Dr. iur. 1979 Lehrbeauftragter FHS f. öff. Verw. BW, 1983 Stadtrechtsdir., 1988 Ernennung Prof. h.c., 1991 Vorsitzender d. Rechtsamtsltr.-Konferenz BW, 1991 Präs. d. Süddt. HS f. Berufstätige, 1994 Lehrbeauftragter d. Univ. Leipzig, Mtgl. in Gremien d. Dt. Städtetages, 1995 Referent b. 11 Dt. Verw.-Richtertag in Dresden, JW Fachdoz. d. Bundesver. f. öff. Recht, d. Forum Inst. f. Management, d. Deutsch-Deutschen Juristenver. u.a., seit 1997 Gutachter f. mehrere Landesreg. P.: Mithrsg. d. Neuen Zeitschrift für Verwaltungsrecht (NVwZ) seit 1982, Lehrbuch Deutsches Kommunalrecht (1997), Kommunalrecht BW (2001), Sächs. Kommunalrecht (2000), Hess. Kommunalrecht (2001), Ratgeber Schule (1993), ca. 150 weitere Veröff. in jur. Fachzeitschriften. M.: Dt. Juristentag, Dt. Städtetag. H.: Arb.

Gern Horst Dipl.-Ing. *)

Gern Klaus-Jochen *)

Gernard Alwin Dipl.-Ing. *)

Gernat Beate
B.: Schulleiterin u. ndlg. Heilpraktikerin. FN.: Dt. Paracelsus Schule Ndlg. Leipzig. DA.: 04105 Leipzig, Eutritzscher Str. 15. G.: Leipzig, 1955. Ki.: 2 Kinder. S.: 1971-74 Stud. Päd. in

Gernat

Altenburg. K.: Lehrerin, 1986-88 Kfm. Ausbild., zuerst 1983-90 dann 1986-88 verantwortl. Tätigkeit in d. Volksbild. in Leipzig-West, 1990-93 Stud. z. Heilpraktikerin in Leipzig, 1994 Heilpraktikerprüf., seit 1991 Studienltr. in d. Dt. Paracelsus Schule, Ltg. u. Organ. d. Studienbetriebes d. Schule f. Heilpraktiker u. Psycholog. Berater, seit 1996 ndlg. als Heilpraktikerin in eigener Praxis. H.: Literatur, indische Kultur u. Religion.

Gernemann Uwe Dipl.-Ing.
B.: Innenarchitekt. FN.: Gernemann Interior Design DA.: 20354 Hamburg, Große Bleichen 23. G.: Lüdinghausen, 21. Okt. 1965. S.: 1986 FH-Reife m. Auszeichnung Unna, 1986-87 Bundeswehr, 1987-92 Stud. Innenarch. FH Lippe Detmold m. Abschluß Dipl.-Ing. K.: 1992-98 Innenarchitekt in Arch.-Büros in Hamburg, seit 1998 selbst. m. Schwerpunkt Planung, Gestaltung u. Einrichtung v. Wohnungen u. Häusern, sowie Büros, Möbelentwurf. M.: BDIA.

Gerner Alfred *)

Gerner Berthold Dr. phil. *)

Gerner Edith

B.: Gschf. Ges. FN.: Josef Tauscher Malerfachbetrieb GmbH. DA.: 80937 München, Karlsbader Str. 5. tauscher-maler@t-online.de. www.tauscher-maler.de. G.: München, 4. Feb. 1949. Ki.: Isabel (1987). El.: Kurt u. Franziska Aufschneider. BV.: Großvater Karl Aufschneider Traditions-Malerfachbetrieb am Münchner Stachus. S.: 1965 Mittlere Reife München. K.: 1965-71 Eintritt in d. elterl. Malerei-Handwerksbetrieb, Geschäftsltg., 1971 Verkauf d. elterl. Betriebes, 1971-78 Tätigkeit im Bereich Einkauf/Verkauf in d. Firma Mundus GmbH Elektromotorengroßhdl. München, 1978 durch Todesfall d. Ehemannes Übernahme d. Traditions-Malerfachbetriebes Firma Josef Tauscher München, Gschf. Ges., 1969 Genehmigung v. d. Reg. v. Oberbayern z. Ausbild. v. Lehrlingen u. Betriebsführung ohne Meistertitel, 1995 farbl. Gestaltung d. ICE-Modellzugs (Maßstab 1:1), 2001 farbl. Gestaltung d. neuen Airbus-Modells (3 Etagen) in Toulouse/Frankreich. E.: Ehrenamt Schule Elternbeirat Willy-Brandt-Gesamtschule. H.: Reisen, Lesen, Theater, Museen, Galerien.

Gerner Hans-Peter *)

Gerner Manfred Dipl.-Ing. Prof. *)

Gerner Raimund
FN.: Deutsches Rotes Kreuz Generalsekretariat. DA.: 12205 Berlin, Carstenustr. 58. G.: Großensee, 14. Sep. 1949. S.: 1965-68 Lehre Bankkfm., 1969-70 Bundeswehr. K.: 1970-73 Bankkfm. in d. Westbank AG, 1973-75 Buchhalter d. DRK, 1985-94 Abt.-Ltr. f. Finanz- u. Rechnungswesen b. DRK, seit 1994 stellv. Landesgschf., 1980 Fortbild. z. Bilanzbuchhalter, 1997 PGL-Lehrgang am Forsch.-Inst. f. Verb.- u. Gen.-Management an d. Univ. Friborg/CH, 1999 ESAE, European Society Association Executives in Brüssel; Funktion: tätig im Bereich Erwachsenenbild., Steuerrecht bei gemein. Ver. u. im Controlling in gemein. Bereich. BL.: Finanzmanagement. M.: Prüfer d. HK. H.: Segeln.

Gerner Willi
B.: Vorst. FN.: E.ON Energie AG. DA.: 80333 München, Brienner Str. 40. www.eon-energie.com. G.: Würzburg, 11. Dez. 1939. V.: verh. Ki.: 2 Kinder. S.: Starkstromelektriker. K.: 1953-55 Stadtwerke Würzburg, 1965-80 Gewerkschaft ÖTV, Landesbez. Bayern, Abt.-Gschf. f. d. Bereich Energiewirtschaft u. öff. Personennahverkehr, 1980-86 stellv. Landesvors. d. Gewerkschaft ÖTV Bayern, 1986-89 Vorst.-Mtgl. u. Arbeitsdir. d. Städt. Werke Nürnberg GmbH, d. Energie- u. Wasserversorgung AG Nürnberg u. d. Verkehrs AG Nürnberg, 1989 Vorst.-Mtgl. d. Bayernwerk AG München, Arbeitsdir., seit 2000 Vorst. d. E.ON Energie AG.

Gernhardt Alfred Dr.-Ing. *)

Gernhardt Robert *)

Gernhuber Joachim Dr. iur. o. Prof. em.
B.: o.Prof. G.: Ksiasz, 18. Juli 1923. V.: Annemarie, geb. Theißen. Ki.: Maria (1948), Barbara (1951). El.: Emil u. Margarethe. S.: Univ. Jena u. Straßburg, 1944 u. 1948 Jur. Staatsexamen, 1947 Prom. K.: 1951 Habil., seit 1955 Ordinarius Univ. Kiel u. 1959 Tübingen. P.: zahlr. Veröff. E.: 1988 BVK 1. Kl., 1993 Festschrift.

Gerns Ronald *)

Gerns-Bätke Elke
B.: Vors. FN.: Reit- u. Fahrverein Isernhagen u. Umgegend e.V. DA.: 30916 Isernhagen, Burgwedeler Str. 43. G.: Celle, 4. Dez. 1959. V.: Heinrich Bätke. Ki.: Heinrich (1985), Corinna (1987), Kristin (1990). S.: 1978 Abitur Grußbugwedel, b. 1980 Lehre Gärtnerin, b. 1982 Ausbild. Bankkauffrau Stadtsparkasse Hannover, b. 1983 priv. Hauswirtschaftsschule Birkelbach u. glz. tätig in elterl. Hausverw. K.: tätig in d. elterl. Hausverw. u. zusätzl. seit 1995 1. Vors. d. Reit- u. Fahrver. Isernhagen u. Umgebung e.V. m. jährl. Turnieren. P.: Veröff. in d. regionalen Presse u. versch. Fachmagazinen. M.: Reit- u. Fahrver. Isernhagen, Kirchenvorst. d. Ev. Kirchengem. St. Marien, Kindergarten-Ausschuß Isernhagen. H.: Pferde, Skifahren, Garten.

Gerok Wolfgang Dr. med. Prof. *)

Gerosa Klaus *)

Gerosa Libero Dr. Prof. *)

Gerrath Karl-Heinz Dr.-Ing.

B.: Prof. FN.: FH Wiesbaden Fachbereich Informationstechnologie u. Elektrotechnik. DA.: 65195 Wiesbaden, Unter den Eichen 5. gerrath@ite.fh-wiesbaden.de. G.: Zwickau, 18. Apr. 1940. S.: 1960 Abitur, Stud. allg. Elektrotechnik Schwerpunkt Nachrichtentechnik, 1966 Dipl.-Ing., 1967-68 Stud. in Boston/USA M.S. K.: 1968-72 wiss. Mitarb. Inst. f. Hochfrequenztechnik TU Darmstadt, 1972-77 Doz. TU Darmstadt, 1977-89 Battelle-Inst. Frankfurt, 1990 Prof., Aufbau u. Koordination Studiengang Fernsehtechnik. P.: Mitautor "Lehrbuch d. Hochfrequenztechnik". M.: VDE, ITG, FKTG.

*) Biographie www.whoiswho-verlag.ch oder beigefügte CD-ROM

Gerrit
B.: Zauberkünstler, Illusionist, Ind.-Kfm. DA.: 36041 Fulda, Robert-Kronfeld-Str. 6. G.: Fulda, 1. Juni 1977. El.: Josef u. Elke, geb. Dernbach. S.: 1995 FHS-Reife, 1995-98 Ausbild. Ind.-Kfm, 1999-2002 Studium d. Betriebswirtschaft. K.: Ang. d. Firma Dura Tufting GmbH in Fulda, 1994 Jonglier-Kurs z. Zauberei; Show-Inhalte: Allgemeine Magie, Sprechzauberei, Mental-Magie, Close-up-Zauberei, Großillusionen, Promotion Shows, Kindertraumland, Ballonshow u.v.m., 1994 Grdg. d. Firma "Dreams of Magic & Illusion", ab 1996 Veranstaltungskonzeption, Verkauf- u. Verleih v. Bühnentechnik, 1998-2000 Ang. d. Dura Tufting GmbH, seit 2000 hauptberufl. Zauberkünstler. P.: Auftritte b.: Allianz, Audi, Bayernwerk AG, BMW, Chrysler, Commerz Grundbesitz Investment GmbH, Dt. Bank AG, DGB u.v.m, Shows im Dt.-sprachigen Raum, im Ausland u. auf Kreuzfahrtschiffen. M.: I.B.M., SG, KLJB, Ju-Jutsu. H.: Zauberei, Sport, Menschen.

Gersbeck Ingo *)

Gersch Arthur Lutz *)

Gersch Hans-Georg
B.: Gastronom, Inh. FN.: Restaurant "Haus Schlüter". DA.: 45665 Recklinghausen, Am Alten Kirchpl. 5. G.: Herne, 31. Mai 1960. V.: Martina, geb. Schröder. Ki.: Maik (1985), Daniel (1989). S.: 1975-78 Lehre Betriebsschlosser Firma Mont-Cenis Herne, 1989-91 Bergfachschule Recklinghausen m. Abschluß staatl. geprüfter Techniker f. Bergbau-Maschinentechnik. K.: 1978 tätig in d. Zeche Blumenthal in Recklinghausen, b. 1989 Schlosser d. GTG Ruhrkohle-Tochter, u. 1991-93 in d. GTG Deilmann & Haniel, 1993 Pächter d. Erlebnisgastronomie in Oberhausen, 1996 Übernahme d. Haus Schlüter in Recklinghausen. BL.: Initiator u.: "Maifest", "Das Dorf lebt", "Suderwicher Stammtisch" u. "Nikolauszug", Erhaltung d. Naturfreibeckens. M.: Boxring 28 Recklinghausen-Süd, Werbegemeinschaft, Verkehrsver., SG Suderwich, Aolt Surk. H.: Fußball, Jazz, Radfahren.

Gerschler Uwe Dipl.-Ing. *)

Gerschman Irina

B.: Modedesignerin, Künstlerin, Inh. FN.: Gerschman Modedesign. GT.: Ölmalerei, Tusche, Aquarelle, ab 1994 Ausstellungen in Deutschland. DA.: 44892 Bochum, Am Neggenborn 115A. info@mode-kunst.de, www.mode-kunst.de. G.: Pawlodar/ Kasachstan, 31. Oktober 1967. V.: Andre Paimuschin. Ki.: Leo (1998). El.: Mojssej u. Larissa Gerschman. S.: 1983-87 Fachschule f. Dekorativ-Angew. Kunst Moskau, Abschluss: Kunst-Meisterin, 1989-93 Moskauer Technologische Kunstfak.: Stoffdesign, Modedesign. K.: 1988-93 als Designerin f. versch. Modefirmen in Moskau tätig, 1991 eigene kl. Kollektion, Teilnahme an versch. Kunst u. Modeausstellungen, u.a. "Jungemodemacher" im Haus d. Theaterkünstler Moskau, 1991-92 Finalistin d. Intern. Wettbewerb f. junge Modedesigner, organisiert v. d. Firma Nina Ricci, seit 1993 wohnhaft in Deutschland, 1994 Anfertigung v. eigenen handgestickten Modellen, 1995-97 jährliche Präsentationen d. eigenen DOB-Kollektionen an d. Modemessen CPD u. IGEDO Düsseldorf, seit 1997 eigenes Modedesign-Atelier: Erstellung v. Modezeichnungen, Erstschnitten u. Musteranfertigung f. versch. Bekleidungsunternehmen, Juni 2000 Finalistin d.

internat. Modedesignwettbewerbs "Elements" in Berlin. P.: Bekleidungs'wear 1996, WAZ u.a. M.: "Dialog" Neues Münchener Kunstforum e.V. H.: Lesen, Museen, Garten.

Gersdorf Günter *)

Gersdorf Petra *)

Gersina Peter
B.: Künstler, Drehbuchautor, Regisseur. DA.: 81247 München, Clemens-Krauss-Str. 6. G.: Bregenz, 11. Nov. 1962. V.: Jorinde. Ki.: Sidney (1987), Zsa Zsa (1992), Zino (1995). K.: als Maler u. Multimedia-Künstler zahlr. intern. Ausstellungen u. Projekte als "Maßnahmen v. Popularisierung v. Kunst", 1995 multimediale Werbekampagne "Genießen Sie Kunst", Realisation d. Kunst-Supermarktes "Art & Carry, seit 1997 Initiator u. Begründer v. "First Aid for Bad Art", schreibt Kinodrehbücher u.a. "Das merkwürdige Verhalten geschlechtsreifer Großstädter z. Paarungszeit", "Rainer Zufall", "Tabatah" u. führt Regie, z.B. "Vienna". BL.: Aufbau der 1. Internationalen Sammlung v. schlechter Kunst.

Gersonde Klaus Dr. Prof. *)

Gersonde Wolfgang

B.: Wirtschaftsprüfer u. Steuerberater. FN.: Gersonde + Partner Treuhand GmbH Steuerberatungsges. DA.: 42103 Wuppertal, Schloßbleiche 20. PA.: 42719 Solingen, Sonnenschein 89. info@gersonde.de. G.: Elbing, 8. Feb. 1940. V.: Hiltrud, geb. Kümpel. Ki.: Wulf (1969), Annika Effmann (1972). El.: Lothar u. Käte. S.: Lehre Hdl.-Kfm. Firma Adam-Opel-AG Düsseldorf, Stud. Verw.- u. Wirtschaftswa. Düsseldorf, 1967 Steuerberbev.-Prüf., 1975 Steuerberaterprüf., 1978 Rechtsbeistand, 1988 Bestellung z. Wirtschaftsprüfer. K.: 1969 Eröff. d. Kzl. in Wuppertal, 1988 Grdg. d. Gersonde + Partner Treuhand GmbH m. Schwerpunkt Steuer- u. Wirtschaftsberatung f. d. Mittelstand. P.: Organ.-Handbücher, Publ. in populäwiss. Zeitungen zu astronom. Themen, Bildautor. M.: Inst. d. Wirtschaftsprüfer Berlin/Düsseldorf, Steuerberaterver. NRW, Wirtschaftsprüfer- u. Steuerberaterkam. Düsseldorf, seit 1967 Kirchenvorst., div. Aufsichtsgremien christl. Werke, Golfclub Haan-Düsseldorf. H.: eigenes Expo-Projekt m. d. Astronom. Gesellschaft Bochum-Melle GbR, Golf, Lesen.

Gersöne Reinhard Ing.

B.: Ing. f. Polygraphie, Setzer- u. Druckermeister, Gschf. FN.: GERSÖNE.MEDIENHAUS GMBH. DA.: 04317 Leipzig, Gabelsbergerstr. 1a. G.: Leipzig, 11. Sep. 1939. V.: Helmtraud. Ki.: Irina, Nadja, Diethard, Fridtjof Eric. El.: Paul u. Melanie. BV.: Vater Paul Betriebsgründer zusammen m. Großvater Otto 1934, 1943 u. 1944 zweimal ausgebombt, Neuanfang an heutiger Anschrift, Name b. ins 18. Jhdt. S.: 1957 Abitur Markkleeberg, 1959-62 Setzer b. Tribüne-Druckerei Leipzig,

*) Biographie www.whoiswho-verlag.ch oder beigefügte CD-ROM

1962-65 Ing.-Schule Otto-Grotewohl Leipzig. K.: ab 1966 im väterl. Betrieb, 1980 Betriebsübernahme, 1969 Druckermeister, 1999 GmbH-Grdg. P.: Art. in Financial Times, Druckspiegel, LVZ, Dt. Drucker über persönl. u. Betrieb. M.: Ver. Polygraph, Ver. "gedruckt in leipzig", Verb. d. Druckind.

Gerß Marianne
B.: Dipl.-Kauffrau. DA.: 23566 Lübeck, Pfeifengrasweg 3. marianne.gerß@t-online.de. G.: Köln, 21. Okt. 1962. V.: Uwe Walter. Ki.: Björn (1989), Arno (1990), Lisa (1993). S.: 1982-84 Ausbild. z. Bankkauffrau b. d. Dt. Bank, 1984-92 Stud. BWL u. Wirtschaftswiss., 1987 Auslandsaufenthalt in England, 1992 Abschluss als Dipl.-Kauffrau in Göttingen. K.: 1996-97 Buchhaltung in einer Werbeagentur in Hannover, 1998 selbst., Tätigkeitsschwerpunkte: Unternehmensberatung, Unternehmenscontrolling, Finanzen, Existenzgrdg., Zusammenarb. m. Dr. Hastenrath u. Partner f. d. Großraum Lübeck, Weiterbild. z. Steuerberaterin an d. Schule f. Steuerrecht in Springe (Haas GmbH). M.: Tennisver. Eichholz e.V. H.: Tennis, Ski-Abfahrt.

Gerst Hans *)

Gerstäcker Karin *)

Gerstberger Helmut *)

Gerstein Dietmar Karl Dr. jur.
B.: Jurist. FN.: Dt.-Franz. Ges. f. Wiss. u. Technologie e.V. DA.: 53175 Bonn, Ahrstr. 46. G.: Erfurt, 7. Feb. 1937. S.: 1956 Abitur Bad Godesberg, 1956-60 Stud. Rechtswiss. Marburg, Lausanne u. Bonn, 1960 1. Staatsexamen, Referendariat OLG Köln u. Stuttgart, 2. Staatsexamen. K.: 1966-67 tätig in d. Sozietät Dr. Schneider in Konstanz, 1967-71 am Kernforsch.-Zentrum Karlsruhe, 1968 Ass. d. Gschf. Dr. Greifeld, 1968-71 in d. Dt.-Franz. Projektgruppe z. Aufbau d. Forsch.-Inst. ILL in Grenoble, 1972-82 tätig bei Nukem in Hanauu, 1972 Ltr. d. Rechtsabt., 1975 Ltr. f. Recht u. Personal, 1983-88 selbst. Personal- u. Unternehmensberater m. d. Firma MPS Management u. Peronalservice GmbH in Bonn, 1988-92 Ltr. d. Peronalabt. am Kernforsch.-Zentrum in Karlsruhe. 1993-97 Delegierter d. Heimholz-Gemeinschaft Dt. Forsch.-Zentren in Kowi z. Koordinierung d. EG d. Wiss.-Stationen in Brüssel, seit 1997 Gschf. d. DFGWT/AFAST. P.: Diss. über Funktionieren d. direkten Demokratie in rechtsvergleichender Sicht. H.: Skifahren, Wandern, Schwimmen, klass. u. mod. Musik.

Gerstel Susanna

B.: EDV-Vertriebsltr. FN.: active computer Berlin GmbH EDV-Service Laserdrucker u. Zubehör. DA.: 14052 Berlin, Wandalenallee 20A. bildung@active-computer.de. www.active-computer.de. G.: Rauschenwasser, 23. Aug. 1956. Ki.: Julius Immanuel (1984), Jonathan (1986). El.: Helmut Lothar u. Roswitha Gerstel, geb. Schmidt. S.: 1976 Abitur Göttingen, 1976-79 Stud. Germanistik, Phil., Kunsterziehung f. Lehramt, 1. Staatsexamen, 1981 2. Staatsexamen. K.: 1981-84 Unterricht in VHS u. Univ. in Meditation, 1984-90 Familienpause, 1990-92 Prok. b. Firma AGM GmbH Berlin, 1992-98 Grdg. eines eigenen Immobilienvermittlungsunternehmens, seit dieser Zeit selbst. tätig als Immobilienmaklerin u. Unternehmensberaterin, seit 1998 b. d. Firma active computer als Vertriebsltr. zuständig f. d. Aufbau eines deutschlandweiten Vertriebes u. d. Betreuung d. behördl. Kunden in Berlin u. Brandenburg, 2000 Ltr. d. Trainingscentrums active computer Bild.-Zentrum. M.: Grdg.-Mtgl. Matran School. H.: Schaffen einer integrierten Lebensform zusammen m. einem Projektträger.

Gerstel Walter *)

Gersten Utz Dipl.-Psych. *)

Gerstenberg Eckard Dr. med. Prof.

B.: Prof. f. Radiologie. FN.: Freie Univ. Berlin, ehem. Auguste Viktoria Krankenhaus. PA.: 14055 Berlin, Stallupöner Allee 42. G.: Mölln, 25. Feb. 1932. V.: Hannelore. Ki.: Stefanie u. Frauke (aus 1. Ehe). S.: 1950 Abitur in Göttingen, 1950-56 Med.-Stud. in Göttingen, Hannover, Heidelberg, Staatsexamen in Heidelberg, 1957 Prom. b. Prof. Eichholz über Physiologie d. Atmung. K.: 1956-57 Pharmakologisches Inst. Göttingen, 1957-59 Cleveland/USA, 1959-61 Med. Univ.-Klinik Göttingen, 1962-78 Klinikum Westend-Steglitz d. FU Berlin, 1969 Habil. über Abbildung biologischer Strukturen, bei Prof. H. Oeser, 1969 Prof., 1978-95 Chefarzt Strahlenabt. in Auguste-Viktoria-Krankenhaus. BL.: Entwicklung eines Rechenstabes f. d. Bestimmung d. Geschwulstwachstums: "Tumor Rechenstab/Gerstenberg". P.: 90 wiss. Publ., Vorträge über AIDS u. Mammographie, Mitautor: "Radiologische Diagnostik d. Zerebral-Toxoplasmose" in Pohle, Remington 1994, "AIDS u. d. Vorstadien", Hrsg. J. L'age-Stehr, Kapitel "Radiologische Diagnostik" 1994. E.: 71 Agfa-Gevaert-Preis d. Berliner Röntgenges. M.: u.a. Fachges. f. Radiologie. H.: englische Literatur.

Gerstenberg Gerald Dr. med. dent.

B.: Zahnarzt. DA.: 50935 Köln, Dürener Str. 349. G.: Thalheim/Erzgeb., 15. Sep. 1948. S.: 1969 Abitur, 1969-71 Bundeswehr, 1971-77 Stud. Zahnmed., 1977-79 wiss. Ass. Univ. Köln, 1979 Prom. K.: 1979-80 Praxis in Leverkusen, 1980-92 in eigener Praxis in Köln, seit 1993 privat praktizierender Zahnarzt in Köln. BL.: praktiziert eine eigene, in Teilaspekten auf d. Methode v. Prof. Rudolf Slavicek (Wien) gestützte, ursachenorientierte Zahnheilkunde. H.: Fotografie, Natur.

Gerstenberg Rosemarie *)

Gerstenberg Uwe *)

Gerstenhauer Armin Dr. rer. nat. o.Prof. *)

Gerstenkorn Christian Dipl.-Ing. Dipl.-Ing.
B.: Dipl.-Ing. d. Landespflege, Dipl.-Ing. d. betriebl. Umweltschutzes. DA.: 22045 Hamburg, Ellerneck 8 u. 22303 Hamburg, Forsmannstr. 14b. G.: Hamburg, 17. Mai 1967. V.: Andrea, geb. Meier. Ki.: Thorben Benedict (2001). BV.: Leibarzt d. Fürsten d. Fürstentum Lichtenstein. S.: 1983-86 Ausbild.

*) Biographie www.whoiswho-verlag.ch oder beigefügte CD-ROM

Landschaftsgärtner, 1986-87 Fachabitur FOS f. Agrarwirtschaft Hamburg, 1987-88 Bundeswehr, 1989-93 Stud. Landespflege FH Stuttgart m. Abschluß Dipl.-Ing. K.: 1993-94 Ang. in d. Landschaftsplanung in Hamburg, 1994-97 tätig in d. Objektplanung bei Wehberg-Eppinger-Schmidtke in Hamburg u.a. als Baultr. b. Hotel Louis C. Jacob, Hotel u. Weinrestaurante u. Mitplanung d. Neuen Messe Leipzig, 1997-99 berufsbegleitend Stud. betriebl. Umweltschutz m. Abschluß Dipl.-Ing., seit 1997 freiberufl. Architekt u. Eintritt in d. Architektenkam., 2000 Grdg. d. eigenen Firma in Hamburg. P.: Dipl.-Arb.: "Ökolog. orientierte Stadterneuerung u. Stadtplanung auf d. Ebene d. Bebauungsplans - dargestellt am Beispiel aus d. Stadtgebiet v. Hamburg" (1993), Dipl.-Arb.: "Betriebs- u. Prozeßbilanzierung m. Hilfe d. interaktiven Programms UMERTO-dargestellt am Beispiel d. Bauer Druck Köln KG" (1999). E.: Hamburger Meister in d. Jugendleichathletik, Hamburger u. Norddt. Meister in d. C-Fußballjugend. M.: Architektenkam., Ruderclub Favorite Hammonia, Wedeler Hochschulbund. H.: Rudern, Skifahren.

Gerstenkorn Evelyn

B.: Gschf. Ges. FN.: Autotechnik Gerstenkorn GmbH. DA.: 38112 Braunschweig, Schmalbachstr. 13. G.: Braunschweig, 20. Juli 1957. V.: Wilhelm Gerstenkorn. Ki.: Nina Frühling (1975). El.: Kurt u. Hannelore Rauch. S.: 1973 Mittlere Reife, 1973 Ausbild. Steuerfachgehilfin u. 1977 Prüf. K.: 1978 ltd. Büroang. im elterl. Betrieb u. 1997 Übernahme d. Betriebes. M.: seit 1980 Celler Camping Club e.V. H.: Camping.

Gerstenkorn Wolfhard *)

Gerstenlauer Albert *)

Gerstenmaier Klaus A. Dr. *)

Gerstenmaier York Christian Dr. rer. nat.
B.: Wissenschaftler. FN.: Siemens AG; Lehrstuhl f. techn. Elektrophysik u. TU München. DA.: 80333 München, Theresienstr. 90. PA.: 80638 München, Nederlinger Str. 32. El.: Eugen u. Brigitte, geb. Schmidt. BV.: Vater - früherer CDU-Politiker u. Bundestagspräsident. S.: Abitur Bad Godesberg, Stud. Physik u. Math. Univ. Bonn, Dipl.-Physiker, Prom. K.: Arbeiten auf d. Gebiet d. Quantenmechanik, Festlörperelektronik, Simulations- u. Berechnungsmethoden f. elektrotherm. Systeme, seit 1985 tätig in d. Firma Siemens in München, 1986 USA-Aufenthalt im Forsch.-Labor d. Firma Siemens in Princeton, seit 1999 auch am Lehrstuhl f. techn. Elektrophysik d. TU München. BL.: Patente. P.: zahlr. Veröff.

Gerster Florian
B.: Präs., Min. a.D., Dipl.-Psych. FN.: Bundesanstalt f. Arbeit. DA.: 90327 Nürnberg, Regensburger Str. 104. PA.: 67550 Worms, Wisserstr. 28. G.: Worms, 7. Mai 1949. V.: verh. Ki.: 2 Töchter. S.: 1968 Abitur, Wehrdienst, Mjr. d. Res., 1970 Stud. Psych. u. BWL Univ. Mannheim, 1975 Dipl.-Psych. K.: 1976-77 persönl. Ref., 1981-91 freiberufl. Tätigkeit als beratender Dipl.-Psych., 1966 Eintritt in d. SPD, Vors. d. SPD-Bez. Rheinhessen, stellv. Landesvors. d. SPD Rheinland-Pfalz, Mtgl. d. ParteiB. d. SPD, VPräs. d. Dt. Roten Kreuzes Rheinland-Pfalz, 1974-90 Mtgl. d. Wormser StadtR., 1977-87 Mtgl. d. Landtages Rheinland-Pfalz, s. 1987 direkt gewähltes Mtgl. d. Deutschen Bundestages, 1987-91 Mtgl. d. Dt. Bundestages, Mitgl. f. BAngelegenheitne u. Europa in d. LRg. Rheinland-Pfalz, 1991-94 Minister f. Bundesangelegenheiten u. Europa u. Bevollmächtigten d. Landes Rheinland-Pfalz b. Bund, s. 1991 MdBR, 1994-03/2002 Minister f. Arbeit, Soziales u. Gesundheit, s. 03/2002 Präs. Bundesanstalt f. Arbeit. P.: Hrsg. d. Bücher: "Die linke Mitte heute" (1989), "Armee 2000" (1990), zahlr. Veröff. M.: Nordatlant. Versammlung. (Re)

Gerster Johannes *)

Gerster Petra
B.: ZDF-Moderatorin (Heute). FN.: c/o Christel Diels. DA.: 55444 Eckenroth, Birkenweg 2. G.: Worms, 25. Jan. 1955. V.: Christian Nürnberger. Ki.: Livia (1990), Moritz (1993). S.: 1973 humanistisches Abitur, Stud. Literaturwiss., Germanistik u. Slawistik in Konstanz, 1977 Stipendium d. Studienstiftung d. Dt. Volkes, Auslandsaufenthalte in d. USA u. in Paris. K.: 1982 Volontärin Kölner Stadt-Anzeiger, anschl. Redakteurin, 1985 Wechsel z. Fernsehen: Nachrichtenredakteurin b. Westdt. Rundfunk (WDR), 1987 Moderatorin d. Nachrichtensendung Aktuelle Stunde, kurzzeitiger Wechsel z. Sender 3sat, dann ZDF, Redakteurin u. Moderatorin d. Frauenmagazins ML - Mona Lisa, 1992-94 Frauenstammtisch b. 3sat, 1995 Achtung! Lebende Tiere! im ZDF, ab 1998 Moderatorin d. ZDF-Hauptabendnachrichten "heute". P.: 2001 Buchveröff. "Der Erziehungsnotstand. Wie wir die Zukunft unserer Kinder retten". E.: 1996 Hans-Joachim-Friedrichs-Preis f. Fernsehjournalismus, 1998 Gold. Kamera f. "Glaubwürdigkeit i. TV", 1999 TV-Bambi, 2000 Schirmherrin DMSG (Dt. Multiple-Sklerorse-Ges.).

Gerstmann Claus *)

Gerstmayer Regina *)

Gerstmayr Rainer Dipl.-Kfm.
B.: Wirtschaftsprüfer, Steuerberater, Gschf. Ges. FN.: WSG Hanseatische Treuhandgesellschaft mbH. DA.: 28203 Bremen, Osterdeich 64. gerstmayr@wsg-bremen.de. G.: Bremen, 21. Juli 1961. V.: Sybille, geb. Harupa. Ki.: Max Oskar (1991), Carl Josef (1995), Franziska (2001). El.: Dipl.-Bauing. Oskar Karl Max u. Margot, geb. Matle. S.: 1984 Abitur in Verden, 1984-86 Stud. Bauingenieurwesen an d. TU Braunschweig, 1986-90 Stud. BWL Univ. Göttingen, Abschluss Dipl.-Kfm. K.: 1990-97 Revisor b. Wirtschaftsprüfungsgesellschaft KPNG in Bremen, seit 1997 WSG Hanseatische Treuhand Bremen als Wirtschaftsprüfer, Steuerberater u. Gschf. Ges. M.: Corps Frisia, BJU. H.: Angeln.

Gerstner Anton *)

Gerstner Dorothee Dipl.-Ing. *)

Gerstner Helena *)

Gerstner Peter *)

Gerstner Rudolf Erhard Dr. oec. *)

Gerstorfer Gerold
B.: RA, Notar. FN.: Gerold Gerstorfer & Andrea Steines. DA.: 64646 Heppenheim, Wilhelmstr. 18. gerold.gerstorferrechtsanwalt@t-online.de. G.: Richelbach, 25. Sep. 1949. V.: Ilse, geb. Hansel. Ki.: Philipp (1984), Alexander (1984), Volker (1989). El.: Karl u. Barbara, geb. Mazzuchelli. BV.: Venezianisches Adelsgeschlecht (Familienwappen). S.: 1971 Abitur, 1971 Stud. Jura Univ. Marburg, 1978 1. u. 1981 2. Staatsexamen. K.: 1981-88 freier Mitarbeiter in Kanzleien in Ludwigshafen, Fürth im Odenwald u. Darmstadt, 1984 Zulas-

---

*) Biographie www.whoiswho-verlag.ch oder beigefügte CD-ROM

sung als Notar, 1988-92 selbständig in eigener Kzl. in Heppenheim, 1992-95 Partner der Sozietät Prof. Dr. Carl Otto Lenz, Lutz, Gerstorfer, Bensheim, 1995 wieder Einzelkanzlei und Notariat, seit 2001 Bürogemeinschaft m. Andrea Steines, Tätigkeitsschwerpunkt: privates Baurecht. M.: Vors. im Pfarrgemeinderat (1981), seit 1985 Verwaltungsratsmtgl. Katholische Kirchengemeinde "Erscheinung des Herrn", Vorsitzender d. Sportfreunde Heppenheim (1992-96), Stadtverordneter d. CDU-Fraktion Heppenheim (1993-2001), Förderkreis d. Freunde Trojas d. Univ. Tübingen, Arge Verkehrsrecht im DAV. H.: Archäologie, Modelleisenbahn, Familie.

Gerstung Fritz Dr. rer. pol. Dipl.-Kfm. Dipl.-Vw.
B.: Vorst.-Mtgl. FN.: Nürnberger Bund Großeinkauf eG Essen. DA.: 45136 Essen, Schürmannstr. 30. G.: 23. Okt. 1947. S.: 1947 Dipl.-Kfm., 1974 Dipl.-Vw., 1977 Prom. K.: seit 1977 Nürnberger Bund Großeinkauf eG Essen, seit 1981 Vorst.-Mtgl. P.: "Die Servicepolitik als Instrument d. Hdls.-Marketing" (1978).

von Gersum Erich Werner *)

Gerten Georg Dr. med.

B.: ltd. Arzt d. Augenklinik. FN.: PAN-Praxisklinik Am Neumarkt. DA.: 50667 Köln, Zeppelinstr. 1. G.: Alf/Mosel, 21. Juni 1963. V.: Birgit, geb. Netz. Ki.: Eiko, Katrin. El.: Alois u. Eva, geb. Metzen. S.: 1982 Abitur, 1982-89 Stud. Med. in Bonn u. Yale/USA, 1989-92 Weiterbildung z. FA f. Augenheilkunde. K.: 1992-94 OA am Lehr-KH d. Univ. Bonn in Lüdenscheid, seit 1996 ndlg. Augenarzt m. Schwerpunkt Augenchir. in Köln. P.: zahlr. Veröff. u. Vorträge im Bereich Katarakt u. refraktive Chir. M.: ASCRS American Society of Cataract and Refractive Surgery , DGII Deutschsprachige Ges. f. Intraokularlinsen Implantation. H.: Saxophon, Sport, Volleyball, Tennis.

Gerth Axel Dr. *)

Gerth Bernhard
B.: selbst. RA. DA.: 35349 Gießen, Kreuzpl. 7. bgerth@web.de. G.: Asslar, 8. Dez. 1949. Ki.: Anna-Daria (1995). S.: 1968 Abitur Wetzlar, 1968-71 Stud. Anglistik u. Geographie Gießen, ab 1972 Stud. Rechtswiss. Gießen, 1977 1. Staatsexamen, 1977-80 Referendariat, 1980 2. Staatsexamen, K.: ab 1980 RA in einer Sozietät, 1989 Grdg. einer eigenen Kzl. in Gießen, Spezialierung auf Öff. Recht u. in. Ausländerrecht, Beratungsangebote f. Unternehmen im Bereich Ausländer-, Arbeits- u. Familienrecht. BL.: intensive Tätigkeit b. Hess Verw.-Gerichtshof u. v. d. Bundesverfassungsgericht, Zusammenarb. m. Amnesty Intern. in Form v. Beratungen. H.: Sport, Musik (spiel selbst Gitarre), Kochen.

Gerth Hans-Joachim Dr. med. o.Prof.
B.: Univ.-Prof. i. R. PA.: 72076 Tübingen, Erlenweg 22. G.: Arnstadt, 30. Okt. 1927. V.: Kamilla, geb. Meier. Ki.: Lutz (1965), Anke (1967), Felix (1970). El.: Rudolf u. Margarete. S.: Abitur, 1947-53 Stud. Göttingen, 1954 Prom. K.: 1954-59 Fachausbild. wiss. Tätigkeit USA, 1969 Habil., 1959-72 wiss. Ass. bzw. OAss. am Hygiene-Inst. d. Univ. Tübingen, 1973-93 Dir. d. Abt. f. Med. Virologie u. Epidemiologie u. Viruskrankheiten am Hygiene-Inst. d. Univ. Tübingen, seit 1993 i. R. P.: ca. 100 Veröff. in wiss. Fachzeitschriften u. Fachbüchern. M.: Dt. Ges. f. Hygiene u. Mikrobiologie, Ges. f. Virologie.

Gerth Marianne Dr. med. *)

Gerth Monika
B.: Apothekerin, Mitinh. FN.: Fleming Apotheke. DA.: 20140 Hamburg, Grindelallee 182. G.: Gotha, 28. Apr. 1954. Ki.: Jan Ole (1989). S.: 1972 Abitur Schnepfenthal, 1972-74 Stud. BWL Karl-Marx-Stadt u. Jena, 1974 Ausreise aus d. DDR nach Hamburg, 1975-79 Stud. Pharmazie in Hamburg, 1979 Praktikum in Eltville, 1980 Approb. K.: b. 1984 approb. Apothekerin in versch. Hamburger Apotheken, 1984 Übernahme d. Fleming Apotheke als Gemeinschaftsprojekt m. 2 weiteren Apothekerinnen u. einer pharmazeut. kfm. Ass. (PKA), heute gemeinsam tätig m.: Gudrun Likus Apothekerin, Gudrun Meiburg pharmazeut. kfm. Ass., Evelyn Seibert Apothekerin. M.: Mitbegründerin d. Ver. VDPP. H.: Singen (Neuer Chor Hamburg), Schwimmen, Garten.

Gerth Monika *)

Gerth Oliver

B.: freiberuflicher Diplom-Sozialpädagoge. DA.: 06108 Halle/Saale, Franz-Andres-Str. 12. oliver.gerth@t-online.de. G.: Meißen, 21. August 1969. V.: Lebenspartner: Petra Uhlig. Ki.: Flavius Valentin (1996), Helena Moana (1999). El.: Bauing. Wolfgang u. Bärbel. S.: Abitur, Lehre z. Kfz-Elektriker, Lehre z. Energieelektroniker, Stud. Sozialpädagogik an d. FH Merseburg, Dipl. K.: seit 1998 freiberufl. Sozialpädagoge: Projektbetreuung, Stadtentwicklung, soziolog. Studien. P.: Seminare u. Studien z. Kommunikations- u. Konfliktmanagement/training m. Jugendlichen. n. Erwachsenen b. Arbeitsämtern, freien Bildungsträgern u. Existenzgründern. M.: Förderverein d. Klinik f. Psychosomatik u. Psychotherapie. H.: Bergwandern, Drachenfliegen.

Gerth Roland *)

Gerth Sven
B.: Werkzeugmacher, Gschf. FN.: Büro-Organ. Roland Zeller Cottbus GmbH. DA.: 03044 Cottbus, Körnerstr. 17. PA.: 15913 Butzen, Hauptstr. 39 d. svengerth@buero-zeller.de. G.: Lübben/Spreewald, 8. März 1971. V.: Katrin Reichardt. Ki.: Marvin (1998). El.: Peter u. Elsbeth. S.: 1987-90 Ausbild. z. Werkzeugmacher, 1990 arbeitslos, nach Lehrgang Befähigung auf d. Gebiet d. Kopiertechnik. K.: 1991-93 Aufbau einer Filiale f. Büro-Organ., seit 1993 eigene GmbH u. Gschf. m. Filiale. M.: BVMW, Unternehmerverb. H.: Sport, Reisen.

*) Biographie www.whoiswho-verlag.ch oder beigefügte CD-ROM

Gerth Wolf-Michael Dipl.-Ing. (FH)

B.: Sped.-Kfm. DA.: 74199 Untergruppenbach, Rosenstr. 6. G.: Nürnberg, 14. Juli 1958. V.: Lilia, geb. Heinrich. El.: Horst-Reiner u. Ruth, geb. Bein. S.: 1979 Fachabitur Technik Erlangen, 1980-82 Ausbild. Sped.-Kfm., 1982-86 Stud. Wirtschaftsing. FH., Schweinfurt. K.: seit 1986-87 Siemens AG, Erlangen, 1987-89 Stiebel Eltron GmbH & Co. KG, Holzminden, Logistikcontrolling, 1989-92 AGRIA Werke GmbH, Möckmühl Logistik, Leitung, 1993-96 Nedlloyd Unitrems GmbH, Heilbronn, Manager Administration, seit 1996 Ing.-Büro f. Planung u. Realisierung v. Prozessen in d. Logistik. P.: Projekte Logistik, Refa, Qualitätsmanagement, Vorträge Logistik/Contr. Kostenrechnung. M.: VDI - FML. H.: Musik, Laufen, Radf., Grdg.-Aktionär Cargolifter AG.

Gerths Simone Dipl.-Ing. *)

Gertis Karl A. Dr.-Ing. habil. o.Prof. *)

Gertler Albert

B.: RA u. Notar in eigener Kzl. DA.: 31848 Bad Münder, Angerstr. 17. gertler-und-ipsen@gmx.de. G.: Gehrden, 23. Nov. 1945. V.: Christine, geb. Asemann. Ki.: Max (1974), Luise (1976), Johanna (1979). El.: RA u. Notar Hermann u. Dr. Katharina, geb. Sauerwald. S.: 1965 Abitur, 1966-67 Bundeswehr, 1968 Praktikum in versch. Branchen u. Beginn d. Stud. d. Rechts- u. Staatswiss. an d. Georgia-Augusta-Univ. in Göttingen u. Ludwig-Albert-Univ. in Freiburg, 1973 1. Staatsexamen, Referendariat am OLG Celle, 1975 2. Staatsexamen, 1984 regelmässige Fort- u. Weiterbildung im zivilrechtlichen Bereich u. Notariat. K.: 1975 niedergelassen gemeinsam in Sozietät m. Dr. Heinz Niemeier i Bad Münder, 1982 zusätzl. Nebenstelle als Einzelkanzlei in Bad Münder, vorwiegend Zivilrecht u. Notar, parallel 1976-91 aktiver Kommunalpolitiker u.a. im Stadtrat in Gehrden u. Kreistagsabgeordneter in Hannover, 1974-82 Kirchenpfarrgemeinderat Gehrden. M.: Anwaltsverein, Sportverein Gehrden, aktiver Fussballer z. Studienzeit, erfolgreiche Teilnahme an Turnieren. H.: Radtouren, Natur (Frankreich), Sport.

Gertler Carljürgen *)

Gertsch Max

B.: Schauspieler. FN.: c/o Intern. Agentur Heppeler. DA.: 81667 München, Steinstr. 54. G.: 5. Feb. 1940. S.: Schauspielausbild. am Konservatorium f. Musik u. Theater Bern. K.: 1991 "Die Geschwister Pfister", Film: 1988 Europa u.d. zweite Apfel, 1994 Liebe Lügen, 1995 Katzendiebe, 1998 Große Gefühle, Fernsehen: 1989 Der tollwütige Mund; Dana Lech, 1990 Der Hausgeist; Tücken d. Alltags, 1993 Das Double; Wolffs Revier, 1994 Girl Friends, 1995 Flughafenklinik; Feuerbach; Auf eigene Gefahr, 1997 Drunter u. Drüber; Tatort; Ein starkes Team, 1998 Im Namen d. Gesetzes, Theater: 1988 Der verbotene Garten; Emilia Galotti, 1989 Der Hofmeister; Ein Fest f. Boris; Der tollwütige Hund, 1990 Die Verfolgung u. Ermordung Jean Paul Marats; Germania Tod in Berlin, 1991 Wintermärchen, 1997 The Black Rider, 1999 Grosse Gefühle Im Namen des Gesetzes - Mord ohne Mörder. E.: 1992 Kritikerpreis d. Berliner Zeitung f. "Die Geschwister Pfister", 1993 Kleinkunstpreis "Salzburger Stier", 1996 Solothurner Filmtage: SBG Anerkennungspreis f. "Liebe Lügen".

Gertsobbe Thomas *)

Gertz Bernhard Otto

B.: Bundesvors., Bundesgschf. FN.: Dt. Bundeswehr-Verb. e.V. DA.: 53175 Bonn, Südstr. 123. G.: Hamburg-Altona, 15. Sep. 1945. V.: Bärbel, geb. Koller. Ki.: Claudia (1968), Nina (1971). S.: 1965 Abitur Hamburg, 1971-72 FH d. Luftwaffe in Neubiberg, Stud. BWL m. Abschluß Betriebswirt, 1973-77 Stud. Rechtswiss. LMU München, 1977 1. Staatsexamen, 1978-80 Referendariat b. OLG München, 1980 2. Staatsexamen. K.: seit 1965 b. d. Bundeswehr, nach Wehrpflicht Verpflichtung als Berufssoldat Luftwaffe, 1967 Lt., PR- u. Infoarb., Zugführer, 1967 Presse- u. Infooffz. Leichtes Kampfgeschwader in Husum, 1968-71 Personaloffz., 1972 Hptm., Staffelchef Lufttransportgeschwader 61 in Penzing, 1977 Mjr., 3 Monate Personalstammdienststelle d. Luftwaffe Köln, 1978-81 GemR. in Finsing, seit 1981 Bundesmin. d. Verteidigung, 1981-82 Rechtsreferent Personalabt. P II 7, 1982 Oberstlt., Referent P II 5, 1988 Wahl in d. HauptpersonalR. d. BMVg, 1988 Freistellung, 1990 1. stellv. Vors. HauptpersonalR., 1991 Oberst, Referatsltr. P II 5, 1985-93 Justitiar d. Bundeswehr-Verb., 1993 Wahl z. Bundesvors. d. Bundeswehr-Verb., seit 1994 freigestellt, 1997 Wiederwahl, seit 1994 VPräs. d. Europ. Union d. Militärverb. (EUROMIL), seit 1994 Vors. d. Karl Theodor Molinari-Stiftung, seit 1994 Vors. d. Mildtätigen Stiftung d. Dt. Bundeswehr-Verb. P.: Mitautor "Kommentar z. Soldatenlaufbahnverordnung". H.: Lesen, dt. u. europ. Geschichte im 19. u. 20. Jhdt. spez. d. Widerstand 20. Juli 1944, Sammeln v. Literatur, Sammeln alter Fotoapparate u. Uhren.

Gerull Frank Dipl.-Ing. *)

Gerum Horst *)

Gerum Reinhild

B.: Kunstmalerin. DA.: 81245 München, Marscher Str. 41D. reinhildgerum@m-net-online.de. G.: München, 23. Sep. 1955. V.: Günter Watzinger. S.: 1974 Abitur, 1974-77 Stud. Philosophie u. Politische Wiss., 1977-83 Stud. Malerei an d. Akademie d. Bildenden Künste in München b. Prof. K.F. Dahmen, 1979-80 Studienaufenthalt in Rom, 1982-83 Aufbaustudium Architektur b. Erich Schneider-Wessling an d. Akademie d. Bildenden Künste in München. K.: 1983-85 Mitarbeit im Diözesanbauamt Eichstätt b. Karljosef Schattner in Eichstätt, 1985 Dipl. f. freie Malerei, seither tätig als freischaffende Malerin, 1986 Lehrauftrag "Experimentelles Zeichnen" an d. Akademie d. Bildenden Künste in München, seit 1989 tätig m. psychisch Kranken m. versch. Krankheitsbildern im Bezirkskrankenhaus Haar, 2000 Lehrauftrag an d. Georg-Simon-Ohm-FH in Nürnberg. BL.: Stipendium "Seniorenkulturarbeit" d. Inst. f. Bild. u. Kultur in Remscheid, 1994 Förderung durch d. Kunstfonds e.V. Bonn P.: bundesweite Ausstellungen v. 1975-2000, Einzelaustellungen u.a. Galerie Anais in München (1983), Galerie Hennemann in Bonn (1985), Galerie Schreiter in Nürnberg (1995), Carl Baasel Lasertechnik in Starnberg (1997), BIS Kulturzentrum im Alten Museum in Mönchengladbach (2000). H.: Wandern, Natur, Musik, Literatur.

Gervers Hans *)

Gerwers-Ortlieb Beate *)

Gerwert Helmut Reinhold *)

Gerwin Hanno *)

*) Biographie www.whoiswho-verlag.ch oder beigefügte CD-ROM

Gerzen Valeri

B.: Elektronikfachmann, Vers.-Kfm., Gschf. FN.: TV-Cinema-Mirror Unterhaltungselektronik GmbH. GT.: seit 2000 parallel zu TVCM 2. Firma TVCM Vertrieb, Finanzdienstleistung m. d. Nürnberger Vers., speziell Investment Berufsunfähigkeiten. DA.: 90431 Nürnberg, Kirchhoffstr. 4. PA.: 90579 Langenzenn, Lohäckerstr. 14. V.: Lena,geb. Rohrbach. Ki.: Veronika (1984), Stefanie (1990). S.: b.1973 Lehre in d. Technkschule f. Elektrotechnik Duschanbe/Rußland. K.: 1973-87 f. Elektrotechnik in 2 Großunternehmen in Rußland tätig, parallel als Musiker tätig (Klavier, Gitarre, Gesang), 1987 Auswanderung nach Deutschland über Friedland nach Nürnberg, 1987-88 Sprachkurs in Herzogenaurach u. Elektronikpass in Nürnberg, 1988-89 Elektriker f. d. Wartung u. Montage v. CNC Maschinen im Aluwerk (Alcan) tätig, ab 1990 selbst. Vers.-Kfm. b. Hamburg-Mannheimer, 1993 Geschäftsstellenltr. m. über 500 Partnern, 1997 Grg. d. Firma TV-Cinema-Mirror als Mitgschf. BL.: 1998 Patentanmeldung: Gebrauchsmuster über Bildprojektionsvorrichtung, d. Idee: beliebige Vergrößerung einer Bildfläche durch einen gekrümmten Spiegel. E.: 1994 in d. HMI Profil ausgezeichnet "Meisterl. Kraftakt" Goldmed. u. Ehrenurkunde Region Nürnberg, Intern. Ausstellung "Ideen - Erfindungen - Neuheiten", Auf d. Weltmesse Jena 1999. H.: Musik, Sport, Esotherik, Optik, Elektronik.

Gesche Thomas Dr. med. dent. *)

Geschewski Christa *)

Geschka Otti *)

Geschke Günter Dr. phil.

B.: Chefredakteur. PA.: 22926 Ahrenburg, Ahrensfelder Weg 35. gueges@aol.com. G.: Duisburg, 19. Juni 1931. V.: Brigitte, geb. Wilmer. Ki.: Jan, Sven, Hai. S.: Stud. an Univ. Münster, Köln u. Hamburg, 1959 Prom. K.: 1972-78 Bonner Korrespondent, 1979-85 Polit. Red. u. 1986-92 Chefred. "Dt. Allgemeines Sonntagsblatt", 1990-92 Korrespondent in Berlin (Ost), s. 1994 Hrsg. d. Vierteljahresschrift "Das Gespräch aus der Ferne". P.: "Die deutsche Frankreichpolitik 1940" (1960). E.: 1951 Scheffelpreis.

Geschke Stephan *)

Gesell Jürgen

B.: Fotograf, Inh. FN.: Studio Jürgen Gesell, Ind.- u. Werbefotografie. DA.: 90762 Fürth, Pfisterstr. 15. studiogesell@t-online.de. www.gesell-fotografie.de. G.: Nürnberg, 23. September 1958. V.: Ursula Frischmann. El.: Wolfgang u. Rosemarie. S.: 1976 Mittlere Reife, 1976-78 Lehre Einzelhandelskaufmann bei Firma C & A Nürnberg, 1979-80 Bundeswehr - Unteroffizier, 1981-84 Lehre Fotograf Atelier Flad Nürnberg. K.: 1984-85 Fotograf d. Firma Neuhaus in Nürnberg, seit 1986 selbständiger Fotograf in Fürth. M.: Alfa Romeo-Club. H.: Sport, Malerei, krit. Kabarett.

Gesell Peter Georg Dipl.-Ing. *)

Gesell Rudolf *)

Gesell Thomas *)

Gesell Torsten *)

Gesell Willi Prof.

B.: Opern- u. Konzertsänger, HS-Lehrer. DA.: 50668 Köln, Theodor-Heuss-Ring 54. G.: Neuss, 5. Apr. 1926. Ki.: Wolfgang (1957), Irene (1958), Katja (1986), Ava (1989). El.: Stefan u. Margarete. BV.: Silvio Gesell Marktwirtschaftler während d. Weimarer Rep. S.: Wehrmacht, ab 1942 Stud. an d. Musik-HS Köln, 1949 aus Russ. Gefangenschaft zurück, HS f. Musik Köln. K.: Opern- u. Konzertsänger, 1974 Prof. an d. Musik-HS Köln, Meisterkurse an d. Univ. v. Minnesota. E.: C. Lindström-Preis d. Electrola im Fach Sologesang, Die Persönlichkeiten d. J. 1974/75, U. di Pompeo u. Jörg Bobsin, 1975 European V.I.P. Service Est. H.: Malerei. Sprachen: Englisch, Russisch.

Geserich Siegfried Dr. *)

Geserick Arno

B.: Gschf. Ges. FN.: a-plus Datenkabel u. Kommunikationssysteme Geserick KG. DA.: 26135 Oldenburg, Gerhard-Stalling-Str. 34. G.: Oldenburg, 2. Aug. 1941. V.: Bernadette, geb. Dolf. Ki.: Rainer (1967), Sonja (1971), Smilka (1971). El.: Heinz-Arnold u. Johanna, geb. Deutschmann. S.: 1956-59 Ausbild. z. Elektroinstallateur Oldenburg, 1959-61 Elektroinstallateur Oldenburg u. Koblenz, 1962-63 Wehrdienst, 1964-65 Handelsschule Oldenburg, 1965-67 Ausbild. z. Groß- u. Aussenhdls.-Kfm. Oldenburg Rundfunk- u. Fernsehgroßhdl. K.: Sachbearb. Autotelefon- u. Funksprechanlagen, 1969-82 Philips Data Systems Siegen, 1969-72 Verkaufsass., 1977 Vertriebsbeauftragter, 1978-80 Projektmanager, 1981-82 Gebietsverkaufsltr., 1982-83 Vertriebsltr. Nord Media Produkts NASHUA GmbH Hannover, 1984-85 Kfm. Ltg. u. Vertrieb Ind. Raum Köln, seit 1986 selbst. u. Grdg. d. Firma a-plus Datenkabel Inh. Arno Geserick in Oldenburg, 1995 Umfirmierung in a-plus Datenkabel u. Kommunikationssysteme Geserick KG.

Geserick Gunther Dr. med. Univ.-Prof.

B.: Arzt, FA f. Gerichtl. Med., Dir. FN.: Inst. f. Rechtsmedizin d. Charitè d. Humboldt-Univ. zu Berlin. DA.: 10115 Berlin, Hannoversche Str. 6. G.: Berlin, 11. Juli 1938. V.: Gisela, geb. Hagel. Ki.: 1 Tochter (1965). El.: Studienrat Erwin u. Eva, geb. Koitz. S.: 1956 Abitur, 1956-62 Stud. Humanmed. Humboldt-Univ. Berlin, Approbation als Arzt, Prom. Dr. med. K.: 1967 FA f. Gerichtl. Med., 1973 Habil. Dr. sc. med. mit d. Schrift "Das Australia-Antigen", 1973 1. OA am Inst. für Gerichtl.

*) Biographie www.whoiswho-verlag.ch oder beigefügte CD-ROM

Med. d. Humboldt-Univ. Berlin, 1977 Hochschuldoz. f. Gerichtl. Med. an d. Humboldt-Univ., 1981 Auslandsstudie Teikyo-Univ. Tokio (Japan) - 3 Monate, 1984 Auslandsstudie Univ. Olomouc (Tschechoslowakei) - 6 Monate, 1984 Ordentlicher Prof. f. Gerichtl. Med. an d. Humboldt-Univ., ab 1987 Dir. d. Inst. f. Gerichtl. Med. an d. Humboldt-Univ., 1991-94 Prodekan f. Forschung d. Med. Fakultät Charitè d. Humboldt-Univ., ab 1991 Vors. d. Habilitationsausschusses d. Med. Fakultät Charitè d. Humboldt-Univ., 1992 Berufung auf die C4-Professur Rechtsmed. an d. Med. Fakultät Charitè d. Humboldt-Univ. P.: 302 Publ., davon 12 Buchbeiträge, über 200 wiss. Vorträge, darunter auf wiss. Kongressen in Japan, Österr. Polen, Schweiz, Tschechoslowakei, Ungarn, USA, Hrsg. d. Zeitschrift "Rechtsmedizin". E.: 1982 Preis d. Ges. f. Gerichtl. Med., 1982 Rudolf-Virchow-Preis, 1985 Intern. Preis f. Gerichtl. Med. d. Humboldt-Univ. Berlin, 1987 Wiss.Preis d. Magistrats von Berlin, 1998 Ogata-Koan-Medaille d. Kitasato-Univ. Japan, 2001 Truth-in-Action-Award d. World Ass. of Detectives.

Geserick Sabine
B.: Galeristin. FN.: Just Art Galerie. DA.: 10719 Berlin, Pariser Str. 62. BV.: Maler Josef Hegenbarth. S.: 1967 Abitur Ziesar, 1967-71 Stud. Russ. u. Geografie an PH Potsdam. K.: 1971-74 Lehrerin, 1974-78 Dolmetscherin im Inst. f. Elektrotechnik u. Elektronik u. Zusatzausbild. an PH Potsdam u. in Leipzig, daneben Chemiestud. an Humboldt-Univ. Berlin, 1978-79 Referendariat in Westberlin, Lehrerin, 1994 Grdg. Kleine Galerie am Hirschsprung, 1995 Grdg. Just Art Galerie, Ausstellung v. Malerei u. Skulpturen sowie u.a. naive Kunst u.a. Josef Henry Lonas, Frank Stella, Carlos Gallardo, 2000 Brigitte Eckel, 2000 Sonderborg, sowie Konzerte mod. Musik "free music" u. Lesungen, 2000 Schmuckobjekte v. Nurit Agur, 1996 Buch-Kunst Buchkunst in d. Staatsbibl. f. Preuß. Kulturbesitz u. 1997 Event in Kulturforum Matthäuskirche, auch intern. Ausstellungen, sowie Konzerte u. Lesungen. P.: Hrsg. "Ich bin ein Berliner" u. "Eine ganze Familie". M.: Galeristenverb. H.: Kunst, Literatur (Feuchtwanger, Thomas Mann, Marques), Reisen nach Spanien, Rußland, Japan u. Italien.

Gesigora Martin *)

Gesing Martin Dr. phil.

B.: Ltr. FN.: Stadtmuseum Beckum. DA.: 59269 Beckum, Markt 1. martin.gesing@t-online.de. G.: Beckum, 6. Mai 1960. V.: Hildegard, geb. Daniel. Ki.: Stephan, Johannes. El.: Hubert u. Annemarie, geb. Harbaum. S.: 1979 Abitur, 1979-80 Bundeswehr, 1980 Stud. Kunstgeschichte, klassische Archäol. u. neue Geschichte Univ. Bochum u. Münster, 1988 Prom. K.: seit 1986 Ltr. d. Museums in Beckum. P.: Dr.-Arb.: "Triumph d. Bacchus. Triumphidee u. bacchische Darstellungen in d. ital. Frührenaissance im Spiegel d. Antikenrezeption", "Der Strontianitbergbau im Münsterland, Quellen u. Forsch. z. Geschichte d. Kreises Warendorf", "Neubeckum 1899-1999, Stationen u. Entwicklung in 100 J.", "Still-Lage, Ortsgedächtnis, Projektionen in d. Landschafts Westfalens". M.: Dt. Museumsverb., Ver. westfäl. Museen, Rotary Intern. Club, Dt. Ver. f. Kunstwiss. H.: Lesen.

Geske Otto-Erich Dr. iur. *)

Geß Constanze

B.: Nageldesignerin, Inh. FN.: Nagelstudio Constanze. DA.: 04416 Markkleeberg, Hauptstr. 49. G.: Leipzig, 2. Mai 1961. V.: Stefan Geß. Ki.: Christian (1983), Sophia (1986). El.: Prof. Dr. Naumann u. Dorothea. S.: Stud. Silikattechnik Bergak. Freiberg m. Abschluß Dipl.-Ing. K.: Mitarb. Forschung GISAG in Leipzig, Vertragsarb. in d. WAMA in Markkleeberg, 1991 Ausbildung bei Buschmann-Cosmetics zu Leipzig, seit 1991 selbständig m. Grdg. d. 1. Nagelstudios in Markkleeberg m. Schwerpunkt Maniküre, Modellage, Design u. Nagelprobleme; 1999-2000 zusätzliche Ausbild. zum medizin. Fußpfleger an d. Handwerkskammer zu Leipzig. E.: 1992 Meister im Nail Design, jedes weitere Jahr - Teilnahme an d. Europäischen Nail-Design-Meisterschaften sowie an d. 1. Nail-Art-Meisterschaft 1998 6. Preis, 2. Nail-Art-Meisterschaft 1999 5. Preis. M.: MCC e.V., HK H.: Encaustic-Malerei, Aerobic.

Gessenharter Wolfgang Dr. phil. Prof. *)

Gessert Bernd *)

Gessert Jörg-Peter Dipl.-Ing.

B.: beratender Ing.; Inh. FN.: Ing.-Büro f. Bauwesen. DA.: 14199 Berlin, Hohenzollerndamm 123. PA.: 12165 Berlin, Berlinickestraße 1 a. G.: Berlin, 18. Jän. 1940. V.: Helga, geb. Wicklein. Ki.: Michaela (1963). El.: Jutta Gessert. BV.: Urgroßvater mütterlicherseits - wurde v. Kaiser Wilhelm geadelt, Teilnehmer an d. Nordlandfahrten d. Kaisers. S.: 1954-56 Lehre Maurer, 1958-60 Lehre Betonbauer Abendschule, 1959-60 FHS-Reife, 1960-63 Fernstud. Bodentechnologie Ing.-Schule Apolda, 1964-65 Wehrdienst, 1966-71 Abendstud. Ing.-Schule f. Bauwesen Berlin, 1980-83 postgraduales Stud. Gebäudewerterhaltung Ing.-Schule f. Bauwesen Berlin, 1984-87 postgraduales Stud. Technologie d. Bauprod. TH Leipzig, ab 1990 Weiterbild. in Lehrgängen u. Seminaren. K.: 1978-79 betriebl. Mentor v. Mitarb. f. Meisterausbild. b. z. Meisterprüf., 1987-88 betriebl. Mentor u. Betreuer v. Absolventen d. Ing. Schule Berlin in d. Praktikumsbetreuung bis zur Verteidigung d. Diplomarbeit, 1956-61 tätig als Maurer, 1961-66 Meisterbereichsltr. f. Betonfertigung u. Stahlbearb., 1966-68 Bauführer u. Bauleiter im Wohnungs-, Gewebe u. im Ind.-Bau u. in d. Sanierung, 1978-80 Fachgebietsltr. im Kombinat d. Baubenind., 1980-87 Ltr. d. Baugruppen in einer VOB, 1987-89 Ltr. d. Projektierung im Kombinat Robotron Vertrieb in Berlin, 1989-93 Baubehördenltr. im Hochbauamt Tiergarten in Berlin, 1992-95 selbst. m. Bauunternehmen, seit 1996 freiberufl. tätig in Projektsteuerung, HU- u. GÜ-Oberbaultg. im Auftrag v. als Sachv.; Projekte: Um-, Ausbau, Modernisierung u. Sanierung d. Wohnungs-, Industriebau u. Gewerbeobjekte schlüsselfertig, u.a. Erweiterung d. Zentrale d. Kreissparkasse in Heringsdorf u. Zinnowitz auf der Insel Usedom, Montage v. Vorhangfassaden f. d. dt. Bahn u. Berliner Wasserwerke. M.: seit 1990 Baukam. Berlin, seit 1996 Beratender Ingenieur

---
*) Biographie www.whoiswho-verlag.ch oder beigefügte CD-ROM

Gessert

u. Mtgl. VBI, seit 1997 freier Sachv. f. Schäden an Gebäuden, seit 1998 Bau-Prüfverb. Brandenburg-Berlin. H.: Geschichte, gut Essen, Konzerte.

Gessl Renate *)

Geßlein Bernhard
B.: Marketingkfm., RA. FN.: RA Geßlein & Kollegen. DA.: 09112 Chemnitz, Limbacherstr. 111. PA.: 80804 München, Hagedornstr. 15. G.: 17. Jan. 1955. El.: Max u. Irmgard. BV.: Zunftsmeister im Schmiedehandwerk. S.: 1974 Abitur Lichtenfels, 1974-75 Bundeswehr, 1975-80 Stud. Rechtswiss. Univ. Regensburg, 1980 1. u. 1983 2. Jur. Staatsprüf., 1988-89 berufl. Fortbild.-Zentren d. Bayer. Arbeitsgeberverb. e.V. München. K.: 1981-83 Referendarausbild. im OLG-Bez. Nürnberg, 1984 Jurist. Mitarb. Anw.-Kzl. S. Venzmer, 1984-88 Allg. Innere Verw., 1984-85 Kommunalaufsicht Reg. v. Oberbayern, 1985 Straßenbauamt München, 1985-86 Straßenbauamt Passau, 1987 Reg. v. Niederbayern, 1987-88 Reg. v. Oberbayern, 1989-90 Immo-Wert Ges. f. Immobilienbeteiligungen mbH, 1991-92 Leipziger Ges. f. Bild. u. Arb. e.V., 1992 DEGES Dt. Einheit Fernstraße Planungs u. Bau GmbH, 1993 Konsumgen. Chemnitz eG, seit 1994 RA in Chemnitz. BL.: öff. u. zivilrechtl. Baurecht, Zusammenarb. m. einem Dipl.-Ing. d. Münchner Ing.-Kam. z. Begutachtung v. Bauobjekten. M.: Polizei- u. Schachver. München. H.: Kampfsport "Taekwondo", Squash, Schwimmen, Tennis, Camping.

Gessler Martin Dr. med. *)

Geßmann Hans-Werner Dr. phil. *)

Geßner Annekatrin Dr. med. *)

Gessner Hans Heinrich *)

Gessner Jürgen *)

Gessner Klaus-Jochen *)

Gessner Richard
B.: Journalist f. Luftverkehr u. Reise. DA.: u. PA.: 23570 Lübeck-Travemünde, Alfred-Hagelstein-Str. 9. G.: Bamberg/Franken, 19. Jan. 1936. V.: Ilse, geb. Heuer. Ki.: Thomas Richard (1965), Ralf Christian (1972). El.: Adolf (Dir. u. Prokurist) u. Elsa, geb. Seiz. BV.: Pfarrer Andreas Gessner (1584), Andreas Samuel Gessner, Rektor in Rothenburg (1716), Johann Mathias Gessner, Prof. in Göttingen (gest. 1761). S.: Altes Gymn. u. Städt. Höhere Handelsschule Bamberg. K.: 1953-56 Zeitungsverlag "Fränkischer Tag", Bamberg, 1956-59 Bundeswehr/Luftwaffe, Flugsicherung, 1960-62 Deutsche Lufthansa AG, Europadirektion/Frankfurt, Luftfracht, 1962-64 Olympic Airways, Verkaufpreisdirent Passage u. Fracht, 1964-95 Manager Presse u. PR, Deutsche Lufthansa AG, Frankfurt, seit 1995 freier Luftfahrt- u. Reisejournalist. P.: "Der Venice-Simplon-Orient-Express - eine Legende auf Rädern" (Fuldaer Ztg. 1994), "Ist der Super-Jumbo nur ein Traum?" (Fuldaer Ztg. 1995), "Concorde - Mit 20 immer noch die Schnellste" (Augsburger Allgem. 1996), "70 Jahre Nordatlantik von Ost nach West Luft- u. Raumfahrt (1998), "Frankentour aus Lebenslust" (Augsburger Allgem. 1998). E.: Grdgs.- u. Ehrenmtgl. World Airlines Clubs Ass. M.: DJV – Deutscher Journalistenverb., LPC - Luftfahrt Presse-Club e.V. H.: Golf, Reisen, Literatur, Musik.

Geßner Thomas Dr.-Ing. habil. Prof. *)

Gessner Walter Dipl.-Kfm. *)

Gessner Werner A. Dipl.-Ing. *)

Gester Heinz Dr. iur. Prof. *)

Gestewitz Harald Ralf Ulrich
B.: Elektromeister, Gschf. Ges. FN.: Volt Elektro-GmbH Neustrelitz. DA.: 17235 Neustrelitz, Augustastr. 26. G.: Wesenberg, 11. Apr. 1951. V.: Lebenspartner Renate Mentzel, 13. Mai 1952. Ki.: Stephan (1974), Christine (1979), Christian (1984), El.: Heinz u. Inge, geb. Dähn. S.: 1967-70 Lehre z. Elektromonteur, 1970-71 NVA. K.: 1971-72 Elektriker im VEB Holzindustrie Wesenberg, 1973-77 Elektriker im VEB Fischerei Wesenberg, 1977 Abschluss z. Meister d. Elektrohandwerks, seit 1977 selbständig m. eigener Elektrofirma in Neustrelitz, 1992 Umbildung z. GmbH. M.: LDPD, seit 1977 FDP, DAV, Union Wesenberg e.V. H.: Angeln.

Gestrich Helmut Dr. iur.
B.: Landrat a. D. Landkreis Bernkastel-Wittlich, Landrat. PA.: 54470 Bernkastel-Kues, Birkenweg 9. G.: Trier, 2. Febr. 1931. V.: Margret, geb. Weber. Ki.: 6 Kinder. El.: Peter u. Regina. S.: Stud. Rechtswiss., Assessorexamen, Prom. K.: RA, Kommunalbmtr., Staatsdienst, seit 1966 Landrat. P.: zahlr. Veröff. E.: BVK 1. Kl. M.: Cusanus-Ges. H.: Philosophie, Geschichte.

Getrost Marianne Dipl.-Ing.
B.: freie Architektin. DA.: 10627 Berlin-Charlottenburg, Sesenheimer Str. 1. www.getrost-architekte.de. G.: Darmstadt, 8. Nov. 1953. V.: Klaus Pohle. El.: Heinrich u. Gertrud Getrost. S.: 1977 Abitur, 1978-81 Stud. Arch. TH Darmstadt, 1981-84 Stud. TU Berlin, Dipl.-Ing. K.: 1984 Projekt f. Auroville in Indien, Projektarb. KH im Sudan, 1985-89 tätig b. Böger & Gras in Berlin, seit 1989 selbst.; Projekte: Busbahnhof Berlin, Künstlerdomizil Lindower Straße, Haus Tobias, Baumläuferweg, Bürogebäude Neoplan, Berlin, Deutsche Klassenlotterie Berlin, Brandenburgisch Technische Universität, Cottbus - Mitarbeit. H.: Abessinierkatzen, Klaviermusik, Karate, Wildwasser. Sprachen: Englisch, Französisch.

Getrost Thomas
B.: freier Architekt, Stadtplaner. FN.: Architektur + Ambiente. DA.: 73760 Ostfildern, Dahlienweg 19. info@architektur-und-ambiente.de. www.architektur-und-ambiente.de. G.: Konstanz, 10. Jul. 1956. Ki.: Christiana (1982). El.: Maria, geb. Goberville. BV.: Karl-Heinrich Getrost - Erster Geiger u. Orchesterltr. Staatstheater Stuttgart. S.: Gymn., Berufskolleg, Abschl. fachgeb. Hochschulreife, Stud. Arch. Fachhochschule f. Techn. Stuttg., Abschluß m. Dipl. K.: Tätigk. Stadtplanungsamt Ostfildern; Spielflächenleitplan., Flächennutz.-Plan, Sanierung, 1984-87 eig. Büro, 1988-97 Partnerschaft m. Harald Strobel, 1998 Architektur + Ambiente freier Architekt u. Stadtplaner, Städtebau, Hochbau- u. Innenarch., Möbledesign, Berat. Betriebsabläufe i. Gastronomie, Ladenbau, Projektsteuerung, Sanierung, u.v.a. P.: Jahrbuch "Läden 1990", Publ. KH-Technik, Schönes Schwaben, Textilwirtschaft, u.v.a. M.: SRL, Info-Spiel e.V. H.: Wein, Reisen. (E.K.)

Gettkandt Michael Dipl.-Ing. *)

Getzin Werner Dipl.-Ing.
B.: Dipl.-Ing. f. techn. Gebiets-, Stadt- u. Dorfplanung, Ing. f. Datenverarb., Landesgschf. FN.: ASB Arbeiter-Samariter-Bund Landesverb. Thüringen e.V. DA.: 99086 Erfurt, Magdeburger Allee 55. PA.: 99086 Erfurt, Martin-Niemöller-Str. 6. G.: Nordhausen, 5. Mai 1940. V.: Christa, geb. Seidenstricker. Ki.: Thomas (1971), Stephan (1973). El.: OStR. Werner u. Hildegard, geb. Augustat. BV.: Fritz Getzin Schiffsbauung. "Kreuzer M". S.: 1958 Abitur Nordhausen, 1958-60 Lehre als Betonbauer, 1960 Stud. an d. HS f. Arch. u. Bauwesen Cottbus u. Weimar, 1966 Dipl.-Ing. f. techn. Gebiets-, Stadt- u. Dorfplanung, 1971-73 Fernstud. an d. HS f. Arch. u. Bauwesen, 1973 Ing. f. Datenverarb. K.: 1966-68 Mitarb. im Büro f.

---

*) Biographie www.whoiswho-verlag.ch oder beigefügte CD-ROM

Städtebau d. Rates d. Bez. Weimar, 1969 Organisator u. Programmierer/EDV-Datenverarb., VEB Robotron, 1971-78 Aufbau d. Techn. Station im Entwurfs- u. Ing.-Büro f. Straßenwesen, 1978-80 EDV-Organisator VVB Keramik Außenstelle Erfurt, 1981-90 Investbaultr. Hauptauftraggeber (HAG) Komplexer Wohnungsbau d. Stadt Erfurt, 1988 Sonderstab "Haus d. Kultur" - Gedenkstätte "Erfurter Parteitag", Mtgl. d. Aufbaustabes "Kaisersaal", 1990 Eintritt in d. SPD, Fraktionsführer d. SPD am "Runden Tisch", 1991-94 VPräs. d. Rates d. Stadt, 1992 Ltr. d. Rekonstruktion "Kaisersaal", 1992-95 Aufbau d. Kreisverb., Vors. ASB, 1992 Gschf., Grdg. "Kaisersaal Erfurt GmbH", 1994 2. Gschf. b. d. Fertigstellung u. Vertreter d. Bauherrn, Techn. Ltr. d. Hauses, 1994-96 verantwortl. f. gesamte Planung v. Veranstaltungen, seit 1996 Landesgschf. ASB. P.: Ing., Dipl., mehrere Art. in Fachzeitschriften, Mitautor Broschüre "Kaisersaal", Fernsehauftritte als VPräs. b. MDR, Dokumentationen m. MDR. M.: Ehrenmtgl. "Wiedereröff. Kaisersaal", AG "Museum f. Soziales", versch. Fachgremien, Strukturkmsn. d. Bundesverb. "Altbebauung d. neuen Bdl.", innerverb. Gremien. H.: Computer, Wandern, Natur, Radfahren.

Getzinger Gerhard Johannes Dipl.-Ing. Mag. *)

Geudtner Gerald Dr.
B.: wiss. Mitarbeiter. FN.: Universität Hannover, Fachgebiet f. Theoretische Chemie. DA.: 30167 Hannover, Am Kleinen Felde 30. G.: Duderstadt, 11. Okt. 1963. El.: Horst u. Rita, geb. Kaminski. S.: 1983 Abitur in Rinteln, 1983-84 Bundeswehr,1984-91 Stud. Dipl.-Chemie U Hannover, 1995 Prom. K.: 1988 Werkstudent b. d. Industrieanlagen-Betriebsges. (IABG) in Ottobrunn, 1988-90 wiss. Hilfskraft am Fachgebiet f. Theoretische Chemie, seit 1995 wiss. Mitarbeit u. Doz. f. Datenverarbeitung/Computeranwendung in d. Chemie an d. Univ. Hannover, Fachgebiet Theoretische Chemie. P.: Fachaufsätze u. -Beiträge in Fachmagazinen. H.: Sport, Kino, klass. Musik.

Geue Stephan
B.: Gschf. Ges. FN.: Stephan Geue Immobilien GmbH. DA.: 42279 Wuppertal, Möllenkotten 147. G.: Wuppertal, 15. Feb. 1957. El.: Hans Josef u. Marlis, geb. Bongardt. S.: 1974 Mittlere Reife Wuppertal, 1974-76 Ausbild. z. Sped.-Kfm. b. Sped. Meyers & Sohn Ndlg. Wuppertal, 1976-77 Ausbild. z. Sped.-Kfm. b. Sped. Haarhaus Wuppertal, 1978-80 Zeitsoldat b. d. Bundeswehr. K.: 1980-81 Disponent in einer Wuppertaler Mineralölunternehmung, 1981 Grdg. einer Videoproduktionsges. m. 2 Partnern, Firmenportraits erstellt, Ind.-Abläufe dokumentiert sowie Messepräsentation v. Unternehmen produziert, ab 1983 freiberufl. Tätigkeit im Bereich Immobilien als Gebietsltr. b. 1987 f. d. BHW, 1988-90 Gebietsltr. b. Schwäbischhall Immobilien, 1991 Grdg. d. Stephan Geue Immobilien, 1994 Grdg. d. Stephan Geue Immobilien GmbH. H.: Haus, Garten, Hund, Autos, Reisen.

Geuenich Dieter Dr. phil. Prof.
B.: Univ.-Prof. FN.: Univ. Duisburg. DA.: 47048 Duisburg. Lotharstr. 63. PA.: 79211 Denzlingen, Schwarzwaldstr. 56. G.: Honnef, 17. Febr. 1943. V.: Irene, geb. Hildebrand. Ki.: Brigitta, Christian, Martina. El.: Christian u. Helene. S.: 1963 Abitur, Stud. Bonn u. Münster, Staatsexamen, M.A., Prom. K.: 1969-73 wiss. Mitarb. im Sonderforsch.Bereich 7 Mittelalterforsch. in Münster, 1973-81 wiss. Ass. am Histor. Seminar d. Univ. Freiburg, Habil., 1981-83 Priv.Doz., seit 1983 Univ.-Prof. f. Mittlere u. Neuere Geschichte u. Geschichtl. LKunde. P.: Die Personennamen der Klostergemeinschaft von Fulda im früheren Mittelalter (1976), Das Verbrüderungsbuch der Abtei Reichenau (1979), Das Martyrolog-Necrolog von St. Emmeram zu Regensburg (1986), Subsidia Sangallensia I (1986), Geschichte der Alemannen (1997), Nomen et gens (1997), Die Franken und die Alemannen bis zur "Schlacht bei Zül-

pich" (1998), Mission u. Christianisierung am Hoch- u. Oberrhein (2000), Der Memorial- u. Liturgiecodex von San Salvatore/Santa Giulia in Brescia (2000), Köln u. die Niederheinlande in ihren historischen Raumbeziehungen (2000), Wegmarken europäischer Zivilisation (2001). E.: 1977 Preis d. wiss. Ges. an d. Univ. Freiburg, 1977 Preis d. Henning Kaufmann-Stiftung z. Förd. d. Namenforsch. auf sprachgeschichtl. Grundlage. M.: MGH, Alem. Inst., Göttinger Akad. d. Wiss. (RGA), Niederrhein-Akad., Ges. f. rheinische Geschichtskunde, Salomon-Ludwig-Steinheim-Institut für deutsch-jüdische Geschichte.

Geuer Fried Th. *)

Geuhs Stefanie
B.: Dipl.-Mathematikerin, Gschf. Ges. FN.: COMPUTAS Giesela Geuhs GmbH. DA.: 50737 Köln, Neusser Str. 720 info@computas.de. www.computas.de. G.: Köln, 27. Jan. 1971. El.: Hans Peter u. Gisela, geb. Kozinna. S.: 1990 Abitur Köln-Weiler, 1990 Stud. Math. m. Nebenfach BWL an d. RWTH Aachen, 1996 Abschluss: Dipl.-Mathematikerin. K.: 1986-93 Bürohilfskraft b. versch. Firmen, 1993-95 wiss. Hilfskraft am Lehrstuhl D f. Math. an d. RWTH Aachen, 1995-96 wiss. Hilfskraft am Lehrstuhl Unternehmensforschung d. RWTH Aachen, ab 1994 Organisationsunterstützung u. Sekretariatsleitung sowie b. versch. Konferenzen d. Firma COMPUTAS in Köln, Berlin, Düsseldorf u. Frankfurt, ab 1995 nebenberufl. ang. b. mks Messe- u. Kongreßservice GmbH, 1999 Grdg. d. GmbH COMPUTAS als alleinige Ges. durch Übernahme d. Einzelfirma, Veranstaltungsmanagement, Organ. v. Messen, Seminaren, Services in d. Informationstechnik. P.: Diplomarbeit am IIASA (Intern. Institute of Applied System Analysis) in Laxenburg b. Wien, Thema: Optimierung d. Bodennutzung in Kenia, Herausgeberin d. Konferenzbände d. eigenen Konferenzen. H.: Skifahren, Outdoorsport, Klettern, Musik.

Geukes Hans *)

Geulen Hubert *)

Geulen Reiner Dr. iur. *)

Geus Armin Dr. rer. nat. Prof. *)

Geusen Friedrich

B.: Unternehmensberater. DA.: 50667 Köln, Heumarkt 52. G.: Bonn, 19. März 1931. Ki.: 5 Kinder. S.: 1944 Mittlere Reife Bonn, 1944-45 Flakhelfer Insel Usedom, 1945-46 Kriegsgefangenschaft in Polen, 1946 Rückkehr nach Bonn, 1946-47 Höhere Handelsschule Bonn m. Abschluß, 1947-49 Kfm. Lehre b. Dt. Raiffeisenverb. in Bonn. K.: 1949-53 Revisionsabt. u. Verw. Raiffeisenverb., 1953-55 Volontariat im Vorst. DG Bank in Frankfurt u. b. Dt. Raiffeisen Warenzentrale, 1955-63 intern. Verb. Rheinland im Prüf.-Dienst, 1957 Revisorenprüf., 1957-63 Bankrevisor NRW, 1963-79 Vorst.-Mtgl. Spar- u. Kreditbank Frechen, seit 1979 selbst. als Unternehmensberater m. VPK Unternehmens- u. Personalberatung Köln GmbH, Gschf. Ges., auch Controlling v. Club- u. Spielerlizenzen d. Dt. Eishockey Liga, seit 1984 Gschf. Dt. Ocularistische Ges. DOG, Berufsverb. d. Dt. Kunstaugeninst., nebenrufl. auch Gschf. d. Europ.Ges. FEO, seit 1991 AufsR.-Mtgl. Erzeugergen. Neumark b. Weimar. H.: Philatelie Deutschland, Motorradfahren, Skifahren.

---

*) Biographie www.whoiswho-verlag.ch oder beigefügte CD-ROM

Geusendam Hans Martin Dr. med. *)
Gewahl Volker *)
Gewers Georg

B.: Architekt. FN.: Gewers Kühn & Kühn Architekten. DA.: 10587 Berlin, Carnotstr. 7-Gemeni Quay. G.: Bevergern, 12. Sep. 1962. V.: Christel, geb. Eberitsch. El.: Bernhard u. Ilse, geb. Strauß. BV.: Fritz Scholz-Babisch - Widerstandskämpfer im 3. Reich. S.: 1978-82 Ausbildung Bildhauer b. Vater, 1981 Abitur Osnabrück, 1983-89 Studium Arch. Aachen u. Stuttgart. K.: 1987-89 Büroerfahrung in Stuttgart u. Osnabrück, 1989-90 DAAD Stipendium, Ecole d'Architecture Belleville, Paris, 1990 Dipl. TU Stuttgart, 1990-91 Architekt bei Norman Foster Association in London, 1991 Grdg. d. Büros Becker Gewers Kühn & Kühn in Berlin, 1997 Modernisierungspreis d. BDA, DstTag, VdW, 2000 Architekturbüro Gewers Kühn & Kühn; Projekte: Hochhaus-Realisierung eines Bank-Headquarter in Frankfurt Main, Relisierung eines Kunden- u. Schulungszentrum d. MTU-DaimlerChrysler Aerospace in Berlin-Brandenburg, Realisierung d. Verbändehaus "Handel-Dienstleistung-Tourismus" in Berlin, Bertelsmann Pavillon-planet m in Hannover, Realisierung d. Hauptverwaltung d. Verbundnetz Gas AG in Leipzig, Neue Bürozentrale d. DASA in Ludwigsfelde. P.: 1996 Becker Gewers Kühn & Kühn, Nelte Wiesbaden, 2000 Art and Architecture, Gustavo Gili, 2001 Gewers Kühn & Kühn in: Architecture in Germany, Nelte Wiesbaden, 2001 New Buildings and Projects: Gewers Kühn & Kühn, Springer Wien / New York, zahlr. Beiträge in Fachzeitschriften u. Allg. Presse. E.: Anerkennung im Rahmen d. Dt. Natursteinpreises f. d. Verbändehaus "Handel-Dienstleistung-Tourismus" in Berlin 2001, DEUBAU Preis 1998 f. d. Hauptverwaltung d. Verbundnetz Gas AG, Leipzig, Bauherrenpreis Modernisierung 1997 "Hohe Qualität - Tragbare Kosten" f. d. Sophie Gips Höfe, Berlin, Anerkennung im Rahmen d. Gestaltungspreises d. Wüstenrot Stiftung f. d. Sophie Gips Höfe, Berlin, Anerkennung im Rahmen d. Balthasar-Neumann-Preises 1998 f. d. Hauptverwaltung d. Vebundnetz Gas AG. M.: BDA.

Geweyer Jochen *)
Gey Corinna
B.: Bürokauffrau, Gastwirtin, selbständig. FN.: Mexikanisches Restaurant "Zapatas". DA.: 88214 Ravensburg, Schussenstr. 13. G.: Zwickau, 20. Feb. 1969. Ki.: Christopher (1990), Laura (1996), Nina (1999). El.: Rolf Gey u. Marlene, geb. Lenk. S.: Mittlere Reife, Berufskolleg, 1989 Ausbildung z. Bürokauffrau. K.: b. 1996 tätig als Bürokauffrau, 1989 durch Ausreiseantrag m.d. Familie aus d. ehem.DDR ausgereist u. seit 2000 selbständig durch Übernahme d. Restaurants Zapatas in Ravensburg, rege Teilnahme an städtischen Events m. eigenem Restaurants-Stand. H.: Reiten (eigene Pferde), Freizeitsport, Miniaturen, Reisen.

Gey Mathias *)
Geyer Annette Dr. med.
B.: ndlg. FA f. Hautkrankheiten u. Allerologie. DA.: 07973 Greiz, Carolinenstr. 44. G.: Lutherstadt Wittenberg, 28. Jän. 1962. V.: Dr. Hagen Geyer. Ki.: Marianne (1989). El.: Prof. Dr. Peter u. Dr. Ursula Köhler, geb. Nitzschke. S.: 1980 Abitur m. Ausz. Erfurt, 1982-88 Stud. Med. Univ. Jena, 1985 Dipl., 1987 Staatsexamen, 1988 Prom., 1988-93 FA-Ausbild. f. Hautkrankheiten Hautklinik d. Univ. Jena, 1993 FA f. Hautkrankheiten, 1998 FA f. Allerologie. K.: 1980-82 Hilfsschwester an d. Hautklinik d. med. Ak. Erfurt, 1988-95 FA an d. Hautklinik d. Univ. Jena, 1996-97 Ltr. d. med. Dienstes MDK in Schleiz, 1998-99 OA am städt. KH Kassel, 1999 Eröff. d. Praxis m. Schwerpunkt Onkologie, Allerologie u. Durchführungen v. OP, Laser, 1993-96 tätig in d. onkolog. Forsch. u. biometr. Messung an d. Haut. P.: Dipl., Prom., ca. 60 Veröff. in Fachzeitschriften, nat. u. intern. Vorträge auf Fachtagungen u. Kongressen. M.: Dt. Krebsges. H.: Lesen, Fotografieren, Kochen, kreative Tätigkeiten.

Geyer Armin Dr. *)
Geyer Bernd Franz *)
Geyer Diethard Dr.

B.: RA. DA.: 45130 Essen, Haumannpl. 2. G.: Berlin, 11. Dez. 1934. V.: Marlis, geb. Busch. Ki.: Andreas (1966), Dr. Fabian (1969). S.: 1955 Abitur Celle, 1955-58 Stud. Rechtswiss. Hamburg, 1962 Prom., 1963 2. Staatsexamen. K.: 1963 RA b. einem Vers.-Makler in Hamburg u. Mülheim, 1964-67 RA in d. Hauptverw. d. Viktoria Vers. Düsseldorf, seit 1967 selbst. RA, 1985 Notar. P.: "Die Manipulation im Vers.-Recht" (1989), 1963-67 zahlr. Publ. in Fachzeitschriften, Seminare u. Referate z. Vers.-Recht. E.: 1977 vorgeschlagen z. BGH-Anw. in Karlsruhe. M.: 1975-81 Prüf.-Kmsn. im Assessorexamen. H.: Literatur, Geschichte.

Geyer Eduard
B.: Cheftrainer. FN.: FC Energie Cottbus. DA.: 03042 Cottbus, Stadion d. Freundschaft. fcenergie@inpetho.de. www.fcenergie.de. G.: 7. Okt. 1944. K.: Spieler in d. Vereinen Dynamo Dresden u. Einheit Dresden; Trainer: 1975-86 Jugend- u. Assistenztrainer bei Dynamo Dresden u. 1986-89 Cheftrainer, 1989-90 Nationaltrainer d. DDR, 1990-91 Jugendtrainer bei FC Schalke 04, 1991-92 Banyasz Siofok, 1992-94 FC Sachsen Leipzig u. seit 1994 Cheftrainer bei FC Energie Cottbus. /Re)

Geyer Edward Heinrich Dr. Prof. *)
Geyer Erhard
B.: Dipl.-Finanzwirt, Bundesvors. FN.: DBB - Beamtenbund u. Tarifunion. DA.: 10117 Berlin, Friedrichstr. 169/170. G.: Helmenzen/Westerwald, 1. Jan. 1939. V.: Helga, geb. Herchet. Ki.: Achim, Frank. S.: FH f. Finanzen RLP, Edenkoben/Pfalz. K.: b. 1995 Bundesvors. d. Dt. Steuer-Gewerkschaft, seit 1995 Bundesvors. d. DBB. (Re)

Geyer Gerd Felix Gabriel
B.: Versicherungskaufmann. FN.: Generalagentur Alte Leipziger Gerd Geyer. DA.: 66386 St. Ingbert, Rote Flurstr. 8. ggeyer@t-online.de. G.: Neunkirchen, 26. Nov. 1961. V.: Carla Herrmann. El.: Gerd u. Sabine, geb. Raber. BV.: Großvater Dr. Felix Raber Augenarzt u. Gründer d. Reitvereins Neunkirchen-Furpach, Dr. Irma Raber Augenärztin. S.: 1980 Abitur Homburg, 1980-83 Stud. Jura an d. Univ. Saarbrücken. K.: 1983-87 Arbeit in einem Pferdeverkaufsstall b. Bremen, 1987-90 Außendienst im Büromaschinenverkauf f. Firma Scripto Mail, 1990 Eröff. einer Agentur d. Hanse Merkur Versiche-

*) Biographie www.whoiswho-verlag.ch oder beigefügte CD-ROM

rungen in Merchweiler/Saar, 1995 Wechsel z. Alte Leipziger Versicherung, 1998 Verlegung d. Agentur nach St. Ingbert. BL.: reitet seit 1964, mehrere Sichtungsturniere bestritten bundesweit, in schweren Springen d. Klasse S bundesweit plaziert m. 2. u. 3. Plätzen. M.: BVK Bundesverband d. dt. Versicherungskaufleute, 1. Vors. Reitgemeinschaft St. Martin Spiesen, Reitverein Limbach, Kreisvors. d. Kreisreiterverbandes Neunkirchen, Gschf. im saarländischen Reiterverband. H.: Pferde (2 eigene), Tennis, Skifahren.

Geyer Gudrun M.A. *)

Geyer Hans-Uwe *)

Geyer Hermann Johannes *)

Geyer Lothar *)

Geyer Luise Margot Dr. med.

B.: FA f. Neurologie u. Psychiatrie. DA.: 22549 Hamburg, Rugenbarg 13. G.: Wilhelmshaven, 24. Jan. 1923. El.: Karl R. u. Carla M. Geyer. S.: 1941 Abitur KLS Wilhelmshaven, 1941/42 Arbeitsdienst Ostfriesland u. Kriegshilfsdienst als Rot e Kreuz Helferin am Werft-KH Wilhelmshaven, 1942 Med.-Stud. Marburg/Lahn, 1949 Prom. K.: 1949-52 Ärztin Geb.-Gyn. Abt. OLDBG. Landesklinik Sanderbusch, 1949-53 ärztl. Vertretungen (während d. Ferien) in West- u. NW Deutschld., 1952/53 Abt. Innere Med. / Städt. KH Wilhelmshaven, 1953-56 Ärztin in Indonesien, 1956-57 Ärztin am Hauner-Kd.-Spital / Univ. München, 1957-58 Internship KH Birmingham/Ala./USA, 1958 Psychiatr. KH Nashville/Tenn., 1959-62 FA-Ausbild. in Psychiatrie / Gailor-Mem. Hosp. / Univ. of Tenn., / Memphis/T., 1962-64 Fa-Ausbild.-Forts. Univ. Berlin BRD,1964-69 Fach-Ä. in Knoxville/Tenn., 1969 Europareise, 1969-79 Fach-Ä. a. Bundes-KH Northport/Long Island/N.Y., 1980-2000 eigene FA-Praxis in Hamburg, Übergabe an Nfg. Sommer 2000. H.: Bücher u. Bilder sammeln, Musik.

Geyer Lutz *)

Geyer Manfred *)

Geyer Manfred *)

Geyer Otto-Christian Dr. med.

B.: Augenarzt u. Ltr. FN.: Inst. f. med. Sehhilfen Wetzlar. DA.: 35576 Wetzlar, Bahnhofstr. 19 b. G.: Detmold, 6. Jan. 1919. S.: Stud. u. Prom. Marburg/Lahn, 1951 Staatsexamen. K.: 1952-53 an d. Neurochir., Neurolog. u. Internen Abt. d. LKH Detmold, 1954-60 an d. Augen-Univ.-Klinik Marburg/Lahn, 1957 FA-Anerkennung, 1961 Stud.-Aufenthalte in London, Paris, Holland u. Prag, Augenarzt in Wetzlar, 1966 Grdg. d. Inst. f. med. Sehhilfen u. wiss. Zusammenarb. m. d. Univ.-Augenkliniken Köln, Zürich, Frankfurt, Marburg u. Gießen, 1968-77 Forsch.-Auftrag d. Dt. Forsch.-Gemeinschaft über Hornhaut-Physiologie u. Kontaktlinsen, seit 1970 Zusammenarb. m. d. Bayer AG z. Entwicklung neuer Werkstoffe f. Kontaktlinsen, seit Anfang d. 60er J. maßgebl. an d. Weiterbild. v. Augenärzten beteiligt, tätig am Prüfinst. f. führende intern. Hersteller v. Kontaktlinsen u. deren Pflegemittelsysteme m. angegliedertem Labor, versch. langfristige Forsch.-Aufträge d. Bundes-Forsch.-Min. u. a. über d. Entwicklung z. Untersuchung d. Hornhaut in vivo, ab Mai 2001 akkreditiert durch: Zentralstelle der Länder f. Gesundheitsschutz bei Arzneimitteln u. Medizinprodukten, vertreten im Deutschen Akkreditierungsrat, als "Prüflaboratorium f. Medizinprodukte u. als Medizinische Auftragsinst. f. d. klinische Prüfung v. Medizinprodukten am Auge". BL.: zahlr. Patente u. Schutzrechte über Materialien u. Herstellungsverfahren f. Kontaktlinsen. P.: zahlr. Publ. in dt. u. intern. Fachorganen.

Geyer Wolfgang Ing. *)

Geyger Johann Georg Prof. *)

Geyr Florian

B.: Anw.-Bankdir., Inh., Partner. FN.: Geyr & Partner Rechtsanwälte Wirtschaftsprüfer Steuerberater. DA.: 50668 Köln, Theodor-Heuss-Ring 23. office@geyr-partner.de. G.: Köln, 20. Okt. 1937. V.: Johanna, geb. Hey. Ki.: Prof. Dr. Andreas, Felix. El.: Werner u. Kathrin, geb. de Boer. BV.: Kaufleute seit d. 13. Jhdt. S.: 1957 Abitur Köln, 1958-62 Stud. Rechtswiss. Köln u. Freiburg, 1962 1. Staatsexamen, Referendariat Köln, Aachen, Lissabon u. Berlin, 1967 2. Staatsexamen.

K.: seit 1967 ndlg. RA, 1969-70 Grdg. einer Bank u. Bankdir. in Lissabon, 1970 Gschf. Ges. UTILA Gerätebau, 1975-85 Vorst. AufsR. COEW.-STÜSSEN AG, seit 1999 Intelligent Venture Capital GmbH & Co KG. P.: Sendung klass. Port-Music WDR. E.: Atlantik Umsegelung. M.: A.S.U, BDI, E.B.M. H.: Segeln, Tennis, Klavier, Jazz.

Gezgin Shain *)

Gfesser Michael Dr. med.

B.: ndlg. FA f. Dermatologie, Allergologie u. Naturheilverfahren. DA.: 85057 Ingolstadt, Schlüterstr. 3A. G.: Schönaich/Baden-Württemberg, 26. Feb. 1964. V.: Dr. med. Elke, geb. Blucha. Ki.: Matthias (1998), Marlene (2001). El.: Peter u. Anna, geb. Himmel. S.: 1984 Abitur Sindelfingen, 1984-86 Zivildienst Rettungssanitäter b. Roten Kreuz, 1986-93 Stud. Humanmed. an d. LMU München m. Abschluss, 1993 Prom. z. Dr. med., 1994 Approb. als Arzt. K.: 1993-98 FA-Ausbildung f. Dermatologie, Venerologie, Allergologie u. Naturheilverfahren an d. Dermatologischen Klinik d. TU München, 1997-98 wiss. Mitarbeit b. Rat v. Sachv. f. Umweltfragen b. Bundesministerium f. Umwelt. BRD. P.: multiple Veröff. u. Vorträge aus d. Bereichen Hautphysiologie u. Allergologie, Mitarbeit an "Umweltmedizin" (1999), "Umweltguidelines" (1998). M.: Dt. Dermatologische Ges., Dt. Ges. f. Allergologie u. klinische Immunologie, Berufsverband d. Dt. Dermatologen, Arge Ästhetische Dermatologie u. Kosmetologie. H.: Musik, Literatur, Motorradfahren.

---

*) Biographie www.whoiswho-verlag.ch oder beigefügte CD-ROM

Ghahremani Iraj Dipl.-Ing. *)

Ghanem Elfriede
B.: Übersetzerin, Gschf. FN.: Benedict School. DA.: 59065 Hamm, Westentor 3. G.: Stirpe, 27. Mai 1945. V.: Ali Ghanem. Ki.: Nabiha, Nadin. El.: Franz u. Elisabeth Hoer, geb. Gerling. S.: 1961 Mittlere Reife Lippstadt, 1961-63 Ausbild. als Korrespondentin u. Übersetzerin. K.: 1963-64 ang. Übersetzerin, Korrespondentin in Deutschland, 1964-66 gleiche Tätigkeit in Frankreich, 1966-70 Dolmetscherin f. Parfümerie Unternehmen in Deutschland, 1970 selbst. Übersetzerin u. Dolmetscherin/Benedict School. P.: Mitarb. an d. Lehrgangskonzept /Techn. Engl. M.: VDP, Weiterbild., Beratung. H.: Hunde, Reisen, Südfrankreich.

Ghantus Wolfgang *)

Gharibi Moustafa *)

Ghawami Kambiz Dr. *)

Gheddissi Parwin Dr. *)

Gheorghiu Cornelius Dr. med. *)

Ghermani Dionisie Dr. phil. *)

Ghobadi-Bigvand Marliese

B.: selbst. Antiquitätenhändlerin. FN.: English Antiques. DA.: 37073 Göttingen, Rote Str. 16. G.: Höxter, 15. Aug. 1941. V.: Dr. med. Manoutschehr-Khan Ghobadi-Bigvand, Chirurg (verstorben Februar 1998). S.: 1956/57 Abschluß Handelsschule, kfm. Ausbild., 1960 College in England, 1962 Examen als Dolmetscherin u. Übersetzerin. K.: ltd. Ang. in einem Hotel in Bournemouth, zurück nach Deutschland, Ltg. eines Hotels u. Dolmetscherin auf Messen, 1973 Eröffnung des Geschäfts in Göttingen f. engl. Antiquitäten. M.: Mobilisation f. Animals. H.: Tiere, Garten, Reiten, Antiquitäten, England, Andalusien.

Ghoniem Youssef Dr.
B.: Gschf. FN.: Veba Oil & Gas GmbH. DA.: 45133 Essen, Theodor-Althoff-Str. 41. info@veba-oil-gas.com. www.veba-oil-gas.com. G.: Palästina, 1947. S.: 1968 B.SC. Physik u. Geologie, 1973 M.SC. Geologie, TU Clausthal-Zellerfeld. K.: 1975-79 Forschungsass. TU Clausthal-Zellerfeld, 1980 Veba Oil AG Gelsenkirchen, 1986 Ltr. Technik u. E&P-Services, 1994 Dir. E&P Technologie&Service, 1996 Gschf. Erweiterung u. Produktion, 10/1998 Vorst. Deminex GmbH Essen, s. 12/1998 Gschf. Veba Oil & Gas GmbH. (Re)

Giannoulopoulos Christos *)

Gianola Ivano
B.: Architekt BDA/BSA. DA.: CH-6850 Mendrisio, Via Municipio 10. G.: Biasca/Kanton Tessin (CH), 16. Feb. 1944. V.: Anna Maria, geb. Pedotti. El.: Verardo Gianola u. Adele Rossetti. S.: 1960-63 Hochbauzeichnerlehre in Zürich.

Gibbels Ellen Dr. med. Univ.- Prof. *)

Gibbels Joachim Dipl.-Ing.

B.: Architekt, Inh. DA.: 59192 Bergkamen, Am Holl 14. gibbelsarchitekt@t-online.de. G.: Kamen, 2. Apr. 1962. V.: Sabine, geb. Windler. Ki.: Jonas, Rebekka. El.: Hans u. Margret. S.: 1981 Abitur Bergkamen, 1981-86 Arch.-Stud. in Höxter. K.: 1987 Dipl.-Ing. VEBA Wohnen in Bochum, 1989-94 Architekt bei der "Thyssen Schulte GmbH", 1994 ang. Architekt im elterl. Betrieb in Bergkamen, 1999 Übernahme d. Betriebes. M.: Arch.-Kam. NRW, Lions Club BergKamen, kirchl. ehrenamtl. Tätigkeit. H.: Squash.

Gibhardt Marlies *)

Gibisch Horst Heinrich

B.: Reiseverkehrskfm., Gschf. Ges. FN.: Neptun Reisen & Touristik GmbH. DA.: 80637 München, Dom-Pedro-Str. 16. neptun.reisen@t-online.de. www.neptun-reisen.de. G.: Lauf/Pegnitz, 8. Feb. 1953. V.: Eloisa, geb. Sy. Ki.: Criselle (1985), Maeril (1991). El.: Alfred u. Zorica. BV.: Waldemar Maria Gibisch Komponist. S.: 1972-75 Lehre als Import-Export-Kfm. K.: 1975-76 Import-Export-Kfm. b. Firma Zeitelhack Nürnberg, 1976-91 Gschf. bei Scheer-Hennings in Grünwald b. München im Bereich NE-Metalle, 1991-93 Ausbild. z. Reiseverkehrskfm. am SSI-Inst. in München, Abschluss als Reiseverkehrskfm., ab 1993 selbst. Gschf. Ges. d. Firma Neptun Reisen & Touristik GmbH München. H.: Wasserski, Segeln, Tauchen.

Gibson Ian Bennett
B.: Hon.-Konsul d. UK, Gschf. Dir. FN.: United Baltic Co. GmbH u. d. Baltic Marine Services GmbH. DA.: 24159 Kiel, Maklerstr. 1. G.: Leeds/GB, 10. Juni 1936. V.: Jane, geb. Graham-Pole. Ki.: David u. Robert. El.: Stanley u. Muriel. S.: MR 1952 in Leeds, 1952-56 Ausb. z. Offz. d. Brit. Handelsmarine. K.: 1956-65 aktiver Schiffsoffz., 1965 Kapitän auf großer Fahrt, 1965-68 Verkaufsdir. e. schott. Maschinenfbk., 1968-69 Group Export Manager d. Carron Co. Schottland, 1969-74 General Manager d. Tractor of British Leyland Motor Co. Schottland, 1974-78 selbst. Unternehmensberater in Schottland, ab 1978 Schf. Dir. in Kiel, ab 1988 Hon.-Konsul v. GB. P.: Einige Art. in div. Zeit. M.: Naut. Ver. Kiel, British Kiel Yacht Club, Golf Club Lohersand, Libbaton Golf Club, England; Farmers Club London. H.: Golf. (G.M.)

Gibson-Gaisser Erich
B.: Unternehmer, Musikproduzent. FN.: Musikhaus am Kronenberg GmbH; Da Capo Management; Vermietungs- u. Verpachtungsgesellschaft; Allgäuer Musikstudio. DA.: 87600 Kaufbeuren, Alleeweg 8; P-8135 Almancil, Apartado 3229; P-8100 Loulé, E.N. 125 - Quatro Estradas. G.: Memmingen, 18. Jan. 1956. Ki.: Cordula Marisa (1993). El.: Erich u. Anja, geb. Bernhard. S.. 1974 Mittlere Reife, Musikstud. am Leopold-Mozart-Konservatorium Augsburg u. am Richard-Strauß-

*) Biographie www.whoiswho-verlag.ch oder beigefügte CD-ROM

Konservatorium München. K.: parallel z. Stud. bereits Mtgl. div. Amateur- bzw. Profi-Kapellen, Musikproduzent v. Chris de Burgh, Phil Collins, Boney M. - gemeinsam m. Thor Baldurson (CBS), Herbert Grönemeyer, Udo Lindenberg u.v.m., seit 1982 Ltr. d. Allgäuer Musikstudios am Kronenberg, seit 1999 eigene Produktionsfirma in Portugal, Gschf. eines Einrichtungsunternehmens f. d. Innengestaltung v. Luxusvillen. BL.: produzierte v. Boney M. Songs wie Daddy Cool, Ma Baker, Fly Robin Fly, Sunny, etc. E.: 1994 Gold. Stimmgabel f. d. beste Produktionsalbum. M.: GEMA, Kaufbeuren, Portugies. Autorenaussch. SPA z. Förd. junger Bands.

Gidengil Cornelia *)

Gidion Jürgen Dr. phil. Prof.
B.: Hon.Prof., St.Dir. PA.: 37085 Göttingen, Merkelstr. 9. G.: Hannover, 1. Jan. 1928. V.: Dr. Heidi, geb. Poremba. Ki.: Anne. El.: Heinrich u. Bertha. S.: Hum. Gymn., HS-Stud., Staatsexamina, Prom. P.: Hrsg. "Neue Sammlung. Zeitschrift f. Erziehung u. Ges.", zahlr. literaturwiss. u. fachdidakt. Aufsätze, Praxis des Deutschunterrichts (1973). E.: Hon.Prof. Georgia Augusta. M.: Ak. f. Bild.Reform Tübingen.

Giebe Thomas

B.: ndlg. FA f. Kinderchir. DA.: 04107 Leipzig, Dufourstr. 36. G.: Lutzen, 4. Dez. 1959. Ki.: Susan (1982), Philipp (1984). S.: 1979 Abitur Halle, 1979-81 Stud. Humanmed. Twer/Sowjetunion, 1982-84 Stud. Humanmed. in Leningrad, 1984 Dipl. K.: 1984-89 Ass.-Prof. Kinderchir. Klinik d. Univ. Leipzig, 1989 FA f. Kinderheilkunde, 1989 Prom., 1989-92 Kinderchir. an o.g. Klinik, seit 1992 ndlg. Kinderchir., seit 2000 FA f. Allg.-Med. P.: Veröff. zu angeborenen Nierenerkrankungen, ehrenamtl. Aufklärungstätigkeit an Leipziger Schulen. H.: klass. Musik, Klavierspielen, Konzerte.

Giebel Bernd *)

Giebel Paul-Richard Betr.W. (grad.)
B.: Gschf., Buisness executive. FN.: Main Anlage Trust - Kapitalanlagegesellschaft mbH. DA.: 60322 Frankfurt/M., Im Trutz Frankfurt 55. PA.: 65203 Wiesbaden, Am Schloßpark 66B. G.: Oberstdorf, 6. März 1945. V.: Ingrid. Ki.: Oliver (1973), Alexander (1978). El.: Gerhard u. Rosemarie (beide verst.) BV.: mütterl. Banker, Onkel war 50J. in ltd. Pos. b. Frankfurter Bank (BHF), S.: 1963 mittl. Reife, 1963-66 Lehre als Bankkfm. Wiesbaden, 1966-67 Grundwehrd., 1977 Externenprüf. grad. Betr.W. an FHS Frankfurt/M., 1982 engl. Sprachkurs in Ramsgate. K.: 1967-69 Naussauische Sparkasse Wiesbaden, 1969-87 BHF Bank Konzern, 1969-82 Frankfurt-Trust Investmentges.m.b.H., 1978 Prok., 1982 Ausbildungsbeauftr., 1978 Prok., 1982-87 BHF-Bank Zentrale als stellv. Abt.-Dir., Ltr. d. Devisenabw.i., s. 1987 Main Anlage Trust - Kapitalanlageges.m.b.H., 1988, Gschf. M.: BVI Bundesverb. Dt. Investmentges. H.: Fahrradfahren, Spazierengehen, Wandern, Familie. (B.-A.G.)

Giebel Willi Klaus Hinrich *)

Giebelen Charlotte *)

Giebeler Wolfgang *)

Giebelstein Harald Otto

B.: Elektroinstallateurmeister, Inh. FN.: Giebelstein Elektrotechnik. DA.: 24941 Flensburg, Westerallee 147. info@giebelstein.de. www.giebelstein.de. G.: Bergen/Norwegen, 22. Aug. 1942. V.: Gabriela, geb. Basan. Ki.: Anja, Mark, Christoph, Mathias. S.: 1959-64 Lehre Elektromaschinenbauer, 1964-66 Bundeswehr. K.: 1966 Geselle, 1971 Meisterprüf. f. Elektromaschinenbau u. 1972 f. Elektroinstallateur, seit 1992 selbständig i. Flensburg. M.: seit 1971 Innungsvorst., Förderver. Tennisleistungssport, Segelver. Gladwig Flensburg, Tennis Club Mörwig. H.: Tennis, Segeln.

Giebichenstein Gerhard *)

Giebler Felix-Rüdiger G. Dr.
B.: FA f. Chir., Ltr. FN.: Vincemus-Klinik. DA.: 25840 Friedrichstadt/Eider, Brückenstr. 1a. PA.: 25840 Friedrichstadt/Eider, Am Ostersielzug 7. info@vincemus-klinik.de. www.vincemus-klinik.de. G.: Berlin, 3. Juli 1940. V.: Gracia-Brigitte, geb. Goetz. Ki.: Jens Oliver Felix (1966), Eva-Felicitas (1970). El.: Prof. Dr. Gerhard u. Helena, geb. Dietrich S.: 1960 Abitur Koblenz, 1960-67 Stud. Med. Berlin, 1966 Staatsexamen FU Berlin, Diss., Approb. FU Berlin. K.: 1975-78 Ausbild. FA f. Chir. b. versch. Ärzten in Berlin, 1978 Ndlg. in freier Praxis für Chir. in Friedrichstadt, 1983 Grdg. einer eigenen Privatklinik f. plast. u. wiederherstellende Chir. in Friedrichstadt Vincemus-Klinik. BL.: Fellow American Society of Cosmetic Breast Surgery (2001). P.: künstl. Ausbild f. Malerei-Ausstellungen in Koblenz, Bad Godesberg, Detmold u. Berlin, Mammacarzinom operieren - aber d. Form halten (1984), Arb. z. Basaliomtherapie im Gesicht - radikal operieren ist schonender (1985), Shape preserving operations in cases of breast cancer (1982), Faltenbeseitigung im Gesicht d. Collagen Implantation (1984), Nebenwirkungen u. Komplikationen d. Brustreduktionsplastik (1995), Vor- u. Nachteile d. Collagen-Implantation (1996), versch. Fortbild.-Veranst. m. OP Kursen im Rahmen d. dt. Ak. f. kosmet. Chir. e.V. Köln. M.: VPräs. d. dt. Ges. f. kosmet. Chir., Präs. d. dt. Ges. f. Liposuktion, Dt. Ges. f. plast.- u. Wiederherstellungschir., Dt. Ges. f. Senologie, Member of the American Academy of Cosmetic Surgery, Member of the American Society of Cosmetic Breast Surgery. H.: Gedichte, Malerei, Gesangsausbild. z. Baß Hamburger Staatsoper, Musik.

Gieger Frank
B.: Repräsentant, Vermögensberater. FN.: DVAG Dt. Vermögensberatung. GT.: Vorst.-Mtgl. d. PTC. DA.: 31228 Peine, Papenbusch 3. fgieger@planet-interkom.de. www.dvag.de.

*) Biographie www.whoiswho-verlag.ch oder beigefügte CD-ROM

Giehl Andreas *)

Dr. Giehl Christoph Dr. jur.
B.: Notar. FN.. Notariat Dr. Giehl u. Dr. Odersky. DA.: 91052 Erlangen, Nägelsbachstr. 25 a. notar-dr-giehl@t-online.de. G.: Würzburg, 6. Juni 1964. V.: verh. Ki.: 3 Kinder. S.: 1983-88 Stud. Jura Tübingen u. München, 1988 1. Staatsexamen, 1988-91 Referendariat u. wiss. Ass. Univ. München, 1991 2. Staatsexamen, 1992 Prom. K.: 1992-95 Notarassesor in Tegernsee u. München, seit 1995 Notar in Erlangen. P.: Veröff. in jur. Fachpubl. H.: Musik (Cello), Kunst, Skifahren, Bergsteigen, Segeln.

Giehl Thomas *)

Giehl Ulf P. Betriebswirt VWA, Dipl.-Kfm.

B.: Director Finance. FN.: Promarkt Online GmbH. DA.: 40629 Düsseldorf, Am Wildpark 63. upgiehl@mizuno.de. www.promarkt.de. G.: Selters, 15. März 1967. V.: Yoko, geb. Kusakabe. Ki.: Ayu Justina. El.: Helmut u. Ingrid, geb. Ladnorg. S.: 1987-90 Stud. Verw.- u. Wirtschaftsakademie zu Koblenz m. Abschluß Bw. VWA, 1991-95 Stud. Univ. Augsburg m. Abschluß Dipl.-Kfm. K.: 1996-98 Kfm. Ltr. d. Gumpp Torsysteme GmbH, Augsburg, 1998-01 Finance and Administration Manager d. MIZUNO CORP. Ndl. Deutschland, München. P.: Die japanische Nahrungsmittelbranche: "Strukturelle Markteintrittsbarrieren u. Diskussion alternativer Eintrittsstrategien". M.: Dt.-Japan. Ges. H.: Golf, Tennis, Ski, Japan. Kultur.

Giehler Hans Georg *)

Giel Bernhard *)

Giel Klaus Dr. Prof. *)

Giel Martin Albin *)

Gieldzik Teresa Irena Mgr. *)

Gielen Marlis Dr. theol. Prof.
B.: Univ.-Prof. FN.: Inst. f. Alt- u. Neutestamentl. Wiss. d. Univ. Salzburg. DA.: 5020 Salzburg, Universitätspl. 1. marlis.gielen@sbg.ac.at. www.sbg.ac.at. G.: Straelen/D, 10. Sep. 1959. S.: 1978 Abitur Krefeld, 1978-84 Stud. Kath. Theol. u. Klass. Philol. Univ. Bonn, 1984 1. Staatsexamen f. Lehramt an Gymn., 1989 Prom., 1990 2. Staatsexamen, 1997 Habil. K.: 1984-88 wiss. Hilfskraft am Neutestamentl. Seminar d. Kath.-Theol. Fakultät in Bonn, 1988-90 Referendariat am Studienseminar Aachen, 1990-93 StudR. f. Kath. Religionslehre u. Latein am Cusanus-Gymn. in Erkelenz, 1993-97 Ass. am Neutestamentl. Seminar d. Kath.Theol. Fakultät in Bonn, 1998/99 Lehraufträge am Seminar f. Kath. Theol. d. Univ. Köln, 1999/00 Lehrstuhlvertretung f. Neutestamentl. Exegese an d. Univ. Bonn, seit 2000 Univ.-Prof. am Inst. f. Alt- u. Neutestamentl. Wiss. d. Univ. Salzburg. P.: "Zur Interpretation d. paulin. Formel" (1986), "Tradition u. Theol. ntl. Haustafelethik" (1990), "Der Konflikt Jesu m. d. religiösen u. polit. Autoritäten seines Volkes im Spiegel d. matthäischen Jesusgeschichte" (1998), "Und führe uns nicht in Versuchung" (1998), "Beten u. Prophezeien m. unverhülltem Kopf?" (1999). M.: Studiorum Novi Testamenti Societas, Arge dt.-sprachiger kath. Neutestamentler, Europ. Ges. f. Kath. Theol. Sektion Österreich.

Gielen Michael
B.: Dirigent. FN.: SWR Sinfonieorchester Baden-Baden u. Freiburg. DA.: 79098 Freiburg, Konrad-Adenauer-Pl. 1. G.: Dresden, 1927. BV.: Vater namhafter Regisseur u. Dir. d. Wiener Burgtheaters, Onkel Pianist u. Komponist Eduard Steuermann war Schüler Busonis u. Schönbergs. S.: Stud. Philosophie, Klavier, Theorie u. Komposition in Buenos Aires. K.: Korrepetitor am Teatro Colón, 1949 brachte er d. gesamte Klavierwerk v. Arnold Schönburg z. Aufführung, 1950 Korrepetitor u. Dirigent an d. Wiener Staatsoper, Konzertdirigent, 1960 musikalischer Ltr. d. Königlichen Oper in Stockholm, 1968 Chefdirigent d. Belgischen Nationalorchesers, b. 1975 Ltg. d. Niederländischen Oper, 1978-81 Chief Guest Conductor d. BBC Symphony Orchestra in London, Auslandstourneen nach Australien, Japan u. in d. Vereinigten Staaten, 1980/81 Music Dir. d. Cincinnati Symphony Orchestra, 1977-87 Dir. d. Frankfurter Oper u. Generalmusikdir. d. Stadt Frankfurt, 1987-95 Ltg. d. Klasse f. Dirigieren an d. HS "Mozarteum" Salzburg, 1986/87 Chefdirigent d. SWR Sinfonieorchesters Baden-Baden u. Freiburg, unter seiner Ltg. gastierte d. Orchester u.a. b. Salzburger Festspielen, b. Festival d'Automne in Paris, b. Edinburgh Intern. Festival, b. d. Berliner Festwochen, in d. New Yorker Carnegie Hall sowie auf zahlr. anderen intern. bedeutenden Konzertbühnen, seit 1999/200 ständiger Gastdirigent d. SWR Sinfonieorchesters Baden-Baden u. Freiburg. P.: Kompositionen: Variationen f. 40 Instrumente (1959), 4 Gedichte v. Stefan George f. Chor u. 19 Instrumente (1955-58), "Ein Tag tritt hervor" (1963), "die glocken sind auf falscher spur" (1970), "Mitbestimmungsmodell" f. Orchester u. Dirigenten (1973), Streichquartett (1983), "Pflicht u. Neigung" (1988), Trio f. 3 Celli "Rückblick" (1989), Sonate f. Cello solo (1991). 2000 Ehrendoktorwürde, (Re)

Gielen Peter Dipl.-Ing.
B.: Mtgl. d. Vorst. FN.: Honeywell Holding AG. DA.: 63477 Maintal, Honeywellstraße. PA.: 63486 Bruchköbel, Kettelerstr. 2. G.: Essen, 15. Apr. 1938. V.: Anita. Ki.: Ralf (1970), Uwe (1972). S.: 1966 Stud. Elektrotechnik TH Karlsruhe, Dipl.-Ing. K.: 1966 Eintritt b. Honeywell als Entwicklungsing., 1968 Projektgruppenltr., 1973 Abt. übernommen, 1976 Entwicklungsltr., 1981-90 Ltg. d. Geschäftsbereiches Sondertechnik, 1990 General Manager f. Luft u. Raumfahrt Europa u. Berufung in d. Vorst., 1995 selbst. Unternehmensberater, 1999 Gschf. UC United Consultants GmbH. M.: Tennisclub Hanau. H.: Tennis, Schach, Schifahren. (J.L.)

Gielen Thomas Daniel *)

Gielen Werner Dipl.-Ing. *)

*) Biographie www.whoiswho-verlag.ch oder beigefügte CD-ROM

Gieler Uwe Dr. Prof.
B.: Ltr. d. Bereichs Psychosomat. Dermatologie. FN.: Zentrum f. Psychosomat. Med. DA.: 35392 Gießen, Ludwigstr. 76. G.: Schlüchtern, 7. Feb. 1953. V.: Renate, geb. Soujon. Ki.: Anais (1978), Michael (1979), Jette (1981). S.: 1971 Abitur Schlüchtern, 1971-78 Stud. Humanmed. Univ. Göttingen u. Gießen, 1978-79 wiss. Ass. Zentrum f. Ökologie-Hygiene-Inst. Univ. Gießen, 1980 Prom. K.: 1981-87 wiss. Ass.-Arzt am Med. Zentrum f. Haut- u. Geschlechtskrankheiten, 1991-94 ltd. OA d. Abt. Allg. Dermatologie Poliklinik u. Operative Dermatologie, seit 1995 Prof. Med. Zentrum f. Psychosomat. Med. d. Justus Liebig-Univ. Gießen, 1990 Habil. P.: Seelische Faktoren b. Hautkrankheiten (1995), Hauterkrankungen aus psycholog. Sicht (1993), Hrsg. Dermatology + Psychosomatics. M.: seit 1983 Grdg.-Mtgl. d. Arbeitskreises Psychosomat. Dermatologie d. DDG, 1991 European Assoc. of Dermatology and Venerology, 1992 Grdg.-Mtgl. d. European Soc. of Dermatology and Psychiatry, 1999 H. M.-Award. H.: Tanzen, Reisen, moderne Literatur.

Gielisch Claus
B.: Hon.-Konsul d. semitischen Königreich Jordanien; Gschf. Ges. FN.: C. Gielisch GmbH. DA.: 40213 Düsseldorf, Poststr. 7. G.: Düsseldorf, 12. Juni 1958. V.: Jutta Dierichs. Ki.: Anneliese, Sonja, Moritz. El.: Carl u. Karin, geb. Lind. BV.: Norddt. Kfm.-Familie, Schwedische Erfinder u. Industriellenfamilie. S.: 1977 Abitur Düsseldorf u. eidgenöss. Matura Zuoz/Schweiz, 1982-83 Militärdienst b. Heer im Wehrbereichskdo. Düsseldorf, 1977-82 Stud. Rechtswiss. Univ. Freiburg u. Hamburg. K.: 1983 Gschf. Ges. einer Tochterfirma d. elterl. Betriebes L.P. Phillips GmbH München, seit 1987 Toplis u. Harding GmbH, 1984-87 Referendarzeit OLG München, 1991 Hon.-Konsul. BL.: Deputy Chairman d. McLarens European Partners N.V. F.: GCM Gielisch Claims Management GmbH u. EGIS Ltd. Kasachstan. P.: div. Veröff. in Fachzeitschriften z. Thema Vers.-Schäden. M.: Düsseldorfer Yachtclub, Dt.-Jordan. Freundeskreis, Heinrich Heine Ges., Löbecke Ges. e.V., Zuoz Club, Stadtmuseum, Vorst.-Mtgl. im Düsseldorfer Ind.-Club. H.: Cricket, Wasserski, Surfen, Segeln, Joggen, Sprachen.

Gielson Roger Dipl.-Arch. *)

Giemulla Elmar Dr. Prof.

B.: Prof. u. Attorney at Law (New York). DA.: 10717 Berlin, Nassauische Str. 16 A. giemulla@t-online.de. G.: Gerolzhofen, 21. Dez. 1950. V.: Andrea, geb. Schroeder. Ki.: Barbara (1980). El.: Peter Paul u. Maria, geb. Heinisch. S.: 1969-74 Stud. Rechtswiss. Univ. Bochum u. Münster, 1974 1. Staatsexamen, 1974-76 Referendariat LG Duisburg, 1977 2. Staatsexamen. K.: 1977-81 wiss. Ass. an d. Univ. Köln, 1979 Prom., seit 1981 Doz. an d. FHS d. Bundes f. öff. Verw., 1985 Ernennung z. Prof., 1991 jur. Staatsprüf. in d. USA, 1991 Zulassung z. Attorney at Law in New York; Funktion: seit 1992 Berater d. russ. Reg. im Bereich d. Umgestaltung d. osteurop. Luftverkehrsrechts, seit 2000 Lehrauftrag f. Luft- u. Raumfahrtrecht an d. TU Berlin. BL.: Spezialist f. intern. Luftrecht, Berater bei Luftverkehrsunfällen wie Lockerbie, Ramstein, Birgen-Air u. Concorde, Einsatz d. Schadensersatz bei Spätfolgen. P.: "Frankfurter Kommentar f. Luftverkehrsrecht" -Band 1-4, "Luftverkehrsgesetz" -Band 1-2, "Luftverkehrsordnungen", "Warschauer Abkommen" Band 1-2, "Europ. Luftverkehrsrecht" Band 1-4, "Recht d. Luftfahrt", "European Air Law", "Warsaw Convention u.a.m. M.: seit 1992 New York State Bar Association, Mitgrdg. d. Luftrechtsforum-Gesprächskreis dt.-sprachiger Luftverkehrsrechtler. H.: Reisen.

Giemulla Sandy *)

Gienger Eberhard *)

Gienow Herbert Dr. iur.
B.: Rechtsanwalt. PA.: 45356 Essen, Econova Allee 1. G.: Hamburg, 13. März 1926. V.: Imina, geb. Brons. Ki.: Hendrik, Jessica. El.: Günther u. Margarethe, geb. Binder. S.: 1944 Abitur, Stud. Rechtswiss., 1952 Prom., 1953 Gr. Jur. Staatsprüf. K.: 1954 RA, 1961 Wirtschaftsprüfer, 1954 Prok. Dt. Warentreuhand AG Hamburg, 1959 Vorst.-Mtgl. Dt. Warentreuhand AG Hamburg, 1962 Klöckner-Werke AG, 1974-91 Vorst.-Vors. Klöckner Werke AG, 1991-97 Präs. Dt. Gruppe GEC ALSTHOM, (heute ALSTOM), 1997-99 Chairman Germany ALSTOM, AufsR.-Vors. Maschinenfabrik Niehoff GmbH, Schwabach, AufsR.-Mtgl. ASL Aircraft Services, Lemwerder, Beirat Dt. Bank AG., Essen. M.: Lions Club Hamburg-Alster, Übersee-Club Hamburg, Confrèrie d. Chevalier du Tastevin, Nuits St. Georges/Burgund. H.: Bücher, Jagd, Zinnfiguren.

Gier Heinz W.

B.: Informationselektroniker, Gschf. FN.: Security Partner Sicherheitstechnik und Notrufzentrale. DA.: 28197 Bremen, Woltmershauser Str. 106. email@security-partner. de. G.: Bassum, 23. Aug. 1944. V.: Rita, geb. Borchert. Ki.: Ramona (1977). S.: b. 1964 Ausbild. z. Rundfunk- u. Fernsehtechniker, Ausbild. z. Informationselektroniker Fachrichtung EDV u. Prozessortechnik. K.: b. 1993 freier Fachbuchautor, ab 1993 selbständig, Grdg. d. Firma Data-Service Elektronikfachbetrieb, 1995 Umbenennung in Security Partner Sicherheitstechnik m. d. Fachabt. SP-elektronic u. SP-Notruf, Entwicklung, Installation u. Vertrieb v. hochgradig sicheren Alarm- u. Notrufanlagen f. d. priv. u. gewerbl. Bereich sowie m. bundesweiter Notrufzentrale bundesweit Tag u. Nacht. P.: 2 Bücher über Digital u. Prozessortechnik, über 300 Art. in Fachzeitschriften. H.: am Keyboard improvisieren, elektronische Fotografie.

Giera Wolfgang Dr. med.

B.: Allg.-Arzt-Diabetologe. DA.: 90491 Nürnberg, Elbingerstr. 11. dr.w.giera@t-online.de. www.w-giera.de. G.: Oppeln, 23. März 1941. Ki.: Carmen (1962). El.: Rudolf u. Martha, geb. Fuhrmann. S.: Mittlere Reife, Abitur, Stud. Univ. Saarbrücken u. Friedrich-Alexander-Univ. Erlangen-Nürnberg, 3. Staatsexamen, 1981 Approb., 1982 Prom. K.: 2 J. Med. Ass. Univ.-Klinik FAU-Erlangen, freiberufl. als Arzt in versch. Praxen, seit 1983 Ndlg. m. Allg.-Arzt in Nürnberg. BL.: Vortragsreisen (Ernährung, Chron. Erkrankungen, Biolog.

---

*) Biographie www.whoiswho-verlag.ch oder beigefügte CD-ROM

Mondrhythmen). F.: Schulungsstudio Gesundheit e.V .Nürnberg, Diabetiker-Ernährungs- u. Gesundheitsberatung, Ltg. Diabetikerseminar Christine Biener. P.: 1982 Diss. "Strahlenbelastung d. weibl. Brust b. d. Mammographie", sowie weitere fachinterne Veröff. im Bereich Diabetes, Mitgründer u. Vorst.-Mtgl. "Praxisnetz Nürnberg-Nord", Mitgründer u. Mitinitiator "Diabetologen in Mittelfranken e.V." Nürnberg, Vorst.-Vors. Schulungszentrum Mittelfranken e.V. Nürnberg, Vorst.-Mtgl. BDA Bayern. M.: Diabetologen, Dt. Diabetesges., Phlebologenges. Diabetologen Mittelfranken, Praxisnetz Nürnberg-Nord, Golfclub Fürth. H.: liz. Amateurfunker (DC5NG), CCD-Astronomie, Elektronik/EDV-Internet, Golf, Reisen.

Giercke Christian Dipl.-Ing. *)

Gierden Karlheinz Dr. iur. *)

Giere Wolfgang W. G. Dr. med. Prof. *)

Gierer Alfred Prof. *)

Gierer Margarethe *)

Gierhards Erwin *)

Giering Oswald Dr. rer. nat. Prof. *)

von Gierke Klaus Hans Walter Dr. agr. *)

Gierke Wolfgang *)

Gierlichs Heribert *)

Giers Werner *)

Giersberg Hans-Joachim Dr. phil. Prof. *)

Giersch Herbert Hermann Dr. rer. pol. Dr. h.c. mult., Prof.
B.: em. Prof., .ehem. Präs. PA.: 24105 Kiel, Preußerstr. 17-19. G.: Reichenbach/Eulengebirge, 11. Mai 1921. V.: Friederike, geb. Koppelmann. Ki.: Volker, Wolfgang, Cornelia. El.: Hermann u. Helene. S.: 1939 Reifeprüf., 1940-42 Stud. Wirtschaftswiss., Dipl.Examen Univ. Breslau u. Kiel, bis 1946 Wehrdienst u. Kriegsgefangenschaft, 1948 Prom. Dr. rer. pol. Univ. Münster, 1948-49 British Council Fellow an d. London School of Economics. K.: Ass. Univ. Münster, 1950 Habil., Priv.Doz. Univ. Münster, 1950-51 u. 1952 Referent in d. volksw. Abt. d. Hohen Kommission, Priv.Doz. Univ. Münster, 1953-54 Abt.Ltr. Hdls.- u. Finanzdirektorium d. OEEC, Vertretung d. volkswirtschaftl. Lehrst. TH Braunschweig, 1962-63 Gastprof. f. Wirtschaftswiss. Yale Univ. in New Haven USA, 1955-69 o.Prof. f. Nationalökonomie, insbes. Wirtschaftspolitik, an d. Univ. d. Saarlandes, Saarbrücken, 1969-89 o.Prof. f. Wirtschaftl. Staatswiss. Univ. Kiel u. Dir. d. Inst. f. Weltwirtschaft, Kiel. P.: zahlr. Veröffentl. E.: 1977 Gr. BVK, 1977 Ehrendr. Univ. Erlangen-Nürnberg, 1984 d. Univ. Basel, 1993 d. Univ. Saarbrücken, 1995 Gr. BVK mit Stern u. Schulterband. M.: SachverständigenR. z. Begutachtung d. gesamtwirtschaftl. Entwicklung 1964-70, Wiss. BeiR. b. BMin. f. Wirtschaft seit 1956, Wiss. BeiR. b. BMin. f. wirtschaftl. Zusammenarb. 1963-71, Dt. Forums f. Entwicklungspolitik 1970-73, Vors. d. Arb.Gem. dt. wirtschaftswiss. Forsch.Inst. e.V Essen 1970-82, Council u. d. Executive Committee d. Intern. Economic Assoc, 1971-83, Treasurer v. 1974-83, seit 1983 Hon. Präs., Honorary Fellow d. London School of Economics seit 1971, Honorary Member d. American Economic Assoc. seit 1976,Präs. Mont Perin Society 1986-88 Orden Pour le Mérite f. Wiss. u. Künste s. 1990.

Giersch Karsten Dipl.-Kfm.

B.: Unternehmer. FN.: Agentur New Style. DA.: 06849 Dessau, Starenweg 26. info@ihrevent.com. www. ihrevent.com. G.: Dessau, 8. Sep. 1968. El.: Günter u. Christa. BV.: Großonkel Günter Löffler Schriftsteller u. Übersetzer. S.: 1991 Abitur, 1991-96 Stud. Universität Magdeburg m. Abschluß Dipl.-Kfm. K.: seit 1987 Ltr. d. Künstlergruppe New Style, 1991 Grdg. d. Agentur New Style als Agentur für Models, Künstler und Events; Funktionen: Ltr. d. Comedy Theater Los Lachos, Ltr. d. Showformation New Style. Engagements im In- u. Ausland. BL.: Teamarbeit m. anderen Künstlern u. Schaffung künstl. Werke. P.: Eigenfassung v. "Cats" u. "Tanz d. Vampire", Comedy-Produktionen f. Theater, Film u. Fernsehen. H.: Reiten, Beruf, Volleyball, Badminton, Sauna.

Giersch Volker *)

Giersch Werner Dr. *)

Gierse Franz-Josef *)

Gierthmühlen Ilselore Dr. med. *)

Giertler Rudolf Dr. med. habil. *)

Gies Andreas Heinrich Dr.
B.: Fachgebietsleiter. FN.: Umweltbundesamt. DA.: 14199 Berlin, Bismarckpl. 1. andreas.gies@uba.de. G.: Berlin, 9. Juli 1952. V.: Marion, geb. Reuchel. Ki.: Yanna (1983), Miriam (1986), Karin (1990). El.: Karl-Heinz u. Walli, geb. Bohmeier. S.: 1971 Abitur, 1971-80 Stud. Chemie u. Biologie an d. FU Berlin, 1985 Prom. K.: 1980-85 wiss. Mitarbeiter am Inst. f. Tierphysiologie u. angewandte Zoologie d. FU Berlin, 1986-87 wiss. Ltr. d. v. UBA geförderten Projektes "Struktur-Aktivitätsbeziehungen v. Umweltchemikalien", 1987-88 wiss. Ang. d. Bundes-Gesundheitsamtes, Ltr. d. Forschungsprojektes "Neue Wege z. Bestimmung d. oralen Toxizität", 1988-89 wiss. Ang. im UBA, Bereich Alte Stoffe, 1989-92 wiss. Oberrat in d. Bewertungsstelle Neue Stoffe, 1992-94 Ltg. d. Fachgebietes Umweltforschung u. Umweltstatistik, sowie Ltg. d. Fachgebietes Umweltberichterstattung, seit 1994 Ltr. d. Fachgebietes Bewertung d. Zustandes d. Umwelt, seit 2000 zusätzl. Ltr. d. Projektes Umweltbeobachtung. BL.: wirkt im Besonderen auf d. Gebiet d. hormonellen Wirkungen v. Umweltgiften u. Chemikalien auf Mensch u. Tier, Intensive Begleitung d. Prozesses d. Europäischen Chemiepolitik. P.: ca. 70 Veröff. in nat. u. intern. Fachjournalen, zahlr. populärwiss. Beiträge in Tages- u. Wochenzeitungen, u.a.: "10 J. Chemikaliengesetz - Auswirkungen u. Erfahrungen d. Umweltbundesamtes d. Bewertung v. neuen Stoffen", "Umweltbelastung durch endokrin wirksame Stoffe", "Hormonell wirksame Chemikalien - Eine Einführung z. Forschungsstand u. Forschungsbedarf". M.: Dt. Zoologische Ges., SETAC, in zahlr. speziellen Gremien d. WHO, sowie in wiss. Beiräten d. österr. Bundesregierung. H.: Tauchen, Reiten.

Gies Helmut Dr. iur. *)

Gies Horst Dr. phil. Univ.-Prof. *)

Giesa Burkhard *)

Giesbert Dieter H. *)

*) Biographie www.whoiswho-verlag.ch oder beigefügte CD-ROM

**Giesberts Ludger
Dr. LL.M. Mag. Rerum Publicarum *)**

Giesche Werner *)

Gieschen Jens-Peter
B.: RA, Fachanwalt f. Steuerrecht. FN.: Sozietät Rückoldt, Gieschen, Woltmann & Kollegen. DA.: 27243 Harpstedt, Junkerkamp 4. harpstedt@dasanwaltsbuero.de. www.dasanwaltsbuero.de. G.: Oldenburg, 28. Juni 1963. V.: Monika, geb. Ambrosius. Ki.: Niklas (1997), Till-Alexander (2000). El.: Rüdiger Gieschen u. Susanne Blohm. S.: 1979-83 Auslandsaufenthalt Lagos/Nigeria, Allg. HS-Reife, 1985-90 Stud. Jura Univ. Bremen, 1990 1. Staatsexamen, 1990-93 Referendarzeit in Bremen, 1993 2. Jur. Staatsexamen. K.: 1993 Eintritt als Sozius Büro Beyer-Andersen in Harpstedt, 1996 Übernahme d. Büros u. Fortführung m. G. Woltmann, seit 1998 Fachanwalt f. Strafrecht, 1999 Zusammenschluss z. überörtl. Sozietät Rückold, Gieschen, Woltmann, Tätigkeitsschwerpunkt: Gesellschaftsrecht, Strafrecht. P.: Strafakte Faust (1993), Der Fall Christkind (1993), Der "Der Putsch" Euro Thriller (1998), Der Putsch als Hörspiel im NDR (2000). M.: AG Strafrecht im DAV, Vorst. d. Vereinigung Niedersachsen u. Bremer Strafverteidiger (VNBS), Wirtschaftsförderungsges. f. d. Landkreis Oldenburg (WLO), Pressesprecher aktiver Mittelstand Samtgemeinde Harpstedt (AMH), Vorst. d. Audi TT-Owners-Club e.V., seit 2001 Vertreter Bürgerliste Samtgemeinde u. Gemeinderat Harpstedt. H.: Motorsport, Multi-Media, Sport, schriftstellerische Tätigkeit.

Gieschler Sabine *)

Giese Andreas

B.: RA. FN.: Giese + Hennig RA. DA.: 12203 Berlin, Ringstr. 82. G.: Bawinkel, 6. März 1961. El.: Carl u. Hermine. S.: 1982-87 Jurastud. FU Berlin, 1. Staatsexamen, 1988-91 Referendariat in Berlin und San Francisco, 2. Staatsexamen. K.: 1991-93 stellv. Amtsleiter b. Vermögensamt Potsdam, 1993 Zulassung als RA u. Eröffnung der eigenen Kzl., Schwerpunkt: Grundstücks- u. Erbrecht. P.: zahlr. jurist. Beiträge in Fachpubl. M.: Berliner Anw.-Ver. H.: Geschichte.

Giese Frank Alfred Erich Dr. iur. *)

Giese Holger

B.: Unternehmer, Inh. FN.: Dienstleistungen & Verkauf, Computer, Video, Audio, Foto, Telekom. DA.: 12157 Berlin, Horst-Kohl-Str. 11. hgiese@hgiese.de. www.hgiese.com. G.: Berlin, 29. Okt. 1971. El.: Helmut u. Renate, geb. Glase. S.: 1991 FHS-Reife, 1991-93 Ausbild. Erzieher, 1994 Ausbild. Religionslehrer Abendkurs. K.: 1993-94 Anerkennungsj. in d. Ev. Jugendhilfe d. Ver. Steglitz e.V. u. b. 1997 tätig im Ver., glz. Aufbau d. Computerunternehmens, seit 1997 selbst. m. Komplettangebot f. PC u. Telekommunikation, Hard- u. Software, Beratung u. Verkauf sowie Schulungen f. Anfänger u. Fortgeschrittene, Rechergieren f. bedarfsoptimierte Mobilfunkanbieter, Audio- u. Videosysteme; Funktionen: ehrenamtl. tätig in d. Jugendhilfe. M.: seit 1997 Vorst.-Mtgl. d. Jugendhilfe Ver., seit 1996 KreiskirchenR. Berlin-Steglitz, seit 1998 Ev. Landessynode Berlin-Brandenburg. H.: Fotografieren.

Giese Hans J. *)

Giese Jürgen *)

Giese Lutz

B.: Präs. im 1. Berliner Bart-Club 1996 e.V. PA.: 13581 Berlin, Krowelstr. 10. G.: Berlin, 3. Apr. 1942. Ki.: Patrick (1969). El.: Walter u. Wilhelmine, geb. Greising. BV.: Ahnennachweis b. 1742. S.: 1957 Mittlere Reife Berlin, 1957-62 Lehre als Mechaniker. K.: Mechaniker in versch. Firmen in Berlin, 1964-67 Berufsmusiker - Schlagzeug in d. Band "Vikinks" m. intern. Auftritten, seit 1968 wieder in d. Technikbranche, seit 1971 Softwaretechniker, Programmierer, Netzwerkadministrator. BL.: 1996 Gründer u. Präs. d. 1. Berliner Bart-Club1996 e.V. P.: Vereinszeitung. E.: 1998 Dt. Meister, 1999 Dt. VMeister, 1999 Weltmeister, 2000 Europameister in d. Bartkategorie Schnurrbart Englisch. M.: Interessengemeinschaft f. Pommernforsch. H.: PC, Ahnenforsch., Hochseeangeln, Musik machen.

Giese Maria Helene

B.: Kirchenmusikerin. FN.: Herz-Jesu-Kirche in Berlin-Zehlendorf. DA.: 14169 Berlin, Riemeisterstr. 2. PA.: 12247 Berlin, Alt-Lankwitz 40b. G.: Berlin, 18. Okt. 1941. El.: Ernst u. Elisabeth, geb. Kaiser. S.: 1957 Mittlere Reife, 1957-59 Kfm. Lehre b. Siemens, 1962-67 Musikstud. an d. HdK Berlin Fachbereich Kirchenmusik/Orgel, 1967-69 Meisterkl. b. Prof. Ahrens. K.: 1959-62 Kfm. Mitarb. im Ausbild.-Betrieb, ab 1968 Kirchenmusiker d. Herz-Jesu-Kirche, seit 33 J. Ltg. d. Chor u. d. Instrumentalgruppe - Kinder u. Jugendl. P.: zahlr. Kritiken über ihre Konzerte u.a. v. Prof. Dr. Kützler, zahlr. Orgelkonzerte hauptsächl. in d. Herz-Jesu-Kirche aber auch im Berliner Raum z.B. in d. Hedwigs-Kathedrale u. d. Kaiser-Wilhelm-Gedächtniskirche, 5 CD m. d. Gesamtorgelwerk v. Prof. Ahrens gemeinsam m. einer weiteren Orgelspielerin (1986/92). H.: Lesen, Spaziergengehen, Schwimmen, klass. Musik.

Giese Richard Heinrich Dr. *)

Giese Siegward *)

Giese Wolfgang Dr. phil. Dr. phil. habil. Prof. *)

Giesecke Andreas
B.: Steinmetz- u. Bildhauermeister, Techniker, selbständig. FN.: Giesecke Naturstein. GT.: Mitglied im Handel u. Gewerbeverein Lengele, Mitglied im IHK Prüfungsausschuss. DA.:

---

*) Biographie www.whoiswho-verlag.ch oder beigefügte CD-ROM

Giesecke Christian *)

Giesecke Hermann Friedrich Dr. phil.
B.: o.Prof. f. Päd. u. Sozialpäd Univ. Göttingen, Schriftsteller. DA.: 37073 Göttingen, Waldweg 26. PA.: 37120 Bovenden, Kramberg 10. Hermann.Giesecke@t-online.de. http://home.t-online.de/home/Hermann.Giesecke. G.: Duisburg, 9. Aug. 1932. V.: Martina, geb. Martin. Ki.: Judith, Mark-Andreas. El.: Friedrich u. Anna. S.: 1953 Abitur, 1954-60 Stud. Geschichte, Latein, Soz., Päd. in Münster, 1964 Prom. in Kiel. K.: 1960-63 Ltr. einer Jugendbildungsstätte, 1964-67 Wiss. Ass. in Kiel, seit 1967 Prof. an d. PH/Univ. Göttingen, seit 1997 emeritiert. P.: Didaktik der Politischen Bildung (1965), Einführung in die Pädagogik (1990), Hitlers Pädagogen (1993), Pädagogik als Beruf (1987), Die Zweitfamilie (1987), Wozu ist die Schule da ? (1996), Die pädagogische Beziehung (1997), Pädagogische Illusionen (1998), Was Lehrer leisten (2001). H.: klass. Musik.

Giesecke Jürgen Dr.-Ing. habil. Dr.-Ing. E.h. o.Prof. *)

Giesecke Nils Kammersänger *)

Giesecke Reinhard Dr. med. *)

Giesegh Sylvia

B.: Gschf. Ges. FN.: BIOMETA GmbH Haar-Mineral-Analyse u. Ernährungsberatung. DA.: 80337 München, Lindwurmstraße 15. info@biometa. de. www.biometa.de. G.: Rottenburg/A, 7. Okt. 1963. V.: Christian Giesegh. Ki.: David (2001). S.: 1982 HAK-Matura Bregenz, 1982-83 Auslandsaufenthalt Sprachstud. K.: 1983-94 Immobilienmaklerin in Alicante/Spanien u. Eröff. v. 3 Gastronomiebetrieben, 1994 Ausbild. in Akerberg-Methode Haaranalyse als Basis f. individuelle Ernährungsberatung in d. Firma Akerberg in München, glz. Ausbild. an d. ZFN-Heilpraktikerschule in München, 1998 Übernahme d. Firma Katja Akerberg, 2000 Grdg. d. Biometa GmbH f. Haar-Analytik m. Ernährungsberatung. M.: Greenpeace, Bündnis 90/Die Grünen. H.: Bergwandern, Skifahren.

Gieseke Margit
B.: Mitinh., Gschf. FN.: Liebe - Die Welt f. Schönheit u. Mode. DA.: 30159 Hannover, Karmarscherstr. 25. Ki.: Saskia, Dipl.-Ing. Matthias. El.: Kurt u. Irmingard Prenzler. S.: Sprachstud. auf d.

38268 Lengede, Steigerweg 1 a. giesecke-naturstein@t-online.de. www.giesecke-naturstein.de. G.: Bad Harzburg, 9. März 1971. V.: Ramona, geb. Hartwig. S.: 1988-91 Lehre z. Steinmetz in Bad Harzburg, 1991-93 Bundeswehr. K.: 1993-96 Steinmetzgeselle in Braunschweig, 1996-98 Meisterschule u. Technikerausbildung Steinmetzschule Königslutter, 1998-99 Steinmetz- u. Bildhauermeister u. Techniker in Bad Harzburg angestellt, seit 1999 in Lengede selbständig. M.: Handwerkskammer. H.: Football, Fussball.

Rudolf-Steiner-Schule in England/ Kings Langly u. in Paris b. d. Kosmetiksalon Guerlain. K.: Einstieg in Europas größtes Parfümerie/Kosmetik Familienunternehmen, Lehre als Einzelhdls.-Fachfrau u. Dipl.-Kosmetikerin, parallel Gesangsausbild. an d. Musik-HS Hannover, Engagement in d. Kirchen als Solistin, nach 100-jährigem Bestehen d. Unternehmens zusätzl. im exclusiven Modebereich, auch Entdeckung v. Newcomer-Designern, Standort von Intern. Kongressen, Ausrichtung von Modenschauen u. Inszenierungen, Ausz. eines Weltkonzerns durch intern. Ausrichtung d. Ausstattung u. d. Designs, ebenfalls f. d. Opernhaus u. Schauspielhaus tätig (Konzertbegleitung v. Künstlern), Besuch intern. Messen (Florenz, Mailand, Paris), versch. Messepreise gewonnen. M.: Unternehmerinnen Verb. Niedersachsen, Golf Club Isernhagen. H.: Musik, Golf, Schönheit u. Blumen, Kunstausstellungen, Antiquitäten u. Tiere.

Giesekus Hans Walter Dr. rer. nat. *)

Giesel Jan
B.: Tanzlehrer, Inh. FN.: Tanzschule Möller. DA.: 22765 Hamburg, Klopstockpl. 9-11. G.: Hamburg, 5. Juli 1967. El.: Karl Friedrich u. Gisela. S.: 1987 Abitur, 1987-88 Bundeswehr, 1988-91 Ausbild. Tanzlehrer Tanzschule Hedrich Hörmann Hesse. K.: 1991-96 Partnerschaft m. d. Tanzschule Hedrich Hörmann Hesse, 1992-96 in Partnerschaft m. d. Tanzschule Möller u. seit 1997 Alleininh. u. Gschf. M.: DAV, German Tap. H.: Lesen, Reisen, Politik, Sport, klass. Musik, Tanzen, Haustiere.

Giesel Joachim *)

Giesel Joachim A.

B.: RA, selbständig. DA.: 96047 Bamberg, Schützenstr. 23a. kanzlei@ra-giesel.de. G.: Lübeck, 4. Apr. 1963. V.: verh. El.: Joachim u. Anne. S.: 1982 Abitur Bamberg, 1982-83 Bundeswehr in Hamburg Appen und Neuburg/Donau, 1984-89 Stud. Jura in Würzburg, Referendar u. freier Mitarbeiter in Kzl. in Bamberg. K.: 1998 selbständiger RA, Tätigkeitsschwerpunkt: Wirtschaftsrecht und Internetrecht, Kzl- mit 3 Kollegen. H.: Motorradfahren, Reisen.

Giesel Rainer B. Dipl.-Vw. *)

Gieselbrecht Gerhard *)

Gieseler Walter Dr. phil. Prof. *)

Gieselmann Manfred *)

Gieselmann Werner Dipl.-Ing.
B.: Architekt, Gschf. Ges. FN.: Büro f. Stadtplanung Gieselmann u. Müller GmbH. DA.: 26129 Oldenburg, Eschenpl. 2. gieselmann@olis.de. G.: Saarbrücken, 14. Apr. 1952. V.:

Anja-Maria, geb. Franzen. Ki.: Marieke (1985), Thees (1987). El.: Dr. Heinrich u. Ilse, geb. Gieselmann. S.: 1972 Abitur Baden-Baden, 1972-74 Stud. Physik u. Phil. Univ. Heidelberg, 1974-78 Stud. Arch. u. Städtebau FHS Nienburg, 1978-79 Bundeswehr. K.: 1979-81 Architekt im Architekturbüro u. Baubetriebe in Oldenburg, 1981-88 Stadtplaner im Stadtplanungsamt in Wilhelmshaven, 1988-90 Aufbaustudium Städtebau, 1991-97 freiberufl. Architekt u. Stadtplaner in Oldenburg, 1998 Grdg. d. Büro f. Stadtplanung Gieselmann u. Müller GmbH m. Schwerpunkt Raumordnung, Städtebau, Bauleitplanung, Vorhaben- u. Erschließungsplanung. M.: Architektenkammer, AJV Oldenburg. H.: Sport.

Giesem Klaus *)

Giesemann Uwe *)

Giesen Elke *)

Giesen Günter *)

Giesen Hans Ing. *)

Giesen Hans-Michael Dr. *)

Giesen Heinrich Dr.-Ing. Prof.
B.: Univ.-Prof. f. Informatik em. FN.: Univ. Koblenz-Landau. PA.: 56281 Emmelshausen, Ostring 60.

Giesen Heinz Dr. theol. Dr. in Re Bibl.
B.: Prof. Phil.-Theol. HS SVD St. Augustin, Theol. Fakultät. PA.: 53773 Hennef, Waldstr. 9. G.: Bochum, 22. März 1940. El.: Hubert u. Sophie. S.: Stud. Hennef, Rom. K.: 1973-99 Prof. an d. Phil.-Theol. HS d. Redemptoristen in Hennef, Lehrauftrag an d. Phil.-Th. HS d. Franziskaner u. Kapuziner Münster WS 1978/79 u. WS 1979/80, Lehrauftrag an d. Univ. Gesamthochschule Wuppertal, Fachbereich 2 vom WS 1989/90 bis WS 1992/93, seit WS 1999/2000 Prof. an d. Phil.-Theol. HS SVD in Sankt Augustin, Gastprofessur an d. Kath. Univ. Eichstätt im WS 2000/2001. P.: Bücher: Christl. Handeln (1982), Glaube u. Handeln (Bd. 1 u. 2, 1983), Johannes-Apokalypse (4/1996), Herrschaft Gottes - heute oder morgen ? (1995), Die Offenbarung des Johannes (Regensburger Neues Testament) (Regensburg 1997), Studien zur Johannesapokalypse (2000), zahlreiche Artikel in Fachzeitschriften, Sammelwerken u. Lexika. E.: IBC 2000 Outstanding Scholars of 21st Century. M.: Arge d. dt.sprach. Kath. Neutestamentler, Studiorum Novi Testamenti Societas, Rhein-Main-Exegetentreffen, seit 1999 Mtgl. d. Redaktion d. "Theologie der Gegenwart". H.: Sport, Musik.

Giesen Jörg Heinz *)

Giesen Karl
B.: Forstdirektor, Bundesgschf. FN.: Arge Dt. Waldbesitzerverb. DA.: 10117 Berlin, Reinhardtstr. 18. PA.: 56072 Koblenz, Planstr. 56. G.: Koblenz, 8. März 1939. V.: Ursula, geb. Dederichs (Realschulkonrektorin). Ki.: Dr. iur. Tilman (1968), Dr. phil. Sebastian (1970), Charlotte, Rechtsreferendarin (1975). El.: Dr. Richard u. Maria, geb. Nußbaum. S.: 1957 Mittlere Reife Niederlahnstein, 1958-60 Forstpraktikum Forstamt Mayen, 1960-62 Forstschule Trippstadt, 1963 Abitur als Externer in Mainz, 1962-63 Revierförsteranw. in Cochem u. St. Goar, 1963-67 Stud. Forstwiss. in Freiburg, 1967 Dipl.-Forstwirt. K.: 1967-69 Forstreferendariat in Rheinland-Pfalz, 1969 Gr. Staatsprüf., 1970-74 Ldw.-Kam. Rheinland-Pfalz in Bad Kreuznach, Ltr. Forstreferat, seit 1989 Hauptgschf. Arge Dt. Waldbesitzerverb. e.V. als beurlaubter Bmtr., seit 1990 Grdg. d. Verb. in d. 5 Neuen Bdl. P.: Veröff. u.a. in Holzzentralblatt, Allg. Forstzeitschrift, Forst u. Holz. H.: Lesen, Reisen, Frankreich.

Giesen Klaus *)

Giesen Klaus Dr. med. Dr. med.
B.: FA f. Mund-, Kiefer- u. Gesichtschir. FN.: Gemeinschaftspraxis. DA.: 44135 Dortmund, Kleppingstr. 24. G.: Stuttgart, 21. Juni 1956. V.: Eva-Maria, geb. Werner. Ki.: Anne, Maximilian. S.: 1974 Abitur Dortmund, 1975-76 Wehrdienst, 1977-86 Stud. Medizin u. Zahnmedizin in Münster u. Kiel. K.: 1983 Prom. Dr. med., 1986 Prom. Dr. med. dent., 1986-88 Univ. Göttingen, 1989-91 Dortmund, seit 1993 ndlg. in Dortmund. M.: D.G.M.K.G., 1996 Lions Club Dortmund. H.: Sport (Schwimmen, Radfahren, Laufen).

Giesen Michael Dipl.-Kfm. *)

Giesen Olaf

B.: Dipl.-Systemwissenschaftler, Gschf. Ges. FN.: Solar Direct - Envisol GmbH & Co KG. DA.: 49084 Osnabrück, Westerbreite 7. www.solardirect.de. G.: Erkelenz, 17. Juni 1970. S.: 1989 Abitur Erkelenz, 1989-96 Stud. angew. Systemwiss. Univ. Osnabrück z. Dipl.-Systemwissenschaftler, 1996-97 Zivildienst. K.: 1997 Grdg. d. Ing.-Büros Giesen & Holtgrewe, 1998 SD-Innovative Haustechnik GmbH & Co KG m. Geschäftspartner Dipl.-Kfm. Frank Albers. BL.: Gründer Champion 2000 f. Land Niedersachsen. M.: Mtgl. d. Wirtschaftsjunioren Osnabrück. H.: Kunst (Zeichnen), Karate, Literatur, Outdoor Aktivitäten.

Giesen Rolf Dr. phil.
B.: freiberufl. Filmpublizist. FN.: Stiftung Deutsche Kinemathek. DA.: 14052 Berlin, Pommernallee 1. G.: Moers, den 04. Juli 1953. El.: Anton u. Walburga, geb. Rabsch. S.: 1972 Abitur in Moers, 1972-79 Stud. Soziologie, Psychologie u. Alten Geschichte in Berlin, 1979 Prom. zum Dr. phil. K.: während d. Schulzeit Mitarbeit am Duisburger Filmforum, neben dem Stud. (1977) Leitung v. Seminaren am Inst. f. Publizistik d. FU Berlin, ab 1979 Filmpublizist und -journalist: zahlreiche Buchveröff. sowie Beiträge für Weltwoche, TIP, Spiegel usw., ab 1982 Organisator v. Kinofestivals zum phantastischen Film, Mitgründer des Hollywood-Kinos in neuer Form sowie Erwerb von Filmverleihrechten, 1985 Organisator der Ausstellung "Special Effects" in Berlin in Zusammenarbeit m. d. Stiftung Deutsche Kinemathek, 1990 Grdg. d. Fa. Cine-Magic in Potsdam-Babelsberg, 3 J. im Aufbau von Tricktechn. tätig, dann Lektorat und Dramaturgie. BL.: Aufbau d. "Rolf-Giesen-Sammlung" (Originalexponate aus 70 Jahren intern. Filmgeschichte). P.: Bücher: Der phantastische Film (1983). Kino: wie es keiner mag (1984); Kino: King Kongs Faust (1985), Joey (1986), Asterix - Operation Hinkelstein (1989: Produktionsüberwachung); TV: Das Filmkabinett des Dr. Giesen, Der Zauberer v. Hollywood. P.: Bücher: Der phantastische Film(1983)Kino, wie es keiner mag (1984); Kino: King Kongs Faust (1985), Joey(1986), Asterix - Operation Hinkelstein (1989: Produktionsüberwachung); TV: Das Filmkabinett des Dr. Giesen, Der Zauberer v. Hollywood. M.: Vors. d. Deutschen. Trickfilmverbands e.V. H.: Schreiben, Beratung versch. Firmen in Dramaturgie-Fragen. (D.R.)

Giesen Thomas
B.: RA. DA.: 50226 Frechen, Kölner Str. 27. th.giesen@netcologne.de. G.: Köln, 2. Sep. 1967. V.: Ute, geb. Ruhland. El.: Wolfgang u. Marianne, geb. Frauenrath. BV.: Großvater -

---

*) Biographie www.whoiswho-verlag.ch oder beigefügte CD-ROM

Giesen

Gründer d. CDU in Althoven; Vater - 1984-94 VBgm. d. CDU in Frechen. S.: 1986 Abitur, 1987-92 Stud. Jura Köln, 1994 2. Staatsexamen. K.: seit 1995 RA in Köln, 1997 Eröff. d. Kzl. in Frechen. M.: Gschf. d. IFU, AufsR.-Mtgl. d. Stadt Marketing GmbH. H.: Musik.

Giesen-Borngässer Christine

B.: Physiotherapeutin. FN.: Krankengymnastikpraxis Christine Giesen-Borngässer. DA.: 12203 Berlin, Ringstr. 18. G.: Mainz, 3. März 1956. Ki.: Katharina (1987), Friederike (1991). El.: Hans-Dieter u. Dr. Ursula. BV.: Großvater Hans Weber, 1899-1966, Privatbankier in Berlin, Präs. d. Berliner Börse. S.: 1975 Abitur Gonsenheim/Mainz, 1975-76 Ausbild. zur med.-kfm. Ass., 1977-79 Ausbild. z. Physiotherapeutin Freiburg/Brsg., 1979-80 Praktikum a. Hildegardis-KH Mainz, 1981 Bobath Ausbildung (Erwachsenenbereich) in Basel (CH), 1982-83 Ausbild. z. Hippotherapeutin Bern (CH), 1984 Bobath-Ausbild. (Kinder u. Säuglinge) in Bern sowie 1986 in London, 1986-92 Ausbild. in Psychomotorik, 1996-98 Sensorische Integrationsausbild. K.: 1976-77 Med. Ass. in d. Nuklearmed. Univ.-Klinik Bonn/Bad Godesberg, 1980-82 Insel Spital Bern, Neurologie u. Psychosomatik, 1982-85 Aarhus/Bern, Sonderschule f. körperl. u. geistig behinderte Kinder, seit 1985 eigene Praxis in Berlin, Schwerpunkt Neurologie f. Kinder u. Erwachsene, Orthopädie u. Chir., sowie fortlfd. Weiterbild.-Maßnahmen, Zusammenarbeit mit Logopäden, Ergotherapeuten, Kinderärzten, Erziehern, Pädagogen, Eltern- u. Erziehungsberechtigtenberatung in Problemfällen. E.: Ehrenämter: stellv. Vors. d. AG-Bobath im Zentralverb. d. Physiotherapeuten ZVK in Köln, Grdg.-Mtgl. d. Bobath-Ges. M.: Vereinigung d. Bobath-Therapeuten Deutschlands, e.V., 1992 AG-Bobath im ZVK Köln, 1998 Bobath-Ges. H.: Bridge, Golf.

Giesenfeld Günter Dr. Prof. *)

Giesenhagen Martin *)

Giesert Ursula Dipl.-Kauffrau

B.: Steuerberaterin. DA.: 21335 Lüneburg, An der Schule 37. www.giesert.de. G.: Hannover, 22. Aug. 1966. V.: Dipl.-Ing. Gerald Giesert. Ki.: Roswitha (1994), Hedwig (1998). S.: 1985 Abitur Hannover, b. 1990 Stud. BWL an d. Univ. Osnabrück. K.: b. 1992 ang. b. d. Wirtschaftsprüf.-Ges. Dr. W. Schlage & Co als Prüf.-Ass. in Hamburg, 1993-94 ang. b. einem Steuerberater u. Wirtschaftsprüfer in Hamburg, 1995 Steuerberaterprüf., seit 1996 Bestellung als Steuerberaterin, 1996 Eröff. d. eigenen Kzl. in Lüneburg, Schwerpunkt Erbschaftsteuer sowie Bereich Wohneigentumsförd., Vermietung u. Verpachtung, seit 2000 v. d. DVEV geprüfte Testamentsvollstreckerin. M.: Steuerberaterverb. Niedersachsen-Sachsen-Anhalt, Steuerberaterkamm. Niedersachsen, Dt. Ver. f. Erbrecht u. Vermögensnachfolge. H.: Lesen.

Gieshold Bernd Dipl.-Ing. *)

Gieske Friedhelm Dr. iur. *)

Giesler Dietrich P. Dipl.-Ing. *)

Giesler Gerd Dr. *)

Geisler Tina *)

Giesler-von der Burg Irmi Dipl.-Sozialpäd.

B.: Ltr. FN.: Kiek Beherbergungs- u. Tagungshotel. DA.: 24534 Neumünster, Gartenstr. 32. G.: Eisern, 29. Okt. 1951. Ki.: Ina (1972). El.: Kurt u. Waltraud Giesler, geb. Eckhard. S.: 1966 Mittlere Reife Usingen, 1966/67 Praktikum, 1967-70 Ausbild. Erzieherin priv. Erzieherfachschule Oberursel, 1970-74 Stud. Sozialpäd. GHS Siegen, 1974-76 Stud. Psychologie psych. Inst. Bonn. K.: 1976-80 Sozialpädagogin am Ev. Jugendheimschaftswerk Neumünster, 1980-82 Grdg. u. Mitaufbau d. Frauenhaus in Neumünster, 1984-86 Sozialpädagogin in d. Arb.-Wohlfahrt, glz. tätig am Inst. d. Praxis- u. Naturwiss. d. Univ. Kiel f. Entwicklung u. Überprüf. d. Lehrinhalte d. Ver- u. Entsorgerausbild. im Bereich Abfall, div. Öff.-Arb. 1986-90 Betriebsltr. eines Abfallbewirtschaftungsbetriebs d. Firmengruppe SKP in Hamburg, Gschf. d. Firma Wittko in Neumünster, 1990 stellv. Ltr. d. Haus d. Jugend in Neumünster u. seit 1994 Ltr. M.: Kreisvorst. d. SPD, Kreisvorst. d. ÖTV, VerwR. d. Arb.-Amtes. H.: Garten, Pflanzen, Reisen.

Giess Richard *)

Gieße Roland Dr. *)

Giessen Andreas *)

Giessen Karl Dr. *)

Giessen Robert *)

Gießler Hans-Joachim Dipl. rer. pol. *)

Giessler Harald *)

Gießler Siegfried *)

Giessmann Andreas Dr. Dipl.-Ing. Dipl.-Ing.

B.: Dipl.-Wirt.-Ing. REFA-Ing. EUR-Ing., Gschf. Ges. FN.: Coatema Coating Machinery GmbH. DA.: 41460 Neuss, Erftstr. 62. G.: Nettetal, 16. März 1968. El.: Herbert u. Maria. BV.: Vater - Pionier in Entwicklungs- u. Schwellenländern im Maschinenbau. S.: 1987 Abitur, 1988 Stud. Prod.-Technik FH Niederrhein, 1991 Dipl.-Ing. f. Prod.-Technik, gleichzeitig Aufbaustud. Wirtschaftsing., 1992 Dipl.-Wirtschaftsing., 1992 REFA-Ing.-Ausbild., 1995 Prom. TU Dresden. K.: 1992 Eintritt in d. Firma Coatema u. seit 1993 in d. Geschäftsltg., div. Beiratsposten. P.: regelm. Fachart. H.: Lesen, Golf.

Gießmann Gustav Adolf

B.: freiberufl. FA f. Allg.-Med. DA.: 99427 Weimar, Prager Str. 5. G.: Gmünd/Niederösterreich, 5. März 1945. V.: Gabriele, geb. Graef. Ki.: Dipl.-Bw. Susanne (1972), Sebastian (1976), Jan-Michael (1980), Amrei (1981). El.: Dr. med. Gustav Adolf u. Dr. iur. Helena, geb. Haskova. BV.: Onkel

*) Biographie www.whoiswho-verlag.ch oder beigefügte CD-ROM

mütterlicherseits Jaroslav Hasek, Autor "Der brave Soldat Schwejk". S.: 1962 Abitur Weimar, 1962-64 Praktikant Klinik Weimar, 1964-70 Stud. Med. Friedrich-Schiller-Univ. Jena. K.: 1970-75 Ausbild. z. FA f. Allg.-Med., 1976-80 Chefarzt Betreuung dt. Bauarb. in der Ukraine, 1980-82 Chir.- u. zahnärztl. Praktikum, 1982-91 stellv. Chefarzt Poliklinik Weimar-West, seit 1991 freiberufl. Praxis. H.: Lesen, Gedichte schreiben, b. 35. Lebensjahr aktiv Fußball (Sonderjuniorenliga), Tischtennis, Tennis, eigener Neufundländer, Reisen.

Gießmann Jürgen Dipl.-Kfm.
B.: Vorst. FN.: Jenoptik AG. DA.: 07739 Jena, Carl-Zeiß-Straße. G.: Stuttgart, 14. Sep. 1946. S.: Stud. Univ. Stuttgart u. Erlangen-Nürnberg, 1973 Dipl.-Kfm. K.: 1974-80 Ass. d. Geschäftsführung u. dann Abt.-Ltr. in d. Kfm. Verw. b. d. Wirtschaftsprüf.-Ges. RWG GmbH Stuttgart, seit 1981 b. Meissner+Wurst GmbH & Co, 1990 stellv. Gschf. u. 1992 Gschf., seit 1996 Mtgl. d. Vorst. d. Jenoptik AG (Divisionalvorstand Unternehmensbereich Clean Systems Technologies), außerdem Geschäftsführer der Jenoptik-Tochtergesellschaft M+W Zander Holding GmbH, Stuttgart.

Giethmann Franz-Dieter Dipl.-Ing.
B.: Rundfunk- u. Fernsehtechniker. DA.: 27283 Verden, Am Bärenkamp 7. G.: Bremen, 19. Jan. 1934. V.: Ursula, geb. Meyer. Ki.: Dr. iur. Sabine (1963), Dipl.-Phys. Christian Erich (1966), Uta (1969). El.: Erich u. Elise, geb. Schröder. S.: Mittlere Reife, 1952-55 Ausbildung z. Rundfunk- u. Fernsehtechniker in Verden, Stud. Elektrotechnik FH Braunschweig u. Gießen, 1962 Abschluss z. Dipl.-Ing. K.: 1962-72 in d. Radartechnik stellv. Ltr. d. gesamten Qualitätskontrolle, Ltr. d. gesamten Messtechnik u. Kalibrierung b. Messerschmidt Bölkow Blohm, 1967-73 Doz. f. Elektrotechnik Hochfrequenz, elektr. Grundlagen a. d. staatl. Techniker Abendschule in Ingolstadt, 1976-98 Ges. d. Heilotherm GmbH Bau eines Experimentalhauses in Altenstadt f. d. Anwendung v. thermischer Solarenergie, 1974 Übernahme eines Automatenaufstellunternehmen in Verden als Inh. b. 2001. M.: seit 1952 aktiv im Verdener Ruderverein, zeitweise im Vorst., seit 1991 CDU-Mtgl., seit 1996 im StadtR. Stadt Verden. H.: Camping, Wassersport, Elektron. Entwicklungen.

Gietl Arne Georg *)

Gietz Tobias

B.: Gastronom, selbständig. FN.: Last Supper; Aloha Bar. DA.: 80333 München, Fürstenstr. 9. PA.: 80469 München, Corneliusstr. 16. www.aloha-bar.de G.: Rüdesheim/Rhein, 9. Apr. 1970. S.: 1986-89 Ausbildung z. Koch Graues Haus (hatte zu dieser Zeit d. Michelin Stern) in Oestrich-Winkeln. K.: 1989 Koch b. Gasthaus Rottner 1 Stern Michelin in Nürnberg, 1989-91 Koch im Vier Jahreszeiten Hotel Kempinski in München, 1991-92 Koch b. Nymphenburger Hof in München, 1992-98 Küchenchef b. Gaststätte Reitschule, Seral's Cosmo, Rincon, Buffet Kull in München, 1998 Eröff. d. Last Supper in München, 2001 Eröff. d. Aloha Bar in München, 2002 Fischspezialitätenrestaurant in Vorbereitung. P.: Prinz, SZ, GQ, Marcellinos, AZ, TZ, Münchner Merkur, Delicatessen, Amerikanische Reiseführer über München. E.: Marcellinos: Lokal d. 10 Besten in München (2000/2001). H.: Heavy Metal, klassische Motorräder fahren u. sammeln.

Gietz Uwe

B.: Gschf. FN.: A-Z Baugerätehdl. GmbH & Co KG. DA.: 47829 Krefeld, Bahnhofstr. 41. G.: Krefeld-Uerdingen, 14. Okt. 1957. V.: Iris, geb. Rozek. Ki.: Anika, Saskia, Tobias. S.: 1974 Berufsfachschule Bauwesen in Krefeld, 1975-77 Lehre als Bauzeichner, 1977-79 Bundeswehr, 1979-80 Lehre als Baustoff-Kfm. b. Klöckner & & Co Krefeld, 1980 Baukfm. b. BREBAU-Baustoffe. K.: 1985 Gschf. Ges. d. Brebau Krefeld, 1994 Grdg. d. A-Z Baugerätehdl. GmbH & Co KG Mönchengladbach, 1994 Verkauf d. Brebau Krefeld, 1998-2000 Gschf. Ges. f. Firma Müllprodukte & Service Krefeld GmbH, 2000 Grdg. d. selbst. Zwg.-Ndlg. A-Z Baugerätehdl. GmbH & Co KG Krefeld. H.: Tischtennis, Pferdezucht.

Gietzelt Manfred Dr.-Ing. Prof. *)

Giffels Gertrud Maria

PS.: Berto. B.: Kinderärztin. DA.: 53757 St. Augustin, Bonner Str. 81a. PA.: 53757 St. Augustin, Marienburgstr. 26. G.: Geilenkirchen, 24. Juli 1938. V.: Dr. med. Richard Otto Giffels. Ki.: Ruth (1964), Guido (1967), Patrick (1971). S.: 1958 Abitur Geilenkirchen, 1958-64 Med.-Stud. Univ. Bonn, 1965 Prom. K.: 1964-66 Med.-Ass. Med. Poliklinik, Frauenklinik, Chir., Wahlstation Pädiatrie, 1966 Approb., 1966-75 Ass. d. Univ. Kinderklinik, in d. letzten Jahren Funktion OA, 1971 FA f. Kinderheilkunde, seit 1975 Aufbau einer eigenen Praxis. P.: Giffels/Liappis (im Internet) über Immunelektrophorese, ca. 15 wiss. Publ. M.: Berufsverb. d. Kinderärzte, Vors. Reitclub Tannenhof Königswinter. H.: Dressurreiten, klass. Musik u. Jazz, Literatur, Skifahren, ehem. Skiwandern, Frankreichreisen u. franz. Kultur u. Kultur d. osteuropäischen Raumes.

Giffhorn Elard Dipl.-Psych. *)

Giffhorn Hans Dr. phil. Univ.-Prof. *)

Giggenbach Herbert *)

Gigler Robert
B.: Kaufmännischer Geschäftsführer. FN.: BuchHaus Robert Gigler GmbH. DA.: 81667 München, Kellerstrasse 7. G.: Frontenhausen, 26. Januar 1947. Ki.: Dominik (1968). S.:

---
*) Biographie www.whoiswho-verlag.ch oder beigefügte CD-ROM

Gil Thomas Dr. Prof. *)

1961-64 Lehre als Schriftsetzer, 1966 Mittlere Reife, 1966-68 Bundeswehr. K.. 1978 in d. Werbeabteilungen d. Industrie tätig, 1982-90 Angestellter eines Verlags, seit 1991 selbständig m. Schwerpunkt Produktions-Service f. Verlage, produktionstechnische Beratung vom Layout bis zum fertigen Buch, Kinderbücher u. Imageprospekte; Funktion: Dozent an d. LMU München. H.: Jazz, klass. Musik, Malerei, Literatur.

Gilan-Schah Alexander Dr. *)

Gilardino-Bosch Monika

B.: selbst. Interieur Designerin. DA.: 76530 Baden-Baden, Bismarckstr. 24 a. G.: Berlin, 19. Juli 1944. Ki.: Heidi-Alexandra Steck. El.: Rudolf u. Martel Bosch, geb. Fritz S.: 1959-61 Lehre Schreiner u. Architekt, 1961-63 FHS f. Inneneinrichtung Bodensee, 1963-64 Aufenthalt Italien, Griechenland u. Libanon, 1964-65 Praktikum Architekt London. K.: 1965-68 gearbeitet als Industrie-Designer f. Banken-Shops-Apotheken, 1968-71 Designerin f. Möbel f. eine jüd.-engl. Firma, 1967 Einrichtung v. Banken u. Apotheken in S.Africa, Botswana u. Swiaziland, 1971-86 Eröff. d.Büros f. Inneneinrichtung m. eigener Schreinerei u. Lackiererei u.a. tätig f. Juweliere, Hotels u. Cafés in Amerika, 1. Frau f. ind. u. jüd. Markt, Einrichtung v. 2 jüd. Häusern in Florida, 1986 tätig in Monte Carlo, Einrichtungen v. 2 Yachten sowie Europa-Jet-Set, 1995-2000 Büro London, Arbeiten Florida, Russland, Schweiz. P.: Veröff. in Südafrika, Frankreich, Deutschland. E.: unter d. besten 10 Designern in Südafrika. M.: IDC. H.: Garten, Lesen, Ägypten, Reisen, Kunst, Golf.

Gilberg Eberhard

B.: Gschf. FN.: G & B Gilberg & Bruhn Vers.-Makler GmbH. DA.: 20459 Hamburg, Erste Brunnenstr. 12. G.: Soltau, 21. Okt. 1947. V.: Henrike, geb. Prüser. Ki.: Maike (1980), Kai (1983). S.: 1968 Abitur, 1969-76 Jurastud. Univ. Hamburg. K.: 1976-78 Tätigkeit im elterl. Betrieb, 1978-90 selbst. Dt. Ring Vers. Generalagentur in Soltau, 1990-93 Ges. u. Prok. d. ATA Alster Treuhand Vers.-Makler GmbH Hamburg, seit 1994 Gschf. u. Ges. d. Firma G & B Vers.-Makler GmbH Hamburg. H.: Natur.

Gilbert Freimut *)

Gilbert Gisela

B.: selbst. Steuerberater. GT.: seit 1970 im Prüf.-Aussch. d. Steuerberaterkam.; seit 15-20 Jahren Vors. im Berufsbild.-Ausschuss d. Steuerberaterkam. Baden-Württemberg als Vertreter. DA.: 79102 Freiburg, Uhlandstr. 9. GG@Gisela-Gilbert-STB.de. www.Gisela-Gilbert-Stb.de. G.: Freiburg, 21. Juni 1944. El.: Alois u. Elisabeth, geb. Ludwig. BV.: Abstammung aus Bern. S.: 2 1/2 Jahr Lehrausbild. K.: seit 1970 selbst. Steuerberaterin, Übernahme d. Praxis in d. Uhlandstraße. E.: 1997 Kammermed. in Silber, Ehrenphilister u. Mtgl. d. Helvetia Freiburg i. Br. u. d. Lemania Lausanne-Schweiz, Fahnenpatin u. Mtgl. d. Desertina in Disentis Graubünden/Schweiz. M.: Vorst. d. Chelius-Stiftung in Freiburg i. Br., Vorst. d. Freundeskreises Marienburg e.V. in Ofteringen/Wutöschingen, Mtgl. d. Schweizer Studentenver. STV, Freunde d. Freiburger Domchores e.V. H.: Reiten, Bergsteigen, Klettern, Schwimmen, Reisen, Lesen, Musik.

Gilbert Harald Elmar *)

Gilbert Marc Dominique Rene

B.: Generalkonsul d. Franz. Rep. DA.: 40474 Düsseldorf, Cecilienallee 10. G.: Trun/Orne/Frankreich, 29. Nov. 1939. V.: Josette, geb. Cornee. Ki.: Laurent, Elise. S.: Abitur, Jurastud., Engl.-Stud., 1962-64 Offz.-Schule in Saint Cyr, Führungsak. in Paris. K.: 1983 Eintritt in d. Auswärtige Amt, 1983-86 BotschaftsR. in Bulgarien, 1986-89 Ltr. d. franz. Delegation b. COCOM Paris, 1991-93 Generalkonsul Frankreichs in Rio de Janeiro, 1993-94 im Außenmin. Dir. d. Abt. d. Immobilien- u. Verw.-Angelegenheiten, 1994 nach Düsseldorf. E.: Chevalier de l'Ordre National du Merite. H.: Deutsch, Englisch, Russisch, Portugiesisch, Go, Schach, Segeln.

Gilbert Martin Dr. rer. pol. *)

Gilbrich Kerstin *)

Gilcher Christian

B.: RA. FN.: Roth, Klein & Partner. DA.: 68165 Mannheim, Bachstr. 5-7. rae-rkp@t-online. de. G.: Bergzabern, 8. Mai 1946. V.: Beate, geb. Wellmann. Ki.: Moritz (1989), Elsa (1993). El.: Dekan Adolph u. Marielle, geb. Oberlinger. BV.: seit 1945 mütterlicherseits Juristen, Pfarrer, Dekane u. Oberkirchenräte, Pontanus Bayerische Staatskanzlei. S.: 1966 Abitur Kusel, 1966-68 Bundeswehr - Oblt. d. Res., 1968 Studium Jura u. Staatswiss. Marburg u. Freiburg, 1972/73 Stud. VWL Marburg, 1973 1. Staatsexamen, Prädikatsexamen in Hessen, Referendariat, 2 Sem. Stud. Verwaltungswiss. Verwaltungs HS Speyer, 1976 2. Staatsexamen in Rheinland-Pfalz. K.: 1976 Eintritt in d. Kzl. Roth, Klein & Partner, seit 1980 Sozius m. Tätigkeitsschwerpunkt Wirtschaftsrecht, Spezialist f. Baurecht, Beratung mittelständ. Unternehmen bundesweit. M.: versch. AR, regionale Vereine. H.: Bergwandern, Reisen, Lesen.

*) Biographie www.whoiswho-verlag.ch oder beigefügte CD-ROM

Gildemeister Jan *)

Gilgan Hans-Günther *)

Gilges Heinz *)

Gilges Konrad
B.: MdB. FN.: Dt. Bundestag. DA.: 11011 Berlin, Platz d. Republik 1. PA.: 50825 Köln, Leyendecker Str. 4a. konrad.gilges@bundestag.de. G.: Köln, 13. Feb. 1941. V.: verh. S.: 1956-59 Lehre Fliesenleger Neu-Ehrenfeld. K.: 1959-70 Fliesenleger in Köln, 1959 Eintritt in "Die Falken", 1960 Eintritt SPD, 1970-73 hauptamtl. Jugendsekr./Gschf. "Die Falken"-Köln, 1973-79 hauptamtl. Bundesvors. Sozialist. Jugend Deutschlands "Die Falken" u. Vors. Bundesjugendring, seit 1980 MdB, Direktmandat Wahlkreis 61 Köln 3 (Ehrenfeld, Nippes, Chorweiler), seit 1990 o.Mtgl. Ausschuß Arbeit u. Sozialordnung, stellv. Mtgl. Verteidigungsausschuß, im Ältestenrat Sprecher Personal- u. Sozialkommission u. Mtgl. Baukommission, seit 1988 hauptamtl. DGB-Kreisvors. Köln, Leverkusen, Erftkreis. P.: "Frieden ohne Nato" (1985). E.: Ehrennadel IG Bau Agrar Umwelt. M.: Vors. Förderkreis ausländischer Kinder u. Jugendliche, Dt. Friedensges., stellv. Vors. Salvador-Allende-Haus in Oer-Erkenschwig (Sozialist. Bildungszentrum SBZ), stellv. Vors. Archiv d. Arbeiterjugendbewegung. H.: Lesen, historische Bücher. (Re)

Gilhaus Marion M. *)

Gilica Stefan
B.: Gschf. FN.: T-Mobil (Detuschhe Telekom MobilNet GmbH). DA.: 53227 Bonn, Landgrabenweg 51. G.: 14. Nov. 1946. S.: Ausbld. Großhandelskfm. K.: ab 1968 versch. Stationen im kaufmänn. Bereich, 1986-94 Ltg. Grundig Vertriebsniederlassung d. Grundig Leasing GmbH Fürth, 1994-2000 Gschf. u. Dir. Grundig Vertriebs GmbH Fürth, s. 04/2000 Gschf. Vertrieb T-Mobil.

Gilicki Christina *)

Gililov Pavel Prof. *)

Gilio Antonio *)

Gill Ernst Bruno *)

Gill Rainer

B.: Oenologe, Geschäftsleitung. FN.: Kölner Weinkeller. DA.: 50933 Köln, Stollberger Str. 92. info@koelner-weinkeller.de. www.koelner-weinkeller.de. G.: Remagen/Rhein, 24. Jan. 1965. S.: 1983 Fachabitur, 1983-86 Ausbildung z. Weinküfer an d. Ahr, 1987-89 Ausbildung als Winzer an d. Staatl. Landeslehr- u. Versuchsanstalt (LLVA) Marienthal an d. Ahr, 1989-91 Stud. f. Weinbau u. Kellertechnik an d. Landeslehr- u. Versuchsanstalt in Bad Kreuznach an d. Nahe, Examen z. staatl. geprüften Techniker f. Weinbau u. Kellerwirtschaft, Oenologe, Weiterbildung im weintechnischen Labor an d. LLVA Bad Kreuznach. K.: 1986-87 Weinküfergeselle, 1991-96 techn. Betriebsleiter einer Großkellerei in Köln, 1997 Techn. Dir. in einem gr. Spirituosen- u. Softrinkunternehmen in Moskau, seit 1997 Geschäftsleiter d. Geschäftsleitung d. Kölner Weinkellers d. REWE Unternehmensgruppe. H.: Sport.

Gille Hans-Werner Dr. phil. *)

Gille Rainer *)

Giller Walter
B.: Schauspieler. G.: Recklinghausen, 23. Aug. 1927. V.: Nadja, geb. Tiller. Ki.: Natascha, Jean. S.: Schauspielausbild. K.: Ausz. a. d. Filmographie: Artistenblut (1949), Wirbel um Irene (1950), Primarinnen (1951), Der bunte Traum (1952), Südliche Nächte (1953), Sie (1954), Die drei von der Tankstelle (1955), Der Hauptmann von Köpenick (1956), Blaue Jungs (1957), Peter Voss, der Millionendieb (1958), Rosen für den Staatsanwalt (1959), Die Affäre Nina B. (1961), Schneewittchen und die sieben Gaukler (1962), Der Würger von Schloss Blackmoor (1963), Tonio Kröger (1964), Le Soleil des Voyous - Action Man (1966), Vergiss nicht, deine Frau zu küssen (1967), Grimms Märchen von lüsternen Pärchen (1969), Die Feuerzangenbowle (1970), Ein Käfer voller Extratour (1973), Das verrückteste Auto der Welt (1974), Lady Dracula (1975), Kommissar Klefisch - Ein unbekannter Zeuge (1991), Halali oder der Schuss ins Brötchen (1994), Sylter Geschichten - Saisonbeginn (1995), Guten Morgen, Mallorca (1995), Doppelter Einsatz - Weihnachtsüberraschung (1996). P.: "Lustige Geschichten - Natascha u. Jean" (1967). E.: 1960 BFilmpreis/Filmband in Silber, 1962 Preis d. Dt. Filmkritik u. BFilmpreis/Filmband in Gold, 2000 BVK am Bande d. Verdienstordens.

Gilles Brita *)

Gilles Claudia Maria Sibilla *)

Gilles Ernst Dieter Dr.-Ing. habil. Prof. *)

Gillessen Reinhard Dipl.-Vw.

B.: Gschf. FN.: Wirtschaftsförd. Kreis Kleve GmbH. DA.: 47533 Kleve, Lindenallee 23. r.gillessen@wfg-kreis-kleve.de. www.wfg-kreis-kleve.de. G.: Mönchengladbach, 15. Apr. 1944. V.: Eva Maria, geb. Aschoff. Ki.: Sandra, Sebastian. El.: Erich u. Hanni, geb. Paulussen. S.: 1964 Abitur, 1964-65 Bundeswehr, 1965-72 Stud. Wirtschafts- u. Sozialwiss. an d. Univ. Köln, Abschluss: Dipl.-Vw. K.: 1972 Referent in d. Kämmerei d. Landschaftsverb. Rheinland, 1973-76 persönl. Referent d. Dir. Dr. H.C. Udo Klauser, d. Landschaftsverb. Rheinland, 1976-77 Projektltr. f. d. Neubau Rhein. LKH Bonn, 1977-94 Dezernent f. Planung, Wirtschaftsförd., Verkehr, Umwelt u. Wohnungswesen b. Kreis Kleve, 1979 Ernennung z. KreisverwR. u. später z. ltd. Kreisverw.-Dir., 1993 Ernennung z. Gschf. d. neugegründeten Flughafen Niederrhein GmbH, seit 1995 Ernennung z. Gschf. d. neugegründeten Wirtschaftsförd. Kreis Kleve GmbH. M.: RVV, ADV Stuttgart, ERA, DVWG, IHK Duisburg-Wesel-Kleve, Verkehrskmsn. d. CDU/CSU, AWE in NRW, Vertreter in d. Gremien d. Dt.-Niederländ. HK Den Haag/Düsseldorf, Dt.-Japan. Ges. Düsseldorf, BeiR.-Mtgl. u. Businessclub Kleve, Dt.-Japan. Ges. Düsseldorf, BeiR.-Mtgl. u. Vertreter in d. Ges.-Versammlung d. Technologiezentrums Kleve, Förderkreis Kleve-Fitchburg e.V. H.: Kochen, Freundschaften pflegen, Reisen.

Gilleßen Stefan *)

Gillies Peter Dr. rer. pol. Dipl.-Kfm. *)

---
*) Biographie www.whoiswho-verlag.ch oder beigefügte CD-ROM

Gillissen

Gillissen Gerhard *)

Gillissen Joseph *)

Gillmann Helmut Dr. med. Prof. *)

Gillner Jörg *)

Gillner Stefan Dipl.-Ing.

B.: Gschf. FN.: Mueßer Planungs- u. Konstruktionsbüro GmbH & Partner GmbH. DA.: 19063 Schwerin-Mueß, Consrader Weg 26a. G.: Schönwald, 1. Dez. 1935. V.: Elisabeth, geb. Sahm. Ki.: Judith (1961), Regina (1962), Annett (1965). El.: Anton u. Emma, geb. Puscher. S.: b. 1954 Lehre u. Maurer, b. 1957 Stud. z. Ing. f. Bauwesen in Neustrelitz. K.: 1957-58 im VEB Bau Templin, 1958-59 Investbaultr. am Inst. f. Pflanzenzüchtung Groß Lüsewitz, 1959-87 in Bau-Union/WBK Schwerin als Abt.-Ltr. Wohnungsbau u. Technologie, stellv. Produktionsltr., Produktionsltr. f. d. Wohnungsbau in Lankow, ab 1972 Komplexbaultr. f. d. Großen Dreesch, 1988 Projektierung ZBO Rastow, seit 1990 Gschf. d. Mueßer Planungs- u. Konstruktionsbüro Gillner & Partner GmbH. H.: Garten, Gymnastik, Laufen, Haus-Handwerken, Enkel.

Giloi Wolfgang K. Dr.-Ing. Prof.
B.: Dir. FN.: Inst. f. Rechnerarch. u. Softwaretechnologie d. GMD (FIRST). DA.: USA-701 Calle vibora, Santa Fe NM 87501. G.: Sobernheim, 1. Okt. 1930. V.: Dietlinde, geb. Klein. Ki.: Bettina (1961), Claus (1963), Eva (1968). El.: Karl u. Anna. S.: 1953-57 Stud. Elektrotechnik, 1960 Prom. K.: 1960-64 Ltr. Fachabt. Analog- u. Hybridrechnung, 1965-70 o.Prof. f. Elektrotechnik TU Berlin, 1971-77 Prof. of Computer Science Univ. Minnesota u. Abt.-Dir. am Heinrich-Herz-Inst. Berlin, seit 1978 Prof. f. Techn. Informatik TU Berlin, 1990 Mitgrdg. d. Firma Performance Imaging Corp. California, 1993 Grdg.-Dir. FIRST. P.: Autor bzw. Mitautor v. 7 Lehrbüchern, über 100 wiss. Veröff. E.: 1993 BVK 1. Kl., 1991 IEEE-Fellow, Prof. e.h. Shanghai Jiao Tong Univ. M.: IFIP, IEEE, Ak. d. Wiss. Berlin-Brandenburg, Board of Governors, IEEE Computeer Soc. H.: Musik, Tennis, Segeln, Skifahren.

Gilow Alfred *)

Gilow Jutte

B: Hauswirtschaftsltr., Mitinh. FN.: Hofmann & Gilow GbR. DA.: 10623 Berlin, Grolmanstr. 52. G.: Wendelstein b. Nürnberg, 16. Nov. 1944. Ki.: Katinka (1967). El.: Georg u. Annie, geb. Jonitz. S.: 1958 Mittlere Reife, 1958-62 Ausbild. z. Hauswirtschaftsltr. K.: 1962-78 Tätigkeit im Beruf, 1978 Eröff. u. Ltg. d. ersten eigenen Lokals in Berlin b. 1982, 1982 Eröff. d. Restaurants "florian" gemeinsam m. Gertrud Hofmann. E.: Restaurant gehört zu d. 20 in Reiseführern am häufigsten genannten Gaststätten Berlins. H.: Theater, Konzerte, bild. Kunst.

Gilow Thomas *)

Gils-Kaufmann Sabine *)

Gilzer Maren
B.: Moderatorin, Schauspielerin. FN.: Egon F. Freiheit. DA.: 80802 München, Keferstr. 25A. office@FreiheitConcepts.de. G.: Berlin, 4. Feb. 1964. V.: Egon F. S.: Lehre Techn. Zeichnerin. K.: Model, 10 J. Ass./Moderatorin f. SAT.1 (u.a. "Glücksrad", "Wahr oder unwahr?", "Die verrückte Wochenschau", "Frohes Fest m. Fritz"), Mitwirkung in mehr als 20 Produktionen anderer Sender u. in zahlr. TV-Filmen, seit 1998 Schauspielerin, u.a. in "Der Schattenmann", "Comedy Factory", "SOS Barracuda II", "Für alle Fälle Stefanie", "In aller Freundschaft", 1999 MDR-Show "Marens Glitzer-Show". H.: Mischlingshund "Frieda", Skifahren, Reiten, eigene Schmuckherstellung.

Gimbel Hans-Peter *)

Gimber Oliver Christian

B.: Maler- u. Lackierermeister. FN.: Gimber - optimaler. DA.: 75175 Pforzheim, Hammerstr. 9-13. Optimaler@t-online.de. www.optimaler.net. G.: Pforzheim, 20. Apr. 1963. V.: Juliane, geb. Maier. Ki.: Kelly-Louise (1992). El.: Christian u. Ruth. S.: 1979-82 Lehre als Maler im elterl. Betrieb, 1982-85 Facharb., 1985-86 Meisterschule Stuttgart, Abschluss: Maler- u. Lackierermeister. K.: 1986-92 Meister im elterl. Betrieb, 1992 Übernahme d. väterl. Betriebes. BL.: d. Begriff "optimaler" erfunden u. schützen lassen - europaweit. F.: Aktionär u. AufsR. d. Firma Bau-plus-Idee AG Pforzheim. M.: Golfclub Bauschlott, Skiclub Arlberg, Wirtschaftsjunioren, Junge Lukas Gilde. H.: Familie, Skifahren, Golf, Betrieb.

Gimmler Hartmut H. Dr.
B.: DAI-Dir. FN.: Dt.-Amerikan. Inst. Saarbrücken e.V. DA.: 66111 Saarbrücken, Berliner Promenade 15. G.: Hostenbach, 3. Sep. 1949. V.: Gabi, geb. Dietzen. Ki.: Kai (1975), Carsten (1983). El.: Herbert u. Gisela. S.: 1973-79 Stud. Anglistik u. Sozialkunde Univ. Saarbrücken, 1979-84 Stud. Theol. u. Psych. u. Politikwiss. Univ. Saarbrücken u. Hagen, 2000 Prom. z. Doktor d. Wirtschaftswissenschaften politikwiss. Richtung (Dr. rer. pol.). K.: ab 1973 Bildungsreferent d. Union Stiftung u. ab 1975 zusätzlich tätig als Landesgeschäftsführer d. Kommunalpolitischen Vereinigung, seit 1983 Dir. d. Dt.-Amerkan. Inst.; seit 2000 Doz. an d. FHS f. Verwaltung d. Saarlandes. H.: Musik.

Gimmler Maria Dr. med. SanR.
B.: ndlg. Ärztin. G.: Dresden, 21. Aug. 1923. V.: Ing. Werner Gimmler. BV.: Vater Rudolf Wunderlich Ehrenritter d. Wettiner, Urgroßvater Herr Schanz Kgl.-Sächs. BauR. S.: 1946-50 Stud. Humanmed. an d. Univ. Leipzig, 1950 Staatsexamen, 1950 Prom. K.: 1950-52 Ang. b. Prof. Bürger, 1952-91 Ärztin im KH Dresden-Friedrichstadt, 1979 SanR., seit 1991 ndlg. Ärztin in eigener Praxis. E.: 1989 Aufnahme in d. Liga d. Ärzte. H.: Urlaub in Franken.

Gimmy Manfred R. Ing. *)

Gimpl Siegfried
B.: Konditormeister, Inh. FN.: Kaffee Stacheritas. DA.: 80355 München, Karlspl. 8. stacherias@t-online.de. www.stacherias.de. G.: Süss, 15. Mai 1967. El.: Martin u. Theresia, geb.

*) Biographie www.whoiswho-verlag.ch oder beigefügte CD-ROM

Moosburger. BV.: ehemal. Adelsgeschlecht aus Ungarn. S.: 1983-86 Lehre Konditor Eduard Dobmeier Amberg. K.: tätig in versch. Meisterbetrieben, 1990 Meisterschule in Heidelberg, Abschluß Konditormeister in Mannheim als einer d. jüngsten in Deutschland, Meister in d. Konditorei Kreis in Starnberg, 1992 1. Meister in "Die Backstube" u. in d. Konditorei Zur Linde in München, 1994 Betriebsltr. im Café Rosé in Berlin, Filialltr. d. Bäckerei Höfinger u. ab 1998 Bez.-Ltr. f. 12 Filialen, Frainchisenehmer d. Firma Müller-Brot, 2000 Übernahme d. Oberbayr. Dirndlstube in München u. Umwandlung in Kaffeehaus m. klass. Wr. Tradition als einziges dieser Art in München m. 17 versch. Kaffeesorten u. Confiserie-Spezialitäten aus Eigenprod. H.: Radfahren, Motorradfahren, Pflanzen- u. Vogelzucht.

Gimple Max Dr. iur. *)

Gindler Frank J.
B.: Chefred., Verleger, Inh. FN.: LFG Verlag. DA.: 80333 München, Augustenstr. 33. G.: Bamberg, 7. Aug. 1949. Ki.: Mathias Frank (1973), Markus Stefan (1976), Konstantin Maximilian Emanuel Fritz (1992). S.: 1964-67 Berufsausbild. Sped.-Kfm. in Regensburg. K.: 1967-70 Einkäufer Uhrenbranche Schwenningen, 1970/71 Vertriebstätigkeit b. Triumph Ulm, 1972-74 Werbeltr. b. AEG Telefunken Ulm, 1975-77 Werbeltr. b. Südschall-Unterhaltungselektronik Ulm, 1977-80 Werbeltr. b. ReinzDichtungen Neu-Ulm, 1980-82 Gschf. Ulmer Ausstellungsges., 1982-84 stellv. Verlagsltr., ab 1985 selbst. Neu-Ulm/Senden, 1987 München LFG Verlag m. folgenden Fachzeitschriften: 1985 LebensmittelReport, 1986 Porsche Club-Magazin, 1987-90 GOURMETIP, 1991 GetränkeReport, 1994-97 PRO, Bellow the Line, 1997 WellTime, 2000 Boxengasse, 2001 Golfreport, stv. AufsR.-Vors.

Gindorf Rolf
B.: Sexualwissenschaftler (Soziologe u. Psychologe), -therapeut u. -berater, Ltr. Inst. f. Lebens- u. Sexualberatung d. DGSS. FN.: DGSS-Inst. DA.: 40211 Düsseldorf, Gerresheimer Str. 20. Rolf.Gindorf@sexologie.org. www.sexologie.org. G.: Köln, 14. Mai 1939. S.: HS-Stud. Soziol., Psych. u. Amerikanistik (Univ. Düsseldorf), Sexualwiss. (Inst. for Advanced Study of Human Sexuality, San Francisco), Ausb. in Sexual-, Verhaltens- u. Gesprächstherapie. K.: vor d. sexualwiss. Tätigk. zuerst Stud. Sprachen, dann (berufsbegleitend) Wirtschafts-, Rechts- u. Sozialwiss., Arbeit als Übersetzer, dann als Export-Unternehmer in Nah- u. Fern-Ost; VPräs. (Gründer 1971, Präs. 1971-79) Dt. Ges. f. Sozialwiss. Sexualforschung (DGSS), Arbeitsschwerpunkte: Theoretische Grundlagen d. Sexualwiss., gesellschaftlich problematisiertes Sexualverhalten; Sexualberatung u. -therapie, Schwulenberatung. BL.: Institutionalisierung sozialwiss. Sexualforschung u. professionalisierter Homosexualitäts-Beratung ("Gay Counselling") in Deutschland. P.: über 60 Fachveröff., darunter 8 Bücher, zuletzt: Bisexualities. The Ideology and Practice of Sexual Contact with Both Men and Women (New York 1998), m. E. J. Haeberle; Editorial Board, Journal of Homosexuality. E.: Ehrenvors. Ges. z. Förd. Sozialwiss. Sexualforsch. (1979), Wissenschaftsrat, Shanghai Sex Sociology Research Centre (1990), Scientific Committees, XIII. (Valencia, 1997) u. XIV. (Hongkong, 1999), World Congress of Sexology sowie VI. Congress of the European Federation of Sexology (Limassol, 2002). M.: in versch. deutschen u. internat. wiss. Ges. u. Gremien.

Ginsbach Gertrud Dr. med. *)

Ginsberg Barbara
B.: selbst. RA. DA.: 50823 Köln, Sömmeringstr. 33. G.: Buir/Kerpen, 22. Dez. 1955. Ki.: Felix (1984), Uwe (1986). El.: Paul-Hermann u. Heli Ginsberg. S.: 1974 Abitur, Jurastud. Köln, 1. Staatsexamen, Referendarzeit, 1992 2. Staatsexamen. K.: 1993 Zulassung z. Anw., 1993 ndlg., Schwerpunkt: Asylrecht, spez. f. d. Länder Togo u. Dem. Rep. Kongo. M.: Ver. Demokrat. Juristen.

Ginsberg Edmund Ludwig Heinrich *)

Ginschel Wolfgang *)

Ginster Lucia

B.: Zantechnikmeisterin. FN.: Zahntechnik E. R. Schäfer, Inh. Lucia Ginster. DA.. 45327 Essen, Viermännerhöfe 8. G.: Essen, 27. April 1963. Ki.: Johannes Ginster. Ki.: Theresa (1994). El.: Ernst Rudolf Schäfer. S.: 1979 Mittlere Reife, 1979-81 Lehre Zahntechnikerin, 1990 Meisterprüf. K.: seit 1982 tätig im väterlichen Zahntechnikbetrieb mit fortschrittl. Technik, Lasertechnik u. Teleskoptechnik. M.: 1. Sopran im Kirchenchor "An St. Markus".

Ginster Markus *)

Ginter Sina *)

Gintzel Kurt Dr. iur. *)

Ginzky Doris
B.: Heilpraktikerin. FN.: Praxis f. Audio-Psycho-Phonologie (nach Alfred Tomatis). DA.: 81673 München, Josephsburgstr. 6. G.: Reichenberg, 2. Mai 1944. El.: Eduard u. Frieda, geb. Lienhard (Kaffee Post in Reichenberg/Sudeten). S.: 1963 Abitur in München, 1963-67 Ausbild. f. d. gehobene Beamtenlaufb. K.: 1967-94 Tät. als Beamtin b. d. Stadtwerken München, zeitweise beurlaubt zur Bayerngas, 1969-70 beurlaubt f. 1 J. z. Teilnahme am Programm f. junge Berufstätige i. Frankreich, 1989-91 Ausb. z. Heilpraktikerin, 1991-92 Ausb. b. Prof. Tomatis, Paris i. d. Audio-Psycho-Phonologie, seit 1992 eig. Heilpraxis m. Schwerpunkt Horchtherapie nach Tomatis, einsetzbar zur Dynamisierung, Konzentrationsstärkung, bei Entwicklungsstörungen u. -verzögerungen, gegen Depressionen, zur Vorbereitung v. Schwangeren auf die Geburt und z. Vorbereitung beim Erlernen von Fremdsprachen. P.: Rundfunk- u. Fernsehsendungen 1992 u. 1993, Vorträge, u. a. bei den 1. Münchener Naturheiltagen 1994, seitdem im Forum Lebensfreude 1999 u. d. VHS Haaz ab 2001. M.: Grdgs.-Mtgl. d. dt. Fachgemeinschaft f. Audio-Psycho-Phonologie (FAPP).

Giolbas Ernest *)

Giordano Ralph Dr. phil. h.c. *)

Giovannini Aurel Dr. med. *)

Giovannini Marco Dr. *)

Giovo Guido *)

*) Biographie www.whoiswho-verlag.ch oder beigefügte CD-ROM

Girard

Girard Francois Dipl.-Ing. Dipl.-Ök.Ing. *)

Girardet Georg Dr. iur.
B.: Beigeordneter f. Kultur, Stadt Leipzig, Dezernat Kultur. DA.: 04109 Leipzig, Martin-Luther-Ring 4-6. G.: Kempten/Allgäu, 7. Sep. 1942. V.: Dr. phil. Cella-Margeretha. Ki.: Philipp (1971), Florens (1973). S.: 1961 Abitur Essen, 1971 Prom. z. Dr. iur. K.: 1973-77 Abt. Berufsbild. im Bundesmin. f. Bild. u. Wiss., 1978-85 Kulturreferent in d. Ständigen Vertretung d. BRD in d. DDR, 1985-89 Referatsltr. "750-Jahr-Feier Berlin 1987, Berlin - Kulturstadt Europas 1988" in d. Senatsverw. f. kulturelle Angelegenheiten Berlin, 1989-91 Bundesmin. f. Bild. u. Wiss., zunächst Ltr. d. Personalreferats, dann d. Referats "Kunst, Kultur u. Sport im Bild.-Wesen", seit 1991 Beigeordneter f. Kultur d. Stadt Leipzig. P.: Beiträge zu Fragen d. Kulturpolitik. M.: Vors. im StiftungsR. d. Stiftung Bach-Archiv Leipzig, stellv. Vors. im Leipzig Tourist Service e.V., Rotary Club Leipzig-Brühl, Vorst.-Mtgl. d. Stiftung Buchkunst,, Vorst.-Mtgl. u. Kuratorium d. Ostdt. Sparkassenstiftung, Kulturaussch. d. Dt. Städtetages, Kuratorium d. Marion Ermer Stiftung, Vorst.-Mtgl. d. Ver. "Thomaskirche - Bach 2000". H.: Musik, Theater, Literatur, Bildende Kunst.

Girgensohn Jürgen *)

Giri Ranjit *)

Giring Mary Christine

B.: Ingenieurökonomin, Maklerin, selbständig. FN.: IGM Immobilien Giring M. DA.: 17033 Neubrandenburg, Schwedenstr. 2. G.: Neustrelitz, 7. März 1959. Ki.: René (1976), Marko (1979), Annekatrin (1985). El.: Erhard u. Annita, geb. Kreft. S.: 1977 Abitur Neustrelitz, b. 1981 Stud. z. Ingenieurökonomin f. Bauwesen an d. Ingenieurschule f. Bauwesen Neustrelitz. K.: 1981-83 Mitarbeiter VEB WBK Neubrandenburg, 1983-91 Dt. Reichsbahn BD Greifswald, Ing., 1991-93 Mitarbeiter Bank, seit 1995 eigenes Büro. H.: Sport, Konzertbesuche.

Girisch Georg
B.: Bäckermeister, MdB. FN.: CSU DA.: 11011 Berlin, Platz d. Republik 1, Wahlkreisbüro: 92637 Weiden, Zur Drehscheibe 2. PA.: 92603 Weiden, Prößlstr. 9. G.: Speinshart/Neustadt an d. Waldnaab, 20. Aug. 1941. V.: Klara, geb. Edel. Ki.: Norbert, Priska, Monika, Bernhard, Regina. El.: Johann u. Theresia geb. Beer. S.: 1955-58 Bäckerlehre. K.: 1958-61 Geselle, 1961 Bäckermeister, 1963-72 Führung SB-Laden Edel in Grafenwöhr, 1964 Eintritt in CSU, 1978-82 Stadtrat Grafenwöhr, 1978 Kreisrat Neustadt, 1978-1994 Bezirksrat, 1984-1996 Stadtrat in Weiden, 1990-94 Vizepräs. Bezirkstag Oberpfalz, seit 1991 CSU-Bezirksgeschf., 1970-1998 Bundeswahlkreisgeschf. u. Mitarb. Wirtschaftsministerium Gustel Lang, seit 1998 MdB, seit 1999 Vorbereitung, 2001 Vors. CSU-Kreisverband Weiden, Wahlkreis auf EU-Osterweiterung. BL.: Vors. Förderverein Kloster Speinshart, Ausbau z. intern. Begegnungsstätte. P.: Hrsg.: 2 Bücher: "Leben für meine Heimat", "Bilder einer wiedergewonnenen Region" M.: CSU, Förderverein Kloster Speinshart, Spielvereinigung Weidener. H.: Bergwandern. (Re)

Girke Raimund *)

Girke Richard Wolfgang Dr. med. Prof. *)

Girke Wolfgang Dipl.-Ing. *)

Girke-Pedder Heike Elisabeth

B.: RA. DA.: 48159 Münster, Fresnostr. 10. G.: Osnabrück, 19. Feb. 1963. V.: Colin Pedder. Ki.: Daniel (1999). El.: Dieter u. Walburga Girke, geb. Heeger. S.: 1982 Abitur Münster, 1982-90 Stud. Rechtswiss. Univ. Münster, 1. jur. Staatsexamen, 1991-94 Referendariat Münster, 2. jur. Staatsexamen. K.: 1995 Assessorin/freie Mitarb. einer Anwaltskanzlei in Gronau, 1996-97 Ang. b. Arbeitsamt Münster, 1997-98 selbst. RA in Eilenburg b. Leipzig, seit 1999 selbständiger RA in Münster, Schwerpunkte Familienrecht, Arbeitsrecht, Landwirtschaftsrecht, priv. Baurecht. M.: Dt. Juristinnenbund. H.: Literatur, Kunst, Sport.

Girkens Hermann Heinrich *)

Girkes Ernst *)

Girmann Heinz-Bernd Dipl.-Ing. Architekt *)

Girmann Walter *)

Girmindl Ernst *)

Girmscheid Steffen Dipl.-Kfm. *)

Girnau Günter Dr.-Ing. Dr.-Ing. E.h. Prof.
B.: ehem. Hpt.-Gschf. u. gschf. Präsidialmtgl. GT.: Ehrenmtgl. d. Vorst. Stud.Ges. f. unterird. Verkehrsanlagen (STUVA). DA.: Köln, Mathias Brügger Str. 41. PA.: 40668 Meerbusch, Schillerstr. 8. G.: Krefeld, 10. Aug. 1934. V.: Ingeborg, geb. Henkel. Ki.: Marcus. El.: Norbert u. Josefine. S.: Fichte Gymn. Krefeld, 1954 Abitur, 1960 RWTH Aachen Dipl.-Ing., 1963 Dr.-Ing. K.: Stud.Ges. f. unterird. Verkehrsanlagen: 1960 wiss. Mitarb., 1963 Gschf., seit 1977 Präs., Verb. öffentl. Verkehrsbetriebe: 1973 Stellv. Verb.Dir., seit 1976 Verb.Dir. u. gschf. Präsidialmtgl.,1991-98 Hpt.-Gschf. d. VDV. P.: über 150 Buch- u. Zeitschriftenveröff. E.: AR INI-TAG, BT-Berlin Transport u. Berliner Verkehrsbetriebe. M.: Intern. Tunnelling Assoc. (Hon. Affiliate), Dt. Verkehrssicherheitsrat (Vizepräs.). H.: Tennis, Segeln.

Girndt Helmut Dr. Prof.

B.: Univ.-Prof. i. R. DA.: 40235 Düsseldorf, Gutenbergstr. 63. G.: Frankfurt/ Main, 13. Mai 1934. V.: Monika. Ki.: Manuel (1976), Diotima (1981). S.: 1954-58 Stud. Philos. u. Sozialwiss. Univ. Köln u. Bonn, 1956-62 Univ. München. K.: 1961 wiss. Mitarb. J. G. Fichte-Edition d. Bayer. Ak. d. Wiss., 1962-64 wiss. Ass. Max Weber-Inst. Univ. München, 1963 Prom. z. Dr. phil., 1966-67 Post-doctoral Fellow Univ. of California, Berkeley, 1967-72 Ass.-Prof. of Philos. and Sociology Univ. of San Francisco, 1972 Assoc.Prof. of Philos. Texas TU Lub-

bock, 1971-99 Prof. f. Philos. d. Gerhard Mercator Univ. Duisburg, 1978 Visiting Prof. Univ. of New Mexico, Albuquerque, 1986 Visiting Scholar Academy of Korean Studies (Korea), 1990-92 Gastprof. f. Philos. Päd. HS Halle, 1985-99 Ltr. Forsch.Gruppe "Didaktik d. Philos." Mercator Univ., 1992-99 Vertrauensdoz. d. Konrad Adenauer Stiftung. P.: Veröff. im Bereich d. klass. dt. Philos., Mithrsg. "Fichte-Studien Supplementa" seit 1993. E.: VPräs. u. 1997-2000 Präs. d. Intern. Johann Gottlieb Fichte Ges.

Girnt Horst *)
Girnus-Heyden Angelika Aenne Edith

B.: RA. FN.: Girnus-Heyden & Schönhof. DA.: 44803 Bochum, Freilighausstr. 3. PA.: 44799 Bochum, Grillostraße 21 a. G.: Bielefeld, 18. März 1957. V.: Dr. med. Walter Heyden. Ki.: Elisa (1983), Alena (1987), Leonie (1995). El.: Joachim u. Ilse Girnus, geb. Duhme. S.: 1976 Abitur Oerlinghausen, 1976-81 Stud. Rechtswiss. Univ. Münster, 1. Staatsexamen, 1981-85 Referendariat, 2. Staatsexamen, 1985 Zulassung z. RA. K.: seit 1986 Aufbau der eigenen Kzl., s. 1977 in Sozietät m. Schwerpunkt Familienrecht. F.: Inh. d. KosmeDerm-Inst. f. Schönheitschir. u. dermatolog. Kosmetik. M.: Querflötistin im Jugendorchester Sennestadt m. nat. u. intern. Konzerten, Mitarb. im Kinderschutzbund Bochum, Dt. Juristinnenbund, AG Frauenhäuser, Dt. Anw.-Ver., AG Med.-Recht, Forum f. Familie u. Erbrecht. H.: klass. Musik, Querflöte, Golf.

Girod Detlef Dr. *)
Girr Fritz *)
Girteit Peter

B.: selbst. Finanzkfm. DA.: 30823 Garbsen, Im Ostereschfeld 5 K. peter.girteit@t-online.de. G.: Toronto/Kanada, 17. Dez. 1955. V.: Silke Schröder. Ki.: Mirco (1982). El.: Harry u. Juliane Zöllner. S.: 1971 Mittlere Reife Burgdorf, 1971-74 Ausbild. z. Einzelhdls.-Kfm. in Burgdorf, 1974-76 Bundesgrenzschutz in Gifhorn. K.: 1976 Grdg. u. Eröff. d. Büros in Burgdorf u. selbst. als Finanzdienstleister b. 1979, 1979 Umzug nach Hannover u. dort selbst. Finanzdienstltr., 1994 Eröff. d. 2. Finanzdienstleistungsbüro in Garbsen b. Hannover. P.: Beteiligung an div. Firmen in d. Touristikbranche u. in d. Finazdienstleistung. M.: Mitbegründer d. Ver. "Luisen Club zu Hannover e.V.". H.: Das Leben.

Girth Christoph Dipl.-Kfm. *)
Girulatis Cismone *)
Gisatow Wjatscheslaw

B.: Botschafter. FN.: Botschafter der Republik Kasachstan in Deutschland. DA.: 13156 Berlin, Nordenstr. 14 - 17. kasger@ndh.net. www.botschaft-kasachstan.de. G.: 1942. V.: verh. Ki.: 2 Töchter. S.: Stud. am Saratower Jura-Inst. z. Berufsjurist, Stud. an d. Diplomaten-Akademie in Moskau. K.: diplomatische Tätigkeit im Ministerium f. Auswärtige Angelegenheiten d. UdSSR in d. Botschaften d. UdSSR in d. Volksrepublik China u. Laos, seit 1992 im Ministerium f. Auswärtige Angelegenheiten d. Republik Kasachstan, 1993-97 stellv. Außenminister d. Republik Kasachstan, 1997-2000 Botschafter d. Republik Kasachstan in d. Islamischen Republik Iran,

seit 2000 d. Außerordentliche u. Bevollmächtigte Botschafter d. Republik Kasachstan in d. Bundesrepublik Deutschland m. Übergabe d. Beglaubigungsschreibens an d. Bundespräsidenten d. Bundesrepublik Deutschland S.E. Johannes Rau.

Gisch Peter

B.: Dipl.-Betriebswirt, selbst. Steuerberater. FN.: Decker, Schröder, Gisch u. Partner. DA.: 28199 Bremen, Herrlichkeit 2. G.: Bremen, 20. Feb. 1957. V.: Brigitte, geb. Mayer-Dierks. Ki.: Hannes (1986). El.: Gerhard u. Martha, geb. Gulde. S.: 1972 Mittlere Reife Bremen, 1972-75 Lehre z. Steuerfachang. in Bremen, 1975-78 Fachoberschule, Fachabitur, 1976-80 Stud. FH Bremen, Wirtschaft, Abschluß Dipl.-Betriebswirt. K.: 1980-87 Tätigkeit in einer Wirtschaftsprüf.-Ges., 1987 Prüf. z. Steuerberater, seit 1987 eigene Steuerberatungskzl. in Bremen, 1998 Grdg. Partnerschaftsges. Decker, Schröder, Gisch u. Partner in Bremen, Steuerberater, vereid. Buchprüfer, Schwerpunkt: Wirtschaftsprüf. H.: Badminton, Gitarre spielen.

Gischarowski Paul *)
Gische Ines Dipl.-Ing.

B.: selbst. Geschäftsfrau. FN.: Galléria Kunst & Glas. DA.: 97070 Würzburg, Karmelitenstr. 39. G.: Temeschburg/Rumänien, 27. Sep. 1959. V.: Joan Gische. Ki.: Anita (1983), Christian (1985), Daniel (1988). El.: Hans u. Margarete. S.: 1983 TU Temeschburg, Dipl.-Ing. K.: 1983-96 versch. prakt. Tätigkeiten als Dipl.-Ing., sow. Engagement im KDFB, seit 1996 selbst. m. eigener Glasgalerie in Würzburg. H.: Jugendstil, Möbelrestauration, Radfahren.

Gisder Norbert Dipl.-Politologe

B.: Ressortltr. FN.: Berliner Morgenpost. DA.: Ullstein GmbH, 10888 Berlin, Axel-Springer-Str. 65. PA.: 15758 Kablow-Ziegelei, Dorfstr. 15. norbert.gisder@berlin.de. G.: Rio Negro, Paraná, Brasilien, 5. Dez. 1956. V.: Christine. Ki.: Norbert (Günter Hans) (2000), Rainer Max Bernhard (2002). El.: Hans (Gründer u. Leiter d. Humboldt-Gymn. in Sao Paulo, Brasilien) u. Renate, geb. Püttmann. S.: 1966 Umzug nach Deutschland, 1968-77 Landrat-Lucas-Gymnasium Leverkusen-Opladen, Abitur, 1977-78 Bundeswehr, Schule f. Personal in Integrierter Verwendung, 1978-80 Stud. Indologie u. vergleichende Sprachwiss. sowie Politikwiss. an d. Rheinischen Friedrich-Wilhelms-Univ. Bonn, gleichzeitig Volontariat b. d. Rheinischen Post Düsseldorf (7 Monate), 1980-84 Wechsel nach Berlin u. Fortsetzung d. Stud. u. d. Politikwiss. d. FU-Berlin, Abschluß m. Dipl.-Arbeit: "Der Machtbegriff bei Friedrich Wilhelm Nietzsche" als Diplom-Politologe, 1982-83 drei Trimester Integriertes Auslandsstudium m. DAAD-Stipendium an d. Université de Montréal, Kanada, Politik Schwerpunkt; Wirtschaft, Philosophie, Soziologie, Internationales Recht, Studiensprache: Französisch, 1994 Fachhochschule f. Nautik Hamburg; Abschluss: Sporthochseeschifferzeugnis. K.: 1979 Redak-

*) Biographie www.whoiswho-verlag.ch oder beigefügte CD-ROM

teur b. d. Rheinischen Post, 1980 freier Mitarb. b. Spandauer Volksblatt, Tagesspiegel, Der Abend, 1980-81 stellv. Lokalchef b. Der Abend, freie Mitarb. u.a. f. Capital, Stern, Fr. Rundschau, Saarbrücker Nachrichten, Rheinische Post u. Bonner Generalanzeiger, AZ, Express, RIAS-TV, seit 1984 Lokalredakteur b. d. Berliner Morgenpost, 1985 erstes Konzept d. Bezirksredaktion (Berliner Morgenpost), 1987-89 stellv. Lokalchef/Ltr. d. Bezirksredaktion (Berliner Morgenpost), 1988-91 fester freier Deutschland-Korrespondent f. d. dt. Sektion v. Radio Canada Intern., Montréal (Berichte aus Politik, Kultur, Wirtschaft, Sport), f. d. Berliner Morgenpost, 1990-96 Hon.-Doz. an d. FU Berlin zum Thema "Journalistische Arbeitsmethoden", Fachbereich Publizistik,i.A. d. Berliner Morgenpost, seit 1990 Ressortltr. d. Bezirksredaktion; acht Büros, Etat-, Personal- u. Seitenverantwortung (Berliner Morgenpost), 1991-99 Mtgl. d. Berliner Landespressekonferenz, 1994 Ltg. d. Madeburger Journalistenseminars d. Heinrich-Bauer-Verlags, Thema "Stilforschung: Der Kommentar", 22 Teilnehmer d. Verlags, 1994-95 Mitverantwortl. f. Themen- u. Text-Konzept sowie Redaktion eines Wirtschaftshandbuches d. Bundeszentrale f. Politische Bildung, Bonn, 1994-96 zwei Tage pro Semester Honorardozent an d. Berliner Journalistenschule zum Thema "Journalistische Arbeitsmethoden", 1995 Konzept eine wöchentl. Seite "Wassersport u. Freizeit" f. d. Buch Auto u. Motor d. Berliner Morgenpost, seit 1995 Hon.-Doz. an d. Bundeswehrhochschule AIK (Akad. f. Information in Strausberg) u.a. f. Pressrecht, Zeitungslandschaft, Stilformen, 1996 Grdg. d. "WerkStadt Berlin", Bundeswehr Res.-Offz. u.a. bei d. Militär-Segelmeisterschaften 1996 Eckernförde; bei d. Rheinreise d. 3. Minensuchgeschwaders 1997, außerdem Sea-Survial beim Marinefliegergeschwader 3 in Nordholz, WSO in Ausbildung (Tornado) beim Marinefliegergeschwader 2 in Jagel/Eggebek, 1997 Auslandsaufenthalt als Pressestabsoffz. auf d. Segelschulschiff "SSS Gorch Fock" Barbados - Bermudas, Fregattenkapitän bei d. Marine, seit 9/2000, 1997-99 Moderationen "Schnack im Hafen", lokale Diskussionsrunde über d. "Watertown Berlin", 1997-98 Konzept d. erweiterten Regionalisierung d. Berliner Morgenpost, 1999 Wechsel in d. Redaktion Auto; Ausbau z. Ressort Auto, Wassersport, Camping, Freizeit, 1999 Förderalismus-Vorträge, von d. DSE u. dem der Stiftung angeschlossenen International Inst. f. Journalistik u.a. vor Indonesischen Regierungsbeamten, afrikanischen Journalisten, 2000 Initiation u. Moderation v. Konferenzen z. "Wasserfest Berlin-Brandenburg 2000", das am 9. Sept. 2000, 100.000 Menschen an d. Spree inTreptow feierten. P.: "Backstage - Das Ballett d. Deutschen Staatsoper", Bild- u. Textband, Avantgarde-Creations, (Berlin 1993), "Handbuch Wahlen", Bundeszentrale f. Politische Bildung, (Bonn 1994), dort auch Co-Autor u. Themen- & Konzeptberater; Wassersport-Literatur: "Berlin rund", "Brandenburg rund", "Mecklenburg rund I - II" SVB Sportverlag (1997/2000), "Berliner Kieze I - III" (1998/99). E.: 1992 Lokaljournalistenpreis d. Konrad-Adenauer-Stiftung, 2. Rang f. d. Serie "Berliner, ihr habt d. Wahl", 1994 Lokaljournalistenpreis d. Konrad-Adenauer-Stiftung, 1. Rang f. d. 18-teilige Serie "Großsiedlungen in Berlin", 1995 Sonderpreis z. Lokaljournalistenpreis d. Konrad-Adenauer-Stiftung, f. d. Serie "Hitler kaputt". H.: Geschichte, Industriegeschichte, Literatur, Bild. u. Darstell. Kunst, Segeln. Sprachen: Englisch, Französisch, Spanisch, Portugiesisch.

Gisiger Gustav

B.: Regisseur, Licht- u. Projektionskünstler. FN.: théâtre imaginaire. DA.: 28205 Bremen, Stolberger Str. 22. gisiger@gmx.de. G.: Biel-Bienne/CH, 26. Nov. 1949. El.: Max u. Berta, geb. Wysshaar. S.: 1965-69 Lehre Bauzeichner in Biel u. Bern, 1970 Filmklasse d. Kunstschule Farbe + Form Zürich, 1972-76 Ausbild. Schauspieler u. Regisseur Schauspielak. Zürich. K.: 1976-81 Schauspieler u. Regieass. an: Innerstadtbühne Aarau, Theater am Neumarkt Zürich, Nationaltheater Mannheim u. Bremer Theater, seit 1981 freier Regisseur u. Projektleiter in Bremen, 1982-94 div. Musikprojekte als Trompeter, seit 1989 Mit-Initiator d. KünstlerHaus Bremen, 1993-97 Ltr. d. Veranstaltungsreihe "pas-

siert" im KünstlerHaus, seit 1991 Entwicklung d. Projektes théâtre imaginaire, 1994 Werkstattaufführungen d. ersten Reflexions-Skulpturen, 1995-96 Realisierung versch. Projekte m. Lichtmalerei/Projektionen in d. BRD, 1997 Erstaufführung d. Reflexions-Skulptur Jena, 1997 Festivalbeteiligungen in Jena, Stelzen bei Reuth u. Herne, 1997 Fertigstellung d. Video-Films "passiert 1993-97", 1998 Bühnen-Skulptur z. d. Tanzperformance "Anima" in Wiesbaden, Dresden, Stelzen u. Bremen, Gastspiele mit d. Gruppe p.a.c.t. mit d. Tanz-Projekt "Schicht" in d. BRD u. an Butoh-Festivals, 1999 Erstaufführung d. Inszenierung "imagine I" mit Minako Seki - Tanz u. Zam Johnson - Musik in Bremen, 1999 Regie u. szen. Gesamtkonzept z. Kanalprojekt "Fortissimo" in Gelsenkirchen m. über 300 Darstellern u. Musikern, 2000 Bau u. Installation d. Reflexions-Skulptur "SiriusC" f. d. EXPO-Präsentation an d. Schlachte in Bremen: Mehrfach- u. Groß-Projektionen auf Skulptur u. Teerhoffassade - zusammen mit Michael Sievert, Projektmanagement, Klanggompositionen, Abschlußveranstaltung im Völkerschlacht Denkmal Leipzig "Die Leichtigkeit des Steins" zusammen mit Erwin Stache u. Henry Schneider - Musik u. Klanginstallationen u. Uwe Renken - Licht, Inszenierung d. Performance "dreams get wings" i. Rahmen 20 Jahre Kulturzentrum Lagerhaus Schildstrasse in Bremen, 2001 Artist in Residence im Kulturzentrum Lagerhaus u.a. mit Projektionen/ Raumgestaltung: Light-Painting u. Visual Movements zu diversen musik. Projekten, Installation im "Spheric Dome" a. d. Breminale 2000, Projektionen zu d. neuen Stück v. Minako Seki "Ex Oriente Lux" in Berlin, Gastspiele mit "Schicht" u. "Ex Oriente Lux" an div. Festivals in d. BRD. E.: 1982 1. Friedens-Kulturpreis d. Villa Ichon in Bremen zusammen mit Peter Abromeit, Helmut Dietz u. d. FIO Bremen f. d. Theater-Aktion "Erst Gräber - Schaffen Heimat". H.: Trompete, Kochen.

Gisper Dietlinde Dr. Prof.

B.: Univ.-Prof. FN.: Univ. Hannover Bereich allg. + integrative Behindertenpäd. DA.: 30173 Hannover, Bismarckstr. 2. gisper@erz.uni-hannover.de. G.: Gelsenkirchen, 5. Feb. 1941. S.: 1960 Abitur, Stud. Soz., Psych., Politologie u. Sozialpäd. Freiburg u. Hamburg, 1975 Prom. K.: tätig im sozialpäd. u. kriminolog. Arb.-Feldern in d. Erwachsenbild. in Hamburg u. an d. Univ., Lehrauftrag u. wiss. Ang. an Univ. Hamburg, seit 1976 ak. Rätin an d. Univ. Hannover, 1984 Prof. f. Sozialpäd. d. Univ. Hannover, seit 1998 Frauenbeauftragte u. zusätzl. Gastprof. in Frankreich u. Ägypten, Seminare in Finnland, England u. Italien. P.: unzähl. Fachbeiträge, Bücher u. Aufsätze u.a.: "Mädchen-Kriminalität" (1975), "Wenn Frauen aus d. Rolle fallen" (1987), "Aber bitte mr. Sahne!" (1996), "Das nahe Fremde u. d. entfremdete Eigene im Dialog zw. den Kulturen" (1996), "Der brüchige Habitus" (1997). M.: DGS, DGfE, GEW, European Group for study of deviance and social control, Paulo Freire Ges., Paulo Freire Kooperation, Ges. f. Theater-Päd., Sozialpolit. Ges., Komitee f. Grundrechte, Redaktion Widersprüche, edition zetra. H.: Theater, Schriftstellerei, Sport, Schwimmen.

Gissel Carsten Dr. Prof. *)

Gissel Henning *)

Gißibl Rudolf

B.: Kfm., Geschäft. Ges. FN.: Kocher Großhdl., Gißibl GmbH. DA.: 85339 Hallbergmoos, Hauptstr. 36. Rudolf.Gissibl@ Kochergmbh. de. www.kochergmbh.de. G.: Freising, 3. Apr.

*) Biographie www.whoiswho-verlag.ch oder beigefügte CD-ROM

1975. V.: Stefanie, geb. Radau. El.: Rudolf u. Maria. S.: 1990-93 Lehre als Konditor in d. Konditorei Schweller m. Abschluss als Konditor, 1993-94 Konditor u. kfm. Tätigkeit im elterl. Betrieb Hotel Kocher Marzling b. Freising. K.: 1994 Grdg. d. Getränkegroßhdl. Kocher zusammen m. Bruder Claus, Vertrieb d. Energydrinks Red Bull u. Flying Horse, zuerst an Tankstellen, ab 1997 Belieferung v. Gastronomie u. Hdl., Sortimentserweiterung, 1999 Umfirmierung in Firma Kocher Großhdl. Gißibl GmbH, Gschf. Ges. im kfm. Bereich, Gschf. Ges. im kfm. Bereich, 1999 Einführung eines eigenen Markenartikels im Energydrink-Bereich "Power Bear". BL.: Red Bull: Energydrink: Marktführer weltweit, LFGH im bayer. Raum f. Red Bull, Flying Horse sowie div. Importbiere, im Spirituosenfachgroßhdl. Deutschlands unter d. Top 15. M.: GES. H.: Arb.., Radfahren

Gißler Sven *)

Gisy Bernd *)

Gisy Christian
B.: Vorst. FN.: VIVA Media AG. DA.: 50499 Köln, Postfach 190204. cgisy@vivamediaag.com. www.vivamediaag.com. G.: Tailfingen. S.: 1985 bilinguales Abitur Bonn, 1993 Abschluß VWL. K.: Wirtschaftsprüfungsges. Warth & Klein GmbH Düsseldorf, 1997-2000 Dir. Medien/Telekommunikation Westdeutsche Landesbank Girozentrale Düsseldorf, s. 07/2000 Finanzvorst. VIVA Media AG.

Gisy Friedrich *)

Giszas Heinz Dr.-Ing. *)

Gitizad Abbas B. *)

Gitizad Ali Dr. med. *)

Gitschel Fritz G.K. *)

Gitter Wolfgang Dr. iur. Dr. h.c.
B.: o.Univ.-Prof. em. PA.: 95445 Bayreuth, Gontardstr. 32. G.: Oelsnitz, 30. Mai 1930. V.: Dr. Gertrud, geb. Wolfangel. Ki.: Stefanie. El.: Otto u. Hanna. S.: Abitur, Stud. Rechtswiss., 1. u. 2. Jur. Staatsprüf., Dr. iur., Ergänzungsstud. Wirtschaftswiss. K.: 1968 Habil., 1970 WissR. Univ. Freiburg, 1971 o.Prof. Ruhr-Univ. Bochum, 1977 o.Prof. Univ. Bayreuth. P.: Schadensausgleich im Arbeitsunfallrecht (1969), Zum Privatliquidationsrecht der leitenden Krankenhausärzte (1975), Gebrauchsüberlassungsverträge (1988), Sozialrecht (4 .Aufl. 1996), Arbeitsrecht (4. Aufl. 1997). E.: BVK 1. Kl., Bay. VO. M.: Sozialrechtsverb.

Gittermann Horst Dr. *)

Gittinger Alexander *)

Gittinger Hellmuth *)

Gitzelmann Rolf Albert Dipl.-Ing. *)

Giulietti Giulio *)

Giuranna Iris Diana

B.: Gastronom, Inh. FN.: Ristorante La Piazzetta. DA.: 24955 Harrislee, Am Markt 2. G.: Flensburg, 18. Sep. 1969. V.: Claudio Giuranna. Ki.: Bonny Ann, Ronny Claudio, Selina May, Dana Samira. El.: Heinrich Adolf u. Gretchen Marie Schmidt, geb. Kuster. S.: 1985-87 Büroschule. K.: 1987-88 Tätigkeit im Ind.-Betrieb, 1990 Tätigkeit in d. Gastronomie, 2000-2001 selbst. im Einzelhdl., 2001 selbst. in d. Gastronomie. H.: Sport, Formel 1.

Giurdanella Enzo

B.: Stuckateurmeister, Gschf. Ges. FN.: Enzo Giurdanella Stuck u. Stuck-Restaurierung GmbH. DA.: 91126 Schwabach, Nördlinger Str. 28. www.giurdanella.de. G.: Pozzallo/Sizilien, 11. Jan. 1956. V.: Rosemarie, geb. Alt. Ki.: Michaela (1975), Marco (1981). El.: Giovanni u. Maria. S.: 1967-70 Hilfstätigkeit in d. Gastronomie, 1970-72 Lehre z. Maurer in Pozzallo, 1986 Stuckateurmeisterprüf. in Nürnberg. K.: 1972 Übersiedlung nach Deutschland, seither immer im Stuckateurhandwerk tätig, 1972-85 Firma Langer in Roth, 1985-86 Firma Sonntag in Roth, seit 1987 selbst. Stuckateurmeister in Schwabach. M.: Jugendbetreuer u. Privileg-Feuerschutzges. in Schwabach, 6 J. Mtgl. d. AusländerbeiR. in Schwabach. H.: Bogenschießen, Fußball, Kunst, Arch., Malerei.

Giza Axel W.

B.: Gschf. Ges. FN.: HTB-Hanseat. Treuhand- u. Beratungs GmbH, Steuerberatungsges. DA.: 20251 Hamburg, Eppendorfer Weg 265 a. G.: Hamburg, 25. Juli 1939. Ki.: Kristin (1966), Lars Ole (1969). El.: Alexander u. Emma. S.: 1959 Wirtschaftsabitur, 1959-63 Stud. BWL m. Abschluß Dipl.-Kfm. K.: 1963-67 Mitarb. d. Arthur Young WPS Ges., 1968 Grdg. d. Firma Niederelb. Treuhand- u. Steuerberatungs GmbH u. 1998 Umfirmierung z. HTB, 1979 Erlaubnisurkunde z. Rechtsbeistand, 1987 Prüf. z. Wirtschaftsprüfer; Funktion: über 30 J. ehrenamtl. tätig im Ausbild.-Wesen. M.: Prüf.-Aussch. d. Steuerberaterkam. Hamburg, Mitgrdg. d. Anti-Atom-Bewegung u. d. Kriegsdienstverweigerer, div. ehrenamtl. Tätigkeiten im sportl. Bereich. H.: Sport (Fussball, Tennis), Leichtathletik, Schwimmen, Reisen, Kultur.

Gizinski Reinhard
B.: RA u. Notar. FN.: Gizinski & Collegen. DA.: 13597 Berlin, Moritzstr. 24. G.: Bad Schmiedeberg, 21. Juni 1945. V.: Manuela, geb. Brunck. Ki.: Leonie (1993). BV.: Großvater

---

*) Biographie www.whoiswho-verlag.ch oder beigefügte CD-ROM

Bernhard Gizinski - Inh. v. 3 Zigarrenfbk. in Westpreußen. S.: Abitur Paul-Natrop-Gymn. Berlin, 1964 Stud. Rechtswiss. FU Berlin u. Univ. München, 1. Staatsexamen Berlin, 1974 2. Staatsexamen. K.: 1975-78 Korrekturass. f. Strafrecht an d. FU Berlin, seit 1974 selbst. RA in Spandau, seit 1990 Notar m. Tätigkeitsschwerpunkt Grundstücksangelegenheiten, seit 1999 in Sozietät m. Tätigkeitsschwerpunkt Allg.-Kzl. u. Wirtschaftsrecht. H.: Philosophie, Zeitgeschichte, Beschäftigung m. d. Ursache d. Kulturkrise, Psychologie, Reisen.

Gizinski Udo *)

Glaab Hermann Dipl.-Wirtschafts-Ing. *)

Glaap Thomas

B.: Steuerberater. FN.: Ihle - Glaap Steuerberater. DA.: 47803 Krefeld, Zum Nassauer Ring 349. PA.: 47800 Krefeld, Uerdinger Str. 535. G.: Kranenburg, 24. Apr. 1960. S.: 1981 Abitur, Wehrdienst, 1983-85 Ausbild. Steuerfachgehilfe. K.: 1985-97 tätig als Steuerfachgehilfe, 1997 Steuerberaterprüf. seit 1997 ndlg. Steuerberater in Gemeinschaft. H.: Sport, Eishockey.

Gladbach Hubert *)

Glade Cornelia

B.: Pharmaref. u. Tierheilpraktikerin. DA.: 28279 Bremen, Ohserstr. 30 A. G.: Bremen, 24. Juli 1965. V.: Partner Dr. Janusz Zarzycki. El.: Emil u. Ilse Meyer, geb. Drescher. S.: 1985 Abschluß Höhere Handelsschule, 1985-89 Ausbild. Einzelhdl.-Kauffrau, 1992-94 Studium Tierheilpraktikerin Hamburg, Praktikum Tierarztpraxis Janusz Zarzycki Bremen, 1999-2000 Ausbild. Pharmaref. BAZ Hamburg. K.: b. 2000 versch. Tätigkeiten im Außendienst, seit 2000 Pharmaref. f. d. Firma Berlin Chemie, seit 1996 freiberufl. Tierheilpraktikerin f. Hunde, Katzen u. Papageien m. Bachblütentherapie, klass. Homöopathie u. Reiki. H.: Papageien, Inlineskating, Badminton.

Glade Silja Dipl.-Psych. M.A.

B.: Psychologin, Psychologische Psychotherapeutin, Kinder- u. Jugendlichenpsychotherapeutin in eigener Praxis, Ausbilderin u. Supervisorin b. Dt. Kinderschutzbund, Ortsverband Saarbrücken, Mtgl. im Fachausschuss d. Bundesarbeitsgemeinschaft Kinder- u. Jugendtelefon / Elterntelefon, Landesbeauftragte d. Bundesverbandes f. Verhaltenstherapie im Kindes- u. Jugendalter f. d. Saarland. DA.: 66111 Saarbrücken, Kaltenbachstr. 13. s.glade@ web.de. G.: Aurich, 8. Juli 1960.

S.: Mag.-Stud. Erziehungswiss., Soziologie, Psych. Univ. Trier, Heidelberg, Münster, Stud. Dipl.-Psych. Univ. Osnabrück, Univ. d. Saarlandes, 1987 Abschluss Mag. Erziehungswiss., 1995 Abschluss Dipl.-Psych., 1995 Weiterbildung in Verhaltenstherapie z. Psychologischen Psychotherapeutin, SIAP Saarbrücken u. zur Kinder- u. Jugendlichenpsychotherapeutin, IFK Bad Dürkheim, 1996 Psychol. in Weiterbild. an d. Sonnenbergkliniken in Saarbrücken. K.: seit 1998 Selbst. Praxistätigkeit, 1999 Approbation. M.: Vereinigung d. Kassenpsychotherapeuten, BDP, Bundesverb. Verhaltenstherapie im Kindes- u. Jugendalter, DKSB.

Gladis Norbert *)

Gladrow Wolfgang Dr. Dr. h.c. Prof.

B.: Univ.-Prof. FN.: Humboldt-Univ., Inst. f. Slawistik. DA.: 10099 Berlin, Unter den Linden 6. PA.: 15732 Eichenwalde, Fritz-Reuter-Str. 10. G.: Greifswald, 30. Mai 1943. S.: 1961 Abitur, 1961-65 Stud. Slawistik u. Germanistik in Greifswald, 1972 Prom., K.: 1965/66 Lektorenbewerber u. wiss. Ass. am Inst. f. Slawistik an d. Univ. Greifswald, s. 1967 am Slawischen Inst. (jetzt Inst. f. Slawistik) an d. Humboldt-Univ. Berlin, wiss. Aspirant, 1970 wiss. Ass., 1973 Ober-Ass., 1982 Habil., 1983 HS-Doz., 1990 o.Prof., s. 1993 Univ.-Prof. P.: Die Determination d. Substantivs im Russ. u. Deutschen (1979), Kompletivsätze u. Attributsätze im Russ. (1984), Russische im Spiegel d. Deutschen (1989 2. Aufl. 1998, Hrsg.), Das Russisch in seiner Geschichte, Gegenwart und Literatur (1995, Hrsg.), Slawische u. dt. Sprachwelt (1996, Hrsg.), ca. 160 wiss. Aufsätze u. Rezensionen. E.: Ehrendoktor d. Staatl. Lomonossow. Univ. Moskau. M.: Verb. d. HS-Lehrer f. Slawistik.

Glaese Ottokar Ing. *)

Glaesmer-Weinreiter Cornelia *)

Glage Liselotte Dr. phil. Prof. *)

Glagowski Dietmar *)

Glampe Annette

B.: Kauffrau. FN.: Stadt-Café Salzufler Treff. DA.: 32105 Bad Salzuflen, Am Markt 7. G.: Heepen, 14. Sep. 1946. Ki.: Nicole (1972). El.: Eduard u. Johanna Plaß. S.: 1961-64 Ausbild. u. Abschluß z. RA-Gehilfin. K.: 1964-70 Tätigkeit im Beruf, 1970-80 Grdg. d. eigenen Firma durch Pachtung Café Sander Bad Salzuflen, 1976 zusätzl. Pachtungen Stadt-Café u. Central-Café Bad Salzuflen, 1985 alleinige Weiterführung Stadt-Café Bad Salzuflen. H.: Reisen, Literatur.

Glander Philipp *)

Glander Hans Dipl.-Ing.

B.: Unternehmer. FN.: Hans Glander Entstaubungs- u. Umwelttechnik. DA.: 53604 Bad Honnef, Hedeweg 22. G.: Bitburg, 3. Feb. 1929. V.: Rosemarie, geb. Lindner. Ki.: Tim (1967). S.: 1945-48 Schlosserlehre Maschinenbau, 1948-52 Konstruktion Firma Kiepe Düsseldorf, 1952-55 Stud. Elektro-

Glandorf Renate *)

Glante Norbert Dipl.-Ing.
B.: Automatisierungsing., MdEP. DA.: 14469 Potsdam, Friedrich-Ebert-Str. 61 PA.: 14542 Werder. G.: Caputh bei Potsdam, 8. Aug. 1952. Ki.: 3 Kinder. S.: 1969-72 Lehre als E-Mechaniker im VEB Elektron. Bauelemente Teltow, 1972-73 Grundwehrdienst in d. NVA, 1974-76 VHS Abitur. K.: 1973-76 Prüffeldmechaniker im VEB Elektron. Bauelemente Teltow, 1976-80 Direktstud. d. Automatisierungstechnik in Leipzig, 1980-84 Konstrukteur im VEB Elektron. Bauelemente Teltow, 1984-90 Informatiker im Zentralinst. f. Physik d. Erde in Potsdam, 1990-94 LandR. d. Kreises Potsdam, 1994 Wahl z. Mgtl. d. Europ. Parlamentes, seit 1995 Vors. d. Landesverb. Brandenburg d. Europaunion, 1999 Wiederwahl z. Mgtl. d. Europ. Parlamentes, seit 1989 Mgtl. d. SPD, Mgtl. d. Ausschusses f. Industrie, Außenhandel, Forschung u. Energie, stellv. Mgtl. im Aussch. f. Wirtschaft u. Währung, Mgtl. im Gemischten Parlament. Aussch. EU-Slowakei, stellv. Mgtl. d. im Gemischten Parlamentar. Aussch. EU-Polen, Mgtl. d. Europ. Internetstiftung (EIF), Mgtl. d. Europ. Energiestiftung (EEF), Beisitzer im Vorst. d. SPD-Abgeordneten im Europ. Parlament. (Re)

Glanz Günther Dipl.-Ing. (FH) *)

Glanz Hiltrud Katharina Dr. med. Prof. *)

Glapski Werner Dipl.-Pädagoge, Ing. *)

Glas Rainer

B.: Musiker, Manager, Grafik-Designer, Inh. FN.: Rainer Glas CD-Verlag. DA.: 91091 Großenseebach, Gartenstrasse 29. rainerglas@aol.com. G.: Erlangen, 19. Juni 1954. Ki.: Daniel (1983) El.: Hans u. Erika. S.: 1973 Abitur, 1973-74 Praktikum Musik- u. Kunstgalerie, 1974-80 Stud. Ak. d. bild. Künste Nürnberg. K.: während d. Stud. tätig als Grafik-Designer, seit 1980 selbst. im d. Bereichen Grafik, Kunst, Kultur u. Musik, Fotograf u. als Autodidakt Einstieg in d. professionelle Musik u.a. Kontrabassist m. Auftritten m. nat. u. intern. Künstlern, künstl. Ltr. u. Dz. d. Erlanger Jazz-Workshops, seit 1995 Ass. v. Intendant Prof. Ulf Klausnitzer im Kammerorchester Schloß Werneck. P.: Konzerte im In- u. Ausland, ca. 25 eigene CD-Prod., Funk- u. Fernsehauftritte. M.: 1980-2001 1. Vors. d. IG Jazz Erlangen e.V. H.: Geomantie, ganzheitl. Lebensformen.

Glas Uschi

B.: Schauspielerin, Autorin. G.: Landau, 2. März 1944. V.: Bernd Tewaag. Ki.: Benjamin (1976), Alexander (1982), Julia (1986). S.: Ausbild. in England, 2 J. Schauspielunterricht b. Annemarie Hanschke. K.: 1965 in München b. einer Filmpremiere v. Produzent Horst Wendlandt entdeckt, eine Woche später kl. Rolle in "Der unheimliche Mönch", 2 J. Ausbild. Vertrag u. 5 J. Option, es folgen ca. 40 Spielfilme, ca. 5 Serienproduktionen, ca. 10 Fernsehspiele, ca. 15 Theaterstücke, Tourneen, Autorin u. Titelrolle RTL-Spielfilm "Tierärztin Christine", Titelrolle in Fernsehreihe "Anna-Maria - Eine Frau mit ihren Weg", "Fröhliche Chaoten", Lehrserie "Sylvia - Eine Klasse für sich", 2001 Pflegeserie "Uschi Glas Hautnah". P.: zahlr. Schallplatten, Videos. E.: 10x Gold. Otto f. beliebteste Filmschauspielerin, 2 Bambis f. beliebteste Filmschauspielerin u. Fernsehen, 2 Gold. Kameras Fernsehen, 5 Gold. Leinwand, 1998 EZWuK, "Bundesverdienstkreuz für unverwechselbare schauspielerische Leistung". H.: Golf, Skifahren. (Re)

Glas Wolfram *)

Glase Anne-Karin
B.: Sozialarb., MdEP. DA.: 16818 Wustrau, Am Wald 22a. G.: 1954 in Neuruppin. V.: verh. Ki.: 2 Kinder. S.: Berufsausbildung zur Kinderkrankenschwester u. Sozialarbeiterin. K.: 1990 Abgeordnete d. Volkskammer (Vors. d. Ausschusses für wirtschaftl. Zusammenarbeit u. Entwicklung), 1990-94 Abgeordnete m. Beobachterstatus im Europ. Parlament, seit 1994 Abgeordnete im Europ. Parlament: Mgtl. im Ausschuss f. Beschäftigung u. soziale Angelegenheiten, stellv. Mgtl. im Ausschuss f. Entwicklung u. Zusammenarbeit, Mgtl. i.d. Paritätischen Ausschusses d. EU u. d. Länder Afrikas, der Karibik u. d. Pazifik (AKP); Mgtl.d. Frauen Union (FU), Mgtl. d. Mittelstands- u. Wirtschaftsvereinigung d. CDU (MIT), stellv. Vors. d. Bundesfachausschusses Entwicklungspolitik, Vors. d. Kompetenzzentrums f. Konversion u. Kampfmittelräumung e.V. (KOMZET), Mgtl. i. Exekutivrat d. Europ. Zentrums f. Arbeitnehmerfragen (EZA), Mgtl. i. Dt. Landfrauenverband (DLV).

Glasemacher Ludger *)

Glaser Andreas Edgar

B.: Schreinermeister, selbständig. FN.: Manfred Gerlach GmbH. DA.: 76437 Rastatt, Plittersdorfer Str. 79. PA.: 76359 Marxzell, Im Wälle 1. andreas.glaser@web.de. G.: 12. Juni 1970. El.: Lothar u. Helga, geb. Fretz. S.: 1985-88 Schreinerausbildung m. Abschluss. K.: 1988-89 Hausschreiner im Möbelzentrum Birkenfeld, 1989-94 Schreinerei Kaltenbach in Straubenhardt, 1992 Wehrdienst, 1994-2000 Glaserei, Schreinerei Pendelin in Ettlingen, Führungsperson u. Azubis u. Aushilfsarbeitern, 1997-98 Meistervorbereitung Teile 3 u. 4, 1999-2000 Meisterschule Karlsruhe Teile 1 u. 2 m. erfolg-

*) Biographie www.whoiswho-verlag.ch oder beigefügte CD-ROM

Glaser

reich abgeschlossener Meisterprüfung, seit 2001 selbständig Firma Gerlach übernommen, durch Fachrichtung Restaurationsarbeiten in: Schlössern, Staatlichen Hochbauämtern, Kirchen, Stadtbauämtern, Hotels im denkmalgeschützten Bereich. M.: IHK, Innung, örtl. Vereine. H.: Fahrradfahren, Reiten, Lesen, Schwimmen, Skifahren.

Glaser Christine
B.: Ind.-Kauffrau, Unternehmerin. FN.: Viktoria Autovermietung. DA.: 63743 Aschaffenburg, Würzburger Str. 131. PA.: 63808 Haibach, Auf dem Berg 24. G.: Haibach, 23. Feb. 1947. V.: Ernst Glaser. Ki.: Thorsten (1969), Dirk (1973). S.: 1964 Mittlere Reife, 1964-66 Lehre Ind.-Kauffrau. K.: 1961-69 Ind.-Kauffrau in Karosseriebaufirma, 1969-73 Mutter u. Hausfrau sowie Altenpflege, 1996 selbst. m. Viktoria Autovermietung. M.: Turnver. H.: Jogging.

Glaser Christine *)

Glaser Frank *)

Glaser Hannelore

B.: selbst. Steuerberaterin. DA.: 45659 Recklinghausen, Bruchweg 12. G.: Eisenach, 27. Juni 1941. S.: Gymn., Handelsschule, 1962-64 Ausbildung, 1964 Prüf. Steuerfachgehilfin, 1973 Steuerbev.-Prüf. m. Bestellung, 1979 Prüf. z. Steuerberater. K.: 1964-79 ang. Steuerfachgehilfin u. Steuerbev., seit 1973 selbst. Steuerberaterin in Recklinghausen. BL.: seit 1982 aktive Motorflugpilotin. H.: Natur, Garten, Wandern, Flußkreuzfahrten, Malen.

Glaser Hermann Dr. Prof.
B.: Schul- u. Kulturdezernent i. R. PA.: 90574 Roßtal, Eschenweg 5. G.: Nürnberg, 28. Aug. 1928. V.: Erika. Ki.: 3 Kinder. El.: Otto u. Hermine. S.: Gymn. K.: Schuldienst, ab 1964 Schul- u. Kulturdezernent. P.: zahlr. Bücher u.a. Bildungsbürgertum u. Nationalismus (1993), 1945 E. Lesebuch (1995), Deutsche Kultur 1945-2000 (1997), Die Mauer fiel, die Mauer steht. Ein deutsches Lesebuch 1989-1999. (1999), Hinterm Zaun das Paradies. Wandlungen des Gartenbildes (1999), Und du meinst so bliebe so bliebe es immer. Spurensuche (2001). E.: 1985 Waldemar-von-Knoeringen-Preis, 1991 Schubart-Literaturpreis. M.: P.E.N., Dt. Werkbd. e.V.

Glaser Inge Dr. *)

Glaser Johann Peter Artur Dipl.-Ing. *)

Glaser Jürgen *)

Glaser Rainer Manfred *)

Glaser Waltraud *)

Glaser Jürgen

B.: Niederlassungsleiter. FN.: Marktforschungs-Service Hermann Klein GmbH. DA.: 50672 Köln, Apostelnkloster 17-19. G.: Köln, 16. Juni 1965. V.: Regina, geb. Möller. El.: Egon u. Kriemhild, geb. Mayer. S.: 1984 Abitur Köln, 1986-88 Stud. Rechtswiss. in Köln. K.: 1988-90 selbständiger Versicherungsberater in d. Neuen Bdl., seit 1991 Ltr. Teststudios Köln d. Marktforschungs-Service Hermann Klein GmbH.

Gläser Ansgar *)

Gläser Armin

B.: Studiotontechniker, Unternehmer. FN.: direkt Werbeservice, DTP-Werbegestaltung. DA.: 10315 Berlin, Einbecker Str. 43. ws.direkt@t-online.de. www.ws-direkt.de. G.: Chemnitz, 25. Juli 1952. El.: Dr. Lothar u. Gertraude, geb. Lemmel. S.: 1969-72 Lehre als Studiotontechniker Rundfunk/Fernsehen b. d. Dt. Post, Studiotechnik, 1972-75 NVA, 1982-85 Stud. Jura an d. Jurist. HS Potsdam, Examen z. Dipl.-Jurist. K.: 1976-82 Zivilang. NVA, 1986-89 Zivilang. d. NVA, 1989-92 Zusteller Dt. Post, 1992-93 Pharmareferent, 1993-94 arbeitssuchend, seit 1995 selbst. m. Werbeservice "direkt", Werbegestaltung, Satzstudio, Printvorstufen v. d. Idee b. Druckbetreuung f. Berlin u. Umland. H.: Fotografie, Literatur, bild. Kunst.

Gläser Daniel
B.: freiberufl. Sänger. DA.. 98529 Suhl, Leonhard-Frank-Str. 140. daniel.glaeser.suhl@t-online.de. G.: Suhl, 7. Juli 1972. El.: Peter u. Karin. S.: 1988 Mittlere Reife, 1988-91 Lehre Koch Hotel Stadt Suhl, seit d. 6. Lebensjahr Musikschule, Ausbildung Klavier, Akkordeon u. Gesang. K.: 1991 Alleinunterhalter in d. Seniorenbetreuung in Thüringen, 1992 Grdg. d. Gruppe "Werratalmusikanten" u. Auftritte bei Dorf- u. Stadtfesten, Vereins- u. Karnevalsveranstaltungen in Thüringen, seit 1999 Mtgl. d. "Nahetaler" in Hinternah, 2002 Teilnahme d. "Daniel Gläser Band" am Tanzfestival in Lübbenau. P.: Teilnahme am Schlager-Grand-Prix als einziger Sänger aus d. Neuen Bdl. m. d. Eigenkomposition "Die Zeit m. dir" (1992), CD "Die Zeit m. dir", CD "Mama ich danke dir" (1999).

Gläser Dieter Dr. med.
B.: Chefarzt Diagnost. Radiologie. FN.: Klinikum Hellersdorf Röntgeninst. DA.: 12621 Berlin, Myslowitzer Str. 45. diglaeser@snafu.de. www.kh-hellersdorf.de. G.: Berlin, 16. Dez. 1941. V.: Sonja, geb. Blechschmidt. Ki.: Tom, Christiane. S.: 1960 Abitur Berlin, 1960-67 Med.-Stud. Humboldt-Univ. Charité Berlin, 1967 Examen,1981 Prom., 1967-69 Wehrdienst. K.: 1969-88 Klinikum Buch, Ausbild. z. Radiologen,

*) Biographie www.whoiswho-verlag.ch oder beigefügte CD-ROM

FA f. Radiologie, 1969-76 Diagnostik, seit 1976 Beschäftigung m. Informatik, 1976-88 OA, Strahlentherapie b. Dr. Jacob, seit 1988 Chefarzt Radiologie im KH Kaulsdorf. P.: Diss.: "EDV gestützte Studie z. Häufigkeitsverteilung röntgendiagnost. Untersuchungen d. I. Röntgeninst. Berlin-Buch im Jahr 1976". M.: Dt. Röntgenges., Berufsverb. d. Radiologen, Marburger Bund. H.: Informatik, Handwerken bes. Drechseln, Reisen nach Südamerika, Mittelamerika, USA, Asien, Pazifik, Tahiti.

Gläser Fritz Dr.
B.: Berater. FN.: Rhenag Rhein. Energie AG. DA.: 50968 Köln, Bayenthalgürtel 9. PA.: 50733 Köln. Florastr. 49. G.: Köln, 18. Dez. 1917. El.: Karl u. Magdalena. S.: Abitur, Dipl.Vw., Dr. rer. pol. K.: Berufsoffz., Mjr., Stud. Verbindungsstelle Gas u. Wasser Bonn, 1960-70 Hpt.Gschf. BVerb. Gas u. Wasser Frankfurt, ab 1971 Vorst. Rhenag Rhein. Energie AG Köln, Mtgl. d. Präsidiums d. BGW, 6 J. Präs., Ehrenvors. d. AufsR d. Fernwasserversorgung GmbH, Torgau-Sachsen. E.: EK II, EK I, Dt. Kreuz in Gold, Gr. VK d. VO d. BRD, VO in Gold d. Volksrep. Polen. M.: Schatzmstr. d. CDU, Ehrenpräs. Förderver. Energiewirtschaftl. Inst. Univ. Köln, Bursa Tricoronata, Frontinus-Ges. H.: Musik, Reiten.

Gläser Günter Dr.-Ing. habil. *)

Gläser Mirko

B.: Metallbaumeister, Inh. FN.: Metallbau Gläser. DA.: 01187 Dresden, Wurgitzer Str. 75. PA.: 01705 Freital-Weißig, Hauptstr. 9. G.: Freital, 20. Nov. 1970. El.: Eberhard u. Kerstin. S.: 1986-88 Lehre Landmaschinen- u. Traktorenschlosser, 1988-90 Wehrdienst. K.: 1990-94 Schlosser in versch. Firmen, 1994-96 selbst. m. Einbau v. Türen u. Fenstern, 1999 Schlossermeisterprüf., 2000 Grdg. d. eigenen Betriebes m. klass. Metall-, Stahl- u. Edelstahlverarb.; Projekte f.: Flughafen Dresden, Infinien Dresden, BSD Bank in Nürnberg u. Autobahnbau, sowie Designerarb. M.: Metallinnung, Karnevalsclub Kleinopitz. H.: Motorradfahren.

Gläser Thomas Dr. med.
B.: Schmerztherapeut u. Sportmediziner, Antiaging. DA.: 80336 München, Sendlinger-Tor-Pl. 7. Dr-Glaeser@t-online.de. www.dr-thomas-glaeser.de. G.: Mosbach/Baden, 20. Jan. 1961. El.: Friedrich u. Anna-Maria-Adelheid, geb. Oberle. S.: 1980 Abitur, Stud. an d. Med. Fak. d. Ruprecht-Karls-Univ. in Heidelberg/Mannheim sowie am UTHSC in San Antonio, Texas, U.S.A., 1986 Staatsexamen u. Approb., 1987 Amerikanisches Staatsexamen FMGEMS, danach Facharztausbildung in Anästhesiologie u. Orthopädie bis 1998, glz. Erwerb d. Zusatzbezeichnungen Sportmedizin, Chirotherapie u. Naturheilverfahren sowie Akupunkturdiplom A u. B. K.: seit 1998 in eigener Praxis niedergelassen. P.: Veröff. in Geburtshilfe u. Frauenheilkunde. M.: DGSS, BVO. H.: klass. u. moderne Musik, Ballett (als Zuschauer), Inlineskaten, Fitness, Schwimmen, Tauchen, Surfen, Segeln, Skitourenfahren.

Glashoff Hinrich

B.: Steuerberater, Dipl.-Finanzwirt, Ges.-Gschf. FN.: Schürmann & Glashoff Steuerberatungs GmbH (seit 1997). DA.: 60325 Frankfurt/Main, Friedrich-Ebert-Anlage 14. PA.: 61194 Niddatal, Solmser Str. 20 B. G.: Elmshorn, 1929. V.: Wiltrut, geb. Meinhold. Ki.: Kay (1958), Maike (1960), Imke (1971). El.: Wilhelm u. Emma. S.: 1950 Abitur Uetersen. K.: 1950-65 Zollverw. Hamburg.1965-71 Farbwerke Hoechst AG, 1971-96 Anw.-Sozietät Schürmann & Partner (Partner 1977-96), Gschf. Schürmann & Glashoff Steuerberat. GmbH (seit 1972), 1971-96, Schwerpunkte Zölle, Verbrauchsteuern, Außenwirtschafts- u. Marktordnungsrecht. P.: Autor u. Co-Autor v. Zollkommentaren (u.a.: "Zollrecht", Rechtsschutz", "Zollwert/Lizenzgeb.", Zollager- u. Versandrecht". M.: Aussch. f. Zölle u. Verbrauchsteuern d. Bundessteuerberaterkam., Wiss. BeiR. d. Dt. Zoll-jur. Vereinig., Customs Collegium Washington, Commitee on Customs and Trade Regulation d. Intern. HK Paris, Rotary-Club Bad Nauheim/ Friedberg. H.: Malen, Lesen, Schreiben.

Gläsle Karl *)

Glasmacher Annette Clara Erika *)

Glasmacher Peter Dr. iur.
B.: Gschf. Ges. FN.: PRETIOSA Grundstücks GmbH. DA.: 20149 Hamburg, Abteistr. 34. A.: 22609 Hamburg, Königgrätzstr. 5. G.: Düsseldorf, 20. Mai 1953. V.: Annette, geb. Hoyer. Ki.: Johannes (1983), Nikolaus (1986), Caroline (1989). El.: Hans u. Gisela, geb. Lindecke. S.: 1972 Abitur, 1972-77 Stud. Rechtswiss. Freiburg u. Lausanne, 1977 I. u. 1980 II. Staatsexamen, 1978-80 Referendar San Francisco u. Hamburg, 1986 Prom. z. Dr. iur. K.: 1980 selbst. RA in Hamburg, 1981-82 Trainee b. Alusuisse Deutschland Konstanz, 1983-88 Ass. d. Gschf. HAT Hamburg, 1988-91 Gschf. Bornkamp Hdls. GmbH Hamburg, 1991 Grdg. PRETIOSA Grundstücks GmbH u. Gschf. P.: Möglichkeiten grenz- u. systemüberschreitender Unternehmenskooperation d. westl. Beteiligung an Unternehmen in Yugoslawien, Ungarn, Rumänien, Polen u. Bulgarien (1986). M.: CDU, Rochusclub Düsseldorf, Großflottbeker Tennis, Hockey u. Golf Club. H.: Malerei, klassische Musik, Tennis, Skifahren. (M.P.)

Gläsmann Hartmut *)

Glasow Wolfgang Dipl.-Vw.
B.: Gschf. Ges. FN.: GMC Glasow Management Consulting GmbH. DA.: 22083 Hamburg, Hamburger Str. 11. G.: Goslar/Harz, 16. Mai 1945. V.: Brigitte, geb. Masuhr. Ki.: Claudia (1971), Sylvia (1975). S.: 1964 Abitur, Stud. VWL Münster, 1969 Dipl. K.: 1969-73 Projektltr. Marketing DEMAG Fördertechnik GmbH, 1973/74 Gruppenltr. Marketing Wilmeer GmbH, 1974-88 Marketingltr. Interrent Autovermietung GmbH Hamburg, 1989-90 selbst. Unternehmensberater, 1991-92 Outplacementberater Dr. Classens GmbH Hamburg, 1992 Grdg. GMC als Nfg.-Ges. F.: Kooperationsges. P.: div. Art. in d. Tagespresse u. fachspez. Themen Outplacement, Karriereremanagement, Werbungstraining u. Coaching. M.: Dt. Ges. f. Personalführung, Tennisclub Alstertal. H.: Kunst, Tennis, Segeln. (G.B.)

---

*) Biographie www.whoiswho-verlag.ch oder beigefügte CD-ROM

Glass Andrea
B.: Profi-Tennisspielerin. FN.: c/o DTB Dt. Tennisbund. DA.: 20149 Hamburg, Haller Str. 89. G.: Darmstadt, 17. Juli 1976. EL.: Erhard u. Ruth. K.: s. 08/1993 Tennis-Profi, 1996 Viertelfinale (Doppel) Maria Lankowitz, Pattaya, 1998 Viertelfinale Hilton Head, Viertelfinale Warschau, 1999 Viertelfinale Hilton Head, 2000 Viertelfinale Hamburg, Semifinale (Doppel) Klagenfurt, Semifinale (Doppel) Zürich, Viertelfinale (Doppel) German Open, Luxemburg, Leipzig, 2001 Viertelfinale Gold Coast, Semifinale (Doppel) s´Hertogenbosch, Dt. Fed Cup Team 1998-2001. (Re)

Glass Gisela
B.: Architektin. FN.: Bender - Glass. DA.: 10627 Berlin, Windscheidtstr. 18. G.: Schönberg, 23. Apr. 1950. El.: Siegfried u. Hertha, geb. Rohmann. S.: 1974 HS-Reife, 1974-81 Stud. Arch. u. Innenarch. HdK Berlin, Dipl. K.: seit 1986 freier Arch. in versch. Partnerschaften, seit 1990 m. Günther Bender, div. Wettbewerbserfolge, 1994/95 Lehrauftrag TFH Berlin, seit 1998 Prof. TFH Berlin. P.: Projekte in Fachzeitschriften. M.: BdA. H.: Malerei, Bild. Kunst.

Glass Hans-Günter *)

Glass John
B.: Vorst. Geschäftsbereich HealthCareImaging and Informatics. FN.: Agfa Gevaert AG. DA.: 51301 Leverkusen, Kaiser-Wilhelm-Allee. www.agfa.de. G.: 1951. S.: Stud. Ingenieurwesen an d. Univ. v. Waterloo/Kanada u. Marketing an d. Univ. of Western Ontario Business School. K.: 1985 Beginn d. berufl. Karriere b. Kodak, versch. Funktionen u. schließlich Vice President d. Bereichs Health Science, 1993 Wechsel zu Agfa Inc. Toronto, anschließend Vice President Medical Sales b. Agfa Corporation nach New Jersey/USA u. 1996 Ltr. d. Geschäftsbereiches Technical Imaging, 1999 Wechsel in d. Agfa-Zentrale nach Mortsel/Belgien, Übernahme d. Ltg. d. Geschäftsbereiches Medical Imaging weltweit, im Vorst. verantwortlich f. d. Geschäftsbereich HealthCareImaging and Informatics sowie f. d. Region NAFTA. (Re)

Glass Klaus-Dieter
B.: RA, Notar. FN.: Glass & Glass Rechtsanwälte. DA.: 65439 Flörsheim/Main, Obermainstr. 3. G.: Kempten/Allgäu, 3. Mai 1954. V.: Martina, geb. Siegfried. Ki.: Andrea (1983), Kristin (1985), Jennifer (1987). El.: Rudolf u. Rosa, geb. Schoder. S.: 1972 Abitur Mainz, 1972-78 Stud. Univ. Frankfurt, 1978 1. u. 1980 2. Staatsexamen. K.: 1980 Zulassung als RA in Wiesbaden, 1996 Zulassung auch als Notar, seit 1980 selbst. RA-Praxis in Flörsheim gemeinsam m. Schwester, Schwerpunkt: Zivilrecht, Familienrecht, Arbeitsrecht, Verkehrsrecht. M.: seit 1980 RA-Kam. Frankfurt, seit 1993 Anw.- u. Notarver. Wiesbaden, BSC Flörsheim, TC Flörsheim, Vors. Förderver. Grün-Weiß Wiesbaden Bundesligaver. H.: Tennis, Badminton, Fußball, Familie, Tiere, Lesen allg., Musik Klassik u. Pop.

Glaß Ludger Siegmar

B.: Gschf. Ges. FN.: Glass GmbH & Co KG. DA.: 33106 Paderborn, Frankfurter Weg 28. PA.: 33104 Paderborn, Sommerau 6 a. G.: Bad Lippspringe, 3. Dez. 1960. Ki.: Daniela (1989), Philip (1992). El.: Horst u. Helga. S.: 1983 FHS-Reife Bielefeld, Stud. Lebensmitteltechnologie. K.: seit 1986 tätig im Familienbetrieb im Bereich Verkauf u. zuletzt Gschf. F.: Glass-Geschäftsführungs GmbH; Glass GmbH & Co KG, Glass GbR. P.: "Synergieeffekt, Pharma u. Food" (1998), "Spezialmaschinen f. Fleischwarenprod." (1998), div. Art. in Fachzeitschriften, Vorträge. H.: Tanzen, Englisch.

Gläß Christa Dipl.-Med. *)

Gläß Susanne Dr. phil.
B.: Univ.-Musikdirektorin. FN.: Univ. Bremen, Fachbereich 9. DA.: 28334 Bremen, Postfach 330440. sglaess@uni-bremen.de. G.: Bremen, 24. Sep. 1957. El.: Werner u. Helga. S.: 1976 Abitur Bremen m. Graecum u. Hebraicum, ab 1976 Stud. alte Sprachen, Theologie, Philosophie u. Musik Univ. Hamburg, ab 1976 Stipendiatin d. Studienstiftung d. Dt. Volkes, 1979-80 Stud. Bristol/GB, 1980-85 Stud. Hamburg, 1985 Violin-Lehrdipl. u. 1. Staatsexamen/Lehramt Gymn. m. d. Fächern Musik, ev. Religion u. Erz.wiss., 1986-91 Prom. in Musikwiss. Univ. Zürich "Die Rolle der Geige im Jazz". K.: seit 1986 freiberufliche Arbeit in Hamburg als Musikerin, Schwerpunkte: Alte Musik, Freie improvisierte Musik, klass. Kammermusik, Komposition/Improvisation d. Musik zum Kurzfilm "Endlich eine Prinzessin" ab 1986 in d. Schweiz als freie Musikerin u. Musikpädagogin, Schwerpunkte: Jazz, lateinamerik. Musik, Appenzeller Streichmusik m. d. Schürmüli-Musig/Walde (CD 1991), 1986-89 Organisation schweiz. Frauenmusikwochen, 1992-95 Südeuropa, vor allem Portugal, seit 1992 Univ.musikdirektorin Univ. Bremen. P.: Diss. "Die Rolle der Geige im Jazz" (Bern 1992), versch. Aufsätze, u.a. z. Musik d. Roma u. Sinti. H.: Dressurreiten m. Musik.

Hübners blaues Who is Who-
für die Kommunikation von heute

Als Nachschlagewerk von höchster Aktualität ist Who is Who ein unentbehrlicher Helfer für persönliche Begegnungen und berufliche Kontakte

---

*) Biographie www.whoiswho-verlag.ch oder beigefügte CD-ROM

Glässel Wilhelm R.

B.: Medienberater, Trainer, Moderator, Journalist. FN.: Medienberatung mit System. DA.: 50858 Köln, Lönsstr. 27. opti.mix@t-online.de. G.: Stuttgart, 15. Aug. 1947. V.: Crischa Siegel. El.: Willy u. Herta, geb. Tremml. S.: 1966 Abitur Stuttgart, 1969-76 Stud. Wirtschaftsing.- u. Vw. m. Abschluss Dipl.-Vw., 1985 Moderatorenausbildung, 1997 Zertifizierung m. H.D.I.-Trainer. K.: 1976-94 Redakteur, Programmchef u. Ltr. Unternehmenskommunikation b. versch. Verlagen, seit 1995 selbständiger Unternehmensberater. M.: H.D.I.-Trainer. H.: Möbel-Design, Bergwandern, Kochen, Reisen.

Gläßer Thomas

B.: Gschf. FN.: TeleFactory GmbH & Co. KG. DA.: 48155 Münster, Rösnerstr. 8. thomas.glaesser@telefactory.de. G.: Essen, 25. Jan. 1969. S.: 1988 Abitur, 1988-90 Wehrdienst, 1990-93 Stud. Betriebswirt (VWA) an d. Verwaltungs- u. Wirtschaftsakad. Münster. K.: 1993-97 Abteilungsltr. Technische Edition LHS in Dietzenbach, 1997-99 Prok. u. Leiter Marketing u. Vertrieb d. Citykom Münster GmbH Telekommunikationsservice in Münster, seit 1999 Gschf. d. TeleFactory GmbH & Co. KG in Münster. P.: "Outsourcing eine strategische Allianz besonderen Typs", "Strategien u. Prozesse f. neue Geschäftsmodelle". M.: Rotaract Club Burgsteinfurt. H.: Harley Davidson, USA-Reisen.

Glässgen Heinz Dr.

FN.: Radio Bremen. DA.: 38323 Bremen, Bürgermeister-Spitta-Allee 45. S.: Abitur Ulm, Stud. Phil., Theol., Geschichte u. Politik Tübingen, Bonn u. Wien, 1980 Prom. K.: 1970-71 tätig b. Südt. Rundfunk, 1971 Fernsehbeauftragter d. Kath. Kirche b. Südt. Rundfunk u. Ltr. d. Fachstelle Medienarb., 1980 Mtgl. d. RundfunkR. d. Südt. Rundfunk, 1981 stellv. Vors. d. Gremiums, 1985 Wechsel z. NDR u. Ltr. d. Abt. Phil., Geschichte u. Bild., stellv. Ltr. d. Hauptabt. Bild. d. NDR-Fernsehen, 1990 Ltr. d. Abt. Kultur u. Wiss., u. d. Abt. Bild. u. Kultur, 1995 Ltr. d. Programmbereichs Kultur u. stellv. Fernsepprogramm-Dir. d. NDR, verantwortl. f. Sendungen im NDR f. d. Bereich Kultur, Kunst, Theater, Ges., Bild., Kirche u. Religion, Natur, Tiere, Umwelt, Naturwiss., Familie, Kinder, Geschichte, Phil. u. Psych. u.a. im ARD, N3, Kinderkanal u. 3Sat, Mtgl. d. ARD-Koordinationsrunde u. Kultur sowie Familienprogramm. M.: gschf. StiftungsR., Kuratorium d. Hamburger Kammerspiele, BeiR. d. Hamburger Kammerspiele, Vorst. d. Literaturhaus-Ver. Hamburg, Kampnagel Strukturkmsn., Intendantenfindungskmsn. (Re)

Glaßl Georg *)

Glassl Hans H. *)

Glaßl Helmut *)

Glassmeier Karl-Heinz Dr. Univ.-Prof. *)

Glasz Josef Dr. rer. nat. *)

Glattfelter Julian Dr. med.

B.: FA f. Kinder- u. Jugendmedizin in eigener Praxis. DA.: 23627 Gr. Grönau, Hirschgrund 10. glattfelter@freenet.de. G.: Mainz, 15. Feb. 1961. El.: Herbert u. Dipl.-Vw. Renate, geb. Hinkel. S.: 1977-78 Austauschschüler Los Angeles/USA, 1981 Abitur Mainz, 1981-82 Bundeswehr, 1982-89 Stud. Medizin Mainz u. Lübeck, 1986 Stipendium Bergen/Norwegen. K.: 1989 Ass.-Arzt an d. Univ.-Klinik in Bergen/Norwegen u. 1990 an d. Kinderchirurgie in Lübeck, 1990-97 Arzt an d. Kinderklinik in Wolfsburg, 1991 Prom., 1996 FA, 1998 OA an d. Rehaklinik in Lübeck, seit 1999 ndlg. FA in Gr. Grönau, Funktionen: 1998 Asthma-Doz. an d. Ak. in Osnabrück, 2000 Neurodermitistrainer. P.: Veröff. in div. Fachzeitschriften. M.: Dt. Ges. f. Kinderheilkunde u. Jugendmedizin, Verein d. Kinder- u. Jugendärzte e.V., Phönix Tennisclub. H.: Tennis, Theater, Film, Reisen.

Glatz Gernot *)

Glatz Joachim Dr. *)

Glatzel Edgar StR. *)

Glatzel Günter *)

Glatzel Hans Heine Dr. med. habil. Prof. *)

Glatzel Hartmut Johannes Oskar Dipl.-Ing.

B.: Gschf. Ges. FN.: Gaul GmbH & Co. KG Sachv. u. beratende Ing. DA.: 70327 Stuttgart, Heiligenwiesen 33. hglatzel @gaul.de. G.: Leipzig, 20. Mai 1942. V.: Monika, geb. Ruff. Ki.: Sabine (1968), Jürgen (1970), Anja (1997), Denise (1999). S.: 1958 Mittlere Reife, 1958-61 Lehre Kfz.-Mechaniker, 1961 Ausreise in d. Westen, 1962 Praktikum Firma Daimler-Benz, 1962 FHS-Reife, 1963-66 Stud. Maschinenbau FH Konstanz, 1966 Dipl.-Ing., zusätzl. Schweißfaching. K.: 1966-70 Versuchsing. d. Firma Daimler-Benz, Motorrwicklung, div. Patente, Aufstieg z. Gruppenltr m. eigener Entwicklungsgruppe, 1971/72 Entwicklungsltr. f. Schalldämpfer in d. Firma Eberspächer in Esslingen, 1973 Eintritt in d. Ing.-Büro, 1978 öff. best. u. vereid., seit 1982 Zweigbüro in Freudenstadt u. seit 1992 in Leipzig, 1991 Umwandlung in GmbH m. Schwerpunkt Kfz.-Schäden u. -bewertungen, Verbrennungsmotoren, Maschinen-, Transport- u. Bauschäden, weltweit tätig, 1999 Umfirmierung GAUL GmbH & Co. KG. H.: Bergwandern, Radfahren, Motorradfahren.

Glatzel Jürgen Dr. med.

B.: FA f. Orthopädie, Sportmed., Phlebologie u. Arbeitsmedizin. FN.: Diagnose- u. Therapiezentrum f. ganzheitliche Medizin. DA.: 64625 Bensheim, Darmstädter Str. 17. glatzel@bergstrasse.de. www.bergstrasse.de/glatzel. G.: Oppeln/OS, 1. Juli 1943. V.: Brigitte, geb. Rötzheim. Ki.: Dr. med. Michael (1972), Jörg (1974), Maximilian (1979), Julia (1983). El.: Felix u. Hertha, geb. Bolom. BV.: Konteradmiral Ludwig Glatzel (1870 b. 2. Weltkrieg). S.: 1962 Abitur Würzburg, parallel 1960-63 Ass. d. Geschäftsführung Grosser Aluminium-Bauelemente Würzburg, 1963 Stud. Med. Univ. Würzburg,

*) Biographie www.whoiswho-verlag.ch oder beigefügte CD-ROM

1969 Staatsexamen. K.: 1969 Ass.-Arzt in versch. Kliniken, Weiterbildung in Orthopädie u. Sportmed. u.a. Orthopädische Univ.-Klinik Würzburg, Klinikum Köln-Bonn, 1973-74 Zusatz Sportmed., 1974-77 OA Orthopädische Klinik Landau, 1976 FA f. Orthopädie, Zusätze Phlebologie u. Arbeitsmed., 1978-85 Betreuung d. A-Kaders Skifahren, 1977 Ndlg. in Bensheim, b. 1997 Spezialgebiet Fuß- u. Knieorthopädie, 1977-97 als Orthopädischer Chirug Belegarzt im Heiliggeist-Hospital Bensheim, seit 1997 Schwerpunkt Diagnostik u. ganzheitl. Med. (Kernspintomographie, Stosswellentherapie, Röntgen- u. Ultraschalldiagnostik, Venentherapie, physikal. Therapie), Unfallarzt. BL.: 1996 erster selbständiger Orthopäde in Deutschland m. offenem Kernspintomograph. M.: Berufsverband d. FA Orthopädie, Gschf. Vorst., seit 1981 Vors. Hessen-Süd, seit 1999 Landesvors. Hessen, 4 J. Präs. Golfclub Bensheim. H.: Golf, Kunst.

Glatzer Margarete *)

Glauben Bernd *)

Glaubitz Gerti *)

Glaum Martin Dr. Prof. *)

Glauner Eberhard *)

Glause Karl Heinrich Erich Walter

B.: Kunstmaler m. eigenem Atelier. DA.: 40235 Düsseldorf, Rosmarinstr. 17. G.: Berlin-Charlottenburg, 17. Jan. 1931. V.: Christa Resi, geb. Richmann (verst. 1999). Ki.: Peter (1954, verst. 1977). El.: Erich u. Erika, geb. Gradt. S.: bis 1946 Oberschule Eichwalde, währ. d. Schulzeit Unterricht b. Meister Hugo Masuth in Malerei, 1946/48 Ausb. u. Beschäft. im elterl. Betrieb, Krankentransport u. Bestattung, 1950 abgeschl. Ausbildg. KFZ- u. Karosseriemechan. im Meisterbetr. Herbert Göring, Schulzendorf. K.: 1950/51 im elterl. Betr. tätig, d. v. DDR enteign. wurde, 1951 Flucht in BRD, Kurzbeschäft. im Remstal im Steinbruch u. als Mechan. f. GMC-Fahrz. u. Amphiebien, Mäblingen, 1952 n. Düsseldorf, bis 1954 versch. Kurzbeschäft., 1954/55 b. Vergolder u. Restaurator Horst Lampert, Düsseldorf, Anfertig. v. Barockrahmen u. Restaurierungen ausgef. u.a. f. Rothschild-Dynastie, 1958/59 selbst., u.a. Zusammenarbeit m. Maler Piretti de Witt (Org. Wim de Witt) in Düsseldorf u. Den Haag, Ausstellungen u.a. "Bel Etage", Ddf., Schillerstr. 7 u. Verkaufsausst. in Hohensyburg u. Schloß Opherdicke, malt seit 1964 alle Richt. in Oel, Pastelle, Aquarelle, Acryl u. Tusche, u.a. Covermotiv f. d. Buch v. Dr. Wolfgang Schlotjunker "Wo einst d. Kornblumen blühten", d. Bilder hängen in USA (u. Pseudonym Alois Vrancken), Engl., Span. u. Rußland, Wandb. i. Sommervilla i. Türkei; fert. Reliefs aus Kupfer u. Zinn. M.: Kegelverein Pudelbrüder in Neuss, Düsseldorf. H.: Lesen, Fahrradfahren, spielt b. heute aktiv Fußball.

Glauß Jürgen Prof. *)

Glavicki Stevan Dr. med. *)

Glawatz Henning

B.: Oberst, Brigadegeneral. FN.: Graf-Werder-Kaserne. DA.: 66740 Saarlouis, Wallerfangerstr. 31. G.: Hellendorf, 9. Dez. 1949. El.: Bernhard u. Wilma. S.: 1969 Abitur. K.: 1969 Eintritt in d. Bundeswehr Nagold, 1971-76 Zugführerverwendungen b. FschJgBtl 271 Iserlohn u. LLPzAbwKp 270 Munster, 1976-80 KpChef 2. /FschJgBtl 262 Merzig, 1980-82 Generalstabsausbild. an d. Führungsak. d. Bundeswehr Hamburg, 1982-84 G3 – MAD-Gruppe II Hannover, 1984-87 G3 – LLBrig 27 Lippstadt, 1987 Lehrgangsteilnehmer AFSC Norfolk/USA, 1987-88 G1 – 1. LLDiv Bruchsal, 1988-90 Kdr FschJgBtl 271 Iserlohn, 1990-92 Doz. TrFü, FüAkBw Hamburg, 1992-94 Chef d. Stabes 1. LLDiv Bruchsal, 1994 Lehrgangsteilnehmer NATO-DEFENSE-COLLEGE Rom, 1994-96 Chef d. Stabes KLK/4. Div. Regensburg, 1995-96 Kdr GECONUNPF II/Chef d. Stabes GECONIFOR Trogir, seit 1996 Kommandeur LLBrig 26 - Saarland Saarlouis, 1997 Chef d. Stabes u. stellv. NatBefh GECONSFOR Rajlovac. H.: Geschichte, Literatur, Politik, Jagd, Reiten, Sport.

Gleau Michael Dr. *)

Gleber Hans

B.: RA. DA.: 30159 Hannover, Theaterstr. 1. G.: Dransfeld, 19. Okt. 1948. Ki.: Welf (1984). S.: 1966-67 Austauschschule USA, 1968-70 Bundeswehr, 1970-75 Stud. Rechtswiss. Univ. Göttingen, Staatsexamen, 1975-78 Referendariat, 1978 2. Staatsexamen. K.: 1978-79 ang. RA, seit 1979 selbst. m. Tätigkeitsschwerpunkt Erb-, Miet-, Scheidungs- u. Arb.-Recht. M.: RA-Kam. Celle, RA- u. Notarsver. Hannover, DJV. H.: Jagd, Literatur, Theater.

Gleditzsch Ingo Dipl.-Ing. *)

Glei Reinhold F. Dr. Prof.

B.: HS-Lehrer. FN.: Ruhr-Univ. Bochum. DA.: 44780 Bochum, Fakultät f. Philologie. G.: Remscheid, 11. Juni 1959. V.: Stephanie, geb. Natzel. Ki.: Felicia (2000). S.: 1977 Abitur, 1977-82 Stud. klass. Philol. u. Phil., 1983 Prom., Diss. K.: 1982-84 wiss. Hilfskraft b. Prof. Binder in Bochum, 1984-90 HS-Ass. im Seminar f. klass. Philol., 1989 Habil., 1990 HS-Doz. in Bochum u. Lehrstuhlvertretung in Düsseldorf, Göttingen u. Bielefeld, 1993-96 Ernennung z. Univ.-Prof. in Bielefeld, seit 1996 Univ.-Prof. Lehrstuhl latein. Philol. in Bochum, 1999 Ruf z. Univ. Heidelberg abgelehnt, seit 2001 Dekan. BL.: Römische Literatur d. klass. Zeit, Quellenstud. z. Verhältnis Christentum-Islam im Mittelalter u. d. frühen Neuzeit, Die neulatein. Literatur v. 14.-18. Jhdt. P.: Die Batrachomyomachie (1983), Petrus Ven., Schriften zum Islam (1985), Nikolaus v. Kues, Sichtung des Korans (zus. mit L. Hagemann), (1989-93), Der Vater der Dinge (zu Vergil), (1991), Apollonios Rh., Das Argonautenepos (zus. mit S. Natzel-Glei), (1996), Pius II., Ep. ad Mahumetem (zus. mit M. Köhler), (2001). H.: Mommsenges., Dt. neulatein. Ges. H.: mod. u. zeitgenöss. Literatur.

Frhr. v. Gleichen Christoph

B.: Unternehmer. DA.: 60322 Frankfurt/Main, Adickesallee 63-65 G.: Frankfurt/Main, 3. März 1956. V.: Prof. Dr. Tobe, geb. Levin. Ki.: Rosa (1987). El.: Kurt u. Anne. BV.: verwandt m. Schiller. S.: 1975 Abitur Börklehof, 1976-77 Bundeswehr. K.: 1978-80 Journalist f. versch. Zeitungen u.a. in

*) Biographie www.whoiswho-verlag.ch oder beigefügte CD-ROM

Spanien, Frankreich, b. versch. Zeitungen in Paris tätig, 1980 Praktikum in d. European Buisness School in Paris, Dipl.-Betriebswirt d. Firma Hewlett Packard, 1987 selbst. m. d. Firma Teleforce, 1993 Ausbau d. Firma z. 3 Betrieben als Telemarketing, Tele-Data-Force u. Market-Force u. Grdg. einer Firma in New York. M.: Intern. Kreis-Treffen v. Gschf. d. höher gestellten Persönlichkeiten, Rotaryclub. H.: Skifahren, Skilehrer, liest tägl. 1 Buch, Golf, Schwimmen.

von Gleichenstein Maximilian Dr. *)

Gleichmann Gerhard *)

Gleichmann Hildegard Elisabeth Christine

B.: Kommunikations- u. Eventmanager. FN.: Vitanas - Eine Gruppe-Viele Stärken. DA.: 13407 Berlin, Aroser Allee 72. www.vitanas.de. G.: Berge, 27. Jan. 1946. V.: Rudolf Gleichmann. El.: Franz u. Hermine, geb. Wehs. BV.: in jeder Generation Priester u. viele Pädagogen. S.: 1964-6 Krankenpflegeausbild., 1973-74 Stud. Verw.-Ak. Berlin u. glz. Stud. Psychologie. K.: 1966-68 tätig im Pflegedienst u. Lehrtätigkeit, 1968-73 tätig in allen Dienstbereichen im Franziskaner Kloster, 1974-84 Pflegedienstltr. in d. GHS, 1984-200 gehobene Pflegedienstleistungen m. erweiterter Komppetenz im GHS, seit 2001 Kommunikation- u. Eventmanager. BL.: Mitkonzeption u. Realisierung einer neuen Unternehmensphil. - v. klass. Seniorenheim z. Hotelservice. H.: Reiten, Wandern.

Gleichmann Stephanie *)

Gleicke Iris

B.: Bauing., MdB. FN.: Dt. Bundestag. DA.: 11011 Berlin, Platz d. Republik 1. G.: Schleusingen, 18. Juli 1964. Ki.: Philipp (1987). El.: Karl-Heinz u. Sonja. S.: 1983 Bauzeichnerstud. Fachschule f. Ing.-Wesen Gotha/Thüringen, 1986 Abschluß. K.: Projektleitin Stadtbaubetrieb, Mitarb. Bauamt Schleusing Bereich Ing.-Büro f. Investitionen d. Land- u. Nahrungsgüterwirtschaft, 1990 Flurneuordnungsamt, 1990 Mitbegründer u. Initiator d. Orsver. d. SPD Schleusing, 1990 StadtR. in Schleusing, Fraktionsvors. Bauaussch.-Vors. u. Mtgl. im Sozialaussch., seit 1990 MdB, seit 1990 SPD. P.: Mitautorin Frauengeschichten aus d. Parlament. M.: AWO, ÖTV, stellv. wohnpolit. Sprecherin, stellv. postpolit. Sprecherin, Grdg.-Mtgl., Initiatorin u. Vors. Ver. f. Soziale Dienste in Schleusing. H.: Lesen, Musik, kunstgewerbl. Arb. (Re)

Gleim Helmut Prof.

B.: Kirchenmusikdir., Organist, Dirigent, Rektor i. R. FN.: Ev. HS f. Kirchenmusik Halle/Saale. PA.: 06108 Halle/Saale, Mittelstr. 14. G.: Lüdenscheid, 3. Juli 1935. V.: Christa, geb. Gremmes. E.: Eckart (1962), Stefan (1965). El.: Ernst u. Elisabeth. S.: 1952 Abitur, 1953-57 Ev. Kirchenmusikschule Halle, 1957-59 Kirchenmusikerstelle in Schönebeck, 1959 Moritzkirche Halle, 1970-78 Kirchenmusiker Marktkirche Halle, 1978-99 Rektor d. HS f. Kirchenmusik Halle, Organist u. Dirigent, Chorltr., ab 1960 Doz. an d. Ev. Kirchenmusikschule, Konzertorganist, Ltr. versch. Chöre: Hallesche Kantorei, Collegium Vocale, Chor d. Ev. Kirchenmusikschule, (heute: Ev. HS f. Kirchenmusik Halle/Saale). P.: CD-Einspielungen m. diesen Klangkörpern, Rundfunk- u. Fernsehauftritte. E.: Händelpreis 1998 d. Stadt Halle/Saale, 2001 BVK am Bande. M.: Präsidiumsmtgl. d. Händelges.

Gleinser Gerhard

B.: Gastronom, Küchenchef. FN.: Bogenhauser Hof. DA.: 81675 München-Bogenhausen, Ismaninger Str. 85. bogenhauser-hof@t-online.de. www.bogenhauser-hof.de. G.: Neustift in Tirol/Österreich, 8. Feb. 1964. El.: Andreas u. Ida. S.: 1980-84 Ausbildung z. Koch u. Kellner im 5 Sterne Hotel in Tirol, 1985 Österr. Bundesheer in Salzburg. K.: 1986-87 Chef Entremetier Gasthof Kreitmaier in Käferloh, 1987-88 Tournant b. Restaurant Sabitzer in München, 1988-89 Pattisier b. Otto Koch im Le Gourmet in München, 1989-90 Küchenchef im Restuarant "Le Table", 1990-91 Küchenchef im Restaurant Oberland in Rottach-Egern, 1991-2001 Küchenchef im Bogenhauser Hof in München, seit 2001 Inh. d. Bogenhauser Hof. P.: Kulinarischer Beitrag m. histor. Rezepten f. d. Buch Ludwig II. v. Bayern, Kulinarischer Beitrag z. Fontanes Reise m. histor. Rezepten, fester Bestandteil in: Münchens Feine Adresse (2001), A la Carte (2001), Feinschmecker 2000/2001, 2001 Kulinarischer Beitrag "Culinaria Russland" (Erscheinungsdatum März 2002); alle nat. u. intern. kulinarischen Führer. E.: Kulinarischer Beitrag z. Fontanes Reise m. histor. Rezepten als bestes Dt. Fachbuch m. d. Frankfurt Buchpreis 1995 prämiert. M.: Mtgl. d. Chaine des Rotisseurs. H.: Skifahren, Wassersport, Fitness.

Gleis Stefan G. R. Dipl.-Ing.

B.: Gschf. Ges. FN.: IBB-Software GmbH. DA.: 30161 Hannover, Sodenstr. 2. sgl@ibb-software.de. www.ibb-software.de. G.: Wolfenbüttel, 23. März 1960. V.: Susanne, geb. Lutz. Ki.: Jan-Hendrik (1993), Katrin (1998), Marc-Simon (1999). El.: Gerhard u. Lieselotte. S.: 1978 Abitur Wolfsburg, 1978-87 Stud. Elektrotechnik an d. Univ. Hannover m. Abschluss z. Dipl.-Ing. K.: 1987-91 Softwareentwickler im Bereich CAE u. Schnittstellen in Hannover, 1991-94 Wechsel u. weiterhin in d. Entwicklung v. CAE u. Schnittstellen tätig als Projektltr. in Hannover, 1994 Grdg. d. Firma IBB-Software u. 1996 Umbenennung zu einer GmbH in Hannover. BL.: Patent 2000 Verfahren z. Bereitstellung v. fertigungsbezogenen Daten in der Serienfertigung v. Fertigungsobjekten, insbes. v. Kraftfahrzeugen. P.: zahlr. Veröff. in Fachzeitschriften u. Mitautor in Fachbüchern über d. Themen VNS u. Qualima, Vortragstätigkeiten auf Veranstaltungen u. Kongressen. M.: VDE. H.: Tennis, Autos, Kochen, gute intern. Küche.

Gleisberg Manfred Dr. ök. *)

Gleisberg Peter *)

Gleisberg Sven

B.: Werkzeugmacher, freier Fotograf, Inh. PA.: 09112 Chemnitz, Barbarossastr. 55. G.: Karl-Marx-Stadt, 9. Juli 1967. V.: Kathleen, geb. Richter. K.: Uwe u. Christine, geb. Vogel. S.: 1984-87 Lehre als Werkzeugmacher VEB Modul Karl-Marx-Stadt, 1987-89 Armee. K.: 1989-90 Werkzeugmacher im Lehrbetrieb, seit 1990 nebenbei als freier Fotograf tätig, 1992 Außendienstmitarb., tätig f. ein Autohaus in Chemnitz, freier Fotograf f. versch. Zeitungen in Chemnitz u.a. "Chemnitzer Blick" , "Freie Presse", seit 1999 Ausstellungsbeteiligungen u.a. über d. Philippinen u. einer v. 10 beteiligten Fotografen "Kulturfabrik Chemnitz", seit 2000 selbst. als freier Fotograf vorwiegend im Bereich Sport u. Wirtschaft, Arch. M.: Fotoclub Neukirchen, DJV. H.: Fotoausstellungen, Bildungsreisen, Theater, Inlineskating.

*) Biographie www.whoiswho-verlag.ch oder beigefügte CD-ROM

Gleisert Ralph *)

Gleiss Alf-Olav Dr. jur. Dipl.-Ing.
B.: Patentanwalt, European Patent and Trademark Attorney. FN.: Gleiss & Große. DA.: 70469 Stuttgart, Maybachstr. 6A. gleiss@web.de, gleiss@gleiss-grosse.com. G.: Stuttgart, 23. Sep. 1950. S.: 1970 Stud. TU Stuttgart, 1974 TU München, Dipl.-Arb. am Inst. f. experimentelle Chir. am Klinikum Rechts der Isar, 1977 Dipl.-Ing. (Elektrotechnik), 1977 Stud. Univ. Hamburg, 1982 1. Staatsexamen (Jura), 1992/93 Stud. Univ. Regensburg, 1994 Dr. jur. K.: 1982-84 Ausbild. zum Patentanwalt in Hamburg, 1984-85 in München beim Dt. Patentamt u. beim Bundespatentgericht, seit 1985 Dt. Patentanwalt, seit 1987 European Patent Attorney, seit 1996 zugelassener Vertreter beim Europäischen Markenamt ("Harmonisierungsamt für den Binnenmarkt, Marken, Muster u. Modelle"), 1987 Grdg. d. Büros in Stuttgart, 1998 Eröff. d. Büros in München, seit Sommersemester 2000 Lehrbeauftragter d. Univ. Stuttgart f. d. Bereich Gewerblicher Rechtsschutz. P.: in "Facetten d. Anwaltsberufs" (Der Patentanwalt als Fachanwalt unter den Rechtsanwälten?), "Gewerblicher Rechtsschutz", Handbuch f. Patentabteilungen u. Patentanwälte, Deutscher Anwaltvertrag.

Gleiss Marusha Aphrodite
PS: Marusha B.: DJ, Sängerin u. Schauspielerin. FN.: Low Spirit Recordings. DA.: 10629 Berlin, Giesebrechtstr. 16. G.: Nürnberg, 18. Nov. 1966. K.: 12": "Rave Channel" (1992), "Whatever Turns You" (1993), "Go Ahead" (1993), "Somewhere Over The Rainbow" (1994), "Somewhere Over the Rainbow Remix" (1994), "Over The Rainbow" (1994), "It Takes Me Away" (1994), "It Takes Me Away Remix" (1994), "Deep" (1995), "Deep Remix" (1995), "Unique" (1995), "Unique Remix" (1995), "Secret" (1996), "Secret Remix" (1996), "UR Life" (1997), "My Best Friend" (1997), "Free Love" (1998), "Ultimate Sound" (1998), Album: "Raveland" (1994), "WIR" (1995), "No Hide No Run" (1998), Low Spirit Compilations: "Whatever Turns You On" (1993), "Cardinal Points Of Life" (1994), "Rave Channel" (1992), "Impressive Collective" (1995), "Everybody Electrojack" (1996), "Planet Alex" (Film 1999).

Gleißner Alfred Dr. Prof. *)

Gleißner Susanne Dr. med. *)

Gleitsmann Eberhard Herbert Dipl.-Ing. *)

Gleitsmann Michael D.
B.: selbst. Heilpraktiker. DA.: 22087 Hamburg, Ulmenau 25. G.: Berlin, 7. Sep. 1953. V.: Marina, geb. Grosko. Ki.: Mira (1981), Mareike (1983). El.: Heinz u. Aurelie, geb. Holland. S.: Abitur, 1972 Stud. Geophysik, 1974 Vordipl. TU Berlin. K.: 1974-78 versch. Jobs u. Mitarb. in Umweltschutz-Organ., 1978/79 Indienreise u. Aufenthalt an einer Yoga-Schule, 1979-82 Heilpraktikerausbild. b. Fachverb. Dt. Heilpraktiker in Saarbrücken u. als Gast tätig auf d. Intensivstation im KH, 1982 Zulassung z. Heilpraktiker, b. 1984 tätig in einer Gemeinschaftspraxis, 1984 Grdg. d. eigenen Praxis in Eutin, seit 1999 selbst. Praxis in Hamburg; Funktionen: seit 1985 Doz. f. Naturheilverfahren an d. Dt. Paracelsus-Schule GmbH; Weiterbild. in: Chiropraktik, Akupunktur, traditionelle chines. Med., Kräuterkunde u. Naturheilkunde, biolog. Falten- u. Gesichtsbehandlung, Biolifting u. Hautkrankheiten.

Gleitze Jörg-Michael *)

Glemnitz Reinhard
B.: Schauspieler. PA.: 83627 Warngau, Taubenbergstr. 6a. G.: Breslau, 27. Nov. 1930. V.: Lydia, geb. Blum. Ki.: Tatjana, Constanze. S.: 1946-47 Otto-Falckenberg-Schauspielschule München. K.: Engagements u.a. 1956-58 Wuppertaler Bühnen, 1958-61 Bayer. Staatsschauspiel München sowie zahlr. Gastspiele, seit 1947 b. Rundfunk tätig, seit 1963 b. Fernsehen u.a. in "Die seltsamen Abenteuer d. Raumschiffes Orion", Kriminalass. in d. Serie "Der Kommissar", "Schöne Ferien", "Millionenbauer", "Traumschiff". E.: 1970, 1971, 1972 u. 1975 Gold. Bambi v. Bild + Funk.

Glemser Bernd Udo
B.: Unternehmer, Inh. FN.: Glemser Sonnenschutz-Sicherheitsfilme. DA.: 70435 Stuttgart, Porschestr. 15-17. G.: Stuttgart, 22. Jan. 1943. V.: Karin, geb. Hörmann. Ki.: Britta, Sandra. El.: Friedrich u. Hermine, geb. Kromer. BV.: Stammbaum geht zurück b. 1416. S.: Mittlere Reife, techn.-kfm. Lehre. K.: tätig im elterl. Betrieb, Gschf. einer Lackfirma, seit 1973 selbst. m. Schwerpunkt Sonnenschutzlacke, Sonnenschutzfilme weltweit tätig, 1997 Grdg. d. Firma BLR Rollo GmbH u. tätig als Ges., Funktion: Gutachtertätigkeit. M.: IWFA. H.: Hochseesegeln.

Glemser Oskar Max Dr. Drs. e.h. h.c. Prof. *)

Glenewinkel Frank

B.: Gschf. Ges. FN.: Rolf Glenewinkel GmbH. DA.: 29229 Celle, Tannhorstfeld 31. G.: Celle, 27. Mai 1967. V.: Regine, geb. Heß. El.: Rolf u. Margit, geb. Bösel. S.: 1983-86 Lehre Sanitärinstallateur Celle, b. 1989 Bundeswehr. K.: b. 1990 Sanitärinstallateur im Ausbild.-Betrieb, Eintritt in d. elterlichen Betrieb u. seit 1994 Gschf. Ges. m. Schwerpunkt Gebäude- u. Wohnanlagenbetreuung. M.: Haus u. Grundeigentümerver. Celle. H.: Modellflug.

Glenk Hans-Otto Dr. phil. nat.

B.: OStudDir. i. R., Lehrbeauftragter. FN.: Univ. Erlangen. DA.: 90437 Nürnberg, Reichweinstr. 92. PA.: 91325 Adelsdorf, Lauf 10. G.: Feuchtwangen, 9. Dez. 1927. V.: Gertrud, geb. Hahn. Ki.: Gisela (1957), Sabine (1960), Simone (1963). El.: Dr. Karl u. Anni, geb. Jüngling. S.: 1944-48 Kriegsdienst, Verwundung u. Gefangenschaft, 1949 Abitur Sonderkurs f. Kriegsteilnehmer, 1949-54 Stud. Naturwiss. Erlangen u. Tübingen, 1954 1. Staatsexamen f. Höheres Lehramt an Gymn., 1955-56 Referendariat Fürth, Nürnberg u. Erlangen, 1956 Prom. u. 2. Staatsexamen. K.: 1957-59 wiss. Ass. am botan. Inst. d. Univ. Erlangen, 1959 naturwiss. Lehrkraft d. Stadt Nürnberg, 1964-79 Abhaltung v. Chemie- u. Biologiekursen f. Lehrkräfte, 1965-79 Fachbereichsltr. f. naturwiss. Berufe, 1966-68 Organ. d. naturwiss. Unterrichts an d. städt. Krankenpflegeschule, 1968-69 Planung u. Einrichtung d. städt. Berufsschule f. pharmazeut.-techn. Ass., 1969-70 Planung u. Organ. d. städt. FOS Abt. Technik, Chemieunterricht in FOS-Klassen, 1970-80 Schulltr. d. priv. Lehranstalt f. PTA, 1980-90 Schulltr. d. beruf. Schule, Dir. 8, Stadt Nürnberg, 1981-82 Planung u. Einrichtung d. Berufsfachschule f. MTA; Funktionen: seit 1962 Gutachter f. Gewässergüte. -

reinhaltung, seit 1962 Mtgl. d. Prüf.-Kmsn. d. Reg. v. Mittelfranken f. PTA- u. MTA-Staatsprüf., 1966-68 Mtgl. d. Lehrplankmsn. PTA, 1966-72 Ltr. d. Forsch.-Auftrages d. Bundesmin. f. Ernährung, Ldw. u. Forsten in Bonn über Keimphysiologie v. Beta-Pollen, 1972-95 Lehrauftrag f. Botanik/Limnologie an d. Univ. Erlangen-Nürnberg, 1973-78 Vertreter Bayerns in d.Lehrplankmsn. d. KMK f. d. Berufsfeld Chemie/Physik/Biologie in Bonn u. b. 1985 f. d. Berufsfeld Gesundheit, seit 1987 Ltr. d. Begleitprogrammes f. d. Sanierungsprojekt "Dechsendorfer Weiher" d. Stadt Erlangen, 1992-95 phycol. Arb. f. d. Kansas State Univ. in Manhattan, USA. P.: Mithrsg. d. "Lehrbücher f. Drogisten" (1972-87), Diss.: "Die jahreszeitl. Schwankungen d. Phytoplanktons im Dechsendorfer Weiher bei Erlangen" (1954), "Mallomonas Schwemmlei, eine neue Chrysomonade aus d. Plankton eines fränk. Teiches" (1956), "Algenkunde" (1970), "Die Calcium-Verteilung in Oenothera-Pflanzen u. ihr möglicher Einfluß auf d. Chemotropismus d. Pollenschläuche u. d. Befruchtung" (1970), "Hydrochem., u. phycolog. Untersuchung im Bereich d. Klärwerks Erlangen" (1999), zahlr. wissen. Veröff. z. Thema Pollenphysiologie, Phytoplanktologie u. Limnochemie. E.: Gold. Ehrenring d. IHK Nürnberg, Med. f. treue Dienste d. Stadt Nürnberg. M.: Dt. Botan. Ges., Verb. Dt. Biologen, Bayr. Philologenverb., Physikal.-med. Societät Erlangen, Int. Ass. of Theoretical and Applied Limnology, Burschenschaft Bubenruthia in Erlangen. H.: klass. Musik, Geige, Bratsche u. Cello spielen, Reisen.

Glenk Rolf Ing.

B.: Maschinenbauing. FN.: Karl Glenk Maschinenbau. DA.: 71522 Backnang, Im Kusterfeld 21. PA.: 71549 Auenwald, Im Tulpenweg 28. G.: Backnang, 13. Nov. 1940. V.: Klara, geb. Balmer. Ki.: Marion, Cordula. El.: Karl u. Frida. S.: 1958 Mittlere Reife, 2 1/2 J. Lehre Maschinenbauer. K.: Praktikum in versch. Firmen, Ing. Univ. Michigan, Werkzeugmaschinenfbk. Michigan, Arb. in d. USA, 1967 Meisterprüf. Maschinenbau, Rückkehr in väterl. Betrieb, 1970 Übernahme d. Firma Export. E.: 1962 Kam.-Bester HWK Stuttgart u. Landessieger Maschinenbauer Baden-Württemberg. M.: HWK, Ing. Malteser, WWF, Partnerschaft m. Indien, Kinderhilfe, S.O.S. Kinderhilfswerk. H.: Schützenver., Basketball, Gartengestaltung, Lesen.

Glesel Matthias Steffen

B.: Einzelunternehmer. FN.: CompactTeam Glesel & Partner Vers.-Makler. DA.: 13156 Berlin, Uhlandstraße 42. PA.: 13127 Berlin, Schönhauser Straße 85. info@compactteam.de. G.: Berlin, 13. Sep. 1967. V.: Kathrin. Ki.: Nicolas (1990). El.: Bauing. Alexander u. Inge, geb. Hähnel. BV.: Großvater väterlicherseits Schriftsteller Alexander Gless. S.: 1986 Abitur, 1987-89 Wehrdienst, 1989 Stud. an d. Ing.-Schule Lichtenberg, 1990-92 Stud. Geographie u. BWL an d. TU Berlin, Mag., 1996 Fernstud. Vers.-Fachwirt.

K.: parallel nebenberufl. in d. Vers.-Branche tätig, 1992 hauptberufl. Mehrfachvermittler, 1993 Gewerbeanmeldung Vers.-Makler nach § 93 HGB. BL.: Vers. v. nat. u. intern. Großveranstaltungen u. Events z.B. d. Milleniumsfest in Berlin: Welcome 2000. E.: Vizelandesmeister Mehrkampf. M.: Maklerverb. Best Intention, Ltr. einer Schulsportgruppe, versch. Sportver., Ver. z. Förd. d. Hdl., Handwerks u. d. Ind. e.V. (V.F.H.I.). H.: Freunde, Sport.

Gleser Avraham *)

Glesius Fred *)

Gleske Leonhard Dr. Dr. h.c. Prof. *)

Gleske Ralf

B.: Gschf. FN.: Amazona hair & design GmbH. DA.: 50677 Köln, Burgunder Str. 10 a. G.: Köln, 23. Dez. 1962. V.: Petra, geb. Pinger. Ki.: Silvia, Angela. El.: Wolfgang u. Maria, geb. Theodosio. S.: 1983-85 Ausbild. Steuerfachgehilfe. K.: 1985-97 Ang. in verschiedenen Firmen, seit 1997 Gschf. d. Firma Amazona hair & design GmbH. M.: Carechild. H.: Mopedfahren, Angeln, Hunde.

Gleß Silke *)

Gley Wolfgang

B.: Gschf. FN.: G & R Opticare. DA.: 22941 Delingsdorf, Rudolf-Diesel-Str. 7. info@opticare.de. www.opticare.de. G.: Hamburg, 6. Aug. 1958. V.: Susanne, geb. Schlesinger. Ki.: Ann-Christine (1988), Florian (1992). El.: Erwin u. Rita. S.: 1975-77 Lehre Groß- u. Außenhdl.-Kfm., 1987-92 Fernstud. BWL m. Abschluß Bw. K.: 1977-92 Außenhdl.-Kfm. u. Prok., 1992-95 Ltr. d. Einkaufs d. Firma MPA-Pharma in Trittau, 1995 Grdg. d. Firma G & R Opticare. E.: Zertifikate DIN ISO 9002 u. DIN EN 4602 M.: VSW. H.: Joggen, Fußball, Skifahren.

Gliemann Jörg *)

Glien Hans-Jürgen *)

Glienewinkel Ursula *)

Glietz Wolfgang *)

Glinicke Eva *)

Glinka Bernd Prof.
B.: klin. Psychologe, Ltr. Schwerpunkt Familien- u. Erziehungshilfe, Psychotherapeut, tiefenpsych. fundierte Körpertherapie u. Supervision. FN.: FHS Köln. DA.: 50678 Köln, Ubierring 53. G.: Arnsdorf, 3. Apr. 1939. Ki.: Berit (1970).

*) Biographie www.whoiswho-verlag.ch oder beigefügte CD-ROM

El.: Dipl.-Ing. Horst u. Gertrud, geb. Fühlbrügge. S.: 1959 Untersecunda Reife, 3 J. Lehre Starkstromelektriker, 1 J. Montage, 1964 Abitur 2. Bild.-Weg Westfalenkolleg Bielefeld, Stud. Univ. Köln, Dipl.-Psych., glz. Praxis f. Erziehungsberatung u. Doz. f. Psych. d. Höheren Fachschule f. Sozialarb. d. Diakonieverb. Köln. K.: 1971 Doz. an d. Höheren Fachschule f. Sozialarb. in Köln u. später an d. FHS Köln, 1976 Ernennung z. Prof. H.: Fotografie.

Glinz Mathias Dr. rer. pol. *)

Glischke Barbara *)

Glismann Jürgen *)

Glismann Kai *)

Glitsch Christoph Günther Dr. phil. *)

Glitza Hans Otto Dipl.-Ing. *)

Gloatz Hans-Peter *)

Glöbel Beowulf Dr. med. Dr. rer. nat. Prof. *)

Globig Thomas *)

Globisch Gabriele
B.: Gymnasiallehrerin, Computerpädagogin, Institutsleiterin. FN.: SMS Schulung mit System. GT.: freie Computer-Redakteurin u.a. Heilbronner Stimme, Multimedia-Referentin u.a. Stadtbibliothek Heilbronn, Pädagogische Gutachterin f. Kindersoftware f. ausgewählte Verlage. DA.: 74072 Heilbronn, Fleiner Str. 17. gglobisch@sms-heilbronn.de. www.sms-heilbronn.de. G.: Gogulin/Polen, 6. Dez. 1960. El.: Rudolf u. Dorothea, geb. Urbanietz. S.: 1980 Abitur in Neuwied, 1980 Studium Germanistik u. Geografie an d. Univ. Heidelberg, Zusatzausbildung Museumspädagogik u. Computerpädagogik, 1984 Forschungsstipendium Peru, 1986 1. Staatsexamen u. Referendariat in Heilbronn, 1989 2. Staatsexamen. K.: 1989 Doz. f. Deutsch u. Deutsch als Fremdsprache in d. VHS Heilbronn, 1993-94 Gymnasiallehrerin, 1995 Grdg. v. SMS-Schulung m. System als Inh. u. Ltr. d. Inst., Schwerpunkt Computerkurse f. Kinder u. Jugendliche, PC-gestützte Nachhilfe, Einzelcoaching f. Erwachsene, Edutainment u. Lernprogramme, Entwicklung v. eigenen Schulungskonzepten. E.: DFG- u. Universitätsstipendium f. ein Auslandspraktikum (1994). M.: Stadtinitiative Heilbronn. H.: Schwimmen, Literatur, Kunst.

Globisch Hans Günter
B.: Steinmetzmeister, Inh. FN.: Grabmale Globisch. DA.: 42697 Solingen, Bonner Str. 64. G.: Solingen, 6. Dez. 1937. V.: Rosemarie, geb. Grah. Ki.: Beate (1967), Stefan (1969). S.: 1951-54 Lehre Steinmetz elterl. Betrieb, Praktika versch. Betriebe, 1961 Meisterprüf. K.: 1954 ang. Steinmetz im elterl. Betrieb, später Teilhaber u. Inhaber d. Betriebes, Eröff. einer Ndlg. in Solingen. M.: Kreishandwerkschaft, Innung, Ohligser Turnver. 1888. H.: Reisen, Lesen.

Globke Bernd *)

Glock Gerhard *)

Glock Jutta Dr. jur.

B.: RA, Fachanwältin f. Arbeitsrecht. FN.: Sozietät Trube & Glock. DA.: 10707 Berlin, Konstanzer Straße 10. www.raglock.de. G.: Frankfurt/Main, 13. Okt. 1958. V.: Dr. Jürgen Koch. El.: RA Walter u. Brigitte Glock. BV.: Urgroßonkel Max Gaisser - Kunstmaler. S.: 1979-84 Stud. Jura Univ. München, 1. Staatsexamen, 1985-88 Referendariat, 2. Staatsexamen. K.: 1988 Zulassung z. RA, seit 1988 Syndikusaufgaben, 1990-98 Personalmanagerin in einem mittelständ. Unternehmen, 1999 Prom.; Schwerpunkte: Arbeits- u. Beamtenrecht / Hochschulrecht. P.: jur. Beiträge z. Thema Arb.-Recht, Vortrags- u. Lehrtätigkeit z. Thema Personalmanagement / Arbeitsrecht bei d. Dt. Ges. f. Personalführung. M.: Ak. f. Europ. Recht Düsseldorf, Europ. Akad. f. Frauen in Politik u. Wirtschaft, Dt. Juristinnenbund, Grdgs.-Mtgl. d. Europäischen Juristenvereinigung, Mtgl. d. Vorst. d. Dt. Juristinnenbundes Landesverband Berlin. H.: Sport, Literatur, Theater, klass. Musik.

Glock Konrad *)

Glockan Hannelore *)

Glocke Albrecht *)

Glocker Alfons
B.: Kunstmaler. FN.: Atelier Glocker. DA.: u. PA.: 86157 Augsburg, Kirchbergstr. 16a. G.: Augsburg, 25. Mai 1951. V.: Susanne, geborene Wassermann. El.: Alfons u. Karolina, geb. Brandl. BV.: Künstlerfamilie in d. 5. Generation; Karl Glokker 1815-1899. S.: Lehre Bildhauer väterl. Betrieb. K.: 2 J. tätig als Bildhauer, 1978 Beginn m. Zeichnungen u. Illustrationen v. Gedichtbänden, 1980 Beginn als Maler, seit 1970 Autor u. Verfasser. P.: "Sterngestöhne" (1985), Mitautor einer 10 Bände Anthologie I-X (b. 1997), "Das Größte aber ist die Liebe", "Schubladentexte", "Gegen-(warts-Literatur)", "Von Nordwesten nach Südosten", "Frühlingssonne u. Herbststurm" u.v.m.; Ausstellungen: München, Augsburg, Friedberg u.v.m. E.: Ausz. d. Dt.-Amerikan. Kunstausstellung. M.: BBK. H.: Fotografieren, Astrophysik, Theorie von der Krümmung des Raumes der Zeit.

Glocker Johannes *)

Glöckle Hanns-Werner *)

Glöckler Hartmut
B.: selbständiger Versicherungsfachmann. FN.: DAS Hauptgeschäftsstelle. GT.: seit 1986 Mtgl. im Außendienstvorstand d. DAS Versicherung. DA.: 38350 Helmstedt, Holzberg 3. hartmut.gloeckler@das.de. www.das.de. G.: Helmstedt, 6. Feb. 1949. V.: Carmen, geb. Jantze. El.: Willi u. Elli, geb. Strümpell. S.: 1965 Mittlere Reife Schöningen, 1968-71 Lehre z. Industriekaufmann in d. Wilke-Werken in Braunschweig. K.: 1971-72 Arbeitsamt Helmstedt, 1972 Beginn d. Tätigkeit u. Ausbildung b. d. DAS Versicherung, 1982 Eröff. d. eigenen Büros in Helmstedt. M.: BVK, HTV, Germania Helmstedt. H.: Tennis, Skifahren.

Glöckner Adrian *)

*) Biographie www.whoiswho-verlag.ch oder beigefügte CD-ROM

Glöckner Anja

B.: Zahnärztin in eigener Praxis. DA.: 21493 Schwarzenbek, Markt 7. G.: Pasewalk, 24. Feb. 1971. El.: Peter u. Siegrid, geb. Haß. S.: 1989 Abitur, 1989-90 Praktikum, 1990-1995 Stud. Zahnmedizin in Greifswald. K.: 1995-98 Assistentin, 1998-99 ang. in Hamburger Zahnarztpraxis, 1999 Eröff. d. eigenen Praxis. H.: Basteln.

Glöckner Günter Dipl.-Kfm. *)

Glöckner Manfred Dipl.-Vw. *)

Glöckner Roland *)

Glöckner Thomas Dipl.-Ing.
B.: Gschf. Ges. FN.: Glöckner Architekten GmbH Nürnberg-Leipzig-Berlin. DA.: 90491 Nürnberg, Günthersbühler Str. 2. tg@gloeckner.de. www.gloeckner.de. G.: Nürnberg, 27. Juli 1961. V.: Silke, geb. Seiferth. Ki.: Emilia (1997), Lorenz (2000). El.: Siegfried u. Gerda. S.: 1981 Abitur, 1983-87 Stud. Arch. FHS Nürnberg u. Coburg. K.: 1987-96 selbst. m. Arch.-Büro u. freier Mitarb. in versch. Arch.-Büros, 1996 Einstieg in d. Arch.-Büro Glöckner & Wörrlein GmbH, seit 1998 selbst. m. Grdg. d. Glöckner Architekten GmbH m. Schwerpunkt weltweite Projektentwicklung u. Generalplanung auch f. Kommunen u. Investoren. u.a. Sportstätten wie Nürnerger Arena, Freizeitanlagen u. Bäder. F.: Gschf. d. Projektbeteiligungs GmbH in Nürnberg, Gschf. d. Arena 2000 Projektges. in Nürnberg. E.: div. Preise bei nat. Arch.-Wettbewerben. M.: seit 1992 Architektenkam. Bayern, 1. Vorst. d. Gleitsegel-Club GSC Frankenthermik e.V. H.: Sport, Gleitschirmfliegen, Oldtimer, Literatur, mod. Kunst.

Glöckner Volker Dipl.-Ing. *)

Glöckner Wolfgang *)

Glöckner Wolfgang *)

Glodschei Karl H. Dipl.-Ing.

B.: selbst. Architekt. DA.: 96479 Weitramsdorf, Zum Spitzberg 4. PA.: 96479 Weitramsdorf, Zum Spitzberg 6. G.: Weitramsdorf, 25. März 1941. V.: Gisela, geb. Schneider. Ki.: Dipl. Ing. Arch. Michael A. (1965), Claus J. (1967). S.: Mittlere Reife, Ausbild. im Bauwesen, 1959-62 Stud. Hochbau, Architektur Staatsbauschule, FH Coburg. K.: 1962-74 in div. Arch.-Büros als Planer u. Projektltr. ang., 1966 Eintrag in Arch.-Liste, seit 1974 freibrufl. in Coburg/Weitramsdorf, hochwertige Projekte aller Art Altbausanierung, Beratertätigkeit d. BMW AG. P.: Publ. in div. Fachzeitschriften. E.: Arch. Wettbewerbserfolge. H.: Studienreisen, Weltarchitektur.

Gloede Jürgen F. Dr. med.

B.: FA f. HNO, Allegologie u. Homöopathie. DA.: 33332 Gütersloh, Neuenkirchner Str. 64. G.: Berlin, 28. Juli 1939 BV.: Großmutter Prof. Franziska Martienssen - Gesangspädagogin u. bekannte Schriftstellerin. S.: 1962 Abitur, 1962-68 Stud. Med., Staatsexamen, Prom. K.: 1968-70 Med.-Ass., 1970 Approb., 1970-73 FA-Ausbild. an d. HNO-Klinik in Braunschweig, 1973-75 OA am Klinikum Braunschweig, 1975 Eröff. d. Praxis u. Belegarzt am städt. KH. M.: 1979 Grdg.-Mtgl. d. Gütersloh-Teutoburger Wald Lionsclub. H.: Familie, Golf, Wandern.

Gloge Wolfgang Dipl.-Ing. Ing. *)

Glogener René *)

Gloger Gottfried *)

Gloger Lothar Dipl.-Arch. *)

Gloggengießer Johannes *)

Gloggnitzer Peter Paul *)

Glogowski Gerhard *)

Glogowsky-Preuß Marion *)

Glombek Reinhard Dipl.-Ing. *)

Glomsda Hans Egon Dipl.-Ing. *)

Glonner Georg Dr.

B.: Leiter Umschulungen. FN.: CT Computer Training GmbH. DA.: 81675 München, Grillparzerstraße 16. gglonner@ct-info.de. www.ct-info.de users/gglonner. G.: Tegernsee, 16. Mai 1964. V.: Isabella, geb. Rehle. El.: Georg u. Margarita, geborene Popp. BV.: Stephan Glonner Pfarrer in Lenggries. S.: 1983 FOS Bad Tölz, 1984-88 Stud. Religionspäd. Kath. Univ. Eichstätt, 1988-93 Stud. Kath. Theologie LMU München, 1997 Prom. Dr. theol. K.: 1997-98 Volontariat bei der Antiquitäten Zeitung, seit 2000 Betreuer f. Umschulung u. Öffentlichkeitsarbeit d. Firma CT Computer Training GmbH. P.: Doktorarbeit: Zur Bildersprache d. Johannes von Patmos, NTA 34, Paderborn 1999, versch. Art. zu theol. Themen. H.: byzantinische Geschichte, Ikonenmalerei, Romane schreiben, (Der Astrokrator, Iraklonas).

Glööckler Harald
B.: Star Couturier. FN.: Pompöss Galerie. DA.: 70197 Stuttgart, Ludwigstr. 92. G.: Maulbronn, 30. Mai 1967. S.: Einkäufer in Modehaus. K.: 1987 Eröff. Salon Pompöös gemeinsam m. Dieter Schroth, 1994 Kollektion ganz im Zeichen d. Ba-

*) Biographie www.whoiswho-verlag.ch oder beigefügte CD-ROM

rocks, Ball Pompöös 95 u. Pompöös Star Gala 96, gelten als Deutschlands extravanganteste u. schrillste Modemacher, Pompöös Duft u. Pompööse Musik., 1997 Eröff. Pompöös Mode-Traumfbk. Stuttgart-Wangen, 1997 Vergabe der ersten Pompöös-Lizenzen für Tücher, Krawatten, Schmuck, Sportswear u. Brillen, 1998 Präs. d. ersten 60 Gemälde, 1999 Pompöös Gala Show auf der CÜD mit Special Guest Gina Lollobrigida, Brigitte Nielsen, 1999 Präs. D. ersten Pompöös Parfum - und Pflegeserie in Deutschland, 2000 Präs. d. Biographie Harald Glööckler, der Modeprinz. P.: CD "Pompöös is my Life", "A Star is born", "I'm so beautiful".

Gloor Luciano

B.: Managing Dir. FN.: Metropolis Film. DA.: 10785 Berlin, Schöneberger Ufer 71. PA.: 10777 Berlin, Viktoria-Luise-Platz 9. luciano.gloor@metropolis-film.de. G.: Hochdorf/CH, 12. März 1949. V.: Christina, geb. Kallas. Ki.: Alexandros (1997). El.: Rudolf u. Emilia, geb. Tebaldi. S.: 1968 Abitur, 1968-70 Armee, 1970-74 Stud. Germanistik, Sozialpsych. u. Massenkommunikation, 1980-82 Stud. Bw. Akad. m. Abschluß Dipl.-Oek. K.: 1972 Mitgrdg. d. Verleih-Gen. Filmcooperative Zürich, 1982 Grdg. d. Beratungsfirma Consort B, Gloor Hausammann & Co in Zürich, 1984-98 Gschf. u. Produzent d. Firma Limbo-Film AG, 1985-89 Mtgl. d. Verhandlungsdelegation d. Schweiz f. d. Kooperationsabkommen m. Belgien, Italien u. Österr., 1986-88 AufsR. d. Metropolis Filmprod. AG in Zürich, 1986-90 Präs. d. Stiftungsaussch. d. Schweizerischen Filmzentrums, 1989 Grdg. d. Metropolis Filmprod. GmbH & Co KG in Berlin, 1989-90 Präs. d. Arb.-Gruppe z. Konzeption u. Grdg. d. Stiftung FOCAL, 1989-95 Fachexperte bei EAVE u. Studienltr. d. Regionalprogramme f. Ostdeutschland, Irland, Schottland u. Skandinavien, 1990-98 Mtgl. d. StiftungsR. u. FOCAL, 1995 Übernahme d. Metropolis Filmvertriebs GmbH in Berlin, 1995 Konzeption u. Ltg. eines J.-Programmes v. 6 Drehbuchseminaren im Auftrag d. Filmboard Berlin-Brandenburg GmbH, 2000-2001 Studienltr. v. AVEA in Johannesburg z. Ausbild. südafrikan. Produzenten. BL.: Mitprod. d. Films "Toto d. Held". P.: Art. in Fachzeitschriften. E.: div. Ausz. f. Filme u.a.: 1986 f. Wettbewerbsbeitrag in Venedig, 1991 Gold. Kamera in Cannes, 1991 5 europ. Filmpreise, 1992 Bundesfilmnominierung, 1998 Wettbewerbsbeitrag f. d. Filmfestspiele in Berlin. H.: Segeln, Wassersport, Skifahren.

Gloor Max Dr. med. Prof.

B.: Klinikdir. FN.: Hautklinik am Städt. Klinikum. DA.: 76133 Karlsruhe, Moltkestr. 90. G.: Augsburg, 19. Mai 1939. V.: Brigitte, geb. Scheurer. Ki.: Tobias (1977), Christian (1982). El.: Max u. Martha, geb. Greineder. S.: 1959 Abitur, 1959-60 Bundeswehr, 1960-66 Stud. Med. Erlangen, 1967 Prom. K.: 1967-69 Med.-Ass., 1969-70 tätig an d. Hautklinik d. Univ. Tübingen u. b. 1975 an d. Univ.-Hautklinik Marburg, 1973 Habil., 1977 Prof., 1975-82 ltd. OA an d. Univ.-Klinik Heidelberg, 1978 kommisar. Dir. d. Hautklinik Heidelberg, seit 1982 Dir. d. Hautklinik am städt. Klinikum Karlsruhe u. Schwerpunkt externe dermatol. Therapie, individuelle Rezeptur. BL.: externe Therapieforsch. P.: Gloor M. u. J. Horacek (1979), Über die Hautoberflächenlipide, In: Handbuch d. Haut- u. Geschlechtskrankheiten, Ergänzungswerk Bd. 1, Teil 4, Springer Berlin Heidelberg New York, Gloor M., K. Thoma, J. Fluhr (2000), Dermatologische Externatherapie unter besonderer Berücksichtigung der Magistralrezeptur, Springer Verlag Berlin Heidelberg, New York. M.: stellv. Vors. d. Südwestdt. Dermatologenvereinig., wiss. BeiR. d. SEPAWA, Dt. dermatolog. Ges., Dt. Ges. f. Dermatopharmazie. H.: Bergsteigen, Skifahren, Historik, Kunstgeschichte.

Gloria Marcus

B.: Veranstalter, Inh., Gschf. FN.: Cool Tour Bochum. DA.: 44787 Bochum, Viktoriastr. 75. PA.: 45527 Hattingen, An der Egge 55. info@cooltour.com. www.cooltour.com. G.: Neuss, 14. Jan. 1963. V.: Miriam, geb. Henneke. Ki.: Sajoscha Maximilian (1999), Jillian Anstasia (2000). El.: Dipl.-Ing. Karl u. Katharina, geb. Japes. S.: 1981 Abitur, 1981-86 Stud. Musikwiss. u. Germanistik. K.: 1978 Grdg. der eigenen Band, Schwerpunkt: Jazz, b. 1984, 1984-90 Schwerpunkt: Rock u. Pop, 1990 zurück z. Jazz, auch Komponist u. Arrangeur f. d. eigene Band u. f. andere, 1985 Grdg. u. Aufbau d. Firma Cool Tour als Veranstaltungsunternehmen. BL.: wichtigsten Veranstaltungen: seit 1986 Bochum Total, Rock + Pop Festival, 1995 Rolling Stones Vivo de Loung, 1996 Tina Turner + Bon Jovi, seit 1997 Campus Fest d. Univ. Bochum, 1998 50 J. Berliner Luftbrücke. F.: MOM'S GmbH & Co KG. H.: Musik, Kochen, Fliegen (1997 Pilotenschein IFR), Kinder, Reisen, Lesen.

Glos Michael

B.: Müllerstr., Ldw., MdB. DA.: 11011 Berlin, Platz d. Republik 1. PA.: 97357 Prichsenstadt/Brünnau, Hauptstr. 7. G.: Brünnau/Unterfranken, 14. Dez. 1944. V.: Ilse, geb. Fuchs. Ki.: Michael, Alexander. S.: Realschule, Müllerlehre, Meisterdipl. K.: Inh. eines Getreidemühle- u. Ldw.-Betriebes, Vorst.-Vors. Unterfränk. Überlandzentrale eG Lülsfeld, seit 1975 Kreisvors. CSU Landkreis Kitzingen, seit 1972 Mtgl. Kreistag Kitzingen, Mtgl. VerwR. Dt. Ausgleichsbank, stellv. Vors. CDU/CSU-Fraktion, Vors. Arbeitsbereich 2, seit 1976 MdB, seit Jänner 1993 Vorsitzender der CSU Landesgruppe im dt. Bundestag. (Re)

Glos Peter Dr. Prof.

B.: Univ.-Prof. FN.: Inst. f. Holzforsch. d. Techn. Univ. München. DA.: 80797 München, Winzererstr. 45. G.: Stuttgart, 2. Juli 1943. V.: Käthe, geb. Kirchner. Ki.: Katharina (1977), Johanna (1979). El.: Ing. Wilhelm u. Gretel, geb. Bossert. S.: 1962 Abitur, 1964-69 Stud. Bauwesen Univ. Stuttgart, Abschluß Dipl.-Ing., 1978 Prom. K.: 1969-84 wiss. Ass. u. Mitarb. TU München, Lehrstuhl f. Baukonstruktion u. Holzbau, 1984 Prof. f. Physikal. Holztechnologie Techn. Univ. München, 1979/80 Forsch.-Aufenthalt. F.: Hrsg. d. Zeitschrift "Holz als Roh- u. Werkstoff", über 100 wiss. Veröff. in Fachzeitschriften. M.: Fellow of Intern. Academy of Wood Science.

Gloser Günter

B.: MdB. FN.: SPD. DA.: 11011 Berlin, Platz d. Republik 1, 11011 Berlin, Friedrichstr. 83, Wahlkreis 90459 Nürnberg, Karl-Bröger-Str. 9. PA.: 90425 Nürnberg. guentergloser@bundestag.de. www.bayernspd.de/gloser/index.html. G.: Nürnberg, 27. Jan. 1950. V.: Katharina, geb. Pokorny. Ki.: Tobias (1972), Sebastian (1982). El.: Alfred u. Anni, geb. Ulrich. S.: 1961-70 Leibniz - Gymn. Altdorf bei Nürnberg, Abitur, 1969 SPD-Eintritt, bei Jusos Obdachlosenarbeit, 1970-72 Zeitsoldat, Zugführer Panzergruppe, später Oberleutnant d.R., 1972-78 Stud. Rechtswiss. Univ. Erlangen - Nürnberg, spez. Arbeits- u. Sozialrecht, daneben Journalist "Der Bote" in Feucht bei Nürnberg, 1974-78 u. 1990-94 Mtgl. Mittelfränkischer Bezirkstag, Ansbach, 1979 1. Staatsexamen, Ref. OLG - Bez. Nürnberg, Wahlsatat. AG Nürnberg, 1981 2. Staatsexamen. K.: 1981-82 9 Monate RA in Nürnberg, 1982-94 Bundesanstalt f. Arbeit in NRW, 1984-87 Ltr. Abt. Arbeitsberatung AA Paderborn, 1987-94 Zentrale Referatsltr. Haushalt, 1992 Verwaltungsdir., 1987 SPD Nürnberg, 1990 Wiederwahl Bezirkstag (Ansbach), 1992-98 Vors. SPD - Mittelfranken, seit 1997 Vors. Unterbezirk Stadt Nürnberg seit 1994 MdB, Nürnberg - Nord WK 230, seit 1994 o.M. Europaausschuß, seit 1993 stellv. Europapol. Sprecher SPD BT. Fraktion, stellv. Mtgl. Europaunion, 1998 Direktwahl, seit 1998 auch stellv. Mtgl. Auswärtiger Ausschuß, seit 1999 Vors. Dt.-Maghrebinischen Parlamentariergruppe, seit 1999 Vors. SPD - BT - Gesprächskreis Naher + Mittlerer Osten. BL.: erreichte Förderung d. Bundes "Dokumentationszentrum ehemaliges Reichsparteitagsgelände. P.: in Nürnberger Nachrichten 2000 z. 950 Stadtjubiläum zus. m. BK Schröder. E.: seit 1995 Preisstiftung "Günter Gloser Preis" 2000 DM. M.: Mtgl. Europaunion stellv. Vors. EU - Nürnberg, seit 1997 Vors. Karl Bröger Ges. (früher soz.dem. Arbeiterdicht.) Sitz Nürnberg, 1999 Studenteninitiative f. Sozialtechnik Nürnberg "Wohnungsgemeinschaft f. Flüchtlingskinder Nürnberg e.V.", 1999 Mtgl. Dt. - Zypriotisches Forum, Fördermitglied Kinder - und Jugendtheater "Die Pfütze", Partnerschaftsverein Charkow Maghahinische Ges. Bonn. H.: Rennradfahren, Lesen, arabische u. lateinamerikanische Literatur, klass. Musik, ital. Literatur, Fotografie Landschaften, ehem. Trompeter u. Posaune. (Re)

Glösmann Johann Julius Dipl.-Ing. *)

Glöss Ruth *)

Gloßmann Peter *)

Gloßner Franz Xaver *)

Glossner Herbert

B.: Kritiker, freier Journalist. PA.: 22043 Hamburg, Elfsaal 15. hglossner@aol.com. G.: Nürnberg, 25. Nov. 1932. V.: Ilse, geb. Zeyer. Ki.: Markus (1965), Christian (1967), Julia Katharina (1980), Giovanna (1982). S.: Abitur, 1951-58 Stud. Ev. Theol., Musikwiss., Kirchenmusik u. Kunstgeschichte in Tübingen, Basel, Heidelberg u. Princeton, Mag. K.: 1958-61 Vikar in Nürnberg, 1962-63 Volontär im Ev. Presseverb. Bayern, 1963-66 Redakteur, 1966-71 Chefredakteur d. Jugendzeitschrift Junge Stimme Stuttgart, nach d. Fusion d. Zeitschrift Junge Stimme m. d. Dt. Allg. Sonntagsblatt in Hamburg 1971-76 Redakteur u. 1976-97 Ressortltr. Kultur, seit 1977 freier Mitarb. f. Fono Forum eine HiFi-Zeitschrift sowie d. Fachzeitschrift Musik u. Kirche, 1981 Grdg., Organ. u. Ltg. d. Lyrik Forum in d. Fbk. in Hamburg-Altona, Hannover u. Düsseldorf sowie d. P.E.N.-Kongress in Hamburg, seit 1998 wieder freier Journalist u. Kritiker. BL.: eigene Kompositionen im Bereich Kirchenmusik, 1964 Ausz. b. Musikwettbewerb - Neue religiöse Lieder - u. 1999 3. Preis f. eine Komposition 2000 in Leipzig Uraufführung Hg. P.: Hrsg. Lyrik Forum (1981), Buch: Oper in Hamburg 1988-1997 (1997). M.: IG Medien, Freundeskreis HAP Grieshaber, Jurymtgl. Preis d. Dt. Schallplattenkritik e.V. H.: Musik, Reisen.

Glossner Wolf *)

Glotz Dieter Dipl.-Ing.

B.: Gschf. FN.: Neu & Reko Bau Glotz GmbH. DA.: 02906 Niesky, Trebuser Str. 11. PA.: 02906 Niesky, Martinstr. 31. G.: Bunzlau, 27. Mai 1941. V.: Inge, geb. Bunckenburg. Ki.: Uwe (1971), Anita (1976), Christian (1979). S.: 1955-58 Maurerlehre, 1958-60 im Abendstud. d. 10. Kl. nachgeholt, 1960-63 Stud. Baufachschule Zittau, Abschluß Bauing. f. Ind.- u. Ges.-Bau. K.: 1963-67 Kooperationsing., Arbeitsvorbereiter u. Baultr. b. Bau- u. Montagekombinat Bautzen, 1967-70 tätig im Stahlbau u. Waggonbau Niesky u. als Investbaultr. b. Rat d. Kreises Niesky, 1970-90 Grdg. d. Landbaugemeinschaft Niesky, dort Ltr. d. Projektierung, 1990 Grdg. d. eigenen Bauunternehmen Hoch- u. Tiefbau, 1996 Umwandlung in GmbH, ab jetzt Gschf. BL.: 1985 Mitinh. d. Patentes "Mechan. u. biolog. Gülleaufbereitung". E.: Orden "Banner d. Arb.", 2-facher Aktivist, seit 1993 Vorlageberechtigter Projektant. M.: Ing.-Kam. Sachsen, Bauinnung.

Glotz Gerhard Dipl.-Vw. *)

Glotz Peter Dr. Prof.

B.: Kommunikationswissenschaftler. FN.: Univ. Erfurt. DA.: 99084 Erfurt, Krämerbrücke 9. PA.: 80801 München, Wilhelmstr. 43. G.: Eger, 6. März 1939. S.: 1945 Flucht nach Bayern, ab 1959 Stud. Zeitungswiss., Phil., Germanistik u. Soz. K.: gleichzeitig Mitarb. in d. Schadensabt. einer Vers.-Ges. in München u. Wien, 1963 wiss. Mitarb. am Inst. f. Zeitungswiss. d. Univ. München, 1965 Lehrbeauftragter, 1969-70 Konrektor Univ. München, 1970-72 Gschf. eines Forsch.-Inst. in München, 1961 SPD, 1970-72 MdL Bayern, 1977-81 Senator f. Wiss. u. Forsch. d. Landes Berlin, 1981-87 Bundesgsch. d. SPD, Vors. jugendpolit. Kmsn., medienpolit. Sprecher d. Parteivorst., Vorstand d. SPD, 1974-77 Parlamentar. Staatssekr. b. Bundesmin. f. Bild. u. Wiss., o.ö. Prof. f. Kommunikationswiss. u. Rektor d. Univ. Erfurt, St. Gallen. P.: seit 1938 Chefred. d. Zeitschrift "Neue Gesellschaft/Frankfurter Hefte". E.: BVK I. Kl., 1991 Bayer. VO. M.: AR Telekom u. Alcatel Deutschland, Vorst. Friedrich Ebert-Stiftung. H.: Lesen.

Glotz Uwe Dipl.-Kfm. *)

Glotzbach Gerhard Dipl.-med.

B.: FA f. Allg.-Med. u. Betriebsmed. DA.: 39638 Gardelegen, Bahnhofstr. 49. PA.: 39638 Gardelegen, Wiesenweg 19. DMGlotzbach6 @ compuservice.de. G.: Borsch, 1. Juli 1941. V.: Ingrid, geb. Großkopf. Ki.: Katja (1974). S.: 1959 Abitur Vacha, 1959 Berufssoldat d. NVA, 1960-67 Stud. Med. Univ. Greifswald, 1967-72 FA-Ausbild. Allg.-Med. KKH Gardelegen, 1967 Approb. K.: 1972-80 Regimentsarzt d. NVA, 1981 Ltr. d. Betriebsgesundheitswesens im Kreis Gardelegen als Arzt an d. Poliklinik in Gardelegen, 1989-90 Kreisarzt im Kreis Gardelegen, 1990 Eröff. d. Praxis, seit 2000 zusätzl. Ernährungsberater. M.: Mitgrdg. u. Vors.d. Kneipp-Ver. Gardelegen, BDA, Kreisjägerschaft Salzwedel. H.: Jagd, Archäologie, Geschichte.

Glover Johnny B. Sc. *)

Glowalla Peter *)

*) Biographie www.whoiswho-verlag.ch oder beigefügte CD-ROM

Glowienka Manfred

B.: Architekt. FN.: Architekturbüro Glowienka. DA.: 33330 Gütersloh, Eickhoffstr. 38. G.: Gütersloh, 26. Aug. 1953. V.: Brigitte, geb. Oesterhelweg. Ki.: Laura-Jasmin (1982), Nikolai (1984). El.: Paul und Erika. S.: 1973 FHS-Reife, 1973-75 Bundeswehr, 1975-79 Stud. Arch., Dipl.-Ing. K.: 1979-90 Architekt, 1989 Gründung eines eigenen Arch.-Büros, 1996 Verlagerung an jetzigen Standort, 1989 Grdg. d. 2. Firma Art & Deco, 1999 SPA Consulting & Design GmbH. H.: Sport, Laufen, klass. Musik, gehobene Gastronomie.

Glowka Bernd Manfred Dr. rer. nat. *)

Glowka Dieter *)

Glowna Vadim
B.: Schauspieler u. Regisseur. FN.: Agentur Baumbauer. G.: 26. Sep. 1941. K.: Ausz. a. d. Filmographie: "Der Eine u. d. Andere" (1968), "Die Gartenlaube" (1969), "Deutschland im Herbst" (1978), "Der Schneider v. Ulm" (1978), "Das Totenreich" (1986), "Das Milliardenspiel" (1989), "Insel d. Träume" (1990), "Das gläserne Haus" (1993), "Wolffs-Revier-Mord hat Vorrang" (1993), "Heimliche Zeugin" (1994), "Das gläserne Haus" (1994), "Eine Frau wird gejagt" (1995), "Der Alte-Der Mordauftrag" (1996), "Das elfte Gebot" (1998), "Siska-Tod einer Würfelspielerin" (1998), " Kalt ist d. Abendhauch" (1999), "Die Unberührbare" (2000) u.a.m.

Gloy Horst Dr. phil. *)

Gloy Karen Dr. Prof.
B.: Ordinaria. PA.: CH-6006 Luzern, Wesemlinhöheweg 1. karen.gloy@unilu.ch. G.: 21. Dez. 1941. S.: Stud. Univ. Hamburg, Heidelberg, Staatsexamen, Prom. K.: Lehrbeauftragte, wiss. Mitarb., Ass., Priv.Doz., Habil. apl. Prof. Univ. Heidelberg, Ordinaria f. Phil. u. Geistesgeschichte am Phil. Seminar d. Univ. Luzern, Gastprofessuren in aller Welt, ständig in Wien u. Jounnina. P.: zahlr. Veröff., Kants Theorie d. Naturwiss., Einheit und Mannigfaltigkeit, Studien zur theor. Phil. Kants, Stud. zu Platons Timaios, Das Verständnis der Natur (2 Bd.), Bewußtseinstheorien, Rationalitätstypen, Vernunft und das Andere der Vernunft. M.: Kant-Ges., Fichte-Ges., Wiss. BeiR. Wr. Jahrbuch, Fichte-Stud., Zeitschrift f. dt. Phil. Peking, Intern. Zeitschrift f. Phil., Zeitschr. f. dt. Idealismus, Grdg.-Mtgl. u. Vizepräs. d. intern. Ges. "System d. Philos.".

Gloyna Dieter Dr. rer. nat. Dipl.-Chem.
B.: wiss. Mitarb. FN.: TU Berlin Fachbereich Inst. f. Lebensmitteltechnologie. DA.: 14195 Berlin, Königin-Luise-Str. 22. G.: Köbeln, 21. Feb. 1940. V.: Ingeborg, geb. Ziege. Ki.: Michael (1961). El.: Walter u. Alma, geb. Trinks. S.: 1958 Abitur, 1958-64 Stud. Chemie HUB, Dipl. K.: 1964-72 wiss. Ass. HUB, 1972 Prom., 1972-92 OAss. in Forsch. u. Lehre, anschl. Verlagerung d. Fachbereiches an d. TUB, seither ang. Mitarb. d. TU Inst. f. Lebensmitteltechnologie. P.: ca. 50 wiss. Arb. u. etwa 25 Vorträge. M.: GEFTA. H.: Hochgebirgswandern, Briefmarken, Hobbygärtner, Wr. Klassik, Lesen.

Gloystein Norbert *)

Gloystein Peter Dr.
B.: Vorst. FN.: BHF Bank AG. DA.: 60323 Frankfurt/Main, Bockenheimer Landstr. 10. G.: Bremen, 25. Nov. 1945. V.: verh. Ki.: 2 Kinder. S.: Abitur, Bundeswehr Lt. d. Res., Stud. Betriebswirtschaft Univ. Hamburg, Dipl.-Kfm., Prom. K.: 1971-75 wiss. Ref. HWWA-Inst. f. Wirtschaftsforsch. Hamburg, 1975-81 WestLB, 1981 Commerzbank AG, 1981-86 Zentrale Abt. Koordination u. Planung Frankfurt/Main, Ltr. d. Bereichs Finanzplanung, 1986 Mitltr. Filiale Stuttgart, 1990 stellv. Mtgl. d. Vorst., 1991-99 Mtgl. d. Vorst., s. 2000 Vorst. BHF Bank AG. (Re)

Gloza Ulrich Dr. iur. *)

Gluche Peter Dr.
B.: Gschf. FN.: GFD Ges. f. Diamantprodukte mbH. DA.: 89081 Ulm, Wilhelm-Runge-Str. 11. www.gfd-diamond.com. G.: Oldenburg, 2. Mai 1968. El.: Dipl.-Ing. Bernhard u. Katharina. S.: 1988 Abitur Friedrichshafen, Wehrdienst, seit 1991 Lt. d. Res., 1990-95 Stud. Elektrotechnik Univ. Ulm. K.: 1996-2000 wiss. Mitarb. v. Prof. Kohn, 2000 Prom. z. Dr.-Ing., 1999 Grdg. d. GFD Ges. f. Diamantprodukte mbH. BL.: bisher 7 Patente angemeldet. P.: 15 Veröff. als Autor, 22 Veröff. als Co-Autor, darunter 2 Buchaufsätze. E.: 1988 Jugend forscht Sonderpreis, 1996 Lehrbonus d. Univ. Ulm, 1997 Merckle-Forsch.-Preis, 1998 Bundessieger im Wettbewerb "Fit for Boss", 1999 Bundessieger Grdg.-Wettbewerb "Startup", 2000 Leonhard-Klein-Preis, Filmpreis d. Dt. Ophthalmolog. Ges., 2001 Kooperationspreis Wiss. u. Wirtschaft. M.: Lenkungsaussch.-Mtgl. d. Zentren Werkstoffe d. Mikrotechnik, IEEE. H.: Segelfliegen.

Glück Gebhard Dr. *)

Glück Gerald Dipl.-Kfm. *)

Glück Helmut Ing. *)

Glück Peter Dr.
B.: Dir. FN.: Bundesanstalt f. Arb. Arb.-Amt Bielefeld. DA.: 33602 Bielefeld, Werner-Bock-Str. 8. G.: Augsburg, 29. Mai 1951. V.: Anna, geb. Hartmann. El.: Georg u. Dora. S.: 1970 Abitur, 1970-75 Stud. Vw., Staatsexamen, 1979 wiss. Mitarb. Univ. Augsburg, 1979 Prom. K.: 1979-82 Wirtschaftsreferendariat in Münster, 1982 Examen u. Assesor . Berufung ins Bmtn.-Verhältnis, 1983-88 Finanzref. d. Landesarb.-Amtes Düsseldorf, 1988-93 Ltr. d. Ämterprüf.-Dienstes u. Ernennung z. ORat, 1993-98 Ltr. d. Finanzref. im Landesarb.-Amt Düsseldorf, 1998-2000 Hauptref.-Ltr. f. Organ., Infrastruktur u. Finanzen, 1999 komissar. Ltr. d. Arb.-Amt Duisburg, seit 2000 Dir. d. Bundesanstalt f. Arb. Arb.-Amt Bielefeld. H.: Bergsteigen, Radfahren.

Glück Walter *)

Glückert Jürgen Dr. *)

Glückert Sebastian *)

Glücklich Wilma Dipl.-Ing. *)

Glückstein Karlheinz Dipl.-Betriebswirt *)

Glückstein Mike *)

Glueck George *)

Glüer Eckard E. *)

Glünz Inge *)

Glüsenkamp Georg Wilhelm

B.: RA, Inh. FN.: GW Glüsenkamp Immobilien. DA.: 49086 Osnabrück, Schledenhauser Weg 130. G.: Osnabrück, 22. Juni 1943. Ki.: Benno (1974). El.: Georg u. Elisabeth, geb. Heermeyer. S.: 1963 Abitur, 1963-65 Bundeswehr, 1965-68 Stud. Rechtswiss. an d. Univ. Münster, 1. Staatsexamen, 1969-71 Referendariat OLG Oldenburg, 2. Staatsexamen. K.: 1971-72 RA einer Kzl. in Osnabrück, 1972-74 Assessor am LG Osnabrück, Amtsgericht Nordhorn u. Sögel u. d. StA Osnabrück, 1974-84 Richter am Amtsgericht Osnabrück u. glz. Lehrauftrag an d. FHS Osnabrück u. Univ. Münster/Westf., 1977-84 Vors. d. Schöffengerichts, seit 1984 ndlg. RA m. Schwerpunkt Strafrecht, Beratung f. Vertragsrecht f. Firmenkunden; Funktion: 1982-86 Saxophonist d. Bigband "Midlife-Crisis". H.: Musik, Jazz-Sessions, Zeitgeschichte.

Gluth Helge Dipl.-Ing.
B.: Meliorationsfacharbeiter, selbständig. FN.: Ingenieurbüro für Wasserwirtschaft. DA.: 17033 Neubrandenburg, Bernhardstr. 7. ibgluth@t-online.de. G.: Friedland, 16. Jan. 1943. V.: Hildegard, geb. Dudek. Ki.: Owe (1961). El.: Helmut u. Lotte, geb. Rambow. S.: 1961 Abitur in Anklam, 1961-62 NVA, 1962-64 Lehre u. Meliorationsfacharbeiter, 1964-67 Stud. in Magdeburg. K.: 1967-90 tätig im VEB Wasserversorgung u. Abwasserbehandlung Neubrandenburg u.a. als Fachdirektor u. Hauptingenieur, parallel 1974 Abschluss z. Dipl.-Ing. f. Wasserwirtschaft an d. TU Dresden u. 1986 Abschluss z. Fachingenieur f. Informatik an d. TU Magdeburg, seit 1990 selbständig m. eigenem Ingenieurbüro f. Wasserwirtschaft in Neubrandenburg. H.: Segeln, Eisbaden.

Glutsch Hans-Reinhard Dipl.-Ing. *)

Gmeiner Rolf-Dieter

B.: Rechtsanwalt. GT.: 1968-72 Stadtverordneter in Wiesbaden, 1977-80 Stadtverordneter u. Fraktionsvors. Wiesbaden. DA.: 63225 Langen, Rheinstr. 35. rechtsanwaelte.gmeiner@gmx.de. www.zzf.de. G.: Wiesbaden, 30. Nov. 1942. V.: Kirstine, geb. Tanger. Ki.: Ralf-Gunther (1978), Dirk Volker (1979). S.: 1964 Abitur, Stud. der Rechtswiss., 1969 1. Staatsexamen, 1970-73 Gerichtsreferendar, wiss. Mitarb. Univ. Frankfurt, 1974 2. Staatsexamen, K.: 1974 Zulassung z. RA, 1974-79 wiss. Ass. Univ. Frankfurt/Main, 1979-80 Landesamt f. Straßenbau/Rechtsabt., 1980-89 hauptamtl. Beigeordneter (StadtR.) in Wiesbaden, seit 1990 Gschf. d. Zentralverb. Zoolog. Fachbetriebe Deutschlands e.V. (ZZF), 1990-98 Gen.-Sekr. d. European Pet Organ. (EPO). M.: Gschf. Zentralverb. Zoolog. Fachbetriebe Deutschlands e.V. H.: Politik, Geschichte.

Gmeinwieser Manfred
B.: selbst. Kfm., Inh. FN.: DBS Security. DA.: 82110 Germering, Haydnstr. 11. gmeinwieser@dbs-security.de. www.dbs-security.de. G.: München, 29. Mai 1962. V.: Carmen, geb. Portune. Ki.: Diana (1981), Tanja (1983), Sabine (1985). El.: Franz u. Sylvia, geb. Stetter. BV.: Schwiegervater: Häuptling d. Blackfoot-Indianer in d. USA. S.: 1977-80 Lehre als Bäcker mit Abschluss. K.: 1980 Grdg. d. eigenen Detektei in München-Germering Firma DBS Security Bewachungsservice - Inh., 1986 Meisterprüf. im Bäckerhandwerk, ab 2000 Einstieg d. Geschäftspartners Armin Bender in d. DBS Security, 2000 Eröffnung einer Zweigstelle in München, 2001 Eröff. einer 2.

Zweigstelle b. Augsburg, 1993 Eröff. eines bayer. Spezialitätenlokals "Wurzelsepp" in Augsburg, 1997 Eröff. eines 2. Lokals, d. einzigen Augsburger Country Pubs "History", 2001 Eröff. eines 3. Lokals in Augsburg, einem original amerikan. Western Saloon. P.: div. Veröff. in Tageszeitungen z. Thema "Detektivverbände". H.: Trike-Fahren, Ashaido, Bodybuilding.

Gmelch Thomas Dipl.-Ing.

B.: Gschf. Ges. FN.: Exolution GmbH. DA.: 80331 München, Sendlinger Str. 47. PA.: 85276 Pfaffenhofen, Wolfsberg 9. thomas.gmelch@exolution.de. G.: Pfaffenhofen/Elm, 21. März 1972. El.: Thomas u. Therese. S.: 1991 Abitur, 1991-92 Stud. Maschinenbau an d. TU München, 1992-93 Bundeswehr, 1993-99 Stud. Maschinenbau an d. TU München m. Abschluss als Dipl.-Ing. K.: 1993 Grdg. d. Firma Troubleshooter GbR München m. 2 Partnern, 1999 Gründung d. Firma Exolution GmbH, Gschf. Ges. Bereich Organ. H.: Lesen, Internet, Tanzen, Fahrradfahren.

Gmelin Burkhard Dr. *)

Gmelin Dorothea *)

Gmelin Gerda
B.: Schauspielerin. FN.: Theater im Zimmer. DA.: 20149 Hamburg, Alsterchaussee 30. PA.: 20149 Hamburg, Alsterchaussee 28. G.: Braunschweig, 23. Juni 1919. Ki.: Christian (1942), Matthias (1943). El.: Helmut (Gründer d. Theater im Zimmer 1948) u. Thekla, geb.Dieckmann. BV.: Name Gmelin geht zurück a. Romanus Lentulus (Schweiz,16.Jhdt.); Leopold Gmelin 1788-1853, Chemiker; Otto Gmelin, Schriftsteller. S.: 1936 Abitur Hbg., 1937 Haushaltsjahr, 1937-39 Schauspielschule a. Deutschen Schauspielhaus, Lehrer: Eduard Marx, Helmut Gmelin, Int. Wüstenhagen. K.: 1940-42 Gmelin bereiste Rheinl.-Pfalz in Koblenz, 1943-46 Theaterpause, 1947-54 versch. Provinzengagem., ab 1955 am "Theater im Zimmer" tätig, wichtigste Inszenierungen: 1952 "Der eingebildete Kranke"; 1954 "Warten auf Godot"; 1961 "Der Hausmeister"; 1968 "Glückliche Tage"; 1981 "Bent"; 1988 "Die Erzählung Magd Zerline"; s. 1960 Fernsehen: "Die Bertinis", "Die Unverbesserlichen", "Die Geibelstraße". E.: 1987/88 Silb. Maske; 1986 Ehrenmed. in Silber d. Hbg. Volksbühne; Sen. Biermann-Ratjen-Med.; Med. f. Wiss. u. Kunst Hbg. 1989.

*) Biographie www.whoiswho-verlag.ch oder beigefügte CD-ROM

Gmelin Jürgen

B.: Rechsanwalt. DA.: 01097 Dresden, Dr.-Friedrich-Wolf-Str. 2. G.: Stuttgart, 9. Jän. 1956. V.: Karin, geb. Berger. Ki.: Matthias (1986), Frederik (1991). S.: 1975 Abitur Korntal, 1975-76 Zivildienst, 1977-81 Stud. Sozialpäd. Esslingen m. Dipl.-Abschluß, 1981-88 Stud. Jura, 1988-91 Referendariat LG Stuttgart, 1992 Zulassung z. RA. K.: 1992-94 Berater f. offene Vermögensfragen am Landratsamt in Meißen, seit 1994 RA in Dresden m. Tätigkeitsschwerpunkt Grundstücksangelegenheiten, Erb-, Verw.-, Sozialvers.-, Vertrags- u. Steuerrecht. M.: Sächs. Unternehmerverb. H.: Radfahren, Motorradfahren, Skifahren, Reisen.

Gmyrek Hans Stephan Dipl.-Ing. *)

Gnade Erich-August *)

Gnädig Eckhard Dr. med. dent. *)

Gnaedig Olaf *)

Gnath Ralph *)

Gnauck Bernhard Paul Dr.-Ing. *)

Gnauck Jürgen
B.: Minister f. Bundes- u. Europaangelegenheiten u. Chef d. Staatskanzlei d. Freistaates Thüringen. FN.: Staatskanzlei. DA.: 99021 Erfurt, Regierungsstr. 73. GnauckJ@TSK.thueringen.de. www.thueringen.de. G.: Trier, 27. März 1958. V.: Barbara, geb. Ooms. K.: Britta (1982), Christoph (1983), Kerstin (1988). El.: Dieter u. Gisela, geb. Görgen. S.: 1977 Abitur Bonn, 1977-84 Jurastud. Bonn, 1984-87 Referendar, 1987 2. Staatsexamen. K.: 1988-90 Dezernent b. Gemeindeu. Städtebund Rheinland-Pfalz in Mainz, 1990 Aufbauhelfer in d. neuen Bdl., 1990-99 Gschf. im Gem.- u. Städtebund Thüringen Erfurt, außerdem RA, seit 10/1999 Minister f. Bundes- u. Europaangelegenheiten u. Chef d. Staatskanzlei d. Freistaates Thüringen u. MdBR. P.: "Thüringer Kommunalverfassung" (1992), Hrsg. "Thüringer Kommunalhandbuches" (1997), Hrsg. "Thüringer Verw.-Schriften", Hrsg. "Nachrichten d. Gem.- u. Städtebundes Thüringen", Hrsg. Staatshandbuch "Bundesrepublik Deutschland", Landesausgabe Thüringen. M.: AufsR.-Mtgl. d. TEAG, BeiR.-Mtgl. d. Dt. Bank, Mtgl. d. Bundesrates, d. Hauptversammlung d. Versammlung d. Regionen Europas (VRE), d. Kongresses d. Gemeinden u. Regionen Europas (KGRE), d. Ausschusses d. Regionen (AdR), d. Gremiums zur Erarbeitung einer Charta d. EU Grundrechte, Stellv. Vors. d. Kuratoriums u. d. Kuratoriumsausschusses d. STIFT u. Mtgl. d. Aufsichtsrats d. Landesentwicklungsges. Thüringen GmbH (LEG), Beiratsmtgl. d. Ernst-Abbe-Stiftung Jena. H.: Tischtennis, Fußball, Schießen. (Re)

Gnaudschun Eva *)

Gnausch Uwe Ing. *)

Gnest Jürgen Dipl.-Ing.
B.: Unternehmer. FN.: Peter Hüssen Nfg. Farben GmbH. DA.: 51061 Köln, Düsseldorfer Str. 330. PA.: 51519 Odenthal, Bülsberger Weg 24. G.: Köln, 22. Apr. 1953. V.: Maria Helene Paas-Gnest, geb. Gnau. Ki.: Daniela, Peter. S.: 1972

Abitur Klön, 1972-77 Stud. Chemie FH Niederrhein, seit 1972 Werkstudent Firma Hüssen, 1977 Dipl.-Ing. Chemie. K.: seit 1977 b. Firma Hüssen, anfangs Betriebsltr., seit 1983 Gschf. Ges., 1988-98 Vorst. Verb. d. Ing. d. Lack- u. Farbenfaches VILF, 1994-98 1. Vors. VILF, seit 1998 Ehrenmtgl., daneben Vors. Verschönerungs- u. Kulturver. Altenberg e.V., Gschf. CDU-Odenthal u. Ratsmtgl. Odenthal, stellv. Fraktionsvors., Vors. im Schulaussch., Aktionskreis Altenberg, Vors. Bauaussch. U. Restauration. P.: Interviews in Bergische Landeszeitung, VILF-Veröff., 1996/97 Portrait in Farbe & Lack. E.: VILF Gold. Ehrennadel. M.: CDU, viele Ver. in Odenthal u. Altenberg. H.: Gartengestaltung, Rosen, Sport, Tennis, Turniertanz.

Gnettner W. Kurt *)

Gneupel Stephan
B.: Bundestrainer Eisschnelllauf, Dipl.-Sportlehrer. FN.: c/o Eisschnellaufclub Erfurt. DA.: 99096 Erfurt, Arnstätter Str. 53 G.: Syrau/Vogtland, 16. Juni, 1948. V.: Monika, geb. Sauer. Ki.: Christian (1981), Fabian (1988). El.: Willy u. Martha. S.: 1968 Abitur KJS Karl-Marx-Stadt, 1970-74 Stud. Dipl.-Sportlehrer DHfK Leipzig. K.: Leichathletiktrainer SC Turbine Erfurt, ab 1985 Nachwuchstrainer Eisschnellauf, ab 1995 Bundestrainer DESG f. Männer- u. Frauensprint, 2Juniorenweltmeister MK, 3 Juniorenvizeweltmeister MK, 1994 Olymp. Spiele: Bronzemed. mit Franziska Schenk über 500 m, 1995 sowie 1996 3. Pl. Sprint-WM / Einzelstreckenmed. b. EM u. WM m. G. Niemann, H. Warnicke, R. Taubenreich, F. Schenk, S. Völker, 1995 sowie 1996 Europa- u. Weltmeister MK, 1996 Weltmeister 3000 m (Einzelstrecken-WM) m. Gunda Niemann, 1997 Weltmeister MK durch Gunda Niemann sowie 3 Einzelstrecken-WM-Titel, außerdem Weltmeisterin im Sprint durch Franziska Schenk. E.: 1993 Josef-Neckermann-Trainerpreis. M.: ESC Erfurt. H.: Sport, Literatur, Skilaufen.

Gneuss Christian Walter Dr. phil. *)

Gneuss Helmut Dr. phil.
B.: Univ.-Prof. FN.: Univ. München Inst. f. Engl. Philol. DA.: 80799 München, Schellingstr. 3. G.: Berlin, 29. Okt. 1927. V.: Mechthild, geb. Gretsch. El.: Kurt u. Margarete. S.: 1948-53 Freie Univ. Berlin, 1953-55 Univ. Cambridge England. K.: 1955-56 Lektor Univ. Durham England, 1956-62 Lehrbeauftragter, Ass. u. AkR. FU Berlin, 1962-65 AkR. Univ. Heidelberg, seit 1965 a.o. u. o.Prof. Univ. München, Visiting Fellow, Emmanuel College Cambridge 1970, Gastprof. Univ. of North Carolina 1984. P.: Books and Libraries in Early England, Language and History in Early England (beide 1996), Bücher, Aufsätze in Fest- u. Zeitschriften, Hrsg. v. wiss. Zeitschriften u. Reihen. E.: Mtgl. d. Bayer. Ak. d. Wiss, Corresp. Fellow Brit. Academy, Korrepon. Mitgl. Österr. Akad. d. Wiss. Corresponding Fellow Medieval Academy of America, Mtgl. d. Intern. Advisory Committee, Dictionary of Old English, Univ of Toronto. M.: Philological Society, Cambridge Bibliographical Society, Intern. Society of Anglo-Saxonists, Henry Sweet Society, Vice-Pr. Henry Bradshaw Society.

Gnilka Christian Franz Paul Dr.
B.: Prof. DA.: 48143 Münster, Dompl. 20/22. PA.: 48324 Sendenhorst, Rummler 36. V.: Dagmar, geb. Rolf. Ki.: Marion u. Marei. El.: Fridolin u. Margarete. S.: Stud. Klass. Philol.

in Bonn, München u. Rom, 1962 Prom. K.: 1970 Habil., 1971 apl. Prof. Bonn, 1972 o.Prof. Münster, 1972 Dir. d. Inst. f. Altertumskunde d. Univ. P.: Studien zur Psychomachie des Prudentius (1963), Aetas Spiritalis. Die Überwindung der natürlichen Altersstufen als Ideal frühchristlichen Lebens (1972), Chrêsis. Die Methode der Kirchenväter im Umgang mit der antiken Kultur I (1984), II (1993), Prudentiana I. Critica (2000), II. Exegetica (2001).

Gnilka Joachim Dr. theol. habil. *)

Gnitka Frank

B.: Gschf. Ges. FN.: NOVUM Dienstleistungs GmbH. DA.: 22844 Norderstedt, Schützenwall 12-14. G.: Pinneberg, 9. Juli 1957. S.: 1974-78 Lehre z. Zweiradmechaniker b. Firma Hertel Norderstedt, 1978-82 Bundeswehr in Husum. K.: 1982-83 Filialltr. eines Zweiradfachgeschäftes in Hamburg, 1983-89 Betriebsltr. in einer dt. Sped.-Firma, 1989-96 Disponent u. später Prok. in Firma Pasit GmbH, 1996 Gründung d. NOVUM Dienstleistungs GmbH, 1998 Grdg. NOVUM Bringer GmbH & Co KG, 1999 Grdg. d. Schaldach Pers.-Service Nord GmbH Lübeck als Mitinh. M.: BZA Landesverb. Zeitarb. Personaldienstleistung e.V. H.: Lesen.

Gnoß Manfred *)

Göb Ferdinand *)

Göb Michael Dipl.-Bw.

B.: Bankkfm. FN.: Perspektiven f. Ihr Vermögen. DA.: 97424 Schweinfurt, Brombergstr. 39. G.: Schweinfurt, 20. Jan. 1966. El.: Herbert u. Dietmute, geb. Fleischer. S.: 1984 Fachabitur Schweinfurt, 1984-87 Bankausbild., Abschluß Bankkfm., 1988-89 Bundeswehr, 1989-91 Bankak. Schweinfurt, 1990-94 Stud. Betriebswirtschaft FH Würzburg-Schweinfurt. K.: 6 J. Tätigkeit im Bankbereich u.a. Kredit- u. Anlageberatung, s. 1994 freiberufl. Wirtschaftsberatung. M.: KTV Grenzmark Schweinfurt im TCV, BVK Maklerverb. H.: Fitness, Fußball, Eishockey, klass. Musik , Pop- u. Rockmusik.

Gobatto Giulio

B.: Gschf. FN.: Louis Vuitton. DA.: 50667 Köln, Domkloster 2. G.: Porto Gruaro, 17. Feb. 1974. El.: Eligio u. Nives, geb. Bozatto. S.: 1993 Höhere Handelsschule, Bürokfm., Italien, 1993-94 First Certivicat engl. in London, 1994-95 Militär. K.: 1995 Reiseltg. Ägypten, 1996 Reiseltg. Kreta, 1996-98 b. ital. Konsulat in Köln tätig, 1998-99 Firma Tod's ital. Schuhe Düsseldorf, 2000 Gschf. Firma Louis Vuitton Köln. BL.: Menschen v. d. ertrinken gerettet. M.: Brühler TV. H.: Tennis, Basketball.

Göbbels Heinz-Peter

B.: AufsR-Präs. FN.: Nürnberger Bund BeteiligungsAG. DA.: 45133 Essen, Theodor Althoff-Str. 39. S.: Ausbild. z. Dipl.-Ing. Maschinenbau. K.: 1970 Beginn b. SEL, 1970-75 Sulzer Konzern Stuttgart u. Zürich, 2 J. Zentralvorst. Planung u. Kontrolle im Bereich Konsumgüter b. d. AEG Telefunken AG Frankfurt, 1979 Gschf. Kienbaum Unternehmensberatung Gummersbach/Düsseldorf, 1982-88 Gschf. Partner b. Roland Berger, seit 1988 Firma Göbbels & Partner GmbH Düsseldorf, 1996 Vorst. d. Nürnberger Bundes, AufsR-Präs.

Göbbels Klaus August Heinz *)

Göbbels Martin Josef Dr. med. Prof. *)

Gobbers Dieter H. Dr. jur. *)

Göbecke Hans-Peter

B.: Bäcker, Konditormeister, Inh. FN.: Bäckerei - Konditorei Göbecke. GT.: Lehrlingswart f. Leipzig. DA.: 04103 Leipzig, Hans-Poeche-Str. 13. G.: Leipzig, 31. Mai 1951. V.: Sabine, geb. Schulze. Ki.: Matthias (1973), Dipl.-Kauffrau Christine (1977). El.: Kurt u. Charlotte, geb. Köhler. S.: 1955-58 Bäckerlehre, 1958-60 Konditorlehre. K.: 1960-75 Bäcker im Familienbetrieb, 1964 Bäckermeister, Konditormeister, 1971 Inh. d. o.g. Bäckerei f. handwerkl. gediegene Back- u. Konditorwaren f. gewerbl. u. Privatkunden, einschl. Bistro. M.: Innung, HK, Prüf.-Kmsn.-Mtgl. d. HK, Bild.-Aussch. d. Landesinnung Sachsen. H.: Kegeln, berufl. Erfahrungsaustausch.

Göbel Annette *)

Göbel Bernd

B.: Steinmetz- u. Steinbildhauermeister, Gschf. Ges. FN.: Frank GmbH Natursteine. DA.: 67549 Worms, Dr.-Illert-Str. 52. frank-steine@t-online.de. G.: Worms, 4. Apr. 1963. V.: Sybille, geb. Lange. Ki.: Paula, Emily. S.: 1979 Mittlere Reife, 1979-82 Steinmetzlehre, 1994 Meisterprüf. K.: 1998 Ang. b. Frank GmbH Natursteine, 1998 Gschf. Ges. d. Firma Frank GmbH Natursteine. M.: Handwerkskam., Liederkranz Pfiffigheim. H.: Lesen, Kochen.

Göbel Burckhard *)

Göbel Cornelia *)

Göbel Dieter Carl Dr. *)

Göbel Erhard

B.: Gschf. FN.: Wohnungsgen. Südwestfalen eG. GT.: Gschf. b. d. Eisenbahner Wohnungs GmbH Siegen, Mtgl. im GemR. Erndtebrück. DA.: 57076 Siegen, Weidenauer Str. 214. PA.: 57339 Erndtebrück, Nordstr. 4. goebel.wgs,swf@t-online.de. G.: Erndtebrück, 7. Sep. 1954. V.: Susanne, geb. Keil. S.: 1970 Mittlere Reife Erndtebrück, 1970-73 Bundesbahnass. in Erndtebrück, 1973-76 nichttechn. Bundesbahnang. in anderen Bereichen, 1975-77 Wehrdienst b. d. Bundesmarine Glückstadt u. Kiel. K.: 1977-92 Fahrdienstltr. d. Bundesbahn Erndtebrück, 1992 Insp., Siegen, 1992-94 freigestelltes PersonalR.-Mtgl. im Bhf. Kreuztal, 1994-97 freigestelltes BetriebsR.-Mtgl. b. d. Ndlg. Siegen, 1997-99 freigestelltes BetriebsR.-Mtgl. b. Betriebsstandort d. Bundesbahn in Hagen u. Mtgl. d.

*) Biographie www.whoiswho-verlag.ch oder beigefügte CD-ROM

Göbel

GesamtbetriebsR., seit 2000 Vorst.-Vors./Gschf. d. WGS. BL.: Vors. d. Bahnsozialwerkes d. Ortsstelle Kreuztal, 2. Bev. d. Gewerkschaftler d. Eisenbahner in Deutschland in Siegen, sowie d. DGB-Kreisvorst. F.: Wohnungsges. d. Eisenbahner GmbH Siegen, DESWOS Unternehmen für Planung und Unterstützung v. Bauprojekten in d. Dritten Welt. P.: regelmäßige Veröff. in d. Verb.-Zeitschriften der Wohnungswirtschaft, aktuelle Imagebroschüren begleitet durch Internet Auftritte. M.: Sauerländ. Gebirgsver. Erndtebrück als Vorst., Vors. d. Bahnlandwirtschaft im Bez. Siegen, seit 1996 Vorst.-Mtgl. d. SPD Ortsver. Erndtebrück. H.: Fußballspielen, Lesen, Wandern, Reisen.

Göbel F.-A. Dr. med.
B.: FA f. Chir. u. Unfallchir. DA.: 65185 Wiesbaden, Friedrichstr. 14. G.: Wiesbaden, 31. Juli 1958. V.: Partnerin Dr. Busch. El.: Dr. Hans Ferdinand u. Margot Bertha Maria, geb. Dieterlen. S.: 1977 Abitur, 1977-78 Bundeswehr, 1978-79 Sprachstudl. Franz., 1979-85 Stud. Med. Univ. Mainz, Prom. K.: 1985-90 FA-Ausbild. f. Chir. in Mainz, 1990-93 Ausbild. FA f. Unfallchir. am Städt KH Dr. Schmitt Kliniken, 1994-94 FA im KH Nordwest, seit 1994 ndlg. Chirurg in Wiesbaden, 1997 Grdg. d. Inst. z. Therapie degenerativer Gelenkserkrankungen u. Sportverletzungen. M.: seit 1997 ESSKe-Knee-Surgery-Sports-Traumatology Arthroscopy in Stockholm, seit 1998 Grdg.-Mtgl. d. Dt. Ges. f. Knorpel- u. Knochentransplantation, Judoclub Wiesbaden - seit 1968 in d. Juniormannschaft - mehrmaliger Dt. HS-Meister, seit 1992 Abt.-Ltr. u. Vorst. d. Wi Judoclub, seit 1987 Dt. Ges. f. Chir. München, seit 1980 Tennisclub Biebrich Grün Weiß, seit 1983 Dt. Alpenver. H.: Dart, Tennis, Joggen, Fußball, Judo.

Göbel Gerhard R. Dipl.-Ing. (FH)

B.: virtuoser Maler, Bildhauer, Schriftsteller, freischaff. Künstler. DA.: 97422 Schweinfurt, Konrad-Adenauer-Str. 14. G.: Schweinfurt, 25. Jan. 1954. Ki.: László-Árpád (1999). El.: Franz u. Walburga, geb. Schmittfull. S.: Stud. Maschinenbau an der FH Würzburg-Schweinfurt, 1982 Dipl.-Ing. (FH). K.: seit 1982 in Firma Mannesmann-Sachs AG, seit 1999 Tätigkeit PC-Installation f. d. Mannesmann-Konzern Deutschland; bereits in jungen Jahren als Maler tätig, Fotograf, Tätigkeit als Grafiker, Ölmalerei, Autodidakt. Ausbild. in : 1977 Selbststud. Impressionismus, 1978 Selbststud. Expressionismus, 1986 Surrealismus, 1988 Selbststud. v. Egon Schiele, 1992 Selbststud. d. Informellen. P.: "Reinkarnation" (1993), "Stadtmenschen" (1994), "Inkarnation" (1995), "Körperlandschaften" (1996), "Ursprüngl. Landschaften" (1989-91 Kinderbuch "Phantasien aus 2001 Nacht" (I., II, u. III. Teil), Ausstellungen: 1979 Gemäldeausstellung in d. Galerie "Moderna" in Bad Kissingen, 1987 Einzelausstellung in d. Galerie "Vindobona" in Bad Kissingen, 1992 Einzelausstellung in d. Galerie "Integrate" in München, 1993 Einzelausstellung in d. Galerie "am Maxplatz" in Bamberg, 1995 Einzelausstellung in Frankfurt, Dichterlesungen, polit. Wahlansprache, Publikumsdiskussionen. M.: Wirtschaftsjunioren IHK Würzburg-Schweinfurt. H.: Lesen (Phil.), klass., mod. u. meditative Musik.

Göbel Gundolf Dipl.-Ing. *)

Göbel Hans-Hermann *)

Göbel Heidrun *)

Göbel Heini *)

Göbel Helga

B.: Steuerberater, vereid. Buchprüfer. DA.: 64291 Darmstadt, Ohlenbergweg 19. G.: Lützelwiebelsbach, 28. Apr. 1953. V.: Ing. Karlheinz Göbel. Ki.: Matthias (1994). El.: Philipp u. Anna Daum, geb. Mißback. S.: 1967-70 Kfm. Lehre, Abschluß, 1977 staatl. geprüfter Betriebswirt. K.: 1977-86 Tätigkeit b. einer Wirtschaftsprüf.-Gesellschaft in Frankfurt, 1979 Bilanzbuchhalterprüf., 1981 Prüf. z. Steuerbev., 1987 Steuerberaterprüf., 1987-88 Tätigkeit bei e. Steuerberatungsges., 1988-94 in leitender Position bei einem Spezialkreditinst. tätig (Prok./Abt.Dir), 1989 Prüf. z. vereid. Buchprüfer, seit 1995 eigene Steuerberater- u. Buchprüferkzl. in Darmstadt-Wixhausen. H.: klass. Musik, Garten, Familie.

Göbel Helmut *)

Göbel Horst
B.: freischaff. Pianist, Vorst. FN.: Gotthard-Schierse-Stiftung. DA.: 14193 Berlin, Reuterpfad 6-8. G.: Berlin, 3. Okt. 1923. V.: Liu Xiao Ming. S.: Stud. an d. Musik-HS Berlin, London u. Padua. K.: Pianist auf versch. Gebieten, als Solist spielte er im In- u. Ausland m. wichtigen Orchestern, mehrfach m. d. Berliner Philharmonikern, d. Radio-Symphonie-Orchestern in Berlin, Wien u. Zürich, Wiener Philharmonikern in Wien u. b. d. Salzburger Festspielen, 1991 Debut in d. Symphony Hall in Osaka, m. Herbert v. Karajan spielte er häufig as 2 Cembali, darunter 3 Bach-Abende in d. New Yorker Carnegie Hall, 1973 Auftrag z. Grdg. d. Kammermusikkl. an d. Orchester-Ak. d. BPhO, dessen Pianist er über 25 J. war, als Kammermusiker - v. allem m. seinem Klaviertrio (Göbel-Trio Berlin) - ist er in vielen wichtigen Musikzentren d. Welt aufgetreten, darunter in London (Wigmore Hall, Royal Festival Hall), Washington (Library of Congres), Stockholm (Berwald-Hallen), Tokio (NHK m. Beethovens Tripelkonzert) u. Salzburg (Gr. Festspielhaus), im Auftrag d. Stadt Berlin spielte er z. 200-J.-Feier in Los Angeles, m. Werken aus d. Zwanziger J. eröffnete er 1977 d. Europarat-Ausstellung in Berlin sowie 1981- m. Kompositionen d. Prinzen Louis Ferdinand - d. Preußen-Ausstellung, 1992 China-Tournee im Auftrag d. Auswärtigen Amtes, zahlr. Produktionen f. Radiostationen, viele Schallplatten eingespielt, seit 1987 Hrsg. u. Produzent, z. 750-J.-Feier d. Stadt Berlin d. Edition "Musik zwischen d. Kriegen", d. gesamte Kammermusikwerk v. Josef Rheinberger, d. Klavier-Kammermusik v. Hermann Goetz, sämtl. Kompositionen d. Prinzen Louis Ferdinand sowie d. Gesamtwerk f. Klavier v. Boris Blacher, 1988-93 Ltr. d. Studio Neue Musik Berlin. BL.: 1972 Beginn d. Arb. f. d. Gotthard-Schierse-Stiftung (Gemeinnützige Stiftung zur Förderung junger Musiker/innen), 1975-2000 Vors. d. Kuratoriums d. Stiftung (in d. Zeit etwa 365 Förderkonzerte in Berlin für 720 Instrumentali-

*) Biographie www.whoiswho-verlag.ch oder beigefügte CD-ROM

sten u. Sänger), seit 2001 Stiftungsvorstand. E.: 1986 VK am Bande um d. Berliner Musikleben, 1995 Josef-Rheinberger-Kulturpreis in Vaduz/Liechtenstein.

Göbel Ingrid *)

Göbel Jürgen E.

B.: Kfm., Gschf. FN.: Lemförder Metallwaren Intern. GmbH. DA.: 28279 Bremen, Borgward 16. G.: Bremen, 2. Apr. 1936. V.: Gerda, geb. Otremba. Ki.: Ralf (1962), Jens (1963), Thomas (1969). El.: Eduard u. Herta, geb. Isler. S.: 1953 Mittlere Reife Bremen, 1953-56 Kfm. Ausbild. K.: kfm. Sachbearb. Import/Exportfirma in Bremen, 1964 Lemförder Metallwaren Intern. GmbH als Exportltr. b. 1976, 1976-99 Gschf., Aufbau v. Ndlg. England, USA, Japan, Spanien.

H.: Golf, Tennis.

Göbel Katja

B.: Galeristin, Malerin, Schriftstellerin, Inh. FN.: Galerie am Herzberg. DA.: 31224 Peine, Kastanienallee 26. Katja.Goebel @t-online.de. G.: Ostpreußen, 6. Juni 1938. V.: Dieter Göbel. S.: Ausbild. Handwerksberuf, Meisterprüf. K.: Berufsschullehrerin, Stud. Kunstschule f. Bild. Künste in Braunschweig, danach freiberufl. Künstlerin, 1980 Eröff. d. Galerie, seit 1990 Doz. f. Literatur an d. VHS Peine. P.: Haiku, Kurzprosa, Satire, Lyrik, Kurzgeschichte: Das Familienportrait, Präsentation im Nat. Fachlexikon Kürschners Dt. Literaturkalender (1998), Lesungen u. Ausstellungen in Wiesbaden, Peine, Lehrte, Braunschweig, Bad Harzburg, Schöningen, Gifhorn, Hohenhameln u. St. Andreasberg (seit 1980), Workshops. E.: Preis f. Veröff. in Anthrologie u. Kurzprosa-Fouque Verlag, Ausz. f. Braunschweigische Landschaft, Finalistin d. IX. Literaturwettbewerbes m. Kurzgeschichte - 9. Pl. v. 535 Einsendungen. M.: Bund Bild. Künstlerinnen u. Künstler e.V. Hannover, VS - Verb. Dt. Schriftsteller in Niedersachsen u. Bremen e.V., Hannoverscher Künstlerver. e.V., Gedok Rhein-Main-Taunus Wiesbaden. H.: Garten.

Göbel Klaus Bernhard *)

Göbel Michael Dipl.-Ökonom *)

Göbel Rainer

B.: Unternehmer. FN.: Göbel + Partner GmbH. DA.: u. PA.: 76199 Karlsruhe, Am Rüppurrer Schloß 5. goebelpartner @ t-online.de. G.: Freital, 4. Feb. 1943. Ki.: Constanze (1963), Jochen (1972). S.: 1957-60 Höhere Handelsschule Aalen, 1960-63 Kfm. Ausbild. Aalen. K.: 1963-70 Kaufm. Ang. in Aalen, 1970-75 kaufm. Ang. in Karlsruhe, ab 1975 selbst. m. Göbel + Partner GmbH.

Göbel Rüdiger Gotthard Dr. Prof.

B.: Prof. f. Math. FN.: Univ. Essen. DA.: 45117 Essen, Universitätsstraße 3. PA.: 45257 Essen, Schliepershang 13. R. Goebel@Uni-Essen.De. G.: Fürstenwalde/Spree, 27. Dez. 1940. V.: Dr. Heidi, geb. Drexler. Ki.: Ines Dorothea. El.: Gotthard u. Ruth. S.: 1948-58 Grund-Oberschule Erkner b. Berlin, 1958-61 Gymn. in Schlüchtern (Hessen), Abitur, 1961-67 Stud. Math., Physik Univ. Frankfurt, 1966 Dipl. Math., 1967 Prom. b. Prof. Dr. mult. Reinhold Baer. K.: 1967-73 wiss. Ass. am Physik. Inst. d. Univ. Würzburg, 1969-71 (beurlaubt) visit. Prof. Department of Physics Univ. of Texas at Austin USA, 1974 Habil. in Math., Physik, Priv.Doz. Univ. Würzburg, 1974 Forsch.Aufenthalte London, Oxford, seit 1974 Prof. f. Math. Univ. Essen, 1977-78 Prof. Univ. Dortmund, 1982 visit. Prof. New Mexico State Univ. Las Cruces USA, 1983-84, 1986 visit. Prof. am Inst. of Math. Hebrew. Univ. Jerusalem Israel, 1988, 1993 visit. Prof. Baylor Univ. Waco, Texas, 1993 van Vleck-Prof. an d. Wesleyan Univ. Midletown, Connecticut, USA seit 1978-83 u. 1985 Forsch.Projekte b. Land NRW, 1986-84 u. 1988-92 Forsch.Projekt b. d. Dt. Forsch.Gem. DFG, 3-Jahres Forschungsproj. mit German-Israeli Foundation, gemeinsam mit S. Shelah, Uni Jerusalem 1995-2002, Chairman and Vice-chairman of two Euresco-conferenc at Hattingen on "Algebra and Discrete mathematics" (1999, 2001), "Euresco-Conferences" d. "European Mathematical Foundation". P.: über 150 Publ. in Math.- u. Physik. Zeitschriften zu Themengebieten: Algebra, Relativitätstheorie, Hrsg. v. 10 Tagungsbänden intern. Tagungen über "Modultheorie", "Abelsche Gruppen". E.: 1983 Preis d. Minerva-Stiftung. M.: American Math. Soc., Dt. Math. Ver. DMV. H.: Tennis, Schi.

Göbel Saida Birgit Mag.

B.: Kunstwissenschaftlerin, Lehrerin f. Kreativen u. Oriental. Tanz, Ltr. FN.: Orientalisches Tanzstudio Saida. DA.: 34117 Kassel, Kurfürstenstr. 10. PA.: 34117 Kassel, Karthäuser Str. 3c. orient.saida@ t-online.de. G.: Kassel, 24. Apr. 1958. El.: Erich u. Aurelia Göbel. S.: 2. Bildungsweg, 1986 Abitur in d. Abendschule in Kassel, 1993 Mag. d. Kunstwiss. in Kassel. K.: seit 1986 orientalische Tanzausbildung b. namhaften Lehrerinnen, seit 1989 Unterrichtstätigkeit f. orientalischen Tanz f. öffentliche Einrichtungen u.a. LSB u. Ltg. eigener Tanzgruppen in Kassel u. d. Region, Mitwirkung u.a. b. zahlr. intern. Veranstaltungen z.B. b. d. Intern. Fachmesse f. Orientalischen Tanz d. "Orienta" (1996, 97, 98 u. 99), 1997 Ausbildung z. Übungsleiterin f. Freizeit- u. Breitensport f. Kinder u. Jugendliche b. LSB Hessen, seit 1997 Ltg. eines eigenen orientalischen Tanzstudios in Kassel, Einfluss aus d. Kreativen Tanz, Ausdruckstanz, Tanztheater haben ihren außergewöhnlichen Orient. Tanz u. Unterrichtsstil entsprechend bereichert. BL.: Etablierung d. Orientalischen Tanzes entscheidend vorangetrieben in d. Nordhessischen Region durch Veranstaltungen v. Tanz-Shows u. Tanz-Workshops m. intern. bekannten Gastdozentinnen. P.: Beiträge z. orientalischen Tanz in d. Presse u.a. in d. HNA (1998 u. 2001), mehrfache Berichterstatung (Interviews) im Bürger-Fernsehen "Offener Kanal" in Kassel (1995 u. 1998). H.: Standard- u. Lateintanzen, Spaziergänge, Reisen, Kinofilme, Ausstellungen u. vieles mehr.

Göbel Siegfried *)

*) Biographie www.whoiswho-verlag.ch oder beigefügte CD-ROM

Göbel

Göbel Sigrun Dipl.-Psych.
B.: Dipl.-Biologin, Inh. FN.: Original Organ.-Beratung & Personalentwicklung. DA.: 35394 Gießen, Rehschneise 12. original@t-online.de. www.home.t-online.de/home/original. G.: Wetzlar, 27. Sep. 1960. S.: 1979 Abitur Wetzlar, 1979-86 Stud. Biologie Univ. Gießen, Abschluss Dipl.-Biologin, 1986-89 Naturschutz-Zentrum Hessen, Wetzlar als Ltr. d. Pilotprojektes "Umweltberatung f. Kommunen u. Endverbraucher", 1990-95 Stud. Psych. Univ. Gießen, Abschluss: Dipl.-Psych. K.: ab 1990 Kommunikationstrainerin in selbst. Tätigkeit, ab 1992 bundesweit tätig, 1993 Grdg. d. Original Organ.-Beratung & Personalentwicklung, freie Mitarb. b. Trainingsunternehmen in Frankfurt, Fortbild. in Gesprächsführung b. d. Ges. f. wiss. Gesprächsführung GwG, Fortbild. in psychoanalyt. Psychotherapie am Inst. f. Psychoanalyse u. Psychotherapie Gießen, Fortbild. z. Qualitätsmanagementfachkraft b. d. TÜV-Ak., 1996-98 Ausbild. am Inst. f. Systemische Beratung Wiesloch, 2002 Grdg. d. G.A.P. - Outdoortrainings f. Manager m. Partnern. BL.: 1985-92 ehrenamtl. Ltg. u. Trainerin eines Weiterbild.-Ver. Gießen, 1982-90 ehrenamtl. Tätigkeit im Wiss.-Laden, Ver. f. Beratung u. Forsch. Gießen als Biologin. P.: Beiträge in Bücher z.B. 1998 "Erfolgreiche Unternehmensgründer - Psycholog. Analysen u. prakt. Anleitung f. Unternehmer in Ost- u. Westdeutschland", Veröff. in Fachzeitschriften. M.: Bund Dt. Psychologen. H.: Saxophon spielen in einer Jazzband, Mountainbike - Alpenüberquerung u. v. Atlantik. M.: Mittelmeer, Badminton, Klettern (Hochtourenklettern).

Göbel Silvia *)

Göbel Sven *)

Göbel Ulf Dr. med. Dr. rer. nat. Univ.-Prof.
B.: Inst.-Dir. FN.: Med. Fak. (Charité) d. Humboldt-Univ. zu Berlin; Inst. f. Mikrobiologie u. Hygiene. DA.: 10117 Berlin, Dorotheenstr. 96. ulf.goebel@charite.de. G.: Koblenz, 11. Okt. 1948. V.: Dr. med. Sabine, geb. Gutberlet. Ki.: Maximilian (1993), Anne-Sophie (1996). El.: Franz u. Margarete. S.: 1968 Abitur, 1968-75 Stud. Biologie u. Hum.-Med. Mainz, 1972-75 Stipendiat d. Studienstiftung d. dt. Volkes, 1976 Prom. Dr. med., 1983 Prom. Dr. rer. nat., 1989 Habil. K.: 1977 Approb. Hum.-Med., 1977-79 Stabsarzt Koblenz, 1979-82 wiss. Ang. Zentrum f. Hygiene, Univ. Freiburg, 1984-89 Ass. Univ. Freiburg, 1990-93 OA Inst. f. Med. Mikrobiologie u. Hygiene Univ. Freiburg u. OAss., 1993 Ernennung z. Univ.-Prof. u. Ltr. d. Inst. d. Charite. E.: 1982 Fellowship Matsumae Intern. Found. Japan, 1982-84 Stipendiat Dt. Forsch.-Gemeinschaft Univ. of California, 1986 Förderpreis d. Dt. Ges. f. Hygiene u. Mikrobiologie, 1995 Körberpreis f. d. Europ. Wiss., 1995 Pettenkofer-Preis, Vors. Neuer Berliner Kunstverein. M.: ASM, Schweizer Ges. Mikrobiologie, Soc. Gen. Microbiology, Dt. Ges. Mikrobiologie u. Hygiene, Intern. Organ. Mycoplasmol., Dt. Ges. Parodont., Euro Soc. Clin. Microbiol. Infect. Dis. H.: zeitgen. Kunst, Theater, Musik.

Göbel Uwe Dr. h.c. *)

Göbel Werner *)

Göbel Wilfried *)

Göbel Wolfgang Dr. *)

Göbel Wolfgang *)

Göbel Wolfgang
B.: RA. DA.: 10179 Berlin, Legiendamm 6. G.: Naumburg/Saale, 17. März 1964. El.: Dr. Dietrich Göbel u. Dr. Waltraud Postel. S.: 1983 Abitur Karlsruhe, 1983-84 Zivildienst in

christl. Seemannsheim in Hamburg, 1984 versch. Tätigkeiten u. gr. Asienreise, 1986-88 Stud. Romanistik u. Ethnologie an d. FU Berlin, 1988-93 Stud. Rechtswiss. an d. FU Berlin, 1993 1. Staatsexamen, Referendariat in Sachsen-Anhalt, 1995 2. Staatsexamen. K.: 1995-96 ang. RA b. RA Uwe Peters in Berlin, Zivilrecht, seit 1996 eigene Kzl., Zivilrecht, Tätigkeitsschwerpunkt: Familienrecht, Erbrecht. M.: Berliner Anw.-Ver., Arge Familien- u. Erbrecht u. AG Vers.-Recht. H.: Literatur, Sachbücher, Phil., Schachspielen, Reisen weltweit.

Göbell Walter *)

Gober Hans-J. Dr.-Ing. Prof. *)

Göbertshahn Rudolf Dr.-Ing. *)

Göcer Arif Serhart

B.: Kfm., Inh. FN.: Göcer Immobilien. DA.: 44787 Bochum, Gr. Beckstr. 27. mail@goecer.immo.de. G.: Ankara, 25. Juni 1962. V.: Günay. Ki.: Gizem (1986), Ozam (1996). El.: Salih u. Elfriede. S.: 1974-80 türk. Internat Deutschland, Univ.-Reife, 1980-82 Gymn. Bochum, 1982-84 Stud. FHS Bochum. K.: 1984-87 Musiker f. türk. Popmusik, 1987-89 tätig in d. Ind. u. Qualifizierung z. Zerspanungstechniker, 1989-90 tätig in d. Firma Siemens u. b. 1993 in d. Firma Krupp, 1993 Grdg. d. Immobilienunternehmens spez. f. Renovierung u. Hdl. m. Immobilien. H.: Musik, Instrumentenbau.

Goch Gert Prof. Dr. Ing. *)

Gocht Gotthard *)

Göcke Angelika
B.: examinierte Stomatologische Schwester, Kosmetikmeisterin, selbständig. FN.: Kosmetik - Nagel- u. Sonnenstudio. DA.: 09405 Gornau, Straße der Nationen 41. PA.: 09405 Gornau, Alte Chemnitzer Str. 22. G.: Osterwieck/Harz, 6. Nov. 1945. V.: Dipl.-Sportlehrer Wilfried Göcke. Ki.: Peggy (1966). El.: Wilhelm Bartel u. Maria, geb. Roßmüller. S.: 1961-63 Ausbildung z. Sprechstundenhilfe b. einem Zahnarzt, 1967-72 Abendstudium z. Stomatologischen Schwester, 1972 Staatsexamen, 1973-75 Ausbildung z. Kosmetikerin, 1977-79 Meisterstudium z. Kosmetikmeisterin. K.: 1963-65 Sprechstundenhilfe in Zahnarztpraxis in Osterwieck, 1965-72 tätig als stomatologische Schwester, seit 1973 selbständig als Kosmetikerin in Karl-Marx-Stadt, seit 1986 Inh. d. Kosmetik-Nagel- u. Sonnenstudio in d. Zöllnerstraße, 1991 Umzug in d. Straße der Nationen im Chemnitz, 1994 Grdg. d. Body-Wäsche-Exclusiv Geschäftes, 2000 m. Eröff. d. Galerie "Roter Turm" Grdg. u. Eröff. d. Geschäftes "O'lala Wäsche de luxe" mit Nebengeschäften in der Carolastraße, sowie in d. ACC-Einkaufspassage. H.: Lesen (Romane d. Gegenwartsliteratur), Theater u. Kunst.

Gockel Burkhard Dr. med. *)

Gockel Rainer Heinrich Dipl.-Ing. *)

Göckeler Gerd-Josef *)

Gockell Gerd *)

Gockenbach Ernst Dr. Ing. Prof.
B.: Ltr. FN.: Schering-Ist. f. Hochspannungstechnik d. Univ. Hannover. DA.: 30167 Hannover, Callinstr. 25 A. G.: Bad Kreuznach, 25. Nov. 1946. V.: Gertrud, geb. Partenheimer. Ki.: Stefan (1977), Andreas (1980). S.: 1966 Abitur, b.1968 Bundeswehr, Stud. Elektrotechnik TH Darmstadt, 1974 Dipl.-Ing., 1974-79 wiss. Mitarb. u. Prom. TH Darmstadt. K.: tätig in d. Firma Siemens im Schaltwerk Berlin, später Sachbearb. u. Ltr. d. Freiluftversuchsfeld, 1982-90 Chefing. f. Hochspannungsprüf.- u. Meßgeräte in d. Firma Emil Haefely AG in d. Schweiz, seit 1990 Ltr. d. Schering-Inst. f. Hochspannungstechnik d. Univ. Hannover. P.: wiss. Veröff. in Fachzeitschriften. M.: VDE, IEEE-Fellow, CIGRE. H.: Sport, Tanzen.

Göckmann Klaus Dr.
B.: ehem. Vorst.-Mtgl. FN.: Metallgesellschaft AG. G.: Düsseldorf, 24. März 1942. S.: Stud. Hütten- u. Gießereikunde TH Aachen, 1974 Prom. z. Dr.-Ing. K.: 1975 techn. Sekr. Chemie b. Metallges. AG, 1980-81 Ltr. Zentralabt. Planung u. Betriebswirtschaft, 1981-84 Ltr. d. Ölhandelsabt., später Sonderbereich Energierohstoffe, 1984-87 Ltg. d. Metallhandels, 1987 Vice President d. Bergbauges. Cominco Ltd. Vancouver/Kanada, 1990-93 Vorst.-vors. d. Norddeutschen Affinerie AG Hamburg, 1993-98 Vors.-Mtgl. d. Metallges. AG.

Goddar Heinz Dr.
B.: Dt. u. Europ. Patentanw. FN.: Boehmert & Boehmert. DA.: 28071 Bremen, Hollerallee 32; 80336 München, Pettenkoferstr. 20-22. G.: Mönchengladbach, 23. Juli 1939. Ki.: 1 Tochter. S.: Abitur, Stud. Physik u. Jura Tübingen u. Mainz, 1965 Abschluß Dipl.-Phys., 1968 Prom. Dr. rer. nat. K.: wiss. Ass. Univ. Mainz, Ausbild. z. Patentanw. Düsseldorf u. Bremen, seit 1979 Patentanw., b. 1978 in Bremer Kzl., jetzt Schwerpunkt in München, seit 1978 auch Partner v. Forrester & Boehmert m. Büros in München, Berlin, Bremen, Düsseldorf, Frankfurt a. M., London u. Birmingham. P.: "Untersuchungen z. Struktur d. fehlgeordneten Bereiche in versch. Polyäthylen u. in Polyäthylen-Einkristallen". M.: Patentanw.-Kam. München, Dt. Patentanw.-Ver. Köln, GRUR Köln, LES, Präs. d. Jahres 2000 von LES International. H.: Golf, Schifahren, Segeln.

Godde Sabine *)

Gödde Jürgen Dr. *)

Gödde Jürgen Paul Josef Dipl.-Ing. *)

Göddecke Hartmut *)

Gode Lutz *)

Gode-Troch Gisela *)

Gödecke-Hofmann Elke
B.: Gschf. FN.: Hannoversche Sportjugend im Stadtsportbund Hannover e.V. DA.: 30169 Hannover, Maschstr. 24. G.: Hannover, 8. Apr. 1954. V.: Herbert Hofmann. El.: Hans-Joachim u. Ingeburg Gödecke, geb. Wittrock. S.: ab 1970 Ausbild. in d. gehobene Beamtenlaufbahn b. d. Bez.-Reg. K.: seit 1977 b. d. Hannoverschen Sportjugend, Jugendsakr. u. ehrenamtl. Betreuerin f. in- u. ausländ. Freizeiten, seit 1982 Gschf., Jugendltr.-Ausbild. u. -betreuung, Fortbild. f. ehrenamtl. Mit-

arb., Projekte: Sportparkfest, Teilnahme am Drachenbootrennen, verschiedene Veranstaltungen, gemeinsam m. TELEDATA Nexus GmbH Kindern aus Tschernobyl d. Deutschlandaufenthalt ermöglicht, Pfingstfestzeltlager, Intern. Jugendbegegnungen, 1987 Grdg. d. Firma Hofmann Motorsport gemeinsam m. Eheman Herbert. BL.: Tourenwagensport, Formel Sport (Formel König, Formel 3, Formel Renault) m. eigenem Team, Erfolge: Meistertitel/Doppelsiege auf div. Rennstrecken wie Nürnburgring, Hockenheim, Oschersleben, Sachsenring, Lausitzring, Zolder/Belgien, Zandfoort/NL, Macau u. Korea. P.: Veröff. in d. Tagespresse u. Fachzeitschriften. M.: Förderver. Otterndorf, Sportver. H.: Motorsport.

Godecki Stefan Dipl.-Ing.

B.: Architekt AKNW, Gschf. FN.: Waskönig GmbH Messebau Intern. Konzeption u. Produktion. DA.: 45309 Essen, Bonifaciusring 24. stefan.godecki@waskoenig.com. www.waskoenig.com. G.: Katowice, 27. Mai 1956. V.: Eva, geb. Marciniak. Ki.: Bartosz (1981), Victoria (1992). El.: Maschinenbauing. Stanislaw u. Dr. med. Locyna. S.: 1975 Abitur in Katowice, 1975-76 Praktikum in einem Planungsbüro Katowice, 1976-82 Stud. Arch. Gliwice TH b. Architekt Wright. K.: 1982-84 Tätigkeit in einem Planungsbüro in Katowice, 1984-85 Auswanderung in d. BRD, 1985 Eintritt in d. Firma Waskönig, zuerst als Bauzeichner, 1986-91 Projektltr., 1991-95 Prok., seit 1995 Ernennung z. Gschf. F.: 60%ige Beteiligung Tochterfirma v. Waskönig GmbH in Weißenfels. E.: 2000 Dt. Preis f. Kommunikationsdesign Designerzentrum NRW. M.: AKNW, Fachverb. Messe u. Ausstellungen. H.: Kunst, Design, Malerei.

Godefroot Walter
B.: sportl. Ltr. FN.: c/o Team Dt. Telekom. DA.: 53105 Bonn, Postfach 2000. G.: Gent (Belgien), 2. Juli 1943. K.: 1965-92 150 Siege als Profi, b. d. Rennställen Ijsboerke, Capri Sonne, Lotto Weinmann, seit 1992 als sportl. Leiter b. Team Dt. Telekom.

Godel Erika Dr.
B.: Superintendentin d. Ev. Kirche Kirchenkreis Wedding a.D. PA.: 14052 Berlin, Olympische Str. 10. G.: Eschwege, 21. Sep. 1948. V.: Dr. Rainer Godel. Ki.: Jona Kaspar (1977), Moritz (1978), Benjamin (1981). El.: Walter u. Friedel Wolthusen, geb. Eisenträger. S.: 1968 Abitur, 1968-73 Theol.-Stud. Marburg u. Berlin, 1973-76 Vikariat Berlin u. Genf, 1990 Prom. K.: 1976-77 Pfarrerin Dt. Ev. Kirchentag, 1977-81 Seelsorgerin im Frauengefängnis Lehrter Straße, 1981-86 Untersuchungsgefängnis Moabit, 1989-2001 Superintendentin. M.: EAiD. (Re)

Gödert Peter *)

Godhoff Michael *)

---
*) Biographie www.whoiswho-verlag.ch oder beigefügte CD-ROM

Gödicke

Gödicke Steffen Fritz

B.: Dipl.-Sportlehrer, Landestrainer f. Kunstturnen d. Frauen. FN.: Landessportbund Berlin. DA.: 14053 Berlin, Jesse-Owens-Allee 2. stgoedicke@addcom.de. G.: Berlin, 15. Okt. 1954. V.: Karin, geb. Schult. KI.: Robert (1979), Anja (1981). El.: Fritz u. Gerda. BV.: Vater Fußballnationaltrainer in d. DDR. S.: 1965 -74 Kinder- u. Jugendsportschule Berlin, 1974 Abitur, 1975-79 Stud. DHfK Leipzig u. Spezialausbildung Geräteturnen, 1986 Weiterbildung DHfK, 1990-2000 Weiterbildung Dt. Turnerbund u. A-Trainer Linzenz. K.: 1974-75 Sekr. d. Organ. u. Übungsleiter im Trainingszentrum d. SG Dynamo Hohenschönhausen, 1979-90 Trainer d. SC Dynamo Berlin Frauen, 1986-88 Auswahltrainer d. Junioren Nationalmannschaft d. DDR, 1990-2000 ltd. Bundestrainer d. Dt. Turnerbundes in Berlin, 1997-99 ltd. Bundestrainer d. Dt. Nationalmannschaft, seit 2001 Landestrainer in Berlin; Trainererfolge: Teilnehmer bei WM, EM u. intern. Wettkämpfe, Platzierungen d. Mannschaft auf vorderen Plätzen, seit 1990 "Bundesstützpunkt" immer 1. u. 2. Plätze bundesweit. u.a.m. E.: Spartakiadesieger am Reck. M.: Lenkungsstab Kunstturnen f. Frauen (1992-2000), Präsidium d. SC Berlin (1992-1994) u. seit 1990 Vorst. d. Abt. Turnen. H.: Radfahren, PC.

Godler Franc Dipl.-Ing.

B.: Unternehmer, Inh. FN.: Ing.-Büro F. Godler. DA.: 01968 Senftenberg, Großenhainer Str. 19. G.: Slowenien, 26. März 1952. V.: Sylvia, geb. Pannhausen. Ki.: Marc (1985), Falk (1987). El.: Franz u. Maria. S.: 1968-71 Lehre Radio- u. Fernsehtechniker m. Spez.-Ausbild. Radar u. Funktechnik, 1974 FH-Reife, 1974-75 Stud. d. Elektrotechnik, 1975-81 Stud. d. Nachrichtentechnik Berlin, 1981-85 Dr.-Arb. u. Lehrgänge f. Fernsehtechnik u. Entwicklung elektrotechn. Meßgeräte f. Ind. K.: 1985 selbst. m. Ing.-Büro f. Entwicklung elektron. Meßgeräte f. d. Grundlagenforsch. u. f. d. Ind. in Berlin, seit 1993 selbst. in Senftenberg m. Schwerpunkt Projektions- u. Rückprojektionssysteme f. Computer, Video- u. Fernsehbilder. BL.: 5 Patente, Entwicklung v. Füllstandsreglern an Zementmühlen. F.: Vorst. d. GP Elektronik AG. P.: regelm. Beiträge in Fachzeitschriften. M.: ZAP e.V. Dresden. H.: Technik, Mathematik, Physik, Fachliteratur.

Godo Norbert

B.: Steuerberater. FN.: Steuerkzl. Norbert Godo. DA.: 22301 Hamburg, Dorotheenstr. 82. G.: Hamburg, 3. Okt. 1957. Ki.: Sina (1985), Jana (1990). El.: Heinz-Günther u. Lieselotte, geb. Lacher. S.: 1976 Mittlere Reife Hamburg, 1976-78 Ausbild. z. Steuerfachang. K.: 1978-83 weiterhin in d. Ausbild. Kzl. tätig, 1993 Steuerberaterexamen u. Bestellung als Steuerberater, Eröff. d. eigenen Kzl. in Hamburg, parallel dazu b. 1999 Gschf. einer Hamburger Steuerkzl. P.: Fachaufsätze f. eine Familienzeitschrift. M.: Steuerberaterkam. u. Steuerberaterverb. Hamburg. H.: Kino, Lesen, Kartenspiele, Squash.

Godoff Matthias

B.: Unternehmer, Inh. FN.: Godoff Design. GT.: raumbildender Ausbau / Arbeitsplatzgestaltung Büromöbel Design Studio. DA.: 20144 Hamburg, Isestraße 13. godoff@godoff.de. www.godoff.de. G.: Hamburg, 22. Nov. 1958. V.: Gyrith, geb. Schilling. Ki.: Maxim (1991). S.: 1978 Abitur, 1978-81 Zivildienst, 1982-86 Stud. Visuelle Kommunikation u. Ind.-Design an d. HS f. Bild. Künste. K.: ab 1986 Gründung Planungsbüro u. Designbüro. H.: Photoreading, Oldtimer.

Godorr Reiner Dipl.-Ing. *)

Godow Heiko

B.: Gschf. FN.: AKA Pflegedienst GmbH. DA.: 23701 Eutin, Plöner Str. 30. aka-pflegdienst@t-online.de. www.aka.pflegedienst.de. G.: Eutin, 8. Feb. 1968. V.: Margitta, geb. Holzner. Ki.: Cedric-Lennard (1996), Lauritz-Flemming (1998). El.: Gert u. Irene. S.: 1985 Ausbild. Rettungssanitäter Rettungsdienstschule Bellin, 1986-89 Ausbild. Krankenpfleger KH Eutin, 1989-90 Zivildienst Luftrettungsdienst in Eutin. K.: 1990-92 tätig an d. Univ.-Klinik Hamburg-Eppendorf u. Ausbild. z. Fachkrankenpfleger, 1992-96 Fachkrankenpfleger im Transplanatationszentrum u. im Intensivbereich, 1994 Eröff. d. ambulanten Pflegedienstes in Eutin m. Schwerpunkt häusl. Krankenpflege auch f. Schwerstpflegebedürftige, häusl. Intensivkrankenpflege u. Abbott Ernährungsteam. M.: DRK, Dt. Berufsverb. f. Krankenpflege, Ver. f. Präventivmed., Rettungstaucherstaffel Eutin e.V., Riemann Sportver. e.V., Kiwanis Club Ostholstein. H.: Tauchen, Motorradfahren.

Godulla Sergiusch

B.: Architekt. FN.: Archoffice. DA.: 60313 Frankfurt/Main, Hochstr. 48. PA.: 61476 Kronberg, Kleine Mauerstr. 4. G.: Groß Strehlitz/Polen, 17. Juni 1961. El.: Heinz u. Waltraud. BV.: Karl Godulla, Gründer d. Zinkhütten b. Katowitz. S.: 1981HS-Reife Frankfurt, 1981 Praktikum im Arch.-Büro Zuschlag, Prof. von Perbandt, 1982-89 Arch.-Stud. Kassel, Frankfurt, Salzburg, (Dipl., Meisterkl.). K.: 1982-85 angestellte u. freie Mitarbeit in Arch.-Büros, Entwurf u. Projektleitung, 1995 Grdg. v. "Archoffice" m. Evelyn Jilg-Meiser. "Poesie d. Trostlosigkeit", "Die Faszination d. Imaginären", "Interaktive Architektur", "Keyfacts of Architecture" (1999). E.: 1985 Public-Design-Preis, 1998 Ausz. "Einfam. Häuser - die besten 175 Architekten", Theoretical Arbeiten: "Poesie d. Trostlosigkeit", "Die Faszination des Imaginären", "Interaktive Architektur". H.: Zen, Philosophie, Religion, Karate (3. Dan), Tauchen.

Goebel Alexander

B.: Schauspieler, Sänger. FN.: Theater an der Wien. DA.: 1060 Wien, Linke Wienzeile 6. G.: Lünen, 19. Okt. 1953. S.: Stud. am Reinhardt-Seminar in Wien. K.: Beginn als Rock'n'Roll-Sänger, Theaterrollen in Produktionen v. D. Haspel u. H. Gratzer, Durchbruch als Musicalsänger in "Jesus Christ Superstar", "Evita" u. "Phantom d. Oper" am Theater an der Wien, auch als Sänger u. Entertainer sowie im Rundfunk tätig. P.: "Angel of Music", "Wandering Child", "Ponr". (Re)

Goebel Alfons *)

Goebel Anne *)

Goebel Axel *)

Goebel Bernd Dipl.-Ing.

B.: Tischler, Inh. FN.: Dipl.-Ing. J. Stiehler Bauunternehmen GmbH. DA.: 24635 Schönmoor, Am Wald. stiehler-bau@t-online.de. G.: Hamburg, 19. Aug. 1596. Ki.: Christoph (1992) und Philipp (1994). S.: 1972-75 Tischlerlehre, 1975-76 Berufsaufbauschule, Abschluss: Mittlere Reife, 1978-79 Fachoberschule, 1979-80 Stud. Arch. Univ. Hamburg, 1980-81 Zivildienst, 1981-82 Stud. Arch. u. Abschluss Dipl.-Ing. K.: 1982 -92 b. d. Bundesbahn Post als Bauing., 1994-96 Stadt Norderstedt als Bauing., ab 1996 selbst. in Firma Stiehler. M.: Handwerkskam. H.: Haus renovieren, Familie (Kinder).

Goebel Eugen Dipl.-Ing.
B.: Unternehmensberater. FN.: WPI-Wirtschaftspäd. Inst.; Dr. Walter & Partner Management Consulting GmbH; Goebel & Osterhage. DA.: 30559 Hannover, Tiergartenstr. 7; 63303 Dreieich, Buchweg 28; 30175 Hannover, Kaiserallee 3. wpi @wpi-online.de eugen.goebel@t-online.de. www.wpi-online.de; www.wupnet.com; www.g-und-o.de. G.: Düren, 20. Juli 1946. V.: Booß, geb. Ziegling. Ki.: Karin (1969), Britta (1973), Yvonne (1981). S.: 1962-65 Lehre Ind.-Former, glz. FHS-Reife, Stud. Maschinenbau FHS Konstanz, 1969 Abschluß Dipl.-Ing. K.: b. 1970 Konstrukteur f. Kältetechnik in d. Firma Linde AG in Köln, 1971-75 Normening. d. SKF Kugellagerfbk. GmbH in Schweinfurt u. bei Hamac-Höller GmbH in Bergisch Gladbach, 1976-78 Ltr. d. Normung d. Turbinen- u. Motorenunion GmbH in Friedrichshafen, 1978-92 Projektltr. u. Bereichsltr. f. d. techn. Bereich d. Sennheiser Electronic GmbH & Co KG in Wedemark, seit 1992 selbst. Manager u. Berater, 1995 Grdg. d. Firma Goebel & Osterhage GbR; Funktionen: Doz. f. d. VDI, GPM u. Techno Kongress in München. P.: techn. Autor f. d. WEKA-Verlag in Augsburg M.: Ges. f. Projektmanaging Dreieich, seit 2000 WPI Hannover. H.: Radrennfahren, Fußball, Kunst, Kultur.

Goebel Jürgen W. Dr. Prof.
B.: Rechtsanwalt. FN.: RAe Goebel & Scheller. DA.: 61348 Bad Homburg, Schöne Aussicht 16. PA.: 61267 Neu-Anspach, Im Rödchen 12. G.: Stuttgart, 5. Okt. 1950. S.: 1970 Abitur Neustadt/Wstr., 1970-75 Stud. Rechtswiss. Heidelberg, 1975 1. Staatsexamen, 1975-77 Referendarzeit Karlsruhe, Mannheim u. Heidelberg, 1977 2. Staatsexamen. K.: 1977-79 wiss. Mitarb. an d. Univ. Regensburg u. Heidelberg, 1979-87 Ltr. einer Forsch.-Abt. in Frankfurt/Main, 1981 Prom., 1987-89 Prok. d. Datenbankanbieter, seit 1989 ndlg. Anw. in Bad Homburg mit SP EDV- u. Informationsrecht; seit 1985 Lehrbeauftragter an d. Univ. Heidelberg u. a. d. FH Potsdam, seit 2000 Hon.-Prof. d. FH Darmstadt. P.: Autor versch. informationsrechtl. Sachbücher. M.: Ges. f. Informatik, Vorst.-Mtgl. d. Dt. Ges. f. Recht u. Informatik e.V., Beratertätigkeit d. EU. H.: Sachbücher, Romane, Modelleisenbahn, Reisen.

Goebel Klaus Rüdiger *)

Goebel Klaus Wilhelm Dr. Prof. *)

Goebel Peter Dr. rer. nat. *)

Goebel Reinhard *)

Goebel Rudolf Dipl.-Ing.
B.: Inh. FN.: Ing. Vermessungsbüro. DA.: 55576 Welgesheim, Oberg. 13. Rudolf_Goebel@t-online.de. http://home.t-online.de/home/Rudolf_Goebel. G.: Luckenwalde, 11. Mai 1941. Ki.: Mathias (1975). S.: 1961 Abitur, 3 J. Bundeswehr (Dienstgr. OLt d. R.), 1964-69 Stud. Geodäsie TU Hannover, Examen. K.: b. 1972 Referendarausbild. in Rheinland-Pfalz, Assessorexamen, Praktikum in Offenbach/Main, Bestellung u. Vereidigung z. ÖbVI, 1973 Übernahme d. väterl. Büros, F.: Fonds Management by Portefeuille GmbH, 1/3 Anteil. M.: Ing.-Kammer, Vorst. d. Ver. d. Vermessungsing. Rheinland-Pfalz, aktives CDU-Mtgl. H.: Sportfliegen (Motor- u. Segelflug) - Ltr. d. Vereinsflugschule, Teilnahme an internationalen Meisterschaften.

Goebel Ulrich *)

Goebel Werner Dr. Prof. *)

Goebels Dieter Dr. med. dent.
B.: Zahnarzt, selbständig. DA.: 50737 Köln, Rheindorfer Str. 23. G.: Düsseldorf, 7. Okt. 1951. S.: 1976 Abitur, 1976-82 Stud. Zahnmed. an d. Univ. Bonn, 1989 Prom. z. Dr. med. dent. K.: 1989 Ndlg. als Zahnarzt in Köln.

von Goebler Hans-Ulrich *)

Goeddaeus Henry *)

Goede Edda *)

Goede Hartmut Christian
B.: Augenoptikermeister, selbständig. FN.: Goede Optik GmbH. DA.: 60326 Frankfurt, Hattersheimer Str. 1. goedeoptik@t-online.de. www.goede-optik.de. G.: Glogau/Schlesien, 2. Jan. 1944. V.: Ingrid, geb. Oeschger. Ki.: Thomas (1972), Fleur (1975). El.: Ernst u. Ruth. S.: 1959-62 Lehre als Augenoptiker in Frankfurt, 1962-63 Bundeswehr, regelmässige Teilnahme an Weiter- u. Fortbildungsmaßnahmen. K.: 1963-70 tätig als Augenoptiker-Geselle b. versch. Augenoptikern im Rhein-Main-Gebiet, u.a. bs. Klinke-Optik in Oberursel, 1963-66 Fachschulreife d. Feldbergschule Oberursel, 1970 Ablegung d. Meisterprüfung Augenoptikermeister, 1970-73 Gschf. v. Klinke-Optik in Oberursel, 1974 Grdg. d. Einzelfirma Goede Optik in Frankfurt, 1980-81 Fachschulausbildung in Berlin u. Kontaktlinsenspezialisten, 1981 Eröff. d. Kontaktlinsen-Studios, 1992 Umwandlung d. Einzelfirma in Goede Optik GmbH, Frankfurt, Unternehmen m. hohem Stammkunden-Anteil, spezialisiert u.a. auf vergrößerte Sehhilfen u. umfassende modische Beratungen, Kontaktlinsen-Studio, ständige Geschäftserweiterungen. P.: Berichterstattung über d. Unternehmen, Geschäftsprüfung u. -umbauten in d. örtlichen Presse u. d. Frankfurter Neuen Presse, Berichterstattungen über d. Engagement im Gewerbeverein im Rundfunk u. in d. örtlichen Presse. M.: Gewerbeverein Gallus e.V.

---

*) Biographie www.whoiswho-verlag.ch oder beigefügte CD-ROM

Goede

(1993-97 Mtgl. im Vorst., 1997-2001 1. Vors.), Wiss. Vereinigung f. Augenoptik u. Optometrie e.V. (WVAO), CVJM (engagierter Christ), Tennisclub Schwalbach. H.: Tennis, Reisen, Kultur, Computer, Technik, Hund.

Goedecke Bernhard

B.: Kfm. Leiter Vertrieb und Marketing. FN.: JALLATTE Deutschland. DA.: 45478 Mülheim, Mainstraße 15. info @jallatte.de. www.jallatte.de. G.: Berlin, 19. Dez. 1960. V.: Manuela, geb. Trautmann. S.: 1976-79 Ausbild. als Einzelhdls.-Kfm., 1992-94 Stud. Betriebswirtschaft. K.: 1979-81 Tätigkeit im Einzelhdl., 1981-95 Verkaufsltr. im Großhdl., 1995-98 Gschf. einer Schuhfbk. im Großraum Frankfurt, 1998-2000 Assistent der Geschäftsführung der Lupos Schuhfbk. Hückelhoven, 2000 Ltr. d. Dt. Division Jallatte Deutschland. M.: FDP, Präs. d. Verb. führender Hersteller v. persönl. Schutzausrüstung Arbeitsschutz 24 e.V. Hückelhoven. H.: Golf, Reisen.

Goedecke Manfred Dr. Ing. habil. *)

Goedecke Reinhard Dipl.-Ing. *)

Goedecker Harald *)

Goedel Joachim E. Dr. *)

Goedel Matthias G. *)

Goedel Ulrich Dipl.-Ing. *)

Goeder Michael *)

Goedicke Peter *)

Goehler Adrienne

B.: Senatorin. FN.: Senatsverwaltung f. Wiss., Forschung u. Kultur. DA.: 10119 Berlin, Brunnenstr. 188-190. G.: Lahr, 13. Okt. 1955. S.: 1974 Stud. Romanistik u. Germanistik Freiberg, 1976/77 assistente allemande Frankreich Stud. Grenoble, 6 Mon. Studienaufenthalt Westafrika, 1978/79 Stud. Psych. K.: 1980-85 tätig f. d. Partei Die Grünen bundesweit u. intern. Gremien, 1980-84 freie Synchronautorin, 1983-85 tätig in d. Sexualberatungsstelle, 1985 Initiatorin d. Gruppe "Freche Frauen", 1986 Abschluß als Dipl.-Psychologin, 1986-89 Abg. d. GAL-Frauenfraktion, 1989-95 Präs. d. HS f. bild. Künste in Hamburg, seit 1989 Mtgl. in zahlr. Jurys, Räten u. BeiR., 1990 Mitgrdg. d. Rates f. Frauen in Wiss., Technik u. Kunst, 1992-97 Mtgl. d. RundfunkR. u. NorddtR. Rundfunks, 1995-2001 wieder Präs. d. HS f. bild. Künste Hamburg, s. 2001 Senatorin f. Wiss., Forschung u. Kultur in Berlin. BL.: jüngste aber dienstältesten u. einzige Kunst-HS-Präs. M.: seit 1995 AufsR. d. Alternativen am Elbufer eG, seit 1996 FachbeiR. d. Heinrich Böll-Stiftung e.V. in Berlin, seit 1998 Kuratorium d. Europ. Ak. f. Frauen in Politik u. Wirtschaft Berlin e.V., seit 1998 Vorst.-Mtgl. d. Association of Intern. Art and Design Schools, 1998/99 Mitgründerin d. Initiative "Die Bundespräsidentin", 1999 KunstbeiR. d. Intern. Frauenuniv. Hannover e.V. (Re)

Goehler Josef Dr. *)

Goehler Wolfgang Dipl.-Vw.

B.: Staatsrat. FN.: Senator für Inneres, Kultur u. Sport, Freie Hansestadt Bremen. DA.: 28203 Bremen, Contrescarpe 22-24. G.: Tanneberg, 24. Okt. 1940. V.: Marion, geb. Virneberg. Ki.: 2 Söhne. S.: Gymn. Augsburg, München, Bonn, 1961 Abitur Bonn. K.: 1961 Diensteintritt, Bw. Ausbild. z. Res.-Offz. d. Fernmeldetruppe, 1962 Lt., 1963-67 Stud. Vw. Univ. Bonn u. Köln, 1967 Staatsexamen Köln, 1968 Wiedereintritt Bundeswehr und Beförderung zum Hptm., 1969-70 Kompaniechef Diez/Lahn, 1970-71 S3-Stabsoffz., 1971-74 Dezernatsltr. Heeresamt Köln, 1974-75 Lehrgang f. Offz. m. abgeschlossener HS-Ausbild. Führungsak. Hamburg, 1976-78 G3/Versorgungskdo. 860 Germersheim, 1978-80 Bataillonskommandeur Boostedt, 1980-83 Chef I. Insp., Truppenschule Bremen, 1983-86 Ref. Bundesmin. d. Verteidigung Bonn, 1986-88 Abt.-Ltr. u. Heeresbeauftragter Materialamt Heer, Bad Neuenahr, 1988-90 Kommandeur Nachschubkdo. 1, Rheine, 1990-92 Kommandeur Heimatschutzbrigade 54, Trier, 1992-94 Kommandeur Logistikbrigade 2, Germersheim, 1994-97 Brigadegeneral, General Nachschubtruppe u. Kommandeur Nachschubschule Heer, seit 1997 Staatsrat. E.: BVK, Gold. EK d. Bundeswehr, Legion of Merit. M.: Lions Club, Verb. Dt. Volkswirte, Verb. Dt. Ingenieure. H.: Lesen - aktuelles Zeitgeschehen/Poltik - Zeitgeschichte, Reisen.

Goehlich Hans Joachim Dr. rer. nat. Prof. *)

Goehlich-Gebauer Gisela *)

Goeke Matthias

B.: Gschf. FN.: klick Kommunikationsdesign. DA.: 48145 Münster, Warendorfer Str. 18. goeke@klick-design.de. www.klick-design.de. G.: Menden, 9. Juli 1971. El.: Raymond u. Helga, geb. Bicker. S.: 1991-94 Lehre als Druckvorlagenhersteller an d. Werbeagentur. K.: 1994-99 Ang. in versch. Werbeagenturen in Münster u. Köln, 1999 selbst. im Bereich Design, Schwerpunkt: Grafik, Design. H.: Sport.

Goeldner Gunther

B.: Mediengestalter, Inh. FN.: Impresario-mediendesign. DA.: 55543 Bad Kreuznach, Bosenheimer Str. 218. G.: Worms, 30. Apr. 1968. El.: Klaus u. Elisabeth. S.: Mittlere Reife, Lehre Elektroanlageninstallateur f. Schalt- u. Steuerungstechnik VSK Worms, Ausbild. Elektrotechniker f. Daten- u. Automatisierungstechnik W.-v.-S.-Schule Mannheim, Bundeswehr. K.: Steuerungsanlagen-Elektriker in versch. Betrieben u. Branchen, Projektltr. f. Elektrotechnik in versch. Wasserwerken in Hessen u. Rheinland-Pfalz, Betriebselektriker in d. Firma Perstorp, Cicero Medienwerk AG in Worms u. techn. Redakteur u. Layouter d. Allg. Zeitung in Lampertheim u. bei d. Hofheimer Zeitung, DTP-ler, Grafikdesigner in d. Firma Bauer in Osthofen, PrePress-Support f. d. Firma Lauterkranz-CorssMedia in Mainz, Bereichsltr., Werbung u. Marketing f. d. MK-Finanz in Mainz, Marketingdir. d. Firma Impuls MAG in Bad Kreuznach, Inh. u. Gschf. d. Firma Impresario-mediendesign m. Schwerpunkt Hotellerie u. Gastronomie. H.: Skifahren, Fliegen, Börse, Essen gehen, Rotwein trinken.

Goeltzer Götz *)

Goenechea Sabin Dr. rer nat. Prof.

B.: Prof. f. forens. Toxikologie i. R. FN.: Inst. f. Rechtsmed. d. Univ. Bonn. PA.: 53123 Bonn, Buchfinkenweg 38. G.: Bilbao/Spanien, 5. Nov. 1932. V.: Hiltrud, geb. Hoogen. Ki.: Lander (1972), Jon (1973), Eneko (1975). El.: Pedro u. Jesusa, geb. Torano. S.: 1950 Abitur, 1950-56 Stud. Chemie Univ. Madrid, 1956 Dipl.-Chemiker, 1956-57 Praktikum Humboldt-Klöckner-Deutz Deutschland, Wehrdienst Spanien, 1957-59 im Forsch.-Labor f. Kunststoffe d. Dynamit Nobel AG Troisdorf, 1959 Dt. Dipl. Bonn, 1963 Prom. Univ. Bonn. K.: 1963-96 tätig am Inst. f. Rechtsmed., 1969 Habil., 1970 Heinrich-

Hertz-Stipendium am Royal Infirmary Hospital in Edinburgh (Schottland), 1973 wiss. Rat u. Prof. f. forens. Toxokologie, Biotransformation v. Medikamenten, Glukoronide-Forsch. u. glz. Gutachter f. LG Bonn, Koblenz, Köln u. Gummersbach, 1989 tätig am Inst. f. Rechtsmed. in Bogota/ Kolumbien; Funktion: bis 1996 Vors. d. Anerkennungskmsn. d. Ges. f. toxikol. u. forens. Chemie. P.: 100 Publ. in Fachzeitschriften, Veröff. in Medical Tribune, Interview im spanischen Fernsehen u. bask. Regionalprogramm über d. Tätigkeit in Deutschland. M.: Ges. Dt. Chemiker, GTFCh, RSC London, Ges. d. Naturforscher u. Ärzte, b. 1996 Pharm. Soc. of Japan, TIAFT. H.: Lesen, Politik, Musik, Reisen.

Goepel Lutz Dr. Dipl.-Ldw.
B.: Ing. f. Landtechnik, MdEP. DA.: 04720 Döbeln, Ritterstr. 18. G.: Gotha/Thüringen, 10. Okt. 1942. Ki.: 2 Kinder. S.: 1961 Abitur, Stud. Ldw. in Jena, Dipl.-Ldw., 1969-73 externes Stud. d. Landtechnik in Berlin-Wartenberg, Abschluß als Ing. f. Landtechnik, 1988 Prom. z. Dr. agr. K.: 1968-79 prakt. Tätigkeit in d. Ldw., 1979-90 Tätigkeit in d. ldw. Betriebsberatung, Mtgl. im Landesfachaussch. "Sachsen in Europa" d. CDU u. im Vorst. d. Landunion d. CDU Sachsens, Mtgl. im CDU-Bundesfachaussch. "Agrarpolitik", 1990 Abg. d. Volkskam., 1990-94 Beobachter im Europ. Parlament, seit 1994 Mtgl. d. Europ. Parlaments, Obm. d. EVP-Frakt. im Aussch. f. Ldw. u. ländl. Entwicklung, agrarpolit. Sprecher d. EVP. (Re)

Goepfert Günter
B.: Schriftsteller. PA.: 80686 München, Becherstr. 1. G.: München, 21. Sept. 1919. V.: Gertrud, geb. Simon. El.: Valentin u. Walburga. K.: Ausbild. z. Verlagskfm., b. 1989 Chefred. d. Zeitschrift "Bayerland". P.: Franz von Kobell (1991), Das Schicksal der Lena Christ (1971, 1981 u. 1993), Münchner Weihnacht (1973), Münchner Miniaturen (1976), I nimms, wias kimmt, Bayerische Gedichte und Geschichten (1986), Karl Stieler (1986), Wenn die Kerzen brennen (1987), Das bayerische Bethlehem (1997), Das leise Lächeln (1998), Franz von Pocci, vom Zeremonienmeister zum Kasperlgrafen (1999), Staadlustig durchs Jahr (1999), Das Haus an der Beresina (2001). E.: Bayer. Poetentaler. M.: Münchner Turmschreiber. H.: Garten und Natur.

Goepfert Helmut *)

Goepfert Hermann *)

Goepfert Ralf *)

Goepfrich Hubert
B.: RA. DA.: 67346 Speyer, Gilgenstr. 22. G.: 31. Aug. 1953. S.: 1974 Abitur Neustadt a.d.W., 1974-75 Bundeswehr, 1975-81 Stud. Rechtswiss. Mannheim u. Heidelberg, 1981 1. Staatsexamen, Referendariat am LG Landau, 1985 2. Staatsexamen u. Weiterbild. z. Referent. K.: 1985-86 Referent f. Arbeitsrecht b. Arbeitskreis f. Aus- u. Weiterbild. in Wirtschaft u. Ver. e.V. Landau, 1986-87 Banktrainee b. d. DG-Diskontbank in Frankfurt/Main, 1988-89 Mitarb. b. d. Bausparkasse Wüstenrot im Bereich Baufinanzierung in Speyer, 1989 Ndlg. als RA in Lingenfeld u. Speyer, Tätigkeitsschwerpunkte: Zivil- u. Vers.-Recht, Verkehrs- u. Schadensersatzrecht, Miet- u. Maklerrecht, Arbeitsrecht, sowie Straf- u. Sozialrecht. M.: Anw.-Ver., Ortskartellvors. Dudenhofen als Dachorgan. aller Ver., Vorst. im Heimat- u. Kulturver. Dudenhofen, aktives Mtgl. d. Liedertafel Dudenhofen, Pfälzerwaldver. H.: Organ. v. Festen, Reisen, Musik, Wandern.

Goeppentin Siegfried Dr. iur. *)

Goerge Josef *)

Goergens Klaus Dr.
B.: Arzt f. Psychotherapie. FN.: Landeskrankenhaus Wunstorf. DA.: 31515 Wunstorf, Südstr. 25. dr.klaus.goergens@t-online.de. G.: München, 15. Jan. 1954. S.: 1974 Abitur, Stud. Politik, Phil., Geschichte u. Deutsch an d. LMU München, 1975 Stud. Med., 1981 Examen u. Approb. als Arzt, 1984 Prom. K.: 1982 Ass.-Arzt Bez.-KH Haar, b. 1985 Tätigkeit in d. Menterschwaige Klinik München, zusätzl. Aids-Berater im Gesundheitsamt München b. 1987 wiss. Begleitung d. MHH Hannover m. psychosozialen Beratung b. Aids, 1991 Arzt f. Psychotherapie am LKH Wunstorf, zusätzl. Sachv. d. Aids-Enquete d. Bundestages. BL.: Doz. b. intern. Kongressen. P.: zahlr. Veröff. in Fachzeitschriften, Bücher z. Aids u. Psychotherapie, Sexualmedizin. M.: Ärztekammer., Marburger Bund, Hannöversche Aids-Hilfe. H.: Musik, Literatur, Bereisen v. Mittelmeerländern.

Goerigk Angelika
B.: Antiquarin, Kunsthändlerin. FN.: F.K.A. Huelsmann Kunsthdl. Hamburg. DA.: 20354 Hamburg, Hohe Bleichen 15. G.: Berlin, 18. Nov. 1946. V.: Wolfgang Goerigk. Ki.: Tim (1969), Tina (1972). El.: Dr. med. W.-W. u. Irene Gläser, geb. Rommel. Bv.: Gen.-Feldmarschall E. Rommel. S.: Abitur, 1965-68 Ausbild. z. Buchhändlerin, Abschluß als Antiquarin. K.: 1968-83 ltd. Antiquarin in einer renommierten Hamburger Buchhdlg., seit 1983 Übernahme u. Geschäftsltg. v. F.K.A. Huelsmann. P.: div. Publ. in Fachzeitschriften. H.: Beruf, Familie, Reisen.

Goerigk Burkhard Dr. med. dent.
B.: Kieferorthopäde. DA. u. PA.: 40545 Düsseldorf, Oberkasseler Str. 84. www.goerigk.de. G.: Göttingen, 24. April 1955. V.: Andrea Kraienhemke. Ki.: Julia (2001). El.: Alfred u. Marlies, geb. Elbeshausen. S.: 1973-75 Hfm. Ausbild., 1975-76 Wehrdienst, 1979 Reifeprüf, Berufsbild. Schulen Göttingen, 1979-85 Stud. Med. u. Zahnmed. Hannover u. Göttingen, 1993 Prom. K.: 1985 Approb.,1985-87 allgemein. zahnärztl. Tätigkeit, 1988-90 Assist. Kieferorthop. Praxis Dr. Kube Gütersloh, 1990-92 wiss. Mitarb. a. Klinik f. Kieferorthopädie RWTH Aachen bei Prof. Dr.Dr. Diedrich, 1991 FA-Anerkenn., 1993 niedergel. als Kieferorthop., Spezialg.: Erwachsenenkieferorthop., Lingualtechnik. H.: Tennis, Jogging. (R.E.S.)

Goerigk Peter
B.: Hdls.-Fachwirt, Prok. FN.: Sanitäre Fachhdlg. Bruno Goerigk. DA.: 90762 Fürth, Spiegelstr. 6-8. G.: Fürth, 3. Mai 1959. V.: Sonja, geb. Regn. Ki.: René (1988). El.: Bruno u. Liselotte, geb. Kirchner. BV.: Karl Kirchner 1934-75 "Beste Bäckerei v. Fürth". S.: b. 1978 Hfm. Lehre als Groß- u. Außenhdls.-Kfm. in Bamberg. K.: ab 1980 im väterl. Betrieb, 1986 Hdls.-Fachwirt u. Ausbild. z. Ausbilder, ab 1992 Prok. im väterl. Betrieb. BL.: Georigk-Kickers spielt in d. Firmenrunde Utting, ehem. Schickedanz, Vorst.-Spieler Goerigk-Kickers. H.: Fußball, Eishockey, regionale Küche, Motorradfahren.

Goerigk Peter
B.: Finanz- u. Wirtschaftsberater, selbständig. FN.: Goerigk & Partner. DA.: 42655 Solingen, Burgstr. 43. G.: Solingen, 5. Juli 1952. V.: Monika. Ki.: Julian (1985). S.: 1968 Mittlere Reife, 1968-71 Ausbildung Werkzeugmacher, 1971-73 Bundeswehr, 1973-76 Stud. Maschinenbau FH Köln m. Abschluß

---

*) Biographie www.whoiswho-verlag.ch oder beigefügte CD-ROM

Goerigk

Dipl.-Ing., 1995-96 Stud. BWL FH Köln m. Abschluß Bw. K.: 1976-87 beratender Ing. f. ein amerikan. Unternehmen, 1986-95 Productmanager in d. papierverarbeitenden Ind., seit 1996 selbständiger Finanz- u. Wirtschaftsberater. H.: Sportschießen, Tennis.

Goering Alfred René *)

Goerke Harry *)

Goerke Heinz Dr. med. Dr. h.c. mult. Prof.
B.: em. o.Univ.-Prof. f. Geschichte d. Med., KH-Berater. PA.: 81479 München, Strähuberstr. 11. G.: Allenstein, 13. Dez. 1917. V.: Dr. Ilse, geb. Schumacher. Ki.: Dr. Birgitta Goerke. El.: Albert u. Gertrud. S.: 1937 Abitur, 1943 Med. Staatsexamen u. Prom., 1950 Arzt f. Innere Krankheiten, 1955 Arzt f. Röntgenologie u. Strahlenheilkunde, K.: 1945-52 ärztl. Praxis u. KH-Tätigkeit Potsdam u. Berlin, 1952-57 Studienaufenthalt Schweden, 1957-62 ltd. Arzt AOK-Krhs. Berlin, 1960 Habil., 1962-69 o.Prof. FU Berlin, 1967-69 Ärztl. Dir. Klinikum Steglitz d. FU Berlin, 1969-86 o.Prof. Univ. München, 1970-82 Ärztl. Dir. Klinikum Großhadern, 1973 Grdg. d. Dt. Med.Histor. Museums Ingolstadt. P.: zahlr. Veröff., Verf.: Carl von Linné (1966, 2. Aufl. 1989, engl. 1973, jap. 1994), Arzt u. Heilkunde (1984, 4. Aufl. 2000, span. 1986), Med. u. Technik (1988), Am Puls d. Medizin (1996). E.: 1964 Gold. Sportabz., 1967 Dr. h.c. Univ. Lund, 1982 Univ. Istanbul, 1966 Rocha Lima-Med., 1982 Sudhoff-Plakette, Paul Schürmann-Med., 1984 BVK I. Kl., 1986 Bayer. VO, 1990 GrBVK, o. Mtgl. Kgl.-Schwed. Akad. d. Wiss., 1993 Ehrenbürger Bergama (Pergamon)/Türkei, 1995 Österr. Ehrenkreuz Wiss. u. Kunst 1.Kl., Gold. Ehrenz. Univ. Wien, 1997 Benj. Franklin-Med. FU Berlin, 1999 Gr. BVK m. Stern, Ehrenmtgl. zahlr. in- u. ausländ. Fachges. M.: Ges. d. Freunde u. Förderer d. Dt. Med.Histor. Museums Ingolstadt, Münchener Ver. f. Geschichte d. Med., Erich Frank-Ges., Kuratorium d. Dt. Med. Histor. Museums. H.: Rotarier.

Goerke Wulf-R.
B.: Immobilienmakler, Werbeagent. FN.: Wulf-R. Goerke-Immobilien, Werbeagentur Wulf Goerke. DA.: 13409 Berlin, Raschdorffstr. 107. goerke-immobilien@rdm.de. www.werbe-agentur-goerke.de. G.: Berlin, 15. März 1959. El.: Helmuth u. Barbara, geb. von Boehn. S.: 1977-79 Ausbild. als Fremdsprachensekr. K.: 1979 Ang. einer Baufirma, 1979-81 Fremdsprachensekr. Saudi-Arabien, 1981-82 Fremdesprachensekr. u. Baukfm. in Nigeria, seit 1982 selbst. Immobilienhändler, seit 1995 Eröff. einer Anzeigen- u. Werbeagentur; 1991-93 Kassenprüfer d. Wohn- u. Gewerberaummakler-Verband Berlin e.V. (WOGE), 1993-95 Beisitzer im Vorstand d. Wohn- u. Gewerberaummakler-Verband Berlin e.V. (WOGE), 1995-2001 stellv. Vors. d. Wohn- u. Gewerberaummakler-Verband Berlin/Brandenburg e.V. (WOGE), seit 2001 Mtgl. d. Wettbewerbsausschusses im RDM. BL.: Sponsoring v. Kunstveranstaltungen. M.: Ring Deutscher Makler, RDM, Professional Housing Management Assoc. (PHMA). H.: Golf, Bücher, Musik, Kunst, Fotografie.

Goerlich Helmut Dr. Prof.
B.: Univ.-Prof., Lehrstuhl f. Staats- u. Verw.-Recht, Verfassungsgeschichte u. Staatskirchenrecht. FN.: Univ. Leipzig. DA.: 04109 Leipzig, Otto-Schill-Str. 2. G.: Tübingen, 27. Juli 1943. El.: Dr. Helmut u. Hedwig Eugenie, geb. Sandberger. S.: 1962-68 Stud. Jura, Geschichte u. Phil. Frankfurt/Main u. Hamburg, 1968-72 1. jur. Staatsexamen u. Referendariat Stuttgart u. Hamburg, 1970 Visiting Scholar Cambridge, 1972 Prom. Dr. jur. Hamburg, 1973 2. jur. Staatsexamen. K.: 1972-78 wiss. Ass. an d. Univ. Göttingen u. Ref. d. Ev. Studiengemeinschaft e.V. Heidelberg, 1976-77 German J. F. Kennedy Fellow an d. Harvard Univ. Cambridge/USA, 1978-80 Habil.-Stipendiat d. Dt. Forsch.-Gemeinschaft, Visiting Scholar an d. Harvard Law School/USA, 1980/81 Mitarb. f. öff. Recht an d. Univ. Hannover, 1981 Vertretungsprof. an d. Univ. Hamburg, 1981 Habil. an d. Univ. Hannover, 1981-91 Richter am VG Hamburg, 1991-92 Univ.-Prof. f. öff. Recht an d. Univ. Wuppertal, 1992 Grdgs.-Univ.-Prof. an d. Juristenfakultät d. Univ. Leipzig, 1995-96 Dekan, seit 1996 Dir. des Inst. f. Rundfunkrecht d. Juristenfakultät d. Univ. Leipzig. P.: Prom.: Wertordnung u. Grundgesetz - Kritik einer Argumentationsfigur d. Bundesverfassungsgerichts (1973), Habil.: Grundrechte als Verfassungsgarantien - Ein Beitrag z. Verständnis d. Grundgesetzes f. d. BRD (1981). M.: u.a. VDStRL.

Goertz Christine Maria Luise

B.: MdL, Abg. FN.: Bayer. Landtag. DA.: 81627 München, Maximilianeum; 86368 Gersthofen, Donauwörther Str. 3. PA.: 86368 Gersthofen, Bahnhofstraße 27. G.: Braunschweig, 17. Aug. 1941. V.: Dieter Goertz. Ki.: Oliver (1968), Katinka (1971). El.: Ludwig u. Luise Kleber, geb. Jäger. S.: Ausbild. z. Chemotechnikerin, 1962 staatl. geprüfte Chemotechnikerin. K.: b. 1968 tätig in diversen Forsch.-Inst. u.a. in d. Holzforsch., Textilforsch. u. in d. Bundesforsch.-Anst. f. Viruskrankheiten d. Tiere in Tübingen, Familienarb. u. Beschäftigung m. Fotografie u. Theaterfotografie, 1988 Eintritt in d. SPD u. Wahl z. Vors. d. Arge sozialdemokrat. Frauen (ASF),1990 Kreisvors., seit 1994 MdL, Aussch. Bild., Jugend u. Sport, Aussch. Fragen d. Öff. Dienstes. M.: SPD Arbeitskreis Kinderpolitik, Dt. Kinderschutzbund, ÖTV, Arbeiterwohlfahrt, div. Förderver, "Die Brücke". H.: Fotografie, Reisen, Lesen.

Goertz Dagmar *)

Goertz Jonny *)

Goertz Rolf *)

Goertz Werner

B.: vereid. Buchprüfer u. Steuerberater. DA.: 47877 Willich, Im Fließ 41. G.: 9. Nov. 1943. V.: Monika, geb. Hekelmann. Ki.: Holle, Birke, Thurid. BV.: Emil Guilleaume Mitbegründer d. Firma Felten & Guilleaume Köln. S.: 1961 Abitur, 1961-66 Stud. Wirtschaftswiss. an d. Univ. Köln, 1966 Dipl.-Kfm. K.: 1966-75 Tätigkeit b. versch. Steuerberatern u. Wirtschaftsprüfern, 1975-81 Steuerberater in Stuttgart, 1981 vereid. Buchprüfer in Düsseldorf, 1981 selbst., 2001 Neugrdg. d. Partnerschaftsges. Goertz u. Partner in Mönchengladbach, Tätigkeitsschwerpunkt: Beratung v. mittelständ. Ind.-Unternehmen u. Freiberufler. H.: Fotografie, Bergwandern.

Goerz Lothar *)

Goes Albrecht Dr. *)

---

*) Biographie www.whoiswho-verlag.ch oder beigefügte CD-ROM

Goessing Christa

B.: Kauffrau, Gschf. FN.: Blue Elephant Tea Company/Tee-Handels-Kontor Goessing GmbH. DA.: 30159 Hannover, Kröpcke-Passage 10. G.: Hannover, 8. Dez. 1939. V.: Lutz Goessing. Ki.: Susanne. El.: Christian u. Ruth Schünemann, geb. Gottgetreu. S.: b. 1957 Internat "Neuchatel" /Schweiz, Sprachstud. Engl. u. Franz. an d. priv. Berlitz-School, 1958 Examen, Handelsschule in Hannover m. Abschluss. K.: Büroang. im Baugeschäft d. Vaters Baufirma Christian Schünemann, parallel seit d. Kindheit aktiv im Springreitsport (1966/68 2. b. d. Dt. Meisterschaften, 1967/69 3. b. d. Dt. Meisterschaften, 1970 Gewinnerin d. Westfäl. Meisterschaften), b. heute erfolgreich in d. Pferdezucht tätig/Holsteiner u. Westfalen, 1987/88 Umbau d. Kröpcke-Passage, 1988 Eröff. v. Blue Elephant/Tea Company (Tee-Handels-Kontor Goessing GmbH), 1997 Design u. Entwicklung eines eigenen Tee-Geschirrmotives "Blue Elephant", zusätzl. Handtücher, Servietten u. Löffel, 2001 Tee-Handels-Kontor Goessing GmbH verkauft an Tee-Handels-Kontor Bremen. P.: ständig Veröff. in Magazinen. M.: Golf Club auf Sylt (erfolgreiche Wettkampf-Teilnahme/Club-Meisterin), Camp de Mar Mallorca, Schloss Vornholz. H.: Golf, Pferdezucht.

Goethals Regina Dipl.-Päd.

B.: Logopädin, Inh. FN.: Legasthenie-Inst.-Lünen. DA.: 44534 Lünen, Alstedder Str. 136 a. G.: Durach, 15. Dez. 1951. V.: Laroussi Goethals. El.: Dr. Frank u. Maria. S.: 1970 Abitur, 1970-71 Ausbild. Fremdsprachenkorrespondentin f. Engl. u. Franz., 1971-78 Stud. Päd. Univ. Dortmund m. Abschluß Dipl.-Pädagogin f. Sprachheilpädagogik. K.: 1978-89 tätig in versch. Gesundheitsämtern, 1989 Grdg. einer logopäd. Praxis, 1997 Grdg. d. Legasthenie-Inst., 2000 Grdg. d. Arab-German-Medical-Services z. Betreuung u. Beratung v. Patienten aus d. Golf-Staaten, 1995 Anerkennung als Logopädin. M.: DBL, DG-Sprachheilpädagogik.

Goethe Frank Dipl.-Kfm. Dr.

B.: Gschf. Ges. FN.: AVG Auto Vertriebs GmbH. DA.: 83022 Rosenheim, Simseestr. 4. G.: Bielefeld, 20. März 1964. V.: Tanja. Ki.: Ann-Sophie Julienne (1998). El.: Dipl.-Kfm. Heinrich August u. Ellen, geb. Stadler. S.: 1980-82 Höhere Handelsschule Bielefeld mit Abschluß FH-Reife, 1982-84 Höhere Handelsschule Bielefeld, Allg. HS-Reife, 1987-92 BWL-Studium an der Univ. Hamburg, 1997 Prom. K.: 1984-86 Lehre als Ind.-Kfm. bei d. Mercedes Benz AG Bremen, 1986-87 Ausbild. im IBM Bild.-Zentrum in Bielefeld, 1987-90 div. Praktika v. VAG Partner, Axel Springer Verlag, 1991 Projektarb. im Bereich Service Marketing Mercedes Benz Hamburg, 1992-93 Ass. d. Personalltg. im Haus Dt. Aerospace Airbus GmbH, 1993-95 Mitarb. d. Personalentwicklung im Hause d. F. Reemtsma u. Ass. d. Personalauslandsltg. in Hamburg, 1996-97 Ausbild. z. Verkäufer d. Daimler Chrysler Ass. d. Geschäftsltg. Firma Mühle, 1998 Managementausbild. b. d. Daimler Chrysler AG, seit 1999 Gschf. Ges. d. AVG. M.: Bund Junger Unternehmer, Wirtschaftsjunioren, Citymanagement Rosenheim. H.: Dressurturniersport, Reiterabz. in Silber f. Dressur- u. Springsport, Segelsport, Segelschein Kl. A, Schifahren. Sprachen: Englisch, Portugiesisch, Französisch.

Goetz Alfred H. Dipl.-Kfm. *)

Goetz Bernhard

B.: ndlg. RA. FN.: Elbkzl. Goetz. DA.: 39104 Magdeburg, Ernst-Reuter-Allee 5. G.: Hannover, 4. Feb. 1961. El.: Dr. iur. Dietrich u. Ruth, geb. Wylenzek. S.: 1982 Wirtschaftsabitur, 1982-83 Stud. Rechtswiss. Univ. Bielefeld, 1983-89 Weiterführung d. Stud. an der Univ. Göttingen, 1989 1. Staatsexamen, ab 1989 Referendariat b. Amtsu. LG Bückeburg, LG Hannover, IHK Hannover, Stadt Bückeburg u. Niedersächs. Städtetag, ab 1992 Sozius in Kzl. Goetz, Dehne, Dr. Crombach in Magdeburg, 1996 Eröff. d. eigenen Kzl. Goetz & Kollegen in Magdeburg, seit 2000 neuer Sitz als Elbkzl. im Allee-Center Magdeburg, Zulassung am OLG Naumburg, Tätigkeitsschwerpunkte: Arbeits-, Verkehrs-, Miet- u. Baurecht. M.: DAV, Magdeburg Anw.-Ver., Arge Arbeits- u. Verkehrsrecht im DAV, SPD. H.: Literatur, Natur, Kochen.

Goetz Dorothea Dr. Prof.

B.: Prof. d. Geschichte d. Naturwiss. u. Math. an d. ehem. Päd. HS Univ. Potsdam. PA.: 14469 Potsdam, Lendelallee 1. G.: Potsdam, 14. Feb. 1925. El.: Walter u. Marie. S.: 1943 Abitur Potsdam, 1944-45 Stud. Naturwiss. in Berlin, 1946-53 Stud. Phil. in Berlin u. Leipzig, Dipl.-Phil. K.: Redakteurin b. Presseverlagen, ab 1953 Ass. im Fachbereich Phil. an d. PH Potsdam, 1962 Diss., ab 1969 Inhaber d. Lehrstuhls Geschichte d. Naturwiss. u. Math. an d. PH Potsdam, 1973 Habil., 1985 Emeritierung. P.: Buchautorin: Vorgeschichte d. Mechanik. Die Anfänge d. Artillerie (1985), Verfasserin v. Lehrbüchern f. d. Lehrerausbild. z. Geschichte d. Mechanik, Eltrizitätsl., Atomph., Mitautorin an Büchern z. Geschichte d. Physik, Mithrsg. Oswald s Klassiker d. Exakt. Wiss. Teubner Verlag, Leipz., Mithrsg. Biograph. hervorr. Naturw. techn., Mediz. Teubner Verlag Leipz. M.: ehem. Mtgl. d. Einsteinkomitees d. Ak. d. Wiss. d. DDR, BeiR.-Mtgl. f. Wiss.-Geschichte d. Archivs d. Max-Planck-Ges. H.: Wiss.

Goetz Gerhard *)

Goetz Guido Dieter Dipl.-Kfm. *)

Goetz Hans-Werner Dr. Prof.

B.: Univ.-Prof. FN.: Univ. Hamburg - Histor. Seminar. DA.: 20146 Hamburg, Von-Melle-Park 6. hwgoetz@ geschichte. uni-hamburg.de. G.: Gelsenkirchen, 16. Juli 1947. S.: 1966 Abitur, 1969 Stud. Geschichte u. Anglistik an d. Ruhr-Univ. Bochum, 1974 1. Philol. Staatsprüf. K.: 1976 Prom., 1976-86

---

*) Biographie www.whoiswho-verlag.ch oder beigefügte CD-ROM

wiss. Ass., 1981 Habil., seit 1990 Prof. an d. Univ. Hamburg. P.: Hrsg. "Orbis mediaevalis. Vorstellungswelten d. Mittelalters", Mithrsg. d. Zeitschrift "Das Mittelalter", seit 1997 Hrsg. d. zweisprachigen Quellenreihe "Ausgewählte Quellen z. dt. Geschichte", "Dux" u. "Ducatus". Begriffs- u. verfassungsgeschichtl. Untersuchungen z. Entstehung d. sogenannten "jüngeren" Stammesherzogtums an d. Wende v. neunten z. zehnten Jhdt. (1977), Das Geschichtsbild Ottos v. Freising (1984), Leben im Mittelalter v. 7. b. z. 13. Jhdt. (1986), Geschichtsschreibung u. Geschichtsbewußtein im hohen Mittelalter (1999), Moderne Mediävistik. Stand u. Perspektiven d. Mittelalterforsch. (1999). M.: seit 1990 VPräs. d. Ges. "Medium Aevum Quotidianum" Krems, seit 1995 Präs., Vorst.-Mtgl., seit 2001 Präs. Mediävistenverb.

Goetz Ingrid Dipl.-Ing. Prof. *)

Goetz Johann Dipl.-Kfm.

B.: Gschf. FN.: Wohnungsbauges. Pullach im Isartal mbH. DA.: 82049 Pullach, Münchner Str. 9. G.: Schwandorf, 8. Juni 1956. V.: Katharina, geb. Ries. Ki.: Theresa (1987), Johann (1999). El.: Johann u. Josepha, geb. Zapf. BV.: Großonkel Josef Goetz (1880-1974) war Stadtrat u. 2. Bgm. in Landshut. S.: 1978 Abitur, 1978-91 Zeitsoldat, 1980-84 Stud. BWL in Neubiberg, Dipl.-Kfm. K.: 1984-91 Zugführer/S3 Offz., Verw.-Techn. Aufgaben, Koordination b. Hochwassereinsätzen, Waldbruchschäden, Übungen m. d. Alliierten, 1991-95 Einstieg in d. Wohnungswirtschaft in Regensburg, seit 1995 b. d. Wohnungsbauges. Pullach, Verw. u. Bewirtschaftung d. eigenen Wohnungsbestandes. H.: Familie, Politik, Sport, Radfahren.

Goetz Michael *)

Goetz Norbert *)

Goetze Frank

B.: Produktionsltr. FN.: Münstermann GmbH & Co. DA.: 30559 Hannover, Lohweg 1. G.: Hannover, 18. Okt. 1957. V.: Angelika, geb. Mohnke. Ki.: Rebecca (1983). El.: Alois u. Ingeborg, geb. Block. S.: b. 1976 Ausbild. z. Offsetdrucker b. d. Firma Fehling in Hannover, zusätzl. in d. Verbandsliga u. Bez.-Auswahl aktiv im Fußballsport, Praktika in versch. Druckereien in d. USA, 1977/78 Bundeswehr. K.: b. 1979 Offsetdrucker b. Firma Claus Klischee in Hannover, b. 1980 Offsetdrucker b. Firma Caspaul, später Abt.-Ltr. b. Köppler, 1985 Abschluss Ind.-Meister-Druck, 1985 Drucker b. Firma Druck-Form, 1986 Prok., parallel Firmengrdg. Pro-Form, 1988 Gschf. Ges., 1989 Grdg. d. G&H Druckformtechnik GmbH in Hannover u. Gschf., 1996 zusätzl. Grdg. QMD u. "Online" in Hannover, 1996 Management-Praktikum in d. USA/Racine, 2002 Produktionsltr. d. Firma Münstermann GmbH & Co. M.: Verb. d. Druckind. H.: Motorradfahren, Tennis, Squash, Joggen, Musicals, Konzerte, Strategiedenken.

Goetze Michael

B.: IT-Spezialist, Inh. FN.: Goetze Kommunikation. DA.: 42553 Velbert, Elberfeldstr. 149. G.: Wuppertal, 8. Juli 1973. V.: Judith Jennifer, geb. Aretz. Ki.: Julian-Vivien. El.: Adolf u. Dagmar, geb. Korten. S.: 1993 Fachabitur, 1993-96 Zeitsoldat, 1996-97 Bürokfm., Fachwirt I.T. IHK 1998, 1999 Fernmeldetechniker. K.: 1999 Agentur Dt. Vermögensberater, seit 2000 selbst. WEP Dising Firma Goetze Kommunikation. E.: Ehrenmedaille d. Bundeswehr, Stern-Focus/ Gruppe 21 Partei. M.: Polizei Basisgewerkschaft. H.: Skifahren, Kinder.

Goetze Michael P.H. *)

Goetze Norbert H. *)

Goewe Jürgen

B.: Dir. FN.: Dt. Tanzkompanie, Stiftung f. traditionellen Tanz MV. DA.: 17235 Neustrelitz, Wilhelm-Riefstahl-Pl. 7. G.: Parchim, 22. Aug. 1933. Ki.: Katharina (1965), Anne (1966). El.: Willi u. Elisabeth, geb. Zander. S.: 1959-51 Lehre Gärtner Parchim, 1952-54 Fachschule für Gartenbau Ribnitz-Damgarten u. Werder/H., 1953-54 Ausbildung Tanzgruppenltr. Volkskunstschule d. Zentralhaus f. Kulturarb. d. DDR Colditz. K.: 1954-59 Tänzer im Staatl. Dorfensemble d. DDR, 1959-60 päd. Mitarb. f. Tanz im Zentralhaus f. Kulturarb. d. DDR in Leipzig, 1961-63 Stud. Tanzpäd. an d. HS f. Musik in Leipzig, 1962-63 Stud. Anatomie an d. Dt. HS f. Körperkultur in Leipzig, 1964-69 Stud. Kulturwiss. an d. Univ. Leipzig u. Stud. Theaterwiss. an d. Theater-HS Leipzig, 1969 Dipl.-Kulturwissenschaftler, 1964-68 wiss. Mitarb. d. zentralen Volkskunstschule d. DDR in Leipzig, 1988-91 Ltr. d. Arb.-Gruppe Tanz im Forsch.-Projekt "Künstler. Begabung - künstler. Tätigkeiten u. Kreativitätsentwicklung" an d. HS f. Musik in Leipzig, seit 1991 künstlerischer Dir. d. Dt. Tanzkompanie. P.: "Ästhet. Erziehung", div. Art. in Fachzeitschriften. E.: 1969-90 Choreografiepreise, 1976 Preis d. künstler. Volksschaffens d. DDR, 1995 VO d. BRD. M.: Schloßver. Hohenzoeritz e.V., Tanzaktion Neubrandenburg e.V., Intern. Organ. Volkskunst e.V. H.: Tanz, Theater, Haus, Garten, Natur.

Goez Christoph Dr. *)

Goffin Markus Walter *)

Gögge Axel Carlos Dr. med. *)

Göggerle Werner Dr. jur. *)

*) Biographie www.whoiswho-verlag.ch oder beigefügte CD-ROM

Gögler Brigitte

B.: Versicherungskauffrau, Vermögensberaterin. FN.: INTER-Versicherung DVAG. DA.: 87700 Memmingen, Eduard-Flach-Str. 58. G.: Nürnberg, 1. März 1954. Ki.: 3 Kinder. S.: 1970 Fachprüf. z. Verw.-Fachang. K.: 1970-77 Verw.-Ang., 1998 Ausbild. z. Vermögensberaterin, 1998-2000 DVAG, seit 2000 Lehrlingsbeauftragte Inter-Krankenvers., seit 2000 Vers.-Kauffrau. M.: Vors. d. Geschichtentelefons KEB Deutschland in Memmingen. H.: Weiterbild., Sport, Lesen, Persönlichkeitstraining.

Gögler Eberhard Dr. med. Prof. *)

Gogolin Manfred *)

Gogolin Roman Rolf *)

Gohde Joachim

B.: Kfm., Gschf. Ges. FN.: H.W. Ibsen GmbH. DA.: 30916 Isernhagen, Potsdamer Str. 6. PA.: 30519 Hannover, Mallnitzstr. 3. G.: Hannover, 30. Nov. 1948. V.: Hanne. Ki.: Sven (1974), Jan (1976), Jens (1980). El.: Robert u. Gerda. S.: 2 J. Bundesgrenzschutz, Kfm. Lehre. K.: 1971 Eintritt in d. elterl. Betrieb, Ausführung v. Sortimentsänderungen u. 1977 Verwandlung in eine GmbH, ab 1979 Gschf. d. H.W. Ibsen GmbH. BL.: Dt. Meister im Rudersport. F.: 1973 Grdg. Joachim Gohde, Fenster u. Türen, 1979 eingebracht in d. H.W. Ibsen GmbH, 1984 Grdg. d. Firma Gohde Immobilien, 1990 Grdg. Glaszentrum Madeburg GmbH mit Bernd Schulze. P.: Initiator wohltätiger Veranstaltungen, Veröff. in d. Presse. H.: Sport, Natur.

Göhde Wolfgang Dr. rer. nat. Prof. *)

Gohl Angelika Waltraud Magdalena

B.: Dipl.-Soz.Arb., Leiterin d. Sozialdienst. FN.: Ruppiner Kliniken GmbH. DA.: 16816 Neuruppin, Fehrbelliner Str. 38. PA.: 16816 Neuruppin, Zur Keglitz 15 h. G.: Neuruppin, 28. Aug. 1950. V.: Dr. Karl-Heinz Gohl. Ki.: Daniel (1970), Diana (1974), Benjamin (1991). El.: Helmut u. Waltraud, geb. Engfer. S.: 1967 Mittlere Reife, 1967-69 Berufsausbildung Protokollantin, 1985-89 Fernstud. Gesundheitsfürsorgerin, 1990-92 Weiterbildung Bundesdeutsches Recht, Gleichstellungsantrag: anerkannte Sozialpädagogin mit Nachdiplom. K.: 1969-70 Tätigkeit Amtsgericht, 1975-85 nach d. Erziehungsjahr Arztsekretärin d. Ruppiner Landesklinik, 1985-89 Hilfsfürsorgerin, ab 1989 m. Abschluss d. Stud.: Sozialarbeiterin, seit 1991 Ltr. d. Sozialdienstes d. Ruppiner Kliniken. BL.: spezialisiert auf Erbrecht, Patienten- u. Vorsorgeverfügungen sowie d. Betreuung psychisch kranker Straftäter. P.: Mitautorin d. Buches "Und über allem wacht d. rote Max" (2000). E.: Bronzene u. Silberne Feder d. Autorenschule d. Weltbildverlages, Hader-med. in Bronze, Silber, Gold. M.: Landesverband f. Angehörige psychisch Kranker, Hospiz-Verein. H.: klass. Musik, kleine Geschichten schreiben, Fremdsprachen, Reisen, sehr interessiert an internat. fachl. Gedankenaustausch.

Gohl Dietmar Dipl.-Betriebswirt (FH) *)

Gohl Manfred *)

Gohla Monika

B.: Bürokauffrau, Gschf. FN.: Kassen- u. Chipkartensysteme GmbH. DA.: 51107 Köln, Lützerathstr. 109. G.: Köln, 11. Okt. 1968. El.: Walter u. Christa Charlotte Gohla, geb. Heitmann. S.: 1985 Mittlere Reife Köln, 1985-88 Ausbildung als Figaro, 1988-90 Schwerpunkt Bürokauffrau, 1990 Abschluss. K.: 1990-94 A.F.C. gesamt Buchhaltung durchgeführt u. Computer, 1994-99 Köln-Hamburg A.F.C. Gruppe aufgebaut, seit 1998 Prok. b. A.F.C., seit 1999 Gschf. P.: Messeauftritte, Computerzeitschrift. M.: Sportver., Tennisver., Schwimmver. H.: Kunst, Bilder.

Göhler Evelyn Dr. med. Dr. med. dent.

B.: Zahnärztin, FA f. Mund-, Kiefer- u. Gesichtschir. DA.: 91126 Schwabach, Südliche Ringstr. 7. dr.e.goehler@freenet.de. G.: Bamberg, 27. Juli 1954. El.: Fritz u. Maria Göhler. S.: 1970 Mittlere Reife, 1970-73 Lehre Bankkfm. Commerzbank Bamberg, Bankkauffrau Dresdner Bank Bamberg, 1978 Abitur, 1978-83 Stud. Med. Erlangen, 1981 1. Staatsexamen, 1983 2. u. 1984 3. Staatsexamen, Approb., 1984-88 Stud. Zahnmed. FAU Erlangen, 1986 Prom. Dr. med.,1988 Staatsexamen u. Approb., 1992 Prüf. Oralchir., 1993 FA-Prüf. Mund-, Kiefer- u. Gesichtschir., 1995 Anerkennung f. plast. OP, 1996 Prom. Dr. med. dent. K.: 1996 OA an d. Klinik f. Kiefer- u. Gesichtschir. in Stuttgart, 1997-99 Ass. in d. Praxis DDr. Gottsauer in Nürnberg, 1998 Zertifizierung f. Implantologie, seit 1999 ndlg. Ärztin in Schwabach m. Schwerpunkt Implantologie u. Behandlung in Hypnose. M.: Verb. Dt. Kieferchirurgen, Verb. d. implantolog. Zahnärzte, DGZH. H.: Lesen, Reisen, traditionelle chines. Medizin, Akupunktur.

Göhler Gerhard Dr. Prof. *)

Göhler H.-Heiner *)

Göhler Jörg *)

Göhler Marion

B.: RA, Notarin. DA.: 12621 Berlin, Heinrich-Grüber-Str. 19. PA.: 12623 Berlin, Grenzstr. 28. G.: Prenzlau, 9. Jan. 1955. V.: Hans-Heiner Göhler. Ki.: Juliane (1978), Katharina (1982). El.: Werner u. Margot Peters. S.: 1973 Abitur Pasewalk, 1973-74 Praktikum b. Gericht in Pasewalk, 1974-78 Jurastud. HU Berlin, Dipl.-Juristin. K.: 1978-80 Notarass. Staatl. Notariat Berlin, 1980 Notarberufung, 1986-89 Ltr. Notariatsaußenstelle Hellersdorf, s. 1990 selbst. H.: Kurzgeschichten lesen, Kochen.

Göhler Wolfgang Dr.-Ing. habil. Dipl.-Phys. *)

Göhlich Dieter *)

Gohlke Arnold *)

*) Biographie www.whoiswho-verlag.ch oder beigefügte CD-ROM

Gohlke Elke *)

Göhmann Hans-Ulrich

B.: Gebietsrepräsentant. FN.: Arag Allg. Rechtschutz-Vers. AG. DA.: 38444 Wolfsburg, Stralsunder Ring 23. 3200773 50229@t-online.de. www.arag.de. G.: Wolfsburg, 13. Aug. 1948. V.: Evi, geb. Walter. Ki.: Thomas (1968). El.: Kurt Göhmann. S.: 1964-67 Lehre Ind.-Facharb. K.: ab 1968 Ang. d. Firma VW, 1971-72 Bundeswehr, seit 1973 selbst. Vers.-Fachmann f. d. Arag. M.: Vorst.-Mtgl. im Ortsclub Wolfsburg d. ARCD, VDK, Mitgrdg. u. Präs. d. Fanclub "die VFL-50-iger" in Wolfsburg. H.: Fußball, Münzen sammeln, Reisen, Miniaturfläschchen sammeln.

Göhmann Peter Dr. rer. nat. Dipl.-Chem.
B.: Unternehmensberater. FN.: UPG Unternehmensberatung. DA.: 39122 Magdeburg, Blumenberger Str. 76. G.: Tangerhütte, 3. März 1944. V.: Bürgit, geb. Eichelbaum. Ki.: Marit (1971), Grit (1976), Ingmar (1978). El.: Otto u. Erna, geb. Krüger. S.: 1962 Abitur Stendal, Ausbild. als Schlosser 1962, Chemielaborant 1964 u. Dipl.-Chem. 1969 Univ. Halle-Wittenberg, 1974 Prom. K.: 1969-90 wiss. Mitarb. b. 1979, Fachgebiets- u. Betriebsabt.-Ltr. b. 1984 sowie stellv. Prod.-Dir. Fahlberg-List Chem. u. Pharmazeut. Fbk. Magdeburg, ab 1985 Dir. f. Produktion, 1990-92 Spartenltr. chem.-techn. Erzeugnisse sowie Pflanzenschutz Fahlberg-List GmbH, 1992-95 Gschf. Hermania Dr. Schirm GmbH Schönebeck b. 1993, danach Behrens, Keil & Lorenz OHG Univ.-Buchhdlg. Magdeburg, seit 1995 selbst. Unternehmensberater. P.: zahlr. Patente u. andere Veröff. zu Synthesemöglichkeiten in d. Chemie u. zu grundsätzl. techn. Fragen. M.: Qualitätsmanagement-Club Magdeburg, Ges. Deutscher Chemiker. H.: Heimwerken, Reisen.

Göhner Reinhard Dr. iur.
B.: RA, MdB. FN.: Dt. Bundestag. DA.: 11011 Berlin, Platz d. Republik 1. G.: Bünde, 16. Jan. 1953. V.: verh. Ki.: 4 Kinder. S.: Abitur, Stud. Rechtswiss., Soz. u. Wirtschaftswiss. Bielefeld u. Münster. K.: 1971 Eintritt CDU, 1972 Wahl z. Mtgl. d. CDU-Kreisvorst. in Herford, 1977-79 wiss. Mitarb. Univ. Bielefeld, 1978 1. Jur. Staatsprüf., 1978-86 Landesvors. d. Jungen Union (JU) Westfalen-Lippe, 1979 Prom. Dr. iur., 1979-83 Mtgl. d. Landschaftsversammlung Westfalen-Lippe, 1979-90 Mtgl. d. Kreistages im Kreis Herford, 1981 2. Jur. Staatsprüf., RA in Bünde, 1981-90 Hauptgschf. d. Fachverbandes d. Serienmöbelbetriebe d. Handwerks, 1981-83 stellv. Landesvors. d. CDU Westfalen-Lippe, seit 1983 MdB, 1985-86 stellv. Landesvors. d. CDU Westfalen-Lippe, seit 1986 Mtgl. d. LVorst. d. CDU Nordrhein-Westfalen, 10/92 Mtgl. d. CDU-Bundesvorstandes, 1986-91 Vors. d. Aussch. f. Umwelt, Naturschutz u. Reaktorsicherheit im Dt. Bundestag, seit 1989 Lehrbeauftragter Univ. Bielefeld, 1/91-1/93 Parlamentar. Staatssekr. b. Bundesminist. d. Justiz, 1/93-11/94 Parlament. Staatssekr. beim Bundesminister für Wirtschaft, 1994-96 Hauptgschf. d. Verbandes d. Westfälischen Holzindustrie - u. Kunststoffverarbeitung u. d. Verbandes d. Dt. Polstermöbelindustrie, s. 9/91 Vors. d. Grundsatzprogramm-Kmsn. d. CDU; Präsidiumsmtgl. u. Hauptgschf. d. Bundesvereinigung d. Dt. Arbeitgeberverbände (BDA). (Re)

Gohr Rüdiger *)

Göhr Hermann Franz Dr. phil. nat. Prof.
B.: Extraordinarius f. Physikal. Chemie. FN.: Univ. Erlangen-Nürnberg. PA.: 91052 Erlangen, Reichswaldstr. 32a. G.: Nürnberg, 17. Jan. 1928. V.: Martha, geb. Schnappauf. Ki.: Jutta, Thomas, Arnold. El.: Franz u. Franziska. S.: Stud. Physik, Prom. K.: Habil., Extraordinarius f. Physikal. Chemie Univ. Erlangen-Nürnberg. P.: zahlr. Veröff. M.: Dt. Bunsen-Ges., Intern. Society of Electrochemistry, Electrochemical Society. H.: Musik.

Göhr-Oelsner Marlies
B.: Ehem. Profi-Leichtathletin. PA.: 07745 Jena, Strigelstr. 4. G.: 21. März 1958. K.: Größte sportliche Erfolge: lief 1977 als erste Sprinterin d. Welt, d. 100m unter d. elektron. 11-Sekunden-Grenze in 10,88 sec u. verbesserte diese Marke 1983 auf 10,81 sec, wurde 1983 Weltmeisterin über 100m u. in d. 4x-100m-Staffel; 3x Europameisterin.

Göhring Andreas Dr. phil. *)

Göhring Claudio Dr. med. dent.

B.: Zahnarzt. DA.: 48143 Münster, Verspoel 21. dr.claudio.goehring@t-online.de. G.: Münster, 12. Mai 1967. V.: Jutta, geb. Klaverkamp. Ki.: Julian (1999). El.: Wilhelm u. Mariele, geb. Benneweg. S.: 1986 Stud. Zahnmedizin an d. Westfälischen Wilhelms-Univ. Münster, 1988 Naturwiss. Vorpruf., 1990 Zahnärztl. Vorprüf., 1994 Zahnärztliche Prüf., 1994 Approb. K.: 1995-96 Ass. Zahnarzt in Münster, 1997 Prom. P.: Veröff. u. Diss.-Arb. in d. Fachzeitschriften. M.: Hartmann Bund. H.: Modellsammlung (Autos), alte Autos, Sport.

Göhring Gunter Dipl.-Ing. *)

Göhring Joachim Dr. iur. Dr. sc. iur.
B.: Prof. f. Zivilrecht u. Zivilverfahrensrecht, Jurist, Rechtsanwalt. FN.: Rechtsanwaltskanzlei Prof. Dr. sc. iur. Joachim Göhring & Dr. jur. Marcus Mollnau. DA.: 10402 Berlin, Storkower Str.158. G.: Berlin, 5. Dez. 1931. V.: Dr. George, geb. Ludwig. Ki.: 3 Kinder. S.: 1949 Abitur Berlin, Stud. Rechtswiss. Humboldt-Univ. zu Berlin, 1962 Diss. Dr. iur., 1971 Dr. sc. iur. K.: wiss. Mitarb. u. HS-Doz. Humboldt-Univ., 1973-93 Prof. P.: 15 Bücher, 22 Buchbeiträge, 143 Beiträge in d. Fachliteratur. M.: 1990 Präs. d. Mieterbundes d. DDR.

Göhring Thomas Dipl.-Ing.
B.: Gschf. Ges. FN.: Bernd Rolf Schmidt Ing.-Ges. Haustechnik Wolfsburg mbH. DA.: 38440 Wolfsburg, Mecklenburger Str. 7. schmidt_ingges.wob@t-online.de. G.: Eberswalde, 23. März 1968. V.: Dipl.-Ing. Manuela, geb. König. Ki.: Max (2001). S.: b. 1986 Lehre z. Heizungsinstallateur b. d. VEB TGA Hennickendorf b. Straußberg, anschl. Facharb. im Ausbild.-Betrieb, 1987-88 Grundwehrdienst b. d. NVA, 1988-92 Stud. Versorgungstechnik an d. Fachschule Erfurt. K.: 1992-93 Planer/Projektant bei der Firma Balcon GmbH in Berlin, 1993-96 selbst. m. einem Ing.-Büro f. Haustechnik in Gardelegen, seit 1996 ang. Planer (Projektant) bei der Firma Bernd Rolf Schmidt in Wolfsburg, 2000 Übernahme d. Firma Bernd Rolf Schmidt in Wolfsburg. M.: Musikzug d. Freiwilligen Feuerwehr Mieste, Männerchor 1957 e.v. Mieste. H.: Chorgesang, Musik, Radfahren, Haus u. Garten.

*) Biographie www.whoiswho-verlag.ch oder beigefügte CD-ROM

Göhringer Werner

B.: staatl. geprüfter Augenoptikermeister, Gschf. FN.: Göhringer Optik GmbH. GT.: Organ. gr. Schachturniere in Berlin. DA.: 14532 Kleinmachnow, Promenadenweg 45. G.: Lahr/Baden, 20. Nov. 1929. V.: Gudrun, geb. Pabel. Ki.: Stefan (1955), Kristian (1963). El.: Hans u. Gertrud, geb. Burger. S.: 1947 Berufsschule u. Lehre als Augenoptiker in Freiburg, 1954 Staatl. Fachschule - Ausbild. z. Augenoptikermeister. K.: 1954-60 Augenoptikermeister in versch. Stellungen in Frankfurt/Main u. im Ruhrgebiet, 1960 Übersiedlung nach Berlin, seit 1966 selbst. m. eigenem Optikgeschäft in Berlin Neukölln, seit 1996 Neugrdg. d. Göhringer Optik GmbH in Teltow. P.: Art. in Fachzeitschriften z. Thema Gleitsichtgläser. E.: vorderste Plätze im Turnierschach. M.: Berliner wiss. Ges. f. Augenoptiker u. Optometrie, Vorst.-Mtgl. im Berliner Schachverb. H.: seit d. 17. Lebensj. passionierter Schachspieler.

Gojic Vera Dr. med. *)

Gök Musa
B.: Unternehmer, Inh. FN.: Aslan Warenvertriebs GmbH. DA.: 33605 Bielefeld, Oldentrupper Str. 145. PA.: 33397 Rietberg, Güterloherstr. 47. aslanwarenvertr.@aol.com. G.: Nusaybin, 1. Jän. 1962. V.: Hane. Ki.: Johannes (1983), Mathias (1986), Elis (1988), Julia (1992). BV.: syr.-orthodoxe Vorfahren. S.: 1982 HS Rheda-Wiedenbrück. K.: 1982 Ltr. v. 4 Lebensmittelgeschäften in Gütersloh, 1992 Grdg. u. Gschf. Ges. d. Aslan Warenvertriebs GmbH als Lebensmittelgroßhdl. u. türk. u. griech. Spezialitäten, Eröff. d. Filiale in Bielefeld. H.: Beruf, Familie.

Gökcin Güven *)

Gökelma Yusuf Tip Dr. *)

Golatta Ronald *)

Golch Felix Dr. med. *)

Golch Gudrun *)

Gold Jack
B.: Filmregisseur. PA.: GB-London N103DP, 24 Wood Vale. G.: London, 28. Juni 1930. K.: Filme u.a. "Tonight, Death in the Morning" 1964, "The Naked Civil Servant" 1976, "A Lot of Happiness" 1983, "Escape from Sobibor" 1987, "The Lucona Affair" 1993.

Gold Manfred *)

Gold Norbert *)

Gold Peter Dipl.-Ing. *)

Gold Rainer Robert
B.. Gschf., Inh. FN.: Big Fish Filmprod. GmbH. DA.: 10119 Berlin, Linienstr. 214. rgold@bigfish.de. www.bigfish.de. G.: Berlin, 26. Sep. 1970. El.: Dr. Rainer u. Dr. Christina. S.: 1989 Abitur, 189-92 div. Praktika, 1990-91 Stud. Musikwiss. FU Berlin, 1992-97 Stud. Ges.- u. Wirtschaftskommunikation

HdK Berlin mit Abschluß Dipl.-Kommunikationswirt. K.: 1992-95 Regieass. u. Aufnahmeleiter u.a. bei Film- u. Fernsehprod. in Babelsberg, 1995-97 Autor und Producer-Ass. bei Synergy-Film, seit 1997 freier Mitarb. u. 1997 Gründung d. Filmprod. Big Fish m. Schwerpunkt Werbefilme, mod. u. witziges Genré als reine Berliner Prod., 2000 Gründung d. GmbH als Gschf. Ges. H.: Musik, Tennis, Komposition u. Text.

Goldammer Gerd Dr. habil. Prof. *)

Goldammer Hans-Joachim

B.: Kfm., Gschf. Gesellschafter. FN.: GOLDAMMER Soft & Hardware Entwicklung GmbH. DA.: 38440 Wolfsburg, Schlosserstr. 6. www.goldammer.de. G.: Wolfsburg, 18. Sep. 1960. El.: Joachim u. Ingeborg. S.: Ausbild. z. Elektroinstallateur b. d. Firma Ellermann in Wolfsburg. K.: 1979 Tätigkeit f. eine Montagefirma auf Ind.-Montage in Deutschland, 1981 Begabtenprüf. in Hamburg, Schulkurse b. d. VHS, 2 1/2 J. Stud. E-Technik, 1986 Ausbild. z. Informationselektroniker, Elektroniker im VW-Werk Wolfsburg, 1989 nebenberufl. Grdg. d. Firma Goldammer u. 1990 Aufnahme d. Produktentwicklung/Entwurf v. Messdatenerfassungskarten, 1993 Kündigung im VW-Werk u. Grdg. d. Goldammer GmbH. F.: Inh. d. Goldammer Vermögensverw. H.: Tennis, Fitness-Sport.

Goldbach Edgar *)

Goldbeck Joachim

B.: selbst. Steuerberater. DA.: 10629 Berlin, Niebuhrstr. 72. Joachim-Goldbeck@t-online. de. G.: Bochum, 2. Juni 1949. V.: Anke, geb. Liebold. Ki.: 2 Söhne (Michael 1967, Hennig 1979). S.:Lehre, b. 1974 Ausbild. Steuerfachgehilfe, 1974-75 Ausbildung Steuerbev. K.: 1974 Prüfung Steuerbev., 1976 Eröff. d. eigenen Steuerkzl., 1980 Prüfung Steuerberater, Funktionen: 15 J. Sprecher d. Dt. Kanuverb. u. intern. Wettkampfrichter, 1985 Grdg. d. ersten Privatrundfunksenders in Berlin Hör 1, Radio 2000, Neues Radio Berlin u. jahrel. tätig als Rundfunkmoderator. P.: 5 Bände Dokumentation Kanurennsport - alle Werke ausgestellt im Olymp. Museum d. IOC in Lausanne. E.: Maitre d. Comptes in d. Champagner.Bruderschaft Confrérie du Sabre d'Or. M.: Dt. Kanuverb., Ritter in d. Champagner - Bruderschaft Confrerie du Sabre d'Or. H.: Wildschafzucht, klass. Musik, Lesen, Eisenbahn.

*) Biographie www.whoiswho-verlag.ch oder beigefügte CD-ROM

Goldberg David *)

Goldberg Rolf Dr. med. Ing.
B.: Arzt f. HNO-Heilkunde. GT.: seit 2000 Gutachter f. d. Nordwestdeutsche Metallberufsgenossenschaft. DA.: 38442 Wolfsburg-Fallersleben, Schulzen Hof 6. G.: Wolfsburg, 8. Mai 1944. V.: Maria. Ki.: 5 Kinder. S.: 1960 Mittlere Reife Wolfsburg, b. 1963 Lehre z. Chemielaborant b. d. Volkswagen AG in Wolfsburg, Chemielaborant b. VW, 1964 Technikerschule in Braunschweig m. Abschluss Chemotechniker, 1965 ang. Chemotechniker b. VW in Wolfsburg, 1966-67 Grundwehrdienst b. d. Bundeswehr, 1968-71 Stud. z. Chemieingenieur an d. Ingenieurakademie in Berlin Beuth. K.: 1972-74 Chemieingenieur b. VW in Wolfsburg, 1974-77 Laborleiter b. VW in Nigeria, 1977-79 Stud. d. Humanmed. an d. FU Berlin b. z. Physikum, danach klinisches Stud. an d. Univ. Göttingen, anschließend Ass. in d. Herzchirurgie an d. Univ.-Klinik in Göttingen, 1983-88 FA-Ausbildung z. HNO-Arzt im Stadtkrankenhaus Wolfsburg, 1985 Prom. z. Dr. med., 1989 Ndlg. in eigener HNO-Praxis in Wolfsburg-Fallersleben. M.: Turmorzentrum Südostniedersachsen, HNO Berufsverband. H.: Beruf, Reisen, Sport.

Goldberg Walther *)

Goldberg Werner *)

Goldberger Kurt B. Sc. *)

Goldbrunner Josef Dr. *)

Goldbrunner Michael *)

Golde Hans-Dieter *)

Golde Sabine *)

Goldenbogen Sigurd Dr. *)

Golder Markus Dipl.-Ing.

B.: Entwicklungsing., Inh. FN.: DIMAGO. DA.: 76137 Karlsruhe, Jollystr. 17. G.: Karlsruhe, 28. Feb. 1970. S.: 1990 Abitur Ettlingen, 1991-97 Stud. Maschinenbau TU Karlsruhe, seit 1999 Doktorand Inst. f. Fördertechnik d. TU Karlsruhe. K.: 1997-98 Entwicklungsing. f. Seilzüge, Krankomponenten u. Steuerungen d. Firma R. Stahl Fördertechnik GmbH, seit 1999 selbst. m. Ind.-Beratung u. Konstruktionslösungen. E.: 1997 Dr. Ing. W. Höfler-Preis. H.: Musik, Motorradfahren, Reisen.

Goldfine Yitzhak Dr. jur. *)

Goldflam Stanislav Dr. rer. nat. *)

Goldfuß Horst Adolf *)

Goldfuß Ralf
B.: Werbetechniker, Grafiker, Inhaber. FN.: Graphic Arts. GT.: 1998 Inh. Disco "DOS", Heilbronn, 1999-2000 Disco "Pauls", Organisation v. Deutschland-Tourneen, ab 2000 Marketing-Events, 2001 Grdg. d. Agentur f. Event-Marketing "deco.de". Gschf. DA.: 74078 Heilbronn, Biberacher Str. 14.

info@graphic-arts-hn.de. www.graphic-arts-hn.de. G.: Heilbronn, 8. Feb. 1972. El.: Willi u. Beate, geb. Dörr. S.: 1991 Abitur, 1991-94 Lehre als Schilder- u. Lichtreklamehersteller. K.: 1994 selbständig als Werbeagentur Graphic Arts Ralf Goldfuß, div. Logo-Entwicklungen, u.a. "Freddy + Po's", 1996-99 Pionier im Bereich Business-Card Strukturvertrieb bundesweit, ab 1999 mit regionalen Partnern, 1996 Hrsg. u. Produktion "Game aktuell", 1996-98 Gschf. Ges. PM Publishing + Mediaservice GmbH, Hrsg. u. Graphik, "Ebbes - die Stadtillustrierte", 1999 Produktionsleitung "Moritz Stadtmagazin", seit 2001 Grafik + Layout "Freizeit Journal". H.: b. 1998 aktiv Fußball, heute Beruf.

Goldfuß Thomas *)

Goldhahn Benita E.

B.: Immobilienhändlerin. FN.: Goldhahn Immobilien. DA.: 04155 Leipzig, Villa Goldhahn, Poetenweg 26, Schloß Püchau u. Schloß Zedlitz bei Leipzig. G.: Leubnitz, 10. Apr. 1955. Ki.: Julia (1980), Alfred (1995). BV.: Lothar Goldhahn - Wiederentdecker d. Leipziger Gose. S.: 1973 Abitur in Plauen, Stud. Math. Univ. Leipzig, Stud. Ökonomie Univ. Leipzig. K.: 1980 Managerin im Hotel Merkur in Leipzig, 1990 Vorst.-Mtgl. u. Marketingclubs, Aufbau eines Tochterunternehmens f. d. Bayr. Bank als Ndlg.-Ltr., 1995 Aufenthalt in England u. Ausbild. in Management f. Immobilienhdl. u. Wirtschaft, seit 1993 selbst. Immobilienmaklerin m. Schwepunkt denkmalgeschützte Immobilien. BL.: seit 1998 Veranstaltung v. zahlr. Führungen durch d. Schloß Püchau, Vorlesungen, Bewahrung u. Konservierung v. Historischem. P.: zahlr. Art. in Presse, Funk u. Fernsehen, Filme in Schloß gedreht u.a. "Das verschwundene Bernsteinzimmer" H.: Gedichte, Geschichte, Architektur, Philosophie, Autobiographien., Klavier spielen.

Goldhammer Klaus
B.: Dipl.-Jurist, RA. DA.: 39418 Staßfurt, Gollnowstr. 11. PA.: 39418 Staßfurt, Häuerstr. 39. G.: Staßfurt, 19. Juni 1954. V.: Karin, geb. Witzel. El.: Hans-Joachim u. Ingrid, geb. Burgau. S.: 1973 Abitur Magdeburg, Armeezeit, Lt. d. Res., 1980 Studienabschluß als Dipl.-Jurist Humboldt-Univ. Berlin. K.: 1980-89 Richter an Kreisgerichten u. am BG in Magdeburg, 1 J. Dir. eines Kreisgerichtes u. 1 J. als Justitiar, seit 1991 selbst. als Einzelanw. in Staßfurt, Zulassungen f. d. LG Magdeburg u. seit 1996 f. d. OLG Naumburg, seit 2000 wurde Einzelkanzlei z. Sozietät erweitert. P.: mehrere Fachart. über zivilrechtl. Fragen in d. Neuen Justiz. M.: Fallschirmjäger-Traditionsverband e.V. H.: Musik, Schach, Judo, Fallschirmspringen.

Goldkuhle Manfred Adolf
B.: 2. Bürgermeister, Stadt- u. Kreisrat. PA.: 97753 Karlstadt, Richard-Wagner-Str. 1. G.: Würzburg, 18. Apr. 1953. V.: Gudrun, geb. Köberlein. S.: Ausbild. als Sozialvers.-Fachang.,

verbeamtet im gehobenen Dienst b. d. AOK Bayern. K.: b. 1973 b. d. Dion. Würzburg, danach Übernahme, 1973-84 Tätigkeit in d. Geschäftsstelle Karlstadt u. hier zuständig f. d. Leistungsbereich, ab 1984 zuständig f. d. Aufbau d. Außendienstes f. d. Kundenakquisition für Berufsanfänger für d. Kreise Würzburg Stadt u. Land, sowie Main-Spessart u. Kitzingen, b. 1993 in diesem Bereich tätig, seit 1993 Schulreferent d. AOK Dion. Würzburg, Schwerpunkt Sozialkundeunterricht in allen Schulgattungen v. HS b. z. Univ. E.: Träger d. Kulturehrenbriefs d. Stadt Karlstadt. M.: Freundeskreis d. Herold-Stiftung Karlstadt, Organist, Kantor, Kreischorleiter, Titularorganist St. Andreas in Karlstadt, Mtgl. d. Diözesankirchenmusikkommission Würzburg, Vors. d. Europ. Partnerschaftskomitees zwischen Mühlbach ob Gais u. Mühlbach in Franken, Stadtteil d. Kreisstadt Karlstadt, Stellv. Kreisvors. d. CSU Main-Spessart, CSU Ortsvors., Ritter d. Tempelherrenordens u. Schatzmeister d. Tempelherrenhospizvereins Augsburg e.V., Vors. d. Pfarrgemeinderates St. Andreas, Karlstadt. H.: Musik, Kunst, Reisen im Mediteranen Bereich.

Goldmann Albrecht Dr. rer. nat. Prof. *)

Goldmann Birgit *)

Goldmann Friedrich Prof. *)

Goldmann Günter

B.: RA. DA.: 13156 Berlin, Grabbeallee 62. G.: Jena, 29. Apr. 1941. V.: Dipl.-Ing. Elke, geb. Karpf. Ki.: Sven (1972). El.: Paul u. Martha. S. 1957 Mittlere Reife Jena, 1957-60 Lehre als Feinmechaniker b. Carl-Zeiss Jena, 1960-62 Versuchsmechaniker b. Carl-Zeiss Jena, 1962-64 Wehrdienst, 1964-67 Fachschule f. Außenhdl. "Josef Orlopp" in Berlin. K.: 1967-90 tätig in einem d. größten Außenhdls.-Unternehmen d. DDR b. "Unitechna", später "Textima" als Außenhdls.-Ökonom u. persönl. Berater d. Geschäftsltg., 1970-75 Stud. Jura an d. HU Berlin, Dipl.-Jurist, seit 1991 Zulassung als RA, selbst. m. eigener Kzl. in Berlin, Tätigkeitsschwerpunkte: allg. Zivilrecht, speziell Verkehrsrecht, Erbrecht, Wirtschafts- u. Ges.-Recht, Strafrecht. BL.: Lektor speziell z. Auslandsrecht u. Wirtschaftsfragen, Spezialist f. d. Abwehr v. Ansprüchen. P.: Mitarb. an versch. Publ. in d. DDR. M.: WirtschaftsR., RA-Kam. H.: Skifahren, Schwimmen.

Goldmann Hans-Michael

B.: MdB. FN.: Deutscher Bundestag. DA.: 11011 Berlin, Platz d. Republik 1. PA.: 26871 Papenburg-Aschendorf, Poststr. 32. hans-michael.goldmann@bundestag.de. G.: Hildesheim, 1. Juli 1946. V.: Brigitte geb. Weyer. Ki.: Stephan (1973), Mareike (1976), Anna-Kristina (1980). EL.: Dr. med. vet. Theodor, Gisela geb. Ohlms. BV.: Onkel Pater Gereon OFM Missionar in Tokyo, bekannt als "Lumpensammler von Tokyo". S.: 1957-63 Gymn. Papenburg, 1963-64 Höhere Han-

delsschule in Leer, 1964-67 Wirtschaftsgymn. Oldenburg, Abitur, 1967-72 Stud. Veterinärmed. an Tierärztl. HS Hannover, 1972 Examen u. Approb., 1972-74 Sonderausbildg. Höheres Gewerbl. Lehramt, Braunschweig. K.: 1974-90 Berufsbildende Schulen in Leer, 1981 Studiendir., Fachltr. f. Ernährungsgewerbl. Berufe an Studienseminar Leer, b. später Oldenburg, 1981 Bürgerinitiative Aschendorfer Interessengemeinschaft, seit 1981 Ortsbürgermeister Aschendorf, 1986 Eintritt in FDP, 1986 Grdg. Ortsverband Aschendorf, 1986-97 FDP-Ortsvors. Aschendorf, seit 1990 Mtgl. Landesvorst. FDP, 1990-94 MdL Niedersachsen, seit 1994 stellv. Vors. Rudolf von Benningsen Stiftung, 1994-98 Fachberater f. Ernährungsgewerb. Berufe b. Bezirksregierung Weser/Ems in Oldenburg, 1994-98 Mtgl. Bundesvorst. FDP, 1998 Spitzenkandidat d. niedersächs. FDP bei Landtagswahl, seit 1998 MdB, Wahlkreis Unterems, o.Mtgl. Ausschuß f. Verkehr, Bau u. Wohungswesen, Sprecher d. FDP-Bundestagsfraktion f. Wohnungsbau, Häfen, Schiffahrt, stellv. Mtgl. Ausschuß Ernährung, Landwirtschaft u. Forsten. P.: in Neue Osnabrücker Zeitung, Nordwestzeitung Oldenburg, Wohnungspolit. Informationen. M.: Heimat- u. Bürgerverein Aschendorf, TuS Aschendorf, Maritime Informationsgruppe Wilhelmshaven, Ges. f. Dt.-Jüd. Zusammenarbeit. H.: Sport, Fußball, Tennis, Radfahren, Tiere, Kutschfahrten. Sprachen: Englisch, Spanisch, Reisen nach Italien u. Niederlande. (Re)

Goldmann Klaus Dr. rer. nat.

B.: Archäologe, Oberkustos. FN.: Museum f. Vor- u.Frühgeschichte, Staatl. Museen zu Berlin, Preußischer Kulturbesitz. DA.: 14059 Berlin, Schloß Charlottenburg, Langhansbau. PA.: 14057 Berlin, Suarezstr. 27. G.: Guben, 29. Apr. 1936. V.: Annelies, geb. Peters. Ki.: Detlev (1964), Antje (1968). El.: Herbert u. Sidonie, geb. Steine. S.: 1957 Abitur, techn. u. kfm. Praktikum, Stud. Wirtschaftsing. TU Berlin, 1963 Stud. Ur- u. Frühgeschichte FU Berlin u. Univ. Köln, Teilnahme an zahlr. Ausgrabungen, 1970 Prom. Dr. rer.nat. K.: 1970 Archäolog. Landesamt Berlin, 1971 wiss. Ang. u. Kustos am Museum f. Vor- u. Frühgeschichte Berlin, seit 1973 verantw. f. Planung, Rekonstruktion u. Betrieb d. Museumsdorfs Düppel in Berlin, seit 1991 wiss. Beirat d. archäolog. Freilichtmuseen Groß-Raden u. Oerlinghausen, seit 1997 wisst. Beirat Stiftung Stadtmuseum Berlin. E.: Entdeckung "kriegsgefangener" Kunst: Dom-Schatz Quedlinburg, "Schatz des Priamos". P.: zahlr. Aufsätze in Veröff. d. Museen, Fachpubl. u. Buchpubl: "Vernichtet, verschollen, vermarktet", m. G. Wermusch (Mut-Verlag, 1992). E.: 1995 BVK. M.: Grdg.-Mtgl. u. Vors. "Museumsdorf Düppel e.V."; Mtgl. Berliner Ges. f. Anthropologie, Ethnologie u. Urgeschichte u. Berlin-Brandenburg. Museumsexpertenkomsn.

Goldmann Ludwig

B.: Privatier. FN.: G&R GmbH Investmentfondsvermittlung. DA.: 30659 Hannover, Osterforth 12. Lgoldmann@t-online.de. G.: Darmstadt, 10. März 1939. V.: Hannelore, geb. Fischvoigt. S.: 1957 Lehre Maschinenschlosser, Abschluß m. Ausz., 1960 Abitur Abendgymn., Stud. Maschinenbau TH Darmstadt, 1964 Abschluß Ing. K.: 1964-73 Firma Pittler AG in Langen als Konstruktionsing., Systemprogr. u. Mitentwicklung d. Software AUTOPIT u. EXAPT f. NC-Werkzeugmaschinen, Mtgl. im Arb.-Kreis d. Werkzeugmaschinenindustrie, sowie Aufbau u. Ltg. d. Kd.-Schule, 1973-86 Vertriebsleiter Datentechnik d. Firma Standard-Elektrik-Lorenz AG in H,

---

*) Biographie www.whoiswho-verlag.ch oder beigefügte CD-ROM

Goldmann

HH u. F, parallel Studium Wirtschaftswiss. inclusive Banken- und Börsenwesen an der Fern-Univ. Hagen, 1986 Leitung d. Ndlg. der Firma Ericsson in Frankfurt, 1987 Gschf. d. GEVA-Datentechnik in Aachen, 1988-90 Leitung d. Ndlg. d. Firma Racal Milgo in Hamburg, 1990-94 Mtgl. d. MFK in d. Siemens AG / Siemens-Nixdorf AG, 1994 Gründung d. Firma Ludwig Goldmann Kapitalanlagen in Hannover u. 1998 Umfirmierung z. G&R GmbH Investmentfondsvermittlung gemeinsam mit d. Ehefrau u.a. mit Geschäftstätigkeit auch im europ. Ausland, 2001 Mtgl. d. AufsR d. FirmaTriwas AG in Trier. M.: FDP, Tennisv. H.: Aufofahren, Sport, Lesen, Oper, Reisen, Foto / Videoaufnahmen.

Goldmann Maritta Dipl.-Ökonom

B.: Badeinrichter, Inh. FN.: Goldmann GmbH. DA.: 10405 Berlin, Rykestr. 51. G.: Bautzen, 27. Sep. 1952. V.: Herbert Goldmann. Ki.: Florian u. Julia (1986). El.: Manfred u. Helga Ecke, geb. Wünsche. S.: 1971 Abitur Halle/Saale, 1971-72 Stud. Math. Ukraine, 1972-73 Ausbild. Wirtschaftskfm., 1973-78 Stud. Außenwirtschaft Berlin m. Abschluß Dipl.-Ökonom. K.: 1978-88 tätig in versch. Außenhdl.-Betrieben u.a. im Min. f. Außenhdl. u. Außenhlt. f.d. Genußmittel, 1998 Einstieg in d. Familienfirma spez. f. Badeinrichtung u. ökonom. Leistungen, Aufbaustud. Badgestatung u. Innenarch. m. Abschluß Dipl. als Badgestalter. BL.: kreative Badgestaltung m. edlen Materialien u. hohem Bedienungskomfort. P.: Art. in Fachzeitschriften. E.: 1999 Badspezialist, Preisträgerin im bundesweiten Wettbewerb d. Leistungsverbundes, Ausz. d. Zeitschrift "Zuhause Wohnen". M.: Einkaufsverb. SKH. E.: Einrichten, Gestalten, Architektur, Italien.

Goldmann Rudolf A. *)

Goldmann Steffen

B.: Gschf. Ges. FN.: GoGeMa GmbH f. Immobilienmanagement; Goldmann & Co GmbH f. Grundstücksentwicklung. DA.: 10785 Berlin, Schillstr. 9. goldmann@gogema.de. G.: Oranienburg, 1. Sep. 1973. El.: Rudi u. Christine, geb. Zander. S.: 1992 Abitur, 1992-94 Lehre Bankkfm. Landesbank Berlin. K.: 1994-96 Bankkfm. im Bereich gewerbl. Immobilienfinanzierung, 1996-99 Aquisiteur d. Grund- u. Kreditbank, glz. b. 1998 Ausbild. z. Bankfachwirt, seit 1996 selbst. in Unternehmensbeteiligung-Consulting, 1999 Grdg. d. Projektges. Goldmann & Co u. d. Firma GoGeMa-Immobilienmanagement f. Verw. d. eigenen Immobilien m. Schwerpunkt Altbaumodernisierung in Berlin; Funktionen: Ausbild. v. Fachwirten f. d. Grundstücks- u. Wohnungswirtschaft, Doz. f. Schulungen im Immobilienbereich. M.: Stiftungsinitiative d. Dt. Wirtschaft f. Holocaustopfer, Patenkind in Ghana, Golfclub, Havannaclub. H.: Golf, Dt. Oper, Reisen, Hunde.

Goldmann Uwe Dipl.-Ing. *)

Goldmann Walter

B.: Unternehmer. FN.: S. Goldmann GmbH & Co KG. DA.: 33609 Bielefeld, Schillerstraße 79. PA.: 33803 Steinhagen, Schweriner Straße 26. G.: Bielefeld, 30. Apr. 1923. V.: Karin, geb. Heidbreder. Ki.: Dieter (1957), Birgit (1960), Rainer (1966). K.: verfolgter Jude unter d. Nazis, 1939 Emigration nach Schweden, 1939-43 Arb. in einer Textilfbk., 1943-49 Tätigkeit in einer Chem. Reinigung u. Färberei, 1949-53 Lagerarb. im Teppicheinzelhdl. u. kfm. Ang. im Teppichgroßhdl. u. kfm. Ang. in Hdls.-Agentur, 1953 Rückkehr nach Deutschland u. Übernahme d. elterl. Betriebes S. Goldmann GmbH & Co KG, 1967 Erweiterung d. Firma durch Grdg. GKG Goldmann Kunststoffe GmbH & Co KG, 1971 nochmalige Erweiterung Goldmann Produktion GmbH & Co KG Bielefeld u. Bad Oldesloe, 1994 Eintritt in d. Unternehmen Dipl.-Kfm. Rainer Goldmann als Nfg., 1998 Gschf. Ges. Rainer Goldmann. H.: Musik, Tennis, Radfahren, Fußball.

Goldmann Wilfried Dipl.-Ing.

B.: Gschf. FN.: Abwasserzweckverb. "Mittlere Mulde". DA.: 04838 Eilenburg, Maxim-Gorki-Pl. 1. G.: Eilenburg, 26. Sep. 1944. V.: Barbara. Ki.: Dr. Richard. S.: 1963 Abitur, 1963-68 Stud. Ing.-Päd. m. Dipl.-Abschluß TH Chemnitz, 1969-70 Wehrdienst. K.: 1970-77 Wärmeing. im Kraftwerk Eilenburg, 1978-92 Abschnittsltr. im Wasserkraftwerk d. Eilenburger Chemiewerke, 1992-93 techn. Sachbearb. u. Gründung d. AZV, seit 1993 Gschf. des Abwasserzweckverb. zw. Doberschütz u. Krostitz. M.: ATV. H.: Joggen.

Göldner Hans *)

Goldschmidt Anja

B.. Unternehmerin. FN.: Krankenpflegeteam GmbH; Angomed Sanitätshdl. Kiel. GT.: Consulting f. Neugrdg. im Allg. pfleger. Bereich, Erteilung v. Unterricht in Krankenpflegeschulen, Motivationstraining f. Außendienstmitarb. im Allg. DA.: 24114 Kiel, Ringstr. 35. PA.: 24229 Dänischenhagen, Nöhrenkoppel 9B. Anja.Goldschmidt@gmx.de. G.: Cuxhaven, 31. Aug. 1966. V.: gesch. Ki.: Lara Charlotte (1998). El.: Helmut u. Ingrid-Gisela Goldschmidt, geb. Breinich. S.: 1982 Mittlere Reife, 1982-84 Ausbild. z. Arzthelferin Praxis Dr. Kurka, 1984 Abschluß, 1984-97 Ausbild. z. Krankenschwester DRK-Anschar-Schwesternschaft Kiel, 1987 Examen, 1992 Ausbild. z. Pharmaref. Firma Glaxo m. Abschluß. K.: 1984 Praxis Gynäkologe u. Geburtshelfer, 1987-91 Krankenschwester in d. orthopäd.-chir. Klinik Dr. Lubinus Kiel, 1991 stellv. Stationsltg. einer orthopäd.-chir. Station in d. Klinik Dr. Lubinus Kiel, 1991-93 Pharmareferentin im med.-wiss. Außendienst, 1993-94 vertriebsltd. Mitarb. f. d. Softwarebereich b. d. Firma Anyware - Computerservice, 1994 Grdg. u. Gschf. Ges. d. Krankenpflegeteam Kiel GmbH, lfd. Fortbild., 1996 Grdg. Home-Care-Service. P.: Art. im Magazin "Wundreport" Thema Wundversorgung, Art. in d. Kongreßzeitschrift v. Dt. Schmerzkongreß, Thema: Sicherstellung einer suffizienten poststationären Versorgung v. Tumor- u. Schmerzpatienten, Art. im Magazin "Pflegen ambulant", Thema: ambulant geführte Infusionsanalgie b. onkolog. Schmerzpatienten. M.: DBfK, AGH, DGSS, Förderkreis f. Palliativ-Med., Mtgl. d. Pflegekonferenz in Kiel. H.: Sport allg., Kunst, Innenarch., Sprachen, Musik.

Goldschmidt Hanspeter Dr.

B.: Chefarzt. FN.: Spessart-Klinik. DA.: 63619 Bad Orb, Würzburger Str. 7-11. PA.: 63619 Bad Orb, Dr.-Weinberg-Str. 8. G.: Freiburg, 24. Apr. 1942. V.: Almuth, geb. Hagemann. Ki.: Dirk Michael (1971), Imeke (1975), Jan Christoph (1979). El.: Ludwig u. Hanna. S.: 1961 Abitur Lörrach, Med.-Stud. Freiburg u. München, Diss. K.: Städt. KH Lörrach, Städt. Kinderklinik Hildesheim, stv. OA Kinderchir. in Basel, kinderchir. Weiterbildung in London u. Liverpool, FA f. Kinderheilkunde, Kinderkardiologie in d. Univ.-Kinderklinik Münster, s. 1977 Chefarzt d. Spessart-Klinik Bad Orb, Reha-

*) Biographie www.whoiswho-verlag.ch oder beigefügte CD-ROM

Klinik f. Kinder u. Jugendliche. P.: versch. wiss. Veröff. in in- u. ausländischen Fachzeitschriften u. Fachbüchern aus d. Bereichen Kinderchir., Onkologie, Kinderkardiologie u. Sozialpädiatrie. E.: versch. Ehrenämter in Leitungsfunktion im Bereich d. Evangelischen Landeskirche. M.: Mtgl. in mehreren med. Fachges. u. Ltg. v. entsprechenden Ausschüssen. H.: Chor, Bergwandern.

Goldschmidt Heidemarie

B.: Kauffrau, Inh. FN.: Goldschmidt-Moden. DA.: 44314 Dortmund, Asseler Hellweg 135. G.: Plau am See, 18. Jän. 1943. Ki.: Dieter. S.: 1957-60 Höhere Handelsschule, 1960-63 kfm. Ausbild. K.: 1963-74 Ltg. d. kfm. Abt. im Bauunternehmen Goldschmidt, 1974-76 tätig in d. Modebranche, 1976-78 tätig im Einkauf u. f. Modeschauen in versch. Modehäusern, 1978 Eröff. d. Einzelhdl., 1981-99 Eröffnung einer Zweigstelle, 1985-90 tätig in d. Immobilienbranche, 2000 Eröff. d. Boutique d. exclusive Damenmode. H.: Lesen, Gartenpflege.

Goldschmidt Jörg

B.: Gschf. FN.: Heinz Goldschmidt-Lacke u. Farben GmbH. DA.: 12347 Berlin, Britzer Damm 203. goldschmidt@vfg.net. G.: Berlin, 15. Sep. 1959. V.: Simone, geb. Michel. Ki.: Annina (1988). El.: Heinz u. Edith. BV.: Vater 1956 Betriebsgründer. S.: 1975-78 Lehre Groß- u. Einzelhandelskaufmann elterl. Betrieb. K.: 1978 Ang. im elterl. Betrieb, 1978-88 Ltr. d. Filiale in Berlin-Waltersdorfer Chaussee, seit 1988 Mitarbeiter im Stammhaus u. seit 1997 Gschf. u. Grdg. d. GmbH. M.: Verbund Farbe & Gestaltung GmbH. H.: Tennis.

Goldschmidt Jürgen Dipl.-Ing. *)

Goldschmidt Ursula Hedwig

B.: RA. DA.: 44793 Bochum, Helenenstr. 3. PA.: 44789 Bochum, Ottilie-Schoenewald-Str. 24. G.: Bochum, 14. März 1953. Ki.: Alexandra (1974). El.: Heinrich u. Gertrud Biggemann. S.: 1971 Abitur, 1971-75 u 1982-89 Stud. Rechtswiss. Univ. Bochum, 1989 1. Staatsexamen, 1990-94 Referendariat, 2. Staatsexamen. K.: seit 1995 ndlg. RA in Bochum m. Schwerpunkt Familien-, Ausländer- u. Strafrecht, seit 1999 Vertrauensanw. d. "Grauen Panther". M.: b. 1975 Jugendltr. d. Dt. Pfadfinderinnenges. St. Georg in Bochum, 2. Vors. d. Kindergartenver. Die Schlümpfe in Bochum, Dt. Anw.-Ver. H.: Schwimmen, Radfahren, Eislaufen.

Goldschmidt Wilhelm

B.: Gschf. Ges. FN.: Goldschmidt Druck GmbH. DA.: 49753 Werlte, Postfach 1128. G.: Werlte, 22. Juni 1950. V.: Marita, geb. Hermes. Ki.: Matthias (1979), Vera (1983), Richard (1987). El.: Emil u. Angela, geb. Fuhler. S.: 168 Höhere Handelsschule Meppen, 1968-71 Lehre Büro- u. Einzelhdl.-Kfm., Volontariat Druck u. Papier Münster u. Stuttgart. K.: 1974 Eintritt im d. väterl. Betrieb in Werlte, 1975 Grdg. d. Firma Goldschmidt Druck KG als Kompl., 1979 Grdg. d. GmbH u. d. Firma Goldschmidt Druck GmbH in Schwerin als Gschf. Ges., 1997 Grdg. d. Firma Pro Pack Lettershop m. Versand als Inh. M.: Hdl.-Richter am LG Osnabrück, Vors. d. Kulturkreises Clemens Werth, versch. Aussch. d. IHK Osnabrück, Rotary Hümmling zu Sögel, Vors. d. Stiftung Kultur Clemens Werth.

Goldschmiedt Bernhard

B.: Pferdewirtschaftsmeister, Inh., Gschf. FN.: Reitstall Joxenhof. DA.: 79199 Kirchzarten/Höfen, Hohlg. 24. G.: Freiburg, 26. Feb. 1959. V.: Alexandra, geb. Krust. Ki.: Anna-Maria (1996). El.: Heinrich u. Johanna, geb. Mayer. BV.: Auswanderer nach Amerika. S.: 1977-79 Lehre Pferdewirt an d. Reitschule Hölzel in Stuttgart. K.: Tätigkeit im elterl. Betrieb, 1983 Pferdewirtschaftsmeister, 1992 Übernahme d. elterl. Betriebes als Reitschule, Pferdepension, Pferdeausbild., in der Dressur b. GP Reife ausgebildet u. geritten, ca. 80 Dressuren gewonnen, 1989 Grand-Prix v. Donaueschingen gewinnen, 1990 Grand-Prix in Wien gewonnen. P.: Sieglisten in d. regionalen u. überregionalen Presse. E.: Stenbeck Plakette, 1986 Landesmeister d. Dressurreiter. M.: Bundesverb. d. Berufsreiter, Fachgruppe Berufsreiter, Dt. Dressurreiterver. H.: Radfahren, Skifahren, Beruf.

Goldstein Doris

B.: RA. DA.: 66123 Saarbrücken, Rentricher Str. 5. G.: Mengerschied, 9. Sep. 1956. Ki.: Christian (1990). S.: 1978 Abitur Idar-Oberstein, 1978-83 Stud. Rechtswiss. an d. Univ. in Saarbrücken, 1. Staatsexamen, 1983-85 Referendarzeit im Min. d. Justiz in Saarbrücken, 2. Staatsexamen. K.: 1985-89 RA in d. Kzl. Lechner, Walter, Zimmerling, 1985-89 in d. Schuldnerberatung d. Verbraucherschutzzentrale, 1989 selbst. m. kzl. in Saarbrücken, spezialisiert auf Ratenkreditverträge u. Bürgschaften. M.: BÖR, CDU. H.: Golf, Tennis.

Goldstein Franz J.

B.: Gschf., Inh. FN.: MAXIM Gesell. für internat. Handel mbH. DA.: 20457 Hamburg, Veddeler Damm 36. G.: Moskau, 5. Jan. 1961. V.: Marina, geb. Mostrükowa. Ki.: Lorenz (1984), Felix (1986). El.: Boris u. Irina, geb. Dobrotina. BV.: Großvater mütterl. seits Nikolai Dobrotin - Atomphysiker in Moskau u. Mtgl. d. Ak. d. Wiss. S.: freie Waldorfschule Hannover, Stud. Violine HS f. Musik u. Theater Hannover u. Freiburg. K.: ang. Musiker a. Städt. Bühnen in Freiburg und Osnabrück, b. 1994 stellv. Konzertmeister d. Hamburger Symphoniker, 1991 Grdg. d. Firma Maxim GmbH u. ab 1994 ausschl. tätig im Hdl., seit 1996 Schwerpunkt Export v. PVC-Fensterprofilen, Maschinen und Zubehör für d. Bauind. in Moskau sowie Schwimmbäder. M.: Verb. Dt. Wirtschaft in d. Russ. Föderation. H.: Kammermusik, zeitweise in versch. Orchestern als Aushilfs-Konzertmeister tätig.

Goldstein Joachim

B.: Metzgermeister, Inh. FN.: Fleischerfachgeschäfte Goldstein. DA.: 86156 Augsburg, Hummelstr. 18; 86391 Stadtbergen, Daimlerstr. 10; 86420 Biburg, Dorfstr. 3. G.: Augsburg, 30. Sep. 1962. V.: Elke, geb. Schludi. Ki.: Lisa (1996). El.: Xaver u. Klara, geb. Holzbock. BV.: Eltern - Gründer d. Familienunternehmens 1961. S.: 1978 Mittlere Reife, b. 1980 Metzgerlehre im elterl. Betrieb. K.: 8 J. Fußballprofi b. 1860

*) Biographie www.whoiswho-verlag.ch oder beigefügte CD-ROM

Goldstein

Mtgl. d. Innung, Fußballtrainer.

Goldstein Leo

selbständig, zunächst in Posenhofen dann in Bad Wörishofen m. einem vegetar. Restaurant, seit 1999 gemeinsam m. Ehefrau Inh. d. Hotel Hasen in Kaufbeuren. M.: ehem. Mtgl. im Verb. d. Köche Deutschlands, Prüfungsausschuss Bad Wörishofen. H.: Arbeiten, Wandern, Briefmarken.

Golembiewski Andreas *)

Goletz Arne

Goletz Erika Dr. *)

Golgert Lothar

B.: Kfm., Honorargeneralkonsul v. Guinea. FN.: Intranaft GmbH & Co KG. DA.: 20354 Hamburg, Alsterufer 38; 20148 Hamburg. G.: Hamburg, 31. Aug. 1932. El.: Franz u. Helene, geb. Dietrich. S.: 1952 Abitur Hamburg, 1952-54 kfm. Lehre Hamburg, 1962-65 Stud. National Ökonomie Cambridge. K.: 1952-62 Referent Dt. Shell AG Hamburg, 1974 Grdg. d. Firma Intranaft GmbH & Co KG als persönl. haft. Ges., ab 1991 Honorargeneralkonsul d. Rep. Guinea. M.: Präs. d. "Freundeskreis Ausbild. ausländ. Offz. an d. Führungsak. d. Bundeswehr e.V.", 1. Vors. d. Bachges. Hamburg, Vorst.-Mtgl. Dt.-Tschech. Ges. Hamburg. H.: Musik, Reiten, Literatur.

Golimbus Jens *)

Golinski Hans Günter Dr. phil. *)

von Golizina Velina

B.: Großfürstin v. Rußland. PA.: 81925 München, Denningerstr. 104. Ki.: Wolfgang (1976), Ludwig Philip Nikolai (1986), Michel Helzius (1988). S.: Ak. Ausbild. in Moskau, Med.-Stud. Moskau, Dr., Ausbild. als Heilpraktikerin. K.: m. 17 J. entdeckte Sie ihr Mann im Bolschoi-Theater in Moskau, heiratete Sie u. ging nach Deutschland, 3 J. Japan, New York, Rio de Janeiro, Paris, all ihre Aktivitäten setzt Sie ein z. Völkerverständigung u. Völkerverbindung u. Toleranz unter d. Menschen, Sie versteht sich als inoffizieller Botschafter Rußlands, Top-Modell b. Chanell u. Gianni Versace, Organ. u. Eröff. Galerien, 1980 Sprecher b. d. Olymp. Spielen, 1986 aktive Mitarb. in Tschernobyl, Mitarb. an d. Russ. Diamantenbörse. P.: Prosa "Never give up". E.: Intern. Wettbewerb: m. 16 J. Goldmed. f. d. Ballett Schwanensee.

Golja Redzep *)

Gölker Bernd Dipl.-Ing.

B.: Dipl.-Ing.-Ökonom, Unternehmer, selbständig. FN.: Hotel & Restaurant Paulsdorfer Hof; Bistro u. Cafe Am Schloß Dresden. DA.: 01744 Malter, Am Mühlfeld 1. G.: Hartmannsdorf, 27. Feb. 1946. V.: Christine, geb. Pauli. Ki.: Sven (1972), Ivonne (1978), Sandra (1981), Skadi (1987). S.: 1964 Abitur Altenberg, 1964-70 Stud. Maschinenbau an d. TU, 1973 Stud. Ökonomie an d. KMU Leipzig. K.: 1970-72 wiss. Mitarbeiter am Inst. f. Landmaschinentechnik, 1972-74 wiss. Mitarbeiter am Inst. f. grafische Technik, 1974-86 Ang. in d. Stadtverwaltung Dresden, 1986-90 Ang. am Zentralinstitut f. Arbeit Dresden, 1990-91 Mitarbeiter eines Medienunternehmens, 1991-92 Gschf. eines Consultingunternehmens, 1992 Gschf., Inh. d. Cafes Am Schloß Dresden, 1999 Inh. d. Hotels Paulsdorfer Hof in Malter. M.: DEHOGA, Fremdenverkehrsgemeinschaft östliches Erzgebirge. H.: Briefmarken, Wandern.

Goll Gerhard

B.: Vorst.-Vorst. FN.: EnBW AG. DA.: 76131 Karlsruhe, Durlacher Allee 93. www.enbw.com. G.: Stuttgart, 18. Juni 1942. V.: verh. KI.: 2 Kinder. S.: Stud. Rechtswiss. Tübingen u. Freiburg. K.: 1971-72 Richter am Landesgericht Stuttgart, 1972-74 Forschungsref. Kultusmin. BW, zust. f. Max-Planck-Ges., DFG, Kernforschungszentrum Karlsruhe, 1974-78 Haushalts- u. Generalref. sowie Zentralstellenltr. im Finanzmin. BW, 1978-80 Regierungsspr. u. Grundsatz-Abteilungsltr. i. Staatsmin. BW, 1980-82 Fraktionsgschf. i. Landtag, 1982-93 Vorst.-Mtgl. d. Landeskreditbank BW, zuletzt stellv. Vorst.-Vors., 1993-1998 Vorst.-Spr. d. Badenwerke AG Karlsruhe, seit 1997 Vorst.-Vors. d. EnBW AG. E.: 1991-92 ehrenamtl. Staatsrat. H.: Bergwandern.

Goll Hans Dr. iur. *)

Goll Heinrich Achibert Euro-Biologe

B.: Lehrer, Landschaftsplaner. FN.: Büro f. angew. Ökologie u. Landschaftsplanung GbR. DA.: 49074 Osnabrück, Lengiwall 12d. PA.: 49078 Osnabrück, Obere Martinstr. 61. G.: Großringe, 11. Nov. 1956. V.: Mechthild, geb. Redeker.

*) Biographie www.whoiswho-verlag.ch oder beigefügte CD-ROM

El.: Heinrich u. Elfriede. S.: 1976 Abitur Nordhorn, 1976-78 Bundeswehr in Fürstenau, 1978-82 Stud. Arch. in Osnabrück, Dipl.: Einfluss von Gewässerbaumaßnahmen auf Süßwasserfische, Stud. Biologie und Geschichte in Osnabrück, 1983-84 Ausbild. z. Realschullehrer, Referendariat. K.: 1985 selbst. in Osnabrück, 2000 Umwandlung in eine GbR m. K. Lorenz u. C. Dense Dipl.-Biologe. BL.: ehrenamtl. Tätigkeit im Naturschutz; versch. Lehraufträge FH Osnabrück. P.: Einfluß von Gewässerbaumaßnahmen auf Süßwasserfische (1981), Fischfauna v. Ruller Flut u. Nette (1985), Art. über Fischteiche u. Amphibien (1987). E.: Zertifizierung z. Eurobiologen v. ECBA. H.: Sport, ital. Weine.

Goll Karin Irmgard
B.: Gastronomin. FN.: Gasthaus z. Brunnwart u. Café Höflinger. DA.: 81479 München, Sollner Str. 43. PA.: 81479 München, Sollner Str. 43. G.: Kaltenbrunn, 27. Nov. 1960. V.: Michael Goll. El.: Walter u. Erika Schleicher, geb. Müller. S.: 1977 Mittlere Reife, 1977-79 Bäckerlehre im elterl. Betrieb. K.: 1979-81 Führung d. elterl. Bäckerei, Konditorei u. Cafe in Kaltenbrunn, 1982-84 Ang. im Café Höflinger in München, 1984-86 Inh. d. Café Pink Flamingo in München, 1986-92 Gschf. d. Mariannenhof in München, 1992-93 (6 Monate) Gschf. im Restaurant Mamasita in München, seit 1993 selbst., seit April 2000 Gasthof "Zum Hirschen". H.: Reisen.

Goll Max *)

Goll Sandra

B.: Schulleiterin. FN.: Wirtschaftsschule R. Welling GmbH. DA.: 45127 Essen, Henriettstr. 2. G.: Rinteln, 4. Okt. 1974. El.: Eike u. Karin, geb. Arzdorf. S.: 1994 Abitur Minden, 1994-99 Stud. Wirtschaftswiss./Handelswiss. in Wien, 1999 Examen als Mag. rer. soc. oec. K.: s. 1999 angest. Schulleiterin d. Wirtschaftsschule R. Welling GmbH. P.: Dipl. H.: Golf, Lesen, Kino, Schwimmen.

Goll Ulrich Dr. Prof.
B.: Min. FN.: Min. f. Justiz Baden-Württemberg. DA.: 70173 Stuttgart, Schillerpl. 4. G.: Überlingen/Bodensee, 2. Mai 1950. Ki.: 1 Kind. S.: 1968 Abitur, Stud. Rechtswiss. Freiburg, 1975 1. u. 1977 2. Jur. Staatsprüf., Prom. z. Dr. iur. K.: wiss. Mitarb. an d. Univ. Konstanz, 1979-82 Dezernent b. Landratsamt Bodenseekreis in Friedrichshafen, ab 1982 Prof. an d. FH Ravensburg-Weingarten, 1988-92 Mtgl. d. Landtags v. Baden-Württemberg, stellv. Vors. d. FDP-Landtagsfraktion, ab 1995 Hauptabt.-Ltr. Personalwesen u. Soziales b. Südwestfunk, seit 1996 Justizmin. d. Landes Baden-Württemberg u. MdBR. (Re)

Goll-Kopka Andrea Dipl.-Psych.
B.: Dipl.-Psych. PA.: 69121 Heidelberg, Klausenpfad 27. G.: Hockenheim, 16. Apr. 1961. V.: Martin Kopka. Ki.: Tim (1997), Luca (2001). El.: Werner u. Hannelore Goll, geb. Kälberer. S.: 1979 Abitur Schwetzingen, 1981-89 Psych.-Stud. in Heidelberg, Dipl., parallel dazu Kinder- u. Jugendpsychiatrie u. Psychosomatik, 1989-90 Ausbild. in Familien- u. Tanztherapie an d. John F. Kennedy Univ. San Francisco, daneben tätig in d. Kinder- u. Jugendpsychiatrie u. Beratungsstelle, später 3 berufsbegleitende Zusatzausbild.: systemische Therapie, tiefenpsycholog. fundierte Psychotherapie, Tanz- u. Bewegungstherapie. K.: 1990-92 Abt. Kinder- u. Jugendpsychiatrie Univ.-Klinik, seit 1992 tätig f. d. sozial-pädiatrische Zentrum d. Stadt Frankfurt, Schwerpunkt Familientherapie, chron. kranke u. behinderte Menschen, parallel dazu freiberufl. als Referentin Zusammenarb. m. Inst. u. Organ., d. Seminare f. psychosoz. Lebensbewältigung f. chron. lebensbedrohl. erkrankte Erwachsene, Kassenzulassung f. eigene Psychotherapeut. Praxis in Praxengemeinschaft in Mannheim, seit 1997 Lehrtherapeutin am Frankfurter Inst. f. Tanztherapie e.V. BL.: Entwicklung u. Konzeption v. Tanz, Bewegung, Entspannungsseminare f. chron. Kranke. P.: Beiträge in Fachzeitschriften, Buchbeiträge, Vorträge u. Seminare an intern. Fachkongressen. M.: Berufsverb. H.: Tanzen, Sport (Schwimmen, Mountainbike), Lesen (mod. Literatur, dt. u. amerikan.)

Gollan Bianca

B.: Zahnärztin. DA.: 01237 Dresden, Winterbergstr. 59. G.: Klosterheide, 13. März 1965. V.: Hans-Gollan-Müller. Ki.: Viktoria (1991). S.: 1983 Abitur Arb.- u. Bauernfakultät Halle, 1983-88 Stud. TU Kalinik bei Moskau m. Abschluß Dipl.-Stomatologin. K.: 1988-91 Stomatologin an d. Poliklinik d. med. Akad. Dresden, s. 1993 ndlg. Zahnärztin m. Schwerpunkt allg. Stomatologie f. Kinder u. Erwachsene, Notfallbehandlung, Protetik, Hausbesuche u. Heimbehandlung, ästhetische Zahnheilkunde, Businesstermine, Keramik, Kronen, Veneers, Paradontologie u. Behandlung russ. sprechender Patienten. M.: Behindertenverb. Sachsen e.V. H.: Kulturdenkmäler, Malen, Zeichnen, Tischtennis, Aerobic.

Gollan Siegmar *)

Gollas Alois Dipl.-Ing. *)

Gollenia Mirjam Christine Dr. phil. Dipl.-Psych.

B.: Management Coach, selbständig. DA.: 20149 Hamburg, Jungfrauenthal 47. dr.mc@gollenia.de. www.gollenia.de. G.: Köln, 5. Juni 1968. V.: verh. S.: 1987 Abitur Ahrensburg, Stud. d. Arbeits-, Betriebs- u. Organisationspsychologie an d. Christian-Albrechts Univ. zu Kiel, Abschluss: Dipl.-Psychologin, Prom. an d. Univ. Hamburg, Thema d. Diss.: "Ethische Entscheidungen und Rechtfertigungen unter der besonderen Bedingung der beruflichen sozialen Identität". K.: Lehr-

*) Biographie www.whoiswho-verlag.ch oder beigefügte CD-ROM

Gollenia

aufträge an d. Univ. Hamburg u. d. FU Hagen, Interviews u. Expertenfunktion in div. Fachzeitschriften, TV u. Rundfunk. M.: BDP, M.E.G., Golfclub Jersbek. H.: Golf, Alpinski, Neue Musik, Literatur.

Goller Claus *)

Goller Jens
B.: Zahnarzt. DA.: 30627 Hannover, Roderbruchmarkt 12. G.: Eisenach, 21. Juni 1965. V.: Kerstin, geb. Malcher. El.: Volker u. Sybille. BV.: Urgroßvater Hugo Goller - bedeutender Architekt; Großvater Hans Goller - Zahnarzt. S.: 1984 Abitur, 1984-87 Wehrdienst Thüringen, 1984-92 Stud. Zahnmed. Univ. Leipzig, 1992 Approb. K.: 1993-94 Ass.-Arzt in Hämerlewald, seit 1995 ndlg. Zahnarzt m. Schwerpunkt Implantologie, Prophylaxe u. Prothetik. M.: Freier Verb. Dt. Zahnärzte, Dt. Ges. f. zahnärztl. Implantologie, Intern. Congress of Oral Implantologist. H.: Hund, Auto.

Goller Josef Georg

B.: Rechtsanwalt, Teilhaber. FN.: RA Goller u. Schmauser. DA.: 96215 Lichtenfels, Kronacher Str. 21. PA.: 96215 Lichtenfels, Obere Brunnengasse 9. G.: Weismain, 18. März 1955. V.: Monika, geb. Ultsch. Ki.: Michael (1991), Johannes (1992) und Anne (1994). El.: Maximilian u. Katharina. BV.: Großvater Josef Goller. S.: 1975 Abitur, Wimbledon College, 1975-80 Jurastud. an Univ. Erlangen/Nbg., 1. Staatsexamen 1981/II. K.: Ref. OLG Bamberg, 2. Staatsprüfung 1984/II, 1986 m. RA Schmauser Anw.-Kzl. in LIF eröff. m. Schwerpunkt Arbeits- u. Zivilrecht. M.: Sodale, über 10 Jahre Vors.-Mtgl. im Kreiscaritasverb., 1. Vors. Tierschutzver. e.V, Stadt u. Landkreis Lichtenfels. H.: Fußball, Tennis, (Biographien-) Lesen, Politik.

Gollhardt Heinz Dr. phil.
B.: Gschf. Ges., Verleger. FN.: vgs verlagsgmbH & Co KG. PA.: 51588 Nümbrecht, Hömel 44. G.: Magdeburg, 3. März 1935. El.: Walter u. Liselotte. S.: Verlagslehre, Stud. Germanistik, Soziologie u. Phil., 1965 Prom. K.: 1965-66 Red. NDR, 1966-71 Red. u. Prok. Fischer Taschenbuchverlag, seit 1971 Gschf. Ges. d. vgs verlagsgmbH & Co KG Köln, seit 1999 i. Ruhestand. P.: zahlr. Rundfunk- u. Zeitungsbeiträge, Koautor v. 18 HOBBYTHEK-Büchern mit Jean Pütz; Kolumnist d. Fachmagazins BuchMarkt. M.: im Vorst. d. Landesverb. d. Buchhandlungen u. Verlage NRW.

Golling Claudia
B.: Schauspielerin. PA.: 80639 München, Mechthildenstr. 25. G.: München, 17. Febr. 1950. V.: Henric L. Wuermeling. Ki.: Alexander. BV.: Vater Alexander Golling, Schauspieler. K.: 1967 Debüt am d. Freilichtbühnen Schwäbisch Hall u. Gandersheim, Engagements u.a. in Landshut, Düsseldorf, Feuchtwangen u. München, Tourneen, im Fernsehen u.a. in "Der Kommissar", "Derrick", "Der Winter, der ein Sommer war", "Die Hochzeit auf der Alm", "Kommissar Zufall", u.v.a., 2 Serien in Frankreich, Serie: Wildbach.

Golling Fritz *)

Golling Hermann

B.: Vers.-Kfm., Inh. FN.: Hermann Golling Vers.-Makler. DA.: 85051 Ingolstadt, Mederer Str. 1. G.: Rödenhof, 5. Okt. 1940. V.: Rita, geb. Rohsbegalle. Ki.: Michaele (1960), Sabine (1962), Hermann (1964). S.: 1954 Wirtschaftsaufbauschule, 1957 Mittlere Reife, 1957-60 Lehre Vers.-Kfm. Gelsenkirchen. K.: 1960 selbst. Vers.-Kfm. in Neuburg, 1962 Bez.-Insp. d. Volkshilfe Lebensvers., 1965-88 Gen.-Agent d. Trans Allg. Vers., seit 1988 selbst. Vers.-Makler f. alle Vers. E.: div. Silb. Ehrennadeln. H.: Wandern, Radfahren, Fußball.

Gölling Margrit Dr. med.

B.: FA f. Allg.-Med., Naturheilverfahren, Akupunktur u. Ernährung. FN.: Gemeinschaftspraxis Dr. med. Margrit Gölling u. Dr. med. Holger Matthiesen. DA.: 21481Lauenburg/Elbe, Raiffeisenweg 6. G.: Sonneberg, 28. Nov. 1941. V.: Dr. phil. Linn Gölling. Ki.: Hagen Steinbrecher (1964), Matthias Steinbrecher (1970). El.: Dr. Kurt Scheler. S.: 1959 -65 Med.-Stud. an der Karl-Marx-Univ. Leipzig, 1965-69 FA-Ausbild., FA f. Allg.-Med. in Rostock, 1968 Prom. K.: 1966-85 Landarztpraxis im Landkreis Stralsund, 1980-83 parallel psychotherapeut. Grundausbild. in Greifswald, Ausz. f. soz. Engagement (SanR.), 1985-87 Born auf d. Darß, 1988 Aureise aus d. DDR nach Malente, 1989 Übernahme einer Arztpraxis in Lauenburg, 1993 Grdg. einer Gemeinschaftspraxis, Ausbild. in Naturheilverfahren in d. Naturheilklinik in Lahnstein, 2001 Grdg. eines Gesundheitszentrums (Vital) in Lauenburg, Zusatzausbild. in Ernährungsmed. u. Homöopathie. E.: 1985 Sanitätsrat. H.: Phil. Literatur, Meditation, Yoga, klass. Musik.

Gollinger Hildegard Gertrud Dr. theol. Prof. *)

Gollinger Thomas
B.: Gschf. Ges. FN.: Site FX GmbH. G.: Heidelberg, 18. Sep. 1965. V.: Andrea, geb. Pfeiffer. S.: 1981 Mittlere Reife, 1983-85 Lehre Stahlbetonbauer. K.: 1985-87 tätig als Stahlbetonbauer, 1987-89 Umschulung z. Offsetdrucker in Heidelberg-Leimen, seit 1994 selbst. m. eigener Andruck-Firma, seit 2000 Kundenbetreuer f. d. Rhein-Neckar Zeitung, 2000 Übernahme d. Firma Site FX GmbH. H.: Rottweiler Hera, Motorradfahren, Tauchen, Free Climbing.

Gollkofer Hans *)

Gollmann Rosi
B.: Religionslehrerin, Grdg.-Vors. FN.: Andheri-Hilfe-Bonn e.V. DA.: 53119 Bonn, Mackestr. 53. G.: Bonn, 9. Juni 1927. Ki.: indische Adoptivtochter Maryann. El.: Heinz u. Rosalie Gollmann. S.: 1946-51 Stud. Theol. u. Ausbild. als Religionslehrerin. K.: 1951-82 Schuldienst als Religionslehrerin an berufsbild. Schulen in Bonn u. Köln, 1982 Beendigung d. Schuldienstes, um f. d. Bereich d. Entwicklungshilfe frei zu

*) Biographie www.whoiswho-verlag.ch oder beigefügte CD-ROM

sein, 1967 Grdg. d. Organ. d. Entwicklungszusammenarb. Andheri-Hilfe Bonn e.V., bis Juni 2001 1. Vors., seitdem Ehrenvors. u. weiterhin gewähltes aktives Vorst.-Mtgl. P.. Andheri-Forum, Andheri-Kalender, viele TV- u. Print-Medienberichte. E.: 1980 Päpstl. Orden "Pro Ecclesia & Pontifice", 1979 BVK am Bande, 1987 BVK 1. Kl. M.: Vorst.-Mtgl. u. Sprecherin in versch. entwicklungspolit. Gremien. H.: EINE-WELT-Arb. entsprechend d. Motto d. Andheri-Hilfe "Gemeinsam f. mehr Menschlichkeit".

Gollnek Olaf

B.: freier Fotograf, Gschf. FN.: Artfound GmbH. DA.: 22299 Hamburg, Ulmenstr. 23. G.: Hamburg, 24. März 1953. V.: Gardyo, geb. Freilauf. S.: 1971 Mittlere Reife Hamburg, 1971-77 Ausbild. z. Fotografen. K.: 1977 selbst. als Fotograf, 1987 Grdg. d. Artfound GmbH. P.: div. Fotobücher. E.: Goldmed. d. Art Dir. Club New York, div. Med. u. Ausz. d. Art Dir. Club Deutschland. M.: BFF.

Gollner Arno Erich Wilhelm

B.: selbst. Architekt. DA.: 47229 Duisburg, Am Damm 6. G.: Duisburg, 24. Mai 1954. V.: Astrid, geb. Köhler. Ki.: Ines, Alice, Rilana. S.: 1972 Abitur Krefeld, Wehrpflicht, Baupraktikum, 1974-82 Stud. Arch. RWTH Aachen, Dipl. Städtebau Prof. G. Curdes, 1982-94 Studium Garten- u. Landschaftsbau Univ. Essen. K.: 1976-79 Tutor Lehrstuhl f. Baukonstruktion Prof. W. Döring, Freie Mitarb. Büro Höhler/Weiss, Stadtbibliothek u. Pfarrheim in Aachen, Pharmaproduktion Trommsdorff in Alsdorf, eigenes Büro seit 1976: Wohn- u. Gewerbebauten, Stadtteilentwicklung, Denkmalpflege, Kunst am Bau "Kinderbibliothek Aachen". BL.: Bürgerinitiativen: Stadtteilentwicklung in Krefeld "Rund um St. Josef" u. "Krefeld-Fischeln", "Dorfeiche Friemersheim", "Denkmalpflegebereich Friemersheim Dorf" in Duisburg, "Dorfeiche Friemersheim". P.: div. Veröff. d. Projekte, Ausstellung "Entwürfe" Galerie Schmela Düsseldorf. E.: Denkmalpflegeurkunde d. Landes NRW. M.: Dorfrat Friemersheim. H.: Fotografie, Film, Malerei.

Göllner Burghard *)

Göllner Carl Dr. habil. *)

Göllner Gerd *)

Göllner Theodor Dr. Prof. *)

Göllner Uwe

B.: Bez.-Schornsteinfegermeister, MdB. FN.: Dt. Bundestag. DA.: 11011 Berlin, Platz d. Republik 1. G.: Friedrich-Wilhelms-Hütte, 14. Feb. 1945. Ki.: 1 Tochter. S.: Lehre Schornsteinfeger. K.: Bez.-Schornsteinfegermeister u. Mtgl. d. AWO u. d. Schornsteinfegerinnung Köln; seit 1967 Mtgl. d. SPD, b.

1995 Vors. d. SPD-Ortsverb., seit 1990 Vors. d. SPD-Unterbez. Rhein-Sieg, seit 1995 Mtgl. im Bez.-Vorst. d. SPD Mittelrhein, seit 1996 MdB. F.: AufsR.-Mtgl. d. Gemein. Wohnungsbauges. f. d. Rhein-Sieg-Kreis GmbH in Siegburg. M.: Verteidigungsaussch. d. Bundesgremiums. (Re)

Göllner Walter Dipl. oec.

B.: Steuerberater, Württ. Notariatsassessor. DA.: 70839 Gerlingen, Dieselstr. 32. G.: Waiblingen, 20. Feb. 1957. V.: Isabel, geb. Huonker. Ki.: Nico (1988), Tanja (1990). S.: 1976-81 Notariatsausbild., 1982-88 Stud. Wirtschaftswiss. an Univ. Hohenheim. K.: 1981-88 freiberufl. Notariatsassessor, 1989-92 Mitarb. d. Wirtschaftprüf.-Ges. Dr. Lipfert GmbH, 1993 Steuerberaterprüf., 1993-94 ang. Steuerberater, seit 1995 selbst. Steuerberater m. fachübergreifender Beratung. P.: Dipl.-

Arb.: "Börsengehandelte KG in d. USA" (1988/89). M.: BdS, Bund d. Steuerzahler, Confédération Fisale Européenne. H.: Familie, Lesen, Musik, Reisen.

Gollnick Klaus Dr.

B.: Univ.-Prof. FN.: Inst. f. Organ. Chemie d. Univ. München. DA.: 80935 München, Karlstr. 23/III. PA.: 80935 München, Weitlstr. 66. G.: Berlin, 18. März 1930. V.: Anneliese, geb. Süven (verst. 27. Okt. 1993). S.: 1950 Abitur, 1956-57 Chemiestud. Göttingen, 1957 Dipl., 1962 Prom. K.: 1959 Max Planck-Inst., Kohlenforsch., Abt. Strahlenchemie, 1962-72 Arbeitsgruppenltr. f. Strahlenchemie Mülheim/Ruhr, 1966 Gastprof. Univ. of Arizona Tucson, 1967-68 Associate Prof. of Chemistry Univ. of Arizona, 1969 Habil., 1971 Prof. u. Abt.-Vorst. Univ. München, 1974-84 Mtgl. d. Ltg. d. Inst. f. Organ. Chemie d. Univ. München, 1977-79 Gschf. Vorst. d. Inst. f. Organ. Chemie. P.: Mithrsg. "Advances in Photochemistry 1974-90, zahlr. intern. u. nat. Publ. M.: Ges. Dt. Chemiker, American Chemical Society Organic Division of the ACS, The Scientific Research Society USA, HS-Verb., European Photochemical Assoc., American Soc. f. Photobiology.

Gollnik Eta-Erika *)

Gollnisch Detlef Dr. paed. Prof. *)

Göllnitz Heinz Dr. rer. nat. *)

Gollnow Lutz

B.: Tischlermeister. FN.: Möbel nach Mass Lutz Gollnow Tischlermeister. DA.: 58150 Hagen, Tillmannstr. 14. G.: Wetzlar/Lahn, 22. Mai 1956. V.: Gaby, geb. Döring. Ki.: David (1987). El.: Kurt u. Ingeborg, geb. Kegel. S.: 1975 Abitur Hagen, 19795-79 Tischlerausbild. K.: 1979-84 Wanderj., Tätigkeit in versch. Städten Deutschlands, 1984 Meisterprüf. in Düsseldorf, 1985 Grdg. d. eigenen Betriebes in Hagen-Haspe. E.: ManuFactum 1991, 1993, 1995, 1997, Galerie Hagenring Paris, Frankfurt, Lissabon. M.: seit 1991 Mtgl. u. seit 2000

*) Biographie www.whoiswho-verlag.ch oder beigefügte CD-ROM

Gollnow

Vorst.-Vors. d. Arge Handwerks, Kunst, Design, seit 1993 Vorst.-Mtgl. d. Tischlerinnung Hagen, seit 1994 Mtgl. im Aussch. Kultur u. Gestaltung NRW u. Mtgl. im Bund Bild. Künstler "Hagenring", seit 1996 Vorst.-Mtgl. u. seit 1997 Landesvors. im Aussch. Kultur u. Gestaltung. H.: Segeln, Reisen.

Golluscio Franco

B.: Friseurmeister, Inhaber. FN.: Franco Intern. Hairstyling Art Coiffeur Franco Golluscio. GT.: Promotionagentur gemeinsam m. d. Fotografen Detlev Welke. DA.: 38442 Wolfsburg-Fallersleben, Kampstraße 3. G.: Wolfsburg, 28. Juli 1966. El.: Antonio u. Rosina. S.: 1981-84 Friseurlehre in Wolfsburg, 1992 Meisterprüf. K.: 1984-93 Stationen in Hamburg u. Düsseldorf, 1993 Eröffnung d. eigenen Geschäftes "Art Coiffeur", seit 1996 Kooperation m. d. Fotografen Detlev Welke z. "style shot agentur". BL.: Friseur d. EXPO NAHT 2000 (Frisuren f. Jungdesigner f. Expo 2000 Hannover). E.: erfolgreiche Teilnahme an nat. u. intern. Veranstaltungen, über 60 gewonnene Wettbewerbe, vertreten in d. Fachzeitschriften weltweit. M.: CAT-Verb. H.: Haare schneiden, Sport, Kunst.

Gollwitzer Heinz Dr. phil. *)

Gollwitzer Walter Dr. iur. *)

Golm Horst Dipl.-Ing.

B.: Gschf. FN.: GFK Ges. f. Kommunalbetreuung mBH. DA.: 61350 Bad Homburg, Landgraf-Friedrich-Str. 9. G.: Berlin, 30. Dez. 1934. S.: 1954 Abitur, 1954-56 Praktikum Garten- u. Landschaftsbau, 1956-61 Stud. TU Berlin z. Dipl.-Ing. K.: 1961-75 Berufspraxis, 1975-80 Gschf. Planungsgruppe Bad Homburg, 1980 selbst. m. GmbH, 1980 Grdg. GFK Ges. f. Kommunalbetreuung mBH. F.: Zwg.-Ndlg. in Eisenach, Geschäftsstelle in Aichtal. M.: Akad. f. Forsch. u. Planung im ländl. Raum.

Golomb Frank Nikolaus Dipl.-Kfm. *)

Golombek Klaus

B.: Dipl.-Pol., Inh. d. Firmengruppe. FN.: Markt & Meinung GmbH. DA.: 40667 Meerbusch, Rosenstr. 6. G.: Berlin, 11. März 1931. S.: Gymn. m. Abitur in Berlin, Stud. polit. Wiss., Psych. u. Soz. in USA u. Deutschland. K.: 1951-52 Mtgl. d. Washington Study Group, 1953-55 Rundfunk- u. Zeitungsjournalist, 1955-59 Dir. f. Öff.Arb. b. d. DKLB, 1959-60 Unternehmensberater in d. Schweiz, 1961 Gründer v. Markt & Meinung GmbH Düsseldorf, einer intern. Public u. Government Relations Agentur. M.: Intern. Assoc. of Political Consultants, Intern. Publ. Relations Assoc., Dt. Politologenverb., Dt. Public Relations Ges., Dt. Journalistenverb.

Golombek Reinhard *)

Golsaz Mansour

B.: Teppichhändler, selbständig. DA.: 80336 München, Landwehrstr. 37. G.: Teheran, 12. Apr. 1933. V.: Diana. Ki.: Natascha, Natalie, Mike. El.: Schokrollah Golsaz. S.: 1955 Abitur Teheran, 1955-59 Aufbaustudium TU München, 1959 Dipl. Darmstadt. K.: seit 1959 selbständiger Teppichhändler f. antike iran. Teppiche. H.: Musik, Politik, Literatur.

Golsch Walter *)

Golsong Burkard Dr. med.

B.: FA f. Innere Med. DA.: 46045 Oberhausen, Düppelstr. 45. PA.: 46145 Oberhausen, Hohe Str. 19. G.: Oberhausen, 30. Nov. 1958. V.: Christiane, geb. Winschuh. Ki.: Laura (1990), Leonie (1993), Anne (1996). El.: Dr. Raimund u. Luzie. S.: 1978 Abitur Oberhausen, 1978-79 Bundeswehr, 1979-81 Ausbild. Krankenpfleger am St. Josefs-Hospital Oberhausen, 1981-87 Med.-Stud. Bonn, 1987 Prom. z. Dr. med. K.: 1988-92 Ass.-Arzt am St. Clemens-KH in OB-Sterkrade, 1992-96 OA am Ev. KH in Dinslaken, seit 1996 Ndlg. als FA f. Innere Med. in Oberhausen. P.: "Heterozygote Genträgerinnen d. C-21 Beta-Hydroxylase Defektes b. Hyperandrogenämie" (1990). M.: BDI, OTV v. 1873, Tennisabt. H.: Tennis.

Golter Friedrich August Dr. sc. agr. Hon.Prof. *)

Goltermann Klaus Bruno Karl-Heinz Frank *)

Graf von der Goltz Arnold *)

Freiherr von der Goltz Detlev Dipl.-Phys.

B.: Inhaber, Gschf. FN.: VIDEO MEDIA STUDIOS. DA.: 24103 Kiel, Klosterkirchhof 18-20. G.: Siegen, 30. Dez. 1953. El.: Erich u. Marianne, geb. Bodderas. S.: 1971 Abitur Hamburg, Stud. Christian-Albrechts-Univ. Kiel, 1976 Dipl. K.: 1976-81 wiss. Ass. an CAU, 1981-85 selbst. Entwicklung u. Vertrieb v. professionaler Video-Technik, Grdg. Firma Video Service Kiel (VSK), 1986 Grdg. Video Media Studios, ab 1996 zweitgrößter Ausbilder f. Mediengestalter u. einer d. Vors. d. Prüf.-Kmsn. d. IHK Kiel, 1994 zusätzl. Ankauf d. Daimler Benz-Tochter AERO SAIL unter Umfirmierung in ProSail Germany. BL.: 1974 Landesmeister Reiten Vielseitigkeit Schleswig-Holstein. P.: Reportagen: "Die eingeschlossenen Vietnamesen in Rostock", "Youth Wars", Veröff. in wiss. Fachzeitschriften zu d. Elektronen - Schalen d. Seltenen Erden. E.: 1992 Karl v. Osietzky-Preis. H.: Segeln, Reiten.

von der Goltz Hubertus *)

Goltz Michael E.

B.: Konzertgitarrist, Komponist, Studiomusiker, Musikproduzent u. Veranstalter v. Kunstausstellungen. DA.: 80538 München, Liebigstr. 9. E-mail: michael.goltz@t-online.de. www.michaelgoltz.de. G.: München, 16. Dez. 1943. V.: Mariya, geb. Demchuck. Ki.: Daniel (1964), Cosima (1978), Jaroslav (1988). El.: Mario Porto u. Charlotte Goltz. B.: Mutter Bildhauerin (Wunderkind), Großvater Hans Joachim Goltz Münchner Buchhändler u. Hrsg. v. "Der Ararat". S.: 1959-64 Stud. klass. Gitarre u. Schlagzeug Trapp Konservatorium d. Musik u. Musikerzieher München. K.: 1964-69 Gitarrist d. Kabarettprogramms d. Münchner Lach- u. Schießgesellschaft, seit

*) Biographie www.whoiswho-verlag.ch oder beigefügte CD-ROM

1969 Gitarrist in zahlr. Studio-, Rundfunk- u. Schallplattenproduktionen versch. Stilrichtungen sowie f. Filmmusikaufnahmen wie Das Boot, Body of Evidence, Salz auf unserer Haut u. Show of Force; Sologitarrist in Konzerten unter Roberto Abbado, Lorin Maazel, Friedrich Gulda, Klaus Doldinger u. Eberhard Schoener; Tourneebegleitung v. Udo Jürgens, Milva, Katja Epstein u.a.m.; Komponist v. Musik f. Fernsehserien wie Derrick; Bearbeitung schwed. Volkslieder zusammen m. Bibi Johns f. Konzert- u. TV-Auftritte, Bearbeitung klass. Gitarrenmusik f. d. Musikarchiv Sonoton, 1996-2000 Grdg. d. Firma Michael E. Goltz Günther Gebauer GbR in München spez. f. Entwicklung d. Methode Töne in Farbe umzurechnen, Komposition u. Prod. d. CD "Kayowe-Farblichtmusik" zusammen m. d. Maler Ludovico De Luigi kommt z. Einsatz an Montessori-Schulen, seit 2000 staatl. anerkannter Musiklehrer f. Gitarre; Funktionen: 1984 Präsentation d. Ausstellung "Malerei u. Plastik in d. Villa Stuck" in München, 1993 Organ. d. Projekts "200-Jahre-Odessa". BL.: Auftritte bei Benefizveranstaltungen zugunsten krebskranker Menschen. E.: Förderpreis "Demokratie leben" (1997). H.: Malen, Literatur, Psychologie, Architektur, Kunst sammeln, Tennis, Mountainbiken.

Goltz-Kimmig Monika
B.: Gschf. Komm., Buchhändlerin. FN.: Buchhdlg. Hans Goltz KG. DA.: 80331München, Liebfrauenstraße 1, 80798 München, Türkenstr. 54. PA.: 80798 München, Keuflinstr. 3. G.: Münsing, 4. März 1947. Ki.: David (1971). El.: Hans-Joachim u. Johanna Goltz. S.: 1965-68 Buchhändlerlehre. K.: 1968 Eintritt in d. Familienbuchhdlg., 1969 Komm. d. Buchhdlg. Goltz f. bild. Kunst u. Fotografie. M.: Börsenver. d. Dt. Buchhdls., Verlegerverb. d. bayer. Buchhdls. H.: Musik, bild. Kunst, Literatur.

Göltzer Günter
B.: Koch, Inh. FN.: Hotel-Restaurant Trollinger Hof. DA.: 32545 Bad Oeynhausen, Detmolder Str. 89. G.: Eisenbernreuth, 22. Nov. 1953. V.: Aenne, geb. Koopmann. S.: 1971-73 Kochlehre, 1974-75 Bundeswehr Wehrpflicht. K.: 1975-79 Jungkoch, 1979-85 Übernahme Restaurant "Alte Schmiede" Petershagen, urspünglich Geschäftsltg. m. Ehefrau, ab 1981 Pachtbetrieb "Alte Schmiede", 1986 Erwerb Hotel-Restaurant Trollinger Hof. M.: 1. Vors. Hotel- u. Gaststättenverb. Bad Oeynhausen u. stellv. Kreisvors. Hotel- u. Gaststättenverb. H.: Computer.

Göltzer Lotte

B.: Unternehmerin, Inh. FN.: Boutique Luana. DA.: 66606 St. Wendel, Bahnhofstr. 8. PA.: 66636 Tholey, Zum Klosterbrühl 34. G.: Kronweiler, 16. Aug. 1938. El.: Michael (1958). K.: 1952-72 Tätigkeit in Schmuckfirma in Idar-Oberstein, 1972-84 Gaststätte in Baltersweiler betrieben, 1976 Eröff. einer Wäscheboutique in St. Wendel, 1983 Eröff. einer Kleiderboutique in St. Wendel, 1986-96 Betrieb einer 2. Boutique in St. Wendel. M.: Saarländ. Einzelhdls.-Verb. H.: Garten, Beruf.

Golumbeck Heribert RA

B.: RA, Fachanw. f. Strafrecht. FN.: Kzl. Golumbeck + Partner. DA.: 44263 Dortmund, Hermannstr. 40-42. G.: Trier, 8. Dez. 1953. El.: Stefan-Nikolaus u. Helene, geb. Löscher. S.: 1972 Abitur, 1972-76 Stud. Wirtschaftswiss. an d. FH Ludwigshafen, Dipl.-Bw., 1976-82 Stud. Rechtswiss. in Bochum, 1982-85 Referendarzeit. K.: 1986 Ndlg. u. Zulassung in einer RA-Sozietät, 1999 Fachanw. f. Strafrecht, 1988-95 Rechtsberatung b. d. freien Wohlfahrtsverb. M.: Kam., Vorst. b. Werk + Begegnungszentrum e.V. H.: Mittelstreckenlauf.

Golz Elmar Dipl.-Ing.
B.: Sachv. FN.: Sachv.-Büro Golz. DA.: 88131 Lindau, Kemptener Str. 124. PA.: 88142 Wasserburg, Sonnenhaldenstr. 25a. G.: Haimingkirch, 18. Nov. 1952. V.: Ilona. El.: Heinz u. Helene. BV.: General Goltz verdient im Deutsch/Span. Krieg. S.: Kfm. Lehre m. Abitur, techn. Ausbild., parallel FHS f. Maschinenbau Fachrichtung Fahrzeugtechnik Ravensburg, 1981 Dipl., Zusatzausbild. Arbeitssicherheit u. Arbeitsmed. am Landesinst. München. K.: 2 J. b. Felix Wankel - Ltr. d. Versuchsabt., 5 J. b. Sachv. f. Fahrzeugtechnik, 1988 selbst., ADAC Vertragssachv. m. Prüfstation, Neubau d. Büro- u. Prüfhalle. M.: BVSK, MAS. H.: Fußball, Squash, Tennis, Wassersport, Reisen (Süditalien).

Golz Hans Ulrich Dr. Ing.
B.: Gschf. Ges. FN.: Werkzeugmaschinenfbk. Vogtland GmbH. DA.: 08525 Plauen, Schenkendorfstr. 14. G.: Pirmasens, 16. Nov. 1960. V.: Cornelia, geb.Menn. Ki.: Saskia (1989), Carola (1991). El.: Dr. Dietrich u. Annelore. S.: 1980 Abitur Speyer, 1980 Stud. Maschinenbau TU Karlsruhe, 1986 Dipl.-Ing., 1990 Dr.-Ing. K.: 1987 wiss. Mitarb. am Inst. f. Werkzeugmaschinen u. Betriebstechnik, 1991 Mitarb. b. Daimler Benz AG in d. Austauschgruppe f. Forsch. u. Technik u. Mitarb. i. d. Prod.-Forschung bei Mercedes Benz in Mannheim, Wörth u. Gaggenau, ab 1992 Ltr. d. Prod.-Prozesse im Forsch.-Bereich bei Daimler Benz in Ulm, seit 1995 Gschf. f. Technik d. Werkzeugmaschinenfbk. Vogtland GmbH u. seit 1997 Gschf. Ges. P.: Dipl. d. Prom., ca. 30 Veröff. in Fachzeitschriften, Vorträge. E.: erstes Unternehmen in Deutschland m. Qualitätszertifikat f. d. QS 9000 TES und VDA 6,4, Exportpreis d. ostdt. Wirtschaft Q 1. M.: Rotary Club Plauen. H.: Familie, Bergwandern, Segeln, Reiten.

Golz Jochen Dr. phil. habil.
B.: Dipl.-Germanist, Dir. d. Goethe- u. Schiller-Archivs. FN.: Stiftung Weimarer Klassik. DA.: 99425 Weimar, Hans-Wahl-Str. 4. PA.: 99425 Weimar, Belvederer Allee 14. G.: Stettin, 25. März 1942. V.: Monika, geb. Schweinhammer. Ki.: Christiane (1968), Susanne (1975). S.: 1960 Abitur, 1960-65 Germanistikstud. Jena, Dipl.-Germanist, 1969 Prom. K.: 1965-77 Lektor im Aufbau-Verlag Berlin-Weimar, 1977-91 wiss. Mitarb. am Inst. f. Klass. Dt. Literatur b. d. NFG, 1994 Habil., seit 1994 Dir. d. Goethe- u. Schiller-Archivs b. d. Stiftung Weimarer Klassik. P.: Studien u. Editionen z. Klass. Dt. Literatur. M.: s. 1999 Präs. d. Goethe-Ges.

Golz Jörgen Dipl.-Ing.
B.: Dipl.-Wirtschaftsing., Event-Manager. FN.: ITAG AG. DA.: 12247 Berlin, Wiesenweg 10. PA.: 10711 Berlin, Joachim-Friedrich-Str. 1. joergen.golz@usa.net. G.: Essen, 7. Okt. 1963. El.: Axel u. Ursula, geb. Göllmann. S.: 1983 Abi-

---

*) Biographie www.whoiswho-verlag.ch oder beigefügte CD-ROM

tur Essen, Zivildienst, Tätigkeit nebenbei in d. Gruga-Halle, Veranstaltungsservice/Events, 1986-87 Stud. Arch. Berlin, 1987-91 Stud. Veranstaltungstechnik, 1991 Dipl.-Ing. f. Theater u. Veranstaltungstechnik. K.: 1992-93 Bertelsmann & Partner Architekten Projekt in Leipzig, Umbau einer Messehalle, 1993-94 AVB Agentur f. Veranstaltungen Berlin, 1993-96 parallel Stud. als Wirtschaftsing., 1996 Dipl.-Wirtschaftsing., 1995-2000 ITAG, Ltr. Marketing u. Öff.-Arb., seit 2000 selbst. Event-Manager. M.: Marketing Club, Ars Digitalis e.V. H.: Fotografieren, Kung-Fu, Tai-Chi, Segeln.

Golz Michael Dipl.-Kfm. *)

Golz Peter Dipl.-Designer *)

Gölz Dirk *)

Gölz Herbert *)

Gölz Jörg Dr. med.

B.: Arzt f. Allgemeinmed. FN.: Praxiszentrum Kaiserdamm. DA.: 14057 Berlin, Kaiserdamm 24. mail@praxiszentrum-kaiserdamm.de. G.: Berlin, 28. Sep. 1943. V.: Dr. med. Solange Nzimegne. Ki.: Hanna (1974), Greta (1976). El.: Erwin u. Else, geb. Feldbinder. S.: 1967-73 Stud. Humanmed. in Tübingen, 1973-74 Medizinalass. im KH am Urban Berlin. K.: 1974-78 FA-Ausbildung z. Kinder- u. Jugendpsychiater, 1977 Prom., 1978-85 Ausbildung z. Allgemeinarzt in Berlin, 1986-95 ndlg. Allgemeinarzt in Berlin, seit 1995 Gemeinschaftspraxis m. Schwerpunkt HIV/AIDS, Hepatitis, Suchtmedizin, Onkologie. P.: "HIV u. AIDS", "Der drogenabhängige Patient", "Moderne Suchtmedizin", "Compliance in d. HIV-Therapie". M.: Vors. d. Methadonkommission d. KV Berlin (1990-97), Vorst.-Mtgl. im Arbeitskreis AIDS d. ndlg. Ärzte Berlin e.V. (1993-95), seit 1994 Vors. d. AIDS-Kommission d. KV Berlin, Vorst.-Mtgl. im Arbeitskreis methadonsubstituierender Ärzte Berlin e.V. (1994-98), seit 1996 Vorst.-Mtgl. d. DAGNÄ, seit 1997 Lehrbeauftragter f. Allgemeinmed. Humboldt-Univ. zu Berlin, Vorst.-Mtgl. d. DGDS (1997-99), seit 1999 Vorst.-Mtgl. d. DGS. H.: schreiben v. Fachbüchern.

Gölz Manfred

B.: Vertriebsbevollmächtigter. FN.: Gerling Vertriebsdirektion. DA.: 30159 Hannover, Peiner Str. 4. PA.: 29328 Fassberg, Poitzen 34. manfred.goelz@gerling.de. www.gerling.de. G.: Bremerhaven, 1. Juli 1948. V.: Maria-Elisabeth, geb. Hemme. Ki.: Rouven Benjamin (1979), Yorck Philipp (1981). El.: Robert Otto u. Martha Helene, geb. Die. S.: 1964-68 Lehre Elektriker Munster, b. 1972 Bundeswehr, b. 1973 Stud. maschinelle Datenverarbeitung Hannover. K.: b. 1976 Programmierer im Heine Verlag in Celle, 1976 Einstieg in d. Versicherungsbranche u. Ausbildung z. Versicherungsfachmann, 1986 Gschf. eines US-Makler in Munster u. Organisationsleiter bei d. Vereinten Leben Vers. in Hannover, 1989-96 Bezirksdir. bei der Inter Vers. in Lüneburg, 1996 Bezirksdir. d. LKH Hannover, 1997-98 Maklerbetreuer d. Signal Vers., seit 1999 Vertriebsbevollmächtiger d. Firma Gerling. P.: Veröff. in Ordens- u. div. anderen Zeitschriften. E.: Feuerwehrmedaille f. d. Einsatz b. Waldbrand (1972), Silb. Ehrenmedaille f. Bismarckbund. M.: Vors. d. MIT Kreisverband Celle (1985-90), Vors. d. Kmsn. Entstaatlichung im MIT Landesverband (1984-85) OMCT Niedersachen, seit 1974 CDU, FFW Poitzen, Bismarckbund, seit 1990 Prüfer b. Berufsbildungswerk d. Dt. Versicherungswirtschaft. H.: Lesen, Briefmarken sammeln, Ordensarbeit.

Gölz Rolf *)

Golz-Glogener Charlotte *)

Gölz-Göhler Julia Dipl.-Ing.

B.: Arch., Innenarch. DA.: 41189 Mönchengladbach, Sanddornweg 1. G.: Wiesbaden, 17. März 1948. Ki.: Tamara (1980). S.: 1964-66 Praktikum, 1967-71 Stud. MIT Werkkunstschule Wiesbaden. K.: 1971-75 als Innenarch. gearbeitet, spezialisiert f. Hotelbauten, ab 1975 überwiegend im Hochbau, 1979 eigene Arch. in Architektenkam., Restaurierungsarb. an div. Schlössern, u.a. Schloß Panka, Schloß Nehmten, seit 1975 eigenes Büro.

Golze Gerhard Dipl.-Ing. *)

Golze Manfred Dr. rer. nat.

B.: Regierungsdir. d. BAM, Ltr. Eurolab Deutschland u. Eurolab Europa. FN.: Bundesanstalt f. Materialforschung u. -Prüfung; Eurolab e.V. DA.: 12205 Berlin, Unter den Eichen 87. manfred.golze@bam.de. G.: Berlin, 5. Dez. 1942. V.: Klaawesh Al-Jaaf-Golze. Ki.: Atroushi Niyaz (1971), Aram Golze (1982). El.: Walter u. Magdalene, geb. Tegeler. S.: 1969 Abitur Berlin, 1969-79 Stud. Chemie an d. FU Berlin, Dipl.-Chem. K.: parallel wiss Mitarbeiter am Fritz-Herber-Institut d. Max-Planck-Gesellschaft in Berlin-Dahlem u. an d. FU am Inst. f. anorgan. Chemie, 1987 Prom. z. Dr. rer. nat., seit 1987 Projektleiter an d. BAM, 1990-91 Bereich Akkreditierung v. Prüflaboratorien an d. BAM, 1991 Aufbau d. Referats "Qualitätsmanagement" an d. BAM, seither Ltr. d. Labors, 1991 Aufbau d. Datenbank "eptis" - Projektleiter in Europa, 1990 Grdg. u. Gschf. d. "eurolab" aisbl, 1999 Gschf. d. "eurolab Europa" e.V. P.: zahlr. Veröff. zu Themen wie Qualitätsmanagement in Laboratorien, Intern. Normung u. Jahresberichte d. BAM. M.: Dt. Ges. f. Qualität. H.: Belletristik lesen, Bücher sammeln.

Golzer Heinrich *)

Gölzer Horst Ing. *)

Gombert Dieter *)

Gombert Wolfgang Dr. med. *)

Gomeier Max Dipl.-Ing. *)

Gómez José *)

*) Biographie www.whoiswho-verlag.ch oder beigefügte CD-ROM

Gómez Larrosa Joaquín Francisco

B.: Gschf. FN.: Lighthouse Multimedia GmbH. DA.: 64295 Darmstadt, Kleyerstr. 14. PA.: 64640 Riedstadt, Walther-Rathenau-Str. 16. gomez@lighthouse.de. G.: Molina de Segura/Spanien, 19. Sep. 1955. El.: José Gómez Gòmez u. Consuelo Larrosa Marín. S.: 1976 Abitur, Stud. Päd. u. Kunstgeschichte Univ. Frankfurt/Main, Dipl., Stud. Psych., 1982-83 European Business School CDI-Inst. K.: 1983-85 Ltr. Innovative EDV-Projekte M/A/I-Computer Frankfurt, 1985-88 Philips-Kommunikationsind. Siegen, 1988-92 Ltr. Marketing Management Olivetti Deutschland, 1992-93 freier Berater u. Ref. in Deutschland, GB, Italien u. Spanien, 1995 alleiniger Ges. u. Gschf. Lighthouse Multimedia GmbH Darmstadt. M.: Vizepräs. d. Span. HK in Deutschland Frankfurt/Main, Gründer u. Ltr. d. Fachgruppe Multimedia, Bundesverb. Informations- u. Kommunikations-Systeme e.V. Bad Homburg, Beirat Marketingclub Ffm. H.: klass. Musik, Squash.

Gommeringer Kurt Dipl.-Geologe

B.: Gschf. FN.: IUG Ing.-Ges. f. Umwelttechnologie u. Geotechnik. DA.: u. PA.: 69118 Heidelberg, In der Neckarhelle 127/1. info@ing-gommeringer.de. G.: Meßstetten-Hartheim, 18. März 1953. El.: Anton u. Magdalena, geb. Klotz. S.: 1973 Abitur, 1975-76 Zivildienst DRK, 1975-87 Stud. Physik u. Geologie Univ. Tübingen, 1988 Dipl.-Geologe. K.: 1988-90 tätig im Ing.-Büro Dr. G. Hafner & Partner in Stuttgart als Projektltr. für hydrogeolog. u. Altlastenuntersuchungen, 1990 Ndlg.-Ltr. der Aquaterra GmbH in Stuttgart, 1991-93 Projektltr. d. TÜV Südwestdeutschland e.V. in Stuttgart, 1994-95 Projektltr. d. TÜV Energie u. Umwelt GmbH in Filderstadt, 1995-97 Aufbau u. Ltg. d. Arb.-Gebietes Altlasten u. Umweltgeologie u. Ndlg. Nordbaden d. TÜV Energie u. Umwelt GmbH, 1998 Grdg. u. Gschf. d. IUG Ing.-Ges. f. Umwelttechnologie u. Geotechnik m. Schwerpunkt Baugrund- u. Altlastenuntersuchungen u. Flächenrecycling, Umweltmesstechnik, Boden- u. Grundwassersanierung. BL.: Mitentwicklung d. Luftinjektionsbrunnens (LIB) z. Reinigung v. bleiorgan. Verbindungen im Grundwasser m. Patentanmeldung. P.: div. Veröff. z. bleiorgan. Sanierung m. d. LIB-Verfahren auf nat. u. intern. Kongressen, sowie Ausstellungen z. Thema. M.: Dt. Geolog. Ges., Dt. Ges. f. Geotechnik, Altlastenforum Baden-Württemberg, BDG, ITVA.

Gommlich Eberhard Dipl.-Ing. *)

Gomolewski Isabella
B.: vereid. Dolmetscherin u. Übersetzerin, Inh. FN.: DRI 24.de Deutsch-Russisches-Internet. DA.: 28209 Bremen, Slevogtstr. 50. G.: Posen/Polen, 28. Nov. 1971. El.: Marian u. Ursula Gomolewski, geb. Namysl. S.: 1993 Abitur Bremen, 1994-2000 Stud. Kunst u. Deutsch f. Lehramt an Gymn. Univ. Bremen. K.: seit 1993 freiberufl. Übersetzerin u. Dolmetscherin in Bremen, seit 1998 vereid. Dolmetscherin u. Übersetzerin, 1987 Grdg. d. Übersetzungsbüros f. alle Sprachen f. Gerichte u. Notare d. LG Verden, 1994 Grdg. d. Partnerservice Isabella als Inh., 2000 Grdg. d. Internetfirma Deutsch -Russisches-Internet DRI 24. de als größtes dt.-russ.-Forum im Internet f. geschäftl. u. private Kontakte u.a. mit topaktuellem Branchenbuch, Institutionen, Initiativen u. Projekten, Kunstausstellungen in d. Büroräumen v. russ. zeitgen. Künstlern, Bertrachtung offline und online. H.: Fremdsprachen, Kunst, neue Medien, Sport, Psychologie.

Gomolka Alfred Dr. Prof.
B.: Diplomgeograph, MdEP. DA.: Rue wiertz, AGP 10 E 205. G.: Breslau, 21. Juli 1942. V.: Maria, geb. Schöpf. Ki.: Wolfram, Stephan, Christine, Johannes. S.: 1960-64 Lehrerstud. Univ. Greifswald, seit 1967 Forsch.arb. Geogr., Geomorphol. K.: 1964/65 Lehrer in Sollstedt, 1965 Dipl.-Prüf. Geogr., 1965 Ass. am Geograph. Inst. Greifswald, 1971 Prom., 1979-83 Stadtrat f. Umweltschutz u. Wasserwirtsch. b. Rat in Greifswald, 1983/84 Stadtrat Wohnungspolitik, 1988 Prom. B., 1989 Doz. f. phys. Geogr.; 1960-68 CDU, 1971 Wiedereintr. d. Kreisvorst. 1974-84 Mtgl. d. Kreisvorst. u. Kreissekretariats d. CDU Greifswald, 1990 Kreisvors. u. Spitzenkandidat d. Volkskammer, Volkskammerabg., Spitzenkandidat d. CDU f. d. Landtagswahlen, 1991/92 Präs. d. Dt. Bundesrates, seit 1994 Mtgl. d. Europ. Parlaments. (Re)

Gomoll Torsten Dipl.-Ing. *)

Gompf Ursula, Prof. *)

Gondermann Thomas Dipl.-Kfm.

B.: selbst. Unternehmensberater. DA.: 38640 Goslar, Bäringer Str. 4. G.: Siegen, 15. Dez. 1963. S.: 1979-81 Handelsschule, b. 1983 Höhere Handelsschule Siegen, 1983-85 Lehre Groß- u. Außenhdl.-Kfm. Sanitärbereich, b. 1986 Bundeswehr, 1986-91 Stud. BWL GHS Siegen. K.: bis 1992 Steuerass. in einer Steuerberatungsges. in Köln, b. 1994 Angest. d. Steuerberaterkzl. in Leonberg, 1994-96 freiberufl. Steuerass. in Goslar, 1997 Gründung d. Unternehmensberatung u. glz. Beratungsstellenltr. f. einen Lohnsteuerhilfever. M.: VFL-Oker. H.: Beruf.

Gondert Heribert
B.: Vorst. FN.: hagebau Handelsgesellschaft f. Baustoffe mbH & Co KG. DA.: 29164 Soltau, Celler Str. 47.

Gönnenwein Wolfgang

B.: HS-Prof., Künstler. Ltr. Ludwigsburger Festspiele, Dirigent. DA.: 71634 Ludwigsburg, Marstallstr. 5. G.: Schwäbisch Hall, 29. Jan. 1933. V.: Ilse, geb. Eppler. Ki.: Stefan (1964), Johannes (1967). El.: Walter u. Johanna. S.: 1951 Abitur, 1951-58 Stud. Musik u. Germanistik Stuttgart, Heidelberg u. Tübingen, 1958 künstler. Abschluß HS f. Musik Stuttgart u. Staatsexamen f. d. höhere Lehramt Univ. Tübingen. K.: 1958-

---

*) Biographie www.whoiswho-verlag.ch oder beigefügte CD-ROM

Gönnenwein

68 Lehramt f. Musik u. Germanistik Stuttgart, 1969-73 Prof. f. Dirigieren Staatl. HS f. Musik Stuttgart, 1973-83 Rektor Staatl. HS f. Musik u. darstell. Kunst Stuttgart, seit 1972 künstler. Ltr. d. Ludwigsburger Festspiele u. freischaff. Dirigent, Konzertreisen m. d. Orchester d. Ludwigsburger Festspiele u. d. Süddt. Madrigalchor Stuttgart durch alle Kontinente, zahlr. LP u. CD-Aufnahmen, 1985-92 Generalint. d. Württemberg. Staatstheaters Stuttgart, 1988-91 ehrenamtl. StaatsR. f. Kunst u. Kabinettsmtgl. in d. baden-württemberg. Landesrg., seit 1986 Vors. d. Jury d. Dt. Musikwettbewerbes d. Dt. MusikR. Bonn. P.: zahlr. CD's. E.: Grand Prix du Disque u. Edison-Preis f. Schallplattenaufnahmen. H.: Alternative Medizin, Homöopathie, Akupunktur. (U.B.)

Gönner Ivo
B.: OBgm. FN.: Stadtverw. Ulm. DA.: 89073 Ulm, Marktpl. 1. www.ulm.de. G.: Laupheim, 18. Feb. 1952. V.: Susanne, geb. Schwarzkopf. S.: 1971 Abitur, 1971-73 Zivildienst b. ASB Ulm, 1973-78 Jurastud. Heidelberg, 1978 1. u. 1981 2. Jur. Staatsexamen. K.: 1978-80 Referendarzeit b. LG Ulm, 1981-92 selbst. RA in Ulm, seit 1992 OBgm. d. Stadt Ulm, 1980-91 StadtR. in Ulm, 1985-91 Fraktionsvors. d. SPD-GemR.-Fraktion im Ulmer GemR., 1989-92 Vors. d. Arbeiterwohlfahrt in Ulm, seit 1972 Mtgl. d. SPD.

Gönner-Javorsky Mirca *)
Gonnermann Gertrud

B.: Pensionistin. PA.: 98527 Suhl, Grüner Weg 14. G.: Bad Liebenwerda, 9. Sep. 1911. V.: Dipl.-Ing. Friedrich Gonnermann. Ki.: Dr. Harald (1942). El.: Fritz und Klara Schreiber. S.: 1927 Mittlere Reife Sangerhausen. H.: Blumen, Pflanzen, Blumen aus Südafrika.

Gonnermann Henriette *)
Gonnermann Rolf Dr. Dipl.-Psych. *)
Gönnewicht Norbert *)
Gönnheimer Hans P. Dipl.-Ing.

B.: Gschf. FN.: Gönnheimer Elektronic GmbH. DA.: 67433 Neustadt a.d.W., Dr.-Julius-Leber-Str. 2. goennheimer @ goennheimer.de. V.: Gabriele. Ki.: Christoph, Philipp. S.: 1969 Ausbild. z. Elektroniker, 1969 Fachabitur in Landau, 1969-73 Stud. Elektrotechnik in Kaiserslautern, 1973 Dipl.-Ing. K.: 1973-76 Entwicklungsing. b. d. Firma Hildebrand (Hima) in Mannheim, 1976-79 Techn. Ltr. d. Firma Ruf in Mannheim, 1979-85 Gschf. Ges. d. Firma Hessler Elektrotechnik, 1985 Gschf. Ges. d. Gönnheimer Electronic GmbH. BL.: Entwicklung u. Produktion v. explosionsgeschützter Elektronik, viele patentgeschützte Produkte. F.: Hessler GmbH in Lindenberg. P.: mehrere Veröff. in Fachzeitschriften z. Thema Explosionsschutz, Vorträge u. Symposien. M.: IHK, Handwerksverb., Innungsverb., Verb. Dt. Elektroniker (VDE). H.: Oldtimer (Pkw).

Gonschor Ulrich *)
Gonschow Lutz *)
Gonse Peter Paul *)
Gonser Doris Dr. *)
Gonser Ulrich Dr. Prof. *)
Gonser Wolfgang Dr. *)
Gontschar Monika Dr. med. dent. *)
Gonzáles Clara Prof.
PS.: Nancy Gumma B.: Prof. f. Szenische Kunst. FN.: Instituto Juana de Ibarbourou - En Europa. DA.: 22111 Hamburg, Nedderndorfer Weg 11. G.: Uruguay, 17. Feb. 1934. V.: Prof. Angel Gonzáles Cedrés. S.: Stud. f. Dipl.-Prof. in Szen. Kunst Univ., Tanzausbild. klass. akad. Ballett m. russisch. u. franz. Lehrern, Flamenco m. renom. Tänzern in Sevilla, Granada, Cordoba u. Jerez. K.: intern. Tournees u. T.V., seit 1975 eigenes Studio f. Unterr. u. Bühne - Flamenco, Hist. Tänze u. Folk. aus La Plata. E.: 1993 Anerk. u. eingeschl. Kultur - "Uruguay = Deutschland". M.: 1987 "Real Sociadet Colombina Onubense - Huelva - Spanien.

Gonzáles Cedrés Angel Alberto Prof.
Gonzalo Cedrés B.: Prof. f. Szen. Kunst. FN.: Instituto Juana de Ibarbourou - En Europa - Hamburg, Grdg. eigener Bibl. u. Museen. DA.: 22111 Hamburg, Nedderndorfer Weg 11. G.: Uruguay, 2. Okt. 1935. V.: Prof. Clara Gonzáles. S.: m. 14 J. Rollen span. Klassiker u. Rezitator v. Gedichten, humanist. Dichter d. Trilogie "Der Mensch mein Bruder". K.: Stud. f. Dipl.-Prof. f. Szen. Kunst, 1966 Grdg. Instituto Juana de Ibarbourou - En Europa - Hamburg, Grdg. eigener Bibl. u. Museen. P.: div. Veröff. in span. Sprache, Mithrsg. d. lit. Zeitung "Viento Sur", Engagement f. afroamerikan. Kultur. M.: Literar. Kreis Hamburg. H.: Lithographie, Hermet. Geometrie d. Gotisch. "Americanismo e Hispanidad", Kunst u. Politik, Kultur u. Recht, 1987 Mtgl. "Real Sociedad Colombina Onubense" - Huelva - Spanien, 1993 Ankerk. u. eingeschl. Kultur-Abk. "URUGUAY-DEUTSCHLAND.

Gonzalez Ramiro *)
Gonzo Riccardo *)
Goodman-Thau Evelin Dr. Univ.-Prof.
B.: Rabbinerin, Prof. f. jüd. Religions- u. Geistesgeschichte an d. Univ. Kassel u. Rabbinerin d. Liberale-Jüd. Gem. Or Chadasch in Wien. DA.: 92514 Jerusalem, 7 Harav Chen Street. G.: Wien, 20. Juni 1934. V.: Dr. Moshe Y. Goodman. Ki.: Ilana (1957), Yehuda (1958), Michal (1960)m Yitzchak u. Ethan (1963). S.: 1938 Flucht nach Holland, jüd. Stud. Univ. Amsterdam, ab 1956 Stud. Israel. K.: Lehrtätigkeit in Israel, 1990-91 Gastprof. an d. Univ. Kassel u. Oldenburg, 1993-98 Gastprof. f. jüd. Studien an d. Univ. Halle-Wittenberg, 1998-99 visting Lecture u. Forsch.-Ass. an d. Harvard Divinity School, 2000 Habil. an d. Univ. Kassel, seit 2000 Orthodoxe Ordination als Rabbi in Jerusalem. BL.: 1. Rabbinerin in Österr., Grdg. u. Dir. d. Hermann-Cohen-Ak. f. Religion, Wiss. u. Kunst in Buchen Odenwald. P.: zahlr. Publ., Autorin v. Büchern u.a. z. Thema Rinbettung d. Judentums im Abend-

land "Zeitbruch", Hrsg. d. Reihe "Kabbala u. Romantik", "Jüdisches Denken in d. europ. Geistesgeschichte", "Forum jüd. Kulturphil. Studien zu Religion u. Moderne", "Zeit u. Welt. Denken zw. Phil. u. Relogion". H.: Lesen, Musik, Reisen, Kochen.

Goody Roger *)

Goos Jens-Uwe
B.: ndlg. Arzt f. Gynäkologie u. Geburtshilfe - Homöopathie. FN.: Praxis f. Gynäkologie & Geburtshilfe Jens-Uwe Goos. DA.: 44892 Bochum Alte Bahnhofstr. 161. frauenarzt@praxis-goos.de. www.praxis-goos.de. G.: Stade, 5. Aug. 1953. V.: Sabine, geb. Speidel. Ki.: Benedikt (1981), Jakob (1982), Fiona (1984). El.: Uwe u. Ingeborg. S.: 1972 Abitur Stade, 1972-75 Krankenpflegeausbild. Gemeinschafts-KH Herdecke, 1975-78 Stud. an d. freien Europ. Ak. d. Wiss., 1978-80 Med.-Stud. FU Berlin, 1980-85 Klin. Studien Philips-Univ. Marburg, 1985 Approb. K.: 1985-86 Hausmann, 1986 Ass. Filderklinik/Filderstadt, 1986-88 Herdecke Gynäkologie & Geburtshilfe, 1988-91 Ass.-Arzt Ev. KH Iserlohn, 1991-93 Marienhospital Bochum Wattenscheid, 1993 FA, 1993 Praxis-Vertretungen BRD-weit, 1994 1 J. Schweiz/Ita-Wegman-Klinik, seit 1995 Ndlg. als Arzt f. Gynäkologie u. Geburtshilfe. M.: Moderator Qualitätszirkel f. Anthroposoph. Med. H.: Botanik, Heilpflanzenkunde, Sprachen, Geschichte, Phil.

Goos Karl-Heinz Dr. rer. nat.

B.: Apotheker, Gschf. FN.: Repha GmbH Biolog. Arzneimittel. DA.: 30855 Langenhagen, Alt-Godshorn 87. kh. goos@t-online.de. G.: Emden, 18. Sep. 1954. V.: Monika, geb. Schikowski. Ki.: Ole (1981). S.: 1974 Abitur, b. 1980 Stud. Pharmazie TU Braunschweig, 1981 Approb. als Apotheker. K.: 1981-85 wiss. Mitarb. Inst. f. Pharmazeut. Chemie d. TU Braunschweig, 1985 Prom. z. Dr. rer. nat., 1986 Eintritt Repha GmbH, seit 1988 Kontrolltr. u. Stufenplanbeauftragter d. Repha GmbH, 1989 stellv. Vors. d. Arge f. Biolog. Arzneimittel e.V., 1989 Weiterbild. z. Apotheker f. Pharmazeut. Analytik, seit 1990 Gschf. d. Repha GmbH, seit 1991 stellv. Vors. d. European Assoc. of Manufacturers and Distributors of Natural Medicines (EANM), seit 1992 Mtgl. versch. Aussch. d. Forsch.-Gemeinschaft d. Arzneimittelhersteller e.V. (FAH), seit 1992 Mtgl. d. Prüf.-Aussch. d. Apothekerkam. Niedersachsen f. d. Weiterbild. z. Apotheker f. Pharmazeut. Analytik, seit 1994 Delegierter d. Landesverb. Niedersachsen u. Bremen d. Bundesverb. d. Pharmazeut. Ind. e.V., 1994 Vorst. d. Fachabt. Phytopharmaka d. Bundesverb. d. Pharmazeut. Ind. e.V., 1996 Vorst. d. Bundesverb. d. Pharmazeut. Ind. e.V. Landesverb. Nord, 1998 stellv. Vors. d. Fachabt. Phytopharmaka d. Bundesverb. d. Pharmazeut. Ind. e.V. P.: Diss.: "Synthese u. Eigenschaften 1- u. 2-substituierter 5-(Diazomethyl) tetrazole". H.: Mountainbiking, Philosophie, Literatur, Kunst.

Goosmann Wilfried
B.: Gschf. FN.: Zeitungsgruppe Thüringen. DA.: 99092 Erfurt, Gottstedter Landstr. 6. PA.: 99189 Elxleben, Thomas-Müntzer-Str. 97. G.: Dortmund, 1. Okt. 1943. V.: Hedi, geb. Konze. El.: Wilhelm u. Hildegard. S.: 1960-63 Lehre als Verlagskfm., 1966-69 Abendstud. Werbefachschule Ruhr. K.: 1963-67 Verlagskfm. NRZ Essen, 1967-69 Vertriebsltr. Sportbeobachter u. Stadtanzeiger Essen, 1969-75 Vertriebsltr. NRZ Essen, 1976-90 Vertriebswerbeltr./Vertriebsltr. Zeitungsgrup-

pe WAZ Essen, 1990 Grdg. u. Aufbau d. Zeitungsgruppe Thüringen GmbH, seit 1990 Gschf. M.: Lions Club. H.: Tennis, Reisen.

Gooss Michael Dipl.-Ing.

B.: Architekt. FN.: Arch.-Büro Gooss. DA.: 67434 Neustadt a.d.W., Max-Slevogt-Str. 2. mgooss@t-online.de. www. architekturbuero-gooss.de. G.: Mannheim, 26. März 1959. V.: Christiane. Ki.: Susanne, Michael. El.: Michael u. Hedy. S.: 1981 Abitur, 1981-88 Stud. an d. Univ. Kaiserslautern, 1988 Abschluß Dipl.-Ing. K.: 1988 Übernahme d. Arch.-Büros, 1989 Aufnahme in Arch.-Kammer. E.: Preise: Wettbewerb Dt. HS f. Verw.-Wiss. in Speyer (1993), Zweiter Preis für Bioinformatikzentrum in Dresden d. Klaus Tschira Stiftung, Rathaus in Morbach. M.: Arch.-Kam. H.: Tennis, Joggen.

Göpel Kathrin *)

Göpel Kathleen *)

Göpfert Andreas Rudolf Prof.
B.: Lehrstuhlinh. FN.: Musik-HS d. Saarlandes f. Musik u. Theater. DA.: 66111 Saarbrücken, Bismarckstr. 1. PA.: 66119 Saarbrücken, Lilienstr. 6. a.goepfert@hmt.uni-sb.de. G.: Dresden, 26. Aug. 1947. V.: Edith, geb. Suchland. Ki.: Alexander (1974), Annekathrin (1977). El.: Rudolf u. Ruth. S.: Kreuzschule u. Kreuzchor Dresden, 1966-71 Stud. Germanistik, Musikwiss. u. Schulmusik. K.: 1971-76 Verlagslektor Breitkopf u. Härtel, 1976-79 Ltr. d. Öff. Arb. d. Gewandhausorchesters Leipzig, 1979-96 Verlagslektor, seit 1996 Lehrstuhlinh. f. Chordir. u. Chorltg. an d. Musik-HS d. Saarlandes f. Musik u. Theater, seit 1980 Kurs- u. Chorltr., seit 1980 ca. 20 Konzerte pro J. als Chorltr. u. Dirigent. P.: La bella Ninfa (1989), CD-Produktion Ludwig Güttler Bach Johannes-Passion, CD-Prod. HS-Chor "Da du mich einst umfangen hast", Monographien, Klaviermusik, Hrsg. v. 2 Soloalbum. M.: VPräs. d. Arge Dt. Chorverb., stellv. Bundesvors. d. Arbeitskreises Musik in d. Jugend, Mitarb. d. Dt. MusikR. Literatur Kmsn., Ltr. d. Ev. Chorgemeinschaft an d. Saar. H.: Literatur, Geschichte.

Göpfert Dieter *)

Göpfert Herbert Georg Dr. phil. Univ.-Prof. *)

Göpfert Renate
B.: Zahntechnikermeisterin, Inh. FN.: Dentallabor Göpfert. DA.: 07743 Jena, Löbdergraben 27.

Göpfert Rudolf *)

Göpfert Wieland *)

Göpfert Winfried Dipl.-Ing. Prof.
B.: Univ.-Prof. u. Moderator d. Sendereihe "ARD-Ratgeber Gesundheit". FN.: Inst. f. Publzistik- u. Kommunikationswiss. d. FU Berlin. DA.: 12249 Berlin, Malteser Str. 74-100. winfried.goepfert@berlin.de. G.: Trier, 14. Sep. 1943. V.: Susanna, geb. Balzer. Ki.: Daniel (1976). El.: Josef u. Marianne, geb. Kliem. S.: 1963 Abitur, 1963-70 Stud. Naturwiss. Univ. Karlsruhe, 1970 Dipl., 1965-70 Stud. Literaturwiss. u. Kom-

*) Biographie www.whoiswho-verlag.ch oder beigefügte CD-ROM

Göpfert

munikationswiss. K.: 1971-75 Redakteur f. Wiss. u. Technik im Hörfunkprogramm d. SFB, 1971-85 Autor zahlr. Hörfunksendungen z. Thema Wiss. u. Technik, Satiresendungen, Science-fiction-Hörspiele, 1973-85 zusätzl. Autor u. Redakteur f. d. ARD-Magazin "Bilder aus d. Wiss.", 1975-79 Ressortltr. f. wiss. Fernsehmagazine im SFB, seit 1973 Autor zahlr. Fernsehsendungen versch. Arten, 1976-82 Sonderkorrespondent bei d. UN-Fachkonferenzen f. Umweltschutz, Welt-Waserversorgung, Wohnprobleme u. Weltbevölkerung, 1979-87 Abt.-Ltr. d. SFB f. d. Wiss.-Programm im Hörfunk u. Fernsehen, 1983-90 zusätzl. Redaktionsltr. d. Reihe "Wiss.-Feature" im Dritten Fernsehprogramm d. NDR, RB u. SFB, 1984-90 intern. Fernseharb. u.a. "Prima Klima", 1987-90 Abt.-Ltr. im SFB f. d. Wiss.- u. Bild.-Programm, 1982-84 u. 1988/89 u. Lehrauftrag f. Kommunikationswiss. an d. FU Berlin, seit 1990 Univ.-Prof. am Inst. f. Publizistik- u. Kommunikationswiss. d. FU Berlin, glz. weiter tätig als Wissenschaftspublizist bes. im Wissenschaftsprogramm d. SFB u. d. ARD, Moderator d. Sendereihe "ARD-Ratgeber Gesundheit". BL.: 1. u. einziger Lehrstuhl f. Wiss.-Journalismus in Deutschland. P.: "Wiss.-Journalismus. Ein Handbuch f. Ausbild. u. Praxis" (1996) - 4. Auflage (2000), Risikoberichterstattung u. Wiss.-Journalismus" (1998), "Gesundheitsinformation-d. Rolle d. Medien bei d. Stärkung v. Bürgern u. Patienten im Gesundheitswesen" (1999) u. a.m., Forsch.-Aufenthalte u. Gastprof. in London, Paris u. Dublin. E.: Kurt Magnus-Preis f. Nachwuchskräfte d. Hörfunks, GLAXO-Preis f. Wiss.-Publizistik, Fernsehpreis d. ISFA, Fernsehpreis d. Dt. Liga f. Atemwegserkrankungen, Fernsehpreis d. Medikinale., viele Ausz. f. redaktionelle Arb. M.: DGesPKw, DJV, TELI, Arb.-Kreis Med.-Publizisten. H.: klass. Musik, Jazz, Wandern, Radfahren, Sport.

Göpffarth Bernd

B.: Notar. DA.: 38820 Halberstadt, Richard-Wagner-Straße 68. PA.: 38820 Halberstadt, Andreas-Werckmeister-Str. 9. G.: Wilhelmshaven, 31. Aug. 1949. V.: Gabriele, geb. Schneider. Ki.: Maren (1978), Veit (1982), Julian (1988). El.: Friedrich u. Wilma, geb. Kilian. S.: 1968 Abitur, 1968-75 Stud. Rechtswiss. Univ. Bonn, Münster u. Göttingen, 1976-77 Referendariat Münster. K.: 1978 RA in Dorsten, 1981 RA u. Notar in Dorsten, seit 1992 Notar in Halberstadt. M.: Notarkammer Sachsen-Anhalt. H.: Musik, Wandern, Reisen, Familie.

Goppel Christoph Dr. oec. Dipl.-Ing.

B.: Dir. FN.: Bayer. Ak. f. Naturschutz u. Landschaftspflege (ANL). DA.: 83410 Laufen/Salzach, Seethaler Str. 6. PA.: 83410 Laufen/Salzach, Breslauer Str. 12. christoph.goppel @ anl.bayern.de. G.: Aschaffenburg, 25. Jan. 1952. K.: Andreas (1984), Martin (1986). El.: Dr. h.c. Alfons u. Gertrud. S.: 1972 Abitur Metten, 1972-77 Stud. Landespflege an d. TU München, Dipl.-Ing. K.: 1978-81 wiss. Ang. bzw. RR z.A. am Bayer. Landesamt f. Umweltschutz, 1981-84 RR z.A. b. Bayer. Staatsmin. f. Landesentwicklung u. Umweltfragen, 1984-87 wiss. Mitarb. am Lehrstuhl f. Wirtschaftslehre d. Gartenbaus an d. TU München, 1987 Prom. z. Dr. oec., 1987-92 ORR bzw. RD b. Bayer. Staatsmin. f. Landesentwicklung u. Umweltfragen, ab 1992 Dir. d. Bayer. Ak. f. Naturschutz u. Landespflege, Lehrauftrag an d. Fachhochschule Rosenheim. P.: Landespflege - Stellenwert im Freistaat Bayern. Aufgabenbereiche u. ihre bessere Verankerung im öffentl. Haushalt u. in d. amtl. Statistik, Fachwirt/In f. Naturschutz u. Landschafts-

pflege. E.: Vors. d. Bezirks Alpenland e.V. DLRG. M.: Gebirgsschützenkompanie Waakirchen, Mtgl. d. Bayer. Akademie "Ländlicher Raum", Philister d. Kath. Studentenverbindung Erwinia in München, Vorst. d. Freundeskreises d. Benediktiner Abtei Metten, 2. Vors. d. Förderver. d. Bayer. Ak. f. Naturschutz u. Landschaftspflege (ANL.), 1990-92 KreisR. Landkreis Starnberg u. GemR. in Gauting. H.: Fotografieren, Wandern, Schwimmen, Skifahren, Musik, Literatur.

Goppel Thomas Dr. phil.

B.: Gen.-Sekr., Staatsmin. a.D. FN.: CSU-Landesleitung. DA.: 80335 München, Nymphenburgerstr. 64. G.: Aschaffenburg, 30. Apr. 1947. V.: Claudia, geb. Schaffranek. El.: Dr. Alfons u. Gertrud. S.: 1967 Abitur, 1967-70 Stud. Phil., Päd. u. Psych. Würzburg u. München, 1972-81 Stud. Päd. u. Phil. Sbg., 1970 1. Lehramtsexamen, 1982 Prom. Dr. phil. K.: 1970-74 wiss. Mitarb. am Lehrstuhl f. Schulpäd. d. Erziehungswiss. Fak. d. Univ. München, 1973 II. Lehramtsexamen, 1970-74 schulischer Einsatz, seit 1981 CSU-Vors. Landsberg, 1981/90 BRK-Kreisvors. in Landsberg, 1985/92 VDA-Landesvors., seit 1986 stellv. Vors. d. Ver. d. Förderer d. Alfons Goppel-Stiftung e.V., seit 1974 Mtgl. d. Bayer. Landtags, 1986-90 Staatssekr. im Bayer. Staatsmin. f. Wiss. u. Kunst, 30. Okt. 1990-25.2.94 Bayer. Staatsmin. f. Bundes- u. Europaangelegenheiten, 27.2.94-98 Bayerischer Staatsminister f. Landesentwicklung u. Umweltfragen, seit 1999 Gen.-Sekr. d. CSU. P.: "Föderalismus - Bauprinzip einer freiheitl. Grundordnung in Europa" (1978), "Technischer Fortschritt u. Marktwirtschaft" (1983). E.: 1983 Rudolf Egerer-Preis d. Bayer. Handels, 1983 Gold. EZ d. BRK, 1989 BVK am Bande, 1991 Bayer. VO. 1992 Tiroler Adler-Orden, 2000 Verfassungsmedaille in Gold. M.: seit 1994 Vors. d. Kolping-Bildungswerk Bayern, seit 1998 Präs. d. Musikbundes f. Ober- u. Niederbayern, seit 1999 Präs. d. Bayer. Blasmusikverb. (BBMV).

Goppelsröder Bernd Dipl.-Bw.

B.: Kfm., selbständig. FN.: Goppelsröder, Haus der Geschenkideen. DA.: 75015 Bretten, Melanchthonstr. 11. PA.: 75015 Bretten, Weißhoferstr. 75. bgoppelsroeder@goppelsroeder.de. G.: Bretten, 15. Jan. 1947. V.: Rosemarie, geb. Heidt. Ki.: Peter, Marie-Christine. S.: 1966 Abitur in Bretten, 1966-67 Grundwehrdienst, 1967-69 Studium Jura an d. Univ. Freiburg, 1969-71 Fachschule d. dt. Eisenwaren- u. Hausrathandels in Wuppertal. K.: 1972 Übernahme d. elterl. Betriebes Goppelsröder Haus d. Geschenkideen in Bretten. F.: Gschf. d. GPK-Aktiv Marketing Ges. in Mainz. M.: "Oldtablern" Pforzheim. H.: Segelflug, Segeln, Surfen, Skifahren, Wandern.

Górak Andrzey Dr.-Ing. Prof.

B.: Univ.-Prof. FN.: Lehrstuhl f. therm. Verfahrenstechnik d. Univ. Dortmund. DA.: 44221 Dortmund, Emil-Figge-Str. 70. a.gorak@ct.uni-dortmund.de. G.: Anfrychów/Polen, 15. Feb. 1951. V.: Barbara, geb. Gregorowicz. Ki.: Joanna (1979). El.: Boleslaw u. Jadwiga. S.: 1968 Abitur, 1968-73 Stud. Chemieing.-Wesen chem. Fakultät der Univ. Lódz, 1979 Prom. Inst. f. Verfahrenstechnik d. TU Lódz, 1991 Habil. Fakultät f. Maschinenwesen d. RWTH Aachen. K.: 1973-82 Ass. am Inst. f. Verfahrenstechnik d. TU Lódz, 1982-84 Post-Doc. an d. TU Clausthal, 1986-88 HS-Ass. am Inst. f. Verfahrenstechnik d. TU Lódz, 1989-92 freier wiss. Mitarb. in d. Firma Henkel KGaA in Düsseldorf, 1992-96 Univ.-Prof. am Lehrstuhl f. therm. Ver-

---

*) Biographie www.whoiswho-verlag.ch oder beigefügte CD-ROM

fahrenstechnik d. Univ. Dortmund u. GH Essen, seit 2000 Lehrstuhlinh. u. Univ.-Prof. f. therm. Verfahrenstechnik an d. Univ. Dortmund. P.: Veröff. im Bereich chem. Technologie, Chemieing.-Wesen, Rektifikation, Umweltverfahrenstechnik u. Rechnersimulation. E.: 1974 Ausz. f. d. beste praxisorientierte Dipl.-Arb. in Polen, 1983 Preis d. wiss. Sekr. d. poln. Akademie d. Wiss. f. Technologie-Transfer, 1992 Friedrich-Wilhelm-Preis f. Habil.-Schrift d. RWTH Aachen.

Göransson Claes

B.: Vorst. Finance / Administration FN.: Vaillant GmbH. DA.: 42859 Remscheid, Berghauserstr. 40. www.ford.de. G.: Stockholm/Schweden, 21. Aug. 1953. V.: verh. Ki.: 2 Kinder. S.: Stud. Wirtschafts-HS Stockholm, Dipl.-Betriebswirt. K.: 1979-81 Ltr. Gewinnanalysen, Finanz Ford Schweden, 1981-83 Ltr. Buchhaltung, Finanz Ford Schweden, 1986-87 Ltr. Preis- u. Budgetanalysen, Verkauf Ford of Europe, 1989-90 Ltr. Finanz, kl. u. mittlere Fahrzeugprogramme Ford of Europe, 1990-92 Ltr. Mondeo-Programmanalysen, Fahrzeugfertigungsgruppe Ford of Europe, 1992-94 Ltr. Gewinnanalysen, Finanz Ford of Europe, 1994 Ltr. Materialkostenanalyse, Finanz Ford of Europe, 1994-99 Vorst. Finanzen d. Ford-Werke AG, s. 2000 Gschf. d. Vaillant GmbH, Remscheid.

Gorath Ralf Peter Dipl.-Ing.

B.: Geschäftsstellenleiter. FN.: MLP Finanzdienstleistungen AG. DA.: 24103 Kiel, Alter Markt 7. ralf.gorath@mlp.com. www.mlp.de. G.: Oldenburg, 15. Jan. 1957. El.: Robert u. Christine, geb. Reich. S.: 1975 Abitur, 1975-93 Bundeswehr - Marinekorvettenkapitän, 1976-80 Stud. Elektrotechnik München, 1981-91 Stud. BWL FU Hagen. K.: seit 1994 tätig in d. Firma MLP in d. Geschäftsstelle u. seit 1998 Ltr.; Funktionen: 1998 Lehrauftrag an d. Univ. Kiel, 1985 Dirigent, Chor- u. Orchesterleiter in Hamburg u. Schleswig-Holstein. M.: Intern. Arbeitskreis f. Musik. H.: Musik, histor. Architektur in Schleswig-Holstein, Gartenarchitektur.

Görcke Markus

B.: Kundenbetreuer. FN.: Frankfurter Allianz Vers.-Ges. DA.: 37073 Göttingen, Friedrichstraße 3-4. h.h.goercke@allianz.de. G.: Göttingen, 9. Jan. 1973. El.: Hans-Herbert u. Ingrid, geb. Erdmann. BV.: Großvater Fritz-Herbert Görcke - 1955 Gründer d. Agentur. S.: 1993 Abitur, 1993-96 Ausbild. Hdl.-Ass. Heidelberg, Münster u. Göttingen. K.: 1996-97 Vers.-Kfm. d. Allianz-Agentur in Ostfriesland u. 1998 u. 1999 in Osnabrück, seit 2000 Partner d. Gen.-Vertretung d. H. H. Görcke Allianz-Agentur in Göttingen. F.: Gschf. Ges. d. Görcke GmbH. M.: GCG, BG, TSC Göttingen. H.: Sport.

Görde Werner Dipl.-Ing. *)

Gördel Eva Doris Maria Dr.

B.: prakt. Ärztin u. Psychotherapeutin. DA.: 24376 Kappeln, Konsul-Lorentzen-Str. 9. goerdel@t-online.de. G.: Kiel, 23. Mai 1937. Ki.: Dr. Petra Thomsen, Dr. Maren Gördel, Susan Ahrens, Dietmar Gördel, Achim Gördel. S.: 1957 Abitur, 1957 Stud. Med. Kiel u. Innsbruck, 1960 1. u. 1964 2. Staatsexamen Kiel. K.: 1964 med. Ass., 1966 Approb. u. Prom., 1969 Ausbild. Hauswirtschaftsmeisterin, 1966-78 Praxisvertretungen, seit 1978 ndlg. prakt. Ärztin in Kappeln, 1989 Prüf. z. Psychotherapeutin, Weiterbildung in Energiemedizin/Magnetfeldresonanztherapie. M.: AMORC, 1994 Dachverb. Geistiges Heilen, 1980 Kirchenvorst., 1998 IGEM. H.: Reisen, Musik.

Görder Herbert

B.: Bildhauer. DA.: 33100 Paderborn, Im Dörener Feld 17. PA.: 33100 Paderborn, Im Dörener Feld 29 A. G.: Schötmar, 15. Juni 1943. V.: Christiane, geb. Hefele. Ki.: Nicola, Kai-Hendrik, Ilka-Christina, Tara-Maria. S.: 1960 Mittlere Reife, 1960-63 Ausbild. Bildhauer, b. 1966 FHS f. bildhauer. Tätigkeit Freiburger Münster. K.: seit 1966 selbst. Bildhauer m. Werkstatt u. Atelier in Paderborn m. Schwerpunkt Kirchen-, Kunst-, Bau- u. Freiraumgestaltung, 1989 Studienreise in d. Himalaya u. 1999 nach Mesopotamien. P.: Ausstellungen: "Kulturraum Friedhof" (1996-99), "Meditationen" im Kloster Dalheim (1999), europaweite Wettbewerbsteilnahmen, Publ. in Fachzeitschriften. M.: BBK.

Gordz August Msgr. *)

Gorella Arwed D. Prof. *)

Gorenflo Rudolf Dr. rer. nat.

B.: em. Prof. f. Math. FN.: Freie Univ. Berlin. DA.: 14195 Berlin, Arnimallee 3. gorenflo@math.fu-berlin.de. www.fracalmo.org. G.: 31. Juli 1930. S.: 1942-50 RG Goethe Schule Karlsruhe, 1950-56 Stud. Math., Physik. TH Karlsruhe, 1956 Dipl., 1960 Prom. K.: 1957-61 wiss. Ass. TH Karlsruhe, 1961-62 Mathem. b. Standard Elektrik Lorenz AG, Stuttgart, 1962-70 Mathem. a. Max Planck Inst. f. Plasmaphysik, 1970 Habil. TH Aachen, 1971-73 wiss. Rat u. Prof. a. d. TH Aachen, 1973 o. Prof. Freie Univ. Berlin, 1998 emeritiert. P.: 117 i. mathem. physikal. u. techn. Fachzs., Mitautor: "Abel Integral Equations", Mithg. "Applied Nonlinear Functional Analysis, Variational Methods a. Ill-Posed Problems", "Theory and Practice of Applied Geophysics", "Inverse Problems: Principles and Applications in Geophysics, Technology and Medicine". E.: Member o.New York Academy o. Sciences, 1980-84 Vors. Berliner Mathem. Ges. M.: Dt. Hochschulverb., Berliner Mathem. Ges., Dt. Mathem. Ver., Österr. Mathem. Ver., Americ. Mathem. Society, Ges. f. Angew. Mathem. u. Mechanik, Society f. Ind. a. Applied Mathem, Vereinig. dt. Wissenschaftler. H.: Wandern, Radfahren, Schwimmen, Lesen, Musik, Faulenzen, Diskutieren, Müsli essen.

*) Biographie www.whoiswho-verlag.ch oder beigefügte CD-ROM

Gorenflos Reinhard
B.: Mtgl. d. Vorst. FN.: Aral AG. DA.: 44789 Bochum, Wittener Str. 45. info@aral.de. www.aral.de. G.: Bangkok, 30. Juli 1961. S.: Stud. Univ. Freiburg u. Paris, Dipl.-Vw., Master in Public Administration. K.: 2 J. Tätigkeit b. d. LEK Unternehmensberatung in London u. München 1991 z. Thyssen-Konzern in Düsseldorf, zunächst Bereichsltr. b. d. Thyssen Schutle GmbH, 1993 Eintritt in d. Geschäftsführung d. Thyssen Sonnenberg GmbH, zuständig f. d. Sparte Dienstleistungen u. Umwelt, seit 1996 Gschf. b. d. Otto-Gruppe in Köln, seit 1998 AufsR.-Mtgl. d. Aral AG.

Göres Erhard Prof. Dr. med. habil. *)

Göres Traute *)

Goretzki Lothar Dr. rer. nat. *)

Görg Stefan Dipl.-Ing. *)

Gorgas Michael Dr. rer. nat. *)

Görge Alfred Dr. Prof. *)

Görgemanns Herwig Karl Dr. phil. Prof. *)

Görgens Bernhard Dr. jur.

B.: Stadtdir. d. Stadt Essen. DA.: 45121 Essen, Porschepl. 1. stadtdirektor@essen.de. G.: Essen, 9. Okt. 1946. V.: Lieselotte, geb. Paland. El.: Bernhard u. Irmgard. S.: 1966 Abitur, 1966-68 Bundeswhr - Otl. d. Res., 1968-71 Stud. Rechts- u. Wirtschaftswiss. Univ. Bochum, 1971 1. jur. Staatsexamen, 1971-74 Referendariat u. glz. wiss. Mitarb. Prof. Dr. Paul Mikat, 1974 2. Staatsexamen. K.: 1974-81 wiss. Mitarb. bei Prof. Dr. Paul Mikat, 1976 Prom., 1976-85 Mtgl. d. Rates d. Stadt Essen, zuletzt stellv. Vors. d. CDU, Vors. d. Aussch. f. Gesundheit, Umwelt u. Grünflächen, 1981-85 Richter u. zuletzt stellv. Vors. d. 9. Zivilkam. b. LG Duisburg, 1985-99 Beigeordneter d. Stadt Essen, seit 1999 Stadtdir. d. Stadt Essen m. Schwerpunkt Recht, Personal u. Organ. v. Sport u. Feuerwehr. M.: Vors. d. Rechts- u. Verfassungsausss. DST, Rotary Club, Vors. d. Kanu-Sportgemeinschaft Essen - einer Kaderschmiede f. Deutsche-, Europa- u. Weltmeister im Hochleistungssport. H.: Reisen, Literatur, Sport.

Görgens Reiner *)

Görgens Wolfgang Wilhelm Dr. med. Dipl.-Ing. (FH) *)

Gorges Dirk
B.: Inhaber, Immobilienkaufmann - Bausachverständiger. DA.: 45657 Recklinghausen, Paulsörter 23. info@gorges.org. G.: Wanne-Eickel, 12. Dez. 1964. S.: Fachabitur, 1984 Bundeswehr, 1987 Ausbild. z. Bürokfm. in Wuppertal, 1992 Ausbild. z. Kfm. d. Grundstücks- u. Wohnungswirtschaft in Hösel. K.: 1994-97 Büroleitung eines Recklinghäuser Immobilienunternehmens, seit 1997 selbst. Immobilienkfm., seit 1999 Sachverst. f. d. Bewertung v. bebauten u. unbebauten Grundstücken. M.: TaeKwon-Do Sportschule Lee in Recklinghausen. H.: Lokalpolitik, französische Kultur u. Landschaft, Motorradfahren. Sprachen: Englisch, Französisch.

Gorges Isa-Cornelia Dipl.-Med. *)

Gorges Karin *)

Gorges Roland M.A. *)

Görgl Ulrike Dipl.-Ing. *)

Görhardt Jürgen *)

Gorholt Martin

B.: Ltr. Min.-Büro Pressesprecher. FN.: Min. f. Bild., Jugend u. Sport Land BRB. DA.: 14467 Potsdarn, Steinstr. 104-106. G.: Hamm, 18. Aug. 1956. V.: Birgit. Ki.: Katrin (1981), Carsten (1984), Lena (1997). El.: Karl u. Isolde. BV.: Großvater mütterlicherseits Heinrich Benfer Publizist im Dortmunder Raum. S.: 1975 Abitur Hamm, 1975-76 Wehrdienst, 1976-83 Stud. Wirtschafts- u. Sozialwiss. an Univ. Dortmund, Dipl.-Vw. K.: 1984-88 Bundesgschf. f. d. HS-Gruppen d. Jungsozialisten, hauptamtl. SPD-Parteivorst. in Bonn, 1988-90 Referent im Bundessekr. d. Jusos f. Wirtschafts- u. Umweltpolitik, 1990 Umzug nach Potsdam als Gschf. d. SPD-Landesverb. BRB ltd. Landesgschf. d. SPD BRB, 1990-94 ang., 1995-99 Ltr. Min.-Büro, Pressesprecher im Min. f. Wiss., Forsch. u. Kultur Land BRB. P.: Mithrsg. mehrerer Bücher u.a. "Die Linke und d. dt. Einheit", "Hochschule 2000", "Wege aus d. Sackgasse". M.: seit 1975 SPD, Forum demokrat. Sozialismus, HS-Initiative demokrat. Sozialismus, Falken, AWO, Borussia Dortmund. H.: Squash, Lesen, Klavierspielen.

Görig Alfred

B.: Dipl.-Bildhauer, selbständig. DA.: 80796 München, Zittelstr. 11. G.: Augsburg, 21. März 1947. V.: Myra Brooklyn (Künstlerin). Ki.: Dr. Aviva (1967), Risha (1969). S.: 1966-69 u. 1971-73 Akad. d. bild. Künste München bei Prof. Robert Jacobsen. K.: 1969-71 u. 1973-76 Aufenthalt in New York, seit 1973 freischaff. Bildhauer in München u. New York, 1977 Eröff. d. Atelier in München. P.: 35 große Skulpturen f. d. Öffentlichkeit, Straße d. Skulpturen Güdesweiler (1983), Partnachplatz in München (1983), Stadtbrunnen Marktoberdorf (1995), Brunnen im Echterhaus in Würzburg (1997), Sparkassenbrunnen in Pfaffenhofen (1999). E.: Arbeitsstipendium d. Kulturkreis BDI (1977), Förderpreis d. Stadt Augsburg (1979), Förderstipendium d. Stadt München (1981).

Göring Burkhard *)

Göring Cornelia *)

Göring Hans-Dieter Dr. med. Prof.
B.: Chefarzt. FN.: Hautklinik u. Immunolog. Zentrums d. Städt. Klinikums Dessau. DA.: 06847 Dessau, Auenweg 38. PA.: 06846 Dessau, Knarrbergweg 42. G.: Stockhausen, 28.

*) Biographie www.whoiswho-verlag.ch oder beigefügte CD-ROM

Juni 1940. V.: Ortrun Elisabeth, geb. Schulze. Ki.: Dietrich (1966), Sebastian (1969), Christoph (1974). El.: Gerhard u. Frida. S.: 1958 Abitur, 1958-64 Med.-Stud. Univ. Jena. K.: 1969 FA-Anerkennung Gerichtl. Med., 1974 FA-Anerkennung Dermatologie u. Venerologie, 1977 OA-Ernennung, 1978 FA-Anerkennung Immunologie, 1978 Habil., 1984 Doz., 1986 Chefarzt, 1988 Prof. P.: 175 wiss. Veröff. u.a. Immundiagnostik in d. Dermatologie (1981), Immundermatologie, Pathogenese-Diagnostik-Therapie (1989), Repetitorium immunologicum (1986 u. 1991), Lexikon d. Immunologie (1988), 318 Vorträge u. Poster auf wiss. Tagungen u. Kongressen. M.: Dermatolog. allergolog. Fachges. u. Fachkmsn. f. Allergologie u. Umweltmed., seit 1996 VPräs. d. Dt. Ges. f. Angioödeme in Mainz, seit 1996 Wiss. BeiR. d. Dt. Sarkoidose Ver. e.V., seit 1997 Vors. d. Tumorzentrums Anhalt e.V., Vors. d. Ges. f. Dermatologie u. Venerol. Sachsen-Anhalts, Präsid.-Mtgl. d. Deutsch-Ungarischen Dermatol. Ges. H.: Literatur, Geschichte, Musik, Hunde (Dalmatiner), Malerei. Sprachen: Englisch, Russisch, Latein.

Göring Helga
B.: Schauspielerin. DA.: 12099 Berlin, Ordensmeisterstr. 15. G.: Meißen, 14. Jan. 1922. Ki.: Manja (1955). El.: Hugo u. Gertrud, geb. Roscher. S.: 10-Kl. Abschluß, 1938-40 Stud. Schauspiel Konservatorium Dresden. K.: 1. Engagement Theater Bielefeld, 1940-41 Stadttheater B., 1941-43 Städt. Bühnen Frankfurt, 1943-44 Staatsschausp. Hamburg (Schließung d. Theater im "Totalen Krieg", Rückkehr nach Dresden, Widerstand gegen d. Nazis, Bombenangriff, Flucht, als Arbeiterin, Reinemachfrau, Lazaretthelferin dienstverpflichtet,, 1945-46 Stadttheater Stendal, 1947-48 Komödiehaus Dresden, 1948-50 Volksbühne Dresden, 1950-55 Staatstheater Dresden, 1955-62 Defa-Studio f. Spielfilme Potsdam-Bablesberg, 1962-91 Schauspielerensemble d. DFF, seit 1991 freischaff. Schauspielerin, zahlr. Bühnenrollen, über 200 Rollen b. Film u. Fernsehen, mehrere Gastspiele Maxim Gorki-Theater u. Hansa Theater Berlin, Staatstheater Schwerin, Städt. Bühnen Leipzig u. Hans-Otto-Theater Potsdam, Komödie Dresden, Komödie Hamburg. E.: Nationalpreis, 8x Fernsehliebling d. DFF. M.: Tierschutzver. H.: Kochen, Lesen.

Göring Michael Christian Dir. *)

Göring-Eckart Katrin Dagmar
B.: Ang., MdB. FN.: Dt. Bundestag. DA.: 11011 Berlin, Platz d. Republik 1. G.: Friedrichroda, 3. Mai 1966. Ki.: 2 Söhne. S.: 1984 Abitur, 1984-88 Stud. Theol. ohne Abschluß. K.: tätig als Kantinenhilfe u. in d. kirchl. Kinderarb., Ref. d. Thüringer Landtagsfraktion Bündnis 90/Die Grünen, Ang. eines MdB; in d. DDR parteilos, Mitarb. in d. solidar. Kirche, 1989 Mtgl. d. demokrat. Aufbruch, 1990 Mtgl. b. "Demokratie Jetzt" danach Bündnis 90, Mtgl. b. Bündnis 90/Die Grünen, Mtgl. d. Bundes- u. Landesvorst., seit 1995 Landessprecherin f. Thüringen, seit 1996 Beisitzer im Bundesvorst., 1991-94 Fraktionsvors. im Kreistag, seit 1998 MdB, seit 1998 stellv. Geschf. d. Fraktion Bündnis 90/Die Grünen. (Re)

Goris Joannes Dr. med.
B.: ndlg. Privatarzt. DA.: 47441 Moers, Rheinberger Str. 13. G.: Brügge/Belgien, 2. Juli 1928. S.: 1948 Abitur Antwerpen, 1952 Stud. Med. Marburg, 1956 Physikum, Nato-Militärdienst KKH Köln, Personaltr. f. männl. Pflegerpersonal, Verbindungsmann zw. Nato u. Univ. Köln sowie KKH u. Behörden, 1958 Stud. Freiburg. K.: 1960 tätig im Bereich Gynäk. u. Psychiatrie an d. Frauenklinik in Lübeck, Ltr. d. Schule z. med.-psych. Vorbereitung f. Diplomaten-Erzieher, Beteiligt an d. Anfängen d. Megavolt-Bestrahlung, Radium-Kobalt-Therapie an d. Abt. f. Krebskranke, 196 OA am KKH Bethai-

nen in Moers, 1969 Eröffnung d. Praxis u. Belegbetten am KKH Rheinberg-Orsoy mit Schwerpunkt Gynäk. u. operativ tätig, seit 1996 Privatpraxis m. Schwerpunkt Alternativmed., Behandlung v. psychiatr. Störungen bei Kindern u. Behinderten, Legasthenie, Hyperaktivität und motor. Störungen, Behandlung durch Akupunktur durch d. Ohr v. Schmerz, Migräne, Depression und Schizophrenie. M.: GLEM, Lyon, wiss. Ver. unter Prof. Nogier. H.: Reiten, Golf.

Görisch Udo *)

Goriss Hans Joachim Dipl.-Kfm. *)

Gorissen Felix *)

Görissen Sven Dr. med. dent. *)

Göritz Norbert Dipl.-Med.
B.: Facharzt f. Allg.-Med. DA.: 15234 Frankfurt/Oder, August-Bebel-Straße 112. PA.: 15234 Frankfurt/Oder, Schmetterlingsweg 1. G.: Frankfurt/Oder, 17. Ja. 1958. V.: Kathrin, geb. Barthmann. Ki.: Nanett (1980), Nicole (1981), Sebastian (1983). El.: Siegfried u. Ursula. S.: 1976 Abitur, 1976-77 Vorpraktikum, 1977-79 Wehrdienst, 1979-84 Stud. Humanmed. an der MLU Halle. K.: 1984-85 Pflichtass.-Jahr, 1985 Approb. z. Dipl.-Med., 1985-90 FA-Ausbild. in Frankfurt/Oder,

1990 Ernennung z. FA f. Allg.-Med., seit 1991 ndlg. in eigener Praxis. M.: Anglerverb. H.: Sport, Angeln, Musik.

Gorka Peter *)

Gorke Hans-Jürgen *)

Görke Gisela Dr. med. *)

Görke Torsten *)

Gorki Hans Friedrich Dr. phil. Prof. *)

Gorki Michael *)

Görl Sigrid
B.: Ergotherapeutin. FN.: Praxis f. Ergotherapie. DA.: 12203 Berlin, Roonstr. 22; 14467 Potsdam, Wall am Kiez 2. G.: Lochheim, 14. Apr. 1948. V.: Johann Görl. Ki.: Markus (1979). El.: Anton u. Paula Kennerknecht, geb. Butzer. S.: 1962-64 Ldw. Berufsschule, 1964-65 Ausbild. als Pflegehelferin im KH Schesslitz/Franken, 1974-75 im 2. Bild.-Weg Erwerb d. Realschulabschlusses, 1976-78 Ausbild. als Ergotherapeutin am Oskar-Helene-Heim Berlin, 1978-79 Berufspraktikum. K.: 1965-76 Krankenschwester im KH Murnau/Bayern, dann München, Berlin, 1980 Kinderklinik (KAVH) Ergotherapeutin auf d. neurolog. Station, 1980-85 Familien-

*) Biographie www.whoiswho-verlag.ch oder beigefügte CD-ROM

Görl

pause, 1985-90 Hon.-Kraft u. Mutter, 1990 Ndlg. m. eigener Praxis f. Ergotherapie, ab 1997 Gemeinschaftspraxis m. Jutta Brandi. BL.: Adoption u. Betreuung eines multiple behinderten Kindes m. all d. anfallenden Problemen. M.: 1986-90 Bez.-Verordnetenversammlung, Bez.-Verordnete Bündnis 90/ Die Grünen. H.: Lesen, Kochen, Kulinarische- u. Bild.-Reisen.

Görlach Axel *)

Görlach Willi StR.

B.: MdEP. DA.: 60311 Frankfurt/Main, Fischerfeldstr. 7-11. G.: Butzbach, 27. Dez. 1940. Ki.: 3 Kinder. S.: Ausbild. als Mechaniker, Hessenkolleg Wiesbaden, Stud. Berufs- u. Wirtschaftspäd. K.: StR. an d. Kreisberufsschule Butzbach, 1959 Eintritt in d. SPD, 1969-73 Vors. d. Unterbez. Wetterau, 1980-88 Vors. d. SPD-Bez. Hessen-Süd, seit 1980 Mtgl. im Hess. SPD-Landesvorst., 1981-88 stellv. Landesvors., 1984-86 Mtgl. im Parteivorst. d. SPD, 1970-89 Mtgl. d. Hess. Landtages, 1972-73 stellv. Vors. d. SPD-Landtagsfraktion, 1973-74 Vors. d. SPD-Landtagsfraktion, 1974-78 Hess. Min. f. Ldw. u. Umwelt, 1978-80 Hess. Min. f. Ldw., Forsten u. Umwelt, 1984-87 Hess. Min. f. Ldw., Forsten u. Naturschutz, 1985-87 Bev. d. Landes Hessen b. Bund, 1985-87 Mtgl. d. Bundesrates, Mtgl. Ind.-Gewerkschaft Metall, Gewerkschaft Erziehung u. Wiss., Arbeiterwohlfahrt, Naturfreunde, VdK, Dt. Fischereiverb., Bund f. Naturschutz Deutschland, Lebenshilfe, seit 1989 Mtgl. d. Europ. Parlaments, Mtgl. im Aussch. f. Ldw. u. ländl. Entwicklung, 1992-95 Agrarpolit. Sprecher d. Sozialist. Fraktion, 1995-2000 Vors. d. SPD-Gruppe im EP, Arbeitsschwerpunkte: Agrarpolitik, erneuerbare Energien, Außenbeziehungen d. EU u. Welternährung. (Re)

Görler Woldemar Ernst Heinrich Dr. Prof. *)

Görlich Günter *)

Görlich Joachim

B.: staatl. geprüfter Augenoptiker, Inh. FN.: Augenoptik Görlich. GT.: Stadtfotograf v. Taucha. DA.: 04425 Taucha, Leipziger Str. 44a. G.: Chemnitz, 14. Apr. 1940. V.: Heidi, geb. Luckner. Ki.: Frank (1967), Jens (1970). S.: Lehre z. Augenoptiker in Borna. K.: Augenoptiker bei der Firma Schultz in Taucha, 1965-67 Ausbild. z. staatl. geprüften Augenoptiker an d. Fachschule f. Augenoptik in Jena, Optikermeister, seit 1972 Inh. d. Firma Augenoptik Görlich. P.: Bilddokumentation "Taucha - Gestern u. Heute" (17000 archivierte Fotos v. Taucha). E.: Verleihung d. "Parthe 2001" durch d. Heimatver. Taucha. M.: Innung, Heimatver. Taucha e.V. H.: Fotografieren, Briefmarken, Kegeln, Billard.

Görling Günter *)

Görlitz Werner Dipl.-Ing. *)

Görmer Bernd Michael

B.: Pädagoge, Inh. FN.: Erfolgspäd. Praxis ... alle Zielgruppen, Lernberatung, Coaching, Training. DA.: 91522 Ansbach, Dombach Im Loch 18. goermer@t-online.de. www.goermer. de. G.: Zwenkau, 15. Jän. 1952. V.: Eva, geb. Schwab. Ki.: Steffen (1980), Johannes (1982), Andreas (1991). El.: Paul u. Anni. S.: 1973 Fachabitur Sozialwesen, 1973-79 Stud. Erziehungswiss. u. Sozialpäd. Bamberg m. Abschluß Lehramt f. Grund- u. Hauptschulen, 1997 Zulassung z. Psychotherapeuten. K.: 1979-86 Lehrer an d. Grund- u. Hauptschule u. an Förderschulen, 1986-92 Ausbild. z. Vers.-Fachmann u. tätig im Außendienst d. Gerling-Konzerns, d. Iduna u. Allianz Vers., 1991 Grdg. d. erfolgspäd. Praxis. M.: 10 J. Gesamt-ElternbeiR. d. Stadt Ansbach, 10 J. Rettungsdienst BRK Ansbach, BDVT, EGPP. H.: Aussichtstürme, Wassersport, Faszination Fliegerei, Radfahren, Lesen, Skifahren, Laufen.

Gormsen Niels Dipl.-Ing.

B.: Architekt. DA.: 04109 Leipzig, Otto-Schill-Straße 1. G.: Rottweil, 9. Aug. 1927. V.: Traute, geb. Storz. Ki.: Sven Christian (1953). El.: Harald u. Marielies. S.: Abitur in Königsfeld, 1951-58 Stud. der Arch. Stuttgart u. Stockholm m. Abschluß Dipl.-Ing. K.: 1962-72 Ltr. d. Stadtplanungsamt in Bietigheim, 1973-88 Baudezernent und Bgm. in Mannheim, 1990-95 Planungs- u. Baudezernent in Leipzig, seit 1995 Südraumbeauftragter d. Stadt Leipzig; Funktionen: Landesgruppenvors. d. Dt. Ak. f. Städtebau u. Landesplanung. P.: zahlr. Veröff. z. Thema Städtebau, "Leipzig-Den Wandel zeigen", "Leipzig - Stadt Handel, Messe", "Leipziger Skizzenbuch". E.: BVK II, VO d. Freistaats Sachsen, Fritz-Schumacher-Preis. M.: Ltr. d. Arge Grüner Ring Leipzig f. Freizeit u. Turismusförderung, Medienstadt Leipzig e.V., Neue Ufer Leipzig e.V., Deutscher Werkbund, Bund Deutscher Architekten.

Gorn Wendula Dipl. rer. pol. *)

Görnandt Ulrich

B.: RA, Notar, Gschf. FN.: Ulrich Görnandt - RA u. Notar; Gütegemeinschaft Matratzen e.V. DA.: 34346 Hann. Münden, Bahnhofstr. 41. PA.: 34346 Hann. Münden, Am Lohberg 19. kanzlei.goernandt-fuellgraf@t-online.de. G.: Hann. Münden, 2. Okt. 1948. V.: Marianne, geb. Günther. Ki.: Simone (1970), Rasmus (1973), Marlies (1983), Marius u. Barbara (1985). El.: Rolf u. Ilse, geb. Stahr. S.: 1968 Abitur, 1968-69 Bundeswehr, 1969 Stud. Rechtswiss. Georg-Augusta-Univ. Göttingen, 1975 1. u. 1977 2. Staatsexamen. K.: 1977 Eröff. d. Kzl. Görnandt in d. Bahnhofstr. 16, 1981 Eintritt d. Vaters Rolf in d. Kzl. u. Bild. Sozietät, 1984 Gschf. d. Gütegemeinschaft Matratzen e.V., 1991 Notariat, 1995 Eintritt d. RA Füllgraf in d. Sozietät, 2000 Verlegung d. Kzl. in d. Bahnhofstr. 41. BL.: 1966 2. Pl. b. Landesmeisterschaften Nieder-

*) Biographie www.whoiswho-verlag.ch oder beigefügte CD-ROM

sachsen im Rudern 4er m. Steuermann. M.: seit 1987 Spiegelaussch. d. DIN f. Normierung v. Matratzen Köln, seit 2000 Member of the Board - European Bedding Assoc. EBI Brüssel, seit 1995 Vors. Mündener Ruderver., seit 1997 Vorst.-Vors. Altenheim Hermannshagen e.V., seit 1990 stellv. Vors. FDP Ortsverb. Hann. Münden, seit 1988 Kirchenkreisvorst. ev.-luth. Kirche Hann. Münden, Werbeaussch. d. Matratzenhersteller u. -zulieferer Hann. Münden. H.: aktiv Rudern, klass. Musik.

Görnandt Volker *)

Görne Dieter Prof. Dr.
B.: Int. i. R. PA.: 01157 Dresden, Am Lehmberg 25. G.: Heidenau, 7. Aug. 1936. V.: Jutta, geb. Fölsch. Ki.: Katrin, Matthias. El.: Johannes u. Gertrud. S.: 1953 Abitur, 1953-58 Stud. Germanistik u. Kunstgeschichte Leipzig, 1975 Prom. K.: 1958-68 versch. Engagements als Dramaturg u. Chefdramaturg, 1968-74 Ltr. d. Arbeitsgruppe Regest-Ausgabe aller an Goethe gerichteten Briefe im Goethe-Schiller-Archiv Weimar, seit 1974 Weimar, Chemnitz u. Dresden, seit 1990-8/2000 Int. d. Staatsschauspiel Dresden, danach i. R. P.: zahlr. Veröff. in versch. wiss. Zeitschriften zu Theaterfragen, Mitautor d. Buches "Goethe in Weimar". M.: Präsidiumsmtgl. d. Dt. Bühnenver. H.: Bildende Kunst, Literatur, Musik. (H.W.)

Görne Heinz *)

Görnemann Dieter Dr.
B.: RA, Patentanw., European Attorney. DA.: 12526 Berlin, Dahmestr. 79a. G.: Magdeburg, 25. Jan. 1932. Ki.: 3 Kinder. El.: StadtR. Reinhold u. Margarethe. S.: 1946-49 Berufsausbild. als Maurer, 1949-52 parallel dazu Abitur auf 2. Bild.-Weg, 1952-56 Jurastud. an d. Ak. Potsdam-Babelsberg, 1. Jur. Staatsexamen, 1956-58 Richter am Kreis/Bez.-Gericht Magdeburg, 1961-64 Fachstud. Bauing. in Cottbus, 1962 2. Jur. Staatsexamen. K.: 1965 Doz. f. Wirtschaftsrecht u. Ing.-Ökonomie an d. Univ. Rostock, 1967 Prom. z. Dr.-Ing., 1968 Zusatzstud. als Patenting. an d. Humboldt-Univ. Berlin, 1968-70 Dir. f. d. Rationalisierung d. Werftind. im Kombinat Schiffbau, 1971-72 Gen.-Dir. im Forsch.-Zentrum Schwermaschinenbau, 1973 Zulassung als PA, 1976-91 freier Autor f. populärwiss. Rundfunk- u. TV-Sendungen, 1989 nach d. Wende Wiederzulassung als RA u. Patentanw. u. seither selbst. m. eigener Kzl. in Berlin. P.: zahlr. Fachpubl. M.: Anw.-Ver., Europ. Patentanw.-Ver. H.: Handball, Golf.

Görner Gabriele *)

Görner Jens *)

Görner Lutz *)

Görner Peter Dr. Prof. *)

Görner Regina Dr.
B.: Min. FN.: Min. f. Frauen, Arb., Gesundheit u. Soziales. DA.: 66119 Saarbrücken, Franz-Josef-Röder-Str. 23. G.: Trier, 27. Mai 1950. S.: 1968-74 Stud. Geschichte u. Sozialwiss. Ruhr-Univ. Bochum, 1. Staatsexamen. K.: 1977-78 wiss. Hilfskraft, 1978-80 wiss. Ass. am Lehrstuhl Mittelalterl. u. Neue Kirchengeschichte Ruhr-Univ. Bochum, 1980-82 Studienreferentin f. Geschichte u. Sozialwiss. im Lehramt am Gymn., 2. Staatsexamen, 1982-85 wiss. Mitarb. am Lehrstuhl Alte Kirchengeschichte, Christl. Archäologie u. Patrologie d. Ruhr-Univ., 1984 Prom. z. Dr. phil., 1985-89 persönl. Referentin d. Bundesmin. f. Jugend, Familie, Frauen u. Gesundheit bzw. d. Bundestagspräs. Prof. Dr. Rita Süssmuth, 1989-90 Bez.-Sekr. d. ÖTV Hessen, 1990-99 Mtgl. d. Gschf. Bundesvorst. d. Dt. Gewerkschaftsbundes, zuständig f. d. Abt. Öff. Dienst/Beamte, Jugend u. Bild., seit 1999 Min. f. Frauen,

Arb., Gesundheit u. Soziales. P.: Raubritter. Untersuchungen zur Lage d. spätmittelalterlichen Niederadels, besonders im südlichen Westfalen (Diss. 1987), Die deutschen Katholiken und die soziale Frage im 19. Jahrhundert (1984), Reformen im Beamtenrecht sind unausweichlich (1996), Gleichstellungsgesetze bzw. Frauenfördergesetze/-richtlinien in den einzelnen Bundesländern (1994), Das duale System der Berufsbildung. Ein Standortvorteil für Deutschland. Leistungsfähigkeit und Reformbedarf (1997). (Re)

Görner Sieglinde *)

Görner Wolfgang Dipl.-Ing. *)

Görnert Peter Dr. sc. nat. Prof.
B.: stellv. gschf. Dir. FN.: Innovent e.V. Technologieentwicklung. DA.: 07745 Jena, Prüssingstr. 25 B. G.: Gablonz, 1. Juli 1943. V.: Bärbel. Ki.: Thomas (1966), Susann (1973). El.: Lydia Willmann-Laskowski, geb. Görnert. BV.: Stiefvater Lasko - Künstlername berühmter Maler u. Grafiker, freischaff. Künstler in Thüringen. S.: 1961 Abitur, 1961-63 Armee, 1963-68 Stud. Physik Univ. Jena, 1968-71 Aspirantur, Abschluß Dr. rer. nat. TU Dresden, Diss. B. Ak. d. Wiss. Berlin, Dr. sc. nat. K.: 1971 tätig am Inst. f. magnet. Werkstoffe d. ZFW Dresden, 1987 Prof. f. Festkörperphysik an d. Ak. d. Wiss. Berlin, 1989 Bereichsltr. am PTI in Jena, 1992 tätig am Inst. f. physikal. Hochtechnologie e.V., 1992 kommisar. Ltr. u. Ltr. d. Bereichs Materialwiss. am IPHT in Jena, 1997 Forsch.-Bereichsltr. d. Innovent e.V. Jena u. Gschf. d. SurA GmbH in Jena, 1998-2000 AufsR-Mtgl. d. Tridelta Magnet Technology Holdings Ltd. in Johannesburg, 1999 Grdg.-Mtgl. d. Firma BioMedical GmbH in Jena, seit 2000 stellv. gschf. Dir. d. Innovent e.V. M. Schwerpunkt angew. industrienahe Forsch., magnet. Werkstoffe u. Systeme sowie Förderung junger Menschen; Funktionen: Vorlesungen an d. Univ. Jena, Gutachtertätigkeit, Betreuung v. Diplomanden u. Doktoranden; 1962-97 Judosportler - brauner Gürtel. F.: SurA GmbH in Jena. P.: Einladung zu intern. Konferenzen in Zürich, Boston, Prag, New Delhi, Davos, Univ. of Oxford, Varna, New London, Frankfurt, Den Haag u.a.m., Autor u. Co-Autor v. ca. 200 Publ. u. 160 Vorträge auf nat. u. intern. Tagungen, Mitautor v. "Kristallzüchtung" (1988), "High Temperature Solution Growth of Garnets: Theoretical Models and Experimental Results" (1984). E.: 1993 Preis d. Dt. Ges. f. Kristallwachstum u. Kristallzüchtung e.V., 1995 Preis d. Intern. Superconductivity Technology Center in Japan u. d. Materials Research Society in d. USA. M.: Organ.-Komitees nat. u. intern. Konferenzen, seit 1990 Dt. Ges. f. Kristallwachstum u. Kristallzüchtung e.V., seit 1993 Kuratorium d. Ver. z. Förderung v. Innovationen durch Forsch., Entwicklung u. Technologietranfer e.V., in Jena, seit 1995 Dt. Physikal. Ges., seit 1996 Editorial Board d. intern. Zeitschrift "Crystal Research and Technology", seit 1996 Experte z. Evaluierung v. EU-Projekten, seit 1997 Assessor d. ARC, seit 2001 Mtgl. d. Leibniz-Sozietät Berlin.

Gornig Christa *)

Gorny Dieter *)

Gorny Dieter
B.: Vorstandsvors. VIVA MEDIA AG u. Gschf. FN.: VIVA Fernsehen Beteiligungs GmbH. DA.: 50670 Köln, im Mediapark 7. www.viva.tv. G.: Soest, 26. Aug. 1953. Ki.: 3 Kinder. S.: Abitur, Musikstud. Staatl. HS f. Musik Rheinland Köln, 1975/76 künstler. Reifeprüf. u. Musiklehrerexamen, Stud. Komposition, Tonsatz u. Musiktheorie. K.: Orchestertätigkeit b. d. Bochumer Symphonikern u. d. Wuppertal Symphonie-Orchester, Lehrauftrag GHS-Univ. Essen, 1984 Fachbereichsltr. Popularmusik Berg. Musikschule Wuppertal, 1985 Entwicklung u. Organ. d. Projekts Rockförd., Ltr. d. Rock-

*) Biographie www.whoiswho-verlag.ch oder beigefügte CD-ROM

büros NEW, 1988 Lehrbeauftragter d. Musik-HS Köln u. Düsseldorf, 1989 Managing Dir. d. POPKOMM, Gastdoz. Musik-HS Hamburg, 1992 Gschf. MUSIKKOMM, seit 1993 Gschf. VIVA, seit 1994 Gschf. VIVA ZWEI. E.: 1992 Echo-Award, 1997 Adolf-Grimme-Preis.

Gorny Peter Hanns Dr.-Ing. Prof.
B.: Prof. f. Angew. Informatik. FN.: Univ. Oldenburg. DA.: 26111 Oldenburg, Postfach 2503. G.: Berlin, 14. Juni 1935. El.: Hein u. Ruth. BV.: Großv. Prof. Dr. Theodor Lessing - Philosoph. S.: Abitur 1955 Iburg, Dipl.-Ing. Bauingenieurwesen 1962 TH Hannover, Dr.-Ing. Angew. Informatik (1972) Univ. Bochum. K.: 1963-67 Wiss. Mitarb. Inst. f. Massivbau, TH Hannover, 1967-74 Wiss. Ass. Inst. f. Konstruktiven Ingenieurbau d. Ruhr-Univ. Bochum, 1974-2000 Prof. f. Angew. Informatik Univ. Oldenburg, 1971-72 Mitgl. Gründungsausschuß Univ. Osnabrück, 1982-84 VPräs. Univ. Oldenburg. Dekan Fachbereich Informatik Univ. Oldenburg 1991-94, Erw. Vorst. OFFIS-Oldenburger Forschungsinst. f. Informatiksyst. P.: P. Gorny, A. Viereck: Interaktive Grafische Datenverarb., Stuttg. 1984 (Teubner), P.etwa 200 Bücher u. Fachaufs. zu Fragen d. grafischen Datenverarb., Software-Ergonomie, Entwurf von Benutzungsoberfl., Computer-Aided Design. u. d. Informatik im Bildungswesen, Hauptthrsg. v. STATE OF THE ART: INFORMATIONSTECHNIK. M.: Ges. f. Informatik (GI) Vors. Fachausschuß Ergonomie in der Informatik, Ass. for Computing Machinery (ACM), Vice Chairman of the German Chapter of the ACM 1984-96, EUROGRAPHICS-European Ass. for Computer Graphics. IFIP Internat. Fed. of Information Processing, Chairman Working Group Human-Computer, Interaction in Education 1991-96, Mtgl. Techn. Committee Human-Computer Interaction 1991-2002. H.: Segeln, Motorrad.

Göröcs Tibor

B.: Silberschmied, Inh. FN.: Weber & Göröcs Fotografik. DA.: 79102 Freiburg, Kartäuserstr. 60. fotografik@web.de. G.: Szentes/Ungarn, 24. März 1947. V.: Mariann Weber. Ki.: Ester (1975). El.: Tibor und Veronika, geb. Mrko. BV.: Fürstentum - Ländereien heutiges Rumänien wurde enteignet. S.: Abitur Budapest, Ausbild. z. Silberschmied, seit 1972 in Deutschland, Stud. Grafik, Malerei u. Fotografie an d. Folkwangschule Essen, seit 1980 in Freiburg, 1987-88 Arbeitsstipendium Kunstfonds e.V. Bonn. K.: Ausstellungen in Basel, Budapest, Den Haag, Düsseldorf, Essen, Frankfurt, Freiburg, Ulm, Wiesbaden, 1991-92 Cerativ/Art Dir. b. Pixel Prouktions Essen, 1993-94 Art Dir. b. Hensle & Partner Freiburg, seit 1994 freier Fotograf u. Grafik Designer im Multimediabereich, Digital Art Wettbewerb Frankfurter Ak. f. Kommunikation & Design, seit 1999 eigenes Fotostudio f. people, Stillife, Mode u. Sachfotografie zusammen m. Lebensgefährtin Marian Weber. P.: Ausstellungen in gr. Städten. E.: Digital Video Wettbewerb Pro 7. M.: IHK. H.: Reisen.

Goroncek Mirko
B.: Nachrichtentechniker, Inh. FN.: Goroncek Modelltechnik & Kom-Tech. DA.: 39576 Stendal, Brüderstr. 3. PA.: 39659 Havelberg, Neustädter Str. 3. kom-tech-mgoroncek@t-online.de. G.: Löbau, 3. Aug. 1972. El.: Manfred u. Ilona, geb.

Reusner. S.: 1989 Lehre Facharb. für Nachrichtentechnik RFT Magdeburg. K.: b. 1993 Nachrichtentechniker auf Montage d. Firma Siemens, 1997-98 Existenzgrdg.-Seminar in Stendal, seit 1998 selbst. E.: 2000 2. Platz im 1-Stunden Langstreckenrennen d. MC Neuruppin, 1999 2. Pl. bei d. 2.-WD-mod. d. Havelberger Meisterschaft. M.: Kassenwart d. Offroad Club Peter Mücke, Beisitzer im Vorst. d. Fördervereins Modellsportzentrum 2000 Havelberg. H.: Modellsport.

Görres Frank *)

Görres Till *)

Görres-Ohde Konstanze *)

Gorris Alexandra Dr. *)

Görs Reinhard *)

Gorschenek Günter Dr.
B.: Dir. FN.: Kath. Ak. Hamburg. DA.: 20459 Hamburg, Herrengraben 4. PA.: 20459 Hamburg, Englische Planke 1. G.: Brüx/Böhmen, 8. Dez. 1942. V.: Dr. Margareta, geb. Rucktäschel. Ki.: Nicola-Maria (1980). El.: Josef u. Ludmilla, geb. Bumba. S.: Journalist. Ausbild., Stud. Rechtswiss., Geschichte u. Zeitungswiss. Univ. Münster u. München., 1970 Prom. K.: ab 1968 Red., 1971-75 Studienltr. Kath. Ak. Bayern, 1987-99 Gen.-Sekr. Inst. f. Interdisziplinäre Kultur- u. Medienforsch. Hamburg (IKM). P.: Katholiken u. ihre Kirche (1976), Grundwerte in Staat u. Ges. (1977), Von Zeit u. Erinnerung (1980), Genforsch. - Fortschritt in Verantwortung (1987), Offene Wunden - Brennende Fragen (1989), Dimensionen des Menschenbildes im vereinten Deutschland (1993). E.: 1995 Offizierskreuz d. ungarischen Staatspräs., 1999 Offizierskreuz d. polnischen Staatspräs., 1999 Max Brauer Preis d. Stiftung FVS Hamburg. M.: seit 1995 Mtgl. d. Europäischen Akad. d. Wiss. u. Künste, Salzburg. H.: Literatur, Filme, Reisen, Kochen.

Görsdorf-Dennhardt Karina

B.: RA, Fachanw. f. Arbeitsrecht. FN.: Arras, Ludwig & Görsdorf Rechtsanwälte. GT.: Sektionssportwart d. Landes Sachsen-Anhalt Kegeln-Bohle, Doz. f. versch. Bild.-Träger. DA.: 39124 Magdeburg, Lübecker Str. 22A. 03912536227-0001@t-online.de. G.: Beeskow, 16. Mai 1971. V.: Dipl.-Ing. Jörg Dennhardt. El.: Dr. Jürgen u. Ingrid Görsdorf, geb. Ewald. S.: 1989 Abitur Beeskow, 1989-93 Stud. Rechtswiss. an d. MLU Halle/Saale, 1993-96 Referendariat in Magdeburg. K.: seit 1996 Zulassung als RA u. Sozius in d. Kzl. Arras, Ludwig & Görsdorf, Tätigkeitsschwerpunkte: Erbrecht u. Familienrecht. M.: Dt. Anw.-Ver., RA-Kam. Sachsen-Anhalt, Genthiner Kegelklub. H.: Kegeln (Teilnahme an Meisterschaften).

Gorski Wilfried

B.: Graveurmeister, Inh. FN.: Wigo Kunststoffverarb. Formenbau. DA.: 42719 Solingen, Albertus-Magnus-Str. 11. info@gorski.de. www.gorski.de. G.: Solingen, 20. Nov. 1941. V.: Barbara, geb. Ottawa. Ki.: Christian (1968). El.: Friedrich u. Margot, geb. Rollecke. S.: 1955-58 Graveurlehre b. Gottlieb Hammesfahr in Solingen, ab 1961 berufsbegleitend auf Abendkursen 5 Sem. d. Fachschule f. Ind.-Design besucht, 1964 Meisterprüf., 1964 Wehrdienst, Entlassung als Unteroffz. d. Res. K.: 1958-59 Graveur u. Graveurmeister b. versch. Unternehmen, 1969 Grdg. d. jetzigen Unternehmens im Formenbau f. Kunststofftechnik, 1972 Erweiterung d. Produktion um d. Bereich Kunststoffspritzgußtechnik, seit 2001 ist d. Firma zertifiziert nach ISO 9001 u. 46002. BL.: 1989 1. Preis in München f. d. beste feststehende Messer, 1994 1. Preis in Paris f. d. beste Taschenmesser, weitere Ausstellungen sind f. New York, Paris u. München geplant. M.: VPräs. Messermachergilde, KNMC. H.: Wassersport, Tennis, Reitsport.

Gorsky Michael *)

Görst Tamara *)

Görst Teresa *)

Gortchakova Eugenia
B.: Künstlerin. PA.: 26122 Oldenburg, Kaiserstr. 7. gortchakova@aol.com. G.: Kirov/Rußland, 5. Okt. 1950. V.: Jürgen Weichardt. Ki.: Danij. El.: Ilja u. Klavida Freger. S.: 1967-72 Stud. Philol. Staatsuniv. Moskau, 1977-82 Stud. Kunst u. Kunstgeschichte Staatsuniv. Moskau. K.: 1987 Mtgl. d. Sowjet. Künstlerverb., 1991 Stipendium f. einen Paris-Aufenthalt, seit 1992 Atelier in Oldenburg, 1994 Stipendium d. Schleswig-Holstein. Künstlerhauses Selk, Stipendium d. Stadt Eckernförde. P.: Einzelausstellungen: Kulturpalast Meridian in Moskau (1989), Zentrales Künstlerhaus Moskau (1991), Kunsthaus Örlikon in Zürich (1995), WUK Wien (1997), Museum Kirov (1998), Stadtmuseum Oldenburg (2000) u.v.m., Werke in Museen wie: Nationalmuseum Cairo, Konotop Kunstmuseum Ukraine, Museum Gyór in Ungarn, Museum Bochum, Stadtmuseum Oldenburg, Schloß Agathenburg u.v.m. E.: 1996 2. Preis d. Intern. Grafik-Biennale in Katowice, Ankaufpreis d. 1. Biennale f. Grafik in Alcoj/Spanien, 1997 Preis d. Stadt Volvic auf d. IV. Grafiktriennale Chamalières, Sponsors Preis Grafik 2000 Biennala Sapporo.

Görtemaker Gerd *)

Görtemaker Manfred Dr. phil. Prof.
B.: Prof. f. Neuere Geschichte. FN.: Universität Potsdam Historisches Institut. DA.: 14469 Potsdam, Am Neuen Palais 10. goerte@rz.uni-potsdam.de. G.: Großoldendorf, 28. Apr. 1951. S.: 1969 Abitur Westerstede/Niedersachsen, 1969-75 Stud. Neuere Geschichte, Politikwiss. u. Publizistik in Münster u. Berlin, 1975 Dipl., 1977 Prom. z. Dr. phil., 1990 Habil. K.: 1975-80 wiss. Ass. an d. FU Berlin, 1980-81 John F. Kennedy Memorial Fellow am Center for European Studies d. Harvard Univ., 1982-89 HS-Ass. am Fachbereich Geschichtswiss. d. FU Berlin, 1989-90 Krupp Foundation Senior Associate am Institute for East-West Security Studies in New York, 1991-92 Gastprof. in Leipzig u. Potsdam, seit 1993 o.Prof. f. Neuere Geschichte an d. Univ. Potsdam, 1994-9 Prorektor d. Univ. Potsdam f. Lehre u. Stud., 1996 Gastprof. an d. Duke Univ. Durham North Carolina, 1999 Gastprof. am Dartmouth College Hannover, New Hampshire, seit 1999 Vors. d. Wiss. Beirats d. Militärgeschichtl. Forschungsamtes (MGFA), seit 2000 Vors. d. Senats d. Univ. Potsdam. BL.: 1972 journalist. Tätigkeit in Belfast u. Londonderry, Korrespondentenberichte f. dt. Tageszeitungen über d. Bürgerkrieg in Nordirland, 1985 Mitarbeit b. d. Fernsehdokumentation "So begann d. Frieden - Die Konferenz v. Potsdam 1945", umfangreiche Vortragstätigkeit an zahlr. nat. u. intern. Bildungseinrichtungen. P.: u.a. die unheilige Allianz. Die Geschichte d. Entspannungspolitik 1943-79 (1979), Machwechsel. Die Ära Brandt-Scheel (1982), Das Ende d. Ost-West-Konflikts? Die amerikanisch-sowjet. Beziehungen v. d. Anfängen b. z. Gegenwart Berlin (1990), Geschichte d. BRD. Von d. Gründung b. z. Gegenwart (1999), Zwischen Königtum u. Volkssouveränität. Die Revolution 1948/49 in Brandenburg (1999). M.: Dt. HS-Verband, Dt. Ges. f. Amerikanistik, Historikerverband, Berliner wiss. Ges., Brandenburgische histor. Kmsn. H.: Lesen, Musik.

Gorter Robert W. Dr. med. Prof.
B.: Arzt, Ltr. FN.: KH Moabit; Inst. f. onkolog. u. immunolog. Forsch. FU Berlin. DA.: 10623 Berlin, Hardenbergstr. 19. PA.: 10623 Berlin, Hardenbergstr. 19. robertgorter@compuserve.com. G.: Hoorn/Niederlande, 7. Okt. 1946. S.: Abitur Haarlem, 1965-71 Univ. Amsterdam B.A., 1971 Dr. med., 1971-73 FA-Ausbild. Allg.-Med. Univ. Amsterdam, 1973-74 Stud. Tropenmed. Univ. Amsterdam, 1985-87 2. FA-Ausbild. Innere Med. u. Family & Community Medicine San Fancisco. K.: 1978-84 Clinical Instructor Allg.-Med. Univ. 1987-88 Clinical Instructor Univ. of California San Francisco, 1987-93 OA San Francisco General Hospital, 1988-92 Ass. Clinical Prof. Department of Medicine Univ. of California San Francisco, 1988-92 Medicial Dir. Abt. f. AIDS Epidemiologie u. Biostatistik Univ. of California San Francisco, 1988-92 OA Davies Medical u. Pacific Medical Center San Francisco, seit 1993 Associate Clinical Prof. Univ. of California San Francisco, seit 1987 Attending Physician San Francisco General Hospital, seit 1994 Priv.-Doz. Univ. Witten/Herdedecke, seit 1994 Ltr. d. Inst. f. onkolog. u. immunolog. Forsch. Berlin, seit 1994 Dir. d. therapeut. Kunstschule Florenz/Italien, Gutachtertätigkeit f. intern. med. Publ. P.: Management of anorexia-cachexia associated with cancer and HIV infection (1991), Differences in laboratory values in HIV infection by sex, race and risk group (1992), HIV seroconversion in intravenous drug users in San Francisco 1985-90 (1994), HIV and Tuberculosis Infection in San Francisco´s Homeless Adults (1994). E.: zahlr. finanzielle Zuwendungen f. intern. anerkannte Forsch.-Arb. M.: Intern. AIDS Society, Dt. AG ndlg. Ärzte in d. Versorgung HIV-Infizierter, Dt. AIDS-Ges., Europ. Ges. f. onkolog. u. immunolog. Forsch. in Amsterdam, Berlin, Mailand, Amnesty Intern., Folteropferzentrum Berlin u. Amsterdam. H.: Geige u. Bratsche, Künste allg.

Görtler Edmund *)

Görtler Ralph Dr. med. *)

Görtz Cornelia *)

Görtz Ilse
B.: Kriminalistin, Inh. FN.: Lichthaus Babelsberg. DA.: 14482 Potsdam, Kopernikusstr. 19. G.: Ortshausen, 24. Sep. 1941. V.: Siegfried Görtz. Ki.: Gerd (1962). El.: Kurt u. Hildegard Quitz. S.: 1956-61 Hilfsschwester in Altersheim b. Merseburg, 1961-69 Sekr. b. Rat d. Stadt, Abt. Kultur in Delitzsch, 1969-79 Berufssoldat NVA, 1973 Unteroffz.-Schule Prora, 1979 Stabsfeldwebel b. Kdo. d. Landstreitkräfte, 1991-96 Kripo Potsdam als Stabsfeldwebel, Obermeister, parallel

Görtz

Abendstud. Mittlere Reife, Kriminalistik. K.: 1996-98 Gschf. d. Ges. "Letex", seit 1998 Inh. Lichthaus Babelsberg. M.: PDS, Bund d. Steuerzahler, Malkurs. H.: Malen, Gitarre, Gartenarb., Reisen im Wohnmobil.

Görtz Jo *)

Görtz Rudolf *)

Görwitz Maren Dipl.-Ing.

B.: selbst. Architektin. DA.: 12205 Berlin, Kommandantenstr. 18. G.: Bakede, 6. Nov. 1947. V.: Dipl.-Kfm. Wolfgang-Michael Görwitz. Ki.: Benjamin (1977) und Marcus (1979. El.: Erwin und Gerda Meister. BV.: Baumeister Virchow, Droysen v. Hamilton, van Hoven, Widerstandskämpfer. S.: 1967 Abitur Berlin, 1967-70 Stud. Innenarch. an d. HdK Berlin, 1970-74 Stud. Arch. TU Berlin, Dipl.-Ing. K.: seit 1978 selbst. Architektin. M.: Präs. d. Lions Club Berlin-Roseneck. H.: Tennis, Golf.

Gorzewicz Hubert *)

Gorzewicz-Gromadecki Claudia *)

Gorzny Willi *)

Göschl Heide Marie *)

Goschmann Klaus
B.: Journalist. PA.: 64653 Lorsch, Hügelstr. 67. G.: Osnabrück, 14. März 1938. Ki.: Elke, Jan. S.: Stud. Vw. Univ. Marburg. K.: seit 1976 Mtgl. d. Vorst., seit 1989 Vors. d. TELI Techn.-Literar. Ges. Frankfurt/Main, 1977-88 Gschf. d. AUMA Köln, 1989-2000 Redaktionsdir. d. m+a Verlages f. Messen, Ausstellungen u. Kongresse, Gschf. Fairlon Veranstaltungs- u. Beratungs-GmbH, Mannheim.

Goscinski Leonhard *)

Gosdschan Marion
B.: Textilfacharb., Kauffrau, Inh. FN.: Fürstenberger Partyservice. DA.: 15890 Eisenhüttenstadt, Platanenallee 24. Party-GEK@-online.de. G.: Annahütte, 28. Jan. 1966. V.: Torsten Gosdschan. Ki.: Nicole (1985). El.: Heinz-Peter u. Irmer. S.: 1972-82 Polytechnische Oberschule, 1982-84 Ausbild. z. Textilfacharb., 1986 Ausbildung z. Fachverk. K.: 1984-86 Textilfacharb., 1986 Umschulung z. Fleischfachverkäuferin, 1987-90 Fachkraft in einer Privatmetzgerei, 1991 Einzelhandelskauffr., 1992 selbst. m. Eröff. eines Fleischerfachgeschäftes, 1994 Eröff. eines Partyservices, betreibt 2 weitere Bistros u. 2 weitere Fleischerläden sowie Partyservice. M.: Sponsor f. örtl. Sportclub, Tanzclub. H.: Tanzen.

Gösel Hans Peter Dipl.-Ing. *)

Gösel Werner *)

Gösele Albrecht
B.: Kapitalmanager, Team-Manager. FN.: GKM Gesellschaft f. professionelles Kapitalmanagement. DA.: 89077 Ulm, Römerstr. 94. G.: Ulm, 13. März 1973. El.: Hans-Dieter u. Hanna. BV.: Familienchronik führt in relativ gerader Linie

zurück b. Johannes Gutenberg. S.: Mittlere Reife, Ausbild. z. Karrosserie- u. Fahrzeugbauer. K.: Tätigkeit b. Easy-Trike, Kissling-LKW-Aufbauten, 2000 zu GKM, in kürzester Zeit Aufstieg z. Team-Manager, Schulungsleiter im Bereich Kapital-Aufbauplan, b. 1994 Jugendwart im Vogelzuchtver. "Kanaria Ulm". F.: Firma Vujic Company (Vertrieb v. Fertighäusern) im Gebiet Deutschland. H.: Gartenarbeit, Hausrenovierung, Papageien, Oldtimer-Autos.

Gosemann Ellen *)

von Gosen Markus *)

Göser Doris M.A. *)

Gosewisch Francisco M. *)

Gosewisch Michael *)

Goslar Heinz-Jürgen Prof. *)

Goslar-Glüsing Monika *)

Gosmann Heinz Siegfried

B.: RA. DA.: 59494 Soest, Osthofenstr. 63. info@ragosmann.de. www.ragosmann.de. G.: Dortmund, 8. Apr. 1961. El.: Heinrich Prekel u. Ida Gosmann. S.: 1980 Abitur Soest, 1980-85 Stud. Rechtswiss. u. Phil. Marburg, 1986-89 Stud. Berlin, Referendariat, 1992 2. Staatsexamen. K.: 1992-95 RA in Hamburg u. b. 1997 in Erfurt, 1994-97 rechtl. Berater d. Stadtverw. Wismar, seit 1997 selbst. RA in Soest m. Tätigkeitsschwerpunkt Straf-, Zivil- u. Familienrecht, Ergänzungsstud. für japan.

Recht; Funktionen: Doz., Seminare, Lehrtätigkeit, Lehrgänge an Schulen, Jugendämtern u.a.m. H.: Fußball, Lesen, Theater spielen.

Gospodinov Beatrice *)

Gössel Adolf Dipl.-Vw. *)

Gössel Peter
B.: Autor, Herausgeber, selbständig. FN.: Büro f. Gestaltung. DA.: 28213 Bremen, Emmastr. 54. goessel@aol.com. www.petergoessel.com. G.: Hamburg, 15. Aug. 1956. V.: Antje Siemer-Gössel. Ki.: Peter Meinert (1998). El.: Ing. Harald u. Elfriede, geb. Strotkamp. S.: 1975 Abitur Nürnberg, 1975/76 Stud. Luft- u. Raumfahrttechnik TU München, 1976 Stud. Theaterwiss., Literaturgeschichte u. Soz. Univ. Erlangen, 1982 Abschluß MA. K.: während d. Stud. Kamera-u. Regieass. bei versch. Filmproduktionen, 1982/83 Regieass. u. Dramatur am Schauspiel Frankfurt, 1985/86 wiss. Mitarbeiter d. Centrum Industriekultur in Nürnberg, 1986 Gestalter d. Ausstellung Images of a German City in New York, seit 1987

*) Biographie www.whoiswho-verlag.ch oder beigefügte CD-ROM

selbständig m. Grdg. d. Büros f. Gestaltung in Nürnberg, 1993 Eröff. d. Büros in Essen u. seit 1994 in Bremen; Projekte: Gestaltung d. histor. Museums Saar, Rheinische Industriemuseum in Oberhausen, Focke Museum in Bremen u.a.m. P.: "Möbeldesign d. 20. Jhdt." (1989), "Architektur d. 20. Jhdt." (1990), Hrsg. v. Büchern f. d. Benedikt Taschen Verlag (seit 1989). M.: Kunstverein Bremen, Verein d. Freunde d. Focke Museums.

Gossens Rudolf *)

Gossens Swen
B.: General-Agent. FN.: Alte Leipziger Unternehmensverbund. DA.: 48653 Coesfeld, Klein-Heßling-Str. 15. G.: Nottuln, 15. Dez. 1967. S.: 1984-87 Ausbildung z. Tischler, 1999 Ausbildung z. Versicherungskaufmann. K.: seit 2000 selbständiger General-Agent d. Alte Leipziger Unternehmenverbund in Coesfeld. M.: Tauchclub. H.: Tauchen.

Gößl Manfred Dr.
B.: Ltr. d. Euro Info Centre München. FN.: IHK f. München u. Oberbayern. DA.: 80333 München, Max-Joseph-Str. 2. PA.: 82205 Gilching, Rosenstr. 6. goessl@muenchen.ihk.de. www.muenchen.ihk.de. G.: Kösching, 8. Aug. 1966. V.: Angelika, geb. Teibner. El.: Johann u. Marianne, geb. Ausfelder. S.: 1982 Mittlere Reife Ingolstadt, 1984 FH-Reife an d. Staatl. Fachoberschule in Ingolstadt, 1984-85 Grundwehrdienst, 1985-89 Betriebswirtschaftl. Stud. an d. FH Regensburg, Abschluss: Dipl.-Bw., 1989-92 Wirtschaftswiss. Stud. an d. Univ. Bremen, Abschluss: Dipl.-Ökonom, 1992-94 Prom.-Stipendiat d. Bremer Ges. f. Wirtschaftsforsch. e.V., 1996 Prom. z. Dr. rer. pol. K.: 1994-97 Gschf. d. Inst. f. Weltwirtschaft u. Intern. Management d. Univ. Bremen, 1997-99 Ltr. Referat Außenwirtschaft d. IHK Nordschwarzwald Pforzheim, 1999-2000 stellv. Gschf. d. IHK Nordschwarzwald Pforzheim, ab 2000 Ltr. d. Euro Info Centre d. IHK München u. Oberbayern u. gleichzeitig Referatsltr. Westeuropa. BL.: 1993-98 nebenberufl. Doz. in Ak. in Bonn u. Bremen sowie an d. FH Pforzheim. P.: zahlr. Veröff. in Fachpubl. zu d. Themen Intern. Wirtschaftsbeziehungen insbes. Europa, Autor "Der westeurop. Wirtschaftsraum im gobalen Wettbewerb" (1997), "Der Euro u. d. Folgen" (1998), Autor u. Hrsg. "Geschäftspartner VR China" (1996), Geoökonom. Megatrends u. Weltwirtschaftsordnung" (1997), Die Integrationsqualität d. EWR-Abkommens" (1995). E.: 1997 Wolfgang Ritter-Preis. H.: Joggen, Skifahren, Bergwandern.

von Gossler Michael Jörg *)

Gössler Bernhard Engelbert Dipl.-Ing.

B.: Architekt. FN.: Architekten Gössler Hamburg Berlin. DA.: 20459 Hamburg, Brauerknechtgraben 45. G.: Hamburg, 28. Aug. 1953. V.: Ramona Emilia von Ondarza. Ki.: Max Walter Edgar (1982), Francis Paul (1996). El.: Walter Alfred Herbert Richard u. Gesa Magdalena, geb. Burchard. S.: 1972 Abitur Wentorf, 1973-74 Bundeswehr, 1974-80 Stud. Arch. an d. TU Braunschweig u. ETH Zürich. K.: 1980-82 Ass. f. Lehre u. Forsch. an der TU Braunschweig, 1982-87 Mitarb. im Arch.-Büro Schnittger in Kiel u. Lübeck, 1987 Grdg. d. Arch.-Büros in Hamburg u. 1995 in Berlin; Projekte: Geschäftshaus Katharinenhof in Hamburg, Wohnhaus u. Stallungen an d. Horner Rennbahn in Hamburg, Hauptbhf. in Erfurt, 2000 Expo-Bhf. d. Hannover Messe in Laatzen, Ein- u. Mehrfamilienhäuser, Hotels, Sport- u. Freizeitanlagen, Verkehrsbauten, Bahnhöfe, Brücken u.a.m. E.: 1994 Arch.-Preise f. Katharinenhof, Westhyp-Arch.-Preis u. Sonderpreis d. Architekten- u. Ing.-Ver. Hamburg, 1996 BDA-Preis Hamburg, 1998 BDA-Anerkennung d. Hamburger Rennclubs f. Sanierung d. Haupttribüne, div. 1. Preise in Wettbewerben. M.: 1995-99 Vorst.-Mtgl. d. BDA Hambug, 1998 u. 99 Kurator d. Rudolf Lodders Stiftung Hamburg, seit 1998 Vorst.-Mtgl. d. Architektenkam. Hamburg, seit 2000 1. Vors. d. BDA Hamburg.

Gössling Antje *)

Gössling Christhard Prof.
B.: Rektor. FN.: Musik-HS Hanns-Eisler zu Berlin. DA.: 10117 Berlin, Charlottenstr. 55. PA.: 14129 Berlin, Kaiserstuhlstr. 33. G.: Höxter, 1. Sep. 1957. V.: Silvia, geb. Funcke. Ki.: Tabea, Debora, Tobias, Johannes, Magdalena, Darius, Isabel, Hanno, Manuel, Mirko. El.: Jürgen u. Margarete, geb. Nadolski. S.: 1976 Abitur, ab 1971 Jungstudent Musik-HS Detmold u. ab 1976 Vollstudent. K.: ab 1975 tätig im Symphonieorchester "Musiktheater im Revier" in Gelsenkirchen, ab 1979 Soloposaunist d. Gürzenich-Orchester in Köln, ab 1984 Soloposaunist d. Berliner Philharmoniker, ab 1996 Gastprof. an d. Musik-HS Hanns-Eisler zu Berlin, seit 2000 o.Prof. u. Rektor. M.: 1975-90 Posaunenquartett, ab 2000 Rotary Club, Vorst. d. Förderver. d. Musik-HS Hanns-Eisler, 1989-93 PersonalR.-Vors. d. Hauses d. Philharmonie, 1992-98 StuftungsR. d. Osterfestspiele Salzburg, 1992-98 Orchestervorst. d. Berliner Philharmoniker, 1992-98 Vorst. u. ab 1998 BeiR. d. Orcheterak. d. Philharmonischen Orchester Berlin. H.: Literatur, Familie, Sport.

Gößling Rolf Dipl.-Kfm.

B.: Steuerberater, Ges., Gschf. FN.: Treuform GmbH Wirtschaftsprüf.-Ges. DA.: 57074 Siegen, Sassenweg 23. G.: Versmold, 14. Sep. 1941. V.: Marianne, geb. Gräler. Ki.: Antje (1972), Christina (1978). El.: Martin u. Irmgard, geb. Mittelberg. S.: 1956-58 Städt. Handelsschule Gütersloh, 1958-65 Aufbaugymn. Friedrich v. Bodelschwingh-Schule in Bethel, 1965-70 Westfälischen Wilhelms-Univ. Münster, Dipl.-Kfm. K.: Wirtschaftsprüferass. b. Dr. Hogaust u. Partner GmbH Wirtschaftsprüf.-Ges. Siegen, 1976 Bestellung z. Steuerberater, 1976-88 Prüf.-Ltr. b. Coopers & Leybrand Wirtschaftsprüf.-Ges. Siegen, seit 1989 selbst. Steuerberater, Mitbegründer u. Gschf. d. Treuform GmbH Wirtschaftsprüf.-Ges. M.: Tennis-Club Grün-Weiß Freudenberg. H.: klass. Musik, Reisen.

Goßmann Andreas
B.: Sprecher d. Gschf. FN.: d i t Deutsche Bank Gruppe, Deutscher Investment-Trust, Gesellschaft für Wertpapieranlagen mbH. GT.: 1998-2000 Board-Mtgl. Scottish Life International (Joint Venture m. Scottish Life Assurance Company, Edinburgh), 1999-2000 Board-Mtgl. Thornton Pacific Investment Fund. DA.: 60329 Frankfurt, Mainzer Landstr. 11 - 13. andreas.gossmann@dit.de. www.dit.de. G.: Braubach, 20. Mai 1961. V.: Maria-Bernadette, geb. Heider. S.: 1980 Abitur in Köln, 1980-81Bundeswehr, 1981-89 Stud. f. d. Lehramt an d. Univ. Köln, 1989 1. Staatsexamen f. Sport u. Geografie. K.: 1989-90 Wertpapier-Trainee-Programm in d. Dresdner Bank in Düsseldorf u. Frankfurt, 1990-97 ltd. Positionen im Wert-

*) Biographie www.whoiswho-verlag.ch oder beigefügte CD-ROM

Goßmann

papier- u. Privatkundengeschäft d. Dresdner Bank Konzerns in Frankfurt u. Hamburg, 1993-94 Entwicklung u. Implementierung d. Privatkundenstrategie Deutschland, 1997 Umsetzung d. neuen Vertriebsstrukturen im Privatkunden- u. Vermögensberatungskundengeschäft d. Region Nord, 1998-2000 Chief Operating Officer u. Chief Executive Officer, Ltr. d. Investment Management Committees DRCM UK b. Managing Director Dresdner RCM London/UK, seit 2000 Sprecher d. Gschf. b. Dt. Investment-Trust, Ges. f. Wertpapieranlagen mbH Frankfurt, Sprecher d. Regionalleitung Private Kunden Ruhr u. Westfalen, Dortmund, seit 2001 Mtgl. im ADAM u. verantwortlich f. Global Retail. P.: Fachvorträge u. Seminare auf Tagungen, Berichterstattung über d. Tätigkeit u. d. Unternehmen in d. Fachpresse. H.: Sport, Schwimmen, Radfahren, Englandreisen (Besuche v. Museen u. Gartenanlagen), europäische u. amerikanische Geschichte.

Gössmann Elisabeth Dr. theol. Dr. phil. habil.

B.: Ehrenprof. Seishin-Univ. Tokyo u. apl. Prof. Univ. München. PA.: Miyamae 5-8-9, 168-0081 Suginamiku/Tokyo u. 81479 München, Sollner Str. 57. G.: Osnabrück, 21. Juni 1928. El.: Placke Heinrich u. Caecilie. S.: Univ. Münster 1952 Staatsexamen, Stud. Phil., Theol., Germanistik, Univ. München 1954 Dr. theol. K.: 1979 Dr. phil. habil., 1968 Prof. Seishin-Univ. Tokyo, 1990 apl. Prof. Univ. München. P.: etwa 15 Bücher, über 75 wiss. Aufsätze, vor allem: Archiv f. philos.- u. theolog.-geschichtl. Frauenforsch., München (iudicium), bisher 8 Bde., darunter: Mulier Papa. Der Skandal eines weiblichen Papstes. - Eva Gottes Meiserwerk. Ob die Weiber Menschen seyn, oder nicht?, Hildegard v. Bingen. Versuche einer Annäherung. E.: Dr. theol. h.c. Univ. Graz, Dr. phil. h.c. Univ. Frankfurt/M. M.: versch. wiss. Ges.

Gössmann Wilhelm Dr. Prof.

B.: Prof. f. Didaktik d. Dt. Sprache u. Literatur. FN.: Univ. Düsseldorf. DA.: 40225 Düsseldorf, Universitätsstr. 1. PA.: 40237 Düsseldorf, Graf-Recke-Str. 160. G.: Rüthen-Langenstraße, 20. Okt. 1926. V.: Prof. Dr. Elisabeth, geb. Placke. Ki.: Debora (1955), Prof. Dr. Hilaria (1957). S.: 1946 Abitur, Stud. Germanistik, Phil. u. Theol. in Münster u. München, 1952 Staatsexamen, 1955 Prom. K.: 1955-60 Doz. an d. Sophia- u. Tokyo-Univ. in Japan, Mstr.-Titel in Ikebana, 1961 Mitbegründer d. Dt.-Japan. Ges. in Bayern u. deren Gschf., 1962-68 Doz. an d. PH in Weingarten, 1968-80 Prof. an d. PH Rheinland Abt. Neuss, s. 1980 Prof. f. Didaktik d. Dt. Sprache u. Literatur. Düsseldorf. P.: Deutsche Kulturgeschichte im Grundriß (1992 6. Aufl.), Der späte Heine 1848-1856 (1982), Annette von Droste-Hülshoff. Ein Spiegelbild (1985), Heinrich-Heine-Deutschl. Ein Wintermärchen (1986), Theorie u. Praxis d. Schreibens. Wege zu einer neuen Schreibkultur (1987), Kulturchristentum (1990), Die Bibel als Weltliteratur (1991), Schreiben u. Übersetzen (1994), Umbau, Land u. Leute (1997 2. Aufl.), Die Kunst Blumen zu stecken (1980), Noch summt von der Botschaft die Welt (1986), Wohnrecht unter dem Himmel (1986), Joseph von Eichendorff. Seine lit. u. kulturelle Bedeutung (1995), Mit Blumen leben (1995), Schreiben als regionaler Erfahrung. Westfalen - Rheinland - Oberschlesien (1996), Heine und die Droste (1997 2. Aufl.), Der verschwiegene Gott (1998), Die sieben Männer. Roman (1999), Literatur als Lebensnerv (1999), Haltepunkte. Orte und Stätten in Westfalen (2000), miner freuden ostertac (2001), zahlr. wiss. Aufsätze, Mitarb. in Anthologien. E.: Ehrenmtgl. d. Heinrich-Heine-Ges., Festschrift: Literatur, Verständnis u. Vermittlung (1991), Martin Hollender. Wissenschaft. Literatur. Religion. Bibliographie Wilhelm Gössmann 1954-2001 (2001). M.: 1973-83 1. Vors. d. Heinrich-Heine-Ges. Düsseldorf, Kogge, Droste-Ges., Christine-Koch-Ges.

Goßner Peter *)

Göster Michael Kurt Dipl.-Ing. *)

Gostomzyk Johannes Georg Dr. med. Prof. *)

Goszdziewski Herbert Dipl.-Ing. *)

Gosztonyi Georg Dr. med. Prof.

B.: Univ.-Prof. d. FU Berlin, Neuropathologe. DA.: 12203 Berlin, Hindenburgdamm 30. PA.: 12165 Berlin, Grenzburgstr. 5. G.: Budapest, 30. März 1932. V.: Eva, geb. Kerpel-Fronius. Ki.: Kristóf (1966), András (1969). El.: Lajos u. Teresia, geb. Neuberger. S.: 1950 Abitur Budapest, 1950-52 Med.Stud. Pécs, 1952-56 Med.Stud. Semmelweis Med. Univ. Budapest, 1956 Prom. K.: 1956-68 Neurolog.-Psych. Univ.Klinik b. Med. Univ. Pécs, 1962 FA f. Neurologie, 1956-66 Research fellowship of the Wellcome Foundation u. b. MRC in Carshalton Surrey/England, 1968 FA f. Psychiatrie, 1968-80 Psychiatr. Klinik Semmelweis Med. Univ. Budapest, 1979 Habil., 1980 FA f. Neuropath., FA f. klin. Neurophys., 1980-84 Gastprof. am Inst. f. Neuropath. d. FU Berlin, 1984 Univ.-Prof. f. Neuropath. FU Berlin 1985-98 stellv. Dir. d. Inst. f. Neuropath. P.: über 100 Publ. Schwerpunkt Viruskrankheiten d. Nervensystems. E.: 1976 Karl Schaffer-Gedenkmünze. M.: 1971-73 Gen.Sekr. d. Ungar. Ges. d. Neurologie u. Psychiatrie, 1974-78 Councillor d. Intern. Ges. f. Neuropath., 1978-82 VPräs. d. Intern. Ges. f. Neuropath., 2000 Ehrenmtgl. Intern. Ges. f. Neuropath. H.: Musik. (S.H.)

Gotenbach Jürgen Prof. *)

Gotha Ralf Dipl.-Ing.

B.: Architekt, Stadtbaumeister a.D. FN.: Büro f. Architektur u. Stadtplanung. DA.: 67547 Worms, Augustinerstr. 11. G.: Worms, 1961. S.: 1981-88 Stud. Architektur u. Stadtplanung Univ. Stuttgart, 1988 Dipl.-Ing. K.: 1986-88 freier Mitarb. im Büro f. Arch. & Städtebau (Wolf & Partner), 1990-93 Bauamtsltr. d. Stadt Bürstadt (Stadtbaumeister), 1994 selbst., Büro f. Arch. u. Stadtplanung. M.: seit 1991 Arch.-Kam. in Rheinland-Pfalz.

Gothe Hans *)

Gotowos Christoferus

B.: Dipl. rer. pol., öff. bestellter u. vereid. Dolmetscher u. Übersetzer d. dt. u. neugriech. Sprache. DA.: 20144 Hamburg, Isestr. 8. G.: Kerasea/Griechenland, 17. Nov. 1936. Ki.: Johannes Elias (1972). S.: 1960 Abitur Athen, 1960-62 Wehrdienst, 1963-65 Werkstudent in Hannover, 1965-67 Stud. Rechtswiss. u. Wirtschaft a. Univ. Hamburg, 1967-70 Stud. an Wirtschaft, Dipl. rer. pol. 1970-72 b. Siemens EDV München, Berlin, Hamburg, 1971 Prüf. z. Dolmetscher, 1972 selbst.

Dolmetscher in Hamburg. BL.: Mitgründer d. griech. Kurse an d. VHS (Doz.). P.: "Überwindung v. Sprachschwierigkeiten", div. Art. u. Aufsätze. E.: Med. f. Sprachkurs in d. Münze in Hamburg v. Senat. H.: Literatur (Geschichte, Altertum), Theater, Kino, Reisen, Radfahren.

Götschel Christian
B.: RA. FN.: Kanzlei Götschel - Wilharm - Götschel. DA.: 06766 Wolfen, Leipziger Str. 70. G.: Wolfen, 28. Jan. 1970. V.: Ina, geb. Maychrzak. Ki.: Mattes (2001). El.: Bernhard u. Sabine, geb. Wendt. S.: 1988 Abitur Bitterfeld, b. 1990 Wehrdienst u. Job, 1990-91 Stud. Rechtswiss. an d. KMU Leipzig, 1991-95 Ruhruniv. Bochum u. ab 1995 MLU Halle-Wittenberg, 1996 1. Staatsexamen, Referendariat in Sachsen-Anhalt, 1999 2. Staatsexamen. K.: 1999-2000 Assessor in d. Kzl. d. Mutter, seit 2000 Zulassung als Anw. b. Amtsgericht Dessau, seit 2000 Sozius d. Sozietät Götschel - Wilharm - Götschel. M.: Wassersportclub Friedersdorf 1949 e.V. H.: Film, Musik, Kanurennsport, Fotografie.

Götschmann Helmut *)

Gotta Ernst *)

Gotta Uwe Dipl.-Bw.

B.: Steuerberater. DA.: 65428 Rüsselsheim, Hans-Sachs-Str. 76. PA.: 65428 Rüsselsheim, Ernst-Reuter-Str. 24. G.: Rüsselsheim, 25. Juni 1965. V.: Katja, geb. Trautmann. Ki.: Rebecca (1998). El.: Horst u. Ingrid. S.: 1985 Abitur Rüsselsheim, Ausbild. z. Ind.-Kfm. K.: 1985-87 Adam Opel AG, 1987 FH Wiesbaden, 1991 Dipl.-Bw., 1991-97 berufl. Tätigkeit in Steuerberatungsges., 1997 Prüf. z. Steuerberater. BL.: ehem. Oberligaspieler mit Handball TG Rüsselsheim. H.: Sport.

Gottardo Mirco

B.: Gschf. FN.: Casa Loma. DA.: 22459 Hamburg, Adlerhorst 18. G.: Toronto, 8. März 1968. V.: Anja, geb. Wessoly. Ki.: Guilano (1992). El.: Quintino u. Anna. S.: 1986 Abitur Gallipoli/Italien. K.: 1986 Tellerwäscher in Heide, Ausbild. z. Pizzabäcker in Hamburg, 1987 Kellner, 1989-90 Militärdienst in Italien, 1990-92 Kellner in England u. in Kanada, 1992 Eröff. d. 1. Restaurants in Hamburg u. Aufbau eines Cateringservice, 1995 Eröffnung d. 2. Geschäftes in Hamburg, 1997 Eröff. d. Casa Loma. M.: Gaststättenverb. Hamburg. H.: Hundesport, schnelle Auto's, Wassersport, Bowling, Bikecrossing, Tauchen.

von Gottberg Hans-Wittich
B.: Komplementär, Finanzkaufmann. FN.: Pensionsgilde KG. DA.: 23795 Bad Segeberg, Sperberweg 30. G.: Königsberg, 19. Juli 1932. V.: Anna-Marie, geb. von Seebach. Ki.: Hans Christian (1977), Jan-Phillip (1981). El.: Curt u. Charlotte, geb. Kniep. BV.: div. Generäle u. Offiziere. S.: 1954 Abitur Hamburg. K.: 1952-56 Bankhaus Münchmeyer & Co Hamburg, 1956 Goldgoods GmbH Hamburg, 1957-60 Horbach & Schmitz/Wiedemann & Walters GmbH Hamburg, 1960-63

Klöckner-Humboldt-Deutz AG, 1963-72 Gschf. Ges. Firmengrupe Desivec Hamburg-Kopenhagen, 1972-81 Gerling-Konzern, 1981-82 Vorst.-Mtgl. Schoeller-Anlagen AG München, seit 1982 selbständig in Hamburg. P.: "Brüche eines Jahrhunderts" Eine Ostelbische Gutsfamilie im 20. Jahrhundert. M.: Bundesvors. d. Europäischen Förderalisten Partei EFP, Fördervein Herrenhaus Seedorf, Fördervein Segeberger Kindertheater (Mitbegründer u. Initiator), 8 J. im Finanzausschuss Bad Segeberg, 1995-2000 Fördervein Philharmonie d. Nationen (Mitinitiator u. Vorst.).

von Gottberg Joachim

B.: Gschf. FN.: Freiwillige Selbstkontrolle Fernsehen e.V. FSF. DA.: 10785 Berlin, Lützowstr. 33. G.: Düsseldorf, 1. Feb. 1952. Ki.: Jeanette (1971). S.: 1972-78 Stud. Germanistik u. Theol. an d. Univ. Bonn. K.: 1978-85 Ltr. d. Landesstelle f. Jugendschutz in Niedersachen, 1985-94 Landesvertreter b. FSK, 1994 Grdg. d. FSF u. seither Gschf.; Funktion: Doz. an d. HS f. Film u. Fernsehen in Potsdam-Babelsberg. BL.: Entwicklung u. Realisierung d. Konzepts d. FSF indem er einen Ausgleich zw. Senderinteressen u. Jugendschutz in ein v. allen Seiten akzeptiertes Instrument umsetzte. P.: Chefredakteur d. Zeitschrift TV-Diskurs (seit 1997), Beiträge z. d. Themen Medienethik, Medienwirkung u. Jugendschutz. M.: VPräs. d. Dt. Kinderhilfswerk. H.: Bass spielen, Gesang.

Gottbrath Marian
B.: RA, selbständig in eigener Kzl. DA.: 12161 Berlin, Rheinstr. 45. rain.gottbrath@t-online.de. G.: Düsseldorf, 3. Jan. 1970. V.: Architekt Nikolai Kinder. M.: Takisha (2000). El.: Prof. Willi Quinn u. Mechthild Gottbrath. BV.: Vater Prof. f. Flugzeugtechnik aus Sierra Leone, lebt in Kanada. S.: 1972 Umzug nach Berlin, Besuch d. Sophie-Scholl-Oberschule u. dazwischen 1 J. in d. USA, 1988 High-School Abschluss an d. Riverside High-School in Moreno Valley/Kalifornien, 1990 Abitur in Berlin, 1990-95 Stud. Rechtswiss. an d. FU Berlin, spez. Ausländerrecht, 1995 1. Staatsexamen, Referendariat m. Wahlstation b. d. Ausländerbeauftragten Barbara John, Verwaltungsgericht Berlin Baurechtskammer b. Prof. Orthloff, 1998 2. Staatsexamen. K.: 1998 Zulassung als RA, besonders Familienrecht, Binationales u. Intern. Familienrecht, Ausländerrecht. P.: Vortrag b. ISD über Staatsbürgerschaftsrecht. H.: Fitneß, Tanzen, Theater, Oper, Reisen in d. Karibik.

Gottburg Rainer
B.: Kfm., Inh. FN.: Wirtschaftsberatung Rainer Gottburg GmbH. DA.: 24943 Flensburg, Adelbyer Kirchenweg 46. G.: Flensburg, 15. März 1951. S.: 1967-70 Lehre Verw. Dt. Bundesbahn, 1971 Bundeswehr, Lehre Datenverarb.-Kfm. u. Bürokfm., b. 1977 Abendgymn. Flensburg, 1977-79 Stud.

*) Biographie www.whoiswho-verlag.ch oder beigefügte CD-ROM

Gottburg

Götte Dieter Dr. med.
B.: Med. Dir. FN.: Aventis Pharma Dtl. GmbH. DA.: 65812 Bad Soden/Taunus, Königsteiner Str. 10. www.aventis.com. G.: Rhoden/Kr. Waldeck, 4. Apr. 1953. V.: Dr. med. Antje, geb. Kätelhön. Ki.: 2 Söhne. S.: 1972 Abitur, 1972-74 Bundeswehr, 1974-83 Stud. Med. u. Biologie Marburg u. Köln, 1986 Prom. K.: seit 1983 im Hoechst Konzern, seit 1984 Med. Dir. P.: mehrere med. Publ. H.: klass. Musik, Geschichte, Sport.

Götte Gerlinde

B.: selbst. Modistenmeisterin. DA.: 45127 Essen, Rathenaustr. 2-4. G.: Reichenberg, 6. Mai 1938. V.: Willi Götte. Ki.: Anja, Elfi. El.: Erich u. Gertrud Halbig, geb. Goll. S.: 1952-55 Lehre als Modistin Essen. K.: 1955-67 Modistin in versch. Firmen, 1967 Meisterprüf. in Düsseldorf, seit 1968 selbst. E.: über 50 Goldmed. u. Urkunden, 4 Ehrenurkunden, Obermeisterin d. Modisteninnung Essen-Düsseldorf-Wuppertal, Vorst. d. Kreishandwerkerschaft Essen. H.: Lesen, Kunst, Theater.

Götte Jürgen Dr. med. *)

Götte Klaus *)

Götte Klaus Dr. iur. Dr. rer. pol. h.c.
B.: AufsR.-Vors. FN.: MAN AG. GT.: AufsR.-Mtgl. b. KM Europa Metal AG Osnabrück, Allianz Lebensvers. AG Stuttgart, SMS AG Düsseldorf, Thyssen-Krupp AG Düsseldorf. DA.: 80805 München, Ungererstr. 69. www.man.de. G.: Diepholz/Nieders., 22. Apr. 1932. V.: Michaela Grazia, geb. Elsässer. El.: Anneliese u. Heinrich. S.: Stud. Rechtswiss. Univ. Göttingen, wiss. Ass., 1954 Prom. K.: 1955-68 Bankhaus C. G. Trinkhaus, Düsseldorf, 1968-72 Dir. u. Ltr. d. Finanzabt. in d. Konzernltg. Friedr. Krupp GmbH Essen, Mtgl. d. Geschäftsltg. v. Friedr. Krupp Maschinen- u. Stahlbau, Rheinhausen, 1972-80 o. Vorst.-Mtgl. Ressort Finanzen d. Allianz Versicherungs AG München u. Allianz Lebensvers. AG Stuttgart, 1980-82 pershG. u. stv. Vors. d. Gschf. Friedrich Flick Industrieverwaltung KGaA Düsseldorf, 1983-86 VaV Gutehoffnungshütte Aktienverein AG Oberhausen, seit 1986 MAN AG München, s. 1996 AufsR.-Vors. d. MAN AG, E.: Bay. VO, gr. BVK d. BRD. H.: Wandern, Golf.

Bw. Wirtschaftsakademie Schleswig-Holstein. K.: 1980 selbst. als Volontär in einem Immobilienbüro, seit 1982 tätig in der Wirtschaftsberatung, 1983 Eröffnung der Klinik West, 1986-96 Berater der Firma Walter in Kiel, 1990 Kauf der Klinik Klosterstraße in Neumünster, 1996 Kauf des Pflegeheimes in Flensburg, 1997 Frainchise f. Burgerking mit zwei Filialen in Flensburg und einer Filiale in Kiel. H.: Golf und Wassersport.

Götte Rose Dr. phil.
B.: Min. f. Kultur, Jugend, Familie u. Frauen a.D. PA.: 67688 Rodenbach, Am Fürstengrab 3. G.: Cleebronn, 21. März 1938. V.: verh. Ki.: 3 Kinder. S.: Stud. Germanistik, Päd. u. Phil., 1964 Prom. Dr. phil. K.: 1965-72 freie Journalistin, 1972-79 wiss. Ass. Erziehungswiss. HS Rheinland-Pfalz, Forsch.Projekt über Sprachentwicklung v. Kindern, 1972-87 Abg. d. Landtages Rheinland-Pflaz, seit 1987-91 MdB, Mai 1991-94 Staatsmin. f. Bild. u. Kultur d. Landes Rheinland-Pfalz, 1994-2001 Ministerin f. Kultur, Jugend, Familie u. Frauen. P.: mehrere Publ. u.a. Alzheimer - was tun? (1991).

Götte Wolfgang
B.: Unternehmer. FN.: StattAuto Kiel CarSharing GmbH. DA.: 24118 Kiel, Samwerstr. 16. G.: Bremerhaven, 16. Apr. 1955. V.: Imme, geb. Schlaphof. Ki.: Mailin (1984), Malte (1990), Nils (1994). S.: 1972-76 versch. Praktika u. Reisen, 1976-79 Ausbild. Krankenpfleger in Bremerhaven. K.: 1979-91 Krankenpfleger in Bremerhaven, Freiburg u. Kiel, seit 1985 ehrenamtl. Engagement im Bereich Verkehr u. Umwelt, 1991 Aufbau d. Freiburger AutoGemeinschaft, seit 1991 Aufbau d. Gschf. d. StattAuto Kiel CarSharing GmbH, 1992-96 Aufbau u. Gschf. d. BIKEBOTE - Der Kieler Fahrradkurier, 1995 Aufbau u. Geschäftsführung d. StattAuto Nord GbR, 1992 Grdg.-Mtgl. d. ecs - european car sharing, 1993 Grdg.-Mtgl. d. FNK - Forum Nahverkehr Kiel, 1994 Grdg.-Mtgl. d. Verkehrswende - Ver. z. Förd. umweltfreundl. Verkehrsalternativen, 1994 Projektierung einer Mobilitätszentrale, (I), 1995 Grdg. d. Mobilitätszentrale Nord GmbH - Information u. Beratung. H.: Sport, Lesen, Reisen.

Göttelmann Wolfgang Dr. iur.
B.: Dt. Botschafter auf d. Philippinen. FN.: Botschaft d. BRD. DA.: PHL-1226 Makati, Metro Manila, 777, Paseo de Roxas. germanembassymanila@surfshop.net.ph. G.: Büdingen, 24. Okt. 1935. Ki.: Eliane (1967), Verena (1969), Caterina (1976). S.: 1956 Abitur Dt. Schule Istanbul, Stud. Rechts- u. Wirtschaftswiss. Univ. Tübingen u. München, 1961 1. jur. Staatsprüf., 1965 jur. Assessor, 1967 Dr. iur. K.: 1963 EWG-Kmsn. Brüssel, 1965 Anw.-Kzl. München, 1966 Eintritt in d. Auswärtigen Dienst, 1970-73 Auslandsposten an d. Botschaften in Bern, 1973-76 Kairo, 1975-81 Bonn, 1982-85 Vereinte Nationen New York, 1985-87 Bonn, 1987-90 Botschafter in Beirut, 1990-92 Inspekteur d. Auswärtigen Dienstes, 1992-97 Gen.-Konsul in Hongkong, seit 1998 Botschafter in Manila. E.: BVK, Großkreuz d. Zedernordens.

Götterd Annette *)

Göttert Gerhard Dipl.-Ing.
B.: Gschf. FN.: Arbeiterwohlfahrt Kreisvorstand Frankfurt/Oder e.V. GT.: 1992-95 Mtgl. d. Revisionskommission d. Landesverbandes d. Arbeiterwohlfahrt Brandenburg, 1994-98 Stadtverordneter in Frankfurt/Oder f. d. SPD. DA.: 15236 Frankfurt/Oder, Robert-Havemann-Str. 5. PA.: 15236 Frankfurt/Oder, Johannes Kepler-Weg 6. awo-kv-ff@t-online.de. G.: Chemnitz, 10. Apr. 1938. V.: Marianne, geb. Behrend. Ki.: Silvia (1966). El.: Arthur u. Hildegard. S.: 1952-54 Lehre z. Maschinenbauschlosser b. d. ZEMAG Zeitzer Eisengiesserei Maschinenfabrik AG in Zeitz m. Facharbeiterabschluss. K.: 1954-60 tätig als Schlosser u. seit 1956 als Vorrichtungsbauer b. d. ZEMAG, 1954-56 Zehnklassenabschluss an d. Abenschule, 1957-60 nebenberufliches Fernstudium an d. Ingenieurschule Wildau m. Abschluss als Ingenieurtechnologe, 1960-91Ass. d. Produktionsleiters u. als Abschnittsleiter f. d. mechanische Fertigung v. Germanium-Plättchen in d. Halbleiterwerken Frankfurt/Oder tätig, 1961-84 Gruppenleiter im Bereich Technologie, 1984-90 Abteilungsleiter im Sondermaschinenbau, 1990-91 Vertriebsleiter Sondermaschinenbau, 1991-93 nach mehrmonatiger ehrenamtlicher Mitarbeit als Koordinator u. Ltr. f. d. Kreisverband d. Arbeiterwohlfahrt

---

*) Biographie www.whoiswho-verlag.ch oder beigefügte CD-ROM

Frankfurt/Oder hauptamtlich tätig, seit 1993 Gschf. d. Arbeiterwohlfahrt Kreisvorstand Frankfurt/Oder e.V. M.: SPD, Vorst.-Mtgl. d. Naturfreunde Frankfurt/Oder e.V. H.: Lesen, Garten, Technik

Göttert Lothar Dipl.-Ing.

B.: Gschf. FN.: ELGE Immobilien. DA.: 06886 Lutherstadt Wittenberg, Jüdenstr. 12. PA.: 06895 Kropstädt, Lindenstr. 31. G.: Kropstädt, 13. Juni 1942. V.: Renate, geb. Hähnel. Ki.: Karsten (1961), Volker (1963), Olaf (1968), Gert (1969). El.: Otto u. Hildegard. S.: 1956-58 Lehre in d. Ldw. K.: 1958-64 Traktorist, 1964-67 ldw. Fachschule Naumburg, staatl. geprüfter Ldw., 1967-72 stellv. LPG-Vors., 1972-74 Stud. an d. HS in Bernburg, Dipl.-Ing., 1974-87 Ltr. d. Abt. Ldw. b. Landratsamt, 1987-90 LPG-Vors., seit 1990 Immobilienmakler, seit 1994 öff. bestellter u. vereid. Sachv. M.: seit 1990 im VDM, seit 1990 Europ. Maklerverb., seit 1992 HLBS. H.: Kegeln.

Göttgens Helmut *)
Gotthard Werner Dr. Prof. *)
Gotthardt Klaus Dipl.-Kfm.

B.: selbst. Steuerberater. DA.: 42349 Wuppertal, Hauptstr. 79. stb.gotthardt@daternet.de. G.: Köln, 8. Aug. 1962. V.: Partnerin Bettina Lifka. El.: Hans u. Elisabeth, geb. Laufenberg. S.: 1981 Abitur Siegen, 1981-82 Bundeswehr, 1982-84 Ausbild. Groß- u. Außenhdl.-Kfm., glz. Weiterbild. Außenhdl.-Korrespondent, 1984-90 Stud. Wirtschaftswiss. GHS Siegen m. Abschluß Dipl.-Kfm. K.: 1990 -97 ca. Steuerberatungs- u. Wirtschaftsprüf.-Ass. in d. Wirtschaftstreuhand Dr. Grüber in Wuppertal, 1995 Steuerberaterexamen, seit 1997 selbst. Steuerberater, seit 1998 in Partnerschaft m. Herrn Dirk Koppitz. M.: Steuerberaterkam., Steuberaterver., Bundesverb. mittelständ. Wirtschaft, CDU, Gesangsver. Sängerhain Sudberg, SSV Sudberg. H.: Musik.

Gotthardt Peter *)
Gotthardt Ralf Ing.
B.: Hochbauing., Gschf. FN.: Gotthardt Gerüstbau GmbH. DA.: 03046 Cottbus, Ströbitzer Schulstraße 20. G.: Königs Wusterhausen, 25. Okt. 1963. Ki.: Anne (1986), Susann (1990). El.: Hans u. Ruth. S.: 1980-82 Zimmermannslehre, 1982-86 tätig als Tischler u. Glaser, 1986-89 Stud. an d. Fachschule f. Bauwesen in Cottbus, Abschluß: Ing. f. Hochbau. K.: 1990 Grdg. u. Inh. d. Gerüstbaufirma, seit 1993 GmbH, jetzt Gschf. H.: Musik, Sport.

Gotthold Jessica
B.: Bürokauffrau, Unternehmerin. FN.: Vom Fass (Partner d. Vom Fass AG Ravensburg). DA.: 30161 Hannover, Lister Meile 7. G.: Hannover, 15. Sept. 1975. V.: Marc Jörn. Ki.:

Philina-Bo (1997), Ronny Lee (1999). El.: Heinz-Uwe Wolf u. Sigrid, geb. Schrader. BV.: 18. Jhdt. w. "d. Wölfe", verarmter Adel. S.: 1993-94 Ausbildung z. Arzthelferin, 1994-97 Ausbildung z. Bürokauffrau in einem Autohaus, 1997 Ausbildung z. Nageldesignerin Firma Allessandro Hannover. K.: Eröff. d. Nagelstudios Handsup in Pattensen, 2001 Übernahme d. Weinhandlung Vom Fass in Hannover gemeinsam m. Ehemann. P.: Veröff. in d. Fachzeitschrift Der Feinschmecker, regionale Veröff. in Stadtmagazinen. E.: Specialités francaises: les meilleurs producteurs et leurs importateurs. H.: Familie, Dekos, Reisen, Musik, leidenschaftlich Kochen.

Götting Eberhard Dr. med. *)
Götting Harald *)
Götting Lutz Dr. med. dent. *)
Götting Richard

B.: Fotograf, Inh. FN.: Photograf. Atelier Götting. DA.: 97688 Bad Kissingen, Ludwigstr. 7. G.: Bad Kissingen, 9. Juli 1960. El.: Ernst u. Anny, geb. Hupp. BV.: Bankier Götting Berlin. S.: Mittlere Reife, Ausbild. Fotografie. K.: 1979-89 in versch. Fotoateliers in deutschen Großstädten, 1989-92 Übernahme d. elterlichen Betriebes, seit 1992 freiberufl. Tätigkeit als Werbefotograf m. künstler. Anspruch, 1993 Eröff. Photograf. Atelier in Bad Kissingen. BL.: Mitinitiator: Kunstevent Bad Kissingen April 2000, Beteiligung a. Kunstlern aus ganz Deutschland, Stereofotografie, jährl. Ausstellung: künstl. Aktfotografie (Lebensgröße), Kunstgalerie f. Skulpturen u. Malerei in Bad Kissingen, Seminare, "Aktfotografie, Frontprojektion" f. Berufsfotografen u. Hochzeitsfotografie. F.: 1996 Werbestudio Bad Kissingen, 1997 "Atelier Lichtblick" Bad-Kissingen-Großenbrach. P.: 1999 Initiator u. Veröff. Fotobeiträge "Bad Kissinger Restaurant u. Shoppingführer", Ausstellungen in Nürnberg, Köln, Berlin. M.: 2. Vors. Werbegemeinschaft Bad Kissingen. H.: Klavierspielen, klass. Musik (Chopin), experimentelle Fotografie, Kunst.

Götting Ulrich
B.: Rechtsanwalt. DA.: 20148 Hamburg, Tesdorpfstr. 11. PA.: 22301 Hamburg, Blumenstr. 39. G.: Hamburg, 25. Aug. 1945. Ki.: Miriam (1970), Nora (1980), Marlo (1983). EL.: Rudolf u. Annemarie. S.: 1966 Abitur Johanneum Hamburg, 1969-74 Stud. Jura u. Kunstgeschichte in Hamburg, Vermögensberater Bonnfinanz AG, 1974 1. jur. Staatsexamen mit Prädikat, 1975-77 Referendarzeit, 1977 2. jur. Staatsexamen mit Prädikat. K.: 1978-84 Höherer Dienst in d. Finanzverw., 1984 als Oberreg. R. um Verabschiedung gebeten, Dozent FHS f. d. Bereiche Abgabenordnung u. intern. Steuerrecht, über 10 J. als Dozent tätig, 1985 selbst. als Rechtsanwalt, Schwerpunkt:

*) Biographie www.whoiswho-verlag.ch oder beigefügte CD-ROM

Götting

Wirtschafts-, Steuer- u. Steuerstrafrecht. P.: Co Autor Lehrbuch Abgabenordnung, lfd. Vortragstätigkeit. M.: Golfclub Gut Immenbeck. H. Golf, Musik. (M.P.)

Götting-Kühne Heidemarie
B.: autorisierte Gordon-Trainerin, Seminarltr., Coach. DA.: 10555 Berlin, Jagowstr. 5. h.goetting-kuehne@gordontraining.de. www.gordontraining.de. G.: Kassel, 22. Sep. 1954. Ki.: Florian (1986), Nicky (1989). BV.: Schauspielerin Else Grosch, Bildhauerin Emma Grosch. S.: 1972 Abitur Kassel, 1972-76 Erzieherausbild., 1976-77 Sozialpäd. Ausbild., 1990-92 Gordon-Ausbild. in Vaduz b. John Rimmel, 1999-2000 Health Certification Training (NLP), ab 2001 Master-Ausbild. K.: seit 1977 in Berlin, 1977-79 Vorschulerzieherin Kita in Schöneberg, 1979-89 Carl v. Ossietzky Oberschule, seit d. Gordon-Ausbild. Seminare u. begleitende Workshops, Familienkonferenz, Managerkonferenz, auch Coaching. P.: erwähnt in Psychologie Heute 02/2001 "Müssen Eltern in d. Elternschule", Berliner Morgenpost (30. Dez. 2000). M.: Kirchengem. Erlöserkirche. H.: Lesen, NLP, Aufstellungsarb., Forsch. z. Verhalten v. Kindern.

Gottinger Hubert Dipl.-Ing. *)

Göttke Alfons *)

Göttle Albert Dr. Ing. Prof.
B.: Präs. FN.: Bayrisches Landesamt f. Wasserwirtschaft. DA.: 80636 München, Lazarettstr. 67. albert.goettle@lfw.bayern.de. G.: Oberstorf, 26. Apr. 1947. V.: Sieglinde, geb. Horna. Ki.: Nicola (1977), Franziska (1981). El.: Albert u. Mathilde, geb. Huber. S.: 1966 Abitur, 196-68 Bundeswehr, 1968-73 Stud. Bauing.-Wesen TU München m. Abschluß Dipl.-Ing. K.: 1973-78 wiss. Mitarbeiter am Lehrstuhl f. Wassergütewirtschaft- u. Gesundheitsingenieurwesen a. TU München, 1979 Prom., 1978-80 Referendariat in Wasserwirtschaft in d. Bayr. Staatsbauverwaltung, 1980 2. Staatsprüf. z. Regierungsbaumeister, 1981-82 Ang. d. Wasserwirtschaftsamt in Kempten, 1983-87 Ref. im Bayr. Staatsministerium f. ländl. Wasserwirtschaft, 1988-93 Ltr. d. Wasserwirtschaftsamtes in Kempten, 1993-2000 Ltr. d. Bereichs Wasserbau u. Wildbäche im Bayr. Umweltministerium, seit 2000 Präs. d. Bayr. Landesamtes f. Wasserwirtschaft; Funktionen: seit 1988 Lehrauftrag u. seit 1994 Honorarprof. an d. TU München, VPräs. d. Intern. Forschungsges. z. vorbeugenden Hochwasserschutz, seit 2000 stellv. Ltr. d. Division 8 d. intern. Verbandes IUFRO, Hochwasserschutzbeauftragter f. Bayern, Vors. d. Fachausschuß u. Arbeitsgruppenleiter d. ATV, Gutachter f. d. Dt. Forschungsgemeinschaft im Bereich Stadthydrologie. BL.: Vertreter nat. u. intern. Arbeitsgruppen z. Gewässerschutz u. Schutzwasserwirtschaft, Experte bei versch. Auslandseinsätzen in d. Entwicklungshilfe. P.: zahlr. Veröff. u. Fachpubl., Fachvorträge z. d. Themen Wasserwirtschaft, Schutzwasserbau, Lawinenschutz, Gewässerökologie u. Urbanhydrologie, Autor d. Schriftenreihe d. Inst. f. Wassergüte u. Gesundheitswesen d. TU München "Ursachen u. Mechanismen d. Regenwasserschmutzung", Autor d. Schriftenreihe "Alpine Schutzwasserwirtschaft - mögl. Gefährdung v. Menschen u. Kulturlandschaft durch Waldschäden". M.: röm.-k. F. FAO, Präs. d. Agriculture Organ. d. UN Rom im Bereich Alpine Wasserwirtschaft, Lions Club. H.: Skifahren, Bergwandern, Theater, Musik, Lesen, Reisen.

Göttlich Klaus Dr. med. MedR.
B.: Fachzahnarzt. FN.: Zahnarztpraxis f. Mund-, Kiefer- u. Gesichtschir. DA.: 04299 Leipzig, Flinzerstr. 5. G.: Hof, 17. Sep. 1944. V.: Rita, geb. Wiesemann. Ki.: Dr. med. Sören (1971). El.: Kurt u. Annelies. BV.: Großvater Klaus Zweiling Prof. d. Phil., Mitbegründer d. SAP, Chefredakteur d. "Einheit", Übernahme d. Verlag "Technik". S.: 1962 Abitur Berlin, Lehre z. Former b. VEB Leipziger Eisen- u. Stahlwerke,

1963 Zahnmed.-Stud. in Leningrad und Leipzig, 1969 Staatsexamen. K.: Fachzahnarztausbild. im Zentralen KH f. d. gesamten Strafvollzug d. Rep. b. Dr. Dr. Luczak, 1980 Fachzahnarzt f. Kieferchir. an d. Ak. f. Ärztl. Fortbild. b. Prof. Papa, Lehrstuhlinh. f. Kieferchir., 1986 mündl. Prüf., Aufbau d. eigenen Station am KH, 1984 Prom., 1991 selbst., Bau d. eigenen Praxis, 1991 Eröff. d. Praxis f. Mund-, Kiefer- u. Gesichtschir., 1990 Zusatzstud. in Dresden f. Frauenheilkunde, Urologie, Orthopädie, Staatsexamen, Praktikum d. Orthopädie in d. Sackeklinik. BL.: 1 Patent f. Osteosynthese, 2 Patente z. Verwendung d. Tantales in d. plast. Chir., Nadel-Fäden-Verbindung im Zusammenhang m. d. Laserschweißen. E.: div. Verd.-Med., MedR. M.: Fachges. f. Zahn-, Mund- u. Kieferheilkunde, Ges. f. Implantologie. H.: Lesen, Campingurlaub, Hund, Pfeifenrauchen.

Göttlich Stefan
B.: RA. FN.: Kzl. Göttlich u. Kreuzinger. DA.: 10589 Berlin, Kaiserin-Augusta-Allee 38. boeselberlin@topmail.de. G.: Bonn, 9. Apr. 1968. V.: Susanne, geb. Hauser. S.: 1987 Abitur, 1987-88 Wehrdienst im Bundesmin. d. Verteidigung, 1988-94 Stud. Rechtswiss. an d. Univ. Würzburg, 1994 1. Staatsexamen, Lehrgang Steuerrecht in Detmold, Referendariat in Berlin u. b. d. Dt. Auslands-HK in Atlanta/USA u. in d. Wirtschaftsprüf.-Ges. Wollert & Elmendorff, 1997 2. Staatsexamen. K.: seit 1998 Ges. d. Kzl. M.: WirtschaftsR. d. CDU. H.: Golf, Segeln, Hochsee, Binnensee, Jagd.

Göttlicher Ingrid

B.: Künstlerin u. Kostümbildnerin f. zeitgenössischen Tanz. DA.: 10115 Berlin, Chausseestr. 7. S.: Fachoberschulabschluss, 1983 Kostümassistenz Opernhaus Wuppertal, 1983-84 Kostümassistenz am Theater an d. Ruhr in Mülheim/Ruhr, 1985-88 Assistenz b. Designerin Daniela Bechtolf in Hamburg. K.: Rauminstallationen: seit 1993 Projekt "Wärme", 1993-95 "Ver-Wicklung", 1994-99 "Israel", 1997-99 "Moses", 1998 "Descanso", 1999 "Delicias", 2000 "Ent-Wicklung", 2001 "Buch d. Weisheit" u. "Diario", Ausstellung Jan.-Juni 2002 (Foyer) 6+y Berliner Zeitungsdruck, Berlin; Kostümprojekte: 1993 "30 min 10 sec" in Amsterdam u. Rotterdam, 1996 "Salinas" v. Vera Sander im Tanz-Forum Köln, 1996 "Te Deum" in Alter Synagoge Szeged/Ungarn, 1996-98 "Fratres" f. Wettbewerb "inspiracio" am MU-Theater Budapest, 1997 "Silence Song" am Susan-Delal-Center Tel-Aviv/Israel, 1998 Prod. a.d. Musik-HS Köln, 1999 "Purim" Theater Györ in Ungarn, 1999 "Truja" in St. Reinoldi-Kirche Dortmund, 2000 "temporary stories" in Kampnagel-Fabrik Hamburg, 2002 "Der gelebte Raum" v. Vera Sander am Stadttheater Gießen. BL.: Auslandsaufenthalte 1975-78 in Brasilien u. 1997-2000 in Spanien, seit 1998 Installation "LT I-LXXXI". P.: erwähnt in "The Young Lines" in d. Zeitschrift "Details" (1988), Hüte im Artikel v. Fotografin Karin Szekessy in "Photographie" (1989), Präsentation v. Hüten u. Hutständern abgebildet in

---

*) Biographie www.whoiswho-verlag.ch oder beigefügte CD-ROM

"Harpers Bazaar" (1990), Hüte in "Photonews" (1990), "Derwische in karger Landschaft" in FAZ(1996). M.: Bundesverband Bildender Künstler. H.: Reisen.

Göttlicher Sven *)

Gottlieb Sigmund *)

Gottmann Günter
B.: Kunstschmied. DA.: 53173 Bonn, Heisterbachstr. 36. PA.: 53173 Bonn, Heisterbachstr. 38. G.: Bad Godesberg, 28. März 1958. V.: Monika, geb. Rabakowski. Ki.: Christian (1988), Anna (1990), Bettina (1992). El.: Günter u. Josefine, geb. Honnef. BV.: Schlosserfamilie seit d. 18. Jhdt. S.: 1973-75 Berufsfachschule f. Technik Rheindorf, Abschluß FH-Reife, 1975-77 Schlosserlehre im elterl. Betrieb. K.: seit 1977 im elterl. Betrieb, 1981-83 Abendkurse Meisterschule Köln, 1982 Meister, 1989 Übernahme d. Betriebes, Restauration alter Schmiedeobjekte, Wappen, Kunstschmiede nach Naturvorlagen, Sammlung alter Schlösser u. Truhen. E.: 1996 100-jähriges Betriebsjubiläum. M.: Brohltaleisenbahn e.V., Bund d. Tierversuchsgegner. H.: Instandhaltung alter Dampfloks, Rheinische Mundart, Mundart Theater, Karbidlampen, Vegetarische Küche.

Göttner Jan J. Dr. *)

Göttsch Ernst H. W. Dipl.-Ing.

B.: freischaff. Ing. DA.: 22926 Ahrensburg, Friedensallee 96. G.: Kiel, 12. Okt. 1918. V.: Irmgard, geb. Szymanowski. Ki.: Dieter (1948) und Jens (1950). El.: Ernst Göttsch. S.: 1935 Abitur, 1935-37 Praktikum Dt. Werke Kiel, 1937-39 Ing.-Stud. HTL Kiel, 1939 Dipl.-Ing. K.: 1939-45 tätig im U-Bootbau d. Dt. Werke in Kiel, 1945-56 Chefing. am Zentralen Konstruktionsbüro f. Schiffbau in Ost-Berlin, 1956 Ausreise nach Hamburg, 1956-62 techn. Dir. d. Schlieker Werft in Hamburg, seit 1962 selbst. m. Zuarb. v. Unteraufgaben spez. f. Flüssigkeitstanker. P.: Veröff. in schiffbautechn. Fachzeitschriften. M.: Schiffbautechn. Ges. H.: Lesen.

Gottschaldt Edda Dr. med.
B.: FA f. psychotherapeut. Med., Inh., ärztl. Dir. FN.: Oberbergkliniken. DA.: 10117 Berlin, Marienstr. 8. PA.: 14052 Berlin, Reichsstr. 103. edda.gottschald@t-online.de. G.: Decin, 6. Sep. 1944. Ki.: Juliane (1970), Caroline (1975). El.: Eduard u. Irmgard Anna Maria Feigl. S.: 1963 Abitur Wernigerode, 1963-64 Facharb. f. Gartenbau, 1964-65 Säuglingsschwester in Magdeburg, 1965-71 Stud. Humanmed. an d. Med. Ak. Magdeburg u. Univ. Rostock, Staatsexamen, Approb., Prom. z. Dr. med. K.: 1972-89 FA-Ausbild. an d. Univ.-Klinik Rostock - Allergologie, Neonatologie, FA f. Kinderheilkunde, danach polit. Auseinandersetzungen u. DDR - Flucht über Ungarn, 1990-93 OA einer psychosomat. Klinik in Friesland, parallel Ausbild. z. FA f. Psychotherapie, 1993 angesundheitl. Zusammenbruch - Kontakt zu Oberbergkliniken u. Begeisterung v. Konzept, 1994-98 Übersiedlung in d. Schwarzwald, Eröff. einer Psychotherapeut. Privatpraxis, 1998 Übernahme d. Oberbergkliniken, Chefin d. Oberbergkliniken. BL.: Oberbergkliniken m. außergewöhnl. Konzept f. Suchtkranke aller Art, Behandlung auch anderer psych.

Erkrankungen, Aufbau eines Korrespondenztherapeutennetzes f. d. Nachsorge. P.: Diss. zu Themen d. Kinderheilkunde. H.: Erforsch. d. menschl. Seele, Kunst, Sport.

Gottschalg Michael *)

Gottschalg Wolfgang Dr. iur.

B.: Vors. Richter. FN.: OLG d. Landes NRW. DA.: 40474 Düsseldorf, Cecilienallee 3. PA.: 47807 Krefeld-Fischeln, Wiertzweg 9. G.: Duisburg, 29. Nov. 1940. V.: Else, geb. Brabandt. Ki.: Dr. Guido (1966) und Oliver (1973). El.: Ludwig u. Hedwig. K.: Prüfungsvorsitz im 2. jur. Staatsexamen, seit 1992 (Ltr.) Vors. d. Fachsenats f. Wohnungs. d. OLG Düsseldorf, Referent u. Autor im Wohnungseigentumsrecht. P.: Mithrsg. d. "Neuen Zeitschrift f. Miet- u. Wohnungsrecht" (NZM). H.: Musik, Wassersport.

Gottschalk Angela

B.: Gschf. Ges. FN.: Gottschalk GmbH Großküchentechnik. DA.: 22453 Hamburg, Papenreye 22. G.: Hamburg, 30. Juni 1966. El.: Gerd u. Gudrun, geb. Langer. S.: 1981 Mittlere Reife Hamburg, Ausbild. z. Einzelhdls.-Kauffrau b. Juwelier Becker Hamburg. K.: 1983-91 weiterhin im Hause Becker tätig, m. Spezialisierung auf d. Uhrenvertrieb, 1991 selbst. Grdg. d. GROTEC GmbH Großküchentechnik, 2000 Zusammenlegung m. d. väterl. Betrieb Gerd Gottschalk Großkücheneinrichtungen zu d. Gottschalk GmbH Großküchentechnik. H.: Tauchen, Reisen.

Gottschalk Antjepia *)

Gottschalk Axel
B.: Fahrlehrer, Gschf., Inh. FN.: VFS Verkehrsfahrschule Gottschalk. DA.: 55232 Alzey, Albiger Str. 7. ganztagsfahrschule@t-online.de. www.ganztagsfahrschule.de; www.ferrari-fahrschule.de. G.: Mannheim, 1963. Ki.: Annika (1998), Emily (2000) S.: 1978-81 Lehre als Stahlbauschlosser, 1982-86 Bundeswehr, 1986 Ausbild. z. Fahrlehrer. K.: 1986-92 Fahrlehrer, 1992 Abschluss Ind.-Meister, 1992 Übernahme d. Fahrschule (Verkehrsfachschule Alzey GmbH) u. Umbenennung. E.: Orden f. besondere Verd. in d. Bundeswehr. M.: Dt. Verkehrswacht, 1. Vors. Kreis Alzey-Worms, stellv. Vors. Fahrlehrerverb. im Kreis. H.: Beruf.

Gottschalk Bernd Dr. Prof.
B.: Präsident FN.: Verband der Automobilindustrie e.V. DA.: 60325 Frankfurt/Main, Westendstr. 61. G.: Lübeck, 10. Juni 1943. S.: Stud. VWL Univ. Hamburg u. Saarbrücken, 1971 Prom. Dr. rer. pol. Univ. Hamburg. K.: Aufenthalt als Fulbright-Stipendiat an d. Stanford-Univ. in Kalifornien USA, 1972 im Sekretariat d. Vorst.-Vors. b. d. Daimler-Benz AG, 1974 Ass., 1980 Übernahme d. Ltg. d. Sekretariats, 1982 Ltg. d. Öffentlichkeitsarb., Wirtschafts- u. Verkehrspolitik, 1983

*) Biographie www.whoiswho-verlag.ch oder beigefügte CD-ROM

Gottschalk

Ernennung z. Dir., 1988 kfm. Ltr. d. Werkes Mannheim, 1991 Präs. d. Mercedes-Benz do Brasil, Ltg. d. größten ausländ. Nutzfahrzeuges. d. Mercedes-Benz AG, 1992 o.Vorst.-Mtgl., Ltg. d. Geschäftsbereiches Nutzfahrzeuge, s. 01.01.1997 Präsident d. Verbandes d. Automobilindustrie e.V. M.: AufsR. d. Hoffmann-La Roche AG, d. Dresdner Bank Lateinamerika AG, d. Fuchs-Petrolub AG, d. Voith AG, AufsR. d. Thyssen Krupp Automotive AG, BASF Coatings AG, Mtgl. d. Präs. Rats u. Vors. d. Beirats DEKRA e.V., BeiR. d. Dt. Bank AG Mannheim, Vors. d. Verkehrsaussch. b. BDI u. b. VDA, Mtgl. d. Präd. Deutsches Verkehrsforum.

Gottschalk Dietrich H.
B.: Dipl. Volksw., Inh. u. Gschf. Ges. FN.: Dietrich H. Gottschalk Vermögensberatung u.- Verwaltung, Ges. d. Asphaltbau GmbH Schleiz/Thüringen, Intern. Industrie-Büro GmbH Beratung u. Vermittlung b. Unternehmens-Verkäufen u. Beteiligungen, München, I. I. B. Industrie-Immobilien-Büro GmbH, München. PA.: 81545 München, Meichelbeckstr. 15. G.: 28. Sept. 1938. M.: Export Club Bayern e. V., ASU AG Selbst. Unternehm. American Chamber of Commerce in Germany.

Gottschalk Eckart Dr. med. habil. Prof.
B.: Kinderchir., Chir., Chefarzt. d. FN.: Sophien- u. Hüzeland-Klinikum. DA.: 99425 Weimar, Henry-van-de Velde-Str. 2. G.: Bad Freienwalde, 13. März 1936. V.: Gudrun, geb. Wagner. Ki.: Martin (1975), Christian (1976). El.: Walter u. Käthe, geb. Walter. S.: 1954 Abitur, 1954-56 Med.-Stud. Humboldt-Univ. Berlin, 1956-59 Med.-Stud. Med. Ak. Erfurt, 1962-65 FA-Ausbild. Chir., 1963 Prom., 1970-75 FA-Ausbild. Kinderchir. Leipzig u. St. Petersburg, 1970 Habil., 1975 Fa f. Kinderchir. K.: 1970-77 HS-Doz. f. Chir., 1977 o.Prof. f. Kinderchir. an d. Med. Ak. Erfurt, 1985 Gastvorlesungen in d. USA, 1994-2001 Chefarzt f. Kinderchir. an d. Klinikum Erfurt GmbH, Helios-Klinikum Erfurt. P.: 105 Veröff. in Fachzeitschriften, 8 Buchbeiträge, 322 Vorträge. M.: PAPS, BAPS, ESPU, Dt. Ges. f. Kinderchir., Ehrenmtgl. d. PAPS, Vors. d. Med.-Wiss. Ges. Erfurt 1984-2001.

Gottschalk Erwin *)

Gottschalk Horst *)

Gottschalk Iris Dipl.-Ökonom *)

Gottschalk Jens

B.: Unternehmer, Inhaber. FN.: Jens Gottschalk Videoproduktionen f. Unternehmen. DA.: 40468 Düsseldorf, Ulanenstr. 22. jens.gottschalk@jgvp.de. G.: Düsseldorf, 24. Aug. 1956. S.: Fachoberschule f. Elektrotechnik, Fachhochschule Köln-Videobereich. K.: seit 1990 selbst. H.: Jiu-Jitsu.

Gottschalk Joachim Günter Karl-Heinz *)

Gottschalk Josef *)

Gottschalk Klaus *)

Gottschalk Klaus Dr. med. habil. Prof. *)

Gottschalk Michael *)

Gottschalk Sven
B.: Kaufmann in d. Grundstücks- u. Wohnungswirtschaft. FN.: Tanzschule Swingo. PA.: 31226 Peine, An der Neuen Forst 5. G.: Peine, 4. Feb. 1978. El.: Werner u. Karin, geb. Wrobel. S.: Abitur Peine, Zivildienst. K.: Praktikum b. d. Peiner Nachrichten u. Norddt. Rundfunk Hannover, 1996 Eröff. d. Tanzschule Swingo in Peine, diese im April 1999 abgegeben, ab Aug. 1999 Ausbildung z. Kaufmann in d. Grundstücks- u. Wohnungswirtschaft bei d. SeiCon Projektentwicklungs GmbH in Braunschweig, ab Jan 2002 Anstellung bei d. Nowo Immobilien GmbH Braunschweig. H.: Musik.

Gottschalk Thomas

B.: Fernsehmoderator u. Redakteur FN.: Soll + Haben Medienprogramme GmbH. GT.: Mitgl. d. Opera Boards L.A. DA.: 80807 München, Frankfurter Ring 105. G.: Bamberg, 18. Mai 1950. V.: Thea. Ki.: Roman (1983), Tristan (1989). S.: Stud. Deutsch u. Geschichte. Lehrerprüf. K.: Ab 1976 Red. beim Bayer. Rundfunk als Hörfunkmoderator "Pop nach acht", ab 1980 Moderator bon "Telespiel", ab 1982 Radiosprecher "Mister Morning" bei Radio Luxenburg, 1982-87 Moderator von "Na sowas", 1987-92 und seit 1994 Moderator von "Wetten, daß...?", TV-Sendungen "Gottschalk", "Late Night Show" bei RTL, "Hausparty" (SAT 1), 1998 "Kulmbacher Filmnacht", s. 1. Jan. 1998 Disney-Europa Repräsentant; Filme: 1983 Die Supernasen, 1990 Eine Frau nemas Harry, 1991 Trabbi goes to Hollywood, 1994 Sister Act 2, 1997 Zärtliche Chaoten, 1999 Late Show. E.: 1986 Gold. Kamera Hörzu, 2001 Karl-Valentin-Orden, 2001 Bayerischer Verdienstorden, 2001 Ehrenbürger Kulmbachs/Oberfranken, Bambi. (Re)

Gottschalk Werner Dr. Prof. *)

Gottschalk-Solger Leonore B. *)

Gottschalk-Vahldieck Sieglinde *)

Göttsche Harald

B.: Wirtschaftsprüfer, Rechtsbeistand. FN.: Sozietät Dock-Göttsche-Kanzler-Hierhammer, Wirtschaftsprüf. & Steuerberatung. DA.: 91522 Ansbach, Richard-Wagner-Str. 43. G.: Mölln Hzgt. Lauenburg, 31. März 1935. V.: Regislinde. Ki.: Max, Stefan, Hariette. S.: Autodidakt, 1953-56 Ausb. zum Geh. in wirtschaftspr. u. steuerber. Berufen. K.: 1957-60 Rechnungsw. der Hoesch AG - Hauptverw., Dortmund, 1960-74 Wirtschaftsprüfer & Steuerber. Sozietät i. Münster/Westf., seit 1975 selbständig.

*) Biographie www.whoiswho-verlag.ch oder beigefügte CD-ROM

M.: Kuratorium Diakonie Neuendettelsau, Rechts- u. Steuerausschuss IHK Nürnberg, Rotary Club. H.: Wandern i.d. Natur/Bergen, Rad- u. Skifahren.

Göttsche Thore Götz

B.: selbst. Steuerberater. DA.: 24941 Flensburg, Graf-Zeppelin-Str. 20. goettsche@steuerberater-flensburg.de. www.diesteuerprofis.de. G.: Mölln, 23. Mai 1959. V.: Antje. Ki.: Finn, Niclas. S.: 1978 FHS-Reife Flensburg, 1992 Steuerberaterprüf. K.: 1994-96 Steuerberater in d. Kzl. Thyen Theilen + Partner GmbH in Flensburg, 1996 Grdg. d. eigenen Sozietät. M.: 1. Vors. d. Eishockeyver. Flensburg. H.: Wassersport.

Gottschlich Wolfgang *)

Gottschling Hartmut Dipl.-Ing. *)

Gottschling Reinhard Dipl.-Ing.

B.: selbst. Konstrukteur. DA.: 45289 Essen, Alte Hauptstraße 6. info@ing-go.de. www.ing-go.de. G.: Essen, 4. Aug. 1955. V.: Regina, geb. Wenzel. El.: Fritz u. Elisabeth, geb. Inerich. S.: 1975 FHS-Reise Essen, 1975-76 Wehrdienst, 1977-80 Lehre Feinmechaniker Mülheim, 1980-81 angest. Feinmechaniker, 1981-85 Studium d. Maschinenbau. K.: 1985-89 tätig in d. Prod.-Entwicklung in Wülfrath, 1989-92 Prod.-Ltr., 1992-95 Entwicklung v. LKW u. Schließsystemen f. d. Firma Saab, 1995-98 tätig im KS Duisburg, seit 1998 selbst. Konstrukteur. H.: Reisen, Sport, Schwimmen, Joggen, Radfahren.

Gottschling Ulf Dr. Dr. Dipl.-Ing. Prof.
B.: Gschf. Ges. FN.: media project GmbH. DA.: 01277 Dresden, Glashütter Str. 100. G.: Bautzen, 4. Apr. 1940. V.: Hannelore, geb. Spohn. Ki.: Maren (1964), Thomas (1967). El.: Ernst u. Hildegart, geb. Dreßler. S.: 1959 Abitur, Stud. Maschinenbautechnologie u. Feinmeßtechnik TU Dresden, 1965 Dipl.-Ing. f. Technologie, 1983 Prom. Betriebswirtschaft, 1986 Prom. Technik. K.: 1965-75 Technologe u. Haupttechnologe im WZMB NiLES in Berlin, 1975-83 Betriebsdirektor Meßelektronik Dresden, 1983-90 Betriebsdirektor Forschungszentrum Mikroelektronik in Dresden, 1987 Prof. an d. TU Karl-Marx-Stadt, 1991 Honorarprof. an d. TU Chemnitz, 1991 Vors. u. Gündungsmtgl. d. Ges. f. ganzheitlich vernetztes Lernen, 1993 Grdg. d. media GmbH Stuttgart, 1994 Grdg. d. media project GmbH Dresden. P.: Dipl., Prom A u. B, 5 Publ. in Fachzeitschriften. E.: 1988 Nationalpreis 1. Kl. f. Wiss. u. Technik. M.: RKW. H.: Familie, Südafrika.

Gottschol Sabine *)

Gottsmann Werner *)

Gottstein Ingrid Dr. med. MR. *)

Gottstein Klaus Dr. Prof. *)

Gottwald Björn Dr. rer. nat. Prof. *)

Gottwald Clytus Dr. phil. *)

Gottwald Eberhard
B.: Gschf. Ges. FN.: Gottwald Public Relations Agentur f. Öffentlichkeitsarbeit. DA.: 22359 Hamburg, Rehblöcken 51. G.: Breslau, 26. Sep. 1936. V.: Margrit, geb. Werner. Ki.: Gisa (1967). El.: Walter u. Frieda, geb. Traube. S.: Werbefachschule Hamburg. K.: 10 J. Angest., b. 1974 Abtl.-Gschf. i. Ber. Public Relations, 1974 Grdg. Fa. Gottwald Public Relations. M.: Dt. Public Relations Ges. e. V. (DPRG). H.: Malen, klassische Musik. (M.V.)

Gottwald Hans Dieter Dr. iur. *)

Gottwald Herbert Dr. Prof. *)

Gottwald Jaroslaf
B.: Hotelier, Inh. FN.: Prager Hof. DA.: 30175 Hannover, Geller Str. 24. G.: Prag, 31. Juli 1947. V.: Hanna, geb. Truchla. Ki.: Christian (1981). Jana (1983), Philip (1996), Anna Marie (1998), Theresie (1999). El.: Franz u. Marie Theresie. S.: 1965 Abitur Prag. 1965-68 Hotelfachschule Marienbad, 1968-70 Militär. K.: 1970-5 Ltr. eines Spezialitätenrestaurant in Prag, 1975 Eröff. d. Restaurantkette in Hannover m. Prager Hof, Böhm. Hof, Budweiser Hof u. Prager Brunnen, 1998 Grdg. d. GmbH m. Schwerpunkt böhm. Küche; Funktionen: seit 1980 ehrenamtl. tätig f. eine tschech. Bank in Spanien, 1997 ehrenamtl. tätig f. d. tschech. Konsulat auf d. Balearen. F.: Maschinenbaufirma STAST in d. Tschechei. P.: div. Veröff. M.: DEHOGA, IHK, Berufsgen., ZIHOGA. H.: Segeln, Motorbootfahren, Tauchen, Schießen.

Gottwald Lutz

B.: Dir. FN.: Hotel Bremer Haus. DA.: 28195 Bremen, Löningstr. 16-20. G.: Berlin, 28. Feb. 1958. V.: Monika, geb. Krause. Ki.: Alexandra (1978), Daniela (1981). S.: 1973-76 Ausbild. z. Restaurantfachmann in Berlin Hotel Schweizerhof. K.: 1976 Hotel Erbprinz in Ettlingen Commiu. Demi-Chef de Rang, Hotel Seela Bad Harzburg als Demi-Chef de Bar, Queens Hotel Hamburg und Hotel Berlin als Chef de Rang-Oberkellner, Queens Hotel Bremen Chef de Rang, Novotel Bremer Kreuz, Restaurantltr., Dir.-Ass.-Trainee, Ass. u. stellv. Dir., Hotel z. Klüverbaum Bremen Nord, als Gschf., Dorint-Hotel Münster Pree Opening, stellv. Dir., City-Club-Hotel Rheine als Pree Opening u. Dir., Dir. d. Hotels Burghotel Blomberg, b. d. HOGAB als Wirtschaftsdir., Hotel Schwaghof, Bad Salzuflen, seit 1997 Dir. d. Hotel Bremer Haus in Bremen. H.: Modelleisenbahn.

Gottwald Torsten *)

Gottwalt Robert *)

Gottzmann Carola L. Dr. Prof. *)

*) Biographie www.whoiswho-verlag.ch oder beigefügte CD-ROM

Gotz Maximilian Josef *)

Götz Anja
B.: Dipl.-Designer, Ind.-Designerin, Inh. FN.: ION industrial design. DA.: 14193 Berlin, Wangenheimstr. 38a. ion@iondesign.de. www.iondesign.de. G.: Karlsruhe, 28. Nov. 1966. El.: Prof. Karl-Heinz u. Prof. Ingrid Götz. BV.: Dr. Bernardus Boll, 1. Erzbischof v. Freiburg, 18. Jhdt. S.: 1986 Abitur Berlin, 1986-87 Praktikum im Handwerk, 1988-93 Ind.-Design Stud. an d. Staatl. Ak. d. Bild. Künste Stuttgart. K.: seit 1993 selbst. m. obiger Firma, seit 2001 Vertretungsprofessur an d. FH Düsseldorf, FB1 - Architektur. P.: Ausstellungen u. Publ. z. Ind.-Design in div. in- u. ausländ. Fachzeitschriften. E.: div. Preise u. Ausz. f. Arb. im Ind.-Design. M.: Dt. Werkbund Berlin, Intern. Design Zentrum Berlin. H.: Kunst, Kultur, Kochen.

Götz Birgit Dr. med. *)

Götz Dieter Dipl.-Kfm. *)

Götz Dieter W. *)

Götz Dietmar
B.: Volljurist, ndlg. RA. FN.: Brand, Dröge, Piltz, Heuer & Gronemeyer Bielefeld, Detmold, Gütersloh, Paderborn, Berlin, Leipzig, Weimar, Paris. DA.: 04109 Leipzig, Ferdinand-Lassalle-Str. 2. www.diebauseite.de. G.: Unna, 23. Aug. 1956. S.: 1981 Abitur Mainz, 1981-86 Stud. Rechtswiss. Univ. Mainz, Stipendiat d. Studienstiftung d. Dt. Volkes, 1. Staatsexamen, 1989 2. Staatsexamen. K.: 1989-90 wiss. Ass. b. Prof. Trschzaskalik am Lehrstuhl Steuerrecht d. Univ. Mainz, 1990-91 Ausbild. im Bankrecht Commerzbank Frankfurt/Main, seit 1991 in o.g. Sozietät, seit 1993 Aufbau d. Ndlg. Leipzig u. Ltg. d. Ndlg., seit 1994 Partner in o.g. Sozietät zuständig f. Baurecht. P.: Doz. b. Baurechtsseminaren, Hrsg. u. Verfasser d. Internetplatform "Die Bauseite.de". M.: Sächs. Unternehmerverb., Dt. Ges. f. Baurecht, DAV, LAV, Dt.-Kanad. Ges., versch. Golfclubs. H.: Golf, Leichtathletik, Opener.

Götz Elmar Dr. med. *)

Götz Ernst Günther *)

Götz Falko
B.: Trainer. FN.: Hertha BSC. DA.: 14053 Berlin, Hanns-Braun-Str. Friesenhaus 2. www.fussballdaten.de. G.: 26. März 1962. K.: Spieler bei d. Vereinen: 1984-88 Bayer Leverkusen, 1988-92 1. FC Köln, 2001-02 bei Hertha BSC Berlin u. seit 2002 Trainer; Erfolge: 1988/89 u. 1989/90 Vizemeister m. 1. FC Köln. (Re)

Götz Gabriele *)

Götz Gerhard Dr. *)

Götz Gerhard Herbert Dipl.-Ldw. *)

Götz Gerhard-Werner Dr. med. *)

von Götz Hans-Niklas Dr. iur.
B.: selbst. Rechtsanwalt u. Notar. DA.: 23683 Scharbeutz, Pommernstr. 42. G.: Chemnitz, 14. Mai 1943. Ki.: Christian, Nicolas. BV.: Altmärk. Uradel, ein um 1450 nach Preußen gekommener Zweig d. v. Jeetze, d. m. Friedrich v. Jediz 1279 urkundl. zuerst erscheint u. dessen Stammreihe m. Niklas Götze 1455 als Söldner d. Dt. Ordens beginnt. S.: 1962 Abitur Eutin, 1962-67 Stud. Rechts- u. Staatswiss. Kiel u. München, 1967 1. u. 1972 2. Jurist. Staatsprüf., 1969 Prom. K.: ab 1972 Staatsdienst, zuletzt ORegR. im Schleswig-Holstein. Innenmin., ab 1988 selbst. RA in Scharbeutz, seit 1996 Notar, Schwerpunkte: Bau- u. Planungsrecht, Wirtschaftsrecht, Grundstücksrecht, Vorlesung an d. Univ. Rostock "Deutsche Wirtschaftsverfassung", Sommersem. 2000 u. 2001. P.: Diss. "Die Beteiligung d. BetriebsR. b. Massenentlassungen" (1969), Aufsätze: "Zur Rechtsprechung d. Schleswig-Holstein. Oberverw.-Gerichtes z. Zweitwohnungssteuerrecht" (1994), "Beschädigung d. Rechtsbewußtseins d. Bürger durch abwegige Steuerveranlagung?" (1996), "Genehmigungsverfahren f. eine 380-Kilovolt-Freileitung durch d. südl. Schleswig-Holstein - Rechtsstaatl. Defizite" (1996), "Eingeschränkter Rechtsschutz bei Errichtung von Höchstspannungsfreileitungen (1999). M.: seit 1988 Dt. Anw.-Ver. H.: Interesse f. Literatur u. Musik, Golf u. Jogging aktiv.

Götz Hellmut
B.: Fachanwalt f. SteuerR., RA. FN.: BDO-Wirtschaftsprüfungsges. DA.: 79098 Freiburg, Wilhelmstr. 1 b. G.: Stuttgart, 20. Aug. 1961. V.: Elke, geb. Veyhelmann. Ki.: Julian (1996), Nathalie (1998), Elena (1999). El.: Dr. Gerhard u. Elisabeth, geb. Lorch. BV.: Hermann Lorch - Fabrikant. S.: 1981 Abitur Nürtingen, Ausbild. Finanzverw., Univ. Tübingen u. Freiburg, Ref. Stuttgart, 1991 1. jur. Staatsexamen, 1994 Zulassung z. RA. K.: RA in d. Kzl. Fohr, Dehmer + Partner, 1998-2000 RA in d. Kzl. Schmitt, Hörtnagl + Partner, seit 2000 Mitarb. d. BDO Wirtschaftsprüfges. in Freiburg. P.: Veröff. in FAZ, Focus Money, Capital u. versch. Fachbeiträge, Bücher: "Der Immobilienkauf" (2001), "Umwandlungssteuererlaß" (1998), Mitarb. d. Zeitung "KFR Kommentierte Finanzrechtsprechung"; Aufsätze: "Grunderwerbsteuerl. u. organschaftl. Fragen bei Umwandlung im Konzern" (2001), "Steuerl. Besonderheiten bei unternehmensverbundenen Stiftungen" (2001), "Vererben u. Verschenken v. Immobilien unter steuerl. Gesichtspunkten" (1999), "Allg. u. bes. Voraussetzungen eines Unternehmertestaments" (1999), "Verkehrssteuern bei Umwandlungsvorgängen" (1998), "Erstattung im Steuerrecht" (1997), "Die gemein. Stiftung" (1997), "Auswirkungen v. Umwandlungen auf d. Steuerschuldverhältnis" (1996), u.a.m. M.: DStJG, DVEV, Arge Fachanwälte f. Steuerrecht. H.: Skifahren, Golf, Tanzen.

Götz Hermann
B.: Gschf. Ges. FN.: TDB Software GmbH. DA.: 91126 Schwabach, Bahnhofstr. 20. hg@tdb.de. www.tdb.de. G.: Nürnberg, 12. Feb. 1964. V.: Gabriela, geb. Spechia. Ki.: Jasmin (1991), Florian (1992), Constantin (1994). El.: Dipl.Ing. Ernst D. Götz u. Dr. Gertrud Appler. BV.: Johann Appler, Ehrenbürger v. Schwabach. S.: 1984 Abitur am M.v.E. Gymn. Schwabach, 1984-86 Lehre im Sondermaschinenbau, 1987-91 Fertigungstechnik TU Erlangen, 1991-93 TU München Lehramt an berufl. Schulen. K.: ab 1991 Doz. am Polytechnikum Roth u. Zentrum f. Weiterbildung d. IHK Nürnberg, Mtgl. im Prüfungsausschuss Industrie-/Elektromeister, 1987 Übernahme d. Produktlinie TDB v. Vogel Verlag, 1994 Grdg. d. TDB Software GmbH; Gastdoz., Co-Autor bei Metagne=Diagnose zur Früherkennung v. Stoffwechselerkrankungen (www.metagne.de). P.: Fachvorträge. M.: Ev. Kirchengemeinde zu Capri/Italien. H.: Süditalien-Fan, Motorradfahren (K1200 RS).

Götz Jens *)

Götz Jürgen
B.: Gschf. Ges. FN.: Polyindustrie Siebdruck- u. Tampon GmbH. DA.: 91126 Schwabach, Lindenbachstr. 25 a. polyindustrie@t-online.de. www.polyindustrie.de. G.: Nürnberg, 7. Apr. 1964. V.: Carolin, geb. Preusche. Ki.: Jannis (1993). El.: Karl u. Edeltraut. S.: 1979-80 Lehre Koch Nürnberg, 1980-83 Lehre Einzelhdl.-Kfm. Firma Radio-PRUY Nürnberg, 1983-84 Berufsaufbauschule Nürnberg. K.: 1984-90 kfm. Ang. d. Firma Foto-Quelle in Nürnberg, seit 1990 selbst. m. Kauf d.

*) Biographie www.whoiswho-verlag.ch oder beigefügte CD-ROM

Firma Polyind., 2001 Grdg. d. GmbH. BL.: eingetragenes Patent z. Bedrucken v. Wandanschlußprofilen; Einsatz f. d. Lehrberuf Tampon-Drucker. M.: Fischereiver. Roth u. Umgebung. H.: Angeln, Fußball, Reisen.

Götz Jürgen Dr. rer. nat.
B.: Gschf. Ges. FN.: Inst. Fresenius Angew. Festkörperanalytik GmbH (IFAF). DA.: 01109 Dresden, Zur Wetterwarte 50, Haus 337/B. PA.: 01109 Dresden, Sagarder Weg 8. G.: Dresden, 31. Jan. 1945. V.: Sabine, geb. Leibnitz. Ki.: Kristiane (1970). El.: Dipl.-Ing. Herbert u. Linda, geb. Hartmann. BV.: b. 30-jährigen Krieg, Götz v. Berlichingen. S.: 1959-62 Berufsausbild. m. Abitur Elektrofeinmechaniker, Facharb. u. Abitur, 1965-72 Stud. Physik TU Dresden, 1972 Prom. z. Dr. rer. nat. K.: 1972-76 wiss. Ass. Bergak. Freiberg, 1976-79 wiss. Mitarb. Zentrum Mikroelektronik Dresden, 1980-88 Gruppenltr. Zentrum Mikroelektronik Dresden, 1988-90 Hauptabt.-Ltr. Zentrum Mikroelektronik Dresden, seit 1990 Gschf. Ges. Inst. Fresenius Gruppe Dresden. P.: Dipl., Prom. M.: stellv. Vors. Förderver. Dünne Schichten e.V., WirtschaftsR. d. CDU e.V. - Vorst.-Mtgl. d. Sekt. Dresden. H.: Entwicklung d. Ind.-Dienstleistungsanalytik, Konditionierungssport: Bergwandern, Radfahren, Schwimmen, Musik: Konzert, Jazz, Dixieland.

Götz Karl Georg Dr. Prof.
B.: Biophysiker u. Neuroethologe. PA.: 72076 Tübingen, Ferd.-Chr.-Baurstr. 15. G.: Berlin, 24. Dez. 1930. V.: Ulrike, geb. Raichle. Ki.: Martha, Simon, Johanna, Esther. El.: Karl Adolf u. Johanna. K.: 1961-68 wiss. Ass. am Max-Planck-Inst. f. biol. Kybernetik, Tübingen, 1968-98 Dir. am Max-Planck-Inst. f. biol. Kybernetik, Tübingen, seit 1974 Hon.Prof. d. Univ. Tübingen. E.: Akad. d. Wiss. u. Lit. Mainz, korr. Mtgl. seit 1983, Boris Rajewski Preis f. Biophysik 1988. M.: Ges. f. physik. Biologie (Präs. 1969-71), European Molecular Biology Organization.

Götz Karlheinz *)

Götz Lothar Dipl.-Ing. Prof.
B.: Arch. FN.: Lothar Götz. DA.: 70714 Stuttgart, Keplerstr. 11. PA.: 69120 Heidelberg, Handschuhsheimer Landstr. 16. G.: Karlsruhe, 11. Juli 1925. V.: Hannelore, geb. Grab. Ki.: Matthias, Magdalena. El.: Karl u. Leonie. S.: 1946-50 Stud. Univ. Karlsruhe. K.: 1950-53 Ltr. d. Bauabt. d. BP Benzin u. Petroleum AG Mannheim, 1954-61 Ass. Univ. Karlsruhe, seit 1955 freier Arch. in Heidelberg, 1963 o.Prof. Univ. Stuttgart, 1964-65 Ltr. d. Abt. f. Arch., 1967-69 Dekan d. Fak. f. Bauwesen, 1971-73 Dekan d. Fak. f. Baukonstruktion, 1981-83 Dekan d. Fak. f. Arch. u. Stadtplanung, wichtige städtebauliche Planungen: Alzenau, Buchen, Edingen, Konstanz, Östringen, Reutlingen, Schriesheim, Sulz, Vöhringen, wichtige Bauten: Wiesbaden, Tankstelle am Hbf., Heidelberg, Fleischer EVG, Kath. Kirchenzentrum, Boxberg, Univ. Schwesternwohnheime, Sem.gebäude Triplex, Bruchsal, Schloßkirche Innenausbau, Schriesheim, Bildungszentrum, Brücken Hofstraße, Illingen, Feuerwehrgerätehaus, Buchen, Altenwohnungen, Bopfingen, Kauf- u. Freizeitzentren, Östringen, Rathaus, Alzenau, Rathaus, Heidelberg, Wasser- u. Schiffahrtsamt, Heidelberg, Wasserschutzpolizei. P.: zahlr. Veröff. M.: Dt. Werkbd.

Götz Manfred *)
Götz Matthias *)
Götz Peter
B.: MdB, Bürgermeister a.D. DA.: Dt. Bundestag 11011 Berlin, WK.: 76437 Rastatt-Winterdorf, In der Heizenau 37. G.: Baden-Baden, 24. Sept. 1947. V.: Christa, geb. Werner. Ki.: Michael (1970), Ankica (1973), Victoria (1986), Katharina (1987). El.: Bgm. Anton u. Adelheid, geb. Rottländer. S.: 1965 Höhere Handelsschule Gernsbach, Mittlere Reife, 1965-68 Ausbild. f. d. Gehobenen Verw.-Dienst, Dipl.-Verw.-Wirt, 1968-70 Grundwehrdienst, 1973-75 Verw. u. Wirschaftsak. Freiburg, Abschluß Immobilienwirt VWA-Dipl. K.: 10 J. Stadtrat Rastatt, ehrenamtl. Ortsvorst. RA - Wintersdorf u. Ortsschaftsrat, Kreisvors. KPV d. CDU, seit 1973 Bundesvors. KPV, 1985-90 Bürgermeister Gaggenau, seit 1990 MdB, Direktwahl 7 52, seit 1990 M. Bundestagsausschuß Raumordnung, Bauwesen, Städtebau, 1990-98 stellv. M. Finanzausschuß, 1994 1. Wiederwahl, seit 1990 stellv. Mtgl. Familienm., 1998 2. Wiederwahl o.M. Ausschuß f. Verkehr, Bau, Wohnungswesen, Schwerpunkt: Städtebau + Raumordnung, Wohnungspol., 1998 Vors. d. AG Kommunalpolitik CDU/CSU-Bundestagsfraktion, seit 1997 Bundesvors. d. KVP v. CDU u. CSU u. Mtgl. im Bundesvorst. d. CDU Deutschlands, seit 1990 stellv. Mtgl. im Finanzausschuß, Mtgl. Baukommission Ältestenrat (neuer Reichstag), seit 1996 Europ. Präs. Global Parlamentarians on Habitat, seit 1994 Vizepräs. Weltdirektorium Habitat. P.: Wagner - Verlag über "Menschen aus der Region", Badisches Tagesblatt, BUN, 01/2000 SWR Fernberg über Factory Outlet Center. E.: Verdienstorden IHK Thessaloniki, Gold. Ehrenurkunde + Nadel Badischer Sängerkreis. H.: Schi, klass. Musik. (Re)

Götz Philipp
B.: freischaff. Fotodesigner, Fotograf. FN.: Studio Philipp Götz Fotodesign f. Werbung. DA.: 10711 Berlin-Halensee, Ringbahnstr. 9. stills@studio-goetz.de. www.studio-goetz.de. G.: Salzburg, 11. Aug. 1959. S.: 1975 Gymn. Stella Matutina in Feldkirch/Vlbg., 1976-79 Lehre als Fotograf im Studio Frank in Sbg., Abschl. Sbg. K.: 1979-81 Tätigkeit als Fotofraf in Sbg. und ab 1981 in Berlin, Werbefotografie mit Schwerpunkt Stillife,1983 fotograf. Arb. b. div. Filmprod. in Berlin, 1984 eigenes Zeitungsprojekt in Paris, 1984/85 Ltr. v. Fotostudios in Werbeagenturen, seit 1985 selbst. m. Studio Philipp Götz in Berlin. P.: Plakate, Geschäftsberichte, Prospekte, Anzeigen f. intern. Firmen.

Götz Rainer Dr. *)
Götz Stephan *)
Götz Thomas Erwin

B.: Fotojournalist, Fotograf. FN.: Fotojournalismus Fotografie. DA.: 40223 Düsseldorf, Feuerbachstr. 12. info@goetz-foto.net. www.goetz-foto.net. G.: München, 16. Apr. 1958. V.: Dipl.-Ing. Klaudia, geb. Siebel-Achenbach. Ki.: Fabian (1992), Anton (1997). El.: Erwin u. Gertrud, geb. Hetterich. S.: 1976 Mittlere Reife München, 1976-78 Fachoberschule München, Fachabitur, 1979-80 Zivildienst als Rettungsdienstihelfer, 1981-84 Fotografenlehre b. Foto Viktor Korenika München, Abschluss Gesellenbrief. K.: 1981 Rettungsass. BRK München, 1984-85 Fotograf High-Color-Studio, 1985-86 Fotograf Flachs Werbestudios, 1986-88 Fotograf Studio 64 Memmingen, 1988-93 Fotograf u. Studioleiter HS Public Relations GmbH Düsseldorf, seit 1994 selbständig tätig als Fotojournalist u. Fotograf m. Studio, seit 1997 Feuerbachstraße. E.: 1979-88 ehrenamtl. Tätigkeit als Rettungsdiensthelfer beim BRK München. M.: freelens, Verein d. Fotojournalisten e.V. H.: Familie, Segeln, Skifahren, Squash.

*) Biographie www.whoiswho-verlag.ch oder beigefügte CD-ROM

Götz Trudi

B.: öff. bestellte u. allg. beeidete Spanischdolmetscherin u. Übersetzerin, selbständig. GT.: seit 1995 ehrenamtl. f. d. Dokumentations- u. Informationszentrum Menschenrechte in Lateinamerika DIML tätig. DA.: 90482 Nürnberg, Moritzbergstr. 72. trudi.goetz@t-online.de. G.: Ingolstadt, 7. Juli 1968. V.: Dipl.-Ing. Klaus Dennerlein. El.: Gerhard u. Irmgard Götz. S.: 1984 Mittlere Reife Nürnberg, 1984-90 Beamtenanwärterin b. d. Dt. Bundespost, parallel 1988-90 Fachoberschule Nürnberg, 1990 Fachabitur Nürnberg, 1990-91 Sprachaufenthalt London, 1990-94 versch. Erwerbstätigkeiten Region Nürnberg, 1994-97 Stud. an d. Fachakademie f. Fremdsprachen in Erlangen, 1997 Staatsexamen als Dolmetscherin u. Übersetzerin, 1997-98 Sprachaufenthalt in Madrid, seit 1999 freiberuflich Dolmetscherin u. Übersetzerin in Nürnberg, selbständig. P.: u.a. Übersetzungen diverser argentinischer Werke über die Militärdiktatur. M.: Bundesverband f. Dolmetscher u. Übersetzer, Gib und Nimm-Tauschring. H.: Metallkunsthandwerk, Holzbildhauerei, Malen.

Götz Werner

B.: Groß-, Ind.- u. Einzelhdls.-Kfm., Inh. FN.: SUZUKI - BUSCHOW GmbH u. KIA Motors Autoservice Götz GmbH; Erste Allg. Generali LLOYD Vers. DA.: 12107 Berlin, Lankwitzer Str. 1-2. PA.: 13467 Berlin, Frohnauer Str. 95. G.: Mödling/Österr., 23. Okt. 1948. Ki.: Jasmin (1978), Miriam-Isabell (1982). El.: Josef u. Johanna, geb. Doser. BV.: Josef Doser - Architekt u. Stadtbaumeister in Wien. S.: 1964-67 Ausbild. z. Groß-, Ind.- u. Einzelhdls.-Kfm., 1967-70 Ausbild. z. Sportmasseur u. Lymphdrainage, 1970-73 Ausbild. Vers.-Kfm. in Berlin. K.: 1967-68 Landmaschinen- u. Reifengroßhdl., 1968-69 Buchhalter in Steuerberaterpraxis, 1969-70 Verkäufer NSU-Frey Wien, ab 1975 Agentur Erste Allg. Vers., jetzt Generali, 1970-88 NSU-Mehner Berlin, ab 1975 Audi, ab 1982 VAG, zuletzt Verkaufsltr., 1988-96 Gschf. Ges. Autohaus Gropiusstadt, 1997-98 Nissan-Wossidlo Berlin, VAG-Verkäufer im Berliner Osten, 1998 Gschf. Ges. Suzuki Autoservice Buschow GmbH, 2000 zusätzl. KIA-Vertragspartner, Autoservice Götz GmbH, Gschf. Ges. P.: div. Berichte im Fernsehen, d. dt. u. österr. Privatmedien. E.: Silb. u. Gold. Verd.-Abz. d. Rep. Österr., Gold. Verd.-Abz. d. Bdl. Wien, NÖ u. OÖ, Gr. EZ d. Bdl. Ktn., 25 J. Generali-Vertretung 1975-2000, 12 J. Vizepräs. u. 1995-97 Präs. d. Weltbundes d. Österreicher im Ausland. M.: ab 1973 Ver. d. Österr. in Berlin, 1975 Vorst.-Mtgl. im Ver. d. Österr. in Berlin, 1982 VPräs. im Ver. d. Österr. in Berlin, 1995 Präs. Österr.-Dt Ges. Berlin-Brandenburg. H.: Skifahren, Schwimmen.

Götz-Hege Jörg Horst-Gunter Dr. päd. Dipl. päd. *)

Götz-Kottmann Josef Dipl.-Ing. (FH) *)

Götze Dieter Dr. phil. *)

Götze Dietrich Dipl.-Ing. *)

Götze Hans Dr. iur. *)

Götze Hans *)

Götze Heiner Dipl.-Ing.

B.: Steuerberater. DA.: 39106 Magdeburg, E.-Lehmann-Str. 11. PA.: 39122 Magdeburg, Irenenpl. 6. G.: Klasdorf, 22. Dez. 1946. V.: Christine, geb. Höhn. Ki.: Grit (1968). El.: Paul u. Hedwig, geb. Wüstenhagen. S.: Abitur u. Berufsabschluß als Maschinenbauer 1965 in Ludwigsfelde, 1970 Dipl.-Ing. f. Angew. Mechanik TH Magdeburg. K.: 1970-90 Ing.-Tätigkeiten in Forsch. u. Wirtschaft, seit 1990 selbst. Steuerbev., 1995 Bestellung z. Steuerberater. M.: seit 1993 Vorst.-Mtgl. im Steuerberaterverb. Sachsen-Anhalt Magdeburg u. seit 1997 im Steuerberaterverb. Niedersachsen-Sachsen-Anhalt e.V. Hannover. H.: Sport (Leichtathletik, Handball), Kabarett.

Götze Heinz *)

Götze Holger *)

Götze Margit *)

Götze Otto Dr. med. Prof.

B.: komm. Dir. FN.: Georg-August-Univ. Göttingen Abt. Virologie. DA.: 37075 Göttingen, Kreuzbergring 57. G.: Recklinghausen, 2. Aug. 1935. V.: Dr. iur. Renate. Ki.: 3 Kinder. El.: Hans-Julius u. Charlotte-Emma, geb. Berlin. S.: 1953 Abitur Hamburg, 1953-60 Med.-Stud. Hamburg, Frankfurt/Main, Paris, München u. Freiburg, Abschluss: Staatsexamen, 1964 Approb., 1966 Prom. z. Dr. med. K.: 1964-68 wiss. Ass. am Max-Planck-Inst. f. Immunbiologie Freiburg, 1968-71 Auswanderung in d. USA; Ausbild.-Stipendium d. NIH Bundesreg. USA, Scripps Clinic and Research Foundation La Jolla Californien, 1971-74 Ass. Prof. Department of Experimental Pathology, Scripps Clinic and Research Foundation La Jolla, 1974-79 Assoc. Prof. Department of Molecular Immunology La Jolla, 1976-77 Gastprof. an d. Rockefeller Univ. New York, seit 1979 Ernennng z. Prof. u. Übernahme d. Lehrstuhls Immunologie an d. Med. Fak. d. Georg-August-Univ. Göttingen, 1984-85 Dekan d. Med. Fak. Univ. Göttingen, 1985-86 Prodekan d. Med. Fak., seit 1990 komm. Dir. d. Abt. Virologie d. Georg-August-Univ. Göttingen. BL.: Stipendium d. Dt. Forsch.-Gemeinschaft (1964-68), Stipendim d. amerikan. Arthritis Foundation (1971-73), Established Investigatorship, American Heart Assoc. (1973-78). P.: The C3-Activator System. An Alternate Pathway of Complement Activation (1971), Paroxysmal noctural Hemoglobinuria. Hemolysis Initiated by the C3 Activator System (1972), Molecular Concept of the Properdin Pathway (1976), C5a suppresses the production of IL-12 by IFN-gamma-primed and lipopolysaccharide-challenged human monocytes (1999), Induction of functional anaphylatoxin C5a receptors on hepatocytes by in vino treatment of rats with IL-6 (2000). M.: American Heart Assoc., American Assoc. of Immunology, American Society for Clinical Investigation, American Society for Hematology, Society for Leukocyte Biology, The Kunkel Society New York, Dt.

*) Biographie www.whoiswho-verlag.ch oder beigefügte CD-ROM

Ges. f. Hygiene u. Mikrobiologie (DGHM), 1982-90 Vorst.-Mtgl. Dt. Ges. f. Immunologie, Dt. Ges. f. Zellbiologie (DGZ), Ges. f. Biochemie u. Molekularbiologie (GBM), Ges. f. Biolog. Chemie (GBCh). H.: Lesen, Tennis, Skifahren, Schach, Fotografieren.

Götze Petra *)

Götze Werner *)

Götzelmann Liane *)

Gotzen Reinhard Dr. med. Prof. *)

Götzen Norbert

B.: Diplom-Geologe. DA.: 47804 Krefeld, Weeserweg 96. G.: Duisburg, 29. Sep. 1961. V.: Ursula, geb. Strößer. Ki.: Dominik. S.: 1980 Abitur Duisburg, 1980-85 Stud. Geologie in Bonn an der Rhein.-Friedrichs-Wilhelms-Univ., 1985-89 Univ. Köln, Dipl.-Geologe. K:: 1989-93 ang. b. B u. R Baustoffhdl. u. Recycling GmbH Düsseldorf, 1999 Wechsel innerhalb d. Firmengruppe zu B u. R Ing.-Ges. u. Baustoffrecycling, Umwelttechnik GmbH Düsseldorf, 2000 Grdg. ORBIS Umweltberatung, Dipl.-Geologe Norbert Götzen. P.: Veröff. in Fachzeitschriften "Baustoff-Recycling", Vorträge b. TÜV in Essen über Kosten/Nutzenverhältnis v. geordneten Rückbau v. Gebäuden. H.: Judo, Marathonlauf.

Götzen Reiner Dr. techn. *)

Götzenberger Hans *)

Götzenberger Sabine *)

Götzer Wolfgang Dr. iur. utr.
B.: RA, MdB. DA.: 11011 Berlin, Platz d. Republik 1; Kzl. 8300 Landshut, Altstadt 26. G.: Landshut, 10. Jan. 1955. V.: Doris, geb. Baumgartner. Ki.: Theresa (1986), Maximilian (1990). El.: Dr. med. Ludwig u. Gabriele, geb. Espach. S.: Hum. Gymn. Landshut, Wehrdienst, Univ. München, Prom. Dr. iur. utr. K.: S. 1984 RA, s. 1987 eig. Kzl. in Landshut, 1984-87 MdB, seit 1970 CSU, s. 1982 Kreisvors. CSU Landshut-Stadt, Mtgl. CSU-Landesvorst., s. 1978 StadtR. in Landshut, s. 1990 wieder MdB. H.: geschichtl. Literatur, Antiquitäten, alte Weine. (Re)

Götzfried Günter *)

Götzhaber Lutz Jürgen Dr. phil.
B.: Antiquariats-Buchhändler. FN.: Antiquariat f. Med. u. Naturwiss. DA.: 45147 Essen, Hufelandstr. 32. G.: Nürnberg, 7. Juni 1941. V.: Barbara, geb. Wiggermann. Ki.: Jürgen, Barbara, Peter. S.:1960-63 Lehre Buchhdl. m. Abschluß, 1963-70 Stud. Phil. u. Geschichte Univ. Graz, 1971 Prom. K.: 1972-81 Mitarb. in Fachbuchhandlung f. naturwiss., Wirmsberg Essen, 1982 Übernahme d. Betriebes als selbst. Buchhändler. H.: private Sammlung v. seltenen Publikationen zur Geschichte d. Medizin u. Natirwiss., ca 700 Titel ab 18. Jhdt.

Götzky Karl Martin Dr. rer. nat. Prof. *)

Götzl Gudrun

B.: Friseurin, selbständig. FN.: Salon Figaro. DA.: 84028 Landshut, Neustadt 449. G.: Landshut, 10. Aug. 1968. El.: Rudolf und Emmi Götzl. S.: 1984 Mittlere Reife in Dingolfing, 1984-87 Lehre z. Friseurin im Salon Figaro. K.: 1987-90 Gesellin im Salon Figaro, 1991 Übernahme des Salons, Meisterprüfung, Schwerpunkt: Toupet u. Perückenspezialist. H.: Laienschauspielerin, Lesen, Schreiben (Gedichte), Sport.

Götzl Klaus Dipl.-Betriebswirt (FH)
B.: Gschf. FN.: Tourismusverb. Starnberger Fünf-Seen-Land. DA.: 82319 Starnberg, Wittelsbacherstr. 2c. PA.: 81377 München, Clemens-Bolz-Weg 1. goetzl@starnberger-fuenf-seenland.de. G.: München, 5. Apr. 1956. V.: Ursula, geb. Zecha. Ki.: Sabrina (1987), Christoph (1992). El.: Hubert u. Elisabeth. S.: 1976 Abitur, Wehrdienst, Stud. Touristik FH München, 1981 Dipl.-Betriebswirt. K.: Tätigkeit in d. Touristikbranche, ab 1987 Gschf. Tv Starnberg. M.: Vorstand u. Werbeaussch. d. Tv München-Oberbayern e.V. H.: Tennis, Fußball, Familie, Reisen.

Götzl Manfred *)

Gotzler Max Dr. *)

Götzner Martin Dipl.-Kfm.

B.: Ltr. Standort Braunschweig. FN.: CC Erfrischungsgetränke Süd-Niedersachsen Braunschweig GmbH & Co KG. DA.: 38122 Braunschweig, Alte Frankfurter Str. 181. PA.: 38531 Rötgesbüttel, Am Bahndamm 8B. martin_goetzner@na.ko.com. G.: Braunschweig, 8. Mai 1962. V.: Martina, geb. Rumpf. Ki.: Carolin (1995), Philipp (1998). El.: Herbert u. Dorit, geb. Kümmel. S.: 1982 Abitur Gifhorn, b. 1994 Zeitsoldat b. d. Bundeswehr, zuletzt Hptm. u. KpChef, 1988-94 Stud. Wirtschafts- u. Org.-Wiss. (WOW) m. Abschluss z. Dipl.-Kfm. an d. Univ. d. Bundeswehr in Hamburg. K.: ab 1995 Ass. d. Geschäftsltg. b. d. Getränkeind. Winter & Both GmbH & Co KG in Braunschweig, ab 1996 Logistikltr., ab 1999 Standortltr. H.: Fußball, Fahrradfahren, Garten.

Goubeaud Gerhard Dr. med. Prof. *)

Goulbier Yvonne
B.: Künstlerin, freischaffend. DA.: 30161 Hannover, Wörthstr. 15. yvonne.goulbier@t-online.de. www.poesia-hannover. de. G.: Kaiserslautern. V.: Klaus Müller. S.: 1972-74 Ausbildung z. Medizin-Technisches Ass. in Mannheim, 1973 Abitur in Mannheim, 1974-79 Stud. Innenarchitektur in Wiesbaden u. Hannover. K.: 1980-84 tätig als Innenarchitektin, Tätigkeitsschwerpunkt Verwaltungsbauten, 1985 Stipendium d. Barkenhoff-Stiftung, Nachwuchsstipendium d. Landes Niedersachsen, 1986 Arbeitsstipendium d. Kunstfonds Bonn,

*) Biographie www.whoiswho-verlag.ch oder beigefügte CD-ROM

Goulbier

Villa Massimo Stipendium in Rom, 1988 Preis d. Heitland Foundation Celle u. Drabert - Kunstpreis Minden/Köln, 1988-89 Aufenthalt Villa Massimo in Rom, 2001 Stipendium im Kommandantenhaus Dilsberg. BL.: poesia - ein Projekt auf d. Kuppel d. Anzeiger Hochhauses in Hannover (2000), Lichtparcours Braunschweig - ein Brückenprojekt d. Stadt Braunschweig (2000). P.: seit 1980 Poetische Lichtträume u. Ausstellungen, Veröff. v. zahlr. Katalogen u.a.: Yvonne Goulbier Lichtträume, Cibaehrome, Bilder 1998 Schloß Agathenburg, Film über d. Projekt Poesia v. Anja Schlegel im Auftrag d. Verlagsges. Madsach (2001), zahlr. Einzelausstellungen u.a.: "Erinnerung an eine verlorene Landschaft" U-Bahnstation Königsworther Platz in Hannover (1985), "quasi una fantasia" Sprengel Museum Hannover (1992), "secret love" Kulturstiftung Schloß Agethenburg (1998), "out of time" St. Petri in Lübeck (1999) u. "luna park" Ankerpunkt LindenBrauerei (2000), Gruppenausstellungen u.a.: "Das Marmorbild" Villa Massimo Rom (1989), "Blau: Farbe d. Ferne" Heidelberger Kunstverein (1990), "III. internationale Biennale d. Papierkunst" Leopold-Hoesch-Museum Düren (1991), "KunstStreifzüge Niedersachsen" Kunsthalle Emden (1998), "lo spirito del lago" Isola Bella-Lago Maggiore (2001).

Gouthier Claus-Dieter *)

Goutier Klaus Dr. jur.

B.: RA u. Steuerberater. FN.: Goutier & Partner GbR. DA.: 60325 Frankfurt/Main, Schumannstraße 346. PA.: 63322 Rödermark, Im Taubhaus 37. G.: Pforzheim, 31. Dez. 1947. V.: Waltraut, geb. Riesch. Ki.: Petra Simone (1980), Ralf Michael (1981). El.: Richard u. Hedwig, geb. Staib. S.: 1966 Abitur, 1966-80 Stud. Rechtswiss. u. BWL Univ. Saarbrücken u. Freiburg, 1970 1. jur. Staatsexamen. K.: 1970-72 Referendariat am OLG Karlsruhe, ab 1973 RA in Pforzheim, 1980-87 Doz. an d. Bundesfinanzak. in Siegburg, 1988-90 Gschf. einer intern. Wirtschaftsprüf.-Ges., 1990 Grdg. d. Rechts- u. Steuerberatungssozietät m. Schwerpunkt Unternehmenskäufe, intern. Steuerrecht u. Umwandlungsrecht. P.: Veröff. zu Ges.-Recht, Körperschaftsteuer u. Umwandlungsrecht. H.: Bergsteigen, Skifahren, Reisen.

Gouverneur Josef *)

Gowin Hans-Peter Dipl.-Ing. *)

Goy Walter Dr. med. *)

Gozdek Günther *)

Graack Stefan *)

Graaf Karin *)

Graafen Richard Dr. Prof. *)

de Graaff Günter Dipl.-Ing. *)

Graafmann Utz Dipl.-Informatiker
B.: Gschf. Alleinges. FN.: APRIS Ges. f. Praxiscomputer mBH. DA.: 91056 Erlangen, Heusteg 47. PA.: 91056 Erlangen, Theaterpl. 11. graafmann@apris.de. www.apris.de. G.: Gelsenkirchen, 7. März 1961. V.: Heike Thieler-Graafmann,

geb. Thieler. Ki.: Mona (1993), Linda (1996). El.: Ludwig u. Doris. K.: 1983 Grdg. d. Firma APRIS GmbH, 1998 Grdg. v. Wein-Plus.de, Betreiben eines Portals f. Weinfreund im Internet (Marktführer). F.: APRIS GmbH u. Weinplus.de. P.: "Wein-Plus Weinführer Deutschland" (Hrsg.). H.: Weinliebhaber.

Graatz Detlef Wilhelm Harry

B.: Zahntechniker. FN.: Graatz Dental GmbH. DA.: 47798 Krefeld, Hochstr. 30. V.: Ulricke, geb. Sträter. Ki.: Markus, Mathias, Lilian. El.: Harry u. Lieselotte. S.: 1968 Mittlere Reife Mülheim/Ruhr, 1968-71 Ausbild. z. Zahnarzttechniker. K.: 1971-77 Zahnarzttechniker b. Gebr. Borgstädt GmbH Duisburg, 1978 selbst. m. einem Dentallabor in Mülheim/Ruhr, 1984-93 selbst. Dentallabor in Duisburg, 1980-86 Fortbild.-Lehrgänge f. Zahntechniker in versch. Schulungszentren in Deutschland, 1986-87 f. d. Keramikhersteller Nachbildungen d. natürl. Zähne aus Keramikstoffen entwickelt u. d. Univ. in USA u. China vorgestellt, 1994 Umzug nach Düsseldorf, 1997 Umzug nach Krefeld. H.: Segeln.

Gräb Ingrid
B.: Gastronomin, selbständig. FN.: Restaurant Rusticana. DA.: 81675 München, Grillparzer Str. 5. www.rusticana.de. G.: Riegelsberg an d. Saar, 10. Juli 1941. S.: Lehre als Industriekauffrau. K.: tätig als Sekretärin, 1970 Eröff. d. Restaurants Rusticana in München b. dato Führung d. Restaurants m. d. Schwerpunkt Amerikanische Küche, Pionierin d. Amerikanischen Küche in München m. Ersteinführung d. Amerikanischen Spearrips. P.: SZ, TZ, AZ, Ausgehtips, Münchner Merkur. M.: IHK München, Hotel- u. Gaststättenverband. H.: Musik, Natur, Literatur.

Graba Kerstin

B.: Gschf. Ges. FN.: Hamburger Abfallservice Schaerig GmbH (HAS). DA.: 22113 Hamburg, Andreas-Meyer-Str. 39. PA.: 21037 Hamburg, Ochsenwerder Norderdeich 240a. G.: Hamburg, 13. Sep. 1965. V.: Michael Graba. Ki.: Sebastian (1994). S.: 1974 Abitur Hamburg-Bornbrook, Stud. z. Chemieing. FH Berliner Tor Hamburg, b. 1980 Ausbild. z. Chemietechn. Ass., Prüf. K.: paralleler Aufbau d. jetzigen Firma, zunächst als Beratungsfirma in Garage, 1983-88 Vertriebsang. Abfallverbrennungs GmbH, 1988 Grdg. d. eigenen Einzelfirma Kerstin-Schaerig-Abfall-Service, 1990 Grdg. d. jetzigen GmbH als Entsorgungsfachbetrieb. M.: Bund Dt. Entsorgungswirtschaft (BDE), BETA. H.: Segeln, Belletristik, Hunde.

Grabau Christa *)

Grabbert Wilbert
B.: Heilpraktiker u. Ayurvedatherapeut, selbständig. DA.: 31134 Hildesheim, Goschenstr. 68. G.: Montreal/Kanada, 4. Nov. 1958. V.: Sigrun, geb. Jeß. Ki.: Benjamin (1999). El.:

Ernst u. Inge, geb. Jerwan. S.: 1979 Abitur, 1979-1981 Ausbildung z. Speditionskaufmann b. J.H. Bachmann, Bremen, 1982-88 Stud. Forstwiss. Georg-August-Univ. Göttingen m. Abschluss Dipl.-Forstwirt, 1993-95 Ausbildung z. Heilpraktiker an d. Wilhelm-Rehberg-Schule in Wunstorf, 1995 amtsärztl. Überprüfung u. Erteilung d. Erlaubnis z. berufsmässigen Ausübung d. Heilkunde ohne Bestallung, seit 1997 versch. Fortbildungen in ayurvedischer Medizin (1998-99 Ausbildung in Indien/Coimbatore z. Ayurvedatherapeuten), 1999 Abschluss d. dreijährigen Ausbildung in Chiropraktik, Osteopathie u. Neuraltherapie am ACON-College, 2001 Spezialausbildung in d. klass. ayurvedischen Ausleitungsverfahren (Panchakarma) in Nagpur, Zentralindien. K.: 1988-89 selbständiger forstl. Lohnunternehmer u. Holzkaufmann b. H. Brendel GmbH Kassel, 1989-91 Forstreferendar b. Hess. Ministerium f. Landwirtschaft, Forsten u. Naturschutz, 1992 Industrie- u. Papierholzeinkäufer v. versch. Firmen, ab 1996 selbständiger Heilpraktiker in eigener Praxis in Hildesheim, 1996-2001 Doz. f. Heilpraktikerausbildung an d. Wilhelm-Rehberg-Schule in Wunstorf. P.: Veröff. in versch. Fachzeitschriften, Dolmetscher f. Fach- u. med. Publ. in Indien u. Deutschland. M.: Niedersächsischer Heilpraktikerverband (NHV) e.V. u. Arbeitsgemeinschaft Chiropraktik / Osteopathie u. Neuraltherapie Deutscher Heilpraktiker e.V. (ACON). H.: Yoga, Wandern.

Grabe Andrea
B.: Unternehmerin, Inh. FN.: Andrea Grabe Immobilien u. Hausverw. DA.: 38112 Magdeburg, Halberstädter Str. 98. G.: Herten, 30. Dez. 1964. S.: 1982-85 Ausbild. Einzelhdls.-Kfm. im Bereich Bürotechnik-Büromöbel u. Objekteinrichtung. K.: Projektltr. im Bereich Bauwesen m. Schwerpunkt Hotels, 1990-91 Ausbild. im Bauwesen an d. Berufsak. Leipzig, b. 1995 freie Mitarb. in d. Immobilienbranche, seit 1995 selbst. in Weimar, 1996 Eröff. d. 2. Büros in Magdeburg, 1997/98 Eröff. d. Ndlg. in Berlin u. Arnstadt. H.: Surfen, Skifahren, Reisen, Handarbeiten, Kochen.

Grabe Dietrich *)

Grabe Hans-Dieter *)

Grabe Heidi Adelheid *)

Grabe Thomas *)

Gräbe Dietmar Dipl.-Ing.
B.: Gschf. Ges. FN.: Mihm-Vogt GmbH & Co KG. DA.: 76131 Karlsruhe, Dunantstr. 7. info@mihm-vogt.de. www.mihm-vogt.de. G.: Karlsruhe, 19. Mai 1966. V.: Dagmar, geb. Erb. Ki.: Florian (1996), Isabel (1999). El.: Hermann u. Herta. S.: 1985 Abitur Karlsruhe, 1985-92 Stud. Elektrotechnik Univ. Karlsruhe. K.: 1992-94 Ass. d. Geschäftsltg. Firma Dambach Gaggenau, 1995 Eintritt in d. elterl. Firma Mihm-Vogt Dental-Gerätebau Karlsruhe, seit 1997 Gschf. Ges. BL.: 1990 Certifikat Francais Sorbonne Paris. M.: 1. Vors. Bergwacht Schwarzwald Ortsgruppe Karlsruhe.

Grabellus Andreas *)

Grabenheinrich Horst

B.: Buchbindermeister, Inh. FN.: Kunsthdl. und Galerie. DA.: 33330 Gütersloh, Kökerstr. 5. PA.: 33332 Gütersloh, Von-Schnell-Str. 4. G.: Gütersloh, 17. Juni 1942. V.: Magdalene, geb. Stüker. Ki.: Tanja (1972), Nadin (1975). S.: 159-62 Ausbild. Buchbinder. K.: 1962-69 tätig als Buchbinder, 1965-69 berufsbegleitend FHS-Reife u. Meisterprüf., 1969-79 tätig als Buchbindermeister, 1979 Übernahme d. Betriebes f. Bilderrahmung und handwerkl. Buchbinderarb., 1989 Eröff. d. Galerie f. zeitgenn. u. klass. Kunst u. Skulpturen m. jährl. 5-6 Ausstellungen u.a.v. Picasso, Chagal, Vasarely u. zeitgen. Künstler. H.: Beruf, Kunst.

Grabenhorst Oliver
B.: Mtgl. d. Vorst. FN.: Grabenhorst & Vetterlein AG. DA.: 14167 Berlin, Teltower Damm 281-283. G.: Hamburg, 16. Sep. 1966. El.: Dipl.-Kfm. Udo u. Swantje, geb. Lange. S.: 1984 Abitur Berlin, 1985-87 Banklehre b. berliner Bank. K.: 1988 Grdg. d. Firma zusammen m. Martin Vetterlein als GbR, 1994 Umwandlung in eine GmbH, 1998 Umwandlung in AG; Gschf. Ges. d. ORTHOMEDICA GbR, Hans-Streif-Str. 4, 63628 Bad Soden-Salmünster. M.: Präsent Service Institute Intern. (PSI), IEPO. H.: Skifahren.

Grabensee Bernd Dr. Prof. *)

Graber Walter Dipl.-Ing. Architekt
B.: Reg.-Baumeister, Architekt. FN.: OPLA, Büro f. Ortsnung, Stadtentwicklung & Architektur. DA.: 82319 Starnberg, Wilhelmshöhenstr. 33. OPLA.Starnberg@t-online.de. G.: Starnberg, 17. Okt. 1945. El.: Dr. Otto u. Margarete, geb. Raabe. S.: 1965 Abitur, Realgymn. Tutzing, 1965-67 Stammhauslehre Siemens AG, 1967-73 Stud. Arch. an d. RWTH Aachen. K.: 1973-77 verantwortlich f. Entwurf d. Regionalen Entwicklungsprogramms Reutte u. Umgebung (im Auftrag d. Tiroler Landesregierung) u. städtebauliche Planungen f. Planungsbüro Oberleitner in Reutte u. Innsbruck, 1978-79 Städtebauliche Planung in Algerien f. Planungsbüro Speerplan, Frankfurt, 1980-82 Referendariat, Oberste Baubehörde, München m. Abschluß Reg.Baumeister, 1983-87 u. 1993-96 Bayerische Staatsbauverwaltung, u.a. Aufbau u. Leitung d. Orts- u. planungsstelle Reg. Bez. Chemnitz, zuletzt stellv. Leiter d. Ortsplanungsstelle f. Oberbayern, 1988-92 Stadtplanungsamt Augsburg, verantwortl. f. städtebauliche Rahmenplanung, ab 1996 selbst., Büroinh. OPLA m. Schwerpunkt Stadtentwicklung, Stadterneuerung, städtebaul. Gutachten, Bauleitplanung, Siedlungsplanung, Wohnungsbau, ab 1999 Ges. d. GFU, Ges. f. urbane Entwicklung, Umweltmanagement u. Projektsteuerung GmbH, Augsburg; Ref. d. Bayrischen Architektenkam., Lehrauftrag f. Städtebau an d. FHS-Augsburg, Seminartätigkeit f. d. Werkbund Bayern. M.: Bayr. Architektenkam., Schäbischer Arch. u. Ing. Verein, Ges. f. Archäologie in Bayern, Vorst. Stadtbauforum Starnberg u. STAgenda Arbeitskreis Bauen & Umwelt.

Graber Werner
B.: Hotelier. FN.: Hotel Graber GmbH. DA.: 38685 Langelsheim, Spanntalstr. 15. PA.: 38685 Langelsheim, Spanntalstr. 13. G.: Breslau, 20. Juni 1932. V.: Ingrid, geb. Rieke. Ki.: Franz-Peter (1957), Wolfgang (1960). El.: Heinrich u. Luise,

---

*) Biographie www.whoiswho-verlag.ch oder beigefügte CD-ROM

geb. Milde. BV.: Großonkel 1936 4. im Stabhochsprung b. d. Olympiade in Berlin. S.: 2 Jahre Tätigkeit auf Rittergut in Astfeld, 1948-51 Ausbildung als Bäcker und Konditor, 2 Jahre am Bau tätig, 1953-55 Ausbildung als Maurer. K.: 1957-72 Bauführer in der Firma Dr. Ratjens, danach selbst. m. Hotel Graber. E.: diverse Ausz. u.a. 3x Gold. Jugendltr. Ehrennadel für die Betreuung Jugendlichen im Sport. M.: alle ortsansässigen Ver. H.: Lesen, Familie.

Gräber Angela Dr. med.

B.: Psychoanalytikerin, Ärztin f. Psychotherapeutische Med. DA.: 53340 Meckenheim, Grüner Weg 6. Ki.: Antonia (1972), Rainer (1977). El.: Dr. Otto u. Resi Sunder-Plassmann. S.: 1961 Abitur Thuine, 1961-67 Stud. Med. Münster, Freiburg u. Innsbruck, 1967 Staatsexamen, 1967 Prom. an der Univ. Münster. K.: 1967-69 Med.-Ass., 1969 Approb. in München, 1969-73 FA-Ausbild. f. Anästhesie in München, 1973-80 Anästhesistin in München, 1982-87 tätig in eigener Praxis f. Psychotherapie in Meckenheim, seit 1993 tätig als Psychoanalytikerin, 1996 FA f. Psychotherapeutische Med. M.: Vorst.-Mtgl. d. AK freiberufl. tätiger analyt. Psychotherapeuten, Dt. Ges. f. Psychoanalyse, Psychotherapie, Psychosomatik u. Tiefenpsychologie e.V., Dt. Ges. f. psychotherapeut. Med. e.V. H.: Skifahren, Musik.

Gräber Christel

B.: Fotografenmeisterin. FN.: Fotostudio Christel Gräber. GT.: Sachv. f. Fotografien. DA.: 79312 Emmendingen, Kirchstr. 9. G.: Marktredwitz, 10. Okt. 1943. V.: Eckart Gräber. S.: 1957-60 Berufsausbild. m. Gesellenprüf., 1965 Meisterprüf. in Freiburg. K.: seit 1976 selbst. neues Studio, 1987 zusätzl. Eröff. Studio in Bad-Krozingen, 2000 Eröff. in Herbolzheim, Fotoarb. in Paris, Hamburg, London, Wien, Tokio, Arl Meka d. Fotografie, ab 1980 gr. Preise mitgewirkt 150 J. Fernsehfilm 1.2.3. Spagetti, Berlin m. Herz u. Schnauze m. 13 intern. Kollegen, Seminare Porträt Aktfoto, seit 1982 StadtR. in Emmendingen, seit 1992 im KreisR. f. d. FDP, Sachv. f. Fotografien. P.: Zeitung über Porträts, Beitrag d. weltbesten Hochzeitsfotografen. E.: Gold Award Europa, Golf Award Porträt, Ausz. d. Fotochina. M.: DBGH, 8 J. Vors. u. 10 J. im Vorst. APP intern. H.: Fotografieren.

Grabert Hellmut Dr. rer. nat. Prof. *)

Grabert Walter *)

Grabes Herbert Dr. Prof.
B.: Prof. f. Neuere engl. u. amerikan. Literatur. FN.: Univ. Gießen. DA.: 35394 Gießen, Otto-Behaghel-Str. 10. PA.: 35444 Biebertal, Sonnenstr. 37. G.: Krefeld, 8. Juni 1936. V.: Hannelore, geb. Koch. Ki.: Arnd, Oliver, Irene. El.: Adolf u. Elisabeth. S.: Stud. in Köln, 1962 Prom. K.: 1962-65 wiss. Ass. Univ. Köln, 1965-66 Studienreferendar, 1966-69 wiss. Ass. Univ. Mannheim, 1969 Habil., 1969-70 Univ.Doz. Univ. Mannheim, seit 1970 Prof. f. Neuere engl. u. amerikan. Literatur Univ. Gießen, 1979-81 VPr. Univ. Gießen, Gastprof. Milwaukee, Madison, Vancouver. P.: zahlr. Veröff. E.: Honorary Doctorate, Univ. of Wisconsin - Milwaukee. M.: Dt. Shakespeare-Ges., Ges. f. engl. Romantik, Nabokov-Society. H.: moderne Kunst, Theater.

Grabher Wolfgang Martin *)

Gräbig Hajo *)

Grabitz Norbert M.A. *)

Gräble Friedrich Wilhelm Dipl.-Kfm. Dr. rer. oec. *)

Grabmaier Hertha

B.: Ausstellungsltr. FN.: Große Kunstausstellung im Haus der Kunst München e.V. DA.: 80538 München, Prinzregentenstr. 1. PA.: 86937 Scheuring, Poststr. 6c. info @ grossekunstausstellung muenchen. de. G.: Schwabmünchen b. Augsburg, 23. Mai 1947. V.: Max Grabmaier (verst. 1994). Ki.: Katharina (1978), Maria Isabel (1980). El.: Karl u. Magdalena Stolz. S.: 1963-66 Ausbildung z. Wirtschafts- u. Steuerfachgehilfin mit Abschluss. K.: 1967-69 Krankenkassensachbearb., 1970-78 Dt. Lufthansa AG München-Flughafen, Kundendienstsachbearb., 1985-95 versch. Tätigkeiten im organisator. Bereich, seit 1995 freie Mitarbeiterin b. Landsberger Tagblatt, seit 1999 Projektltg. Große Kunstausstellung im Haus d. Kunst München, "Contemporary Art", größte Übersichtsausstellung zeitgenöss. Kunst im dt.-sprachigen Raum. H.: Literatur, Schreiben, Fotografieren, Reisen.

Grabmann Heinz
B.: Verwaltungskaufmann, Geschäftsleiter. FN.: Grabmann Systembau Hard- u. Software f. Büro- u. Kommunikationstechnik. DA.: 90441 Nürnberg, Vogelweiherstr. 20. hgrabmann@grabmann.de. www.grabmann.de. G.: Nürnberg, 6. Sep. 1946. V.: Brigitte, geb. Räbel. Ki.: Nadine (1986). El.: Franz u. Gertrud. S.: 1960-63 Lehre z. Verwaltungskaufmann KKH Krankenkasse Nürnberg. K.: 1963-66 Ang./Kundenbetreuung b. d. KKH in Nürnberg, 1968 Kassenärztl. Vereinigung in Nürnberg, 1968-70 regionaler Vertriebsleiter Olympia-Werke Wilhelmshaven, seit 1970 selbständig m. Egon Freigang, einziges Unternehmen in Nürnberg systematisch aufgebaut, jetzt m. Ehefrau Brigitte Alleininhaber. H.: Sport (Tennis, Fußball), Kunst (Malerei).

Grabner Erich-Walter Dr. phil. nat. *)

Grabner Gerhard Dr. med. *)

*) Biographie www.whoiswho-verlag.ch oder beigefügte CD-ROM

Grabner Sigrid Dr. phil. *)

Gräbner Bernhard Dr.
B.: Unternehmer, Inh. FN.: Büro Dr. Gräbner. DA.: 12524 Berlin, Schönefelder Chaussee 233. G.: Dresden, 7. Mai 1942. V.: Larissa, geb. Klopotowskaja. Ki.: Tatjana (1968). El.: Erich u. Marianne, geb. Hubold. S.: 1960 Abitur, 1960-66 Stud. Betontechnologie Bauing.-Inst. Kiew m. Abschluß Dipl.-Ing., 1974-76 Stud. Ges.-Wiss. Ak. f. Ges.-Wiss. Berlin m. Abschluß Dipl.-Ökonom. K.: 1966-68 Technologe im VEB Betonwerke in Dresden, 1968-69 Ltr. f. Technik u. Prod. im VEB Betonwerke in Dresden u. b. 1973 Abt.-Ltr. f. Forsch. u. Entwicklung, 1973-74 wiss. Mitarb. im Min. f. Bauwesen d. DDR im Bereich Wiss. u. Technik u. b. 1990 Sektorenltr., 1990-95 Gschf. d. ENRO Med.-Investition GmbH & Co KG u. d. ENRO Bau-Management GmbH, 1995 Gschf. d. Oder-Spree Bauprojekt u. Baubetreuungs GmbH, seit 1995selbst. m. Ing.-Büro f. Bauplanung u. Baubetreuung m. Schwerpunkt Wohnungsbau, med. u. Sozialbau u. Gewerbebau. P.: zahlr. Fachaufsätze u. Aufsätze. M.: Ing.-Kam., Vors. d. Gartenver.e.V. H.: Literatur, Musik, Sport, Landschaftsgestaltung.

Gräbner Werner
B.: Gschf. FN.: PIA Planungs, Ing. u. Arch.-Büro Berlin GmbH. DA.: 10117 Berlin, Krausenstr. 38/39. PA.: 16348 Wandlitz, Wacholderstr. 5. G.: Crottendorf, 18. Dez. 1927. V.: Ruth, geb. Gruner. Ki.: Barbara (1955), Katrin (1959). El.: Fritz u. Melanie. S.: 1947 Abitur, 1947-49 HS f. Arch. Weimar, 1953 Abschluß als Dipl.-Ing. TU Dresden, Lehrbefähigung f. Ing.-Schulen. K.: 1953-56 Inst. f. Denkmalpflege Dresden/Berlin, 1957-76 Inst. f. Arch. Ak. d. Wiss. u. Ldw.-Wiss. u. Ind.-Projektierung d. DDR, 1976-90 Sekr. f. Wiss. b. Bund d. Arch., ab 1990 ltd. Arch. in PIA GmbH, seit 1992 Gschf. P.: Arch.-Führer Berlin (1987), Alte Hütten u. Hämmer in Sachsen (1952), zahlr. Veröff. in Fachzeitschriften. M.: Bund Dt. Arch., Landesverb. Brandenburg, Brandenburg. Arch.-Kam., Ref. f. Rundfahrten d. Senatsbauverw. Berlin. H.: Baugeschichte, Denkmalpflege, Touristik.

Gräbnitz Karsten
B.: Fernmeldemonteur, Inh. FN.: Gräbnitz-Video-Service. DA.: 12103 Berlin, Bessemer Str. 24/26. PA.: 34131 Kassel, Wilhelmshöher Allee 278. G.: Berlin, 2. Mai 1969. V.: Britta, geb. Wormstädt. Ki.: Mareike, Jonas. El.: Fritz u. Gerda, geb. Häring. S.: 1985 Ausbild. Fernmeldemonteur. K.: 1988 tätig bei BEWAG, 1989-93 Abendstud. z. staatl. geprüften Techniker f. Electronic, 1990 nebenberufl. Grdg. d. Unternehmens, Video-Service u. Videoaufnahmen zu allen Anlässen, seit 1999 selbst. m. Video-Service, Multi-Media, Präsentationsvideos u. CD-Roms. P.: Hochzeitsratgeber 2000 f. Berlin/Brandenburg. CD-Rom, Veröff. in d. Tagespresse. H.: Familie, Kinder, Squash, Internet.

Grabolle Roswitha
B.: RA. DA.: 31137 Hildesheim, Sachsenring 47A. G.: Wemding, 27. Feb. 1947. Ki.: Martin (1979), Wolfgang (1981). S.: 1967 Abitur Berlin, Stud. FU Berlin, 1968 Stud. Tübingen, 1972 1. u. 1976 2. Staatsexamen. K.: Referendarzeit Baden-Württemberg u. Niedersachsen, b. 1982 RA, 1987 RA m. eigener Kzl., zugleich vereid. span. Dolmetscherin, geprüfte Übersetzerin d. IHK Hannover.

Grabosch Alfons Dr.
B.: Plast. Chir. Chir. DA.: 10117 Berlin-Mitte, Mauerstr. 65. G.: Wanne-Eickel, 2. Dez. 1951. Ki.: 2 Kinder. S.: 1970 Abitur, 1970-77 Stud. Humanmed. Univ. Bochum u. Essen, 1977 Staatsexamen, Prom. K.: 1977/78 Med.-Ass. Herten, Dortmund u. Essen, 1978 Approb., 1978-83 FA-Ausbild. z. Chir. in Dortmund, Lünen u. Datteln, 1984-87 Ausbild. z. Plast. Chir. in Bochum, 1987-92 ltd. OA d. Plast. Chir. im Urban-KH Berlin, ab 1987 Spezialisierung plast. Chir. b. Verbrennungen, seit 1993 ndlg. Plast. Chir. in Berlin-Mitte, seit 2000 Ärztl. Leiter d. "Klinik für Plastische Chirurgie Dr. Grabosch" im Clinitel, Fischerhaus Summt b. Berlin. M.: Ver. d. dt. plast. Chir., Ver. d. dt.-ästhet.-plast. Chir., Int. Soc. Aest. Plast. Surg.,N.Y. Ac. of Science. H.: Sport (Schifahren).

Grabosch Eva Dr. med. SanR.

B.: im Ruhestand. DA.: 14199 Berlin, Ruhlaer Straße 15. G. Ortelsburg, 8. März 1931. El.: Rudolf u. Luise, geb. Glaß. S.: 1949 Abitur Nordhausen, 1949-50 Praktikum als Hilfsschwester im KH Erfurt, 1950 -52 Med.-Stud. an d. Univ. Rostock, 1952-56 Med.-Stud. Univ. Jena - Examen, 1956-59 Ass.-Zeit u. FA-Ausbild., 1961 Prom. z. Dr. med. K.: 1962 FA f. Gynäkologie u. Geburtshilfe, 1962-65 Ärztin an d. Frauenklinik d. Univ.-Klinik Jena, 1965-91 Ärztin in d. Poliklinik Kleinmachnow, später an d. Poliklinik Magdeburg, 1991 Übersiedlung nach Berlin, im Ruhestand. E.: 1981 SanR.

Grabosch Jörg

B.: TV-Produzent, Journalist, Vors. d. Vorst. FN.: Brainpool TV AG. GT.: reier Mitarbeiter b. d. Westdeutschen Allgemeinen Zeitung, freier Mitarbeiter f. d. WDR zunächst im Hörfunk, dann im Fernsehen, während d. Stud. bestand bereits eine eigene Produktionsfirma, Regie u. Produktion v. Werbung u. Industriefilmen. DA.: 50672 Köln, Hohenzollernring 79-83. grabosch @brainpool.de. G.: Datteln, 6. Juli 1962. V.: Bettina, geb. Tronisch. Ki.: Fritz (1991), Paula (1996). El.: Lothar Erwin u. Marlies, geb. Schuch. S.: 1981 Abitur Gladbeck, 1981-83 Zivildienst Gladbeck, 1983-84 Stud. Theater-, Film- u. Fernsehwiss., Germanistik u. Phil. Univ. zu Köln, 1990 Beendigung d. Stud. K.: 1990 Rias TV Berlin als Redakteur v. Dienst u. verantwortlich f. d. Sendung Highlife, 1991 Wechsel zu Premiere Hamburg als ltd. Redakteur u. zuletzt als Chefredakteur, verantwortlich f. d. Jugendprogramm, sowie f. 0137 d. Interview Magazin, 1994 Wechsel z. RTL Tochter Medienfabrik als Executive Producer, 1994 selbständig u. Grdg. d. Firma Brainpool, Gschf., 1999 Umwandlung in eine AG u. nunmehr Vorst.-Vors. BL.: Produktion d. RTL 1995 Nacht Sho, Mitte 1995 Harald Schmitt Show f. SAT1, ab 1996 Wochenshow TV Total, Danke Anke, seit 2000 Produzent f. RTL Köln Comedy u. Verleihung d. Comedypreises zusammen m. RTL2. E.: Goldenes Kabel f. 0137 sowie d. Bayerischen Fernsehpreis f. 0137, Grimme Preis f. Harald Schmitt Show, Goldene Camera f. d. Wochenshow, Danke Anke, Dt. Fernsehpreis f. TV Total, Romy f. d. besten Produzent u. d. beste Sendung f. TV Total u. Wochenshow, Goldener Löwe v. RTL f. Wochenshow, Night Talk als Interaktive TV Sendung. H.: Golf, Fußball (Schalke Fan), Motorradfahren (BMW), Reisen (Frankreich).

Grabow Guido *)

---
*) Biographie www.whoiswho-verlag.ch oder beigefügte CD-ROM

Grabow Volker *)

Grabowitz Reiner *)

Grabowski Gunnar *)

Grabowski Hannelore *)

Grabowski Jörn Dr. *)

Grabs Sven *)

Gracher Beate *)

Gracias Florencio

B.: Gschf. FN.: BAB Engineering u. Anlagenkennzeichnung GmbH. DA.: 46395 Bocholt, Zum Waldschlößchen 16. babeng@t-online.de. G.: Goa/ Indien, 8. Mai 1950. V.: Marilea Monteiro. Ki.: Nilesh (1983), Niklas (1987), Navik (1989). S.: 1969 Abitur Goa, 1969-73 Stud. Elektrotechnik an d. Univ. Bombay, Abschluss Bachelore of Engineering. K.: 1973-76 Betriebsing. in Goa, 1975 Zureise nach Deutschland, 1976-84 Elektroing. in einem Kraftwerk in Brasilien f. d. Firma Siemens tätig, später als Mitarb. in d. Projektltg. tätig, 1984-88 Büroltr. d. Siemens Tochterges. Nuclebras in Erlangen, 1988-90 Ass. d. Hauptprojektltg. f. d. Firma Nuclebras in Brasilien, 1990-96 zurück nach Deutschland, Vertriebsmitarb. einer Anlagenkennzeichnungsfirma, seit 1996 selbst., Grdg. d. BAB Engineering u. Anlagenkennzeichnung GmbH. M.: Gründer d. dt.-brasilian. Kreises in Erlangen e.V. u. d. dt.-ind. Kreises in Erlangen e.V. H.: Schach, Angeln.

Gracklauer Gerhard

B.: Schreiner- u. Parkettlegermeister. FN.: Holzwerkstatt Gracklauer Inh. Gerhard Gracklauer. GT.: ERGONOMIESTUDIO "gesünder sitzen und liegen". DA.: 90449 Nürnberg, Hügelstaße 135a. holzwerkstatt.gracklauer@t-online.de. www. holztraeume.de. G.: Nürnberg, 21. Sep. 1960. V.: Edith, geb. Schinherl. Ki.: Lisa (1990), Philip (1991). El.: Hans u. Irmgard, geb. Bieber. BV.: Moritz Knüpfer Mitbegründer der Bergwacht. S.: Mittlere Reife, Ausbild. Schreiner, 1989 Schreinermeisterprüf., 1998 Parkettlegermeisterprüf. K.: 1986-87 Ausbild.-Aufenthalt Schweiz Möbelwerkstätten Urs Roesch, Tätigkeit in versch. Schreinerbetrieben Raum Nürnberg, seit 1992 selbst. m. eigener Firma Holzwerkstatt Gracklauer Nürnberg E.: Zertifiziertes Bettenfachgeschäft d. Aktion Gesunder Rücken e. V. M.: Schreinermeister-Arbeitskreis Nürnberg, Innungsmtgl., TopaTeam. H.: Sport.

Gräcmann Barbara

B.: Dipl.-Designerin, Inh. FN.: Zebra-design. DA.: 10961 Berlin, Zossenerstr. 55. www.zebradesign.de. G.: Darmstadt, 15. Feb. 1959. S.: 1979-84 Stud. an d. FH f. Gestaltung in Darmstadt, Dipl.-Designerin. K.: 1984-86 eine Reihe v. Praktika in Druckereien, Werbeagenturen u. am Staatstheater Darmstadt, 1986-90 Freelancer in mehreren Agenturen u. Verlagen in Frankfurt u. Berlin, 1990 Weiterbild. als Computergrafik-Fachfrau b. CIM-DATA, seit 1991 Grdg. d. Grafikstudios Zebra-design u. seither selbst. BL.: Gestaltung d. Außenauftritts u. Entwicklung d. Corporate Designs f. d. "Intern. Forum d. jungen Films". E.: Preisträgerin d. Plakatwettbewerbes ARTLOGISTICS. M.: Intern. Designzentrum (IDZ). H.: Saxophon spielen.

Gradante Anna-Maria

B.: Profi-Judokämpferin. PA.: 42929 Wermelskirchen, Friedenstr. 10. G.: Wermelskirchen, 26. Dez. 1976. S.: Diätschule Köln. K.: seit 1980 aktive Sportlerin, sportl. Erfolge: 1990 DM/3., 1991 DM/3.,Jugend Olympic/5., 1992 DM/3., 1993 EM/5., DEM/3., UDM, Worldmasters/7., 1994 EM/2., WM/7., DM/1., IDM/3., 1995 DM/3., IDM/2.,Militär-WM/7.,1996 DM/3., IDM/3., British Open/3., IT Prag/5., IT Rom/5., 1997 DM/3., IT Rom/3., IT Hertogenbosch/3., Worldmaster/5., EM/2., IDM/1., IT Fukuoka/5., 1999 IT Prag /5., EM/7., 3. Pl. WM, 2000 OS Sydney/3.. H.: Lesen, Musik, Rollschuhfahren.

Grade Horst Dr. rer. pol. *)

Grade Michael Dr. Prof.

B.: C3-Prof. f. Techn. Fachsprache Engl. FN.: FH Köln. DA.: 50678 Köln, Mainzer Str. 5. michael.GRADE@FH-KOELN.DE. G.: Singen-Bodensee, 17. Apr. 1949. V.: Maria. Ki.: Lenny (1982), Ananda (1985). El.: Hans u. Ruth. BV.: Hans Grade entwickelte 1909 das erste motorisierte Flugzeug in Deutschland. S.: 1968 Abitur Brüssel, 1968-75 Stud. Chemie an FU Berlin, 1976-81 wiss. Ass., 1977-82 Forsch.-Beauftr. f. DFG-Projekte, 1980 Prom. K.: 1982-86 Projektltr. v. BMFT-Projekten am Berliner Synchrotron-Forsch.-Zentrum BESSY, 1986-87 tätig b. Siemens Med.-Technik in Erlangen, 1987-91 Ltr. d. Sprachendienstes v. Siemens Med.-Technik, 1991 Bayr. Staatsprüf. f. Übersetzer, 1991-94 Ltr. d. Sprachendienstes v. MAN Nutzfahrzeuge in München, seit 1994 Prof. f. Techn. Fachsprache Engl. an d. FH Köln. P.: Koautor v. 17 Fachartikeln über physik. Chemie, 4 Veröff. zu "Schnittstelle" Studienabschluß-Arb.markt, über 160 Übersetzungen v. Fach- u. Publ.-Texten über Med.-Technik u. Strafrecht. M.: HLB. H.: Medizin, Erstellen v. Fachwörterbüchern u. Lehrbüchern f. techn.-wiss. Übersetzungen. Sprachen: Deutsch, Englisch, Französisch.

Gradel Claudia Christiane *)

*) Biographie www.whoiswho-verlag.ch oder beigefügte CD-ROM

Gradel Ulrich Dipl.-Ing. (FH)

B.: Landschaftsarchitekt, Leiter der Planungsabteilung. FN.: Gartenamt im Umweltdezernat d. Stadt Freiburg. DA.: 79106 Freiburg, Fehrenbachallee 12. ugradel@t-online.de. G.: Schweidnitz, 10. März 1943. V.: Christina, geb. Jäcklin. Ki.: Stefanie, Markus. BV.: väterlicherseits Kunstgärtner, Hofgärtner, Lehrer. S.: Oberstufenreife, 1967-70 Stud. Weihenstephan. K.: bei freischaff. LA-Architkten, seit 1974 b. d. Stadt Freiburg, Seminare Thema Umweltschutz; Bau eines gr. japan. Gartens 1989/90, Aufenthalte in Japan. E.: Preise b. Wettbewerben, Japan Gärten Ende d. 80iger. M.: Arch.-Kam., Ver. d. Rosenfreunde. H.: Beruf, eigener Garten, Bonsai u.a. exotische Pflanzen, Gestaltung v. japan. Gärten.

Gradias Michael *)

Gradinger Hermann *)

Gradistanac Renate
B.: Gymnastiklehrerin, MdB. FN.: Dt. Bundestag. DA.: 11011 Berlin, Platz d. Republik 1. Ki.: 2 Töchter. S.: Höhere Handelsschule Böblingen, Berufsfachschule f. Gymnastik-Lehrer Stuttgart. K.: Ass. an d. Fachschule Kiedaiск, Gymnastik-Lehrerin an d. Grund- u. Hauptschule Nagold; seit 1989 Mtgl. d. SPD, seit 1989 StadtR. in Wildberg, seit 1994 KreisR. im Kreis Calw, seit 1991 stellv. Kreisvors. d. SPD, seit 1993 stellv. Kreisvors. d. AsF, seit 1995 Mtgl. d. AsF-Landesvorst., Koopt. SGK-Landesvorst., seit 1998 MdB. M.: 16 J. Elternver., seit 1994 Vors. d. KreiselterbeiR. Calw, Grdg.-Mtgl. u. Vors. d. Ver. "Frauen helfen Frauen". (Re)

Gradmann Theo

B.: RA. DA.: 67061 Ludwigshafen, Wittelsbachstr. 25. G.: Pirmasens, 28. Feb. 1944. V.: Uta, geb. Strube. Ki.: Sabine, Simone. S.: 1963 Abitur Kaiserslautern, 1963-67 Bundeswehr - Oblt. d. Res., 1967-76 Stud. Rechtswiss., 1976 1. u. 1979 2. jur. Examen. K.: seit 1979 ndlg. RA m. Tätigkeitsschwerpunkt Straf- u. Erbrecht. M.: Anw.-Ver. Ludwigshafen, Verb. d. Reservisten, SPD, Bund Dt. Fallschirmjäger. H.: Sportschießen, Motorradfahren, Astronomie.

Graeber Hermann P.F. *)

Graebner Gert W. Dr. med. *)

Graebner Herbert Friedrich Dr. med.
B.: Facharzt für Radiologische Diagnostik i. R. DA. u. PA.: 58313 Herdecke, Eichenstr. 52. G.: Coburg, 12. Nov. 1934. V.: Angelika. Ki.: Christine (1962) Med. Techn. Ass., Stefan (1964) Zimmermeister, Berufsschul-Fachl.-Anw. Gießen, Maurice (1976) Kunststoff-Branche. S.: 1955 Abitur Coburg, Stud. Med. Erlangen, 1961 Prom. "magna cum laude" Univ. Erlangen-Nürnberg. K.: 1961-63 Med.Ass. Univ. Erlangen u. Gießen, 1963 anschl. Forsch.Ass. i. A. Bundesminist. f. Wiss. Forsch. Incl.Strahl.Schutz-Überwachung Ges. Klinikum Gießen, 1964-69 Wiss. Ass. Wilh.-Conr.Röntgen-Kl. d. Univ. Gießen, 1969-70 Ltr. d. Neuroradiolog. Abt. d. Univ.-Nervenkliniken Gießen, 1970-71 Lt. OA am Kreis-KH Detmold, 1971 Ärztl. Dir. d. Diagnostik Zentrum Berlin, seit 1971 ndlg. Radiol. in Braunschweig u. Hagen, seit 1998 privatärztl. in Herdecke. P.: 60 Veröff. sowie Vortr. im In- u. Ausland auf d. Gebiet Strahlenbiologie: Therapie letaler Strahlenschäden, Früherholung u. Zeitfaktor in d. Strahlentherapie, zit. in Handb. d. Med. Radiologie, Bd. II/1, 1996, sowie auf d. Gebiet d. Radiodiagnostik, Buchbeiträge in: "Strahlenreaktionen u. deren Beeinflussung durch entzündungshemmende Substanzen", "Sauerstoff-Utilisation u. deren Beziehung zur Strahlentherapie"(1965), "Biochemisch nachweisbare Strahlenwirkungen" (1970). E.: seit 1968 Affiliated Member d. 'American Ass. for the Advancement of Science' Massachus. Washington D.C., USA. M.: Ref. d. Strahlenschutz-Fortbildung beim Hartmannbund Deutschland, Landesverb. WL. H.: Philatelie, Musik, Malen, Tischlerei.

Graeeff Karl-Hermann Dr. *)

Graef Anette *)

Graef Christa *)

Graef Martin Dr. Prof. *)

Graef Volkmar Dr. rer. nat. Prof.
B.: em. Univ.-Prof FN.: Inst. f. Klin. Chemie u. Pathobiochemie d. Justus Liebig-Univ. DA.: 35452 Heuchelheim, Am Drosselschlag 3. G.: Elbing, 6. Nov. 1931. V.: Margot, geb. Bingel. El.: Karl u. Erika, geb. Hoppe. S.: 1955-62 Stud. Chemie in Göttingen, 1962 Prom. K.: 1963-64 wiss. Ass. an d. Med. Univ.Klinik Göttingen, 1964-77 wiss. Ass. (AkOR) Univ. Gießen, 1969 Anerk. als Klin. Chemiker, 1971 Habil., ab 1977 Prof. f. klin. Chemie. P.: ca. 200 fachbezogene Veröff., vorwiegend über Steriodstoffwechsel u. -analytik. M.: GDCh, Dt. Ges. f. Endokrinologie.

Graefe Carl-Wilhelm Dr. med. *)

Graefe zu Baringdorf Friedrich-Wilhelm Dr.
B.: Bauer, MdEP. FN.: Europaparlament. DA.: B-1040 Brüssel, Rue de Wiertz ASP 8 G 305. fgraefe@europarl.eu.int. G.: Spenge, 29. Nov. 1942. S.: Mittlere Reife, Ldw.-Lehre, staatl. geprüfter Ldw. u. Ldw.-Meister, 12 J. Aufbau d. ldw. Betriebs in konventioneller Wirtschaftsweise, Sonderbegabtenprüf., Stud. Päd., Grund- u. HS-Lehrer, Ass. an d. HS in Bielefeld, 1982 Prom. z. Dr. phil. K.: 1980 Umstellung d. Hofes auf biolog.-organ. Wirtschaftsweise, Politisch: Ev. Jugend auf d. Lande u. Westfäl.-Lipp. Landjugend, Arge Bäuerl. Ldw., 1984-87 u. ab 1989 Mtgl. d. Europ. Parlaments, stellv. Vors. d. Aussch. f. Ldw. u. ländl. Entwicklung, seit 1999 Vors. d. Ausschusses f. Landwirtschaft. (Re)

Graefenstein Peter *)

Graeff Heinrich *)

Graeff Ulrich Dr. med. *)

Graeger Uwe Dr. iur. utr. *)

Graehl Olaf Dr. jur. *)

Graeser Wolfgang R. Dipl.-Ing. *)

Graetz Dirk Alexander *)

---

*) Biographie www.whoiswho-verlag.ch oder beigefügte CD-ROM

Graetz Manfred Dr.-Ing.
B.: LandR. FN.: Landratsamt Döbeln. DA.: 04720 Döbeln, Straße des Friedens 20. PA.: 04703 Leisnig, Gorschmitz 58. G.: Gorschmitz, 30. Nov. 1946. V.: Ingrid, geb. Schenke. Ki.: Michael (1974), Alexander (1978), Sebastian (1985). El.: Alfred u. Hedwig, geb. Füssel. S.:1966 Abitur m. Facharb. Werkzeugmacher in Döbeln, 1966-71 Stud. TU Dresden, 1971 Dipl.-Ing. f. Werkstofftechnik, 1974 Prom. z. Dr.-Ing. K.: 1974-90 Ltr. Werkstoffprüflabor u. Erzeugnisprüf. DBM Doblina Döbeln, 1990 stellv. LandR., Dezernent f. Wirtschafts- u. Kreisentwicklung Landratsamt Döbeln, 1993 gewählter LandR. u. Wirtschaftsdezernent. P.: Dipl., Prom., b. 1990 mehrere Veröff. in Fachzeitschriften. M.: Ges. z. Förd. d. Roßweiner Ing.-Ausbild. e.V., Förderver. Kloster/Buch e.V., Vors. Abfallverb. Nord/Sachsen. H.: Saunieren, handwerkl. Tätigkeiten, Natur, Sport.

Graetz Michael Graf von Wartenberg Dr.-Ing. *)

Edler von Graeve Barbara *)

Graeven Christine Dr. med.

B.: Fachärztin f. Allg.-Med. DA.: 82031 Grünwald, Portenlängerstr. 31. G.: Berlin, 26. Mai 1939. El.: Dr. Ernst u. Bertha Luchmann, geb. Papst. BV.: Onkel Prof. Dr. Eugen Papst - Gen.-Musikdir., Großonkel Hubert v. Herkomer - Maler. S.: 1978 Abitur Fernunterricht, 1978-80 Stud. d. Med. Amsterdam, 1980-85 Stud. Med. München, 1985 Approb., 1992 Prom. u. Facharzt f. Allg.-Med. K.: Wiss. Kardiologie München-Großhadern, Weiterbildung Herzchir. Bad Neustadt, Allgemeinchir. Burglengenfeld, Innere Med. Hindelang, 1992 Ndlg. in eigener Praxis f. Allg.-Med., Schwerpunkt Kardiologie. H.: Segeln auf dem Starnberger See.

Graewe Manfred *)

Graf Alexander

B.: Unternehmer Bereich Baustoffrecycling u. -transport. FN.: Graf Baustoffe GmbH. DA.: 13599 Berlin-Spandau, Nonnendammallee 11-14. G.: Berlin, 8. Mai 1970. S.: Privatschule Luisestiftung, 1990-92 Ausbildung Groß- u. Außenhandelskaufmann b. Readymix in Spandau. K.: 1992 Volontär b. Hof Steinwerke in Hof/Bayern u. b. Caterpillar in Spanien, seit 1992 im Familienunternehmen, seit 1998 zuständig f. Vertrieb u. Ltr. Baustoffrecycling.

Graf Alf Bodo *)

Graf Alfred Dipl.-Vw.
B.: Dir. FN.: CJD Berlin Christl. Jugenddorf Deutschland e.V. DA.: 12167 Berlin, Birkbuschstr. 18. G.: Heilbronn-Klingenberg, 3. Feb. 1944. S.: Abitur Heilbronn, 1963-66 Lehre Feinmechaniker b. Bosch, nach d. Lehre durch Bosch nach Berlin, 1966-68 Stud. Kunstgeschichte FU Berlin, berufsbegleitend Ausbild. z. Restaurator an d. FU, 1968-75 Stud. VWL an d. FU Berlin, 1976 Dipl.-Vw. K.: 1977-81 Auslandsabt. Commerzbank Berlin Potsdamer Straße, 1981-88 Bild.-Werk d. Berliner Wirtschaft, Projektltr. f. Entwicklungsprojekte in d. Türkei u. Südostasien, seit 1988 b. CJD, anfangs 3. Welt Projekte, 1991 Gesamtltr. CJD Berlin, seit 1993 zuständig f. Berlin u. Brandenburg, seit 200 auch f. Sahsen, 2001 Projekt Gymn. Barockkloster Neuzelle. H.: Lesen, Golf.

Graf Angelika
B.: MdB. FN.: SPD. DA.: 11011 Berlin, Platz d. Republik 1, Wahlkreisbüro: 83059 Kolbermoor, Hasslerstr. 2. angelika. graf@bundestag.de. G.: München, 10. Mai 1947. Ki.: Silvia (1976), Sandra (1979). EL.: Prof. Dr. med. Walter Bachmann u. Maria-Erika, geb. Heinelt. S.: 1966 Abitur, Stud. Math. u. Physik TU München. K.: 1971-76 Programmiererin, b. 1991 Hausfrau, ab 1991 Lehrerin b. d. ausbild.-begleitenden Hilfen d. Diakon. Werkes, Ang. b. einer Computer-Softwarefirma, 1992-93 selbst. Verlegerin einer monatl. erscheinenden Landkreiszeitung, 1994 päd. Mitarb. b. einer priv. Wirtschaftsschule, 1977 Eintritt in d. SPD, seither Ortsvors., Unterbez.-Vors., dzt. stellv. Bez.-Vors. Oberbayern, b. 1994 GemR., KreisR., seit 1994 MdB. M.: IG Metall, Bund Naturschutz, AWO, Ver. Frauennotruf Rosenheim, Amnesty International, Christliches Sozialwerk Raubling, Verein Arbeitsförderung Rosenheim. H.: eigene Malerei, Chorsingen, Cabarett "Lila Rabiata", Literatur, Krimis, Reisebeschreibungen von Frauen aus früherer Zeit, Türkeireisen. (Re)

Graf Arnim Dr.
B.: Gschf. Ges. zuständig f. Organisation. FN.: Graf Baustoffe GmbH. DA.: 13599 Berlin-Spandau, Nonnendammallee 11-14. G.: Berlin, 19. Juli 1947. S.: Stud. BWL an d. FU Berlin, Prom. K.: erste Tätigkeit b. Schering AG in Berlin, seit 1973 selbständig zusammen m. Bruder Peter Graf, mittelständisches Unternehmen f. Baustoffproduktion, auch Recyclingbaustoffe, Transportbeton, Handel m. Baustoffen, Verbundsteinen, Straßenplatten, ab 1992 Tätigkeiten am Potsdamer Platz, 2001 Abriß SAS Raddisson-Plaza, ehem. Palast-Hotel. BL.: Entsorgung d. Arbeiten auf Deutschlands größter Baustelle Lehrter Bahnhof per Schiff; Patent Promenadegrant, Wegebau f. Schloss Sansoussi.

Graf Berthold

B.: Konditormeister, Manager. FN.: Feinkost Dittgen. DA.: 66839 Schmelz, Hoher Staden 2c. G.: Schmelz, 4. Nov. 1937. V.: Heidelene, geb. Becker. Ki.: Dagmar (1965) und Simone (1973). El.: Franz u. Anna, geb. Christ. S.: 1951-54 Ausbildung z. Kfm., 1954-57 Ausbildung zum Konditor, 1978 Meisterprüfung an d. Fachschule f. d. Bäckerei- u. Konditoreihandwerk in Weinheim. K.: 1957-78 Verkaufsberater f. Handelskette Spar, 1978 Eröff. einer Bäckerei u. Konditorei m. Partner Horst Fesenbeck in

Saarbrücken, 1979 Eröff. einer Filiale in Saarbrücken, 1981 u. 1992 Eröff. weiterer Filialen in Saarbrücken u. zweier Backwarentheken im Eingangsbereich v. Verbrauchermärkten, 1997 Verkauf sämtl. Geschäfte u. Backwarentheken in Saarbrücken, seit 1997 Manager im Feinkostgeschäft Dittgen in Schmelz. F.: KD-Pharma, Bexbach, Am Kraftwerk 4. M.: CDU Schmelz, seit 1980 Sprecher im Ortsrat, Sportverein Schmelz, Leichtathletikverein Bexbach, inaktives Mtgl. im Kirchenchor. H.: Skifahren, Segeln.

Graf Detlev *)

Graf Elfriede *)

Graf Engelbert F. Dr. rer. nat. *)

Graf Ferdinand Albert Dr. phil. Prof. *)

Graf Gerd
B.: freier Sportjournalist. PA.: 35606 Solms, Lilienweg 8. G.: Bad Marienberg, 13. Juni 1928. V.: Marlies, geb. Heiland. Ki.: Katrin. S.: Gymn. Dillenburg. E.: Ehrenring d. Hess. Amateur-Box-Verb., Gr. Verd.Nadel d. Dt. Amateur-Box-Verb., Gold. Ehrennadel LSportbd. Hessen, Präs. d. Hess. Amateur-Box-Verb., BVK am Bande, Sportplakette d. Landes Hessen, BVK 1. Kl. M.: Dt. Sportpresse-Verb., Sportpresse-Club Frankfurt, LSportbd. Hessen, Hess. Amateur-Box-Verb. H.: Tennis, Golf.

Graf Gerd
B.: Brau- u. Mälzermeister, Pensionär. G.: Frankenhain, 29. Dez. 1940. V.: Helga, geb. Schwertfeger. Ki.: Steffen (1965), Kerstin (1967). BV.: Bruder Prof. Dr.-Ing. Günter Graf Fachgebiet Metallhüttenwesen Freiberg. S.: 1955-58 Lehre als Brauer u. Mälzer in d. Bierbrauerei Suhl, 1951-61 Mittlere Reife an d. VHS Erfurt, 1963-65 Fernstudium Meister f. Brauerei u. Mälzerei. K.: 1959-92 Braumeister in versch. Brauereien, seit 1980 in d. Brauerei Gotha, Brauerei Luisenthal seit 1974 Betriebsteil, Besitzer seit 1991 Familie Kollmer, 1993-94 Umrüstung d. Brauerei Luisenthal in Techn. Museum, 1995-2000 Museumsführer, seit März 2000 Pensionär. BL.: Führer durch d. Stutzhäuser Brauerei in Luisenthal, d. noch komplett erhaltene Produktionsräume m. über 300 Ausstellungsstücken aus d. Zeit um 1900 u. d. 20er Jahren aufzuweisen hat, als sie im Besitz d. Familien Keil u. Fasbender war. M.: Gründungsmtgl. Verein Kleingartenanlage "Auf der Heide" Frankenhain. H.: Garten, Autos.

Graf Guido *)

Graf Günter Guido Ernst
B.: MdB, Hauptkommissar. DA.: 11011 Berlin, Platz d. Republik 1 u. 11077 Berlin, Dorotheenstr. 93. G.: Schönlanke/Pommern, 1. Dez. 1941. V.: Annelies, geb. Consten. S.: 1948-56 Städt. Knabenschule Jever, 1956-60 RA u. Notarlehre, Christians / Dr. Damm in Jever, 1960 Ausbild. Polizei. K.: 1960-87 Polizei, 1975 Hauptkommissar Schutzpolizei, 1986-87 Revierleiter Westerstede, 1963 Frysoythe, 1973 Eintritt SPD, str. Ortsvereinvors., 1974 Stadtrat, 1974-95 Fraktionsvors. Frysoythe, 10 J. Kreisvors. SPD, Cloppenburg, seit 1987 MdB, seit 1987 o.Mtgl. Innenausschuß Schwerpunkt Innere Sicherheit, Ausländerprobl. internat. Zusammenarbeit d. Polizei, Polizeibeauftragter d. SPD-Bundestagsfraktion, seit 1994 stellv. Interpol Sprecher d. Btags Fraktion, stellv. M. Agrarausschuß, seit 1987 Mtgl. Kuratorium f. pol. Bildung, seit 1997 Voll-Mtgl. Kontrollausschuß Bundesausgleichsamt. BL.: im Sport bei Polizeimeisterschaften Hochsprung. P.: Konzept Innere Sicherheit 2000. E.: BVK. M.: SV Hansa Frysoythe e.V. Handballspielgem. Altes Amt Frysoythe. H.: Gartenpflege, Fußball / Vizekapitän Parlamentsmannschaft, Lesen, Zeit Krit. Literatur. (Re)

Graf Hans *)

Graf Hans-Wolff
B.: Unternehmer. FN.: Erste Finanz- u. Vermögensberater AG in Deutschl. u. DBSFS. GT.: Vorst.Vors. DA.: 81671 München, Rosenheimer Str. 143a. PA.: 81925 München, Asgardstr. 15. G.: München, 18. März 1950. V.: Ruth Maria, geb. Traxl. Ki.: Christian-Wolff (1981). El.: Peter u. Ingeborg, geb. Wolff. BV.: Grafen v. Theuren, von Reuss. S.: 1970 Abitur, 1970-76 Stud. Gymn.Lehrer. K.: seit 1972 in d. Finanz- u. Vermögensberatg., 1985 Grdg. einer eig. AG, seit 20 J. Sem. f. Psychol., Päd., Phil., Rhetorik u. Management. BL.: Entw. alternat. Problemlösungen in d. Finanzwirtsch.- u. Solzialpolitik. P.: 2 Bücher, "Stilregeln", "Das Koordinatensystem von Freud u. Leid", s. 24 J. Hrsg. d. DBSFS-Rep., über 300 Art., div. Scripte sowie kompl. Gesetzesentw. f. Berufsbild d. freien u. unabh. Vermögenberaters, sowie 3 Pläd. f. neuen Begriff v. Arbeit, neues Steuer- u. Wirtschaftskonzept, f.d. Kinder dieser Welt, Visio 2020. Studie "Unsere Welt". M.: zahlr. Ehrenmtgl. in soz. Kiderorgan., u.a. Anthropos e.V. H.: Tauchen, Literatur, Reisen, Philosophie. (I.U.)

Graf Hansjörg Dipl.-Ing. *)

Graf Heinz Dr. med. dent. habil. Prof. *)

Graf Helmut Andreas Dr. iur. Prof.
B.: RA, Fachanw. f. Steuerrecht. FN.: Kzl. Eger - Dr. Graf. DA.: 86391 Stadtbergen, Wankelstraße 1. PA.: 86391 Stadtbergen, Höhenweg 19. helmut.graf@eger-drgraf.de. G.: Augsburg, 22. Dez. 1961. V.: Gabriele, geb. Eger. Ki.: Fabian, Moritz, Filippä. El.: Helmut u. Erika, geb. Schlehhuber. S.: Abitur, Jurastud. Univ. Augsburg, Prom. K.: 2 Jahre Ass. d. Geschäftsltg. d. Steuerabt. KPMG Dt.Treuhand AG München, 2 J. Jurist in Munchen, seit 1994 ndlg. in Stadtbergen, Fachanw. f. Steuerrecht, 1999 Berufung z. Prof. f. Betriebswirtschaft Univ. SERSI Herisau/Schweiz. P.: Autor v. 3 Büchern u. ca. 80 Fachart. E.: 1986 Ausz. d. Stadt Augsburg anläßl. d. 2000-J.-Feier. M.: Wirtschaftsjunioren Augsburg, Vorst.-Vors. VGS management consultant AG, AufsR.-Vors. Interquality AG Augsburg. H.: Rotweine, Golf.

Graf Horst Dipl.-Vw. *)

Graf Jürgen
B.: Jounalist. DA.: 14195 Berlin, Am Hirschsprung 59. G.: Berlin, 29. Dez. 1927. V.: Christiane, geb. Schmidt. Ki.: Christian, Daniela. S.: 1945 Abitur, 1948-50 Stud. Publ. u. Politik FU Berlin. K.: seit 1945 erster Mitarb. d. RIAS, bis Pensionierung 1982 d. Chefredakt., 1952-86 über 600 eig. Fernsehendungen u. div. Dokumentarfilme b. ARD, ZDF, SRG, BBC, NBC, CBS. P.: "Berlin" (Andermann Verlag, 1961) E.: EZ d. Rep. Österr., Meritorious Honor Award USA, Dt. Philologen-Preis f. Fernsehen, Dt. Weinpreis f. Journalisten, Gold. Sportabz., 1994 Gr. BVK. M.: Mtgl. d. Rundfunkrates d. SFB, div. AR u. Beiräte, Lions-Club Berlin (mehrm. Präs.), Vorst. d. Stiftung RIAS Kommission, Vorst. d. Initiative Berlin - USA, Kuratorium American Academy in Berlin, Stellv. Kuratoriumsvors. d. Stiftung Check Point Charlie, Vorst. d. Förderver. Rheinsberg u. weitere zahlr. Ehrenämter. H.: Golf.

*) Biographie www.whoiswho-verlag.ch oder beigefügte CD-ROM

Graf

Graf Matthias *)

Graf Matthias Dr. med. *)

Graf Michael
B.: Kfm., Inh. FN.: Graf Büroorgan. DA.: 21031 Hamburg, Lohbrügger Landstr. 70. G.: Hamburg, 13. Aug. 1966. El.: Wolfgang u. Dörte. S.: 1983 Mittlere Reife, 1983-86 Ausbild. Elektromaschinenbauer u. Elektroanlagenmechaniker. K.: 1987-89 tätig in d. Firma d. Vaters, seit 1989 selbst. m. Schwerpunkt Telefon Internet Nikoma Service Provider, Beratung u. Planung v. Internet-Konzepten u. Versandhdl. v. Hobbyart. im Bastelbereich über Internet. F.: Bergedorfer-Online-Service. H.: Modelleisenbahn, histor. Mühlen - Betreiber d. Bergedorfer Mühle u. Pächter d. Rietenburger Mühle.

Graf Norbert *)

Graf Oliver

B.: Bäckermeister. FN.: Backstube Graf. DA.: 93128 Regenstauf, Hauptstr. 14. G.: Regensburg, 3. Nov. 1967. V.: Petra, geb. Killersreiter. El.: Richard u. Elisabeth. S.: 1982-85 Bäckerlehre b. Bäckerei Schindler Regenstauf. K.: b. 1987 Bäcker b. Bäckerei Ellerbeck Regenstauf, 1988-89 Meisterschule, Bäckermeister. M.: FFW. H.: Radfahren, Fachliteratur, Weiterbildung.

Graf Peter
B.: Gschf. Ges. FN.: Graf Baustoffe GmbH. DA.: 13599 Berlin-Spandau, Nonnendammallee 11-14. G.: Berlin, 12. Jan. 1942. Ki.: Alexander (1970). El.: Ernst Graf. S.: Kfm. Ausbildung, Lehre Baustoffhandel b. Readymix. K.: seit 1973 im elterl. Betrieb, seit 1973 selbständig zusammen m. Bruder Dr. Arnim Graf, mittelständisches Unternehmen f. Baustoffproduktion, auch Recycling-Baustoffe, Transportbeton, Handel m. Baustoffen, Verbundsteinen, Straßenplatten, ab 1992 Tätigkeiten am Potsdamer Platz, 2001 Abriß SAS Raddisson-Plaza, ehem. Palast-Hotel. BL.: Entsorgung d. Arbeiten auf Deutschl. größter Baustelle Lehrter Bahnhof per Schiff; Patent Promenadengrant, Wegebau f. Schloss Sansoussi. E.: ehem. in 400m Hürden Nationalmannschaft. M.: Fachgemeinschaft Bau, Überwachungsgemeinschaft, Bauindustrieverband.

Graf Rainer

B.: Tanzlehrer, Inhaber. FN.: Tanzschule Graf. DA.: 01127 Dresden, Leisniger Straße 53. info@tanzschule-graf.de. G.: Lawalde, 2. Aug. 1944. V.: Ines, geb. Ulbricht. Ki.: Kay (1968), Dana (1981). El.: Werner u. Elfriede. S.: 1960 Mittlere Reife, 1960-64 Ausbild. im elterl. Betrieb in Dresden m. Abschluß Tanzlehrer. K.: 1964-66 Tanzlehrer im elterl. Betrieb, 1966-68 Tanzlehrer in Neustrelitz u. Neubrandenburg, 1968-83 wieder im elterl. Betrieb als ang. Tanzlehrer, 1984 selbst. u. Übernahme d. Tanzschule Graf v. d. Eltern, 1990 Engl. Tanzlehrerprüf., Trainer in versch., osteurop. Ländern, Trainer A Lizenz, eigener Tanzkreis; seit 1980 Turnierltr. u. Wertungsrichter b. Amateur- u. Profiturnieren. M.: DTV, ADTV, IDTA. H.: Tanzen, Musical, Autofahren, Videos drehen.

Graf René *)

Graf Sabine Dipl.-Bw.

B.: Clubmanagerin. FN.: TC Training Center München. DA.: 81671 München, Rosenheimer Str. 145h. PA.: 81737 München, Sebastian-Bauer-Str. 11a. sabine.graf @fitness.com. www.fitness.com. G.: Neunkirchen/Saar, 9. Juli 1962. S.: 1977-80 Lehre RA-Gehilfin, Abschluss, 1980-90 RA-Gehilfin bzw. Bürovorst. in 2 saarländ. RA-Kzl., 1987-90 parallel dazu berufsbegleitendes Stud. d. Betriebswirtschaft an d. Wirtschaftsak. Blieskastel/Saar, Abschluss: Dipl.-Bw. K.: 1990-99 Landkreistag Saarland, Eintritt als Sachbearb., parallel dazu Ausbild. z. Aerobic-Trainerin (B-Lizenz BSA), Organ. u. Präsentation v. sportl. Veranstaltungen zugunsten krebskranker Kinder, Organ. u. Präsentation v. Aerobicmode-Shows auf Fachmessen, Teilnahme an versch. Aerobic-Workhops, 1999 Wechsel zu TC Training Center Darmstadt, 1999 Eintritt in d. TC Training Center München, Bereichsltg. Aerobic, seit 2001 Clubmanagerin. BL.: ab 2001 offizielle Ausbilderin f. d. Berufe Büro- u. Kommunikationskfm./-frau u. d. neuen Beruf d. Fitness-Kfm./-frau. M.: Prüf.-Aussch. d. IHK München u. Oberbayern. H.: Motorradfahren (eigene Kawasaki Ninja 900), Skifahren, Tanzen.

Graf Siegfried *)

Graf Stefanie

B.: Ehem. Profi-Tennisspielerin, Inh. FN.: Stefanie Graf Marketing GmbH & Co. KG. DA.: 68219 Mannheim, Mallaustr. 75. kontakt@stefanie-graf.com. www.steffi-graf.com. G.: Mannheim,14. Juni 1969. V.: Andre Agassi. Ki.: Jaden Gil (2001). El.: Peter u. Heidi. K.: seit 1982 Profitennisspielerin, 1986 Gewinnerin v. 8 Intern. Grand-Prix-Turnieren, 1987 Finalistin in Wimbledon, 1987, 88, 93, 95, 96 u. 99 Paris Siegerin French Open, 1988 u. 1989 Siegerin Internat. Dt. Meisterschaft Berlin, 1988, 89, 91, 92, 93, 95 u. 96 Siegerin Wimbledon, 1988 Doppelsieg mit G. Sabatini Wimbledon, 1988, 89, 90 u. 94 Siegerin Melbourne Australian Open, 1988 Goldmedaille Olympische Spiele Seoul, 1988, 89, 93, 95 u. 96 Siegerin Flushing Meadow US Open, 1988 Grand Slam (Sieg bei allen 4 Grand Slams Melbourne, Paris, Wimbledon u. New York), 1992 Federation Cup, 1999 Finalistin Wimbledon, 377 Wochen an Position 1 d. Weltrangliste, 22 Grand Slamturniere (7mal Wimbledon, 5mal US Open, 6mal French Open, 4mal Austral. Open), 1997 Botschafterin f. d. World Wildlife Fund (WWF), Gründerin u. Vors. d. Stiftung "Children for Tomorrow" (www.children-for-tomorrow.de. E.: 1999 Prinz von

---

*) Biographie www.whoiswho-verlag.ch oder beigefügte CD-ROM

Asturien Preis Sparte Sport, 1999 Sonderpreis d. Dt. Fernsehens, 1999 Sportlerin d. Jahres, 1999 Sportlerin d. Jahrhunderts (World Sports Award of the Century), 1999 Female Sports Athlet of the last decade, 1999 Olympischer Orden d. IOC, 2000 Botschafterin d. EXPO 2000 Hannover. H.: Lesen, Kunst, Fotografie, Mode, Musik, Hunde.

Graf Thomas Dipl.-Ing. *)

Graf Thomas *)

Graf Thomas
B.: Koch, Konditor, Unternehmer, selbständig. FN.: Café-Bistro Wintergarten. DA.: 88212 Lindau, Salzgasse 5. G.: Lindau, 26. Juni 1971. V.: Angelique, geb. Kähne. El.: Otto u. Inge, geb. Meyer. S.: Lehre z. Konditor u. anschließend Lehre z. Koch. K.: Patissier in d. Konditorei-Cafe Hoyerbergschlössle in Lindau, nach d. Wehrdienst Tätigkeit in versch. bürgerlichen Restraurants im Bodenseeraum sowie 1 Wintersaison im Sporthotel "Valsana" in Arosa/Schweiz als stellv. Küchenchef, seit 1998 selbständig m. d. Café-Bistro Wintergarten. BL.: regelmäßige Literaturlesungen sowie ständig wechselnde Ausstellung v. Bildern regionaler junger Maler, betreibt gleichzeitig auch d. Strandbad in Nonnenhorn. M.: Tierschutzverein, WWF. H.: Motorradfahren, Lesen, Kino, Spaziergänge m. d. Hund.

Graf Ulrich *)

Graf Ulrich Dr.
B.: Senator a.D. FN.: Senat d. Freien Hansestadt Bremen. PA.: 27726 Worpswede, Auf d. Heidwende 11. G.: Nakel a. Netze (Prov. Posen), 17. Dez. 1912. V.: Helga, geb. Oetjen. Ki.: Barbara. El.: Paul u. Agnes. S.: Abitur (RG), Stud. der Rechts- u. Staatswiss., Referendarexamen, Kammergericht, Berlin. K.: ab 1936 Ang. d. AEG (Auslanddienst, Westeurop.-Abt.), Kriegsdienst u. Gefangensch. Aug. 1939-Juli 1945 (OLtn. M.A.), 1945-59 Hptgschf. d. Handwerkskammer Bremen, 1959-71 Senator für Justiz u. Verfass. u. f. kirchl. Angelegenh. (FDP). P.: Die Präklusion v. Gestaltungszeiten durch d. Rechtskraft (Diss. Erlangen). E.: Pläs. d. "Carl Schurz Ges. Bremen e.V.", Vors. d. "Verkehrsvereins d. Freien Hansestadt Bremen" u. d. Kurat d. "Stiftung Worpswede". M.: FDP. H.: Malerei.

Graf Uwe *)

Graf Werner *)

Graf Wilhelm *)

Graf Wolfgang *)

Gräf Friedemann Dr. med. vet.

B.: Kleintierarzt. FN.: Gemeinschaftspraxis Dr. Frauke Brackmann-Gräf u. Dr. Friedemann Gräf. DA.: 25335 Elmshorn, Peterstr. 32. G.: Herborn, 4. Juni 1957. V.: Dr. med. vet. Frauke Brackmann-Gräf. Ki.: Elena, Fabian, Annika, Felina. El.: Günter u. Erika. S.: 1976 Abitur Dillenburg, 1977-78 Zivildienst, 1983 Dt. Herrenberg Inst. f. andere Med., Heilpraktiker-Schule Dr. Jung, 1983-88 Stud. Tiermed. an d. Justus-v.-Liebig-Univ. Gießen, Staatsexamen und Approb., 1990 Prom. K.: 1991 Ass.-Arzt in d. Großtierpraxis m. angeschlossener Kleintierklinik b. Dr. Gastauer in Neustadt/Aisch, 1992 Ass.-Arzt in d. Kleintierklinik Dres. Albert Bielefeld, seit 1993 ndlg. in tierärztl. Kleintierpraxis m. Ehefrau Dr. Frauke Brackmann-Gräf, Schwerpunkt: Hunde- u. Katzeninternistik, Zahnheilkunde, Heimtiere. H.: Hunde, Schwimmen, Radfahren, Reisen, Freizeit m. d. Familie.

Gräf Horst Dr. rer. pol. Prof. *)

Gräf Manfred Dr. med.

B.: FA f. Innere Med., Naturheilverfahren, Umweltmed., Sozialmed. u. Betriebsmed. DA.: 46236 Bottrop, Prosperstr. 55-57. G.: Haßfurt, 2. Sep. 1955. V.: Bettina, geb. Hagen. Ki.: Stefanie (1986). El.: Ewald u. Hedwig, geb. Rübert. S.: 1975 Abitur München, 1975-81 Stud. Med. Univ. Bochum, 1981 Approb., 1982 Dr.-Arb. 1982-83 auf d. Inneren Abt. am Ev. KH Hausemannstift in Dortmund, 1984 Dr. med., 1983-86 Arzt an d. Inneren Abt. d. Knappschafts-KH in Bottrop u. b. 1987 OA, 1987 OA am Knappschafts-KH in Peißenberg, 1987 Ass.-Arzt in d. zentralen Röntgen- u. Strahlenabt. am Knappschafts-KH in Bottrop, 1987-88 Arzt an d. Univ.-Klinik Bergmannsheil in Bochum, 1988 Hospitation in d. Abt. Gastroenterologie an d. Univ. Düsseldorf u. seither Laserstrahlenschutzbeauftragter an d. Univ. Bochum, seit 1989 Gutachter d. Bergbau-Gen. Bochum bei Silikoseerkranten, 1995 Betriebsmediziner, 1996 Anerkennung d. Fachkunde Internist. Röntgendiagnostik, 1996 Anerkennung d. Fachkunde Sigmoido-Koloskopie, 1997 Japan. Zertifikat am Acupuncture Inst. H.: Reisen, Fotografieren.

Gräf Stefan

B.: RA, Vertreter d. Dt. Ärzteschaft am Reg.-Sitz. DA.: 10117 Berlin, Reinhardtstr. 34; B-1000 Brüsel, Rue Belliard 197. aerzteschaft-berlin@ t-obline.de. G.: Selters, 30. Apr. 1953. V.: Ulrike, geb. Oberrecht. Ki.: Elisa (1979), Peter (1982). El.: Ludwig u. Anneliese, geb. Schäfer. S.: 1973 Abitur, 1973-75 Zivildienst Bonn, 1975-80 Stud. Jura Univ. Bonn, 1. Staatsamen, 1980-85 Referendariat u. 2. Staatsexamen. K.: 1985-87 Gschf. d. Verb. d. Freien Berufe, glz. seit 1985 Anw. einer Sozietät in Bonn, seit 1987 Ltr. d. Vertretung d.- Dt. Ärzteschaft am Reg.-Sitz in Bonn u. seit 1999 in Berlin sowie in im Büro in Brüssel, seit 1999 Partner d. Sozietät Gräfin v, Galen-Gaigl-Gräf-Möllmann-Graf v. Schlieffen in Berlin m. Tätigkeitsschwerpunkt Familien-, Arb.- u. Vers.-Vertragsrecht. P.: Art. zu gesundheitspolit. Themen in Fachzeitschriften. M.: DAV, Dt. Ges. f. Kassenarztrecht, versch. Aussch. u. Gremien, stellv. Mtgl. d. Wirtschafts- u. Sozialaussch. d. EU. H.: Hochseesegeln, Golf, Skifahren.

Gräf Ute *)

Gräf Uwe M. *)

*) Biographie www.whoiswho-verlag.ch oder beigefügte CD-ROM

Gräf Wilhelm Dr. *)

Grafe Anne
B.: Einzelhandelskauffrau, Unternehmerin. FN.: Anne Grafe. DA.: 27793 Wildeshausen, Westertor 6. G.: Georgsmarienhütte, 15. Mai 1947. S.: 1962-65 kaufm. Lehre z. Einzelhandelskauffrau, Bereich Schauwerbegestaltung, Osnabrück. K.: 1965-68 im Lehrbetrieb als Schauwerbegestalterin, 1968-76 in Textilhäusern in Osnabrück, 1976-91 freiberufl. Schauwerbegestalterin, 1991-93 ang. in d. Porzellanabteilung eines Kaufhauses in Wildeshausen, 1993 Eröff. v. Anne Grafe Das Haus f. d. gedeckten Tisch, Geschenke u. Wohnaccesoires in Wildeshausen. M.: seit 1993 Vorst. d. Handels- u. Gewerbevereines Wildeshausen, langjähr. Mitorganisation d. Weihnachtsmarktes Wildeshausen. H.: Joggen, Schwimmen, Radfahren.

Grafe Erika *)

Grafe Jan-Gerd Dipl.-Ing.
B.: Architekt, selbständig. DA.: 26215 Wiefelstede, Hauptstr. 46 a. info@grafe-architektur.de. www.grafe-architektur.de. G.: Oldenburg, 16. Dez. 1958. V.: Birgit, geb. Ahlers. Ki.: 3 Kinder. El.: Hans-Hermann u. Hilde, geb. Klarmann. S.: 1975 Abitur Oldenburg, Stud. Arch. FHS Oldenburg m. Abschluß Dipl.-Ing., 1981-82 Bundeswehr. K.: 1982-84 Architekt in einem Büro in Rastede, seit 1984 freiberufl. Architekt in Wiefelstede. M.: VDI. H.: Blasmusik, Sport.

Grafe Karin

B.: Salonltr. FN.: Hair Express Essanelle GmbH & Co OHG. DA.: 10961 Berlin, Blücherpl. 3. G.: Berlin, 5. Nov. 1957. V.: Rainer Grafe. Ki.: Martin (1984). El.: Bodo u. Betti Beilfuß, geb. Pawlowski. S.: 1973-76 Lehre als Friseurin. K.: 1976-84 ang. Friseurin, 1984-85 Familienpause, 1985-99 Meisterprüf. u. Salonltg. in versch. Geschäften, seit 1999 Essanelle Salonltg. H.: Fitness, Malen.

Gräfe Friedrich *)

Gräfe Ulrich Dipl.-Ing. *)

Grafelmann Martin Dipl.-Kfm. *)

Gräfen Hubert Dr. rer. nat. Prof. *)

Graff Stefanie Dr. päd. *)

Gräff Bruno Dr.-Ing. Prof.
B.: Prof. FN.: FH Gießen-Friedberg. DA.: 35390 Gießen, Wiesenstr. 14. PA.: 45219 Essen, Neckarstr. 36. G.: Neunkirchen, 10. Nov. 1935. Ki.: Gernot (1970), Vera (1973). S.: 1956 Abitur Neunkirchen, 1956-64 Stud. Maschinenbau TH München, 1965-66 Redakteur in Lexikonverlag F.A. Brockhaus im Bereich Technik u. Naturwiss., 1966-70 Stud. Maschinenbau Univ. Stuttgart, Abschluss: Dipl.-Ing. Maschinenbau. K.: 1970-75 wiss. Ass. am Inst. f. Wärmetechnik Univ. Stuttgart, 1975-79 wiss. Ass. am Inst. f. angew. Thermodynamik u. Klimatechnik Univ. Essen, 1979 Prom., 1979-85 AkR./Ak. Dir. Univ. Stuttgart, 1984-88 Ltr. d. Bereiches angew. Thermodynamik u. Klimatechnik Univ. Essen, ab 1989 Prof. f. Klimatechnik FH Gießen-Friedberg, seit 2002 im Ruhestand. BL: Vorträge im außeruniversitären Bereich, Vorträge f. Firmen. P.: "Wörterbuch d. Umweltschutzes" (1972), "Statistik in d. Klimatechnik" (1974), Prom. "Evaluatin methods for air velocity measurements in air conditioned rooms" (1979), "Ruhrgas AG Handbuch Haustechn. Planung" (1985), Schriftenreihe d. Bundesanst. f. Arbeitsschutz "Untersuchungen von Luftgeschwindigkeiten und Lufttemperaturen an industriellen Arbeitsplätzen" (1995), viele Beiträge in Fachzeitschriften. E.:

Prom. ausgezeichnet v. ASHRAE als "1981 Intern. Best Paper". M.: DKV, VDI, Projektförd. v. Bundesforsch.- u. Bundeswiss.-Min. u. aus d. Ind. H.: Beruf.

Graffé Andreas *)

Graffweg Ulrike
B.: geprüfte Detektivin (ZAD). FN.: Detektei Panther Security. DA.: 42651 Solingen, Peter-Rasspe-Str. 43. G.: Solingen, 19. März 1955. V.: Peter Graffweg. Ki.: Kathrin (1980). S.: 1972 Mittlere Reife, 1972-74 Lehre Vers.-Kauffrau. K.: 1974-78 Ang. b. einer Privatvers., 1978-91 Ang. f. Sozialvers., seit 1992 selbst. BL: im Prüf.-Aussch. f. Detektive d. ZAD, Einsatz v. Videoüberwachungssystem - Überwachung v. Wirtschaftsdelikte, Zulassung nach §34a Bewachungsgewerbe. Ö.: Öff.-Arb., Referate an Schulen, 1998 Bericht in d. "Aktuellen Stunde" b. WDR, Berichte im Detektivkurier über Kaufhausdetektive. M.: Vors. im Kindergartenaussch. H.: Reiten, Tanzen.

Grafunder Peter *)

Grage Thomas Dipl.-Ing. *)

Grage Thorsten *)

Graham John Douglas

B.: Dolmetscher, Übersetzer. FN.: Dt. Terminologie-Tag e.V. DA.: 47198 Duisburg, Am Flutgraben 22. G.: Westfield/Schottland, 19. Sep. 1939. V.: Ingrid, geb. Achtelik. S.: 1956 Abitur, Stud. Philol. Univ. Edinburgh/Schottland, BA General. K.: 1958-60 Buchhalter in d. Abt. f. Statistik eines Wirtschaftsprüf.-Unternehmen an d. Glasgower Börse, 1960 Prüfung d. RSA Buchhaltung, 1960 Militärdienst, Lehrer/ Doz. f. Dt. u. Russ. in Cheltenham/ England, 1971 Abschluß an d. Polytechn. HS Birmingham, b. 1973 Techn. Übersetzer/Dolmetscher b. Tube Investments Ltd. Department of Technical Information Birmingham, 1973-80 Techn. Übersetzer/Dolmetscher b. Mannesman Demag AG Duisburg, 1980-98 Ltr. d. Zentralen Übersetzungsdienstes d. Mannesman Demag AG Duisburg, 1998-99 freiberufl. Übersetzer u. Dolmetscher. BL: 1986-98 Lehrbeauftragter f. Übersetzung im Fachbereich Anglistik an d. Univ. Duisburg. P.: Fachart. u. Beiträge z. Thema Terminologie u. Übersetzungen in Fachzeitschriften, Bücher u. Vorträgen. E.: 1971 Nat. Lansing Bagnall Gold Medal. M.: IHK-

Prüf.-Aussch., MITI, VDI, FIL, BDÜ, DTT, DIT, TLS, RaDT, ATICOM, tekom. H.: Musik, Malen, Kunst, Lesen, Kochen.

Grahamer Christine Dr.
B.: öff. bestellte u. vereid. Sach. f. Bücher d. 15. u. 20. Jhdts. u. Druckgrafik d. 15. u. 19. Jhdts. FN.: Buch- u. Kunstantiquariat Robert Wölfle. DA.: 80799 München, Amalienstr. 65. G.: Neuburg, 18. Feb. 1945. V.: Dr. Jörg Grahamer. Ki.: Heike (1965), Markus (1974), Johanna (1979), Jörg (1980). El.: Dr. med. Anton u. Dr. Lotte Roth, geb. Wölfle. BV.: Künstler- u- Offz.-Fam. S.: 1964 Abitur München, 1964-66 Lehre Antiquariat Wölfle München, 1966-72 Stud. Kunstgeschichte, Archäologie, Bayr. Geschichte u. Paleografie München u. Florenz. K.: 1972-75 tätig in London, USA u. München, seit 1975 Teilhaberin im Fam.-Unternehmen Wölfle. P.: Schöne alte Kinderbücher (1984), div. Fachart. z. Thema Antiquariat u. Buchhdl. M.: Prüf.-Assch. d. IHK, Bayr. Kunst- u. Antiquitätenhändler, 6 J. Vors. im Verb. dt. Antiquare e.V. H.: Wildwasserfahren, Rennrad, Schwimmen, Skilauf, Tennis, Sammlung v.: Kinderbüchern u. Nymphenburger Pozellan, Beruf, Garten, Rosen.

Grahl Christina *)

Grahl Joachim
B.: Fleischermeister, selbständig. FN.: Fleischerei Grahl. DA.: 03172 Guben, Berliner Str. 20a. G.: Guben, 13. Nov. 1941. V.: Christine, geb. Schafranka. Ki.: Uwe (1965). BV.: Fleischermeister-Familientradition seit 1876. S.: 1956-59 Lehre z. Fleischer im väterl. Betrieb Fleischermeister Erich Grahl in Guben m. Gesellenabschluss, 1962-63 NVA. K.: 1959-60 tätig als Fleischer im väterl. Betrieb, 1960-64 Fleischer im Volkseigenen Fleischkombinat Eisenhüttenstadt, 1964-67 Fleischer im väterl. Unternehmen, 1964-66 Erwerb d. Mittleren Reife u. Meisterschule, 1968 Meisterprüfung z. Fleischermeister, 1967 Übernahme d. väterl. Betriebes als Inh., 1991 Eröff. einer Filiale in Eisenhüttenstadt.

Grahl Jörg B. Dipl. oec. *)

Grahl Kurt *)

Grahl Peter *)

Grahl Uwe Dipl.-Ing.

B.: Architekt, Partner. FN.: gmp - Architekten v. Gerkan, Marg u. Partner. DA.: 10999 Berlin, Paul-Lincke-Ufer 42/43. PA.: 10713 Berlin, Paretzer Str. 5. berlin@gmp-architekten.de. G.: Dresden, 19. Okt. 1940. V.: Sigrid, geb. Schneider. El.: Dr. Walter u. Maria. S.: 1959 Maurerlehre, Gesellenbrief, 1953 Examen an d. Staatl. Ing.-Schule f. Bauwesen Berlin-Hochbau. K.: 1953 Mitarb. im Büro Dipl.-Ing. Siegfried Fehr, 1959 Mitarb. im Büro Dipl.-Ing. Rolf Niedballa, seit 1974 Büro v. Gerkan, Marg u. Partner Berlin, seit 1990 Assoziierter Partner im Büro v. Gerkan, Marg u. Partner, seit 1993 Partner im Büro v. Gerkan, Marg u. Partner. M.: Arch.- u. Ing.-Ver. Berlin (AIV), Arch.-Kam., Förderer d. Wiederaufbaus d. Frauenkirche Dresden, Dt. Guttempler Orden. H.: Reisen, Literatur, Fotografieren, Reiseplanung.

Grahl Werner Dr.-Ing. habil. *)

Grahn Dieter *)

Grahn Hans Joachim *)

Grahn Nikolaus Dipl.-Vw. *)

Graiani Antonio

B.: Hotelfachmann, Gastronom, selbständig. FN.: Locanda del Ponte Gaststätten GmbH. DA.: 80538 München, Dianastr. 1. graiani@t-online.de. G.: Parma/Italien, 2. Feb. 1949. V.: Margarete, geb. Strasser. Ki.: Daniela (1970), Valerio (1973). El.: Faliero u. Lina, geb. Ferrari. S.: 1965-66 Hotelfachschule Parma, 1966 Studentenaustausch u. Wechsel v. Parma nach Bad Godesberg, 1967 berufl. Einsatz im Königswinter, weitere Ausbildung 1967 in Parma. K.: 1968 Tätigkeit im Hotel Grafenbruch in Neu Isenburg, danach Arbeit in Frankfurt/Main in versch. ital. Lokalen, 1969-77 Arbeit in versch. ital. Lokalen in Frankfurt/Main, 1978 Eröff. d. ersten exclusiven eigenen ital. Lokals "San Remo" in d. Frankfurter Innenstadt, 1978-82 Führung d. Lokals, 1982 kurze Rückkehr nach Italien, dann Umzug nach München, 1982-90 Mitarbeit im ital. VIP-Lokal "bei Pipo" in München, 1991-98 Mitarbeit im ital. VIP-Lokal "Dal Vecio" in München, 1998 Eröff. d. eigenen ital. Nobelrestaurants "Locanda del Ponte" in München, 1998-2001 Führung d. Lokals, 2001 Übergabe d. Lokals an Familie Carboni. P.: Artikel u. Auszeichnung d. Journals Savoir Vivre al eines d. besten 100 Lokale in Deutschland (1999), Großer Artikel v. d. Süddt. Zeitung n. Prof. Engelmaier über d. Lokal, d. vorzügliche Künche u. d. hohen Service sowie über d. Betreiber (1998), Großer Gastro Report d. Zeitschrift "Bunte" m. Auszeichnung v. 6 Sternen (1999). E.: Freundlichster Kellner v. Frankfurt (1978). H.: Einkaufen, Reisen, Schaufensterbummel m. d. Familie.

Graichen Hans-Georg Dr. *)

Graichen Jutta

B.: Fachfrau f. Kostüme, Unternehmerin, selbständig. FN.: Kostümhaus Graichen. DA.: 13581 Berlin-Spandau, Klosterstr. 32. El.: Kurt Graichen u. Margot, geb. Mansky. S.: Fachschule f. Schneiderei in Berlin, Lehre im elterl. Geschäft. K.: Kostüme f. 1. Sendung d. Farbfernsehens (Eindhoven), f. "Berliner Alexanderplatz" m. Rainer Werner Faßbinder, Film "Die lustige Witwe" m. Johannes Heesters, viel f. d. Schloßball im Kempinski Hotel, Kellner in Rokokomode u. f. d. Berlin Abende im Hotel Schweizer Hof. P.: Berichte im Fernsehen, BZ, Morgenpost, Bild: "Portrait über sie im Buch "Skizzen u. Portraits aus Spandau" (1993). H.: Sport, Leistungssport, Gerätturnen, Leichathletik, Schwimmen, Ballett, Tennis, Gymnastik, Essen gehen.

---

*) Biographie www.whoiswho-verlag.ch oder beigefügte CD-ROM

Graichen Udo Dipl.-Phys. *)

Grainer-Lar Jürgen

B.: gesamtdt. Ocularist. FN.: Atelier f. künstl. Augen in 4. Generation. DA.: 01097 Dresden, Helgolandstr. 9b. PA.: 01474 Schönfeld, Cunnersdorfer Str. 50. G.: Lauscha, 12. Juni 1952. V.: Gerlinde, geb. Göhl. Ki.: Susann (1981). El.: Hans u. Adelheid. S.: 1969-75 Lehre in Lauscha im VEB Lauschaglas als Augenprothetiker. K.: 1975-77 an versch. Stellen im Betrieb tätig, 1977 Ang. d. Firmenaußenstelle in Dresden, 1990 Grdg. GmbH, b. 1994 darin tätig, seit 1995 selbst. m. Atelier in Dresden. H.: Skifahren, Reisen, Wandern.

Grall Paul Egon Dipl.-Ing. *)

Grallert Siegfried *)

Gramann Elisabeth *)

Gramke Rainer *)

Graml Stephan

B.: Steuerfachgehilfe, Geschäftsinh. FN.: SG Consulting. DA.: 92224 Amberg, Fuggerstr. 9. PA.: 91207 Lauf a. d. Pegnitz, Kunigundeng. 7. sgraml@sgconsulting.de. www.sgconsulting.de. G.: Auerbach i. d. Opf, 24. März 1972. V.: Nicole Zahn. El.: Rudolf u. Hedwig. S.: 1991 Abitur Pegnitz, 1991-92 Bundeswehr in Amberg, 1992-94 Ausbild. z. Steuerfachgehilfen in d. Steuerkzl. Zimmermann in Auerbach. K.: 1995-98 Steuerberatung und Wirtschaftsprüfung in Kanzleien in Auerbach u. Nürnberg (ab 1997), 1997-2000 Stud. an d. FU Hagen BWL, 1998 Weiterbild. in Krisenfrüherkennung, seit 1998 Doz. bei IHK Regensburg u. freiberuflich f. andere Managementinstitute, 1998 selbst. in Sulzbach-Rosenberg m. Unternehmensberatung f. Jungunternehmer, Krisenmanagement u. Interimsmanagement, 1999 Abschluss z. geprüften Finanzbilanzbuchhalter in Nürnberg, 1999 Weiterbild. in Konsolidierung u. Sanierung v. Unternehmen, 2000-2001 Gschf. im Technologie- u. Gründerzentrum in Sulzbach-Rosenberg, 2001 Firmenumzug nach Amberg. F.: seit 1996 EDV-Beratung u. Hld., seit 1999 Rechnungswesendienstleistungen. M.: W & W Betriebsberatung, Bundesverb. d. Bilanzbuchhalter u. Controller, Two At Work, BJU, KUM-Berater, Verb. freier Berater e.V., BDS, Institut f. Handelsforschung an d. Univ. Köln, RKW, Beratungsgruppe "Strategie", DFV, Geschäftsstellenltr. DFNV, Haushaltsausschuss d. BRK-KV Amberg-Sulzbach, Schatzmeister TSC Rot-Gold-Casino Nürnberg. H.: Sport, klass. Musik, Joggen, Schwimmen, Computer.

Gramlich Ludwig Dr. jur. Prof. *)

Gramm Reinhard *)

Grammel Birgit Dr. med. *)

Grammel Thomas Dr. med. vet. *)

Grammerstorf Burkhard

B.: Goldschmiedemeister, öff. bestellter u. vereid. Sachv. f. d. Gold- u. Silberschmiedehandwerk. GT.: 1985-92 Innungsobermeister, 1964-85 Mtgl. d. Meisterprüf.-Kmsn. d. Handwerkskam., seit 1978 Edelsteinsachv. d. Handwerkskam. f. Gerichte, Vers., RA, Privatkunden u. andere Inst. DA.: 14197 Berlin, Schlangenbader Str. 17. G.: Berlin, 18. Feb. 1937. V.: Sigrid, geb. Reckling. Ki.: Georg (1962). El.: Gerhard u. Adelheid, geb. Franke. S.: 1952-56 Goldschmiedelehre, 1964 Meisterprüf., zahlr. Bild.-Maßnahmen z. Sachv.-Tätigkeit. K.: 1959-64 Geselle, 1964-92 Grdg. u. Führung einer eigenen Werkstatt u. Geschäftes, seit 1970 Verkauf v. ausgewähltem Schmuck. M.: 1962-97 Berliner Ruderclub, Freimaurerloge. H.: Schach, Lesen, klass. Musik, sammelt KPM- u. Meißner-Porzellan.

Grammerstorff Rudolf

B.: Polsterer, Dekorateur, Inh. FN.: Schuhhaus Grammerstorff. DA.: 21481 Lauenburg, Berliner Str. 18. G.: Lauenburg/Elbe, 4. Mai 1937. V.: Ursel. Ki.: Simone (1963), Cornelia (1965). El.: Rudolf u. Emma. BV.: Georg Christian Grammerstorff Firmengründer, Riemer u. Sattler 1838. S.: 1953-56 Ausbild. z. Polsterer u. Dekorateur in Wentorf, b. 1962 Geselle im elterl. Betrieb u. in Hamburg, 1962 Meisterprüf. f. d. raumgestaltende Handwerk in Oldenburg. K.: 1962-67 im Verkauf im Textilgeschäft Leffers u. als Substitut b. Horten, 1967-74 Übernahme d. elterl. Raumausstattungsgeschäfts in Lauenburg, 1974 Bau u. Eröff. d. jetzigen Schuhgeschäftes in Lauenburg, 1979 Erweiterung d. Sortiments um Sportbekleidung. M.: 2. Vors. d. Lauenburger Schützengilde v. 1666, Lauenburger Ruderclub e.V., Tennisclub Schwarzweiß e.V. H.: Tennis, Schießen.

Grammich Hans Detlef

B.: RA. FN.: Kanzlei Grammich. DA.: 02625 Bautzen, Kesselstr. 3. G.: Wetter/Ruhr, 20. Mai 1946. El.: Hans u. Elisabeth. S.: 1963-66 Ausbildung z. Verwaltungsbeamten, 1967-77 Zeitsoldat b. d. Infanterie, 1977-78 Verwaltungsabitur, 1979 allg. HS-Reife, 1980-88 Stud. Jura an d. Westphälischen Wilhelms-Univ. Münster, 1. Staatsexamen in Hamm, 1990-93 Referendarzeit in Münster, 1993 2. Staatsexamen in Düsseldorf. K.: 1991-94 Doz. an d. Thüringer Akademie Überlingen in Erfurt, 1994-97 Anwalt an einer überörtlichen Sozietät in Spremberg, Görlitz, Niesky, seit 1997 tätig in eigener Kzl. in Bautzen. M.: Vereinigung d. Strafverteidiger Sachsen/Sachsen-Anhalt. H.: französische, englische u. deutsche klass. Literatur, Musik.

Gramminger Manfred *)

Grams Helmut A. R. *)

Grams Mario Dipl.-Ing.

B.: Dipl.-Ing. f. Stadtplanung, selbständig. FN.: Sunport-Reisen Erleben. DA.: 34121 Kassel, Wilhelmshöher Allee 262. grams@netcomcity.de. G.: Koblenz, 25. Apr. 1961. Ki.: Tina

*) Biographie www.whoiswho-verlag.ch oder beigefügte CD-ROM

(1984). El.: Werner u. Ellen, geb. Schmidt. S.: 1981 Abitur, 1981 Stud. Maschinenbau GHK Kassel, 1982-86 Bundeswehr - Fernmeldeaufklärung Sprechfunk Russ., 1986-94 Stud. Stadtplanung GHK Kassel m. Abschluß Dipl.-Ing. K.: 1994- 200 Mitarbeiter im Bereich Verkehrsplanung an d. GHK Kassel, 2000 Ausbildung Microsoft Certificat Solition Developer m. Abschluß MCSD, 2001 selbständig m. d. Firma Sunport Reisen. M.: VC Deutschland. H.: Sport, Reisen.

Grams Volker W. *)

Grän Tino *)

Grän Volker

B.: Gschf. FN.: Pro Media Ges. f. Multimediaentwicklung mbH. DA.: 30167 Hannover, Gerhardstr. 3. G.: Holzminden/Weser, 20. Mai 1950. V.: Martina, geb. Schrader. S.: b. 1970 Lehre z. Elektromechaniker Mess- u. Regeltechnik, b. 1972 Bundeswehr in Pinneberg, Halbmilitär. Ausbild. z. Flugfunktechniker/ Ausbild.-Kompanie, Wechsel z. Fluggeschwader nach Wunstorf/als Ausbilder/Wartungsarb. u. Flugcheck an d. Trans All, nach Pozwan in einer Sondergruppe tätig u. im Annastift in Hannover Ersatzdienst abgeleistet. K.: Grdg. einer Reparatur-Abt., b. 1976 Stud. Dipl.-Sozialpäd. an d. FH f. Sozialwesen, Anerkennungsj. im Schulversuch Glocksee, dann selbst. musikelektron. Bereich u. freiberufl. v. eine Videoproduktion gearb. (WDR), b. 1989 als Ltr. Aufbau u. Konzeption eines Kinderladens in Hannover, parallel in d. Computertechnik Fortbild. besucht, Bau v. computergestützten Messgeräten, Umschulung z. IBM Computerfachmann-Wirtschaft/Abschluss 1990, Zusatzqualifikationen als EDV-Doz., 1994 Firmengrdg. Pro Media - Ges. f. Multimediaentwicklung mbH in Hannover. P.: Publ. f. Fachzeitschriften im Bereich Multimedia. M.: 1993-97 1. Vors. im Ver. "Martins-Werk", Prüf.-Aussch. d. IHK. H.: Modelleisenbahn, Reisen.

Granaas Ingolf *)

Granado Garcia Karolina
B.: selbst. Geschäftsinh. FN.: Reformhaus. DA.: 87629 Füssen, Floßerg. 3. G.: Buching, 3. Feb. 1961. V.: Enclides Granado. Ki.: Roxana (1986), Ismael (1987). El.: Georg u. Kunigunde Sieber. S.: 1977-80 Ausbild. z. Krankenschwester. K.: 1980-86 Krankenschwester in Lindau, danach Fachklinik Enzenberg, 1986-90 Familienzeit, 1990 Eröff. eines Reformhauses zusammen m. Partner, 1998 alleinige Übernahme d. Reformhauses. M.: Neuform-Verb. H.: Naturheilkunde, ganzheitl. Med., Esoterik.

Grand Gundy
B.: Schauspielerin. PA.: 81673 München, Clemens-August-Str. 1. G.: München, 17. Aug. 1953. K.: Theaterengagements: Baden-Baden, Bonn, München, Köln, Düsseldorf, Wuppertal, Frankfurt, Berlin, sowie Tourneen. TV: ARD/ZDF: Hauptrollen in versch. Vorprogrammserien, Coproduktionen, "Tatort", "Derrick", TV-Inszenierungen/Verfilmungen; Spielfilme: "Sie liebten sich einen Sommer", Undine.

Grande Dieter Prälat
B.: Domkapitular. PA.: 01067 Dresden, Schloss-Str. 24. G.: Waldenburg, 24. Feb. 1930. El.: Johannes u. Auguste. S.: 1950 Abitur, 1950-55 Stud. Phil. u. Theol. Münster, München u. Erfurt. K.: 1955 Priesterweihe, 1956 Kaplan in Chemnitz, 1957-60 Kaplan Leipzig-Gohlis St. Georg, 1961-62 Pfarrvikar in Dresden-Pillnitz u. Dekanatsjugendseelsorger, 1963-69 Diözesanjugendseelsorger d. Bistums Meißen, 1970 Ltr. d. Pastoralen Informationsdienstes, 1971-75 Ltr. d. Zentralen Arbeitsstelle Pastoralsynode u. später Sekr. d. Pastoralsynode, 1976-81 Pfarrer Leipzig-Gohlis, 1982-86 Diözesancaritasdir. im Bistum Dresden-Meißen, 1985 Domkapitular, 1986-87 Dompfarrer d. Kathedrale Dresden, 1988-90 Pressesprecher d. Berliner Bischofskonferenz u. Ltr. d. Pressestelle in Berlin, 1991 Rückberufung in d. Bistum Dresden-Meißen u. Pressebeauftragter d. Bistums, 1992 Ltr. d. Kath. Büros Sachsen, 1995 Caritasrektor, ab 2000 nur noch Dienste als Domkapitular. P.: zahlr. Veröff. u.a. "Wien b. an d. Rand d. Welt" (1954), "Tanzspiele" (1955), "Diakonia - Aus Liebe dienen" (1990), "Zur Kirchenpolitik d. SED" (1994), "Kirche in Visier" (1998). E.: 1989 Prälat. H.: Musik. (H.W.)

Grande Jörg Dipl.-Ing.

B.: Ökonom, Unternehmensberater, Inh. FN.: Grande Unternehmensberatung & Projektentwicklung. DA.: 04509 Delitzsch, Amselweg 5. G.: Leipzig, 8. Mai 1953. V.: Gesine. S.: 1969 Abitur m. Beruf z. Landmaschinenbauer b. VEB Bodenbearb.-Geräte Leipzig, 1972-75 Ökonomiestud. b. d. NVA-Offz.-HS in Zittau, militär. Karriere bis z. Mjr., 1990 Übernahme durch d. Bundeswehr im Mjr., 1991 eigene Kündigung aus d. Dienst. K.: 1990-92 Zusammenarb. m. Immobilienbüro Neubert, 1992 selbst. m. Grande Immobilien, 1997-98 parallel Dion.-Beauftragter f. Vereinte Vers. AG, seit 1999 Tätigkeit in Delitzsch. P.: Art. in d. Presse. E.: Verd.-Med. M.: Verb. dt. Makler. H.: Garten, Familie.

Grandé Manfred Karl Georg

B.: Einzelunternehmer, Fotohändler. FN.: Photo-Antiquariat Manfred Grandé. DA.: 13156 Berlin, Blankenburger Str. 8. post@photo-grande.de. www.photo-grande.de. G.: Berlin, 5. Mai 1935. V.: Marianne, geb. Remmers. Ki.: Stefan (1960), Christian (1962). El.: Herbert u. Anna. BV.: vor ca. 200 J. Hugenotten aus Grenobl nach Berlin. S.: 1951-54 Lehre als Fotoeinzelhdls.-Kfm. b. Photo Leisegang. K.: 1958-81 Zeiss-Ind.-Laden Berlin Stalinallee u. Alexanderplatz, 1981 Grdg. d. eigenen Geschäftes "Photo-Antiquariat" - einmalig in Berlin. BL.: ab 1982 sammeln, reproduzieren u. Verkauf v. histor. Pankower Ansichtskarten - v. ursprüngl. 7 Motiven auf inzwischen ca. 1000 erhöht - dazu nat. u. intern. Anfragen, vielfache Anfragen v. Denkmalspflegern u. Architekten. P.: Niederschönhausen - Ein Stück Berlin (1992), Sammlung "Pankower Histörchen" (1998). M.: Ver. 100 J. Kino in Berlin e.V., Berlin-Brandenburg. Schifffahrtsges.-Spree-Cöllnische Schiffahrts Ges.m.b.H. H.: Drehorgel spielen.

Granderath Matthias *)

---

*) Biographie www.whoiswho-verlag.ch oder beigefügte CD-ROM

Grandinetti Sylvia

B.: Zahnärztin. DA.: 53113 Bonn, Joachimstraße 14. G.: Bonn, 14. Okt. 1961. El.: Gabriel u. Elfriede, geb. Schwettmann. S.: 1981 Abitur Rheinbach, 1981-84 Lehre Zahnarzthelferin b. Zahnarzt Rüdiger Sachse in Bonn-Beuel, 1984-92 Stud. Zahnmed. in Bonn, daneben Fotomodell u.a. f. Brigitte u. Kosmetikaufnahmen u.a. für Revlon, 1992 Staatsexamen. K.: 1992-96 Ass. in 2 Landpraxen u. Kieferchir.-Praxen Rivas, Haag u. Medeco Klinik, seit 1996 Aufbau einer eigenen Praxis, eigenes Praxisdesign m. Gemälden, Fotos, Plastiken, auch Zusammenarb. m. Akupunkteurin, Heilpraktikerin, Kosmetikerin. P.: Erwähnung in Brigitte 22/99 m. Foto, 1998 Fernsehinterviews b. Pro 7 u. Sat 1 über Gesundheitsreform, 2x in Talkshow Sabrina. M.: Grdg.-Mtgl. Förderver. "Frederico II" in Stuttgart. H.: Sport, Ausdauersportarten, Laufen, Powerwalking, Skulpturen, Malerei d. 19. Jhdt., Reisen in alle Äquatorländer u. nach Italien.

Grandke Gerhard

B.: Stadtkämmerer, OBgm. FN.: Stadtverw. Offenbach. DA.: 63065 Offenbach, Berliner Str. 100. info@offenbach.de. www.offenbach.de. G.: 11. Juni 1954. V.: Heidrun, geb. Weber. Ki.. Birga, Björn. S.: Stud. Soz., Psych., Päd. u. Germanistik. K.: wiss. Mitarb. an d. HS Frankfurt, mehrere J. Doz. b. Berufsfortbild.-Werk d. DGB, Seniorberater in d. Beratungsges. Freiherr v. Gleichen, Ltr. d. Organ.-Entwicklung in d. Flughafen Frankfurt Main AG, Unternehmensberater b. Hirzel, Leder & Partner, seit 1990 Stadtkämmerer v. Offenbach, seit 1994 OBgm. d. Stadt Offenbach.

Grandpierre Germaine

PS.: Germy Pierre B.: Künstlerin. DA.: 32545 Bad Oeynhausen, Detmolder Str. 60. V.: Jenö Grandpierre. Ki.: Barbara, Jörn, Siegfried, Gerhard, Daniel. El.: Hans Dietrich u. Marie Conradine Siedenburg. S.: 1939 Abitur Hannover, 1940 Stud. HS f. bild. Künste Hannover, tätig unter Gen. v. Hanniken in d. Nachrichtentechnik in Silkeborg/Dänemark, Priv.-Schülerin v. Bane Kjeri, 1994 Abschluß d. Stud. u. seither freischaff. Künstlerin. K.: 1976 künstl. tätig in Österr., Florenz, England u. Frankreich, Techniken: klass. Ölmalerei, Portraits u. reiner Impressionismus sowie Meisterkopien, 19986 Grdg. d. Gilde am Chiemsee, seit 1998 tätig in Bad Oeynhausen u. Eröff. d. Ateliers. E.: 1995 Dr. d. Accademia Florenz, 1983 Euro-Med., Silberkette f. Kunst u. Kultur d. europ. Kulturkreis Baden-Baden, Ehrenmtgl. d. Royal Society of St. George f. d. Portrait v. Prinz Albert v. Sachsen-Coburg-Gotha. M.: Kunstkreis Minden-Lübbeke.

Grandt Elke Magret *)

Grandt Gabriele

B.: Dipl.-Finanzwirtin, Steuerberaterin, Inh. FN.: Gabriele Grandt. DA.: 22303 Hamburg, Borgweg 4. G.: Hamburg, 2. Okt. 1952. S.: Mittlere Reife, 1969-71 Ausbild. z. Verw.-Ang. in d. Schulbehörde Hamburg, 1971-73 Fachabitur f. Wirtschaft u. Verw., 1972-74 Ausbild. z. Dipl.-Finanzwirtin an d. Verw.-FH Hamburg. K.: 1972-92 berufl. Tätigkeit in versch. Finanzämtern in Hamburg, letzter Dienstgrad Amtmännin, 1992 Bestellung z. Steuerberaterin, zunächst als ang. Steuerberaterin, dann selbst. m. eigener Praxis, 1996 Erweiterung d. Praxis, 1998 Umzug in neue Räume Borgweg 4 in Hamburg. M.: Steuerberaterkam., Steuerberarverb., Tennisclub d. Hamburger Gaswerke. H.: Tennis, Joggen m. Hund, Schwimmen, Malen, Lesen.

Graner Angelika Dipl.-Ing. *)

Graner Jens *)

Graner Wolfgang *)

Granier Ilse

B.: Buchhändlerin, Inh. FN.: Antiquariat Granier GmbH. GT.: ab 2000 div. Kunstausstellungen m. regional bekannten Künstlern. DA.: 33602 Bielefeld, Welle 9. G.: Löhne, 13. März 1948. Ki.: Christian (1972), Charlotte Inga (1976). El.: Hans Walter u. Auguste. S.: 1964-67 Ausbild. z. Buchhändlerin in Herford. K.: 1969 ang. in einer Fachbereichsbibl. in d. jetzigen Univ. Bielefeld, 1970 Grdg. d. "Buchlädchen": antiquarische und polit. Literatur,1975 Umwandlung in ein reines Antiquariat "Buch- u. Kunstantiquariat Bielefeld", Aussteller auf d. Messen d. Verb. dt. Antiquare e.V. in Stuttgart u. Maastrich, 1980-99 Mitarb. im Auktionshaus Jochen Granier in Bielefeld, seit 30 J. Marktführer in Bielefeld u. seit 2001 alleinige Inh. d. Antiquariats. P.: Kunstkatalog z. Dresdner Sezession. M.: Börsenver. d. dt. Buchhdls. H.: Lesen, Museumsbesuche.

Grannaß Frank D.

B.: Grafik-Designer, Illustrator, Künstler, selbständig. FN.: Werbung & Design. DA.: 27777 Ganderkesee, Urneburger Str. 14. grannass@t-online.de. www.astro-stein.de. G.: Wanne-Eickel, 24. Apr. 1955. V.: Rita Oesting-Grannaß. El.: Reinhard u. Ingeborg, geb. Kutscher. S.: 1972 Mittlere Reife in Wanne-Eickel, 1972-75 Lehre zum Technischen Zeichner Maschinenbau, 1975-79 Bundeswehr Zeitsoldat als Fotograf. K.: 1979-82 Bauzeichner u. Grafischer Zeichner in einem Architekturbüro u. Werbeagenturen in Aurich u. Oldenburg, 1982-89 Technischer Illustrator in einem Ingenieurunternehmen in Wilhelmshaven, 1989-93 Kriminaltechnischer Ang. f. Spurensuche u. Schriften b. d. Kriminalpolizei Aurich, 1996 Übersiedlung nach Ganderkesee, seit 2001 Bildhauerarbeiten

*) Biographie www.whoiswho-verlag.ch oder beigefügte CD-ROM

u.a. Astro-Steinkunst "Stein d. Lebens" ein ständiger Begleiter auf d. Weg d. Bewussheit. P.: div. Ausstellungen seit d. 70er J. m. Fotografien, Skulpturen u. Bildern. M.: Ateliergemeinschaft Bahnhofsatelier in Lehmwerder. H.: Reiki, seit 1997 Reiki-Meister, seit 1998 Reiki-Lehrer, Wahrheitssucher.

Grantz Melf *)

Granzer Friedrich Leo Dr. Prof. *)

Granzow Elfi
B.: Kauffrau, Inh. FN.: Hotel Bellmoor. DA.: 20146 Hamburg, Moorweidenstr. 34. PA.: 22299 Hamburg, Eppendorfer Stieg 4. G.: New York, 26. Juli 1934. V.: Kurt Marte. Ki.: Daniel (1968). El.: Johannes u. Lisa, geb. Löbling. S.: Schulbesuch u. Abschluß höhere Schule auf Long Island/USA. K.: 1956 Europabesuch, 1957/58 Mannequin in Italien, 1959-60 Fotomodell in Paris, 1960-77 Mannequin/Fotomodell in München, 1977 Übersiedlung nach Hamburg, 1978 Übernahme d. Hotel Bellmoor. H.: Mode.

Granzow Günter *)

Granzow Hermann Dr. phil. *)

Granzow Joachim Harro Kai Dr. iur. LL.M. *)

Grap Andreas *)

Grape-Albers Heide Dr. *)

Grapentin Uwe Dipl.-Ing.

B.: Techn. Ltr., Centermanager. FN.: AFG Centermanagement GmbH Münster Ndlg. Berlin. DA.: 10409 Berlin, Greifswalder Straße 90. G.: Boldshof, 18. Okt. 1946. V.: Christine, geb. Schulze. Ki.: Tino (1970), Dirk (1973), Sandro (1978). El.: Ernst u. Lotte, geb. Ziemkendorf. S.: 1963 Mittlere Reife, 1963-66 Ausbild. z. Funkmechaniker f. Sende- u. Empfangsanlagen, 1970-75 Fernstud. an d. TU Leipzig, Dipl.-Ing., 1988-89 Ausbild. m. Abschluß als Energetiker, 1993-95 FH-Stud. Staatsrecht, Baurecht, Vertragsrecht im öff. Dienst d. Landes Brandenburg. K.: 1966-67 Funkmechaniker, 1968-76 Funkmechaniker u. Betriebsing. in einer Großsendeanlage, 1976-79 stellv. Ltr. d. Funkamtes Oranienburg, zugleich Ausbild.-Ing. u. Doz. f. Großsendeanlagen im Bereich Oranienburg, 1979-94 Zivilang. u. Dipl.-Ing. b. d. Polizei Ltr. eines Heizkraftwerkes, seit 1993 Dezernatsltr. f. Technik u. Bauen in d. Landespolizeischule Brandenburg, 1997 Centermanager u. Techn. Ltr. d. Mühlenberg-Centers, 1998 Ndlg.-Ltr. d. Ndlg. Berlin d. AFG Centermanagements Münster. P.: Art. u. Aufsätze in Fachzeitschriften. H.: Angeln, Radfahren, Garten, Nachrichtentechnik.

Gräper Thomas
B.: Dachdeckermeister, Inh. FN.: Prodach Abdichtungstechnik Thomas Gräper e.K. DA.: 22305 Hamburg, Rübenkamp 7d. G.: Hamburg, 14. März 1963. V.: Gabriele, geb. Stenner. Ki.: Cedric (1998). El.: Hans Adolf u. Erika, geb. Hagemann. S.: 1980 Mittlere Reife Hamburg, 1980-83 Ausbild. z. Dach-

decker in Hamburg. K.: 1983 Eintritt in d. elterlichen Betrieb Hans Adolf Gräper Dachdecker und Bauklempnerei Hamburg, Geselle, 1989-91 Meisterschule m. Abschluß als Dachdeckermeister, b. 1993 weiter im elterl. Betrieb m. Ausweitung d. Aufgabenbereiches, 1993-99 Dachdeckermeister in versch. Hamburger Unternehmen, seit 1999 selbständig, Grdg. d. Prodach Abdichtungstechnik. M.: Handwerkskam. H.: leidenschaftl. Vater, Freizeitgestaltung m. d. Familie.

Grapp Jürgen *)

Grappolini Mario

B.: Gastronom, Barmann, Weinhändler. FN.: Klassik Weinimport GmbH; Hindenburg Klassik Restaurant. DA.: 30855 Hannover-Langenhagen, Bayernstr. 26; 30175 Hannover, Gneisenaustr. 55. G.: Terranuova, 1. Juni 1954. V.: Lebenspartnerin: Olga, geb. Georgiadi. Ki.: Giani, Massimiliano, Laura. El.: Bruno u. Maria, geb. Vasari. S.: Hotelfachschule "Aurelio Saffi" in Florenz, Praktikum in Ski-Gebiet Norditalien "Cortina d'Ampezo", 1971 Prüf. z. Hotelfachmann in St. Moritz. K.: 1972 persönl. Kellner v. Schah v. Persien "Reza Pahlevi", Auslandserfahrungen in Deutschland, Sprachstud., b. 1974 Ausbild. z. Barkeeper in Hannover in d. "Jenseits-Bar" u. Partner Pierino Viero kennengelernt, Barmann in d. "Olebeute-Strecher-Bar", 1979 gemeinsam m. Pierino Viero d. ital. Restaurant Bellaria im Sprengel-Museum eröff., 1980 Eröff. Hindenburg Klassik, 1992 Grdg. Klassik Weinimport GmbH. BL.: seit 1975 Galopp-Rennsport, eigene engl. Vollblüter. P.: versch. Fachveröff. in d. Presse u.a. Essen & Trinken. E.: Prämierung f. Alleinimport v. "Arneis 2000 Ponchione". M.: seit 1978 Tennisver. HTV. H.: Tennis, Angeln.

Grascha Christian

B.: selbst. Finanzberater. FN.: Versorgungsberatung Niedersachsen GmbH. DA.: 37176 Nörten-Hardenberg, Burgstr. 3. PA.: 37574 Einbeck, Sülbeckweg 25. G.: Einbeck, 16. Okt. 1978. El.: Wolfhard u. Marlies, geb. Wels. S.: 1995 Mittlere Reife, 1995 Berufsfachschule Wirtschaft, 1996-99 Ausbild. z. Ind.-Kfm. b. KWS SAAT AG Einbeck, 1998-99 innerbetriebl. Ausbild. b. Firma Versorgungsberatung Niedersachsen, 2000 Ausb. zum Master of financial consulting. K.: 1997 Eintritt in d. FDP, 1998 Pressesprecher d. FDP Ortsverb. Einbeck, 1999 stellv. Kreisvors. d. FDP Kreis Northeim, 1999 selbst. b. Firma Versorgungsberatung Niedersachsen, 2000

*) Biographie www.whoiswho-verlag.ch oder beigefügte CD-ROM

Grascha

Filialltr. in Nörten-Hardenberg, seit 2000 auch in Firmenschulungen aktiv, 2000 Ortsvors. d. FDP Ortsverb. Einbeck, Interessengemeinschaft Hochwasserschutz Einbeck u. Umgebung, seit 2000 Vorst.-Mtgl. i. Lohnsteuerhilfeverein Niedersachsen, seit 2001 Finanzwirt (bbw), seit 2001 2. stellv. Bürgermeister d. Stadt Einbeck. M.: FDP, Blau-Weiß Einbeck (Tennis), Ver. liberaler Kommunalpolitiker, Berlin, Junge Liberale e.V., MEC, "Kyffhäuserland" e.V., Artern. H.: Tennis, Politik, Lesen.

Graschberger Christoph Dipl.-Kfm. *)

Graschew Georgi Borislawow Dr. rer. nat.
B.: wiss. Koordinator - Surgical Research Unit OP 2000. FN.: Robert Rössle Klinik am Max Delbrück Centrum f. Molekulare Med. Charité d. Humboldt-Univ. zu Berlin. DA.: 13125 Berlin, Lindenberger Weg 80. G.: Samokov/Bulgarien, 2. Juli 1946. V.: Dipl.-Ing. Penka Dimitrowa. Ki.: Borislawa Georgiewa (1980). El.: Dr. Borislaw u. Vera. S.: 1964-68 Stud. Math. an d. Naturwiss. TU Dresden, 1969-72 Forsch.-Stud. TU Dresden, 1973 Staatsexamen u. Dipl.-Arb., 1974 Prom. K.: 1975-86 Forsch.-Ass. in Nat. Krebsforsch.-Zentrum Sofia/Bulgarien, 1982-83 Gastwissenschaftler d. Kernforsch.-Anlage Jülich, 1987-88 Gastwissenschaftler am Dt. Krebsforsch.-Zentrum u. d. Chir. Univ.-Klinik Heidelberg, 1989-92 wiss. Koordinator d. Projektes "Operationssaal d. Zukunft - OP 2000", seit 1993 wiss. Koordinator d. "Surgical Research Unit OP 2000". BL.: neue Methoden d. Krebsdiagnostik u. -therapie, Bildverarb. u. Virtuelle Realität, Präzisionschir., Telemed. - über 15 Patente in d. USA, Deutschland, Japan u. EU. P.: über 100 wiss. Vorträge u. Publ., Referate. M.: Intern. Photodynamic Assoc., Dt. Krebsges., Förderver. MDC. H.: Musik, Malerei.

Grascht Thomas *)
Grascht Walter

B.: Gschf. Ges. FN.: Elektro Kleineick GmbH & Co KG. DA.: 45133 Essen, Meisenburgstraße 31. G.: Essen, 31. März 1934. Ki.: Walter (1957). S.: 1948-54 Technikerschule f. Elektrotechnik, Rundfunk u. Fernsehen, kfm. Ergänzungsausbild. K.: 1955-58 Werkstättenltr. im Rundfunk- u. Fernsehbereich, 1958 Übernahme v. Elektro Kleineick. M.: Elektro-Innung Essen u. Radio-Fernsehtechniker-Innung Essen. H.: Lesen, Tennis, Fernreisen, Fotografie.

Graseck Hermann
B.: Goldschmiedemeister. FN.: Graseck Uhren-Schmuck GmbH. DA.: 79098 Freiburg, Münzg. 1a. info@graseck.com. www.graseck.com. G.: Freiburg, 15. Apr. 1956. S.: 1976 FH-Reife, Wehrdienst, Stud. FH Karlsruhe Maschinenbau u. Elektronik, Ausbild. Goldschmiedelehre. K.: 1981-82 Goldschmied in Namibia b. W. Meyer in Windhoek, Aufenthalt in Südafrika u. USA, 1987 Einstieg in elterl. Betrieb u. Etablierung eigener Goldschmiedewerkstatt, 1989/90 Meisterprüf. im Goldschmiedehandwerk, Zusammenarb. m. versch. Schmuckgestaltern u. Design, 1998 Eröff. d. Goldschmiede Galerie in d. Münzg. 1a. BL.: Initiator u. Vors. d. Marketing obere Altstadt Freiburg. H.: Golf, Sport allg.

Grasedieck Dieter Dipl.-Ing.

B.: MdB, OStDir. a.D. FN.: Dt. Bundestag. DA.: 10111 Berlin, Platz d. Republik 1, Wahlkreisbüro: 46236 Bottrop, Gladbecker Straße 79. DGrasedieck@aol.com. G.: Gladbeck, 2. Juli 1945. V.: Christa, geb. Flatau. S.: 1962 Mittlere Reife Realschule Gladbeck, 1962-65 Schlosserlehre in Firma v. Prof. Hölter in Gladbeck, 1965-68 Ingenieurschule Hagen, Stud. Maschinenbau/Fertigungstechnik, 1968 Ing. (grad.), 1968-71 Hochschulreife, 1968-71 RWTH Aachen, Maschinenbaustudium, auch Pädagogik, 1971 1. Staatsprüfung f. d. Lehramt an Berufsbildenden Schulen, Referendariat in Gelsenkirchen, 1973 2. Staatsexamen. K.: 1981-94 Schulleiter Metallberufsschule Gelsenkirchen, Oberstudiendirektor, 1971 SPD-Eintritt, 1973-90 Vors. SPD-Ortsverein Bottrop-Boy, seit 1975 Rat d. Stadt Bottrop, 2 Jahre Bürgermeister u. 2 Jahre Fraktionsvors., 1992-2000 Vors. d. SPD-Unterbezirks, 1994 Wahl als Direktkandidat mit MdB mit 57%, seitdem Mtgl. im Finanzausschuss u. stellv. Mtgl. Ausschuss Bildung u. Technologie, auch im AK Energie, seit 1996 d. Gruppe "Alte Hasen unterstützten Jungunternehmen", 1998 Wahl als MdB mit 63%, 1999 stellv. Mtgl. Enquete-Kommission Ehrenamt. BL.: Grdg. Förderverein "Ausbildungsplätze für meinen Wahlkreis", 40 Lehrstellen direkt gefördert, 260 Lehrstellen vermittelt. M.: Schirmherr d. Selbsthilfegruppen in Bottrop, Parlamentariergruppe Palästina-Israel, AWO. H.: Lesen über Maschinenbau und e-commerce, Joggen, 10.000 Meter-Lauf. (Re)

Graser Nikolaus
B.: Maschinenschlosser, Unternehmer, selbständig. FN.: LVM Versicherungen Landwirtschaftlicher Versicherungsverein Münster e.G. DA.: 96052 Bamberg, Memmelsdorfer Str. 30. G.: Trosdorf b. Bischberg, 12. Feb. 1955. V.: Brigitte. Ki.: Nicole (1984), Carmen (1990). El.: Konrad u. Barbara. S.: Lehre Maschinenschlosser b. Firma Bosch, Industriemeisterprüfung, Technikerprüfung. K.: Einstellversuchsabteilung b. Firma Bosch AG in Fertigung, anschließend Firma Oelhorn, Oeka-Metall in Bamberg, Abteilungsleiter f. Sondermaschinenbau, stellv. Betriebsleiter Abt. Technik b. Firma Optima, seit 1992 selbständig, 1992 Vereinte Versicherung AG (Lebens- u. Krankenversicherung), ab 1997 b. LVM Landwirtschaftlicher Versicherungsverein Münster e.G., Schwerpunkt: Altersversorgung u. priv. Krankenversicherung, Finanzdienstleistung u. Rundumversicherung. M.: Maintaler Blaskapelle Trosdorf, 1. Vors. RK Trosdorf. H.: Musik spielen, Tischtennis, Schwimmen, Wandern.

Gräser Axel Dr.-Ing. Prof. *)
Gräser Michael *)
Gräser Wilfried
B.: Dipl.-Wirtschaftler. FN.: Kommunale Wirtschaftsförderung. DA.: 99087 Erfurt, Stotternheimer Str. 40. graeser.wirtschaftsfoerderung@t-online.de. G.: Erfurt, 12. Nov. 1951. V.: Marion. Ki.: Katja (1977), Jens (1981). El.: Hermann u. Hildegard, geb. Kiesling. S.: 1970 Abitur m. Berufsausbildung (Schlosser) Jüterbog, 1970-74 Stud. VW Berlin, Abschluss: Dipl.-Wirtschaftler. K.: 1974-91 tätig b. Rat d. Bez. Erfurt, Bereich Territorialplanung, später Thüringer Min. f. Wirtschaft u. Verkehr Erfurt, Referat Wirtschaftsförd., 1991-97 Mitarb. d. Beratungsfirma Dr. Troje in Erfurt u. Werder, 1997

selbst. P.: Tagungsbeiträge. M.: Bundesverband Deutscher Volks- u. Betriebswirte e.V. Düsseldorf. H.: Hochgebirgs- u. Rennsteigwandern, Lesen, Geschichte, Geographie.

Grashof Christian *)

Grashoff Vijan Hans *)

Grashorn Wolfgang *)

Grasmüller Andreas Maximilian Anton Dr. jur. *)

Grasnick Anna-Marie *)

Grasnick Armin Dipl.-Ing. (FH) *)

Grass Günter Dr. h.c.

B.: Schriftsteller, Grafiker. FN.: c/o Steidl Verlag. DA.: 37073 Göttingen, Düstere Str. 4. PA.: 23552 Lübeck, Glockengießerstr. 21. G.: Danzig, 16. Okt. 1927. V.: Ute Grunert. Ki.: Franz und Raoul (Zwillinge), Laura, Bruno. S.: Gymn., 1945-46 Wehrdienst u. amerikan. Gefangenschaft, Land- u. Kalibergarb., 1947 Steinmetzlehre in Düsseldorf, 1948-55 Kunststud. Düsseldorf u. Berlin. K.: 1951/52 Reisen nach Italien u. Frankreich, 1953-56 Umzug nach Berlin, seit 1956 Grafiker u. Schriftsteller Paris u. Berlin, 1967-70 Berater d. Städtischen Bühnen Frankfurt am Main, 1971 Kolumnist Südt. Zeitung, Mtgl. RundfunkR. SFB, seit 1982 SPD, 1983-86 Präs. D. Berliner Akademie d. Künste. BL.: 1969-74 Ghost-Writer f. BKanzler Willy Brandt. P.: Auswahl: Die Vorzüge d. Windhühner (1955), Die Blechtrommel (1959), Gleisdreieck (1960), Hundejahre (1963), örtlich betäubt (1969), Aus dem Tagebuch einer Schnecke (1972), Liebe geprüft (1974), Der Butt (1977), Kopfgeburten oder Die Deutschen sterben aus (1980), Widerstand lernen - Polit. Gegenreden 1980-83 (1984), Die Rättin (1986), Unkenrufe (1992), Ein weites Feld (1995), Die Deutschen und ihre Dichter (1995), Fundsacher für Nichtleser (1997), Mein Jahrhundert (1999), Im Krebsgang (2002). E.: 1955 Lyrikpreis Südt. Rundfunk, 1959 Preis Gruppe 47, 1960 Literaturpreis Verb. d. dt. Kritiker, 1962 Franz. Literaturpreis, 1965 Georg Büchner-Preis, 1968 Berliner-Fontane-Preis, 1969 Theodor-Heuss-Preis, 1968 Carl-v.-Ossietzky-Med., 1977 Mondello-Ehrung Palermo, 1978 Intern. Vioreggio-Preis u. Alexander-Majkowski-Med., 1982 Intern. Feltrinelli-Preis, 1994 Literaturpreis d. Bayer. Ak., 1995 Hermann-Kesten-Med., 1995 Hans-Fallada-Preis, 1996 Sonning-Preis, 1998 Fritz-Bauer-Preis d. Humanistischen Union; Ehrengrade von drei Hochschulen: 1965 Ehrendoktor Kenyon College u. 1976 Harvard Univ. USA, 1999 Prinz-von-Asturien-Preis, Literaturnobelpreis. M.: seit 1963 o.Mtgl. Ak. d. Künste Berlin, 1970 Amerikan. Ak. f. Kunst u. Wiss. Boston, P.E.N.-Zentrum BRD. H.: Kochen. (Re)

Graß Hans Joachim

B.: Uhrmachermeister, Unternehmer. FN.: Uhren - Schmuck - Studio Schmitt. DA.: 66386 St. Ingbert, Spitalstr. 1. PA.: 66711 Thallichtenberg, Pfaffenacker 2. juwelier-schmitt-igb@t-online.de. G.: Ruthweiler, 10. Jan. 1952. V.: Sigrid, geb. Braun. Ki.: Christopher (1984), Yvonne (1985). El.: Alois u. Maria, geb. Schirra. BV.: Großvater Jakob Schirra, Offizier d. Kaiserlich-Preussischen Garde. S.: 1966-70 Ausbildung z. Uhrmacher in Kusel, 1970-72 Bundeswehr, 1986-

91 Meisterschule in Kaiserslautern u. Saarbrücken, 1991 Meisterprüfung in Saarbrücken als Landesbester. K.: 1972 Uhrmacher bei Firma Köhler in Idar-Oberstein, 1972-76 auf Betreiben d. Firma Köhler in d. Schweiz umgesiedelt u. dort in d. Werken Patek Philippe, Audemars Piguet, Jaeger le Coultre u. IWC gearbeitet u. berufsspezifische Erfahrungen gesammelt, 1976-82 Uhrmacher b. Firma Köhler in Idar-Oberstein, 1982-94 Uhrmacher b. Firma Sailer in Kaiserslautern, 1994 Übernahme d. Firma Uhren u. Schmuck Schmitt in St. Ingbert. M.: Mtgl. im Vorstand d. Uhrmacherinnung d. Saarlandes. H.: Beruf Uhrmacher m. Leib u. Seele, Kegeln, Modelleisenbahn.

Grass Joachim *)

Grass Ulrich Hans

B.: Gschf. Gesellschafter. FN.: Grass GmbH. DA.: 55543 Bad Kreuznach, Kreuzstr. 24. PA.: 55545 Bad Kreuznach, Waldalgesheimer Str. 14F; 80801 München, Franz-Joseph-Str. 18. ulrich.grass@grass-gmbh.de. www.grass-gmbh.de. G.: Geilenkirchen, 18. Juli 1951. V.: Marianne, geb. Eißen. Ki.: Simone (1974), Sabine (1977), Daniela (1979). El.: Josef u. Emilie, geb. Krupp. S.: 1970 Fachabitur, 1970-72 Wehrdienst. K.: 1972-78 Softwareentwickler b. URANIT Jülich, 1978-81 IT-Ltr. in einem mittelständ. Produktionsbetrieb, seit 1981 selbst. als IT-Consultant f. Produktions-, Planungs- u. Steuerungssysteme, Betriebsdatenerfassung u. Web-Applications, 1992-97 Ges. d. Moba-Data GmbH Dresden. BL.: Gründer d. humanitären Hilfsorganisation SHL-Schüler-helfen-Leben. E.: 1992 I. Koblenzer Cusanuspreis f. Harmonisierung v. Leben u. Technik f. d. Erfindung u. prakt. Umsetzung d. elektron. erkennbaren Mülltonne. H.: Hund, lange Läufe, Bergwandern, Lesen, Motorradahren, Natur.

Grasse Monika *)

Graße Uwe

B.: Reporter u. Moderator. FN.: SAT.1 Redaktion Blitz. DA.: 10787 Berlin, Budapester Str. 40. uwe@grasse.de. G.: Dresden, 2. Mai 1969. V.: Bianka. Ki.: Melissa (1998), Pascal (1999). K.: 1989 erste journalist. Erfahrungen b. einem lokalen TV-Sender, 1990 Abitur, Bundeswehr, nebenbei div. TV-Produktionen, Kameramann, Sendeabwicklung u. Schnitt v. Beiträgen, 1991 Volontariat b. regionalen Fernsehsender "Studio 1" in Holzkirchen, 1994 Abschluß d. Lehre als Groß- u. Außenhdls.-Kfm. b. Opel in Rottach-Egern, 1995-96 Videoporter, Redakteur u. Moderator b. "tv.münchen", 1997-1999 Redakteur u. Moderator b. "blitz" b. SAT.1, seit 2000 Schlussredakteur & Schalt-Reporter bei Pro Sieben taff. H.: Tauchen, Skifahren.

---

*) Biographie www.whoiswho-verlag.ch oder beigefügte CD-ROM

Graßer Konrad
B.: RA. DA.: 80796 München, Belgradstr. 9. G.: München, 6. Nov. 1934. Ki.: Claus (1966). El.: Nikolaus u. Ursula. S.: 1954 Abitur, Stud. LMU München u. glz. Führung d. elterl. Geschäfts u. Bäckereibetriebes, 1958 1. u. 1962 2. Staatsexamen. K.: 1963 Syndikus d. Landesverb. Groß- u. Außenhdl., seit 1967 selbst. Anw. in München m. Schwerpunkt Wirtschafts-, Arb.- u. Familienrecht. P.: div. Publ. M.: Münchner Anw.-Ver.

Grasser Theo Dr. *)

Gräßer Knut

B.: selbst. EDV-Berater. PA.: 45475 Mülheim/Ruhr, Im Beckerfelde 16. G.: Mülheim, 10. Dez. 1955. BV.: Friedrich Gräßer Bgm. v. Topfstedt. S.: 1973-77 Stud. Elektrotechnik, 1978-80 autodidakt. Einarb. in d. PC. K.: 1982-88 Programmierung v. Anwendungssoftware u. Vertrieb v. Hardware, 1988 Eröff. eines Ladenlokales, 1995 Konzentration auf d. Servicebereich. M.: Fiat-Club bundesweit. H.: Autofahren, Videos machen, Computer, Bootfahren.

Graßhoff Herbert Dipl.-Ing.
B.: freischaff. Architekt, Ges. FN.: Hegli-Verwaltungsges. DA.: 14129 Berlin, Haagstr. 5. G.: Wasserburg/Inn, 24. Apr. 1945. Ki.: Claudia (1967), Nina (1976). El.: Herbert u. Thea, geb. Klocke. S.: 1964 Mittlere Reife, 1964-67 Lehre Bau- u. Möbeltischler Höxter, 1967-70 Ing.-Schule, grad. Ing. in Höxter, 1971-74 Stud. TU Berlin, Abschluß Dipl.-Ing. K.: 1970-74 freier Arch. u. Lehrbeauftr. an d. TU Berlin, 1977 Mitbegründer u. Ges. d. BSM Beratungsges. f. Stadterneuerung u. Modernisierung mbH u. bis 1994 Gschf., 1990 Mitbegr. u. Ges. d. BBSM Brandenburg. Beratungsges. f. Stadterneuerung u. Modernisierung Potsdam, 1992 Mitbegr. u. Ges. d. BSMF Beratungsges. f. Stadterneuerung u. Modernisierung mbH Frankfurt/Main, 1992 Mitbegr. u. Ges. d. Hegli-Verwaltungsges. als Holding f. BSM, BBSM u. BMSF; Handelsrichter am Landgericht Berlin. M.: Arch. u. Ing.-Verein Berlin. H.: Segeln, Tennis, Skifahren. (E.S.)

Graßhoff Ulrich Dr. med.

B.: Arzt, Gynäkologe. DA.: 63739 Aschaffenburg, Frohsinnstr. 32. PA.: 63864 Glattbach, Im Himbeergrund. G.: Magdeburg, 13. Mai 1951. Ki.: Peter-Maximilian (1982). El.: Dieter u. Brigitte. S.: 1969 Abitur Magdeburg, 1969-74 Med.-Stud. K.: 1974-79 FA-Ausbild. Univ.-Klinik Magdeburg, ab 1979 über Rumänien u. Jugoslawien in d. BRD geflohen, 1979-86 OA in Bruchsal, Ak. Lehr-KH d. Univ. Heidelberg, seit 1986 eigene Praxis in Aschaffenburg. P.: mehrere Veröff. in div. Fachzeitschriften. M.: Schützenver. Forst b. Bruchsal. H.: Squash, Skifahren, Tennis, Kunst, Antiquitäten, Musik, Weinkenner u. Gourmet.

Graßl Birgit

B.: Kauffrau, Inh. FN.: Der Kinderschuh GmbH. DA.: 76530 Baden-Baden, Merkurstr. 6. G.: Celle, 5. Okt. 1957. Ki.: Julian. S.: 1973-76 Lehre Drogistin. K.: 1976-90 tätig in d. Drogerie Lüchau, 1990-92 Juvena, 1993-96 Verkaufsltr. f. Außendienst Firma La Prairie, seit 2000 selbst. m. Kinderschuhen, Kinder- u. Jugendschuhe, Wäsche u. Nachtwäsche u. Markenart. P.: Impressionen, Veröff. in regionaler Presse. H.: Radfahren, Schwimmen, Lesen.

Grassl Christoph E. Dr. med. *)

Graßl Hartmut Dr. Prof. *)

Graßl Johann *)

Grassl Peter Wolfgang Johann *)

Grassler Brigitte

B.: Unternehmerin, selbständig. FN.: Hobby-Goldschmiedekurse u. Schmuckhandel. DA.: 91058 Erlangen, Äußere Brucker Str. 160. PA.: 91058 Erlangen, Geschwister-Scholl-Str. 1. G.: Nürnberg, 17. Sep. 1946. Ki.: Petra (1963), Wolfgang (1965). El.: Franz u. Anna Elise Knott. K.: 1960-63 u. 1975-93 Tätigkeit b. Siemens, seit 1999 selbständig f. Hobby-Goldschmiedekurse u. Schmuckhandel in Erlangen. H.: Goldschmieden, Schmuck anfertigen, sammeln u. herstellen v. Teddybären, sammeln v. Puppen u. Bären, Puppenspielzeug u. Puppenstuben, Lesen, Handarbeiten.

Gräßler Ralf
B.: Inh., Gschf. FN.: Freitaler Käfershop. DA.: 01705 Freital, Dresdner Str. 166. G.: 9. Mai 1971. V.: Sylvia, geb. Kaden. Ki.: Alexander (1993). El.: Gert u. Martina, geb. Fröhlig. S.: Lehre Ind.-Mechaniker. K.: b. 1992 Kfz-Mechaniker b. Stadtwerken, b. 1994 Zivildienst, 1994 Grdg. d. Käferwerkstatt, 1996 Eröff. Verkaufsgeschäft, b. 1995 Vors. v. Käferclub Freital. H.: Motorsport, b. 1996 selbst Rennen gefahren.

Graßmann Antjekathrin Dr. Prof. *)

Graßmann Jürgen *)

Graßmann Kerstin *)

Graßmann Steffi Dipl.-Med. *)

Grassmann Werner *)

Gräßmann Adolf Dr. med. Prof. *)

Gräßmann Monika *)

*) Biographie www.whoiswho-verlag.ch oder beigefügte CD-ROM

Graswald Josefine *)

Graszynski Kai Dr. Prof. *)

Gratenau Michael *)

Gräter Carlheinz Dr. phil. *)

Graterol Anca

B.: Musikerin, Produzentin, Doz. DA.: 30161 Hannover, Fridastr. 4A. AncaGraterol@t-online.de. G.: Bukarest/Rumänien, 14. Okt. 1952. El.: Livius Vijan u. Simeria Vijan. S.: 1971 Abitur Bukarest, b. 1974 Stud. Klass. Gitarre an d. Volksmusikschule Bukarest. K.: 1968 Grdg. einer Mädchenband "Catena", b. 1977 intern. Erfolge m. Rockmusik als Sängerin u. Gitarristin, 1977 Auswanderung nach Deutschland, Grdg. div. Bands (Rosy Vista), Charterfolge m. melodischem Rock, seit 1982 b. Moulin Rouge als Sängerin, parallel "Big Mama & the kids" u. Rosa Sista', ständig Jobs als Gastmusikerin (Klaus Lage, Jane, TV-Auftritte b. "Wetten, dass ..."u. Schreinemarkers"), zusätzl. Studiomusikerin f. versch. Bands intern., 1995 Übernahme gemeinsam m. Steve Mann (Sweet u. Michael Schenker Group) d. Frida Park Studios in Hannover, 2001 Soloalbum "Forgotten Jewels". P.: unzählige Veröff. CD u. Presse. E.: 1. Pl. Oxmox Wettbewerb, seit 1993 Doz. d. L.A.G. Rock in Niedersachsen, Workshops/Seminare. M.: Gnadenhof Lichtenstelle. H.: Katzen.

Grathwohl Horst Dr. rer. pol. Dipl.-Kfm. *)

von Gratkowski Joachim Servering Josef Dr. med.

B.: Arzt f. Allg.-Med. DA.: 45128 Essen, Rellinghauser Str. 173. PA.: 45129 Essen, Gerhart-Hauptmann-Str. 9. G.: Essen, 31. Jan. 1953. V.: Bettina, geb. Freigang. El.: Hans Wolff Reiner u. Marianne. S.: 1972 Abitur, 1972-74 Stud. Med. Münster, 1974-79 klin. Sem., 1979 Staatsexamen, 1979-80 Schiffsarzt Bundesmarine. K.: 1980-72 tätig am Krupp-KH in Essen, 1980 Prom., 1982-84 Innere Med. in Oberhausen, 1984 FA f. Allg.-Med., seit 1984 Ndlg. als FA f. Allg.-Medizin. M.: Hauptvorst.-Mtgl. d. Essener Turn- u. Fechtclub e.V., seit 1987 Schiffsführer d. Germania 6, AufsR Kliniken Essen, AufsR Adolphi Stiftung. H.: Segeln, Reisen, Theater.

Gratz Hans-Jürgen
B.: RA, Gschf. FN.: alterra projekt GmbH. GT.: seit 1968 Mtgl. d. SPD, 1970 Grdg. d. Jungsozialisten Ober-Erlenbach, 1981-89 Stadtverordneter Bad Homburg, 1989-97 Parlamentär im Umweltverband Frankfurt, seit 1998 Mtgl. im AR d. unit-energie-europe AG in Bad Homburg, aktiv tätig b. d. Ev. Kirche Obereschbach in Ober-Erlenbach, 1967 im Gründungsausschuß f. d. Kirchenbau, seit 1969 Mtgl. im Kirchenvorstand. DA.: 61352 Bad Homburg, Akazienstr. 2. projekt@alterra.de. www.alterra.de. G.: Königsberg/Ostpreußen, 19. Feb. 1938. V.: Gudrun Gratz-Best, geb. Best. Ki.: 1 Sohn, 1 Tochter. S.: 1958 Abitur in Frankfurt, 1958-62 Stud. Rechtswiss. an d. Univ. Frankfurt u. Würzburg, 1962 1. Staatsexamen, 1962-66 Referendariat in Hessen, 1966 2. Staatsexamen. K.: 1967-71 Ang., bzw. Sekretär d. Vorst. in d. Kreditanstalt f. Wiederaufbau in Frankfurt, 1971-77 Prok. u. Abteilungsleiter b. d. Dt. Bank in Frankfurt, 1977-78 Abteilungsleiter Vertrag b. d. Allgem. Kreditversicherungs AG Mainz, 1978-88 Ltr. d. Abt. Afrika in d. Bank f. Gemeinwirtschaft in Frankfurt, 1988-91 Mtgl. d. Geschäftsleitung d. Ökobank e.G. in Frankfurt, seit 1991 selbständig als Kapitalanlagenvermittler, spez. f. ökologische Kapitalanlagen m. ca 7000 Kunden bundesweit, Unternehmensberatung im ökologischen Bereich. P.: Deutsche Korpszeitung 1964 "50 J. Frankfurter Stiftungsuniversität", zahlr. Artikel in Parteiorganen u. Kirchenzeitungen, Berichterstattungen über d. Vermittlung ökologischer Kapitalanlagen im Lokalteil d. Frankfurter Rundschau, Vorträge b. ökologischen Tagungen, Umweltmessen u. b. d. Kirche z. ethischen Investment. M.: BUND, Arbeiterwohlfahrt, Unternehmerverband "UnternehmensGrün", Mitbegründer d. hessischen Verbandes, Saxonia Frankfurt (1959-69), Mitbegründer 1967 Tennisclub TSV Ober-Erlenbach. H.: Tennis, Politik.

Grätz Frank Dr. rer. pol.

B.: Unternehmer. FN.: Inst. f. Wiss.-Beratung Dr. Frank Grätz u. Dr. Martin Drees GmbH. DA.: 51429 Bergisch Gladbach, Braunsberger Feld 12. dr.graetz@t-online.de. www.drgraetz.de. G.: Halle/Saale, 1. Apr. 1940. BV.: Vater Herbert R. Grätz Schachpräs. d. DDR, Ltr. d. 1. Schacholympiade auf dt. Boden. S.: 1958 Abitur Halle, 1958-64 Stud. VWL, BWL, Sozialwiss. u. Sport MLU Halle, 1964 Dipl.-Vw., 1968 Diss. K.: 1964-65 Abt. Marketing ORWO-Wolfen, 1965-68 Bilanzierung VVB Pumpenind. Halle, 1968-70 Doz. f Soz. an d. Univ. Halle-Wittenberg, 1970 über Yugoslawien Flucht in d. Westen, 1970-74 Ltr. d. Vergütungsberatung d. Kienbaum Unternehmensberatung, seit 1974 selbst. als Unternehmensberater, Schriftsteller, Gutachter, ab 2000 Inst. f. Wiss.-Beratung. BL.: Weltrekordinh. m. Sammlung v. 130.000 Doktorarb. F.: Werbeagentur Dr. Frank Grätz, Verlag Dr. Frank Grätz. P.: Diss. "Zur soz. Rolle u. z. soz. Status d. Ökonomen in d. DDR", "Wer verdient was". M.: Dt. Ges. f. Wiss.-Geschichte, Dt. Ges. f. Gesundheitsforsch., Verb. Dt. Schriftsteller VdS, Dt. Liga z. Bekämpfung d. hohen Blutdrucks, Berufsverb. dt. Soziologen, Dt. Ver. f. Sportwiss. H.: Sammlung v. Doktorarb. ab 1575.

Gratzfeld Willi *)

Gratzke Peter Dr. *)

Grau Hubert Johann Dr. med. Dr. med. dent. *)

Grau Hubertus Dr. med. dent. *)

Grau Jürgen *)

Grau Peter Dr. med. *)

*) Biographie www.whoiswho-verlag.ch oder beigefügte CD-ROM

Grau

Grau Wiebke

B.: Psycholog. Psychotherapeutin, Inh. DA.: 90475 Nürnberg, Tolstoistr. 12. familie.grau@.de. G.: Garmisch Partenkirchen, 18. Sep. 1945. V.: Dipl.Sozw. Helmut Grau. Ki.: Clara (1975), Georg (1976), Anna (1979). El.: Dr. med. Niels u. Dipl.-Vw. Hannah Krack, geb. Herrmann. BV.: Hugo Krack Dir. f. LKH in Moringen/Soll., Dipl.-Ing. Victor Herrmann Gen.-Bev. f. Siemens in Japan, Clara Herrmann, geb. Enchelmeier Malerin. S.: 1965-69 Psych.-Stud. Univ. Friedrich-Alexander Erlangen/Nürnberg, 1971 Dipl.-Psych. K.: 1971-75 Dipl.-Psych. Jugend- u. Familienberatungsstelle d. Stadt Erlangen, 1975-86 freiberufl. Tätigkeit f. Seminare als Dipl.-Psych. an d. Univ. Erlangen, f. Pflegeberufe, Fahrlehrer, Erziehung, Partnerschaftsprobleme, Legasteniker, Mütterkurheim in Stein, bayer. Mütterdienst, seit 1986 selbst. m. Arb. in Kinderheimen u. eigener Praxis, seit 1990 Klin. Psych./Psychotherapie BDP, 1999 Approb. z. Psycholog. Psychotherapeutin, 1999 Kassenzulassung, 1999 Zusatzzulassung f. Kinder u. Jugendl. H.: Schneidern, Natur, Wandern, Erlebnisreisen.

Grau-Sobiech Renate *)

Grauberger Werner Dr. med. *)

Graubner Gotthard Prof.

B.: Maler; Prof. FN.: Kunstakademie Düsseldorf. DA.: 40213 Düsseldorf, Eisbachstr. 18. G.: Erlbach/Vogtland, 13. Juni 1930. K.: s. 1976 Prof. an d. Staatl. Kunstakad. Düsseldorf, Vertreter d. Farbraum-Gestalt., schuf u.a. 1988 Bilder im Auftrag d. Bundespräs. R.v. Weizsäcker f. Schloß Bellevue in Berlin, 1989/90 Einzelausstell. in Bremer Kunsthalle.

Graubner Hans-Günter Dipl.-Ing. oec. *)

Graubner Justus Dr. med. *)

Grauel Holger

B.: RA, Lehrbeauftragter. FN.: Sozietät Weinknecht u. Grauel. DA.: 50968 Köln, Lindenallee 43. PA.: 51143 Köln-Porz, Alfons-Kaffka-Str. 4. www.ra-grauel.de. G.: Saarbrücken, 23. März 1943. V.: Birgit, geb. Schuler. Ki.: Boerge (1977), Birte (1981). El.: Erhard u. Hildegard, geb. Fiehl. BV.: Name stammt ab v. einem franz. Botschafter v. Grawel am Zarenhof d. 17. Jhdt. S.: 1963 Abitur Völklingen, 1963 Stud. Rechtswiss. u. Betriebs- u. Volkswirtschaft in Saarbrücken, Bonn u. Paris, 1968 1. u. 1972 2. Staatsexamen. K.: 1972-74 Gschf. Ass. Europa-Institut Saarbrücken, 1974-83 Referent/Abteilungsleiter Bundesverband d. Dt. Ind., 1983-93 Gschf. u. Syndikustätigkeit Köln u. Bonn, 1983-92 Geschäftsführung d. Verb. d. Rechtsbeistände im Sozialrecht Köln, 1987 kommissarische Geschäftsführung d. Bundesverbandes d. dt. Beton- u. Fertigteilindustrie Bonn, 1988-93 Gschf. Bundesverband d. Dt. Groß- u. Außenhandels (BGA) Bonn, 1988-95 in Personalunion Gschf. d. Verbandes d. dt. Nahrungsmittel-Großhandels (VDN) Bonn, 1993-95 Vertretung d. BGA in Wettbewerbsfragen, Generalbevollmächtigter d. Dt. Berufskleider- u. Textilleasing GmbH (DBL) Köln, 1996-99 Gschf. Markenverband Wiesbaden, 2000 RA in Köln, Lehrbeauftragter an d. FH Bonn-Rhein-Sieg. P.: Markenschutz in Europa, Holz- u. Kunststoffverarbeitung (1996), Fachbeirat d. Fachzeitschrift "Markenrecht" (1997), Redakteur d. Teils "Recht" d. Zeitschrift Markenartikel (1997), Markenrechtliche Aspekte d. europäischen Tabakwerbeverbots (1999), Aktuelle Rechtsfragen zu E-Commerce u. Internet (2001). M.: Mtgl. d. Beirates d. Wettbewerbszentrale Bad Homburg, Gutachterausschuss f. Wettbewerbsfragen, stellv. Vors. d. Aktionskreises Dt. Wirtschaft gegen Produkt- u. Markenpiraterie e.V. Bonn, Mtgl. d. Beirates d. DENIC eG (Internet) Frankfurt. H.: Sport, Kultur, Reisen.

Grauel Ludwig Dr. med. Prof. *)

Grauel Stefan Dipl.-Ing. *)

Graul Emil Heinz Dr. med. Dr. rer. nat. Prof. *)

Graul Jürgen Dr.-Ing. Prof.

B.: Gschf. Ges., Univ.Prof. u. Inst.Dir. i. R. FN.: AUREUS ENGINEERING GmbH Ing.-Büro u. Unternehmensberatung, Inst. f. Halbleitertechnologie u. Werkstoffe d. Elektrotechnik; Laboratorium f. Informationstechnologie (LfI) d. Univ. Hannover. GT.: Leitung v. FuE-Projekten, Gutachter (u.a. f. DfG, FhG, BGH, BMFT, BMVg, Industrie), Unternehmensberater. DA.: 31303 Burgdorf, Pahlberg 14A, 30167 Hannover, Schneiderberg 32. G.: Berlin, 25. Jan. 1935. Ki.: Cornelia (1966), Jens Oliver (1969). BV.: Vater Werner Graul (Grafiker) entwarf f. d. UFA-Film-Ges. u.a. das weltweit bekannte Plakat "Metropolis" (1926) u. schuf die Goldprägungen "Aureus Magnus". S.: 1952-55 Ausbildung u. Elektromechaniker, 1957 Abitur in Hamburg, Stud. Elektrotechnik an d. TH München u. Georgia Inst. of Technology in Atlanta/USA. K.: 1957-65 Gschf. d. AUREUS MAGNUS GmbH, 1965-72 wiss. Mitarb. am Inst. f. Techn. Elektronik d. TH München, 1970 Prom. z. Dr.-Ing., 1972-80 Mitarb. d. Siemens AG im Oberen Führungskreis, 1981 Berufung auf d. Lehrstuhl f. Halbleitertechnologie u. Werkstoffe d. Elektrotechnik d. Univ. Hannover, C4-Prof. u. gschf. Ltr. d. gleichn. Inst. bis 2000, 1986 Mitbegründ. d. Laboratoriums f. Informationstechnologie (LfI), Mtgl. i. Vorst., turnusgem. Vors. d. Vorst., 1999 Dr. h.c. TU St. Petersburg. P.: zahlr. wiss. Veröff., Diss. u. Patentanmeldungen. M.: VDE, IEEE, Ing. Akad. St. Petersburg, FhG, zeitw. Kuratorium f. Fraunhofer-Inst. f. Festkörpertechn. München, beratend im Science and Technology Strategy Committee d. Western European Union sowie d. Common European Priority Area Steering Committee. H.: Skifahren, Wassersport (Segeln), Literatur, Antiquitäten, Reisen.

Graul Reinhard Dr. *)

Graul Stefanie M.A.

B.: staatl. geprüfte Fotodesignerin, freiberuflich. DA.: 80805 München, Kunigundenstr. 59. G.: Bayreuth, 25. Okt. 1967. Ki.: Alma (1999). El.: Os. Dr. Franz u. Dipl.-Psych. Regine, geb. Schenk. BV.: Prof. Dr. Hans Graul, Geograph. S.: 1987, 1992, 1999 Studienaufenthalte in Lateinamerika, London,

*) Biographie www.whoiswho-verlag.ch oder beigefügte CD-ROM

Paris, Los Angeles, ital. Dipl. in Rom am Istituto Dante Aligheri. K.: 1988-90 freie Ass. b. Fotografen in München u. Italien, 1990-93 Fachakademie für Fotodesign in München, Abschluss staatl. geprüfte Fotodesignerin, seit 1993 freiberufl. Fotodesignerin in München mit Schwerpunkt sozialkritische u. Reisereportagen sowie Künstlerportraits, parallel zur Berufstätigkeit 1996-2000 Stud. an d. Jesuiten-HS f. Phil. in München m. Abschluss M.A. BL.: Drehbuchlektorate u. Texte zu Reportagen. P.: Veröff. in d. Süddeutschen Zeitung, BMW Magazin, Casa-Vogue u.a. H.: klass. Musik, Sprache(n), Film- u. Psychoanalyse.

Graul Thomas *)

Graul Uwe

B.: Architekt, Inh. FN.: Arch.-Büro Uwe Graul. DA.: 06108 Halle/Saale, Neuwerk 20. PA.: 06193 Teicha, Löbnitzer Str. 7. G.: Halle/Saale, 24. Jän. 1941. V.: Elisabeth, geb. Sander. Ki.: Ulrike (1971), Susanne (1974). El.: Ursula Gödecke, geb. Acke, verw. Graul. S.: 1957-60 Tischlerlehre, 1960-61 Modellbauer, 1961-65 Fachschule f. angew. Kunst Heiligendamm (Abschluß Innenarchitekt), 1965-69 Hochschule f. industrielle Formgestaltung, Burg Giebichenstein Halle (S.), Abschluß Dipl.-Arch. K.: 1970-73 Büro f. Städtebau u. Arch. in Halle/Saale, 1973-80 Büro d. Stadtarchitekten in Halle/Saale, 1980-90 OAss. an d. Hochschule f. industrielle Formgestaltung Burg Giebichenstein, Sektion bildende u. angew. Kunst, seit 1991 eigenes Arch.-Büro m. Planung, Überwachung u. Beratung im Hochbau, Innenausbau u. Städtebau; Projekte: 1985 Neues Theater Halle/Saale (Kulturinsel), Um- u. Ausbau eines innerstädtischen Altstadtquartiers zu einem Theater- u. Kulturkomplex, Wohn- u. Geschäftshäuser in Halle, Wiederherstellung d. denkmalgeschützten AOK-Gebäudes Halle, Brückenbauten, Städtebaulicher Rahmenplan f. d. Stadtzentrum v. Halle. E.: seit 1991 - 25 Wettbewerbe - darunter: 1991 1. Preis Wettbewerb Altstadtzentrum Halle-Spitze, 1993 2. Preis Wettbewerb Domplatz Magdeburg, 1998 1. Preis Wettbewerb f. Stadtgalerie Halle/Saale. M.: 1991 BDA - Bund Dt. Architekten, 1994 DASL - Akad. f. Städtebau u. Landesplanung. H.: Zeichnen, Theater.

Graulich Günter

B.: Stud.-Rat, Kirchenmusikdir., Cheflektor d. Carus-Verlages Stuttgart. DA.: 70199 Stuttgart, Wannerstr. 45. PA.: 70199 Stuttgart, Gebelsbergstr. 34B. G.: Stuttgart, 2. Juli 1926. V.: Waltraud, geb. Rümmelin. Ki.: Markus (1961), Ute (1964), Martina (1965), Johannes (1967). El.: Robert u. Berta, geb. Schmid. S.: 1946 Abitur in Stgt., 1946-48 Stud. Päd. in Stgt. K.: 1948-60 Lehramtstätig. im Raum Stgt., Stud. d. Schulmusik, Geschichte u. Geogr. in Stgt. u. Tübingen, Staatsexamen, Lehramtstätig. im höheren Schuldienst, 1953-2001 Kirchenmusiker an d. Matthäus-Kirche Stgt.; 1951 Grdg. u. über 50 Jahre Ltg. d. Motettenchor Stuttgart, intern. Konzerttätig. in Europa (Engl., Frankreich, Italien, Österreich, Polen, Rumänien, Schweiz, Spanien) u. Nordamerika (USA, Kanada, Mexiko), zahlr. Ur- u. Erstaufführ. P.: über 1000 Editionen, u.a. Stgt. Ausg. v. Schütz, Bach, Buxtehude, Vivaldi. E.: 1991 Kirchenmusikdir. M.: Ges. f. Musikforschung, Kassel, Neue Bachges. Leipzig, Intern. Heinrich-Schütz-Ges. Kassel. H.: Reisen. (U.B.)

Graulich Margaretha Maria

B.: Verlegerin, Inh. FN.: Margarethen-Verlag. DA.: 87724 Ottobeuren, Uhlandstr. 4. G.: Obergünzburg, 31. Mai 1946. V.: Dr. Michael Graulich. Ki.: Diana (1977), Michael (1979), Wolfgang (1981). S.: Mittlere Reife St.-Marien-Inst. Kaufbeuren. K.: Aupair in England u. Frankreich, 8 J. Stewardess d. Lufthansa, Mitarb. in d. Praxis d. Ehemannes in Ottobeuren, 1996 Grdg. d. Verlages m. d. Ziel SMT in d. allg. Med. zu integrieren u. Hrsg. u.a. v. Büchern wie "Wunder dauern etwas länger", "Fast alles ist möglich", "Die Farbe d. Schmerzes ist Rot", 1999 Prod. eines Lehrvideos über SMT, Organ. u. Durchführung v. Seminaren u. Kursen über SMT(r) (sanfte manuelle Therapie).

Graulich Waltraud *)

Graumann Günter Dr.

B.: Prof. FN.: Univ. Bielefeld Fak. f. Math. DA.: 33611 Bielefeld, Deciusstr. 41. G.: 27. Mai 1941. V.: Prof. Dr. Olga. Ki.: Felix, Jenny, Christoph Graumann u. Elisabeth Jaumann. El.: Adolf u. Anita. S.: Gymn., Stud. d. höheren Lehramtes f. Math. u. Physik, 1. u. 2. Staatsexamen, Prom. K.: 1969-70 Ass.Prof. f. Math. an d. Univ. of Florida, 1970-74 AkR. f. Math. u. ihre Didaktik an d. PH in Hannover, ab 1974 Prof. f. Math. u. Didaktik d. Math. in Bielefeld. P.: div. in- u. ausländische Veröff. zu: Geometrie u. Didaktik d. Geom., Anwendungsorientierung u. Sachrechnen, Problemorientierung und Einstellungen zum Mathematikunterricht, Bildung und Mathematik, Grundlagen d. Didaktik u. Fragen d. Lehrerbildung. M.: Math. Ges. in Hamburg v. 1698, Ges. f. Didaktik d. Math., Bd. demokrat. Wiss. u. Wissenschaftler. H.: Musik.

Graumann Günter Dipl. rer. pol. *)

Graumann Ingo

B.: RA, Fachanw. f. Arbeitsrecht. FN.: Graumann, Pfeiffer & Pinkvoss Fachanwälte f. Arbeitsrecht. DA.: 58636 Iserlohn, Von-Scheibler-Str. 10. info@graumann-pfeiffer.de. G.: Iserlohn, 22. Apr. 1943. V.: Gesche, geb. Himborn. Ki.: Tim (1973), Sven (1976). S.: 1960 Mittlere Reife, 1960-63 Ausbild. z. Facharb. Maschinenschlosser, 1964-66 Siegerland Kolleg Weidenau u. später Westfalen Kolleg d. 2. Bild.-Weges m. Abschluss 1966-67 Stud. Sportpäd., 1967-72 Stud. Rechtswiss. an d. Univ. Bonn, 1972 1. Staatsexamen, 1972-75 Referendarzeit u. 2. Staatsexamen. K.: 1960-75 Redaktionelle Tätigkeit Sportredaktion Westfalenpost, 1975 Zulassung als freier RA m. Tätigkeitsschwerpunkt Arbeitsrecht, 1981 Grdg.-Mtgl. d. Arge Arbeitsrecht im DAV, 1987 Fachanw. f. Arbeitsrecht, 1991 Eröff. eines Anw.-Büros in Thüringen, seit 1998 Anw.-Sozietät m. RA Gerd Pfeiffer u. weiteren Fachanwälten f. Arbeitsrecht. M.: versch. kulturelle Organ., förd. Mtgl. Sportver. H.: Leichtathletik, Tennis, Skifahren, Theater.

*) Biographie www.whoiswho-verlag.ch oder beigefügte CD-ROM

Graumann Margret *)

Graumann Thomas
B.: Dipl.-Psychologe, Unternehmensberater, Inh. FN.: Thomas Graumann Personal- u. Unternehmensberatung (BDU). DA.: 58636 Iserlohn, Alter Rathauspl. 9. PA.: 58636 Iserlohn, Westfalenstr. 92-94. G.: Iserlohn, 8. Mai 1956. El.: Paul u. Hildegard. S.: 1975 Abitur, 1976-79 Kfm. Lehre, Stud. Psych. u. Phil. K.: 1976-79 Gschf. Hdl., 1982-88 Berater, seit 1988 Mitinh. Psycholog. Praxis, 1989-90 Gschf. Ind., seit 1990 Unternehmensberater. BL.: Kindersorgentelefon, Unterstützung Selbsthilfegruppen "Sucht" u. "Panik". F.: Graumann GbR, pbz GbR. M.: BDU, BDP. H.: Squash, Mountainbike, Tontaubenschießen.

Graumann Waltraut

B.: selbst. Modistin. FN.: Hutsalon Graumann. DA.: 38100 Braunschweig, Gördelinger Str. 50. G.: Adlig Waldau, 25. März 1933. S.: Ausbild. z. Modistin. K.: Modistin b. Hut Zieschank, 1980 Übernahme u. Umbenennung in Hutsalon Graumann, 1998 50-jähriges Arbeitsjubiläum als Modistin. H.: Beruf.

Graunke Kurt *)

Graupner Burkhardt *)

Graupner Ernst *)

Graupner Ingo Bernd
B.: Musiker (Geige). PA.: 96049 Bamberg, Vorderer Bach 5. G.: Bamberg/Oberfranken, geb. 13. Juni 1941. S.: 1957-59 Konditorlehre Cafe Feldherrnhalle München. K.: 1959-61 tätig in d. Confiserie Sprüngli in Zürich u. parallel Hospitant am Konservatorium Zürich, 1961-63 Konditor im elterl. Geschäft Cafe-Konditorei Graupner in Bamberg, 1964-68 Bayerisches Staatskonservatorium in Würzburg, 1968-80 Orchestermusiker in München, Darmstadt u. Nürnberg, 1984-87 Orchestermusiker in San Jose de Costa Rica/Mittelamerika, Prof. Interino Licenciado an d. Universidad de Costa Rica, 1980-90 Besitzer d. Cafe Residenz in Bamberg, 1990-91 Geiger im Opernhaus (Capab-Orchestra) in Cape Town/Südafrika, 1991-2001 Tour Guide in Südafrika, Schwerpunkt Kapstadt, Garden Route, Reiseleiter in ganz Südafrika (Johannesburg, Pretoria, Krüger Park, Durban, Natal, Drakensberg, grosse u. kleine Karroo, Garden Route), Reiseleiter in Zimbabwe, Lesotho u. Swaziland, 1994 Betreuer v. dt. Touristen in Costa Rica, 2001 Studienbeginn an d. TU Dresden, Fach Kultur-Management. E.: Verleihung d. Berganza-Preises (Kulturpreis d. Stadt Bamberg 1990). H.: alte Möbel sammeln, Kunstgeschichte.

Graupner Jürgen *)

Graupner Uwe
B.: Dipl.-Phil., Ing. f. Brandschutz, Gschf. FN.: BSL Brandschutz Lauta GmbH Nardt. DA.: 02979 Nardt, Dorfstr. 52. PA.: 02997 Wittichenau, Am Wiesengrund 40. G.: Leipzig, 12. Feb. 1952. V.: Sabine-Monika, geb. Schläbitz. Ki.: Steffen (1971), Wolfgang (1973), Jenny (1978). El.: Wolfgang u. Elli.

S.: 1966-69 Oberschule m. Berufsausbild.: Zerspanungsfacharb. (Dreher), 1969-70 Dreher, 1970-73 Wehrdienst, seit 1973 b. d. Berufsfeuerwehr, als Oberfeuerwehrmann begonnen, 1975-78 Studium Fachschule d. Feuerwehr, Abschluß als Ing. f. Brandschutz. K.: 1978-81 Dienst in d. Betriebsfeuerwehr d. Eisenhüttenkombinates Ost in Eisenhüttenstadt, 1982-88 Fernstud., Abschluß Dipl.-Phil., 1981-90 Doz. an d. Feuerwehrschule in Nardt, seit 1991 Gschf. d. Brandschutz Lauta GmbH.

Grausam Franz *)

Graute Bruno Dipl.-Ing.

B.: Architekt. FN.: Planungsteam Graute, Brauer & Partner. DA.: 34131 Kassel, Kuhbergstr. 28. PA.: 34132 Kassel, Konrad-Adenauer-Str. 57. G.: Warburg, 11. März 1958. V.: Heike Godt. Ki.: Lukas (1991), Leonard (1997), Lina (1999). El.: Alfons u. Cäcilia. S.: 1977 Abitur Warburg, 1977 Stud. Vw. Göttingen, 1982-86 Arch.-Stud. GHK Paderborn, Dipl.-Ing. K.: planender Architekt in div. Büros, 1988-90 Staatsbauamt Frankfurt im Klinikbau, anschl. b. Architekt Brümmer in Kassel/Arolsen, 1995 Grdg. d. eigenen Büros. M.: Arch.Kam., B.d.B. H.: Oldtimer-Motorräder.

Grave Alfons Dr. *)

Freiherr von Gravenreuth Günter Dipl.-Ing. (FH) *)

Graw Ulrich *)

Graw Winfrid Dipl.-Kfm. *)

Grawe Hubert Dr. *)

Gräwe Günter Dipl.-Kfm.

B.: Gschf. Ges. FN.: Gräwe & Partner GmbH. DA.: 28195 Bremen, Bredenstraße 11. G.: Bremen, 24. Juli 1935. V.: Helga, geb. Scheffel. Ki.: 2 Töchter. S.: 1954 Abitur, Praktika Schiffsbau u. Bankwesen, b. 1957 Stud. TH Braunschweig u. Univ. Hamburg, 1962 Abschluß Dipl-Kfm., 1962 Abschluß Steuerbev., 1965 Steuerberaterprüf., 1967 Wirtschaftsprüfer. K.: seit 1962 selbst. Steuerberater u. Prüf.-Ass., 1972 Grdg. d. Firma Gräwe & Partner GmbH, 1979 Grdg. d. Treu-

*) Biographie www.whoiswho-verlag.ch oder beigefügte CD-ROM

hand Kontor Martini in Bremen als Ges., 1998 Grdg. d. Elbe/Weser Treuhand GmbH m. Schwerpunkt nat. u. intern. Steuerrecht. M.: Zulassungsaussch. f. Steuerberater im Lande Bremen, Präs. d Lions Hilfswerk Bremen-Unterweser

Gräwe Walter Dipl.-Kfm. *)

von Grawert-May Gernot Dr. jur. *)

Gray Julia Ana *)

Gray Peter *)

Grayek Bernd-Jürgen *)

Grayer Wolfgang
B.: Heilpraktiker, selbständig. FN.: Naturheilpraxis Wolfgang Grayer. DA.: 85053 Ingolstadt, Sambergerstr. 29. gwugga @aol.com. G.: Ingolstadt, 4. Nov. 1970. V.: Claudia, geb. Rother. Ki.: Stephanie (2000). El.: Heinz u. Karin, geb. Feix. S.: 1990 Abitur Ingolstadt, 1990 Bundeswehr, 1991 Stud. Biologie Univ. Regensburg, 1993 Paracelsusschule München Naturheilverfahren, 1995 Heilpraktikerprüfung, 1996 Fortbildung in China. K.: 1996 Eröff. d. Praxis als Heilpraktiker, Doz. an d. Paracelsusschule München. P.: Artikel u. Vorträge zu d. Themen Heimatkunde, Kultur u. Med., wöchentliche Kolumne in d. Sonntagspost Ingolstadt zu Naturheilkundethemen. E.: Jugend forscht: Wirkung optischer Reize auf d. Stubenfliege, regional 1. Preis, landesweit 3. Preis, Jugend musiziert: regional 2. Preis f. ein Klaviersolo. M.: Grdg.-Mtgl. Wiss. Ges., Dr. Röttel Ges. f. Natur u. Kultur, Freier Verband Dt. Heilpraktiker. H.: Familie, Musizieren (klass. Klavier).

Greb Hartmut
B.: Gschf. FN.: STI Gustav Stabernack GmbH Lauterbach. GT.: Gschf. druck + falt gmbH Bad Homburg; VMS Verpackung Maschine Service GmbH Lauterbach; Verkaufsltr. STI Werk Lauterbach. DA.: 36341 Lauterbach, Rich. Stabernack-Str. G.: Engelrod, 24. Okt. 1953. V.: Jutta, geb. Weis. Ki.: Julia (181), Daniel (1985), Benjamin (1989). S.: 1968-71 Lehre Verpackungsmittelmechaniker, 1973-75 Bundeswehr, 1975-77 Stud. Entwicklung. K.: 1977 Stabernack Holding. P.: Veröff. in Fachzeitschriften. M.: HPV, FFI, TV Engelrod. H.: Münzsammlung, Fußballspielen.

Greb Helga *)

Greb Werner Dr. Prof. *)

Grebe Norbert
B.: Bau- u. Möbelschreiner, Inh. FN.: Berris Fußbodenstudio & Küchenmontage. DA.: 58640 Iserlohn, Refflinger Str. 5. G.: Iserlohn-Kalthof, 3. Feb. 1951. V.: Doris, geb. Beisheim. El.: Heinrich u. Else, geb. Althoff. S.: 1965-68 Ausbild. z. Bau- u. Möbelschreiner b. d. Firma Heinz Hörnes in Iserlohn. K.: Schreinergeselle, 1969-73 Wechsel z. Firma Bührmann, Weiterbild. Kenntnisse über Oberflächenbehandlung, 1973 Bundeswehr, 1974-78 Fensterbauer, Herstellung v. Kunststofffenstern, 1978-80 Mitaufbau einer Fensterbauabt. innerhalb eines Betriebes, 1980-90 LKW-Fahrer b. einer Sped.-Firma, 1990-95 Fensterbauer u. später Möbelschreiner, 1995-99 Möbelschreiner u.a. im Bereich Möbelmontage b. d. Firma Sackenheim in Lüdenscheid, seit 1999 selbst., Grdg. d. Firma Berris Fußboden & Küchenmontage in Iserlohn. BL.: ehem. Torwart Fußball Amateur Oberliga. M.: TuS Iserlohn, SSV Kalthof, SpVgg Oestrich, Torwart b. BSG Hillbrandt Bremke. H.: Angeln, Aquaristik, Vogelzucht (hauptsächl. Papageienarten).

Grebe Oliver

B.: selbst. RA. DA.: 10117 Berlin, Jägerstr. 70. o.grebe@01019freenet.de. www.anwaltgrebe.de. G.: Hannover, 14. Apr. 1968. El.: Detlef u. Brigitte, geb. Schumann. S.: 1987 Abitur Hannover, 1987-88 Bundeswehr, 1989-93 Jurastud. Passau. K.: 1993-94 Jurist b. d. Treuhandanstalt. Berlin, 1994-96 Referendariat Berlin, 2. Staatsexamen, 1997-99 Zulassung z. RA, freier Mitarb. in d. Kzl. Streubel Berlin, seit 1999 selbst. RA, Tätigkeisschwerpunkt: Recht d. Neuen Medien (Urheberrecht, Markenrecht, Computerrecht). H.: Musik (Bass, Gitarre), Sport (Schwimmen, Squash).

Grebe Uwe *)

Grebe Werner Dr. Prof. *)

Greber Marlies Barbara *)

Grebhan Anja

B.: Dipl.-Ökonomin, Gschf. Ges. FN.: Vacances Mobiler Sozial- u. Pflegedienst. DA.: 28209 Bremen, Hollerallee 26. grebhan@vacances-online.de. www.vacances-online.de. G.: Bremen, 13. Jan. 1968. El.: Nordfried Grebhan u. Monika, geb. Brünjes. S.: 1989 Abitur Bremen, 1990 Stud. Wirtschaftswiss. Univ. Bremen, 1998 Abschluß Dipl.-Ökonomin. K.: seit 1996 selbständige Grdg. Vacances Mobiler Sozialdienst als Inh. in Bremen, Betreuung v. Angehörigen älterer Menschen u. Kinder während d. Abwesenheit d. Familie, 1996 auch häusliche Pflegedienste, seit 1998 Vacances Mobiler Sozial- u. Pflegedienst GmbH als Gschf. Ges. M.: seit 1998 Mtgl. u. 2. Vors., seit 2001 Vors. BPA Bundesverband Privater Anbieter Soz. Dienste e.V., Zentrales Versorgungsnetz Bremen, Kooperationen m. versch. Großunternehmen Bremens. H.: Internet, polit. Arbeit, Kultur.

Grecksch Wilfried
B.: Rektor. FN.: Univ. Halle. DA.: 06108 Halle, Universitätspl. 1. G.: Dresden, 15. Aug. 1948. S.: 1967 Abitur, 1967-71 Stud. Math. TU Dresden m. Dipl.-Abschluß. K.: 1971-73 wiss. Mitarb. im VEB Rationalisierung Braunkohle Halle, 1973-92 tätig im Fachbereich Math. u. Informatik an d. TH Merseburg, 1976 Prom., 1979 Zusatzstud. an d. Univ. Donerzk, 1980 Habil. an d. TH Merseburg, 1973-78 wiss. Ass., 1978-84 wiss. OAss., 1984-87 Doz., 1985-88 kommisar. Ltr. d. Wiss.-Bereichs Analysis, 1987-92 a.o.Prof., seit 1992 C-4 Prof. f. Stochastik an d. Univ. Halle-Wittenberg, 1993-2000 Dir. d. Inst. f. Optimierung u. Stochastik, seit 1993 Ltr. d. Forsch.-Gruppe Stochastik, 1995-2000 Dekan d. Fachbereichs Math. u. Informatik, 1999-2000 Dekan d. Math.-Naturwiss.-Thechn. Fakultät, seit 2000 Rektor d. Univ. Halle-Wittenberg. BL.: 1995 verantwortl. f. Einführung d. Studienganges Wirtschaftsmath. P.: 52 Veröff., 2 Monographien. (Re)

*) Biographie www.whoiswho-verlag.ch oder beigefügte CD-ROM

Grecksch-Baiersdorfer Edith Maria Soniya *)

Gredel Peter *)

Greeff Gudrun

B.: Dipl.-Med., FA f. Allg.-Med. FN.: Praxisgemeinschaft f. Allg.-Med. DA.: 04357 Leipzig, Mockauer Str. 123. G.: Leipzig, 9. Apr. 1956. V.: Matthias Greeff. Ki.: Marie-Luise (1982). El.: Erich u. Sigrid Streubel. S.: 1974-79 Med.-Stud. Univ. Leipzig. K.: 1979-80 Prakt. J. in div. stationären Einrichtungen in Altenburg, 1980-85 FA-Ausbild. f. Allg.-Med., 1985-92 als FA tätig, 1992 Eröff. d. eigenen Praxis. M.: Berufsverb. Prakt. Ärzte. H.: Bergwandern, Garten, Floristik.

Green Donald Davis
BDS MSc FDSRCPS D.orth.RSC M.orth.
B.: FA f. Kieferorthopädie. DA.: 26129 Oldenburg, Bloherfelder Str. 2. green@nwn.de. G.: Dunedin/Neuseeland, 1. Okt. 1953. V.: Helene Marianne, geb. Noren. Ki.: Marja Veera (1989), Oliver David (1992). El.: Dr. Donald u. Barbara Elisabeth. S.: 1971 Abschluß High School Neuseeland, Stud. Univ. of Otago of Dendistry, 1977 Abschluß BDS. K.: 1978 Ass.-Arzt an d. Univ.-Klinik in Otago, 1979 FA-Ausbild. f. Kieferorthopädie am Royal College of Surgeons in London, 1981 Abschluß Fellowship in Dental Surgery an d. Royal College of Surgeons and Physicans in Glasgow, 1981-84 Aus- u. Weiterbild. als Kieferchirurg u. Zahnarzt an KH in Kettring, Eastman Dental Hospital u. Royal Infirmary Bristol, 1985 Ausbild. in Kieferothpädie in einer Praxis in Newport Gwent, 1985-87 Abschluß D.orth. RCS u. MCS in London, 1987/88 Prüf. M. orth.RCS, seit 1989 tätig in Deutschland, 1989 FA-Prüf. f. Kieferorthopädie in Bremen, 1990 Übernahme d. FA-Praxis in Oldenburg m. Schwerpunkt kirferchir. Kieferothopädie, Kiefer-, Lippe- u. Gaumenspalten. M.: BDK. H.: Squash, Tennis, Skifahren.

Green Harald Dr. rer. nat. *)

Green Rob
B.: Moderator. FN.: Energy 103,4 u. Planetradio. DA.: 10785 Berlin, Potsdamer Str. 88. G.: Mexborough/England, 19. Nov. 1971. El.: Eric u. Irene. S.: Fachabitur in England, Arb. f. Hallam FM Sheffield, 1991 Abitur Bremen. K.: 1991-93 Radio Bremen 4, seit 1993 b. Energy 103,4 Berlin, Moderator Nachmittag f. Jugendl., seit 1997 Moderator Planetradio Sa/So. P.: CD-Tips f. Jugendseite, Konzertberichte. E.: Rob Green Fan Club. H.: teure Autos schnell fahren, Hockey, House-Running, Computerspiele, techn. Basteln, Zigarren.

Green Virginia *)

Greenlee Gabriele
B.: Gschf. FN.: Werbeberatung u. -vermittlung Greenlee u. Keil Agentur f. Kommunikation GmbH. DA.: 82041 Oberhaching, Gleißenthal 5 a. G.: Gelsenkirchen, 20. Okt. 1961. Ki.: 2 Mädchen. S.: 1980 Abitur, 1981-88 Stud. Päd., Sozialwiss. u. Phil. Univ. Bochum, 1988 Ausbild. PR-Beraterin Ak. f. Führung u. Kommunikation Heidelberg. K.: 1988-89 tätig in d. ABC Presse Information in Düsseldorf, 1989-91 tätig im ABC Eurocom in Frankfurt, 1991-93 in d. PUR Kommunikationsagentur in Bielefeld, 1989-93 Lehraufträge z. Thema Presse- u. Öff.-Arb. an d. Univ. Berlin u. Bielefeld, 1994-96 Abt.-Ltr. f. Öff.-Arb. u. Marketing in Dt. Jugendherbergswerk in Detmold, seit 1996 freie PR-Beratein, seit 1998 Gschf. Ges. d. Greenlee & Keil Agentur f. Kommunikation GmbH.

Grees Hermann Dr. phil. *)

Greeven Georg *)

Greeven-Bierkämper Christina *)

Grefer Uwe *)

Greffin Jürgen Dipl.-Ing.

B.: Architekt. DA.: 12203 Berlin, Unter den Eichen 108b. G.: Mittenwalde, 21. Feb. 1953. S.: 1974-80 Arch.-Stud. TU Berlin, Dipl.-Ing. K.: 1980-82 Entwurfsarchitekt im Büro Marti Solothurn/ Schweiz, 1982-87 Architekt im Büro Behr Berlin, 1987-97 Architekt im Büro Ahlborn + Partner Berlin u. ab 1990 Büroltr., 1998 Eröff. d. eigenen Arch.-Büros in Berlin. H.: Fotografieren, Design.

Greffin Peter *)

Greger Joachim Dr. med. Prof. *)

Greger Joachim Ernst Dr. med. *)

Greger Ottomar Dr. rer. silv.
B.: Forstamtsltr., ForstoberR. FN.: Staatl. Forstamt Stendal. DA.: 39576 Stendal, Scharnhorststr. 87. PA.: 39307 Genthin, Dürerstr. 27. G.: Genthin, 21. Okt. 1942. Ki.: Ottmar (1973), Toralf (1974). S.: 1961 Abitur Genthin, b. 1962 Praktikum als Stahlwerker u. Gießer in Bitterfeld u. Gröditz im Stahl- u. Walzwerk, 1962-63 Stud. Gießereiwesen an d. Bergak. Freiberg/Sachsen, 1963-64 Ausbild. z. Forstfacharb. im Magdeburger Forst, 1964-69 Stud. Forstwirtschaft an d. TU Dresden. K.: Forstl. Standortserkunder (Bodengeologe) in Potsdam im VEB Forstprojektierung als Oberförster b. 1975, danach Dendrologe an d. Ernst-Moritz-Arndt-Univ. in Greifswald, 1978 Ausbild. als Baumschulist auf d. VEG Baumschulen Dresden Betrieb Berlin, 1979 Aufbau einer Baumschule u. Gartenbaubetrieb in Oranienburg, 1982-84 Chauffeur im Ev. Konsistorium d. Kirchenprovinz Sachsen, wiss. Mitarb. Magdeburg u. Doktorand an d. Georg-Augusta-Univ. Göttingen, 1991 Prom. z. Dr. rer. silv., ab 1990 Doz. an d. FH f. Forstwirtschaft in Schwerin-Rabensteinfeld, 1984-87 Lehrbeauftragter in Vertretung einer Prof. an d. FH Hildesheim-Holzminden, ab 1991 im Staatl. Forstwirtschaftsbetrieb in Genthin Sachsen-Anhalt als stellv. Dir., ab 1992 stellv. Forstamtsltr. im Forstamt Altenplatow, ab 1993 Waldökologe im Nationalpark Hochharz Wernigerode, 1993 Forstamtsltr. im Forstamt Schönhausen, 1997 Übernahme d. Forstamt Stendal als Forstamtsltr. P.: Veröff. in Fachzeitschriften. M.: BDF, Bismarck Bund, Ges. f. Organik, Dt. Dendrolog. Ges., Ak. BeiR. d. Jütting Stiftung. H.: Naturwaldforsch.

Greger Rolf Dipl.-Kfm.
B.: Steuerberater, Inh. FN.: Rolf Greger-Steuerberater. DA.: 34131 Kassel-Wilhelmshöhe, Wigandstr. 12. G.: Kassel, 28. Sep. 1919. V.: Maria, geb. Packi. Ki.: Ulrike (1946), Helmuth

*) Biographie www.whoiswho-verlag.ch oder beigefügte CD-ROM

(1948), Christian (1951), Matthias (1954), und Hans-Georg (1956). El.: Dr. med. Helmuth (Facharzt Chirurgie) u. Mabel, geb. Godfrey. BV.: Luise Greger -Komponistin; Ludwig Greger Dr. med. Sanitätsrat (Sanatorium). S.: 1939-40 kfm. Lehre, Wagon Crede Kassel, Unterbrechung durch Krieg, Fortsetzung d. kfm. Lehre 1945-46 Fa. Wayss & Freytag Schwerin, 1946-48 Univ. Rostock, Stud. Rechts u. Volkswirtschaft, 1948-50 Univ. Mannheim, Betriebswirt m. Abschluß Dipl.-Kfm., 1958 Steuerbev.-Prüf., 1972 Steuerberaterprüf. K.: ab 1950 Firma Henschel in Kassel bis 1958 Dir. Ass., 1958-65 Betriebsprüfer d. Finanzverw. Kassel, ab 1966 selbst. Steuerberater (b a W). E.: Corps Rheno . Nicaria zu Mannheim (100te Semsterspange), Ehrenurkunde d. Steuerberaterverb. Hessen e.V., Ehrenurkunde u. Gold. Ehrennadel d. Ver. d. Rosenfreunde e.V., Jugend-Reitabzeichen Bronze. M.: Steuerberater Verband e.V. bz-Grup Kassel (2. Vors. über 6 J.), Dt. Alpen Verein e.V. (Vors. Schatzmstr. 25 J.), AVD-Club Kurhessen e.V. (Vors. Schriftltr. 15 J.), Stadtparkasse Kassel (Verwaltungsrat 4 J.), Ver. Roseninsel Park Wilhelmshöhe e.V. (Vors. Schatzmstr.), Ver. Dt. Rosenfreunde e.V. Baden Baden, Goethe-Ges. Kassel e.V., AHSC Kurhessen zu Kassel, H.: Schwimmen, Skilaufen, Tennis, Reiten, Hund, Oldtimer.

Greger Stefan M. Dipl.-Ing. Univ. Architekt
B.: selbst. Architekt. FN.: hgp-Architekten München-Berlin. GT.: Greger, Immobilien. DA.: 81671 München, Mühldorfstr. 8, Aufgang 6. G.: München, 3. Jan. 1967. El.: Karl Alfons u. Hedwig. BV.: Hermann Reinhard Alker - StadtbauR. in München u. Prof. in Karlsruhe. S.: 1986 Abitur Mainburg, ab 1986 Arch.-Stud. TU München, 1989-91 Stud. an d. U.E.L. in London, 1991-93 TU München, Abschluß Dipl.-Ing. Architekt. K.: ab 1993 selbst. Architekt in Berlin, freier Mitarb. b. Architekten Grüner & Schnell München, 1996 Grdg. v. HGP, 1998 Grdg. Drexler u. Partner Architekten, 1989-96 Teilnahme an archäolog. Ausgrabungen in d. Türkei (Milet) u. Sizilien (Syrakus). M.: Bayer. Arch.-Kam., Bund Junger Unternehmer (BJU), Alpenver. Sekt. Mainburg. H.: Schibergsteigen, Literatur, Wein.

Gregor Christian Dipl.-Kfm. *)

Gregor Elke Dr. med.
B.: Zahnärztin. DA.: 04275 Leipzig, August-Bebel-Str. 38. PA.: 04279 Leipzig, Am Eichwinkel 19. G.: Leipzig, 2. Juli 1959. Ki.: Stephan (1979). El.: Dipl.-Ing. Horst u. Inge Hallas. S.: 1978 Abitur Leipzig, 1979-84 Stud. Zahnmed. Univ. Leipzig, 1984-90 Prom.-Zeit, abgeschlossen m. summa cum lauda u. FA, 1990 Dr. med. K.: 1984-91 Zahnarzt, seit 1991 selbst. m. eigener Praxis in Leipzig, dazu eigenes Labor - Spezialstrecke Implantologie. BL.: Verteidigung d. Dipl.-Arb. an d. Univ. Plovdiv, Anerkennung d. Dipl. in Leipzig. P.: mehrere Veröff. im Rahmen d. Prom. H.: Reisen.

Gregor Gerda *)

Gregor Gerhard Dipl.-Ing. *)

Gregor Juraj Dipl.-Ing. *)

Gregor Ulrich *)

Gregor Uwe

B.: freiberufl. Heilpraktiker. DA.: 46240 Bottrop, Horster Str. 392. G.: Bottrop, 15. Jän. 1961. Ki.: Marvin Josef (1990), Kai Marius (1992), Saskia-Maria (1994). El.: Karl u. Wilhelmine, geb. Schürmann. S.: 1980 Abitur, 1982-88 Stud. Sport u. Geschichte Univ. Bochum, 1986-89 Heilpraktikerschule Bochum. K.: 1980-82 Zivildienst, 1989 Eröff. d. Heilpraktikerpraxis in Bottrop. E.: 1975, 76 u. 77 Dt. Vizemeister in Leichtathletik. M.: Verb. Dt. Heilpraktiker, DRK, ADAC, Väter Aufbruch f. Kinder e.V. H.: Motorradfahren, Kinder.

Grehn Franz Dr. med. Dr. med. h.c. Prof. *)

Grehn Klaus Dr. phil.
B.: Präs. Arbeitslosenverb. Deutschland, MdB. FN.: Dt. Bundestag. DA.: 11011 Berlin, Platz d. Republik 1. PA.: 01994 Drochow, Feldstr. 5. Klaus.grehn@bundestag.de. G.: Grevesmühlen, 26. Sep. 1940. V.: Germana (RAin). Ki.: Antje (1964), Andre (1968), Kai (1969), Sandra (1972). El.: Hermann u. Lotti. S.: 1958-60 an Arbeiter- u. Bauernfakultät Rostok Abitur, 1960-62 Stud. Vet. med. in Dt. K.: 1962 1 J. Arbeit in Kabelwerk Oberspree, 1962-64 Grundwehrdienst, 1964-73 Zollverwaltung, 1971-76 Fernstud. Phil. an Humboldt-Univ. Berlin, 1973-77 Abt.-Ltr. Arbeit u. Löhne im Fernmeldebauamt Berlin, 1977-80 planmäßige Aspirantur Humboldt-Univ., soziol. Prom. über Bildungsfragen, 1980-84 Ass. an Humboldt-Univ., 1984 Hochschullehrerberechtigung, 1984-90 Gewerkschaftshochschule, stellv. Lehrstuhlltr. Sozialpolitik in Bernau, 1990 Schließung, 1990 4 Mon. arbeitslos, 1990 Arbeitslosenverband, seit 1990 Hauptamtl. Präs. Arbeitslosenverb. Deutschlands, 1990 Forschungsbericht zur Arbeitslosigkeit auf letztem Soziologie-Kongreß d. DDR, seit 1998 MdB, o.Mitgl. Ausschuß Arbeit u. Sozialordnung, seit 1998 Sozialpolitischer Sprecher d. PDS-Bundestagsfraktion, seit 2001 Mtgl. d. PDS, 1998-99 u. seit 2000 o. Mtgl. im Europaausschuss, seit 1999 Ntgl. Enquete-Kommission "Bürgerschaftliches Engagement", 1993-98 Präs. European Network of the Unemployed (Sitz Brüssel), seit 1998 Vizepräs., 1994-99 Verbandsrat Dt. Paritätischer Wohlfahrtsverb. DPWV; seit 2000 arbeitsmarktpolit. Sprecher d. PDS-Bundestagsfraktion. BL.: 1990 Grdg. Arbeitslosenverband Deutschland mit z. zur Zeit 3000 hauptamtl. Beschäftigten, erreichen ¢ 800.000 Arbeitslose ideelle u. materielle Hilfe. P.: Arbeitslos - Umgang mit einer neuen Realität (1990), Arbeitslos - Schicksal oder Chance (1992), Arbeitslos in Deutschland (1994), Konzepte für eine andere Republik. M.: Dt.-Japanische Parlamentarische Ges., dgl. mit Irland, Australien, Neuseeland, VPräs. Kuratorium Ostdt. Verbände, Sportverein SV Drochow. H.: Lesen, Biographien, Albert Schweitzer, Orgelmusik, klass. Konzerte, Leichtathletik, Schwimmen, Sprachen: Russisch, Französisch, Englisch.

Greif Achim
B.: Unternehmer, Inh. FN.: taskarena IT-Solutions GmbH. DA.: 53179 Bonn, Drachenburgstr. 5 a. G.: Trier, 28. Apr. 1956. V.: Dr. Gisela, geb. Zgrzibski E.: Peter u. Marlene, geb. Blau. S.: 1975 Abitur, 1975-76 Wehrdienst, 1976-77 Stud. Physik Univ. Köln, 1977-81 Stud. Lehramt f. Math., Wirtschaftsgeografie u. Neuere Geschichte Univ. Bonn. K.: während d. Stud. Programmierer d. Firma SOBA u. am Inst. f. numerische Statistik in Köln, 1983 1. Staatsexamen, 1983-86 Systemprogrammierer am Inst. f. numerische Statistik in

---
*) Biographie www.whoiswho-verlag.ch oder beigefügte CD-ROM

Greif

Köln, 1986-87 Abt.-Ltr. f. EDV bei GTW Elektro, 1988 Grdg. d. GTW Datentechnik GmbH in Bonn, 1995 Grdg. d. GTW Training & Consulting GmbH, 1995 Grdg. d. Padds GmbH, 1995-96 EDV-Gutachter u. Sachv. f. d. Bundesmin., 1998 Grdg. d. GTW Computersysteme in Tschechien, 1998 Grdg. d. Ndlg. in Erfurt u. Dresden, 1998 Sponsor d. Telekom Baskets in Bonn, 1999 Eröff. d. Büros in New York. F.: GTW Datentechnik, Padds GmbH. P.: Veröff. über d. Betriebe in Computerwoche. E.: 1974 Landesmeister m. d. Schülermannschaft im Basketball in NRW. M.: BVIT, Bund Kath. Unternehmer, 1. FC Köln, Telekom Baskets. H.: Leichathletik, Fußball, Basketball, Skifahren, Kunst, mod. Theater, Oper.

Greif Bernd Dipl.-Ing. *)

Greif Stefan
B.: Gschf. FN.: SUS Travel-Service GmbH/Events-Veranstaltungen-Reisen. DA.: 90403 Nürnberg, Beckschlagerg. 6. stefangreif@t-online.de. www.t-online.de/home/stefangreif. G.: Nürnberg, 2. Mai 1967. El.: Gerhard u. Lieselotte. S.: 1987 Abitur Nürnberg, ab 1987 Jura- u. BWL-Stud. an d. FAU-Univ. Nürnberg/Erlangen, 1993-94 Lehre m. Abschluß Reiseverkehrskfm. K.: seit 1994 Gschf. b. SUS. BL.: 1985 Bayer. Meister im Judo, staatl. geprüfter Snowboardlehrer. H.: Ski, Snowboard, Grafikdesign, Neue Medien.

Greifenstein Karl Dr. *)

Greifenstein Peter *)

Greiffenhagen Martin Dr. Prof.
B.: em. Prof., Politikwissenschaftler. PA.: 73728 Esslingen, Im Heppächer 13. G.: Bremervörde, 30. Sept. 1928. V.: Prof. Dr. Sylvia, geb. Buck. Ki.: Kathrin (1961), Hans-Martin (1962). El.: Dr. Gustav (Pastor) u. Elisabeth, geb. Friese. S.: 1948 Abitur am Alten Gymn. in Bremen, 1948-50 Buchhandelslehre, 1950-56 Stud. Phil. u. Sozialwiss. in Heidelberg, Göttingen, Birmingham u. Oxford. K.: 1956-58 Gschf. eines Berufsverbandes, 1958-62 wiss. Ass. an d. HS f. Sozialwiss. in Wilhelmshaven, 1962-65 Prof. f. Politikwiss. an d. Pädagogischen HS Lüneburg, 1965-90 Ordinarius f. Politikwiss. an d. Univ. Stuttgart, 1991-92 Grdg.-Beauftragter an d. Pädagogischen HS Erfurt. P.: Das Dilemma des Konservatismus in Deutschland (1971), Das evangelische Pfarrhaus. Eine Kultur- u. Sozialgeschichte, Hrsg. (1984), Ein schwieriges Vaterland. Zur polit. Kultur Deutschlands (mit Sylvia Greiffenhagen, 1993, völlig überarbeitete Neuauflage), Politische Legitimität in Deutschland (1997), Kulturen des Kompromisses (1999), u.a.

Greiffenhagen Ulrich Dr. jur. *)

Greifzu Ralf *)

Greil Holle Dr. rer. nat. habil. Prof.
B.: Univ.-Prof. FN.: Univ. Potsdam. DA.: 14471 Potsdam, Lennéstr. 7a. PA.: 14469 Potsdam, Eichenring 31. G.: Bützow, 28. Apr. 1942. V.: Dieter Greil. Ki.: Birke Holle (1973), Frauke (1976). El.: Hans u. Lucie Schildmacher. S.: 1960 Abitur, 1965 Stud. Biologie, Chemie u. Physik Univ. Greifswald, 1972 Prom. z. Dr. rer. nat., 1988 Habil. Dr. sc. nat., 1992 Habil. Dr. rer. nat. habil. K.: Univ.-Prof. d. Univ. Potsdam. P.: Einführung in d. Ornithologie, Anthropol. Atlas, Identifikation unbekannter Toter, wiss. Publ. weltweit, Managig Editor d. Intern. Zeitschrift "HOMO". M.: VPräs. d. Ges. f. Anthropol. Deutschland, Österr. u. Schweiz, Ehrenmtgl. d. kroat. Ges. f. Anthropologie. H.: Kochen, Backen, Gartenarb.

Greil Walter *)

Greilich Holger
B.: Profifußballspieler. FN.: TSV München von 1860 e.V. DA.: 81510 München, Postfach 90 10 65. tsv1860@sports-and-bytes.de. www.tsv1860.de. G.: Mainz, 12. Juli 1971. K.: Spieler bei d. Vereinen: FSV Mainz 05, SpVgg Ingelheim, TV 1817 Mainz, SC Lerchenberg u. seit 1995 b. TSV München v. 1860; Erfolge: WM-Teilnahme. (Re) H.: Politik, Brennball, Verstecken.

Greiling Hans Wolfram Dr. med. *)

Greiling Helmut *)

Greilinger Oliver *)

Greim Michael
B.: Gastronom, selbständig. FN.: Tassilogarten. DA.: 81541 München, Auerfeldstr. 18. tassilogarten@web.de. www.tassilogarten.de. G.: Göttingen, 20. Aug. 1965. S.: 1985 Abitur in Vaterstetten, Zivildienst, 1988-95 Stud. Architektur an d. FHS in München, seit 1995 Mitinh. d. Tassilogartens in München, seit 1997 alleiniger Inh. d. Lokals. P.: La Cuisine, RTL-Bericht, AZ, TZ. E.: gute Plazierung unter d. 100 schönsten Biergärten Münchens.

Grein Norbert *)

Greinacher Norbert Dr. Prof. *)

Greindl Josef *)

Greineder Dietmar
B.: Botschafter. FN.: Dt. Botschaft. DA.: LY-Tripolis/Libyen, P.O. Box 302. G.: Augsburg, 23. Dez. 1937. S.: Stud. Wirtschaftswiss. K.: 1966 Eintritt in d. Auswärtigen Dienst, seit 1999 Botschafter in Libyen.

Greinemann Elisabeth *)

Greiner Alfred *)

Greiner Bernd Dr. *)

Greiner Gisela *)

Greiner Günter Hermann
B.: RA. DA.: 42651 Solingen, Goerdeler Str. 11-13. G.: Solingen, 24. März 1954. V.: Hedwig, geb. Scheffczyk. Ki.: Rasmus (1983), Jonas (1985), Sarah (1997). El.: Rolf u. Elisabeth. S.: 1975 Abitur Remscheid, 1975-76 Zivildienst, 1976-83 Stud. Rechtswiss. Marburg u. Bonn, 1983-86 Referendariat Wuppertal. K.: 1986 RA in Berlin, seit 1987 selbst. RA in Solingen m. Schwerpunkt Erb-, Familien-, priv. Bau- u. Mietrecht. H.: Kochen, Reisen, Kunst, Kultur, Geschichte, Radfahren.

Greiner Hans-Joachim
B.: Musiker u. Gastdoz. FN.: Hochschule d. Künste, Fakutät Musik. DA.: 10623 Berlin-Charlottenburg, Fasanstr. 1B. www.hdk-berlin.de. G.: Mönchröden, 24. Mai 1956. V.: Regine, geb. Schultz. El.: Walter u. Hildegard. S.: 1967 Abitur, 1067-72 Stud. HS f. Musik-Viola b. Prof. Schwalbe u. Prof. Passagio. K.: 1970-94 Mitgründer d. Kreuzberger Streichquartetts in Berlin, seit 1980 Lehrauftrag f. Viola u. Kammermusik an HdK. Berlin als Gastdoz., regelm. Teilnahme an Fortbild.-Seminaren a. Univ. Denton/Texas u. f. Gruppen- u. Klassenunterricht. P.: Intern. Konzerttätigkeit, Schallplatten. E.: 1964 u. 67 Bundessieger als Bratschist im Wettbewerb "Jugend musiziert", 1974 1. Preis im Musikwettbewerb in Genf. M.: Engagement in Orchesterinstrumenten, FachbeiR., Organ.-Kommittee d. Kammermusikwettbewerbe, Arch.-Kmsn.

z. Wiederherstellung d. Konzertsaales Bundesallee in Berlin, Jury d. Wettbewerbes "Jugend musiziert". H.: Kochen, Radfahren.

Greiner Joachim
B.: Dipl.-Musiklehrer. FN.: Musikstudio Greiner. DA.: 95444 Bayreuth, Jean-Paul-Str. 16. musikstudio-greiner@t-online.de. G.: Münchberg, 10. Apr. 1969. V.: Isabell, geb. Brenner. Ki.: Emily (2001). El.: Gerhard u. Helga. S.: 1988 Abitur, Zivildienst, 1990 Musikunterrichtsstudio in Münchberg eröffn. f. Klavier, Orgel u. Keyboard, danach Lehrgang f. elektron. Tasteninstrumente in Trossingen, externer Student an d. HS f. Musik in Enschede, 1998 Abschluss. K.: 1991 Erweiterung d. Geschäftes auf Gitarre u. E-Gitarre, verstärkter Verkauf v. Musikinstrumenten im Musikstudio, 1993 weitere Erweiterung d. Instrumente, d. Akkordeon, 1998 Einrichtung d. musikal. Früherziehung, 2000 Grdg. u. Eröff. d. Filiale in Bayreuth, Erweiterung f. Gesang u. Baß. BL.: 10 J. lang d. Blues- & Rockfestival mitorganisiert. H.: Musik, Classic Rock in Band "Hübnose".

Greiner Jürgen

B.: Betriebswirt, Gschf. Ges. FN.: Bückle & Partner Steuerberatungs GmbH. DA.: 99867 Gotha, Friedrichstr. 19; 99084 Erfurt, Rumpelgasse 7. PA.: 99084 Erfurt, Rumpelg. 7. bueckle-partner@gotha-online.de. G.: Coburg, 19. Jan. 1947. V.: Tamara, geb. Weiß. Ki.: Jens (1970). BV.: Großvater väterlicherseits Karl Greiner Steuerberater, Betriebsprüfer, mütterlicherseits Familie Steinberger: Mitarb. Finanzamt. S.: 1965 Abitur Coburg, 1966-67 Praktikum, Ausbild. Ind.-Kfm., 1968-69 Wehrdienst/Bundesgrenzschutz, 1970-74 Stud. Wirtschaftswiss. Univ. Konstanz, Abschluss: Dipl.-Bw. K.: 1975-77 Controller Fischer-Technik GmbH Dornstedten, 1978-80 Ltr. Rechnungswesen Brenner GmbH Alpirsbach, 1980-83 Doz. f. Steuerrecht u. Betriebswirtschaft, Bundesfachschule f. Datenverarb./TU Fulda u. versch. Bild./Trägern, ab 1983 selbst. Steuerberater in Bad Hersfeld, 1990 Verlegung d. Kzl. nach Gotha u. Erfurt, 1999 Erwerb d. GmbH-Anteile d. Bückle & Partner Steuerberatungs GmbH, seither alleiniger Gschf. Ges. M.: Rechnungsprüfer im MIT (Mittelstand. Ver.) d. CDU Thüringen, Vorst.-Mtgl. d. MIT-Kreis Gotha, aktiv im Ver. Förd. u. Bild. v. Jugendl. e.V. Gotha, AERO-Club Coburg. H.: Sportfliegen, Italien.

Greiner Kurt Dr. med. *)

Greiner Peter *)

Greiner Peter Georg Dr. phil. habil. Prof. *)

Greiner René *)

Greiner Steffen Dipl.-Ing. *)

Greiner Ulrich
B.: Journalist, Ressortleiter Literatur. FN.: Die ZEIT. DA.: 20251 Hamburg, Husumer Str. 9. G.: Offenbach, 19. Sept. 1945. V.: Dr. Irmgard, geb. Leinen. Ki.: Franziska, Olivia. El.: Harald (Arch.) u. Helene. S.: 1970 Staatsexamen German., Phil. u. Politik. K.: 1970-80 Feuilleton d. Frankfurter Allg. Zeitung, seit 1980 Feuilleton d. ZEIT. P.: Über Wolfgang Koeppen, Hrsg., (1976), Der Tod des Nachsommers, Aufs., Krit., Porträts z. Österr.Gegenartslit., (1979), Der Stand der Dinge, Kulturkrit. Glossen u. Essays (1987), Revision. Denker d. 20 Jh. auf d. Prüfstand, Hrsg. (1993), Meine Jahre mit Helmut Kohl, Hrsg. (1994), Gelobtes Land - Amerikan. Schriftst. üb. Amerika (1997), Mitten im Leben - Literatur und Kritik (2000).

Greiner Walter Dr. *)

Greiner Walter Dr. rer. nat. Dr. h.c. mult. Prof.
B.: Prof. u. Dir. FN.: Univ. Frankfurt. DA.: 60325 Frankfurt, Robert-Mayer-Str. 8-10. G.: Neuenbau, 29. Okt. 1935. V.: Bärbel, geb. Chun. Ki.: Martin, Carsten. El.: Albin u. Elsa. S.: 1956 Abitur, 1960 Dipl.Phys., 1961 Prom. K.: 1962-64 Ass.Prof. Univ. of Maryland, seit 1965 o.Prof. Univ. Frankfurt, Dir. Inst. f. Theor. Physik, zahlr. Gastprof., seit 1976 ständiger wiss. Berater d. GSI Darmstadt, 1985-90 Honory Editor d. Journal of Physics G., seit 1990 Editor Int. Journ. Physics, Hon.Prof. (2001). BL.: ca. 400 Hpt.Vorträge auf intern. Konferenzen. P.: über 500 Fachbeiträge in intern. Journalen, ca. 200 Konferenzart., zahlr. Buchveröff. E.: Max Born-Preis 1974, Otto Hahn-Preis 1982, Gold. Buch Stadt Frankfurt 1982, Dr. h.c. Univ. Johannesburg 1982, seit 1976 Hon.Prof. d. Vanderbilt Univ. Nashville Tennesse USA, Ehrenmtgl. d. Lorant Eötvös Physikal. Ges. Budapest (1989), Hon.Prof. Univ. Beijing China (1990), Dr.h.c. Univ.TelAviv Israel (1991), Dr.h.c. Univ. Louis Pasteur Strasbourg Frankr. (1991), Dr.h.c. Univers. of Bukarest Romania (1992), Honarary member of Romania Academy of Science (1992), Humboldt Med. 1997, Dr. h.c. J. Kossuth-Univ. Debrecen, Ungarn (1997), Dr. h.c. Univ. Autonoma de Mexico (2001), Dr. h. c. Université de Nantes (2001). M.: DPG, APS, Frankfurter Ges. f. Handel, Industrie u. Wissenschaft. H.: Musik, Wandern, Mykologie.

Greiner-Mai Thomas

B.: Elektroniker, Kunstmaler, Inh. FN.: SOFTBRUSH. DA.: 14471 Potsdam, Maybachstr. 8. G.: 21. Apr. 1970. V.: Beate, geb. Gündel. El.: Hans u. Bärbel. BV.: Hans Greiner gründete d. Stadt Lauscha im 15. Jhdt., baute Glasmanufaktur auf, Firma Greiner in Kanada stellt noch heute Glasaugen her. S.: 1989 Abitur in Reinsberg/Potsdam/Teltow, Berufsausbild. als Elektroniker, 1989-91 Wehrdienst, K.: 1991-98 Bürotechniker b. d. Firma Federsel in Nauen, 1996 Grdg. d. Firma SOFTBRUSH - eine Verbindung v. Software u. Airbrush m. d. Malerei, Ausstellung u. Verkauf v. Bildern, seit 1998 selbst. m. Bürotechnik, Malerei u. Design auch auf Autotankdeckeln, Motorrädern, hauptsächl. Bilder. H.: Motorradfahren, Modellbau, Angeln.

Greiner-Petter Helmut
B.: selbst. Meister d. Kunstgläserbläserhandwerks. FN.: Kunstglasbläserei Helmut Greiner-Petter. DA.: 98724 Lauscha, Straße des Friedens 75. G.: Lauscha, 6. Nov. 1938. V.: Waltraud, geb. Kuhn. Ki.: Martina (1960). El.: Albert u. Martha. BV.: Peter Greiner Begründer d. Perlenfabrik. m. Glasperlen 1778, Doppelname Greiner-Petter entsteht. S.: 1952-57 Fachschule f. angew. Kunst Sonneberg, 1 J. Arb. im Glasstudio Ernst Precht, b. 1965 Arb. dort, 1957 Meisterprüf. K.: ab 1985 1. Kunstschaffender im Handwerk in figürl. Glasgestal-

*) Biographie www.whoiswho-verlag.ch oder beigefügte CD-ROM

Greiner-Petter

tung, 1990 l. selbst. Glasbläserhandwerksmeister im eigenen Gewerbe. P.: 1994 Ausstellung im Bundeskanzleramt u.a. in Coburg, Hohenfelden, Sangerhausen, mehrere Rundfunk- u. Fernsehsendungen z. Handwerk u. z. Namensforsch. M.: Glasbläserinnung Thüringen, Verb. dt. Glasbläser, vereid. Sachv. im Kunstglasbläserhandwerk, Stadtaussch. Kultur, Sport, Bild. f. FWG, Abgeordneter d. Stadtverwaltung Lauscha. H.: Chor, Faustball, Billiard, heimatliche Namensforschung.

Greiner-Petter Memm Simone
B.: Profi-Skilangläuferin, Profi-Biathletin, Zeitsoldatin. FN.: c/o Dt. Skiverband. DA.: 82152 Planegg, Hubertusstr. 1. PA.: 98667 Waldau, Am Sportplatz 14. G.: Biberau-Biberschlag, 15. Sep. 1967. Ki.: 1 Tochter. K.: größte sportl. Erfolge: DDR -Meisterin über 20km Langlauf 1987 u. 1988 DDR-Staffelmeisterin, OS Staffel/5., 1992 nach Geburt d. Tochter ein Comeback im Biathlon, WC Gesamt/47., 1994 OS Staffel/2., WM Team/4., 1995 WM Team/2., Staffel/1., 1996 WM Team/1., Staffel/1., WC Gesamt/16., 1997 WM Staffel/1., WC Gesamt/32., 1998 Biathlon-Trophy Gesamt/18., 1999 WM Staffel/1., H.: Familie, Autofahren, Musik, Haus.

Greinert Wolf-Dietrich Dr. phil. Prof.
B.: Univ.-Prof. f. Berufspäd. FN.: TU Berlin DA.: 10587 Berlin, Franklinstr. 28/29. PA.: 12161 Berlin, Dickhardtstr. 35. G.: Priebus/Schlesien, 24. Feb. 1938. V.: Karin, geb. Tölle. El.: Engelbert u. Erna. S.: 1957 Abitur, 1957-59 Tischlerlehre, 1959.60 Militär, 1961-64 Stud. Lehramt StudienR. m. Fachrichtung Bau/Holz Frankfurt/Main, 1974 Prom. K.: 1964-68 Ass. u. Ref. TH Darmstadt u. Wiesbaden, 1968-71 Gewerbelehrer Hannover, 1971-75 StudienR. i. H., TU Hannover, 1975-79 WissR. u. Prof. TU Hannover, seit 1979 Prof. TU Berlin f. Forsch.-Schwerpunkte, Sozialgeschichte d. berufl. Bild., Berufsbild.-Politik, intern. Berufsbild.-Forsch., Politikberatung im Bereich d. intern. Berufsbild.-Hilfe. P.: Schule als Instrument soz. Kontrolle u. Objekt priv. Interessen (1975), Berufsqualifizierung und dritte Industrielle Revolution (1999), Das dt. System d. Berufsausbild. (e. Aufl. 1998), 40 Bücher, ca. 120 Beiträge in Sammelwerken u. Zeitschriften, Veröff. in engl., franz., span., u.a. Sprachen. M.: DGfE. H.: Mod. Malerei, Musik.

Greipel Reinhard

B.: Architekt. FN.: Arch.-Büro Reinhard Greipel. DA.: 97421 Schweinfurt, Markt 22. Architekt_Greipel@t-online.de. G.: Heuerstein, 16. Juni 1942. Ki.: 1 Sohn. El.: Alois u. Hedel. S.: Mittlere Reife, Ausbild. Bauzeichner Arch.-Büro Schweinfurt. K.: 1961-69 Bauzeichner in einem Arch.-Büro, 1979-86 Architekt in Büro Matl in Schweinfurt, seit 1978 Mtgl. d. Hess. Architektenkam., seit 1979 Mtgl. d. Bayr. Architektenkam., seit 1973 selbst. als freier Mitarb. im Schul- u. Ind.-Bau, Gewerbe-, Kirchen- u. Wohnbau, 1986 Eröff. d. Arch.-Büros m. Schwerpunkt Ind., Gewerbe, Kindergärten, Geschäftshäuser, Banken, Wohn- u. Siedlungsbau. E.: div. Ausz. bei Arch.-Wettbewerben. M.: BDA, AIV, Kunstver. Schweinfurt, Disharmonie Schweinfurt. H.: Kunst, Malen, Lesen.

Greis Günter Dipl.-Ing. *)

Greis Robert Hermann

B.: selbst. Unternehmer. FN.: Licht & Ton. DA.: 93138 Regensburg-Lappersdorf, Hölderlinstr. 23. G.: München, 10. Jan. 1955. El.: Hilde u. Hermann. S.: Gymn., Abitur. K.: 1979 Firmengrdg. Licht & Ton, prof. Beschallungs- u. Beleuchtungsanlagen, 1985 l. Lasershow Open Air in d. Oberpfalz mit 70.000 Gästen, 1986 l. Preis bei Disco-Design-Wettbewerb in Düsseldorf, 1987 zahlr. Objektleitungen von Einkaufszentren, Bahnhöfen, Schulen im Bereich Beschallung und Beleuchtung im ganzen Bundesgebiet, 1998 Vorst.-Mtgl. d. Regensburger Montessori-Schul-Vereins, mitverantwortl. f. Umbau v. Schloss Prüfening (Thurn u. Taxis) in Montessori-Schule in Regensburg, 1999 Umsetzung einer BOSE-Niederlassung in Regensburg. H.: Kulturstätten entdecken, Harley-Davidson reiten, Neon-Kunstwerke kreieren, Licht- u. Ton-Visionen umsetzen.

Greiser Klaus Günther *)

Greiser Norbert Fritz Heinz Dr. rer. nat.

B.: Biologe, Gschf. Ges. FN.: Dr. Greiser u. Partner u. Senior Consultant d. Firma Innovation Center GmbH. DA.: 21502 Geesthacht, Max-Planck-Str. geb. 31. G.: Hamburg, 17. Nov. 1952. V.: Dr. phil. Christiane Sell-Greiser, geb. Sell. Ki.: Fabian Simon (1992), Florentin (1996). El.: Heinz u. Gertrud. S.: 1964-71 Gymn. Walddörferschule in HH-Volksdorf, 1972-82 Stud. Biologie an d. Univ. Hamburg, 1982 Dipl., 1987 Prom. an d. Univ. Hamburg im Fachbereich Hydrobiologie, Thema d. Diss.: "Zur Dynamik v. Schwebstoffen u. ihren biologischen Kompenenten in d. Elbe bei Hamburg". K.: 1984-86 Wiss. Mitarb. im Rahmen d. Forschungsprojektes "Verhalten von Schlick u. Schwebstoffen in Tideästuaren", 1987-88 Postdoktoranden-Stelle im GKSS-Forchungszentrum Geesthacht im Bereich Gewässerforschung, 1989-90 Projektstelle an d. TU-Hamburg-Harburg im Bereich Abwasserreinigungstechnik (Projekt: "Separate Behandlung v. Trübwässern"), 1990-92 Ltr. d. Forschungsprojektes "Die Bedeutung d. Mühlenberger Lochs f. d. Schwebstoffsedimentation im Hamburger Hafen" an d. Univ. Hamburg, Abt. Mikrobiologie, 1992-93 Wiss. Mitarb. (Obering.) an d. TU Hamburg-Harburg im Arbeitsbereich Meerestechnik, 1993-95 Bearbeitung d. Projektes "Oberwasserwirkung in Tideflüssen auf d. Sedimentation" bei Strom- u. Hafenbau Hamburg, 1995-96 Wiss. Gschf. d. Firma HGU - Ges. f. Hydrographie, Geoökologie u. Umwelttechnik, 1997 Grdg. d. Firma Dr. Greiser u. Partner - Wissenschaftler u. Ingenieure (heutiger Sitz in Geesthacht im

*) Biographie www.whoiswho-verlag.ch oder beigefügte CD-ROM

Geesthachter Innovations- u. Technologie Zentrum), 2000 Mitgründer u. Ges. d. Firma IC Innovation Center GmbH in Rohrschach in d. Schweiz. BL.: Referenzen u.a. Untersuchung d. Sedimentationsverhältnisse u. Schadstoffbelastung im Moorfleeter Kanal (1996), Oberwasserwirkung in Tideflüssen auf d. Sedimentation (1996), Sedimentschichtenvermessung u. Sedimentzusammensetzung u. -festigkeit im Marine-Arsenalhafen in Wilhelshafen (1997), Erfassung v. Sedimenten geringer Dichte - Rheologische Untersuchungen (1998), Sedimentschichtenvermessung u. - Charakterisierung in einem Teilabschnitt d. Isebekkanals (1999), Bestimmung d. in-situ-Viskosität u. d. Fließverhaltens d. Fluid Mud-Schichten im Emder Außenhafen (1999). M.: Hafenbautechn. Ges. Hamburg (HTG), Ges. Dt. Naturforscher u. Ärzte, ATV-DVWK. H.: Malen, Gitarre, Marathonlauf.

Greiser Peter
B.: selbst. Tätowierer. DA.: 68167 Mannheim, Friedrich-Ebert-Str. 54. PA.: 68161 Mannheim, S 6, 29-31. G.: Hamburg, 8. Aug. 1957. El.: Wilhelm u. Ursula. S.: 1973-76 Lehre Isolierer, 1976-80 Bundeswehr. K.: 1976-80 nebenberufl. tätig als Tätowierer, seit 1980 selbst. als einer d. größten Tätowierer in Deutschland. P.: Erwähnung in Tattoo-Zeitschriften, TV u. Radio, WHO IS WHO in Tattoo. E.: Pokale u. Ausz. auf Tattoo-Conventionen. M.: DOT, The Association Proffessional Tattoo Artists, Tattoo-Club of Japan, Schützenclub RNF f. Kurzwaffen. H.: Schießen, PC, Malen, Skifahren, Sport.

Greisl Paul *)

Greißinger Georg Dr. jur. *)

Greissinger Herbert F. Dipl.-Kfm.
B.: selbst. Unternehmensberater. DA.: 48155 Münster, Am Graelbach 6. G.: Forchheim/Oberfranken, 27. Aug. 1929. V.: Ursula. Ki.: 4 Kinder. S.: 1949 Abitur, 1952 Stud. Textiltechnik Staatl. Techniker S. f. Textilind. Reutlingen, 1955 Stud. Betriebswirtschaft Univ. Erlangen,Tübingen, Hochsch. f. Wirtsch.- u. Soz.wiss. Nürnberg. K.: 1955-60 betriebswirtschaftl.-organisator. Tätigkeiten, 1960 Beginn d. freiberufl. Praxis als beratender Betriebswirt m. d. Schwerpunkten: Bertriebswirtschaft, Organisation, Zeitwirtschaft u. Bewertung, 1971 Bestellung z. vereid. Sachv. f. bertriebswirtschaftl. produktionstechn. Fragen d. Textilind., Betriebsverlagerungskosten u. -unterbrechungsschäden u. Bewertung v. Maschinen. P.: versch. Fachveröff. M.: BeiR.-Mtgl. in versch. Unternehmen u. aktive Beteiligung an Ausbild. d. betriebswirtschaftl. Nachwuchses an d. Univ. Münster, RKW u. IHK Münster, aktive Mitarb. in betriebswirtschaftl. Arb.-Kreisen in versch. Verb. d. RKW u. d. VDI.

Greiter Oliver *)

Greiter Thomas *)

Greitsch Wolfram Dipl.-Ing. *)

Greive Artur Dr.
B.: em. o.Prof., Roman. Seminar. FN.: Univ. zu Köln. DA.: 50923 Köln, Albertus-Magnus-Platz. PA.: 53727 St. Augustin, Im Rehefeld 4. G.: Aachen, 25. Apr. 1936. V.: Erika, geb. Bongartz. Ki.: Dr. Jörg, Dr. Claudia, Annette. El.: Bernhard u. Dr. Hildegard. S.: 1955-60 Stud. Köln, Freiburg u. Bonn, 1960 1. Staatsexamen, 1961 Prom. K.: 1961-68 Ass. am Roman. Seminar Univ. Bonn, 1968 Habil., 1970 Lehrstuhl Univ. Köln, 1983-85 Dekan d. Phil. Fak., 1988-92 Senator d. Phil. Fak. P.: Bücher, Aufsätze, Rezensionen. H.: Musik.

Greiwe Ulrich Dipl.-Ing. *)

Grell Carl

B.: Exportkfm., Inh. FN.: Hotel-Restaurant Villa am Meer. DA.: 23743 Grömitz, Seeweg 6. info@villa-am-meer.de. www.villa-am-meer.de. G.: Berlin, 8. Sep. 1934. V.: Inge, geb. Kleinschmidt. Ki.: Wolfgang (1963), Sabine (1964). El.: Carl u. Hertha. S.: 1955 Abitur, 1955-58 Ausbild. z. Exportkfm. im Chile-Haus, 1958 Jones Beach States Park, New York, Restaurant in d. Küche, 1958-59 Hotelfachschule am Tegernsee. K.: 1959 Einstieg in d. elterl. Hotelbetieb, Organ., Rezeption, Restauration, Geschäftsführung, 1985 Übernahme d. Hotels als Inh. M.: seit 1960 Grömitzer Bürgergilde. H.: Arb., Schwimmen, Reisen.

Grell Erhard *)

Grell Friedrich Dr.-Ing. *)

Grell Joachim-Werner *)

Grell Martin
B.: prakt. Tierarzt. GT.: seit 1995 freier Mitarb. Inst. f. Med. Diagnostik, seit 1996 Rennbahntierarzt Trabrennbahn Berlin-Karlshorst, Betreuer einer Tierfilmschule u. mehrerer Zirkusunternehmen. DA.: 10318 Berlin, Treskowallee 129. G.: Köln, 11. Feb. 1962. Ki.: Thomas (1987), Veronika (1988). El.: Dr. Wolfgang u. Else. S.: 1982 Abitur Biberach, 1982-88 Stud. Vet.-Med. FU Berlin. K.: 1988-89 Ass., seit 1990 eigene Praxis. M.: SPD, 1. Vors. d. Vereins d. Traberbesitzer u. Traberzüchter Berlin Karlstadt e.V. H.: Reiten, Musik.

Grellmann Eberhard *)

Grellmann-Rhodes Julia *)

Gremlin Gunnar
B.: Gschf. FN.: SKF GmbH Deutschland. DA.: 97412 Schweinfurt, Gunnar-Wester-Str. 12. Gunnar.Gremlin@ skf.com. G.: Schweinfurt, 1945. K.: s. 1969 SKF GmbH Deutschland, Gschf, Vorst. AB Th Nederman & Co. (Re)

Gremliza Dorothee Dr. phil.
B.: Buchverlegerin, Gschf. Ges. FN.: Konkret Literatur Verlag GmbH. DA.: 20253 Hamburg, Hoheluftchaussee 74. PA.: 20848 Hamburg, Feldbrunnenstr. 24. G.: Stuttgart, 28. Aug. 1943. El.: Hermann u. Kitty, geb. Schilling. S.: 1964 Abitur, 1964-72 Stud. Politik, Soz. u. Vw. Univ. Stuttgart u. Hamburg, 1978 Prom. z. Dr. phil. K.: 1972-78 Ass. Univ. Hamburg, Aufenthalt Peru, 1978 Grdg. d. Verlages Konkret Literatur Verlag GmbH. M.: Norddt. Verleger- u. Buchhändlerverb. H.: Politik, Frauen. (K.H.)

Gremm Pia *)

Gremminger Peter *)

Gremmler Tobias
B.: Designer, Art-Dir., Creative-Dir. FN.: pReview digital design GmbH. DA.: 10435 Berlin, Kastanienallee 29/30. G.: 1970. K.: seit 1992 Tätigkeit als Creative-Dir., Art-Dir., Designer u. Doz. in Deutschland, Schweiz u. USA, seit 1991 Auftragskompositionen u. Videoprojektionen f. Sprech- u. Cho-

*) Biographie www.whoiswho-verlag.ch oder beigefügte CD-ROM

Gremmler

reographisches Theater sowie multimediale Inszenierungen, 1997 Grdg. d. Designer-Gruppe "pReview" m. Prof. Tanja Diezmann, 2000 Grdg. d. pReview digital design GmbH m. Prof. Tanja Diezmann. BL.: Projekt Design: Adidas Eyecatcher Infoterminal Produktion: Pixelpark GmbH Berlin, Apple Computer Messeshow Orbit Produktion: Mountain Multimedia Brienz/Schweiz, Keiper Eyecatcher IAA Produktion: Zeitwerk Karlsruhe, Sony Infoterminal, Cebit Produktion: Pixelpark Berlin, Toyoa Thosroom Paris Produktion: Lava Hamburg; CD-ROM: Biolek's Kochbuch, Die Fantastischen Vier, Hicom 300 Evolution, Kontron Digital Photography, Marlboro Musik, Schweizer Hotelführer; Internet: BMW, Siemens, Siemens/Nixdorf, Swiss Re; Theatermusik u. Bühnenprojektionen: 1998 Zeitsprünge - Rasender Stolland, 1997 Der 3. Sinn, Volksbühne Berlin, 1995 Oh Tristan, Neues Theater München, 1993 Vom ewigen Schlaf, Muffathalle München, 1992 Realisten, Metropol München, 1997 Kleinzeit, Volkstheater Rostock, 1996 Die letzten Tage d. Menschheit, Stadttheater Berlin, 2000 "2001 a hongkong odyssee" live Projektionen f. mediale Inszenierung Koop. m. ZUNI Hongkong.

Grenda Harald *)

Grengel Ralf

B.: Vorstand. FN.: powerplay medienholding AG. DA.: 10557 Berlin, Bartningallee 27. Grengel@powerplay.AG. www.powerplay.AG. G.: Unna/Westf., 28. März 1965. V.: Kathrin. Ki.: Ann-Marleen (1999). El.: Sigrid u. Ulrich. S.: 1986-87 nach Zeitungsvolontariat als Redakteur tätig. K.: 1988-92 Sportchef u. Chef vom Dienst beim priv. Berliner Rundfunksender Hundert,6, 1992-93 Chefredaktion Berliner Rundfunk 91,4, 1994 Gründer, Gschf. u. Chefredakteur d. powerplay Radio- & TV-Produktionen, Verlag GmbH, 2001 Umwandlung d. GmbH in powerplay medienholding AG, seitdem Vorstand, zudem GmbH-Gschf. von vier weiteren Unternehmensbereichen der powerplay AG. BL.: 1992 federführend bei d. Olympiaberichterstattung aller deutschen Privatradios. F.: Inh. v. Schirner Sportfoto, Deutschlands größtem Sportfotoarchiv. P.: Autor einer Reihe v. Sportbüchern u.a.: "100 Jahre FC Bayern München", "100 Jahre Deutscher Fußball", "Das deutsche Wembley". E.: 1999, 2000, 2001 Preis f. d. beste Stadionmagazin d. deutschen Fußball-Bundesliga "Wir Herthaner". M.: VfL Borussia Mönchengladbach 1900, Hertha BSC Berlin. H.: Sport, Film, Joggen.

Grenouillet Hans Günter *)

Grentzius Ronny *)

Grenz Roman Dr. med. *)

Grenzebach Rudolf *)

Grenzmann Christoph Dr.

B.: Gschf. FN.: Wiss.-Statistik GmbH; Stifterverb. f. d. Dt. Wiss. DA.: 45239 Essen, Barkhovenallee 1. G.: Lierlohn, 21. März 1945. V.: Gisela, geb. Koch. Ki.: Daniel (1984), Isabel (1986), Florian (1987), Lena-Marie (1991). S.: 1965 Abitur, 1966-72 Stud. Betriebswirtschaft u. Math. in Köln, 1973 Stud. an d. Pennsylvania State Univ., 1974 Prom. K.: 1974-75 Lehr-

beauftragter f. Wirtschaftsmath. Univ. Köln, 1975-79 Unternehmensberater GFS-Midas Sema Gruppe, 1979-80 Unternehmensberater PA Management-Consulting in Frankfurt, 1980 Gschf. d. Wiss.-Statistik GmbH. P.: Diss.: Optimierung d. Reihenfolgeplanung b. stochastischen Prozessen, Bericht z. Forsch. u. Entwicklung in d. Wirtschaft - div. Lehrgänge. E.: Mitarb. in d. Expertenkreisen d. OECD. M.: Dt. Statist. Ges., Dt. Math. Ver. (DMV).

Greppi Fabio Anselmo Giuseppe *)

Gres-Redenbach Ute

B.: RA. DA.: 44137 Dortmund, Rheinische Str. 47. G.: Duisburg, 1. Juni 1959. V.: Dr. Wilhelm Redenbach. Ki.: Laura (1988), Andrea (1990). El.: Dr. med. Rolf u. Hannelore Gres. BV.: Dr. Willi Hans Gres - Manager d. Firma Krupp in Essen. S.: 1977 Abitur, 1977-78 Praktikum Krankenpflege Duisburg, 1978-84 Stud. Rechtswiss. Münster, 1. Staatsexamen, 1984-88 Referendariat Kleve, 1989 2. Staatsexamen. K.: seit 1993 selbst. RA in Partnerschaft m. Schwerpunkt Med.- u. Familienrecht, seit 1999 tätig in d. Kzl. Hohoff/Stroband. M.: Arb.-Kreis Med.-Recht d. Dt. Anw.-Ver., Engagement in Vereinigten Kirchenkreisen: Aussch. d. Tageseinrichtung f. Kinder. H.: mod. Literatur, klass. Literatur, Jazz, Klassik, Reiten.

Greschat Martin Dr. Prof.

B.: HS-Lehrer em. greschat@web.de. G.: Wuppertal, 29. Sep. 1934. V.: Christa, geb. Wahn. Ki.: Dr. Katharina (1965), Dr. Isabel (1967), Sabine (1968). BV.: Philipp Melanchthon. S.: 1955 Abitur in Marl, Stud. Germanistik, Geschichte u. Evang. Theol. Münster u. Tübingen, 1957 Stud. Ev. Theol. Münster, 1961 1. theol. Examen Bielefeld. K.: 1961 Vikar, 1962 Redaktionsass. d. Ev. Fakultät, 1964 2. theol. Examen, 1965 wiss. Ass. d. theol. Fakultät an d. Univ. Münster, Habil., 1974 wiss. Rat u. Prof., 1979 Lehrstuhlinh. f. Ev. Kirchengeschichte an d. Univ. Gießen, seit 1999 em. P.: Diss.: "Melanchton neben Luther" (1965), "Zeitalter d. industriellen Revolution" (1980), Habil.: "Zwischen Tradition u. neuem Anfang" (1971), "Gestalten d. Kirchengeschichte" (1981-86), "Martin Bücer" (1990), "Protestanten in der Zeit" (1994). M.: Ev. Arge f. kirchl. Zeitgeschichte, Vors. d. dt.-poln. kirchengeschichtl. Kmsn.

*) Biographie www.whoiswho-verlag.ch oder beigefügte CD-ROM

Greschner Gottfried Dr.-Ing.
B.: Unternehmer, Vorst.-Vors. FN.: Init AG. DA.: 76131 Karlsruhe, Kaeppelstr. 6. ggreschner@initag.de. www.initag.de. G.: Leitlitz, Zollenroda, 26. Juli 1946. V.: Eila, geb. Rouhiainen. Ki.: Christina (1977), Michael (1983). El.: Dipl.-Ing. Gregor u. Johanna, geb. Wetzel. S.: 1966 Abitur, 1966-68 Bundeswehr, Leutnant d. Res., 1969-76 Stud. Elektrotechnik, Schwerpunkt Prozessautomatisierung Univ. Stuttgart, Abschluss Dipl.-Ing. K.: 1976-83 wiss. Ang. Univ. Karlsruhe, Inst. f. Informatik III, Rechnergesteurte Automatisierungssysteme, Forschung auf d. Gebiet d. Telematik, 1982 Prom., 1983 Grdg. d. Init GmbH, Gschf. u. Mehrheitsges., div. Forschungsaufträge u. -projekte, 1988 erster Großauftrag Rechnergesteurter Betriebsleitsysteme (RBL) Osnabrück, 1992 erstern RBL-Großauftrag Ausland Stockholm, 1996 Großauftrag Elektron. Zahlungssysteme Hamburg, 1999 Grdg. u. AR-Vors. d. Tochterfirma Init Inc. USA, 2000 erste Großaufträge USA, 2001 Vorst.-Vors. init innovation in traffic systems AG, Hauptaktionär d. Init AG, seit 2001 an d. Börse notiert. BL.: Intern. Pionier im Bereich Telematik u. elektr. Zahlungssysteme f. Bus u. Bahn. M.: VDV Förderkreis, Cyber-Forum Karlsruhe. H.: Tennis, Wandern, Lesen.

Gresens Hartmut *)

Gresitza Jaqueline *)

Gress Andreas Dipl.-Ing.
B.: Gschf. Ges. FN.: U + W Umwelt- u. Wärmetechnik GmbH. DA.: 22457 Hamburg, Kalvslohreystr. 11. G.: Hamburg, 25. Aug. 1940. V.: Ruby, geb. Suhr. Ki.: Anne (1968), Ariane (1974), Adrian (1977). El.: Heinrich u. Heydi, geb. Krug. S.: 1957 Mittlere Reife, 1960 Facharb.-Brief Maschinenbau, 1966 Dipl.-Abschluß: Maschinenbau. K.: 1966-67 Konstrukteur f. Serienplanung Transall C 160 Hamburger Flugzeugbau, 1967-68 Ltr. d. Techn. Büros Rheno S. A. Sao Paulo/Brasilien, 1968-70 Ass. d. Abt.-Ltg. Stahl-, Wasser- u. Maschinenbau Wasserkraftwerk Ilha Solteira im Rio Parana Themag-Engenharia Ltda. Sao Paulo/Brasilien, 1970-72 Projekting. Klima- u. Lüftungstechnik Deicke & Kopperschmidt Hamburg, 1972-73 Projektltr. f. Exekutivprojekt Stahl-, Wasser-, Maschinenbau, Klima- u. Lüftungstechnik Wasserkraftwerk Salto Osorio im Rio Iguaçu Serete Engenh. S. A. Sao Paulo/Brasilien, 1973 Verkaufs- u. Projektltr. Prozeßwärme- u. Wärmeträgeranlagen Fluxomaq Equipamentos Industr. S.A., 1974-76 Produktionsltr. u. Sicherheitsing. Klima- u. Lüftungstechnik Stulz GmbH Hamburg, 1976-78 Abt.-Ltr. Techn. Dienste u. Vertrieb Prozeßwärme u. Feuerungstechnik Bau u. Montage GmbH Hamburg, 1978-92 Ltr. Vertriebsbüro Nord Hamburg f. Norddeutschland, Skandinavien u. England f. Prozeßwärme u. Wärmeträgeranlagen Wiesloch/KEU-KAH Wiesloch, 1992-94 Ltr. Vertriebsbüro Nord Hamburg f. Nordeutschland u. Skand. Prozeßwärme- u. Wärmeträgeranlagen Konus Ges. f. Wärmetechnik mbH Schwetzingen, 1994 Grdg. d. Firma U + W Umwelt u. Wärmetechnik GmbH, Ing.-Büro f. Prozeßwärme. F.: Kooperationen m. d. skandinav. Ausland (Dänemark, Finnland, Norwegen, Schweden). E.: Gewinner mehrerer 1. Pl. m. d. vielsprachigen Kodály-Chor, seit 1972 Mtgl., 15 J. Vors. M.: VDI GET, TGA. H.: Musik (klass. Posaune), Malerei, Bildhauerei, Literatur, iberoamerikan. Geschichte.

Greß Frank-Harald Dr. phil. habil. Prof.
B.: Musikwissenschaftler, Orgelforscher. PA.: 01279 Dresden, Kamelienweg 5. G.: Dresden, 27. Juli 1935. V.: Marlies, geb. Junghans. Ki.: Peter (1965), Claudia (1969). S.: 1953 Abitur Dresden, 1953-56 Stud. Dirigieren, Komposition, Orgel u. Klavier an d. HS f. Musik Dresden, 1956-59 Stud. Musikwiss., Kunstgeschichte u. Orgel an d. Univ. Leipzig, 1974 Prom., 1983 Habil. K.: 1959-92 Lehrtätigkeit an d. HS f. Musik "Carl Maria v. Weber" Dresden in d. Fächern Musik-

geschichte, Akustik u. Instrumentenkunde, Initiator u. ab 1969 Leiter der Abteilung Tanzmusik- u. Jazz-Ausbildung, ab 1992 freischaffende Orgelforschung u. Orgelplanung. P.: zahlreiche Veröffentlichungen u.a. "Die Klanggestalt der Orgeln Gottfried Silbermanns" (1989), "Die Orgeln der Frauenkirche zu Dresden" (1994), "Die Orgeln Gottfried Silbermanns" (2000, 2. Aufl. 2001). M.: Präsidiumsmtgl. d. Gottfried-Silbermann-Ges. Freiberg. H.: Lesen, Musizieren.

Gresser German *)

Gressierer Reinhold *)

Greßler Frank Dipl.-Ing.
B.: beratender Ing. VBI, Dipl.-Ing. f. Straßenbau, Gschf. FN.: Projektmanagement- u. Planungsges. f. Infrastruktur mbH. DA.: 99089 Erfurt, Waidmühlenweg 16. PA.: 99096 Erfurt, Gustav-Freytag-Str. 63. frank.gressler@pmp-infra.de. www.pmp-infra.de. G.: Eisenach, 3. Juli 1963. V.: Robert (1990). El.: Harald u. Inge, geb. Oehler. BV.: Großvater Karl Oehler - Tischler, Gewerkschaftsfunktionär, mehrere Veröff. in Tageszeitungen, geehrt m. d. höchsten Ausz. d. FDGB. S.: 1982 Abitur Gerstungen, 1982-85 Armee, 1985-90 Stud. an d. HS f. Verkehrswesen Dresden, 1990 Dipl.-Ing. f. Straßenbau. K.: 1990-92 Projekting. STP Erfurt, 1992 Projektltr. b. SEIB Ing.-Consult GmbH, 1995 Ndlg.-Ltr., 2000 Gschf. pmp INFRA GmbH, große Verkehrsbauvorhaben in Deutschland; Lehrauftrag an d. FH Erfurt, Fachrichtung Straßenbau. P.: jährl. Art. in VSVI-Zeitschriften über Verkehrsbauwerke in Thüringen. M.: Ing.-Kam. Thüringen, Vorst.-Mtgl. VSVI Thüringen. H.: Modelleisenbahn, Computer, Fahrradfahren.

Greßmann Nils
B.: Gschf. FN.: Autozentrale Neumünster Heinrich Moritzen GmbH & Co KG. DA.: 24536 Neumünster, Kieler Str. 168-172. G.: Bad Segeberg, 7. Okt. 1967. V.: Petra, geb. Wallkovs. Ki.: 3 Kinder. S.: 1985 Mittlere Reife Bad Segeberg, 1985-87 Lehre z. Landwirt, 1987-89 Kfm. Lehre im Landhandel Herzog Peter v. Oldenburg in Bad Segeberg. K.: 1989-90 Außendienstmitarbeiter in d. gleichen Firma, 1990 Verkaufsberater b. Firma Lorenzen, Verkaufsberater, 1992 Ass. d. Geschäftsleitung, 1992-95 Übernahme d. Fordbetriebes in Neustadt/Holstein u. in GmbH umgewandelt, Gschf. u. Ges., 1996 Ges. verkauft, 1995 Eintritt als Gschf. u. Kommandistit in d. Firma Moritzen, 1998 Übernahme d. kompletten Firma nebst Immobilie. M.: Unternehmensverband, Innung, IHK. H.: Landwirtschaft, Volleyball.

Greten Johannes Dr. med. *)

Gretenkort Hartmut *)

Greth Gino *)

Grethe Klaus Dr. med. *)

Grethe Ulf Dr. med.
B.: FA f. Frauenheilkunde u. Geburtshilfe u. Allgemeinmed., selbständig. DA.: 40217 Düsseldorf, Friedrichstr. 63. G.: Düsseldorf, 6. Feb. 1955. V.: Ulrike, geb. Weidel. Ki.: Ana u. Moritz (1989). El.: Dr. med. Klaus u. Gisela, geb. Flockenhaus. BV.: Großvater Dr. med. Grethe. S.: 1973 Abitur Düs-

---

*) Biographie www.whoiswho-verlag.ch oder beigefügte CD-ROM

Grethe

seldorf, 1973-74 Ausbild. z. Krankenpflegehefler m. Abschluss, 1974-76 Stud. Landwirtschaft in Bonn, 1976-81 Stud. Med. in Bochum u. Aachen, 1981 Approb. als Arzt, 1982 Prom. z. Dr. med. K.: 1982-83 Ass.-Arzt Innere Med. Cornelius Hospital Dülken, 1983-88 Ass.-Arzt Gynäkologie EVK Düsseldorf, 1987 FA f. Allgemeinmed., 1988 FA f. Gynäkologie, 1989 selbständige Tätigkeit in eigener Praxis in Düsseldorf als Gynäkologe. H.: Eishockey, Tennis, Golf.

Grether Hans
B.: RA in eigener Kzl. DA.: 50858 Köln, Aachener Str. 1063. G.: Rheinfelden, 23. Mai 1959. S.: 1979 Abitur, 1980-86 Stud. Jura, 1989 2. Staatsexamen. K.: seit 1989 ndlg. RA in Köln.

Grethlein Thomas Dr. phil. *)

Gretsch Jutta *)

Gretsch Renate *)

Gretschel Boris

B.: Wirtschaftsberater. DA.: 10115 Berlin, Tieckstr. 9. G.: Berlin, 17. März 1940. V.: Brigitte, geb. Seiler. Ki.: Maik (1966). El.: Boris u. Frieda, geb. Pebcow. BV.: Großvater Wilhelm Gretschel hatte in Rußland eine landesweitarb. Schornsteinfbk. S.: 1961 Abitur Blankenfelde, 1961-63 versch. Tätigkeiten, 1963-64 Wehrpflicht, 1966-72 Fernstud. in Dresden z. Dipl.-Ing. Elektrotechnik. K.: ab 1964 Erwachsenenqualifizierung z. Facharb. "Vakuummechaniker", 1965 Prüfung, Werk f. Fernsehelektronik, 1972 Laboring., elektron. Bauteile, 1977 Laborltr., 1981-91 Abt.-Ltr., 1991-94 Umschulung z. Wirtschaftsberater b. Bonn-Finanz, 1994 Wechsel zu AWD, Kundenbetreuung als Wirtschaftsberater. H.: priv. Hdl. m. Aktien, Bowling.

Gretzinger Gabriele *)

Gretzschel Rolf *)

Greuel Hans Dr. med.
B.: Arzt in eigener Praxis u. am Inst. f. ästhet. Chir. DA.: Praxis: 40545 Düsseldorf, Kaiser-Wilhelm-Ring 37. tinitushilfe@ev.de. www.faltenlos.de. G.: Düsseldorf, 5. Jan. 1950. V.: Susanne, geb. Junck. Ki.: Larissa (1982), Susubelle (1992), Tano (1995). El.: Prof. Dr. Hans u. Mathilde. S.: 1968 Abitur, 1968-72 Stud. Kunst Kunstakademie Lüttich/Belgien, 1972-77 Stud. Med. Univ. Düsseldorf, 1977-81 Ausbildung Psychotherapie Klinik f. Psych. Düsseldorf, 1981-85 HNO-Ausbildung Univ. Düsseldorf u. St. Anna KH Duisburg. K.: 1985 Eröff. d. 1. Praxis, Erweiterung u. 5 Praxen m. Schwerpunkt biomentale Therapie bei Tinitus u. Hörsturz, ästhet. Gesichtsoperationen, Brustvergrößerung u. Fettabsaugung. F.: Inh. eines Verlages f. selbstgeschriebene Bücher. P.: Forschungsbericht f. BMA (1981), 5 Bücher, "Die sanfte Schönheitschirurgie" (1990); Teilnahme an Ausstellungen als anerkannter Düsseldorfer Künstler. E.: seit 1990 im Ratgeber Med. als bekannter u. bester Schönheitschirurg unter d. besten 10. M.: 1. Vors. d. Tinitus-Hilfe e.V., Vorst.-Vors. d. Euro-Tinitus, Dt. Ges. f. ästhet. Chir. H.: Leben auf d. Bauernhof, Kunstatelier am Bauernhof.

Greuel Heinrich-Walter Dr. med.

B.: ärztl. Dir. FN.: Marienhospital Wattenscheid. DA.: 44866 Bochum, Parkstr. 15. G.: Dortmund, 29. Aug. 1950. V.: Ulrike, geb. Junge. Ki.: Anne (1982), Henrike (1983). El.: Walter u. Helene, geb. Wickel. S.: 1968 Mittlere Reife, 1968-70 kfm. Ausbildung, 1971 Abitur Abendgymnasium, 1971-77 Stud. Med., 1978 Prom. K.: 1978-85 Ass.-Arzt, FA f. Innere Med., 1985-87 OA in Mülheim, seit 1986 Chefarzt d. akutgeriatr. Abt., seit 1987 Chefarzt am geriatr. Zentrum in Wattenscheid; Funktion: Ltr. d. Rehaklinik m. 100 Betten u. Bundesmodell f. Wiedereingliederung geriatr. Patienten in d. häusl. Bereich, Engagement in d. Aufklärung v. Unfallschwerpunkten im häusl. Bereich, Forschung nach Wegen u. Strukturen um d. Recht auf Lebensqualität f. ältere u. behinderte Menschen zu gewährleisten. P.: "Zur Frage d. Anwendbarkeit d. Beurteilungspegel d. VDI" (1978), "Grundbedingungen d. Restitutio ad Optimum" (1990), "Der alte Mensch im Krankenhaus-Behandlung unter Einbeziehung d. sozialen Umkreises" (1992), zahlr. Verträge bei Seminaren u. in KH. M.: Gründungsvors. d. Hospizvereins ambulante Sterbebegleitung, Vorst.-Mtgl. d. Landes Arge geriatr. Kliniken NRW, Dt. Ges. f. Gerontologie u. Geriatrie, Verband Dt. Internisten, Ges. f. Innere Med. NRW. H.: Segeln, Singen im Chor.

Greuel Hermann-Josef *)

Greul Rainer M.

B.: Gschf. Ges. FN.: ADS GmbH. DA.: 80935 München, Schätzweg 3. G.: Bad Ischl, 22. Feb. 1957. V.: Gabriele, geb. Jocher. Ki.: Isabella (1982), Carolin (1984). El.: Karl u. Auguste. S.: 1971-72 Fachschule f. Flugtechnik in Langenlebarn, 1972-77 Höhere Techn. Lehranst. f. Flugtechnik in Wien, Abschluß Ing., 1977-78 Militärdienst b. d. Hubschrauberstaffel in Aigen/Ennstal. K.: b. 1978 in Deutschland berufstätig b. Audi Ingolstadt in d. Vorentwicklung, 1979-84 Abt. f. Airbusentwicklung b. MBB Ottobrunn, ab 1984 freiberufl. als CAD-Trainer b. BMW, ab 1994 Ltg. eines Projektteams d. Firma Volke in München, 1998 Grdg. d. ADS GmbH, Schwerpunkt: Design u. Entwicklung b. z. Serienreife im Automobil u. Flugzeugbau. H.: Sport, Schifahren, Golf.

Greulich Rita *)

Greuling Bernd *)

Greune Hans-Joachim *)

Greuner-Pönicke Stefan Hans-Kurt
B.: Dipl.-Biologe, freischaff. Sachv., Geschäftsinh. FN.: BTA-Tech Dr. Greuner & Co. GmbH. DA.: 24111 Kiel, Russeer Weg 54. BTA-Tech.de. Ki.: Hanno Pönicke (1985). El.: Dr.-Ing. Bernd u. Ulla Greuner, geb. Ledien (Lehrerin a.D.). S.: 1976 Abitur Gymn. am Wall, Verden a. d. A., 1977-78

W15 Heer Artillerie, 1980-86 Stud. Biologie an der Univ. Hamburg u. Christian-Albrechts-Univ. Kiel, Dipl.-Biologe, "Beschreibung d. Lebensgemeinschaft eines noch natürl. Fließgewässers in SH", Studienschwerpunkt Gewässerökologie, zus. zugehörig z. Max Planck-Inst. Plön, Stud.-Bereich Seen Prof. Dr. Lampert, Prof. Dr. Böttger einschl. Studienaufenthalt i. Ägypten, landwirtschaftl. Produktionsmethoden u. möglichkeiten. K.: Mitarbeit im BUND z. Kartierung von Fröschen u. Vögeln mit folg. ABM - Stelle bis 1987, zus. Privatinitiative "Bachpatenschaften" z. weiteren Grdg. lokaler Patenschaften z. Realisierung u. Betreuung derartiger Projekte, daraus folgend ca. 50 lokale Patenschaften, 1986 deshalb Grdg. d. freiberufl. Büros, 1987 Entwicklung d. ehrenamtl. Tätigkeiten hin zu öffentl. Bereich, Begleitung v. Untersuchungen u. Renaturierungmaßnahmen, Aufbau einer biologischen Fließgewässer-Katasters m. über 1200 Probestellen z. Durchführung v. Messungen f. bis zu 25 Jahre; 1991 Grdg. Zweitbüro m. Partner in Schwerin z. Erarbeitung einer Abfall-Wirtschaftsplanung m. Standortempfehlungen, Begleitung d. Wiederherstellung d. Seeschiffahrt - Zufahrt f. Hafen Rostock u. Elbe-Deichbaumaßn., Photosimltn. f. Landschaftsentw., MA 7 + fr. MA, 1999 Grdg. d. eigenen GmbH m. Vater f. Im- u. Export Werkzeuge, Maschinen u. Zubehör; Gastdoz. FH Lübeck "Naturnaher Wasserbau" b. Prof. Dr. Fahlbusch. P.: Veröff. in versch. Fachzeitschriften. M.: Verband Dt. Biologen (BDP), wiss. Beratungs-Mtgl. BUND SH, BWK Bund d. Wasser- u. Kulturbau-Ingenieure, Beirat Naturschutzbehörde Kiel. H.: Beruf, Oldtimerpflege, aktive Unterstützung v. Schafsfarmen.

Greupner-Huchhausen Stefanie
B.: selbst. Modedesignerin. DA.: 30171 Hannover, Dieckmannstr. 1. G.: Hannover, 29. Sep. 1963. V.: Wolfgang Greupner. S.: 1983 Abitur, 1983-86 PTA-Ausbild. Hannover, 1986-91 Stud. Chemie Univ. Paderborn, 1992-95 Ausbild. Modeschneiderin FADM Hannover. K.: 1995-98 freie Modedesignerin u. Künstlerin in Hannover, 1999 Eröff. d. Mode Galerie SGH m. Schwerpunkt Brautmoden u. Abendkleider, künstl. Gestaltung v. Kleidern u. Assesoires, Seidenmalerei u. Herstellung histor. Modekunst. P.: Ausstellung im regionalen Bereich. M.: Freunde d. Friederikenstift, IHK, Berufskr. Textil, Ev.-Luther. Kirche. H.: Musik, Lesen, Malen.

Greuter Werner Dr. Prof. *)

Greve Hans-Jürgen Dipl.-Ing. *)

Greve Karsten *)

Greve Rainer Dr.
B.: Apotheker f. pharmazeut. Analytik, Apotheker f. pharmazeut. Technologie, Prok. FN.: cassela med. DA.: 23795 Bad Segeberg, Ziegelstr. 119. G.: Hamburg, 3. Juli 1941. V.: Helgard, geb. Russland. Ki.: Heiner (1968), Kerstin (1977). El.: Dr. Paul u. Ingrid. S.: 1962 Abitur Bad Segeberg, 1962-63 Bundeswehr, 1963-65 Praktikum u. pharmazeut. Vorexamen in d. "Alten Apotheke" Bad Segeberg, 1965-69 Stud. Pharmazie, Staatsexamen, 1970 Approb. als Apotheker, 1971-73 Stud. Bereich Bio- u. Phytochemie in Hamburg, 1974 Prom. K.: 1974 Gschf. b. Soledum, 1981-95 Hoechst AG - Cassella

AG, 1993 Zusatzbezeichnung Apotheker f. pharmazeut. Analytik u. f. pharmazeut. Technologie, seit 1995 Betriebsleiter MCM Klosterfrau, 1996 Prokura. BL.: 26 gemeinschaftliche Neuentwicklungen, weltweite Patente mit d. Bruder Dr. Harald Greve, 1997 nasic (nasenspray) u. nasicur, Superabsorber f. Wasser u. wässrige Lösungen. M.: Wahlstedter Schützenver. (Pistolenschützenver.). H.: Pistolenschießen, Wassersport, Segeln (Atlantiküberquerung im 38-Fuß-Segler).

Greve Walter Wilhelm Emil

B.: selbst. Fleischermeister. FN.: Fleischerei Greve. DA.: 38102 Braunschweig, Kasernenstr. 44. G.: Braunschweig, 9. Jan. 1938. V.: Herta, geb. Müller. Ki.: Petra (1967), Stefan (1977). El.: Walter u. Hildegard, geb. Behrens. BV.: Beruf d. Fleischers in d. 3. Generation, 1. Geschäft 1904 in Schmedenstedt b. Peine. S.: 1955 Mittlere Reife Braunschweig, 1955 Fleischerlehre im väterl. Betrieb, 1957 Gesellenprüf. K.: b. 1961 Tätigkeit in versch. Fleischereien, 1962 Meisterprüf., 1986 Übernahme d. Fleischerei v. Vater. M.: seit 1987 im Vorst. d. Fleischerinnung Braunschweig, seit 1990 deren Lehrlingswart, Kegelclub "Fidele 9". H.: Skat, Tanzen.

Greve Werner Dr. med. Prof.
B.: Chefarzt d. Psychiatr. Abt. u. Ärztl. Dir. i. R. FN.: Schloßpark-Klinik. PA.: 14169 Berlin, Riemeisterstr. 16. G.: Essen, 21. Juli 1928. V.: Dr. Gisela, geb. Suwelack. Ki.: Werner (1959), Martin (1961), Barbara (1964). El.: Dr. rer. pol. Werner u. Else. S.: 1947 Abitur, 1947-48 Krankenpflegedienst St. Anna-KH Duisbur_g, ab 1949 Med.Stud. Köln, 1953 Physikum Köln, 1955 Prom. K.: 1955-56 Pflichtass.Zeit Chir.-Geburtshilfl. Abt. St. Anna-KH Duisburg, 1956-63 wiss. Ass. u. Oberarzt in Freiburg, 1963 FA-Anerkennung, 1963-70 OA Neuro-Psychiatr. Klinik Gießen, 1969 Habil., 1970 Chefarzt d. Psychiatr. Abt. d. Schloßpark-Klinik Berlin, 1978 apl.Prof. FU Berlin, 1970-94 Chefarzt, seit 1994 in freier Praxis. P.: Klin. Psychiatrie, psych. Schäden nach Verfolgung, Folgen v. Schwangerschaftsabbruch u. Sterilisation, Gruppenpsychotherapie in Fachzeitschriften. M.: 1982-88 1. Vors. d. Dt. Arbeitskreises f. Gruppenpsychotherapie u. Gruppendynamik (DAGG), ab 1990 1. Vors. d. Berliner Ges. f. Psychiatrie u. Neurologie, AÄGP, DGPN, DGSP. H.: Musik, Theater, Geschichte. (P.K.)

Greven Joachim Dr. med. Prof. *)

Grevers Heinz Dr. med. *)

Grewe Anja *)

Grewe Hans-Heinrich *)

Grewe Hellmut Dr. iur. *)

---
*) Biographie www.whoiswho-verlag.ch oder beigefügte CD-ROM

Grewe Lars *)
Grewe Thomas

B.: Koch, Restaurantfachmann, selbständig. FN.: Chateau & Co. DA.: 06108 Halle/Saale, Am Kirchtor 27. thomas.grewe@12move.de. G.: Halle, 2. Okt. 1975. S.: 1992-95 Ausbildung z. Restaurantfachmann u. Koch in Bad Bertrich. K.: 1995-97 Restaurantfachmann b. Kuchherz in Darscheid, 1997-99 Restaurantfachmann b. Gourmet-Wagner in Mayen, Tätigkeit b. Creatives Catering, 1999-2000 Restaurantsteward u. Barsteward auf d. MS Europa u. MS Arkona, seit 2001 Inh. u. Gründer d. Restaurant Chateau & Co. H.: Fotografie, Charls Bukowski, Wein.

Grewe Ursula
B.: Heilpraktikerin u. Apothekerin, selbständig. DA.: lebt in München und San Marzano Oliveto (AT). G.: Bonn, 11. Juli 1942. S.: 1963 Abitur Essen, 1965-68 Stud. Biologie Univ. Würzburg u. Stud. Pharmazie Univ. München, 1969 Approb. als Apothekerin München. K.: 1969-97 Apothekerin in versch. Apotheken in Essen, Düsseldorf u. München, berufsbegleitend Stud. Ethnologie, Philosophie u. Soz., Weiterbildung z. Heilpraktikerin in München, seit 1997 selbständige Heilpraktikerin m. Schwerpunkt Elektroakupunktur nach Dr. Voll, sanfte Wirbel- u. Gelenktherapie nach Dorn u. Holstic Pulsing. P.: Seminare, Vorträge u. Ausbildung in Holstic Pulsing u. Dorn-Methode in Deutschland u. Österr., Beiträge in d. Zeitschrift d. psych. Fachgruppe Entspannungsverfahren, Pabst Science Publishers (2001). M.: Sahara Club e.V. H.: Reisen in d. Sahara, nach Island u. Spitzbergen.

Grewel Hans Dr. theol. *)
Grewenig Hermann Dipl.-Schmuck-Designer

B.: Schmuck-Designer, Inh. FN.: Schmuck-Design Grewenig. DA.: 66111 Saarbrücken, St.-Johanner-Markt 1. G.: Saarbrücken, 31. Jän. 1961. V.: Claudia, geb. Kasper. Ki.: Lukas (1986), Marie-Luise (1989). El.: Hermann u. Marga, geb. Schade. BV.: Fritz Grewenig - Maler; Leo Grewenig - Maler u. Bauhausschüler. S.: 1981 Abitur, 1981-84 Lehre Goldschmied elterl. Betrieb, b. 1986 Goldschmied elterl. Betrieb, 1986 Stud. Gestaltung f. Schmuck-Design HS f. Wirtschaft u. Gestaltung Pforzheim, glz. Stud. Malerei u. Plastik. K.: während d. Stud. Praktika im Atelier Daniel Kruger in München u. im Atelier escola massane in Barcelona, 1991 Aschluß Dipl.-Schmuck-Designer, 1991-92 Designer im elterl. Betrieb, 1991-92 Stud. Malerei u. Plastik an d. Kunst-HS Saarbrücken, seit 1992 selbst. gemeinsam m. d. Ehefrau m. Schwerpunkt Belieferung v. Juwelieren u. Schmuckgalerien in Deutschland, Schweiz, Österr. u. England u. ltd. Entwicklung v. Kollektionen. P.: Veröff. in Schmuckmagazinen u. Goldschmiedezeitungen, Skulprur in d. Kunstszene Saar u. Austellung in d. Modern Galerie in Saarbrücken. E.: 1990 1. Preis d. Coin-treau-Design in München, 1990 Ausz. b. Signaturwettbewerb in Schwäbisch-Gmünd, 1992 Dt. Schmuck- u. Edelsteinpreis in Idar-Oberstein, 1994 3. Preis d. De Beers-Diamanten, 1996 Regionalpreis Saar f. "Der Messe-Zelt-Stand", 1996 EVA-Preis d. Ebner-Verlag, 7. Pl. unter d. besten Designern europaweit, versch. Ausz. auf d. Frankfurter Messe. M.: Tennisclub Saarbrücken-Rotenbühl. H.: Tennis, Zeichnen, Malen.

Grewenig Joachim

B.: Dipl.-Werbefachwirt, Gschf. Ges. FN.: PROumwelt Werbeagentur GmbH. DA.: 66333 Völklingen, Rathausstr. 75-79. G.: Quierschied, 27. Juni 1961. V.: Barbara, geb. Venitz. Ki.: Margaux (1995), Constantin (1997). El.: Emil u. Anna Magdalena. S.: 1981 Fachschulreife Fachrichtung Design, 1981-82 Maschinenbau u. Fahrzeugtechnik FH Bingen, 1982-84 Informatik KA, 1983-86 Werbefachak. Stuttgart Süd-West, Dipl.-Werbefachwirt. K.: 5 Monate b. V&B f. Werbemittel Messen, 1988-90 Juniortexter b. Werbeagentur Kirschgessner, Eggel & Partner, 1990-95 Werbeagentur Onimus, 1995 Übernahme d. Agentur PROumwelt v. SOTEC. M.: Sportver. IGB. H.: Badminton, Familie, Reisen, Motorsport.

Grewenig Meinrad Maria Dr. phil.

B.: Generaldir. u. Gschf. FN.: Weltkulturerbe Völklinger Hütte. DA.: 66302 Völklingen/Saar. G.: Saarbrücken, 9. Juni 1954. V.: Anette, geb. Herz. Ki.: Katharina (1992), Oranna (1993), Franziska (1998). S.: 1974 Abitur, Völkling/Saar, 1976 Gesellenbrief Maler u. Lackierer, 1974-83 Stud. Kunstgeschichte, klass. Archäol., Phil., Erziehungswiss. u. kath. Teologie Univ. Saarland, Saarbrücken u. Paris -Lodron Univ., Salzburg, 1977 Stud. Sommerak. d. bild. Künste Salzburg, 1983 Diss. u. Prom. K.: 1976-86 freier Mitarb. d. südwestdt. Tageszeitungen, 1976-84 Mitarb. im elterl. Ind.-Betrieb, 1981 Handlungsbevollmächtigter, 1983 Prok., 1984-88 wiss. Ass. d. Dir., Saarland Museum Saarbrücken u. 1989-92 stellv. Dir., 1992-99 Dir. d. Histor. Museums d. Pfalz, Speyer u. Gschf. d. Stiftung Histor. Museum d. Pfalz, 1992-99 staatl. Vertrauensmann f. d. nichtstaatl. Museen in d. Pfalz. 1997/98 Ausstellungskommissar Humbacher Schloß, seit 1999 Generaldir. u. Gschf. d. Weltkultur. Völklinger Hütte, Europäisches Zentrum f. Kunst u. J. Lehraufträge: 1984 an d. Univ. Trier, 1984-93 Univ. d. Saarlandes in Saarbrücken, seit 1995 Dt. Verw.-HS Speyer, seit 1998 Univ. Mannheim. P.: seit 1984 über 100 Ausstellungen u. Publ. v. d. Antike bis zur Gegenwart, Götter Menschen Pharonen (1993), Der Zarenschatz d. Romanov (1994), Leornardo de Vinci (1995), Mysterium Wein (1996), Napoleon (1998). E.: 1972 Landessieger in Jugend forscht Mathematik-Informatik, 1980-83 Dr.-Stipendium d. Studienstiftung d. dt. Volkes, 1987/88 Stipendiat d. Jahres John J. Mc Cloy Fund American Council on Germany, 1996 Max-Slevogt-Med. d. Landes Rheinland Pfalz, 1996 Ausz. f. bes. Verd. um Fremdenverkehr d. Stadt Speyer, 1997 Weinstockpächter Deidenheim, 1997 Winninger-Weinpreis. M.: 1985-92

*) Biographie www.whoiswho-verlag.ch oder beigefügte CD-ROM

Vorst.-Mtgl. d. Saarländ. Kulturkreises, seit 1993 BeiR. d. Albert Weisgerber Stiftung St. Ingbert, seit 1993 Pfälz. Ges. z. Förderung d. Wiss. e.V; seit 1993 gschf. Vors. d. Histor. Ver. d. Pfalz e.V., 1993-84 Forum d. Stadtmarketing d. Stadt Karlsruhe, seit 1993 Kuratorium d. Kulturstiftung Speyer, seit 1994 Gen.-Sekr. d. Pfälz. Ges. z. Förderung d. Wiss. e.V., seit 1996 Lenkgruppe Stadtmarketing d. Stadt Speyer. H.: Musik, Tennis, Wandern.

Grewing Rainer
B.: Dir. FN.: Oldenburgische Landesbank AG Filiale Wildeshausen. DA.: 27793 Wildeshausen, Westerstr. 44. r.grewing@t-online.de. G.: Oldenburg, 16. Nov. 1962. V.: Marion, geb. Heinz. Ki.: Florian (1991), Lisa (1996). El.: Horst u. Christa, geb. Bernert. S.: 1982 Abitur Oldenburg, 1982-84 Banklehre Oldenburg. Landesbank AG (OLB) Oldenburg, Stud. z. Bankfachwirt, Trainee Ausbild. OLB. K.: Bankang. Kreditabt., Firmenkundengeschäft, 1989-93 Ltr. Firmenkundenbetreuung Filiale Jever, seit 1993 Dir. d. Filiale Wildeshausen d. OLB. M.: Rotary Club Wildeshausen, Mittelständ. Ver. Wildeshausen, Hdls.- u. Gewerbever. H.: Fotografie, Skifahren, Tennis.

Grey Stefan *)

Grichtmeier Rupert *)

Grickschat Walter
B.: Zahntechniker. FN.: Dental-Labor Walter Grickschat. DA.: 22848 Norderstedt, Ochsenzoller Str. 132. PA.: 21397 Barendorf, Mühlenkamp 159. G.: Winterberg/NRW, 4. Juli 1943. V.: Christa-Maria, geb. Schlicht. Ki.: Carsten, Joachim (1969). El.: Hugo (Zahnarzt) u. Maria, geb. Kräling. S.: 1968 Realschule, 1973-75 Ausb. z. Zahntechniker Lüneburg, 1981 Zahntechnikermstr. K.: bis 1981 Zahntechniker-Geselle, 1981 Grdg. Labor in Hamburg. M.: 1987-90 Vorst.-Mtgl. d. Zahntechnikerinnung Hamburg u. Schleswig-Holstein. H.: Arbeiten, Garten, Fliegen. (G.B.)

Grieb Birgitt Marlies Emma
B.: Schulltr. FN.: DGB-Bundesjugendschule. DA.: 61440 Oberursel, Königssteiner Str. 29. birgitt.grieb@hdgj.de. www.hdgj.de. G.: Würzburg, 16. Jan. 1956. V.: Hans-Jürgen Meinderink. S.: 1975 Abitur Marktbreit, 1975-82 Stud. Germanistik, Geschichte u. Politik Julius-Maximilian-Univ. Würzburg, 1982 1. Staatsexamen, 1982-84 Studienreferendarin f. d. Lehramt an Gymn. Frankfurt, 1984 2. Staatsexamen. K.: 1984-86 Sachbearb. in Frankfurt, 1986-87 freiberufl. Mitarb. in d. Jugend- u. Erwachsenenbild. b. DGB Frankfurt, 1987-88 Projektltg.: Geschichte d. Gewerkschaftsjugend nach 1945 DGB-Bundesjugendschule Oberursel, 1988-94 hauptamtl. Doz. DGB-Bundesjugendschule Oberursel, seit 1994 Schullr. d. DGB-Bundesjugendschule Oberursel. BL.: 1989 Softwarehaus f. Frauen f. Frauen u. Mädchen e.V. Frankfurt, seit 1990 Mtgl. d. "Dt.-Poln. JugendR.", seit 1993 Grdg. d. Förderver. Dt.-Poln. Jugendbegegnungsstätte e.V. u. Vors. P.: Jüdische Studenten u. Antisemitismus an d. Univ. Würzburg in d. Weimarer Rep. (1982), Mit Hordentopf u. Rucksack. Zur Geschichte d. Gewerkschaftsjugend in Nürnberg u. Coburg nach 1945 (1987), Junges Leben - Schwule u. Gewerkschaften, 3 Broschüren z. Bild.-Arb. (1989, 1995, 2000), Neue Ziele, neue Wege in d. Bild.-Arb., Thesen u. Konzepte (1994). M.: Gewerkschaft, Förderver. Fritz-Bauer-Inst. H.: Tennis, Radfahren, Belletristik, Volleyball.

Grieb Thomas *)

Grieb Wolfgang Christof Dipl.-Ing. Prof. *)

Griebe Frank
B.: Kameramann. PA.: 10997 Berlin, Muskauerstr. 9. G.: Hamburg, 28. Aug. 1964. S.: Mittlere Reife, 1981-84 Ausbild. als Filmkopierfertiger, 1984-86 Staatl. Fachschule f. Optik u. Fototechnik, Ausbild. als Kameraass. b. G. Vandenberg u. J. Jürgens. K.: 1986-93 Kameraass. b. Herbert Müller, Michael Teutsch, Jürgen Jürges und Erling-Thurmann Andersen, Arbeiten: Film- und Fernsehproduktionen, Dokumentation und Werbefilme, seit 1991 als Kameramann tätig, s. Arbeiten umfassen u. a. Tom Tykwers Kurzfilme "Because" (1991) und Epilog (1992) sowie alle Spielfilme Tykwers, Gregor Schnitzlers "Im Namen d. Gesetzes" (1995), Thomas Stillers "Die brennende Schnecke" (1994), Christoph Eichhorns "Der Mann auf der Bettkante" (1995) und Peter Lichtefelds "Zugvögel ... Einmal zurück nach Inari" (1998), Der Krieger u. die Kaiserin (2000). E.: 1993 Kodak-Förderpreis, 1994 Dt. Kamerapreis, 1995 Studentenpreis beim Kamera-Festival der Manaki Brother in Bitola f. "Die tödl. Maria", 1998 Dt. Filmpreis f. "Winterschläfer" u. "Zugvögel ... Einmal zurück nach Inari", 1999 Dt. Filmpreis f. "Lola rennt". H.: Squash, Uhren.

Griebe Günther
B.: Bgm. v. Pattensen. DA.: 30982 Pattensen, Auf der Burg 1-2. G.: Unterlüss, 10. Mai 1946. V.: Hildegard, geb. Lege. Ki.: Martina (1968), Sebastian (1978). S.: 1961-64 Lehre Feinblechner Firma Artos Maschinenbau Unterlüss. K.: 964-65 Geselle, 1965-69 Bundeswehr-Marine, 1969-70 Umschulung z. Bauschlosser in Celle, 1970-96 selbst. in Pattensen u. kfm. Ang. d. Firma IBM, 1996-98 Vorruhestand, seit 1998 Bgm. v. Pattensen. M.: Schützenver., div. Sportver. Feuerwehr, SPD.

Griebel Matthias Dipl.-Kfm.

B.: Landesgeschäftsführer. FN.: SPD Thüringen. DA.: 99084 Erfurt, Dalbergsweg 8. matthias-griebel@gmx.net. www.jusos-thueringen.de. G.: Zeitz, 29. Okt. 1968. El.: Rolf u. Elena. S.: 1987 Abitur Birkenwerda b. Berlin, 1987-90 Stud. Techn. an d. Biomedizinische Kybernetik an d. heutigen TU Ilmenau, 1990-95 Fernstud. Fachkfm. EDV, Abschluss Dipl.-Kfm. K.: 1990-95 Klinikum Suhl als Techniker und zuletzt Referent d. Techn. Leiter, seit 1998 Jusos Landesgeschäftsführer. BL.: seit 1990 Mtgl. d. SPD, 1994 Gründungsmtgl. d. Juso in Suhl u. stellv. Kreisvors., 1996-98 Kreisvors. d. Juso Suhl u. stellv. Landesvors., 1994-98 stellv. Kreisvors. d. SPD Suhl, seit 1998 Kreisvors. SPD u. Mtgl. im Landesvorst. d. SPD m. beratender Stimme, seit 2001 Nahost-Koordinator d. Juso-Bundesverbandes, m. d. palästinensischen Anwältin Nahed Samour im Herbst 2001 f. 4 Wochen Israel bereist u.a. Besuch d. 1999 gegründeten Willy-Brandt-Zentrums in Jerusalem, d. v. dt. Seite v. d. Juso betreut wird u. als Partner d. Fatah (Palästinenser) u. d. Labour Party (Israel) hat. M.: seit 1999 Stadtrat Suhl u. stellv. Vors. Jugendhilfeausschuss, Verband d. Behinderten Suhl e.V. u. stellv. Vors., AWO Stadtverband Suhl e.V. H.: Reisen, Sportschießen, Lesen, Theater, Musik.

Griebel Matthias
B.: Landwirt, Dir. FN.: Stadtmuseum Dresden. DA.: 01067 Dresden, Wilsdruffer Str. 2. G.: Dresden, 5. Feb. 1937. El.: Otto (bedeutender dt. Maler) u. Grete. S.: 1951-53 Lehre als Ldw., 1953-56 FH f. Ldw., 1956 Staatsexamen, 1958-60 Armee. K.: 1956-58 Spezialist f. Tierzucht, 1960-67 Ang., 1967-70 Kabarettist, 1971-89 Hilfsarb., 1990 Dir. Stadtmuseum Dresden. BL.: Darstellung d. Stadtgeschichte f. d. Öff., Ausstellungen, Publ., Vortragstätigkeit, Ltg. v. 5 städt. Museen. P.: Bücher als Hrsg., Autor u. Mitautor u.a. "Ich war ein Mann d. Straße" (1986), "August Kotzsch Photograph in Loschwitz b. Dresden" (1986), "Dresdner Geschichtsbuch"

Griebel

Bd. 1-7. E.: BVK am Bande. M.: Landesvors. Landsver. Sächs. Heimatschutz e.V., 2. Vorst.-Vors. Ver. Dresdner Stadtjubiläum 2006. H.: Sächsische Geschichte, Fürstengeschichte, alte Landkarten u. Bücher.

Griebel Ortrun Mag. theol.
B.: Unternehmerin, selbständig. FN.: Psychotherapeutische Praxis Mag. Ortrun Griebel. DA.: 90518 Altdorf, Bahnhofstr. 2. PA.: 90518 Altdorf, Am Lenzenberg 27a. G.: Häverstädte/Minden, 14. Okt. 1958. V.: verh. Ki.: 3 Kinder. S.: 1978 Abitur Minden, Stud. Ev. Theol. in Münster u. Berlin, 1979-84 Examen. K.: 2 J. USA-Aufenthalt, b. 1996 ausschließlich Erziehungszeit, 1996 Grdg. d. Psychotherapeutischen Praxis, Tätigkeit auch im Bereich d. Erwachsenenbildung m. Schwerpunkt Kinderpsychologie, Märchen, Trauerarbeit u. Tod. M.: Gründungsmtgl. u. 1. Vors. Mama Mia Familiennetzwerk e.V. Altdorf (1999), seit 2001 Gründungsmtgl. u. 2. Vors. d. Förderkreises Netzwerk Leben in Eichstätt.

Griebel Reinhard Dipl.-Ing. *)

Griebel Verena Dr. med.

B.: Kinderärztin, Sportmed., Homöopathie. DA.: 82049 Pullach, Kagerbauerstr. 36. G.: Frankfurt/Main, 24. Apr. 1958. V.: Dr. Jürgen Griebel. Ki.: Dorothee (1988), Matthias (1990), Sophia (1992), Philipp (1995). BV.: Großvater mütterlicherseits Prof. Dr. med. f. Hygiene in München u. Berlin. S.: 1977-78 Stud. Psych. in Zürich, 1978-83 Med.-Stud. in Bonn, Frankfurt u. Würzburg. K.: 1983-84 Klin. Ausbild.-Jahr in Frankfurt, 1984-91 Univ.-Kinderklinik in Tübingen, 1991 FA-Prüf., 1992 Haunersche Kinderklinik in München, 1992 Ndlg. in eigener Praxis in Pullach. P.: V. Griebel, I. Krägeloh-Mann, M. Buchwald-Saal, M. Schöning, K. Michaelis: Drei Fälle von Hypomelanosis Ito mit Verlaufskontrolle (1988), I. Krägeloh-Mann, M. Hadam, H. Kahle, R. Dopfer, V. Griebel, R. Michaelis: Ataxia teleangiectatica (Louis-Bar) - Möglichkeiten früher Diagnostik (1988), V. Griebel, I. Krägeloh-Mann, W. Ruitenbeek, J.M.F. Trijbels, W. Roggendorf: Defekt des Komplexes I d. Atmungskette: Therapie u. Verlauf (1989, Poster), J. Griebel, U. Feine, V. Griebel, K. Küper: Schnelle sowie Spin-Echo-Sequenzen in d. MR-Diagnostik u. Verlaufskontrolle von Osteosarkomen (1986), V. Griebel, I. Krägeloh-Mann, W. Grodd,, R. Michaelis: Die Bedeutung d. Kernspintomographie (MRT) bei d. Diagnose des Morbus Pelizeaus-Merzbacher (MPM, (1990, Poster). M.: Hartmannbund, Berufsverb. d. Kinder- u. Jugendärzte. H.: Wandern, Musik, Klavier spielen, Lesen.

Grieben Sigrid Gudrun Margarete
B.: Dipl.-Juristin, freiberufl. Versicherungsmaklerin. PA.: 12487 Berlin, Sterndamm 220. leo-grieben@web.de. G.: Berlin, 21. Apr. 1937. V.: Leopold Grieben. Ki.: Petra (1955). El.: Lothar u. Luise, geb. Nagies. BV.: Ahnentafel reicht b. ins 13. Jhdt., Huguldoff von Grieben - Burgmann in Burg/Elbe um 1207, Joachim - Stadtrichter in Berlin bis 1571, Andreas -1537 Ratmann, 1546-73 Bürgermeister in Coelln (Berlin). S.: 1952-54 Berufsausbildung an einer Handelsschule: Stenotypistin, 1968-70 HS-Reife in d. Abendschule, 1970-75 Stud. Jura an d. Humboldt-Univ. zu Berlin. K.: 1954-70 freiberufliche Versicherungsvermittlerin, ab 1970 Mitarbeit in d. Akademie m-l-Organisationswissenschaften in Berlin Köpenick, danach Mitarbeiterin in d. Verwaltung d. Wirtschaftsbetriebe d. Misterrates, im Anschluss mehrere Jahre Justitiarin im Kombinat Binnenschifffahrt u. Wasserwirtschaft, ab 1990 selbständige Versicherungsvermittlerin, zuerst f. d. Schweizer Helvetia, seit 1996 Mehrfachagentin. M.: seit 1992 Tierschutzverein. H.: Tiere, Waldgrundstück.

Griebenow Helmut Dr. Prof.
B.: Rentner, Philosoph. DA.: 04299 Leipzig, Naunhofer Str. 16. G.: Guben, 25. Jan. 1931. S.: 1948 Tischlerlehre in Güstrow, 1950 Werftarb., 1952 Fachlehrer an d. Warnower Werft, Direktstud. an ABF Leipzig, 1954 Geschichtsstud. an d. Karl-Marx-Univ. Leipzig. K.: 1958 wiss. Nachwuchs, Bereichsltr. an d. Geschichtsfak. Leipzig, 1960 Aspirant b. Prof. Engelbert KMU Leipzig, 1963 Prom., 1970 Doz., Ass. an d. KMU Leipzig Sekt. Geschichte, 1978 HS-Doz. an d. HS f. Musik Leipzig: Geschichte d. Arbeiterbewegung, 1990 Vorruhestand. P.: Aufsätze im Jahrbuch f. Geschichte, Aufsätze in wiss. Zeitschrift z. Gen.-Bewegung. E.: Ehrennadel d. KMU, Humboldtmed. in Silber. H.: Berliner Geschichten schreiben, Angeln.

Griebler Wolf-Dieter Dr.
B.: Vors. d. Gschf. u. Mtgl. im Vorst. FN.: Dynamit Nobel AG. DA.: 53840 Troisdorf, Kaiserstr. 1. www.dynamitnobel.com. S.: Chemielaborantenlehre, Stud. Chemie u. VWL an d. Univ. Marburg m. Abschluss Dipl.-Chemiker, 1978 Prom. Dr. rer. nat. K.: einige J. industrielle Praxis in d. Herstellung v. Übergangsmetalloxiden, Carbiden u. reinen Metallen u. mehrjährige Tätigkeit in einem DFG Sonderforschungsbereich, 1980-86 Chemiker b. Sachtleben Chemie in d. Forschung, 1986-89 Ltg. f. Forschungsabteilung b. Sachtleben Chemie, 1989-91 Ltg. d. Geschäftsfeldes f. Faserpigmente u. dessen Ausbau z. Kerngeschäft Sachtlebens, 1991 Berufung z. Gschf. u. seit 1998 Vors. d. Gschf. d. Sachtleben Chemie GmbH sowie Mtgl. d. Vorst. d. Dynamit Nobel AG. (Re)

Griebling Hans *)

Griebner Dieter Dr. med. *)

Griefahn Monika

B.: Umweltministerin a.D., MdB. FN.: Deutscher Bundestag. DA.: 11011 Berlin, Platz der Republik 1. PA.: Buchholz. monika.griefahn@bundestag.de. www.monika-griefahn.de. G.: Mülheim-Ruhr, 3. Okt. 1954. V.: Prof. Dr. Michael Braungart. Ki.: Jonas (1988), Nora Sophie (1992), Stella Theresa (1995). El.: Jürgen u. Karin, geb. Strehle. S.: 1965-73 Gymn. Luisenschule Mülheim, Abitur, 1973-75 Stud. Math. (spez. Statistik) u Sozialwiss. an d. Univ. Göttingen, 1975-79 Stud. Sozialwiss., Math. u. Französisch an d. Univ. Hamburg, Diplomarbeit über Integration v. Frauen, 1979 Dipl.-Soziologe. K.: ab 1976 neben d. Studium Organisation v. Seminaren bei Deutsch-Französichem Jugendwerk, "Arbeit u. Leben", CVJM, 1980-82 Bild.-Ref. b. Landesverband CVJM Hamburg, 1980-83 Aufbau v. Greenpeace Gschf. f. Deutschland, 1983 Wahl in d. Intern. Vorst. v. Greenpeace, 1983-90 Greenpeace Intern., seit 1986 Vorst.-Mtgl. u. Jury Alternativer Nobelpreis/Right Livelihood Foundation mit Sitz in Stockholm, Vorstandsmtgl. d. Kulturpolit. Gesell. u. stellv. Vors. d. Stiftungsrates d. F.C. Flick Stiftung gegen Fremdenfeindlichkeit, Rassismus u. Intoleranz m. Sitz in Potsdam, 1990-98 Umweltministerin Niedersachsen, u.a. Einrichtung Nationalparks Harz u. Elbtalaue, auch neue Produkt- u. Müllkonzepte, seit 1992 SPD-Mtgl., 1994-98 MdL Niedersachsen, Direktwahl Wahlkreis Hildesheim, seit 1998 MdB, Direktmandat Landkreis Harburg, o.Mtgl. Auswärtiger Ausschuß, zust. f. Intern. Umweltpolitik u. Ausw. Kulturpolitik, o.Mtgl. Ausschuß Kultur u. Medien u. Dt.-Franz. Kontakte, 1998-99 UNO-Sprecherin d. SPD-Frakion, 1999-2000 Sprecherin d. Arbeitskreises "Kultur u. Medien", zust. f. Ausw. Kulturpolitik, stellv. Vors. d. Dt.-Franz. Parlamentarierges., seit 1999 stellv. Unterbezirksvors. SPD Landkreis Harburg; 1999-7/2000 Sprecherin d. SPD-Fraktion f. "Neue Medien", seit 7/2000 Vorsitzende d. Ausschusses f. Kultur u. Medien BL.: 1984-90 Aufbau v. intern. Greenpeace-Büro, u.a. in Schweiz, Österreich, Belgien, Frankreich, Costa Rica, Argentinien, ehem. UdSSR. P.: bei Greenpeace: "Wir kämpfen für eine Welt, in der wir leben können", Bücher: "Weil ich ein Lied hab" (1994). M.: Die Falken, Hamburger Umweltinst., DLRG, Naturfreunde, ADFC. H.: Rad fahren, Kino, Musik, Natur, Schwimmen, Neue Produkte u. Zukunftsdesign, ökologische Landwirtschaft, Neue Energiesysteme, Stoffkreislauf. (Re)

Grieger Winfried Dr.

B.: Gschf. Ges. FN.: W. G. Ruhr Projekt Immobilienmanagement GmbH. DA.: 45128 Essen, Rellinghauser Str. 4. G.: Bredenscheid, 27. Juli 1951. Ki.: Annika (1982). S.: 1970 Abitur, 1970-75 Stud. Vw. u. Rechtswiss. Bochum, 1978 2. Staatsexamen. K.: 1978-92 Ref. v. Robert Heitkamp, Ltr. d. Rechtsbüros, Ltr. d. Büros d. Geschäftsltg. Ltr. d. Bereichs Dienstleistungen, Gschf. d. INPRO u. versch. Ges. in d. Firma Heitkamp sowie persönl. Berater d. Familie Heitkamp, seit 1992 selbst. m. Schwerpunkt Potentiale wecken u. Erfolge finden, Entwicklung v. Immobilien, Liegenschaften am Wasser, Gewerbe u. Ind. im Ruhrgebiet, Berlin u. Nordsee. M.: ehrenamtl. Vors. d. freiwilligen Einigungsstelle d. IHK Essen, Westfäl. Ind.-Club, IAKS. H.: Lesen, Wassersport.

Grieger Wolfgang

B.: Unternehmer, selbständig. FN.: Bochmann/Grieger GbR. DA.: 30161 Hannover, Lister Meile 25 u. Lister Meile 66. wolfganggrieger@hola-bola.de. G.: Hannover, 30. Nov. 1961. V.: Kerstin Vojtera. Ki.: Kim (1994), Tom (1996). S.: 1979 Abitur in Hannover, 1979-81 Bundeswehr. K.: 1981 Eröff. d. Firma Bochmann/Grieger GbR in Hannover, Vertrieb v. Musikinstrumenten, seit 1989 Tonträger, 1981-86 berufsbegleitendes Stud. Geografie an d. Univ. Hannover, Wechsel z. Pädagogischen HS Hannover, Stud. Musikanglistik f. d. Lehramt an Grund- u. Hauptschulen, 1989-90 Mitbegründer d. Firma "Ran 7 GmbH" in Braunschweig, 1997 Prüf. z. Verkäufer v. d. IHK Hannover, 2000 Übernahme d. Firma "Jumbo" in Hannover, Vertrieb Papeterie Lister Meile 66. BL.: seit 1993 Theaterauftritte als Schauspieler v. selbst geschriebenen Stücken. H.: Musik, Theater, Film u. Kino.

Griehl Manfred Dr. *)

Griem Gerd
B.: Gschf. FN.: Hamburger Volleyball Verb. e.V. DA.: 20357 Hamburg, Schäferkampsallee 1. PA.: 22049 Hamburg, Lesserstr. 103 c. G.: Hoisdorf, 11. Mai 1940. V.: Angela, geb. Bremekamp. El.: Walter u. Gertrud, geb. Dettmer. S.: 1956 Mittlere Reife, 1956-59 Ausbild. Ladungskontrolleur Hafenbetrieb Hamburg. K.: 1959-79 Ladungskontrolleur u.a. f. d.

Argentin. u. Holländ. Staatsreederei, zuletzt Vormann, seit 1973 ehrenamtl. Vorst.-Mtgl. d. Hamburger Volleyballverb. e.V. als Schatzmeister, seit 1979 hauptamtl. Gschf. m. Schwerpunkt Koordination d. Verb.-Arb., Finanzverw., Behördenkontakte Nachwuchsgewinnung u. -förderung. M.: Freizeitsportver. Sportspaß Hamburg, Gewerkschaft ÖTV. H.: Training einer Freizeitgruppe, Wandern.

Griem Helmut *)

Griep Frank Dipl.-Kfm.

B.: Gschf. FN.: Bauunternehmen Griep GmbH. DA.: 04425 Taucha, Portitzer Straße 16. G.: Leipzig, 17. Okt. 1962. V.: Ines. Ki.: Felix, Ronja. El.: Rolf u. Katharina. S.: Abitur über Staatseingabe nach Verwehrung, 1982 Abschluß Facharb. f. geolog. Bohrungen VEB Erdöl/Erdgas m. Abitur Grimmen, 1982 NVA u. Offz.-Schule, Ausbildung Unter-Lt. Zeitoffz. f. rückwärtige Dienste Weißenfels, 1985 Stud. Außenhdl. Hochschule f. Ökonomie Berlin, 1990 Dipl.-Kfm m. Ausz. K.: Importkfm. in d. Firma Interpelz, Trainee-Ausbild. im Lederwerk Weida, Importkfm. d. Firma Grünex, seit 1991 selbst. Hdl.-Vertreter im Verkauf v. Bauelementen, 1993 Grdg. d. Bauelementbetriebes H/G-Thermolux in Leipzig m. Vertrieb v. Fenster u. Türen, Außenwärmedämmung, Rolläden u. Wintergärten, 1994 Einstieg in d. väterl. Betrieb Bauunternehmen Griep m. Schwerpunkt Putzen, Wärmedämmung, Rolläden, Fenster, Türen u. Fliesen, 1998 Maurermeisterprüf. H.: Reisen.

Griep Karl
B.: Ltr. FN.: Filmarchiv-Bundesarchiv. DA.: 10707 Berlin, Fehrbelliner Pl. 3. G.: Gütersloh, 6. März 1953. V.: Béatrice, geb. Zwiener. Ki.: Markus (1967). El.: Friedrich-Wilhelm u. Carola. S.: 1972 Abitur Gütersloh, 1972-78 Stud. Linguistik u. Soz. Bielefeld, Dipl.-Soz. K.: 1978-80 Ltg. u. Verw. d. Film- u. Fernsehstudios, Fak. f. Soz. d. Univ. Bielefeld,1980-90 Referatsltr. "Dokumentarfilme" "Filmdokumentationen" u. "Finanzen, Geld u. Kredit" Bundesarchiv Koblenz, seit 1990 in Berlin, seit 1993 Ltr. d. Bundesarchiv-Filmarchivs. BL.: Vorbereitung d. Zusammenführung d. Staatl. Filmarchive BRD u. DDR. P.: Publ. in Fachzeitschriften, Fachvorträge. M.: Vorst. d. Fédération Intern. des Archives du Film FiAF, Vors. d. Projektgruppe z. Archivierung audiovisueller Archivalien, Intern. ArchivR. ICA, Kuratorium Haus d. Dokumentarfilms Stuttgart. H.: Hispano-amerikan. Kultur, Segeln.

Griep Sven
B.: Gschf. Ges., Gschf. FN.: Griep & Mönch GmbH; GS Immobilien GmbH. DA.: 06120 Halle, Straßburger Weg 5. G.: Rheinhausen, 11. Juli 1965. El.: Holm (Bauing.) u. Renate. BV.: Großvater war Baumeister in Halle. S.: 1983 Abitur Eichwaldgymn. Schwalbach/Taunus, Bundeswehr Kommandeurfahrer Stabs- u. Versorgungsbatterie, 1985 Stud. Bauing. an d. TH Darmstadt, 1993 Dipl., Diplomarbeit zur Fehlerkorrektur von Potentiometer-Messungen an hiegebeanspruchten Stahlbetonbalken aus Hochfesten Beton. K.: 1994 Grdg. d. Architektur- u. Ingenieurbüros Griep & Mönch GmbH in Halle, 1999 Grdg. d. Bauträgerges. GS Immobilien GmbH in Halle, ab 2000 Ausbildung z. Sachv. f. Schäden an Gebäuden. M.: Jugendarbeit als Fahrtenleiter f. Hess. Skiverb. H.: Skilehrer DSV-Oberstufe, Drachenflieger A-Schein, Amateurfunk-C-Lizenz, Tanzen.

---

*) Biographie www.whoiswho-verlag.ch oder beigefügte CD-ROM

Grieper Frank

B.: Facharb. f. Autobahnbau, Sprengtechniker, Berufskraftfahrer, Inhaber. FN.: Getränke Oase Sonnenschein. DA.: 58455 Witten, Sonnenschein 32. G.: Burg b. Magdeburg, 15. Juni 1958. V.: Cornelia, geb. Bonitz. Ki.: Marcel (1982). S.: 1974 Mittlere Reife, 1974-76 Ausbild. z. Facharbeiter für Autobahnbau u. Sprengtechniker in Potsdam, 1976-77 Kraftfahrer in Genthin, 1977-79 Wehrpflicht b. d. NVA, Ausbildung z. Berufskraftfahrer. K.: 1979-90 Berufskraftfahrer im gleichen Unternehmen in Genthin, 1991-92 Kraftfahrer im intern. Fernverkehr b. d. Firma Wimmer in Mönchengladbach, 1992-93 Tätigkeit in einem Waschmittelwerk in Genthin, 1994-96 Berufskraftfahrer in versch. Sped., 1996-98 ang. Getränkeverkäufer im Einzelhdl. in Witten u. Umgebung, seit 1998 Grdg. d. eigenen Getränkemarktes m. Heimservice. H.: Gartenarb.

Gries F. Arnold Dr. med. Prof.

B.: em. Prof., Internist, Diabetologe, ehem. Ltr. FN.: Inst. f. Ernährungsberatung u. Diätetik Düsseldorf; Diabetesforsch.-Inst. an d. Heinrich-Heine-Univ. Düsseldorf. DA.: 40225 Düsseldorf, Auf'm Hennekamp 65. PA.: 41468 Neuss, Zonserstr. 3. G.: Essen, 4. Nov. 1929. V.: Helga, geb. Stumpp. Ki.: Sylvia (1958), Jutta (1960), Carola (1964), Gundula (1968). S.: 1950 Abitur, 1950-56 Stud. Med. Marburg, Heidelberg u. Bonn, 1956 Staatsexamen, 1956 Prom. K.: 1958-60 Inst. f. Biochemie d. Univ. München, 1960-61 Inst. f. klin. Chemie Univ. München, 1961-70 wiss. Ass. in Düsseldorf, 1971 Oberarzt, Prof., 1965-66 Research Fellow Harvard Medical School, Joslin Research Laboratory and Brigham Hospital Boston, 1973 Berufung an d. Lehrstuhl Innere Med. (Diabetologie) Heinrich-Heine-Univ. Düsseldorf, 1994-96 Ltr. d. Abt. f. Endokrinologie; Funktionen: 1977-78 Präs. d. Diabetesges., 1980-86 VPräs. d. Dt. Ges. f. Ernährung, 1985-2001 Ltr. d. Inst. f. Ernährungsberatung u. Diätetik Düsseldorf, 1993-96 Präs. d. Dt. Ges. f. Adipositasforsch., 1992-98 VPräs. d. Intern. Association for the Study of Obesity f. EURO-ASIA. P.: 14 Monographien, ca 500 wiss. Arb., ca. 200 wiss. Vorträge, wiss. Filme, wiss. Rundfunk- u. Fernsehsendungen, über 400 Fortbild.-Vorträge. E.: Paul Langerhans-Medaille, Medaille der Univ. Helsiniki, Celal Öker Medaille. M.: Ehrenmtgl. Dt. Ges. f. Ernährung, Dt. Diabetesges. H.: Landschaftszeichnen, Segeln, Wandern.

Gries Fred J. *)

Gries Josef *)

Gries Thomas M. *)

Griesa Siegfried Dr. phil. *)

Griesbach Monika *)

Griesbach Norbert

B.: Gschf. FN.: Slowinski GmbH. DA.: 30457 Hannover, Hauptstr. 19. G.: Hannover, 7. Juli 1953. V.: Sieglinde, geb. Perach. Ki.: Melanie (1979), André (1982). S.: 1968 Ausbild. Kfz-Mechaniker Firma Jessner & Jacobi. K.: Geselle, 1973 Bundeswehr, 1974 Offz.-Lehrgang in Hamburg, 1976 Feldwebellehrgang in Rendsburg, glz. 1978 Kfz-Mechaniker Gesellenpriif. u. Ausbildung z. Berufskraftfahrer, 1983 Oberfeldwebel, b. 1985 Umschulung in Karroseriebau in d. Firma Slowinowski, 1996 Meisterprüfung an d. Abendschule, 1999 Übernahme d. Firma Slowinowski GmbH m. Schwerpunkt Unfallreparaturen u. Lackierungen. P.: Auftritte als Cabarett-Künstler u.a. in Cansac City/USA (1996), ständige Auftritte in Utrecht/NL. M.: Karnevalsver. Blau Weiß Hannover-Linden. H.: Karneval, Kegeln, Campen.

Griesch René Dipl.-Ing. *)

Griese Achim *)

Griese Christof *)

Griese Helmut *)

Griese Henning *)

Griese Kerstin

B.: Historikerin, MdB. DA.: 11011 Berlin, Platz d. Repulik. kerstin.griese@bundestag.de. www.bundestag. de/mdb14/bio/grieske0.htm. G.: Münster, 6. Dez. 1966. S.: 1985 Abitur Düsseldorf, Stud. Neue Geschichte, osteurop. Geschichte u. Politikwiss. Univ. Düsseldorf, 1997 Spons. K.: 1988-94 Mtgl. d. Studierendenparlaments an d. Univ. Düsseldorf, 1989/90 AStA-Vors., 1990-92 Präs. d. Studierendenparlaments, 1987-97 freie Mitarb. u. 1997.2000 wiss. Mitarb. d. Mahn- u. Gedenkstätte f. d. Opfer d. Nationalsozialismus in Düsseldorf; 1986 Eintritt in d. SPD 1989-93 Mtgl. d. Juso-Bundesvorst., 1990-93 Mtgl. d. SPD-Bez.-Vors. Niederrhein, seit 1995 Mtgl. d. SPD-Patreivorst., 1996-99 Vors. d. Kmsn. Jugend d. SPD-Parteivorst., seit 1999 Mtgl. d. SPD-Unterbez.-Vorst. Düsseldorf, seit 1997 stellv. Mtgl. d. Synode d. EKD, seit 2000 MdB. M.: ötv, AWO, Ver. gegen Vergesen. Für Demokratie e.V., Ges. f. christl.-jüd. Zusammenarb., Dt.-Israel. Ges., forum fs, Düsseldorfer Geschichtsver., Förderver. Willy-Brandt-Zentrum, Jerusalem/Al-Quds/Yerusalem e.V., zakkzentrum f. aktion, kultur u. kommunikation e.v. (Re)

Griese Lutz Harald *)

Griese Stephan

B.: Designer. FN.: Paltó Modedesign GmbH. DA.: 14057 Berlin, Leonhardtstr. 13. PA.: 13587 Berlin, Eschenweg 85. G.: Berlin, 20. Dez. 1964. El.: Hermann u. Jutta. S.: 1984 Abitur, Maßschneiderlehre, Kenntnisse über Entwurf u. Fertigung werden autodidaktisch erworben. K.: Mitarb. b. einem Berliner Designer, 1987 erste Kollektion exclusiv für Paltó, Grdg.eines eigenen Unternehmens, f. 1992 auch Herrenkollektion geplant, Teilnahme an intern. Ausstellungen z.B. Paris u. Mailand.

Griese Wolfgang *)

Griese Wolfgang *)

Griesel Heinz Dr. rer. nat. *)

*) Biographie www.whoiswho-verlag.ch oder beigefügte CD-ROM

Grieser Gabriele
B.: Gschf. FN.: Hauspflegestation Fingerhutweg. DA.: 12357 Berlin, Fingerhutweg 14. G.: Berlin, 27. Aug. 1956. Ki.: Cathrin (1976), Dennis (1982). S.: 1973-75 verkürzte Ausbildung Wirtschaftskaufmann f. Gesundheitswesen. K.: Eintritt in d. Geschäft d. Eltern Farbenhaus Kühn, 1983-93 Ltg. d. Unternehmens, 194-97 in d. Krankenpflege, seit 1997 Gschf. kfm. Bereich Hauspflegestation Fingerhutweg. M.: Schatzmeister Kleingartenverband Felsenfest. H.: Musik, Autofahren, Fahrten an d. See, Haus u. Garten, Hunde.

Grieser Gudrun *)

Grieshaber Judith M. *)

Griesinger Annemarie *)

Griesoph Frank Dipl.-Ing. *)

Grieß Martin Dr. med. dent.

B.: Dipl.-universitaire d'Implantologie, Zahnarzt. FN.: Praxisgemeinschaft Dr. med. dent. B. Reilmann u. Dr. med. dent. M. Grieß. DA.: 59556 Lippstadt, Hammerschmidtbogen 12. PA.: Gut Köbbinghof, 59519 Möhnsee-Völlinghausen, Frankenufer 13b. info@Griess.net. ww.drgriess.de.: Werlte, 5. Apr. 1963. Ki.: Maximilian Martin (1994), Carolin Charlotte Maria (1996), Ricarda-Ulrika Bettina (1998). El.: Kurt u. Ingrid. S.: 1982 Abitur Sögel, 1982-83 Bundeswehr, Sportlehrerkompanie Warendorf, 1983-88 Med.-Stud. an d. Med. HS in Hannover, parallel Studienaufenthalt in China. K.: 1988-91 Ass. bei Dr. med. dent. B. Reilmann, 1991 1/2 J. Auslandsaufenthalt am Albert-Schweitzer-KH in Afrika, seit 1992 selbst. in Lippstadt, Praxisgemeinschaft m. Dr. Reilmann, Spezialgebiet: Implantologie, 1993-95 Postgradstudium Univ. Lille. BL.: seit 1995 d. einzige Implantologe m. Univ.-Titel. F.: seit 2000 Gschf. d. LIPPEDENT GmbH, seit 2001 Gschf. d. AlphaBio GmbH, AufsR.-Vors. Fun 4 phone AG. P.: European Journal of prosthodontics and restaurative dentistry (Art. über Behindertenbehandlung), Quintessenz (div. Zahnmed. Themen), zahlr. weitere Art. über Zahnmed. in Fachzeitschriften. E.: Dentsply Shields Award of european prost. Assoc. 1997. M.: American Academy of Implant Dentistry, Dt. Ges. f. zahnärztl. Implantologie, DGZMK, Dt.-Chines. Ges. f. Med., Konrad-Morgenroth-Fördergès. H.: Fliegen, Segeln.

Griess-Nega Torsten
B.: Senator e.h., Vors. d. Geschäftsltg. FN.: Steinbacher Treuhand. DA.: 61231 Bad Nauheim, Frankfurter Str. 70. G.: Hamburg, 9. Juli 1941. El.: Paul u. Klara. S.: 1962 Abitur, Stud. Hamburg, London, Kiel, Fontainebleau, 1968 Dipl. rer. pol., 1969 M.Sc., 1971 M.B.A. K.: 1971-73 Ass., 1974 Bankprok., 1975 Bankdir., 1977 Vorst.-Mtgl. b. bedeutender dt. Treuhandges., 1979 Industrieller; AR: Zahnfabrik, AR Handelshochschule Leipzig, Präs. Insead Zentrum Leipzig. H.: Segeln, Reiten.

Grießbach Karl-Heinz *)

Grieße Günter *)

Griesser Gerd Dr. med. Prof. *)

Griesser Henrik Dr. med. Prof.
B.: Ltr. FN.: Abt. Angew. Zytologie d. Univ. Würzburg. DA.: 97080 Würzburg, Josef-Schneider-Str. 2. G.: Tübingen, 2. Juli 1956. V.: Jasmin, geb. Al-Ruhbeyi. Ki.: Simon (1985), Sherin (1987), Victor (1989), Lloyd (1991), Raphael (1996). El.: Prof. Dr. med. Gerd (Präs. d. Univ. Kiel) u. Gisela, geb. Breuer. S.: 1975 Abitur, 1975-81 Stud. Med. Kiel u. Zürich, Staatsexamen, Approb., Prom. K.: 1981 an d. med. Klinik d. Univ. Kiel, 1982-85 Bundeswehr-Stabsarzt, 1984-92 in d. Pathologie Kiel u. d. Bonner med. Klinik., 1986-87 Forsch.-Aufenthalt in Toronto am Ontario Cancer Inst., Bioresearch Division, 1988 b. Hofmann La Roche in Basel, 1992-95 am Ontario Cancer Inst. in Toronto u. glz. Ass.-Prof. d. Univ. Toronto, 1993 Habil., seit 1995 Ltr. d. Abt. angew. Zytologie d. Univ. Kliniken Würzburg. P.: "Rearrangements of the beta chain of the T-cell receptor and immunoglobulin genes in lymphoproliferative disorders" (1986), "Gene rearrangements and translocations in lymphoproliferative diseases" (1989), Applied molecular genetics in the diagnosis of malignant non-Hodgkin's lymphoma (1993), "T-cell receptor and Immunoglobulin gene analyses in the diagnosis of lymphoproliferative disorders (1995), "Development and functional biology of B and T lymphocytes" (1998), "Zytopathologie - Zükünftige Trends" (2001), ca. 90 Publ., 4 Buchbeiträge, nat. u. intern. Vorträge. E.: 1993 Rudolf-Virchow-Preis d. Dt. Ges. f. Pathologie. M.: Dt. Ges. f. Zytologie, Dt. Ges. f. Pathologie, European Association of Haematopathology, Society for Haematopathology, Intern. Academy of Cytology. H.: Tennis, Schifahren, Segeln, klass. Musik. Sprachen: Englisch, Französisch.

Grießer Jürgen *)

Griesshaber Rita
B.: Dipl.-Päd. FN.: Dt. Bundestag. DA.: 11011 Berlin, Platz d. Republik 1. G.: Bad Dürrheim, 27. Mai 1950. Ki.: 1 Kind. S.: 1962-67 Gymn. Schwenningen, 1967-70 Wirtschaftsgymn. Villingen, 1970-76 Stud. Erziehungswiss. Univ. Tübingen u. PH Berlin, Dipl.-Päd. K.: 1977-79 Inst. f. Bibl.-Ausbild. Berlin, Dipl.-Bibl., 1976-77 Arb. in einem Berliner Kinderheim, 1980-82 Dipl.-Bibl. Stadtbücherei Neukölln, 1971 Mitarb. an d. Stern-Aktion gegen § 218, 1974-77 Mitarb. an einer dt.-chilen. Frauengruppe, 1978-82 Mitarb. im Frauenbild.-, -forsch.- u. -informationszentrum Berlin (FFBIZ) u. 1985-90 im Frauenzentrum Freiburg, seit 1991 Mtgl. b. d. Grünen, 1992-93 Vorst.-Mtgl. d. Grünen-Kreisverb. Freiburg, 1993-94 Mtgl. im Landesvorst. v. Bündnis 90/Die Grünen BW, seit 1992 Mtgl. d. Koordinationsgruppe d. Fraueninitiative BW u. Vertreterin d. Grünen BW im LandesfrauenR., 1989-94 StadtR. in Freiburg, seit 1994 MdB. (Re)

Grießhammer Willi

B.: Dipl.-Informatiker, Gschf. FN.: DIQ Software GmbH. DA.: 76275 Ettlingen, Schöllbronner Str. 8. wgriess@ diq. de. www.diq.de. G.: Besigheim, 3. Aug. 1958. V.: Christiane, geb. Lueg. Ki.: Bärbel (1987), Eva (1989), Sören (1994). El.: Siegfried u. Renate. S.: 1978 Abitur Stuttgart, 1979-85 Stud. Univ. Stuttgart, Dipl.-Informatiker. K.: 1985-86 IBM Stuttgart, 1986-91 IBM Karlsruhe, 1991-97 MPI Ettlingen, 1997 Grdg. d. Firma DIQ Software GmbH Ettlingen. P.: Fachart. in verschiedenen Fachzeitschriften. E.: Star-Award v. IBM f. bes. Leistungen. H.: klass. Musik.

*) Biographie www.whoiswho-verlag.ch oder beigefügte CD-ROM

Grießl Wolfgang Kurt Heinz *)
Griessler Christian Ing. *)
Grießmann Erdmute *)
Grietje Bettin
B.: MdB. DA.: 11011 Berlin, Platz d. Republik 1. grietje.bettin@bundestag.de. G.: Eutin, 16. Juli 1975. S.: b. 200 Stud. Dipl.-Päd. Flensburg. K.: seit 1995 Mtgl. bei Bündnis 90/Die Grünen, 1995-98 Ref. b. AstA d. Univ. Flensburg, seit 1995 Mtgl. im Landesvorst. d. Grün-Alternativen Jugend in Schleswig-Holstein u. 1997-200 Landesgschf., 1999-2000 Mtgl. d. Landesvorst. v. Bündnis 90/Die Grünen u. Mtgl. d. Ratsversammlung d. Stadt Flensburg, seit 2000 MdB u. medienpolit. Sprecherin v. Bündnis 90/Die Grünen. M.: Innenaussch., Unterausch. "Neue Medien", stellv. Mtgl. d. Aussch. f. Bild., Forsch. u. Technikfolgenabschätzung.

Griffel Margrit
B.: Exportkauffrau, Inh. FN.: Griffel Antennen-u. Satellitentechnik. DA.: 22111 Hamburg, Am Schiffsbeker Berg 8. PA.: 22117 Hamburg, Breedenweg 6a. G.: Hamburg, 22. Dez. 1941. V.: Joachim Griffel. Ki.: Oliver (1964). El.: Helmut u. Hildegard Morhorst, geb. Wöpp. S.: 1958 Mittlere Reife, 1958-61 Ausbild. z. Exportkauffrau in Hamburg. K.: während d. Erziehungsj. freie, kreative handwerkl. Arb., 1984 Grdg. u. Gschf. u. Prok. d. Griffel Ind.-Vertretungen GmbH, 1992 Grdg. u. Inh. d. Firma Griffel Antennen- u. Satellitentechnik. M.: animal peace. H.: Sport, künstler. Gestalten, sich einsetzen f. Bedürftige.

Griffin Gabriele
B.: Kauffrau, Gschf. FN.: KISS Internet Solution Service. DA.: 67655 Kaiserslautern, Karl Marx-Str. 13. G.: Berlin, 22. Dez. 1961. V.: Steven Griffin. Ki.: Johanna (1982), Christopher (1984), Katharina (1985). S.: 1978-80 Lehre als Bürokauffrau. K.: 1981-82 stellv. Datenschutzverantwortliche TUSMA TU Berlin, 1988-89 Fortbild. in Programmierung u. PC-Bereichen, 1989-95 selbst. Programmiererin u. Doz. f. PC-Schulungen v. Microsoft, 1995 Grdg. u. Gschf. d. Firma KISS. H.: Astrologie, Geschichte d. Frauen, Modedesign u. Fertigung.

Griffin Phil *)
Griffith Peter

B.: Dramatiker, Direktor. FN.: White Horse Theatre. DA.: 59494 Soest-Müllingsen, Bördenstr. 17. pgriffith@whitehorse.de. www.whitehorse.de. G.: 13.Juli 1951. V.: verh. Ki.: 2 Söhne (1978, 1989). S.: 'A' levels Cranleigh School, 1969 -72 Stud. Univ. Durham, Staatsexamen, 1972-73 Postgraduate-Diplom in Päd., 1973 Lizenziat an Guildhall School of Music and Drama. K.: 1978 Grdg. d. White Horse Theatre, seither Ltr. d. Unternehmens, weltweit größtes englischsprachiges Theater zur Unterstützung d. Fremdsprachenlernens an Schulen, 6 Tourneegruppen mit muttersprachlichen Profi-Schauspielern treten jährlich vor 300.000 Zuschauern auf, in d. ersten J. selbst Schauspieler, Regisseur u. etwa 70 Aufführungen w. schrieb b. d. Theater bisher 20 Stücke, freiberufliche Tätigkeit als Schauspieler, Regisseur, Komponist u. musikalischer Ltr., Autor, Sänger (ausgebildeter Bariton), Theaterworkshop-Leiter, Lehrer. P.: Theaterstücke f. Jugendliche: Neighbours with Long Teeth (1987), Brain-Catch-Fire (1998), Sticks and Stones (1999), Theaterstücke f. Kinder: We love Gary (1991), The Empty Chair (1999).

Grigoriadis Nora
B.: energetische Unternehmensberaterin, Kinesiologin. FN.: Leib & Seele Kinesiologie-Zentrum-Berlin u. Business Energy Consulting. DA. u. PA.: 12159 Berlin, Handjerystr. 79. nora.grigoriadis@gmx.de. www.kinesiologie-zentrum-berlin. de. G.: Frankfurt/Main, 26. Nov. 1953. Ki.: Nuria (1984). S.: 1972 Abitur Bad Homburg, 1972-77 Stud. Sozialpäd. Marburg u. Berlin, 1977 Dipl.-Sozialpäd., 1981 Ausbild. z. Krankengymnastin in Berlin, Ausbild. als Kinesiologin in Berlin u. Freiburg. K.: 1977-80 Lehrauftrag in d. Erzieherinnenausbild., Lehre an Fortbild.-Inst. u. VHS Thema Suchtprophylaxe, 1980-81 Inst. f. Epidemiologie, 1985 Anerkennungsj. als Krankengymnastin im Schwerstbehindertenbereich, 1987-91 Integrative Krankengymnastik im Kinderhaus Friedenau, seit 1992 selbst. Krankengymnastin u. Kinesiologin, Ausbild. v. Kinesiologen im selbstgegründeten Zentrum Leib & Seele, Vortragsarb., Lehrarb., 3 jährige Ausbildung z. Begleitenden Kinesiologen. P.: 2 Veröff. z. Thema "Suchtprophylaxe". M.: seit 1991 Mtgl. d. Verb. f. Kinesiologie, Mtgl. d. Berufsverbandes Deutsche Ges. f. Angewandte Kinesiologie. H.: Gärtnerin, Bergsteigen, Joggen.

Grigull Bernd Dipl.-Ing.
B.: selbst. Architekt, Sachv. f. Schäden an Gebäuden. FN.: Planungsbüro f. ökolog. Bauen. DA.: 38106 Braunschweig, Linnéstr. 2. www.grigull-architekt.de. G.: Salzgitter, 6. Apr. 1955. S.: 1973 Abitur Salzgitter, 1973-74 Orientierungsj. in d. USA, 1974-75 Zivildienst, 1975-85 Stud. Braunschweig m. Dipl. K.: 1989 Grdg. d. Planungsbüro f. ökolog. Bauen, zahlr. Projekte im ökolog. Wohnungsbau u. Altbausanierung, 1995 Wiederaufbau Otterzentrum Hankensbüttel (Ökologiezentrum im Landkreis Gifhorn). H.: Fahrradfahren.

Grigull Pascal *)
Grigull Torsten *)
Grigull Ulrich Dr. Ing. Dr.-Ing. e.h. Prof. *)

Grill Kurt-Dieter Ing.
B.: MdB. DA.: 11011 Berlin, Platz d. Republik 1, Wahlkreisbüro: 21337 Lüneburg, Am Bürgergarten 4. PA.: 29451 Dannenberg, Breese in der Marsch 2. kurt-dieter.grill@bundestag.de. G.: Rathenow/Westhavelland, 28. Dez. 1943. V.: Annelie, geb. Berkhan. Ki.: Jan Frederik (1977), Stefan Emanuel (1979), Anna Valeska (1982). S.: Gymn., Stud. FH Suderburg, Ing. f. Wasserwirtschaft u. Kulturtechnik, Eintritt f. d. gehobenen Dienst d. Wasserwirtschaftsverw. in Niedersachsen, OLt. d. Res. K.: b. 1974 Bauoberinsp., seit 1962 Mtgl. d. CDU, b. 1987 d. JU, 1968-72 Kreisvors. u. 1972-76 Bez.-Vors. u. Landesschatzmeister d. JU, seit 1972 im CDU-Bez.-Vorst., seit 1984 Beisitzer im Vorst. d. CDU Niedersachsen, seit 1987 Vors. d. Bundesfachausch. Umwelt d. CDU, 1976-96 Kreistagsabg. in Lüchow-Dannenberg, 1978-91 Vors. d. Gorleben-Kmsn., 1974-94 MdL Niedersachsen, seit 1986 stellv. Fraktionsvors., seit 1994 MdB. BL.: Erreichen: Umweltpolitik fester Bestandteil d. CDU, ab 1974 Einsatz zur Verhinderung d. Elbe-Grenze BRD/DDR in der Flußmitte. P.: "Standortpolitik" (gem. mit Heinz Riesenhuber) M.: Dt. Ges. d. Club of Rome, Bund d. Wasser- u. Kulturbauung, Vorst.-Mtgl. d. Freunde d. Sommerl. Musiktage in Hitzacker. H.: Golf, Gitarrespielen, klass. Lit., wiss.-techn. Literatur. (Re)

Grill Marcus A, G,
B.: Tanzlehrer, Mitinh. FN.: Tanzschule Grill. DA.: 87435 Kempten, Sandstr. 7-9. G.: München, 15. März 1962. Ki.: Clemens Ravindra (1996). El.: Manfred u. Karin. S.: Mittlere

Reife, Ausbild. Tanzlehrer Rudi Trauts Augsburg, 1987 Ausbild. Tanzsporttrainer Dieter Nutzinger Heidelberg. K.: seit 1987 Tanzlehrer in d. elterl. Tanzschule, bereits 1987 auf einem Tanzlehrer-Kongress erster Show-Tanz, danach Beginn m. Tanz-Karriere, Engagements als Rahmenprogramm zu zahlr. Tanzsportveranstaltungen, Trainer f. Hip-Hop u. Breakdance-Gruppen. E.: 3-facher Dt. Meister im Tanzsport. H.: Eishockey, Freizeitsport, Reisen, SEgeln, Kite-Surfen, 4 x Teilnahme bei "Wetten dass..." u. jeweils Wettsieger.

Grill Meisi *)

Grill Thomas Dipl.-Ing.

B.: Gschf. Ges. FN.: Grill Immobilienmanagement GmbH. DA.: 04103 Leipzig, Lange Str. 22-24. tg@grill-immobilien.de. www.grill-immobilien.de. G.: Würzburg, 19. Feb. 1964. S.: 1983 Abitur, 1983-87 Stud. Elektro- u. Nachrichtentechnik FHS Würzburg-Schweinfurt m. Abschluß Dipl.-Ing. K.: 1987-88 Mitarb. d. Hamburg-Mannheimer Vers., 1987-88 Vertriebsing. d. Firma FUBA in Stuttgart, 1989-91 Mitarb. im Maklerbüro Will & Wölfer in Würzburg, seit 1990 selbst. als beratender Ing. f. d. Bereiche EDV, Hard- u. Software, Finanzierungs- u. Betriebsberatung, seit 1991 Doz. f. Bank-, Kredit- u. Maklertätigkeit, 1994 Eröff. d. Büros f. Immobilienmanagementm Verw., Finanzierung, Projektentwicklung u. Unternehmensberatung. F.: seit 1999 Gschf. d. Vermietungs GmbH Martinshöhe, seit 2000 Gschf. d. Grill Immobilienmanagement GmbH. Prüf.-Aussch. Immobilienfachwirt d. IHK Zwickau u. Leipzig, Prüf.-Aussch.-Vors. Fachkfm., Verw. u. Wohnungseigentum d. IHK Zwickau, Immobilienverw., Facility Management. H.: Reisen, Essen.

Grillhösl Hans Dipl.-Ing. *)

Grimberg Andreas *)

Grimm Andreas

B.: Dipl.-Sportlehrer, Unternehmer, selbständig. FN.: Gesundheits-Sportzentrum "Tenbu Kan". DA.: 04318 Leipzig, Zweinaundorfer Str. 18. G.: Halle, 19. Jan. 1968. S.: Abitur Merseburg, Lehre z. Instandhaltungsmechaniker, Wehrdienst, 1990-95 Stud. Sportwiss. an d. DHfK Leipzig, Dipl.-Sportlehrer. K.: Ausbildung in d. asiatischen Kampfsporttechniken, Trainer f. asiatische Kampfsporttechniken, seit 1999 Inh. u. Gründer d. o.g. Zentrums f. präventives Gerätetraining, asiatische Kampfsportarten (Judo, Tongil, Moo Do), Hatha Yoga, Rückenschule, Senioren- u. Kids-Kurse. M.: Landesverband Sachsen, Stadtsportbund Leipzig. H.: Sport, Musik, Literatur.

Grimm Christoph *)

Grimm Claus Dr. iur. *)

Grimm Cornelius Leendert *)

Grimm Erwin *)

Grimm Eva *)

Grimm Friedrich Björn *)

Grimm Gerd *)

Grimm Gernot-E.
B.: Bgm. d. Stadt Eutin. DA.: 23701 Eutin, Rathaus. gernotgrimm2000@hotmail.com. G.: Herzberg, 30. Dez. 1943. V.: Helma, geb. Witting. Ki.: Nicolas (1972). El.: Wilhelm u. Irene. S.: Abitur 1964 Lübeck, 1964-69 Stud. Rechts- u. Staatswiss. Kiel, Freiburg u. Marburg, 1. Staatsexamen, Referendariat, HS f. Verw. Wiss. Speyer, 1973 2. Staatsexamen. K.: 1973-84 tätig als Senatsrat in d. Senatsverw. d. Hansestadt Lübeck, seit 1984 Bgm. d. Stadt Eutin m. Schwerpunkt Stadtsanierung, Denkmalschutz, Wirtschaftsförderung, Tourismusförderung, Eutiner Sommerfestspiele u. Wohnbausiedlung. M.: Vorst. Landestourismusverb. Schleswig-Holstein, Unfallkasse Schleswig-Holstein, AufsR. d. Eutiner Sommerfestspiele, Holsteinische Schweiz Tourismus, Naturpark, em. ehrenamtl. Arb.-Richter, Rotary Club Eutin. H.: Sport, Golf, klass. Oper, chin. Akupressur.

Grimm Hans-Josef Ing. *)

Grimm Heinz Dr. rer. oec.
B.: Chef-Vw. FN.: Bankges. Berlin AG. DA.: 10178 Berlin, Alexanderpl. 2. heinz.grimm@bankgesellschaft.de. www.bankgesellschaft.de. G.: Varel, 27. Feb. 1954. S.: 1973-77 Stud. VWL TU Berlin m. Abschluß Dipl.-Vw. K.: 1980-86 wiss. Mitarb. an d. TU Berlin, 1987 Prom., 1987 wiss. Mitarb. d. Abt. Vw. d. Berliner Bank AG u. 1993 Abt.-Ltr., 1994 Ltr. d. Abt. Vw. d. Bankges. Berlin AG, 1996-99 Ltr. d. europ. Wirtschafts- u. Währungsunion, 1998 Dir. d. Bankges. Berlin AG seit 1999 Ltr. d. Konzernstabes Vw.; Funktionen: Beauftragter d. Bankges. Berlin f. d. Stiftung "Brandenburger Tor d. Bankges. Berlin", Lehrauftrag u.a. an d. Banak., in Frankfurt/Main u. d. TH Berlin, Steering Committee d. Vereinig. d. Freunde d. DIW. P.: Chefredakteur einer Reihe v. Finanzpubl. d. Bankges. Berlin u.a. "Der Devisenbrief", "Konjunktur aktuell", "Economy weeckly", "Regional Report", "Wirtschaftsreport". M.: Aussch. d. Bundesverb. Dt. Banken. H.: Musik, Kunst, Literatur.

Grimm Helmut Dipl.-Wirtschaftsing.

B.: Controller EMEA/Managing Dir. FN.: Habinger GmbH. DA.: 76135 Karlsruhe, Steinhäuserstr. 22. helmut.grimm@peregriner.com. G.: 14. Dez. 1956. V.: Karin, geb. Schwitallik. Ki.: Viktoria (1998), Julia (2001). S.: 1976 Abitur in Öhringen, 1976-77 Wehrdienst, 1977-84 Stud. Dipl.-Wirtschaftsing.-Wesen Karlsruhe. K.: 1984-85 wiss. Mitarb. am Inst. f. angew. Informatik u. formale Beschreibungsverfahren, 1985 Mitbegründer d. Fa. Inovis GmbH & Co in Karlsruhe Software-Entwickler Projektmanager, ab 1989 Kfm. Ltr. Fa. Piram Inovis, 1996-98 Controller Habinger GmbH Deutschland, 1999 Europ. IT-Koordinator, seit 1999 Gschf. d. Habinger GmbH, ab 2000 Controller EMEA/Managing Dir. Fa. Peregrine Systeme Karlsruhe. H.: Skifahren, Fußball, Wandern.

*) Biographie www.whoiswho-verlag.ch oder beigefügte CD-ROM

Grimm Helmut Otto Dr. med. Prof.
B.: ltd. OA. FN.: Klinik f. Allgemein- u. Thoraxchirurgie d. Univ. Giessen. DA.: 35385 Giesen, Rudolf-Buchheim-Str. 7. helmut.grimm@chiru.med.uni-giessen.de. www.med.uni-giessen.de/ach. G.: Straubing, 19. Jan. 1960. V.: Dr. Annette, geb. Ulshöfer. Ki.: 1 Sohn. S.: 1979 Abitur, 1979-85 Stud. Med. Univ. Regensburg u. TU München, 1985 Approb., 1986 Prom., 1985-86 Wehrdienst. K.: 1987-89 Ass. an d. Klinik f. Allg.- u. Thoraxchirurgie d. Univ. Giessen, 1989-90 Ass. an d. Klinik f. Unfallchirurgie, 1991 Gastass. an d. Klinik f. Transplantationschirurgie d. Karolinska Inst. in Stockholm/Schweden, DFG-Ausbildungsstipendium, 1992-94 Ass. f. Allg.- u. Thoraxchirurgie in Giessen, 1994 FA f. Chir., 1995 Habil. in Chir., tätig als Notarzt, 1994-96 Ass. an d. Klinik f. Unfallchirurgie in Giessen, 1996 OA an d. Klinik f. Allg.- u. Thoraxchirurgie d. Univ. Giessen u. seit 2000 ltd. OA, Schwerpunktbezeichnung f. Unfall-, Thorax- u. Viszeralchirurgie; Funktion: wiss. Gutachter, Organ. u. wiss. Ltg. v. Kongressen. P.: Gastherausgeber v. Schwerpunktheften f. d. Zentralblatt f. Chir. u. Transplantationschirurgie, ca. 60. Arbeiten, Buchbeiträge u. zahlr. Vorträge, Hrsg. v. "Xenotransplantation-Grundlagen, Chancen, Risken" (2001). E.: zahlr. Stipendien u. Forschungsbeihilfen, Preis d. Univ. Giessen (1994), Förderpreis chir. Intensivmedizin d. Dt. Ges. f. Chir. (1997). M.: Dt. Ges. f. Chir., Dt. Transplantationsgesellschaft. H.: Skifahren, Sprachen, Kultur, Musik.

Grimm Herbert *)

Grimm Hubert Georg Dr. phil. Prof. *)

Grimm Hubert Dipl.-Ing.

Grimm Johanna-Maria
B.: Gschf.; Kunst- u. Antiquitätenhändlerin. FN.: ArtDeco-Designmöbel; ZAPP ART Furniture. DA.: 10178 Berlin, Hackescher Markt - S-Bahnbogen; 10178 Berlin, Am Zwirngraben. G.: Celle, 7. Aug. 1957. El.: Dr. Ehrenfried u. Maria Grimm. S.: 1976 Abitur Buxtehude, 1976-79 Stud.-Reisen in Europa, Asien, Iran, Afghanistan u. Guraidhoo. K.: 1980 Beginn m. Designertätigkeit u. Entwurf d. eigenen Schmuckkollektion. ab 1983 Aufbau einer Sped. u. glz. Im- u. Export v. spez. engl. Antiquitäten, 1988 Grdg. d. HIGH TAC Spezialgeschäf f. gehobenen Kitsch, 1992 Grdg. v. ArtDeco-Designermöbel. P.: Publ. in Jubiläumsausgabe (1997), "Zu Hause wohnen" Vogue Magazin (1997), Wohn Design (1998), n-tv Interview in Reihe Lebensart (1997), Ausstattung v. Filmprod. in Zusammenarbeit m. Studio Babelsberg u.a. f. "Das Schwein", "Rosa Roth 1" u. "Machine Head". M.: Grdg. einer weltweiten Design-Kooperation m. Schwerpunkt USA, Frankreich, England, Belgien u. Holland. H.: Ausdauerschwimmen, Bauchtanz, Kampfsport, Klavierspielen.

Grimm Jörg

B.: Gschf. im Reisebüro. FN.: Horizont-Touristik GmbH. DA.: 33615 Bielefeld, Stapenhorststr. 90. www.horizonttouristik.de. G.: Bielefeld, 4. Aug. 1967. V.: Nusara, geb. U-Tasa. El.: Georg und Ursula. BV.: Grimms Kaffee in Salzwedel. S.: 1986 Berufsfachschule f. Wirtschaft u. Verw. in Bielefeld, 1986-89 Ausbild. z. Vers.-Kfm. b. d. Karlsruher Lebensvers. AG. K.: 1989-97 Bez.-Ltr. u. Ausbild.-Beauftragter im Außendienst b. d. Karlsruher Lebensvers. AG, 1997 Animateur im Aldiana in d. Algarve/Portugal, 1999 Eröff. d. Reisebüros Horizont-Touristik GmbH. H.: Motorrad, Lesen, Sport.

Grimm Jost

B.: Gschf. Gesellschafter. FN.: Credo Immobilien. DA.: 89134 Blaustein, Juraweg 1. grimmcredo@nibocity.de. G.: Siegen, 19. Apr. 1966. V.: Nora, geb. Bendleder. El.: Hans-Jost u. Ellen. S.: 1986 Fachabitur u. Lehre z. Vers.-Kfm. b. einer gr. schweiz. Vers.-Ges., 1988-92 Stud. Vers.-Betriebswirtschaft an d. FH Köln. K.: einige J. Vertriebs- u. Verkaufserfahrung b. div. Finanzges. u. baute Finanzierungskontakte z gr. dt. Bankan auf, seit 1996 Gschf. Ges. einer Immobilienvertriebsges., seit 2001 Ges. d. Primarum Bauträgerges. H.: Familie, Reisen.

Grimm Jürgen *)

Grimm Kurt *)

Grimm Oliver *)

Grimm Peter *)

Grimm Reiner

B.: Fachanw. f. Steuerrecht, Wirtschaftsprüfer, RA. FN.: Kzl. Grimm & Koll. DA.: 90402 Nürnberg, Kornmarkt 2. G.: Nürnberg, 27. Apr. 1942. V.: Ingrid, geb. Kirchhöfer. Ki.: 4 Kinder. El.: Dr. Fritz u. Friederike, geb. Langmann. BV.: väterl. seits - 1528 Konsul Winterbach-Rothenburg o.d. Tauber. S.: 1961 Abitur, 1961-65 Stud. Rechtswiss. Würzburg u. Erlangen, 1965 1. Staatsexamen Erlangen, 1965-69 Referendariat OLG Nürnberg, 2. jur. Staatsexamen. K.: 1970-76 tätig in d. Bayr. Finanzverw., seit 1976 selbst. RA-Kzl., seit 1977 Fachanw. f. Steuerrecht, seit 1987 Wirtschaftsprüfer, Funktion: 1990-91 Lehrauftrag f. Steuerrecht an d. TU Dresden. F.: Filiale in Dresden. P.: Publ. z. Thema Finanzgerichtsbarkeit. M.: Inst. f. Wirtschaftsprüfer, Fachanwaltschaft f. Steuerrecht, TC Weißblau Noris. H.: Tennis, Skifahren, klass. Musik, Klavier u. Geige spielen, Ahnenforschung.

Grimm Reinhold R. Dr. Prof. *)

Grimm Rudi Dipl.-Ing. *)

Grimm Rüdiger Dr. Prof.
B.: Lehrstuhlinhaber f. Multimediale Anwendungssysteme. FN.: Technische Univ. Ilmenau. GT.: Vorträge in Seminaren u. Kolloquien an vielen Univ. in Deutschland u. im Ausland, Ltg. d. internen Diplomanden- u. Doktorandenseminars d. Inst. d. GMD. DA.: 98684 Ilmenau, Am Eichicht 01, Postfach 10 05 65. ruediger.grimm@tu-ilmenau.de. www.ifmk.tu-ilmenau.de/mma/. G.: Halle/Saale, 23. Aug. 1950. V.: Beate, geb. Jauch. Ki.: Magdalena (1987), Charlotte (1989), Johanna

*) Biographie www.whoiswho-verlag.ch oder beigefügte CD-ROM

(1994), Julius (1997). El.: Tilemann u. Johanna. BV.: Bruno Snell, Altphilologe, Rektor d. Univ. Hamburg nach 1945, Eduard Grimm, Bgm. v. Riga Ende d. 19. Jhdt. S.: 1970 Abitur in Meinzerhagen, 1970-76 Dipl.-Stud. d. Mathematik m. Nebenfach Physik an d. Univ. Göttingen u. Heidelberg, seit 1971 Stipendiat d. Ev. Studienwerkes Villigst, 1993 Prom. in Informatik. K.: 1974-77 Stud. Hilfskraft am Inst. f. Mathematik an d. Univ. Heidelberg u. Göttingen, 1977-80 Sekundarschullehrer f. Mathematik u. Physik in Dodoma/Tanzania, 1980-81 Informatiker b. d. Dresdner Bank Frankfurt/Main, 1982-85 Hochschulzentrum HRZ Essen, Wiss. Mitarbeiter, seit 1983 Ltr. d. Bereichs Anwenderbetreuung, 1985-2000 Wiss. Mitarbeiter am Inst. f. Telekooperationstechnik d. GMD - Forschungszentrum Informationstechnik GmbH Darmstadt, 1995-97 Forschungsbereichsleiter f. "Offene u. verbindliche Telekooperation", 1997-2000 Ltg. d. Themenbereichs "Marktplatz Internet", seit 2000 TU Ilmenau, Professor "Multimediale Anwendungen". BL.: 1986-89 Aufbau, Verbreitung u. Betrieb eines Electronic Mail-Knotens (EAN), Aufbau d. Electronic Mail-Netzes in DFN Deutschland u. RARE (Europa), 1990 Entwicklung eines Sicherheitswerkzeuges f. sicheres Speichern (Chipcards) u. kryptographische Funktionen (Signieren, Verschlüsseln) im DFN: Prototyp z. "SecuDE", 1995-99 Forschungsprojekt "Erreichbarkeits- u. Sicherheitsmanagement f. mehrseitige Sicherheit im Rahmen d. Gottlieb Daimler - u. Karl Benz-Stiftung, 1998-2000 BMWi-Konsortialprojekt "Dasit: Datenschutz im Internet", Förderung d. Sicherheitsinteressen d. Informatik u. Wirtschaft Thüringens, Aufbau u. Entwicklung d. E-Commerce, Entwicklung intern. Wissenschaftskontakte u.a. m. TU in d. USA, in China u. d. Schweiz. P.: "Sicherheit für offene Kommunikation - Verbindliche Telekooperation" (1994), "Schwerpunkt: Elektronisches Geld" (1997), "Can P3P help to protect privacy worldwide?" (2000), "Vertrauen im Internet - Wie sicher soll E-Commerce sein?" (2001), "Binding Telecooperation. A Formal Model for Electronic Commerce" (2001). M.: GI - Ges. f. Informatik, seit 1994 Fachgruppe "Verläßliche Informationssysteme", seit 1994 Mtgl. d. Internet Society. H.: Klavierspielen, Literatur, Geschichte, Aufenthalt in Kärnten/Österreich.

Grimm Stefan Mathias
B.: Lehrer. FN.: Waldorfschule. DA.: 03048 Cottbus, Leipziger Str. 14. PA.: 03046 Cottbus, Karl-Liebknecht-Str. 76. G.: Schorndorf, 7. März 1965. V.: Inge, geb. Schuster. Ki.: Philip (1992), Niklas (1997), Lukas (2000). El.: Wilhelm u. Maria. S.: 1984 Abitur, 1985 Wehrdienst, 1986-92 Stud. Germanistik u. Linguistik Univ. Stuttgart, 1992 Abschluß magister artium. K.: 1992-95 versch. Tätigkeiten, seit 1995 Lehrer f. Deutsch u. Geschichte an d. freien Waldorfschule in Cottbus, 1997 Lehrgenehmigung f. Abiturstufe f. Deutsch u. Geschichte, seit 2001 zusätzl. Gitarrelehrer an d. freien Musikschule Cottbus. P.: Lyrikband "Das Blaue v. Himmel", Publ. in d. Fachzeitschrift Erziehungskunst. H.: Musik, Gitarre spielen, Literatur, Schreiben.

Grimm Tamara Dr. med. dent.

B.: Zahnärztin. DA.: 01309 Dresden, Augsburger Str. 44. G.: Byrka/Rußland, 26. Dez. 1943. V.: Heinz-Jürgen Roisch. Ki.: Claudia (Dipl.-Psychologin), Katharina (Zahnärztin). S.: 1962 Abitur, 1962-63 Krankenpflege KH, 1963-68 Stud. Zahnmed. Univ. Leningrad m. Abschluß Dipl.-Stomatologin, 1969 Prom. in Dresden. K.: 1969 Einreise nach Deutschland, 1969-85 Zahnärztin an d. Poliklinik Dresden Niedersedlitz, 1985-91 Betriebszahnärztin d. Verkehrsbetriebe, seit 1991 ndlg. Zahnärztin

m. Schwerpunkt Prophylaxe, Prothetik, Paradontologie u. Kinderbehandlung. H.: klass. Musik, Mode, Tanz, Blumen, Reisen.

Grimm Thomas Dipl.-Phil. *)

Grimm Thomas

B.: Gschf. FN.: Grimm & Co Sanitärtechnik GmbH. DA.: 22880 Wedel, Tinsdaler Weg 165. G.: Wedel, 25. Sep. 1965. El.: Udo u. Irene. S.: 1982-86 Ausbild. z. Gas- u. Wasserinstallateur in Halstenbek, 1986-87 Bundeswehr in Lüneburg u. Itzehoe. K.: 1987-89 Geselle im väterlichen Betrieb, 1989-90 Meisterschule in Hamburg, 1990-92 Meister im väterl. Betrieb, 1992-95 Meister/Filialltr. Filiale Ostseebad Zingst, 1992-93 Klempnermeisterschule Hamburg, 1995-98 Meister im väterl. Betrieb in

Wedel, 1999 Übernahme d. väterl. Betriebes gemeinsam m. Bruder Stefan u. Grdg. d. GmbH, 1996 Kauf Sanitärtechnik Dittmer in Schenefeld u. Grdg. d. GmbH, Gschf. zusammen m. Bruder. M.: seit 1981 Gasgemeinschaft, seit 1981 Innung d. Kreises Pinneberg, seit 1985 Sanitärtechnikgen., seit 1985 Dachdeckereinkaufsgen., seit 1991 Club Kolophonium v. 1873 in Hamburg, seit 1999 Vorst. d. Clubs Kolophonium. H.: Motorrad, Auto- u. Motorradrennsport.

Grimm Ursula *)

Grimm Ute *)

Grimm Uwe Dr. *)

Grimm Volker Dipl.-Ing.
B.: selbst. Landschaftsarchitekt, Städtebauarchitekt. DA.: 34329 Nieste, Schöne Aussicht 11. G.: Kassel, 4. Okt. 1953. S.: 1974 Abitur Kassel, 1976-83 Arch.-Stud. Univ.-GH Kassel, 1981 Dipl. Landschaftsbau, 1983 Dipl. Städtebau. K.: 1984-86 b. Mag. d. Stadt Kassel Amt f. Stadtplanung, seit 1988 eigenes Büro. M.: 1994 Arch.-Kam. H.: Wandern, Skifahren, Motorradfahren.

Grimm Wolfgang Dr. med. *)

Grimm Wolfgang Dipl.-Ing. *)

Grimm Yolna A.

B.: Gschf. Ges. FN.: Das Tor GmbH. DA.: 04109 Leipzig, Gottschedstr. 12. yolna@dastor.com. G.: Leipzig, 5. Apr. 1966. El.: Ariel Ruiz u. Irene. S.: 1984 Abitur, Lehre Baufacharbeiter. K.: tätig als Baufacharbeiter, Ausbildung z. Restaurantfachmann, Stud. Rechtswiss. u. Journalistik an d. Univ. Leipzig, jur. Staatsexamen, Journalist f. TV u. Medien, 1999 Grdg. d. Firma Das Tor GmbH als Agentur f. integrierte Kommunikaion und klass. Werbung; Funktionen: Initiator d. Aktion "Ideen ge-

*) Biographie www.whoiswho-verlag.ch oder beigefügte CD-ROM

gen Rechts", Teilnahme an d. Aktion "Mehr Zeit f. Kinder", Doz. f. Marketing. M.: Förderverein Völkerschlachtdenkmal Leipzig. H.: Reisen, fremde Kulturen, Zukunft.

Grimm-Jürgens Anja
B.: selbst. Berufsbetreuerin, Ergotherapeutin. DA.: 26135 Oldenburg, Helmsweg 43. G.: Bremerhaven, 8. Okt. 1946. V.: Peter Jürgens. Ki.: Matthias (1967). El.: Karl u. Anna Gruhl, geb. Knäble. S.: 1965 Höhere Handelsschule Bremerhaven, 1966-68 Ausbild. z. Krankenschwester in Bremerhaven, 1986-89 Ausbild. z. Ergotherapeutin in Stuttgart. K.: 1968 Krankenschwester KH Bremerhaven Mitte, St. Josef Hospital Bremerhaven Anästhesie, chir. Ambulanz u. Landarztpraxis b. 1983, 1983 Betreuerin Wohngemeinschaft f. Psych. Kranke in Bremerhaven, 1990-95 Psychiatrie LKH Calw-Hirsau/Nordschwarzwald Geronthopsychiatrie als Ergotherapeutin, 1996 Betreuungsarb. als selbst. Berufsbetreuerin f. Menschen d. f. bestimmte Bereiche d. Lebens eine rechtl. Vertretung benötigen. H.: Malen, Spiele.

Grimme Ernst Günther Dr. Prof. *)

Grimme Günter *)

Grimme Herbert

B.: Maler, Designer. FN.: MGAG Graphiker Atelier Grimme Werbeservice & Siebdruck. DA.: 37120 Bovenden, Industriestr. 12. PA:: 37120 Bovenden, Breite Str. 13. G.: Göttingen, 30. Mai 1937. V.: Meike Dippel. Ki.: Patricia (1962) und Norman (1996). El.: Kurt u. Anneliese, geb. Jütte. S.: 1951-59 Lehre z. Maler u. Schildermaler b. Firma Hormann Göttingen. K.: Geselle bei d. Firma Horst Wolter Göttingen, 1958-62 div. Kurse in Malerei, Aktzeichnen u. plast. Gestalten, 1960-61 Meisterschule Göttingen, 1962 Werkstattltr. b. Firma Horst Wolter Göttingen, 1973 Techn. Zeichner im Geolog. Inst. d. Univ. Göttingen, 1979-83 div. freie Aufträge in Nigeria "Kunst am Bau" m. Johannes-Heinz Löffler, div. Hilfestellungen f. Einheimische v. Ort, 1980-88 selbst. freiberufl. Maler, dabei Fotoarb. u.a. f. Museum Göttingen, Staatsarchiv Hannover, 6 Sem. Gaststud. b. Bildhauer Prof. Jürgen Weber an d. HS f. elementares Formen in Braunschweig, 1988 Grdg. d. Firma MGAG Maler + Graphiker Atelier Grimme in Bovenden, 1991 Verlegung d. Firma in d. Industriestr. 12. P.: weit über 30 Ausstellungen u.a. 1962-76 BBK Städt. Museum Göttingen, 1966 Bad Gandersheim, Clausthal-Zellerfeld, Bad Harzburg, 1967 Junge Galerie Hannover, 1968 Galerie Juzi Bern, 1972 Galerie Incontro Wien, 1993 Koprivnica Krizevci Zagreb, 1974 Kalisz, 1975 Art Gallery Cheltenham, 1975 Oper Dortmund, 1976 Galerie KEO Hagen, 1978 Städt. Museum Göttingen, 1970, 1972 u. 1975 Beteiligung am Kunstmarkt Göttingen, im Auftrag d. Stadt Göttingen Bemalung einer Hauswand z. 3. Kunstkongreß, Werke u.a. Allegorie eines Anfangs 1977 Farb- u. Bleistift, Bewegung um 0. Achse 1972 Acryl, Kasein, Bleistift auf Leinwand, Opfer 1973 Offsetlitho, Schiziodität in d. Erkenntnis 1975 Acryl, Bleistift auf Papier, Frei-Williger-Zang 1976 Farb- u. Bleistift auf Papier, Ehe (Interaktion) 1977 Acryl, Graphit auf Leinwand, Raum-Horizont 1977 Farb- u. Bleistift auf Papier. M.: AGD Braunschweig, Künstlerbund Göttingen. H.: Malen u. Gestalten, Ideen entwickeln.

Grimme Jens *)

Grimme Lothar Horst Dr. rer. nat. habil. Prof. *)

Grimmeissen Michael Ulrich
B.: Regionaler Marktmanager im Außendienst. FN.: Schlüter-Systems KG Iserlohn. PA.: 74177 Bad Friedrichshall, Arndtstr. 3. michael-grimmeissen@t-online.de. www.grimmeissen. to. G.: Heilbronn, 21. Sep. 1963. V.: Irmgard, geb. Hohl. Ki.: Johanna (1991), Jonathan (1996). El.: Ulrich u. Sigrid, geb. Heinze. S.: 1982-85 Ausbild. z. Ind.-Kfm. K.: 1985-88 kfm. Tätigkeit im Innen- u. Außendienst, 1988-91 selbst. freier Hdls.-Vertreter, 1991-97 ltd. Verkaufstätigkeit im Innen- u. Außendienst, sowie Firmenmarketing u. Qualitätszertifizierung in d. Firma Schulz in Möckmühl, 1997-98 Techn. Beratung im Außendienst, Entwicklung eines Marketingkonzeptes f. d. Firma KUBUS ökolog. Bauprodukte in Biedigheim-Bissingen, 1998-99 Marketingltr. im Auto & Technik Museum Sinsheim, Technik Museum Speyer u. IMAX Filmtheater in Sinsheim u. Speyer, seit 1999 Regionaler Marktmanager im Außendienst d. Schlüter-Systems KG Iserlohn. M.: Althelfer im Techn. Hilfswerk in Weinsberg. H.: Fotografie, Fachreferent f. Kommunen u. d. VHS z. Thema "Regenwassernutzung", aktive Arb. in d. Umsetzung eines ökolog. Bewußtseinswandel f. d. Allgemeinheit.

Grimmelt Klaus *)

Grimmer Gerhard Ing. *)

Grimmer Karin

B.: RA. DA.: 12526 Berlin-Bohnsdorf, Buntzelstr. 57A. G.: Siegen, 28. Sep. 1948. V.: Dipl.-Ing. Joachim Grimmer. Ki.: Steffani (1974), Judith (1983). S.: 1971 Abitur Luckau, 1966-69 Berufsausbild. Ind.-Kauffrau in Metallbaubetrieb, 1977-83 Stud. Rechtswiss. an d. Humboldt-Univ. Berlin, daneben tätig in jurist. Abt. VEB JFA-Vertrieb, 1983 Dipl.-Jurist. K.: 1969-72 Tätigkeit im elterlichen Unternehmen Erich Timm KG (Gartengeräte) in Dahme, 1972-77 in kaufm. Abt. im VEB JFA-Vertrieb Berlin, 1983-85 Kindererziehung, 1985-90 Jurist im VEB Lufttechnik Berlin, Mai 1990 Zulassung als RA, seit Juli 1991 eigene Kzl., Tätigkeitsschwerpunkte: Grundstücksrecht, Erbrecht, Vermögensrecht, vornehml. Restitutionen, auch Familienrecht. H.: Züchten v. Blumen, Orchideen, Pflanzen, Flamingo, Palmen, Gartenarb., Kochen, Schwimmen.

Grimmer Klaus Dr. rer. pol. Prof. *)

Grimmig Carsten Dipl.-Ing.
B.: Gschf. FN.: Hans Grimmig Bauunternehmung GmbH & Co KG. DA.: 69123 Heidelberg, Kurpfalzring 106. c.grimmig @aol.com. www.hans-grimmig.de. G.: Heidelberg, 31. März 1967. V.: Martina, geb. Ritzhaupt. M.: Moritz (1997), Sophie (1999). El.: Dipl.-Ing. Dieter u. Ingrid, geb. BV.: Großvater Hans Grimmig, Gründer d. Unternehmens 1937. S.: 1986 Abitur, 1986-88 Banklehre in d. Bezirkssparkasse Heidelberg, 1988-89 Bundeswehr, 1989-95 Stud. Bauingenieurwesen an d. TU München, 1996 Abschluss Dipl.-Ing. K.: 1996-97 Bauleitertätigkeit b. einem dt. Spezial-Tiefbauunternehmen auf zwei Berliner Großbaustellen, 1997 Einstieg ins Familienunternehmen Hans Grimmig GmbH & Co KG, Ein-

führung d. technischen u. wirtschaftlichen Controllings, seit 1998 gemeinsame Führung d. operativen Geschäfts d. Grimmig-Bauunternehmen GmbH & CO KG, seit 2001 Gschf. gemeinsam m. Hans-Peter Lange. F.: Gschf. d. Fassadentechnik Schmidt GmbH in Eppelheim, d. Asphalt Ladenburg GmbH & CO KG u. weiterer Unternehmen u. Grundstücksgesellschaften, Gschf. Ges. Firma RBB Abdichtungs GmbH & Co KG. M.: Vors. d. Fachgruppe Straßenbau d. Bauindustrie Nordbaen. H.: früher Baseball b. 2. Bundesliga (Grünwald-Jesters e.V.), heute Beruf u. Familie.

Grimmig Gerd
B.: Vorst. FN.: K+S Gruppe. DA.: 34119 Kassel, Friedrich-Ebert-Str. 160. G.: 1953. V.: verh. Ki.: 2 Kinder. S.: Dipl.-Ing. K.: s. 1982 b. K+S Gruppe.

Grimmiger Alois *)

Grimmiger Alwin

B.: Gastronom. FN.: Restaurant f. Fischspezialitäten Loup de mer. DA.: 50968 Köln, Bonner Str. 289. PA.: 53474 Bad Neuenahr-Ahrweiler, Rotdornweg 8. loup_de_mer@t-online.de. www.loupdemer.de. G.: Bad Neuenahr, 9. Dez. 1960. V.: Andrea, geb. Sartoris. Ki.: Gary (1984), Mandy (1986), Shari (1988). El.: Alois und Ilse, geb. v. Rauchhaupt. BV.: Uradelsgeschlecht v. Rauchhaupt. S.: 1976-79 Lehre als Koch im Hotel Hohenzollern Bad Neuenahr. K.: 1980-89 Jungkoch/ Koch/Küchenchef Hotel Elisabeth Bad Neuenahr, 1989-98 Gschf. d. Restaurant "Loup de mer" in Koblenz, seit 1989 Inh. d. Restaurant "Loup de mer" in Köln. E.: Kölner Wirte-Oscar (Ausz. f. beste Gastronomie). M.: Hotel- u. Gaststättenverb. H.: Tennis, Laufen, Kultur, Reisen.

Grimminger Jörg *)

Grimminger Richard *)

Grimmont Ralf Klaus *)

Grimsehl Elmar
B.: Kfm., selbständig. FN.: Greenhouse Elmar Grimsehl Palmenversand. DA.: 69226 Nußloch, Odenwaldstr. 33. mail@palmenversand.de. G.: Bonn, 20. Nov. 1966. El.: Bernhard u. Helga, geb. Weber. BV.: alte deutsche Familie m. grosser Tradition, Physiker Grimsehl, Alpenpass wurde nach einem Grimsehl aus dieser Familie benannt. S.: 1988 Abitur in Koblenz, 1989 Grundwehrdienst, 1990-94 Ausbildung z. Zahntechniker. K.: 1998 Grdg. d. Firma Greenhouse Elmar Grimsehl Palmenversand in Nußloch als Inh. M.: in versch. nat. u. intern. Palmengesellschaften, Ver. d. Citrusfreunde Europa. H.: Palmen, Citruspflanzen, Fotografie, Porsche Oldtimer.

Grimsehl Wolfgang *)

Grimsen Germar M.A. *)

Grindel Reinhard
B.: Ltr. d. ZDF-Studios in Brüssel, FS-Journalist. FN.: ZDF Europa Büro. DA.: B-1050 Brüssel, Rue Wiertz 50. G.: Hamburg, 19. Sept. 1961. V.: Isabella, geb. Welzel. Ki.: Enno (1992). El.: Siegfried u. Margrit, geb. Mügge. S.: 1981 Abitur,

1981-88 Stud. Rechtswiss. in Hamburg, 1988 1. Jur. Staatsexamen. K.: 1987-88 freier Fernsehjournalist in Hamburg. Kiel, 1988-89 Redakteur f. Landespolitik Radio Schleswig-Holstein Kiel, 1989-91 Bonner Korrespondent f. Flensburger Tagblatt, Neue Osnabrücker Zeitung, Mainzer Allg. Zeitung, Mannheimer Morgen u. Radio Schleswig-Holstein (RSH), 1991-92 Redakteur SAT 1 Studio Bonn, 1992-97 Redakteur ZDF Studio Bonn, 1997 Ltr. ZDF-Landesstudio Berlin, seit 1999 Ltr. d. ZDF-Studios in Brüssel. P.: zahlr. Veröff. über ausländer- u. verfassungsrechtl. Themen, Monographie "Ausländerbeauftragte - Aufgaben u. Rechtsstellung" (1984). M.: DJV. H.: polit. u. hitor. Literatur, Kunst d. 19. u. 20. Jhdt., Fußball.

Grindel Robin
B.: Zahntechniker, Gschf. FN.: High Art Dental GmbH. DA.: 44135 Dortmund, Ludwigstr. 16. highart-dental@t-online.de. G.: Dortmund, 3. Apr. 1973. S.: 1991 Fachoberschulreife in Dortmund, 1993-97 Ausbildung z. Zahntechniker. K.: 1997-99 Einstieg in d. elterl. Betrieb, 1999 Grdg. d. High Art Dental GmbH in Dortmund. M.: Erfa-Gruppe in Dortmund. H.: Autos, Fitness.

Gringmann Bernd
B.: Architekt, selbständig. DA.: 42659 Solingen, Jagenberg 7. architekt@gringmann.de. www.gringmann.de. G.: Königsberg, 23. Feb. 1939. V.: Monique. Ki.: Nicole (1963). S.: 1954-57 Schreinerlehre in Gummersbach, 1957-59 Bauzeichnerlehre b. Brandt u. Vogel in Marienheide. K.: 1961-66 tätig als Architekt b. Brandt u. Vogel, 1970 b. d. Grdg. d. Architektenkammer in Nordrhein-Westfalen, Eintragung als Architekt, 1966-71 Architekt b. Ricker u. Schumacher, 1971 freier Mitarbeiter b. Scheffer u. Hecker in Marienheide, danach Aufträge selbständig abgewickelt, 1974 Eröff. d. Architekturbüros Gringmann in Solingen. M.: CDU-Bezirksvertretung (1975-99). H.: Skizzieren, Gartenarbeit.

Grings Silvia *)

Grinik Vladimir *)

Gripp Bernd *)

Gripshöver Lutz
B.: Profi-Springreiter, Ldw. FN.: c/o Dt. reiterl. Vereinigung. DA.: 48231 Warendorf, Frhr.-von-Langen-Str. 13. G.: 31. März 1972. S.: Ldw. Ausbild., Abschluß. K.: DM f. Junioren: 1990 Bronzemed., 1988 9. Pl., 1989 12. Pl., DM Junge Reiter: 1993 Bronzemed., DM: 1999 5. Pl., EM Junioren: 1990 Goldmed. Mannschaft, 1993 Silbermed. Einzelwertung; 1990 Preis d. Besten Junioren Warendorf/1., 1991 Preis d. Nationen CSIO Graz/5., 1992 Preis d. Nationen CSIO Sopot/2.; 1993: Preis d. Nationen CSIO-W Graz/2., Preis d. Besten Junge Reiter Warendorf/1.; 1995 Preis d. Nationen CSIO Hickstead/5., 1996 Preis d. Nationen CSIO Kiskunhalas/3., 1997 Preis d. Nationen CSIO Poznan/1., 1998: Preis d. Nationen/5., Gr. Preis CSIO Poznan/1., Preis d. Nationen CSIO Mechelen/5.; 1999: Preis d. Nationen CSIO Dublin/4., Preis d. Nationen CSIO Lummen/6.

Grisslich Walter Dipl.-Bw. *)

Grissmer Christel
B.: Theaterwissenschaftlerin, Regisseurin, Theaterpädagogin, Künstlerische Leiterin d. Abt. f. Jugendtheater am Ulmer Theater JUNGES FORUM. FN.: Ulmer Theater Junges Forum. DA.: Ulm, Herbert-von-Karajan-Pl. 1. G.: Saarbrücken, 26. Jan. 1959. Ki.: Celia (1979), Marcel (1983). El.: Fritz u. Anna Heipp. S.: 1977 Abitur Essen, Stud. Biologie Univ. Saarbrücken, 1983 Dipl. K.: 1986-95 Aufenthalt in d. USA,

---
*) Biographie www.whoiswho-verlag.ch oder beigefügte CD-ROM

Gissmer

Schauspielunterricht, 1992 Master degree of theatre Arts an d. Cal. State Univ. Los Angeles, parallel Ausbild. z. Dramatherapeutin (RDT) Performance-Stud. an d. Univ. of California Irvine m. John White, Mitarb. an versch. Theaterprojekten, Education Director u. Inszenierungen in d. Abt. f. Jugendtheater am "Laguna Playhouse" in Laguna Beach, Cal., zahlr. soziokulturelle Theaterprojekte mit Senioren, Jugendlichen, Gefangenen u. psychisch Kranken geleitet, 1995 Rückkehr nach Deutschland, freie Arb. an Schulen m. Schülern u. Lehrern, 1996 Theaterpäd. Ulmer Theater, Aufbau d. Jugendarb. m. künstler. Schwerpunkt Schauspielunterricht, Festivaleinladungen des Jugendclubs am Jungen Forum nach Ludwigsburg u. zum Bundestreffen der deutschen Jugendclubs nach Mainz, 1999 Grdg. u. Aufbau d. Abt. Jugendtheater Junges Forum am Ulmer Theater mit kontiunierliches Spielplan v. Produktionen mit Profischauspielern f. Jugendliche, seit 2001 offizielle Anerkennung d. Jungen Forums durch d. Stadt Ulm durch eine jährliche Sonderbezuschussung zur Existenzsicherung d. Abteilung, 8 Inszenierungen am Ulmer Theater Junges Forum, Dramaturgie, Spielplangestaltung, Leitung, Theaterpädagogik u. weiterhin Aufbau d. Jugend-Theaters. E.: Vors. d. Fördervereins Junges Forum Ulmer Theater e.V. seit 1998. H.: Theater, Tanz, Bewegung, Literatur, Musik, Reisen in d. USA, Rucksack-Touren.

Gritsch Richard E. *)

Gritz Andreas Hans Dipl.-Ing. *)

Gritzbach Werner *)

Griwatz Olaf Dipl.-Ing. *)

Grob Bernd Karl

B.: Arzt f. Anästhesie. FN.: Gemeinschaftspraxis Dr. Lindner, Grob, Wiening. DA.: 85057 Ingolstadt, Schlüterstr. 5a. PA.: 85057 Ingolstadt, Hildebrandtstr. 4. tagesklinik.in@t-online.de. G.: Stuttgart, 21. Nov. 1948. V.: Maria, geb. Beyerle. Ki.: Julia, Fabian, Johanna. El.: Eberhard u. Hilde. S.: 1970 Abitur Stuttgart, 1970-73 Stud. Zeitungswiss. u. Politik in München. Berlin, 1973-77 Stud. Agrarbiologie an d. Univ. Hohenheim, 1977-82 Stud. Med. in Ulm, 1982 Staatsexamen. K.: 1983-89 Ass.-Arzt am Kreis-KH Heidenheim, 1989-92 FA f. Anästhesie im Kreis-KH Heidenheim, 1992 OA f. Anästhesie im Kreis-KH Neu-Ulm, seit 1993 Tagesklinik Ingolstadt, seit 1998 Doz. an d. Wallner Schulen in München, seit 1998 als Schiffsarzt f. StarClippers ltd. tätig. M.: BDA, Ärztenetz GO-IN, VFB Friedrichsfohen. H.: Skifahren, Segeln, Lesen, Motorrad.

Grob Heinz Lothar Dr. rer. pol. Prof. *)

Gröb Toni *)

Grobe Herbert

B.: Vermessungstechniker, selbständig. FN.: Industrievermessung Herbert Grobe. DA.: 38228 Salzgitter-Lebenstedt, Dürerring 310. G.: Schmedenstedt, 10. Jan. 1948. Ki.: Andreas (1972). El.: Gustav u. Katharina, geb. Pohl. S.: b. 1966 Lehre z. Vermessungstechniker b. Katasteramt Peine. K.: Wechsel zu einem öff. bestellten u. vereidigten Vermessungsingenieurbüro in Peine u. als Vermesssungstechniker ang., 1968-70 Grundwehrdienst b. d. Bundeswehr, 1966-68 berufsbegleitend Berufsaufbauschule Braunschweig, danach wieder in d. Vermessungsbüro in Peine als Vermessungstechniker ang., ab 1972 in d. Grube Bülte u. Lengede als Vermessungstechniker in d. Markscheiderei, ab 1980 im Stammwerk d. Salzgitter AG als Vermessugnstechniker, 1989 Grdg. d. Firma Industrievermessung Herbert Grobe in Salzgitter-Lebenstedt, Schwerpunkt: Vermessung v. Industrieanlagen, Großmaschinen, Steinbrüche, Tagebau u. Kiesgruben. M.: VDV Verband Dt. Vermessungsingenieure. H.: Fotografie.

Grobe Peter Dr.-Ing. *)

Grobe-Hagel Karl Dr. phil.

B.: Red., Schriftsteller, Red. FN.: Frankfurter Rundschau. DA.: 60313 Frankfurt/Main, Große Eschenheimer Str. 16/18. G.: Bremen, 4. Nov. 1936. El.: Karl u. Hildegard, geb. Meyer. S.: 1956-61 Stud. Geschichte, Politik u. Slawistik Univ. Hamburg, 1980 Prom. K.: 1962 Ass. VHS Hustedt, 1963 Red. Hamburger Echo, 1965 Vorwärts, 1968 Red. u. 1976 Ressortltr. Außenpolitik b. d. Frankfurter Rundschau. P.: "Chinas Weg nach Westen" (1981), "Vietnam! Vietnam?" (1984), "Rußlands Dritte Welt" (1991), "Hinter d. großen Mauer" (1992), Beiträge zu zahlr. Sammelwerken u. Lexika.

Gröber Achim Dr.-Ing. *)

Gröber Claudia *)

Grober-Glück Gerda Dr. *)

Grobholz Volker

B.: Gschf. FN.: signet GmbH f. Innovation u. Bild. DA.: 34246 Vellmar, Fontanestr. 6. G.: Ettlingen, 6. Sep. 1967. V.: Dipl.-Kauffrau Gudrun, geb. Grimme. Ki.: Alicia. S.: 1988 Abitur Konstanz, 1990-94 Stud. Wirtschaftswiss. Univ. Kassel m. Dipl.-Abschluß. K.: 1995-96 freiberufl. Trainer in Kassel u. Projektltr. f. Planung, Konzeption, Ltg. d. Computer-gestützten Lernzentrums u. Mitwirkung an d. Zertifizierung nach DIN ISO 9000 ff, seit 1996 Gschf. d. GmbH f. Innovation & Bild. F.: seit 1999 Gschf. d. signet it-solutions GmbH & Co KG, signet-network GmbH & Co KG, signet office-support GmbH & Co KG, signet e-media GmbH & Co KG. M.: Grdg.-Mtgl. d. Ver. "komma e.V.". z. Förderung drogenabhängiger Kinder, MCSP, MS ATC, MOUS, AbWeNo, Fördermtg.v. Pro Nordhessen e.V., BeiR.-Mtgl. d. hope gAG.

Grobien Michael *)

Grobitzsch Andres Dipl.-Vw. *)

Gröbl Wolfgang

B.: Unternehmensberater, Mitinh. FN.: Sevia-BM Unternehmensberatungsges. mbH. DA.: 80539 München, Ludwigstr. 10. G.: Erfurt, 12. März 1941. V.: Anneliese. Ki.: 3 Kinder. El.: Anton u. Eva. S.: 1960 Abitur, 1960-62 Wehrdienst, 1962-65 Stud. d. Forstwiss. Ludwig Maximilian-Univ. München, Dipl. Forswirt. K.: 1966-69 Forstref., Gr. Forstl. Staatsprüf. in München, Eintritt CSU, 1969-70 persönl. Ref. v. CSU-Gen.Sekr., gleichzeitig Ref. f. Umweltschutz u. LPlanung, 1970-73 Grdg. d. Arbeitskreises f. Umweltschutz u. LPlanung d. CSU. U. 1. Vors., 1971-72 Ref. im Bayer. Staatsmin. f. LEntwicklung u. Umweltfragen, 1972-87 Landrat d. Landkr. Miesbach, 1978-87 Vors. d. Planungsregion Oberland, stellv. Landesvors. d. Kommunalpolit. Ver. d. CSU, Mtgl. d. Vorst. d. CSU, seit 1987 MdB, 1987-91 Parlamentar. Staatssekr. b. Bundesmin. f. Umwelt, Naturschutz u. Reaktorsicherheit, 1191-1193 Par. Staatssekretär im Bundesmin. f. Verkehr, 1993-98 Parl. Staatssekretär im Bundesmin. f. Ernährung, Landwirtschaft u. Forsten. F.: Mitinhaber Dr. Schönberger und Partner, 81246 München, Lipperheidestr. 1a. H.: Liebe zur Natur, Fischerei, Jagd, Wandern, Musik, Sport. (D.M.)

Grobler Werner Hendrik Dr.-Ing. *)

Gröbmeyer Alois

B.: Metzgermeister u. Gastronom, selbständig. FN.: Gasthof Nettendorf. DA.: 85625 Nettendorf Gemeinde Baiern, Lindenstr. 3. G.: München, 14. Mai 1938. V.: Maria Magdalena. Ki.: Hans (1958), Marlene (1959), Monika (1961), Alois (1967) Ursula (1970), Thomas (1976). BV.: Firmengründer Johann Sedlmaier. S.: 1952-55 Lehre als Metzger, 1955-58 Gesellenjahre in Weyarn b. "Alten Wirt". K.: seit 1959 Führung d. Gaststätte, sowie d. Metzgerei, 1988 Übergabe an d. Sohn Hans. P.: AZ (1987). M.: Schützenverein Waldeslust Nettendorf. H.: Sportschiessen.

Gröbmeyer Thomas

B.: Küchenmeister, selbständig. FN.: Gasthof Nettendorf. DA.: 85625 Nettendorf Gemeinde Baiern, Lindenstr. 3. G.: Ebersberg, 21. Juli 1976. El.: Alois u. Maria Magdalena. BV.: Firmengründer Johann Seldmaier. S.: 1991-93 Ausbildung z. Koch im Berghotel Aschbach, 1993 Abschluss Kochausbildung m. Auszeichnung. K.: 1993-94 tätig als Koch, 1994-95 Koch im Offizierscasino b. d. Bayernkaserne in München, 1995-96 Koch im Hilton Park Hotel, 2000 Küchenmeisterprüfung v. d. IHK München u. Oberbayern, seit 1996 Küchenchef im elterl. Betrieb Gaststätte Nettendorf. M.: Schützenverein Waldeslust Nettendorf. H.: Sportschiessen.

Gröbner Wilfried-Cornelius Dipl.-Ing.

B.: Elektroing., Heilpraktiker, selbständig. DA.: 83346 Bergen, Sonnenweg 3. G.: Bad Tölz, 4. Apr. 1954. V.: Christine, Barbara. Ki.: Veronika (1991), Franziska (1993), und Magdalena (1997). El.: Wilfried u. Cornelia. BV.: Großvater Dr. h.c. Cornelius Kutschke unterzeichnete 1919 d. Friedensvertrag f. Ostpreussen u. war Stadtbaurat v. Königsberg. S.: 1975 Abitur in Berchtesgaden, 1975 Bundeswehr, 1976-79 Stud. Elektronik Hochschule d. Bundeswehr München m. Abschluß

Dipl.-Ing. K.: 1981 Aufbau d. Biathlonmannschaft als Trainer u. Wettkämpfer in Landsberg/Lech, 1987 Elektroing. d. Firma Siemens in Unterschleißheim, 1990 Ing. f. Flugsicherungssysteme, 1995-97 Ausbildung an d. Ak. f. pysiolog. Bild., 1997 Ref. d. Daimler-Chrysler-Aerospace f. Entwicklungsprozesse, seit 1999 selbständiger Heilpraktiker in Bergen u. glz. Ref. b. D.C.A., 2001 Eröff. d. Praxis m. Schwerpunkt Homöopathie, Osteopathie u. Psychotherapie unter d. Motto "Der Mensch steht im Mittelpunkt u. nicht d. Methode". H.: Laufen, Radfahren, Skifahren, Tai Chi, Lesen.

Grochmann Peter *)

Grochowski Horst Jochen Dr.-Ing. *)

Grocke Gerd-Rainer *)

Gröckel Ulrike Dr. habil. oec. Prof.

B.: Dipl.-Ökonomin, Wirtschaftswissenschaftlerin, Dir. FN.: Studienakademie Sachsen; Staatliche Berufsakademie Leipzig. DA.: 04207 Leipzig, Schönauer Str. 113a. groeckel@ba-leipzig.de. www.ba-leipzig.de. G.: Halle/Saale, 12. Okt. 1950. S.: 1969 Abitur Lutherstadt Eisleben, 1969-73 Stud. Binnenhandel an d. Handels-HS Leipzig, Abschluss Dipl.-Ökonomin, 1973-76 Forschungsstudium an d. Handels-HS Leipzig, 1976 Prom. K.: 1976-91 wiss. Ass. u. Oberass., Dozententätigkeit Personalwirtschaft/Arbeitswiss., 1986 Habil., 1986-88 Tätigkeit b. d. Wirtschaft (Rationalisierungsbüro), 1991-96 Doz. Studienprogramm Handels-HS Univ. Leipzig, seit 1996 Dir. d. o.g. Einrichtung z. Ausbildung v. Dipl.-Ing. u. Dipl.-Bw. (BA), duales System (Theorie-Praxis-Einheit), Seminargruppenverband. P.: Veröff. z. Förderung d. Gedankens d. Berufsakademie, Erstellung v. Lehrmaterialien, curriculare Arbeit. M.: bundesweite Direktorenkonferenz d. Betriebsakademien, Verein z. Förderung d. Berufstätigkeit d. Frauen ZAROF-Bildung e.V. H.: klass. Musik, Geschichte d. Mittelalters.

Groda Anselm Dr. iur. *)

Grodd Michael

B.: Kfm., Gschf. FN.: Cellway Kommunikationsdienste GmbH. DA.: 85399 Hallbergmoos, Lilienthalstr. 4. michael.grodd@cellway.de. www.cellway.de. G.: Stuttgart, 9. Juli 1956. V.: Dagmar, geb. Hack. Ki.: Theresa (1994). S.: 1977 Abitur Calw, 1977-80 Lehre als Ind.-Kfm. b. SEL Standard Elektrik Lorenz in Pforzheim m. Abschluss. K.: 1980-83 versch. Tätigkeiten im Bereich Vertrieb u. Marketing b. ITT Schaub Lorenz Pforzheim, 1983-87 nach Übernahme v. ITT durch NO-

KIA, Ndlg.-Ltr. in Frankfurt, 1987-91 Gschf. b. NOKIA im Bereich Satellite-business, After Sales Services, 1991-93 Philips Consumer Electronics München, Dir. Region Süd München, 1993-95 Bereichsltr. f. Accessoires, Office systems u. Communications in Hamburg, 1995-98 Philips Consumer Communications in Krefeld, Gschf. f. Zentral-Europa, ab 1998 Gschf. d. Cellway Kommunikationsdienst GmbH einem Unternehmen d. MobilCom AG, seit 2000 Gschf. DPlus Telecommunikations GmbH, 01019 Telekommunikations GmbH, Tochterunternehmen d. MobilCom AG. P.: Veröff. in branchenspez. Fachzeitschriften. M.: Havanna-Lounge Hamburg, Interessengemeinschaft v. passionierten Zigarrenrauchern. H.: Arb., Lesen, Joggen, Familie.

Grodde Klaus-Peter Dipl.-Ing.

B.: Maschinening., alleiniger Gschft. Ges. FN.: Fördertechnik Magdeburg GmbH. DA.: 39288 Burg, Parchauer Chaussee 3. G.: Salzwedel, 26. Nov. 1957. V.: Heike, geb. Lückhardt. Ki.:

---

*) Biographie www.whoiswho-verlag.ch oder beigefügte CD-ROM

Grodde

Christoph (1979), Fabian (1983). El.: Leo u. Marianne, geb. Max. S.: 1974-77 Berufsausbild. m. Abitur u. Abschluß als Maschinen- u. Anlagenmonteur Fachrichtung Maschinenbau im SKL Magdeburg, 1977-79 Wehrdienst, 1980-85 Stud. an d. Fachhochschule f. Maschinenbau u. Elektrotechnik Magdeburg, Fachrichtung Technologie. K.: 1979-82 Lehrmeister im Verkehrskombinat in Magdeburg, Fachbereich Kfz-Instandhaltung, 1985-90 Betriebsltr. f. 5 Betriebsstätten d. Kfz-Instandhaltungsbetriebes in Magdeburg, seit 1990 Gschf. Ges. d. Joint Venture Unternehmens u. nachfolgend Grdg. d. Fördertechnik Magdeburg GmbH m. Sitz in Magdeburg u. hier Gschf. Ges., seit 1991 Firmensitzwechsel nach Burg b. Magdeburg, seit 1992 Übernahme d. Geschäftsanteile. M.: seit 1999 GemR.-Mtgl. in Lostau. H.: Tauchsport, Haus und Garten.

von Groddeck K.H. Moritz

B.: Ruderer. PA.: 79416 Bad Bellingen, Vogesenstr. 2. G.: Tutow/Vorpommern, 19. Juli 1936. K.: 1960 Olympiasieger im Achter, 1956 Olympia-Zweiter im Zweier mit St., 1964 im Achter, 1962 Weltmeister im Achter, 1956 u. 1957 Europameister im Zweier mit St., 1959, 1963 u. 1964 im Achter, 12 x Dt. Meister.

Groebe Andreas *)

von der Groeben Alexander *)

Groefke Friedrich-Wilhelm Heinrich Albert Dipl.-Ing.

B.: Dipl.-Ing. Architekt, Eigentümer, Gschf., Gschf. Ges. FN.: Friedrich-W. Groefke - Planungs GmbH. DA.: 14057 Berlin, Kaiserdamm 98. architekten@f-wgroefke.de. G.: Ebstorf, 9. Feb. 1957. V.: Sandra Mesler. Ki.: Carl (1997), Eric (1999). El.: Kurt u. Margarete. S.: 1976 Abitur Uelzen, 1977-81 Stud. Arch. u. Phil. in Hamburg, Dipl.-Ing., 1981-84 Stud. Phil., Mag. K.: 1984-90 freiberuflich f. Architekturbüro Fritz Raffeiner in Hamburg u. f. Architekturbüro Rolf Hirte in Hamburg, 1990

Grdg. d. Planungs GmbH m. Partnern Hirte u. Schulz in Berlin, 1998 Erwerb d. GmbH, seither alleiniger Inh., Gschf. E.: erfolgreiche Wettbewerbsteilnahme. H.: Arbeit.

Groeger Peter

B.: freiberufl. Schauspieler u. Reg. DA.: 10179 Berlin, Fischerinsel 9. G.: Gröbzig, 1. Juni 1933. Ki.: Josefine (1959). El.: Karl u. Maria, geb. Janda. S.: 1947-51 Schüler in Schulpforta, 1951-53 Staatl. Schauspielschule Berlin, 1959-62 Regieseminar Theater-HS Moskau. K.: 1953-59 Schauspieler Theater d. Freundschaft Berlin, ab 1959 Schauspieler b. Defa-Spielfilm, Defa-Synchron, Fernsehen u. Hörspiel, 1963-65 Schauspieler u. Regieass. Dt. Theater Berlin, 1965-91 Inszenierungen an Theatern in Brandenburg, Berlin, Gera, Annaberg, FS-Theater Halle, Serienrollen in Krimiserien, ca. 300 Hörspiele, Spiel- u. FS-Filme, Kabarettsendungen live f. d. Rundfunk, Entertainment, ca. 400 Synchronrollen, 1968-91 Reg. in d. Hörspielabt. d. DDR-Rundfunks, seit 1978 auch Regie in FS-Prod., seit 1991 freier Reg. b. ARD, ZDF, Österr. Rundfunk, als Schauspieler akt. 1994 Polizeiruf "Taxi z. Bank" u. 1995 in Serie Bolko bei RTL. P.: ca. 400 Hörspiele, Werke d. russ. Avantgarde, Werke d. Weltliteratur, Werke d. 20. Jhdt., Fernsehprod. E.: mehrere Teilnahmen am Prix Italia, Prix Futura u. Hörspielwettbewerb in Deutschland, Ausz. u. Ehrungen.

Groenevald Arnd

B.: Heilpraktiker, Inh. FN.: Zentrum f. Naturheilkunde am Domhof. DA.: 49074 Osnabrück, Domhof 8. heilkunde@osnanet.de. G.: Gifhorn, 23. August 1958. V.: Sabine, geb. Aßmann. Ki.: Janina (1984) und Theresa (1987). El.: Wilhelm u. Karin, geb. Germann. S.: 1977 Fachabitur Goslar, 1978-81 Ausbild. z. Masseur u. med. Bademeister, 1981-84 Heilpraktikerausbild. in Hamburg, 1986-89 Ausbild. z. Krankengymnasten, Ausbild. z. Fachlehrer für Physio-

therapie. K.: ang. Masseur, 1984-91 freiberufl. Heilpraktiker in Frankenberg/Hessen, seit 1991 Lehrtätigkeitf. Cognos AG, Bild.-Werk d. DAG, seit 1995 Schulltr. im BW des DAG an d. Physiotherapieschule in Osnabrück, 2000 Eröff. Zentrum f. Naturheilkunde am Domhof in Osnabrück als Inh. M.: Vors. Elternbeir. u. Vorst.-Mtgl. im Freundeskreis d. Städt. Kunst u. Musikschule Osnabrück. H.: Radfahren, Musik.

Groeneveld Karl-Ontjes E. Dr. phil. nat. Dr. h.c.

B.: Univ. Prof., Physiker. FN.: Inst. f. Kernphysik. DA.: 60486 Frankfurt/M., August Eulerstr. 6. G.: Heidelberg, 26. Feb. 1935. V.: Dagmar. Ki.: Wolfgang, Saskia. El.: Dipl.-Ing. Dr. rer. nol. Hermann u. Elisabeth. S.: 1954 Abitur hum. altspr. Kurfürst Friedrich Gymn. Heidelberg, 1961 Dipl. Phys. Univ. Heidelberg, 1966 Dr. phil. nat. JWG Univ. Frankfurt a. M. DR. h.c. K.: wiss. Ass. Univ. Frankfurt 1966-67, Research Assoc. in USA 1968-1971, 1972 Prof. an Univ. Frankfurt, zahlr. Forschungsaufenth. im Ausland. BL.: Planetoid "Karl-Ontjes" nach seinem Vornamen benannt. P.: 300 Veröff. in wiss. Fachzeitschriften, Buchveröff. "Molekular Ions" (1983), "Electron Ejection i. Ion Collision" (1984), "Particle induced Electron emission" (1992), "The Ramsaner-Townsend-Effect" (1997), Fachgebiete: Kern-, Atom-Physik. M.: Europäische Phys. Ges., Dt. Phys. Ges., Fellow of the American Phys. Society. Acad. Europaea. H.: Musik, Literatur, Kunst, Geschichte.

Groenewold Erich *)

Groenewold Jürgen

B.: Ind.-Kfm., Inh. FN.: FFZ Reisebüro + Foto Groenewold. DA.: 58091 Hagen, Selbecker Str. 2. ffz-reiseagentur@t-online.de. www.ffz-reisen.de. G.: Hagen, 13. Okt. 1947. V.: Monika, geb. Feyer. Ki.: Dirk (1969), Jens (1973). El.: Konrad u. Margret, geb. Schulte. S.: 1964 Fachabitur an d. Höheren Handelsschule in Hagen, 1964-67 Lehre als Ind.-Kfm. in einer Maschinenfbk. in Hagen. K.: 1967-68 Einkäufer, 1968-72 Ind.-Kfm. in d. Finanzbuchhaltung, im Verkauf, später in d. Lohn-

buchhaltung, 1972-76 Außendienstang. b. d. Firma Peter Kölln (Köllnflocken), 1976-99 Bez.-Ltr. im Außendienst b. d. Firma Allibert, 1998-99 Teilnahme d. Touristik Fernschulung am Dt. Touristik-Inst. e.V. Stockdorf b. München, Schulung über Tourist. Grundwissen, Zielgebiete u. Produktwis-

*) Biographie www.whoiswho-verlag.ch oder beigefügte CD-ROM

sen, seit 1999 Grdg. eines Reisebüros mit Fotoshop. M.: Schmalfilmclub Hagen, Interessengemeinschaft Eilpe-Delstern-Selbecke, Fördering d. Fichtever. Hagen. H.: Schmalfilmen 16mm, Fotografieren, Reisen.

Groenewold Kurt *)

Groepler Jürgen Dipl.-Ing. (FH) *)

Groepper Achim Dr. *)

Groesgen Rolf Dr. *)

Groethuysen Herbert Dipl.-Ing. *)

Gröger Rudolf
B.: Vors. d. Geschäftsführung, Gschf. Vertrieb u. Marketing. FN.: Viag Interkom GmbH & Co. DA.:80992 München, Georg-Brauchle-Ring 25. G.: München, 16. Okt. 1954. K.: 1978 Siemens AG, 1983 Nixdorf Computer AG, 1990 Siemens-Nixdorf AG (SNI AG), zuletzt Mtgl. d. Geschäftsleitung Deutschland, Sprecher Geschäftsleitung Deutschland d. Siemens AG, 1999 Dt. Telekom AG Bonn, 2000 Projektleiter f. d. Aufbau d. Systemgeschäftes d. Dt. Telekom AG, Projektleiter f. d. Erwerb d. debis Systemhauses u. d. Integration in Dt. Telekom AG, 2000 Gschf. T. Systeme GmbH, Gschf. Vertrieb, Internationales u. Business Lines in d. debis Systemhaus GmbH, seit 2001 Vors. d. Geschäftsführung v. Viag Interkom (CEO). (Re)

Gröger Torsten *)

Groh Andreas C. Dipl.-Kfm. *)

Groh Bernd
B.: Gschf. FN.: Chauffeur Service Groh GmbH. DA.: 80331 München, Oberanger 35. G.: Griesbach, 11. Nov. 1966. Ki.: Tanja (1996). El.: Bernd u. Christel. S.: 1988 Abitur, Stud. Betriebswirtschaft LMU München, 1995 Dipl.-Prüf. m. Prädikatsabschluß, Zusatzausbild. als Unternehmer d. Straßenpersonenverkehrs IHK München. K.: seit 1994 Taxiunternehmer in München, 1995 Gschf. d. Chauffeuer Service Grog GmbH, seit 1998 Gschf. d. Lomousinen Service Groh GmbH. M.: Mittelständ. Unternehmer. H.: Enduro-Motorrad, Skifahren, Surfen.

Groh Gerald *)

Groh Helga *)

Groh Helmut Dr. rer. nat. Prof.
B.: Consultant, Prof. FN.: HTW d. Saarlandes. DA.: 66117 Saarbrücken, Goebenstr. 40. PA.: 66386 St. Ingbert, Römerstr. 9. G.: St. Ingbert, 23. März 1931. V.: Marianne, geb. Potdevin. Ki.: Elisabeth, Ursula, Birgit. El.: Josef u. Elisabeth. S.: 1951-57 Stud. d. Math. u. Physik an d. Univ. d. Saarlandes, 1957 Prom. K.: bis 1962 Ass. Univ. zu Köln, b. 1972 Ltr. d. Aufbaustud. Informationstechnik an Staatl. Ing.Schule Saarbrücken, 1973-77 Rektor d. FH d. Saarlandes, 1975-77 Berater d. Europ. Behörde Brüssel f. intern. HS-Partnerschaften, Mitbegründer d. Dt.-Franz. HS-Inst. Saarbrücken Metz 1977. P.: Netzplantechnik (1971), Digitaltechnik (1975), Entscheidung unter Risiko-Simulation eines Produktionssystems (1997). E.: Präs. d. HS-Lehrerbd. Bonn 1979-87, Mitbegründer d. Dt. Ges. d. Inst. f. Umweltinformatik an d. FH d. Saarlandes 1988-93, 1987 BVK 1.Kl., 1992 Chevalier dans l'ordre des Palmes Ac., 1996Chevalier dans l´ordre du mérite national, 1992-96 Rektor d. Hochsch. f. Technik u. Wirtsch. d. Saarlandes, 1993 Mtgl. d. Conseil de Perfectionnement d. techn. IUP d. Univ. Metz, 1995 Dr. h.c. d. Techn. Univ. Tiblissi, 1995

Mtgl. d. Comité d'Orientation de la Formation et de la Recherche (CORF) des Centre Intern. de l'Eau, Nancy, 2001 Mtgl. d. Beirats f. Forschung, Entwicklung u. Technologietransfers d. Hochschule f. Technik u. Wirtschaft, 1997 Saarländischer Verdienstorden. M.: GI, VDI. H.: Wandern, mit Enkeln spielen.

Groh Klaus S. Dr. phil. Dr. lit. h.c. *)

Groh Sybille *)

Groh Werner Ing. *)

Grohe Rainer
B.: ehem. Mtgl. d. Vorst. d. VIAG AG. G.: Berlin, 19. Aug. 1940. S.: b. 1966 Stud. Elektrotechnik Rhein.-Westfäl. TH Aachen, Abschluß Dipl.-Ing. K.: 1964-69 Rheinstahl Hüttenwerk AG Hattingen, 1969-74 Ltr. d. Bereiches Wärmebehandlungsanlagen Brown Boveri & Cie AG (BBC), 1974-76 Ltr. d. Geschäftsbereiches Stahlwerkprod. Foseco Minsep Ltd. Birmingham/England, Borken/Deutschland, 1977-91 Mtgl. d. Vorst. BBC/Asea Brown Boveri AG Mannheim, 1991-2000 Mtgl. d. Vorst. d. VIAG AG München. M.: div. AufsR.-Mandate.

Gröhe Hermann

B.: Rechtsanwalt, MdB. FN.: CDU, Kanzlei Dr. Hüsch & Partner. GT.: Sprecher d. CDU/CSU-Bundestagsfraktion f. Menschenrechte u. Humanitäre Hilfe. DA.: 11011 Berlin, Platz d. Republik 1, Wahlkreisbüro: 41460 Neuss, Münsterplatz 13 a. hermann.groehe@bundestag.de. G.: Uedem, 25. Feb. 1961. V.: Heidi Oldenkott-Gröhe. Ki.: Bernhard (1993), Cornelius (1995), Matthias (1997), Johanna (1999). EL.: Gottfried, Gudrun geb. Hagemeister. S.: 1973-80 Quirinus-Gymn. Neuss, Abitur, SV-Mtgl. U. ev. Jugend Christuskirchengem. Neuss, Schülerunion, Junge Union, 1977 Eintritt CDU, 1977-80 Landesvors. Schülerunion Rheinland, 1980-87 Stud. Rechtswiss. Uni Köln, 1987 1. Staatsexamen. K.: 1987-93 wiss. Mitarbeiter b. Prof. Martin Kriele, 1993-97 Referendiat Landgericht Köln, 1997 2. Staatsexamen, seit 1997 RA, 1984-89 u. 1993-94 Mtgl. im Kreistag Neuss, 1989-94 Bundesvors. Junge Union, seit 1994 MdB, 1991-93 Mitarbeit CDU-Grundsatzprogramm, 1994-98 Ausschuß f. Angelegenheiten d. EU, Auswärtiger Ausschuß, 1994-98 Sprecher d. "Jungen Gruppe d. CDU/CSU-Bundestagsfraktion", seit 1999 Mtgl. Dt.-Israel. Parlamentariergruppe, seit 1994 Berichterstatter d. CDU/CSU-Bundestagsfraktion f. den Nahost-Friedensprozeß, Ltr. D. Wahlbeobachtungsdeleg. D. Bundestags b. d. 1. Wahl in den Palästinensergebieten, seit 1998 Direktwahl, seit 1994 Mtgl. Konrad-Adenauer-Stiftung, seit 1997 Mgl. Synode u. Rat d. EKD. BL.: jüngstes Mtgl. im Rat d. EKD. P.: Beitrag in "Thesen d. jungen Außenpolitiker d. CDU/CSU-Bundestagsfraktion" 1996, Beitrag in "Staatsphilosophie und Rechtspolitik - Festschrift für Prof. M. Kriele" 1997, Beitrag in "Verfolgte Christen heute" 1999. M.: seit 1985 b. Neusser Schützenzelt, Schützenlustzug "Frischlinge", Ehrensen. Brauchtums- u. Karnevalsgruppe d. Heimatfreunde Neuss, Sen. Blaue Funken Neuss, Stiftung Leben, BUND, dt. Vorst.-Mtgl. d. Freunde u. Förderer d. Ben-Gurion-Univ. in Negev. H.: Familienfreizeit, hist. Literatur, Biographien, Krimis, Musik. (Re)

*) Biographie www.whoiswho-verlag.ch oder beigefügte CD-ROM

Gröhler Harald Ottokar Hermann

B.: Freier Schriftsteller. PA.: 10437 Berlin, Göhrener Str. 12 u. 50939 Köln, Hardtstr. 33. Gizel@web.de. www. teiresias. de. G.: Bad Warmbrunn, 13. Okt. El.: Dr. Kurt u. Walburg. BV.: Großvater Prof. Dr. Hermann Gröhler, Philologe, Romanist, wiss. Veröff. S.: 1959 Abitur, Stud. Psych. Univ. Göttingen, Kiel u. Köln. K.: 1969-74 Literaturkritiker, seither freier Schriftsteller, seit 1971 Planung u. Durchführung von 980 öff. Literaturveranstaltungen in mehreren Städten, Grdg. d. (Künstler-) Gruppe "Intermedia" 1972, 2x Gastprof. an 2 US-Staatsuniv. 1976. P.: zahlr. Veröff. u.a. Das verdoppelte Diesseits, Gedichte (1991), Tetzner, Novelle (1992), Das Mineral der Romantiker, Gedichte (1997), Ausfahrten mit der Chaise, Novelle auf Goethe (1999), drive, 2 Stücke fürs Theater (2001), Wer war Klaus Störbeker? Eine Spurensuche (2002), Texte sind veröff. in 8 Sprachen (übersetzt). E.: Preis im literar. Wettbewerb d. Niedersächs. Min. f. BAngelegenheiten 1986, versch. Literaturförderpreise bzw. -stipendien, BVMed. 1991, 1. Preis (Sparte Drama) bei d. NRW-Autorentreffen 1997, Stadtschreiber Minden (Wohnstipendium) in 2001. M.: Verb. Dt. Schriftsteller, Allg. Ges. f. Phil. in Deutschland, Europ. Autorenvereinig. Die Kogge, gewählt in die Betroffenenvertretung Helmholtzplatz, Prenzl. Bg. H.: Schach, Dauerlauf, Konversation.

Gröhler Klaus-Dieter

B.: stellv. Bez.-Bürgermeister. FN.: Bez.-Amt Charlottenburg-Wilmersdorf v. Berlin. DA.: 10707 Berlin, Fehrbelliner Platz 4. PA.: 13503 Berlin, Lobbersteig 1A. G.: Berlin-Wilmersdorf, 17. Apr. 1966. V.: Christiane, geb. Streck. Ki.: 1 Kind. S.: 1982 CDU-Eintritt, 1984 Abitur Charlottenburg, 1985-92 Stud. Rechtswiss. an d. FU Berlin, Schwerpunkt Verw.-Recht, daneben aktiv in Kommunalplitik, seit 1985 Bürgerdeputierter im Wirtschaftsaussch., 1992 1. Staatsexamen, 1992-93 1 J. Senatsverkehrsverw., 1993-95 Referendariat, Wahlstation in Senatskzl., 1995 2. Staatsexamen. K.: ab 1991 Bez.-Verordneter, 1992 Vors. Bauaussch., ab 1994 Fraktionsvors. Charlottenburg, 1995-2000 Senatsverw. f. Bauen, Wohnen u. Verkehr/Stadtentwicklung, ab 1995 Pressesprecher, ab 1996 Leitungsreferent, seit 1999 Vors. Ortsverb. Schloß, 2001 Bez.-StadtR. f. Wirtschaft, Personal u. Verkehr, seit 2002 f. Bauwesen, daneben seit 1999 nebenamtl. Prüfer b. Justizprüf.-Amt. P.: Art. in Tagesspiegel u. Morgenpost. M.: Hertha BSC. H.: Garten, Gartengestaltung.

Grohmann Andreas

B.: Dirigent u. Musiker (freiberuflich). DA.: 01796 Pirna, Bergstr. 2. PA.: 01829 Stadt Wehlen, Pirnaerstr. 77b. G.: Löbau, 4. März 1956. S.: 1962-70 Polytechn. Oberschule, 1970-74 erweiterte Oberschule, 1966-74 Musikschule Fach Violine, 1974-78 Stud. HS f. Musik "Carl-Maria v. Weber" Dresden, Abitur, HS-Abschluß als Musiker, Abschluß Postgraduated Stud. Orchesterdirigieren. K.: 1978-82 2. Konzertmstr. d. 1. Violinen im Musiktheater d. Stadt Görlitz, 1982-89 stellv. 1. Konzertmstr. am Musiktheater Görlitz, 1989-90 1. Kapellmstr. am Staatl. Orchester Pirna, 1990-91 amtierender Chefdirigent, 1992-2000 Chefdirigent d. Sinfonieorchesters Pirna, 1998 Musikdir., Gastspiele m. Orchester in Baden-Württemberg, Bayern, Niedersachsen, Rheinland-Pfalz, Dirigentenaustausch Deutschland, Polen, Schweiz, Italien, Belgien, Frankreich u. Polen. M.: Sächs. Mozart-Ges. e.V.

Grohmann Bernd

B.: Finanz- u. Vers.-Makler, Inh. FN.: FSG Finanz Service Grohmann. DA.: 65549 Limburg, Dietzer Str. 41 A. bgrohmann@t-online.de. G.: Köln, 20. Aug. 1958. Ki.: Tim (1998). El.: Georg u. Waltraud, geb. Thust. BV.: Großvater W. Thust - Natursteinwerke; Dr. HC. E. Grohmann - Aluminiumgieße-

rei in d. USA. S.: 1979 Abitur, b. 1982 Bundeswehr - Offz. d. Res., b. 198 Lehre Bausparkassenkfm., Weiterbild. Vers.-Kfm. K.: 1988-89 Mitaufbau d. bundesweiten Vertriebs f. Finanzdienstleistungen, 1990-98 Bez.-Dir. d. BBV Gießen u. verantwortl. für d. Aufbau d. Vertriebsmannschaft, seit 1992 selbst. Finanz- u. Vers.-Makler u. Grdg. d. FSG Finanz Service, zusätzl. externe Vertriebsbetreuung u. Schulungen f. Fremdunternehmen. M.: Maklerverb. Concepta, BCA. H.: Golf.

Grohmann Csaba Dr. med. *)

Grohmann Hans-Jürgen *)

Grohmann Heinz-Jörg Dipl.-Ing. *)

Grohmann Hellmut *)

Grohmann Liane *)

Grohmann Uwe *)

Grohn Hans-Jürgen

B.: Kaufmann, Mitinhaber, Gschf. FN.: Wolfgang Wustrack OHG - Generalvertretung Frankfurter/Allianz-Versicherungen. DA.: 10715 Berlin, Berliner Str. 17. wolfgang. wustrackohg@ allianz. de. G.: Berlin, 3. Nov. 1952. V.: Maria, geb. Blum. El.: Günter u. Vera, geb. Stief. S.: 1969-72 Lehre z. Groß- u. Außenhandelskaufmann bei d. Firma Fritz Fuhrmann in Berlin. K.: seit 1974 Mitarbeiter bei d. Frankfurter Vers. - Vertretung "Wolfgang Wustrack", ang. im Außendienst, div. interne

Ausbildungen, 1990 Eignungsprüfung z. Ausbilder, seit 2000 Grdg. d. OHG, 50%iger Mitinh. d. Ges. E.: Ehrung f. 25-Jahre Partnerschaft durch d. IHK. H.: Golf, Reisen.

Grohn Hans Werner Dr. Phil. *)

Grohn-Delille Thomas

B.: Dipl.-Soz., Kfm., Gschf. Ges. DA.: 10178 Berlin, Monbijoupl. 4. G.: Braunschweig, 1. Okt. 1956. V.: Angela, geb. Delille. Ki.: Robert (1987), Marie Johanne (1990), Friederike Louise (1992), Hannah Sophie (1995). El.: Ewald u. Liselotte, geb. Wöhler. S.: 1976 Abitur, 1977-83 Stud. Soz. u. Stadtplanung an d. FU Berlin, Dipl.-Soz. K.: während d. Stud. bereits eine OHG f. Hausreinigung gegründet, seit 1989 Bereiche Altbau-Sanierung u. Projektentwicklung, 1995 Grdg. d. EMATE GmbH Projektentwicklung, seit 1997 enge Partnerschaft z. Arch.-Büro Guigonis, Haase & Partner, z. Unternehmensgruppe zählt außerdem d. Alpin Schneebeseitigungs GmbH Garten- u. Landschaftsbau Berlin-Neukölln. H.: Familie, Haus u. Garten, Musik, Autos, Literatur.

Grohnert Gernot Dipl.-Ing Dipl.-Wirtschaftsing. *)

*) Biographie www.whoiswho-verlag.ch oder beigefügte CD-ROM

Grohnert Manfred Dr. päd.
B.: Dir. FN.: REFA/AIDA. DA.: 06114 Halle, Lafontainstr. 35. G.: Königsberg, 21. Juni 1943. V.: Beate. Ki.: Marianne, Wolfram. S.: b. 1960 Ausbild. Eisen- u. Hüttenwerk Thale m. Abitur, 1963 Stud. Körpererziehung DHFK, Stud. Biologie Univ. Leipzig, 1968 Staatsexamen f. Berufschullehrer Thale, 1970 Dipl.-Sportlehrer f. Leistungssport u. Abschluß Stud. Soz. Univ. Leipzig, 1975 Prom. K.: 1971 wiss. Mitarb. in d. Dion. f. Kader u. Bild. in Eisen- u. Hüttenwerk Thale, 1978 tätig am ISW-Weiterbild.-Inst. d. TH Merseburg, 1990 Aufbau d. 1. REFA-Inst. im Osten Deutschlands, 1995 Eingliederung in d. Landesverb. SA. M.: Produktmanager REFA, Bundesverb. f. Pflegemanagement. H.: klass. Musik, Natur, Biografien, Akkordeon.

Grohs Hanspeter Dipl.-Ing. *)

Groisman-Benderskaja Polina *)

Groißmeier Michael Dipl.-Vw.-Wirt (FH) Dipl.-Vw. (VWA)
B.: Verw.OAmtsR. a.D., Schriftsteller. DA.: 85221 Dachau, Weiherweg 16. PA.: 85221 Dachau, Buchkastr. 8. G.: München, 21. Febr. 1935. V.: Margit, geb. Winkler. Ki.: Andrea. El.: Michael u. Magdalena. S.: 1954 Abitur, Bayer. Verw. Schule, Verw. u. Wirtsch.ak., München. K.: 1958 Stadtinsp. b. d. Gr. Kreisstadt Dachau, ab 1973 Ltr. d. Soz.Verw. d. Landeskreises Dachau, 1980 Verw.OAmtsR. P.: 38 Veröff.; "Der Zögling" (Roman, 1991), "Zwiegespräch mit einer Aster" (Haiku 1994), Gedichte 1963-1993, mit einem Nachwort von Heinz Piontek 1995, "Vor der Windstille" (Gedichte 1998), "Die Heiligsprechung der Hühner" (Prosa, 1999), "In der Lichtströmung" (Haiku, 1999), "Getröstet von der Erde" (Gedichte 2000), "Mein irdisches Eden" (Gedichte 2001), "Charons Blick" (Gedichte 2002). E.: Bürgermed. d. Gr. Kreisstadt Dachau 1984, Ehrengabe d. Stiftung z. Förd. d. Schriftums 1986, Ehrengast d. Villa Massimo Rom, 1988/89, BVK 1998. H.: Musik, Hausmusik/Violine, Literatur.

Groitl Kreszentia *)

Groll Christel *)

Groll Hermann *)

Groll Horst Peter Dr.-Ing. Prof. *)

Groll Leo *)

Gröll Christa

B.: Vors. d. BeiR. FN.: Gröll WFB Handels-GmbH. DA.: 10178 Berlin, Alexanderpl. 6. knut.hoeller-nbld@snafu.de. G.: Oranienburg, 27. Aug. 1939. V.: Wilfried Gröll. Ki.: Silke, Hendrik. S.: 1957 Abitur, 1957-60 Berufsausbild. z. Außenhandelskauffrau., 1968-71 Stud. d. Außenwirtschaft an d. Fachschule f. Außenhdl., Berlin m. Abschluß. K.: 1972 wiss. Mitarb. im Außenhdls.-Unternehmen d. DDR, versch. ltd. Funktionen im Bereich elektron. Bauelemente, zuletzt Abt.-Dir. f. Ex- u. Import m. d. Sowjetunion, 1990 Grdg. d. eigenen Unternehmens. BL.: 1991 Gründung d. ersten Stützpunktes d. Verbandes Deutscher Unternehmerinnen in Ostdeutschland in Berlin, GT.: Export, Import, Kooperatione u. Consult speziell mit den Ländern d. ehemaligen Sowjetunion. F.: Gröll WFB Handels-GmbH. P.: eine Reihe Beiträge z. Außenhdl. m. d. Ländern d. ehem. Sowjetunion sowie z. Befindlichkeit v. Frauen u. Unternehmerinnen in den neuen Bundesländern. M.: Verb. Deutscher Unternehmerinnen, Wirtschaftspolit. Club Berlin/ Bonn e.V. H.: Konzerte, Literatur, Natur, Sprachen: Russisch, Französisch.

Groll-Nagel Petra *)

Grolle Joist Dr. phil. Prof. *)

Gröller Ralph *)

Grollmann Beda

B.: RA. FN.: Kzl. Beda Grollmann. DA.: 77871 Renchen, Goethestr. 11. G.: Herne, 4. Feb. 1948. V.: Ulrike, geb. Besch. Ki.: Alexander (1984). El.: Friedrich-Johannes u. Margret, geb. Schäffer. S.: 1967 Abitur Forsthaus Echzell, Stud. Rechtswiss. Bonn, 1975 1. Staatsexamen Bonn, 1978 2. Staatsexamen Düsseldorf. K.: 1978 RA-Zulassung Bonn, Eintritt in d. Sozietät Best u. Partner in Bonn, seit 1987 Kanzlei in Renchen. H.: Segeln, Tennis, Fotografieren.

Grollmann Rüdiger *)

Grollmisch Wolfgang Dipl.-Päd. Ing. OStR. *)

Gromek Jürgen

B.: Bev. FN.: Bundesvorst. d. DAG am Sitz d. Bundesreg. DA.: 53113 Bonn, Adenauerallee 118. G.: Danzig, 16. Mai 1939. V.: Bärbel, geb. Berendt. Ki.: Gereon (1973) und Iwona (1975). El.: Felix und Irmgard, geb. Nierzalewski. S.: 1955-59 Lehre Einzelhdls.-Kfm., 1960-61 6 Monate Internatslehrgang b. Heimvolkshochschule Rendsburg. K.: 1961-63 Volontär b. DAG bundesweit u.a. in Frankfurt, Wetzlar, Gießen, Hamburg, 1963 Bez.-Ltr. DAG Waldshut, 1964-70 Landesverband Niedersachsen-Bremen, Hannover, 1970-86 Landesberufsgruppenltr. NRW als Abt.-Ltr., seit 1986 Bev. d. Bundesvors. d. DAG am Sitz d. Bundesreg., ehrenamtl. Tätigkeiten: Wirtschaftsausschuß b. Bundesernährungsmin., Nationalkomitee f. Denkmalschutz, BfAI (Bundesstelle f. Außenhandelsinformation) Köln. BL.: seit 1965 Förd. d. Verständigung m. Polen. P.: Fernsehinterviews. M.: Danziger Bankenbrüder d. Artushofes (gegründet 1499) Heilige Drei König Bank, SPD, seit 1955 DAG, DMC Dreißiger Multiplikatoren Club in Bonn. H.: Danziger Geschichte, Danziger Lektüre, Danziger Möbel, Danziger Silber, Reisen nach USA, Italien, Frankreich.

Gromke Gabriele
B.: Hörgeräteakustik-Meisterin, Inh. FN.: Hörgerätezentrum. DA.: 04317 Leipzig, Dresdner Str. 84. G.: Leipzig, 16. Juli 1950. V.: Günther Gromke. Ki.: Beate (1972). BV.: Vater -

*) Biographie www.whoiswho-verlag.ch oder beigefügte CD-ROM

Nationalhandballspieler d. DDR. S.: 1969 Abitur u. Abschluß Maschinenbauer, 1969-71 Stud. Audiologie u. Phoniatrieass. K.: 1971 tätig an d. Karl-Marx-Univ.-Klinik im Bereich Hauptstrecke Hörgeräte, 1984 Abt.-Ltr. d. HGZ d. Poliklinik Ost, seit 1991 selbst. m. eigenem Labor u. Werkstatt. P.: zahlr. Ratgeberart. zum Thema Hörgeräte. E.: Internetres digisax 99", 2. Preis in Umsetzung d. Firmenphil. "digisax 99", Publikumspreis 2. Stufe, Jugendausbild.-Preis Leipzig, Herbibert-Späth-Preis d. ZDA. M.: Bundesinnung d. Hörgeräteakustiker u. seit 1998 stellv. Bundesinnungsobermeister, Meisterprüf.-Aussch. Halle. H.: Bergwandern, Musik, Familie.

Grommek Siegfried

B.: selbst. Unternehmensberater. DA.: 04105 Leipzig, Hinrichsenstrße 25. El.: Alfred u. Klara, geb. Sendzick. S.: 1953-56 Lehre als Werkzeugmacher. K.: 1956-57 tätig als Werkzeugmacher, 1957-60 Stud. z. Dipl.-Ing. f. Maschinenbau, 1960-63 tätig im Bereich Konstruktion u. Entwicklung, 1963 Austausch-Stud. USA, 1964-74 tätig in d. Konzernzentrale Springer u. Burda, seit 1974 selbst. im Bereich Management u. Consulting m. Schwerpunkt Organ., Planung, Strateg. Controlling, Markt- u. Wettbewerbsrecherchen in IT- u. Hightech-Branchen, Start- u. Wachstums-Finanzierungen m. Fördermittel u. Venture Capital, 1976-77 Stud. Management. P.: Vorträge. M.: Business Angel Network Deutschland, DT. Börse, KfW, Rating-Analyst d. URA Ratingagentur AG in München, tgb.-Koop.-Partner f. Frühphasenmodell. H.: Sport, Musik.

Grommelt Hans-Joachim Dr. Dipl.-Biologe

B.: Ltr. FN.: Amt f. Umwelt u. Natur. DA.: 35392 Gießen, Aulweg 45. G.: Uslar, 6. Mai 1948. V.: Perseveranda. S.: 1966 Abitur Höxter, 1967-72 Stud. Biologie Freiburg, 1972-74 Limnolog. Inst. Univ. Freiburg. K.: 1974-82 wiss. Mitarb. am Inst. f. Bodenkunde d. Univ. Göttingen u. GHS Kassel, 1982-83 Lehrbeauftragter im Fachbereich Stadtplanung d. GHS Kassel, 1983 Prom., 1983-84 Sachbearb. f. Umweltschutz im Ref. f. Stadtentwicklung d. Stadt Cuxhaven, 1984-87 Ltr. d. Abt. Landschaft u. stellv.Ltr. d. Umweltamtes d. Stadt Krefeld, seit 1987 Ltr. d. Amtes f. Umwelt u. Natur d. Stadt Gießen. P.: Mithrsg. d. Buches "Wasser", Informationsschrift "Hormonaktive Substanzen im Wasser". M.: Arge Umweltschutz in Hess. Städtetag, Dt. Ges. f. Limnologie, Intern. Ges. f. theoret. u. angew. Limnologie, Ges. f. Ökologie, SETAC, Bund f. Umwelt- u. Naturschutz Deutschland, Floristisch-soziologische Arbeitsgemeinschaft. H.: Fernreisen, Fotografieren.

Grömminger Arnold Dr. phil. Prof.

B.: Prof. PA.: 79211 Denzlingen, Schwabenstr. 43. G.: Hoppetenzell, 29. Mai 1938. V.: Ursula, geb. Lindemann. Ki.: Alex, Inga. S.: Abitur, Stud. f. d. Lehramt an GH, Lehrtätigkeit an GH, Stud. EW, Germanistik an Univ. Freiburg, Paris u. Heidelberg. K.: ab 1968 wiss. Ass. PH Karlsruhe, ab 1972 Doz. an PH Freiburg. P.: Die deutschen Fibeln der Gegenwart (1970), Wie lernt mein Kind besser Rechtschreiben (1976), Bilderbücher i. Kindergarten un Grundschule (1977), Märchen-Erziehungshilfe oder Gefahr? (1977), Handpuppenspiel im Kindergarten und Grundschule (1978), Miteinander lesen. Lesewerk für die Grundschule, 3 Bd. (1980), Kinder wollen lesen (1984), Das Puppenspiel (1989), Spieltexte 2.-4. Schj. (1981), Spieltexte 5.-7. Schj. (1983), Ich will lesen, Fabelwerk (1986), Zirkus Zampoli (3 Bde.), Rechtschreibübungen f. 2.-4. Schj. (1992-94), Fächerverbindende Themen im 1. u. 2. Schj. (1995), Fächerverbindende Themen im 3. u. 4. Schj. (1997), Geschichte der Fibel (2002).

Gromoll Udo *)

Gromotke Reinhold *)

Gromus Beatrix Dr. rer. nat. *)

Gron Gerhard *)

Gronarz Dieter Dr. med. *)

Gronau Ralf-Georg *)

Gronau Willi Friedrich

B.: Architekt, Dipl. Ing. (FH), freischaffend. DA.: 06849 Dessau-Haideburg, Holunderweg 62. G.: Schönebeck/Elbe, 10. März 1932. V.: Monika. Ki.: Patricia (1959), Ferrenz (1961), Sybille (1967). El.: Friedrich u. Herta. S.: 1946 Maurerlehre m. Facharbeiterabschluß, Umschulung Feuerungs- u. Industrieschornsteinmaurer, 1953-56 Stud. Architektur, Fachschule f. Bauwesen Magdeburg. K.: 1956-60 VEB Bau Dessau Bauleiter, 1960-70 VEB Halle-Projekt, Architekt Wohn- u. Gesellschaftsbau, 1970-74 BMK Chemie Halle Architekt Industriebau, zuletzt Ltr. d. Außenstelle Dessau, 1974-87 VEB Industrieprojektierung Dessau, NSW-Projektierung u. Ltr. Abt. Rationalisierung, 1988-90 VEB Kreisbaubetrieb Dessau, Inlandprojektierung Wohn- u. Gesellschaftsbau, 1990-92 Weiterbildung an d. Univ. Hannover u. Mitarbeit im Architekturbüro, 1993 Eröff. d. Architekturbüros in Dessau. E.: Aktivist d. Sozialistischen Arbeit: (1964, 69, 87 u. 89), Schinkelmedaille in Bronze d. BDA (1989).

Gronbach Friedrich Dipl.-Ing. *)

Grond Angela-Christiane *)

Grond Erich Dr. med. Prof. *)

von Grone Dirk

B.: Oberst a.D. GT.: seit 2001 Personalberater. DA.: 28359 Bremen, Universitätsallee 5. PA.: 26188 Edewecht, Stettiner Weg 18. dirk@vongrone.de. G.: Stettin, 4. Okt. 1941. V.: Helma, geb. Wolf. Ki.: 1 Sohn, 1 Tochter. BV.: Fam. wurde 912 erstmals im Sachsenspiegel erwähnt. S.: Mittlere Reife. K.: 1961-2001 Berufssoldat, Ausbild. z. Radio- u. Fernsehtechniker, 5 J. Dienst b. d. Infanterie, 1965 Wechsel z. Artillerie, 1970 Batteriechef, Hptm., 1982 Bataillonskommandeur u. Oberstlt. Hamburg, 1986 Dozent an d. Führungsak. Hamburg,1989 Dezernatsltr. im Heeresamt Köln, 1992 Kommandeur d. Offz.-Schule d. Heeres/Lehrgr. C München u. Aufstieg

---

*) Biographie www.whoiswho-verlag.ch oder beigefügte CD-ROM

z. Oberst, 1994 VB-Kommandeur in Bremen, 2001 im Ruhestand. BL.: als EDV-Experte päd. u. oganisatorischen Anteil d. mod. Ausbild.-Mittel d. dt. Heeres konzipiert (Simulatoren u. CBT). E.: 1986 BVK am Bande, 1989 Ehrenritterkreuz d. Johanniterordens. M.: Johanniterorden, Lions Club Bremen Hanse, Clausewitz-Ges. H.: Deutsche Geschichte und Segeln.

Gröne Bernd *)

Groneberg Hans-Ulrich *)

Groneck Manfred Peter *)

Gronegger Eduard *)

Grönegräs Hansjoachim Prof. *)

Gronek Fridhelm *)

Gronem Michael Dipl.-Ing. *)

Gronemann Margret

B.: Fachwirtin d. Grundstücks- u. Wohnungswirtschaft, Inh., Gschf. FN.: Laris, Karmag Unternehmensberatung. DA.: 10785 Berlin Einemstr. 16. PA.: 13595 Berlni, Gatower Str. 84a. margret.gronemann@t-online.de. G.: Wilhelmshaven, 12. Aug. 1949. V.: Alfons Gronemann. Ki.: Andreas (1969). El.: Hermann u. Johanne Voltjes. S.: 1966-67 Höhere Handelsschule m. Abschluss, Kfm. Lehre b. d. Firma Schiffsausrüstung Wilhelmshaven, Abschluss als Fachwirtin d. Grundstücks- u. Wohnungswirtschaft. K.: seit 1990 Gschf. d. LA-RIS Ges. f. d. Vermittlung u. Verw. v. Grundbesitz mbH, 1996 Grdg. d. Kamag Verw.-Ges., 1997 Gschf. versch. KG, 2001 Ausbild. z. Europ. Dipl.-Immobilienwirt, parallel Doz. f. Kaufleute d. Grundstücks- u. Wohnungswirtschaft; ausgebildete Amateurfunkerin - Lizenz. BL.: M.: Freunde d. Berliner Philharmonie. H.: Tai Chi Chuan, Skifahren, Bergwandern, Sylt.

Gronemeier Klaus

B.: Gschf. Ges. FN.: SKD Reproduktionen GmbH. DA.: 33609 Bielefeld, Schelpmilser Weg 14 a. PA.: 32052 Herford, Biemserweg 68A. G.: Bad Salzuflen, 16. März 1943. V.: Monika. Ki.: Manuel (1975). S.: 1957-58 Handelsschule, 1958-61 Lehre Schriftsetzer Bad Salzuflen. K.: 1961-68 Schriftsetzer d. Druckerei Dröge in Bad Salzuflen, 1968-72 kfm. tätig in d. Druckerei Dröge, 1972-85 im Außendienst d. Firma Giesow KG, 1985 Grdg. d. Firma SKD Reproduktionen GmbH. H.: Bonsai züchten.

Gronemeier Peter

B.: vereid. Buchprüfer, Steuerberater, Unternehmensberater, Inh. FN.: Gronemeier KG. DA.: 21614 Buxtehude, Kottmeierstr. 1. gronemeier@t-online.de. G.: Buxtehude, 20. Sep.1948. V.: Ursula, geb. Kohnen. Ki.: Ole, Thore, Arne. S.: 1968-72 BWL-Stud. in Hamburg. K.: 1972-76 2 J. Coopers + Lybrand in Hamburg, 2 J. Finanzverw. in Hamburg, 1976 Steuerberater, 1976-79 BDO Wirtschaftsprüf.-Ges. in Hamburg, ab 1989 vereid. Buchprüfer. F.: Günter Verlag KG. P.: "Sprung in d. Selbständigkeit", "Existenzgründung" (2001). M.: Ltr. d. Wirtschaftsförderer. e.V., Mitbegründer d. Dt. Existenzgründer Ver. e.V., Dt. Steuerzähler Partei, Wirtschaftsjunioren IHK Stade. H.: Erfinden neuer Knoten, Segeln.

Gronemeier Sandra *)

Grönemeyer Heinz-Georg *)

Grönemeyer Herbert

B.: Rock- u. Pop-Sänger, Schauspieler, Musiker, Komponist, Liedermacher. FN.: c/o Artist Relations, Claudia Kalloff. DA.: 10719 Berlin, Meinekestr. 5. G.: Göttingen, 12. Apr. 1956. V.: Anna Henkel (verst. 1998). Ki.: Felix u. Marie. S.: 1975 Abitur, Stud. Rechts- u. Musikwiss. K.: ab 1966 Klavierunterr., 1968 erste eigene Band, als Gymnasiast Kompositionen für Schauspielhaus Bochum, 1975 hier musikal. Ltr. (Peter Zadek), schrieb Bühnenmusiken f. Shakespeare "Wintermärchen" u. "Wie es euch gefällt", Behans "Die Geisel" u. Strauß "Groß u. klein", 1975/76 Bühnenrollen u.a. in Zadek-Inszenierungen: Gitarrist/Sänger in Behans "Die Geisel", Melchior in Wedekinds "Frühlings Erwachen", 1978 Florizel in Shakespeares "Wintermärchen", 1975-81 auch am Schauspielhaus Hamburg, Freie Volksbühne Berlin, Staatstheater Stuttgart u. Schauspielhaus Köln, Rollen u.a. Lorenzo in Shakespeare "Der Kaufmann von Venedig", Prinz Orlowski in Strauß-Operette "Die Fledermaus", ab 1977 Leadsänger d. Kölner Jazz-Rock-Gruppe OCEAN (LPs) sowie Fernsehengagements,, 1978 erste Solo-LP, 1981 LP "Total", Durchbruch als Schauspieler 1981 als Leutnant Werner in Wolfgang Petersens Buchheim-Verfilmung "Das Boot" (Fernseh- u. Spielfilmfassung), 1983 neben Nastassia Kinski als Robert Schumann in Peter Schamonis Film "Frühlingsinfonie", 1984 Durchbruch als Rocksänger m. LP "4630 Bochum", dem Hit "Männer" (erste Single) u. "Bochum", ist meistverkaufte LP d. dt. Rockgeschichte, 1985 als Filmpartner v. Burt Lancaster im Kino, Beteil. Benefiz-Platte Afrika "Nackt im Wind", 1986 LP "Sprünge" (bissige Rundumschläge zur Lage d. Nation), 1988 LP "Ö", daraus Single "Was soll das?", 1988 zus. m. ca. 300 Künstlern b. Rheinhausener Stahl-Festival, 1989 zugunsten arbeitsloser Jugendlicher Konzert in Essen, 1989 "What's All This" (in Kanada erschienen), aus LP "Luxus" von 1990 sein dritter Top-10-Hit "Deine Liebe klebt", 1991 1. Tournee durch d. "ehem. dt. demokr. Osten", Konzert in Berlin-Marzahn, 1992 zus. m. BAP, den Toten Hosen u. 25 weiteren Bands Anti-Rassismus-Festival v. d. Frankfurter Festhalle, 1993 CD "Chaos", damit auf Erfolgstour Deutschland, Österreich, Schweiz, 1994 Techno-Version v. "Chaos" m. 3-D-Illusionsbild, 1994 Umzug Köln-Berlin, 1995 "Triumphe im Doppelpack", MTV-Sessions, Alben, "Live" u. "Unplugged", 1996/97 Tourneen d. Popstars m. Best of Hitlist, Mitschnitte, "Bleibt alles anders" 1998. E.: Neuauflagen A.: 1993 Platin f. "Deine Liebe klebt", vierfach Platin f. "Bochum, dreifach f. "Ö" u. zweifach f. "Sprünge", "Echo-Preisträger", 1994 tz-Rose, 2000 Europe Platinum, Eins Live Krone (dt. Radiopreis). H.: Beruf, Fußball.

Gronen Axel

B.: Kfm., Inh. FN.: Cyberfunds AG. DA.: 50677 Köln, Sachsenring 29-31. PA.: 52156 Monschau, Alte Monschauer Str. 1. G.: Köln, 7. Juli 1966. El.: Harald u. Ingrid. S.: 1986 Abitur, 1986-87 Bundeswehr, 1987-90 Stud. BWL u. Informatik Bielefeld, 1990-99 Stud. Jura Univ. Köln. K.: Grdg. d. Firma Cyberfunds AG in Köln. M.: Wirtschaftsjunioren Köln. H.: Sport.

Groner Stefan *)

*) Biographie www.whoiswho-verlag.ch oder beigefügte CD-ROM

Gröner Johannes Dr. med. *)
Gröner Lissy
B.: Telekom-Mitarb., MdEP. DA.: 91413 Neustadt/Aisch, Parkstr. 15. G.: Langenfeld, 31. Mai 1954. Ki.: 1 Tochter, 1 Sohn. K.: VPräs. d. Sozialist. Fraueninternation. (SIW), Mtgl. im Bundesvorst. d. ASF, Beir. Frauen Computer Zentrum Berlin, Mtgl. in AWO, BUND; IDA gegen Ausländerfeindlichkeit f. eine multikulturelle Zukunft e.V., Dt. Postgewerkschaft, Europa Union, Intern. Frauenliga f. Frieden u. Freiheit, TV Die Naturfreunde, seit 1989 Mtgl. d. Europ. Parlaments, Mtgl. d. Aussch. f. d. Rechte d. Frau u. im Aussch. f. Kultur, Jugend, Bild. u. Medien u. Sport, Mtgl. d. Parlament. Versammlung EU-AKP. (Re)

Gröner Wilhelm *)
Groneuer Karl Josef Dr. troph. Prof. *)
Grönewald Heinz Dieter Matthias *)
Gronewold Joachim *)
Grönich Thomas Dr. med. dent.
B.: Zahnarzt. DA.: 44869 Bochum, Im Kattenhagen 11. PA.: 44869 Bochum, Holzstr. 51. G.: Hagen, 30. Nov. 1960. V.: Gertrud, geb. Betken. Ki.: Jana (1994), Malte (1996), Annika (1998). El.: Eugen u. Erika. S.: 1980 Abitur Wattenscheid, 1980-85 Stud. Zahnmed. an d. Univ. Münster u. Studienaufenthalte an d. Univ. v. Sydney u. Adelaide/Australien, Abschluß: Staatsexamen, Approb., 1986 Prom., 1994-95 berufsbegleitendes Stud. Phil. u. Ev. Theol. an d. Univ. Bochum, seit 1994 berufsbegleitend: Ausbild. z. Körperpsychotherapeuten am Inst. f. Somatische Psychotherapie Iserlohn. K.: 1985-86 Zahnarzt b. d Bundeswehr, 1986 Ass.-Zahnarzt Univ.-Zahnklinik Münster, 1987-88 Ass.-Zahnarzt in d. Praxis Dr. Erich Gehrke Bochum, 1988-92 Ndlg. m. Kassenzulassung in Bochum, seit 1992 Weiterführung als zahnärztl. Privatpraxis. BL.: Leichtathletik-Leistungssport zu Schul- u. Studienzeiten, b. 1986 Teilnahme an intern. Wettkämpfen. P.: "Trinkwasserfluoridierung u. Prophylaxe in Deutschland" (1987), "Die Wertigkeit versch. Kariesprophylaxeverfahren" (1987), "Rehabilitation b. Totalprothesenträger unter Berücksichtigung v. Kompensationsmechanismen" (1992), "TRinkwasserfluoridierung auch in d. BRD" (1992). E: 1987 Dt. VMeister im 10-Kampf. M.: PZVD. H.: Chorgesang, Sport, Literatur.

Gröning Friedrich
B.: Diplomat, Botschafter. FN.: Botschaft der Bundesrepublik Deutschland in Costa Rica. DA.: 1000 San José/Costa Rica, Apdo. 4017. info@embajada-alemana-costarica.org. www. embajada-alemana-costarica.org. G.: Berlin, 17. Apr. 1943. V.: Yvonne, geb. Pollaczek. Ki.: 3 Kinder. S.: 1962 Abitur, 1962-68 Stud. Jura u. Geschichte, 1968 1. u. 1973 2. Jur. Staatsexamen. K.: 1973 Eintritt in d. Auswärtigen Dienst, 1975-78 Dienstposten im Ausland Brasilia, 1985-88 in Madrid, 1990-94 in London, 1994-98 Referatsleiter im Auswärtigen Amt in d. Politischen Abt., 1998-99 tätig an d. Univ. Harvard, seit 1999 Botschafter in Costa Rica.

Gronow Holger Dipl.-Ing.

B.: Dipl.-Ing., Inh. FN.: Ing.-Büro Dipl.-Ing. Holger Gronow. DA.: 13125 Berlin, Sägebockweg 83. G.: Bernau, 24. Juni 1955. V.: Kerstin Gerlach. Ki.: Stephanie (1979), Bettina (1981). El.: Horst u. Siegrid. BV.: Ahnennachweis b. ins 15. Jhdt. S.: 1972 Mittlere Reife in Bernau, 1972-74 Berufsausbild. als Schlosser im KKW Rheinsberg, 1974-75 Schlosser in versch. Kraftwerken d. DDR, 1975-76 Wehrdienst, 1976-79 Stud. Kraftwerkstechnik an d. Ing.-Schule f. Bergbau u. Energetik in Senftenberg, Dipl.-Ing. K.: 1979-88 Dipl.-Ing. b. d. BEWAG Berlin, 1985 Antrag auf Ausreise aus d. DDR, 1988-89 selbst. als Baustellenltr. in priv. Unternehmen, 1989 offiziell in d. BRD entlassen - Schleswig-Holstein - Neuorientierung, 1989-93 Ing. in Berlin b. Mannesmann Berlin, 1994-98 Ing. b. EAB Energieanlagen Berlin GmbH, seit 1998 selbst. m. eigenem Büro; enge Kontakte m. AGFW (Fernwärmeverb.).

Gronstedt Manfred Dipl.-Ing.

B.: General Manager. FN.: Purfürst Engineering GmbH. DA.: 30916 Isernhagen, Opelstr. 22. MGronstedt@purfuerst.com. G.: Hannover, 18. Juli 1941. V.: Ruth, geb. Wichmann. Ki.: Matthias, Alja, Phillip. S.: b. 1961 Ausbild. z. Energieelektroniker b. AEG in Berlin, 1968 b. d. Purfürst Elektrotechnik GmbH m. Schwerpunkt Antriebs- u. Regelungstechnik, intern. Tätigkeit, 1970 Gruppenltr. im techn. Büro, 1980 Ltr. d. techn. Büros, 1981 Projektgruppenltg.-Stellv., b. 1996 div. Auslandsaufenthalte (Sowjetunion, Fernost, China, Singapur, Kanada, Mittelamerika), 1984 Prokura, 1992 Ltg. Projektgruppen - verantwortl. f. Vertrieb u. Technik, 1993 Ltg. Projektgruppe - m. Zusatzverantwortung f. Auftragsabwicklung u. Rechnungswesen, seit 1999 Gschf. Technik u. Vertrieb d. Purfürst Engineering GmbH in Hannover. BL.: Gastreferent an d. FH Hannover, Frankfurt u. Hamburg, auf intern. Fachtagungen u. Messen, viele Veröff. in Fachzeitschriften. H.: Tauchen, Fliegenfischen (Kanada, Schweden), Skifahren.

Gronwald Detlef Dr. Ing. Prof.
B.: Univ.-Prof. f. Elektrotechnik. FN.: Univ. Bremen. DA.: 28359 Bremen, Wilhelm-Herbst-Str. 7. G.: Berlin, 31. Dez. 1937. V.: Gudrun, geb. Neuberg. Ki.: 3 Kinder. S.: 1956 Abitur, b. 1963 Stud. Elektrotechnik TH Berlin m. Abschluß Dipl.-Ing. K.: 1963-66 Ing. d. AEG in Berlin, Reife-73 Ass. f. Elektronik an d. TU Berlin, 1973 Prom., 1973/74 wiss. Mitarb. d. TU Berlin f. Umwelttechnik, 1974/75 wiss. Mitarb. am Bundesmin. f. Berufsbild.-Forsch., 1975-78 Prof. am Inst. f. techn. Wiss. d. Univ. Hamburg, seit 1978 Prof. am Inst. f. Technik u. Bild. in Bremen; Arb.-Aufenthalte in Asien, Afrika u. Südamerika im Rahmen d. intern. Entwicklungsarb. P.: div. Aufsätze, Veröff. in Fachzeitschriften u. Büchern z. Thema gewerbl. u. techn. Ausbild. H.: Fotografieren.

Gronwald Gabriele *)

Gronwald Knut

B.: RA, Fachanw. f. Arb.-Recht. DA.: 59065 Hamm, Otto-Krafft-Pl. 22. RAKnut-Gronwald@t-online.de. G.: Hamm, 24. Juli 1961. V.: Elisabeth, geb. Potthoff. Ki.: Lea (1992), Leon (1994). El.: Dr. Günther (Stadtdirektor a.D.) u. Gudrun, geb. Brandt. S.: 1980 Abitur, 1980-82 Bundeswehr, 1982-88 Stud. Univ. Heidelberg, Göttingen u. Münster, 1988 1. Staatsexamen, 1988-91 Referendariat LG Dortmund. K.: seit 1991 RA in Hamm m. Tätigkeitsschwerpunkt Arb.-Recht; Funktion: Berater f. Arb.-Recht f. mittelständ. Unternehmen; Dozententätigkeit im Fachg. Recht bei Bildungswerk. M.: DAV. H.: Tennis, Motorradfahren, Autos.

Grönwald Marlis *)

Grönwoldt Hans-Henning

B.: Großhdls.-Kfm., Gschf. FN.: BMV Mietservice GmbH Anklam. DA.: 17438 Wolgast, Hasenwinkel 12. G.: Sielbeck b. Plön, 19. Okt. 1947. Ki.: Lutz (1975). S.: 1963 Mittlere Reife Neumünster, 1963-66 Lehre Großhdls.-Kfm., 1966-68 Bundeswehr. K.: b. 1970 ang. Kfm. in Hagen, 1970-78 Außendienstltr. Baumaschinenhdl. im elterlichen Betrieb, 1978 Grdg. d. eigenen Import-Export-Firma f. Baumaschinen, 1985-89 zusätzl. Firma f. Baumaschinenvermietung in Yorkshire/England, ab 1991 engageiert in d. neuen Bdl. m. Firmenneugrdg. als BMV-Mietservice b. gleichzeitiger Betreibung d. bisherigen Unternehmen, 1997 Grdg. BMV Mietservice GmbH Anklam, 1998 Grdg. BMV Mietservice GmbH Wolgast auf Usedom. H.: Reitsport, Trabrennsport.

Gronz Norbert *)

de Groot Dick *)

de Groot Eugenius Henricus Dr. Prof. *)

de Groot Herbert DDr. Prof.
B.: Univ.-Prof. FN.: Univ.-Klinikum Essen. PA.: 40591 Düsseldorf, Otto-Hahn-Str. 171. G.: Wattenscheid, 18. Aug. 1950. V.: Helga, geb. Prast. Ki.: Christiane (1984). El.: Herbert u. Agnes, geb. Schnelting. S.: 1971 Abitur Bocholt,, 1971-73 Zivildienst, 1973-79 Stud. Biologie RWTH Aachen u. Univ. Düsseldorf m. Dipl.-Abschluß, 1977-82 Stud. Med. Univ. Düsseldorf, 1982 Staatsexamen u. Approb., 1982 Prom., 1988 Habil., 1986 Stipendium d. Heinrich-Hertz-Stiftung Tumorzentrum d. Univ. Rochester, 1989-92 Heisenberg-Stipendium. K.: 1982-88 wiss. Mitarb. am Inst. f. physiolog. Chemie d. Univ. Düsseldorf, 1989-92 6 Mon. Forsch.-Auftenhalt an d. Abt. f. allg. Chir. d. Univ. Tübingen, Projektltr. in d. Forschergruppe klin. Leberschädigung am Inst. f. physiolog. Chemie u. an d. Abt. f. Gastroenterologie an d. Univ. Düsseldorf, ab 1992 C4-Prof. am Inst. f. physiolog. Chemie d. Univ.-Klinikums Essen. P.: "Involvement of reactive oxygen species in the preservation injury to cultured liver endothelial cells" (1997), "Preservation of pig liver allografts after warm ischemia: normothermic perfusion versus cold storage" (1997), "Nitric oxide metabolites in cystic fibrosis lung disease" (1998), "Cold preservation of isolated rabbit proximal tubules induces radical-mediated cell injury" (1998), "Protection by glycine against hypoxic injury of rat hepatocytes: inhibition of ion fluxes through nonspecific leaks" (1999), "In vitro effects of hydrogen peroxide on the cochlear neurosensory epithelium of the guinea pig" (2000), "A role for sodium in hypoxic but not in hypothermic injury to hepatocytes and LLC-PK1 cells" (2000), "Subcellular distribution of chelatable iron: a laser scanning microscopic study in isolated hepatocytes and liver endothelial cells" (2001) u.a.m.

de Groote Otto *)

von Groote Wolfgang Dr. phil. *)

Groothoff Hans-Hermann Dr. phil. Dr. phil. h.c. *)

Groove Paul-Dieter Dipl.-Kfm.
B.: Gschf. Ges. FN.: WEDIT Deloitte & Touche. DA.: 10719 Berlin, Kurfürstendamm 23. G.: Düsseldorf, 27. Mai 1941. V.: Gabi, geb. Röttgermann. Ki.: Christian (1971), Daniel (1972), Tobias (1974). El.: Egbert u. Thekla, geb. Piedbouef. BV.: Großvater Paul Piedbouf - Gründer d. Vereinigten Kesselwerke später Babcoc. S.: 1960 Abitur, 1960-63 kfm. Lehre, 1963-69 Stud. BW Saarbrücken, München u. Münster. K.: 1967-70 Trainee-Programm d. Dt. Bank, ab 1971 tätig in d. Wollert-Elmendorft WP-Ges in Düsseldorf, 1973 Steuerberaterprüf., 1975 Wirtschaftsprüferexamen, 1980 Ltr. d. Bankenabt. in Düsseldorf, 1985 Gschf. d. Firma Deloitte & Touce, 1991 Partner u. Gschf. Ges. d. WEDIT Deloitte & Touche u. seit 1993 Ltr. d. Ndlg. in Berlin spez. f. Banken- u. Immobilienreich, corporate Finance, Bewertung v. Banken, Recht, Prüf., Steuern, corporate Finance u. Unternehmensberatung. M.: Rotary-Club, Intern. Club Berlin. H.: Tennis, Skifahren.

Groove-Markovic Marga *)

Gropengießer Hans Jörg *)

Gropler Wolfgang *)

Gröpler Günter
B.: Unternehmer. FN.: SAR Gröpler GmbH. DA.: 72555 Metzingen, Gutenbergstr. 43. G.: Bromberg, 9. Sep. 1944. V.: Brigitte, geb. Kurschat. Ki.: 3 Kinder. S.: 1959-61 Technikerlehre b. d. Bundesbahn, 1961-65 Lehre als Fernsehtechniker, Gesellenprüf. in Hechingen. K.: 1965-88 Elektroid. Werkmeister u. Kundendienstltr., Meisterprüf., Abendschule FH-Reife, Stud. FH Reutlingen, Abschluss Ing.-Elektro, 1988-90 Grdg. u. Aufbau u. Gschf. d. Firma BAT Anlagentechnik GmbH, ab 1990 Grdg. d. eigenen Unternehmens SAR GmbH Metzingen. H.: Musik.

Gropp Jürgen M. Dr. Prof. *)

Gropp Stefan
B.: Vers.-Fachmann, ltd. OInsp. FN.: Allianz Generalvertretung Dieter Rüttinger. DA.: 68804 Altlußheim, Eigenrothweg 7. PA.: 68766 Hockenheim, Ernst-Brauch-Str. 38. G.: Mannheim, 22. Feb. 1968. V.: Kornelia, geb. Piecha. Ki.: Laura (1996), Adrian (1998). El.: Karl-Heinz u. Helga, geb. Keller. S.: 1984 Mittlere Reife, 1984-87 Ausbild. z. Vers.-Kfm. (IHK) Mannheimer Vers. K.: 1987/88 Außendienst Mannheimer Vers. Filialdion. Frankfurt, 1989/90 Bundeswehr, 1990

*) Biographie www.whoiswho-verlag.ch oder beigefügte CD-ROM

Gropp

Außendienst Allianz-Generalvertretung Seckenheim, 1992 OInsp., 1993 Allianz-Hauptvertretung Heidelberg, 1995 Allianz Generalagentur Altlußheim Dieter Rüttinger, 2000 ltd. OInsp. E.: 1999 u. 2000 Hess-Club-Ausz. f. d. Agentur. M.: s. 2001 Arbeitskreis Wirtschaft Agenda 21. H.: Beruf, Familie.

Groppel Ralf

B.: Tischlermeister, Inh. FN.: Karl Meinert Ladenbau-Apothekeneinrichtungen. DA.: 33602 Bielefeld, Neustädter Straße 16. PA.: 33790 Halle, Breite Str. 16. G.: Bielefeld, 19. März 1959. El.: Manfred u. Gerda. S.: 1974-77 Ausbild. u. Abschluß z. Tischler. K.: 1977-87 Tätigkeiten im Beruf, 1984-87 Meisterschule, 1987 Meisterprüf., 1988-91 Tätigkeiten im Beruf, 1991-96 Meister in jetziger Firma, 1997 Grdg. d. eigenen Firma durch Übernahme d. Bertriebes. H.: Bogenschießen, Teilnehmer an dt. Meisterschaften.

Gröppel Frank Dipl.-Kfm. *)

Gröppel-Klein Andrea Dr. Prof. *)

Gröpper Thomas *)

Gröpper Tim *)

Gros Eckhard Dr. rer. sec. Prof. *)

Gros Gerd V. *)

Gros Gerolf Dr. med. Prof.

B.: Gschf. Dir. FN.: Med. HS Hannover Zentrum Physiologie. DA.: 30623 Hannover, Carl-Neuberg-Str. 1. G.: Ettlingen/Baden, 30. Dez. 1942. V.: Hannelore, geb. Voß. Ki.: Stephanie (1976), Johannes (1982). El.: Heinrich u. Else, geb. Kraus. S.: 1962 Abitur Karlsruhe, 1962-69 Med.-Stud. an d. Univ. Tübingen, 1969 Med. Staatsexamen in Tübingen. K.: 1969-70 Med.-Ass. in Tübingen, Dortmund u. Neustadt/Rbge., Neuropath., Chir., Innere Med., 1970 Approb. in Stuttgart, 1970-72 wiss. Ass. am Inst. f. Physiologie an d. Med. HS in Hannover, 1972-77 wiss. Ass. am Inst. f. Physiologie an d. Univ. in Regensburg, 1973-74 Research Associate am Dept. Of Physiology an d. Univ. of Pennsylvania Philadelphia/USA, 1976 Habil., 1977-78 OAss. am Inst. in Regensburg, 1978-86 C3-Prof. am Inst. f. Physiologie am Univ.-Klinikum in Essen, 1983 2 Monate am Dept. Of Physiology an d. Univ. of Pennsylvania PHiladelphia/USA, 1983-86 mehrere Kurzzeit-Aufenthalte am Inst. Curie Univ. de Paris Orsay/Frankreich, seit 1986 Prof. f. Physiologie, C4-Prof. d. Abt. Vegetative Physiologie u. Gschf. Dir. d. Zenrums f. Physiologie an d. Med. HS Hannover, 1987 1 1/2 Monate am Dept. Of Physiology an d. Univ. of Pennsylvania Philadelphia USA. P.: Hrsg. 1980-86 Fachjournal Editorial Board v. "Respiration Physiology", ständig Fachart. in Büchern u. Fachzeitschriften. M.: Dt. Physiolog. Ges., Dt. Ges. f. Biolog. Chemie, The Biochemical Society (UK), Intern. Society for Oxygen Transport to Tissue, seit 1987 gewähltes Mtgl. d. American Physiological Society, 1987-91 Vors.d. Sekt. Vorklinik, HS-Senat, dzt. Vors. d. Sekt. Vorklinik, zahlr. HS-Kmsn. H.: Musik hören u. machen (Klavier u. Orgel), Lesen, Segeln.

Grosch Burkhard Dr. med. *)

Grosch Ernst Dr. rer. nat. Dipl.-Chem. *)

Grösch Cornelia Dr. med. *)

Grösch Erik Adam Heinrich *)

Grosch-Wörner Ilse Dr. med. habil.

B.: Oberärztin; Priv.-Doz. FN.: Universitätsklinikum Rudolf Virchow; Kinderklinik u. Poliklinik Kaiserin Auguste. DA.: 14059 Berlin, Heubnerweg 6. G.: Tübingen, 14. Sep. 1939. V.: Dr. rer. nat. Ulrich. Ki.: Sophie (1982). El.: Werner u.Sophie Hermann. S.: 1959 Abitur Wirtschaftobersch. Reutlingen u. Zusatzabitur Joh.-Keppler-Gym.,1959-65 Med.-Stud.Med. Tübingen, 1966 Prom., K.: 1968-70 Max-Planck-Inst. f. experim. Med. in Göttingen, 1970 nach Hamburg-Eppendorf, FA-Weiterbild., 1980 Habil., ab 1982 Univ.-Kinderklink Bln., Oberärztin f. Hämatologie u. Onkologie u. Oberärztin d. Kernklinik, 1986 Ltr. d. HIV-Arbeitsgruppe, 1986 Grdg.-Mtgl. d. EG-Studie "Natural History of Children Born to HIV-Infected Mothers" (angeschl. Zentren: Berlin, Padua, Edinburgh, London, Madrid, Valencia, Amsterdam), Jan. u. Febr. 1987 Studienreise zu Prof. E. Rubinstein (Albert Einstein College); BL.: Aufbau d. ersten Tagesklinik f. HIV-infisizierte Kinder in Deutschland. P.: Buchbeiträge, Originalbeiträge zu Onkologie u. AIDS bei Kindern. M.: Penta, div. intern. u. nat. AIDS-Vereinigungen.

Grosche Clemens Dr. Dipl.-Kfm. MBA *)

Grosche Günther *)

Grosche Hildegard Wilhelmine Maria *)

Grosche Mathias *)

Grosche Wolfgang

B.: Gschf. FN.: Wolfgang Grosche Großküchentechnik. DA.: 12681 Berlin, Bitterfelder Str. 12. G.: Gräfenthal, 20. Nov. 1958. V.: Kathrin, geb. Riemer. Ki.: Steve u. Sascha (1982). S.: 1977 Abitur, 1977-80 Armee, 1980-84 Stud. Rechtswiss. an d. Humboldt-Univ. in Berlin. K.: 1984-90 wiss. Mitarb. f. Rechtsfragen im Kombinat Hdls.-Technik in Berlin, 1990-91 Vertriebs- u. Servicecltr. in d. Ladega GmbH, 1991-94 Grdg. Grosche u. Döring GmbH als Gschf. u. Ges., 1995-97 ltd. Ang. b. Krefft, 1997 Übernahme Werksvertretung f. Krefft u. seither selbst. Fachhändler. M.: Sportver. H.: Volleyball, Sport allg., Reisen, früher aktiver Leistungssportler (Leichtathletik).

Gröschel Hans *)

Groschke Jürgen *)

Groschopp Peter

B.: Friseurmeister, Inh. FN.: Intercoiffure EINFACH ANDERS Groschopp DER FRISEUR. DA.: 04107 Leipzig, Beethovenstr. 10. PA.: 04107 Leipzig, Ferd. Rhode-Str. 5. G.: Leipzig, 23. Aug. 1937. V.: Hannelore, geb. Rathmann. Ki.: Robert (1971). El.: Walter u. Charlotte, geb. Müller. BV.: Grdg. d. Unternehmens 1937 durch Vater Walter, Großvater Otto Müller Inh. Friseurgeschäft in Leipzig/Lindenau. S.: 1955 Abitur Leipzig, 1955-57 Ausbild. z. Friseur, 1957-60 Meisterstud. K.: 1957-68 tätig im väterl. Unternehmen Intercoiffure Groschopp, seit 1968 selbst. Übernahme d. Unternehmens, 2001 Übernahme d. Betriebes durch Sohn Robert Groschopp. P.: Zeichnungen u. Art. f. intern. Fachjournale u. Fachschriften, ständige wechselnde Ausstellungen im Salon: Malerei u. Plastiken unter d. Motto "Kunst beim Friseur". E.: mehrere Qualitätszertifikate. M.: b. 1995 stellv. Landesinnungsmeister, Intercoiffure. H.: Sammeln v. Kunst, Kultur, Malerei, Skifahren, Pflege v. Freundschaften.

---

*) Biographie www.whoiswho-verlag.ch oder beigefügte CD-ROM

Grospietsch Hans-Dieter Dr. rer. soz. *)

Gross Ambros Georg Dipl.-Ing. *)

Groß Andrea

B.: Unternehmerin, Inhaberin. FN.: Karl Fickler OHG. DA.: 76133 Karlsruhe, Kaiserstr. 34. karl.fickler.ohg@t-online.de. G.: Karlsruhe, 9. Okt. 1966. V.: Reinhard Groß. El.: Karl u. Lieselotte Heck. BV.: Großeltern Karl u. Hedwig Fickler - Betriebsgründer. S.: 1983 Mittlere Reife, 1983-86 Ausbild. Büroinformationselektroniker in Firma Fickler. K.: 1986-92 Ang. d. Firma Fickler, 1993-98 Produktmanagerin d. Firma Revanche in Pforzheim, 1998 Ang. d. Firma Fickler u. seit 1999 Inh.

Groß Angelika
B.: Lehrerin f. Pflegeberufe, Seminarltr. FN.: Caritas Fachseminare f. Altenpflege. DA.: 44789 Bochum, Ostermannstr. 32. G.: Herne, 14. Apr. 1955. El.: Albert u. Anna Groß. S.: 1972-73 Fachoberschule, 1973-76 Ausbild. z. Examinierten Krankenschwester. K.: 1976-79 Unfallambulanz eines KH, 1979-81 Ass. in d. Krankenpflegeschue, 1981-83 Zusatzausbild.: Lehrerin f. Pflegeberufe, 1984-91 Arb. als Krankenschwester in einer Klinik, 1991 Lehrerin am Fachseminare f. Altenpflege, 1996 Ltg. dieser Inst. BL.: ehrenamtl. im soz. Bereich tätig. H.: Sport, Lesen.

Groß Carl S. Dr. iur. *)

Groß Christa

B.: Steuerberaterin. DA.: 42117 Wuppertal, Ravensberger Str. 58. G.: Haan, 16. Juni 1927. V.: Hans Groß. S.: 1967-71 Stud. Verw.- u. Wirtschaftsak., 1971 Betriebswirtin VWA. K.: 1955-71 kfm. Tätigkeit, 1971-85 Tätigkeit im Bereich Steuerberatung u. Wirtschaftsprüf., 1979 Steuerbev., 1984 Steuerberaterprüf., seit 1985 selbst. als Steuerberaterin. M.: über 35 J. Grün-Gold-Casino e.V. Wuppertal, Dt.-Amerikan. Ges. Wuppertal e.V. H.: Tanzsport m. Ehemann, Kreuzfahrten, Konzertbesuche, Lesen.

Gross Christa *)

Gross Claus Dieter Dipl.-Kfm. *)

Groß Claus-Peter Prof. *)

Gross Eberhard Dr. med. Prof. *)

Groß Eberhard *)

Gross Eberhard K. U. Dr. phil. nat. Univ.-Prof. *)

Groß Eduard *)

Groß Elisabeth

B.: ltd. Schulamtsdir. FN.: Staatl. Schulamt Heidelberg. DA.: 69115 Heidelberg, Czernyring 42-44. G.: Mannheim, 4. Sep. 1952. El.: Ludwig u. Anita Groß, geb. Pfeffermann. S.: 1971 Abitur, 1972 Stud. Lehramt f. Math. u. Kunst f. HS u. Grundschulen PH Heidelberg, 1976 1. und 1978 2. Staatsexamen, ab 1976 berufsbegleitend Ausbild. Realschullehrer, Teilstud. Wirtschaftswiss. u. Studien f. Erwachsenbild. Fernuniv. Hagen. K.: 1976 Lehrerin f. Grundschulen u. HS, ab 1978 Lehrerin f. Math. u. Kunst an Realschulen, 1981-88 Lehrauftrag f. Kunst u. Päd. am staatl. Seminar in Freudenstadt u. ab 1986 stellv. Dir., 1988 Ref. d. Lehrerausbild. u. Lehrerfortbild. am Oberschulamt Karlsruhe, 1993/94 Stipendium an d. Führungsak. d. Landes Baden-Württemberg. Wirtschaftspraktikum bei Daimler Benz u. Auslandspraktikum a. d. Univ. of Richmond in d. USA, 1995 Ref. f. Lehreraus- u. -fortbild. im Kulturmin. Baden-Württemberg, seit 1998 ltd. Schulamtsdir. d. staatl. Schulamt Heidelberg u. Einrichtung eines Multi-Media-Zentrums. BL.: Engagement in d. Gewaltprävention, Förderung v. Projekten u. neuen Konzepten im Bereich Kooperation Schule-Wirtschaft, Dialog Eltern-Schule u. Schule-Jugendarb. M.: Freundeskreis d. Führungsak. d. Landes Baden-Württemberg. H.: Kunst, Literatur, Biografien v. Künstlern u. anderen Persönlichkeiten.

Gross Erhard

B.: Steuerberater. FN.: Gross u. Bodenmüller Steuerberatungs GmbH. DA.: 89077 Ulm, Wörthstr. 13. G.: Leibi, 30. Nov. 1942. V.: Gisela, geb. Glück. Ki.: 2 Kinder. El.: Josef u. Anna. S.: 1958 FHS-Reife, 1958-62 Ausbild. Finanzverw. K.: 1963-75 tätig bei Steuerberater, 1975-94 selbst. Steuerberater, seit 1995 tätig in Sozietät m. RA. M.: Vorst. d. Ulmer Kunststiftung Pro Arte. H.: Musik, bild. Kunst.

Groß Erhard
B.: freischaff. Maler u. Grafiker. DA.: u. PA.: 10997 Berlin, Stalitzerstr. 99. G.: Berlin, 1. Juni 1926. V.: Waltraut, geb. Winkelmann. Ki.: Dipl.-Ing. Arch. Christian (1964). El.: Max u. Ottilie. S.: 1943-45 Militärdienst u. Kriegsgefangenschaft, 1946-48 Stud. HS f. Angew. Kunst in Weißensee Berlin, 1948-54 Stud. Malerei, Grafik u. Gebrauchsgrafik HfbK Berlin, 1953-54 Mstr.Schüler b. Prof. Wolf Hoffmann, 1953 Studienreise durch Frankreich u. Italien. K.: seit 1954 freischaff. Maler u. Grafiker, seit 1957 Doz. d. VHS Berlin, 1966-70 Sekr. b. BBK, 1971-1991 Oberstufenzentrum Handel, Fachlehrer f. Dekorationskunde. P.: "Stadtbilder" Berlin in d. Malerei v. 17. Jhdt. b. z. Gegenwart (Berlin Museum 1987), "Skalitzerstr. 99" Biographie eines Hauses in Bildern v. Erhard Groß (Berlin 1988), Katalogbeiträge, Ankäufe, 1996-97 Kreuzberg-Museum Berlin, "Vom Görlitzer Bahnhof zum Görlitzer Park", Aquarelle u. Radierungen. E.: 1953 Preis d. Kulturkreises im Bundesverb. d. Dt. Ind., 1961 Studienpreis

---

*) Biographie www.whoiswho-verlag.ch oder beigefügte CD-ROM

d. Gr. Berliner Kunstausstellung, 1953 Preis d. Kulturver. im BVerb. d. Dt. Ind, 1993-95 im Kulturbeirat Berlin-Kreuzberg. M.: Berufsverb. Bild. Künstler, Singak. zu Berlin. H.: Singen, Fotografieren, Stadtgeschichte. (E.W.)

Gross Erich Wilhelm Dipl.-Ing.
B.: selbst. Maschinenbau-Ing. FN.: Ing.-Büro f. Maschinenbau u. Anlagenbau. DA.: 66133 Saarbrücken-Scheidt, Kaiserstr. 173. G.: Scheidt, 23. Apr. 1927. V.: Rita-Beate, geb. Lenz. Ki.: Anette-Sabine (1960), Patrik-Dirk (1967. El.: Wilhelm u. Karoline. S.: 1941-44 Lehre Werkzeugmacher Firma BBC Saarbrücken, 1944-45 Soldat, 1945 Gesellenprüf. K.: b. 1952 Ang. d. Firma BBC, 1952-55 Stud. Maschinenbau, 1955 Ing., ang. als Ing. in d. Firma Neumann, 1970 Ober-Ing. d. Firma Neumann in St. Ingbert, 1980 Grdg. d. Ing.-Büros f. Maschinen- u. Anlagenbau in Scheidt m. Schwerpunkt Werkzeugbau u. Fördertechnik. H.: Singen, Wandern.

Groß Frank

B.: Einzelhdls.-Kfm., Mitinh. FN.: AXA Colonia Generalvertretung. DA.: 22844 Norderstedt, Falkenbergstr. 3a. frankgrossnorderstedt@t-online.de. G.: Hamburg, 4. Apr. 1966. El.: Hans u. Gertraud, geb. Haafke. S.: 1981-84 Lehre Einzelhdls.-Kfm. b. Karstadt, 1987-88 Bundeswehr. K.: 1984-87 Verkäufer b. Karstadt, 1988-90 Dt. Vermögensberatung Außendienst, 1990 Albingia Außendienst, seit 1998 Büro u. Generalvertretung. E.: 1994 Prüf. Vers.-Fachmann Note 2. M.: seit 1979 Feuerwehr Norderstdt, Kriseninterventionsteam. H.: Sport, Bowling, Tanzen, Tiere.

Groß Frank Dipl.-Kfm. *)

Groß Friedbert *)

Groß Gerhard Dr. jur.

B.: Präs. a.D., Vorst.-Vors. FN.: Bundeskanzler-Willy-Brandt-Stiftung. DA.: 10825 Berlin, John-F.-Kennedy-Platz - Rathaus Schöneberg. PA.: 53343 Wachtberg, Am Kottenforst 14. G.: Wunsiedel, 18. März 1930. V.: Lieselotte, geb. Feige. Ki.: 4 Kinder. El.: Max u. Frieda. S.: 1949 Abitur in Hof/Saale, 1949-52 Stud. Rechtswiss. Friedrich-Alexander-Univ. Erlangen, 1957 2. Jur. Staatsexamen, 1952-57 Referendarzeit Hof, Spezialausbild. in Speyer. K.: 1957-63 Staatsmin. d. Finanzen München - Zentralfiskalat, 1959-61 Prom., 1963-92 Bundesmin. d. Inneren Bonn, Min.-Dirigent, 1992-95 Präs. Bundesamt f. d. Anerkennung ausländ. Flüchtlinge, seit 1995 Vorst.-Vors. d. Bundeskanzler-Willy-Brandt-Stiftung. E.: Träger d. Gr. BVK, Ritter d. franz. Ehrenlegion, VO d. Landes Rheinland-Pfalz. H.: Klavierspielen, Skifahren, Schach.

Gross Günther Georg *)

Gross Hans Dr. rer. nat. Prof.
B.: im Ruhestand. GT.: Anfertigung v. Gutachten z. Vergabe v. Förderstipendien. G.: Asch, 30. Okt. 1928. V.: Helga Grunau, Lebensgefährtin s. 19 Jahren. Ki.: Martin (1960), Stefan (1961), Wolfgang (1963), Adoptivkinder, Christoph (1967), gemeinsamer Sohn d. Lebensgefährtin. El.: Karl u. Hilde, geb. Wilfert. S.: 1946 Abitur, 1949-54 Stud. Chemie in Jena, 1954 Grad., 1957 Prom., 1963 Habil. K.: frühere Tätigkeit: Forschungsgruppenleiter "Phosphororganica" am Zentrum f. Selektive Organische Synthese in Adlershof, Forschungsschwerpunkte: Untersuchungen über Phosphororganica, Bild. u. Stabilität d. Phosphor-Kohlenstoffbindung m. d. Ziel d. Gewinnung neuer Phosphorylphosphan-Liganden f. Übergangsmetallkomplexe u. phosphormodifizierte Festkörper f. katalytische Prozesse. BL.: 65 Patente davon 9 industriell genutzt. P.: 177 Veröff. über Alpha-Halogenether, Alpha-Aminosäuren, Alpha-substituierte Phosphonate, neue analytische Synthesemethoden, Phosphorsäure-o-phenylenester, Industriezusammenarbeit über Entwicklung eines technischen Verfahrens f. Chlorethanphosphorsäure, Pharma-Zwischenprodukte u. Aminosäuren; 122 Vorträge darunter 18 Colloquiumsvorträge; 35 Populärwiss. Vorträge u. Referate b. Weiterbildungsveranstaltungen. E.: Nationalpreis d. DDR, Verdienter Erfinder d. DDR, Auszeichnung f. hervorragende Ergebnisse d. intern. wiss. Zusammenarbeit d. AWD d. DDR u. Polens, Verleihung d. van't Hoff-Medaille d. AWD, Friedrich-Wöhler-Preis. M.: Berliner e.V. Forschungsakademie, Ges. Dt. Naturforscher u. Ärzte, Ges. Dt. Chemiker, Deutsche Akademie d. Naturforscher Leopoldina. H.: Klass. Musik.

Gross Hans Hermann Dipl.-Ing. *)

Gross Hans-Jürgen

B.: Vers.-Kfm., unabhängiger Finanzberater. DA.: 50937 Köln, Manderscheider Str. 6. G.: Köln, 10. Okt. 1956. Ki.: Thomas (1985). El.: Hans u. Margot, geb. Seeber. BV.: Großvater Glasereifabrik/Glasbläserei im 15./20. J. in Thüringen. S.: 1972 Mittlere Reife Köln, 1972-75 Lehre als Vers.-Kfm. in Köln, 1976-77 Wehrdienst in Koblenz. K.: 1977-78 DKV Ang., 1978-79 Allianz Außendienst, 1979-81 Konzernang., 1981-95 im Innendienst, 1990-95 Abt.-Ltr. b. Gothar mit Prokura, seit 1995 unabhängiger Finanzberater. BL.: 1990-95 Doz. f. Fortbild. u. Prüf.-Aussch. b. d. IHK. P.: Radio Köln - N.T.V. E.: Sportausz. M.: 1. FC Köln, Bund d. Selbständigen, CDU. H.: Joggen, Lesen, Kunst.

Groß Hans-Michael *)

Groß Harald
B.: Trabrennc. FN.: Trabrennclub Elmshorn. PA.: 25337 Elmshorn, Holunderstr. 5. G.: Landsberg/Warthe, 11. Jan. 1942. V.: Dagmar, geb. Papke. Ki.: Matthias (1968), Thomas (1970), Stephanie (1972). El.: Eberhard u. Gerda. BV.: Gebr. Groß, Unternehmer in Landsberg. S.: 1958 Mittlere Reife, 1958-61 Lehre Groß- u. Außenhdl.-Kfm. Edekazentrale Hamburg. K.: 1961-62 Kfm. in d. Edekazentrale in Hamburg, 1962-66 Zeit-Offz. d. Bundesluftwaffe, Entlassung als Major d. Res., 1970-93 nat. Verkaufsdirektor b. BAT, 1978-82 CDU-Stadtverordneter in Elmshorn, seit 1997 Präs. d. Trabrennclub Elmshorn. M.: Präs. d. Trabrennclub, Rennausschuß, Zentralverb. f. Traber-Zucht u. -Rennen e.V., 30 J. CDU. H.: Familie, Trabrennsport intern., Reisen, klass. Musik, Literatur. Sprachen: Englisch.

*) Biographie www.whoiswho-verlag.ch oder beigefügte CD-ROM

Groß Hardmuth Dipl.-Psych.

B.: Vorst. FN.: Hans-Wendt-Stiftung. DA.: 28357 Bremen, Lehester Deich 17-21. G..: Lauenburg, 10. Okt. 1949. V.: Birgit, geb. Sallach. Ki.: Thor Lennart (1984), Anneken Sophiea (1993). El.: Werner u. Hermi, geb. Meyer. S.: 1968 Abitur Kiel, Stud. Psych. Univ. Kiel, 1976 Dipl.-Psychologe. K.: 1977/78 Arb. m. autist. Kindern f. d. Elterninitiative Hilfe f. d. autist. Kind, 1977-81 Aufbau d. Ambulanz f. autist. Kinder in Bottrop, 1981-84 Aufbau d. ambulanten Beratung f. d. Dt. Ges. f. Psychiatrie in Bremen f. Familien m. behinderten Kindern, seit 1982 Therapeut in d. Hans-Wendt-Stiftung, 1987 Abt.-Ltr. im Bereich Päd., u. seit 1993 Vorst. M.: Vorst. d. Aids-Hilfe Bremen, Vorst. d. GISS, b. 1982 aktiver Handballer im TSV Altenholz/Kiel. u. TV Grambke in Bremen. H.: Bridge.

Groß Heidemarie *)

Gross Heidi *)

Gross Heinrich Johann Dr. theol. Lic. bibl. *)

Gross Helmi *)

Groß Helmut Walter *)

Groß Helmut *)

Groß Ingetraud Dr. med.

B.: FA f. Kinderheilkunde, FA f. Orthopädie, Zusatzbezeichnung: Arbeitsmedizin, eigene Ki.-Praxis. DA.: 12203 Berlin, Margaretenstr. 39. G.: Berlin-Schöneberg, 6. Okt. 1921. V.: Dr. Werner Groß. Ki.: Dr. Klaus-Peter (1948). El.: Leo u. Helene Preuschoff, geb. Michelmann. S.: 1940 Abitur, 1940 Arbeitsdienst, Krankenpflegedienst, 1941 Stud. Humanmed. an d. Humboldt-Univ. Berlin, 1942 Physikum, Berlin, 1943-45 Stud. in Graz, Tübingen, Berlin, 1945Not- Approb. u. -Prom.: Welchen Einfluß hat der Ikterus auf den Stoffwechsel eines Diabetikers? 1946 Staatsexamen Tübingen, Kr.: Bestallung als Arzt, Prom., 1946-48 Pflichtass. Städt. Krankenhaus Potsdam, 1948-52 FA-Ausbild. Kinderheilkunde a. d. Kinderklinik d. Freien-Univ. Berlin (Prof. Joppich), 1952/53 Martin-Luther-Krankenhaus, Innere Med., 1953-57 FA-Ausbildung Orthopädie, Freie Univ. Berlin (Prof. Witt) Oskar-Helene-Heim, FA-Anerkennung: Kinderheilkunde 1954, 1958 Orthopädie, 1972 Zusatzbezeichnung Arbeitsmedizin, 1957-86 Beratungsstelle f. Säuglinge u. Kleinkinder u. Beratungsstelle f. Behinderte, Berlin-Schöneberg, 1958-86 Betriebsärztin COOP-Hdls.-Kette, 1986-91 Beratungsstelle f. Behinderte Reinickendorff, 1957-98 eigene Kd-Praxis, 1998 Zwangsabgabe d. Kassenarztzulassung f. Ärzte über d. 68 Jahre, danach nur Privatpraxis. BL.: Deutsche Jugendmeisterin Rudern, Vierer mit Steuermann, 1938, 1941 Brandenburgische Meisterin, Schwimmen. H.: Philatelie, Fotografie, Fernreisen: Asien, Tropen (u.a. Infektions- u. Tropenkrankheiten).

Groß Katja *)

Groß Klaus Dr.-Ing. Prof.

B.: Prof. im Fachbereich Fahrzeugtechnik. FN.: FH Köln. DA.: 50679 Köln, Betzdorfer Str. 2. PA.: 50733 Köln, Werkstattstr. 15. klaus.gross@fh-koeln.de. www.fh-koeln.de. G.: Westerstede, 1. Feb. 1951. V.: Marlies. Ki.: Andreas, Kirstin. El.: Hans u. Elly. S.: 1969 Abitur, 1969-75 Stud. Maschinenbau Hannover, 1983 Prom. K.: 1975-84 tätig in d. Studienges. f. unterird. Verkehrsanlagen in Köln, seit 1984 Prof. f. d. Fachbereich Fahrzeugtechnik an d. FH Köln. P.: "Lärm u. Erschütterungsminderung im Schienennahverkehr". M.: gemeinnütziger Fahrgastverband "PRO BAHN e.V.".

Groß Manfred Dr. med. dent. *)

Gross Manfred Dr. med. Prof. *)

Groß Manfred A.

B.: Küchenchef. FN.: Casinobetrieb im Landesarbeitsamt Rheinland-Pfalz-Saarland. GT.: Casino-Gourmet - Partyservice u. Messe-Catering - Vorstadtstr. 24a, 66265 Heusweiler, 06806/86 3 73 u. 85 06 05, Partyservice saarlandweit u. im angrenzenden Frankreich. DA.: 66121 Saarbrücken, Eschberger Weg 68. PA.: 66265 Heusweiler, Vorstadtstr. 24a. casino-gourmet@aol.com. www.casino-gourmet.de. G.: Quierschied, 2. Okt. 1947. V.: Erika, geb. Thiel. El.: Erich u. Ursula, geb. Hiber. S.: 1962-65 Ausbildung z. Koch im Hotel Waldhof in St. Ingbert-Schüren. K.: 1965-68 Koch im Hotel Imperial in Wien, 1968 Koch im Hotel Montana in Lausanne sowie Küchenchef im Hotel Wilhelmshöhe in Wiesbaden, 1969 Küchenchef im Hotel Waldeck in Dillingen, 1970-73 Küchenchef im eigenen Restaurant Haus Karlsberg in Neunkirchen/Saar, 1974-79 Küchenchef im Intercity-Restaurant d. Dt. Schlafwagen-Ges. in Saarbrücken, 1980-83 Küchenchef im eigenen Bistro-Restaurant in Saarbrücken, 1984-88 Küchenchef im Hotel am Triller in Saarbrücken, seit 1988 Küchenchef im Casinobetrieb im Landesarbeitsamt Rheinland-Pfalz-Saarland in Saarbrücken. BL.: Messe-Catering f. d. Messe GEFA im Auftrag d. Firma Toussaint auf d. Messeplätzen in Hannover, Berlin, Nürnberg u. Köln. E.: erstklassige Zeugnisse v. allen Arbeitgebern/Hotels/Restaurants erhalten. M.: Verband d. Köche Deutschlands, Präs. d. Zweigvereins d. Köche im Saarland (1994-2000). H.: Kochen, Sauna, FKK.

Groß Manuela

B.: Reiseverkehrskauffrau, selbständig. FN.: Reisebüro Fantasia. DA.: 08062 Zwickau, Innere Zwickauer Str. 100. G.: Schlema, 13. Sep. 1971. Ki.: Max (1998). S.: 1988 Mittlere Reife, 1988-90 Lehre Reiseverkehrskauffrau Reisebüro Ullmann. K.: seit 1995 selbständig m. Eröff. d. Reisebüros in Zwickau. H.: Reisen, Main Coon-Katzen.

Groß Michael

B.: Musiker, Cellist. PA.: 70182 Stuttgart, Kernerstr. 67. G.: Reutlingen, 22. Nov. 1953. V.: Catherine, geb Debacq. Ki.: Adrian (1984), Marie (1986). El.: Felix u. Dorothea, geb. Vierling. S.: 1971 Stud. Musik-HS Stgt., Konzertexamen u. Solistenklasse, Lehrer: L.Hoelscher, A.Janigro, P. Fournier. Stipendiat d. Dt. Musikrats u. d. Studienstiftung d. Dt. Volkes. K.: seit 1974 Konzerttätigkeit, 1979 Solocellist i. Staatsorchest. Stgt. 1983 Grdg. "Trio Parnassus", Konzerte i. Europa, Kanada u. USA. P.: LP´s u. CD´s. E.: u.a. " Premio Vittorio Gui" Florenz u. intern: Kammermusikwettbewerb Colmar, 2001 "Echo-Klassik".

---

*) Biographie www.whoiswho-verlag.ch oder beigefügte CD-ROM

Groß Michael *)
Groß Michael
B.: Schwimmer. G.: Frankfurt, 17. Apr. 1964. K.: Olympiasieger 1984 ü. 100 m Schmetterling u. 200 m Freistil, Olympiazweiter 1984 ü. 200 m Schmetterling u. 4 x 200 m Freistil, Weltmstr. 1982 u. 1986 ü. 200 m Freistil u. 200 m Schmetterling, 1983/84 13 Europameistersch. u. 13 Weltrekorde, 23 Europarekorde; nat. Ebene: 24 Dt. Meistersch. u. 67 dt. Rekorde, Weltrekorde ü. 200 m Freistil, 200 m Schmetterling u. 4 x 200 m Freistil m DSV-Staffel, 1988 Olympische Spiele Seoul. E.: 1982, 83, 84, 88, Sportler d. Jahres. H.: Computer, Schach, Schwimmen.

Groß Norbert *)
Groß Olaf

B.: geprüfter Anlage- u. Vermögensberater, Gschf. Ges. FN.: NOWINTA Berlin-Brandenburg Finanzdienstleistungen GmbH. DA.: 13127 Berlin, Berliner Str. 27. G.: Cottbus, 2. März 1962. V.: Anja, geb. Kalkreuth. Ki.: 1 Tochter. S.: 1981-85 Stud. Ges.-Wiss. an d. Humboldt-Univ. zu Berlin. K.: 1985-90 MinR. d. DDR Bereich Finanzrevision, 1992 Mitgründer d. NOWINTA u. seither Gschf. Ges., 1994 berufsbegleitendes Fernstud. z. geprüften Anlagen- u. Vermögensberater. P.: zahlr. Fachbeiträge z. Thema Investment in Fachzeitschriften wie DM, Finanztest u.a. M.: Verb. d. Finanzdienstleister, Rotary Club. H.: Heimwerken.

Groß Oliver *)
Groß Oliver *)
Groß Paul J. Dr. rer. pol. Dipl.-Kfm. *)
Groß Rainer Dipl.-Finanzwirt

B.: Steuerberater. FN.: Groß u. Partner GmbH. DA.: 72555 Metzingen, Christophstr. 16-18. G.: Kassel, 19. Juni 1954. V.: Waltraud, geb. Stiefele. Ki.: Anna-Lena. El.: Michael u. Maria, geb. Herbrik. S.: 1972 Wirtschafts-Fach-Abitur. K.: 1972 tätig im gehobenen Dienst in d. Finanzverw., 1975 Ausbild. z. Fachwirt f. Finanzen m. Dipl.-Abschluß, 1975-91 Betriebsprüfer in d. Finanzverw., seit 1991 selbst. Steuerberater, 1992 Grdg. d. Kanzlei Groß u. Partner GmbH mit Schwerpunkt Nachfolgeberatung. H.: Tennis, Familie, Wandern.

Groß Reiner Dr. sc. phil. *)
Gross Ricco
B.: Profi-Biathlet, Sportsoldat. FN.: c/o Dt. Skiverband. DA.: 82152 Planegg, Hubertusstr. 1. PA.: 83324 Ruhpolding, Gnaig 11. G.: Schwarzenberg, 22. Aug. 1970. V.: verh. Ki.: 2 Kinder. K.: größte sportl. Erfolge: 1985 DDR Meisterschaften Staffel/1.,1991 WM Staffel/1., DM Sprint/3., Staffel/1., 1992 Olympische Spiele Sprint/2., Staffel/1., WC Gesamt/10., 1993 WC Gesamt/5., 1994 Olympische Spiele Sprint/2., Staffel/1., WC Gesamt/10., 1995 WM Staffel/1., WC Gesamt/7., 1996 WM Staffel/2., WC Gesamt/4., 1997 WM Staffel/1., WC Gesamt/2., 1998 Olympische Spiele Staffel/1., Biathlon-Trophy Gesamt/2., WM Team/2., 1999 WM 10km Sprint/6., Jagdrennen/1., Staffel/4., 1999 Kontiolathi Verfolgung/1., Einzel/2., 2000 20km Sprint Ruhpolding/1., Biathlon WM a. Holmenkollen/6., WM Oslo Staffel/3., 2002 OS Salt Lake City 12,5 km Verfolgung/3., Staffel/2. H.: Oldtimer, Motorsport. (Re)

Gross Roland

B.: RA in eigener Kzl. FN.: Kanzlei Gross & Kollegen. DA.: 04105 Leipzig, Christianstr. 27. leipzig@advogross.de. G.: Gießen, 29. Dez. 1954. V.: Dr. Claudia Friedrich-Gross. Ki.: Christian (1974), Tanja (1984), Fabian (1985). S.: 1974 Abitur in Oberursel, 1974-79 Stud. der Rechtswiss. Univ. Frankfurt/Main, 1. Staatsexamen, Referendariat LG Frankfurt/ Main, 2. Staatsexamen. K.: seit 1982 ndlg. RA in Frankfurt, 1989 Fachanwalt f. Arbeitsrecht, 1993 Eröff. d. Kzl. in Leipzig m. Tätigkeitsschwerpunkt Arbeits-, Verfassungs- u. Versicherungsrecht. P.: Veröff. zu Arbeits- u. Anwaltsrecht in Fachzeitschriften. E.: Vorstand RAK Sachsen. M.: Arbeitsrechtausschuß im DAV, LAV, Dt. Juristentag, Dt. Alpenverein. H.: Bergwandern.

Groß Rolf
B.: Ind.-Kfm., Gschf. Ges. FN.: Groß u. Kraus (GK) Heizungsbau. DA.: 70176 Stuttgart, Forststr. 53. G.: Stuttgart, 27. März 1944. V.: Eva, geb. Chowanecz, Ki.: 2 Kinder El.: Else u. Erwin. S.: 1964 Abitur, 2J. Bundeswehr (Offz. d. Res.), Lehre Ind.-Kfm. b. Fa. Siemens. K.: 1969 Eintritt in d. Fa. d. Schwiegervaters, 1979 eig. Firma als GmbH gegründet, seith. gschf. Ges. M.: Handwerkskammer, SVK. H.: Tennis. (E.M.)

Groß Ronald Dipl.-Ing.
B.: Maschinenbauingenieur, Gschf. Ges. FN.: Brimmer Anlagenbau GmbH. DA.: 28832 Achim, Oskar-Schulze-Str. 16. rgross@brimmer.de. www.bruemmer.de. G.: Bremen, 23. Juni 1960. V.: Cristina, geb. Gawor. Ki.: Jan (1985), Ole (1987), Torben (1995). S.: 1977-80 Ausbildung z. Maschinenschlosser Bremer Vulkan-Werft, 1981 Fachabitur, 1981-85 Stud. Maschinenbau FH Bremen, Abschluss Dipl.-Ing. K.: 1985-87 Vertriebsingenieur b. Eckardt AG in Stuttgart u. Projektingenieur im Planunsbüro Leverkusen, 1987-90 Projektleiter f. Planung u. Bau verfahrenstechnischer Anlagen b. Coffein Companie Bremen, 1991-95 Projektingenieur f. Planung u. Bau in d. Lebensmittelverfahrenstechnik b. Kraft Jacobs Suchard Bremen, 1995-2001 Senior-Projektleiter im Ingenieurbüro Joachim Brimmer Anlagenbau GmbH Achim, ab 1999 Gschf. im verfahrenstechnischen Anlagenbau, 2001 Grdg. v. Brimmer Anlagenbau GmbH als Gschf. Ges. im verfahrenstechnischen Anlagenbau.

Groß Sabine
B.: Gschf. FN.: Berliner Ges. f. Prävention u. Rehabilitation v. Herz-Kreislauferkrankungen e.V.; Berliner Sportärztebund e.V. DA.: 14199 Berlin, Forckenbeckstr. 21. PA.: 10777 Berlin, Spichernstr. 22. bgpr@sport-berlin.de. www.sport-berlin.de/bgpr. G.: Berlin, 14. Sep. 1955. El.: Johannes u. Ger-

*) Biographie www.whoiswho-verlag.ch oder beigefügte CD-ROM

trud Groß. S.: 1975 Abitur, 1974-78 nebenberufl. Ausbild. z. staatl. geprüften Eislauflehrerin, 1976-79 Ausbildung z. staatlich geprüften Gymnastiklehrerin, 1979-89 Sportstud. u. hauptberufl. Eiskunstlauftrainerin. K.: ab 1989 Teilzeitkraft d. Berliner Sportärztebund Berlin e.V., 1990 Vollzeit u. Timesharing m. d. Berliner Ges. f. Prävention u. Rehabilitation v. Herz-Kreislauferkrankungen e.V. (BGPR), ab 1993 Gschf. d. beiden vorgenannten Vereine. M.: Berliner Schlittschuh-Club seit 1961. H.: Tennis, Inlineskating, Fitness, Golf (Anf.).

Gross Siegismund *)
Groß Stefani
B.: RA in eigener Kzl. FN.: Kanzlei Groß + Groß. DA.: 50668 Köln, Cordulastr. 2. raegross@t-online.de. G.: Köln, 6. März 1969. V.: Jörg Groß. Ki.: Clarissa u. Tabea (2001). El.: Jürgen Wolf u. Maria, geb. Grund. S.: 1988 Abitur, 1989-93 Stud. Rechtswiss. Köln, 1993 1. u. 1996 2. Staatsexamen. K.: seit 1997 selbständige RA in Köln.

Groß Thomas Dr. Prof.
B.: Prof. f. d. Fachbereich Rechtswiss. FN.: Univ. Gießen. DA.: 35394 Gießen, Licher Str. 64. thomas.gross@recht.uni-giessen.de. www.uni-giessen.de/gross. G.: Stuttgart, 11. Okt. 1964. S.: 1983 Abitur, 1983-84 Zivildienst, 1985.89 Stud. Rechtswiss. Univ. Tübingen, Genf u. Heidelberg, 1989 1. Staatsexamen, 1989-93 Referendariat, 1992 Prom., 1993 2. Staatsexamen Stuttgart. K.: 1993-98 wiss. Ass. m Inst. f. dt. u. europ. Verw.-Recht a. d. Univ. Heidelberg, 1998 Habil., 1998-99 Lehrstuhlvertretung an d. Univ. Gießen, seit 1999 Prof. f. öff. Recht an d. Univ. Gießen. P.: Diss.: "Die Autonomie d. Wiss. im eur. Rechtsvergl." (1992), Habil.: "Das Kollegialprinzip in d. Verw.-Organ." (1999), lfd. Veröff. in Fachzeitschriften. E.: Ausz. d. europ. Gruppe f. öff. Recht in Athen f. Diss. M.: Europ. Gruppe f. öff. Recht, Vereinig. Staatsrechtslehrer.

Gross Thomas Dr. *)
Gross Thomas M. Dipl.-Bw.

B.: Gschf. Ges. FN.: Gross Events GmbH / Gross Promotion GmbH. DA.: 20149 Hamburg, Rothenbaumchaussee 164; 14469 Potsdam, Am Neuen Palais 3; 20149 Hamburg, Abteistr. 59. tgross@gross-events.de. www.gross-events.de; www.schloessernacht.de; www.gross-promotion.de. G.: Lüneburg, 28. Sep. 1962. El.: Johann u. Margrit, geb. Hermes. S.: 1985 Fachabitur FH Goslar/Harz, 1985-87 Zivildienst, parallel freiberufl. tätig, Organ. v. Veranstaltungen in Hamburg u. Niedersachsen, 1987-90 Stud. an d. HS f. Wirtschaft u. Politik in Hamburg m. Abschluss z. Dipl.-Bw. K.: freiberufl. Projektltr. im Bereich Verkaufsförd. u. Eventmarketing in Hamburg, 1990 Grdg. d. ersten priv. Werbeagentur in d. ehem. DDR im Osten Berlins b. 1991, 1991-97 Gschf. Ges. einer nat. Verkaufsförd.-Agentur in Quickborn/Hamburg, ab 1997 Grdg. d. eigenen Agentur Gross Events GmbH, Gross Promotion GmbH, Gross Communications in Hamburg, seit 2001 Eröff. u. Ndlg. in Potsdam u. einem Büro in Hannover. P.: div. Veröff. in Fachzeitschriften d. Kommunikationsbranche. M.: IDKV, ESB, HEW, Marketing Club. H.: Reisen, Sport, Lesen, Kulturveranstaltungen.

Groß Torsten *)
Groß Violetta *)
Groß Walter Dr. Prof.
B.: Univ.-Prof. DA.: 72076 Tübingen, Liebermeisterstr. 12. PA.: 72072 Tübingen, Mallestr. 24. G.: 30. Juni 1941. S.: 1960 Abitur, Stud., 1964 Lic. phil. PUG Rom, 1968 Lic. theol., 1969 Lic. bibl. Pontificio Istituto Biblico, 1973 Dr. theol., 1975 Dr. theol. habil. K.: 1974-75 wiss. Ass. Univ. München, 1976 o.Prof. f. Altes Testament Univ. Mainz, seit 1980 o.Prof. f. Altes Testament Univ. Tübingen. P.: zahlr. Veröff., Die Pendenskonstruktion im Biblischen Hebräisch. Ich schaffe Finsternis und Unheil. Ist Gott verantwortlich für das Übel? Die Satzteilfolge im Verbalsatz alttestamentlicher Prosa. Untersucht an den Büchern Dtn, Ri und 2 Kön. Zukunft für Israel. Alttestamentliche Bundeskonzepte und die aktuelle Debatte um den Neuen Bund, Doppelt besetztes Vorfeld. Syntaktische, pragmatische und übersetzungstechnische Studien zum althebräischen Verbalsatz. H.: Kammermusik.

Groß Werner Dr. med. Prof. *)
Gross Winfried
B.: selbst. Steuerberater, Rechtsbeistand u. vereidigter Buchprüfer. DA.: 65719 Hofheim a. Ts., Kirschgartenstr. 15. PA.: 65817 Eppstein, Feldbergstr. 22. G.: Laubach, 5. Feb. 1945. V.: Waltraud, geb. Wendt. Ki.: Florian (1979), Katharina (1981). El.: Adolf u. Ingeborg, geb. Thiel. S.: 1962 Kaufmannsgehilfenprüf., 1970 IHK-Bilanzbuchhalterprüf., 1974 Steuerbevollmächtigter, 1980 Steuerberater, 1980 Rechtsbeistand m. Vollzulassung - RAK, 1994 vereid. Buchprüfer. K.: seit 1978 selbst. Steuerberater u. Rechtsbeistand (1980) sowie vereidigter Buchprüfer (1994) in Hattersheim/M. u. seit 1996 in Hofheim a. Ts. H.: Leichtathletik, Triathlon, Schach.

Gross Wolf *)
Gross Wolff Dr. med. Prof. *)
Groß Wolfgang

B.: Unternehmer. FN.: Omnibus Groß GmbH. DA.: 72108 Rottenburg, Mechthildstr. 14. G.: Tübingen, 6. Okt. 1951. V.: Claudia, geb. Endreß. Ki.: Simone, Johannes. S.: 1971 Abitur, 1972 Bundeswehr, 1972-75 Päd. HS Reutlingen, 1975-77 Ausbild. als Kfz-Mechaniker, Gesellenbrief, parallel dazu Techn. Betriebsfachwirt. K.: ab 1977 Einstieg in d. elterl. Betrieb - Reisebüro - Omnibusunternehmen - Touristik - ÖPNV, ab 1984 Übernahme des Unternehmens, Schwerpunkt ÖPNV (Öff. Personen-Nahverkehr). E.: 2000 Manager d. Monats im Fachblatt Bus-Blickpunkt. H.: Kunst, franz. Impressionisten, Reisen, Skifahren.

*) Biographie www.whoiswho-verlag.ch oder beigefügte CD-ROM

Groß-Albenhausen Burkhard Dr. med. *)

Gross-Georgi Martina *)

Grossarth-Maticek Ronald Prof. Dr. med. Dr. phil. *)

Grossbötzl Horst F. *)

Große Andreas Dr. Ing.
B.: freiberufl. Bauing. DA.: 04439 Engelsdorf, Mozartstr. 27. G.: Leipzig, 2. Mai 1960. V.: Kerstin. Ki.: Marcus (1986), Mareike (1991). El.: Manfred u. Liselotte. S.: 1976-78 Spezialschule f. Chemie TH Leuna-Merseburg, 1978 Abitur Merseburg, 1978-80 Bundeswehr, 1980-85 Stud. TH Leuna-Merseburg m. Abschluß Dipl.-Chemiker, 1987-91 apl.Aspirantur Ing.-Schule Mittweida, 1991 Dr.-Ing., 1992-96 Fernstud. z. Bauing. an d. TH Leipzig m. Abschluß Dipl.-Ing. f. Bauing.-Wesen. K.: 1985-92 Entwicklungsing. f. Klebstoffe im VEB Schuhchemie in Mölkau, 1992-94 Entwurfsverfasser u. Baultr. im Ing.-Büro Dr.-Ing. M. Große, seit 1994 freiberufl. Ing. im Bereich Bauplanung; Projekte: Objekt- u. Tragswerksplanung, Einfamilienhäuser - Verbindung v. Ästhetik m. mod. Technologie, Schulen, Ind. u. Autohäuser. H.: Bergwandern, Fotografie.

Große Angelika *)

Grosse Dietmar *)

Grosse Eduard Dr.
B.: Gschf. Ges. FN.: G. KOM Kommunikation u. Marketing GmbH. DA.: 10719 Berlin, Lietzenburger Str. 97. G.: Berlin, 1. Juli 1928. K.: 4 Kinder. El.: Eduard u. Hildegard, geb. Drude. S.: 1947 Abitur, 1948-50 Stud. Vw. FU Berlin, U. K. Oxford u. Univ. Frankfurt/Main, 1950-51 Stud. Univ. Minnesota m. Abschluß Master of Arts, 1952-56 Stud. Vw. u. vergleichendes Verfassungsrecht FU Berlin m. Abschluß Dr. rer. pol. K.: 1958-59 Senior Research Executive bei B.B.D. & O. in Minneapolis/USA, 1958-59 Senior Research Executive Ogilvy bei Benson & Mather in New York, 1960-65 stellv. Gschf. d. J. W. Thompson GmbH in Frankfurt, 1965-69 Gschf. d. Foote, Cone & Belding GmbH in Frankfurt, 1969-72 Chairman d. Europe Foote, Cone & Belding Inc., 1972-83 Chairman of the Board FCB InPl. Inc. in Chicago, 1983-87 Verleger bei Grosse & Crain GmbH in Frankfurt/Main, seit 1987 Gschf. Ges. d. BMV Berliner Med. Verlagsanstalt in Berlin, seit 1987 Gschf. Ges. d. G. KOM Grosse Kommunikation u. Marketing GmbH in Berlin, 1991-93 Chairman of the Board d. Dorland Europe Continental S. A. Luxemburg/Berlin, seit 1992 gschf. Partner d. Arge Dt. Testmarkt in Berlin. P.: Hrsg. v. "Horizont", Autor v. "100 J. Werbung in Europa". E.: 1979 BVK. M.: 1968-75 gschf. Vorst. d. Steuben-Schurz Ges., 1970-74 Vorst. d. GWA, 1979-85 Chairman Intern. Visitors Center in Chicago, 1977-84 Dir. Lyric of Chicago, 1977-83 Dir. Art Inst. of Chicago, 1983-95 Vors. d. Kuratorium v. Radio 100,6, 1982-84 Vorst. d. Initiative freie soziale Marktwirtschaft, 1983-99 Schatzmeister d. Ges. d. Freunde d. alten Oper Frankfurt/Main, 1983-88 BeiR d. Dt. Kredit- u. Hdl.-Bank, 1996-2000 Vorst.-Mtgl. d. Kommunikationsverb. BDW/IAA Club Berlin/Brandenburg. H.: Literatur, deutsche Sprache.

Große Ernst Ulrich Dr. Prof.
B.: Buchautor, Univ.-Prof. FN.: Univ. Freiburg. DA.: 79085 Freiburg, Werthmannplatz 3. PA.: 79227 Schallstadt, Alemannenstr. 2. ernst.ulrich.grosse@romanistik.uni-freiburg.de. G.: Geiersthal, 28. Aug. 1938. V.: Ingrid, geb. Lünnemann. Ki.: Jana, Julian. S.: Gymn., Univ. Hamburg, Paris-Sorbonne, Freiburg, Florenz, 1965 Staatsexamen, Studienstiftung d. Dt. Volkes, 1967 Prom. K.: 1967-69 wiss. Ass., AkR., 1972-73 Lehrstuhlvertretung in GH Kassel, 1973 AkOR., 1976 Habil., 1976 venia legendi, 1979 Prof. P.: Sympathie d. Natur, Afrz. Elementarkurs, Texttypen, Frankreich verstehen, Rhône-Alpes, Panorama de la presse parisienne, Italien verstehen, div. Beiträge zu Sammelbänden u. Zeitschriften. M.: Dt. Romanistenverb., Ver. d. Franz.Lehrer, Carolus Magnus-Kreis, Societe Rencesvals, Dt. Italianistenverb. H.: Musizieren.

Grosse Friedhelm *)

Große Hans Dipl.-Ing. oec. *)

Große Jan *)

Große Jörg Dr. *)

Große Jörn *)

Große Marlies *)

Grosse Martin Christian Dr. iur. *)

Große Michael *)

Grosse Michael
B.: Reg. u. Schauspieler, Generalintendant. FN.: Schleswig-Holsteinisches Landesthater u. Sinfonieorchester GmbH. DA.: 24837 Schleswig, Lollfuß 53. kontakt@sh-landestheater. www.sh-landestheater.de. G.: Berlin, 22. Okt. 1961. Ki.: Daniel (1990). El.: Herwart u. Annemarie. S.: 1980 Abitur, 1981-85 Inst. f. Schauspielregie Berlin, Regiestud. K.: 1985-89 OSpielltr. u. Schauspieler am LTheater Eisenach, 1989-90 OSpielltr. u. Schauspieler an d. Bühnen d. Stadt Zwickau, seit 1991 freiberufl. Regie: Faust I (1988), Clarigo (1990), Tod eines Handlungsreisenden (1991), seit 1985 Auftritte m. literar. Soloprogrammen, Prinz v. Homburg (1987), Peter Peter in "Ingeborg" (1990), Kaiser Joseph II in "Amadeus" (1990), Boto Strauß "Ithaka" (1999), b. 2000 Generalint. a. d. Bühnen d. Stadt Gera, s. 2000 Generalintendant a. Schleswig-Holsteinischen Landestheater. H.: Beruf, Familie.

Grosse Otto

B.: RA u. Notar a.D. FN.: Kzl. Otto Grosse. DA.: 10825 Berlin, Nymphenburger Str. 9. G.: Leipzig, 5. Jan. 1927. V.: Ingrid, geb. Ahlers. Ki.: Claudia, Bettina, Christiane, Martin. El.: Otto u. Maria, geb. Stein. S.: 1944 Notabitur, Flakhelfer, 1945 Ostfront, b. 1945 Kriegsgefangenschaft, 1945 Abitur, 1/2 J. Leuna-Werk, Aufbau einer Produktionsstraße, b. 1948 Stud.ium Rechtswiss. an Univ. Leipzig, Flucht nach West-Berlin, Referendariat am AG Kreuzberg, 1955 2. Staatsexamen. K.: seit 1955 RA, Wiedergutmachung f. Opfer d. Nationalsozialismus, Opferanw. v. geschädigten Juden, weltweite Praxis, Mandantenbetreuung viele Reisen nach Lateinamerika, v. allem Rio de Janeiro, Sao Paulo, Montevideo, Buenos Aires, Santiago u. Nordamerika, seit 1989 auch Restitutionsans. BL.: b. Vereinigung KPD u. SPD 1946 Zerreißen d. alten SPD-Parteibuchs. v. Verweigerung Annahme d. SED-Parteibuchs. P.: Veröff. über ihn in Zeitungsartikeln. E.: "Der Dt. Anw. f. Wiedergutmachung". H.: Sport, Schwimmen, Reisen nach Lateinamerika.

---

*) Biographie www.whoiswho-verlag.ch oder beigefügte CD-ROM

Große Rita *)

Große Uwe *)

Große Werner *)

Große Gorgemann Hans-Joachim *)

Große Lembeck Franz Dr. med. vet.

B.: Fachtierarzt für Pferde, selbständig. FN.: Tierärztliche Klinik für Pferde Dr. Große Lembeck, Dr. Blessing, Dr. Schweighofer, Dr. Veith. DA.: 85599 Parsdorf/Vaterstetten, Vaterstettener Weg 6. dr.grosse-lembeck@t-online.de. www.pferdeklinik-in-parsdorf.de. G.: Ostbevern, 5. Juni 1942. El.: Felix u. Antonia. S.: 1963 Abitur, 1963-65 Leutnant d. Reserve b. d. Feldartillerie in Handorf, 1965-70 Stud. d. Veterinärmedizin an der Univ. Hannover, 1971 Prom. Stallklimauntersuchung in Fohlenboxen West u. Norddeutscher Vollblutgestüte. K.: 1971-74 Ass.-Arzt b. Dr. Breuer in München-Feldkirchen, Ambulante Praxis u. Olympiaklinik in München Riem, Tierarzt b. d. Olympischen Spielen 1972 f. alle Disziplinen u. d. EM d. Springreiter, 1974-75 Hospitation an nat. u. intern. Tierkliniken wie am New Bolton Center in Pennsylvania, Schweiz u. Deutschland, 1975 selbständig, bis 1983 Ambulante Praxis, 1983-2000 stationäre Behandlung auf d. Trabrennbahn in München Daglfing, Rennbahntierarzt in München-Daglfing u. Pfaffenhofen, Auktionstierarzt f. Traberjährlinge u. bayrische Reitpferde, seit 2000 Pferdeklinik in Vaterstetten. BL.: erste Pferdeklinik in Deutschland m. Highspeed-CT f. Pferde; aktiver Reiter bis Military L, Dressur L, Springen M, westfälischer Mannschaftsmeister, Zucht- u. Besitzerpreise f. Trabrennpferde, Vize-Europameister m. d. Pferd "Frascati". P.: Veröff. in Vollblut u. Pferdefachzeitschriften. M.: Ges. f. Pferdemedizin, Ges. d. amerikanischen Pferdemediziner, Deutsche veterinärmedizinische Ges., Bundesverb. Praktischer Tierärzte, R.V. Gustav Rau Westbevern, Westfälischer Reiterverein Münster.

Grosse Lutermann Reinhold Dipl.-Kfm. *)

Große Rövekamp Anja

B.: Dipl.-Heilpädagogin m. eigener Praxis. FN.: Heilpädagogische Praxis. GT.: seit 1999 nebenamtliche Lehrbeauftragte im Bereich Diagnostik, leitet Fachseminar Pädagogik. DA.: 44623 Herne, Goethestr. 1. G.: Münster, 29. Dez. 1965. El.: Rudolf Große Rövekamp u. Gerda-Marie, geb. Ottensmann. S.: 1985 Abitur, 1987-90 Stud. z. Heilpädagogin, 1991-93 Ausbildung in Perzeptionstherapie, 1990-93 Ausbildung in Psychomotorik, 1998 Fortbildung zu Moderationsmethoden. K.: 1985-87 Erziehungshelferin in Kindergarten u. Heim f. Kinder u. Jugendliche, 1990-91 Berufspraktikum, staatl. Anerkennung, 1991-92 Dipl.-Heilpädagogin, Frühförderung d. Lebenshilfe Neuburg, 1992-96 Dipl.-Heilpädagogin in Herne, seit 1996 selbständig m. eigener Praxis in Herne. F.: Fachseminar Pädagogik. M.: DBSH, Aktionskreis Psychomotorik e.V., IBU, Tierhilfe e.V. H.: Ballett u. Jazztanz, Sport, Reisen.

Große Sextro Ute

B.: Heilpraktikerin, Psychotherapeutin, Homöopathin. DA.: 21376 Salzhausen, Oppenberg 26. G.: Hamburg-Harburg, 7. Apr. 1957. V.: Johannes Große Sextro. Ki.: Dominique Raphael (1998). S.: 1974 Mittlere Reife Hamburg-Harburg, 1976 Lehre z. Bankkauffrau in Hamburg b. d. Commerzbank. K.: Zusatzausbild. z. Kreditsachbearb. b. d. Commerzbank, Wechsel z. BPG Bank in Hamburg u. Fortsetzung dieser Ausbild. u. als Kreditsachbearb. tätig b. 1989, Stud. Homöopathie b. Georgeos Vithoulkas u. Sheila Creasy u. an d. Clemens-von-Bönninghausen-Ak., 1990-92 Paracelsus Heilpraktikerschule Hamburg, 1991 Heilpraktikerprüf. u. Zulassung, freiberufl. Heilpraktikerin, 1990-92 Psychotherapieausbild. b. d. Paracelsus-Heilpraktikerschule. BL.: Ausbilderin f. Autogenes Training, Mentaltraining, Meditation. H.: Beruf.

Große-Ruyken Rita M. *)

Große-Schulte Reiner Josef

B.: Steuerberater, Inh. FN.: Steuerberater Große-Schulte + Partner. DA.: 76532 Baden-Baden, Lange Str. 8. G.: Dortmund, 30. Juni 1956. V.: Beate, geb. Schwarz. El.: Johannes u. Margot, geb. Zander. S.: 1976 Abitur, Ausbild. Gehilfe. K.: 1976-79 tätig in versch. Steuerbüros in Dortmund, 1979-83 tätig in Hagen, 1982 Steuerbev.-Prüf. am OFD-Münster, 1983-87 Prüf.-Ltr. u. Steuerbev., 1988 Steuerberaterprüf., 1988-89 Angestellter Stb in Bad Wildbad, 1989-91 Teilhaber d. Große-Schulte & Partner, seit 1991 Alleiniger Ges.Gschf. v. Große-Schulte & Partner. M.: 1993-97 Schatzmeister d. Tennisclub Rot-Weiß, Grdg.-Mtgl. d. Tennisclub Loffenau. H.: Reisen.

Große-Wilde Otmar *)

Große-Wöhrmann Barbara Dr. med. dent.

B.: ndlg. Zahnärztin, selbständig. DA.: 13409 Berlin, Residenzstr. 43. G.: Magdeburg, 11. Sep. 1966. V.: Volker Große-Wöhrmann. Ki.: Lena (1999). S.: 1985 Abitur, 1985-86 Arbeit im med. Bereich in Magdeburg, 1986-91 Stud. Zahnmed. in Rostock, 1993 Prom. z. Dr. med. dent. K.: 1991-94 Assistenzzeit, seit 1994 ndlg. in eigener Praxis in Berlin. H.: Esoterik, Basteln.

Große-Wortmann Iris

B.: Dipl.-Grafikdesignerin. DA.: 33613 Bielefeld, Mellerstr. 2. PA.: 33604 Bielefeld, Vormbaumstr. 3. info@irisdesign.de. G.: Preußisch-Ströhen, 21. Jan. 1970. V.: Olaf Stoltz. El.: Hermann u. Irmgard Große-Wortmann. S.: 1987-90 Ausbild. z. Schriftsetzerin b. Loewe Druck in Bielefeld, 1991 Fachabitur f. Gestaltung, 1992-97 Stud. d. visuelle Kommunikation an d. FH Bielefeld, erfolgreiche Teilnahme an versch. Gestaltungswettbewerben. K.: 1997 eigenes Werbegrafikbüro in d. Sennestadt, 1999 Umsiedlung in eine Bürogemeinschaft in Bielefeld Stadtmitte, Schwerpunkt: Corporate Design: Erscheinungsbild f. Freiberufler, Firmen u. Verb. M.: Unternehmerinnentreff Bielefeld. H.: Sport, Fotografie.

*) Biographie www.whoiswho-verlag.ch oder beigefügte CD-ROM

Großekemper Hans Jürgen Prof. *)

Grossekettler Heinz Georg Dr. Prof.
B.: o. Univ.-Prof. u. Dir. FN.: Inst. f. Finanzwiss. d. Westf. Wilhelms-Univ. Münster. DA.: 48143 Münster, Wilmerg. 6-8. PA.: 48308 Senden, Siebenstücken 108. Grossekettler@ wiwi. uni-muenster.de. G.: Istanbul/Türkei, 6. Apr. 1939. V.: Elke, geb. Böttcher (verst. 1998). Ki.: Ulrich (1975). El.: Johannes u. Elisabeth. S.: 1950-59 Gutenberg-Gymn. Mainz, 1959 Abitur, 1963-68 Stud. Vw. Univ. Mainz, 1968 Dipl.Vw. anschl. f. ein Semester Stipendiat in Paris u. Brüssel, 1972 Prom. z. Dr. rer. pol. K.: 1959-63 Marineoffz. auf Zeit, heute FKdR, 1968-75 Ass. im Inst. f. Finanzwiss. d. Univ. Mainz, Lehrstuhl Prof. Dr. Gandenberger, 1975 Habil. f. "Volkswirtschaftslehre einschl. Finanzwiss.", 1975 Berufung als o.Prof. f. Volkswirtschaftslehre an d. Univ. Münster, 1978 Berufung BU Hamburg (abg.), 1978/79 Berufung zum Dir. d. Inst. f. Finanzwiss. d. Univ. Münster, 1989 Berufg. in d. Wiss. BeiR b. BMF. P.: Buch über die "Wirtschaftsordnung als Gestaltungsaufgabe. Entwicklungsgeschichte d. Ordoliberalismus", Lehrbuch über "Preis- und Wettbewerbstheorie" (zusammen mit M. Borchert), "Kompendium der Wirtschaftstheorie und Wirtschaftspolitik" (zusammen mit D. Bender et al.). M.: American Economic Association, AK Europäische Integration, European Society for the History of Economic Thought, Intern. Inst. of Public Finance, Fr. v. Stein-Ges., List-Gesellschaft, Ludwig-Erhard-Ges., Verein für Socialpolitik. H.: Kunstgeschichte, Segeln, Wandern.

Grosselfinger James *)

Grosser Afred Dr. phil. *)

Grosser Anke Dr. iur.

B.: RA. DA.: 10318 Berlin, Treskowallee 83. G.: Woltersdorf, 26. Dez. 1958. V.: Norbert Grosser. Ki.: Wiebke (1981), Benjamin (1986). S.: 1977-81 Jurastud. Univ. Leipzig, Staatsexamen. K.: 1981-86 Jurist. Mitarb. in einem gr. Ind.-Betrieb, 1987-90 Aspirantin an d. Humboldt-Univ. Berlin, 1990 Prom. z. Dr. iur., Zulassung als Anw. u. seither tätig, Schwerpunkt: Vermögens- u. Ges.-Recht, Strafrecht, Familienrecht. P.: versch. jur. Beiträge in Fachpubl., Autorin v. "Determination v. Rückfallkriminalität b. Eigentumsstraftaten". H.: schreibt Prosa.

Grosser Georg Martin
B.: RA. DA.: 44135 Dortmund, Stefanstr. 4. G.: Birmingham, 6. Sep. 1961. V.: Ute Christin, geb. Benk. Ki.: Georg Moritz (1995), Johann Lorenz (1998), Victoria Christin (2001). El.: Dr. med. Hans Hermann u. Maria Elisa Goncalves. S.: 1981 Abitur Dortmund, 1981 Stud. Rechtswiss. Bochum, 1989 1. u. 1992 2. Staatsexamen. K.: seit 1993 ndgl. Anw. in Dortmund, 1999 Fachanw. f. Strafrecht, 1999 Soziatät m. RA u. Notar Döring m. Schwerpunkt Zivil- u. Strafrecht. P.: Veröff. in Fachzeitschriften. M.: Strafverteidiger-Vereinig., Golfclub St. Barbara Dortmund. H.: Golf, moderne Kunst.

Großer Peter Dr.-Ing. *)

Grosser Regina *)

Großer Sebastian Dr. med. *)

Grossert Eberhard Dr. Ing. *)

Grossert Ralf-Joachim *)

Großfeld Bernhard Dr. iur. Prof. *)

Großgerge Helmut Dr. med. *)

Grosshans Jürgen Günther Heinrich *)

Grosshanten Silvia

B.: Versicherungskauffrau, selbständig. FN.: DiCoTec, Gesitek. DA.: 40549 Düsseldorf, Heerdter Landstr. 245. G.: Düsseldorf, 3. Feb. 1958. V.: Klaus Großhanten. Ki.: Veren und Anja. El.: Lorenz Stamm u. Sybilla Brors. S.: 1972-76 kfm. Ausbildung Sozialvers. K.: 1976-81 Ang. d. Düsseldorfer Sozialvers., 1981-85 Ang. d. Münchner Sozialvers., 1986-89 Sachbearbeiterin einer Krankenkasse, 1992-94 selbst., glz. 1994-97 Ang. b. Land NRW u. seit 1994 Gschf. Gesitek, 1997 Grdg. d. Firma DiCoTec. H.: Kinder, Sport, Lesen, Tiere.

Großhauser Manfred Dr. *)

Großheim Ernst Otto Dipl.-Ing. *)

Grosshennig Joachim Dr. med.

B.: Kinder- u. Jugendarzt, selbständig. GT.: Fachberater d. Zeitschriften "Strahlentelegramm" u. "Elektrosmog", Auftritte zu Podiumsdiskussionen in d. Waldbühne Berlin - Gegen Atomkraft. DA.: 10732 Berlin, Blissestr. 48. G.: Berlin, 22. Nov. 1942. V.: Martina, geb. Hoppe. Ki.: Miriam (1971), Kolja (1971), Pflegesohn Andreas (1971), Viola (1985), Felix (1987), Hanna (1992). El.: Ernst u. Ursula, geb. von Scheven. S.: 1962 Abitur Hamburg, 1962-64 Wehrdienst, 1964-67 Stud. Med. in Freiburg, 1967 Stud. Med. u. Konzertsemester m. d. Streichquartett d. akademischen Orchesters in Wien, 1968-70 Stud. Med. in Heidelberg, Staatsexamen, 1971 Prom. z. Dr. med. K.: 1971-72 Medizinalass. in Heidelberg (Chirurgie) u. Mossbach (Gynäkologie), 1972-73 Ass.-Arzt b. Prof. Huth an d. Univ.-Klinik Heidelberg in d. Kinderklinik Mannheim, 1973-76 FA-Ausbildung am Virchow-Klinikum in Berlin, FA f. Pädiatrie, seit 1977 selbständig m. eigener Kinderarztpraxis in Berlin, ab Gesundheitszentrum Gropiusstadt, danach in Praxisgemeinschaft in Berlin, 1983 Hinwendung z. Homöopathie, speziell d. Antroposophie, Hospitationen in Herdecke u. Weiterführung d. kinderärztl. Praxis als schulmed. u. naturheilkundl. Praxis, 1998 Gemeinschaftspraxis m. d. Gynäkologen in Berlin/Zehlendorf, seit 2000 freie Ndlg. als antroposophische Kinder- u. Jugend-Privatpraxis in Berlin. P.: Diss.

*) Biographie www.whoiswho-verlag.ch oder beigefügte CD-ROM

"Kalziumstoffwechselstörungen im Kindesalter", Artikel. M.: Antropologische Ges., Kinderärzteverband Berlin, IPPNW. H.: Geige spielen b. d. "Berliner Otto-Sinfonikern".

Großklaus Rainer H. G. Dr. oec. Dr. h. c. *)

Großkopf Dorothea StR.
B.: Rektorin. FN.: Schule f. Körperbehinderte. DA.: 21077 Hamburg-Harburg, Elfenwiese 3. G.: Burg Steinfurt, 8. Okt. 1961. V.: Helmer Großkopf. Ki.: Katrin (1966). El.: Bernhard u. Gretel Lastering, geb. Czerwanski. S.: 1962 Abitur Hamburg-Eimsbüttel, b. 1965 Stud. Päd. u. Kunst m. Staatsexamen. K.: 1967-74 Ausübung Lehrberuf an d. Volks- u. Realschule Neugraben, nach schwerem Verkehrsunfall m. Gesichtsverletzung Umorientierung auf Behinderten-Unterrichtung u. d. Fürsorge v. Zurückgebliebenen, 1975-78 Probezeit an jetziger Schule, danach b. 1980 Nachstud. Sonder- u. Körperbehindertenpäd., m. Rückkehr Ernennungz. StR., 1994 Berufung als Schulltr., fortlfd. Weiterbild. in Kommunikation, Betriebsmanagement. H.: Radfahren, dt. Literatur.

Großkopf Eberhard Karl Johann Heinrich Dr. med. *)

Großkopf Gudrun
B.: Fachzahnärztin. DA.: 12524 Berlin, Ortolfstraße 204. G.: Olbernhau/Erzgebirge, 31. März 1956. V.: Jürgen Großkopf. Ki.: André (1979), Alexander (1981), Claudia (1987). S.: 1974 Abitur, 1974-79 Auslandsstud. Zahnmed. in Leningrd, auch allg.-med. Grundstud., 1979 Dipl.-Stomatologe. K.: 1984-85 FA-Prüf. z. Fachzahnarzt f. Allg. Stomatologie, während der Ausbild. in normaler Poliklinik, 1986 im Betriebsgesundheitswesen, 1989-92 staatl. Gesundheitswesen in stomatolog. Poliklinik in Köpenick, seit 1992 eigene Praxis. BL.: Suprakonstruktionen auf Implantaten in interdisziplinärer Zusammenarb. m. Oralchir. H.: Aquafitness, Fahrradfahren, eigenes Haus, Russ. fließend.

Grosskopf Jan *)

Großkopf Klaus Dipl.-Ing. *)

Großkreutz Karl-Hermann

B.: Gschf. FN.: von der Heyden & Großkreutz Intern. Personalberatung GmbH. DA.: 82031 Grünwald, Nördliche Münchner Str. 14. G.: Osnabrück, 25. Mai 1952. V.: Sigrun, geb. Kusch. Ki.: Felix (1982). El.: Karl u. Lieselotte. S.: 1969-72 Ausbild. z. Ind.-Kfm., 1972-76 Betriebswirtschaftsstud. in Osnabrück. K.: 1977-80 Mitgründer u. Partner v. Aarau Real Estate in Münster, 1980-87 GAD Ges. f. automat. Datenverarb. eG Münster, 1987-92 Lotus Development GmbH München, Produktmanager, Produktmarketingmanager Zentraleuropa, Sales Director Lotus Notus u. OEM f. Zentraleuropa, 1993-94 Marketing Manager b. Peacock AG Paderborn, 1994-96 Managing Dir. f. Zentral- u. Osteuropa b. Visio GmbH München, 1996 Grdg. d. Firma v. d. Heyden & Großkreutz GmbH München Personalberatung, Ndlg. in London u. Düsseldorf, seit 2000 in Frankfurt u. Hamburg. H.: Golf, Motorradfahren, Bergwandern, Mallorca.

Großkreutz Marlene

B.: vereid. Buchprüfer, Steuerberater, Rechstbeistand. PA.: 12107 Berlin, Grüntenstr. 36. G.: Scheibe-Alsbach, 27. Feb. 1943. V.: Michael Großkreutz. S.: 1962 Ind.-Kfm.-Lehre. K.: 1973 Bilanzbuchhalterprüf. IHK, 1978 staatl. Prüf. f. Steuerbev., 1986 Steuerberater, seit 1978 selbst., 1979 Rechtsbeistandpräf., 1987 Zulassung als vereid. Buchprüfer, ab 1991 Präsidentin Steuerberaterverband Berlin-Brandenburg e.V.

Größl Lothar Dr. rer. pol. Prof.
B.: Prof. f. BWL. FN.: Univ. d. Bundeswehr. DA.: 85579 Neubiberg, Werner-Heisenberg-Weg 39. PA.: 85579 Neubiberg, Anzengruberstr. 32. G.: Teplitz-Schönau, 27. Aug. 1934. V.: Ingrid, geb. Geller. Ki.: Christoph, Sibylle. El.: Gustav u. Elisabeth. S.: Hum. Gymn. Eichstätt, Univ. Erlangen-Nürnberg, 1974 Prom. K.: seit 1980 Prof., 1983-86 Dekan im Fachbereich Betriebswirtsch., 1987-88 VPräs. d. Univ. d. Bundeswehr u. Prof. f. BWL, insbes. Finanzwirtsch. u. Controlling, 1960-64 tätig in d. Konzernverw. d. Schickedanz-Gruppe Fürth. P.: Monographien, 3 Bücher: "Zu e. Theorie d. militär. Logistik" (1975), "Betriebl. Finanzwirtschaft" (1978), Banking Groups in The FRG and their Relationships with Industrial Companies, Bangor (UK) (1990), Mitverf. e. weiteren Buches, 19 Beiträge in Sammelwerken, 10 Beiträge f. Zeitschriften. E.: 2001 BVK am Bande, Medal of Chung Yuan Christian Univ. Chung Li /Taiwan. H.: Kunstgeschichte, Kirchen- u. insbes. Ordensgeschichte. (O.K.)

Großmann Hans-Bernd
B.: Dipl.-Ing. Bau, Beratender Ingenieur, Öffentl. best. u. vereid. Sachverständiger. FN.: Sachv.-Büro Großmann & Coll. DA.: 12555 Berlin-Köpenick, Bahnhofstr. 16. G.: Dresden, 22. Juni 1940. V.: Renate, geb. König. Ki.: Dipl.-Ing.-Elektro Jens-Peter Jackson (1965). S.: 1963 Abschluss Stud. Bauingenieurwesen, 1982 Abschluss Stud. Volkswirtschaft. K.: 1960 Facharbeiter - Maurer, ab 1963 Arb. als Bauing. auf mehreren Großbaustellen, 1975-89 Gutachter im Gebiet Bautechnik u. Baupreise, seit 1989 selbst. im eigenen Gutachterbüro, Sachv.-Arb. in d. Bereichen Grundstückbewertung, Rückführungsansprüche, Bauschäden u. Beweissicherung, nebenberufl. Vortragstätigkeit. P.: zahlr. Aufsätze in Fachzeitschriften. M.: Verb. vereid. Sachv. Berlin-Brandenburg e.V., Bundesverb. d. mittelständ. Ind. H.: Segeln, Surfen, Schwimmen, Golf, Fotografieren, Filmen, Reisen.

Großmann Achim
B.: Dipl.-Psych., MdB. FN.: Dt. Bundestag. DA.: 11011 Berlin, Platz d. Republik 1. PA.: 52146 Würselen, Kaiserstr. 78. G.: Aachen, 17. Apr. 1947. V.: Christine, geb. Koschack. Ki.: Tim (1969), Arne (1975). El.: Dr. med. Gottfried u. Hildegard, geb. Buerbank. S.: VS, 1966 Abitur, Stud. Psych. TH Aachen, 1972 Dipl.-Psych. K.: ab 1972 Erziehungsberater an

---
*) Biographie www.whoiswho-verlag.ch oder beigefügte CD-ROM

Großmann

d. Beratungsstelle f. Eltern, Kinder u. Jugendl. in Alsdorf, ab 1979 Ltr., einige Sem. Doz. an d. FH f. öff. Verw. f. d. Fach Verw.-Psych.,1971 SPD, seit 1982 Unterbez.-Vors. Kreis Aachen, seit 1983 Mtgl. Bez.-Vorst. Mittelrhein, seit 1975 Mtgl. Rat d. Stadt Würselen, s. 1987 MdB, Mtgl. Frakt.-Vorst., wohnungspolit. Sprecher. M.: JG Bau, AWO. H.: Lesen, Petanque. (Re)

Grossmann Carl G. *)

Großmann Christa *)

Großmann Edgar

B.: Gschf. Ges. FN.: MeSonTex GmbH f. Sonnenschutzanlagen. DA.: 19288 Ludwigslust, Bauernallee 31-33. G.: Ludwigslust, 17. Sep. 1953. V.: Annette, geb. Brüning. Ki.: Jeannine (1978), Susann (1982). S.: 1970-72 Lehre Baufacharb. VEB Bau Ludwigslust, b. 1974 Wehrdienst. K.: Baufacharb. im VEB, ab 1976 Lehrlingsausbilder, 1980 Meisterprüf. f. Hochbau u. tätig als Lehrmeister, seit 1983 tätig in d. Arb.-Organ., 1990 Mitgrdg. u.Ltr. d. Firma MeSonTex u. 1999 Gschf. Ges. H.: Schwimmen, Garten.

Großmann Elisabeth Dipl.-Ing.

B.: Gschf. FN.: Tourist-Information Meißen GmbH. DA.: 01662 Meißen, Markt 3. G.: Halle/Saale, 9. Nov. 1954. V.: Johannes Zeller. Ki.: Martin (1978). S.: 1973 Abitur Berlin, 1973-77 Stud. Bw. für Tourismus Verkehrs-HS mit Abschluß Dipl.-Ing. oec. f. Tourismus. K.: seit 1977 tätig in d. Meißen Information, 1990 Amtsltr. d. Tourismusamtes Meißen, seit 1994 Gschf. d. Tourist-Information Meißen GmbH; Projekte: seit 1998 jährl. Veranstaltung d. Weinfestes als Imageträger m. gr. Kulturprogramm u. d. jährl. Altstadtfestes m. versch. Themen z. Stadtgeschichte. M.: Dt. Städtetag, Konferenz f. Tourismus, Landestourismusverb. - Arb.-Gruppe sächs. Städte, Tourismusmarketingges., stellv. Vors. d. Tourismusverb. Sächs. Elbland, Vors. d. Fremdenverkehrsvereins. Meißen, Meißnische Weinbruderschaft, Schatzmeister d. Skalclubs Dresden, FDP. H.: Theater, Konzerte, Museen, Ausstellungen.

Grossmann Friedrich *)

Großmann Günter *)

Großmann Hannsjörg *)

Grossmann Hans D. *)

Großmann Hans-Willi *)

Großmann Jörg *)

Großmann Josef Dr. iur. utr.

B.: Landrat a.D., Rechtsanwalt. DA.: u. PA.: 77815 Bühl, Honaustr. 13. G.: Baden-Baden, 28. März 1926. V.: Ruth, geb. Purfürst. Ki.: Jörg Matthias, Margrit; Thomas, Katrin, Stefan, Christine. El.: Julius u. Elisabeth, geb. Krieg. S.: Ludwig Wilhelm-Gymn. Rastatt u. Gymn. Hohenbaden, Baden-Baden, Jurastud. Univ. Freiburg, 1951 1. Jur. Staatsprüf., 1954 Prom., 1955 2. Jur. Staatsprüf. K.: seit 1955 in d. Inneren Verw. v. Baden-Württemberg, 1962-73 als Stellv. u. Landrat in Bühl/Baden, 1974-79 GmbH-Gschf. E.: 1985-93 Vors. d. PräsidialR. d. DRK, Präs. d. DRK-LVerb. Bad. Rotes Kreuz (1975-93), Ehrenmtgl. Präsidium DRK, Ehrenpräs. Bad. Rotes Kreuz, Vors. d. Belzer-Holtzmann-Stiftung, BVK am Bande, 1. Kl. u. Gr. BVK, Verd.Med. Baden-Württemberg, Officier de l'Ordre Pro merito Melitensi, Officier d'Education civique, DRK-EZ, JUH-EZ, Feuerwehrverdienstmed., Ritter vom Heiligen Grab, UV.

Großmann Jürgen *)

Großmann Klaus

B.: freiberufl. Grafiker, Desginer u. Ausstellungsgestalter. DA.: 04103 Leipzig, Rossplz. 11. G.: Seifhennersdorf, 16. Mai 1939. V.: Eveline, geb. Pokrandt. Ki.: Jan (1970, freiberufl. Grafiker u. Plastiker). El.: Heinz (Berufsschullehrer f. Polygraphie) u. Ilse. S.: 1953-58 Lehre u. Tätigkeit als Buchdrucker, 1960-65 Stud. d. Grafik m. Dipl.-Abschluß HS f. Grafik u. Buchkunst Leipzig (HGB). K.: seit 1965 freiberufl. Grafiker, 1971-76 Aspirant an d. HGB, 1976-79 Ass. u. Oberass. mit Lehrtätigkeit an d. HGB, 1980 Doz. f. Grafik, Beauftragter f. Künstl. Gestaltung d. Hochschulgalerie, Ausstellungen u.a. zu Picasso, El Lissitzky, M. Beckmann, A. Hrdlicka, J. Beuys, 1985-93 Fachklassenleiter f. Grafik Design (HGB), seit 1980 Gestaltung v. zahlr. nat. u. internat. Kunstausstellungen u.a. IX. u. X. Kunstausstellung in Dresden, Personalausstellungen W. Sitte in Moskau u. Wien, B. Heisig in Berlin u. Moskau. P.: Konzeption u. Gestaltung v. Personalausstellungen u.a. f. d. Künstler Sitte, Picasso, El Lissitzky, Scarpati, Hrdlicka, Horlbeck-Kappler, Beuys u. Leipziger Schule. E.: Preisträger d. Biennale in Warschau (1974). H.: Malerei.

Großmann Klaus Dr. med. habil. *)

Grossmann Klaus E. Dr. phil. *)

Großmann Klaus Ulrich Dr. Prof. *)

Großmann Max Richard Dr. agr. Prof.

B.: HL. PA.: 14199 Berlin, Kolbergerpl. 6. G.: Frankfurt/Oder, 25. Juli 1923. V.: Margot, geb. Klapper. Ki.: Birgit (1961). El.: Gottlieb u. Luise, geb. Nickel. S.: 1941 Abitur, 1947-49 Berufsausbild. z. Gärtner, 1949-52 Stud. Gartenkunst u. Landschaftsgestaltung an d. Humboldt-Univ. zu Berlin, 1958 Prom. K.: 1941 nach d. Reichsarb.-Dienst b. 1945 b. Millitär/Luftwaffe, b. 1946 in amerikan. Kriegsgefangenschaft, 1952 kurzzeitig Mitarb. im BA Zehlendorf in Berlin, 1953-65 Mitarb./ltd. Mitarb. d. TU Berlin, 1962 delegiert als Projektltr. - Ortsplanung - im Taunus, 1965-71 Ltr. d. Lehr- u. Forsch.-Anst. Berlin-Dahlem, 1971 Prof. TFH Berlin, 1986-93 beratende, verantwortl. Mitarb. in d. gleichen Einrichtung. BL.: Analyse v. Park- u. Gartenanlagen, fulminante Teilnahme an einem intern. Kongress d. Landschafts- u. Gartenarchi-

*) Biographie www.whoiswho-verlag.ch oder beigefügte CD-ROM

tekten in d. Schweiz, 6 J. Berater u. Gutachter d. Senats v. Berlin. P.: ca. 25 Veröffent. in Fachzeitschriften, Prom.: Beitrag z. Erforschung d. Bedarfs einer Großstadt an öff. Garten- u. Parkanlagen, gutachterl. Stellungnahme z. Lokalisierung u. Dimensionierung v. Freiflächen bei der Berliner Stadtplanung, Fotodokumentation u. Nutzungsanalyse: Wildenbruchplatz 1898-1978, Buch "Landesentwicklung durch Bauleitplanung" (1969). M.: DGGL u. Verb. d. Ldw., mehrere J. PersoalR.-Mtgl. f. d. Ass. d. TU Berlin. H.: Kunstgeschichte, Wandern.

Großmann Michael *)

Großmann Mona *)

Großmann Norbert *)

Großmann Rudi

B.: Bauingenieur, Gschf. FN.: Großmann Bau GmbH. DA.: 03172 Guben, Luxchenweg 3. G.: Guben, 3. März 1921. V.: Ursula, geb. Schiersch. Ki.: Barbara (1951), Renate (1957). S.: 1936 Sonderreife Guben, 1937-39 Stud. an d. Staatl. Hochbauschule Frankfurt/Oder, Abschluss als Bauingenieur, 1939-41 Soldat in d. Wehrmacht. K.: 1945-60 Gründung eines eigenen Baugeschäftes, b. 1960 Ltg. als Eigentümer, danach d. Betrieb unter staatl. Beteiligung weitergeführt, stellv. Obermeister d. Baugewerbeinnung, 1957 Grdg. d. Betonwerkes Reichenbach, 1961-63 Aufbau eines Betonwerkes in Lembo/NRW u. Ltg. d. Betriebes im Auftrag d. Firma Linnenbecker, 1963-90 Grdg. eines eigenen Spezialbauunternehmens f. Kläranlagen, Wasserwerke u. Wohnungen in Lemgo, 1990-2000 Grdg. d. Transportbetonwerkes Guben u. Ltg., Grdg. d. Transportbetonwerkes Eisenhüttenstadt m. Kieswerk in Schagsdorf/Neiße u. Ltg., Grdg. d. Baustoffrecyclingbetriebes Spree-Neiße m. Lagern in Schwarze Pumpe, Forst u. Schenkendöbern, Grdg. d. Beton Centrum Guben u. Ltg., seit 2000 Beschränkung auf Ltg. d. Großmann Bau GmbH. M.: BDB Bund Dt. Baumeister, BMVB Bundesverband mittelständische Wirtschaft. H.: Bauen.

Grossmann Sven *)

Großmann Thomas Dipl.-Ing. *)

Großmann Willi *)

Großmann Wolf-Dieter *)

Grossner Claus *)

Großner Dietrich Dr. med. Univ. Prof. *)

Grossner Wolfgang Dipl.-Ing.
B.: Architekt. DA.: 22359 Hamburg, Buckhorn 18. PA.: 22359 Hamburg, Buckhorn 18. G.: Hamburg, 18. Okt. 1939. V.: Elke, geb. Fritsche. Ki.: Gero (1968), Gunter u. Gido (1972). S.: 1956 Mittlere Reife, 1956-58 Lehre im Bauhandwerk, 1958-61 Ing.-Stud. Bauwesen m. Abschluß FH-Reife, 1961 Ing.-Tätigkeit in Polen, 1961-67 Arch.-Stud. Berlin. K.: 1967-68 Tätigkeit in Berliner Arch.-Büro, 1969-74 Tätigkeit im Arch.-Büro d. Vaters, seit 1994 Alleininh. d. Arch.-Büros. F.: Alleininh. Arch.-Büro in Sofia/Bulgarien. M.: Arch.-Kam., Chaine des Rotisseur. H.: Kunst (Malerei), Kochen.

Großpietsch Peter *)

Großschädel Andreas-Josef Dr. med. univ.
B.: FA f. Allg.-Med. FN.: Praxis f. Allg.-Med. DA.: 28259 Bremen, Tegeler Plate 9. besterdoktor@aol.com. www.besterdoktor.de. G.: Bremen, 2. Sep. 1963. V.: Edith, geb. Kratzer. Ki.: Kerstin (1983), Anna-Lena (1994). El.: Josef u. Edeltraud, geb. Heuberg. S.: 1982 Abitur Bremen, Med.-Stud. Karl-Franzens-Univ. Graz, 1992 Abschluss, Prom. z. Dr. med., 1993/94 Sanitäts Corporal Bundesheer in Graz. K.: 1994 Schwerpunkt-KH Oberwart/Burgenland/Österr. Arzt in Praktikum, FA-Ausbild., 1997 FA f. Allg.-Med., weitere internist. Ausbild., 1999 Praxisübernahme v. Dr. F.-W. Harriehausen in Bremen, Praxis f. Allg.-Med., Schwerpunkt: Wirbelsäulenerkrankungen, Sonografien, Langzeit-EKG, Ergometrie, kleine chir. Eingriffe, Betreuung d. Konorarsportgruppe Huchtinger Ärzte. M.: Österr. Ges. f. Ernährungsmed., Verb. Österr. Internisten. H.: PC, Angeln, Lesen.

Grosz Anton Ing. *)

Grosz Holger *)

Groszer Oliver *)

Gröszer Clemens *)

Groszmann Hans Georg

B.: selbst. Architekt u. Designer. DA.: 50668 Köln, Weideng. 2. G.: Daun, 11. März 1960. Ki.: Elena (1990). El.: Paul u. Gertrud, geb. Müller. S.: Mittlere Reife Düren, 6 Mon. Lehre Firma Glas Porschen Düren, 2 1/2 J. Ausbild. Glasmalerei Glasfachschule Rheinbach, 1 J. FOS Rheinbach, 1 J. Zivildienst Alanus-HS Alfter. K.: 3 Mon. Glasmalerei f. Shinkansen-Bhf. in Osaka, 3 Mon. Aufenthalt in Mexico u. Peru, Teilnahme an Wettbewerb in Portugal u. 1. Preis in "Autonomus Panal", 8 Mon. Glasmaler bei Peill & Putzer in Düren, danach Stud. Arch., glz. Glasmaler in Basel u. Zürich, Mitarb. im Büro Cziongala in Bensberg, Abschluß als Dipl.-Ing. m. Ausz., tätig bei Architekt George in Bonn u. bei Brovot & Partner in Köln, seit 1999 tätig bei Architekt George u. selbst. tätig BL.: Engagement in d. Kindererziehung, Bau d. Kindergartens Rotznase in Eigeninitiative u. danach Ver.-Vorst. E.: Ankäufe d. Studentenwettbewerbs z. Erweiterung d. Zeughaus-Museum in Berlin u. d. Elefantenanlage f. Zoo Köln H.: Squash, Joggen, Literatur, histor Romane, Architekturgeschichte, Schottlandreisen.

*) Biographie www.whoiswho-verlag.ch oder beigefügte CD-ROM

von Grote Alexandra Dr. phil.
B.: Drehbuchautorin, Reg. FN.: c/o S. Fischer Verlag GmbH. DA.: 60596 Frankfurt/Main, Hedderichstr. 114. G.: Bad Polzin/Pommern, 23. Apr. 1944. El.: Alexander u. Annemarie. BV.: George Grote engl. Parlamentarier im 19. Jhdt., Nikolaus v. Grote Vors. d. Dt. Ind.Verb. S.: aufgewachsen in Westdeutschland u. Paris, 1964 Abitur Paris, 1964-66 Stud. Theaterwiss., Phil., Psych. u. Romanistik München u. 1966-69 Wien, 1969 Prom. z. Dr. phil. K.: 1966-68 Schauspielausbild. Privatschule Krauss Wien, 1970-75 Lekt. u. Redakteurin im Bereich Schauspiel u. Fernsehspiel d. ZDF Mainz, 1978-80 Doz. Dt. Film- u. Fernsehak. Berlin, 1975-77 Ref. d. Senats f. kulturelle Angelegenheiten Berlin, Doz. f. Theaterwiss. FU Berlin, seit 1977 freie Drehbuchaut. u. Regisseurin, 1981-91 Gschf. d. Ariadne Film GmbH Filmproduktion, Filme: 1981/82 "Weggehen u. Anzukommen", 1984 "Novembermond", 1989 "Reise ohne Wiederkehr", 1991 dt. Dialogfassung u. Dialogregie d. franz. Krimiserie "Kommissar Navarro", mehrere Dokumentarfilme. P.: "Augen so blau wie d. Meer" (1991), "In's Gesicht geschrieben" (1978). E.: Media Award Los Angeles 1986, Frameline Award f. "Novembermond" San Francisco 1968. M.: BVerb. Dt. Film- u. Fernsehreg. H.: Rennradfahren, Reiten, Reisen, Kochen. (Re)

Grote Alfons *)

Grote Barbara

B.: Streß-, Management- u. Lernberaterin, selbständig. FN.: Barbara Grote Streß-Management-Beratung. DA.: 30966 Hemmingen, Sohlkamp 6. b.grote@ohne-stress.de. www.ohne-stress.de. G.: Wunstorf, 1. Okt. 1947. V.: Wolf-Rüdiger Grote. Ki.: Corinna (1974), Sonja (1976), Sebastian (1979). El.: Herbert Völz u. Irene, geb. Elbe. S.: Mittlere Reife, 1965-68 Lehre z. Bürokauffrau in Hannover, Abschluss m d. Kaufmannsgehilfenbrief. K.: 1969 Wechsel in einen anderen Betrieb (Arzneimittelfirma) in d. Buchhaltungs- u. Finanzbuchhaltungsabteilung, 1975 Adoption v. Corinna u. 1977 Sonja, bis 1993 Hausfrau u. Mutter, dann Ausbildung z. Kinesiologin (Streß-Management-Beratung) in Hannover, Abschluss m. Lehrerlaubniszertifikaten, ab 1995 selbständige Streß-, Management- u. Lernberaterin, überregionale Tätigkeiten, zusätzl. Fort- u. Weiterbildungen, 1995 Basis Facilitator, 1998 Advanced Facilitator, 2000 Shortprogramm II-Facilitator, Beendigung d. Ausbildung m. d. Consultant Facilitator, zusätzl. Kenntnisse in: Touch for Health (I-IV), Neuro Meridian Kinestetik (NMK I-IV), Formel Acht System (1-3/Lehrerlaubnis), Reiki (Grad 1+2), Fußzonenmassage, Beratung b. Überreaktion auf Substanzen, Systembalance u. Strukturstellen m. Muskeltests, ASSISI I/II (Applied Structural and Social Integration Society Intern.), zusätzl. Lehrtätigkeit in Forum-Synergie Hannover. M.: DGAK Dt. Ges. f. angewandte Kinesiologists, IASK Intern. Association of Specialized Kinesiologie, IASK. H.: Beruf, Gesellschaftstanzen, Gartenarbeit, Schwimmen, Stoff-Puppen nach Waldorfart (Handarbeit).

Grote Jürgen Dr. med.
B.: ndlg. Arzt, Internist. FN.: Praxis f. Innere Med. DA.: 28195 Bremen, Bahnhofstr. 37. G.: Ellwangen, 8. Okt. 1944. V.: Monika, geb. Ludwig. Ki.: Jens (1974), Dirk (1975). El.: Dr. med. Peter u. Annerose, geb. Junker. BV.: Großvater Prof.

Dr. Louis Grote, Internist u. Ltr. d. Schwarzwaldklinik b. 1958. S.: 1966 Abitur Bremen, Stud. Med. Univ. Freiburg, 1972 Staatsexamen u. Prom., 1978 Facharzt f. Innere Krankheiten. K.: 1979 in Gemeinschaftspraxis m. Peter Grote in Bremen, seit 1985 in alleiniger Praxis in Bremen. M.: Berufsverb. Dt. Internisten Bremen, seit 1990 Vors. d. Landesgruppe, seit 1993 Vors. d. Kassenärztl. Ver. in Bremen. H.: klass. Musik, Golf.

Grote Marie Luise

B.: Krankenschwester, Inh. FN.: Grote Schweißtechnik GmbH. DA.: 59063 Hamm, Werlerstr. 281. G.: Münster, 14. Jan. 1941. V.: Franz-Günter Grote. Ki.: Martin. El.: Bernharth u. Marie, geb. Heinmann. S.: 1957-60 Hauswirtschaftslehre in Rheine, Krankenpflegeprüf. m. Examen in Rheine. K.: 1964-68 Übernahme Mediz. Studio, 1968-72 Mascheder Krankenhaus Düsseldorf-Münster, 1972-75 Rotes Kreuz Lehrgänge u. Weiterbild., 1975-86 Kinder u. Haushalt, seit 1986 Übernahme d. Firma wegen Krankheit d. Mannes. E.: Zertifikat v. T.Ü.V. wegen exakter Normarb. M.: DVS. H.: Hund.

Grote Martin Dr. rer. pol. Prof.

B.: Rektor. FN.: FH Bochum - HS f. Technik u. Wirtschaft. GT.: Trainer, Berater, Autor u. Doz. an d. Bankak. Frankfurt. DA.: 44801 Bochum, Universitätsstr. 150. PA.: 44795 Bochum, Berwerksstr. 14. G.: Bückeburg/Niedersachsen, 5. Feb. 1954. V.: Michaele, geb. Erwig. Ki.: Fabian (1985). El.: Werner u. Marion. S.: 1972 Mittlere Reife, 1973-74 Ausbild. z. Bankkfm. b. d. Volksbank in Bückeburg, 1974-75 Fachoberschule Wirtschaft m. Abschluß Fachabitur, 1975-78 Stud. BWL an d. FH Lippe/Lemgo, Abschluß Dipl.-Betriebswirt, 1978-80 Stud. Wirtschaftspäd. u. Sport an d. Gesamt-HS in Kassel, Aschluß Dipl.-Hdls.-Lehrer. K.: 1981-82 Trainee b. d. Dt. Bank in Frankfurt, 1983-84 Prom., 1985-91 Dresdner Bank in Frankfurt, 1991-96 Prof. Allg. BWL an d. FH Bochum, 1996-97 Prorektor Lehre, Stud., Studienreform, seit 1997 Rektor. BL.: Konzeption u. 1999 Grdg. d. IZK - Inst. f. zukunftsorientierte Kompetenzentwicklung an d. FH Bochum, HS-Reformer. P.: 1985 Diss. "Bild.-Planung in Entwicklungsländern als Problem d. Entwicklungspolitik", 1995 "Organ. u. Personalentwicklung in Banken. Strategie u. Realisation". E.: seit 1997 VPräs. Campus Radio CT Bochum e.V. M.: HLB - HS-Lehrerbund. H.: Schreiben v. Prosa u. Lyrik, Klavierspielen.

---
*) Biographie www.whoiswho-verlag.ch oder beigefügte CD-ROM

Grote Paul

B.: Journalist, Autor. DA.: 47798 Krefeld, Nordwall 82. G.: Celle, 19. Sep. 1946. S.: 1965-67 Lehre Werbekfm., 1968-69 Wehrdienst. K.: 1969-73 Tätigkeit in Werbeagenturen, Werbefachschule Hamburg, 1973-75 Stud. Soz. an d. HS f. Wirtschaft u. Politik in Hamburg, 1975-79 Stud. polit. Wiss. Univ. Hamburg, 1979-82 Dokumentationsjournalist, seit 1982 freier Journalist, Autor, Radiosendungen, Fotograf, 1983-97 langfristige berufl. Amazonienaufenthalte u. Tätigkeit in Gesamtsüdamerika. P.: "In Amazonien" (1994), Drehbuch "Flußpiraten v. Amazonas". M.: Dt. Journalistenunion, Verb. Reporter ohne Grenzen e.V. H.: Langstreckenreiten, Wein, Kochen.

Grote Peter
B.: selbst. m. Pflegedienst, Altenheim, Sanitätshandel, Menüdienst. DA.: 30916 Isernhagen, Steller Str. 48. G.: Hannover, 17. Sep. 1952. V.: Karin, geb. Käld. S.: 1969-71 kfm. Ausbild., 1971-74 Krankenpflegeausbild. MHH Hannover. K.: 1978-83 eigenes Krankentransportunternehmen, seit 1986 selbst. Krankenpfleger; Grdg. Berufsverband AGH 1987, Vorstandstätigkeit in d. AGH bis 1994, Grdg. u. Vorstandstätigkeit Sektion Freiberufler im DBFK seit 1995. P.: Computerprogramme. M.: ASU, DBFK. H.: Reisen, Planen neuer Projekte.

Grote Sigrid *)

Grote Udo Dr.
B.: Diözesankonservator, Dir. d. Domkammer. FN.: Dom zu Münster. DA.: 48143 Münster, Spiekerhof 29/30 oder Dompl. 28. G.: Münster, 25. Aug. 1958. V.: Martina. Ki.: Alexander, Katharina. El.: Friedrich u. Irene. S.: 1979-87 Stud. Kunstgeschichte, Geschichte, Archäol., Prom. K.: 1980-89 wiss. Mitarb. am Stadtmuseum in Münster u. Ref. ad. VHS, seit 1990 Ltr. d. Außenstelle Xanten d. Bistumsarchivs u. Ltr. d. Stifts-Bibliothek in Xanten, Ltr. d. Domschatzkammer Xanten, seit 1998 zusätzlich Diözesankonservator d. Bistums Münster, seit 2001 zusätzlich Dir. d. Domkammer in Münster u. Domkustos d. Kathedral-Kirche St. Paulus in Münster. P.: Johann Mauritz Gröninger, Ein Beitrag zur Skulptur des Barock in Westfalen, Bonn 1992, Phil. Diss. Münster 1986, Architektur- Dokumente - Fragen - Erläuterungen - Darstellung in d. Reihe: Geschichte original am Beispiel der Stadt Münster, Nr. 18, Münster 1992, Beiträge zu Domschatz, Archiv und Bibliothek in: Hilger, Hans Peter (verst.), Der Dom zu Xanten und seine Kunstschätze. 2. überarb. Aufl. 1997; Bildtexte in Janssen, Heinrich/ Grote, Udo (Hrsg.): Zwei Jahrtausende Geschichte der Kirche am Niederrhein, Münster 1998, verbessert Neuauflage 2001, Der Schatz von St. Viktor. Mittelalterliche Kostbarkeiten aus dem Xantener Dom, Regensburg 1998. E.: Ausz. im Bereich Kunstgeschichte (Fürstin Gallitzin Preis). M.: Gschf. d. Arge d. kirchl. Museen u. Schatzkammern, Icom, Verb. d. Dt. Archivare, Verb. d. Dt. Kunsthistoriker.

Grote Wolfhart *)

Grotegut Einhart
B.: freiberufl. Architekt u. Maler/Grafiker. DA.: 01157 Dresden, Alte Meißner Landstr. 67. egrotegut@aol.com. www. members.aol.com/egrotegut/welcome.html. G.: Königstein, 30. Apr. 1953. V.: Claudia. K.: Raymond (1975), Norman (1982). El.: Herbert u. Ilse. BV.: Zunftmeister d. Lohgerber-

u. Seifensiederzunft in Meißen v. 300 J. - danach benannt Görnsches Tor u. Görnsche Gasse in Meißen. S.: 1972 Abitur m. Berufsausbild. als Baufacharb. in Pirna, 1974-79 Arch.-Stud. an d. TU Dresden, Dipl. K.: 1979-85 Architekt in Stadtplanungsamt Lückenschließung am Fetscherplatz, 1985-88 Arb. in einer Dresdner Galerie, Teilnahme an archäologischen Ausgrabungen, Bodendenkmalpflege, s. 1989 freiberuflich in Dresden tätig, Ausstellungsprojekte f. Schloßmuseum Weesenstein, Gestaltung d. Schloßküche u. d. Braukellers, Burg Stolpen, Nutzungskonzept u. Gestaltung Brühlsche Terrasse/Kasematten in Dresden, Gedenkstelle f. d. Sophienkirche in Dresden, Schloß Kriebstein, Kriebsteinzimmer, Bauforsch. - Entwicklung v. Raumkonzepten, künstl. Arbeiten befinden sich im Besitz d. Freistaates Sachsen u. im Kupferstichkabinett Dresden. P.: Histor. Bauforsch. Sachsen 01, Staatl. Schlösser, Burgen, Gärten in Sachsen, Art. in Fachzeitschrift Bauen u. Wohnen, Collagen f. Weesenstein, Kairos Art Galery Nr. 55, Nr. 58. E.: 1990 Stipendium d. Stiftung Kulturfond Berlin. M.: Sächs. Künstlerbund, IGB Bauernhaus Holznagel, Sächs. Heimatschutz, KunstbeiR. Land Sachsen, Jurymtgl. baugebundene Kunst Chemnitz. H.: Beruf.

Groteheide Oliver
B.: Ltr. FN.: Werkstatt f. Kultur e.V. DA.: 33330 Gütersloh, Bogenstr. 3. PA.: 33334 Gütersloh, Halsbergerweg 4. bambikino@t-online.de. www.bambikino.de. G.: Gütersloh, 18. Sep. 1963. V.: Margit, geb. Schmidt. El.: Hermann u. Irmgard. S.: 1980-84 Volontariat als Theaterltr. in Düsseldorf u. Bochum. K.: 1985-87 ang. D. Filmkaufm. in Programmkino Bambi, 1987 Übernahme d. Kinos u. in eine GbR umgewandelt, 1988 Eröff. d. Werkstatt f. Kultur: Kultur- u. Jugendarb., Medienpäd., 1993 als Bambi: Löwenherz Forum für Filmfreunde, Theater in d. Bogenstraße gewechselt, Sonderveranstaltungen f. Schulen, Selbsthilfegruppen u. d. Bertelsmannstiftung, Kooperation m. Kliniken, Kurzfilmfestival, Kino spezial. E.: 1985-97, 1999 f. hervorragendes Jahresfilmprogramm v. Min. f. Kultur u. Medien, 1989-99 Ausz. d. Filmstiftung NRW, 1993-94, 1997-99 Kinderfilmprogramm. M.: Arge Kino, Gilde d. dt. Filmkunsttheater, Europa Cinema, Religionsphil. Ver.

Grotehusmann Dieter Dr. Ing. *)

Grotek Richard *)

Gröteke Günter Ing.
B.: Gschf. Ges. FN.: Autohaus Gröteke GmbH & Co KG. DA.: 04179 Leipzig, Schomburgkstr. 4 PA.: 04179 Leipzig, Saalfelder Str. 85. www.autohaus-groeteke.de. G.: Leipzig, 4. Sep. 1943. V.: Margot. Ki.: Dipl.-Bw. Franziska (1972), Dipl.-Bw. Stephanie (1977). El.: Heinrich u. Liesbeth. S.: 1960-62 Lehre Kfz-Mechaniker. K.: seit 1962 tätig im Familienbetrieb, 1965 Meisterprüfung, 1969-80 Produktionsleiter u. Vors. d. PGH Autohilfe in Markranstädt, seit 1980 Inh. d. Kfz-Reparaturbetriebes in Leipzig, seit 1990 Vertretung d. Daimler-Cysler AG, 1995 Grdg. d. GmbH m. Service f. PKW, Transporter u. Nutzfahrzeuge d. Daimler-Crysler AG, sowie Gebrauchtwagenhandel. M.: Rotary Club, Kegelverein Markranstädt, Vorst.-Mtgl. d. Förderverein FFW Markranstädt. H.: Oldtimer, Familie.

---

*) Biographie www.whoiswho-verlag.ch oder beigefügte CD-ROM

Grotemeier Christiane
B.: selbst. Dipl.-Sprachheilpädagogin. DA.: 31737 Rinteln, Weserstr. 19 d. G.: Minden, 18. Juni 1963. El.: Wilhelm u. Ursula. S.: 1982 Abitur Hameln, 1983 Kindergartenpraktikum, b. 1989 Stud. Sonderpäd. Univ. Hannover. K.: Sprachtherapeutin an d. neurol. Rehaklinik in Lindenbrunn, b. 1992 an d. onkolog. Rehaklinik in Bad Münder, Eröff. d. Praxis f. Sprach-, Sprech- u. Stimmtherapie in Rinteln; Funktion: Lehraufträge u. Doz. an d. Univ. Hannover, Kiel u. Hamburg. M.: Arb.-Kreis f. ausländ. Kinder e.V., Dt. Ges. f. Sprachheilpäd. H.: Tennis, Lesen, Schwimmen, Theater, Skifahren, Wandern.

Grotenhöfer Wolfgang *)
Grotensohn Helma Elisabeth *)
Gröter Lars Dipl.-Kfm.
B.: Gschf. FN.: Integra Internet Management GmbH. DA.: 20097 Hamburg, Adenauerallee 33. G.: Hamburg, 11. Aug. 1970. S.: 1990 Abitur Hamburg, 1990-91 Zivildienst, 1991-94 Stud. Betriebswirtschaft an d. Univ. Lüneburg, 1994-95 Stud. Betriebswirtschaft an d. Univ. Cordoba/Spanien, 1995-97 Stud. Betriebswirtschaft Univ. Lüneburg, Dipl.-Kfm. K.: 1997-99 Tätigkeit als wiss. Mitarb. am Lehrstuhl f. Betriebswirtschaft Univ. Lüneburg, seit 1999 Gschf. d. Firma Integra Internet Management GmbH. H.: Golf, Badminton.

Groth Barbara *)
Groth Claus Prof. *)
Groth Evelin *)
Groth Helge *)
Groth Holger

B.: Bäckermeister, Inh. FN.: Groth's Backstube. DA.: 28203 Bremen, Sielwall 59. groth-bremen@t-online.de. G.: Bremen, 27. Okt. 1965. V.: Janet, geb. Eisenblätter. Ki.: Katharina (1987). El.: Heinz u. Elfriede. S.: 1982-85 Ausbild. z. Bäcker in Bremen, 1986-87 Wehrdienst. K.: b. 1994 Geselle u. sellv. Backstubenltr. in einer Großbäckerei in Bremen, 1992 Meisterprüf. z. Bäckermeister, s. 1994 selbst. u. Übernahme einer Bäckerei in Bremen Groth's Backstube als Inh., 1998 Eröff. einer Filiale in Bremen. M.: seit 1995 Gesellenprüf.-Aussch. d. Handwerkskam. Bremen. H.: Motorradfahren.

Groth Inge Dr. med. *)
Groth Jürgen
B.: Hauptgeschäftsführer, Unternehmensberater. FN.: Bundesverb. priv. Alten- u. Pflegeheime u. ambulanter Dienste e.V. DA.: 53111 Bonn, Oxfordstr. 12-16.- PA.: 31655 Stadthagen, Nienstädter Str. 18. G.: Stolp, 13. Dez. 1935. V.: Heide, geb. Böhme. Ki.: Kai (1959), Berit (1961), Marit (1964), Dorit (1968). El.: Walter u. Frieda, geb. Bäcker. S.: 1952 Mittlere Reife Norden, 1952-54 Verw.-Lehre m. Abschluß Verw.-Ang. K.: 1954 tätig in d. Bez.-Reg. Osnabrück, 1957 Reg.-Insp., 1957 FHS Bad Nenndorf, 1957-65 Reg.-OInsp. f. Haushaltswesen in d. Bez.-Reg. Hannover, 1965-83 Gemeindedir. in Bad Nenndorf, 1971-83 Samtgemeinde Direktor d. Samtgem. Nenndorf, glz. im Niedersächs. Städteverb., 1984-87 Doz. f. bes. Verw.-Recht im Niedersächs. Studieninst. in Bad Münder, 1984-90 Ltr. d. Pflegeheim Seniorenheim Galenberg u. d. Kurhotel Hannover m. Restaurant Kupferkanne u. Bankettbereich in Bad Nenndorf, 1984 Grdg. d. Jürgen Groth Unternehmensberatung in Stadthagen m. Schwerpunkt Sozialbereich, Betriebsgrdg.-Beratung, Pflegesatzgestaltung f. Pflegeheime u. betreutes Wohnen, 1987 Vorst.-Mtgl. d. BPA, 1989-92 Vors. d. Regionalgruppe Niedersachsen, 1990 BPA-Grdg.-Mtgl. d. ECHO, 1991-93 Lehrauftrag an d. Univ. Osnabrück am Inst. f. interdisziplinäre Gerontologie, seit 1992 Bundesgschf. d. BPA. BL.: rechtl. Gleichstellung d. priv. Unternehmen im Sozialbereich. P.: versch. Rundfunk- u. Fernsehinterviews z. Pflegewes. "Subjektbezogene Investitionsförderung". M.: Feuerwehr Enzen. H.: Hochseesegeln, Binnensegeln, klass. Musik, Konzerte, fremde Kulturen (Asien, Afrika, Mexiko).

Groth Klaus Dr.-Ing. habil. Univ.-Prof. *)
Groth Klaus *)
Groth Klaus-Martin Dr. *)
Groth Rudolf *)
Groth Ulrike *)
Groth Uta-Maria Antonia Dipl.-Ing. *)
Groth Uwe Dr. rer. pol.

B.: Personal- u. Unternehmensberater, Vorst.-Mtgl. Jugend u. Technik. FN.: Dr. Groth & Partner; VDI Verein Deutscher Ingeneure; Hannoverscher Bezirksverein. DA.: 30966 Hemmingen, In der Klewert 20; 30519 Hannover, Am TÜV 1. DrGroth@aol.com. G.: Hannover, 1. Mai 1957. V.: Ursula, geb. Grüner. El.: Prof. Dr.-Ing. Dr. Klaus u. Ruth, geb. Plack. BV.: Bruder Jens-Peter Groth. S.: 1978 Abitur Hannover, 1979-85 Stud. Wirschaftswiss. Univ. Hannover, Abschluss: Dipl.-Ökonom, 1991 Prom. z. Dr. rer. pol. K.: 1985-89 wiss. Mitarbeiter am Inst. f. Fertigungstechnik u. Spanende Werkzeugmaschinen (IFW) Univ. Hannover, 1987-88 Projektleiter IFW u. Inst. f. Unternehmensplanung Univ. Hannover, 1989-91 Abteilungsleiter LaserProdukt GmbH Alfeld, 1992-93 Projektleiter Preussen Elektra AG Hannover, 1994 Gschf. Ges. Dr. Groth & Partner Personal- u. Unternehmensberatung Hannover, 1996 Redakteur f. "Technik & Leben" Bereich Jugend u. Technik, Jugendgebiet, 1997 zusätzl. Vorst.-Mtgl. Jugend u. Technik, 2001 Projektleiter f. Pilotveranstaltung "Politik, Wirtschaft u. Technik". P.: unzählige Veröff. in d. Presse/Fachjournalen/Magazinen u.a. Kennzahlensystem z. Beurteilung u. Analyse d. Leistungsfähigkeit einer Fertigung - Einsatz v. personellen, organisatorischen u. technischen Kennzahlen (1992), Personalcontrolling - Praxis: Integrale Planung v. Konzept u. Implementierung (1993), Den Lieferanten z. Partner machen - Lean Management: Langfristige Zusammenarbeit v. Hersteller u. Zulieferer (1993), Das japanische Personal-Management zwischen Tradition u. westl. Wertorientierung (1994), Lean Management Konzept - Kritische Analyse - Praktische Lösungsansätze (1994). M.: Vorst.-Mtgl. VDI, Refa. H.: MTB, Sport, Tennis, Malen, Oldtimer restaurieren, Lesen.

---

*) Biographie www.whoiswho-verlag.ch oder beigefügte CD-ROM

Groth Uwe Georg *)

Groth Volker Dipl.-Ing. Dipl.-oec. *)

Grothaus Johannes *)

Grothaus Stefan Dr. rer. nat. Dipl.-Geologe
B.: Niederlassungsleiter. FN.: Boden- u. Deponie-Sanierungs GmbH. DA.: 42349 Wuppertal, Herichhauser Str. 30. G.: Köln, 28. Sep. 1959. V.: Sabine, geb. Jonen. El.: Dr. Hans u. Inge, geb. Bratzler. S.: 1978 Abitur, 1978-84 Stud. Geologie Univ. Köln, 1989 Prom. K.: 1984-89 Ass. an d. Univ. Köln, 1987-89 freier Mitarb. im Umweltbüro IST in Dormagen u. b. 1991 Ang., 1991-93 Abt.-Ltr. d. Firma Diehl Umwelttechnik in Remscheid, 1993-98 Projektltr. d. Bodensanierungs GmbH in Wuppertal u. seit 1998 Ndlg.-Ltr. M.: Bund Dt. Geologen. H.: Skifahren, Fußball, Wandern, Lesen v. geschichtl. Literatur.

Grothe Hagen

B.: Gschf. FN.: Grothe Immobilien. DA.: 02826 Görlitz, Postpl. 19. G.: Görlitz, 1. Juni 1965. V.: Cornelia, geb. Unger. Ki.: 4 Kinder. El.: Hermann u. Edith. S.: 1981-83 Lehre im BKW Oberlausitz als Maschinist, 1983-86 Wehrdienst, 1986-92 Ausbildung als Lokomotivführer u. Lokdienstleiter b. d. DR. K.: 1992 Eröff. eines eigenen Immobilienbüros in Görlitz, 1996 Grdg. d. Grothe Immobilien u. Bauträger Ges., 1999 Gründung d. Grothe Bauträger Ges. u. d. Grothe Neubau Ges. M.: Vors. d. Sächsischen Beamtenbundes (1990-92), CDU, seit 1998 Präs. d. Holtendorfer SV. H.: Fußball.

Grothe Helga *)

Grothe Kirsten

B.: Kinderkrankenschwester, Inh. FN.: Jonathan Ambulanter Pflegedienst. DA.: 22397 Hamburg, Poppenbüttler Chaussee 3. G.: Hanau/Main, 25. Juni 1967. Ki.: Janna (1997), Eric (1999). El.: Sigfried Arthur u. Jutta Grothe. S.: 1982-85 Ausbild. z. Kinderkrankenschwester im Kinder-KH Duvenstedt/Wilhelmstift in Hamburg m. Abschluß. K.: 1985-86 auf d. Kinderstation, 1986 OP-Schwester im gleichen KH, 1992 Grdg. v. Jonathan Ambulanter Pflegedienst in Hamburg. M.: Zentralverb. Häusl. Pflegedienste (ZHP). H.: Radfahren, Segeln, Hund.

Grothe Klaus
B.: Dipl.-Sprechwissenschaftler. FN.: per sona sprachdesign. DA.: 10100 Berlin, Alexanderpl. 6. G.: Neuruppin, 1. Aug. 1957. S.: 1976-77 Stud. Germanistik u. Geschichte Ernst-Moritz-Arndt-Univ. Greifswald, 1980-84 Stud. Sprechwiss. u. Germanistik Martin-Luther-Univ. Halle-Wittenberg, 1997 staatl. Anerkennung als Logopäde. K.: 1984-90 prakt. Sprecherzieher an Berliner Rundfunk- u. Fernsehsendern, daneben Tätigkeit als freier Doz. u. Traininsltr. auf d. Gebiet Rhetorik u. Kommunikationstraining in d. Erwachsenenbild. an Bild.-Einrichtungen öff. Einrichtungen u. an Wirtschaftsak., 1982-91, 1999 Lehraufträge an d. Ernst-Moritz-Arndt-Univ. in Greifswald, seit 1991 freiberufl. tätig als Doz., Trainer u. Berater in Bild.-Veranstaltungen f. d. Wirtschaft u. an Privatinst., Doz. u. Lehrer f. Deutsch als Fremdsprache an priv. Sprachschulen u. Bild.-Inst., Trainer und Berater an Sendern d. öff.-rechtl. u. priv. Medien, Einzeltraining u. Seminare m. Mediensprechen f. Hörfunk u. Fernsehen, Medientraining im Rahmen d. Ausbild. v. journalist. Nachwuchs. P.: seit 1993 Mitautor "Reden u. Rhetorik v. A-Z - Das Kommunikationslexikon f. Unternehmen u. Manager", seit 1995 Mitautor "Reden u. Karriere " - Die Zeitschrift f. Führungskräfte aus Wirtschaft u. Politik. M.: Dt. Ges. f. Sprechwiss. u. Sprecherziehung (DGSS), Berufsver. d. Sprechwissenschaftler-, Sprecherzieher- u. RhetoriklehrerInnen in Berlin-Brandenburg e.V. (BVSR).

Grothe Petra *)

Grothe Reiner *)

Grothe Ricarda Dipl.-Ing.

B.: Feng Shui-Beraterin, Architektin. FN.: Arch.-Büro Grothe u. Klocke. DA.: 50678 Köln, Rheinauhafen 6. PA.: 50823 Köln, Rothehausstr. 30. R.Grothe-Fengshui@germany-net.de. G.: Saarbrücken, 4. Apr. 1958. V.: Ulrich Klocke. Ki.: Kamala (1991), Ariane (1994). El.: Architekt Dipl.-Ing. Bernhard u. Marianne Grothe, geb. Kiemle. S.: 1978 Abitur Baden-Baden, 1978-86 Arch.-Stud. Univ./TH Karlsruhe, 1979-81 Univ. Kaiserslautern, 1981 RWTH Aachen, 1986 Dipl.-Ing. K.: 1986-89 Prof. Eller Düsseldorf, Büro EMW & Partner, 1989-91 Prof. Böhm in Köln, 1991 Kindererziehung, seit 1991 Aufbau eines eigenen Arch.-Büros m. Ulrich Klocke, seit 2000 Feng-Shui-Beraterin. E.: 1. Preis f. Pfarrzentrum Weitersburg/Koblenz u. 1. Preis f. Pfarrzentrum Vettelschoß. M.: Verband Feng Shui, Arch.-Kam. NRW. H.: Tennis, Feng Shui, Radfahren, Klavierspielen, klass. Musik, Bauchtanz unter d. Namen Ferechte (Der Schmetterling), Italienreisen, Orientreisen.

Grotjan Heiner
B.: Unternehmer. FN.: Grotjan & Partner GmbH; Bonus GmbH. DA.: 13405 Berlin, Scharnweberstr. 136. grotjan-bonus@t-online.de. G.: Berlin, 1965. S.: Berufsausbildung Maurer u. Zimmerer, Seminare b. European Business School EBS in Oestrich-Winkel. K.: seit 1984 im Baubereich, 1990 selbständig in Baubranche in Berlin-Steglitz, 1992-95 b. einem Großfilialisten, 1995 Grdg. d. Grotjan & Partner GmbH, 1996 Grdg. d. Bonus GmbH, 1998-2000 tätig in Kattowice/Polen. E.: Pokale b. Motorradrennen. H.: Motorradrennen über 750ccm seriennah, guter Rotwein, Reisen ins Burgenland, in d. Steiermark u. nach Frankreich.

---

*) Biographie www.whoiswho-verlag.ch oder beigefügte CD-ROM

Grotkass Carolin Dr. *)

Grotkopp Horst Peter
B.: Koch, Gastronom, Unternehmer. FN.: Hotel Forsthaus St. Hubertus. DA.: 23627 Groß Grönau, St. Hubertus 1. info@forsthaus-st-hubertus.de. www.forsthaus-st.-hubertus.de. G.: Groß Grönau, 17. Dez. 1939. V.: Lore, geb. Wiese. Ki.: Marc (1968), Sandra (1970). BV.: Fritz Grotkopp, Hotelerbauer. S.: 1955-58 Lehre als Koch in Kiel. K.: 1958-61 tätig als Koch im Flughafenrestaurant in Bremen, 1961 in elterl. Betrieb tätig, 1963 Übernahme d. Betriebes, 1979 Anbau d. 3 Sterne-Hotels. M.: Kreisvorsitzender Verbandsorganisation Hotel u. Gaststätten, Alte Salzstraße Fremdenverkehrsverband, IHK in d. Vollversammlung, Vors. im Gewerbeverein Groß Grönau (1998), Aero Club Lübeck, Lübecker Schützenverein v. 1839 e.V., LSV Lübeck. H.: Fliegen.

Grotowski Rita *)

Grotstollen Dirk *)

Grotthaus Wolfgang Rüdiger
B.: MdB. DA.: 11011 Berlin, Platz der Republik 1, Büro: 10117 Berlin, Friedrichstr. 83. wolfgang-grotthaus@bundestag.de. G.: Großschwansee, 7. März 1947. V.: Helga, geb. Trepper. Ki.: Dirk (1970), Martin (1974). S.: 1957-63 Broermann-Realschule Oberhausen, Mittlere Reife, 1963-66 Ausbild. Chemielaborant, Zeche Concordia, 1963 Mtgl. IG BCE, 1966-68 Ausbild. Chemotechniker an Techn. Unterrichtsanstalt Mühlheim/Ruhr, 1968 staatl. gepr. Techniker. K.: 1968-70 Duisburger Kupferhütte, seit 1968 Mtgl. IG Metall, seit 1969 Mtgl. SPD, 1970-74 GHH-MAN-Technik Oberhausen, europaweite Inbetriebnahme Umwelt- u. Wassertechnik, seit 1974 Dt. Konzern, 1974-80 Projekteur f. Umweltanlagen, 1980-98 Betriebsratsvors. v. Babcock-Anlagen, 1983-98 Konzernbetriebsratsmtgl., auch Mtgl. im AufsR d. Gesamtkonzerns, d. Dt. Babcock Energie u. Umwelt u. Dt. Babcock Anlagen, 1975-99 Mtgl. Rat Stadt Oberhausen, 1984-94 Vors. Jugendhilfeausschuß, 1994-98 Vors. Ausschuß Stadtentwicklung u. Stadtmarketing, 1989-94 Bezirksvorsteher Alt-Oberhausen, 1994-98 1. Bürgermeister, über 10 J. stellv. Vors. SPD Oberhausen, seit 1998 MdB, Wahl als Direktkandidat m. 4. bestem Wahlergebnis in BRD, o.Mtgl. Finanzausschuß, stellv. Mtgl. Sportausschuß, stellv. Mtgl. Umweltausschuß, 1976-96 AufsR.-Vors. Luise-Albertz-Halle, 1979-89 stellv. Mtgl. AufsR. Gemeinschaft-Müllverbrennungsanlage, AufsR.-Mtgl. GEG, stellv. Vors. u. ehrenamtl. Engagement Arbeiterwohlfahrt Oberhausen, Mtgl. Vorst. ZAQ, Mtgl. Arbeitslosen- u. Jugendinitiative "Ruhrwerkstatt", Mtgl. Lebenshilfe, Förderver. Leistungssport. M.: St. Sebastianus Schützenver. Oberhausen, Senator in Alte Oberhausener Karnevalsges., LAC Leichtathletikclub Oberhausen. H.: Tennis, Schi, USA-Reisen. (Re)

Grottian Peter Dr. Prof. *)

Gröttrup Hendrik Dr. iur. *)

Grotz Claus-Peter M.A. *)

Grotz Dieter W. *)

Grouven Ulrich Dr. rer. biol. hum. *)

Grove Hans-Joachim
B.: Galerist. FN.: ROM-ART GALERIE Braunschweig; ROM-ART ATELIER Wendeburg. DA.: 38114 Braunschweig, Celler Str. 106b; 38176 Wendeburg, Mühlenstr. 12. PA.: 38176 Wendeburg, Mühlenstr. 12. G.: Sierße/Niedersachsen, 22. Sep. 1944. V.: Dr. Maria, geb. Moldovan. El.:

Erich u. Hildegard. S.: 1969 FS-Reife Braunschweig, 1972 Maschinenbautechnikerschule Braunschweig. K.: 1972-86 Automobilind., seit 1986 Galerietätigkeit, Beteiligung an nationalen u. intern. Ausstellungen, über 86 Einzel- u. Gruppenausstellungen mit Künstlern aus über 30 Ländern. E.: 1995 VK am Bande d. BRD, Ehrenbürger v. Cluj (Klausenburg)/Rumänien. M.: Initiator u. Organisator v. über 30 Hilfstransporten nach Rumänien. H.: Musik, Garten, Fotografie.

Gröver Susanne

B.: RA. DA.: 33613 Bielefeld, Gunststr. 42 c. G.: Bernhard Gröver. Ki.: Manuela (1989). El.: Adolf u. Herta Neumann. S.: 1983 Abitur Bielefeld, 1984-88 Stud. Rechtswiss. Univ. Bielefeld u. Univ. Münster, 1990 1. Staatsexamen, Referendariat Stadt Bielefeld, Amtsgericht Herford u. Anw.-Kzl., 1995 2. Staatsexamen. K.: 1996 Grdg. d. Kzl. m. Tätigkeitsschwerpunkt Familienrecht u. Verkehrssachen. M.: DAV. H.: Lesen, Kino, Spazieren gehen, Tischtennis.

Grovermann Wilhelm Dr.
B.: Mtgl. d. Geschäftsleitung. FN: LB (Swiss) Privatklinik AG. DA.: CH 8001 Zürich, Börsenstr. 16. G.: Augsburg, 13. Jan. 1951. V.: Elfriede, geb. Vigano. Ki.: Christian (1982). El.: Wilhelm u. Margarete, geb. Stuttgart. S.: 1970 Abitur Augsburg, 1970-74 Stud. Wirtschaftswiss. Univ. Augsburg, 1974 Dipl.-Ök., 1982 Prom. K.: 1976-88 wiss. Mitarb. bzw. AkR. Univ. Augsburg, 1988 Eintritt Bayer. Landesbank München, zuerst ltd. Funktion Research-Abt., seit 1992 Abt.-Ltr. Portfoliomanagement, ab 1996 Mtgl. d. Geschäftsführung Bayer. Landesbank in Zürich (Schweiz AG). P.: Prom. "Person u. Entscheidung", Brockhaus: Stichworte aus Bereich Wirtschaftsleben, Interviews TV, Funk, Printmedien nat. u. intern., Art. in div. Fachzeitschriften, Vortragsveranstaltungen zu Kapitalmarktentwicklung. H.: Kunstgeschichte, Golf, Tennis, Skifahren.

Groves John
B.: Komponist, Inh. FN.: John Groves Musikproduktion. GT.: Groves Studios GmbH, Music Research GmbH, Krauts GmbH. DA.: 20249 Hamburg, Isekai 20. G.: Hamburg, 9. Aug. 1953. Ki.: Marc (1988). El.: Dennis u. Charlotte, geb. Weldon. S.: Grammar School. K.: Musiker, zunächst als Recording Artist, seit 1983 Konzentration auf Werbemusik (z.B. "DEA", "VISA", "Melitta") u. Jingles, seit 1994 Berater f. Auditive branding WDR u. Audio-Design f. "VH1" u. "premiere", div. Filmmusiken. P.: Gesamtwerk. E.: div. Ausz. f. Werbemusiken. M.: ADC, Vorst. Composers Club e.V., b. 1998 BeiR.-Mtgl. GVL.

Groys Boris Dr. Prof.
B.: Hochschulprof. FN.: Hochschule für Gestaltung. DA.: 76135 Karlsruhe, Lorenzstraße 15. www.akbild.ac.at. S.: 1965-71 Stud. Phil. u. Math. K.: 1971-76 wiss. Mitarb. an versch.

*) Biographie www.whoiswho-verlag.ch oder beigefügte CD-ROM

wiss. Inst. in Leningrad, 1976-86 wiss. Mitarb. am Inst. f. struktuale u. angew. Linguistik d. Univ. Moskau, 1981 Einreise in d. BRD, 1982-85 versch. Stipendien in d. BRD, 1986-87 freier Autor in Köln, 1988 Gastsprof. an d. Univ. Pennsylvania/USA, 1991 Gastprof. an d. Univ. Southern California in Los Angeles, 1992 Prom. an d. Univ. Münster, seit 1994 Prof. f. Phil. u. Kunstwiss. an d. HfG Karlsruhe, 3/2001-11/2001 Rektor an d. Ak. d. bild. Künste in Wien. P.: "Gesamtkunstwerk Stalin" (1988), "Die Kunst d. Fliehens" (1991), "Zeitgenn. Kunst aus Moskau" (1991), "Über das Neue" (1992), "Fluchtpunkt Moskau" (1994), "Die Erfindung Russlands" (1995), "Die Kunst d. Installationen" (1996), "Kierkegaard" (1996), "Logik d. Sammlung" (1997), "Kunst-Kommentare (1997), "Unter Verdacht" (2000). M.: AICA (Association International des Critiques d´art). (Re)

Grözinger Karl Erich Dr. phil. habil. Prof. *)

Grözinger Klaus Prof. *)

Grube Achim *)

Grube Dirk
B.: Inh., Mitinh. FN.: i.b.s. Dirk Grube; Black Belt Kampfsportcenter GmbH. DA.: 23569 Lübeck, Kücknitzer Hauptstr. 4; 23545 Lübeck, Schwartauer Allee 84. info@bodyguardagentur.de, www.bodyguardagentur.com. G.: Lübeck, 6. Apr. 1969. V.: Heike, geb. Schmidt. Ki.: Lina (1998). El.: Gerd u. Lisa. S.: 1986-89 Ausbild. z. Fernmeldeelektroniker. K.: 1989-97 Fernmeldeelektroniker b. Bosch-Telecom, 1985-89 parallel Ausbild. im Personenschutz b. Bundesverb. Dt. Personenschützer u. Sicherheitsberater in Hamburg, 1997 Eröff. d. i.b.s. in Lübeck m. d. Schwerpunkten Personen- u. Veranstaltungsschutz, seit 1997 Trainer im Kick-Boxen, seit 1999 Mtgl. im intern. Dan-Trägergremium (Träger d. 2. Dan im Kick-Boxen), seit 2000 Präs. d. Landesverb. d. WAKO f. Schleswig-Holstein u. Mecklenburg-Vorpommern, seit 2000 Mitinh. d. Black Belt Kampfsportcenter GmbH m. d. Schwerpunkten Ausbild. f. Sicherheitsdienste, Polizei u. Behörden, Kung Fu, Taekwondo, Kick-Boxen, Karate, Tai Chi, Capoeira, Ninjutsu, Combat Karate, Aerobic, Step-Aerobic. H.: Kampfsport, Tauchen, Mountainbike.

Grube Eberhard Dr. med. Prof.
B.: Prof. u. Klinikdir. FN.: Herzzentrum Siegburg u. Univ. Stanford/USA. DA.: 53721 Siegburg, Ringstr. 49. PA.: 53127 Bonn, Stationsweg 5. G.: Hamburg, 6. Apr. 1944. V.: Deborah-Ann, geb. Stenson. Ki.: Matthias (1980), Kristin-Lynn (1985). El.: Hans Adolf u. Margarethe, geb. Dolle. BV.: Familiengeschichte ab 1013 nachweisbar als Grube im schleswig. Teil Dänemarks. S.: 1965 Abitur Bonn, 1965-67 Zeitsoldat Marine, 1967-72 Stud. Med. Bonn, Wien, Graz, Examen Bonn, 1972 Prom., 1972-73 Med.-Ass. Wald-KH Bonn-Bad Godesberg, 1973 amerikan. Examen. K.: 1973-75 am Medical College d. Univ. Wisconsin, 1975-79 tätig in d. Kardiologie u. Innere Med. an Univ. Bonn, 1979 FA f. Innere Med., 1979 Habil., 1979 OA d. Med. Univ.-Klinik Bonn, 1981 Kardiologe, seit 1983 C3-Prof. f. kardio-pulmonale Funktionsdiagnostik, seit 1987 Chefarzt d. Klinik am KH Siegburg, Aufbau d. Kardiologie, Pulmologie u. d. OPs, wiss. Kooperation m. d. Harvard-Univ. an d. Stanford-Univ., seit 1990 apl.Prof.; Funktionen: seit 1994 Medical Device Specialist b. Investment Business and Bankers, Europabeauftragter, 1998 Einrichtung d. Herzzentrum Siegburg, 1999 Fellow American College of Cardiology, 1999 Clinical Prof. d. Univ. Stanford. P.: "Eccardiografia" (1985), "Farb-Doppler u. Kontrast-Echokardiographie", "Zweidimensionale Echokardiographie", u.a. M.: Harvard u. Stanford. E.: 1963 Landesmeister NRW im Schülerrudern, Stanford-Professor, Ehrenmtgl. d. Yugoslaw. Ges. f. Kardiologie, 2000 Fellow American Society for Cardiac Angiography and Interventions. M.: Dt. Ges. f. Herz- u. Kreislaufforsch., ALKK, American Society of Echocardiography. H.: Hochseesegeln, Tauchen, Unterwasserfotografie.

Grube Hermann Dr. med. *)

Grube Jochen Hans Wilhelm Dr. phil. *)

Grube Klaus-Dieter *)

Grube Oswald W. Dipl.-Ing. *)

Grube Rainer *)

Grube Thomas *)

Grube Volker
B.: Gschf. Ges. FN.: VISIO Kommunikation GmbH. DA.: 33602 Bielefeld, August-Bebel-Str. 57. PA.: 33602 Bielefeld, August-Schroeder-Str. 3. G.: Bielefeld, 3. Juni 1957. El.: Helmut u. Ursula. BV.: Carl Severing Preuß. Innenmin. um 1930. S.: 1974-76 Höhere Handelsschule, 1976-78 Wirtschaftsabitur, 1979-86 Stud. Geschichtswiss., Sozialwiss. u. Soz., Dipl.-Soz. K.: 1986-90 Ass. d. Geschäftsführung HTG Werbeagentur, 1990 Grdg. d. eigenen Werbe- u. PR-Agentur als Gschf. Ges. M.: BDW, Slow-Food Intern. H.: Reisen, Kochen.

Grube Winfried *)

Grübel Ilona Dipl.-Pysch.
B.: Schauspielerin. DA.: 80799 München, Barerstr. 48. LONACOLLIN@t-online.de. G.: München, 23. Sept. 1950. Ki.: Nikolai Christian, Yella Renate Pauline. El.: Hans u. Hilde. S.: Abitur, Stud. Univ. München. K.: seit 1965 als Schauspielerein tätig, haupts. f. d. dt. Fernsehen; u.a. in d. Serien "Goldene Zeiten", "Schwarzwaldklinik", "Solange es die Liebe gibt", internat. Produktionen; u.a. "Target", "Symphonie", außerdem psychologische Tätigkeit in d. freien Wirtschaft als Rhetoriktrainerin u. Medienmcoach. E.: 1968 Bundesfilmpreis f. d. Film "Paarungen".

Gruber Alexander Emmerich Mag. *)

Gruber Anton Dipl.-Ing.
B.: Dipl.-Mathematiker. FN.: Siemens AG München. F.: Sponsor d. Restaurants Massimiliano in München.

Gruber Bernhard
B.: Bezirksdirektor. FN.: DAS Versicherungs AG. DA.: 96052 Bamberg, An der Breitenau 2. bernhardgruber@das.de. G.: Passau, 24. Nov. 1958. Ki.: 4 Kinder. S.: Mittlere Reife Passau, Lehre als Speditionskaufmann. K.: Beratungsstellensekretär b. Landesbausparkasse, Bezirksinspektor b. Aachener-Münchner Vers. im Bayerischen Raum, Bezirksdir. b. Lte Leipziger Gruppe f. Oberbayern, 5 J. selbständiger Versicherungsmakler in Dresden, Bezirksdir. b. ARAG in Passau u. Deggendorf, Bezirksdir. b. DAS in Bamberg, Schwerpunkt: Rechtsschutz. H.: Squash, Backgammon.

Gruber Gabriele
B.: Graphikdesignerin. FN.: graphik + design agd. DA.: 87439 Kempten, Mariaberger Str. 37. G.: Kempten, 24. Sep. 1960. El.: Michael u. Silvia Grauer, geb. Trampisch. S.: 1967-75 Grund- u. HS, 1975-78 Lehre als techn. Zeichnerin. K.: 1978-94 versch. Tätigkeiten zeichner. wie in graph. Bereichen, etl. Entwürfe f. Ausstellungen, seit 1994 selbst. m. Graphik-Design. M.: Theatergruppe. H.: Reisen, Wandern, Joggen, Skifahren, Surfen, Schwimmen, Malen, alte Kulturen.

---

*) Biographie www.whoiswho-verlag.ch oder beigefügte CD-ROM

Gruber Georg

B.: Nähmaschinenmechanikermeister, selbständig. FN.: Nähzentrum Gruber. DA.: 84147 Geisenhausen, Boschstr. 13. G.: Geisenhausen, 28. Dez. 1960. V.: Christine, geb. Ostermeier. Ki.: Matthias (1987) und Christian (1990). S.: 1977-81 Lehre Nähmaschinenmechaniker, 1981-85 Geselle b. d. Firma Pfaff u.a. in München u. Italien, 1985 Meisterprüfung. K.: 1985-88 Meister b. d. Firma Pfaff, 1988 Grdg. d. Firma Nähzentrum Gruber. M.: Handwerkskammer, IHK, Einzelhandelsverband, Eishockeyverein Geisenhausen. H.: Eishockey, Sport.

Gruber Gerd Priv.-Doz. Dr. med.

B.: FA f. Orthopädie, Chirotherapie, Sportmed. u. Physikalische Therapie. FN.: ATOS Praxisklinik Heidelberg. DA.: 69115 Heidelberg, Bismarckstraße 9-15. gruber@atos.de. www.individualendoprothese.de. G.: Erbach, 20. Feb. 1960. V.: Dr. med. Gabi, geb. Ihrig (Ärztin). Ki.: Ferry (1995) und Marie-Tyline (1998). El.: Arch. Willy u. Anny Gruber, geb. Güth. S.: 1978 Abitur, 1978-79 Stud. Med. Université de Lille (Frankreich), 1979-85 Stud. Med. Univ. Gießen, 1985 Staatsexamen u. Approb., 1988-90 Zusatzausbild. Chirotherapie u. Sportmed., 1995-97 Zusatzausbild. physikal. Therapie. K.: 1985-87 Ass.-Arzt Chirurg. Abt. am KKH Erbach/Odw., 1988-92 Ass.-Arzt Orthopäd. Klinik am Klinikum d. Justus-Liebig-Univ. Gießen, 1988 Prom. an d. Univ. Gießen,1992 FA f. Orthopädie, 1992-95 als Facharzt f. Orthopädie tätig an d. Orthopäd. Klinik am Klinikum d. Justus-Liebig-Univ. Gießen, 1995-99 als OA tätig an d. Orthopäd. Klinik am Klinikum d. Justus-Liebig-Univ. Gießen, 1999 Habil. u. Erlangung d. Venia legendi f. d. Fach Orthopädie, seit 1999 Mtgl. d. Lehrkörpers d. Med. Fak. d. Justus-Liebig-Univ. Gießen. BL.: Weiterentwicklung u. Standardisierung d. Ultraschalluntersuchung d. Stütz- u. Bewegungsorgane, Spezialist f. Endoprothetik d. Hüft- u. Kniegelenkes, Weiterentwicklung d. Implantatdesigns bei Hüft- u. Knieendoprothesen. P.: ca. 35 Beiträge in Fachzeitschriften, über 200 Vorträge auf nat. u. intern. Kongressen, Mitautor d. Fachbücher "Sonographie d. Stütz- u. Bewegungsorgane" (1997), "Hüftreifungsstörungen - Diagnose u. Therapie" (1998), "ESWT u. Sonographie d. Stütz- u. Bewegungsorgane" (1998), "Ultraschalldiagnostik d. Stütz- u. Bewegungsorgane" (1999). M.: Dt. Ges. f. Rheumatologie, DGOT, Berufsverb. d. Ärzte f. Orthpädie e.V., Vereinig. Süddt. Orthopäden e.V., DEGUM, 1992-2000 Vors. d. Ak Stütz- u. Bewegungsorgane d. DEGUM. H.: Familie, Golf.

Gruber Heinz Dr. h.c. *)

Gruber Herbert *)

Grubert Herbert Dr. Dipl.-Forstwirt

B.: ehem. Gschf. nature ART-Studio. PA.: Bad Lippspringe, Von-Bodelschwingh-Str. 64. G.: Bamberg, 3. Mai 1960. El.: Josef u. Mathilde, geb. Dietrich. BV.: Großvater Pankratz Dietrich - Schneider; Franz Grüber - Organist u. Chorltr. S.: 1979 Abitur Paderborn, 1983-90 Stud Forstwirtschaft Univ. Göttingen m. Dipl.-Abschluß, 1997 Weiterbild. Journalistik f. Wiss., Umwelt u. Wirtschaft Büro f. Umweltpäd. Hannover, 2001 Prom. K.: 1981-83 tätig in d. herzog. Forstverw. in Bad Lippspringe, 1990-97 wiss. Mitarb. am Inst. f. Forstbotanik in Göttingen, 1997 freier Journalist f. d. Dt. Fachverlag, 1999 Grdg. d. nature ART-Studio; Projekte: Märchenstraße, Familienreiseführer u. bis 2000 Inh. P.: Veröff. in Fachzeitschriften, Kinderbuch "Als das Feuerwehrauto davon fuhr" (1999), Ausstellung im Schloß Ninova, "Bäume", "Gravitropismus bei Bäumen" (1997). M.: Schutzgemeinschaft Dt. Wald, Kuratorium Alter Liebenswerter Bäume Deutschlands, Biolog. Schutzgemeinschaft, Bund f. Natur- u. Umweltschutz, Prima Klima e.V. H.: Musik, Fotografieren, Schriftstellerei.

Gruber Joachim Dr. phil.

B.: Univ.-Prof. FN.: Univ. München. DA.: 80539 München, Geschw. Scholl-Platz 1. PA.: 91058 Erlangen, Haselhofstr. 37. joachim.gruber@nefkem.at. G.: Ansbach, 17. Juni 1937. V.: Ingeborg, geb. Guillery. Ki.: Susanne, Steffen, Anne-Katrin. El.: Dr. Rudolf u. Annemarie. S.: 1956 Abitur, 1956-61 Stud. Erlangen-Nürnberg u. Hamburg, 1961 Prom. K.: 1961-63 Thesaurus linguae Latinae, 1963-68 Schuldienst, seit 1968 wiss. Mitarb. Univ. Erlangen-Nürnberg, 1974 Habil., 1980 apl. Prof., 1990 Univ.-Prof. München. P.: Kommentar zu Boethius, Consolatio Philosophiae, Kommentar zu d. Hymnen des Synesios (m. H. Strohm) weitere zahlr. Veröff. v.a. zur dt. Renaissance-Humanismus, Mithrsg. Lexikon des Mittelalters.

Gruber Jörg Dipl.-Kfm. *)

Gruber Kerstin *)

Gruber Konrad *)

Gruber Konrad *)

Gruber Lutz

B.: Gschf. FN.: AWO Stadtverband Suhl e.V. DA.: 98527 Suhl, Hufelandstr. 11. PA.: 98527 Suhl, Friedrich-König-Str. 17. awo.suhl@t-online.de. www.gruber.lutz@t-online.de. G.: Suhl, 6. Juni 1969. El.: Rolf u. Petra. S.: 1986 Mittlere Reife, 1986-87 Fachabitur Fachrichtung Polytechnik an d. Pädagogischen HS Erfurt, 1991-92 Fortbildung z. EDV-Dozenten, 1994-96 Fortbildung Bürokaufmann über IHK. K.: 1992-93 ABM-Stelle b. d. AWO-Geschäftsstelle 1993-95 Lohnbuchhalter b. d. AWO-Geschäftsstelle, seit 1995 Gschf. b. heutigen AWO Stadtverband Suhl, 1997-98 Zivil-

*) Biographie www.whoiswho-verlag.ch oder beigefügte CD-ROM

dienst in Reha-Stiftung Thüringer Wald Schleusingen z. Betreuung Behinderter b. Förderlehrgängen - neben Tätigkeit als Gschf. P.: Fachzeitschrift "Polytechnischer Unterricht": "Konzept f. textiles Gestalten" (1991). M.: AWO Stadtverband Suhl e.V., Suhler Carnevals Club, Förderverein Stiftung Rehazentrum Thüringer Wald Schleusingen. H.: Computer (Bildbearbeitung u. -design), Herstellen v. Videos z.B. z. 25-jährigen Bestehen d. Alten- u. Pflegeheimes u. 10-jährigen d. AWO-Stadtverbandes Suhl.

Gruber Margit

B.: Unternehmerin. FN.: D.I.V.A.-Design. DA.: 66953 Pirmasens, Hohenzollernstr. 5. diva-design@gmx.de. www.margit-gruber.de. S.: Ausbildung: Dipl. Wirtschaftskorrespondentin u. Betriebsdolmetscherin. K.: staatl. vereid. Gerichts- u. Notariatsdolmetscherin, eigene Sprachenschule mit umfassenden Komplett-Angebot inkl. Persönlichkeitskurse/Coaching, weitere Ausbildung z. Innenarchitektin, Design, Farb- u. Stilberatung, danach nächste Ausbildung z. geprüften Eventmanagerin; Management v. nat. u. internat. Events, Messen, Sitzungen, Tagungen, Firmenprojekten, Künstlerpräsentationen, Vernissagen u. d. Vermittlung v. Vortragsexperten aus Wirtschaft, Politik u. Medien.

Gruber Mario

B.: Gastronom. FN.: BASCO Bistro u. Restaurant. DA.: 85049 Ingolstadt, Donaustr. 8. G.: Innsbruck, 24. Juli 1961. V.: Michaela, geb. Mandl. Ki.: Alexandra (1991), Sophia (1995). El.: Herbert u. Olga, geb. Rieser. S.: 1975-81 Höhere Techn. BLehr- u. Versuchsanst. im Bereich Nachrichtentechnik u. Elektroniker, 1981-82 Bundesheer. K.: 1982-86 Sendetechnik b. einem priv. Rundfunksender, 1985-91 Ltr. d. Disco Rainbow in Ingolstadt, Eröff. d. Restaurants BASCO in Ingolstadt. H.: Sport.

Gruber Richard H.

B.: Gschf. FN.: Richard H. Gruber Consult GmbH. DA.: 90443 Nürnberg, Sandstr. 16. richard.gruber@rhgconsult.de. www.rhgconsult.de. G.: Nürnberg, 29. Feb. 1964. Ki.: Ludwig Maximilian (1997). El.: Erwin u. Clairette. S.: 1983-85 freiberufl. Fotograf Italien, 1985 Ausbild. Organ.-Programmierer Grundig-Ak. V.: 1983-85 freiberufl. Presse-Fotograf, 1986-89 Angest. als Software - Architket u. System - Analytiker, 1989-92 freiberufl. Systemanalytiker in Nürnberg u. München, 1992 Grdg. d. Firma Gruber Consulting GmbH mit Niederlassungen in Frankfurt/M. u. Hamburg als IT-Projektdienstleister. H.: Fotografie, Sportschütze, Golf.

Gruber Rudolf *)

Gruber Rupert Dr. med.

B.: Chir. FN.: Gemeinschaftspraxis Dr. Theophil Schindler - Dr. med. Rupert Gruber. DA.: 93055 Regensburg, Adolf-Schmetzer-Str. 11-13. PA.: 93161 Sinzing, Am Klostergrund 1. rupert.gruber@praxisklinik-regensburg.de. G.: Gangkofen, 25. Mai 1959. V.: Dr. med. Charlotte, geb. Zierl. El.: Rupert u. Georgine. S.: 1979 Abitur, 1980 Stud. Humanmed. Univ. Regensburg, Univ. Köln u. TU München, 1987 Approb. als Arzt, 1988 Prom. K.: 1988 Chir. Ass.-Arzt am Kreis-KH Eggenfelden, 1990 Wiss. Ass. am Lehrstuhl f. Biochemie u. Weiterbild. im Fachgebiet d. klin. Chemie als wiss. Ass. d. Univ. Erlangen/Nürnberg, 1992 wiss. Ass. d. Univ. Regensburg, Klinik u. Poliklinik f. Chir., 1992 Chir. Intensivstation, 1993 Abt. f. Unfallchir., 1994 Visceral- u. Allg.-Chir., 1995 Gefäßchir., 1995-97 Visceral- u. Allg.-Chir., 1997 Anerkennung z. Chirurgen, langj. notärztliche u. sportmedizinische Tätigkeit, 1997 Vertretung in d. chir. Praxis Dr. Th. Schindler Regensburg, 1998 Ndlg. als Chir. in Gemeinschaftspraxis m. Dr. Th. Schindler in Regensburg. P.: Stumpfes Bauchtrauma, Leberruptur (1994), Stumpfes Bauchtrauma, Milzruptur (1994), Obere u. untere gastrointestinale Blutung (1994), A new HPLC-Method for the determination of polyamines (PA) and ornithine-decarboxylase (ODC) in human pancreatic carcinoma cell lines. (1996). M.: Dt. Ges. f. Chir. München, BNC Berufsverb. ndlg. Chir. Deutschland e.V. Nürnberg, Bayer. Sportärzteverb. e.V. München, agon Arge d. in Bayern tätigten Notärzte e.V. Würzburg, LAOB Landesverb. f. ambulantes Operieren Bayern e.V. München. H.: Motorradfahren, Segeln, Skifahren, Musik (Jazz, Soul, Klassik, Rock/Pop).

Gruber Stefan Rudolf Johann

B.: Goldschmied, selbständig. FN.: Juwelier Gruber. DA.: 84028 Landshut, Altstadt 388. PA.: 84036 Landshut, Arnpeckweg 4a. G.: Landshut, 3. Feb. 1966. V.: Erika, geb. Brauner. El.: Rudolf u. Liselotte. S.: 1984-87 Lehre als Goldschmied, 1988 Bundeswehr. K.: 1988-92 Geselle im elterl. Betrieb, berufsbegleitend Meisterprüfung, 1992 Übernahme d. elterl. Geschäftes. H.: Uhren sammeln, alter Schmuck, Oldtimer.

Gruber Thomas Dr. rer. pol.

B.: Intendant. FN.: Bayerische Rundfunk. DA.: 80300 München, Rundfunkpl. 1. www.br-online.de. G.: Eislingen/Fils, 5. Feb. 1943. S.: 1964-69 Stud. Wirtschafts- u. Sozialwiss. an d. TH Stuttgart u. d. Univ. Erlangen-Nürnberg, 1969 Examen als Dipl.-Kfm. K.: 1970-78 wiss. Ass. am Sozialwiss. Forschungszentrum u. am Lehrstuhl f. Politik- u. Kommunikationswiss. d. Univ. Erlangen-Nürnberg, 1975 Prom. z. Dr. rer. pol., 1978-81 Medienreferent in d. Pressestelle d. Staatskanzlei d. Schleswig-Holsteinischen Landesregierung, 1981 Ass. d. Fernsehdir. b. Bayerischen Rundfunk, 1984 Ltr. d. Redaktion "Familie" im Programmbereich Familie u. Serie im Fernsehen d. Bayerischen Rundfunks, 1986 Ltr. d. Hauptabteilung Intendanz, 1990 Ltr. d. Studios Franken, 1995 Hörfunkdir. Bayerischen Rundfunks, 2000 Wiederwahl, seit 1. Jan. 2002 Intendant d. Bayerischen Rundfunks. (Re)

Gruber Thomas *)

Gruber Wolf-Dieter Dr. med.

B.: freipraktizierender Arzt f. Allg.-Med. DA.: 65760 Eschborn, Unterortstr. 34. PA.: 61350 Bad Homburg, Am Walde 3. WolfDieterGruber@aol.com. G.: Berlin, 3. Jan. 1944. V.: Jutta, geb. Slach. Ki.: Oliver (1968), Malte-Christian (1974).

*) Biographie www.whoiswho-verlag.ch oder beigefügte CD-ROM

Gruber

S.: Humanist. Gymn., 1964 Abitur, Stud. Humanmed. Frankfurt/Main, 3 J. Stipendiat am Max-Planck-Inst. f. Biophysik b. Prof. Dr. Ullrich. K.: Med.-Ass. KH Hofheim, b. 1971 Ass.-Arzt in d. Inneren Abt./Chir., danach Städt. KH Hoechst, b. 1973 Ass.-Arzt in d. geburtsh.-gyn. Abt., 1973 Ndlg. in eigener Praxis in Eschborn. H.: Öl- u. Aquarellmalerei, Jogging.

Gruber Wolfgang Dipl.-Ing. *)

Gruber Yvonne *)

Grüber Mathias
PA.: 69509 Mörtenbach, Bettenbach 39A. G.: Heidelberg, 15. Juni 1968. V.: Bianca, geb. Reinbold. El.: Matthias u. Birgit, geb. Düfer. BV.: Familienchronik seit d. 15. Jhdt. S.: Mittlere Reife, 1993 berufsbegleitend Stud. BWL, Lehre Fleischer, Hotelfachschule Bad Harzburg. K.: 3 J. im Management d. elterl. Hotelbetriebe, b. 1991 Hotelmanager im Ausland in Costa-Rica, Venezuela u. Equador, 1992-93 Manager d. Sheraton-Gruppe, ab 1993 Dir. f. Marketing d. Treff Hotels, 1996 Übernahme d. Page-Hotels als Verkaufsdir., Übernahme weiterer Betriebe in Bensheim, Bad Soden, Wiesbaden, Alzey, Füssen u.a.m. F.: Verkaufsdir. d. Treff Hotels Rhein/Main/Neckar; Gschf. Ges. d. Stern GmbH & Co KG in Mörlenbach. M.: seit 1997 Förderer eines Kinderheims in Bensheim, Dt. Reise-Management Offenbach, HSMA München. H.: Sport.

Grubert Dieter *)

Grubits-Herczeg Margit *)

Grubitzsch Siegfried Dr. rer. nat. Prof.

B.: Präs. FN.: Carl v. Ossietzky Univ. Oldenburg. DA.: 26111 Oldenburg, Ammerländer Heerstraße. siegfried.grubitzsch@uni-oldenburg.de. www.uni-oldenburg.de. G.: Mühlhausen, 29. Juli 1940. V.: Prof. Dr. Anke Hanft. Ki.: Sören (1977), Florian (1982). El.: Max u. Gerda, geb. Jödick. S.: 1959 Abitur, 1959-60 Lehre Maurer, 1961 Ergänzungsprüf. Justus-Liebig-Gymn. Darmstadt, 1961-67 Stud. Psych., Bw., Phil. u. Politikwiss. Mainz u. Braunschweig, 1967 Dipl.-Psychologe, Stud. Zoologie u. Päd., 1972 Prom. Dr. rer. nat TU Braunschweig. K.: 1967 wiss. Ass. f. Psych. an d. PH Niedersachsen, 1970 Ak. Rat an d. PH Oldenburg, 1972 Prof. f. päd. Psych. an d. PHWeingarten/Ravensburg, 1974 Prof. f. Psych. m. Schwerpunkt psych. Diagnostik an d. Univ. Oldenburg, 1976 Forsch.-Aufenthalt an d. Univ. Moskau, 1986 Gastprof. f. psych. Diagnostik an d. Univ. Wien, 1992-95 Dekan an d. Univ. Oldenburg u. b. 1997 VPräs, seit 1998 Präs. d. Univ. Oldenburg. P.: Grdg. u. Hrsg. d. Zeitschrift Psych. u. Ges.-Kritik, zahlr. Aufsätze in wiss. Fachzeitschriften, Bücher u.a. "Testtheorie-Testpraxis" (1992), Handbuch Psych. Grundbegriffe" (1982), "Orientierung Psych." (1999). M.: Forsch.-Beauftragter d. Intern. Research Association of Critical Psychology in Canada, USA u. Europa, Wiss. BeiR. d. Ges. f. krit. Psychologinnen u. Psychologen in Wien, div. AufsR.- u. StiftungsR., Mtgl. im Vors. d. Landes-HS-Konferenz Niedersachsen. H.. Langstreckenlauf, handwerkl. Arbeiten.

Grübler Gunther B. *)

Grubmüller Johann

B.: Friseurmeister, Inh. FN.: Salon Grubmüller. DA.: 80995 München, Lassallestr. 95. G.: Eibiswald/A, 24. März 1953. V.: Brigitte, geb. Bauer. El.: Johann u. Elisabeth. S.: 1968-71 Lehre Friseur Salon Zmug Deutschlandsberg/A. K.: 1971-74 Friseur in elterl. Betrieb in Pölfingbrunn/A, 1975 Meisterprüf. in München als einer d. jüngsten Meister in Deutschland, seit 1976 selbst., 1989 Eröffnung d. 2. Salons in Freising spez. f. Herren, 1992-97 Inh. eines Salon in Unterschleißheim; Funktionen: Besuch v. Friseur-WM in Tokio, Washington D.C., London, Zürich, Wien u.a. u. eigene Präsentation v. neuen Kreationen v. intern. Publikum. P.: Veröff. z. Thema "Neue Trends" in Fachzeitschriften. M.: Friseurinnung. H.: Fliegen - Privatpilotenlizenz.

Grudda Manfred Dipl.-Ökonom

B.: Niederlassungsleiter. FN.: Grone-Schulen Niedersachsen GmbH. DA.: 30453 Hannover, Färberstr. 8. m.grudda@grone.de. www.grone-schule.de. G.: Hamburg, 6. Juni 1949. V.: Margrit, geb. Störtebecker. Ki.: Mario (1971), Melanie (1976). El.: Johann u. Marie. S.: 1964-67 Ausbild. Verkehrskfm. Dt. Bundesbahn, b. 1973 Bmtr. d. Dt. Bundesbahn, Stud. Wirtschaft u. Politik 2. Bild.-Weg HS f. Wirtschaft u. Politik, 1976 Abschluß Dipl.-Bw. u. glz. allg. HS-Reife, Stud. Wirtschaftswiss. Univ. Hamburg u. Bremen, 1980 Abschluß Dipl.-Ökonom. K.: während d. Stud. Lehrer am Ausbild.-Zentrum Elmshorn, 1981 Ltr. d. Fortbild.-Abt. am ÜAZ Elmshorn, 1983 stellv. Gschf., 1988 Ndlg.-Ltr. d. Grone-Schule in Buchholz u. Bremen, 1991 Aufbau d. Grone-Schule in Stendal, 1996 Aufbau u. Ndlg.-Ltr. in Hannover m. Schwerpunkt beruf. Weiterbild. v. Erwachsenen. P.: div. Zeitungsart. u. Rundfunkinterviews. M.: Vorst.-Mtgl. d. Musikschule Winsen/Luhe, Vorst.-Mtgl. d. Sportver., Vorst.-Mtgl. d. Eigentumsgemeinschaft, Freunde u. Förderer d. HS f. Wirtschaft u. Politik. H.: Das Leben in seiner ganzen Vielfalt wahrnehmen.

Grudzinski Martin
B.: Gschf. FN.: McCann-Erickson Hamburg. DA.: 20354 Hamburg, Neuer Wall 43. martin.grudzinski@mccann.de. G.: Hamburg, 12. Juni 1942. V.: Hilke, geb. Hendewerk. Ki.: 2 Kinder. El.: Adam u. Inge, geb. Körting. S.: Abitur, Lehre Werbekfm. McCann Hamburg. K.: 40 J. McCann-Erickson, v. Lehrling b. Gschf. P.: div. fachbezogene Veröff. M.: BDW.

Grüger Annegret Dr. med. *)

Grüger Christof
B.: freischaff. Künstler im arch.-bezogenen Bereich, Bleiverglasung, Betonglas, Glasmalerei, Wandtepiche in Wachsbatik, Mosaik, Metallskulpturen. DA.: 39218 Schönebeck/Salzelmen, Edelmannstr. 22. www.christof-grueger.de. G.: 28. Dez. 1926. El.: Otto u. Emilie, geb. Menzel. BV.: alle Generationen v. Urgroßvater b. z. Vater waren Kirchen- u. Dekorationsma-

*) Biographie www.whoiswho-verlag.ch oder beigefügte CD-ROM

ler. S.: 1944 Kriegsdienst, 1945 künstler. Schaffen in Weimar/Aquarellmalerei u. Textiltechnik, Stud. an d. HS f. Arch. u. Bild. Kunst in Weimar. K.: Teilnahme an d. ersten Kunstausstellung nach Kriegsende, seit 1950 Umsiedlung nach Schönebeck/Salzelmen u. seither freischaffender Künstler, Arb. u.a. 1956 erste christl. Kunstausstellung in Weimar, 1968 Betonglaswände in d. Ev. Markus-Kirche, Freiburg/Breisgau, 1972 Betonglaswände u. Kreuzwegbehang in d. Kath. St. Marien-Kirche, Meiningen/Thür., ab 1976 Mtgl. d. Verb. Bild. Künstler, 1983 St. Mechthild-Kirche in Magdeburg/Nord, 1984 Kath. St. Andreas-Kirche Schwerin - Gr. Dreesch, seit 1985 gesamt. Bildprogramm-Portalgestaltung, Mosaik, Betonglas, Bleiverglasungen, Glasmalerei i. d. st. Bonifatius-Kirche Leinefelde/Eichsfeld, Studienreisen u.a. Ägypten, Israel, Rußland, Mongolei, Balkanländer, Italien, Frankreich, Schweiz, England, Österr. E.: Rathauspreis d. Stadt Schönebeck f. hervorragende künstler. Leistungen. M.: BBK, Kath. Kirche, Kunst u. Form Berlin, Elbufer Förderver. e.V. Schönebeck. H.: Kulturgeschichte, Naturwiss., klass. u. mod. Symphonik, Fotografie.

Grüger Ilona *)

Grugiel Rudolf Dr.

B.: selbst. Kfm. FN.: Intech Ges. f. Hdl. u. Dienstleistungen mbH. DA.: 45470 Mülheim, Bonnstr. 11. G.: Mülheim, 19. Mai 1955. V.: Petra, geb. Bednarczyk. Ki.: Annabelle (1975), Sarah (1992). El.: Ruth u. Otto. S.: 1975 Abitur, 1975-81 Stud. Elektr. Energietechnik FH, 1981-92 Univ. Düsseldorf, Prom. K.: 1989 selbst. Mülheim, Westerhold, London, Computer Hard- u. Software, 1979 Grdg. Intech GmbH. H.: Autosport, Uhren.

Gruhl Hartmut Dipl.-Ing.

B.: freier Architekt, Bauträger "Projektentwickler", Inh. FN.: Gruhl Investorengruppe. DA.: 50672 Köln, Benesisstr. 61. G.: Potsdam, 14. Nov. 1941. V.: Marijanza, geb. Butala. Ki.: Alexander (1973), Sebastian (1983). S.: 1961 Abitur Rüthen, 1963-69 Stud. TH Aachen, Abschluss Dipl.-Ing. Architekt. K.: 1969-71 Tätigkeit b. Prof. Schürmann in Köln, 1971 Grdg. Arch.-Büro u. Bautragerfirma in Köln, Schwerpunkt: Investor, Projektentwickler, Investitionen. P.: Arch.-Buch über freies entwerfen, Veröff. in mehreren Fachzeitschriften, Vorträge u. Seminare über Projektentwicklung u. Arch. E.: 1980 u. 1985 Kölner Arch.-Preis, 1996 Düsseldorfer Arch.-Preis, a.o.Prof. f. freies Entwerfen an d. Ruhr-Univ. Bochum. H.: Phil., Musik.

Gruhl Hartmut Dipl.-Ing. *)

Gruhle Hans-Dieter Dr.-Ing. *)

Gruhlke Manfred *)

Gruhn Roswitha *)

Grujic Lothar

B.: Kfm., Gschf. Ges. FN.: Küchen-Team Lorenzen + Grujic GmbH. DA.: 26129 Oldenburg, Ammerländer Heerstr. 246. G.: Oldenburg, 22. März 1951. V.: Marlies, geb. Feyen. Ki.: Nadine (1976). El.: Danilo u. Wilma, geb. Umland. S.: 1966-68 Lehre z. Einzelhdls.-Kfm. Horten Oldenburg. K.: 1968-84 Verkäufer u. Verkaufsltr. in Oldenburg, seit 1984 selbst. Eröff. Küchen-Team Musterhaus Küchen Fachgeschäft Oldenburg als Gschf. Ges., 1996 Eröff. eines weiteren Küchenfachgeschäftes in Oldenburg, seit 1984 Mtgl. u. seit 1999 BeiR.-Vors. Musterhausküchen Deutschland, seit 1980 Prüf.-Aussch. d. IHK Oldenburg, seit 2000 Vors. H.: Garten.

Grulich Johann *)

Grüll Matthias *)

Grüll Rainer *)

Grüllich Lutz Dipl.-Ing.
B.: Dipl.-Ing. f. Bauwesen, Faching. f. Schornsteintechnik, öff. bestellter u. vereid. Sachv. f. Schornsteintechnik. DA.: 10823 Berlin, Apostel-Paulus-Str. 25. G.: Dresden, 1953. Ki.: Birte (1977). El.: Rudolf u. Hildegard. S.: 1972 Fachabitur Bauwesen, 1972-75 Stud. Arch. an d. TFH Berlin, Examen z. Dipl.-Ing. f. Bauwesen. K.: 1975-81 Continentale Ofenbau-Ges. Berlin, Ing.-Tätigkeit f. Schornsteinbau, ab 1981 Gebietsverkaufsltr. Schmidt & Peters-Gruppe, ab 1987 öff. Bestellung u. Vereidigung als Sachv. f. Schornsteintechnik, ab 1990 Erweiterung z. Regionalverkaufsltr., 1997-2000 Verkaufsltr. u. Prok., Produktmanagement, 2000 selbst. Sachv. f. Schornsteintechnik, Planung, Beratung, Gutachten, Schornsteinschäden, Kamine u. Feuerstätten, Zweigbüro in Dargow/Ratzeburg. H.: Reisen, Motorradfahren.

Grüllich Ursula
B.: Realschullehrerin. PA.: 40489 Düsseldorf, Annostr. 32. uaktx@gruellich.de. G.: Konnersreuth, 15. Mai 1945. V.: Joachim Grüllich. Ki.: Corvin. El.: Ruprecht u. Christel Steinacker, geb. Knuffmann. BV.: alte Historiker- u. Pfarrersfamilie aus Österr./Ungarn (Roland Steinacker, Prof. d. Theol.), Stammbau b. 1600. S.: 1965 Abitur Kaiserswerth, 1965-68 Stud. Germanistik u. Textilgestaltung an d. Univ. Köln. K.: seit 1968 Schuldienst, Unterrichtstätigkeit an d. Univ. u. im Studienseminar f. d. Lehrerausbildung. P.: div. Veröff. in intern. Fachzeitschriften zum Thema Koedukation, Textilunterricht an europ. Schulen, Museumsdidaktik etc. E.: Organisation u. Teilnahme an Kunst- u. Textilausstellungen (2001 Museum Kunstpalast Düsseldorf Ausstellung Altäre). M.: Fachverb. Textilunterricht e.V., Grdg.-Mtgl. d. Texere,

*) Biographie www.whoiswho-verlag.ch oder beigefügte CD-ROM

Grüllich

Grdg.-Mtgl. u. Vors. d. Arbeitskreises Textilunterricht NRW e.V. H.: Literatur, Reisen, Modern Dance, Kunst- u. Kulturgeschichte, Tai Chi.

Grumann Britta *)
Grumann Jens Dr. Dipl.-Phys. *)
Grümmer Gerald Dipl.-Ing. *)
Grümmer Gido *)
Grummt Carl Ernst Dr. med. dent. *)
Grun Klaus-Peter *)
von der Grün Gabriele *)
Grün Horst Richard Dipl.-Ing. *)
Grün Kurt *)
von der Grün Max *)
Grün Philip

B.: RA, selbständig. DA.: 14052 Berlin, Reichsstr. 1. G.: Wiesbaden, 25. Apr. 1967. El.: Dipl.-Vw. Bodo u. Gunda, geb. Velter. S.: 1986 Abitur Wiesbaden, 1986-87 Wehrdienst, 1987 Stud. Chemie u. Arabistik an d. Univ. Mainz, 1987-91 Stud. Rechtswiss. an der Univ. Passau, 1991 1 Jahr Staatsexamen, 1991-92 1 Jahr Rechtspfleger in Berlin, 1992-95 Referendariat in Berlin, 1 J. b. Schwarz Kurtze Schniewind Kelwing Wicke in Berlin, 4 Monate bei Maitre Girard Bournilhas Citron in Paris, 1995 2. Staatsexamen, Notarkurs. K.: seit 1995 selbständiger RA, Tätigkeitsschwerpunkte: Vermögensrecht, Wirtschaftsrecht, Vertragsrecht. M.: Freimaurerloge Minerva Berlin-Potsdam, Vorsitz Kuratorium Erich Mathing Stiftung, Freunde u. Förderer d. Israelmuseums Jerusalem. H.: Sammeln moderner Kunst, Reisen nach Frankreich.

Grün Rainer *)
Grünäugl Josef *)
Grünbaum Dave

PS.: Dave Green. B.: Groß- u. Außenhdl.-Kfm., Inh. FN.: Künstleratelier. GT.: Assistent d. Geschäftsleitung v. TRAPP networks for new technologies. DA.: 90409 Nürnberg, Avenariusstr. 35. PA.: 90613 Markt Unterschlauersbach, Unterschlauersbacher Hauptstr. 44. davegreen@gmx.net. http://people.freenet.de/davegreen/. G.: Bayreuth, 17. Juni 1978. S.: 1994-97 Ausbild. Groß- u. Außenhdl.-Kfm., 1997 Sprachkurs Irland, 1998 Abitur Berufsoberschule Bayreuth, 1998-99 tätig BRK-Organ. Nürnberg, ab 1999 Stud. BWL Georg-Simon-Ohm-FH Nürnberg. M.: 3. Vorst. d. Ver. z. Förderung d. HS-Kultur, Ortsver. Unterschlauersbach, Spielclub Alibaba, Minolta System Club, Gemeindeglied d. Ev. St. Sebaldus Kirche, Gemeinderat d. Ev. Stud. Gem., Genosse d. Internat. Univ. Altdorf eG, Freund d. ABBEY Theatre in Dublin, Freund d. Neuen Museums, Germ. National Museums, Naturhistor. Ges., Kunstver. Bayreuth. H.: Fotografie, Theater, Phantasierollenspiel, Philosophie, Whiskey, ir., franz. u. fränk. Küche, Bergwandern, Natur, Theologie, Walken, Weine, Fan d. Trinity College in Dublin, Ausdruckstanz.

Grünberg Andreas

B.: Filmproduzent, Drehbuchautor, Gschf. Ges. FN.: Grünberg Film GmbH. DA.: 13125 Berlin, Blankenburger Chaussee 84. G.: Gemünden am Main, 30. Okt. 1957. V.: Cornelia, geb. Schwartz. Ki.: Karl (1981), Alexander (1987). El.: Vater u. Hildegard. BV.: Großvater Anton Münzer - Leiter d. Bildhauerwerkstätte am Freiburger Münster". S.: 1977 Abitur, 1977-85 Stud. Politik, Germanistik u. Geschichte f. Lehramt an Gym. Frankfurt/Main u. Gießen. K.: 1984-85 Journalist d. Frankfurter Rundschau, 1986-96 Lehrer an Gym. u. in d. Erwachsenenbild., glz. Musik u. Texte f. d. Fernsehen geschrieben, 1996-97 freier Mitarb. d. Abt. internationale Co-Produktionen bei SAT. 1, 1997 Grdg. d. Firma f. Entwicklung u. Produktion v. intern. Filmstoffen", Projekte: dramaturg. Beratung f. "The Hunted", Musik u. Dramaturgie f. "Paul IV", Drehbuchu. Musik f. "Zeit des Schweigens" (nominiert für d. Nachwuchspreis d. Studios Hamburg 1997), Drehbuch u. Co-Produzent f. "Zwei in einem Boot" (deutscher Berlinale-Beitrag 1998, zahlr. intern. Festivaleinladungen), seit 2001 Projekt-Scont f. Studio HH / World Wide Pictures Fonds. P.: 2 Sachbücher zur dtschen Geschichte (1990, 1995), belletristische Texte in Anthologien (1986, 1988). E.: 1. Preis f. "Zwei in einem Boot" b. Festival d. jungen europ. Films in Cottbus. M.: Mtgl. im Verband d. dt. Drehbuchautoren (VDD). H.: Lesen, Wassersport, Musik.

von Grünberg Bernhard *)
von Grünberg Hubertus Dr.

B.: AufR.-Vors. FN.: Continental AG. DA.: 30165 Hannover, Vahrenwalderstr. 9. www.conti-onlinde.com. G.: Swinemünde/Pommern, 20. Juli 1942. S.: 1968 Dipl.-Physiker, Univ. zu Köln, 1972 Dr. d. Physik. K.: Eintritt bei Alfred Teves GmbH (ITT), Frankfurt, Projektltr. Kfz-Hydraulik (Entwicklung), 1973 Manager Produktplanung, 1975 Ltr. Materialwirtschaft Ersatzteile, 1976-80 General Manager, Teves do Brasil, Brasilien, 1978 Dir. Alfred Teves GmbH (ITT), Frankfurt, 1981 Dir. American Operations, Alfred Teves GmbH (ITT), Troy, Michigan, USA, 1982 Gschf. Entwicklung u. Technik, Alfred Teves GmbH (ITT), Frankfurt, 1984-89 Vors. d. Gschf. Alfred Teves GmbH (ITT), Frankfurt, 1987 Vice Pres., ITT-Corporation, New York, USA, 1989 Pres. and CEO, ITT-Automotive Inc., Auburn Hills, Michigan, USA, Senior Vice Pres. ITT-Corporation, 1991-99 Vors. d. Vorst. d. Continental AG, Hannover, zusätzl. seit 1996 Konzernbereich Pkw-Reifen, seit 1999 AufR.-Vors.

Grünberg Peter Dr. Prof.

B.: Mitarb. FN.: Inst. f. Festkörperforsch. Forsch.-Zentrum Jülich GmbH. DA.: 52425 Jülich. G.: Pilsen, 18. Mai 1939. S.: 1966 TU Darmstadt, Dipl. in Physik, 1969 Prom., 1984 Habil. K.: 1969-72 Carleton Univ. Ottawa Canada, 1972 wiss. Mitarb. IFF-Forsch.-Zentrum Jülich , 1984 Habil., 1992 a.o.Prof. an d. Univ. Köln, 1984-85 Gastwissenschaftler Argonne Nat. Lab. USA, 1998 Gastprof. IMR at Tohoku Univ. Sendai/Japan u. JRCAT Tsukuba Research Center Japan. P.: 98 Veröff. in Zeitschriften u. Zeitungen, 5 Bücher. E.: 1994 APS Intern. Prize for New Materials, 1994 IUPAP Magnetism Award, 1996 Technologiepreis d. Ver. d. Freunde

*) Biographie www.whoiswho-verlag.ch oder beigefügte CD-ROM

u Förderer d. Forsch.-Zentrums Jülich, 1997 Hewlett-Packard Europhysics Prize, 1998 Preisträger d. f. Dt. Zukunftspreis - Preis d. Bundespräs. f. Technik u. Innovation m. d. Projekt Entdeckung d. GMR-Effektes.

Grünberg Ralf *)
Grünberger Georg *)
Grünberger Oskar E. *)
Grund Christoph

B.: Gschf. FN.: Netkom Fachagentur f. Netzkommunikation GmbH. DA.: 50667 Köln, Cäcilienstr. 24. grund@werbeagentur-netkom.de. G.: Leverkusen, 29. Mai 1958. V.: Sylvia, geb. Hoffmann. Ki.: Marie (1996), Max (1999). S.: 1978 kfm. Fachabitur, 1978-81 Ausbild. Werbekfm., 1982-83 Bundeswehr, 1983 Stud. Kommunikation Westdt. Ak. WAK. K.: 1983-85 tätig in d. Firma Kontaplan in Köln, 1985-95 Prok. d. Firma Kehrl, Pelzer, Klein & Partner in Köln, 1995 Gründung d. Firma Netkom als Fullservice-Werbeagentur. F.: JPP Mediengruppe in Köln. E.: QMS-Zertifikat. M.: Pressesprecher d. Tus Rondorf. H.: Schlagzeug, Motorradfahren.

Grund Frank Dr. jur.
B.: Gschf. FN.: Gerling Konzern. DA.: 20149 Hamburg, Harvestehuder Str. 25. G.: Troisdorf, 6. Feb. 1958. V.: Annegret, geb. Geilenberg. Ki.: 2 Kinder. S.: 1976 Abitur, 1978-82 Stud. Jura Bonn, 1983 1. Staatsexamen, 1983-86 Referendariat Köln u. London. K.: 1986-88 tätig im Personalwesen d. Gerling Konzern in Köln, 1988 Prom., 1988 Abt.-Ltr. f. Grundsatzfragen u. Personalmanagement im Gerling-Konzern, seit 1989 zusätzl. Peronalref., 1990 Prok., 1991 tätig in d. Gerling Spezial Kreditvers.-AG, als Ltr. d. Abt. Auslandgeschäfte, 1996 stellv. Gschf. d. Gerling-Regionalzentrum Dortmund/Münster GmbH, seit 1998 Gschf. d. Gerling-Ind.-Service GmbH Nord-Ost, seit 2000 Vorst.-Mtgl. Gerling Allgemeine Versicherungs-AG, Von-Werth-Str. 4-14, 50670 Köln. P.: Fachbeiträge zu personalwirtschaftl. Fragen in Handbüchern u. Zeitschriften. M.: WirtschaftsR. d. CDU, Ver. Hamburger Assecuradeure. H.: Dressurreiten.

Grund Holger *)
Grund Josef *)
Grund Jürgen *)
Grund Manfred
B.: Dipl.-Elektroing., MdB. FN.: Dt. Bundestag. DA.: 11011 Berlin, Platz d. Republik 1. PA.: 37308 Heilbad Heiligenstadt. G.: Zeitz, 3. Juli 1955. Ki.: 3 Kinder. S.: Abitur Lützen, Turbinenmaschinist in d. Braunkohlenkombinat Deuben, 1974-75 Grundwehrdienst, 1976-80 Stud. Elektrotechnik TU Dresden. K.: 1980-90 Betriebsing. im Energiekombinat Erfurt, Betriebsteil Bleicherode, 1990-94 1. Kreisbeigeordneter u. Dezernent in d. Kreisverw. Heiligenstadt, b. 1990 parteilos, 1990 Eintritt CDU, seit 1990 stellv. Kreisvors. Kreisverb. Eichsfeld, seit 1994 MdB. (Re)

Grund Michael *)

Grund Wolfgang Ing.
B.: Vorst.-Mtgl. FN.: SO HARD AG. DA.: 90766 Fürth, Würzburgstr. 197. wolfgang.grund@sohard.de. www.sohard. de. G.: Neumarkt, 25. Apr. 1957. V.: Sylvia, geb. Seip. Ki.: Tim (1987), Luca (1994). S.: 1977 Abitur, b. 1985 Stud. Elektrotechnik Univ. Erlangen m. Abschluß Ing. K.: 1985-88 Entwicklungsing. in einem Ing.-Büro, seit 1988 selbst.m. Grdg. d. SO HARD GmbH als Gschf. Ges., ab 2000 Vorst. f. Marketing u. Produkte m. Schwerpunkt Med.-Technik u. Automatisierungstechnik, Entwicklung v. Software f. med. Bilddaten "Radin". M.: Vors. d. AUG e.V. NIK. H.: Motorradfahren, Reisen.

Grundei Albrecht Univ.-Prof. *)
Gründel Eckhard Dr. med. Dr. phil. M.D. Ph.D. *)
Gründel Johannes Dr. theol. *)
Gründel Veit Dipl.-Ing. *)
Gründer Eitel Dir. *)
Gründer Karl-Heinz Dipl.-Ing.
B.: Hauptges., Gschf. FN.: Gründer Maschinenbau GmbH. DA.: 86916 Kaufering, Lechfeldstr. 3. karl-heinz@gruender-gmbh.de. www.gruender-gmbh.de; www.gruender-bit.de. G.: Landsberg/Lech, 15. Nov. 1952. El.: Connor Viktor Lutz. El.: Ing. Karl (war während d. 2. Weltkrieges Konstruktionsleiter f. Fahrwerke bei d. Flugzeugwerken Messerschmitt) u. Hildegard, geb. Günter. BV.: Großvater Karl Gründer war Grdgs.-Mtgl. d. SPD Paderborn. S.: FH-Reife, Maschinenbaustud. FH Augsburg, Schnupperstudien in Musikgeschichte, Archäologie u. Astronomie, 1978 Dipl., Lehre z. Maschinenbauer, Ausbild. als Operator. K.: 1971-73 Ltg. d. elterl. Betriebes, b. 1990 Teilhaber d. elterl. Betriebes, 1991 Umfirmierung in d. Gründer Maschinenbau GmbH, 1991 Grdg. d. Gründer Bit. M.: Tennisver., Histor. Förderver. Pestenacker.

Gründer Wolfgang
B.: Notar. DA.: 39104 Magdeburg, Otto-von-Guericke-Str. 27/28. G.: Bochum, 23. Feb. 1947. V.: Anke, geb. Seeberger. Ki.: Anna (1985), Christian (1988). El.: Willi u. Meta, geb. Breuer. S.: 1966 Abitur Bochum, 1966-67 Stud. Kath. Theologie z. Vorbereitung auf d. Priesteramt an Univ. Bonn im Theologenkonvikt d. Bistums Essen "Collegium Leoninum", 1975 1. Jur. Staatsexamen, 1967-70 Stud. Kath. Theol. u. Rechtswiss. Bochum, 1970-75 Rückkehr Univ. Bonn u. Stud. Rechtswiss., 1975-78 Referendariat in Bochum Essen, Witten/Herdecke, 1978 2. Jur. Staatsexamen. K.: 1978-95 RA in Cadenberge/Landkreis Cuxhaven, 1980 zusätzl. Notar, b. 1995 Vorst. im Anw.-Ver. in Cuxhaven, 1991 Grdg. Sozietät m. Schwerin/Pritzwalk, seit 1995 hauptberufl. Notar, Schwerpunkt: Erbrecht, Unternehmensnachfolgerecht. P.: 1998 Erfurter Gespräch MDR-Fernsehen Sachsen-Anhalt, 1999 Magdeburger Gespräch Live-Sendung MDR-Fernsehen Sachsen-Anhalt, regelmäßige Gesprächspartner zu Fragen d. Erbrechts. M.: SchulelternR.-Vors. am Norbertus-Gymn., CDU-Ltg. u. Vorbereitung CDU-Kreistage, seit 1999 Mtgl. im Landesvorstand d.Wirtschaftsrates d. CDU f. Sachsen-Anhalt, seit 2000 Kirchenvorstandsmtgl. in kath. Pfarrgem. St. Andreas in Magdeburg. H.: Fotografie, Wandern, Fitness.

Gründer-Voigt Andrea Dr. *)
Gründger Fritz Wilhelm Otto Dr. rer. pol.
B.: Prof. f. Sozialpolitik u. Statistik. FN.: Ev. Fachhochschule Berlin/EFB. DA.: 14167 Berlin, Teltower Damm 118-122. PA.: 12307 Berlin, Illigstr. 74. fritz.gruendger@gmx.de. G.: Berlin, 19. Juni 1938. V.: Helga, geb. Busse. Ki.: Dominik

*) Biographie www.whoiswho-verlag.ch oder beigefügte CD-ROM

Gründger

(1973), Konstantin (1976), Valentin (1981). El.: Erich u. Charlotte. S.: 1957 Abitur, Stud. d. Volkswirtschaft (FU Berlin), 1966 Diplom, 1976 Prom. K.: Wirtschaftsjournalist, 1966-74 wiss. Ass. am Inst. f. sozialpolitische Forschung (FU Berlin), 1974-75 Gast am ISER (Uni York/GB), 1976 Prof. f. Sozialpolitik a. d. EFB. P.: zahlr. Veröff. zur Sozialökonomik, insbes. Ökonomik d. soz. Dienstleistungen, mit J. Zerche Lehrbuch "Sozialpolitik" (2. Aufl. 1996). M.: SPD, Hochschullehrerbund, Verein f. Socialpolitik, Deutscher Verein f. öffentl. u. priv. Fürsorge, IIFP, IISE, RES, EEA, Senat u. Konzil d. EFB, ehrenamtl. Tätigkeiten in Partei, Gewerkschaft, Schule u. ev. Kirchengemeinde. H.: Sprachen u. Belletristik.

von Grundherr Jochen *)

Grundhöfer Markus *)

Grundig Matthias *)

Gründig Thomas *)

Grundke Hans-Jürgen Dr. Ing. *)

Gründl Andreas Dr. Dipl.-Phys. *)

Gründler Anselm Dr. med. *)

Gründler Elke

B.: Regionalltr. FN.: bioLine Gewichtsreduzierung. DA.: 68161 Mannheim, P6/16-19. elkegruendler@bioline.de. www.bioline.de. G.: Henrichenburg, 17. Apr. 1948. V.: Helmut Gründler. El.: Kurt u. Hermine Speck, geb. Burstedde. S.: 1964-67 Ausbild. als Arzthelferin, 2 1/2 J. Sekr.-Ausbild. K.: 1967-75 Chefarztsekr. Klinik Dr. Vötisch Bad Mergentheim, 1975-78 1. Kraft in Psychotherapeut. Praxis, Ausbild. in autogenem Training, 1980-93 Mitaufbau einer Apotheke in Herte m. Gerd Frettlöh, daneben 8 J. intensives psychosoz. Engagement, 1993-97 1. Kraft in einer Dialysepraxis in Mannheim, 1994 Ltg. einer bioLine-Praxis f. Gewichtsreduzierung Neustadt/Weinstraße, Zusatzausbild. in psychosoz. Begleitung u. Motivationspsych., seit 1995 Regionalltr. bioLine, Betreuung v. 9 Praxen. H.: BioLine, "Arb. ist mein Leben".

Gründler Gerhard E.
B.: Journalist. DA.: 22301 Hamburg, Blumenstr. 50. G.: Sachsenberg, 21. März 1930. S.: Abitur, Stud. Rechts- u. Staatswiss. u. Journalismus Univ. Kiel, Indiana Univ. Bloomington/USA, 1956 1. Jur. Prüf. K.: Volontariat Schleswig-Holstein. Volkszeitung Kiel, 1958-63 Red. u. Korrespondent Die Welt, 1963-71 Red. u. innenpolit. Ressortltr. Stern, 1971-76 Chefred. Vorwärts, 1976-79 Stern-Reporter, 1979-81 Bonner Korrespondent d. WDR-Hörunks, 1981-92 Dir. NDR-Landesfunkhaus Hamburg. P.: Das Gericht d. Sieger" (1967). H.: Lit.

Gründler Katja *)

Grundmann Andreas
B.: Antiquar. DA.: 48155 Münster, Ottostr. 5. mail@antiquariat-grundmann.de. www.antiquariat-grundmann.de. G.: Münster, 23. Mai 1962. Ki.: Merlit Kirchhöfer (1992). S.: 1981 Abitur Kevelaer, 1981-91 Stud. Ev. Theol., Archäologie u. Frühgeschichte Univ. Münster, Straßburg u. Mainz. K.: seit 1991 selbst. Antiquar in Münster m. Schwerpunkt religiöse Volkskunde u. Andachtsgrafik. P.: Hrsg. v. Katalogen z. religiösen Volkskunde. (1991). M.: Arb.-Kreis-Bild-Druck-Papier, Stiftung Devotionalia Niederlande u. Belgien, Société Archéologique, Historique et Artistique Le Vieux Papier Frankreich.

Grundmann Bert Dr. Dr. med.
B.: FA f. Mund-, Kiefer-, Gesichtschir. u. plast. Operationen, ärztl. Dir. FN.: clinic am meer. DA.: 26160 Bad Zwischenahn, Auf dem Hohen Ufer 20. G.: Delmenhorst, 15. Nov. 1957. S.: Stud. Med. u. Zahnmed. Univ. Göttingen. K.: seit 1999 selbst., Eröff. einer Privatklinik f. ästhet. Chir. clinic am meer in Bad Zwischenahn, Schwerpunkt: Facelifting u. Bodystyling. M.: Dt. Ges. f. ästhet. Chir., Dt. Ges. f. Plast. u. Wiederherstellungschir.

Grundmann Dierk Heinz
B.: Gschf. Ges. FN.: EPU European Projekt Union Bau-Projektmanagement GmbH; Projekt Control Projektbeteiligungs- u. Überwachungs GmbH. DA.: 1010 Wien, Plankeng. 2. G.: Kapfenberg, 12. Sep. 1942. Ki.: Hannelore (1963), Susanne (1965), Dirk (1971), Marie-Therese (1986). El.: Heinz u. Karoline. S.: 1960 Sägewerksmeisterprüf., 1964 HTL-Matura. K.: 1964-75 Betriebsltr. im Säge- u. Hobelwerk u. Holzhdl. in d. Stmk., 1975-78 Bereichsltr. d. Papierfbk. Hallein, 1978-86 kfm. Ltr. eines priv. Bauunternehmens, 1987-94 kfm. Ltr. eines dt. Baukonzerns, 1994-96 Gschf. einer Wr. Baufirma, seit 1996 selbst. m. Grdg. d. EPU European Projekt Union Bau-Projektmanagement GmbH. Akquisition, Bauduchführung u. Finanzierung v. Standorten f. in- u. ausländ. Nutzer u. f. gr. Projekte in Österr., 1997 zusätzl. Grdg. d. Firma Projekt Control Projektbegleitungs u. Überwachungs GmbH m. Firmenüberprüf., Projektbegleitung u. -überwachung in wirtschaftl. u. techn. Hinsicht f. Banken u. Kreditgeber, Käufer u. Nutzer.

Grundmann Dirk

B.: Werbekfm. DA.: 30453 Hannover, Kirchhöfnerstr. 16. dirk.grundmann@gmx.de. www.mr.leather99.de. G.: Hannover, 7. Mai 1967. El.: Kurt Hermann Karl u. Waltraud Else, geb. Johannes. S.: 1987 Abitur Hannover, 1987-88 Wehrdienst, 1988-90 Stud. d. Rechtswiss. an d. Univ. Hannover. K.: 1990 Praktikum Grafikdesign b. d. Werbeagentur n&w Hannover u. anschl. Auslandsaufenth. in Wien/Österr., 1991 tätig b. d. Werbeagentur n&w in Hannover im Bereich Desk-Top-Publishing, 1991-93 Ausbild. z. Werbekfm. Media Business GmbH (n&w) Hannover, 1994-2000 Werbekfm. b. d. Werbeagentur M/UND/D in Hannover/Isernhagen, 1993-94 Abendstud. an d. Werbefachschule in Hannover m. Abschluss m. Kommunikationswirt, ab 1997 nebenberufl. als Redakteur, seit 2000 Rentner u. freiberufl. als Redakteur u. Werbekfm. in Hannover u. d. Schweiz. E.: 1999 Erwerb d. Titels German Mister Leather 1999 in Berlin, Teilnahme am intern. Wettbe-

---

*) Biographie www.whoiswho-verlag.ch oder beigefügte CD-ROM

werb Intern. Mr. Leather Contest in Chicago, seit 2000 Moderation f. d. Wettbewerbe German Mr. Leather 2000, 2001 u. 2002 in Berlin. H.: Motorradfahren, Standardtanz.

Grundmann Eckehart

B.: Konditormeister, Inh. FN.: Café Grundmann. DA.: 04275 Leipzig, August-Bebel-Str. 2. G.: Leipzig, 15. Feb. 1965. V.: Heike. Ki.: Alexander (1985), Paula (1996). S.: 1981-83 Lehre Konditor Wurzen. K.: 1983-85 Konditor in Oschatz, im Interhotel Neptun in Warnemünde u. im Interhotel am Ring in Leipzig, 1987 Meisterprüf., 1990 Gründung d. Café Maedre als Jugendstilcafé, 2000 Gründung d. Cafe Grundmann als einziges Art deco-Stil Café in Mitteldeutschland m. typ. Konditorwaren. P.: Schriftstellerlesungen m. musikal. Umrahmung. H.: Segeln, Reisen, Radfahren, Motorradfahren.

Grundmann Ekkehard Dr. med. Dr. med. h.c. mult. Prof.
B.: em. Univ.-Prof. PA.: 48149 Münster, Röschweg 20. G.: Eibenstock, 28. Sep. 1921. V.: Frauke, geb. Dosse. Ki.: Bernhard (1952), Gesine (1955), Katharina (1956). S.: Realgymn. Schneeberg/Erzgeb., Univ. Freiburg u. Wien, Prom. u. Habil. Freiburg. i. Br. 1949 Staatsex., 1950 Prom. d. Med. K.: 1958 Habil in allgem. u. spez. Pathologie, 1963 apl. Prof. f. Pathologie, 1963 Abt.-Vorst. Inst. f. Experim. Pathologie Farbenfabriken Bayer AG, Wuppertal, 1969 Dir. Farbenfab. Bayer AG, 1971 o. Prof. f. Pathologie Univ. Münster. P.: über 300 Veröff. in med. Fachzeitschr., Hrsg. v. 18 Monographien u. Symposionsbänden über Krebsforschung, Hrsg. d. Lehrbuches d. Spez. Pathologie, Verlag Urban & Schwarzenberg, 7. A., Hrsg. Einführung in d. Allgem. Pathologie, 9. A., Fischer Verlag, Hrsg. d. Zeitschr. Pathology, Research and Practice, J. Cancer Research and Clin. Oncol. und Current Topics in Pathology. E.: 1980 Ehrenvors. d. Ges. z. Bekämpf. d. Krebskrkh. Nordrh.-Westf., 1965 Ehrenmitgl. Span. Ges. f. Path., 1977 Ehrenmitgl. Am. Ass. Pathol., 1980 Ehrenmitgl. Ungar. Ges. f. Pathol., 1981 Ehrenmitgl. Chilenische Ges. f. Pathologie, 1985 Ehrenmitgl. Univ. Campinas Sao Paulo, 1986 EhrenProf. d. Med. Fak. d. Kath. Univ. Santiago de Chile u. d. Med. Fak. d. Univ. Concepción/Chile, Mtgl. v. 16 in- u. ausld. Ges. d. Med. u. Biol., v. 1971-81 Vors. d. Nordrh.-Westf. Ges. f. Krebsforsch., 1975 Präs. d. Dt. Ges. f. Pathol., 1985 Präs. d. Dt. Krebsges., 1987 Vizepräs. Expertenkommité Krebs d. EG, 1987 Mitgl. Leopoldina, Halle, 1987 Gr BVK, 1993 Dr. med. h.c. Univ. Düsseldorf, 1994 Dr. med. h.c. Univ. Concepcion/Chile, 1999 Virchow-Medaille d. Dt. Ges. Path. H.: Literatur, Musik, Rotarier.

Grundmann Ernst *)

Grundmann Günter G. *)

Grundmann Horst Dieter *)

Grundmann Roger Dr.-Ing. Prof. *)

Grundmann Rolf Dipl.-Ing. *)

Grundmann Siegfried *)

Grundmann Thomas *)

Grundmann Ute M.A. *)

Grundmann Waldemar *)

Grundt Jochen-Peter *)

Grune Jörg
B.: Richter. FN.: Finanzgericht in Hannover. DA.: 30519 Hannover, Hermann-Guthe-Str. 3. www.finanzgericht.niedersachsen.de. G.: Hannover, 4. Apr. 1956. V.: Sabine, geb. Marschke. Ki.: Anja Kristina (1987). El.: Günter u. Hannelore Grune, geb. Magerkürth. S.: 1975 Abitur Hannover, 1976-81 Stud. Rechtswiss. Univ. Marburg u. Göttingen, 1981 1. Jur. Staatsexamen, 1981-84 Referendariat am OLG Celle, 1985 2. Jur. Staatsexamen, 1985-89 Jurist in d. niedersächs. Steuerverw., 1989 Wechsel z. niedersächs. Finanzgericht als Richter, s. 1994 Mtgl. d. Landesjustizprüf.-Amt b. niedersächs. Justizmin., s. 1999 Pressesprecher d. niedersächs. Finanzgerichts, s. 1992 Mtgl. d. Präsidiums d. Finanzgerichts. P.: div. Veröff. in Fachzeitschr. u. Mitautor in steuerrechtl. Fachbüchern. M.: 2. Vors. d. niedersächs. Finanzrichterbundes, Dt. Richterbund. H.: Tennis, Computer, neue Literatur, Fotografie.

Grüne Raymond *)

Grünecker Michael *)

Grunemann Evelin *)

Grunenberg Ralf *)

Gruner Bernd *)

Gruner Hans-Eckhard Dr. rer. nat. Prof. *)

Gruner Klaus-Dieter Dr.

B.: Dr.-Ing. f. Elektrotechnologie, Vertriebs- u. Marketingleiter. FN.: Raytek GmbH Berührungslose Temperaturmessung. DA.: 13127 Berlin, Blankenburger Str. 135. kgruner@raytek.de. G.: Erfurt, 9. Juli 1955. V.: verh. Ki.: 1 Tochter. S.: 1975 Abitur, 1975-77 Wehrdienst, 1977-82 TU Dresden, Abschluss: Dipl.-Ing. f. Elektroniktechnologie u. Feingerätetechnik, 1982-86 Aspirantur an d. Humboldt-Univ. Berlin, Abschluss: Dr.-Ing. f. Elektroniktechnologie. K.: 1975 u. 1977 Operator im Rechenzentrum d. Amtes f. Statistik, 1982-86 Entwicklungsingenieur im Werk f. Fernsehelektronik Berlin, 1987 Projektleiter in d. Entwicklungsabteilung Werk f. Fernsehelektronik, 1988-91 Gruppenleiter Entwicklung Werk f. Fernsehelektronik, 1991-98 Vertriebs- u. Marketingleiter Raytek GmbH, 1999 Vicepresident Marketing Raytek Corp. Kalifornien USA, seit 2000 Marketingdir. f. Europa d. Raytek GmbH. BL.: Aufbau v. Vertriebsschienen in Deutschland, England, Frankreich m. eigenen Firmen, Europa, Afrika, mittlerer Osten mit Distributoren. M.: VDI. H.: Langstreckenlauf, Schach, Fotografie, Modellsegelflug.

Gruner Manfred
B.: Rektor. FN.: Orientierungsstufe Leonhardstraße. DA.: 38102 Braunschweig, Leonhardstr. 12. PA.: 38100 Braunschweig, Wendentorwall 15B. G.: Braunschweig, 5. Okt.

---
*) Biographie www.whoiswho-verlag.ch oder beigefügte CD-ROM

Gruner

1942. V.: Hella, geb. Hank. Ki.: Heiko (1965) und Hedda (1968). S.: 1962 Abitur, b. 1965 Stud. Lehramt f. VS, b. 1973 Lehramt f. Realschulen. K.: parallel im Schuldienst, 1974 Konrektor u. seit 1980 Schulrektor an d. Orientierungsstufe Leonhardstraße in Braunschweig, 1986-96 Sprecher d. Braunschweig. Stadtführer u. seit 1997 ehrenamtl. Stadtheimatpfleger, seit 1980 Ltr. eines Museumspäd. Arbeitskreises eingesetzt v. d. Bez.-Reg. Braunschweig. BL.: seit über 30 J. Beschäftigung m. d. Braunschweiger Geschichte. P.: "Stadtführer Braunschweig bietet mehr als nur d. Löwen", "Stadtrundgänge" (1996). M.: Braunschweiger Geschichtsver., Landesver. f. Heimatschutz, Bürgerschaft Riddagshausen, Literarische Ver., Ges. f. dt. Postgeschichte, Mühlenver. Abbenrode. H.: Braunschweiger Geschichte, Sport, Literatur.

Gruner Wolfgang Dietrich Dr. phil. *)

Gruner Wolfgang *)

Grüner Anju

B.: Galeristin, Unternehmerin. FN.: Galerie Anju. DA.: 22763 Hamburg, Bei der Rolandsmühle 16. G.: Deli/Indien, 28. Feb. 1956. Ki.: Indra (1982). S.: 1974 Abitur England, 1975-78 Stud. Sprachen u. Päd. England. K.: 1978 Englischlehrerin in div. Hamburger Sprachschulen, 1980-86 eigene Sprachschule im Hamburger Zentrum, 1986-90 Ltg. eines Büros in d. Marketingabt., 1990-93 Dolmetscherin u. Übersetzerin f. div. Filminst., Styling u. Ausstattung f. Film u. Foto, 1993 Eröff. d. Galerie Anju. H.: Musik, Malerei, Fotografie, Kunstliebhaberin.

Grüner Kurt *)

Grüner Martin *)

Grüner Thomas *)

Grüner Wolfgang

B.: freier Journalist. DA.: 51147 Köln, Magazinstr. 95. G.: Gera, 8. Okt. 1947. V.: Silvia, geb. Körner. Ki.: Leon (1991), Luka (1995). S.: 1962-65 Handelsschule Köln, 1965-68 Ausbild. Dt. Post, seit 1974 tätig im Bundesamt f. d. Zivildienst, 1983-86 Stud. FHB Köln m. Abschluß Dipl.-Verwaltungsw. K.: Diskjockey, Beratung u. Durchführung v. Festivals, Life- u. Studioauftritten prominenter Künstler, Autor und Sprecher bei u.a. SWF 3 (Buch: "SWF 3 macht Spaß"), WDR, NDR, RIAS, Ö 3 u. Bavaria Film mit mehr als 300 Beiträgen f. Funk u. Fernsehen, seit 1964 Musik-Journalist, seit 1980 Touristik-Journalist f. Zeitungen, Zeitschriften, Rundfunk. M.: Vizepräs. d. ITMJ Deutschland, Mtgl. im Executive Commitee d. FIJET u. dort Vors. d. Ethik Kommission. H.: Musik, Lesen, Kochen, Kindergeschichten schreiben.

Grunert Eva Christina *)

Grunert Gerhard *)

Grunert Harald

B.: Gastronom, Inhaber. FN.: Ständige Vertretung StäV, WeinBotschaft, De Kölsche Römer. DA.: 10117 Berlin, Schiffbauerdamm 8. www.staev.de und www.staendigevertretung.de. G.: Rösrath, 7. Juli 1949. V.: Seija. Ki.: 4 Kinder. BV.: Prof. Dr. Karl Grunert - Augenmediziner. S.: 1969-72 Stud. Sozialarb. an d. FH Köln. K.: 1972-81 Sozialarb., stellv. Heimltr. in Bad Godesberg, 1981-97 Inh. versch. Gastronomiebetrieb, 1997 Grdg. d. "Ständigen Vertretung Rheinland-Berlin" zusammen m. Partner Friedel A. Drautzburg; 1999-2000 Karnevalsprinz v. Berlin, 2000 Eröff. d. Weinbotschaft gemeinsam mit Friedel Drautzburg, 2000 Eröff. Weinstube Piccolo u. d. Kölsche Römer gegenüber d. StäV gemeinsam mit Friedel Drautzburg, in Saison 1999/2000 Berliner Karneval wieder populär gemacht u. Berliner Karnevalsprinz "Harald I".

Grunert Michael *)

Grunert Sybille *)

Grunert Uwe Dipl.-Ing.

B.: stellv. Gschf. FN.: Gütegemeinschaft Erhaltung v. Bauwerken E.V. DA.: 10785 Berlin, Kurfürstenstr. 130. Uwe.Grunert@t-online.de. www.geb-online.com. G.: Schlema, 11. Juni 1959. V.: Sabine, geb. Henckel. Ki.: Florian (1985), Sophia (1988). El.: Prof. Dr. Siegfried u. Brigitte, geb. Krüger. S.: 1969-70 Ausbild. Kreuzchorsänger, 1978-83 Stud. Stud. 89 stellv. u. kommissar. Gschf., seit 1998 Ltr. d. Überwachungsstelle Gütegemeinschaft Erhaltung v. Bauwerken, seit 1999 tätig in Berlin. P.: Hrsg. d. SIVV-Handbuches. H.: Erstellung v. Internet-Präsentationen, Chorgesang.

Grunert Volkmar Dipl.-Ing. *)

Grünert Eberhard Dr. phil. *)

Grünert Grunja *)

Grünert Maria Ing. *)

Grünert Mario *)

Grünert Mike

B.: Trompeter, Militärmusiker. FN.: Stabsmusikcorps der Bundeswehr. GT.: nebenberuflich Grdg. d. Band "Esprit Live Tanzmusik", verheb/nebenbei Musikunterricht, komponiert u. arrangiert. esprit-live@profimail.de. G.: Greiz, 17. Apr. 1969. El.: Hans-Hermann u. Brigitte, geb. Ritter. S.: 1985 Mittlere Reife, 1985-89 Stud. Militärmusik in Prora. K.: seit 1989 Militärmusiker zunächst im Orchester d. Landstreitkräfte d. NVA u. später im Stabsmusikcorps d. Bundeswehr.

*) Biographie www.whoiswho-verlag.ch oder beigefügte CD-ROM

Grunewald Ingeborg *)

Grunewald Klaus Dipl.-Ök.
B.: Steuerberater, vereid. Buchprüfer. FN.: KHG Treuhand GmbH. DA.: 45131 Essen, Wittenbergstr. 12. PA.: 45133 Essen, Prinz-Adolf-Str. 4. G.: Essen, 15. Juni 1950. V.: Beate, geb. Kuhn. Ki.: Niklas (1989), Lea (1997). El.: Rolf u. Margot. S.: 1969 Abitur Wuppertal, 1970-74 Stud. Wirtschaftswiss. Bochum, 1974 Dipl.-Ök. K.: 1975-80 tätig in d. KPMG Wirtschhaftsprüf.-Ges. Düsseldorf, 1980 Steuerberaterexamen, 1980 Beteiligung an Steuerberatungsges. in Münster, 1981-83 in Steuerberatungsges. in Essen, seit 1983 selbst. m. Steuerberaterin Hella Grunewald in Essen, seit 1988 vereid. Buchprüfer, Durchführung v. Fortbild.-Lehrgängen an d. Steuerberaterkam., 1984-88 gerichtl. bestellter Gutachter zu Wirtschaftsdelikten. BL.: 1966-68 Besteigung v. Mont Blanc, Monte Rosa u. Matterhorn. F.: KHG Treuhand GmbH Essen. M.: Golfclub Hösel. H.: Golf, Musicals, Fernreisen.

Grunewald Lothar Dipl.-Ing. *)

Grunewald Ulrich *)

Grünewald Andreas *)

Grünewald Joachim Dr. iur. *)

Grünewald Klaus
B.: RA in eigener Kzl. DA.: 50674 Köln, Lindenstr. 19. G.: Köln, 23. Nov. 1949. V.: Monika, geb. Rudolph. Ki.: Maren, Christian. S.: 1968 Abitur, 1971-76 Stud. Jura. K.: seit 1980 selbständiger RA in Köln.

Grünewald-Wilson Eleanor-Mavis

B.: Malerin, Kunstzieherin u. freischaff. Künstlerin. DA.: 60311 Frankfurt/Main, Fahrg. 21. G.: Stockton-on-Tees, 2. März 1937. V.: Karl Heinz (Übersetzer bei Deutsche Flugsicherung). Ki.: 3 Kinder. El.: Ing. Harold Wilson. S.: 1947-51 Stud. Kunst School of Art Middesbrough, 1949 intern. Examen f. Kunst, Abschluß Intermediate Dipl. in Art u. Crafts, Nat. Dipl. in Design, 1951-52 Ausbildung Kunstpäd., 1951-52 A.T.D. (Art Teachersdiplom Leeds University. K.: seit 1958 tätig in Frankfurt als Malerin in Acryl, Öl, Großformate, großflächige Strukturen, Aquarelle, Buch- u. Kinderbuchillustrationen, Litho u. Radierungen, Portrait- u. Aktzeichnungen in Röthel, Kohle, Bleistift, Tusche u. Gouache m. Schwerpunkt Grossformat, Flächige Malerei "Zwischen Vision und Realität" u. mod. Malerei; Lehrerin an d. Schule in Ashton-in-Makerfield, 1956 an d. Heginbottom Kunstschule, Ashten bei Manchester, 1974-77 Kunstzieherin in Frankfurt u. b. 1992 in Kronberg, seit 1992 Privatunterricht. P.: regelm. Ausstellung im Römer anlässl. d. Weihnachtsmarktes, Frankfurt Bilder weltweit beliebt u. veröff. regelm. Ausstellungen in Frankfurt (1975), Paris (1978), Aschaffenburg, Wiesbaden, Ägypten (1984) u. China (1985), regelm. Jahresausstellungen im Verband Bildender Künstler in Frankfurt, Ausstellung in Nebbienschen Gartenhaus in Frankfurt, Verkäufe an d. Stadt Frankfurt u. d. Kultusministerium Wiesbaden. M.: Verband bild. Künstler, Frankfurter Künstler Club e.V. H.: Beruf.

Grünheit Michael

B.: Wirtschaftsprüfer, Vorst.-Vors. LBC, Gschf. Ges. FN.: Grünheit Treuhand u. Wirtschaftsberatungs GmbH. DA.: 14165 Berlin, Pfarrlandstr. 25. G.: Berlin, 22. Mai 1967. El.: Reinhard Jürgen u. Siglinde, geb. Ohrmann. S.: 1988 Abitur, 1988-91 Ausbild. z. Fachgehilfen in Steuer- u. Wirtschaftsber. Berufen. K.: 1988 Berufung d. OFD z. Beratungsstellenltr. d. LBZ Lohnsteuer-Beratungs-Zentrale Berlin e.V., seit 1994 alleiniger Vorstands-Vors. d. LBZ Lohnsteuer-Beratungs-Zentrale Berlin e.V., seit 1997 alleiniger Gschf. Ges. d. Grünheit Treuhand, zusätzlich ab 1999 alleiniger Vorst.-Vors. d. LBC Lohnsteuer-Beratungs-Centrum e.V.; seit 1991 Lehrer d. Bäckerinnung in Steuerrechtl. Fragen, seit 1997 Doz. f. Steuerrecht. H.: Skifahren, Programmieren.

Grünholz Dieter Bruno Dr. med. E.B.O.D.

B.: Augenarzt DA.: 47441 Moers, Goethestr. 1. G.: Hilden, 15. Nov. 1956 V.: Lu, geb. Niehoff. Ki.: Ingo (1989). El.: Dr. med. Gerhard u. Dr. med. Hannelore S.: 1975 Abitur, 1982 Ärztl. Prüfung, 1983 Promotion. K.: 1983 Ausbildg. zum Augenarzt, 1988 Facharztprüfung, 1990 Niederlassung als Augenarzt, 2000 European Board of Ophthalmology Diploma. BL.: zahlreiche augenärztliche Einsätze in Entwicklungsländern Asiens u. Afrikas. M.: Dt. Komitee zur Verhütung von Blindheit. H.: Afrika, Lesen, Musik.

Grünig Christoph *)

Grüning Frank Dipl.-Ing. *)

Grüning Harald Dipl.-Ing.

B.: Gschf. Ges. FN.: UCON Ingenieurgesellschaft mbH. GT.: Gschf. d. Ingenieurges. f. Baugrund u. Altlasten in Düsseldorf. DA.: 44795 Bochum, Kohlenstr. 70. PA.: 40489 Düsseldorf, Zeppenheimer Str. 75c. Harald.Gruening @ucon. de. www.ucon.de. G.: Minden, 29. Mai 1962. Ki.: Leon (1996). El.: Willi u. Margarete. S.: 1982 Abitur, 1982-86 Stud. in Münster. K.: 1986-88 StAWA in Münster, 1988-92 ESMIL- WABAG in Ratingen, 1992-96 Mannesmann AG in Düsseldorf, seit 1996 Gschf. Ges. UCON Ingenieurges. mbH. BL.: Mitentwicklung einer Membranelektrolyse, Anlagenbau f. Volkswagen u. PWA, Altlastenuntersuchungen bundesweit, Bauschadensbe-

---

*) Biographie www.whoiswho-verlag.ch oder beigefügte CD-ROM

Grüning

wertung. F.: Teilh. d. UCON-Ingenieurges. P.: div. Veröff. z. d. Themen: Membranelektrolyse, Bodensanierung, Flächenmanagement. M.: VBI, VDI, ATV. H.: Reisen.

Grüning Peter

B.: Physiotherapeut, Masseur u. Krankengymnast. FN.: Praxis f. Krankengymnastik u. manuelle Therapie. DA.: 97070 Würzburg, Dominikanerpl. 5. G.: Siegen, 2. Sep. 1966. El.: Klaus u. Margarete, geb. Knümann. S.: 1986-87 Massageschule Essen, Ausbild. Therapie in Stuttgart, 1989 Ausbild. Sportphysiotherapie, 1995-98 IFOMT. K.: 1987-90 versch. Tätigkeiten als Masseur Univ. Münster, Sportschule d. Bundeswehr Warendorf, Masseur SC-Preussen-Münster, 1991-92 ltd. Masseur Aufbau Reha-Centrum Stuttgart, 1993-94 Ausbild. Krankengymnast in Neustadt/Weinstraße, 1994 Kreis-KH Tauberbischofsheim, gleichzeitig Physiotherapeut d. 1. Handballbundesliga/Frauen d. DJK Würzburg, 1995-97 Krankengymnast an d. Bavaria-Klinik Würzburg, seit 1997 selbst. als Masseur u. Krankengymnas; seit 1997 Lehrbeauftragter an d. Schule f. Physiotherapie d. Univ.-Klinik Würzburg, Betreuung versch. Dt. Nationalmannschaften. M.: Mtgl. d. Lehrergruppe d. AG Manuelle Therapie im ZUK, ZVK, Akr. Manuelle Therapie, Akr. IFOMT Würzburg. H.: Literatur, Reisen (Frankreich, Ostsee).

Grüning Rocco *)

Grüninger Joachim *)

Grünke Gunnar *)

Grünkorn Wolfram *)

Grünner Detlev

B.: Diplom Finanzwirt (FH), Steuerberater, Gschf. Ges. FN.: Detlev Grünner Treuhand Steuerberatungsges. mbH. DA.: 31303 Burgdorf, Peiner Weg 105. G.: Burgdorf, 2. Feb. 1954. V.: Birgit, geb. Wohlfeil. Ki.: 2 Kinder. S.: 1969-70 Ang. Finanzamt Burgdorf, 1970-72 Ausbildg. z. Beamten d. mittleren Dienstes mit Abschluß Steuerassistent beim Finanzamt Burgdorf, 1972-78 Steuerbeamter beim Finanzamt Burgdorf, 1973/74 Bundeswehr, 1978-81 Ausbildg. z. Beamten d. gehobenen Dienstes mit Abschluß Steuerinspektor / Dipl. Finanzwirt (FH) beim Finanzamt Burgdorf sowie d. Nds. Fachhochschule f. Verwaltung u. Rechtspflege. K.: 1981-85 Steuerbeamter (geh. Dienst) b. Finanzamt Burgdorf, 1985-91 Steuerbeamter (geh. Dienst) im ESt-Referat d. Oberfinanzdirektion Hannover, seit 1991 angestellte Tätigkeit in einer Steuerkanzlei, 1992 Steuerberaterprüfg., 1998 Grdg. d. DATAX Wirtschaftstreuhand StB GmbH mit d. Schwerpunkten d. bes. steuer.- u. betriebswirtschaftl. Beratung f. Private, Gewerbetreibende u. Freiberufler sowie Existenzgründungs-, Finanzierungs- u. Vermögensaufbauplanung. M.: Steuerberaterkammer, IHK, Berufsgenossenschaft, DATEV. H.: Bluesmusik.

Grunow Dieter Dr. soz. Dipl.-Soz. Prof.

B.: Prof. f. Politik- u. Verw.-Wiss. PA: 45481 Mülheim, Husumer Str. 7. G.: Papitz, 20. Nov. 1944. S.: 1975 Prom. Dr. d. Sozialwiss. K.: 1980-81 Gastprof. an d. GHS Kassel, 1975-84 wiss. Projektgruppenltr. an d. Univ. Bielefeld, 1983 Habil., 1984-86 Prof. f. Verw.-Ökonomie in Kassel, seit 1986 Prof. d. Verw.-Wiss. an d. Univ. Duisburg. P.: "Steuerzahler u. Finanzamt" (1978), "Bürgernahe Verw." (1988), "Gesundheitsselbsthilfe im Alltag" (1983), Hrsg. v. "Die Verw. d. polit. Systems" (1994), Hrsg. v. "Lokale Verw.-Reform in Aktion: Fortschritte u. Fallstrike" (1998), "Der öff. Gesundheitsdienst im Modernisierungsprozess" (2000). M.: Direktorium RISP e.V. Duisburg. H.: Musik, Computer.

Grunow Ernst *)

Grunow Janet

B.: Studentin, Profi-Handballerin, Nationalteam-Spielerin. FN.: c/o HSG Herrentrup/Blomberg. DA.: 32825 Blomberg, Langer Steinweg 50. G.: Neubrandenburg, 30. Nov. 1973. S.: Stud. Dipl.-Sportwiss. K.: 43 Länderspiele, 64 Länderspieltore, 1994 Länderspiel-Debüt gegen d. Schweiz in Basel, Stationen: 1981-87 BSG Einheit, 1987-91 ASK Vorwärts Frankfurt/Oder, 1991-93 TSV Erfurt, 1993-95 TV Mainzlar, seit 1996 HSG Herrentrup-Blomberg, sportl. Erfolge: 1988, 1989 u. 1990 DDR-Meister m. Frankfurt/Oder, Teilnahme an d. Juniorinnen-WM 1993, Teilnahme an d. Studenten-WM 1994, Teilnahme am City-Cup 1995 m. TV Mainzlar. H.: Kino, Musik, Literatur.

Grunow Klaus-Detlef *)

Grunow Peter Dipl.-Ing. *)

Grunow Sabine Dr. iur. *)

Grunow Thomas

B.: Investmentberater, Gschf. FN.: Euro-Trust. DA.: 12351 Berlin, Buchfinkweg 36. www.EURO-TRUST.de. G.: Berlin, 26. Feb. 1964. V.: Taina, geb. Repo. Ki.: Tanita (1990), Toni (1995). El.: Bernd u. Christine, geb. Brandstätter. S.: 1981-84 Lehre als Kfz-Mechaniker. K.: 1984-86 ang. Kfz-Mechaniker, seit 1986 freiberufl. in Investment-Beratung m. parallelem Ausbild., 1993 Eintragung d. Firma Euro-Trust. M.: Modellfliegerver. H.: Motorradfahren, Modellflug.

Grunow-Strempel Doris

B.: RAin, selbständig. DA.: 10623 Berlin, Kantstr. 154a. G.: Berlin, 1961. V.: N. Strempel. Ki.: 2 Kinder (1992, 1999). S.: 1981 Abitur Berlin, 1982-91 Stud. Rechtswiss. an d. FU Berlin, 1. Staatsexamen, 1993-95 Referendariat Berlin, 2. Staatsexamen. K.: diverse Nebentätigkeiten während Studium u. Referendariat, u.a. im Bereich d. Insolvenzverwaltung, 1995 Monate Vorbereitung auf d. Selbständigkeit an d. Univ. Bielefeld, 1995-97 freiberufl. b. versch. Anwälten in Berlin, seit 1997 selbständig m. eigener Kzl. in Berlin, regelmäßige Teilnahme an Fortbildungsveranstaltungen, u.a. am Fachanwaltslehrgang f. Arbeitsrecht, Tätigkeitsschwerpunkt derzeit: Familienrecht,

*) Biographie www.whoiswho-verlag.ch oder beigefügte CD-ROM

Mietrecht. P.: Reisebericht mit juristischem Hintergrund, Buchrezensionen. M.: Berliner Anwaltsverein sowie d. ARGE Verkehrsrecht u. Familienrecht, RAV, z. Zt. inaktives Redaktionsmtgl. d. Zeitschrift "Ansprüche", b. 1999 Elternvertretung Kita (Vorst.-Mtgl. d. Bezirkselternausschusses) u. Schule, ehrenamtl. Beratung im Mietrecht. H.: Lesen, Tanzen, Schwimmen, Reisen.

Grunszky Andreas

B.: Gschf. Ges. FN.: First Class Events GmbH. DA.: Flughafen Berlin Tempelhof, 12101 Berlin. PA.: 12489 Berlin, Radeckestraße 36 D. berlin@first-class-events.com. www.first-class-events.com. G.: Berlin, 1. Feb. 1968. V.: Katrin, geb. Kurtze. Ki.: Lea-Marie (2001). El.: Hans-Wolfgang u. Margot. S.: 1984 Mittlere Reife, 1984-87 Lehre Restaurantfachmann Maritim Timmendorfer Strand, 1988-89 Wehrdienst, 1990-92 Hotelfachschule Hamburg. K.: 1987-88 Demi Chef de Rang im Sheraton Hotel am Flughafen in Frankfurt/Main, 1989-90 Demi Chef de Rang im Hotel VierJahreszeiten in Hamburg, 1992-95 kfm. Ltr. d. Lufthansa Party-Service in Frankfurt u. Berlin, 1995-96 Dir. f. Flight Service d. Air Berlin, 1996-97 Catering Manager im Interconti in Berlin, seit 1997 selbst. m. d. First Class Events GmbH in Berlin; Projekte: BMK-Europa-Championat, IBF im Schloß Bellevue in Berlin, Intern. Partners-Meeting d. Herbert-Quandt-Stiftung u.a.m. E.: 2000 Marketing Award d. BBHF. M.: Marketing Club Berlin. H.: Tennis, Hund.

Grünthal Dieter Dr. med. *)

Grünthal Günther Dr. phil. Prof.
B.: Rektor, Prof. f. neuere u. neueste Geschichte. FN.: TU Chemnitz. DA.: 09107 Chemnitz, Reichenhainer Str. 39. G.: Berlin, 4. Apr. 1938. S.: 1957 Abitur Berlin, b. 1963 Stud. Geschichte, Germanistik u. Phil. Göttingen u. Berlin, 1963 1. Staatsexamen. K.: b. 1974 wiss. Ass. Berlin, München u. Karlsruhe, 1966 Prom. z. Dr. phil., 1975 Habil., b. 1993 tätig in Karlsruhe, 1978/79 Forsch. u. Lehrauftrag in Metz, 1982/83 Forsch. u. Lehrauftrag in Oxford, 1980 Prof., seit 1993 TU Chemnitz, Rektor. P.: Reichsschulgesetz u. Zentrumspartei in d. Weimarer Rep., Parlamentarismus in Preußen, Beiträge z. allg. polit. u. Parteiengeschichte d. 18.-20. Jhdt., Editionen zu S.A. Kaehler. H.: Musik. (Re)

Grunwald Frank-Dieter Kurt

B.: staatlich geprüfter Techniker, Graveurmeister. FN.: FD Grunwald Atelier. GT.: Auktionator. DA.: 42781 Haan, Kampstr. 143. fdgrunwald@aol.com. G.: Schönberg/Holstein, 19. Jan. 1950. V.: Ute Marianne, geb. Frenzel. Ki.: Morten (1980), Serena (1983), Severin (1986). El.: Kurt u. Anne, geb. Poschmann. S.: 1965-68 Graveurausbildung Düsseldorf, 1973-75 Ausbildung z. Metalltechniker Fachschule f. Metalltechnik- u. -gestaltung Solingen, 1975 Techniker- u. Meisterprüfung. K.:

1968-70 Graveur, 1970-71 Bundeswehr, 1975-78 Partnerschaftliches Unternehmen f. exclusive Metallverarbeitung, seit 1978 Alleinunternehmer in plast. Modellbau, Wappengravuren, Malereien u. Degenbearbeitung. BL.: Ausstellungen u. a. in Baden Baden, Grand Palais Paris, Kongresszentrum Wien, Konrad Adenauer Haus Bonn. H.: Billard, Modelleisenbahn, Uhren, Tiere.

Grunwald Gisela Dr. päd. *)

Grunwald Michael
B.: Dreher, Inh. FN.: Fish & Chips. DA.: 10999 Berlin, Glogauer Str. 6. fish'nships@web.de. G.: Oberhausen, 14. Dez. 1961. V.: Martina, geb. Schreier. Ki.: Chris u. Stefanie (1986). El.: Erwin u. Brigitte, geb. Köhring. S.: 1976 Mittlere Reife Oberhausen, 1976-79 Lehre als Dreher b. Firma Sellerbeck in Oberhausen. K.: 1980 Übersiedlung nach Berlin, Gitarrist d. Gruppe "Out break" in Berlin, Rock- u. Pop-Musiker, 1982-84 Gschf. im Maximilian-Imbiß in Kreuzberg, daneben immer als Musiker tätig, seit 1984 geschäftl. Management in "Grasses Imbiß" am Steglitzer Damm, seit 2000 selbst. m. Fish & Chips in Berlin-Kreuzberg. E.: Top Ten in Marcellinos, 3 Punkte in "PRINZ", Empfehlungen in Hauptstadtmagazinen. H.: Rockmusik als Gitarrist, Freunde.

Grunwald Siegfried *)

Grünwald Bärbel *)

Grünwald Eva Maria Dr. med. *)

Grünwald Jörg Dr.
B.: Heilpflanzenforscher, Unternehmer. FN.: analyze & realize ag. DA.: 13467 Berlin, Waldseeweg 6. jgruenwald@analyze-realize.com. www.analyze-realize.com. G.: Gießen, 19. Nov. 1950. S.: 1975 Dipl.-Biologe Univ. Heidelberg, 1978 Diss., 1978 Prom. z. Dr. rer. nat. K.: 1978-88 Inst. f. Arteriosklerosenforsch. an d. Med. Fak. Univ. Münster, 1982-84 Assoc. Prof. an d. Univ. Boston/USA, Path. u. Pharmakologie, 1988-95 Lichtwer Pharma Berlin, Ltr. Klin. Forsch., anschl med. wiss. Ltr., 1996 Grdg. d. eigenen Unternehmesn Phytopharm Consulting, 1997 Herbalist & Doc GmbH, 1997 Zusammenschluss background consultancy Unternehmensberatungs GmbH, 1998 Gdg. PhytoPharm US in New Jersey, 2001 Grdg. PhytoPharm South America in Porto Allegre/Brasilien, 2001 Umwandlung. v. PhytoPharm in analyze und realize AG, daneben Ltr. d. Dt. Filiale Nutri Pharma GmbH, P.: PDR for Herbal Medicines (2001), über 180 wiss. Art., viele Fernsehinterviews auf ABC, CNN, NBC, CBS u. Zeitungsinterviews in New York Times, Newsweek, Time. M.: United States Pharmacopoeia (USP) Panel on Botanicals.

Grünwald Josef Michael *)

Grünwald Peter *)

Grünwald Vera
B.: Damen- u. Herrenschneidermeister. DA.: 76229 Karlsruhe-Grötzingen, Niddapl. 3. PA.: 76327 Pfinztal, Dahlienstr. 25. G.: Reichenbach, 27. Juli 1965. El.: Dieter u. Maria Grünwald, geb. Bubler. S.: 1982-84 Ausbild. als Herrenmaßschneiderin in Bautzen. K.: 1984-88 Geselle b. PGH Bautzen, 1988 Ausreise nach Gießen, 1988-96 Ang. b. Firma Hiller Karlsruhe, seit 1994 nebenher selbst. m. Reparaturschneiderei, 1996 Meisterschule in Stuttgart, 1997 Abschluß Damenschneidermeister, 1997-98 Meisterschule München, 1998 Abschluß Herrenschneidermeister, 1998 Ladeneröff. in Karlsruhe-Grötzinge als Damen- u. Herren-Maßschneiderei. E.: 1999 Meisterpreis d. Bayer. Staatsreg. M.: Schneiderinnung. H.: Spazierengehen, Wandern, Skifahren, Kochen.

*) Biographie www.whoiswho-verlag.ch oder beigefügte CD-ROM

Grünzer Andrea *)

Grünzig Hans-Joachim Dr. phil. Dipl.-Psych.
B.: Psych. Psychotherapeut. DA.: 89079 Ulm, Sporerstr. 4. www.dr-gruenzig.de. G.: Neuruppin, 13. Jän. 1946. V.: Irmgard, geb. Schoppmeier. Ki.: Aniela (1976), Lucie (1979), Anne (1980). S.: 1965 Abitur Weiden, Bundeswehr, Stud. Psych. u. Phil. Freiburg m. Dipl.-Abschluß, 1976 Prom. Univ. Freiburg. K.: 1974-85 tätig im Bereich Psychotherapie u. Mitarb. an computergestützten empir. Psychoanalyseforsch., seit 1985 ndgl. Psychotherapeut in Wiblingen. P.: zahlr. Veröff. in Fachzeitschriften, Mitarbeiter d. " Lehrbuchs f. psychoanalyt. Therapie", Übersetzung v. Büchern aus d. Engl. u.a.: "Wurzeln d. Zufalls", "Jenseits d. Realitätsprinzips", "Einführung in d. analyt. Psychotherapie". M.: Berufsverb. Dt. Psychologen, Dt. Fachverb. f. Verhaltenstherapie, Supervisor f. Verhaltenstherapie TAFT, Vorst. d. Arb.-Kreis Ulmer Psychotherapeuten. H.: Wandern, Mediävistik, Musik.

Grunzke Burkhard *)

Grupe Christian
B.: Vorst. Vertrieb. FN.: Adam Opel AG. DA.: 65423 Rüsselsheim, Bahnhofspl. 1. www.opel.com. G.: Hamburg, 23. Dez. 1942. Ki.: 2 Kinder. S.: Abitur, Stud. Betriebswiss. Hamburg, 1970 Dipl.-Kfm. K.: 4 J. b. Ford of Europe Köln, 1975 Chrysler, 1976-79 Dir. Advertising and Merchandising Europe Paris, 1979-88 versch. Funktionen f. d. intern. Werbeagentur J. Walter Thompson Frankfurt, Hamburg u Wien, zuletzt Managing Dir. in Frankfurt, Vorst. Marketing z. Dt. Renault AG Brühl, 1994 stellv. Exekutive Dir. Vertrieb, Marketing u. Service b. Opel, 1994 Vorst. Vertrieb Adam Opel AG.

Grupe Ommo Dr. phil. Dr. phil. h.c. Prof.
B.: Dir. FN.: Inst. f. Sportwiss. Univ. Tübingen. DA.: 72076 Tübingen, Falkenweg 17. G.: Warsingsfehn/Ostfriesland, 4. Nov. 1930. S.: 1957 Prom., 1967 Habil. K.: Dir.vors. Dt. Olymp. Inst., Dir. d. Inst. f. Sportwiss. an d. Univ. Tübingen, DSB-VPräs. P.: Sport u. Leibeserziehung (1967), Sport in the Modern World - Chances a. Problems (1973), Bewegung, Spiel u. Leistung im Sport (1982), Sport als Kultur (1987), Einführung in die Sportpädagogik (zus. m. M. Krüger, 1997), Lexikon der Ethik im Sport (zus. m. D. Mieth, 1998), zahlr. Einzelveröff. E.: 1953 August-Bier-Plakette, 1969 Carl-Diem-Plakette, 1975 Philip-Noel-Baker Research Prize.

Grupe Thomas
B.: Gschf. FN.: Tangram System Computer GmbH. DA.: 22547 Hamburg, Fangdieckstr. 64. G.: Hamburg, 2. Aug. 1962. V.: Sabine, geb. Nitzschke. Ki.: Lauretta (1986), Thessa (1989). BV.: Vater Dr. h.c. Gerhardt Grupe war Generalkonsul v. Ceylon. S.: 1982 Abitur, 1982-84 Bundeswehrdienst, 1984-89 Stud. Betriebswirtschaft an d. Univ. Hamburg. K.: seit 1989 selbst. Grdg. d. Firma Tangram System Computer GmbH Hamburg. H.: Wassersport, Skifahren.

Grupen Claus Dr. rer. nat.
B.: Univ. Prof. FN.: Univ. Siegen. GT.: Strahlenschutzbeauftr. DA.: Univ. Siegen. PA.: 57076 Siegen. Jahnstr. 10. G.: Holstein, 19. Sept. 1941. V.: Heidemarie. Ki.: Cornelius, Camilla. El.: Alfred u. Mimi. S.: 1961 Abitur Kiel, 1966 Staatsexamen i. Mathem. u. Physik, 1970 Prom. i. Physik. K.: 1971-12 Visiting Fellow o. the Royal Society, Durham, Engl. 1973-74 Höhenstrahl Experiment a. Dt. Elektronen Synchrotron Hamburg, 1974 Univ. Siegen.1975 Habil. i. Physik, 1978 apl. Prof., 1980 Prof. Univ. Siegen, 1981 Dekan. 1981 1985 3 Monate Gastprof. a. d. Univ. of Tokyo, 1990 sechs Monate Research Associate am Europ. Kernforschgs.zentrum (CERN) Genf, 1991/92 Dekan. P.: "Teilchendetektoren" Bibliograph.

Institut Mannheim 1993, "Particle Dedectors" Cambridge Univ. Press, Cambridge 1996, Grundkurs Strahlenschutz, 1998, Astroteilchen Physik (2000), 100 Veröff. H.: Schach, Jazz.

Grupp Klaus Dr. iur. Univ.-Prof. *)

Grupp Martin Günther Privatdoz. *)

Grupp Reinhard Josef *)

Gruschke Clemens Dipl.-Ing. *)

Gruschke Siegfried

B.: Küchenmeister u. Konditor. FN.: Apart-Hotel. DA.: 79106 Freiburg, Mathildenstr. 14. www.apart-hotelweb.de. G.: Ulm, 4. Feb. 1942. V.: Shona. Ki.: Oliver (1981) und Robin (1990). El.: Werner u. Irene, geb. Stegmeier. BV.: Urgroßvater Hofgärtner bei Kaiserin Wilhelmine, Kaiser Wilhelm war zu dieser Zeit im Exil. S.: Ausbild. Koch, Konditor u. Metzger, Weiterbildung: Traben-Trarbach / Mosel, Nürtingen, 18 Monate Bundeswehr, 1967 Meisterprüf. in Villingen-Schwenningen, 9 Monate in Großbritannien, um die Sprache zu erlernen, Hotel Platane, Schweiz, Frankreich. K.: 4 J. Küchenchef in Wissler's Berghotel "Wiedner Eck", Kurparksanatorium in Badenweiler, Übernahme v. Haus Quickborn, Haus Berta, Haus Talblick, Kauf v. Landgasthof Krone Leiselheim/ Kaiserstuhl, 19 J. betrieben u. renoviert, danach verpachtet, heute: Pächter d. Apart-Hotel in Freiburg i. Br. P.: Veröff. in regionaler Presse, im Hotelführer u. im Internet. H.: Sport, Geräteturnen, Leichtathletik, Beruf.

Gruschwitz Wolfgang Dipl.-Ing. *)

Gruschwitz Wolfgang sen. *)

Gruska Horst Dr. med. *)

Gruß Jörg Dieter Dr. Prof. *)

Gruß Torsten Dr. iur. *)

Grußendorf Erasmus Rainer

B.: Werbekfm., Gschf. FN.: GERONIMO-TV Productionservice GmbH. DA.: 20148 Hamburg, Magdalenenstr. 22. G.: Hamburg, 2. Sep. 1963. V.: Christina, geb. Wiezoreck. Ki.: Timo (1998). El.: Günter u. Irmgard, geb. Obermüller. S.: 1979 Mittlere Reife, 1979-82 Heinrich Hertz Aufbaugymn. m. Abschluß FH-Reife, 1982-84 Ausbild. z. Werbekfm. b. d. Werbefirma Lintas m. Abschluß, 1984-85 Bundeswehr. K.: 1985 zurück z. Firma Lintas zunächst als Aufnahmeltr., Produktionsltr., stellv. Abt.-Ltr., Gestaltungsberater, Kundenberatung, m. 22 J.

jüngster Produktionsltr. in Deutschland, 1992 selbst. m. Firma FF-Service Werbefilm-Produktion, 1994 Grdg. TV-Medienges. m. 4 Partnern, 1996 alleinige Übernahme d. Firma, 1998 Grdg. d. Firma GERONIMO. H.: Segeln, Beruf.

Grußendorf Martin Dr. med. Prof.
B.: Internist, Endokrinologe. DA.: 70174 Stuttgart, Hospitalstr. 34. G.: Gifhorn, 27. April 1948. V.: Dr. Monika, geb. Etspüler. Ki.: Hannah (1981), Jonas (1982), Luisa (1986), Adrian (1993). El.: Dr. Gottfried u. Mathilde. S.: 1958-66 Gym., 1966 Reifeprüf. 1966/67 Stud. HS f. Musik u. Theater, 1967-68 Wehrdienst, 1967/68 Stud. Musik-HS, Hauptf. Flöte, 1967-71 Vorklin. Stud. Univ. Kiel, 1971 Physikum, 1971-72 klin. Stud. Univ. Hamburg, 1972-75 klin. Stud. Univ. Heidelberg, 1975 Staatsex.,1981 Prom., K.: 1975-76 Chir. Medizinass. in d. chir. Univ.-Klinik Heidelberg, 1976-77 Internist, Med. Ass. in d. Med. Polikl. Heidelb., 5/1977 Approb. als Arzt, 1977-84 wiss. Ass. d. Med. Polikl. Heidelb., 1985-88 wiss. Ass. an d. Med. Klinik C. d. Univ. Düsseld., 1987 Habil., 1988-89 OA d. Med. Klinik C Düsseld., seit 3/89 Endokrinologe in Stuttg., 1993 apl. Prof. Univ. Düsseldorf. P.: 77 Originalarb. als Veröff. in div. Fachzeitschr. u.a. 1988 "Metabolismus d. Schilddrüsenhormone", Thieme-Verlag, Stuttg. E.: Verleih. d. Venia legendi (f. d. Fach Innere Med.). M.: "Sektion Schilddrüse" d. Dt. Ges. f. Endokrinologie (DGE), "European Thyroid Assoc.", Gründ.-Mtgl. u. Sprecher d. "Sekt. Angew. Endokrinologie" der DGE. H.: klass. Musik. (U.B.)

Grüßing Roland Walter Dipl.-Ing. *)

Grüter Ernst-Christoph
B.: Gschf. FN.: Korsten & Coossens GmbH. DA.: 42781 Haan, Dieselstr. 5. koghohaan@t-online.de. G.: Schermbeck, 23. Juli 1958. V.: Barbara, geb. Siebeck. El.: Ernst u. Christel, geb. Bartelt. S.: 1978 Abitur Dorsten, 1978 Stud. Elektrotechnik Univ. Dortmund m. Abschluß Dipl.-Ing. K.: 1985 Entwicklunging., Betriebsleiter u. zuletzt Gschf. d. Firma K & G spez. f. Sensortechnik, Maschinenbau, Medizintechnik u. Elektroindustrie spez. f. Problemlösungen. P.: Vorträge am Kogreß f. Partnerfirmen in Taiwan, Veröff. gemeinsam m. d. Univ. Wuppertal u.a. "s.e.OO m. Micro-Line-Drill-Anlage", "Metallkernleiterplatte f. SMD-Technik". E.: ISO 9000 (1995), Zertifikat f. Qualitätsmanagement (2001). M.: VDL-Arbeitskreis Frankfurt/Main, Vors. d. Schützenvereinigilde. H.: Amateurfunk.

Grüter Thomas *)

Grütte Friedrich-Karl Dr. sc. rer. nat.
B.: Chemiker, Bgm. v. Caputh. FN.: Rathaus Caputh. DA.: 14548 Caputh, Straße d. Einheit 3. G.: Schwedt, 18. Apr. 1931. V.: Gisela. Ki.: Ines (1958), Kerstin (1960). El.: Otto u. Erna. S.: 1951 Abitur, 1951-56 Stud. Chemie Potsdam u. Berlin. K.: während d. Stud. Mtgl. d. Oberliga-Volleyballmannschaft, 1956-58 Chemiker bei Agfa in Wolfen, 1959-60 tätig am Ernährungsinst. in Bergholz-Rehbrücke, 1965 Prom. Dr. rer. nat. an d. Humboldt-Univ. Berlin, 1978 Prom. Dr. sc. rer. nat., seit 1990 Bgm. in Caputh u. glz. Ressortltr. Ernährung, Ldw. u. Forsten u.d. Bez. Verw.behörde Potsdam im Min. BL.: Forsch. im Bereich Säuglingsernährung u. Entwicklung einer künstl. Mutttermilch u. intern. Patent, Erwerb durch d. Firma Nestle unter d. Namen MANASAN, Vorbereitung e. Bild.Min. f. Ernährung, Ldw. u. Forsten. P.: ca. 130 wiss. Publ., 218 nat. u. intern. Vorträge. M.: 1993 Grdg. d. Freundeskreis Caputher Musiken, 1994 Grdg. d. Fremdenverkehrsver. u. Vors., Vors. f. Landschaftspflege d. Potsdamer Kulturlandschaft e.V., Gem.-Forum Havelseen e.V., Männegesangsver., Schützenver., Sportver. H.: Garten, Natur, Sport.

Grütter Wolf D. Dipl.-Kfm.

B.: Gschf. Ges. FN.: Grütter Gruppe. DA.: 30952 Ronnenberg, Lägenfeldstr. 8. PA.: 30423 Hannover, Postfach 91 03 25. wgruetter@gruetter.de. www.gruetter.de. G.: Bolkenhain, 11. Mai 1944. Ki.: Julia (1977) und Simone (1980). El.: Werner und Johanna, geb. Heim. BV.: Josef Grütter 1893 Gründer der Druckerei. S.: 1964 Abitur in Hannover, 1964-67 Lehre als Druckindustrie u. Bankpraktikum, 1968-72 Stud. BWL Univ. Göttingen m. Abschluß Dipl.-Kfm. K.: 1972-75 handlungsbevollmächtiger Ltr. d. Bilanzabteilung d. Rheinischen Braunkohlewerke AG in Köln, 1975-77 tätig in d. Druckindustrie in Essen, 1977 Übernahme d. väterl. Betriebes in Hannover u. Umfirmierung z. Grütter Gruppe m. d. Betrieben Druckerei Grütter GmbH & Co. KG, Displaywerk Ronnenberg GmbH & Co. KG, Grüttergesellschaft Grütter GmbH & Co. AG, Grütter Verlag Spezialverlag f. Krankenkasseninformation, Weichelt Druck GmbH & Co. KG in Hildesheim, Grütter Endlosdruck GmbH, G.M.S. net GmbH u. Grütter Logistik GmbH, NC Technologie Verlagsges. mbH & Co. KG, Grütter Digital-Druck GmbH, Funktionen: Konsul v. Island, AR v. HIT Radio Antenne, AR d. Hannoverschen Rennvereine. E.: Stiftungsrat Bürgerstiftung Hannover, Beirat Verkehrswacht. M.: stellv. Vors. d. Freundeskreis Hannover, Niedersächs. Konsular Korps, Kestnergesellschaft Hannover, Rethmar Golf Club Links e.V., Marketing Club Hannover, Förderkreis. Pro Hannover Region. H.: Reiten, Golf, Skifahren, Joggen, Rénnradfahren.

Grüttner Christa *)

Grüttner Klaus *)

Grütz Tillmann *)

Grützke Johannes
B.: freiberufl. Künstler (Maler, Dichter, Musiker). PA.: 10717 Berlin, Güntzelstr. 53. G.: Berlin, 30. Sept. 1937. Ki.: Julius (1964), Gustav (1982). El.: Dipl.-Kfm. Wilhelm u. Dörthe, geb. Grobbecker. S.: 1958 Meisterschule f. Kunsthandwerk, 1959-64 Stud. Malerei HS f. bild. Kunst Berlin. K.: 1958-64 Hilfsarb. auf versch. Berliner Baustellen, 1960-65 Kulissenschieber b. Piscator, seit 1964 freischaff. Künstler, 1964-66 Tätigkeit b. d. Post in Berlin, 1976 Gastdoz. Kunst-HS Hamburg, 1987 Lehrer an d. Sommerak. Sbg., seit 1992 Prof. f. Malerei an d. Akad. f. Bild. Künste in Nürnberg. BL.: 1991 Fries in d. Frankfurter Paulskirche, 1982 Beteiligung an Biennale in Venedig, 1979-91 Zusammenarb. m. Peter Zadek, Bilder in Hamburger Kunsthalle, Baseler Kunstmuseum, Centre Pompidou, Museum Oberhausen, Sprengel-Museum Hannover, Kunsthalle Kiel, Berl. Galerie, Nationalgalerie Berlin. P.: "Im Watt" (1976), "Kunzes Freunde" (1985), "Die Manuskripte v. Belo Horizonte" (1987), 7 Pamphlete, den Begriff "Kunst" abzuschaffen (2000). E.: 1984 Düsseldorfer Künstlerpreis, 1986 Preis d. Heidland-Fondation Celle, 1992 Kunstpreis d. Stadt Wolfsburg "Junge Stadt sieht junge Kunst". M.: seit 1990 Mtgl. im Vorst. d. Künstlersonderbundes in Deutschland, seit 1964 Mtgl. d. "Erlebnisgeiger", 1974 Grdg.-Mtgl. d. "Schule d. neuen Prächtigkeit", seit 1993 Vorst.-Mtgl. d. Chodowieckistiftung Berlin u. Grdgs.-Mtgl. d. Schadowges. Berlin.

Grützmacher Peter Dr. med. Prof. *)

---

*) Biographie www.whoiswho-verlag.ch oder beigefügte CD-ROM

Grützmacher Thomas *)

Grützner Elisabeth Dipl.-Ing. OReg.-Rat
B.: Dezernentin. FN.: Landesbergamt Brandenburg. DA.: 03050 Cottbus, vom-Stein-Str. 30. G.: Schmogrow, 19. Sep. 1955. V.: Jürgen Grützner. Ki.: Esther (1979). El.: Horst u. Käthe Bukow. S.: 1972-75 Berufsausbildung m. Abitur im Gaskombinat Schwarze Pumpe, Facharbeiterinabschluss als BMSR-Technikerin, 1975 Abitur, 1975-79 Stud. an d. Technischen Univ. Dresden, Sektion Maschinen-Ingenieurwesen, Fachrichtung Technische Arbeitsgestaltung (wiss. Arbeitsorganisation), Abschluss Dipl.-Ing. K.: 1979-91 tätig im Kraftwerk Jänschwalde als verantwortlicher Ing. f. Arbeitsorganisation, seit 1999 Ing. b. Oberbergamt d. Landes Brandenburg (seit 2000 Landesbergamt), seit 1992 Dezernentin f. Haushalt, Personal u. Verwaltung (Zentrale Dienste) im Landesbergamt Brandenburg, 1994 Berufung z. Oberregierungsrätin. H.: historische Literatur, Schachspiel, Sport, Reisen.

Grützner Günther *)

Grützner Hubertus *)

Grützner Ingo *)

Grützner Paul *)

Grützner Peter Dr. med. *)

Grützner-Könnecke Helga *)

Gruyters Helwig *)

Grygier Bärbel Dr. rer. nat. *)

Grynda Ralf *)

Grzechowiak Klaus *)

Grzelak-Staszewski Gabriele

B.: Kauffrau, Gschf. Ges. FN.: GABO Kraftfahrzeuge GmbH. DA.: 38112 Braunschweig, Porschestr. 52. G.: Chwarzno, 2. Jan. 1948. V.: Stefan Staszewski. Ki.: Adam (1968) und Eva (1971). S.: 1967 Abitur in Danzig. K.: vor, zwischen u. nach d. Geburten d. Kinder Bürokauffrau, 1973 Kassiererin in einem Schnellimbiss-Restaurant, 1976 Übernahme d. schwiegerväterl. Kfz-Lackiererei in Gdynia, 1988 Umzug nach Braunschweig u. 1989 in d. Porschestr. 16 als Familienbetrieb eine Kfz-Lackiererei eröff., 1998 Umzug m. Wohnung u. Werkstatt in d. z.T. vermietete eigene neu errichtete Wohn- u. Geschäftshaus Porschestr. 52 in Braunschweig, 2000 Erweiterung d. Geschäftsbereiches um d. Ind.-Pulverbeschichtung. H.: Gartenarbeit, Tennis, Fahrradfahren, Lesen.

Grzenia Heinrich Dipl.-Ing. Prof. *)

Grzimek Günther Prof., Dipl.-Ing. *)

Grzimek Sabina
B.: Malerin u. Bildhauerin. DA.: 10405 Berlin, Marienburgerstr. 33. G.: Rom, 12. Nov. 1942. S.: 1960 Abitur, 1962-67 Kunst-HS Weißensee. K.: 1967-68 freischaff. Bildhauerin u. Grafikerin, 1969-72 Meisterschülerin an d. Ak. d. Künste-Ost, 1972-95 freischaff. Künstlerin in Berlin u. Erkner, Einzelausstellungen: 1979 Leonardi-Museen Dresden. 1986 Biennale Venedig, 1983 Steir. Herbst Graz, 1988 Galerie Döbele Ravensburg, 1992 Einzelausstellung über d. Gesamtwerk Nationalgalerie Berlin 1992 Galerie Eva Poll, Gruppenausstellungen: 1988 Inter. Skulptursymposium West-Berlin, 1991 Künstlersymposium Paestum, 1992 Goethe-Institut Neapel. E.: 1972 Gustav Weidanz-Preis, 1983 Käthe Kollwitz-Preis d. Ak. d. Künste, 1994 Weinheimer Kunstpreis. H.: Beruf.

Grzimek Stephan Dipl.-Kfm. *)

Grzonka Darius

B.: Rolladen- u. Jalousiebaumeister, Inh. DA.: 24109 Kiel, Narvikstr. 212. G.: Rybnik/Polen, 20. Juni 1966. V.: Adriana, geb. Karaszewski. Ki.: Vanessa. El.: Leon u. Angela, geb. Plometzki. S.: 1981-86 Techn. Eisenbahnschule, Abschluss, Technikerprüf. u. Abitur, 1986-88 Armee, seit 1989 in d. BRD, 1989 Fortbild. K.: 1990-95 Ang. in Firma f. Rolladen, Markisen u. Sonnenschutz, 1995-98 Meisterschule Rendsburg n. Kiel, seit 1998 selbst. in Kiel. BL.: einer d. jüngsten Bergführer in Polen. M.: Handwerkskam., Innung, Verb. Länderinnung d. Rolladen- u. Jalousienhandwerks Schleswig-Holstein/Hamburg. H.: Bergsteigen, Akkordeon.

Grzywatz Waldemar *)

Gsänger Helmut *)

Gschwandtner Roswitha

B.: Master of Marketing/VDS, Trainerin, Supervisorin/DFS, Logopädin, Familientherapeutin, Unternehmerin, selbständig. FN.: Rhythmus Zentrum f. Therapie, Supervision u. Fortbildung. DA.: 90489 Nürnberg, Prinzregentenufer 3. rytmus@t-online.de. G.: Duisburg, 5. März 1957. V.: Peter Gschwandtner. Ki.: Maximilian (1990). El.: Otto u. Elisabeth Früchtl. S.: 1973 Mittlere Reife in Gräfenberg, 1973-76 Ausbildung z. elektrotechn. Ass. b. Siemens in Erlangen. K.: 1976-83 Techn. Ass. an d. HNO-Klinik in Erlangen, 1983-86 Umschulung z. Logopädin in Erlangen, 1987-91 Weiterbildung z. Familientherapeutin in Erlangen, 1992-94 Ausbildung z. Supervisorin u. Organisationsentwicklerin in München, 1999-200 Aufbaustud. BWL in Marketing in Oestrich-Winkl u. Basel, 2000 Master of Marketing, gleichzeitig 1986-88 selbständig m. eigener Praxis in Eichstätt, seit 1988 eigene Therapiezentren in Nürnberg u. Röthenbach sowie Aufbau Rhythmus Consulting, 2. Therapiezentrum in Röthenbach/Pegnitz u. Rytmus Consulting. BL.: Lehrauftrag an d. FH Hildesheim f. Unternehmensführung u. Personalmanagement. P.: Veröff. z. Themenkreis Supervision u. M.: seit 1998 1. Vors. Landesverband Bayern d. Logopäden. H.: Tennis, Sauna, Kultur, Wirtschaft, Reisen, Kochen.

Gschwender Gerhard *)

Gschwendtner Georg *)

Gsell Jenny Dipl.-oec. *)

Gsell Klemens Dr.
B.: Mtgl. d. StadtR. d. Stadt Nürnberg, Fraktionsvors. d. CSU-Fraktion. DA.: 90403 Nürnberg, Rathauspl. 2. PA.: 90475 Nürnberg, Trienter Str. 1. G.: Nürnberg, 19. Juni 1961. V.: Ulrike. Ki.: Tanja (1990), Steffi (1993), Felix (1997). El.: Josef Adolf u. Maria. BV.: Großonkel war Erzbischof v. Bamberg. S.: 1980 Abitur, b. 1985 Stud. Jura, Referendariat RA-Kzl. Nürnberg, 2001 Prom. Dr. jur. K.: 1991 Eintritt in d. Staatsdienst, Jurist in d. Finanzverw., 1994 Ausbild. f. Betriebsprüf., 1995 Ltr. einer Betriebsprüfstelle in Nürnberg, 1996 OFD-Ref. f. Betriebsprüf., 2001 Richter am Finanzgericht; polit. Karriere: m. 15 Jahren Eintritt in d. Schülerunion, Schülersprecher, kirchl. Jugendarb., Jugendarb. im Sportver., Vors. d. Jungen Union im Ortsverb., Kreisverb., Stadtverb., seit 1997 stellv. Bez.-Vors. CSU Nbgg. FU-SC, seit 1990 Mtgl. d. StadtR. in Nürnberg, 1990-96 umweltpolit. Sprecher d. Fraktion, 1990-96 Mtgl. im Umweltaussch. d. Dt. Städtetages, 1996 Vors. d. StadtR.-Fraktion, Sprecher d. Arb.-Kreis Große Städe d. CSU; Doz. an d. Bayr. Bmtn.-FH. BL.: Errichtung d. Städtepartnerschaft Nürnberg-Atlanta, Errichtung d. kommunalen Musik-HS Nürnberg-Augsburg. M.: 1992-97 Vors. d. DJK Langwasser, CSU, Studentenverbindung CV, Gilden. H.: Leben mit Kindern.

Gstöttl Ferdinand *)

Gualandris Emanuele

B.: Gastronom, selbständig. FN.: Ristorante Acetaia. DA.: 80639 München, Nymphenburger Str. 215. emanuele@gualandris.de. G.: Bergamo/Italien, 16. Apr. 1971. El.: Sergio Gualandris u. Rosabla Locatelli. S.: 1984-89 Ausbildung z. Hotelfachwirt an d. ital. Hotelfachschule Instituto Professinoale Albergiero di Stato in San Pellegrino/Italien, 1990 Wehrdienst an d. ital. Armee. K.: 1991-93 Restaurantmanager d. Castello Medolago Albane in Brescia/Italien, 1994-96 Restaurantmanager im James Court Hotel London/England, Hotel Club in Sardinien Restaurant Raffael, 1994-96 Restaurantmanager im Ristorante Galleria in München, 1996 Restaurantmanager im Campo di Fiore in Perth/Astralien, 1997-99 Restaurantmanager f. Enotheca Pinchiorri in Florenz/Italien, Eröff. d. Restaurants Acetaia in München als. Partner Alessandro Miragoli einem Restaurant d. gehobenen ital. Küche m. d. intern. hochgelobten Hausspezialität Ravioli gefüllt m. Schafskäse auf 25 J. alten Balsamico Acetaia, woher d. Restaurant seinen Namen trägt. P.: Feinschmecker (2001), Guide de Michelin, Marcellino sowie eigene Fachbücher über Weine: Castello di Bossi, Merotto Luce, sowie Artikel in d. New York Times, Playboy, SZ u. AZ. E.: bestes v. 200 ital. Lokalen v. Feinschmecker (2001). H.: Reisen, Musik, Weine aus Italien.

Guba Jürgen
B.: RA. DA.: 12526 Berlin, Dorfpl. 6. G.: Berlin, 8. März 1952. V.: Angela, geb. Plietzsch. Ki.: Marcus (1975), Alexander (1978). El.: Rudolf u. Edith, geb. Grünthal. S.: 1963-71 Leistungssportler im Kanu-Rennsport, 1973 Abitur, 1973-78 Stud. Jura Univ. Jena, Ausbild. StA. u. Dipl.-Jurist, 1978-79 Referendariat StA d. Bez. Berlin-Treptow. K.: 1979 StA. im Stadtbez. Berlin-Treptow, 1982 beigeordneter StA. im Stadtbez. Berlin-Prenzlauer Berg u. 1985 stellv. StA., 1986 Stadtbez.-StA. in Berlin-Köpenick, 1988 Suspendierung wegen krit. polit. Haltung u. Justitiar im Außenhdl.-Betrieb Germed, 1989 Zulassung z. RA, seit 1990 ndlg. RA in Berlin m. Tätigkeitsschwerpunkt allg. Zivil- u. Strafrecht. F.: seit 1996 Gschf. d. Firma Pomona Gartenbau GmbH & Co KG in Blumberg. H.: Haus u. Garten, Schiffsmodellbau, Hunde.

Gubernatis Cathrin Bärbel

B.: Zahntechnikerin, Inh. FN.: Éteson Sonnenstudios. DA.: 20146 Hamburg, Hallerstr. 1d. G.: Hamburg, 9. Juni 1959. V.: Jörg Gubernatis. Ki.: Daniela (1984). S.: 1976 Mittlere Reife, b. 1981 Ausbildung als Zahntechnikerin, 1981-84 Gesellin im Ausbild.-Betrieb. K.: 1987-99 Zahntechnikerin in einem Dentallabor, seit 1997 bereits selbst. m. einem Sonnenstudio, parallel dazu Inh. d. Wohneigentumspflege C. Gubernatis, 1990 med.-photobiolog. Basiswissen über Sonne, Haut, UV-Strahlung, Hygiene u. Solarien. H.: Skifahren.

Gubernatis Gundolf Dr. med. Prof.

B.: ärztl. Gschf. FN.: Dt. Stiftung Organtransplantation Region Nord. DA.: 30625 Hannover, Stadtfelddamm 65. nord@dso.de. G.: Bremen, 13. Mai 1953. V.: Gabriele, geb. Pichlmayr. Ki.: Stefan (1982), Anna (1988), Maria (1989), Sebastian (1992). El.: Almansor u. Else, geb. Hasper. S.: 1972 Abitur, 1972-79 Stud. Med. med. HS Hannover, 1979 Approb., 1979-80 Stabsarzt d. Bundeswehr Kiel, 1981 Prom. K.: 1985-89 tätig an d. Klinik f. Abdominal- u. Transplantationschir. d. med. HS Hannover, 1982-85 tätig an d. chir. Klinik Rechts d. Isar d. TU München, 1981-82 in d. Allg.-Chir. an d. Univ.-Klinik Göttingen, 1981-89 FA-Ausbild. in Chir. an versch. Klinikrn, 1989 FA f. Chir., 1990 Antrittsvorlesung an d. med. HS HAnnover, 1990 Venia legendi f. Chir., 1990-95 OA an d. Klinik f. Abdominal- u. Transplantationschir. an d. med. HS Hannover, glz. Chirurg u. OA spez. f. Organ. d. chir. Pforts bei d. Ortganentnahme, 1994-95 Bev. d. Dt. Stiftung Organtransplantation f. funktionelle u. strukturelle Weiterentwicklung in Bereichs Organspende in Niedersachsen/Ostwestfalen, 1996 gschf. Arzt d. Organ.-Zentrale d. Dt. Stiftung f. Organtransplantation u. glz. HS-Lehrer u. Forsch. an d. med. HS Hannover, seit 2000 gschf. Arzt d. Region Nord. P.: 130 Vorträge, 44 wiss. Poster, 148 Publ. in Fachzeitschriften u.a.: "Transplantationsgesetz. Signal u. Verordnungsauftrag d. Ges. an d. Med." (1998), "Nephrology Dialysis and Transplantation" (1999), "Solidarität u. Rationierungen in d. Organtransplatatation" (1999), "Transplantationsgestz. prakt. Umsetzung u. Aufgaben in d. Versorgungs-KH" (2000), "Xenotransplantation u. ges. Risiken" (2001), 25 Bücher u. 8 Lehrfilme. M.: VKD, Dt. Ges. f. Chir., BDC, Nordwestdt. Ges. f. Chir., ESOT, ELTA, SKWP, LSV, Rotary, Ehrenmtgl. d. Ges. f. Chir. in Kuba. H.: Hochseesegeln, Küstensegeln, Klavier spielen.

---

*) Biographie www.whoiswho-verlag.ch oder beigefügte CD-ROM

Gübner Ralph *)

Guckel Detlef *)

**Gückel Friedemann
Dr. med. Dr. rer. nat. Dipl.-Phys. Priv.-Doz. *)**

Guckuk Karl Heinz
B.: freiberufl. Karikaturist u. Grafikdesigner. DA.: 04349 Leipzig, Libellenstr. 66. G.: Leipzig, 26. Dez. 1928. Ki.: Christine (1953). El.: Fritz u. Anna. S.: Lehre Schildermaler, Stud. Grafik Fachschule f. angew. Kunst Leipzig. K.: seit 1965 freiberufl. Grafiker u. Karikaturist, 1960-68 Karikaturist f. namhafte Zeitungen wie LVZ, Eulenspiegel, Freies Wort Suhl u. Ostseezeitung. P.: zahlr. Buchillustrationen u.a. "Lieder f. Sachsen", "Sächsische Küche", "Sächsische Backstube", "Grün-Weisse Schlemmereien", zahlr. Ausstellungsbeteiligungen im In- u. Ausland. H.: Garten, handwerkl. Arbeiten.

Gudat Birgit Dipl.-Ing.
B.: Unternehmerin, Inh. FN.: Küchen- u. Badstudio am Königstor. DA.: 10405 Berlin, Greifswalder Str. 12. G.: Berlin, 5. Apr. 1870. El.: Peter u. Monika Gudat, geb. Rotter. S.: 1986-88 Lehre Wirtschaftskfm., tätig als Wirtschaftskfm., 1991 Wirtschaftsabitur, 1992-97 Stud. m. Abschluß Dipl.-Wirtschaftsing. K.: 1993 Eröff. d. Geschäftes. M.: Carnevalsclub Berlin. H.: Lesen.

Gudat Helmut Dr. med.
B.: FA f. Innere Med. DA.: 47137 Duisburg, Auf dem Damm 102. G.: Klugohnen, 27. Jan. 1954. V.: Dr. med. Bettina, geb. Wotschofsky. Ki.: Constantin, Christina. S.: 1973 Abitur Dinslaken, Bundeswehr, 1974-80 Med.-Stud. in Düsseldorf. K.: 1980-81 Ass.-Arzt Marienhospital Düsseldorf, 1981 Prom., 1981 Stabsarzt b. d. Bundeswehr, 1982-88 Städt. Kliniken Düsseldorf-Benrath, 1988 FA f. Innere Med., 1988 ndlg., 1992 Gemeinschaftspraxis m. d. Ehefrau. E.: Obm. d. Berufsverb. d. Dt. Internisten, Vors. Kreisstelle Duisburg d. Ärztekam. Nordrhein, Delegierter d. Kammerversammlung Nordrhein. M.: Bund Dt. Internisten, Hartmannbund, NAV-Virchowbund.

Guddat Helmut *)

Guddat Manfred

B.: Gschf. FN.: Sportver. Polizei Hamburg v. 1920 e.V. DA.: 22297 Hamburg, Carl-Cohn-Str. 39. svphamburg@t-online.de. G.: Insterburg, 11. Sep. 1934. V.: Elke, geb. Zukrowicz. E.: Hans u. Erna, geb. Fahlke. S.: 1949-53 Lehre Maschinenbau. K.: 1953-66 Maschinenbautechniker b. Jansen Schütt Hamburg, ab 1966 Revierdienst Polizei Hamburg, 1976-92 Kassenwart Landespolizeischule, seit 1992 Gschf. H.: Fußball.

Gude Hartmut
B.: Vermessungsing. DA.: 37083 Göttingen, Lotzestr. 24. G.: Berlin, 2. Apr. 1939. V.: Erika, geb. Deckner. Ki.: Alexander (1972), Franziska (1976). El.: Joachim u. Lieselotte, geb. Lüttcher. S.: 1956 Mittlere Reife Göttingen, 1956-58 Lehre am Katasteramt in Göttingen, Abschluss: Vermessungstechni-

ker, 1958-61 Bauschule Berlin, Abschluss: Ing. f. Vermessungstechnik, 1961-67 Stud. Geodäsie, Abschluss: Dipl.-Ing. K.: 1967-68 wiss. Mitarbeiter am Lehrstuhl f. Photogrammetrie u. Kartenkunde Berlin b. Prof. Burckhardt, 1969-71 2. Staatsexamen, Referendarzeit, 1971-73 Assessor d. Vermessungsdienstes, seit 1973 öffentlich bestellter Vermessungsing. M.: Bund d. öff. bestellten Vermessungsing. H.: Schwimmen, Feldhockey, Reiten.

Gude Horst
B.: Hotelier. FN.: Hotel Gude. DA.: 34134 Kassel, Frankfurter Str. 299. G.: Kassel, 26. Dez. 1935. V.: Hella, geb. Garbe. Ki.: Ralf (1963), Stefanie (1966). El.: Justus u. Elisabeth. S.: 1951-54 Kochlehre Ratskeller, Kassel. K.: 1954-67 Tätigk. i. bek. Rest. i. In- u. Ausland. E.: mehr. Goldmed. b. intern. Kochwettbew. M.: s. 1987 Gastron. Akademie Dtschl., 1982 Maetre de Rottisseurs Chaine Haus, s. 1980 Prüf.-Auss. JHK Kassel, Vors. d. Jury d. hess. Jugendkochmstr.-Schaften, 1988 Betreuer d. chines. Kochnationalmannsch. b. Olymp. d. Köche Frankf. H.: Famillie, Segeln, Kochen, Ski. (Gm)

Gude Michael Dr.-Ing. Dipl.-Ing.
B.: Vorst., Elektroing. FN.: Cologne Chip AG. DA.: 50668 Köln, Eintrachtstr. 113. G.: Köln, 14. März 1960. S.: 1978 Abitur, Stud. RWTH Aachen, 1983 Dipl.-Elektroing., 1983-87 Prom. K.: 1988 Grdg. d. Firma Gude, ab 1986 Zivildienst Malteser Hilfsdienst Köln. BL.: div. Patentanmeldungen. P.: div. Beiträge in Fachzeitschriften. M.: Wirtschaftsjunioren Köln, VDE, Jugend forscht. H.: Unternehmen. (P.P.)

Gude Wolfgang Dipl.-Ing. *)

Gude Losada Natalie

B.: Werbekauffrau, Gschf. FN.: MKiB Maklerkontor in Berlin Vers.- u. Finanzmakler GmbH. DA.: 12587 Berlin, Klutstr. 6. G.: Magdeburg, 25. März 1967. V.: Nestor Daniel Gude Losada. Ki.: Marie (1987). El.: Lutz Belitz u. Babette Kornmacher. BV.: Großvater Otto Kobin Prof. f. Violine, Konzertmeister, Komponist. S.: 1983 Mittlere Reife Berlin-Ost, 1983-86 Ausbild. z. Werbekauffrau b. Konsum. K.: 1986-89 f. Konsum tätig, 1991-93 Ausbildung z. Vers.-Kauffrau b. Iduna Nova Vers. AG Hamburg, Ltg. d. Bez.-Dion. d. Nova Krankenvers., 1992 Grdg. v. MKiB, seit 1997 Stud. Vers.-Fachwirt FH Banken u. Vers. Berlin. H.: Ölmalerei, Rucksack-Reisen.

Gudehus Horst *)

Güdel Horst *)

Güdemann Andreas F. *)

*) Biographie www.whoiswho-verlag.ch oder beigefügte CD-ROM

Guder Angelika

B.: Krankenschwester, Inh. FN.: fides Pflegedienst. DA.: 66386 St. Ingbert, Wiesenstr. 127. fides2000@aol.com. G.: Frankfurt/Main, 1. Juni 1958. El.: Cäcilia Rung. S.: 1965-67 Hauswirtschaftsschule, 1975-78 Krankenpflegeausbildung in Rodalben. K.: 1978-80 Krankenschwester in Bad Bergzabern, 1980-84 Krankenschwester in Mühlheim/Baden, 1984-85 Krankenschwester in Minden, 1985-91 ambulante Krankenschwester b. Sozialstation in St. Ingbert, 1991-95 Ltr. d. Sozialstation in St. Ingbert, 1995 selbst. m. fides Pflegedienst u. seit 2000 alleinige Inh. H.: Radfahren, Schwimmen, Musik.

Guderjahn Holger *)

Guderjan Michael
B.: Industriekaufmann, selbständig. FN.: Versicherungsagentur Guderjan. DA.: 75015 Bretten, Johann-Sebastian-Bach-Str. 9. PA.: 75203 Königsbach-Stein, Schwarzwaldstr. 19. info@guderjan-versicherungen.de. G.: Pforzheim, 14. Juli 1964. Ki.: Lena. S.: 1984 Abitur, 1984-86 Ausbildung Industriekaufmann Firma Stahl Birkenfeld. K.: 1986-92 tätig im Außendienst d. DEBEKA Krankenversicherung in Karlsruhe, 1992-97 Ltr. d. Vetriebs im öff. Dienst d. DBV, seit 1997 freier Handelsvertreter d. Concordia, 1989 Kauf d. Versicherungsfachagentur M. Noffke. M.: TTC Königsbach. H.: Familie, Tischtennis, Musik u. Eigenkompositionen f. Kinder, Sport.

Gudert Günther *)

Gudgin Michael John *)

Gudjons Herbert Dr. Prof.
B.: Univ.-Prof. GT.: Schriftltr. v. Pädagogik. PA.: 24629 Kisdorf, Ton Hogenbargen 9. G.: 3. Sept. 1940. K.: Stud. in Göttingen u. Hamburg, Lehrer, HS-Ass., Doz., seit 1980 Prof. P.: Pädagogisches Grundwissen, Zahlr. Bücher u. Artikel in Fachzeitschriften u. Sammelwerken.

Güdler Erika *)

Gudzuhn Jörg *)

Guého Robert Dr. phil. *)

Guenther Knut *)

Guentherodt Ingrid *)

Guerini Giuseppe
B.: Profi-Radrennfahrer; Berge, Rundfahrten. FN.: c/o Team Dt. Telekom. DA.: 53115 Bonn. G.: Gazzaniga/Italien, 14. Feb. 1970. K.: sportl. Erfolge: 1997 u. 1998 3. Pl. Gesamtwertung Giro d'Italia, 1998 Etappensieg Giro d'Italia, 1998 Etappensieg Route du Sud, 1998 Etappensieg Giro Portugallo; 2 Tour de France-Starts, 5 Giro-Starts, 2 Vuelta-Starts, seit 1999 b. Team Dt. Telekom, 1999 Sieg b. d. Königsetappe d. Tour de France n. "Alpe d´Huez", 2000 5. Etappenplatz Midi Libre. (Re)

Guesmer Carl *)

Freiherr von Gugel Fabius *)

Gugg-Helminger Anton Ernst August Dipl.-Ing. (FH) *)

Guggemos Alois *)

Guggenbichler Andrea
B.: RA, Fachanwältin f. Arbeitsrecht. FN.: Kanzlei Rechtsanwälte Dr. Förster-Liebing-Guggenbichler. DA.: 90762 Fürth, Würzburger Str. 3. seiband@ra-foerster.de. www.ra-foerster.de. G.: Füssen, 18. Aug. 1966. V.: Hubert Guggenbichler. El.: Kurt u. Alice Seiband. S.: 1985 Abitur, 1985-91 Stud. Rechtswiss. Univ. Augsburg, 1991 1. Staatsexamen, 1991-94 Referendariat OLG Nürnberg, 1994 2. Staatsexamen Nürnberg, München, 1994 Zulassung z. RA. K.: 1994-98 freiberufl. RA in d. Kzl. Dr. Oberndörfe-Hubich-Häusele in Nürnberg, seit 1998 RA in d. Kzl. Dr. Förster. M.: DAV, Nürnberg-Fürther Anwaltsverein, Diskussionsforum Arbeitsrecht e.V. Nürnberg. H.: Radfahren, Joggen, Fitness, Reisen, Lesen, Kochen, Natur.

Guggenbichler Christian Dipl.-Ing. *)

Guggenmos Josef *)

Gügold Barbara Dr.

B.: Dir. FN.: Inst. for the Intern. Education of Students IES. DA.: 10117 Berlin, Johannisstr. 6. G.: Lichtenstein/Sachsen, 12. Dez. 149. V.: Gottfried Gügold. Ki.: Christoph (1971). El.: Christoph u. Waltraut Gügold. S.: 1968-72 Stud. Anglistik u. Slawistik Univ. Leipzig, 1972-84 wiss. Ass. u. Prom.-Stud. MLU Halle, 1984 Prom. z. Dr. phil. K.: 1985-87 Doz. f. Engl. an d. HS f. Ökonomie Berlin, ab 1987 wiss. Mitarb. an d. Humboldt-Univ. Berlin, ab 1991 Dir. d. Inst. for the Intern. Education of Students IES. BL.: Grdg.-Dir. d. IES. P.: zahlr. wiss. Publ. u. Vorträge. M.: Fachverb. Dt. als Fremdsprache, Redaktionskollegium "Frontiers - The Interdisciplinary Journal of Study Abroad". H.: Theater, Oper, Konzerte.

Guhlke Karl Dr. Dipl.-Kfm. *)

Gühmann Richard *)

Gühne Ute

B.: Zahntechnikerin, Unternehmerin, selbständig. FN.: crealine cosmetic. DA.: 51429 Bergisch-Gladbach Bensberg, Friedrich-Offermann-Str. 61C. www.crealine.cosmetic.de. G.: Leipzig, 14. Juni 1966. Ki.: Nico (1997). El.: Joachim Gühne u. Martina, geb. Facius. BV.: Eltern Dipl.-Gastronomen "Zur Sonne" in Schwarzenberg. S.: 1985 Abitur Schwarzenberg, 1985-86 Dt. Bücherei in Leipzig, 1986-89 wegen Verweigerung d. Stud. aus politischen Gründen Ausbildung als Zahntechnike-

---

*) Biographie www.whoiswho-verlag.ch oder beigefügte CD-ROM

Gühne

rin in Dresden m. Abschluss in Zahntechnik u. Kosmetik, 1989 Aerobic-Ausbildung in Dresden, 1990 nach d. Maueröffnung nach Mülheim/Ruhr, 1999 Kurs Permanent Make-Up b. New Trend in Bönnigheim b. Heilbronn, Ausbildung am Lifting-Zellaktivierungsgerät, 2000-2001 Kosmetikschule De Lorenzi in Köln m. Abschluss 200, daneben Shiatsu-Ausbildung. K.: 1990-91 Zahntechnikerin, 1992-2000 selbständig in Bensberg, 2000 Grdg. Firma crealine cosmetic, auch Zusammenarbeit m. Beethoven-Klinik in Köln, daneben auch Keramikzahnlabor, seit 2002 Ausbilderin a. d. Kosmetikfachschule de Lorenzi, ab März 2002 Schulungsleiterin für Permanent Make up. E.: viele Goldmedaillen im Sprint u. Weitsprung u.a. m. 14 J. Goldmedaille f. 11,6 sec auf 100 Meter, später Geräteturnen. H.: Wasserski, auch Monoski u. Trickski, Literatur, Klassiker.

Guhr Andreas *)

Guidi Maria Beatrice Dipl.-Ing.

B.: Übersetzerin-Dolmetscherin, selbständig. DA.: 28203 Bremen, Landweg 22. www.guidi.de. G.: Florenz, 26. Aug. 1949. Ki.: Java (1981), Alice (1984). El.: Mario u. Bice Guidi. S.: 1968 Abitur in Florenz/Italien, 1968 Stud. d. Architektur Univ. Florenz, 1974 Abschluss Diploma di Laurea: Dottore in Architektura, 1975 Staatsexamen Zulassung als Architektin, 1975 Auslandsaufenthalte u.a. in Paris, Afghanistan, Indien u. Nepal. K.: 1976 Lehrerin einer Mittelschule in Prato/Italien, 1976-79 Architektin in Holland, 1980 Auslandsaufenthalt in Südamerika, 1980 Zeichnerin Inter Homes Bremen, 1984 VHS Bremen als Italienisch Lehrerin, 1987 Aufbaustudium Architektur HS f. Gestaltung in Bremen, 1989-90 Computer Akademie Bremen Ausbildung z. CAD-Fachfrau, 1990-92 Architekturbüro Kohlbecker Bremen als Architektin u. PC-Spezialistin, Konstruktion v. Produktionshallen Mercedes Benz f. Bremen, Hamburg u. Düsseldorf, 1992-96 Architektin u. PC-Spezialistin in zwei weiteren Architekturbüros in Bremen f. 3-D, seit 1996 freiberuflich als Übersetzerin, Dolmetscherin u. Italienisch-Unterricht u.a. Technische Übersetzungen ins Italienische, Bereich Elektronik, Sprachen: Italienisch, Deutsch, Französisch, Englisch, Niederländisch u. Spanisch. M.: Vorstand: Società Dante Alighieri, Deutsch-Italienische Ges. Bremen. H.: Reisen, Malen.

Guilliard Werner *)

Guillou Mireille

B.: Kosmetologin. FN.: Gruppe LRM. DA.: 66111 Saarbrücken, Kaiserstr. 7. PA.: F-29360 Clohars-Carnoet/Bretagne, 5, Route de Quilien. thalassoplus@sanet.de. www.thalassoplus.de. G.: Clohars-Carnoet/Bretagne, 8. Sep. 1935. V.: Bernard Louis Guillou. S.: Stud. Berufspäd., Sprachen, Betriebswirtschaft u. Biologie an d. Univ. d. Saarlandes u. an d. Sorbonne in Paris, Abschluss: Dipl. z. Dolmetscher u. Übersetzer, Sprachenlehrerin, Alogolin, Kosmetologin, Visagistin, 1961-64 Dipl. in Fachkosmetologie, staatl. anerkanntes franz. Zertifikat "Estéticienne diplomée Dr. Latour", Academie intern. des Sciences de l'Homme déclarée a l'education nationale agrée pour la formation des diplomées de la mer, Estheticienne Conseil en Hygiéne de Vie et de Mise en Forme, Estheticienne Naturopathe, Diéthéticienne Hygién, Conseillére en Esthétique Corporelle, Professeur de Beauté et d'Hygiéne votale, Relaxologue Conseil. K.: b. 1960 Vortrags- u. Simul-

tandolmetscherin d. hess. Innenmin. u. Ltg. d. franz. Abt. d. Dr. Bénédikt Sprachschule in Wiesbaden, 1961 Eröff. d. ersten Kosmetik-Inst. in Saarbrücken, 1962 Eröff. d. ersten "Centre d'Esthétique" m. Schule "Les Centres d'Études", 1970 Eröff. d. intern. CIDDESCO-Schule in Saarbrücken, 1975 Grdg. staatl. anerkannte Schule f. Kosmetologie in Nancy, 1976 f. 11 J. Seminarltg. z. Ausbild. d. Refo-Fachkosmetikerinnen an der Reformhaus-Fachak. in Oberstedten, 1977 Grdg. d. Fortbild.-Schule "Centre d'Etudes" in Frankfurt/Main, 1986 Grdg. d. Thalasso-Farm Inst. Mireille im Steigenberger "Badischer Hof" in Baden-Baden, 1989 Erweiterung d. Schule in Nancy m. Angliederug d. Ausbild. "Brevet professional" staatl. anerkannte Fachschule f. Kosmetologie u. Eröff. d. "Ecole de Haute-Coiffure Mireille". BL.: Entwicklung u. Einführung versch., geschützter u. patentierter Methoden u.a. Electro-Rido-Punktur, Elektro-Lipolysing, Musicoplastie, Vitaromatherapie, Thalasso-Plus, Haute Cosmétologie Madame Mireille, Algen-Vital, Oxionentherapie, Regemeer, u. neue Mikronutritino nach Thalasso Plus, Thalasso Vital, Thalasso Professinal, Thalasso Farm. P.: Bücher: "Schönheit ist kein Zufall" (1969), "Algen-Gesundheit aus d. Meer" (1999), "Artischocke - d. gesunde Delikatesse" (1999), "Lust auf Baden" (1999), 118 Rundfunksendungen u. 53 Filmbeiträge. E.: Gr. Goldmed. d. Académie Intern. d'Humanisme Biologique Médaille de Mérite, Gold. Alge. M.: b. 1993 Präs. CIDESCO, Präs. im BFS u. BFRP, Präs. Ass. Mer, Terra et Santé, Finistére Bretagne, Pres. Forum Derma Kosmetologie, Ges. f. chin. Med. München, Fondation Océanique Ricard Marseille/Ille des Embiez, Vorträge u. Seminare f. Kneipp-Ver., Sanatorien, Wellnesshotels usw., seit Jahrzehnten Endverbraucheraufklärung u. Betreuung v. Fach- u. Berufsschulen.

Guischard Arnold Louis-Ferdinand Michael

B.: selbst. RA u. Notar. DA.: 10707 Berlin, Konstanzer Str. 57. ra-guischard@t-online.de. www.ra-guischard.de. G.: Berlin, 9. Sep. 1946. V.: Anna, geb. Eckstein. Ki.: Jens Oliver (1974), Julia Francoise (1986). El.: Bruno u. Ilse, geb. Schoene. BV.: Quintus Icilius Guischard (Militär). S.: 1967 Abitur Berlin, 1968-73 Jurastud. FU Berlin, 1. Staatsexamen, 1973-76 Referendariat, Staatsexamen, K.: Zulassung als RA, 1976-77 ang. Anw. b. RA Scheid Berlin, 1977-94 selbst. RA in Sozietät m. RA u. N.O. Scheibel, seit 1994 selbst. RA u. Notar, Tätigkeitsschwerpunkt: Notariat, allg. Zivilrecht, Miet- u. Familienrecht. H.: Reisen, Freizeitsport (Tennis).

Gulati Ghanisham

B.: Unternehmensberater, selbständig. FN.: Management von Werten. DA.: 22399 Hamburg, Schäperdresch 10. G.: Peshawar/Indien, 20. Feb. 1937. V.: Meera. Ki.: 1 Sohn (1968), 1Tochter (1970). S.: 1955 Abitur in New Delhi, 1955-59 Stud. Maschinenbau an d. Univ. Delhi, 1960 Übersdlg. nach Deutschland. K.: 40jährige Berufserfahrung in d. deutschen Wirtschaft, Maschinenbau, Ind., Textil, Fahrzeugbau, seit 1987 Gschf. d. Firma GIS Import, 2001 Grdg. d. Unternehmensberatung Management v. Werten.

Gülch Rainer Wolfgang Dr. rer. nat. Prof. *)

Guld-Eder Veronika *)

Gulden Alfred
B.: Autor. DA.: 80639 München, Hippmannstr. 11. G.: Saarlouis, 25. Jan. 1944. K.: Autor. P.: "Auf dem Großen Markt. Erzählungen von einem Ort an der Grenze" (1977), "Greyhound", Roman (1982), "Die Leidinger Hochzeit", Roman (1984), "Ohnehaus", Roman (1991), "Silvertowers", Erzählungen (1993). E.: 1983 Deutsch-französischer Journalistenpreis, 1986 Stefan-Andres-Preis, 1989 Kranichsteinpreis (New-York-Stipendium), 1994 Kunstpreis des Saarlandes, 1997 Villa Massimo, Rom, 1999 Chevalier de L'Ordre des Arts et des Lettres. M.: PEN-Club.

Gulden Georg *)

Gülden Adrian

B.: Hotelkfm., Inh. FN.: Hotel am Schlosspark. GT.: Gschf. Ges. MGS Media Global Serv. DA.: 45699 Herten, Resser Weg 36. adrian.guelden@hotelherten.de. G.: Frankfurt/Main, 18. Nov. 1953. V.: Marion, geb. Hahn. El.: Hans u. Antonia, geb. Mala. S.: 1974 Abitur Darmstadt, 1974-76 Ausbild. z. Hotelkfm. Sonnenhof Freudenstadt. K.: 1976-85 Hotelkfm. in versch. Berliner Hotels, zuletzt stellv. Dir. u. Rooms-Division-Manager Hotel Excelsior Berlin, seit 1985 selbst. Übernahme Hotel am Schlosspark in Herten, seit 1997 City Partner Hotel. F.: Ges. d. AHD Wohnpark GmbH. M.: seit 1989 Vors. Verkehrsvr. Herten, BeiR. d. Werbegemeinschaft "Wir in Herten", Regionalaussch. IHK Münster, Schalke 04, Kochbruderschaft Chuchi-Herten, Kochen. H.: Segeln, Gleitschirmfliegen, Motorradfahren, Kochen.

Güldenberg Andreas

B.: Raumausstattermeister, selbständig. DA.: 46236 Bottrop, Händelstr. 5. G.: Bottrop, 13. Apr. 1961. V.: Dagmar, geb. Tüffers. Ki.: Philip (1990) und Viktoria (1993). El.: Paul u. Erika, geb. Rohmert. S.: 1977-80 Lehre als Raumausstatter elterl. Betrieb, 1981-82 Bundeswehr. K.: 1982 Raumausstatter im elterl. Betrieb, 1990 Meisterprüfung, 1995 Übernahme d. Betriebes m. Schwerpunkt Polsterei. M.: Raumausstatterinnung. H.: Wassersport.

Güldenpfennig Sven Dr. phil.
B.: wiss. Ltr. FN.:Dt. Olymp. Inst. DA.: 14109 Berlin, Am Kleinen Wannsee 6 a. doi-berlin@t-online.de. G.: Potsdam, 18. Okt. 1943. V.: Martina van Dam. Ki.: Anka Güldenpfennig (1996). El.: Heinrich u. Waltraud, geb. von Gustedt. S.: 1963 Abitur Reinbek bei Hamburg, Wehrdienst - Leistungssport im Zehnkampf, 1965-72 Stud. Germanistik u. Sportwiss. f. Lehramt, Staatsexamen FU Berlin, glz. Studentenvertreter zu Reformfragen im sportwiss. Bereich. K.: seit 1972 wiss. Mitarb. an d. TU Berlin, 1977 Prom. in Bremen, 1988 Habil. in Darmstadt, seit 1997 wiss. Ltr. d. Dt. Olymp. Inst., einer Forsch. u. Bild.-Einrichtung d. Nat.-Olymp.-Komitees als einer weltweit einmaligen Einrichtung. P.: über 200 Publ. u. Bücher u.a.: Habil.: "Frieden-Herausforderung an d. Sport" (1989), "Der polit. Diskurs d. Sports" (1992), Trilogie "Sport: Autonomie u. Krise" (1996), "Sport: Kunst od. Leben?" (1996), "Sport: Kritik u. Eigensinn" (2000). E.: 1988 Preisträger im Carl-Diem-Wettbewerb d. DSB, 1994 Diskus d. Dt. Sportjugend, Ausz. d. Dt. Sportjugend f. ehrenamtl. Verd., Ehrenmtgl. d. ADH. M.: 1978-94 tätig im DSB, ehrenamtl. tätig in d. DSJ u. im ADH. H.: Radsport, Kunst, Musik.

Güldenring Christoph Dr. *)

Güldenstern Eduard Dr. sc. ind. Dipl.-Ing. oec. *)

Güldner Ben-Dietrich

B.: RA. FN.: Ripke, Güldner u. Förstermann Rechtsanwälte. DA.: 22309 Hamburg, Gründgenstr. 26. G.: Bremen/Lesum, 22. Juni 1949. V.: Dipl.-Psych. Gudrun, geb. Podszuk. Ki.: Robert. El.: Hans Gütner u. Ilsetraut. S.: 1968 Abitur, 1968-70 Wehrdienst bzw. Ersatzdienst, 1970 -71 Stud. Psych., 1971-75 Stud. Rechtswiss. Univ. Hamburg, 1975 1. Examen Hamburg, 1975-78 Referendarzeit Hamburg, 1978 2. Examen. K.: Zulassung als RA, seither am heutigen Standort ndlg., Tätigkeitsschwerpunkte: Familienrecht, Erbrecht, Mietrecht. H.: Segeln, Rudern (Ruderclub Alania Hamburg), Freimaurer.

Güldner Elsa *)

Güldner Walter Horst Dr. *)

Güldner Wolfgang Dr. Dipl.-Ing. *)

Gülec Sinasi *)

Gülegen Sehnaz

B.: RA in eigener Kanzlei. DA.: 60329 Frankfurt/Main, Kaiserstr. 72. sehnazguelegen@surfeu.de. G.: Polatli/Türkei, 4. Apr. 1964. V.: Enes Gülegen. Ki.: Bengican (1997), Yunus (2000). S.: 1983 Abitur Bad Homburg, 1983-93 Stud. Rechtswiss. an der Univ. Frankfurt, 1993 1. Staatsexamen, Referendariat, 1972 2. Staatsexamen. K.: 1997 ang. RA in Frankfurt, seit 1998 selbständig m. Tätigkeitsschwerpunkt allg. Zivil-, Familien-, Arbeits-, Wirtschafts- u. Gesellschaftsrecht überwiegend f. türkisch sprechende Mandanten; Funktionen: seit 1983 Übersetzungen u.a. f. d. Presseamt d. Stadt Frankfurt, 1983-97 Doz. an d. VHS Frankfurt, Hanau u. Gelnhausen, 1984-88 Nachrichtensprecherin b. ZDF, seit 1997 Ref. in d. Erwachsenenbildung u.a. an d. Ak. Arnoldshain. BL.: Förderung d. Dialogs v. Menschen islam. u. christl. Glauben in Form d. Organ. v. Veranstaltungen. E.: 1985-90 Stipendium d. Ev. Studienwerks Villigst als 1. Nichtdeutsche u. Nichtchristin. M.: 1985-90 student. Senat u. stellv. Vorst. d. Studienwerks, BPW Germany e.V., Frauennetzwerk. H.: Kultur, Musik, Theater, Kino, Familie.

*) Biographie www.whoiswho-verlag.ch oder beigefügte CD-ROM

Güler

Güler Sürki Dr. med.
B.: FA f. Allg.-Med. DA.: 10999 Berlin, Skalitzer Str. 138. G.: Ovacik-Dersim/Türkei, 18. März 1950. Ki.: Pelin (1974). S.: 1968 Abitur Trabzor, 1968-69 Praktikum KH am Urban Berlin, 1970-76 Stud. Med. FU Berlin. K.: 1976-81 tätig am Klinikum Charlottenburg u. FA-Ausbild. f. Urologie, 1980-84 Prom., 1983-85 tätig am KH am Urban, 1985-86 Praxisvertretungen im Bereich Allg.-Med., seit 1986 ndlg. FA f. Allg.-Med. E.: 2001 Parität. Ehrennadel in Gold. M.: Grdg. d. Vereinig. f. Migranten aus Kurdistan. H.: Garten, Sport, Klassik, Lesen, Saxophon spielen, Reisen.

Gülgec Billur
B.: RA, Mediatorin. FN.: Anw.-Kzl. Billur Gülgec. DA.: 30175 Hannover, Ferdinandstr. 47. PA.: 30161 Hannover, Fundstr. 30. G.: Bremen, 11. Juni 1962. Ki.: Berk (1990). El.: Dr. med. Yilmaz u. Dr. med. Suna Yildirim. S.: 1981 Abitur Sulingen, 1981-88 Stud. Rechtswiss. Hannover. K.: 1988 Volljurist, seit 1989 eigene Kzl. m. Schwerpunkt Familienrecht, Intern. Privatrecht, Dt.-Türk. Vertragsgestaltung u. d. daraus resultierenden Rechtsstreitigkeiten, Ausländerrecht, Mietrecht u. strafrechtl. Nebenklagevertreterin. H.: Fotografieren u. Entwicklung, Reisen, Sprachen.

von Gülich Gerhard *)

Gülich Oliver-Sven Dr. med. dent.
B.: Zahnarzt. FN.: Gemeinschaftspraxis Dr. Lindner & Dr. Gülich. DA.: 53844 Troisdorf-Sieglar, Bremer Str. 3. PA.: 50996 Köln-Rodenkirchen, Sürther Str. 8. G.: Köln, 13. Mai 1964. El.: Manfred u. Sonja, geb. Wischerath. BV.: Nikolaus Gülich Handwerkszunftler wegen Opposition zu Napoleon in Köln enthauptet, nach ihm Gülich-Platz benannt. S.: 1983 Abitur Köln-Rodenkirchen, Praktika beim Zahnarzt Dr. med. dent. Hako Knopf in Köln-Kalk u. Mitarb. im väterl. Hotel Gülich in  Köln, 1983-89 Stud. Zahnmed. in Köln, daneben studentische Hilfskraft im Pflegedienst u. in Ambulanz b. Prof. Hans-Dieter Pape, 1989 Examen u. Approb., 1991 labortechn. Untersuchungen v. Titan als Linual-Materialien m. Prototypen gesponsert v. Firma BEGO Bremer Goldschlägerei, 1991 Prom. K.: 1989 Ass. b. Dr. Lindner in Troisdorf, 1989-90 Wehrdienst als Stabsarzt d. Sanitätssak. München u. in Münster, 1991-93 Fortführung Ass.-Zeit b. Dr. Lindner, anschl. Entlastungsass., seit 1993 Praxisgemeinschaft m. Dr. Lindner, 1994-96 3 Praktika in Klinik Eye & Ear Infirmary New York. F.: Zahnlabor Mester in Troisdorf. P.: über Bleichen d. Frontzähne als Homebleaching (1995). M.: Golfclub Klostermannshof-Resort Niederkassel. H.: alle Ballsportarten wie Tennis, Golf, Fußball, Philharmoniekonzerte, Musicals, Schlagzeugspielen, Bildhauerei, Bronzestatuen, Reisen Ostküste USA.

Gülicher Herbert Dr. Prof. *)

Gülicher Wolfgang
B.: Schulltr. FN.: The Larkin School of English. DA.: 42285 Wuppertal, Druckerstr. 8. G.: Wuppertal, 12. Mai 1938. S.: 1955-58 Ausbild. z. Ind.-Kfm., Stud. BWL. K.: 1958-62 Tätigkeit im Export b. einem Wuppertal Ind.-Unternehmen, 1962 Eintritt als Teilhaber in "The Larkin School of English", seit 1998 alleiniger Inh. H.: Engl. Sprache, England.

Gulitz Steffen

B.: Projektberater, Inh. FN.: Tö-Beratung Sachsen. DA.: 09623 Frauenstein, Kalkstr. 9. G.: Schlema, 21. Jän. 1962. K.: tätig in d. Bereichen Projektberatung, -bebauung, Gestaltung u. barrierefreie Lebensräume; Projekte: Treuhandverw. GmbH in Berlin, Rentaco AG in Berlin, Haus d. Begegnung in Potsdam, Euregiohaus, Meerwasserhallenbad in Zinnowitz, Wohn- und Geschäftspark in Berlin-Köpenick, Fleischfbk. Radom in Polen, Wohnpark in Polen u.a.m.

Gülk Volker Dr. med. *)

Gülker Hartmut Dr. med. Prof. *)

Gülle Cordula *)

Güller Harald Bernd
B.: RegR. a.D., Jurist, Abg. d. Bayer. Landtags. DA.: 81627 München, Maximilianeum; 86150 Augsburg, Konrad-Adenauer-Allee 51. G.: Augsburg, 22. Mai 1963. V.: Anna-Maria, geb. Wagner. El.: Hermann u. Marianne, geb. Wagner. S.: 1982 Abitur Neusäß, 1982/83 Zivildienst im Mobilen Soz. Hilfsdienst, ab 1983 Stud. Rechtswiss. München u. Augsburg, 1987 Jurist. Zwischenprüf., 1990 Jurist. Schlußprüf. K.: 1991 Eintritt in d. Staatsdienst, zunächst b. d. Reg. v. Schwaben, dann bis 1994 Ltr. d. Abt. Umweltschutz am Landratsamt Aichach-Friedberg, seit 1994 Mtgl. d. Bayer. Landtags, seit 1999 Vors. d. Paritätischen-Wohlfahrtsverbandes Bezirk Schwaben, seit 2001 parlamentarischer Gschf. d. SPD-Landtagsfraktion, Vors. d. "Schreiber"-Untersuchungsausschusses. M.: seit 1979 Mtgl. d. SPD, seit 1984 Gewerkschaft Ver.di (ÖTV), seit 1991 Arbeiterwohlfahrt.

Güllner Manfred Dipl.-Kfm. *)

Gullo Franco *)

Gullotta Filippo Dr. med. Prof. *)

Gulotta Antonino

B.: Serviceltr. FN.: Der Europ. Hof. DA.: 69117 Heidelberg, Friedrich-Ebert-Anlage 1. marketing@europaeischerhof.com. www.europaeischerhof.com. G.: Santa Margherita di Belice/Sizilien, 9. Juni 1954. V.: Susanne Barbara, geb. Stammberger. Ki.: Marcella (1981), Susanne. El.: Pasquale u. Marianna, geb. Calia. S.: 1969-71 Lehre Hotelfachschule Sciacca Terme u. Hotel in Rimini u. Riccione. K.: 1971-73 Commis de Rang, Demi-Chef u. Chef de Rang im Esso Motor Hotel in Heidelberg, 1973 Chef de Rang im Crest Hotel im Wembley London, 1974 Station Head Waiter auf d. Luxusschiff Royal Viking Sea, 1975 Zivildienst in Italien, 1976-80 Chef de Rang u. 2. Oberkellner im Crest Hotel in Heidelberg, 1980-82 Oberkellner in Arabella-Hotel in Frankfurt/Main, seit 1982 Chef de

*) Biographie www.whoiswho-verlag.ch oder beigefügte CD-ROM

Rang im Europ. Hof in Heidelberg, 1992 l. Oberkellner d. Service-Brigade, seit 1994 Ltr. d. intern. Restaurants Kurfüstenstube im Europ. Hof. P.: zahlr. Berichte in Fachzeitschriften u. in d. Regionalpresse. E.: Ausz. d. Kurfüstenstube u.a. 1995 Savoir Vivre, 1996 Römer's Restaurant-Report, 1999/00 Der Feinschmecker, 1998 GaultMillau, 2000/01 Der Metternich, 2001 3 Kochlöffel d. Aral Schlemmer-Atlas. H.: Beruf, Familie.

Gülow Heidi Dr. phil.
B.: Unternehmerin, Inh. FN.: Dr. phil. Heidi Gülow Immobilien. DA.: 23558 Lübeck, Moislinger Allee 4 b. G.: Lübeck, 16. Mai 1947. S.: 1959-66 Privatunterricht Violoncello, 1966 Abitur, 1966-71 Stud. Violoncello FHS f. Musik Lübeck, 1970 Meisterkurs Prof. Pierre Fournier Zürich, 1971 1. staatl. künstler. Reifeprüf., 1972-73 Stud. HS f. Musik u. Theater Hannover, 1974 Stud. Schulmusik Musik-HS Lübeck, 1977 staatl. Prüf. Musiklehrer im freien Beruf, Doppelimitrikulation Musik-HS Lübeck f. Schulmusik, Musikwiss. u. Päd. u. Univ. Kiel z. Prom. Stud. histor. Musikwiss., 1979 1. Staatsprüf. f. Lehramt an Gymn. 1979-82 Referendariat, 1986 Prom. K.: 1982 Redaktionsarbeit bei NDR Hamburg, 1986-87 Praktikum in Musikdramaturgie d. Bühnen d. Hansestadt Lübeck, 1987-95 Vers.-Agentin bei versch. Vers., seit 1995 Immobilienmaklerin in Lübeck. P.: Diss.: "Studien z. intrumentalen Romance in Deutschland vor 1810" (1986), 1991-2001 Ref. f. versch. Bild.-Träger in d. Neuen Bdl., BfW u. Arbeitsamt Lübeck zu d. Themen Vers.-Wesen, gesetzl. Rentenvers., priv. Rentenvers. u. Lebensvers., seit 1996 1 Kurs d. Dt. Akademikerinnenbundes e.V. z. Thema weibl. Lebensplanung u. Berufsorientierung. E.: 1964 2. Preis im Wettbewerb Jugend musiziert in Lübeck u. Kiel.

Freiherr von Gültlingen Axel Dr. med.
B.: Frauenarzt. PA.: 81925 München, Flemingstr. 41. G.: Stuttgart, 1. Sep. 1934. V.: Renate, geb. Bock (verst. 1998). Ki.: Alexia (1969), Andris (1972). S.: VS, Gymn., 1955 Abitur, ab 1955 Med.-Stud. Bonn, Berlin, Wien u. Kiel, 1961 Staatsexeman, 1961 Prom. K.: Ass.-Arzt u. Ausbild. Fachrichtung Gynäkologie u. Geburtshilfe, ab 1969 selbst. in eigener Praxis in München, seit 1998 im Ruhestand. M.: Union-Club, Intern. Club. H.: Pferderennsport, Musik, Geschichte, Golf.

Gülzow Hans-Jürgen Dr. med. dent. Prof. *)

Gum Wolfram *)

Gumbel Andreas Dipl.-Ökonom *)

Gümbel Dietrich Dr. rer. nat.
B.: Firmeninhaber, Biologe. FN.: Bio-Kosmetik Dr. Gümbel. DA. u. PA.: F-68140 Gunsbach/Elsass, 10, rue Dr A. Schweitzer. Dr.Guembel@wanadoo.fr. www.cosmotherapy.de. G.: Königsberg, Ostpreussen, 16. Okt. 1943. V.: Barbara. El.: Ingeborg u. Joachim. S.: Höhere Schule m. Abschluss, Abitur 1964, Stud. d. Biologie u. Geographie a. d. Univ. Bonn, 1968-72 Staatsexamen. K. :1972-75 Arbeit als Gewässerökologe a. Max Planck Inst. f. Limnologie, Prom. a. d. Univ. Giessen, Dr. d. Naturwiss., 1975-79 freisch. Künstler i. Nußdorf, Bodensee, als Maler u. Schriftsteller m. sechs Buchveröff., 1980 Gründung d. Fa. Bio Kosmetik, Bio Kosmtikschule, 1996 Begründung d. Cosmo-Therapie über 7 Sinne m. Essenzen, Farben, Klängen u. Edelsteine m. Entwicklung d. Cosmophon's (Instrument) ; Seminare i. Cosmo- Therapie. P.: "Ganzheitliche Therapie m. Heilkräuter Essenzen", 1994, "Principles of Holistic Therapy with Herbal Essences", "Wie neugeboren mit Heilkräuter-Essenzen", 1990, 1993 "Aromatische-Pflanzen-Pflege", "Heilen durch die Sinne - Die Cosmo-Therapie" (1998). E.: 1993 Verl. d. JPM-Umweltpreises f.d. AROMATISCHE-PFLANZEN-PFLEGE vom Minister d. Landes Nordheim-Westf. H.: Kunst.

Gumbrecht Martha *)

Gumbrecht Stefan Dipl.-Ing.
B.: Architekt. FN.: Arch.-Büro Gumbrecht; Holding Quadratur. DA.: 10405 Berlin, Raabestr. 2. G.: Erlangen, 1960. S.: 1979 Abitur, 3/4 J. Praktikum im Garten- u. Landschaftsbau, Stud. Arch. an d. TU Braunschweig, RWTH Aachen u. 2 J. m. DAAD-Stipendium an ETH Zürich, Univ. Edinburgh u. London, 1 J. an HS d. Künste HdK Berlin, Dipl.-Arb. K.: 1 J. ang. Architekt, anschl. Bundesbaudion. m. Mitarb. am Museum f. Europ. Kunst, 2. Staatsprüf., 192-94 Aufbau eines Berliner Büros f. ein Münchener Büro, 1995 Aufbau eines eigenen Büros im Osten Berlins, seit 1997 Bauträgerunternehmen als Konsortium. H.: Kunst sammeln, abstrakte Kunst, Malerei u. Plastik, Tennis, Kochen, Reisen, alte italien. Baukultur.

Gumm Horst Dipl.-Kfm. *)

Gummert Axel *)

Gummert Dagmar Dipl.-Ing. *)

Gummert Peter Dr.-Ing. Univ.-Prof. *)

Gumminger Günter Dr. med. *)

Gump Johann F. Dr. rer. comm. Dipl.-Kfm. *)

Gumpert Christiane *)

Gumpert Karin *)

Gumpert Wienfried Dipl.-Kfm. *)

Gumpinger Gertraud *)

Gumpinger Josef *)

Gumprecht Gabriele *)

Gumprecht Helmar

B.: freiberufl. RA. FN.: Kzl. Helmar Gumprecht. DA.: 10629 Berlin, Roscherstr. 17. G.: Berlin, 6. Nov. 1946. V.: Ursula, geb. Schillhahn. K.: Jan Felix (1978), Kai Philipp (1986). El.: Ing. Ernst u. Linda, geb. Schüler. S.: 1966 Abitur Berlin, 1966-72 Stud. Rechtswiss., 1972 1. Staatsexamen, 1972-75 Referendariat in Berlin, 1975 2. Staatsexamen. K.: 1976 Grdg. d. Kzl., Tätigkeitsschwerpunkt: Strafrecht, Verkehrsrecht, Familienrecht. BL.: einj. grundmusikal. Ausbild. an d. Volksmusik-HS Neu Köln, 1953-63 aktives Mtgl. im Flötenkreis Praetorius Neu Köln m. intern. künstler. Auftritten u.a. Österr., Holland, Schweden. M.: DAV. H.: klass. Musik, selbst singen u. Flöte spielen, Sprachen lernen.

Gumz Egon Dr. med. OMR. *)

Gumz Günter Dipl.-Ing. *)

Günay Hüsamettin Dr. Prof.
B.: Ltd. OA. FN.: Poliklinik f. Zahnerhaltung u. Parodontologie d. Med. HS Hannover. DA.: 30625 Hannover, Carl-Neuberg-Str. 1. G.: Antalya/Türkei, 1. Apr. 1954. V.: Dr. Yüce,

*) Biographie www.whoiswho-verlag.ch oder beigefügte CD-ROM

Günay

geb. Yasatan. Ki.: Osman (1980), Cem (1986). El.: Osman u. Saliha S.: 1971 Abitur, 1971 Stud. Zahnheilkunde EGE Univ. Izmir, 1976 Staatsexamen. K.: 1977 Übersiedlung nach Hannover, Sprachschule u. Sprachprüf. in Dt. am Goethe-Inst. in Hannover, 1978 wiss. Mitarb. an d. Poliklinik d. ZMK-Klinik d. Med. HS Hannover, 1983 Prom., ab 1983 ltd. OA u. stellv. Poliklinikdir., 1991 Habil. u. Lehrbefugnis f. Zahnerhaltung u. Parodontologie, Schwerpunkt Parodontologie u. Implantologie, 1994 Mtgl. d. Sachv.-Kmsn. z. Überprüfung d. ausländ. zahnmed. Ausbildung, 1995 apl.Prof., 1998 Spezialist f. Parodontologie d. DGP. P.: wiss. Veröff. über Zahnmed., ca. 75 Vorträge im In- u. Ausland, ca. 70 auch u. intern. Publ., regelmäßige Fortbildungsveranstaltungen f. Zahnärzte. M.: VHZMK, DGZMK, DGP, DGZ, DGI, IADR, CED, AAP, EAO, EFP, TSP. H.: Gartenarbeit, Kochen, Reisen, Natur, Rad-Tour.

Gundel Gerlinde
B.: Heilpraktikerin, selbständig. DA.: 38442 Wolfsburg, Van-Gogh-Ring 37. G.: Stäwen/Pommern, 12. Juli 1944. V.: Günter Gundel. Ki.: Matthias (1968), Dietmar (1970). S.: 1961 Mittlere Reife in Gifhorn, 1961-64 Lehre z. Technischen Zeichnerin b. d. Volkswagenwerk AG in Wolfsburg. K.: 1964-68 Technische Zeichnerin b. VW in Wolfsburg, 1968-75 Hausfrau u. Mutter, 1975-78 Besuch d. HSS Heilpraktikerschule in Wunstorf, 1978-79 Ass. b. einem Heilpraktiker in Wolfsburg, seit 1979 als Heilpraktikerin zugelassen, seit 1979 selbständige Heilpraktikerin, Schwerpunkt Neuraltherapie. M.: TCF Fallersleben, Golfclub Boldecker Land. H.: Golf, Tennis, Wandern, Skifahren, Theater, klass. Musik.

Gundelach Renée Dipl.-Vw.
B.: freie u. beratende Produzentin, Herstellungsleiterin, Certified Management Consultant. DA. u. PA.: 12205 Berlin, Adolf-Martens- Str. 2 A. GundelachFilm@t-online.de. www.gundelach.de. G.: Witten/Ruhr, 14. Jan. 1943. Ki.: Falk u. Götz (1966). S.: 1962 Abitur, Stud. Volkswirtschaft, Publizistik u. Wirtschaftsrecht FU Berlin, 1969 Dipl.-Vw., 1970-75 wiss. Ass. am Inst. f. Wirtschaftstheorie d. FU Berlin. K.: s. 1968 selbst., 1972-75 Geschf. Ges. Basis Film Verleih GmbH, 1976-81 Geschf. Ges. Road Movies Filmproduktion GmbH, öff. bestellte u. vereidigte Sachv. f. Film- u. Fernsehproduktionen sowie f. filmwirtschaftl. Fragen, Doz. d. DFFB Berlin, Schwerpunkte: seit 1968 insbesondere f. d. dt. Autorenfilm, Beratung v. Regisseuren, Drehbuchautoren, junge Filmemacher u. Produzenten in allen wirtschaftl. Bereichen, wie Entwicklung, Planung, Finanzierung u. Organisation v. Spiel- u. Dokumentarfilmen, Herstellungsleitung, Produktionsdurchführung, Produktionsbüro-Service, Filmgeschäftsführung, Produktionsüberwachung, Controlling, Coaching für Produzenten, den Film u. d. Neuen Medien betreffend, Kulturmanagement in Englisch u. Französisch, filmwirtschaftl. Gutachten. P.: bisher betreute Filme: Herstellungsleitung, Finanzierungsberatung bei Spielfilmen (108), Dokumentarfilmen (23), Kinderfilmen (11), Zeichentrickfilmen (2), Kurzfilmen (8), darunter 34 intern. Co-Produktionen, u. a. f. Wim Wenders (Der amerikanische Freund), Ulrike Ottinger, Vadim Glowna, Christoph Schlingensief, Rosa von Praunheim, Helke Sander, Peter Lilienthal, Peter Handke, Lars von Trier, Mika Kaurismäki, Erwin Leiser, Viola Stephan, Hans-Jürgen Syberberg, Peter Keglevic, Ula Stöckl, Monika Treut, Chris Petit u.a. E.: 1977 Bundesfilmpreis in Gold f. "Der amerikanische Freund", 1978 "Lightning over Water", 1980 "Die Kinder aus No. 67", 1993 Ausz. d. Bundesmin. f. Wirtschaft u. d. Filmförderungsanstalt f. langjährige, engagierte u. verantwortungsvolle ehrenamtliche Tätigkeit f. d. deutschen Film. M.: Bundesverb. Dt. Unternehmensberater e.V. (BDU) Bonn, Verwaltungsrat VG Bild-Kunst, Verwaltungsrat d. Filmförderungsanstalt Berlin, Vorst. AG Dokumentarfilm e.V., Frankfurt, Fachverband d. Medienberater, Waiblingen, Freunde d. Dt. Mediathek e.V. Berlin, European Film Academy e.V., Beirat Filmboard Berlin-Brandenburg GmbH, Potsdam, Bundesverband Produktion e.V.

Gundermann Bernd Dipl.-Ing. *)

Gundermann Egon Walter Dr. Dr. habil. Prof. *)

Gundermann Herbert *)

Gundemann Iselin Dr. phil.
B.: wiss. Dir. i. R. FN.: Geheimes Staatsarchiv Preuss. Kulturbesitz Berlin. PA.: 14193 Berlin, Ilmenauer Str. 7A. G.: Magdeburg, 28. Mai 1935. S.: Stud. Geschichtswiss. u. Germanistik Univ. Berlin, Bonn, Innsbruck u. Göttingen, 1961 Staatsexamen, 1963 Prom., 1973 Inst.-Prüf. Bibl.-Lehrinst. Köln. K.: 1963 wiss. Mitarb. im Histor. Seminar d. Univ. Bonn, 1969 wiss. Ass., 1969 AkR., 1973 AkOR., 1983 WissOR. im Geheimen Staatsarchiv Berlin, seit 1990 wiss. Dir. im Geheimen Staatsarchiv Preuss. Kulturbesitz Berlin, seit 2000 freischaffend. P.: Herzogin Dorothea v. Preussen (1965), div. Aufsätze z. preuss. u. brandenburg. Geschichte. E.: 1964 Fakultätspreis Univ. Bonn, 1974 Dehio-Preis, 1990 Freiherr-vom-Stein-Preis.

Gundermann Karl-Dietrich Dr. rer. nat. Prof. *)

Gundermann Karl-Josef Dr. rer. nat. Dr. med. habil. (PL) Prof. *)

Gundermann Thomas *)

Günderoth Sabine
B.: Einzelhdls.-Kauffrau, alleinige Inh. FN.: Express-Car Ulm Vermietlungsges. f. nat. u. intern. Kurierdienst mbH. DA.: 89075 Ulm, Poppenreuteweg 31. V.: Bernd Günderoth. Ki.: Anna-Sophie (1989). S.: 1979-82 Ausbild. z. Einzelhdls.-Kauffrau, seit 1. b. 1983 Tätigkeit im Ausbild.-Betrieb, 1983-86 Hertz Autovermietung, 1987-90 Digitales Equipment, 1994-95 Inteco GmbH, 1991 Gündung d. jetzigen Firma, seit 1996 GmbH. alleinige Inh. H.: Literatur, Familie.

Gundlach Franz Christian Prof.
B.: Fotograf, Galerist, Sammler u. Lobbyist d. Fotografie, Unternehmer. DA.: 20144 Hamburg, Parkallee 33. G.: 16. Juli 1926. S.: 1947-49 Ausbild. z. Fotografen. K.: ab 1949 Ass. in versch. Studios in Stuttgart u. Paris, seit 1952 journ. Fotografie f. illustrierte Wochenzeitschriften, 1954 Grdg. d. eigenen Studios in Stuttgart, Mitarb. b. "Film u. Frau", "Elegante Welt", "Annabelle", "Neue Mode" u.a., 1952-63 häufige Aufenthalte in Paris u. d. USA, 1956-93 Mode- u. Reportage-Reisen in d. Nahen Osten, 1961-63 in Fernost, 1965-69 Afrika, 1956-77 Südamerika, b. 1968 Berichterstattung d. Pariser Haute Couture Collectionen, 1963-85 enge Zusammenarb. m. d. Zeitschrift "Brigitte", 1967 Grdg. d. "Zentrums f. Bildkommunikation PPS.", 1975 Grdg. d. "PPS. Galerie f. Fotografie", seit 1980 Studio f. elektron. Bildbearbeitung, seit 1988 Honorarprof. an d. HS d. Künste Berlin. P.: Hrsg. v. Portfolios, Sammler, Curator v. Ausstellungen in versch. Themen, "Bildermode, Modebilder. Dt. Modefotografien v. 1945-95", eigene Ausstellungen u.a. in Bonn, Hamburg, Berlin, Paris, Nancy u. Marseille. E.: 1991 Biermann Ratjen Med.

Gundlach Jürgen Dr. phil. *)

Gundlach Peter Dr. med. Priv.-Doz. *)

Gundlach Ronald Karl Rudolf

B.: Bgm. d. Stadt Bad Sooden-Allendorf. GT.: Gschf. d. Gaswerke GmbH Bad Sooden-Allendorf. DA.: 37242 Bad Sooden-Allendorf, Marktpl. 8. PA.: 37242 Bad Sooden-Allendorf, Danziger Straße 1. ronaldgundlach@web.de. G.: Uschlag, 23. Nov. 1949. V.: Sieglinde, geb. Och. Ki.: Saskia (1975). El.: Walter u. Irmgard, geb. Dippel. S.: 1968 Abitur, 1968-69 Bundeswehr, 1970 Stud. Germanistik, Geschichte u. Politik f. Lehramt an d. Georg-Augusta-Univ. in Göttingen, 1970 Eintritt in d. SPD, 1974 Examen f. Lehramt Realschule, 1974 Referendariat in Wolfhagen, IGS. K.: 1975 Lehrer an d. HS u. Realschule in Birstein, 1976 Mittelpunktschule Wehretal, 1977 Stadtverordneter Bad Sooden-Allendorf u. b. 1994 Fraktionsvors. d. SPD, 1978-97 Realschulzweigltr., später Rektor an d. Rhenanusschule in Bad Sooden-Allendorf, seit 1981 Mtgl. d. Kreistages d. Werra-Meißner Kreises u. 1989-97 Kreistagsvors., 1997 direkt gewählter Bgm. in Bad Sooden-Allendorf, seit 1997 Konzentration a. Umorgan. d. Stadtwerke u. Bad- u. Kurbereiche. BL.: 1978 Fußball auf Bez.-Ebene; Tennistrainer u. auch heute in d. "Herren über 50" in d. Gruppenliga aktiv. P.: "70 J. Bad Sooden-Allendorf - 25 J. Stadtteile" (1999). E.: 1989 Ehrenbrief d. Landes Hessen, 1997 Stadtältester d. Stadt Bad Sooden-Allendorf, Leistungsabz. in Bronze Bad Sooden-Allendorf, Leistungsabz. in Bronze Werra-Meißner Kreis. M.: stellv. Unterbez.-Vors. Werra-Meißner-Kreis d. SPD, AufsR. Nahverkehr d. Werra-Meißner-Kreises, Sprecher d. Bgm. im Werra-Meißner-Kreis f. Städte- u. Gem.-Bund, Golfclub Wissmannshof, Golfclub Herleshausen-Willershausen, TSG Bad Sooden-Allendorf, Tennisclub Bad Sooden-Allendorf, seit 1985 im Vorst., seit 1997 Vors. H.: Fußball, Tennis, Golf, Singen.

Gündling Peter W. Dr. med. *)

Gundogdu Mustafa

PS.: Mousse T. B.: Musikproduzent, Gschf. Ges. FN.: Peppermint Jam Record GmbH. DA.: 30521 Hannover, Boulevard der EU 8. mousset@peppermint-park.com. www.peppermintjam.com. G.: Hagen, 2. Okt. 1966. El.: Dr. med. Sami u. Adviye, geb. Sarikaya. S.: 1985 Abitur Hannover, 1985-94 Stud. Wirtschaftswiss. an d. Univ. Hannover, 1979-80 Heimorgelspielen auf einer Privatschule. K.: 1980-85 Grdg. v. versch. Bands m. Freunden u. Auftritten im In- u. Ausland, 1985 DJ in Diskotheken, zuerst regionale, später auch intern. Auftritte, 1987 1. Platte "Don't stop" m. d. Band Fresh & Fley, 1990 Grdg. d. 1. Studios "Chocolate City", Erweiterung d. Repertoir d. Studios um Black & Dance Music, 1993 Grdg. d. Firma Peppermint Records u. Errol Renndalls u. Wolfgang Sick in Hannover, 1998 Song Sexbomb zusammen m. Errol Rennalls, durch Zusammenarb. m. Tom Jones z. meistverkauften Single d. J. 2000, 2001 Arb. an seinem ersten Album. P.: seit 1990 Inh. d. Fresh & Fly GbR, 1997 Grdg. d. Musikverlages Merg Music m. Errol Rennalls in Hannover, 2000 RGS Immobilien KG m. Wolfgang Sick u. Wolfgang Sick. P.: Don't stop (1987), Horny (1998), Sexbomb (2000). E.: nominiert als 1. Europäer in d. Kategorie Bester Remixer b. d. US Grammy Awards in d. USA, weltweit Gold. u. Platin Schallplaten f. d. Hits Horny u. Sexbomb. M.: Kuratoriumsmtgl. d. Expo Museums Starforum Hannover. H.: Musik, Gesellsigkeit m. Freunden, Reisen.

Gunkel Andreas Dipl.-Ing. *)

Gunkel Günter Dr. habil.

B.: Limnologe, Laborltr. u. Priv.-Doz. f. Limnologie. FN.: Inst. f. Techn. Umweltschutz TU Berlin. DA.: 10623 Berlin-Charlottenburg, Straße des 17. Juni 135. PA.: 13465 Berlin, Rüdesheimer Str. 2A. G.: Oldenburg, 1. Juli 1949. V.: Dr. Gabriele, geb. Heisig. Ki.: Gesine (1984). S.: 1968 Abitur, 1968-74 Stud. Biologie u. Chemie Albert Ludwigs-Univ. Freiburg, 1974 Staatsexamen, 1979 Prom., 1984 Habil. K.: 1975-80 Univ. Freiburg, Limnolog. Inst. Konstanz, b. 1979 Promotion b. Prof. Elster u. Prof. Kausch, 1979/80 wiss. Mitarb., ökotoxikolog. Untersuchungen an limnischen Modellökosystemen, seit 1980 Inst. f. Techn. Umweltschutz TU Berlin: Ltr. d. biolog. Labors, Forsch.-Arb., Lehrtätigkeit in d. Lehrgebieten Limnologie, Ökologie d. Küstengewässer, Ökotoxikologie, 1996-99 Lehrauftrag an d. equadorian. HS Escuela Politecnica Nacional in Quito. P.: rd. 100 wiss. Veröff. in Fachzeitschriften, Hrsg. u. Mitautor zweier Monografien "Bioindikation in aquatischen Ökosystemen" (1994), "Renaturierung kleiner Fließgewässer" (1996), Mithrsg. u. Mitautor "Handbuch der Umweltveränderung und Ökotoxikologie. Bd. III A u. B (2000), Aquatische Systeme. H.: Wintersport, Wassersport, Reisen.

Gunkel Karl *)

Gunkel Manfred Karl

B.: Kfm. FN.: Rinder u. Gunkel Stahl- und Metallbau GmbH. DA.: 34123 Kassel-Waldau, Lise-Meitner-Str. 5. PA.: 34317 Habichtswald, Im Rosengarten 4. G.: Heiligenstadt, 29. Juli 1953. V.: Maria-Magdalena, geb. Siepe. Ki.: Johanna (1980), Florian (1982), Sophia (1984), Martin (1987). El.: Alois u. Anna, geb. Rosenthal. S.: 1972 Abitur, 1972-77 Stud. Lehramt f. Math., Geographie an d. Univ. in Kassel. Marburg, 1977-79 Referendariat. K.: 1979 Oberstufenlehrer im Landkreis Kassel, 1985 OStR., 1982-87 Stud. Informatik u. Betriebswirtschaft an d. FU Hagen m. Abschluß, 1987-90 Lehrer u. nebenberufl. Programmierung im Controlling, Softwareanpassung, Softwarebetreuung f. Betriebe aller Art im Bereich d. kfm. Software u. Software f. Sonderfälle, Kündigung d. Schuldienstes, 1990 Übernahme d. "ZBO Siemerode" u. Änderung in Metallbau Gunkel, 1991 Übernahme d. Firma "Rinder" Kassel u. Neugrdg. als Firma "Rinder u. Gunkel" in d. Frankfurter Str. 23 in Kassel, 1993 Verlegung d. Firma in d. Lise-Meitner-Str. 5 in Kassel-Waldau, 1996 Sachkundeprüf. Metallbau, 1996 Ausbildereignungsprüf., 1997 Prüf. Schweißfachmann v. DVS Dt. Verb. d. Schweißtechnik Kassel. M.: Schlößchen Schönfeld e.V., MENSA. H.: eigene Kinder, Tauchen (ehem. DLRG), Programmierung am PC.

Günnewig Gerhard Wilhelm *)

Günnewig Heinz Jürgen *)

Günsav Teoman Dipl.-Ing. *)

Gunsch Elmar

B.: Rundfunk- u. Fernsehjournalist. PA.: 60433 Frankfurt, Schlehenweg 19. G.: Österreich, 14. Jän. 1931. Ki.: Katja (1964). S.: Abitur, Stud. d. Theaterwiss., Nebenfach Musik, Sprechererziehung, Schauspielunterr. K.: versch. Engagements am Stadttheater Klagenfurt, Tourneen, Regieass. am Burgtheater; Rundfunk: Nachrichtensprecher, Reporter,

*) Biographie www.whoiswho-verlag.ch oder beigefügte CD-ROM

Moderator; Fernsehen: "Sonntagskonzert", "Prominenz im Renitenz", "Nun sagen Sie mal", "Wer weiß es?", "Darf's a bisserl klassisch sein?"; Musikpräsentationen: "Peter u. d. Wolf", "Karneval der Tiere", Eigenproduktion: "Ein Baß u. zwei Gitarren". P.: Schallplatten und CD's: Der faule Bär, Die Arche Noah, Warten auf Weihnachten, Div. Märchenproduktionen; Bücher: Donnerwetter (Hoffmann & Campe), Horch, was kommt von draußen rein? (Bleicher-Verlag). (W. L.)

Gunschmann Michael Dipl.-Ing.
B.: selbst. Architekt. u. Bausachv. DA.: 21614 Buxtehude, Ernst-August-Str. 2B. G.: Berlin, 16. Apr. 1941. V.: Bärbel, geb. Galla. Ki.: Olaf (1966). El.: Wilhelm u. Herta. BV.: Kunstmaler Karl Gunschmann. S.: 1962 Abitur München, 1963-64 Praktikum Baufirma München, 1964 Bundeswehr, 1964-68 Stud. FHS f. Arch. u. Ing.-Wesen Buxtehude. K.: 1968-80 Entwicklungs- u. Projektltr. in versch. Firmen in Norddeutschland, seit 1981 selbst. Architekt u. Bausachv. H.: Angeln, Wandern.

Günschmann Udo

B.: selbst. Vers.-Fachwirt, Generalagent. FN.: Udo Günschmann Vers.-Büro. DA.: 59192 Bergkamen, Kurt-Schwitters-Str. 75. udo.guenschman@cityweb.de. G.: Bochum, 21. Mai 1950. V.: Gabriele, geb. Hollemann.Ki.: Daniel (1995), Lara (1998). S.: 1964-67 Ausbild. als Betriebsschlosser an d. Eschweiler Bergwerksver./Schachtanlage "Erin" in Castrop-Rauxel, Prüf. Facharb.-Brief. K.: 1967-68 Betriebsschlosser in d. Schachtanlage "Erin" in Castrop-Rauxel, 1968-70 Betriebsschlosser b. "Adam Opel" in Bochum, 1970-74 Betriebsschlosser b. "Mannesmann" in Düsseldorf, parallel interne kfm. Tätigkeit, 1974-78 Schlosser u. Einrichter b. d. "Thyssen", 1981-83 Ausbild. als Ind.-Kfm. m. Prüf. v. d. IHK, 1983-86 Ang. b. d. Nürnberger Vers.-Gruppe b. d. Filialdion. Dortmund als Bez.-Insp., zugleich interne Ausbild., 1986-90 Verkaufsltr. b. d. Nürnberger Vers.-Gruppe, parallel 1988-91 Stud. Kfz-Vers. b. Berufsbild.-Werk d. Dt. Vers.-Wirtschaft in Dortmund, Abschluß als Vers.-Wirt, 1991-95 ang. Organ.-Ltr. b. d. Nürnberger Vers.-Gruppe, seit Juli 1995 selbst. als Vers.-Wirt u. Generalagent d. Nürnberger Vers.-Gruppe. E.: 1989 Für besondere Leistungen v. d. Nürnberger Vers., "Die 100-Jahresbesten", 1992 Für erfolgreiche Mitarb. in d. Nürnberger Vers. M.: seit 1991 VDV. H.: Fußball.

Gunske Achim *)

Gunst Karl-Heinz *)

Guntenhöner Dirk Dr. med.
B.: Arzt. DA.: 48143 Münster, Hörster Str. 32. G.: Dortmund, 30. Jan. 1961. V.: Claudia, geb. Hessel. Ki.: 2 Kinder. S.: 1980 Abitur, 1980-81 Stud. Chemie Münster, 1981-88 Stud. Med. RWTH Aachen, 1989-90 AiP. K.: 1990 -92 tätig in d. pharmakolog. Forsch., 1992-95 Ass. an d. Inneren Med., Psychiatrie u. Neurol., seit 1995 ndlg. prakt. Arzt m. Privatpraxis m. schwerpunkt klass. Homöopathie. M.: DZVHA.

Gunter Horst
B.: Pfarrer i. R. PA.: 12205 Berlin, Köhlerstr. 31. G.: Kaldenkirchen/Rhld., 6. Sep. 1935. V.: Carla, geb. Bielicke. El.: Otto u. Margarete, geb. Schneider. S.: 1953 Abitur, 1953-59 Stud. Theologie Heidelberg u. Berlin. K.: 1963-83 Pfarrer Kaiser-Wilhelm-Gedächtniskirche, s. 1973 Gschf. d. Kuratoriums Stiftung Kaiser-Wilhelm-Gedächtniskirche, seit 1983 Pfarrer d. Kirche zum Heilsbronn u. Superintendent v. Schöneberg. BL.: enge Verbindung zur evang. Kirche in Griechenland, seit Jahrzehnten Verbindungen zur jüdischen Gemeinde in Prag u. Berlin. P.: zahlr. Veröff. zu theologischen Themen in regionalen, nationalen u. internationalen Publikationen, Mithrsg. d. romelitisch-liturgischen Korrespondenzblattes. M.: in mehreren Kuratorien u. Stiftungen, u.a. Komitee d. Internat. Albert Schweitzer Ges., d. Kuratorium "Stiftung Kaiser-Wilhelm-Gedächtnis-Kirche", seit 1996 Mtgl. d. Vereins "Wohnstift, Otto Dibelius", seit 1998 dessen Vorst.-Vors., innerhalb zweier Wahlperioden Mtgl. d. Synode d. evang. Kirche in Berlin/Brandenburg.

Günter Hans Peter Dr.
B.: FA f. Orthopädie, selbständig. DA.: 24837 Schleswig, Königstr. 7. G.: Prag, 27. Feb. 1943. V.: Sigrid, geb. Eberhardt. Ki.: 2 Kinder. BV.: Großvater Heinrich Claus Leibarzt d. letzten Kaisers. S.: 1964 Abitur Ansbach, 1964-71 Stud. Med. Heidelberg, Kiel u. Innsbruck, 1971 Staatsexamen Kiel. K.: 1971 medz. Ass. an d. Univ. Kiel, 1971 Approb., 1972-73 tätig in d. Chir. in Preetz, 1973-74 Stabsarzt d. Bundeswehr, 1974 Prom., FA-Ausbildung Orthopädie, 1974-75 Rheumaklinik in Bad Bramstedt, 1975-79 Klinik Lubinus, 1979 FA f. Orthopädie, seit 1980 ndlg. Orthopäde in Schleswig. M.: TSV Schleswig, SSC, Förderverein Freunde v. Schloß Gottorf, Rheumaliga, Schleswiger Dommusik, Ges. f. manuelle Med., DGzRS. H.: Tauchen, Segeln, mod. Malerei, Reisen.

Günter Jan

B.: Kunstmaler. DA.: 24944 Flensburg, Tannenweg 14 E. www.kunstatelier-jan-guenter.de. G.: Flensburg, 17. Apr. 1957. V.: Sabine, geb. Schlage. Ki.: Tove (1984), Ole (1989). El.: Theo u. Heidi. S.: 1976 Abitur, 1976 Stud. Prof. G. v. d. Ohe u. Prof. Uschkereit Flensburg. K.: seit 1981 freischaffender Künstler m. Schwerpunkt bildn. Techniken, Aquarell, Radierung, Handzeichnung, Plastiken aus Keramik u. Holz, abstrakte Darstellungen aus Speckstein u. Holz, Arb. in Acrylfarbe u. Öl, seit 1983 Durchführung u. Kursen in Aquarellmalerei im Atelier. P.: Ausstellungen u.a. in d. Galerie Busse, Bürgerhaus Harrislee, Heimatmuseum Sarstedt, Kunstver. Sydsleswig, Ankäufe u.a. durch d. Dt. Bundestag. H.: Segeln, Lesen.

Guntermann Horst *)

Guntermann Christa-Brigitte
B.: Gschf. Ges. FN.: Guntermann Vermögensverw. GT.: Gschf. Ges. versch. Unternehmen d. Wohnungswirtschaft. DA.: 80333 München, Residenzstr. 24. G.: Essen, 18. Jan. 1940. V.: Dr. Wolf-Rüdiger Bub. Ki.: Christian (1965), Peter (1967). El.: Josef u. Hilde Willeke, geb. Möller. S.: 1956 Mittlere Reife Essen, 1957-59 Kfm. Lehre Import/Export u.

*) Biographie www.whoiswho-verlag.ch oder beigefügte CD-ROM

Großhdl., 1959-61 Ausbild. z. Auslandskorrespondentin. K.: 1961-66 Tätigkeit im intern. Hdl., seit 1966 Spezialisierung auf Immobilien, Grdg. versch. Ges., Erwerb, Halten u. Verwalten v. Immobilien, Kauf v. Anteilen an Wohnungsunternehmen, seit 1984 ehrenamtl. Hdls.-Richterin b. LG München I. M.: seit 1971 Golfclub Morsum/Sylt, seit 1982 Golfclub Beuerberg, seit 1989 Präs. Golf Club Beuerberg. H.: Golf (HC 16), Tennis, Skifahren, Jagd (Jagdschein), Ballett, klass. Musik, Oper, Literatur, Sammeln v. Expressionisten.

Guntersdorf Michael *)
Günther Albert Dr. Prof. *)
Günther Bernd *)
Günther Bernd Dipl.-Ing. (FH)

B.: Architekt, Unternehmer, selbständig. FN.: Planungsbüro Günther. DA.: 87700 Memmingen, Klopstockstraße 1. beguenther@t-online.de. www.baubetreuung-guenther.de. G.: Memmingen, 20. Aug. 1949. Ki.: Christoph (1986). S.: Mittlere Reife, Lehre als Bauzeichner, 1972-74 Stud. an d. FH in München. K.: während d. Stud. Tätigkeit f. ein Münchener Architekturbüro, Abschlussdiplom, Tätigkeit b. versch. Architekturbüros in München u. Memmingen, seit 1981 selbständig m. eigenem Büro in Memmingen, Tätigkeitsschwerpunkt: Bau v. Kliniken nach eigenem, neuen Klinikkonzept. P.: mehrfach Berichte u. Reportagen über seine Bauten in d. Fachpresse. M.: BDA, Bayerische Architektenkammer, Golfclub, Ehrenmtgl. d. Golfclub Stolpe Berlin. H.: Golf, Skifahren, Reisen, Essen, Sammeln v. Kunst.

Günther Bernd *)
Günther Bernhard Dr. med. *)
Günther Christian

B.: Gschf., Inh. FN.: Elektro-Fachhdl. J. Günther. DA.: 16225 Eberswalde, Eisenbahnstr. 94. G.: Eberswalde, 29. Aug. 1978. Ki.: Lilena (1999). El.: Joachim u. Renate, geb. Müller. BV.: Café Kleinschmidt in Eberswalde 1870-1970. S.: b. 1996 Schulbesuch. K.: während d. Schulzeit b. 1994 Texter f. Songs, seit 1996 Musiker u. Sänger, seit 1996 Mitarb. im elterl. Betrieb u. seit 1998 Gschf. u. Inh. H.: Kulturreisen.

Günther Christine Dr. phil.
B.: Fachpsychologin d. Medizin, Verhaltenstherapeutin, Therapeutin für katathym-imaginative Verfahren. DA.: 01219 Dresden, Thomas-Mann-Str. 10. G.: Zwenkau, 14. Okt. 1949. V.: Dr. Rolf Günther. Ki.: Ben (1975), Katharina (1978). El.: Wolfgang u. Käthe Karsch. S.: 1968 Abitur, 1968-69 Sekr. am Inst. f. Psych. Berlin, 1969-73 Stud. Psych. Univ. Berlin,1973 Dipl., 1980 Prom. K.: 1973-74 wiss. Mitarb. Ak. d. Wiss. Berlin, 1974-80 Klin. Psychologie Poliklinik Lütten-Klein b. Rostock, 1980-85 im Rat d. Bez. Rostock Abt. Gesundheit u. Sozialwesen, 1985-86 wiss. Mitarb. Univ. Rostock, 1986-91 Studentenberatungsstelle d. TU Dresden, seit 1989 Ltr., ab 1991 Niederlassung in eigener Psychotherapeutischer Praxis in Dresden. M.: Berufsverb. Dt. Psychologen, im Vorst. d. Verb. Psych. Psychotherapeutinnen u. Psychotherapeuten v. Sachsen, MGKB. H.: Konzert, Theater, Kultur, Sport.

Günther Christoph *)
Günther Dieter *)
Günther Dieter Dipl.-Ing. Architekt

B.: Architekt. DA.: 14059 Berlin, Danckelmannstr. 40. PA.: 14055 Berlin, Lyckallee 7 + 9. G.: Chemnitz, 3. Apr. 1932. V.: Dr. med. Eva, geb. Sauerbeck. Ki.: Markus (1963). El.: Luitpold u. Hilde, geb. Stüwe. S.: 1950 Abitur Chemnitz, Lehre Zimmermann m. Abschluss (A), 1952-59 Arch.-Stud. TU Berlin bei Prof. Kreuer, Prof. Scharoun, 1959 Dipl. K.: 1959-70 ang. Architekt b. Oberbaurat Krebs u. Atelierchef bei Lichtfuß & Fleischer, seit 1970 selbst. m. eigenem Büro, Planung u. Bauleitung als Architekt u. als Gesamtplaner u. Gesamtbauleiter, 1974-86 gemeinsames Büro zusammen m. Architekt Snigula, 1967 mit Lichtfuß Zielplanung d. Ev. Waldkrankenhauses Berlin-Spandau, Bau in 4 Bauabschnitten bis 1995, z.T. in Planungsgemeinschaft mit Snigula, Just, Kehr, 1972 Bau d. ersten Umkehr-Daches in Berlin, 1979 für Fürst-Donnersmarck-Stiftung "Blisse 14", d. erste behindertengerechte Kneipe in Berlin. M.: Architekten-Kammer Berlin, seit 1997 unabhängiger Bauherrenberater, berufen vom gemeinnützigen Bauherren-Schutzbund e.V. H.: Planen und Bauen.

Günther Doris *)
Günther Eberhard Dipl.-Ing. *)
Günther Egon *)
Günther Ewald Dipl.-Ing. *)
Günther Frank *)
Günther Gabriele *)
Günther Gaby *)
Günther Georg *)
Günther Gerhard *)
Günther Götz
B.: Gastronom, Restaurantleiter. FN.: Restaurant Ganymed. DA.: 10117 Berlin, Schiffbauerdamm 5. S.: m. 10 J. nach Rügen, 1983-87 Internat Spezialschule f. Musikerziehung EOS in Demmin, spez. Klavier u. Gesang, 1987 Abitur, 1987-88 Wehrdienst, seit 1989 in d. Gastronomie, 1989 1 J. Erwachsenenqualifizierung als Restaurantfachmann. K.: 1990-93 IFA-Ferienpark, ab dann Neuaufbau v. Gaststätten/Hotels, 1992-93 Barchef im Seeteufel auf Rügen, 1993-94

*) Biographie www.whoiswho-verlag.ch oder beigefügte CD-ROM

Günther

Günther Hannelore *)
Günther Hans Dipl.-Ing. *)
Günther Hans-Joachim Dr. med. Prof. *)
Günther Hans-Joachim Dipl.-Ing. *)
Günther Hans-Peter
B.: RA. FN.: Sozietät Günther & Güthoff. DA.: 47829 Krefeld-Uerdingen, Am Röttgen 11-13. PA.: 47802 Krefeld, Rennstieg 7. G.: Gera, 13. Okt. 1943. V.: Carola, geb. Miechielsen. Ki.: Oliver, Lenja, Moritz. S.: 1963 Abitur Düsseldorf, 1963-65 Bundeswehr, Res.-Offz., 1965-67 Stud. Rechtswiss. FU Berlin, 1967-68 Studienaufenthalt in Genf u. Lausanne, 1970 1. Staatsexamen, 1970-74 Referendarzeit am Kammergericht, Senatsverw. u. Justitiar. K.: 1971-73 2. Jur. Mitarb. in einer Sozietät in Berlin, 1974 2. Jur. Staatsexamen u. Zulassung als RA in Berlin, 1975 ndlg. Anw., Tätigkeitsschwerpunkt: Börsen, Bank, Erbrecht, Familienrecht, Ges.-Recht, 1988 Grdg. d. Sozietät Günther & Güthoff, Vertretung d. Sun-Trust Bank Orlando/Florida. H.: Tennis, Kunst.

Günther Heidrun Gisela

B.: Freie Landschaftsarchitektin BDLA / Landschaftsgärtnerin. FN.: Planungsbüro f. Garten- u. Landschaftsarchitektur Heidrun Günther. DA.: 13187 Berlin, Wollankstr. 25. heidrun-guenther@t-online.de. G.: Leipzig, 26. März 1947. Ki.: Thomas (1972), Sibylle (1975), Phillipp (1982). El.: Erich u. Anna-Maria Schotte, geb. Renner. BV.: Hugo Renner, Philosoph u. Physiker in Berlin, Kaiser-Wilhelm-Univ. S.: 1961-65 Erweiterte Oberschule, Abschluss Abitur, 1963-66 Berufsschule, Abschluss als Gärtner f. Gemüse- u. Zierpflanzenbau/Landschaftsgärtner, Landwirtschaftlich-Gärtnerische Fak. d. Humboldt-Univ. 1967-71, Dipl. als Garten- u. Landschaftsarchitektin. K.: 1966-67 VEB (K) Garten- u. Landschaftsgestaltung Leipzig, Landschaftsgärtner, 1971-77 Dt. Bauakademie Berlin, Inst. f. Städtebau u. Architektur, Abt. Siedlungsstruktur u. Neuwohngebiete, wiss. Mitarbeiterin, 1977-84 Büro f. Städtebau b. Mag. v. Berlin, Abt. Freiflächen, Städtebauer u. Landschaftsarchitektin, zwischendurch 1979-82: Sachbearbeiterin in d. Handelsvertretung d. DDR in Jakarta/Republik Indonesien, 1984-87 BMK IHB Berlin, Betrieb Projektierung, Landschaftsarchitektin, 1987-90 Bauakademie d. DDR, Inst. f. Städtebau u. Architektur, Abt. Export u. Stadtsanierung, wiss. Mitarbeiterin, 1990 Landschaftsarchitekturbüro Prof. Dr. Klaus Neumann, Berlin, Angestellte Landschaftsarchitektin, Zulassung d. Magistrats als Stadtplaner u. Architekt u. d. Architektenkammer als freie Landschaftsarchitektin, Beirat f. Stadtgestaltung im Magistrat u. später bei d. Senatsverwaltung f. Stadtentwicklung, seit 1991 eigenes Landschaftsarchitekturbüro, berufenes Mtgl. d. Stadtforums, Jurorin u. Preisträgerin bei mehreren Architekturwettbewerben, berufspraktische Studentenausbildung. BL.: Städtebauliche u. landschaftsarchitektonische Entwürfe u. Entwicklungskonzepte f. Sanierungsgebiete (Prenzlauer Berg, Pankow), f. Parks (Wohngebietspark MarzahnI, Friedrichshain, Treptower Park, Stadtgarten Pankow), f. Dorfanger (Friedersdorf, Französisch - Buchholz, Pankow), Grünverbindungen (Panke-Wanderweg), B.: Entwurf u. Bau v. ca. 120 Gärten u. Freianlagen, C.: Gartendenkmalpflegerische Untersuchungen u. Planungen (Schloßpark Niederschönhausen), D.: Landschafts- u. Grünordnungsplanungen in Berlin, Brandenburg u. Sachsen. P.: Artikel in Fachzeitschriften, keine Bücher. E.: Fichte - Preis d. Humboldt - Univ. 1971. M.: Architektenkammer, BDLA, DGGL, DGG. H.: Reisen.

Günther Heinz *)
Günther Heinz-Peter *)
Günther Helmut

B.: Gschf. Ges. FN.: Günther Maschinenbau GmbH Spezialmaschinen für Fleisch- u. Fischind., Sondermaschinenbau. DA.: 64807 Dieburg, Am Bauhof 5-7. PA.: 64850 Schaafheim/Schlierbach, Schaafheimer Straße 29. G.: Kleestadt, 13. Dez. 1947. V.: Marianne, geb. Falter. Ki.: Angelika (1969), Nina (1974). El.: Peter u. Katharina, geb. Wörner. S.: 1961-65 Lehre Mechaniker, 1972 Meisterbrief, 1968-70 Lehre Metzger, 1972 Meisterprüf. K.: 1972-86 selbst. m. Metzgerei, 1980 Bau v. Fleischerei-Spezialmaschinen, seit 1983 bereits weltweites Händlernetz u. heute führend im Bereich Spezialmaschinen f. Fleisch, Fisch- u. Geflügel verarb. Ind. H.: Reisen. Literatur.

Günther Herbert Dr. iur. *)
Günther Heribert Dipl.-Ing. *)
Günther Horst
B.: MdB, Parlamentar. Staatssekr. a.D. FN.: Dt. Bundestag. DA.: 11011 Berlin, Platz d. Republik 1. G.: Duisburg, 17. Juli 1939. V.: verh. Ki.: 2 Kinder. S.: 1954-57 Ausbild. z. Ind. Kfm., Kaufmannsgehilfenbrief. K.: 1957-60 Kfm. Ang. b. d. Fried. Krupp-Hüttenwerk Rheinhausen AG, anschl. b. 1971 Gewerkschaftssekr. d. Dt. Ang.Gewerkschaft (DAG) als Gschf. in Duisburg, 1962 Eintritt CDU, 1965-73 Sozialrichter in Duisburg, 1978-91 AN-Vertreter u. d. AR'ten d. Victoria Vers.-Ges., 1978-88 AN-Vertreter im AR d. Horten AG, 1971-77 Ressortltr. f. Tarif- u. Betriebspolitik b. d. DAG in Nordrhein-Westfalen, Vors. d. LBetriebsR., 1975-77 GesamtbetriebsR.Vors. d. DAG, 1977-82 LVerb.Ltr. d. DAG in Nordrhein-Westfalen, 1980-98 MdB, 1980-86 Mtgl. d. Vertreterversammlung d. Dt. Ang. Krankenkasse (DAK), 1986-91

*) Biographie www.whoiswho-verlag.ch oder beigefügte CD-ROM

Mtgl. d. Vertreterversammlung d. BVers.Anst. f. Ang., Mtgl. im Europa-Ausschuss, 1987-91 Vors. d. Arbeitsgruppe Arb. u. Soz. d. CDU/CSU Bundestagsfraktion, 1991-98 Parlamentar. Staatssekr. b. Bundesmin. f. Arb. u. Sozialordnung, seit Oktober 1999 wieder MdB. (Re)

Günther Horst

B.: selbständiger Puppenspieler u. Regisseur f. Puppenspiel. FN.: Puppenbühne "Loser Geist". DA.: 06108 Halle/Saale, Kleine Ulrichstr. 11. G.: Dresden, 23. Dez. 1941. V.: Susanne Ahrens-Günther (Inh. d. Puppentheaters "Allerleirau"). Ki.: leibl. Kinder: Ricarda Günther (1965), Sebastian Günther (1971), Undine Günther (1974), Valentin Günther (1991), Emilia Günther (1998). S.: als Schulkind Amateurpuppenspieler, 1961 Abitur Radebeul. K.: 1962 Tätigkeit im Trickfilmstudio Dresden, Abt. Handpuppe b. Karl Schröder, Stud. Schauspiel an d. HS "Ernst Busch" Berlin, Schauspieler am Theater d. Jungen Generation Dresden, Schauspieler in Schwerin u. Rostock, Tätigkeit als Ausbilder f. Schauspieler in Rostock, Stud. Theaterwiss., Schauspielregisseur in Parchim u. Prenzlau, seit 1980 Regisseur u. Puppenspieler in Halle, seit 1983 Alleinspieler in d. eigenen "Puppenbühne Loser Geist" - Bühne am Gürtel getragen, Puppentheaterregisseur in Magdeburg, Zwickau, Windsbach, Münster, Köln, Leipzig, Stücktitel d. Alleinspielers: "Kasper auf großer Fahrt", "Kasper und das ungewöhnliche Ziehkind", "Das Lebenswasser", "Das tapfere Schneiderlein", "Däumelinchen". M.: UNIMA.

Günther Horst *)

Günther Ingo Siegfried Gerhard

B.: Tänzer, Tanzforscher f. Early Dance, Musiker, Musikpädagoge, Komponist. FN.: Inst. f. Histor. Tanz Berlin (IHT) Ingo Günther. GT.: Barocktanzensemble contretem(p)s berlin. DA.: 13467 Berlin, Drewitzer Str. 55. inst-hist-tanz@gmx.de. www.contretemps-berlin.de. G.: Kassel, 17. Juli 1946. V.: Barbara. Ki.: Marilena (1988), Irina (1991). El.: Dr. Kurt u. Rosemarie, geb. Rohrbach. S.: 1965 Abitur Friedrichsgymn. in Kassel, 1967-72 Stud. Schulmusik an d. HS f. Musik u. Darstell. Kunst Berlin, Stiltanz/Historischer Tanz b. Prof. Taubert u. Anglistik an d. TU Berlin, 1972 1. Staatsexamen, 1972-73 Ass. Teacher in Oldham/England, 1973 Stud. Staatl. Musiklehrerprüf. u. Tonsatz, 1976 Abschlußprüfung Komposition bei Prof. F.M. Beyer in Berlin, 1978 2. Staatsprüf., 1978 StR. K.: b. 1990 Mitgl. Ensemble Historischer Tanz (HdK Berlin), 1978-96 Lehraufträge an d. HdK Berlin in d. Fächern: Tonsatz, Gehörbildung, Rhythmik, Folkloretanz, Historischer Tanz, ab 1986 Kurse in Lehrerfortbild. in Berlin, Unterricht deutschlandweit u. in Griechenland, 1988-2000 Grdg. Studio f. Histor. Tanz Zehlendorf, 1996 Grdg. Barocktanzensemble contretem(p)s berlin, im Repertoire: Tänze aus 5 Jhdt. v. Renaissance bis Romantik, Aufführungen historischer Tanzprogramme mit beiden Ensembles in Deutschland, Polen, d. Niederlanden u. Griechenland. BL.: Forsch.-Arb. z. Rekonstruktion histor. Tänze m. Tanznotation Feuillet u. anderer Tanzquellen d. 16.-19. Jh. P.: CD 1 (2000) baro(c)koko, Magny u. Dubreil, bedeutende Tanzmeister d. 18. Jh., CD 2 (2001) Telemann: Hochzeit-Divertissement. E.: 1995 1. Preis b. Concours de Danse in Groningen/NL mit d. Studio f. Histor. Tanz Zehlendorf. H.: Musikinstrumente, Geschichte d. klassischen Altertums, Sprachen.

Günther Joachim Dipl.-Ing.

B.: MdB, Parlamentar. Staatssekr. a.D. FN.: Dt. Bundestag. DA.: 11011 Berlin, Platz d. Republik 1. G.: Syrau b. Plauen, 22. Okt. 1948. V.: Monika, geb. Kruber. Ki.: Beatrix (1970), Doreen (1975), Patrick (1987). El.: Fritz u. Mariechen, geb. Dreikorn. S.: Oberschule, Stud. Maschinenbau u. Konstruktion Chemnitz, 1970 Examen, 1977-82 Stud. Wirtschaftsrecht Potsdam, Dipl.-Ing. K.: Seit 1971 in d. LDPD, Ing.Büro, versch. Funktionen Kreis Plauen, 1989 Hpt.Gschf. LDP d. DDR, seit 1989 im Präsidium d. Gesamtdt. FDP, 1990-95 LVors. d. FDP in Sachsen, ab 1990 MdB, 1991-98 Parlamentar. Staatssekr. b. BMin. f. Raumordnung, Bauwesen u. Städtebau. H.: Reisen, Garten. (Re)

Günther Jörn-Uwe Dr. *)

Günther Jürgen *)

Günther Karin *)

Günther Karl-Adolf Dr. Prof. *)

Günther Karl-Walter

B.: Volljurist, Inh. FN.: RA-Kzl. Grützmacher, von Wemdorff, Günther. DA.: 06108 Halle, Große Steinstr. 76. G.: Bruchsal, 30. Jän. 1958. V.: Ing. Clara. Ki.: Mafalta. S.: 1978 Abitur, Zivildienst DRK, 1980 Stud. Jura Heidelberg u. Göttingen, 1986 1. Staatsexamen, Referendariat f. Niedersachsen, Bremen u. Hannover,1990 Praktikum Außen-HK Porto Allegre/Brasilien, 1991 2. Staatsexamen u. Zulassung z. RA in Hannover. K.: ang. Mitarb. d. Treuhandanstalt in Halle u. d. Treuhandliegenschaftsges., zuständig f. Betreuung d. Grundstücksgeschäftes u. f. Vertragsabschlüsse, danach selbst. RA. H.: Reisen.

Günther Klaus

B.: OStDir., Schulltr. FN.: Oberstufenzentrum Ind. u. Datenverarb. DA.: 10715 Berlin, Prinzregentenstr. 32. G.: Berlin, 20. Sep. 1941. V.: Gudrun, geb. Langelüddecke. Ki.: Björn, Lennart. S.: 1960 Abitur Berlin, 1960-63 kfm. Lehre Ind.-Kfm. b. Siemens in Berlin u. Frankfurt, 1963-67 Stud. Wirtschaftspäd. an d. FU Berlin, 1967 Dipl.-Hdl.-Lehrer. K.: 1967 wiss. Hilfskraft an FU, seit 1968 an d. gleichen Schule, damaliger Schulname Friedrich-Leitner-Oberschule, 1970 2. Staatsexamen, anschl. Unterricht in Ind.-Betriebslehre u. Rechnungswesen, 1973-85 Fachseminarltr. f. BWL, 1985 Abt.-Ltr. f. Ind.-Kaufleute, seit 1985 Stellv. d. Schulltr., seit 1989 Schulltr., daneben stellv. Mtgl. im Berufsbild.-Aussch. d. IHK, o.Mtgl. Unterausch. Erstausbild. d. IHK u. Unterausch. Erwachsenenbild. d. IHK, seit 6 J. Mtgl. Fachaussch. Ind.-Kaufleute d. IHK Lübeck, BeiR. f. bes. Aufgaben an berufsbild. Schulen. BL.: seit 5 J. Vorreiterrolle in d. BRD b. Curriculum-Entwicklung, seit 1990 Wende 2 Schulen aus Ostberlin aufgenommen: Kommunale Berufsschule Dr. Richard Fuchs u. Kommunale Berufsschule f. Datenverarb. M.: Tennisclub Grün-Weiß Nikolassee. H.: Tennis, Skifahren, Hunde.

Günther Klaus Dipl.-Kfm.

B.: Unternehmer. PA.: 49523 Lengerich. G.: Lengerich, 10. Juni 1948. K.: Gschf. d. Günther GmbH & Co Lengerich. E.: 1995 Umweltpreis d. Dt. Bundesstiftung Umwelt.

Günther Klaus Otto Dr.-Ing. *)

Günther Klaus-B. Dr. Prof. *)

Günther Kurt *)

Günther Manfred Dipl.-Ing. *)

---

*) Biographie www.whoiswho-verlag.ch oder beigefügte CD-ROM

Günther Maren *)
Günther Maria Dr. med. *)
Günther Marie-Luise *)
Günther Martin Dipl.-Kfm.
B.: Wirtschaftsprüfer, Steuerberater. FN.: W-S-G Wiese-Specht-Günther Steuerberatungs GmbH. DA.: 46399 Bocholt, Kurfürstenstr. 38. info@w-s-g.de. www.w-s-g.de. G.: Münster, 25. Apr. 1967. V.: Sonja. Ki.: Felicitas (1997), Victoria (1999). El.: Harry-Karl u. Elisabeth. S.: 1986 Abitur Münster, 1986-92 Stud. BWL an d. Westfäl. Wilhelms-Univ. Münster, Abschluss: Dipl.-Kfm. K.: 1992-93 Mitarb. im Bereich Prüf.-Wesen b. einer gr. intern. Wirtschaftsprüf.-Ges. in Düsseldorf, 1993-96 tätig in einer Wirtschafts- u. Steuerberatersozietät in Bremen, 1997 ang. Steuerberater b. Specht, Wiese & Co Steuerberatungs GmbH, 1998 Wirtschaftsprüferexamen, seit 1998 Bestellung z. Wirtschaftsprüfer, gleichzeitig Ges. u. Gschf. d. W-S-G Wiese-Specht-Günther Steuerberatungs GmbH. BL.: Referent an d. VHS Gelsenkirchen, Außenstelle Bocholt. M.: Inst. d. Dt. Wirtschaftsprüfer Düsseldorf, Münsteraner Gesprächskreis f. Rechnungslegung u. Prüf. e.V. H.: Skifahren, Wandern, Joggen.

Günther Mechthild Elisabeth
B.: wiss. Mitarbeiterin. FN.: Stiftung Gedenkstätte Berlin-Hohenschönhausen. DA.: 13055 Berlin, Genlerstr. 66. m.guenther@gedenkstaette.hsh.de. www.gedenkstaette-hohenschoenhausen.de. G.: Harslebeen, 27. Mai 1949. El.: Werner Günther u. Waltraud, geb. Glanz. S.: 1967 Abitur, 1967-72 Stud. Geschichte Humboldt-Univ. Berlin, in d. Examenszeit 2 J. u. 8 Mon. polit. Haft, 1973 Ausreise in d. BRD, 6 Mon. Studienaufenthalt USA, 1984-89 Stud. Geschichte, Phil. u. Politologie FU Berlin. K.: 1974-83 Engagement in sozialen Projekten u.a.: Sanierung d. Kreuzberg u. d. Ev. Studentengemeinde, 1989-91 freie Mitarbeiterin bei sozialen Projekten in Berlin, 1992-93 Mitarbeiterin d. Gauck-Behörde, 1994-95 Werkvertrag im Forschungsprojekt z. Geschichte d. Humboldt-Univ. zu Berlin "Die SED in d. Humboldt-Univ. ab 1945", 1996-98 freie Mitarbeiterin in d. Gedenkstätte Berlin-Hohenschönhausen u. seit 1998 kommissar. Ltr.; Funktionen: Ltg. d. Zeitzeugen-Archivs, Öffentlichkeitsarbeit, Betreuung d. inhaltl.u. baul. Ausbaus d. Gedenkstätte. P.: Veröff. über d. eigene Wirken im ehem. Stasigefängnis Berlin-Hohenschönhausen u. ihrer eigenen Erfahrungen m. d. Stasi. M.: Ev. Studentengemeinde im ehem. Ost- u. West-Berlin, UOKG. H.: Natur, Geschichte.

Günther Michael Dr. rer. pol.

B.: Dir. d. Mannesmann AG Düsseldorf i. R. PA.: 41470 Neuss, Mühlenbuschweg 11. G.: Marburg/Lahn, 27. Aug. 1918. V.: Helga, geb. Thal. Ki.: Michael (1949), Christiane (1954), Anja (1959), Daniel (1960), Sandra (1965). El.: Dr. Gerhard u. Marie, geb. Hensel. BV.: Großmutter Agnes Günther, Schriftstellerin "Die Heilige u. ihr Narr"; Familie Mendelssohn. S.: 1937 Abitur, Arbeitsdienst, Militärdienst, b. 1949 Kriegsgefangenschaft in Sibirien, 1949-54 Stud. Vw. in Marburg, Dipl.-Vw., 1954-55 Stipendium v. d. UNO am Haverford College in Pensylvania/USA, 1955 Master of Arts. K.: 1956 Tätigkeit b. Mannesmann AG Düsseldorf, Ltr. d. Abt. Vw., Mtgl. d. Sozialeth. Aussch. d. Landeskirche Rheinland, 1964 Prom., b. 1980 Dir. d. Hauptver. d. Mannesmann AG. P.: Art. f. Zeitungen u. Zeitschriften, Film "Die Bilanz", Studie "Wie gerecht ist d. Vermögensverteilung in d. BRD", "Der Einfluß v. Partnerschaft u. Erfolgsbeteiligung auf d. Wettbewerbsfähigkeit d. Betriebe", Hrsg. d. Zeitschrift "Das Gespräch aus d. Ferne", "Störfall Ethik?". M.: Vorst.-Vors. einer Bildungs-Inst. "Stätte d. Begegnung". H.: Bergsteigen.

Günther Michael
B.: Gschf. f. Finanzen u. Controlling. FN.: De Te Mobil. DA.: 53227 Bonn, Landgrabenweg 51. G.: 1944. S.: Stud. Betriebswirtschaft Univ. Berlin u. Hamburg. K.: 1971-93 kfm. Ltr. in versch. Bereichen im Philips-Konzern, zuletzt Mtgl. d. Vorst. d. Philips Kommunikations-Ind. AG in Nürnberg, danach kfm. Gschf. d. Firma DeTe System in Frankfurt, 1996 Eintritt b. d. Dt. Telekom u. tätig als Geschäftsbereichsltr., seit 1997 Gschf. b. DeTe Mobil.

Günther Nikolaus *)

Günther Paul Michael Dr. jur.

B.: RA, Steuerberater u. Wirtschaftsprüfer. DA.: 42103 Wuppertal, Döppersberg 19. guentherundjansen@t-online.de. G.: 20. Dez. 1944. V.: Dr. Barbara, geb. Ebmeier. Ki.: Nicholas (1980), Christina (1983). El.: Paul u. Berta, geb. Storch. S.: 1964 Abitur Minden, 1964-66 Bundeswehr - Offz. d. Res., 1966-71 Stud. Rechtswiss. Würzburg u. Münster, 1971 1. Staatsexamen OLG , Referendariat Minden u. Rheda-Wiedenbrück, 1975 2. Staatsexamen. K.: 1975-78 Justiziar einer Wirtschaftsprüf.-Ges. in Wuppertal, 1978 Steuerberaterprüf. u. ang. Anw. einer Anw.-Sozietät, 1981 Wirtschaftsprüferexamen, seit 1986 selbst. RA m. Kollegen, 2000 Prom. M.: Burschenschaft Zimbria Wuppertal, Anw.-Kam. Düsseldorf, Steuerberaterkam., merikan. Wirtschaftskam., versch. AufsR. u. BeiR., Prüf.-Aussch. d. Wirtschaftsmin. NRW, Golf Club Bergisches Land. H.: Golf.

Günther Peter
B.: Gschf. FN.: Usedom Tourismus GmbH. DA.: 17459 Seebad Ückeritz, Bäderstr. 5. PA.: 17449 Karlshagen, Waldstr. 1d. G.: Leipzig, 2. Juli 1956. V.: Regina, geb. Milsch. Ki.: Katja (1978), Sascha (1981). El.: Erich u. Ingeborg. S.: 1975 Abitur, 1975-79 Offz.-HS Volksmarine Stralsund, 1987-90 Politikwiss. Militärak. Dresden, 1990-91 Marketingausbild. /Reiseverkehr, 1994-96 Touristikfachwirt. K.: 1979 Offz., Korvettenkapitän b. d. Volksmarine, seit 1991 führende Mitarb. u. Gschf. b. Profilierung d. Fremdenverkehrsverb. P.: tourist. Fachbeiträge. M.: Präs. d. Peenemünder Carnevalklubs, Marineregattaver. Peenemünde, Tourismusver. Insel Usedom Nord e.V. H.: Malen, Zeichnen, Gestalten, Segeln.

Günther Peter *)

Günther Rainer Dr. sc. nat.
B.: Biologe. FN.: Museum f. Naturkunde Berlin, Inst. f. systemat. Zoologie. DA.: 10115 Berlin, Invalidenstr. 43. G.: Obernissa, 11. Sep. 1941. V.: Elke, geb. Heinze. Ki.: Volker (1965), Sigrid (1990). El.: Otto u. Elsa. S.: 1956-58 Ausbild. Facharb. f. Rinderzucht Zöthen, 1958-59 Ausbild. Facharb. f. Pferdezucht Neustadt/Dosse, 1961 Abitur ABF Berlin, 1961-66 Stud. Biologie Humboldt-Univ. Berlin m. Dipl.-Abschluß, 1966-69 Aspirantur Humboldt-Univ., Prom. K.: 1970 Post-

*) Biographie www.whoiswho-verlag.ch oder beigefügte CD-ROM

doc-Aufenthalt in Moskau, 1973-84 Oberass. am Zool. Museum (ab 1996 Inst. Syst. Zoologie) Berlin, 1982 Habil., 1983 Kooperant am Nationalmuseum in Luanda in Angola, seit 1985 Kustos d. herpetolog. Abt. d. Inst. Syst. Zool. d. Humboldt-Univ., 1990-96 stellv. Dir. d. Inst., 1997, 98, 99 u. 00 Forsch.-Aufenthalte in Neuguinea. BL.: entdeckte seltene Evolutionsphänomene bei europ. Wasserfröschen, Erstbeschreiber von 20 Amphibien- u. Reptilarten. P.: "Zur Phänologie, Ökologie u. Morphologie angolan. Vögel" (1986), "Die Vögel d. Insel São Tomé", "Die Wasserfrösche Europas" (1990), "Verbreitungsatlas d. Amphibien u. Reptilien Ostdeutschlands", "Die Amphibien u. Reptilien Deutschlands" (1996). M.: GfBS, DGHT, SEH, NABU, ÖGH. H.: Sport, Fußball, Laufen.

Günther Ralph *)

Günther Renate

B.: Gschf., Inhaber. FN.: Elektro-Fachhdl. J. Günther. DA.: 16225 Eberswalde, Eisenbahnstr. 94. G.: Eberswalde, 8. Juli 1951. V.: Joachim Günther (verst.). Ki.: Christian (1978). El.: Gustav Müller u. Ingeborg Seefeld, geb. Tomczyk. S.: 1969 Lehre Ind.-Kfm. TBK Eberswalde, b. 1973 Stud. Ökonomie u. tätig im TBK. K.: 1979-84 Mitarb. im Kreisbaubetrieb Eberswalde, 1984-98 kfm. Ang. im Familienbetrieb mit Handel Elektroart. Leuchten u. Elektroinstallationen, s. 1998 Gschf. u. Inh. H.: Lesen, Garten, Religionen, Reisen, Buch schreiben.

Günther Roland Dipl.-Ing. Prof.
B.: HS-Lehrer. FN.: FH Münster. DA.: 48656 Steinfurt, Stegerwaldstr. 39. www.fh-muenster.de. G.: Erfurt, 27. Mai 1943. Ki.: Kai-Uwe (1976), Silvia (1982). El.: Fritz u. Gertrud, geb. Wolf. S.: 1959 Mittlere Reife Saalfeld, 1962 Lehrabschluß techn. Zeichner, HS-Reife Abendschule, Stud. Ing.-Schule f. Schwermaschinenbau Roßwein, 1965 Dipl.-Ing. f. Fördertechnik, 1970 Fernstud. Dipl.-Ing. f. Bergbaumaschinen, 1983 Prof. f. Fördertechnik. K.: 1965 Konstruktionsing. f. Bergbaumaschinen u. -anlagen, 1970 wiss. Mitarb. an d. Bergak. Freiberg, Flucht über d. CSSR nach Bayern, 1974 Entwicklungsing. u. Gruppenltr. f. Bergwerksanlagen, 1981 techn. Ltr. einer Ing.-Firma, 1984 Prof. f. Fördertechnik an d. FH Münster, 1995 Prof. f. Materialflußtechnik u. Logistik, seit 2000 öff. bestellter u. vereid. Sachv. f. Materialflußtechnik; seit 1976 freier Erfinder. BL.: 40 Patente u.a. f. Senkrechtförderung b. zu größten Abmessungen u. Systeme f. alle Baubranchen. E.: 1998 Prof. Seiffritz-Innovationspreis. M.: seit 1977 VDI. H.: Ausdauertraining, Marathonlauf.

Günther Rolf Dr. phil. habil. *)

Günther Rosemarie *)

Günther Rüdiger Andreas
B.: Gschf. Finanzen. FN.: CLAAS KGaA u. Mtgl. DA.: 33428 Harsewinkel, Münsterstr. 33. PA.: 33442 Clarholz, Riemenschneiderweg 14. G.: Göttingen, 3. Juli 1958. V.: Michelle. Ki.: Vanessa (1992), Janine (1994). El.: Hermann u. Gabriele. S.: 1977 Abitur, 1978-80 Banklehre, ab 1980 Stud. BWL Univ. Göttingen, Studienaufenthalt in USA, Univ. of North Caroline d. Stipendium d. Univ. Göttingen, 1985 Examenspr̈uf. Dipl.-Kfm. K.: 1985 Continental Bank, Chicago in Frankfurt, Firmenkundenbetreuer, Country Manager Griechenland, Ass.

Manager, 1988 Hauptabt.ltr. Finanzen b. d. Metro Verwaltungs GmbH, Düsseldorf, 1989 Bereichsltr., 1992 Ltr. Zentralbereich Finanzen, 1992 Ltr. Finanz- u. Rechnungswesen b. CLAAS KGaA u. Mtgl. d. Geschäftsleitung verantw. f. Treasury, Controlling, Exportfinanzierung, Kreditmanagement, Steuern, Rechnungswesen, Konsolidierung, Zoll- u. Außenwirtschaft. BL.: Dt. Meister Karate 1981, Vizemeister 1985. P.: "Analyse d. Mißbrauchs v. Nachfragemacht des Handels in d. US-Amerikanischen Rechtssprechung" Göttinger Handelswiss. Schriften. H.: Sport, insbesondere Tennis, Joggen, Skifahren.

Günther Sonja Dr.-Ing. habil. Prof.
B.: Dipl.-Ing. Architektin, Prof. f. Baugeschichte. FN.: Fachhochschule Bielefeld. DA.: 32427 Minden, Artilleriestr. 9. PA.: 14129 Berlin, Krottnaurerstr. 6. G.: Karlsruhe, 6. Feb. 1937. V.: Klaus Thiele. El.: Wilhelm u. Lina Maria Günther. S.: 1956-62 Stud. Architektur an d. Univ. Karlsruhe. K.: 1962-63 Mitarbeit in d. Planungsgruppe f. Klinikbau Universitätsbauamt Freiburg, b. 1965 Mitarbeit im Büro Prof. Carl Auböck Wien, 1965/66 Prom. in Kunst- u. Designgeschichte, freier Architektin, 1969-70 Mitarbeit in d. Hochbauabteilung d. OPD München, freiberuflich tätig in Karlsruhe, seit 1976 in Berlin, Konzepte u. Gestaltungen v. Ausstellungen, Lehraufträge, Gutachten f. d. Denkmalpflege, 1987 Habil., 1990-94 Gastprof. an d. Univ. Wuppertal, 1994/95 Ausstellung z. Thema "Wesen u. Gestalt d. Univ. Potsdam", freischaffende Architektin, seit 1997 Prof. an d. FH Bielefeld. BL.: Muthesius-Spezialistin, Anfertigung bauhistorischer Gutachten, Innenraumgestaltung v. Wohnräumen, Erstellung v. kulturgeschichtlichem Informationsmaterial auf CD-ROMs u. Bschäftigung m. d. Berliner Klassizismus. P.: Lilly Reich 1885-1947 Innenarchitektin, Designerin, Ausstellungsarchitektin (1988), Design d. Macht. Möbel f. Repräsentanen d. "Dritten Reiches" (1992), Bruno Paul 1874-1968 (1992), Wils Ebert. Ein Bauhausschüler 1909-1979. Die Arbeit eines Architekten u. Städtebauers (1993), Wir würden der den Jungfernkranz. Eine kleine Chronik Berlins um 1800 (2001). M.: Dt. Werkbund, Bauhaus-Archiv Berlin. H.: Lesen, Reisen, andere Kulturen.

Günther Sylvia
B.: Ltr., Inh. FN.: Private Berufsfachschule - Ergänzungsschule f. Kosmetik u. Fußpflege; Groß- u. Einzelhdl. v. Kosmetikprodukten u. Zubehör. DA.: 10823 Berlin, Grunewaldstr. 18. G.: Berlin, 23. Feb. 1963. El.: Horst u. Doris. S.: Hauptschule, 1979-82 Drogistenlehre in Berlin. K.: 1982-89 Drogistin in Berlin, seit 1987 Ausbild. f. Drogisten u. Kosmetiker, seit 1988 selbst. Kosmetikerin, 1994 Grdg. einer Privatschule f. Kosmetik u. Fußpflege, Gerätebau u. Ausbild., Geräteverttrieb, Betriebspraktikum.

Günther Till

B.: RA. FN.: Kzl. Till Günther. DA.: 10551 Berlin-Tiergarten, Turmstr. 33. G.: Bad Homburg v. d. H., 17. Juli 1968. V.: RA Kerstin Seeberg. El.: Karl-Eduard u. Inge, geb. Schulte. S.: 1989 Abitur Lüdenscheid, 1989-90 Wehrdienst, 1990-95 Stud. Rechtswiss. Univ. Münster, daneben Fechtwart u. Sprecher Studentenverbindung Burschenschaft d. Pflüger zu Münster, 1995 1. Staatsexamen, 1995-97 Referendariat in Frankfurt/Oder u. Wahlstation RA Willbert in Berlin, 1997 2. Staatsexamen. K.: 1998 Kzl. Großkopf & Olbrich, seit 1998 selbst. RA, Tätigkeitsschwerpunkt: Strafrecht, WEG, Mietrecht, Schei-

*) Biographie www.whoiswho-verlag.ch oder beigefügte CD-ROM

Günther

dungsrecht u. Arbeitsrecht. M.: Berliner Strafverteidiger e.V., Dt. Strafverteidiger e.V., AHV Studentenverbindung Burschenschaft d. Pflüger zu Münster. H.: Golf, Irlandreisen.

Günther Ulrich Dr. phil.
B.: em. o.Univ.-Prof. FN.: Univ. Oldenburg. PA.: 26127 Oldenburg, Husbrok 4. G.: Magdeburg, 19. Sept. 1923. S.: Abitur, PH Celle, Musik-HS Frankfurt, Univ. Frankfurt u. Erlangen. K.: 1948-61 Lehrer an VS, Berufsschulen, Gymn., seit 1961 Lehrstuhl Musikpäd. PH/Univ. Oldenburg. P.: 20 Fachbücher, über 70 Beiträge in Sammelbänden, ca. 50 Aufsätze in Fachzeitschriften. M.: Arbeitskreis Musikpäd. Forsch., BFachgruppe Musikpäd.

Günther Utta *)

Günther Walter Dr. med. *)

Günther Werner *)

Günther Wilfried *)

Günther Wolf-Dieter *)

Günthert Renate
B.: Modedesignerin (Label Rena Lange). FN.: M. Lange & Co. GmbH. DA.: 81671 München, Rosenheimer Str. G.: Berlin, 1935. V.: Peter Günthert. Ki.: Daniel (1969). S.: Schneiderlehre b. einem Couturesalon in Frankfurt/Main, Kurse f. Illustration an d. Kunstakademie München, Ausbildung in einer Pariser Modefirma. K.: arbeitet noch während d. Ausbildung als Redakteurin u. Zeichnerin f. zahlreiche dt. Zeitungen, zurück in München wird sie Directrice in einem Münchner Prêt-à-Porter Haus, nach der Heirat m. Peter Günthert, Gschf. v. M. Lange & Co. GmbH, arbeitet in d. Bereichen Entwurf, Herstellung u. Marketing von Rena Lange. H.: Reisen, Musik, Kunst, Theater, ausgedehnte Spaziegänge. (Re)

Günthner Friedrich Dr. med.

B.: HNO-FA, Zusatzbezeichnung Stimm- u. Sprachstörungen. FN.: Gemeinschaftspraxis Dr. med. F. Günthner u. Dr. med. P. Skilandat. DA.: 90408 Nürnberg, Friedrichstr. 16. G.: Bamberg, 28. Dez. 1962. V.: Dr. med. Lynda-Thea, geb. Seidinger.Ki.: Nikolas (1997), Alexander (2000). El.: Anton u. Elisabeth, geb. Eckler. S.: 1982 Abitur, 1982-83 Bundeswehr, 1983-84 Stud. Maschinenbau TU München, 1984-90 Stud. Humanmed. Friedrich-Alexander-Univ. Erlangen, Approb., Prom. K.: 1991-92 AiP Klinikum Bamberg Chir., 1992-97 Weiterbild.-Ass. HNO-Klinik Erlangen, Friedrich-Alexander-Univ., FA-Anerkennung, Zusatzbezeichnung Stimm- u. Sprachstörungen, seit 1998 Eintritt in d. Gemeinschaftspraxis Skilantat Nürnberg. BL.: 1980 Oberfränkischer Meister 4x400m Staffel. P.: 1991 Diss. "Azetylsalizylsäure - induzierte Histaminfreisetzung aus Nasenschleimhaut b. Polyposis nasi u. Azetylsalizylsäureintoleranz", sowie weitere Veröff. zu diesem Thema. M.: Praxisnetz Nürnberg Nord, HNO-Berufsverb., ASV Naisa, Dt. Ges. f. HNO-Heilkunde, Kiefer- u. Halschir. H.: Sport (Fußball).

Guntner Robert Johannes Matthias
B.: Dipl.-Informatiker, Gschf. Ges. FN.: SGS sales growth systems GmbH. DA.: 86825 Bad Wörishofen, Hochstr. 29. PA.: 86825 Bad Wörishofen, Imbergstr. 3. whoiswho@Guntner.de und Guntner@SGS.de. G.: Türkheim, 7. Dez. 1964. El.: Josef u. Olga, geb. Jagielo. S.: 1984 allgemeine Hochschulreife (Abitur), 1984-94 Stud. Dipl.-Informatiker TU München u. FH Augsburg, 2 J. Zivildienst. K.: 1994-96 Programmierer b. SGS, 1996 Übernahme d. Unternehmens. H.: Computer, Musik, Motorradfahren. Sprachen: Englisch.

Guntowsky Günter Dipl.-Ing. *)

Güntsch Fritz Rudolf Dr.-Ing. *)

Güntsche Bernd R. Dipl.-Betriebswirt *)

Güntzel Henry

B.: Pfeifenmacher. FN.: Orgelmetallpfeifenbau H. Güntzel. DA.: 02708 Rosenbach OT Herwigsdorf, Steinbergstr. 18. Orgelmetallpfeifenbau-Guentzel@t-online.de. www.organpipesmaker.com. G.: Herzberg/Elster, 23. August 1969. V.: Simone. Ki.: 2 Kinder. El.: Wolfgang u. Brigitte. S.: 1986-89 Lehre als Werkzeugmacher in Greifswald. K.: 1989 Feinmechaniker im Halbleiterwerk in Frankfurt/Oder, 1990-99 Arbeit b. Jehmlich Orgelbau in Dresden als Pfeifenmacher, 1999 Grdg. d. Firma Orgelmetallpfeifenbau Henry Güntzel. BL.: Hersteller v. durchschlagenden u. aufschlagenden Zungenpfeifen, Labialpfeifen f. Orgeln. F.: Düdler GbR. M.: Musikinstrumentenbauerinnung Dresden.

Güntzel Klaus Wolfgang Dipl.-Ing.
B.: Architekt, Inh. FN.: Arch.- u. Ing.-Büro. DA. u. PA.: 15230 Frankfurt/Oder, Ludwig-Feuerbach-Str. 10. G.: Frankfurt/Oder, 11. Mai 1942. V.: Erika, geb. Beiersdorf. Ki.: Frank (1963), Birgit (1965). BV.: Großvater, Baumeister in Oberschlesien, Vater, Architekt in Hannover. S.: 1957-60 Facharb.-Ausbild. z. Maurer, 1960-62 Wehrdienst, 1962-69 Abendstud.: Fachrichtung Hochbau an d. Bau-HS Cottbus, Bauing. K.: seit 1967 Planungsltr., Projektant, Baultr. f. Bauten in d. Ldw., 1991 Planungsltr., 1991 Dipl.-Ing. Architekt u. seither freier Architekt. M.: Arch.-Kam. Brandenburg, Bauherrenschutzbund e.V., Jurist. Ges. Frankfurt/Oder. H.: Heimwerken, Gartenarbeit, Angeln.

Güntzer Reiner Prof.
B.: Jurist; Gen.-Dir. FN.: Stadtmuseum Berlin. DA.: 10178 Berlin, Poststr. 13-14. G.: Trier, 10. Juli 1938. S.: Abitur Trier, 1956-60 Stud. Rechtswiss. Univ. Köln, Bonn, Mainz u. Saarbrücken, 1. u. 2. Jur. Staatsexamen. K.: 1967-95 Tätigkeit in Berliner Kulturverw., tätig f. Museen, seit 1995 Gen.-Dir. Stadtmuseum Berlin. M.: ICOM. H.: Kultur, Geschichte.

Gunz Dietmar
B.: Gschf. FN.: Frosch Touristik GmbH DA.: 80335 München, Nymphenburger Str. 1 PA.: 81245 München, Gotzmannstr. 16. G.: Dornbirn, 12. Aug. 1959. Ki.: 2 Kinder. S.: 1970-77 Gymn. Dornbirn. K.: 1977-78 Lagerarb. u. LKW-Fahrer d. Großmolkerei in Dornbirn, Kurzstud. Fremdenverkehrskolleg Innsbruck m. Abschluß IHK-Touristik-Betriebswirt, 1980-83 Ass.-Manager in einem McDonalds Restaurant, glz. Aufbau d. Sprachreisengeschäftes, seit 1983 Gschf. d. Firma Frosch Touristik GmbH.

*) Biographie www.whoiswho-verlag.ch oder beigefügte CD-ROM

Günzel Frank Marco Dipl.-Ing.

B.: Unternehmer, Inhaber FN.: LTM Labor f. techn. Mechanik u. Strukturoptimierung FMG. DA.: 24955 Harrislee, Zur Kupfermühle 12. f.m. guenzel@t-online.de. www. finite-elemente-methode.de. G.: Neumünster, 18. Feb. 1968. V.: Anja, geb. Christiansen. El.: Dipl.-Ing. Rolf u. Sieglinde, geb. Lasch. S.: 1990 Abitur, 1990-92 Zivildienst, 1992-97 Stud. Maschinenbau Flensburg, Abschluß als Jahrgangsbester. K.: 1997 Grdg. d. Firma LTM Labor f. techn. Mechanik u. Strukturoptimierung FMG. H.: Klavier spielen, Komponieren, Luft- u. Raumfahrt, Technik.

Günzel Gerhard
B.: selbst. Gold- u. Silberschmiedemeister. DA.: 97318 Kitzingen, Krainberg 9. G.: Neudorf/Niederschlesien, 18. Mai 1930. V.: Karola, geb. Steinruck. Ki.: Bernhard (1961), Christian (1962), Martin (1964), Stefan (1966), Andreas (1968). S.: Lehre Goldschmied Lutherstadt-Eisleben, 1963 Meisterprüf. Goldschmied. K.: tätig in einer Feinmechanikerwerkstatt, tätig als Goldschmied in Dessau, Weimar u. Kitzingen, 1962 Eröff. d. Geschäftes. P.: Teilnahme an Ausstellungen d. Unterfränk. Gold- u. Silberschmiedeinnung. M.: Goldschmiedeinnung Unterfranken. H.: Garten.

Günzel Karl Werner Dr. med.

B.: Hautarzt u. Schriftsteller. DA.: 37671 Höxter, Rohrweg 26. G.: Bernstadt/Sachs., 4. Okt. 1914. Ki.: Marielouise. El.: Richard und Helene. S.: 1936 Abitur Bautzen, 1938-42 Stud. Med. Univ. Leipzig u. Frankfurt/Main, 1942 Staatsexamen u. Prom. Leipzig, 1949 FA f. Hautkrankheiten. K.: 1936 Arbeitsdienst, 1936-38 Militärdienst, 1939 Polenfeldzug als Sanitäts-UOffz., 1942/43 Unterarzt in Militär-Laz. Rumburg, Prag, 1943-45 Oberarzt bei militär. Einh. auf Kreta, 1945-47 Kriegsgefangenschaft im Brit. Generalhospital Fayid/Ägypten am Suezkanal. als Oberarzt, 1948-50 Ass. am Städt. KH Bielefeld, 1951 ndgl. Hautarzt in Höxter, glz. f. örtl. KH u. f. d. Kreisgesundheitsamt. BL.: Stiftung Klaus Riedel-Denkmal (Raketenpionier) in Bernstadt; 1999 "Karl Werner Günzel-Stiftung" Bernstadt, 1997 Vortrag über Klaus Riedel an d. TU München. P.: "Im Garten d. Galaxien", "Liebe, Lust u. reife Tränen", "Die fliegenden Flüssigkeitsraketen - Klaus Riedel", "Untersuchung über das kosmische Denken", "Rings um Corvey", ca. 40 Publ. E.: Ehrenbürger d. Stadt Bernstadt/Sa. M.: Dt. Luft- u. Raumfahrtges. Lilienthal-Oberth, Museumsver. Oberth in Feucht, Museumsver. Bernstadt/Sa. H.: Schreiben, Malen, Klavier.

Günzel Siegbert Dipl.-Ing.
B.: beratender Ing. f. Bauwesen. DA.: 39326 Wolmirstedt/Elbeu, Magdeburger Str. 45. PA.: 39326 Wolmirstedt/Elbeu, Magdeburger Str. 45. siegbert.guenzel@t-online.de. G.: Stendal, 20. Okt. 1943. V.: Beate Sinz. Ki.: 3 Söhne. El.: Wilhelm u. Charlotte, geb. Schraplau. S.: b. 1964 Lehre z. Maurer in

Diepholz, b. 1968 Stud. Bauing.-Wesen in Trier - Ing.-Schule f. Bauwesen. K.: 1969-72 ang. Bauing. f. Straßen- u. Tiefbau in Südafrika, Namibia, Botswana, anschl. Bauing. in Soltau, Saudiarabien, Bergen-Hohne, Vechta, Irak, Netphen, Ägypten, Indonesien, Würzburg, Düsseldorf, München; 1992-94 Baultr. am Bau d. ICE-Strecke Marienborn-Magdeburg-Berlin-Werder, seit 1994 freiberufl. tätig in Sachsen-Anhalt. M.: Ing.-Kam. Sachsen-Anhalt. H.: Fotografieren, Gartengestaltung, Sport.

Günzel Sylvia Dipl.-Stomatologin *)

Gunzenhauser Klaus *)

Gunzenhäuser Rul Dr. phil. Dr. Ing. E. h. Prof. em.
B.: o.Prof. f. Informatik. FN.: Univ. Stuttgart. PA.: 70771 Leinfelden-Echterdingen, Manosquerstr. 41. rul.gunzenhaeuser@t-online.de. G.: Stuttgart, 4. Sept. 1933. V.: Brigitte, geb. Leißling. Ki.: Tilo, Marko, Ute. El.: Otto u. Liesel. S.: 1953 Abitur, Stud. Stuttgart u. Tübingen, Abschlußprüf. f. d. Höhere Lehramt, 1962 Prom. K.: 1962-66 wiss. Ass. am Rechenzentrum d. Univ. Stuttgart, 1963 Ass. Prof. an d. State Univ. in New York, 1966-73 Doz. u. Prof. an d. PH Esslingen, 1973-98 o.Prof. Univ. Stuttgart. P.: Ästhetisches Maß und ästhetische Information (1962), Mathematik und Dichtung (1965), Methoden und Werkzeuge zur Gestaltung benutzerfreundlicher Computersysteme (1986 u. 1988). E.: 1994 BVK 1. Kl.

Gunzer-Adolph Adriane Dipl.-Ing.

B.: freie Architektin. DA.: 76185 Karlsruhe, Bachstr. 43. adolph-karlsruhe@t-online.de. G.: Kiel, 30. Okt. 1966. V.: Dr. Ralf-Dieter Adolph. Ki.: 2 Kinder. El.: PD. Dr. Ulrich u. Jutta Gunzer. BV.: Familie v. Rosenbladt - russ. Abstammung. S.: 1986 Abitur, Stud. Arch. TU Braunschweig, 6 Mon. Studienreise USA. K.: 1989-90 wiss. Hilfskraft im Baudezernat d. TU Braunschweig, Mitarbeiter im Büro Schweizer u. Partner in Braunschweig, 1994-97 tätig im Büro Dipl.-Ing. Michael Weindel in Karlsruhe, 1995-97 Stundenassistentin am Lehrstuhl f. Baukonstruktion, Prof. Lederer, seit 1997 Freie Architektin m. Projektschwerpunkt EFH-Umbau, Sanierung, Neubau, Niedrigenergiestandard, Ladenumbau u. Freiraumplanung. F.: m. h. g. Architekten gdbr. M.: Architektenkam. Baden-Württemberg. H.: Fotografieren, Zeichnen.

Gunzinger Monika *)

Günzler Henning Dr. *)

Güppertz Maarten *)

Gürbüz Kerim *)

*) Biographie www.whoiswho-verlag.ch oder beigefügte CD-ROM

Gürenc

Gürenc Muzaffer *)

Gurgel Udo Dipl.-Ing. *)

Gurgsdies Erik *)

Gürich Marianne Prof. *)

Gürkan Yalcin I. Dr. Dr. Doz.
B.: Doz., Zahnarzt, Oralchir. DA.: 47226 Duisburg, Beethovenstr. 21. G.: Istanbul, 21. Sep. 1943. V.: Karhan (Zahnärztin). Ki.: Meltem (1976), Deniz (1980). BV.: Vater Suat Ismail Gürkan Prof. f. Zahnmed., Onkel Kazim Ismail Gürkan Prof. f. Allg.-Chir. S.: 1963 Abitur Istanbul, 1967 Staatsexamen als Zahnarzt an d. Istanbuler zahnmed. Hochschule. K.: 1969-70 Ass. an d. zahnärztl. kieferchirurgischen Abt. d. zahnärztl. HS Instanbul, 1970-75 Ass. an d. chir. Univ.-Klinik f. Mund-, Zahn- u. Kieferkrankheiten Bonn, nebenbei 1971-74 Stud. an d. med. Fak. d. Univ. Bonn u. anschließend 1976 - 12 Abschlußprüfungen (Examen Rigorosum), 1973 Dr. med.dent. an d. Fak. Instanbul, 1976 Dr. med. dent. an d. med. Fak. d. Univ. Bonn, 1975-76 Ass. an d. Mund-, Kiefer- u. Gesichtschir. Klinik d. städt. Krankenanstalten Winterberg, Saarbrücken, 1977 ndgl. Zahnarzt in Duisburg (Rheinhausen), Beethoven Str. 21 - u. dort in eigener Privatpraxis sowie techn. Labor bis 1988 tätig, 1980 Erwerbung gemeinsam m. einem Kollegen - als erster in Nordrhein-Westfalen d. Gebietsbezeichnung "Zahnarzt f. Oralchirurgie", nach d. Fachausbildungsexamen in Düsseldorf, 1984 dt. Approb. als Zahnarzt, 1989-98 Zahnarzt in eigener privat Praxis u. zahntechn. Labor in "Halaskar Gazi cad.289,80226 Istanbul", 1995 Habil. an d. Zahn-, Mund- u. Kieferchir. Klinik d. Istanbuler Univ., seit 1998 wieder in Deutschland u. in d. eigenen Praxis in Duisburg tätig. E.: 1976 Gold. Nadel f. d. besten Studienabschluß d. Zahnmed. HS Istanbul. M.: 1978-85 Vizepräs. d. "Verein d. türkischen Mediziner" in Wiesbaden, Gründer u. Präs. d. "Verein d. türkischen Zahnärzte in Deutschland" in Essen sowie "türkisch deutscher Verein" in Düsseldorf. H.: klass. west.- u. ost.-Musik, Segeln.

Gürlebeck Helmut Herbert Karl *)

Gürlük Metin Dr. med. dent. *)

Gürmann Klaus Dr. Prof. *)

Gürova-Pöhnlein Penka Dr. med. *)

Gurris Matthias *)

Gürs Karl Dr. Prof. *)

Gursch Angelika
B.: selbst. Tanzlehrerin. FN.: Tanzstudio Klaus Gursch. DA.: 33607 Bielefeld, Holländische Str. 3. G.: Hamburg, 25. Dez. 1951. El.: Walter u. Mayah Hövener. S.: 1970 Mittlere Reife, 1970-72 Fachschule f. Sozialpäd. Hamburg, 1967 Tanzschülerin Hädrich Opitz Hamburg. K.: Tanzkarriere: Teilnahme in d. Formation an EM u. WM, versch.Turneen durch Südafrika, USA u. Kanada, Weltmeisterin im Formationstanz d. innofiziellem WM in Blackpool, 2x Europameisterin im Formationstanz, 2x Dt. Meisterin im Formationstanz, glz. Ausbild. z. Erzieherin in versch. Heimen, Übernahme d. Tanzschule gemeinsam m. d. Ehemann, seit 1976 Alleininh., 1972-76 Tanzturniere bei d. Profis b. d. Dt. Meisterschaften. M.: ADTV. H.: Hunde, Lesen, Reisen.

Gursch Helmut Bernhard
B.: Friseurmeister, Inhaber. FN.: Gursch Der Friseur. DA.: 03046 Cottbus, Neustädter Str. 16. G.: Rietschütz, 2. Mai 1929. V.: Roswitha, geb. Künske. Ki.: Silke (1965), Yvonne

(1976). S.: 1943-46 Lehre z. Friseur, Abschluss als Friseur. K.: 1946-53 tätig b. Friseurmeister Adam in Lieberose, 1953-57 tätig b. Friseurmeister Krause in Cottbus, Meisterlehre, 1957 Meisterbrief d. Handwerkskammer Cottbus, seit 1958 selbständiger Friseurmeister m. eigenem Salon in Cottbus, (bis 1989 am Thalmannplatz, danach Neustädter Straße), 1967 Obermeister der. Berufsgruppe d. Friseure b. d. Handwerkskammer Cottbus, 1990 einstimmige Wahl z. Obermeister d. Innung, 1990 Vizepräsident d. Handwerkskammer Cottbus, 1990-2000 Mtgl. d. Vollversammlung d. Handwerkskammer Cottbus. H.: Angeln.

Gursch Joachim Dipl.-Ing.
B.: Pädagoge, Künstler, Architekt, freischaffend. DA.: 31319 Sehnde-Heimer, Thiepl. 3. G.: Nordheim, 15. Sep. 1949. V.: Edith Schröder. Ki.: Jule (1985). S.: 1969 Mittlere Reife in Hannover, 1969-71 Bundeswehr, 1971-74 Stud. Architektur an d. Bauakademie Hildesheim m. Abschluss Dipl.-Ing., 1974-76 Stud. Pädagogik an d. pädagogischen HS in Hildesheim m. Abschluss Staatsexamen. K.: 1974-93 Lehrer an d. Hauptschule in Lehrte, seit 1974 freischaffender Architekt in Sehnde, Tätigkeitsschwerpunkte individueller Wohnungsbau, Sanierungen u. anthroposophische Grundsätze, seit 1974 freischaffender Künstler in Aquarell u. Grafik. E.: div. Auszeichnungen b. Wettbewerben. M.: Architekturkammer Niedersachsen, VFB Hannover. H.: Sport, Volleyball, Tennis, Kunst, Skifahren, Literatur, Interesse an Paarbeziehungen (psychologische Gespräche, Psychologie), Soziologie.

Gürsching Albrecht *)

Gürteler-Fries Magda *)

Gürtler Franz
B.: Zahntechnikermeister, Inh. FN.: Dentallabor Franz Gürtler. DA.: 01945 Arnsdorf, Hauptstr. 76B. G.: Oberhennersdorf, 13. Okt. 1944. V.: Monika, geb. Schmidt. Ki.: Mathias (1974), Christiane (1978). S.: 1961-63 Lehre z. Zahntechniker. K.: 1963-65 Zahntechniker b. ndlg. Zahnarzt, 1965-71 Zahntechniker in einer Poliklinik, 1972 Meisterabschluß als Zahntechnikermeister, 1967-68 Wehrersatzdienst, 1972-90 Zahntechniker in d. Stadtambulanz Ruhland, 1991 Eröff. eigenes zahntechn. Labor. M.: örtl. Ver. d. Vogelzüchter. H.: Vogelzucht.

Gürtler Heiner Dr.
B.: Vorst.-Vors. FN.: Wella AG. GT.: Gschf. Cosmopolitan Cosmetics GmbH. DA.: 64274 Darmstadt, Berliner Alle 65. www.wella.ag. G.: 1942. Ki. 3 Kinder. S.: Dipl.-Vw K.: 20 Jahre bei Henkel KGaA, 1990 Gschf. Wella Großbritannien, 1994 Vorst.-Mtgl. (Geschäftsbereich Duft u. Kosmetik), Aufbau d. Cosmopolitan Cosmetics GmbH, s. 7/2000 Vorst.-Vors. Wella AG.

Gürtler Klaus *)

Gürtler-Liersch Hans-Georg Dipl.-Ing. RA
B.: RA u. Dipl.-Ing. DA.: 14193 Berlin, Hubertusbader Str. 14 A. hggl@guentsche.de. G.: Berlin, 29. Apr. 1949. V.: Dipl.-Ing. Carmen Liersch. Ki.: Johannes (1993), Magdalena (1995). El.: Georg u. Eva-Maria, geb. Degenkolbe. S.: 1972 Hochschulreife auf d. 2. Bildungsweg, mehrere Jahre Dipl.-

*) Biographie www.whoiswho-verlag.ch oder beigefügte CD-ROM

Ing. bei Otis GmbH, Stud. Rechtswiss. an d. FU Berlin mit Hochbegabtenstipendium d. Friedrich-Ebert-Stiftung, 1988 1. Staatsexamen, 1988-91 Refrendariat u.a. bei Otis GmbH, Dankert, Deus, Meier u. Kanzlei Güntsche, 1991 2. Staatsexamen. K.: seit 1991 in Kanzlei Güntsche & Partner, u.a. Allgemeines Zivilrecht auch mit techn. Bezug, Steuerstrafrecht u. Steuerrecht, Arbeitsrecht, Grundstücksrecht, Insolvenzrecht, Schadenersatzrecht. H.: Halbmarathon, Skilanglauf, moderne Malerei, Surrealismus, Musik.

Gürtner Anton *)

Gürtner Franz-Alfred Dipl.-Ing. *)

Guschewski Dieter *)

Guse Viktoria

B.: Kauffrau. FN.: Lütte Lüd Kindermoden. DA.: 23795 Bad Segeberg, Kurhausstr. 5. G.: Lübeck, 15. Sep. 1969. El.: Günter u. Dagmar Guse. S.: 1987-90 Ausbild. z. Fotografin in Bad Oldesloe. K.: 1990-94 Fotografin in versch. Studios, 1994-96 selbst. Geschäftsfrau f. Kindermoden, seit 1996 Grdg. u. Führung d. Kindermodengeschäftes Lütte Lüd in Bad Segeberg. M.: BeiR.-Mtgl. Kalkberg-Ring Bad Segeberg. H.: Fotografie, Hund, Sport.

Guse Wilfried Edgar
B.: Finanzberater. FN.: Wirtschaftskanzlei Sehlstedt. DA. u. PA.: 24814 Sehestedt, Alter Fährberg 1A. WK-s@freenet.de. G.: Kiel, 12. Juli 1955. V.: Monika. Ki.: Sandra Nicole (1979), Denise Alexandra (1981), Jennifer Patricia (1984). El.: Hans u. Marieluise. S.: 1973 Mittlere Reife Kiel/Kronshagen, 1973-77 Nachrichtengerätemechaniker u. Informationselektroniker, 1978-90 Bundeswehr, Microcomputerfachmann, Elektromeister, Bürokfm., FH-Reife Technik, 1993 Abschluß Vers.-Fachmann. K.: 1996 unternehmerischer Agenturltr., 2001 Mehrfachagent. M.: Spiel- u. Sportver. Bredenbeck. H.: Tischtennis (VKreismeister), Schach, Skat.

Güse Hendrik *)

Güsgen Stephan *)

Gushurst Egon *)

Guske Renate *)

Guski Hans Dr. Prof. *)

Güsmer Siegfried F. *)

Gusovius Peter Ing. *)

Guss Ahrens Bärbl Dipl.-Vw. *)

Gussmann Lothar *)

Gussner Joachim *)

Güssow Eberhard

B.: Gschf. FN.: Güssow GmbH. DA.: 22145 Hamburg, Stolper Str. 2a. PA.: 22143 Hamburg, Moränenweg 4. G.: Templin, 3. Apr. 1934. V.: Erika, geb. Kram. Ki.: Karen-Uta (1965), Ulrike (1967). El.: Dr. Helmut u. Anna-Elisabeth, geb. von Rathenow. S.: 1951 Fachschulreife, 1951-55 Lehre als Radio- u. Fernsehtechniker, 1955-57 Stud. Köln, 1957 Examen als Ing. f. Nachrichtenelektronik, Dipl.-Ing. (Fachrichtung Nachrichtentechnik). K.: 1957-72 Ing.-Büro f. Elektronik, Wandel u. Goltermann in Köln, 1964 Ltg. d. Ndlg. Hamburg, 1972 Grdg. d. Güssow GmbH, Meß- u. Datentechnik u. Entwicklung d. Manöver- u. Störstellen-Registrieranlage f. d. Überwachung d. Schiffsautomation, 1972 Übernahme d. Werksvertretung Kienzle-Drucker, 1980 Umstrukturierung - professionelle Drucksysteme. P.: Ortsgeschichte Ruppiner Land, Mark Brandenburg. M.: Dt. Stiftung f. Denkmalpflege. H.: Leichtathletik, Radfahren, Skilaufen.

Gust Sabine *)

Gust Torsten *)

Gust Wolfgang Jürgen Dr. *)

Gustafsen Gunther *)

Gustafsson Knut Dr. *)

Gusterer Birgit

FN.: Werbetechnik gusterer. DA.: 82319 Starnberg-Percha, Gestütsweg 3A. G.: Starnberg, 13. Mai 1968. El.: Walter u. Gertraud Gusterer. S.: 1983-87 Ausbild. z. Chemielaborantin b. Klinge Pharma GmbH. K.: 1987-95 Chemielaborantin b. versch. pharm. Unternehmen, 1995-96 Grafik u. Werbedesign gelernt u. gearb. in einem Werbetechnikbüro, 1996 Grdg. d. eigenen Werbetechnikfirma, freiberufl. Dekorationsass. b. Dallmayr in München. M.: Sportver. SC Percha. H.: Reiten, Tauchen, Skifahren, Schwimmen, Radfahren, Tennis, Squash.

Gustke Eberhard Wolfgang *)

Gustorf Aeckerle Renate Dr. med. *)

Guszewski Klaus Dr. jur. *)

Gut Robert *)

*) Biographie www.whoiswho-verlag.ch oder beigefügte CD-ROM

Gutberlet Eberhard F. *)

Gutberlet Heike

B.: Einzelhdls.-Kauffrau, Inh. FN.: Cinderella Braut- u. Abendmoden. DA.: 23879 Mölln, Wasserkrüger Weg 31. cinderellabraut@t-online.de. www. hochzeitsglueck.de. G.: Witten/Ruhr, 28. Nov. 1961. V.: Ole Gutberlet. Ki.: Julia (1980), Philip (1985). S.: b. 1979 Ausbild. z. Einzelhdls.-Kauffrau in Hamburg im Textilbereich. K.: 1980-94 Ein- u. Verkauf v. Golfbekleidung u. Equipment in Golfclubs in Hamburg u. Schleswig-Holstein (Golfclub auf d. Wendlohe, Golfclub Gut Kaden, Golfclub Gut Grambek), 1995 Suche nach d. Geschäft m. Braut- u. Abendmode, 1996 Eröff. eines eigenen Geschäftes. H.: Fitness, Fahrradfahren, Tanzen, Literatur.

Gutberlet Wolfgang
B.: Gschf. FN.: Tegut Theo Gutberlet (Stiftung & Co). DA.: 36039 Fulda, Gerloser Weg 72. (V)

Gutberlet-Bartz Allmuth Rita Irene

B.: Kunstmalerin, Inh. FN.: Atelier Allmuth Gutberlet-Bartz. DA.: 61440 Oberursel, Akazienstr. 1. G.: Ilbenstadt, 2. Jan. 1948. V.: Siegfried Bartz. Ki.: Andrea (1971), und Katrin (1974). S.: 1962-71 Ausbildung u. Tätigkeit als Industriekauffrau in Frankfurt/M. K.: 1975 Beginn m. Malerei v. Märchenbildern, 1978 Beginn m. Ölmalerei, 1980 1. Preis in einem bundesweiten Malwettbewerb (3000 Teilnehmer) einer bekannten Zeitschrift, 1981 wieder 1. Preis Sommerausstellung Hessischer Maler, 1981 u. 1983 2. Preis bei d. Sommerausstellung hess. Maler, 1994 bis heute Weihnachtsmotive f. d. Kinderhilfswerk UNICEF, 1987 Poster "Mainpanorama" f. d. Stadt Frankfurt/M., 1996 Gestaltung von 3 Weihnachts-CDs, 1992 Kinderbuchillustrationen f. "Zwerg Trotte sucht den Sternenkristall", 1992 Erstellung d. "Hochtaunuskalender" 1997 Erst. d. "Heimatkalenders" für Oberursel u. Umgebung, 1999 Erst. d. Kalenders "Heimat 2000", von 1981 bis heute Zusammenarbeit mit versch. Druckereien, insgesamt ca. 150 Reproduktionen v. Ölgemälden, Besonderheit: Miniatur-Ölgemälde kleinste Größe 7 x 7 cm. H.: Lesen, Wandern.

Gutbier Annette
B.: Dipl.-Grafikdesignerin, Geschäftsinh. FN.: Werbestudio Gutbier. DA.: 39112 Magdeburg, Am Fuchsberg 6. gutbier@werbestudio-gutbier.de. www.werbestudio-gutbier.de. G.: Magdeburg, 23. Feb. 1961. V.: Rolf Gutbier. Ki.: Bill (1983), Bettina (1985). S.: 1977 Mittlere Reife, 1979 Bauzeichnerin, 1983 Dipl.-Designerin in Potsdam. K.: 1979-80 Bauzeichnerin, 1983-86 Ing. f. Farb- u. Oberflächengestaltung im Bauwesen Farbgestaltung im Wohnungsbau, 1986-89 z. Farbtechnologie in d. Nachrichtenelektronik, 1989 Techn. Dir., seit 1990 selbst. als Einzelunternehmerin, 1991 Erweiterung z. Familienbetrieb. P.: Ein Beitrag z. Thema Frau + Karriere im Wirtschafts-Spiegel (1995). M.: Wirtschaftsjunioren Magdeburg, Allg. Arbeitgeberverb. d. Wirtschaft f. Sachsen-Anhalt e.V. H.: Zeichnen und Malen, Volleyball, Reiten.

Gutbrod Curt Hanno *)

Gutbrod Jürgen Dr. phil. *)

Gutekunst Ulrich

B.: Grafik-Designer. DA.: 72622 Nürtingen, Wiesenrain 3. uli.gutekunst@t-online.de. G.: Alpirsbach, 27. Jan. 1964. S.: 1980 Mittlere Reife, 1980-83 Ausbild. Vermessungstechniker, 1984 Übernahme in d. mittlere Verw.-Dienst, 1985-86 Zivildienst, 1987-91 theol. Ausbildung z. Gem.-Diakon, 1992 prakt. Jugendarb., 1992-95 Ausbild. Grafik-Designer. K.: seit 1997 selbst. Grafik-Designer m. Schwerpunkt Gestaltung v. Printmedien, Illustrationen f. Comics und Werbung. H.: Malen, Zeichnen, Lesen, Wandern.

Gutenbrunner Christoph Dr. med. Univ.-Prof.

B.: Ltr. FN.: Inst. f. Balneologie u. Med. Klimatologie an d. Med. HS Hannover. Da.: 30625 Hannover, Carl-Neuberg-Str. 1. gutenbrunner.christoph@mh-hannover.de. G.: Freiburg, 30. Sep. 1954. V.: Christoph Rother. El.: Prof. Dr. phil. Siegfried u. Dr. phil. Waltraud, geb. Link. S.: 1974 Abitur Freiburg, 1975-81 Stud. Humanmed. an d. Univ. Marburg u. Gießen, 1981 Approb. als Arzt, 1982 Prom. z. Dr. med., 1990 Habil. K.: 1995 Ernennung z. Univ.-Prof. f. Balneologie u. Med. Klimatologie MH Hannover, seit 1997 zusätzl. Gastprof. an d. Ludwig-Franzens-Univ. Graz, 1982-89 Inst. f. Arbeitsphysiologie u. Rehabilitationsforsch. d. Philipps-Univ. Marburg, 1988 Forsch.-Aufenthalt an d. Univ. Sapporo/Japan, 1989-93 Wicker Klinik in Bad Wildungen, 1993-95 Klinik a. Hochg. Bad Wildungen, 1991-95 Dir. d. Inst. f. Rehabilitationsmed. u. Balneologie Bad Wildungen, seit 1995 stellv. Abt.-Ltr. d. Klinik f. Physikal. Med. u. Rehabilitation u. Ltr. d. Inst. f. Balneologie u. Med. Klimatologie d. Med. HS Hannover, seit 1995 regelmäßige Lehrveranstaltungen an d. Med. HS Hannover u. Beteiligung an Ringvorlesungen d. MHH, seit 1997 nebenberufl. Ltr. d. Inst. f. Balneologie u. Rehabilitationsmed. in Bad Nenndorf, seit 1997 Auswärtiger Promotionsgutachter f. d. Univ. Wien, Jena, Berlin u. Witten/Herdecke, auswärtiger Habil.-Gutachter f. Univ. Wien, FA f. Physikal. u. Rehabilitative Med., Zusatzbezeichnung "Physikal. Therapie", "Balneologie u. Med. Klimatologie", "Chirotherapie". P.: u.a. "Muskeltraining u. Muskelüberlastung" (1990), "Handbuch der Heilwasser-Trinkkuren" (1994), "Handbuch der Balneologie u. Med. Klimatologie" (1998), 198 Kongressvorräge. -poster, 142 Fort- u. Weiterbild.-Vorträge, 55 sonstige Vorträge, Mithrsg. d. Zeitschrift Physikal. Med., Rehabilitationsmed., Kurortmed., wiss. BeiR. d. Zeitschrift "Aktuelle Rheumatologie", wiss. BeiR. d. Zeitschrift "Forschende Komplementärmed.". E.: 1988 u. 1997 Theodor Schultheis-Preis,

*) Biographie www.whoiswho-verlag.ch oder beigefügte CD-ROM

1992 Preis d. Stadt Bad Kissingen, 1993 Förderpreis d. Boxberger-Stiftung, 1997 Sebastian Kneipp-Preis, 1999 Heinz u. Helene Adam-Preis f. Physikal. Med. M.: 9 wiss. Fachges. u.a. VPräs. d. Dt. Ges. f. Physikal. Med. u. Rehabilitation, 1996-2000 Vors. bzw. seit 2000 stellv. Vors. d. Arge Physikal. Med. u. Rehabilitation, Dt. Ges. f. Rehabilitationswiss., Sprecher d. Projektgruppe "Rehabilitation" d. Rheumazentrums Hannover, European Society for Chronobiology, Intern. Society for Chronobiology. H.: Fotografie, Grafik.

Gutendorf Wolfgang *)

Guter Josef *)

Gutermann Jürgen *)

Gutermann Walter Cornelius *)

Gütermann Nikolaus Max Dr.

B.: Vermögensberater, Inh. FN.: Gütermann & Thol Vermögensbetreuungs GmbH. DA.: 79261 Gutach, Landstr. 10/1. PA.: 79183 Waldkirch, Dobel 2 a. G.: Freiburg, 28. Apr. 1957. V.: Christina, geb. Cigu. Ki.: Alexander (1998). El.: Alexander u. Marietta, geb. Burghartz. BV.: Ur-Urgroßvater - 1864 Firmengründer. S.: 1976 Abitur, 1977-84 Stud., Prom. K.: 1985-86 tätig in d. Unternehmensberatung Kepler Consultant S.A. in d. Schweiz, 1987-92 Financial Consultant d. Firma Merrill Lynch in New York u. Frankfurt, 1992-95 Dir. d. Firma H.C.M. Hypo Capital Management in Baden-Baden, 1995-98 Vermögensberater d. Dresdner Bank in Freiburg, seit 1999 selbst.; Funktion: Inh. u. Geschf. P.: Dr.-Arb., Vorträge f. Euro-Vorbereitung, Veröff. in Zeitschriften. M.: Wirtschaftsfr. d. CDU, Golfclub, Jägervereinig. H.: Golf, Jagd, Skifahren.

Gutgsell Sibylle *)

Guth Gerhard Dr. med. Chirurg *)

Guth Horst Ing. grad. *)

Guth Klaus Dr. phil. habil.
B.: Univ.-Prof. f. Volkskunde u. Histor. LKunde. FN.: Univ. Bamberg, Fak. Geschichts- u. Geowiss. DA.: 96047 Bamberg, Am Kranen 12. PA.: 96052 Bamberg, Greiffenbergstr. 35. G.: Bamberg, 3. Aug. 1934. El.: Max u. Theresia, geb. Löhr. BV.: Univ.-Prof. Dr. Johann Lukas Schönlein Würzburg, Zürich, Berlin, Mediziner, Leibarzt d. preuß. Königs b. 1859, Joh. Heinrich Jäck Kgl. Bibl. (1793-1864) Bamberg, Anton Löhr Jurist, Ministerialdirektor München. S.: Abitur, Stud. Lehramt f. Gymn. G, Th, L 1961, Stud. an d. Univ. München, Würzburg, Lille, London u. Bamberg, 1963 Prom. Dr. phil. K.: 1963 Assessor, 1970 OStR. im Höheren Schuldienst, 1970/73 wiss. Ass., Dir. u. Doz., 1977 Habil., 1980 Univ.-Prof. f. Volkskunde u. Histor. LKunde Bamberg. P.: Guibert v. Nogent (1970), Oberfranken im Hochmittelalter (1973), Johannes v. Salisbury (1978), Kirche u. Religion im Spätmittelalter u. zu Beginn d. Neuzeit in Oberfranken (1979), Die Heiligen im christlichen Brauchtum (1983), Gesch. Abriß d. marian. Wallfahrtsbewegungen im deutschsprachigen Raum (1984, 2. Aufl. 1997), Lebendige Volkskultur (1985), Die Heiligen Heinrich u. Kunigunde. Leben, Legende, Kult u. Kunst (1986), Alltagskultur in Bayern (1987), Jüdische Landgemeinden in Oberfranken 1800-1942 (1988), Hrsg. Jüdisches Kulturgut auf dem Land. Synagogen, Realien u. Tauchbäder (München 1995, E. Lau), Konfessionsgeschichte in Franken 1555-1955 (1990), Auswanderungen aus Franken nach Nordamerika (1992), Wallfahrten in Europa (1993), Volkstüml. Heilige in Franken (1994), Kultur als Lebensform Band I (1995), Band II (1997), Mithrsg. Jüdisches Leben auf dem Dorf. Annäherungen an die verlorene Heimat Franken (1999), Kaiserin Kunigunde. Kanonisation und hochmitt. Kult (2001). E.: 1997 Aventinus-Medaille. M.: gewähltes Mtgl. mehrerer Fachges.

Guth Uwe *)

Güth Katja *)

Güth Manuela

B.: staatl. examinierte Logopädin. FN.: Praxis f. Logopädie. GT.: 1999-2000 Praxisbetreuung v. Schülern d. Heilerziehungspflege d. Fachschule f. Heilpäd. u. Motopädie. DA.: 33330 Gütersloh, Welplagestr. 29. manu.gueth@t-online.de. G.: Paderborn, 30. Okt. 1975. V.: Jürgen Düsterhus. El.: Karl-Heinz u. Elisabeth Güth. S.: 1994 Fachabitur f. Sozial- und Gesundheitswesen an d. Edith Stein Fachoberschule Paderborn, 1994-97 Ausbild. z. staatl. examinierten Logopädin an d. Lehranst. f. Logopädie in Darmstadt. K.: 1997-99 Logopädin in d. Praxis Thomas Leonard, seit 1999 selbst. m. Kassenzulassung in Gütersloh in eigener Praxis tätig, Schwerpunkt: neurolog. Krankheitsbilder b. Erwachsenen u. Kindern u. d. Arb. m. behinderten Kindern (Down Syndrom, spastische Lähmungen). H.: Lesen, Klavierspielen, Garten.

Güth Volker Dr. med. Prof
B.: HS-Lehrer. FN.: Univ. Münster. DA.: 48161 Münster, Große Helkamp 11. G.: Gütersloh, 16. Okt. 1929. V.: Dr. Ursula, geb. Schmidt. Ki.: Silke (1962), Ulrich (1964), Maike (1965), Barbara (1967). S.: 1951 Abitur, Stud. Med. Göttingen u. Münster, 1957 Staatsexamen. K.: med. Ass. in Münster, Prom., 1959 Ass. f. Physiologie in Münster, 1967 Habil., ab 1969 tätig in d. orthopäd. Physiologie, seit 1995 im Ruhestand. P.: Mitautor v.: "Untersuchungen über Gallensäurewirkung auf d. Herz" (1968), "Kinesiologie and electromyographic methods for functional analysis of the muscles of the hip and the trunk" (1977), "Vergleichende elektromyograf. u. kinesiolog. Untersuchungen an kongenitalen u. idiopath. Skoliosen" (1980), "The investigation of walking of patients with cerebral plasy by the EMG using surface electrodes" (1984), "The "Entlastungsgang": A hip unloading gait as a new conservative therapy for hip pain in the adult" (1999). M.: Dt. Physiolog. Ges., Dt. Ges. f. klin. Neurophysiologie. H.: Physik, Technik, Musik.

Gutheil Ulrike Dr. jur. *)

Gutheins Norbert Dipl.-Ing.
B.: Unternehmer, Inh. FN.: Ing.-Büro Gutheins. DA.: 14532 Kleinmachnow, Schleusenweg 41. G.: Berlin, 17. Aug. 1958. V.: Lynne, geb. Benduski. Ki.: Nico (1993), Kelian (1995). El.: Günter u. Margot Lilli, geb. Rimpel. S.: 1979 Abitur, 1982-86 Stud. Arch. TFH Berlin m. Abschluß Dipl.-Ing. K.: seit 1987 selbst., 1990-95 freier Mitarb. eines gr. Ing.-Büros

*) Biographie www.whoiswho-verlag.ch oder beigefügte CD-ROM

in Berlin m. Schwerpunkt Baultg., Bauwirtschaft u. Netzplantechnik, seit 1995 ausschl. selbst. tätig m. sämtl. Architektenleistungen u. Schwerpunkt Gewerbeobjekte; Projekte: div. Umbauten u. Neubauten v. Industrie- u. Gewerbebauten in Berlin u. Brandenburg. M.: Baukam. H.: Möbeldesign, EDV-Programmierung.

Guthke Frank *)
Güthlein Herbert Otto *)
Güthlein Reinhard *)
Guthmann Evelyn *)
Guthmann Heike
B.: Unternehmerin, selbständig. FN.: Ihr Schreibbüro. DA.: 90482 Nürnberg, Strindbergstr. 24. heike.guthmann@t-online.de. G.: Nürnberg, 15. Feb. 1963. V.: Thomas Guthmann. El.: Alfred u. Margot Janz. S.: 1980 Mittlere Reife. K.: 1980-86 Verwaltungsangestellte d. Bayr. Landesanstalt f. Bienenzucht in Erlangen, 1986-97 Ang. d. AOK in Nürnberg, seit 1998 selbständig m. Schreibbüro in Nürnberg. H.: Katzen, Lesen, Stricken.

Guthmann Oliver S.

B.: Rechtsanwalt in eigener Praxis. DA.: 90762 Fürth, Bahnhofsplatz 4. G.: Nürnberg, 11. Okt. 1958. V.: Rixa, geb. Hank. Ki.: Benjamin (1992), Dominik (1995). El.: Werner u. Annelies. S.: 1979 Abitur Nürnberg, 1980-85 Stud. Rechtswiss. Friedrich-Alexander-Univ. Erlangen, 1985 1. Jur. Staatsexamen Erlangen, 1985-88 Referendarzeit OLG Nürnberg, 1988 2. Jur. Staatsexamen Nürnberg u. München, 1989 Rechtsanwaltszulassung in Fürth. K.: 1989-93 ang. RA Kzl. Dr. Lauer & Partner Fürth, seit 1993 selbständig in eigener Kzl. in Fürth, Tätigkeitsschwerpunkte: Steuer-, Wirtschafts- u. Vertragsrecht. BL.: seit 1970 aktive Turnierteilnahme an Dressur- u. Springprüfungen (Turnierrichter nat. b. z. höchsten Klasse). F.: Mitinh. eines Reitstalles. M.: Anwaltsverein, Jugendausschussmtgl. im Reit- u. Fahrverband Franken. H.: Pferde, Reiten, Skifahren, Tennis, Laufen.

Guthmüller Bodo Dr. Prof. *)
Güthner Hans *)
Guthöhrlein Günter Helmut Dr. rer. nat. Prof. *)
Gütig Helmut *)
Gutike Hans-Jochen Dr. *)
Gutjahr Gert Dr. Prof. *)
Gutjahr Lothar Dr. phil.
B.: Unternehmensberater, Inh. FN.: Gutjahr u. Partner. DA.: 22523 Hamburg, Immenweide 61. info@gutjahr-partner.de. G.: Krefeld, 9. Nov. 1959. V.: Karin. Ki.: Rahel (1995), Hannah (1997). S.: 1979 Abitur, Zivildienst, 1981-82 Aktion Sühnezeichen New York, Stud. Sozialwiss. u. Lehramt f. Engl. u. Geschichte Univ. Oldenburg, 1985/86 Stud. Newcastle/E, 1986-89 Stud. Politikwiss. Univ. Hamburg, 1989-91 Stipendi-

um die Volkswagenstiftung Inst. f. Friedensforsch., 1992 Prom. K.: 1992 Unterricht u. Forsch. an d. Univ. Bradford in Yorkshire UK, 1993-95 Politikberater f. Bürgerschaftsabg. in Hamburg, selbst. m. Grdg. d. Unternehmensberatung m. Schwerpunkt Managementtraining in Engl., Coaching, Konfliktlösungen, Beratung f. Qualitätsstandards u. -management f. Dienstleister, ISO 9000. P.: versch. Veröff. in Fachzeitschriften z. Thema Konfliktmanagement, Außenu. Sicherheitspolitik d. BRD u. Parteiensystem D-GB. M.: Berufsverb. d. Wirtschaftsmediatoren. H.: Joggen, Reiten, Star Trek.

Gutkes Rolf
B.: Gschf. Ges. FN.: GEV Gutkes Elektro Vertrieb GmbH. DA.: 30559 Hannover, Owiedenfeldstr. 2a. vertrieb@gev-hannover.de. G.: Luthe/Wunstorf, 21. Okt. 1952. V.: Gisela, geb. Bröcker. Ki.: Anja (1978), Sonja (1981). El.: Karl u. Anneliese, geb. Hinze. BV.: Vater Karl ist Träger d. Bundesverdienstkreuzes f. 21 J. Tätigkeit in d. Kommunalpolitik. S.: Lehre z. Industriekaufmann b. Marley-Werke in Wunstorf. K.: tätig als Industriekaufmann im Ausbildungsbetrieb, 1974-76 Stud. BWL an d. privaten Blindow-Akademie in Hannover/Stadthagen, 1976 Abschluss als staatlich geprüfter Bw u. FH-Reife, 1976-80 tätig b. d. Firma Marley in Süddeutschland u. Berlin, Bauprodukte f. Heimwerker u. Fachhandel, 1980-90 Mtgl. d. Verkaufsleitung d. Firma Marley in Wunstorf, 1990 Grdg. d. Firma GEV Gutkes Elektro Vertrieb GmbH in Hannover, Vertrieb v. Elektroprodukten an Baumärkte u. Versandhandel in Deutschland u. Österreich, ständig berufsbezogene Fortbildungsseminare u. Schulungen. H.: Tennis.

Gutknecht Heidelore *)
Gutknecht Heinz *)
Gütling Jürgen *)
Gutmacher Ulrike StR.
B.: Lehrerin, Inh. FN.: Hispano-Studio. GT.: seit 1990 Lehrerin f. Span., Franz. u. Deutsch am St. Raphael-Gymn., 1993 Übernahme ins Beamtenverhältnis (StR.), seit 1998 Lehrbeauftragte an d. Univ. Heidelberg f. Übersetzen (Romanistik). DA.: 69120 Heidelberg, Blumenthalstr. 26. G.: Heidelberg, 15. Feb. 1960. El.: Dr. iur. Gerhard u. Dr. med. Ingeborg, geb. Barsickow. S.: 1979 Abitur, 1979 Stud. Romanistik u. Germanistik f. Lehramt, längere Spanienaufenthalte, 1982-86 in Barcelona, davon 4 Monate Stipendium, Deutschlehrerin an einer Privatschule, 1987 Staatsexamen in Romanistik u. Germanistik. K.: 1986 Dolmetscherin u. Übersetzerin Firma Ficosa Barcelona, 1987-89 Referendariat, 1987 Zulassung als ÖbV. bestellte u. beeid. Urkundenübersetzerin u. Verhandlungsdolmetscherin IHK, seit 1989 selbst. als Privatlehrerin f. Span., Franz. u. Deutschland, Eröff. d. Privatschulen Hispano-Studio Heidelberg. BL.: Privatmuseum span. Kultur, inkl. Videothek, Zeitschriften- u. Kostümsammlung z. Thema Stierkampf. M.: seit 1991 Schülerin am Reitinst. Egen v. Neindorff Karlsruhe, seit 1984 Organ. v. Flamenco-Kursen m. Flora Albaicin, Bruderschaft Real + Ilustre Hermandad del Nuestra Senora del Rocio de Vuelva. H.: Passion: Reiten, Liebe zu Spanien - Land, Kultur u. Menschen, jährl. Spanienaufenthalt u. Pfingstwallfahrt Romeria de Rocio de Vuelva.

*) Biographie www.whoiswho-verlag.ch oder beigefügte CD-ROM

Gutmair Anna *)

Gutmann Bernd Dipl.-Ing. *)

Gutmann Eckehard Dr. med. *)

Gutmann Gernot Dr. Prof. *)

Gutmann Josef *)

Gutmann Manfred Dr. sc. nat. Dr. rer. nat. Prof. *)

Gutmann Michael
B.: Reg. FN.: Claussen u. Wöbke. DA.: 80331 München, Herzog-Wilhelm-Str. 27. G.: Frankfurt/Main, 1956. S.: Münchner HS f. Fernsehen u. Film. K.: 1994 "Tatort", 1995 "Rohe Ostern", 1997 "Nur f. eine Nacht", 1999 "Glatteis", 2001 "Herz über Kopf". E.: Adolf-Grimme-Preis, Gold. Löwe.

Gutmann-Bohne Dorothée Dipl.-Ing. *)

Gutowski Harald
B.: Komponist, Musikproduzent. FN.: Verlag Edition Harry Nova. DA.: 22299 Hamburg, Barmbeker Str. 189.. G.: Tönning/Eider, 10. Jan. 1951. Ki.: Malte. El.: Egon u. Karla. S.: priv. Ausbild. an Musikschulen, kfm. Ausbild., 2. Bild.-Weg, 1974 Abitur. K.: 1. Schallplattenproduktionen, 1 J. Volontariat in Lenden, musikal. Weiterbild., 1976 1. Schallplattenvertrag b. Teldec Gruppe Duesenberg, b. 1980 einige Veröff., parallel andere Produktionen, Produzent u. Co-Autor v. Frl. Menke, Mtgl. u. Komponist d. Band Joachim Witt, nach 1984 einige Alben unter eigenem Namen, parallel Kompositionen u.a. f. Juliane Werding, Joachim Witt, Richard Sanderson, 1984 Aufbau eines 24-Spur Tonstudios, Grdg. d. Verlages Edition Harry Nova, Produktionen f. Werbungen u. Ind.-Filme, 1986-87 Produktion v. Felix de Luxe, 1986-90 Administrative Arb. f. Tonstudio u. Verlag, seit 1989 freier Musikred. b. SAT 1, ab 1991 Produzent u. Komponist f. SAT 1 Erkennungsmelodien, zusätzl. Beratertätigkeit im musikal. Bereich. P.: u.a. Produzent u. Co-Autor f. Frl. Menke, Titel Hohe Berge, Komponist Juliane Werding, Erkennungsmusiken f. SAT 1, ran-Familie. E.: 1980 Dt. Schallplattenpreis Sparte Rockmusik, erreichen einer Produktion in d. top ten v. Deutschland, 1982 Aufnahme als o.Mtgl. in d. GEMA. M.: seit 1975 GEMA, seit 1980 Komponisteninteressenverb. H.: Reisen, Tennis, Squash. (S.-U.R.)

Gutsch Uwe Dr. Dipl.-Phys. Prof.

B.: HS-Lehrer. FN.: FH Hannover. DA.: 30459 Hannover, Ricklinger Straße 120. uwe.gutsch@etech.fh-hannover.de. G.: Hamburg, 23. Apr. 1938. V.: Dorothea, geb. Endrejat. Ki.: Antje, Jochen. S.: Stud. Physik an d. Johann-Wolfgang-Goethe-Univ. Frankfurt/Main, 1963 Dipl., 1969 Prom. K.: wiss. Sachbearb. u. Gruppenltr. in d. Ind. z. Hochtemperaturreaktor-Bau GmbH in Mannheim, physikal. Auslegung d. Reaktorkerns, Projekt: Kugelhaufenreaktor THR 300 in Hamm/Uentrop. Prof. im Fachbereich Elektrotechnik. P.: Fachveröff. in div. Fachzeitschriften z. Reaktorphysik. M.: Kerntechn. Ges., Dt. Physikal. Ges., HS-Bund. H.: seit 25 J. Chorgesang (Opern-Extrachor) gemeinsam m. Ehefrau Dorothea Viola-da-gamba, Astronomie.

Gutschalk Norbert Dipl.-Ing. *)

Gutsche Arnold Dipl.-Ing. *)

Gutsche Dietmar Dipl.- Bertriebswirt

B.: Kurdir. FN.: Zweckverb. Seebäder Insel Usedom. DA.: 17419 Ahlbeck, Dünenstraße 45. PA.: 17429 Bansin, Am Schloonsee 55. G.: Guben, 28. Nov. 1953. V.: Angelika, geb. Schlorff. Ki.: Claudia (1980), Ramona (1982). El.: Werner u. Erika. S.: 1973 Abitur u. Kellnerlehre, 1973-75 Armee, 1975-79 Stud. Hdls.-HS Leipzig. K.: 1979-85 stellv. Hauptbuchhalter u. Fachdir. HO Meißen, 1985-90 ökonom. Ltr. v. Betriebserholungsheimen auf d. Insel Usedom, 1990-95 Hoteldir. Strandhotel Bansin u. Regionaldir. Travel Charme Hotels, seit 1995 Kurdir. M.: Vors. d. Tourismusverb. Insel Usedom, Ehrenmtgl.d. Vorst. DEHOGA Kreisverb. Insel Usedom. H.: Sport.

Gutsche Michael *)

Gutsche Rainer
B.: Rechtsanwalt, Notar. FN.: Dr. Braun · Gutsche* · Braunholz* · Angermann Notare* Rechtsanwälte Fachanwälte. DA.: 34117 Kassel, Brüder-Grimm-Platz 4. G.: Oldenburg, 29. Apr. 1947. V.: Christa, geb. Herz. Ki.: Swenja (1979), Mirja (1981). El.: Dr. Friedrich-Wilhelm u. Ursula. S.: 1966 Abitur Delmenhorst, 1966-71 Jurastud. Marburg, 1971 1. u. 1975 2. Staatsexamen. K.: 1972-75 Referendarzeit Kassel, 1975 Zulassung als RA, seit 1975 selbst. RA u. Grdg. d. eigenen Kzl. in Kassel, Fachanw. f. Arbeitsrecht u. Familienrecht, seit 1990 Notar u. Übern. einer längeren Zeitraum Doz.-Tätigkeit als Jurist. P.: Aufsätze in Fachzeitschriften v. Gewerkschaften zu Thema Arbeits- u. Verw.-Recht. H.: Tennis, Skilaufen, Segeln.

Gutsche Rolf Dr.-Ing. *)

Gutsche Sybille Katharina *)

Gutsche Torsten
B.: Profi Kajak-Fahrer, Ind.-Kfm. FN.: c/o Dt. Kanu-Verb. DA.: 47055 Duisburg, Bertallee 8. G.: Eisenhüttenstadt, 8. Juni 1968. K.: über eine Sichtung der Schule zum Kanusport gekommen, 1985 JWM 500m Kajak-Einer/1.; 1989 WM 500m Kajak-Einer/1.; 1990 WM 1000m Kajak-Vierer/1., 500m Kajak-Zweier/3.,1000m Kajak-Vierer/3.; 1991 Olymp. Spiele 500m Kajak-Zweier/Gold, 1000m Kajak-Zweier/Gold; 1993 WM 500m Kajak-Zweier/1., 1000m Kajak-Zweier/1.; 1994 WM 500m Kajak-Zweier/1., 1000m Kajak-Zweier/3.; 1995 WM 1000m Kajak-Zweier/2.; 1996 Olymp. Sommerspiele 500m Kajak-Zweier/Gold; 1998 WM in Szeged 1000m Kajak-Vierer/1., 500m Kajak-Zweier/1., 200m Kajak-Vierer/6., 1999 WM 500m Kajak-Vierer/1., 1000m Kajak-Vierer/2. H.: ein gutes Buch lesen, gut Essen gehen, Skilanglauf.

Gutschick Dieter *)

Gutschow Harald Prof. *)

Gutsmann Edgar Dipl.-Kfm. *)

---

*) Biographie www.whoiswho-verlag.ch oder beigefügte CD-ROM

Gütt

Gütt Friedel B. Dr.
B.: Präs. FN.: Hamburger Fußballverband im Haus d. Sports. DA.: 20357 Hamburg, Schäferkampsallee 1. PA.: 22043 Hamburg, Oktaviostr. 89. G.: Hamburg, 18. Jan. 1933. Ki.: Beate (1958), Corinna (1962), Wolfgang (1963). El.: Dr. Arthur u. Jenny, geb. Henrard. S.: 1953 Abitur Obladen, 1958-68 Jurastud. Göttingen, 1963 Gr. Staatsprüf. Hamburg. K.: 1963-82 Hamburg. Staatsdienst, 1975-82 StaatsR. im Gesundheitsressort, 1982-91 im Vorst. d. Bavaria Brauerei Hamburg, 1981-96 Präs. d. Hamburger Sportbundes, 1986-90 Schatzmeister d. Dt. Sportbundes, ab 1986 Vorst.-Mtgl. im Dt. Fußballbund, seit 1991 Präs. d. Hamburger Fußballverb. H.: Sportschütze, Kochen, Jagd, Kartenspiele.

Gutte Reinhard Dipl.-Med. *)

Güttel Rainer Dipl.-Ing. *)

Frhr. von Guttenberg Enoch G.
B.: Dirigent. DA.: 83113 Neubeuern, Am Gasteig 5. BV.: Parlamentarier u. Staatssekretär Karl Theodor zu Guttenberg (Vater). S.: Studium v. Komposition und Dirigieren in München und Salzburg. K.: 1967 Gründung d. Chorgemeinschaft Neubeuern, innerhalb weniger Jahre internationale Anerkennung, wirkten sie bei zahlr. Festspielen u.a. in Schwetzingen, bei den Berliner Festwochen, den Salzburger Mozartwochen, bei dem Schleswig-Holstein Festival, dem Rheingau Musik-Festivalund bei den Europäischen Wochen Passau mit, 1981-1987 zus. Leitung d. Frankfurter Cäcilienvereins, Gastverträge u. a. b. Bach Collegium München, beim Symphonieorchester des Norddeutschen Rundfunks Hamburg, bei dem Nouvel Orchestre Philharmonique Paris, dem Bayerischen Staatsorchester München, bei dem Deutschen Oper am Rhein, dem Mozarteum Orchester Salzburg u. dem Symphonieorchester des Mitteldeutschen Rundfunks Leipzig,1997 Mitbegründer des Orchesters der KlandVerwaltung München, n. d. Öffnung d. Ostblocks 1993-1996 Erster Gastdirigent des Orchesters des Mitteldeutschen Rundfunks Leipzig, Verpflichtungen b. Orchestern w. d. Sinfonia Varsovia, der Capella Istropolitana u. d. Slowakischen Philharmonie Bratislava, 1997 ZDF-Fernsehdokumentation "Dirigieren gegen den Untergang". P.: u. a. 1996 anl. d. Bruckner-Jahres Bruckners Te Deum und die Messe in e-moll, 1997 Ein deutsches Requiem von Johannes Brahms u. alle sechs Kantaten des Weihnachtsoratoriums von J. S. Bach. E.: Bayerischer Staatspreis, Förderpreis der Ernst-von-Siemens-Stiftung, Kulturpreis der Bayerischen Landesstiftung u. Deutschen Kulturpreis zus. m. d. Chorgemeinschaft Neubeuern, Ehrendirigent d. Baltischen Philharmonie Gdansk u. Erster Gastdirigent d. Tschechischen Staatsphilharmonie Brünn, 1991 BVK 1. Kl. f. Verd. um Musik u. Umweltschutz, 1996 Ehrenbürgerrecht d. Marktgemeinde Neubeuern, 1997 Kulturpreis d. Bayerischen Landesstiftung, 2001 Bayerischer Verdienstorden. M.: Mitbegr. d. BUND (Bund für Umwelt- und Naturschutz Deutschland) u. d. int. Umweltorganisation Artists United for Nature.

Guttenberger Petra L.
B.: Abgeordnete d. Bayrischen Landtags Wahlkreis Mittelfranken; Maximilianeum 81627 München; ehem. Oberregierungsrätin. FN.: Bürgerbüro Fürth. GT.: Dozentin im Bildungszentrum Nürnberg f. Fachkaufleute/Marketing; Staatliche Schule f. Agrarwirtschaft in Fürth; Ehrenamtliche Prüferin IHK. DA.: 90762 Fürth, Rosenstr. 14. email@guttenberger.de. G.: Nürnberg, 28. März 1962. El.: Thomas Guttenberger u. Karin Fischer. S.: 1981 Abitur in Fürth, 1981-86 Stud. Rechtswiss. an d. Friedrich-Alexander-Univ. in Erlangen, 1987 1. jur. Staatsprüfung in Erlangen, 1987-90 Referendarzeit OLG Nürnberg - Fürth, 1990 2. jur. Staatsexamen in Nürnberg u. München. K.: 1990-92 Landesanwalt Fürth, Volljuristin b. Freistaat Bayern, seit 1990 nebenamtliche Dozentin an d. staatlichen Schule f. Agrar- u. Landwirtschaft, 1993-97

an d. Bayer. Beamtenfachhochschule/Finanzen u. Landesfinanzschule, Finanzamt Nürnberg - Zentral zuletzt als Oberregierungsrätin, seit 1995 Stadträtin in Fürth, seit 1998 Abgeordnete im Bayerischen Landtag, Mtgl. im Aussch. f. Bild., Jugend u. Sport u. Aussch. f. Eingaben u. Beschwerden. M.: seit 1980 Mtgl. d. Jungen Union, seit 1982 Mtgl. d. CSU u. d. Frauen-Union, seit 1991 Kreisvorsitzende d. Frauen-Union, seit 1994 stellv. Landesvorsitzende d. Frauen-Union, Ver. f. d. multikulturelle Zusammenleben in Fürth, Bayerische Finanzgewerkschaft, Bürgerbewegung f. Menschenwürde in Mittelfranken, DLRG, Europa-Union, Förderverein Onkologische Ambulanz am Klinikum Fürth, Förderverein Rundfunkmuseum, Frauenhaus e.V. Fürth, Fürther Tafel e.V., u.a. H.: Reisen, Jazz, klass. Musik, Malerei, bildende Kunst, Sport/Fitness.

Güttes Michael *)

Güttich Helmut Dr. med. Prof. *)

Gutting Ludwig sen. *)

Güttinger Peter
B.: Gschf. FN.: impuls Informationsmangement GmbH. DA.: 90429 Nürnberg, Deutschherrnstr. 15-19. pg@impuls-nbg.de. www.impuls-nbg.de. G.: Nürnberg, 20. Mai 1066. V.: Christine. Ki.: Philipp (1993), Katharina (1995), Leone (2000). E.: Arthur u. Eva. S.: 1987-88 Bundeswehr, 1989-91 Lehre EDV-Kfm. K.: 1992-93 Unternehmensberater f. mittelständ. Unternehmen, 1993 Grdg. d. Firma impuls Management GmbH, 1994 Grdg. d. Firma f. Hard & Software. BL.: seit 1996 Analyse-Entwicklung, Implementierung d. Warenwirtschaftssystems f. Adidas u. weltweite Vertriebsndlg. H.: Tonstudio, Techno-Trance-Musik, LAN-Games.

Güttler Hans-Uwe

B.: Gschf. Ges. FN.: CVT Capital-Vers.-Vermittlung Trust GmbH. DA.: 30161 Hannover, Bödekerstr. 7. G.: Sassnitz/Rügen, 7. Feb. 1944. V.: Christine, geb. Welte. Ki.: Katja (1963). El.: Dipl.-Sportlehrer Hans u. Dipl.-Kosmetikerin Edith, geb. Nickstadt. S.: 1962-65 Lehre als Ind.-Kfm. in Hamburg, 1965-67 Wechsel z. IDUNA Vers. in d. Abt. Verkaufsförd. Kandidaten. m. entsprechender Ausbild. K.: 1967-72 Vertrieb als Insp., 1972 Bez.-Dir., 1976 Übernahme d. Filialdion. in Hannover u. als Filialdir. tätig, ab 1990 Berater d. Vertriebsvorst. d. IDUNA, 1991 Sprecher d. Geschäftsltg. d. Landesdirektion Hannover, 1993 Übernahme u. alleiniger Direktor d. Landesdir. Iduna-Nova in Niedersachsen, 1996 abgekauft v. d. IDUNA d. Firmen CVT GmbH u. Djuren Assekuranz GmbH, seit 1996 Unternehmensberatung f. d. Vers.-Wirtschaft in Vertrieb u. Produktfragen, ab 1996 Grdg. d. Bauträger Ges. z. Erhaltung Histor. Bausubstanz m. enger Zusammenarb. m. Prof. Quiram, Kulturdenkmäler, Restauration u. Erstellung, seit 1997 Grdg. d. Bauträgerges. in Isernhagen, seit 1998 Beteiligung an d.

*) Biographie www.whoiswho-verlag.ch oder beigefügte CD-ROM

General EXPO Consulting GmbH. F.: beteiligt an weiteren Vers.-Maklerfirmen bundesweit. P.: zahlr. Veröff. in Fachzeitschriften. M.: Vorst.-Vors. d. Stiftung Isernhagen, Bundesdelegierter d. WirtschaftsR, Vorst. Jazz-Museum Hannover e.V. H.: Kunst, Skulpturen, Golf, Stiftung.

Güttler Ludwig Prof.
B.: Musiker, Solist, Dirigent (freisch.). DA.: 01157 Dresden, Weltestr. 16. PA.: 01157 Dresden, Weltestr. 16. G.: Lohsa/Erzgeb., 13. Juni 1943. V.: Dr. med. Maria, geb. Birmele. Ki.: Michael, Christian, Bernhard, Anna, Franziska. El.: Helmut u. Hilde. S.: 1961 Abitur, 1961-65 Stud. Trompete, Chordirig., Musikwiss. in Leipzig. K.: 1965-69 Solotrompeter im Händel-Festspiel-Orch. in Halle, 1969-80 Solotrompeter an d. Dredner Philharmonie, 1976 Begr. d. Leipziger Bach-Collegiums, 1978 Begr. d. Blechbläserensembles Ludwig Güttler, s. 1980 freisch. tätig, 1985 Grdg. d. Virtuosi Sxoniae, s. 1987 künstler. Ltr. d. Musikwoche Hitzacker, dan. Prof. f. Trompete an d. HS f. Musik in Dresden; 1989 Sprecher d. Bürgerinitiative Wiederaufbau d. Dresdner Frauenkirche, 1993 künstler. Ltr. d. Festivals "Sandstein u. Musik", 1993 Organ. d. Konzertes anläßl. d. Empfanges d. Queen Elizabeth; über 60 Schallplattenaufn. E.: 1983 Schallplattenpreis d. Dt. Phonoakad. Hamburg, 1989 Frankf. Musikpreis, 1992 Konrad-Adenauer-Preis in Gold. M.: 1989 H.: Familie, Lesen. (B.K.)

Güttler-Asam Ursula

B.: Gschf. Ges. FN.: Güttler-Asam Glas GmbH. DA.: 86161 Augsburg, Friedberger Str. 45. G.: Ebenhofen/Allgäu, 2. Apr. 1945. El.: Hans u. Veronika Asam, geb. Däubler. S.: Banklehre b. d. Hypobank, 1970-72 Sprachenschule Hamburg. K.: 1972-84 tätig im elterlichen Unternehmen, 1984 Eröff. d. eigenen Geschäftes in Augsburg (Glasbau u. Konstruktion aus Glas mit innovativem Charakter). M.: Qualität am Bau e.V., Kunstver. Augsburg. H.: Lesen (Biographien), Wandern, klass. Musik, Reisen (vorwiegend Kunstreisen).

Guttmacher Karlheinz Dr. sc. nat.
B.: MdB, Dipl.-Lehrer f. Chemie u. Techn. Wiss. FN.: Dt. Bundestag. DA.: 11011 Berlin, Platz d. Republik 1. G.: Danzig, 24. Aug. 1942. V.: Dr. Karla, geb. Huster. Ki.: Ben (1968), Bert (1976). El.: Fritz u. Friedel, geb. Lembke. S.: 1961 Abitur, Militär, Stud. Chem. Physik u. Technikwiss., 1967 Dipl.-Lehrer, 1970 Dipl.-Chem., 1975 Prom. Dr. rer. nat., K.: 1976-90 OAss. Chem. Fak. Jena, 1990 Habil., ab 1990 Dezernent f. Stud. u. Ak. Angelegenheiten d. Univ. Jena, seit 1961 Mtgl. Liberale Partei, seit 1989 Mtgl. d. Zentralvorst. d. Ostdt. Liberalen Partei, seit 1990 Mtgl. d. Dt. Bundestages, stellv. Vors. Arbeitskreis Bild., Wiss., Forsch. u. Technologie d. FDP. P.: ca. 30 Veröff. M.: Dt. Chem. Ges., Dt.-Österr., Dt.-Span. u. Dt.-Brasilian. Parlamentar. Ges. H.: Sport, Tennis, Tischtennis, klass. Musik, Arch. (Re)

Guttmann Arne Dipl.-Ing.
B.: Dipl.-Ing. f. techn. Informatik, selbständig. FN.: Global Net @gency Kolber & Guttmann GbR. DA.: 22307 Hamburg, Schwalbenpl. 18. a.guttmann@net-agency.de. www.net-agency.de. G.: Hamburg, 15. Juli 1969. S.: 1989 Abitur, 1989-90 Bundeswehr, 1990-96 Stud. techn. Informatik FHS Hamburg. K.: 1996-99 tätig in d. EDV-Abt. u. Schulungen in d. Firma Engel & Völkers, 1998 Grdg. d. Firma Global Net @gency. H.: Sport, Inlinebasketball, Design.

Guttmann Konrad

B.: Immobilienkaufmann, Gschf. FN.: ANCO-Immobilien- u. Unternehmensberatung GmbH. DA.: 10785 Berlin, Kurfürstenstr. 126 A. G.: Berlin, 10. Juli 1935. V.: Eva-Christa, geb. Daubitz. Ki.: Corinna (1964), Nathalie (1969). El.: Arthur u. Lucie. BV.: Familie von Weinbauern aus d. Wachau an d. Donau. S.: 1958 Abitur, 1958-65 Lehre u. tätig als Bankkfm. Berliner Bank, 1965-66 Stud. Werbebranche FU Berlin. K.: 1966-67 Volontariat f. Werbung in Berlin, 1968-70 Abt.-Ltr. f. Film, Funk, Fernsehen bei MWI-Werbeagentur in Hamburg, 1970-75 gleiche Position bei d. US-amerikanischen Team/BBDO-Werbeagentur in Düsseldorf, 1976 Übernahme d. Firma ANCO GmbH in Berlin. BL.: 1990 Grdg. d. 1. Joint Venture Firma eines Taxiunternehmens in d. ehemal. DDR. F.: Inter Clean GmbH Gebäudereinigung, Berlin. H.: Preuss. Geschichte d. 19. Jhdt. sowie Veröff. über antikes Spielzeug in Fachzeitschriften in Deutschland u. USA.

Guttmann Ralf

B.: Gschf. FN.: hyperspace GmbH. DA.: 31224 Peine, Woltorfer Straße 77C. info@hyperspace.de. ralf.guttmann.hyperspace.de. G.: Aachen, 26. Sep. 1962. V.: Anja, geb. Tönjes. M.: IHK, HWG. H.: Lesen (Science fiction, Bibl.), Freunde u. Computer, Kochen (Chin., Ital.).

Guttmann Rosita
B.: PR- u. Marketingltr. FN.: Augsburg Journal. DA.: 86150 Augsburg, Zeugg. 5. G.: Neumarkt, 9. März 1950. V.: Oskar Guttmann. S.: Ausbild. Hotelkauffrau, Ausbild. Vers.-Kauffrau, Ausbild. Kosmetikerin u. med. Fußpflegerin. K.: seit 1985 zuständig f. PR u. Marketing b. Augsburg Journal. M.: IG Medien. H.: Menschen, Psychologie, Tierfotografie, Familienportraits.

Guttowski Helmut Dipl.-Ing.
B.: selbst. beratender Ing. FN.: Ing.- u. Planungsbüro Helmut Guttowski. DA.: 13129 Berlin-Blankenburg, Rudelsburgstr. 26. G.: Berlin, 16. Feb. 1948. V.: Sybille-Angelika (1949). Ki.: Stephan (1969), Maik (1971). El.: Rudolf u. Inge. S.: 1966 Abitur, 1966-73 Stud. Techn. Kybernetik Univ. Rostock. K.: 1974-90 Projektant im Kraftwerksanlagenbau Berlin, seit 1991 eigenes Ing.-Büro. M.: Baukam., VDE e.V., VDI e.V. H.: Ahnenforschung, Haus u. Garten, Reisen.

Gutwald Johannes Dr. med.
B.: Hautarzt, Allergologie, Venerologie. DA.: 50667 Köln, Am Hof 16, Nähe Dom. Hautarzt@gutwald.de. G.: Kitzingen/Main, 4. Mai 1960. V.: Dr.med. Ursula Gutwald, geb. Leuchtenberg. El.: Carl-Maria u. Ingrid. S.: 1980 Abitur, Zivildienst, 1982 Med.-Stud. Münster, 1988 Staatsexamen,

*) Biographie www.whoiswho-verlag.ch oder beigefügte CD-ROM

Gutwald

Englisch, Französisch.

1989 Prom., Amerikan. Staatsexamen in Bonn u. Bern. K.: Auslandsaufenthalte in USA, GB, Österr. u. Schweiz, 1 1/2 J. wiss. Arb. in d. experimentellen Dermatologie in Münster, 1990 FA-Ausbild. Univ. zu Köln, 1994 FA, 1995 ndlg., Schwerpunkt: Balneo-Phototherapie, Kaltlichttherapie, Lasermed., Dermatolog. Kosmetik, Venenerkrankungen, Behandlung d. alternden Haut. P.: "Wie pflege ich meine Haut?", wiss. Veröffentlichungen H.: Langlaufen, Segeln, Skifahren, Kunst, Musik. Spr.:

Gutwerk Wolfgang Dr. med. dent.

B.: Zahnarzt, Oralchirurgie, Tätigkeitsschwerpunkt Implantologie. DA.: 63739 Aschaffenburg, Ludwigstraße 5. www.Gutwerk.de. G.: Aschaffenburg, 23. Jan. 1956. V.: Helga, geb. Rogowsky. Ki.: Alexander (1991), Thomas (1994). El.: August u. Brunhilde, geb. Stenger. S.: 1977 Abitur, 1978-83 Stud. Zahnmed. Würzburg, 1983-84 Bundeswehr. K.: 1984-86 wiss. Ass., 1986 Prom., 1984-87 Oralchir. Weiterbild., seit 1988 ndlg. in eigener Praxis. BL.: Grdg.-Mtgl. u. 1. Vors. (1991-96) d.
Fortbild.-Ver. Zahnärztl. Förderkreis Aschaffenburg (ZÄF), Initiator d. Fortbild.-Referats u. b. 1995 Fortbild.-Referent b. Berufsverband Dt. Oralchir., 1992-96 Delegierter d. Vertreterversammlung d. KZVB, 1993-97 Beisitzer d. Beschwerdeausschn. d. KZVB, Referententätigkeit in d. Themenbereichen: Allg. zahnärztl. Chir., Implantologie, Knochenregeneration, Laser u. Abrechnung. M.: zahlr. Berufsorgan. u. Fortbild.-Ver. H.: Skifahren, Snowboard, Höhlenforschen.

Gutz Herbert Karl Werner Dr. rer. nat. Prof. *)

Gutzeit Axel Dipl.-Ing. *)

Gutzeit Axel Hartmut *)

Gutzeit Bernd *)

Gutzeit Martin *)

Gutzeit Michael Dipl.-Kfm. *)

Gutzeit Renate Dr. agr. *)

Gutzki Detlef *)

Gutzmann Hans Dr. med. Priv.-Doz. *)

Güven Bozkurt *)

Guy Hartmut

B.: Gschf. Ges. FN.: Guy-Restaurant am Gendarmenmarkt. DA.: 10117 Berlin, Jägerstr. 59/60. G.: Berlin, 25. März 1956. V.: Annemarie, geb. Kabisch. Ki.: Patrick (1975), Marcel (1977). El.: Charl u. Gertrud. S.: 1972 Mittlere Reife, 1972-74

Lehre Maler, 1976 Meisterprüf., 1976-77 Stud. Ing.-Päd. Inst. f. Ing.-Päd. d. Humboldt-Univ. Berlin. K.: 1977-79 Ausbilder f. Malerlehrlinge im VEB Ausbau in Berlin, 1980 Schauspieler u. Textautor bei Amateurkabarett "Die IHBtiker" in Berlin, durch d. TV-Sendung "Sprungbrett" f. d. Bühne entdeckt, 1984-90 Engagement am Kabarett "Obelisk" in Potsdam, glz. Stud. an d. Schauspielschule Ernst Busch in Berlin, 1988 Abschluß Dipl.-Schauspieler, 1990 Eröffnung d. Theaterrestaurants "Gasthaus am Weiher" gemeinsam m. d. Ehefrau u. 1996 totale Zerstörung durch Brand, 1997 Neueröff. Restaurant als größtes Blockbohlen in Deutschland, 1999 Eröff. d. GUY-Restaurant m. Gourmet-Küche u. vielen prominenten Gästen aus Politik, Wirtschaft u. Kultur. Bl.: Initiator d. Spendenaktion z. Rettung d. Dt. Staatsoper Berlin. E.: 1995 Bestes Restaurant im Land Brandenburg, 2001 Gastro-Award d. Stadt Berlin, Empfehlung in Spitzenmagazinen; 1972 DDR-Meister im Turniertanz. H.: Radfahren, Tischtennis, Tanzen - 12 J. aktiver Turniertänzer.

Guyout Philippe

B.: Geschf. FN.: Europcar, Autovermietungs GmbH, Deutschland. DA.: 22415 Hamburg, Tangstedter Landstr. 81. G.: Melun/Frankreich, 5. Nov. 1958. V.: Dorothea Buchholz. Ki.: Caroline (1990), Nathalie (1993). S.: 1978 Abitur, Studium d. Wirtschaftswissenschaften. K.: 1984 Vorst.-Ass. Dillinger Hütter AG, 1991 Ltr. Planungscontrolling, 1994-95 Geschf. einer Tochter d. Usinor Gruppe, 1995 Wechsel zur VW AG, seit 1.1.1999 Geschf. Europcar. E.: Conseiller du Commerce Exterieur de la France. M.. Vorst. Lycée français de Hamburg.

Guzman Francisco

B.: Gastronom, selbständig. FN.: Don Quijote. DA.: 80802 München, Biedersteiner Str. 6. G.: Madrid/Spanien, 19. Juni 1966. S.: 1987-89 Ausbildung in d. spanischen Gastronomie. K.: 1989-98 tätig als Kellner im spanischen Lokal Don Quichotte, 1999 Übernahme d. Lokals Don Quijote in München. H.: Lesen, Tennis, Radfahren.

Guzmán Jaime O. *)

Gwisdek Michael

B. Schauspieler u. Regisseur. FN.: c/o Players Agentur Management GmbH. DA.: 10178 Berlin, Sophienstr. 21. email@ players.de. www.players.de. G.: Berlin, 14. Jan. 1942. S.: Ausbild. Dekorateur, Fernstud. Regie Theaterinst. Leipzig, 1965-68 staatl. Schauspielschule Berlin. K.: 1968-73 Schauspieler am Stadttheater Karl-Marx-Stadt, 1973-83 an d. Berliner Volksbühne, 1983-90 am Dt. Theater, seit 1990 auch Filmschauspieler, 1988 Regiedebut; Filmrollen in: 1968 "Die Toten bleiben jung", "Weisse Wölfe", 1973 "Antigone", "Das Schilfrohr", 1974 "Das Lügenmaul", 1975 "Till Eulenspiegel", 1976 "Mann gegen Mann", 1978 "Addio, piccola mia", 1979 "Der Menschenfresser", 1980 "Mihme Mehle", 1981 "Der Feuerdrachen", 1982 "Stella", 1984 Hälfte d. Lebens", 1990 "Die Spur d. Bernsteinzimmers", 1991 "Der Tangospieler", 1992 "Das große Fest", 1994 " Abschied v. Agnes", 1995 "Der Blinde - Edgar Wallace", 1996 "Unter d. Haut", "Brittas Entscheidung", "Das Mambospiel", 1997 "Die Bubi Scholz Story", 1998 "Eine Frau nach Maß" 1998 "Nachtgesalten", 1999 "Zimmer m. Frühstück", 2000 "Donna Leon - Venezianische Scharade", 2000 Vaya Con Dios", 2001 "Liebesau - mitten in Deutschland", "Goodbye Lenin".

*) Biographie www.whoiswho-verlag.ch oder beigefügte CD-ROM

Gwosdz Simone

B.: Dir. FN.: Holiday Inn Garden Court. DA.: 10707 Berlin, Bleibtreustr. 25. PA.: 33330 Gütersloh, Sieweckstraße 51. s.gwosdz@hi-berlin.de. www.holiday-inn.com/ber-kurfursten. G.: Gütersloh, 17. Okt. 1966. S.: 1983 Mittlere Reife Gütersloh, 1985 Fachabitur an d. Fachoberschule f. Sozialpäd., 1985-86 Au-Pair in Paris, Alliance Francaise, 1986-89 Hotel z. Schwan in Heidelberg-Neckargemünd, Ausbild. Hotelfachfrau. K.: 1989-90 Hausdame Selfridge Hotel London, 1990-93 Empfang Hotel Kempinski Frankfurt, 1993-94 Repräsentanz Büro Kempinski New York, 1994-97 Hoteleröff. Art'otel Potsdam, 1987-2000 Room's Division Manager Steigenberger Airport Hotel Frankfurt, 2000-2001 Steigenberger La Playa in Taba/Ägypten, seit 2001 Hoteldir. Holiday Inn Garden Court. BL.: Mitbetreuung v. Obdachlosenprojekten in New York, Long Island Aids-Hilfe. H.: Kultur, Oper, klass. Theater, Sport, Tennis, Joggen.

Gymnich Helmut *)

Gymnich Winfried

B.: Gschf., Inh. FN.: Felix Renner Nachf. GmbH Ingenieurbüro. DA.: 22391 Hamburg, Rabenhorst 28. G.: Hamburg, 26. Apr. 1927. V.: Krista Gymnich, geb. Gesing. Ki.: Dr. med. Insa (1962), Mag. Jessika (1966). El.: LH-Kapitän Alfred Gymnich u. Charlotte, geb. Miller. S.: 1934-38 Volksschule i. Hamburg, 1938-40 Deutsche Schule in Santiago de Chile, 1940-44 Kirchenpauer Realgymn. in HH, 1944-45 Einsatz i. d. Luftwaffe, 1946/47 Abitur nach Ergänzungskurs an d. Univ. Hamburg, 1945-49 Klöckner-Humboldt-Deutz AG Köln u. Hamburg, Lehre als Maschinenbauer i. Dieselmotorenbau m. Abschluss, 1947-49 Ing.-Schule Hamburg, Abendstud. d. allgem. Maschinenbaues, Seemotorenpatent, 1949-51 Menck & Hambrock GmbH, kfm. Lehre m. Abschluss. K.: 1951-53 Klöckner-Humboldt-Deutz AG Köln, Sachbearb. f. d. Export v. Dieselmotoren n. Südafrika u. Südostasien, 1953-57 Henschel Maschinenbau GmbH Hamburg, Ing. u. Gruppenltr. f. d. Projektierung u. d. Verkauf v. Dieselmotoren a. Dtsch. Werften sowie nach Skandinavien, Holland, Frankreich, Portugal, Brasilien u. Argentinien, Verkaufsreisen i. Europa u. Übersee, 1957-61 Hugo Stinnes Gruppe, 1957 MaK Maschinenbau Kiel GmbH, Projekting. u. Exportgruppenltr. f. d. Verkauf v. Motoren u. Anlagen, Reisen, Angebotsverhandl. u. Verkaufsabschl. i. Europa, Nah- u. Mittelost, 1959 Holding Hugo Stinnes Industr. u. Handel GmbH Mülheim/Ruhr, Exportltr. f. d. Tochterfirma Scheid Maschinenfabrik GmbH Limburg/L., 1962-68 Rheinstahl Hanomag AG Hannover, Exportltr. f. d. Baugruppen (Motoren) u. Übersee (Motoren, Radschlepper, Baumasch. u. Lkw) 27 Mitarb., Auswahl, Einsatz u.Steuerung v. Vertragshändl., Verhandl. u. Abschl. v. Großgeschäften weltweit, Verdopp. d. Verkaufsergebn., 1968-79 Hatra Alfred Hagelstein Maschinenfabrik Lübeck, Gesamtexportltr., Aufbau u. Organis. v. Exportgeschäften in Europa u. Übersee, 1970-79 Weserhütte AG Bad Oeynhausen, Prokurist u. Exportbereichsltr., verantw. f. d. ges. Baggerprogramm, Steigerung d. Exportums. i. Europa u. Übersee um d. sechsfache, Einsatz u. Steuerung v. Händlern, Vertretern sowie Betreuung v. Tochterges. in Australien, Südafrika, Brasilien, USA u. Kanada, Mitarbeit a. d. konstrukt. Weiterentwicklung d. Baggerprogramms, Abschl. v. Großgeschäften weltweit, 1979-84 Hans Wulff GmbH & Co KG Maschinenfbk. u. Apparatebau Husum, Alleinvertretungsber. Gschf. d. kfm. u. techn. Leitung d. Unternehmens, pers. Akquisition u. Gewinnung v. Großkunden im Inland, Europa u. Übersee, intens. Bemühungen um Sanierung d. unterkapitalis. u. s. 1974 falsch bilanzierten Unternehmens, Niederlegung d. Geschäftsf. v. d. Konkursverfahren, 1984 Übernahme d. Dipl.-Ing. Felix Renner Nachf. GmbH, alleinige Werksvertretungen i. norddtsch. Raum sowie Vertriebsschwerpunkt.: E. Eisenbeiss Söhne Maschinen- u. Präzisionszahnräderfabrik GmbH Enns/Österreich, Sondergetriebe hpts. f. Containerbrücken u. Krane, Eisenwerk Böhmer GmbH & Co KG Witten, Kranlaufräder, Bremskerl Reibbelagwerke Emmerling GmbH & Co KG Estorf-Leseringen, Spezialbremsbeläge, Allendorfer Fabrik Ing. Herbert Panne GmbH Greifenstein-Allendorf, Gitterroste f. alle Verwendungszwecke. M.: seit 1954 i. VDI, Mitarb. i. d. Fachgemeinschaft Bau- u. Baustoffmaschinen d. VDMA, Mitarb. im Fachausschuss Bautechnik d. VDI, Mtgl. d. 2. Deutschen Wirtschaftsdelegation f. Kuba. H.: Segelflug, Segeln.

Gysi Gregor Dr. jur.

B.: Bgm. u. Senator, RA, Dipl.-Jurist. FN.: Senatsverwaltung f. Wirtschaft, Arbeit u. Frauen. DA.: 10825 Berlin, Martin-Luther-Str. 105. PA.: 10117 Berlin, Jägerstr. 67. gregor. gysi@bundestag.de. www.berlin.de. G.: Berlin, 16. Jan. 1948. V.: Andrea, geb. Lederer. Ki.: Daniel (1964), George (1970), Anna (1996). El.: Dr. Klaus u. Irene. S.: 1962-66 Erweiterte Oberschule EOS Berlin u. Facharbeiterausbildung Rinderzucht, 1966 Abitur, 1966-70 Jurastud. an Humboldt-Univ. Berlin/DDR, 1970 Jurist. K.: seit 1971 RA in Berlin, 1988-89 Vors. d. RA-Kollegium Berlin, 1989 Vors. SED-PDS, 1990 Vors. d. PDS, 1990-2002 MdB, s. 2002 Bgm. u. Senator f. Wirtschaft, Arbeit u. Frauen in Berlin, MdBR. P.: zahlr. Veröff. in jur. u. polit. Zeitschriften u. Zeitungen. "Handbuch d. Rechtsanwalts Autorenkollektiv, "Das war's. Noch lange nicht" (Autobiographische Notizen). M.: Vereinigung demokrat. Juristen. H.: Literatur, Theater, Konzerte. (Re)

Haack Detlef

B.: Uhrmachermeister, Inh. FN.: Der Uhrmacher. DA.: 23879 Mölln, Wallstr. 14. mail@deruhrmacher.de. www.deruhrmacher.de. G.: Ratzeburg, 2. Jan. 1965. V.: Elvira, geb. Luttermann. Ki.: Anna-Sophie (1998). BV.: altes Bauerngeschlecht aus Gudow b. Mölln, zurückgehend b. ins 15. Jhdt. S.: Berufsfachschule f. Elektrotechnik Mölln, 1982-85 Ausbild. z. Uhrmacher in Ratzeburg. K.: 1985-87 Werkstattltr. im EKZ Hamburg, 1988 Wechsel nach Kaltenkirchen, Uhrenrestaurator m. d. Schwerpunkt alte Uhren, 1988-89 Meisterschule, Berufsfachschule f. Uhren- u. Zeitmesstechnik, Meisterprüf., 1989 Eröff. d. eigenen Geschäftes "Der Uhrmacher" in Mölln. E.: Träger d. 2. Schleswig-Holstein. Umweltpreises. M.: seit 1997 im Vorst. d. Uhrmacherinnung Lübeck (Sitz in Bad Segeberg), Round Table 126 Ratzeburg, seit 1991 Mtgl. d. Mölln Marketing, Ver. Umweltfreunde Gudow. H.: Familie, Beruf, Fahrradfahren, Natur, Kirchenmusik im Posaunenchor, Imkerei.

Haack Dieter Dr. jur. *)

Haack Hansjörg Dr. jur. LL.M.

B.: Rechtsanwalt u. Fachanw. f. Steuerrecht. FN.: Societät Feldkamp-Haack. DA.: 49074 Osnabrück, Kamp 45. PA.: 49565 Bramsche-Pente, Kleine Egge 7. G.: Osnabrück, 24. Sep. 1958. V.: Sabine, geb. Markötter. Ki.: 2 Söhne. S.: 1977 Abitur, Bundeswehr, 1980 Stud. Univ. Osnabrück, 1981 Stud. Univ. Münster, 1981-83 Univ. München, 1984-85 Univ. Heidelberg. b. 1988 Ref.-Zeit, 1988 2. Staatsexamen. K.: 1988 Zulassung als Anw., 1989 Prom., 1980-90 Auslandsstud. Univ. Bristol u. Mag.-Stud., seit 1992 Fachanw. f. Steuerrecht in Osnabrück. P.: Erfüllung oder Schadenersatz (1994), Die Verantwortlichkeit d. Gschf. im engl. Recht (1991), Der Bei-

---

*) Biographie www.whoiswho-verlag.ch oder beigefügte CD-ROM

rat d. GmbH & Co KG (1993); Rennaissance d. Abfindung z. Buchwert (1994), Eigenverantwortl. u. Effizient - d. kommunale KH GmbH (1993). M.: Mittelstandsver. CDU.

Haack Harald

B.: Kunsthändler. FN.: Galerie Haack. DA.: 44879 Bochum-Linden, Hattinger Str. 778. G.: Bochum, 17. Juli 1922. V.: Sylvia, geb. Rossa. Ki.: Hendrik (1986), Thiemo (1988). El.: Wilhelm u. Hedwig, geb. Schüßler. S.: Kfm. Lehre, daneben Hdl. m. Teppichen u. Gemälden, 1941 Arbeitsdienst, 1942 Wehrmacht, 1945 amerikan. Gefangenschaft. K.: in Frankreich Gelegenheit f. Untersuchung steinzeitl. u. röm. Besiedlungen, 1950 Firmengrdg. - Hdl. m. Antiquitäten, volks- u. völkerkundl. Objekten, Hauptinteresse galt immer d. völkerkundl. Objekten, d. anläßl. ausgedehnter Reisen nach Afrika, Asien u. d. Vorderen Orient erworben wurden, seit 1998 ausschließl. Hdl. m. afrikan. u. asiat. Kunstobjekten. P.: Veröff. über asiat. Kunst in d. Reihe "Die bibliophilen Taschenbücher". H.: Lesen (Kunstbücher), Besuch v. Museen u. Sammlungen, Reisen.

Haack Helmuth *)

Haack Jürgen Dipl.-Ing. *)

Haack Karl Hermann

B.: Apotheker, MdB. FN.: Dt. Bundestag. DA.: 11011 Berlin, Platz d. Republik 1. PA.: 32699 Extertal, Mittelstr. 5. G.: Extertal-Bösingfeld, 17. Feb. 1940. V.: verh. Ki.: 2 Kinder. S.: 1961 Abitur, 1961-63 Praktikantenzeit in d. Melmschen Hirsch-Apotheke Oerlinghausen, 1964-67 Stud. Pharmazie, 1967-69 Stud. Geschichte, Politik u. Soz. FU Berlin. K.: 1967 Verw.-Praktikum b. d. EG, Gen.-Dion-Ldw., 1969-71 Tätigkeit b. Bundesverb. d. Pharmazeut. Ind. in Frankfurt, Inh. d. Sternberg-Apotheke in Extertal-Bösingfeld, 1968 SPD, seit 1972 Ortsvereinsvors. Bösingfeld, seit 1975 Mtgl. Rat d. Gem. Extertal, seit 1979 Bgm., 1973-87 Mtgl. Kreistag Lippe, 1978-87 Mtgl. Landschaftsverb. Westfalen-Lippe, s. 1987 MdB. M.: Kreisvorst. Lippe d. AWO, 1. Vors. Heimat- u. Verkehrsver. e.V. Extertal-Bösingfeld, Lipp. Heimatbund u. d. Naturwiss. u. Histor. Ver. f. d. Land Lipp e.V., Ostwestfäl. Univ.-Ges., DRK Lippe u. Dt. Reichsbund Lippe. (Re)

Haack Norbert *)

Haacke Harald

B.: Bildhauer. DA. u. PA.: 12205 Berlin, Baseler Str. 59. G.: Wandlitz, 27. Jan. 1924. V.: Brigitte, geb. Stamm. Ki.: Matthias (1953), Aurel (1957). El.: Ernst u. Maria, geb. Niemöller. BV.: Pastor Martin Niemöller, Geologe Wilhelm Haacke, Hoffmann v. Fallersleben. S.: 1938-41 Lehre als Steinbildhauer b. Paul Goerlich, 1941-42 Geselle, 1942-46 Soldat, 1946-52 Stud. d. Bildhauerei an d. HdK Berlin, Mstr.Schüler v. Prof. Richard Scheibe. K.: seit 1952 freischaff. Bildhauer, Ausstellungen: 1967 Galerie Bassenge Berlin, 1975 Haus am Lützowplatz, 1981 Galerie Ver. Berliner Künstler, 1986 Kunst aus Berlin Wanderausstellung in Berlin, Bonn u. Norderstedt, 1994 Kollowitz-Museum-Berlin. BL.: Künstler. Arb. u.a. Portraits v. Rudolf Virchow, Ernst Reuter, Walter Rathenau, Bruno Walther, Thomas Mann, Richard Scheibe, 1994 Willy Brandt, 1998 Königin Luise, Rekonstruktionen: Rathenau-Brunnen nach Georg Kolbe, Gänseliesel-Brunnen nach C. v. Uechtritz, Ännchen v. Tharau-Brunnen in Memel nach A. Künne, Kant-Denkmal in Königsberg nach Ch. D. Rauch, 1993 Vergrößerung v. Mutter m. totem Sohn v. K. Kollwitz f. Neue Wache Berlin, 1996 Bismarck-Denkmal nach Max Klein Berlin-Grunewald. P.: div. Kataloge. E.: 1951 Georg Kolbe-Preis, 1955-57 Reisestipendium Frankreich d. "Freunde d. Bild. Kunst e.V." Berlin, 1965 Stipendiat d. Ak. d. Künste Berlin in Olevano-Romano Italien.

Haacke Hassan

B.: Begründer. FN.: Islam-Inst. Berlin. DA.: 13593 Berlin, Pillnitzer Weg 24. Islam-Institut_Berlin@t-online.de. G.: Berlin, 15. Juli 1963. V.: Fatme, geb. El-Hajj Khalil. Ki.: Shirin (1991), Nasrin (1993), Yasmin und Layla (1995). El.: Eberhard u. Brunhilde, geb. Pietsch. S.: 1979-82 Ausbild. z. Orthopädiemechaniker, 1983 Umschulung z. COM-Operator (Mikroverfilmung). K.: 1995 Begründer d. Islam-Inst. Berlin z. Dokumentation islamspezifischer Literatur, seit d. Jugend Beschäftigung m. d. Islam, Anfang d. 80iger J. Konvertierung z. Islam u. Annahme d. Vornamens Hassan, intensive autodidakt. Studien d. Islams u. aktiv in einer Reihe v. islam. Organ. tätig gewesen, u.a. 1. Vors. d. Islam. Weltkongress / Deutsche Sektion e.V., 1. Vors. d. Dt. Muslim-Liga, zeitweise Vors. d. IslamR. in Deutschland.

Haacke Wilmont Dr. phil. habil.

B.: em. Ordinarius f. Publizistik. FN.: Univ. Göttingen. PA.: 37075 Göttingen, Ludwig-Beck-Str. 5. G.: Monschau, 4. März 1911. V.: Ruth, geb. Usselmann. Ki.: Felicitas, Percy, Eva. El.: Hermann u. Friedel. S.: Realgymn., Univ. Göttingen, Berlin, Wien, Freiburg, 1937 Prom. K.: 1936-39 Praxis "Berliner Tageblatt", "European Herald", 1939-42 wiss. Ass. Inst. f. Zeitungswiss. Univ. Wien, 1942 Habil. 1942-46 Doz. Univ. Freiburg,, Dir. d. Inst. f. Zeitungswiss., 1947-48 Ltr. d. Pressestelle d. Univ. Mainz, Verlagsdir. Buchverlag Freiburg, 1949-52 wiss. Ass. Inst. f. Publizistik Univ. Münster, 1954 Umhabil., 1955 apl. Prof., 1956 Gastprof. Univ. Istanbul, 1955-77 Dir. d. Inst. f. Publizistik, 1973 em. Göttingen. P.: Die Luftschaukel (1939), Das Ringelspiel (1940), Die Jugendlinie (1941), Einer bläst die Hirtenflöte (1940), Notizbuch des Herzens (1942), Julius Rodenberg und die Deutsche Rundschau, Eine Studie zur Publizistik des deutschen Liberalismus (1950), Federleichtes (1953), Handbuch des Feuilletons (I-III 1951-53), Publizistik-Elemente und Probleme (1962), Erscheinungsweise und Begriff der politischen Zeitschrift (1968), Publizistik und Gesellschaft (1970), Die politische Zeitschrift 1665-1980 (I 1968, II 1982). M.: Dt. Ges. f. Publizistik- u. Kommunikationswiss., Georg Christoph Lichtenberg-Ges. H.: Sammeln von Feuilletons.

Haaf Franz Dr. *)

Haag Ansgar

B.: Intendant. FN.: Ulmer Theater. DA.: 89070 Ulm, Herbert-v.-Karajan-Pl. 1. PA.: 86491 Ebershausen, Kirchberg 1. G.: 5. Juli 1955. V.: Corinna, geb. Schildt. Ki.: Joanna-Katharina (1993), Leon Maria (1996), Karlotta Oxana (2000). S.: Stud. Theaterwiss., Psych. u. Amerikanistik Univ. München u. Berkeley. K.: 1975 Regieass. an d. Münchner Kammerspielen, 1978 Dramaturg an d. Bühnen d. Hauptstadt Bonn u. ab 1981 am Staatstheater Darmstadt, 1983 Spielltg. an d. Vereinigten städt. Bühnen in Krefeld u. Mönchengladbach, 1984-89 Re-

*) Biographie www.whoiswho-verlag.ch oder beigefügte CD-ROM

gisseur am Staatstheater Darmstadt, 1989-94 Oberspielltr. am Salzburger Landestheater, seit 1994 Intendant am Ulmer Theater; Funktionen: 1985-88 Gastdoz. an d. HS Darmstadt. P.: Theaterstücke u. Hörspiele. E.: 1990 Einladung z. Österr. Theatertreffen, 1992 "Goldener Hanswurst", 1998 Bayr. Staatspreis f. Opernregie.

Haag Bob *)

Haag Friedrich-G. Dr. med. *)

Haag Gerd

B.: Gschf. Ges. FN.: Haags Hotel GmbH & Co KG Niedersachsenhof. DA.: 27283 Verden, Lindhooper Str. 97. G.: Neudeck, 12. Juli 1941. Ki.: Christian (1969), Julia (1977). El.: Ernst u. Lilli, geb. Enplen. S.: Mitlere Reife, 1958-61 Lehre Großhdl.-Kfm. Mineralölgeschäft Bremen. K.: 1963 Eintritt in d. elterl. Gastronomiebetrieb in Verden, 1966 Eröff. d. Diskothek Harmonie in Verden, 1983 Eröff. d. Hotel Niedersachsenhof u. 1988 Erweiterung m. Schwerpunkt Retaurant m. regionaler u. intern. Küche, Seminar- u. Tagungshotel. M.: Vors. d. DEHOGA, Touristenaussch. d. IHK Stade, Oldtimer Club. H.: Jagd, Werderfan, Oldtimer, Golf.

Haag Gerhard *)

Haag Gerhard Dr. rer. pol. Dipl.-Ing. *)

Haag Helmut *)

Haag Hendrik Dr. *)

Haag Hubert Paul *)

Haag Jos E. Dr. *)

Haag Jürgen

B.: Fotograf, Unternehmer. FN.: Haag Werbung GmbH. DA.: 82319 Starnberg-Söcking, Am Langenberg 2. G.: Gailingen/Bodensee, 1945. V.: Monika. Ki.: Sabine (1967), Susanne (1972). S.: 1963 Mittlere Reife, 1963-65 Fotografielehre, erste Kontakte zu Video Technik. K.: Mitarb. im Portraitbereich, 1969 Verkaufsltg. in Starnberg, 1975 m. Partner 1. Selbständigkeit, u.a. Mitarb. am DSV Ski Atlas, seither alleinige Selbständigkeit u. hauptsächl. im Food u. Gastro Bereich tätig. H.: Motorradfahren, Segeln.

Haag Kai Dipl.-Ing. *)

Haag Ludwig Joseph *)

Haag Manfred *)

Haag Renate *)

van Haag Thomas Wolfgang Nikolaus Dipl.-Ing.

B.: Unternehmer, Inh. FN.: Video Concept Inh.-Filmprod. DA.: 24539 Neumünster, Wührenbeksweg 45. G.: Lübeck, 30. Sep. 1952. V.: Ursel, geb. Faße. Ki.: Steffen (1981). El.: Theodor Franz Josef u. Elfriede Marie Wilhelmine, geb. Mayer. S.: 1971 Abitur Kiel, 1971-73 Bundeswehr, 1974-77 Stud. Maschinenbau FH Kiel, 1977 Dipl.-Ing. K.: 1977-89 Konstrukteur u. Projekting. für Schiffbau und Seeminenabwehrsysteme in der Firma Krupp MaK Maschinenbau GmbH in Kiel, ab 1983 erste Ind.-Filme in d. Firma Krupp, seit 1989 selbst. m. Schwerpunkt Filme über Investitionsgüter, techn. Dienstleister u.a.m.; Projekte: Dokumentationsfilme für Dow Central Germany, Dupont Deutschland, Holsteiner Courier u. DEKRA Crash Zentrum u.a.m. M.: Rotary Club Neumünster, Medieninitiative Ausbild. Schleswig-Holstein.

H.: Modelleisenbahn, Reisen.

Haag Walter Dipl.-Ing. *)

Haag Walter

B.: Gschf. FN.: RWG Riegger Wohn- u. Gewerbebau GmbH. DA.: 88214 Ravensburg, Goethestr. 21. G.: Ravensburg, 22. Juni 1942. Ki.: Heidi, Sylvia, Daniel. El.: Anna Haag. S.: 1957-60 Lehre Maschinenschlosser, Praktikum techn. Zeichner, Stud. Maschinenbautechnik Weil am Rhein, 163 Dipl.-Abschluß. K.: Techniker in d. Fa. Escher-Wyss, 1963-64 tätig in d. Abt. Flugzeugkonstruktion u. Mitentwicklung d. "Sky servant" in d. Fa. Dornier, 1965-68 tätig im Forsch.-Büro f. Ölhyraulik in d. Firma Wegert in Ravensburg, 1968-72 Konstrukteur v. pneumat. Förderanlagen in d. Firma Weschle in Ravensburg, 1971 Kurs f. Einführung in d. elektron. DV b. BR, SWF u. IHK, 1972 tätig im Verkauf in d. Sparkasse, Baufinanzierung, Geldanlage b. z. Wüstenrot-Bank in d. Hypothekenvermittlung, ab 1997 Gebietsltr. f. Immobilienhdl. d. Firma RealMassivHaus in Markdorf, seit 2000 Gschf. d. RWG. E.: firmeninterne Ausz. bei Wüstenrot. H.: Tennis, Reisen in d. Orient.

Haag Wolfgang *)

Haage Bernhard Dietrich Dr. med. Dr. phil. Prof.

B.: Prof. FN.: Univ. Mannheim. DA.: 68131 Mannheim, Schloß. G.: Olmütz, 5. Okt. 1942. V.: Dr. phil. Helga Haage-Naber, geb. Naber. El.: Walter u. Utha. S.: 1961-69 Univ. Heidelberg, Berlin, London, München, 1968 Prom., 1969 Staatsexamen, 1988 Habil. (Geschichte der Medizin), 1991 Habil. (Germanistik). K.: 1968 Ak. Tutor Heidelberg, 1969 Senior Lecturer of German Univ. College Galway Rep. Irland, 1970-74 Doz. Univ. Nijmegen/Niederlande, ab 1974 Mannheim. P.: zahlr. Bücher u.a. "Das Heidelberger Schicksalsbuch" (Frankfurt/Main 1981), "Studien zur Heilkunde im "Parzival" Wolframs von Eschenbach" (Göppingen 1992), "Alchemie im Mittelalter" (Zürich 1996, 2. Aufl. 2000), 120 wiss. Aufsätze, 83 Rezensionen. M.: Oswald v. Wolkenstein-Ges., Wolfram v. Eschenbach-Ges., Dt. Ges. f. Geschichte d. Med., Naturwiss. u. Technik, Mediävistenverb., Würzburger Ges. f. Geschichte d. Med., Humboldt-Ges. H.: Gartengestaltung, Malerei, Lyrik.

Haak Sabine *)

*) Biographie www.whoiswho-verlag.ch oder beigefügte CD-ROM

Haak Waldemar
B.: RA, selbständig. FN.: Kanzlei Haak & Lehnen. DA.: 50939 Köln, Hardtstr. 38. G.: Workuta/GUS, 20. März 1961. V.: Jill Theresa, geb. Bruning. Ki.: Nathalie, Katharina, Nicolas, Emily, Daniel. El.: Anatolj Schagen u. Erna Haak. S.: 1980 Abitur, 1982-84 Stud. Psych. Düsseldorf, 1984-91 Stud. Jura Köln, 1991 1. u. 1994 2. Staatsexamen. K.: seit 1994 ndlg. RA in Köln. H.: Fotografieren, Bildbearbeitung.

Haake Horst Reinhard

B.: Steuerbev./RZ-Gschf. i. R. FN.: ZBL Rechenzentrum GmbH & Co. KG. G.: Dortmund, 3. Dez. 1924. V.: Ingrid Billing-Haake. Ki.: 1. Ehe: Reinhard (1949), 2. Ehe: Claus-Dieter (1958), 3. Ehe: Klaus-Dieter Billing (1951). El.: Emil u. Elfriede. S.: 1939-41 Handelsschule Dortmund, 1941-43 Ausbildung z. "Gehilfen in Wirtschaftstreuhänderbüros" i. väterl. Praxis, Ende 1942-45 Kriegsdienst u. Gefangenschaft, 1951-55 Verwaltungs- u. Wirtschafts-Akad. Dortmund: Wirtschafts-Dipl., 1963/64 Programmier-Ausbildung (IBM). K.: 1952 Examen als "Helfer in Steuersachen" = "Steuerbevollmächtigter", seitdem selbst., 1954 Aufbau u. Mitbegründer d. ZBL Rechenzentrum GmbH & Co. KG in Bochum, 1964 Firma verlegt nach Schwerte (= erstes unabhängiges Rechenzentrum d. Bundesrep. Deutschland), 1985 Liquidation d. Rechenzentrums. E.: EK II (1943), BVK (1997), "District Governors Appreciation Award" v. LIONS-INTERNATIONAL, Oak Brook/USA (1989 u. 1996) f. 21. J. Vorstandsarbeit, Sekretär, Gold. Ehrennadel d. Zentralverbandes d. Deutschen Haus-Wohnungs- u. Grundeigentümer f. 28 J. 1. Vorsitz (1989), Theodor-Heuss-Med. (1986), F.D.P., etc. M.: seit 1947 Sozialverband Sozialverband Deutschland e.V., ehem. Reichsbund, ab 1988 1. Vors., 1961 Heimat- u. Verkehrs-Verein, Vorst.-Mtgl.; 1961 F.D.P. Vorstand, Ausschuß-Mtgl., zeitw. Partei- u. Fraktions-Vors., Ratsherr 1974-79, 1961 Haus-Wohn- u. Grund-Eigent. Verband, 1961-92 1. Vors., 1973 Lions-Club Schwerte, 1975-96 Sekretär), 1988 Mitgründer d. Schwerter Seniorenzeitung "AS-Aktive Senioren" (Auflage 5000), ab 1990 ehrenamtl. Redaktions-Ltr., seit 1990 Mtgl. d. Seniorenbeirates d. Stadt Schwerte, H.: Schreiben, Fotografieren, Zeichnen u. Handwerken.

Haake Kai
B.. RA in eigener Kzl. DA.: 10629 Berlin, Giesebrechtstr. 11. kanzlei@ra-haake.de. G.: Berlin, 19. Feb. 1967. El.: Dr. Rainer u. Bärbel, geb. Flücheter. S.: 1988 Abitur, 1988-92 Stud. Jura FU Berlin, Referendariat. K.: 1997 Eröff. einer Kzl., 1998 Eröff. d. jetzigen Kzl. m. Tätigkeitsschwerpunkt Strafrecht. M.: Verband d. Strafverteidiger, DAV. H.: Sport, Literatur.

Haake Manfred *)

Haake Norbert *)

Haake Thomas Dr. med. *)

Haake Till Dipl.-Ing.
B.: Unternehmer. FN.: Tito Werbeagentur. DA.: 13055 Berlin, Freienwalder Str. 12A. service@tito-werbung.de. www.tito-werbung.de. G.: Berlin, 8. März 1966. V.: Gabriele, geb. Schneider. Ki.: Tina (1986). S.: 1985 Abitur, 1985-89 Stud. Maschinenbau b. d. Armee in Kamenz, 1989 Dipl.-Ing. f.

Maschinenwesen. K.: 1989-90 Truppführer b. d. Armee in Brandenburg, 1991-95 in versch. Branchen in d. Berliner Wirtschaft u.a. 1993-94 1 J. b. Krüger Werbetechnik, 1995 Firmengrdg. Car Design, seit 1997 Umfirmierung Tito Werbeagentur, seit 2000 Alleinunternehmer, v. allem techn. Arb. f. Printwerbung, Plakate, Werbetechnik, auch Sportwerbung f. Eishockeyver. EHC Berlin. M.: BLV Barter Logistik Verb., TSV Oranke. H.: Eishockey, Volleyball, Badminton, Fußball, Golf.

Haaks Peer

B.: Gschf. FN.: Radio Energy 97,1. DA.: 22299 Hamburg, Winterhuder Marktpl. 6-7. G.: Hamburg, 7. Nov. 1956. V.: Sylvia, geb. Kortner. Ki.: Philipp (1989), Sarah Kristin (1995). S.: 1972-75 Ausbild. z. Einzelhdls.-Kfm. K.: 1975-76 Einzelhdls.-Kfm., 1976-79 Bundeswehr, Feldwebel d. Res., 1980-84 Personalabt. Axel Springer Verlag, 1985-86 Produktionsass. Fernsehsender SAT 1, 1987-90 Pressesprecher und Controller b. Radio Hamburg, 1991-96 Projektltr. Hörfunk b. d. UFA Film- u. Fernsehproduktion, 1997-99 Gschf. b. d. Ostseewelle Mecklenburg-Vorpommern in Rostock, seit 1999 Gschf. b. Radio Energy. P.: viele Beiträge in Fachzeitschriften. H.: Fliegenfischen.

Hääl Rein-Hillar *)

Haala Helmut Dr. med. *)

Haala Werner *)

Haan Claudia *)

Haan Jean Dr. Prof. *)

Haan Jochen Dr. med. vet. *)

Haan Marie-Louise Dr. med. vet. *)

Haan Stephan Dipl.-Ing. *)

Haar Horst
B.: Reg.-Dir., Referatsltr. f. Aus- u. Fortbild., Haushalt, Zentrale Dienste u. Liegenschaftsverw. FN.: Senator f. Finanzen Bremen. DA.: 28195 Bremen, Rudolf-Hilferding-Pl. 1. horst.haar@finanzen.bremen.de. www.bremen.de/info/lfs. G.: Bremen, 1. Mai 1954. V.: Frauke, geb. Hartwig. Ki.: 2 Adoptivkinder, 3 Pflegekinder. El.: Johann u. Lieselotte, geb. Viets. S.: 1973 Abitur Bremen, 1973-75 Zeitsoldat Bundeswehr, 1975-78 Insp.-Ausbild. in d. Steuerverw. d. Landes Bremen. K.: 1978-82 Finanzamt Bremen-Mitte Sachbearb. f. Körperschaften, 1982-99 Landesfinanzschule b. d. Oberfinanzdirektion als Lehrer, seit 1987 Ltr. d. Schule, 1987-89 glz. Aus- u Fortbild.-Referent d. Oberfinanzdirektion, seit 1999 Reg.-Dir., seit 2000 Behörde d. Senators f. Finanzen, Referatsltr. f. Aus-

*) Biographie www.whoiswho-verlag.ch oder beigefügte CD-ROM

u. Fortbild., Haushalt f. Zentrale Dienste u. Liegenschaftsverw., Lehrer für Körperschaftsteuer- u. Umwandlungssteuerrecht, Fortbild. f. d. Steuerberaterkammer in Sachsen-Anhalt u. Brandenburg, Steuerberaterverb. in Bremen, Oberfinanzdirektion in Rostock, Finanzbehörde in Hamburg. P.: Mitautor Lehrbuch Bewertungsrecht u. Vermögensteuer (1989), regelmäßige Beiträge im Steuer-Seminar, Steuer-Lexikon, Steuer & Studium. M.: Vorst.-Mtgl. Lebenshilfe im Landkreis Verden e.V.

ter Haar Horst *)

von Haaren Christina Hanna Margaretha Dr. rer. hort. Prof.
B.: Univ.-Prof. C4. FN.: Institut f. Landschaftspflege u. Naturschutz Universität Hannover. DA.: 30419 Hannover, Herrenhäuserstr. 2. haaren@land.uni-hannover.de. www.laum.uni-hannover.de. G.: Bederkesa, 23. Feb. 1954. V.: Dr. rer. hort. Thomas Horlitz. Ki.: Paula (1989), Fritz Christopher (1992). El.: Heinrich von Haaren u. Martha-Luise, geb. Jung. S.: 1972 Abitur im Landkreis Cuxhaven, 1972-78 Stud. d. Landespflege an d. TU Hannover m. Abschluss z. Dipl.-Ing., Auslandsaufenthalte in Finnland u. Japan), 1987 Prom. K.: 1979-85 tätig in einem Planungsbüro in Hannover als Landschaftsplanerin, 1978-79 Auslandsaufenthalt in d. USA b. einem Landschaftsgestaltungsunternehmen, 1985 Grdg. d. Firma ARUM m. Margret Brams u. Ernst Brams Umweltplanung, 1986-92 Hochschulassistentin an d. Univ. Hannover am Inst. f. Landschaftspflege u. Naturschutz, 1992-94 Akademische Rätin, 1994-95 Gastprofessorin an d. Univ. Kassel, 1996-98 Doz. an d. Univ. Hannover, 1998 Berufung z. C4 Prof. an d. Univ. Hannover am Inst. f. Landschaftspflege u. Naturschutz, Schwerpunkte Landschaftsplanung, Landschaftsanalyse, Zusammenarbeit v. Naturschutz u. Landwirtschaft. P.: div. Veröff. in Fachzeitschriften u. Mitautorin v. Fachbüchern. E.: seit 2000 Gutachterin b. DFG Dt. Forschungsgemeinschaft, Preis d. Ges. f. Freunde d. Gartenbaus u. d. Landespflege. M.: d. Beirates f. Raumordnung d. Ministeriums f. Verkehrsbau u. Wohnungswesen, Mtgl. d. Rates v. Sachv. f. Umweltfragen d. Bundesregierung, im Bund f. Umwelt- u. Naturschutz Deutschland, b. Plan Intern., Freunde d. Herrenhäuser Gärten, Dt. Bodenkundliche Ges., Floristisch-Soziologische Arge, Pollichia Ver. f. Naturforschung u. Landespflege. H.: Belletristik, Joggen.

von Haaren Marion
B.: Chefredakteurin. FN.: WDR. DA.: 50667 Köln, Appellhofpl. 1. G.: Kiel, 2. Mai 1957. S.: 1977 Abitur Adenau, 1977-82 Ausbild. z. Journalistin im Fachgebiet Wirtschaft u. Politik an d. Kölner Schule - Inst. f. Publizistik Köln, 1978-84 Stud. Vw. Univ. Köln, Dipl.-Vw., 1984 Stipendium d. Friedrich-Ebert-Stiftung Ungarn. K.: 1984 Festanstellung b. WDR im Rahmen d. Kabelpilotprojektes in Dortmund, 1986 Wechsel in d. WDR-Verkehrsredaktion/Hörfunk nach Köln, 1988 Wechsel in d. WDR-Wirtschaftsredaktion/Hörfunk, 1989 Wechsel in d. WDR-Wirtschaftsredaktion/Fernsehen, zunächst Redaktion u. Moderation d. Verbrauchersendung "markt", seit 1992 redaktionelle Betreuung u. Moderation d. Wirtschaftssendung "plus 3" bzw. "WAS", Teilnahme an d. ARD-Sendungen "Presseclub" u. "Pro & Contra", Moderation d. Sendung "Brennpunkt", ARD Thema live sowie Kommentare zu Wirtschaftsthemen in d. "Tagesthemen". E.: 1982 Sonderpreis "Jugend forscht" d. Bundesmin. f. Forsch. u. Technologie f. einen Hörfunkbeitrag über krebserregende Stoffe in d. Reifenprod., 1989 Kurt-Magnus-Preis f. d. Hörfunk-Feature "Das 1000 Kilometer Fließband" eine Sendung über d. Just-in-time-Produktion in d. Automobilind.

Haarhaus Dieter Dr. med. *)

Haarmann Michael

B.: selbst. Zahnarzt; Footballtrainer. DA.: 2775 Delmenhorst, Brendelweg 5. G.: Bremen, 2. Aug. 1966. V.: Kerstin, geb. Lauterach. El.: Hermann u. Ursula, geb. Wiezorek. S.: 1986 Abitur, Stud. Zahnmed. Hamburg, 1994 Approb. K.: 1996 Eröffnung d. Zahnarztpraxis in Delmenhorst m. Schwerpunkt Kinderzahnheilkunde u. Implantologie; 1983/84 Abschluß d. High School in Ohio u. Beginn m. American Football, 1985 Grdg. d. 1. Footballver. in Bremen u. b. 1998 aktiver Spieler, seit 1999 Trainer d. Wild Huskys in Hamburg. H.: American Football, Golf.

Haarmann Christian Dipl.-Sozialwiss. *)

Haarmann Hans Hermann Richard Wilhelm *)

Haarmann Hans Wilhelm Dr. med.

B.: FA f. Innere Med. DA.: 59073 Hamm, Dasbecker Weg 42. PA.: 59073 Hamm, An der Barbaraklinik 7. G.: Weiskirchen, 3. Juni 1945. V.: Irmgard, geb. Overhage. Ki.: Beate (1974), Eva Maria (1975), Georg (1982). S.: 1964 Abitur, 1964-69 Stud. Med. Gießen u. Wien, 1970 Prom. K.: b. 1971 Med.-Ass. am Marien-KH in Wickede/Ruhr, 1971-72 Stabsarzt, 1972 Ass.-Arzt am Marienhospital in Hamm, 1977 FA für Innere Med., 1977-79 OA am Marienhospital Hamm, seit 1979 ndlg. Internist in Hamm, seit 1995 beratender Arzt d. Dt. Jugendherbergswerkes Landesverb. Westfalen-Lippe. M.: Kirchengem., Vors. d. Arge Hammer Ärzte, Hartmannbund, Bund Dt. Internisten, Hammer Klub Ges. H.: Fotografie, Lesen, Politik, Geschichte.

Haarmann Hermann Dr. Univ.-Prof. *)

Haarmann Hubert *)

Haarmeyer Paul Dipl.-Kfm. *)

Haars Annegret Dr. *)

Haars Joachim
B.: selbst. Allfinanzkfm. DA.: 38114 Braunschweig, Ottersweg 5. G.: Reyershausen, 27. Aug. 1944. V.: Ingrid, geb. Behn. K.: 1958 Lehre Maurer, Gesellenprüf. m. Ausz. u. Landesmeister im Maurerhandwerk, 1962 Höhere Handelsschule Braunschweig, 1963

*) Biographie www.whoiswho-verlag.ch oder beigefügte CD-ROM

Bundeswehr, 1965 Bundesfachschule für maschinelle Datenverarb. in Düsseldorf. K.: techn. Ang. bei PTB in Braunschweig, glz. Abschluß MTA, 1988 nebenberufl. RWS-Partner, seit 1996 selbst. Allfinanzberater als RWS-Partner. E.: div. sportl. Ausz., 1991 Gold. Ehrennadel d. Niedersächs. Fußballverb., 1997 Gold. Ehrennadel d. Landessportbundes Niedersachen. M.: seit 193 Vors. d. Sportver. Sportfreunde Ölper, 2000 Grdg. d. BSV Ölper. H.: Fußball, Tennis, Surfen.

Haars Karl-Heinz Dipl.-Kfm. *)

Haas Achim *)

Haas Alexander Dipl.-Bw.
B.: Immobilienverwalter, Inh. FN.: Haas Hausverw. DA.: 72622 Nürtingen, Im Wiesengrund 24. alex.haas@t-online.de. G.: Balingen, 2. Dez. 1967. V.: Dr. Ulrike, geb. Bopp. Ki.: Simon. El.: Siegfried u. Anneliese, geb. Hirsch. S.: 1978-86 Gymn., 1986-88 Bundeswehr, 1988-90 Höhere Handelsschule Balingen, FH-Reife, 1990-92 Lehre Kfm., 1992-96 Stud.Nürtingen m. Abschluß Bw. u. IHK-Ausbild.-Eignung. K.: seit 1995 selbst. Immobilienverwalter; Funktion: seit 1999 Doz. an einer Ak. f. Wohnungswirtschaft Baden-Württemberg in Nürtingen u. Stuttgart. P.: Mitautor d. Standardwerkes "Wohnungs- u. Immobilienlexikon". M.: seit 2000 Prüfer d. IHK Stuttgart f. Immobilienfachwirte u. Fachkaufleute f. Verw. v. Wohnungseigentum. H.: Lesen, Familie, Reisen, Radfahren.

Haas Bernd

B.: Gschf. FN.: BUG Rohrreinigung GmbH. DA.: 70469 Stuttgart, Theodorstr. 18 b. G.: Stuttgart, 17. Sep. 1950. S.: 1965-68 Lehre Positivretuscheur. K.: 1968-71 tätig als Positivretuscheur, 1971-72 Bundeswehr, 1972-76 tätig als Positivretuscheur, 1976-81 selbst. Positivretuscheur u. Grafik-Designer, 1981-89 zuständig f. Werbung u. Marketing f. namhafte Rohrreinigungen, 1989 Grdg. d. Firma BUG u. seither Gschf. M.: Grdg.-Mtgl. d. VDRK f. Rohrreinigungsfirmen. H.: Skifahren, Zeichnen, Lesen, Malen.

Haas Doris *)

Haas Evelyn Dr.
B.: Richterin. FN.: Bundesverfassungsgericht. DA.: 76131 Karlsruhe, Schloßbezirk 3. www.bundesverfassungsgericht. de. G.: Hannover, 7. Apr. 1949. S.: 1971 1. Staatsexamen, 1974 Prom. Heidelberg, 1977 2. Staatsexamen. K.: 1977-86 Richterin am Verw.-Gericht Braunschweig, 1982-86 wiss. Mitarb. am Bundesverfassungsgericht, 1986-90 Richterin am Oberverw.-Gericht Lüneburg, 1987-90 Ref.-Leiter in d. Niedersächs. Staatsknzlei, seit 1990 Richterin am Bundesverw.-Gericht, seit 1994 Richterin am Bundesverfassungsgericht. (Re)

de Haas Friederike *)

Haas Gabriele *)

Haas Hans *)

Haas Hans *)

Haas Helmar

B.: Gschf. Ges. FN.: AUV Haas Systemhaus f. ganzheitliche Rohr- u. Kanalunterhaltung GmbH & Co KG. DA.: 70372 Stuttgart, Wiesbadener Str. 16. www.haas-san.de. G.: Stuttgart-Cannstatt, 20. März 1949. V.: Hannelore, geb. Reimer. Ki.: Peter (1980), Stefanie (1984). S.: b. 1969 handwerkliche u. kaufmännische Ausbildung, Wehrdienst. K.: einige J. Tätigkeit in d. erlernten Berufen, 1975 selbständig m. Gründung eines Betriebes Rohrreinigung Haas in Stuttgart, ständige Weiterentwicklung d. Betriebes führen zu Pionierleistungen auf d. Gebiet d. Ausrichtung u. problemlosen Unterhaltung aller Ver- u. Entsorgungsrohre, 1991 Umfirmierung in AUV Haas GmbH & Co KG, war als einer d. ersten Unternehmen m. d. Inspektion v. Kanälen führend u. gilt auch heute wegweisend in Technologie u. Equipment, Filialbetriebe in Augsburg, Chemnitz u. Dresden. BL.: zahlr. Patente u. Patentanmeldungen im Bereich Sanierung; Sponsor v. Chören u. Gesangsgruppen, Jugendarbeit in u. um Stuttgart, Kunstsammler. P.: Beiträge u. Aufsätze in Fachorganen u. d. Presse, Referent auf Seminaren, Schulungen u. Vortragsreihen, Info-Veranstaltungen, Messen, an FH, Umweltfachämtern u. Landeshauptstädten. H.: Literatur, Kunstgeschichte, E- u. U-Musik, Reisen, Golf, eigener Jagdhund, Natur, Familie, gutes Essen, Lifestyle.

Haas Helmut Dr. med. *)

Haas Helmut *)

Haas Herbert Dipl.-Ing. *)

Haas Heribert Dipl.-Ing.

B.: Geodät. FN.: Direktion f. Ländliche Entwicklung. DA.: 96047 Bamberg, Nonnenbrücke 7a. G.: Rückersdorf/Lauf, 13. März 1946. V.: Gertrud. Ki.: Katharina (1976), Raphael (1978), Lorenz (1981). S.: 1965 Abitur Celtis-Gymn. in Schweinfurt, 2 J. Wehrdienst, 1967-71 Stud. Geodäsie an d. TU München, 1971 1. Staatsexamen, 1974 2. Staatsexamen. K.: 1974-79 Ltr. v. Flurbereinigungsverfahren, Schwerpunkt Weinbergflurbereinigung Region Würzburg, 1980 Bayer. StMin. f. Ernährung, Landwirtschaft u. Forsten, 1982-90 Flurbereinigungsdirektion Würzburg, Öffentlichkeitsarbeit, Dorferneuerung u. Finanzabteilung, 1991 Sächs. StMin. f. Landwirtschaft , Ernährung u. Forsten in Dresden, 1993-94 Stellv. d. Präs. d. Direktion f. ländliche Entwicklung in Würzburg, seit 1995 Präs. d. Direktion f. ländliche Entwicklung in Bamberg. P.:

*) Biographie www.whoiswho-verlag.ch oder beigefügte CD-ROM

zahlr. Fachartikel. M.: Pfarrgemeinderat in Kürnach, Personalrat, Vors. d. Vereines Frankenbund. H.: Skifahren, Kegeln, klass. Musik, Lesen.

Haas Hermann Josef Dr. rer. nat. Prof. *)

Haas Horst
B.: Dipl.-Wirtschaftler, Vors. FN.: Förderverein St. Ulrich Heinrichs e.V. DA.: 98529 Suhl, Am Lautenberg 11. G.: Heinrichs, 25. Aug. 1927. V.: Loni, geb. Wagner. Ki.: Bärbel (1946), Andreas (1953). BV.: Urgroßvater Andreas Christian Haas war Königl. Bayer. Postbeamter zu Pferde. S.: 1942-44 Werkzeugmacherlehre in d. Gustloff-Werken Heinrichs, 1944-46 Soldat u. Kriegsgefangenschaft (Rußland), 1950 Meisterprüfung, 1967-73 Fernstudium Betriebswirtschaft KMU Leipzig, Abschluss: Dipl.-Wirtschaftler. K.: 1946-50 Werkzeugmacher Firma Max Wagner, 1950-72 eigene Firma Horst Haas Präzisionswerkzeugfabrik, 1972-90 Betriebsdir. VEB Gewindewerkzeuge (Betrieb im Werkzeugkombinat Schmalkalden), 1990-92 Insovenzverwaltung, seit 1992 Pensionär. BL: 1961-74 Vors. Motorsportclub Suhl, 1964 Verantwortlicher f. Organisation d. Intern. Sechstagefahrt; 1996 Grdg. d. Fördervereins St. Ulrich m. d. Ziel, d. älteste Suhler Kirche zu erhalten u. zu schützen. P.: regelmäßige Beiträge im "Freien Wort" über Fortgang d. Restaurierungsarbeiten. M.: seit 1991 Gemeindekirchenrat, seit 1996 Förderverein St. Ulrich e.V., dzt. Vors., ADAC. H.: Holzschnitzen, Garten.

Haas Joachim Dr.

B.: RA. FN.: Anw.-Büro Dr. Haas. DA.: 97421 Schweinfurt, Spitalseeplatz 6. G.: Schweinfurt, 29. März 1946. V.: Dr. Gabriele, geb. Hübler. Ki.: Jan-Oliver (1979), Julia (1982). El.: Friedrich u. Gertrud, geb. Seitz. S.: 1965 Abitur Schweinfurt, 1965-67 Wehrpflicht, 1967-70 Jurastud., 1. Staatsexamen, 1970-73 Referendarzeit, 1973 2. Staatsexamen, 1973/74 Prom. K.: 1973/74 Mitarb in Würzburger RA-Kzl., seit 1975 selbst. mit eigener Kzl. in Schweinfurt, Schwerpunkt: Strafrecht, Ziviles Baurecht u. Wirtschaftsrecht; seit 1986 Mitbegründer u. 1 Vors. d. Kunstver. Schweinfurt, Ausstellungen, Atelierbesuche, Graphik-Editionen, Jahresgaben, Vorträge, Kunstreisen. P.: Diss. "Die Zulässigkeit v. Verfügungen zu Gunsten Dritter" (1973), Beiträge in Ausstellungskatalogen, Mitautor: "Außerhalb d. Spekulation" (1994), "Alles ist im Fluß" (1996), "Jur. Bibl. Dr. Haas, Entstehungsgeschichte u. Bestand" (1998). M.: Kunstver. Schweinfurt e.V., FC 05 Schweinfurt, DJK Schweinfurt (Volleyball), 9 J. aktiv Bundesligamannschaft, 1980 Dt. Seniorenmeisterschaft. H.: Bibl., abstrakte Kunst, Pop-Musik, Sport (Volleyball, Tennis, Fußball).

Haas Johannes
B.: Offsetdrucker, selbständig. FN.: Immler Druck Medien. DA.: 87600 Kaufbeuren, Innere Buchleuthe 19. www.immlerdruck.de. G.: Augsburg, 24. Feb. 1971. V.: Franziska, geb. Großmann. Ki.: Johannes (2000), Anna-Lena (1998). El.: Johann u. Erika. S.: Mittlere Reife, b. 1997 Lehre Offsetdrucker, Meisterprüfung. K.: seit 1997 selbständig m. Übernahme d. Druckerei Immler in Kaufbeuren spez. f. Prod. v. Hochglanzbroschüren u. Herstellung u. Vertrieb eines Kunstkalenders im Eigenverlag. M.: Wirtschaftsjunioren Ostallgäu, Junior d. Handwerks, Stadtmanagement Kaufbeuren, Verein Attraktives Kaufbeuren. H.: Tennis, Fußball, Joggen, Familie.

Haas Jörg Dr. rer. pol. Dipl.-Kfm.

B.: Vorst. FN.: GWI AG, Informations- u. Kommunikationssysteme im Gesundheitswesen. DA.: 53229 Bonn, Gorch-Fock-Straße 5-7. www.gwi-ag.com. G.: Prüm/Eifel, 7. Dez. 1963. V.: Martina, geb. Wirges. El.: Hansgerd u. Gerdi. S.: 1984-87 Stud. Betriebswirtschaft/Wirtschaftsinformatik FHS Trier, 1987-90 Stud. Wirtschafts- u. Sozialwiss. Univ. Trier. K.: 1990-93 wiss. Mitarb. an der Univ. Trier, 1993-95 Forschung im Schwerpunktprogramm Wirtschaftsinformatik Dt. Forschungsgemeinschaft (DFG), 1990 Gschf. u. Gründer d. GWI Unternehmensgruppe, seit 1997 Vorst. d. GWI AG. P.: Treatment of uncertainty in social-science expert systems (1990), Offenbar fällt es schwer, gewohnte Gleise zu verlassen (1993), Eine integrierte KH-Software (1993), Neue Rahmenbedingungen b. med.-techn. Großgeräten im KH (1993), Bedeutung u. Ziele krankenhausweiter Datenmodelle (1996), Flexible, prozeßkonforme Plankosten - und Leistungsrechnung auf Teil- u. Vollkostenbasis f. Krankenhausunternehmen (1999), u.v.m.; Tagungsband: Organizational Modelling in Distributed Corporation (1995). M.: Stellv. Vorst.-Vors. VHitG (Verband d. Hersteller v. IT-Lösungen f. d. Gesundheitswesen e.V.). H.: Leichtathletik, Kultur.

Haas Judith Dr. med. Prof. *)

Haas Karl Dr. iur.
B.: RA. FN.: Anw.-Büro Schloesser, Kerschka, Dr. Haas & Partner. DA.: 47533 Kleve, Tiergartenstr. 28a. G.: Kleve, 2. Mai 1961. V.: Andrea, geb. Westermann. Ki.: Anna (1994), Stephan (1996). El.: Heinrich u. Helga, geb. van Acken. S.: 1980 Abitur Kleve, 1980-87 Stud. Rechtswiss. Univ. Bonn u. Nijmwegen/NL, Stud. Wirtschaftswiss. Univ. Bonn 1990 1. Staatsexamen, 1990 Asserintas. Den Haag/NL, 1991 Lawschool of Washington in Washington D.C. K.: 1990-93 wiss. Mitarb. an d. Univ. Bonn, 1993 Zulassung z. RA u. Ndlg. als RA in Kleve, 1995 Sozius in d. Anw.-Kzl. Schloesser & Kerschka, 1996 Prom., 1995-99 RA in d. Anw.-Sozietät Schloesser, Kerschka, Dr. Haas & Partner, Schwerpunkte: Wirtschafts-, Umwelt- u. Wirtschaftsstrafrecht. BL: 1985-86 Spieler b. Bundesligisten SC Bonn (Rugby), aktive Tätigkeit in d. Nachwuchsförd. m. Veranstaltungen in d. Schulen, aktives soz. Engagement. P.: Aufsätze in d. Fachzeitschriften "Der Betrieb" (1990) u. "Europ. Zeitschrift f. Wirtschaftsrecht" (1990) z. Thema "Niederländ. Straf- u. Devisenrecht", Aufsatz in engl. Sprache f. d. Lawschool of Onati/Spanien z. Thema "Niederländ. Strafprozesse", Prom. "Die Zusammenarb. d. niederländ. Strafverfolgungs- u. Verw.-Behörden im Bereich v. Umweltdelikten aus rechtsvergleichender u. kriminologischer Sicht". E.: Ehrennadel f. bes. sportl. Leistungen d. Stadt Kleve. M.: Rotary Club Kleve Kreis Schloß Moyland, Anw.-Kam., Anw.-Ver. Kleve, Dt. Anw.-Ver., RC Nijmwegen (Rugy), Mercur Kleve (Basketball). H.: Rugby, Basketball, bild. Kunst, Kunstgeschichte.

Haas Karl Friedrich *)

Haas Karl-Friedrich *)

Haas Lothar Dr. med. *)

*) Biographie www.whoiswho-verlag.ch oder beigefügte CD-ROM

Haas Manfred *)

Haas Marius Dr.
B.: Botschafter. FN.: Dt. Botschaft. DA.: BI-11181 Yangon/Myanmar, 32 Natmauk Road. G.: Drontheim/Norwegen,13. Mai 1945. S.: 1964 Abitur, b. 1967 Bundeswehr (Oberleut. d. Res.), Stud. d. Politikwiss., Zeitungswiss. u. Geographie i. München, Prom. z. Dr. phil. K.: 1975 Eintritt i. d. Vorbereitungsdienst z. Auswärtigen Dienst, Laufbahnprüfung, 1975-77 Attacheausb., 1977-79 Vers. i. Bundeskanzleramt, 1979-81 a. d. Botsch. i. Mexiko-Stadt tätig, 1982-85 Botschaft Monrovia (Liberia), 1985-88 i. Planungsstab d. Auswärtigen Amts, 1988-91 ständ. Vertr. d. Vereinten Nationen i. New York, 1991-94 Botschaft Nairobi, 09/1994 Vers. i. d. Bundespräsidialamt, ab 05/1997 Ltg. d. pers. Büros d. Bundespräsidenten, s. 09/1999 Botschafter d. Bundesrep. Deutschland i. Myanmar (Burma). E.: 1999 BVK am Bande.

Haas Michael *)

Haas Michael

B.: Kunsthändler. FN.: Galerie Michael Haas. DA.: 10629 Berlin, Niebuhrstr. 5. G.: Freiburg, 3. Juni 1953. V.: Anna, geb. Winterhalter. El.: Otto u. Brigitte, geb. Tritscheler. BV.: Großvater Adolf Haas Erfinder d. Gleisstopfmaschine b. d. Bahn, dafür Preis v. Dynamit Nobel erhalten, Urgroßvater Tritscheler Baumeister in Freiburg-Hertern. S.: Stud. Bildhauerei Kunstak. Karlsruhe u. Braunschweig unter Emil Cimiotti. K.: seit 1973 in Berlin, 1976 Eröffnung d. Geschäftes seit 1978 Galerie m. Ausstellungen intern. Kunst 20. Jhdt., 1998 Jean Fautrier u. Georg Baselitz, 1999 James Ensor, 2000 Franz Gertsch, 2001 Bernard Venet. P.: 2000 in Heute Journal über Howard Hodgkin, viele Publ. über Galerie in FAZ, Tagesspiegel, Handelsblatt, über ihn Portrait in Weltkunst. M.: Dt. Galeristenverb. BVDG. H.: Malerei u. Bildhauerei unter Künstlernamen Joachim Elzmann.

Haas Michael *)

Haas Mike *)

Haas Norbert Dr. *)

Haas Peter Dr. iur.

B.: RA, Fachanwalt f. Steuerrecht, Steuerstrafverteidiger. FN.: Sozietät Haas & Partner. DA.: 44787 Bochum, Grabenstr. 12. G.: Bochum, 28. Juli 1967. El.: RA Notar Franz Josef u. Inge, geb. Schulte-Herrmann. BV.: Großvater Josef Peter Haas - Gründer Dt. Anw.-Inst. S.: 1986 Abitur Bochum, 1986-90 Stud. der Rechtswiss. Univ. Bochum, 1. Staatsexamen, 1991-94 Referendariat, 2. Staatsexamen, 1995 Prom. Univ. Bamberg-Erlangen, 1996 Fachanw. f. Steuerrecht. K.: seit 1994 Partner d. Sozietät Haas & Partner Bochum, seit 1999 Leiter d. Fachinst. f. junge Anwälte im Dt. Anw.-Inst., dort ständiger Doz. im Steuerrecht. P.: 1995ff verantwortl. Redakteur "Jahrbuch d. Fachanw. f. Steuerrecht", 1996 Diss. "Erbschaftssteuerrecht u. ges.-rechtl. Nachfolge", zahlr. Fachbeiträge z. Steuerrecht. E.: seit 1998 Vorst.-Mtgl. AG d. Fachanw. f. Steuerrecht e.V. Bochum, seit 1999 Vorst.-Mtgl. Dt. Anw.-Inst. e.V. Bochum. H.: Literatur, Jazz, Kunst.

Haas Rainer Dipl.-Ing.

B.: Werbetechniker, Inh. FN.: Design + Prod. DA.: 70816 Stuttgart, Hornbergstr. 143. artdesign@t-online.de. G.: Heilbronn, 2. Mai 1964. El.: Dr. Dieter und Christa, geb. Müller. S.: 1984 Abitur Weingarten, 1984-85 Bundeswehr, 1986-88 Ausbild. Fotosetzer u. Reprograf, 1988-89 Ausbild. Drucker, 1989-93 Stud. Werbetechnik u. Werbewirtschaft FH f. Druck Stuttgart. K.: 1993-94 tätig in d. Werbeabt. d. Firma Porsche, seit 1994 selbst. m. der Firma Art-Design Atelier f. Kommunikation, 2000 zusätzl. Grdg. d. Firma Druckfrisch Prod.-Agentur m. Schwerpunkt Grafik, Gestaltung u. Printmedien. P.: Seminare f. d. Württemberg. Skiclub, Agenturen f. Drucktechnik u. Vers. H.: Snowboarden, Mountainbiken, Fitnessport, Motorradfahren, Oldtimer.

von Haas Rainer Dipl.-Ing. *)

Haas Ralf

B.: Gschf. FN.: Motorrad Nagl GmbH. DA.: 82362 Weilheim, Karl-Böhaimb-Str. 29. G.: Stolberg, 6. Juli 1963. S.: 1979 Mittlere Reife, 3 J. Ausbild. als Fußbodenleger, während dieser Zeit bereits hobbymäßig Moto Cross Rennen gefahren. K.: ab 1986 Hobby z. Beruf gemacht u. profimäßig Moto Cross Rennen gefahren, hier auch Erfolge: 1984 Europameister, 1989 u. 1990 Dt. Meister, 1990 Sportler d. J., 1990 VWeltmeister, Einstieg in d. Motorrad Vertrieb b. einem befreundeten Kollegen, seit 1991 in Weilheim u. Übernahme des bereits bestehenden Motorradgeschäftes, Werksvertretung f. d. Marken Yamaha, Triumph u. KTM, Aufbau einer Internet Online Shopping Center f. Motorradzubehör 1. in Deutschland. H.: Waffen, Schießen.

Haas Reinhard J. P. *)

Haas Richard W. *)

Haas Richard Dr. phil. *)

Haas Roland Dr. phil. *)

Haas Roland Dipl.-Ing. *)

*) Biographie www.whoiswho-verlag.ch oder beigefügte CD-ROM

Haas Rudolf Dipl.-Ing.

B.: Gschf. FN.: Elektrobau Dessau GmbH. DA.: 06846 Dessau, Kühnauer Str. 65-71. G.: 21. Juni 1944. V.: Christel, geb. Schulz. Ki.: Karen (1967) und Katja (1977). El.: Franz u. Anneliese, geb. Enke. S.: 1958-61 Lehre als Elektriker in d. Firma William Drognitz, Facharb.-Abschluß. K.: 1961-63 Elektriker in d. PGH Energie Dessau, ab 1962 Errichtung v. Trafostationen, 1963-66 Montage v. Acetylenanlagen in d. DDR, 1967 Meisterprüf., 1967-72 Bereichsleiter Trafostationen in d. PGH Energie Dessau, parallel Abitur auf Abendschule, 1972 Abschluß, 1972-80 Techn. Ltr. u. stellv. Betriebsltr. im VEB Elektrobau Dessau, 1981-90 Betriebsteilltr. im VEB Elektroanlagenbau Halle, 1999 aktive Beteiligung an d. Herauslösung d. VEB Elektrobau Dessau aus d. Kombinat u. d. Überführung in eine PGH, Umwandlung d. PGH in eine GmbH, seit 1990 Gschf. u. Mitges. d. Elektrobau Dessau GmbH. M.: seit 1992 Verb. d. Elektromontagebetriebe, seit 1996 Lions Club, Kleingartenver. H.: Haus u. Garten, Camping, Reisen.

Haas Rudolf Dr. med. *)

Haas Tommy
B.: Profi Tennisspieler. FN.:c/o IMG GmbH. DA.: 20149 Hamburg, Alsterchaussee 25. G.: Hamburg, 3. Apr. 1978. V.: Alessandra Meyer-Wölden (Freundin). El.: Peter u. Brigitte. S.: m. 4 J. Tennis begonnen, trainierte u.a. in d. Hamburger Tennis-Clubs TC Horn-Hamm, TC 4 Jahreszeiten u. Klipper THC, m. 11 J. Umzug nach München, 1991 Tennis-Ak. v. "Trainerguru" Nick Bollettieri in Amerika, 1996 High School Abschluß in Amerika. K.: Juniorenweltmeister unter 14 J. im Einzel, VWeltmeister unter 18 J. im Einzel, zahlr. intern. Juniorentitel im Einzel u. Doppel, seit 1996 Tennisprofi, 1997: Halbfinale d. Super-9-Turniers in Hamburg m. Siegen über Carlos Moya u. Alberto Berasategui, Finale d. ATP-Turniers in Lyon m. Sieg über Yevgeny Kafelnikov, jüngster Spieler u. d. Top 50 d. Weltrangliste, Berufung in d. dt. Davis-Cup-Team, 1998 Sieger m. d. dt. Team b. World Team Cup in Düsseldorf, dabei unbesiegt erfolgreichster Einzelspieler d. Turniers, Sieg über André Agassi in Wimbledon, ern. Finale d. ATP-Turniers in Lyon, 1999: Finale d. ATP-Turniers in Auckland, Halbfinale b. d. Australian Open, Deutschland Nr. 1, ATP Turnier i. Stuttgart-Weissenhof/1., Weltranglistenposition Ende 1999: 11., 2000 OS Sydney/2., 2001 Turniersieger in Adelaide, Long Island, Wien, Stuttgart, Halbfinalist Memphis, Montreal, Moskau, Paris, 2002 Semifinale Australian Open. H.: Golf, Wasserski, Autos, Musik. (Re)

Haas Werner Dr. h.c.
B.: Gschf., Inh. FN.: Ballett-Boutique. DA.: 20354 Hamburg, Valentinskamp 47. G.: Hamburg, 9. Dez. 1936. V.: Anita. Ki.: Alexander (1974). S.: Abitur, Stud. Ballett an d. Hamburgischen Staatsoper. K.: viele Engagements an in- u. ausländischen Bühnen, zuerst als Gruppentänzer, dann als Solotänzer, Ballettdirektor, Choreograph u. Regisseur, nebenbei Mitwirkender in div. Filmen u. später auch in Fernsehproduktionen, 1972 Beendigung d. Theaterlaufbahn wegen einer schweren Knieoperation, 1973 Grdg. einer großen Ballettschule in Mainz, 1980 Eröff. einer Ballettschule in Wiesbaden, 1981 Eröff. eines Aerobic-Studios in Mainz-Kastel, seit 1979 Inh. d. Ballettfachgeschäftes in Hamburg, zu d. Kunden zählen die kleinen u. großen Ballerinen, Jazz- u. Stepptänzer sowie Anhänger d. Modernen Tanzes, viele Theater in Deutschland u. Österreich, Prominente aus Show u. Fernsehen, St. Petersburger Staatsballett u. d. weltberühmte Kirov-Ballett, glz. Gschf. f. d. Firma IL CIGNO DEUTSCHLAND, e. Ballettartikelvertriebs GmbH u. Veranstalter klass. Konzerte. P.: div. Veröff. in d. in- u. ausländischen Presse. E.: 1970 Ehrendoktortitel f. künstler. Verd., Goldmedaille f. außergewöhnliche Choreographien v. d. italienischen Akad.

Haas Werner Dr.-Ing.
B.: Techn. Berater d. Vorst. FN.: Klöckner-Humboldt-Deutz AG. DA.: 51063 Köln, Deutz-Mülheimer-Str. 111. PA.: 53797 Lohmar, Am Waldeck 48. G.: Gießen, 6. Feb. 1931. V.: Jutta, geb. Raabe. Ki.: Martin (1961). El.: Dr. Ludwig u. Helene, geb. Tröber. BV.: Bgm. Georg Burk 1948-56 Gießen/Pohlheim. S.: 1951 Abitur, Lehre als Maschinenschlosser Heyligenstaedt/Gießen, 1952 Stud. Allg. Maschinenbau TH Darmstadt, 1957 Dipl. K.: Eintritt A. Opel AG, 1967-80 Ltr. d. Motorenentwicklung, Prom. TH Darmstadt, 1980 Wechsel zu Klöckner-Humboldt-Deutz AG Köln, Ltr. d. Forsch. u. Entwicklung d. Klöckner-Humboldt-Deutz AG, Mtgl. d. Geschäftsltg. d. Klöckner-Humboldt-Deutz Antriebstechnik GmbH. BL.: versch. Patente auf d. Motoren- u. Kühllungssektor. P.: zahlr. Vorträge in nat. u. intern. Symposien Thema Motor, Veröff. in Fachzeitschriften. M.: Dt. Aeroclub, Präs. d. Luftfahrt Ver. Mainz, Malteser Hilfsdienst, Rettungsflugwacht. H.: Musik (Klavier, Trompete), Sportfliegerei. (P.P.)

Haas Willibrord *)

Haas Wolfgang Dipl.-Ing. *)

Haas Wolfgang G. *)

Haas Wolfgang *)

Haas Wirth Helga *)

Haasch Günther Dr. phil. Dr. h.c.
B.: Präs. FN.: d. Japan. Ges. Berlin e.V. DA.: 10585 Berlin, Otto-Suhr-Allee 26-28. G.: Berlin, 1926. S.: 1946 Abitur, 1946-54 Stud. Germanistik, Romanistik, Phil. u. Geschichte FU Berlin, 1954 Staatsexamen u. Prom. K.: 1955-63 höherer Schuldienst d. Landes Berlin, 1963-68 stellv. Schulltr. d. Dt. Schule Tokio, 1969-74 Ltr. d. Dt. Abt. Chulalongkorn-Univ. Bangkok, 1974-76 o.Prof. Gakushuin-Univ. Tokio, 1977-78 Forsch.-Stipendium d. Japan-Foundation, 1978-87 Seminarltr. z. Ausbild. v. Studienreferendaren, seit 1978 Lehrbeauftragter d. OAS d. FU Berlin, 1981-86 Gschf. d. Dt.-Japan. Ges. Berlin, seit 1986 Präs. d. Dt.-Japan. Ges., seit 1987 Ltr. d. Modellversuchs Japan. an Gymn., 1991/92 Forsch.- stipendiat d. japan. AA.GT, Projektltr. b. Schulsenator. P.: Polit. Landeskunde Japans (1982), Bildungssystem Japan? (1985), Ideal u. Wirklichkeit im japan. Bildungswesen (1993), Die Dt.-Japan. Gesellschaften (1996), Japan-Deutschland: Wechselbeziehungen (1997), Bildung und Erziehung in Japan u.a. (2000). E.: Orden v. Heiligen Schatz am Halsband mit Goldenen Strahlen 1996, Ehrenprom. durch FU Berlin 1999. M.: Japanologenverb., Ver. d. Sozialwissenschaftler Japans.

Haase Angela Ing.
B.: Maschinenbauing., Inh. FN.: Hotel Grudenberg. DA.: 38820 Halberstadt, Grundenberg 10. G.: Blankenburg, 22. Juni 1953. V.: Ulrich Haase. Ki.: Mathias (1977), Christin (1983). S.: 1970-72 Ausbild. Maschinenbauzeichner, 1973-76 Stud. FHS f. Maschinenbau Magdeburg m. Abschluß Konstrukteur. K.: 1977-91 Konstrukteur im Eisenhüttenwerk Thale u. Ing. f. Neuerwesen im RAW Halberstadt, 1992-94 Vorbereitung d. Hoteleröff., seit 1995 Inh. d. Hotel Garni in Halberstadt. M.: IHK, DEHOGA, H.: Reisen, Theater.

*) Biographie www.whoiswho-verlag.ch oder beigefügte CD-ROM

Haase Annemone *)

Haase Christa *)

Haase Christian *)

Haase Dieter Joachim *)

Haase Diether Dipl.-Ing. *)

Haase Dirk *)

Haase Doris *)

Haase Gisela Dr. *)

Haase Gunhild Dipl.-Ing. *)

Haase Günter Dr. rer. nat. Dr. phil. nat. habil. *)

Haase Günther Dr. jur.
B.: RA, Präs. World Assoc. of Element Building and Prefabrication WAEP. DA.: 20146 Hamburg, Schlüterstr. 6. G.: Hamburg, 17. Mai 1929. V.: Helga. Ki.: Christina, Birgitta. El.: Wilhelm u. Wilma. S.: Stud. Rechts- u. Staaatswiss. K.: RA, Intern. Verb., NGO b. d. UNO New York, Genf, Wien. P.: Landesbauordnungen, Kunstraub u. Kunstschutz, zahlr. Veröff. E.: BVK 1. Kl. d. BRD. M.: Übersee-Club Hamburg. H.: Musik, Reisen, Geschichte.

Haase Hans-Jürgen Dipl.-Ing.

B.: Oberbgm. d. Stadt Schönebeck. DA.: 39218 Schönebeck, Markt 1. G.: Jahnsdorf, 19. Mai 1947. Ki.: Syra (1976). S.: 1965 Abitur Stollberg, b. 1970 Stud. Maschinenbau Chemnitz. K.: b. 1972 tätig in d. Softwareforsch. in d. Firma Robotron in Chemnitz, danach im Rechenzentrum u. Prod.-Planung im Traktorenwerk in Schönebeck, seit 1990 Oberbgm. d. Stadt Schönebeck; Projekte: Wiederinbetriebnahme d. Kurbetriebs d. Stadt Schönebeck. M.: CDU, Grdg.-Mtgl. d. Lions Club Schönebeck, SV 1861 Schönebeck, SSC Schönebeck. H.: klass. Musik, Tennis.

Haase Helga

B.: GI, Gschf. FN.: Zelt Haase, Karl-Heinz Haase GmbH. DA.: 24113 Kiel, Wulfsbrook 13. G.: Kiel, 17. Aug. 1936. V.: Karl-Heinz Haase (gest. 1986). Ki.: Jan (1976), Segel-Macher-Mstr, Tim (1979), Auszubildender. El.: Gottfried Wimber (Elektro-Monteur b. Siemens, Montageaufgaben im Ausland) u. Frieda Wimber, geb. Andersen. BV.: Schwiegervater Karl Haase - Firmengründer 1932, 1954 Betrieb an jetziger Adr. aufgebaut. S.: 1954 Mittlere Reife Laboe, 1954-55 Höhere Handelsschule Handels-Lehranstalt, Kiel, K.: 1955-63 Städt. Angest. b. d. Stadtverw. Kiel, Aufgabenbereiche u.a. Kieler Woche, Standesamt, 1963-68 Schulsekretärin in d. 1. Knaben-Schule-Real-Schule, Kiel, ab 1968 mit Ehegatten Übernahme d. jetzigen Betriebes, gemeinsame Aufgabenwahrnehmung aller Art inkl. aller handwerkl. Tätigkeiten, 1972 Ausbau d. Werkstatt, 1986 verstarb Ehegatte, danach in voller Verantwortung als GI wird Betrieb in GmbH umgewandelt, führt Betrieb seitdem, anfänglich arbeitsteilig m. Schwägerin, seit 1996 in voller Eigenständigkeit als GI u. Gschf. m. d. Sohn Jan, Produkt Abdeckplanen f. Fahrzeuge, Hallen, Boote, Spezialanfertigungen f. Cabriolets etc. M.: Segelmacher Innung. H.: Segeln m. eigener Yacht, Haus, Hof, Garten, Theater.

Haase Hendrik *)

Haase Henning Dr. Prof. *)

Haase Herwig E. Dr. rer. pol. habil. Dipl.-Vw. Prof. Prof. Dr.Ing. h.c. *)

Haase Horst Dr.-Ing. Prof.
B.: beratender Ing. i. R. G.. Berlin, 10. Apr. 1927. V.: Marianne, geb. Seddel. Ki.: Dr. rer. nat. Markus (1961), Dr.-Ing. Kai (1965). El.: Fredy u. Gertrud, geb. Bohm. S.: 1944 Abitur, 1945 Arb.-Dienst u. Wehrmacht, 1945 Praktikum Maurer u. Stahlbetonbau, 1946 Stud. Bau- u. Verkehrswesen TU Berlin, 1951 Dipl.Ing. K.: 1951-56 Ass. am Lehrstuhl f. Stahlbetonbau, 1957 Prom. m. Ausz., 1956-62 selbst. als beratender Ing., 1963 Lehrtätigkeit an d. staatl. Ing.-Schule f. Bauwesen in Berlin, 1971 Prof. f. Statik, Stahlbetonbau u. Ing.-Holzbau an d. TFH Berlin, seit 1987 im Ruhestand; Projekte: Ufa Tempelhof, Studiohalle "Ton 5", Kongreßhalle Berlin, Rathaus Wedding, Zoolog. Garten Berlin, All. Elektrizitäts-Ges. AEG, Neubauten im Rudolf-Virchow-KH, stat. Berechnungen f. Wohnbau, Ind.-Gebäude, Schulen, Kindertagesstätten, Altenwohnheime u. Verw.-Gebäude. P.: Diss.: "Über Bruchlinientheorie v. Platten, zusammenfassende Darstellung u. Erweiterung" H.: Malen - Aquarelle, Grafik u. Pastelle, Wassersport.

Haase Jürgen Prof.

B.: Autor, Regisseur, Kameramann, Gschf. FN.: Provobis GmbH. GT.: Künstlerclub "Die Insel" Hamburg. DA.: 20149 Hamburg, Rothenbaumchaussee 197. G.: Teupitz, 8. März 1945. V.: Ulrike. Ki.: Katharina (1978). El.: Günter u. Ilse, geb. Rulf. S.: 1967-68 Filmak. Berlin. K.: 1970-82 Autor u. Regisseur f. TV-Fernsehspiele für ARD/ZDF, 1983 Gschf. d. Provobis Ges. f. Film u. Fernsehen mbH Hamburg/Berlin, seit 1994 Ges./Gschf. TELLUX Beteiligungs GmbH, seit 1997 Ges./Gschf. PROGRESS FILM - Verleih GmbH, seit 1983 Produzent div. Spielfilme u. Fernsehspiele. P.: Nikolaikirche (1995), Gülibik (1982-84), Das Spinnennetz (1986-89), Mario u. d. Zauberer (1994), Feuerreiter (1997-98), Denn wir sind Menschen voller Hoffnung, Schauplatz Spinnennetz.

Haase Karlheinz *)

Haase Karsten
B.: Bäckermeister, Gschf. Ges. FN.: Backparadies Wedekind GmbH. DA.: 31303 Burgdorf, Tuchmacherweg 5. G.: Eilenburg, 8. Dez. 1957. V.: Doris, geb. Wedekind. Ki.: Tobias (1992), Tim (1995). El.: Günter u. Ursula, geb. Thom. S.: 1973 Mittlere Reife in Hannover, 1973-75 Ausbildung z. Bäcker b. d. Bäckerei Otto Niemann in Hannover/Herrenhau-

*) Biographie www.whoiswho-verlag.ch oder beigefügte CD-ROM

sen, 1975-76 Bundeswehr, 1976-81 Gesellentätigkeiten u.a. im Familienbetrieb Bäckerei Haase in Hannover, 1981 Meisterprüfung in Hannover. K.: 1981-82 Bäckermeister in d. Bäckerei Wedekind in Burgdorf, 1982 Grdg. d. Backparadies GmbH m. d. Schwiegervater Peter Wedekind in Burgdorf, 1984 Vergrösserung u. Verlegung d. Produktionsstätte ins Gewerbegebiet Burgdorf, 1989 Übernahme d. Bäckerei Wedekind m. Ehefrau Doris, 2000 Zusammenlegung d. Produktions- u. Verkaufsfirmen in d. Backparadies Wedekind GmbH in Burgdorf m. d. Filialen in Hannover, Celle, Bissendorf, Wathlingen, Edemissen, Burgdorf, Kirchhorst, Neuwarmbüchen. M.: Stellv. Obermeister d. Innung Burgdorf, Bezirksobermeister d. Landkreises Hannover, Gesamtvorstand d. Landesinnungsverbandes Niedersachsen-Bremen, seit 1990 AR-Mtgl. d. damaligen BÄKO Hannover, d. heutigen BÄKO Hansa, Meisterprüfungskommission d. Handwerkskammer Hannover, Ehrenamtlicher Richter b. Arbeitsgericht Hannover. H.: Reisen (Mittelmeer), Tauchen, Radfahren.

Haase Kersten *)

Haase Klaus Dipl.-Ing. Baudir. *)

Haase Lutz *)

Haase Lutz Th. R. Dr. med. Dr. med. dent.
B.: FA f. Mund-, Kiefer- u. Gesichtschirurgie, FA f. plast. Operationen, selbständig. DA.: 80333 München-Marienplatz, Weinstr. 11. G.: Göttingen, 21. Aug. 1950. El.: Helmut u. Hildegard. S.: 1970 Abitur Timmendorfer Strand, 1971-73 Landwirtschaftliches Vordiplom d. Univ. Göttingen im Stud. d. Agrarwiss., 1973-78 Stud. Med. Fachrichtung Plast. Chirurgie an d. Ernst-August-Univ. in Göttingen sowie b. Prof. Dr. Schneider in Bückeburg, 1979-85 Stud. Zahnmed. an d. Univ. Münster. K.: 1985-87 wiss. Ass. b. Prof. Dr. Dr. Horch am TU Klinikum rechts d. Isar in München, 1987-90 Univ.-Spital Zürich b. Prof. Dr. Dr. Oberwegeser u. Prof. Dr. Dr. Sailers, 1990-93 Univ.-Klinikum Aachen Fachgebiet f. Plast. Operationen b. Prof. Dr. Dr. Koberg, 1993-94 Kliniken in Minden u. Detmold b. Prof. Dr. Dr. Akumoa Boa Deng f. d. Fachgebiet Plast. Operationen sowie b. Dr. W. Engelke in Minden, 1995 ltd. Arzt f. plast. Chirurgie u. speziell d. Laserchirurgie in Bereich d. med. Haartransplantation, 2000 Eröff. u. Führung d. Praxis in München. BL.: größte u. erfolgreichste med. Haartransplantation in einer med. Mega-Session m. über 2700 chirurgischen Eingriffen, Pionier d. lasergesteuerten Haartransplantation. P.: Concept therapeutique des dysgnaties extremes (9/1993), Haartransplantation Chirurgie simulee en module 3D, Kritische Bewertung d. Masseterreduktion als Methode d. Gesichtsverschmälerung, Autologus Mini Micrograft Hair Transplantation Laser Technique. M.: Dt. Ges. f. Mund-, Kiefer- u. Gesichtschirurgie, Ges. f. ästhetische Med., Magischer Zirkel. H.: Zaubern, Botanik, Mineralogie u. Paläontologie, Sport.

Haase Manfred *)

Haase Martin
B.: selbst. Unternehmensberater, Director Communication + Leadership. FN.: oKae management support Martin Haase Consult, Euro-Africa Division Bern. DA.: CH-Bern, Schosshaldenstr. 17. haase@okae.de. www.okae.de. G.: Wuppertal, 16. Jan. 1955. V.: Marion, geb. Muckel. Ki.: Henri Samuel (1995), Maike Rebecca (1997). El.: Pastor Johannes u. Erika, geb. Brass. S.: 1975 Abitur Darmstadt, 1975-81 Stud. Lehramt m. Staatsexamen Univ. Köln, 1983-88 Med.-Stud. Univ. Köln. K.: 1981-83 Gymn.-Lehrer in Erftstadt, 1984-87 Gschf. d. Quantec Tonstudiotechnik GmbH in München, 1987-89 Vertriebsltg. b. Eurocartd Servicekarten GmbH in Frankfurt/Main, 1989-91 Vertriebsltg. Benelux, Frankreich u. Westdeutschland d. Lufthansa AirPlus GmbH in Neu-Isenburg, 1990 Grdg. d. Unternehmensberatung oKae management support Martin Haase Consult in Köln, 1999 Bundesgschf. d. Advent-Wohlfahrtswerk e.V. Hannover, 2001 Dir. f. Kommunikation u. Leadership d. Euro-Africa Division Bern. P.: div. Veröff. über Managementtechniken, Führungsverhalten u. Leadership. M.: Vorst.-Tätigkeiten in div. gemeinn. Verb. u. Organ., Mitbegründer u. 1. Vors. v. staonline e.V. H.: Literatur, Lernen, Musik, Fotografie.

Haase Matthias
B.: Optometrist, Geschf. Ges. FN.: Augenoptik Bennewitz GbR. DA.: 09456 Annaberg-Buchholz, Markt 2. G.: Annaberg, 16. Dez. 1959. S.: 1976-79 Ausb. zum Augenoptiker, 1984-87 Stud. an d. Fachschule für Augenoptik "Hermann Pistor" in Jena, 1987 Optometrist. K.: 1979-84 Augenoptiker b. d. Firma Bennewitz, seit 1990 Geschf. Ges neben Ulrike Apian-Bennewitz. BL.: Aufbau d. Onlinedienstes www.bennewitz.com, versch. Lehr- u. Vortragstätigkeiten. H.: Oper (Wagner, Strauss), Hausmusik (Violine), Literatur (Romantik).

Haase Peter Dr. rer. pol. Dipl.-Kfm.

B.: Sprecher d. Geschäftsführung. FN.: Volkswagen Coaching GmbH. DA.: 38436 Wolfsburg, Brieffach 1055. PA.: 38440 Wolfsburg, Brucknerring 37. peter.haase@volkswagen.de. www.vw-coaching.de. G.: Bremerhaven, 19. Sep. 1941. V.: Bärbel, geb. Rohm. S.: Abitur Bremen, Banklehre Bremen, Stud. Betriebswirtschaft in Kiel u. Göttingen. K.: seit 1969 b. d. Volkswagen AG, zunächst als Managementtrainer u. päd. Ltr. d. Trainingszentrums f. Führungskräfte, dann als Ltr. d. Hauptabt. Zentralplanung Bild.-Wesen u. Ltr. d. Personalentwicklung, ab 1995 Gschf. (Sprecher) d. Volkswagen Coaching GmbH Wolfsburg. BL.: seit 1986 Lehrbeauftragter im Weiterbild.-Studiengang "Personalentwicklung im Betrieb" an d. TU Braunschweig. M.: seit 1999 BildR.-Mtgl. d. Landesreg. Niedersachsen. H.: Wassersport, Musik, Computer.

Haase Sibylle *)

Haase Sigrid Dr. phil. *)

Haase Steffen *)

Haase Susanne *)

Haase Thomas *)

Haase Thomas *)

Haase Torsten Dipl.-oec. *)

*) Biographie www.whoiswho-verlag.ch oder beigefügte CD-ROM

Haase Volker

B.: Zahntechniker, Inhaber. FN.: MEGADENT Zahntechnik GmbH. DA.: 58285 Gevelsberg, Hagener Str. 63. info@megadent.net. www.megadent.net. G.: Remscheid, 13. Jan. 1961. V.: Marilyn, geb. Limbach. Ki.: Jennifer (1991), Jannine (1992). El.: Joachim u. Lieselotte, geb. Strassburger. S.: 1967-81 Schulbesuch, 1977-81 Ausbild. Zahntechniker. K.: 1977-81 tätig in Düsseldorf, 1981-96 tätig als Zahntechniker in Zahntechniklabors deutschlandweit, 1996 Grdg. MEGADENT Zahntechnik GmbH Gevelsberg, seit 1996 selbst. BL.: Markenzeichen. F.: MEGADENT Zahntechnik GmbH. E.: div. berufl. Ausz.

Haase Volkmar *)

Haase Wilhelm Dr. iur. *)

Haase Wolfgang Dr. rer. nat. *)

Haase Yorck-Alexander Dr. *)

Haase-Fricke Beate

B.: Krankengymnastin. FN.: Praxis f. Krankengymnatik Beate Haase-Fricke. DA.: 38704 Liebenburg, Löwenstr. 1a. G.: Braunschweig, 7. Okt. 1965. Ki.: Gesa (1991), Henrik (1993). El.: Hans-Heinrich u. Thea Rühe, geb. Coers. S.: 1983 Mittlere Reife, 1982 9 monatiges Praktikum an Klinik Dr. Fontheim Liebenburg als Masseurin, 1983-85 Ausbild. z. Krankengymnastin b. Firma Blindow Bückeberg, Staatsexamen als Krankengymnastin. K.: 1985-87 Anerkennungsj. u. ang. b. Frau v. Eben Bad Oeynhausen, 1987-89 Johanniter Orden Bad Oeynhausen, Mitarb. f. krankengymnast. Fähigkeiten in Orthopädie u. Neurologie, 1989 freiberufl. als Krankengymnastin tätig, 1990 Eröff. d. Firma "Krankengymnast. Praxis Beate Haase-Fricke" zunächst in Groß-Döhren, dann in Klein Döhren, 1996-2000 auch Gemeinschaftspraxis "Kuballa/Haase-Fricke" in Langelsheim, 2000 Eröff. d. Filiale Krankengymnast. Team Beate Haase-Fricke in d. Mühlenstr. 21 in 38685 Langelsheim unter d. Ltg. v. Frau Zyzik. H.: Reiten, Jagd in eigener Pacht (1996 Jagdprüf.).

Haaseloop Friedhelm *)

Haasen Dietmar *)

Haasis Hans-Dietrich Dr. Prof. *)

Haasis Klaus

B.: Gschf. FN.: MFG Medien- u. Filmgesellschaft Baden-Württemberg GmbH. GT.: stellv. AufsR.-Vors. Papierfabrik August Koehler AG Oberkirch. DA.: 70174Stuttgart, Breitscheidstr. 4. PA.: 70180 Stuttgart, Schlosserstr. 11. haasis@mfg.de. G.: Dortmund, 15. Juli 1955. V.: Inka, geb. Wolf. Ki.: Katharina Lucrezia (1995), Julia Theresa (1998). El.: Dr. Erich-Walter u. Dr. Christel, geb. Luyken. S.: 1975 Abitur, 1975-77 Reprofotografenlehre Heilbronn, 1977-79 Ausbild. als Werbekaufmann, 1979-83 Stud. Medientechnik Stuttgart, 1992-94 Stud. Journalistik. K.: 1983-90 Medienmanagement bei d. Hoechst AG in Frankfurt-Höchst, 1991-95 Gschf. SAT.1 Privatfernsehen Baden-Württemberg GmbH & CoKG, seit 1995 Gschft. MFG Medien- u. Filmgesellschaft Baden-Württemberg GmbH, seit 1997 zusätzlich Gschf. Wirtschaftsinitiative Baden-Württemberg: Connected, wiss. Mitarbeit u. div. Lehraufträge im Medienbereich in Stuttgart, Frankfurt/Main u. Mainz (Inst. f. Publizistik). P.: Digitale Wertschöpfung - Multimedia und Internet als Chance für d. Mittelstand, Hrsg: Haasis, Klaus, Zerfass, Ansgar (1999). M.: Dt. Werbewiss. Ges. Bonn, Vors. d. Förderver. d. Filmakad. Baden-Württemberg, Mtgl. im Hochschulrat d. Hochschule d. Medien Stuttgart, Mtgl. Stiftungsrat d. ZKM Zentrums f. Kunst u. Medientechnologie Karlsruhe, Vors. d. beschließenden Medienrat d. ev. Landeskirche Württemberg. H.: Surfen, Skifahren, Radfahren.

Haass Elmar Dipl.-Vw. *)

De Haast Michael W.

B.: Hotelfachmann, General Manager. FN.: Radisson-SAS Hotels & Resorts. DA.: 40474 Düsseldorf, Karl-Arnold-Pl. 5. G. Amsterdam/Holland, 28. Juni 1965. V.: Lora, geb. Marie. Ki.: Metyou-Joschua. El.: Wilhelm-Wim u. Eff, geb. Spanjard. S.: 1976-81 Privatschule Blum von Tah/Südafrika, 1981-84 Stud. Business Management Univ. Blum von Tah, 1984 Wehrdienst, 1986-87 London Westbery. K.: 1988-90 Peltpery Hotels Südafrika, 1990-92 Sut Sun Hotelmanager Johannisburg, 1992-95 Resident Manager Dober Johannisburg, 1995-99 Eröff. v. 4 Hotels, 3 in Kapstadt, 1 in Johannesburg, seit 2000 Dir. d. SAS Radisson Hotel Düsseldorf. BL.: Besitzer v. 14 Rennpferden. P.: Hotel Magazin USA-Top Hotel E.: Winner of the best Manager 1993 Pretoria/Südafrika, Best Hotel new in Südafrika. M.: Skal Club Norway Intern., I.H.E., Rotary Pretoria. H.: Rennpferde, Bergsteigen, Triathlon.

Habash Ingrid Dr. med.

B.: Kinderärztin. FN.: Praxis f. Kinder- u. Jugendmedizin, Gemeinschaftspraxis Dr. med. S. Habash u. Dr. med. I. Habash. DA.: 93413 Cham, Königsberger Str. 6. praxis@doktor-habash.de. www.doktor-habash.de. G.: 1938. V.: Dr. med. Sami Habash. Ki.: Dr. med. dent. Andreas, Dr. med. Thomas. S.: 1957 Abitur in Schwandorf, 1957-63 Stud. Med. an d. Friedrich-Alexander-Univ. Erlangen-Nürnberg, 1963 Prom. z. Dr. med. K.: 1970 Anerkennung als FA f. Kinderheilkunde nach Tätigkeit in KH, Eröff. d. Gemeinschaftspraxis m. d. Ehegatten, Tätigkeit in d. Kinderbelegabteilung d. Kreis-KH in Cham, Arbeit auch in d. Bereichen Allergologie u. Asthmaschulungen. H.: Lesen, Reisen, Schwimmen, Radfahren.

*) Biographie www.whoiswho-verlag.ch oder beigefügte CD-ROM

Habbel Wolfgang R. Dr. iur.
B.: ARMtgl. AUDI AG Ingolstadt, AUTOLATINA Sao Paulo/Brasil, Gerresheimer Glas AG Düsseldorf-Gerresheim, Triumph-Adler Nürnberg, Digital Equipment GmbH Maynard USA, Dt. Sport-Marketing GmbH Frankfurt, Präs. IHK London, Dt. Stiftung Denkmalschutz Bonn, PräsMtg. LVerb. Bayer. Ind. München, Kuratoriumsmtgl. LVerb. Bayern d. Stiftverb. f. d. Dt. Wiss. Essen, Ges. z. Förd. d. Unternehmens-nachwuchses Köln, Dt. Museum München, VorstVors. Dt. Ges. f. Personalführung Düsseldorf. PA.: Pfaffenhofen, Höhenstr. 5. G.: 25. März 1924. K.: b. 1969 Personal Export-Ltg. Ford-Werke AG Köln, Ford Europa London, dann Gschf. Ges. C.H. Boehringer Sohn Ingelheim, Kuratoriumsmtgl. Dt. Sporthilfe Frankfurt. E.: 1982 Bayer. VO, 1984 Staatsmed. f. bes. Verd. um d. bayer. Wirtsch., 1984 Manager d. J. Ind.-Magazin, Ehrensenator Univ. Bayreuth, 1987 BVK I. Kl.

Habdank Frank Dipl.-Ing. *)

Habeck Christian
B.. Ass. d. Geschäftsltg. FN.: Barist-Restaurant, Cafe & Cocktailbar. DA.: 10178 Berlin, Am Zwirngraben 13-14. service@barist.de. G.: Strausberg, 22. Apr. 1977. El.: Fritz u. Doris, geb. Fischer. S.: 1993-96 Ausbild. Restaurantfachmann Hotel Müggelsee Berlin. K.: 1996-99 Restaurantfachmann u. Barkeeper im Four Seasons in Berlin u. danach im Barist-Restaurant Barkeeper u. Schichtltr. 2000 Chef de rang im Diplomatenclub ICB in Berlin, seit 2000 Ass. d. Geschäftsltg. im Barist-Restaurant, Zusatzausbild.: Campagner-Seminar, Zigarren-Seminar, Weinseminare.

Habeck Dietrich Dr. med. Univ.-Prof. *)

Habeck Michael
B.: Schauspieler, Regisseur. PA.: 80796 München, Apianstr. 4. G.: Grönenbach, 23. Apr. 1944. K.: 1966-70 Mtgl. d. Städt. Bühnen Frankfurt/Main, 1970-82 Münchner Kammerspiele, Synchronisierte über 450 Kino- u. TV-Filme, internat. Filme: Schauspieler in: Der Name der Rose (Ital., USA, Schweiz), Agent ohne Namen, Kanada / Lexx, Jugoslawien / Great Escape, CSSR / Der König d. letzten Tage, im Fernsehen u.a. "Der Kommissar", "Tatort", "Notizen aus d. Provinz", "Der Besuch", "Das Verschwinden d. Harmonie", "Cobra 11", "Der Bulle von Tölz", "Große Freiheit". (Re)

Habel Heinz *)

Habel Reinhardt Dr. phil. Prof. *)

Häbel Peter Dipl.-Ing.
B.: Architekt, Inh. FN.: ZORSO Architekten. DA.: 22085 Hamburg, Schrötteringksweg 16. haebel@zorso.de. G.: Wilhelmshaven, 21. Feb. 1959. El.: Heinz-Johannes u. Paula Brunhilde. S.: 1980 Abbitur, Zivildienst DRK Friesland, 1982-83 Stud. Maschinenbau GHS Paderborn, 1983-90 Stud. Arch. FH Höxter u. FH Aachen, 1990 Dipl.-Ing. K.: tätig im Arch.-Büro Beckmannshagen in Aachen, 1992 Mitarb. im Büro Bolten u. Scheffel in Hamburg u. im Arch.-Büro MRL, seit 1993 selbst. als freier Mitarb. f. Prof. Hülsmann in Bonn u. f. O.W.P. Architekten (Hamburg), 1995 Eröff. d. eigenen Arch.-Büros, seit 1999 tätig in Partnerschaft m. Schwerpunkt Einfamilienhäuser, Wohnungsbau, niedrigenergie u. ökolog. Holzrahmenbauweise sowie Kirchenbau. P.: Seminar-Kapelle St. Ansgar in Hamburg und seine Bauten 1985-2000. E.: div. Wettbewerbsbeteiligungen wie 2. Preis f. Schulzentrum in Lingen, 1. Preis f. Kath. Kirchenzentrum in Winterhude (Hamburg). H.: Tanzen - Salsa, Wandern.

Habelski Klaus Dr. med. *)

Habelt Hildegard *)

Habenicht-Puls Cornelia Dorothea *)

Haber Bernd

B.: Rechtsanwalt. FN.: Haber & Kollegen Anw.-Kzl. DA.: 65183 Wiesbaden, Nerostr. 41. ra-haber@t-online.de. G.: Bingen, 27. Feb. 1953. S.: 1971 Abitur, Bundeswehr, 1973 Stud. Rechtswiss., 19811. Staatsexamen u. 1983 2. Staatsexamen. K.: 1984-89 ang. RA einer gr. Kzl., 1989 Grdg. d.Kzl. m. Tätigkeitsschwerpunkt Erb- u. Med.-Recht, seit 1992 spektakuläres Erbrechtsverfahren gegen d. englische Königshaus; Funktion: Ref. f. Med.- u. Erbrecht. P.: regelm. Veröff. in d. Fachpresse. M.: Dt. Forum f. Erbrecht, Arge Med.-Recht im Dt. Anw.-Ver.

Haber Günter Dr. *)

Haber Wolfgang Dr. rer. nat. Prof. *)

Haberer Dieter *)

Häberer Michael *)

Haberger Gert-Uwe *)

Haberhauffe Margarete

B.: Einzelhandel- u. Industriekauffrau, Gschf. FN.: Consulting & Qualifikation - Bildungszentrum Haberhauffe GmbH. DA.: 10407 Berlin, Storkower Str. 113. c-und-q@t-online.de. G.: Berlichingen, 20. Apr. 1949. V.: Wolfhart Haberhauffe. Ki.: Marco (1978). El.: Alois u. Antonie Denninger. S.: 1963-66 Lehre z. Einzelhandelskauffrau. K.: 1966-70 Tätigkeit im elterl. Geschäft Lebensmittel u. Bäckerei in Berlichingen, 1970-74 Filialleiterin b. "Spar" in Heilbronn, 1973-75 Ausbildung z. Industriekauffrau u. Ausbildereignungsprüfung, 1975-86 im elterl. Geschäft tätig, 1986 Übersiedlung nach Berlin, Verkaufsförderin in d. Meiereizentrale Nordmark, 1988-90 Ausbildung z. Fachkauffrau f. Marketing, seit 1991 Grdg. d. Bildungszentrums als Einzelunternehmen, seit 1996 GmbH m. Ehemann als Parnter Prokurist u. Ideengeber. P.: Artikel in Fachzeitschriften, interne Ausbildungskonzepte. M.: BIOTop, Biotechnologieverbund Berlin/BBB, Unternehmerkreis Prenzlauer Berg, Unternehmerinnenstammtische, Ladies-Stammtische, GABAL-Treffen. H.: Kochen, Backen, Seidenmalerei, Wassergymnastik.

Haberkern Georg Martin *)

Haberkorn Axel Dr. rer. nat. Prof. *)

---

*) Biographie www.whoiswho-verlag.ch oder beigefügte CD-ROM

Haberkorn Christiane
B.: Landschaftsarchitektin, Alleininh. FN.: Haberkorn Garten- u. Landschaftsarchitektur. DA.: 23552 Lübeck, Wakenitzmauer 33. info@planungsbuero-haberkorn.de. G.: Hamburg, 12. Nov. 1958. V.: Markus Roppiler. El.: Willi u. Ruth Haberkorn. S.: 1977 Abitur, 1977-79 Lehre als Gärtnerin in Hamburg, 1979-85 Stud. Landschaftsplanung an d. Techn. Univ. Berlin, 1985 Dipl.-Ing. f. Landschaftsplanung. K.: 1985-88 ifs in Berlin, Schwerpunkt Altlastensanierung Gefährdungsabschätzungen u. Bauing.-Tätigkeit, 1989-92 selbst. in d. Bürogemeinschaft Klein-Poos-Haberkorn, Freies Garten- u. Landschaftsarchitektur-Büro, 1992 Umzug nach Lübeck, Grdg. d. eigenen Büros f. Garten- u. Landschaftsarch. E.: 1. Preis im Gutachterverfahren mit Arch.-Büro Stuhr u. Partner, Kita in Bad Oldesloe, 1. Preis im Gutachterverfahren m. Arch.-Büro Insa-Schröder-Ropeter. M.: Arch.-Kam. Mecklenburg-Vorpommern, GEDOK. H.: Radwandern, Wassersport.

Haberkorn Hans-Joachim *)

Haberkorn Hans-Wilhelm

B.: Gschf. FN.: Bosch Service Car Service/Truck Service Haberkorn GmbH & Co KG. DA.: 33602 Bielefeld, Wilhelm-Bertelsmann-Str. 15. G.: Bielefeld, 31. Juli 1944. V.: Angelika, geb. Flaake. Ki.: Thorsten (1968), Matthias (1978). El.: Otto und Hedwig. S.: 1959-62 Ausbild. Kfz-Elektriker. K.: 1962-65 tätig im elterl. Betrieb, 1965-66 Bundeswehr, 1966-68 tätig im elterl. Betrieb, 1968 Meisterprüf.,1969-82 Werkstattltr. u. Ausbildner, 1982 Übernahme d. Betriebes. H.: Beruf, Radssport.

Haberkorn Horst *)

Haberkorn Katharina *)

Haberkorn Peter Fritz Dipl.-Ing. *)

Haberkorn Uwe Dr. med. Prof.

B.: Ärztlicher Dir. Nuklearmedizin. FN.: Radiologische Klinik d. Universität Heidelberg. GT.: ehrenamtlicher Gutachter f. d. Vergabe v. Forschungsmitteln u.a. d. Dutch Cancer Society, DFG, Mildred Scheel -Stiftung, wiss. Gutachter u.a. "Journal of Nuclear Medicine" u. "Der Radiologe", Mitorganisator div. wiss. Kongresse. DA.: 69120 Heidelberg, Im Neuenheimer Feld 400. uwe.haberkorn@med.uni-heidelberg.de. www.krz.uni-heidelberg.de. G.: Dossenheim, 21. Sep. 1959. V.: Annette, geb. Altmann. Ki.: Valerie (1992), Sophie (1995). El.: Josef u. Edelgard, geb. Schreck. S.: 1978 Abitur, 1978-79 Zivildienst, Rettungssanitäter b. Dt. Roten Kreuz, 1979-80 Stud. Philosophie u. Germanistik an d. Univ. Heidelberg, 1982-88 Stud. Humanmedizin an d. Univ. Marburg, Würzburg u. Heidelberg, 1986 Famulatur in d. Chirurgie u. Poliklinik in Agou-Nyogbo. u. in d. Gynäkologischen Univ.-Klinik Lome/Togo, 1988 Staatsexamen u. Prom., 1996 Habil. K.: seit 1988 wiss. Ass. Abt. Onkologie, Diagnostik u. Therapie im DKFZ Heidelberg, seit 1995 FA f. Nuklearmedizin, seit 1998 Prof. f. Nuklearmedizin an d. Univ. Heidelberg, Ärztlicher Dir. d. Nuklearmedizin d. Radiologischen Klinik d. Univ. Heidelberg, Abteilungsleiter Klinische Kooperationseinheit Nuklearmedizin am DKFZ Heidelberg. BL.: Pionier im Bereich Monitoring v. Gentransfer b. gentechnischen Veränderungen v. Tumoren m. d. Ziel einer Therapie durch radioaktive Stoffe. P.: über 100 Artikel in intern. Fachzeitschriften u. ca. 50 Buchbeiträge, Buchkapitel in "Principles of Nuclear Medicine" (1995). E.: Mallinckrodt-Preis d. Dt. Ges. f. Nuklearmedizin (1996), 1. Preis f. Kontrastmittelforschung d. DRG (1998). M.: wiss. Beirat "Nuklearmedizin", seit 2000 Gründungs-Mtgl. "Society for Molecular Imaging", seit 2001 Council Member Academy of Molecular Imaging, Intern. Council des Institute for Clinical PET, Society of Nuclear Medicine USA, European Society of Nuclear Medicine, Dt. Ges. f. Nuklearmedizin. H.: Sport (Joggen), philosophische Bücher.

Haberkorn-Butendeich Edeltraut Dr. med.
B.: Frauenärztin. DA.: 50858 Köln, Goethestr. 37. G.: Berlin, 21. Sep. 1943. V.: Dietrich Haberkorn. Ki.: Jan, Ron. S.: 1962 Abitur, 1963-72 Stud. Med. in Marburg, Kiel, Mainz, 1972 Prom. z. Dr. med. K.: seit 1976 FA f. Gynäkologie in Köln, FA f. Sportmed. H.: Klarinette, Sport.

Haberl Bernhard

B.: Augenoptikmeister, Inhaber. FN.. Optik Scholz. DA.: 89073 Ulm, Wengeng. 14. G.: Korneuburg, 2. Apr. 1949. V.: Ulrike, geb. Foerster. KI.: 2 Kinder. El.: Ursula, geb. Appelt. S.: 1966-70 Lehre Augenoptiker Wien. K.: 1970-78 tätig in versch. Betrieben, 1978 Meisterprüf., 1978-98 versch. Führungspositionen in versch. Firmen, seit 1998 selbst. m. Übernahme der Firma Optik Scholz. H.: Beruf, Natur, gut Essen, Radfahren.

Haberl Fritz Dipl.-Kfm. *)

Haberl Hannes Dr. med.

B.: FA f. Neurochir., OA. FN.: Charité - Campus Virchow-Klinikum. DA.: 13353 Berlin, Augustenburger Pl. 1. hannes. haberl@charite.de. G.: Straubing, 11. Okt. 1955. V.: Nina Hoffmann-Haberl. Ki.: Saschka (1986). El.: Johann-Georg (1909) u. Annemarie (1936). BV.: Großvater war einer d. ersten Doppeldeckerpiloten Deutschlands. S.: 1975 Abitur Simbach/Inn, 1975-76 Zivildienst, 1976-84 Med.-Stud. an d. LMU München, Staatsexamen, 1984-92 Ass.-Arzt an d. Univ.-Klinik München, 1988 Prom. z. Dr. med. K.: 1992 FA f. Neurochir., seit 1992 OA an d. Neurochir. im Campus Virchow d. Charité Berlin, Spezialgebiet. Kinderneurochir., auch Fehlbildungen, Lehraufträge, Entwicklung neuer Unterrichtsmodelle, Training ausländ. Ärzte, Gastoperateur in arab. Ländern. BL.: Spezialisierungen

*) Biographie www.whoiswho-verlag.ch oder beigefügte CD-ROM

im Ausland: 1988 Wirbelsäulenchir. b. Prof. Rene Louis/Marseille, 1993/94 Kinderneurochir. b. Prof. Maurice Choux/Marseille, 1997 Kinderneurochir. b. Prof. David McLone/Chicago, Mitarb. in d. "Grit-Jordan-Stiftung". P.: Fachbeiträge zu neurochir. Themen, Fehlbildungen u. OP-Techniken, Wirbelsäulenerkrankungen, Schwerpunkt: Bandscheibe, Patentinh. f. "Chir. Faßzange". E.: div. Preise u. Stipendien. M.: Dt. Ges. f. Neurochir., Dt. Ges. f. Neuroendoskopie.

Haberland Detlev Dr.-Ing. *)

Haberland Hagen Dr. rer. nat. Dipl.-Phys.
B.: Gschf. FN.: Fakultät Physik an d. Universität Karlsruhe. DA.: 76131 Karlsruhe, Wolfgang-Gaede-Str. 1. hagen.haberland@physik.unikarlsruhe.de. G.: Merseburg, 13. Juli 1966. V.: Susanne, geb. Scheibel. Ki.: Karolina (2001). El.: Prof. Dr. rer. nat. Detlef u. Ursula, geb. Bachmann. S.: 1984 Abitur Greifswald, 1984-86 Wehrdienst, 1986-91 Stud. Physik an d. Ernst-Moritz-Arndt-Univ. Greifswald, 1991 Dipl.-Phys. K.: 1991-2001 Ass. an d. Univ. Greifswald, 1995 Prom. z. Dr. rer. nat., seit 2001 Gschf. d. Fak. f. Physik an d. Univ. Karlsruhe. P.: "Wasserstoffatome in dichten Plasmen m. äußerem elektrischen Feld - Anwendung d. Methode komplexer Koordinaten", "Physics of Strongly Coupled Plasmas" (1996), Physics of Nonideal Plasmas, Special issue of Contrib. Plasma (2002). H.: Videobearbeitung, mobil computing, Technik, Elektronik.

Haberland Uwe *)

Haberland Wolfgang Dr. phil. *)

Haberland Wolfram *)

Haberlandt Reinhold Dr. rer. nat. habil. Prof.
B.: Lehrbeauftragter, Physiker. FN.: Univ. Leipzig. DA.: 04318 Leipzig, Permoser Str. 15. G.: Tangermünde, 29. Juli 1936. V.: Christa, geb. Schulze. Ki.: Dr. Ing. Uwe, Dipl.-Math. Birgit Milbradt. S.: 1954 Abitur m. Ausz., 1959-65 Stud. Physik Univ. Halle Wittenberg, Dipl.-Abschluß m. Ausz., 1965 Prom. A m. Ausz., 1976 Prom. B. K.: 1972 u. 97 Honorardoz. u. Hnorarprof. f. theoret. Physik an d. Univ. Leipzig u. 1986 an d. Ak., 1959-91 wiss. Mitarb. d. ehemal. Dt. Ak. d. Wiss. in Berlin, 1967-80 wiss. Ltr. d. Arb.-Stelle f. stat. Physik d. AdW, 1970-80 Ltr. d. Bereichs stat. u. chem. Physik im Zentralinst. f. Isotopen- u. Strahlenforsch., 1989-90 Mtgl. d. Direktoriums, 1989-91 Sprecher d. Abt. stat. u. chem. Physik, 1992-93 Ltr. d. WIP-Arb.-Gruppe f. stat. Theorie v. Nichtgleichgewichtsprozessen, 1993-94 Mtgl. d. Sprecherrates d. WIP-Gruppen Leipzig, seit 1994 Abt.-Ltr. d. MDC, seit 1994 Vorst.-Mtgl. u. Teilprojektltr., 1969 Staatsexamen f. Fachübersetzer f. Eng. m. Ausz., 1979 Sprachkundigenprüf. f. Russ. m. Ausz. P.: ca. 120 Publ., zahlr. interne Berichte df. Ind.- u. Vertriebspartner, ca. 240 Vorträge auf nat. u. intern. Tagungen, Gastvorlesungen, Gutacher f. zahlr. Dipl.-Arb., Diss. u. Habil. M.: div. wiss. Gremien d. Univ. Leipzig u. d. Bergak. Freiberg, Dt. Physikal. Ges., Vorst.-Mtgl. d. Sonderforsch.-Bereichs 294 d. DFG.

Haberlandt Walter F. Dr. med. Prof. *)

Häberle Klaus Karl Wilhelm *)

Häberle Micheal Dr. med. vet. *)

Häberle Peter Dr. jur. Dr. h.c. mult. Prof.
B.: Prof. DA.:95440 Bayreuth RW. G.: Göppingen, 13. Mai 1934. El.: Dr. Hugo u. Ursula. S.: Stud. Rechtswiss. Tübingen, Freiburg, Bonn, Montpellier, Freiburg, Prom. K.: 1969 Habil., 1969 Rufe an d. Univ. Mannheim u. Marburg, 1973 Ruf nach Bochum, 1969-76 o.Prof. f. öff. Recht u. Kirchenrecht in Marburg, 1976 Berufung nach Augsburg, 1980 Rufe nach St. Gallen u. Bayreuth, in St. Gallen/Schweiz ständ. Gastprof. f. Rechtsphil., seit 1981 in Bayreuth Inh. d. Lehrstuhls f. öff. Recht, Rechtsphil. u. Kirchenrecht.1991/92 mit 99 Gastprof. in Rom, 1992/93 Fellow am Wissenschaftskolleg in Berlin. P.: Die Wesensgehaltgarantie d. Art.19 Abs.2 Grundgesetz (1983 3. Aufl.), Verfassg. als öffentl. Prozeß (1998 3. Aufl.), Die Verfassg. d. Pluralismus (1980), Feiertagsgarantien als kult. Identitätselemente d. Verfassungsstaates (1987), Das Menschenbild im Verfassungsstaat (1988), Der Sonntag als Verfassungsprinzip (1988), Europäische Rechtskultur (1994, Tb 1997), Verfassungslehre als Kulturwissenschaft (2. Aufl. 1998), seit 1983 Hrsg. d. Jahrb. d. öff. Rechts, Europäische Verfassungslehre in Einzelstudien (1999), Europäische Verfassungslehre (2001/2002), Übersetzungen v. Monographien u. Aufsätzen in 13 Sprachen. E.: VO Italien, Mtgl. d. Heidelberger u. d. Bayer. Akad. d. Wiss., Max-Planck-Forschungspreis f. intern. Kooperation, 1994 Dr. h.c. d. Juristischen Fak. d. Aristoteles-Univ. Thessaloniki, 2000 Dr. h.c. d. Juristischen Fak. d. Univ. Granada. H.: Musik.

Häberle Thomas *)

Häberlein Haino W.
B.: Gschf., Abteilungsdirektor. FN.: AOK Bayern, Direktion Mittelfranken, Bereich Region Stadt- u. Landkreis Ansbach. GT.: 2. Bgm. d. Marktgemeinde Schopfloch, CSU-Vorsitzender d. Marktgemeinde Schopfloch. DA.: 91550 Ansbach, Eyber Str. 63. hainow.haeberlein@nuernberg.by.aok.de. G.: 1. Feb. 1949. V.: Elfriede, geb. Großeibl. Ki.: Sandra u. Simone (1982). El.: Rosemarie Häberlein, geb. Völkert. S.: HS-Reife, 1. u. 2. Verwaltungsprüfung, 6 J. Stud. Rechtswiss. an d. Univ. Erlangen-Nürnberg, 2 J. Managementstudium. K.: Gruppenleiter, Sachgebietsleiter u. Ltr. d. AOK Dinkelsbühl, Bereichsleiter Region Stadt- u. Landkreis Ansbach, 2000 Beförderung z. Abteilungsleiter d. AOK Bayern, Direktion Mittelfranken. H.: Joggen, Lesen, Biogramme, Pfeifenraucher.

Habermann Erhard *)

Habermann Eva
B.: Schauspielerin. FN.: c/o Red Point. DA.: 20148 Hamburg, Mittelweg 120. G.: Hamburg, 16. Jan. 1976. S.: Abitur, seit 14. Lebensj. Schauspiel-, Sprech- u. Gesangsunterricht, 1992-95 Rollenstud. unter Jens Parmann u. Ina Holst, erste intern. Erfahrungen b. mehrmonatigen Aufenthalten in London, Paris u. Minnesota. K.: Fernseh- u. Filmrollen u.a. 1992 Hello Dolly; Musikdose, 1993 Eberhard Feick Special, 995 Immenhof 3, 1995 Guten morgen Mallorca; Pumuckel TV ARD, 1996 Star Command; Hochwürden II, 1997 SK-Babies; Klinik unter Palmen; Weisblaue Wintergeschichten; Die Wache; Kommissar Rex; First Love; Rosamunde Pilcher; Kleine Notlügen, 1998 Strandclique; Gegen d. Wind, der letzte Urlaub. H.: Surfen, Aerobic, Reiten, Skifahren, Fitneß, Inline-Skaten.

Habermann Gina *)

Habermann Hans-Joachim Dipl.-Informatiker *)

Habermann Jochen-Matthias *)

Habermann Martin Dipl.-Ing. *)

Habermann Sylvia Dr. *)

Habermas Jürgen Dr. phil. Prof.
B.: Univ.-Prof. FN.: FB7 Univ. DA.: 60629 Frankfurt/M., Grüneburgplatz 1. PA.: 82319 Starnberg, Ringstr. 8 b G.: Düsseldorf, 18. Juni 1929. V.: Ute, geb. Wesselhoeft. Ki.: Tilmann, Rebekka, Judith. El.: Ernst u. Grete. S.: 1949 Abitur, Univ. Göttingen, Zürich, Bonn, Prom., 1954 Dr. phil. K.:1961

---

*) Biographie www.whoiswho-verlag.ch oder beigefügte CD-ROM

Habermas

Habil., 1961-64 Prof. f. Phil. Univ. Heidelberg, 1964-71 Prof. f. Phil. u. Soz. Univ. Frankfurt, 1971-82 Dir. Max Planck-Inst. Starnberg-München, seit 1983 Prof. f. Phil. Univ. Frankfurt u. auswärt. wiss. Mtgl. d. MPI f. psycholog. Forsch. München. P.: zahlr. Veröff., Hauptwerke: "Erkenntnis und Interesse" (1968), "Theorie des kommunikativen Handelns" (1981), "Faktizität und Geltung" (1992). E.: Hegel-Preis d. Stadt Stuttgart, Sigmund Freud-Preis d. Ak. f. Sprache u. Dichtung, Adorno-Preis d. Stadt Frankfurt, Geschwister Scholl-Preis d. Stadt München, Leuschner-Med. d. Landes Hessen, Leibniz-Preis d. Dt. Forsch.Gemeinschaft, Sonning-Preis d. Univ. Kopenhagen, Jaspers-Preis d. Stadt u. Univ. Heidelberg, Kulturpreis d. Landes Hessen, Ehrendr. d. New School f. Social Research New York, d. Hebr. Univ. Jerusalem, d. Univ. Hamburg, d. Univ. v. Buenos Aires, d. Univ. Utrecht Holland, d. North-Western-Univ. Evanston Ill. USA, d. Univ. Athen, d. Univ. Tel Aviv, d. Univ. Bologna, d. Univ. Paris, Sorbonne, Cambridge, England, Harvard Univ., Cambridge, MA, 2001 Friedenspreis d. Dt. Buchhandels. (Re)

Habermehl Karl-Otto Dr. med. Prof. em.

B.: FA f. Innere Med., FA f. Laboratoriumskunde, Dir. FN.: Inst. f. Klin. u. Experimentelle Virologie d. FU Berlin. DA.: 12203 Berlin, Hindenburgdamm 27. PA.: 14195 Berlin, Meisenstr. 10. G.: Köslin, 31. Jan. 1927. S.: 1946 Abitur Berlin, 1946-52 Med.-Stud. Humboldt-Univ. u. FU Berlin, 1952 Dr. med. K.: 1952-65 Ass., Internist u. OA am Wenckebach KH Berlin, Ltr. d. Zentrallabors, FA f. Innere Med. u. FA f. Laboratoriumskunde, Arbeitsaufenthalte an versch. Inst. in d. USA, 1969 a.o.Prof. FU Berlin, 1970-75 Grdg. Inst. f. Experimentelle u. Klin. Virologie Berlin d. Dt. Forschgem., seit 1975 Vors. u. o. Prof. d. Virologie, Dir. d. Inst. f. Klin. u. Experimentelle Virologie d. FU Berlin, Ltr. d. Inst. f. Biotechnolog. Diagnostik, Berlin. BL.: Untersuchungen über Beziehungen zwischen versch. Schritten d. Virusvermehrung u. d. dadurch bedingten Pathogenitätsmechanismen d. infizierten Zelle, Automatisierung u. Standardisierung d. Virus-Diagnostik, Etablierung u. externen Qualitätskontrolle d. Virusdiagnostik. E.: Vorst. u. Präs. zahlr. Fachges. u. Kongresse, Ehrenmtgl. d. European Society of Clinical Virology, Ehrendipl. d. Univ. Buenos Aires, Ernst-v.-Bergmann-Med., Ehrenmed. d. FU Berlin, Paul Ehrlich Med., BVK 1. Kl., Gr. BVK, VO d. Landes Berlin, Consultant d. WHO, Med. d. Sowj. Ak. d. Wiss., Med. d. Russ. Ak. d. Wiss., adj. Prof. h.c. d. Univ. Maryland, USA. H.: Schifahren, Hochseesegeln, Musik.

Habernoll Hans-Joachim Eberhard Dr. rer. pol. *)

Habers Gabriele *)

Habersaat Jens Dipl.-Ing. *)

Habersetzer Editha Dr. phil. *)

Haberstock Bernd *)

Haberstolz Dagmar *)

Haberstroh Bernd *)

Haberstroh Frank *)

Haberstroh Jörns Dipl. oec. *)

Haberstroh Markus

B.: Konditormeister. FN.: Konditorei Cafe Haberstroh. DA.: 47839 Krefeld-Hüls, Konventstr. 9. G.: Offenbach/Main, 27. Juni 1960. El.: Erwin u. Martha. S.: 1976 Mittlere Reife, 1976-79 Lehre Konditor. K.: 1979-83 Gesellschaft, 1983 Meisterschule in Köln, Eintritt in d. elterl. Betrieb, 1993 Übernahme d. elterl. Betriebes. H.: Segeln, Badminton.

*) Biographie www.whoiswho-verlag.ch oder beigefügte CD-ROM

Haberstumpf Helmut Dr. *)

Haberzeth Beate Dipl.-Kfm.

B.: Steuerberaterin, Wirtschaftsprüferin, selbständig. DA.: 93426 Roding, Industriestr. 7. haberzeth-beate@t-online.de. G.: Roding, 27. Jan. 1963. V.: Bruno Haberzeth. Ki.: Claus Christian (1983), Michael (1987). El.: Jordan u. Hildegard Baier. S.: 1981 Abitur Cham, 1982-88 Stud. BWL in Regensburg. K.: 1989-95 Steuerassistentin in d. Kanzlei Qeck in Regensburg, 1995 Steuerberaterprüfung, 1995 selbständige Steuerberaterin, 1997 Prüf. z. Wirtschaftsprüfer. BL.: Unterricht in Rechtskunde an d. Ak. f. Holzgestaltung in Cham. H.: Schwimmen, Radfahren, Skifahren.

Habich Christoph *)

Habich Klaus Dr. med. *)

Habicht Waltraut

B.: Sängerin, Schauspielerin. DA.: 10779 Berlin, Barbarossa Str. 32A. S.: in d. Schulzeit Gesangsunterricht bei Eva Koch, Fach Soubrette, anfangs Oper. K.: m. 17 Jahren Amor gesunden in "Orpheus in d. Unterwelt" an d. Dt. Oper Berlin, anschl. m. d. Dt. Oper Gastspiele "Figaros Hochzeit" am Theatre d. Champs Elysees Paris, 2 Jahre in Lübeck, 2 J. in Gelsenkirchen, 1 1/2 J. in Bern, dann über Peter Kreuder engagiert als "Tochter v. Lonie Häuser" in Madame Skandaleuse, dann u.a. m. Dieter Hallervorden in "Non-Stop Nonsens" u. "Spottlight", im Kurfürstendammtheater in "Die Durchreise" m. Georg Thomalla, im Renaissancetheater in "Klotz am Bein", m. Klaus-Jürgen Wussow "Pygmalion", "Eines langen Tages Reise in d. Nacht", im Hansa-Theater d. Mary-Ann Carter in "2 Ahnungslose Engel", im Reichs-Kabarett m. d. Revue v. Tucholsky "Im Grünen fings an - und endete blutigrot", 1994 "Der Prozeß d. Claudia D.", 1995 "Die Dame v. Maxim" m. Gisela May, m. "Das Fronttheater" in Berlin, Düsseldorf, Köln, München u. Hamburg, Show m. Harald Junke "Um 8 kommt Harald", seit Mitte d. 80er Jahre Frau Rust in d. Fernsehserie "Praxis Bülowbogen", "Neues v. Bülowbogen". E.: "Krieg d. langhaarigsten Frauen in Berlin f. Blond entschieden" - f. Waltraut Habicht entschieden (2000), Platten v. Kriminalstücken wie "Es geschah in Berlin". H.: Oper.

Habicht Werner Dr. Prof. *)

Habicht Werner Dr. phil. *)

Habig-Kienecker Christa Dr. med. dent. *)

Habighorst Gitta *)

Habler Lothar

B.: Schriftsteller, Manager, Unternehmer. DA.: 31832 Springe, Kurt-Schumacher-Str. 56. G.: Berlin, 27. Apr. 1937. V.: Susanne, geb. Reichel. Ki.: Thomas (1961) und Martina (1965). El.: Georg u. Emmi, geb. Hausschild. S.: 1952-55 Lehre Jungwerker Dt. Bundesbahn, 1955-56 Betriebspraktikum, 1957-69 Dienst in d. Bundeswehr, Fachabitur in Hamburg, Offiziersausbildung in München, Ausbildung zum Raketentechniker in Huntsville (ALA u. ELPASO/Texas, Einsatz im Feuerleitbereich (NATO), Deutschland, USA, Griechenland, Dienstgrad Hauptmann, 1970 Ak. d. Führungskräfte Bad Hazburg m. Dipl.-Abschluß. K.: 1971-79 Mtgl. d. Geschäftsltg. eines Möbelwerks in Springe, 1979-84 Gschf. eines Möbelwerkes im Rheinland, 1984-91 Personaldir. u. Mtgl. d. Geschäftsltg. d amerikan. Marktführers Gillette m. Ausbildung u. Einsatz in London u. Berlin, zuständig f. d. Länder Deutschland, Österr. u. Schweiz, 1991-93 Grdg. d. Firma Lothar Habler & Partner Unternehmensberatung, 1994 Grdg. d. Verlages "EditionHA" in Springe f. individuelle Gestaltung u. Problemlösungen in Werbe- u. PR-Fragen, seit 1982 tätig als Schriftsteller. P.: div. Veröff. in Fachzeitschriften, div. Buchveröff. u. Grußkarten, "Fremdwörterlexikon f. humorvolle Führungskräfte" (1982), "Aphorismen: Gedanken, d. d. Leben schrieb" (1990), "Grußbotschaften" (1992-93), Serie Botschaften: "Niveau ist kein Zufall" (1998), "Persönlichkeiten" (1999). M.: Grdg. d.Marathon- u. Langstreckenlaufver. e.V. Springe. H.: Literatur, Philosophie, Psychologie, Musik, Sport.

Hablicek Horst-Dieter *)

Hablowetz Hans-Georg *)

Habrich Christa Elisabeth Dr. Dr. *)

von Habsburg Otto

B.: Schriftsteller. DA.: 82343 Pöcking b. Starnberg, Hindenburgstr. 15. G.: Reichenau/Österr., 20. Nov. 1912. V.: Regina, geb. Prinzessin von Sachsen-Meiningen. Ki.: 5 Töchter, 2 Söhne. El.: Karl Kaiser v. Österreich, König v. Ungarn u. Zita , Princessin v. Bourbon-Parma. S.: aufgewachsen in Österr.-Ungarn, d. Schweiz, Portugal, Spanien u. Belgien, Univ. Louvain/Belgien, 1935 Doktorat d. polit. u. soz. Wiss. K.: 1939 Aufenthalt in Paris, 1940-44 in Washington D.C. USA, 1944-51 Aufenthalt in Frankreich, dann Spanien, ab 1954 Pöcking, ab 1933 Bekämpfung d. Nationalsozialismus ab 1936 Mtgl. d. Paneuropa-Union, deren Vertreter in Washington ab 1940, ab 1942 Aktionen z. Verhinderung d. geplanten Vertreibung d. Dt. aus d. Sudetenland u. d. Ostgebieten, nach d. Krieg kurzer Aufenthalt in Österr., neuerliche Ausweisung auf Verlangen d. sowjet. Besatzungsmacht, weiterhin im Vorst. d. Intern. Paneuropa-Union, seit 1957 VPräs., 1973 Präs., 1979-99 Mtgl. d. Europ. Parlaments, Obm. d. EVP im Außenpolit. Aussch., VPräs. d. Ungarn-Delegation. P.: 32 Bücher in 9 Sprachen u. zahlr. Veröff. zu Themen d. Geschichte, Politik u. Sozialpolitik, seit 1953 eine wöchentl. Chronik z. Weltgeschehen, sowie zahlr. Vorträge auf allen Kontinenten, außer Australien. E.: Académie des Sciences Morales et Politiques, Institut de France, Paris, Académie du Royaume du Maroc, Honorary Fellowship d. Univ. Jerusalem, Prof. h.c. d. Univ. v. Bogota/Kolumbien, Ehrenmtgl. d. Inst. d. Estudios de Marinha in Portugal, Dr. h.c. d. Univ. v. Nancy, Tampa/Florida, Cincinnati, Ferrara, Pécs/Fünfkirchen, Budapest, Turku, Veszprém u. Osijek, hohe in- u. ausländ. Orden u. Ausz. u.a. Großkreuz d. Ungarischen Verdienstordens, Großkreuz d. Päpstlichen Gregoriusordens m. Band u. Stern, Bayer. VO, Gr. BVK, Großkreuz Lion d'Or v. Luxemburg, Großkreuz Orden Carlos III. v. Spanien, Kroat. König-Zvonimir Orden, Estnischer Maarja Maa Orden, Europ. Karlspreis d. Sudetendeutschen Landsmannschaft, 1977 Robert-Schumann-Goldmed., Goldmed. d. Stadt Paris, 1977 Konrad-Adenauer-Preis, Intern. Humanitarian Award d. "Anti-Defamation League", 2000 Goldene Ehrennadel d. Österr. Widerstandsbewegung. (Re)

Hach Peter

B.: FA f. Allg.-Med. DA.: 76275 Ettlingen, Johannesg. 1. medikus@medikus.de. G.: Baden-Baden, 8. Feb. 1957. V.: Partnerin Larissa Nuss. Ki.: Annika Albert (1981). El.: Hans-Karl u. Charlotte, geb. Reise. BV.: Otto Hahn. S.: 1976 Abitur Osterburken, Ausbild. u. tätig als Masseur, 1980-82 Weltreise, ab 1982 Stud. Med. Frankfurt/Main. K.: 1989 Ass.-Arzt, seit 1992 selbst. Praxis m. Schwerpunkt wiss. vorsorgebetonte Allg.-Med. m. ganzheitl. Ansatz. BL.: Vorreiter f. eine Kultur d. demokrat. Internet-Kontroverse auf hohem Niveau zu Themen d. ärztl. Ethik u. Gesundheitspolitik. P.: "Unabdingbarkeit d. ärztl. Schweigepflicht" (1996), "Das Allg.-Arztprinzip" (1998), "Zweitklassenmed., ein Totschlagargument" (1998), "Zeitbezogene Vergütungsoption f. Ärzte" (1999), "Cooperative Gesundheitsvorsorge" (1999). H.: Reisen, Schnorcheln, Fotografieren, Quatschen, Cinema, Live-Musik, Akustikkunst, Radfahren.

Hach Volker Walter Dr. med. vet.

B.: Tierarzt. FN.: Tierärztliche Klinik f. Kleintiere. DA.: 60528 Frankfurt/Main, Waldfriedstr. 10. kleintierklinik-dr. hach@t-online.de. www.tierklinik-frankfurt.de. G.: Pirmasens, 15. Jan. 1960. V.: Jasmine, geb. Huecking. Ki.: 3 Kinder. El.: Prof. Dr. Wolfgang u. Helga. S.: 1979 Abitur Frankfurt, 1979-81 Stud. Humanmed. Univ. Gent/Belgien u. FU Amsterdam/NL, 1982-84 Stud. Veterinärmed. Univ. Mailand/Italien, 1984-88 Stud. Veterinärmed. Justus-Liebig-Univ. Gießen, 1989-91 Ass.-Arzt an einer veterinärmed. Spezialklinik San Diego/USA, 1989 Staatsexamen, 1990 Prom., 1991-95 Ass.-Arzt an d. Univ.-Klinik f. Veterinärmed. Gießen, 1995 Fachtierarzt f. Chirurgie, Spezialklinik f. Augenheilkunde, Chirurgie, Inneres, Kardiologie, Zahnheilkunde f. Tiere, Vogelheilkunde, 2002 Grdg. u. Eröff. d. Tierdiagnostischen Centrums Rhein-Main, Frankfurt-Liederbach (TDZ). BL.: 1998 Patent u. Vermarktung d. Trilam-Nagel, weltweit im Einsatz b. Knochenbrüchen b. Kleintieren, Organisator d. Frankfurter Tierärztekongreß. P.: seit 1998 Herausgeber d. Vorträge m. Frankfurter Tierärztekongreß, lfd. Veröff. wiss. Beiträge in d. Fachzeitschriften, Klinik-Report in d. "fachpraxis" (1999), regelmäßige Vortragstätigkeit intern. z. Thema Kleintierchirurgie, Chirurgie-Seminare 4x jährl. europaweit z. Trilam-Nagel. M.: DVG, AO, AVO, Rotary Club Frankfurt Römer, Union Club Frankfurt, SKG Frankfurt. H.: Sport, Tennis, Skifahren, Jogging.

Hach Wolfgang Dr. med. Prof.

B.: em. Ärztl. Dir. FN.: William Harvey Klinik. PA.: 60313 Frankfurt/Main, Zeil 51. G.: Berlin, 15. Juni 1930. V.: Helga, geb. Höbel. Ki.: Viola (1953), Marion (1955), Volker (1960). El.: Walter u. Margarete. S.: 1949 Abitur, 1949-54 Stud. Humanmed. Humboldt-Univ. Berlin, 1955 Approb. als Arzt u. Prom. K.: 1955-60 chir. Fachausbild. Städt. KH Berlin-

*) Biographie www.whoiswho-verlag.ch oder beigefügte CD-ROM

Weißensee, Charité Berlin u. Städt. KH Pirmasens, 1961-69 Fachausbild. als Internist u. d. gesamten Röntgendiagnostik I. Med. Univ.-Klinik Frankfurt, 1969 Ltg. einer angiolog. u. gefäßchir. Abt. im DRK-KH Frankfurt, 1975-95 Chefarzt u. ärztl. Dir. William Harvey Klinik Bad Nauheim., 1980 Habil., seit 1995 Wiss. Inst. f. Angiologie u. Fachpraxis. P.: mehrere Monographien über angiolog. Themen, Hauptwerke: "Phlebographie d. Bein- u. Beckenvenen", Die Rezizkalationskeise d. primären Varikose, mehr als 200 wiss. Arb., 350 Vorträge, Organ. u. wiss. Ltg. v. mehr als 50 Kongressen u. Tagungen. E.: 1981 Erich Krieg-Preis, 1989 Ernst v. Bergmann-Plakette, Ehrenmitgliedschaft mehrerer deutscher u. europäischer wiss. Ges. H.: Sport, klassische Tanzmusik. (J.L.)

Hache Liane
B.: Notarin. DA.: 01744 Dippoldiswalde, Obertorpl. 8. PA.: 01744 Reichstädt, Am Ziegelgrund 22. G.: Zwickau, 12. Nov. 1953. Ki.: Holger (1978), Doreen (1979), Kristin (1984). El.: Kurt u. Else. S.: 1972 Abitur Zwickau, 1974-78 Stud. Rechtswiss. Humboldt-Univ. Berlin, 1975 Abschluß Sprachkundigen-Ausbild. Russ. II A an d. Humboldt-Univ. Berlin, 1978 Abschluß Dipl.-Jurist in russ. Sprache. K.: 1972-74 Sachbearb. in einer Lohnbuchhaltung, 1973 Jugendsportschule Greiz, Abschluß als Übungsltr. Handball, 1973-78 Übungsltr. Handball, 1978-79 Ass.-Jahr in Freital, 1979 Berufung z. Notar, 1979 staatl. Notar, 1987-90 Ltr. staatl. Notariat in Dippoldiswalde, 1990 Anerkennung z. Notar m. eigener Ndlg. in Dippoldiswalde. P.: Publ. in Presse u. Fachzeitschriften, Funk u. Fernsehen regional u. überregional. M.: Lions Club Dippoldiswalde, Mtgl. d. Notariatskam. H.: Sport, Garten, Reisen, Natur.

Hachenberg Hanns Lutz Prof. *)

Hachfeld Florian

B.: Gschf. Ges. FN.: IWH Interior Warenhdl.-GmbH. DA.: 22303 Hamburg, Jarrestr. 58. G.: Elmshorn, 30. Nov. 1973. El.: Wieland u. Gisela, geb. Tümmers. S.: 1993 FHS-Reife intern. Schule Mallorca. K.: tätig im väterl. Einrichtungshaus in Hamburg, Frankfurt u. Berlin, 1993-97 Seminare im kfm. Bereich, Organ., Mitarb.-Führung, Kennzahlen u. Datenverarb., 1997 Grdg. der Firma IWH GmbH m. Schwerpunkt Organ., Einkauf im Großhdl.-Bereich. M.: Trendmöbel, Einkaufsverb. f. mittelständ. Einrichtungshäuser. H.: Familie, Reisen.

Hachinger Gerhard

B.: Heilpraktiker. DA.: 82088 Unterhaching, Münchner Str. 11. G.: Traunstein, 12. Mai 1947. V.: Christa, geb. Merkler. K.: Stephan (1982). S.: 1961-64 Lehre als LebensmitteIkfm. elterlichen Betrieb, 1964-66 Bundeswehr, 1966-68 Ernährungsfachschule m. Abschluß Mittlere Reife u. Hdl.-Betriebswirt. K.: 1968-82 Eröff. u. Ltg. eines Lebensmittelsupermarktes, 1983-87 Ausbild. z. Heilpraktiker, 1987 Eröffnung d. Naturheilpraxis m. Schwerpunkt Aufbau- u. Regenerationstherapie, Blutanalyse, Zell-Ozon- u. Eigenbluttherapie sowie orthomolekulare Med., Anliegen: Optimale Verbindung bewährter Naturheilverfahren mit wiss. Behandlungsmethoden zum Wohle d. Patienten. M.: VDH, HPGes. f. Ozon-Therapie. H.: Familie, Bergsteigen, Skifahren, Segeln.

Hachmann Finn

B.: Grafik Designer, Mediengestalter, Inh. FN.: Hachmann Grafik Design. DA.: 24937 Flensburg, Südergraben 39. hachmann@foni-net. www. hachmann-design.com. G.: Flensburg, 21. Dez. 1968. El.: Bruno u. Monika, geb. Asmussen. S.: 1988 Abitur, 1989-91 Zivildienst, 1991-93 Lehre Mediengestalter. K.: 1993-95 tätig in einer Werbeagentur, seit 1995 selbst. M.: Sportver. DGF Flensburg, seit 2000 Mtgl. im Prüfungsausschuß d. IHK Flbg. f. d. Bereich Mediengestaltung. H.: Surfen.

Hachmann Matthias Dr. med.
B.: FA f. Kinder- u. Jugendmed. GT.: Obmann d. BVKJ - Deutschland. DA.: 64372 Ober-Ramstadt, Darmstädter Str. 66-68. PA.: 64285 Darmstadt, Bordenbergstr. 4. hachmann @ e-kinderaerzte.de. www.e-kinderaerzte.de. G.: Hanau am M., 8. Apr. 1959. V.: Susanne. Ki.: 2 Kinder. S.: 1977 Abitur, 1978-84 Stud. Med. Frankfurt, 1985 Prom. K.: 1984-89 FA-Ausbild. an städt. Klinik Darmstadt, seit 1990 selbst. Praxis. H.: Rockmusik, Tennis, Mountainbiken.

Hachmann Thomas
B.: Werbetechniker, Gschf. Ges. FN.: Einschnitt GmbH. DA.: 38100 Braunschweig, Kalenwall 2. G.: Braunschweig, 8. Dez. 1969. S.: 1986 Mittlere Reife, 1986 Ausbild. z. Werbetechniker, 1989 1 1/2 J. Berufserfahrung, 1990 Wehrdienst. K.: 1991 Jobtätigkeiten, 1992 Aufenthalt in Australien m. Jobtätigkeiten in versch. Werbeagenturen, 1992 zurück nach Deutschland u. Grdg. d. Einschnitt GmbH. E.: seit 1998 Präs. d. Mieter- u. Arbeitnehmerschutzver. e.V. H.: Skifahren, Motorradfahren.

Hachmeister Bernd J. *)

Hachmeister Dirk Dipl.-Bw. *)

Hachmeister Heiner Dr. sc. pol. *)

Hachmeister Sabine
B.: Ärztin u. Psychotherapeutin. DA.: 65185 Wiesbaden, Albrechtstr. 31. G.: Sebnitz, 6. Dez. 1954. V.: Prof. Dr. Curt-Ulrich Hachmeister. Ki.: Nicola, Nils, Lisa, Anna, Lea. El.: Dr. Heinz u. Ursula Raida. S.: 1974 Abitur, Stud. Med. Gießen, Stipendium d. Stiftung d. Dt. Volkes, 1980 Staatsexamen. K.: 1981-82 ang. Ärztin in d. Chir., 1983 tätig in d. Psychiatrie, 1985 Ausbild. z. Psychotherapeutin, 1986 tätig im Bereich Innere Med., seit 1989 ndlg. Ärztin in Wiesbaden m. Schwerpunkt Entspannungsübungen f. Kinder, Sozialgutachten, Rentenanträge u. weitere ärztl. Tätigkeiten. P.: Veröff. in versch. Frauenzeitschriften u. Radiosendern z. Thema "Neuer Schnitt-Schnitt im Leben", "Typenveränderung, welche intrapsych. Prozesse gengenvoraus?". H.: Gnadenbrot f. Tiere, Natur, karib. Musik, Lesen, Familie.

Hachmeister Wolf-Dietrich Dr. med. dent. *)

Hack Carsten

B.: Sped.-Kfm., Inh. FN.: Dechow Umzüge-Transporte. DA.: 23879 Mölln, Vorkamp 32. dechow-umzuege@t-online.de. G.: Mölln, 24. Okt. 1967. BV.: Großmutter Lina Dechow (geb. 1911) Sped.-Betrieb. S.: 1985-88 Ausbild. z. Sped.-Kfm. b. d. Sped. Joachim Paabs, 1989-90 Bundeswehr. K.: s. 1990 ang. Spediteur im mütterl. Betrieb, 1998-99 Weiterbild. z. Verkehrsfachwirt b. d. DEKRA, s. 2000 selbst., Schwerpunkte: Bahnsped., Umzüge, Möbeltransporte, Güterkraftverkehr. M.: Möllner Sportver. H.: Schach, American Football passiv.

Hack Christoph Dr. iur.

B.: Mtgl. d. Vorst. FN.: TÜV Rheinland Holding AG. GT.: Partner d. Anwaltssozietät Kirschstein, Hack & Partner Köln. DA.: 51105 Köln, Am Grauen Stein. PA.: 50354 Hürth-Efferen, Afrastr. 9. hack@de.tuv.com. G.: Köln, 19. Feb. 1951. V.: Ursula, geb. Roeckerath. Ki.: Jan, Sebastian. S.: 1970-75 Stud. Rechtswiss. an d. Univ. Köln, 1975 1. Jur. Staatsprüfung, 1975-77 Referendardienst b. d. OLG Köln, 1978 2. Jur. Staatsprüfung. K.: 1978-81 Fakultätsass. an d. Jur. Fakultät d. Univ. Köln, 1980-82 freier Mitarbeiter in d. führenden obergerichtl. Anwaltssozietät Dr. Leinen & Derichs Köln, 1981 Prom., Zulassung als RA, 1982-88 Syndikus d. Köln. Rückversicherungsgesellschaft AG Köln, 1988-92 Chefjustitiar d. TÜV Rheinland e.V. Köln, seit 1992 Mtgl. d. Vorst. u. Arbeitsdir. d. TÜV Rheinland Holding AG. P.: mehrere Veröff. u. Aufsätze in Fachzeitschriften u. Fachbüchern z. Produkthaftung, zu Holding Gesellschaften u. z. Rückversicherungsrecht. M.: Vorst.-Mtgl. d. Rechtsanwaltskammer Köln, Vors. d. Aussch. Syndikusanwälte d. Kölner Anwaltsvereins, Gschf. Kuratoriumsmitglied d. Kölner Stiftung Merten. H.: Segeln, Motorrad-Tourenfahren.

Hack Dieter *)

Hack Franz

B.: Kfm., selbständig. FN.: Immobilienservice Dienstleistungen Hack. DA.: 69190 Walldorf, Karlstr. 27. G.: Ungarn, 18. Mai 1935. V.: Anneke, geb. Eden. Ki.: Dipl.-Kfm. Michael (1969), Stefan (1971), (Betriebswirt), Annette (1973), (Fremdspr. Sekr.). El.: Franz u. Anna, geb. Adam. S.: 1944 Flucht aus Ungarn, 1951 Mittlere Reife in Walldorf, 1951-53 Lehre als Großhandelskaufmann. K.: 1951-68 Buchhalter u. zuletzt stellv. Gschf. d. Firma Theobal Chem.-Techn. Großhandel in Heidelberg, 1968-93 selbständiger Großhandelskaufmann, seit 1993 selbständiger Immobilienmakler m. Schwerpunkt Facility Management. E.: 3 x Torschützenkönig im Fußball, Ehrenmtgl. d. FC Astoria Walldorf, versch. Ausz. d. Gem. M.: 47 J. ehrenamtl. Vereinsarbeit im Fußball, seit 1954 Vorst.-Mtgl. d. FC Astoria Walldorf, 1954-81 tätig im Jugendbereich u. seit 1994 Manager u. 2. Vors. H.: Familie, Beruf, Sport, Archäologie, Reisen.

Hack Heidrun *)

Hack Helga *)

Hack Ursula *)

Hack Wolfgang Rüdiger

B.: RA. FN.: Kzl. Manfred Heumann & W. Rüdiger Hack RAe. DA.: 90429 Nürnberg, Spittlertorgraben 33. PA.: 90403 Nürnberg, Egidienpl. 4. G.: Nürnberg, 28. Jän. 1929. V.: Sieglinde, geb. Motzet. Ki.: Wolfgang Volker Michael (1957), Sylvia Ulrike (1961). El.: Dr. Wolfgang Nikolaus u. Ursula Babette. S.: 1948 Abitur, 1948-54 Stud. Rechtswiss. Erlangen, 1954 1. Staatsexamen, 1954-57 Referendariat, 1957 2. Staatsexamen München. K.: 1957-59 Anw.-Assesor in Nürnberg, seit 1959 selbst. RA in d. Kzl. d. Vaters u. seit 1961 Inh. d. Kzl., 1971 Grdg. d. Sozietät. M.: stellv. Vors. d. Anw.-Ver., Ehrengericht d. Anw.-Kam., Christengemeinschaft Nürnberg. H.: Sammeln v. alten Möbeln u. Antiquitäten, Malen, Fotografieren, Lesen, Klavier u. Gitarre spielen.

Häck Renate Gertrud *)

Hackbart Jens Dipl.-Kfm. *)

Hackbarth Harald *)

Hackbarth Sigrid Prof. *)

Hacke Walter *)

Hackebeil Peter Dipl.-Ing. *)

Hackel Jochen *)

Hackel Karl Dipl.-Ing.

B.: Huf- u. Wagenschmied, Ing. f. Maschinenbau, Dipl.-Ing. f. Maschinenbau. FN.: Ing.-Büro K. u. A. Hackel. DA.: 12555 Berlin, Pflanzgartenstr. 22. G.: Pitschkowitz, 28. Jän. 1934. V.: Dr. Brunhilde, geb. Weißgerber. Ki.: Andreas (1958), Sabine (1959), Susanne (1968), Jörg (1977). El.: Rudolf u. Marie. S.: 1948-52 Lehre als Huf- u. Wagenschmied, 1952-55 Stud. an d. Ing.-Schule Schmalkalden, Ing. f. Maschinenbau. K.: 1955-68 Ing. im Flugzeugbau Dresden u. Ludwigsfelde u. Planungsbüro f. Fahrzeugbau in Berlin, 1957-65 Fernstud. Maschinenbau an d. TU Dresden, Dipl.-Ing., 1969-89 Ing.-Büro d. Ldw. - Ltr. d. Projektierung u. techn. Ltr., seit 1990 selbst. m. Ing.-Büro Klima-Lüftung-Heizung-Sanitär, seit 1999 selbst. Geschäftsführung m. Sohn Andreas, seit 1990 Ges. u. Mitbegründer Fläming air, Ges. - Flugplatzbau in Oehna-Zellendorf, Betreiber d. Flugplatzes, einer eigenen Flugschule, eigener Flugzeugwerft, Bau v. Ultraleichtflugzeu-

*) Biographie www.whoiswho-verlag.ch oder beigefügte CD-ROM

ge - dazu Betreiber einer Gaststätte u. Beherbergung in 3 Häusern m. 6 Appartements, GmbH als Familienbetrieb - gemeinsam m. Bruder R. Hackel u. anderen. M.: VDI, Baukam. Berlin. H.: Fliegen, Schifahren.

Hackel Paul Rüdiger *)

Hackel Wolfgang Dr. rer. pol. *)

Häckel Michael
B.: Gschf. Ges., Hon.-Konsul d. Rep. Panama. FN.: Häckel Reisen GmbH. DA.: 82031 Grünwald/München, Nördliche Münchner Str. 31-33. G.: Stuttgart, 5. Feb. 1963. V.: Susanne, geb. Haase. Ki.: Katharina (1996). El.: Reinhold u. Eva. S.: 1980-82 Ausbild. an d. Bayer. Verw.-Schule in München m. Abschluß, 1982-84 Ausbild. z. Reiseverkehrskfm., Abschluß in München. K.: ab 1985 Mgtl. d. Geschäftsführung v. Häckel-Reisen GmbH, 1989 Grdg. d. Häckel GmbH, 1993 Grdg. d. Firma Globe Intern. Communications GmbH, 1996 erhielt d. Reiseunternehmen d. Anerkennung als Fremdenverkehrsbüro f. Panama, 1997 Ernennung z. Hon.-Konsul d. Republik Panama. M.: Diplomat. Corps v. Bayern, div. med. Verb. u. Stiftungen. H.: Tischtennis, Tennis, Sammler aller antiken Gegenstände.

Häckel Reinhold *)

Häckel Stefan Dipl.-Ing.

B.: Fahrzeugtechniker, Inh. FN.: Ing.-Büro Stefan Häckel. DA.: 09114 Chemnitz, Am Bahrehang 25. G.: Chemnitz, 2. Dez. 1950. V.: Ute, geb. Tomka. Ki.: Jörg (1975), Mario (1980), Stefanie (1987). El.: Heinz u. Elfriede. S.: 1966 RS-Abschluß, 1967 Abschluß Lehre als Dieselokelektriker, 1971 Abschluß als Berufskraftfahrer, 1972-77 Fernstud. an d. Ing.-Schule f. Verkehrstechnik Dresden, Ing. f. Fahrzeugtechnik, 1994 Nachdiplomierung. K.: 1967-74 Dieselokelektriker b. RAW Karl-Marx-Stadt, 1975-76 Mitarb. b. Kultur- u. Sport-Rat d. Stadt, 1977-92 Mitarb. im Ing.-Büro techn. Projektierung Haustechnik, 1993 Eröff. d. eigenen Ing.-Büros, Planung, Baultg. v. Sanierungen denkmalgeschützter Bausubstanzen, Energieberater d. Rationalisierungskuratorium d. Dt. Wirtschaft e.V. E.: mehrmaliger Bez.-Meister im Motorradrennsport. M.: Ing.-Kam. Sachsen, VBI. H.: 1963-68 Anschlußkader d. Nat.-Mannschaft d. DDR im Geräteturnen, Haus, Garten, Motorsport, Musik.

Häckel Werner *)

Hackelöer Hans-Josef Dr. rer. nat.
B.: ltd. Arzt d. Abt. diagnost. Radiologie. FN.: Paracelsus Strahlenklinik. DA.: 49076 Osnabrück, Lürmannstr. 38-40. G.: Büren, 29. Mai 1946. V.: Brigitte, geb. Klein. Ki.: Felix (1979), Andreas (1981), Martin (1984). S.: 1965-71 Physikstud. Münster, Dipl.-Phys., 1973-80 Med.-Stud. Bochum, Essen u. Münster. K.: 1972-76 wiss. Ass. am Lehrstuhl f. experimentelle Physik III Univ. Dortmund, Prom. z. Dr. rer. nat., 1976-78 Ang. d. Dt. Forsch.-Ges., 1981-83 Ass.-Arzt Röntgenabt. Knappschafts-KH Dortmund, 1983-85 Ass. am Inst. f. Klin. Radiologie Univ. Münster, 1985-93 OA Paracelsusklinik Osnabrück, seit 1994 ltd. Arzt. H.: Elektronik, Bergwandern, Musik.

Hackenbeck Hans-Joachim

B.: RA, selbständig. DA.: 90489 Nürnberg, Theodorstr. 7. RAHackenbeck@ freenet.de. G.: Nürnberg, 17. Okt. 1958. V.: Claudia, geb. Schön. Ki.: Lara (1997). El.: Heinz u. Elfriede. S.: 1977 Abitur in Fürth, 1977-82 Stud. Rechtswiss. in Erlangen u. BWL in Nürnberg, 1982 1. Jur. Staatsexamen, 1983-85 Referendarzeit Nürnberg, 1986 2. Jur. Staatsexamen. K.: 1986 RA-Zulassung in Nürnberg, 1986-89 freiberuflich in einer großen Nürnberger RA-Kzl., seit 1989 eigene Kzl. in Nürnberg. BL.: "Leistungszug": Abitur 1977 nach 8. J. Gymn. statt nch 9 J. H.: Tennis, Autos, Motorsport, Tochter Lara.

Hackenberg Herwig Dr. med. Dr. rer. nat.

B.: Chir., Unfallchir., Chirotherapie. DA.: 50739 Köln, Longericher Str. 389. G.: Unter Sandau bei Marienbad, 18. Juli 1940. V.: Margarete, geb. Hucke. Ki.: Ruth (1978), Wolfgang (1980), Gudrun (1982), Katharina (1984), Roslind (1987), Herwig (1989), Gereon (1992), Peter (1998), Tristan (2000). El.: Dr. med. Josef u. Erna. S.: 1960 Abitur in Eger, 1958-60 Apothekerpraktikant, 1960-63 Pharmazeut. Stud. in Münster u. Innsbruck, 1964 Approb. als Apotheker, 1966 Med.-Stud. Marburg, Wien u. Mainz, 1967 Prom. Dr. rer. nat, 1971 Approb. als Arzt,1972 Prom. Dr. med. K.: 2 J. Med. Ass., Ass.-Arzt in versch. KH, 1979 FA f. Chir., Gastarzt in Karlsruhe, OA Vincenz-Hospital Köln, 1988 Unfallchir. in Wuppertal, b. 1990 OA in Wuppertal-Barmen, 1991 ndlg. in Unterfranken als Belegarzt, 1993 ndlg. Köln - Tagesklinik/amb. OP. H.: Reisen. Sprachen: Tschechisch, Russisch, Englisch.

Hackenberg-Scriba Susanne Dr. med. *)

Hackenbroch Matthias H. Dr. med. Prof.
B.: em. Dir. FN.: Univ. Köln. PA.: 53173 Bonn, Augustastr. 56. G.: Köln, 22. Sep. 1935. V.: Fiona. Ki.: Christoph Matthias (1970), Benedikt Gregory Matthias (1992), Cornelia Anna Katharina (1994). El.: Prof. Dr. med. Matthias Josef u. Ida-Karola. S.: Friedrich-Wilhelm-Gymn., 1955 Abitur Köln, Med.-Stud. Köln, Zürich u. Wien, 1960 Staatsexamen Köln, 1961 Prom. in Pathologie: "Das Arthus - Phänomen am Kniegelenk des Kaninchens". K.: 1963 Med.-Ass. an versch. dt. Kliniken, 1964 wiss. Ass. d. Orthopäd. Univ.-Klinik Köln, 1967 Ass.-Arzt Unfallchir. Linz/Donau, 1968 Orthopäd. Univ.-Klinik München, 1969 OA, seit 1970 Forschungen z. künstlichen Gelenkersatz, seit 1971 z Arthrosen, 1973 Habil. über Arthrosen: "Einwirkung v. Zugkräften auf Gelenke", seit 1978 Klinikdir. P.: Beiträge in: Orthopädie in Praxis u. Klinik, seit 1980 Hrsg. der Serie: "Münchener Symposien f. experimentelle Orthopädie", Beiträge im Lehrbuch Jäger/Wirth: "Praxis der Orthopädie" (2001), "Rheumatologie in Praxis u. Klinik" (2000), insges. über 250 Publikationen, Mithrsg. d. Zeitschrift f. Orthopädie u. d. Archives of Orthopaedic and Trauma Surgery. M.: Mtgl. d. Wehrmed. Beirates d. Bundes-

minsteriums d. Verteidigung, im Vorst. d. Wissenschaftl. Beirats d. Bundesärztekammer. H.: Fotografie, Geschichte, Kunstgeschichte. Sprachen: Latein u. Englisch.

Hackenjos Bernd Walter Dr. med. *)

Hacker Günter *)

Hacker Hans Dr. med. Prof. *)

Hacker Hans-Joachim
B.: MdB. FN.: SPD. DA.: 11011 Berlin, Platz der Republik 1. G.: Mahlow, 10. Okt. 1949. V.: gesch. Ki.: 5 Kinder. S.: 1966 Mittlere Reife, 1969 Berufsausbild. als Maschinenbauer m. Abitur, 1973 Dipl.-Jurist. K.: s. 1998 Rechtsausschuß, zust. Vermögensfragen Neue Länder, 1989 Eintritt in SPD, Wahlkreis 263 Schwerin, Hagenow Rechtsausschuß, Direktwahl (40,4%), seit 1990 MdB, stellv. Mtgl. Ausschuß Geschäftsordnung Immunität Wahlprüfung. P.: Schweriner Volkszeitung. M.: AWO KV Schwerin, SSC Schweriner Sport Club, Dt. - Atlantische Ges. H.: Lesen, hist. Literatur 20 J. (Re)

Hacker Hartmut Dr. phil. Prof.
B.: Dir. FN.: Inst. f. Grundschulpäd. d. Univ. Leipzig. DA.: 04229 Leipzig, Karl-Heine-Str. 22 B. G.: Nürnberg, 14. Feb. 1939. V.: Gudrun. Ki.: Norbert, Stephanie. S.: 1959 Abitur, Stud. Lehramt f. Grund- u. Hauptschule, 1962 1. Staatsexamen, 1962 2. Staatsexamen, 1970 Fernstud., Prom. K.: 1970 tätig in d.Lehrerausbildung in Erlangen, 1981 Prof. an d. Univ. Osnabrück f. Schulpäd., 1992 C4-Prof. f. Grundschule u. Vorschulpäd. an d. TU Chemnitz, seit 1999 Prof. f. Grundschul- u. Vorschulpäd. u. Dir. d. Inst. f. Grundschulpäd., Lehrer f. Grund- u. Förderschulen u. Mag.-Studien f. Erziehungswiss. P.: Prom.: "Curriculumplanung u. Lehrer-Rolle". M.: HS-Lehrerverb., Sokrates-Programm m. Doz.-Austausch in Ungarn, Streicherorchester Fränk. Lehrer. H.: Bratsche, Lit.

Hacker Jörg *)

Hacker Jörg Hinrich Dr. Prof. *)

Hacker Marcel
B.: Profi-Ruderer. FN.: c/o Dt. Ruderverb. DA.: 30169 Hannover, Maschstr. 20. G.: Magdeburg, 29. Apr. 1977. K.: sportl. Erfolge: 1994 Junioren-WM Doppelvierer/1., 1995 Junioren-WM Einer/1., 1996 Dt. Vizemeister Doppelzweier, 1997 u. 98 WM Doppelvierer/2., 1998 Dt. Meister Doppelvierer, Dt. Vizemeister Doppelzweier, 1999 Dt. Meister Einer, 2000 OS Sydney Einer/3.

Häcker Egon

B.: Steuerberater. DA.: 71229 Leonberg, Tiroler Str. 10. G.: Stuttgart, 11. Dez. 1920. Ki.: 1 Sohn, 1 Tochter. S.: 1939 Abitur, 1939-45 Kriegsdienst. K.: 1946-59 ang. Buchhalter u. Bilanzbuchhalter, glz. Weiterbild., 1959 Prüf. z. Steuerbev., danach selbst. Steuerberater, 1981 Zulassung als LG als Rechtsbeistand f. bürgerliches Recht, Handels- und Gesellschaftsrecht, seit 1970 Zusammenarb. m. DATEV. P.: Seminar f. d. Gewerkschaft. M.: Verw.-BeiR. im Wohnungs-beiR.

Häcker Harald *)

Häcker Siegfried

B.: Bäckermeister, Inhaber. FN.: Bäckerei-Konditorei Carl Brölhorst. DA.: 32257 Bünde, Heidestr. 12. G.: Bünde, 29. Juni 1948. V.: Ilena, geb. Kruklik. Ki.: Marc (1970). El.: Heinrich u. Hildegard, geb. Kötter. S.: 1964 Handelsschule Bünde, 1964-67 Lehre Bäcker Bäckerei Brüggemann Osnabrück, Abschluß m. Auszeichnung K.: 1967 Geselle, Bundeswehr, 1977 Meisterprüf. in Hannover, 1983 Übernahme d. Familienbetriebes u. Eröff. einer Filiale in Bünde. M.: 1976-92 Funktionär im Sportver. Bünde, zuletzt 8 J. 1. Vors., 1992-98 Kreisobermeister d. Bäckerinnung Herford u. seit 1998 Vorst.-Mtgl. H.: Reisen, Fußball.

Häcker Wolfram *)

Hackerott Heinrich *)

Hackert Ernst-August Dipl.-Ing. *)

Hackert Klaus *)

Hackl Eduard *)

Hackl Georg

B.: Profi-Rennschlittensportler, Berufssoldat. FN.: c/o Dt. Bob- und Schlittensportverband. DA.: 83471 Berchtesgaden, An der Schießstätte 6. PA.: 83471 Bertechsgaden, Ramsauerstraße 100a. G.: Bertechsgaden, 9. September 1966. V.: Margit. S.: Mittlere Reife, Bau- u. Kunstschlossergeselle. K.: größte sportliche Erfolge: 1985 EC-JWM/1., 1987 WM /2., DM/1., 1988 DM/1., EM /1. u. OS Calgary/ 2., 1989 DM/1., WM/1., WC Gesamt /1., 1990 DM/1., WM/ 1., EM /1., WC Gesamt /1., 1991 WM /2., 1992 OS Albertville/1., WC Gesamt/3., EM Einzel/3., Mannschaft/1., 1993 WM/2., Mannschaft/3. Pl., 1995 DM/1., WM Einzel/1., Mannschaft/1. 1996 DM/1., WM Einzel/2., Mannschaft/2., WC Gesamt/3., 1997 DM/1., WM/1., 1998 OS Nagano/1., Rodel EM/5., 1999 WC/1, 2000 EM Winterberg Einzel/2, Mannschaft/1., WM Mannschaft/1., WM Einzel/3., 2000/01 WM Calgary Einzel/ 2., 2002 OS Salt Lake City Einzel/2. BL.: 3 Olympiasiege in Folge, b. 5 verschiedenen OS immer eine Medaille errungen. E.: 1998 Sportler des Jahres. H.: Skifahren, Fußball. (Re)

Hackl Walter *)

Häckl Peter *)

Hackmann Ferdinand Dr. *)

Hackmann Werner Dipl.-Kfm. *)

*) Biographie www.whoiswho-verlag.ch oder beigefügte CD-ROM

Hackmann Wilfried Dr. *)

Hackmayer Jens-Peter Dipl.-Kfm.

B.: Steuerberater. DA.: 93051 Regensburg, Dr.-Gessler-Str. 20. G.: Überlingen, 15. Sep. 1945. Ki.: Marion (1978) und Gerit (1982). S.: 1967 Abitur Konstanz, 1967-69 Bundeswehr, 1969-74 Stud. BWL Univ. München u. Regensburg m. Abschluß Dipl.-Kaufmann. K.: 1974-81 Praktikum, 1981 Steuerberaterprüf., seit 1981 selbst. Steuerbater m. einer d. größten Einzelkzl. in Deutschland m. Schwerpunkt Vertretung großer Unterhmensgruppe, Mittelstand u. kl. Firmen in ganz Deutschland. M.: 1. Vorst. im Tennisclub Nittendorf. H.: Tennis, gut Essen.

Hacks Peter Dr. phil. *)

Hackstein Hermann *)

Hackstein Hermann *)

Hackstein Jörg Christian
B.: RA. DA.: 45279 Essen, von-Ossietzky-Ring 9. PA.: 45279 Essen, Dahlhauser Str. 72. G.: Essen, 13. Dez. 1961. V.: Andrea, geb. Krollmann. Ki.: Ole (1997). S.: 1981 Abitur, 1981-85 Stud. Rechtswiss. Ruhr-Univ. Bochum, 1985-86 Stud. Soz.-Wiss. Bochum. K.: 1986 Ref. am LG Essen, 1987-88 Zivildienst, 1988-91 2. Staatsexamen, 1992 Referendarzeit, 1993 selbst. RA, seit 1996 RA in Sozietät m. Schwerpunkt Soz.- u. Arb.-Recht; Funktionen: Erwachsenen-Fortbild. f. Soz.-Arb. u. Soz.-Päd., Jugendarb. im Hockeysport. M.: Hockeyver. Essen, Bund d. Steuerzahler. H.: Radfahren, Motorradfahren, Joggen, Hockey.

Hadamik Wilhelm Dr. med. *)

Hadan Volkmar
B.: Managing Director. FN.: Leisuresoft GmbH. DA.: 59199 Bönen, Robert-Bosch-Str. 1. volkmar@leisuresoft.de. G.: Bonn, 9. Aug. 1953. S.: 1976-84 Zeitsoldat b. d. Marine, 1984 FH-Reife in Hamburg. K.: 1984-89 tätig als Programmierer u. Ltr. in einem Ingenieurbüro, 1989-91 Filialleiter b. ESCOM in Lübeck, 1991-96 Vertriebsleiter, 1996-98 Verkaufsleiter b. "Micro-Prose" Software in Gütersloh, 1998-99 b. "Aktivision" in München, 1999 Vertriebsleiter d. "Dynamic" System-Vertriebs-Firma f. JoWood-Gruppe in Österreich, seit 2001 Geschf. d. Firma Leisuresoft GmbH in Bönen. H.: Musik, Inliner.

Hadasch Eberhard Dipl.-Vw.
B.: Wirtschaftsprüfer u. Steuerberater. FN.: Wirtschaftsprüfer-u. Steuerberatungskzl. Dipl.-Vw. E. Hadasch u. Dipl.-Kfm. Chr. Kaempfel. DA.: 85049 Ingolstadt, Wagnerwirtsg. 8. G.: Wartenberg, 26. Apr. 1946. V.: Anna-Maria, geb. Zankl. Ki.: Alexander (1979), Martina (1983). S.: 1966 Abitur Erding, b. 1968 Bundeswehr, Lt. d. Res., 1968-71 Stud. Vw. LMU München, 1974 Prüf. z. Steuerberater. K.: 1973-79 b. RTG München, 1980-86 Tätigkeit v. Vorgänger Dr. Fürholzer (Vater), 1988 gemeinsam m. Partner Kauf d. Kzl. P.: Dipl.: Der Kapitalkostenbegriff d. neueren Literatur. M.: Lions Club Neuburg. H.: Joggen, Lesen (Fachliteratur).

Haddad Ghassan Dipl.-Ing.

B.: Gschf. FN.: Elektrogeno GmbH. DA.: 45892 Gelsenkirchen, Gerhardstr. 5. G.: Libanon, 5. Sep. 1955. V.: Karin, geb. Wohlgemuth. Ki.: Leila (1983), Elias (1985), Lukas (1993). El.: Elias u. Soad. S.: 1974 Abitur Libanon, 1975 Militärdienst im Libanon, 1976-77 Stud. Wirtschaftwiss. an d. Amerikan. Univ. in Beirut u. an d. Univ. Jordanien, 1978-84 Stud. Maschinenbau Univ. Hannover. K.: 1985-86 Ing. f. Kältetechnik am Forsch.-Inst. in Hannover, 1987-90 Entwicklungsing. b. Alfa-Laval in Berlin, 1991-92 Exportltr. b Thermal in Heidelberg, seit 1992 Verkaufsltr. b. Elektrogeno GmbH, seit 1997 Gschf. BL.: Entwicklung v. Patenten z. Fahrzeugklimatisierung "Standklimaanlagen". P.: Beiträge in Fachzeitschriften z. Kältetechnik. H.: Geschichte, Golf.

Haddenbrock Klaus *)

Hadelich Irmela *)

Hadelich Martin *)

de Hadeln Moritz
B.: Ltr. FN.: "de Hadeln & Partners, Film Consulting" (Berlin). DA.: 10629 Berlin, Giesebrechtstr. 1 PA.: 10629 Berlin, Giesebrechtstr. 1. film@dehadeln.com. G.: Exeter/England, 21. Dez. 1940, Schweizer Bürger. V.: Erika, geb. von dem Hagen. EL.: Harry u. Alexandra, geb. Balaceano. BV.: Detlev Freiherr v. Hadeln, Kunsthistoriker, Venedig u. Florenz. S.: Franz. Abitur, Filmstud. Paris u. Zürich. K.: Dokumentarfilmreg. "Le Pèlé" (1963), "Ombres et Mirage" (1967), 1969 Grdg. d. Intern. Filmfestspiele Nyon u. Ltr. (1969-1980), Ltr. d. Intern. Filmfestspiele Locarno (1972-77), Ltr. d. Intern. Filmfestspiele Berlin (1979-2001). P.: "Das ist Kino!", "Ungewohnt. . Wahrheit". E.: Commandeur des Arts et Lettres de la République Francaise (1986), Commendatore all l´Ordine della Repubblica Italiana (1988), Verdienstkreuz 1. Klasse d. Verdienstordens der Bundesrep. D (2000), Europ. Filmpreis Straßburg (2000), "Gay Teddy Bear" (2001), Ehrenmedaillen d. Slowakei, Ungarn u. Russland. M: Europ. Filmakademie (EFA). H.: Kunst, Kino, Politik, Geschichte.

Freifrau von Hadenberg Eva *)

Hadenfeldt Hartmut Dr. jur. *)

Hader Widmar *)

Häder Donat-Peter Dr. Prof.
B.: Prof., Inst. Vorst. DA.: 91058 Erlangen, Staudstr. 5. PA.: 91096 Möhrendorf, Neue Str. 9. dphaeder@biologie.uni-erlangen.de. G.: Prenzlau, 27. Juni 1944. V.: Maria, geb. Kettenhofen. EL.: Albert u. Ilse. S.: 1964 Abitur, 1969 Staatsexamen, 1973 Prom. K.: 1969 wiss. Mitarb. Marburg, 1977 Habil., 1978-79 Research Assoc. Michigan State Univ. 1979-88 Priv. Doz. Marburg, seit 1988 Ordinarius f. Botanik Univ. Erlangen. P.: 420 Papers, 12 Bücher, 2 Bücher übersetzt. M.: Dt. Botan. Ges., American Soc. of Photobiology, Japanese Soc. of Plant Physiology, European Society for Photobiology, Citation of Excellence UNEP 1992, 1995, 1999. H.: Biologie, Computer, Raumfahrtbiologie.

*) Biographie www.whoiswho-verlag.ch oder beigefügte CD-ROM

Häder Ute Dipl.-Pädagogin *)

Häder Wolfgang Dipl.-Ing.

B.: Projektltr. FN.: Möller Beton Fertigteilwerk. GT.: freier Architekt im Büro Arch. & Statik Jandek-Häder. DA.: 49080 Osnabrück, Schreberstr. 16. PA.: 49134 Wallenhorst-Hollage, Geschwister-Scholl-Str. 9. G.: Melle, 3. Okt. 1956. V.: Karin, geb. Wolke. Ki.: Damian (1982) und Tassilo (1984). S: 1972-75 Ausbild. z. Bauzeichner Prüf.-Büro Gustav Watermann Osnabrück, 1975-77 Berufsaufbauschule, Abschluß Abitur, 1977-79 Bundeswehr, 1979-87 Stud. FH Münster, Dipl.-Ing. Fachrichtung Konstruktiver Ing.-Bau. K.: 1979-87 Tätigkeit als Bauzeichner, 1987-92 Ang. Ing.-Büro Dipl.-Ing. Ernst-Georg Flocken, seit 1992 Projektltr. Möller Beton Fertigteilwerk Georgsmarienhütte, parallel eigenes Büro f. Arch. & Statik in Osnabrück. BL.: Badminton: Mannschaftssport, Jugendtrainer (1980-83), Stadtmeister Greven 1982. M.: Ing.-Kam. Niedersachsen. H.: Badminton, Autos, Motorräder.

Haderthauer Christine

B.: RA. DA.: 85049 Ingolstadt, Ludwigstr. 3. christine.haderthauer@t-online.de. G.: Neumünster, 11. Nov. 1962. V.: Dr. med. Hubert Haderthauer. Ki.: Christina (1985), Julius (1988). El.: Dr. jur. Wolf u. Barbara Cuntze. B.: Urgroßvater Arno Grießmann Mitbegründer d. Krupp Stahlwerke, Großvater Prof. Heinz Grießmann Arzt. S.: 1981 Abitur, 1981-86 Stud. Rechtswiss. Univ. Würzburg, 1986 1. Staatsexamen, 1986-90 Jurist. Referent Ausbach, 1990 2. Staatsexamen. K.: 1991 RA-Kzl. Ingolstadt, seit 1997 selbst. RA, Tätigkeitsschwerpunkt: Arbeitsrecht, Baurecht, Arzthaftungsrecht. M.: CSU, Präs. d. ZONTA Clubs Ingolstadt, Kreisvors. d. Frauen - Union d. CSU Ingolstadt, stellv. Bezirksvors. d. Frauen - Union d. CSU d. Bezirks Oberbayern. H.: Lesen, Politik, Skifahren, Segeln, Musik.

Hädicke Franz-Hubert *)

Hadler Andreas Friedrich H. Dipl.-Ing. *)

Hädler Christian Dr. Dipl.-Kfm. *)

Hadnagy Marcell Dr. *)

Hadrawa-Dietenmeier Margot *)

Hadrawa-Sedlak Nicole *)

Hadré Helmut

B.: Kulturmanager, Consultant u. Controller, Gschf. Ges. FN.: Hadré CMC. DA.: 28195 Bremen, Richtweg 19. G.: Bremen, 18. Okt. 1946. El.: Dipl.-Ing. Hadré Elisabeth, geb. Wagner. S.: 1970 Abitur, Stud. Musik u. Musikwiss. Musik-HS Kiel. K.: Orchestermusiker in versch. Kulturorchestern, 1983

Mtgl. d. Kulturverw. b. Senator f. Wiss. u. Kunst in Bremen, 1986-88 Pressesprecher d. Bremer Theaters, seit 1986 selbst. Grdg. d. CONCERTO Culturmarketing GmbH in Bremen als Gschf. Ges., Musikfestspiele, Ausstellungen u.a. "Aufbruch in d. Fremde" europ. Auswanderung nach Amerika, Ausstellungen in Deutschland u. USA "Opera Viva", Opern-Essthater in gr. Dt. Städten u. Städten in Europa u. USA, 1995 Grdg. Hadré CMC Culture-Management Consulting, Stage Consulting, Berater u. Planer v. Konzerthäusern, Projektltr. f. d. HVG Bremen-Bühnen u. Haustechnik, Consulting d. Musicalproduktion Jakel & Heyde, seit 1999 Projektltr. Neubau Messe u. Veranstaltungshalle, seit 1991 Deputierter d. Bremer Bürgerschaft. M.: Vorst.-Mtgl. d. Philharmon. Ges. Bremen, Aussch.-Mtgl. f. Kunst im öff. Raum. H.: Segeln.

Hädrich Rolf *)

Hädrich Traute *)

Hadsik Wilfried *)

Hadulla Michael Dr. med. Dipl.-Psych.

B.: ndlg. Kinderarzt, Psychotherapeut u. Arzt f. Homöopathie. DA.: 69117 Heidelberg, Heiliggeiststr. 9. G.: Peine, 2. Feb. 1949. Ki.: Julia (1978), Nikolei (1983), Felicitas (1994) und Sophia (1998). El.: Gottfried u. Margarethe, geb. Partusch. BV.: Oberschles. Bgm. S.: 1968 Abitur Gießen, 1968-69 Sanitäter d. Bundeswehr, 1969-76 Stud. Med. Univ. Gießen, ab 1972 zusätzl. Stud. Psychologie, 1975 med. Staatsexamen Heidelberg, 1976 Prom. summa cum laude Heidelberg, 1977 Dipl.-Psychologe, Zusatzausbild. Psychotherapie. FA-Ausbild. Heilbronn u. Univ.-Kinderklinik Heidelberg, 1982 FA f. Kinderheilkunde u. 1983 Approb., seit 1984 ndlg. Kinderarzt in Heidelberg, 1991 Zusatzbezeichnung Homöopathie; Funktionen: seit 1996 Ltr. v. homöopath. Kursen f. Ärzte b. Zentralver. d. Ärzte f. Naturheilkunde in Freudenstadt, seit 1998 Doz. f. Homöopathie u. Behandlung chron. Krankheiten. BL.: einer d. ersten Psychoonkologen in Deutschland. P.: zahlr. Veröff. im Bereich Pädiatrie, Neuropädiatrie, Psych. u. Psychiatrie u.a. "Psych. Aspekte d. Krebserkrankung" (1978), "Homöopath. Archetypen bei Homer" (1996), "Die homöopath. Arznei" (1999). M.: Ltr. d. AK Homöopathie d. Zentralverb. f. Naturheilverfahren. H.: Tennis, klass. Literatur, Psychologie, Mythologie, religionswissenschaftl. Themen.

Hadwiger Peter *)

Haeck Hermann Dipl.-Kfm. *)

Haeder Wolfgang Dipl.-Ing. *)

Haedrich Jürgen Dr. jur. *)

*) Biographie www.whoiswho-verlag.ch oder beigefügte CD-ROM

Haefner Harry *)
Haefs Gisbert *)
von Haeften Ursula

B.: Vors. d. Vorst. FN.: Bayerischer Kunstgewerbe-Verein e.V. DA.: 80333 München, Pacellistr. 6-8. uvhaeften@web.de. Ki.: Angela (1961), Dr. Ina (1967), Dr. Sibilla (1968). S.: Abitur Kehl, Stud. Vw. und Geschichte, Heidelberg, Philosophie, Soziologie, betriebl. Führung m. Abschluß Dipl.Päd., Freibg. K.. 1979-95 GFin im Bildungswerk der Bayerischen Wirtschaft München, Aufbau Geschäftsbereich "Wirtschaft im Dialog" m. Veranstaltungen f. Schulen, Kirchen, Bundeswehr, Ministerien, EU, Grdg. v. Studienkreis Schule + Wirtschaft-Bayern u. 110 Gremien, ab 1996 freiberufl. Beraterin u. Vors. d. Vorst. d. Bayer. Kunstgewerbe-Vereins e.V. P.: Hrsg. v. zahlr. Veröff. zu Themen d. Gesellschaftspolitik, d. angew. Kunst u. Kataloge. E.: Med. "Pro Meritis" f. hervorr. Kulturelle Verdienste, Ehrennadel in Gold d. Bundesarbeitsgemeinschaft Schule + Wirtschaft. M.: Vorst.-Mtgl. d. Dannerstiftung, Mtgl. d. Präsidiums d. Bayer. Kulturrates, stellv. Vors. d. Kuratoriums d. Ev. Akad. Tutzing, Kuratorin d. Ev. Stadtakad. München, ab 1982 Grdg. u. Vors. d. Frauenkreises "Die Eulen". H.: Kultur, Reisen, Golf.

Haegele Ulrich Dr. med. *)
Haegert Fritz *)
Haegert Paul Friedrich *)
Haegler Klaus Dipl.-Kfm. *)
Haehn Wolfgang *)
Haehser Karl *)
Haenchen Hartmut Prof.

B.: Intendant. FN.: Dresdner Musikfestspiele. DA.: 01219 Dresden, Tiergartenstr. 36. dmf@musikfestspiele.com. www.musikfestspiele.com. K.: Mtgl. d. Dresdner Kreuzchores, bereits m. 15 J. als Kantor Kurrende dirigiert, 1960-66 Stud. Dirigieren u. Gesang, Meisterkurse in Berlin u. Carinthischer Sommer (Österreich), 1. Engagement als Dir. d. Robert-Franz-Singakademie u. Dirigent d. Hallischen Philharmonie, 1972/73 1. Kapellmeister an d. Bühnen d. Stadt Zwickau, b. 1986 ständiger Gast an d. Dt. Staatsoper Berlin, 1973-76 Dirigent d. Dresdner Philharmonie. seit 1974 auch Ltr. d. Philharmonischen Chores u. gleichzeitig ständiger Gast d. Staatsoper Dresden, 1976-79 Ltr. d. Mecklenburgischen Staatskapelle Schwerin u. d. Staatstheater als Musikdir., seither freischaffend tätig m. festen Gastverträgen an d. Staatsoper Berlin, an d. Komischen Oper Berlin, b. Rundfunk-Sinfonie-Orchester u. Rundfunkchor Berlin u. am Kammerorchester Dresden, seti 1980 Ltr. d. Kammerorchesters "Carl Philipp Emanuel Bach" Berlin, zahlr. Fernsehaufzeichnungen u. Auslandstourneen, 1980-86 Ltr. einer Dirigentenklasse an d. Dresdner Musik-HS d. Niederländischen Oper Amsterdam u. Chefdirigent d. Niederländischen Philharmonie u. d. Niederländischen Kammerorchesters in Amsterdam, seit 1999 1. Dirigent, Konzertdirigate in fast allen europ. Ländern, darunter auch mehrfach zu d. Berliner Philharmonikern, d. Sächsischen Staatskapelle Dresden u. d. Concertgebouw Orchester Amsterdam, 15x gastierte er in Japan, 1988 Debut in d. USA u. Kanada, am Opernpult gastierte er in Bologna, Wien, München, New York, Stuttgart, Warschau, Genf, Jerusalem, Wiesbaden u. z. Kirishima-Festival in Japan, b. 2002 Chefdirigent d. Niederländischen Philharmonie u. d. Niederländischen Kammerorchesters, ab 2000/2001 Generalmusikdir. d. Oper Leipzig u. Gastdirigent d. Gewandhausorchesters Leipzig. P.: zahlr. Schallplattenaufnahmen, Buch "Zweifel als Waffe", gesammelte Schriften z. Musik u. Buch "Mahlers fiktive Briefe". E.: 1. Preis im Carl-Maria-von-Weber-Wettbewerb in Dresden (1971), Preis d. Dt. Schallplattenkritik (1989) u. d. Gramophone Award Nomination (1990), weitere Aufnahmen erhielten mehrfach d. Preis d. Dt. Schallplattenkritik, Laurence-Olivier-Award (1991), Erhebung in d. Stand d. Ritters im Orden d. Niederländischen Löwens. (Re)

Haenisch Carl Dipl.-Ing. *)
Haenisch Gerd

B.: Dekan. FN.: Dekanat Kassel-Land. DA.: 34119 Kassel, Lessingstr. 13. PA.: 34132 Kassel, Brasselsbergstr. 17. G.: Bad Soden Allendorf, 12. Apr. 1945. V.: Karla, geb. Duhme. K.: Arne (1973), Malte (1976). S.: 1964 Abitur Kassel, 1964-70 Stud. Theol. in Marburg u. Göttingen. K.: 1970-71 Vikariat in Kassel, 1971-91 Pfarrer in d. Kirchengem. Vellmar-West, seit 1991 Dekan d. Kirchenkreises Kassel-Land. BL.: 6 J. Vors. im Diakon. Werk Kassel-Stadt, Kassel-Land u. Kaufungen. M.: Arbeitskreis Kirche u. Sport auf Landeskirchenebene, Vorst. d. Baunataler Werkstätten, Vorst. d. Telefonseelsorge. H.: Sport allg., aktiver Marathonläufer, aktiver Handballer, Leichtathletik, Musik (Chorltr.).

Haenle Fred Rainer *)
Haenlein Michael

B.: Gschf. FN.: Master Immobilien GmbH. DA.: 60314 Frankfurt, Hanauer Landstr. 204-206. G.: Frankfurt, 12. Apr. 1967. El.: Ernst u. Inge. S.: Abitur. K.: 1989-90 tätig im Immobilienmaklerbüro Henning GmbH in Bad Homburg, 1991 in d. Immobilienmakler GmbH J. Elburg in Frankfurt, 1992-93 b. Immobilien Makler Gaulke & van Mastright GmbH in Frankfurt, seit 1996 Gschf. Ges. d. Master Immobilien GmbH in Offenbach. F.: Master Security. H.: Sport. Mountainbiken, Schießtraining, Golf.

Haensch Rudolf Dr. med. Univ.-Prof. *)
Haensel Hans Ulrich Dr. jur. *)
Haensel Ruprecht Dr. Prof.

B.: Rektor. em. u. Prof. em. f. Experimentalphysik. FN.: Christian-Albrechts-Univ. PA.: 24248 Mönkeberg, Großer Hof 31. haensel@rektorat.uni-kiel.de. G.: Breslau, 15. Sep. 1935. V.: Cristel, geb. Wiech. Ki.: Carolin (1963) +, Sibylle (1970), Ascan (1971). El.: Wolfgang u. Ruth. S.: Stud. Physik Univ. München u. FU Berlin, 1966 Prom. Univ. Hamburg, 1970 Habil. Univ. Hamburg. K.: 1962-70 Aufbau u. Ltg. d. ersten Synchrotronstrahlungslaboratorium am Dt. DESY in Hamburg, 1974 Lehrstuhl f. Experimentalphysik an d. Univ. Kiel, 1985-86 Dir. d. Inst.-Laue-Langevin in Grenoble/Frankreich, 1986-92 Gen.-Dir. d. European Synchrotron Radiation Facility in Grenoble, 1994-96 Dekan d. Math.-Naturwiss. Fak., 1996-2000 Rektor d. Christian-Albrecht-Univ. in Kiel. P.: über 100 Veröff. in wiss. Publ. E.: BVK am Band. M.: versch. Beratungs- u. Gutachtungsgremien wie: DESY Hamburg, BESSY, BMFT/BMBF, ESF Straßburg, Forsch.-Zentrum Karlsruhe. H.: Musik, Reisen, Bergwandern.

Haenselt-Beilfuß Katrin

B.: FA f. Orthopädie u. ärztl. Ltr. FN.: Physio-Top-Rehazentrum. DA.: 10777 Berlin, Geisbergstr. 20. www.physio-top.de. G.: Göttingen, 29. Juni 1955. V.: Karl Beilfuß. Ki.: Franziska (1986). El.: Dr. Klaus u. Elisabeth Haenselt. S.: 1974-81 Stud. Med. Köln und Göttingen. K.: 1981-83 chir. Ausbild. am Städt. KH Leverkusen, 1983-92 FA-Ausbild. am Univ.-Klinikum d. FU Berlin u. im Oskar-Helene-KH u. dort OA, seit 1992 ndlg. FA in Berlin, seit 1994 ärztl. Ltr. d. Physio-Top-Rehazentrum in Berlin. F.: Orthopäd. Gemeinschaftspraxis Jürgen Wied-Katrin Haenselt-Beilfuß. P.: Vorträge zu Kinderorthopädie. E.: Gold. Plakette d. Stadt Göttingen f. sportl. Leistungen, 5 x Dt. Meister, 5 x Pokalsieger, 1 x Europaauswahl, 120 Länderspiele, 4 x Basketballerin d. J. M.: ehem. Dt. Basketball-Nationalmannschaft, Dt. Basketballbund, Vorst.-Mtgl. d. Zentralverb. d. ambulanten Therapieeinrichtungen. H.: Tennis, Golf, Garten.

Haentjes Rüdiger Dr. med. *)

Haentzsch Tomás *)

Haerdter Michael Dr. phil. *)

Haertel Klaus Dr. Dipl.-Chem.

B.: Gschf. FN.: DEKS Duales Entsorgungssystem Karnap-Städte GmbH; VEKS Verwertung u. Entsorgung Karnap-Städte GmbH. DA.: 45143 Essen, Helenenstraße 180. G.: Frankfurt/Main, 23. Nov. 1950. V.: Gabi, geb. Bause. Ki.: Anna (1987), Kai (1987), Jan (1989). El.: Hermann u. Magdalena. S.: 1970 Abitur, 1970-71 Wehrdienst, 1971-78 Stud. physikal. Chemie an d. Ruhr-Univ. Bochum, 1984 Prom. K.: 1985-92 Ruhrkohle AG, seit 1992 Gschf. d. DEKS GmbH, Gschf. der VEKS GmbH. BL.: alleiniger techn. u. kfm. Gschf. M.: seit 1976 SPD, Fraktionsvors. in Gelsenkirchen, Vors. v. Stadtentwicklungsausch. d. wirtschaftl. Betätigung u. Wirtschaftsförd., Schalke 04, mehrere Wohlfahrts- u. karitative Verb. H.: Fotografie, Fußball.

Haertel Ursula *)

Haerten Klaus Dr. med. Prof. *)

Haerting Rolf Dr. med.

B.: FA f. Urologie. DA.: 45894 Gelsenkirchen, Altmark 1. G.: Oberfrohna, 16. Aug. 1954. V.: Dr. Beatrix. Ki.: Elisabeth (1981), Christiane (1985). El.: Dr. Rudolf u. Sigrid, geb. Bodsch. BV.: Großonkel Friedrich Härting - 1880 wiss. Erstveröff. üner Schneeberger Lungenkrankheit. S.: 1972 Abitur, 1972-74 Ausbild. Krankenpfleger m. staatl. Examen, 197479 Stud. Med. Univ. Halle-Wittenberg, 1979 Staatsexamen u. Approb. K.: 1979-86 Ass.-Arzt an d. urolog. Univ.-Klinik in Jena m. Forsch.-Schwerpunkt Harnsteinleiden, Uroonkologie u. Tumornachsorge, Kinderurologie u. Ausbild. v. Krankenschwestern und FA, 1985 Prom., 1986-89 FA f. Urologie an d. Univ.-Klinik in Jena, 1990-92 Ass.-Arzt an d. urolog. Abt. am St. Barbara Hospital in Gladbeck, 1992 tätig in d. Praxis Dr. Heinrich Karstedt, seit 1993 ndlg. Urologe m. Schwerpunkt Beratung u. Behandlung bei Blasenschwäche, Kinderwunsch, Männererkrankungen, Störungen in d. Sexualfuktion, Krebs-Früherkennung u. Spezialsprechstunde f. Transsexualität; Funktion: beratender Urologe bei Schalke 04. M.: Förderver. Friedesdorf Oberhausen, Förderver. z. Wiederaufbau d. Frauenkirche in Dresden, Förderver. d. Musiktheaters Gelsenkirchen. H.: Joggen, Tennis, Skifahren, Wandern, Tanzsport.

Haertle Andreas *)

Haese Jürgen Dr. *)

Haese Ulrich C. Dipl.-Ing. Dr.-Ing. Prof.

B.: em. Prof. FN.: Inst. f. Mechan. Verfahrenstechnik im Ing.-Wiss.-Zentrum d. FH Köln, University of Applied Sciences Cologne. PA.: 42697 Solingen, Engelsberg 42. G.: Klein Karzenburg, 28. Nov. 1928. V.: Dipl.-Vw. Dr. Brigitte, geb. Bauermann-Berkenhoff. Ki.: Dipl.-Ing. Dr.-Ing. Karin, Dr. habil. Claudia. El.: Johannes u. Charlotte. S.: 1954 Dipl., 1958 Prom., 1959-60 Postdoctoral Research Fellow an Columbia Univ. New York USA. K.: ab 1960 Ind. Tätigk. b. d. Fa. LURGI-Ges. f. Chemie u. Hüttenwesen Frankf., Abt.-Ltr. b. Gutehoffnungshütte (GHH) u. Forsch.-Inst. d. Zementind. Düsseld., Chemical Engineering Expert bei d. Vereinten Nationen UNIDO Wien u. ECAFE Bangkok, Türkei u. Südostasien, Gutachter f. d. Weltbank IBRD Washington in Indien, weitere Gutachtertätig. in Saudi-Arabien, Pakistan, USA, Iran sowie f. d. LArbeitsgericht Hamm, ab 1972 Prof. u. Ltr. d. Inst. f. Mech. Verfahrenstechnik, Schrifttr. d. Zeitschrift "Zement-Kalk-Gips-Intern.", 1986 Gastprof. mit Vortragsreise in d. VRep. China (Wuhan u. Peking), 1988 Gastprof. am "King Mongkut´s Inst. of Technology" Bangkok, seit 1994 i. R. P.: 48 Veröff. in nat. u. intern. techn.-wiss. Fachzeitschriften. H.: Segeln, Bergwandern, Schifahren.

Haesler Hans-Jürgen *)

Haf Herbert Dr. Prof. *)

Hafa Bernd *)

Häfele Hans Georg Dr. rer. nat. o.Prof. *)

Häfele Wolf Dr. rer. nat. Dr. h.c. Prof. *)

Häfelinger Günter Dr. rer. nat. Prof. *)

*) Biographie www.whoiswho-verlag.ch oder beigefügte CD-ROM

Hafels Bernd Dr. med. dent.

B.: Zahnarzt. FN.: Praxis Dr. Hafels. DA.: 51061 Köln-Hohenhaus, Im Weidenbruch 133. G.: Köln, 7. Mai 1958. V.: Susanne, geb. Brück. Ki.: Stephanie (1987) und Nicole (1989). El.: Karl Heinz u. Marlis, geb. Happel. S.: 1976 Abitur Köln, 1973 Austauschschüler in London Mill Hill School, Bundeswehr, 1976 Stud. Zahnmed. Univ. Köln, 1981 Staatsexamen, 1984 Prom., 1982-83 Wehrdienst. K.: 1983-85 Ass. in Brühl b. Prof. Piofcik u. in Lindlar Dr. Pfennig, 1985-86 Praxisvertretung, seit 1990 Aufbau d. eigenen Praxis. BL.: ehem. aktiv u. Trainer Sprint 100 - 400 Meter u. Weitsprung. P.: Diss. M.: Vorst. "Der ZIKO" Zahnärztl. Initiative Köln. H.: Lesen, Kirmes, klass. Literatur, Kunst u. Malerei, Klavierspielen, klass. Musik u. Jazz, Weinkultur u. Weinreisen in Toscana/Piemont u. Frankreich, Arch., Opern.

Hafels Jörg Dr. med.
B.: FA f. Nephrologie in eigener Praxis. DA.: 50674 Köln, Barbarossapl. 6. G.: Köln, 9. Sep. 1963. S.: 1982 Abitur, 1982-88 Stud. Med., 1993 Prom. Dr. med. K.: 1988-98 FA-Ausbildung am Klinikum Merheim in Köln, 1998 Ndlg. als FA f. Nephrologie.

Hafemann Wolfgang Dipl.-Kfm. *)

Hafen Karl *)

Hafendorfer Ulrich *)

Hafenmayer Werner *)

Hafenrichter Walter *)

Haferkamp Günter Dr. med. Prof. *)

Haferkamp Heinz Dr.-Ing. E.h. Prof. *)

Haferkamp Susanne *)

Haferkamp Wilhelm Dipl.-oec. *)

Haferkorn Berndt Dipl.-Ing.

B.: Gschf. FN.: IBGW Ing.-Büro f. Grundwasser GmbH. DA.: 04229 Leipzig, Nonnenstr. 9. G.: Grünhainichen, 4. Dez. 1938. V.: Ulrike, geb. Saß. Ki.: Ina (1967). El.: Erich u. Hertha. BV.: Name Haberkorn geht b. ins 14. Jhdt. zurück. S.: 1952-55 Lehre als Hauer in Dölitz. K.: 1955-56 tätig im Tagbau in Witznitz, 1956-59 Stud. Tagebauwesen in Senftenberg, 1959 Ass. im Tagebau Witznitz, 1965 tätig in d. Tagebauentwässerungsforsch., 1968-70 Abt.-Ltr. f. Geotechnik in d. Kohleind., 1970-90 Tagebauprojektierung in Leipzig, 1977 Faching. f. Grundwasser an d. TU Dresden, 1980 Dipl.-Ing., 1990 Sachv. f. Tagebauentwässerung, 1990 Grdg. d. Ing.-Büros m. Schwerpunkt Großraummodelle f. Bergbaugebiete um Leipzig, Flutung v. Restlöchern im Tagebau u. hydrogeologische Berechnungen. P.: "Hydrotechnik im Bergbau & Bauwesen". H.: Münzen, Drechslerarbeiten, Beruf.

Haferkorn Thomas *)

Haferkorn-Bersch Hannelore
B.: Ges. PA.: 60322 Frankf./M., Klettenbergstr. 6. G.: Frankf./M., 21. Sep. 1927. V.: Wolfgang Haferkorn. El.: Bersch Josef u. Gertrud. S.: Abit., kfm. Ausbild. K.: durch frühen Tod d. Vaters (Firmengründer) m. 24 J. v. Dir.-Ass. zur gschf. Ges., ab 1967 alleinige Ges. F.: ab. 1967 100 %ige Inh. d. Bersch & Fratscher GmbH, 63791 Karlstein/M., ab 1968 100 %ige Inh. d. Hannelore Haferkorn- Bersch Grundstücksbau u. Vermietung, 63791 Karlstein/M. H.: Familie, Reisen.

Hafermalz Reinhard *)

Hafermann Günter *)

Hafezi Mehdi Dipl.-Ing.

B.: Dipl.-Ing. Architekt. FN.: Architekturbüro Hafezi & Vahlefeld. DA.: 14197 Berlin, Hanauer Str. 64. hafezi.vahlefeld@t-online.de. G.: Teheran/Iran, 21. März 1953. Ki.: Gordon (1973), Nina-Sara (1989), Hannah (1993). El.: Abbass u. Nimtag. S.: 1972 Fachabitur Berlin, 1972-75 Stud. Architektur an d. TFH Berlin, 1975-78 Stud. Architektur an d. TU Berlin, Examen als Dipl.-Ing. Architekt. K.: 1978-81 Architekt f. Krankenhausbau, 1981 selbständig, freier Mitarbeiter b. Architekturbüros f. Krankenhaus u. soz. Einrichtungen, 1982 versch. ausländische Bauten u.a. Iran, 1985 Gas-Raffinerie Persischer Golf, Zivilingenieur b. a. Joint-Venture Teheran, U-Bahn-Bau, Baudurchführung, danach versch. Krankenhäuser in Deutschland, teilweise Wohnungsbau, ab 1992 eigenes Architekturbüro m. Fokussierung auf Krankenhäuser u. soz. Einrichtungen wie Behindertenwohnheim, Praxen, Charité Neurowiss. Zentrum, KH Berlin-Köpenick, Außenstelle Bundespresseamt. P.: versch. Erwähnungen in Fachzeitschriften über Planungen u. Bauten im Gesundheitssektor. H.: Reisen.

Haffa Thomas
B.: Gschf., Vorst.-Vors. a.D. FN.: Haffa Public Relations GmbH. DA.: 81929 München, Burgauerstr. 117. V.: Gabriele. S.: Lehre b. BMW. K.: Karrierestart b. IBM i. Verkaufsber., a. Beginn d. achtziger Jahre Einstieg b. Leo Kirch i. d. Kirch-Gruppe, Aufbau d. Videogeschäfts u. später Gschf. d. Merchandising- u. Musikverlagsunternehmen d. Gruppe, 1989 Wechsel i. d. Selbständigkeit, Grd. v. EM-Entertainment München, Merchandising, Film und Fernseh GmbH., m. d. Umwandlung d. Unternehmens i. e. AG, 8/1997-2001 Vorst.-Vors. d. EM.TV & Merchandising AG, 2000 Ankauf d. Hälfte d. Anteile d. Formel-1 Holding SLEC v. Bernie Ecclestone. BL.: Grd. d. Schülerzeitung Imfloh. (Re)

Haffar Fadi
B.: Elektroniker, Inh. FN.: Restaurant Gourmet sud; Haffar-Spezialitäten; Haffar Creperie. DA.: 14163 Berlin, Selmapl. 1-2. www.fadihaffar.de. G.: Beirut/Libanon, 6. Apr. 1961. S.: 1979 Abitur, 1976 Ausbild. z. Elektroniker in Beirut, abbruch wegen d. Krieges, 1979 Verlassen d. Libanon, Übersiedlung nach Frankreich, 1980 Übersiedlung nach Deutsch-

Haffert Monika *)

Haffmanns Hartmut Olaf *)

Haffner Clemens Dipl.-Kfm.
B.: Bankkaufmann, Unternehmer. FN.: ac-flugreisen Haffner & Co KG. DA.: 20537 Hamburg, Eiffestr. 78. achaffner@t-online.de. www.ac-flugreisen.com. G.: Groß Hansdorf, 29. Juli 1957. V.: Astrid, geb. Körting. Ki.: Lukas (1989), Charlotte (1993), Josefine (1996). S.: 1976 Abitur in Groß Hansdorf, 1976-77 Bundeswehr, 1978-79 Bankkaufmannlehre in Bad Oldesloe, 1979-84 Stud. BWL in Hamburg. K.: 1979-89 selbständig, Grdg. Dienstleistungsbetrieb, 1989 Verkauf d. Betriebes, 1984 Grdg. d. ac-flugreisen in Hamburg, 1988-90 Kauf eines Reisebüros in Frankfurt u. 1990 Verkauf, 1991 Grdg. Gebäudereinigungsfirma, 1997-2001 tätig als Unternehmensberater, freiberuflich f. System Gastronomie. M.: Vors. CDU in Groß Hansdorf, Vors. im Finanzausschuss Groß Hansdorf, Mtgl. im Hauptausschuss in Groß Hansdorf, Mtgl. in Schulverbandsversammlung in Groß Hansdorf, Delegierter in Landesplanungsausschuss, Sozialausschuss Groß Hansdorf. H.: Politik, Familie, Radfahren.

Haffner Hans-Peter

B.: Unternehmensberater. FN.: Lean Consulting Facility Management. GT.: Kostenmanager im FACILITY MANAGEMENT-Bereich, Verkauf- u. Verhaltenstrainer f. Unternehmen. DA.: 68766 Hockenheim, Robert-Bosch-Str. 61. hanspeterhaffner@web.de. www.haffner.de. G.: Hockenheim, 5. Juli 1949. V.: Angelika, geb. Piechocki. Ki.: Cornelia (1977), Nina (1979), André (1983). El.: Otmar u. Elfriede, geb. Völker. S.: Höhere Handelsschule, 1965-68 Ausbild. z. Ind.-Kfm. Firma Ing. W.E. Uhlig Ketsch, 1986-71 interne Ausbild. z. EDV-Operator BASF Ludwigshafen, 1969-70 Grundwehrdienst Marine, 1982 Meisterprüf. im Gebäudereinigungshandwerk u. staatl. geprüfter Desinfektor. K.: 1971-72 EDV-Operator Südzucker Mannheim, 1972-75 stellv. Betriebsltr. Egon Pohl GmbH Gebäudereinigung Mannheim, 1975-76 Vermögensberater Bonn-Finanz, 1976-77 Bez.-Insp. Universa Vers. Mannheim, 1977-82 Betriebsltr. Wisser DL-GmbH, 1982-91 Geschf. Wisser DL-GmbH Franken u. Hessen, 1991-93 Regionaldir. Süddeutschland, Prok. ISS Gebäudereinigung Frankfurt, seit 1993 selbst. Unternehmensberater f. infrastrukturelles Facility Management, seit 1995 zertifiziert nach DIN EN ISO 9001, seit 2001 Partner Lean Consulting Facility Management. P.: seit 1998 Mithrsg. u. Redakteur "Lean Consulting Special". M.: 1987-91 Pürf.-Aussch. Gebäudereinigungshandwerk, Handwerkskam. Rhein-Main Frankfurt, seit 1993 GEFMA Dt. Verb. f. Facility Management e.V., seit 1997 Jugendwart Golfclub Hohenhardter Hof Wieloch, Tennisclub Hockenheim, Skiclub. H.: Golf, Tennis (früher Oberliga Baden Jungsenioren).

Haffner Hinrich Karl Dipl.-Kfm.

B.: Gschf. FN.: Sollinger Bergbrauerei H. Haffner KG. DA.: 37170 Uslar, Rosenstr. 10. G.: Göttingen, 7. Jan. 1948. V.: Elke, geb. Kothe. Ki.: Michaela (1970). El.: Wilhelm u. Gerda, geb. Müller. S.: 1958 Abitur, 1966 Ausbild. Brauer Firma Werner Bräu Poppenhausen u. Härke Brauerei Peine, Bundeswehr, b. 1976 Stud. BWL Univ. Göttingen m. Abschluß Dipl.-Kfm., b. 1978 Stud. Brauereiwesen TU München m. Abschluß Dipl.-Brauer. K.: 1978 Mitges. d. elterl. Brauerei u. seit 1986 Gschf. M.: Rotary Club. H.: Tennis, Musik, Literatur.

Haffner Sarah
B.: freischaff. Malerin. DA.: 10719 Berlin, Uhlandstr. 168. G.: Cambridge, 27. Feb. 1940. V.: David (1960). El.: Sebastian u. Erika, geb. Hirsch. S.: b. 1954 in London, seit 1954 in Dtschl. (Westberlin), 1956-57 Meisterschule f. d. Kunsthandwerk, 1957-60 HfbK Berlin, Abschluß a. Meisterschülerin. K.: 1970 Doz. an d. Watford School of Art London, 1980-86 Lehrbeauftr. an d. HdK Berlin, freischaff. Malerin; über 30 Einzelausstell. BRD, DDR, Österr., Polen, Engl. u. Schweiz, Ausstell.-Beteil. in Europa, San Francisco, Mexico City, 1997 Vertreterin f. Dtschl. bei d. I. Intern. Kunstbiennale in Florenz. BL.: 1976 Film "Schreien nützt nichts" (WDR), durch d. die Eröffn. d. ersten dtsch. Frauenhauses durchgesetzt wurde. P.: Buch "Gewalt in d. Ehe" (1976), Gedichtband "Graue Tage - Grüne Tage" (1982), "Im blauen Raum" Bilder u. Geschichten (2000), zahlr. Veröff. in Anthologien, Zeitschriften, Zeitungen, Rundfunk, Ausstell.-Kataloge u. a. Elefanten Press (1986), "Drinnen und Draußen", Galerie am Chamissoplatz 1988, Kunstverein Freiburg 1989, "Unterwegs" Elefanten Press 1995, "Eine andere Farbe. Geschichten aus meinem Leben" (2001), Veröffentlichung. H.: Enkelkinder, Freunde, Musikhören, Lesen, Spazierengehen. (B.K.)

Haffner Stefan *)

Haffner Thomas Dr. *)

Haffner Thomas Dr. med. *)

Häffner Ralf
B.: Juwelier, Inh., Gschf. Ges. FN.: Ralf Häffner Uhren, Schmuck, Brillianten; rent a Juwelier Schmuckvermittlung GmbH. DA.: 70173 Stuttgart, Eberhardstr. 4A. G.: Stuttgart, 5. Dez. 1956. V.: Michaela, geb. Gerstenberger. Ki.: Marius Ralf (1991), Alisha Maximiliane (1995). El.: Hans u. Hella. S.: 1973 Mittlere Reife, 1975-78 Lehre Einzelhdls.-Kfm. K.: seit 1978 selbst. Juwelier, div. gemmolog. Lehrgänge, spez. auf Neu- u. Gebrauchtuhren d. Nobelmarken, 2 Goldschmie-

---

*) Biographie www.whoiswho-verlag.ch oder beigefügte CD-ROM

dewerkstätten, Schmuck- u. Juwelenfertigung, eigene Entwürfe, rent a Juwelier: beschäftigt sich mit Verkäufen von privat. an privat, Idee ist patentgeschützt, soll als Franchisegeber weiter ausgebaut werden. F.: seit 1996 Werbeagentur Michaela, Stuttgart. M.: ADRK (Allg. dt. Rottweiler Club), Shooting Club Tamm. H.: Sportschütze, Weinliebhaber u. Sammler, Zigarrenliebhaber u. Sammler, Koi-Karpfen, Schiffe, Sportbootführerschein.

Haffter Petra
B.: Autorin, Produzentin, Regisseurin. DA.: 10623 Berlin, Knesebeckstr. 74. G.: Cuxhaven, 29. Dez. 1953. S.: Abitur Bremen, 1974-81 Stud. Politischen Wiss., Publizistik u. Theaterwiss. FU Berlin. K.: seit 1974 Autorin f. Rundfunk u. FS, Jugend-, Frauen- u. Kultursendgn., seit 1976 Autorin, Regisseurin u. Produzentin f. d. FS u. Kino, 1979 entstand Wahnsinn, das ganze Lebe ist Wahnsinn, danach einige J. ausschließlich als Produzentin, v.a. von Nachwuchsfilmen, tätig, u.a. entstanden d. Kinderfilme Bananenpaul u. Der Zappler sowie Rote Küsse, eine europäische Coproduktion u. Karnabal, 1982/83 Arbeitsaufenth. in d. USA, seit 1985 fast ausschließlich als Autorin u. Regisseurin f. Fernsehspiele u. Kinofilme tätig, Musikvideos, 1986 Inszenierung einer Bühnenshow über d. Leben u. Werk Dorothy Parkers f. d. Amerika Haus Berlin, 1988 erster Spielfilm Der Kuss des Tigers m. Beate Jensen u. Stéphan Ferrara, seit 1990 Lehrtätigkeit, 1990 Workshop in Mexiko City, 1992 Frauenfilmseminar, 1997 u. 1998 Gastdoz. f. Regie an d. Deutschen Film- u. Fernsehakad. Berlin (dffb), 1999 Stipendiatin d. VILLA AURORA (Foundation for European American Relations), lebt seit 4 Jahren in Berlin u. Los Angeles. P.: u.a.: Der Kuss des Tigers (1988), Co-Autorin u. Regie, Der Mann nebenan (1991), Drehbuch u. Regie, div. Tatorte, Schuldig auf Verdacht (1995), Regie, Crashkids (1996), Buch u. Regie, 1999 Ich tret aus meinem Traum heraus - 100 Jahre Gustav Gründgens. E.: 1986 Silberner Bär f. Rote Küsse, Berlinale, 1992 Spezialpreis d. Jury f. Der Mann nebenan, Fesitval d. phantast. Films, daneben zahlreiche andere nat. u. internat. Film- u. FS-Preise. M.: Deutsch-Japan. Ges., Ver. d. Freunde u. Förderer d. dffb e.V., Verb. d. Fernseh- u. Filmregisseure, Friedrich - Luft - Jury (Mtgl.), Mtgl. d. European Film Academie. H.: Schuhe sammeln, südostasiatische Kultur, Architektur, Theater, Reisen, Krimis, Kochen und Essen.

Häfke Alexander Dipl.-Vw.
B.: Gschf. Ges. FN.: Systempartner Computervertriebs GmbH. DA.: 07743 Jena, Dornburger Str. 8. G.: Jena, 8. Nov. 1971. El.: Dr. Dieter u. Dr. Ursula, geb. Langlotz. S.: 1990 Abitur Eisenberg, 1990-91 Zivildienst Wald-KH R. Elle Eisenberg, 1991-97 Stud. VWL Univ. Jena m. Abschluß Dipl.-Vw., 1997-98 Stud. Informatik FSU Jena. K.: 1995-97 Praktikum b. NET Nachtexpress Termindienst GmbH, 1993-98 nebenberufl. Zeitungsbote d. Ostthüringer Zeitung, 1998-99 Ass. d. Betriebsltr. d. Firma alli Logistik GmbH & Co, seit 1999 Gschf. Ges. d. Firma Systempartner m. individueller Fertigung v. Computern auf Kundenwunsch in eigener Werkstatt u. Vertrieb v. Hardware.; aktiver Schwimmer b. DTSB Eisenberg -Erfolge: mehrere Med. u. Teilnahme an Wettkämpfen. H.: Motorradfahren, Computer, Reisen, handwerkl. Tätigkeiten.

Häfke Udo Dr.-Ing.

B.: Dipl.-Ing. f. Werkstofftechnik, Gschf. FN.: IGZ Innovations- u. Gründerzentrum Magdeburg GmbH. DA.: 39179 Magdeburg-Barleben, Steinfeldstr. 3. G.: Stüdenitz, 18. Mai 1942. Ki.: Uta (1964), Falk (1966), Ina (1974). S.: 1958-60 Ausbild. z. Stahlwerker im Brandenburger Stahl- u. Walzwerk, 1960-62 Wehrdienst, 1962-64 Stud. an d. ABF Freiberg, 1964-69 Stud. Werkstofftechnik an der TH Magdeburg m. Abschluss als Dipl.-Ing. K.: 1969 Ass., wiss. Mitarb., später Entwicklungsing. u. Techn. Ltr. d. Inst. f. Werkstoffkunde/Prüf. an TH Magdeburg m. versch. Ltg.-Funktionen u. Forsch.-Projekten, 1975 Prom., 1975-78 wiss. Sekr. in Sektionsltg./Technologie in d. metallverarb. Ind., 1978-89 Dir. f. Forsch., Management, Organ. an d. TH Magdeburg, 1989-93 Ltr. d. Technologie Transfer Zentrums (TTZ) d. Univ. Otto-von-Guericke Magdeburg, seit 1993 Gründer u. Gschf. d. wirtschaftl. eigenständigen Unternehmens IGZ in Magdeburg-Barleben. P.: zahlr. Publ., Vorträge auf d. Gebiet d. Innovations- u. Technologiemanagement. E.: mehrere Ausz. f. Leistungen in Forsch. u. Entwicklung. M.: VDI, Arge Dt. Technologie Zentren e.V. H.: Musik, Lyrik, Motorrad, Wassersport, Geige spielen, Mineralsammlung.

Hafner Bernhard *)

Hafner Christoph
B.: Unternehmer, Inh. FN.: Pfeiffer am Dom Spiele u. Spielereien. DA.: 80331 München, Liebfrauenstr. 1. PA.: 80638 München, Tizianpl. 7. G.: München, 1947. V.: Irmgard, geb. Ostermeier. Ki.: Anna Maria (1978). El.: Josef Daniel u. Johanna, geb. Spieker. S.: Mittlere Reife, Ausbild. Schriftsetzer u. Buchhändler Herder Verlag Berlin. K.: 1967 Eintritt in d. elterl. Geschäft, 1970 Besuch v. Messen in Italien, England, Frankreich, USA, Eröff. einer 2. Buchhdlg. E.: Dipl. Schweiz Fingerfertigkeit. H.: Ballonfahren, Pflanzen.

Hafner German Dr. Prof. *)

Hafner Hans Dipl.-Ing.

B.: Architekt, Inhaber. FN.: Arch.-Büro Hafner. DA.: 87527 Sonthofen, Immenstädter Str. 9. www.architekturbuero-hafner.de. G.: Oberstdorf, 24. Okt. 1946. V.: Sibylle, geb. Zahr. Ki.: Gregor (1991), Hanna (1994). El.: Georg u. Cäcilie. S.: Oberstufenreife, Lehre als Bauzeichner, b. 1972 Arch.-Stud. an d. FH Augsburg. K.: b. 1975 Tätigkeit in versch. Arch.-Büros, seit 1975 selbst. m. eigenem Arch.-Büro zunächst in Sigishofen, dann ab 1987 in Sonthofen, Tätigkeitsschwerpunkt: Planung u. Baultg. v. Lebensmittelmärkten deutschlandweit, Gewerbebauten wie Druckereien, Autohäuser sowie Ein- u. Mehrfamilienhäuser. M.: VDA, Golfclub, Tennisver. Sonthofen. H.: Golf, Tennis, Freizeitsport, Lesen, Segeln, ital. Kochen.

---

*) Biographie www.whoiswho-verlag.ch oder beigefügte CD-ROM

Hafner Johann *)

Hafner Josef Dr.-Ing.

B.: Gschf. FN.: Dr. Hafner Montage- u. Produktionssysteme GmbH; Dr. Hafner Innovation + Materialfluss. DA.: 87600 Kaufbeuren, Sudetenstr. 5. PA.: 86899 Landsberg/ Lech, Wettersteinstr. 12. G.: Neresheim, 20. Okt. 1955. V.: Martina, geb. Holzapfel. Ki.: Andreas (1986), Christian (1991). El.: Franz Xaver u. Anna, geb. Lämmer. S.: b. 1981 Maschinenbaustud. an d. TU München, 1987 Prom. z. Dr.-Ing. K.: Praxisj. in d. Entwicklungsabt. f. Transportanlagen d. Textilind., techn. Ltr. eines Unternehmens, 1995 Grdg. Innova Allgäu High Tech Park d. Kaufbeurer Gedankenschmiede, 1998 neuartiges Transportsystem auf d. Münchner Handwerksmesse. P.: div. Fachpubl. u. zahlr. Patente. E.: 1998 Bundespreis f. hervorragende innovative Leistungen f. d. Handwerk.

Hafner Kay Dr.
B.: Gschf. FN.: Wal-Mart Germany GmbH & Co. KG. DA.: 42103 Wuppertal, Friedrich-Engels-Allee 28. (Re) www.walmart.com.

Hafner Peter
B.: Hotelkfm., Inh. FN.: Hotel in "Helle Mitte". DA.: 12627 Berlin-Hellersdorf, Kurt-Weill-G. 7. PA.: 12627 Berlin. G.: Graz/Österr., 13. Okt. 1944. El.: Adolf u. Gertrude, geb. Hähling v. Lanzenauer. BV.: k.u.k. Offz. in Österr. S.: 1958-63 Koch, Kellner im Hotel Steirerhof in Graz, 1965-67 Hotelfachschule Bad Gleichenberg, 1974-76 Betriebswirtschaftsstud. Hamburg, 1979 Bilanzbuchhalterprüf. b. d. IHK Hamburg, 1992 Ausbildereignungsprüf. in Magdeburg. K.: 1968-70 Dion.-Ass. im Hotel-Restaurant Kloster Arnsburg Lich, 1970-73 Gschf./Bankettltr. Steigenberger Hotelges. Frankfurt/Main, 1973-74 Dion.-Ass. im "pre opening", anschl. 2. Dir. Schönhagen/Ostsee, 1974-75 Restaurantltr., anschl. Betriebsltr. Wiking-Hotel Henstedt-Ulzburg, 1975-76 stellv. Betriebsltr. d. Fernsehturm Hamburg, 1976-77 Berater einer dt.-franz. Hotelges. in Agadir/Marokko u. Mombasa/Kenia, 1977-80 Kfm. Betriebsltr. d. Stadthallenbetriebe Eckernförde, 1980-90 Gschf. Ges. d. Stadthalle Mühlheim, 1985-91 Dir. d. Maspalomas-Palm-Beach-Hotel, 1991-94 Referent, Hon.-Doz., 1994-97 Betriebsltr. eines Ferienobjektes im Hochsauerland, 1996-97 Kfm. Dir. eines weiteren Ferienhotels im Hochsauerland, 1997-99 Dir. eines Hotels in Thüringen u. Dir. eines Hotels in Sachsen-Anhalt. M.: Hotel- u. Gaststättenverb. H.: klass. Musik, Spazierengehen, Menschen studieren.

Häfner Ehrengard *)

Häfner Gerald
B.: Waldorflehrer, Landesvors., MdB. FN.: Dt. Bundestag. DA.: 11011 Berlin, Platz d. Republik 1. PA.: 80638 München, Fuststr. 5. G.: München, 3. Nov. 1956. S.: 1977 Abitur, Stud. Germanistik, Waldorfpäd. u. Sozialwiss. München u. Witten u. Bochum, 1984 Abschluß Waldorflehrer. K.: Tätigkeiten an Waldorf- u. Montessori-Schulen, am Inst. f. Sozialforsch. Achberg u. im Intern. Kulturzentrum Achberg, 1979 Grdg.-Mtgl. Die Grünen, 1979-80 Kreisvors. in München, 1980-81 Landesgeschf. u. Pressesprecher in Bayern, seit 1991 Landesvors. Bündnis 90/Die Grünen in Bayern, 1987-90 u. seit 1994 MdB. P.: versch. Buch- u. Zeitschriftenveröff. M.: "Aktion Dritter Weg", "Freie Intern. Univ.", 1983 Grgd. u. Mtgl. Vorst. "Aktion Volksentscheid", seit 1988 "Initiative Demokratie Entwickeln" (IDEE), 1990-92 Mtgl. Kuratorium f. einen demokrat. verfaßten Bund Dt. Länder, StiftungsR. "Die Mitarbeit". (Re)

Häfner Hans-Joachim Dr. med. *)

Häfner Heinz Dr. med. Dr. phil. Dres. h.c. Prof.
B.: Psychiater. PA.: 69118 Heidelberg, Am Büchsenackerhang 27. G.: München, 20. Mai 1926. V.: Dr. Wiltrud, geb. Ranabauer. Ki.: Gerald, Gilbert, Constantin, Sibylle. S.: 1950 Dr. med., 1951 Dr. phil. K.: seit 1968 o. Prof. f. Psychiatrie u. Neurologie am Klinikum Mannheim, 1975-94 Dir. d. Zentralinst. f. Seel. Gesundheit, Mannheim, 1980 ff. Dir. d. WHO Coll., Center for Research and Training in Mental Health. P.: ca. 500 Veröff., u.a.: Schuld erleben n. Gewissen (1954), "Gewalttaten Geistesgestörter" (1973), "Psychische Gesundheit im Alter" (1986), "Was ist Schizophrenie" (1995), "Gesundheit - unser höchstes Gut?" (1999), "Das Rätsel Schizophrenie - Eine Krankheit wird entschlüsselt" (2000). E.: 1966 Preis d. Michael-Stiftung, 1973 Hermann Simon-Preis, 1983 BVK 1. Kl., 1986 Eric Strömgren-Med., 1993 Große Univ. Med. d. Univ. Heidelberg, 1994 Salomon-Neumann-Med., Gr. Verdienstkreuz d. Verdienstordens d. BRD, 1996 Joseph Zubin award, 1998 AMDP Preis, 1999 Leader of Psychiatry Award der World Psychiatric Association (WPA). M.: Dt. Akad. d. Naturforscher Leopoldina s. 1989, Heidelberger Akad. d. Wissenschaften s. 1991, Mtgl. zahlr. nat. u. intern. Fachges., Ehrenmtgl. u. Biographie: M. Shepherd. H.: Segeln, Schifahren, Bergsteigen.

Häfner Hermann

B.: Bmtr.; 1. Vors. FN.: Telekom; Orchesterver. Heidelberg-Handschusheim 1892 e.V. DA.: 69121 Heidelberg, Friedensstr. 26. G.: Heidelberg, 30. Aug. 1948. V.: Petra, geb. Brox. Ki.: Tina (1984). El.: Fritz u. Sophie, geb. Fischer. BV.: Urgroßvater Johann Fischer - letzter Bgm. v. Handschusheim. S.: 1964-67 Lehre Dt. Bundespost. K.: 1967 tätig im techn. Bereich d. Dt. Bundespost, 1973 Bmtr. d. Bundespost u. später d. Telekom, 1975 Bmtr. auf Lebenszeit, mittlere Bmtn.-Laufbahn. P.: Mitarb. an d. Festschrift z. 100-jähr. Ver.-Jubiläum (1992). M.: seit 1962 Orchesterver. Heidelberg-Handschusheim 1892, Jugendltr. u. seit 1975 1. Vors. Orchesterverein HD - Handschuhsheim, Gesangsver. Liederkranz Handschuhsheim, Gardever., Stadtteilver., TSG 78, 10 J. Schöffe am Amtsgericht u. 5 J. am LG. H.: Tennis, Garten, Handwerken.

Häfner Winfried
B.: Landschaftsarchitekt. FN.: Häfner/Jimenez Büro f. Landschaftsarchitektur. DA.: 10119 Berlin, Schwedter Str. 263. haefner.jimenez@t-online.de. G.: Bruchsal, 2. Mai 1957. Ki.: Carolina (1990), Federica (1996). El.: Hermann u. Hedwig. S.: 1978 Abitur Bruchsal, 1978-81 Ausbildung u. Baumschulgärtner in Rastatt, 1981-88 Stud. Landschaftsarchitektur an d. TU Berlin, Dipl.-Ing. K.: 1988-92 freier Landschaftsarchitekt in Spanien, 1992 Rückkehr nach Deutschland/Berlin, 1992-97 wiss. Mitarbeiter an d. TU Berlin, seit 1997 Grdg. d. Büros, Erstellung v. Gutachten z. Stadtplanung, Vortragstätigkeit an d. Univ Granada. P.: Artikel in Fachzeitschriften. E.: erfolgreiche Wettbewerbsteilnahme, Renault-Traffic-Award 2001. H.: Architektur u. Landschaft.

*) Biographie www.whoiswho-verlag.ch oder beigefügte CD-ROM

Häge Heinrich *)

Häge-Tritthart Birgit *)

Hagebölling Boris *)

Hagedorn Dieter Dr. phil. Prof. *)

Hagedorn Dirk *)

Hagedorn Helmut *)

Hagedorn Ingrid

B.: Friseurmeisterin. FN.: Haarstudio Swiss Ingrid Hagedorn. DA.: 22175 Hamburg, Bramfelder Chaussee 347. G.: Travemünde, 6. Aug. 1951. S.: 1966-69 Ausbildung zur Friseurin in Travemünde. K.: b. 1973 ltd. Kraft im Ausbild.-Betrieb, 1973-77 Gschf. Friseurin im Haarstudio des Grandhotels "Regina" in Grindelwald/Schweiz, 1976-77 Meisterschule u. Friseurmeisterin in Thun/Schweiz, 1977-80 Gschf. Friseurmeisterin in einem Hamburger Friseursalon, 1979 Meisterprüf. d. Friseurhandwerks an d. Meisterschule in Lübeck, 1980 Kauf u. Übernahme eines Friseurgeschäftes in Hamburg-Bramfeld u. Eröff. d. Haarstudio Swiss Ingrid Hagedorn. M.: Friseurinnung Hamburg. H.: Literatur, klass. Musik.

Hagedorn Jürgen Dr. rer. nat. Prof.
B.: em. Prof. f. Geographie. FN.: Geograph. Inst. d. Univ. Göttingen. PA.: 37077 Göttingen, Jupiterweg 1. G.: Hankensbüttel, 10. März 1933. V.: Ingeborg Angelika, geb. Carl. Ki.: Sibylle. El.: Ernst u. Dorothea. S.: 1952 Abitur, 1958 Staatsexamen f. d. Höhere Lehramt, 1963 Prom. K.: 1968 Habil., 1970 WissR. u. Prof., 1972 o.Prof. an d. Univ. Göttingen, emeritiert 2001. P.: Geomorphologie des Uelzener Beckens (1964), Beiträge z. Quartärmorphologie griechischer Hochgebirge (1969), Late Quaternary and present-day fluvial processes in Central Europe (ed.) (1995), zahlr. Beiträge in Sammelwerken, Zeitschriftenaufsätze. M.: Ak. d. Wiss. in Göttingen, Ak. d. Naturforscher Leopoldina zu Halle, korr. Mtgl. d. Finn. Geograph. Ges.

Hagedorn Klaus Dipl.-Ing.

B.: Gschf. Ges. FN.: AZ Ausrüstung u. Zubehör GmbH & Co KG. DA.: 45525 Hattingen, Ruhrallee 1-3. G.: Schwelm, 31. Mai 1947. V.: Gabriele, geb. Klein. Ki.: Katrin (1974), Till (1976), Robert (1990). El.: Karl u. Martha, geb. Kathagen. S.: 1961-64 Lehre z. Maschinenschlosser/parallel Besuch d. FH, 1966 FH-Reife, 1966-71 Stud. Maschinenbau u. Konstruktionstechnik in Wuppertal, Abschluss z. Dipl.-Ing., 1971-72 Wehrdienst b. d. Flugabwehr. K.: 1972-74 Tätigkeitsbereich Investition/Planung u. Ausführung b. einer gr. Schokoladenfbk. "Euro Coop" in Dortmund, 1974-81 Abt.-Ltr. f. Vertrieb u. Entwicklung im Bereich Anlagen f. d. pharmazeut. Ind. b. einer Unternehmung f. Belüftungs- u. Farbspritzanlagen in Wuppertal, 1981-88 Prok. b. d. Familienunternehmen Vogel &Schemann AG in Hagen/Strahlanlagen, 1988 Gschf. einer neugegründeten Tochterges. dieses Unternehmens m. Schwerpunkt Sondermaschinenbau/Kernschießmaschinen f. Gießereien, 1990 Gschf. Ges. b. Unternehmen AZ, Heiligenhaus, 1996 Umzug d. Firma AZ nach Hattingen. M.: Tennis-Club Blau-Gold Hagen e.V., Golfclub e.V. im Kurhess. Oberaula-Bad Hersfeld. H.: Familie.

Hagedorn Renke *)

Hagedorn Rüdiger *)

Hagedorn Sabine
B.: Pächterin. FN.: Kiezkneipe "Der Magendoktor". DA.: 12055 Berlin, Mareschstr. 19. G.: Berlin, 10. Dez. 1964. V.: Uwe Hagedorn. Ki.: Hans (1991), Fritz (1992). El.: Peter u. Jutta Fellmann, geb. Wassermann. S.: 1981-83 Lehre Köchin, 1986 Fernstud. FHS f. Hotel- u. Gaststättenwesen Leipzig, Weiterbildung Hotelbereich u. gehobene Gastronomie, 1991 staatl. Prüf. f. Gaststättenwesen. K.: 1983-87 ang. Köchin, 1994 geringfügig beschäftigt, seit 1998 Pächterin d. Kiez-Kneipe "Der Magendoktor". H.: Fitness, Sauna, Aerobic.

Hagedorn Werner *)

Hagel Günter Dr.
B.: Ltr. FN.: VHS Eschwege e.V. DA.: 37269 Eschwege, Vor dem Berge 3. G.: Würzburg, 28. Jan. 1942. V.: Barbara, geb. Ackermann. Ki.: Caroline (1969), Agnes Sophie (1977). El.: Josef u. Franziska, geb. Schulz. S.: 1962 Abitur Biberach, 1963-70 Stud. Franz. Geschichte u. Engl. in Würzburg u. Mannheim, 1970 Staatsexamen. K.: 1970-74 Lehraufträge an d. Univ. Mannheim, 1974-79 wiss. Mitarb. am Anglist. Seminar in Gießen, 1979 Prom., seit 1979 Ltr. d. VHS e.V. Eschwege. H.: Musik, Lesen, Sport.

von Hagel Günter Dr.-Ing. Dipl.-Chem. *)

Hagel Horst *)

Hagel Ute *)

Hägele Erwin Dr. *)

Hägele Hartwig *)

Hägele Michael

B.: Gschf. FN.: Restaurant "Lindenbräu" am Potsdamer Platz. DA.: 10785 Berlin, Bellevuestr. 3-5. lindenbraeu-berlin@onlinehome.de. G.: Friedrichshafen, 23. Juni 1972. El.: Armin u. Sylvia, geb. Hirschle. S.: 1988 Hotelfachschule Schloß Klessheim Salzburg/A, 1989-90 Lehre Koch Gebr. Obauer Werfen/A, 1990-92 Ausbild. Koch Gold. Hirsch Salzburg. K.: Kellner auf Saison in Südtirol, 1994-95 Kellner im Vital Royal in Seefeld, 1995-96 Oberkellner im Villa Pace in Salzburg, 1996-98 Oberkellner im Hotel vom Schneider am Arlberg, 1998 Gschf. d. Brauerei Taproom in New York, 1999 Saison im Vital Royal in Seefeld, 1999 Vorbereitung, Präopening f.

---

*) Biographie www.whoiswho-verlag.ch oder beigefügte CD-ROM

d. Restaurant m. Brauerei Lindenbräu am Potsdamer Platz in Berlin. E.: sportl. Ausz. u.a. Österr. Meister d. Schüler u. Bodenakrobatik. M.: Skiclub Arlberg. H.: Motorradfahren.

Hagemann Bernd Carl Werner *)
Hagemann Christof E. *)
Hagemann Felix

B.: Gschf. Ges. FN.: Ball Werktechnik GmbH & Co KG. DA.: 40477 Düsseldorf, Nordstr. 88. www.ball-werktechnik.de. G.: 3. Feb. 1951. V.: Helga, geb. Friedel. Ki.: Nicole (1978), Verena (1982). S.: 1965-67 Handelsschule, 1967-70 Kfm. Lehre mit Abschluß Ind.-Kfm. b. Hammesfahr-Westdt.-Bereifungs GmbH in Essen, 1970 Disponent Autozubehör in d. Lehrfirma, 1970-71 Grundwehrdienst. K.: 1972 Ndlg.-Ltr. u. Büropersonalvertretung im gesamten Bundesgebiet b. Hammesfahr-Westdt.-Bereifungs GmbH, 1973-75 Vor- u. Hauptstud. d. Betriebswirtschaft an d. Dt.-Ang.-Ak. (DAA) Düsseldorf, 1975-76 Schulung v. kfm. Umschülern u. Rehabilitanden als stellv. Übungsfirmenltr. d. Übungsfirmen d. DAA in prakt. Unterweisung, 1976-78 Ltg. d. DAG-Schule Köln m. Nebenstellen in Wesseling u. Bonn, 1978-80 Ltg. d. DAG-Schule Düsseldorf, 1980-84 Kfm. Ltr. d. indisco-Ges. f. hygienischtechn. Dienste mbH KG, 1984 eigenständiges Gewerbe als Unternehmensberater, 1985-87 Kfm. Ltr. d. Ball-Maschinenreinigung GmbH Obertshausen - Düsseldorf, 198 Gschf. d. Ball-Maschinenreinigung GmbH später Ball Werktechnik GmbH, 1990 Gschf. Ges. d. Ball Werktechnik GmbH. F.: Lohrmann + Hagemann - Hygienesysteme GmbH in Hilde. M.: BMVW - Bundesverb. mittelständiger Wirtschaft, Mittelstandsver. H.: Computer, Astronomie.

Hagemann Gerd *)

Hagemann Gerd K.
Dr. rer. nat. Prof. f. Exp. Radiologie

B.: Ltr. im Arbeitsbereich Radiologie. PA.: 30938 Burgwedel, Feldstr. 21. G.: Lehrte, 5. Juli 1926. V.: Elisabeth, geb. Reisch. Ki.: 4 Kinder. S.: 1949-56 Stud. Physik an der Univ. Marburg m. Abschluß als Dipl.-Phys. K.: 1957-59 Arb. b. Firma Heimann (Siemens) in d. Entwicklung in Wiesbaden, 1959-66 tätig in d. Strahlenklinik d. Univ. Marburg, 1966-94 in der Radiologie d. MHH Hannover: Forschung u. Entwicklung in Diagnostik u.Therapie. M.: Dt. Röntgenges., Dt. Physikalische Ges., Dt. Ges. f. Med. Physik, Ges. f. Biol. Str.Forschung. H.: Fotografie, Tierbeobachtungen, Astronomie.

Hagemann Günter
B.: Dipl.-Finanzwirt, Steuerberater. DA.: 21365 Adendorf, Böttcherstr. 2a. PA.: 21365 Adendorf, Im Altdorf 7. G.: Adendorf, 1. Jan. 1952. V.: Dipl.-Finanzwirtin Marlies, geb. Ohm. Ki.: Daniel (1978), Verena (1984). S.: 1969 Mittlere Reife Lüneburg, b. 1974 FH f. Steuerrecht u. Finanzwesen. K.: Bmtr. im gehobenen Dienst in d. Finanzverw. v. Hamburg u. Niedersachsen, letzter Dienstgrad SteueramtsR. b. 1996, seit 1996 in Adendorf freiberufl. Tätigkeit, Schwerpunkt: Vertretung in Einspruchs- u. Klageverfahren, Begleitung b. Betriebsprüf., Klärung v. Rechtsfragen, 2000 Beginn eines Musterverfahrens wegen Verfassungswidrigkeit v. Behindertenpauschalbeträgen, Mitwirkung b. d. Vertragl. Gestaltung unter Steuerrechtsgesichtspunkten, Beobachtung v. psychodynam. Vorgängen im Geschäftsleben. H.: Sport, Fotografieren, graf. Gestaltung, Allg. Rechtskunde, Politik.

Hagemann Jürgen Dr. *)
Hagemann Klaus

B.: Vorstand. FN.: Advantec Unternehmensbeteiligungen AG. DA.: 10789 Berlin, Bayreuther Straße 35. G.: Eckernförde, 3. März 1963. V.: Ellen, geb. Brücker. Ki.: Jane (1991), Lennart (1994). El.: Klaus u. Helga, geb. Fibich. S.: 1982 allg. HS-Reife, 1983-86 Stud. Arch. TFH Berlin u. b. 1991 TU Berlin m. Abschluß Dipl.Ing. K.: 1984-89 Mitarb. in versch. Ing.-Büros, 1989-92 Freier Architekt, 1992-97 wiss. Mitarb. an d. TU Berlin, 1995-99 Gschf. Terra Construct GmbH, 1998 Gschf. Advertis GmbH, seit 1998 AufsR Bioptic Lasersysteme AG, 1998 Grdg.-Ges. u. seit 1999 Vorstand d. Advantec Unternehmensbeteiligungen AG in Berlin, seit 2000 Vorst.-Vorsitz. H.: Segeln, Tennis, Skifahren.

Hagemann Klaus
B.: Grund- u. HS-Lehrer, MdB. FN.: Dt. Bundestag. DA.: 11011 Berlin, Platz d. Republik 1. PA.: 67574 Osthofen, Zuckmayerstr. 6. G.: Wölkau, 31. Dez. 1947. S.: Gymn., Erziehungswiss., HS, Abitur. K.: Lehrer f. Grund- u. HS, Bgm. d.D., seit 1966 Mtgl. d. SPD, Ortsver.-Vorst.-Mtgl. in Osthofen, Vors. d. SPD-Unterbez. Alzey-Worms, Vorst.-Mtgl. d. SPD-Bez. Rheinhessen u. d. Landesvorst. Rheinland-Pfalz, 1. Kreisbeigeordneter d. Landkreises Alzey-Worms, b. 1994 StadtR. d. Stadt Osthofen, seit 1994 MdB. M.: ÖTV, stellv. Kreisvors. d. AWO Alzey-Worms, Ev. Kirchenvorst. u. Mtgl. d. Ev. Dekanatssynode Osthofen, Mtgl. im BUND u. in zahlr. Ver., AufsR.-Mtgl. d. Lebenshilfeeinrichtungen Worms. (Re)

Hagemann Ralf

B.: Geschäftsführer, Grafik-Designer. FN.: Atelier Hagemann GmbH u. Freiburger-Grafik-Schule. GT.: Art-Direktor, Schulleiter, Dozent. DA.: 79115 Freiburg, Basler Straße 115. PA.: 79252 Stegen, Andreasstr. 18. rh-grafik @t-online.de. G.: Hamburg, 3. Aug. 1948. V.: Ilona, geb. Dürkop. Ki.: Kristina (1981), Sven (1983). El.: Herbert u. Ilse, geb. Dalchow. S.: 1970 Mittlere Reife, Stud. Grafik-Design Kunstschule Alsterdamm. K.: bereits m. 10 J. erste anerk. Bilder, mit 25 J. selbst. Grafik-Designer, 1981 Grdg. gem. mit Ehefrau Privatschule in Frbg., 1990 Grdg. d. GmbH gem. mit Ehefrau

*) Biographie www.whoiswho-verlag.ch oder beigefügte CD-ROM

Hagemann

spez. f. Ind., Werbegrafik u. Medien-Design. P.: Veröff. in Fachzeitschriften, Schulausstellung, Veröff. im Internet. E.: Prüfer bei d. IHK, ehrenamtl. Richter. M.: AGD, BDG, BDW. H.: Reisen, Segeln, Fotografieren, Malen.

Hagemann Rolf

B.: Kfm., Alleininh. FN.: Hotel Restaurant "Zur Landdrostei". DA.: 29451 Tramm, An der Bundesstr. 248 Haus Nr. 5. G.: Hamburg, 23. Dez. 1940. V.: Ingrid, geb. Hinz. Ki.: Marnie (1966). El.: August u. Agnes, geb. Schulz. S.: b. 1959 Lehre z. Einzelhdls.-Kfm. K.: 1959 Übernahme d. elterlichen Edeka-Geschäftes in Hamburg, 1982 Eröffnung d. Restaurant "Alt Sande" in Hamburg, 1995 Kauf d. Hotel u. Restaurant, 1996 Eröff. d. Landdrosei in Tramm.

Hägemann Peter

B.: Gschf., Inhaber. FN.: Die Computerschmiede Peter Hägemann. DA.: 42855 Remscheid, Steinberger Str. 44. okkultes@t-online.de. www. computerschmiede-remscheid. de. G.: Remscheid, 3. Mai 1959. V.: Susanne. Ki.: Aron (1998) und Niclas (1999). S.: 1974-77 Lehre Sägenrichter Firma Fritz Julius Buchholz Remscheid, 1986-89 Ausbild. CNC-Techniker Abendschule Remscheid. K.: 1977-79 Geselle in d. Firma Fritz Julius Buchholz, 1979-80 Betriebsschlosser einer Zimmerei in Remscheid, 1980-81 Bundeswehr, 1981-96 Programmierer in d. Firma Fritz Julius Buchholz, 1996 Grdg. d. Computerschmiede f. Hard- u. Software f. Firmen, seit 1999 Anfertigung v. ausbaufähigen Computern u. deren Vermarktung, ab 2001 zusätzl. Hard- u. Software f. d. Bürosektor u. Belieferung intern. Kunden, Bau v. kompletten Netzwerken u. deren Verkabelung, 1999 Grdg. d. Geschäftes f. Ambiente in Remscheid f. Verkauf v. ausgefallenen Geschenart., Einzelanfertigung v. Schmuck u. anderen Dingen. M.: CDU. H.: Motorradfahren, Drachenfliegen.

Hagemeister Henning *)

Hagemeister Rudolf Dipl.-Ing. *)

Hagemeyer Ingo *)

Hagemeyer Rainer Dr. med. dent. *)

Hagen Alexander

B.: Profi-Segler, Dipl. Betriebswirt. PA.: 20149 Hamburg, Mittelweg 58. G.: Lübeck, 1. Jan. 1955. K.: Verein: Norddeutscher Regattaverein, Klasse: Starboot-Steuermann, 1981 WM/1., 1982 WM/2., 1987 WM/2., 1997 WM/1., EM 4 x/1., DM 7x/1., Gewinner d. nordam. Meistersch. u. 3 x d. europ. Frühjahrs-Championat; Klassen: Küken, OK-Jolle Laser, 49 er, 1998 WM/3., EM/10., Kieler Woche/5. H.: Windsurfen, Eissegeln, Snowboardfahren, Motorräder.

Hagen Andreas Dr. med. *)

Hagen Antje *)

Hagen Cosma Shiva

B.: Schauspielerin. FN.: c/o Büro Michael Schöbel. DA.: 10414 Berlin, Postfach 58 04 54. www.cosma-shiva-hagen.com. G.: Los Angeles, 17. Mai 1981. El.: Nina Hagen (Schauspielerin). K.: Film u. Fernsehen (Auswahl) 1997 Crash-Kids Fernsehfilm, 1998 Der Laden, Fernseh-Mehrteiler, Das merkwürdige Verhalten geschlechtsreifer Großstädter zur Paarungszeit, Kinofilm, Todesengel, Fernsehfilm, 1999 Sweet Little Sixteen, Fernsehfilm, Sülze, Hamburger Filmwerkstatt/Univ. Hamburg, Marlene, Kinofilm, 2000 Bella Block: Schuld und Liebe, Fernsehfilm, Rosa Roth: Die Abrechnung, Fernsehfilm, Tatort, Todesfahrt, Fernsehfilm, Die Reise, Fernsehfilm, Theater: Momo, Theatersommer in Garmisch-Partenkirchen, Synchron: 1998 Mulan, Kinofilm, Walt Disney, 1999 Rudolf mit der roten Nase, Kinofilm, Intertainment, Rolle: Zoey. E.: 1999 Goldene Kamera als beste Nachwuchsschauspielerin, New Faces Award als beste Nachwuchsschauspielerin, 2000 Jupiter - Leserpreis der Zeitschrift Cinema; Nominierungen: 2001 Deutscher Fernsehpreis Beste Nebenrolle in "Bella Block - Schuld und Sühne". Sprachen: Deutsch, Englisch (Muttersprache), Spanisch, Französisch (Fremdsprachen).

Hagen Dorothee *)

Hagen Heinz Dr. med. MedR., Priv.-Doz.

B.: ndlg. Frauenarzt. DA.: 14467 Potsdam, Böcklinstr. 24. G.: Berlin, 27. Feb. 1932. V.: Dr. Antje. Ki.: Jens-Ulrich (1962), Andreas (1965). El.: Paul u. Wally. S.: 1950 Abitur, 1950-51 Zahnarztpraktikum u. Stud. Zahnmed., 1951-56 Stud. Med. Humboldt-Univ. Berlin, 1956-57 Pflichass. am KKH Strauß-berg, 1958-62 tätig am Landambulatorium Werneuchen, 1962-66 FA-Ausbild. z. Frauenarzt Charité Berlin, 1975 Habil., OA u. Aufbau d. Sterilitäts-Sprechstunde an d. Charité. K.: 1977 Lehrtätigkeit u. Praxis in Sterilität u. Endokrinologie d. CHarité, 1979-97 Chefarzt d. Frauenklinik in Potsdam, 1992 Priv.-Doz. an d. Univ.-Frauenklinik, b. 1997 Lehrtätigkeit am Benjamin Franklin-Inst., seit 1997 ndlg. Frauenarzt u. Privatklinik in Potsdam; Funktion: Forsch. m. Jenapharm, Entwicklung div. Präparate wie Kontrazeptive, Aufbau d. heterologen Insimination in d. DDR, Ausbild. v. Mitarb. an Klinik. P.: 11 wiss. Publ., Vorträge, Mitautor u. "Massenunfall" (1985,86,87), einige Monografien zu endokrinolog. Themen. E: MedR., div. weitere Ausz. M.: Vors. d. Prüf.-Kmsn. f. Frauenheilkunde in Land Brandenburg, 2. Vors. u. EhrenR. d. Verb. d. Gynäkologen, Dt. Ges. f. Endokrinologie u. Reproduktionsmed., Dt. Ges. f. Geburtshilfe, Ges. f. Endokrinologie u. Stoffwechselkrankheiten d. DDR. H.: Jagd, Sportschießen.

Hagen Henrik

B.: Zahntechnikmeister, Inh. FN.: Henrik Hagen Dental-Labor. DA.: 20097 Hamburg, Spaldingstraße 130-136. G.: Nakskov/DK, 23. Aug. 1953. Ki.: 1 Tochter. S.: 1970-75 Ausbild. z. Zahntechniker in Firma Denta-Danica Kopenhagen, Abschluß: Zahntechnikermeister, 1975-76 Militärzeit im Sanitätsdienst. K.: 1976-86 Laborleiter in Praxislabor v. Zahnarzt Dr. Iversen, erst 5 Monate in Kopenhagen, danach in Hamburg in d. Praxis im Harvestehuder Weg, parallel 1985 Meisterprüf. u. dt.

*) Biographie www.whoiswho-verlag.ch oder beigefügte CD-ROM

Anerkennung als Zahntechnikermeister, 1986 Eröff. d. Dental-Labors Henrik Hagen in Hamburg. M.: Zahntechnikerinnung. H.: Segeln.

von Hagen Hildegard Eleonore
B.: Koordinatorin, Krankenschwester, Familientherapeutin. FN.: Arge Brücke Schleswig-Holstein gGmbH. DA.: 24534 Neumünster, Schützenstr. 44. G.: Trier, 24. Dez. 1938. V.: Martin v. Hagen. Ki.: Sabine (1965). S.: 1952-55 Ausbild. z. Hotelfachfrau, Tätigkeit in allen Bereichen d. Hotel Saarburger Hof. K.: 1956-57 Stations- u. Hausgehilfin im Städt. KH Saarlouis, 1957-59 Krankenpflegeschule Saarlouis m. Abschluß, 1959-60 Hütten-KH Burbach, 1961 Knappschafts-KH Quirschied, 1961-66 KH Rastpfuhl, 1967-81 Zentrum f. psycholog. Med. Saarbrücken, 198-86 Psychiatr. KH Häcklingen b. Lüneburg, 1986-93 Inst.-Ambulanz d. psychiatr. KH am Meißner, seit 1993 Arge Brücke Schleswig-Holstein Neumünster, 1993-95 hauptamtl. Einsatzltg. u. ambulante Krankenpflege u. Wiedereingliederung. ab 1995 zusätzl. Aufgaben wie Beratung u. Unterstützung d. Einrichtung- u. Verbundltr. in d. Region, Außenvertretung in örtl. Gremien, Ltg. d. regionalen Teams u. Leitungskräfte. M.: Dt. Ges. f. soz. Psychiatrie. H.: Garten, Lesen, Hund u. andere Tiere, Schreiben, Freundschaften pflegen.

Hagen Horst Dr. Prof.
B.: VPräs. FN.: BGerichtshof. PA.: 76337 Waldbronn, Robert-Koch-Str. 7. G.: Oppeln, 5. Jan. 1934. V.: Christine, geb. Seeger. Ki.: Peter, Nuschin, Viola. El.: Hans u. Gertrud. S.: 1953 Abitur, 1953-56 Stud., 1957 Referendarexamen, 1961 Assessorexamen. K.: 1961-65 Gerichtsassessor b. d. Staatsanw. Lübeck u. Kiel sowie am LG Kiel, 1965 LGR. in Kiel, 1966-73 Abordnung an d. Univ. Kiel, 1970 Habil., 1973 Richter am OLG Schleswig, 1974 apl. Prof., seit 1975 Richter am BGerichtshof in Karlsruhe, 1988 Vors. Richter am BGH, 1994 Vizepräs. d. BGH. P.: 4 Monographien, 40 Fachaufsätze, zahlr. Urteilsanmerkungen, Buchbesprechungen u. sonst. Veröff. E.: Gr. Verdienstkreuz d. Verdienstordens d. Bundesrep. Deutschland. M.: Ehrenvors. d. Jur. Studienges. Karlsruhe. H.: klassische Musik, Gesellschaftstanz, Tennis, Skilauf alpin.

Hagen Horst Dr.
B.: Afrikaexperte. G.: Hamburg, 30. Mai 1926. V.: Dr. med. Wally, geb. Kröger. Ki.: Inge (1954), Eva (1956), Ulrike (1959). El.: Gen.-Mjr. Walter u. Melitta. S.: 1944-50 Med.-Stud. Berlin, Staatsexamen, Prom. im Fach Physiologie. K.: 1956 FA-Ausbild. z. Internisten, 1960 ndlg. Internist in Zeven/niedersachsen, Überweisungspraxis u. diagnost. Tätigkeit, Schwerpunkte: seit 1967 mehr als 100 Studienaufenthalte in Afrika südl. d. Sahara in über 100 Schutzgebieten in 14 Ländern, überzeugter Jagdgegner. P.: mehr als 30 Bücher oder Buchbeiträge, Veröff. in wiss., zoolog. Fachzeitschriften u. in populärwiss. Magazinen u.a. "Unterwegs zu d. Tieren" (1991), "Was Tiere sich zu sagen haben" (1991), "Reiseführer Natur - Ostafrika" (1991), "Das Buch d. Löwen" (1992), "Die grüne Macho Connection". E.: Wiss.-Preis f. "Die Sache m. d. Storch". M.: East African Wildlife Society, Zambian Wildlife National Wildlife Conservation Society, South Afrikan Wildlife Society, Namibia, Wiss. Ges., Zoolog. Ges. Frankfurt, Ges. Dt. Tierfotografen u.v.m. H.: Segeln, Sport, Tierfotografie, klass. Musik.

von Hagen Ingrid Otty Hedwig
B.: Gschf. FN.: Dt. Parlamentar. Ges. e.V. DA.: 53113 Bonn, Dahlmannstr. 7; 10117 Berlin, Ebertstr. 30. PA.: 53913 Swisttal-Buschhoven, Amselweg 14. G.: Kolberg, 18. Febr. 1935. Ki.: Helmut (1961), Alexandra u. Monika (1964). S.: 1954 Abitur, 1955-58 Stud. Span. u. Engl. am Dolmetscherinst. Heidelberg u. Univ. Heidelberg. K.: 1958-60 Auslandstät. Mercedes Mannheim, 1960-72 Familienpause, 1972-73 Englischlehrerin VS Ulmen, 1973-74 Englischlehrerin Gymn.

Daun, 1974 Frauenver. d. CDU Swisttal, 1975-76 Kreisvorst. CDU Frauenver., 1976-84 wiss. Mitarb. MdB Frau Prof. Wisniewski (Heidelberg), seit 1984 Gschf. Dt. Parlamentar. Ges., Organ. d. "Clubs d. Bundestagsabg.". P.: "Die Villa am Rhein" (1986). E.: 1999 Ehrennadel d. Johanniter Ordens. H.: Johanniter Hilfsgemeinschaft, CDU, Vorst. Ev. Kirchbauver. Buschhoven, Vorst.-Mtgl. Dt.-Ägypt. Ges. H.: Tennis, Skifahren, Laufen, Wandern, Bergwandern, Literatur, Musik, Oper, Bridge, Reisen.

Hagen Ingrid Dipl.-Ing.

B.: Architektin, Inh. FN.: architekturwerkstatt ingrid hagen. DA.: 59065 Hamm, Oststraße 15. info@architekturwerkstatt.hamm.de. G.: Mülheim/ Ruhr, 1961. Ki.: Janina (1988), Joanna (1992). S.: 1981 Abitur Hamm, 1981-89 Arch.-Stud. Univ. Dortmund, 1989 Dipl.-Ing. K.: 1987-96 Mitarb. in versch. Arch.-Büros b. d. Dipl.-Ing. H. Knickenberg/Soest, Peter Eisenmann/ New York, Dipl.-Ing. E. Kuhn/Hamm, 1996 selbst. m. Arch.-Büro in Hamm, 2000-01 Ergänzungsstud. f. Denkmalpflege in Dresden. BL.: Mitgrdg. d. Ver. T.O.P. z. Belebung d. Hammer Kulturlandschaft. P.: TV Sendungen, ppp: Umgestaltung Foyer Musiksch. Hamm, 2000. M.: THW, Ausbilderin biol. Ortung. H.: Arch.-Galerie, Hunde.

Hagen Jochen *)

Hagen Jürgen
B.: Geigenbaumeister, Musiker, selbständig. FN.: Äolsharfen Jürgen Hagen. DA.: 23627 Gr. Grönau, Hauptstr. 51 a. G.: Lüneburg, 7. Sep. 1940. Ki.: Antje (1972), Ulrike (1974), Eva (1976). S.: 1955-58 Lehre Holzbildhauer Lüneburg, 1958-60 Lehre Geigenbauer Lüneburg. K.: 1960-62 tätig im Lehrbetrieb, 1962-66 Geigenbauer in Mittenwald, 1962-66 Cellist im Sinfonieorchester Innsbruck, 1966-77 Geigenbauer in d. Firma Masurat in Lübeck, 1969 Meisterprüfung in Lübeck, seit 1977 selbständig in Gr. Grönau; Musiker f. Cello, Geige, Komponist u. Fotograf v. Instrumenten. P.: "Der Wind als Musikant". E.: Bundessieger d. Gasolinprüfung. M.: Verband Dt. Geigenbauer u. Bogenmacher, Krummesser Sportverein, Kinder- u. Jugendwart im Kreis Herzogtum Lauenburg Geräteturnen. H.: Geräteturnen, Teichnen.

Hagen Klaus *)

vom Hagen Klaus Dr. jur. *)

Hagen Marianne Dr. med. Dr. med. dent.
B.: Ärztin f. Mund-, Kiefer- u. Gesichtschirurgie, plastische Operationen. DA.: 40477 Düsseldorf, Nordstr. 11. G.: Bogota/Kolumbien, 24. Jan. 1958. V.: Ernst-R. Rohde. Ki.: 2 Kinder (1994, 1998). El.: Hans u. Margarete Hagen, geb. Peter. S.: 1963-68 Dt. Schule Bogotá, 1968-77 Staatl. Mädchen-RG Völklingen, 1977 HS-Reife, 1978 Stud. Humanmed. Johann Wolfgang Goethe-Univ. Frankfurt, 1979 Wechsel Johannes Gutenberg-Univ. Mainz, 1979/80 zusätzl. Stud. d. Zahnmed. Mainz, 1980 Physikum Fach Humanmed., 1981 Physikum Fach Zahnmed., 1983 Staatsexamen, 1984 Prakt. J. d. Humanmed. Univ. Düsseldorf, 1984 Approb. als Zahnärztin, 1984 Prom. Dr. med. dent., 1985 Approb. als Arzt. K.: 1985-91 Tätigkeit Klinik f. Kiefer- u. Plast. Gesichtschir. Heinrich Heine-Univ. Düsseldorf, 1989 Prom. Dr. med., 1989 Anerkennung Ärztin f. Mund-, Kiefer- u. Gesichtschir., 1991 Eröff. d.

*) Biographie www.whoiswho-verlag.ch oder beigefügte CD-ROM

Hagen

Praxis f. Mund-Kiefer-Gesichtschir. u. plast. Operationen Düsseldorf, 1991 Anerkennung d. Zusatzbezeichnung Plast. Operationen, 2000 Anerkennung Tätigkeitsschwerpunkt Implantologie, Tätigkeitsschwerpunkt kosmetische Chir., Laserchir. E.: 1991 Gold. EZ f. Verd. um d. Rep. Österr. H.: Kriminalistik, Fremdsprachen, Reisen. (R.E.S.)

Hagen Michaele

B.: Steuerberaterin in eigener Kzl. DA.: 06886 Lutherstadt Wittenberg, Mauerstr. 6. Steuerberatung-Hagen@ daternet.de. G.: Treuenbrietzen, 25. Mai 1956. V.: Dr. Jürgen Hagen. Ki.: Martin (1978), Inga (1980). S.: 1974 Abitur, 1974-79 Stud. Phil. Univ. Halle-Wittenberg. K.: 1979-80 wiss. Mitarbeiterin an d. Univ Halle-Wittenberg, 1980-90 tätig in d. Bildungsinstitution Urania in Halle u. Wittenberg, 1990 Steuerbevollmächtigte u. Eröff. d. Kzl. in Wittenberg, 1994 Bestellung z. Steuerberaterin. H.: Gartengestaltung, Rockmusik.

Hagen Nina

B.: Rocksängerin. FN.: Büro Michael Schöbel - Mediahaus. DA.: 10435 Berlin, Kastanienalle 74. G.: Berlin-Friedrichshain, 11. März 1955. V.: Franck Chevall (Lebensgef.). Ki.: Cosma Shiva (1981), Otis (1990). El.: Hans (Drehbuchautor) u. Eva Maria (populäre DDR Schauspielerin) Hagen. S.: Schulabbruch vor Abschluß der zehnten Klasse, 1972 nicht bestandene Eignungsprüfung der Staatlichen Schauspielschule der DDR in Berlin-Oberschöneweide. K.: 1967 "unehrenhaft" aus der SED-Jugendorganisation FDJ entlassen, Polenaufenthalt m. ersten Banderafirmen, danach 1 Jahr Ausbildung im Zentralen Studio für Unterhaltungsmusik, Mitarbeit bei versch. Gruppen, so mit dem Alfons-Wonneberg-Orchester beim Pressefest des "Neuen Deutschland", mit der Leipziger Band "Automobil" und mit "Fritzens Dampferband", 1974 bei einem Interpretenwettbewerb in Karl-Marx-Stadt Sonderpreis der besten Nachwuchssängerin des Jahres. glz. erste Film "ABC der Liebe", 1975 "Junge, heute ist Freitag", 1975 Grdg. d. Band "Automobil", 1977 d. "Nina Hagen Band", 1978 Debütalbum "Nina Hagen Band" mit Titeln wie "TV Glotzer" und "Auf'm Bahnhof Zoo", erste Gold. Schallplatte, 1979 Auflösung der Band, Solo-LP "Nun Sex Monk Rock", weitere Titel "Cha Cha", "Love", "Nina Hagen", "Angstlos", "In Ekstase", "Street", 1992 Film "Lilian i. d. Bank" m. Georg Thomalla, RTL TV-Show, 1993 "Revolution Ballroom", 1998 zus. m. Meret Becker Bert-Brecht-Programm m. d. Titel "Wir heißen beide Anna", 1999 Präsentation von Grusel- und Actionfilmen i. d. Sendung "13th street" b. Digitalsender DF 1, 2000 "Dreigroschenoper", Expo-Song "Schön ist die Welt", 2000 "Nina Weltraum-live-TV-Show". BL.: Engagement für ein Sterbehospiz. P.: "Ich bin ein Berliner. Mein sinnl. u. übersinnl. Leben" (1988), "FreuD Euch" (1995).

Hagen Othmar *)

Hagen Peter Dipl.-Ing. *)

v. dem Hagen Peter Dipl.-Kfm. Dipl.-Ing. *)

Hagen Sonja *)

Hagen Sven *)

Hagen Ulrich Dipl.-Ing. *)

Hagen Wally Dr. med.

B.: Afrikaexpertin. PA.: 23570 Travemünde, Strandredder 11a. G.: Lübeck, 7. Feb. 1927. V.: Dr. Horst Hagen. Ki.: Inge (1954), Eva (1956), Ulrike (1959). El.: Walter u. Elsa Kröger. BV.: Großvater Friedrich Schmidt, 1. Pächter d. Kursaals in Travemünde. S.: 1947 Abitur Lübeck, 1947-53 Med.-Stud. in Kiel, Prom. im Fach Physiologie. K.: 1960-84 ndlg. als Allg.-Prakt. Ärztin in Zeven/Niedersachsen, Schwerpunkte: seit 1967 mehr als 100 Studienaufenthalte in Afria südl. d. Sahara in über 100 Schutzgebieten in 14 Ländern, überzeugte Jagdgegnerin. P.: mehr als 30 Bücher oder Buchbeiträge, Veröff. in wiss., zoolog. Fachzeitschriften u. in populärwiss. Magazinen u.a. "Die große Bertelsmann Lexikothek - Naturenzyklopädie Afrika" (1994), "Der afrikan. Leopard" (1997), "Afrikan. Nationalparks" (2000), "Die grüne Macho Connection". E.: Wiss.-Preis f. "Die Sache m. d. Storch". M.: East African Wildlife Society, Zambian National Wildlife Conservation Society, South African Wildlife Society, Namibia, Wiss. Ges., Zoolog. Ges. Frankfurt u.v.m. H.: Schwimmen, Geschichte d. Mittelalters, Shakespeare.

Hagen Wolfgang Prof. *)

von Hagen Wolfgang

B.: Vorst. FN.: Management GmbH. DA.: 47800 Krefeld, Uerdinger Straße 237. PA.: 40629 Düsseldorf, Dorfstr. 40. w.v.hagen.krefeld@t-online.de. G.: Wuppertal, 24. Juli 1936. S.: 1953-55 Ausbild. Hotelkfm., 1956 Hotelfachschule Zürich, 1957-60 prakt. Ausbild. renommierte Restaurants u. Hotels Frankfurt, Zürich, London u. Paris, 1960-61 Stud. Bw. Hotelfachschule Lausanne. K.: 1961-65 ltd. Funktionen in d. Hotels Crillon in Paris, Richemond in Genf u. Dir. d. Hotes Hess. Hof in Frankfurt, 1965-67 Dir. d. Mövenpick Dreikönigs-Haus in Zürich, 1967-72 selbst. m. 5 Restaurants in d. Wolfgang v. Hagen Gastronomie GmbH, 1972 Management-Ausbild. an d. AMA in New York, 1972-78 Regionaldir. d. Mövenpick Unternehmung in Deutschland, 1978-89 Vorst. d. Geschäftsltg. v. Mövenpick Deutschland u. Mtgl. d. Konzernltg. d. Mövenpick Holding AG in Zürich, zusätzl. 1992-93 Dir.-Präs. d. Mövenpick-Unternehmungen, seit 1993 selbst. Hotelier/Unternehmensberater. H.: Reiten, Lesen.

Hagen-Schindlmaister Daniela

B.: Pferdetherapeutin, Inhaberin. FN.: equinus. DA.: 85055 Ingolstadt, Marie-Curie-Straße 6. equinus@t-online.de. www.equinus.de. G.: Salzburg, 3. November 1965. V.: Roman Schindlmaister. El.: Horst u. Renate Hagen, geb. Probst. S.: 1983 Abitur Salzburg, kfm. Ausbild. Tourismus m. Fachabitur. K.: 1985-97 tätig bei versch. Reiseveranstaltern u.a. im Bereich Gruppenreisen, 1997-98 Ausbild. z. Pferdetherapeutin, 2000 Eröff. Schule für Pferdetherapeuten mit Schwerpunkt Anatomie, Bio-

*) Biographie www.whoiswho-verlag.ch oder beigefügte CD-ROM

Biomechanik, Myologie, Therapietechnik, Massagetechnik, Palpationsanalyse, Hufwesen, Sattelwesen, Training u. Berittmethoden. P.: Broschüre u. Flyer. H.: Beruf, Reiten, Reisen.

Hagena Dorothea M. A. *)

Hagenah Enno Dipl.-Ing.

B.: Architekt, LAbg. Niedersachsen. FN.: Bündnis 90/Die Grünen. DA.: 30159 Hannover, Hinrich-Wilhelm-Kopf-Platz 1. enno.hagenah@lt-niedersachsen.de. www.nds.gruene.de. G.: Engelschorff/Stade, 31. Okt. 1957. V.: Silvia, geb. Hesse. Ki.: Leif (1975) u. Nadine (1978). El.: Peter und Elisabeth. S.: 1975 Abitur Stade, Grundwehrdienst, 1976 Arch.-Stud. K.: 1984 päd. Mitarb. b. d. Werkstattschule im Bereich Modernisierung u. Ausbau v. Schulen u. Schulhöfen, selbst. Arch., 1983-84 Gruppenwohnprojekt: leerstehendes Haus d. Kirche in Badenstedt/Hannover wird saniert u. umgebaut, um Wohnraum zu schaffen, 1984-86 Ausweitung d. Aktivitäten auf soz. Einrichtungen u. Bild.-Stätten, 1986-87 neben d. Tätigkeit as selbst. Architekt Lehrtätigkeit b. d. Handwerkskam. Lüneburg im Studiengang "Restaurator im Handwerk". P.: Dipl.-Arb. "Leben im Körtingsdorf" als Videofilm, unzählige Veröff. als Fachkommentare (Arch.) u. in allg. polit. bundesweiten Zeitungen. M.: Wohnungsgen. "WOGE"Norderstadt/Hannover, Werkstattschule e.V., BDA, ADFC, "VCD", "Mieterladen", "BIU", "Radio Flora", 1986-91 BezR. Herrenhausen u. Stöcken, s. 1990 b. Bündnis 90/Die Grünen, 1991-98 Mtgl. im Rat d. Stadt Hannover, s. 1998 LAbg., s. 1997 VASA Wohnungsgen., Mieterver., 1988 Gründer u. Vorst. d. "WOGE"/AufsR. GbH, AufsRT. d. EXPO Grund f. Nachnutzung, 1979 Gründer d. VASA Wohnungsgen., 1993 Vorst.-Mtgl. Initiativkreis Regionalforum Hannover, 1999 Vors. d. Ver. Grünstrom, s. d. 15. Lebensj. in Jugendverb.-Arb. aktiv, Vors. im Ausssch. f. Verw.-Reform u. öff. Dienstrecht, Ausssch. f. Städtebau- u. Wohnungswesen. H.: Fahrradfahren - durch Berge u. Irland, Landschaft u. Gartenarb., Ski-Langlauf.

Hagenhaus Erika

B.: selbst. Steuerberaterin. DA.. 82178 Puchheim, Allinger Str. 16. PA.: 82178 Puchheim, Edelweißstr. 43. G.: Schondorf, 23. März 1954. V.: Lutz Hagenhaus. El.: Franz u. Anna Menhart. S.: 1971-73 Lehre Steuerfachgehilfin. K.: 1973-79 tätig in versch. Steuerkzl., 1979 Steuerber.-Prüf., 1979-83 tätig in versch. Kzl., 1984 Eröff. d. eigenen Kzl. m. Schwerpunkt Jahresabschlüsse, Finanz- u. Lohnbuchhaltung, betriebswirtschaftl. Beratung u. Existenzgrdg.-Beratung; 1985 Steuerberaterprüf. M.: Steuerberaterkammer München/Landesverband. H.: Radfahren, Golf, Reisen, Schwimmen.

Hagenhofer Katja

B.: Keramikmeisterin, Inh. FN.: Töpferei am Dürerhaus. GT.: 1986-98 Prüfer d. HWK in Landshut im Gesellenaussch., 1999 im Meisterprüf.-Aussch. f. Keramik an d. Handwerks-

kam. in Niederbayern/Oberpfalz m. Doz.-Stelle. DA.: 90403 Nürnberg, Neutormauer 25. G.: Nördlingen, 12. Aug. 1958. El.: Johann Hagenhofer u. Sonja Hempel, geb. Hornfeck. S.: 1977-80 Ausbild. z. Keramikerin in d. elterlichen Werkstatt in Nürnberg, 1990-93 Ausbild. z. Kunsttherapeutin im IGW in Würzburg. K.: 1980-83 Ang. im elterl. Betrieb, 1983-85 staatl. Fachschule f. Keramik m. Abschluss d. Meisterprüf. an d. HWK Landshut, 1985-96 als Meisterin u. Ausbilderin in d. elterl. Werkstatt, 1986 Studienaufenthalt in Italien Sergio Riccieri, Impruneta/Firenze, 1999 Übernahme d. elterl. Werkstatt in Nürnberg, Ankauf d. Meisterprüf.-Schale 1985 durch Dr. Cremer f. d. Keramion in Frechen/Köln. P.: 1988 Ausstellung in Schloss Höhenrain/München, 1986 Mitautorin im Buch "Worte malen Bilder". M.: Eröff.-Ausstellung d. Galerie Guder in Nürnberg. H.: Reiten, Tennis, Golf, Motorradfahren, Schwimmen, Reisen.

Hagenhoff Hans-Hermann

B.: Gschf. FN.: Wilhelm Zobel GmbH. DA.: 33607 Bielefeld, Heeperstraße 32. PA.: 33709 Bielefeld, Fehmarnstr. 13. info@www.wizo-gmbh.de. www.wizo-gmbh.de. G.: Bielefeld, 22. Juli 1938. V.: Hannelore, geb. Egger. Ki.: Christian (1966). El.: Hermann u. Ida. S.: 1953-56 Ausbild. z. Einzelhdls.-Kfm. b. Kötter u. Siefke Osnabrück, Bundeswehr. K.: 1958 Einzelhdls.-Kfm. b. Erbbrink in Osnabrück, 1960 b. Wilhelm Zobel Eisenwarenbeschläge Bielefeld, 1965 Neubau d. Firma, 1969 Prok., 1983 Umwandlung in eine GmbH, Gschf. Ges. d. Firma, Ausbau d. Schlüsseldienst, 1971 Schließanlagenfertigung. M.: 1976-88 1. Vors. SV Hägar, EDE Einkaufsverb. d. Eisenwarenhändler, ZHH Zentralverb. Hartwarenhdl., EK Einkaufsgen. Bielefeld. H.: Sport, Fischen, eigenes Boot in Dänemark.

Hagenkamp Jochen Dipl.-Kfm.

B.: Gschf. Ges. FN.: Hagenkamp GmbH Wirtschafts-, Finanz- u. Unternehmensberatung. PA.: 59269 Beckum, Oststr. 35. PA.: 59269 Beckum, Lippweg 8. G.: Beckum, 1. Sep. 1944. V.: Anita, geb. Dorka. Ki.: Dipl.-Vw. Andrea (1966). El.: Heinrich u. Edith. S.: 1964-67 Lehre Bankkfm. Dresdner Bank, 1964-69 Abendstud. Betriebswirtschaft. K.: 1969 Prok. d. Dresdner Bank, 1974 Bankdir. d. Dresdner Bank, seit 1976 Doz. f. Wirtschaftswiss. an d. Bankak. in Bielefeld u. Münster, div. Auslandsaufenthalte in USA u. Fernost, seit 1979 selbst. m. Schwerpunkt bankenunabhängige Inst. f. Finanzdienstleistungen, Konzeption, Vertrieb u. Folgebetreuung v. eigenen Fondsanlagen, Vermögensverw. M.: div. AufsR. u. BeiR. d. Dt. Wirtschaft, Kuratorium d. einigen Dt. priv. Univ. Witten-Herdecke. H.: Jagd.

Hagenlocher Horst Dr. *)

*) Biographie www.whoiswho-verlag.ch oder beigefügte CD-ROM

Hagenlüke Katharina

B.: Kauffrau. FN.: Auto Hagenlüke. DA.: 33335 Gütersloh, Spexarder Str. 79. PA.: 33335 Gütersloh, Spexarder Str. 77-79. G.: Avenwedde, 18. März 1938. Ki.: Peter (1965), Bernd (1967), Stefan (1973). S.: 1953-56 Ausbild. u. Abschluß z. Einzelhdls.-Kauffrau, 1957-58 Tätigkeit im Beruf, 1958-62 kfm. Tätigkeiten, berufsbegleitend Weiterbild. in Abendstudien. K.: 1962 Übernahme d. elterlichen Betriebes zusammen m. Ehemann u. Beginn d. Tätigkeit im Kfz-Bereich, 1981 Übernahme Suzuki-Vertretung, 1988 Übernahme d. Betriebes in Eigenregie durch Tod d. Ehemannes, 1979 Prüf. z. Ausbild. v. Lehrlingen, 1988-95 Eintritt d. 3 Söhne in d. Unternehmen. H.: Beruf, literarische Tätigkeiten.

Hagenmeyer Klaus Josef Edmund Dipl.-Vw. *)

von Hagens Gunther Dr. med. Prof.

B.: Anatom, wiss. Dir. FN.: Inst. für Plastination. DA.: 69126 Heidelberg, Rathausstr. 18. G.: Alt-Skalden/Posen, 10. Jan. 1945. V.: Dr. Angelina, geb. Whalley. Ki.: 3 Kinder. El.: Gerhard u. Gertrud. S.: 1965-68 Med.-Stud. an der Friedrich-Schiller-Univ. in Jena, 1968-70 polit. Inhaftierung nach misslungener "Republikflucht" in Gera u. Cottbus, 1970 Freikauf als polit. Häftling durch d. Bundesreg., 1970-73 Med.-Stud. u. Staatsexamen an d. Univ. Lübeck. K.: 1973-74 Med.-Ass.-Arzt im KH Helgoland, 1974-75 Ass.-Arzt u. Prom. an d. Abt. f. Anästhesie u. Notfallmed. d. Univ. Heidelberg, 1975-77 wiss. Mitarb. am Anatom. Inst. Univ. Heidelberg, 1977-78 wiss. Mitarb. am Path. Inst. Univ. Heidelberg, 1978-98 Anatom am Anatom. Inst. d. Univ. Heidelberg, 1977 Erfindung d. Plastination, einer neuartigen Konservierungstechnik, seit 1979 Plastinationsvorträge in 25 Ländern, Weiterentwicklung d. Plastinationstechnik u. Entwicklung v. "BIODUR" - Kunststoffen z. Plastination, Organ. u. Durchführung v. 50 Plastinationskursen in dt. u. engl. Sprache, seit 1984 Teilnahme als Hauptvortragender an 8 intern. Plastinationskonferenzen in Australien, Deutschland, Kanada, USA u. Österr., 1994 Grdg. d. Inst. f. Plastination in Heidelberg, wiss. Dir., 1996 Ernennung z. Gastprof. d. Med. Univ. Dalian/China, Grdg. eines Plastinationszentrums an d. Staatl. Ak. in Bischkek/Kirgisien u. an d. Med. Univ. in Dalian/China, Dir., 1999 Ernennung z. Ehrenprof. d. Staatl. Ak. Bischkek/Kirgisien. BL.: Erfinder d. Plastination, Revolutionär d. Anatomie, Patentinh., Erfinder - m. d. weltweit erfolgreichsten Ausstellung "Körperwelten" - in Japan, Deutschland, Österr., Schweiz. P.: Katalog z. Ausstellung "Körperwelt, d. Faszination d. Echten", Verfahren z. verbesserten Ausnutzung v. Kunststoffen b. d. Konservierung biolog. Präparate (1982), Heidelberger Plastinationshefter (1985/86), Impregnation of Soft Biological Specimens with Thermosetting Resins and Elastomers (1979), Schnittanatomie d. menschl. Gehirns (1990), The Visible Human Body (1991), Journal of the Intern. Society of Plastination. M.: Dt. Anatom.

Ges., Ehrenmtgl. d. Intern. Ges. f. Plastination, Ehrenmtgl. d. Anatom. Ges. Rumäniens. H.: Kunststoffchemie, Datenbanken, Intelligenzforsch.

Hagens Horst *)

Hagens Stefan

B.: Friseurmeister, Gschf. Ges. FN.: Unternehmensgruppe Hagens-Kaemena. DA.: 28211 Bremen, Schwachhauser Heerstr. 183-185. hagens-kaemena@t-online.de. www.hagens-kaemena.de. G.: Bremen, 3. Apr. 1968. El.: Horst Hagens u. Ilse, geb. Raupach. BV.: Friseure in Bremen seit 1896. S.: 1984-87 Ausbildung z. Friseur Bremen, 1987-88 Bundeswehr, 1988 Ausbildereignungsprüfung IHK, 1991 Meisterprüfung z. Friseurmeister. K.: seit 1992 selbständig, Friseursalon Art of Hair, Grdg. d. Unternehmensgruppe Hagens-Kaemena in Bremen, 1999 Grdg. Planungsgruppe Hagens-Kaemena, 1999 Eröff. einer ital. Café-Bar in Bremen. P.: Präsentation d. dt. Frisurenmode f. d. Friseurinnung in Bremen (1995/96), eigene Fotoshootings in Zus.Arbeit mit Loréal. E.: 20 besten Colorationsexperten Deutschlands (1998), Einrichtung einer Servicehotline f. Colorationskunden (1998), vorbildl. Ausbildungsbetrieb (Empfehlung Handwerkskammer u. Arbeitsamt 1997), Regional Finalist d. Loréal Color Trophy (1998 u. 2000), Finalist Deutschland (1999). M.: seit 1998 im Atelier Artistic. H.: Sport, Italienisch.

Hagenstein Heinz *)

Hager Axel

B.: Profi-Beachvolleyballspieler. FN.: c/o Volleyballverb. e.V. DA.: 60528 Frankfurt/Main, Otto-Fleck-Schneise 12. G.: 14. März 1969. K.: seit 1993 Spieler b. Dürener TV/Eimsbütteler - Erfolge: 5 x Dt. Meister, Siege in 14 Master-Turnieren, 1994 Shootingstar d. Dt. Volleyballverb., Weltranglistenpl.: 16., 2000 OS Sydney/3.

Hager Dieter *)

Hager Franz jun. *)

Hager Franz sen.

B.: Unternehmer. FN.: Hager Druck und Musterkarten GmbH & Co. KG. DA.: 52070 Aachen, Lukasstr. 24. PA.: 52066 Aachen, Krugenofen 38. G.: Aachen, 11. Jan. 1920. V.: Cilly. Ki.: Franz (1952). El.: Philipp u. Sibilla. S.: Realschule, Lehre z. Kfm. in d. elterl. Musterkartenfbk. K.: nach d. Krieg Dolmetscher u. Personalchef d. Militärrg., ab 1949 Wiederaufbau d. elterl. Betriebes gemeinsam m. Bruder Matthias, 1952 Übernahme d. Betriebes, 1958 Erweiterung d. Musterkartenfbk. durch Druckerei, 1983 Expansion u. Verlegung d. Fabrik AC Lukasstraße. M.: 1982-94 Vors. d. Verb. Dt. Musterhersteller. H.: Lyrik u. zeitgenössische Literatur, moderne Kunst, klassische Musik. (A.K.)

Hager Günter Dr. med. Prof. *)

Hager Günter Dipl.-Jurist *)

Hager Helmut *)

*) Biographie www.whoiswho-verlag.ch oder beigefügte CD-ROM

Hager Holger *)

Hager Johanna Maria Dr. phil. *)

Hager Jürgen Georg *)

Hager Klaus Prof. Dr. med.
B.: Prof., Chefarzt. FN.: Klinik f. med. Rehabilitation u. Geriatrie. DA.: 30559 Hannover, Schwemannstraße 19. Geriatrie.Hannover@t-online.de. www.geriatrie-hannover.de. G.: Selb, 23. Juni 1955. V.: Irmgard, geb. Adamovits. Ki.: Steffen (1999). S.: 1974 Abitur Selb, 1974-76 Bundeswehr, 1976-83 Med.-Stud. an d. Univ. Erlangen u. Rennes/Frankreich, 1980 1., 1982 2. u. 1983 3. Staatsexamen. K.: 1983-92 Ass. an d. 2. Med. Klinik d. Städt. Klinikums Nürnberg u. wiss. Mitarb. am Inst. f. Geriatologie d. Univ. Erlangen b. Prof. Dr. D. Platt, 1984 Prom., 1992 Habil., 1992 Chefarzt i. d. Henriettenstiftung, Abt. Rehabilitation u. Geriatrie in Hannover, seit 1997 ärztl. Dir. d. Henriettenstiftung in Hannover, s. 2000 APL-Prof. Med. Hochschule Hannover. P.: zahlr. Veröff. in Fachzeitschriften, Mitautor d. Buches Innere Med. systematisch, sowie auch intern. Vortragstätigkeiten auf Kongressen. M.: Dt. Ges. f. Alternsforsch., Dt. Ges. f. Geriatrie, Dt. Ges. f. Gerontologie u. Geriatrie, Berufsverb. dt. Internisten, GSA. H.: Sport, Computer, Lesen.

Hager Manfred Dr.-Ing. *)

Hager Martin Dr.-Ing. Prof.

B.: Professor f. Wasserbau d. RWTH Aachen, Ministerialrat a.D., Ehrenvizepräs. d. internationalen Verb. PIANC. PA.: 53125 Bonn, Merler Allee 99. G.: Stuttgart, 10. Apr. 1921. V.: Ingeborg, geb. Feigel. Ki.: Dorothee (1949), Wolfg. Christoph (1952), Michael (1958), Angela (1961-92). El.: Max Ludwig u. Mathilde. BV.: August v. Reuß - Staatsrat u. Gesandter Württembergs b. Reichsdeputationshauptschluß 1803 in Regensburg. S.: 1939 Abitur Humanist. Landfermanngymn. Duisburg, unterbr. von RAD u. 1941-45 durch Kriegsdienst, 1940-41 Stud. Naturwiss. in Göttingen u. Bauing.-wesen in Berlin, 1945-49 Stud. Bauing.-wesen in TU Braunschweig, ASTA Mtgl., Ass. Lehrstuhl Verkehr u. Eisenbahnwesen, sowie Statik u. Stahlbau, abgelegtes Examen in Konstr.Ing.bau u. Wasserbau, 1974 Prom. über Machreflexion an d. Univ. Hannover. K.: 1949-52 Krupp-Schellhaas, 1952 Eintritt in Wasser- u. Schiffahrtsverw., 1952-54 Referendariat m. Gr. Staatsprüfung, 1958-61 Chefing. Rendsburger Tunnel, 1961-67 Ltr. Hafenbauamt Eckernförde, 1967-86 Bundesverkehrsmin. Bonn, 1976 Min-Rat, Vorsitz u. Mitgliedschaft in zahlr. Ausschüssen , u.a. in DIN, VOB, VOL, 1976-96 HTG-Arb. Ausschuß Ufereinfassungen", 1977-87 VBW-Fachausschuß "Wasserstraßen u. Häfen", 1970-86 Prüfungsausschuß Wasserwesen, 1980-92 Vors. d. Dt. Aussch. f. Stahlbau(DASt), Fachgutachter f. Behörden u. Gerichte zu Schadensfällen, Auslandseinsätze f. Techn. Hilfe in Südamerika, Afrika u. Asien, u.a. 1984 Ltr. d. 1. Expertendelegation d. BMV in d. VR China z. Untersuchung d. Hanflusses, seit 1987 Hon.-Prof. d. Univ. Nanking u. d. Verkehrsuniv. Changsha, 1974 Lehrauftrag an d. RWTH Aachen, 1985 VPräs. d. PIANC Ständ.Int. Verb. f. Schiffahrtskongresse, jetzt aktiv Mtgl. d. Ständ. Int. Kommission u. d. Redaktionskomitees in Brüssel. P.: Kap. "Verkehrswasserbau - Wasserstraßen u. Häfen" im Handbuch f. Bauing., Kap. "Eisdruck" im Grundbautaschenbuch, Hrsg. u. Ltr. EAU 1990 u. EAU 1996 d. HTG u. DGGT, Beitrag "Schiffahrt u. Wasserstraßen" in Gesamtkonzept Rhein in NRW", insges. über 100 Veröff. in in- u. ausl. Zeitschriften. E.: 1985 Kommandeurstufe d. Ordens d. Belg. Krone, 1998 BVK, Ehrenmtgl. Hafenbautechn. Ges. (HTG), Ehrenmtgl. V. f. Europ. Binnenschiff u. Wasserstr. (VBW), Hon. Vice-President of PIANC, z. 60., 65. u. 75. Geburtstag in Fachzeitschriften BAUTECHNIK, HANSA, ZfB u. PIANC-Bulletin. M.: HTG, VBW, PIANC, Dt. Ges. f. Geotechnik (DGGT), Int. Ges. f. Geosyntetics (IGS), Dt. Vereinigung f. Wasserwirtschaft, Abwasser u. Abfall (ATV-DVWK), Freunde u. Förderer d. Franziusinst. Hannover, Landfermann-Bund, Kammerchor Röttgen. H.: Bergwandern im Gebirge, Musik, Theater.

Hager Wolfgang Dr. rer. nat. *)

Hager Wolfgang Günter

B.: Verleger, Redakteur. FN.: Taxi Magazin Die Fachzeitschrift f. d. Taxigewerbe. DA.: 12165 Berlin, Schlosstr. 56. taximagazin@bkb.betduscounter.de. G.: Rauschen, 1. Juli 1944. V.: Gisela, geb. Müller. Ki.: Karen (1967), Beatrix (1970). El.: Günter u. Charlotte, geb. Golimbeck. S.: 1958-61 Berufsausbild. z. Maschinenschlosser. K.: 1961-72 Kundendienstmonteur im Aufzugsbau, 1972-76 erstes eigenes Einzelunternehmen im Taxigewerbe, 1976-82 Mitarb. in einem Taxiunternehmen, 1982-88 Arbeitnehmer als Fahrlehrer, 1989-93 eigenes Taxiunternehmen u. gleichzeitig Schulungsltr. f. d. Taxiinnung, ab 1993 Gschf. d. Taxi-Magazin, seit 1994 Inh., Redakteur u.Verleger d. Taxi Magazin. BL.: 1990-93 Mitarb. am Aufbau v. Taxiinnung d. Neuen Bdl., ab 1991 ehrenamtl. am Sozialgericht Land Berlin. M.: 1967-87 FDP, 1983-85 Bez.-Verordneter in Neukölln (FDP), seit 1993 Mtgl. im Verb. d. Zeitschriftenverleger, ab 1982 Mtgl. im Verb. d. Fahrschullehrer, ab 1990 Grdg.-Mtgl. d. Initiative "Hauptstadt Berlin". H.: Garten, Reisen.

Hager Wolfgang Reinhard Architekt BDA

B.: Gschf. FN.: Koerber, Hager, Hage Planungs GmbH. DA.: 50858 Köln, Tiroler Weg 8. G.: Herford, 28. Aug. 1933. V.: Annelie, geb. Gerling. Ki.: Stephan, Nicole, Tanja, Tassilo. S.: 1951-54 Lehre Bauzeichner, 1954-57 Stud. Arch. Fachschule f. Gestaltung Bielefeld. K.: seit 1957 Mitarb. b. Arch. BDA Jürgen Koerber, später Mitinh. Koerber + Hager, Arch. BDA Köln u. seit 1997 Gschf. m. Schwerpunkt Geschäftshausbau, Wohnhäuser, Feriensiedlungen, Städtebau, Gastronomie. u. Gem.-Zentren. P.: Veröff. in Büchern u. Fachzeitschriften, Art. in IHK Köln. E.: div. Wettbewerbs-Preise. M.: Architektenkam., BDA, ehrenamtl. Richter am Finanzgericht Köln. H.: Naturwissenschaft, Medizin, Kunst, Skulpturen, Malerei, klass. Musik, Fotografie.

Häger Benno *)

Häger

Häger Claus Dipl.-Ing.
B.: öff. bestellter u. vereid. Sachv. f. Kfz. u. Landmaschinen, selbständig. DA.: 26121 Oldenburg, Ziegelhofstr. 124. claus.haeger@nwn.de. G.: Bremen, 17. Aug. 1933. V.: Ingeborg, geb. Kloss. Ki.: Axel (1961), Dipl.-Ing. Franz (1962). El.: Ludwig u. Gertrud, geb. Edler. S.: 1951-54 Lehre Kfz-Mechaniker Bremen, 1 J. Praktikum, 1955 Stud. Maschinenbau TH Bremen, 1958 Abschluß Dipl.-Ing. K.: 1958 Maschinenassistent auf See, 1958-67 Ing. in d. Firma Klöckner-Humboldt-Deutz in Nürnberg, seit 1967 freiberufl. Ing. m. Sachverständigenbüro in Oldenburg, seit 1968 öff. bestellter u. vereid. Kfz-Sachverständiger d. IHK Oldenburg. M.: VDI, Zulassungsausschuß d. IHK Oldenburg.

Hägerbäumer Axel *)

Hägermann Petra *)

Hagg Hans-Peter Dipl.-Kfm. *)

Hagge Marie-Louise *)

Hagl Robert

B.: BMW-Automobilfachhändler. FN.: boos + hagl gmbh. DA.: 85521 Ottobrunn, Alte Landstr. 3. robert.hagl@boos-hagl.de. www.boos-hagl.de. G.: Starnberg, 23. Apr. 1965. V.: Evelyn. Ki.: Janina (1996), Nico (1998). El.: Ludwig u. Gertraud. S.: 1980-83 Lehre als Kfz-Schlosser b. d. BMW-Firmenzentrale in München, 1985-86 Grundwehrdienst b. d. Bundeswehr, 1989 Meisterprüfung, 1992 Betriebswirt d. Handwerks. K.: 1999 Übernahme d. väterl. Betriebes als Firmenchef d. boos + hagl gmbh in Ottobrunn als Fachwerkstätte u. Verkauf v. BWM Fahrzeugen u. 2 BMW Kundencenter als BMW-Fachhändler in Ottobrunn u. Oberhaching m. d. eigenen Fachgebiet After Sales, Personalführung u. Kundendienst. P.: Münchner Merkur, Südostkurier, Süddeutsche Zeitung. H.: Sport, Jogging, Skifahren, Fitnessstudio.

Häglsperger Norbert *)

von Hagmann Alexander
B.: Gschf. FN.: Kurhaus Kleinzschachwitz GmbH & Co KG. DA.: 01259 Dresden, Berthold-Haupt-Str. 128 K. G.: München, 20. Apr. 1965. V.: Barbara. S.: 1985 Abitur, 1985-86 Bavaria-Hotelfachschule. K.: 1986-88 Restaurantfachmann in München, 1990-92 Hotelbw. an d. Hotelfachschule Bavaria in Altötting, 1990 tätig in Venedig Hotel Exelsior Lido v. Vedig, 1992-95 tätig in d. Firma Dallmayr in München, 1995-99 Organ.-Ltr. d. Sächs. Dampfschiffahrt in Dresden, seit 1999 Gschf. d. Kurhaus Kleinzschachwitz GmbH & Co KG in Dresden. H.: Wandern, Skifahren, Mountainbiking.

Hagmayer Anita *)

Hagmayer Fritz Peter *)

Hagmayer Inge Edeltraud *)

Hagn Alfred *)

Hagn Herbert Dr. rer. nat. Prof. *)

Hagn Ludwig *)

Hagnauer Christa
B.: selbst. Kauffrau, Inh. FN.: Wohnen & Mehr, im Gschenkerl. DA.: 94032 Passau, Kleine Klingerg. 12. PA.: 94036 Passau, Gionstr. 50. G.: Vilshofen, 25. Nov. 1953. V.: Hans Hagnauer. Ki.: Johannes (1984), Kristin (1988). El.: Alfons u. Else Gerstl. S.: Realschule, Mittlere Reife, Ausbild. z. staatl. anerkannten Erzieherin. K.: 1974-83 Erzieherin, 1982 Aufbau eines Großhdls. f. bes. handgefertigte Geschenke, 1984 Eröff. d. 1. Einzelhdls. "Gschenkerl", 1992 Eröff. einer Filiale "Gschenkerl", 1998 Zusammenlegung d. beiden Geschäfte, neue Firmierung: Wohnen & Mehr, im Geschenkerl. BL.: Vorstellung d. Unternehmens in ZDF Sendung "Wintergarten. M.: Kinderschutzbund, City Marketing, Passau, Vorst.-Mtgl. H.: Lesen.

Hagner Albert *)

Hägner Sabine A. *)

Häher Alexandra *)

Hahl Patricia *)

Hahlbeck Alexander *)

Hahlbrock Michael Dr. med. *)

Hahlbrock Peter *)

Hähle Thomas *)

Hahlhege Reinhold Dr. *)

Hahlweg Dieter *)

Hahm Dietmar Dipl.-Ing.

B.: Sales Manager. FN.: T-Systems Nova GmbH. PA.: 03055 Cottbus, Wohnpark 120. dhahm@t-online.de. G.: Kackrow, 21. Juni 1955. V.: Ines, geb. Nowack. Ki.: Mandy (1974), Torsten (1978). S.: 1972-75 Ausbild. Facharb. f. Informationsverarb. m. Abitur, 1975-77 Wehrdienst, 1977-83 Stud. Informatik FHS Görlitz m. Abschluß Ing. K.: 1983-84 Abt.-Ltr. in einem Datenverarb.-Zentrum, 1984-90 Abt.-Ltr. f. EDV im Energiekombinat Cottbus, 1985-86 Stud. an d. HS f Ökonomie in Berlin, seit 1990 EDV-Spezialist in d. Firma EDS, 1990-92 Aufbau d. EDS-Ndlg. in Cottbus, 1992-95 Sales-Manager im öff. Bereich f. Deutschland, 1995 Entwicklung v. EDV-Projekten f. f. kommunalen Bereich in d. Ndlg. Cottbus. P.: Veröff. in Fachzeitschriften z. Thema Change-Management im öff. Bereich. H.: Reiten, Radfahren, Motorradfahren.

Hahmann Heinz Dr. Prof. *)

Hahn Alexander *)

Hahn André Dr. rer. soc. *)

Hahn Andrea *)

---

*) Biographie www.whoiswho-verlag.ch oder beigefügte CD-ROM

Hahn Armin *)

Hahn Artur *)

Hahn Bernd Dr.

B.: Facharzt f. Chirurgie. DA.: 08280 Aue, Luxemburgstr. 19. PA.: 08321 Zschorlau, Fischerg. 5. G.: Johanngeorgenstadt, 1. Sep. 1941. V.: Siglinde, geb. Lenk. Ki.: Antje (1968), Tino (1970). S.: 1960-62 Med.-Stud. Olomouc, 1962-65 Stud. Magdeburg, Staatsexamen. K.: 1965-66 Ass., 1966-67 prakt. Arzt in Zwönitz, 1967-71 FA-Ausbild. f. Chir., 1971-72 FA in Aue, 1972-78 OA f. Chir. in Poliklinik, 1978-80 Sportmed., 1980 Prom., 1980-91 Ltr. d. Onkologie in d. Poliklinik Aue, seit 1991 freie Ndlg. als Chir. u. D-Arzt. M.: Sächs. Berufsverb. d. Chir., Schützenver. H.: Schießsport.

Hahn Bernd-Udo *)

Hahn Carl Horst Dr. rer. pol. *)

Hahn Carmen

B.: Inh. FN.: INTEGRA Immobilien. DA.: 22587 Hamburg, Mühlenberg 60. G.: Lethmathe, 25. Mai 1950. V.: Manfred. El.: Wilhelm u. Olga Gerke. S.: 1964-68 kfm. Lehre. K.: 1968-81 Reynolds Aluminium Werke GmbH/Westf., 1981 Eröffng. e. Hotels im Hamburg "Haus Hohenfelde", 1989 Verk.d. Hotels, Umstieg z. Immobilienbranche, zun. freiber., 1992 Grdg. d. Fa. INTEGRA Immobilien. H.: Musik, Kunst, Sport, Natur. (K.H.)

Hahn Christiane Hildegard Dipl.-Ing.

B.: öffentl. bestellte u. vereidigte Sachv. f. Brandschutz, Gschf. Ges. FN.: HAHN Consult, Ingenieurgesellschaft f. Tragwerksplanung u. baulichen Brandschutz mbH. DA.: 22301 Hamburg, Maria-Louisen-Str. 35A; 38104 Braunschweig, Am Papenholz 18. HAHN-Consult-BS@t-online.de. G.: Hamburg, 25. Sep. 1952. V.: Dipl.-Ing. Rolf Hahn. BV.: Eltern u. Großväter Bauunternehmer bzw. Holzleimbaubetrieb. S.: 1972 Abitur Hamburg, 1972 3/4 J. in Seattle/USA, 1972-79 Stud. Bauingenieurwesen TU Braunschweig. K.: 1979-96 tätig in d. Amtl. Materialprüfanstalt f. d. Bauwesen d. TU Braunschweig in d. Abt. Brandschutz, 1989-96 stellv. Abteilungsleiterin, ab 1996 selbständig HAHN Consult in Hamburg u. Braunschweig, ö.b.u.v. Sachv. f. Brandschutz d. Ingenieurkammer Niedersachsen, staatl. anerkannte Sachv. f. d. Prüfung d. Brandschutzes NRW. P.: div. Veröff. in Fachzeitschriften u. Büchern im In- u. Ausland. M.: Ingenieurkammer Niedersachsen, VBI Verein Beratender Ingenieure, DIN Dt. Inst. f. Normung, div. Normungsausschüsse Brandschutz - Mauerwerksbaus, Dt. Delegierte f. europ. Brandschutznormen, Vors. d. Eurocodes 6-1-2 Brandschutztechnische Bemessung von Mauerwerk, Sachv. im Ausschuss Wandbauelemente d. DIBt Dt. Inst. f. Bautechnik Berlin. H.: Skifahren, Wandern, Golf.

Hahn Christine *)

Hahn Cornelia Ing.

B.: Ing. f. Holztechnik u. Rohholzverarb., Gschf. FN.: Wasserbettenstudio - Steglitzer Kreisel GmbH. DA.: 12163 Berlin, Düppelstr. 41. G.: Hasselfeld, 9. Apr. 1960. Ki.: Matthias (1979), Stephan (1983), Beatrice (1989). El.: Herbert u. Else Schwarm. S.: 1976 Mittlere Reife Tangermünde, 1976-78 Lehre - Facharb. f. Anlagentechnik in Leipzig. K.: 1978-79 Technologe in Leipzig, Fernstud. - Ing. f. Holzverarb. u. Holztechnik, 1984 Fachschuling. f. Holzverarb. u. Holztechnik an FH in Leipzig, Magdeburg, Berlin u. Dresden, Übersiedlung nach Beeskow - Erziehungsurlaub f. d. ersten Kinder, 1984-8 Abt.-Ltr. f. Sozialpolitik b. FDGB Kreisvorst. in Beeskow, 1992-96 Aufbau eines soz. Frauenprojekts, NLP-Ausbild., Personalchefin u. Lebensberaterin, 1996-98 parallel z. Arb. im o.g. Sozialprojekt tätig als Verkäuferin b. "Waltersdorfer Wasserbetten", seit 1998 Gschf. Wasserbettenstudio Steglitzer Kreisel GmbH. M.: Interessenverb. Wasserbetten, Demokrat. Frauenbund e.V. H.: Singen, Sport, Aerobic.

Hahn Dieter Dr.

B.: stellv. Vors. d. Gschf. FN.: KirchHolding GmbH & Co KG. GT.: AR-Vors. d. KirchPayTV, d. ProSiebenSat.1 Media AG u. d. Kirch New Media AG, AR-Mtgl. d. DSF u. v. Telecinco. DA.: 85737 Ismaning, Robert-Bürkle-Str. 2. www.tauweb.kirchgruppe.de/neu/de/pub/kirchholding/unternehmen/management.htm. G.: 1961. S.: Ausbildung b. d. Dresdner Bank, Stud. Jura. K.: 1990 Trainee b. Axel Springer Verlag in Hamburg u. Madrid, 1990-91 Vertriebsleiter d. Zeitschrift Claro in Madrid, 1991-92 stellv. Verlagsleiter d. Zeitschrift Super in Berlin, 1993-96 Gschf. d. DSF Sportfernsehen Deutschld. d. Kirch-Gruppe, 1997 Berufung in d. Gschf. der KirchGruppe, zuerst zunächst f. Kommunikation u. Sportrechte, jetziger stellv. Vors. d. Gschf. verantwortlich f. d. Bereiche Unternehmensplanung, Kommunikation, Multimedia u. d. Unternehmen KirchPayTV GmbH & Co KGaA.(Re)

Hahn Dietrich *)

Hahn Ekkehard

B.: Schauspieler. FN.: Mecklenburger Staatstheater. DA.: 19053 Schwerin, Alter Garten. PA.: 19059 Schwerin, Richard-Wagner-Straße 40. G.: Naumburg, 3. Nov. 1934. V.: Erika, geb. Ewald. Ki.: Olaf (1964). El.: Paul u. Erna, geb. Rademacher. S.: 1954 Abitur, 1961 Staatsexamen Pauke, Schlagzeug, Gesang u. Schauspiel HS Franz Liszt Weimar. K.: seit 1962 Engagement am Staatstheater in Schwerin, im Rundfunk u. Fernsehen in d. Fächern Schauspiel, Operette, Musical, Kabarett u. Entertainment. P.: Art. in Tageszeitungen. E.: 1985 Fritz Reuter-Kunstpreis. M.: Gewerkschaft dt. Bühnendarsteller. H.: Kochen, Reisen, Musik, Theatervorstellungen wahrnehmen.

Hahn Eleonore

B.: Mechaniker, Inh. FN.: Blindenführhundschule Eleonore Hahn. DA.: 99092 Erfurt, Binderslebener Landstr. 205. G.: Mühlhausen/Thüringen, 27. Okt. 1955. V.: Lutz Hahn. S.: 1972 Mittl. Reife, 1972-75 Facharb.-Ausbild. Mechaniker Büromaschinenwerk Erfurt. K.: 1975-79 Tätigkeit im Beruf, 198 1-87 Kindererzieherin Kindergarten/-krippe Erfurt, 1993 Grdg. Blindenführhundschule gem. m. Ehemann, bisher ca. 55 ausgebildete Hunde u. Betreuung d. Menschen. H.: Tiere.

*) Biographie www.whoiswho-verlag.ch oder beigefügte CD-ROM

Hahn Elmar *)

Hahn Franz-Wilhelm *)

Hahn Friedel Ing. *)

Hahn Guido

B.: Unternehmer, Gschf. FN.: Internetagentur Geckoweb Stadtbranchen.de DA.: 46045 Oberhausen, Elsässer Straße 26. hahn@stadtbranchen.de. www.geckoweb.de. G.: Recklinghausen, 25. Juli 1969. V.: Christina, geb. Gödarz. BV.: Otto Hahn. S.: 1956-89 Lehre als Installateur Gas/Wasser. K.: 1984-92 Produktionsmitarbeiter, 1992-96 Bundeswehr SAZ4, 1996 Umschulung z. Bürokfm., 1997 Sicherheitsmitarb./Objektltr., 1998 Sicherheitsberater ÖPNV, Qualifikation nach Gewerbeordnung 34A, Grdg. Bürogemeinschaft anschl. Grdg. 2. Firma Internet u. Finanzdienstleistungen - Prüf. nach Gewerbeordnung 34C, Alleinvertretung versch. Wohnungsges., Internetagentur Geckoweb - Stadtbranchen.de. M.: SPD Oberhauen. H.: aktiver Hundesportler, Tennis.

Hahn Gunter Dr. med. *)

Hahn Hannes Hans Hinrich Dipl.-Vw.

B.: Solartechniker, Unternehmer, selbständig. FN.: Phönix Solar Zentrum Saarbrücken - Solarbüro Hannes Hahn und Marie-Louise Innocent. DA.: 66111 Saarbrücken, Dudweiler Str. 50. PA.: 66113 Saarbrücken, Im Bachwinkel 9. solar-zentrum@solarbuero-saar.de. www.solarbuero-saar.de. G.: Hannover, 12. Mai 1936. V.: Marie-Luise Innocent. Ki.: Nina (1966), Ben Tobias (1981), Anna Dorina (1985). El.: Ludwig u. Charlotte, geb. Steinhoff. S.: 1956 Abitur, 1956-58 Stud. an d. Phil. Fak. d. Univ. Hamburg u. Bonn, 1958-59 Stud. Psych. an d. Univ. Lyon, 1962-65 Stud. Wirtschaftswiss. an d. Univ. d. Saarlandes in Saarbrücken, Abschluss als Dipl.-Vw. K.: 1959-60 Ass. de Langue allemande in Laon, 1961-62 in einer Firma f. Tee-Import-Export in Hamburg, 1965-68 Ass. am Inst. f. Wirtschaftswiss. d. Univ. Saarbrücken, 1968-71 wiss. Mitarbeiter d. SPD-Landtagsfraktion in Saarbrücken, 1971-91 Doz. f. Wirtschafts- u. Sozialpolitik an d. Friedrich-Ebert-Stiftung, dort auch Personalratsvors., 1991-95 ehrenamtl. Sprecher d. Energiewende Saarland e.V., seit 1994 Ausbildung v. Solartechnikern an d. technisch-gewerblichen Berufsschule Sulzbach, seit 1995 selbständig durch Eröff. eines Beratungsbüros f. Solarenergie zusammen m. d. Ehefrau. BL.: polit. Bildungsarbeit an d. Friedrich-Ebert-Stiftung in Saarbrücken. M.: Eurosolar Bonn. H.: Schwarz-Weiß-Fotografie, Attaque-Gruppen-Aufbau.

Hahn Hans Georg Dr. rer. nat. habil. Prof. *)

Hahn Hans-Georg *)

Hahn Hans-Hening *)

Hahn Hans-Otto Dr. jur. h.c.

B.: Dir. im Diakon. Werk d. EKD Aktion "Brot f. d. Welt" 1966-99, Theologe. DA.: 70184 Stuttgart, Stafflenbergstr. 76. G.: Erbach/Odenwald, 18. Feb. 1936. El.: Otto u. Theodore, geb. Hagemann. S.: Abitur, Stud. d. Theol. in Marburg u. Heidelberg. K.: Pfarrer in d. Ev. Kirche v. Hessen-Nassau, Qualifizierung am Dt. Inst. f. Entwicklungspolitik in Berlin, 1966-99 Dir. im Diakon. Werk d. EKD, verantwortl. f. ökumen. Diakonie, Aktion "Brot f. d. Welt", zwischenkirchl. Hilfe u.a. P.: zahlr. Aufsätze z. Entwicklungspolitik sowie pastorale Predigten u. Andachten. E.: 1984 Verleihung d. jur. Ehrendoktorwürde durch d. Thiel-College Greenswill USA, 1988 BVK 1. Kl. M.: Mtgl. zahlr. intern. u. nat. Verb. H.: Wandern, Lesen. (E.M.)

Hahn Hans-Otto *)

Hahn Hansjoachim Dr. Prof. *)

Hahn Heinrich Hermann Ernst

B.: Gschf. FN.: Hotel Landhaus Hahn. DA.: 24211 Preetz, Am Berg 17. PA.: 23730 Pelzerhaken, Wiesenstr. 25. G.: Hameln, 26. März 1937. V.: Margryt, geb. Knifka. Ki.: Kerstin (1964). El.: Otto u. Marie. S.: 1954 Mittlere Reife, 1954-56 Lehre Zimmermann Hameln, 1956-64 Zeitsoldat. K.: 1965-72 ang. im Raiffeisen-Verb. als Ltr. d. Rechenzentrums in Hannover u. Bremen, 1972-78 Ltr. d. Rechenzentrums d. Klöckner Werke. 1979-84 Gschf. d. Datenverb.-Ges. Schleswig-Holstein in Kiel, 1981 Bau d. Hotels in Preetz u. seit 1984 Gschf. BL.: Entwicklung u. Ltg. d. modernen Rechenzentren in Deutschland. E.: 1962 "Der Orden d. Sturmflut" in Hamburg. M.: Lions Club Rothenburg. H.: Natur, Wandern, Reisen.

Hahn Heinz Dr.-Ing.

B.: Ind.-Manager, Vors.-Stellv., gschf. VPräs. FN.: IVECO. PA.: 7910 Neu-Ulm/Pfuhl, Ginsterweg 31. G.: Rüsselsheim, 13. Feb. 1929. S.: TH Darmstadt u. Karlsruhe. K.: 1961-69 Chefkonstrukteur d. Hanomag-Henschel Hannover, 1970-74 Vorst./Mitgl. d. Klöckner-Humboldt-Deutz AG Köln, 1975-81 Vorst.-Vors. d. Magirus Deutz AG Ulm, 1981-85 Executive VPräs. IVECO Turin, 1985-89 Deputy Chairman IVECO, seit 1989 i. R.

Hahn Heinz *)

Hahn Heinz *)

Hahn Helmut *)

Hahn Helmut

B.: Gschf. Ges. FN.: Car-Music-Shop Autoradio GmbH. DA.: 10555 Berlin, Alt-Moabit 74. G.: Berlin, 2. Sep. 1941. V.: Angelika, geb. Träbing. Ki.: Joe, Frank, Sabine. El.: Martin und Berta, geb. Schulze. S.: 1956-59 Lehre z. Kfz-Mechaniker. K.: 1959-60 Kfz-Mechaniker im elterl. Betrieb, 1961 Einbaumechaniker f. Autoradios Firma Poddig Berlin, 1968 Werkstattltr., 1971 Abt.-Leiter f. Verkauf, 1974 Autoradio Wolf Berlin als Verkaufsltr. und stellv. Gschf., 1977 Hinzunahme eines weiteren Betriebes, Autoradios u. Alarmanlagen, stellv.

*) Biographie www.whoiswho-verlag.ch oder beigefügte CD-ROM

Gschf., 1980 Übernahme dieses Geschäftes als Inh. (Gschf. Ges.) ausschließl. Autoradio-Verkauf u. Einbau, 1988 Erweiterung auf Autotelefone, 1995 Erweiterung auf Navigationssysteme. P.: versch. Art. in Fachzeitschriften. H.: 1977-98 Wassersport, Garten.

Hahn Horst Dr.-Ing. Prof.
B.: Prof. f. Entwerfen u. Ind.-bau, Architekt BDA. FN.: Fakultät Arch. d. Bauhaus-Univ. Weimar. DA.: 99423 Weimar, Bauhausstr. 7 b. horst.hahn@archit.uni-weimar.de. G.: Annaberg, 20. Juni 1937. V.: Uta, geb. Krause. Ki.: Kerstin (1967), Oliver (1970). El.: Martin u. Gerda. S.: 1955 Abitur, 1955-57 Lehre Maurer Aue, 1957-63 Stud. Arch. HS f. Arch. u. Bauwesen Weimar, 1963 Dipl.-Ing., 1968 Prom., 1970-71 Zusatzstudium am Moskauer Architektur-Inst., 1982 facultas docendi. K.: 1957 Maurer im VEB Bau (K) Aue, 1963 Mitarb. d. Abt. Bauvorbereitung im Industriebau d. VEB Bauunion Magdeburg, 1963-68 wiss. Ass. u. 1968-75 wiss. OAss. am Lehrstuhl f. Ind.-Bau an d. HS f. Arch. u. Bauw. Weimar, 1975-89 Gruppenltr., Haupting., amt. Hauptabt.-Ltr. u. Ltr. d. Bauvorbreitung f. d. Motorenwerk Barkas in Karl-Marx-Stadt im VEB Ratio-Projekt Berlin BT Weimar, 1989 Doz. an d. HS f. Arch. u. Bauwesen in Weimar, 1990-96 Prodekan, seit 1993 Univ.-Prof. f. Entwerfen u. Ind.-Bau. P.: Dipl., Prom., 8 Veröff. in Fachzeitschriften, Mitarb. versch. Forsch.-Vorhaben u. Studien u.a. zu Fragen d. natürl. Beleuchtung v. Ind.-Gebäuden, Umgestaltung v. Ind.-Gebäuden, Lebensmittelindustrie, "Modellprojektierung", Hrsg. v. über 20 HS-Heften, ca. 10 Ausstellungen über Studentenarbeiten, Fachvorträge im In- u. Ausland. M.: Arb.-Kreis Chefarchitekten d. Ind.-Baus d. DDR, 1976-89 BdA, seit 1991 BDA, seit 1990 Fakultätsrat, Konzil d. Bauhaus-Univ. Weimar. H.: Zeichnen, Wandern, Radfahren, Kultur u. Architektur D. u. anderer Länder.

Hahn Horst-Dieter

B.: RA. DA.: 10717 Berlin, Bundesallee 192. PA.: 13467 Berlin, Kurfürstenstr. 61. G.: Hindenburg, 24. Sep. 1943. V.: Maria, geb. Kohlmann. Ki.: Robert (1978). El.: Horst u. Gabriele, geb. von Wenczowsky. S.: 1963 Abitur Essen, 1963-68 Stud. Rechtswiss. Berlin u. Münster, 1968 1. u. 1972 2. Staatsexamen. K.: 1972 ang. RA, 1974 Juniorpartner, 1991-98 Seniorpartner, seit 1998 ndlg. RA, 2001 Grdg. einer Bürogemeinschaft m. Tätigkeitsschwerpunkt Verkehrsrecht. H.: Reisen, Golf.

Hahn Ilse Prof. *)

Hahn Ingolf Dipl.-Ing. Dipl.-Ökol.
B.: Landschaftsarchitekt. FN.: Ingolf Hahn-Büro f. Landschaftsplanung + angew. Ökologie. DA.: 45143 Essen, Fronhauser Str. 95. G.: Remscheid, 13. Jan. 1959. V.: Barbara, geb. Wortmann. Ki.: Joana (1995), Lorenz (1997). S.: 1977 Abitur, 1977-79 Bundeswehr, 1979-85 Stud. Landespflege GH Essen, 1965-91 Stud. Ökologie GH Essen. K.: s. 1985 ang. Mitarb. im Planungsbüro,s. 1988 Abt.-Ltr., s. 1992 selbst. m. Schwerpunkt Landschaftsplanung, Gewässerrenaturierung, ökolog. Gutachten u.a.m. P.: Veröff. in Tageszeitungen, Projektbeispiele in "Landschaftsarchitekten II (1998). M.: AKNW, BDLA, DVWK, BWK. H.: Wasserball, Wassersport.

Hahn Jochen Dr. *)

Hahn Johannes

B.: Rehatechniker, Geschäftstr. FN.: Sanitätshaus Münch und Hahn. DA.: 47249 Duisburg, Großbaumer Allee 250. info@ muench-hahn.de. www. muench-hahn.de. G.: Duisburg, 29. Jan. 1954. El.: Hans u. Bernardine, geb. Hofer. BV.: Familie ist holländ. Adelsabstammung. S.: 1969-72 Lehre als Kfz-Mechaniker, 1972-74 Kfz-Mechaniker, 1974-76 Bundeswehr, 1976-82 Motorenschlosser, 1982-84 Ausbild. z. Maschinenbautechniker. K.: 1984-87 Montagetätigkeiten im Ausland im Bereich Maschinenbau, seit 1984 Rehatechniker. P.: "Kraftmaschinen auf hydraulischer Basis" (1984). E.: dreimaliger dt. Judomeister. M.: GTS, CDU, Gardetänzer im Karnevalsver. H.: Sport, Judo, Shutfighting, Gardetanz.

Hahn Jörg Dr. phil.

B.: Gschf. Vorst.-Mtgl. FN.: RegioConsult Nürnberg e.V. DA.: 91052 Erlangen, Michael-Vogel-Str. 3. G.: Senzig, 18. Dez. 1954. V.: Alexandra, geb. Eck. Ki.: 2 Töchter. El.: OIng. Rolf u. Gertrud, geb. Zachoh. S.: 1974 Abitur Erlangen, 1974-75 Bundeswehr Roth b. Nürnberg, 1978-82 Stud. Politik- u. Wirtschaftswiss. an d. Friedrich-Alexander-Univ. Erlangen-Nürnberg. K.: 1983-86 wiss. Mitarb. an d. FU Erlangen-Nürnberg, Prom. z. Dr. phil., 1986-90 persönl. Referent d. OBgm. d. Stadt Erlangen, 1990-98 Ltr. d. Presse- u. Öff.-Arb. in d. Region Nürnberg d. Siemens AG, seit 1999 Vorst.-Vors. TowerBridgeNetwork AG, seit 1996 Gschf. Vorst.-Mtgl. d. Region Nürnberg e.V. BL.: seit 1999 Moderator d. FS-Sendung "Starke Köpfe" im Frankenfernsehen, Erlangen. F.: Inh. REGIOCONSULT Michael-Vogel-Str. 3, 91052 Erlangen Kommunikations- u. Unternehmensberatung. M.: Bayer. Journalistenverb. H.: Kunst, Antiquitäten, Sport (Wandern, Sportklettern, Mountainbiking).

Hahn Karl Dr. phil. Prof. *)

Hahn Karl-Heinz *)

Hahn Klaus Dr. med. Prof. *)

Hahn Klaus *)

Hahn Klaus-Peter *)

Hahn Manfred Dr. rer. nat. *)

Hahn Manfred *)

Hahn Manfred J. Dipl.-Ing.
B.: freier Architekt. DA.: 29525 Uelzen, Doktorstr. 4. j. hahn@t-online.de. G.: Niersbach, 7. März 151. El.: Ing. Erich u. Helene, geb. Erdmann. S.: 1964-67 Lehre Bauzeichner Idar-Oberstein, b. 1968 Berufsaufbauschule Bad Kreuznach, 1969-73 Stud. Bauing. spez. Arch. u. Städtebau an d. FH

*) Biographie www.whoiswho-verlag.ch oder beigefügte CD-ROM

Hahn

Mainz, b. 1974 Bundeswehr, 1975-78 Stud. Arch. u. Innenarch. TU Berlin, 1978 Bild.-Aufenthalt USA. K.: 1978-80 Projektltr. f. Ind.-Bau im Büro Heinrichs & Partner in Berlin, seit 1980 selbst. m. Arch.-Büro in Berlin, 1981 Eröff. d. 2. Büros in Uelzen. M.: gschf. Vorst.-Mtgl. d. Haus- u. Grundeigentümerver. Uelzen, BDB, Architektenkam. Niedersachsen, Golfclub an der Göhrde. H.: Golf, Radfahren, Angeln, Natur, Reisen.

Hahn Markus
B.: Unternehmer, Inh. FN.: Markus Hahn Film-Entertainment. DA.: 10829 Berlin, Kolonnenstr. 13. hahnfilme@aol.com. www.members.aol.com. G.: Göttscheid/Idar-Oberstein, 20. Juni 1967. S.: 1988-89 Gesangsunterricht b. Björn Waag, 1989-91 priv. Schauspielunterricht b. Jörg Holtenbrink in Bremen. K.: 1993-99 Ltg. u. Regie Germanistische Theatergrupe Univ. Trier, seit 1995 selbst. m. d. Firma Markus Hahn Film-Entertainment, 1995 Drehbuch, Regieass., Schnitt, Titelsong f. "Unterwegs", Drehbuch f. "Max Kalter - Das letzte Geheimnis", Drehbuch, Schnitt f. "Aber Hallo", Drehbuch, Kamera, Schnitt f. "Kirche in Bewegung", 1996 Drehbuch, Kamera, Schnitt f. "Vip 96 in Wien", Drehbuch, Regie, Kamera, Schnitt, Musik f. "Male Parta", Kamera/Regie d. Realaufnahmen, Schnitt f. "Fantastic Trier", Drehbuch, Schnitt, Musik f. "Im Ganzen anmutig ...", 1997 Drehbuch, Regie, Kamera, Schnitt, Musik f. "Thomas u. d. Taufe", Drehbuch, Regie, Kamera, Schnitt f. "Alles Gute! Das Ev. Elisabeth-KH Trier", 1998 Drehbuch, Regie, Kamera, Schnitt, Musik f. Filme "Im Dienst ihrer Gesundheit - KH Donauwörth", "Die Klinik Löwenstein", "Kirchenkreis Trier", "Frau Winter", Organ. f. "Der junge Karl Marx in Trier", Drehbuch f. "Tag d. Schuldlosen", 1999 Video-Operator f. d. Spots "Open Your Eyes", "Berlin f. alle", Produktions-Sekr. "Babelsberg-Film GmbH", Drehbuch, Regie, Kamera, Schnitt, Musik f. d. Filme "Die Konstantin-Basilika", "Im Mittelpunkt: d. Mensch - d. KH Wesel", "Das KH München-Pasing", Produktion, Regie, Schnitt f. "Dream Up", Animation, Drehbuch, Regie, Schnitt, Musik f. "Ducal", Regie, Kamera, Schnitt f. "König Griesgram", "Christian Bilger - Werkschau", "Volkhard Kempter - Kunstflur", "Medialer Garten - A Work in Progress", 2000 Kamera "EXPO 2000", Regie, Kamera, Schnitt f. "Show-Produktion", "Haus Kiek in d. Busch", Kamera, Schnitt f. "Pyro Space Ballet", "Alice in Wonderwhy", Schnitt f. "ArtLab Studios CD-ROM", Bearb., Regie f. "Blow up - The Opening", Text, Regie, Realisation f. "Gromka Knautiki oder Die gr. Reise", 2000-2001 Bearb. u. Regie f. "Kabale & Liebe" Off-Theater in Berlin, 2001 Regie, Kamera, Drehbuch, Schnitt f. d. "DRK Kliniken Mark Brandenburg", "Alles Gute!", "Eurasia Sprachen-Institut", "Helios-Klinik St. Joseph", "Stadtkrankenhaus Worms", "Opening Vitra Design A-POC Issey Miyake Dai Fujiwara".

Hahn Marlies *)

Hahn Matthias
B.: Bankkfm., Profi-Handballer, Nationalteam-Spieler. FN.: c/o SG Flensburg-Handewitt. DA.: 24941 Flensburg, Rudolf-Diesel-Str. 1. G.: Warnemünde, 10. Jan. 1965. K.: 111 Länderspiele, 249 Länderspieltore, 1990 Länderspiel-Debüt gegen UdSSR in Kiel, Stationen: SC Empor Rostock, SG Hameln, seit 1994 SG Flensburg-Handewitt, sportl. Erfolge: 1986 u. 1987 DDR-Meister, 1985-89 DDR-Pokalsieger m. SC Empor Rostock, 1997 EHF-Cup-Sieger, 1999 City-Cup-Sieger m. SG Flensburg-Handewitt. H.: Segeln, Angeln.

Hahn Michael Dr. Prof.
B.: Prof. FN.: Univ. Marburg FG Indologie. DA.: 35032 Marburg, Wilhelm Röpke-Str. 2. PA.: 53287 Amöneburg, Ritterstr. 14. G.: 7. Mai 1941. V.: Dr. Mitsuyo Demoto-Hahn. Ki.: Marek (1. Ehe), Ayumi (2. Ehe). El.: Hans-Florian u. Edith. S.: 1960-67 Stud. an d. Univ. Göttingen, Marburg u. Bonn, 1967 Prom. K.: 1972 Habil., 1973 Priv.Doz. Bonn, 1974 apl. Prof. Bonn, 1982 Prof. Bonn, 1988 Prof. Marburg; Verleger "Indica et Tibetica Verlag". P.: 15 Bücher, 80 Aufsätze. M.: Dt. Morgenländ. Ges., Indogaku Bukkyogakkai. H.: klass. Musik, Klavierspielen.

Hahn Michael Martin Dipl.-Ing. *)

Hahn Michael Paul Dr. Priv.-Doz. *)

Hahn Norbert Dr.
B.: Dir. FN.: Arbeitsamt Lübeck. DA.: 23560 Lübeck, Hans-Böckler-Str. 1. luebeck@arbeitsamt.de. Ki.: Christoph (1966), Katharina (1968), Ulrich (1970). S.: 1958 Abitur Berlin, 1958-63 Stud. Wirtschaftswiss. an d. FU Berlin. K.: 1963-66 Doz. an d. FH f. Ges. u. Politik, Wirtschaftsprüfer, 1966 Prom. z. Dr. rer. pol., 1966 Bundesanst. f. Arb. in Nürnberg, 1967-71 Abt.-Ltr. u. stellv. Dir. d. Arbeitsamtes Göttingen, 1971-76 Belgrad, Amt f. jugoslaw. Arbeitskräfte, seit 1976 Dir. d. Arbeitsamtes Lübeck, 2000-2001 Arbeitsmin. Montenegro: berufl. Erwachsenenbild., Planung v. Bild.-Maßnahmen f. d. Tourismus, Optimierung d. Verfahrensabläufe. P.: 1993 im Handbuch f. Arbeits- u. Sozialrecht. M.: versch. Lübecker Ver. u. Organ. H.: Fahrradfahren, Schwimmen.

Hahn Olaf P. *)

Hahn Oliver

B.: Gestalter, Künstler, Gschf. FN.: Hahn Images Agentur f. Kommunikation GmbH. DA.: 10827 Berlin, Albertstraße 12. PA.: 14193 Berlin, Seebergsteig 6. oliver.hahn@hahn-images.de. www.hahn-images.de. G.: Berlin, 12. März 1964. V.: Dipl.-Psych. Barbara Kabot. El.: Günter u. Ursula. S.: Schulfarm Insel Scharfenberg, 1984 Spanienaufenthalt, Beginn d. künstler. Betätigung, vorwiegend im Bereich figürl. Malerei. K.: 1985 ang. Maler u. Siebdrucker, ab 1987 Ausstellungsdesign z.B. "Film - Stadt - Kino - Berlin" (1987), "Cités Cine" (1988), "Industriegebiet der Intelligenz" (1988), 1990 Aufbau d. Galerie "Treppenhaus" Berlin, 1992 Weiterbild. z. Computergrafikfachmann, 1993-94 Werbegrafiker, 1995 Grdg. Hahn Images. E.: als Gewinner eines eingeladenen Wettbewerbs Entwicklung u. Ausführung d. kinetischen durch Windkraft betriebenen Edelstahlplastik "Drei Grazien". M.: Lotus-Club. H.: schöne alte Autos, Radfahren.

Hahn Oswald Dr. rer. pol. Dr. rer. soc. oec. h.c. (Kuopio) Univ.-Prof. *)

Hahn Peter Dr. phil
B.: Direktor. FN.: Bauhaus-Archiv, Museum f. Gestaltung. DA.: 10785 Berlin, Klingelhöfstr. 14. G.: Berlin, 16. Juli 1938. Ki.: Kathrin, Moritz. S.: 1958 Abitur Stuttgart, 1968 Prom. Berlin. K.: bis 1971 freischaffend, 1971 Bauhaus-Archiv Darmstadt, seit 1972 Berlin - wiss. Mitarbeiter, 1984 kommissarischer Ltr., seit 1985 Dir. P.: Herausgeber v. Ausstellungskatalogen des Bauhaus-Archiv z.B.: Kandinsky "Russische Zeit, Bauhausjahre 1915-32", 1984: "Bauhaus Berlin", 1988 "Experiment Bauhaus", 1988 "New Bauhaus" 50 Jahre Bauhausnachfolge Chicago. M.: Deutscher Werkbund, Wissenschaftlicher Beirat des IDZ Berlin, Kuratorium d. Hochschule f. Architektur u. Bauwesen Weimar. H.: Bergsteigen.

---

*) Biographie www.whoiswho-verlag.ch oder beigefügte CD-ROM

Hahn Peter
B.: Büchsenbacher, selbständig. FN.: Schafhausen - Nachfolger - Jagdausrüster. GT.: 2. Vors. v. KKS Machtsum. DA.: 31134 Hildesheim, Kurzer Hagen 21. www.alljagd.de. G.: Egenstedt, 20. März 1949. V.: Lydia, geb. Dammeyer. Ki.: Volker (1976). El.: Felix u. Edith, geb. Reisner. S.: 1964-68 Lehre z. Büchsenmacher b. d. Firma Schafhausen in Hildesheim, 1968-72 Bundeswehr. K.: 1972-2000 tätig als Büchsenmacher b. d. Firma Schafhausen in Hildesheim, 2000 Übernahme d. 1902 gegründeten Firma in Hildesheim. E.: mehrmals Junioren-Landesmeister im Kleinkaliberschießen - liegend (1968, 1969 u. 1970), mehrmals Schützenkönig v. Machtsum. M.: KKS Machtsum, Kreisjägerschaft Hildesheim. H.: Jagd, d. Enkelkinder.

Hahn Peter *)

Hahn Petra Dipl.-Ing.
B.: Architektin, Inh. FN.: Eckardt & Hahn Architekten BDA. DA.: 61289 Darmstadt, Rhönring 113. G.: Gießen, 29. Juli 1958. V.: Prof. Dr. Hartmut Eckardt. El.: Reinhold u. Marlies Hahn, geb. Disch. S.: 1977 Abitur, b. 1980 Stud. Wirtschaftsinformatik TU Darmstadt, 1980-84 Arch.-Stud., Dipl.-Ing. Architekt. K.: 1984-87 freie Mitarb. in versch. Arch.-Büros,ab 1987 eigenes Büro m. Ehemann u. Partner Dr. Eckardt, Schwerpunkte: Wohnungsbau, Ind.-Bau, Wettbewerbe, seit 1994 Lehrauftrag a. d. FH Darmstadt. E.: 1998 Josef Maria Olbrecht Plakette, 1990 Staatspreis Rheinland/Pfalz, 1989 LBS-Preis, 1992 Wettbewerbserfolg Spreebogen Berlin. M.: seit 1990 BDA. H.: Golf, Musik, Kunst.

Hahn Richard *)

Hahn Roland Dr. Prof. *)

Hahn Rolf E. *)

Hahn Rudi H. *)

Hahn Rudolf Dr. med. vet. Dr. h.c.
B.: Fachtierarzt f. Zuchthygiene u. Besamung, ltd. Dir. a.D. d. Besamungsvereins/Aisch e.V. PA.: 91413 Neustadt/Aisch, Bei den Sommerkellern 3. G.: Frankfurt/Main, 16. Dez. 1933. S.: 1952 Abitur Neustadt/Aisch, 1952-57 Stud. Veterinärmed. an d. Veterinärmed. Fak. d. LMU München, 1957 Prom. d. Dr. med. vet. K.: 1957-58 Veterinärpraktikant b. Besamungsverein Neustadt/Aisch e.V. u. in d. Tierärztl. Praxis d. praktizierenden Tierarztes Dr. Eibl Neustadt/Aisch, 1958 Approb. als Tierarzt, 1958 Anstellung als Stationstierarzt b. Besamungsverein Neustadt/Aisch e.V., 1963 Prüf. f. tierärztl. Staatsdienst, 1972 Fachtierarzt f. Zuchthygiene u. Besamung, 1973 ltd. Dir. f. d. fachtechn. Geschäftsbereich d. Besamungsvereins Neustadt/Aisch e.V. E.: Verdienstkreuz am Bande d. Verdienstordens d. BRD (1985), Dammann-Medaille d. Tierärztl. HS Hannover (1988), Dr. h.c. d. Aristoteles Univ. Thessaloniki (1993), ltd. Dir. d. Besamungsvereins Neustadt/Aisch e.V. (1996), Verdienstkreuz 1. Kl. d. Verdienstordens d. BRD (1996), Staatsmedaille in Silber d. Freistaates Bayern (1998), Richard Götze Medaille d. ADR (1998), Karl Eibl Medaille in Gold (1998), Ehrenring d. Fleckviehzuchtverbandes Inn- u. Hausruckviertels (1999), Ehrenmtgl. d. Mittelfränkischen Zuchtverbandes (1999), Köppe Nadel d. DGFZ (2000). M.: ADR Arge Dt. Rinderzüchter, Zentralverband Dt. Schweineproduzenten, DGfZ Dt. Ges. f. Züchtungskunde, Europäische Vereinigung f. Tierzucht, ABB Arge bAyer. Besamungsstationen d. Freistaates Bayern, VLB Verein Landbildung e.V., Dr. Dr. h.c. Karl Eibl Stiftung, Verband Bayer. Besamungstechniker.

Hahn Siegfried Dipl.-Ing. *)

Hahn Siegfried *)

Hahn Sigmund *)

Hahn Stefan *)

Hahn Stefan *)

Hahn Thomas Dr. *)

Hahn Torsten Dipl.-Phys.
B.: selbst. Schulltr. FN.: Die Lernlokomotive. DA.: 29410 Salzwedel, Neutorstr. 20. G.: Hannover, 26. Jan. 1963. El.: Gerhard u. Ursula, geb. Berner. S.: 1982 Abitur Hannover, b. 1983 Wehrdienst b. d. Bundeswehr, b. 1991 Physikstud. an d. Univ. Hannover. K.: seit 1991 selbst. Nachhilfeunterricht in Hannover, 1994 Umzug nach Salzwedel u. seither selbst. Schulleiter. M.: ASS e.V. H.: Modellbahn, Rockmusik.

Hahn Udo
B.: Pfarrer, OberkirchenR., Publizist, Autor. FN.: Vereinigte Ev.-Luth. Kirche Deutschlands (VELKD); Lutherisches Kirchenamt. DA.: 30177 Hannover, Richard-Wagner-Str. 26. hahn@velkd.de. G.: Lauf/Pegnitz, 9. Mai 1962. V.: Sabine, geb. Rüdiger. El.: Christian u. Monika. S.: 1982 Abitur Lauf/Pegnitz, 1982-89 Stud. Ev. Theol. in Erlangen, Neuendettelsau u. München, 1989 1. Theol. Examen in d. Ev.-Luth. Kirche in Bayern, 1995-97 Gastvikar in d. Ev. Kirche im Rheinland, 1997 2. Theol. Examen in d. Ev. Kirche im Rheinland, 1997-98 Pfarrer z.A., persönl. Referent v. Bischof Dr. Hartmut Löwe, Mod. d. Rates d. Ev. Kirche in Deutschland b. BRD u. d. EG, 1998 Ordination z. Pfarrer d. Ev.-Luth. Kirche in Bayern. K.: freie Mitarb. b. epd, dpa, KNA, idea, b. DeutschlandRadio, b. Dt. Welle, b. Bayer. Rundfunk sowie b. d. Nürnberger Zeitung,1986-89 Redakteur "Ev. Sonntagsblatt aus Bayern", 1989 Ökumen. Rat d. Kirchen/ Kommuniktionsabt., 1989-99 Ressortltr. "Christ u. Welt/Ev. Kirche" "Rhein. Merkur" Bonn, seit 1999 OberkirchenR., Pressesprecher u. Referent v. Öff.-Arb. Vereinigte Ev.-Luth. Kirche Deutschlands (VELKD) u. Dt. Nationalkomitee d. Luth. Weltbundes (DNK/LWB) Hannover. P.: zahlr. Publ. in Fachzeitschriften, Buchbeiträge u. Monographien, u.a. Autor: Sinn suchen - Sinn finden. Was ist Logotherapie? (1994), Hrsg.: Annehmen u. frei bleiben. Landesbischof i.R. Johannes Hempel im Gespräch m. Udo Hahn (1996), Zeitzeichen 2000. Herausforderungen f. Religion u. Gesellschaft (1999), Protestantismus - wohin? 10 J. wiedervereinigte Ev. Kirche in Deutschland. Bilanz. Ausblick (2001). E.: 1995 Martin-Luther-Med. in Gold. M.: Vors. d. Ev. Buchhilfe e.V., stellv. Vors. d. Luther-Medien-Ges. e.V., Johanniterorden, Rotary Club.

Hahn Ulrich *)

Hahn Ulrich Michael Dr.-Ing. *)

Hahn Werner Ing. *)

Hahn Werner Dr. med. et med. dent.
B.: Arzt u. Zahnarzt, Ltr. FN.: Heinrich-Hammer-Inst. d. Zahnärztekammer Kiel. DA.: 24106 Kiel, Westring 498. PA.: 24161 Kiel-Altenholz, Danzigerstr. 10. G.: Trier, 7. März 1912. V.: Gisela, geb. Martini. Ki.: Volker, Wiebke, Simone. El.: Justizrat Johann u. Elfriede. S.: Gymn., 1931 Abitur Univ., Stud. Med. u. Zahnmed., Facharzt f. Zahn-Mund-u. Kieferkrkh., 1934 ZA f. Oralchirurgie.Zahnarzt, 1936 Dr. med. dent., 1957 Dr. med. K.: 1944 Fachzahnarzt f. Kieferchir., 1955 Habil., 1961 apl. Prof., Münster, 1962 o. Prof. Kiel, 1965 o. Prof., 1962-80 Dir. d. chir. Abt. d. Klinik u. Poliklinik f. Zahn-Mund-Kiefer Univ. Kiel, em. 1980 u. Ltr. d. Heinrich-Hammer-Inst. d. Zahnärztle-Kammer Schleswig-Holstein Kiel (Fortbild.-Inst.). P.: Fachl. in Fachzeitschriften

---

*) Biographie www.whoiswho-verlag.ch oder beigefügte CD-ROM

u. Büchern. E.: Dekan d. med. Fak. d. Univ. Kiel 1969-70 u. 1975-77., Gold. Ehrennadel 1992, 1980 Gold. Ehrennadel Dt. Ges. f. Zahn-,Mund- u. Kiefer, EZ d. Bundesverb. Dt. Zahnärzte, in Gold 1987. M.: Grdg.-Mtgl. Akad. Praxis u. Wissensch., ArK. Forens. Odonto-Stomatologie, 1995 Ehrenmtgl. Dt. Ges. f. Zahn-, Mund- u. Kieferkrkh., Arb.-Gem. Kieferchir., Int. Ass. of. oralsurgeons, Fédération Dentaire Internat., merit award, Korresp. Mitgl. Dt. Ges. f. Rechtsmed., Vereinig. d. HS-Lehrer. H.: Segeln.

Hahn Werner F. *)

Hähn Helmut

B.: Kfz-Händler Alfa Romeo. FN.: Alfa Romeo Hähn. DA.: 68309 Mannheim, Koblenzer Str. 13. G.: Mannheim, 1. Aug. 1931. V.: Ilse, geb. Biereth. Ki.: Elke (1954). S.: 1947-48 Auto-Elektrik-Lehre, 1948-51 Kfz-Mechaniker-Lehre Mannheim. K.: 1951-52 Kfz-Mechaniker b. Islinger Mannheim, 1952-58 NSU u. Simca, 1958-62 Alfa Romeo Vertretung in Mannheim, Kfz-Meister, 1962 selbst. m. Alfa Romeo in Mannheim-Feudenheim, 1971 Umzug nach Mannheim-Käfertal. E.: Silb. Lorbeerblatt v. ADAC. M.: MHSTC Motorsportclub Mannheim/Heidelberg, AMC Ludwigshafen, ADAC, AvD, Vorst.-Mtgl. im Alfa Romeo Händlerbeirat v. Deutschland. H.: Autos, Werkstatt.

Hahn-Fehlau Christina *)

Hahn-Herse Gerhard Dipl.-Ing. Prof.

B.: o. Prof., Studiendekan. FN.: TU Dresden, Fak. Arch., Inst. f. Landschaftsarch. DA.: 01069 Dresden, Mommsenstr. 13. G.: Malente Gremsmühlen, 17. Dez. 1940. V.: Anneliese. Ki.: Gesa (1971), Felix (1977). S.: 1961 Abitur, 1965 Stud. Landespflege in Hannover. K.: 1974-79 Ass. an d. TU Berlin, 1980 Landesamt f. Umweltschutz RLP, 1990 Reg.-Dir.,Umwelt- u. Landschaftsplanung, UVP zu Proj. d. Straßenverk., d. Wasserbaus, Ferienzentren, usw., Proj. zur Förderung d. kommunalen Landschaftsplanung, 1993 Wechsel an d. TU Dresden, Landschaftsplanung als Beitrag zu Gesamtplanung u. Fachplanung, Konzeption u. Realisierung d. Forsch.-Projektes Kulturlandschaft sächs. Elbtal zwischen Pirna u. Riesa, Ostkontakte - gemeinsame Studien- u. Forschungsprojekte, Exkursionen, Dozenten- u. Studentenaustausch. M.: Bund, NABU. H.: Geschichte, spez. Franzosenzeit 1793-1815 im Rheingebiet, Geschichte d. Flusslandschaften.

Hahn-Lüschper Christel

B.: Gschf. einer SteuerberatungsGmbH, selbst. Steuerberaterin mit eigener Einzelpraxis. DA.: 45359 Essen, Teisselsberg 28. hahn-lueschper@t-online.de. G.: Essen, 30. März 1960. V.: Michael Lüschper. Ki.: Awner (1991), Aharon (1995). El.: Johannes u. Ludmilla Hahn. S.: 1975 Mittlere Reife Mülheim, 1975-78 Ausbild. z. Fachgehilfin in steuerberatenden u. wirtschaftsberatenden Berufen, Kurzform Steuerfachgehilfin, heute unbenannt auf Steuerfachangestellte. K.: 1978-93 Steuerfachang., Fortbild. z. Steuerfachass., u. Bilanzbuchalterin an d. Abendschule, 1991-93 Ausbild. z. Steuerberaterin, ab 1993 Angestellte Steuerberaterin, ab 1995 Selbst. Steuerberaterin u. Angestellte Steuerberaterin. M.: Mildred Scheel-Stiftung, Steuerberaterverband, Steiff Club. H.: Lesen, Reisen, Familie, Basteln, Handarbeiten.

Hähnchen Peter Dr. med.

B.: FA f. Frauenheilkunde u. Geburtshilfe in eigener Praxis. DA.: 40229 Düsseldorf, Vohwinkelallee 2a. G.: Berlin, 29. Nov. 1956. V.: Tonja, geb. von Mirbach. Ki.: Robert (1988), Philipp (1990), Charlotte (1992). S.: 1977 Abitur Neuss, 1977-83 Stud. Med. an d. Univ. in Düssseldorf, 1982 Prom., 1983 Staatsexamen. K.: FA-Ausbildung Johanna-Etienne-KH in Neuss, zuletzt als OA tätig, 1989 Eröff. d. eigenen Praxis, Schwerpunkt: Geburtshilfe/Hebammenpraxis.

Hahne Hans Berndt *)

Hahne Heinfried Dipl.-Ing. *)

Hahne Helmut Dipl.-Sozialpäd.

B.: Sozialpädagoge, Inhaber. FN.: Enoeteca Bacco u. Bacco. DA.: 10691 Berlin, Marheinekeplatz 15. PA.: 10967 Berlin, Grimmstr. 6. G.: Achtum, 3. Jän. 1967. V.: Dr. Beate. El.: Rudolf u. Anna, geb. Pagel. S.: Ausbild. Ind.-Kfm. Firma Blaupunkt Hildesheim, 1974 Fachabitur Hildesheim, 1974-78 Stud. Wirtschaft FHS Rosenheim, später Stud. Sozialwiss. FHS f. Sozialarb. u. Sozialpäd. Berlin m. Abschluß Sozialpädagoge, 1979 Praktikum Berlin. K.: 1980-82 Sozialpädagoge in einem Jugenddrogen-Projekt, danach Verwirklichung v. 2 Träumen - Hrsg. eines Gieichtbandes u. Besteigung d. Himalaya, 1983 tätig im Einzelhdl., 1983-85 Sozialarb. im Jugenddrogen-Projekt in Berlin, 1986-96 m. biolog. Feinkostgeschäft in Berlin, 1996 Eröff. d.Bacco Weinhdl. m. ökolog. Weinen, Spirituosen u. Accessoires, 1999 Eröff. d. Enoteca Bacco Restaurant im ital. Stil m. ökolog. Weinen u. Speisen aus ökolog. Herkuft, 2000 zusätzl. Weinseminare u. m. bes. Festlichkeiten im Kellergewölbe, Belieferung u. Gestaltung v. Weinkarten anderer Resstauants in Berlin. BL.: mit Weinen u. allen anderen Produkten aus ökolog. Anbau bietet Enoteca eine Alternative zu manipulierten Lebensmitteln seit 1996. P.: "Gegendichte - Lyrik u. Prosa" (1982), Gedichte im Sammelband, regelm. Lyrik im Stadtteilexpress. H.: Kochen, Sport, Fotografieren, Bildhauerei - Stahlskulpturen.

Hahne Joachim Dr. Ing. habil. Prof.

B.: Vorst.; Gschf.; Priv.-Doz. FN.: Inst. f. Sicherheitstechnik/Verkehrssicherheit; Ing.-Büro Hahne f. maritime Sicherheitstechnik; Berg. Univ. GHS Wuppertal. DA.: 18119 Warnemünde Friedrich-Barnewitz-Str. 3. G.: Rostock, 27. Apr.

---

*) Biographie www.whoiswho-verlag.ch oder beigefügte CD-ROM

1937. V.: Helga. Ki.: Dipl.-Ing. Ralf (1965), Birgit (1967), Jörg (1969). El.: Waldemar u. Meta. S.: 1954 Mittlere Reife, 1954-56 Lehre Dreher Neptun Werft, 1959 Abitur Abendschule u. glz. Umschulung Maschinenschlosser, 1959-65 Stud. d. Schiffsmaschinenbau Univ. Rostock m. Abschluss Dipl.-Ing., 1975 Prom. K.: 1965-75 Schiffsing. u. wiss. Mitarb. d. DSR Rostock, seit 1975 Ass. an d. Ing.-HS f. Seefahrt, 1977 Doz. f. Schiffssicherheit, 1980 Habil. 1982-92 Lehrstuhlltr., 1991 Grdg.-Mtgl. d. Inst. f. Sicherheitstechnik Verkehrssicherheit sowie Vorst. u. Ltr. d. Forsch., 1994 Grdg. d. Ing.-Büro m. Schwerpunkt Sicherheitstechnik im Seeverkehr. P.: versch. Lehrbücher, Lehrfilme, Multimediale Lehrbücher. E.: 1987 Seenotrettungsmed. in Gold. M.: Vorst. d. ISV e.V., 1991 STG Schiffbau Ges. e.V. H.: Familie, Fliegen, gute Bücher.

Hahne Norbert

B.: Malermeister. FN.: Hahne, Malerei. DA.: 14167 Berlin, Schottmüller Straße 52c. G.: Ennigloh/Herford, 11. Jan. 1953. V.: Marianne, geb. Treboutz. Ki.: Daniel (1978). El.: Fritz u. Helene, geb. Behrens. S.: 1965 Mittlere Reife Berlin, 1965 Ausbild. z. Maler u. Lackierer, 1980 Meisterprüf. K.: 1980-86 Außendienst b. Alligator Farbwerke, seit 1986 selbst. als Malermeister. H.: Motorradfahren (Harley Davidson), Computer, Internet.

Hahne Peter
B.: Dipl.-Theol., Journalist, Moderator d. v. Berlin direkt. FN.: ZDF. DA.: 10117 Berlin, Schadowstr. 6. G.: 9. Nov. 1952. S.: Abitur, Stud. Ev. Theol., Phil., Psych. u. Germanistik in Bielefeld, Heidelberg u. Tübingen, 1977 Examen. K.: 1975-85 Chefredakteur Politik Saarländ. Rundfunk, seit 1985 ZDF Aktuelles, seit 1984 Mtgl. d. EKD-Synode, seit 1991 Mtgl. d. Rates d. EKD, seit 1996 Kolumnist d. Bild am Sonntag u. div. TV-Zeitschriften, seit 1991 Moderator d. ZDF-Hauptnachrichtensendung heute Mainz, seit 04/1999 Moderation von Berlin direkt. E.: 1983 Kurt-Magnus-Preis d. ARD, 1994 Gold. Buch f. 2-Mio.-Auflage Frankfurter Buchmesse, 1995 Wilh.-Sebastian-Schmerl-Preis f. Publizistik. H.: Musik, Lesen, Wandern, Skifahren.

Hahne Reiner Dipl.-Ing.
B.: Architekt, Stadtplaner, öff. bestellter u. vereid. Sachv. d. IHK f. bebaute u. unbebaute Grundstücke, Sachv. f. Schäden an Gebäuden. DA.: 46149 Oberhausen, Holderstr. 27. G.: Dortmund, 12. Juli 1951. Ki.: Elke (1971). S.: 1971 Abitur Dortmund, 1971-79 Stud. Arch. u. Stadtplanung HS Dortmund. K.: 1975-79 ang. Architekt, 1980-91 Chefplaner d. Dortmunder Gemeinn. Wohnungsbauges., 1992-98 Techn. Ltr. u. Prok. GEWEBA Essen, seit 1999 Gschf. Bast-Bau Unternehmensbereich Technik. M.: IHK Aussch. Erkrath, Gutachterausch. d. Stadt Essen, AKNW NRW. H.: Alpinskifahren, Radfahren, Wandern.

Hahne Rolf

B.: Apotheker, Alleininh. FN.: Detmeroder Apotheke. DA.: 38444 Wolfsburg, Detmeroder Markt 9. G.: Wolfhagen, 30. Mai 1940. V.: Rosalinde, geb. Drewitz. Ki.: Katrin (1977), Matthias Rolf (1980), Andrea (1983), Thomas (1984), Stephanie (1988). El.: Otto u. Emilie, geb. Stöcker. S.: 1960 Abitur Wolfsburg, b. 1962 Praktikant in einer Wolfsburger Apotheke, Pharmazeut. Vorexamen b. d. Bez.-Reg. Lüneburg, 1962-65 Stud. d. Pharmazie an der Univ. Marburg, 1965 Staatsexamen, 1965/66 Kandidatenj. in einer Wolfsburger Apotheke, 1966 Approb. K.: b. 1966 ang. in Apotheke in Wolfsburg, 1967 Wehrpflicht b. d. Bundeswehr als Stabsapotheker, danach ang. in Apotheke in Wolfsburg, 1968 Eröff. d. Detmeroder Apotheke im Detmeroder Einkaufszentrum. M.: Reit- u. Fahrver. Vorsfelde u. Umgebung e.V. H.: Kunst, Musik, Theater, Reitsport.

Hähnel Frank *)

Hähnel Günter *)

Hähnel Helga *)

Hähnel Thomas *)

Hahnemann Gino
B.: Schriftsteller, Bühnenbildner, Aktionskünstler, Filmemacher. PA.: 13355 Berlin-Mitte, Bernauer Str. 106. ginohahnemann@web.de. G.: Jena, 24. Sep. 1946. S.: 1964 Abitur, 1964-69 Arch.-Stud. HS f. Arch. Weimar, 1969 Dipl.-Ing. K.: 1969-73 ang. Arch. in Berlin, seit 1974 freischaff., seit 1980 schriftstell. tätig, gleichzeitig Super-Acht- u. Videofilme, seit 1985 Bühnenbild f. Theater in Berlin, Brandenburg, Mecklenburg-Vorpommern, seit 1990 Stipendien Ak. Schloß Solitude, Senat v. Berlin, Stiftung Kulturfonds, Villa Massimo Rom/ Casa Baldi. P.: Allegorie gegen die vorschnelle Mehrheit (1991), Exogene Zerrinnerung (1994), Sizilien schweigt (1996), Das Verschwinden gekrümmter Flächen in einer Ebene (1997), Ausgang, Paradies (2001), ca. 80 Super-Acht- und Videofilme, zahlr. Beiträge in Literaturzeitschriften, Lesungen, Ausstellungen, Performances in DDR, Deutschland, Österr., NL u. USA.

Hahnemann Roland Dr. phil. *)

Hahnenfeld Rainer Dipl.-Ing. *)

Hahner Axel Dr.-Ing. Dipl.-Kfm. *)

Hahner Gabriele Dipl.-Kfm. *)

Hähner Kai Dipl.-Kfm.
B.: Geschäftsstellenltr. FN.: Kooperationsverbund IT-Dienstleister Südwestsachsen e.V. GT.: seit 1996 Mtgl. im Kreisvorst., Schatzmeister "Junge Union", 1997-99 Ortsvorst. "Jungen Union", Ortsverb. Mitte West in Chemnitz, seit 2001 stellv. Vors. "Junge Union", seit 2001 Schatzmeister d. Mittelstandsver. d. CDU, Kreisverb. Chemnitz. DA.: 09119 Chemnitz, Bernsdorfer Str. 210-212. www.kitd.de. G.: Karl-Marx-Stadt, 30. März 1937. El.: Andreas u. Birgit, geb. Hiller. BV.: schott. Adel (Schottki). S.: 1991 Abitur Chemnitz, 1991-

*) Biographie www.whoiswho-verlag.ch oder beigefügte CD-ROM

Hähner

97 Stud. Informatik u. BWL Spezialrichtung Finanzwirtschaft u. Marketing TU Chemnitz, 1997 Dipl.-Kfm., 1997-99 Zivildienst. K.: 1999 Geschäftsstellenleiter/Gschf. d. neu gegründeten Kooperationsverbund IT-Dienstleister Chemnitz e.V., 2001 Umwandung durch Erweiterung d. Ges. z. Kooperationsverbund IT-Dienstleister Südwestsachsen e.V. P.: Dipl. M.: b. 1995 Mtgl. d. DSU, ab 1995 Mtgl. d. CDU. H.: Politik, Astronomie, Naturwiss., Finanzwirtschaft, Börse.

Hähner-Springmühl Klaus *)

Hahnewald Falk *)

Hahnewald Rainer Dipl.-Ing. *)

Hahnisch Sylvia

B.: Dipl.-Päd., Autorin. FN.: T.H.E.O. Medien GmbH. DA.: 12435 Berlin, Lohmühlenstr. 65. G.: Berlin, 15. Apr. 1957. Ki.: Arndt-Christoph (1984). El.: Horst u. Helma Hahnisch. S.: 1975 Abitur Berlin, 1975-79 Stud. Päd., Dt., Engl. an d. Humboldt-Univ. Berlin, Dipl.-Päd. K.: 1979 -81 Forsch.-Studentin an d. HU Berlin - Germanistik, seit 1981 freischaff. Autorin als Rock- u. Pop-Texterin, 1986-90 Redakteurin d. Sendung Pop-Cafe b. DT 64, 1992 selbst. m. GbR - Dienstleistungsbüro f. Printmedien u. Hörfunk, 1994 GmbH-Grdg. - gemeinsam m. Stefan Lasch - Erfinden d. Figur "Theo Tintenklecks", Hörfunkserie f. Kinder, Produktionen v. Werbespots, CD's, Fernsehspots, PR-Aktionen. BL.: über d. Figur "Theo Tintenklecks" Organ. soz. Hilfsaktionen f. Kinder z.B. "Kinder Ferien schenken", "Eurocamp" m. Kindern aus b. zu 10 europ. Ländern, "Blaue Herzen" f. UNICEF. P.: Texte f. Rockhaus, Petra Zieger - gemeinsam m. Arnold Fritsch, 1992-97 TV-Kritikerin f. "Morgenpost". M.: Vorst.-Vors. "Events f. Kids" e.V., GEMA. H.: USA-Reisen.

Hähnle Gerhard *)

Hahnzog Klaus Dr. iur. *)

Haibach Gerd Dipl.-Ing. *)

Haibach Rudolf
B.: RA, Notar, Fachanw. f. Familienrecht. DA.: 35390 Gießen, Marktpl. 2. rahaiwolf@aol.com. www.haibachwohlfeil.de. G.: Gießen, 13. Mai 1951. V.: Dr. Ulrike, geb. Weller. Ki.: 2 Kinder. El.: Dr. Rudolf u. Dr. Helene, geb. Lade. S.: 1971 Abitur, 1971-72 Bundeswehr, 1972-76 Stud. Rechtswiss. Gießen u. Freiburg, 1977 1. Staatsexamen, 1977-80 Referendariat LG Gießen, 1980 2. Staatsexamen. K.: seit 1981 selbst. RA, Übernahme d. Kzl. d. Vaters in Gießen u. gemeisame Ltg. m. d. Gattin, 1991 Notar, seit 1996 Fachanw. f. Familienrecht; Funktionen: 1997 Grdg. d. Sylter-Kreis, 2001 Grdg. d. Quality-Network, Vorträge z. Thema Anw.-Management. P.: "Das neue Kindschaftsrecht in d. anwaltl. Praxis" (1998), "Trennung u. Scheidung" (2001), "Scheidungsratgeber" (2001), Veröff. zu Buch-Neuerscheinungen in Fachzeitschriften, lfd. Beiträge z. Familienrecht in Fachzeitschriften. E.: in d. Rating-Liste d. Zeitschrft Focus unter d. 100 besten Fachanw. f. Familienrecht in Deutschland. M.: Vorst.-Mtgl. d. gschf. Aussch. d. Arge Anw.-Management im DAV, Frankfurter Anw.-Ver., Colf Club Lich e.V. H.: Golf, Rennradfahren.

Haible Winfried Dr. jur. utr. *)

Haid Bernd Lothar *)

Haid Hans-Peter Dipl.-Ing. *)

Haid Toni Dr. med. Prof.

B.: Chefarzt f. HNO. FN.: EuromedClinic GmbH & Co KG. DA.: 90763 Fürth, Europa Allee 1. G.: Tegernsee, 14. Sep. 1943. V.: Uta-Maria, geb. Bittner. Ki.: Toni (1965), Grischa (1971). El.: Dr. Anton u. Mary, geb. Ohlson. BV.: Großvater Claus Ohlson - Firmengründer eines bekannten Versandhaus in Schweden. S.: 1963 Abitur Bad Reichenhall, 1965-71 Stud. Med. an der Univ. Erlangen, 1971 Prom. K.: Med.-Ass. an d. med. Klinik in Bad Reichenhall u. an d. chir. Klinik in Fürth, 1972 Approb., 1972 FA-Ausbild. f. HNO an d. Univ.-Klinik in Erlangen, 1977 FA-Prüf., 1978 OA, 1980 Habil., 1980 Privatdoz., 1986 apl.Prof. f. HNO-Heilkunde an d. Univ. Erlangen, seit 1995 Ltr. d. HNO an d. EuromedClinic Fürth. BL.: Entwicklung v. Operationsinstrumenten. P.: "Schwindel u. Gleichgewichtsstörungen" (1997), "Vestibularisprüf. u. Vestibuläre Erkrankungen" (1990), "HNO-Heilkunde f. d. Kinderarzt" (1993), "HNO-Heilkunde im Alter" (1993), "Equilibrium in Research & Equilibriometry & Modern Treatment" (2000), 5 Buchbeiträge, 12 wiss. Videofilme, 160 wiss. Publ., über 400 wiss. Vorträge. M.: seit 1974 Ges. f. HNO-Heilkunde, Kopf- u. Halschir., seit 1975 intern. Ges. f. Neurotologie u. Aequilibriometrie-seit 1992 Schatzmeister, seit 1981 gewähltes Mtgl. d. BARANY-Society, seit 1993 Ges. f. Dt. Schädelbasischir., Europ. Ges. f. Schädelbasischir., seit 1995 The intern. Tinnitus Journal, Grdg.-Mtgl. d. Fortbild.-Ak. f. Funkdiagnostik, FFK, Lionsclub Herzogenaurach. H.: Sprinter, Eishockey, Tennis.

Haidacher Wolfgang *)

Haider Bärbel *)

Haider Gerhard Dr. rer. nat. habil. Prof. *)

Haider Isabelle *)

Haider Syed G. Dr. rer. nat. *)

---

*) Biographie www.whoiswho-verlag.ch oder beigefügte CD-ROM

Haidinger Barbara
B.: Fachanwältin f. Familienrecht. FN.: Kanzlei Hamm + Kollegen. DA.: 76133 Karlsruhe, Hoffstr. 8. collegae@t-online. de. G.: Karlsruhe, 19. Aug. 1955. Ki.: 2 Töchter. El.: Dr. Oskar Haidinger u. Dr. iur. Alice, geb. Reé. BV.: Vater ehem. Senatspräs. d. BGH. S.: 1974 Abitur Karlsruhe, 1974 Stud. Jura Univ. Freiburg, 2 Sem. Univ. Lausanne, 1978 1. Staatsexamen, 3 Monate Kibbuz Israel, 3 Monate Forschungstätigkeit MPI f. Kriminologie in Freiburg, Referendariat Offenburg, 1982 2. Staatsexamen. K.: 1982 RA in Lörrach, 1998 Eintritt in d. Kzl. Hamm + Kollegen, 1997 einer d. ersten Fachanwälte f. Familienrecht in Karlsruhe. M.: seit 1997 Mtgl. im Prüfungsausschuss d. Rechtsanwaltskammer f. d. Zulassung d. Fachanwaltschaft, Juristinnenbund, Dt. Anwaltsverein, Arge Familienrecht im DAV, Mitbegründerin d. Notruf Karlsruhe (1985). H.: Wandern, Radfahren, Lesen.

Haiduk Klemens
B.: Erzieher, staatl. anerkannter Tauchlehrer. FN.: Tauchschule Essen-Borbeck. DA.: 45355 Essen, Klopstockstr. 20. PA.: 45149 Essen, Am Ruhmbach 5. klemens@tshaiduk.de. www.tshaiduk.de. G.: Essen, 12. Juli 1957. S.: 1975 Einzelhdls.-Kfm., 1977 Fachabitur f. Wirtschaft, b. 1990 Bundeswehr. K.: seit 1985 Tauchausbild., 1985-88 Tauchlehrerausbild., staatlich anerkannter Erzieher, Päd. Fachschule BW/Köln, seit 1990 Hort- u. Kindergartenarbeit u. offene Jugendarbeit. BL.: Behindertentauchen - Kindertauchen. P.: Gewässerökologie - Kommunikationstreff. M.: Barakuda Tauchlehrerverb., CMAS, ITLA (Intern. Tauchlehrerakad. Potsdam, Tauchclub. H.: Tauchen, Motorradfahren, Skifahren, Judo, ab 2000 Finanzdienstleister selbst. BHW.

Haimerl German Dipl.-Ing. *)

Haimerl Josef *)

Haimerl Kurt *)

Haimerl Norbert
B.: Programmdir. FN.: Gruppe Regionalfernsehen GRF Rosenheim. DA.: 83022 Rosenheim, Hechtseestr. 16. PA.: 83135 Schechen, Rosenheimer Str. 27A. NHaimerl@aol.com. G.: Salzberg, 20. Juli 1963. V.: Meike, geb. Wabbel. Ki.: Sebastian (1995). El.: Erwin u. Walburga. S.: Stud. Kommunikationswiss., Markt- u. Werbepsych., neue dt. Literatur Ludwig Maximilian-Univ. München, 1988 Abschluß. K.: selbst. Journalist u. PR-Berater, seit 1989 f. Gruppe Regionalfernsehen als Programmdir. tätig, verantwortl. f. d. Regionalfernsehprogramme Rosenheim, Landshut, Regensburg, München u. Freising, 1992 Mitbegrdg. d. VPBF-Verb.; Lehraufträge: LMU München, Bayer. Akad. f. Fernsehen, Kurator an d. Bayer. Akad. f. Fernsehen. F.: Regional Fernsehen Rosenheim, Regional Fernsehen Landshut, Regional Fernsehen Regensburg. P.: Hrsg. f. GRF Courier. H.: Musik, lokale Fernsehlandschaft Bayerns.

Hain Gert Frieder Dipl.-Kfm.
B.: Gschf., Ges. FN.: Creditreform Gießen. DA.: 35396 Gießen, Ludwig-Richter-Str. 11. gerthain@aol.com. www.creditreform.de. G.: Gießen, 8. Sep. 1941. V.: Helga, geb. Rinnau. Ki.: 3 Kinder. El.: Fritz. S.: 1962 Abitur Gießen, 1962-63 Bundeswehr, 1963-71 Stud. Betriebswirtschaften Johann-Wolfgang-Goethe-Univ. Frankfurt, 1971 Abschluss Dipl.-Kfm. K.: 1971 Einstieg in d. elterl. Unternehmen Creditreform Gießen, 1974 Mitinh., Gschf. d. Verein Creditreform e.V. Gießen, persönl. haft. Ges. d. Creditreform Gießen Hain KG, führende internat. Wirtschaftsauskunftei selbständig tätig f. d. mittelhessischen Wirtschaftsraum. BL.: Veranstaltungen u. Seminare u.a. z. Unternehmensführung, z. Insolvenzrecht u. Inkasso im Ausland. P.: Referate u. Seminare z. Thema Wirtschaftskriminalität b. Kunden, regelmäßige Berichterstattung über d. Büro in d. örtl. Presse, IHK-Zeitschriften u. in d. Fachmagazinen. M.: ehrenamtl. tätig in versch. Gremien u. Vereinen. H.: Skifahren, Tennis, Briefmarkensammlung.

Hain Gottfried *)

Hain Jeanette
B.: Schauspielerin. FN.: c/o Players Agentur Management GmbH. DA.: 10178 Berlin, Sophienstr. 21. mail@players.de. www.players.de. K.: Filmrollen in : 1994 "Kleiner König Erich", 1995 "Frau Rettich, die Czerni u. ich", 1997 "Liebe + Verhängnis", "Das Trio", "Liebe u. Verhängnis", 1998 "Requiem f. eine romantische Frau", 1999 "Sturmzeit", 2000 "Abschied", "Die Reise nach Kafinsten", "Sass", 2001 Tatort - Im freien Falle, Westentaschenvenus.

Haindl Clemens Dr.
B.: Kompl., Gschf. FN.: Haindl Papier GmbH & Co. KG. DA.: 86153 Augsburg, Georg-Haindl-Str. 5. www.haindl.com. G.: 23. Juli 1936. K.: Kompl. G. Haindl´sche Papierfabriken KG Augsburg, Gschf. Haindl Papier GmbH Augsburg, stellv. Vorst.-Mtgl. Arbeitgeberverb. d. Bayer. Papierind.

Haindl Ernst Dipl.-Ing. *)

Haindl Kurt
B.: Dipl.-Betriebswirt, Gschf. FN.: by Fitness Company Sportinsel. DA.: 93059 Regensburg, Am Europakanal 32. PA.: 93059 Regensburg, Holzgartenstr. 57b. G.: Regensburg, 23. Sep. 1953. V.: Maureen, geb. Regan. Ki.: Maddalena-Grace (1996). El.: Ludwig u. Maria. S.: 1973 Abitur, 1976-79 BWL-Stud. FH Regensburg, 1979-83 BWL u. Touristikstud. FH München, 1983 Dipl.-Betriebswirt. K.: 1983-85 selbst. Ferienparadies, Vermittlung v. Ferienwohnungen, 1985-87 Reisebüro in Regensburg, 1988 Einstieg in d. Sportinsel als Gschf. Ges. u. Ausbau zu einem d. erfolgreichsten Fitness-Clubs Deutschlands, 2001 Fusion mit Fitness-Company u. Umzug auf doppelte Fläche, 2002 Eröff. eines zweiten Clubs in Regensburg, direkt am HBF. M.: Dt. Sportstudioverb. H.: Rennradfahren, gutes Essen, Kochen, Zeitungen, Reisen, Kino.

Haindl Wolfgang

B.: Gschf. Ges. FN.: NEUES TRANSPLA HAAR GmbH. DA.: 90403 Nürnberg, Hauptmarkt 2; 80333 München, Residenzstr. 18. PA.: 90408 Nürnberg, Pilotystr. 17. whaindl@nth.de. www.haarverpflanzung.de. G.: Kufstein, 10. März 1951. V.: Maria, geb. Cotzamani. Ki.: Lukas-Ambros (1997), Elena-Christine (1998). El.: Ambros u. Christine. S.: 1965-68 Friseurlehre in Innsbruck, 1975 Friseurmeisterprüf. in Nürnberg. K.: seit 1972 selbständig im Bereich ästhet. dermatolog. Haarkosmetik, seit 1980 in d. jetzigen Firma, seit 1984 spezialisiert auf Haarverpflanzungen. BL.: Mitentwicklung v. Techniken z. Vervielfältigung v. Haarzellen/Hair Bearing Sell Inject. E.: regelmäßig Empfehlungen d. Fachpresse. H.: Golf, mod. Kunst.

Hainke Stefan Dr. iur.
B.: selbst. RA. DA.: 20149 Hamburg, Rothenbaumchaussee 193-195. G.: Bremen, 15. Aug. 1957. V.: Ilona, geb. Backhaus. Ki.: 1 Sohn. S.: 1976 Abitur Bremen, 1976-78 Ausbild. z. Bankkfm. b. d. Sparkasse Bremen, 1978-84 Stud. Rechts-

*) Biographie www.whoiswho-verlag.ch oder beigefügte CD-ROM

Hainke

wiss. Univ. Kiel, 1985 Prom., 1985-88 Referendarzeit LG-Bez. Kiel. K.: 1988-89 Justitiar Hamburg. Landesbank, 1989-95 Justitiar d. Behne-Gruppe, 1995-96 Syndikus d. Hanseatica-Gruppe, seit 1997 RA, 1998 Grdg. d. Sozietät Hainke Harzheim Rechtsanwälte, Schwerpunkt: Immobilienrecht, Bauträgerrecht, Arztrecht. M.: Anw.-Kam. Hamburg, Hamburg. Anw.-Ver. e.V., Dt. Multimediaverb., Hamburg new media, INWITEC. H.: Sport.

Hainlein Gerhard Dr. med. *)

Hainz Hans Joachim

B.: RA. FN.: Hainz + Partner. DA.: 55118 Mainz, Josefsstr. 54-56. www.hainz-partner.de. G.: Stuttgart-Bad Cannstatt, 5. Apr. 1949. V.: Heike, geb. Hentschel. Ki.: Jerome (1972), Stephan (1973), Sophie (1975), Helena (1985). S.: 1968 Abitur Büdingen, 1968 Stud. Jura u. Psych. Univ. Mainz/Saarbrücken, 1975 1. Staatsexamen, 1979 2. Examen. K.: 1972 während d. Stud. Tätigkeit b. Schwab-Versand Hanau, 1975 Referendarzeit, wiss. Mitarb. Univ. Mainz, 1979 wiss. Mitarb. TH Darmstadt, seit 1980 selbst., spez. Wirtschaftsrecht, seit 2000 Gschf. d. Bundesverbandes Privatwirtschaftlicher Energie-Contracting-Unternehmen (PECU) e.V., www.pecu.de. P.: Türkischer Zivilprozeß u. Zwangsvollstreckungsrecht, Kreditsicherheiten n. belgischem Recht, Energierecht/Contracting. M.: DRK Kr.-Verb. Mainz-Bingen. H.: Tennis, Tauchen.

Hainz Johann

B.: Betriebsltr. FN.: Blattl's Comfort Aparthotel Berlin. DA.: 13407 Berlin, Holländerstr. 31. G.: Kollbach, 13. Okt. 1944. V.: Ingrid, geb. Weber. Ki.: Benedikt Andreas (1993). El.: Franz u. Barbara. S.: 1960 Mittlere Reife in München, 1960-63 Ausbild. z. Restaurantfachmann Rheinhofgaststätten München, 1963-64 Hotel- u. Empfangspraktikant Hotel Feldhütter München, 1964-66 Grundwehrdienst. K.: 1966-67 Demichef de Rang Hotel "Der Königshof" München, 1967-68 Chef de Rang Hilton Hotel London u. Carlton Hotel Bournemouth, 1969-70 Chef de Rang Restaurant Fouquet's u. Hotel Plaza Athénée Paris, 1970-71 Executive Trainee Bristol Hotel Kempinski Berlin, 1971-73 Dion.-Ass. Hotel Victoria Bad Mergentheim, 1972-75 b. "Europahotels": b. 1973 Kurhotel u. Kurhaus Bad Pyrmont, 1973-74 F & B Manager Hotel Casablanca in Casablanca, 1974-75 Dir. Schönwald Schwarzwald, 1975 Manager einer Ferienanlage Mombasa/Kenia, 1975-88 Dir. d. Novotels in Neuss, Böblingen u. Frankfurt/Main, Managementdipl. d. "Ak. Accor" Paris, 1989-90 Dir. Hotel St. Georg Bad Aibling, 1990-92 Dir. Treff Hotel Wiesbaden, 1993-94 selbst. Berater im Hotel- u. Gaststättengewerbe u. Einzelhdl., 1994-95 Hoteldion. u. Mtgl. d. Hotelltg. Parkhotel Schloß Meisdorf, 1995-96 Betriebsltr. Hotel an d. Schlei Fahrdorf/Schleswig, 1997-98 selbst. Berater im Hotelmanagement Alpha Hotel Bad Langensalza, seit 1998 Betriebsltr. Blattl's Comfort Apart Hotel. M.: Vors. d. Marketingsäule Touristik d. Partnerhotels d. BTM e.V., Delegierter d. Sparte Hotel d. DEHOGA, Elferrat d. Feuerreiter Kelsterbach. H.: Kochen, Skifahren, Wandern.

Hainz Josef Dr. Prof.

B.: Prof. f. Exegese d. Neuen Testaments. FN.: Univ. Frankfurt. DA.: 60323 Frankfurt, Grüneburgplatz 1. PA.: 65779 Eppenhain, Am Buchwald 3 B. G.: Holzkirchen, 25. Sept. 1936. El.: Josef u. Elisabeth. S.: 1956-58 Stud. Phil. u. Theol. in Würzburg u. 1958-62 in Freising, 1970 Prom. K.: 1962-64 Kaplan in Degerndorf u. 1964-65 in Miesbach, 1965-68 Doz. am Priesterseminar Freising, 1968-72 Ltr. d. Studienkollegs in Priesterseminars München, 1974 Habil., ab 1974 Priv.Doz. in München, ab 1977 Univ.Doz. in München, ab 1980 Prof. in München, ab 1981 in Frankfurt. P.: Ekklesia. Strukturen paulinischer Gemeinde-Theologie und Gemeinde-Ordnung (1972), Blaue Bibel (1975), Koinonia. "Kirche" als Gemeinschaft bei Paulus (1982), Münchener Neues Testament (5. Aufl. 1998), Synopse z. Münchener Neuen Testament (2. Aufl. 1998), Theol. im Werden (1993), Münchener Theologisches Wörterbuch z. Neuen Testament (1997), Konkordanz zum Münchener Neuen Testament (1999). M.: Theologie interkulturell e.V., Collegium Biblicum München e.V., Bibelschule Königstein e.V., Indienhilfe e.V. (Kelkheim).

Hainzl Zeno *)

Haisch Eckhart *)

Haisch Helmut Dipl.-Ing. *)

Haith Dimo Dipl.-Ing. *)

Haitschi Wilhelm

B.: Gastronom, Inh. FN.: Bayrisches Bierrestaurant "Zum Paulaner". DA.: 39104 Magdeburg, Einsteinstr. 13/Ecke Hegelstraße. G.: Brusdorf, 28. Mai 1947. Ki.: Sandie (1969), Monty (1975). S.: 1963-66 Abschluß als Elektromonteur in Neustrelitz, 1966-67 Wehrdienst. K.: b. 1967 Gaststättenreferent d. Dir. d. Konsumgen. Neustrelitz, 1968-69 Gaststättenltr. einer Landgaststätte, während dieser Zeit Qualifizierung z. Restaurantfachmann, 1969-70 Oberkellner in Hotel "Zu den Vier Toren" in Neubrandenburg, 1970-71 Objektltr. d. Bahnhofshotels Neustrelitz, 1971-85 Kellner u. Barmann im "Interhotel" Magdeburg, Qualifizierung z. Barmixer, mehrere ges. Funktionen, 1985-88 Kellner in versch. gastronom. Einrichtungen in Magdeburg u.a. "Wolfsklause", "Savarin", Speisebar "Vinca", 1988-89 Betriebsstättenltr. b. d. HO Wolmirstedt, Saisongaststätte, 1989-90 Barmixer im Maritim-Hotel Gelsenkirchen, 1990-91 stellv. Objektltr./Barmixer, 1991 Barmixer in "Show-Palast" Cafe Crazy Magdeburg, 1991-92 Kellner im "Alten Dessauer" Magdeburg, 1992 Bistroltr. in d. "Marietta Bar" Magdeburg, 1992-97 Gschf. im Cafe "Odette" in Magdeburg, 1998-200 Inh. d. Hegel-Bierbar in Magdeburg, seit 1997 Inh. d. Bayrischen Bierrestaurants "Zum Paulaner" in Magdeburg, Lehrausbilder f. Restaurantfachleute. E.: mehrere Ehrungen u. Ausz. f. hervorragende gastronom. Leistungen. M.: Prüf.-Kmsn. d. IHK Magdeburg. H.: Reiten, Schwimmen.

Haitz Hubert J. Dipl.-Kfm. *)

Haitzinger Horst Hermann *)

Haizmann Rolf StR.

PA.: 97080 Würzburg, Schönleinstr. 2. G.: Schramberg/Schwarzwald, 8. Dez. 1936. Ki.: Ulf (1974). El.: Willy u. Julie. BV.: Urgroßvater Ferdinand Moser war 1897 Gründer d. Möbelfbk. Ferd. Moser & Sohn. S.: 1957 Abitur, kfm. Lehre Fa. Franz Hettich KG, 1959-67 Stud. BWL Univ. Frankfurt, Hamburg u. Würzburg, 1967 1. Staatsexamen in München f. Lehramt an Realschulen. K.: 1968/69 Referendariat Staatsinst. München u. 1969/70 RS Karlstadt, 1970 2.

*) Biographie www.whoiswho-verlag.ch oder beigefügte CD-ROM

Staatsexamen, Ass. u. später StR an d. RS Karlstadt f. Rechnungswesen, Wirtschafts- u. Rechtslehre u. Sozialkunde, 1970-74 PersonalR., 1974-94 PersonalR.-Vors.; Funktionen: 1976-78 stellv. Bez.-Vors. d. Bay. Realschulllehrerverbandes (brlv), 1980-2001 Bezirksvors. d. brlv 8. 1989-2001 Mtgl. d. päd. Aussch., 1989-92 Organ. v. Informations- u. Fortbildungsveranst. f. Lehrkräfte in Thüringen, 1992 Initiator bei d. Einrichtung einer thür. Schule m. Computern, Engagement f. d. Einführung d. 6-stufigen Realschule in Bay., jahrel. Fachschaftsltr. u. Mtgl. d. Schulforums an d. Staatl. Realschule Karlstadt, seit 2001 im Ruhestand. M.: Studentenverbindung Frankfurter Wingolf, Tennisclub Karlstadt, CSU. H.: Tennis, Tanzen, Klavier spielen, Musik.

Haj Ahmad Munther Dr. med.

B.: FA f. Neurochir. DA.: 10789 Berlin, Tauentzienstr. 17. G.: Faraa/Jordanien, 10. Sep. 1958. V.: Teodora, geb. Ninova. Ki.: Samer (1993), Sofia (1996). El.: Ahmad u. Farhal. S.: 1977 Abitur Ruseifa/Jordanien, 1978-85 Med.-Stud. Sofia, 1985-90 FA-Ausbild., 1987-88 Stud. Deutsch Studienkolleg. K.: 1990-93 wiss. Arb. in Freiburg über Gefäßmißbildungen d. Gehirns, 1993-96 FA f. Neurochir. Städt. Kliniken Kassel, 1996-99 Direktor d. neurochir. Zentrums Leverkusen, 1997 Organ. eines Schmerzsymposiumsin Leverkusen, seit 1999 Ndlg. m. eigener ambulanter Einrichtung, 2000 Organ. eines intern. Fachkongressesn in Berlin. BL.: Durchführung d. ersten Embalisation in Bulgarien, Neuklassifikation d. Operabilität v. Gefäßmißbildungen. P.: Vorstellung d. wiss. Arb. auf intern. Kongressen, ca. 130 Publ. im In- u. Ausland, Art. über "Hi-Tech-Elektroden", Orthopress, Art. über ihn in Fachzeitschriften. E.: First Honoral Abschluß 1985, Zertifikat f. Jahrgangsbeste, Ph.D., Dr. d. Phil. in d. Med. f. Arb. zu Gefäßmißbildungen. M.: BVN, BAO, DGSS, Dt. Ges. f. Kopfschmerzen, Dt. Ges. f. Neuroendoskopie, Dt. Ges. f. Schädelbasischir., Dt.-Ausländ. Ärztever. H.: Lesen, Schwimmen, Reisen.

Hajeck-Lang Brigitte Dr. *)

Hajek Andreas

B.: Ruderer, Motorenschlosser, Bürokfm. FN.: c/o Dt. Ruderverb. DA.: 30169 Hannover, Maschstr. 20. G.: Weißenfels, 16. Apr. 1968. Ki.: 2 Kinder. K.: 1985 Junioren-WM Einer/1., 1986 WM Doppelzweier/3., DM Einer/1., 1989 WM Doppelvierer/1., DM Doppelvierer/1., 1990 WM Einer/5., DM Einer/1., 1991 WM Doppelvierer/4., 1991-95 DM Doppelvierer/1., 1992 OS Doppelvierer/1., 1993 WM Doppelvierer/1., 1994 WM Doppelvierer/1., 1995 WM Doppelvierer/2., Junioren-WM Einer/1., DM Doppelzweier/1., 1996 OS Doppelvierer/1., 1997 u. 98 WM Doppelzweier/1., 1999 WM Doppelvierer, 2000 3. Pl. OS Sydney Doppelvierer. H.: Radtouren m. d. Familie.

Hajek Otto Herbert Dr. h. c. Prof.

B.: Bildhauer, Prof. PA.: 70197 Stuttgart, Hasenbergsteige 65. G.: Kaltenbach, 27. Juni 1927. V.: Katja, geb. Goerz. Ki.: Katja, Eva, Aurelia, Urban, Anna. S.: Abitur, Stud. Bildhauerei Staatl. Akad. d. Bild. Künste Stuttgart. K.: 1972-79 Vors. d. Dt. Künstlerbds., 1978 Prof., 1980 Lehrstuhl f. Bildhauerei Staatl. Akad. d. Bild. Künste Karlsruhe, 1978 Ehrenprom. Kath.-Theol. Fak. Univ. Tübingen, 1982 Vors. d. Adalbert Stifter-Ver. München, Retrospektive Ausstellungsreihe in d. letzten Jahren 1981 Rom, 1987 Florenz, Nürnberg, 1988 Prag, 1989 Moskau, 1995 Aufnahme d. Skulptur "Wandlungen" in d. Vatikanischen Museen. P.: Kunst stiftet Gemeinschaft (Hrsg. Eugen Gomringer, Verlag W. Kohlhammer, Stgt. 1993), O. H. Hajek, Farbwege in Moskau (Künstlerverband Moskau, 1989), O. H. Hajek, Drahy Barev (Nationalgalerie Prag, 1987), O. H. Hajek, Werke u. Dokumente (Nationalmuseum Nürnberg, 1987), O. H. Hajek, Castel Sant´ Angelo, Rom (Forum Verlag Stgt. Verlag de Luca, Rom, 1981). zahlr. Veröff., große retrospekt. Ausstellg. d. letzten 10 Jahre. E.: VK 1. Kl. d. VO d. BRD, mehrere Ausz. durch d. Accademia Italia, Ehrensen. d. Eberhard-Karls-Univ. Tübingen, 1988 Ehrensen. Univ. Tübingen, 1993 Dr. h. c. Westböhmische Univ. Pilsen, 1994 Ehrenprof. Kunstak. Preßburg, 1994 Ehrenprof. Surikov Kunsthochschule Moskau, 1996 o.Mtgl. d. Europäischen Akad. d. Wiss. u. Kunst, 1998 Bürgermed. d. Landeshauptstadt Stuttgart, Franz-Kafka-Kunstpreis, 2001 Eröffnung Kulturzentrum Prachatitz/Böhmen (Ergänzung z. Ausstell. 2000 Bonn, Bundeskunsthalle) Gr. BVK d. Bundesrep. Deutschland, Ehrenbürger d. Stadt Prachatitz/Böhmen. M.: Mtgl. vieler Kunstver., Künstlerverb. u. Galerien. H.: Wandern, Natur beobachten.

Hajek Olaf

B.: freiberufl. Illustrator. DA.: 10115 Berlin, Linienstr. 156. G.: Rendsburg, 12. Dez. 1964. El.: Harald u. Holde, geb. Metschulat. S.: 1986 Abitur Bonn-Bad Godesberg, 1986-87 Zivildienst, 1988-93 Stud. Grafikdesign in Düsseldorf, Dipl.-Grafikdesigner. K.: parallel Illustrator f. Werbeagenturen, seit 1993 selbst. Illustrator in Amsterdam, 1998 Übersiedlung nach Berlin als freier Illustrator tätig, Repräsentanten in New York, London, Amsterdam. BL.: Illustrationen in fast allen profilierten amerikan. Zeitschriften, außerdem in Deutschland, Spanien, England. P.: Illustrationen f. Buchtitel, Editorials, Geschäftsberichte namhafter Unternehmen, Mode, Werbung. E.: veröff. in "The Best of American Illustrations", "The Best Of Newspaper Design", "Art Directors Club" u.v.m. H.: Kunst, Kultur, Malerei, Kochen, Möbeldesign.

Hajen Leonhard Dr. rer. pol. Prof. *)

Hajj Joseph

B.: Konditormeister, Inhaber. FN.: Hajj Konditorei Finnicia. DA.: 28844 Weyhe, Ochtumstr. 9. G.: Liemaich/Libanon, 2. Aug. 1964. V.: Angela, geb. Hillmann. Ki.: Rabea-Malaki (1996), Sarai (2000). BV.: Onkel Georg Hejj, Mtgl. d. Liberalten Partei, Berater d. libanesischen Präs. S.: 1979-82 Ausbildung z. Konditormeister Beirut/Libanon. K.: 1982-85 Kondotirmeister in Konditorei in Beirut, 1985 Übersiedlung nach Deutschland, Deutschkurse an der VHS, 1989-97 ang. Edeka Bremen u. Schöllereis Stuhr/Brnkum, seit 1997 selbständig, Eröff. Bremen u. Schöllereis in Stuhr/Brinkum. H.: Schwimmen, Karten spielen, Fjußball.

*) Biographie www.whoiswho-verlag.ch oder beigefügte CD-ROM

von Hajmasy Stephan Dr. med. dent. *)

Hajtmanek Franz Dipl.-Ing. *)

Hakelberg Haldis *)

Haken Hermann Paul Joseph
Dr. phil. nat. Dr. rer. nat. h.c. mult. o.Prof.
B.: Dir. i. R. FN.: Inst. f. Theoret. Physik u. Synergetik d. Univ. Stuttgart. PA.: 71063 Sindelfingen, Sandgrubenstr. 1. G.: Leipzig, 12. Juli 1927. V.: Edith, geb. Bosch (+). Ki.: Maria (1954), Karl-Ludwig (1957), Karin (1962). El.: Karl u. Magdalena, geb. Vollath. S.: 1946 Abitur, 1946-50 Stud. Math. u. Physik Univ. Halle u. Erlangen, 1951 Prom. K.: 1956 Habil., 1960-97 o.Prof. Univ. Stuttgart, urspüngl. Festkörper- u. Laserphysik, seit 1965 Honorarprof. an d. Univ. Hohenheim, Begründer d. Synergetik, Gastprof. in England, USA, Japan u. Frankreich. P.: 17 Lehrbücher u.a. "Laser Theory" (1970), "Synergetics, an Introduction" (1977), "Atom- u. Quantenphysik" (1980), "Synergetic Computers and Cognition" (1991), "Erfolgsgeheimnisse d. Wahrnehmung". ca. 350 Veröff. in d. Fachpresse. E.: 1981 Albert A. Michelson Med. d. Franklin Inst. USA, 1984 "Pour le mérite" f. Wiss. u. Künste, 1986 Gr. BVK m. Stern, 1990 Max Planck-Med., 1992 Honda-Preis Japan, 1993 Arthur Burkhardt-Preis, 1994 Lorenz-Oken-Med. M.: Dt. u. Europ. Physikges. H.: Wintersport, Bergwandern. (E.K.)

Haken Klaus Dipl.-Ing.

B.: Patentanwalt. FN.: Patenanw.-Kzl. Dipl.-Ing. Klaus Haken. DA.: 91054 Erlangen, Platenstr. 15. G.: Mannheim, 10. Juni 1931. V.: Gerda, geb. Bosch. Ki.: 1 Tochter, 2 Söhne. El.: Hans Waldemar u. Hedwig Eleonore, geb. Rieker. BV.: väterl. seits Dr. Hermann Haken – OBgm. v. Stettin, GeheimR. u. JustizR.; Großvater Otto Haken – Kam.-GerichtR. in Berlin. S.: 1950 Abitur in Ludwigsburg, 1950-52 Lehre Elektromechaniker, 1953-58 Stud. Elektrotechnik TH Stuttgart. K.: 1958-60 Laboring. d. Firma Siemens & Halske in München, 1960-93 Patenting. d. Firma Siemens & Schuckert in Erlangen, 1965 Patentanw.-Prüf., seit 1993 freier Patentanw. in Erlangen. M.: Stuttgarter Burschenschaft Hilaritas, Turnerbund Erlangen, VAB Erlangen. H.: Tennis, Computeranwendungen, Mathematik.

Haker Gisela

B.: Kosmetikerin, Inh. FN.: Kosmetik Studio. DA.: 69469 Weinheim, Scheffelstr. 12. G.: Birkenau, 29. Sep. 1954. K.: Stefan (1978). El.: Heinrich u. Katharina Wilderotter, geb. Hely. S.: 1968/69 Haushaltsschule Weinheim, 1969/70 Ausbild. Kinderpflegerin. K.: 1970-72 Kindermädchen in einem priv. Haushalt, 1972-81 Kindergärtnerin in Viernheim, 1988-93 Ang. im Friseursalon Klasmeier in Viernheim, 1993 /94 Ausbild. z. Kosmetikerin u. med. Fußpflegerin am Ausbild.-Inst. f. ganzheitl. Kosmetik u. Schminktechnik in Mannheim, 1994-99 Kosmetikerin in einem Studio in Viernheim, 1999 selbst. m. Parfümerie in Weinheim, 2000 Eröff. d. Kosmetik Inst. m. Kosmetik, med. Fußpflege, Maniküreu. Collagen-Vliess-Behandlung, 2001 Fortbild. in Gesichtsmassage. H.: Beruf.

Hakim Wilhelm
B.: Gschf. FN.: Böse Dentale Spezialitäten GmbH. DA.: 23669 Timmendorfer Strand, Wohldstr. 22. G.: Tripolis/Lybien, 6. Jän. 1965. V.: Lea, geb. Soierk-Weber. S.: 1984 Abitur Timmendorfer Strand, 1984 Stud. Betriebswirtschaft Hamburg. K.: 1991 Grdg. d. Fortbild.-Ges. Para Palma, ab 1995 Gschf. d. Böse Dentale Spezialitäten GmbH in Lübeck, Hamburg, Kiel, Köln u. auf Mallorca m. Schwerpunkt klass. Fortbild., Persönlichkeit u. Praxisentwicklung, Informations- u. Fortbild.-Zentrum f. Zahnärzte, Zahntechniker u. Zahnarzthelferinen.

Hakimi Abdul Hai *)

Hakimpour Nasrollah *)

Häkkä Mikko Juhani Dr.-Ing. *)

Hakkel Johann-Josef *)

Hakuba Ingeburg *)

Halabi Hussam Dr.

B.: Arzt f. Kinderheilkunde. GT.: Referent f. d. Diabetiker-Bund im Raum Bocholt, Borken. DA.: 46535 Dinslaken, Bahnstr. 26. G.: Damaskus/Syrien, 9. Apr. 1951. V.: Sawssan. Ki.: Souad (1979), Umaya (1983), Farid (1987). El.: Farid u. Souad. S.: 1967 Priv. Missionsschule Les Fréres Maristes, Abschluss BEPC (Mittlere Reife), 1970 Abitur, 1970-80 Stud. Humanmed. an d. Univ. Brüssel (ULB), 1980 Approb. u. Prom. K.: Amerikaaufenthalt, 1981-82 Anästhesist im Bethesda-KH Duisburg, 1982-87 FA-Ausbild. im St. Agnes-KH in Bocholt, 1987 Ernennung z. FA f. Kinderheilkunde, seit 1987 ndlg. FA f. Kinderheilkunde in Dinslaken. M.: Dt. Ges. f. Kinderheilkunde, Dt. Ges. f. Diabetes Mellitus, FDP. H.: Schwimmen, Tennis, Joggen.

von Halász Robert Dr.-Ing. E.h. Prof.
B.: em. Prof. PA.: 13595 Berlin, Graetzchelstr. 26. G.: Höxter, 24. Juli 1905. V.: Dipl.-Ing. Ingelore, geb. Haenicke. Ki.: Gertraud (1933). El.: ORgR. Hermann u. Stefanie, geb. Rehm. S.: 1925 Abitur, 1925-31 Stud. Bauing.-Wesen TU Berlin, 1931 Dipl.-Ing. K.: 1948 o.Prof. TU Berlin, 1955-85 Chefred. "Die Bautechnik". BL.: Entwicklg. d. Stahlbeton-Fertighaus. P.: "Stahlbeton im Wohnungs- u. Siedlungsbau" (1943), "Der Fertigteilbau" (1950), "Industrialisierung der Bautechnik" (1966), "Holzbau-Taschenbuch" (9. Aufl. 1996), zahlr. Publ. in "Die Bautechnik" u. "Die Bauwelt" inbes. z. Fertigteilbau. E.: 1982 Dr.-Ing. E.h., 1980 BVK. M.: Präs. d. Europrefab. Paris, Ver. Beratender Ing., Arch.- u. Ing.-Ver. Berlin, Volksbund Naturschutz. H.: Reisen, Astronomie, Naturphilosphie. S.H.)

Halata Zdenek Dr. med. Prof. *)

Halbach Hans Dr. med. Dr.-Ing. Prof. *)

*) Biographie www.whoiswho-verlag.ch oder beigefügte CD-ROM

Halbach Heinz-Joachim *)

Halbach Rolf

B.: Kfm., Alleininh. FN.: Galerie Rolf Halbach. GT.: Verbandsrichter f. interkontinentale Vorstehhunde im JGHV. DA.: 30938 Großburgwedel, Im Mitteldorf 25. G.: Barkhausen, 7. Aug. 1944. Ki.: Karsten (1972) u. Robert (1995). El.: Heinz u. Gertrud, geb. Sobler. S.: Lehre z. Einzelhdls.-Kfm. K.: ang. Einzelhdls.-Kfm., seit 1969 selbst. Galerist, Schwerpunkte: Ausstellungen, Exklusive Rahmungen, Internat. Kunsthdl. M.: Jägerschaft Burgdorf, Hegering Isernhagen. H.: Jagd, Fischerei, Natur.

Halbartschlager Marie Luise Dipl.-Bw.

B.: Immobilienökonom, Inh. FN.: Halbartschlager Immobilien. DA.: 10435 Berlin, Husemannstraße 29. M.L.Halbartschlager@t-online.de. G.: Österreich, 31. Aug. 1963. V.: Richard Kmetec. El.: Anton u. Hilde. S.: 1982 Matura, 1984-86 Sprachaufenthalte in Paris u. Barcelona, 1998-2001 BWL -Stud. z. Immobilienökonom, Examen z. Dipl.-Bw. K.: 1982 -84 bei der Stadtgemeinde Amstetten/Österreich, 1986 - 98 Verw.-Beamtin im Europ. Patentamt Berlin, ab 1993 selbst. Immobilienmaklerin, ab 1995 Alleininhaberin.

Halbauer Klaus *)

Halbedel Wolfgang *)

Halben Jan Hendrik

B.: Zahnarzt. FN.: Privatpraxis f. Zahnmed. DA.: 20144 Hamburg, Isestr. 3. jan.halben@t-online.de. G.: Hamburg, 17. Apr. 1960. V.: Christiane, geb. Orlop. Ki.: Anne Friederike (1987), Sofie (1989), Meike Helene (1994), Hans (1995). El.: Dr. Johannes u. Renate, geb. Jürgens. S.: 1978 Abitur, 1979-84 Stud. Zahnmed. u. Examen, 1987 Zahnärztl. Fortbild.-Inst. Hamburg. K.: 1985-86 Ass. b. Vater Dr. Johannes, 1987-89 bei Dr. Bernd Heinz, seit 1990 ndgl. Zahnarzt, Übernahme d. väterl. Praxis. E.: 1995 Tagungsbester d. dt. Ges. f. Parodontologie. M.: DGP, DGZMK, Vorst. d. "Neuen Gruppe" HSV. H.: Fliegenfischen, Segeln, Fußball, Skifahren.

Halberstadt Detlef

B.: Gschf. Ges. FN.: ATL Kurier Transport & Lagerei GmbH. DA.: 22926 Ahrensburg, Kornkamp 34. PA.: 21527 Kollow, Hof Amsel. G.: Ahrensburg, 4. Apr. 1959. V.: Bettina, geb. Graniza. Ki.: Angelique (1986), Nadine (1988), Tom (1995). El.: Rolf u. Annedore, geb. Arndt. S.: 1974-76 Ausbild. z. Elektroinstallateur. K.: 1976-78 allg. berufl. Tätigkeiten, 1978-86 Wehrdienst m. Berufskraftfahrerausbild., 1985-86 Ausbild. z. Sped.-Kfm., 1986-90 selbst. Taxiunternehmer, 1989 Grdg. v. "Ihr Kurier" GbR, 1995 Grdg. d. ATL Kurier Transport & Lagerei GmbH. E.: EK d. Bundeswehr, Schützenschnur in Gold d. Bundeswehr, Dt. Sportabz. M.: IHK Lübeck. H.: Familie, Joggen, Squash.

Halberstadt Gerhard *)

Halberstedt Jörg *)

Halbfas Hubertus Dr. theol. *)

Halbfeld Hans-Jürgen *)

Halbgewachs-Breiden Heidrun Dr. med. *)

Halbhübner Klaus Dr. med.

B.: FA f. Orthopädie, selbständig. DA.: 10789 Berlin, Rankestr. 34. G.: Helmstedt, 29. März 1946. V.: Renate, geb. Mitlehner. Ki.: Silke (1979), Anke (1981), Torsten (1984). S.: 1965 Abitur Hannover, 1965-66 Sanitäter b. d. Luftwaffe, 1966-74 Stud. Med. an d. FU Berlin u. in Wien. K.: 1974-78 Med.-Ass. d. Pharmakologie u. Infektiologie am Inst. f. Pharmakologie, Prom. z. Dr. med., 1978-81 wiss. Ass., später OA-Dienst an d. Neurochirurgischen Klinik d. FU Berlin, 1981-87 Arzt an d. Orthopäd. Klinik Oskar-Helene-Heim, FA-Ausbildung z. FA f. Orthopädie u. Arzt f. Heilverfahren d. Berufsgenossenschaft, seit 1987 freie Ndlg., Schwerpunkt Kinderorthopädie u. Traumatologie, Zusatzausbildungen: Akupunktur, Vojta-Methode, Ermächtigung z. FA-Ausbildung, Sachv. f. Ultraschallausbildung, Seminarleiter d. Dt. Ges. f. Ultraschallmed. BL.: führte als Erster in Berlin d. Ultraschalluntersuchung f. Säuglinge u. Kinder z. Früherkennung v. Hüftschäden ein, Betriebsrat im Oskar-Helene-Heim, praktiziert außerdem als Manualtherapeut f. Kinder u. Säuglinge. P.: Intern. Veröff. in d. Bereichen Pharmakologie, Neurochirurgie u. v. allem z. kindl. Hüftgelenksdysplasie u. pädiatrischen Ultraschalluntersuchung. M.: Neurochirurgische Ges., Orthopäd. Ges., Traumatolog. Ges., Rheumatolog. Ges., Dt. Ges. f. Osteologie, Kinderorthopädische Ges. H.: Entdeckertouren in andere Kulturen, Weinreisen, Filmen, Bücher sammeln.

Halbig Claudia Dr. med.

B.: Kinderchirurgin u. Chirurgin in eigener Praxis. DA.: 90402 Nürnberg, Karl-Grillenberger-Str. 1. drhalbig@kinderchirurgin.de. www.kinderchirurgin.de. G.: Würzburg, 3. Apr. 1956. El.: Franz u. Gertrud Halbig. S.: 1976 Abitur Hammelburg, 1976-82 Stud. Med. Univ. Würzburg, 1982 Approb., 1983 Prom., 1993 FA f. Chir., 1997 Teilbezeichnung Kinderchirurgie. K.: 1983-86 Ass.-Ärztin a. d. Kinderklinik u. d. Klinik St. Hedwig in Regensburg, 1987-92 Ass.-Ärztin in d. Chir. am LKH Coburg, 1992-94 tätig a. d. Poliklinik f. Kinderchirurgie d. Univ.-Klinik Mainz, 1995-2000 OA d. Kinderchirurgie am Klinikum Süd in Nürnberg, seit 2000 ndlg. Kinderchirurgin in Nürnberg. M.: Berufsverband d. ndlg. Kinderchirurgen. H.: Literatur, Sport, Kunst, Reisen.

---

*) Biographie www.whoiswho-verlag.ch oder beigefügte CD-ROM

Halbow Karl *)

Halbritter Katharina *)

Halbritter Maria Dr.
B.: Oberstudiendir., Schulleiterin. FN.: Edith Stein Gymnasium Bretten. DA.: 75015 Bretten, Breitenbachweg 15. G.: Bad Höhenstadt, 17. Aug. 1946. V.: Prof. Dr. Günter Halbritter. Ki.: Anke (1973), Jan (1978), Ute (1981). S.: 1965 Abitur Pasau, 1965-70 Stud. Germanistik, Geschichtswiss. u. Politologie an d. Univ. München, 1970 1. Staatsexamen f. d. höhere Lehramt, 1971-72 Referendariat in Baden-Württemberg m. 2. Staatsexamen. K.: 1972-78 wiss. Mitarbeiterin am Modellversuch Lehrerbildungszentrum im Gesamthochschulmodellversuch Karlsruhe, 1975-78 Lehrauftrag an d. Pädagogischen HS Karlsruhe im Fachbereich Politikwiss., 1977 Prom., seit 1979 Wiederaufnahme hauptamtl. Unterrichtstätigkeit am Gymnasium Neureut, seit 1983 Studienrätin u. Oberstudienrätin am Melanchthon Gymnasium Bretten, ab 1995 Fachabteilungsleiterin f. Deutsch, Geschichte, Gemeinschaftskunde, Erdkunde, Religion, 1998 Ernennung z. Schulleiterin am Edith Stein Gymnasium. BL.: 1988 Initiatorin d. 1. Ausstellung "Reichskristallnacht am 10. Nov. 1938 in Bretten", 1993 Initiatorin d. 2. Ausstellung "Bücherverbrennung im Mai 1933 in Bretten", 1995 Initiatorin d. 3. Ausstellung "Bretten 1945-48 Zusammenbruch u. Befreiung", Kunstdenkmal z. Thema "Deportation d. jüdischen Bevölkerung Brettens im Oktober 1940" v. Brettener Künstler Karl Vollmer. H.: Lesen, bildende Kunst.

Halbrock Gudrun Dipl.-Psych.
B.: Dipl.-Psych. DA. u. PA.: 20249 Hamburg, Gustav-Leo-Str. 14. G.Halbrock@t-online.de. www.kinder-respektvollerziehen.de. G.: Hamburg, 4. Juni 1926. Ki.: Sonja (1962). El.: Johannes u. Olga Halbrock. S.: 1946 Abitur, 1947-49 Theol.-Stud. Göttingen u. Tübingen, 1949-52 Frauenfachschule Hamburg, 1952-54 Lehramtsstud. Hamburg, 1971 Montessori-Dipl., 1974-78 Stud. Psych., 1978 Dipl.-Psych., 1988-91 Ausbild. Verhaltenstherapeutin. K.: 1954-88 Berufsschullehrerin in Hamburg, 1978-88 Lehrerin in Heimschulen, 1988-89 Aufenthalte in USA u. Indien, seit 1991 eigene Praxis in Hamburg: Verhaltenstherapie, Integrative Therapie, Durchführung div. päd. u. ökolog. Projekte in d. neuen Bdl. F.: Intern. Bund f. Jugend u. Sozialarb. P.: div. Art. über Ökologie, Psych., Päd. E.: 1984 Hamburger Bürgerpreis. M.: 1972-88 Grdg.-Mtgl. u. Vorst. Verb. Alleinerziehender Mütter u. Väter, 1984-88 LandesfrauenR., Bund f. Kinderschutz, 2001 Grdg.-Mtgl. u. Vorst. "Kinder respektvoll erziehen" e.V., Stiftungsfond "respektvoll erziehen" bei d. Bürgerstiftung HH. H.: Fotografieren, Reisen, Schwimmen, Literatur. (S.F.)

Hald Volker *)

Haldenwang Klaus *)

Halder Christine
B.: selbst. Immobilienberaterin. DA.: 10711 Berlin, Hektorstr. 13. CHalder@t-online.de. G.: Berlin, 4. Feb. 1951. S.: Mittlere Reife, Ausbild. als Groß- u. Außenhdls.-Kauffrau. K.: kfm. Bereich in versch. Firmen, seit 1980 selbst. in d. Immobilienbranche. M.: Schweiz-Dt. Wirtschaftsver., RDM. F.: gutes Essen, trockenen Wein, Theater, klass. Musik.

von Halem Gustav-Adolph Dr. jur. *)

Halenza Falk
B.: selbst. Steuerberater. GT.: seit 1982 ehrenamtl. Mtgl. d. Prüf.-Aussch. d. Steuerberaterkam. in Lübeck. DA.: 23560 Lübeck, Geiringer Str. 66. G.: Lübeck, 12. Okt. 1944. V.: Irmgard, geb. Mois. S.: 1963 Mittlere Reife, 1963-65 Lehre z. Groß- u. Außenhdls.-Kfm., Bundeswehr, 1968-71 Groß- u.

Außenhdls.-Kfm. im väterl. Betrieb, 1971-74 Stud. HS f. Wirtschaft u. Politik Hamburg. K.: ab 1974 Angestellter in einem Steuerberaterbüro in Rheinfeld, ab 1978 Vorbereitungslehrgang f. Steuerberater in Hamburg, 1979 Steuerberaterprüf. Hamburg sowie Dipl.-Betriebswirt, seit 1979 selbst. in Lübeck u. Aufbau einer eigenen Klientel. BL.: 1963 Jugendmeister im Leichtgewicht "Jugend-Achter" (Rudern). M.: seit 1990 Wassersportver. "Wakenitz" in Lübeck, seit 1991 aktiv im Intern. Ruderver. "Dänemarkfahrer" Berlin, seit 1972 Lübecker Frauenruderges.

Halewitsch Brigitte Dr. med.
B.: Psychoanalytikerin. DA.: 40822 Mettmann, Diepensiepen 27. kreapaedix@t-online.de. www.kreapaedie.de. G.: Mährisch-Ostrau, 21. Apr. 1940. S.: Abitur, Med.-Stud. Gießen u. Westberlin, Förderung d. Dt. Studienstiftung. K.: FA f. Nervenheilkunde, Ausbild. z. Psychoanalytikerin am Inst. f. Psychotherapie Westberlin, Lehranalyse b. H. Dieckmann, FA f. Psychotherapeutische Med., Weiterbildung in Gestalt u. Bioenergetik, Balintarb., Musiktherapie, wiss. Homöopathie, kritische Astrologie, Grdg. "Kreapädie-Akademie" P.: Veröff. über Balintarb., kreative Psychoanalyse, musik. Traumarbeit. H.: Musizieren, künstlerische Projekte, Schreiben. (R.E.S.)

Halfar Bernd Dr. rer. pol. Prof.
B.: Unternehmer, Inh. FN.: xit.forschung.planung.beratung. DA.: 90443 Nürnberg, Frauentorgraben 73. G.: Nürnberg, 23. Juni 1955. V.: Andrea Koydl. Ki.: Paul (1990), Agnes (1995). El.: Karl u. Margarete, geb. Berrenberg. S.: 1975 Abitur, 1975-76 Bundeswehr, 1976-82 Stud. Soziologie u. Sozialpäd. Univ. Nürnberg u. Bamberg, 1982 Dipl.-Abschluß, 1983-91 wiss. Mitarb. u. AkR. am Lehrstuhl f. Wirtschaftspolitik/VWL Univ. Bamberg, 1986 Prom. K.: 1988 Forsch.-Stipendium d. Univ. Rom u. Univ. Mailand, Thema: "Gesundheitsökonomie", 1990 Grdg. Inst. xit Unternehmensberatung u. Forsch. im Sozial- u. Gesundheitswesen u. Medien, Bereich Deutschland u. Österr., seit 1993 Prof. an d. FH Neubrandenburg, seit 1996 Gastdoz. an d. Pomoren-Univ. Archangelsk/Russland, Vorst.-Mtgl. d. MEC AG Neubrandenburg, Ndlg. in Nürnberg, Dresden u. Neubrandenburg. M.: Dt. Ges. f. Sozialmed., Dt. Ges. f. Controlling in d. Sozialwirtschaft, Dt. Ges. f. Soz., Dt. Ver. e.V., Caritas Mecklenburg, Steg-Ver. f. Gem.-Psychiatrie. H.: Fußball, Oper, Kunst d. 20. Jhdt.

Halfmann Helmut Dr. phil. Prof.
B.: Univ.-Prof. FN.: Univ. Hamburg, Seminar f. Alte Geschichte. DA.: 20146 Hamburg, Von-Melle-Park 6. G.: Geilenkirchen, 21. Jan. 1950. Ki.: Carola (1978), Christoph (1981), Gregor (1985). El.: Walter u. Margrit, geb. Kill. S.: 1968 Abitur Bonn, 1968-75 Stud. Geschichte u. Latein an d. Univ. Bonn u. Bochum, 1969-70 Wehrdienst, 1975 Staatsexamen, 1977 Prom. K.: 1975-86 wiss. Ass. an d. Univ. Heidelberg, 1984 Habil., 1986-91 Prof. f. Alte Geschichte an d. Univ. Münster, seit 1991 Prof. f. Alte Geschichte an d. Univ. Hamburg, 1989 Forsch.-Aufenthalt in Princeton/USA sowie 1999/2000 in Bordeaux. P.: Diss.: Die Senatoren aus d. östl. Teil d. Röm. Reiches (1979), Habil.: Itinera Principum. Geschichte u. Typologie d. Kaiserreisen im Röm. Reich (1986). M.: Vorst. d. Verb. d. Historiker Deutschlands, korresp. Mtgl. d. Dt. Archäol. Inst., Fachgutachter d. Dt. Forsch.-Gemeinschaft Bonn (DFG). H.: Musik, Modelleisenbahn.

*) Biographie www.whoiswho-verlag.ch oder beigefügte CD-ROM

Halfmann Rolf *)

Halfmeier Gudrun

B.: RA, Fachanw. f. Familienrecht. DA.: 27283 Verden, Obere Straße 4. g.halfmeier@web.de. G.: Wanne-Eickel, 12. Nov. 1955. V.: Wolfgang Kuhn-Halfmeier. El.: Water u. Marga Halfmeier, geb. Rufeger. S.: 1975 Abitur, 1976 Stud. Rechtswiss. Univ. Bochum, 1981 1. Staatsexamen, Referendariat LG Bochum, 1984 2. Staatsexamen. K.: seit 1984 selbst. RA in Verden, seit 1998 Fachanw. f. Familienrecht. H.: Reisen, Kochen, gut Essen.

Halft Karl Dr.

B.: RA, Wirtschaftsprüfer. FN.: Wirtschaftsprüfer, RA u. Steuerberater Dr. Halft, Lohmar, Faillard, Hürter. DA.: 50969 Köln, Gottesweg 54. G.: Köln, 4. Feb. 1923. V.: Doris, geb. Zintzen. Ki.: Marcel (1959), Jürgen (1966). S.: 1941 Abitur in Köln-Deutz, 1941-46 Wehrdienst u. Gefangenschaft Dt. Wehrmacht, 1946-49 Jurastud. Köln, 1949 1. u. 1954 2. Staatsexamen. K.: 1949-54 Referendarzeit, 1955 Anw.-Assessor Hospitant b. Bankhaus Sal. Oppenheim Köln, 1956-63 freier Mitarb. als Anw. b. W.P./StB. Dr. Zintzen, 1956 Zulassung als Anw. am OLG Köln, 1957 Fachanw. f. Steuerrecht, 1961 Wirtschaftsprüferexamen, 1963 Sozius in Bürogemeinschaft m. Dr. Heinrich Zintzen, 1963 Übernahme u. Fortführung d. Praxis Dr. Zintzen als Wirtschaftsprüfer, Anw. u. Steuerberater. BL.: seit 1978 Mtgl. d. Prüf.-Aussch. f. Wirtschaftsprüfer. P.: Handbuch f. Personenges., Kurzkommentar z. Umwandlungsgesetz u. Umwandlungssteuergesetz. M.: Anw.- u. Wirtschaftskam. H.: Weltreisen, insbes. Schiffsreisen u.a. m. Maxim Gorki, Fußball.

Halfter Horst *)

Halim Andy *)

Hall Andreas Dr.
B.: Radiologe. DA.: 42699 Solingen, Kamperstr. 67. G.: Reigersfeld/Cosel, 20. Dez. 1939. V.: Karin. Ki.: Arndt (1966), Jörn (1969). S.: 1960 Abitur Osnabrück, 1960-65 Med.-Stud. Münster u. Tübingen. K.: 1965-68 Med.-Ass. in Osnabrück, 1968-74 FA-Ausbild. in Dortmund, seit 1976 ndlg. Radiologe in Solingen, ab 1999 Weiterführung als Gemeinschaftspraxis. BL.: Nuclearmedizin, Computer- u. Kernspintomographie, Strahlentherapie (Linearbeschleuniger). H.: Jagd, Tennis, Skifahren.

Hall Maria-Louise Dr. med.
B.: freie Ndlg., FA f. Allg.-Med. DA.: 10247 Berlin, Frankfurter Allee 27. G.: Stettin, 18. Apr. 1942. V.: Dr. med. Ekkehardt Hall. Ki.: Sven (1964), Tom (1969), Patrick (1971), Mark (1977). El.: Dr. Dr. Wilhelm u. Charlotte Sell. BV.: Ärzte u. Apotheker. S.: 1960 Abitur Ostberlin, 1961 Abitur

Westberlin, 1961-62 Tätigkeit am KH Berlin-Köpenick, 1962-68 Med.-Stud. an d. HU Berlin, Approb., 1970 Prom. z. Dr. med. K.: 1970-74 FA-Ausbild. f. Allg.-Med. am KH Berlin-Friedrichshain, 1974-90 Ärztin im Ambulatorium Berlin-Friedrichshain, seit 1991 in freier Ndlg., Schwerpunkt: Diabetologie, Akupunktur, Geriatrie. P.: Diss. "Vergleichende Untersuchungen im Rahmen d. Jugendkriminalität". M.: Bund prakt. Ärzte. H.: Nähen, Gartenarb., Innenarch., Tiere, schnell Autofahren.

Hall-Donsbach Margaret E. *)

Hallak Michel Dr. med. dent. *)

Hallbauer Christoph Dr.-Ing. *)

Hallbauer Jürgen Dipl.-Ing.

B.: Gschf. Ges. FN.: Hallbauer Exklusivwerbung GmbH Promotion Service. GT.: autorisierter Händler f. Meissener Porzellan. DA.: 04299 Leipzig, Schönbachstr. 58. hallbauer.exklusivwerbung@hallbauer.de. www.hallbauer.de. G.: Leipzig, 3. Apr. 1943. V.: Gabriele. Ki.: Antje (1964). S.: Mittlere Reife, 1960-63 Lehre z. Fernmeldemonteur in Leipzig, 1963-66 Stud. d. Feinwerktechnik an d. Ingenieurschule Dresden. K.: 1966-72 Betriebsleiter d. Sächs. Maschinen und Schraubenfabrik KG, 1972-82 Dir. d. daraus entstandenen VEB, Stud. Maschinenbau TH Chemnitz, seit 1980 Grdg. d. Familienunternehmen Werbebedarf Hallbauer, seit 1992 Gschf. Ges. u. Gründer d. Hallbauer Exclusivwerbung GmbH. P.: zahlr. Firmendarstellungen in Wirtschafts- u. Branchenzeitschriften, jährl. Hausmessen. M.: Marketingclub Leipzig e.V., BWG. H.: Golf, Skifahren, Familie, Garten.

Halle Armin
B.: Chefmoderator. FN.: Aktuell Presse-Fernsehen v. SAT1-Blick. DA.: 22607 Hamburg, von-Thünen-Straße 15. G.: Lemgo, 24. Feb. 1936. V.: Marianne, geb. Akselsson. Ki.: 3 Söhne. El.: Dr. August u. Paula, geb. Barlage. S.: Abitur, 6 J. Bundeswehr, Stud. Päd. u. Phil. K.: Red. BR, Red. u. Korrespondent Südd. Zeitung, 1973-77 Ltr. Inf. u. Pressestab Bundesmin. d. Vertr. Bonn, 1977-79 Ltr. Kommunikation u. Information im Bundeskanzleramt Bonn, 1979-83 Informationsdir. NATO Brüssel, Moderator in Fernseh-Talkshows, NDR-Talkshow u. ab 1982 Kölner Treff. P.: Geschichte d. Panzer, satir. Essays. E.: Ang. Aachener Ordens wider d. tier. Ernst.

von Halle Carl-August Dipl.-Ing. Prof. *)

Halle Horst Dr. med. Prof. *)

---

*) Biographie www.whoiswho-verlag.ch oder beigefügte CD-ROM

Halledt

Halledt Cornelia Dipl.-Vw.
B.: Gschf. Ges. FN.: Halledt Werbeagentur. DA.: 22301 Hamburg, Dorotheenstr. 91 a. cornelia@halledt.de. www.halledt. de. G.: Mainz, 28. Juni 1971. V.: Mark Halledt. S.: 1990 Abitur Aschaffenburg, 1990-92 Lehre Hotelfachfrau Darmstadt, 1992-99 Stud. VWL Hamburg. K.: 1998 Grdg. d. Halledt Werbeagentur. E.: Hess. Jugendmeisterin d. Hotelfachfachleute (1992). H.: Sport, Rennrad fahren, Lesen.

Hallen Otto Dr. med. Prof. *)

Hallensleben Manfred L. Dr. rer. nat. habil. Prof. *)

Hallensleben Volkmar *)

Haller Bert Dipl.-Ing. *)

Haller Frank Dr. rer. pol. Prof. *)

Haller Hans-Peter *)

Haller Heinz Dr. rer. pol. Drs. h.c. Prof. *)

Haller Helge *)

Haller Herbert *)

Haller Horst Dr. phil. *)

Haller Jörg
B.: Werbekfm., Grafikdesigner, Inh. FN.: Werbeagentur "Haller Wedemarketing e.K." DA.: 30900 Wedemark, Weidegrund 8. haller@wedemarketing.de. G.: Buchholz/Aller, 20. Mai 1966. V.: Dorit, geb. Ebeling. El.: Walter u. Jutta, geb. Heidelberg. S.: 1985 FH-Reife in Celle, 1985-86 Praktikum in Hannover b. d. Agenturen "ESCO Werbung" u. "Ch. Holdgrün", 1986-88 Ausbild. b. d. Agentur "Ch. Holdgrün" z. Werbekfm. in Hannover. K.: 1988-89 ang. Werbekfm. in Hannover, 1990-97 Grdg. d. eigenen Agentur in Buchholz/Aller, 1997-99 Art-Dir. in d. Firma "SAZ" in Garbsen, 2000 Grdg. d. Agentur "Haller Wedemarketing" in Wedemark. P.: div. Veröff. in Fachzeitschriften. M.: Freikirchl. Gem. Walderseestraße Hannover, Kommunikationsverband.de, BDG Bund Deutscher Grafikdesigner, IHK, Verein f. Israelfreunde. H.: Inlineskaten, Badminton, Billard, Reisen, Israel.

Haller Klaus D. *)

Haller Uwe Dipl.-Kfm. Dipl.-Hdl.
B.: Gschf. Ges. FN.: Haller & Collegen Steuerberatungs GmbH. DA.: 22846 Norderstedt, Heidbergstr. 104. G.: Hamburg, 14. Juli 1954. S.: 1972 Abitur, 1972-77 Stud. BWL Univ. Hamburg m. Abschluß Dipl.-Kfm., 1977-79 Stud. Hdl.-Lehre m. Dipl.-Abschluß. K.: 1979-80 Referendariat an d. Berufs- u. FOS in Hamburg, 1981 Prüf.-Ass. u. Steuersachbearb. einer Steuerberatungs- u. Wirtschaftsprüf.-Ges. in Hamburg u. b. 1992 in d. Wirtschaftskzl. Esche, Schumann u. Commichau in Hamburg, 1986 Bestellung z. Steuerberater, 1992 Grdg. einer Wirtschaftskzl. f. Steuer- u. Rechtsberater in Hamburg-Norderstedt, 1994 Bestellung z. vereid. Buchprüfer, 2000 Umfirmierung d. Kzl. in GmbH m. Schwerpunkt Bearb. steuerl. Angelegenheiten f. Ges., Private, alle Rechtsformen, Mittelstand, betriebswirtschaftl. Beratung u. Beratung u. Wirtschaftsprüf. F.: Gschf. Ges. d. Wirtschaftsprüf.-Ges. Suckale u. Partner in Berlin u. Hamburg. M.: Wirtschaftsprüf.-Kam. Deutschland, Steuerberaterkam. Hamburg, Fachverb. d. vereid. Buchprüfer. H.: Sport, Tennis, Skifahren, Golf, Musik, Klavierspielen.

Häller Jürgen-Walter *)

Hallermann Hermann Dr. iur. *)

Hallervorden Dieter
B.: Schauspieler. FN.: Die Wühlmäuse am Theo. DA.: 14052 Berlin, Pommernallee 2-4. halliwood@snafu.de. G.: 5. Sep. 1935. S.: Stud. Romanistik/Publizistik. K.: Grdg. u. Ltg. Kabarett "Die Wühlmäuse" Berlin, TV-Komiker, TV-Schauspieler, Kabarettist, 1968 Debüt im Kinofilm; Abra Makabra, Grand Gala - Bitte 3 x klingeln, Nonstop Nonsens, Mehrmals täglich (1969), Die Hochzeitsreise/Viaggio di nozze (1969), Das Millionenspiel (1970 TV), Ach du lieber Harry (1981), Didi, der Doppelgänger (1984), Der Mann, der seinen Mörder sucht (1981), Der Schnüffler (1983), Spottschau (1992/93), Hallervordens Spott-Light (1994-2000 75 Folgen in d. ARD), Verstehen Sie Spaß (1996/97), ZEBRALLA! - Theater-Sitcom ab Dez. 2000 12 Folgen in d. ARD. E.: TV-Komiker Nr. 1, Film: "Die Rache der Enterbten", 1984.

Hallhuber Erich *)

Hallier Bernd Dr. rer. pol.

B.: Gschf. FN.: EHI e.V.; EHI GmbH; EHI Verw. GmbH. DA.: 50672 Köln, Spichernstr. 55. PA.: 51503 Rösrath, Veilchenweg 8. G.: Hamburg, 28. Juli 1947. V.: Ingeborg, geb. Bernhard. Ki.: Alexander (1978), Sebastian (1979) und Marie Christin (1987). BV.: Großonkel Dr. Eduard Hallier, Mitbegründer Hamburger öff. Bücherhalle. S.: 1968 Abitur Hamburg-Eppendorf, 1968-73 Stud. VWL Hamburg, 1973 Dipl.-Vw., 1983 Prom. K.: 1973-84 Martin Brinkmann Zigarettenfbk., 1980 Key Account Manager, 1984 Dir. Inst. f. Selbstbedienung Köln, zusätzlich 1988 durch Verschmelzung mit d. RGH Rationalisierungsgemeinschaft d. Hdls., Gschf. DHI Dt. Hdls.-Inst. u. durch Umbenennung seit 1993 Gschf. EuroHdls.-Inst.; Ehrenamt seit 1986 Präs. ISSO Intern. Self Service Organ., seit 1997 Grdg. u. AufsR.-Vors. Orgainvent GmbH, seit 1997 Präs. EuroShop Messe Düsseldorf, seit 1999 Grdg. Gen.-Sekr. d. EUREP Köln. P.: Buch: Kultur u. Geschichte d. Hdls. (1999), Praxisorientierte Handelsforschung (2001), Mitarb. 14 Sammelwerke, über 150 Art. E.: 2000 Alois Rasin-Med. d. Tschech. Rep. H.: Kunstgeschichte, Zeitgeschichte, Gärtnerei, Reisen weltweit.

Hallifax Kelvyn
B.: Komponist. DA.: NL-Amsterdam, Elandsgracht 67. G.: London, 22. Juni 1952. V.: Bettina, geb. Westermann. El.: John u. Joyce. S.: 1968-71 Friseurlehre London. K.: 1975-78 Songs f. d. Gruppe Window, London, 1979-81 Songs f. Rick Derringer, Slayer, Angel, Foreigner, New York, 1981-83 Gruppe Electra Five, Tour d. Amerika u. Europa, 1984-87 Solo Karriere, Radio- u. Fernsehauftritte, 1985-92 Prod. u. Songwriter f. Shampoo, Foreign Affairs, Christine Kaufmann, Bridget Fogle, Olaf Krönke, Dawn Ann Billings u. a., ab 1987 Werbemusikkomp. u. Grdg. Modern Toys Musik. E.: Zahlr. Ausz. u. Preise, 1987 u. 1991 gold. Clio New York, ca. 10 Preise i. Cannes. M.: Grdgs.-Mitgl. Comm.Comp.Club Deutschl. H.: Gitarre, Keyboard, Schlagzeug, Lesen, Sport Kino, mod. Kunst. (L.P.)

Hallig Christian Dr. phil. *)

Hallmann Barney B.

B.: Literatur-Interpret. PA.: 24103 Kiel, Kirchhofallee 14. G.: Kiel, 9. Juli 1952. El.: Herbert u. Lieselotte. S.: 1971 mittlere Reife Kiel, 1971-73 Verw.-Lehre Stadt Kiel. K.: 1973-74 Wehrdienst, ab 1973 Sachbearb. im Sozialamt d. Landeshauptstadt Kiel, 1974-92 tätig in Kieler Klinik Funk e.V., ab 1983 eigenes Kleinkunstprogramm, Aufrtitte in Schulen. H.: Theater.

Hallmann Sylvia

B.: RA. FN.: Kzl. Müller Nietzschmann Hallmann Rechtsanwälte. DA.. 04275 Leipzig, August-Bebel-Straße 73. RA Hallmann@gmx.de. G.: Leipzig, 19. Nov. 1972. El.: Dipl.-Ing. Norbert u. Teresa Hallmann. S.: 1991 Abitur Cottbus, 1991-96 Stud. Rechtswiss. Univ. Leipzig, 1. Staatsexamen, Referendariat b. LG Leipzig, 1998 2. Staatsexamen. K.: 1999-2000 ang. RA in Leipzig, seit 2000 selbständige RA u. seit 2001 Partnerin in d. Kzl. Müller Nietzschmann Hallmann m. Tätigkeitsschwerpunkt Straf- u. Ausländerrecht. M.: DAV, Dt.-Poln. Juristenvereinigung, amnesty international. H.: Musik.

Hallstein Ingeborg *)

Hallstein Ingrid *)

Hallwachs Hans-Peter

B.: Schauspieler. FN.: c/o notabene Maria Pinzl. DA.: 82031 Grünwald, Lindenstr. 9a. G.: Jüterborg, 10. Juli 1938. K.: Debütierte als Pater in Frischs "Andorra" am Stadttheater Rheydt (1962/63), weitere Stationen u.a. in Bremen u. Stuttgart, im Film u.a. in "Mord u. Totschlag", "Nach Mitternacht", "Der Sommer d. Samurai", im Fernsehen in "Kabale u. Liebe", "Ein Fall f. Stein", "Cockpit", "Der Unbesiegbare" u.a.

Halm Michael Dr. *)

Halm Peter *)

Halmagyi Barbara Dipl.-Ing. BDA *)

Halmer Günther Maria

B.: Schauspieler. FN.: Agentur Above the line Berlin. V.: Claudia. Ki.: 2 Söhne. S.: Hotelfachschule, Tätigkeit in einem Asbestbergwerk in Yukon/Kanada, Falckenbergschule. K.: Filme u.a. Münchner G'schichten (1974), 21 Hours at Munich (1975), Lucky Star (1978), Die Mutprobe (1982), Peter the Great (1985), Der Weibsteufel (1988), Anna - Der Film (1988), Abrahams Gold (1990), Reiche Kunden killt man nicht (1991), Im Dunstkreis (1991), Ein Fall f. Jean Abel - Kaltes Gold (1991), Die Abel-Anthologie: Sprecht mir dessen Mörder frei (1991), Den Demokratische Terroristen (1992), Hagedorns Tochter (1993), Ninja shadow (1993), Der Fall Lucona (1993), Ihre Zeugin, Herr Abel (1995), Tödliche Wahl (1995), Ein Fall f. Jean Abel - Ein Richter in Angst (1995), Die Kommissarin: Totentanz (1995), Gnadenlos - Zur Prostitution gezwungen (1996), Die Geliebte - Happy birthday, Daddy (1996), Ein Mord f. Quandt - (8) Der Prinzgemahl (1996), Abel: Todesurteil f. Lena (1997), Abel: Spur ins Nichts (1997), Kino 2000 Innere Sicherheit, TV 1999 Trennungsfieber, 2000 Tanz mit demTeufel, Tatort, 2001 Haus der Schwestern, Die Cleveren.

Halmich Regina

B.: Profi-Boxerin, RA-Gehilfin. FN.: c/o Universum Box Promotion GmbH. DA.: 22047 Hamburg, Am Stadtrand 27. G.: Karlsruhe, 22. Nov. 1976. S.: Lehre z. RA-Gehilfin. K.: größte sportl. Erfolge: DM/1., 1994 EM Superfliegengewicht/1., Junior-Fliegengewicht, 1995 EM Fliegengewicht/1., 1995-99 WIBF WM Fliegengewicht/1., 1998/99 WIBF WM Superfliegengewicht/1. BL.: erste Frau, die als amtierende Weltmeisterin einen zweiten WM-Titel gewann.

Halsband Ulrike Dr. Prof.

B.: Univ.-Prof. f. Neuropsychologie. FN.: Albert-Ludwigs-Universität Freiburg. DA.: 79098 Freiburg, Niemensstr. 10. PA.: 79252 Stegen-Wittental, Wittenalstr. 12. halsband@psychologie.uni-freiburg.de. G.: Hamburg, 18. Mai 1955. V.: Dr. med. Arto Laihinen. El.: Halsband Prof. Dr. Egon u. Dr. Ingeborg, geb. Bläsing. BV.: Vater d. Mutter Journalist Bläsing, Vater erhielt BVK. S.: Sprachausbildung Engl., Latein, Franz., Altgriechisch und Japanisch, Stud. an d. Bachelor of Science Honours Degree Univ. of Oxford, Department of Experimental Psychology, 1982 Prom. an d. Univ. of Oxford, Univ. Bielefeld, Fak. f. Psych. u. Sportwissenschaften. K.: 1984-86 Christian-Albrechts-Univ. Kiel, 1986-90 Heinrich-Heine-Univ. Düsseldorf, 1991 Fachkrankenhaus f. Psychiatrie u. Neurologie Krefeld, 1991-93 National Institute for Psychological Sciences, Okazaki & Tohoku Univ., Sendai Japan, 1993-96 Univ. Düsseldorf, 1997 Habil., 1997 Turku PET-Centre & Univ. of Turku/Finnland, Gastdozentur, 1999 Prof. f. Neuropsychologie an d. Albert-Ludwigs-Univ. Freiburg. P.: Bücher/ Monographien, Originalarbeiten in wiss. Fachzeitschriften, Buchbeiträge. E.: Alexander v. Humboldt Forschungspreis, Dept. of Neurology, Univ. of Turku/Finnland. M.: Neurowissenschaftliche Ges., American Association for the Advancement of Science, Intern. Neuropsychological Society, Ges. f. Neuropsychologie (GNP), Intern. Society for Neuroimaging in Psychiatry, Dt. Hochschulverband, Oxford Society (German Branch), German-British Association, Milton Erickson Ges. f. Klin. Hypnose e.V. H.: Hobby-Hundezucht, Natur, klass. Musik, Fotografie.

Halstein Robert *)

Halstenberg Friedrich Dr. iur. Prof. *)

Halte Lothar Alfons *)

Haltenhof Peter *)

Halter Christoph Dipl.-Ing.

B.: Gschf. FN.: Phlipp Halter GmbH & Co Sprenunternehmen KG. DA.: 14089 Berlin, Gatower Str. 309. halter@halter-berlin.de. www.halter-berlin.de. G.: Berlin, 27. Dez. 1954. Ki.:

---

*) Biographie www.whoiswho-verlag.ch oder beigefügte CD-ROM

Halter

Isabelle (1981), Robert (1983). El.: Peter u. Ilse, geb. Schuhmann. BV.: Lord Coburn führte Napoleon in d. Verbannung. S.: 1974 Abitur, 1974-78 Stud. Elektronik m. Abschluß Dipl.-Ing., 1979-82 Stud. Verkehrswegebau FH Berlin. K.: 1982 Eintritt in d. Firma d. Vaters, ständige Weiterbild. u. Qualifizierung, seit 1989 Gschf. m. Schwerpunkt Sprengarb. u. Arbbrucharb. u. Kampfmittelräumung, Grdg. d. Bauschutt Receycling Unternehmens HAPO u. tätig als Gschf., seit 1990 Vorst.-Mtgl. LVA-Berlin. M.: Dt. Sprengverb., Güteschutzges. f. Kampfmittelräumung, Überwachungsaussch. d. Entsorgungergem. Berlin, Ltr. d. FB Abbruch, Erdbau, Receycling u. FG Bau, seit 1989 ehrenamtl. Arbeitsrichter. H.: Angeln, Natur, Lesen, handwerkl. Arbeiten.

Halter Karl *)

Haltmayr Petra
B.: Profi-Skirennläuferin, Sportsoldatin. FN.: c/o Dt. Skiverb. e.V. DA.: 82152 Planegg, Haus d. Ski, Hubertusstr. 1. www.sk-online.de. G.: 16. Sep. 1975. K.: größte sportl. Erfolge: 1999/2000 DM Slalom/2., DM Super-G/3., DM Abfahrt/3., DM Abfahrt/1., WC Abfahrt Lenzerheide/2., WC Super-G Bormio/8., WC Super-G Innsbruck/6., WC Super-G Altenmarkt/10., WC Super-G St. Moritz/8., WC Riesenslalom Berchtesgarden/10., WC Riesenslalom Cortina d'Ampezzo /10.; 2000/01 WC Abfahrt Lake Louis/1., WC Super-G Lake Louise/4. H.: Musik, gutes Essen, Motorradfahren.

Halver Werner A. Dr. rer. pol.

B.: Dipl.-Wirtschaftsgeograph. DA.: 50677 Köln, Salierring 9. halver@t-online.de. www.halver-research.de. G.: Köln, 23. Okt. 1965. El.: Klaus u. Ingrid, geb. Langner. S.: 1985 Abitur Gymn. Köln, 1987-93 Stud. VWL u. Geographie. K.: 1993-96 wiss. Mitarb. Univ. Köln, 1996 Prom., seit 1996 selbst. Tätigkeit als Unternehmensberater f. Standortanalysen u. Consulting. P.: "Standorteignung großstädtischer Agglomevation für Industriebetriebe (Köln 1996). H.: Fotografie.

Hamacher Hermann O.

B.: Gschf. Gesellschafter. FN.: On Touch Marketing & Communication GmbH. DA.: 40217 Düsseldorf, Talstraße 24. info@on-touch.de. www.on-touch.de. G.: Herten, 19. Sept. 1945. V.: Doris, geb. Dolata. Ki.: Jens Christian. El.: Hermann u. Edeltraud, geb. Karth. S.: 1966 Abitur in Recklinghausen, 1966-67 Wehrdienst, 1968-73 Stud. der Wirtschafts- u. Sozialwiss. an der Univ. Bochum. K.: 1973 Grey Advert., Ausbildung auf P&G-Accounts, ab 1978 BB-DO Düsseldorf, Managm.-Superv., 1985 Gschf. DMB&B-IMP Düsseldorf, Beratertätigkeit für: Blendax Werke Mainz, Glunz Internat., Pilkington Internat., Mepro Darmstd., ECE Hamburg, MCMK Köln, seit 1999 Gschf. Ges. On Touch Marketing & Communication Düsseldorf. F.: Ges. screen too Düsseldorf, Creation u. Produktion. H.: Tennis, Musik, Foto, Reisen.

Hamacher Hedi
B.: Klinische Kunsttherapeutin. FN.: Praxis f. Ergo-, Gestaltungstherapie, Klinische Kunsttherapie u. Spieltherapie. DA.: 66111 Saarbrücken, St. Johanner Markt 27-29. G.: Losheim, 1. Sep. 1944. Ki.: Mädchen (1966), Junge (1967). El.: Dr. Leopold u. Gertrud Ferring (Tierarzt, Bäuerin). S.: 1963 Schulabschluss in Trier, 1963-65 Ausbild. z. Goldschmiedin. K.: 1965-71 Mitarbeit in d. Tierarztpraxis d. Ehemannes u. d. Vaters, 1971-73 Stud. d. Pädagogik an d. Kath. Akad. in Trier, 1971-73 Ausbild. in "Nichtdirektiver Spieltherapie", 1973-83 Leitung d. Projekts "Leben mit Kindern" d. Univ. Trier, 1983-86 Ausbild. zur Ergotherapeutin, glz. Beginn d. Ausbild. zur psychoanalytisch orientierten Kunsttherapeutin in Stuttgart (DAGTP/DFKGT), 1987-94 Klinische Kunsttherapeutin in d. Fachklinik f. Verhaltensmed. in Berus (Saarland), 1994 Eröff. d. eigenen Praxis für Ergo-Gestaltungstherapie, Klinische Kunsttherapie u. Spieltherapie, Seminar u. Supervision, seit 1994 Freie Mitarbeiterin als Dozentin an d. Schule f. Ergotherapie d. SHG in Saarbrücken. H.: Gartengestaltung, Segeln, Reiten, Steinbildhauerei.

Hamacher Johannes Dr. *)

Hamacher Joseph Dr. med. Univ.-Prof. *)

Hamacher Jutta *)

Hamacher Rolf-Rüdiger *)

Hamacher Thomas Dr. med.
B.. FA f. Augenheilkunde, Augenoptikermeister. DA.: 82319 Starnberg, Maximilianstr. 2A. G.: Starnberg, 30. Jan. 1959. V.: Carolin, geb. Gienger. Ki.: Nina (1993), Nicola (1996). S.: 1979 Abitur München, 1979-80 Bundeswehr, 1980-83 Ausbild. z. Augenoptiker, 1983 Gehilfenprüf., 1983-88 Gehilfenzeit, 1988-90 Fachak., 1990 Meisterprüf., Med.-Stud. München, 1985 1., 1987 2. u. 1988 3. Staatsexamen, 1988 Approb., 1992 Prom. K.: 1989-90 Gastarzt Augenklinik Rechts d. Isar d. TU München, 1990-94 Ass.-Arzt Univ.-Augenklinik Mannheim, 1994 FA-Prüf., 1994-95 OA Augenklinik d. Städt. Kliniken Dortmund, 1995-96 1. OA an d. Augenklinik d. St. Josefs/St. Marien Hospitals Hagen, seit 1996 ndlg. FA f. Augenheilkunde in Starnberg, Belegarzt am KH Missions-Benediktinerinnen e.V. Tutzing. M.: Berufsverb. d. Augenärzte.

Hamacher-Schwieren Hubert

B.: Immobilienmakler, Inh. FN.: Hamacher-Immobilien RDM. DA.: 52062 Aachen, Buchkremerstr. 6. G.: Aachen, 31. Jän. 1925. V.: Christa, geb. Fellbaum. S.: 1943 Abitur, 1943-46 Wehrdienst u. Kriegsgefangenschaft. K.: 1946 Eintritt in d. elterl. Firma Hamacher-Immobilien, 1948 Teilhaber u. 1956 Übernahme d. Betriebes; Funktionen: 1958-95 öff. bestellter u. vereid. Sachv. d. IHK Aachen f. d. Bewertung v. Miet-, Pacht- u. Kaufpreisen von Immobilien, seit 1970 Mtgl. d. Oberen Umlegungsaussch. F.: Immobilien List Prokurist. P.: Mithrsg. d. Mietwerttabellen im Raum Aachen (1974-88), Vergleichende Untersuchung der Mieten (1924-1993). M.: Vorst.-Mtgl. RDM, Bez.-Verb. Köln, Bonn u. Aachen. H.: Sport.

Hamade Nazem Dr. med. *)

---
*) Biographie www.whoiswho-verlag.ch oder beigefügte CD-ROM

Hamann Alexander

B.: Gschf. Ges. FN.: IPM Projektentwicklungs GmbH. DA.: 38102 Braunschweig, Heinrich-Büssing-Ring 25. ahamann@ipm-net.de. www.ipmnet.de. G.: Berlin, 2. Feb. 1971. El.: Prof. Michael u. Bärbel, geb. Fichtner. S.: 1990 Abitur Braunschweig, 1990-94 Stud. Rechtswiss. Univ. Osnabrück, b. 1996 Referendariat OLG Naumburg, 1997 Zulassung z. RA. K.: 1996 tätig im Nachtragsmanagement d. IPM Management für Projektmanagement in Braunschweig, 1997 Aufbaustudium bei d. EBS Außenstelle Berlin m. Abschluß Immobilienökonom, ab 1998 zusätzl. Gschf. Ges. d. IPMP GmbH in Braunschweig. P.: 3 Aufsätze in Fachzeitschriften. M.: Dt. Ges. f. Baurecht, Immo EBS. H.: Segeln, Südamerikareisen.

Hamann Aristide Olivier Dipl.-Ing.

B.: Architekt, Inh. FN.: Arch.-Büro Albatros. DA.: 04105 Leipzig, Färberstraße 15. G.: Hamburg, 10. Apr. 1960. Ki.: Oona Maria (1998). S.: Stud. Arch. RWTH Aachen, 1994 Dipl. Frankfurt/Main. K.: Malerei als Autodidakt, 1996 Grdg. d. Arch.-Büros in Leipzig, Lehrauftrag f. Entwurf u. Baukonstruktion in Dessau, seit 1998 Schwerpunkt Kunstkonzepte f. öff. Gebäude. P.: Art. in Tageszeitungen, Ausstellungen: "Frühe Arbeiten" in Köln (1986), "Druckgraphik" in Köln (1988), "Figuren I" u. "Figuren II" in Köln (1993 u. 94), "Das Forum" in Leipzig (1999), "Zwischen Himmel u. Erde" in Hamburg (2000), künstl. Gestaltung d. Euro Asia Centers in Leipzig. M.: Mitteldt. Bauforum, Architektenkam. Sachsen. H.: Weltkunst, Tochter, Reisen, Fremde Kulturen.

Hamann Bernd-Jürgen *)

Hamann Dieter Dr. *)

Hamann Dietmar

B.: Profi-Fußballer, Nationalteam-Spieler. FN.: c/o Liverpool Football-Club. DA.: GB-L4 0TH Liverpool, Merseyside, Anfield Road. G.: Waldsassen, 27. Aug. 1973. V.: Tina. Ki.: Chiara (1997). S.: Abitur/A-levels. K.: 1978-89 Wacker München, 1989-1998 Bayern München, 1 Länderspiel/1 Tor, 1996 UEFA-Cup-Sieg sowie 1994 u. 1997 Dt. Meister m. Bayern München, 1998/99 Newcastle United, s. 1999 FC Liverpool. H.: Billard, Golf.

Hamann Ernst-Peter Ing. *)

Hamann Gerhard *)

Hamann Günter O. Dr. Prof. *)

Hamann Hans

B.: Kammersänger. FN.: Sächs. Staatsoper Dresden Semperoper. DA.: 01067 Dresden, Theaterpl. 2. PA.: 01309 Dresden, Stübelallee 25A. G.: Jatznick, 10. Aug. 1929. V.: Karin, geb. Werner. Ki.: Jörg, Alexander. El.: Emil u. Johanna. S.: 1952-55 Gesangsstud. Konservatorium Schwerin. K.: 1955-59 1. Engagement Theater Annaberg-Buchholz, 1959-63 Sänger Landestheater Eisenach, 1963-66 Sänger Stadttheater Plauen, 1966-70 Sänger Landesbühnen Sachsen, 1970-85 Sänger Volkstheater Rostock, 1982-85 ständiger Gast d. Staatsoper Berlin, seit 1985 Staatsoper Dresden Semperoper. H.: Literatur, Schwimmen, Reisen. (H.W.)

Hamann Hans Walter Ing. *)

Hamann Joachim *)

Hamann Karin Dr. med. *)

Hamann Kay-Uwe Dr. med. Priv.-Doz. *)

Hamann Michael

B.: Gschf., Inh. FN.: Hamann Fugentechnik Bau Omega GmbH & Co Fugentechnik KG. DA.: 18146 Rostock, Altkarlshof 6 a. G.: Rostock, 14. Okt. 1966. Ki.: Till (1987), Nele-Tina (1993). El.: Herbert u. Erika. S.: 1983 Mittlere Reife, 1983-86 Lehre Elektroinstallateur. K.: 1986-88 Facharb., 1991-92 Einstellmonteur d. Firma Otis, 1992-95 selbst. m. Einzelunternehmen, 1995 Grdg. d. GmbH & Co KG. M.: DRK, 1994-97 Sponsor d. Handballmannschaft Rostock. H.: Musik, Discomoderation, Sport, Fitness, Radfahren, Reisen, Natur.

Hamann Michael

B.: Facharzt f. Urologie. DA.: 13507 Berlin, Gorkistraße 1. G.: Berlin, 12. Aug. 1951. V.: Heidemarie, geb. Dreyer. Ki.: Christopher, Alexander, Friederike. El.: Werner u. Gerda. S.: 1971 Allg. HS-Reife, 1971-76 Stud. Chemie u. Math. TU Berlin, 1976-82 Stud. Humanmed. FU Berlin, 1982 Approb. K.: 1982-85 Ass.-Arzt Urolog. Abt. DRK-KH Jungfernheide, 1983 Vertretungstätigkeit b. Dr. Berndt Berlin-Tegel, 1985-86 Ass.-Arzt d. Chir. Abt. Rittberg-KH, 1986-92 Ass.-Arzt auf d. Urolog. Abt. Humboldt-KH, 1988 Anerkennung als Arzt f. Urologie, 1992 Ndlg. als Urologe. H.: Angeln, Modellfliegen.

Hamann Renée *)

Hamann Rudolf Oswald Dipl.-Kfm.

B. Gschf. FN.: Madge Networks GmbH. DA.: 63263 Neu-Isenburg, Martin-Behaim-Str. 4. PA.: 80689 München, Primelstr. 29. Rudolfhamann@Compuserve.com. G.: München, 3. März 1961. El.: Otto u. Centa. S.: Max-Planck-Gymn. München, 1980 Abitur, 1981-85 Stud. BWL LMU München. K.: 1985-88 EDV-Organ. b. Siemens München, 1988-90 Product-Marketing-Manager Asonic AG München, 1990-93 selbst. m. EDV- u. Marketing-Unternehmensberatung, seit 1993 b. Madge Networks GmbH als Marketingltr., seit 1995 Gschf. f. Zentraleuropa, Herstellung u. Vertrieb v. Netzwerk-

Hamann

Komponenten f. Personal Computer, seit 1997 Vice President Lan Produkte bei d. Siemens AG, Information and Communication Networks. P.: zahlr. Art. in Fachzeitschriften. M.: Marketing Club, Tennisver. H.: Squash, Tennis, Skifahren, Literatur, Musik, Reisen.

Hamann Steffen

B.: RA. DA.: 04299 Leipzig, Thiemstraße 8. G.: Leipzig, 29. Aug. 1943. Ki.: 3 Kinder. S.: 1961 Abitur Wurzen, Wehrdienst, 1964-67 Stud. Bw. Meißen m. Dipl.-Abschluß, 1970-75 Stud. Rechtswiss. Humboldt-Univ. Berlin m. Abschluß Dipl.-Jurist. K.: seit 1975 tätig im Kollegium d. RW im Bez.Leipzig, 1976-86 ndlg. RA in Oschatz. 1986-93 ndlg. RA in Schmalkalden u. seit 1993 in Leipzig m. Tätigkeitsschwerpunkt Zivil-, Familien- priv. Bau- u. Arb.-Recht. M.: Volkssolidarität Borna, Sportver. AOK e.V. H.: Camping, Reisen.

Hamann Ulla *)

Hamann Ulrich Dipl.-Ing. Prof. *)

Hamann Uwe *)

Hamann Werner O. Dipl.-Finanzierungswirt *)

Hamann-Kunstleben Helga Dipl.-Ing. *)

Hamatschek Heidrun
B.: Heilpraktikerin. DA.: 20251 Hamburg, Lokstedter Weg 84. G.: Mittellangenau, 15. März 1944. S.: Mittlere Reife, Höhere Handelsschule, Sprachschulen, Fremdsprachen, Korrespondentin, Englisch u. Spanisch. K.: 1979 Heilpraktikerin, Schwerpunkte Schmerz- u. Trauma-Therapie, Vitamin- u. Ernährungsberatung. P.: div. Vorträge, Beiträge in med. Fachzeitungen. E.: Ehrenmmtgl. im Ärztebund f. Umwelt u. Lebensschutz. M.: div. Menschenrechts- u. Naturschutzorganisat. H.: Management, wiss. Studien, Naturheilkundl. Verfahren.

Hambach Jörg *)

Hambeck Manfred Dipl.-Ing. *)

Hamberger Gusti *)

Hamberger Volker *)

Hamberger Wolfgang Dr. phil. *)

Hambitzer Manfred Dr.
B.: Dipl.-Psychologe. DA.: 90768 Fürth, Im Weller 7. G.: Gummersbach, 27. Feb. 1926. V.: Renate, geb. Thiele. Ki.: Annett (1958), Ulrike (1961). El.: Karl u. Ella. S.: 1944 Notabitur, 1944-46 Soldat d. Wehrmacht, schwere Kriegsverletzung (Verlust beider Hände), 1946 reguläres Abitur in Gummersbach, 1947-55 Stud. Germanistik, Allg. Sprachwiss., Psych. u. Phil. an d. Univ. Bonn, 1956 Dipl.-Psychologe, 1958 Prom. z. Dr. phil. K.: 1958-73 selbständig m. eigenem psychologischen Marktforschungsinstitut, 1974-88 Fachbereichsleiter im Bildungszentrum Nürnberg, systematischer Aufbau d. Erwachsenenbildung m. schwerstbehinderten Menschen unterschiedlichster Prägung, ab 1975 Ausbau d. Bürgerinitiative "Integrationsrunde f. Behindertenarbeit" im Raum Nürnberg. P.: "Schicksalsbewältigung bei Körperbehinderten", Bonvier Bonn 1962, "Erwachsenenbildung mit behinderten Menschen im Rahmen einer Volkshochschule" und "Organisation u. Finanzierung der Behinderten - Weiterbildung" in Gr. Schriftenreihe d. Lebenshilfe Marburg, Bd. 24, 1991. E.: BVK (1989), Bürgermedaille d. Stadt Nürnberg (1988). M.: Stiftungsrat d. Verein z. Förderung spastisch gelähmter Kinder. H.: Lesen (Literatur), Studienreisen.

Hambitzer Ulrich Max Dr. iur.
B.: RA. DA.: 53225 Bonn, Hermannstr. 61. G.: Bonn-Beuel, 10. Okt. 1954. V.: Ilona. El.: Heinrich u. Alice, geb. Preiss. BV.: Großvater Max Preiss (1902-1954) 1925 Grdg. Manometerfbk. Oberlungwitz/Kreis Zwickau, im Krieg Juden u. Kommunisten versteckt. S.: 1972 Abitur, 1974-75 Stud. Kunstgeschichte in Bonn u. Münster, 1975-81 Stud. Rechtswiss. in Münster u. Bonn, 1982-85 Referendariat, 1985 2. Staatsexamen, 1987 Prom. K.: seit 1985 eigene Kzl., anfangs auch Repetitorium Ahorn. P.: Wiedereinstellungsanspruch nach wirksamer betriebsbedingter Kündigung (1985), Diss.: Der Wiedereinstellungsanspruch d. Arbeitnehmers nach wirksamer Kündigung (1987), Der possesorische Besitzschutz unter getrennt lebenden Ehegatten (1989), Zur Anwendung des § 713 AO und § 51 VwVfG auf bestandskräftige Kommunalabgabenbescheide (1984), Zu den verwaltungsprozessuale Sachentscheidungsvoraussetzungen (1985). M.: Ges. f. Haustierforsch., Bonner Anw.-Ver., im Vorstand u. im Beirat d. Stiftung Castrum Peregrini, Amsterdam. H.: Kunstgeschichte, Dichtung, Jazz, Barockmusik.

Hambrecht Rainer Dr.
B.: Dir. FN.: Staatsarchiv Bamberg. DA.: 96047 Bamberg, Hainstr. 39. G.: Nürnberg, 14. Juli 1943. V.: verh. Ki.: 2 Kinder. S.: 1963 Abitur in Nürnberg, 1963-65 Stud. in Freiburg, 1965-69 Stud. Geschichte u. Germanistik in Würzburg, 1969 1. Staatsexamen Lehrfach. K.: 1969-73 Aufst. NSDAB Mittelu. Oberfranken m. Abschluss d. Prüf., 1973-74 wiss. Ang. d. Bayerischen Archivverwaltung in München, 1974-77 Referat im Bayerischen Archiv, parallel Abschluss 2. Staatsexamen, Berufseinsatz in Washington/USA, 1978-82 Archivrat am Staatsarchiv in München, 1982-99 Ltr. d. Staatsarchives Coburg, seit 2000 Ltr. u. Dir. d. Staatsarchiv Bamberg. H.: Wandern, Lesen.

Hambruch Alexander *)

Hambsch Else

B.: Dipl.-Sozialpäd. i. R. PA.: 67067 Ludwigshafen, Eichenstr. 1. G.: Kyimbila/Tansania/Ostafrika, 11. März 1935. V.: Martin Hambsch. Ki.: Udo (1961), Frohgemut (1963). BV.: aus mütterlicher Linie: Bischof Beck in Oberlausitz ca. 1900. S.: 1950-53 Gärtnerinlehre in Oberlausitz. K.: 1953-57 Gärtnerin in Ostberlin, 1957-60 Gärtnerin in Hamburg, Stockholm u. Orleans/Frankreich, 1960-62 Gärtnerin in Ludwigshafen, 1962-71 Hausfrau. Mutter, 1971-75 Stud. FH Mannheim, Dipl.-Sozialpäd., 1975-95 Dipl.-Sozialpäd. Land Rheinland-Pfalz in Ludwigshafen, seit 1995 im Ruhestand. P.: Publ. f. d. internen Schulgebrauch "Sexuelle Gewalt - sexueller Mißbrauch", "Sexueller Mißbrauch - wer hilft?" (1992). E.: 1995 VO d. Landes Rheinland-Pfalz f. ehrenamtl. Tätigkeiten im Bereich "Gewalt gegen Frauen u. Mädchen" (u.a. 1. Vors. Frauenhaus

*) Biographie www.whoiswho-verlag.ch oder beigefügte CD-ROM

LU v. 1982-86. M.: Vors. bei Wildwasser- u. Notruf Ludwigshafen e.V., 1. Vors. b. Trau-Dich! e.V., 1. Vors. b. Girlassic-Park e.V. Frauen- u. Mädchenver. Ludwigshafen, Mtgl. b. Bautzen-Komitee e.V., Bautzen. H.: Reisen, Fotografieren, Familien- u. Frauengeschichte.

Hamburg Marius Joh. Ch.
B.: Architekt. FN.: Arch.-Büro f. Gewerbe- u. Ind.-Bauten. DA.: 22041 Hamburg, Wadsbeker Allee 19. G.: Hamburg, 20. Feb. 1938. K.: seit 1969 selbst. m. Arch.-Büro f. Gewerbe- u. Ind.-Bauten. M.: Ehrenmtgl. d. 1. Berliner Potsdamer Hunting Club. H.: Reiten. (E.D.)

Hamburger Christoph
Dr. med. Dr. med. habil. Privatdoz. *)

Hamburger Elisa

B.: Kauffrau. DA.: 20249 Hamburg, Eppendorfer Landstr. 56. G.: Dresden. El.: Gerhard Krebs u. Martha Jackisch. S.: Mittl. Reife, Ausbild. z. Kauffrau. K.: tätig in Dresden - Prag - Dresden, 1954 Eintritt i. d. SED, wegen Austrittserklärung in 1955 -Ausschluß d. Parteiverfahren u. berufl. Diskriminierung, 1957 Übersiedlung n. Hamburg, selbst. als Hundepflegerin m. behördl. Berechtigung z. Lehrlingsausb., 1972-85 HS f. Musik u. Theater Hamburg, Vorz. Präsident, Ruhestand seit 1986. BL.: 1966 Errichtung d. Gustav Prietsch Stiftung, hier Vorstvors., Mtgld. d. Patriotischen Gesellsch. v. 1765 in Hamburg, im Arbeitskreis Soziale Fragen, 1986 Grdg. eines v. Besucherkreises f. einsame Menschen in Pflegeheimen, Besuche auf ehrenamtlicher Basis auch z. Zt. noch. H.: klass. Musik, Lesen.

Hamburger Wolfgang *)

Hambusch Lutz Dr. iur. utr. Prof. *)

Hamdani Natik
Dr. med. Dipl. Psychl. Dipl. Sportl.

B.: FA f. Allg.-Med., FA f. psychotherapeut. Med., Naturheilkunde, Homöopathie, Sportmed., Psychotherapie u. Psychoanalyse (Gruppen). DA.: 50937 Köln, Emmastraße 21. G.: Bagdad, 19. Dez. 1948. V.: Eveline, geb. Schlosser. Ki.: Pia, Firas, Muna. S.: 1968 Abitur, Stud. Sportwiss. Dt. Sport-HS Köln, 1980 Dipl., Stud. Med. Phil. u. Psych. Univ. z. Köln, 1988 Staatsexamen, 1990 Prom. K.: 1994 FA f. Allg.-Med., seit 1994 ndgl. in eig. FA Praxis in Köln, 1997 FA f. psychotherapeut. Med. H.: Tennis.

Hamel Hannelore Dr. rer. pol. *)
Hamel Heinrich *)

Hamel Jens *)
Hamel Jörg Dipl.-Vw. *)
Hamel Maren *)
Hamel Peter Michael *)
Hamelmann Joachim Dipl.-Ing. *)
Hamelmann Karin *)

Hamer Babette Dr. rer. nat.

B.: Gschf. FN.: Hamer Soundsystems GmbH & Co KG. DA.: 51147 Köln, Niederkasseler Str. 3a. hamersoundsystems@t-online.de. G.: Köln, 27. Mai 1963. V.: Klaus-Peter Walterscheid. Ki.: Anica. El.: Jochen u. Ingeborg Hamer, geb. Diamant. S.: 1982 Abitur Siegburg, 1982-88 Physikstud. m. Abschluss Dipl.-Phys., 1992 Prom. z. Dr. rer. nat. K.: seit 1998 Gschf. d. Hamer Soundsystems GmbH & Co KG. M.: CDU Mittelstandsver. H.: Reiten, Musik, Zeichnen.

Hamer Eberhard O. Dr. rer. pol.
B.: Rechtsanwalt. DA.: 30419 Hannover, Augustinerweg 20. PA.: 30419 Hannover, Westermannweg 26. G.: Mettmann, 15. Aug. 1932. V.: Iris, geb. v. Valtier. Ki.: 3 Kinder. El.: Heinrich u. Margot. S.: Hum. Gymn. K.: 1966-72 Vorst.Ass. Thyssen AG, Gen.Sekr. Varta AG, 1963-73 RA, ab 1972 Prof. Wirtschafts- u. Finanzpolitik Bielefeld, Ltr. u. Gründer Mittelstandsinst. Niedersachsen, Gründer u. Präs. Bundesarbeitsgem. Mittelstandsforsch., BeiR. Diskont Bank AG Frankfurt, Präs. Dt. Mittelstandsstiftung. P.: mehr als 500 Aufsätze u. mehr als 30 Monographien z. Mittelstands- u. Verw.Ökonomie, z.B. Bürokratieüberwälzung auf d. Wirtschaft (1979), Privatisierung als Rationalisierungschance (1981), Wer finanziert den Staat? (1981), Neue, subjektive Unternehmertheorie, in: Die Unternehmerlücke (1984), Wie Unternehmer entscheiden (1988), Das mittelständische Unternehmen (1987), Privatisierungspraxis (1991), Mittelstandsökonomie Bände I-VI (1998), Was ist ein Unternehmer (2001), Strategien aus dem Crash (2002). E.: 1984 Dt. Mittelstandspreis, 1987 Bundesverdienstkreuz,1988 Bundesmittelstandspreis, 1999 Preisträger "Kustor d. dt. Mittelstandes". H.: Forstwirtschaft, Jagd, Musik. (H.J.L.)

Hamer Peter *)

Hämer Jürgen Dipl.-Kfm. Dr. rer. pol.
B.: Kfm., Gschf. Ges. FN.: Dr. Hämer + Partner, Unternehmensberatung. DA. u. PA.: 70184 Stuttgart, Sonnenbergstr. 13. G.: Kassel, 11. März 1930. V.: Christine. Ki.: Therese (1962), Martin (1964), Cid (1965). S.: 1951 Abitur in Kassel, 1952-56 Stud. Betriebswirtsch. Univ. Frankfurt/M., 1958-60 Stud. Finanzwiss. u. Soz. Univ. Wien, 1960 Prom. z. Dr. rer. pol. K.: 1956-59 Tätigk. in Wirtschaftsprüf.-Ges., 1961-64 Konzernltg. b. Fa. Krupp, Essen, 1964-66 Unternehmensberatg. b. Fa. Baumgartner, 1966 Firmengründ. u. selbst. Unternehmensberater, ab 1966 Aufbau d. Firmengruppe Dr. Hämer + Partner, Unternehmensberatung, Informatik-Systemtechnik, MPS-Plan Stuttgart u. Dresden, seit 1975 selbst. vereid. Sachv. f. Wirtschaftsfragen; seit 1981 Pferdezucht u. biol.-

---
*) Biographie www.whoiswho-verlag.ch oder beigefügte CD-ROM

dynam. Landwirtsch., 1996 Fusion d. Firmengruppe, 1997 Umwandlung in Informatik Consulting Systems, ICS AG, seither Vorstand in ICS AG. H.: Segeln. (U.B.)

Hamerla Waldemar

B.: Prok. FN.: Otto-Große-Ophoff Oberflächentechnik GmbH. DA.: 45772 Marl-Sinsen, Schmielenfeldstraße 49. otto-grosse-ophoff@t-online.de. G.: Neustadt, 29. Jan. 1953. V.: Ulrike, geb. Miching. Ki.: Stefanie (1979), und Nicole (1984). El.: Alois u. Irmgard, geb. Goeltz. S.: 1970 Mittlere Reife Gelsenkirchen, 1972 Lehrabschluß Groß- u. Außenhdl.-Kfm., 1976 BWLu. EDV-Fachschule Düsseldorf. K.: 1979 kfm. Ang. versch. Firmen in Gelsenkirchen u. Köln, b. 1987 Betriebsltr. im Stahl- u. Beschichtungswerk in Gladbeck, 1988 Betriebsltr. u. später Prok. d. Firma Große-Ophoff, Expansionsmaßnahmen in FNL. M.: polit. tätig im Bez.-Aussch. H.: Familie, Radfahren, Lesen, Hund.

Hamers Katharina Susanne

B.: RA u. Sozialpädagogin. DA.: 24937 Flensburg, Rote Str. 19 a. kasu.hamers@aol.com. G.: Berlin, 10. Feb. 1957. V.: Dieter Hamers. Ki.: Clemens Frotscher. El.: Christian u. Emily Frotscher. BV.: Großvater Prof. Dr. Gotthold Frotscher - Prof. f. Musik. S.: 1973-76 Ausbild. Erzieherin, 1991 Abitur, Stud. Jura, 1996 1. u. 1998 2. Staatsexamen. K.: seit 1999 ndlg. RA in Flensburg. H.: Gitarre spielen, Töpfern, Lesen.

Hames Hartmut *)

Hamesse Jean-Elie

B.: selbst. Architekt. FN.: Arch.-Büro Jean-Elie Hamesse. DA.: 38116 Braunschweig, Franz-Rosenbruch-Weg 1. hamesse@architekten-profile.de. www.hamesse.de. G.: Etterbeek/Brüssel, 20. Nov. 1935. V.: Jetta, geb. Sautter. Ki.: Celia-Aurelie (1973). El.: Léon u. Elisabeth, geb. van het Kaar. BV.: Adolphe Hamesse, Landschaftsmaler Ende d. 19. Jhdt., Jean-Baptiste Hamesse, geb. 1728, Stallmeister im Schloß v. Antoing, Philippe-Joseph Hamesse, geb. 1769, staatl. Jagdmeister, Georges-

Napoleon Hamesse, geb. 1812, Typograph in Brüssel. S.: 1956 HS-Reife Brüssel, Arch.-Stud. an d. Académie d. Beaux-Arts u. an d. Ecole Supérieure d'Architecture St. Luc Brüssel, 1964 Dipl., Aufbaustud. Städtebau, Orts- u. Regionalplanung an d. TU München, 1974 Abschlussarb., Fernlehrgang "Baubiologie" am Inst. f. Baubiologie u. Ökologie Neubeuren. K.: 1964-65 Mitarb. im Arch.-Büro v. Michael Kuhn in Tel-Aviv, Wettb. Städtebau Jerusalem, 1. Preis, 1968-71 eigenes Arch.-Büro in Brüssel, 1972-74 Aufbaustud. an d. TU München, 1975-81 wiss. Ass. an d. TU Braunschweig, 1982-83 eigene Weiterforsch. über alternative Arch. m. versch. Veröff., ab 1983 eigenes Arch.-Büro in Braunschweig, ab1987 zusätzl. Arb. im Bereich d. Planens u. Bauens in alter Bausubstanz u. d. Denkmalschutzes, Wettb. Bauen in Einklang mit der Natur,

2 Preis u. Auszeichn. f. kostensparendes Planen u. Bauen. P.: Vorträge auf Tagungen u. Symposien, 2 Bücher über Stadt- u. Dorfentwicklung in Indien, Buch über Gartengestaltung mit Altmaterial u. über ökologische Bausanierung, zahlr. Art. über Probleme d. städt.-ländl. Verflechtung, über ökolog. Gedankengut in d. Arch. u. über Low-Cost-Housing. M.: Interessengemeinschaft "Bauernhaus", ehrenamtl. Beratungen u. Seminare über Altbaurenovierung. H.: Graphik.

Hamich Anke *)

Hamich Franz Ing.-Ökonom

B.: Unternehmer, Inh. FN.: Computer Franz Softwarehaus & Hardwareservice, Programmierschule. DA.: 12623 Berlin, Schongauer Straße 10. compfranz@compuserve.de. G.: Neudeck, 5. Okt. 1942. V.: Brigitte, geb. Manski. Ki.: Stefan (1968). S.: 1949-59 Bruno-H.-Bürgel-Schule Potsdam-Babelsberg, 1959-61 Lehre Tranfomonteur Reichenbach, 1961-64 Wehrdienst, 1969-74 Fernstud. Ökonomie Rodewisch-Fachschule f. Ökonomie m. Abschluß Ing.-Ökonom. K.: 1965-85 Programmierer, Systemprojektant u. Projektltr. im Rechenzentrum d. Min. f. Wiss. u. Technik DDR, ab 1975 Mitprojektant bei AIDOS u. Mitentwicklung d. REDABAS, 1985-88 ReichsbahnR. d. Reichsbahn u.a. Initiierung d. Lichtwellenltr.-Nutzung an Hauptbhf. in Berlin, zuletzt Hauptabt.-Ltr. f. Softwarestrategie im KAAB, Aufbau d. Abt. MRTE-SE, 1990-91 Inst.-Ltr. d. ASIG, seit 1992 selbst. m. Computer Hardware u. Software, Programmierung, Programmierschule u. Hardwareservice, glz. Doz. in d. Comhard GmbH in Lichtenberg. BL.: zu DDR-Zeiten Projektltr. f. Entwicklung d. Programmgenerators PROGEN-1 f. d. Min. f. Wiss. u. Technik entsprechend d. LPG v. Siemens. M.: MSDN. H.: Gitarre spielen, Angeln.

Hamilton David Alan *)

Hamilton Hugh Gerard jun.

B.: Consul General USA. FN.: American Consulate General. DA.: 60323 Frankfurt/Main, Siesmayerstr. 21. G.: Kansas City, 22. Jan. 1938. V.: Katarina, geb. Wangsten. Ki.: Hugh III (1972), Jennifer (1978). El.: Hugh Gerard u. Matilda. S.: Stud. Washington u. Lee Univ. Lexington/Virginia, 2 J. Lt. b. d. U.S. Armee, 2 J. Zivilist b. nuklear U-Boot-Programm d. U.S. Marine. K: 1969 Eintritt Diplomat. Dienst d. Vereinigten Staaten, diplomat. Karriere in Deutschland (1971-73), d. Sowjetunion (1977-80), in Polen (1983-86) u. in Luxembourg (1986-89), 1980-82 stellv. Dir. f. Sowjetangelegenheiten im U.S. Außenmin., 1992-93 u. 1994-95 stellv. Koodinator f. osteurop. Umstellungshilfe, 1993 Konferenz f. Sicherheit u. Zusammenarb. in Europa, Eröff. Repräsentant d. ständigen KSZE Vertretung in Latvia, 1992 u. 1993 Ltg. d. Interministeriellen Arbeitsgruppe d. U.S. Reg., 1995-97 Ltr. d. Büros f. Ausfuhrkontrollpolitik f. Rüstungsgüter innerhalb d. polit.-militär. Abt. d. U.S. Außenmin., weitere diplomat. Stationen: Aufenthalte in Kuwait (1969-71), Zaire (1974-76) u. Elfenbeinküste (1989-92). M.: Rotary Club Frankfurt-Friedensbrücke. H.: Tennis, Computer, Lesen.

Hamke Christoph Joachim *)

Hämke Reinhold *)

*) Biographie www.whoiswho-verlag.ch oder beigefügte CD-ROM

Hamkens Henning

B.: Gschf. Ges. FN.: Weiland Bücher und Medien. DA.: 23552 Lübeck, Königstr. 67a. henning.hamkens@hl.weiland.de. www.weiland.de. G.: Lübeck, 26. Apr. 1937. V.: Karin, geb. Laukamp. Ki.: Anna-Maria (1975). El.: Otto-Paul u. Gretchen. BV.: Bauernführer u. Lehnsherren, Gerichtspräs. S.: 1955 Abitur in Lübeck, 1955 Volontariat, 1956-59 Ausbild. z. Buchhändler in Hamburg b. Weitbrecht u. Maressae. K.: 1959-60 b. Blackwells in Oxford/England, 1960-61 Econ Verlag, 1961-62 in d. med. Fachbuchabt. b. Huber in Bern, 1962-63 Deuerlichsche Buchhdlg., 1963 Einstieg ins elterl. Unternehmen, Prokura, Geschäftsführung u. Teilhaber, 1977 Übernahme d. Bücherkabinetts in Hamburg-Wandsbek, 1979 Kauf d. Univ.-Buchhdlg. Mühlau in Kiel, 1983 erste Großbuchhdlg. Weiland in Kiel eröff., 1988 Buchhdlg. Weiland in Karree eröff., seit 1989 Investition in 7 weitere Buchhdlg. in Flensburg, Neumünster, Schwerin, Wismar, Rostock, Stralsund, Greifswald u. Neubrandenburg. M.: Dt. Thomas-Mann-Ges., Overbeck-Ges., Förderver. d. Buddenbrook-Hauses, weitere kulturelle Ver. H.: Golf, Reiten, Segeln, Literatur, Arch.

Hamm Bernd Dr. rer. pol. Dr. h.c. Prof. *)

Hamm Bernd Dr. med. Prof. *)

Hamm Dorothea

B.: Apothekerin, Inh. FN.: Olympia-Apotheke. DA.: 76137 Karlsruhe, Karlstr. 99. PA.: 76137 Karlsruhe, Bahnhofstr. 24. olympiapoka@t-online.de. G.: Wachenheim an d. Weinstraße, 28. Juli 1951. V.: Wolfgang Hamm. Ki.: Katharina (1983), Johanna (1986). El.: Hemann u. Katharina Heß. S.: 1970 Abitur, 1970-72 Praktikum Adlerapotheke Kaiserslautern, 1972-775 Stud. Pharmazie Karlsruhe u. Heidelberg. K.: 1976-89 ang. Apothekerin in versch. Apotheken, 1989 selbst. m. d. Fortuna-Apotheke in Karlsruhe u. Schwerpunkt Homöopathie, Naturheilkunde u. weitgehende Beratung, 1991 Einstieg in d. Aromatherapie, 1995 Grdg. d. Tochterfirma l'aroma z. Herstellung v. Aromapflegeprodukten, 2000 Eröff. d. Olympia-Apotheke. M.: Ver. Forum Essenzia, Ver. Geburt u. Leben, AKF. H.: Fotografieren.

Hamm Heidrun *)

Hamm Heinrich

B.: selbst. Vers.-Makler. FN.: Fairsicherungsbüro Hamm GmbH. DA.: 71063 Sindelfingen, Wurmbergstr. 5. G.: Stuttgart, 22. Juli 1961. V.: Ingrid, geb. Wolff. El.: Ernst u. Käthe. BV.: Jakob Hamm - StadtR. in Sindelfingen; Großonkel Paul Heininger - Kunstmaler. S.: 1981 Abitur, 1981-84 Stud. Betriebswirtschaft Berufsak. Stuttgart, Abschluß Dipl.-Betriebswirt, 1984-86 Zivildienst. K.: 1986-87 Firmenleiter der Magdeburger Vers.-Gruppe f. Baden-Württemberg, 1987 Übernahme d. elterl. Vers.-Büros. 1991 Grdg. d. GmbH als Vers.-Makler m. gewerbl. u. priv. Vers.; Funktion: Doz. f. BWL an d. Berufsak. Stuttgart. F.: Fairsicherungsbüro Hamm GmbH. M.: 1984-89 Kreistag d. "Die Grünen"/Bündnis 90, 1990-96 Vorst. im Verbund d. "Fairsicherungsläden e.G., Schwarzwaldverein, Die Grünen/Bündnis 90, BVK, Best Intention. H.: Ldw.,Fruchtsafterzeugung, Motorradfahren, Wandern, Radsport, Literatur, Rockmusik.

Hamm Heinrich Dr.-Ing. *)

Hamm Helmut *)

Hamm Henning B.W.A. Dr. med. Univ.-Prof.

B.: Arzt f. Haut- u. Geschlechtskrankheiten Univ.-Hautklinik Würzburg. DA.: 97080 Würzburg, Josef-Schneider-Str. 2. G.: Dortmund, 10. Juni 1954. V.: Katrin, geb. Langfritz. El.: Dr. med. Alexander u. Auguste. S.: 1972 Abitur, 1972-79 Med.-Stud. Bochum u. Münster, 1979 Staatsexamen u. Prom. K.: Ass.-Arzt Chir. Abt. KH Lütgendortmund, Stabsarzt Bundeswehr-KH Detmold, 1982-92 Univ.-Hautklinik Münster, 1986 Arzt f. Haut- u. Geschlechtskrankheiten, 1987 Arzt f. Allergologie, 1989 Habil., seit 1992 C3-Prof. Univ.-Hautklinik Würzburg, ltd. OA. P.: zahlr. Publ. M.: Dt. Dermatolog. Ges., Europ. Akademie f. Dermatologie u. Venerologie, Europ. Ges. f. Pädiatr. Dermatologie, Ver. f. Operative Dermatologie, Arge Dermatolog. Forsch.

Hamm Josef Dr. med. Prof. *)

Hamm Ludwig Dr. iur. *)

Hamm Michael Dr. Prof. *)

Hamm Peter

B.: RA. FN.: RAe Frenzel & Hamm. DA.: 01139 Dresden, Rodung 4. G.: Dresden, 13. Feb. 1940. S.: 1955-58 Lehre als Beriebs- u. Verkehrseisenbahner, 1958-63 Wehrdienst, 1963-65 tätig als Eisenbahner u. glz. Mittlere Reife Abendschule, 1965-70 Stud. Verkehrstechnik m. Abschluß Dipl.-Ing., 1980-86 Fernstud. Humboldt-Univ. m. Abschluß Dipl.-Jurist, 1986-87 Fernstud. Päd. an d. TU Dresden. K.: 1970-73 Maschinentechniker d. Reichsbahndion., 1973-75 Insp. f. Verkehrssicherheit im Kraftverkehrskombinat, 1975-91 Doz. an d. Verkehrs-HS u. FS f. Verkehrstechnik, 1991-96 stellv. Gschf. d. RA-Kam., 1995 Zulassung z. RA u. Grdg. d. Kzl. m. Tätigkeitsschwerpunkt Bau-, Verkehrs-, Vertrags-, arb.- u. Hdl.-Recht, 1996 Grdg. d. Sozietät; Funktionen: seit 1969 Lehrtätigkeit an d. Handwerkskam., Meisterausbild. f. Bw., Lehrtätigkeit f. versch. Bild.-Träger u. an d. Ersatzschule d. Kultusmin. P.: Veröffentlichungen in Fachbüchern u. Tageszeitungen. H.: Garten, Bauen.

Hamm Udo Dr.-Ing. *)

Hamm-Brücher Hildegard Dr. *)

Hamm-Gertz Wolfgang *)

Hamma Armin *)

Hammacher Klaus Dr. Univ.-Prof. *)

*) Biographie www.whoiswho-verlag.ch oder beigefügte CD-ROM

Hammacher Rainer *)

Hammacher Wilfried *)

Hammacher Winfried Dr. iur. *)

Hammächer Helmut Dr. phil. *)

Hammann Hans J. *)

Hammann Peter

B.: Zahntechnikermeister, selbständig. FN.: dentaform. GT.: Ausbildungskurs z. Herstellen von Golfschlägern, durchgeführt v. englischen Clubfitting-Spezialist Chris Treacy, Herstellung u. Produktion v. Puttern nach eigenen Entwürfen in verschiedenen Materialien. DA.: 80801 München, Hohenstaufenstr. 5. dentaform@web.de. G.: München-Schwabing, 14. Feb. 1958. V.: Lebenspartner: Heike Gramatzki. El.: Dipl.-Kfm. Hanns u. RA Victoria, geb. Bilger. S.: 1978 Abitur, 1978-81 Lehre Zahntechniker im Dentallabor Wolfgang Schwarz GmbH in München m. Abschluss. K.: 1981-85 Zahntechniker in Ausbilderfirma, 1985-92 Zahntechniker im Dentalkeramischen Labor Reinhard Haas in München, 1992-93 Meisterschule f. Zahntechnik München, Abschluss Meisterbrief, seit 1994 selbst., Grdg. d. Firma dentaform in München, jegliche Art v. Zahnersatz, Schwerpunkt Edelmetall- u. Kombinationstechnik, sowie Keramik, versch. Fortbildungskurse im Bereich Kombinationstechnik, sowie Keramik. BL.: Liedtexter u. Komponist v. dt. Volksmusik. M.: Jura Golfclub Ichlhofen/Oberpfalz, Mtgl. d. GEMA München. H.: Golf, Tennis, Skifahren, Radfahren, Gitarrespielen u. künstlerisches Gestalten.

Hammann Walter *)

Hammann-Boretti Erich *)

Hammar Carl-Heinz Dr. med. Prof. *)

Hammar Ingrid Dr. med. *)

Hammel Detlef Ing. *)

Hammel Herbert Wolfgang *)

Hammel Kurt Dipl.-Ing.

B.: Gschf. FN.: TCE TeleControlExpert GmbH Ges. f. Automatisierung. DA.: 75417 Mühlacker/Enzberg, Heilbronner Str. 40. PA.: 75196 Remchingen, Birkenweg 3. k.hammel@tcecontrol.de. www.tcecontrol.de. G.: Karlsruhe, 2. Feb. 1952. V.: Christa, geb. Leonhardt. Ki.: Nicole (1979) und Andre (1982). El.: Johann u. Katharina. S.: 1969 Mittlere Reife in Karlsruhe, 1969-71 Praktikum Kernforsch. Karlsruhe, 1971-72 FH-Reife Karlsruhe, 1972-76 Stud. Nachrichtentechnik FH Karlsruhe, Dipl-Ing. K.: 1976-97 b. SEL Pforzheim u. Stuttgart, Entwicklungsing., Abt.-Ltr., Hauptabt.-Ltr. im Betrieb, Schwerpunkt: USA, Asien, 1997-98 Gschf. b. Firma IFA COM Heilbronn, 1998 Grdg. d. Firma TCE Ges. f. Automatisierungstechnik. BL.: Entwicklung v. einigen Kommunikationsprodukten d. heute im Dt. Museum in München liegen. P.: Fachart. in versch. Fachzeitschriften. M.: VDEW, Sportver. H.: Eisenbahn, Fußball.

Hammel Markus Dipl.-Ing.

B.: Architekt, Partner. FN.: Büro Joest, Walther & Partner. DA.: 69120 Heidelberg, Bergstr. 52. PA.: 69124 Heidelberg, Schäfer. 47. markushammel@gmx.de. G.: Essen, 31. Mai 1961. V.: Elisabeth, geb. Trnka. Ki.: Fabian (1994), Felix (1996). El.: Prof. Dr. Walter u. Hedwig,geb. Kerlfeld. S.: 1980 Abitur, 1981-88 Stud. Arch. TU Berlin, TH Darmstadt u. TU Graz. K.: während d. Stud. freier Mitarb. in versch. Arch.-Büros, 1988-89 freier Mitarb. bei Rolf Schütte in Heidelberg, 1989-2000 freier Mitarb. bei P. Joest u. H. Walther in Heidelberg u.a. im Bereich Hochbau, öff. Großaufträge u. Projektltr. u.a. f. Grundschule, Sporthalle u. Kindergarten in Mosbach, 1998 freier Mitarb. im Büro Gisela Fuchs, 1999-2001 Projektltr. "Alte Glockengießerei" Wohn- u. Gewerbequartier in Heidelberg, seit 2001 Partner im Büro Joest, Walther & Partner. E.: 1992 1. Preis im Wettbewerb "Zentraler Omnibusbhf. Mosbach". M.: Pfarrgemeinderat. H.: Familie, Volleyball, Radfahren, soziales Engagement.

Hammel Walter Dr. Prof.

B.: HS-Lehrer. PA.: 33102 Paderborn, Rolandsgärten 1. G.: Oberhausen, 1. Jan. 1928. V.: Hedwig, geb. Kerlfeld. Ki.: Markus, Christoph, Bernward. El.: Ernst u. Paula. S.: 1946 Abitur, 1951 Prom. K.: 1953-62 Lehrer in Essen, 1962 Ass. in Aachen, 1963 Lehrbeauftragter in Münster, seit 1964 HS-Lehrer in Paderborn. P.: Wandel der Bildung (1970), Autorität (1973), Jugend zwischen Beanspruchung und Selbstverwirklichung (1985), Natur-Erfahrungen, Natur-Einstellungen (1987), Lernfähigkeit - Erbe, Beanspruchung, Begabung (1992), Geschichte pädagogischer Wertorientierung (1993), Beruf und Rollenbilder des Lehrers (1994), Wege d. Bildung (1996), Was ist Erfahrung? (1997), Der krisenhafte Werdegang des Menschen (1999).

Hammelehle Paul W.

B.: Dir. FN.: Andersen Hotel Management GmbH. DA.: 42853 Remscheid, Bismarckstr. 39. PA.: 53177 Bonn, Weißdornweg 20. p.-w.hammelehle@andersen.de. G.: St. Blasien, 12. Apr. 1966. V.: geschieden. Ki.: Jan. El.: Manfred u. Christa, geb. Streit. S.: 1984-87 Ausbild. z. Koch im Silencehotel Ursee in Lenzkirchen, Berufsschule Villingen-Schwenningen. K.: 1987-88 Koch Personalrestaurant Contraves in Zürich, 1988-87 Erster Fischkoch am Kreuzfahrtschiff MS-Seaward in Miami/USA, 1989 Commis de cuisinne, Chef de partie Hotel Kulm/Schweiz, 1989-91 Hotel Albtalblick in Häusern, 1991-92 Sheraton Perth Hotel in Perth/Australien, 1992-97 Ltr. d. Hotel Albtalblick in Häusern, 1997-99 Ltr. Andersen Hotel in Eisenach, seit 1999 Dir. d. Hotel Andersen Remscheider Hof, 1992 Ausbildnereignungsprüf., 1993 Küchenmeister, 1999 Zuerkennung d. Eign. z. Ausbild. Hotelkfm., dzt. Betriebswirtschaftsstud. an. d. Fachak. Erfurt. M.: Arbeiterwohlfahrt. H.: Ausdauersport.

Hammelmann Christian Dr. med.

B.: FA f. Allg.-Med., Kur- u. Badarzt. DA.: 79189 Bad-Kronzingen-Bingen, Hauptstr. 34. G.: Chemnitz, 2. Dez. 1943. V.: Alla, geb. Lojonova. Ki.: Arnulf, Christina, Amelie. El.: Dr. Arvin u. Dr. Ursula, geb. Thielemann. S.: 1963 Abitur Schlüchtern, 1963-69 Stud. Med. Univ. Wien, u. Freiburg, Prom. K.: 1969-70 tätig im Bereich Neugeborenenmed. bei Prof. Weibel, tätig an d. Kehlheim Kinderklinik u. am KKH, Bundeswehr, 1971-72 Ausbild. in Chir. bei Prof. Kresser, 1974 Eröffnung d. Landpraxis u. Anerkennung als Kur- u. Bade-Arzt. M.: Ärztekam., Schlagende Verbindung, Turnerschaft, Golfclub, Grdg.-Mtgl. v. Freiburg Tuniberg. H.: Golf, Lesen, Medizin.

Hammelrath Alf *)

Hammentgen Ralf Dr. med.

B.: ndlg. Arzt f. Innere Krankheiten, Kardiologie u. Angiologie. FN.: Praxis Dr. R. Hammentgen. DA.: 46242 Bottrop, Bahnhofstr. 24. hammendgen@aol.com. G.: Duisburg, 7. Aug. 1957. V.: Karin, geb. Schwientek. El.: Kurt u. Margarete, geb. Basten. S.: 1976 Abitur Duisburg, 1976-83 Med.-Stud. in Düsseldorf, 1983 Approb. als Arzt RP Düsseldorf, 1984 Prom. z. Dr. med. K.: 1984-85 Ass. Angiologie Städt. Klinik Duisburg, 1987-89 Unib. Bonn Kardiologie, 1991-95 Herz-Zentrum Bad Oeynhausen Kardiologie u. Angiologie, seit 1995 ndlg. Arzt f. Innere Krankheiten, Kardiologie, Agiologie u. Akupunktur in Bottrop, ambulante Standimplantation in Zusammenarb. m. Univ. Essen, seit 2 J. Mag.-Stud. Phil., Psych. u. Rechtswiss. an d. FU Hagen. P.: Altas u. Lehrbuch d. Transösophagealen Echokardiographie. M.: BDI - BNK u. Dt. Ges. f. Herz- u. Kreislaufforsch., FDP.

Hammer Andreas *)

Hammer Andreas Gerardus Johannes Maria

B.: Geschäftsführer. FN.: Connekt in Delft-NL. DA.: Besucheradresse: 2629 HAT Delft-NL, Kluyverweg 6, Postadresse: 2600 AA Delft-NL, Box 48. PA.: 8242 CA LELY-STAD-NL, Boeier 01-10. Hammer@euronekt.nl. G.: STEENWIJK-NL, 11. Okt. 1951. V.: Francisca Josephina Maria, geb. Knebel. K.: 1975-85 bei GCEI (=Teil d. Stadtverwaltung) AMSTERDAM-NL als Berater EDV, 1985-90 EDV-manager GVB Gemeenteverwoerbedrijf Amsterdam (=städtlichen Verkehrsbetrieb AMSTERDAM-NL), 1990-95 Dir. d. Verwaltung u. Vorst.-Sekr. d. VSN-Groep (die niederländischen Holding regionaler Verkehrsbetrieben in UTRECHT-NL), glz. Aufbau eines weltweiten Netzes f. Partnerschaftliche Zwecke, 1995-96 Gschf. HBC BV (=Consultingunternehmen) in LELYSTAD-NL, 1997-98 Gschf. TransTeC Amsterdam BV (=Ingenieursbüro) in AMSTERDAM-NL, 1997 Gründer u. Gschf. Hammer Management Services BV (=Interimmanagementdienste) in LELYSTAD-NL, 1997-2000 Marketing u. Vertriebsltr. u. ab 1998 Gschf. d. move Entwicklungs- Infrastruktur- u. Serviceges. m.b.H. (=Verkehrsmanagementdienstleister) in HANNOVER-D, 1998-2000 Gschf. d. Arge Info-Regio (=Busmanagement u. Lotsendienstleistungen) in BRAUNSCHWEIG-D. F.: Belham Beheer BV in LELYSTAD-NL, TransTeC Amsterdam BV in AMSTERDAM-NL. P.: in Fachliteratur. E.: Mtgl. internat. Ausschüsse f. EDV u. Innovation in Nahverkehr, Vors. d. Aufnahmekammer u. Mtgl. d. AufsR d. VRI (Verein f. Registerinformatiker) in ZEIST-NL. M.: VRI (=Verein f. Registerinformatiker) in ZEIST-NL, NGI (Genossenschaft f. Informatiker) in d. NL, UITP (Union International de Transport Publique) in Brüssel-B, IGC-De Industrieele Groote Club in AMSTERDAM-NL. H.: Kulturgeschichte, Musik, Reisen, Autos, Familie.

Hammer Andreas Gustav Wilfried *)

Hammer Berny *)

Hammer Birgit

B.: Landschaftsarchitektin. FN.: Landschaftsarch. Birgit Hammer. DA.: 10997 Berlin, Skalitzer Str. 68. G.: Magdeburg, 3. Okt. 1961. S.: 1978 Mittlere Reife Magdeburg, 1978-80 Lehre als Gärtner in Magdeburg, 1980-81 Abitur an d. ABF Freiberg, 1981-86 Stud. Landschaftsarch. an d. TU Dresden, Dipl.-Ing. K.: 1986 kurzfristig b. Straßen- u. Tiefbauamt Halle, 1987-89 Dipl.-Ing. b. Ing.-Hochbau Berlin, 1989-92 Mitarb. in einem Landschaftsarch.-Büro in Hamburg, Aufbau d. Dependance in Berlin, seit 1992 selbst. m. eigenem Landschaftsarch.-Büro in Berlin. P.: Beitrag in "Vor d. Tür " - aktuelle Landschaftsarch. in Berlin, Vorträge an d. TU Dresden, TFH Erfurt, Kunst-HS Hamburg u. Kassel. E.: gewonnene Wettbewerbe (Park in Bremen, gr. Plätze in Städten). H.: Kunst, Kultur.

Hammer Fritz

B.: Schauspieler. G.: Stuttgart, 14. Nov. El.: Maria u. Richard. S.: Ind.-Kfm., Staatl. anerk. Schauspielschule "Hertha Genzner" in Wiesbaden. K.: Theaterengagements z.B.: Staatstheater Wiesbaden, Schleswig, Bremerhaven, Hannover, Frankfurt/M, Aachen, Hamburg, Berlin, Basel, Bern. Theaterrollenauswahl: Glöckner und Phöbus in "Der Glöckner von Notre Dame", Johann in "Bremer Freiheit", Andre in "Leben des Galilei"; viele Boulevard- und Musicalhauptrollen; ca. 100 Film- u. Fernsehrollen in dt., engl. u. franz. Sprache; FS-Rollen zB in "Medecins de nuit", "Völkerschlachtdenkmal" (2 Personenstück), "Die Leute vom Domplatz", "Affäre Nachtfrost", "Die Botschafterin", "Der dreckige Tod", "Wolffs Revier", "Ben und Maria". Filme zB "Engel aus Eisen" (Cannes-Beitrag), "S-H-E", "The Swiss Dream" (BBC), "Top Secret"; Synchronsprecher u. Hörspielautor. E.: Theaterpreisträger.

Hammer Georg-Hinrich Dr.

B.: Vorst. u. Theologe. FN.: Friedehorst Rehabilitations- u. Pflegeeinrichtungen. DA.: 28717 Bremen-Lesum, Rotdornallee 64. G.: Fürstenberg/Oder, 24. Juni 1944. V.: Ellen, geb. Müller. Ki.: 2 Töchter. El.: Dr. Karl-Heinrich u. Ilse, geb. Röhricht. S.: 1964 Abitur Bonn, 1964-70 Stud. Theol., Kunstgeschichte, Rechtswiss. u. Psych. Berlin, Tübingen, Bonn, 1974 Prom. Dr. theol. K.: ab 1970 wiss. Mitarb., 1971-74 Ass. am Lehrstuhl f. systemat. Theol. u. Sozialethik an d. Ev. Theolog. Fakultät in Bonn, 1974-76 Vikariat u. Hilfsdienst in

*) Biographie www.whoiswho-verlag.ch oder beigefügte CD-ROM

Hammer

d. Kirchengem. Kirn, 1977-88 Pfarrer d. Kirchengem. Duisburg-Birkholz, 1988-96 Pfarrer d. Paulusgem. in Bonn-Bad Godesberg, seit 1996 Vorsteher von Friedehorst Bremen; Funktionen: 1988-97 AufsR.-Mtgl. d. Ev. KH Bad Godesberg GmbH, 1987-92 Vorst.-Mtgl. d. Fachverb. Behindertenhilfe im Diakon. Werk d. Ev. Kirche Rheinland, 1985-92 Mtgl. im Landeskirchenarb.-Kreis f. Behindertenseelsorge d. Ev. Kirche im Rheinland, seit 2000 Europabeauftragter d. Bundesverb. evang. Behindertenhilfe. P.: Das kirchl. Amt als Grundfrage d. Kirchenrechts (1974), Behinderung als Thema christl. Verantwortung (1988), div. Aufsätze.

Hammer Hans Dr.-Ing. Prof. *)

Hammer Hans Dr.-Ing.

B.: Honorargeneralkonsul, Architekt, Dipl.-Wirtschaftsing., Bauing. DA.: 81369 München, Sylvensteinstr. 2. G.: München, 20. Okt. 1929. V.: Karla, geb. Steinlechner. Ki.: Hans (1972). El.: Hans u. Albertine, geb. Kohnle. S.: 1952 Dipl.-Ing., Bauing. TU München, 1967 Dipl.-Wirtschaftsing. TU München, 1981 Dr.-Ing. TU Hannover. K.: 1951 Grdg. Arch.-Büro Hammer, 1960 Ausweitung auf schlüsselfertiges Planen im Bau u. Beginn d. Auslandstätigkeit sowie Arb. f. Bonn, 1966 Grdg. WIP, Solartechnik, Biotechnologie, 1961-65 Honorargeneralkonsul v. Somali, seit 1991 v. Sri Lanka; vereid. Sachv. f. bebaute u. unbebaute Grundstücke. P.: unzählige Objektveröff. M.: Wirtschaftsbeirat d. Union e.V., Vors. Ausschusses für Umweltpolitik. H.: Sprachen, Sport: Golf, Schwimmen, Skifahren, Tennis, Fliegerei, Weinkeller.

Hammer Harald Hermann Gustav *)

Hammer Helmut StR. *)

Hammer Joachim *)

Hammer Jörg Dr. med.

B.: Mediziner, selbst. Chirurg, Ltd. Arzt d. Mediz. Zentrums d. Sächsischen Fußball- u. Tennisverbandes e.V. FN.: Praxisklinik "Notfallzentrum". DA.: 04317 Leipzig, Riebeckstr. 65. dr.hammer@notfallzentrum-leipzig.de. G.: Rochlitz, 27. Aug. 1960. Ki.: Benjamin (1988), Paula (1997). El.: Karl u. Edeltraud, geb. Reimann. S.: 1979 Abitur in Rochlitz, 1981-86 Stud. Humanmed. Leipzig, 1985 Dipl., 1986 1. Staatsexamen, 1991 Prom. K.: 1987-92 FA-Ausbildung Chir. Univ. Leipzig, seit 1993 selbst. Chir., Handchir. u. Sportmed. in Leipzig, Vereinsarzt VfB Leipzig e.V. E.: 1987 Georg-Mayer-Preisträger Univ. Leipzig. M.: Mtgl. Kammerversammlung d. Sächs. Landesärztekam., Vost.-Mtgl. Kreisärztekammer Leipzig, Mtgl. Gruppe "Leitender Notärzte" Stadt Leipzig, Vorst.-Mtgl. DRK Kreisverb. Leipzig e.V., stellv. Vors. d. AG Sächsische Notärzte e.V., Lions Club Cosmopol., Vorst. Kreisärztekammer Leipzig, Vost. DRK-Kreisverband Leipzig e.V., Vorst. VfB Leipzig e.V.

Hammer Karen Elisabeth Dr. phil. *)

Hammer Karla Brigitte

B.: Krankenschwester, Unternehmerin, selbständig. FN.: Hammer-Moden Guben. DA.: 03172 Guben, Frankfurter Str. 18. PA.: 03172 Guben, OT Grano, Lauschitzer Weg 22. G.: Bad Freienwalde, 23. Feb. 1986. V.: Roland Hammer. Ki.: Jacqueline (1972), Claudia (1986). El.: Lothar u. Brigitte Krüger. S.: 1969-72 Lehre u. Staatsexamen als Krankenschwester. K.: 1972-78 Krankenschwester im Wilke-Stift Guben, 1978-83 Krankenschwester im Sportmed. Dienst Cottbus, Ambulanz Guben, 1983-87 Gynäkologische Abt. KH Guben, 1988 Eröff. u. Ltg. eines priv. Einzelhandelslederwarengeschäfts, 1991 Erweiterung d. Unternehmens m. 2 Filialen "Damenmoden" in Guben. H.: Haustiere, Katzen.

Hammer Norbert Dr. phil Dipl.-Designer Prof.

B.: HS-Lehrer. FN.: FH Gelsenkirchen. DA.: 45877 Gelsenkirchen, Neidenburger Str. 43. norbert.hammer@informatik.fh-gr.de. www.designpartner.de. G.: Essen, 6. Juni 1950. V.: Dorothee, geb. Hinrichs. Ki.: Markus (1982), Stefan (1984). S.: 1970 Abitur, 1970-74 Folwangschule f. Gestaltung, 1974-77 Stud. Ind.-Design HBK Braunschweig m. Abschluß Dipl.-Designer. K.: 1977-87 Produktplaner in d. Firma Krups, 1987-97 wiss. Mitarb. an d. Univ. Essen, 1992 Prom., Lehrauftrage f. Designmanagement u. Designtheorie an d. Univ. Essen, FH Niederrhein in Krefeld, HS d. Künste in Holland u. an d. Univ. of Industrial Design Arts in Helsinki, seit 1997 Prof. f. Mediendesign an d. FH Gelsenkirchen, seit 1998 Mitinh. d. Designerbüros Hammer, Runge, Design Neuss. E.: versch. Ausz. d. Desing-Zentrum NRW. M.: Verb. Dt. Ind.-Designer u. langj.-Vorst.-Mtgl.

Hammer Ralf Dipl.-Ing. *)

Hammer Walter *)

Hammer Wilfried *)

Hammer-Fleck Annemarie *)

Hammerich Heiner

B.: Orthopädieschuhmachermeister, Gschf. Ges. FN.: Hammerich Orthopädie GmbH. DA.: 23552 Lübeck, Schlumacherstr. 13. G.: Lübeck, 4. März 1963. V.: Hilke, geb. Porath. Ki.: Hagen (1990). El.: Karl Heinz u. Hannelore. BV.: Heinrich Hammerich Firmengründer in Lübeck 1919. S.: 1982 Abitur Lübeck, 1983-85 Zivildienst, 1985-88 Lehre Orthopädieschuhmacher im elterl. Betrieb m. Stationen in Neumünster u. Berlin. K.: b. 1995 Gesellenj. im elterl. Betrieb, 1995-96 Meisterschule in Hannover, 1996 Meisterprüf., ab 1995 elterl. Betrieb m. Bruder Ulrich übernommen, ab 2000 alleiniger Ges. d. Firma Hammerich in Lübeck. M.: Lübeck Management, Hüxstraßengemeinschaft, Handwerkskam., IHK zu Lübeck, Bund. d. Steuerzahler. H.: m. Freunden kommunizieren, Kart fahren, Tennis.

Hammerich Manfred *)

Hammerl Markus

B.: Rechtsanwalt. FN.: Anwaltskanzlei Hammerl - Möller. DA.: 93047 Regensburg, Dachaupl. 8. hammerl@netadvocate.de. www.netadvocate.de. G.: Eichstätt, 1. Apr. 1970. El.: Gerhard Wolfgang u. Barbara, geb. Lutz. S.: 1989 Abitur, 1989-91 Offz.-Laufbahn Gebirgsjäger - Lt. d. Res., 1991-96 Stud. Jura, 1996-98 Praktikum Amtsgericht u. StA. Amberg, 1999 Zulassung z. RA. K.: 2000 Grdg. d. Kzl.. Funktionen: seit 1991 Entwicklung d. Programms PROGRESO2 Gesamtvollstreckungsordnung, Datenschutzbeauftragter d. ehemal. Konsum-

*) Biographie www.whoiswho-verlag.ch oder beigefügte CD-ROM

gen. Halle/Saale. F.: Onlinejus GmbH, eines d. größten Suchsysteme in Deutschland f. jur. Information im Internet. M.: Bergwacht Lenggries. H.: Fliegen, Wintersport, Kochen.

Hämmerle Kurt

B.: Gschf. Ges. FN.: HAEKU GmbH. DA.: 30179 Hannover, Ikarusallee 12. G.: Lustenau/Österr., 5. Apr. 1935. V.: Siegrid, geb. Langheim. Ki.: Christine (1960), Karin (1963), Andreas (1960), Mathias (1963). BV.: seit dem 16. Jhdt. Hämmerle Amann (Bgm./Ortsvorst.) in Österreich. S.: 1954 Abitur, Stud. an d. Handelsak., Dipl., anschließend Volontär b. Bank u. Exportfirma in Österr., 1 Jahr Sprachstud. in London, verdient d. Studium als Hilfskoch, später. K.: b. 1959 ltd. Ang. einer Im- u. Exportfirma in Paris, 1960 nach Hannover als Gschf. eines kl. Unternehmens, 1963 selbst. m. Metzgereibedarf, parallel 1981 Grdg. HAEKU GmbH . BL.: außergewöhnl. Arbeitsklima: seit 5 J. nicht einen einzigen Krankheitsfall in d. Firma. P.: objektbezogene Veröff. als Trendsetter in versch. Fachpresse, Anwendung d. jahrtausendalten chin. Bauphil. Feng Shui. H.: leidenschaftl. Koch, gute Weine, Golf, Lesen, Enkelkinder, Anwesen auf Ibiza.

Hämmerle Rudolf
B.: Bankkaufmann, Gschf. FN.: Finanzforum Beratung u. Vermittlung GmbH. DA.: 88212 Ravensburg, Obere Breite Str. 46. www.finanz-forum.com. G.: Ravensburg, 17. März 1969. S.: 1989 Fachabitur m. Abschluss einer Lehre z. Instrumentenbauer, Ausbildung z. Bankkaufmann. K.: 1996-99 Filialleiter d. Kreissparkasse Ravensburg, seit 1999 selbständig. Grdg. d. Finanzforum GmbH, Vermittlungsgesellschaft f. Finanzierungen aller Art, bundesweit tätig. M.: Dirigent d. Musikvereins Taldorf, Mgtl. d. "Dirty little Killebuchs Street Band", Stadtrat f. d. CDU in Ravensburg, sowie Ortschaftsrat f. d. Gemeindeteil Taldorf, seit 1998 2. Vors. d. CDU Taldorf, Deligierter auf Kreis- u. Bundesebene, Mgtl. in zahlr. Ortsvereinen u. im Förderkreis "Zehntscheuer". H.: Musik, Politik, sammelt Blechinstrumente.

Hämmerling Frank *)

Hämmerling Heinz *)

Hämmerling Klaus
B.: Tischler, Alleininh. FN.: Küchen Hämmerling. DA.: 21423 Winsen/Luhe, Schanzenring 8. PA.: 21357 Bardowick, Dorfstr. 2. G.: Hagen, 9. März 1962. El.: Erwin Albert u. Christa, geb. Dichmann. S.: b. 1980 Lehre z. Tischler in Lüneburg. K.: b. 1992 ang. Tischlergeselle in einer Ladenbaufirma in Lüneburg, 1992 selbst. m. einem Küchenmontageunternehmen in Bardowick, 2000 Eröff. d. Küchenfachgeschäftes in Winsen/Luhe. H.: Garten, Modellbau.

Hammermann Gerd Dr.-Ing. *)

Hammerschmid Klaus Dr. med. *)

Freiherr von Hammerstein Carl-Detlev
B.: Land- u. Forstwirt, MdB. FN.: Dt. Bundestag. GT.: Vors. AufsR. Concordia Vers.-Gruppe, Landvolkvors. in Zeven, Kreislandwirt in Rotenburg/Wümme, 1. Vors. eines Sportver., Vors. AufsR. d. DAA in Eversen. DA.: 11011 Berlin, Platz d. Republik 1. PA.: 27404 Gyhum-Bockel, Alte Dorfstr. 2. G.: Bockel, 26. Jan. 1938. V.: Lily, geb. Schulenburg. Ki.: Christiane (1969), Alexander (1971), Kurt (1973). S.: Mittlere Reife, 1961 staatl. geprüfter Ldw., 1966 ldw. Mstr.-Prüf. K.: Seit 1964 selbst. Land- u. Forstwirt in Gyhum-Bockel, seit 1975 CDU, Kreisvors. in Rotenburg/Wümme, stellv. Bez.-Vors. d. CDU im alten Rg.-Bez. Stade, Mgtl. eines GemR. u. Fraktionsvors., 1984-87 MdB, s. 1990 wieder MdB. E.: Gold. Ehrennadel d. nieders. Landvolk-Landesverb. M.: Sportver. (s. 1969 Vors.), Schützenver., Feuerwehr. H.: Sport, Politik. (Re)

von Hammerstein Christian
B.: RA, Fachanwalt f. Verwaltungsrecht. FN.: Hogan & Hartson Raue L.L.P. DA.: 10785 Berlin, Potsdamer Pl. 1. G.: Wiesbaden, 16. Juli 1965. V.: Cornelia, geb. Gaertner. Ki.: Valentin (1993), Camilla (1995), Carolina (1997). El.: Christian u. Ursula, geb. von Horn. BV.: Vater Ministerialdirigent b. Bundesinnenministerium. S.: 1984 Abitur Bonn, Bundeswehr, 1985-91 Stud. Rechtswiss. in Heidelberg u. Freiburg, 1. Staatsexamen, 1991 Rechtsamt b. Landratsamt Oranienburg, 1992-94 Referendariat am Kammergericht, 2. Staatsexamen. K.: 1994-2000 Anw. b. Oppenhoff & Rädler Berlin, seit 2000 Partner d. Kzl. Hogan & Hartson Raue in Berlin, Tätigkeitsschwerpunkt: Energie- u. Telekommunikationsrecht, Öffentliches Wirtschaftsrecht. P.: Artikel in Fachzeitschriften zu Energie- u. Telekommunikationsrecht. M.: Dt. u. Berliner Anwaltsverein, Inst. f. Energierecht d. FU Berlin e.V., BUND.

Hammerstein Jürgen Dr. med. Prof. *)

Hammerstein Wolfgang Dr. med. Prof. *)

Hammesfahr Felix *)

Hampe Ernst-August *)

Hampe Katharina-Maria Dipl. med.
B.: FA f. Frauenheilkunde u. Geburtshilfe. DA.: 97318 Kitzingen, Paul-Eber-Str. 12. G.: Erfurt, 12. März 1962. Ki.: Marcus (1983), Christiane (1988). El.: Peter-Josef u. Hildegard Saul, geb. Hennecke. S.: 1980 Abitur, 1981-87 Stud. Med. Leipzig u. Erfurt, Abschluß Dipl. u. Staatsexamen. K.: 1980-81 prakt. J. u. FA-Ausbild. am d. Med. Ak. in Erfurt, 1987-94 FA-Ausbild. in Ilmenau u. Suhl u. zuletzt Ass.-Ärztin, seit 1994 selbst. Praxis in Kitzingen; Funktion: Ernährungsberatung nach dem Programm d. BCM. M.: Paul-Eber-Kantorei Kitzingen, TG Kitzingen, Flötenensemble "Amend" Kitzingen, 1. Vors. d. medizinisch-biologischen Arbeitskreises Kitzingen. H.: Musik, Sport, Klavier und Flöte spielen.

Hampe Michael Dr. Prof.
B.: Regisseur, Intendant Dresdner Musikfestspiele, Vorst.-Mtgl. Europäische Musik Akademie, Wien. DA.: 01219 Dresden, Tiergartenstr. 36. G.: Heidelberg, 3. Juni 1935. V.: Sibylle. Ki.: Konstanze. S.: Aufenthalt in USA (AFS Stipendium), Musikstud. (Cello) Syracuse Univ., Schauspieler-Ausb., Falckenberg Schule, München, Stud. Theaterwiss., Musikwiss., Univ. München, Heidelberg, Wien, Dr. phil. Univ. Wien (Diss. über Bühnentechnik). K.: 1965-70 Vize-Dir. Schauspielhaus Zürich, 1972-75 Intendant Nationaltheater Mannheim, 1975-95 Intendant Oper der Stadt Köln, 1985-89 Mtgl. d. Direktoriums d. Salzburger Festspiele, Regisseur: Oper: u.a. Scala Mailand, Royal Opera London, Opéra Paris, Salzburger Festspiele, Schwetzinger Festspiele, Edinburgh Festival, Maggio Musicale Florenz, Rossini Festival Pesaro, Zürich, München, Stockholm, Washington, San Francisco, Sydney, Tokio, Buenos Aires, Los Angeles, Schauspiel: u.a. Schauspielhaus Zürich, Staatsschauspiel München, Schwetzinger Festspiele, Luzerner Festwochen, Fernsehen: u.a. Schweizerisches, Deutsches u. Österreichisches Fernsehen, BBC, RAI, NHK Tokio, 1986-93 Vorst.-Mtgl. IMZ, Schau-

---

*) Biographie www.whoiswho-verlag.ch oder beigefügte CD-ROM

spieler: Fernsehen u. Film, Lehrtätigkeit: Prof. Staatl. Musikhochschule Köln, Univ. Köln, (Theater-Betriebslehre), Techn. Fachhochschule Köln (Theaterbau), Kunitachi College of Music, Tokio, Univ. of Southern California, Los Angeles, Theaterbau: zahlr. Theaterberatungen (u.a. Schauspielhaus Zürich, Jury Opéra Bastille Paris, Nationaltheater Tokio), Vorst.-Mtgl. Dt. Theatertechnische Ges. 1977-82, b. 08/2000 Intendant d. Dresdner Musikfestspiele. P.: zahlr. Artikel, Aufsätze, wiss. Arbeiten u.a. in NZZ, FAZ, SZ, Opernwelt sowie in Büchern. E.: Gr. BVK Deutschland, Commendatore della Repubblica Italiana, Goldenes EZ d. Landes Salzburg, 1983 West End (Olivier) Award, London. H.: Sprachen: Englisch, Französisch, Italienisch.

Hampel Armin

B.: Augenoptikermeister, Inh. FN.: Brillen-Galerie. DA.: 49078 Osnabrück, Lotter Straße 128. G.: Mönchengladbach, 24. Dez. 1965. V.: Heidi, geb. Gengel. Ki.: Constantin (1996) u. Carolin (1998). El.: Dr. Albrecht u. Regina. S.: 1984 Fachabitur in Münster, 1984-86 Bundeswehr, 1986-89 Ausbild. z. Augenoptikergesellen b. Firma Rolfes Damme, 1992-95 Meisterschule in Diez/Lahn m. Abschluß. K.: 1989-92 Geselle im Ausbild.-Betrieb, 1995-96 Gschf. in Osnabrück, seit 1996 Augenoptikermeister in Osnabrück. BL.: Präsentation v. Kunst u. Modeschauen in d. Brillen-Galerie. P.: Fachart. zum Thema Kontaktlinsen. H.: Tennis, Volleyball, Skifahren, Lesen, Kunst.

Hampel Gunter *)

Hampel Joachim Dr. med.
B.: FA f. Allgemeinmedizin, Naturheilverfahren, Traditionelle Chinesische Medizin, Akupunktur. FN.: Praxis Dr. med. Joachim Hampel. DA.: 49074 Osnabrück, Große Str. 3. Doc_Hamp@yahoo.de. G.: Aalen, 9. Aug. 1963. V.: Dr. med. Judith, geb. Kronen. El.: Walter Bruno Kurt u. Helga Leonore. S.: 1983 Abitur Bietigheim-Bissingen, 1983-84 Zivildienst, Rettungssanitäter b. Roten Kreuz, 1985-92 Stud. Med. an d. Univ. zu Heidelberg, 1992 Prom., 1992-97 Ausbildung z. FA im KH Bietigheim u. in einer Praxis eines Allgemeinarztes, 1997 Anerkennung z. FA d. Allgemeinmedizin. K.: 1997-99 ang. Arzt in einer Klinik f. traditionelle chin. Med. in Kötzting, 1999-2000 Ass. in d. Praxis v. Dr. Englert, 2000 Übernahme d. Praxis v. Dr. Englert. P.: Prom., div. Übersetzungen von Akupunkturzeitschriften u. -büchern. E.: div. Diplome z. Thema Akupunktur, Traditionelle Chinesische Medizin. M.: seit 2001 Vorst.-Mtgl. DWG-TCM, DÄGfA, ZÄN, Abeitsgemeinschaft f. klass. Akupunktur u. traditionelle chin. Med. e.V., Berufsverband dt. Internisten, Lions Club, div. ortsansässige Ver. H.: Tennis, Fortbildung in chin. Med., Chinareisen.

Hampel Klaus Erich Dr. med. Prof. *)

Hampel Manfred
B.: MdB, Dipl.-Ing.-Ökon. FN.: SPD. DA.: 11011 Berlin, Platz d. Republik 1, Wahlkreisbüro: 06366 Köthen, Dr. Krausestr. 58 - 60. PA.: 06366 Köthen-Anhalt, Wallstr. 69. manfred.hampel@bundestag.de. G.: Königshütte/Oberschlesien, 14. Juni 1942. V.: Maria, geb. Mikolaszek. Ki.: Beatrice (1967). El.: Eugen u. Eleonore geb. Berger. S.: 1965-69 Stud. Automatisierungstechnik Leipzig, 1969 Ing., 1971-76 Fernstud. BWL TU Dresden, 1976 Abschluß Ing.Ökonom. K.: 1969-73 Planungsltr. Ökonomie in Fisch- u. Feinkostbereich, ab 1974 Rechenstation, 1974-86 Ltr. Rechenzentrum Bezirk Halle, 1987-90 Ltr. Projektierung im Betonverarbeitenden VEB-Betrieb, seit 1989 aktiv b. Neuen Forum Köthen, 1989 Eintritt SPD, seit 1990 MdB, 1991-97 Vors. SPD-Ortsverein Köthen, seit 1997 Vorst. SPD. P.: bis 1990 in "Die Freiheit" in Halle, ab 1990 in "Mitteldeutsche Zeitung" Halle. M.: Kam. d. Technik, Philatelist. Ver., Mieterver., Anglerver. H.: Angeln, Briefmarkensammeln, Lesen, Klass. Romane, leichte Musik, Konzerte (Tschaikowsky). (Re)

Hampel Olaf
B.: Profi-Bobfahrer, Berufssoldat. PA.: 33689 Bielefeld, Pommernweg 2. G.: Bielefeld, 1. Nov. 1965. K.: Leichtathletik: 1983 Westfalenmeister 60m, 1986 Westdt. Meister Junioren 100m, Bob: 1986 EJM/2. Zweier, 1987 DM/2. Zweier, 1988 Olympia-Teilnehmer, DJM/1. Zweier, WJM/2. Zweier, WJM /1. Vierer, 1989 DM/1. Zweier, DJM/1. Zweier, 1990 DM/2. Zweier, DM/2. Vierer, EM/6. Zweier, EM/4. Vierer, WM/5. Zweier, 1991 EM/2. Vierer, DM/4. Vierer, 1992 EM/5. Vierer, DM/3. Zweier, DM/4. Vierer, 1993 EM/7. Vierer, 1994 Olympia/Gold Vierer, DM/2. Vierer, 1995 WM/1. Zweier, EM/5. Vierer, DM/1. Zweier, 1996 WM/1. Vierer, EM/1. Zweier, EM/1. Vierer, DM/1. Vierer, 1998 Olympia/Gold Vierer, EM/3. Vierer, EM/4. Vierer, 1999 EM/4. Zweier.

Hampel Peter Dipl.-Ing. FH *)

Hampel Petra Dr. *)

Hampel Uwe *)

Hamperl Maria *)

Hampf Marlis Dipl.-Päd.

B.: Pädagogin, Dir. FN.: VHS f. Stadt- u. Landkreis Vechta. DA.: 49377 Vechta, Große Str. 61. G.: Stettin, 4. Aug. 1939. Ki.: Peter Maria (1960), Ingo Maria (1961) und Marco Maria (1963). El.: Ernst u. Hanna Bleichroth, geb. Haroska. S.: 1959 Abitur Papenburg, Erziehungs-u. Familienphase, 1969 Stud. Päd. an d. Päd. HS Vechta, 1972 Abschluß. K.: 1972-87 im Schuldienst Grundschule u. Orientierungsstufe in Vechta, parallel Stud. z. Dipl.-Päd. b. 1975, 1975-77 Lehrauftrag an d. HS Vechta im Fachbereich Psych., 1979 Mitarb. am Projekten d. Erwachsenenbild. u.a. Modelversuch über Univ. Hannover Erzieherin f. d. Vorschularb. zu qualifizieren, 1978 als ehrenamtl. Ltr. Aufbau d. VHS f. Stadt- u. Landkreis Vechta, seit 1987 Dir. d. VHS. BL.: Klage Bundesanst. f. Arb. Anerkennung Hausfrau als Beruf, 1976 Grundsatzurteil z. Anerkennung. P.: Veröff. über Vorschulerziehung in päd. Fachzeitschriften, 1976 Ton-Dia-Serie über Infant School in England. M.: Päd. Aussch. d. Dt. VHS-Verb., Landesverb. Niedersachsen u. div. Arbeitsgruppen, BeiR.-Mtgl. d. Niedersächs. Bundes f. freie Erwachsenenbild., seit 1997 Sprecherin d. Regionalgruppe Weser-Ems d. VHS-Dir., seit 1995 jährl. Berufung in d. Jury z. Auslobung d. Grimme-Preises. H.: Lesen, Reisen, Menschen u. andere Kulturen kennenlernen.

Hamschmidt Michael Heinrich Maria Dr. med. *)

*) Biographie www.whoiswho-verlag.ch oder beigefügte CD-ROM

Hamza Mohamed *)

Hanack Michael Dr. Prof. *)

Hanak Edgar

B.: Heilpraktiker, Mentaltrainer. FN.: Ges. f. Hypnosetherapie u. Mentaltraining. DA.: 82362 Weilheim, Kirchpl. 11. G.: Kolbermoor, 28. März 1961. Ki.: Eva (1990), Mira (1992). El.: Heinz u. Caroline. S.: 1979 Ausbild. z. Fernmeldeinst. b. Siemens München, 1982 Abitur, Stud. d. Geologie an d. LMU in München m. HS-Abschluß. K.: freiberufl. Tätigkeit in einem chem. Untersuchungslabor, Ausbild. z. Heilpraktiker u. Hypnosetherapeut, 1994 Grdg. d. eigenständigen Ges. f. Hypnosetherapie u. Mentaltraining, 1993 Grdg. d. eigenen Praxis, 1996-98 Weiterbild. in d. Milton Erickson Foundation, b. jetzt tätig in freier Praxis, Forsch., Vorträge u. Seminartätigkeit, Weiterbild. auch f. Ärzte u. Dipl.-Psych. H.: Lesen, Natur, Reisen, Bergsteigen, Radfahren.

Hanauske Ingrid *)

Hanauske Rigobert *)

Hänchen Wilfried *)

Hancke Edith *)

Hancke Peter K. R. Ing.
B.: Ingenieur, Unternehmer, selbständig. FN.: Hancke Ingenieurbüro Energietechnik, Umweltschutz. DA.: 40721 Hilden, Benrather Str. 31a. info@ing-hancke.de. www.ing-hancke.de. G.: Lam, 31. März 1945. K.: Loretta, geb. Schlüter. Ki.: Andreas (1970), Susanne (1976), Tobias (1983). El.: Hans Siegfried u. Erika. S.: 1959-62 Ausbildung z. Werkzeugmacher in Köln, 1963-67 Techniker Abendschule, 1962-68 parallel dazu als Geselle. K.: 1968-74 als Ingenieur tätig in d. Sonderfertigung in hochqualifizierter Ausfertigung f. d. V6 Motor u. d. OHC Motor b. Firma Ford, 1974-87 Auftragsführer Zementwerke, Ausführung u. Planung Firma KHD, 1987-91 Wechsel in d. Industrieisolierbranche, Dämmung v. Industrieanlagen u.a. in Berlin, 1991-99 Bauleiter im Baunebengewerbe, Innenausbau, Akustik, 1999 Grdg. dieses Büros. BL.: ehrenamtl. Tätigkeit in d. Drogen- u. Suchtberatung. P.: Fachzeitschrift "Wirtschaftsblatt" (2001). M.: CDU, Mittelstandsvereinigung. H.: Archäologie, Münzen, Computer.

Hand Iver Prof. Dr. med. *)

Handel Kurtfritz
B.: Bildhauer. DA.: 72622 Nürtingen, Sigmaringer Str. 35. G.: Rimnik/Rumänien, 9. Mai 1941. V.: Edda, geb. Groß. Ki.: 3 Kinder. S.: 1959 Fachabitur Bildhauerie Kunstgymn., 1961-67 Stud. Bildhauerei, Meisterkl. staatl. Ak. d. bild. Künste "Ion Andreescu" Klausenburg. K.: 1967-83 freischaff. Kunstpädagoge, 1985 Einreise in d. BRD, 1988-90 Mitgrdg. u. Ltr. d. Jugendkunstschule in Nürtingen, 1988-93 Doz. an d. Kunstschule in Nürtingen, seit 1986 Bilhauer in d. Kunstgießerei Eernst Strassacker in Süßen. P.: Ausstellungen in Bukarest (1981), Schloß Kolpach u. Holtz/Luxembourg (1997), München (1989), Neuenburg (1992), Monumentale Plastiken, Brunnenplastik in Hermannstadt (1978), Monumentalplastik Bronze-Korntal-Münchingen (1991), Steinbruchplastik Keramik in Dossenheim (1989), Erschaffung d. weltbekannten "Burda-Bambi"-Plastik, Veröff.: "Die Bildhauerei-eine dreidimensionale Kunst u. Keramik" (1982), "Künstl. Gestalten in Ton". H.: Beruf.

Handel Peter *)

Händel Bernd John

B.: Entertainer. DA.: 90469 Nürnberg, St.-Ingbert-Str. 23. G.: Nürnberg, 29. Okt. 1956. V.: Ursula, geb. Högg. Ki.: Stephanie (1981), Alexander (1982), Pia (1993). El.: Willi u. Philomena, geb. Förtsch. S.: Mittlere Reife, Ausbild. Groß- u. Außenhdl.-Kfm. K.: ca. 11 Jahre tätig im kfm. Bereich, zuletzt Abt.-Ltr. u. Dokumentabwicklung im Export, seit 1974 nebenberufl. Entertainer, seit 1988 hauptberufl. Entertainer m. Schwerpunkt Sketche u. versch. Dialekte, Moderation, Stimmensimulation. P.: bundesweite Auftrite, Auftritte im Ausland, TV-Auftritte u.a. im Bayr. Fernsehen, ZDF u. SAT1, Parodieprogramm "Bonner Runde" (seit 1982), Sprecher f. Funk- u. Werbespots, Textdichtung u. Musikprod. M.: 1978-93 Präs. d. KG Buchnesla Nürnberg, seit 1989 Til v. Franken. H.: psychologische Astrologie, Gitarre spielen, Garten, Uhren sammeln, 1. FCN-Fan.

Händel Thomas
B.: 1. Bevollmächtigter. FN.: IG Metall Fürth. DA.: 90762 Fürth, Königswarterstr. 16. G.: Nürnberg, 27. aug. 1953. Ki.: Bianca (1985). El.: Liselotte. S.: 1969 Mittlere Reife, 1973-78 Ausbildung Elektromechaniker, Werbesachbearbeiter, 1979 Abschluss Akademie d. Arbeit Univ. Frankfurt/Main. K.: 1979 Vorst. d. IG Metall, 1987 gewählt als 2. Bevollmächtigter, 1991 gewählt als 1. Bevollmächtigter, Mtgl. d. Beirates d. IG Metall, Richter am Landesarbeitsgericht, 1993 Gschf. eines Bildungsinstituts Bildungskooperation in Nürnberg. P.: div. Veröff. in Zeitschriften. H.: Tauchen, Fotografieren, Kochen.

Handke Gerhard *)

Handke Peter
B.: Schriftsteller. DA.: c/o Suhrkamp-Verlag, 60325 Frankfurt, Lindenstr. 29. G.: Griffen/Kärnten, 6. Dez. 1942. S.: Gymn. Klagenfurt, Univ. Graz. K.: u.a. Die Hornisen (1966), Begrüßung des Aufsichtsrates (1967), Die Innenwelt d. Außenwelt d. Innenwelt (1969), Prosa, Gedichte, Theaterstücke, Hörspiele, Aufsätze, Deutsche Gedichte (1969), Chronik d. lfd. Ereignisse (1971), Ich bin ein Bewohner d. Elfenbeinturms (1972), Als das Wünschen noch geholfen hat (1974), Die linkshändige Frau (1980), Kindergeschichte (1981), Hörspiele u. Sprechstücke: Publikumsbeschimpfung, Weissagung, Selbstbezichtigung, Hilferufe, Kaspar, Der Ritt über den Bodensee, Die Unvernünftigen sterben aus, Über der Dörfer (1982), Lucie im Wald mit den Dingsda (1999). E.: 1967 Gr.-Hauptmann-Preis Freie Volksbühne Berlin, 1972 Schiller-Preis Stadt Mannheim u. P.-Ros-egger-Literaturpreis, 1973 G.-Büchner-Preis, 1978 Prix Georges Sadoul, 1979 F.-Kafka- u. Gilde-Preis, 1985 A.-Wildgans-Preis, 2000 Preis "Vuk Karadzic".

Händle Michael *)

*) Biographie www.whoiswho-verlag.ch oder beigefügte CD-ROM

Händler Jörg Dr.
B.: RA. FN.: Kanzlei Hornig & Kollegen. DA.: 96047 Bamberg, Luisenstr. 1. G.: Bayreuth, 19. Juni 1971. V.: Ruth, geb. Lehner. El.: Siegfried u. Doris. S.: 1990 Abitur, 1990-91 Wehrdienst, 1991 Stud. Rechtswiss., 1993 Univ. Bayreuth, 1993-95 Univ. Regensburg, 1. Staatsexamen, Referendar im OLG Bez. Nürnberg, 1998 2. Staatsexamen. K.: 1996-98 wiss. Hilfskraft am Lehrstuhl Prof. Dr. Schuhmann Regensburg, Prom., 1998-99 RA in Bayreuth, seit 1999 RA in Kzl. Hornig, Starke & Kollegen, seit 2002 selbständiger Partner in Kzl., Tätigkeitsschwerpunkte: Strafrecht, Arztrecht, Mietrecht. P.: Diss.: Umgangsrecht b. nichtehelichen Kindern (2001). E.: Ehrenbürger v. Santa Fe/USA. M.: Sportverein, Rechtsanwaltskammer. H.: Skifahren, Golf, Mountainbike.

Handrich Kerstin

B.: Physiotherapeutin in eigener Praxis. DA.: 14471 Potsdam, Clara-Zentkin-Str. 27. kerstinhandrich@web.de. G.: Lage b. Detmold, 20. März 1961. El.: Rudolf Handrich u. Renate, geb. Schneider. S.: 1981 Abitur, anschl. mehrmonatiger Aufenthalt in Paris, 1982 Stud. d. Veterinärmedizin an d. FU Berlin (2 Sem.), 1983-85 Ausbildung z. Physiotherapeutin in Berlin m. anschl. Berufspraktikum im Klinikum Westend in Berlin, 1986 Studienaufenthalt in d. USA an versch. Reha-Kliniken u. Akut-KH. K.: 1987-90 Physiotherapeutin in versch. Reha-Einrichtungen in d. Schweiz u. in Heidelberg, 1994 Studienaufenthalt in Lhasa/Tibet z. Fortbildung in energetischen Behandlungsmethoden, 1990-98 freiberufliche Physiotherapeutin, 1998 Grdg. d. eigenen therapeutischen Praxis, zusammen m. Schwester Silke Handrich in Potsdam, Therapieschwerpunkte u.a. Fußreflexzonentherapie, Funktionelle Bewegungslehre nach Klein-Vogelbach, Proprioceptive neuromuskuläre Facilationstechnik nach Knott-Kabat, Behandlungen nach Bobath, Brügger u. McKenzie. P.: in nat. u. intern. Fachzeitschriften über tibetische Hunderassen. M.: Ver. z. Förderung d. Schulbildung tibetischer Kinder in Tibet, Ver. z. Förderung tibetischer traditioneller Medizin, Förderverein z. Erhalt d. Hunderassen Tibets. H.: Reiten, Skisport, tibetische Hunderassen.

Handrock Christian Dr. med. *)

Handrow Fritz Dipl.-Ing.

B.: Bgm. d. Gem. Kolkwitz b. Cottbus. DA.: 03099 Kolkwitz, Berliner Straße 19. G.: Kolkwitz, 10. Juni 1951. V.: Melanie, geb. Krüger. Ki.: Anke (1982), Katrin (1985), Christiane (1989). El.: Hermann u. Liesbeth. BV.: von Pannewitz, um 1800, Sitz Dissen b. Cottbus. S.: 1968-74 Ausbild. z. Facharb. f. Datenverarb., Fachabt, Fernstud. Informatik TU Dresden, 1974 Dipl.-Ing. K.: 1974-90 Programmierer in d. Datenverarb. d. Reichsbahndion. Cottbus, 1990 Wahl z. Bgm. d. Gem. Kolkwitz, 1993 Bgm. d. Großgem. Kolkwitz. BL.: Begründer d. Kolkwitzer Wirtschaftsförd., Initiator d. Zusammenlegung d. Gem. z. Großgem. Kolkwitz, Unterstützung d. Bau d. Kolkwitz-Centers. M.: seit 1987 CDU, AufsR.-Mtgl. d. Komm. Wohnungsbauges., AufsR.-Mtgl. d. Komm. Wasser u. Abwasser GmbH, Kolkwitzer Sportver., Kolkwitzer Carneval Club. H.: Fußball, Ortsgeschichte u. Landschaft/Natur d. Heimat.

Handschin Edmund Dr.-Ing. Prof.
B.: o.Prof. u. Inh. d. Lehrstuhls f. elektr. Energieversorgung. FN.: Univ. Dortmund. PA.: 44229 Dortmund, Rotgerweg 6. G.: Wädenswil/Schweiz, 18. Nov. 1941. V.: Ana Maria, geb. Bilbatua. Ki.: Alexander, Jon. K.: 1969-74 wiss. Mitarb. im Brown Boveri Konzerforsch.Zentrum in Baden/Schweiz, seit 1974 o.Prof. Univ. Dortmund, seit 1994 gschf. Ges. d. Firma EUS GmbH, Gelsenkirchen. P.: über 50 techn.-wiss. Veröff. M.: VDE, SEV, SGA, FGH, CIGRE, IEEE.

Händschke Hartmut Dr. med. *)

Händschke Wilfried Dipl.-Ing. *)

Handschuch Wolfgang *)

Handschuh Erich *)

Handschuh Hans-Joachim *)

Handschumacher Ernst Dr. iur. *)

Handschumacher Johannes Dr.
B.: RA. FN.: Dr. Handschumacher u. Merbecks. DA.: 01097 Dresden, Königstr. 9. dresden@handschumacher.de. www. handschumacher.de. G.: Köln, 13. Okt. 1958. V.: Kathrin. Ki.: 5 Kinder. BV.: Dr. Johannes Handschumacher OBgm. v. Mönchengladbach. S.: 1979 Abitur Düsseldorf, 1980-86 Stud. Rechtswiss. Univ. Freiburg, 1987 Referendar am LG Düsseldorf, 1990 2. Staatsexamen, 1991 Prom. K.: 1991 zugelassen als Anw., Eröff. eines Büros in Chemnitz, 1995 Eröff. eines 2. Büros in Dresden, Tätigkeitsschwerpunkt: Bau- u. Immobilienrecht, allg. Zivilrecht, ehrenamtl. Mtgl. am Landesparteigericht d. CDU Sachsen, 1. Vors. Richter am Kirchl. Arbeitsgericht d. Bistums Dresden-Meißen, ständiger Mitarbeiter d. Zeitschrift "baurecht". P.: regelmäßige, monatl. Veröff. in Fachzeitschriften über Bau- u. Immobilienrecht. M.: Rotary Club Radebeul.

Handschumacher Peter *)

Handtusch Heike

B.: Apothekerin. FN.: Delphin Apotheke Görlitz. DA.: 02828 Görlitz, Nieskyer Str. 100. G.: Dresden, 24. Aug. 1969. Ki.: Sarah (1994). El.: Klaus u. Renate Handtusch. S.: 1989 Abitur Dresden, 1989-90 Praktikum in Apotheke, 1990-94 Stud. Pharmazie an d. Ernst-Moritz-Arndt-Univ. in Greifswald. K.: 1994-95 Babyjahr, 1995-96 Pharmaziepraktikum Apotheke, 1996 Staatsexamen als Apothekerin, 1996-2000 Arbeit in versch. Apotheken, 2000 Eröff. d. eigenen Delphin-Apotheke in Görlitz. E.: Dt. Meister im Rudern, Vierer m. Steuermann. M.: Sächsischer Apothekerverband. H.: Sport, Lesen, Musik.

*) Biographie www.whoiswho-verlag.ch oder beigefügte CD-ROM

Handzic Mubera

B.: Kosmetikerin, Unternehmerin selbständig. FN.: Berufsfachschule für Kosmetik; Kosmetikinstitut. DA.: 34117 Kassel, Rudolf-Schwander-Str. 15. G.: Gorazde/Jugoslawien, 25. Mai 1963. V.: Avdo Handzic. Ki.: Armin (1985). El.: Munib u. Behija. S.: 1983 Abitur Sarajevo. K.: 1991-92 Kosmetikausbildung b. Ursula Rasch Kassel, 1991-2000 Kosmetikerin, 2000 Berufsfachschule u. Kosmetikinstitut als Inhaberin übernommen. H.: Musik.

Hanebrink Ludwig Dipl.-Ldw. *)

Hanebutt-Benz Eva-Maria Dr.
B.: Dir. FN.: Gutenberg-Museum. DA.: 55116 Mainz, Liebfrauenpl. 5. G.: Hamburg, 1947. El.: Ernst u. Lotti Benz. S.: Stud. Kunstgeschichte, Arch., Anglistik u. Soz., Prom. K.: 1978-87 Museum f. Kunsthandwerk Frankfurt a. Main, 1985 Fulbright-Reisestipendium USA, s. 1987 Dir. d. Gutenberg-Museums in Mainz, Lehraufträge an den Univ. Hamburg, Mainz, Frankfurt/Main, Marburg, TH Darmstadt, Erlangen. P.: "Studien zum deutschen Holzstich im 19. Jh.", "Die Kunst d. Lesens", u.a. Hrsg. d. Jahrbuchs "Imprimatur". M.: Vorst.-Mtgl. d. Int. Gutenberg-Ges. u. d. Maximilian-Ges.

Hanefeld Heinrich jun.

B.: RA, Fachanwalt f. Arbeitsrecht. FN.: Dr. Oskamp & Partner - Rechtsanwälte u. Notare. DA.: 44787 Bochum, Viktoriastr. 23-25. G.: Bochum, 31. Jan. 1960. El.: Heinrich sen. u. Christine. S.: 1979 Abitur Bochum, 1980-89 Stud. Rechtswiss. Bochum, 1994 2. Staatsexamen. K.: 1994-97 ang. RA, seit 1997 Sozius, seit 1999 Fachanw. f. Arbeitsrecht, Schwerpunkt: Familien- u. Immobilienrecht. M.: s. 1997 1. Vors. im Sportver. Concordia Wiemelhausen 08/10 e.V., 1985-95 Pfarrltr. d. kath. Junge Gem. (KJG) Pfarrei St. Johannes Bochum - Wiemelhausen. H.: Fußball, Bergsteigen, Skifahren.

Haneke Johannes A. *)

Hanel Ingo Dipl.-Ing. *)

Hanel Walter
B.: Karikaturist. PA.: 51427 Bergisch-Gladbach, Kastanienallee 11. G.: Teplitz-Schönau, 14. Sept. 1930. K.: ab 1958 Veröff. in versch. Zeitungen u. Zeitschriften, u.a. im "Simplicissimus" u. "pardon", 1963 Mitarb. beim Westdt. Rundfunk, ab 1965 polit. Karikaturen f. die Wochenzeitung "Christ und Welt" u. f. d. "Kölner Stadtanzeiger", 1981 Karikaturist d. "FAZ", Ausstell. im In- u. Ausland, 1988 Einzelausstell. im Wilhelm-Busch-Museum. P.: "Hanels Szenarium", "Commedia dell' Arte", "Die Vögel", "basso continuo". E.: Wilhelm-Busch-Preis, Thomas-Nast-Preis.

Hanel Wolfgang *)

Hänel Michael
B.: Techniker d. Elektrotechnik, Gschf. FN.: EMS Elektro Montagen & Service GmbH. DA.: 01796 Pirna, Dippoldiswalder Str. 42. G.: Pirna, 20. Okt. 1971. S.: 1988-90 Lehre als Elektromonteur in Pirna. K.: 1990-91 Elektromonteur, 1991-92 Bundeswehr, 1992-93 Elektromonteur b. Elektro-Fröde in Stadt Wehlen, 1993-95 Fachschulstud. in Dresden z. staatl. geprüften Techniker d. Elektrotechnik, 1995-97 Baultr. u. Kalkulator b. Elektro-Fröde, 1997-2000 Mitbegründer u. Ges. der EMS GmbH, ab 2000 Gschf. Ges. der EMS GmbH. H.: Snowboard, Radfahren, Inlineskaten.

Hanelt Gerhard Gustav Eduard

B.: Rentner. FN.: Gartenbaubetrieb Hanelt. DA.: 37431 Bad Lauterberg/Barbis, Hinterstr. 22. PA.: 37431 Bad Lauterberg/Barbis, Hinterstr. 22a. G.: Potsdam, 24. Feb. 1935. V.: Inge, geb. Lochter. Ki.: Jürgen (1958), Marianne (1960). El.: Otto u. Klara, geb. Schmächtig. S.: 1949 Lehre z. Maurer. K.: 1953-57 Maurer b. Firma Alex u. Firma Hochtief in Hannover, 1957-64 Hausbau in Barbis u. Maurer b. Firma Heinrich Kruse Bad Lauterberg u. Firma Karl Brehme barbis, 1964 Firma d. Schwiegervaters gepachtet "Firma Walter Lochter - Gartenbaubetrieb Barbis", 1966 Firma wurde an Tochter Inge Hanelt überschrieben u. v. Ehepaar Hanelt geführt, 1970 zusätzl. Grdg. in Barbis, Hauptstr. 85 "Blumenhaus Hanelt", 1991 Firma an Sohn Jürgen Hanelt übergeben u. nur noch ang. "Blumenhaus Hanelt" geschlossen, dafür "Pavillon Hanelt" eröff., 1993 wegen Krankheit in Rente gegangen. E.: 1989 "Ehrendipl. 25 J. im Betrieb u. Landesverb. d. Landesverb. d. Gartenbau Hannover. M.: Harzclub, MBC, Schützenver. Barbis, Angelver. Waringholz. H.: Blumen, Angeln.

Hanemann Friedrich Karl Dr. *)

Hanemann Holger *)

Hanemann Horst
B.: ehem. Gschf. FN.: Horst Hanemann GmbH. PA.: 78073 Bad Dürrheim, Sommerhalde 4. G.: Berlin, 1. Aug. 1916. V.: Hilde, geb. Boesler. Ki.: 3 Kinder. El.: Prof. Dr.-Ing. Heinrich Hanemann. S.: Gymn., Wehrdienst. K.: Prok. b. Gießerei/Kunststoffwerk, dann Firmengrdg. BL.: Aufbau d. LVerb. Baden-Württemberg im "Dt. Bund f. Vogelschutz". P.: Chronik d. Deutschen Bundes f. Vogelschutz im Wirtschaftsverlag Wiesbaden. E.: EK 1, BVK, Ehrenvors. DBV, LVerb. Baden-Württemberg. M.: Ehrenmtgl. Dt. Bund f. Vogelschutz. H.: Ornithologie.

Hanemann Peter *)

Hanemann Regina Dr. phil.
B.: Museumsdir. FN.: Museen d. Stadt Bamberg. DA.: 96047 Bamberg, Obere Brücke 1. G.: Gräfelfing, 12. Jan. V.: Peter Schmidt. El.: Heinz u. Anna Maria Hanemann, geb. Kuppel. S.: Abitur Regensburg, Stud. Kunstgeschichte, Volkskunde u. Archäologie d. Mittelalters in München, 1984 M.A.-Prüf., 1989 Prom. K.: 1989-91 wiss. Mitarb. in Bamberg, 1991-93 wiss. Volontariat Berlin, 1993-95 wiss. Mitarb. b. d. Stiftung Preuss. Schlösser u. Gärten Berlin-Brandenburg, seit 1995 zunächst wiss. Mitarb., 1996-99 Museumsdir. u. Gschf. d.

*) Biographie www.whoiswho-verlag.ch oder beigefügte CD-ROM

GmbH, seit 1999 Dir. d. Museen d. Stadt Bamberg. P.: Diss. "Johann Lorenz Fink (1745-1817), Fürstbischöfl. Hofwerkmeister u. Hofarchitekt in Bamberg" (1993), zahlr. Ausstellungskataloge u. Beiträge in Kunstwiss. Zeitschriften "Das Berliner Schloß - Ein Führer zu einem verlorenen Bau" (1992). M.: Verb. Dt. Kunsthistoriker, ICOM. H.: Musik (Jazz), Literatur, Kino.

Hanesch Manfred

B.: selbst. RA. DA.: 64285 Darmstadt, Hölderlinweg 6. manfred.hanesch@t-online.de. G.: Darmstadt, 5. Okt. 1962. El.: Kalman u. Silvia, geb. Damko. S.: 1982 Abitur, Jurastud. Frankfurt, 1991 1. u. 1995 2. Staatsexamen: jeweils mit Schwerpunkt Arbeitsrecht, 1987-94 Teilnahme an zahlr. Weiterbild.-Seminaren u.a. Arbeitsrecht, Mietrecht, Jugendrecht, Familienrecht. K.: 1995 eigene Kanzlei in Darmstadt, Fachbereich Arbeitsrecht, Sozialrecht, Familienrecht; Berater f. allg. Lebensberatung b. Caritas, Treuhänder in Verbraucherinsolvenzverfahren, Kurse: Fachanwalt f. Familienrecht u. Sozialrecht; Band: Gas&Oil. P.: 1990 Mitarb. an d. Veröff. d. Lehrbuches v. Prof. Ramm "Jugendrecht", Artikel in ISUV-Report: Scheidung-Unterhalt und was dann? (Armut u. Scheidung): u.a. "Selbstbehalt u. Sozialhilfe. M.: AG Familienrecht Darmstadt, Interessenverb. f. Familien- u. Unterhaltsrecht (ISUV/VDU) Nürnberg, Ltr. d. Bez.-Stelle Frankfurt/Main, Ver. demokrat. Juristen V.D.J., Ltr. d. Regionalstelle Darmstadt, Sozialrechtsverband u. Kolping, Radio Radar, Lokalsender. H.: Gitarrist in Gas&Oil, Akustikgitarre bei Ron Brown: Strange Thing, Paddeln, Wandern. Sprachen: Englisch.

Hanetzog Holger

B.: Einzelhandeslkaufmann, Marktleiter. FN.: OBI Bau- und Heimwerkermarkt. DA.: 29439 Lüchow, Konsul-Wester-Str. 15. markt294@obi.de. www.obi.de. G.: Delmenhorst, 10. Apr. 1959. El.: Erwin u. Meta, geb. Bruns. S.: 1974-78 Lehre z. Einzelhandelskaufmann in Delmenhorst, 1978-82 Zeitsoldat b. d. Bundeswehr. K.: seit 1982 tätig b. OBI in Bremen als Fachverkäufer, 1984-85 stellv. Marktleiter, 1985-88 Marktleiter b. OBI in Salzgitter-Lebenstedt, 1988-91 Marktleiter b. OBI in Gifhorn, seit 1991 Marktleiter b. OBI in Lüchow. M.: Freiwillige Feuerwehr Künsche, Schützenverein Künsche. H.: PC, Feuerwehr, Schützenverein, Internet, Lesen, NLP, Esoterische Psychologie.

Hanewinckel Christel

B.: MdB, Buchhändlerin, Pfarrerin. FN.: Dt. Bundestag. DA.: 11011 Berlin, Platz d. Republik 1. PA.: 06108 Halle/Saale, Weidenplan 4. G.: Bad Tennstedt/Thüringen, 6. Apr. 1947. V.: Pfarrer Hans Joachim Hanewinckel. Ki.: Mirjam (1969), Friedemann (1975). El.: Arthur u. Lina Nordmann. BV.: Albert Kollmann - Förderer v. Barlach. S.: 1965 Abitur, 1970-76 Stud. Theol. an d. Martin Luther-Univ. Halle-Wittenberg, 1976 Dipl. K.: 1965-70 Buchhändlerin, 1976-90 Pastorin in d. Kreispfarrstelle f. Klinikseelsorge, Halle/Saale, 1983-88 Mtgl. d. Präsidiums d. Kreissynode Halle, Mtgl. d. Provinanzialsynode d. Ev. Kirche Sachsen-Anhalt, 1988-90 stellv. Superintendentin, 1990 Abschluß als Supervisorin d. Pastoralpsychologie, seit 1980 aktiv in d. Friedensbewegung, Mitbegründerin d. SDP in Halle im Okt. 1989, Dez. 1989 bis Mai 1990 Moderatorin d. Runden Tisches d. Stadt Halle, seit 1991 Vors. d. SPD-Stadtverbandes, 1990-92 Stadträtin u. Vizepräs. d. Stadtverordnetenversammlung d. Stadt Halle, s. 1990 MdB, Mtgl. Fraktionsvorst., 1994 Sprecherin f. Familien-, Senioren-, Frauen- u. Jugendpolitik, 1998 Vors. d. Ausschusses f. Familie, Senioren, Frauen u. Jugend. (Re)

Hanewinkel Lorenz Wilhelm Dipl.-Phys.

B.: Patentanw./Europapatent u. Markenvertreter. FN.: Patentanw.-Kzl. L. Hanewinkel. DA.: 33102 Paderborn, Ferrariweg 17a. G.: Heiligenstadt/Eichsfeld, 27. März 1931. V.: Ursula, geb. Hohmann. Ki.: Dr. med. Heike (1961), Frank (1962), Elke (1971). El.: Anton u. Elisabeth, geb. Lorentz. S.: 1949 Abitur, b. 1951 Ausbild. z. Rundfunkmechaniker, Stud. Physik an d. TH Aachen, 1955 Dipl. K.: als Ang. in d. Firma Zuse KG in Bad Hersfeld zuständig f. d. Entwicklung d. Technik d. weltweit ersten Gleitkomma-Röhrenrechners, d. heute im Dt. Museum in München zu bestaunen ist, 1960-64 Vertriebsltr. für elektron. Bauelemente in d. Firma Valvo in Hamburg, 1964 Ltr. d. Entwicklung b. Nixdorf, Entwicklung d. Hard- u. Software f. d. 1. elektron. Tischrechner "Conti" sowie Buchungsmaschine 820, zahlr. innovative Entwicklungen, 1968 l. Mikroprozessor, 1996 Koordinator d. Gesamtentwicklung im Hause Nixdorf u. Prok., 1972 Ltg. f. neue Technologien, 1978 Prüf. z. Patentanw., Ltr. f. d. Bereich Rechtsschutz u. Normung als Patentassessor u. europ. Patentvertreter f. d. Gesamtkonzern, seit 1981 selbst. Patentanw. BL.: Patent 1167569, anm. 28.12. 1960, Programmgesteuerte digitale Rechenmaschine (Pipeline), Patent 15 74 520.7 anm. 2.2.68 Stabkern-Halbfestwertspeicher, Patent 25 02 005.7 anm. 20.1.75 Verfahren z. Zurordnung v. Adressen in Datenverarb.-Einrichtungen, Patent 25 29 784.1 anm. 3.7.75 l. digitales Modem, u.v.m. P.: Techn. ökonom. Überlegungen im Zusammenhang m. d. Konzeption d. Nixdorf-Systeme (1977), Computergeregelte Klimaanlagen 2. Verbesserung d. Energiehaushaltes (1975), Anwendungsorientierte Hard- u. Software f. interaktive Textbe- u. -verarb. (1978). M.: VDE, Kegelclub d. Nixdorfianer. H.: Wandern, klass. Musik.

Hanewinkel Rolf *)

Hanewinkel Wolf D.

B.: Rechtsanwalt. DA.: 69115 Heidelberg, Römerstr. 1. PA.: 69126 Heidelberg, Jaspersstr. 30. G.: 19. Jan. 1939. Ki.: Dr. med. dent. Michael, Dipl.-Forstw. Dr. Marc. S.: 1960 Abitur, 1960-67 Offz. (Fallschirmtruppe), OLt. d. Res., 1967-68 Stud. Jura u. Germanistik Heidelberg,1968-71 Jurastud., 1971 1. u. 1977 2. Jur. Staatsexamen. K.: 1972 Referendariat u. wiss. Mitarb. am Lehrstuhl f. öff. Recht Heidelberg, 1977 Zulassung z. RA, 1977 Grdg. d. eigenen Kzl. in Heidelberg m. Schwerpunkt Wettbewerbs-, Ges.- u. Strafrecht, Justitiator eines gr. Pressevertriebsunternehmens Lübeck, beratende Tätigkeit f. weitere Pressevertriebsunternehmen in Deutschland. M.: Weinbruderschaft d. Pfalz, Anw.-Ver. Heidelberg. H.: klassische Musik, Klavier, Kunst, Literatur, Tauchen, Motorrad (H-D).

Hanf Ehrhart Dr. oec. Univ.-Prof. *)

Hanf Wolfgang

B.: Rechtsanwalt, Notar. FN.: Kzl. Wicker, Huber, Hanf. DA.: 60313 Frankfurt/Main, Goethestr. 31-33. PA.: 61462 Königstein, Kuckucksweg 29. G.: Frankfurt/Main, 3. Sep. 1957. V.: Heike, geb. Stuhr. Ki.: Alexander (1989), Freya-Alena (1992). El.: Dr.-Ing. Sigurd u. Gisela, geb. Taeger. S.: 1976 Abitur, Grundwehrdienst, 1977 Stud. Rechtswiss. Johann-Wolfgang-v.-Goethe-Univ. Frankfurt/Main, 1982 1. u. 1985 2. Jur. Staatsexamen. K.: 1982 Rechtsreferendar, 1977-85 Nebentätigkeit b. Prof. Dr. Schwantag u. Dr. Kraushaar Wirtschaftsprüf.-Ges. Frankfurt/Main, 1986 Tätigkeit b. Firma M. P. Consult + Partner Intern. Consultants GmbH, 1986 Zulassung z. RA, 1989 Eintritt in d. RA- u. Notariatskzl. Dr. Greuner, Wicker, Fendrich u. Huber in Frankfurt/Main, parallel Tätigkeit b. d. Syntax Revisions u. Treuhand GmbH Wirtschaftsprüf.-Ges. Frankfurt/Main, zuletzt Gschf., seit 1991 Notar.

Hanff Joachim

B.: Gschf. FN.: Integral - Bürgerinitiative f. Menschen mit Behinderungen e.V. (Integral e.V.). DA.: 10245 Berlin, Boxhagener Str. 106. integral. ev@t-online.de. www.integral-ev.de. G.: Havelberg, 12. Sep. 1951. V.: Lebenspartnerin: Gisela Labahn, geb. Otte. Ki.: Sebastian (1976), Martin (1979). El.: Rudolf u. Marianne, geb. Windisch. S.: 1970 Abitur, 1970-71 NVA, 1972-76 Stud. Psychologie (Arb.- u. Ing.-psych.). K.: 1976-84 tätig in d. Betriebsorgan. im Chemie-Außenhdl. in d. DDR, 1984-90 Ltr. d. Heimarbeitszentrale in Reha-Werkstätten d. Klinikums Bln.-Buch, 1990-92 Prod.-Ltr., 1990 Mitbegründer Integral e.V., Eröffnung einer Freizeit- u. Begegnungsstätte durch d. Verein, ab 1992 Verhandlungsführer f. d. Ausgliederung d. Reha-Werkstätten in eine Einrichtung d. Integral e.V., seit 1993 Gschf. d. Vereins, 1994 Errichtung einer Kinder- u. Jugendambulanz. M.: Grdg. d. Ver. Bürgerinitiative f. Menschen m. Behinderungen u. seit 1992 Verhandlungsführer. H.: Literatur, Musik, Wassersport.

Hanfland Ulrich Dr. *)

Hanfler Matthias
B.: Dipl.-Ges.-Wissenschaftler, Gschf. FN.: EDVRAU Computer Schulungs u. Weiterbild. GmbH. DA.: 99089 Erfurt, Hirnzigenweg 49A. matthias@hanfler.de. G.: Erfurt, 2. Dez. 1964. V.: Astrid, geb. Schulz. Ki.: Stephan (1984), Ina (1987). El.: Helmut u. Renate, geb. Neumann. S.: 1983 Abitur, 1983-87 Stud. Wirt.-Wiss. Karl-Liebknecht-Univ. Stralsund, Abschluß als Dipl.-Ges.-Wissenschaftler, 1987-89 Wehrdienst. K.: 1989-91 Programmierer im Datenverarb.-Zentrum Erfurt, 1991-94 Trainer b. EDVRAU, seit 1994 Gschf. P.: zahlr. Veröff. in d. Tagespresse. M.: BJU, Marketingclub Thüringen. H.: Radfahren, PC-Technik, Camping.

Hänfling Georg *)

Hangebrauk Jürgen

B.: Architekt, vereid. Sachverständiger. DA.: 44229 Dortmund, Schneiderstr. 107 B. G.: Dortmund, 23. Feb. 1933. V.: Brigitte Bücker, geb. Stolpmann. El.: Heinrich u. Alma. S.: 1952-54 Lehre als Maurer b. Bauunternehmung Rose in Dortmund, 1954-57 Stud. an d. Ing.-Schule in Hagen, 1958 Stud. an d. HS d. bild. Künste in Wien. K.: 1958 Tätigkeit b. Architekten Will Schwarz, seit 1958 selbst. Architekt, seit 1979 vereid. und zertifizierter Sachv. f. bebaute u. unbebaute Grundstücke sowie f. Mietschäden. M.: FDP, Ver. freischaffl. Architekten, Verb. d. öff. bestellten Sachv. H.: Tennis, Literatur, Fach- u. Wirtschaftsliteratur, Reisen.

Hanhart Matthias

B.: Gschf. FN.: Teppich Hanhart GmbH. DA.: 33790 Halle, Ascheloher Weg 1. G.: Rheda-Wiedenbrück, 25. Nov. 1964. V.: Lebensgefährtin Martina Brockmann. El.: Bernhard u. Maria. S.: 1980 Mittlere Reife, 1981-84 Ausbild. Finanzanwärter, Bundeswehr, 1986-89 Ausbild. Kfm, im Einzelhdl. Firma Raumdekor Lüdke Oelde. K.: 1990 tätig in Teppichfachgeschäft Eickhalt in Gütersloh, 1993 ltd. Funktion im Teppichhdl. Gläseker in Halle u. 1994 Übernahme d. Betriebes u. Grdg. d. Firma Teppich Hanhart GmbH m. Schwerpunkt Teppichfachhdl. u. Orientteppiche. H.: Autos, Reisen, Sammeln schöner Gegenstände.

Hanheide Dirk Dipl.-Ing. *)

Haniel Klaus *)

Hanika Helmut *)

Hanika Horst-Michael *)

Hanisch Angelika
B.: selbst. Krankengymnastin. DA.: 63263 Neu-Isenburg, Emil-v.-Behring-Str. 17. G.: Dresden, 18. Nov. 1950. Ki.: Katja (1976). S.: 1969-72 Ausbild. Krankengymnastin Frankfurt/Main. K.: b. 1974 tätig im KH Dieburg, danach Eröff. d. eigenen Praxis in Neu-Isenburg. M.: Dt. Verb. f. Physiotherapie. H.: Tennis.

Hanisch Bernd Prof.

B.: Diplom Designer, HS-Prof. FN.: Burg Giebichenstein Hochschule f. Kunst u. Design Halle. DA.: 06003 Halle (Saale), PSF 200252. hanisch@burg-halle.de. www.burg-halle.de. G.: Lutherstadt Wittenberg, 12. Jan. 1959. S.: 1977 Abitur Jessen, 1980-85 Stud. Produktdesign Burg Giebichenstein, Dipl. K.: 1985-90 Designer u. Grafiker in Forschungs- u. Entwicklungsabteilungen, seit 1990 künstler. Mitarbeiter HKD, seit 2000 Prof. für Digitale Entwurfsmodellierung, CADD, Feedback Modelling, 3D Computergrafik, Industrie- u. Produktdesign, Multimedia Virtual Reality Design, Design Digitaler Produkte; seit 2001 Prorektor Burg Giebichenstein; seit 2002 Direktor AnInstitut Computer, Art & Design; E.: Marianne-Brandt-Preis f. Design d. Landes Sachsen-Anhalt 2000 f. d. Laservermessungsgerät "Callidus".

Hanisch Cornelia *)

Hanisch Hans Ing. *)

Hanisch Joachim K.
B.: Schmiedemeister, Inh. FN.: Schmiede u. Schlosserei Olvenstedt. DA.: 39130 Magdeburg, Grüne G. 6. G.: Glindenberg, 16. Apr. 152. V.: Marie-Luise, geb. Dames. Ki.: Evelyn

*) Biographie www.whoiswho-verlag.ch oder beigefügte CD-ROM

Hanisch Rainer *)

(1976), Christian (1979). El.: Karl u. Anna-Eliese, geb. Bethge. S.: b. 1971 Lehre als Schmied, 1971-73 Armee, 1975-79 Stud. Maschinenbau u. Päd. Magdeburg. K.: b. 1988 Lehrer in Polytechnik an d. Betriebsberufsschule Walter Ulbricht im MAW, seit 1988 selbständig m. Schmiede u. Schlosserei in Magdeburg m. Schwerpunkt Restaurierung u. Kunstschmiedearb. M.: DRK, Wasserwacht, DLRG, Metallbauinnung, AufsR. d. Rohstoffgen. Magdeburg e.G. H.: Tauchen.

Hanisch Reinhard Dipl.-Ing. *)

Hanisch Ursula *)

Hänisch Peter *)

Hanitsch Rolf Dr.-Ing. habil. Prof. *)

Hanitzsch Erich Dr. rer. nat. ORR.

B.: Physiker. FN.: PTB. DA.: 38116 Braunschweig, Bundesallee 100. PA.: 37547 Kreiensen. G.: Freiberg, 2. Juni 1939. V.: Helga, geb. Kuhlemann. Ki.: Christian (1965), Annette (1970). El.: Erich u. Margarethe, geb. Schuricht. S.: 1958 Abitur Annaberg-Buchholz, 1959 Abitur-Anerkennung BRD, 1959 Stud. Physik Göttingen, 1966 Dipl., 1968 Prom. K.: 1968-69 wiss. Ass. am Max-Planck-Inst. in Göttingen, b. 1972 im Philips Forsch.-Laboratorium in Aachen, seit 1972 an d. PTB in Braunschweig tätig in d. Forsch. f.: Wärmekapazitätmessung, Modifizierung d. Meß- u. Auswertemethoden, Wärmeleitfähigkeitsmessung, Teilautomatisierung, Heliumverflüssigung, Messungen an einem Prozessgaschromatographen, Qualitätssicherung in d. Abteilung. BL.: Aufbau eines Pulskalorimeters zur Messung thermophys. Eigenschaften bei hohen Temperaturen. P.: Diss.: Zur Umlösung v. aufgedampften Silberpartikeln auf fester Unterlage, div. Vorträge bei Tagungen über Pulskalorimeter u. DSC, Veröff. in Fachpubl. u. Fachbüchern. M.: Dt. Vakuumges., Arb.-Kreis Thermophysik, Ges. f. therm. Analyse (GEFTA). H.: Tanzen, Wandern, Musik, Garten.

Hank Dietrich

B.: freiberufl., Beratender Volks- u. Betriebswirt, Wirtschaftsberater. DA.: 86356 Neusäß, Joh. Seb. Bachstr. 25. G.: Berlin, 29. Jan. 1931. V.: Annelies, geb. Fuchs. Ki.: Markus, Beate, Carola. El.: Franz Anton u. Katharina, geb. Moßbacher. BV.: August Hank, Großvater, bekannter Financier in Freiburg/ Brsg., Franz Anton Hank, Gründer d. Beratungskanzlei 1925 als 1. Wirtschaftsberater Deutschlands. S.: Ausb. im elterl. Betrieb, Volontariate: Südd. Verlag, Personalberatung Meyer-Mark, Anzeigen-Fackler. K.: seit 1951 in d. elterl. Kanzlei. P.: regelmäßige journalistische Beiträge, Gründer u. 5 J. leitender Redakteur d. LO-Kuriers (Verbandzeitung). M.: 15 J. Bundesverb. d. Wirtschaftsberater, davon 8 J. als VPräs., 10 J. LIGA-Oeconomica, Bundesverb. Wirtschaftsberatender Berufe, davon 6 J. als Präs., 1. Vors. d. EMA-Europäische Mittelstandsakad. H.: Geschichte d. 20. Jhdt., Tennis.

Hank Helmut *)

Hank Theresia

B.: Gschf. FN.: eureno Ges. f. Gebäudedienstleistungen mbH. DA.: 82061 Neuried, Münchner Str. 4. G.: Wetterfeld/Cham, 7. Jan. 1948. Ki.: Thomas (1969), Martina (1977). K.: Tätigkeit in verschiedenen Berufen, 1980 an Krebs erkrankt, 1982 Gründung. eines selbst. Reinigungsbetriebs, 1992 Gründung. Hand Dienstleistungs GmbH zusammen m. Ehemann u. Sohn, 1998 Grdg. von eureno Ges. für Gebäudedienstleistungen mbH gemeinsam m. d. Tochter, Schwerpunkt: Büro - u. Unterhaltsreinigung. H.: Garten, Hund, Lesen, Tennis, Schwimmen.

Hanke Claudia *)

Hanke Detlef

B.: Vors. d. Vorstandes d. hanke multimediahaus AG. DA.: 28209 Bremen, Schwachhauser Heerstr. 78. detlef.hanke@hmmh.de. G.: Bremen, 20. Sep. 1947. V.: Heidrun, geb. Murken; Ki.: 2 Kinder. El.: Willy u. Hildegard. S.: Realschule, 1965-68 Lehre Ind.-Kfm., 1971-74 Stud. Werbefachl. Ak. Hamburg, Sozialwiss. Univ. Bremen. K.: Seit 1974 selbst. in Bremen m. Schwerpunkt Kommunikation u. Marketing. BL.: Vorträge, Gastprof. an d. HS f. Kunst, Lehrauftrag Univ. Bremen, 1989 Mitbegründer d. Medienhauses Bremen u. Sprecher d. Gemeinschaft. M.: Aussch. f. Medien u. Kommunikation d. HK Bremen, Dt. Kommunikationsverb. H.: Segeln. (H.L.)

Hanke Fritz Josef *)

Hanke Gerhard *)

Hanke German *)

Hanke Hans-Joachim Dipl.-Ing. *)

Hanke J. G. Architekt BDA dwb

B.: selbst. Architekt. DA.: 33729 Bielefeld, Tümmlerweg 21. G.: Leobschütz O/S, 5. Jan. 1931. V.: Hannelore, geb. Kunz. Ki.: Dipl.-Ing. Markus Wirtschafts-Ing., Dipl.-Ing. Isabella Architektin, Sam Soon Marketing Management, Aurelia Dipl.Bildhauerin. El.: Wilhelm u. Cläre. S.: 1951 Gesellenprüf. Tischlerhandwerk, 1954 staatl. Abschlusspruf. Werkkunstschule Bielefeld b. Prof. Paul Griesser. K.: b. 1956 Mitarb. in Stuttgarter Architekturbüros, 1956 Grdg. eines Arch.-Büros, Bauhaus-Einfluß, Möbeldesign, Sakralbauten, Industriebauten, exklusiver Wohnhausbau, histor. Bauten, Krankenhausbau in Taegu, Südkorea, Verkehrsbauten, Brückenbauwerke, U-Bahnstationen f. d. Stadt Bielefeld, 1957-98 Zusammenarb. m. Architekt Winfried Geesmann, zahlr. Studienreisen. P.: Creativity and Contradiction, European Churches since 1970 Randall S. Lindstrom AIA, The American Institute of Architects, Washington, 1991 Bielefeld - Die Stadtbahn, 1996 Werkverzeichnis J. G. Hanke Bauten u. Projekte 1956-1996. E.: 1969 BDA-Preis Ostwestfalen-Lippe f. Industrie- u. Verwaltungsgebäude Interlübke in Rheda-Wiedenbrück. M.: seit 1962 Mtgl. im Bund Dt. Architekten BDA, seit 1971 Mtgl. d. Architektenkammer NRW, 1978-82 Vors. im Berufungsausschuß d. BDA, Bielefeld, 1978 Dt. Werkbund dwb, 1986-93 Gschf. d. BDA-Bezirksgruppe Ostwestfalen-Lippe.

Hanke Jürgen Dr. med.

Hanke Jürgen

B.: Facharzt f. Hals-, Nasen- und Ohrenheilkunde. DA.: 32657 Lemgo, Bismarkstr. 16. G.: Mennighüffen, 28. Mai 1939. V.: Dorit, geb. Arendt. Ki.: Moritz (1985). El.: Adolf u. Hermy. S.: 1960 Abitur, 1960-66 Med.-Stud., 1967 Prom. K.: 1966-69 Med.-Ass., 1969-76 Tätigkeit u. FA-Ausbild. an d. H.O. Univ.-Klinik Münster, 1976 Grdg. d. eigenen Praxis in Lemgo u. Belegarzt am Klinikum Lippe Lemgo. H.: Kunst- und Geschichtsinteresse, Literatur, Haus u. Garten.

B.: Steuerberater. DA.: 34121 Kassel, Grüner Waldweg 47. G.: Edermünde Griffte, 26. Jan. 1954. El.: Walter u. Gertrud. S.: Mittlere Reife Kassel, Ausbild. z. Steuerfachgehilfen, nach 5 J. Prüf. z. Steuerbev., Wochenendstud. d. Betriebswirtschaft, 1985 Prüf. z. Steuerberater. K.: seit 1978 selbst. Steuerbev., seit 1985 selbst. Steuerberater in d. eigenen Firma m. Schwerpunkt Kundenbetreuung aller Berufszweige. BL.: s. 1978 Bowlingspieler in d. Mannschaft FINALE-KASSEL, m. d. er einige Male Hessenmeister war. M.: Bundessportver. H.: Bowling, Fotografie, Automobilrennsport, Reisen in d. USA.

Hanke Karl Dipl.-Ing. *)

Hanke Manfred *)

Hanke Matthias Stefan
B.: Dipl.-Bibliothekar, Kaufmann. FN.: Andresen Weine & Spirituosen. DA.: 22359 Hamburg, Holthusenstr. 17. G.: Hamburg, 8. Aug. 1973. El.: Klaus u. Brigitte, geb. Gehrke. S.: 1993 Abitur Hamburg, 1993-94 Zivildienst, 1995-99 Stud. Bibl.- u. Informationswiss. an d. FH Hamburg u. Dipl.-Abschluß. K.: während d. Stud. Gschf. b. d. Firma Andresen, 1999 Übernahme d. Geschäftes. P.: 1999 Dipl.-Arb., div. Art. u. Aufsätze während d. Stud. M.: Yacht Club Scharbeutz Ostsee (YCSO), Angelver. Frühauf v. 1910. H.: Katamaransegeln, Alpinski, Sportfischen.

Hanke Rainer E. Dipl.-Ing. *)

Hanke Reinhard Dr.
B.: RA u. Notar. FN.: Sozietät Menold & Aulinger. DA.: 45127 Essen, Gildehofstr. 1. G.: Hohenlimburg, 4. Mai 1940. El.: Dr. Werner u. Anneliese, geb. Wegmann. S.: 1959 Abitur, 1959-63 Stud. Rechtswiss. Göttingen, München u. Münster,

1965 Prom., 1968 2. Staatsexamen. K.: 1969-71 Justiziar d. RAG, seit 1972 Anw. u. Partner d. Sozietät Krameyer, seit 1981 Notar, seit 1993 Seniorpartner m. Schwerpunkt Wirtschafts-, Ges.-, Bankrecht u. Ind.-Notariat, seit 2000 Partner d. Sozietät Menold & Aulinger (Zusammenschluß Menold/Aulinger/ Spieker/ Krameyer). F.: 12 Büros in d. gesamten Bundesrepublik. P.: Diss.: Das Selbstkontrahieren d. Stellv. im Dt. Recht, verglichen m. franz. u. angloamerikanischen Recht. M.: Vorst. d. Kunstring Folkwang, Vorst. d. Kreisverb. DRK, versch. Stiftungskuratorien, Lions, IBA. H.: klass. Musik, Bayreuther Festspiele.

Hanke Rudolf-Imanuel

B.: Zahnarzt. DA.: 30627 Hannover, Winkelriede 14. PA.: 30826 Garbsen, Kantstr. 6. info@hanke-zahnarzt.de. www.hanke-zahnarzt.de. G.: Marktrewitz, 9. Jän. 1957. V.: Gudrun. Ki.: Jonathan (1986), Dennis Benjamin (1987), Vincent (1988). El.: Rudolf u. Bertha Sophie, geb. Lena. BV.: Großvater mütterlicherseits Lehrer u. Musikgenie. S.: 1978 Abitur Darmstadt, Zivildienst Karlsruhe, 1980-86 Stud. Zahnmed. Med. HS Hannover. K.: 1986-89 Ass. b. Prof. Dr. Jung, 1989 Ndlg. als Zahnarzt in Hannover m. Schwerpunkt Prothetik, Implantologie, Kieferorthopädie u. Kieferchir. F.: Schiffsreedereien, P.: div. wiss. Radiologien. M.: div. Fachverb. H.: Sport, Skifahren, Musik.

Hanke Susanne *)

Hanke Werner Dr. Prof. *)

Hanke Wolf *)

Hanke Wolfgang *)

Hanke Wolfgang

B.: Gschf. FN.: Bürgschaftsbank Sachsen GmbH; Mittelständ. Beteiligungsgesellschaft Sachsen mbH. DA.: 01309 Dresden, Anton-Graff-Str. 20. wolfgang.hanke@bbs-sachsen.de. www.bbs-sachsen.de. G.: Frankfurt/Main, 3. Feb. 1945. Ki.: Felix (1976), Martin (1979), Julia (1984). El.: Dr. Günter u. Margot, geb. Dahn. S.: 1964 Abitur Lessing-Gymn. Frankfurt/Main, 1964-68 Stud. Jura Frankfurt/Main u. Tübingen, 1968 1. Staatsexamen Tübingen, 1968-72 Referendariat mit Praktikum Europ. Gem. Bonn u. Brüssel, 1972 2. Staats-

*) Biographie www.whoiswho-verlag.ch oder beigefügte CD-ROM

examen Stuttgart. K.: 1972-73 ang. RA in Stuttgart, 1974-80 tätig in d. Landesverw. Baden-Württemberg, 1974-75 Finanzassesor, 1975-77 Sachgebietsltr. im Finanzamt Stuttgart, 1977 Ref. im Finanzmin. Baden-Württemberg u. 1977-80 Ref.-Ltr. im Staatsmin. Baden-Württemberg, 1980-92 Dir. Landeskreditbank Baden-Württemberg in Stuttgart u. Karlsruhe, 1992-95 Vors. d. Geschäftsltg. d. BVVG Bodenverwertungs- u. -verwaltungs GmbH in Berlin, seit 1996 Sprecher d. Geschäftsltg. d. Bürgschaftsbank Sachsen GmbH u. d. Mittelständ. Beteiligungsges. Sachsen mbH. M.: Vorst.-Mtgl. d. Verbandes d. Bürgschaftsbanken in Bonn, Vorst.-Mtgl. d. BVK Bundesverband dt. Kapitalbeteiligungsgesellschaften German Venture Capital Association e.V., Berlin, Mtgl. d. Vollversammlung d. IHK-DD. H.: Bergsteigen, klass. Musik.

Hanke-Förster Ursula
B.: Bildhauerin. DA.: 14167 Berlin, Teltower Damm 139. G.: Berlin, 8. Apr. 1924. V.: Günter Hanke. BV.: Großv. Otto Pahnke, Maler u. Grafiker. S.: 1941-44 Lehre im graf. Gewerbe, Besuch v. Abendkursen in Akt- u. Portraitzeichnen bei Max Kaus a. d. Schule f. Kunst u. Handwerk Berlin, 1945-52 Stud. a. d. HDK Berlin (Prof. Max Kaus, Friedr. Stabenau, Gustav Seitz u. Reneè Sintenis) Meisterschülerin. K.: seit 1952 freischaff. Bildhauerin, 1952 Studienreise nach Spanien u. Paris, 1954 Aufenth. in Frankr. Italien, Griechenl. 1958 längere Reise durch die USA, Ausst. in New York - Weyhe Gallery, 1968 Reise i. d. Karibik u. Mexiko, Aufenth. in Engl. u. Schottl., 1975 Reise mit einer Gruppe Berliner Künstler nach Brasilien, 1981 Studienaufenth. i. d. Toskana, 1991 Fonds im "Archiv für Bildende Kunst" German. Nationalmuseum Nürnberg, Großplastiken in öffentlichen Räumen: "Netzwerfer" in Berlin-Spandau, Doppelplastik "Begegnung" Berliner-Brücke in Duisburg, Mutter und Kind" in Lübeck, "Balanceakt" in Travemünde u.v.a. in Berlin, Bonn, Mönchengladbach, Neumünster, Bochum, P.: zahlr. nat. u. intern. Einzelausstell. u. Beteilig. an Gruppenausst., Kataloge, Bücher, Zeitschr. E.: 1954 Kunstpreis d. Stadt Berlin für Bildhauerei. H.: Gartengestaltung.(I.Ü.)

Hanke-Hänsch Ulrike

B.: Schauspielerin, Schauspielpädagogin, Pensionärin. PA.: 10249 Berlin, Barnimstr. 14. hanke-haensch@gmx.de. G.: Friedersdorf, Krs. Görlitz, 4. Sept. 1938. V.: Gert Hänsch. El.: Rudolf und Elsa Hanke, geb. Xyländer. S.: 1955 Mittlere Reife, med. FS Studium abgebrochen 1957, 1957-61 kaufm. Ausbild. K.: 1961-62 Industriekauffrau Waggonbau Görlitz (gleichzeitig Aufbau u. Arbeitertheaters), 1962 Studienbeginn am Schauspielstudio des Staatstheaters Dresden, Abschluß: Schauspieldiplom mit Auszeichnung u. erstes Engagement am Kleist-Theater Frankfurt/Oder, nach d. Begegnung u. Eheschließung mit d. Schauspieler, Kunstpreisträger Gert Hänsch, 1966 Kleistpreis u. gemeinsamer Wechsel an d. Theater Freiberg - wichtige Charakterrollen-Klassik u. Moderne (1968 wird Gert Hänsch v. Helene Weigel nach Berlin gerufen), 1969 folgt Ulrike Hanke-Hänsch ihren Mann (freiberuflich) nach B., gastiert viele Jahre an d. Theatern Cottbus u. Altenburg, spielt ab 1969 sehr vielseitige Episoden u. mittlere Charakterrollen beim Deutschen Fernsehfunkt DFF (auch Hörfunk u. Synchronisation), 1979-91 FEZ Spielplan f. Kinder, sowie mobiles Literaturtheater f. Erwachsene (bis zu seinem Tode 1984), Autorenschaft u. Regie: Gert Hänsch, 1991-94 Leitung d. Theaterwerkstatt Zehlendorf (VHS), bis 1998 das

Haus "Begegnungsstätte f. Kindheit (ABM), künstl. Ralisierung v. Video- bzw. Aufführungsprojekte f. Jugendliche u. Erwachsene, z.B.: "Sophies Welt", Hommage zu Bertolt Brechts u. Erich Kästners 100. Geburtstagen, Intensivierung d. professionellen Nachwuchsförderung i. privaten Schauspielunterricht - als Bedürfnis Berufs- u. Lebenserfahrungen weiterzugeben. E.: 1980 Med. f. ausgezeichnete Leistungen im FEZ, 1999 Ehrenurkunde d. UNICEF f. Solo-Gala mit "Konferenz der Tiere" -Erich Kästner. H.: Reisen, Lesen, Fitness, Garten.

Hankel Wilhelm Dr. rer. pol. Prof. *)

Hankiewicz Rolf *)

Hanky-Mehner Ulrike *)

Hanle Christoph

B.: gastronom. Ltr. u. Küchenchef. FN.: Des Restaurant Spago. DA.: 30169 Hannover, Calenberger Esplanade 1. info@spago-hannover.de. www.spago-hannover.de. G.: Herford, 15. Jan. 1967. V.: Tomma-Lotte, geb. Hilgenhövel. El.: Prof. Dr. Adolf u. Dr. Gisela, geb. Wallau. S.: 1986 Abitur Mannheim, 1986-89 Ausbild. Koch Augusta-Hotel Mannheim, 1989-90 Bundeswehr. K.: 1990-92 Koch in d. Schweizer Stuben in Wertheim, 1992-94 Koch im Restaurant Kunststuben in Zürich, 1994-96 Koch in Italien u. Asien, 1996 Küchenmeisterprüf. m. Ausz. in Heidelberg, 1996-99 Küchenchef im Deidesheimer in d. Pfalz, 1999-2001 Küchenchef im Hopfenspeicher in Isernhagen, seit 2001 gastronom. Ltr. u. Küchenchef im Restaurant Spago in Hannover m. Schwerpunkt leichte, mediterrane u. kaliforn. Küche. E.: 2001 Ausz. Michelin-Stern, div. Wettbewerbsausz. M.: seit 1996 IHK-Prüf.-Aussch. Rhein Neckar u. Hannover, Sportver. Mannheim. H.: Rudersport, Eishockey, fremde Länder.

Hanle Jürgen Dipl.-Ing. *)

Hänle Heinrich
B.: Vorst.-Sprecher. FN.: SG Holding AG. DA.: 70041 Stuttgart, Postfach 104661. K.: s. 1989 Vorst. Schwabengarage AG, s. 1995 Vorst.-Vors., s. 1996 Vorst. d. Holding, s. 09/1999 Vorst.-Sprecher SG Holding AG.

Hann Michael Dr.
B.: Vorst.-Mtgl. FN.: Arcor AG & Co. DA.: 65760 Eschborn, Kölner Str. 5. www.arcor.net. S.: Stud. Rechtswiss. u. VWL Heidelberg u. Mainz, jur. Examen. K.: 1982-85 wiss. Mitarb. an d. Univ. Mainz, 1985 Zulassung z. RA, 1988 Prom., 1986 tätig in d. Firma Mannesmann VDO AG in Schwalbach u. b. 1996 Dir. d. zentralen Personal- u. Sozialwesens, seit 1996 Vorst.-Mtgl. d. Arcor AG & Co.

Hannack Ursula *)

Hannappel Knut *)

Hannawald Chrischa
B.: Profi-Handballspieler. FN.: DHB. DA.: 44139 Dortmund, Strobelallee 56. G.: Illertissen, 4. Feb. 1971. S.: Lehre z. Schlosser. K.: GWD Minden, LTV (HC) Wuppertal, seit 2000 b. TUSEM Essen, 17 Länderspiele, 2002 Vizeeuropameister,

2001 Teilnahme an d. WM u. Supercup-Gewinner, Länderspiel-Debüt im DHB-Trikot 2001 gegen Tschechien in Balingen, H.: Musik, Lesen, Freundin. (Re)

Hannawald Sven
B.: Profi-Skispringer, Kommunikationselektriker, Soldat. FN.: c/o SC Hinterzarten. DA.: 79856 Hinterzarten, Sickingerstr. 8. G.: 9. Nov. 1974. K.: größte sportl. Erfolge: 1992 JWM Team /3., 1993 DM Team/1., Normalschanze/5., Großschanze /6.,1994/95 Planica Normalschanze/1., Planica Großschanze /2., Intercontinental-Cup/1., DM Großschanze/4., Normalschanze/4., Mannschaft/2., WC Engelberg/14., 1995 DM Großschanze/4., 1996/97 WC Oberstdorf/12., DM Großschanze/4., Normalschanze/6., Intercont.-Cup Planica Normalschanze/1, Gallio/3., Neustadt/4., 1997/98 WC-Gesamt/6., 1998/99 WC: Lillehammer/3., Kuopio/5., 1998 Skiflug-WM Oberstdorf/2., Zakopane Groß u. Normalschanze/3., Vierschanzentournee Bischofshofen/1., OS Nagano Mannschaft /2., 1999 WM Ramsau Einzelspringen/2., Mannschaft/1., WC Endstand/6, DM Großschanze/1., 1999/2000 WC Engelberg /2., Skiflug-WM i. Vikersund/1., Planica/1., WC Gesamt Skifliegen/1., 2000/01 WC Kuopio/4., WM Lahti Teambewerb Großschanze/1., Teambewerb Normalschanze/3., Titisee /Neustadt/1., 2001/02 Oberstdorf/1., Garmisch/1., Innsbruck /1., Bischofshofen/1., WC Willingen/1., Zakopane/2., OS Salt Lake City/2. (Re)

Hannberger Reinhold *)

Hanne Siegfried *)

Hanneke Günther *)

Hannemann Dieter Dr. rer. nat. Prof. *)

Hannemann Dirk *)

Hannemann Gerd *)

Hannemann Horst Dr.-Ing. *)

Hannemann Ingo *)

Hannemann Joachim Dipl.-Ing. *)

Hannemann Renate M.
B.: Leiterin, Personalentwicklerin. FN.: Inst. f. Zukunftsgestaltung. DA.: 53593 Bad Honnef, Postfach 6027. Renate. Hannemann@t-online.de. G.: Linz am Rhein, 14. Aug. 1955. S.: 1970-73 Anw.-Gehilfenlehre, 1973-85 Tätigkeit b. versch. RA, 1982-84 Stud. z. Rechtsdiplomwirt. K.: 1985-91 Ass. u. Abt.-Ltr. d. Aachener u. Münchener Sachversicherung, 1988-90 Stud. z. Versicherungsfachwirt, 1991 -97 ltd. Ang., 1991-94 Filialdirektorin, Aufbau d. Filialdirektion Halle o.g. Versicherung, 1994-97 Filialdirektorin, Ausbau d. Filialdirektion Magdeburg o.g. Versicherung, seit 1998 Ltr. o.g. Inst.; Präs. d. Soroptiomist Intern. Union Halle. M.: Tennisclub Sandanger, MIT. H.: Marathonlauf, Tennis, Literatur.

Hannemann René
B.: Profi-Bobfahrer, Sportsoldat. PA.: 98529 Suhl, Linsenhofer Str. 54a. G.: Belzig, 9. Okt. 1968. Ki.: 1 Tochter. K.: 1988 EM/2. Vierer, 1989 EM/5. Vierer, 1990 WM/5. Vierer, 1991 WM/3. Zweier, WC/1. Zweier, DM/2. Zweier, DM/3. Vierer, 1992 Olmypia/Silber Vierer, WM/2. Vierer, WC/1. Vierer, 1993 WM/3. Zweier, WM/5. Vierer, WC/1. Vierer, 1994 Olympia/Bronze Vierer, DM/2. Zweier, 1995 WM/1. Vierer, EM/1. Vierer, DM/3. Vierer, 1996 WC/1. Vierer, 1997 WM/1. Vierer, 1998 DM/3. Vierer. H.: Computer.

Hannemann Werner *)

Hannemann Wolfgang *)

Hanner Hans-Jürgen Dipl.-Ing. *)

Hannes Sven
B.: Zahnarzt. DA.: 21244 Buchholz, Kirchenstr. 8. G.: Bredstedt, 30. März 1964. V.: Marlies, geb. Röh. El.: Winfried u. Sigrid. S.: 1984 Abitur Lüchow, 1984-85 Bundeswehr, 1986-94 Stud. Zahnmed. Univ. Hamburg, 1994 Staatsexamen. K.: 1994-95 1. Ass.-Stelle Dr. Peter Löwen in Neuengamme, 1995-96 Ass.-Arzt b. Dr. Saul + Barckhausen in Lüneburg, 1996-97 selbst., Einstieg als Partner in d. Praxis, 1997 Praxisübernahme in Buchholz. M.: seit 1999 Zuchtverb. f. Arab. Pferde. H.: Pferde, Sport, Garten.

Hannesbrock Jutta

B.: Gschf. FN.: "Natürlich-Das Teehaus". Da.: 30175 Hannover, Volgersweg 15. G.: Emlichheim, 10. Juni 1951. V.: Alois Rolfes. Ki.: Marc (1977), Sarah (1980), Katja (1981), Carsten (1983). S.: b. 1970 Lehre z. Verkäuferin, danach Kunststopferin in Wilsum. K.: 1975 Hausfrau und Mutter, 1983 gemeinsam m. Ehemann parallel im Kinderzirkus als Jongleuse gearbeitet (Akrobatik, Feuerschluckerin), später Seminar d. Kleinkunst in Holland besucht, viele Auftritte auf Festen, Jonglier- u. Yogakurse f. Erwachsene abgehalten f. d. SPOKUSA in Hannover, 1992 Grdg. Künstleragentur im Kulturzentrum Hannover-Hainholz, danach Grdg. gemeinsam m. Freund Schmuckwerkstatt Kunstverein "Tragwerk", 1994-95 priv. Altenpflegerin, danach stellv. Verkaufsleiterin v. Spinnrad, 1999 Eröff. "Natürlich-Das Teehaus" in Hannover. H.: Malerei, kreatives Gestalten, Lesen.

Hannesen Gustav Dr. med. *)

Hannig André Dipl.-Ing. *)

Hanning Bob
B.: Co-Trainer d. Dt. Nationalmannschaft Basketball, Kfm. FN.: Deutscher Basketball Bund. DA.: 58089 Haagen, Schwanenstr. 6-10. PA.: 42657 Solingen, Stieglitzhof 47. G.: 9. Feb. 1968. K.: 1991-93 TV Cronenberg, 1993-95 TUSEM Essen, seit 1995 Sporting Solingen, seit 1997 Co-Trainer Männer-Nationalmannschaft, Erfolge als Trainer: 1994 City-Cupgewinner m. d. TUSEM Essen, 1994 Dt. Jugendmeister m. d. TUSEM Essen, 1998 Supercup-Gewinn, 1998 EM/3., 1999 WM/5. Pl., 2000 OS/5.

Hannke Andreas *)

Hännl Siegfried *)

Hanno Ludwig Dr. med. *)

Prinz von Hannover Georg *)

Prinz von Hannover Georg Wilhelm Dr. iur.
B.: Pädagoge. DA.: 83727 Neuhaus/Schliersee, Georgi-Haus. G.: Braunschweig, 25. März 1915. K.: 1948-59 Ltr. d. Salemer Schulen, 1966-71 Mtgl. d. Intern. Olymp. Komitees, 1966-70 Präs. d. Intern. Olymp. Ak., 1939 Mtgl. d. Military Natio-

*) Biographie www.whoiswho-verlag.ch oder beigefügte CD-ROM

nalmannschaft, 1962 Bayer. Meister im Military Reiten. E.: 1969 Gold. Sportabz., 1970 Gold. Abz. d. Bayer. Wasserwacht.

Hannöver Otto Dipl-Kfm.
B.: Wirtschaftsprüfer, Steuerberater, Gschf. Ges. FN.: Revision u. Treuhand KG. DA.: 24103 Kiel, Schülperbaum 23. G.: Lohne, 11. Feb. 1949. V.: Martina, geb. Huss. Ki.: Carsten (1973), Marthe (1986), Merle (1993). El.: Heinrich u. Elisabeth, geb. Böckmann. S.: 1967 Abitur Lohne/Oldenburg, 1967-72 Stud. BWL an d. Univ. zu Köln, Dipl.-Kfm. K.: 1973-78 Revisionsass. in WP/StB - Gesellschaft in Oldenburg, 1978 Steuerberaterexamen in Hannover, 1978-81 Ltr. einer ausw. Beratungsstelle in Hameln, 1981 ang. Steuerberater u. Wirtschaftsprüfer in d. Praxis Oelerking & Partner Kiel, 1982 Wirtschaftsprüferexamen, 1985 Partner d. Praxis Oelerking & Partner, 2000 Eintritt als persönl. haft. Ges. in d. Revisions u. Treuhand KG Kiel. M.: Ver. z. Förd. d. Inst. f. ausländ. u. intern. Finanz- u. Steuerwesen, Kieler Trabrennver. e.V. H.: Pferdesport, Oldtimer, Tennis, Bergwandern.

Hannsmann Ingeborg *)

Hannusch Ines
B.: Gschf. Ges. FN.: Pflegedienst Sagert GmbH. DA.: 17506 Greifswald, Triftstr. 4. ines.sagert@sagert.de. www.sagert.de. G.: Greifswald, 31. Mai 1971. V.: Dipl.-Ing. Torsten Hannusch. El.: Peter u. Annette Sagert. S.: 1992-95 Ausbild. Krankenschwester Bremen. K.: 1995 Krankenschwester am KH Wildeshaus bei Bremen, 1995 Grdg. d. Pflegedienst Sagert GmbH m. Schwerpunkt geriatr. Rehabilitation, Seniorenarb. u. Schmerztherapie, 1999 Abschluß als Pflegedienstltr. M.: BPA, Gewerbever. Gützkow. H.: Hund.

Hano Horst Dr. phil. *)

Hans Dieter *)

Hans Manfred Dipl.-Ing. *)

Hans Peter
B.: Vors. d. CDU-Fraktion. FN.: Landtag d. Saarlandes. GT.: stellv. Vors. d. Landesmedienrates, ehrenamtliche Tätigkeit im Verwaltungsrat d. Sparkasse Neunkirchen, im Stadtrat Neunkirchen u. im Verwaltungsrat d. Pfarrgemeinde Münchwies. DA.: 66119 Saarbrücken, Franz-Josef-Röder-Str. 7. PA.: 66540 Neunkirchen-Münchwies, Kirchstr. 29. G.: Neunkirchen-Münchwies, 1. Juni 1950. V.: Inge, geb. Theobald. Ki.: Tobias (1978), Raphael (1988). El.: Theodor Hans u. Thekla, geb. Raber. S.: 1968 Abitur in Neunkirchen, 1970-75 Stud. Anglistik, Geschichte u. Sozialkunde an d. Univ. d. Saarlandes, 1975-77 Referendar Studienseminar Neunkirchen. K.: 1977-78 Lehrer am Gymnasium Johanneum in Homburg, 1978-92 tätig im Mannlich-Gymnasium in Homburg, zuletzt als Oberstudienrat f. Englisch u. Geschichte, 1974-77 Vors. d. Jungen Union Münchwies, 1978-99 CDU-Vors. Münchwies, seit 1986 Vors. d. CDU-Kreisverbandes Neunkirchen, seit 1990 Mtgl. d. Landtages d. Saarlandes, seit 1999 Vors. d. CDU-Fraktion im Landtag d. Saarlandes. M.: Nabu/Bund, Historischer Ver. f. d. Saargegend, Vereinigung d. Politiklehrer, Saarl. Philologenverband, Mtgl. im Hauptpersonalrat (1982-90). H.: Fußball, Lesen, Musik.

Hans Renate Dr.-Ing.
B.: Chemikerin, Ltr. d. Fachgebietes Rückstandsbewertung im Fachbereich Pflanzenschutz am Bundesinst. f. gesundheitl. Verbraucherschutz u. Vet.-Med. DA.: 14195 Berlin, Thielallee 88-92. PA.: 10779 Berlin, Heilbronner Str. 5. G.: Berlin, 27. Juni 1937. S.: 1954 Abitur, 1955 Stud. Chemie TU Berlin, 1965 Prom. K.: 1969 Bundesgesundheitsamt, Vorträge b. Informationsveranstaltungen. H.: klass. Musik, klass. Literatur, Biographien.

Hansch Axel Ing.
B.: Maschinenbauing., Inh. FN.: Hansch Werbedesign. DA.: 37154 Northeim, Schuhfabrik B3. G.: Cottbus, 14. Aug. 1966. El.: Ingrid Hansch. BV.: Großvater Kunstmaler. S.: 1982-85 Lehre Instandhaltungsmechaniker, 1985-87 Wehrdienst, 1987-90 Stud. Bergbau-Ing.-Schule Senftenberg m. Abschluß Maschinenbauing. K.: 1990-94 tätig im Kraftwerk Jänschwalde u. verantwortl. f. Baultg. u. Projektierung d. Umbaus d. KW Boxberg, seit 1994 selbst. m. d Firma Hansch Design. H.: Beruf, Fotos u. Arbeit am PC.

Hansch Herta Lara *)

Hansch Horst Dr.-Ing. *)

Hänsch Annette *)

Hänsch Friedhelm

B.: Schneidwerkzeugmechanikermeister, Galvaniseur- u. Metallschleifermeister, Inh. FN.: Altonaer SilberWerkstatt. DA.: 22765 Hamburg, Holstenstr. 188-194. AltonaerSilberWerkstatt@t-online.de. G.: Burg bei Magdeburg, 30. Dez. 1956. Ki.: 1 Tochter. BV.: Familie seit 1700 - Begründer d. Hänisch-Siedlung in Ober-Lausitz. S.: 1971-88 Ausbild. Mechaniker Autowerk, glz. Mittlere Reife u. Gesellenprüf. K.: 1988-90 Dreher einer Hamburger Firma, 1990-96 ltd. Ang. einer Hamburger Schleiferei, Galvanik + Silberwerkstatt, 1995-98 versch. Meisterprüf. an d. Abendschule, seit 1998 Inh. d. Altonaer Silberwerkstatt. H.: alte Technologien, Entwicklungen, Forschung, Motorradfahren.

Hänsch Klaus Dr. Prof.
B.: Redakteur, MdEP, stellv. Vors. d. Sozialdemokr. Fraktion im Europäischen Parlament. DA.: B-1047 Bruxelles, Rue Wiertz. G.: Sprottau, 15. Dez. 1938. V.: Ilse, geb. Hoof. El.: Willi u. Erna. S.: 1959 Abitur Flensburg, 1959-60 Wehrdienst, Stud. Betriebsw., Geschichte, Politol., u. Stud. Köln, Paris, Berlin, 1965 Dipl., 1969 Prom. K.: 1965 Lehrauftr. FU Berlin, 1968/69 Redakteur d. Dokumente, ab 1969 Mitarb. Min.-Präs. NRW, 1970-76 Presseref. u. 1977-79 Fachreferent im Min. f. Wiss. u. Forsch. d. Landes NRW, seit 1964 Mtgl. d. SPD, 1970-72 Vors. d. Jungsozialisten im Unterbez. Mettmann, 1972-86 Vors. d. SPD-Unterbez. Mettmann, Mtgl. d. ÖTV u. Arbeiterwohlfahrt, seit 1976 Lehrauftrag Univ. Duisburg, seit 1979 Mtgl. d. Europ. Parlaments, 1980-88 Koordinator d. Soz. Fraktion f. Außen- u. Sicherheitspolitik, 1987-89 Vors. d. Delegation d. EP f. d. Beziehungen zu d. USA, 1989-94 stellv. Vors. d. Fraktion d. Sozialdemokrat. Partei Europas, seit 1994 Hon.-Prof., 1994 u. 1999 SPD-Bundesliste Platz 1, 1994-97 Präs. d. Europ. Parlaments, Mtgl. im Aussch. f. auswärtige Angelegenheiten, Sicherheit u. Verteidigungspolitik, 1997 stellv. Vors. d. SPE-Fraktion. M.: SPD. (Re)

Hänsch Wolfgang *)

Hansche Ralf *)

Hanschmidt Alwin Dr. phil.
B.: Univ.-Prof. PA.: 49377 Vechta, Händelstr. 4. G.: Rietberg/Westf., 7. Aug. 1937. El.: Ferdinand u. Käthe. S.: Progymn. Rietberg, Gymn. Wiedenbrück, Univ. Münster u. Freiburg/Br., 1. u. 2. Staatsexamen f. d. Lehramt an Gymn. in

Münster, Prom. an d. Univ. Münster. K.: 1968-75 wiss. Ass. am Histor. Seminar d. Univ. Münster, seit 1975 Prof. f. Geschichte u. Didaktik d. Geschichte an d. Univ. Osnabrück Standort Vechta. P.: Franz von Fürstenberg als Staatsmann (Münster 1969), Republikanisch-demokratischer Internationalismus im 19. Jhdt. (Husum 1977), Von der Normalschule zur Univ. (Bad Heilbrunn 1980), 700 Jahre Stadt Rietberg 1289-1989 (Rietberg 1989), 250 Jahre Gymnasium Nepomucenum Rietberg 1743-1993 (Rietberg 1993), Elementarschulverhältnisse im Niederstift Münster im 18. Jahrhundert (Münster 2000). M.: Histor. Kmsn. f. Westfalen (Mtgl. d. Vorst.), Histor. Kmsn. f. Niedersachsen u. Bremen.

Hansel Detlef

B.: Hdls.-Vertreter, Ges. FN.: Etisys Etikettierlösungen. DA.: 76139 Karlsruhe, Am Hagsfelder Brunnen 24. karlsruhe@etisys.de. G.: Karlsruhe, 13. Feb. 1958. V.: Ute, geb. Becht. El.: Otto u. Elsa. S.: 1973-76 Lehre als kfm. Groß- u. Außenhändler. K.: 1976-81 Ang. im Lehrbetrieb Tabakgroßhdl., 1977-78 Wehrdienst, 1982-84 Ang. im Tabakgroßhdl., 1984-94 im Außendienst b. Etikettenfirmen, 1994 Grdg. d. Firma Etisys Etiketten m. einem Partner. H.: Laufen, Radfahren.

Hansel Frank-Christian

B.: Dipl.-Politologe, Inh. FN.: CONSAL - Wirtschaftsberatung f. Lateinamerika, CubaCon Wirtschaftsberatung. DA.: 10777 Berlin, Eisenacher Str. 3. info@consal.net; info@cubacon.de. G.: Wiesbaden, 19. Nov. 1964. El.: Peter D. (Kaufmann) u. Renate, geb. Leyer. S.: 1984 Abitur, 1984-86 Stud. Span. u. Engl. Lehramt LMU München, 1986-91 Stud. Politologie, Lateinamerikanistik u. Phil. FU Berlin, 1991 Dipl.-Politologe. K.: 1988 Mitarb. im Organ.-Büro d. Gemeinsamen Tagung v. IWF u. Weltbank, 1990-91 Ltr. d. Büros d. Chefs d. Magistratskanzlei d. Berliner Rathaus, 1991 Referent im Präsidialbereich Länderfragen d. Treuhandanstalt, 1993-95 Ref. in d. Treuhandanst. im Bereich Abwicklung nichtbankenhandelsbetriebe u. "Kommerzielle Koordinierung", seit 1995 Inh. d. Einzelfirma "CubaCon Wirtschaftsberatung" Berlin, 1997 u. 1999 Initiator d. "Deutsch-Kubanischen Wirtschaftstage", seit 1997 Inh. d. Einzelfirma "CONSAL Wirtschaftsberatung f. Lateinamerika". P.: "The liquidation regime during the transition. The German case and the role of the Treuhandanst." (1995), "Die Transformation d. ostdt. Wirtschaft durch d. Treuhandanst." (1993), "Die Treuhandanst. - ein spekulativer Rückblick" (1993), "Die Transformationspolitik d. Treuhandanstalt." (1991). M.: Vorst.-Mtgl. in d. "Initiative Hauptstadt Berlin e.V.". H.: klass. Musik, Phil., Mineralien sammeln, lateinamerikan. Literatur.

Hansel Jürgen Dipl.-Kfm. *)

Hansel Yves *)

Hänsel Thomas

B.: Gschf. FN.: Ideenwerkstatt Werbung u. Gestaltung. DA.: 72108 Rottenburg, Graf-Wolfegg-Str. 94. G.: Mutlangen, 15. Jan. 1969. V.: Andrea, geb. Weidner. Ki.: Jana. S.: 1984-87 Lehre als Maler. K.: 1987-90 Maler u. Dachdecker, 1990-93 Ausbild. f. Schilder- u. Lichtreklameherstellung, Abschluss m. Gesellenprüf., 1993-97 Werbetechniker, ab 1995 parallel hierzu Aufbau d. eigenen Unternehmens als Fullservice - Werbung unterteilt in Werbetechnik, Werbeagentur, Messe- u. Dekobau u. WWW-Gestaltung. H.: Familie, Narrenzunft.

Hanselmann Artur *)

Hanselmann Edwin Dipl.-Ing.

B.: Fachjournalist, Dipl.-Ing. Gartenbau (FH). FN.: Bernhard Thalacker Verlag. DA.: u. PA.: 68766 Hockenheim, Haydnstr. 1. e.hanselmann@t-online.de. G.: 20. Okt. 1950. El.: Wilhelm u. Paula, geb. Schwechheimer. S.: Mittlere Reife, 1966-68 Gärtnerlehre, 1969-72 Stud. Gartenbau FH Wiesbaden in Geisenheim, 1972 Abschluss Dipl.-Ing. (FH), 1973/74 Bundeswehr, 1974-75 Volontariat als Gartenbau-Fachjournalist bei Verlag Eugen Ulmer in Stuttgart. K.: 1975-77 Redakteur d. Fachzeitung TASPO beim Thalacker-Verlag in Braunschweig, 1978-80 freier Fachjournalist, 1980-2000 verantwortl. Redakteur TASPO-Magazin u. Fachredakteur f. Fachzeitung TASPO im Thalacker-Verlag, ab 1990 Mitarb. an weiteren Zeitschriften d. Verlages, seit 1997 Mitarbeit in d. Redaktion "Friedhofskultur" u. "Gärtnerbörse" im Verlag Neue Gartenbaumedien, seit 1999 verantwortl. Red. "Horticultural Industry" (Englisch sprachig), 2000 Grdg. Redaktion Gärtnerbörse Hockenheim, seit 1994 Inh. eines Gartenbaubetriebes (verpachtet). P.: Buch "Hydrokultur" (1981). M.: 80er J. im Vorstand d. Bez.-Gruppe Heidelberg d. Südwestdt.Journalistenverbandes / IG Medien, 1990/91 Gärtner-Aussch. Landesgartenschau Hockenheim. H.: Fahrradfahren, Schwimmen.

Hänselmann Claus-Peter

B.: Inh., selbst. Wirtschaftsberater d. AWD, "Outdoor"-Moderator f. Hit Radio "Antenne Sachsen", Schmelzer, Entertainer, Diskjockey, Klubltr., Kranführer f. Spezialkran u.a. "Montagekranzug". FN.: Discodrom 2000; Allg. Wirtschaftsdienst Ges. f. Wirtschafts- u. Finanzberatung. DA.: 09123 Chemnitz, Am Hochfeld 22; 09112 Chemnitz, Zwickauer Str. 74. PA.: 09123 Chemnitz, Am Hochfeld 22. G.: Leipzig, 24. Juli 1959. V.: Jutta, geb. Keller. Ki.: Karin (1979), Marko (1980), Michael (1987), Julia (1992). El.: Dr. med. vet. Rolf u. Physiotherapeutin Margarete, geb. Häckert. BV.: Max Hänselmann (Vater d. Mutter d. Vaters) u. Tankstellenbesitzer u. Inh. Kfz-Werkstatt in Annaberg (Erzgebirge), Meister b. Rasmussen - Motorradwerk Zschopau; Eltern d. Mutter d. Vaters. m. d. Jhdt.-Wende Besitzer d. "Heinzebank" Marienberg, bekanntes Hotel u. Ausflugslokal. S.: 1977 staatl. Spielerlaubnis f. Schallplattenunterhalter (Diskotheker), 1979 Berufsausbild.

*) Biographie www.whoiswho-verlag.ch oder beigefügte CD-ROM

Schmelzer m. Abitur in Lutherstadt/Eisleben, 1979 Stud. Landmaschinenbau Ing.-HS Berlin-Wartenberg, 1982 Umschulung z. Kranführer f. Spezialkrane, 1998-99 Ausbild. z. Wirtschaftsberater. K.: 1976-79 Diskjockey im Mansfeldkombinat Eisleben, Moderator b. Veranstaltungen, 1979-82 Jugendklubltr. u. Studentenklubltr., 1982-86 Monteur f. TAKRAF, ab 1990 selbst. Inh. Discodrom 2000 in Chemnitz, 1992-96 Außendienstmitarb. Kinderbuchverlag "Pro Junior" in Michelsdorf, 1993-96 Inh. Diskothek "Rocky" in Mittweida, 1995-98 Haus-DJ im "Kuckucksnest" Chemnitz, 1996-98 Außendienstmitarb. b. "XENOS", Kinderbuchverlag Hamburg. BL.: Moderator f. Kinderprogramme u. andere Prog., Initiator u. Mitgründer d. "Naturkinderhaus Spatzennest e.V.", Elternsprecher,Organ. u. Durchführung, Moderation v. Kinderveranstaltungen, Fördermtgl. "Charles Darvin Grundschule", 2. J. Tänzer b. Tanzclub in Zeitz. M.: 1. Ehrenmtgl. d. Fanclub "Kuckucksnest". H.: Kinder, Unterhaltungsmusik, Sammeln v. alten Bildern, Reisen (Süden).

Hansen Angelika

B.: Gschf. Ges. FN.: Hotel Hansen GmbH. DA.: 22045 Hamburg, Tondorfer Hauptstr. 102. PA.: 22885 Hamburg, Kalenredder 45b. G.: Hamburg, 9. Mai 1955. V.: Hans-Jürgen Otto Hansen. Ki.: Verena (1976). El.: Günther u. Anni Schröder. S.. 1972 Mittlere Reife, 1972-75 Ausbild. z. Bankkauffrau b. d. Hamburger Sparkasse. K.: 1985-89 Sekr. b. d. Firma S&P in Hamburg, 1989 Gründung d. heutigen GmbH, 1990 Eröff. d. heutigen Hotelbetriebes, parallel dazu Finanzbuchhalterin in einer bekannten Hamburger Wirtschaftsprüfersozietät. M.: Hotel- u. Gaststättenverb. H.: Basteln, Gartenarb.

Hansen Barbara
B.: Justizbeamtin, Inh. FN.: Med. Versansbuchhdlg. Oskar Vangerow. DA.: 69123 Heidelberg, Neckarhamm 55. firma.ovangerow@t-online.de. G.: Mannheim, 7. Nov. 1945. V.: Dipl.-Päd. Werner Hansen. Ki.: Angelika (1967). El.: Oskar u. Erika Vangerow, geb. Schönauer. BV.: Vater gründete 1978 d. Med. Versandbuchhdlg. in Weinheim. S.: 1962 Mittlere Reife, 1962-65 Ausbild. z. Justizbeamtin Mannheim/Karlsruhe. K.: 1962-68 Mittlere Beamtenlaufbahn, Justizobersekr., Geschäftsstellenltr. u.a. Notariat u. Staatsanw., 1975-80 Arztsekr., 1980 Mitarb. in d. Med. Versandbuchhdlg. Oskar Vangerow, 1988 Übernahme d. Firma, seither kontinuierl. Vergrößerung, Schwerpunkt Versand, Beratung u. Betreuung v. KH, Univ.-Kliniken, Pflegeschulen u. med. ausgerichtetem Personal; Jugendschöffin. M.: Bundesverb. d. Versandbuchhändler. H.: Kunst, Musik, Literatur.

Hansen Birgit Dipl.-Ing.
B.: Innenarchitektin, selbständig. DA.: 50823 Köln, Vogelsanger Str. 106-108. mail@hansen-innenarchitektur.de. www.hansen-innenarchitektur.de. G.: Essen, 11. Juli 1958. El.: Heinz-Jürgen Hansen u. Gisela, geb. Holdt. S.: 1974 Mittlere Reife, 1974-76 FOS f. Gestaltung Essen m. Abschluß FHS-Reife, 1976 Stud. Innenarchitektur FH Düsseldorf, 1983 Abschluß Dipl.-Ing. K.: 1984-86 tätig in einem Fachhandel spez. f. Lichtplanung u. Ladenbau in Köln, 1986 selbständig m. Grdg. d. Firma OH-HA Innenarchitektur GbR, 1998 Grdg. d. Firma Hansen Innenarchitektur m. Schwerpunkt öff. Räume f. Kunst, Erlebnis u. Freizeit, Messen u. Ausstellungen. M.: Ausschuß d. Kölnischen Kunstvereins, Freunde d. Artothek Köln. H.: Kunst, Reisen, Aerobic, Tanzen.

Hansen Detlef Dipl.-oec.
B.: Immobilienmakler u. freier Sachv. DA.: 04275 Leipzig, August-Bebel-Str. 45. hansen-immobilien-leipzig@t-online.de. G.: Leipzig, 8. Nov. 1953. Ki.: Evelyn (1986). S.: Abitur, 1983-89 Stud. Bw. Hdl.-HS, 1990 Dipl. K.: seit 1991 Immobilienmakler spez. f. Privatgrundstücke, Bau- u. Erschließungsträger, 1993-99 Gschf. einer Projektierungsges., 1996 Ausbild. z. Gutachter an d. IHK Stuttgart. M.: Verb. Kunst & Justiz e.V., Dt.-Franz. Ges., Ausbild.-Partner d. BA Sachsen. H.: Kochen, Schießen, Radsport.

Hansen Eike Stina Dr. rer. nat. *)

Hansen Erik *)

Hansen F. J. Dr. iur. *)

Hansen Gerd Dr. Prof. *)

Hansen Gerda *)

Hansen Gerhard Dr. Dr. h.c. Prof. *)

Hansen Hans *)

Hansen Hans Christian *)

Hansen Hans-Peter *)

Hansen Hans-Peter

B.: Architekt. DA.: 22926 Ahrensburg, Wulfsdorfer Weg 72. h.-p.hansen_bausach@t-online.de. G.: Trittau, 8. Juni 1941. V.: Dr. Hannelore, geb. Mater. Ki.: Annika, Katja, Jan. BV.: Vater - AmtsgerichtsR. S.: 1962 Abitur, 1962-64 Bundeswehr, 1964-71 Stud. Arch. Univ. Braunschweig, 1971 Dipl.-Ing. K.: 1971-72 tätig im Arch.-Büro Plan Partner in Hamburg, 1972-77 tätig bei HHP in Düsseldorf, 1978-80 Architekt im Arch.-Büro PAI, seit 1980 selbst. freischaffend, seit 1986 öffentl. bestellt u. vereid. Sachv., Projekte: Hochhaus Klöckner in Duisburg, Riad Hochhaus Komplex, Jubial Krankenhaus. M.: BA/VFA, VBN, Vors. d. VFA-LG-Nord, Architekten- u. Ing.-Kam. SWH. H.: Segeln, Tanzen.

Hansen Hansjörg *)

Hansen Harald *)

Hansen Harry *)

Hansen Hartmut Gustav-Arnold
B.: selbst. Steuerberater. DA.: 24837 Schleswig, Moltkestr. 35. G.: Stolp i. Pommern, 14. Mai 1940. V.: Heidemarie, geb. Andresen (BkKfr.). Ki.: 3 Töchter. El.: Dipl.-Kfm. Helmut (Steuerberater) u. Gerda H., geb. Hoffmann. S.: 1961 Abitur Domschule, Schleswig, altspr. Gymn., 1961-63 Z2 Infantrie, Flensburg, danach Stud. Rechtswiss. Rheinische Friedrich-Wilhelms-Univ. Bonn, vornehmlich bei Repititor Schneider, Mtgl. d. studentischen Corps "Saxonia Bonn" u. "Saxonia Jena", nebenher Werbungen, heute OTL d. R., 1969 1. Gr. Staatsexamen, 1970-72 Referendariat OLG Köln. K.: 1973-75 Ang. im elterl. Steuerbüro, 1976-78 Steuerberaterlehrgang "Lehrgangswerk Haas", Hemmingen b. Hannover u. 1979

*) Biographie www.whoiswho-verlag.ch oder beigefügte CD-ROM

Zulassung z. freien StBrtr., 1980 Übernahme d. elterlichen Steuerbüros in eig. Gesch.- u. Wohnhs., spezialisiert auf Steuerprozesse m. umfassender, allgem. orientierter Kanzlei, MA 8. M.: 1974-86 Angehöriger d. Verw.-Rates u. d. Kreditausschusses d. Stadtsparkasse Schleswig, 1975 Gründer d. Mittelstandsvereinigung d. CDU d. Kreises Schleswig-Flensburg u. Gründungs-Vors. bis 1997, Mtgl. d. Landes-Vstds. d. Mittelstandsvereinigung d. CDU in Schleswig-Holstein. H.: Geschichte d. Altertums, Reiten, Segeln, Rudern.

Hansen Inge *)

Hansen Ingo

B.: Gschf. FN.: Phonosophie. DA.: 22547 Hamburg, Luruper Hauptstr. 204. support@phonosophie.de. www.phonosophie.de. G.: Hamburg, 17. Apr. 1951. V.: Irene, geb. Menkens. Ki.: Nina (1981), Nils (1989). S.: 1966-69 Lehre Maschinenbau, 1969-71 Berufsaufbauschule u. Mittlere Reife, 1971-72 Bundeswehr. K.: 1973-75 Triebwerksmechaniker b. Lufthansa, 1975-78 Lehre Kälte- u. Klimatechnik b. Linde Hamburg, 1978-85 stellv. Gschf. Schaulandt, 1986 Grdg. Phonosophie. M.: High End Society. H.: Segeln, Musik hören.

Hansen Jens *)

Hansen Jens Michael Dr. med. dent.

B.: Zahnarzt. FN.: Gemeinschaftspraxis Dr. Hansen u. Dr. Dziadeck Zahnärzte. GT.: Inh. d. Hansen Products, intern. Vermarktung dentalmed. Produkte m. regionalen Schwerpunkten in Taiwan u. USA. DA.: 51105 Köln, Siegburger Str. 308. G.: Heidelberg, 10. Sep. 1956. S.: 1-10. Lebensjahr in Baltimore, USA lebend, 1977 Abitur Bad Homburg, 1977-82 Studium Zahnmed. Univ. Bonn, Dr. med. dent. K.: 1985-87 intern. Dentalmessen u.a. Stockholm, Wien, London u. New York, 1983-85 Ass.-Zeit in zahnärztl. Praxen in Troisdorf u. Siegburg, seit 1987 eigene Zahnarztpraxis in Köln. BL.: Implantologie, dentalmed. Patente f. d. Produkte "Fixtector" blue spot + Markin Pad u. "Key Stabilizer". P.: Beschreibungen zu Fixtector u. Key Stabilizer in allen einschlägigen Dentalmagazinen. M.: Verb. d. Implantologen, BDIZ. H.: Tennis, Golf, Schifahren, Segeln.

Hansen Jes-Peter Dipl.-Kfm. *)

Hansen Johann Chr. *)

Hansen Jörg C. *)

Hansen Jörn *)

Hansen Kai Prof. *)

Hansen Klaus

B.: Gschf. Ges. FN.: FM - Feinmechanik Meyer GmbH. DA.: 23560 Lübeck, Walkmühlenweg 10. G.: Grömitz, 21. Jan. 1940. V.: Gisela, geb. Görner. Ki.: Meike (1976), Anke (1966). El.: Ludwig u. Liselotte, geb. Simonsen. BV.: Otto Simonsen, Fotograf an d. Ostseeküste, Foto-Postkarten f. Fotograf. Anst. Julius Simonsen. S.: 1956-59 Ausbild. z. Feinmechaniker in verwandtschaftl. Betrieb in Grömitz, 1960-62 Bundeswehr, Pionier b. d. Flutkatastrophe in Hamburg, 1962-69 Mechaniker b. Feinmechanik Meyer, 1969-73 Meisterkurs m. Abschluß v. d. Feinmechanikerinnung Kiel, 1982 Betriebsltr. b. Feinmechanik Meyer, 1989-95 dort Gschf., seit 1995 Gschf. Ges. M.: stellv. Obermeister d. Innung, Betriebswirte d. Handwerks, Meisterprüf.-Aussch., Grdg.-Mtgl. d. Segelclubs Grömitz. H.: Segeln, Fotografie, Möbelbau, Histor. Modellschiffe, Flugmodelle.

Hansen Kurt Dr.-Ing. Dr. h.c. Prof. *)

Hansen Manuela *)

Hansen Marc Dr. med. dent.

B.: Zahnarzt, FA f. Oralchir. DA.: 44269 Dortmund, Schüruferstr. 206. www.zahnarzt-dr-hansen.de. G.: Westerland auf Sylt, 19. Mai 1967. El.: Gerhard u. Susi, geb. Schnittgard. S.: 1988 Abitur Sylt, 1986-87 Ehrenmed. d. Bundeswehr an d. Marineversorgung, 1987-92 Stud. Zahnmed. an d. HS in Aachen. K.: 1993-96 Fachzahnarztausbild. u. Ass.-Zahnarzt, 1994 Approb., 1995 versch. Vorträge in USA über Implantate, 1996 -97 ang. Ass.-Arzt, 1997 Ndlg. in einer Praxis, Tätigkeitsschwerpunkt: Implantologie, Ästhet. Zahnheilkunde. M.: Zahnärztl. Verb. H.: Tauchen, Reisen.

Hansen Matthias Dr. rer. pol. Dipl.-Kfm.

B.: Bankkfm., Gschf. FN.: Dr. Matthias Hansen Grundbesitz u. Vermögensverw. DA.: 14199 Berlin, Hundekehlestr. 36; 14467 Potsdam, Friedrich-Ebert-Str. 9. G.: Kiel, 11. Feb. 1959. V.: Natalie, geb. Welitschko. Ki.: Alexander (1983). El.: Thomas u. Edith, geb. Krohn. BV.: Maler Emil Nolde. S.: 1978 Abitur Kassel, 1978-80 Banklehre in Kassel, Bankkfm., 1980-85 Stud. BWL u. Rechtswiss. in Kiel, Dipl.-Kfm. K.: 1985-92 ltd. Positionen versch. Banken in Berlin, 1987 Prom. z. Dr. rer. pol., 1992 selbst. m. Sitz in Berlin - anfangs m. Immobilien u. Immobilienfondsgeschäften, Mitte 90er eigene Immobilieninvestitionen - Sanierungen, Projektentwicklungen, Kauf, Verkauf u. Verw. u. Pflege d. Bestandes, seit 1996 2. Büro in Potsdam, seit 1999 wieder verstärkt in Berlin tätig. M.: seit 2000 VPräs. Berliner Automobilclub e.V., seit 1977 AvD, Golfclub Usedom. H.: Golf, Motorsport, Automobilsport.

---

*) Biographie www.whoiswho-verlag.ch oder beigefügte CD-ROM

Hansen Peter
B.: Gschf. Ges. FN.: Hdl.-Agentur Peter Hansen GmbH. DA.: 20097 Hamburg, Spaldingstr. 64. G.: Hamburg, 6. Sep. 1938. Ki.: Olaf (1965), Lutz (1968). S.: 1957-59 Ausbild. Großhdl.-Kfm. Firma Arnold Otto Meyer Hamburg. K.: 1959-89 Prok. u. Exportltr. d. Firma Herbert A. H. Behrens in Hamburg, 1998 Grdg. d. Hdl.-Agentur Peter Hansen GmbH m. Schwerpunkt Export v. Maschinen, Ersatzteilen u. Rohmaterialien nach Süd-Ost-Asien, Taiwan, Korea u.a.m. F.: Hdl.-Geschäft f. Casein u. Chemikalien f. d. papierverarb. Ind. H.: Radfahren, Schwimmen, Reisen.

Hansen Peter-Diedrich Dr. Prof. *)

Hansen Rainer Dipl.-Kfm.
B.: Joint Managing Dir. FN.: GfE Umwelttechnik GmbH. DA.: 90431 Nürnberg, Höfener Str. 45. rha@gfe-online.de. G.: Trier, 11. Dez. 1961. V.: Ursula, geb. Sittardt. Ki.: Alina Maria (1998), Rebecca Franzisca (2000). El.: Herbert u. Inge, geb. Kreusch. S.: 1982-90 Stud. an d. RWTH Aachen. K.: 1991-92 Trainee Thyssen-Stahl AG Duisburg, 1993-96 Thyssen-Stahl AG Duisburg, 1996 Trainee Thyssen Steel Detroit/USA, 1997-98 Thyssen Stahl AG Bochum, seit 1999 GfE Umwelttechnik GmbH Chemikalien u. Recycling, zunächst als Projektmanager, seit 1999 Gschf. d. GfE. H.: Reisen, Moderne Kunst, Tennis, Skifahren.

Hansen Ralph Dr.-Ing. Prof.
B.: Hochschullehrer. FN.: Technische Fachhochschule Berlin. DA.: 13353 Berlin, Luxemburger Str. 10. rhansen@tfh-berlin.de. G.: Dresden, 27. Juni 1952. V.: Monika, geb. Hansch. Ki.: Gerald (1979), Andrea (1981). El.: Hans-Gerhard u. Lieselott. S.: 1970 Abitur Leipzig, 1970-74 Stud. Elektrotechnik in Magdeburg, Dipl.-Ing. K.: 1974-87 Ass. u. Entwicklungsingenieur an d. TH Magdeburg, 1986 Prom. z. Dr.-Ing., 1987-89 Ing. in Forschung u. Entwicklung in versch. Ingenieurbüros in d. Ind., 1990 Bauakademie Berlin - verantwortl. f. Automatisierung im Baugewerbe, seit 1993 Prof. an d. TFH Berlin f. elektr. Antriebe u. Steuer- u. Regelungstechnik, seit 2000 Prodekan. P.: ca. 20 Artikel in Fachzeitschriften, Diss. "Einsatz v. Mikroprozessoren f. Steuerung u. Regelung v. Antrieben". E.: 3x Forschungspreis d. Rektors d. TH Magdeburg f. Teamprojekte. M.: VDE, Ev. Kirche. H.: Motorradfahren, Modelleisenbahn, Bergwandern.

Hansen Reginald Dr. Dipl.-Kfm. Dipl.-Vw. *)

Hansen Siegfried

B.: AufsR.-Vors. FN.: Treff Hotels AG. DA.: 23554 Lübeck, Katharinenstr. 31; 65812 Bad Soden, Königsteiner Str. 88. G.: Düsseldorf, 12. Juni 1938. V.: Inge. Ki.: Alexandra (1974), Hendrik (1982). S.: Mittlere Reife, Fleischerfachausbildung, Bundeswehr, Kochlehre, Hotelfachschule Dortmund m. Küchenmeisterabschluß, Hotelkaufmann IHK Lübeck. K.: F&B Manager, Kfm. Verwaltung, Direktor, GmbH Gschf., Vorst. d. Treff Hotels AG, AufsR.-Vors. d. Treff Hotels AG. H.: Auto, Sauna, Beruf.

Hansen Sigrid Dr. phil.
PA.: 39116 Magdeburg, Hermann-Löns-Str. 21. si.hansen@gmx.de. G.: Weimar, 18. Mai 1935. V.: Dr. paed. Klaus (verst.). Ki.: Kerstin (1965). El.: Fritz u. Hildegard Limpricht,

geb. Templin. S.: 1960-64 Stud. Schulmusik u. Germanistik an d. Friedrich-Schiller-Univ. Jena. K.: ab 1964 Lehrtätigkeit an d. Goethe-Oberschule in Weimar, ab 1976 an d. Päd. HS Köthen u. Magdeburg, 1984 Prom. an d. Martin-Luther-Univ. Halle, ab 1990 Aufbau eines Studienganges Musikerziehung an d. ehem. Päd. HS Magdeburg u. an d. Otto-von-Guericke-Univ. in Magdeburg u. b. 1996 Fachbereichs- u. Ltr. d. Inst. f. Musik u. im Inst. Lehrtätigkei in histor. Musikwiss. b. 2000, seit 1992 Mitinitiatorin d. Tonkünstlerfeste Sachsen-Anhalt. P.: Die Diskothek - ein gesamtges. Phänomen u. ihre Möglichkeit f. d. Entwicklung d. Musikalität Jugendlicher (1984), Zum Widerspruch zwischen Musikinteresse Jugendlicher u. d. musikästhet. Anspruchscharakter (1986), Konsonaz-Dissonanz-Emanzipation d. Dissonanz in d. Musik (1992), Lehrbild u. Musikunterricht (1992), Ab- u. Aufbruch d. zeitgenöss. Musik (2000), Portraits u. Programmhefte. E.: Musikpreis Sachsen-Anhalt d. J. 2000, Vors. Dt. Tonkünstlerverband Landesverb. Sachsen-Anhalt e.V. M.: Richard-Wagner-Verb., Verb. Dt. Schulmusiker Sachsen-Anhalt, Ges. f. Musikforsch. H.: Bild. Kunst, Literatur.

Hansen Sönke

B.: ltd. Verw.-Bmtr. FN.: Amt Nordstormarn. DA.: 23858 Reinfeld, Am Schiefen Kamp 10. G.: Husum, 24. Mai 1953. V.: Manuela, geb. Möller. Ki.: Christiane (1980), Thomas (1981), Ulf (1983). S.: 1969-72 Verw.-Lehre b. d. Stadt Husum, Abschluss als Landesbester. K.: 1972-75 Stadtinspektoranw. b. d. Stadt Husum, Inspektorenprüf. als Landesbester, 1975 Ordnungsamt d. Stadt Husum, seit 1975 im Amt Nordstormarn, 1975-77 stellv. Kämmerer, 1976 Insp., 1977-79 Abt.-Ltr., 1978 Oberinsp. Ordnungsamt, 1979-81 Abt.-Ltr. Sozialamt, 1981 Amtmann, 1981-83 Abt.-Ltr. Bauamt, 1984 Abt.-Ltr. Hauptverw. Schulen, 1984 Bestellung z. ltd. Verw.-Beamten, 1984 AmtsR., 1985 OAmtsR., 1997 VerwR., 1998 OVerwR. E.: 2001 Dt. Feuerwehrmed. in Gold v. Dt. Feuerwehrverb. M.: 2000 Landesvors. d. Fachverb. ltd. Verw.-Bmtr. Schleswig-Holstein, 1987-94 Kreisvors. dieses Fachverb., 2000 Vorst.-Mtgl. d. Schleswig-Holstein. Gem.-Tages Kiel, 1994 Vorst.-Mtgl. d. Schleswig-Holstein. Gem.-Tages Stormarn, 1992 Mitarb. am REK Hamburg, 1998 Mtgl. im RegionalbeiR. Lübeck, Reinfelder Sportver. e.V. H.: Paddeln, Segeln, Lesen.

Hansen Stefan Michael
B.: Geigenbaumeister, Unternehmer. FN.: Meisterwerkstatt für Geigenbauer Stefan Hansen. DA.: 22143 Hamburg, Rahlstedter Str. 150A. mailto:info@geigenbauerhansen.de. www.geigenbauerhansen.de. G.: Duisburg, 2. Juni 1954. S.: 1973-76 Lehre als Geigenbauer in Mittenwald. K.: 1976-78 tätig als Geselle b. Helmut Müller Geigenbaumeister in Leonberg, 1978-81 Geselle b. Hans Schiller Geigenbaumeister in Freiburg, 1981 Geselle b. Otto Stamm in Holland, 1981 handwerkruflich Meisterprüfung, seit 1982 selbständig in Freiburg, 1985-95 selbständig in Hamburg, 1996-97 tätig im Geigenbau

*) Biographie www.whoiswho-verlag.ch oder beigefügte CD-ROM

als Werkstattleiter in Buenos Aires, 1997 tätig in d. Werkstatt auf d. Gut Basthort, 1998 Eröff. d. eigenen Werkstatt in Hamburg, seit 2001 Werkstatt in Hamburg-Rahlstedt. H.: Meditation, Reisen, Essen.

Hansen Stefan

B.: Ltr. FN.: Dorland Werbeagentur Grey-Gruppe. DA.: 10999 Berlin, Leuschner Damm 31. G.: Berlin, 9. Juli 1963. Ki.: 2 Kinder. El.: Karl-Heinz u. Ilona. BV.: Vater bedeutender Komponist u. Kabarettist. S.: 1983 Abitur, 1983-87 Stud. Germanistik, Publizistik u. Skadinavistik FU Berlin, glz. Ausbild. Werbekfm. K.: freie Tätigkeit in d. Werbung, 1987-89 Ang. d. Agentur Publicies u. später Ltr. d. Kundenbetreuung, Media u. Prod., 1989 Beteiligung an d. Dorland Werbeagentur u. Ltr. d. Agentur in Berlin als dzt. jüngster Alleinvertrungsbev. Gschf., Gschf. v. Dorland in Frankfurt/Main, Leipzig u. Berlin, 1993 Einstieg in d. Grey-Gruppe u. Ltr. v. Dorland intern. als Gschf. in Berlin, Slowenien, Slowakei, Mailand, Rom, Moskau, Prag, Warschau, Wien, Zürich u. Zagreb, Vertretungen in Philadelphia u. San Francisco, 2001 Ltr. v. Dorland Mardrid, glz. b. 1996 Mtgl. d. Rugby-Nationalmannschaft d. BRD. BL.: Vervielfachung d. Umsatzes in kurzer Zeit, Betreuung prominenter Kunden wie Volvo, e-plus u. Honda, Abdeckung aller Bereiche v. Kommunikationsdienstleistungen. P.: Art. in Fachzeitschriften. E.: Wettbewerbserfolge d. Unternehmens, div. sportl. Pokale. M.: Gesamtverb. d. Werbeagenturen. H.: Freizeitsport.

Hansen Thomas *)

Hansen Thomas

B.: selbst. Steuerberater. DA.: 22391 Hamburg, Classenweg 19. G.: Hamburg, 4. Mai 1953. S.: 1969-72 Handelsschule, 1972-74 Lehre Steuerfachgehilfe. K.: 1974-86 Ang. in versch. Steuerberatungsbüros, 1986 Stud. z. Steuerberater in Hannover, seit 1987 selbst. Steuerberater. H.: Haustiere.

Hansen Tilmar Nicolai *)

Hansen Uta *)

Hansen Uwe Dipl.-Kfm.
B.: Wirtschaftsprüfer. DA.: 14193 Berlin, Seebergsteig 15. PA.: 23669 Timmendorfer Strand, Birkenallee 52. G.: Rostock, 30. Juni 1938. V.: Monika, geb. Mittmann. Ki.: Britt (1969), John (1972). El.: Otto Friedrich u. Ilse, geb. Kroll. BV.: Familie läßt sich b. in d. 17. Jhdt. zurückverfolgen. S.: 1958 Abitur, 1958-66 Stud. Wirtschaftswiss. an d. FU Berlin, Examen z. Dipl.-Kfm. u. 7-monatiger Englandaufenthalt, 1971 Steuerberaterprüf., 1973 Wirtschaftsprüferprüf. K.: 1966-74 Prüf.-Ass. b. Dt. Warentreuhand AG, 1974-76 Eintritt in eine Einzelpraxis eines Wirtschaftsprüfers, ab 1976 Grdg. einer eigenen Kzl. als Wirtschaftsprüfer, Betreuung v. Kapitalges., 2001 Verkauf d. Praxis an eine Wirtschaftsprüferges., Gschf.-Tätigkeit u. Betreuung d. übergebenen Kunden. H.: Sport (Golf seit d. 50. Lebensj.), vorher Hockey, Tennis.

Hansen Uwe-Peter Dipl.-Ing. *)

Hansen Volkmar Dr. phil. Prof.
B.: Dir. FN.: Goethe Museum Schloß Jägerhof. DA.: 40211 Düsseldorf, Jacobistr. 2. G.: Burg, 16. Apr. 1945. V.: Ruth. El.: MinR. Dipl.-Ing. Karl-Heinrich u. Gisela. S.: 1966 Abitur Bonn, 1966-74 Stud. Germanistik u. Geschichte Bonn u. Düsseldorf, 1971 1. Philol. Staatsprüf., 1974 Prom. z. Dr. phil. K.: 1974-92 Red. d. histor.-krit. Heine-Ausgabe, 1975/76 Beginn d. Lehrtätigkeit Heinrich Heine-Univ. Düsseldorf, 1975 Beginn d. intern. Vortragstätigkeit, 1989 Habil., 1993 Vorst. d. Anton-u.-Katharina-Kippenberg-Stiftung, Dir. d. Goethe-Museums Düsseldorf, 1995 apl.Prof. d. Heinrich-Heine-Univ. Düsseldorf, Ehrendoktor Kutaissi 1998 u. Moskau 1999. P.: Thomas Manns Heine-Rezeption (1975), Heinrich Heine. Shakespeares Mädchen u. Frauen (1978), Thomas Mann (1984), Heinrich Heine. (4 Bde. 1988-91), Goethe in seiner Zeit. Katalog d. ständigen Ausstellung (1993), Heinrich Heines polit. Journalistik in d. Augsburger "Allg. Zeitung" (1994), Die Rückkehr z. Vernunft. Klassiker zwischen 1932 u. 1968 (1995), Goethe, der Rhein und die Rheinländer (1996), Europa, wie Goethe es sah (1999), Ausstellungen, Aufsätze, Kongreß- u. Lexikonbeiträge z. Literaturgeschichte. H.: Sportrudern, Segeln.

Hansen Werner
B.: Schulltr. FN.: Heiligenbergschule. DA.: 69120 Heidelberg, Berliner Str. 100. PA.: 69123 Heidelberg, Neckarhamm 55. G.: Düren, 4. Juli 1943. V.: Gertrud, geb. Vangerow. Ki.: Angelika (1967). El.: Werner u. Gertrud, geb. Hess. S.: 1961 Mittlere Reife, 1962-64 Ausbild. z. Justizverw.-Beamten, Mittlerer Verw.-Dienst, Amtsgericht Oberhausen u. OLG Düsseldorf, 1964-68 Justizdienst Mannheim, 1968 Abitur im 2. Bild.-Weg, 1969-72 Stud. Deutsch, Geografie u. Psych. PH Heidelberg, 1972 1. Staatsexamen, 1972 Kl.-/orthogr.: Lehrer an d. Pestalozzi-HS Weinheim, 1975 2. Staatsexamen. K.: 1980 Schulpsycholog. Zusatzausbild. z. Beratungslehrer, 1984 Konrektor Johannes-Kepler-HS Heddesheim, 1988 Schulltr. Heiligenbergschule, seit 1996 enge Kooperation m. d. Graf van Galen-Schule Heidelberg f. geistig Behinderte, seit 1998 Initiative "Schulbeginn auf neuen Wegen", Kooperation d. Grundschulförderkl. m. d. Regelkl., seit 1997 Einführung d. Projektes "Streitschlichter", engagiert in d. Prävention v. Gewalt, 2001 Grdg. d. AK "Hauptschule" m. Elternvertretern u. staatl. Instituten. BL.: 1972-84 Doz. VHS Weinheim, Seminar über Naturschutz, 1988-98 tätig in d. Lehrerfortbild. u. d. Ak. v. Baden-Württemberg u. als Multiplikator, 1990-95 Init. u. Ltr. Kriegshilfe i. ehem. Jugosl. (insges. ü. 1 Mio DM), seit 1992 Ltg. d. Bild.-Werks d. Pfarrei St. Bartholomäus Heidelberg Wieblingen, 15 J. Ltr. v. Exkursionen an d. VHS Heddesheim u. im Bild.-Werk. P.: Autor v. 25 Folienbänden im Bereich Erdkunde, Mitautor "Terra" - Erdkundebücher, Kl. 5-9, regelmäßig Vorträge zu kirchl. u. schul. Themen u. über Gewaltprävention. M.: 1970 AStA-Vors., 1970 Grdg. d. Studentepartei "Demokratische Mitte", seit 1991 im PfarrgemR., Lektor u. Kommunion-Helfer d. Gem., seit 2000 1. Vors. d. PfarrgemR. u. Mtgl. d. StiftungsR., seit 1994 aktiv in d. ökomen. Zusammenarb., Initiator Wieblinger Winter (geistl. Konzerte), 2001 Initiator d. Wieblinger Kirchentage - ökomen. Woche, VPräs. d. Kolpingsfamilie, 1. Ortsverb.-Vors. d. Dt. Jugendherbergsverb., Männerver. Schlaraffia, Ehrentitel "Ritter Äolus d. Globetrotter". H.: Lesen, Musik, Theater, Wandern, Bergsteigen.

*) Biographie www.whoiswho-verlag.ch oder beigefügte CD-ROM

Hansen Werner Ernst Dr. med. habil. Prof. *)
Hanser Gisela *)
Hanser Hermann *)
Hanser Inge Dipl.-Vw. *)
Hanser Ulrich *)
Hanser-Strecker Carl Peter Dr. jur. *)

Hänseroth Albin Dr.
B.: Intendant. FN.: Kölner Philharmonie, KölnMusik Betriebs und ServicegesellschaftmbH. DA.: 50461 Köln, Bischofsgartenstr. 1. G.: 1939, Mönchengladbach. S.: Stud. d. Sozial- u. Wirtschaftswiss., Abschl. a. Dipl.-Volksw., 1978 Prom. ü. emp. Theaterforschung i. Köln. K.: Prof. f. Soziologie u. Pädagogik a. d. Fachhochschule Niederrhein, Forsch., Lehre u. Publikationstät. i. Ber. d. Massenmedien u. Theatersoz., Musikkritiker f. div. dt. u. ausl. Fach- u. Tageszeitungen, 1988 Künstl. u. kaufm. Berater u. Produktionschef i. Barcelona a. Gran Teatre del Liceu, 1990 Ernennung z. künstl. Dir. d. Gran Teatre del Liceu, 1995 Ernennung z. Int. d. Hamburg. Staatsoper, 1997 Amtsantr. a. Int. d. Hamburg. Staatsoper, 1999, Ernennung z. Int. d. Kölner Philharmonie. BL.: Intens. Engagement f. d. Wiederaufb. d. Gran Teatre del Liceu, d. d. Feuer zerst. wurde. P.: Buch- u. Zeitschr. Veröff. ü. Massenmedien u. Theaterthemen, u. a. "Elemente einer integrierten empirischen Theaterforschung, darg. a. Entwicklungstendenzen d. Theaters i. d. BRD" (Diss. 1976), zus. m. A. Silbermann "Der Übersetzer. Eine Berufs.- u. Literatursoz. Untersuchung (1985), "Medienkultur, Medienwirtsch. u. Medienmanagement" (1989), UNESCO-Expertisen ü. d. dt. Theater- u. Museumswesen. M.: Vorst.-Mtgl. d. Kölner Inst. f. Massenkomm.

Hanses Andreas Dr. phil. *)

Hansing Ralf

B.: Tischlermeister, Gschf. FN.: Objekt & Design. DA.: 46119 Oberhausen, Teutoburgerstr. 138. info@objekt-und-design.de. www.objekt-und-design.de. G.: Oberhausen, 24. Juli 1960. V.: Iris, geb. Wlodarczak. Ki.: Vivien (1990), Ken (1993). El.: Erwin u. Magdalena. S.: 1980 FH-Reife Oberhausen, 1981-83 Tischlerlehre in Oberhausen, 1983-87 ang. Tischlergeselle, 1984-87 Meisterschule. K.: 1987-90 ang. Tischlermeister, ab 1991 selbst. Gschf. d. Firma Objekt u. Design, seit 2001 Gutachter im Bauwesen. M.: Beisitzer im Innungsvorst. d. Tischlerhandwerks. H.: Motorradfahren, Wassersi, Musik, ehem. Gitarrist.

Hanske Rüdiger *)

Hansmann Bernd Heinrich Dipl.-Kfm.
B.: Präs. FN.: IHK Lüneburg-Wolfsburg. DA.: 21335 Lüneburg, Am Sande 1. G.: Wolfsburg, 6. Mai 1941. V.: Katharina, geb. Heutlinger. Ki.: Dipl.-Ing. Florian (1970), Fabian (1972), Cordian (1973). El.: Heinrich u. Margritt, geb. Heidergott. S.: 1960 Abitur Braunschweig, b. 1963 Bundeswehr, b. 1968 Stud. BWL FU Berlin u. Univ. Göttingen. K.: b. 1970 Ass. d. Geschäftsltg. einer Sped., seit 1971 Juniorpartner d. Sped. Hansmann in Wolfsburg u. seit 1988 alleiniger Ges. Gf.; Funktionen: seit 1999 Präs. d. IHK Lüneburg-Wolfsburg, Vors. d. Verkehrsaussch. d. IHK, stellv. Vors. d. Fachvereinig. Güterkraftverkehr u. Logistik in Niedersachsen, Vors. d. Bez.-Gruppe Lüneburg-Wolfsburg d. Gesamtverb. Verkehrsgewerbe Niedersachsen e.V. F.: Heinrich Hansmann Sped.-Transporte GmbH + Co KG, Hansmann Logistik GmbH + Co KG. E.: Formel-Q-Preis d. Volkswagen AG. div. Ausz. v. VW Transport u. d. Audi AG. M.: div. örtl. Ver., Rotary Club Gifhorn-Wolfsburg (Präs. 2000/2001). H.: Jagd.

Hansmann Christine
B.: Sängerin - Mezzosopran. FN.: DNT Weimar. DA.: 99423 Weimar, Theaterpl. 2. PA.: 99423 Weimar, Windmühlenstr. 1. G.: Erfurt, 24. Feb. 1961. El.: Helmut u. Jutta Hansmann. S.: als Kind Klavier-, Ballett- u. Gesangsunterricht, 1979 Abitur, 1983-89 Gesangsstud. an d. HS f. Musik Leipzig, 1992 Konzertexamina, intern. Meisterkurse b. Luisa Bosalbajan, Horst Günter u. Tom Krause in Hertogenbosch/Niederlande. K.: seit 1989 Engagement am DNT Weimar, 1990 Richar-Wagner-Stipendium d. Stadt Trier. P.: Opernpartien u.a. Cherubino, Dorabella, Hänsel, Fricka in "Die Walküre", Orlowsky Feodor "Boris Godunow", Fortunata in Madernas "Saryricon", Hexe, Kundry, Gräfin ("Pique Dame"), Konzerte u. Gastspiele in Deutschland, Litauen, Japan, Israel, Frankreich, USA, Schweiz, Salzburger Festspiele (1991), versch. Uraufführungen, Rundfunk- u. Fernsehaufnahmen. E.: Preisträgerin d. Intern. Dvorak-Wettbewerbes in Karlovy Vary, d. Nat. Wettbewerbes junger Sänger in Gera, d. Bundeswettbewerbes f. Gesang in Berlin. M.: Richard-Wagner-Ver. Weimar. H.: Bildende Kunst, Literatur, Natur.

Hansmann Frank

B.: Zahntechnermeister, Gschf. Ges. FN.: Zahntechnik Hansmann GmbH. DA.: 29439 Lüchow, Fichtestraße 9. mail@zahntechnik-hansmann.de. www.zahntechnik-hansmann.de. G.: Hankesbüttel, 28. Aug. 1956. V.: Edeltraud, geb. Sack. Ki.: Silke (1988). S.: 1972-76 Lehre als Zahntechniker Celle, b. 1978 Bundeswehr. K.: 1978-95 ang. Zahntechniker in Celle, 1981 Meisterprüfung, 1991-95 ang. Meister in Celle, 1996 Kauf d. Zahntechnikerunternehmens in Lüchow. M.: Niedersächs. Zahntechnikerinnung, IFU. H.: Computer, Musik, Beruf.

Hansmann Frank
B.: Entwicklungsing., Gschf. Ges. FN.: Hansmann electronic GmbH. DA.: 30890 Barsinghausen, Schützenstr. 5. G.: Barsinghausen, 24. Juni 1953. V.: Ulrike. Ki.: Nina Kristin (1991), Inga (1994). S.: 1973 Abitur Hannover, 1973-74 Bundeswehr, 1975-78 Stud. Nachrichtentechnik m. Ing.-Ausbild. K.: 1977 m. Partner Grdg. einer Firma, 1981 Ausstieg aus d. Firma u. Neugrdg. d. Firma Hansmann electronic, 1987 Umwandlung in GmbH. BL.: 1982 erste Patentanmeldung, weltweit führendes Unternehmen f. d. Entwicklung v. elektron. Vorschaltgeräten f. Hochdruckklampen, d. d. Prüf. v. Flaschenleergut bewirken u. v. allen bekannten Getränkeherstellern genutzt werden, 1989 Weiterentwicklung f. d. Film- u. Fernsehprod., 1995 Entwicklung f. Video- u. Datenprojektoren z. Darstellung v. mehreren Metern Diagonale. P.: zahlr. Veröff. über d. Entwicklungen. H.: Modellflug, Fotografie, Musik.

*) Biographie www.whoiswho-verlag.ch oder beigefügte CD-ROM

Hansmann Joachim

B.: Ind.-Meister f. Metalltechnik, Inh. FN.: CNC-Fertigung Hansmann e.K. DA.: 38122 Braunschweig, Marienberger Str. 6. G.: Wolfenbüttel, 11. Aug. 1959. V.: Ingrid, geb. Gartung. Ki.: Sylvia (1985), Melanie (1991). El.: Jürgen u. Bärbel, geb. Strömsdörfer. S.: 1975-79 Ausbild. Universalfräser Firma Julius Klinghammer. K.: b. 1989 Unversalfräser in d. Firma Klinghammer, 1989 Fertigungsltr. d. Firma I.M.-Prod. in Braunschweig, 1990 Meisterprüf. f. Metalltechnik, 1993 Grdg. d. Firma Hansmann GmbH m. Fertigung v. Dreh- u. Frästeilen f. d. elektrotechn. Ind. H.: Sanierung d. eigenen Fachwerkhauses, Automotorsport.

Hansmann Karl-Werner Dr. Univ.-Prof. *)

Hansmann Klaus Dr. iur.
B.: Ltd. MinR. a.D. FN.: Min. f. Umwelt u. Natursch., u. Ldw. u. Verbraucherschutz d. Landes NRW. G.: Oberhausen, 20. Juni 1936. V.: Dietlind, geb. Henrichs. Ki.: Stephan (1969), Georg (1972), Martin (1974). S.: 1956-60 Stud. Rechtswiss. Münster u. München. K.: Referendarausbild. OLG-Bez. Düsseldorf, Kriminalgericht Berlin u. Verw.-HS Speyer, Prom., 1965-70 Verw.-Richter, 1970-85 Ref. f. Arbeitsschutz-, Immissionsschutz- u. Atomrecht im Min. f. Arb., Gesundheit u. Soz. d. Landes NRW, 1985-2000 Gruppenltr. f. Grundsatzfragen d. Immissionsschutzes, 2000-2001 stellv. Abt.-Ltr. f. Immissionsschutz; Lehrauftrag f. Umweltrecht a. d. Univ. Düsseldorf. P.: zahlr. Veröff. u.a. Immissionsschutzrecht (1974 ff.), Umweltrecht (1977 ff.), TA Luft (1987), TA Lärm (2000). M.: 1997-2000 Vors. d. Länderausschusses f. Immissionsschutz, Vorst.-Mtgl. d. Ges. f. Umweltrecht.

Hanson Paul A.
B.: B.A., Vorst.-Mtgl. FN.: Esso AG. DA.: 22297 Hamburg, Kapstadtring 2. www.esso.de. G.: Akron/Ohio, 30. Aug. 1953. K.: 1979 Eintritt Exxon Corp New York, 1979-81 Finanzanalytiker Exxon Corp New York, 1981-86 Esso Europe London, 1986-87 Coordinator Gas Dept. Exxon Company Intern. New York, 1987-89 Finanzmanager Europa u. Afrika Exxon Company Intern. New York, 1989-93 Finanzmanager Esso Sekiyu Tokio, 1993-95 Manager Corporate Finance Exxon Corp. Dallas, seit 1995 Mtgl. d. Vorst. d. Esso AG.

Hanson Thalia *)

Hanspach Peter Dr.-Ing. habil. *)

Hanss Rüdiger *)

Hanssen Johannes J.
B.: Groß- u. Außenhdls.-Kfm., Alleininh. FN.: Johannes J. Hanssen Import Export. DA.: 22459 Hamburg, Frohmestr. 78d. G.: Hamburg, 30. Dez. 1963. V.: Lizbeth , geb. Milano. El.: Bernhard u. Dagmar, geb. Römer. S.: 1984-86 Wehrdienst, 1986 USA-Aufenthalt, 1986-88 Lehre Groß- u. Außenhdls.-Kfm. K.: 1988-89 kfm. Ang., 1990-92 kfm. Ang. in Mexiko, 1993-96 kfm. Ang. in d. BRD, seit 1996 selbst. Im- u. Exportkfm. Chemikalien, Kunststoffe, Nahrungsmittelzusatzstoffe. H.: HK, Schenefelder Tennisclub. H.: Tennis, Skifahren.

Hanssen Rolf A. Dr.
B.: Vors. d. Geschäftsführung. FN.: MTU Friedrichshafen GmbH. DA.: 88045 Friedrichshafen, Olgastr. 75. G.: Stuttgart, 1943. S.: Ausbild. z. Bankkfm., Stud. BWL TU Berlin. K.: wiss. Ass. TU Berlin, Prom. z. Dr. rer. pol., 1976 Eintritt Daimler-Benz AG, Ltg. Abt. Betriebswirtschaftl. Analysen, 3 J. später Hauptabt. Planung im Geschäftsbereich Nutzfahrzeuge, 1984 Ltr. d. Fachbereiches Techn. Betriebswirtschaft d. Daimler-Benz AG, vier J. später Dir. d. Entwicklungsplanung im Geschäftsfeld Pkw d. Mercedes Benz AG, 1990 Ltr. d. Konzernplanung u. Dir. m. Generalvollmacht d. Daimler-Benz AG, seit 1994 Vors. d. Geschäftsführung d. MTU Friedrichshafen, 1995-96 zugleich Vorst.-Mtgl. d. AEG Daimler-Benz Industrie, 1996-2001 Ltr. d. Geschäftsbereiches Dieselantriebe / MTU D. DaimlerChrysler AG, seit 2001 Ltr. d. Daimler-Chrysler Off-Highway-Geschäfts. (Re)

Hanssen Rudolf Dieter Dipl.-Ing.
B.: Arch.-Bausachv. FN.: Hanssen + Hanssen. DA.: 55129 Mainz, Im Euler 3. G.: Danzig, 9. Juni 1942. V.: Katriina, geb. Laurila. Ki.: Timo, Jussi, Lars, Niels. S.: 1963-66 Lehre Bauzeichner, 1966-69 Ing.-Schule Mainz, Dipl.-Ing. K.: seit 1969 selbst., freier Bausachv., Arch.-Büro f. Hochbau. M.: Ehrenmtgl. Segelclub Mainspitze, MCV Finanzierungsaussch. Rosenmontagszug. H.: Segeln.

Hanßler Hubert *)

Hanßler Hugo Dr. med. Prof. *)

Hanssler Roland *)

Hanst Hartmut *)

Hanstedt Katharina
B.: Harfenistin, HS-Lehrerin. FN.: Berliner Sinfonieorchester. DA.: 10117 Berlin, Konzerthaus am Gendarmenmarkt. PA.: 10115 Berlin, Kieler Str. 1a. Ki.: Michael (1970). S.: Schule u. Abitur Leipzig, Musikstud. Musik-HS "Felix Mendelssohn-Bartholdy" Leipzig, Examen Harfe u. Klavier. K.: Engagement als Harfenistin b. Landestheater Eisenach u. b. d. Städt. Bühnen Erfurt, seit 1977 Harfenistin d. Berliner Sinfonieorchesters, seit 1990 Lehrauftrag an d. HS f. Musik "Hanns Eisler" Berlin, Solistin in Konzerten m. Orchester Solo- u. Kammermusikabende, Gast im Berliner Philharmon. Orchester, Konzertreisen in viele Länder Europas, Mitwirken u. Initiieren v. mehreren Kammermusikgruppen in unterschiedl. Formationen, Juryarb. b. Harfenwettbewerben, Interpretenkurse im In- u. Ausland. BL.: Zusammenarb. mit Komponisten, zahlr. Uraufführungen. P.: Hrsg. v. alter u. neuer Harfenmusik, "Neue Musik f. Harfe", zahlr. Rundfunkaufnahmen, Schallplatten- u. CD-Prod. E.: Kammermusikerin. H.: bild. Kunst.

Hanstein Beatrice Mag.
B.: Gschf. FN.: Messe Dresden. DA.: 01067 Dresden, Messering 6. G.: Rio de Janeiro, 3. Aug. 1954. S.: Wolfgang Hanstein u. Carla Schröder. S.: 1972 Abitur Kassel, 1972-73 Stud. Sprachen Rio de Janeiro, 1973-74 Dolmetscherstud. Heidelberg, 1974-84 Stud. Slawistik u. Kunstgeschichte Göttingen, 1984 Mag. K.: 1985-90 Projektref. Dt. Messe AG Hannover, 1990-91 Abt.-Ltr. Dt. Agentur f. Raumfahrtangelegenheiten Bonn, 1991-93 Abt.-Ltr. b. Bundesverb. D. Luftfahrt-, Raumfahrt- u. Ausrüstungsind. e.V. Bonn, 1993-94 selbst. Tätigkeit in Dresden, 1994 Dir. d. Staatl. Schlösser u. Gärten Dresden, 1999 Gschf. d. Messe Dresden. P.: Vorträge u. Veröff. in Fachzeitschriften, Autorin im Kai Homilius Verlag. M.: seit 1997 Förderver. Schloß Pillnitz, Ver. Kriegsgräberfürsorge, Wiederaufbau d. Synagoge. H.: gesamter kultureller Bereich, Lesen, Schreiben, Menschen kennenlernen u. zusammenführen, Reisen.

---

*) Biographie www.whoiswho-verlag.ch oder beigefügte CD-ROM

Hanstein

Hanstein Henrik R. Univ.-Prof. RCH
B.: Antiquar, Inh. FN.: Kunsthaus LEMPERTZ. DA.: 50667 Köln, Neumarkt 3; 10115 Berlin, Linienstr. 153. lempertz@compuserve.com. www.lempertz.com. G.: Köln, 1950. V.: Dr. Mariana Mollenhauer de Hanstein. BV.: ältestes Auktionshaus m. Vorläufer 1802 Antiquariat Heberle in Köln, seit 1845 Lempertz seit 1875 in Besitz d. Familie Hanstein. BL.: Harmonisierung d. europ. Folgerechts, 2000 in Gesetz eingeflossen. F.: Kompl. d. Firma Venator & Hanstein KG. P.: Katalog d. Kataloge (2001), IA Auction News, 150 J. Lempertz (1995). E.: Orden Chevalier de l'Ordre Leopold II de Belgique. M.: Vors. d. Freunde d. Kunst-HS f. Medien Köln, Präs. d. International Auctionees S.A. Genf.

Hanstein Peter Dr.

B.: Gschf. Ges. FN.: Geoinside GmbH B2B-Marketplace for the Geo-Industry. DA.: 10623 Berlin, Bleibtreustr. 12. peter.hanstein@geoinside.com. www.geoinside.com; www.hanstein.com. G.: Köln, 22. Okt. 1962. S.: 1984 Abitur Köln, 1984-85 Stud. Geographie an Univ. Trier, 1985-91 Stud. Geologie an der TU Clausthal u. ab 1987 an d. RWTH Aachen, Stud. Hyrogeologie, 1991 Dipl., 1991-95 Prom. K.: 1991-95 wiss. Ass. Univ. Karlsruhe, 1995-99 Dr. Jungbauer u. Partner GmbH Hannover u. Stuttgart, Projektltr. Grundwassererschließung, 1999-2000 Golder Assoc. in Celle, Aufenthalt in Bolidien/Spanien, 2000 Grdg. u. Gschf. d. Geoinside GmbH. P.: Diss. "Modellierung d. Grundwasserströmung unter Berücksichtigung komplexer Geolog. Verhältnisse am Beispie d. Sonderabfalldeponie Malsch", Buch "Grundwasserhydraulik" (2001). H.: Fliegen, Klavierspielen, kubanische Musik, Trekking, Reisen, südl. Afrika.

Hantke Detlef

B.: Dipl.-Lehrer, selbst. Vermögensberater. FN.: Dt. Vermögensberatung AG. DA.: 39110 Magdeburg, Helmstedter Str. 11. PA.: 39326 Wolmirstedt, Zielitzer Str. 34. G.: Rathenow, 26. Juni 1954. V.: Dipl.-Chem. Heidrun, geb. Peine. Ki.: Maren (1977). El.: Kurt u. Ursula, geb. Rademacher. S.: 1973 Abitur Merseburg, b. 1975 Armee, 1976-80 Lehrerstud. in Rostock u. Leipzig. K.: ang. Oberschullehrer in Magdeburg, 1985-90 Lehrer in d. Abiturstufe auf d. Berufsschule , ab 1991 Beginn d. nebenberufl. Tätigkeit b. d. DVAG u. Ausbild. z. Vermögensberater m. IHK Zertifikat, ab 1992 hauptberufl. Tätigkeit f. d. DVAG, seit 2000 Repräsentant f. d. DVAG. E.: Gold. Bogenschütze v. d. DVAG 1998 f. herausragende Leistungen. M.: Bundesverb. Dt. Vermögensberater (BDV). H.: Lesen, Garten.

Hantke Falk *)

Hantke Manfred Dipl.-Ing. *)

Hantke Rotraud Prof. h.c. *)

Häntsch-Püschel Ingrid Dr. med.

B.: Ärztin f. Frauenheilkunde. DA.: 22851 Norderstedt, Mittelstr. 70. G.: Etelsen, 27. Okt. 1948. V.: Dr. Klaus Püschel. Ki.: Marit (1977) und Aiko (1980), Vesna (1982). S.: 1967 Abitur, 1967-69 Ausbild. z. Krankengymnastin in Tübingen m. Examen, 1969-70 Anerkennungsj., 1970-76 Stud. Humanmed. an d. Med. HS Hannover. K.: 1976-77 Med.-Ass. in verschiedenen Kliniken in Hannover, 1977 Prom., 1978-86 Tätigkeit in d. Paracelsus-Klinik in Henstedt-Ulzburg u. 1986-87 im Zentrum f. Reproduktionsmed. im UKE Hamburg, seit 1988 selbst. in einer Gemeinschaftspraxis in Norderstedt. H.: Tennis, Reiten, Lesen, klass. Musik.

Hantschel Ralf D. *)

Hantschmann Norbert Dr. med. Prof.
B.: Chefarzt. FN.: KH Itzehoe. DA.: 25524 Itzehoe, Robert-Koch-Str. 2. PA.: 25826 Sankt Peter-Ording, Ferieneck 11. V.: Dr. med. Jutta, geb. Costede. Ki.: Bodo, Imme, Peer. El.: Prof. Dr. Leo u. Dr. Magdalene. S.: Gymn., 1953 Abitur, Stud. d. Med. u. Psych. in Freiburg, Tübingen u. Kiel, 1958 Med. Staatsexamen. K.: Med.Ass. in Oberhausen-Sterkrade, Hamburg u. Marburg, b. 1975 Ass., OA u. ltd. OA Chir. Univ.Klinik Kiel, 1970 Habil., 1975 apl.Prof., 1975 Chefarzt Chir. in Itzehoe. P.: zahlr. Arb. auf d. Gebieten d. Endokrinologie u. d. Gastroenterologie sowie d. Thoraxchir. in Zeitschriften u. Periodika. M.: Mtgl. in 18 wiss. Ver. u. einer Reihe v. fachgebundenen u. ärztl. Organ. H.: Musik, Literatur, Beschäftigung mit der Natur.

Hantusch Dieter *)

Häntzsche Heide *)

Häntzschel Günter Dr. Prof. *)

Hanusch Almut Dr. rer. nat. *)

Hanusch Rolf Dr. theol.

B.: Akademiedirektor. FN.: Evangelische Akademie zu Berlin, Vorstandsvors. d. Evang. Akad. in Deutschland. DA.: 10117 Berlin, Charlottenstr. 53/54. hanusch@eaberlin.de. www.eaberlin.de. G.: Nördlingen, 6. März 1943. V.: Gisa, geb. Derksen. Ki.: Anna Katharina (1976), Marie Luise (1977). El.: Erwin u. Lina, geb. Moll. S.: 1962 Abitur in Nördlingen, 1980 Promotion b. Prof. Bäumler über Religionspäd. "Der Streit um die Lehrpläne". K.: 1968-75 ev. Pfarrer in München-Schwabing Erlöserkirche, 1971-75 Schulpfarrer Tagesheimschule d. Kath. Familienwerk Pullach ehemaliges Jesuitenkolleg, 1975-80 Studentenpfarrer Gesamt-HS Kassel, Lehrauftr. f. Religionspäd., 1980-90 Ltr. d. Studienzentrums f. Ev. Jugendarb. Josefstal/Schliersee, Forsch.-Arb. u. Fortb., 1990-94 Studienltr. f. deutschlandpolit. Fragen d. Ev. Akad. Tutzing, 1994 Ltg.

---

*) Biographie www.whoiswho-verlag.ch oder beigefügte CD-ROM

Ev. Akad. Berlin-Brandenburg, seit 1999 Dir.d. Ev. Akad. zu Berlin, 1984-90 1. Vors. d. Förderver. f. eine intern. Begegnungsstätte in Dachau, seit 1998 Vors. d. Vorst. d. Ev. Akad. in D, 2001 auch Tagungen i.d. Europ. Begegnungsstätte Kreisau, 9/2001 in Sibiu/Rumänien Gründung d. Evang. Akad. u.a. Interreligiöser Dialog, bes. mit d. Islam. BL.: im Sommer 1990 Kreierung Referendariat f. innerdt. Fragen. P.: zahlr. Veröff. im Bereich Theol., Religionspäd., Jugendforsch. u. Geschichte, Bücher u.a. "Der Streit um d. Lehrpläne" (1983), "Jugend in d. Kirche - z. Sprache bringen" (1987), "Gemeinsam denken lernen. Polit. Erwachsenenbild. als Vorreiterin d. inneren Einigung" (1992). E.: Theodor Heuß-Med. M.: Nagelkreuzgemeinschaft d. Kathedrale v. Coventry, Kuratoriumsmtgl. Schloß Ettersburg e.V. H.: Reisen nach GB, Polen, Rumänien, Litauen, Lettland; Kunstgeschichte, Wandern.

Hanuschik Winfried
B.: Ges. u. Gschf. FN.: Port Media Verlag u. Werbeagentur. DA.: 80336 München, Senefelderstr. 14. G.: München, 6. Jan. 1971. S.: 1990 Abitur, Werbekaufmann, zertifizierter Ausbilder. K.: seit 1991 Mitinh. Businessoft, 1992-96 Gschf. Verlag Industrie- u. Handelswerbung, seit 1996 Gschf. Ges. Hanuschik & Partner. F.: Port Media, Club Tegernsee, Bavarian Tours. P.: Hrsg./Verleger zahlr. Publ. z. B. Crescendo - Das Klassik-Magazin, richtungsweisende Entwicklung im Dialog-Marketing, Beiträge f. Südd. Zeitung, FVW. M.: Wirtschaftsjunioren, Marketing Club, VTV. H.: Tauchen, Squash. (P.H.).

Hanuschik Wolfgang Dr. med.
B.: Augenarzt. DA.: 13353 Berlin, Müllerstr. 40. www.augenarzt-hanuschik.de. G.: Bochum, 26. Jan. 1957. El.: Bernhard u. Elisabeth, geb. Mehlitz. S.: 1976 Abitur, 1976-77 Bundeswehr, 1977-84 Stud. Humanmed. Bochum, Bonn u. Aachen. K.: 1984-86 Ass.Arzt Trier, 1986-89 Ass.Arzt Schloßparkklinik Berlin, 1989 Prom., 1989 FA, ab 1990 eigene Augenarztpraxis. P.: Mitautor "Klinische Neuropathologie" (1989), Art. in versch. Fachzeitschriften u.a. im Zentralblatt f. Path. "Diagnosemöglichkeiten d. Konjunktivalbiopsie" (1991), Klin. Monatsblätter f. Augenheilkunde, Implantation v. weichen Hinterkammerlinsen (1990). H.: Violinespiel, klass. Musik. (IU)

Hanuschka Heinz
B.: Bäckermeister, selbständig. DA.: 03044 Cottbus, Goyatzer Str. 3. G.: Werben, 16. Aug. 1939. V.: Ursula, geb. Kappow. Ki.: Martina (1962). S.: 1953-56 Lehre Bäcker. K.: 1956-64 Bäcker in d. Bäckerei Schulz in Cottbus, 1961 Meisterprüfung, 1964 Übernahme d. Bäckerei Schulz u. seither selbständig. M.: Sportverein Werben SV 1892. H.: Fußball.

Hanzl Pit Dipl.-Ing. *)

Haouache Ghassan Dr. med. *)

Haparta Hel Dipl.-Ing. *)

Hapig Heinrich *)

Hapig Wilko *)

Hapke Hans-Jürgen Dr. Prof.
B.: HS-Lehrer, Inst.Ltr. FN.: Tierärztl. HS Hannover. GT.: Dt. Forsch.Gem. BGesundheitsamt WHO, BgVV, VDI. DA.: 30559 Hannover, Büntweg 17. Bu.: 31275 Lehrte, Kantstr. 7-11. G.: Peine, 6. Okt. 1931. V.: Dr. Hildegard, geb. Wagner. Ki.: Kornelia, Armin, Isabella. El.: Otto u. Erna. S.: Abitur, Stud. Zoologie, Veterinärmed. K.: Wiss. HS-Ass., Priv.Doz., Prof. P.: 350 Wiss. Artikel, Handbuchbeiträge, 3 Bücher. E.: Ehrenmedaille d. Ver. Dt. Ingenieure, Medaillen d. Univ. Brünn u. Khartoum, Ehrenmtgl. d. Sociedad Mexicana de Toxicologia u. d. Deutschen Ges. f. Ernährung. M.: Dt. Pharmakolog. Ges., Dt. Veterinärmed. Ges., Dt. Ges. Natur. u. Ärzte.

Happ Birgit *)

Happ Heinz Dr. Prof. *)

Happ Jochen Wilhelm Dr. Prof. *)

Happ Jürgen *)

Haparta Jens Dipl.-Ing. *)

Happe Heidi *)

Happe Jens Oliver Dipl.-Wirtschaftsing.

B.: Dipl.-Wirtschaftsing (FH), Gschf. FN.: C-P-S Nord GmbH. DA.: 38446 Wolfsburg, Benzstraße 21c. PA.: 30173 Hannover, Roseggerstr. 10. G.: Kassel, 4. Mai 1968. V.: Anke, gb. Wesche. Ki.: Leonie Helene (1999). El.: Johannes u. Heidi. S.: 1989 Abitur Braunschweig, 1990 Bundeswehr, 1991 Grundstud. BWL in Göttingen, 1993 Stud. Transportwesen/Logistik in Bremerhaven. K.: 1997 Ass. d. Geschäftsltg. b. Firma Rhenus in Braunschweig, 1997/98 Projektltg.-ass. f. d. Realisierung eines Logistikcenters d. Firma Schenker International in Singapur, 1998/99 Projektltr. f. Projektmanagement in d. Motorenentwicklung d. amerikanischen Firma PAC im Auftrag v. FORD in Köln, 1999/2001 Prok. d. Firma CPS Nord GmbH in Wolfsburg, 2002 Gschf. d. Firma C-P-S Nord GmbH in Wolfsburg. M.: Golfclub Rittergut Hedwigsburg u. TK Hannover. H.: Tennis, Golf.

Happe Klaus *)

Happel Josef *)

Happel Maria-Erika

B.: selbst. Heilpraktikerin. DA.: 32427 Minden, Königstr. 352. G.: Hille, 11. Apr. 1948. Ki.: Dipl.-Politologin Susanne (1969). S.: 1962-65 Ausbild. z. Apothekenhelferin in Minden. K.: 1965-85 Apothekenhelferin in Minden, 1979-85 nebenbei Stadtabg. im Rat d. Stadt Minden f. d. CDU, 1985-87 Ausbild. z. Heilpraktikerin in Hannover, 1987 Ndlg. in Minden u. Eröff. d. eigenen Praxis. P.: nat. u. intern. Akupunkturreferate. M.: CDU, VDH, Reitver., Tierschutz, Ges. z. alternativen Krebsbekämpfung, Ozonges., im Vorst. v. Verb. Heilpraktiker Berufshilfe e.V. H.: Sport, Reiten, Joggen, Reisen, Musik, Lesen.

Happerschoß Johann Matthias
B.: Unternehmer. FN.: J. Happerschoß Holzbau GmbH. DA.: 50969 Köln, Neuer Weyerstraßer Weg 100. G.: Köln, 8. Juni 1937. V.: Katharina, geb. Plonien. Ki.: Elke, Heike. El.:

*) Biographie www.whoiswho-verlag.ch oder beigefügte CD-ROM

Happerschoß

Johann u. Maria, geb. Hommer. S.: 1953 Mittlere Reife Köln, 1953 Eintritt ins elterl. Geschäft, 1953-55 Lehre z. Zimmerer, 1957-60 Meisterkurs, 1960 Meisterprüf. K.: 1960-65 Tätigkeit im elterl. Betrieb, 1965-66 1 J. Gabun/ Westafrika, Errichtung eines Furnierwerkes in Port Gentil, b. 1998 ohne Firmenbeteiligung, 1966 wieder in d. elterl. Betrieb, 1969 Holzdecke Hansasaal Köln, 1975 Lehrlingswart Handwerkskam., 1980 Umwandlung d. Betriebes in eine KG, 1980 Kompl., 1987 Plenarsaaldecke Paulskirche Frankfurt, 1988 stellv. OMeister, 1993 Hauptges., seit 1995 vereid. Sachv., seit 20 J. Mtgl. Landes- u. Bundesaussch. Technik u. Umwelt. P.: Veröff. im Buch: Damals u. Heute in Köln. E.: Silb. Handwerksnadel. H.: Hochseesegeln auf d. Atlantik, früher Rudern, Reisen nach Australien, Neuseeland, Mexiko, Namibia, Skandinavien.

Harake Amer I. Dipl.-Polygraph
B.: Gschf., Mitinh. FN.: Repro Center. DA.: 04349 Leipzig, Am Kellerberg 2. G.: Beirut, 26. Sep. 1965. V.: Isolde, geb. Reinhardt. Ki.: Rania (1980). El.: Ibrahim u. Sadaki. BV.: Großvater Abas Harake - einer v. 27 Scheichs in Beirut. S.: 1976 Abitur, 1976-78 Lehre Rundfunktechniker u. Feinmechaniker, 1979-82 Berufschule VEB Polygraph Leipzig, 1982-85 Stud. Univ. Leipzig, 1985 Dipl.-Polygraph. K.: 1985-87 Aufenthalt im Libanon, 1988-89 tätig in Braunschweig, 1989-92 Vertreter einer Altkleiderfirma in Afrika, 1992-95 Gschf. d. Repro-Center in Braunschweig, 1995 Grdg. u. Eröff. d. Firma Repro Jet Copy. P.: Dipl.-Arb. H.: Schwimmen, Familie, Freunde.

Harb Boulos (Paul) Dr. phil. *)

Harbaum Andreas

B.: Kfm., Inhaber. FN.: Limousinen Service Bremen. DA.: 28279 Bremen, Baumhauserweg 48b. info@limousinenservicebremen.de. www.limousinenservicebremen.de. G.: Göttingen, 21. März 1962. V.: Jeanine Buatois. El.: Joachim u. Hella, geb. Pfau. S.: 1980 Abitur Bremen, 1981-83 Zvildienst, 1983-86 Ausbild. z. Schiffsmakler in Bremen. K.: 1980-83 Redaktionelle Tätigkeit in versch. Stadtmagazinen in Bremen, 1982 Taxischein in Bremen, Tätigkeit als Taxifahrer, 1978-96 Musiker
Schlagzeug in versch. Bremer Bands m. 6 Schallplatten- u. CD-Aufnahmen, 1987 Grdg. Taxibetrieb in Bremen als Inh., 1998-2000 Hdl. m. exclusiven Möbeln m. Kollektion v. Ital. u. Franz. Möbeldesignern, 2000 Grdg. Limousinen Service Bremen als Inh. M.: Fördermtgl. BSB Bundesverb. Sekr. u. Büromanagement e.V. H.: Musik, schöngeistige Beschäftigung.

Harbeck Johannes *)

Harbeck Wolfgang Dr.-Ing. *)

Harbecke Paul M. Dr. *)

Harbig Hans Peter Simon

B.: Ltr. d. Presse- u. Öffentlichkeitsarbeit. FN.: Berlin Capitals Eishockey GmbH "Die Preussen". DA.: 14055 Berlin, Messedamm 26. harbig@berlin-capitals.com. G.: Marburg, 17. Nov. 1947. El.: Joachim u. Rosina. S.: 1961 Mittlere Reife, 1961-64 Lehre Papiermacher. K.: 1964-67 kfm. Ang. im Flick-Konzern, 1967-77 Diskjockey u. glz. Produktionsleiter in d. Ind., 1977-95 Gschf. im Bereich gastronom. Warensicherung, seit 1995 Ltr. d. Presse- u. Öffentlichkeitsarbeit d. Berlin Capital Eishockey GmbH. P.: Hrsg. d. "Nachwuchskurier" (1989-96), Kolumne f. "Caps News d. Preussen news" (seit 1993), Veröff. in Tages- u. Fachzeitungen. H.: Lesen, Richard Wagner u. Gustav Mahler.

Harbig Lutz *)

Harbisch Hans-Dieter Dr.

B.: Kinderarzt. DA.: 42653 Solingen, Schlagbaumer Str. 147. G.: Krefeld, 15. Dez. 1941. V.: Dr. Elke, geb. Diederich (Internistin). Ki.: Katja (1968), Nina (1971). S.: 1962 Abitur Rüthen, 1962-64 Bundeswehr, 1965-70 Med.-Stud. Bonn u. Düsseldorf. K.: 1970-76 Kinderklinik Univ. Düsseldorf, 1976 FA f. Kinderheilkunde, 1976-78 Ausbild. in d. Dt. Ak. f. Psychoanalyse in Düsseldorf.seit 1978 ndlg. Arzt in Solingen. BL.: Prävention im somatischen u. psych. Bereich durch Gruppenkonzepte Eltern/Kindgruppenarb. P.: Gruppenfähigkeit im Säuglingsalter, Vorträge zu psychodynamische Gruppenkonzepte in d. Kindermed. H.: Segeln, Fotografie.

Harbort Christine *)

Harbort Markus J. H.
B.: selbst. Heil- u. Chiropraktiker. FN.: Harbort Chiro-Care Praxis. DA.: 28209 Bremen, Parkallee 157. mharbortchirocare@t-online.de. www.harbortchiro.com. G.: Münster, 29. Okt. 1955. V.: Kerstin Sager. Ki.: Fredrik (1988), Keno (1998). El.: Dr. med. Günther u. Helga. S.: 1978 Abitur Lippstadt, 1978-80 Stud. Biologie New York, 1980/81 Bundeswehr, Sanitätsdienst, 1981-85 Med.-Stud. in Berlin u. Kiel, 1983 Beginn d. Heilpraktikerausbild. in Kiel, 1985 Prüf. z. Heilpraktiker. K.: 1985 Heilpraktiker in Glücksberg u. Bremen, 1985 Übernahme Chiropraxis in Bremen, 1991 Grdg. Chiropraktik Seminar in Bremen, 1994 Chiropraktik Bildatlas. M.: seit 1987 Doz. f. d. Bund Dt. Heilpraktiker (BDH), 1999 Mitbegründer u. Vorst. Dt.-Amerikan. Ges. f. Chiropraktik (DAGG). H.: Segeln.

Harborth Heiko Dr. Prof.
B.: Mathematiker, HS-Lehrer. FN.: TU Braunschweig. PA.: 38106 Braunschweig, Bienroder Weg 47. G.: Celle, 11. Feb. 1938. V.: Bärbel, geb. Peter. Ki.: Olaf, Kirsten, Marion, Wolf-

*) Biographie www.whoiswho-verlag.ch oder beigefügte CD-ROM

ram, Martin. El.: Karl-Heinz u. Norgard. S.: 1958 Abitur, 1958-64 Stud. TH Braunschweig. 1964 Lehramtsprüf., 1965 Prom. K.: 1964-72 Ass., 1972 Habil., 1973 Univ.Doz., 1975 apl. Prof., 1978 Prof. P.: ca. 150 Publ. M.: Braunschweig. Wiss. Ges., Inst. Combin. Appl., Math. Ass. Amer., Amer. Math. Soc., Fibon. Ass., DMV, ÖMG, Combin. Math. Soc. Austr., London Math. Soc., Malays. Math. Soc., math. Olymp., MNU, Br. Hs-Bd. H.: Fußball-Schiedsrichter.

Harbrecht Wolfgang Dr. Prof.
B.: Prof. am Lehrstuhl f. VWL. FN.: Friedrich-Alexander-Univ. Erlangen-Nürnberg. DA.: 90403 Nürnberg, Lange G. 20/3157. G.: Sulz/Neckar, 30. Jan. 1945. V.: Margarete, geb. Ludwig. Ki.: Stephan (1969), Helmut (1971), Benjamin (1972), Judith (1980). S.: 1964-68 Stud. VWL Univ. Köln, Abschluß Dipl.-Vw. K.: 1969 wiss. Ass. Univ. Erlangen-Nürnberg, 1973 Prom., 1980 Habil., 1981 Lehrstuhlvertret. Volkswirtschaftslehre Univ. d. Bundeswehr Hamburg, 1982-90 Lehrstuhl f. VWL Univ. Passau, 1990 Lehrstuhl f. VWL Univ. Erlangen-Nürnberg. P.: Lehrbuch: Die Europ. Gemeinschaft (1984). M.: Arbeitskreis Europ. Integration e.V. Bonn, Görres-Ges., List-Ges., Deutschland. H.: Numismatik.

Harde Hermann Dr. rer. nat. Prof. *)

Hardege Stefan
B.: Steuerberater, Dipl.-Finanzwirt in eigener Kzl. DA.: 10623 Berlin, Kantstr. 154. hardege@t-online.de. G.: Berlin, 2. Aug. 1964. V.: Constanze, geb. Wraße. Ki.: Isabelle (1988), Severiano (1994). El.: Helmut u. Gertraud. S.: 1982 Abitur in Berlin, 1983-86 Stud. an d. FHS f. Verwaltung u. Rechtspflege, Abschluss Dipl.-Finanzwirt. K.: 1986-92 Betriebsprüfer f. Körperschaften b. Finanzamt in Berlin, seit 1992 selbständiger Steuerberater in Berlin, seit 1995 Unternehmensberater u. Insolvenzberater. P.: Artikel in d. Fachzeitschrift "Deutsches Steuerrecht". M.: Steuerberaterverband, Tennisclub. H.: Familie, Beruf, Tennis.

Hardegger Monika

B.: Supervisorin, Dipl. Sozialpädagogin, Stellv. Kreisvolkshochschulleiterin. DA.: 64521 Groß-Gerau, Wilhelm-Seipp-Str. 4. G.: Boppard/Rhein, 4. Okt. 1954. V.: Dipl. Ing. Architekt Alexander Hardegger. Ki.: Jana (1987). S.: Fachhochschulreife, 1975-77 Dt. Bank Frankfurt, 1977-81 Stud., Dipl. K.: 1981-82 Stadtjugendamt Wiesbaden, 1982-83 Japan. Repräsentanz Frankfurt, 1983-87 Kolpinghaus Mainz, 1989-90 Dozententätigkeit b. Bildungsträgern, 1990-94 Vhs-Leiterin in Raunheim/Main, 1994-98 Dipl. Mitarb. d. Kvhs Groß-Gerau, seit 1998 stellv. Ltr. Kvhs. BL.: 1985-91 Gruppendynamische Zusatzausbild. f. Fachkräfte in Therapie, Sozial- u. Bildungsbereich, 1990-92 Ausbild. z. Supervisorin (FIS-Münster). M.: Klassenelternvorst. Maria - Ward - Gymn. H.: Theater, Oper- u. Konzertbesuche, Literatur.

Hardenack Jochen E. *)

Graf von Hardenberg Carl Dr. *)

Graf von Hardenberg Goetz *)

Gräfin von Hardenberg Isa *)

Hardenbicker Andre Dipl.-Finanzwirt

B.: RA. DA.: 58097 Hagen, Brahmsstr. 1. andre.hardenbicker@planet-interkom.de. G.: Hagen, 28. Apr. 1971. V.: Tanja, geb. Ladwig. Ki.: Niklas Maria (2001). El.: Werner u. Ursula, geb. Gellings. S.: 1990 Abitur, 1990-93 Stud. FH Nordkirchen m. Abschluß Dipl.-Finanzwirt, 1993-96 Stud. Rechtswiss. Univ. Münster, 1996 1. Staatsexamen, 1997-99 Referendariat LG Hagen, 1999 2. Staatsexamen. K.: seit 1999 tätig f. Arthur Andersen. P.: 1. priv. Bilderausstellung (1990), öff. Bilderausstellung in d. Volksbank Hagen (1993). H.: abstrakte u. informelle Malerei, Klavier spielen.

von Harder Alexander Dipl.-Kfm. *)

Harder Günter Dr. rer. nat. Prof. *)

Harder Günter Otto Cornelius Dr.-Ing. habil. Univ.-Prof. *)

Harder Hermann Dr. Prof. *)

Harder Ibo Dipl.-Ing. *)

Harder Jochen *)

Harder Wilhelm Dr. apl. Prof. *)

Harders Jörg

B.: Elektroinstallateurmeister, Inh. FN.: Elektro- u. Beleuchtungstechnik J. Harders. DA.: 26123 Oldenburg, Nadorster Str. 196. G.: Oldenburg, 15. Dez. 1966. V.: Edda, geb. Seeger. Ki.: Karina (1993), Neele (1996). El.: Egon u. Doris, geb. Schiphorst. S.: 1984-88 Ausbild. z. Elektroinstallateur in Oldenburg, 1988-90 Bundeswehr, 1990-91 Elektroinstallateur in Oldenburg, 1992 Meisterprüf. z. Elektroinstallateurmeister. K.: Eröff. Elektroinstallationshandwerksbetrieb Elektro- u. Beleuchtungstechnik Harders in Ofen/Bad Zwischenahn als Inh., 1993 Eröff. Leuchtenfachgeschäft in Oldenburg als Inh., Beratung, Planung u. Einbau v. Leuchten u. Lichtkonzepten.

Hardge Bianka *)

Hardieck Thomas Dr. jur.
B.: Jurist, Referatsleiter, Ministerialrat. FN.: Bundesministerium für Wirtschaft u. Technologie. DA.: 10115 Berlin, Scharnhorststr. 34 - 37. hardieck@bmwi.bund.de. G.: Wattenscheid, 21. Dez. 1947. V.: Kristine, geb. Schulze. Ki.: Sebastian (1973), Franziska (1977). El.: Walter u. Elisabeth. S.: 1966 Abitur in Gelsenkirchen, 1966-71 Stud. Jura in Würzburg, Berlin u. Münster, 1971 1. Staatsexamen, 1971-75 Referendariat in Bochum, 1975 2. Staatsexamen, 1978 Prom. Dr. jur. K.: 1976-79 Jurist b. Bundeskartellamt in Berlin, dazwischen 6 Mon. b. d. Kommission in Brüssel, seit 1980 tätig b. Bundes-

*) Biographie www.whoiswho-verlag.ch oder beigefügte CD-ROM

ministerium f. Wirtschaft in Westberlin, 1980-86 Verhandlungskommissar f. innerdeutschen Handel, Treuhandstelle Ind., 1986-90 Regierungsdirektor, verantwortlich f. Regionale Wirtschaftsförderung in Bonn, 1990-93 Ltr. d. Handelsförderstelle an d. Dt. Botschaft in Warschau, 1993-95 Rückkehr nach Bonn in d. Außenwirtschaftsabteilung d. Wirtschaftsministeriums, 1995-99 Rückkehr nach Warschau, Gschf. d. deutsch-polnischen IHK, seit 1999 Referatsleiter d. Grundsatzabteilung Kreditwirtschaft, Versicherungswesen, Immobilienwirtschaft. P.: Artikel z. wirtschaftsrechtlichen Themen, vorrangig in Polen. M.: Bürgerverein Französisch-Buchholz, Konzertchor Niederschönhausen, Deutsch-polnischer Juristenverein. H.: Literatur, Laufen, Singen.

Hardieck Ulf *)

Harding Jan Dipl.-Ing. MBA
B.: Vorst.-Mtgl. FN.: Swb AG. DA.: 28215 Bremen, Theodor-Heuss-Allee 20. jan.harding@swb-ag.de. G.: Kopenhagen, 14. Jan. 1948. V.: Hanne. Ki.: 3 Kinder. S.: 1966 Abitur in Kopenhagen/Dänemark, 1967 Stud. in USA, 1968 Stud. z. Elektroingenieur TU Kopenhagen, 1973 Abschluss Dipl.-Ing., 1974 Wehrdienst in Dänemark, 1994-95 Stud. MBA. K.: 1974 Elektroingenieur JFV-Energie in Dänemark, 1980 Betriebsgenieur, 1987 Betriebsleiter, 1990 Kraftwerksleiter, 1995 Dir., seit 2000 technischer Vorstand Firma Swb AG f. Stromerzeugung, Netze, Entsorgungsaktivitäten (Abfall u. Abwasser). M.: AR-Vors. HWB Hanse Wasser Bremen, AR-Vors. ANO Abfallverwertungsanlage Nord, AR-Mtgl. ENO Entsorgungsges. Nord, AR-Mtgl. HWW Harzwasserwerke, Beirat Gerling Konzern, AR-Mtgl. VDEW Landesgruppe Niedersachsen/Bremen. H.: Musik, Tennis, Segeln, Skifahren, Kunst, Kultur.

Hardorp Benediktus Dr. rer. pol.
B.: Wirtschaftsprüfer, Steuerberater. FN.: hmp hardop, müller & Partner Wirtschaftsprüf.- u. Steuerberatungsges. DA.: 68165 Mannheim, Otto-Beck-Str. 46. PA.: 69469 Weinheim, Holzweg 35. hardop-partner@t-online.de. G.: Bremen, 12. Apr. 1928. V.: Dorothea, geb. Knauer. Ki.: Veronika (1966), Erdmute (1969). S.: 1948 Abitur, Stud. Vw. Freiburg u. Dipl.-Abschluß, 1958 Prom. Dr. rer. pol. K.: 1963 Steuerberater, seit 1964 Wirtschaftsprüfer selbst., in berufl. ständ. Gremien tätig. P.: Bücher: "Elemente einer Neubestimmung des Geldes", "Anthroposophie u. Dreigliederung" sowie über 200 weitere Veröff. in Sammelwerken u. Zeitschriften. M.: Mitgründer d. Waldorfschule Mannheim u. glz. Hochschule f. Waldorfpädagogik, Vorst.-Mtgl. d. Bundes Freier Waldorfschulen, Vorst.-Mtgl. d. Steuerberaterkam. H.: Gedichte, Pädagogik, Steuerpolitik.

Hardraht Klaus
B.: Staatsmin. d. Innern d. Freistaates Sachsen. DA.: 01097 Dresden, Wilhelm-Buck-Str. 2. G.: Dresden, 20. Dez. 1941. V.: Ulrike, geb. Schreihage. El.: Günther u. Lotte. S.: 1961 Abitur, 1961-65 Stud. d. Rechtswiss. u. Philos. in Würzburg u. Lausanne m. Abschluß 1. Staatsexamen, 1969 2. Staatsexamen. K.: 1965 Eintr. in Referendardienst in Bayern, wiss. Ass. an d. Univ. Würzburg, Stud.-Gänge in Straßburg u. Portugal, jur. Berater in Rechtsabtl. d. Europarates in Straßburg, 1969 Abschl. d. großen jur. Staatsprüf. in München, 1970-72 Hamb. Justizdienst, richtl. Tätigk. in Zivil- u. Strafkammer d. Landesgerichtes, 1972-79 Referent in d. Justizbehörde, Mtgl. d. UN-Delegation d. Bundesreg., Aufenth. in den USA m. Stud. d. dort. soz. Dienste, Entwickl. d. Projektes "Haftentschädigungshilfe" d. Gerichtshilfe Hamb., 1980 Richter am Oberverwalt.-Gericht Hamb., 1981 Vorsitz. Richter am Verwalt.-Gericht Hamb., 1982 Abord. an die Justizbehörde als stellv. Ltr. d. Amtes f. allg. Verwalt., 1988 Ernenn. zum Ltr., Mtgl. d. Kmsn. zur Verwalt.-Reform in Hamb. sowie Ernenn. z. Ltr. d. Amtes f. a. Verw.. 1990 Abord. an d. Sächs. Staats-

ministerium d. Justiz, Ltg. d. Abtl. I, 1992 Versetz. in sächs. Staatsdienst, Ernenn. zum Ministerialdirigenten, Aug./1992 Staatssekr. im sächs. Justizministerium; Ltr. d. Arb.-Gruppe d. Sächs. Staatsministerien zur Überarb. d. Haushaltsrechts; 1993-95 Justizsenator in Hamburg, seit. 9/1995 Staatsmin. d. Innern d. Freistaates Sachsen. BL.: 1976 Studienaufenthalt in d. USA. M.: Vors. versch. Kmsn. z. Reform d. Zivilprozeßrechts sowie d. Verw.- u. Haushaltsreform. (Re)

Hardt Albert Dr. *)

Hardt Eva Dr. med. dent. *)

Hardt Friedrich Detmar Dipl.-Ing.

B.: Steuerberater. DA.: 42897 Remscheid, Wupperstr. 2. G.: Köln, 10. Jän. 1958. V.: Dr. Ulrike. Ki.: Karoline, Johanna, Claas. El.: Detmar u. Gisela. S.: 1976 Abitur Wipperfürth, 1976-78 Bundeswehr, 1978-85 Stud. m. Abschluß Dipl.-Wirtschaftsing. Univ. Karlsruhe. K.: 1985-88 tätig in d. EDV-Abt. d. Siegwerk Farbenfbk. in Siegburg, 1988 tätig in d. Johann Wülfling & Sohn Tuchfbk. GmbH in Remscheid u. ab 1991 Gschf., 1994 tätig in d. Steuerabteilung d. Gruwa GmbH Textilhdl. & Co KG, 1994 in d. Steuerabt. d. BDO Dt. Warentreuhand Wirtschaftsprüf.-Ges. in Düsseldorf, 1995 in d. Steuerabt. d. Gruwa GmbH Textilhdl. GmbH & Co KG, 1995 in d. Steuerabt. d. Bachem Fervers Janssen Mehrhoff in Solingen, seit 1998 selbst. Steuerberater m. Schwerpunkt gemein. Vereine, Vermögensberatung, Testamentsvollstreckung u. Betreuung. H.: Kinder.

Hardt Hermann Dipl.-Wirtschaftsing. *)

Hardt Horst-Dietrich Dr. rer. nat. Prof. *)

Hardt Matthias
B.: Journalist. FN.: DPA Dt. Presse Agentur GmbH. DA.: 20148 Hamburg, Mittelweg 38. G.: Stolberg, 5. Aug. 1934. V.: Helga, geb. Vockenberg. Ki.: Andrea (1961), Martin (1962). El.: Wilhelm u. Karola, geb. Edmonds. S.: 1953 Abitur, 1953-55 HASCH, 1955-58 Kfm. Lehre. K.: 1957-64 b. Jos. Hansen Söhne in Äthiopien, 1964 Pharmazeut. Ltr., gleichzeitig als Journalist tätig, 1964 DPA, 1965 Dienstltr. b. DPA, 1966 Arbeitsgebiet speziell Kairo/Ägypten, Sudan, 1966-78 speziell Nordafrika, 1979-84 DPA Düsseldorf als Berichterstatter u. Landesltr. d. Landesbüro Düsseldorf, 1985 Verkaufsltr. DPA Hamburg, seit 1988 Gschf. DPA Hamburg. E.: BVK am Bande. H.: Tennis.

Hardt Wolfgang
B.: selbst. RA u. Notar. DA.: 31535 Neustadt, Marktstr. 34. G.: Lyck, 20. Aug. 1938. Ki.: 2 Kinder. S.: 1958 Abitur Walsrode, 1958-63 Stud. Rechtswiss. an d. FU Berlin, Freiburg u. Göttingen, 1963 1. Staatsexamen, 1963-66 Referendariat an OLG Celle, 1967 2. Staatsexamen, K.: 1967-72 ang. RA in einer Kzl. in Hannover, 1972 Ndlg. u. Eintritt in eine Sozietät in Neustadt, 1973 Bestallung z. Notar, 1977-93 Tätigkeit in d. eigenen Kzl. in Neustadt, 1993 Grdg. einer Sozietät m. Herrn Cors in Neustadt, Tätigkeitsschwerpunkte: Familienrecht, Erbrecht, Notariat, Prüf.-Ausch. f. RA u. Notariatsfachang. M.: RA-Kam., Notarkam., RA-Ver. Neustadt, Niederdt. Kantorei Nienburg. H.: Barockmusik aktiv, Chorgesang, Ornithologie, Phil. u. Geschichte.

Hardt Wolfgang

B.: Augenoptikermeister, Inh. FN.: Augenoptik Hardt. DA.: 04347 Leipzig, Löbauerstr. 70. G.: Mainz, 4. Dez. 1964. V.: verh. Ki.: 2 Kinder. S.: 1985 Abitur, 1985-87 Bundeswehr - Flußpioniere Lorch am Rhein, 1987-90 Ausbild. Augenoptiker Firma Bommer Mainz, 1993-95 staatl. Fachschule f. Augenoptik Jena, 1995 Meisterprüf. K.: seit 1995 selbst. in Leipzig, 1997 Ausbild.z. Varilux-Spezialisten bei Essilor. P.: Art. im Schönfelder Ortsblatt. M.: Patenbrief f. einen Brillenbär d. Leipziger Zoos, Unterstützung d. Handballmannschaft Lok-Leipzig-Mitte. H.: Familie, Langstreckenautofahren.

Hardter Patrick
B.: Kfm., Gschf. Ges. FN.: ConMente Marketing GmbH. DA.: 20537 Hamburg, Eiffestr. 600. G.: Hannover, 2. März 1972. V.: Catrin Ehlers. S.: 1993 Abitur Hamburg, 1993-94 Zivildienst, 1994-98 Ausbild. z. Verlagskfm. m. Schwerpunkt Anzeigenmarketing u. Qualifikation z. Ausbilder f. Verlagskaufleute b. d. Bergedorfer Zeitung, 1999 Mitgründer u. Gschf. Ges. ConMente Marketing GmbH Reinbek, Vermittlung v. Druckaufträgen aller Art f. mittelständ. u. Großunternehmen, Vertrieb v. Produkten aus d. Wellness/Fitness-Bereich. H.: Sport, Reisen.

Härdter Gottlieb *)

Härdter Nadine
B.: Profi-Handballerin, Nationalteam-Spielerin. FN.: c/o TV TSG Ketsch. DA.: 68770 Ketsch, Postfach 1342. G.: Kandel, 29. März 1981. K.: 4 Länderspiele, 3 Länderspieltore, 1999 Länderspiel-Debüt in Varazdin gegen Kroatien, seit 1997 TSG Ketsch, sportl. Erfolge: 1999 3. Pl. Jugend-EM, Dt. Meister "Jugend trainiert f. Olympia". H.: m. Freunden zusammensein, Musik, Tanzen, Spaß haben.

Hardtke Frank Dr. iur.
B.: RA, Fachanw. f. Steuerrecht. FN.: Hardtke Steffens & Partner. DA.: 17489 Greifswald, Bahnhofstr. 1. www.lawnet.de. G.: Berlin, 22. Aug. 1960. El.: Klaus u. Inge, geb. Rehfeldt. S.: 1978 Abitur Berlin, 1978-91 Kriminalpolizei Berlin/b. Kriminalhauptkommissar, 1985-90 Stud. Rechtswiss. FU Berlin, 1978-81 Stud. Verw. u. Rechtspflege FH Berlin, Dipl.-Verw.-Wirt. K.: 1993 wiss. Mitarb. an d. Ernst-Moritz-Arndt-Univ. Greifswald, 1994 Prom., ab 1995 Prakt.-Anw., 1997 Eröff. d. Sozietät, seit 1999 überörtl. Sozietät m. Rostock, Berlin; Wirtschaftsrecht, Steuerstrafrecht; ständiger Lehrauftrag z. Steuerrecht bei d. Anw.-Inst., seit 1999 Lehrauftrag a. d. Bundesfinanz-Ak., seit 1995 Lehrauftrag a. d. Univ. Greifswald z. Steuer- u. Strafrecht. P.: "Handbuch Fachanw. f. Strafrecht" (1999), "Steuerhinterziehung durch verdeckte Gewinnausschüttung" (1995), "Rechtzeitiges Erkennen u. wirksame Bekämpfung vorgetäuschter Straftaten im Einbruchs- u. Raubbereich" (1987), "Bedeutung strafrechtl. Ermittlungskompetenzen d. Finanzbehörden f. d. Steuergeheimnis" (1996), "Strafverfolgungsverjährung b. Steuerhinterziehung" (1996). M.: Lions Club Greifswald, Landesjustizprüf.-Amt Mecklenburg/Vorpommern, Unternehmerverb. Vorpommern e.V., Dt. Juristenges. e.V., AG d. Fachanw. Steuerrecht, Bund dt. Kriminalbmtr., Förderver. d. Ernst-Moritz-Arndt-Univ. Greifswald. H.: Tennis, Reisen. Sprachen: Englisch.

Hardtke Hans-Jürgen Dr.-Ing. habil. Prof. *)

Hardtke Max Dieter
B.: Küchen- u. Fleischermeister, Inh., Gschf. FN.: Restaurant Hardtke GmbH & Co Gaststättenbetriebs KG. DA.: 14193 Berlin, Hubertusallee 48. G.: Berlin, 26. März 1944. V.: Gudrun, geb. Mahler. Ki.: Sandra (1972), Laura (1977). El.: Max u. Elisabeth, geb. Friede. S.: 1963 Abitur Berlin, 1963-65 Kochlehre. K.: ab 1965 mehrere J. in Top-Gastronomie im In- u. Ausland sowie auf Schiffen u.a. Buro Lac Zürich, Titisee/Schwarzwald, Harzburger Hof Bad Harzburg, 1969 Rückkehr in elterl. Betrieb, 1977 Eröff. d. Restaurants Hubertusallee, Bewirtschaftung d. Kantine am Großmarkt, Beusselstraße, sowie zeitweise am Gemüsemarkt, Hotels in Westdeutschland. E.: 3x Berliner Meister im Springreiten, Ausz. u. Med. f. Wurstverarb., Eisbein, Haxen, Blut- u. Leberwurst. M.: Reit- u. Springschule Deutschlandhalle. H.: Tennis, Schwimmen, Reiten, Dressur- u. Springpferde, Skifahren, Tauchen.

Härdtle Hans-Günther *)

Hardtmann Gertrud Dr. Prof.
B.: Ärztin, Psychologin. DA.: 14129 Berlin, Rehwiese 14. G.: Duisburg, 29. Dez. 1932. Ki.: Immanuel (1965), Erasmus (1966), Tassilo (1971). El.: Otto Vetter. BV.: Vater ausgez. m. d. BVK f. seine Arb. im Widerstand u. b. Aufbau. S.: 1953 Abitur, Stud. Med. 1959 Staatsexamen Hamburg. K.: 1961-62 Med.-Ass. im Rhurgebiet, Hamburg u. Zürich, 1960 Stipendiat d. Dt.-Französ. Forsch.-Gemeinschaft f. Diabetesforsch., ab 1962 FA-Ausbild. u. Prom., 1965 an s. Psych. Univ.-Nervenklinik, 1966 am Inst. f. forens. Psychiatrie, 1969-76 psychoanalyt. Ausbild., 1976 Eröff. d. eigenen Praxis, 1977 Prof. an d. PH Berlin-Lankwitz, seit 1978 an d. TH u. TU f. Soz.-Päd. u. Soz.-Therapie, Forsch.-Kontakte m. Univ. in Israel u. USA. P.: zahlr. Veröff., viele Veröff. in d. USA, Bücher: Psychiatrie u. Soz.-Päd. (1991), Spuren d. Verfolgung (1992), Generation d. Holocaust (1982 u. 95). H.: Musik hören, Musizieren, Theater, Literatur.

Hardtmann Thomas
B.: selbst. RA. DA.: 22767 Hamburg, Holstenstr. 1. www.hardtmann.de. G.: Hamburg, 27. Okt. 1961. Ki.: 2 Kinder. S.: 1981 Abitur Buxtehude, 1981-83 Zivildienst, 1983-88 Jurastud. m. 1. Staatsexamen Bremen, 1988-91 Referendarzeit u. 2. Staatsexamen Bremen. K.: 1992 RA-Zulassung u. Eröff. d. eigenen Kzl. in Hamburg, seither ndlg. 1997 Zulassung am OLG Hamburg, Tätigkeitsschwerpunkt: allg. Strafrecht, Ausländer- u. Asylrecht, Familienrecht, Verkehrsrecht. M.: Hamburger Arge f. Strafverteidigerinnen u. Strafverteidiger e.V. H.: Reisen, Fußball.

Hardung Roland Dr. med.
B.: Urologe. FN.: Arztpraxis f. Urologie. DA.: 10627 Berlin, Wlimersdorfer Str. 113. G.: Gütersloh, 16. Juli 1962. Ki.: Carina Anabell (1984). El.: Tassilo u. Marianne. S.: 1982 Abitur Gütersloh, 1982-84 Mitarb. in elterl. Fahrschule, 1984-86 Ital.-Stud., 1986-89 Stud. Humanmed. an d. Univ. Padova, 1989-93 Stud. Humanmed. FU Berlin, 1993-95 Arzt im Praktikum, 1995 Vollapprob., wiss. Mitarb. Urolog. Klinik u. Poliklinik, Univ.-Klinik Benjamin Franklin Berlin, FU Berlin, 1998 FA f. Urologie, 1999 Ndlg. als Urologe, 1999 Prom. Prostatakazinonforschung. H.: Beruf.

Hardwig Michael Dipl.-Ing.
B.: öff. bestellter Vermessungsing., Beratender Ing. Ing.-Kam. LSA, Inh. FN.: Vermessungsbüro Hardwig. DA.: 06112 Halle, Halberstädter Str. 14. G.: Zwickau, 27. Feb. 1950. V.: Gabriele, geb. Neeb. Ki.: Saskia (1981), Svenja (1983). BV.: Vorfahren aus Österr. u. Preußen. S.: 1968 Abitur Bochum,

*) Biographie www.whoiswho-verlag.ch oder beigefügte CD-ROM

Hardwig

Stud Geodäsie HS Bonn, 1973 Dipl., Referendarzeit in Düsseldorf, Vermessungsamt in Essen, Ämter f. Agrarordnung, 1975 2. Staatsexamen. K.: Assessor im väterlichen Betrieb Sozietät Hardwig, 1976 selbst. Ltg. d. väterl. Betriebes gemeinsam m. d. Senior, 1981 alleinige Führung des Büros, 1991 Vermessungsing. in Halle, seit 1995 ausschließl. Tätigkeit in Sachsen-Anhalt. P.: Wirtschaftsspiegel. M.: BDVI, ASU. H.: Skifahren, Familie, Reisen.

Harel Christian Dipl.-Kfm. *)

Harenberg Bodo *)

Harenberg Friedrich E. Dr. jur.
B.: Vors. Richter am Finanzgericht u. Fachautor. DA.: 30519 Hannover, Herrmann-Guthe-Str. 3. FEHarenberg@t-online.de. G.: Braunschweig, 20. März 1952. V.: Gabriele, geb. Rumpfkeil. Ki.: Julie (1984), Verena (1987). S.: 1971 Abitur, 1971-77 Stud. BWL u. Rechtswiss. Univ. Braunschweig u. Göttingen, 1977 1. jur. Staatsexamen, 1977-79 Referendariat OLG Celle, 1979 2. Staatsexamen, 1979-80 Stipendiat, 1981 Prom. Univ. Göttingen. K.: 1980-83 Reg.-Assesor in d. niedersächs. Finanzverw., 1982-83 stellv. Vorst. d. Finanzamt Westerstede, 1983-84 Doz. an d. FH Hildesheim, seit 1985 Richter am Niedersächs. Finanzgericht, 1988-92 wiss. Mitarb. am Bundesfinanzhof, Spezialist u. Experte z. Besteuerung v. priv. Kapitaleinkünften u. innovative Finanzanlagen. P.: zahlr. Veröff. in Fachzeitschriften, Mitautor d. Großkommentar z. EStG/KStG, Autor u. Hrsg. d. Handbuchs "Die Besteuerung priv. Kapitaleinkünfte" (3. Aufl. 2002), "Steuerrecht in d. Beratungspraxis" (2001), Vorträge auf Fachveranstaltungen u. Kongressen z. Besteuerung v. Kapitalerträgen u. Finanzinnovation. M.: Steuerjur. Ges., Dt. Juristentag. H.: Bergwandern, Weine.

Harenberg Georg Dipl.-Kfm.
B.: Unternehmer, selbständig. FN.: Life is Good GmbH Berlin. DA.: 12159 Berlin, Wielandstr. 11. G.: Dortmund, 8. Dez. 1965. V.: Stefanie, geb. Ziehr-Elkart. Ki.: Mathilde (2000). El.: Bodo Konsul d. Republik Österreich u. Marianne, geb. Aldick. S.: 1984 Abitur, 1985-86 Wehrdienst, 1987-92 Stud. Marketing u. Administration in Mannheim, Abschluss Dipl.-Kfm., 1992-94 Master of Business Administration MBA, Columbia Business School, New York, Sprachen Englisch, Französisch u. Spanisch. K.: 1994-97 Manager b. Roland Berger u. Partner in Berlin, seit 1998 dort freier Mitarbeiter, 1998 Firmengründung, seit 1997 bereits d. 3. Caras-Filiale eröffnet. P.: v. seinem Wirken berichteten zahlr. Medien wie ZDF, SFB, FAZ u. Life Style Zeitschriften. E.: während d. USA-Stud. Dean's Honor List u. Beta Gamma Sigma Honor Society. M.: Tourismus-Aussch. d. IHK Berlin. H.: Familie, Sport.

Harenberg Günther Dipl.-Ing. *)

Harenberg Job Dr. med. Prof.
B.: Prof. f. Innere Med. FN.: I. Med. Klinik Fak. f. Klin. Med. Mannheim d. Univ. Heidelberg. DA.: 68167 Mannheim, Theodor-Kutzer-Ufer. G.: Solingen, 11. Jan. 1950. V.: Dr. Anna, geb. Trapanesi. Ki.: Daniel (1977), Tomas (1979). El.: Dr. phil. Franz u. Brigitte. S.: 1968 Abitur Bonn-Bad Godesberg, 1974 Med. Staatsexamen Univ. Heidelberg, 1975 Prom. z. Dr. med., 1975 Approb. als Arzt. K.: 1977-87 wiss. Ass. Med. Klinik d. Univ. Heidelberg, 1982 Anerkennung als Internist, 1984 Hbil., 1984 Venia legendi f. d. Fach Innere Med., 1988 Umhabil., 1991 apl.Prof. f. Innere Med., 1994 Mtgl. d. New York Academy of Sciences, seit 1981 Forsch.-Stipendien d. Dt. Forsch.-Gemeinschaft, dzt. apl. Prof. f. Innere Med. an d. Fak. f. Klin. Med. Mannheim d. Univ. Heidelberg. P.: Analysis of heparin binding to human leukocytes using a fluorescein-5-isothiocyanate labeled heparin fragment (1996), Chromatographic and electrophoretik applications for the analysis of heparin and dermatan sulfate (1996), purification of the monoclonal heparin antibody (1996), Subcutaneous low-molecular-weight heparin versus standard heparin and the prevention of thromboembolism in medical inpatients (1996), Anticoagulation in patients with heparin-induced thrombocytopenia type II (1997), Treatment of deep vein thrombosis with low molecular weight heparins, Consensus statement (1997), 120 begutachtete Originalpubl., insgesamt 300 Gesamtarb. M.: Dt. Ges. f. Innere Med., Berufsverb. Dt. Internisten, Dt. HS-Verb., Hartmannbund, Ges. f. Thrombose- u. Hämostase, Dt. Ges. f. Angiologie, Intern. Society on Thrombosis and Haemostasis. H.: Musik (Klassik, Gitarre), Sport (Golf, Ski), Literatur.

Härer Lothar Dr. rer. pol.
B.: Rechtsanwalt u. Wirtschaftsprüfer, Fachanw. f. Steuerrecht, Gschf. DA.: 96450 Coburg, Bahnhofstr. 19. PA.: 96450 Coburg, Hinterer Glockenberg 8. G.: Hildburghausen, 14. Juli 1933. V.: Ursula, geb. Sanker. Ki.: Gaby (1963) Staatsanwältin, Dr. med. Bettina (1965), Dipl.-Kfm., Rechtsanwalt, Steuerberater Michael (1967), Dipl.-Psych. Kerstin (1969). El.: Karl u. Elisabeth. S.: 1953 Abitur, 1953-57 Stud. Rechtswiss. u. Wirtschaftswiss. Univ. Würzburg, 1. jur. Staatsexamen, 1960 Dr. rer. pol. Graz. K.: 1961 Zulassung als Anw. in Coburg LG, 1963 Fachanw. f. Steuerrecht, 1968 Staatsprüf. z. Wirtschaftsprüfer, 1961-64 Anw. in einem Büro in Düsseldorf, 1964 Anw. in München, 1987-92 Sozius v. Prof. Haas, seit 1992 Scheuer & Partner als Nfg. v. Prof. Haas; 1972-96 StadtR. in Coburg. F.: Gschf. u. alleiniger Ges. d. ecoplan Wirtschaftsberatung GmbH, Wirtschaftsprüfungsges., Steuerberatungsges., AufsR. d. Ingersollpumpen Deutschland Siegen/Burbach. P.: Prom.: Die Betriebsvereinbarungen nach dt. u. österr. Recht im Vergleich. M.: Gründer u. Vorst. d. Golfclub Schloß Tambach, Gründer u. Vorst. d. Ver. z. Förderung v. Schloß u. Kirche Eisfeld, BeiR. d. Behindertenwerkstätte Coburg/Ahorn, versch. BeiR.-Mandate in Unternehmen H.: Sport, Golf, Skilauf, Langlauf, Tennis, Schwimmen.

Harf Peter Dr.
B.: Gschf. FN.: Joh. A. Benckiser GmbH. DA.: 67059 Ludwigshafen, Benckiserpl. 1.

Harfmann Peter Joachim Dr. med.

B.: OA, FA f. Innere Med., Kardiologie. FN.: ZKH St.-Jürgen-Straße. DA.: 28205 Bremen, St.-Jürgen-Straße. G.: Düsseldorf, 23. März 1961. V.: Dr. med. Béatrice Hoffmann. Ki.: Margareta Sophie (1995), Johann Leonhard (2000). El.: Dr. med. Friedrich u. Inge, geb. Rehbein. S.: 1980 Abitur Hamburg, 1981 Bundeswehr, 1981-87 Stud. Univ.-Klinik Hamburg, Edinburgh Medical School in UK, Univ. of Maryland Baltimore/USA, 1987 Approb., 1987 Prom. K.: Urolog. Univ.-Klinik Eppendorf Transplantationslabor u. Nierentransplantationsstation, Chir.

*) Biographie www.whoiswho-verlag.ch oder beigefügte CD-ROM

Univ.-Klinik Münster Abdominal-Transplantationschir., Med. Klinik III ZKH St.-Jürgen-Straße Bremen, med. Intensivstation, Kardiopulmonale Funktionsdiagnostik u. Schrittmacherambulanz, Med. Klinik I ZKH Reinkenheide in Bremerhaven Gastroenterologie/Endoskopie, Kardiologie Akut Herz-Kreislaufklinik Bad Bevensen, Kardiologische Intensivstation, Echokardiographisches Labor, Herzkatheterlabor, Funktionsdiagnostik, seit 1998 FA, seit 2000 Zusatzbezeichnung Kardiologie, seit 2000 Med. Klinik III ZKH St.-Jürgen-Straße in Bremen, OA Bereich Kardiologie. P.: Veröff. in med. Fachzeitschriften, Vorträge auf Kongressen, Transplantation u. Transplantationsimmunologie. M.: Berufsverband Dt. Internisten, Dt. Ges. Kardiologie, Bremischer Schwimmverein e.V. H.: Sport, Kochen.

Harfouch Corinna

B.: Schauspielerin. FN.: c/o Players Agentur Jarzy-Holter. DA.: 10178 Berlin, Sophienstr. 21. G.: Suhl, Thuringa, 16. Okt. 1954. V.: Bernd Eichinger (Freund). Ki.: Johannes (1980), Robert (1983). S.: Schauspielschule. K.: nach Ausübung div. anderer Berufe (z. B. Krankenschwester) Theater- u. Filmschauspielerin, nach Besuch d. Berliner Schauspielschule gefeierte Darstellerin d. ehemaligen DDR, unter Heiner Müllers Regie "Lady Macbeth" a. d. Volksbühne Berlin, weitere Rollen in: "Romeo u. Julia", "Urfaust", "Dreigroschenoper", nach d. Wende Durchbruch als Serienstar in "Unser Lehrer Dr. Specht"; Auszug aus d. Filmographie: Der Kleine Staatsanwalt (1986), Treffen in Travers (1988), Pestalozzis Berg, Die Schauspielerin (1989), Der Tangospieler, Die Spur des Bernsteinzimmers (1991), Kommissar Beck - Stockholm Marathon, Thea u. Nat, Charlie und Louise, Tatort - Verbranntes Spiel (1993), Fünf Stunden Angst (1994), Irren ist männlich, Sexy Sadie, Verdammt, ich lieb mich (1995), Der Ausbruch, Gefährliche Freundin, Tor des Feuers (1996), Witwen, Knocking on heaven's door, (1997), Das Mambospiel, Solo für Klarinette, Bis zum Horizont, Die Wand (1998), Der Grosse Bagarozy, Mahagonny (ihre erste Opernrolle an d. Dt. Oper Berlin), Tochter der Luft (Burgtheater Wien), Der große Bagarozy. (1999), EVA-Hitlers Geliebte (1999, Akademieth. Wien), Fandango (2000), Jetzt oder Nie (2001), Eva Brühne (2001),SzenePenthesileaEin Traum (2001, Wr. Festwochen) E.: 1988 Hauptpreis als beste Darstellerin Filmfestival in Karlovy Vary, 1989 u. 1990 Kritikerpreis als beste Darstellerin, 1993 Preis als beste Darstellerin im Fernsehspiel "Thea u. Nat", 1996 Gertrud-Eysoldt-Ring f. hervorragende Leistung als General Harras in Carl Zuckmayers Stück "Des Teufels General", 1997 Adolf-Grimme Preis f. "Gefährliche Freundin", Münchner Filmpreis f. "Irren ist männlich", Goldener Löwe f. "Der Ausbruch". (Foto: Ute Mahler/Ostkreuz), Dt. Fernsehpreis (2001). (Re)

Harguth Karl-Heinz Dipl.-Ing.

B.: Architekt BDA. FN.: Arch.-Büro Harguth. DA.: 42327 Wuppertal, Arndtstr. 26. harguth@harguth-wuppertal.de. G.: Wuppertal-Elberfeld, 15. Mai 1935. Ki.: Nicole (1964), Katja (1968). El.: Alfred u. Elfriede. S.: 1955-58 Stud. an d. Staatl. Ing.-Schule f. Bauwesen in Wuppertal, 1958 Abschluss als Hochbauing. f.: 1958-59 ang. Architekt im Büro Franz Schrage Düsseldorf, 1960 Partnerschaft m. Werner Rosendahl, Gerd Herget, Harald Ledermann in Wuppertal, 1961 Grdg. Atelier 40 Wuppertal, 1972 Arch.-Büro Arndtstr. 26 Wuppertal-Vohwinkel, 1973-77 Stud. an d. TU Berlin, 1977 Dipl.-Ing. Arch. u. Städtebau, 1978-93 Partnerschaft m. Hans Windgassen Architekt im Büro Arndtstraße, 1989 Berufung in d. BDA (E), 1993 Bestellung z. ehrenamtl. Gutachter im Gutachterausch. f. Grundstückswerte. P.: Bauwelt Berlin (1965), Bauen u. Wohnen (1966), Scheibepunkt + Hügel (1968), Wuppertal Bericht (1971), Baumeister (1972), Städte zum Leben (1981), Mitarb. u. städtebaul. Beratung b. Filmaufnahmen Sender freies Berlin. M.: AKNW, BDA, Deutsch-Amerikanische Ges., Golfclub Juliana Wuppertal. H.: Kunst, Antiquitäten-Sammlung.

Harhaus Helmut

B.: staatl. geprüfter Augenoptikmeister. DA.: 42873 Remscheid, Garschager Heide 27. G.: Radevormwald, 13. Juli 1953. V.: Regina, geb. Seidel. Ki.: Leila u. Tanja (1980), Erik (1986). El.: Helmut u. Gertrud. BV.: Großeltern Carl u. Anna. S.: 1968 Mittlere Reife, 1968-72 Lehre Augenoptiker, 1978 Meisterprüf. Köln. K.: 1973-76 ang. als Augenoptiker, s. 1979 selbst. m. Schiffsmodellbauversand. BL.: Größter Schiffsmodellbau-Fachversand Europas, Gr. d. Fachzeitschrift "Der Schiffspropeller", Konstrukteur v. elektron. Schaltungen m. Schwerpunkt f. Geräuschimitationen. P.: Veröff. im Bayr. Rundfunk, Autor d. Bücher "Elektrik u. Elektronik f. Schiffsmodellbauer", "Funktionen", "Seenotkreuzer" u.a.

Harich Alfred

B.: Dir.-Ltr. DA.: 83022 Rosenheim, Ludwigspl. 18. G.: Breitenfurth, 6. Juli 1940. V.: Anneliese, geb. Stubenrauch. Ki.: Georg, Klaus, Angelika. S.: 1954-56 Handelsschule, Mittlere Reife, 1956-59 Lehre z. Ind.-Kfm. K.: 1959-76 Tätigkeit in versch. Firmen, 1976 Bonnfinanz Waldkraiburg, 1977 Geschäftsstellenltr. in Waldkraiburg, ab 1988 Dir.-Ltr. in Rosenheim. E.: 1985 Gold. Uhr - höchste Ausz. b. Bonnfinanz, 1995 u. 1996 Sprecher aller Dir.-Leiter d. Bonnfinanz in d. BRD, Gold. Ver.-Abz. d. Sportver. Rott am Inn. M.: Sportver. Rott am Inn. H.: Reiten, Fußball.

Harich Klaus *)

Hariegel Werner *)

*) Biographie www.whoiswho-verlag.ch oder beigefügte CD-ROM

Harig Hans-Dieter Dr.
B.: Vorst.-Vors. FN.: E.ON Energie AG. DA.: 80333 München, Brienner Str. 40 www.eon-energie.com. K.: Vorst.-Vors. d. Preussen Elektra AG, seit 2000 Vorst.-Vors. d. E.ON Energie AG.

Harig Ludwig *)

Härig Gerd *)

Härig Peter *)

Haring Bodo Peter *)

Haring Joachim Dr. med.
B.: FA f. Orthopädie. GT.: Ltr. d. Orthopädieabt. d. Klinik Dr. Guth. DA.: 22609 Hamburg, Jürgensallee 44. G.: Wuppertal, 14. Aug. 1937. V.: Gesine, geb. Körner. Ki.: Andreas (1966), Ulrike (1971). El.: Hans u. Nanny. S.: 1958 Abitur, 1958-64 Med.-Stud. Univ. Bonn, Freiburg u. Berlin, 1964-71 FA-Weiterbild. Rudolf Virchow-KH Berlin. K.: Seit 1972 Ltr. d. Orthopädieabt. d. Klinik Dr. Guth Hamburg, parallel seit 1976 ndlg. Arzt m. Schwerpunkt Fuß- u. Bandscheibenchir., Endoprothetik u. Arthroskopie. H.: Klavier, Literatur. (K.H.)

Haring Werner Dr. *)

Häring Christiane H. I. Dipl.-Ing.
B.: Heilpraktikerin. FN.: Inst. f. Radioästhesie u. Magnetopathie. DA.: 65207 Wiesbaden-Naurod, Himbeerweg 15. G.: Berlin, 17. Nov. 1937. V.: Ewald Häring. S.: 1950 Mittlere Reife, Handelsschule Berlin, 1965 Abitur Frankfurt/Main, 1965-70 Stud. Chemie TU Berlin, 1981 Ausbild. Heilpraktikerin, 1984 Heilpraktikerprüf. Mainz. K.: 1971-84 im Außendienst f. klin. Chemie in d. Firma Carl Zeis-Analyt. Chemie, seit 1984 selbst. Heilpraktikerin. P.: Seminare f. Heilpraktiker, Ärzte u. Zahnärzte; Mykosen ganzheitl. betrachtet (1997), Hilf dir selbst mit Wasser (1993), Wurzel d. Lebensbaumes - der Darm (1994), Dunkelfeld Blutdiagnostik Bioelegronische Diagnostik nach Vincent (1998), Blutdiagnostik im Dunkelfeld und Bioelektronigramm (1999).

Häring Fritz *)

Häring Marlies *)

Häring Paul C. *)

Harion Egbert Dipl.-Ing. *)

Haritoglou Edith Dr. med. *)

Haritz Frank Dipl.-Kfm. *)

Harjehusen Katja
B.: Kauffrau, selbständig. FN.: Juwelier Grundmann. DA.: 27749 Delmenhorst, Bahnhofstr. 41. grundmann@nwn.de. G.: Delmenhorst, 24. Nov. 1963. V.: Lebenspartner Uwe Böning. Ki.: Lara-Zoe (2000). El.: Horst Harjehusen u. Jutta, geb. Müller. BV.: Urgroßvater Heinrich Grundmann, Gründer d. Juweliergeschäfts 1902. S.: 1982 Mittlere Reife in Delmenhorst, 1982-85 Ausbildung Einzelhandelskauffrau in einem Juweliergeschäft in Kempten, Fortbildung Fachklasse Uhren u. Schmuck, Zusatzausbildungen in div. fachlichen Schmuckrichtungen, 1993 Stud. Managementschule CFH Schweiz. K.: 1994 Übernahme d. Familienbetriebes Juwelier Grundmann in Delmenhorst in 4. Generation als Inh., Tätigkeitsschwerpunkt Weiße Edelmetalle u. Designerschmuck. H.: Schlagzeugspielen.

Harjes Kurt Ludwig
B.: Sped.Kfm. G.: Bremen, 23. Dez. 1933. V.: Gisela, geb. Huske. El.: Ludwig u. Anni. S.: Gym., Mittlere Reife 1950-53 Lehre, Volontärzeit.

Harks Jürgen Ing. *)

Härle Franz Dr. med. Dr. med. dent. Prof. *)

Härle Wilfried Dr. Prof. *)

Härle Wolfgang *)

Harlfinger Horst *)

Harloff-Weidner Kathrin

B.: Dipl.-Biologin, Steinbildhauerin, Steinmetz. FN.: Weidner GbR Bildhaueratelier u. Steinmetzwerkstatt. DA.: 26125 Oldenburg, Schafjückenweg 22. G.: Dinslaken, 27. Feb. 1965. V.: Christoph Weidner. El.: Heino Harloff u. Ursula, geb. Kuhlmann. S.: 1984 Abitur Voerde/Niederrhein, Stud. Biologie Univ. Münster u. Oldenburg, 1991 Abschluss als Dipl.-Biologin, 1995-97 Ausbildung z. Steinmetz- u. Steinbildhauerin, 1991/92 Bildungsarbeit f. Arbeit u. Leben in Bremen. K.: 1992-94 Dipl.-Biologin Planungsbüro Nord-West-Plan in Oldenburg, 1994 Mitgründung Weidner Bildhaueratelier u. Steinmetzwerkstatt in Oldenburg, 2000 Eröff. 2 Filialen in Wildeshausen u. Brake als Mitinh., Grabsteine, Arbeitsplatten, Fensterbänke aus Marmor u. Granit, individuelle Bildhauerarbeiten, Restaurierungen, Brunnen- u. Gartenplastiken. BL.: Arbeiten m. Kindern am Stein. H.: Irisches Tanzen, Modellieren, Lesen, Meditieren.

Harlos Gero Alf *)

Harm Carmen

B.: Unternehmerin, Inh. FN.: Unternehmensberatung für Heim u. Pflege Carmen Harm. DA.: 23782 Bad Segeberg, Postfach 1248. c.harm@t-online.de. G.: Hamburg, 19. März 1954. V.: Uwe Harm. K.: 1982-89 Repräsentanz Centralboden mit d. Schwerpunkten Baufinanzierung, Gewerbefinanzierung, Bauherren- u. Erwerbermodelle, 1989 Krankenhausgesellschaft - Bereich externe Qualitätssicherung, Aufbau d. Abt. Qualitätssicherung, Unternehmensgruppe Dr. Guth Zentralverw., 1992 Gschf. einer Großwäscherei in Timmendorfer Strand, parallel Verw.-Ltg. d. Curschmann-Klinik, 1995 Verwaltungsleiterin Albertinen-Haus, Zentrum f. Geriatrie in Hamburg, seit 1997 selbst. m. Unternehmensberatung f. Heim u. Pflege, Tätigkeitsschwerpunkt Krankenhausfinanzierungsgesetz u. Bundespflegesatzverordnung, BSHG, SGB XI u. SGB V, Budgetierung u. Controlling, Organisation v. Betriebsabläufen, Qualitätsmanagement, Mitwirkung Arbeitsgruppen auf Bundes- u.

---
*) Biographie www.whoiswho-verlag.ch oder beigefügte CD-ROM

Landesebene, Pflegesatzkalkulation- u. Verhandlung, M.: DVLAB, DGGG, Dt. Verein f. öffentl. u. private Fürsorge. H.: Wandern, Schwimmen, Lesen.

Harm Hans

M.: Schützenver. H.: Golf.

B.: selbst. Hdls.-Vertreter. DA.: 33378 Rheda-Wiedenbrück, Am Hagekamp 23. G.: Rheda, 30. Jan. 1940. V.: Irmgard, geb. Junge-Ilges. Ki.: Christian (1970) und Astrid (1971). El.: Gustav u. Meta. S.: 1957-59 Kfm. Lehre Firma Westag. K.: 1960-63 Mitarb. Firma Westag, b. 1965 kfm. Mitarb. Firma Baumhüter, 1965-66 Bundeswehr, 1967-69 kfm. Ang. Außendienst f. Textilien Firma ARWA, ab 1969 selbst. im Import, ab 1971 heutige Tätigkeit f. versch. Fabriken d. Möbelind.

Harm Knut Dr. med. Prof. *)

Harm Peter Theodor *)

Harmath Endre *)

Harms Alwin Jann

B.: Orthopädieschuhmachermeister. FN.: Harms Orthopädie. DA.: 26725 Emden, Kranstr. 63. G.: Emden, 26. Okt. 1953. V.: Angelika, geb. Geiken. Ki.: Alexandra (1981), Marcus (1988). El.: Jann u. Grete. S.: 1970-74 Ausbild. im Schuhmacher- u. Orthopädieschuhmacherhandwerk, 1981 Vorbereitung u. Ablegung d. Meisterprüf. im Orthopädieschuhmacherhandwerk. K.: 1974-80 berufl. Praxis in Hannover, Delmenhorst, Oldenburg, 1981/82 Werkstattltr. in Delmenhorst, seit 1982 Übernahme d. väterl. Schuhmacherbetriebes in Emden u. Veränderung z. Orthopädieschuhmacherbetrieb. E.: 1973 Anerkennungsurkunde f. herausragende Leistungen b. d. Ausbild.-Abschlussprüf. als Schuhmacher, 1987 Intern. Verb. d. Orthopädieschuhmacher (IVO) Leistungsschau Wien: Anerkennung f. hervorragende fachl. Leistung. M.: Orthopädieverb. Oldenburg/Ostfriesland, Innung, Handwerkskam., Studiengemeinschaft f. Orthopädietechnik Hannover. H.: Angeln, Musik.

Harms Dieter *)

Harms Egon H.

B.: Sped.-Kfm., Inh. FN.: E. H. Harms Automobile -Logistics. DA.: 28195 Bremen, Am Markt 1. G.: Bremen, 14. Sep. 1927. V.: Bärbel, geb. Berklage. Ki.: 8 Kinder. El.: Willi u. Helene, geb. Niehaus. S.: 1944 Mittlere Reife. K.: 1945-46 Ang. d. U.S. Army in Bremen, Bremerhaven u. Ansbach, 1954-59 Abt.-Ltr. in 2 Bremer Seehafen-Sped. im Automobil Export-Geschäft, 1959 Grdg. d. Firma Forwarding and shipping in Bremen als Inh. u. später Gschf. Ges., Mitte d. 60er-J. Aufbau d. Fuhrparks in Bremen, Paderborn, Köln u. Osnabrück, Aufbau d. europ. Auslandsbüros in Antwerpen, Paris, London u.

New York, Aufbau v. techn. Werkstätten in Bremerhaven, Hamburg, Neuss, Kehlheim, Köln, Wörth u. Mageburg, Ausbau d. Binnenwassertransports auf Rhein u. Donau, 1985 Car Feeder Service m. eigener Flotte. M.: Mitgrdg. d. Ind.-Club Bremen e.V. u. 1981-98 Präs., seit 1998 Ehrenpräsident, 1986-96 BeiR.-Mtgl. des Gerling Konzens Köln, seit 1987 Dt. Stiftung Sail Training, seit 1992 stellv. Vorstands-Mtgl. d. Dt.-Japan. Ges. Bremen e.V. H.: Seefahrt, histor. Lektüre.

Harms Gerd Dr.

B.: Kultusmin. FN.: Kultusmin. Sachsen-Anhalt. DA.: 39114 Magdeburg, Turmschanzenstr. 32. G.: Wilhelmshaven, 19. Feb. 1953. S.: 1977 Dipl. polit. Wiss., 1978 Dipl. päd. Wiss. FU Berlin, 1985 Prom. K.: b. 1978 Erzieher u. Kita-Ltr. in Berlin, 1978-89 Fortbild.-Ref. u. wiss. Ang. d. FU Berlin, wiss. Mitarb. an d. TU Berlin u. freiberufl. Doz. b. div. Fortbild.-Trägern, 1989-91 Staatssekr. in d. Senatsverw. f. Frauen, Jugend u. Familie in Berlin, seit 1991 Staatssekr. im Min. f. Bild., Jugend u. Sport d. Landes Brandenburg, seit 1998 Kultusmin. d. Landes Sachsen-Anhalt. (Re)

Harms Hans Heinrich Dr. theol. *)

Harms Hauke *)

Harms Heiko *)

Harms Heinrich Dr. med. Prof. *)

Harms Holger Dipl.-Kfm.

B.: Gschf. Ges, FN.: BUSY GmbH f. Bw. u. Systementwicklung. DA.: 50823 Köln, Innere Kanalstr. 69. harms@busy-koeln.de. www.busy-koeln.de. G.: Oldenburg, 27. Apr. 1953. V.: Gisela, geb. Tatge. Ki.: Enno, Asja. El.: Ewald u. Inge. BV.: Karl Jaspers. S.: 1972 Abitur, 1972-78 Stud. Informatik, 1981-84 Stud. BWL mit Abschluß Dipl.-Kfm. K.: 1984-85 Prüf.-Ass. c. EDEKA Verb. e.V., 1986-95 Gschf. d. Dohle Hdl.-Gruppe in Siegburg, seit 1995 Gschf. Ges. d. BUSY GmbH f. Bw. u. Systementwicklung in Köln. H.: Tennis.

Harms Jens-P. *)

Harms Jörg Menno

B.: Gschf., Vors. FN.: Hewlett-Packard GmbH, Elektr. Informationsverarb., Meßtechnik. DA.: 71034 Böblingen, Herrenberger Str. 110-130. www.hewlett-packard.de. G.: Plön/Holstein, 13. Sept. 1939. V.: verh. Ki.: 3 Kinder. S.: 1959 Abitur in Nordenham, 1959/60 Wehrdienst, 1961-67 Stud. Elektrotechnik TU Stuttgart, Abschluß Dipl.-Ing. K.: 1967 wiss. Mitarb. am Inst. f. Halbleitertechnik, TU Stuttgart, 1968 Eintritt b. HP als Entwicklungsing., 1969-70 Produktionsing. in Loveland/Colorado u. Böblingen, 1970-71 Marketinging., Aufbau e. Abt. f. Investitionsgütermarketing, 1972-73 Vertriebsing. f.

---

*) Biographie www.whoiswho-verlag.ch oder beigefügte CD-ROM

Harms

Produkte d. Medizinelektronik, 1973-77 Vertriebsltr. Medizinelektronik f. d. BRD (inkl. Kundendienst), 1977-81 Marketing Manager d. Unternehmensbereiches Medizinelektronik (weltweite Marketingverantwortung), 1981-86 General Manager f. d. Unternehmensbereich Medizinelektronik in Böblingen (Entwicklung, Fertigung, Marketing, Verwaltung, Personal), 1986-93 General Manager f. d. Unternehmensbereich Medizinelektronik Europa, Mittlerer Osten u. Afrika, 1988-93 Gschf. Hewlett-Packard GmbH, 1993 Vors. d. Gschf. Hewlett-Packard GmbH. E.: seit 1992 Mtgl. d. AufsR. d. Firma GEZE GmbH & Co, Leonberg, seit 1993 stellv. Vors. d. AufsR Firma Groz-Beckert KG, Albstadt, seit 1994 Vors. d. Vorst. d. Fachverb. Informationstechnik (FVIT) im VDMA / ZVEI, seit 1994 Mtgl. d. AufsR d. Firma Jenoptik, seit 1994 Mtgl. d. Verwaltungsrates d. Ges. z. Förderung d. Inst. f. Weltwirtschaft an d. Univ. Kiel, seit 1995 Mtgl. Max Planck Ges. Stuttgart, seit 1996 Mtgl. d. AufsR d. Württembergischen Hypothekenbank AG-Stuttgart, seit 1997 Mtgl. d. AufsR d. Dürr AG, Stuttgart.

Harms Ludwig
B.: Gschf. FN.: IMG IAB Immobilien GmbH. DA.: 04416 Markkleeberg, Equipagenweg 11. G.: Niemburg, 16. Mai 1946. V.: Vera. Ki.: Silke, Wiebke. BV.: Stammbaum b. 1350 als Wehrbauern. S.: 1966 Abitur, Bundeswehr, 1968 Stud. Jura Marburg, 1974 Referendariat LG Hannover, StA, Verw.-Gericht Hannover u. Kommunalstation Fallingposten. K.: 1976 Justitiar im RWE u. Betreuung d. AKW Mülheim Kärlich, Kalkar, Wackersdorf u. d. Zwischenlagers Gorleben, 1981 Jurist u. Prok. d. DWK, 1985 Ltr. d. Rechtsabt. d. Firma Linde, Techn. Gase in München, 1991 Ltr. d. Rechtsabt. d. Treuhandldlg. in Magdeburg, 1993 Justitiar u. Prok. d. Leipzig Ing.- u. Anlagenbau, 1997 tätig in d. Verhandlungen z. Verkauf einer Raffinerie auf Brunei, Verhandlungen z. Verkauf einer Harnsäurefbk. u. selbst.m. Verw. d. ehem. Treuhandliegenschaften, Objekten u. Immobilien. M.: Freimaurerloge "Georg z. Silb. Einhorn", Kerntechn. Ges. H.: Bootfahren, Modell-Eisenbahn.

Harms Monika *)

Harms Peter *)

Harms Rolf

B.: selbst. Goldschmiedemeister. FN.: Harms Goldschmiede. DA.: 18209 Bad Doberan, Mollistr. 18. G.: Rostock, 21. März 1942. V.: Ermtraud. Ki.: Bauing. Dirk. El.: Hans-Jürgen u. Meta. S.: 1957-60 Ausbild. z. Goldschmied, 1960-62 Abendschule Mittlere Reife, 1962-64 Armeezeit, 1964-66 Meisterschule Abschluß. K.: 1966-90 Arb. in Werkstatt in Rostock, später Werkstattmeister, 1990-93 Arb. in Bad Doberan als Meister, 1993 selbständig m. eigener Goldschmiede. M.: 1988 Vors. im Kleingärtnerver. e.V. H.: Garten, Auto, Reisen.

Harms Wolfgang Dr. phil. Prof. *)

Harms-Pitet Gisèle *)

Harms-Ziegler Beate Dr. jur. Prof.
B.: Rechtsanwältin u. Notarin. FN.: RAe Harms-Ziegler & Coll. DA.: 10711 Berlin, Katharinenstr. 17. G.: Rheine, 22. Okt. 1949. V.: Prof. Dr. Dieter Harms. Ki.: Anna-Meike (1974), Paul Henrik (1978). S.: 1968 Abitur, Stud. Rechts- u. Soz.-Wesen Univ. Regensburg u. Berlin. K.: 1978-83 Ass. d. FU Berlin, Lehrtätigkeit an d. FU u. ASFH Berlin, seit 1993 Verfassungsrichterin f. d. Land Brandenburg.

Harmsen Claus Dr.

B.: RA, Gschf. Ges. FN.: Dr. Harmsen Consult Personal- u. Unternehmensberatung Berlin, Hannover, Helsinki, Melbourne. DA.: 10178 Berlin, Breite Str. 29/30. G.: Hamburg, 31.Okt. 1947. Ki.: 3 Kinder. El.: Herbert und Gerda. S.: 1971-78 Stud. Rechtswiss., Psych. Univ. Hamburg, 1978-79 Gastdoz. Monash Univ. Clayton u. Univ. of Melbourne Australien, 1979-82 ReferendarOLG Hamburg, 1981 Promotion. K.: 1982 Zulassung als RA, derzeit am Land- u. Kammergericht Berlin, 1983 Projektarb., Personalvorst. Coop Frankfurt/Main, 1984-91 Personalltr., Justitiar, Schroedel Schulbuchgruppe Hannover, 1991-93 Justitiar u. Lektoratsltr. Politik u. d. Ratgeberreihe Heidelberger Wegweiser d. Hüthig-Verlags Heidelberg, 1993-99 Justitiar d. dt. Verlagsgruppe u. Personalltr. d. Berliner Betriebe d. Wiss.-Verlages Springer, 1997 Gschf. d. rechtswiss. Wengler-Stiftung Berlin, 1998 o.VerwR.-Mtgl., Ausgleichsver. Verlage e.V. Frankfurt. F.: Mtgl. d. Geschäftsltg. Möhring Personal Management Düsseldorf, Gschf. Ges. Media Personal Plus Strategie GmbH Düsseldorf, Gschf. Ges. Lasserv Personal-Beratungs u. Service GmbH Berlin, Gründer d. Fotoagentur "Stones and Art" f. hochwertige Fotografien v. Grabstätten. P.: Autor v. 16 Büchern u. zahlr. Fachart. u.a. Kursbuch Bewerbung, Handbuch Bewerbung, Bewerbung 2000, Das Schweizer Bewerbungsbuch, Referent zu Bewerbungs- u. Personalfragen. E.: Gold. Ehrennadel d. DSB, Ehrentafel d. Union d. Hörgeräteakustiker, Gold. Ehrennadel d. Türkei f. Rehabilitation. M.: 1987-95 Präs. d. Dt. Schwerhörigen-Bundes (DSB), seit 2000 Präsident d. Weltverb. Schwerhörigen London, UNO-Akkreditierung f. Soz. Ausschüsse, Delegierter d. European Business Congress, AG Friedhof u. Denkmal (AFD). H.: Friedhöfe, Gräber prominenter Zeitgenossen, inkl. Fotosammlung, Privatbibl. v. 300 überwiegend vergriffenen Monographien zu Friedhöfen, Malen u. Zeichnen, mod. Kunst u. Malerei.

Harmsen Jörg-Friedrich Dipl.-Vw.

B.: Vorst.-Vors. FN.: Christophorus-Haus Stiftung. DA.: 61476 Kronberg/Taunus, Burgerstr. 28. PA.: 10117 Berlin, An der Kolonnade 13. Joerg.Harmsen@t-online.de. G.: Berlin, 26. Juli 1932. V.: Ingeborg, geb. Wohlhaupt. Ki.: 3 Kinder. El.: Hans u. Elisabeth, geb. von Haeften. BV.: General v. Haeften im preuß. Generalstab. S.: 1953 Abitur Salem, 1953-55 Kfm. Lehre, 1955-61 Stud. Staatswiss., Recht u. VWL Univ. Freiburg u. Berlin, London School of Economics, Abschluß Dipl.-Vw. d. Berlin. K.: 1961-92 Kreditanst. f. Wiederaufbau Frankfurt/Main in einer Reihe ltd. Funktionen zuletzt als Abt.-Dir. f. Süd-Asien, 1985 Grdg. d. Christophorus Hospiz Vereins München, 1986 Grdg. d. Christophorus Haus Berlin Ges.,

*) Biographie www.whoiswho-verlag.ch oder beigefügte CD-ROM

Frankfurt/Main, 1992 Grdg. d. Christophorus-Haus Stiftung Berlin, 1994 Grdg. d. Christophorus-Haus Stiftung Gesundheitszentren Frankfurt/Main, 1999 Grdg. d. Unternehmensberatung Gesundheits- u. Hospizberatung Berlin. BL.: Initiator u. Mitbegründer d. Hospizbewegung in Deutschland. P.: eine Reihe v. Beiträgen z. Hospizwesen in Deutschland in Presse, Rundfunk u. TV. M.: Inst. f. Energie-Medizinische Systeme e.V., Berlin. H.: Wassersport.

Harmuth Dieter Dr. med. vet. *)

Harmuth Michael
B.: Heilpraktiker, Inh. FN.: Inst. f. Naturmed. u. ästhet. Kosmetology. DA.: 10117 Berlin, Mohrenstr. 6. PA.: 10117 Berlin, Mohrenstr. 6. G.: Stollberg, 4. Mai 1964. Ki.: Robert (1983), Felix (1986). El.: Rudolph u. Ria. S.: 1980-83 Ausbild. Facharb. f. Bergbau m. Abitur, 1986-8 Stud. Museumskunde, 1990-93 Heilpraktikerausbild. Paracelsus-Schule, 1993-94 Praktikum Klinikum Buch. K.: 1983-86 tätig im Museum, 1988-90 Bergmann, 1991-93 psych. Berater, 1994 Eröff. d. Praxis in Berlin u. tätig im Ost- u. West-Teil, 1998 Grdg. d. Praxis Mitte Berlin gemeinsam m. Schulmedizinerin; Funktionen: Vermarktung versch. naturheilkundl. Präparate. BL.: Patent f. natürl. Gesichtsverjüngung durch Injektion. P.: Veröff. über Berliner Bürgerbüro. M.: Berliner Bürgerbüro. H.: Badminton, Tennis, Lesen, Musik, Reisen.

Harmuth Norbert *)

Harnach Michael Dipl.-Ing.

B.: Gschf. Ges. FN.: K+P Kargemann + Partner GmbH & Co KG. DA.: 22041 Hamburg, Wandsbeker Königstraße 11. kp-hamburg@t-online.de. www.kp-hamburg.de. G.: Hamburg, 3. Mai 1954. V.: Gaby Kargemann-Harnach. Ki.: Johanna, Leonard. S.: 1973 Abitur Hamburg, 1974-75 Bundeswehr, 1975-78 Stud. Vermessung FH Hamburg. K.: 1978-79 als Ing. tätig, 1979-80 Beamtenausbildung zum Landesbeamten Schleswig-Holstein, 1980-93 Landesbeamter in Hamburg b. Amt f. Bodenordnung, 1993 Firma K+P als Gschf. übernommen. M.: Dt. Ver. f. Vermesserwesen DVV, Feuerwehr Berggrahde (seit 1987, stellv. Wehrführer seit 1991), TSV Nusse, TSV Bergerlhim (Trainer). H.: Handball, Familie.

Harnach-Beck Viola Dr. Prof. *)

Harnath Günter Dipl.-Ing.
B.: Fachplaner, freiberuflich. FN.: Ingenieurbüro SHK Harnath. DA.: 03050 Cottbus, Spreestr. 3a. G.: Pritzen, 27. Feb. 1940. Ki.: Dr. Axel (1965), Christian (1967). S.: 1956-59 Lehre als Installateur b. privaten Handwerksmeister Firma Bruno Perschel in Calau, Facharbeiterabschluss f. Installations- u. Heizungstechnik, 1959-62 Stud. an d. Ingenieurschule f. Schwermaschinenbau in Karl-Marx-Stadt, Abschluss als Ing. K.: 1962-63 Ing. in volkseigenen Betrieb VEB Lufttechnische Anlagen Dresden, 1963-89 tätig als Projektant im VEB Hochbauprojektierung Cottbus, später als Betriebsteil Cottbus d. Wohnungskombinates, 1989-90 Bauleiter in d. Aufbauleitung b. d. Rekonstruktion d. Bezirkskrankenhauses Cottbus, 1990-91 Projektant in d. Klinik-Consult GmbH Planungsbüro f. Gesundheitsbauten Cottbus, 1991-93 b. d. SHK System Plan GmbH in Cottbus, 1993-95 tätig im Planungsbüro Dr. Humpal & Wonneberger in Cottbus, seit 1995 Ltg. d. eigenen Ingenieurbüros, freiberuflicher Fachplaner f. Heizung, Lüftung u. Sanitär. M.: Brandenburgische Ingenieurkammer, Kammer d. Technik (b. 1990). H.: Numismatik, Philatelie, Regionalgeschichte.

Harndt Olga Monika Dr. med. dent.
B.: ndlg. Zahnärztin. DA.: 14057 Berlin, Kaiserdamm 105. G.: Rostock, 27. Juli 1935. Ki.: Olga Katharina (1961). El.: Prof. Dr. Wolf u. Annaliese Skalweit, geb. Röpke. BV.: Prof. August Skalweit - Wirtschaftswissenschafter an d. Univ. Frankfurt/Main. S.: 1955 Abitur, 1955-61 Stud. in Berlin, Marburg, Bonn. K.: 1961-64 Praxisvertretungen, 1964-69 wiss. Ass. an d. Univ.-Kieferklinik in Erlangen, 1964 Prom., s. 1969 ndlg. Zahnärztin in Berlin m. Schwerpunkt Zahnerhaltung u. zahnärztl. Chir., 1981 Fachzahnärztin f. Oralchir. M.: Zahnärzteverb. Berlin. H.: Skifahren, Tennis, klass. Musik.

Harndt Raimund Dr. Dr. Prof. *)

Harneid Theodor O. W. *)

Harneit Holger *)

Harney Hanns Ludwig Dr. *)

Harnisch Jan *)

Harnisch Michael *)

Harnisch Ralf
B.: Dipl.-Kriminalist, Vorst. FN.: ExActor Forderungsmanagement AG. DA.: 99086 Erfurt, Magdeburger Allee 142. exator@exator.de. G.: Karl-Marx-Stadt, 7. Sep. 1960. V.: Ing. Gabriele, geb. Krauße. Ki.: Stefanie (1985), Andrea (1987). El.: Gottfried u. Erika, geb. Augustin. BV.: väterlicherseits: Großvater Max Harnisch Forstmitarb., Großmutter Erna, mütterlicherseits: Großvater Willy Augustin Chemiearb., Großmutter Martha Schneidern. S.: 1980 Ausbild. Facharb. f. Elektronik m. Abitur VEB Funkwerk Erfurt, 1980-83 Armee, 1983-87 Stud. Kriminalistik Humboldt-Univ. Berlin, Abschluss: Dipl.-Kriminalist. K.: 1987-91 kriminalist. Tätigkeit Kriminalpolizei Erfurt, 1991-92 Mitarb. Qualitätskontrolle Funkwerk Erfurt, 1992 selbst. Gebietsltr. IVG GmbH Kassel, 1993-94 selbst. Inkassobüro Arneburg & Partner Kassel, 1994 nach Prüf. Erlaubnisurkunde AG Erfurt als Inkassounternehmer f. d. außergerichtl. Einziehung v. Forderungen, 1994 Eröff. d. eigenen Inkassobüros R. Harnisch, 1998 Grdg. AG ExActor Forderungsmanagement AG. E.: 1987 Sektionspreis Kriminalistik d. HU Berlin f. wiss. Arb. z. Thema "Zur Wiedererkennung v. Personen durch sechs- b. achtjährige Kinder". H.: Technik, Elektronik, Fahrzeuge, Schiffsmodellbau.

Harnisch Roman Hanno
B.: Dipl.-Phil., Bundespressesprecher d. PDS. FN.: Partei des Demokratischen Sozialismus. DA.: 10245 Berlin, Alt-Stralau 1-2. PA.: 10115 Berlin, Chauseestr. 131/II. Hanno.Harnisch@t-online.de. www.Hanno-Harnisch.de. G.: Berlin, 28. Nov. 1952. V.: Hannelore, geb. Heider. Ki.: Sebastian (1974), Alexander (1977), Maxim (1987), Benjamin (1988), Hanna (1991). El.: Rudolf u. Hanna. S.: 1971 Abitur, 1971-73 Grundwehrdienst, 1973-76 Stud. Phil. in Rostow a. Don. K.: 1976-77 Produktionsarb. Facharb., 1977-80 diplomiert, 1980-90 Red. u. Moderator b. Jugendradio DT64, seit 1990 Pressesprecher d. PDS, seit 1991 Mtgl. d. Rundfunkrats d. Ostdt. Rundfunks, Vors. d. Programmausschusses, Medienpolitischer Sprecher d. PDS, seit 2004 Fuilletonchef d. Zeitung "Neues Deutschland". P.: Buchveröff. "Freche Sprüche", div. Veröff. in Presse, Funk u. Fernsehen. E.: 1995 1. d. Buchbestenliste in Ostdeutschland u. 2. d. Bestenliste in Gesamtdeutschland. H.: Landarbeit auf d. Bauernhof, Literatur, Lyrik, Theater, Familie.

*) Biographie www.whoiswho-verlag.ch oder beigefügte CD-ROM

Harnischfeger-Ksoll Magdalena *)

Harnischmacher Christoph Dr. iur. *)

Harnoss Bernd Michael Dr. med. Dr. med-dent. Prof.
B.: Arzt, Chir., Gefäßchir., Chefarzt d. Abt. f. Allg.- Gefäß- u. Thoraxchir. FN.: Martin Luther-KH. DA.: 14193 Berlin-Grunewald, Caspar-Theyss-Str. 27-31. PA.: 14193 Berlin-Grunewald, Humboldt-Str. 25. G.: Berlin, 22. Apr. 1949. V.: Dr. Christa-Maria, geb. Warns. Ki.: Johann-Daniel (1982), Julian-Camill (1984), Justin-Nikolai u. Jonathan-Michael (1986). El.: Karl-Richard u. Gisela, geb. Ziegler. S.: Hum. Gymn. Steglitz, 1969 Abitur Berlin, 1969-75 Med.- u. Zahnmed.-Stud. FU Berlin, 1976 erste Prom. K.: 1978 wiss. Mitarb. Klinikum Berlin-Steglitz, 1980 zweite Prom. 1987 Habil. 1992 Prof., 1993 Chefarzt im Martin-Luther-KH. BL.: Experimentelle Forsch. im Bereich d. Gefäßkrankheiten u. -therapie, Forsch. d. venösen Gefäßerkrankungen u. experimentellen Untersuchungen zu Tumorbehandlungen. P.: 1987 Habil. "Die Angioplastie arteriosklerotischer Gefäße mit Laserlicht", 1988 u. 1992 Lehrbuch d. septischen Gefäßchir., 1988 "Die Laserangioplastie mit kurzgepulsten ultraviolettem Licht - phys. u. tierexperimentellen Untersuch.", 1989 Die UV-Laserangioplastie nach Induktion einer artefiziellen Arteriosklerose am dt. Landschwein", 1990 "Die Intimadesobliterion mit Argon- u. Excimer Laser im tierexperimentellen Vergleich. E.: 1990 Pater-Leander-Fischer-Preis d. dt. Ges. f. Laser-Med. M.: Dt. Ges. f. Chir. u. Laser-Med., Berliner chir. Ges., Dt. Ges. f. Angiologie. H.: Familie und Kinder, klassische moderne Malerei (Brücke-Maler), Tennis, Skifahren, klassische Musik.

Haroun Mohammad *)

Harpain Rimbert *)

Harpke Karl Dr. rer. nat. *)

Harpprecht Klaus
B.: Schriftsteller. PA.: F-83420 La Croix Valmer, Var, 16 Clos des Palmeraies. G.: Stuttgart, 11. Apr. 1927. V.: Renate, geb. Lasker. El.: Christoph u. Dorothea, geb. Bronisch. S.: Ev.-Theol. Seminar Blaubeuren, Volontär Christ u. Welt Stuttgart, Studien Stuttgart, München u. Tübingen. K.: seit 1951 Bonner u. Berliner Korrespondent Christ u. Welt, Kommentator RIAS Berlin, Ltr. Bonner Büro SFB, 1956 Kommentator d. Westdt. Rundfunks Köln, ab 1962 Amerikakorrespondent d. ZDF, ab 1966 Ltr. d. S. Fischer Verlages Frankfurt/Main, s. 1968 SPD-Mtgl., 1969-71 gschf. Red. D. Monat, 1973/74 Berater v. Willy Brandt, seit 1974 Produzent v. Dokumentarfilmen u. Schriftsteller, 1978/79 Chefred. d. GEO-Magazines in Hamburg. P.: Werke u.a. "Der Aufstand" (1954), "Beschädigte Paradiese" (1966), "Amerika - Eroberung eines Kontinents", "Georg Forster - oder d. Liebe z. Welt" (1987), "Die Lust d. Freiheit. Dt. Revolutionäre in Frankreich" (1989), "Weltanschauung" (1991), "Japan. Fremder Schatten, ferner Spiegel" (1993), "Thomas Mann - eine Biographie" (1995), "Schreibspiele, Bemerkungen zur Literatur" (1997), "Mein Frankreich. Eine schwierige Liebe" (1999), "Im Kanzleramt Tagebuch der Jahre mit Willy Brandt" (2000). E.: 1965 Theodor Wolff-Preis, 1966 Joseph-E.-Drexel-Preis. M.: P.E.N.-Zentrum deutscher Autoren i. Ausland (London).

Harrach Carl Ferdinand *)

Harraß Ulli *)

Harreis Horst Hermann Dr. *)

Harreis-Langer Siglinde *)

Harrendorf Neriman
B.: Gschf. FN.: FADM GmbH Ausbild.-Stätte f. Damenschneiderei u. Mode-Design. DA.: 30161 Hannover, Hamburger Allee 8. www.fadm.de. G.: Mazgirt/Türkei, 1. Feb. 1934. V.: Manfred Harrendorf. Ki.: Ayper (1957), Aydemir (1958), Jasmin (1968). El.: Osman u. Nurie Sönmezylidiz. S.: 1948-53 Modeschule Modeinst. Istanbul Zeki Sakmann. K.: 1962 Einreise nach Deutschland, 1963 Eröff. d. Modeateliers, 1969 Meisterprüf., 1977 zusätzl. Eröff. d. Boutique f. Damen-Oberbekleidung, 1985 Grdg. d. Modeschule FADM f. Damenschneiderei u. Mode-Design als einzige Modeschule f. Doppel-Qualifikation Geselle u. Mode-Design in einem Ausbild.-Gang. P.: Publ. im TV, Presse, Fachmagazinen u. Fachbüchern, jährl. Modeschau im Congress-Centrum Hannover. E.: div. Ausz. bei intern. Modemessen. M.: 1985 stellv. Beisitzer d. Meisterprüf.-Aussch. f. Damenschneiderhandwerk, Dt.-Türk. Arb.-Geberverb. H.: Sport, Leichtathletik, Lesen, Reisen, Fernsehen.

Harrendorf Sven Dr. med.
B.: Frauenarzt. DA.: 20097 Hamburg, Beim Strohhause 34. PA.: 22339 Hamburg, Brombeerweg 26. G.: Hamburg, 26. Jan. 1953. V.: Christiane, geb. Rosenbruch. Ki.: Indina Felice (1982), Sicco Sebastian (1983), Fenja Sophie (1985), Jenko Niklas (1985). BV.: Generalmajor Herrmann Harrendorf u. Großmutter Lucky. S.: 1973 Abitur HH, bis 1975 4 Sem. BWL Univ. HH, 1976-82 Stud. Medizin, 1982-85 Frauenheilkunde in versch. Hamb. Kliniken, 1985 Assistenzarzt in div. Hamb. Kliniken, 1985 Dr. (Thema: Allergien bei Hüftgelenksprothesen). K.: 1989-90 FA im KH Rissen, mitte 1990 Übern. der o. g. Praxis u. Belegarzt d. Frauenklinik Heilwegstraße. F.: Gschf. d. Fa. Harrendorf med. Artikel / therap. Spielgeräte. M.: Vollversammlung d. KV-Hamburg, Berufsverb. d. Frauenärzte u. Hartmann Bund. H.: Gänse- u. Hühnerhaltung, Tennis u. Hockey (Uhlenhorster Hockeyclub). (G.B.)

Harrer Willi
B.: Vorst.-Vors. "Einkauf Textil". FN.: Quelle AG. DA.: 90762 Fürth, Nürnberger Str. 91-95. www.quelle.de. G.: Parsberg, 1941. V.: Stud. K.: 1965 Merchandise-Controller b. Quelle, 1974 Übernahme d. Bereiches Sondervertrieb, ab 1979 als Hauptbereichsltr. Einkaufsservice verantwortl. f. Warenwirtschaft u. Warenkoordination im In- u. Ausland, 1983-86 Ltg. d. Quelle-Warenhäuser, ab 1986 als Dion.-Bereichsltr. verantwortl. f. d. gesamte Quelle-Sortiment Damenbekleidung, seit 1990 stellv. Vorst. "Einkauf Textil", seit 1998 Vorst.-Vors. der Quelle AG.

Harri Günther Dr. *)

Harries Günther *)

Harries Wilken *)

Harris Anke O.B.E.
B.: Managing Dir., Gschf. Ges. FN.: MAPLINE Engineering GmbH. DA.: 80995 München, Dachauer Straße 665. harris@mapline.com. www.mapline.com. G.: Norderney/ Insel, 20. Sep. 1943. Ki.: Anke (1969) und Klaus (1972). S.:1959 Mittlere Reife Emden, 1959-62 Lehre als Techn. Zeichnerin Firma Thyssen-Werke Emden m. Abschluss, 1962-63 Studienaufenthalt in Bournemouth/ England m. Abschluss "Cambridge Prodicency Certificate", 1963-70 Ausbild. z. Hotelfachfrau in Bournemouth m. Abschluss Hotelmanagement HND. K.: 1962-65 Grdg. Aufbau u. Ltg. eines Familienhotels u. Inh., 1965-76 Kauf eines weiteren Hotels, Inh. u. Ltg., 1976-79 Grdg. u. Aufbau einer Executive Sprachschule, Inh., Agenten in Japan, Iran, Spanien u. Deutschland, 1979-82 Grdg. d. Firma Dt. Link Ltd. Bournemouth, Gschf. Ges., ab

*) Biographie www.whoiswho-verlag.ch oder beigefügte CD-ROM

1982 Übernahme d. Dt. Link Ltd. durch Firma MAPLINE Engineering Ltd. Bournemouth, Dir. u. Manager, 1983/84 Aufbau u. Eingliederung einer Dokumentationsabt., 1988-92 Eröff. einer Ndlg. in München MAPLINE Engineering Ltd. München u. Gschf. Ges., 1992 Umfirmierung auf eine GmbH u. Gschf. Ges., 1992 Eröff. v. Zweigstellen in Buxtehude u. Lindenberg/Allgäu, Erweiterung des Geschäftsfeldes auf Brasilien, Frankreich, Holland u. USA. P.: div. Veröff. in Fachpubl. zu d. Themen Management, Aus- u. Weiterbild., Chancengleichheit f. Frauen am Arbeitsplatz, versch. Vorträge in Univ. im techn. Bereich sowie z. Thema Chancengleichehit f. Frauen am Arbeitsplatz. E.: 1986 Business Women of the Year, 1992 Ernennung z. "European Woman of the Year", 1993 "European Business Woman of the Year" in Kategorie Großunternehmen, 1998 Officer of the British Empire, 1988-98 ehrenamtl. Tätigkeit im "Training and Enterprise Council" in d. Grafschaft Dorset, ab 1995 ehrenamtl. Tätigkeit im Southwest Industrial Development Board, ab 1998 Beauftragte d. Min. f. Education f. d. Arts Inst. in Bournemouth, 1998-2000 Präs. d. ISTC Letchworth Hertfordshire, 2000 Grdg. eines europ. Berufsverb. f. Techn. Dokumentation, Fellow of the Royal Society of Art FRSA, Ausz. f. bes. Leistungen in d. Wirtschaft. M.: ISTC England, STC USA, TEKOM, Fellox of the Institute of Scientific & Technical Communicators FIST. H.: klass. Musik, Theater, Lesen, Reisen, Aerobic.

Harris Michael W. *)

Harrsen Sönke Dr. iur. *)

Harschneck Michael *)

Harst Anita Dr. *)

Harstick Hans-Peter Dr. phil. *)

Hart-Hönig Kai Dr.
B.: RA. DA.: 65189 Wiesbaden, Parkstr. 26. kai.hart-hoenig@hart-hoenig.com. www.hart-hoenig.com. G.: Bad Homburg, 29. Mai 1953. K.: Management v. Reorganisationsprojekten in d. Abt. Marketing, Planning, Pricing and Control d. dt. Tochterges. eines US-amerikan. Konzerns, Ass. an d. Strafrechtsprofessur v. RiBVerfG Prof. Dr. Winfried Hassemer, Wirtschaftsstaatsanwalt/Sonderdezernent in Frankfurt/Main, Partner b. Clifford Chance Pünder sowie b. Oppenhoff & Rädler Linklaters & Alliance, Ausbild- u. Vortragstätigkeit, Beratung v. dt. u. ausländ. Unternehmen m. Schwerpunkt: Wirtschaftsstrafrecht, Steuerstrafrecht, Wirtschaftskriminalität. P.: Gerechte u. zweckmäßige Strafzumessung (1992). M.: Dt. Anwaltverein, Dt. Strafverteidiger, American Bar Assoc., Dt.-Amerikan. Juristenver., European Criminal Bar Assoc., Intern. Criminal Law Assoc, Intern. Bar Assoc.

Hart-Walter Joachim *)

Hartan Stephan *)

Harte Günter
B.: selbst. Journalist u. Autor. G.: Hamburg, 26. Sep. 1925. V.: 1. Johanna, geb. Clausen, gest. 1991, 2. Dr. Ute, geb. Binkele. Ki.: Henning (1950), Dierk (1954), Jörn (1957), Gesine (1959), Hanno (1992). S.: 1944 Abitur Hamburg, 1946 Stud. Engl. u. Literatur. K.: 1953-81 Lehrer bzw. Schulltr. in Hamburg-Bergedorf, ab 1952 journalist. u. schriftsteller. tätig, vorwiegend Plattdeutsch, 1960-97 Autor u. Sprecher d. Sendereihe "Hör mal 'n beten to!", ab 1976 freier Mitarb. b. Hamburger Abendblatt m. Serien über d. plattd. Sprache, über plattd. Autoren unserer Zeit u. ab 1977 eine wöchtl. plattd. Kolumne, 1964-80 Doz. VHS Hamburg. P.: "Spegelschören" (1964), "Lebendiges Platt" (1976), "Platt m. spitzer Feder" (1982), "Hochd.-plattd. Wörterbuch" (zus. m. Johanna Harte, 1986), "Na, allens in Botter" (1995). E.: 1978 Quickborn-Preis f. Verd. um d. plattd. Sprache, 1990 Ehrung d. Kulturstiftung Stormarn im Reinbeker Schloß f. sein plattd. Schaffen, 1998 Ehrung durch d. Hamburger Senat mit d. "Senator-Bierm.-Ratjen-Medaille. M.: 30 J. ehrenamtl. Mitgl. im Vorst. d. Fehrs-Gilde u. d. Fehrs-Verlages. H.: Arb. f. d. Plattd.

Harte Tilman *)

Härtel Hans
B.: Kürschnermeister, Inh. FN.: Pelz-Service Härtel. DA.: 92637 Weiden, Bürgermeister-Prechtel-Str. 18. G.: Weiden, 28. Juli 1837. V.: Renate, geb. Haustein. El.: Karl u. Herta. S.: 1952-55 Lehre Kürschner elterl. Betrieb Weiden. K.: 1955-56 Geselle in d. Firma Hobold u. Kammern in Gelsenkirchen, 1956-57 Bundeswehr, 1957-60 Geselle in d. Firma Edelpelze Berger in Hauburg, in d. Firma Unbehauen in Nürnberg u. in d. Firma Lindner in Basel/CH, 1963 Meisterprüf. m. Ausz. in Regensburg, 1964 Übernahme d. elterl. Betriebes. BL.: ca. 200 Auszubildende m. Erfolg ausgebildet. P.: Art. in d. Tagespresse. E.: 1970-80 mehrm. Dt. Meister in d. Leichtathletik, ca. 20 x Goldmed. f. hervorragende Leistung auf d. intern. Pelz-Messe in Frankfurt/Main. M.: Handwerkskam., Textilewerkschaft, Bergwacht, Sportver. Spielervereinig. Weiden, Gesangsver. Frohsinn in Schirmitz. H.: Sport, Radfahren, Bergsteigen, Skifahren.

Härtel Hans-Joachim Dr. *)

Härtel Klaus Dr. sc. *)

Härtel Kurt

B.: selbst. Fleischermeister. DA.: 09648 Mittweida, Oststr. 3. PA.: 09648 Lauenhain, Dorfstr. 30 a. G.: Mittweida, 23. Feb. 1942. V.: Gisela, geb. Schmiedinger. Ki.: Sebastian (1967), Gundula (1970). El.: Otto u. Johanna. BV.: Urgroßvater Oswald Helm Fleischermeister u. Betriebsgründer 1876. S.: 1958-60 Lehre Fleischer, 1961-63 Wehrdienst, 1965 Meisterprüf. K.: 1967 Übernahme d. väterl. Unternehmens; Funktionen: 1971-90 Obermeister d. Berufsgen., Vors. d. Einkaufsu. Liefergen., seit 1990 Vorst.-Mitgl. d. Sächs. Fleischerinnung, seit 1990 Teilnahme an Qualitätsvergleichen ELG, seit 1991 Vors. d. Prüf.-Kmsn., seit 1994 Mtgl. d. StadtR. d. FDP u. Bundestagskandidat d. FDP im Wahlkreis 322. E.: 50 Preise b. nat. u. intern. Messen u. Wettbewerben, CMA-Gütesiegel; Med. in Gold, Silber u. Bronze als aktiver Kanu-Sportler. M.: Sponsor f. versch. Sportver., Kanu-Rennsport-Mittweida e.V. H.: Bauen, joggen, schnelle Autos.

Härtel Lutz
B.: Uhrmachermeister, Juwelier, Inh. FN.: Juwelier & Uhrmachermeister Härtel. DA.: 14197 Berlin, Rüdesheimer Str. 2. G.: Berlin, 28. Apr. 1964. El.: Fredi u. Christa. S.: 1980-83

*) Biographie www.whoiswho-verlag.ch oder beigefügte CD-ROM

Härtel

Lehre als Uhrmacher, 1988 vorzeitige Meisterprüf. im Uhrmacherhandwerk. K.: 1983 ang. Uhrmacher, Außendienst im Bereich Uhren- u. Schmuckbedarf, sowie Einkauf/Verkauf, ab 1992 eigenes Ladengeschäft in Berlin, alle Uhrenreparaturen in eigener Werkstatt (antik b. modern), Schmuckanfertigung, 1999 Übernahme eines bestehenden Geschäftes (Rüdesheimer Platz), Umbau u. Schließung d. vorherigen Ladengeschäftes, Anpassung d. Sortiments an d. gehobenen Anspruch. H.: Badminton, Griech. Antike.

Härtel Manfred *)

Härtel Margret *)

Härtel Peter Dr. med. *)

Härtel Peter *)

Härtel Reinhard *)

Hartelt Wolf-Dieter *)

Harten Günter *)

Harten Jürgen *)

von Harten Marc
B.: RA, selbstständig. DA.: 61348 Bad Homburg, Louisenstr. 84. ra@harten.de. www.harten.de. G.: Neuilly sur Seine/Paris, 20. Sep. 1969. BV.: Stammbaum läßt sich sehr weit zurückverfolgen. S.: USA-Aufenthalt 1986-87 inTexas, 1990 Abitur Bad Vilbel, 1990-91 Zivildienst, 1991-96 Stud. Rechtswiss. Univ. Frankfurt, 1996 1. Staatsexamen, 1997-99 Referendariat, 1999 2. Staatsexamen. K.: 1999 Eröff. d. Kzl. in Bad Homburg, Tätigkeitsschwerpunkte: Arbeitsrecht, Mietrecht, Strafrecht. P.: Beitrag z. Mietrecht in d. Trend-Zeitschrift "Living" (2001), im Internet b. "Recht.de" Betreuung d. Forums u. Artikelveröff. M.: Dt. Anwaltsverein, Verein "youth for understanding", Arge f. Miet- u. Immobilienrecht. H.: Computer, Internet, Schwimmen,Tennis, Squash, Musik, Japanische Kultur.

Hartenauer Ulrich Dr. med. Prof.

B.: Chefarzt d. Abt. Anästhesie, operative Intensivmed. u. Schmerztherapie. FN.: KH Moabit. DA.: 10559 Berlin, Turmstr. 21. PA.: 48324 Sendenhorst, Am Gänsekarten 3. hartenauer@cityweb.de. G.: Detmold, 4. Aug. 1947. V.: Dr. med. Marie-Luise, geb. Scheppe. Ki.: Friedrich (1985) und Leander (1990). S.: 1966 Leopoldinum Detmold, 1966-67 Stud. Germanistik u. Journalistik Univ. Münster, 1967-70 Stud. Humanmed. Univ. Würzburg, 1970-71 Stud. Humanmed. Univ. Bonn, 1971-73 Stud. d. Humanmed. Essen, 1975 Approb., 1980 Prom. Univ. Münster. K.: 1975-76 Ass.-Arzt in d. Weiterbild., Abt. f. Anästhesie u. Intensivmed. Städt. KH Leverkusen, 1976-80 Ass.-Arzt in d. Weiterbild., Klinik u. Poliklinik f. Anästhesiologie u. operative Intensivmed., Univ.-Klinik Münster, 1980-88 Funktionsoberarzt d. Klinik u. Poliklinik f. Anästhesiologie u. opeative Intensivmed., Univ.-Klinik Münster, 1988-96 Ltd. OA an Klinik u. Poliklinik f. Anästhesiologie u. opeative Intensivmed., Univ.-Klinik Münster, seit 1996 Chefarzt u. Ltr. d. Abt. f. Anästhesie, operative Intensivmed. u. Schmerztherapie am KH Moabit; 1988 Privatdozent. Univ. Münster, 1994 apl.Prof. Univ. Münster. P.: über 60 eigene Veröff., über 150 Vorlesungen auf nat. u. intern. Kongressen; Ein neues transportables Beatmungsgerät (1980), Infektion - Sepsis - Peritonitis (1982), Bedeutung u. Durchführung pflegerischer Maßnahmen bei Infusionen u. intravasalen Kathetern, Nosokomiale Infektionen in d. operativen Intensivmedizin. Ergebnisse einer 5 jährigen prospektiven Erhebung (1990), Handbuch Medikamente (2000). M.: vormaliges Mtgl. d. Kmsn. Erkennung, Verhütung u. Bekämpfung v. KH-Infektionen b. BGA (=Bundesgesundheisamt Berlin), später Kmsn. f. KH-Hygiene u. Infektionsprävention, Mtgl. d. wiss. BeiR. d. Zeitschrift Hygiene u. Med., vormaliges Mtgl. d. Europ. Komitees Interdisziplinäre Hospitalhygiene.

Hartenbach Alfred
B.: MdB, Jurist. FN.: SPD. GT.: Sprecher d. AG Rechtspolitik d. SPD-Bundestagsfraktion. DA.: 11011 Berlin, Platz d. Republik 1. PA.: 34376 Immenhausen, Risbergweg 12. alfred.hartenbach@bundestag.de. G.: Niedergrenzebach, 5. März 1943. V.: Helga, geb. Engel. Ki.: 2 Kinder. S.: 1963 Abitur, b. 1965 Wehrdienst, 1965-66 Stud. Theol., ab 1966 Jur. Stud., 1971 1. Staatsexamen in Marburg, 1973 2. Staatsexamen. K.: b. 1973 Vorbereitungsdienst, ab 1974 Staatsanw., 1986 Richter, 2 J. Dir. d. Kreisgerichts Nordhausen, Richter, Dir. d. Amtsgerichts Hofgeismar in Hessen, 1968 Eintritt in d. SPD, seit 1972 Vorst.-Mtgl. im Ortsver., 1978 stellv. Vors. d. SGK Kreisverb. Kassel-Land, seit 1990 d. Bez.-Aussch., 1972 Stadtverordneter u. Fraktionssprecher, seit 1994 MdB. P.: in NJW u. Hess.-Niedersächs. Allgemeine. M.: Sportverein TSV Immenhausen, Tennisclub, Vereinigung gegen das Vergessen - Für Demokratie e.V., Vorst. Lungenfachklinik Phillipstift. H.: Lesen, Biographien, Romane, Tennis, HO-Modelleisenbahn. (Re)

Hartenstein Roger Dipl.-Ing.
B.: Gschf. FN.: PSS Interservice GmbH. DA.: 16761 Hennigsdorf, Fabrikstr. 5. G.: Limbach, 4. Jan. 1962. V.: Roswitha, geb. Renner. Ki.: Romy (1982). El.: Helmut u. Hannelore, geb. Lay. S.: 1978-80 Lehre u. Ind.-Kfm. in Burgstedt, 1980-83 Fachschul-Ing.-Stud. f. Lebensmittelind. in Gerwisch. K.: wiss. Mitarb. im VEB Kavelland Gyansee (Konservenfbk.), 1984-90 StadtR. f. Verkehr, Energie, Umwelt u. Wasserwirtschaft in Lückenwalde, ab 1990 im MC Bauchemie in Bottrop f. Brandenburg u. östl. Teil v. Mecklenburg-Vorpommern, 1992 Abschluß Ing. an d. HS f. Technik u. Wirtschaft in Mittweida, 1994 Bereich Brandenburg b. Gothaer Kreditvers. AG Köln, 1996 Mitarb. b. Hamburger Groß Makler, 1996 Ltr. Administration u. Finanzen b. PSS GmbH, ab 1998 Gschf. b. d. PSS GmbH. H.: Gartenpflege, Tierhaltung, Reisen, Lesen, Musikhören.

Harter Max *)

Härter Martin *)

Härterich Martin Dipl.-Ing. *)

Hartermann Wolfgang Dipl.-Ing. *)

Hartfelder Dieter Dr. oec. HSG Prof.
B.: Fachleiter Medien u. Kommunikationswirtschaft. FN.: Berufsakademie Ravensburg. DA.: 88212 Ravensburg, Marienpl. 2. G.: Konstanz, 1. Juni 1955. V.: Juliane, geb. Kümmell. Ki.: Anna-Katharina (1985), Urs (1988). BV.: Familienchronik reicht zurück b. ins 15. Jhdt. S.: 1976 Abitur in Vaduz/Liechtenstein, 1976-81 Stud. Wirtschaftswiss. in St. Gallen m. Abschluss, parallel Stud. Staatswiss. u. Publizistik, 1982 Abschluss, 1989 Prom. K.: 1981-85 wiss. Ass. b. Prof. Hans Ulrich in St. Gallen, 1985-86 b. dessen Nachfolger Prof. Knut Bleicher, 1986-88 tätig in einer Schweizer Unterneh-

*) Biographie www.whoiswho-verlag.ch oder beigefügte CD-ROM

mensberatung, seit 1989 in unterschiedlichen Funktionen an d. Bundesakademie Ravensburg, seit 1991 Prof. f. Unternehmens- u. Mitarbeiterführung, seit 1998 Ltr. d. Fachbereiche Medien- u. Kommunikationswirtschaft. P.: zahlr. Aufsätze z. Themen d. Managements in versch. Fachzeitschriften, Seminare z. gleichen Thema an FH in d. Schweiz. H.: moderne Kunst, Medien, Literatur.

Hartfelder Klaus Dipl.-Ing.

B.: Elektromechaniker, Ind.-Elektroniker, Unternehmer. FN.: Hartfelder Spiel u. Hobby Haus. DA.: 22177 Hamburg, Bramfelder Chaussee 251. G.: Hamburg, 18. Okt 1949. V.: Angelika, geb. Hohmann. Ki.: Niels (1978). S.: 1967 Mittlere Reife, 1967-70 Stud. Elektromechaniker u. Ind.-Elektroniker, 1970-73 Studium Elektrotechnik FH Lemgo, Dipl.-Ing. K.: 1973-81 Ing. b. d. Firma Röntgenmüller im Bereich Entwicklung v. Röntgengeräten, 1981 Grdg. d. Firma Hartfelder Spiel u. Hobby Haus. H.: Oldtimer, alte Motorräder, Blechspielzeug.

Hartfiel Jürgen Prof.
B.: Kammersänger. FN.: Semperoper Dresden. DA.: 01067 Dresden, Theaterplatz. PA.: 01326 Dresden, Schewenstr. 14. G.: Schönwalde, 17. Juni 1941. V.: Regine, geb. Adam. Ki.: Florian (1973), Juliane (1976), Josefphine (1982). El.: Friedrich u. Anna. S.: 1957 Mittelschule/RS, b. 1959 Ausbild. z. Bau- u. Kunstschlosser, 1962-67 Stud. Gesang an d. Musik-HS Dresden. K.: seit 1967 am Staatstheater Dresden, 1987 Ernennung z. Kammersänger, 1993 Berufung z. Prof., wichtige Rollen u.a. Papageno, Figaro u. Graf, Barbier, Alfonso in Cosi van Tutte, Schuster in "Die wundersame Schustersfrau", Oliver in Capriccio, Gastspiele in Japan, Schweiz, England, Österr., Italien, Ungarn u. Bulgarien, Lehrauftrag f. Gesang an d. Musik-HS Dresden. E.: 1966 Preisträger b. Intern. Robert-Schumann-Wettbewerb Zwickau. M.: Reit- u. Fahrver. Moritzburg e.V. H.: Reiten.

Harth Ingrid Dr. med. *)
Harth Victor Dr. med. *)
Harthan Angelika *)
Harthun Norbert Dr.-Ing. Prof. *)
Harthun-Kindl Adelheid *)
Hartig Hans Christoph Dipl.-Ing. *)

Hartig Mathias
B.: Kfm., Automechaniker, Mitinh., Gschf. Ges. FN.: mh Modevertrieb Hartig/Donner OHG. DA.: 08371 Glauchau, Wehrstr. 13c. PA.: 08371 Glauchau, Waldenburger Str. 75. G.: Glauchau, 24. Mai 1967. El.: Ing. Karl-Heinz u. Käthe, geb. Röhner. BV.: Betriebsltr. Elektromotorenwerke Thurm. S.: 1985 Abitur, 1985-87 Armee, 1987-89 Ausbild. z. Kfz-Mechaniker, 1989 Stud. -HS Zwickau, ab 1989 ständige Weiterbild. K.: 1990-92 selbst., Grdg. Einzelunternhmen in Textilbranche, 1992 Gschf. d. Firma MH Sport u. Freizeit GmbH Glauchau, 1994 Grdg. d. Unternehmens m. Partnern Importeur-Modebranche. BL.: Autodidakt, weltweit auf Messen u. Veranstaltungen vertreten. M.: Tennisclub Zwickau. H.: Haus, Grundstück.

Hartig Tanja *)
Hartig Wolfgang Dr. med. habil. Prof.
B.: Chirurg. G.: Chemnitz, 11. März 1933. V.: Nortrud, geb. Vité. Ki.: Lutz, Ute. S.: 1951-56 Med.-Stud. Univ. Leipzig, 1956 Staatsexamen, 1957 Prom. z. Dr. med. K.: 1957-58 Pflichtass. in d. Fachgebieten Chir., Innere Med., Gynäkologie u. Geburtshilfe, Orthopädie, Urologie in Limbach-Oberfrohna u. Chemnitz, 1958-59 Allg.-Praktiker in d. Bergbau-Poliklinik in Oelsnitz/Erzgebirge, 1959-64 FA-Ausbild. Chir. in Limbach/Oberfrohna u. Borna/Leipzig, 1964 FA f. Chir., 1964-65 Ass.-Arzt, ab 1966 OA d. Chir. Univ.-Klinik d. Univ. Leipzig, 1967 Habil. z. Dr. med. habil., 1968 Doz. f. d. Fachgebiet Chir., 1977 Berufung z. Prof. f. d. Fachgebiet Chir., 1976-98 Chefarzt d. Klinik f. Chirurgie, dann Allg.-, Abdominal- u. Gefäßchir. d. Städt. Klinikums St. Georg, zgl. Lehr-KH d. Univ. Leipzig, 1999 Emeritierung. P.: Moderne Infusionstherapie-Künstl. Ernährung (1. Aufl. 1969, 7. Aufl. 1994), Künstliche Ernährung (1988), Home Carl Konzepte (1999, 2. Aufl. 2002). E.: 1986 Prof. h.c. d. Univ. v. Ho-Chi-Minh-City (Saigon), 1977 korresp. Mtgl. d. Tschechoslowak. Med. Ges. J.E. Purkyne, 1987 Ehrenmtgl. d. Poln. Ges. f. Chir. M.: 1988 Präs. d. 10. Europ. Congress f. Parenteral and Enteral Nutrition, mehrere J. Mtgl. d. Exekutiv-Komitees d. European Society of Parenteral and Enteral Nutrition, 1975/76 Mgl. d. Vorst. d. Intern. Society of Parenteral and Enteral Nutrition, Mtgl. v. Boards v. med. Zeitschriften. H.: Bücher lesen, klass. Musik hören, Fotografie v. Landschaften.

Hartig Wolfram *)
Harting Margret *)
Härting Bernd Dipl.-Phys. *)
Härting Friedrich Dr. med. *)
Härting Niko

B.: RA, Inh. FN.: Kanzlei Härting. DA.: 10119 Berlin, Gipsstr. 2. Kanzlei@haerting.de. www.haerting.de. G.: Gelsenkirchen, 27. Mai 1964. El.: Dr. Michael u. Maria, geb. Niewöhner. S.: 1983 Abitur, 1983-89 Stud. Jura u. Anglistik FUB. K.: 1990-93 Referendariat, 1989-93 wiss. Mitarb. an d. FUB, seit 1993 freier RA, Schwerpunkte: Immobilienrecht, Baurecht, Mietrecht, offene Vermögensfragen, Multimedia-Recht. P.: Buch "Internetrecht". M.: Dt. Anw.-Ver., Berliner Anw.-Ver., Intern. Bar Assoc. H.: Kultur, Theater, Musik, Kunst. Sprachen: Englisch, Französisch.

Harting-Schuler Renate *)
Hartinger Josef *)

Hartjen Tanja
B.: Kauffrau d. Grundstücks- u. Wohnungswirtschaft, Inh. FN.: Tanja Hartjen Immobilien. DA.: 22926 Ahrensburg, Große Str. 43. G.: Barkhorst, 14. Aug. 1970. El.: Klaus u. DorteHartjen, geb. Freundt. BV.: Großgrundbesitzer Hartjen in Ahrensburg. S.: 1988-90 Höhere Handelsschule "Brecht Schule" Hamburg, 1990-93 Ausbild. z. Kauffrau d. Grundstücks- u. Wohnungswirtschaft. K.: Inh. d. Tanja Hartjen Immobilien. E.: 1997 ADAC Gau Hansa Meisterin Intern., 1997

*) Biographie www.whoiswho-verlag.ch oder beigefügte CD-ROM

3. Pl. Skuderia Meisterschaft, 1997 2. Pl. Ralley Cup Nord, 1997 bestes Damenteam b. WM-Lauf in San Remo. M.: IHK, RDM, Sportltr. d. Motorsportclubs Trittau e.V. H.: Motorsport, Radfahren.

Hartkämper Alois Dr. Prof.

B.: Physikprof. i. R. PA.: 49082 Osnabrück, Am Fernblick 23. G.: Verl, 15. Juli 1941. V.: Dr. Beate, geb. Bordasch. El.: Georg u. Theresia, geb. Diekhaus. S.: 1963 Abitur Wiedenbrück, 1963-65 Stud. Physik Univ. Marburg m. Dipl.-Abschluß, 1968 Prom. K.: 1965-68 Ltr. d. physikal. Labors d. med. Fakultät d. Univ. Marburg, 1968-72 wiss. Ass. am Inst. f. theoret. Physik der Univ. Marburg, 1972-74 Doz. f. theoret. Physik an d. Univ. Marburg, 1974 -78 Mitaufbau d. Fachbereichs Physik an d. Univ. Osnabrück, 1978-98 Prof. f. theoret. Physik an d. Univ. Osnabrück, 1998 i. R. ; Funktionen: seit 1964 Mtgl. u. Vertrauensdoz. d. Univ. Osnabrück u. Mtgl. d. Versammlung d. Studienstiftung d. Dt. Volkes. P.: "Foundations of Quantum Mechanics and Ordered Linear Spaces" (1973), "Structure and Approximation in Physical Theories" (1981), div. Fachbeiträge. H.: Computer, Programmieren v. Stahlbau-Branchensoftware, Kernspintomografie, Übersetzungen in Griech. u. Latein.

Hartke Klaus Dr. Prof. *)

Hartkemeyer Johannes Franz Dr. *)

Hartkopf Manfred

B.: Dipl.-Ökonom, Gschf. Ges. FN.: H+H Hartkopf Gesenkschmiede GmbH & Co KG. DA.: 42679 Solingen, Höher Str. 4-6. hartkopf@HundH.com. www.hundh.com. G.: Solingen, 1. Apr. 1952. V.: Barbara, geb. Toschka. Ki.: Sara (1975), Larissa (1982). El.: Herbert u. Hildegard, geb. Brachet. S.: 1967 Mittlere Reife Solingen, 1967-70 Techn. Ausbild. z. Stahlformenbauer im elterl. Betrieb, 1973 Abitur an d. Höheren Handelsschule Wuppertal, 1973-74 Wehrdienst, 1978 externer Abschluss z. Ind.-Kfm., 1978-86 berufsbegleitendes Stud. d. Wirtschaftswiss. an d. FU Hagen, Abschluss: Dipl.-Ökonom. K.: 1974 kfm.-techn. Ang. im Betrieb d. Vaters, 1987 Mitgesch., 1998 alleiniger Gschf. Ges. M.: I.V.S.H., NVMW. H.: aktiver Förderer d. Töchter im Dressursport, Zucht v. Dressurpferden, 3D - C4D Konstruktion.

Hartkopf F. Wilhelm H. *)

Hartl Bernd

B.: Zahntechniker, Inh., Gschf. FN.: Hartl Dental-Labor GmbH. DA.: 34123 Kassel, Waldauer Fußweg 2. G.: Geismar b. Fritzlar, 4. Nov. 1948. V.: Gabriele, geb. Scherzer. Ki.: Angela (1985), Nicolas (1987). S.: 1969-73 Ausbild. z. Zahntechniker. K.: 1973-77 Zahntechniker in einem Dental-Labor, 1977-82 Praxistechniker, 1982 Grdg. d. Firma Hartl Dental-Labor GmbH m. Schwerpunkten Implantologie u. Keramik, seit 1995 Präs. v. Euro-Lab in Miami. BL.: wiss. Arb. im Bereich Implantologie. P.: Publ. in Fachzeitschriften, Vortragstätigkeit. H.: Triathlon, Sport.

Hartl Erwin *)

Hartl Friedrich Dr. sc. Prof.

B.: Prof. f. Wirtschaftsmath. FN.: FHTW Berlin. DA.: 10318 Berlin, Treskowallee 8. G.: Dauba, 13. Juli 1945. Ki.: 1 Tochter. S.: 1964-69 Stud. Math., Physik, Päd. u. Psych. TH Magdburg. K.: 1969-71 Fachlehrer f. Math. u. Physik an d. Oberschule in Demmin, 1974-79 wiss. Ass. an d. Ing.-HS Mittweida, 1979-80 Lehrer im HS-Dienst an d. Humboldt-Univ. Berlin, 1980 Prom., 1980-93 OAss. an d. Humboldt-Univ., 1987 Stud. an d. kybernet. Fakultät d. Univ. Kiew, 1988-89 Gastwissenschaftler an d. Univ. Moskau, 1989 Habil. P.: wiss. Beiträge, Abhandlungen u. Lehrbriefe, Vorträge z. Thema Wirtschaftsmath. M.: Mathemat. Ges. d. DDR, Dt. Ges. f. Operations Research. H.: Sport, Fußball.

Hartl Hans Dr. Prof. *)

Hartl Johann Heinrich Dr. *)

Hartl Johann *)

Hartl Petra *)

Hartl Theodor Albert *)

Härtl Brigitte *)

Härtl Karin Dipl.-Bw.

B.: Controlling-Manager, Prokuristin. FN.: Friess GmbH. DA.: 91632 Wieseth/Ansbach. HaertlK@aol.com. G.: Erbendorf, 31. Dez. 1968. S.: b. 1988 Lehre als Bankkauffrau b. d. Dt. Bank in Weiden, 1988-89 Fachabitur in Weiden an d. Fachoberschule, 1989-93 BWL-Stud. an d. FH in Regensburg, Dipl.-Bw. K.: 1994-96 Firma Zenner in Ottobrunn/München, Vertriebsass. u. Einkaufsass., b. 1997 Kfm. Ass. b. d. Firma ASM in Unterhaching/München, 1998 Firma rotra in Nürnberg, Marketingltr., ab 1999 zusätzl. Ltg. d. zentr. Controllings, seit Ende 2001 Firma Friess in Wieseth/Ansbach Ltr. Controlling, Prokuristin.

Härtl Manfred

B.: Kfm. PA.: 91054 Erlangen, Platenstr. 6. G.: Erlangen, 22. Feb. 1940. V.: Christine. El.: Arno. S.: Ohm Gymn. Erlangen, Lehre Groß- u. Außenhandl, Volontäarusbild. i. England. K.: Gschf. Ges. d. Firmengruppe Unifleisch/Contifleisch, Vorst.-Vors. Fleischergen. Erlangen, seit 1979 Mtgl. d. Industrie- u. Handelsgremiums Erlangen, Vorst.-Vors. Verband d. Fleischwirtschaft e.V., Bonn, (VDF), Vertreter d. VDF bei d. Union Européenne du Commerce du Bétail et de la Viande (U.E.C.B.V.), Brüssel, stellv. Vors. d. Verwaltungsrates d. Absatzförderungsfonds d. dt. Land- u. Ernährungswirtschaft (Absatzfonds), AufsR.-Mtgl. Centrale Marketingges. d. dt. Agrarwirtschaft (CMA), AufsR.-Mtgl. Zentrale Markt- u. Preisberichtstelle (ZMP), stellv. Vors. d. Fleischprüfring Bayern (FPR), stellv. Vors. d. Fachbeirates Vieh u. Fleisch bei d. Bundesanstalt f. Landwirtschaft u. Ernährung (BLE), Frankfurt/Main, AufsR.-Mtgl. Organinvent, Mtgl. d. Vorst. d. Fördererges. bei d. Bundesforschungsanstalt f. Fleisch, Kulmbach, Mtgl. d. AufsR. d. Vereinigten Tierversicherung (VTV), Wiesbaden, Gründungsstifter d. Kulturstiftung Erlangen. E.: Staatsmedaille in Silber - Bayer. Staatsmin. f. Ernährung, Landwirtschaft u. Forsten, Ehrenbrief d. Stadt Erlangen f. bes. Verdienste auf d. Gebiet d. Wirtschaft, Paul Harris Fellow (PHF) - Rotary

*) Biographie www.whoiswho-verlag.ch oder beigefügte CD-ROM

Härtl Matthias *)

Härtl Wolfgang Dr. med. *)

Hartl-Schuster Vera Christa *)

Hartleb Anneliese *)

Hartleib Anke *)

Hartlep Manfred Dr. med. *)

Hartlep Rainer Dipl.-Ing.
B.: Gschf. FN.: TELERAT GmbH. DA.: 12587 Berlin, Josef-Nawrochi-Str. 30. PA.: 12309 Berlin, Wiesbadener Str. 12C. hartlep@telerat.de. G.: Berlin, 5. Nov. 1950. V.: Hanawati, geb. Darmawidjaja. El.: Prof. Dr.-Ing. Gerhard u. Gerda, geb. Schönfelder. S.: 1970 Abitur, 1970-76 Stud. Elektrotechnik TU Berlin. K.: 1976-81 wiss. Ass. Inst. f. Fernmeldetechnik TU Berlin, 1979-82 Lehrauftrag FH d. Dt. Bundespost Berlin, 1980 Grdg. Fa. TELERAT, 1982-89 Lehrauftrag TH Bremen, 1981-94 Gschf. Ges. Unternehmensberatung im Bereich d. Bürokommunikation, Computerunterstützte Schulungen, Software-Programmierung im PC-Bereich, 1994-96 Dir. in Deutsche Post Consult, seit 1997 Gschf. Ges. TELERAT. P.: Elektronische Textkommunikation (1982), Lexikon d. Telekommunikation (1984). E.: 1970 2. Preis im Regionalwettbewerb "Jugend forscht" Bereich Physik. M.: VDE, ITG, GI, FITCE, Vize-Präs. d. Q-Verbandes. H.: Videofilmen, Briefmarken sammeln, Modellbau. (P.K.)

Hartlieb Michael *)

Hartlieb Peter *)

Härtling Peter
B.: Schriftsteller, Journalist. PA.: 64546 Mörfelden-Walldorf, Finkenweg 1. G.: Chemnitz, 13. Nov. 1933. V.: Mechthild, geb. Maier. Ki.: Fabian, Friederike, Clemens, Sophie. El.: Rudolf u. Erika. S.: Gymn. K.: ab 1952 Journ., u.a. Dt. Zeitung, 1964ff Mithrsg. Der Monat, 1967-73 Cheflektor u. Verlagsltr. Fischer Verlags Frankfurt. P.: zahlr. Veröff. u.a. Eine Frau, R. (1974), Hölderlin, R. (1976), Nachtragende Liebe, R. (1980), Brief an meine Kinder (1986), D. Gedichte, 1953-88, Noten zur Musik, Ess. (1990), Gesammelte Werke, 1993ff., Bühnenstücke: Gilles (1970), Hrsg.: D. Väter Berichte u. Gesch. (1968), Otto Flake, Hortense oder D. Rückkehr nach Baden-Baden (1970), Leporello fällt aus d. Rolle (1971), Große, Kleine Schwester (1998). E.: 1964 Literaturpreis Verb. d. Dt. Kritiker, 1965 Ehrengabe Kulturkr. d. BDI, 1967 Preis d. franz. Lit.kritiker, 1971 Gerhart-Hauptmann-Preis (f. Gilles), 1973 Schubart-Preis d. Stadt Aalen, 1976 Dt. Jugendbuchpreis, 1977/78 Stadtschreiber, 1978 Hermann Sinsheimer-Preis, 1985 Preis d. Stiftung z. Förd. d. geistigen u. künstler. Arb., 1996 Gr. BVK. M.: P.E.N., Ak. d. Künste Berlin, Ak. d. Wiss. u. d. Literatur Mainz, Dt. Ak. f. Sprache u. Dichtung Darmstadt, Werkbd.

Hartmann Adolf *)

Hartmann Albrecht Dr.-Ing. *)

Hartmann Axel Dr. iur.
B.: Min.-Dirigent, Ltr. d. Vertretung d. Freistaats Thüringen b. Bund, Diplomat. DA.: 10117 Berlin, Mohrenstr. 64. hartmannA@TSKB.thueringen.de. G.: Bad Sachsa/Harz, 4. Juli 1948. S.: 1967 Abitur Bad Sachsa, 1967-72 Stud. Staats- u. Rechtswiss. Univ. Göttingen. u. Würzburg, 1971-73 wiss. Hilfskraft am Inst. f. Ostrecht u. vergleichendes Staatsrecht d. Univ. Würzburg, 1972 1. Jur. Staatsexamen, 1973-78 Wiss. Ass. u. Lehrbeauftragter f. Staats- u. Völkerrecht im Fachbereich Rechtswiss. Univ. Würzburg, 1975 Prom. z. Dr. iur. utr. K.: 1978-80 Referent f. Deutschland- u. Sicherheitspolitik in d. CDU-Bundesgeschäftsstelle in Bonn, Gschf. d. entsprechenden Bundesfachaussch. unter MdB v. Weizsäcker u. Wörner, 1980 Eintritt in d. Auswärtigen Dienst, 1982 Dipl. Staatsexamen, 1982-85 Botschaft Budapest, Ltr. Rechts- u. Konsularabt., 1985-87 Ständige Vertretung b. d. NATO in Brüssel, 1987-91 Bundeskanzleramt, Referent f. Osteuropa, 1989-91 stellv. Ltr. Min.-Büro BM Seiters, 1989 Vortragender LegationsR., seit 1991 Aufbau d. Vertretung d. Freistaates Thüringen, seit 1991 stellv. Mtgl. d. Auswärtigen Aussch. d. Dt. Bundesrates, seit 1992 Beauftragter d. Länder f. d. OSZE, seit 1994 Vors. d. Aussch. f. Interregionale Zusammenarb. b. d. dt.-poln. Reg.-Kom., 1994 Ernennung z. Min.-Dirigenten, seit 1994 Dienststellenltr. d. Vertretung d. Freistaates Thüringen b. Bund. P.: Verträge zur deutschen Einheit (Regensburg 1991), erwähnt in "Akten Sonderedition Dt. Einheit", "Verträge z. Dt. Einheit" (1990). M.: Vors. AHV Landsmannschaft Verdensia i. CC., Justus Frantz Förderkreis. H.: klass. Musik, Reisen nach Frankreich.

Hartmann Bernd *)

Hartmann Bernd *)

Hartmann Bernhard *)

Hartmann Bertram
B.: Kfm., selbständig. FN.: Hartmann Medien u. Marketing. hmvberlin@aol.com. www.hartmannmedienverlag.de. G.: Berlin, 27. Feb. 1975. V.: Partnerin Antje Marco. El.: Günter u. Ursula, geb. Löbe. S.: 1994 Abitur, 1994-97 kfm. Lehre. K.: seit 1997 selbständig spez. f. Lösungsbücher f. Video- u. PC-Spiele. F.: Blumengeschäft. P.: Beiträge in Fachzeitschriften. E.: Vizeeuropameister im Surfen (1992). M.: Segelverein SC Seddin. H.: Segeln, Surfen, Snowboarden.

Hartmann Bettina
B.: RA. FN.: Janssen, Hartmann u. Kroemer - Rechtsanwälte. DA.: 45127 Essen, Porschekanzel 2-4. PA.: 44625 Herne, Am Wiesengrund 9. G.: Wanne-Eickel, 12. Mai 1963. V.: Dipl.-Ing. Jörg Hartmann. S.: 1982 Abitur Wanne-Eickel, 1982-88 Stud. Rechtswiss. Bochum, 1989-92 Referendarin am LG Bochum, 1992 2. Staatsexamen. K.: 1992-94 Tätigkeit in e. Rechtsabt. einer Wirtschaftsunternehmung, 1995 zugelassene RA u. selbst., Schwerpunkt: Straf- u. Familienrecht. M.: im Vorst. u. Ausbild.-Beauftragte d. Anw.-Ver., im Prüf.-Aussch. d. RA-Kam. Hamm. H.: Reisen, Malen, Schiessen.

Hartmann Birgit Dipl.-Med.
B.: FA f. physikal. u. rahabilitative Med. DA.: 12627 Berlin, Hellersdorfer Straße 237. PA.: 12681 Berlin, Luise-Zietz-Str. 121. G.: Dresden, 11. Feb. 1955. V.: Frank Hartmann. Ki.: Klara (1991), Marie (1995). El.: Siegfried u. Edith, geb. Oelmann. S.: 1973 Abitur, 1973-79 Stud. Med. Univ. Greifswald m. Dipl.-Abschluß, 1979 Approb., 1979-84 FA-Ausbild. Physiotherapie Klinik f. Rehabilitation Querschnittgelähmter Klinikum Buch. K.: 1986 FA f. Physiotherapie u. Ltr.d. Abt.

Physiotherapie am Ev. KH Königin Elisabeth Herzberge in Berlin, 1998 Eröff. d. Praxis, 1999 Zusatzbezeichnungen:

Hartmann 1710

Chirotherapie, Spezielle Schmerztherapie, Naturheilverfahren, Schwerpunkte: Schmerztherapie, Akupunktur, Feldenkrais - Methode.

Hartmann Christa Dipl.-Ing. *)

Hartmann Christoph Dipl.-Bw.
B.: VPräs. FN.: Take 2 Interactive GmbH. DA.: 80798 München, Agnesstr. 14. christoph.hartmann@take2.de. www. take 2.de. G.: Würzburg, 2. Juli 1970. S.: 1990 Abitur, 1990-91 Zivildienst, 1991-95 Stud. europ. Bw. München, Madrid, London u. München m. Abschluß Dipl.-Bw. priv. European Business School. K.: 1995-97 Producer in d. Firma BMG in London u. Marketingltr. bei BMGi in München, 1997 Gschf. d. Take Interactive GmbH in München als Software-Publisher f. Computerspiele f. alle bestehenden Systeme, Vertrieb u. Vermarktung sowie eigene Entwicklung v. Spiele-Software, 1998 Grdg. u. Aufbau d. Jack Of All Games Vertriebs GmbH f. Deutschland in München, 1999 Gschf. d. Jack Of All Games Vertriebs GmbH in Wien, seit 2001 VPräs. d. Intern. Marketing d. Take 2 Ltd. in Windsor/GB u. zuständig f. Marketing-Aktivitäten weltweit außer d. USA. P.: Veröff. z. Thema Computerspiele-Marketing. M.: VUD. H.: Musik, Snowboarden, Windsurfen, Reisen, Sprachen, fremde Kulturen.

Hartmann Christoph

B.: RA. DA.: 49716 Meppen, Kolpingstr. 7. G.: Münster, 18. Mai 1966. V.: Stefanie, geb. Schnieders. Ki.: Julian (1991). S.: 1987-94 Stud. Rechtswiss., Literatur u. Politikwiss. Univ. Osnabrück, 1994 1. Staatsexamen, Referendariat LG Bez. Osnabrück, 1997 2. Staatsexamen. K.: 1997 selbst. Anw. in eigener Kzl. M.: Anw.-Ver. Meppen, Schützenver. Hubertus, SV Meppen. H.: Sport (Radfahren), Lesen.

Hartmann Dierk Milo Dr. *)

Hartmann Dieter Dr. rer. nat. Prof. *)

Hartmann Dietmar Dipl.-Kfm.
B.: Gschf. FN.: Hartmann and Partner Holding GmbH & Co. KG. DA.: 24768 Rendsburg, Kaiserstr. 26. G.: Meldorf, 15. Feb. 1950. Ki.: 2 Kinder. El.: Dipl.-Politologe Werner (Firmen-Grdr.) u. Gertrud, geb. Flocke (Mitbegr. d. Ges.). S.: 1969 Abitur Rendsburg, aktiver Sportler Reiter während d. gesamten Jugendzeit, 1971-78 Stud. Betriebswirtschaft Christian-Albrecht-Univ. Kiel u. Univ. Hamburg. K.: ab 1978 Gschf. d. Firmengruppe Hartmann & Partner Holding GmbH & Co. KG u. Ausbau auf heute 3 Bereiche: Finanzdienstleistung: Hartmann & Partner Unabhängige Versicherungsdienste, Hartmann & Partner Wirtschaftsdienste f. d. Schornsteinfegerhandwerk, GVV GmbH Versicherung u. Finanzierung f. d. Wohnungswirtschaft, Hartmann & Partner Finanzmanagement GmbH, Beteiligungen an versch. Dienstleistungsges., div. Gesellschaften u. Betätigungen im Immobilienbereich, 1984 Firmenverlegung an jetzige Adresse. BL.: Dt. Meister d. Vielseitigkeit 1965 u. 1968, Gold. Reiterabz. H.: Pferdesport, eigener Turnierstall.

Hartmann Dietrich Dr. med.
B.: Frauenarzt. DA.: 80331 München, Rindermarkt 2. dietrich.hartmann@muenchen.org. G.: München, 11.Feb. 1942. V.: Brigitte. Ki.: Andreas Maximilian (1976), Verena (1979).

S.: 1963 Abitur, 1963-67 Stud. Med. Marburg, Wien u. Würzburg, 1970 Examen, 1972 Prom. Marburg. K.: 1972-73 Mitarb. in d. Krebsklinik Dr. Issels,1973 FA-Aubildung f. Frauenheilkunde u. Geburtshilfe in Detmold u. Hannover, seit 1978 Ndlg. m. Belegbetten in Mittenwald, seit 1980 Ndlg. mit Belegklinik - Frauenklinik Bogenhausen in München m. Schwerpunkt zytolog. Einsendelabor u. ambulantes Operationszentrum. P.: div. Publ. zu Infektionen in d. Frauenheilkunde. H.: Segeln, Wintersport.

Hartmann Doris M.A.
B.: Oecotrophologin-Soziologin. DA.: 20149 Hamburg, Hochallee 12. G.: Heek/Münster, 3. Apr. 1945. El.: Hedwig Hartmann. S.: Oecotrophologin grad., Soziologin M.A. K.: 1965-70 techn. Lehrerin an allgemeinbild. u. berufl. öff. Schulen, 1974-80 Doz. f. Soz. u. Psych. an Fachoberschulen u. FH f. Sozialpäd. u. Oecotrophologie in Lüneburg, Hamburg u. Hannover, 1981-83 Führungskräftetrainerin u. Beraterin in Karriereentwicklung f. d. untere u. mittlere Führungsebene in einer Unternehmensberatung, lizensierte Gordon-Management-Trainerin, seit 1984 Gschf. d. Beratungsgruppe P.I.B. GmbH Hamburg, seit 1990 Inh. d. Beratungsgruppe P.I.B. Personalentwicklungs u. Identitäts-Beratung. H.: Kochen, Freunde bewirten, Kunst. (R.E.S.)

Hartmann Doris
B.: Friseurmeisterin, selbständig. DA.: 03044 Cottbus, Karlstr. 69. G.: Cottbus, 17. Nov. 1962. V.: Joachim Hartmann. Ki.: Juliane (1985). El.: Hans u. Ellinor. S.: 1981 Facharbeiterabschluß Friseurin. K.: 1981-91 ang. Friseurin in versch. Salons, 1987 Meisterprüfung, 1991 Eröff. d. eigenen Frisiersalons in Cottbus. E.: Bezirksmeisterin bei d. Friseurmeisterschaft in Cottbus (1981). H.: Beruf.

Hartmann Doris *)

Hartmann Elisabeth
B.: Verlagsltr., Schriftstellerin. FN.: Lysistrata Verlag. DA.: 14165 Berlin, Albertinenstr 5. G.: Wiesa/Erzgeb. V.: Karl Heinz. Ki.: Roland, Marc, Nicol, Manuel. El.: Paul u. Lisbeth Horn. S.: Abitur, 1944 Stud. Univ. Halle, 1944-45 Kriegseins. Buna AG, 1946-49 Stud. Martin-Luther-Univ. Halle, Germanistik, Kunstgesch., Engl., 1949-53 Stud. Kiel m. Staatsexamen. K.: 1953 Referendarin Bad Oldesloe, 1955 Assessorinnen-Ex., 1972 Umzug Berlin, ab 1973 Lehrtätigk., 1975 Lehrtätig. Fachhochsch. f. Wirtsch. u. Stud.-Kolleg d. FU, 1982 Grdg. d. Lysistrata Verlages. P.: "Frauen für Frieden", 3 Bd. "Wir sind die Kinder einer Welt", "Mein Vogel Zukunft", Roman: "Die Freiheit d. Verwandlung", "Der Störfall in K.", Theaterstück, lyr. Beitrag u. Petra Kelly´s Hiroshima-Buch "Laßt uns die Kraniche suchen". M.: Verb. d. Kriegsdienstverweigerer 1964-72, Weltföderalisten Dtschl., Vors. Europ. Friedensaktion e.V., AG Kunst u. Frieden. H.: Literatur, Malerei und Zeichnen, Spaziergänge in der Natur und deren Beobachtung. (D.W.)

Hartmann Enno
B.: Steuerberater u. Wirtschaftsprüfer. FN.: Wirtschaftsprüf.-, Steuerberatungs-RA-Sozietät Hartmann-Düvelmeyer-Timmermann. DA.: 49074 Osnabrück, Am Landgericht 2. PA.: 49205 Hasbergen, Am Plessen 76. G.: Esens, 10. Feb. 1960.

*) Biographie www.whoiswho-verlag.ch oder beigefügte CD-ROM

Hartmann Ernst Walter *)

V.: Ruth, geb. Kassenbrock. Ki.: Jannik (1993), Eike (1994), Sina (1996), Kristin (1998), Imke (2000). El.: Enno u. Gertje. S.: 1978 Abitur, 1978-79 Bundeswehr, 1980-86 Stud. BWL Univ. Münster m. Abschluß Dipl.-Kfm. K.: 1987-92 Wirtschaftsprüf.-Ass. b. Arthur Andersen in Frankfurt, 1991 Steuerberaterprüf., 1992 Prüf. z. Wirtschaftsprüfer, seit 1992 selbst. Steuerberater u. Wirtschaftsprüfer.

Hartmann Erwin Dr. Prof. *)

Hartmann Frank *)

Hartmann Frank Hans Fritz *)

Hartmann Gerd

B.: Rektor. FN.: Pestalozzi-Hauptschule m. Werkrealschule. DA.: 76676 Graben-Neudorf, Pestalozzi-Straße. PA.: 76676 Graben-Neudorf, Goethestr. 7. G.: Karlsruhe, 30. Aug. 1940. V.: Doris, geb. Seith. Ki.: Ute (1966), Ralph (1967) und Jörg (1970). El.: Albert u. Sophie. BV.: Urgroßvater Inh. Hotel Löwen. S.: 1960 Abitur Bruchsal, 1960-62 Stud. Pädagogisches Inst. PH Karlsruhe, 1962 1. Staatsprüfung f. d. Lehramt an Volksschulen. K.: 1962-68 Volksschule Dallau Kreis Mosbach/Elztal, 1965 2. Dienstprüfung, 1968-73 Grund- u. Hauptschule Linkenheim, 1973-79 Grund- u. Hauptschule Neudorf, ab 1974 Einführung eines Betriebspraktikums, 1979 Pestalozzi-Hauptschule m. Werkrealschule Graben-Neudorf, ab 1985 Konrektor, ab 1992 Rektor d. Schule, Fächer Geschichte, Ev. Religion, Musik. BL.: 1965-68 Aufbau d. Leichtathletikabteilung d. SV Dallau (m. Basket- u. Volleyball), Hervorbringung zahlr. Kreismeister u. 2 Bad. Jugendmeister. P.: Fortschreibung d. Ortschronik Graben, Vorträge u. Führungen, Festbuch "125 J. Ev. Kirchengemeinde" (1998). E.: Kreismeister Kugelstoßen Mosbach (1966), Silberne Gemeindemedaille Graben-Neudorf. M.: seit 1966 CVJM, 1973-89 Gemeinderat, seit 1989 Mtgl., seit 1995 (3. Periode) stellv. Vors. d. Kirchengemeinderats, Ltr. d. Kindergartenausschusses, Gründungsmtgl. u. langj. 2. Vors. d. Heimat- u. Museumsvereins (1984). H.: Heimatgeschichte, Musik (Gitarre, Gesang).

Hartmann Gotthardt Dipl.-Ing.

B.: Gschf. Ges. FN.: Hartmann Bauunternehmung GmbH Hoch- u. Tlefbau; Bauplanung Hartmann GmbH Arch.- u. Tragwerkplanung; Herzogwalder Bauträger GmbH; Martin Hartmann KG. DA.: 01723 Wilsdruff, Freiberger Str. 58-66. PA.: 01723 Herzogwalde, Dorfstr. 10. G.: Herzogswalde, 30. Nov. 1936. V.: Gudrun, geb. Friedrich. Ki.: Cornelia (1961), Türk (1963). El.: Martin u. Maria. BV.: Grdg. d. Betriebes durch Vater Martin 1932. K.: 1955-57 Lehre Klempner, 1960-63 Stud. Bauing. f. Statik u. Konstruktion Zittau. K.: 1957-60 Vorarb. in Dresden, 1964-70 Baultr., Ltr. d. Bauabt. u. Ltr. d. Projektierung im Berg- u. Hüttenkombinat Freiberg, 1970-71 techn. Ltr. im Betrieb d. Vaters, 1971 Verstaatlichung d. väterl. Unternehmens, 1971-90 Ltr. d. Projektierung im Bau Freital, 1990 Rückkauf d. väterl. Betriebes als Gschf. u. Erweiterung d. Betriebes. F.: Mitges. d. TBG-Transport-Beton-Anlage in Wilsdruff. H.: Sport, Natur, Radfahren.

Hartmann Günter Dr. *)

Hartmann Günter *)

Hartmann Günter Dipl.-Ing. *)

Hartmann Günther Dr. Prof.

B.: Ethnologe. FN.: Galerie Painen. DA.: 12207 Berlin, Bahnhofstr. 38. V.: Ursula, geb. Mörchel. Ki.: Dr. Matthias (1962), Andreas (1967). S.: 1942-43 Stud. Univ. Leipzig, 1943-44 Ausbild. Luftschutzhelfer, 1944-45 Soldat, 1946 amerikan. Kriegsgefangenschaft, 1947-48 Ausbild. Nahrungs- u. Getränkeind., 1948-49 Privatschule d. Getränkefachhandlung d. Vaters Hirschberg/Saale, 1949-58 Stud. Ethnologie, Amerikanistik u. Geografie FU Berlin, 1958 Prom. K.: 1960-89 tätig im Museum f. Völkerkunde, zuletzt Abt.-Dir. f. Nord- u. Südamerika, spez. f. XINGU-Gebiet in Zentralbrasilien, Kuna-Indianer in Panama u. Mapuche-Indianer in Südchile, 1965-90 Hauptschriftleiter d. 1889 durch Rudolf Virchow gegründeten internationalen "Zeitschrift f. Ethnologie", 1982 Prof. an d. FU Berlin, 1990 Eröff. d. Galerie Painen d. Schwerpunkt Malerei, Grafik, Keramik, Glas, Skulpturen v. europ. u. lateinamerikan. Künstlern. P.: über 100 Publ., Hrsg. v. "Amazonien im Umbruch" (1989), Beiträge in "Federarb. d. Indianer Südamerikas" (1994), "Xingu. Unter Indianern Zentralbrasiliens" (1986). E.: Rudolf-Virchow-Med. in Silber, Martius-Med. in São Paulo. M.: Ehrenmtgl. d. Anthropolog. Ges. Berlin. H.: Kunst, Galerie, Literatur, Reisen nach Lateinamerika, Australien u. China.

Hartmann Haan *)

Hartmann Hannelore *)

Hartmann Hans Georg *)

Hartmann Hans-Albrecht

B.: Dipl.-Sprachmittler, Dipl.-Dolmetscher u. -Übersetzer, staatl. beeid. u. öff. bestellt f. d. Sprachen Russ. u. Engl., Inh., Gschf. FN.: Übersetzungsbüro Hartmann. DA.: 09113 Chemnitz, Straße der Nationen 99-101. G.: Schmalkalden, 15. Aug. 1960. Ki.: Denise (1981). El.: Dipl.-Päd. Hans u. Dipl.-Päd. Lore, geb. John. S.: 1979 Abitur Schwerin, 1979-81 Armee, 1981-85 Stud. Sprachmittler f. Russ. u. Engl. Sekt. TAS Karl-Marx-Univ. Leipzig, 1985 Dipl.-Dolmetscher u. -Übersetzer. K.: 1985-91 Dolmetscher im Exportabt. VEB Numerik Karl-Marx-Stadt, 1991 Dolmetscher b. Firma Siemens, 1991 staatl. beeid. u. öff. bestellt f. d. Sprachen Russ. u. Engl., 1992 selbst. freier Dolmetscher u. Übersetzer f. eigene Übersetzungsbüros, 1996 Grdg. d. eigenen Übersetzungsbüros in Chemnitz. P.: Dipl. E.: mehrere Med. auf sportl. Ebene. M.: BDÜ. H.: Sport, Bergwandern, Kunst u. Kultur.

---

*) Biographie www.whoiswho-verlag.ch oder beigefügte CD-ROM

Hartmann Hans-Josef

B.: Verb.-Gschf. FN.: Hauptverb. d. Ldw. Buchstellen u. Sachv. HLBS. DA.: 53757 St. Augustin, Kölnstr. 202. verband @hlbs.de. www.hlbs.de.. G.: Hürth, 30. Aug. 1956. V.: Gabriele, geb. Höver. Ki.: Christian (1992), Stephan (1996). S.: 1975 Abitur Bonn, 1975-80 FH f. Finanzen in Nordkirchen, Dipl.-Finanzwirt, 1976-77 Wehrdienst, 1980-86 Stud. Rechtswiss. Bonn, 1981-85 daneben Mitarb. Steuerberatungsbüro in Köln, 1981 Sprachreise in USA u. Kanada, 1986 1. Staatsexamen, 1987-90 Referendariat b. OLG in Köln, 1989/90 Praktikum b. Anwaltsfirma in Auckland/Neuseeland, 1990 2. Staatsprüf. K.: seit 1990 Gschf. HLBS, u.a. beim Ernährungsausschuß u. Finanzausschuß d. Dt. Bundestages, Beratungen m. Fachministerien, 1997 Grdg. europaweite Organ. EFAC European Federation of Agricultural Consultants, dt. Vertreter im Vorst. u. Mtgl. EFAC Fiscal Group, seit 1991 Anw. BL.: Referent b. Schulungen u. Seminaren f. Angehörige d. steuer- u. wirtschaftsberatenden Berufe. P.: seit 1995 Mitautor "Jahrbuch d. Steueränderungen", Art. in steuerrechtl. Fachzeitschr. u. agrarischen Fachorganen. M.: Dt. Wiss. Steuerinst., Dt. Agrarjurist. Ges., Steueraussch. H.: Kultur, Geschichte, Lesen, mod. Kunst, polit. Interesse, Joggen, Schwimmen, Reisen in englischsprachigen Raum.

Hartmann Hansjörg Dr.-Ing. habil. *)

Hartmann Heinrich *)

Hartmann Heinz *)

Hartmann Helga *)

Hartmann Helmut

B.: Gschf. Ges. FN.: novacom Telekommunikation GmbH. DA.: 26135 Oldenburg, Gerhard-Stalling-Str. 40. G.: Petersdorf, 31.März 1956. El.: Rudolf u. Anne, geb. Bischof. S.: 1972-75 Ausbild. Fernmeldehandwerker Oldenburg, 1983-88 Stud. Biologie HS Oldenburg, 1990 Meisterprüf. Fernmeldeanlagenelektronikermeister Oldenburg. K.: 1991.96 ltd. Ausbilder im Telekommunikationsbereich d. Firma Novacom Telekommunikation GmbH in Oldenburg m. Schwerpunkt Installation v. mittleren u. gr. TK-Systemen, Voice over IP, Netzwerke u. PC-Technologien. H.: Motorradfahren, Kino.

Hartmann Holger Dr. med.

B.: Facharzt f. Innere Med. DA.: 10117 Berlin, Taubenstr. 20. G.: Erfurt, 2. März 1960. El.: Robert u. Gertrud, geb. Fraaß. S.: 1978 Abitur, 3 Jahre Wehrdienst, 1981-87 Stud. Med. Leipzig u. Erfurt, 1987 Prom., 1987-92 FA-Ausbild. Reg.-Krankenkasse, Klinikum Buch, 1993 FA f. Innere Med. K.: 1992-93 Oberarzt Privatklinik Prof. Heckethal, seit 1993 selbst. Praxis f. Innere Med., seit 1999 Ltr. d. Fachpraxis f. Innere Med. "Am Gendarmenmarkt". H.: Reisen, Sport, Lesen.

Hartmann Holger P. Dipl.-Ing. *)

Hartmann Ivette

B.: Teamltr. FN.: KIK Textilien u. Non-Food GmbH. DA.: 90419 Nürnberg, Schnieglinger Str. 43. G.: Staßfurt, 4. Aug. 1978. El.: Gero u. Gisela, geb. Kuschel. S.: 1997 Abitur, 1997-200 Ausbild. Hdls.-Ass. (IHK) f. d. mittlere Führungsebene, 1999 Ausbildereignungsprüf. (IHK). K.: seit 1999 Teamltr. zunächst b. KIK Filiale Ingolstadt, seit 2000 Teamltr. d. KIK-Filiale Nürnberg. H.: Pferde, Volleyball (aktive Mannschaftsspielerin), Musik.

Hartmann Jacques

B.: Schaufensterdekorateur, Inh. FN.: Hartmann Design GmbH. DA.: 41460 Neuss, Bockholtstr. 86. G.: Düsseldorf, 9. Dez. 1960. Ki.: Philippe (1982). El.: Werner u. Ruth. S.: 1977 Mittlere Reife, 1977-80 Lehre Schaufensterdekorateur b. Kaufhof Düsseldorf, 1980-81 Wehrpflicht. K.: 1981-85 Tätigkeit im Bereich Schaufensterdekorateur, seit 1985 selbst., Messebau, Ladeneinrichtungen, 1991 Grdg. d. Hartmann Design GmbH. H.: Segeln, Kreatives.

Hartmann Jens Dieter Dr. med. dent.

B.: selbst. alleiniger Inh. FN.: Zahnarztpraxis Dr. J. Hartmann. DA.: 96317 Kronach, Rodacher Str. 10a. PA.: 96317 Kronach, Friesener Str. 25. G.: Kronach, 30. Okt. 1965. V.: Elisabeth Ilse Martha, geb. Rumpf (Augenoptikerin). Ki.: Felix Odin Julian (1992), Moritz Ulli Jens (1996). El.: Horst Günther u. Helga, geb. Beck. S.: 1975-84 Kaspar-Zeuß-Gymnasium in Kronach, 1984 Abitur, 1984-89 Stud. Zahnmed. Univ. Erlangen-Nürnberg, 1985 naturwiss. Vorprüf., 1987 Zahnärztl. Vorprüf., 1989 Zahnärztl. Prüf., 1990 Approb., 1993 Prom. K.: 1.3. bis 31.10.1990 Stabsarzt bei d. Bundeswehr, 1990 Membership of the Alumni Association of Student Clinicans - American Dental Association SCADA, 1990-93 Assistenzzahnarzt, 1993 Ndlg. in eigener Zahnarztpraxis, ab 1993 berufl. Nebentätigkeit als Fachlehrer an d. staatl. Berufsschule Coburg, 2001 Zertifikat f. Tätigkeitsschwerpunkt Allg. Zah-, Mund- u. Kieferheilkunde, Zertifizierung nach DIN EN ISO 9001.2000. M.: Scada, Ak. d. Wiss., Stabsarzt AD, seit 1996 Mtgl. d. Akad. Praxis u. Wiss. d. DGZMK. H.: EDV, Beruf.

Hartmann Jochen Hans Gottllieb

B.: Rechtsanwalt. DA.: u. PA.: 37412 Herzberg, Richard-Wagner-Str. 10. G.: 11. März 1935. V.: Dietlinde, geb. Schmal. Ki.: Jan, Philipp. S.: 1958 Abitur, 1963 1. u. 1969 2. Jur. Examen. K.: 1964 Rechtsabt. Fachgemeinschaft Bau e.V. Berlin, 1969 Ltr. Rechtsabt. Gemein. Wohnungs AG Berlin, 1973-95 Rechts- u. Personalabt. in Fa. Eisen- u. Stahlwerk Pleissner GmbH. M.: Lionsclub Oberharz, Vorst.Mtgl. Norddeutsche Eisen u. Stahl Berufsgen. Hannover, Beirats-Mtgl.

*) Biographie www.whoiswho-verlag.ch oder beigefügte CD-ROM

AOK RD Osterode, stellv. Vors. d. kfm. Schiedsgericht b. d. IHK Hannover. H.: Marathon-Lauf, Fahrtensegeln, Jagd, Schach, Go.

Hartmann Jörg

B.: Kfm., Inh. FN.: Ofen-Laden, Kaminöfen. DA.: 41061 Mönchengladbach, Steinmetzstraße 41. PA.: 41061 Mönchengladbach, Rathausstr. 18. G.: Mönchengladbach, 26. Aug. 1948. V.: Christine, geb. Henrich. Ki.: Timo (1974). El.: Otto u. Virginia. S.: 1964 Mittlere Reife, Lehre Einzelhdls.-Kfm., 1967-68 Lehranst. d. Dt. Textileinzelhdl. Nagold. K.: Praktikant, danach selbst. m. Stoffgeschäft in Oberhausen u. Dortmund, seit 1995 selbst. m. Ofen-Laden in Mönchengladbach. H.: Wassersport.

Hartmann Jörg Ernst Adolf *)

Hartmann Jost *)

Hartmann Jürgen
B.: freischaff. Trompeter u. Trompetenpädagoge. PA.: 04509 Selben, Mühlenviertel 58. BueroJuergenHartmann@t-online.de. www.trompeterjuergenhartmann.de, www.musicalaetitia.de. G.: Niesky, 18. Juni 1954. Ki.: Philipp (1979), Felix (1980), Sophia (1983), Magdalena (2001). El.: Martin u. Martha. S.: 1971-74 Lehre als Orgelbauer, b. 1976 Orgelbauer, 1976 Stud. HS f. Musik "Franz Liszt" Weimar, b. 1979 Fachrichtung Gesang, dann Fachrichtung Trompete b. Prof. Peter-Michael Krämer. K.: 1983 stellv. Solotrompeter im Theaterorchester Cottbus, 1984 Flügelhornist im Rundfunk-Blasorchester Leipzig, 1987 Trompeter an d. Philharmonia Gera, während u. nach d. Stud. Teilnahme an Seminaren u. Meisterkursen, seit 1990 freischaff. als Trompeter u. Trompetenpädagoge, Grdg. eigener Ensemble z. Erweiterung u. Verbesserung d. Aufführungspraktiken Alter Musik, Engagements in versch. Orchestern u. Kammerorchestern, Ensemblekonzerte auf mod. u. Barocktrompeten, Solokonzerte m. Kammerorchester, Solokonzerte m. Orgel, Betreuung v. Schülern u. Studenten im Einzel- u. Gruppenunterricht, 1992-96 Fernstud. am "Sweelinck Conservatorium" Amsterdam/Holland im Fach Barocktrompete. H.: Kochen.

Hartmann Jürgen
B.: Versicherungskaufmann, Geschäftsstellenleiter. FN.: ÖSA Öffentliche Versicherungen Sachsen-Anhalt. DA.: 06110 Halle/Saale, Otto-Kilian-Str. 52. juergen-hartmann@t-online.de. www.oesa.de. G.: Halle, 18. Juli 1958. V.: Viola. Ki.: Siegfried u. Irmgard. S.: 1975 Mittlere Reife, 1975-77 Lehre z. Konditor, Wehrdienst. K.: tätig als Konditor, Stud. z. Industriemeister, Schichtleiter, Abteilungsleiter u. Betriebsratsvorsitzender d. Halleschen Konditorei, Ausbildung z. Versicherungskaufmann, seit 1993 Hauptvertreter, seit 1998 Geschäftsstellenleiter (1. Geschäftsstelle d. ÖSA in Halle), umfassendes Angebot an Vers. aller Art f. Privat-, Gewerbe- u. Kommunalkunden. P.: Referententätigkeit b. Bildungsträgern. M.: Förderverein Pro Handicap e.V., Ehrenmitglied d. TSV 1990 Schochwitz. H.: Modelleisenbahn.

Hartmann Karl Max Dr. rer. nat. Prof.
B.: Prof. f. Photobiologie. FN.: Univ. Erlangen-Nürnberg. DA.: Inst. f. Botanik, 91058 Erlangen, Staudtstr. 5. Karl.Hartmann@rzmail.uni-erlangen.de. G.: Berlin, 14. Juni 1935. V.: Gisela, geb. Clemens. Ki.: Christine (1957), Ulrike (1964). El.: Dr. med. Hans u. Gertrud, geb. Klein. BV.: Großvater Prof. Dr. Max Hartmann 1876-1962, Biologe u. Naturphilosoph. S.: 1953 Abitur, 1955-56 Maschinenbaupraktikum Escher-Wyss, 1953-55 u. 1956-62 Stud. Math., Botanik, Angew. Physik, Physiol. Chemie Univ. Tübingen, 1962 Prom. K.: 1956-57 Wiss.-techn. Hilfskraft Max-Planck-Inst. f. Biologie Tübingen, 1962-66 Wiss. Ass. Botan. Inst. Freiburg, 1966-70 AkR., 1970-73 Visiting Associate Prof. Purdue Univ. West-Lafayette/Indiana USA, 1972 Lehrstuhl Botanik Univ. Bonn abgelehnt, 1973 Habil. u. WissR. Botanik Erlangen, 1978 Extraordinarius, 1990 Five Thousand Personalities of the World (ABI), 1991 Distinguished Leadership Award (ABI), 1992 One in a Million (IBC), 2000 Commemorative Medal of Honor (ABI). BL.: Entdeckung v. Phytochrom als Steuerpigment d. pflanzl. Hochintensitäts-Reaktion, Bodenbearbeitung im Dunkeln vermindert Verunkrautung, Mond- u. Nachtlicht stimuliert Samenkeimung. P.: Mitverfasser: Biophysik, ein Lehrbuch (1977, 1978, 1982, engl. 1983). M.: Dt. Botan. Ges., Ges. Dt. Naturforscher u. Ärzte, Ges. f. Lichtforsch., Bund Naturschutz Bayern, Dt. HS-Verb., Dt. Ges. f. Biophysik, Dt. Alpenverein, Ges. d. Freunde d. Pflanzenkundl. Schausammlung, Europ. Soc. for Photobiology, Europ. Weed Res. Soc., Univ.-Bd. Erlangen-Nürnberg, Fränk. Geogr. Ges., American Association for the Advancement of Science. H.: Biomath., Bergsteigen, Restaurierung, Musikinstrumente.

Hartmann Karl-Heinz *)

Hartmann Kilian *)

Hartmann Klaus H. *)

Hartmann Klaus-Dieter Dr. *)

Hartmann Lothar Dipl.-Ing. *)

Hartmann Manfred *)

Hartmann Marcus *)

Hartmann Maria *)

Hartmann Martin *)

Hartmann Martina Dr. rer. pol. Dipl. oec. *)

Hartmann Matthias
B.: Gen.-Intendant. FN.: Schauspielhaus Bochum. DA.: 44777 Bochum, Königsallee 15. www. schauspielhaus-bochum.de. G.: Osnabrück, 1963. S.: leftm. Ausbild., Schauspielschule Stuttgart. K.: 1986-88 Ass. am Berliner Schillertheater, m. J. eigene Insz. v. "Tagräume" in Kiel, Arb. in Mainz, 1989 "Play Strindberg", 1990 Uraufführung v. "Nazim schiebt ab", 1990 "Klassenfeind" u. 1991 "Die Zeit u. d. Zimmer" in Wiesbaden, seit 1997 einer d. erfolgreichsten Regisseure im Team d. Niedersächs. Staatstheaters in Hannover, Insz. v. "Das Spiel v. Liebe u. Zufall, "Mina v. Barnhelm" u. "Emilia Galotti", "Lulu", "Viel Lärm in Chiozza", "Leonce u. Lena" u. "Volksneurotiker auf der Suche nach ihrer Angst ist sinnlos", 1994 Insz. v. "Das Käthchen v. Heilbronn" am Schauspielhaus in Hamburg, 1997 Uraufführung v. "Nach Jerusalem" u. 1997 "Peer Gynt", 1999 Insz. v. "Die Jungfrau v. Orleans", 1993-99 ltd. Regisseur am Bayr. Staatsschauspiel in München u. Insz. v. "Der Widerspenstigen Zähmung", "Die Eingeschlossenen", "Jagdzeit", "Außer Kontrolle", "Fräulein Julie" u. "Richard III.", seit 1994 Insz. am Wr. Burgtheater wie "Die Räuber", "Der Menschenfeind", "Kasimir u. Karoline" u. 1998 Uraufführung v. "Die Liebe in Madagaskar", 1999 Inszenierung v.

---

*) Biographie www.whoiswho-verlag.ch oder beigefügte CD-ROM

"Der Kuss d. Vergessens" am Züricher Schauspielhaus, 2000 Insz. d. multimedialen Show "If we Know" bei d. EXPO in Hannover, 2000/01 s. Intendant am Schauspielhaus Bochum.

Hartmann Michael *)
Hartmann Michael

B.: Ind.-Meister d. Papierverarb., Gschf. FN.: Kartonagenfbk. GmbH Enkenbach. GT.: ehrenamtl. Richter am Arbeitsgericht Kaiserslautern, Verb.-GemR. Ramstein-Miesenbach, AOK VerwR. DA.: 67677 Enkenbach, In der Schindkaut 1. info@kartonagen-enkenbach.de. www.kartonagen-enkenbach.de. G.: Ramstein, 10. Okt. 1957. V.: Christiane, geb. Löffler. El.: Alois u. Lieselotte, geb. Hirschfeld. S.: 1974 Mittlere Reife in Landstuhl, 1974-77 Ausbild. z. Verpackungsmittelmechaniker, 1977-79 Fachabitur auf 2. Bild.-Weg, 1984 Meisterausbild. z. Ind.-Meister f. Papierverarb., Hauchler Dipl. K.: 1977-79 Berufspraxis in Firma C.P. Schmidt Kaiserslautern, 1979-80 Grundwehrdienst Fernmeldeeinheit Kastellaun, 1980-84 Berufsausübung Firma C.P. Schmidt Kaiserslautern, 1984-87 Berufsausbild. als Ind.-Meister in Firma C.P. Schmidt Kaiserslautern, div. Weiterqualifikationen u.a. in Lausanne, 1987-92 Prok. in Kartonagenfbk. GmbH Enkenbach, 1992 Gschf. d. gleichen Firma m. Minderheitsanteilen, 1996 Übernahme d. o.g. Firma m. Mehrheitsanteilen. BL.: jüngster Hauptabt.-Ltr. in d. Geschichte d. Firma C.P. Schmidt seit 1874. E.: 1999 Silb. EK v. Rheinland-Pfalz f. 25 J. Dienst in d. Freiwilligen Feuerwehr Ramstein-Miesenbach. M.: Freiwillige Feuerwehr Ramstein-Miesenbach. H.: Feuerwehr, aktiv Fußball.

Hartmann Michael
B.: Regionaldir. FN.: DER Deutsches Reisebüro GmbH & Co. OHG. DA.: 10789 Berlin, Augsburger Str. 27. PA.: 14532 Kleinmachnow, Unterberg 34. G.: Berlin, 1. Dez. 1959. V.: Johanna, geb. Schmieder. El.: Heinz u. Karin, geb. Brune. S.: berufsbegleitend Stud. BWL FH Heilbronn, 1978-81 Ausbild. Reiseverkehrskfm. DER Deutsches Reisebüro GmbH & Co. OHG, Berlin. K.: 1981-85 Mitarb. im Vertrieb d. DER Deutsches Reisebüro GmbH & Co. OHG in Berlin, 1986-87 Trainee d. DER Deutsches Reisebüro GmbH & Co. OHG in Frankfurt/Main u. b. 1988 tätig im Bereich Ndlg. u. Reisebüroberteiligungen Marketing u. Vertrieb, 1988-89 Ltr. einer Vertriebsstelle in Berlin, 1989-91 Ltr. v. 2 Betriebsstellen, 1991-95 Gen.-Manager v. NWT Florida in Miami u. ab 1992 zusätzl. VPräs. f. Sales u. Marketing f. d. Gesamtunternehmen, 1995-98 Gen.-Dir. Ost d. DER Deutsches Reisebüro GmbH & Co. OHG, seit 1995 Gschf. d. Reisebüro Enzmann GmbH, seit 1999 Regionaldir. Business Travel Nord u. Ost d. DER Deutsches Reisebüro GmbH & Co. OHG. M.: BKT, MC, VBKI, Unternehmerverb. Berlin, Wirtschaftsunion. H.: Fitness, Golf, Skifahren.

Hartmann Michael Dipl.-Ing. *)

Hartmann Oliver Dr. med. dent.
B.: Zahnarzt. DA.: 50931 Köln-Lindenthal, Gyrhofstr. 22. www.gesunderzahn.de. G.: Remscheid, 5. Mai 1963. El.: Prof. Dr. Herbert u. Georgine, geb. Nadler. S.: 1983 Abitur, 1983-86 Ausbildung z. Zahntechniker, 1986-92 Stud. d. Zahnmed. Univ. Witten-Herdecke u. Köln, 1993 Prom. K.: 1993 wissenschaftl. Mitarbeiter in d. Abt. f. Zahnerhaltung u. Parodontologie an d. Univ. Köln bei Prof. Dr. E. Hellwig, 1993-95 Ausbildungsass. in Köln, operativer Mitarb. in d. Westdt. Kieferklinik in Düsseldorf, seit 1996 ndlg. Zahnarzt in Köln. BL.: neue Entwicklungen in d. Implantatprothetik, festsitzende Sofortversorgungen nach fortgeschr. Zahnverlust, Paradontologie, Prothetik. P.: div. Fachveröff., Broschüre "Zähne lügen nicht" (1998). M.: NEUE GRUPPE (wiss. Vereinigung v. Zahnärzten), Rotary Club. H.: alte Armbanduhren, Wein. Sprachen: Deutsch, Englisch.

Hartmann Otto

B.: Maschinenbautechniker, Inh. FN.: Auto-Hartmann Peugeot-Vertragshändler. DA.: 90411 Nürnberg, Rathsbergstr. 79. ottohartmann@peugeothartmann.de. www.peugeothartmann.de. G.: Marktredwitz, 30. Juli 1941. V.: Ursula, geb. Werner. Ki.: Sabine (1968). El.: Otto u. Barbara. S.: 1957-60 Lehre Kfz-Mechaniker Siegfriedgarage Nürnberg, 1960 glz. Mittlere Reife Abendschule Nürnberg, 1963 Maschinenbautechniker Berufsoberschule Nürnberg. K.: 1961-66 Kundendienstberater d. Firma Opel-Kropf in Nürnberg u. b. 1971 in d. Firma Opel-Winter, 1971-76 selbst. m. eigener Kfz-Werkstatt, seit 1976 eigenes Autohaus. BL.: Entwicklung eines EDV-Programms f. Dt. Peugeot-Händler. M.: DARC, AMSAT-DL. H.: Amateurfunk, Computer, EDV, Lesen.

Hartmann Philipp

B.: Musiker. DA.: 68165 Mannheim, Richard-Wagner-Str. 2. G.: Ludwigshafen, 13. Juni 1961. El.: Dr. med. Karl-Heinz u. Dr. med. Thekla. S.: 1980 Abitur Mannheim, 1980-87 Musiker, 1987-89 Klass. Kontrabaß-Stud. Ak. f. Tonkunst in Darmstadt, 1989-93 E Bass Stud. Hermann-Zilcher-Konservatorium Würzburg. K.: 1993 Bassist, Komponist; Doz. Pro Music School of Music Mannheim. P.: "Zeitzünder", Speakeasy, Masterboy, Lookout Mountain. M.: AIKIDO. H.: Aikido, Hund, Lesen.

Hartmann Peter Claus Dr. phil. Dr. U.h.
B.: Univ.-Prof. DA.: 55099 Mainz, Saarstr. 21. G.: München, 28. März 1940. V.: Beate, geb. Just. Ki.: Pia, Emanuel, Aurelia, Patrick. El.: Alfred u. Manfreda. S.: Hum. Gymn., Stud. Geschichte u. Romanistik, 1967 Prom., 1969 Doctorat d'Université d. Sorbonne. K.: 1976 Habil., 1970-81 wiss. Mitarb. am Dt. Histor. Inst. in Paris, lehrte an d. Univ. Paris, Mainz, München u. Regensburg, seit 1982 Prof. f. Neuere Geschichte

---
*) Biographie www.whoiswho-verlag.ch oder beigefügte CD-ROM

u. bayer. LGeschichte an d. Univ. Passau, seit 1988 Prof. f. Neuere Geschichte an d. Univ. Mainz. P.: Geld als Instr. europ. Machtpolitik im Zeitalter d. Merkantilismus (München 1978), Das Steuersystem d. europ. Staaten a. E. d. Ancien Régime (München 1979), Karl Albrecht - Karl VII. (1985), Franz. Verfassgs.gesch. d. Neuzeit (1985), Bayerns Weg in d. Gegenw. (1989), D. Jesuitenst. in Südam. 1609-1768 (1994), D. Bayerische Reichskreis (1500-1803) (1997), Gesch. Frankreichs (2. Aufl. 2001), D. Jesuiten (2001), Kulturgesch. d. Hl. Röm. Reiches 1648 bis 1806 (2001). E.: Intern. Straßburg-Preis, Buchpreis d. Bayer. Clubs, Chevalier dans l'Ordre des Palmes Académiques. M.: Ver. f. Verfassungsgeschichte, Comm. Intern. pour la publication des sources de l'histoire europeenne.Komm. f. Bayer. Landesgesch.

Hartmann Rainer *)

Hartmann Rainer
B.: Unternehmer. FN.: ePark Firmengruppe. DA.: 50968 Köln, Goltsteinstr. 89. G.: Troisdorf, 18. Sep. 1953. S.: Wirtschaftsabitur Fachoberschule Siegburg, 1973-79 Stud. Betriebswirtschaft FH Lemgo-Bielefeld, 1979 Dipl.-Betriebswirt. K.: 1979-80 NCR, 1980-82 Junior Vertriebsbeauftragter NCR Köln, 1982-87 Datapoint Deutschland GmbH, Aufbau u. Ltg. d. Geschäftsstelle Köln, ab 1985 Regionalltr. Nord- u. Westdeutschland, 1987-92 Dieigtal Equipment Geschäftsstellenltr. Rheinland, 1992-95 Beteiligung RacTech GmbH in Hennef u. Grdg. RacTech Multimedia Vertriebs GmbH, 1995-99 f. Metro-Holding Projekte in Multimedia u. Hdl., 1995 Gschf. metro-Holding, 1995 Grdg. Metronet, 1996 Bau eines eigenen Internet-Netzwerkes in Deutschland/Österr./Schweiz, 1996 Software v. Broadvision als erster in Europa aus USA geholt, electronic payment m. Brokat u. Debitel Network Services, 1999 auch Gschf. Debitel, seit 1999 Grdg. eParc-Firmengruppe, Gschf. Ges., 4 Tochterges.: eParc Musikverlag, eParc Musikproduktion in München, eParc Events u. Merchandizing, eParc Services. BL.: Junioren Nationalmannschaft im Radsport zusammen m. D. Thurau. P.: Liefesendungen im WDR-Fernsehen Computerclub, n-tv, Interviews in Handelsblatt u. Wirtschaftswoche. M.: Alpenver., Kuratorium Philharmonie Köln. H.: Sport, klass. Musik.

Hartmann Renate *)

Hartmann René *)

Hartmann Rolf Dipl.-Ing.
B.: Ndl.-Ltr. FN.: clean car. DA.: 04179 Leipzig, Lützner Str. 173. V.: Heidemarie, geb. Koletzko. Ki.: Steffi (1980). S.: 1969-72 Lehre Elektroinstallateur Stendal, 972-75 Nat. Volksarmee, 1975-78 Stud. Elektrotechnik Ing.-Schule f. Maschinenbau Magdeburg, 1978 Abschluß Ing. K.: 1978-80 Projektant in Elektrotechnik u.a. f. Kraftfuttermittelwerke in Schönebeck u. im Traktorenwerk, 1980-95 Elektrotechniker im Spirituosen- u. Weinvertrieb in Magdeburg u. 1990 stellv. Prod.-Ltr. f. Prod., Herstellung, Technik u. Verkostung, 1995 Ndlg.-Ltr. bei Mister Wash in Ludwigshafen, seit 1998 Ndlg.-ltr. u. clean car in Leipzig. H.: Gartenarbeit, Kegeln.

Hartmann Rolf E. Dipl.-Ing.
B.: freiberufl. Designer AGD. DA.: 16341 Schwanebeck, Dorfstr. 15A. amdesign@freenet.de. G.: Leipzig, 11. Feb. 1935. V.: Rosemarie, geb. Reichardt (1936). Ki.: Lutz (1963), Sibyl (1968). El.: Erich u. Gertrud, geb. Müller. S.: 1953 Abitur Leipzig, 1953-60 Stud. Arch. an d. TH Dresden, Dipl.-Ing.. K.: 1960-68 verantwortl. Ltr. f. Gestaltungsteam im Messe- u. Ausstellungsbau, seit 1964 Gastlehrer an d. Fachschule f. Werbung u. Gestaltung in Berlin/Schöneweide, seit 1968 ang. Doz., Fachrichtungsltr. f. Ausstellungsgestalter, parallel dazu freischaff. m. Ausstellungen, Messen u. Museumgestaltung beauftragt, 1994 Abwicklung d. Fachschule f.

Werbung u. Gestaltung, 1994-2000 Abg. f. d. gestalter. Arb. in d. Archenhold-Sternwarte Berlin, seit 2000 freiberufl. als Designer, Museumsgestalter u. Architekt. BL.: Entwicklung d. ersten u. einzigen Ausbild.-Strecke f. "Museumsgestaltung" an einer dt. Fachschule, intensive Mitarb. im Verb. bild. Künstler d. DDR, nach 1990 Neuaufbau d. Gestaltung d. Archenhold-Sternwarte Berlin. E.: Ehrungen f. d. Arb. im "Museum f. dt. Geschichte". M.: AGD - Allianz dt. Grafikdesigner, Kommunikationsverb. H.: Museen, Gestalten, Bücher.

Hartmann Sabine *)

Hartmann Siegbert *)

Hartmann Simone *)

Hartmann Sylvia *)

Hartmann Thomas Dr. med. dent. *)

Hartmann Thomas *)

Hartmann Ulf
B.: Dipl.-Sozialarbeiter, Dipl.-Pädagoge. FN.: Cafe Clara Tagestreffpunkt f. Drogenabhängige. DA.: 38300 Wolfenbüttel, Lohenstr. 2. PA.: 38108 Braunschweig, Bevenroder Str. 44. cafeclara.wf@lukas-werk.de. www.lukas-werk.de. G.: Bonn, 14. Aug. 1970. V.: Katja. Ki.: Lena (1992), Janne (1999). El.: Karl-Heinrich Ahrendt u. Margret, geb. Berners. S.: 1991 Abitur Stade, b. 1992 Zivildienst, Stud. Sozialwesen FH Braunschweig-Wolfenbüttel, 1997-98 Anerkennungsjahr Haus Hardenberg Hornburg. K.: ab 1998 Sozialarbeiter im Lukaswerk in d. Fachambulanz in Wolfenbüttel, 1999 Aufbau d. Tagestreff im Cafe Clara in Wolfenbüttel. H.: Familie, Volleyball, Computer, Gitarre.

Hartmann Ulrich Dipl.-Vw.
B.: Gschf. FN.: Hamburger Gaswerke GmbH; HGC Hamburger Gas Consult Gastechn. Beratung GmbH. DA.: 20097 Hamburg, Heidenkampsweg 99. PA.: 22301 Hamburg, Sierichstr. 4. G.: Bremen, 8. Apr. 1938. S.: Dipl.-Vw. K.: Gschf. Hamburger Gaswerke GmbH, HGC Hamburger Gas Consult Gastechn. Beratung GmbH. M.: Vorst. BGW, Präs. ASUE Frankfurt, AufsR.-Vors. NEA GmbH Hamburg, HGW Hanse-Gas GmbH Schwerin u. StrelaGas Stralsund, AufsR-Mtgl. Thüga Schadensausgleichskasse München VVaG, stellv. AufsR.-Vors. Stadtwerke Wismar GmbH, Stadtwerke Wittenberge u. Holsteiner Gas GmbH, Hamburger Bürgerschaft, SPD.

Hartmann Ulrich Dipl.-Vw.
B.: Vorst.-Vors. FN.: E.ON AG. GT.: AufR.-Vors. d. RAG AG u. wesentl. Konzernges. d. Münchner Rückversicherungs-Ges. AG, Mtgl. d. AufR. Dt. Lufthansa AG, Hochtief AG, IKB Deutsche Industriebank AG. DA.: 40474 Düsseldorf, Bennigsenpl. 1 www.eon.com. G.: Berlin, 7. Aug. 1938. S.: Stud. Jura München, Berlin, Bonn, Assessorex. K.: 1967-1971 Wirtschaftsprüfer b. CWT, 1971-1972 Vorst.-Ass. Dt. Leasing AG, 1973-1975 Justitiar VEBA Kraftwerke Ruhr AG, 1975-1980 Ltr. Vorst.-Büro u. Öffentlichkeitsarb. VEBA AG, 1980-1985 Vorst. Nordwestdt. Kraftwerke AG, 1985-

---

*) Biographie www.whoiswho-verlag.ch oder beigefügte CD-ROM

Hartmann

1989 Vorst. PreussenElektra AG, 1989-2000 Vorst. VEBA AG Düsseldorf, 1993-2000 Vorst.-Vors. VEBA AG , s. 06/2000 Vorst.-Vors. E.ON AG.

Hartmann Ulrich Dr. iur. *)

Hartmann Ulrich Adolf Dipl.-Ing.

B.: Architekt. i. R. DA.: 82152 Planegg, Jörg-Tömlinger-Str. 31. G.: Berlin, 11. Juli 1933. V.: Sigrid, geb. Hauff. Ki.: Harald (1959), Ulrike (1963). BV.: Sigrid Hauff - verwandt m. d. Gebrüdern Hauff. S.: 1950 Mittlere Reife, 1950-52 Lehre Zimmermann, 1952-55 Polytechnikum München m. Abschluß Hochbauing. K.: 1955-60 Berater im Ldw.- Min. f. Schwaben, glz. Abendvorträge, ab 1957 Oberbayern u. glz. Architekt f. ldw. Bauen, 1960 Gutachter f. Wohnungsbau u. Gewerbeimmobilien d. Bayr. Gem.-Bank, Ltr. d. Abt. Objektbewertung d. Bayr. Landesbank, ab 1974 Prok. u. 1991 Abteilungsdir. d. Bayr. Landesbank, seit 1992 im Ruhestand, seit 1992 Beratervertrag m. d. Bayr. Landesbank als selbst. Bausachv. P.: Seminare bei priv. Ausbild.-Stätten u. in Management-Inst., Hrsg. d. Zeitung BDB Nachrichten München (1990), zahlr. Veröff. in versch. Zeitschriften. E.: ehrenamtlicher Finanzrichter. M.: seit 1954 Techn. Verbindung Genia, seit 1958 Funktionär d. BDB, Ref. f. Ing.-Ausbild., Schatzmeister d. BDB LV Bayern u. 1. Vors. d. Bez. München, Grdg. d. Bez.-Gruppe Starnberg, Seniorenclub d. BDB, VDI, Bayr. Architektenkam. H.: Schießen, Schützenver. Buchendorf - 8 x Schützenkönig im Pistolenschießen, Häuser bauen u. renovieren, Sport, Reisen, Gartenarbeit, Architektur, Gesellschaften organisieren.

Hartmann Ulrich Franz *)

Hartmann Wolfgang Dr. rer. nat.

B.: Dipl.-Chem. FN.: Dr. Wolfgang Hartmann Unternehmer-Beratung. DA.: 65007 Wiesbaden, Sonnenberger Str. 16. PA.: 65193 Wiesbaden, Kröckelbergstr. 17. dr.w.hartmann@t-online.de. G.: Bremen, 30. März 1947. El.: Richard u. Eva-Maria. S.: 1966 Abitur, 1968-74 Stud. Rechtswiss., Stud. d. Chemie, Abschluß Dipl.-chem., Zweitstudium BWL/VWL (cand. rer. pol.), wiss. Mitarb. Inst. f. Makromolekulare Chemie, Prom. zum Dr. rer. nat. (Chemie). K.: 1977-1983 PM, gepr. Pharmareferent, Projektmanager, Produktmanager in amerik. Pharmafirma (Warner Lambert, Gödecke), 1983-86 Marketinglg. in dt./intern. Pharmafirma (Boehringer Ingelheim) 1986-94 Gschf. eines gr. Dienstleistungsunternehmens d. Pharmaindustrie (Medical Tribune Verlagsges.), 1994-96 Vice Pres. Gemini Consulting, Bad Homburg, verantw. f. d. Healthcare Bereich d. Region Zentraleuropa, 1996-98, TASA International, Schwerpunkt Healthcare/Pharma, Consulting, Kommunikation & Verlage, 1998-2001 Vors. d. Gschfg. IMS HEALTH, Frankfurt/Main. P.: einige Beiträge in Fachpubl., Chemie u. Marketing. M.: Rotary. H.: Musik, Oper, Sport, Kunst, Reisen. (Ch.Z.)

Hartmann Wolfgang *)

Hartmann Wolfgang Dr. med. *)

Hartmann Wolfgang Dipl.-Vw.

B.: Mtgl. d. Vorst. FN.: Commerzbank AG. DA.: 60261 Frankfurt/Main, Kaiserplatz. www.commerzbank.de. G.: Offenbach am Main, 16. Aug. 1949. V.: verh. Ki.: 1 Kind. S.: 1968 Abitur, 1968-70 Bundeswehr, 1970-75 Stud. VWL an d. Univ. Frankfurt, Abschluss Dipl.-Vw. K.: seit 1976 tätig b. d. Commerzbank AG, 1976-78 Trainee-Ausbildung in Frankfurt/Main, 1978-81 Ltr. d. Filiale Langen, 1981-83 Ltr. d. Filiale Frankfurt-Höchst, 1983-87 Zentrale Abt. f. Firmenkunden u. Ltr. Kredite in d. Zentrale Frankfurt, 1987-93 Gebietsfilialleiter Essen, zuständig f. d. Firmenkundengeschäft, 1993-2000 Generalbevollmächtigter u. Ltr. d. Zentralen Stabs Kredit in d. Zentrale in Frankfurt, seit 2000 Mtgl. d. Vorst. in d. Commerzbank AG in Frankfurt. (Re)

Hartmann Wolfgang Gerhard Albert

B.: Schauspieler. FN.: ZBF-Agentur Hamburg. DA.: 22039 Hamburg, Jenfelder Allee 80. PA.: 20144 Hamburg, Brahmsallee 18. G.: Hamburg, 22. März 1947. V.: Bettina, geb. Wagner. S.: 1962-65 Lehre Elektro Technik, 1965 Gesellenprüf., 1966-69 Schauspielschule, 1969 Bühnenreifeprüfung. K.: bereits m. 11 J. auf d. Bühne d. Deutschen Schauspielhauses unter d. Intendanz G. Gründgens, 1966-69 Schauspielschule Hildburg Frese in Hamburg, 1968-69 Erste Engagements am Deutschen Schauspielhaus in Hamburg unter Prof. O. F. Schuh, 1969 Debüt als Narr im König Lear am Stadttheater Heilbronn, 1970-80 Engagements in: Staatstheater Braunschweig, Städtische Bühnen Kiel, Staatstheater Saarbrücken, Heidelberg, Berlin, 1982-90 Gesellschafter u. Gschf. d. Klecks Theaters Hamburg, 1986 eigene Prod. "Der Kontrabaß" u. damit 1987 auf Welttournee, 1988 Prod. f. d. Goethe-Inst. "Bericht f. eine Ak." u. damit 1989 USA-Tournee, seit 1991 ständiger Gast in d. Komödie "Winterhuder Fährhaus", Altonaer Theater, Ernst Deutsch Theater, seit 1994 d. Tod im "Hamburger Jedermann" in der Speicherstadt.

Hartmann-Fritsch Christel

B.: Gschf. (künstl. Leitung). FN.: Intern. Jugendkunst- u. Kulturzentrum "Schlesische 27". DA.: 10997 Berlin, Schlesische Str. 27. PA.: 10997 Berlin, Lausitzer Pl. 6. G.: Laufach, 8. Juni 1950. V.: Kunstmaler Norbert Fritsch. El.: Hermann u. Anneliese Hartmann. S.: 1971 Abitur Augsburg, Stud. Germanistik u. Romanistik Regensburg, 1975 Mag. K.: b. 1977 in Frankreich gelebt, ab 1977 in Berlin gelebt, freie Journalistin, Projektleiterin IBA (Internationale Bauausstellung), 1980-85 Aufbauphase d. Kulturzentrums Schlesische 27. E.: 1998 BVK am Bande, 2001 Friedlieb Ferdinand Runge-Preis f. unkonventionelle Kunstförderung. H.: Kochen, Arb. an einem Kochbuch, Landleben, zahlr. ehrenamtl. Tätigk. im kult. u. soz. Bereich.

Hartmann-Gmelch Helga

B.: Unternehmerin, selbständig. FN.: Privatpension am Maierbach. DA.: 92318 Neumarkt, Erikaweg 13. G.: Neumarkt, 15. Juni 1940. V.: Heinz Hartmann. Ki.: Rainer (1962), Roland (1965), Oliver (1967). El.: Johann u. Maria Gmelch. K.: 1958-60 Beiköchin im Kurheim Berger in Bad Faulenbach/Allgäu, 1980-90 Schulbus v. d. Lebenshilfe gefahren. BL.: Grdg. d. Rheuma Liga Neumarkt 1984 u. b. 1997 dem Vors., seit 1997 Leiterin d. Selbsthilfegruppe Rheumakranker Mitbürger, seit 1990 Veranstalter v. Benefizkonzerten in Neumarkt in unregelmäßigen Abständen. E.: 1994 Bundesverdienstmedaille. M.: seit 1985 Weißer Ring, seit 1999 B C Woffenbach. H.: Radfahren, Joggen, Studienreisen, Kochen.

*) Biographie www.whoiswho-verlag.ch oder beigefügte CD-ROM

Hartmann-Kottek Lotte Maximiliana Dr. med. Dipl. Psych.

B.: Ärztl. Psychotherapeutin m. Weiterbildungsauftrag durch d. Landesärztekammer Hessen; Fachärztin f. Psychotherapeutische Med., Psychiatrie u. Psychotherapie, Neurologie und Innere Med.. GT.: Kongreß-, Seminar- u. Vortragstätigk. m. Öffnung f. transzendentale Grenzthematiken. DA.: 34132 Kassel-Wilhelmshöhe, Eichholzweg 8 a. l.hartmann-kottek@psychoweiterbild.de. www.psychoweiterbild.de. G.: Znaim, 4. Feb. 1937. V.: 3 Generationen alt-österr. Juristenfam.. El.: Dr. jur. Alfred Kottek, Landrat in Znaim u. Elli geb. Kopper, Konzertpianistin. BV.: Großvater Oberlandesgerichtsrat in Znaim. S.: 1956 Abitur, 1956-60 Psychologie- u. 1957-63 Medizinstud. in Freiburg, 1960 Psycholog.dipl., 1964 Med. Promotion, 1966 Approb., Stipendiatin: 61/62 des DAAD/Wien, ab 62 d. Studienstiftung d. Dt. Volkes, 63/64 d. Dt. Forschungsgem., FA-Ausb.: 1967-72 Innere Med., 1972-76 Neurologie u. Psychiatrie a. d. Uni-Nervenklinik Bonn u. Gestalttherapie (FPI), bis 1995 FA f. Psychoth. Med.. K.: 1977 internist. - psychosomat. Praxistätigkeit u. internist. Chefarztvertretung, 1978-87 leitende Ärztin d. Abt. f. Psychiatrie u. Psychotherapie d. Hardtwaldklinik Zwesten u. Doppel-Lehrermächtigung f. Psychiatrie u. Psychotherapie, Lehrauftr. d. Univ. Bonn (72-76), Freiburg (77-80), Marburg (81/82,88), 1987 Gastprof. a. d. Univ. Kassel, seit 1981 Doz. d. Psychotherapie- Aus- u. Weiterbildungsstätte MR/KS/GI e.V. - für Ärzte u. Psychologen. P.: ca. 20 wiss. Arb. u. Buchbeiträge z.d. Themen Psychophysische Korrelate, Hochschuldidaktik im Psychotherapiebereich, Gestalttherapie, humanist. Psychotherapie i.d. Psychiatrie. M.: Gründungsmtgl. d. Psychotherapie Aus- u. Weiterbildungsstätte in Marburg, Kassel u. Gießen e.V. H.: Freunde u. Fam., vergl. Religionswiss., Lyrik, Malerei, Musik, Schwimmen u. Wandern.

Hartmann-Virnich Josef *)

Hartmann-Weyer Ute *)

Hartmuth Karl *)

Hartnack Eve Prof.
B.: Architektin. FN.: HTW Saarbrücken. DA.: 14057 Berlin, Lietzenseeufer 3. G.: Mainz, 3. März 1959. S.: 1977 Abitur, 1977-85 Stud. Architektur TU Berlin, 1985 Dipl.-Ing. K.: 1993-98 Ass. b. Prof. Hascher an d. TU Berlin, s. 1998 auch Innenarchitektin, 1998-2000 Büro Hartnack u. Müller, seither selbst., seit 2000 Prof. an HTW Saarbrücken. H.: Dekoration.

Hartnagel Anke
B.: MdB. FN.: SPD. DA.: 11011 Berlin, Platz d. Republik 1. anke.hartnagel@bundestag.de. G.: Berlin, 22. Jan. 1942. Ki.: 2 Kinder. S.: 1954-58 Realschule Fühlsbüttel, Mittlere Reife, 1958-61 Lehre Groß- u. Außenhandelskauffrau in Winterhude. K.: 1961-77 Hamburger Sparkasse, 1967-68 1 1/2 Sparkassenfachschule "Sparkassenwirt", 1966 SPD Eintritt Bezirksbereich HH, 1977-80 mit Ehemann nach Abidjan/Elfenbeinküste, Mann DED - Beauftragter, 1980-82 Equador / Quito, Ehemann DED-Beauftragter, 1982-84 Venezuela MANN FES - Beauftragter, 1984-87 Bogotá / Kolumbien Mitarbeiterinev. Kirche Bogotá, 1987 Rückkehr in d. BRD, Arbeit SPD - Fühlsbüttel, 1987-92 Umwelt AK SPD, Kommunalpol., 1993 Bürgerschaft Hamburg wie MdL, vor allem Thema Lärmschutzprogramm Flugzeuge, seit 1994 MdB, Direktwahl (47,2%), Wahlkreis 15 HH (nach 3x Direktwahl f. CDU Dirk Fisch CDU - Landesvors.), o.Mtgl. Umweltausschuß Berichterstatter Meeresschutz u. Lärm, seit 12/99 stv. M. Ausschuß f. wirtschaftl. Zusammenarbeit u. Entwicklung, 12/99 Parlamentreise Guatemala u. Haiti. (Re)

Hartnagel Hans Dr. Prof.
B.: Prof. TU Inst. f. Hochfrequenztechnik. DA.: 64283 Darmstadt, Merckstr. 25. PA.: 64397 Modautal, An der Ziegelhütte 1. G.: Geldern, 9. Jan. 1934. V.: Helen, geb. Relph. Ki.: Renate, Martin, Andrea. El.: Heinrich u. Anna. S.: Gymn. Geldern, TH Aachen, Dipl.-Ing., Ph.D., Dr.Eng. K.: nach Ind.Tätigkeit in Deutschland, Forsch. u. Lehrtätigkeit auf einer franz. u. zwei engl. HS. Dekan d. Fachbereichs Elektr. Nachrichtentechn. P.: mehr als 150 Veröff. über Originalergebnisse d. Forsch. in intern. wiss. Fachzeitschriften, 4 Bücher. E.: Max Planck-Forschungspreis, 1994 Dr. h.c. d. Univ Rom II in Italien, 1999 Dr. h.c. T. Univ. Moldawien in Moldawien. M.: I.E.E.E., V.D.E., IoP.

Hartnick Evelyn
B.: freiberufl. Dipl.-Bildhauerin u. Medailleurin. DA.: 13156 Berlin, Schloßallee 24. G.: Finsterwalde/NL, 17. Juli 1931. V.: Dr. Willi Geismeier. Ki.: Frank-Ernest (1953), Jan-Peter (1961). El.: Bruno u. Elly Hartnick. S.: 1948-49 Stud. Malerei Kunstgewerbeschule Leipzig, 1949-51 Stud. Buchillustration Ak. f. Grafik u. Buchkunst Leipzig, 1951-56 Stud. Bildhauerei HS f. bild. u. angew. Kunst Berlin-Weißensee, Dipl. K.: freiberufl. Künstlerin, Aufträge u. Ankäufe f. d. öff. Raum d. Stadt Berlin, mehrere figürliche Brunnen, Reliefs hist. Thematik, Porträtreliefs, seit 1972 eine Vielzahl geprägter Med., Sondermünzen d. DDR, Kunstmed. in Bronze, Münzentwürfe f. staatl. Gedenkmünzen, 1996 f. EURO-Münzen, Ankäufe durch Museen, zahlr. Studienreisen u. Tschechien, Polen, Rumänien, Rußland, Kaukasus, Georgien, Armenien, 1981 Rom, Florenz, 1988 Paris, seit 1990 haupts. Italien, wichtige Arb. u.a. Kinderbrunnen in Berlin-Mitte, Fassade d. Otto-Nagel-Galerie Berlin-Wedding, im Berolina-Haus Berlin-Relief, im Märkischen Museum Portrait Ludwig Hoffmann. P.: Ausstellungsbeteiligungen u. d. Kunstausstellungen d. DDR in Berlin, Dresden, Warschau, Wien, Mexico-City, Paris, Teilnahme an Medaillenausstellungen in Moritzburg Halle/Saale (1992), Frauenmuseum Bonn (1993), Germanisches Nationalmuseum Nürnberg (1994), Wissenschaftszentrum f. d. Dt. Wissenschaft Bonn (1995), Art'95 New York, Fidem Neuchatel 1996 u. Den Haag 1998, Eintrag im Allg. Lexikon d. Kunstschaffenden Band 4 - Forschungsinst. Bild. Künste Nürnberg. E.: 1955 Dipl. b. d. Weltfestspielen d. Jugend u. Studenten in Warschau. M.: Dt. Ges. f. Medaillenkunst (DGMK), Berufsverb. Bild. Künstler (BBK).

Hartogs Christoph *)

Hartramp Horst
B.: HS-Ing., Bezirksstadtrat für Finanzen, Wirtschaft und Sport. FN.: Bez.-Amt Weißensee v. Berlin. DA.: 13086 Berlin-Weißensee, Parkstr. 106. PA.: 13086 Berlin-Weißensee, Woelckpromenade 29. G.: Berlin, 19. Juli 1951. Ki.: 1 Kind. S.: 1961 Mittlere Reife, b. 1964 Lehre als Elektromechaniker in Berlin, Stud. Nachrichtentechnik Ing.-FS Lichtenberg, Fernstud. TU Chemnitz, 1973 HS-Ing.,1968 Ing. K.: 1968/69 Lehrausbilder d. Interflug, als Wehrdienstverweigerer entlassen , 1970-90 Ing. im Werk f. Signal- u. Sicherungstechnik Berlin-Schöneweide, s. 1990 StadtR. f. Finanzen u. Wirtschaft im Stadtbez. Berlin-Weißensee. P.: 1995 "Kommunale Wirtschaftsförd.- d. Rolle d. Verw. b. d. Förd. kleiner u. mittlerer Unternehmen" (1995). M.: stellv. Landesvors. d. Mittelstandsver. (MIT) d. CDU Berlin u. Kreisvors. d. MIT Berlin-Weißensee, Vors. eines Ortsverb. d. CDU in Berlin, Förderer Frei-Zeit-Haus e.V. H.: Garten, Literatur.

*) Biographie www.whoiswho-verlag.ch oder beigefügte CD-ROM

Hartschen Hans-Albrecht

B.: Heilpraktiker, Psychotherapeut. DA.: 40545 Düsseldorf, Luegallee 40. G.: Köln, 13. Juli 1936. Ki.: Jacqueline. El.: Dr. Hans u. Martha. S.: 1954-57 Ausbild. als Fotokfm. in Köln, 1958 Studienaufenthalt in USA. K.: 1959 Foto-Koch in Frankfurt, 1961 selbst., Eröff. d. eigenen Foto-Geschäftes in Opladen, 1975 Stud. als Heilpraktiker an d. FH Bochum, 1977 Abschluss u. Eröff. d. eigenen Praxis in Essen, 1982 Umzug d. Geschäftes nach Düsseldorf, 1984 Abendausbild. z. Psychotherapeuten in Köln, 1984-89 Ausbild. m. Dipl. z. psycholog. Berater u. Ausbild. d. Metaphysik. M.: Fachverb. dt. Heilpraktiker e.V., Verb. dt. Psychologen u. Psychotherapeuten e.V. H.: Curling, Rennradfahren, Fotografieren.

Hartstein Reinhard Dr. *)

Hartten Hans-Peter *)

Harttrumpf Wolfgang *)

Hartung Anneliese *)

Hartung Cordula *)

Hartung Dieter *)

Hartung Dietmar *)

Hartung Ferdinand *)

Hartung Frank *)

Hartung Franz-Karl

B.: Innenarchitekt-Dipl.-Designer. FN.: AWH Atelier Werkstätte Hartung. DA.: 36039 Fulda, Fuldaer Weg 6. G.: Fulda, 29. Sep. 1945. V.: Josefa, geb. Merschmann. Ki.: Stephan (1981). El.: Hermann u. Johanna. BV.: Großvater Franz Hartung - Gründer d. Firma. S.: Tischlerlehre, 1963 Abschluss als Tischlergeselle, Abendschule, Voraussetzung z. Stud. d. Innenarch., 1968 Stud. an der FH Detmold u. 1971 Abschluss als Dipl.-Designer f. Innenarch. u. Möbel. K.: 1971-81 Tätigkeit b. d. Firma Interform, verantwortlich f. Planungen d. Innenarchitektur f. Musterwohnungen, Planung u. Bauleitung im Schwarzwald, Umbau eines Kinderheimes u Schulungshotel, etc., 1981 Übernahme d. elterl. Betriebes m. d. Schwerpunkten: Innenarch., Bau exklusiver Möbel u. Haustüren, Entwurf + Ausführung einer internen Firmenausstellung mit Herrn Prof. Heinz Oestergard. E.: Kammersieger im Leistungswettbewerb v. Reg.-Bez. Kassel. M.: Arch.-Kam. Hessen.

Hartung Gerlinde *)

Hartung Hans-Jürgen Dipl.-Bw.

B.: Unternehmer, selbständig. FN.: Geering ÖPNV Unternehmensgruppe. DA.: 26125 Oldenburg, Mellumstr. 1. G.: Oldenburg, 20. Okt. 1945. V.: Irmgard, geb. Brakemeyer. Ki.: Hans-Joachim (1967), Geertje (1979), Henning (1982). El.: Johann Josef u. Amanda, geb. Hodes. S.: 1960-63 kfm. Lehre in Oldenburg, 1965-66 Wehrdienst, 1971 Z-Prüf. Univ. Oldenburg, 1972 Stud. BWL an d. FH Bremen, Abschluss Dipl.-Bw. K.: 1963-65 Ass. d. Gschf. eines Warenhauses in Köln, 1967-71 Immobilienkaufmann in Oldenburg, 1975-85 Krankenhausbetriebsdirektor in Recklinghausen u. Leer, seit 1985 selbständig, Grdg. d. Geering ÖPNV GmbH in Oldenburg als Gschf. Ges., 1986 Grdg. d. Alexander Taxen- u. Kurierdienste GmbH, 1988 Grdg. d. Taxizentrale GmbH, 1990 Grdg. Auto Geering Kfz-Werkstatt, 1995 Grdg. A & S Personenbeförderung GmbH u. Personenbeförderung GmbH & Co KG, 2001 Grdg. d. Yello Care GmbH, Geering ÖPNV Unternehmensgruppe, öffentliche Personen-Nahverkehrbusse, Taxen - Mietwagen - Leihwagen. H.: Damwildzucht, Jäger.

Hartung Hansrudolf Dr. jur. *)

Hartung Harald Prof.

B.: Prof. f. Literatur, Schriftsteller. FN.: TU Berlin. DA.: 10623 Berlin, Straße des 17. Juni. PA.: 14109 Berlin, Chausseestr. 51. G.: Herne, 29. Okt. 1932. V.: Freia, geb. Schnackenburg. Ki.: Stefan (1961), Daniel (1968). S.: Richard u. Wanda, geb. Stern. S.: 1954 Abitur, 1954-50 Stud. Germanistik u. Geschichte, Staatsexamen. K.: 1960-65 Lehrer an höheren Schulen im Ruhrgebiet, seit 1966 Doz. PH Berlin, seit 1971 Prof. f. Dt. Sprachen u. Literatur, seit 1980 Prof. TU Berlin, 1983-86 ehrenamtl. Dir. d. Lit. Colloquiums Berlin, 1988 Ehrengast d. Villa Massimo Rom, seit 1975 Literaturkritik f. d. Frankfurter Allg. Zeitung. P.: u.a. "Experimentelle Literatur u. konkrete Poesie" (1975), "Traum im Dt. Museum" (1986), "Luftfracht: Intern. Poesie" (1991), "Jahre mit Windrad. G." (1996), "Masken u. Stimmen Essays" (1986). E.: 1979 Förderpreis Literatur Berlin, 1987 Annette von Droste Hülshoff-Preis. M.: Akad. d. Künste Berlin, Dt. Akad. f. Sprache u. Dichtung, P.E.N.-Club. H.: Malerei. (I.U.)

Hartung John Dr. med. *)

Hartung Klaus Dr. Prof. *)

Hartung Klaus *)

Hartung Michael *)

Hartung Peter Dr. med.

B.: Kardiologe. FN.: Gemeinschaftspraxis Dr. Desing - Dr Hartung. DA.: 92637 Weiden, Leuchtenberger Straße 19. dr.hartung@gmx.de. G.: Weiden, 27. Jan. 1959. V.: Petra, geb. Dostler. Ki.: Thomas (1987), Susanne (1990), Stephanie (1998). El.: Peter u. Ursula. S.: 1978 Abitur, 1979-85 Med.-Stud. München u. Erlangen, 1985 3. Staatsexamen. K.: 1985 Innere Med. am Klinikum Nord in Nürnberg, 1986 Prom., 1985-89 Ass.-Arzt im Bereich Innere Med. am Klinikum Weiden, 1989-90 KH Barmherzige Brüder Regensburg im Bereich Herzkatheterlabor, 1991-98 OA am Klinikum Weiden im Bereich Herzkatheterlabor, 1989 Ndlg. als Kardiologe in Weiden, 2001 Eröff. eines ambulanten Herzkatheterlabors. BL.:

---

*) Biographie www.whoiswho-verlag.ch oder beigefügte CD-ROM

Herzschrittmacher u. Herzkatheter Operationen. P.: kleinere Art. M.: BNK, BNFI, Ärzteverb. Oberpfalz Nord, im Vorst. d. ärztl. Kreisverb. Weiden, Modelleisenbahnver. Etzenricht, NNRA, SFHMS. H.: US-Modelleisenbahn, Fotografieren schwarz/weiß, Kinder.

Hartung Peter O. *)

Hartung Ralf

B.: Dipl.-Ökonom, Dir. FN.: DaimlerChrysler AG Ndlg. Augsburg. DA.: 86161 Augsburg, Haunstetter Str. 73. G.: Arnstadt, 20. Juli 1952. V.: Doris, geb. Kaufmann. Ki.: Alexandra (1989) und Sylvie (1993). El.: Manfred u. Gertrud, geb. Schwaberow. S.: Stud. Wirtschaftswiss. Univ. München u. Augsburg, Dipl.-Ökonom. K.: 1978 Eintritt b. Daimler-Benz AG, Ausbild. im Verkauf, ltd. Positionen in d. Ndlg. Hamburg, Frankfurt u. Saarbrücken, 1987 Ltg. d. Vorst.-Sekr. "Vertrieb", 1989 Ass. d. Vorst.-Vors. d. Mercedes-Benz AG, Ltg. d. Ndlg. Freiburg u. Stuttgart, Übernahme d. Mercedes-Ndlg. in Augsburg als Dir. E.: ausgezeichnet als 1. Betrieb in Schwaben v. EU-Öko-Audit. M.: stellv. Vors. d. Verkehrsaussch. d. IHK Augsburg-Schwaben, Vorst.-Mtgl. WirtschaftsbeiR. d. Union Augsburg-Nordschwaben, AIESEC Lokalkomitee Augsburg, 1. Vors. Kreis d. Freunde u. Förderer d. Städt. Kunstsammlungen Augsburg e.V., Rotary Club Augsburg-Fuggerstadt. H.: Golf, Tennis, Skifahren.

Hartung Roland
B.: RA. FN.: MVV Energie 16. DA.: 68159 Mannheim, Luisenring 49. G.: Mannheim, 1936. S.: Stud. Rechtswiss. u. Volkswirtschaft Univ. Heidelberg, Staatsexamen. K.: als RA tätig, 1965-88 StadtR. in Mannheim, 1973/74 an d. Grdg. d. MVV-Konzerns beteiligt, Mtgl. d. AufsR. d. Holding u. aller Organges. d. MVV-Gruppe, seit 1988 kfm. Gschf. u. Vorst. in allen Organges., seit 1994 Sprecher d. Geschäftsführung. M.: versch. AufsR. u.a. d. Beteiligungsges. Grosskraftwerk Mannheim AG u. Gasversorgung Süddeutschland GmbH.

Hartung Thomas Dipl.-Kfm.
B.: Wirtschaftsprüfer, Steuerberater, Gschf. FN.: CP Consultants GmbH. DA.: 40212 Düsseldorf, Königsallee 70. www.cpconsultants.de. G.: Münster, 29. Jan. 1964. El.: Wilhelm u. Katharina, geb. Muckelmann. S.: 1983 Abitur Münster, 1983 Stud. BWL an d. Westfäl. Wilhelms Univ. Münster, 1988 Abschluss Dipl.-Kfm., 1989-90 Bundeswehr. K.: 1990 KPMG DTG AG, Abtlg. Assurance, 1993 Abtlg. Corporate Finance, 1994 Steuerberater, 1994 Abtlg. Tax u. Legal, 1996 Wirtschaftsprüfer, 1996 Manager (Prokurist), 1998 Senior Manager, 2000 Austritt KPMG. u. Grdg. eigener Ges. CP Consultants GmbH in Kooperation m. wirtschafts-rechtlich ausgerichteter Anwaltssozietät Clev & Pape, Düsseldorf, seitdem selbst. in eigener Gesellschaft tätig, Tätigkeitsschwerpunkte intern. Steuerrecht, Bilanzsteuerrecht sowie Due Diligence Prüfungen. M.: Inst. d. Wirtschaftsprüfer in Deutschland e.V. H.: Radfahren - Mountainbike, Badminton.

Hartung Volker Dr. med. *)

Hartung Wolfgang M. Dr. med. *)

Hartung Wolfgang Dr. jur. *)

Hartwich Andreas
B.: Zahnarzt. DA.: 30449 Hannover, Deisterstr. 13. zahnarztpraxis.hartwich@t-online.de. G.: Braunschweig, 13. Mai 1963. V.: Kerstin Wegener. Ki.: Justin (1995). El.: Werner u. Ingrid, geb. Wetzel. S.: 1980-82 Berufsausbild. z. Zimmerer b. Firma Schelm & Sohn Hannover, 1986 Abitur Hannover, 1986-88 Soldat auf Zeit als Fernmelde-Aufklärer b. d. Marine Flensburg, 1987-88 Ausbild. z. Bürokfm. über d. Berufsförd.-Dienst d. Bundeswehr Flensburg, 1988-89 Erst-Immatrikulation im Studienfach Med. an d. Gesamt-HS in Essen, 1989-91 Immatrikulation an d. MHH Hannover, 1991 Ärztl. Vorpüf., 1991-93 Immatrikulation im Studienfach Zahnmed. an d. Univ. Heidelberg, seit 1993 Immatrikulation an d. MHH Hannover, 1994 Zahnärztl. Vorprüf., seit 1996 Arb. an d. Diss., 1997 Staatsexamen Zahnmed. K.: 1997 Ass. versch. Zahnärzte in Hannover/Celle, 1999 Ndlg. in eigener Praxis in Hannover. M.: Zahnärzte-Forum e.V., Sportver. S.V. Gehrden. H.: Tischtennis, Motorradfahren.

Hartwich Dietrich Dipl.-Ing. *)

Hartwich Edmund
B.: Gschf. FN.: HBS Computer-Systeme GmbH. DA.: 85221 Dachau, Felix-Wankel-Str. 18. edmund.Hartwich@hbs-Info.de. www.hbs-info.de. G.: Erding b. München, 7. Juni 1945. V.: Cecilia, geb. Lutz. Ki.: Susanne (1969), Josef (1972). S.: 1959-63 Lehre als Elektromonteur Firma Zettler in München. K.: 1963 Elektromechaniker Firma Siemens in München, 1967 Grundwehrdienst, 1968 Elektromechaniker Firma Knott Hohenschäftlarn, 1968-70 Messtechniker MBB - Flugzeugentwicklung, 1970-72 Elektroniker Kraus Maffai München, Entwicklung d. Modells "Transrapid", 1982-85 Elektromechaniker Firma HBS München, 1985-91 Elektromechaniker Firma Tema München, 1991 Elektromechaniker Firma Mühlbauer AG, 1992 Gschf. Firma HBS Computer-Systeme GmbH. F.: Hauptges. mehrerer Firmen. M.: ehrenamtl. Tätigkeit b. Roten Kreuz als Sanitäter. H.: Musik, Wandern.

Hartwich Horst W. *)

Hartwich Johannes Dipl.-Architekt *)

Hartwig C.-H. Dr. med. Priv.-Doz. *)

Hartwig Dirk Oliver *)

Hartwig Horst Walter Dipl.-Ing. Ing. *)

Hartwig Jacqueline *)

Hartwig Lars
B.: Tischler, Inh. FN.: Lars Hartwig Ton- & Lichttechnik. DA.: 23560 Lübeck, Geniner Str. 52. G.: Hamburg, 1. Juni 1968. V.: Martina, geb. Dreimann. Ki.: Merle (1998), Nele. El.: Heinz Dieter u. Barbara. S.: 1987-89 Ausbild. z. Tischler in Lübeck, 1989-91 Zivildienst in d. Blutbank, OP-Organ. f. Blutkonserven u. Transfusionsmed., 1991-93 Fachabitur an d. Gewerbeschule 3 in Lübeck. K.: Musikal.-Techn. Ass. am Theater Lübeck, 1993-94 freiberufl. Tontechniker f. d. Firma Düsenklang Lübeck, 1994-95 "School of Audioengineering" Ausbild. z. Audioing., 1995-96 Ton- u. Lichtverleih Cobra m. namhaften Jazz-, Pop- u. Rockstars, techn. Betreuung u. nebenher Aufbau u. Grdg. d. eigenen Betriebes "LHL Veranstaltungstechnik". M.: VPLT, AGEV. H.: Musik, Fahrradfahren, Computer.

Hartwig Lydia *)

---

*) Biographie www.whoiswho-verlag.ch oder beigefügte CD-ROM

Hartwig Michael

B.: Großhdls.-Kfm., Sachgebietsltr. FN.: BayWa Baustoffe. DA.: 04808 Wurzen, Dresdner Str. 70. G.: Tann, 26. Feb. 1969. El.: Horst u. Christiane. S.: 1987 Mittlere Reife, Berufsgrundschulj. f. Ldw., 1989 Lehre z. Großhdls.-Kfm. b. einer Raiffeisenbank m. Warenwirtschaft. K.: Stahlbaumonteur b. Wacker-Chemie, Bundeswehr, 1982 Beginn b. BayWa: Verkaufsberater im Innendienst, 1993 Verkaufsberater Innendienst b. BayWa Kleinwölka, Ndlg.-Ltr., 1997 Sachgebietsltr. b. BayWa Wurzen. P.: Art. in d. LVZ. M.: Freiwillige Feuerwehr Tann. H.: Lesen, fremde Kulturen, Fallschirmspringen.

Hartwig Richard
B.: Unternehmer. DA.: 38122 Braunschweig, Frankfurter Str. 246. G.: Braunschweig, 14. Feb. 1938. V.: Brigitte, geb. Baumgarten. Ki.: Sven (1966). S.: 1962-64 Dt. Außenhdls. u. Verkehrsak. Bremen. K.: 1964-69 Ndlg.-Ltr. einer Sped., 1970 Grdg. einer eigenen Sped.-Ges., 1972-76 Zukauf v. Fernverkehrsunternehmen, 1984 Restaurierung d. bedeutensten aus d. Mittelalter verhaltenen Gebäudes z. Restaurant u. Hotel Ritter St. Georg, 1991 Eröff. nach Umbau "Des alten Waisenhauses" z. Hotel Stadtpalais, 1991 Bautätigkeit in d. neuen Ländern. M.: Vors.d . Arbeitgeberverb.

Hartwig Rüdiger *)

Hartwig Wolfgang *)

Härtwig Christiane Dr. phil. *)

Hartz Peter Dr.
B.: Vorst.-Mtgl. FN.: Volkswagen AG. DA.: 38436 Wolfsburg. G.: St. Ingbert/Saar, 9. Aug. 1941. Ki.: 1 Sohn. S.: Ausbild. als Ind.-Kfm., Stud. an d. HS f. Wirtschaft u. Technik Saarbrücken, Abschluß Dipl.-Betriebswirt. K.: 1955-68 b. TH. Jansen GmbH tätig, zuletzt als Vertriebsltr., 1968-69 b. AMRI S.A. Paris, Exportltr. f. d. BRD, Wechsel zu PONT-A-MOUSSON S. A., Werk TH Jansen Rohrbach, b. 1976 in versch. Funktionen zuletzt als Dir. tätig, 1976 Arb.-Dir. u. Mtgl. d. Geschäftsführ. d. Röchling-Burbach Weiterverarbeitung GmbH in Völklingen, 1979 Berufung z. Arb.-Dir. u. Mtgl. d. Vorst. d. "AG Der Dillinger Hüttenwerke" Dillingen, 1986 gleiche Funktion b. d. Saarstahl AG übernommen, 1989 b. d. Holding DHS-Dillinger Hütte Saarstahl AG, seit 1993 Vorst.-Mtgl. d. Volkswagen AG, Geschäftsbereich Personal, Arb.-Dir. E.: 1994 Ehrendoktorwürde d. Univ. Trier.

Hartz Rudi *)

Hartz Thomas Dr. med.
B.: FA f. Frauenheilkunde u. Geburtshilfe. DA.: 90419 Nürnberg, Burgschmiedstr. 54. G.: Hameln, 9. Nov. 1945. V.: Monika, geb. Schauf. Ki.: 2 Kinder. S.: 1966 Abitur, 1966-72 Stud. Med. Kiel, Approb. u. Prom. K.: Ass. an d. Univ.-Frauenklinik in Köln, 1981 FA-Anerkennung, seit 1982 ndlg. Frauenarzt, Belegarzt am Klinikum Hallerwiese in Nürnberg u. Klinikum Martha-Maria in Nürnberg m. Schwerpunkt minimalinvasive Chir. u. gynäk.-operative Eingriffe. P.: Diss.: "Die elektr. Erregbarkeit d. Nervenfasern s. Süßwasserkrens Promcamperus Clarkii unter d. Einwirkung v. Kalzium u. Lanthanion" (1972), Initiator u. Mitgründer d. "Frauen Gesundheitsforums e.V." (1999), Vorträge. M.: Bez.-Vors. d. Frauenärzte Mittelfranken, Berufsverb. d. Frauenärzte, Lionsclub Franken, Golfclub Reichswald. H.: Golf, klass. Musik, Spielzeugdampfmaschinen.

Hartz Walter Heinrich Maria Dipl.-Betriebswirt

B.: Unternehmer, Inh.; freiberufl. beratender Betriebswirt. FN.: Kaufm. Dienste Hartz GmbH. DA.: 47804 Krefeld, Fürstenbergstr. 8. PA.: 47799 Krefeld, Bismarckpl. 17. G.: Hüls, 20. Sep. 1946. Ki.: Marielouise (1977). El.: Josef u. Helma. S.: Mittlere Reife, 1963-65 Höhere Handelsschule, 1965-68 Ausbild. Steuerfachgehilfe. K.: 1968 tätig in d. elterl. Gärtnerei, ab 1974 selbst. im Blumengroßhdl. u. glz. Stud. Betriebswirtschaft in Mönchengladbach, 1988 Dipl.-Betriebswirt, seit 1988 selbst. im Bereich Rechnungswesen. H.: Musik, Fotografieren.

Hartz Wolfgang
B.: freiberufl. Grafiker. DA.: 29646 Bispingen, Soltauer Str. 67. G.: Altona, 6. Nov. 1921. V.: Ursula, geb. Pomplun. Ki.: Gerold (1951), Barbara (1954), Olaf (1955). El.: Max Hartz u. Frida Hartz-Meybach (Opernsängerin). BV.: Prof. Otto Hartz - Historiker Weimar. S.: 1937 Mittlere Reife Altona, 1937-40 Ausbild. z. Repro-Fotografen. K.: Maler u. Graphiker b. Vater Max Hartz, 1940-45 Luftwaffensoldat u. Kriegsteilnehmer, 1945-47 Fortsetzung u. Beendigung d. Ausbild. z. Graphiker, gleichzeitig freiberufl. Landschafts- u. Portraitmaler, 1947-53 freiberufl. Landschafts- u. Portraitmaler, 1947-53 freiberufl. Gebrauchsgrafiker f. Hdl., Gewerbe, Agenturen u. priv. Kunden, 1953-57 Grafiker in Firma Grafika GmbH, 1958-94 Hausgrafiker in Firma H.F.+Ph.F. Reemtsma Hamburg, seit 1987 freier Mitarb., seit 1994 freiberufl. Grafiker f. überwiegend priv. Kundenkreis. M.: Hamburger Kunstver., Freunde d. Altonaer Museums, Dt. Ges. z. Rettung Schiffbrüchiger, Gemeinschaft d. Jagdflieger, Dt. Rotes Kreuz. H.: Fotografieren, Radfahren, Wintersport, Bergwandern, Archäologie.

Hartz-Hoffmann Elisabeth *)

Harvan Renate *)

Harwig Maria-Michaela Dipl.-Ing. *)

Hary Armin *)

Hary Thomas Ralf

B.: RA, Notar. DA.: 14052 Berlin, Reichsstr. 106. RuN.: Hary@t-online.de. G.: Salzgitter, 3. Juli 1952. S.: 1958-71 Abitur, Salzgitter Kranichgymn., 1971-76 Stud. Jura u. Völkerkunde, Freiburg/i. Br., 1. Staatsexamen, 1978-80 Referendariat in Berlin, 2. Staatsexamen, Zulassung z. RA. K.: seit 1980 selbst. RA, Schwerpunkte: Versicherungs- u. Schadensrecht, Erb- u. Baurecht, 1991 Zulassung als Notar. H.: Sport, Theater, Oper, Klassik, Jazz, Literatur.

*) Biographie www.whoiswho-verlag.ch oder beigefügte CD-ROM

Harz Dirk

B.: Rechtsanwalt. FN.: RA-Büro Dirk Harz (SOCKO & COLL. - Bürogemeinschaft). DA.: 30165 Hannover, Vahrenwalder Pl. 3. G.: Langenhagen, 1. Jan. 1967. El.: Hans-Joachim u. Helga, geb. Timmerberg. S.: 1986 Abitur, Bundeswehr, Stud. Rechtswiss. Georgia-Augusta-Univ., 1994 1. u. 1998 2. Staatsexamen, Referendariat b. LG in Hannover. K.: seit 1998 zugelassener RA am LG u. Amtsgericht Hannover, gleichzeitig selbst. m. eigener Anw.-Kzl. in Bürogemeinschaft, Tätigkeitsschwerpunkt: Arbeits- u. Familienrecht, seit 1999 Doz. b. d. Bankak. in Frankfurt f. Bankrecht, Personalwesen/Bereich Arbeitsrecht. M.: Tennisver. in Wettmar, CDU, Beisitzer im Vorst. d. Ortsverb. Vahrenwald/List. H.: Tennis, Lesen (Chroniken), Politik, Musik, DJ-Tätigkeiten.

Harzbecher Gudrun

B.: Laborantin, Unternehmerin, selbständig. FN.: Pension Harzbecher. DA.: 03044 Cottbus, Beuchstr. 22. G.: Lieberose, 19. Dez. 1948. V.: Peter Harzbecher. Ki.: Kerstin (1967), Margit (1969). El.: Karl u. Elisabete Schulze. S.: 1965 Mittlere Reife, 1965-67 Lehre Chemielaborantin. K.: 1969-71 tätig in d. Stadtbibliothek in Cottbus, 1971-77 Laborantin in Textilkombinat in Cottbus, 1977-78 Laborantin in einer Apotheke in Cottbus, 1978-90 Versicherungskauffrau d. Staatl. Vers. d. DDR, 1990-91 selbständige Vertreterin f. d. Allianz Vers. AG, 1992 Eröff. d. Pension.

Harzdorf Peter *)

Harzem Marcus A.

B.: Gschf. FN.: CMC Custom Media Consult GmbH. DA.: 53175 Bonn, Godesberger Allee 125. G.: Bonn, 28. Mai 1966. V.: Papalitsa Evangelia. S.: 1984 Abitur Bonn, 1988-90 Zivildienst. K.: 1990 Grdg. Firma CMC Bonn Webagency. F.: 1998 Gschf. Firma 3W4U Frankfurt. H.: Kochen, Segeln.

Harzen Günther Andreas *)

Harzendorf Peter *)

Harzenetter Ludwig

B.: Antiquitätenhändler, selbständig. FN.: Antik Hof Günz. DA.: 87784 Westerheim, Dorfstr. 25. www.antiquitaeten-harzenetter.de. G.: Memmingen, 7. Okt. 1948. V.: Marie-Luise, geb. Mang. Ki.: Sarah (1978), Barbara (1980), Ludwig jun. (1984). S.: Lehre z. Maler, Bundeswehr, einige Gesellenjahre, 2 J. Ausbildung b. Kirchenmaler Kneer in Munderkingen. K.: 1979 Einstieg in d. Antiquitätenbranche als Händler m. einem Ausstellungsraum in d. alten Schule in Günz, anschließend f. 20 Jahre Antiquitätengeschäft in Memmingen, nach d. Kauf d. Anwesens in Günz u. dessen Umbau u. Fertigstellung verlegte er sein Hauptgeschäft dorthin, Schwerpunkt: Möbel u. Accessoires, dank Internet Kunden auf d. ganzen Welt, vornehmlich d. USA. M.: örtlicher Tennis-, Schützen- und Fußballverein. H.: Angeln, Motorradfahren, moderne Malerei, Reisen, Restaurieren v. Möbeln.

Harzer Henning Dipl.-Ing.

B.: Dipl.-Ing. f. Holzfaserwerkstoffe, Sachkundiger f. bekämpfenden Holzschutz. FN.: Holzschutz Henning Harzer. DA.: 04157 Leipzig, Rückertstraße 12. hharzer@aol.com. www.holzschutz-harzer.de. G.: Dresden, 13. Nov. 1967. Ki.: Jonathan (1998), Lotte (2001). S.: Stud. z. Ing. f. Holztechnik in Dresden, Dipl. z. Dipl.-Ing. f. Holztechnik HTW Dresden. K.: Mitarbeiter Arbeitsvorbereitung Weißenfels, seit 1999 selbständiger Gutachter für holzschutztechnische Gutachten, baubegleitende Betreuung, baulichen Holzschutz u. Seiltechnik am Bauwerk. M.: Sächsischer Holzschutzverband e.V., Deutsch-Rumänische Gesellschaft e.V. H.: Höhlenforschung, Alpinismus.

Harzer Steffen Martin Dipl.-Ing.

B.: Bgm. d. Stadt Hildburghausen. DA.: 98646 Hildburghausen, Clara-Zetkin-Str. 3. PA.: 98646 Hildburghausen, Schleusinger Str. 35. G.: Eisfeld, 28. Aug. 1960. Ki.: Markus (1985), Jonas (1990). El.: Manfred u. Elisabete. BV.: Großeltern Ernst u. Helene Loos. S.: 1977 Mittlere Reife, 1977-80 Lehre als Werkzeugmacher im Fahrzeug- u. Jagdwaffenwerk Suhl, 1980-84 Stud. Instandhaltung u. industrielle Ausrüstung an Ing.-Schule Schmalkalden. K.: 1984-87 Betriebsing. im Heizkraftwerk im Fahrzeug- u. Jagdwaffenwerk Suhl, 1988-92 Ltr. Wärmeversorgung in Bez.-Nervenklinik Hildburghausen, 1992-94 freigestellt als Vors. d. HauptpersonalR. b. Thüringer Min. f. Soz. u. Gesundheit, 1994-96 PersonalR.-Vors. im Landesfach-KH f. Psychiatrie u. Neurologie Hildburghausen, 1996 Bgm. d. Stadt Hildburghausen; seit 1990 im Kreistag, 1992-93 Vors. d. PDS Kreisverb. Hildburghausen, 1992-96 Mtgl. im Landesvorst. d. PDS, dzt. Mtgl. d. BundesparteiR. d. PDS, 1994-96 Fraktionsvors. d. PDS im StadtR., 1992-96 ÖTV Bez.-Vorst., 1996 Mtgl. im BeiR. d. ÖTV, Delegierter aller PDS-Parteitage, Mitarb. im Präsidium d. Parteitages. H.: Politik, Fußball, Computer/Internet.

Harzheim Kai A.

B. RA. DA.: 20149 Hamburg, Rothenbaumchaussee 193-195. G.: Elmshorn, 1. Sep. 1962. S.: 1983 Abitur, 1983-85 Wehrdienst, 1985-91 Stud. Rechtswiss. Univ. Hamburg, 1991 1. Jur. Staatsexamen, 1992-95 Referendariat OLG - Bez. Celle, 1995 2. Jur. Staatsexamen. K.: 1995-97 Justitiar CONOCO Mineralöl GmbH Hamburg, 1996 Zulassung z. RA, 1997-98 Syndicus Du Pont de Nemours (Deutschland) GmbH, Bad

---

*) Biographie www.whoiswho-verlag.ch oder beigefügte CD-ROM

Hasan Ibrahim Dr. med.

Homburg, 1998 Grdg. Sozietät Hainke Harzheim, Rechtsanwälte, Schwerpunkte: Medien-, Wettbewerbs- u. Wirtschaftsrecht. M.: seit 1998 Dt. Multimedia Verband e.V., Düsseldorf, seit 1999 Hamburg-Newmedia@work, Förderkreis Multimedia e.V., Hamburg, seit 2000 Gründungd-Mtgl. Interessenverband Wirtschaft u. Technik e.V. INWITEC, Hamburg, seit 2000 Dt. Vereinigung f. gewerbl. Rechtsschutz e.V. (GRUR). H.: Fitness, Laufen, Inline-Skating, Karate.

B.: Facharzt f. Hämatologie u. Onkologie. FN.: Onkolog. Schwerpunktpraxis Siegburg. DA.: 53721 Siegburg, Humperdinckstr. 10-12. G.: Jericho/Jordanien, 8. Feb. 1956. Ki.: Maxim (1980), David (1982). El.: Mustafa u. Fatima, geb. Hamdan. S.: 1974 Abitur Amman, 1974-75 Stipendiat Herder-Inst. Leipzig, 1975-80 Stud. Med. Rostock, 1980 Staatsexamen, 1980 Ass. an der Univ. Rostock, 1983 Prom., 1986 FA für Innere Med., 1994 Zusatzbezeichnung Hämatologie u. internist. Onkologie. K.: 1981 tätig in internist. Radiologie b. Prof. Moldenhauer, 1981-86 im Bez.-KH Neubrandenburg, 1983 Delegierter an d. Charité in Berlin, 1986 tätig in Bonn, 1986-87 am KH Traben-Trabach, danach Lehre in Kunst-Grafik in Bonn, 1989-95 an d. Univ.-Klinik in Bonn, seit 1995 Aufbau d. hämatolog.-onkolog. Schwerpunktpraxis in Siegburg m. Schwerpunkt Koordination v. Diagnostik u. Behandlung, Behandlung v. Blut- u. Tumorerkrankunen. P.: Ausstellungen in d. Praxis (seit 1995), ca. 10 Publ. u.a. im DMW über lokale Tumortherapie, Lebertumore u. Leberzellkarzinom. E.: Leistungsstipendium f. hervorragende Leistungen. M.: AIO, GEFAK, Arge f. radiolog. Onkologie, Dt. Verb. d. Internisten. H.: Malerei, klass. Musik, antike Kulturen, Städtereisen.

Hasbach Werner *)

Hasbargen Volker *)

Hasch Matthias
B.: Gschf. FN.: P4 Belichtungsstudio GmbH. DA.: 67547 Worms, Pauluspl. 4. p4hasch@t-online.de. G.: Ludwigshafen, 24. Nov. 1964. Ki.: Lucas (1986), Jonas (1988). El.: Rudolf u. Christa. S.: 1981-83 Ausbild. z. Polizeibeamten (Hessen), 1986-88 Ausbild. z. Informatiker u. FH-Reife, 1988 staatl. geprüfter Informatikerass., 1988-91 Stud. Informatik an d. FH Worms, 1991 Dipl. K.: 1991-95 selbst. Computerhändler m. Ladengeschäft in Frankenthal, 1995-97 freier Mitarb. in Werbeagentur "VAM" in Mannheim, 1997-98 Ltr. d. Belichtungsservice b. Werbagentur "CICERO" in Worms, 1998 Grdg. d. GmbH. H.: Sport.

Hasche Helmut Dr. med.
B.: FA f. Innere Med. DA.: 97688 Bad Kissingen, Ludwigstr. 10. PA.: 97688 Bad Kissingen, Am Rodweg 14. G.: Einbeck/Hann, 5. Mai 1944. V.: Ulrike, geb. Windaus. Ki.: Anneken (1973), Kathrin (1976), Steffen (1978), Jochen (1980). El.: Wolfgang u. Ruth. S.: 1965 Abitur Lübeck, 1966-68 Theol.-Stud. Bielefeld u. Tübingen, 1971 theol. Fak.-Examen, 1968-73 Med.-Stud. Göttingen, Med. Staatsexamen, 1974 Prom. K.: b. 1976 Ass. in Göttingen, Herzberg u. Bad Lauterberg, ab 1976 Städt. KH München-Schwabing, 1981 FA f. Innere Med., 1985 OA im Diakonie-KH Rotenburg/Wümme, ab 1987 Planung u. Durchführung d. Dt. Diabetikertages in Tübingen (1988), Ulm (1993), d. Niedersächs. (1987) u. d. Bayer. (1990) Diabetikertages, 1987/88 Planung u. Aufbau d. Diabetes-Reha-Zentrums "Fürstenhof" Bad Kissingen, 1989-91 Ärztl. Ltg. d. Diabetes-Reha-Zentrums "Fürstenhof", 1991 Rücktritt aus d. Klinik u. Neubeginn in eigener Praxis, 1992 Umbau d. Praxis z. diabetesgerechten ambulanten Zentrum m. Schulungsräumen, 1995 Anerkennung als Diabetologe DDG/Diabetes Zentrum. P.: Bücher: Diabetes im Alter, ein Handbuch f. Pflegeberufe (1996), Selbstkontrolle b. Diabetes - Aufgabe u. Notwendigkeit (1997), ca. 61 Art. zu Diabetes in Fachzeitschriften u. ca. 50 Fachvorträge. M.: Dt. Diabetes Stiftung, Vorst. d. Dt. Diabetes Ges., Ltg. d. Aussch. Ärztl. Fortbild., Bund Dt. Internisten Arge Diabetologie. H.: Musik (spielt Cello, singt im Chor), Skifahren, Segeln, Radfahren.

Haschek Dieter

B.: Goldschmiedemeister, Inh. FN.: Goldschmiede Dieter Haschek. DA.: 86356 Neusäß, Augsburger Str. 4. G.: Unterthürheim, 18. Jan. 1955. V.: Josefa, geb. Hofbauer. S.: Goldschmiedelehre, 1979 Meisterprüfung. K.: seit 1981 selbst. in Neusäß, Schwerpunkt: klass. Goldschmiedewerkstatt. BL.: kreierte d. Jubiläumseuro aus Neusäß anläßl. d. 10-jährigen Stadterhebung. E.: Schwäb. Kammersieger, 2. Bayer. Landessieger. M.: Vorst.-Mtgl. Aktionsgemeinschaft Neusäß.

Hascher Eberhard Dipl.-Kfm. *)

Haschke Gottfried
B.: MdB, Parlamentar. Staatssekr. a.D. FN.: Dt. Bundestag. DA.: 11011 Berlin, Platz d. Republik 1. PA.: 02747 Großhennersdorf, Bernstädterstr. 32. Ki.: 5 Kinder. K.: Ldw.Mstr., 1952 Eintritt CDU, 1960 Übernahme d. ldw. Betriebes d. Eltern, 1960-77 Ltr. einer ldw. Produktionsgen. in d. ehemaligen DDR, 1973-90 Produktionsltr. eines gen. Großbetriebes d. Pflanzenproduktion, April-Oktober 1990 Parlamentar. Staatssekr. u. Gschf. Min. f. Ernährung, Ldw. u. Forsten im Kabinett de Mazière in d. ehemaligen DDR, 18. März 1990 - 2. Okt. 1990 Mtgl. d. Volkskam. d. ehemaligen DDR, seit 1990 MdB, 1991-93 Parlamentar. Staatssekr. b. Bundesmin. f. Ernährung, Ldw. u. Forsten. (Re)

Haschler Eva-Maria *)

*) Biographie www.whoiswho-verlag.ch oder beigefügte CD-ROM

Hase Alexander
B.: Zahnarzt, selbständig. DA.: 13403 Berlin, Eichborndamm 18. G.: Riga/Lettland, 26. Jan. 1947. V.: Gesya, geb. Ulmann. Ki.: Simona (1975). S.: 1964-70 Stud. Med. u. Stomatologie in Riga, 1970 Examen. K.: 1970-73 3 J. Zahnarzt auf d. Lande in Lettland, 1974-77 Zahnarzt in Riga, 1977 Auswanderung nach Wien u. anschl. nach Berlin, 1978 Ass. in Berliner Zahnarztpraxis, 1979 Übernahme d. Praxis. H.: Computer, digitale Fotografie, Lesen, Geschichte, Biographien, Politik, Fortbildungen.

Hase Dagmar
B.: Reisebürokauffrau, ehem. Schwimmerin. FN.: c/o SC Magdeburg. DA.: 39104 Magdeburg, Virchowstraße. G.: Quedlinburg, 22. Dez. 1969. S.: Kommunikationswiss. K.: Erfolge: 1989 EM 200m R (1.), 1991 WM 4x200m F (1.), 200m R (2.), EM 4x100m F (2.), 4x100m L (2.), 100m R (3.), 200m R (3.), 4x200m F (2.), 1992 OS 400m F (1.), 200m R (2.), 4x100m L (2.), 1993 EM 400m F (1.), 4x200m F (1.), 1994 WM 4x200m F (2.), 1995 EM 4x200m F (1.), 200m R (2.), WM Kurzbahn 200m R (2.), 1996 DM 400m F (1.), 200m F (2.), 800m F (2.), 1996 Olymp. Sommerspiele Atlanta: Silber- u. Bronzemed. (400m F, 800m F, 4x200m F, 200m F), 1997 EM 400m F (1), 4x200m F (1), 1998 WM Perth 4x200m F-Staffel (1), 200m Rücken (2), 400m F (3), Karriereende, Studium berufsbegleitend: Kommunikation u. Marketing. H.: Autofahren, Dobermann Caya+Oskar, Wasserball, Tauchen.

Hase Eckhard Dipl.-Kfm. *)

von Hase Friedrich-Wilhelm Dr. Prof. *)

Hase Stephan Dr. iur. LL.M. *)

Hase Volker Dipl.-Ing. *)

Hase Volker Günther Dipl.-Stom.
B.: Stomatologe. DA.: 04668 Grimma, Straße d. Friedens 20. G.: Grimma 2. Apr. 1958. V.: Serena, geb. Tietze. Ki.: Tina (1987), Stefan (1991). El.: Günther u. Ingeborg. S.: 1976 Abitur, Wehrdienst, 1979-84 Stud. Zahnmed. Univ. Leipzig. K.: 1984-91 Zahnarzt m stomatolog. Zentrum Grimma, seit 1991 ndlg. Zahnarzt m. Schwerpunkt konservierende Stomatologie, Prothetik, Endodontie. M.: Freier Verb. Dt. Zahnärzte, BSC Victoria Naunhof e.V. H.: Volleyball, Radfahren.

Haseborg Fokko Dr. rer. pol. Univ.-Prof. *)

Hasel Karl Dr. *)

von Haselberg Andreas

B.: Energiegeräteelektroniker. FN.: Music & Entertainment, Tanz- u. Show-Band Andreas v. Haselberg. DA.: 10967 Berlin, Kottbusser Damm 7. von-haselberg@t-online.de. www.von-haselberg.de. G.: Berlin, 3. Jan. 1965. El.: Udo u. Brigitte Richter. S.: ab 1979 Pianoausbild. b. Steinway & Sons, 1981-84 Lehre als Energiegeräteelektroniker bei Otis GmbH, ab 1984 24-monatige Gesangsausbild. auf einer Privatschule, 1986 Saxophon-Ausbildung, 1986 erste Auftritte als Entertainer (Alleinunterhalter), 1984-90 techn. Ang. b. Otis GmbH, ab 1990 Grdg. d. Tanz- u. Show-Band Andreas v. Haselberg, 1998 CD-Aufnahme "In the Summertime", 1999 Grdg. d. Berlin-Starlight-Orchesters f. d. gr. Besetzung. H.: Musik (hören, darbieten).

Haseldonckx Paul
B.: Vors. d. Gschf. FN.: Veba Oil & Gas GmbH. DA.: 45133 Essen, Theodor-Althoff-Str. 41. www.veba-oil-gas.de. G.: Wilrijk/Belgien, 1948. S.: Stud. Univ. Leiden, Niederlande. K.: 1973-78 tätig f. d. Robertson Research Group Singapore, 1978-83 DEMINEX GmbH Essen, 1983-86 Mtgl. d. Gschf., 1986-87 Gschf. D. DEMINEX UK Ges., 1987-1991 Gschf.. d. DEMINEX Gruppe, 1991 Vors. d. Gschf. DEMINEX, seit 1998 Vors. d. Gschf. d. Veba Oil & Gas GmbH. (Re)

Häseler Dieter H.
B.: Stadtdir. d. Stadt Neustadt am Rübenberge. DA.: 31535 Neustadt am Rübenberge, Nienburger Str. 31. dhaeseler@neustadt-a-rbge.de. G.: Hannover, 3. Sep. 1951. V.: Christiane, geb. Heppner. Ki.: Jan (1979), Kai (1982), Laura (1985). S.: 1970 Abitur Hildesheim, 1970-72 Bundeswehr, 1972-78 Stud. Rechtswiss. Univ. Göttingen, 1978 1. Staatsexamen, 1978-80 Referendariat OLG Celle, 1980 2. Staatsexamen. K.: 1980-81 RA in einer Kzl. in Bad Münder u. Hameln, stellv. Gschf. im Arbeitgeberverband Hameln, 1981-82 Reg.-Rat in d. Niedersächs. Steuerverwaltung in Hannover, 1983-87 persönl. Ref. d. Finanzministers Dr. Ritz, 1987-89 Personalreferent im Finanzministerium in Hannover, 1989-94 Referatsleiter im Niedersächs. Sozialministerium, seit 1994 Stadtdir. d. Stadt Neustadt am Rübenberge. M.: CDU, AR d. Wirtschaftsbetriebe Neustadt/Rbge., Stadtwerke GmbH, AR d. Stadtversorgung Westfahlika, Vorst. d. Tourismusverband Hannover Region, 2. Courie d. Calenberg-Grubenhagener Landschaft, Sportverein, Kunstverein Neustadt. H.: Tennis, klass. Musik, Segeln, Literatur.

Haseley Wolfgang *)

Haselhorst Angela *)

Haselhorst Volker *)

Haselmann Doris

B.: Journalist, Inh. FN.: PPessemotion. DA.: 90451 Nürnberg, Wernfelser Str. 24a. G.: Neumarkt, 16. Juni 1963. V.: Alexander Haselmann. El.: Max u. Hilde Distler, geb. Bauer. S.. 1982 Abitur, 1988-90 Prom., Aus- u. Weiterbild. an d. Journalistenschulen München u. Hamburg. K.: 1982-84 Tageszeitungs-Volontariat u. Redakteurin b. d. Mittelbayer. Zeitung, 1984-86 Redakteur b. Verlag Ritthammer, Fachzeitschrift "Möbelmarkt" Ressortltg. versch. Bereiche, 1986-88 Redakteurin b. Betriebszeitschrift d. DATEV eG u. Pressesprecherin, seit 1988 selbst. als freie Journalistin, 1990 Grdg. einer Presse- u. PR-Agentur. BL.: Referentin f. Vorträge. P.: "Ratgeber Möbelkauf" (1995), "Top 100 - Nürnberg" (1995), "Profis verkaufen Möbel" (1996), "Gesund Wohnen - Aufklären statt verwirren" (1998), "Ratgeber Möbel-Check" (2000). M.: BJV Bayer. Journalistenverb., Artists for Nature. H.: Lesen, Gartenarb., Kochen, Fotografieren, Reisen, Schreiben v. Geschichten f. Erwachsene.

Haselmann Helmut Dr. med. Prof. *)

*) Biographie www.whoiswho-verlag.ch oder beigefügte CD-ROM

Haseloff Günther Dr. *)

Haseloff Harry Dipl.-Kfm.
B.: Wirtschaftsprüfer, Steuerberater. DA.: 10789 Berlin, Rankestr. 8. kanzlei@wp-stb-haseloff.de. G.: Berlin, 9. Okt. 1950. El.: Herbert u. Ursula, geb. Taubert. BV.: Grdg. d. Sped. Haseloff durch Großvater Gustav Haseloff. S.: 1970 Abitur, 1970-71 2 Sem. Stud. Wirtschaftsing. TU Berlin, 1971-80 Stud. BWL u. ab 1972 speziell Wirtschaftsprüf. u. Steuerlehre, 1980 Dipl.-Kfm. K.: während d. Stud. tätig im väterl. Unternehmen Sped. Haseloff, 1980-90 Firma Gieron & Partner GmbH Wirtschaftsprüf.-Ges., anfangs Revisionsass., 1983 Steuerberater, 1984 Wirtschaftsprüferexamen, ab 1985 Gschf. Gieron & Partner, seit 1991 selbst. m. eigener Kzl. M.: Steuerberaterverb., Tennisver. BSV, Inst. d. Wirtschaftsprüfer. H.: Tennis, Golf, Reisen in nordische Länder, mod. Musik, Blues.

Haseloff Hartmut *)

Haseloff-Grupp Heike
B.: Präs. FN.: Sozialgericht Karlsruhe. DA.: 76133 Karlsruhe, Karl-Friedrich-Str. 13 PA.: 68163 Mannheim, Stephanieufer 5. G.: Herzebrock, 18. Apr. 1951. V.: Prof. Dr. Klaus Grupp. S.: Abitur, Jurastud. FU Berlin, 1976 1. u. 1978 2. Staatsexamen. K.: 1979 Landesanw. b. d. Landesanw. e. Verw.-Gerichtshofes Baden-Württemberg, 1981 Wechsel z. Verw.-Gericht Karlsruhe als Richterin, 1990 Richterin am Verw.-Gerichtshof Baden-Württemberg, 1997 Präs. d. Sozialgerichts Karlsruhe.

Haselsteiner Wilfred

B.: Orthopädieschuhmachermeister, Inh. FN.: W. Link GmbH. DA.: 31157 Sarstedt, Hahnenstein 1. G.: Sarstedt, 1. Apr. 1946. V.: Monika. Ki.: Frank (1967). S.: 1960 Abitur Österr., 1960-63 Ausbild. Orthopädieschuhtechniker, 1963-65 Ausbild. Groß- u. Außenhdl.-Kfm. K.: 1965-70 Orthopädieschuhtechniker in versch. Betrieben, 1970 Meisterprüf., 1974 Meister d. Innung Hildesheim, 1985 Landesinnungsmeister f. Niedersachsen u. Bremen, 1981 Übernahme d. Geschäftes m. Schwerpunkt Erhaltung d. Handwerks. P.: div. Fachpubl. E.: 1996 BVK am Bande. M.: Schatzmeister d. Bundesverb., Vors. d. LandesR. f. soziale Aufgaben Niedersachsen, Vorst.-Vors. d. zentralen Einkaufsgen. H.: Jagd.

Haselwanger Henry
B.: Künstler, Inh. FN.: Wery Siebdruck Verlag GmbH & Co KG. DA.: 50931 Köln, Dürener Str. 64-66. G.: Darmstadt, 11. März 1936. V.: Renate, gb. Scharwächter. Ki.: Tina (1962), Kerstin (1965). S.: Mittlere Reife, 1953-55 Stud. an d. Werkkunstschule Darmstadt, Dipl., Lehre als Farblithograf b. d. Firma Burda in Offenburg. K.: seit 1960 Maler u. Farbillustrator, 1962-68 b. Prof. Wunderlich in Hamburg im Bereich Airbrush, Tätigkeit b. Firma Burda als Reproltr., danach Übernahme einer Werbeagentur als Ltr., 1976 Übernahme Wery Siebdruck Verlag. F.: ART Promotion Kulturmanagement GmbH. P.: 1962-83 über 200 Einzel- u. Gruppenausstellungen. E.: 1963 Förderpreis d. Stadt Darmstadt, 1975 Graphik-Preis Stadt Göttingen, 1976 Bühnenbild "Big Jo" b. d. Bad. Kammerspielen.

Hasenau Claudius

B.: Dipl.-Verw.-Wirt, Gschf. Ges. FN.: APD Ambulante Pflege-Dienste GE GmbH. DA.: 45879 Gelsenkirchen, Brockhoffstr. 18. G.: Bochum, 27. Juni 1966. V.: Anja, geb. Kögler. Ki.: Alexander (1996) und Jerome (2000). S.: 1982 Fachoberschulreife, 1982-85 Ausbild. z. Sozialvers.-Fachang. b. d. Bundesknappschaft, 1988-91 Stud. f. öff. Verw. an d. FH d. Bundes in Berlin, Abschluss: Dipl.-Verw.-Wirt. K.: 1985-88 Sozialvers.-Ang. in d. Personalabt. d. Bundesknappschaft in Bochum, FH-Reife in Abendschule, 1991-92 Dipl.-Verw.-Wirt im gehobenen Dienst d. Bundesknappschaft in d. Bereichen Aus- u. Weiterbild. f. Sozialvers.-Ang., seit 1992 selbst., Ges. u. Gschf. d. APD Ambulante Pflegedienste GE GmbH, seit 2000 Grdg. d. C. Hasenau & Partner GbR. E.: Benchmarking-Zertifikat 1999, 2000. M.: Grdg.-Mtgl. u. 1. Vors. d. Arge Ambulante Krankenpflege e.V., Landesverband freier ambulanter Krankenpflege NRW e.V., Verb. freier Dienste e.V., Kommunale Pflegekonferenz, Mitbegründer u. 2. Vors. d. Gelsenkirchener-Tafel e.V., Teilnahme an d. Initiative d. Gesundheitswirtschaft Gelsenkirchen. H.: Freizeit m. Familie, Reisen.

Hasenaug-Kirrmann Rainer Dipl.-Ing.
B.: Galerist, Antiquitäten- u. Einrichtungshdl. FN.: Kirrmann Einrichtungen Antiquitäten Galerie. DA.: 76133 Karlsruhe, Herrenstr. 38-40. G.: Karlsruhe, 10. Juli 1946. V.: Elisabeth Lina, geb. Kirrmann. Ki.: 2 Kinder. El.: Fritz u. Alice. S.: Abitur, Stud. Maschinenbau TU Karlsruhe, 1972 Dipl.-Ing. K.: b. 1975 in d. Entwicklungsabt. b. Porsche, seit 1975 Firma Kirrmann. H.: Tennis, Skifahren, Fahrradfahren.

Hasenbeck Manfred

B.: Gschf. Ges. FN.: YUKOM Medien GmbH. DA.: 80797 München, Schleißheimer Str. 141. manfred.hasenbeck@yukom.de. www.yukom.de. G.: Blumenau, 21. Aug. 1951. V.: Brunhilde, geb. Grunst. Ki.: Svenja-Mareike (1985), Tatjana-Elena (1988). El.: Friedrich u. Hildegard, geb. Dietz. S.: Wirtschaftsabitur, Stud. BWL u. Kommunikationswiss., während d. Stud. selbst. Journalist f. d. Regionalzeitung. K.: 1979 stellv. Chefredakteur in Amerikan. Verlag IDG Intern., b. 1992 Ressortchef b. Wirtschaftswoche, dann Ltr. d. Korrespondenzbüros, dann Chefredakteur f. d. Magazin "HighTec", ab 1992 Gründer u. Gschf. Ges. v. Editor Network Medien GmbH, einem Verlagsdienstleister im Bereich d. Wirtschaftsmedien, 1993 Buch "Die Abzocker", 1994 Grdg. Yukom GmbH. BL.: Pionier im Bereich Corporate Communications, Leistung einmalig im Bereich: Computer Verlag, Wirtschaftswoche, Ressortchef Chefredaktion "highTech", eigene Medien AG, Verlag gegründet, Innovator "Corporate Publishing". V.: Yukom Verlag. P.: Portrait im Horizont 2000, Buch "Der Abzocker" (1993). E.: 1994 div. Journalistenpreise. M.: Gründer u. Präs. "Forum Corporate Publishing" als 1. Vors. H.: Segeln, Philosophie, Literatur.

*) Biographie www.whoiswho-verlag.ch oder beigefügte CD-ROM

Hasenbein Herbert

B.: Gschf. Ges. FN.: Taxen- u. Mietwagen Herbert Hasenbein GmbH. DA.: 27711 Osterholz-Scharmbeck, Unter den Linden 45. G.: Sandhausen, 10. Apr. 1949. V.: Marita, geb. Bartsch. Ki.: Timo (1976), René (1979) und Rico (1985). El.: Helmut u. Frieda, geb. Hömske. S.: 1966-78 Bundeswehr, b. 1978 Ausbilder u. Zugführer Schwanewede, 1976-78 Ausbild. Bürokfm. u. Buchhaltung. K.: 1978 Übernahme d. Taxibetriebes in Osterholz-Scharmbeck, 1994 Gründung d. GmbH u. seither Gschf. Ges. E.: 1980, 81 u. 84 Batallionssieger im UOffz.-Vierkampf. H.: Fußball.

Hasenberg Martin

B.: Gschf. FN.: Global Market Touch Research + Consulting GmbH. DA.: 22844 Norderstedt, Alter Kirchenweg 33a. martin.hasenberg@gmtworld. www.gmtworld.de. G.: Hamburg, 26. Nov. 1963. V.: Sylvia, geb. Lühr. Ki.: Sarah-Lee (1992) und Laura (1995). El.: Gunther u. Ursula, geb. Sauer. BV.: Dr. Peter Hasenberg Redakteur im Kölner Raum. S.: 1981 Mittlere Reife, 1981-83 Höhere Handelsschule, 1983-85 Lehre Bankkfm. Haspa. K.: 1985-87 US-Wertpapierhaus Hamburg, 1987-92 TCHIBO Holding AG, Cash-Management Abt., 1992-94 Gschf. Hanse Orga, Softwareentwicklung u. Beratung, seit 1994 Grdg. d. G.M.T. M.: BDS. H.: Handball, Angeln, Pferdehaltung.

Hasenfratz Klaus

B.: Dreher, MdB. FN.: Dt. Bundestag. DA.: 11011 Berlin, Platz d. Republik 1. PA.: 44869 Bochum, Blütenweg 4B. G.: Bochum, 31. Mai 1946. V.: verh. Ki.: 1 Tochter. S.: 1952-60 VS, 1960-63 Lehre als Dreher, 1963 Facharb.-Prüf., K.: 1967-68 Grundwehrdienst. Seit 1981 BetriebsR.-Mtgl., seit 1984 BetriebsR.-Vors. d. Vereinigten Schmiedewerke GmbH Betrieb Bochum, GesamtbetriebsR.-Vors., seit 1976 Mtgl. SPD, AfA-Unterbez.-Vors. Bochum, s. 1987 MdB. M.: seit 1960 IG Metall, seit 1981 Vertretervers. d. IG Metall. (Re)

Hasenfuss Susanne M.A.

B.: Dipl.-Päd., selbst. Supervisorin, Organ.-Beraterin. DA.: 49080 Osnabrück, Arndtstr. 26. susannehase@gmx.de. G.: Delmenhorst, 7. Juni 1956. El.: Robert u. Anna Hasenfuss, geb. Hermann. S.: 1973-76 Ausbild. z. Krankenschwester in Ganderkesee, 1976-80 Krankenschwester Städt. Kliniken Delmenhorst u. Reinhard-Nieter-KH Wilhelmshaven, 1982-89 Stud. Sozialwiss. Univ. Göttingen, Abschluss Mag. K.: 1990-97 Aufbau d. Niedersachsen Ak. f. Fachberufe im Gesundheits-

wesen e.V. als Gschf., Mitarb. in versch. Gremien im Sozialmin., 1997-99 Amerikaaufenthalt m. Hospitationen in vesch. Bereichen d. amerikan. Gesundheitswesens, 2000 Mitbegründerin d. Schlossak. f. Med. u. Management in Magdeburg als Gschf., seit 2001 freiberufl. Trainerin f. Management, Supervision u. Couching f. Mitarb. im Gesundheitswesen. P.: 1994/96 intern Beiträge in Fachzeitschriften. H.: Reisen.

Hasenhüttl Gotthold DDr. Prof.

B.: o.Prof. FN.: Univ. d. Saarlandes. PA.: 66119 Saarbrücken, Philippinenstr. 23. g.hasenhuettl@rz.uni-sb.de. G.: Graz/Österr., 2. Dez. 1933. El.: Franz u. Margarete. S.: 1953-62 Stud. Graz, Rom, Basel, Zürich, Marburg, 1959 Ordination, 1962 Dr. theol., 1971 Dr. phil. K.: 1964-69 wiss. Ass. Univ. Tübingen, 1969 Habil., 1969-73 Univ.Doz. Univ. Tübingen, 1973-74 apl. Prof. Univ. Tübingen, seit 1974 o.Prof. f. Kath. Theol. an d. Phil. Fak. d. Univ. d. Saarlandes, Vors. d. Intern. Paulusges. P.: zahlr. Veröff. u.a. Der Glaubensvollzug (Essen 1963), Charisma (Freiburg 1969), Einführung in die Gotteslehre (Darmstadt 1980, 2. Aufl. 1990), Kritische Dogmatik (Graz-Köln 1979), Schwarz bin ich und schön (Darmstadt 1991), Glaube ohne Mythos 2 Bde. (Mainz 2001, 1. u. 2. Aufl.). M.: o.Mtgl. d. Academia scientiarum et artium Europaea. H.: Tauchen, Schwimmen, Schifahren.

Hasenkamp Holger G. Dr. jur. *)

Hasenkampf Walter *)

Hasenmeyer Wolfgang *)

Hasenöhrl Adolf

B.: Dipl.-Verw.-Wirt, Detektiv, Inhaber. FN.: Detektei Hasenöhrl. DA.: 94032 Passau, Schießstattweg 31. G.: Passau, 25. Sep. 1962. El.: Adolf u. Erna. V.: Gymn., 1982 Abitur, Stud. Bayer. Beamten-FHS Fürstenfeldbruck, 1985 Dipl.-Verw.-Wirt. K.: 1985-88 Polizeikommissar, Dienstgruppenltr. Polizeipräsidium München, 1988 Polizeioberkommissar, 1987-91 Personenschutz b. d. Bayer. Staatsreg., 1986-90 Jurastud., seit 1989 selbst. Detektei in Passau, 1991 Eröff. Filialen München u. Nürnberg, 1994 Eröff. Filialen Berlin u. Regensburg. F.: Langenbahn KG, DOBA Grundbeteiligungs GmbH & Co KG. P.: Beiträge in div. Fachzeitschriften über Sicherheitskriminalität. E.: Persönlichkeitsgutachten v. August R. Lang MDL. H.: Reisen, Videotechnik, Auto.

Hasenpusch Siegfried

B.: Unternehmensberater. FN.: SHS-Unternehmensberatung GmbH. DA.: 32139 Spenge, Südholzstr. 25. G.: Elbing, 26. Aug. 1938. V.: Christel, geb. Kotlewski. Ki.: Ralf (1968), Bettina (1969). BV.: Ahnentafel bis ins 17. Jhdt. zurückverfolgbar, Förster u. Jäger. S.: 1955-57 Ausbild. u. Abschluß z. Ind.-Kfm. K.: 1957-60 Ind.-Kfm. in d. Möbelind., 1960-73 Tätigkeiten in Bauunternehmen als Abt.-Ltr. f. Arge, 1973-88 Gschf. Möbelind., 1989 Grdg. d. eigenen Büros als Unternehmensberater u. Betreuer einer Vielzahl kleinerer u. mittlerer Unternehmen. H.: Tischtennis, Tennis, Reisen.

Hasenzahl Erwin Karl Ludwig *)

*) Biographie www.whoiswho-verlag.ch oder beigefügte CD-ROM

Hasert Günter Dr. habil. agr. Prof.

B.: Dipl.-Ldw., Gschf. Ges. FN.: LUB Ldw. Unternehmensberatung GmbH. DA.: 04288 Leipzig, Bornaer Str. 16. lub.gmbh@t-online.de. G.: Kleinwölkau, 23. Juli 1942. V.: Barbara, geb. Walter. Ki.: Rüdiger (1965), Bettina (1967), Anett (1969). S.: 1961 Abitur Delitzsch, 1961-66 Stud. Agrarwiss. KMU Leipzig, Dipl. K.: 1966-80 Aspirant u. Abt.-Ltr. am Inst. f. Ldw. BWL Gundorf, 1971 Prom., 1980 Habil., 1980-85 Doz. u. Forsch.-Bereichsltr. an d. HS f. Ldw. in Bernburg, 1987 Prof. d. Ak. d. Ldw.-Wiss., 1985-89 Abt.-Ltr. am o.g. Inst., 1990-92 Hauptgschf. d. Verb. Ldw. Unternehmer Sachens, seit 1992 Gründer u. Gschf. d. o.g. Unternehmens. P.: über 300 Publ. in nat. u. intern. Zeitschriften, 8 Bücher. H.: Rosenzucht.

Hasewinkel Rüdiger *)

Hasewinkel Volker Dr.
B.: Bankkfm., Leiter. FN.: Telekom Training GmbH. DA.: 53111 Bonn, Godesberger Allee 143. G.: Berlin, 23. Juli 1959. Ki.: 1 Tochter. S.: 1978-80 Lehre Commerzbank AG, 1980-81 Jugendaustausch GB, 1981-87 Stud. BWL TU Berlin, RWTH Aachen, Georgia State Univ. Atlanta/USA. K.: 1987-88 Dt. Bank AG Frankfurt, 1988-93 wiss. Mitarb. am Lehrstuhl BWL TU Berlin, 1992 Prom., 1994-96 stellv. Ltr. Vorst.-Sekr. Landesbank Berlin - Girozentrale, 1995 Gastprof. Berufsak. Berlin, seit 1996 Alleingschf. Bildungsak. P.: Geldmarkt u. Geldmarktpapiere (1992), "Bankbetriebswirtschaft." Studiengänge an Berliner Hochschulen" (1994), "Qualitätsmanagement aus Praxissicht" (1998), "Bildungsmanagement" (2000), Bildungscontrolling (2001), Lehraufträge an Bank-, Berufsak. FH f. Technik u. Wirtschaft Berlin, TU Berlin. E.: 1992 BDO-Preis f. hervorgende Diss., 1983-84 Fulbright-Stipendiat. M.: Berufsbild.-Aussch. b. Arbeitgeberverb. d. priv. Bankgewerbes, Kuratorium d. Bankak. Frankfurt/Main, Landesausch. f. Berufsbild. Berlin, Vorsitz Berufsbild.-Aussch. IHK Berlin, BeiR. Vors. d. FH f. Technik u. Wirtschaft Berlin, Fachkmsn. Wirtschaft, Berufsak. Berlin, FachbeiR. am Oberstufenzentrum Banken u. Vers. Berlin. H.: Schifahren, Golf.

Hasford Joerg Dr. med. Prof.
B.: Univ.-Prof. FN.: IBE Inst. f. Med. Informationsverarb., Biometrie u. Epidemiologie d. LMU München. DA.: 81377 München, Marchioninistr. 15. G.: München, 1950. El.: Dr. iur. Alfred u. Elisabeth, geb. König. S.: 1971 Abitur München, 1971-72 Zivildienst, 1972-79 Med.-Stud. FU Berlin u. LMU München, 1979 Approb., 1980 Prom. K.: 1980-88 Biometrisches Med. Zentrum f. Therapiestudien (BZT) München, ab 1985 wiss. Ltr. d. BZT, 1989 Habil., seit 1989 Priv.-Doz. f. Biometrie u. Epidemiologie LMU München, seit 1994 Prof. LMU München. P.: zahlr. Veröff. in nat. u. intern. Fachzeitschriften u.a. "Arzneimittelprüf. u. Good Clinical Practice" (1994). M.: Editorial Boards v. Pharmacoepidemiology and Drug Safety, GMDS, ISPE, GKPharm. H.: Literatur, Theater, Kochen, Langlaufen.

Häsing Stephan Dipl.-Ing. *)

Hasinger Günther Dr. Prof.
B.: wiss. Vorst. u. Dir. FN.: Astrophysikal. Inst. Potsdam. DA.. 14482 Potsdam, An der Sternwarte 16. G.: Oberammergau, 28. Apr. 1954. V.: Barbara, geb. Kreiss. Ki.: Oliver

(1982), Sebastian (1984). El.: Dr. Florian u. Dr. Margarete. S.: 1974 Abitur München, 1975-79 Stud. Physik u. Astronomie Univ. München m. Abschluß Dipl.-Physiker, 1981-83 Prom. Max-Planck-Inst. f. extraterristrische Physik Garching u. b. 1994 wiss. Mitarb. K.: 1993 Gastprof. an d. Priceton-Univ., seit 1994 Dir. d. Astrophysikal. Inst. Potsdam u. glz. Ordinarius d. Univ. Potsdam, 1995 Habil. in München, seit 1998 wiss. Vorst. d. AIP, 2001 Ruf an d. Max-Planck-Inst. f. extraterristrische Physik in Garching. BL.: westentl. Mitarb. an d. Entwicklung d. Röngensatelliten "Rosat", Mitarb. an d. Neuentwicklung am Röntgenteleskop "Xeus". P.: Hrsg. d. 2-monatigen Zeitschrift Astronom. Nachrichten, über 224 Aufsätze in intern. Fachzeitschriften, über 50 Vorträge auf intern. Fachtagungen, Diss.: "Beobachtung d. Krebsnebels im harten Röntgenlicht", Habil.: "Aktive Galaxien u. d. Röntgenhintergrundstrahlung". M.: Astronomie-Arge d. ESA, Dt. COSPA, intern. Ausssch. u. Gremien, Zusammenarb. m. d. URANIA, Lions Club Berlin intern., IAU, DGLR, Leibnitz-Kolleg Potsdam e.V. H.: Segeln, Skifahren, Musizieren, Gitarre u. Querflöte spielen.

Hasinger Margit Dr. med. *)

Haske Svea
B.: Kauffrau, Ltr. FN.: APHAIA Verlag Svea Haske, Sonja Schumann GbR. DA.: 12489 Berlin, Radickestr. 44. G.: Meiningen, 17. Juli 1943. Ki.: Sonja (1964) Mitverlegerin. El.: Otto (war Senatsdir. f. Wirtschaft u. Kredit, Mag. v. Berlin) u. Ruth Busack. S.: Arndtgymn. Berlin, Drogistin. K.: 1966-69 Sachbearb. im Arzeneispezialitätenregister b. Bundesgesundheitsamt Berlin, seit 1969 Verw.-Tätigkeit in zentraler Univ.-Verw. FU Berlin, Tageskurse an Verw.-Ak. zwecks Weiterbild., seit 1973 Aufbau u. Ltg. d. Zentralen Zulassungsbüros d. FU Berlin, seit 2000 im Außensand. d. FV: Redaktion d. dahlem university press, 1986 Verlagsgrdg. m. Tochter Sonja Schumann; Univ.-Verw. Berlin. P.: Lyrik: m. Auftragskompositionen u. Illustrationen, Toncassetten: Live-Mitschnitte d. Buchvorstellungen, Bibliophile Sonderausgaben. E.: Anerkennung im In- u. Ausland. M.: Dt.-Griech. Ges. Berlin e.V., Ver. Kultur in Zehlendorf, Künstlerkolonie Berlin e.V., Neue Ges. f. Lit. e.V. in Berlin, Ges. f. Zeitgenössische Literatur Leipzig, Chor Friedrichshagen. H.: Chorsingen, Musik als Lebenselixier, Schwimmen, Radfahren, wertvolle u. beratende Gespräche, versteht sich als Weltbürger, Reisen.

Haslach Hans *)

Haslach Helmut
B.: Inh., Gschf. FN.: Haslach Metallbau GmbH. DA.: 87437 Kempten, Immenstadt. 42. G.: Immenstadt, 2. Apr. 1946. V.: Christine, geb. Stracke. Ki.: Maritta (1969), Patrick (1974). El.: Willi u. Lina, geb. Baur. BV.: Großvater war Bgm. in Bräunlings. S.: 1963 Mittlere Reife, 1963-66 Lehre z. Maschinenbauer, 1967-68 Bundeswehr, 1969-70 Meisterschule. K.: 1970 Vorarb. Firma Liebherr Kempten, 1980 Übernahme d. Betriebes Haslach Metallbau GmbH in Kempten. M.: Sportver. H.: Wassersport, Tennis, Skifahren, Reisen, Lesen, Autofahren.

Haslacher Peter
B.: Gschf. Ges. FN.: Metallhdls.-Ges. Schoof & Haslacher mbH & Co KG. DA.: 81241 München, Haidelweg 22c. haslacher@metallhandelsgesellschaft.de. G.: Kirchdorf, 28. Sep.

*) Biographie www.whoiswho-verlag.ch oder beigefügte CD-ROM

1943. S.: 1956 Mittlere Reife, 1956-59 Handelsschule Dr. Leopold München, 1959-61 Lehre z. Metallkfm. in Firma Raumetall München m. Abschluss. K.: 1961-64 Metallkfm. im Einkauf b. Raumetall, 1964-79 Mitarb. b. Schoof & Sachsenberg München, ab 1969 Prok., seit 1980 Gschf. Ges. d. Firma Schoof & Haslacher GmbH, Intern. Hdl. m. NE-Metallen, deren Verbindungen u. Metallchemie. E.: München Leuchtet-Med. f. Verd. um d. Stadt München. M.: VDM Ver. Dt. Metallhändler, b. 1995 Vorst.-Mtgl. im VDM, zuständig f. d. Juniorenausbild. H.: Skifahren, Tennis, Mod. u. Afrikan. Kunst.

Haslauer Paul

B.: Kfm., Inh. FN.: Haslauer GmbH. DA.: 83404 Mitterfelden, Kirchenwegstr. 5. G.: Salzburg, 1. Juli 1943. V.: Johanna. El.: Josef u. Anna. S.: 1958-60 Handelsschule Salzburg. K.: 1961-67 Buchhalter in einem Reisebüro in Salzbrg u. später Finanzbuchhalter d. LLOYD'S-Versicherung in London, 1968 Grdg. d. Firma Josef Haslauer u. Söhne in Salzburg m. Versand u. Herstellung v. Kurmittel, 1979 Grdg. der Firma Haslauer GmbH in Mitterfelden f. Herstellung v. Naturheilmittel f. d. physikal. Bäderwirtschaft, seit 1980 Angebot v. Gesamtlösungen. H.: Musik, Natur.

Haslebacher Peter

B.: Gschf. FN.: LTU International Airways. DA.: 40474 Düsseldorf, Parsevalstr. 7a. www.ltu.de. G.: Sumiswald, 3. März 1951. V.: verh. Ki.: 3 Kinder. S.: 1966-67 Berufsschule Juventus i. Zürich, 1967-72 Ausbild. z. Industriekaufmann, 1989 Finanzwirtsch. Unternehmensführung MZSG St. Gallen, 1990 International Senior Management Program ISMP Harvard Business School, Boston, 1997 Ausbild. z. Verkaufs- u. Kommunikations-Trainer perSens St. Gallen. K.: Swissair: 1972-76 Kaufm. Angestellter in Ber. Finanzen, 1976-77 Junior Accountant i. Madrid, 1978-79 Deputy Manager Finance i. Tel Aviv. 1979-81 Manager Finance & Personell i. Tehran, 1982-84 Ausbildung Marketing u. General Management, Interconvention Kongress- u. Veranstaltungsorganisation i. Zürich, 1984-86 Assistant Manager Europe Central & East i. Frankfurt, 1986-89 General Manager Midwest, Chicago i. d. USA, 1989-92 General Manager Austria & Europe East i. Wien, Balair/CTA: 1993-96 Direktionsvorsitzender, 1996-98 Direktor Deutschland, Frankfurt, Gschf. Service Line GmbH, SAirGroup: 1998 Vice President Strategic Alliances, s. 01/1999 Gschf. LTU International Airways.

Häsler Günther *)

Haslinger Armin *)

Haslob Harm Dipl.- Ing. *)

Haspel Dieter *)

Haß Gerd *)

Hass Michael *)

Haß Ulrich *)

Haß Ulrike Dr. phil. *)

Hass Volkwin Dr. *)

Hass Wolf-Dieter Dipl.-Ing. *)

Haß-Vorlob Antje

B.: Kauffrau, Unternehmerin, selbständig. FN.: Appartehotel Benen Diken. DA.: 25761 Nordsee-Heilbad Büsum, Große Tiefe 7. benen-diken@ t-online.de. www.benen-diken.d e. G.: Neumünster, 4. Juli 1949. V.: Peter Vorlob. Ki.: Christian, Katarina, Gesche, Andreas. S.: 1966-69 Lehre Kauffrau in Sparkasse. K.: 1969-73 Ang. in Sparkasse, 1977-87 Gastronomischen Betrieb gepachtet, seit 1983 Eröff. d. 3 Sterne Appartehotel Benen Diken. M.: DEHOGA Hotel- u. Gaststättenverband. H.: Arbeit.

Hassauer Friederike Dr. phil. M.A. (USA) Prof.

B.: Univ. Prof., Lehrstuhl f. Romanische Philologie. FN.: Inst. f. Romanistik Univ. Wien. DA.: 1090 Wien, Schwarzspanierstr. 4/8. PA.: 97828 Marktheidenfeld, Altes Rathaus Zimmern. G.: Würzburg, 29. Nov. 1951. S.: Abitur Mozartgymn. Würzburg 1971, Stud. Romanistik, Germanistik, Komparatistik, Philosophie, Soziologie, Kunstgesch. in Würzburg, Tübingen, St. Louis/USA, Bochum, Studienaufenthalte in Paris, Madrid, Salamanca, Siena, Perugia: M.A. (USA) 1975, Prom. 1980 Bochum. K.: Habil. 1988 Siegen, o.Univ.-Prof., Lehrstuhl f. Romanische Philologie d. Univ. Wien, Autorin. P.: "Kinderwunsch" (m. Peter Roos, 1982), Félicien Rops: "Der weibl. Körper - der männl. Blick" (m. P. Roos, 1984), "Die Frauen m. Flügeln, die Männer m. Blei" (m. P. Roos, 1986), Die Philosophie d. Fabeltiere (1986), Arthur Schopenhauer: "Über d. Weiber" (1986), Jean Giraudoux/Chas Laborde - "Straßen u. Gesichter", Berlin 1930 (m. P. Roos), "Textverluste - Eine Streitschrift" (1992), "Santiago-Schrift-Körper-Raum-Reise (1993), "Homo, Academica, Geschlechterkontakte, Institution u. d. Verteilung d. Wissens" (1994).

Hassberg Dieter Dr.

B.: selbst. Kinderkardiologe. DA.: 70597 Stuttgart, Schöttlestr. 34c. PA.: 72076 Tübingen, Waldhausen 15. G.: Rottweil, 9. Nov. 1950. V.: Ingrid. Ki.: Maika (1978), Tina (1980), Kaarina (1983). S.: 1969 Abitur in Spaichingen, 1969 Landw. Praktikum Hohenheim, 1971 Med.-Stud. Freiburg, 1974 Med.-Stud. Heidelberg, 1977 Prom. K.: Ass.-Arzt, 1978-82 Arzt f. Allg.-Med. in Konstanz, Weiterbildung Kinderheilkunde/ Kinderkardiologie in Tübin-

*) Biographie www.whoiswho-verlag.ch oder beigefügte CD-ROM

Hassberg

gen, 1983-90 Arzt an d. Univ. Tübingen, 1990-95 OA, ab 1995 Ndlg. in Stuttgart als Kinderkardiologe u. FA. H.: Jagd, Ökologie, Waldbau.

Hassdenteufel Manfred Dipl.-Ing. *)

Hasse Benno *)

Hasse Dieter *)

Haße Gerhard Dr.-Ing. Prof. *)

Hasse Klaus Dr. jur. *)

Hasse Roger *)

Hasse Rolf Manfred

B.: Bibl., Amtmann. FN.: Niedersächs. Landesbibl. DA.: 30169 Hannover, Waterloostr. 8. PA.: 30519 Hannover, Senator-Eggers-Weg 4. G.: Wolfenbüttel, 9. Apr. 1942. Ki.: Julia (1976). S.: 1958 Mittlere Reife Hamburg, b. 1961 Ausbild. z. Verlagskfm. b. Herder Verlag in Freiburg. K.: b. 1965 Tätigkeit b. diesem Verlag, 1965-67 Tätigkeit b. d. Buchhdlg. Herder in Göttingen, 1967-70 Ausbild. z. gehobenen Dienst an wiss. Bibl., seit 1970 Tätigkeit an d. Landesbibl. Hannover, seit 1990 Pressereferent d. Niedersächs. Landesbibl. Hannover, Redaktionsmtgl. d. Zeitschrift "Mitteilungsblatt d. Bibl. in Niedersachsen u. Sachsen-Anhalt" u. seit 1990 Schriftltr. dieser Zeitschrift, seit 1990 Gschf. d. Landesverb. Niedersachsen im Dt. Bibl.-Verb. e.V. u. dort zuständig f. d. PR u. Öff.-Arb. P.: div. Veröff. in Fachzeitschriften u. Büchern, seit 1998 Autord. bibl. Fachzeitschrift "B.I.T.-online". M.: seit 1985 Mtgl. im Dt. Journalistenverb., seit 1996 Vorst.-Mtgl. im LiteraturR. Niedersachsen e.V., seit 1998 Berater f. Presse- u. Öffentlichkeitsarbeit div. bibliothekarischer Fach- u. Personalverbände, seit 1998 Mtgl. d. Presseclub Hannover, Doz. im Bereich Presse- u. Öff.-Arb. an versch. Bibl.-FH, Verb. u. Aussch., seit 2000 Vorst.-Mtgl. im Freimaurer. Bibl. Vereins. H.: Musik, aktiver Chorsänger, Fernreisen.

Hasse Rudi

Freizeitsport.

B.: Lackierermeister, Gschf. FN.: Hasse GmbH. DA.: 59425 Unna, Höingstr. 8. G.: Schneidemühle, 20. Nov. 1943. V.: Olga, geb. Hotowa. Ki.: Constanze, Olaf. El.: Otto u. Waltraud. S.: 1958-61 Lehre Autolackiererei Firma Dornhege Lünen. K.: 1961-68 tätig im Betrieb d. Schwiegervaters in Unna, 1968 Meisterprüf. u. Übernahme d. Betriebes, 1996 Eröff. eines Zweitbetriebes in Dortmund in Zusammenarb. m. Daimler-Benz. F.: Hasse KG Dortmund. M.: Handwerkskammer. H.: Tennis,

Hasse Susanne Dr. med. *)

Hasse Volker Dipl. rer. oec.
B.: Hotelier, Gschf. FN.: Hotel & Touristic Vip- u. Eventservice. DA.: u. PA.: 10317 Berlin, Hauptstr. 6 - s. G.: Freital/Dresden, 20. Dez. 1944. V.: Renate, geb. Brandherm. Ki.: Claudia (1979). El.: Johannes u. Ilse, geb. Aulhorn. BV.: Johann Adolf Hasse. S.: Oberschule Freital, Gastronomiefachsch. Leipzig, Handels-HS Berlin. K.: Koch-Kellnerlehre, Ass.-Tätigk. Mitropa Gen.-Dion., Cruise Manager Schwarzmeerkreuzfahrten, Reisebüro DDR, INTERHOTEL Dir. Hotel/Gastronomie, Verkaufsdir. Travel Service, Dir. Ferienhotels, Resorts u. Clubanlagen, Hoteldir., Gschf. Hotelgruppe, berufl. Schwerpunkte sind Organisation von Incentiv-Reisen u. Events, Kreuzfahrt-Management, Hotel-Pre-Opening, Sales & Marketing ; Hon.-Doz. Hotelakadad. Berlin, Berufsakad. Berlin. P.: div. Hoteloperation u. Marketing. E.: Golden Helm of Touristik d. ITB. M.: Skalclub, HSMA, MC. H.: Tochter, Reisen, Klassik, intern. Eß- u. Lebensgewohnheiten.

Hasse Wilfried
B.: RA. DA.: 82319 Starnberg, Maximilianstr. 13 a. G.: Berlin, 23. Mai 1946. Ki.: Stephanie (1980). El.: Dr.-Ing. Wilhelm u. Marlies. S.: 1965 Abitur, 1966-72 Stud. Jura FU Berlin, 1973 1. Staatsexamen, 1977 2. Staatsexamen München. K.: Referendarzeit u.a. in Anw.-Kzl. in München, 1977 Zulassung als RA, ab 1978 eigene Kzl. in München, seit 1988 Kzl. in Starnberg. m. Schwerpunkt Wirtschafts- u. Strafrecht, Steuerstrafrecht, Erbrecht u. Allg. Zivilrecht. M.: Anw.-Ver. H.: Skifahren, Segeln, Reisen.

Hassel Jörg M. Dipl.-Ing. *)

von Hassel Karl-Heinz *)

Hassel Roswitha

B.: Kfm. Inh. FN.: Praxis f. ganzheitl. Gesundheitspflege - Psychol. Beratung - Autogenes Training - Märchen - Reiki. GT.: Kurse b. mehreren VHS u.a. in St. Wendel, Kusel, Neunkirchen u. b. DRK, Vorlesen v. Märchen an Schulen u. Kindergärten (Entspannungstherapie), 1998-2000 Mitarb. am Tabaluga-Projekt im Saarland u.a. in Homburg, Bexbach, St. Wendel, Neunkirchen, Saarbrücken, Saarlouis, St. Ingbert. DA.: 66424 Homburg, Mainzer Str. 4. PA.: 66424 Homburg, Nikolausstr. 25. r.hassel@tausendund.de. www.tausendund.de. G.: Homburg, 22. Mai 1949. V.: Volker Hassel. Ki.: Christiane (1974), Stephanie (1976). S.: 1964-67 Ausbild. als kfm. Ang. mit Kaufmannsgehilfenbrief, nach mehrj. Tätigkeit 1991 IHK Ausbilderschein, Besuch v. vielen psychologische Trainings-Kurse u. Seminare, 1995 Absolvierung d. Ausbildung z. Trainerin f. Autogenes Training b. Dr. Hannes Lindemann, anschl. Ausbildung z. Psychologischen Beraterin. K.: 1997 Eröff. d. einer Praxis f. ganzheitliche Gesundheitspflege, Schwerpunkt Entspannung, Vorträge u. Kurse zum Thema Entspannung, ganztägige Seminare, "Märchen - Meditation, für Erwachsene. P.: CD f. Autogenes Training f. Kinder u. Erwachsene. H.: Beruf, Natur, Wandern, Meer.

Hässel Günter *)

von Hasselbach Christoph Dr.med.
B.: Chefarzt. FN.: A. C. E. Priv.-Klinik. DA.: 45127 Essen-Stadtmitte, Kennedyplatz 6. PA.: 40547 Düsseldorf, Peter Roos Str. 10. G.: Breslau, 25. Nov. 1941. V.: Iskra, geb. Ma-

*) Biographie www.whoiswho-verlag.ch oder beigefügte CD-ROM

teeva. Ki.: Florian (1981), Cornelia (1978), Franziska (1975). BV.: 1. Bgm. Bernt v. Hasselbach. S.: 1961 Abitur, 1962 Archäolog. Ausgrabungen Süditalien, 1963-69 Stud. Med. Freiburg u. Berlin. K.: 6 Mon. tätig im Studienwerk d. Schwerind., 1969-72 in d. Unfallchir. in Dortmund, 1972-74 an d. Univ. Köln, 1974-78 in d. Unfallchir. d. BG Duisburg Buchholz, 1978-80 am Augusta-KH in Bochum, 1980-90 Ltr. d. Philipnerstiftes in Essen Borbeck, 1990-93 Chef d. Chir. im St. Josefs KH in Bo-Linden, 1993 in d. Tagesklinik in Essen, 1998 Eröff. d. Arthro-Klinik in Essen. BL.: einige Patente f. Kunstgelenke. F.: Gschf. Ges. d. A. C. E. P.: 150 Fachveröff. E.: Preis f. Gleitlagerprothese. M.: versch. orthopäd. u. berufl. Ver. H.: Skifahren, Surfen.

von Hasselbach Iris *)

Hasselbach Jörg

B.: Vertriebsltr. FN.: Actebis Computer Deutschland GmbH Sales Office Braunschweig. DA.: 38108 Braunschweig, Im Holzmoor 10 C. PA.: 38122 Braunschweig, Raiffeisenstr. 4. jhasselbach@actebis.com. www.actebis.com. G.: Braunschweig, 21. Dez. 1967. V.: Ines, geb. Wegmeyer. Ki.: Luke (1997). S.: 1984-87 Lehre Einzelhdl.-Kfm. Firma Horten AG Braunschweig, 1988-89 Bundeswehr. K.: Ang. in d. Firma Horten AG, ab 1994 Vertriebsbeauftragter d. Firma Frank & Walter GmbH in Braunschweig, ab 1997 tätig im Einkauf, 1998 Ndlg.-Ltr. u. 1999 Vertriebsltr. d. Firma Frank & Walter in Braunschweig, seit 1999 Vertriebsltr. d. Firma Actevis u. Aufbau d. Ndlg. in Braunschweig. M.: Trainer im Fußballclub TSV Schapen. H.: Familie, Fußball.

von Hasselbach Wolfhart Dipl.-Ing. (FH) *)

Hässelbarth Ulrich Dr. Prof.
B.: ehem.Abt.-Ltr., Chemiker. Inst. f. Wasser-, Boden- u. Lufthygiene d. Bundesgesundheitsamtes. DA.: 14195 Berlin, Corrensplatz 1. PA.: 14129 Berlin, Ilsensteinweg 25. Dr.UL. HAESSELBARTH@t-online.de. G.: Berlin, 23. Juni 1928. V.: Dr. Barbara. Ki.: Alexander. S.: Abitur, Stud. d. Chem. FU Berlin, Dipl.-Chem. 1955, Prom. 1958. K.: Wiss. Mitarb. BGA 1959-63, Fachgebietsltr. BGA 1964-73, Abtltr. BGA s. 1973, Trinkwasserhygiene, Aufbereit., Schwimmbeckenwasserhygiene. P.: ca. 116. M.: GdCh Fachgruppe Wasserchemie, DVGW Dt. Verein d. Gas- u. Wasserfachs, CIWEM Chartered Inst. of Water and Environmental Management. H.: Polit. u. Soz. Geschichte.

Hasselfeldt Gerda
B.: Finanzpolitische Sprecherin d. CDU/CSU-Bundestagsfraktion, Ministerin a.D., MdB. FN.: Dt. Bundestag. DA.: 11011 Berlin, Platz d. Republik 1. gerda.hasselfeldt@bundestag.de. www.hasselfeldt.de. G.: Straubing, 7. Juli 1950. Ki.: 2 Kinder. S.: 1960-63 Gymn. Seligenthal in Landshut, 1963-69 Ursulinengymn. in Straubing, Abitur, 1969-75 Stud. Volkswirtschaftslehre an d. Univ. München, ab 1971 nach d. Vordipl. an d. Univ. Regensburg, dort auch Stud. Finanzwiss., daneben RCDS, Wahl in d. Bezirksvorst. Junge Union Niederbayern u. Kreisvorst. Straubing-Bogen, 1975 Dipl.-Volkswirtin. K.: 1968 Eintritt Junge Union, 1968-74 Ortsvors. d. Jungen Union Haibach, 1968-85 Tätigkeit im Orts-, Kreis-, Bez.- u. LVorst. d. Jungen Union, 1969 Abitur, Eintritt CSU, 1969-75 Stud. VWL München u. Straubing, Dipl.Prüf., seit 1975 Kreisvors. d. Frauen-Union, 1975-77 Tätigkeit b. d. BAnst. f. Arb. in Nürnberg, 1977-78 Abschnittsltr. f. Ausbild.Vermittlung im Arbeitsamt München, seit 1978 Mtgl. d. Kreistages in Regen, 1978-85 Berufsberaterin f. Abiturienten u. Hochschüler im Arbeitsamt Deggendorf, seit 1979 stellv. Kreisvors., d. CSU in Regen, seit 1985 Mtgl. d. LVorst. d. Frauen Union, 1991-95 Landesvors. d. Frauen-Union, 1985-87 Ltr. d. Abt. Berufsberatung im Arbeitsamt Deggendorf, seit 1987 MdB, 1989-91 Bundesmin. f. Raumordnung, Bauwesen u. Städtebau, von 1991 bis April 1992 Bundesmin. f. Gesundheit. P.: in Südbt. Zeitung, Münchener Merkur. E.: BVK. M.: Sportverein Eichenau, BRK, Dt. Beamtenbund. H.: Lesen, Belletristik, klass. Musik, Klavierspielen, Antiquitäten, Schmuck, Möbel. (Re)

Hasselkus Walter Dr. *)

Hasselmann Irmgard

B.: Textilkauffrau, Arzthelferin, Ergotherapeutin, selbständig. DA.: 34119 Kassel, Wilhelmshöher Allee 150. G.: Meerbeck, 23. Mai 1943. V.: Hermann Haselmann. Ki.: Alexandra (1975). El.: Wilhelm Heine u. Emma, geb. Behling. S.: 1957-60 Ausbildung z. Textilkauffrau in Stadthagen, 1963 Fachschulausbildung z. Arzthelferin, 1970-73 Ausbildung z. Ergotherapeutin in Berlin, Zusatzausbildung: Gesundheitspraktikerin, Legastheniehetherapeutin, Therapeut. Puppenspiel, Entwicklung u. Erziehungspsychologie. K.: 1960-61 Textilkauffrau in Stadthagen, 1961 Haushaltshilfe in einer Tierarztklinik in Heidelberg, 1963-68 Arzthelferin in Hannover u. Hamburg, 1968-70 Entwicklungshelferin in Equador, 1973-76 in d. Geriatrie in Berlin, 1975-77 Mutterschaftsurlaub, 1977-85 in d. Geriatrie b. DRK in Köln, seit 1986 selbständige Ergotherapeutin in Kassel. H.: Malen, Lesen, Musik, Garten, Gitarrespielen.

Hasselmann Klaus Ferdinand Dr. Prof.
B.: Dir. FN.: Max-Planck-Inst. f. Meteorologie. DA.: 20146 Hamburg, Bundesstr. 55. PA.: 25368 Kiebitzreihe, Schulstr. 79. G.: Hamburg, 25. Okt. 1931. V.: Susanne, geb. Barthe. Ki.: Meike, Knut, Annette. El.: Erwin Johann Heinrich u. Dorothea Hedwig. S.: 1957 Prom., Univ. Göttingen, Univ. Hamburg. K.: 1957-61 Ass., Univ. Hamburg, Inst. f. Schiffbau, 1961-64 Ass./Associate Prof., Univ. of California, 1963 Habil. Univ. Hamburg, 1966-72 Prof., Univ. Hamburg, Inst. f. Schiffbau, 1970-72 Doherty Prof., Woods Hole Oceanographic Inst., 1972-75 Prof., Univ. Hamburg, Inst. f. Geophysik, seit 1975 Dir., Max-Planck-Inst. f. Meteorologie, außerdem seit 1988 Wiss. Dir. am Deutschen Klimarechenzentrum. P.: über 140 wiss. Art., Hrsg. mehrerer Bücher. E.: Carl Christiansen Gedächtnispreis, James B. Macelwane Award d. AGU, Akademiepr. f. Physik d. Akad. d. Wiss. in Göttingen, Sverdrup Medal d. American Met. Union, Belfotop-Eurosense Award der Remote Sensing Soc, Robertson Memorial Lecture Award d. US Nat. Academy of Sciences, Förderpreis f. d. Europ. Wiss. d. Körber-Stiftung Hamburg, Nansen Polar Bear Award Bergen/Norwegen, oceanography Award sponsored by the Society for Underwater Technology, Portland, UK, Oceanolgy Intern. Lifetime Achievement Award, Premio Italgas per la Ricerca e L'Innovazione, Symons Memorial Medal of the Royal Meteorological Society. M.: German environmental award, Karl-Küpfmüller-Ring, European Geophys. Soc., Dt. Meteorol. Ges., Dt. Geophysikal.

*) Biographie www.whoiswho-verlag.ch oder beigefügte CD-ROM

Hasselmann Ges., American Geophysical Union, Max-Planck-Ges. z. Förderung d. Wiss., IEEE, Ges. f. Angew. Math. u. Mechanik, Dt. Ges. f. Luft- u. Raumfahrt e.V., US Oceanography Soc., Acad. Europaea, The Royal Swedish Acad. of Sciences, Joachim Jungius-Ges., Acad. Scientiarum et Artium Europaea. H.: Musik, Segeln, Tennis.

Hasselmann Olaf Dipl.-Ing. *)

Hasselmann Wilfried *)

Hassels Ulrike *)

Hassemer Winfried Dr. Prof.
B.: Bundesverfassungsrichter, Prof. f. Strafrecht u. Rechtstheorie. FN.: Univ. Frankfurt. DA.: 60325 Frankfurt/Main, Senckenberganlage 31. G.: Gau Algesheim, 17. Feb. 1940. V.: Kristiane, geb. Markert. Ki.: Michael (1966). El.: Martin u. Maria. S.: 1959-63 Stud. Rechtswiss. Heidelberg, Genf u. Saarbrücken. K.: 1964-69 Ass. am Inst. f. Rechts- u. Sozialphil. d. Univ. d. Saarlandes, 1967 Prom., 1972 Habil., seit 1973 Prof. f. Rechtstheorie, Rechtssoz., Strafrecht u. Strafverfahrensrecht am Fachbereich Rechtswiss. d. Univ. Frankfurt, 1991-96 Hess. Datenschutzbeauftragter, seit 05/1996 Bundesverfassungsrichter (Zweiter Senat). P.: "Tatbestand u. Typus" (1968), "Theorie und Soziologie d. Verbrechens" (1973), "Strafrechtsdogmatik u. Kriminalpolitik" (1979), "Einführung in d. Grundlagen d. Strafrechts" (1981). H.: mod. Literatur. (Re)

Hassenpflug Helwig Dr. Dr. h.c.
B.: Verleger. FN.: Ewald von Kleist Verlag OHG. GT.: Vors. Freundeskreis Filmmuseum Berlin e.V. DA.: 14195 Berlin, Pücklerstr. 8. hassenpflug@kleist-verlag.de. www.kleist-verlag.de. G.: Hamburg, 10. März 1936. V.: Blandine, geb. Ebinger. BV.: Min.-Präs. v. Hessen Urgroßvater Hans Daniel Ludwig Hassenpflug. S.: 1956 Abitur München, 1956-59 Stud. Rechtswiss. Hamburg u. München. 1 Staatsexamen, 1960-64 Referendariat in München, Wahlstation in Lüneburg, 1964 2. Staatsexamen, 1962 Prom., 1989 Dr. h.c. K.: 1964 RA in München, ab 1967 RA in Berlin, seit 1969 15 J. Ltg. jurist. Programm Walter de Gruyter Verlag, b. 1997 10 J. in Geschäftsführung persönl. haft. Ges. Walter de Gruyter Verlag, seit 1994 Mitinh. Ewald von Kleist Verlag, daneben Verw. v. Rechten v. Blandine Ebinger (Hollaender) Betreuung d. Ehefrau b. berufl. Tätigkeit. F.: seit 1994 Mitinh. Ewald von Kleist Verlag. P.: Hrsg. jurist. Studienbücher u.a. "BGB - Leicht gemacht", Zeitungsinterviews über Nachlaßbetreuungen, 1996 Produzent CD "Vaführe mir liebers nicht". E.: Ehrenmtgl. Freundeskreis Rundfunk-Symphonieorchester Berlin. M.: ehem. Vors. Freunde d. Staatsbibl. zu Berlin e.V., v. allem Bach-Patronat, Rundfunkchor Berlin, Freunde d. jur. Fak. d. Humboldt-Univ. zu Berlin e.V. H.: klass. Musik, Literatur, Biographien.

Hassenstein Bernhard Dr. rer. nat. Dr. h.c. Prof.
B.: o.Prof. f. Biologie i. R. FN.: Inst. f. Biologie I d. Univ. Freiburg. PA.: 79249 Merzhausen, Herchersgarten 19. G.: Potsdam, 31. Mai 1922. V.: Helma, geb. Schrader. El.: Prof. Dr. Walter u. Anna. S.: 1940-48 Stud. Univ. Berlin, Göttingen u. Heidelberg. K.: 1948-54 wiss. Ass. Max Planck-Inst. Wilhelmshaven, 1954-58 wiss. Ass. Zoophysiolog. Inst. d. Univ. Tübingen, 1957 Habil., 1958-60 wiss. Mitarb. Forsch.Gruppe Kybernetik am Max Planck-Inst. f. Biologie Tübingen, 1960-84 o.Prof. f. Biologie Univ. Freiburg. BL.: Einführung des Wortes u. Begriffs "Tragling" in d. dt. Sprache. P.: Biologische Kybernetik (1965, 5. Aufl 1977), Verhaltensbiologie des Kindes (1973, 5. Aufl. 2001), Klugheit. Zur Natur unserer geistigen Fähigkeiten (1988, 2. Aufl. 1992). E.: 1995 Exponat "Spangenglobus u. Korrelationsauswertung" im Dt. Museum Bonn. H.: Sammeln von Doppelgängerkarten.

Hassenstein Rudolf Reinhardt *)

Hassinger Paola
B.: Grafik-Designerin, Gschf. FN.: Grafik-Design Paola Hassinger. DA.: 60322 Frankfurt/Main, Im Trutz Frankfurt 11. G.: Frankfurt, 9. Aug. 1963. El.: Georg Gerhard u. Katharina Elisabeth, geb. Müller. BV.: Mutter stammt v. d. Hugenotten aus Frankreich ab. S.: 1980 Mittlere Reife, Kunstschule Westend, Grafikdesign, Lithographie, Fotographie u. handwerkl. Ausbild., ab 1983 freies Arbeiten, 1988 Abschluss als Grafik-Designerin. K.: selbst. f. versch. Firmen in d. Pharmaind., d. Arb. werden z. Teil in d. eigenen Firma u. in Fremdfirmen erstellt, d. Arb. beziehen sich speziell auf Pharmazie nat. u. intern. BL.: Würdigung d. Arb. in Fachzeitschriften. P.: im Comprix 1997 Seiten 122/123 Pharma-Werbung im Comprix 1998 Seiten 120/121 u. 132/133 Vorstellung d. Arbeiten. M.: Eintracht Frankfurt (Sportbereich Gymnastik). H.: Naturwiss., Lesen, Sport.

Haßkamp Ute
B.: RA, Fachanwältin f. Strafrecht u. f. Familienrecht. DA.: 40212 Düsseldorf, Königsallee 80. G.: Berlin, 29. Aug. 1941. Ki.: Dorothee (1968). S.: Gymn., Stud. Juss. Köln, München, London u. Bonn, 1965 1. u. 1969 2. Staatsexamen. K.: 1969-71 Freie Mitarb. Dr. Otto Flehinghaus, 1971 Zulassung RA, Ndlg. in Düsseldorf. H.: klass. Musik, Querflöte, Waldhorn, Tiere, alte Spieldosen, Kunst, Literatur. (R.E.S.)

Hasskarl Horst Dr. jur.

B.: RA. FN.: Dr. Hasskarl & Kollegen RA. DA.: 67061 Ludwigshafen, Bleichstr. 57. hasskarl-law@t-online.de. G.: 9. März 1939. V.: Christine. Ki.: Dirk, Jens. S.: 1959 Abitur Lübeck, 1959-60 Bundeswehr - OTL d. Res., 1960-65 Stud. Rechtswiss. Tübingen u. Saarbrücken, 1965 1. u. 1969 2. jur. Staatsexamen. K.: 1970 -97 Ltr. d. Rechtsabt. d. Firma Knoll AG in Ludwigshafen, seit 1998 ndlg. RA m. Tätigkeitsschwerpnkt Arzneimittel- u. Gentechnikrecht, Med.-Produkt- u. Kooperationsrecht. P.: Autor zahlr. Veröff. auf d. Gebiet d. Haftungs-Arzneimittel-Tierschutz- u. Gentechnikrechts. E.: EK d. Bundeswehr in Gold. M.: ehem. Vors. Rechtsausch. d. Verb. d. forschenden Arzneimittelhersteller, Anw.-Kam., Anw.-Ver., Dt.-Franz. Ges. in Neustadt a.d.W., Förderver. d. Herrenhauses Edenkoben. H.: Fallschirmspringen, Tennis, Golf, Skifahren, römische Provinzialarchäologie.

Haßkerl Eberhard *)

Haßlacher Dieter Dr. med. vet.
B.: Tierarzt. FN.: Tierarztpraxis Dr. med. vet. Dieter Haßlacher. DA.: 46244 Bottrop, Hauptstr. 85. G.: Castrop-Rauxel, 14. Mai 1950. V.: Dr. med. vet. Dietlinde, geb. Heinzmann. Ki.: Fabian (1988), Nicola (1990). El.: Max-Kurt u. Marta. BV.: Uronkel Jakob Hasslacher Mitbegründer d. Thyssen. S.: 1971 Abitur Willingen, 1971-72 Bundeswehrdienst Lingen, 1973-74 Stud. BWL in München, 1974-80 Stud. Tiermed., 1981 Prom. K.: 1981-84 Ass.-Zeit, Weiterbild. z. Fachtierarzt Bottrop u. München b. Dr. Breuer, 1984 Anerkennung z. Fachtierarzt, seit 1985 ndlg. Tierarzt in Bottrop, Schwerpunkt: Pferde k. Kleintierbehandlung, Chir. BL.: Entwicklung eines Medikaments gegen Sommerekzem. P.: 1991 Veröff. über: Der prakt. Tierarzt. M.: Bundesverb. Prakt. Tierärzte, Kutschenfahrfreunde Kirchhellen e.V. H.: Fahrsport, Pferde allg.

Hassler Ingeborg *)

Hassler Volker
B.: Gschf. Inh. FN.: Hassler Blitzschutz + Elektro GmbH & Co KG. DA.: 79112 Freiburg, Am Märzengraben 12. G.: Freiburg, 4. Sep. 1957. V.: Kerstin, geb. Elvers. Ki.: Rebecca (1983), Tobias (1996). El.: Gustav u. Gertrud, geb. Dippel. S.: 1979 Abitur Offenburg, 1980 Bundeswehr, 1983 Elektromeister in Freiburg. K.: seit 1990 öff. vereid. Sachv. HWK Freiburg, seit 1993 Gschf. d. Firma Hassler Blitzschutz GmbH & Co KG, Inh. versch. Patenten z.B. Palmenheizung, Thermofolie Dt. Patentamt 1999, Flugzeugbau einer Kit Fox, Mitstreiter f. d. Erhalt d. Flugplatzes Bremgarten als Naherholungsgebiet. P.: regionale u. überregionale Presse, Mein schöner Garten (1999), Patentschrift. E.: 1977 jüngster Pilot m. 18 J., Eigenbau einer Kit Fox m. d. geflogen wird. M.: Handwerkskam., HWK. H.: Fliegen, Tauchen.

Häßler Jörg
B.: Autor, Journalist. jhaessler@faszination-oldtimer.de. www.faszination-oldtimer.de. G.: Bochum, 14. Okt. 1966. S.: 1986 Abitur Bochum, 1986-93 Stud. Rechtswiss. u. Wirtschaftswiss. in Bochum u. Dortmund, 1991-94 Seminarltr. u. Referent b. d. Dufhues Stiftung e.V Dortmund. K.: 1994 journalist. Praktikum b. Fernsehsender n-tv Bonn, Public Relations b. VIVA TV Köln, 1995 Autor WDR-Radio EINS LIVE, 1995-97 Autor f. d. WDR-Kinder- u. Jugendfernsehen, 1996 Redaktion NICKELODEON, 1997 Pilot-Projektltg. neuartig. TV-Jugendmagazin, 1997-98 Autor Boulevard-Satiremagazin FIKTIV, f. KABEL 1, Silb. Rose v. Montreaux, 1998 Ltg. Public Relations junge medien, 1999 Grdg. einer Casting Agentur Häßler & Friends Düsseldorf, Casting f. Constantin-Film München, Richterin Barbara Salesch, SAT 1 u. Henkel/Persil, seit 2000 Redaktionsltg. f. Faszination Oldtimer, n-tv u. Vintage Carworld, ESPN. F.: Häßler & Friends, 40223 Düsseldorf, Suitbertusstr. 95. M.: 1994-99 Mtgl. im Rat d. Stadt Bochum f. d. CDU, 4 J. Kreisvors. d. Jungen Union Bochum.

Häßler Thomas
B.: Profi-Fußballer. FN.: c/o TSV München 1860. DA.: 81547 München, Grünwalder Straße 114. TSV1860-CL@T-Online.de. http://www.tsv1860.de. G.: Berlin, 30. Mai 1966. Ki.: Fabio, Jasmin, Jordi. S.: erlernter Beruf Bauzeichner. K.: Meteor 06 Berlin 1976-79, Reinickendorfer Füchse 1979-83, 1. FC Köln 1983-90, Juventus Turin 1990-91, AS Rom 1991-94, Karlsruher SC 1994-98, 1. Länderspiel 1988, Helsinki, Finnland (4:0), Weltmeister 1990, Europameister 1996, 1998/99 als Mittelfeldspieler b. Ballspielverien Borussia 09 e. V., s. 1999 b. TSV München 1860. E.: Fußballer des Jahres 1989 u. 1992, Bester Spieler d. EM 1992. H.: Tennis, Musik.

Hässler Thomas Ing. *)

Häßler Wolfgang
B.: Schreiner, Inh. FN.: büro optimal. DA.: 22529 Hamburg, Emil-Andresen 79. G.: Freiburg, 22. Apr. 1935. V.: Gertrud, geb. Mayer. Ki.: Martina (1962), Frank (1967). S.: 1952-55 Ausbild. z. Schreiner. K.: 1955-72 Schreiner u. Aufbau d. THW in Freiburg, 1972-75 Tätigkeit in einer Büroeinrichungsfirma in Hamburg als Schreiner im Verkauf u. zuletzt als Prok., seit 1975 selbst., Grdg. d. Firma büro optimal, 2000 25-jähriges Firmenjubiläum. E.: 1998 Höchste Ausz. d. Zentralaussch. d. Hamburg. Bürgerver. d. Portugalesen in Bronze, zahlr. andere Ausz. u. Berichte in d. Medien. M.: Seemanns-Chor im Ver. Geborener Hamburger, Bürgerver. Schnelsen, Niendorf u. Lokstedt, Zentralaussch. aller Hamburger Bürgerver. u. Heimatver., 1. Vors. d. Ver. d. Badener v. Hamburg u. Umgebung e.V. seit 1913, 1. Vors. d. Arge d. Badener Ver. in Deutschland e.V. H.: Chorsingen.

Haßler-Schobbert Ulrike

B.: Museumsleiterin. FN.: Leonhardi-Museum. GT.: Kindermalzirkel u. Malzirkel f. Jugendliche, 1990-94 Private Malschule. DA.: 01326 Dresden, Grundstr. 26. PA.: 01277 Dresden, Hofmannstr. 49. G.: Dresden, 20. März 1937. V.: Helmut Schobbert. Ki.: Barbara (1963), Martin (1968), Lotte (1976). S.: 1956 Abitur Dresden, 1958-62 Stud. Wandmalerei an d. HS f. Bildende Künste z. Dipl.-Malerin. K.: 1962-91 freischaffende Malerin, Gemälderestaurierung, 1991 Ltr. d. Leonhardi-Museums, 1984-91 Honorarauftrag an d. Theaterfachschule f. Kostümgestalter. BL.: 1982-89 Bemalung d. Außenfassade d. Leonhardi-Museums, Entwürfe f. Glasfenster v. versch. Kirchen. P.: Kunstkataloge f. d. Leonhardi-Museum, Werkverzeichnis d. Museums. M.: Verein Freunde u. Förderer d. Leonhardi-Museums. H.: Kunst, Literatur, Musik.

Hassloch Otto-Ernst
B.: RA, Notar. DA.: 64283 Darmstadt, Rheinstr. 26. PA.: 64291 Darmstadt, Hebbelstr. 25. G.: Bad Kissingen, 28. Apr. 1926. V.: Alexa, geb. Duro. S.: b. 1943 Oberschule, Zwangsrekrutierung z. Kriegsdienst b. 1944, außerdem Vollausbild. im Dressurreiten, nach Kriegsende Stud. Musik u. Gesang m. Abschluß Phil.-Theol. HS Bamberg. K.: 1948/49 Orgelkonzerte in Bamberg, Wechsel ins Jurastud., nach 6. Sem. 1. Staatsexamen, Referendar am Amtsgericht Bad Kissingen, Notariats- u. Anw.-Stationen, an RA-Kzl. in Schweinfurt, 2. Staatsexamen, ab 1954 ang. Anw. in Darmstadt, ab 1957 selbst., b. 1965 Mitarb. am Europ. Schiedsgerichtshof Straßburg, Fachanwalt f. Arb.- u. Sozialrecht, spez. f. Firmenberatung.

Haßmann Rainer Dipl.-Ing. *)

Hassner Karl Dipl.-Ing. *)

Hast Marianne Dipl.-Ing.

B.: Gschf. FN.: Bauunternehmung Carl Goost GmbH & Co KG. DA.: 42289 Wuppertal, Norrenbergstr. 71. G.: Wuppertal, 28. Dez. 1950. V.: Heinz Hast. Ki.: Teja (1979), Lina (1982). El.: Carl Goost u. Therese, geb. Jahns. S.: 1967 Mittlere Reife, 1967-70 Ausbild. z. Bauzeichnerin, 1970-73 Arch.-Stud. an d. Berg. Univ. Wuppertal, Abschluss: Dipl.-Ing. K.: 1973-75 ang. Architektin in Arch.-Büro Balzer u. Partner in Wuppertal, 1976 Eintritt in d. väterl. Bauunternehmen als Bauing., 1985-94 Übernahme d. Geschäftsführung gemeinsam m. d. Vater u. Mitges., 1995 Alleinigeschf. Mitges. M.: AufsR. d. Baubedarf Berg u. Mark eG Wuppertal, Soroptimistinnen Wuppertal Tölleturm. H.: Garten, Wandern.

Hastedt Frank *)

Hastedt Hermann D. *)

*) Biographie www.whoiswho-verlag.ch oder beigefügte CD-ROM

Hastedt Ingrid Renate

B.: Dipl.-Haushaltsökonom, Vors. d. Vorst. FN.: Wohlfahrtswerk f. Baden-Württemberg. DA.: 70176 Stuttgart, Falkertstr. 29. G.: Zeven, 18. Aug. 1963. S.: 1982 Abitur Rotenburg/Wümme, 1982-90 Stud. Haushaltswiss. Univ. Hohenheim, Dipl.-Haushaltsökonom. K.: 1990 wiss. Mitarb. am Inst. f. Arbeitswiss. d. Univ. Hohenheim, 1990-96 Bev. f. d. Bereich Forsch. u. Beratung b. d. Paul-Lempp-Stiftung Stuttgart, seit 1997 Vors. d. Vorst. P.: div. Buchbeiträge und Fachart., Co-Autorin von "Führung u. Verantwortung". M.: DGGG Dt. Ges. f. Gerontologie u. Geriatrie.

Hastedt Werner *)

Hastreiter Alexander *)

Hastrich Eugen Dipl.-Kfm. Dipl.-Vw. *)

Hastrich Gudrun

B.: RA. FN.: Rechtsanwaltskanzlei Hastrich DA.: 50672 Köln, Genter Str. 14. PA.: 50999 Köln, Kirschgarten 19. contact@kanzlei-hastrich.de. G.: Köln, 15. Mai 1965. El.: Arno u. Elfriede Hastrich. S.: 1984 Abitur Köln, 1984-85 Ausbild. z. geh. Verw.-Dienst b. d. Stadt Köln, 1985-93 Stud. Rechtswiss. Univ. Köln. K.: 1985-95 Anstellung als Bedienung im Tennis-Restaurant KAWI Köln-Porz, 1987-88 Stud. Hilfskraft am Kriminalwiss. Inst. Köln b. Prof. Dr. Kohlmann, 1989-90 freie Mitarb. b. dt.-franz. Firmengrdg., 1993 1. Staatsexamen, 1993-96 Referendarzeit, 1995-96 freie Mitarb. in Anw.-Kzl. Dr. Kniekamp, Kirsch, Langer, 1996 2. Staatsexamen, 1996-97 freie Mitarb. als RA in d. RA-Kzl. Wüstefeld - Wellssow, 1997 Sozius, seit 2000 Inh. d. Rechtsanwaltskanzlei Hastrich. BL.: Vortragstätigkeit, größtenteils f. Unternehmer, Gutachtertätigkeit f. d. Stadt Münster, Land NRW, Bundesumweltamt, Wuppertal Inst. f. Klima, Umwelt u. Energie u. d. ILS z. rechtl. Umsetzung d. Autofr. Wohnens, Führung d. 1. Prozesses wegen Vergewaltigung in d. Ehe als Nebenklagevertretung, anwaltl. Hilfe f. benachteiligte Personengruppen. P.: Aufsätze in Fachzeitschriften. M.: u.a. in "Autofreie Siedlung Köln e.V.", Dt.-Span. Juristenver., Dt.-Brit. Juristenver., Schöne Aussichten Ver. Selbst. Frauen e.V. ANEAS Dienstleistungs-Forum-Rhein-Berg-e.V. H.: Tai Chi, Tanz, Paddeln, Fernreisen - Asien, Süd- u. Mittelamerika. Sprachen: Englisch, Latein (Gr. Latinum), Französisch, Spanisch, Russisch.

Hatebur Carl-Heinz

B.: freiberuflicher Fotograf. DA.: 10873 Berlin, Blumenthalstr. 18. hatebur.fotografie@aol.com. G.: Royan, 17. Sep. 1942. V.: Tina, geb. Seifert. Ki.: Roberta (1990). El.: Carl Wilhelm Heinrich u. Hildegard. S.: 1960-65 Reisen durch Frankreich, Naher Osten u. Europa, 1965-68 Lehre als Industriekaufmann, 1968-72 nach Bestehen d. Sonderbegabtenprüfung Stud. Fotodesign an d. FH Dortmund. K.: 1972-79 fotojournalistisch tätig, Arbeiten in England, Portugal, Norwegen, seit 1979 freischaffend in Berlin, Werbefotografie, Ausstellungen, Bücher. BL.: arbeitet als bekennender Christ m. Gefangenen d. JVA z. Thema "Inszeniertes Selbstbildnis" um seelische Portraits zu schaffen, Engagement in d. Freikirche (Pfingstgemeinde). P.: "Was heißt hier Deutschland?", "Berlin - Landschaften am Wasser", "Berliner Panorama - Berliner Leben", Kalender, Ausstellungen. H.: Bergsteigen, Kajak, Faszination Wasser.

Hatesur Rüdiger

B.: Gschf. Ges., Immobilienmakler. FN.: Hatesur & Vetter GmbH. DA.: 31582 Nienburg, Verdener Landstr. 117. hatesur@t-online.de. www.hatesur-vetter.de. G.: Hoya, 23. Sep. 1965. V.: Dipl.-Ing. Britta, geb. Hulke. Ki.: Daniel (1997). S.: 1983 Mittlere Reife, 1983-86 Lehre Groß- u. Außenhandelskaufmann Bücken, 1986-87 FOS Nienburg, 1987-91 Bundeswehr, 1991-96 Stud. BWL FHS Lüneburg, 1991-94 Stud. BWL Wirtschaftsakademie Lüneburg m. Abschluß Bw. K.: 1994-96 freiberufl. Immobilienmakler in Nienburg, 1996 Grdg. d. Firma Poppe & Hatesur GbR, 1999 Grdg. d. Firma Hatesur & Vetter GmbH in Nienburg m. Schwerpunkt Immobilien u. Verw. F.: 1998-2001 Vorst.-Vors. d. Firma AGG Aktion Gesellschaft f. Gebäudemanagement in Nienburg. M.: Vorst.-Mtgl. d. WSW Drakenburg, MTV Bücken, ATV Zimbria Lüneburg. H.: Wassersport, Musik.

Haton Mohurrla.

B.: Botschafter. FN.: Botschaft der Republik Mauritius. DA.: 10787 Berlin, Kurfürstenstr. 84. mu.embln.3@t-online.de. G.: 1. April 1950. V.: verh. KI.: 2 Kinder. S: Studium Wirtschaft und Jus Universität Mauritius, Studium Pädagogik Mauritius Inst. of Education, National School of Hygiene. K.: zunächst Steuerberater, Bildungsministerium, zahlreiche politische Tätigkeiten in den Bereichen Bildung, Erziehung, Gesundheit, derz. Botschafter der Rep. Mauritius. E.: 1995 Ehrenbürger Mabesbourg, 1997 Ehrenbürger Union Parc Village M.: Parliament House, div. Sozio-kulturelle Organisationen auf Mauritius, seit 1971 MMM Partei, 1978-2000 Central Comittee Member, 1999-2000 Member of the Political Bureau. H.: Lesen, Musik, Literatur, Spazierengehen. (Re)

Hatosch Manfred
Dipl.-Kfm. Dipl.-Betriebswirt (FH) *)

Hättasch Martina

B.: Zahntechnikmeisterin, Inh. FN.: Dental Labor Hättasch. DA.: 04668 Grimma, Nerchauer Str. 2. G.: Mutzschen, 19. Mai 1951. V.: Egbert Hättasch. Ki.: Hendrikje (1971). S.: 1967 Lehre Zahntechnikerin Stomatolog. Zentrum Grimma, 1983-84 Fachausbild. Fachzahntechniker-Ak. Leipzig, 1991 Meisterprüf. Halle. K.: seit 1992 selbst. m. sämtl. Meisterleistungen inkl. Galvanotechnik. P.: Vorträge z. Thema Zahntechnik, zahntechnik. Arb. v. Publikum z. Aufklärung über d. Beruf. M.: Gewerbever. Grimma, Ges. f. kieferorthopädische Zahntechnik e.V. H.: Sammeln v. Tierzähnen u. v. Bürgel-Keramik, Musik, Lesen.

Hattemer Andreas

B.: Immobilienmakler f. gewerbl. Immobilien, selbständig. DA.: 37075 Göttingen, Weender Landstr. 49. andreas@hattemer.de. www.hattemer.de. G.: Hamburg, 4. März 1965. V.:

*) Biographie www.whoiswho-verlag.ch oder beigefügte CD-ROM

Swantje, geb. Noack. Ki.: Anna (1997). El.: Hans-Hinrich u. Helgard, geb. Meyer. S.: 1985 Abitur Göttingen, 1985-87 Bundeswehr - Offz. d. Res., 1987-90 Stud. Wirtschaftswiss. Univ. Göttingen. K.: seit 1990 selbständiger Immobilienmakler f. gewerbl. Immobilien. M.: Golfclub Hardenberg e.V. H.: Golf, Fotografieren, Familie.

Hattemer Karl Heinz

B.: freier Journalist. GT.: 1947-58 freier Mitarbeiter v. versch. Zeitungen u.a. Wiesbadener Kurier, Frankfurter Rundschau, Frankfurter Neue Presse. DA.: 63452 Hanau, Brucknerstr. 94. G.: Limburg, 20. Feb. 1927. V.: Marlis, geb. Bell. Ki.: Christofer, Dr. Matthias, Eberhard. S.: 1946 Abitur Limburg, 1947-58 Stud. Theaterwiss., Phil., Germanistik an der Univ. Mainz u. Frankfurt. K.: 1957-58 Redakteur b. d. Wetzlarer Zeitung, 1958-61 Redakteur bei d. Frankfurter Rundschau, 1961-71 Tätigkeit b. Hess. Rundfunk Frankfurt Chef vom Dienst Zeitfunk, 1971-89 Sendeleiter f. d. Hörfunkprogramme d. Hessischen Rundfunks Frankfurt, Begründer d. Sendereihen "Unterwegs in Hessen" u. "Passiert-Notiert", 1972 Aufbau u. Ltg. d. Verkehrssenders HR3, seit 1989 freier Journalist. BL.: Chairman d. ARD-Konferenz d. Verkehrsredakteure im Europäischen Verkehrscenter gemeinsam m. d. Europäischen Rundfunk Union, viele Beiträge u. Berichte z. Verkehrssicherheit. P.: Buchveröff. Memoiren "Von Philipp b. Philip" (2001), Reportagen u. Berichte f. Illustrierte u. Tageszeitungen im Bereich Golf, Reisen u. Verkehr. E.: Goldene Ehrennadel d. Dt. Verkehrswacht, Christopherus-Preis, Goldene Nadel d. AvD. M.: seit 1940 VFR 07 Limburg (Fußballverein), Golfclub Hanau, Ehrenpräs. d. dt. Mediengolf Ges. H.: seit 1978 aktiver Golfspieler, 1989 dt. Sen.-Mannschaftsmeister u. 3 x Vizemeister.

Hattenbach Dirk

B.: Bauschlosser, Unternehmer, selbständig. FN.: Gastrotechnik D. Hattenbach. DA.: 38350 Helmstedt, An der Bleiche 14. dirk.hattenbach@diving-center-helmstedt.de. www.diving-center-helmstedt.de. G.: Grasleben, 20. Jan. 1961. V.: Kathrin, geb. Michalke. Ki.: Stephanie (1986), Daniel (1989), Pascal (1994). El.: Willi u. Ingrid, geb. Fricke. S.: 1976-79 Lehre Bauschlosser Firma Krysko Helmstedt. K.: 1979 tätig in d. Firma VW in Wolfsburg, 1980-94 Hilfsschlosser u. ab 1986 Betriebsschlosser d. Firma Kali + Salz AG in Grasleben, 1987 nebenberufl. Grdg. d. Diving-Center in Helmstedt, 1987 Werkstattvorarbeiter u. 1989 Aufseher, seit 1989 nebenberufl. Tauchlehrer, ab 1990 Werkstattleiter, 1992 techn. Mitarbeiter im Konstruktionsbüro K + S, seit 1994 selbständig m. Tauch-Center u. ab 1998 zusätzl. Gastrotechnik. M.: Bundesverband d. Sachv. u. Sachkundigen f. Getränkeanlagen, Grdg.-Mtgl. d. Orca Tauchsportclub Helmstedt, Barakuda, FIT, CMAS-Verband. H.: Tauchen, Bergtrekking.

Hattenhauer Hans Dr. jur. Prof. *)

Hättich Manfred Dr. rer. pol. Prof. *)

Hattig Josef

B.: Senator f. Wirtschaft u. Häfen. GT.: AufsR.-Präs. d. Post AG. DA.: 28195 Bremen, Zweite Schlachtpforte 3. G.: 3. Juni 1931. V.: verh. Ki.: 2 Söhne. S.: 1946-49 Lehre z. Industriekfm., Stud. d. Rechts- u. Staatswiss. i. Innsbruck, Freiburg u. Münster, 1960 1. Staatsexamen, 1963 2. Staatsexamen. K.: 1964-65 Vorst.-Ass. i. Dortmund, 1965-66 Gerichtsassessor in Dortmund, 1965-1972 Mtgl. d. Gschf. d. Brauerei Thier u. Co. Dortmund, 1972-1997 Gschf. d. Brauerei Beck & Co, 1987 Eintritt i. d. CDU, Okt. 1997-99 Senator f. Wirtschaft, Mittelstand, Technologie u. Europaangelegenheiten, seit 1999 Senator f. Wirtschaft u. Häfen. M.: Präs. d. HK Bremen, Vorst.-Mtgl. d. Dt. Brauerbund, AufsR.-.Vors. Haake-Beck-Brauerei Bremen. (Re)

Hättig Günter *)

Hattler Kurt Hermann *)

Hattop Hans *)

Hatz Hans Dr. med. *)

Hatzfeld Hans

B.: selbst. Steuerberater. DA.: 80689 München, Gunzenlehrstr. 24. G.: Zweibrücken, 15. Feb. 1939. V.: Annely, geb. Hager. Ki.: Sabine (1974). S.: 1958 Abitur Zweibrücken, 1958-61 Bundeswehr (Offizier auf Zeit), 1961-63 Stud. Physik in München, 1963-68 Stud. Betriebswirtschaft München. K.: Volontärzeit in einer Wirtschaftsprüferkzl., 1968-72 Revisionsass. in Steuerkzl., 1972 Prüf. z. Steuerberater, später Prüf. z. Steuerberater. M.: Landesverb. d. Steuerberater, Interessenver. Collega: Verb. f. EDV u. Kzl.-Organ. f. Angehörige d. steuer- u. rechtsberatenden Berufe e.V. H.: Musik, Wein, Reisen, Kegeln.

Hatzky Torsten Dr. med. dent.

B.: Zahnarzt in eigener Privatpraxis. info@hatzky.de. www.hatzky.de. G.: Kassel, 1. Aug. 1954. V.: Annette, geb. Steup. Ki.: Vanessa (1989). El.: Dr. Günther u. Gertrud, geb. Böttcher. S.: 1973 Abitur, zahntechnische Tätigkeit i. d. elterl. Praxis, 1981 Stud. Zahnmedizin Univ. Marburg u. Göttingen, 1985 Staatsexamen, 1986 Prom. Göttingen, 1994-96 ganzheitl. Zusatzausbildung, zahlr. Fortbildungen Endodontie u. Kieferorthopädie. K.: 1985-86 Ass.-Arzt in einer Kassenpraxis, 1987 Vertretung in einer Praxis in Landau u. 1988 Übernahme, seit 1992 Schwerpunkt ästh. vollkeram. Restauration u. ganzheitl. Behandlung, Amalgansanierung, Paradontologie, Endodontie u. Kieferorthopädie, 1993 freiw. Kündigung d. Verträge m. d. gesetzlichen Krankenkassen, seitdem Führung einer qualitätsorientierten Privatpraxis. BL.: Europapatent f. ein Gerät f. zahnärztl. ohne Assistenz. P.: Medienberichte u. Interviews z. Kassenreform (1992/93). M.: Dt. Ges. f. ästhetische Zahnheilkunde (DGÄZ), Dt. Ges. f. Laserzahnheilkunde, GZM, BNZ, Privatzahnärztl. Vereinigung Deutschland (PZVD). H.: Restauration u. Erhalt d. denkmalgeschützten Hauses Fortstraße 10, seltene Automobile, Fotografie, Heimwerken, Computer uva.

---

*) Biographie www.whoiswho-verlag.ch oder beigefügte CD-ROM

Hau Bernhard J.

B.: RA. DA.: 60318 Frankfurt/Main, Eschenheimer Anlage 28. G.: Fulda, 6. Apr. 1952. V.: Dr. Michaela, geb. Zeh. Ki.: Daniel (1988), Nina (2000). El.: Dipl.-Kfm. Ferdinand u. Rosalia. S.: 1972 Abitur, 1972-77 Stud. Jura Frankfurt/Main, 1980 2. jur. Staatsexamen Wiesbaden. K.: 1980-85 selbst. RA, 1985 Eröffnung d. Kzl. u. Aufbau einer wirtschaftsrechtl. Sozietät m. Tätigkeitsschwerpunkt Kfz-Vertriebs-, Arzthaftungs-, Reise- u. VersicherungsR. P.: Mitarb. an Rundfunk- u. Fernsehsendungen. M.: Dt. Vereinig. f. gewerbl. Rechtsschutz u. Urheberrrecht e.V., Vereinig. Kartellrecht, Ges. f. Dt. Reiserecht. H.: Bergsteigen (Kilimanjaro 2000), Tennis, Tauchen.

Hau Christoph Dipl.-Ing.

B.: Gebietsverkaufsltr. FN.: SLI Sylvania Lighting Intern. Lichtsysteme GmbH. DA.: 91056 Erlangen, Graf-Zeppelin-Str. 9-12. PA.: 36039 Fulda, Anton-Schmitt-Str. 25. G.: Fulda, 2. Aug. 1965. V.: Ursula. S.: Ausbild. z. Elektroinstallateur, Fachabitur u. Studium Elektrotechnik mit Schwerpunkt Energie- u. Lichttechnik, Abschluss: Dipl.-Ing. K.: Techn. Berater in verschiedenen Elektrogroßhdlg., 1999 Gebietsverkaufsltr. m. Umsatzverantwortung zu SLI Lichtsysteme, zuständig f. d. Gebiet Osthessen u. Thüringen. M.: aktives Mtgl. in d. LitG (Lichttechn. Ges.). H.: Skifahren, Mountainbike.

Hau Hok Cheong *)

Haub Erivan K. Dipl.-Vw.

B.: Kfm., Gschf. Ges., Mitinh. FN.: Tengelmann-Gruppe. DA.: 45478 Mülheim, Wissollstr. 5-43. PA.: 65189 Wiesbaden, Hasengartenstr. 25. G.: 29. Sep. 1932. V.: Helga. Ki.: 3 Söhne. S.: Dipl.-Vw., Kfm. K.: Gschf. Ges. Wilh. Schmitz-Scholl, Tengelmann Warenhdls.-Ges. Mülheim/Ruhr, Emil-Tengelmann Heilbronn, Mitinh. Kaiser's Kaffee-Geschäft AG Viersen, Plus, LeDi, Obi, Expansion in die USA und nach Kanada mit Ketten A & P und Food Basics.

Haubenreißer Helmut Dipl.-Ing. *)

Haubenreißer Wolfgang Dipl.-Ing. *)

Hauber Siegbert

B.: Orthopädie-Schuhtechnikermeister, selbständig. FN.: Orthopädie-Schuhfachgeschäft. DA.: 87435 Kempten, Bodmannstr. 6. G. Heimenkirch/Lindau, 12. Dez. 1960. Ki.: Ramona (1990). El.: Julius. S.: 1976-79 Lehre z. Orthopädieschuhmacher, b. 1983 Ausbildung z. Schäftemacher u. Modelleur, Meisterschule u. Prüf. z. Orthopädie-Schuhtechnikermeister 1983, Bundeswehr. K.: Übernahme d. elterl. Schuhgeschäftes, Erweiterung z. Orthopädische Fachgeschäft m. angeschlossener Werkstatt. E.: Einträge im Guinessbuch d. Rekord 1983, 1984 u. 1997 als Hersteller d. kleinsten Paar Schuhe d. Welt (Rekord: Größe 3mm bisher ungebrochen). M.: seit 1976 Wasserwacht Altusried, Landesinnung Bayern f. Orthopädische Schuhtechnik. H.: Judo, Reiten.

Haubold Jens Dipl.-Ing. *)

Haubold Woldemar *)

Haubold Wolfgang Dr. Dr. h.c. Prof.

B.: Dipl.-Chemiker. FN.: Inst. f. Chemie. PA.: 70567 Stuttgart, Elfenstr. 68. G.: Wolfen/Bitterfeld, 12. März 1937. V.. Renate, geb. Hammann. Ki.: Jens Joachim (1971), Jan Michael (1974.) El.: Max u. Wilhelmine, geb. Knietsch. S.: 1956 Abitur Heidelberg, Stud. Chemie Univ. Heidelberg u. Karlsruhe, 1965 Prom. b. Prof. Margot Becke-Goehring. K.: 1967/68 Research Associate a. Indiana University Bloomington/USA, ab 1969 wiss. Ass. Univ. Stuttgart, 1975 Habilitation, 1977 Univ.-Doz., seit 1980 Prof. f. anorg.- u. analytische Chemie, 1985 wiss. Aufenthalte in USA, seit 1988 Vizepräs. Univ. Hohenheim, 1990-94 Präs. d. Univ. Hohenheim, seit 1994 Ltr. d. Osteuropa-Zentrums. P.: ca. 58 Fachpubl. M.: Ges. Dt. Chemiker.

Haubrich Hartwig Dr. Prof.

B.: Prof. f. Geographie u. ihre Didaktik. FN.: PH Freiburg. DA.: 79117 Freiburg, Kunzenweg 21. PA.: 79274 St. Peter, Birkenrain 34. haubrich@ph-freiburg.d. www.ph-freiburg.de/haubrich. G.: Marienrachdorf, 26. Mai 1932. V.: Hildegard, geb. Eberz. El.: Willi u. Johanna. S.: Stud. Geographie, Geologie u. Päd. mit Prom. K.: Lehrer an versch. Schularten, Doz. an d. Erz.Wiss. HS in Koblenz, Prof. f. Geographie u. ihre Didaktik an d. PH Freiburg, Honorary Member d. Commission "Geographical Education" d. "Intern. Geographical Union". P.: Bücher: International Focus on Geographical Education (Braunschweig 1982), Geographie Erz. im internationalen Blickfeld (Braunschweig 1987), Perception of people and places through media (Freiburg 1984), Konkrete Didaktik der Geographie (München 1984 u. 1997), International Trends in Geography Education (Freiburg 1987), Das große Buch vom Schwarzwald (Stuttgart 1991), Europabewußtsein Jugendlicher (Nürnberg 1997), Geographie hat Zukunft (1999), Geographie: Das Methodenbuch (Velber 2001). E.: Georg-Wagner-Medaille d. Verbandes dt. Schulgeographen. M.: Ehrenvors. d. Hochschulverb. f. Geographie u. ihre Didaktik e.V.

Haubrich Jörg Dr. med. Prof. *)

Haubrichs Wolfgang Dr. Prof.

B.: Univ.-Prof. PA.: 66386 St. Ingbert, Dr.-Schier-Str. 14k. G.: Saarbrücken, 22. Dez. 1942. V.: Doris, geb. Leismann. Ki.: Jörg, Corinna. El.: Prof. Dr. Willi u. Erika. S.: Stud. Germanistik, Geschichte, Phil., 1967 Prom. K.: 1967-68 Stipendiat d. DFG, 1969 Ass., 1972 Ass.Prof., 1975 Habil., 1977 o.Prof. P.: Ordo als Form (1969), Erzählforschung (1976-1978), Georgslied und Georgslegende im frühen Mittelalter (1979), Die Kultur der Abtei Prüm zur Karolingerzeit (1979), Die Anfänge: Versuche volkssprachl. Schriftlichkeit im frühen Mittelalter (1995). M.: Intern. u. Deutscher Germanistenverb., Rotary, Intern. Mediävistenverb., Wolfram v. Eschenbach-Ges., Oswald v. Wolkenstein-Ges.

Haubrock Jürgen *)

Haubs Markus *)

Hauck Anne *)

Hauck Bärbel Dipl.-Ing. *)

Hauck Elmar *)

Hauck Gerhard
B.: freiberufl. Tonmeister. DA.: 82024 Taufkirchen, Am Heimgarten 95. G.: Kempten, 17. Okt. 1949. V.: Ingrid, geb. Rettinger. Ki.: Steffen (1971), Daniel (1972), Tobias (1988), Katrin-Jeanette (1993). S.: 1965-69 Lehre z. Kfz-Mechaniker. K.: 1969-75 EDV-Operator, parallel dazu schon Musik gemacht u. in einer Band gespielt Akkordeon u. Keyboard, 1975-78 Berufsaufbauschule (BAS), Fachschulreife, dann Berufsoberschule, FH-Reife, 1978-79 Informatikstud. u. gleichzeitig Pratikumsplatz in einem Studio in München, Grundlagen f. d. Tonmeister/-techniker, Tätigkeit f. viele bekannte Schlagerstars u. Produzenten, 1980-83 ang. b. Ralph Siegel als Tontechniker, seit 1983 freiberufl. Tonmeister f. Produzenten wie Curtis Briggs, Howard Carpendale, Charlie Glas, Hanne Haller, Michael Hofmann, Udo Jürgens, Peter Kent, Sylvester Levay, Bernd Meinunger, Giorgio Moroder, Stephan Waggershausen, Konstantin Wecker u.v.m., gearb. m. Künstlern wie Peter Alexander, Shari Belafonte, Peter Cornelius, Drafi Deutscher, Dschinghis Khan, Engelbert, Margot Eskens, Jose Feliciano, Joy Fleming, Rex Gildo, Karel Gott, Peter Kraus, Rene Kollo, Chris Roberts, Michael Schanze, Catarina Valente, Margot Werner, Wind. E.: viele d. produzierten Titel haben d. ersten Pl. b. Musikveranstaltungen belegt. H.: Beruf, Musik machen u. in d. Band spielen, Familie.

Hauck Lothar Dr. Dipl.-Ing. *)

Hauck Martin Carl Dipl.-Ing. *)

Hauck Michael Dipl.-Kfm. *)

Hauck Michael *)

Hauck Ottheinrich *)

Hauck Peter Dipl.-Ing. *)

Hauck Rudolf *)

Hauck Walther Dr.-Ing. habil. Prof. *)

Hauck Wolfgang Dr. med. *)

Haucke Gert *)

Haucke Ute *)

Haude Gerhard Dr. rer. pol. Dipl.-Ing. Prof. *)

Hauenherm Wolfgang Dipl.-Ing. Prof. *)

Hauenschild Karl *)

Hauenstein Hansgeorg Dieter Dr. med. Dr. med. dent. Prof.
B.: Priv.-Doz., FA f. Mund-, Kiefer- u. Gesichtschir. FN.: Praxis u. Tagesklinik f. Mund-Kiefer-Gesichts-Chir., Plast. Operationen. DA.: 91126 Schwabach, Nördliche Ringstr. 4. G.: Leipzig, 18. Sep. 1941. Ki.: Hans-Christoph (1969), Ekkehard (1971). El.: Dr. Dr. Karl u. Dr. Hildegard, geb. Bornhauser. S.: 1959 Abitur Leipzig, 1959-65 Med.-Stud. MLU Halle/Wittenberg in Halle/Saale, Staatsexamen. K.: 1965-66 Pflichtass. am Kreis-KH Schkeuditz b. Leipzig, 1966 Vollapprob. als Arzt, 1966 Prom. z. Dr. med., 1966-67 Ass.-Arzt d. Abt. f. Innere Med. am Kreis-KH Schkeuditz, 1967-69 Stud. Zahnmed. an d. KMU Leipzig, 1969 Staatsexamen, 1969 Approb. als Zahnarzt, 1970 Prom. z. Dr. med. dent., 1967-73 wiss. Ass. d. Klinik u. Poliklinik f. Chir. Stomatologie u. Kiefer-Gesichts-Chir. d. KMU Leipzig, 1970-72 Ausbild. in Spalt- u. Mißbild.-Chir., plast. u. Wiederherstellungschir. an d. Wolf-

gang-Rosenthal-Klinik in Thallwitz, 1971 FA-Anerkennung f. Allg. Stomatologie, 1979 FA-Anerkennung f. Kieferchir., 1973 Flucht aus d. DDR, 1973-76 wiss. Ass. u. ltd. Stationsarzt an d. Abt. f. Mund-Kiefer-Gesichts-Chir. d. Friedrich-Alexander-Univ. Erlangen/Nürnberg in Erlangen, 1976-81 Bmtr. auf Zeit als OA an d. Abt. f. Mund- u. Kieferchir. d. Zahn- u. Kieferklinik d. Univ. zu Köln, OA d. operativ-stationären Abt. u. d. Poliklinik im Wechsel, 1979-80 Habil., Ernennung z. Priv.-Doz. f. d. Fachgebiet Mund-Kiefer-Gesichts-Chir., 1981 Berufung an d. Klinik f. Gesichts- u. Kieferchir. d. Univ.-GH Essen als Prof. u. ltd. OA, 1984-91 Chefarzt d. Klinik f. Mund-Kiefer-Gesichts-Chir./Plast. Operationen am Zweckverb. Stadt- u. Kreis-KH Klinikum Minden, seit 1992 jetzige Praxis u. Tagesklinik in Schwabach. M.: mehrere wiss. med. Fachges. H.: klass. Musik, Bergwandern, Griech.-Röm. Geschichte.

Hauer Erich Dr. med. *)

Hauer Franz Dr. med.
B.: Arzt f. Innere Med., Kardiologie u. Flugmed. DA.: 40545 Düsseldorf, Cheruskerstr. 111. G.: Düsseldorf, 27. Feb. 1948. Ki.: Christian, Matthias, Katharina. El.: Franz u. Maria, geb. Heitzer. BV.: Stambaum b. ins 16. Jhdt. S.: 1967 Abitur, 1975-76 Bundeswehr, 1968-73 Stud. Med. Univ. Düsseldorf, 1973 Staatsexamen, 1974 Approb. K.: 1975-78 Mitarb. am physiol. Inst. I. Düsseldorf, 1979 Mitarb. and. Univ.-Klinik Düsseldorf, 1979-85 Kardiologe an d. Univ.-Klinik Düsseldorf, 1985 fliegerärztl. Ausbild. am flugmed. Inst. d. Luftwaffe in Fürstenfeldbruck, seit 1985 ndlg. Kardiologe in Düsseldorf, seit 1992 Gastprof. an d. Univ. La Paz in Bolivien. BL.: über 400 Flugstunden in Boeing, Airbus u. MD11, MD83 u. MD84. P.: über 30 Veröff. in med. Fachzeitschriften, zahlr. Publ. am physiolog. Inst. I d. Univ. Düsseldorf u.a. im European Journal of Physiology, "Wirkung v. Dopamin auf d. peripheren Gesamtwiderstand u. d. integrierte venöse Blutvolumen d. gr. Kreislaufs d. Hundes" (1980), "Einfluß einer Stimulation d. Pressorezeptoren d. Karotissinus auf d. integrierte Venensystem d. gr. Kreislaufs" (1979), "Effects of Angiotensin on arterial pressure and integrated systemic venous blood volume in dogs" (1979) u.v.m. E.: Senior Aviation Medical Examiner f. Berufspiloten. M.: Dt. Ges. f. Herz-Kreislauforsch., BDI, Dt. Fliegerarzt-Verb. e.V., Dt. Ges. f. Luft- u. Raumfahrtmedizin, seit 1985 Aerospace Medical Association in Washington. H.: Fliegerei, Sammeln erlesener Weine.

Hauer Nina
B.: Gymn.-Lehrerin, MdB. FN.: Dt. Bundestag. DA.: 11011 Berlin, Platz d. Republik 1. S.: Stud. Germanistik u. Politikwiss. Marburg u. Gießen m. Abschluß Gymn.-Lehrerin. K.: Mitarb. b. d. Jusos u. in d. SPD, Vors. d. Jusos Hessen-Süd u. stellv. Juso-Bundesvors., Mtgl. d. SPD-Kmsn. Innen- u. Rechtspolitik, seit 1998 MdB. (Re)

Hauer Rolf Dr. iur. *)

Hauer Rolf Dipl.-Ing. *)

Hauer Uwe G. Dipl.-Ing. *)

---

*) Biographie www.whoiswho-verlag.ch oder beigefügte CD-ROM

Hauert

Hauert Brigitte *)

Hauf Alfred Dir. *)

Hauf Christine *)

Hauf Wilfried

B.: RA. DA.: 65428 Rüsselsheim, Manganstr. 7. PA.: 65428 Rüsselsheim, Karl-Marx-Str. 34. G.: Rüsselsheim, 3. Juli 1956. V.: Marcia, geb. Stevenson. Ki.: Oliver (1983). El.: Rudi u. Johanna, geb. Silberhorn. S.: 1977 Stud. Rechtswiss. Mainz, 1982 1. u. 1985 2. Staatsexamen. K.: 1985 Zulassung als RA am LG Darmstadt, 1985 Ang. in Anw.-Kzl. in Rüsselsheim als Anw.-Assessor u. als zugelassener RA, 1986 selbst. in RA-Kzl. in Nauheim, seit 1999 Grdg. einer Sozietät mit RA Veit Tebartz. M.: seit 1986 Dt. Anw.-Kzl. DAV, Starke Bürger-Ver., seit 1987 Präs. Reiterver. Rüsselsheim. H.: Reiten, Arb. m. Jugend.

Haufe Gisela *)

Haufe Horst *)

Haufe Michael Dipl.-Kfm. *)

Haufe Thomas

B.: Unternehmer, Inh. FN.: Inspiration Thomas Haufe u. Marita Swars. DA.: 23966 Wismar, Lübsche Str. 9. G.: Riesa/Sachsen, 31. Jan. 1961. V.: Marita Swars. Ki.: Daniel (1986). S.: 1980 Abitur Riesa, speziell f. Math. und Physik, 1980-84 NVA, Navigation, 1984-90 Nautischer Offz., Kapitänlt. a.D. K.: 1990-93 ang. Hdls.-Vertreter b. einem Importeur f. Geschenkartikel in Bremen, 1994 selbst. als freier Hdls.-Vertreter f. Geschenkartikel in Bad Bramstedt, seit 1997 selbst. m. Geschenkartikeln u. Wohnzubehör. H.: Arb., Lesen.

Haufe Thomas Hermann Dr.-Ing. *)

Haufe Ursula Dipl.-Ökonomin

B.: Gschf. FN.: NATI-Technologieagentur Niedersachsen GmbH. DA.: 30165 Hannover, Vahrenwalder Str. 7. haufe@nati.de. www.nati.de. G.: Soest, 8. Nov. 1954. S.: 1973 Abitur, b. 1980 Stud. Wirtschafts- u. Sozialwiss. Univ. Dortmund m. Abschluß Dipl.-Ökonom. K.: 1980-84 wiss. Ass. Univ. Dortmund, b. 1985 Ang. d. Kreditabt. d. Sparkasse Dortmund, 1986 wiss. Mitarb. im Landesarb.-Amt Düsseldorf, 1987 Trainee Führungskraft Höherer Dienst, 1989-90 Ltr. d. Dienststelle Duisburg-Hamborn, 1990-94 tätig im Amt f. Wirtschaftsförderung in Bochum, b. 1998 Abt.-Ltr, f. Wirtschaftsförderung d. Ges. f. Wirtschaftsförderung u. Stadtentwicklung in Göttingen, b. 1998 stellv. Gschf. d. Nati-Technologieagentur Niedersachsen GmbH u. seit 1999 Gschf. m. Schwerpunkt Koordination d. nds Innovationsnaturwerkes u. Durchführung v. Technologie-Initiativen und Projekten. P.: lfd. Veröffentlichungen in Fachzeitschriften und in der Presse. M.: Gründungs-Mtgl. d. Förderver. Bioregio Niedersachsen e.V., Ver. Technologienzentren Niedersachsen, Existenzgründer Initiative Hannover. H.: Garten, Kunst, Literatur, Zeitgeschichte, Sport, Fotografie.

Hauff Bernhard Dr. Prof. *)

Hauff Günther Dr. med. h.c. *)

Hauff Manfred G. Dr. rer. pol. Prof. *)

Hauff Reinhard

B.: Galerist, Inh. FN.: Galerie Reinhard Hauff. DA.: 70178 Stuttgart, Paulinenstr. 47. G.: Bad Homburg, 30. Nov. 1961. S.: 1981 Abitur Wilhelmsdorf, 1981-84 Stud. Wirtschaftswiss. Univ. Hohenheim, 1984-85 Stud. Bw. Univ. Tübingen. K.: 1985-95 Kunstkritiker f. versch. Magazine u. Kataloge, Hrsg. versch. Magazine u. Kataloge u. Verwirklichung v. Verlagsprojekten, seit 1995 Galerist m. d. Galerie f. zeitgenn. Kunst u. Hrsg. versch. Kataloge u. Bücher. BL.: künstl. Leiter der "Netter Art Collection".

Hauff Ursula *)

Hauff Volker Dr.

B.: Ma. FN.: KPMG Consulting AG. DA.: 10719 Berlin, Kurfürstendamm 207/208. vhauff@kpmg.com. G.: Backnang, 9. Aug. 1940. V.: Ursula, geb. Irion. Ki.: Matthias, Tadeusz. S.: 1959 Abitur, Stud. Wirtschafts- u. Sozialwiss. FU Berlin,1967 Prom. K.:1959 3-monatige Arb. im Steinkohlebergbau, Eintritt in d. SPD, 1962-63 Mitarb. v. Willy Brandt in Berlin, 1966 Forsch.Sem. Univ. of Michigan/USA, anschl. Ltr. d. Inst. f. Datenverarb. u. Städtebau in Bonn-Bad Godesberg, 1970-72 Ang. IBM Deutschland Stuttgart, seit 1969 Abg. d. Dt. Bundestages, 1972-78 Parlamentar. Staatssekr. b. BMin. f. Forsch. u. Technologie, 1978-80 BMin. f. Forsch. u. Technologie, 1980-82 BMin. f. Verkehr, seit 1979-91 Mtgl. d. SPD-Parteivorst., 1979-88 Vors. d. Kmsn. f. Umwelt u. Energie d. SPD-Parteivorst., 1983-88 stellv. Vors. d. SPD-Bundestagsfraktion, seit 1987 Bundestagsabg. f. d. Wahlkreis Frankfurt/Main III, 1985-87 Mtgl. d. UN-Kmsn. "Our Common Future" unter d. Vorsitz d. norweg. Min.Präs. Gro Harlem Brundtland, seit 1989-91 OBgm v. Frankfurt/M., 1992-93 Mitarb. b. ASU, 1995 Generalbevollmächtigter d. KPMG Deutschland, seit 2001 Mtgl. d. Vorst. d. KPMG Consulting AG. P.: "Wörterbuch d. Datenverarbeitung (1967), "Modernisierung d. Volkswirtschaft" (1975), "Sprachlose Politik. Von d. Schwierigkeit, nachdenklich zu sein" (1979), "Energiewende - Von d. Empörung z. Reform" (1986), "Unsere gemeinsame Zukunft" (1987), "Global denken - Lokal handeln" 1992.

Hauffa Frank

B.: Masseur, Unternehmer, selbständig. FN.: Praxis f. Physiotherapie. DA.: 04315 Leipzig, Bautzmannstr. 7. praxisfh@compuserve.de. G.: Luckenwalde, 12. Sep. 1956. Ki.: Robin (1980), Steve (1986). S.: Abitur KJS Luckenwlde, Stud. Pädagogik, Sport u. Geographie PH Potsdam. K.: Leistungssport

*) Biographie www.whoiswho-verlag.ch oder beigefügte CD-ROM

im klass. Ringkampf: 2x Spartakiadesieger, 5x Vize-DDR-Meister, 2x DDR-Meister, 1984-90 Ringertrainer, 1990-91 Ausbildung z. Masseur u. med. Bademeister, 1991-95 Sportlehrer u. Masseur Kurklinik Bad Muskau u. Masseur d. ESW Weißwasser, seit 1995 freiberufl. Masseur, 2000 Gründer u. Inh. d. Praxis f. Physiotherapie. H.: Fahrradfahren.

Hauffe Ingo Martin *)

Hauffe Karin Dr. med.

B.: Fachärztin f. Jugendpsychiatrie. DA.: 20095 Hamburg, Mohlenhofstraße 5. G.: Nordhorn, 24. März 1956. El.: Jochen Hauffe u. Ruth Nikisch. S.: 1975 Abitur Bremerhaven, 1975-76 Au-Pair-Mädchen in Frankreich, 1976-77 Fremdsprachenschule Bremerhaven, 1977-80 Fremdsprachenkorrespondentin b. d. BHF-Bank in Frankfurt/Main, 1980-87 Med.-Stud. in Frankfurt/Main, 1987 Approb., 1990 Prom. K.: 1989-90 Aufenthalt i England an einer Klinik f. Unfallchir. u. Orthopädie, 1990-91 Orthopädie in Camberg/Taunus, 1991-95 PKH Riedstadt, 1995-99 Bereich Kinder- u. Jugendpsychiatrie Univ. Johann-Wolfgang-von-Goethe in Frankfurt/Main, 1999-2000 eigene Praxis in Frankfurt/Main, 2000 Umzug nach Hamburg u. Eröff. d. Praxis am heutigen Standort mit Psychotherapie u. Coaching. M.: Verb. Schöne Aussichten, Bundesverb. BKJBB, Milton Erickson Ges. H.: Tanzen, Lesen, Reiten, Windsurfen.

Hauffe Rüdiger Dr.

B.: Vors. d. Geschäftsführung. FN.: SmithKline Beecham Pharma. DA.: 80804 München, Leopoldstr. 175. G.: Baden-Baden, 4. März 1943. S.: Stud. Tiermed. in Hannover u. Wien, 1973 Prom. K.: 1970-73 Ass. am Inst. f. Physiologie d. Univ. Hohenheim, 1974-77 Produktmanager b. Bayer Leverkusen, 1977-81 Ltr. Pharmaceuticals d. Laboratorios Bayer de CA. in El Salvador, 1981-83 Ltr. Marketing Service b. Bayer Leverkusen, 1983-88 Gschf. d. Bayropharm GmbH in Köln, seit 1988 Gschf. d. SmithKline Beecham Pharma GmbH. M.: seit 1988 Vors. d. Vorst. d. SmithKline Stiftung.

Hauffe Ulrich *)

Haufschild Marc *)

Haug Albert Dipl.-Ing. Dr. phil. habil. Prof.
B.: Prof. FN.: FH Ulm. PA.: 89231 Neu-Ulm, Schwalbenweg 8. G.: Tübingen, 19. Apr. 1927. V.: Hildegard, geb. Mailänder. Ki.: Franz, Gero, Gundi. El.: Dr. Franz u. Marta. S.: 1946 Abitur, 1948 Abschluß als Rundfunkhandwerker, 1948-53 Stud. TU Stuttgart, Dipl.-Ing., 1973-75 Aufbaustud. Univ. Klagenfurt, Dr. phil. K.: 1953-57 Mitarb. d. Dt. Forsch. Gemeinschaft TU Stuttgart, 1958-60 Entwicklungsing. Stuttgart, seit 1960 Doz. FH Ulm, 1961-64 Fachbereichsltr. Nachrichtentechnik, 1964-73 stellv. Dir. bzw. Prorektor, 1968 Prof., 1982 Habil., 1989 Emeritierung, seither Mitarbeiter Inst. f. Technikgeschichte d- FH Ulm. P.: 16 Bücher, über 100 Fachaufsätze. E.: 1977 Wiss.Preis d. Stadt Ulm, 1994 IGIP-Ehrenring, 1997 IGIP-Preis (Labordidaktik). M.: IGIP, VDE, GMA. H.: Technikgeschichte, Meditationen mit Bildern.

Haug Alois *)

Haug Andreas

B.: Gschf. Gesellschafter. FN.: Haug Hdls. GmbH. DA.: 81247 München, Heerstr. 2. info@autohaug.de. www.autohaug.de. G.: München, 6. Okt. 1960. V.: Andrea, geb. Hamm. BV.: Pfarrer Kneipp Ottobeuern. S.: 1977-78 Hotelfachschule in München, 1978-80 Praktikum im Hotel Vierjahreszeiten München, 1981 1 Jahr Trainee b. BMW München im Vertrieb. K.: 1982 Grdg. u. Gschf. Ges. d. Firma Haug Hdls. GmbH München. P.: Veröff. in Fachpubl. z. Thema Automobilexport. M.: Golfclub Rottbach b. München. H.: Golf, Skifahren, Oldtimer.

Haug Christoph Dr. med. *)

Haug Eberhard Dr. rer. nat. Dipl.-Phys. Prof. *)

Haug Franz
B.: OBgm. FN.: Stadtverw. Solingen. DA.: 42651 Solingen, Cronenberger Str. 59-61. ob@solingen.de. www.solingen.de. G.: 25. Jan. 1942. Ki.: 1 Sohn. S.: 1963 Abitur, 1964-68 Stud. Rechts- u. Staatswiss. sowie Geschichte in Tübingen u. Köln, 1960 1. Jur. Staatsprüf., 1969-72 Jurist. Vorbereitungsdienst m. Wahlausbild. b. Sparkasse u. Finanzgericht, 1973 2. Jur. Staatsprüf. K.: Zulassung z. Anw., Tätigkeit in einer Anw.-Sozietät in Remscheid, 1978 Fachanw. f. Steuerrecht, 1976 Mtgl. d. Rates d. Stadt Solingen, 1979-99 Vors. d. KH- bzw. Klinik-Aussch., 1994-99 Vors. d. CDU-Fraktion, seit 1999 Oberbgm. u. Vors. d. Rates d. Stadt Solingen. M.: seit 1972 CDU.

Haug Frigga Dr. Prof.
B.: Prof. FN.: HS f. Wirtschaft u. Politik. DA.: 20146 Hamburg, v. Melle Park 9. PA.: 20149 Hamburg, Isestr. 76; 14128 Berlin, Krottnaurerstr. 72. G.: Mühlheim/Ruhr, 28. Nov. 1937. V.: Prof. Dr. Wolfgang. Ki.: Marion-Verena (1963). El.: Heinz u. Melanie Langenberger. S.: 1957 Abitur Mühlheim, 1957-63 Stud. Soziologie, Volkswirtschaft u. Psych. Berlin, 1971 extern Dipl., 1976 Prom., 1978 Habil. K.: 1971 Wiss. Ass. am Psych. Inst. Berlin, 1977 Klin. Psych. Inst. Kopenhagen, seit 1978 an d. Hochschule f. Wirtschaft u. Politik Hamburg, Gastprofessuren in folgenden Univ., 1977 Kopenhagen, 1985 Sydney, 1986 Innsbruck, 1992 Toronto, 1993 u. 1995 Klagenfurt, 1997 Durham, USA. P.: Kritik d. Rollentheorie (1971), Widersprüche d. Automatisierung. (1981), Sexualisierung d. Körper (1983), Erinnerungsarb. (1990), Die andere Angst (1991), Politik der Frauen (1997), Vorlesungen zur Einführung in die Erinnerungsarbeit (1999). M.: Intern. Rosa Luxemburger Ges., Demokratischer Wissenschaftler, Leibnitz-Sozietät, Inst. f. Kritische Theorie. H.: Krimis schreiben, Reisen, Kochen, Lesen.

Haug Gernot M. *)

Haug Günther
B.: Reliefbildner. DA.: 47800 Krefeld, Am Eickerhof 32. G.: Ernsgaden, 3. Febr. 1941. V.: Monika, geb. Semrau. Ki.: Andrea (1964). El.: Hans u. Ursula. BV.: Haug Kfm.-Familie h. 1531 zurück in Augsburg. S.: 1955 Ausbild. als Keramikmodelleur, 1956-59 Ausbild. z. kfm.-techn. Beruf. K.: parallel ständig m. d. Malerei beschäftigt, 1959 Ausbild.-Ltr. f. Mineralölges., 1961 1 J. Aufenthalt in d. Schweiz, 1965-66 Wehrpflicht, 1966-69 weiter im Mineralölbereich, 1969-70 Um-

---

*) Biographie www.whoiswho-verlag.ch oder beigefügte CD-ROM

schulung z. EDV-Organisator, 1971-73 Operator in d. EDV, 1973-95 ang. im EDV-Bereich an d. Univ. Düsseldorf, seit 1987 auch eigene Ausstellungen, seit 1995 ndlg. als Maler. H.: Malerei.

Haug Hansjörg Dipl.-Kfm. *)

Haug Hasso R.

B.: selbst. Akad. Maler. FN.: Atelier d Art Haug. DA.: 78462 Konstanz, Mayenfischstr. 1. hasso.haug@t-online.de. www.wandbemalungen.de. G.: Konstanz, 1. Apr. 1941. V.: Ulrika Limberger. El.: Eduard u. Siglinde. S.: 1956 Mittlere Reife Konstanz, 1959 -61 Lehre als Kirchenmaler, Bundeswehr, 1962-65 Stud. an d. Kunstak. München, 1966-68 Meisterschule Prof. Magnini Florenz. K.: 1968 Grdg. d. Ateliers, Vernissagenbereich: Portrait, Landschaftsmalerei, Großwandbemalungen, Illusionsmalerei. P.: Zeitschrift "Brigitte", "Lady", "Freundin", "Südkurier". M.: Vorst. DSMC, Vorst. Druidenloge, Tennisclub Konstanz. H.: Tennis, Kochen, Sprachen.

Haug Herbert Wolfgang Dr. med. Prof. *)

Haug Jutta

B.: MdEP. FN.: SPD-Europabüro. DA.: 45657 Recklinghausen, Paulusstr. 45. SPDEURORE@aol.com. G.: Castrop-Rauxel, 8. Okt. 1951. Ki.: 3 Kinder. S.: bis 1970 Gymn. in Castrop-Rauxel, anschl. Tätigkeit b. Dt. Roten Kreuz, 1974 Abitur Abendgymn. Aachen, 1975-78 Stud. Geschichte u. Sozialwiss. an d. RWTH Aachen u. d. Ruhr-Univ. Bochum. K.: seit 1987 wiss. Mitarb. v. Landtags- u. Bundesabgeordneten, seit 1969 Mtgl. d. SPD, Mtgl. d. SPD-Parteivorst., Mtgl. d. Bez.-Vorst. Westl. Westfalen, Bez.-Vors. d. Arbeitsgemeinschaft Sozialdemokratischer Frauen (ASF), Ausschüsse: Mtgl. im Haushaltsausschuß, stellv. Mtgl. im Ausschuß f. Haushaltskontrolle, stellv. Mtgl. im Ausschuß f. d. Rechte d. Frau u. Chancengleichheit, Mtgl. d. interparlamentarischen Delegation f. d. Beziehungen zu d. Schweiz, Island u. Norwegen. (Re)

Haug Norbert

B.: Motorsportdir. v. Mercedes. FN: DaimlerChrysler AG. DA.: 70546 Stuttgart. www.formula-one.cz/haug.html. G.: 1952, Pforzheim. V.: verh. Ki.: 1 Tochter. K.: Journalismus-Volontariat i. Pforzheim, 1975 Anst. b. Motor-Presse-Verlag, Start i. d. Redaktion "Sport Auto", 1976 Wechsel z. Hauptitel d. Verlags "Auto Motor und Sport", 1985 Rückkehr z. "Sport Auto" a. Chef-Redakteur, 1988 stellv. Chefred. v. "Auto Motor und Sport", s. 1990 b. Mercedes Benz a. Experte m. Motorsport-Insiderwissen verantw. f. alle Motorsportaktivitäten, größte Erfolge a. Motorsportdir. v. Mercedes: 1994 Formel1 Comeback v. Mercedes, Sieg b. Indianapolis 500, Sieg b. d. dt. Tourenwagen-WM, 1995 Start d. Zusammenarbeit m. McLaren i. d. Formel1, Sieg d. d. intern. u. d. dt. Tourenwagen WM, 1997 Sieg b. d. amerik. Cart-WM/Bereich Konstrukteure, 1998 Gewinn d. Formel1 WM d. Fahrer u. Konstrukteure, Gewinn d. FIA GT WM i. Ber. Fahrer u. Team, 1999 Gewinn d. Formel1 WM d. Fahrer.

Haug Thomas Dr. rer. nat.

B.: Apotheker, Inh. FN.: Haidach-Apotheke. DA.: 75181 Pforzheim, Strietweg 1. info@haidach-apotheke.de. www.haidach-apotheke.de. G.: Neuenbürg, 24. Juli 1946. V.: Barbara,

geb. Sigel. Ki.: Stefanie (1974), Susanne (1975), Christine (1981). El.: Franz u. Anne. BV.: Vater - Mtgl. d. Vorst. d. Saarbergwerke AG. S.: 1966 Abitur, 1966-68 Apothekenpraktikum Arlinger-Apotheke Pforzheim, 1968 Vorexamen, 1968-71 Stud. Pharmazie Bamberg u. Tübingen, 1971 Staatsexamen. K.: 1972 Eröff. d. Haidach-Apotheke in Pforzheim, 1984 Prom. z. Dr. rer. nat., Marburg, FA f. Offizinpharmazie. BL.: 2 x jährl. Kundenveranstaltungen m. 100-150 Personen, intensive Information rund um Arzneimittel. P.: regelm. Kolumne in d. Pforzheimer Zeitung, versch. Art. in Stadtteilzeitung. M.: Rotaryclub Pforzheim Schlossberg.

Haug Ulrich *)

Haug-Kühner Friederike *)

Haugg Angelika *)

Haugg Erich Dipl.-Ing. *)

Haugk Olaf

B.: Kunstmaler, Designer. DA.: 16515 Oranienburg, Erzberger Str. 58. atelier@olafhaugk.de. www.olafhaugk.de. G.: Oranienburg, 19. Juli 1962. Ki.: Martin (1986), Maria (1990). El.: K.-Jürgen u. Elfie. S.: 1978-80 Ausbild. z. Vollmatrose auf See, b. 1985 Seefahrt, 1985-88 Stud. Kunsterzieher u. Heimerzieher im FS-Abschluß in Kyritz, 1986/91 Kunststud. an d. Kunstschule in Potsdam. K.: ab 1991 Kreativwerkstatt Haugk Oranienburg, seit 1995 Atelier Olaf Haugk. BL.: Förderver. z. Wiederaufbau d. Orangerie Oranienburg, aktiv in d. Gestaltung d. Region. P.: zahlr. Werke aus Malerei, angew. Design, Logos, Bildhauerei, Porzellanmalerei, Kunstdrucke. M.: Mitbegründer d. Künstlergruppe Briesetal u. gleichnamigen Kunstver. (1990-95), ab 1998 Mtgl. BVBK. H.: Natur.

Haugke Siegrun

B.: Dipl.-Math., Gschf. FN.: P/S/W GmbH PC-Systeme/Schulung/Werbung. DA.: 02977 Hoyerswerda, Albert-Schweitzer-Str. 10. G.: Hoyerswerda, 8. Dez. 1953. V.: Dipl.-Ing. Klaus Haugke. Ki.: Karsten (1975) und Ronald (1978). El.: Gerhard u. Elfriede Schulze. S.: 1972 Abitur, 1972-76 Stud. Math. TU Dresden. K.: 1976-86 Programmiererin im Inst. f. Braunkohlenbergbau in Senftenberg, 1986-88 Ltr. d. EDV d. Gebäudwirtschaft in Hoyerswerda, 1988-90 Abt.-Ltr. d. EDV einer Gerüstbaufirma, seit 1990 Gschf. d. Firma P/S/W GmbH. M.: CDU. H.: Handarbeiten, Lesen, Skifahren.

Haugsand Ketil Prof. *)

Hauke Brigitte *)

Hauke Harry Dr. phil. *)

---

*) Biographie www.whoiswho-verlag.ch oder beigefügte CD-ROM

Hauke Richard Harald *)

Hauke Wolfram *)

Haulitschek Gerald
B.: Fachanwalt f. Arbeitsrecht u. Sozialrecht, RA. FN.: Haulitschek & Gräder. DA.: 91301 Forchheim, Äußere Nürnberger Str. 1. PA.: 91301 Forchheim, Albrecht-Dürer-Str. 16. kanzlei@haulitschek-graeder.de. www.haulitschek-graeder. de. G.: Forchheim, 4. Apr. 1950. V.: Sonja. Ki.: Philippe (1985). El.: Emil u. Margarete. S.: 1970 Abitur Bad Windsheim, 1970-75 Stud. in Erlangen, 1975 1. u. 2. Staatsexamen, 1977-78 Referendar. K.: seit 1978 selbständiger RA in Forchheim, 1989 Fachanwalt f. Arbeitsrecht u. Sozialrecht, Tätigkeitsschwerpunkte: Arbeitsrecht, Sozialrecht, Mietrecht, Verkehrsunfallrecht, Schadenersatzrecht, allg. Zivilrecht, Strafrecht, Ordnungswidrigkeitenrecht, Kzl. wird m. Kollegen RA Hans Karl Gräder geführt. M.: SPD, VHB Forchheim, DYMCV, AI, Prüfungsausschuss f. Sozialrecht u. Arbeitsrecht. H.: Video m. Schnitt u. Ton (eigenes Studio), Squash, Tischtennis, Lesen, Reisen, aktiver Seefahrer m. Binnensee- u. Seeschein.

Haumann Elisabeth Gertrud

B.: Opern- u. Konzertsängerin. DA.: 86473 Ziemetshausen, Bgm.-Haide-Str. 21. G.: Herrsching, 17. März 1961. V.: Dr. med. Gert Augustin. Ki.: Katharina (1992). El.: Franz u. Anna, geb. Hinterstraßer. S.: Abitur, Stud. Gesang, Klavier u. Geige an d. Fachak. f. Musik Augsburg, 1986 Staatl. Reifeprüf. f. Opern- u. Konzertgesang. K.: 1988-90 leichter lyrischer Sopran an den Städt. Bühnen Gießen, s. 1992 auch kompositorisch tätig, 1997 Musical "Metania". P.: zahlr. Tonträger als Solistin, sowie Rundfunk- u. Fernsehaufnahmen. E.: 1985 Kulturförderpreis d. Stadt Augsburg, zahlr. Preise b. Gesangswettbewerben.

Haumann Helmut Dipl.-Ing., Senator E.H.
B.: Vorsitzender des Vorstandes. FN.: GEW Köln AG. DA.: 50823 Köln, Parkgürtel 24. G.: 26. Juli 1940. V.: Christine, geb. Stemmeler. Ki.: Ursula, Gereon, Bruno, Cordula. S.: 1946-56 Schulbild., 1956 Ausbild. z. Vermessungstechniker b. d. Stadt Köln, 1959 Stud. z. Vermessungsing. K: GF Stadtwerke Köln GmbH, GF Wohnungsgesellschaft der Stadtwerke Köln mbH, GF Modernes Köln, F. Stadtentwicklung b. d. Stadt Köln, GF Boden-, Forschungs-, Sanierungszentrum Köln GmbH, Präsident d. DVGW, Präsident d. IAWR u. d. ARW. F.: Aufsichtsratmandate bei Bergische Licht-,Kraft- u. Wasserwerke, Rheinisch-Bergische Versorgungsgesell., Gasversorgung Lindlar, Gasgesell. Aggertal, Gasversorgungsgesell. Rhein.Erft, Net Cologne Gesell. f. Telekomm..

Haumann Lotte *)

Haumann Susanne *)

Haun Daniel H.
B.: Steinmetz, Steinbildhauer, Gschf. Ges. FN.: Haun Naturstein GmbH. DA.: 31832 Springe, Hamelnerstr. 27. G.: Springe, 15. Okt. 1967. V.: Patricia, geb. Albrecht. Ki.: Margaux, (1997). El.: Horst u. Ingrid, geb. Philipp. S.: 1985 Mittlere Reife in Springe, 1985-88 Ausbildung z. Steinmetz u. Steinbildhauer in Hannover/Ricklingen. K.: 1988-98 tätig im Familienbetrieb als Steinmetz u. Steinbildhauer in leitenden Positionen, seit 1998 Gschf. Ges. d. Firma Haun Naturstein GmbH in Springe, Schwerpunkte Manage von Fußböden, Fensterbänken, Sonderanfertigungen, Küchentischen, Treppen, Versaden u. Bäder. M.: Handwerkskammer-Innung. H.: Hundeliebhaber (Mischling), Geselligkeit m. Freunden.

Haun Joachim Dr. Dipl.-Kfm.

B.: Gschf. FN.: Thoraxklinik Heidelberg GmbH. DA.: 69126 Heidelberg, Amalienstr. 5. gf.thoraxklinik-heidelberg @t-online.de. www.thorax-klinik-heidelberg.de. G.: Darmstadt, 15. Okt. 1964. V.: Antje, geb. Winkler. Ki.: Annika (1993), Jan (1995), Christina (1996). El.: Helmut u. Gisela, geb. Schmid. BV.: Großvater Dipl.-Ing. Wolfgang Schmidt - Unternehmer u. Inh. zahlr. Patente im Elektrobereich. S.: 1985 Abitur, 1985-91 Stud. Wirtschaftswiss. Univ. Giessen, 1991 Dipl.-Kfm., 2000 Prom. an d. FU Berlin. K.: 1991-93 wiss. Ass. am Lehrstuhl f. Organ., Führung u. Personalwirtschaft d. Univ. Giessen, 1994-98 Abt.-Ltr. f. Personal-Controlling am Univ.-Klinikum Giessen, seit 1994 Gschf. d. Thoraxklinik Heidelberg GmbH; Funktionen: seit 1991 Doz. f. IHK-Weiterbild. z. Bilanzbuchhalter, Ind.-Fachwirt u. Personalkfm., Ltr. v. Management-Seminaren in ganz Deutschland. M.: IHK-Prüf.-Aussch. f. Bilanzbuchhalter, Ind.-Fachwirte u. Personalkaufleute. H.: Beruf, Familie.

Haun Marc-André
B.: Zahntechnikermeister, Inh. FN.: Technodent Zahntechnik GmbH. DA.: 33659 Bielefeld, Windelsbleicherstr. 279. technodent.gmbh@t-online.de. G.: Bielefeld, 8. März 1971. V.: Gabriele, geb. Funk. El.: Wolf-Jürgen u. Annegret. S.: 1982 Ausbild. z. Zahntechniker, Zivildienst sozialer Hilfsdienst. K.: 1993 Zahntechniker in Bielefeld, 1995 tätig in einem gewerbl. Zahnlabor, 1996 Zahntechniker in Gütersloh, 1998 Meisterprüf. in Münster, 1999 Grdg. d. Firma Technodent Zahntechnik GmbH m. Schwerpunkt Galvano u. keram. Restaurierungen u. Implantate. M.: Fachverb. H.: Motorradfahren, Fußball, Squash, Hund.

Haun Udo *)

Haunhorst Michael *)

Haunreiter Helmut
B.: Dipl.-Physiker. FN.: DeutschlandRadio. DA.: 50968 Köln, Raderberggürtel 40. G.: Bad Kissingen, 9. Feb. 1945. K.: 1978-85 Abt.Ltr. Sendernetzplanung d. Bayerischen Rundfunks, 1985-89 Bereichsltr. f. Rundfunktechnik d. Bayer. Landeszentrale f. neue Medien, seit 1989 Techn. Dir. v. Deutschlandfunk, 1991 beurlaubt f. eine Tätigkeit als Berater d. Rundfunkbeauftragten in d. neuen Bdl., seit 1994 Techn. Dir. v. DeutschlandRadio,

Haunreiter Jochen *)

Häupl Manfred *)

Häupler Thomas Dr. med.
B.: ndgl. Internist. DA.: 90408 Nürnberg, Meuschelstr. 57-59. PA.: 90431 Nürnberg, Paracelsusstr. 67. dr.haeupler@t-online.de. G.: Nürnberg, 16. Okt. 1958. V.: Ingrid, geb. Schellenberger. Ki.: Daniel (1987), Sebastian (1990), Benedikt (1992). El.: Wilhelm u. Elisabeth. S.: 1978-84 Stud. Med. Univ.

*) Biographie www.whoiswho-verlag.ch oder beigefügte CD-ROM

Häupler

Erlangen, 1985 Prom. K.: 1985-88 Ass.-Arzt im KH in Rummelsberg, 1988-89 tätig bei Prof. Sessner, 1989 tätig am Martha-Maria KH u. Weiterbild. z. Internisten, 1991 FA-Prüf. z. Internisten, glz. ab 1991 Ausbild. in Sportmed., 1992 Ausbild. in Röntgenfachkunde f. Innere Med. am Martha-Maria KH, 1992 Übernahme d. väterl. Praxis als Internist. M.: Greenpeace e.V., Tiergartenver. e.V., Förderclub Kidds e.V., TSV 1846 Nürnberg e.V. H.: Posaune spielen, Abt.-Ltr. f. Jugendturnen, Skifahren, Radfahren.

Haupold Klaus Dr. rer. nat. *)

Haupt Achim Dipl.-Wirtsch.-Ing. *)

Haupt Detlef

B.: Gschf. FN.: Theodor Tucher GmbH. DA.: 10117 Berlin, Pariser Pl. 6 a. G.: Dortmund, 24. Juli 1966. V.: Cassia. Ki.: Stefania (1998). El.: Peter u. Karin. S.: 1983 Mittlere Reife Nieder-Olm, 1983-86 Lehre Koch Intern. Hilton Mainz, 1987-88 Wehrdienst-Koch Offz.-Kasino. K.: 1988-90 tätig im Restaurant "Au corocodile" in Straßbourg, 1990-91 tätig bei Paul Bocuse, 1991-92 einziger Deutscher bei Joel Rubuchon, 1992 Küchenchef im 5-Sterne-Hotel Valle Nevado in Chile, 1992-94 Küchenchef in Val-d-Isere, 1994 Organ. d. Gastronomie-Festivals in Sao Paulo, 1996 Küchenchef im "Cantaloup" in Sao Paulo, 1997-99 Küchenchef im "O'Leopolldo", 1999 Trainer d. brasilian. Nat.-Mannschaft d. Köche, seit 1999 Gschf. d. Theodor Buchner GmbH in Berlin; Funktion: Trainer u. Betreuer d. Köche, Jurymtgl. in Brasilien BL.: 1. staatl. anerkannte Berufsausbild. f. Köche in Brasilien ins Leben gerufen, Ausarb. v. Prüf.-Systemen, Pilotprojekt-"Männer in d. Küche". P.: div. Art. m. Rezepten in Illustrierten. E.: Skipokale, Mainzer 1985 Stadtjugendmeister d. Köche, 1986 Landesjugendmeister Rheinland-Pfalz, 1986 Dt. Meister in Berlin. H.: Skifahren, Extremski, Buckelpiste.

Haupt Dieter Dipl.-Ing.

B.: Architekt, Gschf. FN.: Arbeitsgruppe Altstadt. DA.: 38100 Braunschweig, Altstadtmarkt 8. G.: Obernkirchen, 18. Juli 1949. V.: Waltraud, geb. Vogel. Ki.: Sarah (1981), Dorothea (1984). S.: 1966 Mittlere Reife Stadthagen, 2 1/2 J. Maurerlehre, 1969 Wehrdienst, 1971-74 FH Nienburg/Hannover, Ing. grad. arch., HS-Stud., 1982 Dipl. an d. TU in Braunschweig. K.: 1983 selbst. Architekt in einem Arch.-Büro u. ab 1986 Teilhaber d. Büros. BL.: seit 1995 Stadtheimatpfleger in Wolfenbüttel u. in d. 1975 gegründeten Arge Altstadt Wolfenbüttel e.V. 1. Vors. H.: Musizieren (Gitarre, Klavier).

Haupt Ekke Dr. med. Prof. *)

Haupt Erhard *)

Haupt Evemarie *)

Haupt Fritz *)

Haupt Harald Dr. med. Prof.

B.: Chefarzt i. R. FN.: Städt. Kinderklinik Duisburg. PA.: 47279 Duisburg, Marienburger Ufer 23a. G.: Bonn/Rhein, 22. Juni 1924. V.: Brigitte, geb. Sidow, (gest.). Ki.: Ulrike, Eckhard, Meike, Brigitte. El.: Prof. Dr. Walther (Ordinarius f. Gebh. u. Gyn. in Jena) u. Paula. BV.: Großv. väterl. Otto Haupt ehem. LGPr. Würzburg, Großv. mütterl. Prof. Dr. med. Otto Seifert, Ordinarius f. HNO Univ. Würzburg, Autor zahlr. bekannter Fachbücher z.B. Med. Klin. Diagnost. Müller-Seifert 72. Aufl. 1989. S.: Hum. Gymn. Bonn, Jena, Stud. Med. Jena, 1950 Med. Staatsexamen Jena, 1950 Prom. Greifswald. K.: 1951-75 Univ. Kinderkliniken Bonn, Würzburg, Essen, 1962 Habil. f. d. Fach Kinderheilkunde, 1968 apl. Prof., 1970 WissR. u. Prof., 1975-89 Chefarzt d. Städt. Kinderklinik Duisburg u. Ltr. d. dt. Schule f. Sgl.- u. Kinderkrankenschwestern, 1981-83 Vors. d. Rhein-Westf. Kinderärzteve., 1982-84 Ärztl. Dir. d. Städt. Kliniken Duisburg, 1989 Ruhestand. P.: Das Neugeborene. Untersuchung, Diagnose. Therapie (1971, 3. Aufl. 1982, span. Ausg. 1974), Differentialdiagnose bei Neugeborenenkrankheiten (1985), Mitautor mehrerer Fachbücher, zahlr. Einzelarbeiten. M.: Dt. Ges. f. Kinderheilkunde, Dt. Ges. f. perinatale Med., Dt. Arge f. Blutgerinnungsforsch., Mtgl. d. Wiss. BeiR. d. Dt. Haemophilieges., Dt. Arge f. Leukemieforsch. im Kindesalter, Rhein.-Westf. Kinderärzteve. u.a.m. H.: Garten, Musik, Malen.

Haupt Hartmut Dr. *)

Haupt Hein

B.: Baumeister, Gschf. FN.: Hein Haupt GmbH. DA.: 35071 Baunatal 1, Birkenallee 2. G.: Thale, 28. Mai 1940. El.: Rudolf u. Irmgard. S.: 1954 Maurerlehre VEB Baubetrieb Halberstadt, 1957 Gesellenprüf., Dachdeckermeisterprüf., lfd. Fortbild. f. d. Schwerpunkt Schornsteinsanierung u. Kaminbau, EDV-Fortbild. in DV-Anwendungen AVA u. Internet. K.: 1957-59 Maurergeselle im VEB Baubetrieb Halberstadt, 1961 Maurergeselle bei d. Firma Kaiser Bauunternehmen Volkmersen, 1961-62 Weiterbild. a. d. Staatsbauschule Kassel m. Prüf.-Abschluß in d. Bautechnik, 1962-63 Baultr. b. d. Firma Bonacker GmbH Kassel 1963 Ausbild. z. Maurermeister, 1963 Meisterprüf., 1964 Grdg. d. Firma Hein Haupt GbR. E.: 1958 Jungaktivist. M.: DDR: Jungpionier, FDJ später parteilos, Betreuertätigkeiten in d. Lehrlingsausbild. d. Handwerkskam. Kassel. H.: Mineralien, Porsche Autos, Fußball in d. DDR Jugendauswahl u. Teilnahme an d. Spartakiade Moskau, Arch., Entwurf u. Bau eines Eigenheimes m. einer 7 Ebenen Arch. nach d. Vorbild d. Schiffsaufbaus eines alten ital. Raddampfers, Russ. Volks- u. Seelengeschichte.

Haupt Heinz-Gerhard Dr. phil. *)

Haupt Karl-Heinz

B.: Dipl.-Sportlehrer, Fleischermeister, Inh. FN.: Fleischerfachgeschäft Haupt. DA.: 09125 Chemnitz, Erfenschlager Str. 14. G.: Sondershausen, 29. Juni 1955. V.: Dipl.-Ing. Architekt Birgit, geb. Kunath. Ki.: Fränze (1980), Frauke (1983). El.: Karl u. Margarete, geb. Klingenberg. BV.: Vater Fleischermeister Karl Haupt gründete 1968 dieses Fachgeschäft in

*) Biographie www.whoiswho-verlag.ch oder beigefügte CD-ROM

Karl-Marx-Stadt, Erfenschlager Straße. S.: 1977 Abitur Karl-Marx-Stadt, 1974-77 Armee, 1977-81 Stud. an d. Dt. HS f. Körperkultur u. Sport (DHfK) Leipzig, 1981 Dipl.-Sportlehrer, 1990-94 Ausbild. z. Fleischer u. Meisterstud., Fleischermeister. K.: 1981-90 Sportlehrer im Sportclub Karl-Marx-Stadt, 1994-97 Fleischermeister im väterl. Unternehmen, 1997 selbst. u. Übernahme d. väterl. Fachgeschäftes mit zwei 2 Filialen in Chemnitz, Inh. BL.: ehrenamtl. öff. DLG-Prüfer; aktiver Leichtathlet. P.: Dipl. E.: 7x VMeister im Sprint. M.: Sponsor Leichtathletik u. Fußball. H.: Sport.

Haupt Klaus

B.: Gschf., MdB. FN.: Dt. Bundestag. DA.: 11011 Berlin, Platz d. Republik 1. G.: Jena, 29. Mai 1943. S.: Stud. Päd. HS Posdam. K.: 28 J.tätig als Lehrer; seit 1986 Mtgl. d. FDP, 1995-97 Landesvors. d. sächs. FDP u. Mtgl. im Bundesvorst., 1990-95 Beigeordneter im Landkreis Hoyerswerda, seit 1996 Gschf. d. Zweckverb. f. d. zukünftigen Natur- u. Wildpark "Karl-May-Land", seit 1998 MdB. (Re)

Haupt Manfred Dr. *)

Haupt Rolf Dr. med. Prof.

B.: Chefarzt. FN.: St. Georg-KH, Inst. f. Pathologie u. Tumordiagnostik, Akademisches Krankenhaus d. Univ. Leipzig. DA.: 04129 Leipzig, Delitzscher Str. 141. G.: Leipzig, 17. Mai 1936. Ki.: Barbara (1961), Stephan (1963), Tobias (1964). El.: Helmuth u. Erna. S.: 1954 Abitur, 1954-59 Stud. Med. Univ. Leipzig, 1959 Staatsexamen u. Prom. K.: 1959-60 Ass. am St.-Georg-KH in Leipzig, 1960-61 polyklin. J., 1961-63 tätig an d. Polyklinik, 1963-69 Ass.-Arzt, 969 Habil. an d. Ak. f. ärztl. Fortbild. in Berlin, 1972 OA am St. Georg-KH u. seit 1972 Chefarzt.; Funktionen: 1986 Honorarprof., seit 1990 ltd. Chefarzt u. Mtgl. d. KH-Ltg., 1989 Mitwirkung am Runden Tisch z. Thema Kindertransport nach NRW aus umweltgeschädigten Gebieten, Vermittlung f. Gerätschenkungen in d. Osten, Redner d. 1. Gewandhaus-Konferenz. P.: Handbuch Pathologie (1969), Narbenkrebs d. Lunge (1973). E.: Preis f. Med. d. Stadt Leipzig, Margarethe-Planck-Med. M.: VerwR. d. Inneren Mission, Ges. f. Pathologie. H.: Literatur, Musik, Barock, Garten, Blumen.

Haupt Stefan Dr. jur.

B.: Rechtsanwalt. FN.: RA-Kzl. Dr. Haupt. DA.: 10178 Berlin, Neue Promenade 6. G.: Berlin, 17. Apr. 1962. El.: Klaus u. Maxi Haupt (Journalisten). S.: 1980 Abitur, 1983-87 Stud. Rechtswiss. Karl-Marx-Univ. Leipzig. K.: 1987 juristisch im Medienbereich tätig, 1990 selbst. RA in Berlin, 1990 Prom. an d. Humboldt-Univ. zu Berlin, seit 1991 Vertretung deutscher Unternehmen im Ausland, insbes. in Osteuropa (Tschechien, Slowakei, Ungarn, Polen, Rußland), seit 1994 Kooperation mit d. Rechtsanwaltskanzlei Peceny, Kuklová, Zeman & spol, 1995-96 Justitiar d. Verbandes d. Drehbuchautoren, 1996-98 Mitarbeit im Arbeitskreis d. IG Medien "Goethegroschen - Tantiemenausgleich" (Künstlergemeinschaft), seit 1996 Coach beim Businessplan-Wettbewerb in Berlin, seit 1997 Mitarbeit im Fachausschuss Urheberrecht d. Deutschen Kulturrates, 1997-98 Mitarbeit im Forum Info 2000 - Eine Initiative d. Bundesregierung" (Arbeitsgruppe Urheberrecht), seit 1997 Lehrauftrag an d. HS f. Film- u. Fernsehen "Konrad Wolf" Potsdam-Babelsberg (Medienrecht), seit 1998 Lehrauftrag an d. Fachhochschule f. Technik u. Wirtschaft (Urheber- u. Medienrecht). P.: mehrere Aufsätze in d. Zeitschrift für Urheber- u. Medienrecht, u.a. "Urheberrechtliche Probleme im Zusammenhang mit d. Vereinigung v. BRD u. DDR unter besonderer Berücksichtigung d. Videoauswertung" sowie in GRUR "Zur Novellierung d. Urheberrechts, insbesondere zur Einführung einer Kassettenabgabe u. Ausleihtantieme in d. CSFR" (1992), Mitautor d. Monographie "Die Rechte d. ausübenden Künstler im Arbeits- u. Dienstverhältnis, Ein Handbuch für die Praxis." (1993), diverse Rezensionen von juristischen Monographien in Fachzeitschriften. M.: Grüner Ver., Ver. f. gewerbl. Rechtsschutz u. Urheberrecht e.V. H.: Musik, bildende Kunst.

Haupt Udo

B.: Vers.-Makler, Geschäftsstellenltr. FN.: c/o Dt. Vers.-Makler GmbH. DA.: 04720 Döbeln, Zschepplitzer Str. 22. PA.: 04720 Döbeln, Bertolt-Brecht-Str. 23. G.: Waldheim, 30. Juli 1950. V.: Arne, geb. Leithold. Ki.: Manuela (1974), Stefan (1984). El.: Johannes u. Waldtraut, geb. Hofmann. S.: 1967-69 Ausbild. Baumaschinist. K.: 1970-90 bew. Organe d. DDR, 1993-95 jur. Fachschule, seit 1991 selbst. Vers.-Makler, Firma ist Mtgl. im Vers.-Maklerverb. VDMV u. d. VEMA. P.: Referate zu Vers.-Fragen auch f. andere Ver. M.: ehrenamtl. beratend tätig f. Landesverb. Pferdesport Sachsen. H.: Volleyball, Reitsport, Garten.

Haupt Walter Dr. h.c. *)

Haupt Walter F. Dr. med. Prof. *)

Haupt Wolfgang Dr. Ing.

B.: Leiter. FN.: LGA, Inst. f. Baudynamik. DA.: 90431 Nürnberg, Tillystr. 2. G.: Bückeburg, 21. Feb. 1943. V.: Heide-Luise, geb. Dünkel. Ki.: Philipp, Christine. S.: 1962 Abitur, 1962-64 Bundeswehr - Lt., 1964-70 Stud. Bauing.-Wesen TU Karlsruhe, 1 J. Auslandsstipendium Ecole Nat. Ponts et Chaussées Paris, Abschluss Dipl.-Ing., 1 J. Forschung USA, 1972-78 Wiss. Ass. TU Karlsruhe, 1978 Prom. K.: 1978 Ref.-Ltr. u. Abt.-Ltr. am Grundbauinst. d. LGA Nürnberg, seit 1999 Ltr. d. Inst. f. Baudynamik m. Schwerpunkt Untersuchungen d. Schwingungseinwirkung auf Gebäude u. Untergrund, Bodendynamik u. Erschütterungsmessungen, seit 1994 Prof. f. Bodendynamik an d. TU München, seit 1999 vereid. Sachv. f. erschütterungsbedingte Bauschäden d. IHK Nürnberg, seit

*) Biographie www.whoiswho-verlag.ch oder beigefügte CD-ROM

Haupt

1996 Sachv. f. Geotechnik am Eisenbahnbundesamt in Bonn. P.: Autor u. Hrsg. v. "Bodendynamik", 36. Veröff. M.: Obm. d. DIN-Aussch. f. Kirchtüme, div. Fachgremien, DGGT, DGEB. H.: roman. Baukunst in Deutschland u. Frankreich, Reisen.

Haupt Wolfgang

B.: Gschf. Ges. FN.: Spectrum Unternehmensberatungs GmbH. DA.: 15344 Strausberg, Garzauer Chaussee. G.: Großwudicke, 14. Juli 1945. V.: Magdalena. Ki.: Thomas (1967). S.: 1964 Abitur Rathenow, 1964-69 Stud. Math. u. Physik Humboldt-Univ. zu Berlin, Dipl.-Lehrer. K.: 1969-74 Gymnasiallehrer, 1990 stellv. Reg.-Bev. in d. Reg. de Mazière f. Potsdam, 1991 wiss. Mitarb. d. CDU-Fraktion im Brandenburger Landtag, seit 1992 Gschf. Ges. d. spectrum Unternehmensberatungs GmbH. M.: stellv. Landesvors. im Dt. Familienverb. Brandenburg, BDU. H.: Familie.

Haupt Wolfgang Dr. Prof. *)

Hauptmann Bernd *)

Hauptmann Gaby *)

Hauptmann Petra Dr. med.

B.: Hautärztin. DA.: 29410 Salzwedel, Vor dem Lüchower Tor 21. G.: Salzwedel, 2. Juli 1959. Ki.: Nora (1985). S.: 1978 Abitur Salzwedel, b. 1979 Krankenpflegepraktikum im Kreis-KH Salzwedel, danach b. 1985 Stud. Humanmed. an d. Med. Ak. in Magdeburg. K.: 1986-89 FA-Ausbild. Allg.-Med. an d. Med. Ak., 1985 Abschluß als Dipl.-Med., 1992 Prom., 1990-96 an d. Hautklinik d. RWTH Aachen, seit 1997 ndlg. in eigener Praxis in Salzwedel, 1999 Ambulante Balneo-Photo-Therapie, Allergologie, Proktologie sowie Dermatolog. Kosmetik. P.: zahlr. Veröff. H.: Lesen, Radfahren.

Hauptmann-Martinelli Bettina *)

Hauptmeier Peter

B.: Konditormeister, Chefpatissier. FN.: Cafe Hauptmeier im Hotel z. Post. DA.: 28195 Bremen, Am Bahnhofspl. 11. p.hauptmeier@yahoo.de. www.hotelzurpostbremen.de. G.: Bremen, 28. Okt. 1947. V.: Christa, geb. Beuke. Ki.: Dipl.-Kauffrau Saskia (1972), Tim (1975). El.: Ernst-Gerhard u. Käthe, geb. Kemena. S.: 1964-67 Ausbildung z. Konditor in Bremen, 1967-77 Gesellenjahre in Cafes, Konditoreien u. Confiserien in Deutschland u. d. Schweiz. K.: 1977-95 Parkhotel Bremen als Chefpatisier, 1981 Meisterprüfung z. Konditormeister, seit 1995 Hotel z. Post, 1996 Eröff. Cafe Hauptmeier im Hotel z. Post als Konditormeister u. Chefpatisier. BL.: Herstellung v. Eisskulpturen f. Buffets, Entwicklung v. Dessertmenüs b. zu 11 Gängen, gr. Schautorten f. Firmen Theaterpremieren u.a. Premiere Hair in Bremen Bühnenbild. P.: 2 Bücher: Das Süße Finale (1999), Petit fours & Co (2001), Co-Autor versch. Fachbücher. E.: Silbermed. d. Gastronom. Ak. e.V. f. d. Süße Finale (2000), Goldmedalie Liding Hotel of the World (1994), Gold. Ehrenmed. Inter-Norga (1991). M.: Euro Toques-Chef, Meisterprüfungsausschuss d. Handwerkskammer Bremen. H.: Langstreckenlauf, Rennradfahren, Fußball, Essen u. Trinken.

Hauptstein Gabriele

B.: Hauptbereichsltr. FN.: IBB Inst. f. Berufl. Bild. GmbH. DA.: 29410 Salzwedel, Goethestr. 26; 39576 Stendal, Röxer Str. 1. PA.: 29416 Pretzier, Jahrsauer Weg 12. G.: Wittenberge, 16. Feb. 1960. V.: Dipl.-Ing. Roland Hauptstein. Ki.: Manuela (1978), Kristin (1988). El.: Eberhard u. Arnhild Beyer, geb. Röhl. S.: b. 1978 Lehre z. Verkäuferin in Wittenberge. K.: ang. Verkäuferin, 1987-88 Ausbild. z. Wirtschaftskauffrau, 1979-89 Lohnbuchhalterin im Nähmaschinenwerk in Wittenberge, danach Doz. f. EDV u. Finanzbuchhaltung f. d. DAA in Salzwedel-Klötze, 1991 Ausbildereignungsprüf., Doz. b. VHS Bild.-Werk in Gardelegen, Vertreterin mit acht Außenstellen in d. Altmark i. in d. Wendland, 1993 Tätigkeit b. d. IBB in Stendal-Salzwedel als Bereichsltr. f. Projektplanung, seit 1998 Hauptbereichsltr. u. Bereichsltr. f. Projektplanung, seit 1996 ist d. IBB nach DIN ISO 9001 zertifiziert; Doz. f. d. Ausbildereignung b. d. IHK in Salzwedel, Sprecherin im Arbeitskreis Bild. Träger Altmark, seit 2001 Gschf. d. Bildungsverbundes d. Handwerks d. Altmark e.V. u. Ges. Gschf. d. Bildungsverbundes d. Handwerk's GmbH Gardelegen. H.: Sport, Arch., Reisen.

Hauptvogl Helmut Dipl.-Ing. *)

Haure-Petersen Morten Steen *)

Haury Rudi Werner

B.: Gschf. Ges. FN.: Haury Personalleasing GmbH. DA.: 21335 Lüneburg, Am Berge 19. G.: Kaiserslautern, 12. Feb. 1951. S.: b. 1967 Lehre z. Einzelhdls.-Kfm. in Kaiserslautern. K.: b. 1974 kfm. Ang. b. d. Amerikan. Stützpunkt in Kaiserslautern, b. 1975 Montagetätigkeit, b. 1977 arbeitslos, ab 1977 b. Karstadt in Kaiserslautern als Verkäufer in d. Heimwerkerabt., ab 1981 b. Karstadt als Substitut b. 1983 in Lüneburg, 1983-84 Substitut in Gießen, 1985-87 Abt.-Ltr. b. Karstadt in Siegen, 1987-91 Abt.-Ltr. b. Karstadt in Billstedt, 1991-94 Zeitarb.-Firma in Lüneburg, Hamburg, Harburg, Ahrensburg, zuletzt Geschäftsstellenltr., 1995 selbst. in Lüneburg, seit 1997 Unternehmen v. TÜV zertifiziert, 1997 Eröff. 2. Büro in Hamburg, 2000 Eröff. 3. Büro in Walsrode. M.: ehrenamtl. Richter am Arbeitsgericht, Arbeitgeberverb. H.: Laufen.

Haus Manfred *)

---

*) Biographie www.whoiswho-verlag.ch oder beigefügte CD-ROM

Haus Norbert

B.: selbst. Zahntechnikermeister. FN.: Dental-Labor Norbert Haus. DA.: 63110 Rodgau, Schubertstr. 12. G.: Dörnigheim, 16. Dez. 1955. Ki.: Tochter (1989), Zwillinge (1994). S.: 1971 Mittlere Reife Dörnigheim, 1974 FH-Reife Hanau. K.: 1976-90 Zahntechniker, Meisterprüf., Eröff. d. eigenen Labos, s. 1990 selbst. m. eigenem Labor in Rodgau. E.: 25-jähriges Jubiläum als Musiker in Feuerwehrkapelle. M.: Freiwillige Feuerwehr Bruchköbel. H.: Motorradfahren.

Haus Wolfgang Dr. phil. *)

Hausburg Sylva
B.: Grafiker. FN.: FOX-Design. DA.: 12557 Berlin, Bendigstr. 18. PA.: 12555 Berlin, Militscher Weg 17. G.: 25. Sep. 1957. V.: Gerd Hausburg. Ki.: Paul (1986), Anna (1990). S.: 1973-76 Lehre als Facharb. f. Reproduktionstechnik, 1977-81 Abendstud. in d. Kunst-HS Leipzig, 1982-85 Stud. an d. Fachschule f. Werbung u. Gestaltung in Berlin. K.: 1976-77 Arb. b. Technodruck Leipzig (Glasbilder), 1980-82 Werbemittelhersteller in Leipzig, 1985-90 Arb. b. "Konsum" Berlin, seit 1990 freiberufl. Grafiker in Berlin, 1996 Grdg. d. Designerstudios "FOX-Design" in Berlin in Zusammenarb. m. Sabine Trommer. E.: 1999 "Gold. Glocke". H.: Tennis, Arb.

Hausch Gerhard *)

Hausch Winfried

B.: Diplom-Fotograf. FN.: TV Video-Produktion. DA.: 18069 Rostock, Mühlenstr. 5. G.: Dresden, 22. Feb. 1945. V.: Christine, geb. Jaschow. Ki.: Tom (1976). S.: 1961-64 Lehre Fotografie, 1967-72 HS f. Grafik u. Buchkunst (Fotografie). K.: 1964-67 Wehrdienst Volksmarine, 1972-92 selbst. Werbefotograf, seit 1992 Videoproduktion u. Werbefotografie. P.: div. Ausstellungen in versch. Ländern. M.: Künstlerbund. H.: Fotografie, Segeln m. Oldtimer.

Hauschild Christoph Dr. iur. *)

Hauschild Hans-Heinrich *)

Hauschild Hinrich Dr. med. *)

Hauschild Roland *)

Hauschild Steffi Dipl.-Bw. *)

Hauschild Werner Dipl.-Ing. *)

Hauschild Wolf-Dieter Prof.
B.: Dirigent u. Prof. G.: Greiz, 6. Sep. 1937. V.: Christine, geb. Schneider. Ki.: Cathrin, Thomas. S.: 1959 HS-Abschluß m. Dipl. als Kapellmeister Weimar. K.: Gen.-Musikdir. u. Chefdirigent d. Philharmonie u. d. Theaters Essen, Gastdirigent intern. Orchester u. Opernhäuser, Dirigent d. Eröff. d. Semperoper Dresden, div. Rundfunk- u. Fernsehaufnahmen, Schallplatteneinspielungen, seit 1988 freischaffender Dirigent u. Prof. an d. staatl. Hochschule f. Musik in Karlsruhe. E.: mehrfache Ehrungen in d. DDR u.a. 1984 Nationalpreis. H.: Opernregie u. Kompositionen, Cembalo- u. Klavierspiel.

Hauschildt Johannes

B.: Bautechniker, Inh. FN.: Hauschildt Bau GmbH. DA.: 25813 Husum, Liebigstr. 7-9. hauschildt-bau@foni.net. G.: Husum, 3. Okt. 1940. V.: Elke, geb. Petersen. Ki.: Svenja, Stefan. El.: Johannes Hauschildt. S.: 1966-69 Lehre Maurer, 1971-72 Bundeswehr, 1974 Meisterprüf., 1975 Technikerschule Husum, 1976 Technikerprüf. K.: 1984 Übernahme d. väterl. Betriebes. M.: Vorst. d. Baugewrbeinnung Husum, stellv. Obermeister, Gesellenprüf.-Aussch., Husumer Schützengilde. H.: Skifahren, Motorradfahren.

Hauschka Adolf *)

Hauschka Ernst Reinhold Dr. *)

Hauschopp Angelika Dipl.-Ing. *)

Hausding Ralph *)

Hausdorf Peter

B.: Landschaftsarchitekt, selbständig. DA.: 10997 Berlin, Skalitzer Str. 68. PA.: 10997 Berlin, Taborstr. 20. hausdorf@publicspace.de. www. publicspace.de. G.: Recklinghausen, 30. Juni 1964. V.: Christine Kuhn. Ki.: Anna Rosa (2001). El.: Martin u. Edith. S.: 1983 Abitur Recklinghausen, 1983-84 Praktikum in Recklinghausen, 1984-85 Zivildienst, 1985-91 Stud. Landespflege an d. FH Weihenstephan, Dipl.-Ing. K.: seit 1991 Tätigkeit als Landschaftsplaner in versch. Landschaftsarchitekturbüros Berlin, seit 1995 Bürogemeinschaft Skalitzer Straße, Architekten, Innenarchitekten, Landschaftsarchitekten, 1995-96 Innenhöfe in Berlin-Köpenick u. Berlin-Pankow, 1996 Wettbewerb: Kurparkentwicklung Belzig, Projektpartner: B. Hammer landschaftsplanerischer Wettbewerb, 2. Preis, 1997-99 Wettbewerb: Daimler Benz Projekt Potsdamer Platz, Neuanlage "Urbanes Gewässer", Projektpartner: Atelier Dreiseitl, 1998 Wettbewerb: Kongresszentrum Karlsruhe, Projektpartner: Matern + Wäschle, beschränkter Realisierungs Wettbewerb, 2. Preis, ab 1999 Wettbewerb: ORGA-Kartensysteme Paderborn, Neuanlage, Projektpartner: Matern + Wäschle. H.: Marathonläufer.

Hausdörfer Frank
B.: Sozialarbeiter-Streetworker. FN.: Stadtverwaltung Suhl. PA.: 98544 Zella-Mehlis, Jägerstr. 8. fotowerkstatt@yahoo. de. G.: Vacha, 17. März 1966. V.: Corinna, geb. Fürholzner.

---

*) Biographie www.whoiswho-verlag.ch oder beigefügte CD-ROM

Hausdörfer

Ki.: Cassandra (1987), Patricia (1988). El.: Edgar u. Margot. S.: 1982 Mittlere Reife, 1982-84 Facharbeiter f. Datenverarbeitung DVZ Suhl. K.: 1987-88 tätig bei d. Bereitschaftspolizei in Meiningen, 1998-2001 Fernstudium z. Sozialarbeiter, 1984-89 tätig im DVZ Suhl, seit 1994 Streetworker b. Jugendamt d. Stadt Suhl; Funktion: jährl. Organ. d. Weihnachts-Fußball-Turniers in d. Suhler Wolfsgrube. M.: 1996 Mitgründer d. Thüringer Kinder- u. Jugendparlamente u. dzt. Betreuer d. Kinder- u. Jugendbeirats. H.: Fotografie, Reisen spez. in nach Asien.

Hausdörfer Karin

B.: Glasbläser, Inh. FN.: Glasbläserei Karin Hausdörfer. DA.: 96523 Haselbach, Sommerleite 4. G.: Lauscha, 9. Feb. 1951. V.: Gerd Hausdörfer. Ki.: Falk (1970), Mario (1972). El.: Gustav u. Luise Ehrhardt. S.: 1965-68 Facharb. Glasbläser an d. Christbaumschmuckschule in Lauscha. K.: 1968-70 Glasbläser b. d. Firma Gustav Roß Lauscha, 4 J. Familienpause, 1974-90 Glasbläser VEB Glasschmuck Lauscha, 1990 selbst., Grdg. Glasbläserei in Haselbach. M.: Handwerkskam.

Hause Eberhard Dipl.-Maschinenbauing.

B.: Landesgschf. FN.: Bund d. Selbständigen - Dt. Gewerbeverband e.V. - Landesverband Berlin. DA.: 10317 Berlin, Eitelstr. 10. PA.: 12587 Berlin, Albert Schweizer Str. 10. G.: Bleicherode/Harz, 15. Juni 1945. V.: Winni Wagner, geb. Hause. E.: Karl-Heinz u. Erna, geb. Hause. S.: 1964 Abitur, Grundwehrdienst, 1970 Abschl. d. Stud. f. Maschinenbau in Wildau b. Berlin. K.: 1970-74 Entwicklungsing. b. VEB Steromat Berlin/Treptow, par. Externstud. Patentrecht Humboldt-Univ. zu Berlin mit Abschl., 1974-87 Patenting. b. Wasserwirtschaft Berlin Rostock, Potsdam u.a., 1987-90 Patenting. b. Schienenfahrzeuge Berlin Grünau, s. 1990 Landesgschf. Bund d. Selbständigen Berlin. BL.: 9 Patentanmeld. auf dem Gebiet d. Funkenerosion. P.: Red. d. Magazins f. Untern. u. Existenzgründer. M.: 20J. Vors. eines Anglerver., Mtgl. Redaktionskollegium "Der Selbständige". H.: Wassersport, Reisen, Angeln. (B.K.)

Häusele Michael *)

Hausemann Hartwig Peter August

B.: Zahnarzt. DA.: 53639 Königswinter, Generalkonsul-von-Weiß-Str. 5. PA.: 53604 Bad Honnef, Karl-Simrock-Str. 51. G.: Dortmund-Derne, 12. Feb. 1942. V.: Margarete, geb. Klein. Ki.: Jörg (1966), Ralf (1974). El.: August u. Fanny, geb. Gentrup. S.: 1963 Abitur Lünen, 1964-70 Stud. Zahnmed. Bonn, 1970 Staatsexamen u. Approb., 1970-73 wiss. Arb. an Abnormitäten d. Schädelbasis b. Trigemius Neuralgien. K.: 1964-70 neben d. Stud. Goldschmied m. eigenen Entwürfen, b. Fred Krauss in Bonn gefertigt, 1970-73 Ass. b. Zahnarzt Dr. Claussen in Bad Honnef, Dr. Vogel in Menden b. Siegburg, Zahnarzt Kionsek in Bonn, seit 1973 Aufbau einer eigenen Praxis, gesamtes Gebiet d. Zahnheilkunde außer Kieferorthopädie, anfangs speziell konservierende Zahnheilkunde u. Prothetik, Klientel aus Politik, Wirtschaft u. Botschaften, deutschlandweit, z. Teil intern., seit 1996 Sohn Jörg als Ass., seit 1999 Gemeinschaftspraxis mit Sohn Jörg u. später m. Sohn Ralf. M.: Freier Verb. Dt. Zahnärzte. H.: Jagd, Fotografie, Goldschmiedearb., Rudern, Leichtathletik, Tennis, Reisen.

Hausemann Heiko Sven *)

Hausen Angelika *)

Hausen Hans Günther

B.: Fotograf u. Filmemacher, Inh. FN.: Filmprod. u. Verlag H. G. Hausen. DA.: u. PA.: 67663 Kaiserslautern, Auf der Pirsch 30. G.: Kaiserslautern, 5. Feb. 1927. Ki.: Uwe (1951), Nina (1965). El.: Dr. Edmund u. Emilie, geb. Bartz. BV.: Großmutter geb. von Reichmann (zu Starkenburg). S.: 1949-51 Schule f. Fotografie, Film und Ton, Düsseldorf (BIKLA) bei Chargesheimer. K.: 1945-49 freier Fotograf d. Rhein. Illustrierte, 1951 Berufspraxis als freier Fotograf, 1964 Kameramann f. ARD u. ZDF, spez. f. kulturelle Beiträge, 1986 Grdg. d. Buchverlages. P.: 37 Prod. 35 mm u. 16 mm, 12. Bildbände: "Eine Stadt im Feuerregen", "Die Elwedritsche des G. Rumpf", "Der Kaiserbrunnen", "Der Löwenbrunnen zu Jerusalem", "Herxheim", "Pflanzet die Freiheit", "Bildwand und Malerei", K. Unverzagt", "Malerisches und Graphisches, R. Holly-Logeais", "Intern. Steinbildhauer Symp.", "Blau u. Ferne dämmern Hügel, G. Friderich", "Hans Günther Hausen: Fotografien". E.: 1962 Goldmed.: Salone intern. di Cinematografia ed Ottica Milano, 1997 Medienpreis d. Bezirksverbandes Pfalz. M.: Künstlerwerkgemeinschaft Kaiserslautern e.V.

zur Hausen Harald Dr. med. Dr. h.c. Prof.

B.: o.Prof. f. Virologie, Vors. FN.: Dt. Krebsforsch.-Zentrum. DA.: 69120 Heidelberg, Im Neuenheimer Feld 280. G.: Gelsenkirchen-Buer, 11. März 1936. V.: Prof. Dr. Ethel-Michele de Villiers. Ki.: 3 Kinder. El.: Eduard u. Melanie, geb. Lehmann. S.: Stud. Univ. Bonn, Hamburg, Düsseldorf. K.: 1962-65 wiss. Ass. Düsseldorf, 1965-69 Ass.-Prof. Philadelphia/USA, 1969-72 Privatdoz. Univ. Würzburg, 1972-77 o.Prof. Univ. Erlangen, 1977-83 o.Prof. Univ. Freiburg, seit 1983 wiss. Stiftungsvorst. d. Dt. Krebsforsch.-Zentrum Heidelberg. E.: 1971 Walther-Richtzenheim-Preis, 1974 Wilhelm-Warner-Preis, 1975 Robert-Koch-Preis, 1984 Dr. h.c. d. Univ. Chicago, 1985 Lila-Gruber-Award, 1986 Dt. Krebspreis, 1986 Charles S. Mott-Preis, 1991 Dr. h.c. Univ. Umea, Schweden, 1994 Paul-Ehrlich-Preis, 1994 Dr. h.c. Karls-Univ. Prag, 1996 Ernst-Jung-Preis Hamburg, 1998 Dr. h.c. Univ. Salford, England, 1999 Charles-Rudolphe Brupbacher Preis, Zürich. M.: 1986 Mtgl. d. Adad. LEOPOLDINA, 1986 Mtgl. d. Heidelberger Akad. d. Wiss.

von Hausen Klaus-Dieter

B.: Gschf. FN.: Ethyl Mineralöl-Additive GmbH Hamburg. DA.: 20144 Hamburg, Oberstr. 14b. G.: Hamburg, 12. Dez. 1941. V.: Erika, geb. Karbowski. S.: 1958-61 Ausbild. z. Ind.-Kfm. e. Castrol Hamburg. K.: 1961-81 Koordinator f. alle Werke b. Castrol, seit 1981 Verkaufsltr. in Firma Ethyl Hamburg, seit 1991 Gschf. b. Firma Ethyl. H.: klass. Musik, Sport, Lesen.

zur Hausen Winfried *)

Hausen-Ahrendt Emeliana Dipl.-Ing. *)

Hauser Alfred *)

*) Biographie www.whoiswho-verlag.ch oder beigefügte CD-ROM

Hauser Axel

B.: Gschf. FN.: Hotel-Restaurant Oberrather Hof. DA.: 40670 Krefeld, Kirchpl. 30. G.: Krefeld, 28. Dez. 1963. S.: Mittlere Reife, Lehre Koch, Bundeswehr. K.: Koch in versch. bekannten Häusern, 1992 Küchenchef im Osterrather Hof u. ab 1994 Gschf. u. seit 1996 Inh. H.: Tennis, Kanada.

Hauser Bodo H.
B.: Journalist, Programmgschf. FN.: PHOENIX. DA.: 53175 Bonn, Langer Grabenweg 45-47. G.: Krefeld, 23. Feb. 1946. V.: Barbara, geb. Peifer. Ki.: Marc, Nina. S.: 1966 Abitur Fichte Gymn. Krefeld, Freier Mitarb. Westdeutsche Zeitung, Düsseldorf, 1987/68 Wehrdienst b. d. Bundewehr, 1968-72 Stud. Rechts- u. Staatswiss. in Freiburg, Lausanne, Cambridge u. Bonn. K.: 1973-76 ständiger freier Mitarb. im ZDF-Studio Bonn, 1976-78 ZDF-Korrespondent im Studio Düsseldorf, 1978-81 stellv. Ltr. d. Magazins Länderspiegel in d. ZDF-Hauptred. Innenpolitik Mainz, 1984 Studienaufenthalt Havard Univ. (Stipendium d. German Marshall Fund), 1981-87 ZDF-Korrespondent im Studio Bonn, Moderator d. Sendung Bonner Perspektiven, 1988-93 Ltr. u. Moderator d. ZDF-Fernsehmagazins STUDIO 1, 1991-93 zusätlich zu STUDDIO 1: Ltr. u. Moderator d. zeitkrit. Magazins Frontal im Satellitenfernsehen 3sat, 1993 Ltr. u. Moderator d. wöchentlichen ZDF-Fernsehmagazins Frontal, zusätzlich zu Frontal: Ltr. u. Moderator d. 3sat-Sendung Streitfall, 1997 Ltr. u. Moderator d. Sendung Hauser & Kienzle und die Meinungsmacher, seit 2001 Programmgschf. PHOENIX. P.: ZDF-Jahrbuch 1989: "Magazinlandschaft im Umbruch", ZDF-Jahrbuch 1992: "Zeitkritik im Wettbewerb", ZDF-Jahrbuch 1993: "Info mit und ohne Tainment", Die Vierte Gewalt/Fragen an die Medien: "Martin Luther im Medienzeitalter" (1994), "Noch Fragen, Kienzle? Ja, Hauser! Der offizielle deutsche Meinungsführer" (1995), "SchwarzRotGeld" Der offizielle deutsche Marktführer (1996), "Bitte recht feindlich" Schöner leben und streiten im nächsten Jahrtausend (1998). E.: 1989 DJV-Journalistenpreis, 1994 Pfeifenraucher d. J. 1994, 1994 Nominierung Telestar, 1995 Goldene Rosine, 1995 Bambi, 1997 Kitzinger Schlappmaulorden, 1997 Krefelder Steckenpferd, 1997 BVK, 1997 Krawattenmann d. J. M.: seit 1974 Europa Union, seit 1985 Atlantik-Brücke, seit 1991 Rotary. H.: Jagd, Tennis.

Hauser Christoph Paul
B.: Druckermeister, Inh., Gschf. FN.: Hauser Druck. DA.: 66333 Völklingen, Ludweilerstr. 194. G.: Mettlach, 20. Mai 1960. V.: Dipl.-Übersetzerin Agnes, geb. Hoffmann. Ki.: Caspar David (1991), Magnus Benedict (1993), Gunnar Johannes (1995). El.: Erwin u. Felicitas. S.: 1975-78 Lehre z. Buch- u. Offsetdrucker, 1988-91 Ausbild. z. Druckermeister. K.: 1991 Übernahme d. Druckerei. M.: Meisterprüf.-Aussch. d. HWK d. Saarlandes, Heimatturnver. Mettlach, Turnver. Wehrden. H.: Handball aktiv, Beobachten u. Entwickeln v. Grafikdesign.

Hauser Dagmar Franziska
B.: Inhaberin. FN.: Dagmar Hauser Immobilien RDM. DA.: 82178 Puchheim, Kastanienweg 7. G.: München, 16. Juni 1950. V.: Stephan Jodok Konstantin Hauser. Ki.: Christopher Björn Constantin (1979), Dominik Stephan Maximilian

(1982). El.: Franz-Xaver u. Lieselotte Witzlinger. S.: 1964-67 Lehre Vers.-Kaufrau. K.: 1967-70 Vers.-Kauffrau in versch. Betrieben, 1970 tätig in d. Immobilienbranche, 1971-75 Public Relations bei ringpress, Hans-Krüger-Franke, 1975-78 Assist. der Geschäftsltg. eines Investmentunternehmens, 1978-80 Ausbild. z. Immobilienwirt, 1980 Grdg. d. Immobilien u. Werbeagentur Dagmar Hauser; Funktionen, seit 1995 Sachv. f. d. Bewertung bebauter u. unbebauter Grundstücke. M.: seit 1981 RDM. H.: Skifahren, Segeln, Schwimmen, Kochen, Garten.

Hauser Dieter *)

Hauser Erich Prof.
B.: Bildhauer. PA.: 78628 Rottweil, Saline 36. G.: Rietheim, 15. Dez. 1930. V.: Gretel, geb. Kawaletz. Ki.: Markus, Andrea. K.: 1970 Begründer d. Forums Kunst in Rottweil, ab 1984 Gastprof. an d. HS f. bild. Künste Berlin, bevorzugter Werkstoff: Stahl; 1996 Grdg. d. Erich Hauser Stiftung. E.: "Premio Itamaraty" Sao Paulo, zahlr. weitere Ausz. u.a 1975 Biennale Preis f. Kleinplastik Budapest, 1979 BVK 1. Kl., 1986 Prof., 1988 1. Preis d. Helmut Kraft Stiftung Stuttgart, 1995 Oberschwäbischer Kunstpreis, Ehrenbürger d. Stadt Rottweil.

Hauser Hans *)

Hauser Hansgeorg Dipl.-Kfm.
B.: Steuerberater, MdB, Parlamentar. Staatssekr. beim BM d. Finanzen a.D. FN.: Dt. Bundestag. DA.: 11011 Berlin, Platz d. Republik 1. G.: Plöckendorf/Rednitzhembach, 20. Juni 1943. V.: verh. K.: 2 Kinder. S.: 1963 Abitur, 1965-70 Stud. BWL Univ. Erlangen-Nürnberg, Dipl.-Kfm, K.: 1963-65 Wehrdienst, Lt. d. Res. 1970-74 WP-Ges. Price Waterhouse, 1975 Steuerberaterexamen u. Zulassung, seither selbst., seit 1982 Mtgl. d. CSU, 1984-89 Vors. Ortsverb. Rednitzhembach, Mtgl. CSU-Kreisvorst. Roth u. Bez.-Vorst. Mittelfranken, s. 1990 MdB, 1995-98 Parlamentar. Staatssekr. M.: EU, JCI-Senator, Lions-Club Schwabach.

Hauser Hansgeorg *)

Hauser Heide

B.: selbst. Krankengymnastin. DA.: 87435 Kempten, Burghaldeg. 26. PA.: 87477 Sulzberg, Panoramastr. 17. G.: Heidelberg, 9. Nov. 1961. El.: Heinz-Horst u. Brunhilde Hauser. BV.: Familienchronik b. zu d. Hausverwaltern v. Karl d. Großen. S.: 1981 Abitur Essen, 2. D. Pflegepraktikum Univ.-Klinik Essen, Pflegehelferin versch. Intensivstationen, 1986-89 Ausbild. staatl. geprüfte Krankengymnastin. 1986 tätig am St.-Joseph-Hospital in Oberhausen, 1987 tätig in d. Praxis Rüschel-Schulze in Essen, 1992 Ltr. d. Abt. Krankengymnastik an d. AOK-Klinik in Wittnau, 1997 tätig in d. Praxis Haupt in Oy-Mittelberg, Aus- u. Weiterbild. in versch. Techniken u.a. Rückenschule, 1993 Examen in Manueller Therapie, 1995 Akupunkt-Massa-

---

*) Biographie www.whoiswho-verlag.ch oder beigefügte CD-ROM

ge, 1997 Qi-Gong, 1998 Ergonomie in d. Physiotherapie, 1998 Eröff. d. Praxis mit Seminarhaus. M.: 2. Vors. d. Naturheilver. in Kempten, ZVK, Verb. f. Akupunkt-Massage, Tai-Chi-Netzwerk, Rheumaliga Kempten. H.: Kampfkunst, Feng-Shui, Musik, Töpfern, Buddhismus.

Hauser Jürgen
B.: Box-Trainer, Mitinh. FN.: Boxschule KINGS GYM. DA.: 88214 Ravensburg, Jahnstr. 104. PA.: 88212 Ravensburg. Herrenstr. 41. www.kings-gym.com. G.: Ulm, 24. Apr. 1965. El.: Hans u. Helga. S.: 1975-80 Realschule, 1980-83 Lehre Kfz-Mechaniker im elterl. Autohaus Hauser, 1994-98 allg. HS-Reife im Kolping-Kolleg auf d. 2. Bild.-Weg. K.: 1986-93 Mitarb. d. bundesweiten BI "Aktion Volksentscheid e.V." in Achberg für d. 3-stufige Volksgesetzgebung (Volks-Initiative,-Begehren,-Entscheid), seit 1999 Mitinh. u. Box-Trainer im Ravensburger Boxclub KINGS GYM, C-Trainer-Lizenz (Deutscher Box Verband). P.: Flensburger Hefte Nr. 5, Volkssouveränität und Volksgesetzgebung, ISBN 3-926841-18-4. E.: 1993 u. 98 Württemberg. Vizemeister, 2000 Württemberg. Meister, Teilnahme an d. DM 1998 und 2000, Deutscher Oberliga-Meister mit BC Singen 2000/2001, jew. im Leichtgewicht. H.: Tanzen, Boxen.

Hauser Karl-Heinz
B.: Koch. FN.: Adlon Kempinski Hotel; Restaurant Lorenz Adlon. DA.: 10117 Berlin, Unter den Linden 77. adlon@kempinski.com. S.: ehemaliger Schüler v. Starkoch Eckard Witzigmann. K.: seit 1997 Küchenchef im Adlon. P.: "Kochkunst im Adlon" (1999). E.: Spitzenkoch (2002), Five Star Diamond Award d. American Academy of Hospitality Sciences, Träger d. Prix Culinaire des Régions Européennes 2001. (Re)

Hauser Norbert
B.: MdB, RA. FN.: Deutscher Bundestag, Hauser Liessem & Koll. DA.: 11011 Berlin, Platz der Republik 1 u. Wahlkreisbüro: 53175 Bonn, Am Schaumburger Hof 10. norbert.hauser @bundestag.de. G.: Olpe, 20. Mai 1946. V.: Antonia, geb. Jaldo-Mendoza. S.: 1967 Abitur Bonn, 1967-69 Wehrdienst Panzerpioniere, Fähnrich d. Res., 1969-76 Stud. Rechtswiss. Bonn u. Freiburg, daneben Journalist, 1970/71 Aufnahmeltr. WDR, 1970 Senior Bavaria Bonn im CV, 1976 1. u. 1979 2. Staatsexamen. K.: 1962 Eintritt Junge Union, 1963 Vorst.-Mtgl. JU, 1973-75 im Stadtbezirksausschuß, 1975-99 Mtgl. im Rat der Stadt Bonn, 1975 Rat d. Stadt Bad Godesberg (u. Mtgl. u. Sprecher d. CDU-Bezirksfraktion B. Godesberg), 1979-94 Bez. Vorst. B.G. Bundesgschf. Mittelsverband, 1986 Gründer europ. Musikak. Bonn, 1993 Gründer u. seitdem Präs. Dt.-Span. Ges., 1994-99 Fraktionsvors., 1994-99 Vors. Wirtschaftsförd. u. Liegenschaftsaussch., 1998 Fachanw. f. Arbeitsrecht, seit 1998 MdB, als einziger Bonner Abgeordneter in Direktwahl, o.Mtgl. Ausschuß Bildung, Forschung, Technologiefolgenabschätzung, zuständig f. Weiterbildungen, Wissenschaftsregion Bonn/Köln, berufl. Bildung im europäischen Kontext, o.Mtgl. im Rechnungsprüfungsausschuß, zust. f. Verkehr, o.Mtgl. Untersuchungsausschuß Parteispendenaffaire, stellv. Mtgl. Haushaltsausschuß, stellv. Mtgl. Rechtsausschuß, Vors. Facharbeitsgemeinschaft Freie Berufe d. Bundesmittelstandsvereinigung, Vorst.-Mtgl. Parlamentkreis Mittelstand d. CDU/CSU-Bundestagsfraktion, Einsatz f. Erhaltung "Stiftung Bildungstest". BL.: Betreuung d. Städtepartnerschaft bes. Jugendaustausch Yalowa/Türkei. P.: Im Wahlkampf u.a. BBC, TV-E, türk. Fernsehen, Interview Hürriyet. E.: Mérite Européen, Gold. VO d. Bundes Dt. Karneval, Sebastianus EK d. Schützenbruderschaft. M.: Lions Club, Präs. Basketballgemeinschaft BG Rentrop 1. Bundesliga Damen, Hilfe f. Lokomassama e.V. H.: Schifahren, Politik, histor. Literatur, Malerei. (Re)

Hauser Reinhard

B.: Manager. Inh. FN.: E.V.A. Agentur Event Veranstaltungs-Agentur. DA.: 80796 München, Luisenstr. 60a. e.v. a.agentur@t-online.de. www. eva-agentur.de. G.: Aalen, 19. Mai 1950. V.: Eva Niedermeiser. Ki.: Claudio Sven (1971), Oliver Ken (1974). BV.: Erich Hauser Bildhauer. S.: 1965 Mittlere Reife Aalen, 1965-68 Lehre als Feinmechaniker b. Firma Zeiss Optik Oberkochen m. Abschluss. K.: 1968-70 Auslandsaufenthalt, 1970-72 Umschulung z. Zahntechniker in Stuttgart mit Abschluss, 1972-80 Zahntechniker in versch. Labors, zuletzt in Führungsposition, 1980-84 Zahntechniker in ltd. Funktion b. Zahnarzt Dr. Dietmar Küffer in München, 1984-90 selbst., Grdg. d. eigenen Zahnlabors Firma LH1 Labor Hauser 1 GmbH München, Gschf. Ges., 1990 externe Mesiterprüf. f. Zahntechniker, 1990-94 Grdg. d. Firma HDC Hauser Dental Consult, Inh., 1994-95 im Management d. Kleinen Theaters Salzburg, Avantgardist. Theater, Konzepte v. ungewöhnl. Sponsering- u. Marketingseiten, 1996 selbst., Grdg. u. Etablierung d. neuen Agentur E.V.A. München, ab 1998 Zusammenarb. m. nat. u. intern. Filmproduktionen, Förd. junger Schauspieltalente, 1999 Grdg. d. Firma EVA Mediaconsult, Inh., 2001 Einstieg in d. E.V.A. Agentur. M.: Agentur m. Genehmigung d. Bundesanst. f. Arb. Nürnberg. H.: Film, Theater.

Hauser Richard Dr. med.
B.: Arzt f. Neurologie u. Psychiatrie. DA.: 12165 Berlin, Schloßstr. 69. PA.: 12203 Berlin, Tietzenweg 129. G.: Jestelten, 19. Okt. 1948. V.: Dr. med. Ulrike Meyer-Hauser. Ki.: Jakob (1991), Max (1995), Leonard (1996). El.: Dr. med. Eugen u. Dr. med. Johanna. S.: 1968 Abitur, 1968-70 Pharmazeut. Vorexamen, 1970-78 Stud. Med. in Freiburg u. Tübingen, Abschluss m. Prom., 1984 FA f. Neurologie u. Psychiatrie. K.: ab 1984 ndgl. in Berlin, Schloßstraße, erster Ultraschall-Duplex-Gerät im Niedergelassenen Bereich (vermutlich deutschlandweit), Einführung Elektrophysiologische Untersuchung evozierte Potenziale im ndgl. Bereich, Spezialgebiet Schlaganfälle, Cerabrale Durchleuchtungsstörungen, ab 1985 Transkranielle Doppler-Sonographie, ebenfalls einer d. ersten in Deutschland; Spezialisierung auf d. Behandlung v. MS (Multiple Sklerorse) u. Hirnabbauprozessen, z.B. Morbus Alzheimer, besondere Spezialisierung auf präzise u. weltweit nachprüfbare Diagnostik, ausgehend v. d. weltweit neuesten Erkenntnissen. M.: DGN (Dt. Ges. f. Neurologie), Neuro-Sonologie Research Group, World Fed. of Neurology. H.: Lesen v. moderner u. alter Literatur, Kochen, Golf, moderne Kunst.

Hauser Siegfried
B.: Werbegrafiker, Gschf. FN.: akzent GmbH. DA.: 93059 Regensburg, Donaustrasse 200. PA.: 93173 Wenzenbach, Frauenholzstr. 23. G.: Niedermurach, 2. Feb. 1955. V.: Helga, geb. Weinberger. Ki.: Lena (1994). El.: Georg u. Barbara. S.: Abitur, 1978-81 Kunstak. f. Grafik in München. K.: 1981-89 versch. Werbeagenturen, 1989 Grdg. d. akzent GmbH. H.: Keyboard, Malerei, Fernreisen.

Hauser Stephan Jodok Konstantin Dipl.-Kfm.
B.: Gschf. FN.: Dipl.-Kfm. Stephan Hauser Immobilien u. Bautreuhand GmbH. DA.: 82178 Puchheim, Kastanienweg 7. G.: Kempten, 3. Dez. 1950. V.: Dagmar Franziska, geb. Witz-

Hauser Thomas *)
Hauser Thomas Dipl.-Kfm.
B.: Ltr. d. Unternehmenskommunikation u. Pressesprecher. FN.: MAN Roland Gruppe. DA.: 86135 Augsburg, Stadtbachstr. 1. PA.: 86199 Augsburg, Bürgermeister-Ulrich-Str. 8. www.man-roland.de. G.: Augsburg, 30. Mai 1967. El.: Heinrich u. Sigrid. S.: 1986 Abitur, 1987-93 Stud. BWL Univ. Augsburg. K.: 1994 Volontariat, 1994-95 tätig im Bereich Redaktion u. Prod.-Management im Verlagswesen, 1995-97 Markt-, Medien- u. Marketingforscher d. Firma MAN Roland, 1998-2000 Marktsegement-Manager bei MAN Roland, seit 2000 Ltr. d. Kommunikation u. Pressesprecher d. MAN Roland Gruppe. P.: ca. 30 Veröff. in Büchern u. Zeitschr. u. zahlreiche Vorträge zu Themen aus Marketing, Medien, Kommunikation u. graf. Ind. M.: AMA, DMV, FGM, DPRG, DJV, Intern. Gutenberg Ges. H.: Kunst, Kultur, Reisen, Zeitgeist, Sport.

Hauser Walter Dr. med. Prof. *)
Häuser Franz Dr. Prof.

B.: Dekan. FN.: Juristenfakultät d. Univ. Leipzig. DA.: 04109 Leipzig, Otto-Schill-Str. 2. G.: Limburg an d. Lahn, 14. Aug. 1945. V.: Petra, geb. Fischer. Ki.: Julia (1977). El.: Franz u. Anni, geb. Klein. S.: 1965 Abitur, 1965-69 Stud. Rechtswis. Univ. Marburg u. Bonn, 1970 1. jur. Staatsprüf., 1970-71 wiss. Mitarb. Inst. f. Hdl.- u. Wirtschaftsrecht Univ. Marburg, 1971-74 Referendariat, 1971-72 wiss. Hilfskraft Univ. Gießen, 1972 2. jur. Staatsprüf. K.: 1974-81 wiss. Mitarb. im Fachbereich Rechts- u. Wirtschaftswiss. an d. Univ. Mainz, 1978 Prom., 1981-87 HS-Ass. an d. Univ. Mainz, 1984 Lehrstuhlvertretungen im Fachbereich Rechtswiss. an d. FU Berlin, 1991 Habil. an d. Univ. Mainz u. Habil.-Stipendium d. Dt. Forsch.-Gemeinschaft, 1991/92 Lehrstuhlvertretungen an d. Univ. Bielefeld, 1992 C4-Prof. f. Zivil-, Hdl.- u. Wirtschaftsrecht an d. Univ. Jena, 1992 Vertretungen d. Lehrstuhls f. bürgerl. Recht, Wirtschafts- u. Steuerrecht an d. Univ. Potsdam u. Gießen, 1992/93 Lehrstuhlvertretungen an d. Univ. Leipzig, 1992 C4-Prof. f. bürgerl. Recht u. Arb.-Recht an d. Univ. Leipzig, 1993 Ernennung z. Prof. auf Lebenszeit, 1994 Berufung an d. Lehrstuhl f. Hdl., Bank- u. Börsenrecht u. Arb.-Recht an d. Univ. Leipzig, 1993 C4-Prof. an d. Univ. Mainz, 1997 Prodekan d. Juristenfakultät d. Univ. Leipzig, 1998/99 Grdg. d. Inst. f. dt. u. intern. Bank- u. Kapitalmarktsrecht an d. Univ. Leipzig, seit 1999 Dekan d. Juristenfakultät d. Univ. Leipzig; Funktionen: seit 1991 Mitarb. am Inst. f. intern. Recht d. Spar-, Giro- u. Kreditwesen an d. Univ. Mainz. BL.: durch einige Publ. Einwirkung auf d. Rechtssprung überwiegend im Recht d. bargeldlosen Zahlungsverkehrs u. Börsengeschäfte P.: Mtgl. d. Redaktion d. Zeitschrift f. Wirtschafts- u. Bankrecht (seit 1984), Bankrechts-Handbuch, Handbuch d. Kapital- u. Anlegerrechts. M.: Bankrechtl. Ver. H.: Tennis, Klavier spielen.

Häuser Stefan *)
Hauser-Schäublin Brigitta Dr. Prof.
B.: Prof. f. Ethnologie. FN.: Universität Göttingen. DA.: 37073 Göttingen, Theaterpl. 15. bhauser@gwdg.de. G.: Basel, 7. Juni 1944. V.: Jörg Hauser. El.: Otto Schäublin u. Ida, geb. Wirth. S.: 1961-65 Medienausbildung b. Schweizer Fernsehen u. b. versch. Zeitungen in Basel. K.: 1965-69 Journalistin u. Reporterin, 1969 Eidgenössische Matura (Abitur) Typus B auf d. 2. Bildungsweg, 1969-75 Stud. Ethnologie, Soziologie u. Volkskunde in Basel u. München, 1975 Prom., 1985 Habil., 1986-87 Lehrauftrag an d. Univ. Fribourg/Schweiz, 1971-88 Konservatorin am Museum f. Völkerkunde in Basel, Ltr. d. Abt. Öffentlichkeitsarbeit u. Museumspädagogik, 1988-92 wiss. Mitarbeiterin, ab 1991 m. d. Status einer a.o.Prof. am Ethnologischen Seminar d. Univ. Basel, 1991 Vertretung einer C3-Prof. am Inst. f. Völkerkunde in Köln, seit 1992 C4-Prof. f. Völkerkunde an d. Univ. Göttingen, 1993 Visiting Prof. an d. Columbia Univ. New York, 1994 Verleihung d. Theodor Heuss-Professur d. Bundesregierung an d. New School for Social Research in New York, 1996 Gastprofessur am Dartmouth College in Hanover, 1999-2001 1. Vors. d. Dt. Ges. f. Völkerkunde. P.: Bücher: Frauen in Kararau. Zur Rolle d. Frau bei den Iatmul am Mittelsepik, Papua New Guinea (1977), Kulthäuser in Nordneuguinea (1989), Ethnologische Frauenforschung. Ansätze, Methoden, Resultate (1991), Textiles in Bali (1991), Traces of Gods and Men. Temples and Rituals as Landmarks of Social Events and Processes in a South Bali Village (1997), James Cook Gifts and Treasures from the South Seas (1998), Der geteilte Leib: Die kulturelle Dimension v. Reproduktionsmedizin u. Organtransplantation in Deutschland (2001). H.: Ethnologie, Radfahren.

Hausherr Herbert

B.: Sped.-Kfm., Gschf. FN.: COTRANS LOGISTIC GmbH & Co KG. GT.: glts cotech GmbH Leipzig; Inh. d. Firma EDV u. Logistikberatung Herbert Hausherr Lachendorf. DA.: 38440 Wolfsburg, Berliner Ring 2. G.: Bad Salzgitter, 18. Okt. 1958. V.: Anja, geb. Weichhaus. Ki.: Anne Kathrin (1986). S.: 1975-78 Ausbild. z. Sped.-Kfm. b. d. Frachtenprüf.-Ges. K.: 1978-81 Sped.-Praxis im Bereich d. Westeurop. Verkehre, 1981-84 Bereichsltr. Frankreich, 1984-89 stellv. Ndlg.-Ltr. d. Günther Lohmann GmbH Köln, ab 1987 Aufbau u. Ltg. d. "Zentralen Logistik" d. Günther Lohmann GmbH Köln, 1989-94 selbst. Unternehmensberater im Bereich Logistik u. EDV m. d. Schwerpunkt Tourenplanung u. Telematik, seit 1994 Gschf. d. Cotrans Logistic GmbH & Co KG Wolfsburg. H.: Segeln, Inline-Skating, Fahrradfahren, Aquaristik.

Von linger. Ki.: Christopher Björn Constantin (1979), Dominik Stephan Maximilian (1982). El.: Friedrich u. Waltraut, geb. Schmetzer. S.: 1971 Abitur, 1971-73 Lehre als Bankkfm. Bayr. Vereinsbank München, 1973-79 Stud. an der BWL Univ. München. K.: 1979-80 Prok. d. Firma Bavaria Bungalow GmbH, 1981 selbst. m. Immobilien, 1984 Grdg. d. GmbH u. tätig im Bauträgerbereich; Funktionen: Ref. f. Fortbild. an d. IHK. M.: seit 1984 RDM. H.: Skifahren, Segeln, Schwimmen.

*) Biographie www.whoiswho-verlag.ch oder beigefügte CD-ROM

Hausigk

Hausigk Reinhard Dr.-Ing. *)

Häusl Regina
B.: Profi-Skirennläuferin/Alpin, Polizeiobermeisterin im BGS. FN.: c/o DSV. DA.: 82152 Planegg, Hubertusstr. 1. PA.: 83458 Schneizlreuth, Unterjettenberg 53. G.: 17. Dez. 1973. K.: größte sportl. Erfolge: 1991/92 Grindelwald Abfahrt/4., Grindelwald Kombination/5., Panorama Abfahrt/6., 1992 JWM RTL + SG/1., Tignes Abfahrt /3., DM Abfahrt/1.Super-G/1., 1992/93 Cortina Abfahrt/1., Morzine Abfahrt/2., Lake Louise Super-G/3., Cortina II Abfahrt/4., Gesamt WC Abfahrt/2., Super-G/8., 1992 Teiln. a. d. OS i. Albertville, 1993 DM Abfahrt/1., 1993/94 Tignes Abfahrt/4, WM i. Morioka Super-G/10., 1994 DM Abfahrt/1., Teiln. a. d. OS i. Lillehammer , 1995 DM Abfahrt/1., 1996 DM Abfahrt/1., 1996/97 WM Sierra Nevada Super-G/13., Lake Louis Abfahrt/6, Laax Abfahrt/6., Vail Super-G/7., Bad Kleinkirchheim Super-G/7., 1997 DM Abfahrt/1., WM Sestriere Abfahrt/11., 1997/98 Cortina Super-G/2., Lake Louis Super-G/6., Mammoth Mtn. Super-G/7., WC Gesamt Super-G/6., 1998 DM Abfahrt/1., OS Nagano Super-G/4., 1998/99 Lake Louis Abfahrt/3., Are Abfahrt/3., Cortina Abfahrt/4., Val d`Isere Super-G/5., St. Moritz Super-G/5., Gesamt WC Abfahrt/6., 1999 DM Abfahrt/1., Super-G/1., WM Vail Abfahrt/5., 1999/2000 WC-Altenmark/ Zauchensee Super-G, Abfahrt /2., Super-G/3., Santa Caterina Abfahrt/2., Innsbruck Abfahrt/2., Are Abfahrt /2. St. Moritz, Abfahrt/2. Gesamt WC Abfahrt/1. H.: Lesen, Mountainbike, Schwimmen, Tennis, Sprachen.

Häusler Ewald Dipl.-Sozialpäd. Dipl.-Theol. *)

Häusler Ulf
B.: Bereichsvorstand Infrastruktur. FN.: Deutsche Bahn AG. 60326 Frankfurt/M., Stephensonstr. 1. G.: Kassel, 2. Apr. 1935. S.: Stud. Philipps-Univ. Marburg/Lahn, 1964 Dipl.-Vw. K.: Tätigkeit in d. freien Wirtschaft, 1968 Gr. Staatsprüf. f. d. Laufbahn d. höheren allg. Verw.-Dienstes in Düsseldorf u. Beginn b. d. Bundesbahndion. Wuppertal, 1969 Abt. Eisenbahnen d. Bundesverkehrsmin. Bonn, 1972 Prom. z. Dr. rer. pol., 1972 Hauptverw. d. Dt. Bundesbahn Frankfurt/Main, persönl. Ref. d. Vorst.-Vors., dann Ltr. d. Vorst.-Sekr., ab 1976 Ref. f. Verkehrspolitik u. Unternehmensplanung, ab 1979 Ltr. d. Fachbereichs Planung, 1982-92 Präs. Bundesbahndion. Stuttgart, seit 1985 Lehrbeauftragter f. Marketing u. Verkehrspolitik u. seit 1990 Hon.-Prof. Univ. Stuttgart, 1992-94 stellv. Vorst.-Mtgl. d. Dt. Bundesbahn u. d. Dt. Reichsbahn (verantwortl. f. Infrastrukturplanung), 1994-98 Vorst.-Mtgl. im Unternehmensbereich Fahrweg, seit 1.1.1999 Bereichsvorstand Infrastruktur.

Häusler Werner *)

Hausmann Armin *)

Hausmann Franz Josef Dr. Prof. *)

Hausmann Friedrich *)

Hausmann Gerhard *)

Hausmann Gert Hon.-Prof.
B.: Unternehmensberater, Personalentwickler. FN.: CONSENS Personalentwicklung + Training. DA.: 53844 Troisdorf-Bergheim, Fronstr. 8. consens.gh@t-online.de. G.: Kassel, 15. Okt. 1941. V.: Christine, geb. Lehmann. Ki.: Tina Marianna (1972). El.: Hans-Jochen u. Anni, geb. Lahnstein. BV.: Urgroßvater Dr. Johann Hausmann - 1895 SanR. ab 1906 geheimer SanR. b. Kaiser Wilhelm II. S.: 1961 FA Kassel, 1962-64 Stud. Arch. Ing.-Schule Kassel, 1964-68 Bundeswehr, Ausbilder, 1968-71 Stud. BWL FH Düsseldorf, 1971 Betriebswirt, 1984-88 Weiterbild. Psych., Verhaltenstherapie

u. NLP Odenwald-Institut. K.: 1971-73 Mitarb. Systemanalyse Honeywell Offenbach, 1973 Ltg. EDV im Familienbetrieb Hakle Werke Mainz, 1974-79 Org. Leitung Didier-Werke Königswinter, 1979-81 Unternehmensberatung GMO-Hamburg, 1981-85 ADV-Orga Wilhelmshaven, seit 1985 Aufbau eines eigenen Beratungsunternehmen für Kommunikation u. Verhaltenstraining, seit 1996 Führungstraining m. Bürgermeistern am Bild.-Zentrum für gewählte Führungskräfte in Hermannstadt/Sibiu in Rumänien, seit 1997 Hon.-Prof. Univ. Hermanstadt. P.: Buch "Zielwirksame Moderation" (1999, 2. Aufl.), 1977 Fernsehinterviews über Datenschutz. M.: Bund d. Selbständigen BdS, Marketing Club Köln/Bonn e.V., Gabal e.V. H.: Psych., menschl. Verhalten in unterschiedlichsten Situationen, afrikan. Trommeln, klass. Theater, Musik, Hochseesegeln, Städtereisen.

Hausmann Günter *)

Hausmann Hans Peter *)

Hausmann Helmut *)

Hausmann Jörg
B.: Unternehmer, Inh. FN.: Musikhaus Hausmann. DA.: 03886 Wittenberg, Dessauer Str. 232. G.: Bad Schmiedeberg, 11. Juni 1961. V.: Marion, geb. Fehse. Ki.: Norman (1981), Robert (1986). El.: Harry u. Rita. S.: 1978-83 HS f. Musik Leipzig. K.: 1983-89 im Kurorchester Bad Schmiedeberg tätig, 1986 Fips Fleischer, 1991 Grdg. d. Musikschule in Bad Schmiedeberg, 1993 Eröff. d. Musikgeschäftes in Wittenberg, 1994 Grdg. d. Musikschule in Wittenberg. M.: 1994 Gesamtverb. d. Dt. Musikfachgeschäftsleute e.V. in Bonn, Ltr. d. Bad Schmiedeberger Stadtpfeifer. H.: Tanzmusik.

Hausmann Jutta *)

Hausmann Manfred *)

Hausmann Mario *)

Hausmann Marlene *)

Hausmann Peter

B.: RA. FN.: RA-Kzl. Hausmann. DA.: 50667 Köln, Perlenpfuhl 4. kanzlei@rechtsanwalt-hausmann.de. www.rechtsanwalt-hausmann.de. G.: Baesweiler, 16. Jan. 1964. V.: Melanie, geb. Selbach. S.: 1980 Mittlere Reife Geilenkirchen, 1980-82 Lehre Justizass.-Anw. Amtsgericht Geilenkirchen, 1982-85 Abitur Abendgymn. Aachen, 1986-92 Jurastud. u der Univ. Köln, 1. Staatsexamen, 1992-95 Referendariat, 2. Staatsexamen. K.: 1982-86 Mittlerer Dienst Amtsgericht, 1995 Zulasssung

*) Biographie www.whoiswho-verlag.ch oder beigefügte CD-ROM

als RA Amts- u. LG Köln. M.: Dt. Anw.-Ver. Berlin, Kölner Anw.-Ver. e.V., Dt. Ges. f. Erbrechtskunde e.V. Bonn. H.: Sport, Theater.

Hausmann Ralf Dipl.-Ing. *)

Hausmann Siegfried

B.: Rechtsanwalt u. Fachanwalt f. FamR, Testamentvollstrecker, Tätigkeitsschwerpunkte: Familienrecht, Erbrecht, Bankrecht;Gründer u. Seniorpartner der Kanzlei Hausmann & Sandreuther. DA.: 91126 Schwabach, Bahnhofstr. 31. hausmannsandreuther@t-online.de. G.: Schwabach, 8. Aug. 1949. V.: Liselotte, geb. Faatz (Bankjuristin). Ki.: Holger (1976), Carmen (1985), Manfred (1986) und Linda (2001). S.: 1970-76 Stud. Rechtswiss. u. Volkswirtschaft an d. Univ. Erlangen u. Univ. Heidelberg. K.: seit 1979 selbst. Rechtsanwalt in Schwabach; Referent f. Familienrecht, Erbrecht u. Steuerrecht. H.: Literatur, Wandern, Angeln.

Hausner Andreas Clemens Maria Dr. *)

Hausotte Horst *)

Hausotte-Götz Renate *)

Hauß Corinna Aletta *)

Hauss Johann Dr. Prof. *)

Hauss Martin Dipl.-Architekt *)

Hauss Reinhard Dr. rer. nat. *)

Haußer Dietrich Dr. med. *)

Haußer Iris *)

Häußer Katja

B.: Kommunikationswirtin BAW, Gschf. Ges. FN.: Scratch - Marketing- u. Werbeagentur GmbH. DA.: 81479 München, Faustnerweg 12. G.: Bonn, 4. Juli 1964. Ki.: Adrian (1996). El.: Erich u. Lilo. BV.: Vater Prof. Dr. Erich Häußer war ehem. Präs. d. Dt. Patentamtes. S.: 1983 Abitur Gauting, 1983-84 Praktikum b. d. Musikverlagen Sikorski. K.: 1984-88 Ausbild. z. Werbekauffrau acm Werbeagentur, parallel ab 1985 in d. Bayer. Ak. f. Werbung Ausbild. z. Kommunikationswirtin BAW, 1987 Abschluß, 1986-88 Ang. b. acm Werbeagentur, seit 1989 selbst. m. d. Firma Scratch GmbH. M.: Golfclub Bad Abbach (Deutenhof). H.: Golf, Schifahren, Film.

Häussermann Alexander *)

Häußermann Kurt Dipl.-Kfm. *)

Häußinger Hubert *)

Haußler Hagen Dipl.-Ing. *)

Häußler Angela Dr. paed. *)

Häussler Bertram Dr. med. *)

Häußler Ingrid
B.: Min. a.D., OBgm. FN.: Stadtverw. Halle. DA.: 06100 Halle, Marktpl. 1. presseamt@halle.de. www.halle.de. G.: Görlitz, 18. März 1944. Ki.: Ute (1966), Matthias (1970), Ulf (1976). El.: Werner u. Käthe Böttcher. S.: 1960 Mittlere Reife, 1962 Abschluß d. Berufsausbildung z. Chemielaborantin, 1963 Abitur (Volkshochschule), 1963-68 Stud. Chemie TH Dresden, Dipl. K.: seit 1968 tätig im Kombinat VEB Chem. Werk Buna, wiss. Mitarb. in d. chem. Forschung, Fachgebietsverantwortliche, Gruppenltr., 1990 Wahl z. BetriebsR.-Vors., 1994 Wiederwahl als freigestellte BetriebsR. (bis Mai 1995), 1995-98 Reg.-Präs. im Reg.-Präsidium Halle, 1998-2000 Min. f. Raumordnung u. Umwelt d. Landes Sachsen-Anhalt, seit Mai 2000 Oberbürgermeisterin v. Halle (Saale); politische Funktionen: 1989 Eintritt in d. SPD, 1990 Mtgl. SPD-Bezirksvorst. Halle, seit 1990 Mtgl. Landesvorst. d. SPD Sachsen-Anhalt, davon von 1992-98 als stellv. Landesvors., 1990/94 Mtgl. d. Stadtverordnetenversammlung Halle, 1994-95 Mtgl. d. Landtages v. Sachsen-Anhalt, Vizepräs. u. Mtgl. im Ausschuß f. Wirtschaft u. Technologie; sonstige Funktionen u. Mitgliedschaften u.a.: seit 1962 Mtgl. d. Gewerkschaft Chemie-Glas-Keramik, 1990 Übertritt z. Gewerkschaft Chemie-Papier-Keramik, Vors. d. AufsR d. EXPO 2000 Ges. Sachsen-Anhalt mbH, Vors. d. Stiftungsrates d. Stiftung Umwelt u. Naturschutz, AufsR.-Vors. d. Energieagentur Sachsen-Anhalt, stellv. Vors. im Vorst. d. Stiftung Arbeit u. Umwelt, Vors. d. Regionalen Fremdenverkehrsverbandes Halle-Saale-Unstrut e.V., Präs. Hallische Leichtathletik-Freunde e.V. E.: Lebensrettermed., 1995 Hans-Böckler-Med. H.: Jogging, Belletristik, Hochgebirgswandern, Politik.

Häußler Johannes

B.: Kantor, Kirchenmusiker. FN.: Ev. Reglerkirche Erfurt. DA.: 99084 Erfurt, Juri-Gagarin-Ring 103. PA.: 99099 Erfurt, W.-Busch-Str. 30. G.: Erfurt, 21. Juni 1955. V.: Gabriele, geborene Beute. Ki.: Tobias (1980), Elisabeth (1985), Carolin (1988). El.: Gerhard u. Erika. S.: 1974 Abitur, 1976-81 Stud. Chorltg., Dirigent HS f. Musik "Franz Liszt" Weimar, Dipl. K.: 1982-84 Chorass. Städt. Bühnen Erfurt, 1984-86 Aushilfskirche Erfurt, 1986 Kantor d. Reglerkirche. P.: Musiktage - Aus Udestädter Notenschränken. M.: Regler Singschar. H.: Natur, Reisen, Natur erleben.

Häussler Manfred A. *)

Häußler Reinhard Dr. phil. Prof. *)

Häußler Roland
B.: Bez.-Geschäftsstellenltr. FN.: Siedlungswerk gemein. GmbH f. Wohnungs- u. Städtebau. DA.: 88214 Ravensburg, Friedrich-Schiller-Str. 22. G.: Aalen, 24. Dez. 1936. V.: Erika, geb. Bopp. Ki.: Peter (1967), Katja (1974), Susanne (1976).

---

*) Biographie www.whoiswho-verlag.ch oder beigefügte CD-ROM

Häußler

El.: Georg u. Helene, geb. Wiedmann. BV.: Familienchronik b. 1595. S.: Lehre als Landwirt, Gesellen- u. Meistererprüf. K.: m. 16 J. Ltr. d. elterl. Ldw., Aufbau eines ehemal. Klostergutes u. 1963 Verkauf, danach Autoverkäufer u. Lehre Großhandels- u. Außenhandelskaufmann, 1969-71 stellv. Gschf. d. WLZ-Lagerhauses in Reutlingen, Ass. d. Geschäftsltg. d. Siedlungswerk in Ulm u. nach 1 J. Aufbau d. Geschäftsstelle in Ravensburg, 1973 Leiter der Geschäftsstelle in Friedrichshafen, seit 1989 techn. Ltr. u. Verw. d. gesamten Ges. in Ravensburg; Funktion: Geschäftsstellenleiter, Verw. d. priv. Eigenimmobilie m. 15 Wohneinheiten. H.: Gartenarbeit, Skifahren, Segeln, Mitarbeit in d. Kirchengemeinde.

Häussler Simon Friedrich Dipl.-Ing. *)

Häussling Jan
B.: RA. FN.: Sozietät Rheindt, Häussling, Jungnitsch. DA.: 69117 Heidelberg, Friedrich-Ebert-Anlage 16. rheindt.haeussling,jungnitsch@freenet.de. G.: Stolzenau, 25. Sep. 1950. V.: Angelika Häussling. Ki.: 1 Kind. S.: 1970 Abitur, 1970-72 Bundeswehr, 1972 Stud. Jura Heidelberg, Univ. Lausanne u. Ecole francaise moderne, 1979 1. Staatsexamen. K.: 1977-81 wiss. Hilfskraft bei Prof. Weitnauer in d. Betreuung d. Städtepartnerschaft Heidelberg-Montpellier u. bei d. Vereinten Nationen in New York, 1982 2. Staatsexamen, 1982-84 GF-Nachwuchs d. Bundesvereinig. d. dt. Arb.-Geberverb., Hospitant bei Daimler-Benz, 1984-86 Personalltr. d. Salamander AG in Kornwestheim, 1986-90 Mtgl. d. Geschäftsltg. d. Firma Heinrich Häussling KG, 1991-93 Personalltr. d. Dt. Bank in Chemnitz, 1993-97 Stabsfunktion in d. Zentrale d. Dt. Bank in Leipzig u. Frankfurt, seit 1997 selbst. RA, seit 1998 RA in d. Sozietät Rheindt, Häussling, Jungnitsch in Heidelberg m. Tätigkeitsschwerpunkt Arb.-, Miet- u. Erbrecht, Beratung v. mittelständ. Unternehmen u. v. Führungskräften, Lehrbeauftragter an d. Univ. Mainz, Freier Referent d. DGFP (Deutsche Ges. f. Personalführung). F.: AufsR d. BC BauConsult AG in Mannheim. P.: Ltr. v. Inhouse-Seminaren in gr. Unternehmen. M.: Corps Rhenania, Golfclub Pfalz, ASC. H.: Golf, Oldtimer, Skifahren.

Haußmann Dieter Kriminaldir.
B.: Regionalbeauftragter f. Sachsen. FN.: Weisser Ring Gemeinn. Ver. z. Unterstützung v. Kriminalitätsopferen u. z. Verhütung v. Straftaten e.V.; Landeskriminalamt Sachsen. DA.: 01129 Dresden, Neuländer Str. 60. G.: Singwitz, 13. Juli 1944. V.: Sigrid, geb. Gierschner. El.: Kathrin (1968), Silke (1969), René (1969), Sandra (1978). El.: Willy (Polizeibmtr. in Bautzen) u. Charlotte. S.: 1950-60 Polytechn. Oberschule, 1960-62 Abschluß als Ldw. Facharb., 1962-65 Armee, 1967-70 Stud. an d. Fachschule/Offz.-Schule in Aschersleben, 1970 Unterlt. d. Kriminalpolizei, 1980-84 Fernstud. an d. HS d. Dt. Volkspolizei, 1984 Mjr. K.: 1970-76 Kriminalbmtr. in Bautzen, 1976-80 Ltr. d. Kriminalpolizei Kreis Sebnitz, 1980-91 Ltr. d. Kriminalpolizei VPKA, KriminalR. Meißen, 1991 Mtgl. im Aufbaustab Abt.-Ltr. d. Landeskriminalamt, 1992 KriminaloberR., 1992 Berufung z. Regionalbeauftragten "Weisser Ring" f. Sachsen, 1999 Kriminaldir. Landeskriminalamt. M.: Vorst.-Mtgl. "Weisser Ring". H.: Lesen, Garten, Reisen.

Haußmann Ezard *)

Haussmann Helmut Dr. rer. pol.
B.: MdB. FN.: Dt. Bundestag. DA.: 11011 Berlin, Platz d. Republik 1, Büro: 11011 Berlin, Dorotheenstr. 93. helmut.haussmann@bundestag.de. G.: Tübingen, 18. Mai 1943. V.: Dr. Margot Haussmann (Psychologin). S.: 1961 Abitur, Stud. Wirtschafts- u. Sozialwiss. Tübingen, Hamburg u. Erlangen-Nürnberg, 1968 Dipl.-Prüf. K.: 1968-71 Gschf. Ges. d. Fa. Berninger & Spilcke KG Bad Urach, 1971-75 Forsch.-Ass. am Lehrstuhl f. Unternehmensführung Univ. Erlangen-Nürnberg, 1975 Dr. rer. pol., seit 1969 Mtgl. FDP, 1975-87 Kreisvors. Reutlingen, 1975-80 StadtR. in Bad Urach, 1984-88 Gen.-Sekr. d. FDP, 1983-84 Vors. AK Wirtschafts-, Finanz- u. Agrarpolitik d. FDP, Europapolitischer Sprecher d. FDP-Bundestagsfraktion u. Obmann im EU-Ausschuss, s. 1976 MdB, Mtgl. Bundesvorst. FDP 1999, seit 1996 Hon.-Prof. "Internationales Management" (Uni Erlangen-Nürnberg), 1997 Gründungs-Chairman d. Asia-Europe-Foundation ASEF in Singapur, Deutscher Governor im Board, 1991 Eintritt als Partner Gruber & Titze (Bad Homburg), Mtgl. Führg.Kreis Gemini Consult., Bad Homburg; 1996 Hon. Prof. Univ. Nürnberg. P.: "Unternehmensordnung u. Selbstbestimmung", "Handbuch der internat. Unternehmenstätigkeit". E.: Commandeur d'Legion d' Honneur. M.: Rotarier Reutlingen/ Tübingen, Kuratorium Friedrich-Naumann-Stiftung. H.: Golf, Angeln, Hunde, Wirtschaftshistor. Bücher. (Re)

Haußman Leander Johannes
B.: freiberufl. Reg., ehem. Int. d. Schauspielhauses Bochum. FN.: c/o Die Agenten. DA.: 10119 Berlin, Auguststr. 34. G.: Quedlinburg/Harz, 26. Mai 1959. Ki.: Phillipp. El.: Ezard u. Doris, geb. Mentz. S.: 1975 Mittlere Reife, 1975-77 Lehre z. Tiefdrucker, 1977-79 Grundwehrdienst, 1978-82 Tätigkeit als Buchdrucker, 1982-86 Schauspielstud. HS f. Schauspielkunst E. Busch Berlin, 1986 Dipl. K.: 1986-92 Engagement am Theater in Gera, Parchim, Weimar, Gastregien in Frankfurt/ Oder, Leipzig, Frankfurt/Main, Graz u. München, 1992 Schillertheater Berlin, Gastregie in München u. Sbg., seit 1993 freiberufl. Reg. in Hamburg, München u. Wien, 1995-2000 Int. d. Schauspielhauses Bochum, 1999 "Viel Lärm um Nichts" i. Schauspielhaus Bochum, "Das Verbrechen des 21. Jahrhunderts", Inszenierung von "Kabale und Liebe" in Israel, 1999 erster Kinofilm "Sonnenallee", 2000 "Peter Pan", 2001 "Paul und Paula - Die Legende vom Glück ohne Ende" (Insz. i. d. Volksbühne a. Rosa-Luxemburg-Platz), 2002 "Ein Sommernachtstraum", Berliner Ensemble. BL.: 1991 Berliner Theatertreffen m. "Nora", Aufzeichnungen durch d. ZDF "Fiesco". "Romeo u. Julia". E.: 1991 Preis als bester Nachwuchsreg., 1993 Shotin-Star als bester dt.-sprachiger Jungreg. durch d. "WIENER". H.: Beruf, Musik, Film. (Re)

Haussmann Verena Dr. med. dent.
B.: Zahnarzt. DA.: 76187 Karlsruhe, Anebosweg 18. G.: Karlsruhe, 24. Mai 1951. V.: Wolfgang Haussmann. El.: Arthur u. Gertrud Butz, geb. Koberske. S.: 1972 Abitur, 1972-75 Med.-Stud. Straßburg, 1975-78 Ausbild. z. Zahntechnikerin Karlsruhe. K.: 1978-80 Zahntechnikerin in Karlsruhe, 1980-86 Stud. Zahnmed. Freiburg, 1987 Prom., 1987-89 Ass.-Zeit in Rastatt, 1989 Approb., ab 1989 selbst. in Praxisgemeinschaft, 1990 Übernahme d. Praxis. M.: Hartmann-Bund, Sportver., Bundeszahnärztekam., Bürgerver. H.: Kartenspielen, Lesen.

Haußner Werner *)

Hausstein Heinz
B.: Grafik-Designer, Ges. FN.: Gruber, Zwick & Hausstein GmbH Werkstatt f. kreative Konzepte. DA.: 79106 Freiburg, Eschholzstr. 9a. heinz.hausstein@gzh-freiburg.de. www.heinzhausstein.de. G.: Wuppertal, 27. Nov. 1939. S.: Mittlere Reife, Stud. Werkkunstschule Aachen u. Folkwangschule Essen. Abschluss z. Dipl.-Grafik-Designer. K.: einige J. in Werbeagenturen in Leverkusen u. Karlsruhe, seit 30 J. selbst.

---

*) Biographie www.whoiswho-verlag.ch oder beigefügte CD-ROM

in Karlsruhe u. Freiburg, nebenbei entstanden Zeichnungen, Aquarelle u. Landschaftsbilder m. Wachsölkreide sowie fotograf. Umsetzungen am Computer. P.: Buch "Haussteins Welten", lfd. Ausstellungen in Ettlingen, Freiburg u. Riegel. E.: viele Preise b. Wettbewerben. M.: Sportver. TC Gundelfingen. H.: Sport, Zeichnen, Grafik, Tennis, Reisen, Lesen, Politik.

Haustein Dieter Dr. Prof.
B.: Wiss. Dir. u. Prof, Leiter d. Abt. Allergologie, Paul-Ehrlich-Inst., HS-Lehrer, Inst. f. exper. Immunologie, Fachbereich Humanmed. FN.: Paul-Ehrlich-Institut. DA.: 63225 Langen, Paul-Ehrlich-Str. 51-59. PA.: 64343 Seeheim-Jugenheim, Im Schecken 38. Haudi@pei.de. G.: Düsseldorf, 22. Mai 1939. V.: Heidrun, geb. Richter. Ki.: Nike. El.: Kurt u. Anna. S.: Gymn., 1959-67 Stud. d. Chemie Univ. Freiburg, 1968 Dipl., 1972 Prom. K.: 1972-73 wiss. Mitarb. Max Planck-Inst. f. Immunbiologie Freiburg, 1973-75 Postdoctoral Fellow Walter and Eliza Hall Inst. of Medical Research Melbourne, 1976-81 wiss. Mitarb. Inst. f. exper. Immunologie Univ. Marburg, 1979 Habil. f. d. Fach Immunologie, ab 1981 Prof. f. Immunologie Univ. Marburg, ab 1992 Leiter d. Abt. Allegologie d. Paul-Ehrlich-Inst. E.: 1998 Viktor-Ruppert-Med. d. Ärzteverb. Dt. Allergologen. M.: Ges. f. Immunologie, Dt. Ges. f. Allergologie u. Klin. Immunologie.

Haustein Heidi Dr. med.

B.: FA f. HNO. DA.: 99096 Erfurt, Böcklinstraße 57. G.: Eisenach, 4. Dez. 1940. V.: Prof. Dr. med. habil. Knut-Olaf Haustein. Ki.: Andreas (1970), Christina (1971). El.: Heinrich u. Elsa-Margarete König, geb. Hampe. BV.: Großvater väterlicherseits Hermann König Gründer d. Baufirma, Großvater mütterlicherseits Otto Hampe Glasbläserfirma f. Weihnachtsbaumkugeln, v.a. Export nach Amerika (u.a. Lincoln-Kugeln). S.: 1959 Abitur Eisenach, 1 J. Produktionsbewährung als Hilfspredigerin Univ.-Klinikum Jena, 1960-63 Med.-Stud. Schiller-Univ. Jena, 1963-66 Med.-Stud. Med. Ak. Erfurt, Staatsexamen, 1967-71 FA-Ausbild. HNO, 1968 Prom. K.: 1973-74 Tätigkeit Staatl. Impfwesen Erfurt, 19795-91 HNO-FA Poliklinik Erfurt, 1991 Ndlg. in eigener Praxis, verantwortl. Mitarb. im Inst. f. Nikotinforsch. u. Raucherentwöhnung Erfurt. H.: sämtl. Kultur- u. Kunstangebote (Musik, Malerei), musisch engagiert.

Haustein Heike *)

Haustein Klaus *)

Haustein Knut-Olaf Dr. med. Prof.
B.: FA f. klin. Pharm. FN.: FSU Jena. DA.: 99084 Erfurt, Johannesstr. 85-87. PA.: 99096 Erfurt, Herderstr. 26. G.: Dresden, 20. Sep. 1934. V.: Dr. Heidi, geb. König. Ki.: Matthias (1960), Andreas-Michael (1970), Maria-Christine (1971). El.: Friedrich u. Irmgard. S.: 1952 Abitur, 1952-57 Med.-Stud. Univ. Leipzig, 1954-55 Chemiestud., 1958-59 Fernstud. Chemie HS Dresden, 1957 Staatsexamen u. Approb., Prom. K.: 1957-61 wiss. Mitarb. Chem. Fbk. von Heyden, 1961-63 Stationsarzt d. 1. Med. Klinik d. Bez.-KH Dresden-Friedrichstadt, 1962-77 Ass.-Arzt u. OA am Pharm. Inst. d. Med. Ak. Erfurt, 1962 Vollapprob. u. Anerkennung als FA f. Pharm., 1967 Habil., 1968 Doz., 1972-84 Ltr. d. klin.-pharm. Abt. am Inst. f. Pharm. u. Toxikologie d. MAE, 1978 o.Prof., 1986-93 Dir. d. Inst., 1991 FA f. klin. Pharm., 1992 C4-Prof., 1994-99 an d. Friedrich-Schiller-Univ. Jena, 1995-97 Gastprof. an d. Univ. Erlangen, seit 1999 Ltr. Institut f. Nikotinforschung u. Raucherentwicklung. P.: "Tabakabhängigkeit" (Dt. Ärzteverl. 2001), 43 Monographien, Buchbeiträge, ca. 240 wiss. Arb. in intern. Zeitschriften u. Veröff. in Fachzeitschriften. E.: 1994 Mtgl. d. New Yorker Ak. f. Wiss. M.: Dt. Ges. f. Pharm. u. Toxikologie, f. Herz-Kreislaufforsch., f. klin. Pharm. u. Therapie., Mtgl. d. Arzneimittelkmsn. d. Bundesärztkam. 1994, 1998 Gründungsvors. d. Dt. Ges. f. Nikotinf. (e.V.). H.: Musik, Literatur.

Haustein Monika Dipl.-Ing.
B.: Ltr. d. Geschäftsstelle d. Sparda Bank in Pirna. G.: Zug, 15. Juli 1951. V.: Dipl.-Ing. Uwe Haustein. Ki.: Swen (1975), Thomas (1978). S.: 1968-70 Abitur m. Berufsausbild. als Funkmechaniker, 1970-74 Stud. Informatik an d. TU Dresden, Abschluss als Dipl.-Ing. f. Informationsverarb. K.: 1974-76 Information u. Dokumentation v. Haushaltsgeräten in Berlin, 1976-83 Forsch. u. Entwicklung Organ. v. EDV Systemanwendungen in Dresden, 1983-90 Ind.-Delegierter z. Entwicklung eines Software Systems an d. TU Dresden, zusätzl. noch Vorlesungen gehalten, 1990-92 z. Sparda Bank als EDV-Organisator in d. Ndlg. Dresden, gleichzeitig d. Berufsabschluss als Bankkauffrau in betriebsinterner Ausbild. nachgeholt, 1992-2001 Abt.-Ltr. Markt in d. Sparda Bank Ndlg. Dresden, 2001 Geschäftsstellenltr. d. Sparda Bank in d. Ndlg. Pirna. M.: Wasserwacht Dresden, Eisenbahnersportver. H.: Segeln, Wandern, Schwimmen.

Hauswirth Manfred *)

Hauswirth Otto Dr. med. Prof. *)

Hausz Heinrich *)

Hautau Heiner Dr. Prof. *)

Hauter Ulrich *)

Hautermann Winfried Dr.-Ing.

B.: Unternehmens- u. Personalberater. FN.: UPH Unternehmens- u. Personalberatung. DA.: 52062 Aachen, Theaterstr. 58-60 G.: Aachen, 8. März 1954. V.: Agnes, geb. Poick. Ki.: Norbert (1983). S.: 1972 Abitur Aachen, 1972-73 Bundeswehr, 1973-80 Stud. Maschinenbau RWTH Aachen, Dipl.-Ing. K.: 1980-87 wiss. Ass. an d. RWTH Aachen, 1987 Prom. z. Dr.-Ing., 1987-98 versch. Linienfunktionen in intern. Unternehmen, zuletzt in Gschf.-Funktion, 1999 eigenes Unternehmen als selbst. Unternehmens- u. Personalberater. H.: Reisen, Literatur.

Hauth Andreas Dipl.-Ing.
B.: Beratender Ing. f. d. Bauwesen, Gschf. Ges. FN.: IfT Ing.-Büro f. Tragwerksplanung GmbH. DA.: 27793 Wildeshausen, Westertor 6. info.ift@eriksen.de. www.eriksen.de. G.: Wildeshausen, 16. Febr. 1968. V.: Britta, geb. Rahden. Ki.: Marius (2000). El.: Manfred u. Doris, geb. Gläser. S.: 1984-88 Ausbild. Gas- u. Wasserinstallateur in Wildeshausen, 1988/89 Fachabitur in Delmenhorst, 1989-91 Bundeswehr Ausbild.

*) Biographie www.whoiswho-verlag.ch oder beigefügte CD-ROM

Hauth Claus P. *)

Res.-Offz., Lt. d. Res., Fallschirmjäger, 1991-95 Stud. Bauing.-Wesen FH Hannover, Abschluss Dipl.-Ing. K.: seit 2000 Beratender Ingenierur f. d. Bauwesen, 1995-2000 ang. Ing. Planungs- u. Ing.-Büro in Wildeshausen, freier Mitarb. in einem Arch.-Büro, 2000 Eröff. Ing.-Büro f. Tragwerksplanung GmbH als Gschf. Ges. M.: Vorst. Hdl.- u. Gewerbeverein Wildeshausen, Vorst. Wildeshauser Netz e.V. H.: Reisen, Motorradfahren, Kultur, Lesen.

Hauth Hans-Werner
B.: Vorst. FN.: Dt. Renault AG. DA.: 50321 Brühl, Kölner Weg 6-10. www.renault.de. G.: Saarbrücken, 18. Okt. 1953. Ki.: 1 Kind. S.: Ausbild. z. Groß- u. Außenhdls.-Kfm., Stud. Betriebswirtschaft, Abschluß Betriebswirt. K.: seit 1978 b. d. Dt. Renault AG, 1978-85 versch. Positionen innerhalb d. Techn. Dion., 1986 Ltr. Technik Gebietsdion. Köln, 1989 Ltr. Kundendienst-Teileförd., 1992 Gebietsdir. Vertriebsbereich Norddeutschland, 1996 Dir. Qualität u. Kundendienst Renault Schweiz, 1999 Vorst. Qualität u. Kundendienst Dt. Renault AG, 1999 Vorst. Vertrieb Dt. Renault AG.

Hauth Pamela

B.: Drogistin, techn. Zeichnerin, Inh. FN.: Hauth-Party- u. Veranstaltungsservice. DA.: 12489 Berlin, Dörpfeldstr. 63. hauth.partyservice@t-online.de. G.: Berlin, 6. März 1973. El.: Klaus-Peter u. Barbara Hauth, geb. Granzow. S.: 1989-91 Lehre techn. Zeichnerin, 1991-93 Lehre Drogistin. K.: 1993-98 Kosmetikberaterin im Außendienst d. Firma Roßmann u. f. d. Firma Tonat im Bereich Catering, seit 1998 selbst. m. Party- u. Veranstaltungsservice u.a. m. Sektfrühstück ans Bett. E.: Nominiert im Magazin Zitty f. d. 100 besten Orte in Berlin, zahlr. TV-, Rundfunk- u. Zeitschriftenempfehlungen. H.: Tennis, Lesen, Feng Shui, Niederlande, Menschen.

Hautkappe Hans-Jörg
B.: selbst. Psychotherapeut. DA.: 70182 Stuttgart, Esslinger Str. 40. PA.: 70569 Stuttgart, Robert-Leicht-Str. 137A. G.: Stuttgart, 1. Mai 1962. S.: 1981 Abitur Hohenheim, 1981-82 Militärzeit, 1982-83 Stud. Lebensmittelchemie Univ. Stuttgart, 1983-89 Stud. Psych. Univ. Konstanz, 1989-90 Dipl.-Arb. K.: 1984-89 wiss. Hilfskraft b. Dr. Walter Bongartz an d. Univ. Konstanz, 1990-91 Ass. im Bereich Klin. Psych. - Physiologie b. Prof. Dr. Rockstroh Konstanz, freiberufl. Übersetzer im Bereich Psych./Hypnose, 1993-95 Schriftführer im Vorst. d. Dt. Ges. f. Hypnose e.V. (DGH), 1993-96 Ausbild. in Verhaltenstherapie am Stuttgarter Zentrum f. Verhaltenstherapie (SZVT), seit 1994 freiberufl. Psychotherapeut u.

Schriftführer im Vorst. d. Dt. Gesellschaft für Zahnärztl. Hypnose (DGZH) e.V., in d. Geschäftsstelle d. DGZH e.V. u. d. Regionalstelle d. M.E.G. Stuttgart. M.: Deutsche Gesellschaft für zahnärztl. Hypnose (DGZH), Milton Erickson Gesellschaft für klinische Hypnose (M.E.G.), Dt. Ges. f. Hypnose (DGH), Swedish Society of Clinical auch Experimental Hypnosis (SSCEH), Internat. Society of Hypnosis (ISH). H.: Musik machen, Blues, Sport, Fitness, Ausgleichssport.

Hautkappe Peter Dipl.-Ing. *)

Hautz Hanno

B.: Dir. FN.: Pfälzisches Konservatorium f. Musik. DA.: 67655 Kaiserslautern, Gaustr. 5. G.: Landstuhl, 21. Apr. 1942. El.: Johannes u. Anneliese, geb. Löffler. BV.: Adrian Pletsch Baumeister in Kaiserslautern, Straßenname "Adrian-Pletsch-Straße" in Kaiserslautern. S.: 1962 Abitur Kaiserslautern, 1962-64 Stud. Musikwiss. u. Phil. Univ. Saarbrücken, 1964-71 Musik-HS Saarbrücken: Schulmusik u. Musikerziehung, Klavier, Abschluß Musikerzieher. K.: seit 1962 aushilfsweise, 1971 hauptamtlich Lehrer f. Klavier u. Tonsatz am Pfälz. Konservatorium f. Musik, Kaiserslautern, 1982 Ltr. u. Doz. f. Klavier, Kammermusik u. Musikwiss., Spezialgebiet: Klavier-Duo. H.: Schach.

Haux Reinhold Dr. Prof. *)

von Have Birgit Dipl.-Ing. *)

von Have Horst *)

Havemann Elke

B.: Steuerberater. FN.: Steuerbüro Elke Havemann. DA.: 23970 Wismar, Goethestr. 5. G.: 15. März 1959. V.: Ulrich Havemann. Ki.: Frank (1978), Anke (1981). El.: Robert u. Annemarie Germeth. S.: 1977 Abitur, 1977-81 Stud. Betriebswirtschaft in Rostock u. an d. IHS Wismar, 1981 Dipl. K.: 1981-82 Leitung DLK im finanziellen Bereich, 1982-90 Ökonom in d. Schiffsmaklerei Wismar, 1991 Ass. b. Steuerberater H. J. Fanselau Rostock, 1992 eigenes Steuerbüro, Ltr. d. auswärtigen Beratungsstelle, parallel nebenberufl. Ausbild. z. Steuerberater in Kiel u. Rostock, 1997 ndlg. als Steuerberaterin. M.: Steuerberaterverb. Mecklenburg-Vorpommern, Golfclub Hohenwiesendorf. H.: Fitness, Golf.

---

*) Biographie www.whoiswho-verlag.ch oder beigefügte CD-ROM

Havemann Franz
B.: Bühnenbildner. PA.: 99423 Weimar, Obere Schloßg. 2. G.: Neukloster/Wismar, 4. Aug. 1933. V.: Linde Sommer (Schauspielerin). Ki.: Peter (1961), Cornelia (1971). El.: Franz u. Annemarie. S.: 1951-56 Stud. Bühnengestaltung an d. HS f. bild. u. angew. Kunst in Berlin-Weißensee b. Prof. Heinrich Kilger. K.: 1958/59 Bühnenbildner am Theater Wismar, ab 1960 Bühnenbildner am Dt. Nationaltheater Weimar, Ausstattungsltr., ca. 150 Ausstattungen in Weimar, Berlin DT, Dresden, Leipzig, Frankfurt/Main, Bochum, Ausstellungen: Quadrienale Prag, Brüssel/Antwerpen, Moskau, Novi Sad, Goethe-Nationalmuseum Weimar, Dt. Nationaltheater, versch. Tourneegastspiele, Studienreisen u. Ausstattungen m. Fritz Bennewitz, Harry Kupfer u. Leander Haußmann in Rumänien, UdSSR, CSSR, Syr. Arab. Rep., Holland, Belgien, Luxemburg, Indien, Jugoslawien, Philippinen, Schweiz, Italien, Norwegen, GB, 1975-88 Workshops in Indien u. d. Philippinen, Mitarb. d. Fernsehfunks d. DDR m. ca. 15 Fernsehinszenierungen u. Übernahmen, ab 1996 freischaff. E.: 1966 Kunstpreis d. Stadt Weimar, 1970 Kunstpreis d. DDR. M.: Direktoriumsmtgl. d. Sekt. DDR d. OISTAT, Jurymtgl. f. d. Prager Quadrienale. H.: Reisen, Malen, Lesen.

Havemann Hans A. Dr.-Ing. Dipl.-Ing. Ing. *)

Haveneth Andreas *)

Havenith Eva M.A. *)

Havenith Karl-Heinz *)

Havenith Monika *)

Haverbeck Peter Dr. rer. oec. *)

Haverkamp Alfred Dr. Prof. *)

Havighorst Bernhard Dipl.-Ing. *)

Havlat Dietmar G.

B.: Kaufmann, Gschf. Ges. FN.: GARANT Entwicklungsges. f. Immobilien mbH. DA.: 10969 Berlin, Zimmerstr. 23. PA.: 06618 Naumburg, Marienstr. 15. havlat@gmx.net. www.garant-gmbh.com. G.: Köln, 18. Feb. 1951. Ki.: Oliver (1978), Melanie (1983). El.: Ludwig u. Martha, geb. Mayer. S.: Mittlere Reife, Ausbild. z. Ind.-Kfm. b. Siemens. K.: 1975-85 kfm. Tätigkeiten in d. Fertighausind., seit 1985 selbst. in d. Immobilienbranche, seit 1995 Gründer u. Gschf. Ges. d. Firma GARANT. M.: Kyllburger Waldeifel e.V. H.: Golf.

Havlik Michael *)

Havliza Dirk Dr. med.
B.: FA f. Innere Med. u. Gastroenterologie, selbständig. DA.: 28832 Achim, Obernstr. 54. PA.: 28832 Achim, Modersohnweg 3. G.: Erlangen, 28. Okt. 1944. V.: Renate, geb. Leischner. Ki.: Jochen (1976), Hannes (1978). El.: Dr. med.

Rolf u. Anna, geb. Michaelis. S.: 1964 Abitur Bremen, 1964-65 Wehrdienst Luftwaffe, 1965 Stud. Naturwiss. Univ. Marburg, 1966 Stud. Med. Hannover, 1971 Staatsexamen, 1971 Prom., 1972 Approb. K.: 1972-74 Ass. Sophienklinik Hannover, 1975-82 FA-Ausbildung ZKH Links d. Weser Bremen, FA f. Innere Med. u. Gastroenterologie, seit 1982 ndlg. FA in eigener Praxis in Achim. M.: BDA. H.: Sport, Radfahren, Garten, Familie.

Havsteen Bent Heine Dr. Prof.
B.: o.Prof. f. Physiol. Chemie. FN.: Christian-Albrechts-Univ. zu Kiel. DA.: 24118 Kiel, Olshausenstr. 40. PA.: 25524 Itzehoe, Feldschmiede 57. G.: Kopenhagen, 7. Aug.. 1933. V.: Brigitte, geb. Heyck. Ki.: Inger. S.: 1955 Dipl.-Ing. d. Chem. TU Dänemark, 1962 Ph.D. (Biochemie) Cornell Univ. New York, 1968 Dr. phil. nat. Univ. Kopenhagen. K.: 1958-59 Forsch.Chemiker Colonial Sugar Refining Co., Ltd., Sydney, Australien, 1962 Instructor of Biochem. and Research Assoc. Cornell Univ., 1963-67 Stipendiat d. NATO, d. Dän. Forsch.R. u. d. Max Planck-Ges., MPI f. Phys. Chemie Göttingen, 1967-72 Doz. f. Biochemie, Med. Fak. Univ. Aarhus, 1972 gegenwärtige Position; Dir. d. Biochem. Inst. d. Med. Fak. P.: ca. 200 wiss. Artikel, "Med. Forschung. Eine Einführung", Kopenhagen 1969. E.: Fulbright Travel Grant. M.: Ges. f. Biol. Chemie, Dt. Ges. f. Endokrinologie, New York Ac. of Scienc.,Dt.-Dän. Ges., Dän. Ing. Ver.

Hawel Marion Monika
B.: Damenschneidermeister, Direktrice. FN.: H M CREATION. DA.: 22301 Hamburg, Maria-Louisen Str. 8. G.: 24. Apr. 1953. S.: 1969-72 Schneiderlehre, 1972-73 Fachschulreife. K.: 1973-74 Schneiderin, 1975-76 Meisterschule u. Prüf., 1976-80 Direktrice Abendkollektionen, 1980-82 techn. Direktrice Prod.-Überwachung Qualitätssicherung, Paßform, 1983 Grdg. d. eigenen Atelier, div. Tätigkeiten f. Theater, Staatsoper, Fernsehen, 1989-91 eigene Kollektionen, Abendmode f. ein bekanntes Modehaus, 1986 CATS - HAMBURG. P.: div. Veröff. in d. Fachpresse u. Medien. E.: div. Ausz. im dt. Bekleidungshandwerk. H.: Hund, klass. Musik, Wandern, Natur, Zeichnen.

Hawelka Kurt Ing. *)

Hawellek Ronald Dr. med. dent. *)

Hawig Renate Dipl.-Ing.

B.: Innenarchitektin. DA.: 46282 Dorsten, Südgraben 4 b. renate.hawig@nel.de. G.: Essen, 31. Jan. 1959. V.: Michael Hawig. K.: 1975 Mittlere Reife, 1977 Abitur, 1982 Dipl.-Ing. Innenarch. FHS Lippe Detmold. K.: 1982 Ang. im Bereich Planung u. Verkauf v. Einbauküchen, 1984 Ang. im Bereich Wohnsysteme u. 1985 im Bereich Ladeneinrichtungen, seit 1998 freiberufl. Innenarchitektin in Dorsten m. Schwerpunkt Apotheken u. Parfümerien. F.: Ladenbauunternehmen. P.: Veröff. in Fachmagazinen. M.: Architektenkam. NRW.

*) Biographie www.whoiswho-verlag.ch oder beigefügte CD-ROM

Hawig Willi
B.: Abt.Ltr. FN.: Verlag H. Stane GmbH. DA.: 5000 Köln 90, Fuggerstr. 7. PA.: 51373 Leverkusen, Breidenbachstr. 45. G.: Rosenger, 6. März 1938. V.: Renate, geb. Lohmann. Ki.: Heike. El.: Willi u. Renate. S.: Glasbläser, Fortbild. durch Seminare. E.: Ehrennadel in Brone, Silber u. Gold d. Dt. Motorsportverb. e.V. M.: Motorsportverb. NW. H.: Motorsport.

Hawkes Karin *)

Hawlitzky Dietmar Dr.-Ing.
B.: Bauing. FN.: Ing.-Büro Burgbacher + Hawlitzky Konstruktiver Ing.-Bau. DA.: 76227 Karlsruhe, Pfinztalstr. 85. G.: Neisse, 2. Mai 1937. V.: Christiane, geb. Segebrecht. Ki.: 2 Kinder. El.: Karl u. Maria. S.: Abitur, Stud. TU Karlsruhe, 1963 Dipl.-Ing., 1971 Prom. K.: 1963-69 Ass. Univ. Karlsruhe, 1969-72 Philipp Holzmann Massivbau, ab 1972 Firma Hühnebeck, b. 1979 Ltr. d. Entwicklungsabt., Abt.-Ltr. u. Prok., 1979 zurück nach Karlsruhe u. Eröff. d. eigenen Ing.-Büros. P.: zahlr. Fachveröff. M.: Sachv. d. Güteschutzverb. Stahlgerüstbau, VBI, Ing.-Kam., BDB. H.: Golf, Tennis, Skifahren, Musik.

Hax Herbert Dr. rer. pol. Dr. rer. pol. h.c. Prof.
B.: Betriebswirtschaftler. PA.: 50668 Köln, Merlostr. 16. G.: Köln, 24. Sep. 1933. S.: 1957 Dipl.-Kfm., 1960 Dr. rer. pol., 1964 Habil. K.: 1964-72 o.Prof. Univ. Saarbrücken, 1972-76 o.Prof. Univ. Wien, 1976-98 o.Prof. f. BWL an d. Univ. Köln, seit 1999 Gastprof. Univ. Wien, seit 1982 Hon.-Prof. Univ. Wien, 1992-2000 Vors. d. SachvR. z. Begutachtung d. gesamtwirtschaftl. Entwicklung, 1982-98 Vorst. d. Inst. f. Mittelstandsforsch. Bonn. P.: div. Fachveröff. E.: 1989 Dr. h.c. d. Univ. Frankfurt/Main.

Hayaschi Nobukazu *)

Haydar Engüdar *)

Haydn Günther Dr. med.
B.: Internist, Arbeits- u. Sozialmediziner in eigener Praxis. DA.: 90491 Nürnberg, Esperantostr. 18. G.: Teplitz/Schönau, 8. Dez. 1922. Ki.: Gabriele, Wolfgang, Susanne. El.: Ludwig u. Hermine. BV.: verwandt m. d. Komponisten Joseph Haydn - Seitenlinie. S.: 1941 Abitur in Teplitz/Schönau, 1941-46 zeitweise Soldat u. kurze Gefangenschaft, 1942-48 Stud. Humanmedizin an d. Univ. Berlin, Prag, Heidelberg u. Stud. Musik in Prag, 1948 Staatsexamen Med., 1949 Prom. Dr. med. K.: 1949-55 Ass.-Arzt Univ.-Klinikum Heidelberg, Pathologie u. Frauenklinik, Chirurgie u. Innere Med. u. Städtische Krankenanstalten Fulda, 1955-58 OA an d. 1. Med. Klinik in Karlsruhe, 1958-87 Internist b. d. Dt. Bundesbahn, seit 1958 gleichzeitig eigene Privatpraxis als Internist, Arbeits- u. Sozialmediziner u. außerdem vertraglicher Betriebsarzt im Raum Nürnberg/Fürth. M.: Vorst.-Mtgl. Verband dt. Bundesbahnärzte, Dt. Alpenverein, Privatmusikverein Nürnberg - jetzt Ehren-Vorsitzender. H.: Bergsteigen, Skifahren, Fotografieren, Musikinstrumente, Musik - spielt Viola u. Geige, häusliche Kammermusik, Kunst, Archäologie, Kultur-Reisen, besonders Südost-Asien, Teppiche.

Haydn Peter Dr. med. *)

Hayek Jochen
B.: Dipl.-Informatiker, selbständig. FN.: Aleph Soft GmbH; Aleph Soft Ltd. in Großbritannien. DA.: 10789 Berlin, Augsburger Str. 33. Jochen_Hayek@ACM.org. G.: Memmingen, 9. Feb. 1960. Ki.: Baruch (1997). El.: Burghard u. Rosemarie, geb. Schwarz. S.: 1978 Abitur Laupheim, 1978-79 Bundeswehr Heeresflieger, 1979-81 Stud. Wirtschaftsmathematik Univ. Ulm, 1980-88 Stud. Informatik Univ. Karlsruhe, 1981-

83 Stud. Judaistik HS f. Jüd. Studien Heidelberg, 1988 Abschluß Dipl.-Informatiker. K.: 1988-94 Software-Entwickler in d. Firma Sietec in Berlin, seit 1995 selbständiger Software-Dienstleister; Projekte: 1995 Raumfahrtprojekt Columbus bei d. DASA in Bremen, 1996-97 Konfig.-Management bei Agfa in Antwerpen, 1997-2001 Risk-Management in Zürich, London, Frankfurt/Main u.a.m. M.: ACM, GI, Urania. H.: Fallschirmspringen, Marathonlauf, Fitness, Gitarre spielen.

Hayn-Baer Marion Dipl.-Verw.-Wirtin

B.: Dipl.-Verw.-Wirtin, gerichtl. zugelassene Rentenberaterin. DA.: 23895 Bad Segeberg, Am Bienenhof 1. info@rentenexpertin.de. www.rentenexpertin.de. G.: Lübeck, 26. Mai 1974. V.: Oliver Hayn. S.: 1990-93 Ausbild. Sozialvers.-Fachang. LVA Lübeck, 1993-94 FOS Lübeck, FHS-Reife, 1994-97 Stud. Verw.-HS Kiel-Altenholz m. Abschluß Dipl.-Verw.-Wirtin. K.: 1997-99 tätig im gehobenen Dienst d. LVA Lübeck u. b. Arb.-Amt Lübeck, seit 1999 selbst. als gerichtl. zugelassene Rentenberaterin u. Rechtsbeistand v. Sozialgerichten m. Schwerpunkt Sozialgerichtsvertretung, Sozialvers. u. Zusatzvers. M.: Bundesverb. d. Rentenberater, Verb. berufstätiger Frauen. H.: Lesen.

von Haza-Radlitz Markus *)

van Hazebrouk Vera

B.: Intendantin. FN.: Tonhalle Düsseldorf; Düsseldorfer Symphoniker. DA.: 40479 Düsseldorf, Ehrenhof 1. veravan.hazebrouck@stadt.duesseldorf.de. G.: Frankfurt/Main, 25. Okt. 1954. El.: Erwin u. Marianne, geb. Senner. BV.: Roland v. Hazebrouk 1156. S.: 1974 Abitur in Frankfurt/Main, 1974-84 Stud. Agrar- u. Theaterwiss. in Wien, 1984 Dipl. 1984-87 Forschung E. Lilly Wien, 1987-89 Kultur Management Wien, 1989-94 Konzertdir. 1994-95 Staatsoper unter den Linden, 1995-97 Gschf. d. Dt. Kam. Philharmonie Winderstein/Bremen, seit 1997 Tonhalle Düsseldorf u. Düsseldorfer Symphoniker. M.: I.S.P.A. New York, E.V.V.C. Europa, SPÖ. H.: Tennis, Golf, Lesen.

Haziza Albert *)

Healy Carolyn *)

*) Biographie www.whoiswho-verlag.ch oder beigefügte CD-ROM

Hebbel Paul
B.: OBgm. FN.: Stadtverw. Leverkusen. DA.: 51373 Leverkusen, Friedrich-Ebert-Pl. 1. postmaster@stadt-leverkusen.de. www.leverkusen.de. G.: Opladen, 19. Juni 1947. Ki.: 2 Söhne. K.: 1964-69 Ausbild. z. Reg.-Insp., 1969-74 Prakt. Arb. b. RP Köln, zuletzt als Reg.-Amtmann im Polizeidezernat, 1974-82 Innenmin. NW in Düsseldorf, 1982-99 Landschaftsverb. Rheinland in Köln, Finanzdezernat, zuletzt als Landesverw.-Dir.,seit 1984 Ratsmtgl., 1989-92 Vors. d. CDU-Fraktion, seit 1999 OBgm. d. Stadt Leverkusen.

Hebbelmann Claus Reinhold *)

Hebbinghaus Hans Otto
B.: Ltr. FN.: Hauptgeschäftsstelle d. Gothaer Vers. DA.: 38518 Gifhorn, Am Laubberg 13. Naschalnik@gmx.de. G.: Remscheid-Lennep, 25. Apr. 1948. V.: Claudia, geb. Lütz. El.: Otto u. Margarete, geb. Krauskopf. S.: 3 1/2 J. Lehre Graveur Remscheid. K.: b. 1968 tätig als Graveur, 1968-70 Bundeswehr, 1970-73 tätig als Graveur, 1973-76 seminartheol. Ausbild. in Wuppertal, 1976-81 Jugendref. u. Diakon f. Spätaussiedler in d. Kirchenkreisen Gifhorn-Wolfsburg, 1983-91 Ltr. d. Birger-Forell Hauses in Gifhorn, 1989-96 freier Journalist b. geistl. Rundfunksendungen, Mitwirkung b. geistl. Rundfunksendungen d. Ev. Rundfunks Wetzlar u. Radio Okerwelle, 1991/92 Ausbild. z. Vers.-Fachmann, seit 1992 tätig f. d. Gothaer Vers.; Funktionen: seit 1996 Ehrenrichter beim Amtsgericht Gifhorn; seit 1999 tätig f. einen nichkommerziellen Rundfunksender, Durchführung v. gottesdienstl. Veranstaltungen, ehrenamtl. Spätaussiedlerbetreuer. P.: Kolumnen geistl. Inhalts in Tageszeitungen u. f. Andachtskalender. M.: DARC, Vorst.-Mtgl. d. Allianz Gifhorn. H.: Amateurfunk, EDV.

Hebborn Hermann-Josef Dipl.-Kfm. *)

Hebe Reiner *)

Hebecker Hans-Michael *)

Hebecker Wolfgang OPharmR. *)

Hebel Stefan

B.: Fotografenmeister, Inh. FN.: Foto-Studio-Hebel. DA.: 86825 Bad Wörishofen, St.-Anna-Str. 26. G.: Kaufbeuren, 20. Juni 1964. V.: Ulrike, geb. Ries. KI.: Saskia (1993), Benedikt (1996). BV.: Joh. Peter Hebel - bad. Mundartdichter. S.: Lehre Fotograf Fotostudio Daniel Ravensburg, 1983 Abschluß 2. Bild.-Weg. K.: Fotograf u. Lithograf bei versch. Grafik-Designern u. Verlagen, seit 1987 selbst. m. Foto-Studio m. Schwerpunkt Portrait-, Werbe- u. Ind.-Fotografie; seit d. 13. Lebensj. Sammler v. Photografica dzt. über 500 Objekte d. zu zahlr. Gelegenheiten als Leihgaben f. Ausstellungen dienen. P.: ständige Berichte in d. Presse, Rundfunk u. bei Ausstellungen. M.: Arb.-Kreis Portraitfotografie, Ges. f. Photohistorica, Sammlerstammtisch Bad Wörishofen, Schlaraffia-Ritter, Vorst. d. Freien Wähler Gemeinschaft Bad Wörishofen. H.: Fotografieren, Kinder, Hund, Motorräder restaurieren, alte Kameras.

Hebel Thomas

B.: Dipl.-Ind.-Designer, selbst. Designer. FN.: Hebel Design Idee Entwurf Konzept. DA.: 20535 Hamburg, Marienthaler Str. 163 b. www.hebeldesign.de. G.: Kiel, 20. Juni 1958. S.: 1976 Mittlere Reife, 1980-81 Fachoberschule Technik in Kiel, 1981-82 Zivildienst, 1983-89 Stud. Muthesius-HS f. Kunst u. Gestaltung Kiel, Dipl. K.: 1990-92 Projektltr. b. Rabe Design Stuttgart, 1992-93 Entwicklung v. Produkten für behinderte Menschen bei Doose Design Hamburg, seit 1993 selbst. Designer m. eigenem Büro in Hamburg, seit 1997 freier Designberater f. Unternehmen in Zusammenarbeit mit der Wirtschaftsbehörde Hamburg. E.: Anerkennung f. hervorragende Leistungen b. Designwettbewerb "Uhr u. Mode", 1985, Anerkennung f. hervorragenden Leistungen beim "Internat. Designwettbewerb" Baden-Württemberg 1997, Designpreis f. hervorragendes Design bei d. Landesprämierung "hamburgunddesign" 1999, Nominierung f. d. "Bundespreis Produktdesign" 2000/2001, Auszeichnung mit d. roten Punkt d. "Designzentrum Nordrhein Westfalen" f. hohe Designqualität beim Wettbewerb "Design Innovationen 2000". H.: Musik, Literatur.

Hebener Ernst W. *)

von Hebenstreit Benedikt Dr. Dr. Prof. *)

Heber Gerhard Dr. Prof.
B.: em. Prof. f. Theoretische Physik. FN.: Univ.-GH-Duisburg. PA.: 46509 Xanten, Van-Endert-Str. 2A. G.: Dresden, 26. Febr. 1927. V.: Elke, geb. Kübrich. Ki.: 5 Kinder. S.: 1946-51 Stud. Physik Dresden u. Jena, Prom. Univ. Jena. K.: 1953 Habil. in Jena, 1953 Doz. f. Theoret. Physik Jena, 1956 Professur f. Theoret. Physik Univ. Jena, ab 1960 Prof. f. Theoret. Physik Univ. Leipzig, ab 1966 Prof. f. Theoret. Physik TU Dresden, ab 1974 Prof. f. Theoret. Physik Univ.-GH-Duisburg., 1992 em. Univ.-Prof. Duisburg. P.: Heber/Weber, Quantenphysik, 1 Quantenmechanik, Heber/Weber, Quantenphysik, 2 Quantenfeldtheorie, Heber, Mathematische Hilfsmittel der Physik, Heber/Kozik, Physik, Akademische Verlagsgesellschaft, Heber, Einführung in die Theorie des Magnetismus, Akademische Verlagsgesellschaft Wiesbaden.

Heber Günter Dipl.-Ing. *)

Heber Ralph *)

Heber Ulrich Wolfgang Dr. rer. nat. Prof.
B.: Ordinarius. PA.: 97082 Würzburg, Am Heigelsbach 43. G.: Freital, 25. Okt. 1930. V.: Meta, geb. Goette. Ki.: Ute, Ulrike, Ulf. El.: Dr. Erich u. Hildegard. S.: TH Aachen, Univ. Bonn. 1958 Prom. K.: 1962 Habil., 1967 Prof., Rufe an d. Univ. Düsseldorf, HS f. Bdk. Wien u. Univ. Würzburg, 1960 NATO Fellow Lawrence Radiation Laboratory Berkeley, 1967-68 Carnegie Corp. Fellow Stanford, 1973 Visiting Prof. CSIRO Canberra/Australien, 1976 Invited Prof. Rikagaku Kenkyusho Wako-shi Japan, 1982 Research Fellow of the Royal Society Sheffield England, 1984-85 Gastwissenschaftler Ak. d. Wiss. Moskau, T.: ca. 220 Originalpubl. E.: 1986 Gottfried Wilhelm Leibniz-Preis. M.: GDCh, Ges. f. Biolog. Chemie, Dt. Botan. Ges., HS-Verb.

*) Biographie www.whoiswho-verlag.ch oder beigefügte CD-ROM

Heberer Henning Dr. rer. nat. habil. Prof.
B.: ö.b.u.v. Sachv. f. Umwelttoxikologie, Dipl.-Chemiker. FN.: TOXICHEM. DA.: 06237 Leuna, Rudolf-Breitscheid-Str. 18. PA.: 06217 Merseburg, Rischmühle 1. Toxichem@gmx.de. G.: Merseburg, 10. Juli 1943. V.: Bärbel, geb. Wortmann. Ki.: 2 Kinder. S.: 1962-67 Stud. Chemie Univ. Halle, b. 1974 Ass., 1973 Prom. K.: 1974-91 tätig im arb.-hygien. Zentrum d. chem. Ind. in Leuna, 1981-85 Postgr. Stud. Toxikologie, 1985 Habil., ab 1988 Doz. f. Toxikologie an d. MLU Halle, seit 1991 freiberufl. tätig m. d. Firma Toxichem Unternehmensberatung, 1992 Sachv.-Prüf., 1995 IHK-Ökoaudit Lehrgang, Toxikologie - Experten - Gruppe d. Störfallkommission, 2001 Berufung zum Prof. P.: ca. 70 Publ. im Bereich Synthese-Chemie, physikal.-chem. Analytik, Toxikokinetik u. -dynamik, Arb.-Hygiene, Arb.-Med., Risikoermittlung u. Grenzwerte v. Gefahrstoffen. M.: GDCh, DGPT, DGAH, BVS, LVU S.-A., LC Merseburg. H.: Bauen, Garten.

Heberer Jutta-Maria Dr. med.
B.: ndlg. Zahnärztin. DA.: 06217 Merseburg, Brühl 1a. G.: Merseburg, 4. Okt. 1948. V.: Dr. med. Volkmar Heberer. Ki.: Susanne (1975). El.: Ehrhard u. Marianne. S.: 1967 Abitur Merseburg, prakt. J., 1968-73 Stud. Zahnmed. MLU Halle-Wittenberg. K.: 1973-86 Tätigkeit in versch. Polikliniken Merseburg u. Leuna, 1986 FA f. Sozialhygiene, 1986-90 Chefärztin d. Poliklinik Buna Schkopau, 1991 ndlg. Zahnärztin. M.: Freier Verb. Dt. Zahnärzte, ZMK Halle, Jägerschaft Merseburg. H.: Jagd, Garten, Musik.

Heberer Thomas Dr. rer. pol. Prof. *)

Heberer-Hermenau Rosemarie Dr. med. *)

Heberlein Peter

B.: Fachanwalt f. Arbeitsrecht. FN.: Sozietät Rechtsanwälte Hackenberger, Heberlein, Schwerdtner, Meyer. DA.: 10719 Berlin, Uhlandstr. 171/172. RAe.Hackenberger@t-online.de. www.home.t-online.de/home/RAeHackenberger/index.htm. G.: Berlin, 12. Juni 1943. V.: Angelika Jahnz-Heberlein, Lehrerin. Ki.: Jan, Tim. S.: 1962 Abitur am Leibniz Gymn., Berlin, 1962-67 Stud. Jura an d. FU Berlin, 1. jur. Staatsexamen, 1967-70 Referendariat Kammergericht sowie 1 Semester an d. Verwaltungshochschule Speyer, 2. jur. Staatsexamen. K.: 1970 Zulassung als RA u. Sozius bei d. Sozietät Hackenberger, 1987 Zulassung als Fachanwalt f. Arbeitsrecht - Spezialgebiet Tarifrecht; 1977-97 Lehrbeauftragter an d. Evang. Fachhochschule f. Sozialarbeit. E.: wurde vom Magazin FOCUS 2 mal in der Liste der 500 besten Anwälte Deutschlands erwähnt. M.: Vors. d. Fachanw.-Aussch. f. Arbeitsrecht in Berlin, seit 1980 Mtgl. d. Arbeitsgemeinschaft d. Fachanwälte f. Arbeitsrecht im Deutschen Anwaltsverein. H.: Radfahren, Geschichte, Deutsche Literatur.

Heberling Hans-Jürgen Dr. med. habil. Prof.
B.: Chefarzt. FN.: Stadt-KH Friesenstraße. DA.: 04177 Leipzig, Friesenstr. 8. G.: Rössuln, 13. Feb. 1941. V.: Ingrid. Ki.: Jörg (1968), Ulrike (1972). El.: Robert u. Erna. S.: 1959 Abitur Zeitz, Stud. Med. Karl-Marx-Univ. Leipzig. K.: 1965 Pflichtass. Borna, Prom., 1966 Internistenausbild. am St. Georg-Klinikum Leipzig, 1971 FA-Prüf., 1974 Beginn am Städt. Klinikum Leipzig, Stationsarzt, OA, Aufbau einer Endokrinolog. Station u. Ambulanz, 1984 Habil., 1981 Ltr. d. endokrinolog. Abt., 1987 Vorträge in Homburg/ Saar z. Schilddrüsenerkrankung, 1994 Chefarzt d. Stadt-KH Leipzig, seit 2000 gehört d. Stadt-KH z. Städt. Klinikum Leipzig. M.: Dt. Ges. f. Innere Med., Dt. Ges. für Endokrinologie, Vorstands-Mtgl. Sächs. Ges. f. Innere Med., Vorstands-Mtgl. Sächs. Ges. für Stoffwechselkrankheiten, REKO Sachsen-Thüringen, Dt. Diabetesges. H.: Lesen, klass. Musik, Malerei.

Hebestreit Heinz Walter *)

Hebsacker Jörg Kurt *)

Hechelmann-Baschnegger Joseph
B.: Museumsleiter, Galerist, Ltr. FN.: Kunsthalle im Schloss. DA.: 88316 Isny im Allgäu, Schloss 1. www.hechelmann.de. G.: Bregenz, 14. Juli 1955. El.: Friedrich Hechelmann u. Paula Baschnegger. S.: Lehre z. Einzelhandelskaufmann, Lehre z. Hotelkaufmann, Fachabitur auf d. 2. Bildungsweg, Stud. z. Hotelbetriebswirt im Abschluss 1980 in Heidelberg. K.: Empfangschef d. Hotel Sonnenalp in Sonthofen, Übernahme d. Administration u. Marketing d. Vaters, d. intern. anerkannten Kunstmalers Friedrich Hechelmann, 1989 Eröff. d. 1. Galerie, d. späteren Kunsthalle m. Werken namhafter Künstler wie Günter Grass, Rudolf Hauser, Francesco Goya, William Hogath, Friedrich Hechelmann, d. Kunsthalle wuchs zu einem Forum künstlerischer Auseinandersetzung in d. Region Oberschwaben-Allgäu, seit 1999 im Schloss Isny, regelmäßige literarische u. musikalische Events im Schloss u. auf d. Außengelände, seit 2001 Dauerausstellung (als einzige ihrer Art) v. hellenischen Skulpturen als Replika in Marmor u. Bronze (1:1). E.: Landesmeister im Fechten. M.: Vorst. d. Friedrich Hechelmann + Schloss Isny Kunst- u. Kulturstiftung, Förderverein d. Europaakademie, BUND, Förderverein versch. Museen, Verein z. Pflege Schwerkranker, Isny-Aktiv-Stadtmarketing. H.: Lesen, Musik hören, Gartenarbeit, Motorradfahren, Klavierspielen.

Hecheltjen Peter Dr. Prof. *)

Hecht Alexander

B.: Anlageberater, Gschf. Ges. FN.: Hecht & Hecht OHG. DA.: 81379 München, Am Isarkanal 22. PA.: 82049 Pullach, Anton-Köck-Straße 11. hecht@isar-anlagen.de. www.isar-anlagen.de. G.: Behringsersmühle/Fränk. Schweiz, 5. Jan. 1949. V.: Birgit, geb. Rendenbach. Ki.: Michaela (1969), Roger (1975), Stefan (1978), Florence (1979). El.: Werner u. Marie-Theres, geb. Gräfin Strachwitz. S.: 1966 Mittlere Reife in Nürnberg, 1967-79 Bundeswehr, Off.-Ausbilder u. Planung d. Off.-Ausbild. f. d. Off.-Schule d. Luftwaffe Neubiberg b. München, 1970-72 Ausbild. z. Sportlehrer b. d. Bundeswehr m. Abschluss, 1972-76 parallel Abendgymn. in München, Abschluss: Abitur, 1977-82 Stud. Math. u. Informatik an d.

LMU München m. Abschluss Dipl.-Informatiker u. Dipl.-Math. K.: ab 1977 parallel selbst. als Kapitalanlageberater, 1986-91 Marketingdir. Europa d. American Intern. Group Frankfurt, Anlageges., 1991 Grdg. d. Firma Hecht & Hecht OHG München, Gschf. Ges., 1997 Grdg. d. Hecht GbR m. 6 gleichberechtigten Familienmtgl. als Ges., 1999 Grdg. d. Isaranlagen GmbH München, Gschf. Ges., Geschäftsbesorgungsges. d. Hecht & Hecht OHG. P.: div. Veröff. in Fachjournalen. M.: Wirtschaftsver. "Wir Sollner" München, Hockey- u. Tennisver. "Wacker" München. H.: Familie, Reisen.

Hecht Heinrich Karl-Maria

B.: Gschf. FN.: H+Z Bildagentur. DA.: 30177 Hannover, Günther Wagner Allee 19. G.: Hannover, 25. Aug. 1955. El.: Hubertus u. Karla, geb. Gelsz. S.: 1972-75 Musikschule Schlagzeug, 1974-76 Ausbild. Ind.-Kfm. Hannover. K.: 1976-86 Kfm. m. Schwerpunkt Datenverarb. in d. Firma Xerox u. Siemens., 1986 selbst. Fotograf, 1987 Fotograf in d. USA, Südsee u. in Australien, 1988-90 Pressesprecher d. Kieler Woche, 1989 Sprecher d. Dt. Admirals Cup, 1991 Grdg. d. Bildagentur Hecht & Zimmermann, 1995 offizieller Fotograf v. Christo, div. Ausstellungen im In- u. Ausland. P.: Buchveröff.: "Faszination Segelsport", "Telemax", div. Bücher über EXPO 2000. M.: Kieler Yacht Club, Segelver. Großheidorn, Lions Club Hannover, Presse Club Hannover, Mtgl. d. Medienaussch. d. IHK Hannover/Hildesheim. H.: Sport, Segeln, Golf, Musik, Fotografie, Kunst, Reisen.

Hecht Holger Dr. *)

Hecht Jens Peter *)

Hecht Karl-Ludwig *)

Hecht Katrin *)

Hecht Ludwig Dr. med.

B.: Arzt-Sportmedizin-Unfallarzt. DA.: u. PA.: 93051 Regensburg, Dr.-Gessler-Str.16. G.: Regensburg, 25. Feb. 1949. V.: Kunigunde, geb. Wolf. El.: Walter u. Therese. S.: 1959-68 Albertus Magnus Gymn. Regensburg, 1968 Med.-Stud. Univ. Marburg, 1969-74 Univ. Erlangen, Gastarzt UCLA Los Angeles/USA u. Univ. San Francisco/USA, 1975 Staatsexamen u. Promotion Univ. Erlangen. K.: 1975-81 Akad. Rat Chir. Univ. Erlangen u. a. Oberarzt d. Unfallchir., 1980 Gastdozent Uniklinik Surabaya/Indonesien, 1982 Grdg. d. eigenen Praxis, Ärztlicher Leiter Rehaklinik Eden Reha. P.: "Orthopädie-Rheumatologie-Unfallchir"., über 30 wiss. Publ. in Fachzeitschriften, TV u. Rundfunkvorstellung, Fernseh Med.-Forum. E.: Honorary Colonel, Privat Health-Care-Provider. M.: Bayer. Ges. f. Chir., Dt. Ges. f. Unfallchir., Bayer. Sportärzteverb., Golf Landclub Regensburg, Mannschaftsarzt Deutsche Fußballnationalmannschaft (U 19/U 21), div. andere Ver. H.: Golf, Tennis, Harleyfahren, Helicopter-Fliegen.

Hecht Markus Dr. Ing. Prof. *)

Hecht Martin Dipl.-Ing. *)

Hecht Raymond

B.: Profi-Leichtathlet , Disziplin Speerwurf. FN.: c/o DLV. DA.: 64289 Darmstadt, Alsfelder Str. 27. G.: Gardelegen, 11. Nov. 1968. K.: sportl. Erfolge: 1987 JEM/3., 1990 EM/10., 1993 DM/1., 1994 DM/1., EC/2., WC/2., EM/5., 1995 DM/2., EC/1., WM/4., 1996 DM/1., EC/1., OS/4., 1998 DM/2., WC / 3., EM/3., 1999 DM/1., EC/1., WM/5., 2000 DM/5., OS/4.

Hecht Roland *)

Hecht Thomas *)

Hecht Uwe Dipl.-Bw.

B.: Steuerberater, stellv. Niederlassungsleiter. FN.: Schmidt, Deisenroth & Partner, Wirtschaftsprüfungsgesellschaft - Steuerberatungsgesellschaft. DA.: 04277 Leipzig, Meusdorfer Str. 33 - 35. PA.: 06249 Mücheln, Branderodaer Str. 3. mail@uwe-hecht.de. G.: Querfurt, 5. Jan. 1964. S.: 1980 Mittlere Reife, 1980-82 Lehre z. Wirtschaftskaufmann, 1982-85 Stud. BWL in Senftenberg, Abschluss Dipl.-Bw. K.: 1985-91 Kalkulator im Braunkohlenwerk Geiseltal, 1991-99 Steuersachbearbeiter einer Steuerberatungsgesellschaft in Hannover, Merseburg, 1995-98 Bilanzbuchhalter, 1998-99 Steuerberater, seit 1999 stellv. Niederlassungsleiter d. Schmidt, Deisenroth & Partner Ges. f. Steuerberatung, Wirtschaftsprüfung, Unternehmensberatung u. Existenzgründungsberatung. H.: Hund.

Hecht Winfried Dr. phil. *)

Hechtle Margot

B.: ärztl. geprüfte Dipl.-Kosmetikerin. DA.: 86150 Augsburg, Karlstr. 11. www.mon.de/sch/H.Hechtle. G.: Kaufbeuren, 25. Feb. 1942. S.: Kfm. Ausbild. K.: 1966 nach Augsburg, Tätigkeit b. Presse-Druck-Verlag, b. 1972 b. d. KSPK Augsburg, 1973/74 Berufsfachschule f. Kosmetik München, 1974 Dipl., Ausbild. f. manuelle Lymphdrainage in d. Dr.-Vodder-Schule Walchsee, zahlr. Weiterbild, 1 J. Praktikum in einem namhaften Augsburger Kosmetikinst., 1976 Grdg. d. heutigen Inst., 1984 Ausbild. zur Make-up Spezialistin u. Gerichtsgestaltung Dipl. Badawi-Düsseldorf, Behandlungen ausschließl. m. Naturprodukten. H.: Fernreisen, Tanzen, Fitneß-Studio.

Heck Dieter Dr. med. *)

Heck Dieter Thomas

B.: Rundfunk- u. Fernsehmoderator, Sänger, Schauspieler. PA.: 77886 Lauf/Baden, Schloß Aubach, Postfach 1154. G.: Flensburg, 29. Dez. 1937. V.: Ragnhild, geb. Möller. Ki.: Rolf-Nils-Ernst (1962), Thomas-Kim-Ralf (1967), Saskia-Fee-Isabel (1975). El.: Carl u. Else. BV.: s. Vater ist d. uneheliche Sohn d. Prinzen Carl Gustav zu Ysenburg u. Bündingen. S.: Kfm. Lehre, Gesangsausbild. K.: arbeitete n. d. Ausbildung als Autoverkäufer, parallel dazu Gesangsausbildung, erster Kontakt zum Rundfunk: Auftritt i. d. Sendung "Toi Toi Toi" v. Peter Frankenfeld, 1964-66 Diskjockey b. Radio Luxemburg, 1969-84 Moderator d. "ZDF-Hitparade", ab 1978 Rate-Quiz "Pyramide", Moderator b. d. Südwestrundfunk Baden-Baden, u. a. d. Morgensendung "Gute Laune", u. d. Mittwoch-Abend-Wunschkonzerts, Moderator beim Bayrischen RF, beim SFB und beim MDR Radio Thüringen, Moderator beim Bayrischen Rundfunk, beim SFB u. beim MDR Radio Thüringen, Präsentator d. ZDF-Musiksendung "Melodien f. Millionen", "Musik liegt in d. Luft", "Das ist ihr Leben", "Das große Los", "Die goldene Stimmgabel", "Show-Palast", "Die deutschen Schlagerfestspiele", Rolle in d. TV-Serie Tatort, Café Wernicke, Praxis Bülowbogen, 1996 als Nachf. v. Wolfgang Lippert Moderation v. "Das grosse Los" (Sendung zug. d. Aktion Sorgenkind). E.: 1967 Goldener Pfeil, 1970 Gold. Kamera, 1972 Achievement Award v. Record World f. "Die Hitparade", 1984 BVK, 2001 Courage Orden d. Heinat- u. Carneval-Vereins Bürstadt. H.: Antiquitäten, Garten, Haus, Bücher.

Heck Dieterich *)

Heck Erwin Dr. med.

B.: Arzt im Ruhestand, Privatarzt f. Chirotherapie u. Akkupunktur in eigener Praxis. DA.: 34130 Kassel, Schanzenstr. 65. G.: Kassel, 24. Juli 1914. Ki.: Dr. Eckerhard (1945), Bärbel (1948), Regina (1951), Hannelore (1952). El.: Friedrich u. Elisabeth, geb. Keller. S.: 1934 Abitur in Kassel, 1934 Arbeitsdienst, 1934-35 Stud. Med. in Göttingen an d. Georg-August-Univ., 1935-37 Wehrdienst, 1937-38 Stud. Med. in

*) Biographie www.whoiswho-verlag.ch oder beigefügte CD-ROM

Göttingen, 1. Physikum, 1938-39 Klinisches Stud. in Hamburg u. Freiburg, 1939 Wehrmacht, 1939-40 Stud. Med. in Göttingen, Abschluss Staatsexamen, 1940-45 Dt. Wehrmacht Russlandfeldzug. K.: 1940 als Ass.-Arzt in d. Chirurgie an der Univ.-Klinik in Göttingen, ab 1945 Allgemeinmedizinische Praxis in Kassel-Oberzwehren, s. 1958 spezialisiert auf Chirotherapie, 1982 Aufgabe d. Praxis aus Altersgründen, seit 1982 Privatarzt spezialisiert auf Chirotherapie u. Akupunktur. BL.: 1938 Teilnahme an d. Dt. Studentenmeisterschaften u. 1977 Teilnahme an d. Hochschulmeisterschaft in Jena, Geländemotorradfahren, Segelfliegen u. Rudern (auch heute noch Hobby), aktiver Tornadosegler m. Teilnahme an d. Kieler Woche, sowie Teilnahme an d. WM v. Hawaii. H.: Leichtathletik, Skilaufen, Segeln u. Filmen.

Heck Günter Dr. med.
B.: Internist, Homöopath, Naturheilverfahren (NHV). DA.: 10717 Berlin, Nassauische Str. 2. G.: Aachen, 25. Juni 1949. Ki.: Luisa (1981), Laura (1986), Max (1989). El.: Helmut u. Ilse, geb. Schmoll. S.: 1967 Abitur Aachen, 1967-73 Stud. Med. Köln u. Aachen, 1974 Diss. K.: b. 1976 Med.-Ass. am Urban-KH in Berlin, 1977 Anästhesist im Urban-KH Berlin, 1978-92 Ass.-Arzt u. OA im KH Neukölln, in d. 80-er J. versch. Reisen nach Asien u. Japan, entdeckt d. Buddhismus f. sich u. studiert Kampfkunde in Japan, lebt zeitweise b. einem Lama, um d. Buddhismus zu vertiefen, 1992 Eröff. d. privaten Praxis f. Homöopathie. BL.: 3. Dan in Aikido, 2. Dan in Karate, Lehrer f. Aikido. E.: 1983/84 Meister in Karate. M.: Ver. Homöopath. Ärzte, Präs. d. Aikido Föderation Deutschland. H.: Arbeit - er tut was er will, Unterricht in Meditation.

Heck Jakob *)

Heck Martin *)

Heck Michael Dipl.-Ing. *)

Heck Siegbert Dr. med. *)

Heck Thomas Leon
B.: Antiquar u. Verleger. FN.: Auktionshaus Thomas Heck. DA.: 72764 Reutlingen, Kaiserstr. 64. www.focusart.com/heck. G.: Ludwigsburg/Neckar, 3. Apr. 1957. V.: Conni. BV.: Prof. Dr. H.-L. Heck - Ltr. d. Reichsamtes f. Bodenforsch. S.: 1976 Abitur, 1976-85 Stud. Ev. Theol. u. Klass. Philol. Univ. Tübingen. K.: 1982 bereits während d. Stud. Auktionator, Versteigerungen v. Kunst, Antiquitäten u. Büchern in Tübingen, 1985 Grdg. d. Nous-Verlages, 1990 veräußerte d. Nachlaß d. Bundeskanzlers Kurt Georg Kiesinger, 1991 erwarb als Kunstmakler d. bildner. Nachlaß d. jüd. Malerin Alice Haarburger, 1991 als Sachv. im Auftrag d. Treuhand d. Inventar d. zu Schalck-Golodkowskis Imperium gehörenden Leipziger Auktionshauses geschätzt, seit 1993 Schirmherr f. eine Serie v. Sammelteilern v. weltgrößtem Hersteller Bradford (E.: 1977 Emma-Eugen-Müller-Preis. M.: ehem. Vors. d. Versteigerververb. Baden-Württemberg e.V., Buchhändlerver. H.: Literatur, Kunst.

Heck Walter L.
B.: Steuerberater. DA.: 51375 Leverkusen, Dechant-Fein-Str. 24. G.: Leverkusen-Schlebusch, 30. Juni 1933. V.: Ingrid, geb. Melitz. Ki.: Rüdiger (1956), Heiko (1961). El.: Eduard u. Emmi, geb. Probst. S.: 1953 Abitur, 1954 Praktikum b. Firma Wuppermann, 1954-60 Stud. Betriebswirtschaft Univ. zu Köln, 1958 Kirchenmusikal. Prüf., 1960 Dipl. K.: 1960 Eintritt in d. väterl. Steuerberatungspraxis, 1963 Steuerbev., 1973 Steuerberaterprüf., 1976 Übernahme d. Büros. M.: 1985-97 Schatzmeister d. Werbe- u. Fördergemeinschaft Schlebusch e.V. H.: Kirchenmusik, Musik.

Heck Werner
B.: Steuerberater, vereid. Buchprüfer. FN.: Heck & Göbel Partnerschaft. DA.: 54296 Trier, Im Treff 13. Werner.Heck@DATEVNET.de. G.: Bitburg, 13. Juni 1956. V.: Heidi, geb. Cools. Ki.: Esther (1991), Laure (1993), David (1998). S.: 1974 Mittlere Reife, b. 1977 Lehre Steuerfachang. K.: 1981-82 Zweigstellenltr. b. TAS Treuhand GmbH, 1981 Steuerbev.-Prüf., seit 1982 selbst., 1988 Steuerberaterprüf., 1990 Prüf. z. vereid. Buchprüfer. F.: Steuer- u. Buchprüf.-Ges. in Trier, Mitinh. d. überörtl. Steuerberatersozietät, Beratungsstellen in Schweich u. Trier; ausw. Beratungsstelle in Schweich 1998 aufgelöst. M.: Steuerberaterverb., Bundesverb. vereid. Buchprüfer, Tennisver. SV Trier - Irsch, stellv. Gemeindeleiter d. örtl. Gem. d. Siebenten-Tags-Adventisten. H.: Tennis, Skifahren.

Hecke Lothar *)

Hecke Thorsten
B.: RA, selbständig. DA.: 30449 Hannover, Jacobsstr. 2 (Ecke Falkenstraße, Schwarzer Bär). G.: Waiblingen/Stuttgart, 25. Sep. 1964. S.: 1983 Abitur, 1983-85 Zivildienst b. Diakonischen Werk in Gifhorn, 1985-92 Stud. Rechtswiss. an d. Univ. Hannover, 1992 1. Staatsexamen, 1992-95 Referendariat OLG Celle, parallel Praktikum in einer Anwaltskanzlei, 1995 2. Staatsexamen, seit 1995 ständig Besuch v. Seminaren u. Fortbildungskursen in Deutschland. K.: seit 1995 selbständiger RA in eigener Kzl. in Hannover, Tätigkeitsschwerpunkt Strafrecht, Arbeits- u. allgem. Zivilrecht, Rechtsberater f. d. Bundesinnenministerium im Rahmen eines Projektes/Mandates. M.: Schwimmsport-Ver. Union Hannover 06 - seit 1974 aktiver Leistungsschwimmer im Kraulschwimmen, Bandmitglied einer Rock- u. Popband, Auftritte in ganz Deutschland, Support von versch. Bands, Tennisverein Hannover 74. H.: Schwimmen, Tennis, Musik, Literatur (Geschichte/Historie).

Heckel Ekkehard Dr.-Ing. *)

Heckel Jürgen *)

Heckel Klaus Dr.-Ing. Prof. *)

von Heckel Maximilian Dipl.-Ing.
B.: Architekt, selbständig. DA.: 12305 Berlin, Glaserweg 5 A. architekt-mvh@t-online.de. G.: Roth bei Nürnberg, 21. März 1960. V.: Gabriele, geb. Lehmann. Ki.: Katharina (1986), Benedikt (1990), Charlotte (1996). El.: Max u. Hilde, geb. Jordan. BV.: Vater Politiker u. bekannt als "der rote Baron", bei OBgm.-Wahlen Spitzenkandidat d. SPD; Familie seit d. 13. Jhdt. Reichsedler zu Allersberg. S.: 1979 Abitur München, 1979-80 Stud. Phil. Univ. München, 1981-84 prakt. Tätigkeit am Bau m. Meisterzulassung, 1984-91 Stud. Arch. u. ökolog. Bauen TU Berlin m. Dipl.-Abschluß. K.: 1991-95 ang. Architekt im Büro Stabernack/Hull u. nach 2 J. Partner, seit 1996 selbständiger Architekt; Projekte: Machnower Str. 13 in Berlin-Zehlendorf, Humboldtstr. 42 in Berlin-Reinickendorf, Wohnsiedlung Groß Ziethen, Stadthaussiedlung Karl-Marx-Straße. P.: Veröff. über Brandenburger Projekte im Tagesspiegel (1997), Veröff. im Jahrbuch d. Berliner Bauwirtschaft (1996/97). M.: Architektenkammer, Dt. Alpenverein, Berliner Sportclub Hubertusallee BSC. H.: Bergsteigen, Skifahren, Fußball, Literatur.

---

*) Biographie www.whoiswho-verlag.ch oder beigefügte CD-ROM

Heckeler Wolfgang D. Dipl.-Kfm. *)

Heckelmann Erich
B.: hptamtl. Bürgermeister a.d., Umsiedlungsbeauftragter d. Landes NRW. PA.: 41516 Grevenbroich, Ackerstr. 15. G.: Daaden-Westerwald, 20. Feb. 1935. V.: Ingeborg, geb. Karpus (Lehrerin). Ki.: Dipl.-Designerin Jutta, Dr. med. Frank. El.: Ernst u. Berta, geb. Jung. S.: Gymn., Pädagogium, Abitur, PH, Konservatorium, Fernstud. Ev. Theol. K.: 1956 Mtgl. SPD, 1964-94 Kreistag, ab 1975 Frakt.-Vors., 1978-96 Landtag NRW, Ehrenvors. AWO Kreis Neuss, Präs. Europ. Bewegung Nordrhein-Westfalen e.V. P.: div. aus d. Bereich Schule u. Jugend/Familie. E.: Ehrenmed. Sängerbund NRW, Dipl. Lilienthal. M.: Arbeiterwohlfahrt, DAeC NRW, Europa Union, Dt. Rat d. Europ. Bewegung, Präs. Aero-Club Grevenbroich. H.: Musik, Fliegen, vorw. Segelfliegen.

Heckelmann Werner

B.: Grafikdesigner, Künstler, selbständig. FN.: REXPRESS. DA.: 65549 Limburg, Schiede 29. rex@rexpress.de. www.rexpress.de. G.: Kirberg, 9. Sep. 1950. V.: Carola, geb. Weiand. Ki.: Florian (1988). El.: Willy u. Berta. S.: 1970-71 Bundeswehr, 1973 Gesellenprüfung Dekorateur, 1975 Mittlere Reife, 1979 Fachabitur m. Schwerpunkt Kunst im 2. Bildungsweg, 1980-82 Weltreise, 1983-90 Stud. Grafikdesign u. Innenarchitektur an d. FH Wiesbaden. K.: 1990 Grdg. d. Firma REXPRESS Limburg. BL.: eigenständige Organ. u. Durchführung humanitärer Hilfsaktionen, Unterstützung v. 190 Waisenkindern in d. Ukraine. E.: 2. Preis d. Stadt Wiesbaden f. Bildhauergestaltung (1995). H.: Surfen, Bauhaus Malerei, Beruf.

Heckelsmiller Elisabeth

B.: Bürokauffrau, Unternehmerin, selbständig. FN.: HPS Personalberatung, Personalvermittlung. DA.: 87724 Ottobeuren, Johann-Klein-Str. 9. G.: Ottobeuren, 1. Apr. 1952. S.: Mittlere Reife, Ausbildung z. Bürokauffrau. K.: zunächst tätig als Personalsachbearbeiterin, dann Personalreferentin u. zuletzt Personalltr., s. 1998 selbständig im Personalmanagement durch Grdg. d. Firma HPS, Beschaffung v. Fach- u. Führungskräften/ Headhunting sowie externe Personalarbeit, bundesweit m. Schwerpunkt Allgäu. BL.: ehemals aktive Ski-Rennfahrerin (Riesenslalom) u. Tennisturnierspielerin. M.: versch. Sportverein in Ottobeuren. H.: Freizeitsport, Briefmarkensammlung.

Hecken Karl-Arnold
B.: Unternehmer. FN.: A-PRIORI International AG. DA.: 53424 Rolandseck, Bonner Str. 10. G.: Linz/Rhein, 25. Okt. 1946. V.: Ursula, geb. Scholz. Ki.: Michael (1972), Christian (1974), Anne (1976). S.: 1961-64 Lehre Ind.-Kfm. Neuwieder Besteckfbk. Im- u. Export. K.: 1964-66 Neuwieder Besteckfb., 1966-68 Zeitsoldat, 1968-83 Mannesmann-Kienzle, Vertriebsass. f. mittelständ.Wirtschaft Bonn/Eifel, 1968-71 bester Verkäufer weltweit, 1969 Vertriebsbeauftragter, 1970 Teamltr. Regionalgruppe Köln, 1978 Gschf. Bereich Region Mitte, 1983-91PKI Philipps Kommunikations Ind., seit 1991 Aufbau einer eigenen Unternehmensgruppe, 1991 Mitbegrdg. Gora Hecken & Partner in Sulzbach, 1991 Mitbegründer Job Express, 1994 Karnevalsprinz Karl II. in Oberwinter, seit 1995 Grdg. Media Consult. M.: ehem. Schatzmeister EUROSOLAR, GLC Bad Neuenahr. H.: Kochen, Reisen, Golf, ökolog. Gartenbau, Parkanlagen.

Hecken Karl-Peter *)

Heckendorf Edwin *)

Hecker Dorothee *)

Hecker Gerald

B.: MBA, Vorst. FN.: Dr. Behrens AG. GT.: Gschf.: Car + Service. DA.: 34125 Kassel, Ihringshäuser Str. 151. hecker@dr-behrens-ag.de. G.: Isernhagen, 22. Dez. 1948. V.: Helga v. Zirkler. El.: Arthur-Hans u. Dorothea-Elisabeth, geb. Rose. S.: 1969 Abitur Hannover, 1969-70 Bundeswehr in Hannover, 1971-77 Stud. Lehramt Engl. u. Sport TU Hannover, 1977-79 Referendariat in Hildesheim. K.: 1980-82 AD Dt. Lloyd Vers., 1982-88 OVB-Objektive Vermögensberatung, 1988-94 Mitbegründer d. AWD Landesdirektor, 1994-97 Koordinator Ausbild. AWD, seit 2000 Vorst. Dr. Behrens AG Kassel, z. Dr. Behrens AG gehören: verschiedene Autohäuser, Vertriebs- u. Managementunternehmen. H.: Asiat. Kampfsportarten, Florida, Anglophilie.

Hecker Heinz-Josef
B.: Gschf. FN.: A. Hecker GmbH. DA.: 40235 Düsseldorf, Lichtstr. 48. G.: Düsseldorf, 30. Nov. 1948. Ki.: Marcus (1972), Andreas (1973), Alexandra (1977). El.: Heinrich u. Elisabeth, geb. Liethen. S.: städt.-techn. Schule Essen, 1976 Abschluß Gartenbautechniker f. Garten- u. Landschaftsbau. K.: 1976 Bauleiter d. Firmen Pusch in Wuppertal u. Dt. Asphalt in Düsseldorf, 1981 Grdg. u. Gschf. d. Firma Sportplatzbau Angelika Hecker, 1989 Aufbau d. Vertriebs in Deutschland f. d. Firma SA Carriere Duhainou, 1993 Vertriebsleiter d. Firma KRT-Natursteine in Heidelberg, 1994 Gschf. d. Firma Sandsteinvertriebsgesellschaft EKS in Haltern, 1999 Grdg. d. Kfz-Sachverständigenbüros u. Kauf d. Firmen Steiner m. Filialen in Radevormwald u. Pfeiffer in Neuss u. d. Filiale in Dormagen. F.: Gschf. d. Firma Andreas Hecker. M.: Dormagen e.V., Dormagen Messe. H.: Lesen, Wandern.

Hecker Hellmuth Dr. jur. *)

Hecker Jan Robert *)

*) Biographie www.whoiswho-verlag.ch oder beigefügte CD-ROM

Hecker Joachim W. Dr. *)

Hecker Karl Dr. *)

Hecker Marion Dipl.-Bibliothekarin

B.: Dir. FN.: Senatsbibliothek Berlin. DA.: 10623 Berlin, Straße d. 17. Juni 112. G.: Neustrelitz, 26. März 1958. Ki.: Christoph (1982), Martin (1987). El.: Horst u. Anna Bialke. S.: 1976 Abitur, 1976-79 Stud. Fachschule f. wiss. Information u. wiss. Bibliothekswesen mit Dipl.-Abschluß, 1980-85 Fernstud. Humboldt-Univ. Berlin, 1986-87 postgraduales Stud. Erwachsenenpäd. Leipzig. K.: 1979-90 Doz. an d. Fachschule f. wiss. Information u. wiss. Bibliothekswesen, 1991-93 Doz. am Inst. f. Bibliothekswiss. d. Humboldt-Univ. Berlin, 1993-97 Abt.-Ltr. in d. Senatsbibliothek in Berlin u. seit 1998 Dir. u.glz. Honorardoz. an d. Humboldt-Univ. Berlin u. d. FH Potsdam. M.: Prüf.-Aussch. f. Ausbild. v. Fachang. f. Medien- u. Informationsdienste, Vertreter d. Senatsbibliothek in versch. Verb. H.: Lesen, Theater, Konzerte, Schwimmen.

Hecker Martin Dr.

B.: Botschafter. FN.: Botschaft der Bundesrepublik Deutschland in Usbekistan. DA.: 700000 Taschkent, Scharaf Raschidow Kutchasi 15, POB 4337. jhecker@online.ru. www.germanembassy.zu. G.: Neustrelitz, 3. März 1942. V.: Anna-Maria, geb. Goecke. Ki.: Julia (1977), Johannes (1991), Clara (1999). El.: Dr. Johannes u. Lotte. S.: 1972 Abitur in Osnabrück, 1972-77 Stud. Jura a.d. FU Berlin u. Univ. Wien, Tübingen u. Univ. of California Berkeley. 1972 Assessorexamen, Sprachen: Englisch, Französisch, Niederländisch, Russisch u. Grundkenntnisse Arabisch. K.: 1972 Eintritt in d. Vorbereitungsdienst f. höheren auswärtigen Dienst, 1972 Tätigkeit an d. Botschaft in Beirut, 1974-78 Botschaft in Amman, 1981-84 Botschaft in Den Haag, 1988-91an d. Ständigen Vertretung b. d. intern. Organisationen in Genf, im Auswärtigen Amt Tätigkeiten in d. Wirtschaftsabteilung, im Völkerrechtsreferat, in d. Abt. Vereinte Nationen, sowie im allgem. Personalreferat, 1991-95 Referatsleiter Wirtschaftsfragen im VN-System, 1995-2000 Wirtschaftsgesandter an d. Botschaft in Moskau, seit 2000 Botschafter in Usbekistan.

Hecker Peter A. Dr. sc. agr. Dipl.-Ing. *)

Hecker Rainer Dr.

B.: Vors. d. Vorstandes. FN.: Loewe AG. DA.: 96317 Kronach, Industriestr. 11. G.: Strassburg, 1. Juni 1944. Ki.: Sohn (1973), Tochter (1976). S.: 1964-66 Res.-Offz. b. Bundeswehr, 1966-71 Stud. Wirtschaftsing.-Wesen Univ. Karlsruhe. K.: 1971-75 Ass. am Inst. f. Angew. BWL Unternehmensführung, 1975-77 Dt. Philips Ind. GmbH, 1977-82 Administrator in Apparatefbk. Philips Krefeld, 1982-90 Gschf. d Finanzen in Loewe GmbH Kronach, 1990-99, Vors. d. Gschf. d. Loewe Opta GmbH, seit 1999 Vors. d. Vorst. d. Loewe AG. H.: Radsport, Tennis, Skifahren, klass. Musik.

Hecker Werner

B.: Inh., Dipl.-Opernsänger. DA.: 22045 Hamburg, Jenfelder Str. 9. G.: Dresden, 18. Jan. 1923. V.: Liliana Aabye. S.: Abitur, Stud. Musikwiss., Abschl. Dipl.-Opernsänger. K.: Engagements i. Rostock, Görlitz, Hamburger Staatsoper, s. 1969 selbst. m. Fa. Induchem. H.: Musik. (M.V.)

Hecker-van der Veen Rosemarie *)

Heckermann Fritz Hermann Dr. jur. *)

Heckerodt Matthias Dr. med. dent.

B.: selbständiger Zahnarzt. GT.: stellv. Vors. v. Kultur- u. Heimatkreis Bleckede, stellv. Kirchenvorstandsvors. d. Katholischen Kirchengemeinde Bleckede-Dahlenburg, Kulturausschuss d. Stadt Bleckede. DA.: 21354 Bleckede, Lüneburger Straße 13. PA.: 21368 Dahlenburg, Bussenmühlenweg 6.dr.matthias. heckerodt @t-online.de. G.: Lüneburg, 15. Nov. 1959. S.: 1978 Abitur, 1977-83 Stud. Zahnmedizin an d. MHH Hannover, 1983-84 Stabsarzt b. d. Bundeswehr. K.: b. 1986 Ass.-Arzt in Düsseldorf, 1986 ndlg. in eigener Zahnarztpraxis in Bleckede, 1982 Prom. z. Dr. med. M.: Dt. Ges. f. Zahn-, Mund- u. Kieferheilkunde, Akademie Praxis u. Wiss. H.: Kultur, Musik, Literatur, Reisen.

Heckert Valentin *)

Hecking Klaus Dipl. oec. publ. *)

Heckler Karin *)

Heckmann Armin Dipl.-Kfm. *)

Heckmann Bruno Dipl.-Ing. *)

Heckmann Friedrich Dr. Prof.

B.: HS-Lehrer. FN.: EFH. DA.: 30625 Hannover, Blumhardtstr. 2. F.Heckmann@t-online.de. www.ethik-heckmann.de. G.: Fulda, 29. Mai 1953. S.: 1973 Abitur Wuppertal, Stud. Theol. u. Phil. Münster, Zürich, u. Erlangen, 1978 Abschluß. K.: 1978-81 Vikariat u. Pfarramt in Weimar, 1982-85 wiss. Mitarb. d. Abt. Sozialethik an d. Friedrich-Alexander-Univ. in Erlangen, 1986-95 HS-Seelsorger an d. TU Braunschweig, seit 1995 Prof. f. Sozialethik an d. EFH Hannover, 1985 Prom., 1994/95 Ausbild. in Primärtherapie, 1995-99 Ausbild. in Psychodrama, seit 1998 Vors. d. zentralen Einrichtung Weiterbild. d. EFH. P.: "Arb.-Zeit u. Sonntagsruhe" (1986), "Zur Bild. öff. Verantwortung d. HS" (1988), "Über Armut u. Elend im reichen Deutschland" (1993), "Der Auftrag d. Kirche im Gespräch m. d. Schrift" (1994), "Wirtschaft v. unten. Selbsthilfe u. Kooperation" (1997) u.a.m. M.: Playback Theater Bielefeld, Societas Ethica, Dt. Netzwerk f. Wirtschaftsethik, European business ethics network EBEN. H.: Reisen, Wandern, Playback Theater.

Heckmann Harald Dr. phil.

B.: Musikwissenschaftler, Vorst. a.D. FN.: Dt. Rundfunkarchiv. PA.: 65779 Kelkheim/Taunus, Im Vogelshaag 3. G.: Dortmund, 6. Dez. 1924. V.: Elisabeth, geb. Dohrn. El.: Dr. Wilhelm u. Marie. S.: 1944-52 Stud. Musikwiss., Germanistik, Kunstgeschichte u. Geschichte Univ. Freiburg, 1952 Prom. K.: Doz. f. ev. Kirchenmusikgeschichte u. Musik-HS Freiburg, 1954-71 Ltr. d. Dt. Musikgeschichtl. Archivs in Kassel, 1959-74 Gen.-Sekr., 1974-77 Präs. Association Intern. d. Bibliothèques musicales, seit 1980 Ehrenpräs., seit 1982-94 Vors. d. MusikbeiR. d. Dt. Bibl., seit 1988 Präs. d. Répertoire Internat. des Sources Musicales (RISM), seit 1982 Präs. intern. Schubert-Ges., 1971-91 Vorstr. Dt. Rundfunkarchiv. P.: Veröff. u.a. "Elektr. Datenverarbeitung in d. Musikwiss."

---

*) Biographie www.whoiswho-verlag.ch oder beigefügte CD-ROM

(1967), "Das Tenorlied. Mehrstimmige Lieder in dt. Quellen 1450-1580", Musikal. Ikonographie (1994), u.a. E.: Ehrenmed. d. Stadt Kassel, Gold. Mozart-Nadel d. Intern. Stiftung Mozarteum, BVK 1. Kl., Festschrift f. H.H.: "Musikdokumentation gestern, heute u. morgen"

Heckmann Hermann Dr. phil. Dr.-Ing. Prof. *)

Heckmann Horst Peter *)

Heckmann Johannes Dipl.-Kfm. *)

Heckmann Jörg

B.: Kfz-Mechaniker, Techniker, Unternehmer. FN.: Auto Service Heckmann. DA.: 39179 Barleben, Breiteweg 94. G.: Rostock, 15. Juli 1962. Ki.: 1 Tochter. S.: 1978-80 Lehre z. Werkzeugmacher b. VEB MAW Magdeburger Armaturenwerk, 1986-88 Bundeswehr. K.: 1980-86 im Ausbildungsbetrieb als Werkzeugmacher, 1989 Kfz-Mechaniker in einem SEAT-Autohaus in Braunschweig, 1990-2000 Kfz-Mechaniker in einem VW u. AUDI Autohaus in Magdeburg, 2001 Grdg. d. Firma Auto Service Heckmann in Barleben. H.: Wandern, Relaxen.

Heckmann Robert *)

Heckmann Uwe

B.: Auktionsltr., Auktionator, Körkmsr. FN.: Ver. z. Absatzförd. d. Oldenburger Pferdes e.V. DA.: 49377 Vechta, Am Reiterwaldstadion Auktionsbüro Vechta. G.: Verden, 28. Apr. 1950. Ki.: Julia (1980). El.: Kapitän Heinrich u. Irmgard, geb. Paustian. S.: 1968 Abitur Verden, 1968-71 Lehre Pferdezucht u. Pferdehaltung Gestüt Schleuderhahn. K.: 1972-79 Hippolog. Ass. Landkreis Verden, Dt. Pferdemuseum Hippolog. Inst., seit 1979 Ltr. d. Absatzes u. Auktionator im Verb. d. Züchter d. Oldenburger Pferdes "Ver. z. Absatzförd. d. Oldenburger Pferdes e.V.", Mtgl. d. Körkmsn. d. Verb., Auktionator f. d. Holsteiner Trakehner-Verb., Verb. Baden-Württemberg, Hessen, Bayern, div. Fohlenauktionen u. d. Zuchtgebieten, größte Auktionen PSI v. Paul Schokemöhler u. Ulrich Kasselmann u. Traberauktion v. Alwin Schokemöhler. BL.: 60iger J. Ponysport, Reitsport, Dressur, Vielseitigkeit, Springen, Fahrsport, Landesvizemeister Junioren im Springen, erfolgreiche Teilnahme an Dt. Meisterschaften. E.: Träger d. Gold. Ehrennadel d. Oldenburger Pferdezuchtverb. H.: klass. Musik.

Heckmann Uwe Walter *)

Heckmann Volker *)

Heckrott Veit Dipl.-Ing. Prof. *)

Hecks Richard Dipl.-Kfm.

B.: Wirtschaftsprüfer, Steuerberater. DA.: 46399 Bocholt, Nordstr. 20. info@hecks.de. www.hecks.de. G.: Ramsdorf, 17. Feb. 1951. V.: Gudrun, geb. Rademaker. Ki.: Alexander (1978), Christian (1980), Kathrin (1982), Janine (1983), Kristin (1985), Davina (1997). El.: Franz u. Johanna, geb. Claushues. S.: 1969-72 Ausbild. im gehobenen Dienst b. Finanzamt in Borken, 1973-78 Stud. Betriebswirtschaft an d. Univ. Essen, Abschluss: Dipl.-Kfm. K.: 1972-73 Prüfung z. Steuerinsp. u. anschl. Steuerinsp. im gehobenen Dienst b. Finanzamt Borken, 1978-79 Prüf.-Ass. b. d. Wirtschaftsprüf.-Ges. Winterhager u. Dr. Heintges, 1979-82 tätig b. d. Wirtschaftsprüf.-Ges. Westdt. Treuhandunion in Essen, 1980 Steuerberaterprüf. u. Zulassung als Steuerberater, seit 1982 selbst. ndlg. Steuerberater im eigenen Büro in Bocholt, seit 1985 nach d. Wirtschaftsprüferexamen als Wirtschaftsprüfer u. Steuerberater selbst., Tätigkeitsschwerpunkte: Beratung v. Familienunternehmen. H.: klass. Gitarre u. Flamencogitarre, jährl. Teilnahme an einem Benefizkonzert als Sologitarrist in einem New Flamenco Trio in Bocholt.

Heckschen Heribert Dr. jur. *)

Hedberg Jeffrey A.

B.: Vorst. Int. FN.: Deutsche Telekom AG. DA.: 53113 Bonn, Friedrich-Ebert-Allee 140. www.telekom.de. G.: 1961. S.: Stud. Wirtschaftswiss. i. Boston. K.: 1985 TVM/Matuschka Gruppe München, zust. f. Analyse v. Venture-Capital-Projekte f. internat. tätige Unternehmen, 1990-92 US-Carrier US West Abt. International, 1992-94 Associate b. Coopers & Lybrand London, zust. f. Betr. intern. Projekte weltweit agierender Telekommunikationskonzerne, 1994 Wechsel z. Swisscom, zuletzt als Executive Vice President u. Vorst.-Mtgl. zust. f. d. int. Investments d. Schweizer Swisscom, s. 1999 Vorst.-Mtgl. d. Deutschen Telekom AG f. d. Bereich Internat.

Hedde Jan-Peter Dr. med. *)

Heddendorp Annemarie Herma

B.: vereid. Buchprüferin u. Steuerberaterin in eigener Kzl. DA.: 40599 Düsseldorf, Bromberger Str. 2. heddendorp@datev.de. G.: Bad Bentheim, 22. Juni 1951. S.: 1967 Mittlere Reife Nordhorn, 1967-70 Lehre Gehilfe f. wirtschaftl. u. steuerberatende Berufe Nordhorn. K.: b. 1975 tätig in d. Kzl. Helga Dockhorn-Kuck in Nordhorn, 1975-81 Ang. in d. Kzl. Fuchs & Sträter in Düsseldorf, 1977 Steuerbevollmächtigtenprüfung, 1982 tätig in d. Kzl. Müller in Düsseldorf, 1983 Prüf. z. Steuerberaterin, 1988 Ang. in d. Kzl. Sträter in Düsseldorf, 1989 Bestellung z. vereid. Buchprüferin, seit 1998 selbständig m Schwerpunkt Betriebe aller Größen u. Fachbereiche. H.: Reisen, Handarbeiten, Lesen.

Hedder Jörn *)

Heddergott Heinrich *)

Hedderich Jörg Dipl.-Ing. *)

Hede Manfred Dr. oec. Dipl.-Ing.

B.: Ökonom, Gschf. FN.: Kursana Residenzen GmbH. DA.: 10117 Berlin, Mauerstr. 85. hede@dussmann.de. G.: Leipzig, 16. März 1943. V.: Angelika, geb. Schmiedel. Ki.: Jens

*) Biographie www.whoiswho-verlag.ch oder beigefügte CD-ROM

(1965). El.: Willy u. Maria. S.: 1961 Abitur in Leipzig, 1962-67 Stud. an d. Technischen HS f. Chemie in Halle/Mersebrug. K.: 1967-70 Abteilungsleiter im GRW Teltow, 1970-90 Exportleiter in d. VVB Leder- u. Kunstleder, danach Dir. Vertrieb nach d. Umwandlung in d. Kombinat Kunstleder u. Pelze stellv. Gen.-Dir. d. Kombinats, verantwortlich f. Import u. Export, 1990-97 Niederlassungsleiter d. Dussmann GmbH in d. Neuen Bundesländern, Regional-Gschf., Aufbau d. Dussmann-Gruppe in Ostdeutschland, seit 1997 Gschf. d. Kursana-Residenzen GmbH, Wohnen f. Senioren. H.: Kunst, Kultur.

Freiherr von Heder Franz-Martin

B.: Betriebswirt. DA.: 29410 Salzwedel, Vor dem Lüchower Tor 15. www.nissan.de. G.: Rönkhausen, 10. Aug. 1957. Ki.: Sascha, Tanja. El.: Wolfgang u. Renate, geb. Rosenträger. S.: 1975 Abitur Hagen, b. 1979 Zeitsoldat d. Bundeswehr. K.: 1977 ehrenamtl. Truppenrichter in Coblenz, b. 1992 Militär u. Sicherheitsberater in Südamerika, b. 1995 selbst. Tourismus Marketingberater, 1992 Beginn m. Konzeption u. Entwicklung v. Marken u. deren Schutz, 1994-98 Wirtschaftsberater u. tätig im Bereich Ermittlung in d. Wirtschaftskriminalität, seit 1998 tätig im Management div. Firmen. BL.: Markeneintragung f. LTS Luther Tourismus Service, Inh. d. Kutsche v. Theodor Fontane. E.: Amerikan. Scharfschütze. M.: Ver. Freischütz Trapschießen. H.: Heraldik, Genelogie, Schießen, Motorradfahren, Reisen.

Hedergott Winfrid Walter Ortwin Prof. *)

Hedicke Eike *)

Hedicke Rowitha *)

Hedinger Hans-Walter Dr. phil.

B.: Historiker. PA.: 20535 Hamburg, Hinrichsenstr. 32A. G.: Hamburg, 2. März 1927. V.: Theresia, geb. Troidl. El.: Walter (Kaibetriebsltr.) u. Erna Hannerle. S.: seit 1937 Oberschule (Luftwaffenhelfer, Wehrmacht 1943-45), 1946-52 Stud. Geschichte, Phil., Botanik, dazu ev. Religionspäd., 1967 Prom. K.: 1953-55 Mitarb. b. Ernst Friedlaender (Publizist u. Präs. d. Europa-Union), 1956-61 Wiss. Ass. Univ. Hamburg, seit 1967 Lehr- u. Forsch.Aufträge, Vertretungsprofessuren. P.: Subjektivität u. Geschichtswiss.: Grundzüge einer Historik (1969), Aufsätze u. a. in: Theorie der Geschichte I (1977), Kurz-Inventar des historischen Hamburger Grenzsteine... (1972), Bismarck-Denkmäler und Bismarck-Verehrung in: Kunstverwaltung im Kaiserreich (1981), Die vom Aussterben bedrohten ... Blütenpflanzen von Hamburg, Arbeitsatlas (2001,Mitver.), Einführung in d. Theorie der Geschichtswiss. (in Vorb.).

Hedinger Harald *)

Hedler Horst *)

Hedrich Hans J. Dr. med. vet. Prof.

B.: Dir. FN.: Inst. f. Versuchstierkunde. DA.: 30625 Hannover, Carl-Neuberg-Str. 1. G.: Rüdigershagen, 20. Sep. 1944. V.: Hannelore, geb. Ziegler. K.: Kirsten (1975), Jörg (1978), Jens (1982). S.: 1964 Abitur Frankfurt/Main, 1964-69 Stud. Vet.-Med. Univ. Gießen, 1969 Staatsexamen. K.: 1969-70 wiss. Ass. Vet.-Kliniken d. JLU Gießen, 1970-71 Kansas State Univ. in d. USA, 1971-73 Aufbaustud. Versuchstierkunde TiHo Hannover, 1973 Prom., 1973-93 versch. Positionen am Zentralinst. f. Versuchstierkunde. d. DFG in Hannover, 1974 Fachtierarzt f. Versuchstierkunde, 1990 Habil., 1995 Fachtierarzt f. Tierschutzkunde, 2000 DipECLAM, seit 1993 Dir. d. Inst. f. Versuchstierkunde u. d. Zentralen Tierlabors d. MH-Hannover m. Schwerpunkt: Entwicklung neuer Tiermodelle f. d. biomed. Forsch., Genomforsch. P.: zahlr. Veröff. in Fachzeitschriften, Buchveröff., nat. u. intern. Kongresse, Hrsg. d. J. Exp. Anim Sci. E.: seit 1995 Tierschutzkmsn. b. BML, Vors. d. DHV Verb. Gruppe d. MH Hannover. M.: versch. nat. u. internat. Ges., Mitgrdg. d. ECLAM. H.: Lesen, Wandern, Reisen.

Hedrich Klaus-Jürgen

B.: MdB, Entwicklungspol. Sprecher d. CDU/CSU BT Fraktion, Staatssekr. a.D. FN.: CDU. DA.: 11011 Berlin, Platz d. Republik 1, WK 29221 Celle, Westcellerortsstr. 15a. PA.: 29525 Uelzen, Krietenberg 26. G.: Stetin, 21. Dez. 1941. V.: Irmhild, geb. Sprenger. Ki.: Christopher (1972), Constanze (1977), Maximilian (1981). S.: Herzog-Ernst Gymn. Uelzen, Abitur, 1961 Eintritt CDU u. JU, 1963-69 Stud. ev. Theologie u. Anglistik Univ. Göttingen, RCDS Vors., daneben 1 Sem. MA im väterl. Betrieb Bosch - Dienst, 1996 Staatsexamen über Einführung d. Reformation 1535 in Hannover durch Urbanus Regius, 1969-71 Referendariat Ernestinum Celle, 1971 2. Staatsexamen. K.: 1971-74 Assessor Herzog-Ernst-Gymn. Uelzen, Englisch u. Religion, seit 1972 Kreistag Uelzen, 1974-83 MdB, Hannover Hochschul - Forschungs - Kulturpol., 1978-83 Hochschulpol. Sprecher d. CDU, 1970-81 CDU-Kreisvors. Uelzen, 1981-91 Bezirksvors. Bezirksverb. Lüneburg, auch 1978 Mtgl. Landesvorst. CDU, seit 1983 MdB, o. Mtgl. Ausschuß f. wirtschaftl. Zusammenarbeit u. Entwicklung, 1994-98 Parlament. Staatssekretär im Bundesmin. f. wirtschaftl. Zusammenarbeit, Schwerpunkt: egionale Entwicklungsbanken, 1994-98 Aufsichtsrat d. EXPO, 1994-98 Kuratoriumsvors. DIE DT. Inst. f. Entwicklungspolitik, 1998 Wiederwahl Wahlkreis 39 Celle - Uelzen o.Mtgl. wirtschaftl. Zusammenarbeit, seit 1998 Entwicklungspol. Sprecher CDU/CSU BT Fraktion. P.: Portrait im Tagesspiegel anläßlich Weltfrauenkonferenz Peking 1995. M.: Schützengilde Uelzen. H.: Radfahren, Tennis, Gartenarbeit (Rosen), klass. Musik (Tschaikowsky), Literatur, Biographien, Namibia - Reisen. (Re)

Hedtkamp Günter Hans Dr. Prof. *)

Hedtstück Renate

B.: RA. DA.: 45475 Mülheim/Ruhr, Schildberg 13. G.: Malchin/Mecklenburg. G.: Aug. 1945. V.: Dr. Dieter Hedtstück. Ki.: Heide (1974), Heiko (1976). S.: 1965 Abitur Berlin-Westend, 1965-70 Stud. Rechtswiss. Univ. Berlin, 1973 2. Staatsexamen. K.: 1974-75 Richterin in Berlin, seit 1981 selbst. RA in Mülheim/Ruhr, Schwerpunkt: Familienrecht. E.: Klassenvors. d. Schulpflegschaft, Vors. d. Kindergartens, Aktive Gestaltung v. sportl. Engagements v. Jugendl. M.: DAV, Mülheimer Anw.-Ver. H.: Gymnastik, Joggen, Tennis.

Hedwig Günter

B.: FA f. Anästhesiologie u. Schmerztherapie in eigener Praxis. GT.: Gründungsmtgl. u. Ges. d. Klinik am Ring in Köln. DA.: 50674 Kölne, Hohenstaufenring 28. G.: Duisburg, 4.

*) Biographie www.whoiswho-verlag.ch oder beigefügte CD-ROM

Nov. 1953. V.: Ulrike, geb. Hamacher. Ki.: Thomas (1989), Larissa (1992). El.: Wilhelm u. Klara, geb. Berend. S.: Abitur Duisburg-Meiderich, 1973-79 Stud. Med. Univ. Köln, 1979 Staatsexamen, 1984 FA f. Anästhesie. K.: 1980-93 St.-Katharinen-Hospital Frechen (zuletzt OA u. Ltr. d. Abt. f. Schmerztherapie, s. 1989 m. eigener Kas- senzulassung), s. 1993 Ndlg. als FA f. Anästhesiologie u. Schmerztherapie in eigener Praxis in d. Klinik am Ring in Köln. M.: Bund dt. Anästhesisten BDA, Dt. Ges. z. Stud. d. Schmerzes. H.: Tennis, Tauchen.

Hee Hans

B.: Textdichter u. Komponist, Produzent, Präs. d. Dt. Textdichterverb. DA.: 28325 Bremen, Tenever Str. 3B. G.: Sao Paulo/Brasilien, 30. Jan. 1924. V.: Irmtraut, geb. Wichem. Ki.: Hans-Rainer, Anja, Heidi. El.: Johann Georg u. Alice, geb. Hoppe. S.: 1940 Abitur Albstat/Ebingen, Kriegsdienst. K.: 1949-59 Bremer Polizeibmtr., seit 1953 Textdichter u. Komponist in Zusammenarb. m. Hansi Last, 1954 f. Die 3 Peheiros, 1. gr. Plattenerfolge "Wasser ist z. Waschen da - valeri u. valera", "Susi sag noch einmal Saure Sahne" u.d. Parodien "Es hängt ein Autoreifen an d. Wand" oder "Das alte Försterhaus vom Förster Kuno", 1959 Fernsehdrehbücher geschrieben u.a. f. "Spiel m. Vieren", Hits f. Ronny "Oh my Darling Caroline", "Kleine Annabell", "Kein Gold im Blue River", "Hohe Tannen", fast alle Produktionen f.Heintje, Dorthe "Junger Mann m. roten Rosen", Toni Marshall, Zillertaler Schürzenjäger, d. Kultsong Sierra madre del sur, Mühlenhof-Musikanten. P.: Gedichte, Veröff. v. Simplizissimus u. Art. E.: Edelweiß, Gold. Schallplatten, Gold. Europa, Gold. Löwen, Willy-Dehmel-Preis, Krone d. Volksmusik. M.: seit 1954 GEMA, seit 1977 AufsR. u. stellv. AufsR.-Vors., BeiR. d. GEMA, Präs. d. Dt. Textdichterverb., Dt. MusikR.

Heeb Ludwig *)

Heeb Rolf

B.: Dipl.-Betriebsw., Gschf. Ges. FN.: IFM Inst. f. Managementberatung GmbH. DA.: 41469 Neuss, Gut Vellbrüggen 13. PA.: 41470 Neuss, Espenstr. 3. G.: Velbert, 15. Okt. 1947. V.: Birgit. Ki.: Michael (1966), Cornelia (1969). El.: Kurt u. Tine. S.: Kfm. Lehre b. Gebr. Thiefental in Velbert, Bundeswehr (Marine), Abitur, Stud. in Göttingen u. Düsseldorf. K.: Ass. b. Kontinentale Treuhandges. in Düsseldorf, 1974-80 Prok. b. Fa. Arthur Andersen Wirtschaftsprüfungsges., 1977-78 im World Headquarters, Chicago, 1980-83 Gschf. b. Fa. Baumgartner in Sindelfingen, seit 1983 Ges. u. Gschf. d. IFM Inst. f. Managementberatung Neuss. M.: ASU Bonn, Ehrenmtgl. d. Wirtschaftsjunioren Düsseldorf, Mtgl. in versch. Prüf.-Aussch. d. IHK Düsseldorf, BDU (Bund dt. Unternehmensberater). H.: Golf, Skifahren, Fliegen, Theater. (R.E.S.)

Heege Hermann Josef Dr. agr. Prof. *)

Heel Manfred

B.: Heilpraktiker. GT.: 1978-89 freiberufl. Mitarb. b. Dr. H. W. Beil. DA.: 22415 Hamburg, Brennhauskoppel 20. johannsen-heel@t-online.de. www.HeilpraktikerHeel.de. G.: Hamburg, 23. Apr. 1951. V.: Lebensgefährtin: Angelika Johannsen. Ki.: Janna (1981). S.: 1968 Mittlere Reife, 1970-76 Stud. Sozialpäd. u. Fachabitur FH "Raues Haus", 1996 Heilpraktikerprüf. K.: 1976-78 Amt f. Jugend Hamburg "Streetwork", 1978-89 Drogentherapie am AK Ochsenzoll, ab 1989 Amt f. Jugend "Berufsbild.", ab 1996 Eröff. d. Praxis, Firma Johannsen/Heel GbR Vertrieb chinesischer Kräuter - Wellness Nahrung, energetische + orthomolekulare Medizin, Schmerztherapie, Allergietherapie. H.: Mineralogie, Russ. Belletristik, klass. Phil., Antroposophie, klass. Musik.

Heemann Fred

B.: Apotheker, Inhaber. FN.: Storch-Apotheke. DA.: 30161 Hannover, Lister Meile 37. G.: Bremen, 28. Apr. 1957. V.: Adriana, geb. Ibsen. Ki.: Marco, Patricia, Jan Christoph, Mareike. El.: Hans Joachim u. Ingrid, geb. Bollmeier. S.: 1976 Abitur, Wehrdienst Marine, 1977 Stud. Pharmazie Univ. Kiel, 1982 Staatsexamen. K.: 1982-83 Praktikum ineiner öff. Apotheke, Approb.u. Wanderj. als Apotheker, seit 1989 selbst. m. Übernahme d. Storch-Apotheke in Hannover. P.: Publ. u. Vorträge zu Fachthemen. M.: Lions Club Hannover, Segelver. DHH. H.: Segeln, Kochen, Literatur.

Heemann Karen E.

B.: Ltr. Red.-Büro. FN.: FOCUS. DA.: 60313 Frankfurt/Main, Kaiserhofstr. 6. G.: Rheinhausen, 2. Aug. 1957. V.: Dr. Horst Reinhardt. El.: Günter u. Elisabeth. S.: 1976 Abitur Rheinhausen, Stud. VWL in Berlin u. Köln, Dipl.-Vw. K.: Arb. über d. 3. Weg v. Ota Sik, Tätigkeit am Inst. v. Prof. H. Schneider, Red. f. Konjunktur u. Finanzpolitik, Inst. f. Dt. Wirtschaft in Köln, 1985 Red. f. Konjunktur u. Wiss. b. d. "Wirtschaftswoche", Korrespondent f. d. Wirtschaftswoche in Frankfurt, seit 1989 regelmäßig Sendungen im Fernsehen, 1 J. Pressesprecherin d. FDP in Hessen, seit 1992 Ltr.FOCUS-Büro Frankfurt m. Schwerpunkt: Banken, Börse, Wirtschaft. M.: Intern. Club Frankfurter Wirtschaftsjournalisten. H.: Musik.

Heene Dieter L. Dr. med. Prof. *)

Heep André Dr. med.

B.: FA f. Neurologie, Psychiatrie u. Psychotherapie. DA.: 50667 Köln, Zeppelinstr. 1. G.: Köln, 13. Juni 1960. El.: Peter u. Inge, geb. Frauen-Berens. S.: 1980 Abitur Köln, 1982-90 Stud. Med. in Padua/Italien, Bonn, Hannover, Köln, 1991 Prom. z. Dr. med., 1995 FA f. Neurologie, 1997 FA f. Psychiatrie u. Psychotherapie. K.: 1990-91 Landesklinik Bonn,

*) Biographie www.whoiswho-verlag.ch oder beigefügte CD-ROM

Heep Dirk *)
Heep-Münker Kerstin

B.: Gschf. Ges. FN.: Fruchthansa GmbH. DA.: 50968 Köln, Marktstr. 10. PA.: 50999 Köln, Gneisenaustr. 15. G.: Köln, 10. Dez. 1955. V.: Michael Münker. Ki.: Caroline (1991), Moritz (1996). El.: Peter u. Inge Heep, geb. Frauen-Berens. S.: 1973 Mittlere Reife, 1973-76 Ausbild. Buchhändlerin Univ.-Buchhdlg. Köln. K.: 1976-81 Einkäuferin im Buchhdl. der Buchabt. d. Firma Karstadt in Köln u. Stuttgart, 1982 Eintritt in d. Familienunternehmen Fruchthansa GmbH m. Schwerpunkt Import v. Obst u. Gemüse weltweit, seit 1985 Gschf. Ges. u. zuständig f. Marketing, Merchandising, Betreuung v. Italien u. Frankreich. P.: "Managerin d. Monats" in d. IHK-Zeitschrift. M.: Zentralverb., Kunstver. Köln. H.: Literatur, Belletristik, mod. Kunst, Italienreisen.

1991-95 Neurologische Abteilung Städtisches Krankenhaus Köln-Merheim, 1996-97 Landesklinik Langenfeld, 1998 Niederlassung als Facharzt f. Neurologie in Köln, seit 1999 Gemeinschaftspraxis f. Neurologie & Psychiatrie in d. Neumarkt Galerie (Pan Klinik) in Köln m. Schwerpunkten Elektrophysiologie (EEG, EMG, NLG, EP), Gefäßdiagnostik u. Psychosomatik. M.: Mitglied der NAV. H.: Tennis, Segeln, Skifahren.

Heer Alfons

B.: Gschf. FN.: Alfons Heer Wurstwaren-Vertrieb GmbH & Co KG. DA.: 21629 Neu Wulmstorf, Rudolf-Diesel-Str. 1. G.: Fürstenfeld/Bessarabien, 14. Okt. 1930. V.: Hildegard. Ki.: Christiane (1961), Silvia (1963) und Angelina (1973). El.: Alfred u. Magdalena. BV.: Ratsherr Alfred Heer - BVK am Bande. S.: 1945-48 Fleischerlehre in Estebrügge. K.: 1948-59 versch. Arbeitgeber, 1959 selbst. m. 1-Mann-Betrieb überwiegend Einzelhdl., 1960 Umzug nach Wulmstorf, 1972 Vergrößerung d. Firma, 1980 u. 1992 Neubau Bürogebäude,1999 Grdg. einer GmbH & Co KG, Gschf. Alfons Heer u. Stephan Bruns, seit 2001 stellv. Bürgermeister Neu Wulmstorf. E.: seit 2000 Ehrenbüger d. ungarischen Partnerstadt Nyergesujfalu. M.: seit 1972 CDU, seit 1972 Ratsmtgl., seit 1961 TVV, seit 1972 DRK, Heidesiedlerver., Mühlenver., Das alte Försthaus/ Klecken, Reitver. Neunfelde e.V., Reiter v. Wesenberg e.V., Shanty Chor Neu Wulmstorf, Kulturver. Neu Wulmstorf, Gewerbever. Neu Wulmstorf, Schützenver. Neu Wulmstorf.

Heer Angelina

B.: Gschf. Ges. FN.: Alfons Heer Wurstwaren-Vertrieb GmbH & Co. KG. DA.: 21629 Neu Wulmstorf, Rudolf-Diesel-Str. 1. G.: Hamburg, 15. Juni 1973. El.: Alfons u. Hildegard Heer. BV.: Alfred Heer Estebrücke, Dt. VK. S.: 1989-92 Ausbild. z. Reiseverkehrskauffrau in Neu Wulmstorf, 1992-93 Praktikum im kfm. Bereich in div. Unternehmen. K.: 1993-94 Firmendienst im Reisebüro in Hamburg, 1994 Touristik im Reisebüro in Buxtehude, 1994 Reisebüro Neu Wulmstorf, 1995 Übernahme d. Reisebüros u. Umbenennung in Reisecenter Neu Wulmstorf, seit 1999 zusätzl. Unternehmensberatung im Familienbetrieb: Alfons Heer Wurstwaren-Vertrieb GmbH & Co KG Neu Wulmstorf - Technik u. Organ, 1999 Grdg. einer Unternehmensberatung, seit 2001 gschf. Ges. in d. Alfons Heer Wurstwaren-Vertrieb GmbH & Co. KG. M.: seit 1980 Kassenwart im Reitver. v. Wesenberg e.V., seit 1997 WWF, Gewerbever. in Neu Wulmstorf. H.: Pferde, Jack Russel, Intern. Reisen, Computertechnik.

Heer Carl-Otto *)
Heer Dietmar

B.: Dipl.-Informatiker, Inh. FN.: Ing.-Büro Heer. DA.: 68623 Lampertheim, Sandtorfer Weg 16. ing.buero-heer@t-online.de. G.: Lampertheim, 11. Feb. 1958. S.: 1983 Stud. Informatik an der FH Worms, Abschluss: Dipl.-Informatiker. K.: 1983-86 freier Mitarb. d. Firma Consulting & Systems Vertrieb v. Philips Mehrplatzsystemen, 1986-92 Traineeprogramm d. ARZT KG in Mannheim z. Vertriebsltr. f. mittlere Datentechnik, 1992-95 Firmenbeteiligungen b. d. GDC mbH in Lampertheim, d. ABC GmbH in Tholey-Hasborn, sowie d. CHC GmbH in Reutlingen, 1995 Zentralisierung d. Tätigkeiten in eigenen Räumen m. d. Ing.-Büro Heer als Vertriebsdienstleister z. EVM-Beratung, 1998 EDV-Sachv. f. PC u. mittlere Datentechnik. M.: "Feuerio" Mannheimer Fastnachtver., ehem. Mtgl. VDI. H.: Kraftsport (Boxen), Hund (Dt. Dogge), Motorrad fahren.

Heer Heinz
B.: Gschf. FN.: Deutsche expert Zentrale GmbH. DA.: 30855 Langenhagen, Bayernstr. 4.

Heer Johannes Joachim Dr. med. *)
Heer Wolf Josef Friedrich Dr. rer. nat. *)
Heerde Bärbel Dipl.-Ing. *)
Heere Michael Dipl.-Kfm.
B.: Gschf. FN.: Impuls GmbH. DA.: 50667 Köln, Komödienstr. 11. G.: Köln, 8. Juli 1960. V.: Karin, geb. Weber. Ki.: Jaqueline (1998). El.: Wilhelm u. Elisabeth. S.: 1978 Abitur,

*) Biographie www.whoiswho-verlag.ch oder beigefügte CD-ROM

1978-81 Lehre EDV-Kfm. Nordstern Vers. Köln, 1981-85 Stud. BWL Univ. Köln m. Abschluß Dipl.-Kaufmann. K.: 1986-89 Vorst.-Ass. d. Nordstern Versicherung in Köln, 1990-95 Bereichsltr. f. Ind.-Beratung in d. Unternehmensberatug Ploenzke in Köln, 1996-97 Vertriebsltr. f. Großkunden d. Firma Compaq in Düsseldorf, 1997 Grdg. d. Firma Impuls m. Schwerpunkt Personal- u. Managementberatung. M.: Kinderkrebshilfe. H.: Skifahren, Tennis, Marathon.

Freiherr Heereman von Zuydtwyck Constantin *)

Freiherr Heereman von Zuydtwyck Valentin Dipl.-Kfm.
B.: Gschf. PA.: 14197 Berlin-Wilmersdorf, Rüdesheimer Pl. 7. info@capital-treuhand.de. www.capital-treuhand.de. G.: Misburg, 22. Nov. 1942. V.: Marie-Catherine Freifrau Heereman v. Z., Ass. jur. Ki.: 3 Kinder. S.: Abitur, Stud. in Münster, Fribourg/Schweiz, Dipl. Univ. Köln zum Dipl.-Kfm., Studien: BWL, VWL, Jura, Phil. K.: Unternehmensberater, gschf. Ges. d. Capital Treuhand GmbH u. and. Firmen s. 1970. F.: Capital Treuhand GmbH, Berlin, Capital Treuhand GmbH & Co. Wirt.-berat.KG, Foresta Management GmbH, Foresta Management y Cia. E.: Sonderstufe d. Feuerwehr- u. Katastrophenschutz-EZ d. Ld. Berlin, BVK 1. Klasse, Kommandeurkreuz d. VO d. Souveränen Malteser Ritterordens. M.: BKU-Bund Kath. Untern., Köln, Landesbeauftragter Malteser Hilfsdienst e.V. im Ld. Berlin u. Brandenburg, Ehren- u. Devotionsritter d. Souveränen Malteser Ordens.

Heeren Hans Heinrich *)

Heeren Jörg *)

Heerich Erwin Prof. *)

Heering Detlev *)

Heering Gerd

B.: Vermessungsingenieur, Inh. FN.: Heering Beratende Ingenieure BDB. DA.: 76228 Karlsruhe, Straße des Roten Kreuzes 10. G.: Karlsruhe, 20. Aug. 1939. V.: Elfriede, geb. Soska. Ki.: Michaela (1960), Thomas (1963). El.: Hermann u. Anna. S.: 1953 Mittlere Reife, 1953-56 Lehre als Vermessungstechniker b. Flurbereinigungsamt Karlsruhe, 1956-58 weitere Ausbild. b. Flurbereinigungsamt. K.: 1958 -60 Ang. b. öff. bestellten Vermessungsing., 1960-64 Ang. beim Staatl. Vermessungsamt Karlsruhe, 1964-66 freiberufl. als Vermessungsing., 1966-70 Ang. im Geodätischen Inst. d. Univ. Karlsruhe, 1970-72 Ang. b. Firma Steidele Altenstadt/Iller, ab 1972 selbst. m. Vermessungsbüro in Karlsruhe. M.: Ing.-Kam. Baden-Württemberg, VBI, BDB. H.: Kochen, Yoga, Reisen.

Heering Stephan Christoph

B.: Inh., Gschf. FN.: Heering & Bystron GmbH. DA.: 80799 München, Türkenstraße 103. stephan.heering@heering-bystron.com. www.heering-bystron.com. G.: Bremen, 24. Feb. 1974. V.: Lejla, geb. Alic. El.: Wolfgang u. Taline, geb. Grelle. K.: 1994 Partner d. heutigen Firma lernten sich 1994 kennen u. arb. ab 1995, parallel Stud. der Publizistik, an d. Werbeagentur, 1997 Aufenthalt in Los Angeles. F.: 50% an Heering & Bystron GmbH. P.: Fachpresse m. Anzeigen, 1993/94 Herausgeber der Jugendzeitschrift (od.~magazin) in Bremen. M.: Nachwuchsjournalisten in Bayern. H.: Reisen, Fotografieren, Lesen.

Heermann Joachim Dr. med. Prof. *)

Heermann Vera Dr.
B.: Archäologin, Architekturhistorikerin, Denkmalpflegerin. V.: Botschafter a.D. Thomas Trömel. S.: Stud. Archäologie, alte Sprachen, Kunstgeschichte, Geschichte u. Philosophie in Münster, München, Erlangen u. Rom, 1980 Prom. K.: 1980-81 1 J. rund um d. Mittelmeer, v. allem Naher Osten, Türkei, Nordafrika, Griechenland, Italien, 1981-89 Forschungsstipendium d. Dt. Archäologischen Inst. u. Tätigkeiten in d. Zentrale, 1983-89 aktiv in d. Berliner CDU, 1986-89 Generalsekretär d. 13. Intern. Kongresses f. klass. Archäologie, 1989-92 im Iran, Ehemann Gesandter an d. Dt. Botschaft Teheran, dort Farsi gelernt, anschl. Sanierung u. Denkmalprobleme alter iranischer Lehmhäuser, bes. Lehmarchitektur in Yazd, z.T. Umwandlung in eine Stiftung, 1993-97 in Syrien, Studium arabischer Hausachitektur, Engagement Altstadtsanierung Damaskus, seit 1998 tätig in Berlin im histor. Immobilienbereich u. Aufbau eines Archivs f. Denkmalpflege in Zschepplin b. Leipzig, 2001 testamentarische Einrichtung einer Stiftung f. Schloss Zschepplin, über 750 J. alt. P.: Studien z. Makedonischen Palastarchitektur (1980). E.: 1jähriges Reisestipendium d. Dt. Archäologischen Inst., Ehrenmtgl. d. Freunde d. Altstadt v. Damaskus als einzige Ausländerin. M.: korresp. Mtgl. d. Dt. Archäologischen Inst. H.: Architekturgeschichte, Reiten. Sprachen: Farsi, arabisch, engl., franz., ital., neugriech.

Heers Arne Jörg Dipl.-Kfm. *)

Heerwagen Manfred *)

van Hees Hans Heinrich Dr. rer. pol. *)

Heesch Uwe *)

Heese Hartmut
B.: Center Manager. FN.: Hürth Park Center. DA.: 50354 Hürth, Theresienhöhe. G.: Eickelborn b. Soest, 9. Nov. 1940. V.: Doris, geb. Struwe. S.: 1958 Abitur Gütersloh, 1958 Lehre als Einzelhandelskaufmann in Gütersloh, 1960 Abschlussprüfung u. sofortiger Wechsel z. Kaufhof AG Köln, Ausbildung als Abteilungsleiter in einem Kaufhofsonderprogramm, Seminare. K.: 1964 Abteilungsleiter Horten Duisburg, 1967 Verkaufsleitung nach Düsseldorf, 1972 Gschf. d. Warenhauses Bielefeld, 1980-82 Gschf. Metro Aachen, 1982 Center Manager ECE Hamburg u. Köln Weiden im Rhein Center, 1997 Versetzung ins PEP Perlacher Einkaufs Paradies München,

*) Biographie www.whoiswho-verlag.ch oder beigefügte CD-ROM

Heese Michael *)
Heese Monika *)
von Heesen Albrecht Dr. med. *)
te Heesen Heinrich
B.: Steuerberater. DA.: 46569 Hünxe, Alte Weseler Str. 30. G.: Dinslaken, 14. Juli 1947. V.: Alette, geb. Platt. Ki.: Nicole (1973), Frederik (1986). El.: Dietrich u. Christine, geb. Rockhoff. S.: 1964 priv. Handelsschule m. Abschluss, 1964-67 Ausbild. z. Gehilfen in d. wirtschaftsteuerberatenden Berufen b. einem Steuerberaterbev. in Dinslaken, 1967 Bundeswehr. K.: 1967 Ang. b. Finanzamt, 1968-73 Steuerfachgehilfe in versch. Praxen, 1973 Steuerbev.-Prüf. u. anschl. Zulassung z. Steuerbev., b. 1976 Steuerbev., seit 1976 selbst. in eigener Steuerbev.-Praxis in Hünxe, 1979 Übergangsprüf. z. Steuerberater. M: Verb. d. steuerberatenden u. prüfenden Berufe, Steuerberaterverb. Düsseldorf, Vors. d. Förderver. d.Theodor-Heuß-Gymn. H.: Kutschenfahrer.

Heesen Helmut Dr. med. *)
von Heesen Karl-Helmut
B.: Gschf. FN.: Teleaction Service GmbH. DA.: 61440 Oberursel, Ludwig-Erhard-Str. 16. PA.: 56357 Holzhausen, Steinstr. 28. G.: Langen, 22. Juni 1957. V.: Beatrixe, geb. Wanka. Ki.: Denis (1980). S.: 1976 Abitur Dreieich. K.: seit 1976 selbst. Werbeagentur von Heesen. P.: Fachart. in Fachzeitschriften. H.: Fliegen (Hubschrauber u. Motorflugzeuge), Squash, Tennis, Golf, Reiten.

Heeser Günther Dr. jur. *)
Heesters Johannes
B.: Schauspieler u. Operettentenor. PA.: 82319 Söcking, Heimgartenstr. 21. G.: Amersfoort, 5. Dez. 1903. V.: Simone (geb. Rethel, s. 1992). Ki.: Nicole, Wiesje. S.: Banklehre, Gesangs- u. Schauspielausbildung in Amsterdam. K.: Erste Engagements an Sprechbühnen in Amsterdam, Den Haag, Brüssel u. Rotterdam, dann Wechsel ins Operettenfach, Debüt 1934 a. d. Volksoper Wien, 1935 Komische Oper i. Berlin, Metropoltheater, Admiralspalast, Filmdebüt 1934 "Die Leuchter des Kaisers", Theater in der Josefstadt i. Wien, 1948 "Lied der Taube", "Gigi" (Rolle d. Honoré Lachailles), "Die lustige Witwe" (Rolle d. Grafen Danilo, erstmals 1938 im Münchner Gärtnerplatztheater), "Casanova auf Schloß Dux" (Tournee 1986/87), "Alter schützt vor Liebe nicht". P.: Es kommt auf d. Sekunde an (1978). E.: 1976 Ehrenpreis Stadt Wien, 1975 Gold. Filmband Filmfestspiele Berlin, 1981 Ehrenmtgl. Theater d. Westens Berlin, Staatstheater Am Gärtner-platz München, 1984 Bayer. VO, 1984 Gold. Vorhang Berliner Theaterclub, 2002 Gold. Kamera. (Re)

Heesters Nicole
B.: Schauspielerin. FN.: Schauspielhaus Zürich. DA.: CH-8001 Zürich, Rämistr. 34. G.: Potsdam, 14. Feb. 1937. Ki.: Saskia, Johannes. El.: Johannes Heesters (Schauspieler und Entertainer). S.: Max Reinhardt-Seminar i. Wien. K.: spielte an allen führenden Bühnen i. Deutschland, Österreich u. d. Schweiz, TV-Serien u. a.: Alexander Zwo, Tatort: Der Mann auf dem Hochsitz, Rechnung mit einer Unbekannten (1978), Mitternacht oder kurz danach (1979), Der gelbe Unterrock (1980), Der Mörder und der Prinz (1992), Auszug a. d. Filmographie: Ich und meine Frau (1953), Dieses Lied bleibt bei Dir (1954), Ihr erstes Rendezvous, Drei Männer im Schnee (1955), Der Glockengiesser von Tirol, Das Liebesleben des schönen Franz (1956), Der tolle Tag (1962), Graf Öderland (1968), Die Messe der erfüllten Wünsche (1971), Nach Mitternacht (1981), Kamikaze (1982), Der Snob, Bali (1984), Pension Sonnenschein, Das Milliardenspiel (1989), Mauritius-Los (1990), Meine Tochter gehört mir (1991), Tatort - Der Mörder und der Prinz - Der Mörder und der Prinz (1992), Küsse, Auf eigene Gefahr, Familienehre (1993), Ausgerechnet Zoé, Am morgen danach, Tonino und Toinette, Peter Strohm: Wanderer im Watt, Tödliche Besessenheit (1994), Oje, du fröhliche (1995), Beckmann und Markowski - Im Zwiespalt der Gefühle, Diamanten küsst man nicht, Ach du Fröhliche, Lamorte (1996), Eine ungehorsame Frau - Teil 1, Eine ungehorsame Frau - Teil 2 (1997), Die Giraffe, Meschugge (1998), Heimatgeschichten - Die verflixte Führerscheinprüfung, Klemperer - Ein Leben in Deutschland (1999), E.: Goldener Vorhang, Goldene Maske.

Heetderks Gesine Dr. med. *)
Hefele Heinz *)
Hefele Klaus Peter Dr.
B.: Chirurg, Belegarzt im KH d. Diakoniewerkes München. DA.: 80686 München, Friedenheimer Str. 75. G.: München, 1. April 1940. Ki.: Irmgard, geb. Grünbauer. S.: 1960 Abitur, 1960-66 Stud. d. Med. LMU München, 1967 Prom. K.: 1967-69 Med.-Ass., ab 1969-71 chir. Ass. KH Barmherzige Brüder Regensburg, CA Prof. Gresser, 1971/72 2.Chirurg. Abt. Schwabinger KH, CA Dr. Hofmeister, 1972-75 1. Chirurg. Abt. Neuperlach/Mü, CA Dr. Wilhelm, 1974 FA f. Chirurgie, seit April 1975 niedergel. Chirurg, seit 2000 Ltd. Arzt d. KH-Diakoniewerkes-München. BL.: Hernienop., Phlebologie, Proktologie, Gelenkoper. z.B. Hüfte (zementlos), Arthroskopische Operat., moderne gelenkserhaltende Fußoperat. M: Dt. Ges. f. Chirurgie, seit 1982 standespolit. tätig, ehem. Vertrauensmann in d. Kassenärztl. Vereinig. München Stadt u. Land, seit 1996 stellv. Landesvors. v. Bayern d. Berufsverbandes Dt. Chirurgen (BDC). H.: Segeln, Skifahren, Bergsteigen. (R.V.)

Heftrich Eckhard Dr. Dr. h. c. *)
Hegazi Abdel-Kader *)
Hege Hermann Dr.-Ing. *)
Hegel Eduard Dr. phil. Dr. theol. *)
Hegelheimer Armin F. Dr. rer. pol. *)
Hegemann Bernd Dr. med.
B.: FA f. Haut- u. Geschlechtskrankheiten, in eigener Praxis. DA.: 10713 Berlin, Hohenzollerndamm 47a. doc@hautarzt-berlin.de. G.: Immerath/Kreis Erkelenz, 23. Juli 1966. El.: Dr. med. vet. Klaus u. Hildegard. S.: 1985 Abitur in Hückelhoven, 1985-86 Bundeswehr, 1987-93 Stud. Humanmedizin an d. FU Berlin, Praktisches Jahr an d. Dermatologischen Klinik u. Poliklinik Steglitz d. FU Berlin, in d. Inneren Abt. d.

*) Biographie www.whoiswho-verlag.ch oder beigefügte CD-ROM

Auguste-Viktoria-KH Berlin-Schöneberg u. in d. Chirurgischen Abt. d. Behring-KH Berlin-Zehlendorf. K.: 1993-95 Arzt im Praktikum Praxis Dr. B. Kammerau, Hautarzt in Berlin-Wilmersdorf, 1995-98 Ass.-Arzt in d. Klinik u. Poliklinik f. Dermatologie d. Martin-Luther-Univ. Halle-Wittenberg, Aufbau d. Sondersprechstunde Immundefizienz, seit 1998 FA f. Haut- u. Geschlechtskrankheiten, seit 1998 OA f. ambulante u. stationäre Betreuung v. Patienten m. Haut- u. Geschlechtskrankheiten, sowie allergologischen Erkrankungen, Ltg. d. Immundefizienz-Sprechstunde, Komplettbetreuung v. HIV-Patienten inklusive antiretrovirale Therapieeinstellung, seit 2000 Zusatzbezeichnung Allergologe, seit 2001 Ndlg. in Berlin-Wilmersdorf, seit 2001 Zusatzbezeichnung Phlebologe. P.: zahlr. Vorträge u. Artikel in Fachzeitschriften, u.a.: "Photodynamische Therapie kutaner Neoplasien m .topisch applizierter 5-ALA u. nachfolgender Bestrahlung m. grünem Licht" (1999), "HIV-infizierte Patienten in d. neuen Bundesländern" (1999), "Fallbeschreibung u. Besprechung d. aktuellen Therapieoptionen" (2000), "Rezidivierende schankriforme Schleimhautulzera b. Plasmozytom m. sekundärem IgA-Mangel" (2001), "Keloidartiger Granularzelltumor" (2001). M.: Qualitätssicherungsausschuss d. Kassenärztlichen Vereinigung Berlin, Zulassungsausschuss d. Kassenärztlichen Vereinigung Berlin, DAGNAE, Dt. Dermatologische Ges., Kath. Studentenverbindung, Berufsverband Dt. Lymphologen. H.: Reisen, Kochen, Politik, Sport.

Hegemann Detlef
B.: Gschf. FN.: Hegemann-Gruppe. DA.: 28309 Bremen, Arberger Hafendamm 16.

Hegemann Gerhard Volker Ferdinand

B.: Goldschmiedemeister. FN.: Hegemann + Mair Goldschmiede GmbH. GT.: 2000 im Rahmen d. Messe Automechanica Frankfurt Entwurf eines Logos, Umsetzung in Goldschmiedebereich u. Herstellung u.a. v. Krawattenklammern u. Entwicklung anderer edler Werbemittel, Erstellung v. Vorschlägen für Preise u. Pokale f. führende Wirtschaftsunternehmen im Raum Frankfurt als wertvollen Materialien, 2001 Herstellung v. Anhängern in Gold, verbunden m. einer Spende f. d. Kinderhilfsstiftung Frankfurt, Aktion "Trauringe selbst schmieden". DA.: 60316 Frankfurt/Main, Waldschmidtstr. 37. G.: Büdingen, 19. Nov. 1945. V.: Gisela, geb. Senger. Ki.: 2 Kinder. S.: 1960-61 Goldschmiedelehre b. Juwelier u. Goldschmied Schönfeld Hanau, 1962-63 Goldschmiedelehre b. Goldschmied Dieter Blatt Warstein, 1963 Abschluss. K.: 1963-64 Goldschmiedegeselle Goldschmied Blatt Warstein, 1964-65 Bundeswehr, 1965-66 Goldschmiedegeselle Goldschmied Schönfeld Hanau, 1967-72 Goldschmied u. Juwelier Friedrich Frankfurt, 1970 Ausbildung als Fasser u. Designer an d. Hanauer Zeichenakademie, 1972 Meisterprüfung, 1972-77 Goldschmied u. Juwelier Keller Hanau als Goldschmied u. Modellbauer f. Schmuckbau, Übernahme u. Unternehmensführung durch Juwelier Christ, Werkstattleiter d. Serviceabteilung, 1978-91 Werkstattleiter u. Berater f. Goldschmiedearbeiten u. Neuentwicklungen bundesweit f. Juwelier Christ Frankfurt,1991 Mitinh. b. Goldschmiede am Zoo Frankfurt m. Rolf Mair, 2000 Grdg. d. Hegemann + Mair Goldschmiede GmbH Frankfurt. BL.: 2001 Creation d. Königskette d. Bundesjugendschützenkönig b. Dt. Schützenbund, Tätigkeiten f. d. Forschung, Herstellung v. Augenringen f. d. Fraunhoferinstitut u. ein Inst. in Bremen, im Einsatz f. d. Behandlung d. Grünen Stars. P.: Beteiligung an Handwerkstagen Frankfurt m. eigenem Stand u. Vorführungen im Römer u. im Historischen Museum Frankfurt, Veröff. v. Arbeiten im Katalog d. Historischen Museum Frankfurt anläßlich d. Ausstellung "Goldschmiede d. Innung", 2001 Ausstellung im Haus d. Handwerks Frankfurt. E.: Entwurf v. Oskar, Auster u. Goldene Lupe (1971), d. jeweils Sieger im intern. Wettbewerb wurden. M.: Gründungsmtgl. d. Goldschmiede d. Meisterklasse (1994). H.: Kleingärtnern, Schwimmen, Radfahren, Wandern, Reisen.

Hegemann Hermann *)

Hegemann Werner Dr.-Ing. Prof.
B.: Bauing., Prof., Gschf. Dir. FN.: Inst. f. Techn. Umweltschutz TU Berlin. GT.: seit 20 J. Hauptschriftltr. d. Fachzeitschrift gwf - Wasser/Abwasser, Obm. d. DIN-Aussch. V36, CEN, TC 165, WG 43, Preisrichter f. Rassetauben. DA.: 10623 Berlin, Straße des 17. Juni 135. PA.: 82346 Andechs, Mühlstr. 14. G.: Göttingen, 24. Aug. 1937. V.: Jutta, geb. Wrede. Ki.: 4 Söhne. S.: 1957 Abitur, 1957-64 Stud. Bauing.-Wesen, 1964 Dipl. K.: 1964-65 Intern. Kurs im Bereich Siedlungswasserwirtschaft TU Delft/NL, 1965-73 Planungen u. objektbezogene Forsch. Wupperverb., 1974-88 OIng. am Inst. f. Wassergütewirtschaft u. Gesundheiting.-Wesen in München, seit 1988 Lehrstuhl an d. TU Berlin. P.: Abbau chlorierter Benzole in Reaktoren m. methanogenem Flußsediment (1993), Umsatz chlorierter Benzole in anaeroben Wirbelbettreaktoren m. adsorptiven Polyurethan - Aufwuchsträgern (1995), Biolog. Reinigung eines organ. stark belasteten Grundwassers im Wirbelschichtreaktor (1999). M.: ATV, Obmann d. ATV-Fachaussch. KA 8 - Weitergehende Abwasserreinigung. H.: Schafzucht, Arb. auf d. eigenen ökolog. Bauernhof, Geschichte, Geografie, alte Handwerke (Blaudrucke).

Hegenbart Heinz Univ.-Dipl.-Ing.

B.: Architekt, Beratender Ing., Freier Sachverst. f. d. Bauwesen, Gutachter, Kunsthistoriker, Journalist, Sachverst. f. oriental. Traditionsgewebe, Bauratgeber. DA.: 31139 Hildesheim, Am Klosterhofe 20. G.: Voitsdorf, 10. Feb. 1929. V.: Erika, geb. Richter. S.: seit d. 16. Lebensj. kriegsfreiwillig als Res.-Offz.-Bew. Frontein-satz, Verteidigung d. Festung Breslau mit Ausz. Eisernes Kreuz 1. Kl., 12. Mai 1945 in sowjet. Gefangenschaft, Juni 1945 Flucht zu Fuß v. Moskau in Ri. Heimat über Krakau, poln. Gefangenschaft, Zwangsarb. in Auschwitz, Flucht, Prag tschech. Gefangenschaft, tschech. KZ, schwer mißhandelt, Prag, hinterhältige Ermordung nicht vollzogen, Zwangsarbeit, Flucht bis Freiberg/Sa., dort Maurer- u. Zimmermannslehre mit Freisprechung, Abendstud. a. d. Bergakademie, kurz v. Deportation sowjet. Oranges. Uranbergbau (Wismuth) erneute Flucht ins Weserbergland, Staatsbauschule Holzminden. Ingenieurexamen, parallel selbstst. Großhandelskaufmann zwecks Finanzierung d. Studiums, Abitur Berlin, Stud. Kunstgeschichte Humboldt-Univ. Berlin sowie Univ. Zaragoza islam. Kunst u. Philosophie, Corpstudent, Stud. Architektur u. Bauing.-Wesen TU Berlin m. Diplom 1958. K.: seit 1959 freiberufl. als Architekt u. Beratender Ing. tätig, 1960-63 Planungsgemeinsch. m. Dir. Dipl.-Ing. Theodor v. Strastil; Industrie-, Gewerbe-, militärische (Stratley Wall - Geheimnisträger), kommunale u. öff. Bauten, Geschhsr., Wohnhsr. f. gehobene Anspr., seit 1975 außerdem als Freier Sachv. (FSV) f. d. Bauwesen (Mängel u. Bauschäden, Bewertungen, Gutachten,

---

*) Biographie www.whoiswho-verlag.ch oder beigefügte CD-ROM

Schiedswesen) ebenso als FSV f. oriental. Traditionsgewebe privat u. als Gerichtsgutachter berufen, seit 1995 ausschließl. als FSV tätig m. ständ. Fortbild. auf d. neuesten Stand d. Technik, parallel Fachjournalist intern. BL.: Lehrauftrag an d. FH Hildesheim. P.: div. Fachbuchveröff. u.a. "Seltene Webtaschen aus dem Orient - Rare woven bags", "Anatolische Dorfteppiche v. Ende d. Sultanats", weitere in Vorber. E.: EK 1., aktiv in 33 Ver. u. Verbänd. m. entspr. Ehrenämtern (Vors., stellv. Vors.), mehrere Abz. u. Ausz. M.: seit 1985 Präs. d. Hildesheimer Weinges. H.: Jagd, Sport, Kunst, Vinothek.

Hegenbarth Josef *)

Heger Andreas Dipl.-Chem. *)

Heger Erwin *)

Heger Hans Peter *)

Heger Hans-Jakob Dipl.-Ing. *)

Heger Hans-Peter

B.: Projektentwickler, Vorstand, Gschf. Ges. FN.: GFM Global Facility Management AG + STORCH Ind.Anlagen GmbH. DA.: 20095 Hamburg, Schaumburger Str. 44; DA.: u. PA.: 27777 Ganderkesee, Lange Str. 1a. G.: 25. Juli 1948. V.: Aleksandra, geb. Klosin. Ki.: Marek-Peter (2000). El.: Hans u. Helene, geb. Meyer. S.: Gymn. an d. Willsstr. u. Gymn. an d. Max Planckstr., Delmenhorst, Ausbildung z. Sped.- u. Exportkfm. b. Lohmann & Co., Bremen. K.: 1972-83 ang. Exportprojektsachbearbeiter, b. z. Abt.-Ltr. Holzbearbeitung b. Lohmann & Co., Bremen, Bearbeitung v. Holzbearbeitungsprojekten u. Weltbank mit CCC u. Meridien in Afrika, SIA-Eigenprojekte für d. Holzindustrie weltweit, z.B. I.T.E.-Cowood Projekte u. ÖKODOM/Tscheljabinsk/Silb., Grdg. GFM AG 1988 als Vorst.; Planungen für d. ressourcen-schonende holzbe- u. verarbeitende Industrie weltweit. BL.: Erfinder Finfurnier u. Lizenzinhaber PAT. Kallenmäki Oy, Finnland f. Spezialmaschinen u. Anlagen f. Längsfurnier- u. finierverfahren. F.: PANEX Finfurnierwerk GmbH, PANEX Handelsges. MbH, Storch Ind. Anlagen GmbH u. ass. Firmen im Ausland.

Heger Harald

B.: Dipl.-Psychologe. DA.: 46446 Emmerich, Hinter der alten Kirche 25. G.: Langsdorf, 23. Dez. 1953. V.: Elke Schneider. El.: Alfred u. Gertrud, geb. Mahal. S.: 1970-73 Berufsausbildung z. Großhandelskaufmann, 1979 Abitur, 1979-80 Stud. Psych. an d. Justus-Liebig-Univ. Gießen, 1980-81 Zivildienst, 1981-88 Stud. Psych. an d. Justus-Liebig-Univ. Gießen, Abschluss: Dipl.-Psychologe. K.: 1989-91 tätig in d. Rheumaforschung am St. Willibrord-Spital Emmerich, Weiterbildungen in Health Service Research u. Health Economics, seit 1991 Projekt u. Studien zu versch. Themen, wie Designerdrogen,

Betreutes Wohnen, Wohnheim f. obdachlose Drogenkranke, Beratungsstelle, Konzeptionierung eines europ. Drogenhilfeprojektes, 1994-2000 Stadtrat in Emmerich, seit 1996 Vors. d. Arbeiterwohlfahrt Emmerich. BL.: Lehrveranstaltungen u. Dozententätigkeiten. P.: "The Athritispassport - a tool of the therapeutic prcedre in treatment of patients with rheumatoid arthritis" (1991), "Der Emmericher Arthritispaß" (1992), "Akzeptierende Eltern- u. Angehörigenarbeit - Versuch einer Standortbestimmung" (1994), "Ecstasy, Designerdrogen im ländlichen Raum - eine empirische Untersuchung" (1997). M.: stellv. Hauptausschussmtgl. d. SPD, Grdg. u. 1. Vors. d. Berufsverbandes d. Eltern u Angehörigen f. akzeptante Drogenarbeit, Grdg. u. 1. Vors. d. intern. Verbandes f. Substitution Therapie (SUBST). H.: Segeln, Angeln, Malen, Rock-Musik, Theater.

Heger Thomas Dieter

B.: Dipl.-Pädagoge, Niederlassungsleiter. FN.: H I T Personaldienstleistungen GmbH. DA.: 60313 Frankfurt/Main, Schillerstr. 4. heger@hit-personal.de. www.hit-personal.de/heger.html. G.: Bamberg, 1. Jan. 1969. V.: Bärbel, geb. Krämer. Ki.: 1 Tochter. S.: 1988 Abitur Bamberg, 1988-2000 Zeitsoldat d. Bundeswehr, 1988-91 Ausbildung z. Offizier, 1991-95 Stud. Pädagogik an d. Univ. d. Bundeswehr München, Abschluss: Dipl.-Pädagoge. K.: 1995-2000 Führungsverwendung als Offizier, 2000-2001 HR-Manager Continental Europe b. Firma Republic Industries Mörfelden-Walldorf, seit 2001 Niederlassungsleiter Niederlassung Frankfurt d. H I T Personaldienstleistungen GmbH. P.: Berichterstattungen über d. Unternehmen in d. örtl. Presse u. in Fachzeitschriften, Rundfunk-Interview b. HR4. H.: Marathon, Karate.

Heger-Mahn Doris Diane Dr.

B.: Gschf. Ges. FN.: Dinox GmbH; Clinical Research. DA.: 10115 Berlin, Aklamer Str. 38. doris.hegermann@dinocgroup.com. G.: Westhandervehn, 4. Sep. 1954. V.: Detlef. Ki.: Timo (1981), Jahn-Dirk (1984). El.: Carl u. Jenny, geb. Damm. S.: 1973 Abitur, 1974 Praktikum in einem Ev. Krankenhaus, 1975-77 Ausbildung z. med.-techn. Ass., 1978-84 Stud. Med. in Bochum u. Berlin, 1982 1. u. 1984 2. Staatsexamen. K.: 1985-98 Praxisjahr im St. Joseph-Hospital: Innere Med., Gynäkologie u. Geburtshilfe, 1987-88 Ass. am Inst. f. Klinische Pharmakologie im Benjamin-Franklin-Krankenhaus, 1989-99 Scientist Schering AG Berlin, 1991 Prom., 1992 Hospitation in d. Charité u. Humboldt-Univ. zu Berlin u. Prüf. in Sonographie, ab 1994 tätig am Inst. f. experimentelle Toxikologie u. endokrine Pharmakologie d. Schering AG, 1999 Grdg. d. eigenen Unternehmens dinox. P.: mehrere Forschungsergebnisse publiziert. M.: mehrere wiss. Ges. u. Gremien w. d. Berliner Gynäkologische Ges. u. d. AGAH. H.: Sport, Tanz, Literatur.

Hegerfeldt Cordt-Wilhelm Prof.

B.: Kirchenmusikdir. PA.: 41464 Neuss, Jülicher Str. 18. G.: Rendsburg, 18. Feb. 1937. V.: Ulrike, geb. Löschcke. El.: Rudolf u. Magdalene. S.: Kirchenmusikstud., 1955-56 C-Prüf., 1956-59 B-Prüf. an d. HS f. Kirchenmusik in Herford, 1960-62 Staatsexamen (A) u. Kapellmeisterstud. an d. Musik-HS Lübeck, 1967-70 Kantorenstud. am Stadttheater Bremerhaven. K.: 1962-65 Probsteibeauftragter f. Kirchenmusik St. Laurentius Tönning, 1965-76 A-Kirchenmusiker an d. Bürgermeister-Smidt-Gedächtniskirche Bremerhaven, Lehrauftrag f. Schulmusik am Geschwister-Scholl-Gymnasium, 1976 Ev. Christuskirche Neuss, 1976 Doz. an d. Staatl. HS f. Musik Rheinland, 1988/93/99 Kreiskantor d. Kirchenkreises Gladbach-Neuss, 1988 Hon.-Prof., 1993 Kirchenmusikdir., 1993 Verleihung d. mitgliedschaftl. Rechtsstellung eines Prof. d. Robert-Schumann-Hochschule Düsseldorf durch d. Minister f. W(issenschaft) u. F(orschung) d. Landes NRW. P.: musikwiss. Erläuterungen z. Aufführungspraxis. E.: 1991 Ehrenmied. d. Heimatfreunde Neuss e.V. M.: seit 1980 CDU

*) Biographie www.whoiswho-verlag.ch oder beigefügte CD-ROM

Stadtverband Neuss, seit 1991 sachkundiger Bürger im Kulturaussch. d. Stadt Neuss, Ver. d. Heimatfreunde Neuss e.V. H.: Englandreisen, Arch., Malerei.

Hegerlik Andreas

B.: Kfm., Inh. FN.: Tabakshop Hegerlik. DA.: 10961 Berlin, Marheineke Platz 15. G.: Berlin, 7. Juli 1958. V.: Ilona,geb. Klinger. Ki.: Nina (1977). El.: Horst u. Ingeborg, geb. Seide. S.: Realschule. K.: 1979-91 Kraftfahrer u. im Außendienst im Tabakwarengroßhdl., ab 1991 Mitarb. im elterl. Tabakshop u. später Übernahme d. Betriebes spez. f. Zigarren, Zigarillos u. außergewöhnl. Tabaksorten, 2001 Übernahme eines zweiten Geschäftes. P.: Beitrag über Tabakshop Hegerlik in Berliner Tageszeitungen, Kurzportrait u. Interwiw in B1-Radio. H.: Musik, Gartenarbeit.

Hegewald Claus-Ingo Dipl.-Ing.

B.: Ingenieur, Karosseriebauer. FN.: phi CAE. DA.: 76137 Karlsruhe, Nowackanlage 11. claus.hegewald@phi-cae.de. S.: 1985-87 Auszubildender Karosseriebau/PKW, 1988-93 Stud. Maschinenbau/Fahrzeugtechnik an d. FH Esslingen, Praktika u.a. bei Porsche AG Entwicklungszentrum Weissach. K.: Anstellungen bei p.a.d. Karosserietechnik Neckarsulm, Vogelsang Systementwicklungen Pforzheim, seit 1999 selbst.

Hegewald Gregor

B.: freiberufl. Schmuck- u. Möbeldesigner, Goldschmiedemeister. FN.: Hegewald Design. DA.: 10407 Berlin, Danziger Straße 193. G.: 19. Nov. 1961. El.: Dr. Karl-Gustav u. Heidrun. S.: 1978 Mittlere Reife, 1978-81 Ausbild. z. Gesellen d. Goldschmiedehandwerks, 1981-84 Geselle b. Kirchner Berlin, 1984-87 Meisterstud. K.: 1987-88 Anstellung im Modeinst., 1988-90 Anstellung b. "Exquisit", 1990-92 Möbeldesigner b. d. Buchholzer Glasverarb., seit 1992 selbständig als Möbel- u. Schmuckdesigner. P.: 1989 "Sibylle". H.: Golf, Mountainbiking, Sinn f. schöne Dinge, Essen, Kochen.

Hegewald Marc *)

Hegewald Rayk *)

Hegge Martin *)

Heggelke Stephan *)

Hegger Manfred Dipl.-Ing. M. Sc. Econ Prof. *)

Hegler Wilhelm *)

Hegmann Petra
B.: Tierheilpraktikerin. DA.: 36037 Fulda, Heinrichstr. 49. G.: Fulda, 23. Sep. 1960. S.: 1 J. Handelsschule, 3 J. Lehre Konditoreifachverkäuferin m. Abschluß Einzelhdl.-Kauffrau. K.: 14 J. tätig als Konitoreifachverkäuferin, glz. Fernstud. z. Tierheilpraktikerin m.prakt. Ausbild. in Schleswig Holstein, Hamburg, Bad Segeberg u. München, 1990 Eröff. d. Praxis m. Schwerpunkt Pferdeheilkunde u. Akpunktur, Magnetfeldtherapie, Musikel-, Rücken- u. Sehnenbehandlung, spez. Bandscheibenbehandlung, Gelenkbehandlung u. Durchführung v. Tier-Haartest bei Hunden. F.: 1995 Eröff. d. Hundeslaons u. Einzelhdl. f. Tiernahrung.

Hegner Friedhart Dr. sc. soc. *)

Hehlmann Rüdiger Dr. med. Prof.
B.: Dir., Prof. FN.: III. Med. Univ., Klinikum Mannheim d. Univ. Heidelberg. DA.: 68305 Mannheim, Wiesbadener Str. 7-11. G.: Halle/Saale, 10. Mai 1941. V.: Dr. Annemarie, geb. Brandl. Ki.: Johannes (1981), Karoline (1982), Rüdiger (1985), Corinna (1986). S.: 1961 Abitur Wiesbaden, 1961-66 Med.-Stud. Univ. Marburg, Freiburg, Edinburgh u. München, 1966 Staatsexamen, 1969 Prom. K.: 1967-70 Med.-Ass. an d. I. Frauenklink, d. Med. Klinik Innenstadt u. d. Chir. Klinik d. Univ. München u. wiss. Ass. am Max Planck Inst. f. Biochemie, 1970 Research Fellow am Dept. of Biology Univ. Rochester USA, 1970-73 Research Associate and Instructor in Human Genetics and Development Columbia Univ. New York, 1972-74 Intern u. Resident in Medicine Columbia-Presbyterian-Medical-Center New York, 1974 Fellow in Clinical Oncology Sloan-Kettering-Memorial-Cancer-Center New York, 1974-85 Med. Poliklinik d. Univ. München, 1977 Anerkennung als Internist, 1979 Habil., 1981 C2-Prof. f. Innere Med., 1984 Anerkennung als Hämatologe, 1988 Lehrstuhl f. Innere Med. II an d. Fak. f. klin. Med. Mannheim d. Univ. Heidelberg, seit 1988 Dir. d. III. Med. Klinik am Klinikum Mannheim d. Univ. Heidelberg, 1989-92 Fachvertreter d. BMFT f. AIDS Clinical Research b. d. EG in Brüssel, Gutachter d. wiss. Zeitschrift AIDS-Forschung. P.: ca. 300 wiss. Veröff., davon 50 Übersichts- u. Lehrbuchartikel, 28 Fallstudien, 132 Originalarb. u. 80 Kurzmitteilungen. E.: 1985 Curt-Bohnewand-Preis f. wiss. Arb. auf d. Gebiet d. Krebsforsch., 1990 Preis f. interdisziplinäre Zusammenarb. d. VdFF d. GSF. M.: b. 1997 Präs., ab 1997 Secretary General IACRLRD, Dt. Ges. f. Hämatologie u. Onkologie, Dt. Ges. f. Innere Med., Ges. f. Virologie, European Society for Medical Oncology, American Society of Hämatology, American Society for Clinical Onkology, Dt. Krebsges., Süddt. Hämoblastose Gruppe, Koordinator d. dt. CML-Studiengruppe, Dt. Alpenver., Dt. Arge f. d. Knochenmarkplantation, Ges. f. Fortschritte auf d. Gebiet d. Inneren Med. H.: Sportfliegen, Hochgebirgswandern, Skifahren.

Hehme Norbert *)

Hehn Hartmut Georg Ludwig Dipl.-Ing. *)

Hehn Sascha
B.: Schauspieler. FN.: c/o Agentur Irmgard Palz. DA.: 81927 München, Ortlindestr. 6 X. G.: München, 11. Okt. 1954. K.: bereits mit 5 Jahren "Hubertusjagd" erste Rollen im Film u. Fernsehen, Bühnen-Engagements u.a. bei der Kleinen Komödie in München (1974) u. bei den Salzburger Festspielen (1982), bekannt vor allem d. seine Rolle in der Serie "Traumschiff"; Auszug aus der Filmografie: Das Mädel aus dem Böh-

*) Biographie www.whoiswho-verlag.ch oder beigefügte CD-ROM

Hehn

merwald, Der doppelte Nikolaus (1964), Ein Wintermärchen (1965), Mädchen beim Frauenarzt (1970), Schüler-Report (1971), Frauenarzt Dr. Markus Merthin (ab 1994), Eine Mörderin (1994), Eine Liebe auf Mallorca (1998). H.: Sport (Ski, Tennis, Reiten, Fechten).

Hehn Sigrid *)

Hehner Georg *)

Hehr Martin
B.: Radio- u. Fernsehtechnikmeister, selbständig. FN.: DHR Datensysteme GmbH. DA.: 59494 Soest, Hartweg 9. G.: Soest, 29. Okt. 1957. S.: 1982 FHR Soest, 1982-85 Lehre Radio- u. Fernsehtechniker. K.: 1988-91 Ang. in d. Computerbranche, seit 1991 selbständig m. Grdg. d. Firma DHR m. Schwerpunkt Softwareentwicklung f. Omnibus-, Taxi- u. Reiseunternehmen, Elektrofahrtenbücher, Erstellung v. Lohn- u. Finanzbuchhaltungssoftware, europaweit tätig. M.: RDR. H.: Musik, Theater.

Hehrmann Rainer Dr. med. Prof. *)

Heibei Hans-Jürgen M.A. *)

Heibel Erhard J. Dipl.-Kfm. *)

Heiber Joachim Dipl.-Vw. *)

Heiber Wolfgang *)

Heibler Hans

B.: Fahrlehrer, selbständig. FN.: Fahrschule Schäffler, Inh. Hans Heibler. DA.: 83022 Rosenheim, Kaiserstr. 2/1. G.: Steinkirchen, 18. Jan. 1946. V.: Marianne. Ki.: Markus (1976) und Thomas (1983). El.: Christoph u. Therese. S.: 1960-63 Lehre Landwirt. K.: 1963 Landwirt im elterl.ichen Betrieb, 1965 Bundeswehr, 1967 Ausbildung Schweißer SLV München, 1968 Ausbildung Fahrlehrer, 1971 Mittlere Reife an d. Bundeswehrfachschule in Kempten, 1972 Ausbildung in VPI, 1973 angest. Fahrlehrer in d. Fahrschule Schäffler in Rosenheim u. seit 1997 Inh. d. Fahrschule Schäffler. M.: Trachtenverein, Veteranenverein, Sportverein, Feuerwehr, Landesverband d. Fahrlehrer. H.: Basteln am eigenen Haus, Bergwandern, Motorradfahren.

Heichel Bernd K. Dipl.-Ing. *)

Heichele Wolfgang
B.: Musikschulrektor, Ltr. FN.: Sing- u. Musikschule Kempten. DA.: 87439 Kempten, Bräuhausberg 4. G.: Augsburg, 20. Feb. 1948. V.: Gisela, geb. Ringle. Ki.: Thomas (1982). El.: Karl u. Vilma. S.: 1968 Abitur Augsburg, 1 J. am Leopold-Mozart-Konservatorium, 1969-73 Stud. Schulmusik in München u. 1973-75 im Fach Chordirigieren an d. HS f. Musik in München b. Prof. Fritz Schieri u. Prof. Harald Genzmer. K.: gleichzeitig auch am Theresiengymnasium in München tätig, 1975-77 Gymnasium Königsbrunn, danach in Gersthofen u. seit 1986 an d. Sing- u. Musikschule in Kempten, Gründer u. Ltr. d. "Augsburger Motettenchor", m. d. er eine Vielzahl v. A-capella-Konzerten bestritt, zahlr. Rundfunkaufnahmen sowie d. Aufführung d. bedeutendsten Werke d. Oratorienliteratur, Referent f. Chorleitung u. Stimmbildung f. versch. Organisationen, Prüfer f. d. Fach Chorleitung, Aufführungen v. Bach's Weihnachtsoratorien 1-3 u. 4-6, Johannes-Passion, Messias, Mozarts Requiem, v. Haydn "Schöpfung" u. "Jahreszeiten" sowie v. Orff d. Carmina Burana, seit seinem Wechsel nach Kempten betreut er vier Chöre m. denen er d. Reihe seiner Aufführungen fortsetzt, so standen bereits "Elias" und "Paulus" das Brahms-Requiem, Dvoraks Requiem, Strawinskys Psalmensinfonie u. "König David" v. Arthur Honegger auf d. Plan. P.: div. Rundfunk-, Fernseh-, CD-Aufnahmen. E.: Regionalausschussvorsitzender d. Wettbewerbs "Jugend musiziert". H.: Reisen, Lesen, sammelt moderne zeitgenössische Kunst, Wandern, Hund.

Heicke Matthias
B.: Gschf. FN.: Medicar GmbH. DA.: 17139 Malchin, Pastinakelstr. 8. matthias.heicke@01019freenet.de. www.medicaregmbh.de. G.: Bergen/Rügen, 21. März 1966. V.: Kathlen, geb. Roland. Ki.: Michaela (1996). El.: Jürgen u. Christine, geb. Prösch. S.: 1982-85 Lehre z. Orthopädiemechaniker Hoyerswerda. K.: 1985-88 Bez.-KH Neubrandenburg, 1989 Klinik-Werkstatt Neubrandenburg, 1989 Ausreise in d. BRD u. dort b. 1992 in einer orthpäd. Werkstatt in Lübeck, 1993 Übernahme d. Filiale in Malchin, 1993 Mitges. d. CWS Medicare GmbH, ab 1995 Gschf. Ges. d. o.g. Firma. H.: Reisen, Motorradrennen, Ducati.

Heicking Stefan Dipl.-Kfm. *)

Heicking Wolfram Dr. päd. Prof. *)

Heid Helmut Dr. rer. pol. *)

Heid Matthias
B.: Dir. FN.: Hotel Mercure Koblenz. DA.: 56058 Koblenz, Julius-Wegeler-Str. 6. G.: Karlsruhe, 4. Apr. 1963. V.: Daphne, geb. Hacker. Ki.: Rebecca (1995), Simon (1997). S.: 1983 Abitur Wörth/Rhein, 1983-84 Marine in Washington D.C. USA - Stabsdienst, ab 1985 Service in Gourmet Restaurant CP Frankfurt, 1985-87 Ausbild. z. Hotelfachmann CP Frankfurt. K.: 1987 Ass. FMB Cost Controller, 1987-88 Einkäufer u. Cost Controller im ALTEA Hotel Frankfurt, 1988-89 1 J. USA Palm Springs als Cost Controller im Doubletree Hotel, 1989-97 Hotel Mercure Frankfurt, zuerst Dion.-Ass., ab 1995 d. Zentraleinkauf d. Mercure Gruppe Deutschland aufgebaut, 1994 Hotelmeister, 2 J. Ausbild. z. Hotelmanager b. d. Hotel-Management Ak. Koblenz. H.: Sport, Literatur, Musik.

Heid Michael

B.: Apotheker. FN.: Hubertus-Apotheke. DA.: 87463 Dietmannsried, Krugzeller Str. 5. G.: Heidelberg, 12. Mai 1960. S.: 1979 Abitur Heidelberg, 1979-80 Wehrdienst, 1980-81 Fremdenführer in Heidelberg, 1981-83 Ausbild. z. Med. Techn. Radiologieass., Abschluß MTRA, 1983-87 Pharmaziestud. Univ. Heidelberg, Approb. als Apotheker. K.: 1988-99 Apotheker in d. Apotheke b. Fuggerbau, 1996 Postgradualstud. Toxikologie u. Umweltschutz an d. Univ. Leipzig, Abschluß Fachpharmazeut f. Toxikologie, 1996 Grdg. d. Firma Äthera, 1999 Übernahme d. Hubertus-Apotheke. H.: Tennis, Segeln.

*) Biographie www.whoiswho-verlag.ch oder beigefügte CD-ROM

Heidacker Gerhard Dipl.-Ing.

B.: Architekt. DA.: 65474 Bischofsheim, Schulstraße 10. g.heidacker@heidacker.de. www.heidacker.de. G.: Bischofsheim, 7. Aug. 1950. V.: Marion, geb. Bersch. Ki.: Jana (1980) und Nico (1983). El.: Anton und Caroline, geb. Schultz. S.: 1969 Abitur Wiesbaden, 1969-75 Stud. TH Darmstadt, 1975 Dipl.-Ing. K.: 1976-94 selbst. Arch.-Büro Bischofsheim, z.Z. 15 Mitarb., davon 7 dipl. Arch. E.: 1984 1. Preis Arch.-Wettbewerb Kindergarten Nauheim, 1985 Olbrich-Plakette f. gute Arch. f. d. Kindergarten in Ginsheim, 1988 1. Preis gutachterl. Wettbewerb Mehrzweckgebäude Bischofsheim, 1993 gutachterl. Wettbewerb Kindergarten Königstätten, 1998 1. Preis Wettbewerb Kosten-, Flächen u. Energiesparendes Bauen, Max-Beckmannweg, Rüsselsheim. H.: Reisen, Zeichnen, Golf.

Heidacker Jürgen

B.: selbst. Kfm. DA.: 26135 Oldenburg, Elbestr. 1-5. heidacker@via-media-logistik.de. G.: Delmenhorst, 15. Mai 1957. V.: Cornelia, geb. Bartels. Ki.: Lena (1982). El.: Karl u. Ruth, geb. Buschmann. S.: 1974-77 Lehre als Sped.-Kfm. Bremen. K.: 1978 -80 Exportsachbearb. d. Firma Reibel AG in Bremen, seit 1980 selbst. m. Grdg. d. Firma Heidacker Transport GmbH, b. 1986 Ges. u. Prok., 1986-91 Versandltr. u. kfm. EDV-Ltr. d. Maschinenfbk. August Herzog in Oldenburg, 1991-98 Betriebsltr.d. Firma GVA GmbH in Bad Zwischenhahn, 1994 Gschf. d. via media logistik GmbH in Oldenburg. H.: Spaziergänge am Meer.

Heidari Mohammad Dr. med.

B.: FA f. Urolgie in eigener Praxis. GT.: Organisator d. Spandauer Ärztefortbildung. DA.: 13597 Berlin, Carl-Schurz-Str. 31. drheidari@ hotmail.com. G.: Teheran/ Iran, 6. Okt. 1942. V.: Sonbol. Ki.: Lilian (1976), Bibi (1984). S.: 1962 Abitur in Teheran, Besuch d. Goethe-Inst. in Teheran, 1966-74 Stud. Med. an d. FU Berlin, Assistenzzeit am Urban-KH in Berlin-Kreuzberg, 1975 Prom. z. Dr. med. K.: 1981 Anerkennung als FA f. Urologie, 1983 OA an d. Uni.-Klinik Westend in Berlin, 1984-90 Ltd. OA u. ständiger Vertreter d. Chefarztes am Virchow-KH Berlin, 1990 Ndlg. als Urologe. M.: Dr. urologischen Ges., Berliner Urologenges.,Tennisclub "Blau-Weiß" Berlin. H.: Familie, Sport, Schach.

Heidbreder Ekkehart Dr. med. habil. Prof. *)

Heidbüchel Franz *)

Heidbüchel Martin

B.: Dipl.-Ökonom, Gschf. Ges. FN.: Symbolus GmbH. DA.: 58452 Witten, Körnerstr. 34. PA.: 59494 Soest, Krummel 2. V.: Beate, geb. Paschroß. Ki.: Carla (1997). El.: Johannes u. Helga, geb. Bader. S.: 1980 Abitur, 1980-88 Stud. Wirtschaftswiss. an d. Ruhr-Univ. Bochum. K.: 1989-91 Disponent, 1991-93 Ndlg.-Ltr. b. einem Bild.-Träger in Bautzen/Sachsen, 1993 Softwareberater b. d. Firma Baukoncalt Berlin, 1994 SAP-Berater b. d. Firma Pecom GmbH in München, 1995-97 SAP-Berater b. d. SLI AG in d. Schweiz, 1995 f. d. Firma Auslandsaufenthalt in Saudi-Arabien, 1997-99 freiberufl. SAP-Berater in Witten, seit 2000 Gschf. Ges. d. Symbolus GmbH. H.: Theater, guter Krimi, Musik.

von der Heide Dieter *)

von der Heide Gerhard

B.: selbst. Orthopädieschuhmachermeister. DA.: 31812 Bad Pyrmont, Baasen 29. G.: 16. Feb. 1945. V.: Veronika, geb. Frikot. Ki.: Katja (1971), Beate (1975), Meike (1979). S.: 1962 Mittlere Reife, 1962-65 Lehre z. Orthopädieschuhmacher im elterlichen Betrieb, 1965-66 Bundesgrenzschutz in Goslar, 1966-69 Weiterbildung u. Gesellentätigkeit in Ludwighafen, 1968-69 Fachschule Hannover z. Meister. K.: 1970 Einstieg in d. elterl. Betrieb als Meister, 1985 Alleininhaber d. Firma. M.: Turnver. Baasen, Imkerver. Bad Pyrmont, Gesangsver. Eichenborn als Chorleiter. H.: Sport, Turnen, Kutsche fahren, Fotografieren, Musik.

Heide Harald Dr. med. dent. *)

von der Heide Heiko

B.: Schulleiter. FN.: Grund- u. Hauptschule. DA.: 23919 Berkenthin, Berliner Str. 20. G.: Berlin, 15. Apr. 1940. V.: Waltraud, geb. Kletke. El.: Heinz u. Lucie. BV.: Heinrich von der Heide, Regierungsamtmann in Hildesheim. S.: 1958-70 Bundesgrenzschutz, ausgeschieden als Obermeister, 1968 Begabtenprüfung in Kiel, 1968-73 Stud. d. Lehramtes f. Grund- u. Hauptschule in Pönitz, 1977 2. Staatsexamen. K.: 1979 Studienleiter, 1981 Schulleiter d. Grund- u. Hauptschule Berkenthin,

*) Biographie www.whoiswho-verlag.ch oder beigefügte CD-ROM

Heide

1982 Ausbau d. Schule. M.: DRK, ASB Arbeiter Samariter Bund. H.: Studienreisen, Bau historischer Schiffsmodelle, Segeln, Wildwasserkajak, Fotografie.

Heide Oliver *)

Heide Tim Dipl.-Ing. *)

Heide Torsten

B.: Apotheker. FN.: Eisenhut Apotheke. DA.: 57080 Siegen, Eiserfelder Str. 466. torsten.heide@t-online.de. www.eisenhut-apotheke.de. G.: Freudenberg, 19. Mai 1963. V.: Ulrike, geb. Wunderlich. Ki.: 2 Kinder. El.: Horst u. Charlotte. S.: 1982 Abitur Siegen, 1983-90 Grundwehrdienst, Stud. Chemie an d. Univ. Siegen, Stud. Pharmazie an d. Univ. Marburg u. prakt. Ausbild. in einer öff. Apotheke in Gladenbach, Approb. K.: 1991-97 ang. Apotheker in Apotheke in Haiger u. Siegen, seit 1998 Übernahme u. Inh. d. Eisenhut Apotheke in Siegen. H.: Tennis.

Heide Ulrich Dr. päd. *)

Heide Ursel

B.: Gschf. Ges. FN.: Alster-Nord-Gebäudereinigung GmbH. DA.: 24558 Henstedt-Ulzburg, Kirchenweg 64B. alster-nord@t-online.de. G.: Eiserwagen, 4. Okt. 1930. V.: Heinz-Werner Heide. Ki.: Martina (1955), Christiane (1961). K.: 1949-55 Verkäuferin im Haushalts- u. Eisenwarengeschäft Amann in Garstedt, 1955-61 Familienpause, 1961 Grdg. d. Firma Gebäudereinigung Heinz Werner Heide in Norderstedt, 1976 Verlegung u. Umfirmierung Alster-Nord-Gebäudereinigung GmbH nach Henstedt-Ulzburg, seither Gschf. Ges., 2001 Übergabe d. Geschäftsführung an d. Tochter Christiane. M.: Gebäudereinigung Schleswig-Holstein, Schützengilde Bekkersberg Henstedt-Ulzburg. H.: Schießen, Kegeln.

Heide Wilhelm (Willy) *)

Heidebroek Friedrich-Carl

B.: Dipl.-Bankfachwirt, Gschf. u. persönl. haftender Ges. FN.: Bankhaus C. L. Seeliger. DA.: 38300 Wolfenbüttel, Lange Herzogstr. 63. heidebroek@seeligerbank.de. G.: Braunschweig, 2. Mai 1962. V.: Annegret, geb. Nabel. Ki.: Volker (1992), Stefan (1995), Frauke (1998). El.: Günther u. Erika, geb. Kiepe. S.: 1982 Abitur, b. 1983 Wehrdienst, 1983-85 Lehre Bankkaufmann Bankhaus C. L. Seeliger, 1986-88 Stud. z. Dipl.-Bankfachwirt Bankakademie. K.: 1987 Handlungsbevollmächtigter, 1991 Prok. d. Kreditabteilung u. seit 2001 persönl. haftender Ges. d. Bankhaus C. L. Seeliger. M.: Golf- u. Landclub St. Lorenzen Schöningen. H.: Sportschießen.

Heidelbach Volker

B.: RA. FN.: Heidelbach & Krolik Anwaltskanzlei. DA.: 45131 Essen, Veronikastr. 32. info@heidelbach.net. www.heidelbach.net. G.: Essen, 28. Dez. 1961. V.: verh. S.: Stud. Rechtswiss. in Bochum u. Münster, 1987 1. Staatsexamen (Referendarexamen), Ausbildungsstationen: Stadt Essen, stadtinterne Steuerberatung, Finanzgericht Düsseldorf, 1991 2. Staatsexamen (Assessorexamen). K.: 1991 Bestellung z. RA, 1991 Grdg. d. Sozietät Heidelbach & Krolik Rechtsanwälte, 2001 Bestellung z. Fachanwalt f. Steuerrecht, Tätigkeitsschwerpunkte: Gestaltung v. steueroptimierten Testamenten, Erbverträgen, Unternehmensübertragungen, finanzgerichtliche Verfahren, Vertretung v. d. Bundesfinanzhof. H.: Tennis, Fahrradfahren.

Heidelberg Susanne

B.: Juwelier. FN.: Lüttge GmbH. DA.: 37154 Northeim, Markt 1. PA.: 37154 Northeim, Hauptstr. 11. G.: Einbeck, 19. Sep. 1964. V.: Ralf Heidelberg. Ki.: Kim (1999). El.: Wolfgang u. Bärbel, geb. Forgber. S.: 1984 Abitur Dassel, 1984-88 Lehre z. Goldschmied b. Firma Kuhlmann Hannover, 1988-90 Lehre z. Bürokauffrau im Einzelhdl. im väterl. Betrieb Firma Juwelier Hartwig Göttingen. K.: 1991 Übernahme d. elterl. Betriebes Firma Werner Lüttge KG Optik u. Schmuck in Northeim, 1991 Umbenennung d. Firma in Lüttge GmbH. M.: Stadtmarketing Northeim, Schriftführer u. seit 1999 Vorst. Segelclub Northeim. H.: Segeln (Inh. A + BR Schein).

Heidelmann Arnd-Michael *)

Heidemann Christiana

B.: freiberufl. Malerin u. Grafikerin. DA.: 04317 Leipzig, Stötteritzer Str. 71. www.visualphotoart.de. G.: Gerolzhofen, 1. Feb. 1950. Ki.: David (1974). K.: 1986-89 Kandidatur f. d. VBK d. DDR, seit 1990 Mtgl. d. BBKL, 1995-97 Vorst.-Mitglied d. GEODEK Leipzig/Sachsen e.V.; Schaffen: Symbolistik, d. ihre Wurzeln in d. Dt. Romantik findet; Quellen, Literatur, Märchen, Sagen, tiefenpsych. Auseinandersetzung u. d. Techniken: Grafik, Malerei, Kleinplastik, Medaillengestaltung u. Künstlerbuch. P.: Gemälde: "Der vollendete Mond", "Die Aufforderung z. Tanz-Die Flut", "Die Wurzelsuche", jährliche Personalausstellungen u.a. in Leipzig, Aschaffenburg, Kitzingen u.a.m. M.: BBKL. H.: Literatur, klass. Musik, Natur.

Heidemann Detlef Dr. med. Prof. *)

Heidemann Frank *)

Heidemann Horst *)

*) Biographie www.whoiswho-verlag.ch oder beigefügte CD-ROM

Heidemann Hugo Dr. med. Prof.

B.: Chefarzt. FN.: Landesbetrieb-KHLBK Hamburg. DA.: 22081 Hamburg, Friedrichsberger Str. 60. G.: Schwerte, 17. Jan. 1951. V.: Doris, geb. Kernebeck. Ki.: Katrin (1981), Hanna (1983), Helen (1987). S.: 1970 Abitur, 1970-76 Med.-Stud. an Univ. Heidelberg u. Münster, 1976 Prom. K.: 1977-78 Med.-Ass. Path. Inst. d. Univ. Münster, Chir. Abt. St. Willehad Wilhelmshaven, Med. Klinik d. Univ. Münster, 1978-80 an d. Med. Klinik Essen, 1980-82 Postdoctoral Fellowship an d. Vanderbild Univ. in Nashville Tennesse USA, 1982-86 Med. Univ.-Klinik Essen, 1986-93 l. Med. Klinik Kiel, 1987 Habil. u. OA, 1991 apl.Prof., 1993 Wechsel z. Landesbetrieb-KH Hamburg, hier Chefarzt. E.: 1986 Preis d. Dt. Therapiewoche, 1993 Wiss.-Preis d. dt.-sprachigen Mykolog. Ges. M.: dt.-sprachige Mykolog. Ges., German Assoc. of the Study of the Liver. H.: Tennis, Alpinski, Uhren, Theater, Oper.

Heidemann Jörg

B.: Zahntechnikermeister, Gschf. FN.: Dentallabor Jörg Heidemann. DA.: 30159 Hannover, Am Taubenfelde 28. joergheidemann@t-online.de. G.: Hildesheim, 8. Juli 1963. V.: Maren, geb. Jahn. Ki.: Sarah-Louise (1996). El.: Dieter u. Karin, geb. Bärtle. S.: b. 1986 Ausbild. z. Zahntechniker in d. Zahnklinik d. MHH, in div. Bands als Musiker tätig, Studioaufnahmen, eigene Lieder u. Songs komponiert. K.: Tätigkeit in versch. Dentallabors in Hannver, 1991 50%ige Beteiligung an einem Dentallabor, parallel b. 1993 Meisterschule, seit 1993 Zahntechnikermeister, Übernahme eines Dentallabors, Umfirmierung in Jörg Heidemann Dentallabor, ständig Fort- u. Weiterbild.-Seminare in Theorie u. Praxis. H.: seit 20 J. aktiver Musiker (Pop), CD-Veröff. als E.V.P. Besonic.com.

Heidemann Klaas Dr. med. *)

Heidemann Thomas

B.: Fashion & Creativ Director, Agentur- u. Werbeleitung, Inh. u. Gschf. FN.: Thomas Heidemann Communications GmbH. GT.: 2001 Grdg. v. Brunner + Heidemann GmbH, München, Büro für Fashion Consulting zusammen m. Reto Brunner. DA.: 90403 Nürnberg, Unschlittpl. 13. th@thomas-heidemann.com. www.thomas-heidemann.com. G.: Bielefeld, 1. Okt. 1958. S.: Abitur, Studium. K.: Ass. bei internat. Modeagenturen, freelance Art Director (u.a. Elegance), Fashion-Editor (Details, Woman), Advertising & Fashion Coordinator, Fotografie & Leitung für/von Modeproduktionen - Aufträge f. renommierte deutsche/internationale Versandhäuser (u.a. Quelle u. Pottery Barn) u. namhafte amerikanische Fashion-Magazine v. Elle bis Vogue mit Stars wie Gloria Estefan u. Mickey Rourke, Dozent am Intern. Fine Arts College Miami, seit 1986 in Miami lebend, Inh. v. Thomas Heidemann Production Studio (Agentur f. Modeproduktion - Aufträge f. Top-Firmen u. Hochglanz-Magazine), Kolumnnist/Autor f. Qcean Drive, 1996 Grdg. d. Werbeagentur Thomas Heidemann Art Service in Miami, 1997 Eröff. einer Dependence in Nürnberg, 1999 Übernahme d. Werbeltg. d. Mode- u. Sporteinzelhandelsunternehmens Wöhrl sowie Grdg. v. Thomas Heidemann Communications GmbH in Nürnberg, lebt seit 1999 in Nürnberg. P.: Fotoband "Thomas Heidemann Photography. 1990-2000", Artikel f. Ocean Drive, Details, Woman u.a. int. Fashion/Lifestyle-Magazine, Fotoausstellung "Sex & Death in Miami". H.: Fotografie, Beruf.

Heidemann Werner Dr. *)

Heidemann Wolf-Rüdiger

B.: Kfz-Kfm., Inh. FN.: Autohaus Heidemann. DA.: 44579 Castrop-Rauxel, Zum Düker 6. PA.: 44575 Castrop-Rauxel, Kleine Rosenstr. 3. G.: Castrop-Rauxel, 20. Jan. 1944. V.: Karin, geb. Acker. El.: Peter u. Hannelore. S.: 1958-61 Ausbild. z. Kfz-Mechaniker. K.: 1961-66 Ang., 1966 Meisterschule m. Abschluss, 1966-68 Bundeswehr, 1968-70 Ang. b. einem Kfz-Sachv., 1970-72 ang. Kundendiensting., 1972-75 Stud. Maschinenbau an d. FH Dortmund, Dipl.-Ing., 1975-85 ang. Kundendiensting., 1985-87 Betriebsltr. im Kfz-Hdl., 1988-89 Baultg. b. Bau d. eigenen Werkstatt u. Autohaus, 1989 Grdg. d. Autohauses, Brit. Oldtimer, Cooperations-Partner v. Lada-Rußland f. d. Ralley "Paris-Moskau". M.: Brit. Oldtimer Club, Soldar-Fonds Castrop-Rauxel, Tierschutzver. H.: Motorsport.

Heidemann Wolfgang *)

Heidemanns Klaus Dr. med. dent.

B.: Zahnarzt. DA.: 52372 Kreuzau, Im Dröhl 3. G.: Würselen, 18. Sep. 1945. V.: Anneliese, geb. Alkemeyer. Ki.: Christof (1975) und Lisa Katrin (1983). El.: Adolf u. Doris. S.: 1966 Abitur Versmold, 1966-72 Stud. Zahnmed. Univ. Münster, Approb. K.: 1972-73 Ass. bei versch. Zahnärzten im Münsterland, 1973 Wehrpflichtiger b. d. Bundeswehr, 1974-77 Führung einer Praxis f. einen Kollegen in Hopsten, 1974 Prom. z. Dr. med. dent., 1978 Übersiedlung nach Kreuzau. Eröff. einer eigenen Zahnarztpraxis m. angeschl. Dentallabor, ab 1999 erste Praxis in Deutschland m. Zertifizierung nach ISO 9002 f. Praxis u. Labor, Tätigkeitschw. Implantologie. M.: Dt. Ges. f. Parodontologie e.V., Dt. Ges. f. Implantologie e.V., Dt. Ges. f. Ästhet. Zahnheilkunde e.V., Grgd.-Mtgl. Lions Club Kreuzauc-Rureifel, Bruderschaft St. Christoph/ Arlberg. H.: Fotografieren, Golfen.

---

*) Biographie www.whoiswho-verlag.ch oder beigefügte CD-ROM

Heiden

Heiden Gunther

B.: Kfm. FN.: Daniel Heiden Straßen- u. Tiefbau. DA.: 50737 Köln, Floriansg. 31; 50739 Köln, Longericher Str. 205. G.: Köln, 27. Feb. 1937. V.: Ille, geb. Felthaus. Ki.: Ralph (1960), Jörg (1963), Sabine Dipl.-Bauingenieurin (1972). El.: Daniel u. Johanna, geb. Felix. BV.: Vater Daniel (geb. 1900) Firmengründer. S.: 1954 Mittlere Reife Köln, 1960 Meister Straßenbauerhandwerk. K.: 1954 Übernahme d. Unternehmens nach Tod d. Vaters, Straßen- u. Tiefbau, s. 1994 auch Containerdienst, seit ca. 1990 Übertragung d. Betriebes an d. Söhne, beides Straßenbauermeister, 2000 Neubau im Gewerbegebiet Köln-Bilderstöckchen. E.: seit über 30 J. ehrenamtl. im Vorst. d. Innung Köln. M.: ElferR. Straßenbauerinnung Köln, Tennisclub Grün-Weiß Pesch. H.: Tennis, Wandern, Radfahren.

Heiden Jörg

B.: Kfm., Baultr. FN.: Daniel Heiden Straßen- u. Tiefbau. DA.: 50737 Köln, Floriansg. 31; 50739 Köln, Longericher Str. 205. G.: 20. Feb. 1963. V.: Ursula Petra, geb. Kirner. Ki.: Tristan (1986), Fabian (1990), Garin (1997). El.: Gunther u. Ille, geb. Felthaus. BV.: Großvater Daniel (geb. 1900) Firmengründer. S.: 1979 Mittlere Reife, 1979-81 Straßenbauerlehre, 1987 Meister. K.: Baultr., Straßen- u. Tiefbau, seit 1994 auch Containerdienst, 2000 Neubau im Gewerbegebiet Köln-Bilderstöckchen. M.: ElferR. Straßenbauerinnung Köln, Tennisclub Grün-Weiß Pesch. H.: Sportschifffahrt, See- u. Binnenschein.

Heiden Michael

B.: Ltr. FN.: Staats- u. Domchor Berlin. DA.: 10623 Berlin, Hardenbergstr. 41. G.: Heidelberg 30. März 1951. V.: Britta. Ki.: Benjamin (1992). BV.: Vater Erich Heiden - Operettenbuffo u. Kabarettist; Mutter Grit Grün - Schauspielerin am Staatstheater Mannheim. S.: Abitur in Berlin, 1973-75 Stud. Publizistik Fritz Eberhardt an d. FU Berlin. K.: seit 1975 tätig f. d. Staats- u. Domchor Berlin u. später Ltr. d. Geschäftsstelle. P.: viele Interviews. H.: Hausbau, Radfahren, Fußball, Bergwandern in Südtirol.

Heiden Ralph *)

an der Heiden Wulf-Uwe Dr. rer. nat. Prof. *)

Heidenreich Birgit *)

Heidenreich Carsten Dipl.-Designer

B.: Schmuckdesigner, Inh. FN.: Schmuck-Galerie. DA.: Berlin, Danziger Str. 17. www.goldschmiede-berlin.de. G.: Hamburg, 19. Feb. 1964. S.: 1986-88 Ausbild. Goldschmied Pforzheim, 1988-94 Stud. Schmuck-Design FH Pforzheim, 1994 Dipl.-Abschluß. K.: 1993-99 Designer in Köln, seit 1999 tätig in Berlin. P.: Veröff. im Schmuckmagazin (2001). H.: Menschen treffen.

Heidenreich Evelyn *)

Heidenreich Fritz *)

Heidenreich Hans Dipl.-Ing.

B.: Dipl.-Bauing., Gschf. FN.: Diplomingenieure Schneider Heidenreich GmbH. DA.: 06114 Halle/Saale, Hegelstr. 14. PA.: 06118 Halle/Saale, Schneeglöckchenweg 4. G.: Sangerhausen, 23. März 1950. V.: Ingrid, geb. Lohöfener. Ki.: Andreas (1976), Christian (1979). El.: Helmut u. Lotte. S.: 1968 Abitur u. Facharb.-Abschluß als Maurer, 1968-72 Stud. an d HS f. Arch. u. Bauwesen in Weimar m. Abschluß als Dipl.-Ing. K.: 1972-82 Statiker u. Konstrukteur in einem Planungsbüro d. Bauwesens, 1982-90 Ltr., 1990 Grdg Duwe Schneider Heidenreich GmbH, seit 1992 Prüfing. f. Baustatik. M.: BDB, VPI, Ing.-Kam. Sachsen-Anhalt, Vertreterversammlung d. Ing.-Kam. H.: Literatur, Theater.

Heidenreich Horst *)

Heidenreich Inge *)

Heidenreich Iris

B.: selbst. Kauffrau. FN.: ASA Walter Kamphausen Agentur f. Sonderwerbeinsätze + Außenwerbung Ballon- + Tourpromotion. DA.: 42897 Remscheid, Hackenberg 49-51. info@ballonfahrten.de. www.asa.ballonfahrten.de. G.: Remscheid, 18. Feb. 1966. El.: Walter u. Johanna Kamphausen, geb. Tärk. S.: 1985 Abitur Remscheid, 1985-88 Ausbild. z. Bankkauffrau b. d. Sparkasse Remscheid, 1988 Stud. Wirtschaftswiss. an d. Bergischen Univ. Wuppertal. K.: 1992 nach Grdg. d. Luftfahrtunternehmens durch d. Vater m. d. verschiedensten Verw.-Aufgaben betraut, ab 1995 Übernahme d. Firma ASA Walter Kamphausen. M.: VDLF, DFSV, BBAC. H.: Ballonfahren, Tanzen.

Heidenreich Peter Dr. *)

Heidepriem Jürgen E. W. Dr. -Ing. habil. (em.) *)

Heider Claudia *)

Heider Dieter Dr. agr.

B.: Agraring., Gschf. FN.: b&s Unternehmensberatung & Schulung GmbH. DA.: 04178 Leipzig, Leipziger Str. 81. G.: Weißenfels, 17. Okt. 1959. Ki.: Johannes (1988). S.: 1978 Abitur Merseburg, 1978 NVA, 1981-86 Stud. Agrarwiss. Karl-Marx-Univ. Leipzig, 1986 Dipl., 1985 Stud. Stara Zagora in Bulgarien, 1990 Prom. K.: 1989 Inst. WTZ wiss.-techn. Zentrum f. Ldw. in Markkleeberg, 1990 Außenstellnltr. z. Aufbau d. Außenstelle f. Leipzig Land, 1990 Grdg. d. b&s GmbH. P.:

Autorenkollektiv 1998 Art. in Zeitschrift "Neulandwirtschaft". M.: seit 1991 Wirtschaftsjunioren Leipzig, Hdls.-Richter LG Leipzig.

Heider Frank Dipl.-Ing. *)

Heider Franz-Peter Dr.
B.: Priv.-Doz., Gschf. FN.: debis IT Security Services GmbH. DA.: 53111 Bonn, Rabinstr. 8. PA.: 50354 Hürth, Martin-Luther-Str. 7. G.: Leverkusen, 10. Apr. 1949. V.: Monika, geb. Rosenreter. Ki.: 2 Kinder. S.: 1967 Abitur Leverkusen, 1967-73 Stud. Math. u. Physik an d. Univ. Köln, 1973 Dipl.-Math. K.: 1973-84 wiss. Ass. b. Prof. Jehne Univ. Köln, 1978 Diss. z. Dr. rer. nat., 1984 Habil., venia legendi f. Math., 1984 z. G.E.I., dort Aufbau d. Themas Computersicherheit, 1987 Abt.-Ltr., 1990 Übernahme d. Debis-Konzern, 1993 Geschäftsstellenltr., 1997 Gschf. Debis IT Security Services GmbH. BL.: Vorlesungen über Kryptographie u. Computersicherheit an d. Univ. Köln. P.: Buch "Math. Methoden d. Kryptographie", insgesamt über 40 Publ. M.: Dt. Math. Ver., Ges. f. Informatik, IACR. H.: Math., Astrophysik, USA-Reisen.

Heider Klaus

B.: Gschf. FN.: Biegeform Dittmann GmbH. DA.: 58119 Hagen, Färberstr. 4. PA.: 58515 Lüdenscheid, Paracelsusstr. 30. info@biegeform.wlwonline.de. www.biegeform.wlwonline.de. G.: Breslau, 10. Aug. 1943. V.: Eva, geb. Fiedler. Ki.: Veronique (1968). El.: Fritz u. Margarete, geb. Kühnel. S.: 1957-59 Lehre z. Werkzeugmacher b. Firma Hans Mertens in Lüdenscheid, 1959 Leichtmatrose in d. Hochseefischerei. K.: 1959-66 Arb. im Walzwerk Eduard Hueck in Lüdenscheid, 1966-68 selbst. in d. Gastronomie in Halver, 1968-72 Kraftfahrer b. d. Sped. Ruck in Lüdenscheid, 1972-74 Wiederaufnahme d. Lehre als Werkzeugmacher b. d Firma Mertens, 1974-77 Gesellenj., Ausbild. z. Refafachmann, 1977-78 Weiterbild. z. Werkzeugmachermeister, 1978-87 Wechsel z. Firma Biegeform Dittmann GmbH, zuerst Werkzeugmachermeister, 1979 Betriebsltr., seit 1987 Gschf. d. Firma Biegeform Dittmann GmbH. M.: Federnfachverb. H.: Surfen, Snowboarden, Laufen, Musizieren, Trompete, Enkelkinder.

Heider René *)

Heider Werner
B.: Komponist. PA.: 91058 Erlangen, An der Lauseiche 14. G.: Fürth, 1. Jan. 1930. V.: Lydia, gb. Kusser. Ki.: 2 Kinder. S.: Musikstud. München u. Nürnberg. K.: Pianist u. Dirigent, komponierte unter Anwendung neuester musikal. Techniken u.a. "Modelle", szenisches Werk f. Tänzer, Instrumente, Texte u. Bilder, "Kunst-Stoff" f. Elektroklarinette, 1971 präpariertes Klavier u. Tonband, 1982 "Rock-Art" f. Sinfonieorchester. E.: Div. Preise u.a. 1965-67 Rompreis.

Heiderich Helmut Dipl.-Vw.
B.: MdB. FN.: Dt. Bundestag. DA.: 11011 Berlin, Platz d. Republik 1. helmut.heiderich@bundestag.de. G.: Lautenhausen, 4. Feb. 1949. Ki.: 2 Töchter. S.: 1967 Abitur Bad Hersfeld, 1972 Dipl.-Vw. K.: 1975 StR. z.A., 1982 OStR., 1986 Lehrbefähigung f. Informatik, 1987 Doz. f. Wirtschafsinformatik an d. FH Fulda, 1991 Fachschule E-Technik u. Kreisberufsschule Bad Hersfeld, 1986 stellv. Kreisvors. d. CDU Hersfeld/Rotenburg, 1992 Kreisvors., 1972 Gem-Vertreter, 1974 Fraktionsvors. in Friedewald, 1977 Fraktionsvors. im Kreistag Hersfeld/Rotenburg, s. 2000 MdB. (Re)

Heiderich Martin

B.: selbst. Architekt. DA.: 44135 Dortmund, Prinz-Friedrich-Karl-Str. 34. G.: Duisburg, 24. Mai 1963. S.: 1983 Abitur in Oberhausen, 1983-86 Ausbildung z. Tischler, 1986-93 Stud. Architektur Univ. Dortmund. K.: seit 1993 wiss. Ang. an d. Univ. Dortmund bei Prof. Helge Bofinger, 1993 Gründung Architekturbüro Martin Heiderich, seit 1993 Projektpartnerschaft mit Prof. Helge Bofinger, Petra Heinze, Eckhard Scholz u.a., 2001 Gründung der Partnerschaft Heiderich Hummert Klein Architekten, Dortmund, Schwerpunkt: Architektur mit hoher und innovativer gestalterischer, bautechnischer und wirtschaftlicher Qualität. H.: Hammond Orgel in einer Soul Band.

Heiderich Stefan
B.: Landesjugendsekretär. FN.: Deutscher Gewerkschaftsbund Landesstelle Thüringen. DA.: 99092 Erfurt, Warsbergstr. 1. stefan.heiderich@dgb.de. G.: Suhl, 11. Okt. 1972. El.: Hubert u. Marlies. S.: 1989 Mittlere Reife, 1989-92 Lehre Koch, 1993-94 Wehrdienst, 1994-95 Stud. Fachschule f. Gastronomie Erfurt. K.: 1996-97 Sozialarbeiter bei d. Stadt Suhl, 1998-2001 Sozialarbeiter b. Verein Wirbelwind e.V., seit 2001 Landesjugendsekretär b. DGB. M.: seit 1994 Stadtrat Suhl, polit. Sprecher d. PDS-Landesvorstandes Thüringen (1996-97), seit 1999 Vors. d. Jugendhilfeausschuß, Landesjugendhilfeausschuß, Vorst.-Mtgl. d. Landesjugendring, seit 2000 stellv. Fraktionsvorsitzender d. PDS im Stadtrat Suhl. H.: Fußball.

Heidermann Wiho *)

Heidfeld Nick
B.: Profi-Rennfahrer. FN.: c/o WH Sport International GmbH. DA.: 54294 Trier, Im Seil 4. info@whsport.de. www.nickheidfeld.de. G.: 10. Mai 1977. V.: Patricia Paager (Freundin). El.: Wolfgang und Angelika Heidfeld. S.: Fach-Abitur. K.: s. 1984 im Profi-Motorsport, 1994 Erster Sieg im ersten Formel-Ford Rennen, 1997 erste Formel-1 Fahrt im McLaren Mercedes als Testfahrer, 2000 erster GP in Melbourne, 2001 GP Australien/4., GP v. Brasilien/3., GP v. San Marino/7., GP v. Spanien/6., GP v. Österreich/9., GP v. Großbritannien/6., GP v. Ungarn/6., GP v. Italien/11., GP v. USA/5., GP v. Japan/9. (Re)

Heidger Heinrich Ing.
B.: Architekt, Inh. FN.: Heinrich Heidger Architekt Entwurf-Planung-Baultg. DA.: 56068 Koblenz, Hohenzollernstr. 19. PA.: 56072 Koblenz, Winnigerstr. 39 b. G.: Koblenz, 20. Okt. 1936. V.: Renate. Ki.: Petra)1960), Ralph (1962). S.: 1950-53 Lehre techn. Zeichner Stadt Koblenz, 1953-56 Lehre Maurer Stadt Koblenz, 1956-59 Ing.-Schule, Abschluß m. Ausz. K.: 1959-66 Architekt in St. Gallen u. Zürich, seit 1966 selbst. Architekt in Koblenz m. Schwerpunkt priv. Bauherren, Gewerbe u. öff. Hand. P.: Arch. Bauen u. Handwerk (1999). M.: Vors. d. Kam. Koblenz.

Heidig Jörg *)

*) Biographie www.whoiswho-verlag.ch oder beigefügte CD-ROM

Heidinger Florian Dr. oec. troph.

B.: Inst.-Ltr. f. Arbeitsmed. u. Ergonomie. FN.: Ergonomie Inst. DA.: 81669 München, Rosenheimer Straße 30. G.: München, 12. Juni 1956. V.: Nicole, geb. Zimmermann. Ki.: Dominik (1992), Natalie (1994 und Pascal (1997). El.: Wilhelm u. Anna Maria, geb. Germann. S.: 1975 Abitur in München, 1975-81 Stud. Ernährungswiss. TH München, 1991-93 Zusatzausbildg. Arbeitsmed. Österr. Akad. f. Arbeitsmed. Wien. K.: 1982-90 Ass. TH München, seit 1990 selbst. Inst. f. Ergonomie. BL.: Entwicklung v. Prüfprogr., Schulungen u. Seminare, Doz. an d. Österr. Ak., 15 Patente u. Gebrauchsmuster. P.: 40 Veröff. als Autor u. Mitautor. H.: Fotografieren, Motorradfahren, Golf, Theater.

Heidinger-Mattern Lisa *)

Heidl Klaus Dr. med. dent OMR
B.: Fachzahnarzt f. Allg. Stomalogie. DA.: 07545 Gera, Sorge 42. PA.: 07554 Gera-Collis Nr. 22. www.tolle-hobbies.de. G.: Teplitz/Schönau, 25. Feb. 1942. V.: Dr. Maria, geb. Zacharias. Ki.: Matthias (1966). El.: Dr. Josef u. Maria. S.: 1960 Abitur, 1961-66 Stud. Zahnmed. FSU Jena u. TU Dresden, 1969 Prom. Dr. med. dent. K.: 1966-71 Ass.-Zahnarzt TU Dresden, 1971-72 OA in d. Stomalog. Abt. d. Poliklinik Ronneburg, 1972-80 Chefarzt an d. Poliklinik b. Bez.-KH Gera, 1980 ärztl. Dir. d. Fachpoliklinik Gera, ab 1992 eigene Ndlg. P.: zahlr. Veröff. in Fachzeitschriften u. Buchbeiträge. E.: 1977 Ehrenmed. f. hervorragende Leistungen in d. Stomalogie, 1977 MR., 1988 OMR. H.: Privatpilot, Schifahren, Surfen, Tauchen.

Heidland Herbert Dr. jur.
B.: RA in eigener Kzl. DA.: 50672 Köln, Friesenpl. 17a. G.: Mondorf, 29. Mai 1924. S.: 1942 Abitur, 1946-51 Stud. Jura, 1955 2. Staatsexamen. K.: seit 1955 selbständiger RA m. eigener Kzl. in Köln.

Heidler Günter
B.: Betriebsltr. FN.: Heidlers Hotel- u. Gaststätten KG. DA.: 39245 Gommern, Salzstr. 49. PA.: 39245 Gommern, Knickstr. 25 a. G.: Magdeburg, 24. Dez. 1939. V.: Rosemarie, geb. Köppe. Ki.: Caroline (1965), Christoph (1971). S.: 1954-56 Lehre Koch Ratskeller Magdeburg. K.: ang. Koch in Magdeburg, 1961-71 Küchenltr. im ZRAW in Gommern, 1974-80 Objektltr. u. Küchenmeister im Kulturhaus Ziepel, 1974-84 Objektltr. im Naherholungsgebiet Plattensee, 1974 selbst. m. Restaurant in Priezen, 1993 Eröff. d. Markt-Buffet im Flora-Park in Magdeburg, 1995 Eröff. d. 4-Sterne Hotels Robinien-Hof in Gommern, 1994 Eröff. d. Eiscafe Venezia in Magdeburg, 1998 Eröff. d. Heidlers Festscheune. M.: VDK, Vollversammlung d. IHK Magdeburg.

Heidler Hans Dr. *)

Heidmann Manfred
B.: Schauspieler. PA.: 45355 Essen, Borbeckerstr. 237. G.: Lübeck, 27. Dez. 1923. V.: Ilse, geb. Hausmann. El.: Karl u. Clarice. S.: Realgymn. K.: spielte bereits m. 8 J. in Erich Kästners "Emil u.d. Detektive" auf d. Bühnen d. Stadt Lübeck, 1. Engagement 1940 am Theater in Potsdam, weitere Stationen u.a. in Berlin, Frankfurt/Main, Bochum u. Hamburg, während d. Krieges Filmschauspieler u. Sänger ("Heimat, deine Sterne" in d. Heinz Rühmann-Film "Quax, der Bruchpilot"), im Fernsehen u.a. in "Tim Frazer", "Tagebuch eines Frauenmörders", "Zwischen den Zeiten", ab 1970 Kommissar Schäfermann in d. Krimi-Reihe "Tatort".

Heidorn Klaus

B.: RA, Notar. DA.: 22848 Norderstedt, Ohechaussee 19. G.: Pinneberg, 19. März. V.: Karin, geb. Brammann. Ki.: Birgit (1954), Jens (1960). El.: Wilhelm u. Karoline. S.: 1950 Abitur Elmshorn, 1950-55 Jurastud. an d. Univ. Hamburg, 1959 Referendariat LG Hamburg u. OLG Schleswig. K.: 1959 selbst. Anw.-Kzl. Norderstedt, seit 1960 Notar, Schwerpunkt: Erbrecht, Familienrecht, Vertragsrecht. M.: langj. AufsR.-Vors. Norderstedter Bank, seit 1982 Mtgl. d. Schleswig-Holstein. Anw.-Ehren-Gerichts. H.: histor. Literatur, Wandern.

Heidrich Friedrich Dipl.-Ing. *)

Heidrich Heinz Dr. med. Prof.
B.: Chefarzt d. Inneren Abt. FN.: Franziskus-KH Berlin. DA.: 10787 Berlin, Budapester Str. 15-19. G.: Reichenberg, 11. Jan. 1937. V.: Dr. Edith, geb. Nürnberg. El.: Robert u. Hilde, geb. Hofmann. S.: 1955 Abitur, 1955-63 Med.-Stud. FU Berlin, Med. Staatsexamen, 1965 Prom. K.: 1975 Habil., 1963-67 Ass. an Berliner chir., dermatolog., orthopäd. u. internist. Kliniken, 1965 Berufung z. Fellow Intern. College Angiology, 1967-79 Ass. Prof. Cardiolog. Abt. FU Berlin Klinikum Charlottenburg, 1972 Ltr. d. Angiology. AG d. Cardiology. Abt. d. FU Klinikum Charlottenburg, seit 1980 Chefarzt Innere Abt. d. o.a. KH, seit 1993 ärztl. Dir. P.: über 380 Veröff., 14 Monographien u. Kongreßbände. E.: 1987 Intern. College Angiology. M.: seit 1975 Mtgl. im BeiR., seit 1984 im Vorst. d. Dt. Ges. f. Angiology, 1987 Vors., seit 1990 Schatzmeister, 1986 korr. Mtgl. d. Schweizer Ges. f. Angiology, 1990 korr. Mtgl. u. 1998 Ehrenmtgl. d. Österr. Ges. f. Angiology, 1981-92 Mtgl. d. Sachv.-Kmsn. f. Transparenzfragen im BGA, 1984-87 stellv. Mtgl. d. Zulassungskmsn. A f. Humanmed. Bereiche b. BGA, seit 1982 stellv. Mtgl. d. Aufbereitungsksmn. f. Humanmed. Bereich b. BGA, 1987-88 u. seit 1993 korresp. Mtgl. d. Arzneimittelkmsn. d. Bundesärztekam., 1988-92 u. seit 1994 aktives Mtgl. d. Arzneimittelkmsn. d. Bundesärztekam., 1994 stellv. Vors. d. Sekt. Angiology im Bund Dt. Internisten, 1998 Kongreßpräs. d. DGA. H.: Literatur.

Heidrich Horst Dipl.-Ing. *)

Heidrich Horst Dipl.-Ing.
B.: selbst. Architekt. DA.: 50674 Köln, Flandrische Str. 2. G.: Köln, 15. Sep. 1932. Ki.: Dr. Ing. Raymund, Frank-W. (Kapitän). BV.: Vater Wilhelm Heidrich, Baudir. d. KdF Seebad Rügen. S.: 1954 Abitur Köln, 1960 Dipl. TH Karlsruhe. K.: 1962 ndlg. Architekt in Freiburg, später in Köln m. Schwerpunkt preiswerter Wohnungsbau u. öff. geförderter Wohnungsbau sowie Bürobauten. P.: "Der Koloß v. Rügen". E.: Wettbewerbsgewinner "Gebäude Mildred-Scheel-Stiftung. M.: BDA, Förderer Ostasiat. Museum, Mäzen f. d. Wiederaufbau d. Frauenkirche Dresden. H.: Hochseesegeln.

Heidrich Joachim Wolfgang Dipl.-Kfm. *)

*) Biographie www.whoiswho-verlag.ch oder beigefügte CD-ROM